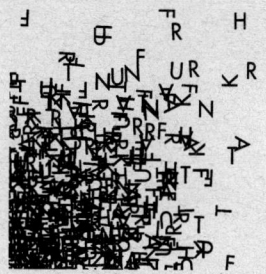

Ulrich Stascheit (Hrsg.)

Gesetze für Sozialberufe

Die Gesetzessammlung für Studium und Praxis

© 2021 **Fachhochschulverlag**
DER VERLAG FÜR ANGEWANDTE WISSENSCHAFTEN

Ulrich Stascheit (Hrsg.)
Gesetze für Sozialberufe
Die Gesetzessammlung
für Studium und Praxis

38. Auflage
Stand: 1.8.2021, soweit möglich mit Vorgriff auf 1.1.2022

© 2021 Fachhochschulverlag
ISBN 978-3-947273-48-5

Druck und Bindung:
TZ-Verlag & Print GmbH
64380 Roßdorf

Bestellungen:
Fachhochschulverlag,
DER VERLAG FÜR ANGEWANDTE WISSENSCHAFTEN E.K.
Kleiststraße 10, Gebäude 1
60318 Frankfurt am Main

Telefon (0 69) 15 33-28 20
Telefax (0 69) 15 33-28 40

bestellung@fhverlag.de
http://www.fhverlag.de

Bibliografische Information der Deutschen Nationalbibliothek:
Die Deutsche Nationalbibliothek verzeichnet diese Publikation in der Deutschen Nationalbibliografie;
detaillierte bibliografische Daten sind im Internet über www.dnb.de abrufbar.

Vorwort zur 38. Auflage

Seit Erscheinen der letzten Auflage der „Gesetze für Sozialberufe" sind über die Hälfte der hier vorgestellten rund 100 Gesetze und Verordnungen geändert worden.

Insbesondere auf folgende, für die Praxis der Sozialberufe und deren vorrangige Adressaten wichtige Neuerungen sei hier hingewiesen:

Familienrecht außerhalb des BGB

Das Adoptionsvermittlungsgesetz wird durch das „Gesetz zur Verbesserung der Hilfen für Familien bei Adoption (Adoptionshilfe-Gesetz)" vom 12.2.2021 geändert. Eingeführt wird ein Rechtsanspruch auf Beratung und Unterstützung aller an einer Adoption Beteiligten auch nach der Adoption. Die Adoptionsvermittlungsstellen erhalten einen Aufgabenkatalog; sie müssen zudem mit anderen Fachstellen (z. B. Erziehungsberatung, Allgemeiner Sozialer Dienst) kooperieren. Auslandsadoptionen ohne Begleitung durch eine Adoptionsvermittlungsstelle sind verboten.

Nachwuchsförderungsrecht

Mit dem „Zweiten Gesetz zur steuerlichen Entlastung von Familien sowie zur Anpassung weiterer steuerlicher Regelungen (Zweites Familienentlastungsgesetz – 2. FamEntlastG)" vom 1.12.2020 wurden das Kindergeld, der Kinderfreibetrag, der Freibetrag für den Betreuungs-, Erziehungs- und Ausbildungsbedarf und der in den Einkommensteuertarif integrierte Grundfreibetrag zur Freistellung des steuerlichen Existenzminimums angehoben.

Kinder- und Jugendhilferecht

- Am 10.6.2021 ist nach mehrjährigen Vorbereitungsarbeiten das „Gesetz zur Stärkung von Kindern und Jugendlichen – Kinder- und Jugendstärkungsgesetz (KJSG)" in Kraft getreten. Mit ca. 70 Änderungen im SGB VIII und weiteren Änderungen anderer Gesetze ist es das umfangreichste Reformgesetz seit der Kinder- und Jugendhilferechts-Reform 1990/1991. Das KJSG enthält mehrere Vorschriften zur besseren Beteiligung von Kindern und Jugendlichen und neue Leistungstatbestände, insbesondere zur Schulsozialarbeit und zur Nachbetreuung von jungen Volljährigen. Weitere Schwerpunkte der Reform sind die wesentlich ausgeweiteten verfahrensrechtlichen Regelungen in den Bereichen Hilfe zur Erziehung und verwandten Leistungen und zum Kinderschutz, Betriebserlaubnisverfahren und zur Aufsicht über Einrichtungen. Neu geschaffen wurde im BGB die Möglichkeit, durch das Familiengericht den dauerhaften Verbleib des Kindes in der Pflegefamilie anzuordnen. In erweitertem Umfang sollen die Hilfepläne beim Familiengericht vorgelegt werden.
Das größte Reformvorhaben des Gesetzes stellt die angestoßene Umgestaltung des SGB VIII in inklusiver Zielrichtung dar. Dieses Ziel soll in einem dreistufigen Verfahren bis zum Jahre 2028 erreicht werden, setzt aber voraus, dass zuvor ein weiteres Bundesgesetz in Kraft tritt – als Voraussetzung für die Überführung auch der Vorschriften über die Eingliederungshilfe für junge Menschen mit geistigen und/oder körperlichen Behinderungen in das SGB VIII.

- Das neue Gesetz zur Errichtung des Sondervermögens „Ausbau ganztägiger Bildungs- und Betreuungsangebote für Kinder im Grundschulalter (Ganztagsfinanzierungsgesetz – GaFG)" vom 9.12.2020 (neue Sign. 111b) stellt Mittel des Bundes zur Verfügung, um den ab 2026 vorgesehenen Rechtsanspruch auf Ganztagsbetreuung von Grundschülern zu realisieren.

Recht von Menschen mit Behinderungen

Neben den Schritten in Richtung auf eine inklusive Kinder- und Jugendhilfe durch das KJSG (s.o.) hat es weitere relevante Änderungen gegeben.

- Mit dem „Gesetz zur Stärkung der Teilhabe von Menschen mit Behinderungen sowie zur landesrechtlichen Bestimmung der Träger der Sozialhilfe (Teilhabestärkungsgesetz)" vom 2.6.2021 wurde u. a. der leistungsberechtigte Personenkreis der Eingliederungshilfe in § 99 SGB IX mit Wirkung zum 1.7.2021 neu definiert. Eine Neufassung der dazugehörigen Eingliederungshilfe-Verordnung steht noch aus.
Das Gesetz ermöglicht Jobcentern und Arbeitsagenturen Rehabilitanden wie andere erwerbsfähige Leistungsberechtigte zu fördern und erweitert die aktive Arbeitsförderung von Menschen mit Behinderungen.

Erbringer von Reha- und Teilhabeleistungen werden durch § 37a SGB IX verpflichtet, ein Gewaltschutzkonzept und andere Maßnahmen zum Schutz von Menschen mit Behinderungen, insbesondere von Frauen und Kindern, zu entwickeln. Die Obergrenze für einen Zuschuss zur Anschaffung eines barrierefreien KfZ wurde in § 5 der KraftfahrzeughilfeVO von 9.500 € auf 22.000 € angehoben. Assistenzhunden wird der Zugang zu Hundeverbotszonen erlaubt.

- Durch die „Verordnung zur Weiterführung der Ergänzenden Unabhängigen Teilhabeberatung (Teilhabeberatungsverordnung – EUTBV)" vom 14.6.2021 (neue Sign. 159) wird die Finanzierung der durch das BTHG neu geschaffene Struktur der Ergänzenden Unabhängigen Teilhabeberatung (EUTB, s. § 32 SGB IX und www.teilhabeberatung.de) dauerhaft durch das BMAS gewährleistet. Bisher war die Finanzierungszusage befristet bis 2023. Die bisherige zuwendungsrechtliche Förderung wird zu einem Rechtsanspruch auf einen Zuschuss zu Personal-und Sachkosten. Es gibt mehr Geld für Erstausstattung der Beratungsstellen und die Finanzierung von Sprachdolmetschern und Öffentlichkeitsarbeit.

- Das „Gesetz zur Erhöhung der Behinderten-Pauschbeträge und zur Anpassung weiterer steuerlicher Regelungen" vom 9.12.2020 brachte: die Verdopplung der Behinderten-Pauschbeträge; bereits ab einem Grad der Behinderung von mindestens 20 einen Pauschbetrag; die Einführung einer behinderungsbedingten Fahrtkostenpauschale; der Verzicht auf die zusätzlichen Anspruchsvoraussetzungen zur Gewährung eines Behinderten-Pauschbetrags ab einem Grad der Behinderung kleiner 50; die Anhebung des Pflege-Pauschbetrags von derzeit 924 Euro auf 1.800 Euro sowie die Einführung eines Pflege-Pauschbetrags bereits ab Pflegegrad 2.

Straf- und Straffälligenrecht

Das „Gesetz zur Bekämpfung sexualisierter Gewalt gegen Kinder" vom 16.6.2021 soll Kinder besser vor Missbrauch schützen. Es schärft und verschärft die Straftatbestände gegen sexuellen Missbrauch und den Besitz und das Verbreiten von Kinderpornografie. Zudem sorgt es für eine effektive Strafverfolgung unter anderem durch ein Beschleunigungsgebot im Strafverfahren, durch Telekommunikationsüberwachung, Onlinedurchsuchung und Verkehrsdatenerhebung. Außerdem werden die Verjährungs- und Führungszeugnisfristen verlängert. Schließlich stellt es Anforderungen an die Qualifikation von Familienrichtern, Verfahrensbeiständen, Jugendrichterinnen und Jugendstaatsanwälten.

Aufgrund von Kostensteigerungen beim Papier, bei der Druckvorstufe und beim Druck und aufgrund des erweiterten Umfangs musste der lange gehaltene, niedrige Preis auf 22,00 € angehoben werden.

Wegen der gegenwärtigen Papierknappheit konnten wir das bisher verwandte geeignete Papier nicht erhalten. Auch Zeitungsdruckpapier stand nicht zur Verfügung. Das einzig erreichbare, leicht glänzend gestrichene Bilderdruckpapier neigt leider zur Wellenbildung. Dafür bitte ich um Nachsicht.

Für Hinweise und Fehler bin ich dankbar. Wünsche nach Aufnahme zusätzlicher Paragrafen bitte ich mit Kürzungsvorschlägen an anderer Stelle zu unterfüttern.

Ulrich Stascheit

Inhaltsverzeichnis

Verfassungsrecht

| 1* | Grundgesetz für die Bundesrepublik Deutschland | GG |

Grundlagen des Sozialrechts

10*	Sozialgesetzbuch (SGB) Erstes Buch (I) – Allgemeiner Teil	SGB I
11*	Viertes Buch Sozialgesetzbuch – Gemeinsame Vorschriften für die Sozialversicherung – (SGB IV) (Auszug)	SGB IV
12*	Zehntes Buch Sozialgesetzbuch – Sozialverwaltungsverfahren und Sozialdatenschutz – (SGB X)	SGB X

Arbeitslosenrecht

20*	Sozialgesetzbuch (SGB) Zweites Buch (II) – Grundsicherung für Arbeitsuchende –	SGB II
21*	Verordnung zur Berechnung von Einkommen sowie zur Nichtberücksichtigung von Einkommen und Vermögen beim Arbeitslosengeld II/Sozialgeld (Arbeitslosengeld II/Sozialgeld-Verordnung – Alg II-V)	Alg II-V
22*	Sozialgesetzbuch (SGB) Drittes Buch (III) – Arbeitsförderung –	SGB III

Sozialhilferecht

30*	Sozialgesetzbuch (SGB) Zwölftes Buch (XII) – Sozialhilfe –	SGB XII
31*	Gesetz zur Ermittlung der Regelbedarfe nach § 28 des Zwölften Buches Sozialgesetzbuch ab dem Jahr 2021 (Regelbedarfs-Ermittlungsgesetz – RBEG)	RBEG
32	(unbesetzt)	
33	Verordnung zur Durchführung der Hilfe zur Überwindung besonderer sozialer Schwierigkeiten	DV Hilfe bei bes. sozialen Schwierigkeiten
34	Verordnung zur Durchführung des § 82 des Zwölften Buches Sozialgesetzbuch	DV zu § 82 SGB XII
35	Verordnung zur Durchführung des § 90 Abs. 2 Nr. 9 des Zwölften Buches Sozialgesetzbuch	DV zu § 90 Abs. 2 Nr. 9 SGB XII

Arbeitsrecht

40*	Arbeitszeitgesetz (ArbZG)	ArbZG
41	Gesetz über Teilzeitarbeit und befristete Arbeitsverträge (Teilzeit- und Befristungsgesetz – TzBfG)	TzBfG
42	Mindesturlaubsgesetz für Arbeitnehmer (Bundesurlaubsgesetz)	BUrlG
43	Gesetz über die Zahlung des Arbeitsentgelts an Feiertagen und im Krankheitsfall (Entgeltfortzahlungsgesetz)	EFZG

* Änderungen seit der letzten Auflage.

Inhaltsverzeichnis

44a*	Gesetz über die Pflegezeit (Pflegezeitgesetz – PflegeZG)	PflegeZG
44b*	Gesetz über die Familienpflegezeit (Familienpflegezeitgesetz – FPfZG)	FPfZG
45	Gesetz zum Schutz von Müttern bei der Arbeit, in der Ausbildung und im Studium (Mutterschutzgesetz – MuSchG)	MuSchG
46*	Kündigungsschutzgesetz (KSchG)	KSchG
47*	Gesetz zur Regelung der Arbeitnehmerüberlassung (Arbeitnehmerüberlassungsgesetz – AÜG)	AÜG
48	Berufsbildungsgesetz (BBiG) (Auszug)	BBiG
49*	Gesetz zur Regelung eines allgemeinen Mindestlohns (Mindestlohngesetz – MiLoG)	MiLoG

Kranken- und Pflegeversicherungsrecht

50*	Sozialgesetzbuch (SGB) Fünftes Buch (V) – Gesetzliche Krankenversicherung – (Auszug)	SGB V
51*	Sozialgesetzbuch (SGB) Elftes Buch (XI) – Soziale Pflegeversicherung –	SGB XI

Renten- und Unfallversicherungsrecht, Opferentschädigungsrecht

60*	Sozialgesetzbuch (SGB) Sechstes Buch (VI) – Gesetzliche Rentenversicherung – (Auszug)	SGB VI
61*	Siebtes Buch Sozialgesetzbuch – Gesetzliche Unfallversicherung – (Auszug)	SGB VII
62*	Gesetz über die Entschädigung für Opfer von Gewalttaten (Opferentschädigungsgesetz – OEG)	OEG

Zivilrecht, Grundlagen

70*	Bürgerliches Gesetzbuch (BGB) (Auszug)	BGB
71	Allgemeines Gleichbehandlungsgesetz (AGG)	AGG

Familienrecht außerhalb des BGB

80*	Einführungsgesetz zum Bürgerlichen Gesetzbuche (Auszug)	EGBGB
81*	Gesetz zum zivilrechtlichen Schutz vor Gewalttaten und Nachstellungen (Gewaltschutzgesetz – GewSchG)	GewSchG
82	Gesetz zur Einrichtung und zum Betrieb eines bundesweiten Hilfetelefons „Gewalt gegen Frauen" (Hilfetelefongesetz – HilfetelefonG)	HilfetelefonG
83*	Düsseldorfer Tabelle (2021)	DüssTab
84	Gesetz zur Sicherung des Unterhalts von Kindern alleinstehender Mütter und Väter durch Unterhaltsvorschüsse oder -ausfallleistungen (Unterhaltsvorschussgesetz)	UhVorschG
85*	Gesetz über die Vermittlung der Annahme als Kind und über das Verbot der Vermittlung von Ersatzmüttern (Adoptionsvermittlungsgesetz – AdVermiG)	AdVermiG

---

* Änderungen seit der letzten Auflage.

Inhaltsverzeichnis

| 86 | Gesetz über die religiöse Kindererziehung | RelKErzG |
| 87 | Gesetz zur Regelung der Rechtsverhältnisse der Prostituierten (Prostitutionsgesetz – ProstG) | ProstG |

Nachwuchsförderungsrecht

100	Gesetz zur Vermeidung und Bewältigung von Schwangerschaftskonflikten (Schwangerschaftskonfliktgesetz – SchKG)	SchKG
101*	Gesetz zur Errichtung einer Stiftung „Mutter und Kind – Schutz des ungeborenen Lebens"	MuKiStiftG
102*	Gesetz zum Elterngeld und zur Elternzeit (Bundeselterngeld- und Elternzeitgesetz – BEEG)	BEEG
103*	Bundeskindergeldgesetz (BKGG)	BKGG
104*	Bundesgesetz über individuelle Förderung der Ausbildung (Bundesausbildungsförderungsgesetz – BAföG)	BAföG

Kinder- und Jugendhilferecht

110	Übereinkommen über die Rechte des Kindes	UN-Kinderrechtskonvention
111*	Sozialgesetzbuch (SGB) Achtes Buch (VIII) – Kinder- und Jugendhilfe –	SGB VIII
111a	Gesetz zur Weiterentwicklung der Qualität und zur Verbesserung der Teilhabe in Tageseinrichtungen und in der Kindertagespflege (KiTa-Qualitäts- und -Teilhabeverbesserungsgesetz)	KiQuTG
111b*	Gesetz zur Errichtung des Sondervermögens „Ausbau ganztägiger Bildungs- und Betreuungsangebote für Kinder im Grundschulalter" (Ganztagsfinanzierungsgesetz – GaFG)	GaFG
112	Verordnung zur Festsetzung der Kostenbeiträge für Leistungen und vorläufige Maßnahmen in der Kinder- und Jugendhilfe (Kostenbeitragsverordnung – KostenbeitragsV)	KostenbeitragsV
113*	Gesetz zur Kooperation und Information im Kinderschutz (KKG)	KKG
114*	Jugendschutzgesetz (JuSchG)	JuSchG
115	Jugendmedienschutz-Staatsvertrag	JMStV

Wohnförderungsrecht

| 130* | Wohngeldgesetz (WoGG) | WoGG |
| 131* | Wohngeldverordnung (WoGV) | WoGV |

Heimrecht

| 140 | Heimgesetz (Auszug) | HeimG |
| 141 | Gesetz zur Regelung von Verträgen über Wohnraum mit Pflege- oder Betreuungsleistungen (Wohn- und Betreuungsvertragsgesetz – WBVG) | WBVG |

Recht von Menschen mit Behinderungen

| 150 | Übereinkommen über die Rechte von Menschen mit Behinderungen – Behindertenrechtskonvention | Behindertenrechtskonv. |

---

* Änderungen seit der letzten Auflage.

Inhaltsverzeichnis

151*	Sozialgesetzbuch (SGB) Neuntes Buch (IX) – Rehabilitation und Teilhabe von Menschen mit Behinderungen –	SGB IX
152*	Gesetz zur Gleichstellung von Menschen mit Behinderung (Behindertengleichstellungsgesetz – BGG)	BGG
153*	Schwerbehinderten-Ausgleichsabgabeverordnung (SchwbAV)	SchwbAV
154*	Werkstättenverordnung (WVO)	WVO
155	Schwerbehindertenausweisverordnung	SchwbAwV
156*	Verordnung über Kraftfahrzeughilfe zur beruflichen Rehabilitation (Kraftfahrzeughilfe-Verordnung – KfzHV)	KfzHV
157*	Werkstätten-Mitwirkungsverordnung (WMVO)	WMVO
158	Verordnung zur Früherkennung und Frühförderung behinderter und von Behinderung bedrohter Kinder (Frühförderungsverordnung – FrühV)	FrühV
159*	Verordnung zur Weiterführung der Ergänzenden unabhängigen Teilhabeberatung (Teilhabeberatungsverordnung – EUTBV)	EUTBV

Migrationsrecht

160	Staatsangehörigkeitsgesetz (StAG)	StAG
161*	Gesetz über den Aufenthalt, die Erwerbstätigkeit und die Integration von Ausländern im Bundesgebiet (Aufenthaltsgesetz – AufenthG)	AufenthG
162*	Aufenthaltsverordnung (AufenthV)	AufenthV
163	Verordnung über die Durchführung von Integrationskursen für Ausländer und Spätaussiedler (Integrationskursverordnung – IntV)	IntV
164*	Verordnung über die Beschäftigung von Ausländerinnen und Ausländern (Beschäftigungsverordnung – BeschV)	BeschV
165*	Gesetz über die allgemeine Freizügigkeit von Unionsbürgern (Freizügigkeitsgesetz/EU – FreizügG/EU)	FreizügG/EU
166*	Asylgesetz (AsylG)	AsylG
167*	Asylbewerberleistungsgesetz (AsylbLG)	AsylbLG

Gesundheitsschutzrecht

170*	Gesetz zur Verhütung und Bekämpfung von Infektionskrankheiten beim Menschen (Infektionsschutzgesetz – IfSG) (Auszug)	IfSG

Straf- und Straffälligenrecht

180*	Strafgesetzbuch (StGB)	StGB
181*	Gesetz über den Verkehr mit Betäubungsmitteln (Betäubungsmittelgesetz – BtMG) (Auszug)	BtMG
182*	Gesetz über den Vollzug der Freiheitsstrafe und der freiheitsentziehenden Maßregeln der Besserung und Sicherung (Strafvollzugsgesetz – StVollzG) (Auszug)	StVollzG
183*	Gesetz über das Zentralregister und das Erziehungsregister (Bundeszentralregistergesetz) (Auszug)	BZRG

* Änderungen seit der letzten Auflage.

Inhaltsverzeichnis

Recht der Freiwilligendienste

190	Gesetz über den Bundesfreiwilligendienst (Bundesfreiwilligendienstgesetz – BFDG)	BFDG
191	Gesetz zur Förderung von Jugendfreiwilligendiensten (Jugendfreiwilligendienstegesetz – JFDG)	JFDG

Steuerrecht

200*	Abgabenordnung (AO) (Auszug)	AO
201*	Einkommensteuergesetz (EStG) (Auszug)	EStG

Rechtshilfe

210*	Gesetz über außergerichtliche Rechtsdienstleistungen (Rechtsdienstleistungsgesetz – RDG)	RDG
211*	Gesetz über Rechtsberatung und Vertretung für Bürger mit geringem Einkommen (Beratungshilfegesetz – BerHG)	BerHG

Verfahren, Rechtsschutz, Mediation

220	Gesetz über das Bundesverfassungsgericht (Bundesverfassungsgerichtsgesetz – BVerfGG) (Auszug)	BVerfGG
221*	Gerichtsverfassungsgesetz (GVG) (Auszug)	GVG
222*	Einführungsgesetz zum Gerichtsverfassungsgesetz (Auszug)	EGGVG
223*	Gesetz über das Verfahren in Familiensachen und in den Angelegenheiten der freiwilligen Gerichtsbarkeit (FamFG) (Auszug)	FamFG
224	Gesetz über die Wahrnehmung behördlicher Aufgaben bei der Betreuung Volljähriger (Betreuungsbehördengesetz – BtBG)	BtBG
225	Gesetz über die Vergütung von Vormündern und Betreuern (Vormünder- und Betreuervergütungsgesetz – VBVG)	VBVG
226*	Strafprozeßordnung (StPO) (Auszug)	StPO
227	Gesetz über die psychosoziale Prozessbegleitung im Strafverfahren	PsychPbG
228	Gesetz zu Therapierung und Unterbringung gestörter Gewalttäter (Therapieunterbringungsgesetz – ThUG)	ThUG
229*	Jugendgerichtsgesetz (JGG)	JGG
230	(unbesetzt)	
231	Gesetz zur Regelung des Zugangs zu Informationen des Bundes (Informationsfreiheitsgesetz – IFG)	IFG
232*	Verwaltungsgerichtsordnung (VwGO) (Auszug)	VwGO
233*	Sozialgerichtsgesetz (SGG) (Auszug)	SGG
234*	Zivilprozessordnung (Auszug)	ZPO
235	Mediationsgesetz	MediationsG

---

* Änderungen seit der letzten Auflage.

GG 1

Grundgesetz für die Bundesrepublik Deutschland
Vom 23. Mai 1949 (BGBl. S. 1)

Zuletzt geändert durch
Gesetz zur Änderung des Grundgesetzes (Artikel 104a und 143h)
vom 29. September 2020 (BGBl. I S. 2048)

Inhaltsübersicht

PRÄAMBEL

I. Die Grundrechte
Artikel 1 (Schutz der Menschenwürde)
Artikel 2 (Persönliche Freiheit)
Artikel 3 (Gleichheit vor dem Gesetz)
Artikel 4 (Glaubens- und Bekenntnisfreiheit)
Artikel 5 (Freie Meinungsäußerung)
Artikel 6 (Ehe, Familie, uneheliche Kinder)
Artikel 7 (Schulwesen)
Artikel 8 (Versammlungsfreiheit)
Artikel 9 (Vereinigungsfreiheit)
Artikel 10 (Brief- und Postgeheimnis)
Artikel 11 (Freizügigkeit)
Artikel 12 (Freiheit des Berufes)
Artikel 12a (Wehrpflicht, Ersatzdienst)
Artikel 13 (Unverletzlichkeit der Wohnung)
Artikel 14 (Eigentum, Erbrecht und Enteignung)
Artikel 15 (Sozialisierung)
Artikel 16 (Ausbürgerung, Auslieferung)
Artikel 16a (Asylrecht)
Artikel 17 (Petitionsrecht)
Artikel 17a (Wehrdienst, Ersatzdienst)
Artikel 18 (Verwirkung von Grundrechten)
Artikel 19 (Einschränkung von Grundrechten)

II. Der Bund und die Länder
Artikel 20 (Demokratische, rechtsstaatliche Verfassung)
Artikel 20a (Schutz der natürlichen Lebensgrundlagen)
Artikel 21 (Parteien)
Artikel 22 (Hauptstadt Berlin, Bundesflagge)
Artikel 23 (Europäische Union)
Artikel 24 (Supranationale Einrichtungen)
Artikel 25 (Regeln des Völkerrechts)
Artikel 26 (Angriffskrieg, Kriegswaffen)
Artikel 27 (Handelsflotte)
Artikel 28 (Länder und Gemeinden)
Artikel 29 (Neugliederung des Bundesgebiets)
Artikel 30 (Funktionen der Länder)
Artikel 31 (Vorrang des Bundesrechts)
Artikel 32 (Auswärtige Beziehungen)
Artikel 33 (Staatsbürger, öffentlicher Dienst)
Artikel 34 (Amtshaftung bei Amtspflichtverletzungen)
Artikel 35 (Rechts- und Amtshilfe)
Artikel 36 (Landsmannschaftliche Gleichbehandlung)
Artikel 37 (Bundeszwang)

III. Der Bundestag
Artikel 38 (Wahl)
Artikel 39 (Wahlperiode, Zusammentritt)
Artikel 40 (Präsidium, Geschäftsordnung)
Artikel 41 (Wahlprüfung)
Artikel 42 (Öffentlichkeit, Beschlussfassung)
Artikel 43 (Anwesenheit der Bundesminister)
Artikel 44 (Untersuchungsausschüsse)
Artikel 45 (Ausschuss für die Angelegenheiten der Europäischen Union)
Artikel 45a (Ausschüsse für Auswärtiges und Verteidigung)
Artikel 45b (Wehrbeauftragter)
Artikel 45c (Petitionsausschuss)
Artikel 45d (Parlamentarisches Kontrollgremium)
Artikel 46 (Indemnität, Immunität)
Artikel 47 (Zeugnisverweigerungsrecht)
Artikel 48 (Ansprüche der Abgeordneten)
Artikel 49 (weggefallen)

IV. Der Bundesrat
Artikel 50 (Funktion)
Artikel 51 (Zusammensetzung)
Artikel 52 (Präsident, Geschäftsordnung)
Artikel 53 (Anwesenheit der Bundesregierung)

IVa. Gemeinsamer Ausschuß
Artikel 53a (Zusammensetzung, Verfahren)

V. Der Bundespräsident
Artikel 54 (Bundesversammlung)
Artikel 55 (Unabhängigkeit des Bundespräsidenten)
Artikel 56 (Eidesleistung)
Artikel 57 (Vertretung)

1 GG

Artikel 58	(Gegenzeichnung)
Artikel 59	(Völkerrechtliche Vertretungsmacht)
Artikel 60	(Ernennung der Bundesbeamten)
Artikel 61	(Anklage vor dem Bundesverfassungsgericht)

VI. Die Bundesregierung

Artikel 62	(Zusammensetzung)
Artikel 63	(Wahl des Bundeskanzlers; Bundestagsauflösung)
Artikel 64	(Ernennung der Bundesminister)
Artikel 65	(Verantwortung, Geschäftsordnung)
Artikel 65a	(Befehls- und Kommandogewalt)
Artikel 66	(Kein Nebenberuf)
Artikel 67	(Misstrauensvotum)
Artikel 68	(Vertrauensvotum – Bundestagsauflösung)
Artikel 69	(Stellvertreter des Bundeskanzlers)

VII. Die Gesetzgebung des Bundes

Artikel 70	(Gesetzgebung des Bundes und der Länder)
Artikel 71	(Ausschließliche Gesetzgebung)
Artikel 72	(Konkurrierende Gesetzgebung)
Artikel 73	(Sachgebiete der ausschließlichen Gesetzgebung)
Artikel 74	(Sachgebiete der konkurrierenden Gesetzgebung)
Artikel 75	(weggefallen)
Artikel 76	(Gesetzesvorlagen)
Artikel 77	(Gesetzgebungsverfahren)
Artikel 78	(Zustandekommen der Gesetze)
Artikel 79	(Änderung des Grundgesetzes)
Artikel 80	(Erlass von Rechtsverordnungen)
Artikel 80a	(Verteidigungsfall, Spannungsfall)
Artikel 81	(Gesetzgebungsnotstand)
Artikel 82	(Verkündung, In-Kraft-Treten)

VIII. Die Ausführung der Bundesgesetze und die Bundesverwaltung

Artikel 83	(Grundsatz: landeseigene Verwaltung)
Artikel 84	(Bundesaufsicht bei landeseigener Verwaltung)
Artikel 85	(Landesverwaltung im Bundesauftrag)
Artikel 86	(Bundeseigene Verwaltung)
Artikel 87	(Gegenstände der Bundeseigenverwaltung)
Artikel 87a	(Streitkräfte und ihr Einsatz)
Artikel 87b	(Bundeswehrverwaltung)
Artikel 87c	(Auftragsverwaltung im Kernenergiebereich)
Artikel 87d	(Luftverkehrsverwaltung)
Artikel 87e	(Eisenbahnverkehrsverwaltung)
Artikel 87f	(Postwesen, Telekommunikation)
Artikel 88	(Bundesbank)
Artikel 89	(Bundeswasserstraßen)
Artikel 90	(Bundesstraßen)
Artikel 91	(Abwehr drohender Gefahr)

VIIIa. Gemeinschaftsaufgaben, Verwaltungszusammenarbeit

Artikel 91a	(Gemeinschaftsaufgaben)
Artikel 91b	(Zusammenwirken von Bund und Ländern)
Artikel 91c	(Zusammenwirken bei informationstechnischen Systemen)
Artikel 91d	(Vergleichsstudien)
Artikel 91e	(Zusammenwirken auf dem Gebiet der Grundsicherung für Arbeitsuchende)

IX. Die Rechtsprechung

Artikel 92	(Gerichtsorganisation)
Artikel 93	(Bundesverfassungsgericht, Zuständigkeit)
Artikel 94	(Zusammensetzung, Verfahren)
Artikel 95	(Oberste Gerichtshöfe)
Artikel 96	(Bundesgerichte)
Artikel 97	(Unabhängigkeit der Richter)
Artikel 98	(Rechtsstellung der Richter)
Artikel 99	(Verfassungsstreitigkeiten durch Landesgesetz zugewiesen)
Artikel 100	(Verfassungsrechtliche Vorentscheidung)
Artikel 101	(Verbot von Ausnahmegerichten)
Artikel 102	(Abschaffung der Todesstrafe)
Artikel 103	(Grundrechtsgarantien für das Strafverfahren)
Artikel 104	(Rechtsgarantien bei Freiheitsentziehung)

X. Das Finanzwesen

Artikel 104a	(Tragung der Ausgaben)
Artikel 104b	(Finanzhilfen für besonders bedeutsame Investitionen)
Artikel 104c	(Finanzhilfen)
Artikel 104d	(Finanzhilfen für sozialen Wohnungsbau)
Artikel 105	(Gesetzgebungszuständigkeit)
Artikel 106	(Steuerverteilung)
Artikel 106a	(Personennahverkehr)
Artikel 106b	(Ausgleich infolge der Übertragung der Kfz-Steuer)
Artikel 107	(Örtliches Aufkommen)
Artikel 108	(Finanzverwaltung)
Artikel 109	(Haushaltswirtschaft)
Artikel 109a	(Haushaltsnotlage, Stabilitätsrat)
Artikel 110	(Haushaltsplan)

Artikel 111 (Haushaltsvorgriff)
Artikel 112 (Über- und außerplanmäßige Ausgaben)
Artikel 113 (Ausgabenerhöhung, Einnahmeminderung)
Artikel 114 (Rechnungslegung, Bundesrechnungshof)
Artikel 115 (Kreditaufnahme)

Xa. Verteidigungsfall
Artikel 115a (Feststellung des Verteidigungsfalles)
Artikel 115b (Übergang der Befehls- und Kommandogewalt)
Artikel 115c (Konkurrierende Gesetzgebung im Verteidigungsfall)
Artikel 115d (Gesetzgebungsverfahren im Verteidigungsfall)
Artikel 115e (Befugnisse des gemeinsamen Ausschusses)
Artikel 115f (Einsatz des Bundesgrenzschutzes; Weisungen an Landesregierungen)
Artikel 115g (Bundesverfassungsgericht)
Artikel 115h (Ablauf von Wahlperioden, Amtszeiten)
Artikel 115i (Befugnisse der Landesregierungen)
Artikel 115k (Außer-Kraft-Treten von Gesetzen und Rechtsverordnungen)
Artikel 115l (Beendigung des Verteidigungsfalles)

XI. Übergangs- und Schlußbestimmungen
Artikel 116 (Begriff „Deutscher"; Wiedereinbürgerung)
Artikel 117 (Übergangsregelung für Artikel 3 und Artikel 11)
Artikel 118 (Neugliederung von Baden-Württemberg)
Artikel 118a (Neugliederung Berlin/Brandenburg)
Artikel 119 (Flüchtlinge und Vertriebene)
Artikel 120 (Besatzungskosten, Kriegsfolgelasten, Soziallasten)
Artikel 120a (Lastenausgleich)
Artikel 121 (Begriff „Mehrheit")
Artikel 122 (Aufhebung früherer Gesetzgebungszuständigkeiten)
Artikel 123 (Fortgelten bisherigen Rechts; Staatsverträge)
Artikel 124 (Fortgelten bei ausschließlicher Gesetzgebung)
Artikel 125 (Fortgelten bei konkurrierender Gesetzgebung)
Artikel 125a (Übergangsregelung bei Kompetenzänderung)
Artikel 125b (Überleitung Föderalismusreform)
Artikel 125c (Überleitung Föderalismusreform)
Artikel 126 (Zweifel über Fortgelten von Recht)
Artikel 127 (Recht des Vereinigten Wirtschaftsgebietes)
Artikel 128 (Fortbestehen von Weisungsrechten)
Artikel 129 (Fortgelten von Ermächtigungen)
Artikel 130 (Körperschaften des öffentlichen Rechts)
Artikel 131 (Frühere Angehörige des öffentlichen Dienstes)
Artikel 132 (gegenstandslos)
Artikel 133 (Vereinigtes Wirtschaftsgebiet, Rechtsnachfolge)
Artikel 134 (Reichsvermögen, Rechtsnachfolge)
Artikel 135 (Gebietsänderungen, Rechtsnachfolge)
Artikel 135a (Erfüllung alter Verbindlichkeiten)
Artikel 136 (Erster Zusammentritt des Bundesrates)
Artikel 137 (Wählbarkeit von Beamten, Soldaten und Richtern)
Artikel 138 (Notariat)
Artikel 139 (Befreiungsgesetze)
Artikel 140 (Religionsfreiheit, Religionsgesellschaften)
Artikel 141 (Landesrechtliche Regelung des Religionsunterrichts)
Artikel 142 (Grundrechte in Landesverfassungen)
Artikel 143 (Abweichungen vom Grundgesetz aufgrund Einigungsvertrag)
Artikel 143a (Umwandlung der Bundeseisenbahnen)
Artikel 143b (Umwandlung der Bundespost)
Artikel 143c (Beträge aus dem Bundeshaushalt)
Artikel 143d (Haushaltswirtschaft, Schuldenbremse)
Artikel 143e (Bundesautobahnen und sonstige Fernstraßen)
Artikel 143f (Außerkrafttreten)
Artikel 143g (Übergangsregelung)
Artikel 144 (Ratifizierung des Grundgesetzes)
Artikel 145 (Verkündung des Grundgesetzes)
Artikel 146 (Außer-Kraft-Treten des Grundgesetzes)

1 GG Art. 1-6

PRÄAMBEL

Im Bewußtsein seiner Verantwortung vor Gott und den Menschen, von dem Willen beseelt, als gleichberechtigtes Glied in einem vereinten Europa dem Frieden der Welt zu dienen, hat sich das Deutsche Volk kraft seiner verfassungsgebenden Gewalt dieses Grundgesetz gegeben.

Die Deutschen in den Ländern Baden-Württemberg, Bayern, Berlin, Brandenburg, Bremen, Hamburg, Hessen, Mecklenburg-Vorpommern, Niedersachsen, Nordrhein-Westfalen, Rheinland-Pfalz, Saarland, Sachsen, Sachsen-Anhalt, Schleswig-Holstein und Thüringen haben in freier Selbstbestimmung die Einheit und Freiheit Deutschlands vollendet. Damit gilt dieses Grundgesetz für das gesamte Deutsche Volk.

I. Die Grundrechte

Artikel 1 (Schutz der Menschenwürde)

(1) Die Würde des Menschen ist unantastbar. Sie zu achten und zu schützen ist Verpflichtung aller staatlichen Gewalt.
(2) Das Deutsche Volk bekennt sich darum zu unverletzlichen und unveräußerlichen Menschenrechten als Grundlage jeder menschlichen Gemeinschaft, des Friedens und der Gerechtigkeit in der Welt.
(3) Die nachfolgenden Grundrechte binden Gesetzgebung, vollziehende Gewalt und Rechtsprechung als unmittelbar geltendes Recht.

Artikel 2 (Persönliche Freiheit)

(1) Jeder hat das Recht auf die freie Entfaltung seiner Persönlichkeit, soweit er nicht die Rechte anderer verletzt und nicht gegen die verfassungsmäßige Ordnung oder das Sittengesetz verstößt.
(2) Jeder hat das Recht auf Leben und körperliche Unversehrtheit. Die Freiheit der Person ist unverletzlich. In diese Rechte darf nur auf Grund eines Gesetzes eingegriffen werden.

Artikel 3 (Gleichheit vor dem Gesetz)

(1) Alle Menschen sind vor dem Gesetz gleich.
(2) Männer und Frauen sind gleichberechtigt. Der Staat fördert die tatsächliche Durchsetzung der Gleichberechtigung von Frauen und Männern und wirkt auf die Beseitigung bestehender Nachteile hin.
(3) Niemand darf wegen seines Geschlechtes, seiner Abstammung, seiner Rasse, seiner Sprache, seiner Heimat und Herkunft, seines Glaubens, seiner religiösen oder politischen Anschauungen benachteiligt oder bevorzugt werden. Niemand darf wegen seiner Behinderung benachteiligt werden.

Artikel 4 (Glaubens- und Bekenntnisfreiheit)

(1) Die Freiheit des Glaubens, des Gewissens und die Freiheit des religiösen und weltanschaulichen Bekenntnisses sind unverletzlich.
(2) Die ungestörte Religionsausübung wird gewährleistet.
(3) Niemand darf gegen sein Gewissen zum Kriegsdienst mit der Waffe gezwungen werden. Das Nähere regelt ein Bundesgesetz.

Artikel 5 (Freie Meinungsäußerung)

(1) Jeder hat das Recht, seine Meinung in Wort, Schrift und Bild frei zu äußern und zu verbreiten und sich aus allgemein zugänglichen Quellen ungehindert zu unterrichten. Die Pressefreiheit und die Freiheit der Berichterstattung durch Rundfunk und Film werden gewährleistet. Eine Zensur findet nicht statt.
(2) Diese Rechte finden ihre Schranken in den Vorschriften der allgemeinen Gesetze, den gesetzlichen Bestimmungen zum Schutze der Jugend und in dem Recht der persönlichen Ehre.
(3) Kunst und Wissenschaft, Forschung und Lehre sind frei. Die Freiheit der Lehre entbindet nicht von der Treue zur Verfassung.

Artikel 6 (Ehe, Familie, uneheliche Kinder)

(1) Ehe und Familie stehen unter dem besonderen Schutze der staatlichen Ordnung.
(2) Pflege und Erziehung der Kinder sind das natürliche Recht der Eltern und die zuvörderst ihnen obliegende Pflicht. Über ihre Betätigung wacht die staatliche Gemeinschaft.
(3) Gegen den Willen der Erziehungsberechtigten dürfen Kinder nur auf Grund eines Gesetzes von der Familie getrennt werden, wenn die Erziehungsberechtigten versagen oder wenn die Kinder aus anderen Gründen zu verwahrlosen drohen.
(4) Jede Mutter hat Anspruch auf den Schutz und die Fürsorge der Gemeinschaft.

(5) Den unehelichen Kindern sind durch die Gesetzgebung die gleichen Bedingungen für ihre leibliche und seelische Entwicklung und ihre Stellung in der Gesellschaft zu schaffen wie den ehelichen Kindern.

Artikel 7 (Schulwesen)

(1) Das gesamte Schulwesen steht unter der Aufsicht des Staates.
(2) Die Erziehungsberechtigten haben das Recht, über die Teilnahme des Kindes am Religionsunterricht zu bestimmen.
(3) Der Religionsunterricht ist in den öffentlichen Schulen mit Ausnahme der bekenntnisfreien Schulen ordentliches Lehrfach. Unbeschadet des staatlichen Aufsichtsrechtes wird der Religionsunterricht in Übereinstimmung mit den Grundsätzen der Religionsgemeinschaften erteilt. Kein Lehrer darf gegen seinen Willen verpflichtet werden, Religionsunterricht zu erteilen.
(4) Das Recht zur Errichtung von privaten Schulen wird gewährleistet. Private Schulen als Ersatz für öffentliche Schulen bedürfen der Genehmigung des Staates und unterstehen den Landesgesetzen. Die Genehmigung ist zu erteilen, wenn die privaten Schulen in ihren Lehrzielen und Einrichtungen sowie in der wissenschaftlichen Ausbildung ihrer Lehrkräfte nicht hinter den öffentlichen Schulen zurückstehen und eine Sonderung der Schüler nach den Besitzverhältnissen der Eltern nicht gefördert wird. Die Genehmigung ist zu versagen, wenn die wirtschaftliche und rechtliche Stellung der Lehrkräfte nicht genügend gesichert ist.
(5) Eine private Volksschule ist nur zuzulassen, wenn die Unterrichtsverwaltung ein besonderes pädagogisches Interesse anerkennt oder, auf Antrag von Erziehungsberechtigten, wenn sie als Gemeinschaftsschule, als Bekenntnis- oder Weltanschauungsschule errichtet werden soll und eine öffentliche Volksschule dieser Art in der Gemeinde nicht besteht.
(6) Vorschulen bleiben aufgehoben.

Artikel 8 (Versammlungsfreiheit)

(1) Alle Deutschen haben das Recht, sich ohne Anmeldung oder Erlaubnis friedlich und ohne Waffen zu versammeln.
(2) Für Versammlungen unter freiem Himmel kann dieses Recht durch Gesetz oder auf Grund eines Gesetzes beschränkt werden.

Artikel 9 (Vereinigungsfreiheit)

(1) Alle Deutschen haben das Recht, Vereine und Gesellschaften zu bilden.
(2) Vereinigungen, deren Zwecke oder deren Tätigkeit den Strafgesetzen zuwiderlaufen oder die sich gegen die verfassungsmäßige Ordnung oder gegen den Gedanken der Völkerverständigung richten, sind verboten.
(3) Das Recht, zur Wahrung und Förderung der Arbeits- und Wirtschaftsbedingungen Vereinigungen zu bilden, ist für jedermann und für alle Berufe gewährleistet. Abreden, die dieses Recht einschränken oder zu behindern suchen, sind nichtig, hierauf gerichtete Maßnahmen sind rechtswidrig. Maßnahmen nach den Artikeln 12a, 35 Abs. 2 und 3, Artikel 87a Abs. 4 und Artikel 91 dürfen sich nicht gegen Arbeitskämpfe richten, die zur Wahrung und Förderung der Arbeits- und Wirtschaftsbedingungen von Vereinigungen im Sinne des Satzes 1 geführt werden.

Artikel 10 (Brief- und Postgeheimnis)

(1) Das Briefgeheimnis sowie das Post- und Fernmeldegeheimnis sind unverletzlich.
(2) Beschränkungen dürfen nur auf Grund eines Gesetzes angeordnet werden. Dient die Beschränkung dem Schutze der freiheitlichen demokratischen Grundordnung oder des Bestandes oder der Sicherung des Bundes oder eines Landes, so kann das Gesetz bestimmen, daß sie dem Betroffenen nicht mitgeteilt wird und daß an die Stelle des Rechtsweges die Nachprüfung durch von der Volksvertretung bestellte Organe und Hilfsorgane tritt.

Artikel 11 (Freizügigkeit)

(1) Alle Deutschen genießen Freizügigkeit im ganzen Bundesgebiet.
(2) Dieses Recht darf nur durch Gesetz oder auf Grund eines Gesetzes und nur für die Fälle eingeschränkt werden, in denen eine ausreichende Lebensgrundlage nicht vorhanden ist und der Allgemeinheit daraus besondere Lasten entstehen würden oder in denen es zur Abwehr einer drohenden Gefahr für den Bestand oder die freiheitliche demokratische Grundordnung des Bundes oder eines Landes, zur Bekämpfung von Seuchengefahr, Naturkatastrophen oder besonders schweren Unglücksfällen, zum Schutze der Jugend vor Verwahrlosung oder um strafbaren Handlungen vorzubeugen, erforderlich ist.

1 GG Art. 12–13

Artikel 12 (Freiheit des Berufes)

(1) Alle Deutschen haben das Recht, Beruf, Arbeitsplatz und Ausbildungsstätte frei zu wählen. Die Berufsausübung kann durch Gesetz oder auf Grund eines Gesetzes geregelt werden.
(2) Niemand darf zu einer bestimmten Arbeit gezwungen werden, außer im Rahmen einer herkömmlichen allgemeinen, für alle gleichen öffentlichen Dienstleistungspflicht.
(3) Zwangsarbeit ist nur bei einer gerichtlich angeordneten Freiheitsentziehung zulässig.

Artikel 12a (Wehrpflicht, Ersatzdienst)

(1) Männer können vom vollendeten achtzehnten Lebensjahr an zum Dienst in den Streitkräften, im Bundesgrenzschutz oder in einem Zivilschutzverband verpflichtet werden.
(2) Wer aus Gewissensgründen den Kriegsdienst mit der Waffe verweigert, kann zu einem Ersatzdienst verpflichtet werden. Die Dauer des Ersatzdienstes darf die Dauer des Wehrdienstes nicht übersteigen. Das Nähere regelt ein Gesetz, das die Freiheit der Gewissensentscheidung nicht beeinträchtigen darf und auch eine Möglichkeit des Ersatzdienstes vorsehen muß, die in keinem Zusammenhang mit den Verbänden der Streitkräfte und des Bundesgrenzschutzes steht.
(3) Wehrpflichtige, die nicht zu einem Dienst nach Absatz 1 oder 2 herangezogen sind, können im Verteidigungsfalle durch Gesetz oder auf Grund eines Gesetzes zu zivilen Dienstleistungen für Zwecke der Verteidigung einschließlich des Schutzes der Zivilbevölkerung in Arbeitsverhältnisse verpflichtet werden; Verpflichtungen in öffentlich-rechtliche Dienstverhältnisse sind nur zur Wahrnehmung polizeilicher Aufgaben oder solcher hoheitlichen Aufgaben der öffentlichen Verwaltung, die nur in einem öffentlich-rechtlichen Dienstverhältnis erfüllt werden können, zulässig. Arbeitsverhältnisse nach Satz 1 können bei den Streitkräften, im Bereich ihrer Versorgung sowie bei der öffentlichen Verwaltung begründet werden; Verpflichtungen in Arbeitsverhältnisse im Bereiche der Versorgung der Zivilbevölkerung sind nur zulässig, um ihren lebensnotwendigen Bedarf zu decken oder ihren Schutz sicherzustellen.
(4) Kann im Verteidigungsfalle der Bedarf an zivilen Dienstleistungen im zivilen Sanitäts- und Heilwesen sowie in der ortsfesten militärischen Lazarettorganisation nicht auf freiwilliger Grundlage gedeckt werden, so können Frauen vom vollendeten achtzehnten bis zum vollendeten fünfundfünfzigsten Lebensjahr durch Gesetz oder auf Grund eines Gesetzes zu derartigen Dienstleistungen herangezogen werden. Sie dürfen auf keinen Fall zum Dienst mit der Waffe verpflichtet werden.
(5) Für die Zeit vor dem Verteidigungsfalle können Verpflichtungen nach Absatz 3 nur nach Maßgabe des Artikels 80a Abs. 1 begründet werden. Zur Vorbereitung auf Dienstleistungen nach Absatz 3, für die besondere Kenntnisse oder Fertigkeiten erforderlich sind, kann durch Gesetz oder auf Grund eines Gesetzes die Teilnahme an Ausbildungsveranstaltungen zur Pflicht gemacht werden. Satz 1 findet insoweit keine Anwendung.
(6) Kann im Verteidigungsfalle der Bedarf an Arbeitskräften für die in Absatz 3 Satz 2 genannten Bereiche auf freiwilliger Grundlage nicht gedeckt werden, so kann zur Sicherung dieses Bedarfs die Freiheit der Deutschen, die Ausübung eines Berufs oder den Arbeitsplatz aufzugeben, durch Gesetz oder auf Grund eines Gesetzes eingeschränkt werden. Vor Eintritt des Verteidigungsfalles gilt Absatz 5 Satz 1 entsprechend.

Artikel 13 (Unverletzlichkeit der Wohnung)

(1) Die Wohnung ist unverletzlich.
(2) Durchsuchungen dürfen nur durch den Richter, bei Gefahr im Verzuge auch durch die in den Gesetzen vorgesehenen anderen Organe angeordnet und nur in der dort vorgeschriebenen Form durchgeführt werden.
(3) Begründen bestimmte Tatsachen den Verdacht, daß jemand eine durch Gesetz einzeln bestimmte besonders schwere Straftat begangen hat, so dürfen zur Verfolgung der Tat auf Grund richterlicher Anordnung technische Mittel zur akustischen Überwachung von Wohnungen, in denen der Beschuldigte sich vermutlich aufhält, eingesetzt werden, wenn die Erforschung des Sachverhalts auf andere Weise unverhältnismäßig erschwert oder aussichtslos wäre. Die Maßnahme ist zu befristen. Die Anordnung erfolgt durch einen mit drei Richtern besetzten Spruchkörper. Bei Gefahr im Verzuge kann sie auch durch einen einzelnen Richter getroffen werden.
(4) Zur Abwehr dringender Gefahren für die öffentliche Sicherheit, insbesondere einer gemeinen Gefahr oder einer Lebensgefahr, dürfen technische Mittel zur Überwachung von Wohnungen nur auf Grund richterlicher Anordnung eingesetzt werden. Bei Gefahr im Verzuge kann die Maßnahme auch durch eine andere gesetzlich bestimmte Stelle angeordnet werden; eine richterliche Entscheidung ist unverzüglich nachzuholen.

(5) Sind technische Mittel ausschließlich zum Schutze der bei einem Einsatz in Wohnungen tätigen Personen vorgesehen, kann die Maßnahme durch eine gesetzlich bestimmte Stelle angeordnet werden. Eine anderweitige Verwertung der hierbei erlangten Erkenntnisse ist nur zum Zwecke der Strafverfolgung oder der Gefahrenabwehr und nur zulässig, wenn zuvor die Rechtmäßigkeit der Maßnahme richterlich festgestellt ist; bei Gefahr im Verzuge ist die richterliche Entscheidung unverzüglich nachzuholen.

(6) Die Bundesregierung unterrichtet den Bundestag jährlich über den nach Absatz 3 sowie über den im Zuständigkeitsbereich des Bundes nach Absatz 4 und, soweit richterlich überprüfungsbedürftig, nach Absatz 5 erfolgten Einsatz technischer Mittel. Ein vom Bundestag gewähltes Gremium übt auf der Grundlage dieses Berichts die parlamentarische Kontrolle aus. Die Länder gewährleisten eine gleichwertige parlamentarische Kontrolle.

(7) Eingriffe und Beschränkungen dürfen im übrigen nur zur Abwehr einer gemeinen Gefahr oder einer Lebensgefahr für einzelne Personen, auf Grund eines Gesetzes auch zur Verhütung dringender Gefahren für die öffentliche Sicherheit und Ordnung, insbesondere zur Behebung der Raumnot, zur Bekämpfung von Seuchengefahr oder zum Schutze gefährdeter Jugendlicher vorgenommen werden.

Artikel 14 (Eigentum, Erbrecht und Enteignung)

(1) Das Eigentum und das Erbrecht werden gewährleistet. Inhalt und Schranken werden durch die Gesetze bestimmt.

(2) Eigentum verpflichtet. Sein Gebrauch soll zugleich dem Wohle der Allgemeinheit dienen.

(3) Eine Enteignung ist nur zum Wohle der Allgemeinheit zulässig. Sie darf nur durch Gesetz oder auf Grund eines Gesetzes erfolgen, das Art und Ausmaß der Entschädigung regelt. Die Entschädigung ist unter gerechter Abwägung der Interessen der Allgemeinheit und der Beteiligten zu bestimmen. Wegen der Höhe der Entschädigung steht im Streitfalle der Rechtsweg vor den ordentlichen Gerichten offen.

Artikel 15 (Sozialisierung)

Grund und Boden, Naturschätze und Produktionsmittel können zum Zwecke der Vergesellschaftung durch ein Gesetz, das Art und Ausmaß der Entschädigung regelt, in Gemeineigentum oder in andere Formen der Gemeinwirtschaft überführt werden. Für die Entschädigung gilt Art. 14 Abs. 3 Satz 3 und 4 entsprechend.

Artikel 16 (Ausbürgerung, Auslieferung)

(1) Die Deutsche Staatsangehörigkeit darf nicht entzogen werden. Der Verlust der Staatsangehörigkeit darf nur auf Grund eines Gesetzes und gegen den Willen des Betroffenen nur dann eintreten, wenn der Betroffene dadurch nicht staatenlos wird.

(2) Kein Deutscher darf an das Ausland ausgeliefert werden. Durch Gesetz kann eine abweichende Regelung für Auslieferungen an einen Mitgliedstaat der Europäischen Union oder an einen internationalen Gerichtshof getroffen werden, soweit rechtsstaatliche Grundsätze gewahrt sind.

Artikel 16a (Asylrecht)

(1) Politisch Verfolgte genießen Asylrecht.

(2) Auf Absatz 1 kann sich nicht berufen, wer aus einem Mitgliedstaat der Europäischen Gemeinschaften oder aus einem anderen Drittstaat einreist, in dem die Anwendung des Abkommens über die Rechtsstellung der Flüchtlinge und der Konvention zum Schutze der Menschenrechte und Grundfreiheiten sichergestellt ist. Die Staaten außerhalb der Europäischen Gemeinschaften, auf die die Voraussetzungen des Satzes 1 zutreffen, werden durch Gesetz, das der Zustimmung des Bundesrates bedarf, bestimmt. In den Fällen des Satzes 1 können aufenthaltsbeendende Maßnahmen unabhängig von einem hiergegen eingelegten Rechtsbehelf vollzogen werden.

(3) Durch Gesetz, das der Zustimmung des Bundesrates bedarf, können Staaten bestimmt werden, bei denen auf Grund der Rechtslage, der Rechtsanwendung und der allgemeinen politischen Verhältnisse gewährleistet erscheint, daß dort weder politische Verfolgung noch unmenschliche oder erniedrigende Bestrafung oder Behandlung stattfindet. Es wird vermutet, daß ein Ausländer aus einem solchen Staat nicht verfolgt wird, solange er nicht Tatsachen vorträgt, die die Annahme begründen, daß er entgegen dieser Vermutung politisch verfolgt wird.

(4) Die Vollziehung aufenthaltsbeendender Maßnahmen wird in den Fällen des Absatzes 3 und in anderen Fällen, die offensichtlich unbegründet sind oder als offensichtlich unbegründet gelten, durch das Gericht nur ausgesetzt, wenn ernstliche Zweifel an der Rechtmäßigkeit der Maßnahme bestehen; der

Prüfungsumfang kann eingeschränkt werden und verspätetes Vorbringen unberücksichtigt bleiben. Das Nähere ist durch Gesetz zu bestimmen.
(5) Die Absätze 1 bis 4 stehen völkerrechtlichen Verträgen von Mitgliedstaaten der Europäischen Gemeinschaften untereinander und mit dritten Staaten nicht entgegen, die unter Beachtung der Verpflichtungen aus dem Abkommen über die Rechtsstellung der Flüchtlinge und der Konvention zum Schutze der Menschenrechte und Grundfreiheiten, deren Anwendung in den Vertragsstaaten sichergestellt sein muß, Zuständigkeitsregelungen für die Prüfung von Asylbegehren einschließlich der gegenseitigen Anerkennung von Asylentscheidungen treffen.

Artikel 17 (Petitionsrecht)
Jedermann hat das Recht, sich einzeln oder in Gemeinschaft mit anderen schriftlich mit Bitten oder Beschwerden an die zuständigen Stellen und an die Volksvertretung zu wenden.

Artikel 17a (Wehrdienst, Ersatzdienst)
(1) Gesetze über Wehrdienst und Ersatzdienst können bestimmen, daß für die Angehörigen der Streitkräfte und des Ersatzdienstes während der Zeit des Wehr- oder Ersatzdienstes das Grundrecht, seine Meinung in Wort, Schrift und Bild frei zu äußern und zu verbreiten (Artikel 5 Abs. 1 Satz 1 erster Halbsatz), das Grundrecht der Versammlungsfreiheit (Artikel 8) und das Petitionsrecht (Artikel 17), soweit es das Recht gewährt, Bitten oder Beschwerden in Gemeinschaft mit anderen vorzubringen, eingeschränkt werden.
(2) Gesetze, die der Verteidigung einschließlich des Schutzes der Zivilbevölkerung dienen, können bestimmen, daß die Grundrechte der Freizügigkeit (Artikel 11) und der Unverletzlichkeit der Wohnung (Artikel 13) eingeschränkt werden.

Artikel 18 (Verwirkung von Grundrechten)
Wer die Freiheit der Meinungsäußerung, insbesondere die Pressefreiheit (Artikel 5 Abs. 1), die Lehrfreiheit (Artikel 5 Abs. 3), die Versammlungsfreiheit (Artikel 8), die Vereinigungsfreiheit (Artikel 9), das Brief-, Post- und Fernmeldegeheimnis (Artikel 10), das Eigentum (Artikel 14) oder das Asylrecht (Artikel 16a) zum Kampfe gegen die freiheitliche demokratische Grundordnung mißbraucht, verwirkt diese Grundrechte. Die Verwirkung und ihr Ausmaß werden durch das Bundesverfassungsgericht ausgesprochen.

Artikel 19 (Einschränkung von Grundrechten)
(1) Soweit nach diesem Grundgesetz ein Grundrecht durch Gesetz oder auf Grund eines Gesetzes eingeschränkt werden kann, muß das Gesetz allgemein und nicht nur für den Einzelfall gelten. Außerdem muß das Gesetz das Grundrecht unter Angabe des Artikels nennen.
(2) In keinem Falle darf ein Grundrecht in seinem Wesensgehalt angetastet werden.
(3) Die Grundrechte gelten auch für inländische juristische Personen, soweit sie ihrem Wesen nach auf diese anwendbar sind.
(4) Wird jemand durch die öffentliche Gewalt in seinen Rechten verletzt, so steht ihm der Rechtsweg offen. Soweit eine andere Zuständigkeit nicht begründet ist, ist der ordentliche Rechtsweg gegeben. Artikel 10 Abs. 2 Satz 2 bleibt unberührt.

II. Der Bund und die Länder

Artikel 20 (Demokratische, rechtsstaatliche Verfassung)
(1) Die Bundesrepublik Deutschland ist ein demokratischer und sozialer Bundesstaat.
(2) Alle Staatsgewalt geht vom Volke aus. Sie wird vom Volke in Wahlen und Abstimmungen und durch besondere Organe der Gesetzgebung, der vollziehenden Gewalt und der Rechtsprechung ausgeübt.
(3) Die Gesetzgebung ist an die verfassungsmäßige Ordnung, die vollziehende Gewalt und die Rechtsprechung sind an Gesetz und Recht gebunden.
(4) Gegen jeden, der es unternimmt, diese Ordnung zu beseitigen, haben alle Deutschen das Recht zum Widerstand, wenn andere Abhilfe nicht möglich ist.

Artikel 20a (Schutz der natürlichen Lebensgrundlagen)
Der Staat schützt auch in Verantwortung für die künftigen Generationen die natürlichen Lebensgrundlagen und die Tiere im Rahmen der verfassungsmäßigen Ordnung durch die Gesetzgebung und nach Maßgabe von Gesetz und Recht durch die vollziehende Gewalt und die Rechtsprechung.

Artikel 21 (Parteien)

(1) Die Parteien wirken bei der politischen Willensbildung des Volkes mit. Ihre Gründung ist frei. Ihre innere Ordnung muß demokratischen Grundsätzen entsprechen. Sie müssen über die Herkunft und Verwendung ihrer Mittel sowie über ihr Vermögen öffentlich Rechenschaft geben.
(2) Parteien, die nach ihren Zielen oder nach dem Verhalten ihrer Anhänger darauf ausgehen, die freiheitliche demokratische Grundordnung zu beeinträchtigen oder zu beseitigen oder den Bestand der Bundesrepublik Deutschland zu gefährden, sind verfassungswidrig.
(3) Parteien, die nach ihren Zielen oder dem Verhalten ihrer Anhänger darauf ausgerichtet sind, die freiheitliche demokratische Grundordnung zu beeinträchtigen oder zu beseitigen oder den Bestand der Bundesrepublik Deutschland zu gefährden, sind von staatlicher Finanzierung ausgeschlossen. Wird der Ausschluss festgestellt, so entfällt auch eine steuerliche Begünstigung dieser Parteien und von Zuwendungen an diese Parteien.
(4) Über die Frage der Verfassungswidrigkeit nach Absatz 2 sowie über den Ausschluss von staatlicher Finanzierung nach Absatz 3 entscheidet das Bundesverfassungsgericht.
(5) Das Nähere regeln Bundesgesetze.

Artikel 22 (Hauptstadt Berlin, Bundesflagge)

(1) Die Hauptstadt der Bundesrepublik Deutschland ist Berlin. Die Repräsentation des Gesamtstaates in der Hauptstadt ist Aufgabe des Bundes. Das Nähere wird durch Bundesgesetz geregelt.
(2) Die Bundesflagge ist schwarz-rot-gold.

Artikel 23 (Europäische Union)

(1) Zur Verwirklichung eines vereinten Europas wirkt die Bundesrepublik Deutschland bei der Entwicklung der Europäischen Union mit, die demokratischen, rechtsstaatlichen, sozialen und föderativen Grundsätzen und dem Grundsatz der Subsidiarität verpflichtet ist und einen diesem Grundgesetz im wesentlichen vergleichbaren Grundrechtsschutz gewährleistet. Der Bund kann hierzu durch Gesetz mit Zustimmung des Bundesrates Hoheitsrechte übertragen. Für die Begründung der Europäischen Union sowie für Änderungen ihrer vertraglichen Grundlagen und vergleichbare Regelungen, durch die dieses Grundgesetz seinem Inhalt nach geändert oder ergänzt wird oder solche Änderungen oder Ergänzungen ermöglicht werden, gilt Artikel 79 Abs. 2 und 3.
(1a) Der Bundestag und der Bundesrat haben das Recht, wegen Verstoßes eines Gesetzgebungsakts der Europäischen Union gegen das Subsidiaritätsprinzip vor dem Gerichtshof der Europäischen Union Klage zu erheben. Der Bundestag ist hierzu auf Antrag eines Viertels seiner Mitglieder verpflichtet. Durch Gesetz, das der Zustimmung des Bundesrates bedarf, können für die Wahrnehmung der Rechte, die dem Bundestag und dem Bundesrat in den vertraglichen Grundlagen der Europäischen Union eingeräumt sind, Ausnahmen von Artikel 42 Abs. 2 Satz 1 und Artikel 52 Abs. 3 Satz 1 zugelassen werden.
(2) In Angelegenheiten der Europäischen Union wirken der Bundestag und durch den Bundesrat die Länder mit. Die Bundesregierung hat den Bundestag und den Bundesrat umfassend und zum frühestmöglichen Zeitpunkt zu unterrichten.
(3) Die Bundesregierung gibt dem Bundestag Gelegenheit zur Stellungnahme vor ihrer Mitwirkung an Rechtsetzungsakten der Europäischen Union. Die Bundesregierung berücksichtigt die Stellungnahmen des Bundestages bei den Verhandlungen. Das Nähere regelt ein Gesetz.
(4) Der Bundesrat ist an der Willensbildung des Bundes zu beteiligen, soweit er an einer entsprechenden innerstaatlichen Maßnahme mitzuwirken hätte oder soweit die Länder innerstaatlich zuständig wären.
(5) Soweit in einem Bereich ausschließlicher Zuständigkeiten des Bundes Interessen der Länder berührt sind oder soweit im übrigen der Bund das Recht zur Gesetzgebung hat, berücksichtigt die Bundesregierung die Stellungnahme des Bundesrates. Wenn im Schwerpunkt Gesetzgebungsbefugnisse der Länder, die Einrichtung ihrer Behörden oder ihre Verwaltungsverfahren betroffen sind, ist bei der Willensbildung des Bundes insoweit die Auffassung des Bundesrates maßgeblich zu berücksichtigen; dabei ist die gesamtstaatliche Verantwortung des Bundes zu wahren. In Angelegenheiten, die zu Ausgabenerhöhungen oder Einnahmeminderungen für den Bund führen können, ist die Zustimmung der Bundesregierung erforderlich.
(6) Wenn im Schwerpunkt ausschließliche Gesetzgebungsbefugnisse der Länder auf den Gebieten der schulischen Bildung, der Kultur oder des Rundfunks betroffen sind, wird die Wahrnehmung der Rechte, die der Bundesrepublik Deutschland als Mitgliedstaat der Europäischen Union zustehen, vom Bund auf einen vom Bundesrat benannten Vertreter der Länder übertragen. Die Wahrnehmung der Rechte erfolgt

1 GG Art. 24-29

unter Beteiligung und in Abstimmung mit der Bundesregierung; dabei ist die gesamtstaatliche Verantwortung des Bundes zu wahren.
(7) Das Nähere zu den Absätzen 4 bis 6 regelt ein Gesetz, das der Zustimmung des Bundesrates bedarf.

Artikel 24 (Supranationale Einrichtungen)
(1) Der Bund kann durch Gesetz Hoheitsrechte auf zwischenstaatliche Einrichtungen übertragen.
(1a) Soweit die Länder für die Ausübung der staatlichen Befugnisse und die Erfüllung der staatlichen Aufgaben zuständig sind, können sie mit Zustimmung der Bundesregierung Hoheitsrechte auf grenznachbarschaftliche Einrichtungen übertragen.
(2) Der Bund kann sich zur Wahrung des Friedens einem System gegenseitiger kollektiver Sicherheit einordnen; er wird hierbei in die Beschränkungen seiner Hoheitsrechte einwilligen, die eine friedliche und dauerhafte Ordnung in Europa und zwischen den Völkern der Welt herbeiführen und sichern.
(3) Zur Regelung zwischenstaatlicher Streitigkeiten wird der Bund Vereinbarungen über eine allgemeine, umfassende, obligatorische, internationale Schiedsgerichtsbarkeit beitreten.

Artikel 25 (Regeln des Völkerrechts)
Die allgemeinen Regeln des Völkerrechts sind Bestandteil des Bundesrechtes. Sie gehen den Gesetzen vor und erzeugen Rechte und Pflichten unmittelbar für die Bewohner des Bundesgebietes.

Entscheidung des Bundesverfassungsgerichts vom 6. Dezember 2006 (BGBl. I 2007 S. 33)
Aus dem Beschluss des Bundesverfassungsgerichts vom 6. Dezember 2006 – 2 BvM 9/03 – wird die Entscheidungsformel veröffentlicht:
Eine allgemeine Regel des Völkerrechts, nach der ein lediglich pauschaler Immunitätsverzicht zur Aufhebung des Schutzes der Immunität auch für solches Vermögen genügt, das dem Entsendestaat im Empfangsstaat zur Aufrechterhaltung der Funktionsfähigkeit seiner diplomatischen Mission dient, ist nicht feststellbar.
Die vorstehende Entscheidungsformel hat gemäß § 31 Abs. 2 des Bundesverfassungsgerichtsgesetzes Gesetzeskraft.

Artikel 26 (Angriffskrieg, Kriegswaffen)
(1) Handlungen, die geeignet sind und in der Absicht vorgenommen werden, das friedliche Zusammenleben der Völker zu stören, insbesondere die Führung eines Angriffskrieges vorzubereiten, sind verfassungswidrig. Sie sind unter Strafe zu stellen.
(2) Zur Kriegführung bestimmte Waffen dürfen nur mit Genehmigung der Bundesregierung hergestellt, befördert und in Verkehr gebracht werden. Das Nähere regelt ein Bundesgesetz.

Artikel 27 (Handelsflotte)
Alle deutschen Kauffahrteischiffe bilden eine einheitliche Handelsflotte.

Artikel 28 (Länder und Gemeinden)
(1) Die verfassungsmäßige Ordnung in den Ländern muß den Grundsätzen des republikanischen, demokratischen und sozialen Rechtsstaates im Sinne dieses Grundgesetzes entsprechen. In den Ländern, Kreisen und Gemeinden muß das Volk eine Vertretung haben, die aus allgemeinen, unmittelbaren, freien, gleichen und geheimen Wahlen hervorgegangen ist. Bei Wahlen in Kreisen und Gemeinden sind auch Personen, die die Staatsangehörigkeit eines Mitgliedstaates der Europäischen Gemeinschaft besitzen, nach Maßgabe von Recht der Europäischen Gemeinschaft wahlberechtigt und wählbar. In Gemeinden kann an die Stelle einer gewählten Körperschaft die Gemeindeversammlung treten.
(2) Den Gemeinden muß das Recht gewährleistet sein, alle Angelegenheiten der örtlichen Gemeinschaft im Rahmen der Gesetze in eigener Verantwortung zu regeln. Auch die Gemeindeverbände haben im Rahmen ihres gesetzlichen Aufgabenbereiches nach Maßgabe der Gesetze das Recht der Selbstverwaltung. Die Gewährleistung der Selbstverwaltung umfaßt auch die Grundlagen der finanziellen Eigenverantwortung, zu diesen Grundlagen gehört eine den Gemeinden mit Hebesatzrecht zustehende wirtschaftskraftbezogene Steuerquelle.
(3) Der Bund gewährleistet, daß die verfassungsmäßige Ordnung der Länder den Grundrechten und den Bestimmungen der Absätze 1 und 2 entspricht.

Artikel 29 (Neugliederung des Bundesgebiets)
(1) Das Bundesgebiet kann neu gegliedert werden, um zu gewährleisten, daß die Länder nach Größe und Leistungsfähigkeit die ihnen obliegenden Aufgaben wirksam erfüllen können. Dabei sind die landsmannschaftliche Verbundenheit, die geschichtlichen und kulturellen Zusammenhänge, die wirtschaftliche Zweckmäßigkeit sowie die Erfordernisse der Raumordnung und der Landesplanung zu berücksichtigen.

(2) Maßnahmen zur Neugliederung des Bundesgebietes ergehen durch Bundesgesetz, das der Bestätigung durch Volksentscheid bedarf. Die betroffenen Länder sind zu hören.
(3) Der Volksentscheid findet in den Ländern statt, aus deren Gebieten oder Gebietsteilen ein neues oder neu umgrenztes Land gebildet werden soll (betroffene Länder). Abzustimmen ist über die Frage, ob die betroffenen Länder wie bisher bestehenbleiben sollen oder ob das neue oder neu umgrenzte Land gebildet werden soll. Der Volksentscheid für die Bildung eines neuen oder neu umgrenzten Landes kommt zustande, wenn in dessen künftigem Gebiet und insgesamt in den Gebieten oder Gebietsteilen eines betroffenen Landes, deren Landeszugehörigkeit im gleichen Sinne geändert werden soll, jeweils eine Mehrheit der Änderung zustimmt. Er kommt nicht zustande, wenn im Gebiet eines der betroffenen Länder eine Mehrheit die Änderung ablehnt; die Ablehnung ist jedoch unbeachtlich, wenn in einem Gebietsteil, dessen Zugehörigkeit zu dem betroffenen Land geändert werden soll, eine Mehrheit von zwei Dritteln der Änderung zustimmt, es sei denn, daß im Gesamtgebiet des betroffenen Landes eine Mehrheit von zwei Dritteln die Änderung ablehnt.
(4) Wird in einem zusammenhängenden, abgegrenzten Siedlungs- und Wirtschaftsraum, dessen Teile in mehreren Ländern liegen und der mindestens eine Million Einwohner hat, von einem Zehntel der in ihm zum Bundestag Wahlberechtigten durch Volksbegehren gefordert, daß für diesen Raum eine einheitliche Landeszugehörigkeit herbeigeführt werde, so ist durch Bundesgesetz innerhalb von zwei Jahren entweder zu bestimmen, ob die Landeszugehörigkeit gemäß Absatz 2 geändert wird, oder daß in den betroffenen Ländern eine Volksbefragung stattfindet.
(5) Die Volksbefragung ist darauf gerichtet festzustellen, ob eine in dem Gesetz vorzuschlagende Änderung der Landeszugehörigkeit Zustimmung findet. Das Gesetz kann verschiedene, jedoch nicht mehr als zwei Vorschläge der Volksbefragung vorlegen. Stimmt eine Mehrheit einer vorgeschlagenen Änderung der Landeszugehörigkeit zu, so ist durch Bundesgesetz innerhalb von zwei Jahren zu bestimmen, ob die Landeszugehörigkeit gemäß Absatz 2 geändert wird. Findet ein der Volksbefragung vorgelegter Vorschlag nur den Maßgaben des Absatzes 3 Satz 3 und 4 entsprechende Zustimmung, so ist innerhalb von zwei Jahren nach der Durchführung der Volksbefragung ein Bundesgesetz zur Bildung des vorgeschlagenen Landes zu erlassen, das der Bestätigung durch Volksentscheid nicht mehr bedarf.
(6) Mehrheit im Volksentscheid und in der Volksbefragung ist die Mehrheit der abgegebenen Stimmen, wenn sie mindestens ein Viertel der zum Bundestag Wahlberechtigten umfaßt. Im übrigen wird das Nähere über Volksentscheid, Volksbegehren und Volksbefragung durch ein Bundesgesetz geregelt; dieses kann auch vorsehen, daß Volksbegehren innerhalb eines Zeitraumes von fünf Jahren nicht wiederholt werden können.
(7) Sonstige Änderungen des Gebietsbestandes der Länder können durch Staatsverträge der beteiligten Länder oder durch Bundesgesetz mit Zustimmung des Bundesrates erfolgen, wenn das Gebiet, dessen Landeszugehörigkeit geändert werden soll, nicht mehr als 50 000 Einwohner hat. Das Nähere regelt ein Bundesgesetz, das der Zustimmung des Bundesrates und der Mehrheit der Mitglieder des Bundestages bedarf. Es muß die Anhörung der betroffenen Gemeinden und Kreise vorsehen.
(8) Die Länder können eine Neugliederung für das jeweils von ihnen umfaßte Gebiet oder für Teilgebiete abweichend von den Vorschriften der Absätze 2 bis 7 durch Staatsvertrag regeln. Die betroffenen Gemeinden und Kreise sind zu hören. Der Staatsvertrag bedarf der Bestätigung durch Volksentscheid in jedem beteiligten Land. Betrifft der Staatsvertrag Teilgebiete der Länder, kann die Bestätigung auf Volksentscheide in diesen Teilgebieten beschränkt werden; Satz 5 zweiter Halbsatz findet keine Anwendung. Bei einem Volksentscheid entscheidet die Mehrheit der abgegebenen Stimmen, wenn sie mindestens ein Viertel der zum Bundestag Wahlberechtigten umfaßt; das Nähere regelt ein Bundesgesetz. Der Staatsvertrag bedarf der Zustimmung des Bundestages.

Artikel 30 (Funktionen der Länder)
Die Ausübung der staatlichen Befugnisse und die Erfüllung der staatlichen Aufgaben ist Sache der Länder, soweit dieses Grundgesetz keine andere Regelung trifft oder zuläßt.

Artikel 31 (Vorrang des Bundesrechts)
Bundesrecht bricht Landesrecht.

Artikel 32 (Auswärtige Beziehungen)
(1) Die Pflege der Beziehungen zu auswärtigen Staaten ist Sache des Bundes.
(2) Vor dem Abschlusse eines Vertrages, der die besonderen Verhältnisse eines Landes berührt, ist das Land rechtzeitig zu hören.

(3) Soweit die Länder für die Gesetzgebung zuständig sind, können sie mit Zustimmung der Bundesregierung mit auswärtigen Staaten Verträge abschließen.

Artikel 33 (Staatsbürger, öffentlicher Dienst)

(1) Jeder Deutsche hat in jedem Lande die gleichen staatsbürgerlichen Rechte und Pflichten.
(2) Jeder Deutsche hat nach seiner Eignung, Befähigung und fachlichen Leistung gleichen Zugang zu jedem öffentlichen Amte.
(3) Der Genuß bürgerlicher und staatsbürgerlicher Rechte, die Zulassung zu öffentlichen Ämtern sowie die im öffentlichen Dienste erworbenen Rechte sind unabhängig von dem religiösen Bekenntnis. Niemandem darf aus seiner Zugehörigkeit oder Nichtzugehörigkeit zu einem Bekenntnisse oder einer Weltanschauung ein Nachteil erwachsen.
(4) Die Ausübung hoheitsrechtlicher Befugnisse ist als ständige Aufgabe in der Regel Angehörigen des öffentlichen Dienstes zu übertragen, die in einem öffentlich-rechtlichen Dienst- und Treueverhältnis stehen.
(5) Das Recht des öffentlichen Dienstes ist unter Berücksichtigung der hergebrachten Grundsätze des Berufsbeamtentums zu regeln und fortzuentwickeln.

Artikel 34 (Amtshaftung bei Amtspflichtverletzungen)

Verletzt jemand in Ausübung eines ihm anvertrauten öffentlichen Amtes die ihm einem Dritten gegenüber obliegende Amtspflicht, so trifft die Verantwortlichkeit grundsätzlich den Staat oder die Körperschaft, in deren Dienst er steht. Bei Vorsatz oder grober Fahrlässigkeit bleibt der Rückgriff vorbehalten. Für den Anspruch auf Schadensersatz und für den Rückgriff darf der ordentliche Rechtsweg nicht ausgeschlossen werden.

Artikel 35 (Rechts- und Amtshilfe)

(1) Alle Behörden des Bundes und der Länder leisten sich gegenseitig Rechts- und Amtshilfe.
(2) Zur Aufrechterhaltung oder Wiederherstellung der öffentlichen Sicherheit oder Ordnung kann ein Land in Fällen von besonderer Bedeutung Kräfte und Einrichtungen des Bundesgrenzschutzes zur Unterstützung seiner Polizei anfordern, wenn die Polizei ohne diese Unterstützung eine Aufgabe nicht oder nur unter erheblichen Schwierigkeiten erfüllen könnte. Zur Hilfe bei einer Naturkatastrophe oder bei einem besonders schweren Unglücksfall kann ein Land Polizeikräfte anderer Länder, Kräfte und Einrichtungen anderer Verwaltungen sowie des Bundesgrenzschutzes und der Streitkräfte anfordern.
(3) Gefährdet die Naturkatastrophe oder der Unglücksfall das Gebiet mehr als eines Landes, so kann die Bundesregierung, soweit es zur wirksamen Bekämpfung erforderlich ist, den Landesregierungen die Weisung erteilen, Polizeikräfte anderen Ländern zur Verfügung zu stellen, sowie Einheiten des Bundesgrenzschutzes und der Streitkräfte zur Unterstützung der Polizeikräfte einsetzen. Maßnahmen der Bundesregierung nach Satz 1 sind jederzeit auf Verlangen des Bundesrates, im übrigen unverzüglich nach Beseitigung der Gefahr aufzuheben.

Artikel 36 (Landsmannschaftliche Gleichbehandlung)

(1) Bei den obersten Bundesbehörden sind Beamte aus allen Ländern in angemessenem Verhältnis zu verwenden. Die bei den übrigen Bundesbehörden beschäftigten Personen sollen in der Regel aus dem Lande genommen werden, in dem sie tätig sind.
(2) Die Wehrgesetze haben auch die Gliederung des Bundes in Länder und ihre besonderen landsmannschaftlichen Verhältnisse zu berücksichtigen.

Artikel 37 (Bundeszwang)

(1) Wenn ein Land die ihm nach dem Grundgesetze oder einem anderen Bundesgesetze obliegenden Bundespflichten nicht erfüllt, kann die Bundesregierung mit Zustimmung des Bundesrates die notwendigen Maßnahmen treffen, um das Land im Wege des Bundeszwanges zur Erfüllung seiner Pflichten anzuhalten.
(2) Zur Durchführung des Bundeszwanges hat die Bundesregierung oder ihr Beauftragter das Weisungsrecht gegenüber allen Ländern und ihren Behörden.

III. Der Bundestag

Artikel 38 (Wahl)

(1) Die Abgeordneten des Deutschen Bundestages werden in allgemeiner, unmittelbarer, freier, gleicher und geheimer Wahl gewählt. Sie sind Vertreter des ganzen Volkes, an Aufträge und Weisungen nicht gebunden und nur ihrem Gewissen unterworfen.
(2) Wahlberechtigt ist, wer das achtzehnte Lebensjahr vollendet hat; wählbar ist, wer das Alter erreicht hat, mit dem die Volljährigkeit eintritt.
(3) Das Nähere bestimmt ein Bundesgesetz.

Artikel 39 (Wahlperiode, Zusammentritt)

(1) Der Bundestag wird vorbehaltlich der nachfolgenden Bestimmungen auf vier Jahre gewählt. Seine Wahlperiode endet mit dem Zusammentritt eines neuen Bundestages. Die Neuwahl findet frühestens sechsundvierzig, spätestens achtundvierzig Monate nach Beginn der Wahlperiode statt. Im Falle einer Auflösung des Bundestages findet die Neuwahl innerhalb von sechzig Tagen statt.
(2) Der Bundestag tritt spätestens am dreißigsten Tage nach der Wahl zusammen.
(3) Der Bundestag bestimmt den Schluß und den Wiederbeginn seiner Sitzungen. Der Präsident des Bundestages kann ihn früher einberufen. Er ist hierzu verpflichtet, wenn ein Drittel der Mitglieder, der Bundespräsident oder der Bundeskanzler es verlangen.

Artikel 40 (Präsidium, Geschäftsordnung)

(1) Der Bundestag wählt seinen Präsidenten, dessen Stellvertreter und die Schriftführer. Er gibt sich eine Geschäftsordnung.
(2) Der Präsident übt das Hausrecht und die Polizeigewalt im Gebäude des Bundestages aus. Ohne seine Genehmigung darf in den Räumen des Bundestages keine Durchsuchung oder Beschlagnahme stattfinden.

Artikel 41 (Wahlprüfung)

(1) Die Wahlprüfung ist Sache des Bundestages. Er entscheidet auch, ob ein Abgeordneter des Bundestages die Mitgliedschaft verloren hat.
(2) Gegen die Entscheidung des Bundestages ist die Beschwerde an das Bundesverfassungsgericht zulässig.
(3) Das Nähere regelt ein Bundesgesetz.

Artikel 42 (Öffentlichkeit, Beschlussfassung)

(1) Der Bundestag verhandelt öffentlich. Auf Antrag eines Zehntels seiner Mitglieder oder auf Antrag der Bundesregierung kann mit Zweidrittelmehrheit die Öffentlichkeit ausgeschlossen werden. Über den Antrag wird in nichtöffentlicher Sitzung entschieden.
(2) Zu einem Beschlusse des Bundestages ist die Mehrheit der abgegebenen Stimmen erforderlich, soweit dieses Grundgesetz nichts anderes bestimmt. Für die vom Bundestage vorzunehmenden Wahlen kann die Geschäftsordnung Ausnahmen zulassen.
(3) Wahrheitsgetreue Berichte über die öffentlichen Sitzungen des Bundestages und seiner Ausschüsse bleiben von jeder Verantwortlichkeit frei.

Artikel 43 (Anwesenheit der Bundesminister)

(1) Der Bundestag und seine Ausschüsse können die Anwesenheit jedes Mitgliedes der Bundesregierung verlangen.
(2) Die Mitglieder des Bundesrates und der Bundesregierung sowie ihre Beauftragten haben zu allen Sitzungen des Bundestages und seiner Ausschüsse Zutritt. Sie müssen jederzeit gehört werden.

Artikel 44 (Untersuchungsausschüsse)

(1) Der Bundestag hat das Recht und auf Antrag eines Viertels seiner Mitglieder die Pflicht, einen Untersuchungsausschuß einzusetzen, der in öffentlicher Verhandlung die erforderlichen Beweise erhebt. Die Öffentlichkeit kann ausgeschlossen werden.
(2) Auf Beweiserhebungen finden die Vorschriften über den Strafprozeß sinngemäß Anwendung. Das Brief-, Post- und Fernmeldegeheimnis bleibt unberührt.
(3) Gerichte und Verwaltungsbehörden sind zur Rechts- und Amtshilfe verpflichtet.

(4) Die Beschlüsse der Untersuchungsausschüsse sind der richterlichen Erörterung entzogen. In der Würdigung und Beurteilung des der Untersuchung zugrunde liegenden Sachverhaltes sind die Gerichte frei.

Artikel 45 (Ausschuss für die Angelegenheiten der Europäischen Union)
Der Bundestag bestellt einen Ausschuß für die Angelegenheiten der Europäischen Union. Er kann ihn ermächtigen, die Rechte des Bundestages gemäß Artikel 23 gegenüber der Bundesregierung wahrzunehmen. Er kann ihn auch ermächtigen, die Rechte wahrzunehmen, die dem Bundestag in den vertraglichen Grundlagen der Europäischen Union eingeräumt sind.

Artikel 45a (Ausschüsse für Auswärtiges und Verteidigung)
(1) Der Bundestag bestellt einen Ausschuß für auswärtige Angelegenheiten und einen Ausschuß für Verteidigung.
(2) Der Ausschuß für Verteidigung hat auch die Rechte eines Untersuchungsausschusses. Auf Antrag eines Viertels seiner Mitglieder hat er die Pflicht, eine Angelegenheit zum Gegenstand seiner Untersuchung zu machen.
(3) Artikel 44 Abs. 1 findet auf dem Gebiet der Verteidigung keine Anwendung.

Artikel 45b (Wehrbeauftragter)
Zum Schutz der Grundrechte und als Hilfsorgan des Bundestages bei der Ausübung der parlamentarischen Kontrolle wird ein Wehrbeauftragter des Bundestages berufen. Das Nähere regelt ein Bundesgesetz.

Artikel 45c (Petitionsausschuss)
(1) Der Bundestag bestellt einen Petitionsausschuß, dem die Behandlung der nach Artikel 17 an den Bundestag gerichteten Bitten und Beschwerden obliegt.
(2) Die Befugnisse des Ausschusses zur Überprüfung von Beschwerden regelt ein Bundesgesetz.

Artikel 45d (Parlamentarisches Kontrollgremium)
(1) Der Bundestag bestellt ein Gremium zur Kontrolle der nachrichtendienstlichen Tätigkeit des Bundes.
(2) Das Nähere regelt ein Bundesgesetz.

Artikel 46 (Indemnität, Immunität)
(1) Ein Abgeordneter darf zu keiner Zeit wegen seiner Abstimmung oder wegen einer Äußerung, die er im Bundestage oder in einem seiner Ausschüsse getan hat, gerichtlich oder dienstlich verfolgt oder sonst außerhalb des Bundestages zur Verantwortung gezogen werden. Dies gilt nicht für verleumderische Beleidigungen.
(2) Wegen einer mit Strafe bedrohten Handlung darf ein Abgeordneter nur mit Genehmigung des Bundestages zur Verantwortung gezogen oder verhaftet werden, es sei denn, daß er bei Begehung der Tat oder im Laufe des folgenden Tages festgenommen wird.
(3) Die Genehmigung des Bundestages ist ferner bei jeder anderen Beschränkung der persönlichen Freiheit eines Abgeordneten oder zur Einleitung eines Verfahrens gegen einen Abgeordneten gemäß Artikel 18 erforderlich.
(4) Jedes Strafverfahren und jedes Verfahren gemäß Artikel 18 gegen einen Abgeordneten, jede Haft und jede sonstige Beschränkung seiner persönlichen Freiheit sind auf Verlangen des Bundestages auszusetzen.

Artikel 47 (Zeugnisverweigerungsrecht)
Die Abgeordneten sind berechtigt, über Personen, die ihnen in ihrer Eigenschaft als Abgeordnete oder denen sie in dieser Eigenschaft Tatsachen anvertraut haben, sowie über diese Tatsachen selbst das Zeugnis zu verweigern. Soweit dieses Zeugnisverweigerungsrecht reicht, ist die Beschlagnahme von Schriftstücken unzulässig.

Artikel 48 (Ansprüche der Abgeordneten)
(1) Wer sich um einen Sitz im Bundestage bewirbt, hat Anspruch auf den zur Vorbereitung seiner Wahl erforderlichen Urlaub.
(2) Niemand darf gehindert werden, das Amt eines Abgeordneten zu übernehmen und auszuüben. Eine Kündigung oder Entlassung aus diesem Grunde ist unzulässig.

(3) Die Abgeordneten haben Anspruch auf eine angemessene, ihre Unabhängigkeit sichernde Entschädigung. Sie haben das Recht der freien Benutzung aller staatlichen Verkehrsmittel. Das Nähere regelt ein Bundesgesetz.

Artikel 49 (weggefallen)

IV. Der Bundesrat

Artikel 50 (Funktion)
Durch den Bundesrat wirken die Länder bei der Gesetzgebung und Verwaltung des Bundes und in Angelegenheiten der Europäischen Union mit.

Artikel 51 (Zusammensetzung)
(1) Der Bundesrat besteht aus Mitgliedern der Regierungen der Länder, die sie bestellen und abberufen. Sie können durch andere Mitglieder ihrer Regierungen vertreten werden.
(2) Jedes Land hat mindestens drei Stimmen, Länder mit mehr als zwei Millionen Einwohnern haben vier, Länder mit mehr als sechs Millionen Einwohnern fünf, Länder mit mehr als sieben Millionen Einwohnern sechs Stimmen.
(3) Jedes Land kann so viele Mitglieder entsenden, wie es Stimmen hat. Die Stimmen eines Landes können nur einheitlich und nur durch anwesende Mitglieder oder deren Vertreter abgegeben werden.

Artikel 52 (Präsident, Geschäftsordnung)
(1) Der Bundesrat wählt seinen Präsidenten auf ein Jahr.
(2) Der Präsident beruft den Bundesrat ein. Er hat ihn einzuberufen, wenn die Vertreter von mindestens zwei Ländern oder die Bundesregierung es verlangen.
(3) Der Bundesrat faßt seine Beschlüsse mit mindestens der Mehrheit seiner Stimmen. Er gibt sich eine Geschäftsordnung. Er verhandelt öffentlich. Die Öffentlichkeit kann ausgeschlossen werden.
(3a) Für Angelegenheiten der Europäischen Union kann der Bundesrat eine Europakammer bilden, deren Beschlüsse als Beschlüsse des Bundesrates gelten; die Anzahl der einheitlich abzugebenden Stimmen der Länder bestimmt sich nach Artikel 51 Abs. 2.
(4) Den Ausschüssen des Bundesrates können andere Mitglieder oder Beauftragte der Regierungen der Länder angehören.

Artikel 53 (Anwesenheit der Bundesregierung)
Die Mitglieder der Bundesregierung haben das Recht und auf Verlangen die Pflicht, an den Verhandlungen des Bundesrates und seiner Ausschüsse teilzunehmen. Sie müssen jederzeit gehört werden. Der Bundesrat ist von der Bundesregierung über die Führung der Geschäfte auf dem laufenden zu halten.

IVa. Gemeinsamer Ausschuß

Artikel 53a (Zusammensetzung, Verfahren)
(1) Der Gemeinsame Ausschuß besteht zu zwei Dritteln aus Abgeordneten des Bundestages, zu einem Drittel aus Mitgliedern des Bundesrates. Die Abgeordneten werden vom Bundestage entsprechend dem Stärkeverhältnis der Fraktionen bestimmt; sie dürfen nicht der Bundesregierung angehören. Jedes Land wird durch ein von ihm bestelltes Mitglied des Bundesrates vertreten; diese Mitglieder sind nicht an Weisungen gebunden. Die Bildung des Gemeinsamen Ausschusses und sein Verfahren werden durch eine Geschäftsordnung geregelt, die vom Bundestage zu beschließen ist und der Zustimmung des Bundesrates bedarf.
(2) Die Bundesregierung hat den Gemeinsamen Ausschuß über ihre Planungen für den Verteidigungsfall zu unterrichten. Die Rechte des Bundestages und seiner Ausschüsse nach Artikel 43 Abs. 1 bleiben unberührt.

V. Der Bundespräsident

Artikel 54 (Bundesversammlung)
(1) Der Bundespräsident wird ohne Aussprache von der Bundesversammlung gewählt. Wählbar ist jeder Deutsche, der das Wahlrecht zum Bundestage besitzt und das vierzigste Lebensjahr vollendet hat.
(2) Das Amt des Bundespräsidenten dauert fünf Jahre. Anschließende Wiederwahl ist nur einmal zulässig.

(3) Die Bundesversammlung besteht aus den Mitgliedern des Bundestages und einer gleichen Anzahl von Mitgliedern, die von den Volksvertretungen der Länder nach den Grundsätzen der Verhältniswahl gewählt werden.
(4) Die Bundesversammlung tritt spätestens 30 Tage vor Ablauf der Amtszeit des Bundespräsidenten, bei vorzeitiger Beendigung spätestens 30 Tage nach diesem Zeitpunkt zusammen. Sie wird von dem Präsidenten des Bundestages einberufen.
(5) Nach Ablauf der Wahlperiode beginnt die Frist des Absatzes 4 Satz 1 mit dem ersten Zusammentritt des Bundestages.
(6) Gewählt ist, wer die Stimmen der Mehrheit der Mitglieder der Bundesversammlung erhält. Wird diese Mehrheit in zwei Wahlgängen von keinem Bewerber erreicht, so ist gewählt, wer in einem weiteren Wahlgang die meisten Stimmen auf sich vereinigt.
(7) Das Nähere regelt ein Bundesgesetz.

Artikel 55 (Unabhängigkeit des Bundespräsidenten)
(1) Der Bundespräsident darf weder der Regierung noch einer gesetzgebenden Körperschaft des Bundes oder eines Landes angehören.
(2) Der Bundespräsident darf kein anderes besoldetes Amt, kein Gewerbe und keinen Beruf ausüben und weder der Leitung noch dem Aufsichtsrat eines auf Erwerb gerichteten Unternehmens angehören.

Artikel 56 (Eidesleistung)
Der Bundespräsident leistet bei seinem Amtsantritt vor den versammelten Mitgliedern des Bundestages und des Bundesrates folgenden Eid: „Ich schwöre, daß ich meine Kraft dem Wohle des deutschen Volkes widmen, seinen Nutzen mehren, Schaden von ihm wenden, das Grundgesetz und die Gesetze des Bundes wahren und verteidigen, meine Pflichten gewissenhaft erfüllen und Gerechtigkeit gegen jedermann üben werde. So wahr mir Gott helfe." Der Eid kann auch ohne religiöse Beteuerung geleistet werden.

Artikel 57 (Vertretung)
Die Befugnisse des Bundespräsidenten werden im Falle seiner Verhinderung oder bei vorzeitiger Erledigung des Amtes durch den Präsidenten des Bundesrates wahrgenommen.

Artikel 58 (Gegenzeichnung)
Anordnungen und Verfügungen des Bundespräsidenten bedürfen zu ihrer Gültigkeit der Gegenzeichnung durch den Bundeskanzler oder durch den zuständigen Bundesminister. Dies gilt nicht für die Ernennung und Entlassung des Bundeskanzlers, die Auflösung des Bundestages gemäß Artikel 63 und das Ersuchen gemäß Artikel 69 Abs. 3.

Artikel 59 (Völkerrechtliche Vertretungsmacht)
(1) Der Bundespräsident vertritt den Bund völkerrechtlich. Er schließt im Namen des Bundes die Verträge mit auswärtigen Staaten. Er beglaubigt und empfängt die Gesandten.
(2) Verträge, welche die politischen Beziehungen des Bundes regeln oder sich auf Gegenstände der Bundesgesetzgebung beziehen, bedürfen der Zustimmung oder der Mitwirkung der jeweils für die Bundesgesetzgebung zuständigen Körperschaften in der Form eines Bundesgesetzes. Für Verwaltungsabkommen gelten die Vorschriften über die Bundesverwaltung entsprechend.

Artikel 60 (Ernennung der Bundesbeamten)
(1) Der Bundespräsident ernennt und entläßt die Bundesrichter, die Bundesbeamten, die Offiziere und Unteroffiziere, soweit gesetzlich nichts anderes bestimmt ist.
(2) Er übt im Einzelfalle für den Bund das Begnadigungsrecht aus.
(3) Er kann diese Befugnisse auf andere Behörden übertragen.
(4) Die Absätze 2 bis 4 des Artikels 46 finden auf den Bundespräsidenten entsprechende Anwendung.

Artikel 61 (Anklage vor dem Bundesverfassungsgericht)
(1) Der Bundestag oder der Bundesrat können den Bundespräsidenten wegen vorsätzlicher Verletzung des Grundgesetzes oder eines anderen Bundesgesetzes vor dem Bundesverfassungsgericht anklagen. Der Antrag auf Erhebung der Anklage muß von mindestens einem Viertel der Mitglieder des Bundestages oder einem Viertel der Stimmen des Bundesrates gestellt werden. Der Beschluß auf Erhebung der Anklage bedarf der Mehrheit von zwei Dritteln der Mitglieder des Bundestages oder von zwei Dritteln der Stimmen des Bundesrates. Die Anklage wird von einem Beauftragten der anklagenden Körperschaft vertreten.

(2) Stellt das Bundesverfassungsgericht fest, daß der Bundespräsident einer vorsätzlichen Verletzung des Grundgesetzes oder eines anderen Bundesgesetzes schuldig ist, so kann es ihn des Amtes für verlustig erklären. Durch einstweilige Anordnung kann es nach der Erhebung der Anklage bestimmen, daß er an der Ausübung seines Amtes verhindert ist.

VI. Die Bundesregierung

Artikel 62 (Zusammensetzung)
Die Bundesregierung besteht aus dem Bundeskanzler und aus den Bundesministern.

Artikel 63 (Wahl des Bundeskanzlers; Bundestagsauflösung)
(1) Der Bundeskanzler wird auf Vorschlag des Bundespräsidenten vom Bundestage ohne Aussprache gewählt.
(2) Gewählt ist, wer die Stimmen der Mehrheit der Mitglieder des Bundestages auf sich vereinigt. Der Gewählte ist vom Bundespräsidenten zu ernennen.
(3) Wird der Vorgeschlagene nicht gewählt, so kann der Bundestag binnen vierzehn Tagen nach dem Wahlgange mit mehr als der Hälfte seiner Mitglieder einen Bundeskanzler wählen.
(4) Kommt eine Wahl innerhalb dieser Frist nicht zustande, so findet unverzüglich ein neuer Wahlgang statt, in dem gewählt ist, wer die meisten Stimmen erhält. Vereinigt der Gewählte die Stimmen der Mehrheit der Mitglieder des Bundestages auf sich, so muß der Bundespräsident ihn binnen sieben Tagen nach der Wahl ernennen. Erreicht der Gewählte diese Mehrheit nicht, so hat der Bundespräsident binnen sieben Tagen entweder ihn zu ernennen oder den Bundestag aufzulösen.

Artikel 64 (Ernennung der Bundesminister)
(1) Die Bundesminister werden auf Vorschlag des Bundeskanzlers vom Bundespräsidenten ernannt und entlassen.
(2) Der Bundeskanzler und die Bundesminister leisten bei der Amtsübernahme vor dem Bundestage den in Artikel 56 vorgesehenen Eid.

Artikel 65 (Verantwortung, Geschäftsordnung)
Der Bundeskanzler bestimmt die Richtlinien der Politik und trägt dafür die Verantwortung. Innerhalb dieser Richtlinien leitet jeder Bundesminister seinen Geschäftsbereich selbständig und unter eigener Verantwortung. Über Meinungsverschiedenheiten zwischen den Bundesministern entscheidet die Bundesregierung. Der Bundeskanzler leitet ihre Geschäfte nach einer von der Bundesregierung beschlossenen und vom Bundespräsidenten genehmigten Geschäftsordnung.

Artikel 65a (Befehls- und Kommandogewalt)
Der Bundesminister für Verteidigung hat die Befehls- und Kommandogewalt über die Streitkräfte.

Artikel 66 (Kein Nebenberuf)
Der Bundeskanzler und die Bundesminister dürfen kein anderes besoldetes Amt, kein Gewerbe und keinen Beruf ausüben und weder der Leitung noch ohne Zustimmung des Bundestages dem Aufsichtsrate eines auf Erwerb gerichteten Unternehmens angehören.

Artikel 67 (Misstrauensvotum)
(1) Der Bundestag kann dem Bundeskanzler das Mißtrauen nur dadurch aussprechen, daß er mit der Mehrheit seiner Mitglieder einen Nachfolger wählt und den Bundespräsidenten ersucht, den Bundeskanzler zu entlassen. Der Bundespräsident muß dem Ersuchen entsprechen und den Gewählten ernennen.
(2) Zwischen dem Antrage und der Wahl müssen 48 Stunden liegen.

Artikel 68 (Vertrauensvotum – Bundestagsauflösung)
(1) Findet ein Antrag des Bundeskanzlers, ihm das Vertrauen auszusprechen, nicht die Zustimmung der Mehrheit der Mitglieder des Bundestages, so kann der Bundespräsident auf Vorschlag des Bundeskanzlers binnen 21 Tagen den Bundestag auflösen. Das Recht zur Auflösung erlischt, sobald der Bundestag mit der Mehrheit seiner Mitglieder einen anderen Bundeskanzler wählt.
(2) Zwischen dem Antrage und der Abstimmung müssen 48 Stunden liegen.

Artikel 69 (Stellvertreter des Bundeskanzlers)
(1) Der Bundeskanzler ernennt einen Bundesminister zu seinem Stellvertreter.

(2) Das Amt des Bundeskanzlers oder eines Bundesministers endigt in jedem Falle mit dem Zusammentritt eines neuen Bundestages, das Amt eines Bundesministers auch mit jeder anderen Erledigung des Amtes des Bundeskanzlers.
(3) Auf Ersuchen des Bundespräsidenten ist der Bundeskanzler, auf Ersuchen des Bundeskanzlers oder des Bundespräsidenten ein Bundesminister verpflichtet, die Geschäfte bis zur Ernennung seines Nachfolgers weiterzuführen.

VII. Die Gesetzgebung des Bundes

Artikel 70 (Gesetzgebung des Bundes und der Länder)
(1) Die Länder haben das Recht der Gesetzgebung, soweit dieses Grundgesetz nicht dem Bunde Gesetzgebungsbefugnisse verleiht.
(2) Die Abgrenzung der Zuständigkeit zwischen Bund und Ländern bemißt sich nach den Vorschriften dieses Grundgesetzes über die ausschließliche und die konkurrierende Gesetzgebung.

Artikel 71 (Ausschließliche Gesetzgebung)
Im Bereiche der ausschließlichen Gesetzgebung des Bundes haben die Länder die Befugnis zur Gesetzgebung nur, wenn und soweit sie hierzu in einem Bundesgesetze ausdrücklich ermächtigt werden.

Artikel 72 (Konkurrierende Gesetzgebung)
(1) Im Bereich der konkurrierenden Gesetzgebung haben die Länder die Befugnis zur Gesetzgebung, solange und soweit der Bund von seiner Gesetzgebungszuständigkeit nicht durch Gesetz Gebrauch gemacht hat.
(2) Auf den Gebieten des Artikels 74 Abs. 1 Nr. 4, 7, 11, 13, 15, 19a, 20, 22, 25 und 26 hat der Bund das Gesetzgebungsrecht, wenn und soweit die Herstellung gleichwertiger Lebensverhältnisse im Bundesgebiet oder die Wahrung der Rechts- oder Wirtschaftseinheit im gesamtstaatlichen Interesse eine bundesgesetzliche Regelung erforderlich macht.
(3) Hat der Bund von seiner Gesetzgebungszuständigkeit Gebrauch gemacht, können die Länder durch Gesetz hiervon abweichende Regelungen treffen über:
1. das Jagdwesen (ohne das Recht der Jagdscheine);
2. den Naturschutz und die Landschaftspflege (ohne die allgemeinen Grundsätze des Naturschutzes, das Recht des Artenschutzes oder des Meeresnaturschutzes);
3. die Bodenverteilung;
4. die Raumordnung;
5. den Wasserhaushalt (ohne stoff- oder anlagenbezogene Regelungen);
6. die Hochschulzulassung und die Hochschulabschlüsse;
7. die Grundsteuer.

Bundesgesetze auf diesen Gebieten treten frühestens sechs Monate nach ihrer Verkündung in Kraft, soweit nicht mit Zustimmung des Bundesrates anderes bestimmt ist. Auf den Gebieten des Satzes 1 geht im Verhältnis von Bundes- und Landesrecht das jeweils spätere Gesetz vor.
(4) Durch Bundesgesetz kann bestimmt werden, daß eine bundesgesetzliche Regelung, für die eine Erforderlichkeit im Sinne des Absatzes 2 nicht mehr besteht, durch Landesrecht ersetzt werden kann.

Artikel 73 (Sachgebiete der ausschließlichen Gesetzgebung)
(1) Der Bund hat die ausschließliche Gesetzgebung über:
1. die auswärtigen Angelegenheiten sowie die Verteidigung einschließlich des Schutzes der Zivilbevölkerung;
2. die Staatsangehörigkeit im Bunde;
3. die Freizügigkeit, das Passwesen, das Melde- und Ausweisen, die Ein- und Auswanderung und die Auslieferung;
4. das Währungs-, Geld- und Münzwesen, Maße und Gewichte sowie die Zeitbestimmung;
5. die Einheit des Zoll- und Handelsgebietes, die Handels- und Schiffahrtsverträge, die Freizügigkeit des Warenverkehrs und den Waren- und Zahlungsverkehr mit dem Auslande einschließlich des Zoll- und Grenzschutzes;
5a. den Schutz deutschen Kulturgutes gegen Abwanderung ins Ausland;
6. den Luftverkehr;

6a. den Verkehr von Eisenbahnen, die ganz oder mehrheitlich im Eigentum des Bundes stehen (Eisenbahnen des Bundes), den Bau, die Unterhaltung und das Betreiben von Schienenwegen der Eisenbahnen des Bundes sowie die Erhebung von Entgelten für die Benutzung dieser Schienenwege;
7. das Postwesen und die Telekommunikation;
8. die Rechtsverhältnisse der im Dienste des Bundes und der bundesunmittelbaren Körperschaften des öffentlichen Rechtes stehenden Personen;
9. den gewerblichen Rechtsschutz, das Urheberrecht und das Verlagsrecht;
9a. die Abwehr von Gefahren des internationalen Terrorismus durch das Bundeskriminalpolizeiamt in Fällen, in denen eine länderübergreifende Gefahr vorliegt, die Zuständigkeit einer Landespolizeibehörde nicht erkennbar ist oder die oberste Landesbehörde um eine Übernahme ersucht;
10. die Zusammenarbeit des Bundes und der Länder
    a) in der Kriminalpolizei,
    b) zum Schutze der freiheitlichen demokratischen Grundordnung, des Bestandes und der Sicherheit des Bundes oder eines Landes (Verfassungsschutz) und
    c) zum Schutze gegen Bestrebungen im Bundesgebiet, die durch Anwendung von Gewalt oder darauf gerichtete Vorbereitungshandlungen auswärtige Belange der Bundesrepublik Deutschland gefährden,
    sowie die Einrichtung eines Bundeskriminalpolizeiamtes und die internationale Verbrechensbekämpfung;
11. die Statistik für Bundeszwecke;
12. das Waffen- und das Sprengstoffrecht;
13. die Versorgung der Kriegsbeschädigten und Kriegshinterbliebenen und die Fürsorge für die ehemaligen Kriegsgefangenen;
14. die Erzeugung und Nutzung der Kernenergie zu friedlichen Zwecken, die Errichtung und den Betrieb von Anlagen, die diesen Zwecken dienen, den Schutz gegen Gefahren, die bei Freiwerden von Kernenergie oder durch ionisierende Strahlen entstehen, und die Beseitigung radioaktiver Stoffe.

(2) Gesetze nach Absatz 1 Nr. 9a bedürfen der Zustimmung des Bundesrates.

Artikel 74 (Sachgebiete der konkurrierenden Gesetzgebung)

(1) Die konkurrierende Gesetzgebung erstreckt sich auf folgende Gebiete:
1. das bürgerliche Recht, das Strafrecht, die Gerichtsverfassung, das gerichtliche Verfahren (ohne das Recht des Untersuchungshaftvollzugs), die Rechtsanwaltschaft, das Notariat und die Rechtsberatung;
2. das Personenstandswesen;
3. das Vereinsrecht;
4. das Aufenthalts- und Niederlassungsrecht der Ausländer;
5. (weggefallen)
6. die Angelegenheiten der Flüchtlinge und Vertriebenen;
7. die öffentliche Fürsorge (ohne das Heimrecht);
8. (weggefallen)
9. die Kriegsschäden und die Wiedergutmachung;
10. die Kriegsgräber und Gräber anderer Opfer des Krieges und Opfer von Gewaltherrschaft;
11. das Recht der Wirtschaft (Bergbau, Industrie, Energiewirtschaft, Handwerk, Gewerbe, Handel, Bank- und Börsenwesen, privatrechtliches Versicherungswesen) ohne das Recht des Ladenschlusses, der Gaststätten, der Spielhallen, der Schaustellung von Personen, der Messen, der Ausstellungen und der Märkte;
12. das Arbeitsrecht einschließlich der Betriebsverfassung, des Arbeitsschutzes und der Arbeitsvermittlung sowie die Sozialversicherung einschließlich der Arbeitslosenversicherung;
13. die Regelung der Ausbildungsbeihilfen und die Förderung der wissenschaftlichen Forschung;
14. das Recht der Enteignung, soweit sie auf den Sachgebieten der Artikel 73 und 74 in Betracht kommt;
15. die Überführung von Grund und Boden, von Naturschätzen und Produktionsmitteln in Gemeineigentum oder in andere Formen der Gemeinwirtschaft;
16. die Verhütung des Mißbrauchs wirtschaftlicher Machtstellung;

1 GG Art. 75-76

17. die Förderung der land- und forstwirtschaftlichen Erzeugung (ohne das Recht der Flurbereinigung), die Sicherung der Ernährung, die Ein- und Ausfuhr land- und forstwirtschaftlicher Erzeugnisse, die Hochsee- und Küstenfischerei und den Küstenschutz;
18. den städtebaulichen Grundstücksverkehr, das Bodenrecht (ohne das Recht der Erschließungsbeiträge) und das Wohngeldrecht, das Altschuldenhilferecht, das Wohnungsbauprämienrecht, das Bergarbeiterwohnungsbaurecht und das Bergmannssiedlungsrecht;
19. Maßnahmen gegen gemeingefährliche oder übertragbare Krankheiten bei Menschen und Tieren, Zulassung zu ärztlichen und anderen Heilberufen und zum Heilgewerbe, sowie das Recht des Apothekenwesens, der Arzneien, der Medizinprodukte, der Heilmittel, der Betäubungsmittel und der Gifte;
19a. die wirtschaftliche Sicherung der Krankenhäuser und die Regelung der Krankenhauspflegesätze;
20. das Recht der Lebensmittel einschließlich der ihrer Gewinnung dienenden Tiere, das Recht der Genussmittel, Bedarfsgegenstände und Futtermittel sowie den Schutz beim Verkehr mit land- und forstwirtschaftlichem Saat- und Pflanzgut, den Schutz der Pflanzen gegen Krankheiten und Schädlinge sowie den Tierschutz;
21. die Hochsee- und Küstenschiffahrt sowie die Seezeichen, die Binnenschifffahrt, den Wetterdienst, die Seewasserstraßen und die dem allgemeinen Verkehr dienenden Binnenwasserstraßen;
22. den Straßenverkehr, das Kraftfahrwesen, den Bau und die Unterhaltung von Landstraßen für den Fernverkehr sowie die Erhebung und Verteilung von Gebühren oder Entgelten für die Benutzung öffentlicher Straßen mit Fahrzeugen;
23. die Schienenbahnen, die nicht Eisenbahnen des Bundes sind, mit Ausnahme der Bergbahnen;
24. die Abfallwirtschaft, die Luftreinhaltung und die Lärmbekämpfung (ohne Schutz vor verhaltensbezogenem Lärm);
25. die Staatshaftung;
26. die medizinisch unterstützte Erzeugung menschlichen Lebens, die Untersuchung und die künstliche Veränderung von Erbinformationen sowie Regelungen zur Transplantation von Organen, Geweben und Zellen;
27. die Statusrechte und -pflichten der Beamten der Länder, Gemeinden und anderen Körperschaften des öffentlichen Rechts sowie der Richter in den Ländern mit Ausnahme der Laufbahnen, Besoldung und Versorgung;
28. das Jagdwesen;
29. den Naturschutz und die Landschaftspflege;
30. die Bodenverteilung;
31. die Raumordnung;
32. den Wasserhaushalt;
33. die Hochschulzulassung und die Hochschulabschlüsse.

(2) Gesetze nach Absatz 1 Nr. 25 und 27 bedürfen der Zustimmung des Bundesrates.

Artikel 75 (weggefallen)

Artikel 76 (Gesetzesvorlagen)

(1) Gesetzesvorlagen werden beim Bundestage durch die Bundesregierung, aus der Mitte des Bundestages oder durch den Bundesrat eingebracht.
(2) Vorlagen der Bundesregierung sind zunächst dem Bundesrat zuzuleiten. Der Bundesrat ist berechtigt, innerhalb von sechs Wochen zu diesen Vorlagen Stellung zu nehmen. Verlangt er aus wichtigem Grunde, insbesondere mit Rücksicht auf den Umfang einer Vorlage, eine Fristverlängerung, so beträgt die Frist neun Wochen. Die Bundesregierung kann eine Vorlage, die sie bei der Zuleitung an den Bundesrat ausnahmsweise als besonders eilbedürftig bezeichnet hat, nach drei Wochen oder, wenn der Bundesrat ein Verlangen nach Satz 3 geäußert hat, nach sechs Wochen dem Bundestag zuleiten, auch wenn die Stellungnahme des Bundesrates noch nicht bei ihr eingegangen ist; sie hat die Stellungnahme des Bundesrates unverzüglich nach Eingang dem Bundestag nachzureichen. Bei Vorlagen zur Änderung dieses Grundgesetzes und zur Übertragung von Hoheitsrechten nach Artikel 23 oder Artikel 24 beträgt die Frist zur Stellungnahme neun Wochen; Satz 4 findet keine Anwendung.
(3) Vorlagen des Bundesrates sind dem Bundestag durch die Bundesregierung innerhalb von sechs Wochen zuzuleiten. Sie soll hierbei ihre Auffassung darlegen. Verlangt sie aus wichtigem Grunde, insbesondere mit Rücksicht auf den Umfang einer Vorlage, eine Fristverlängerung, so beträgt die Frist neun Wochen. Wenn der Bundesrat eine Vorlage ausnahmsweise als besonders eilbedürftig bezeichnet

hat, beträgt die Frist drei Wochen oder, wenn die Bundesregierung ein Verlangen nach Satz 3 geäußert hat, sechs Wochen. Bei Vorlagen zur Änderung dieses Grundgesetzes und zur Übertragung von Hoheitsrechten nach Artikel 23 oder Artikel 24 beträgt die Frist neun Wochen; Satz 4 findet keine Anwendung. Der Bundestag hat über die Vorlagen in angemessener Frist zu beraten und Beschluß zu fassen.

Artikel 77 (Gesetzgebungsverfahren)

(1) Die Bundesgesetze werden vom Bundestage beschlossen. Sie sind nach ihrer Annahme durch den Präsidenten des Bundestages unverzüglich dem Bundesrate zuzuleiten.
(2) Der Bundesrat kann binnen drei Wochen nach Eingang des Gesetzesbeschlusses verlangen, daß ein aus Mitgliedern des Bundestages und des Bundesrates für die gemeinsame Beratung von Vorlagen gebildeter Ausschuß einberufen wird. Die Zusammensetzung und das Verfahren dieses Ausschusses regelt eine Geschäftsordnung, die vom Bundestag beschlossen wird und der Zustimmung des Bundesrates bedarf. Die in diesen Ausschuß entsandten Mitglieder des Bundesrates sind nicht an Weisungen gebunden. Ist zu einem Gesetz die Zustimmung des Bundesrates erforderlich, so können auch der Bundestag und die Bundesregierung die Einberufung verlangen. Schlägt der Ausschuß eine Änderung des Gesetzesbeschlusses vor, so hat der Bundestag erneut Beschluß zu fassen.
(2a) Soweit zu einem Gesetz die Zustimmung des Bundesrates erforderlich ist, hat der Bundesrat, wenn ein Verlangen nach Absatz 2 Satz 1 nicht gestellt oder das Vermittlungsverfahren ohne einen Vorschlag zur Änderung des Gesetzesbeschlusses beendet ist, in angemessener Frist über die Zustimmung Beschluß zu fassen.
(3) Soweit zu einem Gesetze die Zustimmung des Bundesrates nicht erforderlich ist, kann der Bundesrat, wenn das Verfahren nach Abs. 2 beendigt ist, gegen ein vom Bundestage beschlossenes Gesetz binnen zwei Wochen Einspruch einlegen. Die Einspruchsfrist beginnt im Falle des Absatzes 2 letzter Satz mit dem Eingange des vom Bundestage erneut gefaßten Beschlusses, in allen anderen Fällen mit dem Eingange der Mitteilung des Vorsitzenden des in Absatz 2 vorgesehenen Ausschusses, daß das Verfahren vor dem Ausschusse abgeschlossen ist.
(4) Wird der Einspruch mit der Mehrheit der Stimmen des Bundesrates beschlossen, so kann er durch Beschluß der Mehrheit der Mitglieder des Bundestages zurückgewiesen werden. Hat der Bundesrat den Einspruch mit einer Mehrheit von mindestens zwei Dritteln seiner Stimmen beschlossen, so bedarf die Zurückweisung durch den Bundestag einer Mehrheit von zwei Dritteln, mindestens der Mehrheit der Mitglieder des Bundestages.

Artikel 78 (Zustandekommen der Gesetze)

Ein vom Bundestage beschlossenes Gesetz kommt zustande, wenn der Bundesrat zustimmt, den Antrag gemäß Artikel 77 Abs. 2 nicht stellt, innerhalb der Frist des Artikels 77 Abs. 3 keinen Einspruch einlegt oder ihn zurücknimmt oder wenn der Einspruch vom Bundestage überstimmt wird.

Artikel 79 (Änderung des Grundgesetzes)

(1) Das Grundgesetz kann nur durch ein Gesetz geändert werden, das den Wortlaut des Grundgesetzes ausdrücklich ändert oder ergänzt. Bei völkerrechtlichen Verträgen, die eine Friedensregelung, die Vorbereitung einer Friedensregelung oder den Abbau einer besatzungsrechtlichen Ordnung zum Gegenstand haben oder der Verteidigung der Bundesrepublik zu dienen bestimmt sind, genügt zur Klarstellung, daß die Bestimmungen des Grundgesetzes dem Abschluß und dem Inkraftsetzen der Verträge nicht entgegenstehen, eine Ergänzung des Wortlautes des Grundgesetzes, die sich auf diese Klarstellung beschränkt.
(2) Ein solches Gesetz bedarf der Zustimmung von zwei Dritteln der Mitglieder des Bundestages und zwei Dritteln der Stimmen des Bundesrates.
(3) Eine Änderung dieses Grundgesetzes, durch welche die Gliederung des Bundes in Länder, die grundsätzliche Mitwirkung der Länder bei der Gesetzgebung oder die in den Artikeln 1 und 20 niedergelegten Grundsätze berührt werden, ist unzulässig.

Artikel 80 (Erlass von Rechtsverordnungen)

(1) Durch Gesetz können die Bundesregierung, ein Bundesminister oder die Landesregierungen ermächtigt werden, Rechtsverordnungen zu erlassen. Dabei müssen Inhalt, Zweck und Ausmaß der erteilten Ermächtigung im Gesetze bestimmt werden. Die Rechtsgrundlage ist in der Verordnung anzugeben. Ist durch Gesetz vorgesehen, daß eine Ermächtigung weiter übertragen werden kann, so bedarf es zur Übertragung der Ermächtigung einer Rechtsverordnung.
(2) Der Zustimmung des Bundesrates bedürfen, vorbehaltlich anderweitiger bundesgesetzlicher Regelung, Rechtsverordnungen der Bundesregierung oder eines Bundesministers über Grundsätze und Ge-

bühren für die Benutzung der Einrichtungen des Postwesens und der Telekommunikation, über die Grundsätze der Erhebung des Entgelts für die Benutzung der Einrichtungen der Eisenbahnen des Bundes, über den Bau und Betrieb der Eisenbahnen, sowie Rechtsverordnungen auf Grund von Bundesgesetzen, die der Zustimmung des Bundesrates bedürfen oder die von den Ländern im Auftrage des Bundes oder als eigene Angelegenheit ausgeführt werden.
(3) Der Bundesrat kann der Bundesregierung Vorlagen für den Erlaß von Rechtsverordnungen zuleiten, die seiner Zustimmung bedürfen.
(4) Soweit durch Bundesgesetz oder auf Grund von Bundesgesetzen Landesregierungen ermächtigt werden, Rechtsverordnungen zu erlassen, sind die Länder zu einer Regelung auch durch Gesetz befugt.

Artikel 80a (Verteidigungsfall, Spannungsfall)

(1) Ist in diesem Grundgesetz oder in einem Bundesgesetz über die Verteidigung einschließlich des Schutzes der Zivilbevölkerung bestimmt, daß Rechtsvorschriften nur nach Maßgabe dieses Artikels angewandt werden dürfen, so ist die Anwendung außer im Verteidigungsfalle nur zulässig, wenn der Bundestag den Eintritt des Spannungsfalles festgestellt oder wenn er der Anwendung besonders zugestimmt hat. Die Feststellung des Spannungsfalles und die besondere Zustimmung in den Fällen des Artikels 12a Abs. 5 Satz 1 und Abs. 6 Satz 2 bedürfen einer Mehrheit von zwei Dritteln der abgegebenen Stimmen.
(2) Maßnahmen auf Grund von Rechtsvorschriften nach Absatz 1 sind aufzuheben, wenn der Bundestag es verlangt.
(3) Abweichend von Absatz 1 ist die Anwendung solcher Rechtsvorschriften auch auf der Grundlage und nach Maßgabe eines Beschlusses zulässig, der von einem internationalen Organ im Rahmen eines Bündnisvertrages mit Zustimmung der Bundesregierung gefaßt wird. Maßnahmen nach diesem Absatz sind aufzuheben, wenn der Bundestag es mit der Mehrheit seiner Mitglieder verlangt.

Artikel 81 (Gesetzgebungsnotstand)

(1) Wird im Falle des Artikels 68 der Bundestag nicht aufgelöst, so kann der Bundespräsident auf Antrag der Bundesregierung mit Zustimmung des Bundesrates für eine Gesetzesvorlage den Gesetzgebungsnotstand erklären, wenn der Bundestag sie ablehnt, obwohl die Bundesregierung sie als dringlich bezeichnet hat. Das gleiche gilt, wenn eine Gesetzesvorlage abgelehnt worden ist, obwohl der Bundeskanzler mit ihr den Antrag des Artikels 68 verbunden hatte.
(2) Lehnt der Bundestag die Gesetzesvorlage nach Erklärung des Gesetzgebungsnotstandes erneut ab oder nimmt er sie in einer für die Bundesregierung als unannehmbar bezeichneten Fassung an, so gilt das Gesetz als zustande gekommen, soweit der Bundesrat ihm zustimmt. Das gleiche gilt, wenn die Vorlage vom Bundestage nicht innerhalb von vier Wochen nach der erneuten Einbringung verabschiedet wird.
(3) Während der Amtszeit eines Bundeskanzlers kann auch jede andere vom Bundestage abgelehnte Gesetzesvorlage innerhalb einer Frist von sechs Monaten nach der ersten Erklärung des Gesetzgebungsnotstandes gemäß Absatz 1 und 2 verabschiedet werden. Nach Ablauf der Frist ist während der Amtszeit des gleichen Bundeskanzlers eine weitere Erklärung des Gesetzgebungsnotstandes unzulässig.
(4) Das Grundgesetz darf durch ein Gesetz, das nach Absatz 2 zustande kommt, weder geändert noch ganz oder teilweise außer Kraft oder außer Anwendung gesetzt werden.

Artikel 82 (Verkündung, In-Kraft-Treten)

(1) Die nach den Vorschriften dieses Grundgesetzes zustande gekommenen Gesetze werden vom Bundespräsidenten nach Gegenzeichnung ausgefertigt und im Bundesgesetzblatte verkündet. Rechtsverordnungen werden von der Stelle, die sie erläßt, ausgefertigt und vorbehaltlich anderweitiger gesetzlicher Regelung im Bundesgesetzblatte verkündet.
(2) Jedes Gesetz und jede Rechtsverordnung soll den Tag des Inkrafttretens bestimmen. Fehlt eine solche Bestimmung, so treten sie mit dem 14. Tage nach Ablauf des Tages in Kraft, an dem das Bundesgesetzblatt ausgegeben worden ist.

VIII. Die Ausführung der Bundesgesetze und die Bundesverwaltung

Artikel 83 (Grundsatz: landeseigene Verwaltung)

Die Länder führen die Bundesgesetze als eigene Angelegenheit aus, soweit dieses Grundgesetz nichts anderes bestimmt oder zuläßt.

Artikel 84 (Bundesaufsicht bei landeseigener Verwaltung)

(1) Führen die Länder die Bundesgesetze als eigene Angelegenheit aus, so regeln sie die Einrichtung der Behörden und das Verwaltungsverfahren. Wenn Bundesgesetze etwas anderes bestimmen, können die Länder davon abweichende Regelungen treffen. Hat ein Land eine abweichende Regelung nach Satz 2 getroffen, treten in diesem Land hierauf bezogene spätere bundesgesetzliche Regelungen der Einrichtung der Behörden und des Verwaltungsverfahrens frühestens sechs Monate nach ihrer Verkündung in Kraft, soweit nicht mit Zustimmung des Bundesrates anderes bestimmt ist. Artikel 72 Abs. 3 Satz 3 gilt entsprechend. In Ausnahmefällen kann der Bund wegen eines besonderen Bedürfnisses nach bundeseinheitlicher Regelung das Verwaltungsverfahren ohne Abweichungsmöglichkeit für die Länder regeln. Diese Gesetze bedürfen der Zustimmung des Bundesrates. Durch Bundesgesetz dürfen Gemeinden und Gemeindeverbänden Aufgaben nicht übertragen werden.

(2) Die Bundesregierung kann mit Zustimmung des Bundesrates allgemeine Verwaltungsvorschriften erlassen.

(3) Die Bundesregierung übt die Aufsicht darüber aus, daß die Länder die Bundesgesetze dem geltenden Rechte gemäß ausführen. Die Bundesregierung kann zu diesem Zwecke Beauftragte zu den obersten Landesbehörden entsenden, mit deren Zustimmung und, falls diese Zustimmung versagt wird, mit Zustimmung des Bundesrates auch zu den nachgeordneten Behörden.

(4) Werden Mängel, die die Bundesregierung bei der Ausführung der Bundesgesetze in den Ländern festgestellt hat, nicht beseitigt, so beschließt auf Antrag der Bundesregierung oder des Landes der Bundesrat, ob das Land das Recht verletzt hat. Gegen den Beschluß des Bundesrates kann das Bundesverfassungsgericht angerufen werden.

(5) Der Bundesregierung kann durch Bundesgesetz, das der Zustimmung des Bundesrates bedarf, zur Ausführung von Bundesgesetzen die Befugnis verliehen werden, für besondere Fälle Einzelweisungen zu erteilen. Sie sind, außer wenn die Bundesregierung den Fall für dringlich erachtet, an die obersten Landesbehörden zu richten.

Artikel 85 (Landesverwaltung im Bundesauftrag)

(1) Führen die Länder die Bundesgesetze im Auftrage des Bundes aus, so bleibt die Einrichtung der Behörden Angelegenheit der Länder, soweit nicht Bundesgesetze mit Zustimmung des Bundesrates etwas anderes bestimmen. Durch Bundesgesetz dürfen Gemeinden und Gemeindeverbänden Aufgaben nicht übertragen werden.

(2) Die Bundesregierung kann mit Zustimmung des Bundesrates allgemeine Verwaltungsvorschriften erlassen. Sie kann die einheitliche Ausbildung der Beamten und Angestellten regeln. Die Leiter der Mittelbehörden sind mit ihrem Einvernehmen zu bestellen.

(3) Die Landesbehörden unterstehen den Weisungen der zuständigen obersten Bundesbehörden. Die Weisungen sind, außer wenn die Bundesregierung es für dringlich erachtet, an die obersten Landesbehörden zu richten. Der Vollzug der Weisung ist durch die obersten Landesbehörden sicherzustellen.

(4) Die Bundesaufsicht erstreckt sich auf Gesetzmäßigkeit und Zweckmäßigkeit der Ausführung. Die Bundesregierung kann zu diesem Zwecke Bericht und Vorlage der Akten verlangen und Beauftragte zu allen Behörden entsenden.

Artikel 86 (Bundeseigene Verwaltung)

Führt der Bund die Gesetze durch bundeseigene Verwaltung oder durch bundesunmittelbare Körperschaften oder Anstalten des öffentlichen Rechtes aus, so erläßt die Bundesregierung, soweit nicht das Gesetz Besonderes vorschreibt, die allgemeinen Verwaltungsvorschriften. Sie regelt, soweit das Gesetz nichts anderes bestimmt, die Einrichtung der Behörden.

Artikel 87 (Gegenstände der Bundeseigenverwaltung)

(1) In bundeseigener Verwaltung mit eigenem Verwaltungsunterbau werden geführt der Auswärtige Dienst, die Bundesfinanzverwaltung und nach Maßgabe des Artikels 89 die Verwaltung der Bundeswasserstraßen und der Schiffahrt. Durch Bundesgesetz können Bundesgrenzschutzbehörden, Zentralstellen für das polizeiliche Auskunfts- und Nachrichtenwesen, für die Kriminalpolizei und zur Sammlung von Unterlagen für Zwecke des Verfassungsschutzes und des Schutzes gegen Bestrebungen im Bundesgebiet, die durch Anwendung von Gewalt oder darauf gerichtete Vorbereitungshandlungen auswärtige Belange der Bundesrepublik Deutschland gefährden, eingerichtet werden.

(2) Als bundesunmittelbare Körperschaften des öffentlichen Rechtes werden diejenigen sozialen Versicherungsträger geführt, deren Zuständigkeitsbereich sich über das Gebiet eines Landes hinaus erstreckt. Soziale Versicherungsträger, deren Zuständigkeitsbereich sich über das Gebiet eines Landes, aber nicht

über mehr als drei Länder hinaus erstreckt, werden abweichend von Satz 1 als landesunmittelbare Körperschaften des öffentlichen Rechtes geführt, wenn das aufsichtsführende Land durch die beteiligten Länder bestimmt ist.

(3) Außerdem können für Angelegenheiten, für die dem Bunde die Gesetzgebung zusteht, selbständige Bundesoberbehörden und neue bundesunmittelbare Körperschaften und Anstalten des öffentlichen Rechtes durch Bundesgesetz errichtet werden. Erwachsen dem Bunde auf Gebieten, für die ihm die Gesetzgebung zusteht, neue Aufgaben, so können bei dringendem Bedarf bundeseigene Mittel- und Unterbehörden mit Zustimmung des Bundesrates und der Mehrheit der Mitglieder des Bundestages errichtet werden.

Artikel 87a (Streitkräfte und ihr Einsatz)

(1) Der Bund stellt Streitkräfte zur Verteidigung auf. Ihre zahlenmäßige Stärke und die Grundzüge ihrer Organisation müssen sich aus dem Haushaltsplan ergeben.

(2) Außer zur Verteidigung dürfen die Streitkräfte nur eingesetzt werden, soweit dieses Grundgesetz es ausdrücklich zuläßt.

(3) Die Streitkräfte haben im Verteidigungsfalle und im Spannungsfalle die Befugnis, zivile Objekte zu schützen und Aufgaben der Verkehrsregelung wahrzunehmen, soweit dies zur Erfüllung ihres Verteidigungsauftrages erforderlich ist. Außerdem kann den Streitkräften im Verteidigungsfalle und im Spannungsfalle der Schutz ziviler Objekte auch zur Unterstützung polizeilicher Maßnahmen übertragen werden; die Streitkräfte wirken dabei mit den zuständigen Behörden zusammen.

(4) Zur Abwehr einer drohenden Gefahr für den Bestand oder die freiheitliche demokratische Grundordnung des Bundes oder eines Landes kann die Bundesregierung, wenn die Voraussetzungen des Artikels 91 Abs. 2 vorliegen und die Polizeikräfte sowie der Bundesgrenzschutz nicht ausreichen, Streitkräfte zur Unterstützung der Polizei und des Bundesgrenzschutzes beim Schutze von zivilen Objekten und bei der Bekämpfung organisierter und militärisch bewaffneter Aufständischer einsetzen. Der Einsatz von Streitkräften ist einzustellen, wenn der Bundestag oder der Bundesrat es verlangen.

Artikel 87b (Bundeswehrverwaltung)

(1) Die Bundeswehrverwaltung wird in bundeseigener Verwaltung mit eigenem Verwaltungsunterbau geführt. Sie dient den Aufgaben des Personalwesens und der unmittelbaren Deckung des Sachbedarfs der Streitkräfte. Aufgaben der Beschädigtenversorgung und des Bauwesens können der Bundeswehrverwaltung nur durch Bundesgesetz, das der Zustimmung des Bundesrates bedarf, übertragen werden. Der Zustimmung des Bundesrates bedürfen ferner Gesetze, soweit sie die Bundeswehrverwaltung zu Eingriffen in Rechte Dritter ermächtigen; das gilt nicht für Gesetze auf dem Gebiete des Personalwesens.

(2) Im übrigen können Bundesgesetze, die der Verteidigung einschließlich des Wehrersatzwesens und des Schutzes der Zivilbevölkerung dienen, mit Zustimmung des Bundesrates bestimmen, daß sie ganz oder teilweise in bundeseigener Verwaltung mit eigenem Verwaltungsunterbau oder von den Ländern im Auftrage des Bundes ausgeführt werden. Werden solche Gesetze von den Ländern im Auftrage des Bundes ausgeführt, so können sie mit Zustimmung des Bundesrates bestimmen, daß der Bundesregierung und den zuständigen obersten Bundesbehörden auf Grund des Artikels 85 zustehenden Befugnisse ganz oder teilweise Bundesoberbehörden übertragen werden; dabei kann bestimmt werden, daß diese Behörden beim Erlaß allgemeiner Verwaltungsvorschriften gemäß Artikel 85 Abs. 2 Satz 1 nicht der Zustimmung des Bundesrates bedürfen.

Artikel 87c (Auftragsverwaltung im Kernenergiebereich)

Gesetze, die auf Grund des Artikels 73 Abs. 1 Nr. 14 ergehen, können mit Zustimmung des Bundesrates bestimmen, daß sie von den Ländern im Auftrag des Bundes ausgeführt werden.

Artikel 87d (Luftverkehrsverwaltung)

(1) Die Luftverkehrsverwaltung wird in Bundesverwaltung geführt. Aufgaben der Flugsicherung können auch durch ausländische Flugsicherungsorganisationen wahrgenommen werden, die nach Recht der Europäischen Gemeinschaft zugelassen sind. Das Nähere regelt ein Bundesgesetz.

(2) Durch Bundesgesetz, das der Zustimmung des Bundesrates bedarf, können Aufgaben der Luftverkehrsverwaltung den Ländern als Auftragsverwaltung übertragen werden.

Artikel 87e (Eisenbahnverkehrsverwaltung)

(1) Die Eisenbahnverkehrsverwaltung für Eisenbahnen des Bundes wird in bundeseigener Verwaltung geführt. Durch Bundesgesetz können Aufgaben der Eisenbahnverkehrsverwaltung den Ländern als eigene Angelegenheit übertragen werden.

(2) Der Bund nimmt die über den Bereich der Eisenbahnen des Bundes hinausgehenden Aufgaben der Eisenbahnverkehrsverwaltung wahr, die ihm durch Bundesgesetz übertragen werden.
(3) Eisenbahnen des Bundes werden als Wirtschaftsunternehmen in privat-rechtlicher Form geführt. Diese stehen im Eigentum des Bundes, soweit die Tätigkeit des Wirtschaftsunternehmens den Bau, die Unterhaltung und das Betreiben von Schienenwegen umfaßt. Die Veräußerung von Anteilen des Bundes an den Unternehmen nach Satz 2 erfolgt auf Grund eines Gesetzes; die Mehrheit der Anteile an diesen Unternehmen verbleibt beim Bund. Das Nähere wird durch Bundesgesetz geregelt.
(4) Der Bund gewährleistet, daß dem Wohl der Allgemeinheit, insbesondere den Verkehrsbedürfnissen, beim Ausbau und Erhalt des Schienennetzes der Eisenbahnen des Bundes sowie bei deren Verkehrsangeboten auf diesem Schienennetz, soweit diese nicht den Schienenpersonennahverkehr betreffen, Rechnung getragen wird. Das Nähere wird durch Bundesgesetz geregelt.
(5) Gesetze auf Grund der Absätze 1 bis 4 bedürfen der Zustimmung des Bundesrates. Der Zustimmung des Bundesrates bedürfen ferner Gesetze, die die Auflösung, die Verschmelzung und die Aufspaltung von Eisenbahnunternehmen des Bundes, die Übertragung von Schienenwegen der Eisenbahnen des Bundes an Dritte sowie die Stillegung von Schienenwegen der Eisenbahnen des Bundes regeln oder Auswirkungen auf den Schienenpersonennahverkehr haben.

Artikel 87f (Postwesen, Telekommunikation)

(1) Nach Maßgabe eines Bundesgesetzes, das der Zustimmung des Bundesrates bedarf, gewährleistet der Bund im Bereich des Postwesens und der Telekommunikation flächendeckend angemessene und ausreichende Dienstleistungen.
(2) Dienstleistungen im Sinne des Absatzes 1 werden als privatwirtschaftliche Tätigkeiten durch die aus dem Sondervermögen Deutsche Bundespost hervorgegangenen Unternehmen und durch andere private Anbieter erbracht. Hoheitsaufgaben im Bereich des Postwesens und der Telekommunikation werden in bundeseigener Verwaltung ausgeführt.
(3) Unbeschadet des Absatzes 2 Satz 2 führt der Bund in der Rechtsform einer bundesunmittelbaren Anstalt des öffentlichen Rechts einzelne Aufgaben in bezug auf die aus dem Sondervermögen Deutsche Bundespost hervorgegangenen Unternehmen nach Maßgabe eines Bundesgesetzes aus.

Artikel 88 (Bundesbank)

Der Bund errichtet eine Währungs- und Notenbank als Bundesbank. Ihre Aufgaben und Befugnisse können im Rahmen der Europäischen Union der Europäischen Zentralbank übertragen werden, die unabhängig ist und dem vorrangigen Ziel der Sicherung der Preisstabilität verpflichtet ist.

Artikel 89 (Bundeswasserstraßen)

(1) Der Bund ist Eigentümer der bisherigen Reichswasserstraßen.
(2) Der Bund verwaltet die Bundeswasserstraßen durch eigene Behörden. Er nimmt die über den Bereich eines Landes hinausgehenden staatlichen Aufgaben der Binnenschifffahrt und die Aufgaben der Seeschifffahrt wahr, die ihm durch Gesetz übertragen werden. Er kann die Verwaltung von Bundeswasserstraßen, soweit sie im Gebiete eines Landes liegen, diesem Lande auf Antrag als Auftragsverwaltung übertragen. Berührt eine Wasserstraße das Gebiet mehrerer Länder, so kann der Bund das Land beauftragen, für das die beteiligten Länder es beantragen.
(3) Bei der Verwaltung, dem Ausbau und dem Neubau von Wasserstraßen sind die Bedürfnisse der Landeskultur und der Wasserwirtschaft im Einvernehmen mit den Ländern zu wahren.

Artikel 90 (Bundesstraßen)

(1) Der Bund bleibt Eigentümer der Bundesautobahnen und sonstigen Bundesstraßen des Fernverkehrs. Das Eigentum ist unveräußerlich.
(2) Die Verwaltung der Bundesautobahnen wird in Bundesverwaltung geführt. Der Bund kann sich zur Erledigung seiner Aufgaben einer Gesellschaft privaten Rechts bedienen. Diese Gesellschaft steht im unveräußerlichen Eigentum des Bundes. Eine unmittelbare oder mittelbare Beteiligung Dritter an der Gesellschaft und deren Tochtergesellschaften ist ausgeschlossen. Eine Beteiligung Privater im Rahmen von Öffentlich-Privaten Partnerschaften ist ausgeschlossen für Streckennetze, die das gesamte Bundesautobahnnetz oder das gesamte Netz sonstiger Bundesfernstraßen in einem Land oder wesentliche Teile davon umfassen. Das Nähere regelt ein Bundesgesetz.
(3) Die Länder oder die nach Landesrecht zuständigen Selbstverwaltungskörperschaften verwalten die sonstigen Bundesstraßen des Fernverkehrs im Auftrage des Bundes.

(4) Auf Antrag eines Landes kann der Bund die sonstigen Bundesstraßen des Fernverkehrs, soweit sie im Gebiet dieses Landes liegen, in Bundesverwaltung übernehmen.

Artikel 91 (Abwehr drohender Gefahr)

(1) Zur Abwehr einer drohenden Gefahr für den Bestand oder die freiheitliche demokratische Grundordnung des Bundes oder eines Landes kann ein Land Polizeikräfte anderer Länder sowie Kräfte und Einrichtungen anderer Verwaltungen und des Bundesgrenzschutzes anfordern.
(2) Ist das Land, in dem die Gefahr droht, nicht selbst zur Bekämpfung der Gefahr bereit oder in der Lage, so kann die Bundesregierung die Polizei in diesem Lande und die Polizeikräfte anderer Länder ihren Weisungen unterstellen sowie Einheiten des Bundesgrenzschutzes einsetzen. Die Anordnung ist nach Beseitigung der Gefahr, im übrigen jederzeit auf Verlangen des Bundesrates aufzuheben. Erstreckt sich die Gefahr auf das Gebiet mehr als eines Landes, so kann die Bundesregierung, soweit es zur wirksamen Bekämpfung erforderlich ist, den Landesregierungen Weisungen erteilen; Satz 1 und Satz 2 bleiben unberührt.

VIIIa. Gemeinschaftsaufgaben, Verwaltungszusammenarbeit

Artikel 91a (Gemeinschaftsaufgaben)

(1) Der Bund wirkt auf folgenden Gebieten bei der Erfüllung von Aufgaben der Länder mit, wenn diese Aufgaben für die Gesamtheit bedeutsam sind und die Mitwirkung des Bundes zur Verbesserung der Lebensverhältnisse erforderlich ist (Gemeinschaftsaufgaben):
1. Verbesserung der regionalen Wirtschaftsstruktur,
2. Verbesserung der Agrarstruktur und des Küstenschutzes.

(2) Durch Bundesgesetz mit Zustimmung des Bundesrates werden die Gemeinschaftsaufgaben sowie Einzelheiten der Koordinierung näher bestimmt.
(3) Der Bund trägt in den Fällen des Absatzes 1 Nr. 1 die Hälfte der Ausgaben in jedem Land. In den Fällen des Absatzes 1 Nr. 2 trägt der Bund mindestens die Hälfte; die Beteiligung ist für alle Länder einheitlich festzusetzen. Das Nähere regelt das Gesetz. Die Bereitstellung der Mittel bleibt der Feststellung in den Haushaltsplänen des Bundes und der Länder vorbehalten.

Artikel 91b (Zusammenwirken von Bund und Ländern)

(1) Bund und Länder können auf Grund von Vereinbarungen in Fällen überregionaler Bedeutung bei der Förderung von Wissenschaft, Forschung und Lehre zusammenwirken. Vereinbarungen, die im Schwerpunkt Hochschulen betreffen, bedürfen der Zustimmung aller Länder. Dies gilt nicht für Vereinbarungen über Forschungsbauten einschließlich Großgeräten.
(2) Bund und Länder können auf Grund von Vereinbarungen zur Feststellung der Leistungsfähigkeit des Bildungswesens im internationalen Vergleich und bei diesbezüglichen Berichten und Empfehlungen zusammenwirken.
(3) Die Kostentragung wird in der Vereinbarung geregelt.

Artikel 91c (Zusammenwirken bei informationstechnischen Systemen)

(1) Bund und Länder können bei der Planung, der Errichtung und dem Betrieb der für ihre Aufgabenerfüllung benötigten informationstechnischen Systeme zusammenwirken.
(2) Bund und Länder können auf Grund von Vereinbarungen die für die Kommunikation zwischen ihren informationstechnischen Systemen notwendigen Standards und Sicherheitsanforderungen festlegen. Vereinbarungen über die Grundlagen der Zusammenarbeit nach Satz 1 können für einzelne nach Inhalt und Ausmaß bestimmte Aufgaben vorsehen, dass nähere Regelungen bei Zustimmung einer in der Vereinbarung zu bestimmenden qualifizierten Mehrheit für Bund und Länder in Kraft treten. Sie bedürfen der Zustimmung des Bundestages und der Volksvertretungen der beteiligten Länder; das Recht zur Kündigung dieser Vereinbarungen kann nicht ausgeschlossen werden. Die Vereinbarungen regeln auch die Kostentragung.
(3) Die Länder können darüber hinaus den gemeinschaftlichen Betrieb informationstechnischer Systeme sowie die Errichtung von dazu bestimmten Einrichtungen vereinbaren.
(4) Der Bund errichtet zur Verbindung der informationstechnischen Netze des Bundes und der Länder ein Verbindungsnetz. Das Nähere zur Errichtung und zum Betrieb des Verbindungsnetzes regelt ein Bundesgesetz mit Zustimmung des Bundesrates.
(5) Der übergreifende informationstechnische Zugang zu den Verwaltungsleistungen von Bund und Ländern wird durch Bundesgesetz mit Zustimmung des Bundesrates geregelt.

Artikel 91d (Vergleichsstudien)

Bund und Länder können zur Feststellung und Förderung der Leistungsfähigkeit ihrer Verwaltungen Vergleichsstudien durchführen und die Ergebnisse veröffentlichen.

Artikel 91e (Zusammenwirken auf dem Gebiet der Grundsicherung für Arbeitsuchende)

(1) Bei der Ausführung von Bundesgesetzen auf dem Gebiet der Grundsicherung für Arbeitsuchende wirken Bund und Länder oder die nach Landesrecht zuständigen Gemeinden und Gemeindeverbände in der Regel in gemeinsamen Einrichtungen zusammen.
(2) Der Bund kann zulassen, dass eine begrenzte Anzahl von Gemeinden und Gemeindeverbänden auf ihren Antrag und mit Zustimmung der obersten Landesbehörde die Aufgaben nach Absatz 1 allein wahrnimmt. Die notwendigen Ausgaben einschließlich der Verwaltungsausgaben trägt der Bund, soweit die Aufgaben bei einer Ausführung von Gesetzen nach Absatz 1 vom Bund wahrzunehmen sind.
(3) Das Nähere regelt ein Bundesgesetz, das der Zustimmung des Bundesrates bedarf.

IX. Die Rechtsprechung

Artikel 92 (Gerichtsorganisation)

Die rechtsprechende Gewalt ist den Richtern anvertraut; sie wird durch das Bundesverfassungsgericht, durch die in diesem Grundgesetze vorgesehenen Bundesgerichte und durch die Gerichte der Länder ausgeübt.

Artikel 93 (Bundesverfassungsgericht, Zuständigkeit)

(1) Das Bundesverfassungsgericht entscheidet:
1. über die Auslegung dieses Grundgesetzes aus Anlaß von Streitigkeiten über den Umfang der Rechte und Pflichten eines obersten Bundesorgans oder anderer Beteiligter, die durch dieses Grundgesetz oder in der Geschäftsordnung eines obersten Bundesorgans mit eigenen Rechten ausgestattet sind;
2. bei Meinungsverschiedenheiten oder Zweifeln über die förmliche und sachliche Vereinbarkeit von Bundesrecht oder Landesrecht mit diesem Grundgesetze oder die Vereinbarkeit von Landesrecht mit sonstigem Bundesrechte auf Antrag der Bundesregierung, einer Landesregierung oder eines Viertels der Mitglieder des Bundestages;
2a. bei Meinungsverschiedenheiten, ob ein Gesetz den Voraussetzungen des Artikels 72 Abs. 2 entspricht, auf Antrag des Bundesrates, einer Landesregierung oder der Volksvertretung eines Landes;
3. bei Meinungsverschiedenheiten über Rechte und Pflichten des Bundes und der Länder, insbesondere bei der Ausführung von Bundesrecht durch die Länder und bei der Ausübung der Bundesaufsicht;
4. in anderen öffentlich-rechtlichen Streitigkeiten zwischen dem Bunde und den Ländern, zwischen verschiedenen Ländern oder innerhalb eines Landes, soweit nicht ein anderer Rechtsweg gegeben ist;
4a. über Verfassungsbeschwerden, die von jedermann mit der Behauptung erhoben werden können, durch die öffentliche Gewalt in einem seiner Grundrechte oder in einem seiner in Artikel 20 Abs. 4, 33, 38, 101, 103 und 104 enthaltenen Rechte verletzt zu sein;
4b. über Verfassungsbeschwerden von Gemeinden und Gemeindeverbänden wegen Verletzung des Rechts auf Selbstverwaltung nach Artikel 28 durch ein Gesetz, bei Landesgesetzen jedoch nur, soweit nicht Beschwerde beim Landesverfassungsgericht erhoben werden kann;
4c. über Beschwerden von Vereinigungen gegen ihre Nichtanerkennung als Partei für die Wahl zum Bundestag;
5. in den übrigen in diesem Grundgesetze vorgesehenen Fällen.

(2) Das Bundesverfassungsgericht entscheidet außerdem auf Antrag des Bundesrates, einer Landesregierung oder der Volksvertretung eines Landes, ob im Falle des Artikels 72 Abs. 4 die Erforderlichkeit für eine bundesgesetzliche Regelung nach Artikel 72 Abs. 2 nicht mehr besteht oder Bundesrecht in den Fällen des Artikels 125a Abs. 2 Satz 1 nicht mehr erlassen werden könnte. Die Feststellung, dass die Erforderlichkeit entfallen ist oder Bundesrecht nicht mehr erlassen werden könnte, ersetzt ein Bundesgesetz nach Artikel 72 Abs. 4 oder nach Artikel 125a Abs. 2 Satz 2. Der Antrag nach Satz 1 ist nur zulässig, wenn eine Gesetzesvorlage nach Artikel 72 Abs. 4 oder nach Artikel 125a Abs. 2 Satz 2 im Bundestag abgelehnt oder über sie nicht innerhalb eines Jahres beraten und Beschluss gefasst oder wenn eine entsprechende Gesetzesvorlage im Bundesrat abgelehnt worden ist.
(3) Das Bundesverfassungsgericht wird ferner in den ihm sonst durch Bundesgesetz zugewiesenen Fällen tätig.

1 GG Art. 94-98

Artikel 94 (Zusammensetzung, Verfahren)

(1) Das Bundesverfassungsgericht besteht aus Bundesrichtern und anderen Mitgliedern. Die Mitglieder des Bundesverfassungsgerichtes werden je zur Hälfte vom Bundestage und vom Bundesrate gewählt. Sie dürfen weder dem Bundestage, dem Bundesrate, der Bundesregierung noch entsprechenden Organen eines Landes angehören.

(2) Ein Bundesgesetz regelt seine Verfassung und das Verfahren und bestimmt, in welchen Fällen seine Entscheidungen Gesetzeskraft haben. Es kann für Verfassungsbeschwerden die vorherige Erschöpfung des Rechtsweges zur Voraussetzung machen und ein besonderes Annahmeverfahren vorsehen.

Artikel 95 (Oberste Gerichtshöfe)

(1) Für die Gebiete der ordentlichen, der Verwaltungs-, der Finanz-, der Arbeits- und der Sozialgerichtsbarkeit errichtet der Bund als oberste Gerichtshöfe den Bundesgerichtshof, das Bundesverwaltungsgericht, den Bundesfinanzhof, das Bundesarbeitsgericht und das Bundessozialgericht.

(2) Über die Berufung der Richter dieser Gerichte entscheidet der für das jeweilige Sachgebiet zuständige Bundesminister gemeinsam mit einem Richterwahlausschuß, der aus den für das jeweilige Sachgebiet zuständigen Ministern der Länder und einer gleichen Anzahl von Mitgliedern besteht, die vom Bundestage gewählt werden.

(3) Zur Wahrung der Einheitlichkeit der Rechtsprechung ist ein Gemeinsamer Senat der in Absatz 1 genannten Gerichte zu bilden. Das Nähere regelt ein Bundesgesetz.

Artikel 96 (Bundesgerichte)

(1) Der Bund kann für Angelegenheiten des gewerblichen Rechtsschutzes ein Bundesgericht errichten.

(2) Der Bund kann Wehrstrafgerichte für die Streitkräfte als Bundesgerichte errichten. Sie können die Strafgerichtsbarkeit nur im Verteidigungsfalle sowie über Angehörige der Streitkräfte ausüben, die in das Ausland entsandt oder an Bord von Kriegsschiffen eingeschifft sind. Das Nähere regelt ein Bundesgesetz. Diese Gerichte gehören zum Geschäftsbereich des Bundesjustizministers. Ihre hauptamtlichen Richter müssen die Befähigung zum Richteramt haben.

(3) Oberster Gerichtshof für die in Absatz 1 und 2 genannten Gerichte ist der Bundesgerichtshof.

(4) Der Bund kann für Personen, die zu ihm in einem öffentlich-rechtlichen Dienstverhältnis stehen, Bundesgerichte zur Entscheidung in Disziplinarverfahren und Beschwerdeverfahren errichten.

(5) Für Strafverfahren auf den folgenden Gebieten kann ein Bundesgesetz mit Zustimmung des Bundesrates vorsehen, dass Gerichte der Länder Gerichtsbarkeit des Bundes ausüben:
1. Völkermord;
2. völkerstrafrechtliche Verbrechen gegen die Menschlichkeit;
3. Kriegsverbrechen;
4. andere Handlungen, die geeignet sind und in der Absicht vorgenommen werden, das friedliche Zusammenleben der Völker zu stören (Artikel 26 Abs. 1);
5. Staatsschutz.

Artikel 97 (Unabhängigkeit der Richter)

(1) Die Richter sind unabhängig und nur dem Gesetze unterworfen.

(2) Die hauptamtlich und planmäßig endgültig angestellten Richter können wider ihren Willen nur kraft richterlicher Entscheidung und nur aus Gründen und unter den Formen, welche die Gesetze bestimmen, vor Ablauf ihrer Amtszeit entlassen oder dauernd oder zeitweise ihres Amtes enthoben oder an eine andere Stelle oder in den Ruhestand versetzt werden. Die Gesetzgebung kann Altersgrenzen festsetzen, bei deren Erreichung auf Lebenszeit angestellte Richter in den Ruhestand treten. Bei Veränderung der Einrichtung der Gerichte oder ihrer Bezirke können Richter an ein anderes Gericht versetzt oder aus dem Amte entfernt werden, jedoch nur unter Belassung des vollen Gehaltes.

Artikel 98 (Rechtsstellung der Richter)

(1) Die Rechtsstellung der Bundesrichter ist durch besonderes Bundesgesetz zu regeln.

(2) Wenn ein Bundesrichter im Amte oder außerhalb des Amtes gegen die Grundsätze des Grundgesetzes oder gegen die verfassungsmäßige Ordnung eines Landes verstößt, so kann das Bundesverfassungsgericht mit Zweidrittelmehrheit auf Antrag des Bundestages anordnen, daß der Richter in ein anderes Amt oder in den Ruhestand zu versetzen ist. Im Falle eines vorsätzlichen Verstoßes kann auf Entlassung erkannt werden.

(3) Die Rechtsstellung der Richter in den Ländern ist durch besondere Landesgesetze zu regeln, soweit Artikel 74 Abs. 1 Nr. 27 nichts anderes bestimmt.

(4) Die Länder können bestimmen, daß über die Anstellung der Richter in den Ländern der Landesjustizminister gemeinsam mit einem Richterwahlausschuß entscheidet.
(5) Die Länder können für Landesrichter eine Absatz 2 entsprechende Regelung treffen. Geltendes Landesverfassungsrecht bleibt unberührt. Die Entscheidung über eine Richteranklage steht dem Bundesverfassungsgericht zu.

Artikel 99 (Verfassungsstreitigkeiten durch Landesgesetz zugewiesen)
Dem Bundesverfassungsgerichte kann durch Landesgesetz die Entscheidung von Verfassungsstreitigkeiten innerhalb eines Landes, den in Artikel 95 Abs. 1 genannten obersten Gerichtshöfen für den letzten Rechtszug die Entscheidung in solchen Sachen zugewiesen werden, bei denen es sich um die Anwendung von Landesrecht handelt.

Artikel 100 (Verfassungsrechtliche Vorentscheidung)
(1) Hält ein Gericht ein Gesetz, auf dessen Gültigkeit es bei der Entscheidung ankommt, für verfassungswidrig, so ist das Verfahren auszusetzen und, wenn es sich um die Verletzung der Verfassung eines Landes handelt, die Entscheidung des für Verfassungsstreitigkeiten zuständigen Gerichtes des Landes, wenn es sich um die Verletzung dieses Grundgesetzes handelt, die Entscheidung des Bundesverfassungsgerichtes einzuholen. Dies gilt auch, wenn es sich um die Verletzung dieses Grundgesetzes durch Landesrecht oder um die Unvereinbarkeit eines Landesgesetzes mit einem Bundesgesetze handelt.
(2) Ist in einem Rechtsstreite zweifelhaft, ob eine Regel des Völkerrechtes Bestandteil des Bundesrechts ist und ob sie unmittelbar Rechte und Pflichten für den einzelnen erzeugt (Artikel 25), so hat das Gericht die Entscheidung des Bundesverfassungsgerichtes einzuholen.
(3) Will das Verfassungsgericht eines Landes bei der Auslegung des Grundgesetzes von einer Entscheidung des Bundesverfassungsgerichtes oder des Verfassungsgerichtes eines anderen Landes abweichen, so hat das Verfassungsgericht die Entscheidung des Bundesverfassungsgerichtes einzuholen.

> Entscheidung des Bundesverfassungsgerichts vom 6. Dezember 2006 (BGBl. I 2007 S. 33)
> Aus dem Beschluss des Bundesverfassungsgerichts vom 6. Dezember 2006 – 2 BvM 9/03 – wird die Entscheidungsformel veröffentlicht:
> Eine allgemeine Regel des Völkerrechts, nach der ein lediglich pauschaler Immunitätsverzicht zur Aufhebung des Schutzes der Immunität auch für solches Vermögen genügt, das dem Entsendestaat im Empfangsstaat zur Aufrechterhaltung der Funktionsfähigkeit seiner diplomatischen Mission dient, ist nicht feststellbar.
> Die vorstehende Entscheidungsformel hat gemäß § 31 Abs. 2 des Bundesverfassungsgerichtsgesetzes Gesetzeskraft.

Artikel 101 (Verbot von Ausnahmegerichten)
(1) Ausnahmegerichte sind unzulässig. Niemand darf seinem gesetzlichen Richter entzogen werden.
(2) Gerichte für besondere Sachgebiete können nur durch Gesetz errichtet werden.

Artikel 102 (Abschaffung der Todesstrafe)
Die Todesstrafe ist abgeschafft.

Artikel 103 (Grundrechtsgarantien für das Strafverfahren)
(1) Vor Gericht hat jedermann Anspruch auf rechtliches Gehör.
(2) Eine Tat kann nur bestraft werden, wenn die Strafbarkeit gesetzlich bestimmt war, bevor die Tat begangen wurde.
(3) Niemand darf wegen derselben Tat auf Grund der allgemeinen Strafgesetze mehrmals bestraft werden.

Artikel 104 (Rechtsgarantien bei Freiheitsentziehung)
(1) Die Freiheit der Person kann nur auf Grund eines förmlichen Gesetzes und nur unter Beachtung der darin vorgeschriebenen Formen beschränkt werden. Festgehaltene Personen dürfen weder seelisch noch körperlich mißhandelt werden.
(2) Über die Zulässigkeit und Fortdauer einer Freiheitsentziehung hat nur der Richter zu entscheiden. Bei jeder nicht auf richterlicher Anordnung beruhenden Freiheitsentziehung ist unverzüglich eine richterliche Entscheidung herbeizuführen. Die Polizei darf aus eigener Machtvollkommenheit niemanden länger als bis zum Ende des Tages nach dem Ergreifen in eigenem Gewahrsam halten. Das Nähere ist gesetzlich zu regeln.
(3) Jeder wegen des Verdachtes einer strafbaren Handlung vorläufig Festgenommene ist spätestens am Tage nach der Festnahme dem Richter vorzuführen, der ihm die Gründe der Festnahme mitzuteilen, ihn zu vernehmen und ihm Gelegenheit zu Einwendungen zu geben hat. Der Richter hat unverzüglich

entweder einen mit Gründen versehenen schriftlichen Haftbefehl zu erlassen oder die Freilassung anzuordnen.

(4) Von jeder richterlichen Entscheidung über die Anordnung oder Fortdauer einer Freiheitsentziehung ist unverzüglich ein Angehöriger des Festgehaltenen oder eine Person seines Vertrauens zu benachrichtigen.

Anm. d. Hrsg.: Zur Tragweite von Art. 104 Abs. 2 GG vgl. die Entscheidung des Bundesverfassungsgerichts vom 24. Juli 2018 – 2 BvR 305/15, – 2 BvR 502/16:
1. a) Die Fixierung eines Patienten stellt einen Eingriff in dessen Grundrecht auf Freiheit der Person (Art. 2 Abs. 2 Satz 2 i.V.m. Art. 104 GG) dar.
   b) Sowohl bei einer 5-Punkt- als auch bei einer 7-Punkt-Fixierung von nicht nur kurzfristiger Dauer handelt es sich um eine Freiheitsentziehung im Sinne des Art. 104 Abs. 2 GG, die von einer richterlichen Unterbringungsanordnung nicht gedeckt ist. Von einer kurzfristigen Maßnahme ist in der Regel auszugehen, wenn sie absehbar die Dauer von ungefähr einer halben Stunde unterschreitet.
2. Aus Art. 104 Abs. 2 Satz 4 GG folgt ein Regelungsauftrag, der den Gesetzgeber verpflichtet, den Richtervorbehalt verfahrensrechtlich auszugestalten, um den Besonderheiten der unterschiedlichen Anwendungszusammenhänge gerecht zu werden.
3. Um den Schutz des von einer freiheitsentziehenden Fixierung Betroffenen sicherzustellen, bedarf es eines täglichen richterlichen Bereitschaftsdienstes, der den Zeitraum von 6:00 Uhr bis 21:00 Uhr abdeckt.

X. Das Finanzwesen

Artikel 104a (Tragung der Ausgaben)

(1) Der Bund und die Länder tragen gesondert die Ausgaben, die sich aus der Wahrnehmung ihrer Aufgaben ergeben, soweit dieses Grundgesetz nichts anderes bestimmt.

(2) Handeln die Länder im Auftrage des Bundes, trägt der Bund die sich daraus ergebenden Ausgaben.

(3) Bundesgesetze, die Geldleistungen gewähren und von den Ländern ausgeführt werden, können bestimmen, daß die Geldleistungen ganz oder zum Teil vom Bund getragen werden. Bestimmt das Gesetz, daß der Bund die Hälfte der Ausgaben oder mehr trägt, wird es im Auftrage des Bundes durchgeführt. Bei der Gewährung von Leistungen für Unterkunft und Heizung auf dem Gebiet der Grundsicherung für Arbeitsuchende wird das Gesetz im Auftrage des Bundes ausgeführt, wenn der Bund drei Viertel der Ausgaben oder mehr trägt.

(4) Bundesgesetze, die Pflichten der Länder zur Erbringung von Geldleistungen, geldwerten Sachleistungen oder vergleichbaren Dienstleistungen gegenüber Dritten begründen und von den Ländern als eigene Angelegenheit oder nach Absatz 3 Satz 2 im Auftrag des Bundes ausgeführt werden, bedürfen der Zustimmung des Bundesrates, wenn daraus entstehende Ausgaben von den Ländern zu tragen sind.

(5) Der Bund und die Länder tragen die bei ihren Behörden entstehenden Verwaltungsausgaben und haften im Verhältnis zueinander für eine ordnungsmäßige Verwaltung. Das Nähere bestimmt ein Bundesgesetz, das der Zustimmung des Bundesrates bedarf.

(6) Bund und Länder tragen nach der innerstaatlichen Zuständigkeits- und Aufgabenverteilung die Lasten einer Verletzung von supranationalen oder völkerrechtlichen Verpflichtungen Deutschlands. In Fällen länderübergreifender Finanzkorrekturen der Europäischen Union tragen Bund und Länder diese Lasten im Verhältnis 15 zu 85. Die Ländergesamtheit trägt in diesen Fällen solidarisch 35 vom Hundert der Gesamtlasten entsprechend einem allgemeinen Schlüssel; 50 vom Hundert der Gesamtlasten tragen die Länder, die die Lasten verursacht haben, anteilig entsprechend der Höhe der erhaltenen Mittel. Das Nähere regelt ein Bundesgesetz, das der Zustimmung des Bundesrates bedarf.

Artikel 104b (Finanzhilfen für besonders bedeutsame Investitionen)

(1) Der Bund kann, soweit dieses Grundgesetz ihm Gesetzgebungsbefugnisse verleiht, den Ländern Finanzhilfen für besonders bedeutsame Investitionen der Länder und der Gemeinden (Gemeindeverbände) gewähren, die
1. zur Abwehr einer Störung des gesamtwirtschaftlichen Gleichgewichts oder
2. zum Ausgleich unterschiedlicher Wirtschaftskraft im Bundesgebiet oder
3. zur Förderung des wirtschaftlichen Wachstums

erforderlich sind. Abweichend von Satz 1 kann der Bund im Falle von Naturkatastrophen oder außergewöhnlichen Notsituationen, die sich der Kontrolle des Staates entziehen und die staatliche Finanzlage erheblich beeinträchtigen, auch ohne Gesetzgebungsbefugnisse Finanzhilfen gewähren.

(2) Das Nähere, insbesondere die Arten der zu fördernden Investitionen, wird durch Bundesgesetz, das der Zustimmung des Bundesrates bedarf, oder auf Grund des Bundeshaushaltsgesetzes durch Verwal-

tungsvereinbarung geregelt. Das Bundesgesetz oder die Verwaltungsvereinbarung kann Bestimmungen über die Ausgestaltung der jeweiligen Länderprogramme zur Verwendung der Finanzhilfen vorsehen. Die Festlegung der Kriterien für die Ausgestaltung der Länderprogramme erfolgt im Einvernehmen mit den betroffenen Ländern. Zur Gewährleistung der zweckentsprechenden Mittelverwendung kann die Bundesregierung Bericht und Vorlage der Akten verlangen und Erhebungen bei allen Behörden durchführen. Die Mittel des Bundes werden zusätzlich zu eigenen Mitteln der Länder bereitgestellt. Sie sind befristet zu gewähren und hinsichtlich ihrer Verwendung in regelmäßigen Zeitabständen zu überprüfen. Die Finanzhilfen sind im Zeitablauf mit fallenden Jahresbeträgen zu gestalten.

(3) Bundestag, Bundesregierung und Bundesrat sind auf Verlangen über die Durchführung der Maßnahmen und die erzielten Verbesserungen zu unterrichten.

Artikel 104c (Finanzhilfen)

Der Bund kann den Ländern Finanzhilfen für gesamtstaatlich bedeutsame Investitionen sowie besondere, mit diesen unmittelbar verbundene, befristete Ausgaben der Länder und Gemeinden (Gemeindeverbände) zur Steigerung der Leistungsfähigkeit der kommunalen Bildungsinfrastruktur gewähren. Artikel 104b Absatz 2 Satz 1 bis 3, 5, 6 und Absatz 3 gilt entsprechend. Zur Gewährleistung der zweckentsprechenden Mittelverwendung kann die Bundesregierung Berichte und anlassbezogen die Vorlage von Akten verlangen.

Artikel 104d (Finanzhilfen für sozialen Wohnungsbau)

Der Bund kann den Ländern Finanzhilfen für gesamtstaatlich bedeutsame Investitionen der Länder und Gemeinden (Gemeindeverbände) im Bereich des sozialen Wohnungsbaus gewähren. Artikel 104b Absatz 2 Satz 1 bis 5 sowie Absatz 3 gilt entsprechend.

Artikel 105 (Gesetzgebungszuständigkeit)

(1) Der Bund hat die ausschließliche Gesetzgebung über die Zölle und Finanzmonopole.

(2) Der Bund hat die konkurrierende Gesetzgebung über die Grundsteuer. Er hat die konkurrierende Gesetzgebung über die übrigen Steuern, wenn ihm das Aufkommen dieser Steuern ganz oder zum Teil zusteht oder die Voraussetzungen des Artikels 72 Abs. 2 vorliegen.

(2a) Die Länder haben die Befugnis zur Gesetzgebung über die örtlichen Verbrauch- und Aufwandsteuern, solange und soweit sie nicht bundesgesetzlich geregelten Steuern gleichartig sind. Sie haben die Befugnis zur Bestimmung des Steuersatzes bei der Grunderwerbsteuer.

(3) Bundesgesetze über Steuern, deren Aufkommen den Ländern oder den Gemeinden (Gemeindeverbänden) ganz oder zum Teil zufließt, bedürfen der Zustimmung des Bundesrates.

Artikel 106 (Steuerverteilung)

(1) Der Ertrag der Finanzmonopole und das Aufkommen der folgenden Steuern stehen dem Bund zu:
1. die Zölle,
2. die Verbrauchsteuern, soweit sie nicht nach Absatz 2 den Ländern, nach Absatz 3 Bund und Ländern gemeinsam oder nach Absatz 6 den Gemeinden zustehen,
3. die Straßengüterverkehrsteuer, die Kraftfahrzeugsteuer und sonstige auf motorisierte Verkehrsmittel bezogene Verkehrsteuern,
4. die Kapitalverkehrsteuern, die Versicherungsteuer und die Wechselsteuer,
5. die einmaligen Vermögensabgaben und die zur Durchführung des Lastenausgleichs erhobenen Ausgleichsabgaben,
6. die Ergänzungsabgabe zur Einkommensteuer und zur Körperschaftsteuer,
7. Abgaben im Rahmen der Europäischen Gemeinschaften.

(2) Das Aufkommen der folgenden Steuern steht den Ländern zu:
1. die Vermögensteuer,
2. die Erbschaftsteuer,
3. die Verkehrsteuern, soweit sie nicht nach Absatz 1 dem Bund oder nach Absatz 3 Bund und Ländern gemeinsam zustehen,
4. die Biersteuer,
5. die Abgabe von Spielbanken.

(3) Das Aufkommen der Einkommensteuer, der Körperschaftsteuer und der Umsatzsteuer steht dem Bund und den Ländern gemeinsam zu (Gemeinschaftsteuern), soweit das Aufkommen der Einkommensteuer nicht nach Absatz 5 und das Aufkommen der Umsatzsteuer nicht nach Absatz 5a den Gemeinden zugewiesen wird. Am Aufkommen der Einkommensteuer und der Körperschaftsteuer sind der

1 GG Art. 106a

Bund und die Länder je zur Hälfte beteiligt. Die Anteile von Bund und Ländern an der Umsatzsteuer werden durch Bundesgesetz, das der Zustimmung des Bundesrates bedarf, festgesetzt. Bei der Festsetzung ist von folgenden Grundsätzen auszugehen:
1. Im Rahmen der laufenden Einnahmen haben der Bund und die Länder gleichmäßig Anspruch auf Deckung ihrer notwendigen Ausgaben. Dabei ist der Umfang der Ausgaben unter Berücksichtigung einer mehrjährigen Finanzplanung zu ermitteln.
2. Die Deckungsbedürfnisse des Bundes und der Länder sind so aufeinander abzustimmen, daß ein billiger Ausgleich erzielt, eine Überbelastung der Steuerpflichtigen vermieden und die Einheitlichkeit der Lebensverhältnisse im Bundesgebiet gewahrt wird.

Zusätzlich werden in die Festsetzung der Anteile von Bund und Ländern an der Umsatzsteuer Steuermindereinnahmen einbezogen, die den Ländern ab 1. Januar 1996 aus der Berücksichtigung von Kindern im Einkommensteuerrecht entstehen. Das Nähere bestimmt das Bundesgesetz nach Satz 3.

(4) Die Anteile von Bund und Ländern an der Umsatzsteuer sind neu festzusetzen, wenn sich das Verhältnis zwischen den Einnahmen und Ausgaben des Bundes und der Länder wesentlich anders entwickelt; Steuermindereinnahmen, die nach Absatz 3 Satz 5 in die Festsetzung der Umsatzsteueranteile zusätzlich einbezogen werden, bleiben hierbei unberücksichtigt. Werden den Ländern durch Bundesgesetz zusätzliche Ausgaben auferlegt oder Einnahmen entzogen, so kann die Mehrbelastung durch Bundesgesetz, das der Zustimmung des Bundesrates bedarf, auch mit Finanzzuweisungen des Bundes ausgeglichen werden, wenn sie auf einen kurzen Zeitraum begrenzt ist. In dem Gesetz sind die Grundsätze für die Bemessung dieser Finanzzuweisungen und für ihre Verteilung auf die Länder zu bestimmen.

(5) Die Gemeinden erhalten einen Anteil an dem Aufkommen der Einkommensteuer, der von den Ländern an ihre Gemeinden auf der Grundlage der Einkommensteuerleistungen ihrer Einwohner weiterzuleiten ist. Das Nähere bestimmt ein Bundesgesetz, das der Zustimmung des Bundesrates bedarf. Es kann bestimmen, daß die Gemeinden Hebesätze für den Gemeindeanteil festsetzen.

(5a) Die Gemeinden erhalten ab dem 1. Januar 1998 einen Anteil an dem Aufkommen der Umsatzsteuer. Er wird von den Ländern auf der Grundlage eines orts- und wirtschaftsbezogenen Schlüssels an ihre Gemeinden weitergeleitet. Das Nähere wird durch Bundesgesetz, das der Zustimmung des Bundesrates bedarf, bestimmt.

(6) Das Aufkommen der Grundsteuer und Gewerbesteuer steht den Gemeinden, das Aufkommen der örtlichen Verbrauch- und Aufwandsteuern steht den Gemeinden oder nach Maßgabe der Landesgesetzgebung den Gemeindeverbänden zu. Den Gemeinden ist das Recht einzuräumen, die Hebesätze der Grundsteuer und Gewerbesteuer im Rahmen der Gesetze festzusetzen. Bestehen in einem Land keine Gemeinden, so steht das Aufkommen der Grundsteuer und Gewerbesteuer sowie der örtlichen Verbrauch- und Aufwandsteuern dem Land zu. Bund und Länder können durch eine Umlage an dem Aufkommen der Gewerbesteuer beteiligt werden. Das Nähere über die Umlage bestimmt ein Bundesgesetz, das der Zustimmung des Bundesrates bedarf. Nach Maßgabe der Landesgesetzgebung können die Grundsteuer und Gewerbesteuer sowie der Gemeindeanteil vom Aufkommen der Einkommensteuer und der Umsatzsteuer als Bemessungsgrundlagen für Umlagen zugrunde gelegt werden.

(7) Von dem Länderanteil am Gesamtaufkommen der Gemeinschaftsteuern fließt den Gemeinden und Gemeindeverbänden insgesamt ein von der Landesgesetzgebung zu bestimmender Hundertsatz zu. Im übrigen bestimmt die Landesgesetzgebung, ob und inwieweit das Aufkommen der Landessteuern den Gemeinden (Gemeindeverbänden) zufließt.

(8) Veranlaßt der Bund in einzelnen Ländern oder Gemeinden (Gemeindeverbänden) besondere Einrichtungen, die diesen Ländern oder Gemeinden (Gemeindeverbänden) unmittelbar Mehrausgaben oder Mindereinnahmen (Sonderbelastungen) verursachen, gewährt der Bund den erforderlichen Ausgleich, wenn und soweit den Ländern oder Gemeinden (Gemeindeverbänden) nicht zugemutet werden kann, die Sonderbelastungen zu tragen. Entschädigungsleistungen Dritter und finanzielle Vorteile, die diesen Ländern oder Gemeinden (Gemeindeverbänden) als Folge der Einrichtungen erwachsen, werden bei dem Ausgleich berücksichtigt.

(9) Als Einnahmen und Ausgaben der Länder im Sinne dieses Artikels gelten auch die Einnahmen und Ausgaben der Gemeinden (Gemeindeverbände).

Artikel 106a (Personennahverkehr)

Den Ländern steht ab 1. Januar 1996 für den öffentlichen Personennahverkehr ein Betrag aus dem Steueraufkommen des Bundes zu. Das Nähere regelt ein Bundesgesetz, das der Zustimmung des Bundesrates bedarf. Der Betrag nach Satz 1 bleibt bei der Bemessung der Finanzkraft nach Artikel 107 Abs. 2 unberücksichtigt.

Artikel 106b (Ausgleich infolge der Übertragung der Kfz-Steuer)
Den Ländern steht ab dem 1. Juli 2009 infolge der Übertragung der Kraftfahrzeugsteuer auf den Bund ein Betrag aus dem Steueraufkommen des Bundes zu. Das Nähere regelt ein Bundesgesetz, das der Zustimmung des Bundesrates bedarf.

Artikel 107 (Örtliches Aufkommen)
(1) Das Aufkommen der Landessteuern und der Länderanteil am Aufkommen der Einkommensteuer und der Körperschaftsteuer stehen den einzelnen Ländern insoweit zu, als die Steuern von den Finanzbehörden in ihrem Gebiet vereinnahmt werden (örtliches Aufkommen). Durch Bundesgesetz, das der Zustimmung des Bundesrates bedarf, sind für die Körperschaftsteuer und die Lohnsteuer nähere Bestimmungen über die Abgrenzung sowie über Art und Umfang der Zerlegung des örtlichen Aufkommens zu treffen. Das Gesetz kann auch Bestimmungen über die Abgrenzung und Zerlegung des örtlichen Aufkommens anderer Steuern treffen. Der Länderanteil am Aufkommen der Umsatzsteuer steht den einzelnen Ländern, vorbehaltlich der Regelungen nach Absatz 2, nach Maßgabe ihrer Einwohnerzahl zu.
(2) Durch Bundesgesetz, das der Zustimmung des Bundesrates bedarf, ist sicherzustellen, dass die unterschiedliche Finanzkraft der Länder angemessen ausgeglichen wird; hierbei sind die Finanzkraft und der Finanzbedarf der Gemeinden (Gemeindeverbände) zu berücksichtigen. Zu diesem Zweck sind in dem Gesetz Zuschläge zu und Abschläge von der jeweiligen Finanzkraft bei der Verteilung der Länderanteile am Aufkommen der Umsatzsteuer zu regeln. Die Voraussetzungen für die Gewährung von Zuschlägen und für die Erhebung von Abschlägen sowie die Maßstäbe für die Höhe dieser Zuschläge und Abschläge sind in dem Gesetz zu bestimmen. Für Zwecke der Bemessung der Finanzkraft kann die bergrechtliche Förderabgabe mit nur einem Teil ihres Aufkommens berücksichtigt werden. Das Gesetz kann auch bestimmen, dass der Bund aus seinen Mitteln leistungsschwachen Ländern Zuweisungen zur ergänzenden Deckung ihres allgemeinen Finanzbedarfs (Ergänzungszuweisungen) gewährt. Zuweisungen können unabhängig von den Maßstäben nach den Sätzen 1 bis 3 auch solchen leistungsschwachen Ländern gewährt werden, deren Gemeinden (Gemeindeverbände) eine besonders geringe Steuerkraft aufweisen (Gemeindesteuerkraftzuweisungen), sowie außerdem solchen leistungsschwachen Ländern, deren Anteile an den Fördermitteln nach Artikel 91b ihre Einwohneranteile unterschreiten.

Artikel 108 (Finanzverwaltung)
(1) Zölle, Finanzmonopole, die bundesgesetzlich geregelten Verbrauchsteuern einschließlich der Einfuhrumsatzsteuer, die Kraftfahrzeugsteuer und sonstige auf motorisierte Verkehrsmittel bezogene Verkehrsteuern ab dem 1. Juli 2009 sowie die Abgaben im Rahmen der Europäischen Gemeinschaften werden durch Bundesfinanzbehörden verwaltet. Der Aufbau dieser Behörden wird durch Bundesgesetz geregelt. Soweit Mittelbehörden eingerichtet sind, werden deren Leiter im Benehmen mit den Landesregierungen bestellt.
(2) Die übrigen Steuern werden durch Landesfinanzbehörden verwaltet. Der Aufbau dieser Behörden und die einheitliche Ausbildung der Beamten können durch Bundesgesetz mit Zustimmung des Bundesrates geregelt werden. Soweit Mittelbehörden eingerichtet sind, werden deren Leiter im Einvernehmen mit der Bundesregierung bestellt.
(3) Verwalten die Landesfinanzbehörden Steuern, die ganz oder zum Teil dem Bund zufließen, so werden sie im Auftrage des Bundes tätig. Artikel 85 Abs. 3 und 4 gilt mit der Maßgabe, daß an die Stelle der Bundesregierung der Bundesminister der Finanzen tritt.
(4) Durch Bundesgesetz, das der Zustimmung des Bundesrates bedarf, kann bei der Verwaltung von Steuern ein Zusammenwirken von Bundes- und Landesfinanzbehörden sowie für Steuern, die unter Absatz 1 fallen, die Verwaltung durch Landesfinanzbehörden und für andere Steuern die Verwaltung durch Bundesfinanzbehörden vorgesehen werden, wenn und soweit dadurch der Vollzug der Steuergesetze erheblich verbessert oder erleichtert wird. Für die den Gemeinden (Gemeindeverbänden) allein zufließenden Steuern kann die den Landesfinanzbehörden zustehende Verwaltung durch die Länder ganz oder zum Teil den Gemeinden (Gemeindeverbänden) übertragen werden. Das Bundesgesetz nach Satz 1 kann für ein Zusammenwirken von Bund und Ländern bestimmen, dass bei Zustimmung einer im Gesetz genannten Mehrheit Regelungen für den Vollzug von Steuergesetzen für alle Länder verbindlich werden.
(4a) Durch Bundesgesetz, das der Zustimmung des Bundesrates bedarf, können bei der Verwaltung von Steuern, die unter Absatz 2 fallen, ein Zusammenwirken von Landesfinanzbehörden und eine länderübergreifende Übertragung von Zuständigkeiten auf Landesfinanzbehörden eines oder mehrerer Länder im Einvernehmen mit den betroffenen Ländern vorgesehen werden, wenn und soweit dadurch der

Vollzug der Steuergesetze erheblich verbessert oder erleichtert wird. Die Kostentragung kann durch Bundesgesetz geregelt werden.
(5) Das von den Bundesfinanzbehörden anzuwendende Verfahren wird durch Bundesgesetz geregelt. Das von den Landesfinanzbehörden und in den Fällen des Absatzes 4 Satz 2 von den Gemeinden (Gemeindeverbänden) anzuwendende Verfahren kann durch Bundesgesetz mit Zustimmung des Bundesrates geregelt werden.
(6) Die Finanzgerichtsbarkeit wird durch Bundesgesetz einheitlich geregelt.
(7) Die Bundesregierung kann allgemeine Verwaltungsvorschriften erlassen, und zwar mit Zustimmung des Bundesrates, soweit die Verwaltung den Landesfinanzbehörden oder Gemeinden (Gemeindeverbänden) obliegt.

Artikel 109 (Haushaltswirtschaft)

(1) Bund und Länder sind in ihrer Haushaltswirtschaft selbständig und voneinander unabhängig.
(2) Bund und Länder erfüllen gemeinsam die Verpflichtungen der Bundesrepublik Deutschland aus Rechtsakten der Europäischen Gemeinschaft auf Grund des Artikels 104 des Vertrags zur Gründung der Europäischen Gemeinschaft zur Einhaltung der Haushaltsdisziplin und tragen in diesem Rahmen den Erfordernissen des gesamtwirtschaftlichen Gleichgewichts Rechnung.
(3) Die Haushalte von Bund und Ländern sind grundsätzlich ohne Einnahmen aus Krediten auszugleichen. Bund und Länder können Regelungen zur im Auf- und Abschwung symmetrischen Berücksichtigung der Auswirkungen einer von der Normallage abweichenden konjunkturellen Entwicklung sowie eine Ausnahmeregelung für Naturkatastrophen oder außergewöhnliche Notsituationen, die sich der Kontrolle des Staates entziehen und die staatliche Finanzlage erheblich beeinträchtigen, vorsehen. Für die Ausnahmeregelung ist eine entsprechende Tilgungsregelung vorzusehen. Die nähere Ausgestaltung regelt für den Haushalt des Bundes Artikel 115 mit der Maßgabe, dass Satz 1 entsprochen ist, wenn die Einnahmen aus Krediten 0,35 vom Hundert im Verhältnis zum nominalen Bruttoinlandsprodukt nicht überschreiten. Die nähere Ausgestaltung für die Haushalte der Länder regeln diese im Rahmen ihrer verfassungsrechtlichen Kompetenzen mit der Maßgabe, dass Satz 1 nur dann entsprochen ist, wenn keine Einnahmen aus Krediten zugelassen werden.
(4) Durch Bundesgesetz, das der Zustimmung des Bundesrates bedarf, können für Bund und Länder gemeinsam geltende Grundsätze für das Haushaltsrecht, für eine konjunkturgerechte Haushaltswirtschaft und für eine mehrjährige Finanzplanung aufgestellt werden.
(5) Sanktionsmaßnahmen der Europäischen Gemeinschaft im Zusammenhang mit den Bestimmungen in Artikel 104 des Vertrags zur Gründung der Europäischen Gemeinschaft zur Einhaltung der Haushaltsdisziplin tragen Bund und Länder im Verhältnis 65 zu 35. Die Ländergesamtheit trägt solidarisch 35 vom Hundert der auf die Länder entfallenden Lasten entsprechend ihrer Einwohnerzahl; 65 vom Hundert der auf die Länder entfallenden Lasten tragen die Länder entsprechend ihrem Verursachungsbeitrag. Das Nähere regelt ein Bundesgesetz, das der Zustimmung des Bundesrates bedarf.

Artikel 109a (Haushaltsnotlage, Stabilitätsrat)

(1) Zur Vermeidung von Haushaltsnotlagen regelt ein Bundesgesetz, das der Zustimmung des Bundesrates bedarf,
1. die fortlaufende Überwachung der Haushaltswirtschaft von Bund und Ländern durch ein gemeinsames Gremium (Stabilitätsrat),
2. die Voraussetzungen und das Verfahren zur Feststellung einer drohenden Haushaltsnotlage,
3. die Grundsätze zur Aufstellung und Durchführung von Sanierungsprogrammen zur Vermeidung von Haushaltsnotlagen.

(2) Dem Stabilitätsrat obliegt ab dem Jahr 2020 die Überwachung der Einhaltung der Vorgaben des Artikels 109 Absatz 3 durch Bund und Länder. Die Überwachung orientiert sich an den Vorgaben und Verfahren aus Rechtsakten auf Grund des Vertrages über die Arbeitsweise der Europäischen Union zur Einhaltung der Haushaltsdisziplin.
(3) Die Beschlüsse des Stabilitätsrats und die zugrunde liegenden Beratungsunterlagen sind zu veröffentlichen.

Artikel 110 (Haushaltsplan)

(1) Alle Einnahmen und Ausgaben des Bundes sind in den Haushaltsplan einzustellen; bei Bundesbetrieben und bei Sondervermögen brauchen nur die Zuführungen oder die Ablieferungen eingestellt zu werden. Der Haushaltsplan ist in Einnahme und Ausgabe auszugleichen.

(2) Der Haushaltsplan wird für ein oder mehrere Rechnungsjahre, nach Jahren getrennt, vor Beginn des ersten Rechnungsjahres durch das Haushaltsgesetz festgestellt. Für Teile des Haushaltsplanes kann vorgesehen werden, daß sie für unterschiedliche Zeiträume, nach Rechnungsjahren getrennt, gelten.
(3) Die Gesetzesvorlage nach Absatz 2 Satz 1 sowie Vorlagen zur Änderung des Haushaltsgesetzes und des Haushaltsplanes werden gleichzeitig mit der Zuleitung an den Bundesrat beim Bundestage eingebracht; der Bundesrat ist berechtigt, innerhalb von sechs Wochen, bei Änderungsvorlagen innerhalb von drei Wochen, zu den Vorlagen Stellung zu nehmen.
(4) In das Haushaltsgesetz dürfen nur Vorschriften aufgenommen werden, die sich auf die Einnahmen und Ausgaben des Bundes und auf den Zeitraum beziehen, für den das Haushaltsgesetz beschlossen wird. Das Haushaltsgesetz kann vorschreiben, daß die Vorschriften erst mit der Verkündung des nächsten Haushaltsgesetzes oder bei Ermächtigung nach Artikel 115 zu einem späteren Zeitpunkt außer Kraft treten.

Artikel 111 (Haushaltsvorgriff)

(1) Ist bis zum Schluß eines Rechnungsjahres der Haushaltsplan für das folgende Jahr nicht durch Gesetz festgestellt, so ist bis zu seinem Inkrafttreten die Bundesregierung ermächtigt, alle Ausgaben zu leisten, die nötig sind,
a) um gesetzlich bestehende Einrichtungen zu erhalten und gesetzlich beschlossene Maßnahmen durchzuführen,
b) um die rechtlich begründeten Verpflichtungen des Bundes zu erfüllen,
c) um Bauten, Beschaffungen und sonstige Leistungen fortzusetzen oder Beihilfen für diese Zwecke weiter zu gewähren, sofern durch den Haushaltsplan eines Vorjahres bereits Beträge bewilligt worden sind.
(2) Soweit nicht auf besonderem Gesetze beruhende Einnahmen aus Steuern, Abgaben und sonstigen Quellen oder die Betriebsmittelrücklage die Ausgaben unter Absatz 1 decken, darf die Bundesregierung die zur Aufrechterhaltung der Wirtschaftsführung erforderlichen Mittel bis zur Höhe eines Viertels der Endsumme des abgelaufenen Haushaltsplanes im Wege des Kredits flüssig machen.

Artikel 112 (Über- und außerplanmäßige Ausgaben)

Überplanmäßige und außerplanmäßige Ausgaben bedürfen der Zustimmung des Bundesministers der Finanzen. Sie darf nur im Falle eines unvorhergesehenen und unabweisbaren Bedürfnisses erteilt werden. Näheres kann durch Bundesgesetz bestimmt werden.

Artikel 113 (Ausgabenerhöhung, Einnahmeminderung)

(1) Gesetze, welche die von der Bundesregierung vorgeschlagenen Ausgaben des Haushaltsplanes erhöhen oder neue Ausgaben in sich schließen oder für die Zukunft mit sich bringen, bedürfen der Zustimmung der Bundesregierung. Das gleiche gilt für Gesetze, die Einnahmeminderungen in sich schließen oder für die Zukunft mit sich bringen. Die Bundesregierung kann verlangen, daß der Bundestag die Beschlußfassung über solche Gesetze aussetzt. In diesem Fall hat die Bundesregierung innerhalb von sechs Wochen dem Bundestage eine Stellungnahme zuzuleiten.
(2) Die Bundesregierung kann innerhalb von vier Wochen, nachdem der Bundestag das Gesetz beschlossen hat, verlangen, daß der Bundestag erneut Beschluß faßt.
(3) Ist das Gesetz nach Artikel 78 zustande gekommen, kann die Bundesregierung ihre Zustimmung nur innerhalb von sechs Wochen und nur dann versagen, wenn sie vorher das Verfahren nach Absatz 1 Satz 3 und 4 oder nach Absatz 2 eingeleitet hat. Nach Ablauf dieser Frist gilt die Zustimmung als erteilt.

Artikel 114 (Rechnungslegung, Bundesrechnungshof)

(1) Der Bundesminister der Finanzen hat dem Bundestage und dem Bundesrate über alle Einnahmen und Ausgaben sowie über das Vermögen und die Schulden im Laufe des nächsten Rechnungsjahres zur Entlastung der Bundesregierung Rechnung zu legen.
(2) Der Bundesrechnungshof, dessen Mitglieder richterliche Unabhängigkeit besitzen, prüft die Rechnung sowie die Wirtschaftlichkeit und Ordnungsmäßigkeit der Haushalts- und Wirtschaftsführung des Bundes. Zum Zweck der Prüfung nach Satz 1 kann der Bundesrechnungshof auch bei Stellen außerhalb der Bundesverwaltung Erhebungen vornehmen; dies gilt auch in den Fällen, in denen der Bund den Ländern zweckgebundene Finanzierungsmittel zur Erfüllung von Länderaufgaben zuweist. Er hat außer der Bundesregierung unmittelbar dem Bundestage und dem Bundesrate jährlich zu berichten. Im übrigen werden die Befugnisse des Bundesrechnungshofes durch Bundesgesetz geregelt.

Artikel 115 (Kreditaufnahme)

(1) Die Aufnahme von Krediten sowie die Übernahme von Bürgschaften, Garantien oder sonstigen Gewährleistungen, die zu Ausgaben in künftigen Rechnungsjahren führen können, bedürfen einer der Höhe nach bestimmten oder bestimmbaren Ermächtigung durch Bundesgesetz.
(2) Einnahmen und Ausgaben sind grundsätzlich ohne Einnahmen aus Krediten auszugleichen. Diesem Grundsatz ist entsprochen, wenn die Einnahmen aus Krediten 0,35 vom Hundert im Verhältnis zum nominalen Bruttoinlandsprodukt nicht überschreiten. Zusätzlich sind bei einer von der Normallage abweichenden konjunkturellen Entwicklung die Auswirkungen auf den Haushalt im Auf- und Abschwung symmetrisch zu berücksichtigen. Abweichungen der tatsächlichen Kreditaufnahme von der nach den Sätzen 1 bis 3 zulässigen Kreditobergrenze werden auf einem Kontrollkonto erfasst; Belastungen, die den Schwellenwert von 1,5 vom Hundert im Verhältnis zum nominalen Bruttoinlandsprodukt überschreiten, sind konjunkturgerecht zurückzuführen. Näheres, insbesondere die Bereinigung der Einnahmen und Ausgaben um finanzielle Transaktionen und das Verfahren zur Berechnung der Obergrenze der jährlichen Nettokreditaufnahme unter Berücksichtigung der konjunkturellen Entwicklung auf der Grundlage eines Konjunkturbereinigungsverfahrens sowie die Kontrolle und den Ausgleich von Abweichungen der tatsächlichen Kreditaufnahme von der Regelgrenze, regelt ein Bundesgesetz. Im Falle von Naturkatastrophen oder außergewöhnlichen Notsituationen, die sich der Kontrolle des Staates entziehen und die staatliche Finanzlage erheblich beeinträchtigen, können diese Kreditobergrenzen auf Grund eines Beschlusses der Mehrheit der Mitglieder des Bundestages überschritten werden. Der Beschluss ist mit einem Tilgungsplan zu verbinden. Die Rückführung der nach Satz 6 aufgenommenen Kredite hat binnen eines angemessenen Zeitraumes zu erfolgen.

Xa. Verteidigungsfall

Artikel 115a (Feststellung des Verteidigungsfalles)

(1) Die Feststellung, daß das Bundesgebiet mit Waffengewalt angegriffen wird oder ein solcher Angriff unmittelbar droht (Verteidigungsfall), trifft der Bundestag mit Zustimmung des Bundesrates. Die Feststellung erfolgt auf Antrag der Bundesregierung und bedarf einer Mehrheit von zwei Dritteln der abgegebenen Stimmen, mindestens der Mehrheit der Mitglieder des Bundestages.
(2) Erfordert die Lage unabweisbar ein sofortiges Handeln und stehen einem rechtzeitigen Zusammentritt des Bundestages unüberwindliche Hindernisse entgegen oder ist er nicht beschlußfähig, so trifft der Gemeinsame Ausschuß diese Feststellung mit einer Mehrheit von zwei Dritteln der abgegebenen Stimmen, mindestens der Mehrheit seiner Mitglieder.
(3) Die Feststellung wird vom Bundespräsidenten gemäß Artikel 82 im Bundesgesetzblatt verkündet. Ist dies nicht rechtzeitig möglich, so erfolgt die Verkündung in anderer Weise; sie ist im Bundesgesetzblatt nachzuholen, sobald die Umstände es zulassen.
(4) Wird das Bundesgebiet mit Waffengewalt angegriffen und sind die zuständigen Bundesorgane außerstande, sofort die Feststellung nach Absatz 1 Satz 1 zu treffen, so gilt diese Feststellung als getroffen und als zu dem Zeitpunkt verkündet, in dem der Angriff begonnen hat. Der Bundespräsident gibt diesen Zeitpunkt bekannt, sobald die Umstände es zulassen.
(5) Ist die Feststellung des Verteidigungsfalles verkündet und wird das Bundesgebiet mit Waffengewalt angegriffen, so kann der Bundespräsident völkerrechtliche Erklärungen über das Bestehen des Verteidigungsfalles mit Zustimmung des Bundestages abgeben. Unter den Voraussetzungen des Absatzes 2 tritt an die Stelle des Bundestages der Gemeinsame Ausschuß.

Artikel 115b (Übergang der Befehls- und Kommandogewalt)

Mit der Verkündung des Verteidigungsfalles geht die Befehls- und Kommandogewalt über die Streitkräfte auf den Bundeskanzler über.

Artikel 115c (Konkurrierende Gesetzgebung im Verteidigungsfall)

(1) Der Bund hat für den Verteidigungsfall das Recht der konkurrierenden Gesetzgebung auch auf den Sachgebieten, die zur Gesetzgebungszuständigkeit der Länder gehören. Diese Gesetze bedürfen der Zustimmung des Bundesrates.
(2) Soweit es die Verhältnisse während des Verteidigungsfalles erfordern, kann durch Bundesgesetz für den Verteidigungsfall
  1. bei Enteignungen abweichend von Artikel 14 Abs. 3 Satz 2 die Entschädigung vorläufig geregelt werden,

2. für Freiheitsentziehungen eine von Artikel 104 Abs. 2 Satz 3 und Abs. 3 Satz 1 abweichende Frist, höchstens jedoch eine solche von vier Tagen, für den Fall festgesetzt werden, daß ein Richter nicht innerhalb der für Normalzeiten geltenden Frist tätig werden konnte.

(3) Soweit es zur Abwehr eines gegenwärtigen oder unmittelbar drohenden Angriffs erforderlich ist, kann für den Verteidigungsfall durch Bundesgesetz mit Zustimmung des Bundesrates die Verwaltung und das Finanzwesen des Bundes und der Länder abweichend von den Abschnitten VIII, VIIIa und X geregelt werden, wobei die Lebensfähigkeit der Länder, Gemeinden und Gemeindeverbände, insbesondere auch in finanzieller Hinsicht, zu wahren ist.

(4) Bundesgesetze nach den Absätzen 1 und 2 Nr. 1 dürfen zur Vorbereitung ihres Vollzuges schon vor Eintritt des Verteidigungsfalles angewandt werden.

Artikel 115d (Gesetzgebungsverfahren im Verteidigungsfall)

(1) Für die Gesetzgebung des Bundes gilt im Verteidigungsfalle abweichend von Artikel 76 Abs. 2, Artikel 77 Abs. 1 Satz 2 und Abs. 2 bis 4, Artikel 78 und Artikel 82 Abs. 1 die Regelung der Absätze 2 und 3.

(2) Gesetzesvorlagen der Bundesregierung, die sie als dringlich bezeichnet, sind gleichzeitig mit der Einbringung beim Bundestage dem Bundesrate zuzuleiten. Bundestag und Bundesrat beraten diese Vorlagen unverzüglich gemeinsam. Soweit zu einem Gesetze die Zustimmung des Bundesrates erforderlich ist, bedarf es zum Zustandekommen des Gesetzes der Zustimmung der Mehrheit seiner Stimmen. Das Nähere regelt eine Geschäftsordnung, die vom Bundestage beschlossen wird und der Zustimmung des Bundesrates bedarf.

(3) Für die Verkündung der Gesetze gilt Artikel 115a Abs. 3 Satz 2 entsprechend.

Artikel 115e (Befugnisse des gemeinsamen Ausschusses)

(1) Stellt der Gemeinsame Ausschuß im Verteidigungsfalle mit einer Mehrheit von zwei Dritteln der abgegebenen Stimmen, mindestens mit der Mehrheit seiner Mitglieder fest, daß dem rechtzeitigen Zusammentritt des Bundestages unüberwindliche Hindernisse entgegenstehen oder daß dieser nicht beschlußfähig ist, so hat der Gemeinsame Ausschuß die Stellung von Bundestag und Bundesrat und nimmt deren Rechte einheitlich wahr.

(2) Durch ein Gesetz des Gemeinsamen Ausschusses darf das Grundgesetz weder geändert noch ganz oder teilweise außer Kraft oder außer Anwendung gesetzt werden. Zum Erlaß von Gesetzen nach Artikel 23 Abs. 1 Satz 2, Artikel 24 Abs. 1 oder Artikel 29 ist der Gemeinsame Ausschuß nicht befugt.

Artikel 115f (Einsatz des Bundesgrenzschutzes; Weisungen an Landesregierungen)

(1) Die Bundesregierung kann im Verteidigungsfalle, soweit es die Verhältnisse erfordern,
1. den Bundesgrenzschutz im gesamten Bundesgebiete einsetzen;
2. außer der Bundesverwaltung auch den Landesregierungen und, wenn sie es für dringlich erachtet, den Landesbehörden Weisungen erteilen und diese Befugnis auf von ihr zu bestimmende Mitglieder der Landesregierungen übertragen.

(2) Bundestag, Bundesrat und der Gemeinsame Ausschuß sind unverzüglich von den nach Absatz 1 getroffenen Maßnahmen zu unterrichten.

Artikel 115g (Bundesverfassungsgericht)

Die verfassungsmäßige Stellung und die Erfüllung der verfassungsmäßigen Aufgaben des Bundesverfassungsgerichtes und seiner Richter dürfen nicht beeinträchtigt werden. Das Gesetz über das Bundesverfassungsgericht darf durch ein Gesetz des Gemeinsamen Ausschusses nur insoweit geändert werden, als dies auch nach Auffassung des Bundesverfassungsgerichtes zur Aufrechterhaltung der Funktionsfähigkeit des Gerichtes erforderlich ist. Bis zum Erlaß eines solchen Gesetzes kann das Bundesverfassungsgericht die zur Erhaltung der Arbeitsfähigkeit des Gerichtes erforderlichen Maßnahmen treffen. Beschlüsse nach Satz 2 und Satz 3 faßt das Bundesverfassungsgericht mit der Mehrheit der anwesenden Richter.

Artikel 115h (Ablauf von Wahlperioden, Amtszeiten)

(1) Während des Verteidigungsfalles ablaufende Wahlperioden des Bundestages oder der Volksvertretungen der Länder enden sechs Monate nach Beendigung des Verteidigungsfalles. Die im Verteidigungsfalle ablaufende Amtszeit des Bundespräsidenten sowie bei vorzeitiger Erledigung seines Amtes die Wahrnehmung seiner Befugnisse durch den Präsidenten des Bundesrates enden neun Monate nach

1 GG Art. 115i–116

Beendigung des Verteidigungsfalles. Die im Verteidigungsfalle ablaufende Amtszeit eines Mitgliedes des Bundesverfassungsgerichtes endet sechs Monate nach Beendigung des Verteidigungsfalles.
(2) Wird eine Neuwahl des Bundeskanzlers durch den Gemeinsamen Ausschuß erforderlich, so wählt dieser einen neuen Bundeskanzler mit der Mehrheit seiner Mitglieder; der Bundespräsident macht dem Gemeinsamen Ausschuß einen Vorschlag. Der Gemeinsame Ausschuß kann dem Bundeskanzler das Mißtrauen nur dadurch aussprechen, daß er mit der Mehrheit von zwei Dritteln seiner Mitglieder einen Nachfolger wählt.
(3) Für die Dauer des Verteidigungsfalles ist die Auflösung des Bundestages ausgeschlossen.

Artikel 115i (Befugnisse der Landesregierungen)
(1) Sind die zuständigen Bundesorgane außerstande, die notwendigen Maßnahmen zur Abwehr der Gefahr zu treffen, und erfordert die Lage unabweisbar ein sofortiges selbständiges Handeln in einzelnen Teilen des Bundesgebietes, so sind die Landesregierungen oder die von ihnen bestimmten Behörden oder Beauftragten befugt, für ihren Zuständigkeitsbereich Maßnahmen im Sinne des Artikels 115f Abs. 1 zu treffen.
(2) Maßnahmen nach Absatz 1 können durch die Bundesregierung, im Verhältnis zu Landesbehörden und nachgeordneten Bundesbehörden auch durch die Ministerpräsidenten der Länder jederzeit aufgehoben werden.

Artikel 115k (Außer-Kraft-Treten von Gesetzen und Rechtsverordnungen)
(1) Für die Dauer ihrer Anwendbarkeit setzen Gesetze nach den Artikeln 115c, 115e und 115g und Rechtsverordnungen, die auf Grund solcher Gesetze ergehen, entgegenstehendes Recht außer Anwendung. Dies gilt nicht gegenüber früherem Recht, das auf Grund der Artikel 115c, 115e und 115g erlassen worden ist.
(2) Gesetze, die der Gemeinsame Ausschuß beschlossen hat, und Rechtsverordnungen, die auf Grund solcher Gesetze ergangen sind, treten spätestens sechs Monate nach Beendigung des Verteidigungsfalles außer Kraft.
(3) Gesetze, die von den Artikeln 91a, 91b, 104a, 106 und 107 abweichende Regelungen enthalten, gelten längstens bis zum Ende des zweiten Rechnungsjahres, das auf die Beendigung des Verteidigungsfalles folgt. Sie können nach Beendigung des Verteidigungsfalles durch Bundesgesetz mit Zustimmung des Bundesrates geändert werden, um zu der Regelung gemäß den Abschnitten VIIIa und X überzuleiten.

Artikel 115l (Beendigung des Verteidigungsfalles)
(1) Der Bundestag kann jederzeit mit Zustimmung des Bundesrates Gesetze des Gemeinsamen Ausschusses aufheben. Der Bundesrat kann verlangen, daß der Bundestag hierüber beschließt. Sonstige zur Abwehr der Gefahr getroffene Maßnahmen des Gemeinsamen Ausschusses oder der Bundesregierung sind aufzuheben, wenn der Bundestag und der Bundesrat es beschließen.
(2) Der Bundestag kann mit Zustimmung des Bundesrates jederzeit durch einen vom Bundespräsidenten zu verkündenden Beschluß den Verteidigungsfall für beendet erklären. Der Bundesrat kann verlangen, daß der Bundestag hierüber beschließt. Der Verteidigungsfall ist unverzüglich für beendet zu erklären, wenn die Voraussetzungen für seine Feststellung nicht mehr gegeben sind.
(3) Über den Friedensschluß wird durch Bundesgesetz entschieden.

XI. Übergangs- und Schlußbestimmungen

Artikel 116 (Begriff „Deutscher"; Wiedereinbürgerung)
(1) Deutscher im Sinne dieses Grundgesetzes ist vorbehaltlich anderweitiger gesetzlicher Regelung, wer die deutsche Staatsangehörigkeit besitzt oder als Flüchtling oder Vertriebener deutscher Volkszugehörigkeit oder als dessen Ehegatte oder Abkömmling in dem Gebiete des Deutschen Reiches nach dem Stande vom 31. Dezember 1937 Aufnahme gefunden hat.
(2) Frühere deutsche Staatsangehörige, denen zwischen dem 30. Januar 1933 und dem 8. Mai 1945 die Staatsangehörigkeit aus politischen, rassischen oder religiösen Gründen entzogen worden ist, und ihre Abkömmlinge sind auf Antrag wieder einzubürgern. Sie gelten als nicht ausgebürgert, sofern sie nach dem 8. Mai 1945 ihren Wohnsitz in Deutschland genommen haben und nicht einen entgegengesetzten Willen zum Ausdruck gebracht haben.

Artikel 117 (Übergangsregelung für Artikel 3 und Artikel 11)
(1) Das dem Artikel 3 Abs. 2 entgegenstehende Recht bleibt bis zu seiner Anpassung an diese Bestimmung des Grundgesetzes in Kraft, jedoch nicht länger als bis zum 31. März 1953.
(2) Gesetze, die das Recht der Freizügigkeit mit Rücksicht auf die gegenwärtige Raumnot einschränken, bleiben bis zu ihrer Aufhebung durch Bundesgesetz in Kraft.

Artikel 118 (Neugliederung von Baden-Württemberg)
Die Neugliederung in dem die Länder Baden, Württemberg-Baden und Württemberg-Hohenzollern umfassenden Gebiete kann abweichend von den Vorschriften des Artikels 29 durch Vereinbarung der beteiligten Länder erfolgen. Kommt eine Vereinbarung nicht zustande, so wird die Neugliederung durch Bundesgesetz geregelt, das eine Volksbefragung vorsehen muß.

Artikel 118a (Neugliederung Berlin/Brandenburg)
Die Neugliederung in dem die Länder Berlin und Brandenburg umfassenden Gebiet kann abweichend von den Vorschriften des Artikels 29 unter Beteiligung ihrer Wahlberechtigten durch Vereinbarung beider Länder erfolgen.

Artikel 119 (Flüchtlinge und Vertriebene)
In Angelegenheiten der Flüchtlinge und Vertriebenen, insbesondere zu ihrer Verteilung auf die Länder, kann bis zu einer bundesgesetzlichen Regelung die Bundesregierung mit Zustimmung des Bundesrates Verordnungen mit Gesetzeskraft erlassen. Für besondere Fälle kann dabei die Bundesregierung ermächtigt werden, Einzelweisungen zu erteilen. Die Weisungen sind außer bei Gefahr im Verzuge an die obersten Landesbehörden zu richten.

Artikel 120 (Besatzungskosten, Kriegsfolgelasten, Soziallasten)
(1) Der Bund trägt die Aufwendungen für Besatzungskosten und die sonstigen inneren und äußeren Kriegsfolgelasten nach näherer Bestimmung von Bundesgesetzen. Soweit diese Kriegsfolgelasten bis zum 1. Oktober 1969 durch Bundesgesetze geregelt worden sind, tragen Bund und Länder im Verhältnis zueinander die Aufwendungen nach Maßgabe dieser Bundesgesetze. Soweit Aufwendungen für Kriegsfolgelasten, die in Bundesgesetzen weder geregelt worden sind noch geregelt werden, bis zum 1. Oktober 1965 von den Ländern, Gemeinden (Gemeindeverbänden) oder sonstigen Aufgabenträgern, die Aufgaben von Ländern oder Gemeinden erfüllen, erbracht worden sind, ist der Bund zur Übernahme von Aufwendungen dieser Art auch nach diesem Zeitpunkt nicht verpflichtet. Der Bund trägt die Zuschüsse zu den Lasten der Sozialversicherung mit Einschluß der Arbeitslosenversicherung und der Arbeitslosenhilfe. Die durch diesen Absatz geregelte Verteilung der Kriegsfolgelasten auf Bund und Länder läßt die gesetzliche Regelung von Entschädigungsansprüchen für Kriegsfolgen unberührt.
(2) Die Einnahmen gehen auf den Bund zu demselben Zeitpunkte über, an dem der Bund die Ausgaben übernimmt.

Artikel 120a (Lastenausgleich)
(1) Die Gesetze, die der Durchführung des Lastenausgleichs dienen, können mit Zustimmung des Bundesrates bestimmen, daß sie auf dem Gebiete der Ausgleichsleistungen teils durch den Bund, teils im Auftrage des Bundes durch die Länder ausgeführt werden und daß die der Bundesregierung und den zuständigen obersten Bundesbehörden auf Grund des Artikels 85 insoweit zustehenden Befugnisse ganz oder teilweise dem Bundesausgleichsamt übertragen werden. Das Bundesausgleichsamt bedarf bei Ausübung dieser Befugnisse nicht der Zustimmung des Bundesrates; seine Weisungen sind, abgesehen von den Fällen der Dringlichkeit, an die obersten Landesbehörden (Landesausgleichsämter) zu richten.
(2) Artikel 87 Abs. 3 Satz 2 bleibt unberührt.

Artikel 121 (Begriff „Mehrheit")
Mehrheit der Mitglieder des Bundestages und der Bundesversammlung im Sinne dieses Grundgesetzes ist die Mehrheit ihrer gesetzlichen Mitgliederzahl.

Artikel 122 (Aufhebung früherer Gesetzgebungszuständigkeiten)
(1) Vom Zusammentritt des Bundestages an werden die Gesetze ausschließlich von den in diesem Grundgesetze anerkannten gesetzgebenden Gewalten beschlossen.
(2) Gesetzgebende und bei der Gesetzgebung beratend mitwirkende Körperschaften, deren Zuständigkeit nach Absatz 1 endet, sind mit diesem Zeitpunkt aufgelöst.

Artikel 123 (Fortgelten bisherigen Rechts; Staatsverträge)

(1) Recht aus der Zeit vor dem Zusammentritt des Bundestages gilt fort, soweit es dem Grundgesetze nicht widerspricht.
(2) Die vom Deutschen Reich abgeschlossenen Staatsverträge, die sich auf Gegenstände beziehen, für die nach diesem Grundgesetze die Landesgesetzgebung zuständig ist, bleiben, wenn sie nach allgemeinen Rechtsgrundsätzen gültig sind und fortgelten, unter Vorbehalt aller Rechte und Einwendungen der Beteiligten in Kraft, bis neue Staatsverträge durch die nach diesem Grundgesetze zuständigen Stellen abgeschlossen werden oder ihre Beendigung auf Grund der in ihnen enthaltenen Bestimmungen anderweitig erfolgt.

Artikel 124 (Fortgelten bei ausschließlicher Gesetzgebung)

Recht, das Gegenstände der ausschließlichen Gesetzgebung des Bundes betrifft, wird innerhalb seines Geltungsbereiches Bundesrecht.

Artikel 125 (Fortgelten bei konkurrierender Gesetzgebung)

Recht, das Gegenstände der konkurrierenden Gesetzgebung des Bundes betrifft, wird innerhalb seines Geltungsbereiches Bundesrecht,
1. soweit es innerhalb einer oder mehrerer Besatzungszonen einheitlich gilt,
2. soweit es sich um Recht handelt, durch das nach dem 8. Mai 1945 früheres Reichsrecht abgeändert worden ist.

Artikel 125a (Übergangsregelung bei Kompetenzänderung)

(1) Recht, das als Bundesrecht erlassen worden ist, aber wegen der Änderung des Artikels 74 Abs. 1, der Einfügung des Artikels 84 Abs. 1 Satz 7, des Artikels 85 Abs. 1 Satz 2 oder des Artikels 105 Abs. 2a Satz 2 oder wegen der Aufhebung der Artikel 74a, 75 oder 98 Abs. 3 Satz 2 nicht mehr als Bundesrecht erlassen werden könnte, gilt als Bundesrecht fort. Es kann durch Landesrecht ersetzt werden.
(2) Recht, das auf Grund des Artikels 72 Abs. 2 in der bis zum 15. November 1994 geltenden Fassung erlassen worden ist, aber wegen Änderung des Artikels 72 Abs. 2 nicht mehr als Bundesrecht erlassen werden könnte, gilt als Bundesrecht fort. Durch Bundesgesetz kann bestimmt werden, dass es durch Landesrecht ersetzt werden kann.
(3) Recht, das als Landesrecht erlassen worden ist, aber wegen Änderung des Artikels 73 nicht mehr als Landesrecht erlassen werden könnte, gilt als Landesrecht fort. Es kann durch Bundesrecht ersetzt werden.

Artikel 125b (Überleitung Föderalismusreform)

(1) Recht, das auf Grund des Artikels 75 in der bis zum 1. September 2006 geltenden Fassung erlassen worden ist und das auch nach diesem Zeitpunkt als Bundesrecht erlassen werden könnte, gilt als Bundesrecht fort. Befugnisse und Verpflichtungen der Länder zur Gesetzgebung bleiben insoweit bestehen. Auf den in Artikel 72 Abs. 3 Satz 1 genannten Gebieten können die Länder von diesem Recht abweichende Regelungen treffen, auf den Gebieten des Artikels 72 Abs. 3 Satz 1 Nr. 2, 5 und 6 jedoch erst, wenn und soweit der Bund ab dem 1. September 2006 von seiner Gesetzgebungszuständigkeit Gebrauch gemacht hat, in den Fällen der Nummern 2 und 5 spätestens ab dem 1. Januar 2010, im Falle der Nummer 6 spätestens ab dem 1. August 2008.
(2) Von bundesgesetzlichen Regelungen, die auf Grund des Artikels 84 Abs. 1 in der vor dem 1. September 2006 geltenden Fassung erlassen worden sind, können die Länder abweichende Regelungen treffen, von Regelungen des Verwaltungsverfahrens bis zum 31. Dezember 2008 aber nur dann, wenn ab dem 1. September 2006 in dem jeweiligen Bundesgesetz Regelungen des Verwaltungsverfahrens geändert worden sind.
(3) Auf dem Gebiet des Artikels 72 Absatz 3 Satz 1 Nummer 7 darf abweichendes Landesrecht der Erhebung der Grundsteuer frühestens für Zeiträume ab dem 1. Januar 2025 zugrunde gelegt werden.

Artikel 125c (Überleitung Föderalismusreform)

(1) Recht, das auf Grund des Artikels 91a Abs. 2 in Verbindung mit Abs. 1 Nr. 1 in der bis zum 1. September 2006 geltenden Fassung erlassen worden ist, gilt bis zum 31. Dezember 2006 fort.
(2) Die nach Artikel 104a Abs. 4 in der bis zum 1. September 2006 geltenden Fassung in den Bereichen der Gemeindeverkehrsfinanzierung und der sozialen Wohnraumförderung geschaffenen Regelungen gelten bis zum 31. Dezember 2006 fort. Die im Bereich der Gemeindeverkehrsfinanzierung für die besonderen Programme nach § 6 Absatz 1 des Gemeindeverkehrsfinanzierungsgesetzes sowie die mit

dem Gesetz über Finanzhilfen des Bundes nach Artikel 104a Absatz 4 des Grundgesetzes an die Länder Bremen, Hamburg, Mecklenburg-Vorpommern, Niedersachsen sowie Schleswig-Holstein für Seehäfen vom 20. Dezember 2001 nach Artikel 104a Absatz 4 in der bis zum 1. September 2006 geltenden Fassung geschaffenen Regelungen gelten bis zu ihrer Aufhebung fort. Eine Änderung des Gemeindeverkehrsfinanzierungsgesetzes durch Bundesgesetz ist zulässig. Die sonstigen nach Artikel 104a Absatz 4 in der bis zum 1. September 2006 geltenden Fassung geschaffenen Regelungen gelten bis zum 31. Dezember 2019 fort, soweit nicht ein früherer Zeitpunkt für das Außerkrafttreten bestimmt ist oder wird. Artikel 104b Absatz 2 Satz 4 gilt entsprechend.
(3) Artikel 104b Absatz 2 Satz 5 ist erstmals auf nach dem 31. Dezember 2019 in Kraft getretene Regelungen anzuwenden.

Artikel 126 (Zweifel über Fortgelten von Recht)
Meinungsverschiedenheiten über das Fortgelten von Recht als Bundesrecht entscheidet das Bundesverfassungsgericht.

Artikel 127 (Recht des Vereinigten Wirtschaftsgebietes)
Die Bundesregierung kann mit Zustimmung der Regierungen der beteiligten Länder Recht der Verwaltung des Vereinigten Wirtschaftsgebietes, soweit es nach Artikel 124 oder 125 als Bundesrecht fortgilt, innerhalb eines Jahres nach Verkündung dieses Grundgesetzes in den Ländern Baden, Groß-Berlin, Rheinland-Pfalz und Württemberg-Hohenzollern in Kraft setzen.

Artikel 128 (Fortbestehen von Weisungsrechten)
Soweit fortgeltendes Recht Weisungsrechte im Sinne des Artikels 84 Abs. 5 vorsieht, bleiben sie bis zu einer anderweitigen gesetzlichen Regelung bestehen.

Artikel 129 (Fortgelten von Ermächtigungen)
(1) Soweit in Rechtsvorschriften, die als Bundesrecht fortgelten, eine Ermächtigung zum Erlasse von Rechtsverordnungen oder allgemeinen Verwaltungsvorschriften sowie zur Vornahme von Verwaltungsakten enthalten ist, geht sie auf die nunmehr sachlich zuständigen Stellen über. In Zweifelsfällen entscheidet die Bundesregierung im Einvernehmen mit dem Bundesrate; die Entscheidung ist zu veröffentlichen.
(2) Soweit in Rechtsvorschriften, die als Landesrecht fortgelten, eine solche Ermächtigung enthalten ist, wird sie von den nach Landesrecht zuständigen Stellen ausgeübt.
(3) Soweit Rechtsvorschriften im Sinne der Absätze 1 und 2 zu ihrer Änderung oder Ergänzung oder zum Erlaß von Rechtsvorschriften an Stelle von Gesetzen ermächtigen, sind diese Ermächtigungen erloschen.
(4) Die Vorschriften der Absätze 1 und 2 gelten entsprechend, soweit in Rechtsvorschriften auf nicht mehr geltende Vorschriften oder nicht mehr bestehende Einrichtungen verwiesen ist.

Artikel 130 (Körperschaften des öffentlichen Rechts)
(1) Verwaltungsorgane und sonstige der öffentlichen Verwaltung oder Rechtspflege dienende Einrichtungen, die nicht auf Landesrecht oder Staatsverträgen zwischen Ländern beruhen, sowie die Betriebsvereinigung der südwestdeutschen Eisenbahnen und der Verwaltungsrat für das Post- und Fernmeldewesen für das französische Besatzungsgebiet unterstehen der Bundesregierung. Diese regelt mit Zustimmung des Bundesrates die Überführung, Auflösung oder Abwicklung.
(2) Oberster Disziplinarvorgesetzter der Angehörigen dieser Verwaltungen und Einrichtungen ist der zuständige Bundesminister.
(3) Nicht landesunmittelbare und nicht auf Staatsverträgen zwischen den Ländern beruhende Körperschaften und Anstalten des öffentlichen Rechtes unterstehen der Aufsicht der zuständigen obersten Bundesbehörde.

Artikel 131 (Frühere Angehörige des öffentlichen Dienstes)
Die Rechtsverhältnisse von Personen einschließlich der Flüchtlinge und Vertriebenen, die am 8. Mai 1945 im öffentlichen Dienste standen, aus anderen als beamten- oder tarifrechtlichen Gründen ausgeschieden sind und bisher nicht oder nicht ihrer früheren Stellung entsprechend verwendet werden, sind durch Bundesgesetz zu regeln. Entsprechendes gilt für Personen einschließlich der Flüchtlinge und Vertriebenen, die am 8. Mai 1945 versorgungsberechtigt waren und aus anderen als beamten- oder tarifrechtlichen Gründen keine oder keine entsprechende Versorgung mehr erhalten. Bis zum Inkrafttreten des Bundesgesetzes können vorbehaltlich anderweitiger landesrechtlicher Regelung Rechtsansprüche nicht geltend gemacht werden.

Artikel 132 (gegenstandslos)

Artikel 133 (Vereinigtes Wirtschaftsgebiet, Rechtsnachfolge)
Der Bund tritt in die Rechte und Pflichten der Verwaltung des Vereinigten Wirtschaftsgebietes ein.

Artikel 134 (Reichsvermögen, Rechtsnachfolge)
(1) Das Vermögen des Reiches wird grundsätzlich Bundesvermögen.
(2) Soweit es nach seiner ursprünglichen Zweckbestimmung überwiegend für Verwaltungsaufgaben bestimmt war, die nach diesem Grundgesetze nicht Verwaltungsaufgaben des Bundes sind, ist es unentgeltlich auf die nunmehr zuständigen Aufgabenträger und, soweit es nach seiner gegenwärtigen, nicht nur vorübergehenden Benutzung Verwaltungsaufgaben dient, die nach diesem Grundgesetze nunmehr von den Ländern zu erfüllen sind, auf die Länder zu übertragen. Der Bund kann auch sonstiges Vermögen den Ländern übertragen.
(3) Vermögen, das dem Reich von den Ländern und Gemeinden (Gemeindeverbänden) unentgeltlich zur Verfügung gestellt wurde, wird wiederum Vermögen der Länder und Gemeinden (Gemeindeverbände), soweit es nicht der Bund für eigene Verwaltungsaufgaben benötigt.
(4) Das Nähere regelt ein Bundesgesetz, das der Zustimmung des Bundesrates bedarf.

Artikel 135 (Gebietsänderungen, Rechtsnachfolge)
(1) Hat sich nach dem 8. Mai 1945 bis zum Inkrafttreten dieses Grundgesetzes die Landeszugehörigkeit eines Gebietes geändert, so steht in diesem Gebiete das Vermögen des Landes, dem das Gebiet angehört hat, dem Lande zu, dem es jetzt angehört.
(2) Das Vermögen nicht mehr bestehender Länder und nicht mehr bestehender anderer Körperschaften und Anstalten des öffentlichen Rechtes geht, soweit es nach seiner ursprünglichen Zweckbestimmung überwiegend für Verwaltungsaufgaben bestimmt war, oder nach seiner gegenwärtigen, nicht nur vorübergehenden Benutzung überwiegend Verwaltungsaufgaben dient, auf das Land oder die Körperschaft oder Anstalt des öffentlichen Rechtes über, die nunmehr diese Aufgaben erfüllen.
(3) Grundvermögen nicht mehr bestehender Länder geht einschließlich des Zubehörs, soweit es nicht bereits zu Vermögen im Sinne des Absatzes 1 gehört, auf das Land über, in dessen Gebiet es gelegen ist.
(4) Sofern ein überwiegendes Interesse des Bundes oder das besondere Interesse eines Gebietes es erfordert, kann durch Bundesgesetz eine von den Absätzen 1 bis 3 abweichende Regelung getroffen werden.
(5) Im übrigen wird die Rechtsnachfolge und die Auseinandersetzung, soweit sie nicht bis zum 1. Januar 1952 durch Vereinbarung zwischen den beteiligten Ländern oder Körperschaften oder Anstalten des öffentlichen Rechtes erfolgt, durch Bundesgesetz geregelt, das der Zustimmung des Bundesrates bedarf.
(6) Beteiligungen des ehemaligen Landes Preußen an Unternehmen des privaten Rechtes gehen auf den Bund über. Das Nähere regelt ein Bundesgesetz, das auch Abweichendes bestimmen kann.
(7) Soweit über Vermögen, das einem Lande oder einer Körperschaft oder Anstalt des öffentlichen Rechtes nach den Absätzen 1 bis 3 zufallen würde, von dem danach Berechtigten durch ein Landesgesetz, auf Grund eines Landesgesetzes oder in anderer Weise bei Inkrafttreten des Grundgesetzes verfügt worden war, gilt der Vermögensübergang als vor der Verfügung erfolgt.

Artikel 135a (Erfüllung alter Verbindlichkeiten)
(1) Durch die in Artikel 134 Absatz 4 und Artikel 135 Absatz 5 vorbehaltene Gesetzgebung des Bundes kann auch bestimmt werden, daß nicht oder nicht in voller Höhe zu erfüllen sind
1. Verbindlichkeiten des Reiches sowie Verbindlichkeiten des ehemaligen Landes Preußen und sonstiger nicht mehr bestehender Körperschaften und Anstalten des öffentlichen Rechts,
2. Verbindlichkeiten des Bundes oder anderer Körperschaften und Anstalten des öffentlichen Rechts, welche mit dem Übergang von Vermögenswerten nach Artikel 89, 90, 134 und 135 im Zusammenhang stehen, und Verbindlichkeiten dieser Rechtsträger, die auf Maßnahmen der in Nummer 1 bezeichneten Rechtsträger beruhen,
3. Verbindlichkeiten der Länder und Gemeinden (Gemeindeverbände), die aus Maßnahmen entstanden sind, welche diese Rechtsträger vor dem 1. August 1945 zur Durchführung von Anordnungen der Besatzungsmächte oder zur Beseitigung eines kriegsbedingten Notstandes im Rahmen dem Reich obliegender oder vom Reich übertragener Verwaltungsaufgaben getroffen haben.
(2) Absatz 1 findet entsprechende Anwendung auf Verbindlichkeiten der Deutschen Demokratischen Republik oder ihrer Rechtsträger sowie auf Verbindlichkeiten des Bundes oder anderer Körperschaften und Anstalten des öffentlichen Rechts, die mit dem Übergang von Vermögenswerten der Deutschen

Demokratischen Republik auf Bund, Länder und Gemeinden im Zusammenhang stehen, und auf Verbindlichkeiten, die auf Maßnahmen der Deutschen Demokratischen Republik oder ihrer Rechtsträger beruhen.

Artikel 136 (Erster Zusammentritt des Bundesrates)
(1) Der Bundesrat tritt erstmalig am Tage des ersten Zusammentritts des Bundestages zusammen.
(2) Bis zur Wahl des ersten Bundespräsidenten werden dessen Befugnisse von dem Präsidenten des Bundesrates ausgeübt. Das Recht der Auflösung des Bundestages steht ihm nicht zu.

Artikel 137 (Wählbarkeit von Beamten, Soldaten und Richtern)
(1) Die Wählbarkeit von Beamten, Angestellten des öffentlichen Dienstes, Berufssoldaten, freiwilligen Soldaten auf Zeit und Richtern im Bund, in den Ländern und den Gemeinden kann gesetzlich beschränkt werden.
(2) und (3) (gegenstandslos)

Artikel 138 (Notariat)
Änderungen der Einrichtungen des jetzt bestehenden Notariats in den Ländern Baden, Bayern, Württemberg-Baden und Württemberg-Hohenzollern bedürfen der Zustimmung der Regierungen dieser Länder.

Statt Baden, Württemberg-Baden und Württemberg-Hohenzollern: Baden-Württemberg.

Artikel 139 (Befreiungsgesetze)
Die zur „Befreiung des deutschen Volkes vom Nationalsozialismus und Militarismus" erlassenen Rechtsvorschriften werden von den Bestimmungen dieses Grundgesetzes nicht berührt.

Artikel 140 (Religionsfreiheit, Religionsgesellschaften)
Die Bestimmungen der Artikel 136, 137, 138, 139 und 141 der Deutschen Verfassung vom 11. August 1919 sind Bestandteile dieses Grundgesetzes.

Die Bestimmungen der **Weimarer Reichsverfassung** lauten:

Artikel 136
(1) Die bürgerlichen und staatsbürgerlichen Rechte und Pflichten werden durch die Ausübung der Religionsfreiheit weder bedingt noch beschränkt.
(2) Der Genuß bürgerlicher und staatsbürgerlicher Rechte sowie die Zulassung zu öffentlichen Ämtern sind unabhängig von dem religiösen Bekenntnis.
(3) Niemand ist verpflichtet, seine religiöse Überzeugung zu offenbaren. Die Behörden haben nur soweit das Recht, nach der Zugehörigkeit zu einer Religionsgesellschaft zu fragen, als davon Rechte und Pflichten abhängen oder eine gesetzlich angeordnete statistische Erhebung dies erfordert.
(4) Niemand darf zu einer kirchlichen Handlung oder Feierlichkeit oder zur Teilnahme an religiösen Übungen oder zur Benutzung einer religiösen Eidesform gezwungen werden.

Artikel 137
(1) Es besteht keine Staatskirche.
(2) Die Freiheit der Vereinigung zur Religionsgesellschaften wird gewährleistet. Der Zusammenschluß von Religionsgesellschaften innerhalb des Reichsgebiets unterliegt keinen Beschränkungen.
(3) Jede Religionsgesellschaft ordnet und verwaltet ihre Angelegenheiten selbständig innerhalb der Schranken des für alle geltenden Gesetzes. Sie verleiht ihre Ämter ohne Mitwirkung des Staates oder der bürgerlichen Gemeinde.
(4) Religionsgesellschaften erwerben die Rechtsfähigkeit nach den allgemeinen Vorschriften des bürgerlichen Rechts.
(5) Die Religionsgesellschaften bleiben Körperschaften des öffentlichen Rechtes, soweit sie solche bisher waren. Anderen Religionsgesellschaften sind auf ihren Antrag gleiche Rechte zu gewähren, wenn sie durch ihre Verfassung und die Zahl ihrer Mitglieder die Gewähr der Dauer bieten. Schließen sich mehrere derartige öffentlich-rechtliche Religionsgesellschaften zu einem Verbande zusammen, so ist auch dieser Verband eine öffentlich-rechtliche Körperschaft.
(6) Die Religionsgesellschaften, welche Körperschaften des öffentlichen Rechtes sind, sind berechtigt, auf Grund der bürgerlichen Steuerlisten nach Maßgabe der landesrechtlichen Bestimmungen Steuern zu erheben.
(7) Den Religionsgesellschaften werden die Vereinigungen gleichgestellt, die sich die gemeinschaftliche Pflege einer Weltanschauung zur Aufgabe machen.
(8) Soweit die Durchführung dieser Bestimmungen eine weitere Regelung erfordert, liegt diese der Landesgesetzgebung ob.

Artikel 138
(1) Die auf Gesetz, Vertrag oder besonderen Rechtstiteln beruhenden Staatsleistungen an die Religionsgesellschaften werden durch die Landesgesetzgebung abgelöst. Die Grundsätze hierfür stellt das Reich auf.
(2) Das Eigentum und andere Rechte der Religionsgesellschaften und religiösen Vereine an ihren für Kultus-, Unterrichts- und Wohltätigkeitszwecke bestimmten Anstalten, Stiftungen und sonstigen Vermögen werden gewährleistet.

Artikel 139

Der Sonntag und die staatlich anerkannten Feiertage bleiben als Tage der Arbeitsruhe und der seelischen Erhebung gesetzlich geschützt.

Artikel 141
Soweit das Bedürfnis nach Gottesdienst und Seelsorge im Heer, in Krankenhäusern, Strafanstalten oder sonstigen öffentlichen Anstalten besteht, sind die Religionsgesellschaften zur Vornahme religiöser Handlungen zuzulassen, wobei jeder Zwang fernzuhalten ist.

Artikel 141 (Landesrechtliche Regelung des Religionsunterrichts)
Artikel 7 Abs. 3 Satz 1 findet keine Anwendung in einem Lande, in dem am 1. Januar 1949 eine andere landesrechtliche Regelung bestand.

Artikel 142 (Grundrechte in Landesverfassungen)
Ungeachtet der Vorschrift des Artikels 31 bleiben Bestimmungen der Landesverfassungen auch insoweit in Kraft, als sie in Übereinstimmung mit den Artikeln 1 bis 18 dieses Grundgesetzes Grundrechte gewährleisten.

Artikel 143 (Abweichungen vom Grundgesetz aufgrund Einigungsvertrag)
(1) Recht in dem in Artikel 3 des Einigungsvertrags genannten Gebiet kann längstens bis zum 31. Dezember 1992 von Bestimmungen dieses Grundgesetzes abweichen, soweit und solange infolge der unterschiedlichen Verhältnisse die völlige Anpassung an die grundgesetzliche Ordnung noch nicht erreicht werden kann. Abweichungen dürfen nicht gegen Artikel 19 Abs. 2 verstoßen und müssen mit den in Artikel 79 Abs. 3 genannten Grundsätzen vereinbar sein.
(2) Abweichungen von den Abschnitten II, VIII, VIIIa, IX, X und XI sind längstens bis zum 31. Dezember 1995 zulässig.
(3) Unabhängig von Absatz 1 und 2 haben Artikel 41 des Einigungsvertrags und Regelungen zu seiner Durchführung auch insoweit Bestand, als sie vorsehen, daß Eingriffe in das Eigentum auf dem in Artikel 3 dieses Vertrags genannten Gebiet nicht mehr rückgängig gemacht werden.

Artikel 143a (Umwandlung der Bundeseisenbahnen)
(1) Der Bund hat die ausschließliche Gesetzgebung über alle Angelegenheiten, die sich aus der Umwandlung der in bundeseigener Verwaltung geführten Bundeseisenbahnen in Wirtschaftsunternehmen ergeben. Artikel 87e Abs. 5 findet entsprechende Anwendung. Beamte der Bundeseisenbahnen können durch Gesetz unter Wahrung ihrer Rechtsstellung und der Verantwortung des Dienstherrn einer privatrechtlich organisierten Eisenbahn des Bundes zur Dienstleistung zugewiesen werden.
(2) Gesetze nach Absatz 1 führt der Bund aus.
(3) Die Erfüllung der Aufgaben im Bereich des Schienenpersonennahverkehrs der bisherigen Bundeseisenbahnen ist bis zum 31. Dezember 1995 Sache des Bundes. Dies gilt auch für die entsprechenden Aufgaben der Eisenbahnverkehrsverwaltung. Das Nähere wird durch Bundesgesetz geregelt, das der Zustimmung des Bundesrates bedarf.

Artikel 143b (Umwandlung der Bundespost)
(1) Das Sondervermögen Deutsche Bundespost wird nach Maßgabe eines Bundesgesetzes in Unternehmen privater Rechtsform umgewandelt. Der Bund hat die ausschließliche Gesetzgebung über alle sich hieraus ergebenden Angelegenheiten.
(2) Die vor der Umwandlung bestehenden ausschließlichen Rechte des Bundes können durch Bundesgesetz für eine Übergangszeit den aus der Deutschen Bundespost POSTDIENST und der Deutschen Bundespost TELEKOM hervorgegangenen Unternehmen verliehen werden. Die Kapitalmehrheit am Nachfolgeunternehmen der Deutschen Bundespost POSTDIENST darf der Bund frühestens fünf Jahre nach Inkrafttreten des Gesetzes aufgeben. Dazu bedarf es eines Bundesgesetzes mit Zustimmung des Bundesrates.
(3) Die bei der Deutschen Bundespost tätigen Bundesbeamten werden unter Wahrung ihrer Rechtsstellung und der Verantwortung des Dienstherrn bei den privaten Unternehmen beschäftigt. Die Unternehmen üben Dienstherrnbefugnisse aus. Das Nähere bestimmt ein Bundesgesetz.

Artikel 143c (Beträge aus dem Bundeshaushalt)
(1) Den Ländern stehen ab dem 1. Januar 2007 bis zum 31. Dezember 2019 für den durch die Abschaffung der Gemeinschaftsaufgaben Ausbau und Neubau von Hochschulen einschließlich Hochschulkliniken und Bildungsplanung sowie für den durch die Abschaffung der Finanzhilfen zur Verbesserung der Verkehrsverhältnisse der Gemeinden und zur sozialen Wohnraumförderung bedingten Weg-

fall der Finanzierungsanteile des Bundes jährlich Beträge aus dem Haushalt des Bundes zu. Bis zum 31. Dezember 2013 werden diese Beträge aus dem Durchschnitt der Finanzierungsanteile des Bundes im Referenzzeitraum 2000 bis 2008 ermittelt.
(2) Die Beträge nach Absatz 1 werden auf die Länder bis zum 31. Dezember 2013 wie folgt verteilt:
1. als jährliche Festbeträge, deren Höhe sich nach dem Durchschnittsanteil eines jeden Landes im Zeitraum 2000 bis 2003 errechnet;
2. jeweils zweckgebunden an den Aufgabenbereich der bisherigen Mischfinanzierungen.
(3) Bund und Länder überprüfen bis Ende 2013, in welcher Höhe die den Ländern nach Absatz 1 zugewiesenen Finanzierungsmittel zur Aufgabenerfüllung der Länder noch angemessen und erforderlich sind. Ab dem 1. Januar 2014 entfällt die nach Absatz 2 Nr. 2 vorgesehene Zweckbindung der nach Absatz 1 zugewiesenen Finanzierungsmittel; die investive Zweckbindung des Mittelvolumens bleibt bestehen. Die Vereinbarungen aus dem Solidarpakt II bleiben unberührt.
(4) Das Nähere regelt ein Bundesgesetz, das der Zustimmung des Bundesrates bedarf.

Artikel 143d (Haushaltswirtschaft, Schuldenbremse)

(1) Artikel 109 und 115 in der bis zum 31. Juli 2009 geltenden Fassung sind letztmals auf das Haushaltsjahr 2010 anzuwenden. Artikel 109 und 115 in der ab dem 1. August 2009 geltenden Fassung sind erstmals für das Haushaltsjahr 2011 anzuwenden; am 31. Dezember 2010 bestehende Kreditermächtigungen für bereits eingerichtete Sondervermögen bleiben unberührt. Die Länder dürfen im Zeitraum vom 1. Januar 2011 bis zum 31. Dezember 2019 nach Maßgabe der geltenden landesrechtlichen Regelungen von den Vorgaben des Artikels 109 Absatz 3 abweichen. Die Haushalte der Länder sind so aufzustellen, dass im Haushaltsjahr 2020 die Vorgabe aus Artikel 109 Absatz 3 Satz 5 erfüllt wird. Der Bund kann im Zeitraum vom 1. Januar 2011 bis zum 31. Dezember 2015 von der Vorgabe des Artikels 115 Absatz 2 Satz 2 abweichen. Mit dem Abbau des bestehenden Defizits soll im Haushaltsjahr 2011 begonnen werden. Die jährlichen Haushalte sind so aufzustellen, dass im Haushaltsjahr 2016 die Vorgabe aus Artikel 115 Absatz 2 Satz 2 erfüllt wird; das Nähere regelt ein Bundesgesetz.
(2) Als Hilfe zur Einhaltung der Vorgaben des Artikels 109 Absatz 3 ab dem 1. Januar 2020 können den Ländern Berlin, Bremen, Saarland, Sachsen-Anhalt und Schleswig-Holstein für den Zeitraum 2011 bis 2019 Konsolidierungshilfen aus dem Haushalt des Bundes in Höhe von insgesamt 800 Millionen Euro jährlich gewährt werden. Davon entfallen auf Bremen 300 Millionen Euro, auf das Saarland 260 Millionen Euro und auf Berlin, Sachsen-Anhalt und Schleswig-Holstein jeweils 80 Millionen Euro. Die Hilfen werden auf der Grundlage einer Verwaltungsvereinbarung nach Maßgabe eines Bundesgesetzes mit Zustimmung des Bundesrates geleistet. Die Gewährung der Hilfen setzt einen vollständigen Abbau der Finanzierungsdefizite bis zum Jahresende 2020 voraus. Das Nähere, insbesondere die jährlichen Abbauschritte der Finanzierungsdefizite, die Überwachung des Abbaus der Finanzierungsdefizite durch den Stabilitätsrat sowie die Konsequenzen im Falle der Nichteinhaltung der Abbauschritte, wird durch Bundesgesetz mit Zustimmung des Bundesrates und durch Verwaltungsvereinbarung geregelt. Die gleichzeitige Gewährung der Konsolidierungshilfen und Sanierungshilfen auf Grund einer extremen Haushaltsnotlage ist ausgeschlossen.
(3) Die sich aus der Gewährung der Konsolidierungshilfen ergebende Finanzierungslast wird hälftig von Bund und Ländern, von letzteren aus ihrem Umsatzsteueranteil, getragen. Das Nähere wird durch Bundesgesetz mit Zustimmung des Bundesrates geregelt.
(4) Als Hilfe zur künftig eigenständigen Einhaltung der Vorgaben des Artikels 109 Absatz 3 können den Ländern Bremen und Saarland ab dem 1. Januar 2020 Sanierungshilfen in Höhe von jährlich insgesamt 800 Millionen Euro aus dem Haushalt des Bundes gewährt werden. Die Länder ergreifen hierzu Maßnahmen zum Abbau der übermäßigen Verschuldung sowie zur Stärkung der Wirtschafts- und Finanzkraft. Das Nähere regelt ein Bundesgesetz, das der Zustimmung des Bundesrates bedarf. Die gleichzeitige Gewährung der Sanierungshilfen und Sanierungshilfen auf Grund einer extremen Haushaltsnotlage ist ausgeschlossen.

Artikel 143e (Bundesautobahnen und sonstige Fernstraßen)

(1) Die Bundesautobahnen werden abweichend von Artikel 90 Absatz 2 längstens bis zum 31. Dezember 2020 in Auftragsverwaltung durch die Länder oder die nach Landesrecht zuständigen Selbstverwaltungskörperschaften geführt. Der Bund regelt die Umwandlung der Auftragsverwaltung in Bundesverwaltung nach Artikel 90 Absatz 2 und 4 durch Bundesgesetz mit Zustimmung des Bundesrates.

(2) Auf Antrag eines Landes, der bis zum 31. Dezember 2018 zu stellen ist, übernimmt der Bund abweichend von Artikel 90 Absatz 4 die sonstigen Bundesstraßen des Fernverkehrs, soweit sie im Gebiet dieses Landes liegen, mit Wirkung zum 1. Januar 2021 in Bundesverwaltung.
(3) Durch Bundesgesetz mit Zustimmung des Bundesrates kann geregelt werden, dass ein Land auf Antrag die Aufgabe der Planfeststellung und Plangenehmigung für den Bau und für die Änderung von Bundesautobahnen und von sonstigen Bundesstraßen des Fernverkehrs, die der Bund nach Artikel 90 Absatz 4 oder Artikel 143e Absatz 2 in Bundesverwaltung übernommen hat, im Auftrage des Bundes übernimmt und unter welchen Voraussetzungen eine Rückübertragung erfolgen kann.

Artikel 143f (Außerkrafttreten)

Artikel 143d, das Gesetz über den Finanzausgleich zwischen Bund und Ländern sowie sonstige auf der Grundlage von Artikel 107 Absatz 2 in seiner ab dem 1. Januar 2020 geltenden Fassung erlassene Gesetze treten außer Kraft, wenn nach dem 31. Dezember 2030 die Bundesregierung, der Bundestag oder gemeinsam mindestens drei Länder Verhandlungen über eine Neuordnung der bundesstaatlichen Finanzbeziehungen verlangt haben und mit Ablauf von fünf Jahren nach Notifikation des Verhandlungsverlangens der Bundesregierung, des Bundestages oder der Länder beim Bundespräsidenten keine gesetzliche Neuordnung der bundesstaatlichen Finanzbeziehungen in Kraft getreten ist. Der Tag des Außerkrafttretens ist im Bundesgesetzblatt bekannt zu geben.

Artikel 143g (Übergangsregelung)

Für die Regelung der Steuerertragsverteilung, des Länderfinanzausgleichs und der Bundesergänzungszuweisungen bis zum 31. Dezember 2019 ist Artikel 107 in seiner bis zum Inkrafttreten des Gesetzes zur Änderung des Grundgesetzes vom 13. Juli 2017 geltenden Fassung weiter anzuwenden.

Artikel 144 (Ratifizierung des Grundgesetzes)

(1) Dieses Grundgesetz bedarf der Annahme durch die Volksvertretungen in zwei Dritteln der deutschen Länder, in denen es zunächst gelten soll.
(2) Soweit die Anwendung dieses Grundgesetzes in einem der in Artikel 23 aufgeführten Länder oder in einem Teile eines dieser Länder Beschränkungen unterliegt, hat das Land oder der Teil des Landes das Recht, gemäß Artikel 38 Vertreter in den Bundestag und gemäß Artikel 50 Vertreter in den Bundesrat zu entsenden.

Artikel 145 (Verkündung des Grundgesetzes)

(1) Der Parlamentarische Rat stellt in öffentlicher Sitzung unter Mitwirkung der Abgeordneten Groß-Berlins die Annahme dieses Grundgesetzes fest, fertigt es aus und verkündet es.
(2) Dieses Grundgesetz tritt mit Ablauf des Tages der Verkündung in Kraft.
(3) Es ist im Bundesgesetzblatt zu veröffentlichen.

Der Tag der Verkündung war der 23. Mai 1949.

Artikel 146 (Außer-Kraft-Treten des Grundgesetzes)

Dieses Grundgesetz, das nach Vollendung der Einheit und Freiheit Deutschlands für das gesamte deutsche Volk gilt, verliert seine Gültigkeit an dem Tage, an dem eine Verfassung in Kraft tritt, die von dem deutschen Volke in freier Entscheidung beschlossen worden ist.

Sozialgesetzbuch (SGB) Erstes Buch (I)
– Allgemeiner Teil –
(SGB I)

Vom 11. Dezember 1975 (BGBl. I S. 3015)

Zuletzt geändert durch
Digitale-Versorgung-und-Pflege-Modernisierungs-Gesetz
vom 3. Juni 2021 (BGBl. I S. 1309)

Inhaltsverzeichnis

Artikel I
Allgemeiner Teil

Erster Abschnitt
Aufgaben des Sozialgesetzbuchs und soziale Rechte

- § 1 Aufgaben des Sozialgesetzbuchs
- § 2 Soziale Rechte
- § 3 Bildungs- und Arbeitsförderung
- § 4 Sozialversicherung
- § 5 Soziale Entschädigung bei Gesundheitsschäden
- § 6 Minderung des Familienaufwands
- § 7 Zuschuß für eine angemessene Wohnung
- § 8 Kinder- und Jugendhilfe
- § 9 Sozialhilfe
- § 10 Teilhabe behinderter Menschen

Zweiter Abschnitt
Einweisungsvorschriften

Erster Titel
Allgemeines über Sozialleistungen und Leistungsträger

- § 11 Leistungsarten
- § 12 Leistungsträger
- § 13 Aufklärung
- § 14 Beratung
- § 15 Auskunft
- § 16 Antragstellung
- § 17 Ausführung der Sozialleistungen

Zweiter Titel
Einzelne Sozialleistungen und zuständige Leistungsträger

- § 18 Leistungen der Ausbildungsförderung
- § 19 Leistungen der Arbeitsförderung
- § 19a Leistungen der Grundsicherung für Arbeitsuchende
- § 19b Leistungen bei gleitendem Übergang älterer Arbeitnehmer in den Ruhestand
- § 20 (weggefallen)
- § 21 Leistungen der gesetzlichen Krankenversicherung
- § 21a Leistungen der sozialen Pflegeversicherung
- § 21b Leistungen bei Schwangerschaftsabbrüchen
- § 22 Leistungen der gesetzlichen Unfallversicherung
- § 23 Leistungen der gesetzlichen Rentenversicherung einschließlich der Alterssicherung der Landwirte
- § 24 Versorgungsleistungen bei Gesundheitsschäden
- § 25 Kindergeld, Kinderzuschlag, Elterngeld und Leistungen für Bildung und Teilhabe
- § 26 Wohngeld
- § 27 Leistungen der Kinder- und Jugendhilfe
- § 28 Leistungen der Sozialhilfe
- § 28a Leistungen der Eingliederungshilfe
- § 29 Leistungen zur Rehabilitation und Teilhabe behinderter Menschen

Dritter Abschnitt
Gemeinsame Vorschriften für alle Sozialleistungsbereiche dieses Gesetzbuchs

Erster Titel
Allgemeine Grundsätze

- § 30 Geltungsbereich
- § 31 Vorbehalt des Gesetzes
- § 32 Verbot nachteiliger Vereinbarungen
- § 33 Ausgestaltung von Rechten und Pflichten
- § 33a Altersabhängige Rechte und Pflichten
- § 33b Lebenspartnerschaften
- § 33c Benachteiligungsverbot
- § 34 Begrenzung von Rechten und Pflichten
- § 35 Sozialgeheimnis
- § 36 Handlungsfähigkeit
- § 36a Elektronische Kommunikation
- § 37 Vorbehalt abweichender Regelungen

Zweiter Titel
Grundsätze des Leistungsrechts

- § 38 Rechtsanspruch
- § 39 Ermessensleistungen
- § 40 Entstehen der Ansprüche
- § 41 Fälligkeit
- § 42 Vorschüsse
- § 43 Vorläufige Leistungen
- § 44 Verzinsung
- § 45 Verjährung
- § 46 Verzicht
- § 47 Auszahlung von Geldleistungen

§ 48	Auszahlung bei Verletzung der Unterhaltspflicht
§ 49	Auszahlung bei Unterbringung
§ 50	Überleitung bei Unterbringung
§ 51	Aufrechnung
§ 52	Verrechnung
§ 53	Übertragung und Verpfändung
§ 54	Pfändung
§ 55	(weggefallen)
§ 56	Sonderrechtsnachfolge
§ 57	Verzicht und Haftung des Sonderrechtsnachfolgers
§ 58	Vererbung
§ 59	Ausschluß der Rechtsnachfolge

Dritter Titel
Mitwirkung des Leistungsberechtigten

§ 60	Angabe von Tatsachen
§ 61	Persönliches Erscheinen
§ 62	Untersuchungen
§ 63	Heilbehandlung
§ 64	Leistungen zur Teilhabe am Arbeitsleben
§ 65	Grenzen der Mitwirkung
§ 65a	Aufwendungsersatz
§ 66	Folgen fehlender Mitwirkung
§ 67	Nachholung der Mitwirkung

Vierter Abschnitt
Übergangs- und Schlussvorschriften

§ 68	Besondere Teile dieses Gesetzbuches
§ 69	Stadtstaaten-Klausel
§ 70	Überleitungsvorschrift zum Verjährungsrecht
§ 71	Überleitungsvorschrift zur Übertragung, Verpfändung und Pfändung

Artikel I
Allgemeiner Teil

Erster Abschnitt
Aufgaben des Sozialgesetzbuchs und soziale Rechte

§ 1 Aufgaben des Sozialgesetzbuchs

(1) ¹Das Recht des Sozialgesetzbuchs soll zur Verwirklichung sozialer Gerechtigkeit und sozialer Sicherheit Sozialleistungen einschließlich sozialer und erzieherischer Hilfen gestalten. ²Es soll dazu beitragen,
- ein menschenwürdiges Dasein zu sichern,
- gleiche Voraussetzungen für die freie Entfaltung der Persönlichkeit, insbesondere auch für junge Menschen zu schaffen,
- die Familie zu schützen und zu fördern,
- den Erwerb des Lebensunterhalts durch eine frei gewählte Tätigkeit zu ermöglichen und
- besondere Belastungen des Lebens, auch durch Hilfe zur Selbsthilfe, abzuwenden oder auszugleichen.

(2) Das Recht des Sozialgesetzbuchs soll auch dazu beitragen, daß die zur Erfüllung der in Absatz 1 genannten Aufgaben erforderlichen sozialen Dienste und Einrichtungen rechtzeitig und ausreichend zur Verfügung stehen.

§ 2 Soziale Rechte

(1) ¹Der Erfüllung der in § 1 genannten Aufgaben dienen die nachfolgenden sozialen Rechte. ²Aus ihnen können Ansprüche nur insoweit geltend gemacht oder hergeleitet werden, als deren Voraussetzungen und Inhalt durch die Vorschriften der besonderen Teile dieses Gesetzbuchs im einzelnen bestimmt sind.
(2) Die nachfolgenden sozialen Rechte sind bei der Auslegung der Vorschriften dieses Gesetzbuchs und bei der Ausübung von Ermessen zu beachten; dabei ist sicherzustellen, daß die sozialen Rechte möglichst weitgehend verwirklicht werden.

§ 3 Bildungs- und Arbeitsförderung

(1) Wer an einer Ausbildung teilnimmt, die seiner Neigung, Eignung und Leistung entspricht, hat ein Recht auf individuelle Förderung seiner Ausbildung, wenn ihm die hierfür erforderlichen Mittel nicht anderweitig zur Verfügung stehen.
(2) Wer am Arbeitsleben teilnimmt oder teilnehmen will, hat ein Recht auf
1. Beratung bei der Wahl des Bildungswegs und des Berufs,
2. individuelle Förderung seiner beruflichen Weiterbildung,
3. Hilfe zur Erlangung und Erhaltung eines angemessenen Arbeitsplatzes und
4. wirtschaftliche Sicherung bei Arbeitslosigkeit und bei Zahlungsunfähigkeit des Arbeitgebers.

§ 4 Sozialversicherung

(1) Jeder hat im Rahmen dieses Gesetzbuchs ein Recht auf Zugang zur Sozialversicherung.

(2) ¹Wer in der Sozialversicherung versichert ist, hat im Rahmen der gesetzlichen Kranken-, Pflege-, Unfall- und Rentenversicherung einschließlich der Alterssicherung der Landwirte ein Recht auf
1. die notwendigen Maßnahmen zum Schutz, zur Erhaltung, zur Besserung und zur Wiederherstellung der Gesundheit und der Leistungsfähigkeit und
2. wirtschaftliche Sicherung bei Krankheit, Mutterschaft, Minderung der Erwerbsfähigkeit und Alter.
²Ein Recht auf wirtschaftliche Sicherung haben auch die Hinterbliebenen eines Versicherten.

§5 Soziale Entschädigung bei Gesundheitsschäden

¹Wer einen Gesundheitsschaden erleidet, für dessen Folgen die staatliche Gemeinschaft in Abgeltung eines besonderen Opfers oder aus anderen Gründen nach versorgungsrechtlichen Grundsätzen einsteht, hat ein Recht auf
1. die notwendigen Maßnahmen zur Erhaltung, zur Besserung und zur Wiederherstellung der Gesundheit und der Leistungsfähigkeit und
2. angemessene wirtschaftliche Versorgung.
²Ein Recht auf angemessene wirtschaftliche Versorgung haben auch die Hinterbliebenen eines Beschädigten.

§6 Minderung des Familienaufwands

Wer Kindern Unterhalt zu leisten hat oder leistet, hat ein Recht auf Minderung der dadurch entstehenden wirtschaftlichen Belastungen.

§7 Zuschuß für eine angemessene Wohnung

Wer für eine angemessene Wohnung Aufwendungen erbringen muß, die ihm nicht zugemutet werden können, hat ein Recht auf Zuschuß zur Miete oder zu vergleichbaren Aufwendungen.

§8 Kinder- und Jugendhilfe

¹Junge Menschen und Personensorgeberechtigte haben im Rahmen dieses Gesetzbuchs ein Recht, Leistungen der öffentlichen Jugendhilfe in Anspruch zu nehmen. ²Sie sollen die Entwicklung junger Menschen fördern und die Erziehung in der Familie unterstützen und ergänzen.

§9 Sozialhilfe

¹Wer nicht in der Lage ist, aus eigenen Kräften seinen Lebensunterhalt zu bestreiten oder in besonderen Lebenslagen sich selbst zu helfen, und auch von anderer Seite keine ausreichende Hilfe erhält, hat ein Recht auf persönliche und wirtschaftliche Hilfe, die seinem besonderen Bedarf entspricht, ihn zur Selbsthilfe befähigt, die Teilnahme am Leben in der Gemeinschaft ermöglicht und die Führung eines menschenwürdigen Lebens sichert. ²Hierbei müssen Leistungsberechtigte nach ihren Kräften mitwirken.

§10 Teilhabe behinderter Menschen

Menschen, die körperlich, geistig oder seelisch behindert sind oder denen eine solche Behinderung droht, haben unabhängig von der Ursache der Behinderung zur Förderung ihrer Selbstbestimmung und gleichberechtigten Teilhabe ein Recht auf Hilfe, die notwendig ist, um
1. die Behinderung abzuwenden, zu beseitigen, zu mindern, ihre Verschlimmerung zu verhüten oder ihre Folgen zu mildern,
2. Einschränkungen der Erwerbsfähigkeit oder Pflegebedürftigkeit zu vermeiden, zu überwinden, zu mindern oder eine Verschlimmerung zu verhüten sowie den vorzeitigen Bezug von Sozialleistungen zu vermeiden oder laufende Sozialleistungen zu mindern,
3. ihnen einen ihren Neigungen und Fähigkeiten entsprechenden Platz im Arbeitsleben zu sichern,
4. ihre Entwicklung zu fördern und ihre Teilhabe am Leben in der Gesellschaft und eine möglichst selbständige und selbstbestimmte Lebensführung zu ermöglichen oder zu erleichtern sowie
5. Benachteiligungen auf Grund der Behinderung entgegenzuwirken.

Zweiter Abschnitt
Einweisungsvorschriften

Erster Titel
Allgemeines über Sozialleistungen und Leistungsträger

§11 Leistungsarten

¹Gegenstand der sozialen Rechte sind die in diesem Gesetzbuch vorgesehenen Dienst-, Sach- und Geldleistungen (Sozialleistungen). ²Die persönliche und erzieherische Hilfe gehört zu den Dienstleistungen.

§ 12 Leistungsträger

¹Zuständig für die Sozialleistungen sind die in den §§ 18 bis 29 genannten Körperschaften, Anstalten und Behörden (Leistungsträger). ²Die Abgrenzung ihrer Zuständigkeit ergibt sich aus den besonderen Teilen dieses Gesetzbuchs.

§ 13 Aufklärung

Die Leistungsträger, ihre Verbände und die sonstigen in diesem Gesetzbuch genannten öffentlich-rechtlichen Vereinigungen sind verpflichtet, im Rahmen ihrer Zuständigkeit die Bevölkerung über die Rechte und Pflichten nach diesem Gesetzbuch aufzuklären.

§ 14 Beratung

¹Jeder hat Anspruch auf Beratung über seine Rechte und Pflichten nach diesem Gesetzbuch. ²Zuständig für die Beratung sind die Leistungsträger, denen gegenüber die Rechte geltend zu machen oder die Pflichten zu erfüllen sind.

§ 15 Auskunft

(1) Die nach Landesrecht zuständigen Stellen, die Träger der gesetzlichen Krankenversicherung und der sozialen Pflegeversicherung sind verpflichtet, über alle sozialen Angelegenheiten nach diesem Gesetzbuch Auskünfte zu erteilen.
(2) Die Auskunftspflicht erstreckt sich auf die Benennung der für die Sozialleistungen zuständigen Leistungsträger sowie auf alle Sach- und Rechtsfragen, die für die Auskunftsuchenden von Bedeutung sein können und zu deren Beantwortung die Auskunftsstelle imstande ist.
(3) Die Auskunftsstellen sind verpflichtet, untereinander und mit den anderen Leistungsträgern mit dem Ziel zusammenzuarbeiten, eine möglichst umfassende Auskunftserteilung durch eine Stelle sicherzustellen.
(4) Die Träger der gesetzlichen Rentenversicherung sollen über Möglichkeiten zum Aufbau einer staatlich geförderten zusätzlichen Altersvorsorge produkt- und anbieterneutral Auskünfte erteilen.

§ 16 Antragstellung

(1) ¹Anträge auf Sozialleistungen sind beim zuständigen Leistungsträger zu stellen. ²Sie werden auch von allen anderen Leistungsträgern, von allen Gemeinden und bei Personen, die sich im Ausland aufhalten, auch von den amtlichen Vertretungen der Bundesrepublik Deutschland im Ausland entgegengenommen.
(2) ¹Anträge, die bei einem unzuständigen Leistungsträger, bei einer für die Sozialleistung nicht zuständigen Gemeinde oder bei einer amtlichen Vertretung der Bundesrepublik Deutschland im Ausland gestellt werden, sind unverzüglich an den zuständigen Leistungsträger weiterzuleiten. ²Ist die Sozialleistung von einem Antrag abhängig, gilt der Antrag als zu dem Zeitpunkt gestellt, in dem er bei einer der in Satz 1 genannten Stellen eingegangen ist.
(3) Die Leistungsträger sind verpflichtet, darauf hinzuwirken, daß unverzüglich klare und sachdienliche Anträge gestellt und unvollständige Angaben ergänzt werden.

§ 17 Ausführung der Sozialleistungen

(1) Die Leistungsträger sind verpflichtet, darauf hinzuwirken, daß
1. jeder Berechtigte die ihm zustehenden Sozialleistungen in zeitgemäßer Weise, umfassend und zügig erhält,
2. die zur Ausführung von Sozialleistungen erforderlichen sozialen Dienste und Einrichtungen rechtzeitig und ausreichend zur Verfügung stehen,
3. der Zugang zu den Sozialleistungen möglichst einfach gestaltet wird, insbesondere durch Verwendung allgemein verständlicher Antragsvordrucke und
4. ihre Verwaltungs- und Dienstgebäude frei von Zugangs- und Kommunikationsbarrieren sind und Sozialleistungen in barrierefreien Räumen und Anlagen ausgeführt werden.

(2) ¹Menschen mit Hörbehinderungen und Menschen mit Sprachbehinderungen haben das Recht, bei der Ausführung von Sozialleistungen, insbesondere auch bei ärztlichen Untersuchungen und Behandlungen, in Deutscher Gebärdensprache, mit lautsprachbegleitenden Gebärden oder über andere geeignete Kommunikationshilfen zu kommunizieren. ²Die für die Sozialleistung zuständigen Leistungsträger sind verpflichtet, die durch die Verwendung der Kommunikationshilfen entstehenden Kosten zu tragen. ³§ 5 der Kommunikationshilfenverordnung in der jeweils geltenden Fassung gilt entsprechend.
(2a) § 11 des Behindertengleichstellungsgesetzes gilt in seiner jeweils geltenden Fassung bei der Ausführung von Sozialleistungen entsprechend.

(3) ¹In der Zusammenarbeit mit gemeinnützigen und freien Einrichtungen und Organisationen wirken die Leistungsträger darauf hin, daß sich ihre Tätigkeit und die der genannten Einrichtungen und Organisationen zum Wohl der Leistungsempfänger wirksam ergänzen. ²Sie haben dabei deren Selbständigkeit in Zielsetzung und Durchführung ihrer Aufgaben zu achten. ³Die Nachprüfung zweckentsprechender Verwendung bei der Inanspruchnahme öffentlicher Mittel bleibt unberührt. ⁴Im übrigen ergibt sich ihr Verhältnis zueinander aus den besonderen Teilen dieses Gesetzbuchs; § 97 Abs. 1 Satz 1 bis 4 und Abs. 2 des Zehnten Buches findet keine Anwendung.

Zweiter Titel
Einzelne Sozialleistungen und zuständige Leistungsträger

§ 18 Leistungen der Ausbildungsförderung
(1) Nach dem Recht der Ausbildungsförderung können Zuschüsse und Darlehen für den Lebensunterhalt und die Ausbildung in Anspruch genommen werden.
(2) Zuständig sind die Ämter und die Landesämter für Ausbildungsförderung nach Maßgabe der §§ 39, 40, 40a und 45 des Bundesausbildungsförderungsgesetzes.

§ 19 Leistungen der Arbeitsförderung
(1) Nach dem Recht der Arbeitsförderung können in Anspruch genommen werden:
1. Berufsberatung und Arbeitsmarktberatung,
2. Ausbildungsvermittlung und Arbeitsvermittlung,
3. Leistungen
   a) zur Aktivierung und beruflichen Eingliederung,
   b) zur Berufswahl und Berufsausbildung,
   c) zur beruflichen Weiterbildung,
   d) zur Aufnahme einer Erwerbstätigkeit,
   e) zum Verbleib in Beschäftigung,
   f) der Teilhabe behinderter Menschen am Arbeitsleben,
4. Arbeitslosengeld, Teilarbeitslosengeld, Arbeitslosengeld bei Weiterbildung und Insolvenzgeld.
(2) Zuständig sind die Agenturen für Arbeit und die sonstigen Dienststellen der Bundesagentur für Arbeit.

§ 19a Leistungen der Grundsicherung für Arbeitsuchende
(1) Nach dem Recht der Grundsicherung für Arbeitsuchende können in Anspruch genommen werden
1. Leistungen zur Eingliederung in Arbeit,
2. Leistungen zur Sicherung des Lebensunterhalts.
(2) ¹Zuständig sind die Agenturen für Arbeit und die sonstigen Dienststellen der Bundesagentur für Arbeit, sowie die kreisfreien Städte und Kreise, soweit durch Landesrecht nicht andere Träger bestimmt sind. ²In den Fällen des § 6a des Zweiten Buches ist abweichend von Satz 1 der zugelassene kommunale Träger zuständig.

§ 19b Leistungen bei gleitendem Übergang älterer Arbeitnehmer in den Ruhestand
(1) Nach dem Recht der Förderung eines gleitenden Übergangs älterer Arbeitnehmer in den Ruhestand können in Anspruch genommen werden:
1. Erstattung der Beiträge zur Höherversicherung in der gesetzlichen Rentenversicherung und der nicht auf das Arbeitsentgelt entfallenden Beiträge zur gesetzlichen Rentenversicherung für ältere Arbeitnehmer, die ihre Arbeitszeit verkürzt haben.
2. Erstattung der Aufstockungsbeträge zum Arbeitsentgelt für die Altersteilzeitarbeit.
(2) Zuständig sind die Agenturen für Arbeit und die sonstigen Dienststellen der Bundesagentur für Arbeit.

§ 20 (weggefallen)

§ 21 Leistungen der gesetzlichen Krankenversicherung
(1) Nach dem Recht der gesetzlichen Krankenversicherung können in Anspruch genommen werden:
1. Leistungen zur Förderung der Gesundheit, zur Verhütung und zur Früherkennung von Krankheiten,
2. bei Krankheit Krankenbehandlung, insbesondere
   a) ärztliche und zahnärztliche Behandlung,
   b) Versorgung mit Arznei-, Verband-, Heil- und Hilfsmitteln,

c) häusliche Krankenpflege und Haushaltshilfe,
d) Krankenhausbehandlung,
e) medizinische und ergänzende Leistungen zur Rehabilitation,
f) Betriebshilfe für Landwirte,
g) Krankengeld,
3. bei Schwangerschaft und Mutterschaft ärztliche Betreuung, Hebammenhilfe, stationäre Entbindung, häusliche Pflege, Haushaltshilfe, Betriebshilfe für Landwirte, Mutterschaftsgeld,
4. Hilfe zur Familienplanung und Leistungen bei durch Krankheit erforderlicher Sterilisation und bei nicht rechtswidrigem Schwangerschaftsabbruch.
(2) Zuständig sind die Orts-, Betriebs- und Innungskrankenkassen, die Sozialversicherung für Landwirtschaft, Forsten und Gartenbau als landwirtschaftliche Krankenkasse, die Deutsche Rentenversicherung Knappschaft-Bahn-See und die Ersatzkassen.

§ 21a Leistungen der sozialen Pflegeversicherung

(1) Nach dem Recht der sozialen Pflegeversicherung können in Anspruch genommen werden:
1. Leistungen bei häuslicher Pflege:
    a) Pflegesachleistung,
    b) Pflegegeld für selbst beschaffte Pflegehilfen,
    c) häusliche Pflege bei Verhinderung der Pflegeperson,
    d) Pflegehilfsmittel und technische Hilfen,
2. teilstationäre Pflege und Kurzzeitpflege,
3. Leistungen für Pflegepersonen, insbesondere
    a) soziale Sicherung und
    b) Pflegekurse,
4. vollstationäre Pflege.
(2) Zuständig sind die bei den Krankenkassen errichteten Pflegekassen.

§ 21b Leistungen bei Schwangerschaftsabbrüchen

(1) Nach dem Fünften Abschnitt des Schwangerschaftskonfliktgesetzes können bei einem nicht rechtswidrigen oder unter den Voraussetzungen des § 218a Abs. 1 des Strafgesetzbuches vorgenommenen Abbruch einer Schwangerschaft Leistungen in Anspruch genommen werden.
(2) Zuständig sind die Orts-, Betriebs- und Innungskrankenkassen, die Sozialversicherung für Landwirtschaft, Forsten und Gartenbau als landwirtschaftliche Krankenkasse, die Deutsche Rentenversicherung Knappschaft-Bahn-See und die Ersatzkassen.

§ 22 Leistungen der gesetzlichen Unfallversicherung

(1) Nach dem Recht der gesetzlichen Unfallversicherung können in Anspruch genommen werden:
1. Maßnahmen zur Verhütung von Arbeitsunfällen, Berufskrankheiten und arbeitsbedingten Gesundheitsgefahren und zur Ersten Hilfe sowie Maßnahmen zur Früherkennung von Berufskrankheiten und arbeitsbedingten Gesundheitsgefahren,
2. Heilbehandlung, Leistungen zur Teilhabe am Arbeitsleben und andere Leistungen zur Erhaltung, Besserung und Wiederherstellung der Erwerbsfähigkeit sowie zur Erleichterung der Verletzungsfolgen einschließlich wirtschaftlicher Hilfen,
3. Renten wegen Minderung der Erwerbsfähigkeit,
4. Renten an Hinterbliebene, Sterbegeld und Beihilfen,
5. Rentenabfindungen,
6. Haushaltshilfe,
7. Betriebshilfe für Landwirte.
(2) Zuständig sind die gewerblichen Berufsgenossenschaften, die Sozialversicherung für Landwirtschaft, Forsten und Gartenbau als landwirtschaftliche Berufsgenossenschaft, die Gemeindeunfallversicherungsverbände, die Feuerwehr-Unfallkassen, die Unfallkassen der Länder und Gemeinden, die gemeinsamen Unfallkassen für den Landes- und kommunalen Bereich und die Unfallversicherung Bund und Bahn.

§ 23 Leistungen der gesetzlichen Rentenversicherung einschließlich der Alterssicherung der Landwirte

(1) Nach dem Recht der gesetzlichen Rentenversicherung einschließlich der Alterssicherung der Landwirte können in Anspruch genommen werden:

1. in der gesetzlichen Rentenversicherung:
   a) Leistungen zur Prävention, Leistungen zur medizinischen Rehabilitation, Leistungen zur Teilhabe am Arbeitsleben, Leistungen zur Nachsorge sowie sonstige Leistungen zur Teilhabe einschließlich wirtschaftlicher Hilfen,
   b) Renten wegen Alters, Renten wegen verminderter Erwerbsfähigkeit und Knappschaftsausgleichsleistung,
   c) Renten wegen Todes,
   d) Witwen- und Witwerrentenabfindungen sowie Beiträgserstattungen,
   e) Zuschüsse zu den Aufwendungen für die Krankenversicherung,
   f) Leistungen für Kindererziehung.
2. in der Alterssicherung der Landwirte:
   a) Leistungen zur Prävention, Leistungen zur medizinischen Rehabilitation, Leistungen zur Nachsorge sowie ergänzende und sonstige Leistungen zur Teilhabe einschließlich Betriebs- oder Haushaltshilfe,
   b) Renten wegen Erwerbsminderung und Alters,
   c) Renten wegen Todes,
   d) Beitragszuschüsse,
   e) Betriebs- und Haushaltshilfe oder sonstige Leistungen zur Aufrechterhaltung des Unternehmens der Landwirtschaft.

(2) Zuständig sind
1. in der allgemeinen Rentenversicherung die Regionalträger, die Deutsche Rentenversicherung Bund und die Deutsche Rentenversicherung Knappschaft-Bahn-See,
2. in der knappschaftlichen Rentenversicherung die Deutsche Rentenversicherung Knappschaft-Bahn-See,
3. in der Alterssicherung der Landwirte die Sozialversicherung für Landwirtschaft, Forsten und Gartenbau als landwirtschaftliche Alterskasse.

§ 24 Versorgungsleistungen bei Gesundheitsschäden

(1) Nach dem Recht der sozialen Entschädigung bei Gesundheitsschäden können in Anspruch genommen werden:
1. Heil- und Krankenbehandlung sowie andere Leistungen zur Erhaltung, Besserung und Wiederherstellung der Leistungsfähigkeit einschließlich wirtschaftlicher Hilfen,
2. besondere Hilfen im Einzelfall einschließlich Leistungen zur Teilhabe am Arbeitsleben,
3. Renten wegen anerkannten Schädigungsfolgen,
4. Renten an Hinterbliebene, Bestattungsgeld und Sterbegeld,
5. Kapitalabfindung, insbesondere zur Wohnraumbeschaffung.

(2) ¹Zuständig sind die Versorgungsämter, die Landesversorgungsämter und die orthopädischen Versorgungsstellen. ²Für die besonderen Hilfen im Einzelfall sind die Kreise und kreisfreien Städte sowie die Hauptfürsorgestellen zuständig. ³Bei der Durchführung der Heil- und Krankenbehandlung wirken die Träger der gesetzlichen Krankenversicherung mit. ⁴Für die Leistungen nach den §§ 80, 81a bis 83a des Soldatenversorgungsgesetzes ist die Bundeswehrverwaltung zuständig.

§ 25 Kindergeld, Kinderzuschlag, Elterngeld und Leistungen für Bildung und Teilhabe

(1) ¹Nach dem Bundeskindergeldgesetz kann nur dann Kindergeld in Anspruch genommen werden, wenn nicht der Familienleistungsausgleich nach § 31 des Einkommensteuergesetzes zur Anwendung kommt. ²Nach dem Bundeskindergeldgesetz können auch der Kinderzuschlag und Leistungen für Bildung und Teilhabe in Anspruch genommen werden.
(2) Nach dem Recht des Bundeselterngeld- und Elternzeitgesetzes kann Elterngeld in Anspruch genommen werden.
(3) Für die Ausführung des Absatzes 1 sind die nach § 7 des Bundeskindergeldgesetzes bestimmten Stellen und für die Ausführung des Absatzes 2 die nach § 12 des Bundeselterngeld- und Elternzeitgesetzes bestimmten Stellen zuständig.

§ 26 Wohngeld

(1) Nach dem Wohngeldrecht kann als Zuschuß zur Miete oder als Zuschuß zu den Aufwendungen für den eigengenutzten Wohnraum Wohngeld in Anspruch genommen werden.
(2) Zuständig sind die durch Landesrecht bestimmten Behörden.

10 SGB I §§ 27-29

§ 27 Leistungen der Kinder- und Jugendhilfe
(1) Nach dem Recht der Kinder- und Jugendhilfe können in Anspruch genommen werden:
1. Angebote der Jugendarbeit, der Jugendsozialarbeit und des erzieherischen Jugendschutzes,
2. Angebote zur Förderung der Erziehung in der Familie,
3. Angebote zur Förderung von Kindern in Tageseinrichtungen und in Tagespflege,
4. Hilfe zur Erziehung, Eingliederungshilfe für seelisch behinderte Kinder und Jugendliche sowie Hilfe für junge Volljährige.

(2) Zuständig sind die Kreise und die kreisfreien Städte, nach Maßgabe des Landesrechts auch kreisangehörige Gemeinden; sie arbeiten mit der freien Jugendhilfe zusammen.

§ 28 Leistungen der Sozialhilfe
(1) Nach dem Recht der Sozialhilfe können in Anspruch genommen werden:
1. Hilfe zum Lebensunterhalt,
1a. Grundsicherung im Alter und bei Erwerbsminderung,
2. Hilfen zur Gesundheit,
3. (weggefallen),
4. Hilfe zur Pflege,
5. Hilfe zur Überwindung besonderer sozialer Schwierigkeiten,
6. Hilfe in anderen Lebenslagen

sowie die jeweils gebotene Beratung und Unterstützung.

(2) Zuständig sind die Kreise und kreisfreien Städte, die überörtlichen Träger der Sozialhilfe und für besondere Aufgaben die Gesundheitsämter; sie arbeiten mit den Trägern der freien Wohlfahrtspflege zusammen.

§ 28a Leistungen der Eingliederungshilfe
(1) Nach dem Recht der Eingliederungshilfe können in Anspruch genommen werden:
1. Leistungen zur medizinischen Rehabilitation,
2. Leistungen zur Teilhabe am Arbeitsleben,
3. Leistungen zur Teilhabe an Bildung,
4. Leistungen zur Sozialen Teilhabe.

(2) Zuständig sind die durch Landesrecht bestimmten Behörden.

§ 29 Leistungen zur Rehabilitation und Teilhabe behinderter Menschen
(1) Nach dem Recht der Rehabilitation und Teilhabe behinderter Menschen können in Anspruch genommen werden
1. Leistungen zur medizinischen Rehabilitation, insbesondere
   a) Frühförderung behinderter und von Behinderung bedrohter Kinder,
   b) ärztliche und zahnärztliche Behandlung,
   c) Arznei- und Verbandmittel sowie Heilmittel einschließlich physikalischer, Sprach- und Beschäftigungstherapie,
   d) Körperersatzstücke, orthopädische und andere Hilfsmittel,
   e) Belastungserprobung und Arbeitstherapie,
2. Leistungen zur Teilhabe am Arbeitsleben, insbesondere
   a) Hilfen zum Erhalten oder Erlangen eines Arbeitsplatzes,
   b) Berufsvorbereitung, berufliche Anpassung, Ausbildung und Weiterbildung,
   c) sonstige Hilfen zur Förderung der Teilhabe am Arbeitsleben,
2a. Leistungen zur Teilhabe an Bildung, insbesondere
   a) Hilfen zur Schulbildung, insbesondere im Rahmen der allgemeinen Schulpflicht und zum Besuch weiterführender Schulen einschließlich der Vorbereitung hierzu,
   b) Hilfen zur schulischen Berufsausbildung,
   c) Hilfen zur Hochschulbildung,
   d) Hilfen zur schulischen beruflichen Weiterbildung,
3. Leistungen zur Sozialen Teilhabe, insbesondere
   a) Leistungen für Wohnraum,
   b) Assistenzleistungen,
   c) heilpädagogische Leistungen,
   d) Leistungen zur Betreuung in einer Pflegefamilie,
   e) Leistungen zum Erwerb und Erhalt praktischer Kenntnisse und Fähigkeiten,

f) Leistungen zur Förderung der Verständigung,
g) Leistungen zur Mobilität,
h) Hilfsmittel,
4. unterhaltssichernde und andere ergänzende Leistungen, insbesondere
   a) Krankengeld, Versorgungskrankengeld, Verletztengeld, Übergangsgeld, Ausbildungsgeld oder Unterhaltsbeihilfe,
   b) Beiträge zur gesetzlichen Kranken-, Unfall-, Renten- und Pflegeversicherung sowie zur Bundesagentur für Arbeit,
   c) Reisekosten,
   d) Haushalts- oder Betriebshilfe und Kinderbetreuungskosten,
   e) Rehabilitationssport und Funktionstraining,
5. besondere Leistungen und sonstige Hilfen zur Teilhabe schwerbehinderter Menschen am Leben in der Gesellschaft, insbesondere am Arbeitsleben.

(2) Zuständig sind die in den §§ 19 bis 24, 27 und 28 genannten Leistungsträger und die Integrationsämter.

Dritter Abschnitt
Gemeinsame Vorschriften für alle Sozialleistungsbereiche dieses Gesetzbuchs

Erster Titel
Allgemeine Grundsätze

§ 30 Geltungsbereich

(1) Die Vorschriften dieses Gesetzbuchs gelten für alle Personen, die ihren Wohnsitz oder gewöhnlichen Aufenthalt in seinem Geltungsbereich haben.
(2) Regelungen des über- und zwischenstaatlichen Rechts bleiben unberührt.
(3) [1]Einen Wohnsitz hat jemand dort, wo er eine Wohnung unter Umständen innehat, die darauf schließen lassen, daß er die Wohnung beibehalten und benutzen wird. [2]Den gewöhnlichen Aufenthalt hat jemand dort, wo er sich unter Umständen aufhält, die erkennen lassen, daß er an diesem Ort oder in diesem Gebiet nicht nur vorübergehend verweilt.

§ 31 Vorbehalt des Gesetzes

Rechte und Pflichten in den Sozialleistungsbereichen dieses Gesetzbuchs dürfen nur begründet, festgestellt, geändert oder aufgehoben werden, soweit ein Gesetz es vorschreibt oder zuläßt.

§ 32 Verbot nachteiliger Vereinbarungen

Privatrechtliche Vereinbarungen, die zum Nachteil des Sozialleistungsberechtigten von Vorschriften dieses Gesetzbuchs abweichen, sind nichtig.

§ 33 Ausgestaltung von Rechten und Pflichten

[1]Ist der Inhalt von Rechten und Pflichten nach Art oder Umfang nicht im einzelnen bestimmt, sind bei ihrer Ausgestaltung die persönlichen Verhältnisse des Berechtigten oder Verpflichteten, sein Bedarf und seine Leistungsfähigkeit sowie die örtlichen Verhältnisse zu berücksichtigen, soweit Rechtsvorschriften nicht entgegenstehen. [2]Dabei soll den Wünschen des Berechtigten oder Verpflichteten entsprochen werden, soweit sie angemessen sind.

§ 33a Altersabhängige Rechte und Pflichten

(1) Sind Rechte oder Pflichten davon abhängig, daß eine bestimmte Altersgrenze erreicht oder nicht überschritten ist, ist das Geburtsdatum maßgebend, das sich aus der ersten Angabe des Berechtigten oder Verpflichteten oder seiner Angehörigen gegenüber einem Sozialleistungsträger oder, soweit es sich um eine Angabe im Rahmen des Dritten oder Sechsten Abschnitts des Vierten Buches handelt, gegenüber dem Arbeitgeber ergibt.
(2) Von einem nach Absatz 1 maßgebenden Geburtsdatum darf nur abgewichen werden, wenn der zuständige Leistungsträger feststellt, daß
1. ein Schreibfehler vorliegt oder
2. sich aus einer Urkunde, deren Original vor dem Zeitpunkt der Angabe nach Absatz 1 ausgestellt worden ist, ein anderes Geburtsdatum ergibt.
(3) Die Absätze 1 und 2 gelten für Geburtsdaten, die Bestandteil der Versicherungsnummer oder eines anderen in den Sozialleistungsbereichen dieses Gesetzbuchs verwendeten Kennzeichens sind, entsprechend.

§ 33b Lebenspartnerschaften

Lebenspartnerschaften im Sinne dieses Gesetzbuches sind Lebenspartnerschaften nach dem Lebenspartnerschaftsgesetz.

§ 33c Benachteiligungsverbot

¹Bei der Inanspruchnahme sozialer Rechte darf niemand aus Gründen der Rasse, wegen der ethnischen Herkunft oder einer Behinderung benachteiligt werden. ²Ansprüche können nur insoweit geltend gemacht oder hergeleitet werden, als deren Voraussetzungen und Inhalt durch die Vorschriften der besonderen Teile dieses Gesetzbuchs im Einzelnen bestimmt sind.

§ 34 Begrenzung von Rechten und Pflichten

(1) Soweit Rechte und Pflichten nach diesem Gesetzbuch ein familienrechtliches Rechtsverhältnis voraussetzen, reicht ein Rechtsverhältnis, das gemäß Internationalem Privatrecht dem Recht eines anderen Staates unterliegt und nach diesem Recht besteht, nur aus, wenn es dem Rechtsverhältnis im Geltungsbereich dieses Gesetzbuchs entspricht.
(2) Ansprüche mehrerer Ehegatten auf Witwenrente oder Witwerrente werden anteilig und endgültig aufgeteilt.

§ 35 Sozialgeheimnis

(1) ¹Jeder hat Anspruch darauf, dass die ihn betreffenden Sozialdaten (§ 67 Absatz 2 Zehntes Buch) von den Leistungsträgern nicht unbefugt verarbeitet werden (Sozialgeheimnis). ²Die Wahrung des Sozialgeheimnisses umfasst die Verpflichtung, auch innerhalb des Leistungsträgers sicherzustellen, dass die Sozialdaten nur Befugten zugänglich sind oder nur an diese weitergegeben werden. ³Sozialdaten der Beschäftigten und ihrer Angehörigen dürfen Personen, die Personalentscheidungen treffen oder daran mitwirken können, weder zugänglich sein noch von Zugriffsberechtigten weitergegeben werden. ⁴Der Anspruch richtet sich auch gegen die Verbände der Leistungsträger, die Arbeitsgemeinschaften der Leistungsträger und ihrer Verbände, die Datenstelle der Rentenversicherung, die in diesem Gesetzbuch genannten öffentlich-rechtlichen Vereinigungen, Integrationsfachdienste, die Künstlersozialkasse, die Deutsche Post AG, soweit sie mit der Berechnung oder Auszahlung von Sozialleistungen betraut ist, die Behörden der Zollverwaltung, soweit sie Aufgaben nach § 2 des Schwarzarbeitsbekämpfungsgesetzes und § 66 des Zehnten Buches durchführen, die Versicherungsämter und Gemeindebehörden sowie die anerkannten Adoptionsvermittlungsstellen (§ 2 Absatz 3 des Adoptionsvermittlungsgesetzes), soweit sie Aufgaben nach diesem Gesetzbuch wahrnehmen, und die Stellen, die Aufgaben nach § 67c Absatz 3 des Zehnten Buches wahrnehmen. ⁵Die Beschäftigten haben auch nach Beendigung ihrer Tätigkeit bei den genannten Stellen das Sozialgeheimnis zu wahren.
(2) ¹Die Vorschriften des Zweiten Kapitels des Zehnten Buches und der übrigen Bücher des Sozialgesetzbuches regeln die Verarbeitung von Sozialdaten abschließend, soweit nicht die Verordnung (EU) 2016/679 des Europäischen Parlaments und des Rates vom 27. April 2016 zum Schutz natürlicher Personen bei der Verarbeitung personenbezogener Daten, zum freien Datenverkehr und zur Aufhebung der Richtlinie 95/46/EG (Datenschutz-Grundverordnung) (ABl. L 119 vom 4. 5. 2016, S. 1; L 314 vom 22. 11. 2016, S. 72; L 127 vom 23. 5. 2018, S. 2) in der jeweils geltenden Fassung unmittelbar gilt. ²Für die Verarbeitungen von Sozialdaten im Rahmen von nicht in den Anwendungsbereich der Verordnung (EU) 2016/679 fallenden Tätigkeiten finden die Verordnung (EU) 2016/679 und dieses Gesetz entsprechende Anwendung, soweit nicht in diesem oder einem anderen Gesetz Abweichendes geregelt ist.
(2a) Die Verpflichtung zur Wahrung gesetzlicher Geheimhaltungspflichten oder von Berufs- oder besonderen Amtsgeheimnissen, die nicht auf gesetzlichen Vorschriften beruhen, bleibt unberührt.
(3) Soweit eine Übermittlung von Sozialdaten nicht zulässig ist, besteht keine Auskunftspflicht, keine Zeugnispflicht und keine Pflicht zur Vorlegung oder Auslieferung von Schriftstücken, nicht automatisierten Dateisystemen und automatisiert verarbeiteten Sozialdaten.
(4) Betriebs- und Geschäftsgeheimnisse stehen Sozialdaten gleich.
(5) ¹Sozialdaten Verstorbener dürfen nach Maßgabe des Zweiten Kapitels des Zehnten Buches verarbeitet werden. ²Sie dürfen außerdem verarbeitet werden, wenn schutzwürdige Interessen des Verstorbenen oder seiner Angehörigen dadurch nicht beeinträchtigt werden können.
(6) ¹Die Absätze 1 bis 5 finden neben den in Absatz 1 genannten Stellen auch Anwendung auf solche Verantwortliche oder deren Auftragsverarbeiter,
1. die Sozialdaten im Inland verarbeiten, sofern die Verarbeitung nicht im Rahmen einer Niederlassung in einem anderen Mitgliedstaat der Europäischen Union oder in einem anderen Vertragsstaat des Abkommens über den Europäischen Wirtschaftsraum erfolgt, oder

2. die Sozialdaten im Rahmen der Tätigkeiten einer inländischen Niederlassung verarbeiten.
²Sofern die Absätze 1 bis 5 nicht gemäß Satz 1 anzuwenden sind, gelten für den Verantwortlichen oder dessen Auftragsverarbeiter nur die §§ 81 bis 81c des Zehnten Buches.
(7) ¹Bei der Verarbeitung zu Zwecken gemäß Artikel 2 der Verordnung (EU) 2016/679 stehen die Vertragsstaaten des Abkommens über den Europäischen Wirtschaftsraum und die Schweiz den Mitgliedstaaten der Europäischen Union gleich. ²Andere Staaten gelten insoweit als Drittstaaten.

§ 36 Handlungsfähigkeit

(1) ¹Wer das fünfzehnte Lebensjahr vollendet hat, kann Anträge auf Sozialleistungen stellen und verfolgen sowie Sozialleistungen entgegennehmen. ²Der Leistungsträger soll den gesetzlichen Vertreter über die Antragstellung und die erbrachten Sozialleistungen unterrichten.
(2) ¹Die Handlungsfähigkeit nach Absatz 1 Satz 1 kann vom gesetzlichen Vertreter durch schriftliche Erklärung gegenüber dem Leistungsträger eingeschränkt werden. ²Die Rücknahme von Anträgen, der Verzicht auf Sozialleistungen und die Entgegennahme von Darlehen bedürfen der Zustimmung des gesetzlichen Vertreters.

§ 36a Elektronische Kommunikation

(1) Die Übermittlung elektronischer Dokumente ist zulässig, soweit der Empfänger hierfür einen Zugang eröffnet.
(2) ¹Eine durch Rechtsvorschrift angeordnete Schriftform kann, soweit nicht durch Rechtsvorschrift etwas anderes bestimmt ist, durch die elektronische Form ersetzt werden. ²Der elektronischen Form genügt ein elektronisches Dokument, das mit einer qualifizierten elektronischen Signatur versehen ist. ³Die Signierung mit einem Pseudonym, das die Identifizierung der Person des Signaturschlüsselinhabers nicht unmittelbar durch die Behörde ermöglicht, ist nicht zulässig. ⁴Die Schriftform kann auch ersetzt werden
1. durch unmittelbare Abgabe der Erklärung in einem elektronischen Formular, das von der Behörde in einem Eingabegerät oder über öffentlich zugängliche Netze zur Verfügung gestellt wird;
2. bei Anträgen und Anzeigen durch Versendung eines elektronischen Dokuments an die Behörde mit der Versandart nach § 5 Absatz 5 des De-Mail-Gesetzes;
3. bei elektronischen Verwaltungsakten oder sonstigen elektronischen Dokumenten der Behörden durch Versendung einer De-Mail-Nachricht nach § 5 Absatz 5 des De-Mail-Gesetzes, bei der die Bestätigung des akkreditierten Diensteanbieters die erlassende Behörde als Nutzer des De-Mail-Kontos erkennen lässt;
4. durch sonstige sichere Verfahren, die durch Rechtsverordnung der Bundesregierung mit Zustimmung des Bundesrates festgelegt werden, welche den Datenübermittler (Absender der Daten) authentifizieren und die Integrität des elektronisch übermittelten Datensatzes sowie die Barrierefreiheit gewährleisten; der IT-Planungsrat gibt Empfehlungen zu geeigneten Verfahren ab.
⁵In den Fällen des Satzes 4 Nummer 1 muss bei einer Eingabe über öffentlich zugängliche Netze ein elektronischer Identitätsnachweis nach § 18 des Personalausweisgesetzes, nach § 12 des eID-Karte-Gesetzes oder nach § 78 Absatz 5 des Aufenthaltsgesetzes erfolgen; in der Kommunikation zwischen dem Versicherten und seiner Krankenkasse kann die Identität auch mit der elektronischen Gesundheitskarte nach § 291a des Fünften Buches oder mit der digitalen Identität nach § 291 Absatz 8 des Fünften Buches elektronisch nachgewiesen werden.
(2a) ¹Ist durch Rechtsvorschrift die Verwendung eines bestimmten Formulars vorgeschrieben, das ein Unterschriftsfeld vorsieht, wird allein dadurch nicht die Anordnung der Schriftform bewirkt. ²Bei einer für die elektronische Versendung an die Behörde bestimmten Fassung des Formulars entfällt das Unterschriftsfeld.
(3) ¹Ist ein der Behörde übermitteltes elektronisches Dokument für sie zur Bearbeitung nicht geeignet, teilt sie dies dem Absender unter Angabe der für sie geltenden technischen Rahmenbedingungen unverzüglich mit. ²Macht ein Empfänger geltend, er könne das von der Behörde übermittelte elektronische Dokument nicht bearbeiten, übermittelt sie es ihm erneut in einem geeigneten elektronischen Format oder als Schriftstück.
(4) ¹Die Träger der Sozialversicherung einschließlich der Bundesagentur für Arbeit, ihre Verbände und Arbeitsgemeinschaften verwenden unter Beachtung der Grundsätze der Wirtschaftlichkeit und Sparsamkeit im jeweiligen Sozialleistungsbereich Vertrauensdienste, die eine gemeinsame und bundeseinheitliche Kommunikation und Übermittlung der Daten und die Überprüfbarkeit der qualifizierten elektronischen Signatur auf Dauer sicherstellen. ²Diese Träger sollen über ihren jeweiligen Bereich

hinaus Vertrauensdienste im Sinne des Satzes 1 verwenden. ³Die Sätze 1 und 2 gelten entsprechend für die Leistungserbringer nach dem Fünften und dem Elften Buch und die von ihnen gebildeten Organisationen.

§ 37 Vorbehalt abweichender Regelungen

¹Das Erste und Zehnte Buch gelten für alle Sozialleistungsbereiche dieses Gesetzbuchs, soweit sich aus den übrigen Büchern nichts Abweichendes ergibt; § 68 bleibt unberührt. ²Der Vorbehalt gilt nicht für die §§ 1 bis 17 und 31 bis 36. ³Das Zweite Kapitel des Zehnten Buches geht dessen Erstem Kapitel vor, soweit sich die Ermittlung des Sachverhaltes auf Sozialdaten erstreckt.

Zweiter Titel
Grundsätze des Leistungsrechts

§ 38 Rechtsanspruch

Auf Sozialleistungen besteht ein Anspruch, soweit nicht nach den besonderen Teilen dieses Gesetzbuchs die Leistungsträger ermächtigt sind, bei der Entscheidung über die Leistung nach ihrem Ermessen zu handeln.

§ 39 Ermessensleistungen

(1) ¹Sind die Leistungsträger ermächtigt, bei der Entscheidung über Sozialleistungen nach ihrem Ermessen zu handeln, haben sie ihr Ermessen entsprechend dem Zweck der Ermächtigung auszuüben und die gesetzlichen Grenzen des Ermessens einzuhalten. ²Auf pflichtgemäße Ausübung des Ermessens besteht ein Anspruch.
(2) Für Ermessensleistungen gelten die Vorschriften über Sozialleistungen, auf die ein Anspruch besteht, entsprechend, soweit sich aus den Vorschriften dieses Gesetzbuchs nichts Abweichendes ergibt.

§ 40 Entstehen der Ansprüche

(1) Ansprüche auf Sozialleistungen entstehen, sobald ihre im Gesetz oder auf Grund eines Gesetzes bestimmten Voraussetzungen vorliegen.
(2) Bei Ermessensleistungen ist der Zeitpunkt maßgebend, in dem die Entscheidung über die Leistung bekanntgegeben wird, es sei denn, daß in der Entscheidung ein anderer Zeitpunkt bestimmt ist.

§ 41 Fälligkeit

Soweit die besonderen Teile dieses Gesetzbuchs keine Regelung enthalten, werden Ansprüche auf Sozialleistungen mit ihrem Entstehen fällig.

§ 42 Vorschüsse

(1) ¹Besteht ein Anspruch auf Geldleistungen dem Grund nach und ist zur Feststellung seiner Höhe voraussichtlich längere Zeit erforderlich, kann der zuständige Leistungsträger Vorschüsse zahlen, deren Höhe er nach pflichtgemäßem Ermessen bestimmt. ²Er hat Vorschüsse nach Satz 1 zu zahlen, wenn der Berechtigte es beantragt; die Vorschußzahlung beginnt spätestens nach Ablauf eines Kalendermonats nach Eingang des Antrags.
(2) ¹Die Vorschüsse sind auf die zustehende Leistung anzurechnen. ²Soweit sie diese übersteigen, sind sie vom Empfänger zu erstatten. ³§ 50 Abs. 4 des Zehnten Buches gilt entsprechend.
(3) Für die Stundung, Niederschlagung und den Erlaß des Erstattungsanspruchs gilt § 76 Abs. 2 des Vierten Buches entsprechend.

§ 43 Vorläufige Leistungen

(1) ¹Besteht ein Anspruch auf Sozialleistungen und ist zwischen mehreren Leistungsträgern streitig, wer zur Leistung verpflichtet ist, kann der unter ihnen zuerst angegangene Leistungsträger vorläufig Leistungen erbringen, deren Umfang er nach pflichtgemäßen Ermessen bestimmt. ²Er hat Leistungen nach Satz 1 zu erbringen, wenn der Berechtigte es beantragt; die vorläufigen Leistungen beginnen spätestens nach Ablauf eines Kalendermonats nach Eingang des Antrags.
(2) ¹Für die Leistungen nach Absatz 1 gilt § 42 Abs. 2 und 3 entsprechend. ²Ein Erstattungsanspruch gegen den Empfänger steht nur dem zur Leistung verpflichteten Leistungsträger zu.

§ 44 Verzinsung

(1) Ansprüche auf Geldleistungen sind nach Ablauf eines Kalendermonats nach dem Eintritt ihrer Fälligkeit bis zum Ablauf des Kalendermonats vor der Zahlung mit vier vom Hundert zu verzinsen.

(2) Die Verzinsung beginnt frühestens nach Ablauf von sechs Kalendermonaten nach Eingang des vollständigen Leistungsantrags beim zuständigen Leistungsträger, beim Fehlen eines Antrags nach Ablauf eines Kalendermonats nach der Bekanntgabe der Entscheidung über die Leistung.
(3) [1]Verzinst werden volle Euro-Beträge. [2]Dabei ist der Kalendermonat mit dreißig Tagen zugrunde zu legen.

§ 45 Verjährung

(1) Ansprüche auf Sozialleistungen verjähren in vier Jahren nach Ablauf des Kalenderjahrs, in dem sie entstanden sind.
(2) Für die Hemmung, die Ablaufhemmung, den Neubeginn und die Wirkung der Verjährung gelten die Vorschriften des Bürgerlichen Gesetzbuchs sinngemäß.
(3) [1]Die Verjährung wird auch durch schriftlichen Antrag auf die Sozialleistung oder durch Erhebung eines Widerspruchs gehemmt. [2]Die Hemmung endet sechs Monate nach Bekanntgabe der Entscheidung über den Antrag oder den Widerspruch.

§ 46 Verzicht

(1) Auf Ansprüche auf Sozialleistungen kann durch schriftliche Erklärung gegenüber dem Leistungsträger verzichtet werden; der Verzicht kann jederzeit mit Wirkung für die Zukunft widerrufen werden.
(2) Der Verzicht ist unwirksam soweit durch ihn andere Personen oder Leistungsträger belastet oder Rechtsvorschriften umgangen werden.

§ 47 Auszahlung von Geldleistungen

(1) [1]Soweit die besonderen Teile dieses Gesetzbuchs keine Regelung enthalten, werden Geldleistungen kostenfrei auf das angegebene Konto bei einem Geldinstitut, für das die Verordnung (EU) Nr. 260/2012 des Europäischen Parlaments und des Rates vom 14. März 2012 zur Festlegung der technischen Vorschriften und der Geschäftsanforderungen für Überweisungen und Lastschriften in Euro und zur Änderung der Verordnung (EG) Nr. 924/2009 (ABl. L 94 vom 30. 3. 2012, S. 22) gilt, überwiesen oder, wenn der Empfänger es verlangt, an seinen Wohnsitz oder gewöhnlichen Aufenthalt innerhalb des Geltungsbereiches dieser Verordnung übermittelt. [2]Werden Geldleistungen an den Wohnsitz oder an den gewöhnlichen Aufenthalt des Empfängers übermittelt, sind die dadurch veranlassten Kosten von den Geldleistungen abzuziehen. [3]Dies gilt nicht, wenn der Empfänger nachweist, dass ihm die Einrichtung eines Kontos bei einem Geldinstitut ohne eigenes Verschulden nicht möglich ist.
(2) Bei Zahlungen außerhalb des Geltungsbereiches der in Absatz 1 genannten Verordnung trägt der Leistungsträger die Kosten bis zu dem von ihm mit der Zahlung beauftragten Geldinstitut.

§ 48 Auszahlung bei Verletzung der Unterhaltspflicht

(1) [1]Laufende Geldleistungen, die der Sicherung des Lebensunterhalts zu dienen bestimmt sind, können in angemessener Höhe an den Ehegatten, den Lebenspartner oder die Kinder des Leistungsberechtigten ausgezahlt werden, wenn er ihnen gegenüber seiner gesetzlichen Unterhaltspflicht nicht nachkommt. [2]Kindergeld, Kinderzuschläge und vergleichbare Rentenbestandteile (Geldleistungen für Kinder) können an Kinder, die bei der Festsetzung der Geldleistungen berücksichtigt werden, bis zur Höhe des Betrages, der sich bei entsprechender Anwendung des § 54 Abs. 5 Satz 2 ergibt, ausgezahlt werden. [3]Für das Kindergeld gilt dies auch dann, wenn der Kindergeldberechtigte mangels Leistungsfähigkeit nicht unterhaltspflichtig ist oder nur Unterhalt in Höhe eines Betrages zu leisten braucht, der geringer ist als das für die Auszahlung in Betracht kommende Kindergeld. [4]Die Auszahlung kann auch an die Person oder Stelle erfolgen, die dem Ehegatten, dem Lebenspartner oder den Kindern Unterhalt gewährt.
(2) Absatz 1 Satz 1, 2 und 4 gilt entsprechend, wenn unter Berücksichtigung von Kindern, denen gegenüber der Leistungsberechtigte nicht kraft Gesetzes unterhaltspflichtig ist, Geldleistungen erbracht werden und der Leistungsberechtigte diese Kinder nicht unterhält.

§ 49 Auszahlung bei Unterbringung

(1) Ist ein Leistungsberechtigter auf Grund richterlicher Anordnung länger als einen Kalendermonat in einer Anstalt oder Einrichtung untergebracht, sind laufende Geldleistungen, die der Sicherung des Lebensunterhalts zu dienen bestimmt sind, an die Unterhaltsberechtigten auszuzahlen, soweit der Leistungsberechtigte kraft Gesetzes unterhaltspflichtig ist und er oder die Unterhaltsberechtigten es beantragen.
(2) Absatz 1 gilt entsprechend, wenn für Kinder, denen gegenüber der Leistungsberechtigte nicht kraft Gesetzes unterhaltspflichtig ist, Geldleistungen erbracht werden.
(3) § 48 Abs. 1 Satz 4 bleibt unberührt.

§ 50 Überleitung bei Unterbringung

(1) Ist der Leistungsberechtigte untergebracht (§ 49 Abs. 1), kann die Stelle, der die Kosten der Unterbringung zur Last fallen, seine Ansprüche auf laufende Geldleistungen, die der Sicherung des Lebensunterhalts zu dienen bestimmt sind, durch schriftliche Anzeige an den zuständigen Leistungsträger auf sich überleiten.

(2) Die Anzeige bewirkt den Anspruchsübergang nur insoweit, als die Leistung nicht an Unterhaltsberechtigte oder die in § 49 Abs. 2 genannten Kinder zu zahlen ist, der Leistungsberechtigte die Kosten der Unterbringung zu erstatten hat und die Leistung auf den für die Erstattung maßgebenden Zeitraum entfällt.

(3) Die Absätze 1 und 2 gelten entsprechend, wenn für ein Kind (§ 56 Abs. 1 Satz 1 Nr. 2, Abs. 2), das untergebracht ist (§ 49 Abs. 1), ein Anspruch auf eine laufende Geldleistung besteht.

§ 51 Aufrechnung

(1) Gegen Ansprüche auf Geldleistungen kann der zuständige Leistungsträger mit Ansprüchen gegen den Berechtigten aufrechnen, soweit die Ansprüche auf Geldleistungen nach § 54 Abs. 2 und 4 pfändbar sind.

(2) Mit Ansprüchen auf Erstattung zu Unrecht erbrachter Sozialleistungen und mit Beitragsansprüchen nach diesem Gesetzbuch kann der zuständige Leistungsträger gegen Ansprüche auf laufende Geldleistungen bis zu deren Hälfte aufrechnen, wenn der Leistungsberechtigte nicht nachweist, dass er dadurch hilfebedürftig im Sinne der Vorschriften des Zwölften Buches über die Hilfe zum Lebensunterhalt oder der Grundsicherung für Arbeitsuchende nach dem Zweiten Buch wird.

§ 52 Verrechnung

Der für eine Geldleistung zuständige Leistungsträger kann mit Ermächtigung eines anderen Leistungsträgers dessen Ansprüche gegen den Berechtigten mit der ihm obliegenden Geldleistung verrechnen, soweit nach § 51 die Aufrechnung zulässig ist.

§ 53 Übertragung und Verpfändung

(1) Ansprüche auf Dienst- und Sachleistungen können weder übertragen noch verpfändet werden.
(2) Ansprüche auf Geldleistungen können übertragen und verpfändet werden
1. zur Erfüllung oder zur Sicherung von Ansprüchen auf Rückzahlung von Darlehen und auf Erstattung von Aufwendungen, die im Vorgriff auf fällig gewordene Sozialleistungen zu einer angemessenen Lebensführung gegeben oder gemacht worden sind oder,
2. wenn der zuständige Leistungsträger feststellt, daß die Übertragung oder Verpfändung im wohlverstandenen Interesse des Berechtigten liegt.

(3) Ansprüche auf laufende Geldleistungen, die der Sicherung des Lebensunterhalts zu dienen bestimmt sind, können in anderen Fällen übertragen und verpfändet werden, soweit sie den für Arbeitseinkommen geltenden unpfändbaren Betrag übersteigen.

(4) Der Leistungsträger ist zur Auszahlung an den neuen Gläubiger nicht vor Ablauf des Monats verpflichtet, der dem Monat folgt, in dem er von der Übertragung oder Verpfändung Kenntnis erlangt hat.

(5) Eine Übertragung oder Verpfändung von Ansprüchen auf Geldleistungen steht einer Aufrechnung oder Verrechnung auch dann nicht entgegen, wenn der Leistungsträger beim Erwerb des Anspruchs von der Übertragung oder Verpfändung Kenntnis hatte.

(6) [1]Soweit bei einer Übertragung oder Verpfändung Geldleistungen zu Unrecht erbracht worden sind, sind sowohl der Leistungsberechtigte als auch der neue Gläubiger als Gesamtschuldner dem Leistungsträger zur Erstattung des entsprechenden Betrages verpflichtet. [2]Der Leistungsträger hat den Erstattungsanspruch durch Verwaltungsakt geltend zu machen.

§ 54 Pfändung

(1) Ansprüche auf Dienst- und Sachleistungen können nicht gepfändet werden.
(2) Ansprüche auf einmalige Geldleistungen können nur gepfändet werden, soweit nach den Umständen des Falles, insbesondere nach den Einkommens- und Vermögensverhältnissen des Leistungsberechtigten, der Art des beizutreibenden Anspruchs sowie der Höhe und der Zweckbestimmung der Geldleistung, die Pfändung der Billigkeit entspricht.
(3) Unpfändbar sind Ansprüche auf
1. Elterngeld bis zur Höhe der nach § 10 des Bundeselterngeld- und Elternzeitgesetzes anrechnungsfreien Beträge sowie dem Erziehungsgeld vergleichbare Leistungen der Länder,

2. Mutterschaftsgeld nach § 19 Absatz 1 des Mutterschutzgesetzes, soweit das Mutterschaftsgeld nicht aus einer Teilzeitbeschäftigung während der Elternzeit herrührt, bis zur Höhe des Elterngeldes nach § 2 des Bundeselterngeld- und Elternzeitgesetzes, soweit es die anrechnungsfreien Beträge nach § 10 des Bundeselterngeld- und Elternzeitgesetzes nicht übersteigt,
2a. Wohngeld, soweit nicht die Pfändung wegen Ansprüchen erfolgt, die Gegenstand der §§ 9 und 10 des Wohngeldgesetzes sind,
3. Geldleistungen, die dafür bestimmt sind, den durch einen Körper- oder Gesundheitsschaden bedingten Mehraufwand auszugleichen.
(4) Im übrigen können Ansprüche auf laufende Geldleistungen wie Arbeitseinkommen gepfändet werden.
(5) ¹Ein Anspruch des Leistungsberechtigten auf Geldleistungen für Kinder (§ 48 Abs. 1 Satz 2) kann nur wegen gesetzlicher Unterhaltsansprüche eines Kindes, das bei der Festsetzung der Geldleistungen berücksichtigt wird, gepfändet werden. ²Für die Höhe des pfändbaren Betrages bei Kindergeld gilt:
1. Gehört das unterhaltsberechtigte Kind zum Kreis der Kinder, für die dem Leistungsberechtigten Kindergeld gezahlt wird, so ist eine Pfändung bis zu dem Betrag möglich, der bei gleichmäßiger Verteilung des Kindergeldes auf jedes dieser Kinder entfällt. Ist das Kindergeld durch die Berücksichtigung eines weiteren Kindes erhöht, für das einer dritten Person Kindergeld oder dieser oder dem Leistungsberechtigten eine andere Geldleistung für Kinder zusteht, so bleibt der Erhöhungsbetrag bei der Bestimmung des pfändbaren Betrages des Kindergeldes nach Satz 1 außer Betracht.
2. Der Erhöhungsbetrag (Nummer 1 Satz 2) ist zugunsten jedes bei der Festsetzung des Kindergeldes berücksichtigten unterhaltsberechtigten Kindes zu dem Anteil pfändbar, der sich bei gleichmäßiger Verteilung auf alle Kinder, die bei der Festsetzung des Kindergeldes zugunsten des Leistungsberechtigten berücksichtigt werden, ergibt.
(6) In den Fällen der Absätze 2, 4 und 5 gilt § 53 Abs. 6 entsprechend.

§ 55 (weggefallen)

§ 56 Sonderrechtsnachfolge

(1) ¹Fällige Ansprüche auf laufende Geldleistungen stehen beim Tode des Berechtigten nacheinander
1. dem Ehegatten,
1a. dem Lebenspartner,
2. den Kindern,
3. den Eltern,
4. dem Haushaltsführer
zu, wenn diese mit dem Berechtigten zur Zeit seines Todes in einem gemeinsamen Haushalt gelebt haben oder von ihm wesentlich unterhalten worden sind. ²Mehreren Personen einer Gruppe stehen die Ansprüche zu gleichen Teilen zu.
(2) Als Kinder im Sinne des Absatzes 1 Satz 1 Nr. 2 gelten auch
1. Stiefkinder und Enkel, die in den Haushalt des Berechtigten aufgenommen sind,
2. Pflegekinder (Personen, die mit dem Berechtigten durch ein auf längere Dauer angelegtes Pflegeverhältnis mit häuslicher Gemeinschaft wie Kinder mit Eltern verbunden sind),
3. Geschwister des Berechtigten, die in seinen Haushalt aufgenommen worden sind.
(3) Als Eltern im Sinne des Absatzes 1 Satz 1 Nr. 3 gelten auch
1. sonstige Verwandte der geraden aufsteigenden Linie,
2. Stiefeltern,
3. Pflegeeltern (Personen, die den Berechtigten als Pflegekind aufgenommen haben).
(4) Haushaltsführer im Sinne des Absatzes 1 Satz 1 Nr. 4 ist derjenige Verwandte oder Verschwägerte, der an Stelle des verstorbenen oder geschiedenen oder an der Führung des Haushalts aus gesundheitlichen Gründen dauernd gehinderten Ehegatten oder Lebenspartners den Haushalt des Berechtigten mindestens ein Jahr lang vor dessen Tod geführt hat und von diesem überwiegend unterhalten worden ist.

§ 57 Verzicht und Haftung des Sonderrechtsnachfolgers

(1) ¹Der nach § 56 Berechtigte kann auf die Sonderrechtsnachfolge innerhalb von sechs Wochen nach ihrer Kenntnis durch schriftliche Erklärung gegenüber dem Leistungsträger verzichten. ²Verzichtet er innerhalb dieser Frist, gelten die Ansprüche als auf ihn nicht übergegangen. ³Sie stehen den Personen zu, die ohne den Verzichtenden nach § 56 berechtigt wären.
(2) ¹Soweit Ansprüche auf den Sonderrechtsnachfolger übergegangen sind, haftet er für die nach diesem Gesetzbuch bestehenden Verbindlichkeiten des Verstorbenen gegenüber dem für die Ansprüche zu-

ständigen Leistungsträger. ²Insoweit entfällt eine Haftung des Erben. ³Eine Aufrechnung und Verrechnung nach den §§ 51 und 52 ist ohne die dort genannten Beschränkungen der Höhe zulässig.

§ 58 Vererbung

¹Soweit fällige Ansprüche auf Geldleistungen nicht nach den §§ 56 und 57 einem Sonderrechtsnachfolger zustehen, werden sie nach den Vorschriften des Bürgerlichen Gesetzbuchs vererbt. ²Der Fiskus als gesetzlicher Erbe kann die Ansprüche nicht geltend machen.

§ 59 Ausschluß der Rechtsnachfolge

¹Ansprüche auf Dienst- und Sachleistungen erlöschen mit dem Tode des Berechtigten. ²Ansprüche auf Geldleistungen erlöschen nur, wenn sie im Zeitpunkt des Todes des Berechtigten weder festgestellt sind noch ein Verwaltungsverfahren über sie anhängig ist.

Dritter Titel
Mitwirkung des Leistungsberechtigten

§ 60 Angabe von Tatsachen

(1) ¹Wer Sozialleistungen beantragt oder erhält, hat
1. alle Tatsachen anzugeben, die für die Leistung erheblich sind, und auf Verlangen des zuständigen Leistungsträgers der Erteilung der erforderlichen Auskünfte durch Dritte zuzustimmen,
2. Änderungen in den Verhältnissen, die für die Leistung erheblich sind oder über die im Zusammenhang mit der Leistung Erklärungen abgegeben worden sind, unverzüglich mitzuteilen,
3. Beweismittel zu bezeichnen und auf Verlangen des zuständigen Leistungsträgers Beweisurkunden vorzulegen oder ihrer Vorlage zuzustimmen.

²Satz 1 gilt entsprechend für denjenigen, der Leistungen zu erstatten hat.
(2) Soweit für die in Absatz 1 Satz 1 Nr. 1 und 2 genannten Angaben Vordrucke vorgesehen sind, sollen diese benutzt werden.

§ 61 Persönliches Erscheinen

Wer Sozialleistungen beantragt oder erhält, soll auf Verlangen des zuständigen Leistungsträgers zur mündlichen Erörterung des Antrags oder zur Vornahme anderer für die Entscheidung über die Leistung notwendiger Maßnahmen persönlich erscheinen.

§ 62 Untersuchungen

Wer Sozialleistungen beantragt oder erhält, soll sich auf Verlangen des zuständigen Leistungsträgers ärztlichen und psychologischen Untersuchungsmaßnahmen unterziehen, soweit diese für die Entscheidung über die Leistung erforderlich sind.

§ 63 Heilbehandlung

Wer wegen Krankheit oder Behinderung Sozialleistungen beantragt oder erhält, soll sich auf Verlangen des zuständigen Leistungsträgers einer Heilbehandlung unterziehen, wenn zu erwarten ist, daß sie eine Besserung seines Gesundheitszustands herbeiführen oder eine Verschlechterung verhindern wird.

§ 64 Leistungen zur Teilhabe am Arbeitsleben

Wer wegen Minderung der Erwerbsfähigkeit, anerkannten Schädigungsfolgen oder wegen Arbeitslosigkeit Sozialleistungen beantragt oder erhält, soll auf Verlangen des zuständigen Leistungsträgers an Leistungen zur Teilhabe am Arbeitsleben teilnehmen, wenn bei angemessener Berücksichtigung seiner beruflichen Neigung und seiner Leistungsfähigkeit zu erwarten ist, daß sie seine Erwerbs- oder Vermittlungsfähigkeit auf Dauer fördern oder erhalten werden.

§ 65 Grenzen der Mitwirkung

(1) Die Mitwirkungspflichten nach den §§ 60 bis 64 bestehen nicht, soweit
1. ihre Erfüllung nicht in einem angemessenen Verhältnis zu der in Anspruch genommenen Sozialleistung oder ihrer Erstattung steht oder
2. ihre Erfüllung dem Betroffenen aus einem wichtigen Grund nicht zugemutet werden kann oder
3. der Leistungsträger sich durch einen geringeren Aufwand als der Antragsteller oder Leistungsberechtigte die erforderlichen Kenntnisse selbst beschaffen kann.

(2) Behandlungen und Untersuchungen,
1. bei denen im Einzelfall ein Schaden für Leben oder Gesundheit nicht mit hoher Wahrscheinlichkeit ausgeschlossen werden kann,

2. die mit erheblichen Schmerzen verbunden sind oder
3. die einen erheblichen Eingriff in die körperliche Unversehrtheit bedeuten,
können abgelehnt werden.

(3) Angaben, die dem Antragsteller, dem Leistungsberechtigten oder ihnen nahestehenden Personen (§ 383 Abs. 1 Nr. 1 bis 3 der Zivilprozeßordnung) die Gefahr zuziehen würde, wegen einer Straftat oder einer Ordnungswidrigkeit verfolgt zu werden, können verweigert werden.

§ 65a Aufwendungsersatz

(1) ¹Wer einem Verlangen des zuständigen Leistungsträgers nach den §§ 61 oder 62 nachkommt, kann auf Antrag Ersatz seiner notwendigen Auslagen und seines Verdienstausfalles in angemessenem Umfang erhalten. ²Bei einem Verlangen des zuständigen Leistungsträgers nach § 61 sollen Aufwendungen nur in Härtefällen ersetzt werden.

(2) Absatz 1 gilt auch, wenn der zuständige Leistungsträger ein persönliches Erscheinen oder eine Untersuchung nachträglich als notwendig anerkennt.

§ 66 Folgen fehlender Mitwirkung

(1) ¹Kommt derjenige, der eine Sozialleistung beantragt oder erhält, seinen Mitwirkungspflichten nach den §§ 60 bis 62, 65 nicht nach und wird hierdurch die Aufklärung des Sachverhalts erheblich erschwert, kann der Leistungsträger ohne weitere Ermittlungen die Leistung bis zur Nachholung der Mitwirkung ganz oder teilweise versagen oder entziehen, soweit die Voraussetzungen der Leistung nicht nachgewiesen sind. ²Dies gilt entsprechend, wenn der Antragsteller oder Leistungsberechtigte in anderer Weise absichtlich die Aufklärung des Sachverhalts erheblich erschwert.

(2) Kommt derjenige, der eine Sozialleistung wegen Pflegebedürftigkeit, wegen Arbeitsunfähigkeit, wegen Gefährdung oder Minderung der Erwerbsfähigkeit, anerkannten Schädigungsfolgen oder wegen Arbeitslosigkeit beantragt oder erhält, seinen Mitwirkungspflichten nach den §§ 62 bis 65 nicht nach und ist unter Würdigung aller Umstände mit Wahrscheinlichkeit anzunehmen, daß deshalb die Fähigkeit zur selbständigen Lebensführung, die Arbeits-, Erwerbs- oder Vermittlungsfähigkeit beeinträchtigt oder nicht verbessert wird, kann der Leistungsträger die Leistung bis zur Nachholung der Mitwirkung ganz oder teilweise versagen oder entziehen.

(3) Sozialleistungen dürfen wegen fehlender Mitwirkung nur versagt oder entzogen werden, nachdem der Leistungsberechtigte auf diese Folge schriftlich hingewiesen worden ist und seiner Mitwirkungspflicht nicht innerhalb einer ihm gesetzten angemessenen Frist nachgekommen ist.

§ 67 Nachholung der Mitwirkung

Wird die Mitwirkung nachgeholt und liegen die Leistungsvoraussetzungen vor, kann der Leistungsträger Sozialleistungen, die er nach § 66 versagt oder entzogen hat, nachträglich ganz oder teilweise erbringen.

Vierter Abschnitt
Übergangs- und Schlussvorschriften

§ 68 Besondere Teile dieses Gesetzbuches

Bis zu ihrer Einordnung in dieses Gesetzbuch gelten die nachfolgenden Gesetze mit den zu ihrer Ergänzung und Änderung erlassenen Gesetzen als dessen besondere Teile:
1. das Bundesausbildungsförderungsgesetz,
2. (weggefallen)
3. die Reichsversicherungsordnung,
4. das Gesetz über die Alterssicherung der Landwirte,
5. (weggefallen)
6. das Zweite Gesetz über die Krankenversicherung der Landwirte,
7. das Bundesversorgungsgesetz, auch soweit andere Gesetze, insbesondere
    a) §§ 80 bis 83a des Soldatenversorgungsgesetzes,
    b) § 59 Abs. 1 des Bundesgrenzschutzgesetzes,
    c) § 47 des Zivildienstgesetzes,
    d) § 60 des Infektionsschutzgesetzes,
    e) §§ 4 und 5 des Häftlingshilfegesetzes,
    f) § 1 des Opferentschädigungsgesetzes,
    g) §§ 21 und 22 des Strafrechtlichen Rehabilitierungsgesetzes,
    h) §§ 3 und 4 des Verwaltungsrechtlichen Rehabilitierungsgesetzes,

die entsprechende Anwendung der Leistungsvorschriften des Bundesversorgungsgesetzes vorsehen,
8. das Gesetz über das Verwaltungsverfahren der Kriegsopferversorgung,
9. das Bundeskindergeldgesetz,
10. das Wohngeldgesetz,
11. (weggefallen)
12. das Adoptionsvermittlungsgesetz,
13. (weggefallen)
14. das Unterhaltsvorschussgesetz,
15. der Erste und Zweite Abschnitt des Bundeselterngeld- und Elternzeitgesetzes,
16. das Altersteilzeitgesetz,
17. der Fünfte Abschnitt des Schwangerschaftskonfliktgesetzes.

§ 69 Stadtstaaten-Klausel
Die Senate der Länder Berlin, Bremen und Hamburg werden ermächtigt, die Vorschriften dieses Buches über die Zuständigkeit von Behörden dem besonderen Verwaltungsaufbau ihrer Länder anzupassen.

§ 70 Überleitungsvorschrift zum Verjährungsrecht
Artikel 229 § 6 Abs. 1 und 2 des Einführungsgesetzes zum Bürgerlichen Gesetzbuche gilt entsprechend bei der Anwendung des § 45 Abs. 2 und 3 in der seit dem 1. Januar 2002 geltenden Fassung.

§ 71 Überleitungsvorschrift zur Übertragung, Verpfändung und Pfändung
§ 53 Abs. 6 und § 54 Abs. 6 sind nur auf Geldleistungen anzuwenden, soweit diese nach dem 30. März 2005 ganz oder teilweise zu Unrecht erbracht werden.

Viertes Buch Sozialgesetzbuch
– Gemeinsame Vorschriften für die Sozialversicherung –
(SGB IV)

in der Fassung der Bekanntmachung
vom 12. November 2009 (BGBl. I S. 3710, S. 3973, 2011 S. 363)

Zuletzt geändert durch
Gesetz zur Umsetzung der Richtlinie (EU) 2019/882 des Europäischen Parlaments und des Rates über die Barrierefreiheitsanforderungen für Produkte und Dienstleistungen und zur Änderung anderer Gesetze vom 16. Juli 2021 (BGBl. I S. 2970)

– Auszug –*)

Inhaltsverzeichnis

Erster Abschnitt
Grundsätze und Begriffsbestimmungen

Erster Titel
Geltungsbereich und Umfang der Versicherung

- § 1 Sachlicher Geltungsbereich
- § 2 Versicherter Personenkreis
- § 3 Persönlicher und räumlicher Geltungsbereich
- § 4 Ausstrahlung
- § 5 Einstrahlung
- § 6 Vorbehalt abweichender Regelungen

Zweiter Titel
Beschäftigung und selbständige Tätigkeit

- § 7 Beschäftigung
- § 7a Anfrageverfahren
- § 7b Wertguthabenvereinbarungen
- § 7c Verwendung von Wertguthaben
- § 7d Führung und Verwaltung von Wertguthaben
- § 7e Insolvenzschutz
- § 7f Übertragung von Wertguthaben
- § 8 Geringfügige Beschäftigung und geringfügige selbständige Tätigkeit
- § 8a Geringfügige Beschäftigung in Privathaushalten
- § 9 Beschäftigungsort
- § 10 Beschäftigungsort für besondere Personengruppen
- § 11 Tätigkeitsort
- § 12 Hausgewerbetreibende, Heimarbeiter und Zwischenmeister
- § 13 Reeder, Seeleute und Deutsche Seeschiffe

Dritter Titel
Arbeitsentgelt und sonstiges Einkommen

- § 14 Arbeitsentgelt
- § 15 Arbeitseinkommen
- § 16 Gesamteinkommen
- § 17 Verordnungsermächtigung
- § 17a Umrechnung von ausländischem Einkommen
- § 18 Bezugsgröße

Vierter Titel
Einkommen beim Zusammentreffen mit Renten wegen Todes

- § 18a Art des zu berücksichtigenden Einkommens
- § 18b Höhe des zu berücksichtigenden Einkommens
- § 18c Erstmalige Ermittlung des Einkommens
- § 18d Einkommensänderungen
- § 18e Ermittlung von Einkommensänderungen

Fünfter Titel
Verarbeitung der Versicherungsnummer

- § 18f Zulässigkeit der Verarbeitung
- § 18g Angabe der Versicherungsnummer

Sechster Titel
Sozialversicherungsausweis

- § 18h Ausstellung des Sozialversicherungsausweises

Siebter Titel
Betriebsnummer

- § 18i Betriebsnummer für Beschäftigungsbetriebe der Arbeitgeber
- § 18k Betriebsnummer für Beschäftigungsbetriebe weiterer Meldepflichtiger
- § 18l Identifikation weiterer Verfahrensbeteiligter in elektronischen Meldeverfahren
- § 18m Verarbeitung der Betriebsnummer
- § 18n Absendernummer

---

*) Abgedruckt sind nur die für Sozialberufe wichtigen Bestimmungen. Das Inhaltsverzeichnis benennt den kompletten Inhalt des Gesetzes.

11 SGB IV

Zweiter Abschnitt
Leistungen und Beiträge

Erster Titel
Leistungen

§ 19 Leistungen auf Antrag oder von Amts wegen
§ 19a Benachteiligungsverbot

Zweiter Titel
Beiträge

§ 20 Aufbringung der Mittel, Übergangsbereich
§ 21 Bemessung der Beiträge
§ 22 Entstehen der Beitragsansprüche, Zusammentreffen mehrerer Versicherungsverhältnisse
§ 23 Fälligkeit
§ 23a Einmalig gezahltes Arbeitsentgelt als beitragspflichtige Einnahmen
§ 23b Beitragspflichtige Einnahmen bei flexiblen Arbeitszeitregelungen
§ 23c Sonstige nicht beitragspflichtige Einnahmen
§ 24 Säumniszuschlag
§ 25 Verjährung
§ 26 Beanstandung und Erstattung zu Unrecht entrichteter Beiträge
§ 27 Verzinsung und Verjährung des Erstattungsanspruchs
§ 28 Verrechnung und Aufrechnung des Erstattungsanspruchs

Dritter Abschnitt
Meldepflichten des Arbeitgebers, Gesamtsozialversicherungsbeitrag

Erster Titel
Meldungen des Arbeitgebers und ihre Weiterleitung

§ 28a Meldepflicht
§ 28b Inhalte und Verfahren für die Gemeinsamen Grundsätze und die Datenfeldbeschreibung
§ 28c Verordnungsermächtigung

Zweiter Titel
Verfahren und Haftung bei der Beitragszahlung

§ 28d Gesamtsozialversicherungsbeitrag
§ 28e Zahlungspflicht, Vorschuss
§ 28f Aufzeichnungspflicht, Nachweise der Beitragsabrechnung und der Beitragszahlung
§ 28g Beitragsabzug
§ 28h Einzugsstellen
§ 28i Zuständige Einzugsstelle
§ 28k Weiterleitung von Beiträgen
§ 28l Vergütung

§ 28m Sonderregelungen für bestimmte Personengruppen
§ 28n Verordnungsermächtigung

Dritter Titel
Auskunfts- und Vorlagepflicht, Prüfung, Schadensersatzpflicht und Verzinsung

§ 28o Auskunfts- und Vorlagepflicht des Beschäftigten
§ 28p Prüfung bei den Arbeitgebern
§ 28q Prüfung bei den Einzugsstellen und den Trägern der Rentenversicherung
§ 28r Schadensersatzpflicht, Verzinsung

Vierter Abschnitt
Träger der Sozialversicherung

Erster Titel
Verfassung

§ 29 Rechtsstellung
§ 30 Eigene und übertragene Aufgaben
§ 31 Organe
§ 32 (weggefallen)
§ 33 Vertreterversammlung, Verwaltungsrat
§ 34 Satzung
§ 35 Vorstand
§ 35a Vorstand bei Orts-, Betriebs- und Innungskrankenkassen sowie Ersatzkassen
§ 36 Geschäftsführer
§ 36a Besondere Ausschüsse
§ 37 Verhinderung von Organen
§ 38 Beanstandung von Rechtsverstößen
§ 39 Versichertenälteste und Vertrauenspersonen
§ 40 Ehrenämter
§ 41 Entschädigung der ehrenamtlich Tätigen
§ 42 Haftung

Zweiter Titel
Zusammensetzung, Wahl und Verfahren der Selbstverwaltungsorgane, Versichertenältesten und Vertrauenspersonen

§ 43 Mitglieder der Selbstverwaltungsorgane
§ 44 Zusammensetzung der Selbstverwaltungsorgane
§ 45 Sozialversicherungswahlen
§ 46 Wahl der Vertreterversammlung
§ 47 Gruppenzugehörigkeit
§ 48 Vorschlagslisten
§ 48a Vorschlagsrecht der Arbeitnehmervereinigungen
§ 48b Feststellungsverfahren
§ 48c Feststellung der allgemeinen Vorschlagsberechtigung
§ 49 Stimmenzahl
§ 50 Wahlrecht
§ 51 Wählbarkeit

§ 52	Wahl des Vorstandes	§ 78	Verordnungsermächtigung
§ 53	Wahlorgane	§ 79	Geschäftsübersichten und Statistiken der Sozialversicherung
§ 54	Durchführung der Wahl		
§ 55	Wahlunterlagen und Mitwirkung der Arbeitgeber	**Vierter Titel** **Vermögen**	
§ 56	Wahlordnung	§ 80	Verwaltung der Mittel
§ 57	Rechtsbehelfe im Wahlverfahren	§ 81	Betriebsmittel
§ 58	Amtsdauer	§ 82	Rücklage
§ 59	Verlust der Mitgliedschaft	§ 83	Anlegung der Rücklage
§ 60	Ergänzung der Selbstverwaltungsorgane	§ 84	Beleihung von Grundstücken
§ 61	Wahl der Versichertenältesten und der Vertrauenspersonen	§ 85	Genehmigungs- und anzeigepflichtige Vermögensanlagen
§ 62	Vorsitzende der Selbstverwaltungsorgane	§ 86	Ausnahmegenehmigung
§ 63	Beratung	**Fünfter Titel** **Aufsicht**	
§ 64	Beschlussfassung		
§ 65	Getrennte Abstimmung	§ 87	Umfang der Aufsicht
§ 66	Erledigungsausschüsse	§ 88	Prüfung und Unterrichtung
Dritter Titel **Haushalts- und Rechnungswesen**		§ 89	Aufsichtsmittel
		§ 90	Aufsichtsbehörden
§ 67	Aufstellung des Haushaltsplans	§ 90a	Zuständigkeitsbereich
§ 68	Bedeutung und Wirkung des Haushaltsplans	**Fünfter Abschnitt** **Versicherungsbehörden**	
§ 69	Ausgleich, Wirtschaftlichkeit und Sparsamkeit, Kosten- und Leistungsrechnung, Personalbedarfsermittlung	§ 91	Arten
		§ 92	Versicherungsämter
		§ 93	Aufgaben der Versicherungsämter
§ 70	Haushaltsplan	§ 94	Bundesamt für Soziale Sicherung
§ 71	Haushaltsplan der Deutschen Rentenversicherung Knappschaft-Bahn-See	**Sechster Abschnitt** **Verarbeitung von elektronischen Daten in der Sozialversicherung**	
§ 71a	Haushaltsplan der Bundesagentur für Arbeit	**Erster Titel** **Übermittelung von Daten zur und innerhalb der Sozialversicherung**	
§ 71b	Veranschlagung der Arbeitsmarktmittel der Bundesagentur für Arbeit		
§ 71c	Eingliederungsrücklage der Bundesagentur für Arbeit	§ 95	Gemeinsame Grundsätze Technik
§ 71d	Haushaltsplan und Kostenverteilungsverfahren der Sozialversicherung für Landwirtschaft, Forsten und Gartenbau	§ 95a	Ausfüllhilfe zum elektronischen Datenaustausch mit Sozialversicherungsträgern
		§ 95b	Systemprüfung
		§ 95c	Datenaustausch zwischen den Sozialversicherungsträgern
§ 71e	Ausweisung der Schiffssicherheitsabteilung im Haushaltsplan	**Zweiter Titel** **Verarbeitung der Daten der Arbeitgeber durch die Sozialversicherungsträger**	
§ 71f	Haushaltsplan der Unfallversicherung Bund und Bahn	§ 96	Kommunikationsserver
§ 72	Vorläufige Haushaltsführung	§ 97	Annahmestellen
§ 73	Überplanmäßige und außerplanmäßige Ausgaben	§ 98	Weiterleitung der Daten durch die Einzugsstellen
§ 74	Nachtragshaushalt	**Dritter Titel** **Übermittlung von Daten im Lohnnachweisverfahren der Unfallversicherung**	
§ 75	Verpflichtungsermächtigungen		
§ 76	Erhebung der Einnahmen		
§ 77	Rechnungsabschluss, Jahresrechnung und Entlastung	§ 99	Übermittlung von Daten durch den Unternehmer im Lohnnachweisverfahren
§ 77a	Geltung von Haushaltsvorschriften des Bundes für die Bundesagentur für Arbeit	§ 100	Inhalt des elektronischen Lohnnachweises

11 SGB IV

§ 101 Stammdatendatei
§ 102 Annahme, Prüfung und Weiterleitung der Daten zum Lohnnachweisverfahren
§ 103 Gemeinsame Grundsätze zur Datenübermittlung an die Unfallversicherung

Siebter Abschnitt
Informationsangebote in den Meldeverfahren der sozialen Sicherung

§ 104 Informations- und Beratungsanspruch
§ 105 Informationsportal

Achter Abschnitt
Elektronisches Antrags- und Bescheinigungsverfahren

§ 106 Elektronischer Antrag auf Ausstellung einer Bescheinigung über die anzuwendenden Rechtsvorschriften bei Beschäftigung nach Artikel 11 Absatz 3 Buchstabe b, Absatz 4, 5, Artikel 12 Absatz 1, Artikel 13 Absatz 1 Buchstabe a oder Buchstabe b, Ziffer i und Artikel 16 der Verordnung (EG) Nr. 883/2004
§ 106a Elektronischer Antrag auf Ausstellung einer Bescheinigung über die anzuwendenden Rechtsvorschriften bei selbständiger Erwerbstätigkeit nach Artikel 11 Absatz 4 und Artikel 12 Absatz 2 der Verordnung (EG) Nr. 883/2004
§ 107 Elektronische Übermittlung von Bescheinigungen für Entgeltersatzleistungen
§ 108 Elektronische Übermittlung von Anträgen und sonstigen Bescheinigungen an die Sozialversicherungsträger
§ 108a Verfahren zur elektronischen Abfrage und Übermittlung von Entgeltbescheinigungsdaten für Elterngeld
§§ 109 und 110 (weggefallen)

Neunter Abschnitt
Aufbewahrung von Unterlagen

§ 110a Aufbewahrungspflicht
§ 110b Rückgabe, Vernichtung und Archivierung von Unterlagen
§ 110c Verwaltungsvereinbarungen, Verordnungsermächtigung

Zehnter Abschnitt
Bußgeldvorschriften

§ 111 Bußgeldvorschriften
§ 112 Allgemeines über Bußgeldvorschriften
§ 113 Zusammenarbeit mit anderen Behörden

Elfter Abschnitt
Übergangsvorschriften

§ 114 Einkommen beim Zusammentreffen mit Renten wegen Todes
§ 115 (weggefallen)
§ 116 Übergangsregelungen für bestehende Wertguthaben
§ 116a Übergangsregelung zur Beitragshaftung
§ 117 Verwaltungsausgaben der knappschaftlichen Krankenversicherung der Rentner
§ 118 Übergangsregelung für Tätigkeiten als Notärztin oder Notarzt im Rettungsdienst
§ 119 (weggefallen)
§ 120 Übergangsregelung zur Änderung der Wählbarkeitsvoraussetzungen
§ 121 Übergangsregelung zur Vergütung der Vorstandsmitglieder der gesetzlichen Krankenkassen
§ 122 (unbesetzt)
§ 123 Übergangsregelung zur Struktur der Einrichtungen
§ 124 Übergangsregelung für das Verfahren zur elektronischen Abfrage und Übermittlung von Entgeltbescheinigungsdaten für Elterngeld
§ 125 Pilotprojekt zur Meldung der Arbeitsunfähigkeits- und Vorerkrankungszeiten an den Arbeitgeber
§ 126 (unbesetzt)
§ 127 Bericht über die Untersuchung zur strukturierten Übermittlung der Daten für die elektronisch unterstützte Prüfung bei den Arbeitgebern
§ 128 Außerordentliche Hemmung der Verjährung
§ 129 Übergangsregelung für die Zulassung der Arbeitnehmervereinigungen für die Sozialversicherungswahlen im Jahr 2023
§ 130 Sonstige nicht beitragspflichtige Einnahmen aus ärztlichen Tätigkeiten in Corona-Impfzentren
§ 131 Sonstige nicht beitragspflichtige Einnahmen aus ärztlichen Tätigkeiten in Corona-Testzentren

Erster Abschnitt
Grundsätze und Begriffsbestimmungen

Erster Titel
Geltungsbereich und Umfang der Versicherung

§ 1 Sachlicher Geltungsbereich

(1) ¹Die Vorschriften dieses Buches gelten für die gesetzliche Kranken-, Unfall- und Rentenversicherung einschließlich der Alterssicherung der Landwirte sowie die soziale Pflegeversicherung (Versicherungszweige). ²Die Vorschriften dieses Buches gelten mit Ausnahme des Ersten und Zweiten Titels des Vierten Abschnitts und des Fünften Abschnitts auch für die Arbeitsförderung. ³Die Bundesagentur für Arbeit gilt im Sinne dieses Buches als Versicherungsträger.
(2) § 18h gilt auch für die Sozialhilfe und die Grundsicherung für Arbeitsuchende; außerdem gelten die §§ 18f, 18g und 19a für die Grundsicherung für Arbeitsuchende.
(3) Regelungen in den Sozialleistungsbereichen dieses Gesetzbuches, die in den Absätzen 1 und 2 genannt sind, bleiben unberührt, soweit sie von den Vorschriften dieses Buches abweichen.

§ 2 Versicherter Personenkreis

(1) Die Sozialversicherung umfasst Personen, die kraft Gesetzes oder Satzung (Versicherungspflicht) oder auf Grund freiwilligen Beitritts oder freiwilliger Fortsetzung der Versicherung (Versicherungsberechtigung) versichert sind.
(1a) Deutsche im Sinne der Vorschriften über die Sozialversicherung und die Arbeitsförderung sind Deutsche im Sinne des Artikels 116 des Grundgesetzes.
(2) In allen Zweigen der Sozialversicherung sind nach Maßgabe der besonderen Vorschriften für die einzelnen Versicherungszweige versichert
1. Personen, die gegen Arbeitsentgelt oder zu ihrer Berufsausbildung beschäftigt sind,
2. behinderte Menschen, die in geschützten Einrichtungen beschäftigt werden,
3. Landwirte.
(3) ¹Deutsche Seeleute, die auf einem Seeschiff beschäftigt sind, das nicht berechtigt ist, die Bundesflagge zu führen, werden auf Antrag des Reeders
1. in der gesetzlichen Kranken-, Renten- und Pflegeversicherung versichert und in die Versicherungspflicht nach dem Dritten Buch einbezogen,
2. in der gesetzlichen Unfallversicherung versichert, wenn der Reeder das Seeschiff der Unfallverhütung und Schiffssicherheitsüberwachung durch die Berufsgenossenschaft Verkehrswirtschaft Post-Logistik Telekommunikation unterstellt hat und der Staat, dessen Flagge das Seeschiff führt, dem nicht widerspricht.

²Für deutsche Seeleute, die ihren Wohnsitz oder gewöhnlichen Aufenthalt im Inland haben, und auf einem Seeschiff beschäftigt sind, das im überwiegenden wirtschaftlichen Eigentum eines deutschen Reeders mit Sitz im Inland steht, ist der Reeder verpflichtet, einen Antrag nach Satz 1 Nummer 1 und unter den Voraussetzungen des Satzes 1 Nummer 2 einen Antrag nach Satz 1 Nummer 2 zu stellen. ³Der Reeder hat auf Grund der Antragstellung gegenüber den Versicherungsträgern die Pflichten eines Arbeitgebers. ⁴Ein Reeder mit Sitz im Ausland hat für die Erfüllung seiner Verbindlichkeiten gegenüber den Versicherungsträgern einen Bevollmächtigten im Inland zu bestellen. ⁵Der Reeder und der Bevollmächtigte haften gegenüber den Versicherungsträgern als Gesamtschuldner; sie haben auf Verlangen entsprechende Sicherheit zu leisten.
(4) Die Versicherung weiterer Personengruppen in einzelnen Versicherungszweigen ergibt sich aus den für sie geltenden besonderen Vorschriften.

§ 3 Persönlicher und räumlicher Geltungsbereich

Die Vorschriften über die Versicherungspflicht und die Versicherungsberechtigung gelten,
1. soweit sie eine Beschäftigung oder eine selbständige Tätigkeit voraussetzen, für alle Personen, die im Geltungsbereich dieses Gesetzbuchs beschäftigt oder selbständig tätig sind,
2. soweit sie eine Beschäftigung oder eine selbständige Tätigkeit nicht voraussetzen, für alle Personen, die ihren Wohnsitz oder gewöhnlichen Aufenthalt im Geltungsbereich dieses Gesetzbuchs haben.

§ 4 Ausstrahlung

(1) Soweit die Vorschriften über die Versicherungspflicht und die Versicherungsberechtigung eine Beschäftigung voraussetzen, gelten sie auch für Personen, die im Rahmen eines im Geltungsbereich dieses Gesetzbuchs bestehenden Beschäftigungsverhältnisses in ein Gebiet außerhalb dieses Geltungsbereichs

entsandt werden, wenn die Entsendung infolge der Eigenart der Beschäftigung oder vertraglich im Voraus zeitlich begrenzt ist.
(2) Für Personen, die eine selbständige Tätigkeit ausüben, gilt Absatz 1 entsprechend.

§ 5 Einstrahlung
(1) Soweit die Vorschriften über die Versicherungspflicht und die Versicherungsberechtigung eine Beschäftigung voraussetzen, gelten sie nicht für Personen, die im Rahmen eines außerhalb des Geltungsbereichs dieses Gesetzbuchs bestehenden Beschäftigungsverhältnisses in diesen Geltungsbereich entsandt werden, wenn die Entsendung infolge der Eigenart der Beschäftigung oder vertraglich im Voraus zeitlich begrenzt ist.
(2) Für Personen, die eine selbständige Tätigkeit ausüben, gilt Absatz 1 entsprechend.

§ 6 Vorbehalt abweichender Regelungen
Regelungen des über- und zwischenstaatlichen Rechts bleiben unberührt.

Zweiter Titel
Beschäftigung und selbständige Tätigkeit

§ 7 Beschäftigung
(1) [1]Beschäftigung ist die nichtselbständige Arbeit, insbesondere in einem Arbeitsverhältnis. [2]Anhaltspunkte für eine Beschäftigung sind eine Tätigkeit nach Weisungen und eine Eingliederung in die Arbeitsorganisation des Weisungsgebers.
(1a) [1]Eine Beschäftigung besteht auch in Zeiten der Freistellung von der Arbeitsleistung von mehr als einem Monat, wenn
1. während der Freistellung Arbeitsentgelt aus einem Wertguthaben nach § 7b fällig ist und
2. das monatlich fällige Arbeitsentgelt in der Zeit der Freistellung nicht unangemessen von dem für die vorausgegangenen zwölf Kalendermonate abweicht, in denen Arbeitsentgelt bezogen wurde.
[2]Satz 1 gilt entsprechend, wenn während einer bis zu dreimonatigen Freistellung Arbeitsentgelt aus einer Vereinbarung zur flexiblen Gestaltung der werktäglichen oder wöchentlichen Arbeitszeit oder dem Ausgleich betrieblicher Produktions- und Arbeitszeitzyklen fällig ist. [3]Beginnt ein Beschäftigungsverhältnis mit einer Zeit der Freistellung, gilt Satz 1 Nummer 2 mit der Maßgabe, dass das monatlich fällige Arbeitsentgelt in der Zeit der Freistellung nicht unangemessen von dem für die Zeit der Arbeitsleistung abweichen darf, mit der das Arbeitsentgelt später erzielt werden soll. [4]Eine Beschäftigung gegen Arbeitsentgelt besteht während der Zeit der Freistellung auch, wenn die Arbeitsleistung, mit der das Arbeitsentgelt später erzielt werden soll, wegen einer im Zeitpunkt der Vereinbarung nicht vorhersehbaren vorzeitigen Beendigung des Beschäftigungsverhältnisses nicht mehr erbracht werden kann. [5]Die Vertragsparteien können beim Abschluss der Vereinbarung nur für den Fall, dass Wertguthaben wegen der Beendigung der Beschäftigung auf Grund verminderter Erwerbsfähigkeit, des Erreichens einer Altersgrenze, zu der eine Rente wegen Alters beansprucht werden kann, oder des Todes des Beschäftigten nicht mehr für Zeiten einer Freistellung von der Arbeitsleistung verwendet werden können, einen anderen Verwendungszweck vereinbaren. [6]Die Sätze 1 bis 4 gelten nicht für Beschäftigte, auf die Wertguthaben übertragen werden. [7]Bis zum 31. Dezember 2024 werden Wertguthaben, die durch Arbeitsleistung im Beitrittsgebiet erzielt werden, getrennt erfasst; sind für die Beitrags- oder Leistungsberechnung im Beitrittsgebiet und im übrigen Bundesgebiet unterschiedliche Werte vorgeschrieben, sind die Werte maßgebend, die für den Teil des Inlandes gelten, in dem das Wertguthaben erzielt worden ist.
(1b) Die Möglichkeit eines Arbeitnehmers zur Vereinbarung flexibler Arbeitszeiten gilt nicht als eine die Kündigung des Arbeitsverhältnisses durch den Arbeitgeber begründende Tatsache im Sinne des § 1 Absatz 2 Satz 1 des Kündigungsschutzgesetzes.
(2) Als Beschäftigung gilt auch der Erwerb beruflicher Kenntnisse, Fertigkeiten oder Erfahrungen im Rahmen betrieblicher Berufsbildung.
(3) [1]Eine Beschäftigung gegen Arbeitsentgelt gilt als fortbestehend, solange das Beschäftigungsverhältnis ohne Anspruch auf Arbeitsentgelt fortdauert, jedoch nicht länger als einen Monat. [2]Eine Beschäftigung gilt auch als fortbestehend, wenn Arbeitsentgelt aus einem der Deutschen Rentenversicherung Bund übertragenen Wertguthaben bezogen wird. [3]Satz 1 gilt nicht, wenn Krankengeld, Krankentagegeld, Verletztengeld, Versorgungskrankengeld, Übergangsgeld, Pflegeunterstützungsgeld oder Mutterschaftsgeld oder nach gesetzlichen Vorschriften Erziehungsgeld oder Elterngeld bezogen oder Elternzeit in Anspruch genommen oder Wehrdienst oder Zivildienst geleistet wird. [4]Satz 1 gilt auch nicht für die Freistellung nach § 3 des Pflegezeitgesetzes.

(4) Beschäftigt ein Arbeitgeber einen Ausländer ohne die nach § 284 Absatz 1 des Dritten Buches erforderliche Genehmigung oder ohne die nach § 4a Absatz 5 des Aufenthaltsgesetzes erforderliche Berechtigung zur Erwerbstätigkeit, wird vermutet, dass ein Beschäftigungsverhältnis gegen Arbeitsentgelt für den Zeitraum von drei Monaten bestanden hat.

§ 7a Anfrageverfahren

(1) [1]Die Beteiligten können schriftlich oder elektronisch eine Entscheidung beantragen, ob eine Beschäftigung vorliegt, es sei denn, die Einzugsstelle oder ein anderer Versicherungsträger hatte im Zeitpunkt der Antragstellung bereits ein Verfahren zur Feststellung einer Beschäftigung eingeleitet. [2]Die Einzugsstelle hat einen Antrag nach Satz 1 zu stellen, wenn sich aus der Meldung des Arbeitgebers (§ 28a) ergibt, dass der Beschäftigte Ehegatte, Lebenspartner oder Abkömmling des Arbeitgebers oder geschäftsführender Gesellschafter einer Gesellschaft mit beschränkter Haftung ist. [3]Über den Antrag entscheidet abweichend von § 28h Absatz 2 die Deutsche Rentenversicherung Bund.
(2) Die Deutsche Rentenversicherung Bund entscheidet auf Grund einer Gesamtwürdigung aller Umstände des Einzelfalles, ob eine Beschäftigung vorliegt.
(3) [1]Die Deutsche Rentenversicherung Bund teilt den Beteiligten schriftlich oder elektronisch mit, welche Angaben und Unterlagen sie für ihre Entscheidung benötigt. [2]Sie setzt den Beteiligten eine angemessene Frist, innerhalb der diese die Angaben zu machen und die Unterlagen vorzulegen haben.
(4) Die Deutsche Rentenversicherung Bund teilt den Beteiligten mit, welche Entscheidung sie zu treffen beabsichtigt, bezeichnet die Tatsachen, auf die sie ihre Entscheidung stützen will, und gibt den Beteiligten Gelegenheit, sich zu der beabsichtigten Entscheidung zu äußern.
(5) Die Deutsche Rentenversicherung Bund fordert die Beteiligten auf, innerhalb einer angemessenen Frist die Tatsachen anzugeben, die eine Widerlegung begründen, wenn diese die Vermutung widerlegen wollen.
(6) [1]Wird der Antrag nach Absatz 1 innerhalb eines Monats nach Aufnahme der Tätigkeit gestellt und stellt die Deutsche Rentenversicherung Bund ein versicherungspflichtiges Beschäftigungsverhältnis fest, tritt die Versicherungspflicht mit der Bekanntgabe der Entscheidung ein, wenn der Beschäftigte
1. zustimmt und
2. er für den Zeitraum zwischen Aufnahme der Beschäftigung und der Entscheidung eine Absicherung gegen das finanzielle Risiko von Krankheit und zur Altersvorsorge vorgenommen hat, die der Art nach den Leistungen der gesetzlichen Krankenversicherung und der gesetzlichen Rentenversicherung entspricht.

[2]Der Gesamtsozialversicherungsbeitrag wird erst zu dem Zeitpunkt fällig, zu dem die Entscheidung, dass eine Beschäftigung vorliegt, unanfechtbar geworden ist.
(7) [1]Widerspruch und Klage gegen Entscheidungen, dass eine Beschäftigung vorliegt, haben aufschiebende Wirkung. [2]Eine Klage auf Erlass der Entscheidung ist abweichend von § 88 Absatz 1 des Sozialgerichtsgesetzes nach Ablauf von drei Monaten zulässig.

§ 7b Wertguthabenvereinbarungen

Eine Wertguthabenvereinbarung liegt vor, wenn
1. der Aufbau des Wertguthabens auf Grund einer schriftlichen Vereinbarung erfolgt,
2. diese Vereinbarung nicht das Ziel der flexiblen Gestaltung der werktäglichen oder wöchentlichen Arbeitszeit oder den Ausgleich betrieblicher Produktions- und Arbeitszeitzyklen verfolgt,
3. Arbeitsentgelt in das Wertguthaben eingebracht wird, um es für Zeiten der Freistellung von der Arbeitsleistung oder der Verringerung der vertraglich vereinbarten Arbeitszeit zu entnehmen,
4. das aus dem Wertguthaben fällige Arbeitsentgelt mit einer vor oder nach der Freistellung von der Arbeitsleistung oder der Verringerung der vertraglich vereinbarten Arbeitszeit erbrachten Arbeitsleistung erzielt wird und
5. das fällige Arbeitsentgelt insgesamt 450 Euro monatlich übersteigt, es sei denn, die Beschäftigung wurde vor der Freistellung als geringfügige Beschäftigung ausgeübt.

§ 7c Verwendung von Wertguthaben

(1) Das Wertguthaben auf Grund einer Vereinbarung nach § 7b kann in Anspruch genommen werden
1. für gesetzlich geregelte vollständige oder teilweise Freistellungen von der Arbeitsleistung oder gesetzlich geregelte Verringerungen der Arbeitszeit, insbesondere für Zeiten,
   a) in denen der Beschäftigte eine Freistellung nach § 3 des Pflegezeitgesetzes oder nach § 2 des Familienpflegezeitgesetzes verlangen kann,
   b) in denen der Beschäftigte nach § 15 des Bundeselterngeld- und Elternzeitgesetzes ein Kind selbst betreut und erzieht,

c) für die der Beschäftigte eine Verringerung seiner vertraglich vereinbarten Arbeitszeit nach § 8 oder § 9a des Teilzeit- und Befristungsgesetzes verlangen kann; § 8 des Teilzeit- und Befristungsgesetzes gilt mit der Maßgabe, dass die Verringerung der Arbeitszeit auf die Dauer der Entnahme aus dem Wertguthaben befristet werden kann,
2. für vertraglich vereinbarte vollständige oder teilweise Freistellungen von der Arbeitsleistung oder vertraglich vereinbarte Verringerungen der Arbeitszeit, insbesondere für Zeiten,
   a) die unmittelbar vor dem Zeitpunkt liegen, zu dem der Beschäftigte eine Rente wegen Alters nach dem Sechsten Buch bezieht oder beziehen könnte oder
   b) in denen der Beschäftigte an beruflichen Qualifizierungsmaßnahmen teilnimmt.

(2) Die Vertragsparteien können die Zwecke, für die das Wertguthaben in Anspruch genommen werden kann, in der Vereinbarung nach § 7b abweichend von Absatz 1 auf bestimmte Zwecke beschränken.

§ 7d Führung und Verwaltung von Wertguthaben

(1) [1]Wertguthaben sind als Arbeitsentgeltguthaben einschließlich des darauf entfallenden Arbeitgeberanteils am Gesamtsozialversicherungsbeitrag zu führen. [2]Die Arbeitszeitguthaben sind in Arbeitsentgelt umzurechnen.
(2) Arbeitgeber haben Beschäftigte mindestens einmal jährlich in Textform über die Höhe ihres im Wertguthaben enthaltenen Arbeitsentgeltguthabens zu unterrichten.
(3) [1]Für die Anlage von Wertguthaben gelten die Vorschriften über die Anlage der Mittel von Versicherungsträgern nach dem Vierten Titel des Vierten Abschnitts entsprechend, mit der Maßgabe, dass eine Anlage in Aktien oder Aktienfonds bis zu einer Höhe von 20 Prozent zulässig und ein Rückfluss zum Zeitpunkt der Inanspruchnahme des Wertguthabens mindestens in der Höhe des angelegten Betrages gewährleistet ist. [2]Ein höherer Anlageanteil in Aktien oder Aktienfonds ist zulässig, wenn
1. dies in einem Tarifvertrag oder auf Grund eines Tarifvertrages in einer Betriebsvereinbarung vereinbart ist oder
2. das Wertguthaben nach der Wertguthabenvereinbarung ausschließlich für Freistellungen nach § 7c Absatz 1 Nummer 2 Buchstabe a in Anspruch genommen werden kann.

§ 7e Insolvenzschutz

(1) [1]Die Vertragsparteien treffen im Rahmen ihrer Vereinbarung nach § 7b durch den Arbeitgeber zu erfüllende Vorkehrungen, um das Wertguthaben einschließlich des darin enthaltenen Gesamtsozialversicherungsbeitrages gegen das Risiko der Insolvenz des Arbeitgebers vollständig abzusichern, soweit
1. ein Anspruch auf Insolvenzgeld nicht besteht und wenn
2. das Wertguthaben des Beschäftigten einschließlich des darin enthaltenen Gesamtsozialversicherungsbeitrages einen Betrag in Höhe der monatlichen Bezugsgröße übersteigt.
[2]In einem Tarifvertrag oder auf Grund eines Tarifvertrages in einer Betriebsvereinbarung kann ein von Satz 1 Nummer 2 abweichender Betrag vereinbart werden.
(2) [1]Zur Erfüllung der Verpflichtung nach Absatz 1 sind Wertguthaben unter Ausschluss der Rückführung durch einen Dritten zu führen, der im Fall der Insolvenz des Arbeitgebers für die Erfüllung der Ansprüche aus dem Wertguthaben für den Arbeitgeber einsteht, insbesondere in einem Treuhandverhältnis, das die unmittelbare Übertragung des Wertguthabens in das Vermögen des Dritten und die Anlage des Wertguthabens auf einem offenen Treuhandkonto oder in anderer geeigneter Weise sicherstellt. [2]Die Vertragsparteien können in der Vereinbarung nach § 7b ein anderes, einem Treuhandverhältnis im Sinne des Satzes 1 gleichwertiges Sicherungsmittel vereinbaren, insbesondere ein Versicherungsmodell oder ein schuldrechtliches Verpfändungs- oder Bürgschaftsmodell mit ausreichender Sicherung gegen Kündigung.
(3) Keine geeigneten Vorkehrungen sind bilanzielle Rückstellungen sowie zwischen Konzernunternehmen (§ 18 des Aktiengesetzes) begründete Einstandspflichten, insbesondere Bürgschaften, Patronatserklärungen oder Schuldbeitritte.
(4) Der Arbeitgeber hat den Beschäftigten unverzüglich über die Vorkehrungen zum Insolvenzschutz in geeigneter Weise schriftlich zu unterrichten, wenn das Wertguthaben die in Absatz 1 Satz 1 Nummer 2 genannten Voraussetzungen erfüllt.
(5) Hat der Beschäftigte den Arbeitgeber schriftlich aufgefordert, seinen Verpflichtungen nach den Absätzen 1 bis 3 nachzukommen und weist der Arbeitgeber dem Beschäftigten nicht innerhalb von zwei Monaten nach der Aufforderung die Erfüllung seiner Verpflichtung zur Insolvenzsicherung des Wertguthabens nach, kann der Beschäftigte die Vereinbarung nach § 7b mit sofortiger Wirkung kündigen; das Wertguthaben ist nach Maßgabe des § 23b Absatz 2 aufzulösen.

(6) ¹Stellt der Träger der Rentenversicherung bei der Prüfung des Arbeitgebers nach § 28p fest, dass
1. für ein Wertguthaben keine Insolvenzschutzregelung getroffen worden ist,
2. die gewählten Sicherungsmittel nicht geeignet sind im Sinne des Absatzes 3,
3. die Sicherungsmittel in ihrem Umfang das Wertguthaben um mehr als 30 Prozent unterschreiten oder
4. die Sicherungsmittel den im Wertguthaben enthaltenen Gesamtsozialversicherungsbeitrag nicht umfassen,

weist er in dem Verwaltungsakt nach § 28p Absatz 1 Satz 5 den in dem Wertguthaben enthaltenen und vom Arbeitgeber zu zahlenden Gesamtsozialversicherungsbeitrag aus. ²Weist der Arbeitgeber dem Träger der Rentenversicherung innerhalb von zwei Monaten nach der Feststellung nach Satz 1 nach, dass er seiner Verpflichtung nach Absatz 1 nachgekommen ist, entfällt die Verpflichtung zur sofortigen Zahlung des Gesamtsozialversicherungsbeitrages. ³Hat der Arbeitgeber den Nachweis nach Satz 2 nicht innerhalb der dort vorgesehenen Frist erbracht, ist die Vereinbarung nach § 7b als von Anfang an unwirksam anzusehen; das Wertguthaben ist aufzulösen.

(7) ¹Kommt es wegen eines nicht geeigneten oder nicht ausreichenden Insolvenzschutzes zu einer Verringerung oder einem Verlust des Wertguthabens, haftet der Arbeitgeber für den entstandenen Schaden. ²Ist der Arbeitgeber eine juristische Person oder eine Gesellschaft ohne Rechtspersönlichkeit haften auch die organschaftlichen Vertreter gesamtschuldnerisch für den Schaden. ³Der Arbeitgeber oder ein organschaftlicher Vertreter haften nicht, wenn sie den Schaden nicht zu vertreten haben.

(8) Eine Beendigung, Auflösung oder Kündigung der Vorkehrungen zum Insolvenzschutz vor der bestimmungsgemäßen Auflösung des Wertguthabens ist unzulässig, es sei denn, die Vorkehrungen werden mit Zustimmung des Beschäftigten durch einen mindestens gleichwertigen Insolvenzschutz abgelöst.

(9) Die Absätze 1 bis 8 finden keine Anwendung gegenüber dem Bund, den Ländern, Gemeinden, Körperschaften, Stiftungen und Anstalten des öffentlichen Rechts, über deren Vermögen die Eröffnung des Insolvenzverfahrens nicht zulässig ist, sowie solchen juristischen Personen des öffentlichen Rechts, bei denen der Bund, ein Land oder eine Gemeinde kraft Gesetzes die Zahlungsfähigkeit sichert.

§ 7f Übertragung von Wertguthaben

(1) ¹Bei Beendigung der Beschäftigung kann der Beschäftigte durch schriftliche Erklärung gegenüber dem bisherigen Arbeitgeber verlangen, dass das Wertguthaben nach § 7b
1. auf den neuen Arbeitgeber übertragen wird, wenn dieser mit dem Beschäftigten eine Wertguthabenvereinbarung nach § 7b abgeschlossen und der Übertragung zugestimmt hat,
2. auf die Deutsche Rentenversicherung Bund übertragen wird, wenn das Wertguthaben einschließlich des Gesamtsozialversicherungsbeitrages einen Betrag in Höhe des Sechsfachen der monatlichen Bezugsgröße übersteigt; die Rückübertragung ist ausgeschlossen.

²Nach der Übertragung sind die mit dem Wertguthaben verbundenen Arbeitgeberpflichten vom neuen Arbeitgeber oder von der Deutschen Rentenversicherung Bund zu erfüllen.

(2) ¹Im Fall der Übertragung auf die Deutsche Rentenversicherung Bund kann der Beschäftigte das Wertguthaben für Zeiten der Freistellung von der Arbeitsleistung und Zeiten der Verringerung der vertraglich vereinbarten Arbeitszeit nach § 7c Absatz 1 sowie auch außerhalb eines Arbeitsverhältnisses für die in § 7c Absatz 1 Nummer 2 Buchstabe a genannten Zeiten in Anspruch nehmen. ²Der Antrag ist spätestens einen Monat vor der begehrten Freistellung schriftlich bei der Deutschen Rentenversicherung Bund zu stellen; in dem Antrag ist auch anzugeben, in welcher Höhe Arbeitsentgelt aus dem Wertguthaben entnommen werden soll; dabei ist § 7 Absatz 1a Satz 1 Nummer 2 zu berücksichtigen.

(3) ¹Die Deutsche Rentenversicherung Bund verwaltet die ihr übertragenen Wertguthaben einschließlich des darin enthaltenen Gesamtsozialversicherungsbeitrages als ihr übertragene Aufgabe bis zu deren endgültiger Auflösung getrennt von ihrem sonstigen Vermögen treuhänderisch. ²Die Wertguthaben sind nach den Vorschriften über die Anlage der Mittel von Versicherungsträgern nach dem Vierten Titel des Vierten Abschnitts anzulegen. ³Die der Deutschen Rentenversicherung Bund durch die Übertragung, Verwaltung und Verwendung von Wertguthaben entstehenden Kosten sind vollständig vom Wertguthaben in Abzug zu bringen und in der Mitteilung an den Beschäftigten nach § 7d Absatz 2 gesondert auszuweisen.

§ 8 Geringfügige Beschäftigung und geringfügige selbständige Tätigkeit

(1) Eine geringfügige Beschäftigung liegt vor, wenn
1. das Arbeitsentgelt aus dieser Beschäftigung regelmäßig im Monat 450 Euro nicht übersteigt,
2. die Beschäftigung innerhalb eines Kalenderjahres auf längstens drei Monate oder 70 Arbeitstage nach ihrer Eigenart begrenzt zu sein pflegt oder im Voraus vertraglich begrenzt ist, es sei denn, dass die Beschäftigung berufsmäßig ausgeübt wird und ihr Entgelt 450 Euro im Monat übersteigt.

(2) ¹Bei der Anwendung des Absatzes 1 sind mehrere geringfügige Beschäftigungen nach Nummer 1 oder Nummer 2 sowie geringfügige Beschäftigungen nach Nummer 1 mit Ausnahme einer geringfügigen Beschäftigung nach Nummer 1 und nicht geringfügige Beschäftigungen zusammenzurechnen. ²Eine geringfügige Beschäftigung liegt nicht mehr vor, sobald die Voraussetzungen des Absatzes 1 entfallen. ³Wird beim Zusammenrechnen nach Satz 1 festgestellt, dass die Voraussetzungen einer geringfügigen Beschäftigung nicht mehr vorliegen, tritt die Versicherungspflicht erst mit dem Tag ein, an dem die Entscheidung über die Versicherungspflicht nach § 37 des Zehnten Buches durch die Einzugsstelle nach § 28i Satz 5 oder einen anderen Träger der Rentenversicherung bekannt gegeben wird. ⁴Dies gilt nicht, wenn der Arbeitgeber vorsätzlich oder grob fahrlässig versäumt hat, den Sachverhalt für die versicherungsrechtliche Beurteilung der Beschäftigung aufzuklären.
(3) ¹Die Absätze 1 und 2 gelten entsprechend, soweit anstelle einer Beschäftigung eine selbständige Tätigkeit ausgeübt wird. ²Dies gilt nicht für das Recht der Arbeitsförderung.

§ 8a Geringfügige Beschäftigung in Privathaushalten
¹Werden geringfügige Beschäftigungen ausschließlich in Privathaushalten ausgeübt, gilt § 8. ²Eine geringfügige Beschäftigung im Privathaushalt liegt vor, wenn diese durch einen privaten Haushalt begründet ist und die Tätigkeit sonst gewöhnlich durch Mitglieder des privaten Haushalts erledigt wird.

§ 9 Beschäftigungsort
(1) Beschäftigungsort ist der Ort, an dem die Beschäftigung tatsächlich ausgeübt wird.
(2) Als Beschäftigungsort gilt der Ort, an dem eine feste Arbeitsstätte errichtet ist, wenn Personen
1. von ihr aus mit einzelnen Arbeiten außerhalb der festen Arbeitsstätte beschäftigt werden oder
2. außerhalb der festen Arbeitsstätte beschäftigt werden und diese Arbeitsstätte sowie der Ort, an dem die Beschäftigung tatsächlich ausgeübt wird, im Bezirk desselben Versicherungsamts liegen.
(3) Sind Personen bei einem Arbeitgeber an mehreren festen Arbeitsstätten beschäftigt, gilt als Beschäftigungsort die Arbeitsstätte, in der sie überwiegend beschäftigt sind.
(4) Erstreckt sich eine feste Arbeitsstätte über den Bezirk mehrerer Gemeinden, gilt als Beschäftigungsort der Ort, an dem die Arbeitsstätte ihren wirtschaftlichen Schwerpunkt hat.
(5) ¹Ist eine feste Arbeitsstätte nicht vorhanden und wird die Beschäftigung an verschiedenen Orten ausgeübt, gilt als Beschäftigungsort der Ort, an dem der Betrieb seinen Sitz hat. ²Leitet eine Außenstelle des Betriebs die Arbeiten unmittelbar, ist der Sitz der Außenstelle maßgebend. ³Ist nach den Sätzen 1 und 2 ein Beschäftigungsort im Geltungsbereich dieses Gesetzbuchs nicht vorhanden, gilt als Beschäftigungsort der Ort, an dem die Beschäftigung erstmals im Geltungsbereich dieses Gesetzbuchs ausgeübt wird.
(6) ¹In den Fällen der Ausstrahlung gilt der bisherige Beschäftigungsort als fortbestehend. ²Ist ein solcher nicht vorhanden, gilt als Beschäftigungsort der Ort, an dem der Betrieb, von dem der Beschäftigte entsandt wird, seinen Sitz hat.
(7) ¹Gelten für einen Arbeitnehmer auf Grund über- oder zwischenstaatlichen Rechts die deutschen Rechtsvorschriften über soziale Sicherheit und übt der Arbeitnehmer die Beschäftigung nicht im Geltungsbereich dieses Buches aus, gilt Absatz 6 entsprechend. ²Ist auch danach kein Beschäftigungsort im Geltungsbereich dieses Buches gegeben, gilt der Arbeitnehmer als in Berlin (Ost) beschäftigt.

§ 10 Beschäftigungsort für besondere Personengruppen
(1) Für Personen, die ein freiwilliges soziales Jahr oder ein freiwilliges ökologisches Jahr im Sinne des Jugendfreiwilligendienstegesetzes leisten, gilt als Beschäftigungsort der Ort, an dem der Träger des freiwilligen sozialen Jahres oder des freiwilligen ökologischen Jahres seinen Sitz hat.
(2) ¹Für Entwicklungshelfer gilt als Beschäftigungsort der Sitz des Trägers des Entwicklungsdienstes. ²Für auf Antrag im Ausland versicherte Personen gilt als Beschäftigungsort der Sitz der antragstellenden Stelle.
(3) ¹Für Seeleute gilt als Beschäftigungsort der Heimathafen des Seeschiffs. ²Ist ein Heimathafen im Geltungsbereich dieses Gesetzbuchs nicht vorhanden, gilt als Beschäftigungsort Hamburg.

§ 11 Tätigkeitsort
(1) Die Vorschriften über den Beschäftigungsort gelten für selbständige Tätigkeiten entsprechend, soweit sich nicht aus Absatz 2 Abweichendes ergibt.
(2) Ist eine feste Arbeitsstätte nicht vorhanden und wird die selbständige Tätigkeit an verschiedenen Orten ausgeübt, gilt als Tätigkeitsort der Ort des Wohnsitzes oder des gewöhnlichen Aufenthalts.

§ 12 Hausgewerbetreibende, Heimarbeiter und Zwischenmeister
(1) Hausgewerbetreibende sind selbständig Tätige, die in eigener Arbeitsstätte im Auftrag und für Rechnung von Gewerbetreibenden, gemeinnützigen Unternehmen oder öffentlich-rechtlichen Körper-

schaften gewerblich arbeiten, auch wenn sie Roh- oder Hilfsstoffe selbst beschaffen oder vorübergehend für eigene Rechnung tätig sind.
(2) Heimarbeiter sind sonstige Personen, die in eigener Arbeitsstätte im Auftrag und für Rechnung von Gewerbetreibenden, gemeinnützigen Unternehmen oder öffentlich-rechtlichen Körperschaften erwerbsmäßig arbeiten, auch wenn sie Roh- oder Hilfsstoffe selbst beschaffen; sie gelten als Beschäftigte.
(3) Als Arbeitgeber der Hausgewerbetreibenden oder Heimarbeiter gilt, wer die Arbeit unmittelbar an sie vergibt, als Auftraggeber der, in dessen Auftrag und für dessen Rechnung sie arbeiten.
(4) Zwischenmeister ist, wer ohne Arbeitnehmer zu sein, die ihm übertragene Arbeit an Hausgewerbetreibende oder Heimarbeiter weitergibt.
(5) ¹Als Hausgewerbetreibende, Heimarbeiter oder Zwischenmeister gelten auch die nach § 1 Absatz 2 Satz 1 Buchstaben a, c und d des Heimarbeitsgesetzes gleichgestellten Personen. ²Dies gilt nicht für das Recht der Arbeitsförderung.

§ 13 Reeder, Seeleute und Deutsche Seeschiffe

(1) ¹Reeder sind die Eigentümer von Seeschiffen. ²Seeleute sind alle abhängig beschäftigten Besatzungsmitglieder an Bord von Seeschiffen; Kanalsteurer auf dem Nord-Ostsee-Kanal stehen den Seeleuten gleich.
(2) Als deutsche Seeschiffe gelten alle zur Seefahrt bestimmten Schiffe, die berechtigt sind, die Bundesflagge zu führen.

Dritter Titel
Arbeitsentgelt und sonstiges Einkommen

§ 14 Arbeitsentgelt

(1) ¹Arbeitsentgelt sind alle laufenden oder einmaligen Einnahmen aus einer Beschäftigung, gleichgültig, ob ein Rechtsanspruch auf die Einnahmen besteht, unter welcher Bezeichnung oder in welcher Form sie geleistet werden und ob sie unmittelbar aus der Beschäftigung oder im Zusammenhang mit ihr erzielt werden. ²Arbeitsentgelt sind auch Entgeltteile, die durch Entgeltumwandlung nach § 1 Absatz 2 Nummer 3 des Betriebsrentengesetzes für betriebliche Altersversorgung in den Durchführungswegen Direktzusage oder Unterstützungskasse verwendet werden, soweit sie 4 vom Hundert der jährlichen Beitragsbemessungsgrenze der allgemeinen Rentenversicherung übersteigen.
(2) ¹Ist ein Nettoarbeitsentgelt vereinbart, gelten als Arbeitsentgelt die Einnahmen des Beschäftigten einschließlich der darauf entfallenden Steuern und der seinem gesetzlichen Anteil entsprechenden Beiträge zur Sozialversicherung und zur Arbeitsförderung. ²Sind bei illegalen Beschäftigungsverhältnissen Steuern und Beiträge zur Sozialversicherung und zur Arbeitsförderung nicht gezahlt worden, gilt ein Nettoarbeitsentgelt als vereinbart.
(3) Wird ein Haushaltsscheck (§ 28a Absatz 7) verwendet, bleiben Zuwendungen unberücksichtigt, die nicht in Geld gewährt worden sind.

§ 15 Arbeitseinkommen

(1) ¹Arbeitseinkommen ist der nach den allgemeinen Gewinnermittlungsvorschriften des Einkommensteuerrechts ermittelte Gewinn aus einer selbständigen Tätigkeit. ²Einkommen ist als Arbeitseinkommen zu werten, wenn es als solches nach dem Einkommensteuerrecht zu bewerten ist.
(2) Bei Landwirten, deren Gewinn aus Land- und Forstwirtschaft nach § 13a des Einkommensteuergesetzes ermittelt wird, ist als Arbeitseinkommen der sich aus § 32 Absatz 6 des Gesetzes über die Alterssicherung der Landwirte ergebende Wert anzusetzen.

§ 16 Gesamteinkommen

Gesamteinkommen ist die Summe der Einkünfte im Sinne des Einkommensteuerrechts; es umfasst insbesondere das Arbeitsentgelt und das Arbeitseinkommen.

§ 17 Verordnungsermächtigung

(1) ¹Das Bundesministerium für Arbeit und Soziales wird ermächtigt, durch Rechtsverordnung mit Zustimmung des Bundesrates zur Wahrung der Belange der Sozialversicherung und der Arbeitsförderung, zur Förderung der betrieblichen Altersversorgung oder zur Vereinfachung des Beitragseinzugs zu bestimmen,
1. dass einmalige Einnahmen oder laufende Zulagen, Zuschläge, Zuschüsse oder ähnliche Einnahmen, die zusätzlich zu Löhnen oder Gehältern gewährt werden, und steuerfreie Einnahmen ganz oder teilweise nicht als Arbeitsentgelt gelten,

2. dass Beiträge an Direktversicherungen und Zuwendungen an Pensionskassen oder Pensionsfonds ganz oder teilweise nicht als Arbeitsentgelt gelten,
3. wie das Arbeitsentgelt, das Arbeitseinkommen und das Gesamteinkommen zu ermitteln und zeitlich zuzurechnen sind,
4. den Wert der Sachbezüge nach dem tatsächlichen Verkehrswert im Voraus für jedes Kalenderjahr. ²Dabei ist eine möglichst weitgehende Übereinstimmung mit den Regelungen des Steuerrechts sicherzustellen.

(2) ¹Das Bundesministerium für Arbeit und Soziales bestimmt im Voraus für jedes Kalenderjahr durch Rechtsverordnung mit Zustimmung des Bundesrates die Bezugsgröße (§ 18). ²Das Bundesministerium für Arbeit und Soziales wird ermächtigt, durch Rechtsverordnung mit Zustimmung des Bundesrates auch sonstige aus der Bezugsgröße abzuleitende Beträge zu bestimmen.

Anm. d. Hrsg.: Siehe § 1 der Verordnung über die sozialversicherungsrechtliche Beurteilung von Zuwendungen des Arbeitgebers als Arbeitsentgelt (Sozialversicherungsentgeltverordnung – SvEV) vom 21. Dezember 2006 (BGBl. I S. 3385), zuletzt geändert durch Gesetz zur Stärkung des Fondsstandorts Deutschland und zur Umsetzung der Richtlinie (EU) 2019/1160 zur Änderung der Richtlinien 2009/65/EG und 2011/61/EU im Hinblick auf den grenzüberschreitenden Vertrieb von Organismen für gemeinsame Anlagen vom 3. Juni 2021 (BGBl. I S. 1498):

§ 1 Dem sozialversicherungspflichtigen Arbeitsentgelt nicht zuzurechnende Zuwendungen

(1) Dem Arbeitsentgelt sind nicht zuzurechnen:
1. einmalige Einnahmen, laufende Zulagen, Zuschläge, Zuschüsse sowie ähnliche Einnahmen, die zusätzlich zu Löhnen oder Gehältern gewährt werden, soweit sie lohnsteuerfrei sind; dies gilt nicht für Sonntags-, Feiertags- und Nachtarbeitszuschläge, soweit das Entgelt, auf dem sie berechnet werden, mehr als 25 Euro für jede Stunde beträgt, und nicht für Vermögensbeteiligungen nach § 19a Absatz 1 Satz 1 des Einkommensteuergesetzes,
2. sonstige Bezüge nach § 40 Abs. 1 Satz 1 Nr. 1 des Einkommensteuergesetzes, die nicht einmal gezahltes Arbeitsentgelt nach § 23a des Vierten Buches Sozialgesetzbuch sind,
3. Einnahmen nach § 40 Abs. 2 des Einkommensteuergesetzes,
4. Beiträge nach § 40b des Einkommensteuergesetzes in der am 31. Dezember 2004 geltenden Fassung, die zusätzlich zu Löhnen und Gehältern gewährt werden; dies gilt auch für darin enthaltene Beiträge, die aus einer Entgeltumwandlung (§ 1 Abs. 2 Nr. 3 des Betriebsrentengesetzes) stammen,
4a. Zuwendungen nach § 3 Nr. 56 und § 40b des Einkommensteuergesetzes, die zusätzlich zu Löhnen und Gehältern gewährt werden und für die Satz 3 und 4 nichts Abweichendes bestimmen,
5. Beträge nach § 10 des Entgeltfortzahlungsgesetzes,
6. Zuschüsse zum Mutterschaftsgeld nach § 14 des Mutterschutzgesetzes,
7. in den Fällen des § 3 Abs. 3 der vom Arbeitgeber insoweit übernommene Teil des Gesamtsozialversicherungsbeitrags,
8. Zuschüsse des Arbeitgebers zum Kurzarbeitergeld und Saison-Kurzarbeitergeld, soweit sie zusammen mit dem Kurzarbeitergeld 80 Prozent des Unterschiedsbetrages zwischen dem Sollentgelt und dem Ist-Entgelt nach § 106 des Dritten Buches Sozialgesetzbuch nicht übersteigen,
9. steuerfreie Zuwendungen an Pensionskassen, Pensionsfonds oder Direktversicherungen nach § 3 Nr. 63 Satz 1 und 2 des Einkommensteuergesetzes im Kalenderjahr bis zur Höhe von insgesamt 4 Prozent der Beitragsbemessungsgrenze in der allgemeinen Rentenversicherung; dies gilt auch für darin enthaltene Beträge, die aus einer Entgeltumwandlung (§ 1 Abs. 2 Nr. 3 des Betriebsrentengesetzes) stammen,
10. Leistungen eines Arbeitgebers oder einer Unterstützungskasse an einen Pensionsfonds zur Übernahme bestehender Versorgungsverpflichtungen oder Versorgungsanwartschaften durch den Pensionsfonds, soweit diese nach § 3 Nr. 66 des Einkommensteuergesetzes steuerfrei sind,
11. steuerlich nicht belastete Zuwendungen des Beschäftigten zugunsten von durch Naturkatastrophen im Inland Geschädigten aus Arbeitsentgelt einschließlich Wertguthaben,
12. Sonderzahlungen nach § 19 Absatz 1 Satz 1 Nummer 3 Satz 2 bis 4 des Einkommensteuergesetzes der Arbeitgeber zur Deckung eines finanziellen Fehlbetrages an die Einrichtungen, für die Satz 3 gilt,
13. Sachprämien nach § 37a des Einkommensteuergesetzes,
14. Zuwendungen nach § 37b Abs. 1 des Einkommensteuergesetzes, soweit die Zuwendungen an Arbeitnehmer eines Dritten erbracht werden und diese Arbeitnehmer nicht Arbeitnehmer eines mit dem Zuwendenden verbundenen Unternehmens sind,
15. vom Arbeitgeber getragene oder übernommene Studiengebühren für ein Studium des Beschäftigten, soweit sie steuerrechtlich kein Arbeitslohn sind,
16. steuerfreie Aufwandsentschädigungen und die in § 3 Nummer 26 und 26a des Einkommensteuergesetzes genannten steuerfreien Einnahmen.

Dem Arbeitsentgelt sind die in Satz 1 Nummer 1 bis 4a, 9 bis 11, 13, 15 und 16 genannten Einnahmen, Zuwendungen und Leistungen nur dann nicht zuzurechnen, soweit diese vom Arbeitgeber oder von einem Dritten mit der Entgeltabrechnung für den jeweiligen Abrechnungszeitraum lohnsteuerfrei belassen oder pauschal besteuert werden. Die Summe der in Satz 1 Nr. 4a genannten Zuwendungen nach § 3 Nr. 56 und § 40b des Einkommensteuergesetzes, die vom Arbeitgeber oder von einem Dritten mit der Entgeltabrechnung für den jeweiligen Abrechnungszeitraum lohnsteuerfrei belassen oder pauschal besteuert werden, höchstens jedoch monatlich 100 Euro, sind bis zur Höhe von 2,5 Prozent des Arbeitsentgelts dem Arbeitsentgelt zuzurechnen, wenn die Versorgungsregelung mindestens bis zum 31. Dezember 2000 vor der Anwendung etwaiger Nettobegrenzungsregelungen eine allgemein erreichbare Gesamtversorgung von mindestens 75 Prozent des gesamtversorgungsfähigen Entgelts und nach dem Eintritt des Versorgungsfalles eine Anpassung nach Maßgabe der Entwicklung der Arbeitsentgelte im Bereich der entsprechenden Versorgungsregelung oder gesetzlicher

Versorgungsbezüge vorsieht; die dem Arbeitsentgelt zuzurechnenden Beiträge und Zuwendungen vermindern sich um monatlich 13,30 Euro. Satz 3 gilt mit der Maßgabe, dass die Zuwendungen nach § 3 Nr. 56 und § 40b des Einkommensteuergesetzes dem Arbeitsentgelt insoweit zugerechnet werden, als sie in der Summe monatlich 100 Euro übersteigen.

(2) In der gesetzlichen Unfallversicherung und in der Seefahrt sind auch lohnsteuerfreie Zuschläge für Sonntags-, Feiertags- und Nachtarbeit dem Arbeitsentgelt zuzurechnen; dies gilt in der Unfallversicherung nicht für Erwerbseinkommen, das bei einer Hinterbliebenenrente zu berücksichtigen ist.

§ 17a Umrechnung von ausländischem Einkommen

(1) [1]Ist Einkommen zu berücksichtigen, das in fremder Währung erzielt wird, wird es in Euro nach dem Referenzkurs umgerechnet, den die Europäische Zentralbank öffentlich bekannt gibt. [2]Wird für die fremde Währung von der Europäischen Zentralbank ein Referenzkurs nicht veröffentlicht, wird das Einkommen nach dem von der Deutschen Bundesbank ermittelten Mittelkurs für die Währung des betreffenden Landes umgerechnet; für Länder mit differenziertem Kurssystem ist der Kurs für den nichtkommerziellen Bereich zugrunde zu legen.

(2) [1]Bei Berücksichtigung von Einkommen ist in den Fällen, in denen der Beginn der Leistung oder der neu berechneten Leistung in der Vergangenheit liegt, der Umrechnungskurs für den Kalendermonat maßgebend, in dem die Anrechnung des Einkommens beginnt. [2]Bei Berücksichtigung von Einkommen ist in den Fällen, in denen der Beginn der Leistung oder der neu berechneten Leistung nicht in der Vergangenheit liegt, der Umrechnungskurs für den ersten Monat des Kalendervierteljahres maßgebend, das dem Beginn der Berücksichtigung von Einkommen vorausgeht. [3]Überstaatliches Recht bleibt unberührt.

(3) [1]Der angewandte Umrechnungskurs bleibt so lange maßgebend, bis
1. die Sozialleistung zu ändern ist,
2. sich das zu berücksichtigende Einkommen ändert oder
3. eine Kursveränderung von mehr als 10 vom Hundert gegenüber der letzten Umrechnung eintritt, jedoch nicht vor Ablauf von drei Kalendermonaten.

[2]Die Kursveränderung nach Nummer 3 sowie der neue Umrechnungskurs werden in entsprechender Anwendung von Absatz 2 ermittelt.

(4) [1]Die Absätze 1 bis 3 finden entsprechende Anwendung auf
1. Unterhaltsleistungen,
2. Prämien für eine Krankenversicherung.

[2]Sie finden keine Anwendung bei der Ermittlung von Bemessungsgrundlagen von Sozialleistungen.

(5) Die Absätze 1 bis 4 sind auch anzuwenden, wenn der Versicherungsfall vor dem 1. Juli 1985 eingetreten ist.

§ 18 Bezugsgröße

(1) Bezugsgröße im Sinne der Vorschriften für die Sozialversicherung ist, soweit in den besonderen Vorschriften für die einzelnen Versicherungszweige nichts Abweichendes bestimmt ist, das Durchschnittsentgelt der gesetzlichen Rentenversicherung im vorvergangenen Kalenderjahr, aufgerundet auf den nächsthöheren, durch 420 teilbaren Betrag.

(2) [1]Die Bezugsgröße für das Beitrittsgebiet (Bezugsgröße [Ost]) verändert sich zum 1. Januar eines jeden Kalenderjahres auf den Wert, der sich ergibt, wenn der für das vorvergangene Kalenderjahr geltende Wert der Anlage 1 zum Sechsten Buch durch den für das Kalenderjahr der Veränderung bestimmten Wert der Anlage 10 zum Sechsten Buch geteilt wird, aufgerundet auf den nächsthöheren, durch 420 teilbaren Betrag. [2]Für die Zeit ab 1. Januar 2025 ist eine Bezugsgröße (Ost) nicht mehr zu bestimmen.

(3) Beitrittsgebiet ist das in Artikel 3 des Einigungsvertrages genannte Gebiet.

Anm. d. Hrsg. zu Abs. 2: Siehe auch § 2 der Sozialversicherungs-Rechengrößenverordnung 2021 vom 30. November 2020 (BGBl. I S. 2612):
§ 2 Bezugsgröße in der Sozialversicherung
(1) Die Bezugsgröße im Sinne des § 18 Absatz 1 des Vierten Buches Sozialgesetzbuch beträgt im Jahr 2021 jährlich 39 480 Euro und monatlich 3290 Euro.
(2) Die Bezugsgröße (Ost) im Sinne des § 18 Absatz 2 des Vierten Buches Sozialgesetzbuch beträgt im Jahr 2021 jährlich 37 380 Euro und monatlich 3115 Euro.

Fünfter Titel
Verarbeitung der Versicherungsnummer

§ 18f Zulässigkeit der Verarbeitung

(1) ¹Die Sozialversicherungsträger, ihre Verbände, ihre Arbeitsgemeinschaften, die Bundesagentur für Arbeit, die Deutsche Post AG, soweit sie mit der Berechnung oder Auszahlung von Sozialleistungen betraut ist, die Versorgungsträger nach § 8 Absatz 4 des Gesetzes zur Überführung der Ansprüche und Anwartschaften aus Zusatz- und Sonderversorgungssystemen des Beitrittsgebiets und die Künstlersozialkasse dürfen die Versicherungsnummer nur verarbeiten, soweit dies zur personenbezogenen Zuordnung der Daten für die Erfüllung einer gesetzlichen Aufgabe nach diesem Gesetzbuch erforderlich ist; die Deutsche Rentenversicherung Bund darf die Versicherungsnummer auch zur Erfüllung ihrer Aufgaben im Rahmen der Förderung der zusätzlichen kapitalgedeckten Altersvorsorge nach § 91 des Einkommensteuergesetzes verarbeiten. ²Aufgaben nach diesem Gesetzbuch sind auch diejenigen auf Grund von über- und zwischenstaatlichem Recht im Bereich der sozialen Sicherheit. ³Bei Untersuchungen für Zwecke der Prävention, der Rehabilitation und der Forschung, die dem Ziel dienen, gesundheitlichen Schäden bei Versicherten vorzubeugen oder diese zu beheben, und für entsprechende Dateisysteme darf die Versicherungsnummer nur verarbeitet werden, soweit ein einheitliches Ordnungsmerkmal zur personenbezogenen Zuordnung der Daten bei langfristigen Beobachtungen erforderlich ist und der Aufbau eines besonderen Ordnungsmerkmals mit erheblichem organisatorischem Aufwand verbunden wäre oder mehrere der in Satz 1 genannten Stellen beteiligt sind, die nicht über ein einheitliches Ordnungsmerkmal verfügen. ⁴Die Versicherungsnummer darf nach Maßgabe von Satz 3 von überbetrieblichen arbeitsmedizinischen Diensten nach § 24 des Siebten Buches, auch soweit sie das Arbeitssicherheitsgesetz anwenden, verarbeitet werden.

(2) ¹Die anderen in § 35 des Ersten Buches genannten Stellen dürfen die Versicherungsnummer nur verarbeiten, soweit im Einzelfall oder in festgelegten Verfahren eine Übermittlung von Daten gegenüber den in Absatz 1 genannten Stellen oder ihren Aufsichtsbehörden, auch unter Einschaltung von Vermittlungsstellen, für die Erfüllung einer gesetzlichen Aufgabe nach diesem Gesetzbuch erforderlich ist. ²Satz 1 gilt für die in § 69 Absatz 2 des Zehnten Buches genannten Stellen für die Erfüllung ihrer dort genannten Aufgaben entsprechend.

(2a) Die Statistischen Ämter des Bundes und der Länder dürfen die Versicherungsnummer nur verarbeiten, soweit dies im Einzelfall für die Erfüllung einer gesetzlichen Aufgabe zur Erhebung statistischer Daten erforderlich ist.

(2b) Das Bundesamt für Strahlenschutz darf die Versicherungsnummer verarbeiten, soweit dies erforderlich ist, um für Zwecke des Strahlenschutzregisters eine persönliche Kennnummer zu erzeugen, die es ermöglicht, Daten zur Exposition durch ionisierende Strahlung dauerhaft und eindeutig Personen zuzuordnen.

(3) ¹Andere Behörden, Gerichte, Arbeitgeber oder Dritte dürfen die Versicherungsnummer nur verarbeiten, soweit dies für die Erfüllung einer gesetzlichen Aufgabe der in Absatz 1 genannten Stellen erforderlich ist
1. bei Mitteilungen, für die die Verarbeitung von Versicherungsnummern in Rechtsvorschriften vorgeschrieben ist,
2. im Rahmen der Beitragszahlung oder
3. bei der Leistungserbringung einschließlich Abrechnung und Erstattung.

²Ist anderen Behörden, Gerichten, Arbeitgebern oder Dritten die Versicherungsnummer vom Versicherten oder seinen Hinterbliebenen oder nach dem Zweiten Kapitel des Zehnten Buches befugt übermittelt worden, darf die Versicherungsnummer, soweit die Übermittlung von Daten gegenüber den in Absatz 1 und den in § 69 Absatz 2 des Zehnten Buches genannten Stellen erforderlich ist, gespeichert, verändert, genutzt, übermittelt oder in der Verarbeitung eingeschränkt werden.

(4) Die Versicherungsnummer darf auch bei der Verarbeitung von Sozialdaten im Auftrag gemäß § 80 des Zehnten Buches genutzt werden.

(5) Die in Absatz 2 bis 3 genannten Stellen dürfen die Versicherungsnummer nicht verarbeiten, um ihre Dateisysteme danach zu ordnen oder für den Zugriff zu erschließen.

§ 18g Angabe der Versicherungsnummer

¹Vertragsbestimmungen, durch die der einzelne zur Angabe der Versicherungsnummer für eine nicht nach § 18f zugelassene Verarbeitung verpflichtet werden soll, sind unwirksam. ²Eine befugte Übermittlung der Versicherungsnummer begründet kein Recht, die Versicherungsnummer in anderen als den in § 18f genannten Fällen zu speichern.

Sechster Titel
Sozialversicherungsausweis

§ 18h Ausstellung des Sozialversicherungsausweises

(1) ¹Die Datenstelle der Rentenversicherung stellt für jede Person, für die sie eine Versicherungsnummer vergibt, einen Sozialversicherungsausweis aus, der nur folgende personenbezogene Daten über die Inhaberin oder den Inhaber enthalten darf:
1. die Versicherungsnummer,
2. den Familiennamen und den Geburtsnamen und
3. den Vornamen,
4. das Ausstellungsdatum.

²Die Daten zu den Nummern 1 bis 4 sind außerdem codiert aufzubringen. ³Die Gestaltung und das Verfahren zur Ausstellung des Sozialversicherungsausweises legt die Deutsche Rentenversicherung Bund in Grundsätzen fest, die vom Bundesministerium für Arbeit und Soziales zu genehmigen und im Bundesanzeiger zu veröffentlichen sind.

(2) ¹Beschäftigte sind verpflichtet, den Sozialversicherungsausweis bei Beginn einer Beschäftigung dem Arbeitgeber vorzulegen. ²Kann der Beschäftigte dies nicht zum Zeitpunkt des Beschäftigungsbeginns, so hat er dies unverzüglich nachzuholen.

(3) ¹Die Inhaberin oder der Inhaber ist verpflichtet, der zuständigen Einzugsstelle (§ 28i) oder dem Rentenversicherungsträger den Verlust des Sozialversicherungsausweises oder sein Wiederauffinden unverzüglich anzuzeigen. ²Ein neuer Sozialversicherungsausweis wird ausgestellt
1. auf Antrag bei der zuständigen Einzugsstelle oder beim Rentenversicherungsträger, wenn der Sozialversicherungsausweis zerstört worden, abhanden gekommen oder unbrauchbar geworden ist,
2. von Amts wegen, wenn sich die Versicherungsnummer, der Familienname oder der Vorname geändert hat.

³Eine Person darf nur einen auf ihren Namen ausgestellten Sozialversicherungsausweis besitzen; unbrauchbare und weitere Sozialversicherungsausweise sind an die zuständige Einzugsstelle oder den Rentenversicherungsträger zurückzugeben.

Siebter Titel
Betriebsnummer

§ 18i Betriebsnummer für Beschäftigungsbetriebe der Arbeitgeber

(1) Der Arbeitgeber hat zur Teilnahme an den Meldeverfahren zur Sozialversicherung bei der Bundesagentur für Arbeit eine Betriebsnummer für jeden seiner Beschäftigungsbetriebe elektronisch zu beantragen.

(2) Der Arbeitgeber hat zur Vergabe der Betriebsnummer der Bundesagentur für Arbeit die dazu notwendigen Angaben, insbesondere den Namen und die Anschrift des Beschäftigungsbetriebes, den Beschäftigungsort, die wirtschaftliche Tätigkeit des Beschäftigungsbetriebes und die Rechtsform des Betriebes elektronisch zu übermitteln.

(3) ¹Der Beschäftigungsbetrieb ist eine nach der Gemeindegrenze und der wirtschaftlichen Betätigung abgegrenzte Einheit, in der Beschäftigte für einen Arbeitgeber tätig sind. ²Für einen Arbeitgeber kann es mehrere Beschäftigungsbetriebe in einer Gemeinde geben, sofern diese Beschäftigungsbetriebe eine jeweils eigene, wirtschaftliche Einheit bilden. ³Für Beschäftigungsbetriebe desselben Arbeitgebers mit unterschiedlicher wirtschaftlicher Betätigung oder in verschiedenen Gemeinden sind jeweils eigene Betriebsnummern zu vergeben.

(4) Änderungen zu den Angaben nach Absatz 2 sowie eine Meldung im Fall der vollständigen Beendigung der Betriebstätigkeit sind vom Arbeitgeber, nach Eröffnung des Insolvenzverfahrens vom Insolvenzverwalter, unverzüglich der Bundesagentur für Arbeit durch gesicherte und verschlüsselte Datenübertragung aus systemgeprüften Programmen oder mittels maschinell erstellter Ausfüllhilfen zu übermitteln.

(5) Das Nähere zum Verfahren und zum Inhalt der zu übermittelnden Angaben, insbesondere der Datensätze, regeln die Gemeinsamen Grundsätze nach § 28b Absatz 1 Satz 1 Nummer 1 bis 3.

(6) Die Betriebsnummern und alle Angaben nach den Absätzen 2 und 4 werden bei der Bundesagentur für Arbeit in einem elektronischen Dateisystem der Beschäftigungsbetriebe gespeichert.

§ 18k Betriebsnummer für Beschäftigungsbetriebe weiterer Meldepflichtiger

(1) ¹Arbeitgeber haben für knappschaftliche Beschäftigungsbetriebe und für Beschäftigungsbetriebe der Seefahrt abweichend von § 18i Absatz 1 die Betriebsnummer bei der Deutschen Rentenversicherung Knappschaft-Bahn-See zu beantragen. ²Die Deutsche Rentenversicherung Knappschaft-Bahn-See vergibt die Betriebsnummer im Auftrag der Bundesagentur für Arbeit. ³Die für die Seefahrt zuständige Berufsgenossenschaft und die Deutsche Rentenversicherung Knappschaft-Bahn-See haben zu diesem Zweck die zur Erfüllung ihrer Aufgaben erforderlichen Daten über die Beschäftigungsbetriebe der Seefahrt zu übermitteln. ⁴Näheres hierzu regelt eine Verwaltungsvereinbarung.
(2) Für Arbeitgeber von Beschäftigten in privaten Haushalten, die eine Meldung nach § 28a Absatz 7 abzugeben haben, vergibt die Deutsche Rentenversicherung Knappschaft-Bahn-See im Auftrag der Bundesagentur für Arbeit eine Betriebsnummer bei Eingang der ersten Meldung.
(3) Die Deutsche Rentenversicherung Knappschaft-Bahn-See übermittelt die vergebenen Betriebsnummern mit den nach § 18i Absatz 2 erforderlichen Angaben unverzüglich nach Vergabe oder Änderung an die Bundesagentur für Arbeit, die diese im Dateisystem der Beschäftigungsbetriebe speichert; § 18i Absatz 6 gilt entsprechend.

§ 18l Identifikation weiterer Verfahrensbeteiligter in elektronischen Meldeverfahren

(1) ¹Beauftragt der Arbeitgeber einen Dritten mit der Durchführung der Meldeverfahren nach diesem Gesetzbuch, hat diese Stelle unverzüglich eine Betriebsnummer nach § 18i Absatz 1 zu beantragen, soweit sie nicht schon über eine eigene Betriebsnummer verfügt. ²§ 18i Absatz 2 bis 6 gilt entsprechend.
(2) ¹Sonstige Verfahrensbeteiligte haben vor Teilnahme an den Meldeverfahren nach diesem Gesetzbuch eine Betriebsnummer nach § 18i Absatz 1 zu beantragen, soweit sie nicht schon über eine eigene Betriebsnummer verfügen. ²Diese Betriebsnummer gilt in den elektronischen Übertragungsverfahren als Kennzeichnung des Verfahrensbeteiligten. ³§ 18i Absatz 2 bis 6 gilt entsprechend.

§ 18m Verarbeitung der Betriebsnummer

(1) Die Bundesagentur für Arbeit übermittelt die Betriebsnummern und die Angaben nach § 18i Absatz 2 und 4 aus dem Dateisystem der Beschäftigungsbetriebe den Leistungsträgern nach den §§ 12 und 18 bis 29 des Ersten Buches, der Künstlersozialkasse, der Datenstelle der Rentenversicherung, den berufsständischen Versorgungseinrichtungen und deren Datenannahmestelle und der Deutschen Gesetzlichen Unfallversicherung e. V. zur weiteren Verarbeitung, soweit dies für die Erfüllung ihrer Aufgaben nach diesem Gesetzbuch erforderlich ist.
(2) ¹Die Sozialversicherungsträger, ihre Verbände und ihre Arbeitsgemeinschaften, die Künstlersozialkasse, die Behörden der Zollverwaltung, soweit sie Aufgaben nach § 2 des Schwarzarbeitsbekämpfungsgesetzes oder nach § 66 des Zehnten Buches wahrnehmen, sowie die zuständigen Aufsichtsbehörden und die Arbeitgeber dürfen die Betriebsnummern speichern, verändern, nutzen, übermitteln und in der Verarbeitung einschränken, soweit dies für die Erfüllung einer Aufgabe nach diesem Gesetzbuch oder dem Künstlersozialversicherungsgesetz erforderlich ist. ²Andere Behörden, Gerichte oder Dritte dürfen die Betriebsnummern speichern, verändern, nutzen, übermitteln oder in der Verarbeitung einschränken, soweit dies für die Erfüllung einer gesetzlichen Aufgabe einer der in Satz 1 genannten Stellen erforderlich ist.

§ 18n Absendernummer

(1) Eine meldende Stelle erhält auf elektronischen Antrag bei der Vergabe eines Zertifikates zur Sicherung der Datenübertragung von der das Zertifikat ausstellenden Stelle eine Absendernummer, die der Betriebsnummer der meldenden Stelle entspricht.
(2) ¹In den Fällen, in denen eine meldende Stelle für einen Beschäftigungsbetrieb für mehr als einen Abrechnungskreis Meldungen erstatten will, erhält sie auf elektronischen Antrag bei der Vergabe eines weiteren Zertifikates zur Sicherung der Datenübertragung von der das Zertifikat ausstellenden Stelle eine gesonderte Absendernummer. ²Für diese gesonderte achtstellige Absendernummer ist ein festgelegter alphanumerischer Nummernkreis zu nutzen. ³Das Nähere zum Aufbau der Nummer, zu den übermittelnden Angaben und zum Verfahren regeln die Gemeinsamen Grundsätze nach § 28b Absatz 1 Satz 1 Nummer 4.

Zweiter Abschnitt
Leistungen und Beiträge

Erster Titel
Leistungen

§ 19 Leistungen auf Antrag oder von Amts wegen

¹Leistungen in der gesetzlichen Kranken- und Rentenversicherung, nach dem Recht der Arbeitsförderung sowie in der sozialen Pflegeversicherung werden auf Antrag erbracht, soweit sich aus den Vorschriften für die einzelnen Versicherungszweige nichts Abweichendes ergibt. ²Leistungen in der gesetzlichen Unfallversicherung werden von Amts wegen erbracht, soweit sich aus den Vorschriften für die gesetzliche Unfallversicherung nichts Abweichendes ergibt.

§ 19a Benachteiligungsverbot

¹Bei der Inanspruchnahme von Leistungen, die den Zugang zu allen Formen und allen Ebenen der Berufsberatung, der Berufsbildung, der beruflichen Weiterbildung, der Umschulung einschließlich der praktischen Berufserfahrung betreffen, darf niemand aus Gründen der Rasse oder wegen der ethnischen Herkunft, des Geschlechts, der Religion oder Weltanschauung, einer Behinderung, des Alters oder der sexuellen Identität benachteiligt werden. ²Ansprüche können nur insoweit geltend gemacht werden oder hergeleitet werden, als deren Voraussetzungen und Inhalt durch die Vorschriften der besonderen Teile dieses Gesetzbuchs im Einzelnen bestimmt sind.

Zweiter Titel
Beiträge

§ 20 Aufbringung der Mittel, Übergangsbereich

(1) Die Mittel der Sozialversicherung einschließlich der Arbeitsförderung werden nach Maßgabe der besonderen Vorschriften für die einzelnen Versicherungszweige durch Beiträge der Versicherten, der Arbeitgeber und Dritter, durch staatliche Zuschüsse und durch sonstige Einnahmen aufgebracht.

(2) Der Übergangsbereich im Sinne dieses Gesetzbuches umfasst Arbeitsentgelte aus mehr als geringfügigen Beschäftigungen nach § 8 Absatz 1 Nummer 1, die regelmäßig 1300 Euro im Monat nicht übersteigen; bei mehreren Beschäftigungsverhältnissen ist das insgesamt erzielte Arbeitsentgelt maßgebend.

(3) ¹Der Arbeitgeber trägt abweichend von den besonderen Vorschriften für Beschäftigte für die einzelnen Versicherungszweige den Gesamtsozialversicherungsbeitrag allein, wenn
1. Versicherte, die zu ihrer Berufsausbildung beschäftigt sind, ein Arbeitsentgelt erzielen, das auf den Monat bezogen 325 Euro nicht übersteigt, oder
2. Versicherte ein freiwilliges soziales Jahr oder ein freiwilliges ökologisches Jahr im Sinne des Jugendfreiwilligendienstegesetzes oder einen Bundesfreiwilligendienst nach dem Bundesfreiwilligendienstgesetz leisten.

²Wird infolge einmalig gezahlten Arbeitsentgelts die in Satz 1 genannte Grenze überschritten, tragen die Versicherten und die Arbeitgeber den Gesamtsozialversicherungsbeitrag von dem diese Grenze übersteigenden Teil des Arbeitsentgelts jeweils zur Hälfte; in der gesetzlichen Krankenversicherung gilt dies nur für den um den Beitragsanteil, der allein vom Arbeitnehmer zu tragen ist, reduzierten Beitrag.

§ 21 Bemessung der Beiträge

Die Versicherungsträger haben die Beiträge, soweit diese von ihnen festzusetzen sind, so zu bemessen, dass die Beiträge zusammen mit den anderen Einnahmen
1. die gesetzlich vorgeschriebenen und zugelassenen Ausgaben des Versicherungsträgers decken und
2. sicherstellen, dass die gesetzlich vorgeschriebenen oder zugelassenen Betriebsmittel und Rücklagen bereitgehalten werden können.

§ 22 Entstehen der Beitragsansprüche, Zusammentreffen mehrerer Versicherungsverhältnisse

(1) ¹Die Beitragsansprüche der Versicherungsträger entstehen, sobald ihre im Gesetz oder auf Grund eines Gesetzes bestimmten Voraussetzungen vorliegen. ²Bei einmalig gezahltem Arbeitsentgelt sowie bei Arbeitsentgelt, das aus dem aus Arbeitszeitguthaben abgeleiteten Entgeltguthaben errechnet wird, entstehen die Beitragsansprüche, sobald dieses ausgezahlt worden ist. ³Satz 2 gilt nicht, soweit das einmalig gezahlte Arbeitsentgelt nur wegen eines Insolvenzereignisses im Sinne des § 165 Absatz 1 des

Dritten Buches vom Arbeitgeber nicht ausgezahlt worden ist oder die Beiträge für aus Arbeitszeitguthaben abgeleiteten Entgeltguthaben schon aus laufendem Arbeitsentgelt gezahlt wurden.
(2) ¹Treffen beitragspflichtige Einnahmen aus mehreren Versicherungsverhältnissen zusammen und übersteigen sie die für das jeweilige Versicherungsverhältnis maßgebliche Beitragsbemessungsgrenze, so vermindern sie sich zum Zwecke der Beitragsberechnung nach dem Verhältnis ihrer Höhe so zueinander, dass sie zusammen höchstens die Beitragsbemessungsgrenze erreichen. ²Die beitragspflichtigen Einnahmen aus dem jeweiligen Versicherungsverhältnis sind vor der Verhältnisrechnung nach Satz 1 auf die maßgebliche Beitragsbemessungsgrenze zu reduzieren. ³Für die knappschaftliche Rentenversicherung und die allgemeine Rentenversicherung sind die Berechnungen nach Satz 1 getrennt durchzuführen. ⁴Die Sätze 1 bis 3 gelten nicht für Personen, die als ehemalige Soldaten auf Zeit Übergangsgebührnisse beziehen (§ 166 Absatz 1 Nummer 1c des Sechsten Buches).

§ 23 Fälligkeit

(1) ¹Laufende Beiträge, die geschuldet werden, werden entsprechend den Regelungen der Satzung der Krankenkasse und den Entscheidungen des Spitzenverbandes Bund der Krankenkassen fällig. ²Beiträge, die nach dem Arbeitsentgelt oder dem Arbeitseinkommen zu bemessen sind, sind in voraussichtlicher Höhe der Beitragsschuld spätestens am drittletzten Bankarbeitstag des Monats fällig, in dem die Beschäftigung oder Tätigkeit, mit der das Arbeitsentgelt oder Arbeitseinkommen erzielt wird, ausgeübt worden ist oder als ausgeübt gilt; ein verbleibender Restbeitrag wird zum drittletzten Bankarbeitstag des Folgemonats fällig. ³Der Arbeitgeber kann abweichend von Satz 2 den Betrag in Höhe der Beiträge des Vormonats zahlen; für einen verbleibenden Restbetrag bleibt es bei der Fälligkeit zum drittletzten Bankarbeitstag des Folgemonats. ⁴In den Fällen des Satzes 3 sind Beiträge, die auf eine Einmalzahlung im Vormonat entfallen, nicht zu berücksichtigen.⁵Sonstige Beiträge werden spätestens am Fünfzehnten des Monats fällig, der auf den Monat folgt, für den sie zu entrichten sind. ⁶Die erstmalige Fälligkeit der Beiträge für die nach § 3 Satz 1 Nummer 1a des Sechsten Buches versicherten Pflegepersonen ist abhängig von dem Zeitpunkt, zu dem die Pflegekasse, das private Versicherungsunternehmen, die Festsetzungsstelle für die Beihilfe oder der Dienstherr bei Heilfürsorgeberechtigten die Versicherungspflicht der Pflegeperson festgestellt hat oder ohne Verschulden hätte ⁻feststellen können. ⁷Wird die Feststellung in der Zeit vom Ersten bis zum Fünfzehnten eines Monats getroffen, werden die Beiträge erstmals spätestens am Fünfzehnten des folgenden Monats fällig; wird die Feststellung in der Zeit vom Sechzehnten bis zum Ende eines Monats getroffen, werden die Beiträge erstmals am Fünfzehnten des zweiten darauffolgenden Monats fällig; das Nähere vereinbaren die Spitzenverbände der beteiligten Träger der Sozialversicherung, der Verband der privaten Krankenversicherung e. V. und die Festsetzungsstellen für die Beihilfe.
(2) ¹Die Beiträge für eine Sozialleistung im Sinne des § 3 Satz 1 Nummer 3 des Sechsten Buches einschließlich Sozialleistungen, auf die die Vorschriften des Fünften und des Sechsten Buches über die Kranken- und Rentenversicherung der Bezieher von Arbeitslosengeld oder die Krankenversicherung der Bezieher von Arbeitslosengeld II entsprechend anzuwenden sind, werden am Achten des auf die Zahlung der Sozialleistung folgenden Monats fällig. ²Die Träger der Rentenversicherung und die Bundesagentur für Arbeit können unbeschadet des Satzes 1 vereinbaren, dass die Beiträge zur Rentenversicherung aus Sozialleistungen der Bundesagentur für Arbeit zu den vom Bundesamt für Soziale Sicherung festgelegten Fälligkeitsterminen für die Rentenzahlungen im Inland gezahlt werden. ³Die Träger der Rentenversicherung mit Ausnahme der Deutschen Rentenversicherung Knappschaft-Bahn-See als Träger der knappschaftlichen Rentenversicherung, die Bundesagentur für Arbeit und die Behörden des sozialen Entschädigungsrechts können unbeschadet des Satzes 1 vereinbaren, dass die Beiträge zur Rentenversicherung und nach dem Recht der Arbeitsförderung aus Sozialleistungen nach dem sozialen Entschädigungsrecht in voraussichtlicher Höhe der Beitragsschuld spätestens zum 30. Juni des laufenden Jahres und ein verbleibender Restbetrag zum nächsten Fälligkeitstermin gezahlt werden.
(2a) Bei Verwendung eines Haushaltsschecks (§ 28a Absatz 7) sind die Beiträge für das in den Monaten Januar bis Juni erzielte Arbeitsentgelt am 31. Juli des laufenden Jahres und für das in den Monaten Juli bis Dezember erzielte Arbeitsentgelt am 31. Januar des folgenden Jahres fällig.
(3) ¹Geschuldete Beiträge der Unfallversicherung werden am Fünfzehnten des Monats fällig, der dem Monat folgt, in dem der Beitragsbescheid dem Zahlungspflichtigen bekannt gegeben worden ist; Entsprechendes gilt für Beitragsvorschüsse, wenn der Bescheid hierüber keinen anderen Fälligkeitstermin bestimmt. ²Die landwirtschaftliche Berufsgenossenschaft kann in ihrer Satzung von Satz 1 abweichende Fälligkeitstermine bestimmen. ³Für den Tag der Zahlung und die zulässigen Zahlungsmittel gelten die für den Gesamtsozialversicherungsbeitrag geltenden Bestimmungen entsprechend. ⁴Die Fälligkeit von

Beiträgen für geringfügig Beschäftigte in Privathaushalten, die nach § 28a Absatz 7 der Einzugsstelle gemeldet worden sind, richtet sich abweichend von Satz 1 nach Absatz 2a.
(4) Besondere Vorschriften für einzelne Versicherungszweige, die von den Absätzen 1 bis 3 abweichen oder abweichende Bestimmungen zulassen, bleiben unberührt.

§ 23a Einmalig gezahltes Arbeitsentgelt als beitragspflichtige Einnahmen

(1) [1]Einmalig gezahltes Arbeitsentgelt sind Zuwendungen, die dem Arbeitsentgelt zuzurechnen sind und nicht für die Arbeit in einem einzelnen Entgeltabrechnungszeitraum gezahlt werden. [2]Als einmalig gezahltes Arbeitsentgelt gelten nicht Zuwendungen nach Satz 1, wenn sie
1. üblicherweise zur Abgeltung bestimmter Aufwendungen des Beschäftigten, die auch im Zusammenhang mit der Beschäftigung stehen,
2. als Waren oder Dienstleistungen, die vom Arbeitgeber nicht überwiegend für den Bedarf seiner Beschäftigten hergestellt, vertrieben oder erbracht werden und monatlich in Anspruch genommen werden können,
3. als sonstige Sachbezüge, die monatlich gewährt werden, oder
4. als vermögenswirksame Leistungen

vom Arbeitgeber erbracht werden. [3]Einmalig gezahltes Arbeitsentgelt ist dem Entgeltabrechnungszeitraum zuzuordnen, in dem es gezahlt wird, soweit die Absätze 2 und 4 nichts Abweichendes bestimmen.
(2) Einmalig gezahltes Arbeitsentgelt, das nach Beendigung oder bei Ruhen des Beschäftigungsverhältnisses gezahlt wird, ist dem letzten Entgeltabrechnungszeitraum des laufenden Kalenderjahres zuzuordnen, auch wenn dieser nicht mit Arbeitsentgelt belegt ist.
(3) [1]Das einmalig gezahlte Arbeitsentgelt ist bei der Feststellung des beitragspflichtigen Arbeitsentgelts für Beschäftigte zu berücksichtigen, soweit das bisher gezahlte beitragspflichtige Arbeitsentgelt die anteilige Beitragsbemessungsgrenze nicht erreicht. [2]Die anteilige Beitragsbemessungsgrenze ist der Teil der Beitragsbemessungsgrenze, der der Dauer aller Beschäftigungsverhältnisse bei demselben Arbeitgeber im laufenden Kalenderjahr bis zum Ablauf des Entgeltabrechnungszeitraumes entspricht, dem einmalig gezahltes Arbeitsentgelt zuzuordnen ist; auszunehmen sind Zeiten, die nicht mit Beiträgen aus laufendem Arbeitsentgelt belegt sind.
(4) [1]In der Zeit vom 1. Januar bis zum 31. März einmalig gezahltes Arbeitsentgelt ist dem letzten Entgeltabrechnungszeitraum des vergangenen Kalenderjahres zuzuordnen, wenn es vom Arbeitgeber dieses Entgeltabrechnungszeitraumes gezahlt wird und zusammen mit dem sonstigen für das laufende Kalenderjahr festgestellten beitragspflichtigen Arbeitsentgelt die anteilige Beitragsbemessungsgrenze nach Absatz 3 Satz 2 übersteigt. [2]Satz 1 gilt nicht für nach dem 31. März einmalig gezahltes Arbeitsentgelt, das nach Absatz 2 einem in der Zeit vom 1. Januar bis zum 31. März liegenden Entgeltabrechnungszeitraum zuzuordnen ist.
(5) Ist der Beschäftigte in der gesetzlichen Krankenversicherung pflichtversichert, ist für die Zuordnung des einmalig gezahlten Arbeitsentgelts nach Absatz 4 Satz 1 allein die Beitragsbemessungsgrenze der gesetzlichen Krankenversicherung maßgebend.

§ 23b Beitragspflichtige Einnahmen bei flexiblen Arbeitszeitregelungen

(1) [1]Bei Vereinbarungen nach § 7b ist für Zeiten der tatsächlichen Arbeitsleistung und für Zeiten der Inanspruchnahme des Wertguthabens nach § 7c das in dem jeweiligen Zeitraum fällige Arbeitsentgelt als Arbeitsentgelt im Sinne des § 23 Absatz 1 maßgebend. [2]Im Falle des § 23a Absatz 3 und 4 gilt das in dem jeweils maßgebenden Zeitraum erzielte Arbeitsentgelt bis zu einem Betrag in Höhe der Beitragsbemessungsgrenze als bisher gezahltes beitragspflichtiges Arbeitsentgelt; in Zeiten einer Freistellung von der Arbeitsleistung tritt an die Stelle des erzielten Arbeitsentgelts das fällige Arbeitsentgelt.
(2) [1]Soweit das Wertguthaben nicht gemäß § 7c verwendet wird, insbesondere
1. nicht laufend für eine Zeit der Freistellung von der Arbeitsleistung oder der Verringerung der vertraglich vereinbarten Arbeitszeit in Anspruch genommen wird oder
2. nicht mehr für solche Zeiten gezahlt werden kann, da das Beschäftigungsverhältnis vorzeitig beendet wurde,

ist als Arbeitsentgelt im Sinne des § 23 Absatz 1 ohne Berücksichtigung einer Beitragsbemessungsgrenze die Summe der Arbeitsentgelte maßgebend, die zum Zeitpunkt der tatsächlichen Arbeitsleistung ohne Berücksichtigung der Vereinbarung nach § 7b beitragspflichtig gewesen wäre. [2]Maßgebend ist jedoch höchstens der Betrag des Wertguthabens aus diesen Arbeitsentgelten zum Zeitpunkt der nicht zweckentsprechenden Verwendung des Arbeitsentgelts. [3]Zugrunde zu legen ist der Zeitraum ab dem Abrechnungsmonat der ersten Gutschrift auf einem Wertguthaben bis zum Zeitpunkt der nicht zweck-

entsprechenden Verwendung des Arbeitsentgelts. [4]Bei einem nach § 7f Absatz 1 Satz 1 Nummer 2 übertragenen Wertguthaben gelten die Sätze 1 bis 3 entsprechend, soweit das Wertguthaben wegen der Inanspruchnahme einer Rente wegen verminderter Erwerbsfähigkeit, einer Rente wegen Alters oder wegen des Todes des Versicherten nicht mehr in Anspruch genommen werden kann. [5]Wird das Wertguthaben vereinbarungsgemäß an einen bestimmten Wertmaßstab gebunden, ist der im Zeitpunkt der nicht zweckentsprechenden Verwendung des Arbeitsentgelts maßgebende angepasste Betrag als Höchstbetrag der Berechnung zugrunde zu legen. [6]Im Falle der Insolvenz des Arbeitgebers gilt auch als beitragspflichtiges Arbeitsentgelt höchstens der Betrag, der als Arbeitsentgelt den gezahlten Beiträgen zugrunde liegt. [7]Für die Berechnung der Beiträge sind der für den Entgeltabrechnungszeitraum nach den Sätzen 8 und 9 für den einzelnen Versicherungszweig geltende Beitragssatz und die für diesen Zeitraum für den Einzug des Gesamtsozialversicherungsbeitrags zuständige Einzugsstelle maßgebend; für Beschäftigte, die bei keiner Krankenkasse versichert sind, gilt § 28i Satz 2 entsprechend. [8]Die Beiträge sind mit den Beiträgen der Entgeltabrechnung für den Kalendermonat fällig, der dem Kalendermonat folgt, in dem
1. im Fall der Insolvenz die Mittel für die Beitragszahlung verfügbar sind,
2. das Arbeitsentgelt nicht zweckentsprechend verwendet wird.

[9]Wird durch einen Bescheid eines Trägers der Rentenversicherung der Eintritt von verminderter Erwerbsfähigkeit festgestellt, gilt der Zeitpunkt des Eintritts der verminderten Erwerbsfähigkeit als Zeitpunkt der nicht zweckentsprechenden Verwendung des bis dahin erzielten Wertguthabens; in diesem Fall sind die Beiträge mit den Beiträgen der auf das Ende des Beschäftigungsverhältnisses folgenden Entgeltabrechnung fällig. [10]Wird eine Rente wegen verminderter Erwerbsfähigkeit in Anspruch genommen und besteht ein nach § 7f Absatz 1 Satz 1 Nummer 2 übertragenes Wertguthaben, kann der Versicherte der Auflösung dieses Wertguthabens widersprechen. [11]Ist für den Fall der Insolvenz des Arbeitgebers ein Dritter Schuldner des Arbeitsentgelts, erfüllt dieser insoweit die Pflichten des Arbeitgebers.

(2a) [1]Als Arbeitsentgelt im Sinne des § 23 Absatz 1 gilt im Falle des Absatzes 2 auch der positive Betrag, der sich ergibt, wenn die Summe der ab dem Abrechnungsmonat der ersten Gutschrift auf einem Wertguthaben für die Zeit der Arbeitsleistung maßgebenden Beträge der jeweiligen Beitragsbemessungsgrenze um die Summe der in dieser Zeit der Arbeitsleistung abgerechneten beitragspflichtigen Arbeitsentgelte gemindert wird, höchstens der Betrag des Wertguthabens im Zeitpunkt der nicht zweckentsprechenden Verwendung des Arbeitsentgelts. [2]Absatz 2 Satz 5 bis 11 findet Anwendung, Absatz 1 Satz 2 findet keine Anwendung.

(3) Kann das Wertguthaben wegen Beendigung des Beschäftigungsverhältnisses nicht mehr nach § 7c oder § 7f Absatz 2 Satz 1 verwendet werden und ist der Versicherte unmittelbar anschließend wegen Arbeitslosigkeit bei einer deutschen Agentur für Arbeit als Arbeitsuchender gemeldet und bezieht eine öffentlich-rechtliche Leistung oder nur wegen des zu berücksichtigenden Einkommens oder Vermögens nicht, sind die Beiträge spätestens sieben Kalendermonate nach dem Kalendermonat, in dem das Arbeitsentgelt nicht zweckentsprechend verwendet worden ist, oder bei Aufnahme einer Beschäftigung in diesem Zeitraum zum Zeitpunkt des Beschäftigungsbeginns fällig, es sei denn, eine zweckentsprechende Verwendung wird vereinbart; beginnt in diesem Zeitraum eine Rente wegen Alters oder Todes oder tritt verminderte Erwerbsfähigkeit ein, gelten diese Zeitpunkte als Zeitpunkt der nicht zweckentsprechenden Verwendung.

(3a) [1]Sieht die Vereinbarung nach § 7b bereits bei ihrem Abschluss für den Fall, dass Wertguthaben wegen der Beendigung der Beschäftigung auf Grund verminderter Erwerbsfähigkeit, des Erreichens einer Altersgrenze, zu der eine Rente wegen Alters beansprucht werden kann, oder des Todes des Beschäftigten nicht mehr für Zeiten einer Freistellung von der Arbeitsleistung oder der Verringerung der vertraglich vereinbarten Arbeitszeit verwendet werden können, deren Verwendung für Zwecke der betrieblichen Altersversorgung vor, gilt das bei Eintritt dieser Fälle für Zwecke der betrieblichen Altersversorgung verwendete Wertguthaben nicht als beitragspflichtiges Arbeitsentgelt; dies gilt nicht,
1. wenn die Vereinbarung über die betriebliche Altersversorgung eine Abfindung vorsieht oder zulässt oder Leistungen im Fall des Todes, der Invalidität und des Erreichens einer Altersgrenze, zu der eine Rente wegen Alters beansprucht werden kann, nicht gewährleistet sind oder
2. soweit bereits im Zeitpunkt der Ansammlung des Wertguthabens vorhersehbar ist, dass es nicht für Zwecke nach § 7c oder § 7f Absatz 2 Satz 1 verwendet werden kann.

[2]Die Bestimmungen dieses Absatzes finden keine Anwendung auf Vereinbarungen, die nach dem 13. November 2008 geschlossen worden sind.

(4) Werden Wertguthaben auf Dritte übertragen, gelten die Absätze 2 bis 3a nur für den Übertragenden, der die Arbeitsleistung tatsächlich erbringt.

§ 23c Sonstige nicht beitragspflichtige Einnahmen

(1) ¹Zuschüsse des Arbeitgebers zum Krankengeld, Verletztengeld, Übergangsgeld, Pflegeunterstützungsgeld oder Krankentagegeld und sonstige Einnahmen aus einer Beschäftigung, die für die Zeit des Bezuges von Krankengeld, Krankentagegeld, Versorgungskrankengeld, Verletztengeld, Übergangsgeld, Pflegeunterstützungsgeld, Mutterschaftsgeld, Erziehungsgeld oder Elterngeld weiter erzielt werden, gelten nicht als beitragspflichtiges Arbeitsentgelt, wenn die Einnahmen zusammen mit den genannten Sozialleistungen das Nettoarbeitsentgelt im Sinne des § 47 des Fünften Buches nicht um mehr als 50 Euro im Monat übersteigen. ²Zur Berechnung des Nettoarbeitsentgelts bei freiwilligen Mitgliedern der gesetzlichen Krankenversicherung ist der um den Beitragszuschuss für Beschäftigte verminderte Beitrag des Versicherten zur Kranken- und Pflegeversicherung abzuziehen; dies gilt entsprechend für Personen und für ihre nicht selbstversicherten Angehörigen, die bei einem privaten Krankenversicherungsunternehmen versichert sind einschließlich der Versicherung für das Krankentagegeld. ³Für Beschäftigte, die nach § 6 Absatz 1 Satz 1 Nummer 1 des Sechsten Buches von der Versicherungspflicht befreit sind und Pflichtbeiträge an eine berufsständische Versorgungseinrichtung entrichten, sind bei der Ermittlung des Nettoentgeltes die um den Arbeitgeberzuschuss nach § 172a des Sechsten Buches verminderten Pflichtbeiträge des Beschäftigten entsprechend abzuziehen.

(2) ¹Einnahmen aus Tätigkeiten als Notärztin oder Notarzt im Rettungsdienst sind nicht beitragspflichtig, wenn diese Tätigkeiten neben
1. einer Beschäftigung mit einem Umfang von regelmäßig mindestens 15 Stunden wöchentlich außerhalb des Rettungsdienstes oder
2. einer Tätigkeit als zugelassener Vertragsarzt oder als Arzt in privater Niederlassung

ausgeübt werden. ²Für Tätigkeiten, bei denen die Einnahmen nach Satz 1 nicht beitragspflichtig sind, bestehen keine Meldepflichten nach diesem Buch.

Dritter Abschnitt
Meldepflichten des Arbeitgebers, Gesamtsozialversicherungsbeitrag

Erster Titel
Meldungen des Arbeitgebers und ihre Weiterleitung

§ 28a Meldepflicht

(1) ¹Der Arbeitgeber oder ein anderer Meldepflichtiger hat der Einzugsstelle für jeden in der Kranken-, Pflege-, Rentenversicherung oder nach dem Recht der Arbeitsförderung kraft Gesetzes Versicherten
1. bei Beginn der versicherungspflichtigen Beschäftigung,
2. bei Ende der versicherungspflichtigen Beschäftigung,
3. bei Eintritt eines Insolvenzereignisses,
4. (weggefallen)
5. bei Änderungen in der Beitragspflicht,
6. bei Wechsel der Einzugsstelle,
7. bei Anträgen auf Altersrenten oder Auskunftsersuchen des Familiengerichts in Versorgungsausgleichsverfahren,
8. bei Unterbrechung der Entgeltzahlung,
9. bei Auflösung des Arbeitsverhältnisses,
10. auf Anforderung der Einzugsstelle nach § 26 Absatz 4 Satz 2,
11. bei Antrag des geringfügig Beschäftigten nach § 6 Absatz 1b des Sechsten Buches auf Befreiung von der Versicherungspflicht,
12. bei einmalig gezahltem Arbeitsentgelt,
13. bei Beginn der Berufsausbildung,
14. bei Ende der Berufsausbildung,
15. bei Wechsel im Zeitraum bis zum 31. Dezember 2024 von einem Beschäftigungsbetrieb im Beitrittsgebiet zu einem Beschäftigungsbetrieb im übrigen Bundesgebiet oder umgekehrt,
16. bei Beginn der Altersteilzeitarbeit,
17. bei Ende der Altersteilzeitarbeit,
18. bei Änderung des Arbeitsentgelts, wenn die in § 8 Absatz 1 Nummer 1 genannte Grenze über- oder unterschritten wird,
19. bei nach § 23b Absatz 2 bis 3 gezahltem Arbeitsentgelt oder
20. bei Wechsel im Zeitraum bis zum 31. Dezember 2024 von einem Wertguthaben, das im Beitrittsgebiet und einem Wertguthaben, das im übrigen Bundesgebiet erzielt wurde,

eine Meldung zu erstatten. ²Jede Meldung sowie die darin enthaltenen Datensätze sind mit einem eindeutigen Kennzeichen zur Identifizierung zu versehen.

(1a) ¹Meldungen nach diesem Buch erfolgen, soweit nichts Abweichendes geregelt ist, durch elektronische Datenübermittlung (Datenübertragung). ²Bei der Datenübertragung sind Datenschutz und Datensicherheit nach dem jeweiligen Stand der Technik sicherzustellen und bei Nutzung allgemein zugänglicher Netze Verschlüsselungs- und Authentifizierungsverfahren zu verwenden. ³Beauftragt ein Arbeitgeber einen Dritten mit der Entgeltabrechnung und der Wahrnehmung der Meldepflichten, haftet der Arbeitgeber weiterhin in vollem Umfang für die Erfüllung der Pflichten nach diesem Buch gegenüber dem jeweils zuständigen Träger der Sozialversicherung oder der berufsständischen Versorgungseinrichtung.

(2) Der Arbeitgeber hat jeden am 31. Dezember des Vorjahres Beschäftigten nach Absatz 1 zu melden (Jahresmeldung).

(2a) ¹Der Arbeitgeber hat für jeden in einem Kalenderjahr Beschäftigten, der in der Unfallversicherung versichert ist, zum 16. Februar des Folgejahres eine besondere Jahresmeldung zur Unfallversicherung zu erstatten. ²Diese Meldung enthält über die Angaben nach Absatz 3 Satz 1 Nummer 1 bis 3, 6 und 9 hinaus folgende Angaben:
1. die Mitgliedsnummer des Unternehmers;
2. die Betriebsnummer des zuständigen Unfallversicherungsträgers;
3. das in der Unfallversicherung beitragspflichtige Arbeitsentgelt in Euro und seine Zuordnung zur jeweilig anzuwendenden Gefahrtarifstelle.

³Arbeitgeber, die Mitglied der landwirtschaftlichen Berufsgenossenschaft sind und für deren Beitragsberechnung der Arbeitswert keine Anwendung findet, haben Meldungen nach Satz 2 Nummer 1 bis 3 nicht zu erstatten. ⁴Abweichend von Satz 1 ist die Meldung bei Eintritt eines Insolvenzereignisses, bei einer endgültigen Einstellung des Unternehmens oder bei der Beendigung aller Beschäftigungsverhältnisse mit der nächsten Entgeltabrechnung, spätestens innerhalb von sechs Wochen, abzugeben.

(3) ¹Die Meldungen enthalten für jeden Versicherten insbesondere
1. seine Versicherungsnummer, soweit bekannt,
2. seinen Familien- und Vornamen,
3. sein Geburtsdatum,
4. seine Staatsangehörigkeit,
5. Angaben über seine Tätigkeit nach dem Schlüsselverzeichnis der Bundesagentur für Arbeit,
6. die Betriebsnummer seines Beschäftigungsbetriebes,
7. die Beitragsgruppen,
8. die zuständige Einzugsstelle und
9. den Arbeitgeber.

²Zusätzlich sind anzugeben
1. bei der Anmeldung
   a) die Anschrift,
   b) der Beginn der Beschäftigung,
   c) sonstige für die Vergabe der Versicherungsnummer erforderliche Angaben,
   d) nach Absatz 1 Satz 1 Nummer 1 die Angabe, ob zum Arbeitgeber eine Beziehung als Ehegatte, Lebenspartner oder Abkömmling besteht,
   e) nach Absatz 1 Satz 1 Nummer 1 die Angabe, ob es sich um eine Tätigkeit als geschäftsführender Gesellschafter einer Gesellschaft mit beschränkter Haftung handelt,
   f) die Angabe der Staatsangehörigkeit,
2. bei allen Entgeltmeldungen
   a) eine Namens-, Anschriften- oder Staatsangehörigkeitsänderung, soweit diese Änderung nicht schon anderweitig gemeldet ist,
   b) das in der Rentenversicherung oder nach dem Recht der Arbeitsförderung beitragspflichtige Arbeitsentgelt in Euro, in den Fällen, in denen kein beitragspflichtiges Arbeitsentgelt in der Rentenversicherung oder nach dem Recht der Arbeitsförderung vorliegt, das beitragspflichtige Arbeitsentgelt in der Krankenversicherung,
   c) in Fällen, in denen die beitragspflichtige Einnahme in der gesetzlichen Rentenversicherung nach § 163 Absatz 10 des Sechsten Buches bemessen wird, das Arbeitsentgelt, das ohne Anwendung dieser Regelung zu berücksichtigen wäre,
   d) der Zeitraum, in dem das angegebene Arbeitsentgelt erzielt wurde,
   e) Wertguthaben, die auf die Zeit nach Eintritt der Erwerbsminderung entfallen,

f) für geringfügig Beschäftigte zusätzlich die Steuernummer des Arbeitgebers, die Identifikationsnummer nach § 139b der Abgabenordnung des Beschäftigten und die Art der Besteuerung.
3. (weggefallen)
4. bei der Meldung nach Absatz 1 Satz 1 Nummer 19
   a) das Arbeitsentgelt in Euro, für das Beiträge gezahlt worden sind,
   b) im Falle des § 23b Absatz 2 der Kalendermonat und das Jahr der nicht zweckentsprechenden Verwendung des Arbeitsentgelts, im Falle der Zahlungsunfähigkeit des Arbeitgebers jedoch der Kalendermonat und das Jahr der Beitragszahlung.

(3a) ¹Der Arbeitgeber oder eine Zahlstelle nach § 202 Absatz 2 des Fünften Buches kann in den Fällen, in denen für eine Meldung keine Versicherungsnummer des Beschäftigten oder Versorgungsempfängers vorliegt, im Verfahren nach Absatz 1 eine Meldung zur Abfrage der Versicherungsnummer an die Datenstelle der Rentenversicherung übermitteln; die weiteren Meldepflichten bleiben davon unberührt. ²Die Datenstelle der Rentenversicherung übermittelt dem Arbeitgeber oder der Zahlstelle unverzüglich durch Datenübertragung die Versicherungsnummer oder den Hinweis, dass die Vergabe der Versicherungsnummer mit der Anmeldung erfolgt.

(3b) ¹Der Arbeitgeber hat auf elektronische Anforderung der Einzugsstelle mit der nächsten Entgeltabrechnung die notwendigen Angaben zur Einrichtung eines Arbeitgeberkontos elektronisch zu übermitteln. ²Das Nähere über die Angaben, die Datensätze und das Verfahren regeln die Gemeinsamen Grundsätze nach § 28b Absatz 1.

(4) ¹Arbeitgeber haben den Tag des Beginns eines Beschäftigungsverhältnisses spätestens bei dessen Aufnahme an die Datenstelle der Rentenversicherung nach Satz 2 zu melden, sofern sie Personen in folgenden Wirtschaftsbereichen oder Wirtschaftszweigen beschäftigen:
1. im Baugewerbe,
2. im Gaststätten- und Beherbergungsgewerbe,
3. im Personenbeförderungsgewerbe,
4. im Speditions-, Transport- und damit verbundenen Logistikgewerbe,
5. im Schaustellergewerbe,
6. bei Unternehmen der Forstwirtschaft,
7. im Gebäudereinigungsgewerbe,
8. bei Unternehmen, die sich am Auf- und Abbau von Messen und Ausstellungen beteiligen,
9. in der Fleischwirtschaft,
10. im Prostitutionsgewerbe,
11. im Wach- und Sicherheitsgewerbe.

²Die Meldung enthält folgende Angaben über den Beschäftigten:
1. den Familien- und die Vornamen,
2. die Versicherungsnummer, soweit bekannt, ansonsten die zur Vergabe einer Versicherungsnummer notwendigen Angaben (Tag und Ort der Geburt, Anschrift),
3. die Betriebsnummer des Arbeitgebers und
4. den Tag der Beschäftigungsaufnahme.

³Die Meldung wird in der Stammsatzdatei nach § 150 Absatz 1 und 2 des Sechsten Buches gespeichert. ⁴Die Meldung gilt nicht als Meldung nach Absatz 1 Satz 1 Nummer 1.

(4a) ¹Der Meldepflichtige erstattet die Meldungen nach Absatz 1 Satz 1 Nummer 10 an die zuständige Einzugsstelle. ²In der Meldung sind insbesondere anzugeben:
1. die Versicherungsnummer des Beschäftigten,
2. die Betriebsnummer des Beschäftigungsbetriebes,
3. das monatliche laufende und einmalig gezahlte Arbeitsentgelt, von dem Beiträge zur Renten-, Arbeitslosen-, Kranken- und Pflegeversicherung für das der Ermittlung nach § 26 Absatz 4 zugrunde liegende Kalenderjahr berechnet wurden.

(5) Der Meldepflichtige hat der zu meldenden Person den Inhalt der Meldung in Textform mitzuteilen; dies gilt nicht, wenn die Meldung ausschließlich auf Grund einer Veränderung der Daten für die gesetzliche Unfallversicherung erfolgt.

(6) Soweit der Arbeitgeber eines Hausgewerbetreibenden Arbeitgeberpflichten erfüllt, gilt der Hausgewerbetreibende als Beschäftigter.

(6a) Beschäftigt ein Arbeitgeber, der
1. im privaten Bereich nichtgewerbliche Zwecke oder
2. mildtätige, kirchliche, religiöse, wissenschaftliche oder gemeinnützige Zwecke im Sinne des § 10b des Einkommensteuergesetzes

11 SGB IV § 28a

verfolgt, Personen geringfügig nach § 8, kann er auf Antrag abweichend von Absatz 1 Meldungen auf Vordrucken erstatten, wenn er glaubhaft macht, dass ihm eine Meldung auf maschinell verwertbaren Datenträgern oder durch Datenübertragung nicht möglich ist.

(7) ¹Der Arbeitgeber hat der Einzugsstelle für einen im privaten Haushalt Beschäftigten anstelle einer Meldung nach Absatz 1 unverzüglich eine vereinfachte Meldung (Haushaltsscheck) mit den Angaben nach Absatz 8 Satz 1 zu erstatten, wenn das Arbeitsentgelt nach § 14 Absatz 3 aus dieser Beschäftigung regelmäßig 450 Euro im Monat nicht übersteigt. ²Der Arbeitgeber kann die Meldung nach Satz 1 auch durch Datenübertragung aus systemgeprüften Programmen oder mit maschinell erstellten Ausfüllhilfen übermitteln. ³Der Arbeitgeber hat der Einzugsstelle gesondert schriftlich ein Lastschriftmandat zum Einzug des Gesamtsozialversicherungsbeitrags zu erteilen. ⁴Die Absätze 2 bis 5 gelten nicht.

(8) ¹Der Haushaltsscheck enthält
1. den Familiennamen, Vornamen, die Anschrift und die Betriebsnummer des Arbeitgebers,
2. den Familiennamen, Vornamen, die Anschrift und die Versicherungsnummer des Beschäftigten; kann die Versicherungsnummer nicht angegeben werden, ist das Geburtsdatum des Beschäftigten einzutragen,
3. die Angabe, ob der Beschäftigte im Zeitraum der Beschäftigung bei mehreren Arbeitgebern beschäftigt ist und,
4. a) bei einer Meldung bei jeder Lohn- oder Gehaltszahlung den Zeitraum der Beschäftigung, das Arbeitsentgelt nach § 14 Absatz 3 für diesen Zeitraum sowie am Ende der Beschäftigung den Zeitpunkt der Beendigung,
   b) bei einer Meldung zu Beginn der Beschäftigung deren Beginn und das monatliche Arbeitsentgelt nach § 14 Absatz 3, die Steuernummer des Arbeitgebers, die Identifikationsnummer nach § 139b der Abgabenordnung des Beschäftigten und die Art der Besteuerung,
   c) bei einer Meldung wegen Änderung des Arbeitsentgelts nach § 14 Absatz 3 den neuen Betrag und den Zeitpunkt der Änderung,
   d) bei einer Meldung am Ende der Beschäftigung den Zeitpunkt der Beendigung,
   e) bei Erklärung des Verzichts auf Versicherungsfreiheit nach § 230 Absatz 8 Satz 2 des Sechsten Buches den Zeitpunkt des Verzichts,
   f) bei Antrag auf Befreiung von der Versicherungspflicht nach § 6 Absatz 1b des Sechsten Buches den Tag des Zugangs des Antrags beim Arbeitgeber.

²Bei sich anschließenden Meldungen kann von der Angabe der Anschrift des Arbeitgebers und des Beschäftigten abgesehen werden.

(9) ¹Soweit nicht anders geregelt, gelten für versicherungsfrei oder von der Versicherungspflicht befreite geringfügig Beschäftigte die Absätze 1 bis 6 entsprechend. ²Eine Jahresmeldung nach Absatz 2 ist für geringfügig Beschäftigte nach § 8 Absatz 1 Nummer 2 nicht zu erstatten.

(9a) ¹Für geringfügig Beschäftigte nach § 8 Absatz 1 Nummer 2 hat der Arbeitgeber bei der Meldung nach Absatz 1 Satz 1 Nummer 1 zusätzlich anzugeben, wie diese für die Dauer der Beschäftigung krankenversichert sind. ²Die Evaluierung der Regelung erfolgt im Rahmen eines Berichts der Bundesregierung über die Wirkung der Maßnahme bis Ende des Jahres 2026.

(10) ¹Der Arbeitgeber hat für Beschäftigte, die nach § 6 Absatz 1 Satz 1 Nummer 1 des Sechsten Buches von der Versicherungspflicht befreit und Mitglied einer berufsständischen Versorgungseinrichtung sind, die Meldungen nach den Absätzen 1, 2 und 9 zusätzlich an die Annahmestelle der berufsständischen Versorgungseinrichtungen zu erstatten; dies gilt nicht für Meldungen nach Absatz 1 Satz 1 Nummer 10. ²Die Datenübermittlung hat durch gesicherte und verschlüsselte Datenübertragung aus systemgeprüften Programmen oder mittels systemgeprüfter maschinell erstellter Ausfüllhilfen zu erfolgen. ³Zusätzlich zu den Angaben nach Absatz 3 enthalten die Meldungen die Mitgliedsnummer des Beschäftigten bei der Versorgungseinrichtung. ⁴Die Absätze 5 bis 6a gelten entsprechend.

(11) ¹Der Arbeitgeber hat für Beschäftigte, die nach § 6 Absatz 1 Satz 1 Nummer 1 des Sechsten Buches von der Versicherungspflicht befreit und Mitglied einer berufsständischen Versorgungseinrichtung sind, der Annahmestelle der berufsständischen Versorgungseinrichtungen monatliche Meldungen zur Beitragserhebung zu erstatten. ²Absatz 10 Satz 2 gilt entsprechend. ³Diese Meldungen enthalten für den Beschäftigten
1. die Mitgliedsnummer bei der Versorgungseinrichtung oder, wenn die Mitgliedsnummer nicht bekannt ist, die Personalnummer beim Arbeitgeber, den Familien- und Vornamen, das Geschlecht und das Geburtsdatum,
2. den Zeitraum, für den das Arbeitsentgelt gezahlt wird,
3. das beitragspflichtige ungekürzte laufende Arbeitsentgelt für den Zahlungszeitraum,

4. das beitragspflichtige ungekürzte einmalig gezahlte Arbeitsentgelt im Monat der Abrechnung,
5. die Anzahl der Sozialversicherungstage im Zahlungszeitraum,
6. den Beitrag, der bei Firmenzahlern für das Arbeitsentgelt nach Nummer 3 und 4 anfällt,
7. die Betriebsnummer der Versorgungseinrichtung,
8. die Betriebsnummer des Beschäftigungsbetriebes,
9. den Arbeitgeber,
10. den Ort des Beschäftigungsbetriebes,
11. den Monat der Abrechnung.
⁴Soweit nicht aus der Entgeltbescheinigung des Beschäftigten zu entnehmen ist, dass die Meldung erfolgt ist und welchen Inhalt sie hatte, gilt Absatz 5.
(12) Der Arbeitgeber hat auch für ausschließlich nach § 2 Absatz 1 Nummer 1 des Siebten Buches versicherte Beschäftigte mit beitragspflichtigem Entgelt Meldungen nach den Absätzen 1 und 3 Satz 2 Nummer 2 abzugeben.

Dritter Titel
Auskunfts- und Vorlagepflicht, Prüfung, Schadensersatzpflicht und Verzinsung

§ 28o Auskunfts- und Vorlagepflicht des Beschäftigten

(1) Der Beschäftigte hat dem Arbeitgeber die zur Durchführung des Meldeverfahrens und der Beitragszahlung erforderlichen Angaben zu machen und, soweit erforderlich, Unterlagen vorzulegen; dies gilt bei mehreren Beschäftigungen sowie bei Bezug weiterer in der gesetzlichen Krankenversicherung beitragspflichtiger Einnahmen gegenüber allen beteiligten Arbeitgebern.
(2) ¹Der Beschäftigte hat auf Verlangen den zuständigen Versicherungsträgern unverzüglich Auskunft über die Art und Dauer seiner Beschäftigungen, die hierbei erzielten Arbeitsentgelte, seine Arbeitgeber und die für die Erhebung von Beiträgen notwendigen Tatsachen zu erteilen und alle für die Prüfung der Meldungen und der Beitragszahlung erforderlichen Unterlagen vorzulegen. ²Satz 1 gilt für den Hausgewerbetreibenden, soweit er den Gesamtsozialversicherungsbeitrag zahlt, entsprechend.

§ 28p Prüfung bei den Arbeitgebern

(1) ¹Die Träger der Rentenversicherung prüfen bei den Arbeitgebern, ob diese ihre Meldepflichten und ihre sonstigen Pflichten nach diesem Gesetzbuch, die im Zusammenhang mit dem Gesamtsozialversicherungsbeitrag stehen, ordnungsgemäß erfüllen; sie prüfen insbesondere die Richtigkeit der Beitragszahlungen und der Meldungen (§ 28a) mindestens alle vier Jahre. ²Die Prüfung soll in kürzeren Zeitabständen erfolgen, wenn der Arbeitgeber dies verlangt. ³Die Einzugsstelle unterrichtet den für den Arbeitgeber zuständigen Träger der Rentenversicherung, wenn sie eine alsbaldige Prüfung bei dem Arbeitgeber für erforderlich hält. ⁴Die Prüfung umfasst auch die Entgeltunterlagen der Beschäftigten, für die Beiträge nicht gezahlt wurden. ⁵Die Träger der Rentenversicherung erlassen im Rahmen der Prüfung Verwaltungsakte zur Versicherungspflicht und Beitragshöhe in der Kranken-, Pflege- und Rentenversicherung sowie nach dem Recht der Arbeitsförderung einschließlich der Widerspruchsbescheide gegenüber den Arbeitgebern; insoweit gelten § 28h Absatz 2 sowie § 93 in Verbindung mit § 89 Absatz 5 des Zehnten Buches nicht. ⁶Die landwirtschaftliche Krankenkasse nimmt abweichend von Satz 1 die Prüfung für die bei ihr versicherten mitarbeitenden Familienangehörigen vor.
(1a) ¹Die Prüfung nach Absatz 1 umfasst die ordnungsgemäße Erfüllung der Meldepflichten nach dem Künstlersozialversicherungsgesetz und die rechtzeitige und vollständige Entrichtung der Künstlersozialabgabe durch die Arbeitgeber. ²Die Prüfung erfolgt
1. mindestens alle vier Jahre bei den Arbeitgebern, die als abgabepflichtige Unternehmer nach § 24 des Künstlersozialversicherungsgesetzes bei der Künstlersozialkasse erfasst wurden,
2. mindestens alle vier Jahre bei den Arbeitgebern mit mehr als 19 Beschäftigten und
3. bei mindestens 40 Prozent der im jeweiligen Kalenderjahr zur Prüfung nach Absatz 1 anstehenden Arbeitgeber mit weniger als 20 Beschäftigten.

³Hat ein Arbeitgeber mehrere Beschäftigungsbetriebe, wird er insgesamt geprüft. ⁴Das Prüfverfahren kann mit der Aufforderung zur Meldung eingeleitet werden. ⁵Die Träger der Deutschen Rentenversicherung erlassen die erforderlichen Verwaltungsakte zur Künstlersozialabgabepflicht, zur Höhe der Künstlersozialabgabe und zur Höhe der Vorauszahlungen nach dem Künstlersozialversicherungsgesetz einschließlich der Widerspruchsbescheide. ⁶Die Träger der Rentenversicherung unterrichten die Künstlersozialkasse über Sachverhalte, welche die Melde- und Abgabepflichten der Arbeitgeber nach dem

Künstlersozialversicherungsgesetz betreffen. ⁷Für die Prüfung der Arbeitgeber durch die Künstlersozialkasse gilt § 35 des Künstlersozialversicherungsgesetzes.
(1b) ¹Die Träger der Rentenversicherung legen im Benehmen mit der Künstlersozialkasse die Kriterien zur Auswahl der nach Absatz 1a Satz 2 Nummer 3 zu prüfenden Arbeitgeber fest. ²Die Auswahl dient dem Ziel, alle abgabepflichtigen Arbeitgeber zu erfassen. ³Arbeitgeber mit weniger als 20 Beschäftigten, die nicht nach Absatz 1a Satz 2 Nummer 3 zu prüfen sind, werden durch die Träger der Rentenversicherung im Rahmen der Prüfung nach Absatz 1 im Hinblick auf die Künstlersozialabgabe beraten. ⁴Dazu erhalten sie mit der Prüfankündigung Hinweise zur Künstlersozialabgabe. ⁵Im Rahmen der Prüfung nach Absatz 1 lässt sich der zuständige Träger der Rentenversicherung durch den Arbeitgeber schriftlich oder elektronisch bestätigen, dass der Arbeitgeber über die Künstlersozialabgabe unterrichtet wurde und abgabepflichtige Sachverhalte melden wird. ⁶Bestätigt der Arbeitgeber dies nicht, wird die Prüfung nach Absatz 1 Satz 1 unverzüglich durchgeführt. ⁷Erlangt ein Träger der Rentenversicherung im Rahmen einer Prüfung nach Absatz 1 bei Arbeitgebern mit weniger als 20 Beschäftigten, die nicht nach Absatz 1a Satz 2 Nummer 3 geprüft werden, Hinweise auf einen künstlersozialabgabepflichtigen Sachverhalt, muss er diesen nachgehen.
(1c) ¹Die Träger der Rentenversicherung teilen den Trägern der Unfallversicherung die Feststellungen aus der Prüfung bei den Arbeitgebern nach § 166 Absatz 2 des Siebten Buches mit. ²Die Träger der Unfallversicherung erlassen die erforderlichen Bescheide.
(2) ¹Im Bereich der Regionalträger richtet sich die örtliche Zuständigkeit nach dem Sitz der Lohn- und Gehaltsabrechnungsstelle des Arbeitgebers. ²Die Träger der Rentenversicherung stimmen sich darüber ab, welche Arbeitgeber sie prüfen; ein Arbeitgeber ist jeweils nur von einem Träger der Rentenversicherung zu prüfen.
(3) Die Träger der Rentenversicherung unterrichten die Einzugsstellen über Sachverhalte, soweit sie die Zahlungspflicht oder die Meldepflicht des Arbeitgebers betreffen.
(4) ¹Die Deutsche Rentenversicherung Bund führt ein Dateisystem, in dem die Träger der Rentenversicherung ihre elektronischen Akten führen, die im Zusammenhang mit der Durchführung der Prüfungen nach den Absätzen 1, 1a und 1c stehen. ²Die in diesem Dateisystem gespeicherten Daten dürfen nur für die Prüfung bei den Arbeitgebern durch die jeweils zuständigen Träger der Rentenversicherung verarbeitet werden.
(5) ¹Die Arbeitgeber sind verpflichtet, angemessene Prüfhilfen zu leisten. ²Abrechnungsverfahren, die mit Hilfe automatischer Einrichtungen durchgeführt werden, sind in die Prüfung einzubeziehen.
(6) ¹Zu prüfen sind auch steuerberatende Stellen, Rechenzentren und vergleichbare Einrichtungen, die im Auftrag des Arbeitgebers oder einer von ihm beauftragten Person Löhne und Gehälter abrechnen oder Meldungen erstatten. ²Die örtliche Zuständigkeit richtet sich im Bereich der Regionalträger nach dem Sitz dieser Stellen. ³Absatz 5 gilt entsprechend.
(6a) ¹Für die Prüfung nach Absatz 1 gilt § 147 Absatz 6 Satz 1 und 2 der Abgabenordnung entsprechend mit der Maßgabe, dass der Rentenversicherungsträger eine Übermittlung der Daten im Einvernehmen mit dem Arbeitgeber verlangen kann. ²Die Deutsche Rentenversicherung Bund bestimmt in Grundsätzen bundeseinheitlich das Nähere zum Verfahren der Datenübermittlung und der dafür erforderlichen Datensätze und Datenbausteine. ³Die Grundsätze bedürfen der Genehmigung des Bundesministeriums für Arbeit und Soziales, das vorher die Bundesvereinigung der Deutschen Arbeitgeberverbände anzuhören hat.
(7) ¹Die Träger der Rentenversicherung haben eine Übersicht über die Ergebnisse ihrer Prüfungen zu führen und bis zum 31. März eines jeden Jahres für das abgelaufene Kalenderjahr den Aufsichtsbehörden vorzulegen. ²Das Nähere über Inhalt und Form der Übersicht bestimmen einvernehmlich die Aufsichtsbehörden der Träger der Rentenversicherung mit Wirkung für diese.
(8) ¹Die Deutsche Rentenversicherung Bund führt ein Dateisystem, in dem der Name, die Anschrift, die Betriebsnummer, der für den Arbeitgeber zuständige Unfallversicherungsträger und weitere Identifikationsmerkmale eines jeden Arbeitgebers sowie die für die Planung der Prüfungen bei den Arbeitgebern und die für die Übersichten nach Absatz 7 erforderlichen Daten gespeichert sind; die Deutsche Rentenversicherung Bund darf die in diesem Dateisystem gespeicherten Daten nur für die Prüfung bei den Arbeitgebern und zur Ermittlung der nach dem Künstlersozialversicherungsgesetz abgabepflichtigen Unternehmer verarbeiten. ²In das Dateisystem ist eine Kennzeichnung aufzunehmen, wenn nach § 166 Absatz 2 Satz 2 des Siebten Buches die Prüfung der Arbeitgeber für die Unfallversicherung nicht von den Trägern der Rentenversicherung durchzuführen ist; die Träger der Unfallversicherung haben die erforderlichen Angaben zu übermitteln. ³Die Datenstelle der Rentenversicherung führt für die Prüfung bei den Arbeitgebern ein Dateisystem, in dem neben der Betriebsnummer eines jeden Arbeitgebers, die Be-

triebsnummer des für den Arbeitgeber zuständigen Unfallversicherungsträgers, die Unternehmernummer nach § 136a des Siebten Buches des Arbeitgebers, das in der Unfallversicherung beitragspflichtige Entgelt der bei ihm Beschäftigten in Euro, die anzuwendenden Gefahrtarifstellen der bei ihm Beschäftigten, die Versicherungsnummern der bei ihm Beschäftigten einschließlich des Beginns und des Endes von deren Beschäftigung, die Bezeichnung der für jeden Beschäftigten zuständigen Einzugsstelle sowie eine Kennzeichnung des Vorliegens einer geringfügigen Beschäftigung gespeichert sind. [4]Sie darf die Daten der Stammsatzdatei nach § 150 Absatz 1 und 2 des Sechsten Buches sowie die Daten des Dateisystems nach § 150 Absatz 3 des Sechsten Buches und der Stammdatendatei nach § 101 für die Prüfung bei den Arbeitgebern speichern, verändern, nutzen, übermitteln oder in der Verarbeitung einschränken; dies gilt für die Daten der Stammsatzdatei auch für Prüfungen nach § 212a des Sechsten Buches. [5]Sie ist verpflichtet, auf Anforderung des prüfenden Trägers der Rentenversicherung
1. die in den Dateisystemen nach den Sätzen 1 und 3 gespeicherten Daten,
2. die in den Versicherungskonten der Träger der Rentenversicherung gespeicherten, auf den Prüfungszeitraum entfallenden Daten der bei dem zu prüfenden Arbeitgeber Beschäftigten,
3. die bei den für den Arbeitgeber zuständigen Einzugsstellen gespeicherten Daten aus den Beitragsnachweisen (§ 28f Absatz 3) für die Zeit nach dem Zeitpunkt, bis zu dem der Arbeitgeber zuletzt geprüft wurde,
4. die bei der Künstlersozialkasse über den Arbeitgeber gespeicherten Daten zur Melde- und Abgabepflicht für den Zeitraum seit der letzten Prüfung sowie
5. die bei den Trägern der Unfallversicherung gespeicherten Daten zur Melde- und Beitragspflicht sowie zur Gefahrtarifstelle für den Zeitraum seit der letzten Prüfung,

zu verarbeiten, soweit dies für die Prüfung, ob die Arbeitgeber ihre Meldepflichten und ihre sonstigen Pflichten nach diesem Gesetzbuch, die im Zusammenhang mit dem Gesamtsozialversicherungsbeitrag stehen, sowie ihre Pflichten als zur Abgabe Verpflichtete nach dem Künstlersozialversicherungsgesetz und ihre Pflichten nach dem Siebten Buch zur Meldung und Beitragszahlung ordnungsgemäß erfüllen, erforderlich ist. [6]Die dem prüfenden Träger der Rentenversicherung übermittelten Daten sind unverzüglich nach Abschluss der Prüfung bei der Datenstelle und beim prüfenden Träger der Rentenversicherung zu löschen. [7]Die Träger der Rentenversicherung, die Einzugsstellen, die Künstlersozialkasse und die Bundesagentur für Arbeit sind verpflichtet, der Deutschen Rentenversicherung Bund und der Datenstelle die für die Prüfung bei den Arbeitgebern erforderlichen Daten zu übermitteln. [8]Sind für die Prüfung bei den Arbeitgebern Daten zu übermitteln, so dürfen sie auch durch Abruf im automatisierten Verfahren übermittelt werden, ohne dass es einer Genehmigung nach § 79 Absatz 1 des Zehnten Buches bedarf. [9]Soweit es für die Erfüllung der Aufgaben der gemeinsamen Einrichtung als Einzugsstelle nach § 356 des Dritten Buches erforderlich ist, wertet die Datenstelle der Rentenversicherung aus den Daten nach Satz 5 das Identifikationsmerkmal zur wirtschaftlichen Tätigkeit des geprüften Arbeitgebers sowie die Angaben über die Tätigkeit nach dem Schlüsselverzeichnis der Bundesagentur für Arbeit der Beschäftigten des geprüften Arbeitgebers aus und übermittelt das Ergebnis der gemeinsamen Einrichtung. [10]Die übermittelten Daten dürfen von der gemeinsamen Einrichtung auch zum Zweck der Erfüllung der Aufgaben nach § 5 des Tarifvertragsgesetzes genutzt werden. [11]Die Kosten der Auswertung und der Übermittlung der Daten nach Satz 9 hat die gemeinsame Einrichtung der Deutschen Rentenversicherung Bund zu erstatten. [12]Die gemeinsame Einrichtung berichtet dem Bundesministerium für Arbeit und Soziales bis zum 1. Januar 2025 über die Wirksamkeit des Verfahrens nach Satz 9.

(9) Das Bundesministerium für Arbeit und Soziales bestimmt im Einvernehmen mit dem Bundesministerium für Gesundheit durch Rechtsverordnung mit Zustimmung des Bundesrates das Nähere über
1. den Umfang der Pflichten des Arbeitgebers und der in Absatz 6 genannten Stellen bei Abrechnungsverfahren, die mit Hilfe automatischer Einrichtungen durchgeführt werden,
2. die Durchführung der Prüfung sowie die Behebung von Mängeln, die bei der Prüfung festgestellt worden sind und
3. den Inhalt des Dateisystems nach Absatz 8 Satz 1 hinsichtlich der für die Planung der Prüfungen bei Arbeitgebern und der für die Prüfung bei Einzugsstellen erforderlichen Daten, über den Aufbau und die Aktualisierung dieses Dateisystems sowie über den Umfang der Daten aus diesem Dateisystem, die von den Einzugsstellen und der Bundesagentur für Arbeit nach § 28q Absatz 5 abgerufen werden können.

(10) Arbeitgeber werden wegen der Beschäftigten in privaten Haushalten nicht geprüft.
(11) [1]Sind beim Übergang der Prüfung der Arbeitgeber von Krankenkassen auf die Träger der Rentenversicherung Angestellte übernommen worden, die am 1. Januar 1995 ganz oder überwiegend mit der Prüfung der Arbeitgeber beschäftigt waren, sind die bis zum Zeitpunkt der Übernahme gültigen Tarif-

verträge oder sonstigen kollektiven Vereinbarungen für die übernommenen Arbeitnehmer bis zum Inkrafttreten neuer Tarifverträge oder sonstiger kollektiver Vereinbarungen maßgebend. ²Soweit es sich bei einem gemäß Satz 1 übernommenen Beschäftigten um einen Dienstordnungs-Angestellten handelt, tragen der aufnehmende Träger der Rentenversicherung und die abgebende Krankenkasse bei Eintritt des Versorgungsfalles die Versorgungsbezüge anteilig, sofern der Angestellte im Zeitpunkt der Übernahme das 45. Lebensjahr bereits vollendet hatte. ³§ 107b Absatz 2 bis 5 des Beamtenversorgungsgesetzes gilt sinngemäß.

§ 28q Prüfung bei den Einzugsstellen und den Trägern der Rentenversicherung

(1) ¹Die Träger der Rentenversicherung und die Bundesagentur für Arbeit prüfen bei den Einzugsstellen die Durchführung der Aufgaben, für die die Einzugsstellen eine Vergütung nach § 28l Absatz 1 erhalten, mindestens alle vier Jahre. ²Satz 1 gilt auch im Verhältnis der Deutschen Rentenversicherung Bund zur Künstlersozialkasse. ³Die Deutsche Rentenversicherung Bund speichert in dem in § 28p Absatz 8 Satz 1 genannten Dateisystem Daten aus dem Bescheid des Trägers der Rentenversicherung nach § 28p Absatz 1 Satz 5, soweit dies für die Prüfung bei den Einzugsstellen nach Satz 1 erforderlich ist. ⁴Sie darf diese Daten nur für die Prüfung bei den Einzugsstellen speichern, verändern, nutzen, übermitteln oder in der Verarbeitung einschränken. ⁵Die Datenstelle der Rentenversicherung hat auf Anforderung des prüfenden Trägers der Rentenversicherung die in dem Dateisystem nach § 28p Absatz 8 Satz 3 gespeicherten Daten diesem zu übermitteln, soweit dies für die Prüfung nach Satz 1 erforderlich ist. ⁶Die Übermittlung darf auch durch Abruf im automatisierten Verfahren erfolgen, ohne dass es einer Genehmigung nach § 79 Absatz 1 des Zehnten Buches bedarf.

(1a) ¹Die Träger der Rentenversicherung und die Bundesagentur für Arbeit prüfen bei den Einzugsstellen für das Bundesamt für Soziale Sicherung als Verwalter des Gesundheitsfonds im Hinblick auf die Krankenversicherungsbeiträge im Sinne des § 28d Absatz 1 Satz 1 die Geltendmachung der Beitragsansprüche, den Einzug, die Verwaltung, die Weiterleitung und die Abrechnung der Beiträge entsprechend § 28l Absatz 1 Satz 1 Nummer 1 und 2. ²Absatz 1 Satz 3 und 4 gilt entsprechend. ³Die mit der Prüfung nach Satz 1 befassten Stellen übermitteln dem Bundesamt für Soziale Sicherung als Verwalter des Gesundheitsfonds die zur Geltendmachung der in § 28r Absatz 1 und 2 bezeichneten Rechte erforderlichen Prüfungsergebnisse. ⁴Die durch die Aufgabenübertragung und -wahrnehmung entstehenden Kosten sind den Trägern der Rentenversicherung und der Bundesagentur für Arbeit aus den Einnahmen des Gesundheitsfonds zu erstatten. ⁵Die Einzelheiten des Verfahrens und der Vergütung vereinbaren die Träger der Rentenversicherung und die Bundesagentur für Arbeit mit dem Bundesamt für Soziale Sicherung als Verwalter des Gesundheitsfonds.

(2) Die Einzugsstellen haben die für die Prüfung erforderlichen Unterlagen bis zur nächsten Einzugsstellenprüfung aufzubewahren und bei der Prüfung bereitzuhalten.

(3) ¹Die Einzugsstellen sind verpflichtet, bei der Darlegung der Kassen- und Rechnungsführung aufklärend mitzuwirken und bei Verfahren, die mit Hilfe automatischer Einrichtungen durchgeführt werden, angemessene Prüfhilfen zu leisten. ²Der Spitzenverband Bund der Krankenkassen, die Deutsche Rentenversicherung Bund und die Bundesagentur für Arbeit treffen entsprechende Vereinbarungen. ³Die Deutsche Rentenversicherung Knappschaft-Bahn-See und die landwirtschaftliche Krankenkasse können dabei ausgenommen werden.

(4) ¹Die Prüfung erstreckt sich auf alle Stellen, die Aufgaben der in Absatz 1 genannten Art für die Einzugsstelle wahrnehmen. ²Die Absätze 2 und 3 gelten insoweit für diese Stellen entsprechend.

(5) ¹Die Einzugsstellen und die Bundesagentur für Arbeit prüfen gemeinsam bei den Trägern der Rentenversicherung deren Aufgaben nach § 28p mindestens alle vier Jahre. ²Die Prüfung kann durch Abruf der Arbeitgeberdateisysteme (§ 28p Absatz 8) im automatisierten Verfahren durchgeführt werden. ³Bei geringfügigen Beschäftigungen gelten die Sätze 1 und 2 nicht die Deutsche Rentenversicherung Knappschaft-Bahn-See als Einzugsstelle.

(6) ¹Die Deutsche Rentenversicherung Bund führt ein Dateisystem, in dem die Träger der Rentenversicherung ihre elektronischen Akten führen, die im Zusammenhang mit der Durchführung der Prüfungen nach den Absätzen 1 und 1a stehen. ²Die in diesem Dateisystem gespeicherten Daten dürfen nur für die Prüfungen nach den Absätzen 1 und 1a durch die jeweils zuständigen Träger der Rentenversicherung verarbeitet werden.

§ 28r Schadensersatzpflicht, Verzinsung

(1) ¹Verletzt ein Organ oder ein Bediensteter der Einzugsstelle schuldhaft eine dieser nach diesem Abschnitt auferlegte Pflicht, haftet die Einzugsstelle dem Träger der Pflegeversicherung, der Renten-

versicherung und der Bundesagentur für Arbeit sowie dem Gesundheitsfonds für einen diesen zugefügten Schaden. ²Die Schadensersatzpflicht wegen entgangener Zinsen beschränkt sich auf den sich aus Absatz 2 ergebenden Umfang.

(2) Werden Beiträge, Zinsen auf Beiträge oder Säumniszuschläge schuldhaft nicht rechtzeitig weitergeleitet, hat die Einzugsstelle Zinsen in Höhe von zwei vom Hundert über dem jeweiligen Basiszinssatz nach § 247 des Bürgerlichen Gesetzbuchs zu zahlen.

(3) ¹Verletzt ein Organ oder ein Bediensteter des Trägers der Rentenversicherung schuldhaft eine diesem nach § 28p auferlegte Pflicht, haftet der Träger der Rentenversicherung dem Gesundheitsfonds, der Krankenkasse, der Pflegekasse und der Bundesagentur für Arbeit für einen diesen zugefügten Schaden; dies gilt entsprechend gegenüber den Trägern der Unfallversicherung für die Prüfung nach § 166 Absatz 2 des Siebten Buches. ²Für entgangene Beiträge sind Zinsen in Höhe von zwei vom Hundert über dem jeweiligen Basiszinssatz nach § 247 des Bürgerlichen Gesetzbuchs zu zahlen.

Vierter Abschnitt
Träger der Sozialversicherung

Erster Titel
Verfassung

§ 29 Rechtsstellung

(1) Die Träger der Sozialversicherung (Versicherungsträger) sind rechtsfähige Körperschaften des öffentlichen Rechts mit Selbstverwaltung.

(2) Die Selbstverwaltung wird, soweit § 44 nichts Abweichendes bestimmt, durch die Versicherten und die Arbeitgeber ausgeübt.

(3) Die Versicherungsträger erfüllen im Rahmen des Gesetzes und des sonstigen für sie maßgebenden Rechts ihre Aufgaben in eigener Verantwortung.

Zweiter Titel
Zusammensetzung, Wahl und Verfahren der Selbstverwaltungsorgane, Versichertenältesten und Vertrauenspersonen

§ 43 Mitglieder der Selbstverwaltungsorgane

(1) ¹Die Zahl der Mitglieder der Selbstverwaltungsorgane wird durch die Satzung entsprechend der Größe des Versicherungsträgers bestimmt und kann nur für die folgende Wahlperiode geändert werden. ²Die Vertreterversammlung hat höchstens sechzig Mitglieder; der Verwaltungsrat der in § 35a Absatz 1 genannten Krankenkassen hat höchstens dreißig Mitglieder. ³Die Vertreterversammlungen der Träger der gesetzlichen Rentenversicherung haben jeweils höchstens dreißig Mitglieder; bis zum Ablauf der am 1. Oktober 2005 laufenden Wahlperiode gilt Satz 2. ⁴Für die Bundesvertreterversammlung der Deutschen Rentenversicherung Bund gilt § 44 Absatz 5.

(2) ¹Ein Mitglied, das verhindert ist, wird durch einen Stellvertreter vertreten. ²Stellvertreter sind die als solche in der Vorschlagsliste benannten und verfügbaren Personen in der Reihenfolge ihrer Aufstellung bis zu einer Zahl, die die der Mitglieder um vier übersteigt; Mitglieder, die eine persönliche Stellvertretung nach Satz 5 haben, bleiben hierbei unberücksichtigt. ³Bei dem Bundesvorstand der Deutschen Rentenversicherung Bund sind Stellvertreter die als solche gewählten Personen. ⁴Bei der Bundesvertreterversammlung der Deutschen Rentenversicherung Bund gilt Entsprechendes für die von den Regionalträgern und der Deutschen Rentenversicherung Knappschaft-Bahn-See gewählten Mitglieder. ⁵Anstelle einer Stellvertretung nach Satz 2 können für einzelne oder alle Mitglieder des Vorstandes sowie für einzelne oder alle Mitglieder des Verwaltungsrates der in § 35a Absatz 1 genannten Krankenkassen in der Vorschlagsliste ein erster und ein zweiter persönlicher Stellvertreter benannt werden.

(3) ¹Mitglieder der Vertreterversammlung und ihre Stellvertreter können nicht gleichzeitig bei demselben Versicherungsträger Mitglieder des Vorstandes oder deren Stellvertreter sein. ²Eine Mitgliedschaft in den Selbstverwaltungsorganen mehrerer Krankenkassen ist ausgeschlossen.

§ 44 Zusammensetzung der Selbstverwaltungsorgane

(1) Die Selbstverwaltungsorgane setzen sich zusammen
1. je zur Hälfte aus Vertretern der Versicherten und der Arbeitgeber, soweit in den Nummern 2 und 3 nichts Abweichendes bestimmt ist,

2. bei der Sozialversicherung für Landwirtschaft, Forsten und Gartenbau je zu einem Drittel aus Vertretern der versicherten Arbeitnehmer (Versicherten), der Selbständigen ohne fremde Arbeitskräfte und der Arbeitgeber,
3. bei den Ersatzkassen aus Vertretern der Versicherten; dies gilt nicht nach Fusionen mit einer Krankenkasse einer anderen Kassenart oder bei der Gründung neuer Institutionen.

(2) ¹Bei Betriebskrankenkassen, die für einen Betrieb oder mehrere Betriebe desselben Arbeitgebers bestehen, gehören den Selbstverwaltungsorganen außer den Vertretern der Versicherten der Arbeitgeber oder sein Vertreter an. ²Er hat dieselbe Zahl der Stimmen wie die Vertreter der Versicherten; bei einer Abstimmung kann er jedoch nicht mehr Stimmen abgeben, als den anwesenden Versichertenvertretern zustehen. ³Bei Betriebskrankenkassen, die für Betriebe mehrerer Arbeitgeber bestehen, gehören dem Verwaltungsrat jeder Arbeitgeber oder sein Vertreter an, sofern die Satzung nichts anderes bestimmt. ⁴Die Zahl der dem Verwaltungsrat angehörenden Arbeitgeber oder ihrer Vertreter darf die Zahl der Versichertenvertreter nicht übersteigen; Satz 2 gilt entsprechend. ⁵Die Satzung legt das Verfahren zur Bestimmung der Arbeitgebervertreter des Verwaltungsrates sowie die Verteilung der Stimmen und die Stellvertretung fest. ⁶Die Sätze 1 bis 5 gelten nicht für Betriebskrankenkassen, deren Satzung eine Regelung nach § 173 Absatz 2 Satz 1 Nummer 4 des Fünften Buches enthält.

(2a) ¹Bei den Unfallkassen der Länder und Gemeinden und den gemeinsamen Unfallkassen für den Landes- und kommunalen Bereich gehören den Selbstverwaltungsorganen außer den Vertretern der Versicherten eine gleiche Anzahl von Arbeitgebervertretern oder ein Arbeitgebervertreter an. ²Die Arbeitgebervertreter werden bestimmt
1. bei den Unfallkassen der Länder von der nach Landesrecht zuständigen Stelle,
2. bei den Unfallkassen der Gemeinden von der nach der Ortssatzung zuständigen Stelle,
3. bei den gemeinsamen Unfallkassen für den Landes- und kommunalen Bereich
   a) für den Landesbereich von der nach Landesrecht zuständigen Stelle,
   b) für den kommunalen Bereich, wenn in den Unfallkassen nur eine Gemeinde einbezogen ist, von der nach der Ortssatzung zuständigen Stelle.

³Gehört dem Selbstverwaltungsorgan nur ein Arbeitgebervertreter an, hat er die gleiche Zahl der Stimmen wie die Vertreter der Versicherten; bei einer Abstimmung kann er jedoch nicht mehr Stimmen abgeben, als den anwesenden Vertretern der Versicherten zustehen. ⁴Das Verhältnis der Zahl der Stimmen der Vertreter aus dem Landesbereich zu der Zahl der Stimmen der Vertreter aus dem kommunalen Bereich bei den Unfallkassen im Sinne der Nummer 3 entspricht dem Verhältnis der auf diese beiden Bereiche entfallenden nach § 2 Absatz 1 Nummer 1, 2 und 8 des Siebten Buches versicherten Personen im vorletzten Kalenderjahr vor der Wahl; das Nähere bestimmt die Satzung.

(3) ¹In den Selbstverwaltungsorganen der Sozialversicherung für Landwirtschaft, Forsten und Gartenbau wirken in Angelegenheiten der Krankenversicherung der Landwirte und der Alterssicherung der Landwirte die Vertreter der Selbständigen, die in der betreffenden Versicherung nicht versichert sind und die nicht zu den in § 51 Absatz 4 genannten Beauftragten gehören, sowie die Vertreter der Arbeitnehmer nicht mit. ²An die Stelle der nicht mitwirkenden Vertreter der Selbständigen treten die Stellvertreter, die in der betreffenden Versicherung versichert sind; sind solche Stellvertreter nicht in genügender Zahl vorhanden, ist die Liste der Stellvertreter nach § 60 zu ergänzen.

(3a) Das Bundesministerium für Arbeit und Soziales und das Bundesministerium für Ernährung und Landwirtschaft gehören den Selbstverwaltungsorganen der Sozialversicherung für Landwirtschaft, Forsten und Gartenbau mit beratender Stimme an; für das Bundesministerium für Arbeit und Soziales gilt dies nicht, soweit Fragen der landwirtschaftlichen Krankenversicherung berührt werden.

(4) ¹Krankenkassen nach § 35a können die Zusammensetzung des Verwaltungsrates, insbesondere die Zahl der dem Verwaltungsrat angehörenden Arbeitgeber- und Versichertenvertreter sowie die Zahl und die Verteilung der Stimmen, in ihrer Satzung mit einer Mehrheit von mehr als drei Vierteln der stimmberechtigten Mitglieder von der folgenden Wahlperiode an abweichend von den Absätzen 1 und 2 regeln. ²Der Verwaltungsrat muss mindestens zur Hälfte aus Vertretern der Versicherten bestehen. ³Im Fall der Vereinigung von Krankenkassen können die Verwaltungsräte der beteiligten Krankenkassen die Zusammensetzung des Verwaltungsrates der neuen Krankenkasse nach den Sätzen 1 und 2 mit der in Satz 1 genannten Mehrheit auch für die laufende Wahlperiode regeln.

(5) ¹Die Vertreterversammlungen der Regionalträger der gesetzlichen Rentenversicherung und der Deutschen Rentenversicherung Knappschaft-Bahn-See wählen aus ihrer Selbstverwaltung jeweils zwei Mitglieder in die Bundesvertreterversammlung der Deutschen Rentenversicherung Bund. ²Die Gewählten müssen je zur Hälfte der Gruppe der Versicherten und der Gruppe der Arbeitgeber angehören. ³Die weiteren Mitglieder der Bundesvertreterversammlung der Deutschen Rentenversicherung Bund

werden von den Versicherten und Arbeitgebern der Deutschen Rentenversicherung Bund gewählt; ihre Anzahl wird durch die Satzung festgelegt und darf die Zahl 30 nicht überschreiten. ⁴Der Vertreterversammlung der Deutschen Rentenversicherung Bund gehören die durch Wahl der Versicherten und Arbeitgeber der Deutschen Rentenversicherung Bund bestimmten Mitglieder an.

(6) ¹Der Bundesvorstand der Deutschen Rentenversicherung Bund besteht aus 22 Mitgliedern. ²Zwölf Mitglieder werden auf Vorschlag der Vertreter der Regionalträger, acht Mitglieder auf Vorschlag der nach Absatz 5 Satz 3 gewählten Vertreter der Deutschen Rentenversicherung Bund und zwei Mitglieder auf Vorschlag der Vertreter der Deutschen Rentenversicherung Knappschaft-Bahn-See gewählt. ³Die Gewählten müssen je zur Hälfte der Gruppe der Versicherten und der Gruppe der Arbeitgeber angehören. ⁴Dem Vorstand der Deutschen Rentenversicherung Bund gehören die Mitglieder des Bundesvorstandes der Deutschen Rentenversicherung Bund an, die auf Vorschlag der nach Absatz 5 Satz 3 gewählten Vertreter der Deutschen Rentenversicherung Bund bestimmt wurden.

(7) ¹Bei der Unfallversicherung Bund und Bahn gehören den Selbstverwaltungsorganen Arbeitgebervertreter mit insgesamt der gleichen Stimmenzahl wie die Vertreter der Versicherten an. ²Die Arbeitgebervertreter werden vom Bundesministerium für Arbeit und Soziales auf Vorschlag des Bundesministeriums für Verkehr und digitale Infrastruktur, des Bundesministeriums des Innern, für Bau und Heimat, des Bundesministeriums der Finanzen, des Bundesministeriums der Verteidigung, des Bundesministeriums für Arbeit und Soziales und der Bundesagentur für Arbeit bestellt. ³Die auf Vorschlag des Bundesministeriums für Verkehr und digitale Infrastruktur bestellten Arbeitgebervertreter haben in den Selbstverwaltungsorganen einen Stimmenanteil von 40 Prozent der Stimmenzahl der Arbeitgebervertreter. ⁴Das Nähere regelt die Satzung.

§ 45 Sozialversicherungswahlen

(1) ¹Die Wahlen sind entweder allgemeine Wahlen oder Wahlen in besonderen Fällen. ²Allgemeine Wahlen sind die im gesamten Wahlgebiet regelmäßig und einheitlich stattfindenden Wahlen. ³Wahlen in besonderen Fällen sind Wahlen zu den Organen neu errichteter Versicherungsträger und Wahlen, die erforderlich werden, weil eine Wahl für ungültig erklärt worden ist (Wiederholungswahlen).
(2) ¹Die Wahlen sind frei, geheim und öffentlich; es gelten die Grundsätze der Verhältniswahl. ²Das Wahlergebnis wird nach dem Höchstzahlverfahren d'Hondt ermittelt. ³Dabei werden nur die Vorschlagslisten berücksichtigt, die mindestens fünf vom Hundert der abgegebenen gültigen Stimmen erhalten haben.

§ 46 Wahl der Vertreterversammlung

(1) Die Versicherten und die Arbeitgeber wählen die Vertreter ihrer Gruppen in die Vertreterversammlung getrennt auf Grund von Vorschlagslisten; das Gleiche gilt bei der Sozialversicherung für Landwirtschaft, Forsten und Gartenbau für die Selbständigen ohne fremde Arbeitskräfte.
(2) Wird aus einer Gruppe nur eine Vorschlagsliste zugelassen oder werden auf mehreren Vorschlagslisten insgesamt nicht mehr Bewerber benannt, als Mitglieder zu wählen sind, gelten die Vorgeschlagenen als gewählt.
(3) ¹Ist eine Wahl zur Vertreterversammlung nicht zustande gekommen oder ist nicht die vorgeschriebene Zahl von Mitgliedern gewählt oder kein Stellvertreter benannt worden, zeigt der Vorstand dies der Aufsichtsbehörde unverzüglich an. ²Diese beruft die Mitglieder und die Stellvertreter aus der Zahl der Wählbaren. ³Bei neu errichteten Versicherungsträgern trifft die Anzeigepflicht den Wahlausschuss.

§ 47 Gruppenzugehörigkeit

(1) Zur Gruppe der Versicherten gehören
1. bei den Krankenkassen deren Mitglieder sowie die Mitglieder der jeweils zugehörigen Pflegekasse,
2. bei den Trägern der Unfallversicherung die versicherten Personen, die regelmäßig mindestens zwanzig Stunden im Monat eine die Versicherung begründende Tätigkeit ausüben, und die Rentenbezieher, die der Gruppe der Versicherten unmittelbar vor dem Ausscheiden aus der versicherten Tätigkeit angehört haben,
3. bei den Trägern der Rentenversicherung diejenigen versicherten Personen, die eine Versicherungsnummer erhalten oder beantragt haben, und die Rentenbezieher.

(2) Zur Gruppe der Arbeitgeber gehören
1. die Personen, die regelmäßig mindestens einen beim Versicherungsträger versicherungspflichtigen Arbeitnehmer beschäftigen; dies gilt nicht für Personen, die bei demselben Versicherungsträger zur Gruppe der Versicherten gehören und nur einen Arbeitnehmer im Haushalt beschäftigen,

2. bei den Trägern der Unfallversicherung auch die versicherten Selbständigen und ihre versicherten Ehegatten oder Lebenspartner, soweit Absatz 3 nichts Abweichendes bestimmt, und die Rentenbezieher, die der Gruppe der Arbeitgeber unmittelbar vor dem Ausscheiden aus der versicherten Tätigkeit angehört haben,
3. bei den Feuerwehr-Unfallkassen auch die Gemeinden und die Gemeindeverbände.

(3) Zur Gruppe der Selbständigen ohne fremde Arbeitskräfte gehören bei der Sozialversicherung für Landwirtschaft, Forsten und Gartenbau
1. die versicherten Selbständigen ohne fremde Arbeitskräfte und ihre versicherten Ehegatten oder Lebenspartner; dies gilt nicht für Personen, die in den letzten zwölf Monaten sechsundzwanzig Wochen als Arbeitnehmer in der Land- oder Forstwirtschaft unfallversichert waren,
2. die Rentenbezieher, die der Gruppe der Selbständigen ohne fremde Arbeitskräfte unmittelbar vor dem Ausscheiden aus der versicherten Tätigkeit angehört haben.

(4) Wer gleichzeitig die Voraussetzungen der Zugehörigkeit zu den Gruppen der Versicherten und der Arbeitgeber oder der Selbständigen ohne fremde Arbeitskräfte desselben Versicherungsträgers erfüllt, gilt nur als zur Gruppe der Arbeitgeber oder der Gruppe der Selbständigen ohne fremde Arbeitskräfte gehörig.

(5) Rentenbezieher im Sinne der Vorschriften über die Selbstverwaltung ist, wer eine Rente aus eigener Versicherung von dem jeweiligen Versicherungsträger bezieht.

§ 48 Vorschlagslisten

(1) ¹Das Recht, Vorschlagslisten einzureichen, haben
1. Gewerkschaften sowie andere selbständige Arbeitnehmervereinigungen mit sozial- oder berufspolitischer Zwecksetzung (sonstige Arbeitnehmervereinigungen) sowie deren Verbände,
2. Vereinigungen von Arbeitgebern sowie deren Verbände,
3. für die Gruppe der Selbständigen ohne fremde Arbeitskräfte berufsständische Vereinigungen der Landwirtschaft sowie deren Verbände und für die Gruppe der bei den Trägern der gesetzlichen Unfallversicherung versicherten Angehörigen der freiwilligen Feuerwehren die Landesfeuerwehrverbände,
4. Versicherte, Selbständige ohne fremde Arbeitskräfte und Arbeitgeber (freie Listen).

²Verbände der vorschlagsberechtigten Organisationen haben nur dann das Recht, Vorschlagslisten einzureichen, wenn alle oder mindestens drei ihrer vorschlagsberechtigten Mitgliedsorganisationen darauf verzichten, eine Vorschlagsliste einzureichen.

(2) ¹Vorschlagslisten der Versicherten und der Selbständigen ohne fremde Arbeitskräfte müssen bei einem Versicherungsträger mit
bis zu 10 000 Versicherten von 10 Personen,
10 001 bis 50 000 Versicherten von 25 Personen,
50 001 bis 100 000 Versicherten von 50 Personen,
100 001 bis 500 000 Versicherten von 100 Personen,
500 001 bis 3 000 000 Versicherten von 300 Personen,
mehr als 3 000 000 Versicherten von 1 000 Personen
unterzeichnet sein. ²Für die in Satz 1 genannte Anzahl von Versicherten ist der 31. Dezember des zweiten Kalenderjahres vor dem Kalenderjahr der Wahlausschreibung maßgebend.

(3) ¹Berechtigt zur Unterzeichnung einer Vorschlagsliste nach Absatz 2 sind Personen, die am Tag der Wahlausschreibung die Voraussetzungen des Wahlrechts nach § 50 oder der Wählbarkeit nach § 51 Absatz 1 Satz 2 erfüllen. ²Von der nach Absatz 2 Satz 1 erforderlichen Anzahl der Unterzeichner dürfen höchstens fünfundzwanzig vom Hundert dem Personenkreis angehören, der nach § 51 Absatz 6 Nummer 5 und 6 nicht wählbar ist.

(4) ¹Die Absätze 2 und 3 gelten für Vorschlagslisten der in Absatz 1 Satz 1 Nummer 1 genannten Arbeitnehmervereinigungen sowie deren Verbände entsprechend. ²Das gilt nicht, wenn diese
1. seit der vorangegangenen Wahl mit mindestens einem Vertreter unterbrochen in der Vertreterversammlung vertreten sind oder
2. bei der vorangegangenen Wahl einer Gemeinschaftsliste angehörten und mindestens ein Vertreter dieser Gemeinschaftsliste seitdem ununterbrochen der Vertreterversammlung angehört oder
3. bei der vorangegangenen Wahl eine Vorschlagsliste eingereicht oder einer Gemeinschaftsliste angehört hatten und nur deshalb nicht mit mindestens einem Vertreter ununterbrochen der Vertreterversammlung angehören, weil der oder die Vertreter nach einer Vereinigung nicht als Mitglied berufen worden waren.

³Schließen sich zwei oder mehrere Arbeitnehmervereinigungen zu einer neuen Arbeitnehmervereinigung zusammen, gelten die Absätze 2 und 3 nicht, wenn seit der letzten Wahl auch nur eine der bisherigen Arbeitnehmervereinigungen ununterbrochen in der Vertreterversammlung vertreten war.
(5) ¹Für Vorschlagslisten der Arbeitgeber gelten die Absätze 2 und 3, für Vorschlagslisten von Arbeitgebervereinigungen sowie deren Verbände Absatz 4 entsprechend. ²Die Unterzeichner einer Vorschlagsliste müssen zusammen über die den Mindestzahlen entsprechende Stimmenzahl (§ 49 Absatz 2) verfügen.
(6) ¹Die Vorschlagslisten dürfen als Mitglieder der Selbstverwaltungsorgane und deren Stellvertreter von jeweils drei Personen nur einen Beauftragten (§ 51 Absatz 4 Satz 1) enthalten. ²Die Reihenfolge der Stellvertreter ist so festzulegen, dass erst jeder dritte Stellvertreter zu den Beauftragten gehört.
(7) ¹Eine Zusammenlegung mehrerer Vorschlagslisten zu einer Vorschlagsliste ist nur bis zum Ende der Einreichungsfrist beim Wahlausschuss zulässig. ²Eine Verbindung mehrerer Vorschlagslisten ist zulässig. ³Verbundene Listen gelten bei der Ermittlung des Wahlergebnisses im Verhältnis zu den übrigen Listen als eine Liste.
(8) ¹Die Vorschlagsberechtigten nach Absatz 1 Satz 1 Nummer 1 bis 4 stellen die Bewerber einer Vorschlagsliste in der jeweiligen Gruppe auf. ²Über die Bewerberaufstellung ist eine Niederschrift anzufertigen. ³Die Niederschrift ist mit der Vorschlagsliste beim Wahlausschuss einzureichen.
(9) Bei den Krankenkassen nach § 35a hat jede Vorschlagsliste mindestens 40 Prozent weibliche und 40 Prozent männliche Bewerber zu enthalten.
(10) ¹Vorschlagslisten für die Wahlen zu den Vertreterversammlungen der Renten- und Unfallversicherungsträger sollen jeweils für Mitglieder und stellvertretende Mitglieder mindestens 40 Prozent weibliche und 40 Prozent männliche Bewerber enthalten. ²Die Vorschlagslisten sollen in der Weise aufgestellt werden, dass von jeweils drei aufeinander folgenden Listenplätzen mindestens ein Listenplatz mit einer Frau zu besetzen ist. ³Wird die Quote nach Satz 1 oder die Verteilung nach Satz 2 nicht eingehalten, ist dies jeweils schriftlich zu begründen. ⁴Die Begründung ist in die Niederschrift nach Absatz 8 Satz 2 aufzunehmen; Absatz 8 Satz 3 gilt entsprechend.

§ 48a Vorschlagsrecht der Arbeitnehmervereinigungen

(1) ¹Arbeitnehmervereinigungen haben nur dann das Recht, Vorschlagslisten einzureichen, wenn sie die arbeitsrechtlichen Voraussetzungen für die Gewerkschaftseigenschaft erfüllen oder wenn sie nach dem Gesamtbild der tatsächlichen Verhältnisse, insbesondere nach Umfang und Festigkeit ihrer Organisation, der Zahl ihrer beitragszahlenden Mitglieder, ihrer Tätigkeit und ihrem Hervortreten in der Öffentlichkeit eine ausreichende Gewähr für die Ernsthaftigkeit und Dauerhaftigkeit ihrer sozial- oder berufspolitischen Zwecksetzung und die Unterstützung der auf ihren Vorschlag hin gewählten Organmitglieder und Versichertenältesten bieten. ²Die sozial- oder berufspolitische Tätigkeit darf sich nicht nur auf die Einreichung von Vorschlagslisten zu den Sozialversicherungswahlen beschränken, sondern muss auch als eigenständige Aufgabe der Arbeitnehmervereinigung die Verwirklichung sozialer und beruflicher Ziele für die versicherten Arbeitnehmer oder einzelne Gruppen der versicherten Arbeitnehmer umfassen.
(2) ¹Der Name und die Kurzbezeichnung einer Arbeitnehmervereinigung dürfen nicht geeignet sein, einen Irrtum über Art, Umfang und Zwecksetzung der Vereinigung herbeizuführen. ²In der Arbeitnehmervereinigung dürfen nur Arbeitnehmer und, wenn im Namen der Arbeitnehmervereinigung eine bestimmte Personengruppe genannt ist, nur dieser Personengruppe angehörende Arbeitnehmer maßgebenden Einfluss haben.
(3) Eine Arbeitnehmervereinigung, der zu mehr als fünfundzwanzig vom Hundert Bedienstete des Versicherungsträgers angehören, in deren Vorstand Bedienstete einen Stimmanteil von mehr als fünfundzwanzig vom Hundert haben oder in der ihnen auf andere Weise ein nicht unerheblicher Einfluss eingeräumt ist, ist nicht vorschlagsberechtigt.
(4) ¹Die Arbeitnehmervereinigung muss von Beginn des Kalenderjahres vor dem Kalenderjahr der Wahlausschreibung an ständig eine Anzahl beitragszahlender Mitglieder haben, die mindestens der nach § 48 Absatz 2 geforderten Unterschriftenzahl entspricht. ²Das tatsächliche Beitragsaufkommen muss die Arbeitnehmervereinigung in die Lage versetzen, ihre Vereinstätigkeit nachhaltig auszuüben und den Vereinszweck zu verfolgen.
(5) Die Satzung der Arbeitnehmervereinigung muss Bestimmungen enthalten über
1. Name, Sitz und Zweck der Vereinigung,
2. Eintritt und Austritt der Mitglieder,
3. Rechte und Pflichten der Mitglieder,
4. Zusammensetzung und Befugnisse des Vorstandes und der übrigen Organe,

5. Voraussetzung, Form und Frist der Einberufung der Mitgliederversammlung, Tätigkeitsbericht und Rechnungslegung durch den Vorstand sowie Zustandekommen und Beurkundung der Beschlüsse.

§ 48b Feststellungsverfahren

(1) ¹Ob eine Vereinigung als Arbeitnehmervereinigung vorschlagsberechtigt ist, wird bei Vereinigungen, bei denen nicht eine ununterbrochene Vertretung nach § 48 Absatz 4 vorliegt, vorab festgestellt. ²Der Antrag auf Feststellung ist bis zum 28. Februar des dem Wahljahr vorhergehenden Jahres beim Wahlausschuss des Versicherungsträgers einzureichen.
(2) ¹Der Wahlausschuss kann dem Antragsteller eine Frist zur Ergänzung seines Antrags mit ausschließender Wirkung setzen. ²Die Entscheidung soll innerhalb von drei Monaten nach Ablauf der Antragsfrist getroffen werden.
(3) ¹Gegen die Entscheidung des Wahlausschusses können der Antragsteller und die nach § 57 Absatz 2 anfechtungsberechtigten Personen und Vereinigungen innerhalb von zwei Wochen Beschwerde einlegen. ²Für das Beschwerdeverfahren gilt Absatz 2 entsprechend.

§ 48c Feststellung der allgemeinen Vorschlagsberechtigung

(1) ¹Arbeitnehmervereinigungen, die bei allen Versicherungsträgern die Voraussetzungen der Vorschlagsberechtigung erfüllen und glaubhaft machen, dass sie bei mindestens fünf Versicherungsträgern Vorschlagslisten einreichen werden, können die Feststellung ihrer allgemeinen Vorschlagsberechtigung beim Bundeswahlbeauftragten beantragen. ²Die Feststellung der allgemeinen Vorschlagsberechtigung hat die Wirkung einer Feststellung nach § 48b Absatz 1 Satz 1.
(2) ¹Der Antrag auf Feststellung ist bis zum 2. Januar des dem Wahljahr vorhergehenden Jahres zu stellen. ²Der Bundeswahlbeauftragte darf die allgemeine Vorschlagsberechtigung nur feststellen, wenn dies ohne zeitaufwendige Ermittlungen möglich ist. ³Die Entscheidung ist spätestens bis zum 31. Januar zu treffen und dem Antragsteller unverzüglich bekannt zu geben. ⁴Der Bundeswahlbeauftragte hat die Namen der Arbeitnehmervereinigungen, deren allgemeine Vorschlagsberechtigung festgestellt wurde, nach Ablauf der Entscheidungsfrist im Bundesanzeiger zu veröffentlichen.
(3) ¹Gegen die Feststellung der allgemeinen Vorschlagsberechtigung können die nach § 57 Absatz 2 anfechtungsberechtigten Personen und Vereinigungen spätestens zwei Wochen nach ihrer Bekanntmachung im Bundesanzeiger Beschwerde einlegen. ²Für das Beschwerdeverfahren gilt § 48b Absatz 2 entsprechend. ³Wird die Entscheidung des Bundeswahlbeauftragten im Beschwerdeverfahren aufgehoben, gilt § 48b mit der Maßgabe, dass der Antrag auf Feststellung innerhalb eines Monats nach Bekanntgabe der Beschwerdeentscheidung zu stellen ist. ⁴Die Ablehnung der Feststellung der allgemeinen Vorschlagsberechtigung ist unanfechtbar.

§ 49 Stimmenzahl

(1) Jeder Versicherte hat eine Stimme.
(2) ¹Das Stimmrecht eines Wahlberechtigten, der zur Gruppe der Arbeitgeber gehört, bemisst sich nach der Zahl der am Stichtag für das Wahlrecht (§ 50 Absatz 1) bei ihm beschäftigten, beim Versicherungsträger versicherungspflichtigen und wahlberechtigten Personen. ²Er hat bei
0 bis 20 Versicherten eine Stimme,
21 bis 50 Versicherten zwei Stimmen,
51 bis 100 Versicherten drei Stimmen und
je weiteren 1 bis 100 Versicherten eine weitere Stimme bis zur Höchstzahl von zwanzig Stimmen. ³Für das Stimmrecht des Arbeitgebers bei einem Regionalträger der gesetzlichen Rentenversicherung ist unerheblich, bei welchem Regionalträger der gesetzlichen Rentenversicherung die Versicherten wahlberechtigt sind.
(3) ¹Bei den Gemeindeunfallversicherungsverbänden, den gemeinsamen Unfallkassen und den Feuerwehr-Unfallkassen haben Gemeinden eine Stimme je angefangene 1000 Einwohner, Landkreise eine Stimme je angefangene 10 000 Einwohner, Bezirksverbände und Landschaftsverbände eine Stimme je angefangene 100 000 Einwohner. ²Hierbei ist die letzte vor dem Stichtag für das Wahlrecht (§ 50 Absatz 1) von der für die Statistik zuständigen Landesbehörde veröffentlichte und fortgeschriebene Einwohnerzahl zugrunde zu legen.
(4) Die Satzung kann für Abstufung und Höchstzahl der Stimmen von den Absätzen 2 und 3 Abweichendes bestimmen.

§ 50 Wahlrecht

(1) ¹Wahlberechtigt ist, wer an dem in der Wahlausschreibung bestimmten Tag (Stichtag für das Wahlrecht)
1. bei dem Versicherungsträger zu einer der Gruppen gehört, aus deren Vertretern sich die Selbstverwaltungsorgane des Versicherungsträgers zusammensetzen,
2. das sechzehnte Lebensjahr vollendet hat,
3. eine Wohnung in einem Mitgliedstaat der Europäischen Union, einem Vertragsstaat des Abkommens über den Europäischen Wirtschaftsraum oder der Schweiz innehat oder sich gewöhnlich dort aufhält oder regelmäßig dort beschäftigt oder tätig ist.

²Wahlberechtigte, die ihren Wohnsitz oder gewöhnlichen Aufenthalt außerhalb des Geltungsbereichs dieses Gesetzbuchs haben, können in der Renten- und Unfallversicherung an der Wahl nur teilnehmen, wenn sie in der Zeit zwischen dem 107. und dem 37. Tag vor dem Wahltag bei dem Versicherungsträger einen Antrag auf Teilnahme an der Wahl stellen. ³In der Rentenversicherung ist ein Versicherter bei dem Träger wahlberechtigt, der sein Versicherungskonto führt, ein Rentenbezieher bei dem Träger, der die Rente leistet.

(2) Wahlberechtigt ist nicht, wer aus den in § 13 des Bundeswahlgesetzes genannten Gründen vom Wahlrecht ausgeschlossen ist.

(3) Die Satzung kann bestimmen, dass nicht wahlberechtigt ist, wer am Stichtag für das Wahlrecht fällige Beiträge nicht bezahlt hat.

(4) Anstelle eines nach den Absätzen 1 und 2 nicht wahlberechtigten Arbeitgebers kann sein gesetzlicher Vertreter oder, wenn ein solcher nicht vorhanden ist, ein Geschäftsführer oder bevollmächtigter Betriebsleiter das Wahlrecht ausüben; die Absätze 1 und 2 gelten entsprechend.

§ 51 Wählbarkeit

(1) ¹Wählbar ist, wer am Tag der Wahlausschreibung (Stichtag für die Wählbarkeit)
1. bei dem Versicherungsträger zu einer der Gruppen gehört, aus deren Vertretern sich die Selbstverwaltungsorgane des Versicherungsträgers zusammensetzen,
2. das Alter erreicht hat, mit dem nach § 2 des Bürgerlichen Gesetzbuchs die Volljährigkeit eintritt,
3. das Wahlrecht zum Deutschen Bundestag besitzt oder im Gebiet der Bundesrepublik Deutschland seit mindestens sechs Jahren eine Wohnung innehat, sich sonst gewöhnlich aufhält oder regelmäßig beschäftigt oder tätig ist,
4. eine Wohnung in dem Bezirk des Versicherungsträgers oder in einem nicht weiter als einhundert Kilometer von dessen Grenze entfernten Ort im Geltungsbereich dieses Gesetzbuchs innehat oder sich gewöhnlich dort aufhält oder in dem Bezirk des Versicherungsträgers regelmäßig beschäftigt oder tätig ist.

²In der Rentenversicherung gilt § 50 Absatz 1 Satz 3 entsprechend; wer bei einem hiernach zuständigen Regionalträger der gesetzlichen Rentenversicherung nach Satz 1 Nummer 4 nicht wählbar ist, ist wählbar bei dem Regionalträger der gesetzlichen Rentenversicherung, in dessen Zuständigkeitsbereich er seine Wohnung oder seinen gewöhnlichen Aufenthalt hat. ³Satz 1 Nummer 2 und 4 gilt auch in den Fällen der Absätze 2 bis 5, Satz 1 Nummer 3 auch in den Fällen der Absätze 2, 4 und 5.

(2) Wählbar als Vertreter der Arbeitgeber ist auch ein gesetzlicher Vertreter, Geschäftsführer oder bevollmächtigter Betriebsleiter eines Arbeitgebers.

(3) Wählbar als Versichertenältester ist, wer versichert oder Rentenbezieher ist und seine Wohnung oder seinen gewöhnlichen Aufenthalt in dem Versichertenältestenbezirk hat.

(4) ¹Wählbar sind auch andere Personen, wenn sie als Vertreter der Versicherten von den Gewerkschaften oder den sonstigen Arbeitnehmervereinigungen oder deren Verbänden, als Vertreter der Arbeitgeber von den Vereinigungen von Arbeitgebern oder deren Verbänden, als Vertreter der Selbständigen ohne fremde Arbeitskräfte von den berufsständischen Vereinigungen der Landwirtschaft oder deren Verbänden vorgeschlagen werden (Beauftragte). ²Von der Gesamtzahl der Mitglieder einer Gruppe in einem Selbstverwaltungsorgan darf nicht mehr als ein Drittel zu den Beauftragten gehören; jedem Selbstverwaltungsorgan kann jedoch ein Beauftragter je Gruppe angehören. ³Eine Abweichung von Satz 2, die sich infolge der Vertretung eines Organmitglieds ergibt, ist zulässig.

(5) Bei der Berufsgenossenschaft Verkehrswirtschaft Post-Logistik Telekommunikation sind als Vertreter der Versicherten auch Personen wählbar, die mindestens fünf Jahre lang als Seeleute bei der Berufsgenossenschaft Verkehrswirtschaft Post-Logistik Telekommuniaktion versichert waren, noch in näherer Beziehung zur Seefahrt stehen und nicht Unternehmer sind.

(5a) Wer nach dem Stichtag für die Wählbarkeit seine Gruppenzugehörigkeit wegen Arbeitslosigkeit verliert, verliert nicht deshalb seine Wählbarkeit bis zum Ende der Amtsperiode.
(6) Wählbar ist nicht, wer
1. aus den in § 13 des Bundeswahlgesetzes genannten Gründen vom Wahlrecht ausgeschlossen ist,
2. auf Grund Richterspruchs nicht die Fähigkeit besitzt, öffentliche Ämter zu bekleiden und Rechte aus öffentlichen Wahlen zu erlangen,
3. in Vermögensverfall geraten ist,
4. seit den letzten Wahlen wegen grober Verletzung seiner Pflichten nach § 59 Absatz 3 seines Amtes enthoben worden ist,
5. a) als Beamter, Angestellter oder Arbeiter bei dem Versicherungsträger oder dessen Verbänden,
   b) als leitender Beamter oder Angestellter bei einer Behörde, die Aufsichtsrechte gegenüber dem Versicherungsträger hat, oder
   c) als anderer Beamter oder Angestellter bei einer solchen Behörde im Fachgebiet Sozialversicherung
   beschäftigt ist oder innerhalb von zwölf Monaten vor dem Wahltag beschäftigt war,
6. a) regelmäßig für den Versicherungsträger oder im Rahmen eines mit ihm abgeschlossenen Vertrags freiberuflich oder
   b) in Geschäftsstellen der Deutschen Rentenversicherung Knappschaft-Bahn-See in knappschaftlich versicherten Betrieben
   tätig ist.
(7) Die Satzung kann bestimmen, dass nicht wählbar ist, wer am Tag der Wahlausschreibung fällige Beiträge nicht bezahlt hat.
(8) Als Versichertenältester ist nicht wählbar, wer zur geschäftsmäßigen Besorgung fremder Rechtsangelegenheiten zugelassen ist.

§ 52 Wahl des Vorstandes

(1) Die Vertreter der Versicherten und der Arbeitgeber in der Vertreterversammlung wählen auf Grund von Vorschlagslisten getrennt die Vertreter ihrer Gruppe in den Vorstand; das Gleiche gilt bei der Sozialversicherung für Landwirtschaft, Forsten und Gartenbau für die Selbständigen ohne fremde Arbeitskräfte.
(1a) ¹Vorschlagslisten sollen jeweils für Mitglieder und stellvertretende Mitglieder mindestens 40 Prozent weibliche und 40 Prozent männliche Bewerber enthalten. ²Die Vorschlagslisten sollen in der Weise aufgestellt werden, dass von jeweils drei aufeinander folgenden Listenplätzen mindestens ein Listenplatz mit einer Frau zu besetzen ist. ³Wird die Quote nach Satz 1 oder die Verteilung nach Satz 2 nicht eingehalten, ist dies jeweils schriftlich zu begründen. ⁴Die Begründung ist mit der Vorschlagsliste einzureichen.
(2) Die Vorschlagslisten müssen von zwei Mitgliedern der Gruppe der Vertreterversammlung, für die sie gelten sollen, unterzeichnet sein.
(3) § 45 Absatz 2, § 46 Absatz 2 und 3 Satz 1 und 2, § 48 Absatz 7 und § 51 gelten entsprechend.
(4) Die Mitglieder des Bundesvorstandes der Deutschen Rentenversicherung Bund werden gemäß § 64 Absatz 4 gewählt.

§ 53 Wahlorgane

(1) ¹Zur Durchführung der Wahlen werden als Wahlorgane Wahlbeauftragte, Wahlausschüsse und Wahlleitungen bestellt. ²Die Mitglieder der Wahlorgane und die Personen, die bei der Ermittlung des Wahlergebnisses zugezogen werden (Wahlhelfer), sind zur unparteiischen Wahrnehmung ihres Amtes und zur Verschwiegenheit über die ihnen bei ihrer amtlichen Tätigkeit bekanntgewordenen Angelegenheiten verpflichtet; sie üben ihre Tätigkeit ehrenamtlich aus.
(2) ¹Der Bundeswahlbeauftragte und sein Stellvertreter werden vom Bundesministerium für Arbeit und Soziales, die Landeswahlbeauftragten und ihre Stellvertreter von den für die Sozialversicherung zuständigen obersten Verwaltungsbehörden der Länder bestellt. ²Dem Bundeswahlbeauftragten obliegen die allgemeinen Aufgaben und die Durchführung der Wahlen zu den Selbstverwaltungsorganen der bundesunmittelbaren Versicherungsträger. ³Der Bundeswahlbeauftragte soll die Wahlberechtigten regelmäßig über den Zweck der Sozialversicherungswahlen informieren. ⁴Den Landeswahlbeauftragten obliegt die Durchführung der Wahlen zu den Selbstverwaltungsorganen der landesunmittelbaren Versicherungsträger.

(3) Der Bundeswahlbeauftragte kann für einzelne Zweige der Versicherung Richtlinien erlassen, um sicherzustellen, dass die Wahlen einheitlich durchgeführt werden.
(4) Die Wahlbeauftragten und ihre Stellvertreter sind berechtigt, sich an Ort und Stelle davon zu überzeugen, dass die Wahlräume den Vorschriften der Wahlordnung entsprechend eingerichtet sind und dass bei der Wahlhandlung und bei der Ermittlung des Wahlergebnisses den Vorschriften dieses Gesetzes und der Wahlordnung entsprechend verfahren wird.

§ 54 Durchführung der Wahl

(1) Die Wahlberechtigten wählen durch briefliche Stimmabgabe.
(2) ¹Soweit Wahlunterlagen nicht übersandt, sondern ausgehändigt werden, hat der Arbeitgeber oder der sonst für die Aushändigung der Wahlunterlagen Zuständige Vorkehrungen zu treffen, dass die Wahlberechtigten ihre Stimmzettel unbeobachtet kennzeichnen und in den Umschlägen verschließen können. ²Sind mehr als 300 Wahlunterlagen an einem Ort auszuhändigen, sollen hierfür besondere Räume eingerichtet werden, in denen auch die Abgabe der Wahlbriefe zu ermöglichen ist. ³Der Arbeitgeber oder der sonst für die Ausgabe der Wahlunterlagen Zuständige hat dafür Sorge zu tragen, dass in den Räumen zur Stimmabgabe und im Bereich der nach Satz 1 zur Wahrung des Wahlgeheimnisses vorzusehenden Einrichtungen jede Beeinflussung der Wahlberechtigten durch Wort, Ton, Schrift oder Bild unterbleibt.
(3) Der Tag, bis zu dem die Wahlbriefe bei den Versicherungsträgern eingegangen sein müssen (Wahltag), ist vom Bundeswahlbeauftragten für alle Versicherungsträger einheitlich zu bestimmen, soweit nicht Abweichungen geboten sind.
(4) Wahlbriefe können von den Absendern bei einem vor der Wahl amtlich bekannt gemachten Postunternehmen als Briefsendungen ohne besondere Versendungsform unentgeltlich eingeliefert werden, wenn sie sich in amtlichen Wahlbriefumschlägen befinden.

§ 55 Wahlunterlagen und Mitwirkung der Arbeitgeber

(1) Die Wahlberechtigten wählen mit den ihnen ausgehändigten Wahlunterlagen.
(2) Verpflichtet, Wahlunterlagen auszustellen und sie den Wahlberechtigten auszuhändigen, sind

die Versicherungsträger,

die Arbeitgeber im Einvernehmen mit dem Betriebsrat,

die Gemeindeverwaltungen,

die Dienststellen des Bundes und der Länder sowie

die Bundesagentur für Arbeit.

(3) Ist in der Verordnung nach § 56 vorgesehen, dass anstelle der Arbeitgeber die Unfallversicherungsträger die Wahlausweise ausstellen, haben die Arbeitgeber den Unfallversicherungsträgern die hierfür notwendigen Angaben zu machen.

§ 56 Wahlordnung

¹Das Bundesministerium für Arbeit und Soziales erlässt durch Rechtsverordnung mit Zustimmung des Bundesrates die zur Durchführung der Wahlen erforderliche Wahlordnung. ²Es trifft darin insbesondere Vorschriften über
1. die Bestellung der Wahlbeauftragten, die Bildung der Wahlausschüsse und der Wahlleitungen sowie über die Befugnisse, die Beschlussfähigkeit und das Verfahren der Wahlorgane,
2. die Entschädigung der Wahlbeauftragten, der Mitglieder der Wahlausschüsse, der Mitglieder der Wahlleitungen und der Wahlhelfer,
3. die Vorbereitung der Wahlen einschließlich der Unterrichtung der Wahlberechtigten über den Zweck und den Ablauf des Wahlverfahrens sowie über die zur Wahl zugelassenen Vorschlagslisten,
4. den Zeitpunkt für die Wahlen,
5. die Feststellung der Vorschlagsberechtigung, die Angaben und Unterlagen, die zur Feststellung der Vorschlagsberechtigung zu machen oder vorzulegen sind, die Einreichung, den Inhalt und die Form der Vorschlagslisten sowie der dazugehörigen Unterlagen, über ihre Prüfung, die Beseitigung von Mängeln sowie über ihre Zulassung und Bekanntgabe und über Rechtsbehelfe gegen die Entscheidungen der Wahlorgane,
6. die Listenzusammenlegung, die Listenverbindung und die Zurücknahme von Vorschlagslisten,
7. die Wahlbezirke sowie die Wahlräume und ihre Einrichtung,
8. die Ausstellung und Aushändigung von Wahlunterlagen,
9. die Form und den Inhalt der Wahlunterlagen,
10. die Stimmabgabe,

11. die Briefwahl,
12. die Ermittlung und Feststellung der Wahlergebnisse und ihre Bekanntgabe sowie die Benachrichtigung der Gewählten,
12a. die Bekanntmachung von Nachbesetzungen von Selbstverwaltungsorganen,
13. die Wahlen in besonderen Fällen,
14. die Kosten der Wahlen und einen Kostenausgleich.

§ 57 Rechtsbehelfe im Wahlverfahren

(1) Gegen Entscheidungen und Maßnahmen, die sich unmittelbar auf das Wahlverfahren beziehen, sind nur die in dieser Vorschrift, in § 48b Absatz 3, § 48c Absatz 3 Satz 1 und in der Wahlordnung vorgesehenen Rechtsbehelfe zulässig.
(2) Die in § 48 Absatz 1 genannten Personen und Vereinigungen, der Bundeswahlbeauftragte und der zuständige Landeswahlbeauftragte können die Wahl durch Klage gegen den Versicherungsträger anfechten.
(3) ¹Die Klage kann erhoben werden, sobald öffentlich bekannt gemacht ist, dass eine Wahlhandlung unterbleibt, oder sobald ein Wahlergebnis öffentlich bekannt gemacht worden ist. ²Die Klage ist spätestens einen Monat nach dem Tage der öffentlichen Bekanntmachung des endgültigen Wahlergebnisses bei dem für den Sitz des Versicherungsträgers zuständigen Sozialgericht zu erheben. ³Ein Vorverfahren findet nicht statt.
(4) Die Klage ist unzulässig, soweit von dem Recht, gegen eine Entscheidung des Wahlausschusses den hierfür vorgesehenen Rechtsbehelf einzulegen, kein Gebrauch gemacht worden ist.
(5) Während des Wahlverfahrens kann das Gericht auf Antrag eine einstweilige Anordnung treffen, wenn ein Wahlverstoß vorliegt, der dazu führen würde, dass im Wahlanfechtungsverfahren die Wahl für ungültig erklärt wird.
(6) Hat das Gericht eine Entscheidung nach § 131 Absatz 4 des Sozialgerichtsgesetzes getroffen, kann es auf Antrag eine einstweilige Anordnung hinsichtlich der personellen Besetzung der Selbstverwaltungsorgane erlassen.
(7) Beschlüsse, die ein Selbstverwaltungsorgan bis zu dem Zeitpunkt einer Entscheidung nach § 131 Absatz 4 des Sozialgerichtsgesetzes getroffen hat, bleiben wirksam.

§ 58 Amtsdauer

(1) ¹Die gewählten Bewerber werden Mitglieder des Selbstverwaltungsorgans an dem Tage, an dem die erste Sitzung des Organs stattfindet. ²Die neu gewählte Vertreterversammlung tritt spätestens fünf Monate nach dem Wahltag zusammen.
(2) ¹Die Amtsdauer der Mitglieder der Selbstverwaltungsorgane beträgt sechs Jahre; sie endet jedoch unabhängig vom Zeitpunkt der Wahl mit dem Zusammentritt der in den nächsten allgemeinen Wahlen neu gewählten Selbstverwaltungsorgane. ²Wiederwahl ist zulässig.

§ 59 Verlust der Mitgliedschaft

(1) Die Mitgliedschaft in einem Selbstverwaltungsorgan endet vorzeitig
1. durch Tod,
2. durch Erwerb der Mitgliedschaft für ein anderes Selbstverwaltungsorgan, wenn die gleichzeitige Zugehörigkeit zu beiden Selbstverwaltungsorganen ausgeschlossen ist,
3. mit Eintritt der Unanfechtbarkeit eines Beschlusses nach Absatz 2 oder 3.

(2) ¹Der Vorstand hat ein Mitglied eines Selbstverwaltungsorgans durch Beschluss von seinem Amt zu entbinden, wenn ein wichtiger Grund vorliegt oder wenn die Voraussetzungen der Wählbarkeit nicht vorgelegen haben oder nachträglich weggefallen sind. ²Jedes Mitglied hat dem Vorsitzenden des Vorstands unverzüglich Veränderungen anzuzeigen, die seine Wählbarkeit berühren.
(3) ¹Verstößt ein Mitglied eines Selbstverwaltungsorgans in grober Weise gegen seine Amtspflichten, hat der Vorstand das Mitglied durch Beschluss seines Amtes zu entheben. ²Der Vorstand kann die sofortige Vollziehung des Beschlusses anordnen; die Anordnung hat die Wirkung, dass das Mitglied sein Amt nicht ausüben kann. ³Für ein Mitglied des Verwaltungsrates der in § 35a Absatz 1 genannten Krankenkassen finden die Sätze 1 und 2 auch dann Anwendung, wenn in seiner Person ein Wahlausschlussgrund nach § 51 Absatz 6 vorliegt.
(4) ¹Betrifft ein Beschluss nach Absatz 2 oder 3 ein Mitglied der Vertreterversammlung, bedarf er der Zustimmung des Vorsitzenden der Vertreterversammlung. ²Stimmt der Vorsitzende nicht zu oder betrifft der Beschluss ihn selbst, entscheidet die Vertreterversammlung.
(5) Für stellvertretende Mitglieder der Selbstverwaltungsorgane gelten die Absätze 1 bis 4 entsprechend.

(6) Endet die Mitgliedschaft in einem Selbstverwaltungsorgan, tritt bis zur Ergänzung des Organs an die Stelle des ausgeschiedenen Mitglieds ein Stellvertreter.

§ 60 Ergänzung der Selbstverwaltungsorgane

(1) ¹Scheiden Mitglieder oder stellvertretende Mitglieder eines Selbstverwaltungsorgans vorzeitig aus, fordert der Vorsitzende des Vorstands die Stelle, die die Vorschlagsliste der Ausgeschiedenen eingereicht hat (Listenträger), unverzüglich auf, innerhalb zweier Monate Nachfolger vorzuschlagen. ²Sind die Ausgeschiedenen weiblich, sollen auch die nachfolgenden Mitglieder oder stellvertretenden Mitglieder weiblich sein. ³Wird von Satz 2 abgewichen, ist dies vom Listenträger schriftlich zu begründen. ⁴Sind in einer Liste Stellvertreter in ausreichender Zahl vorhanden und hält der Listenträger weitere Stellvertreter nicht für erforderlich, kann der Vorstand zulassen, dass von einer Ergänzung abgesehen wird, wenn die in § 48 Absatz 6 Satz 2 vorgeschriebene Reihenfolge gewahrt ist.

(1a) ¹Scheiden von den Regionalträgern oder der Deutschen Rentenversicherung Knappschaft-Bahn-See gewählte Mitglieder oder stellvertretende Mitglieder der Bundesvertreterversammlung der Deutschen Rentenversicherung Bund aus, fordert der Vorsitzende des Bundesvorstandes den jeweiligen Regionalträger oder die Deutsche Rentenversicherung Knappschaft-Bahn-See auf, unverzüglich Nachfolger zu wählen. ²Scheiden von den Regionalträgern oder der Deutschen Rentenversicherung Knappschaft-Bahn-See vorgeschlagene Mitglieder oder stellvertretende Mitglieder des Bundesvorstandes der Deutschen Rentenversicherung Bund aus, fordert der Vorsitzende des Bundesvorstandes die Vorschlagsberechtigten auf, unverzüglich Nachfolger zur Wahl vorzuschlagen. ³Das Nähere regelt die Satzung. ⁴Absatz 2, Absatz 3 Satz 2, Absatz 4 und 5 gelten entsprechend.

(2) Liegen bei einem als Nachfolger Vorgeschlagenen die Voraussetzungen der Wählbarkeit nicht vor, fordert der Vorsitzende des Vorstands den Listenträger auf, innerhalb eines Monats einen anderen Nachfolger vorzuschlagen.

(3) ¹Erfüllt ein fristgerecht als Nachfolger für die Vertreterversammlung Vorgeschlagener die Voraussetzungen der Wählbarkeit, stellt der Vorstand nach Anhörung des Vorsitzenden der Vertreterversammlung durch Beschluss fest, dass der Vorgeschlagene als gewählt gilt, und benachrichtigt hiervon das neue Mitglied, den Vorsitzenden der Vertreterversammlung, den Listenträger, die Aufsichtsbehörde und den Wahlbeauftragten. ²Wird dem Vorstand innerhalb der Frist nach den Absätzen 1 und 2 kein Nachfolger vorgeschlagen, der die Voraussetzungen der Wählbarkeit erfüllt, beruft die Aufsichtsbehörde den Nachfolger aus der Zahl der Wählbaren.

(4) ¹Erfüllt ein fristgerecht als Nachfolger für den Vorstand Vorgeschlagener die Voraussetzungen der Wählbarkeit, teilt der Vorsitzende des Vorstands dies nach Anhörung des Vorsitzenden der Vertreterversammlung allen Mitgliedern der Gruppe in der Vertreterversammlung mit, die den Ausgeschiedenen gewählt hat, und weist darauf hin, dass der Vorgeschlagene als gewählt gilt, wenn innerhalb eines Monats kein anderer Vorschlag beim Vorstand eingeht. ²Nach Ablauf eines Monats gilt Absatz 3 Satz 1 entsprechend. ³Wird dem Vorstand innerhalb der Frist nach den Absätzen 1 und 2 kein Nachfolger vorgeschlagen, der die Voraussetzungen der Wählbarkeit erfüllt, oder wird ihm innerhalb der in Satz 1 genannten Frist noch ein anderer Vorschlag eingereicht, sind sämtliche Mitglieder in der betreffenden Gruppe des Vorstands und ihre Stellvertreter nach § 52 neu zu wählen.

(5) ¹§ 46 Absatz 3 Satz 1 sowie die §§ 51 und 57 gelten entsprechend. ²An die Stelle des Zeitpunkts der Wahlausschreibung in § 51 Absatz 1 tritt der Zeitpunkt der Aufforderung nach Absatz 1 Satz 1.

§ 61 Wahl der Versichertenältesten und der Vertrauenspersonen

(1) ¹Für die Wahl der Versichertenältesten und der Vertrauenspersonen gelten die §§ 52, 56 bis 60 und 62 Absatz 4 entsprechend, soweit die Satzung nichts Abweichendes bestimmt. ²Den Vorschlagslisten sind Vorschläge der Organisationen und Wählergruppen zugrunde zu legen, die zur Einreichung von Vorschlagslisten für die Wahl der Mitglieder der Vertreterversammlung berechtigt sind.

(2) ¹Die Stellvertretung der Versichertenältesten und der Vertrauenspersonen wird durch die Satzung geregelt. ²Die Satzung kann die Nachfolge vorzeitig ausscheidender Versichertenältester und Vertrauenspersonen abweichend von § 60 regeln.

§ 62 Vorsitzende der Selbstverwaltungsorgane

(1) ¹Die Selbstverwaltungsorgane wählen aus ihrer Mitte einen Vorsitzenden und einen stellvertretenden Vorsitzenden, bei der Sozialversicherung für Landwirtschaft, Forsten und Gartenbau einen ersten und einen zweiten stellvertretenden Vorsitzenden. ²Der Vorsitzende und die stellvertretenden Vorsitzenden müssen, mit Ausnahme bei den Ersatzkassen, verschiedenen Gruppen angehören.

(2) ¹Erhält in zwei Wahlgängen kein Mitglied die Mehrheit der satzungsmäßigen Mitgliederzahl, ist gewählt, wer im dritten Wahlgang die meisten Stimmen auf sich vereinigt. ²Bei gleicher Stimmenzahl gelten die Mitglieder, die diese Stimmenzahl erreichen, mit der Maßgabe als gewählt, dass sie den Vorsitz unter gegenseitiger Stellvertretung abwechselnd je für ein Jahr zu führen haben. ³Gilt hiernach mehr als die vorgeschriebene Zahl von Personen als gewählt, entscheidet das Los; das Gleiche gilt für die Reihenfolge. ⁴Bei der Wahl des Vorsitzenden und des stellvertretenden Vorsitzenden der Bundesvertreterversammlung und des Bundesvorstandes der Deutschen Rentenversicherung Bund ist abweichend von Satz 1 in den ersten beiden Wahlgängen jeweils eine Mehrheit nach § 64 Absatz 4 erforderlich.
(3) ¹Die Satzung kann bestimmen, dass die Vertreter der einzelnen Gruppen abwechselnd mindestens für ein Jahr den Vorsitz führen. ²Bei der Sozialversicherung für Landwirtschaft, Forsten und Gartenbau haben die Vertreter der einzelnen Gruppen während ihrer Amtsdauer abwechselnd je für mindestens ein Jahr den Vorsitz zu führen; Entsprechendes gilt für die Stellvertretung. ³Die Vertreter von zwei Gruppen können vereinbaren, dass für die Dauer der auf ihre Vertreter entfallenden Vorsitzendentätigkeit einer der Vertreter den Vorsitz führt. ⁴Die Satzung bestimmt das Nähere.
(4) Zu Vorsitzenden oder zu stellvertretenden Vorsitzenden gewählte Mitglieder der Selbstverwaltungsorgane erwerben ihr Amt mit der Erklärung, dass sie die Wahl annehmen.
(5) ¹Schließen Tatsachen das Vertrauen der Mitglieder eines Selbstverwaltungsorgans zu der Amtsführung eines Vorsitzenden oder stellvertretenden Vorsitzenden aus, kann ihn das Organ mit einer Mehrheit von zwei Dritteln seiner satzungsmäßigen Mitgliederzahl abberufen. ²Beim Ausscheiden eines Vorsitzenden oder stellvertretenden Vorsitzenden auf eigenen Wunsch endet die Amtsdauer mit der Neuwahl.
(6) ¹Für einen nach Absatz 5 ausscheidenden Vorsitzenden oder stellvertretenden Vorsitzenden wird ein Nachfolger gewählt. ²Für einen nach § 59 ausscheidenden Vorsitzenden oder stellvertretenden Vorsitzenden wird ein Nachfolger nach Ergänzung des Selbstverwaltungsorgans gewählt.

§ 63 Beratung

(1) Jedes Selbstverwaltungsorgan gibt sich eine Geschäftsordnung.
(2) ¹Die Selbstverwaltungsorgane werden von ihren Vorsitzenden nach Bedarf einberufen. ²Sie müssen einberufen werden, wenn ein Drittel der Mitglieder es verlangt.
(3) ¹Die Sitzungen des Vorstands sind nicht öffentlich. ²Die Sitzungen der Vertreterversammlung sind öffentlich, soweit sie sich nicht mit personellen Angelegenheiten des Versicherungsträgers, Grundstücksgeschäften oder geheimhaltungsbedürftigen Tatsachen (§ 35 des Ersten Buches) befassen. ³Für weitere Beratungspunkte kann in nichtöffentlicher Sitzung die Öffentlichkeit ausgeschlossen werden; der Beschluss ist in öffentlicher Sitzung bekannt zu geben.
(3a) ¹Ein Mitglied eines Selbstverwaltungsorgans darf bei der Beratung und Abstimmung nicht anwesend sein, wenn hierbei personenbezogene Daten eines Arbeitnehmers offengelegt werden, der ihm im Rahmen eines Dienst- oder Arbeitsverhältnisses untergeordnet ist, oder wenn das Mitglied des Selbstverwaltungsorgans Angehöriger der Personalverwaltung des Betriebes ist, dem der Arbeitnehmer angehört. ²Diesen Personen darf insbesondere auch bei der Vorbereitung einer Beratung keine Kenntnis von solchen Daten gegeben werden. ³Personenbezogene Daten im Sinne der Sätze 1 und 2 sind
1. die in § 76 Absatz 1 des Zehnten Buches bezeichneten Daten und
2. andere Daten, soweit Grund zur Annahme besteht, dass durch die Kenntnisnahme der genannten Personen schutzwürdige Belange des Arbeitnehmers beeinträchtigt werden.
(4) ¹Ein Mitglied eines Selbstverwaltungsorgans darf bei der Beratung und Abstimmung nicht anwesend sein, wenn ein Beschluss ihm selbst, einer ihm nahestehenden Person (§ 383 Absatz 1 Nummer 1 bis 3 der Zivilprozessordnung) oder einer von ihm vertretenen Person einen unmittelbaren Vorteil oder Nachteil bringen kann. ²Satz 1 gilt nicht, wenn das Mitglied nur als Angehöriger einer Personengruppe beteiligt ist, deren gemeinsame Interessen durch die Angelegenheit berührt werden.
(5) Der Vorstand kann zu Tagesordnungspunkten, bei denen wesentliche Fragen der Gesundheit berührt werden, einen auf den jeweiligen Gebieten der Sozialmedizin und der Sozialversicherung fachlich einschlägig erfahrenen Arzt mit beratender Stimme hinzuziehen.

§ 64 Beschlussfassung

(1) ¹Soweit Gesetz oder sonstiges für den Versicherungsträger maßgebendes Recht nichts Abweichendes bestimmt, sind die Selbstverwaltungsorgane beschlussfähig, wenn sämtliche Mitglieder ordnungsgemäß geladen sind und die Mehrheit der Mitglieder anwesend und stimmberechtigt ist. ²Ist ein Selbstverwaltungsorgan nicht beschlussfähig, kann der Vorsitzende anordnen, dass in der nächsten Sitzung über den

Gegenstand der Abstimmung auch dann beschlossen werden kann, wenn die in Satz 1 bestimmte Mehrheit nicht vorliegt; hierauf ist in der Ladung zur nächsten Sitzung hinzuweisen.

(2) ¹Die Beschlüsse werden, soweit Gesetz oder sonstiges Recht nichts Abweichendes bestimmt, mit der Mehrheit der abgegebenen Stimmen gefasst. ²Bei Stimmengleichheit wird die Abstimmung nach erneuter Beratung wiederholt; bei erneuter Stimmengleichheit gilt der Antrag als abgelehnt.

(3) ¹Der Vorstand kann in eiligen Fällen ohne Sitzung schriftlich abstimmen. ²Die Vertreterversammlung kann schriftlich abstimmen, soweit die Satzung es zulässt. ³Wenn ein Fünftel der Mitglieder des Selbstverwaltungsorgans der schriftlichen Abstimmung widerspricht, ist über die Angelegenheit in der nächsten Sitzung zu beraten und abzustimmen.

(4) ¹Beschlüsse der Bundesvertreterversammlung und des Bundesvorstandes der Deutschen Rentenversicherung Bund in Grundsatz- und Querschnittsaufgaben und in gemeinsamen Angelegenheiten der Träger der Rentenversicherung werden mit der Mehrheit von mindestens zwei Dritteln aller gewichteten Stimmen der satzungsmäßigen Mitgliederzahl getroffen. ²Bei Beschlüssen der Bundesvertreterversammlung und des Bundesvorstandes werden die Stimmen der Regionalträger mit insgesamt 55 vom Hundert und die der Bundesträger mit insgesamt 45 vom Hundert gewichtet. ³In der Bundesvertreterversammlung orientiert sich die Gewichtung innerhalb der Regionalträger und innerhalb der Bundesträger jeweils an der Anzahl der Versicherten der einzelnen Träger. ⁴Im Bundesvorstand gilt Entsprechendes innerhalb der Bundesträger. ⁵Das Nähere zur Stimmengewichtung nach Satz 1 bis 4 regelt die Satzung.

§ 65 Getrennte Abstimmung

(1) In den Selbstverwaltungsorganen der Sozialversicherung für Landwirtschaft, Forsten und Gartenbau ist zur Beschlussfassung eine Mehrheit in den Gruppen der Versicherten, der Selbständigen ohne fremde Arbeitskräfte und der Arbeitgeber erforderlich für
1. die Wahl des Geschäftsführers und seines Stellvertreters,
2. die Anstellung, die Beförderung, die Kündigung und die Entlassung der der Dienstordnung unterstehenden Angestellten in einer besoldungsrechtlichen Stellung, die einem Amt der Besoldungsgruppe A 12 der Bundesbesoldungsordnung oder einer höheren Besoldungsgruppe vergleichbar ist,
3. die Einstellung, die Höhergruppierung und die Kündigung von Beschäftigten der Entgeltgruppe 12 oder einer höheren Entgeltgruppe,
4. den Beschluss über den Haushalt,
5. die personelle Besetzung von Ausschüssen,
6. den Beschluss über die Unfallverhütungsvorschriften.

(2) Über einen abgelehnten Antrag ist auf Verlangen der Antragsteller innerhalb von drei Wochen nochmals abzustimmen.

§ 66 Erledigungsausschüsse

(1) ¹Die Selbstverwaltungsorgane können die Erledigung einzelner Aufgaben, mit Ausnahme der Rechtsetzung, Ausschüssen übertragen. ²Zu Mitgliedern können bis zur Hälfte der Mitglieder einer jeden Gruppe auch Stellvertreter von Mitgliedern des Organs bestellt werden. ³Die Organe können die Stellvertretung für die Ausschussmitglieder abweichend von § 43 Absatz 2 regeln.

(2) Für die Beratung und Abstimmung gelten die §§ 63 und 64 entsprechend.

Dritter Titel
Haushalts- und Rechnungswesen

§ 71 Haushaltsplan der Deutschen Rentenversicherung Knappschaft-Bahn-See

(1) ¹Der Haushaltsplan der Deutschen Rentenversicherung Knappschaft-Bahn-See ist getrennt nach knappschaftlicher Krankenversicherung, knappschaftlicher Pflegeversicherung, knappschaftlicher Rentenversicherung und allgemeiner Rentenversicherung aufzustellen. ²Hierbei gelten Verwaltungsausgaben der knappschaftlichen Krankenversicherung und der allgemeinen Rentenversicherung als Verwaltungsausgaben der knappschaftlichen Rentenversicherung. ³Die Abstimmung nach § 220 Absatz 3 des Sechsten Buches bleibt unberührt.

(2) Die knappschaftliche Krankenversicherung und die allgemeine Rentenversicherung haben der knappschaftlichen Rentenversicherung die Verwaltungsausgaben ihrer Eigeneinrichtungen sowie die nach einem von der Aufsichtsbehörde zu genehmigenden Schlüssel auf sie entfallenden Verwaltungsausgaben zu erstatten.

(3) ¹Der Haushaltsplan bedarf der Genehmigung durch die Bundesregierung. ²Er soll so rechtzeitig festgestellt werden, dass er bis zum 1. November vor Beginn des Kalenderjahrs, für das er gelten soll, der Bundesregierung vorgelegt werden kann. ³Diese kann die Genehmigung auch für einzelne Ansätze versagen, wenn der Haushaltsplan gegen Gesetz oder sonstiges für den Versicherungsträger maßgebendes Recht verstößt oder die Leistungsfähigkeit der Deutschen Rentenversicherung Knappschaft-Bahn-See zur Erfüllung ihrer Verpflichtungen gefährdet oder wenn bei Ansätzen für die knappschaftliche oder allgemeine Rentenversicherung die Bewertungs- oder Bewirtschaftungsmaßstäbe des Bundes nicht beachtet sind.

§71a Haushaltsplan der Bundesagentur für Arbeit

(1) ¹Der Haushaltsplan der Bundesagentur für Arbeit wird vom Vorstand aufgestellt. ²Der Verwaltungsrat stellt den Haushaltsplan fest.
(2) Der Haushaltsplan bedarf der Genehmigung durch die Bundesregierung.
(3) Die Genehmigung kann auch für einzelne Ansätze versagt oder unter Bedingungen und mit Auflagen erteilt werden, wenn der Haushaltsplan gegen Gesetz oder sonstiges für die Bundesagentur maßgebendes Recht verstößt oder die Bewertungs- und Bewirtschaftungsmaßstäbe des Bundes oder die Grundsätze der Sozial-, Wirtschafts- und Finanzpolitik der Bundesregierung nicht berücksichtigt werden.
(4) ¹Enthält die Genehmigung Bedingungen oder Auflagen, stellt der Verwaltungsrat erneut den Haushaltsplan fest. ²Werden Bedingungen oder Auflagen nicht berücksichtigt, hat der Verwaltungsrat der Bundesregierung einen geänderten Haushaltsplan zur Genehmigung vorzulegen; einen nur mit Liquiditätshilfen ausgeglichenen Haushaltsplan kann das Bundesministerium für Arbeit und Soziales in der durch die Bundesregierung genehmigten Fassung selbst feststellen.

§71b Veranschlagung der Arbeitsmarktmittel der Bundesagentur für Arbeit

(1) Die für Ermessensleistungen der aktiven Arbeitsförderung veranschlagten Mittel mit Ausnahme der Mittel für
1. die Erstattung von Maßnahmekosten nach § 54 des Dritten Buches,
2. die Berufsausbildungsbeihilfe nach § 57 Absatz 2 Satz 2 des Dritten Buches,
3. die allgemeinen Leistungen zur Teilhabe am Arbeitsleben nach § 113 Absatz 1 Nummer 1 des Dritten Buches,
4. den Zuschuss zur Ausbildungsvergütung für schwerbehinderte Menschen nach § 73 des Dritten Buches und den Eingliederungszuschuss nach § 90 Absatz 2 bis 4 des Dritten Buches und
5. Leistungen der Trägerförderung nach § 440 Absatz 5 des Dritten Buches
sind im Haushalt der Bundesagentur für Arbeit in einen Eingliederungstitel einzustellen.
(2) ¹Die in dem Eingliederungstitel veranschlagten Mittel sind den Agenturen für Arbeit zur Bewirtschaftung zuzuweisen, soweit nicht andere Dienststellen die Aufgaben wahrnehmen. ²Bei der Zuweisung der Mittel sind insbesondere die regionale Entwicklung der Beschäftigung, die Nachfrage nach Arbeitskräften, Art und Umfang der Arbeitslosigkeit sowie die jeweilige Ausgabenentwicklung im abgelaufenen Haushaltsjahr zu berücksichtigen. ³Agenturen für Arbeit, die im Vergleich zu anderen Agenturen für Arbeit schneller und wirtschaftlicher Arbeitslose eingliedern, sind bei der Mittelzuweisung nicht ungünstiger zu stellen.
(3) ¹Die Agenturen für Arbeit stellen für jede Art dieser Ermessensleistungen der Arbeitsförderung Mittel unter Berücksichtigung der Besonderheiten der Lage und Entwicklung des regionalen Arbeitsmarktes bereit. ²Dabei ist ein angemessener Anteil für die Förderung der Anbahnung und Aufnahme einer nach dem Dritten Buch versicherungspflichtigen Beschäftigung sicherzustellen (Vermittlungsbudget).
(4) Die zugewiesenen Mittel sind so zu bewirtschaften, dass eine Bewilligung und Erbringung der einzelnen Leistungen im gesamten Haushaltsjahr gewährleistet ist.
(5) ¹Die Ausgabemittel des Eingliederungstitels sind nur in das nächste Haushaltsjahr übertragbar. ²Die jeweiligen nicht verausgabten Mittel der Agenturen für Arbeit werden diesen im nächsten Haushaltsjahr zusätzlich zu den auf sie entfallenden Mitteln zugewiesen. ³Verpflichtungsermächtigungen für folgende Jahre sind im gleichen Verhältnis anzuheben.

§71c Eingliederungsrücklage der Bundesagentur für Arbeit

¹Die bis zum Ende des Haushaltsjahres nicht verausgabten Mittel des Eingliederungstitels der Bundesagentur für Arbeit werden einer Eingliederungsrücklage zugeführt. ²Soweit Liquiditätshilfen nach § 364 des Dritten Buches geleistet werden, erfolgt eine Zuführung zur Eingliederungsrücklage nicht. ³Die

Eingliederungsrücklage ist bis zum Schluss des nächsten Haushaltsjahres aufzulösen und dient zur Deckung der nach § 71b Absatz 5 gebildeten Ausgabereste.

Neunter Abschnitt
Aufbewahrung von Unterlagen

§ 110a Aufbewahrungspflicht

(1) Die Behörde bewahrt Unterlagen, die für ihre öffentlich-rechtliche Verwaltungstätigkeit, insbesondere für die Durchführung eines Verwaltungsverfahrens oder für die Feststellung einer Leistung, erforderlich sind, nach den Grundsätzen ordnungsmäßiger Aufbewahrung auf.

(2) ¹Die Behörde kann an Stelle der schriftlichen Unterlagen diese als Wiedergabe auf einem Bildträger oder auf anderen dauerhaften Datenträgern aufbewahren, soweit dies unter Beachtung der Grundsätze der Wirtschaftlichkeit und Sparsamkeit den Grundsätzen ordnungsmäßiger Aufbewahrung entspricht. ²Nach den Grundsätzen ordnungsmäßiger Aufbewahrung von auf Datenträgern aufbewahrten Unterlagen ist insbesondere sicherzustellen, dass
1. die Wiedergabe auf einem Bildträger oder die Daten auf einem anderen dauerhaften Datenträger
    a) mit der diesen zugrunde gelegten schriftlichen Unterlage bildlich und inhaltlich vollständig übereinstimmen, wenn sie lesbar gemacht werden,
    b) während der Dauer der Aufbewahrungsfrist jederzeit verfügbar sind und unverzüglich bildlich und inhaltlich unverändert lesbar gemacht werden können,
2. die Ausdrucke oder sonstigen Reproduktionen mit der schriftlichen Unterlage bildlich und inhaltlich übereinstimmen und
3. als Unterlage für die Herstellung der Wiedergabe nur dann der Abdruck einer Unterlage verwendet werden darf, wenn die dem Abdruck zugrunde liegende Unterlage bei der Behörde nicht mehr vorhanden ist.

³Die Sätze 1 und 2 gelten auch für die Aufbewahrung von Unterlagen, die nur mit Hilfe einer Datenverarbeitungsanlage erstellt worden sind, mit der Maßgabe, dass eine bildliche Übereinstimmung der Wiedergabe auf dem dauerhaften Datenträger mit der erstmals erstellten Unterlage nicht sichergestellt sein muss.

(3) ¹Können aufzubewahrende Unterlagen nur in der Form einer Wiedergabe auf einem Bildträger oder als Daten auf anderen dauerhaften Datenträgern vorgelegt werden, sind, soweit die Akteneinsicht zu gestatten ist, bei der Behörde auf ihre Kosten diejenigen Hilfsmittel zur Verfügung zu stellen, die erforderlich sind, die Unterlagen lesbar zu machen. ²Soweit erforderlich, ist die Behörde verpflichtet, die Unterlagen ganz oder teilweise auszudrucken oder ohne Hilfsmittel lesbare Reproduktionen beizubringen; die Behörde kann Ersatz ihrer Aufwendungen in angemessenem Umfang verlangen.

(4) Absatz 2 gilt nicht für Unterlagen, die als Wiedergabe auf einem Bildträger aufbewahrt werden, wenn diese Wiedergabe vor dem 1. Februar 2003 durchgeführt wird.

§ 110b Rückgabe, Vernichtung und Archivierung von Unterlagen

(1) ¹Unterlagen, die für eine öffentlich-rechtliche Verwaltungstätigkeit einer Behörde nicht mehr erforderlich sind, können nach den Absätzen 2 und 3 zurückgegeben oder vernichtet werden. ²Die Anbietungs- und Übergabepflichten nach den Vorschriften des Bundesarchivgesetzes und der entsprechenden gesetzlichen Vorschriften der Länder bleiben unberührt. ³Satz 1 gilt insbesondere für
1. Unterlagen, deren Aufbewahrungsfristen abgelaufen sind,
2. Unterlagen, die nach Maßgabe des § 110a Absatz 2 als Wiedergabe auf einem maschinell verwertbaren dauerhaften Datenträger aufbewahrt werden und
3. der Behörde vom Betroffenen oder von Dritten zur Verfügung gestellte Unterlagen.

(2) Unterlagen, die einem Träger der gesetzlichen Rentenversicherung von Versicherten, Antragstellern oder von anderen Stellen zur Verfügung gestellt worden sind, sind diesen zurückzugeben, soweit sie nicht als Ablichtung oder Abschrift dem Träger auf Anforderung von den genannten Stellen zur Verfügung gestellt worden sind; werden die Unterlagen anderen Stellen zur Verfügung gestellt, sind sie von diesen Stellen auf Anforderung zurückzugeben.

(3) Die übrigen Unterlagen im Sinne von Absatz 1 werden vernichtet, soweit kein Grund zu der Annahme besteht, dass durch die Vernichtung schutzwürdige Interessen des Betroffenen beeinträchtigt werden.

§ 110c Verwaltungsvereinbarungen, Verordnungsermächtigung

(1) ¹Die Spitzenverbände der Träger der Sozialversicherung und die Bundesagentur für Arbeit vereinbaren gemeinsam unter besonderer Berücksichtigung der schutzwürdigen Interessen der Betroffenen das

Nähere zu den Grundsätzen ordnungsmäßiger Aufbewahrung im Sinne des § 110a, den Voraussetzungen der Rückgabe und Vernichtung von Unterlagen sowie die Aufbewahrungsfristen für Unterlagen. ²Dies gilt entsprechend für die ergänzenden Vorschriften des E-Government-Gesetzes. ³Die Vereinbarung kann auf bestimmte Sozialleistungsbereiche beschränkt werden; sie ist von den beteiligten Spitzenverbänden abzuschließen. ⁴Die Vereinbarungen bedürfen der Genehmigung der beteiligten Bundesministerien.

(2) Soweit Vereinbarungen nicht getroffen sind, wird die Bundesregierung ermächtigt, durch Rechtsverordnung mit Zustimmung des Bundesrates unter besonderer Berücksichtigung der schutzwürdigen Interessen der Betroffenen

1. das Nähere zu bestimmen über
   a) die Grundsätze ordnungsmäßiger Aufbewahrung im Sinne des § 110a,
   b) die Rückgabe und Vernichtung von Unterlagen,
2. für bestimmte Unterlagen allgemeine Aufbewahrungsfristen festzulegen.

Zehnter Abschnitt
Bußgeldvorschriften

§ 111 Bußgeldvorschriften

(1) ¹Ordnungswidrig handelt, wer vorsätzlich oder leichtfertig
1. (weggefallen)
1a. entgegen § 18i Absatz 4 eine Änderung oder Meldung nicht, nicht richtig, nicht vollständig, nicht in der vorgeschriebenen Weise oder nicht rechtzeitig übermittelt,
2. entgegen
   a) § 28a Absatz 1 bis 3 oder 9, oder
   b) § 28a Absatz 4 Satz 1,
   jeweils in Verbindung mit einer Rechtsverordnung nach § 28c Nummer 1, eine Meldung nicht, nicht richtig, nicht vollständig, nicht in der vorgeschriebenen Weise oder nicht rechtzeitig erstattet,
2a. entgegen § 28a Absatz 7 Satz 1 oder 2 eine Meldung nicht, nicht richtig, nicht vollständig oder nicht rechtzeitig erstattet,
2b. entgegen § 28a Absatz 10 Satz 1 oder Absatz 11 Satz 1, jeweils in Verbindung mit einer Rechtsverordnung nach § 28c Nummer 1, eine Meldung nicht, nicht richtig, nicht vollständig oder nicht rechtzeitig erstattet,
2c. entgegen § 28a Absatz 12 in Verbindung mit einer Rechtsverordnung nach § 28c Nummer 1 eine Meldung nicht, nicht richtig, nicht vollständig oder nicht rechtzeitig abgibt,
2d. entgegen § 28e Absatz 3c eine Auskunft nicht, nicht richtig oder nicht vollständig erteilt,
3. entgegen § 28f Absatz 1 Satz 1 eine Entgeltunterlage nicht führt oder nicht aufbewahrt,
3a. entgegen § 28f Absatz 1a eine Entgeltunterlage oder eine Beitragsabrechnung nicht oder nicht richtig gestaltet,
4. entgegen § 28o
   a) eine Auskunft nicht, nicht richtig, nicht vollständig oder nicht rechtzeitig erteilt oder
   b) die erforderlichen Unterlagen nicht, nicht vollständig oder nicht rechtzeitig vorlegt,
5. entgegen § 99 Absatz 1 Satz 1 einen Lohnnachweis nicht, nicht richtig, nicht vollständig, nicht in der vorgeschriebenen Weise oder nicht rechtzeitig übermittelt,
6. entgegen § 99 Absatz 3, auch in Verbindung mit Absatz 4 Satz 1, eine Meldung nicht, nicht richtig, nicht vollständig oder nicht rechtzeitig erstattet oder
7. (weggefallen)
8. einer Rechtsverordnung nach § 28c Nummer 3 bis 5 oder 7, § 28n Nummer 4 oder § 28p Absatz 9 oder einer vollziehbaren Anordnung auf Grund einer solchen Rechtsverordnung zuwiderhandelt, soweit die Rechtsverordnung für einen bestimmten Tatbestand auf diese Bußgeldvorschrift verweist.

²In den Fällen der Nummer 2a findet § 266a Absatz 2 des Strafgesetzbuches keine Anwendung.

(2) Ordnungswidrig handelt, wer als Arbeitgeber einem Beschäftigten oder Hausgewerbetreibenden einen höheren Betrag von dessen Arbeitsentgelt abzieht, als den Teil, den der Beschäftigte oder Hausgewerbetreibende vom Gesamtsozialversicherungsbeitrag zu tragen hat.

(3) Ordnungswidrig handelt, wer
1. entgegen § 40 Absatz 2 einen anderen behindert oder benachteiligt oder

2. entgegen § 77 Absatz 1a Satz 2 eine Versicherung nicht, nicht richtig oder nicht in der vorgeschriebenen Weise abgibt.

(3a) Ordnungswidrig handelt, wer
1. entgegen § 55 Absatz 2 in Verbindung mit einer Rechtsverordnung nach § 56 als Arbeitgeber eine Wahlunterlage nicht, nicht richtig, nicht vollständig oder nicht rechtzeitig ausstellt oder
2. entgegen § 55 Absatz 3 in Verbindung mit einer Rechtsverordnung nach § 56 eine Angabe nicht, nicht richtig, nicht vollständig oder nicht rechtzeitig macht.

(4) Die Ordnungswidrigkeit kann in den Fällen des Absatzes 1 Nummer 2d und 3 und des Absatzes 3 Nummer 2 mit einer Geldbuße bis zu fünfzigtausend Euro, in den Fällen des Absatzes 1 Nummer 2, 2b, 2c und 5 mit einer Geldbuße bis zu fünfundzwanzigtausend Euro, in den übrigen Fällen mit einer Geldbuße bis zu fünftausend Euro geahndet werden.

§ 112 Allgemeines über Bußgeldvorschriften

(1) Verwaltungsbehörden im Sinne des § 36 Absatz 1 Nummer 1 des Gesetzes über Ordnungswidrigkeiten sind
1. der Versicherungsträger, soweit das Gesetz nichts anderes bestimmt,
2. die nach Landesrecht zuständige Stelle bei Ordnungswidrigkeiten nach § 111 Absatz 1 Satz 1 Nummer 1; mangels einer Regelung im Landesrecht bestimmt die Landesregierung die zuständige Stelle,
3. die Behörden der Zollverwaltung bei Ordnungswidrigkeiten
   a) nach § 111 Absatz 1 Satz 1 Nummer 2 Buchstabe a, soweit sie einen Verstoß im Rahmen der ihnen zugewiesenen Tätigkeiten feststellen,
   b) nach § 111 Absatz 1 Satz 1 Nummer 2 Buchstabe b, soweit sie einen Verstoß im Rahmen ihrer Prüfungstätigkeit nach § 2 des Schwarzarbeitsbekämpfungsgesetzes feststellen,
4. die Einzugsstelle bei Ordnungswidrigkeiten nach § 111 Absatz 1 Satz 1 Nummer 2 Buchstabe a und b, soweit nicht die Zuständigkeit der Behörden der Zollverwaltung nach Nummer 3 gegeben ist, sowie bei Ordnungswidrigkeiten nach § 111 Absatz 1 Satz 1 Nummer 2a, 4, 8 und Absatz 2,
4a. der Träger der Rentenversicherung bei Ordnungswidrigkeiten nach § 111 Absatz 1 Nummer 3 bis 3b sowie bei Ordnungswidrigkeiten nach § 111 Absatz 1 Satz 1 Nummer 2, 4, 8 und Absatz 2, wenn die Prüfung nach § 28p vom Träger der Rentenversicherung durchgeführt oder eine Meldung direkt an sie erstattet wird,
4b. die landwirtschaftliche Krankenkasse bei Ordnungswidrigkeiten nach § 111 Absatz 1 Nummer 3 bis 3b im Falle der Prüfung von mitarbeitenden Familienangehörigen nach § 28p Absatz 1 Satz 6,
5. die Aufsichtsbehörde des Versicherungsträgers bei Ordnungswidrigkeiten nach § 111 Absatz 1 Satz 1 Nummer 1.

(2) Wird in den Fällen des Absatzes 1 Nummer 1 und 4 gegen den Bußgeldbescheid ein zulässiger Einspruch eingelegt, nimmt die von der Vertreterversammlung bestimmte Stelle die weiteren Aufgaben der Verwaltungsbehörde (§ 69 Absatz 2, 3 und 5 des Gesetzes über Ordnungswidrigkeiten) wahr.

(3) [1]Die Geldbußen fließen in den Fällen des Absatzes 1 Nummer 1, 3 und 4 in die Kasse der Verwaltungsbehörde, die den Bußgeldbescheid erlassen hat; § 66 des Zehnten Buches gilt entsprechend. [2]Diese Kasse trägt abweichend von § 105 Absatz 2 des Gesetzes über Ordnungswidrigkeiten die notwendigen Auslagen; sie ist auch ersatzpflichtig im Sinne des § 110 Absatz 4 des Gesetzes über Ordnungswidrigkeiten.

§ 113 Zusammenarbeit mit anderen Behörden

[1]Zur Verfolgung und Ahndung der Ordnungswidrigkeiten nach § 111 arbeiten die Behörden der Zollverwaltung, die Einzugsstellen und die Träger der Rentenversicherung zusammen, wenn sich im Einzelfall konkrete Anhaltspunkte für Verstöße gegen die in § 2 Absatz 1 des Schwarzarbeitsbekämpfungsgesetzes genannten Vorschriften ergeben. [2]Sie unterrichten sich gegenseitig über die für die Verfolgung und Ahndung der Ordnungswidrigkeiten notwendigen Tatsachen. [3]Ergeben sich Anhaltspunkte für Verstöße gegen die Mitwirkungspflicht nach § 60 Absatz 1 Satz 1 Nummer 2 des Ersten Buches gegenüber einem Träger der Sozialhilfe oder die Meldepflicht nach § 8a des Asylbewerberleistungsgesetzes, unterrichten sie die Träger der Sozialhilfe oder die für die Durchführung des Asylbewerberleistungsgesetzes zuständigen Behörden.

Elfter Abschnitt
Übergangsvorschriften

§ 114 Einkommen beim Zusammentreffen mit Renten wegen Todes

(1) Wenn der versicherte Ehegatte vor dem 1. Januar 2002 verstorben ist oder die Ehe vor diesem Tag geschlossen wurde und mindestens ein Ehegatte vor dem 2. Januar 1962 geboren ist, sind bei Renten wegen Todes als Einkommen zu berücksichtigen:
1. Erwerbseinkommen,
2. Leistungen, die auf Grund oder in entsprechender Anwendung öffentlich-rechtlicher Vorschriften erbracht werden, um Erwerbseinkommen zu ersetzen (Erwerbsersatzeinkommen), mit Ausnahme von Zusatzleistungen.

(2) Absatz 1 gilt auch für Erziehungsrenten, wenn der geschiedene Ehegatte vor dem 1. Januar 2002 verstorben ist oder die geschiedene Ehe vor diesem Tag geschlossen wurde und mindestens einer der geschiedenen Ehegatten vor dem 2. Januar 1962 geboren ist.

(3) [1]Erwerbsersatzeinkommen im Sinne des Absatzes 1 Nummer 2 sind Leistungen nach § 18a Absatz 3 Satz 1 Nummer 1 bis 8. [2]Als Zusatzleistungen im Sinne des Absatzes 1 Nummer 2 gelten Leistungen der öffentlich-rechtlichen Zusatzversorgungen sowie bei Leistungen nach § 18a Absatz 3 Satz 1 Nummer 2 der Teil, der auf einer Höherversicherung beruht.

(4) [1]Wenn der versicherte Ehegatte vor dem 1. Januar 2002 verstorben ist oder die Ehe vor diesem Tag geschlossen wurde und mindestens ein Ehegatte vor dem 2. Januar 1962 geboren ist, ist das monatliche Einkommen zu kürzen
1. bei Leistungen nach § 18a Absatz 3 Satz 1 Nummer 2, die nach den besonderen Vorschriften für die knappschaftliche Rentenversicherung berechnet sind, um 25 vom Hundert,
2. bei Leistungen nach § 18a Absatz 3 Satz 1 Nummer 5 und 6 um 42,7 vom Hundert bei Leistungsbeginn vor dem Jahre 2011 und um 43,6 vom Hundert bei Leistungsbeginn nach dem Jahre 2010 und
3. bei Leistungen nach § 18a Absatz 3 Satz 1 Nummer 7 um 29 vom Hundert bei Leistungsbeginn vor dem Jahre 2011 und um 31 vom Hundert bei Leistungsbeginn nach dem Jahre 2010.

[2]Dies gilt auch für Erziehungsrenten, wenn der geschiedene Ehegatte vor dem 1. Januar 2002 verstorben ist oder die geschiedene Ehe vor diesem Tag geschlossen wurde und mindestens einer der geschiedenen Ehegatten vor dem 2. Januar 1962 geboren ist.

(5) Bestand am 31. Dezember 2001 Anspruch auf eine Rente wegen Todes, ist das monatliche Einkommen bis zum 30. Juni 2002 zu kürzen
1. bei Arbeitsentgelt um 35 vom Hundert, bei Arbeitseinkommen um 30 vom Hundert, bei Bezügen aus einem öffentlich-rechtlichen Dienst- oder Amtsverhältnis oder aus einem versicherungsfreien Arbeitsverhältnis mit Anwartschaften auf Versorgung nach beamtenrechtlichen Vorschriften oder Grundsätzen und bei Einkommen, das solchen Bezügen vergleichbar ist, jedoch nur um 27,5 vom Hundert,
2. bei Leistungen nach § 18a Absatz 3 Satz 1 Nummer 2, die nach den besonderen Vorschriften für die knappschaftliche Rentenversicherung berechnet sind, um 25 vom Hundert und bei Leistungen nach § 18a Absatz 3 Satz 1 Nummer 7 um 27,5 vom Hundert,
3. bei Leistungen nach § 18a Absatz 3 Satz 1 Nummer 5 und 6 um 37,5 vom Hundert.

§ 115 (weggefallen)

Zehntes Buch Sozialgesetzbuch
– Sozialverwaltungsverfahren und Sozialdatenschutz –
(SGB X)

in der Fassung der Bekanntmachung
vom 18. Januar 2001 (BGBl. I S. 130)

Zuletzt geändert durch
Gesetz zur Weiterentwicklung des Ausländerzentralregisters
vom 9. Juli 2021 (BGBl. I S. 2467)

Inhaltsübersicht

Erstes Kapitel
Verwaltungsverfahren

Erster Abschnitt
Anwendungsbereich, Zuständigkeit, Amtshilfe

§ 1	Anwendungsbereich
§ 2	Örtliche Zuständigkeit
§ 3	Amtshilfepflicht
§ 4	Voraussetzungen und Grenzen der Amtshilfe
§ 5	Auswahl der Behörde
§ 6	Durchführung der Amtshilfe
§ 7	Kosten der Amtshilfe

Zweiter Abschnitt
Allgemeine Vorschriften über das Verwaltungsverfahren

Erster Titel
Verfahrensgrundsätze

§ 8	Begriff des Verwaltungsverfahrens
§ 9	Nichtförmlichkeit des Verwaltungsverfahrens
§ 10	Beteiligungsfähigkeit
§ 11	Vornahme von Verfahrenshandlungen
§ 12	Beteiligte
§ 13	Bevollmächtigte und Beistände
§ 14	Bestellung eines Empfangsbevollmächtigten
§ 15	Bestellung eines Vertreters von Amts wegen
§ 16	Ausgeschlossene Personen
§ 17	Besorgnis der Befangenheit
§ 18	Beginn des Verfahrens
§ 19	Amtssprache
§ 20	Untersuchungsgrundsatz
§ 21	Beweismittel
§ 22	Vernehmung durch das Sozial- oder Verwaltungsgericht
§ 23	Glaubhaftmachung, Versicherung an Eides statt
§ 24	Anhörung Beteiligter
§ 25	Akteneinsicht durch Beteiligte

Zweiter Titel
Fristen, Termine, Wiedereinsetzung

§ 26	Fristen und Termine
§ 27	Wiedereinsetzung in den vorigen Stand
§ 28	Wiederholte Antragstellung

Dritter Titel
Amtliche Beglaubigung

§ 29	Beglaubigung von Dokumenten
§ 30	Beglaubigung von Unterschriften

Dritter Abschnitt
Verwaltungsakt

Erster Titel
Zustandekommen des Verwaltungsaktes

§ 31	Begriff des Verwaltungsaktes
§ 31a	Vollständig automatisierter Erlass eines Verwaltungsaktes
§ 32	Nebenbestimmungen zum Verwaltungsakt
§ 33	Bestimmtheit und Form des Verwaltungsaktes
§ 34	Zusicherung
§ 35	Begründung des Verwaltungsaktes
§ 36	Rechtsbehelfsbelehrung
§ 37	Bekanntgabe des Verwaltungsaktes
§ 38	Offenbare Unrichtigkeit im Verwaltungsakt

Zweiter Titel
Bestandskraft des Verwaltungsaktes

§ 39	Wirksamkeit des Verwaltungsaktes
§ 40	Nichtigkeit des Verwaltungsaktes
§ 41	Heilung von Verfahrens- und Formfehlern
§ 42	Folgen von Verfahrens- und Formfehlern
§ 43	Umdeutung eines fehlerhaften Verwaltungsaktes
§ 44	Rücknahme eines rechtswidrigen nicht begünstigenden Verwaltungsaktes
§ 45	Rücknahme eines rechtswidrigen begünstigenden Verwaltungsaktes
§ 46	Widerruf eines rechtmäßigen nicht begünstigenden Verwaltungsaktes
§ 47	Widerruf eines rechtmäßigen begünstigenden Verwaltungsaktes
§ 48	Aufhebung eines Verwaltungsaktes mit Dauerwirkung bei Änderung der Verhältnisse

§ 49   Rücknahme und Widerruf im Rechtsbehelfsverfahren
§ 50   Erstattung zu Unrecht erbrachter Leistungen
§ 51   Rückgabe von Urkunden und Sachen

Dritter Titel
Verjährungsrechtliche Wirkungen des Verwaltungsaktes
§ 52   Hemmung der Verjährung durch Verwaltungsakt

Vierter Abschnitt
Öffentlich-rechtlicher Vertrag
§ 53   Zulässigkeit des öffentlich-rechtlichen Vertrages
§ 54   Vergleichsvertrag
§ 55   Austauschvertrag
§ 56   Schriftform
§ 57   Zustimmung von Dritten und Behörden
§ 58   Nichtigkeit des öffentlich-rechtlichen Vertrages
§ 59   Anpassung und Kündigung in besonderen Fällen
§ 60   Unterwerfung unter die sofortige Vollstreckung
§ 61   Ergänzende Anwendung von Vorschriften

Fünfter Abschnitt
Rechtsbehelfsverfahren
§ 62   Rechtsbehelfe gegen Verwaltungsakte
§ 63   Erstattung von Kosten im Vorverfahren

Sechster Abschnitt
Kosten, Zustellung und Vollstreckung
§ 64   Kostenfreiheit
§ 65   Zustellung
§ 66   Vollstreckung

Zweites Kapitel
Schutz der Sozialdaten

Erster Abschnitt
Begriffsbestimmungen
§ 67   Begriffsbestimmungen

Zweiter Abschnitt
Verarbeitung von Sozialdaten
§ 67a   Erhebung von Sozialdaten
§ 67b   Speicherung, Veränderung, Nutzung, Übermittlung, Einschränkung der Verarbeitung und Löschung von Sozialdaten
§ 67c   Zweckbindung sowie Speicherung, Veränderung und Nutzung von Sozialdaten zu anderen Zwecken
§ 67d   Übermittlungsgrundsätze
§ 67e   Erhebung und Übermittlung zur Bekämpfung von Leistungsmissbrauch und illegaler Ausländerbeschäftigung
§ 68   Übermittlung für Aufgaben der Polizeibehörden, der Staatsanwaltschaften, Gerichte und der Behörden der Gefahrenabwehr
§ 69   Übermittlung für die Erfüllung sozialer Aufgaben
§ 70   Übermittlung für die Durchführung des Arbeitsschutzes
§ 71   Übermittlung für die Erfüllung besonderer gesetzlicher Pflichten und Mitteilungsbefugnisse
§ 72   Übermittlung für den Schutz der inneren und äußeren Sicherheit
§ 73   Übermittlung für die Durchführung eines Strafverfahrens
§ 74   Übermittlung bei Verletzung der Unterhaltpflicht und beim Versorgungsausgleich
§ 74a Übermittlung zur Durchsetzung öffentlich-rechtlicher Ansprüche und im Vollstreckungsverfahren
§ 75   Übermittlung von Sozialdaten für die Forschung und Planung
§ 76   Einschränkung der Übermittlungsbefugnis bei besonders schutzwürdigen Sozialdaten
§ 77   Übermittlung ins Ausland und an internationale Organisationen
§ 78   Zweckbindung und Geheimhaltungspflicht eines Dritten, an den Daten übermittelt werden

Dritter Abschnitt
Besondere Datenverarbeitungsarten
§ 79   Einrichtung automatisierter Verfahren auf Abruf
§ 80   Verarbeitung von Sozialdaten im Auftrag

Vierter Abschnitt
Rechte der betroffenen Person, Beauftragte für den Datenschutz und Schlussvorschriften
§ 81   Recht auf Anrufung, Beauftragte für den Datenschutz
§ 81a Gerichtlicher Rechtsschutz
§ 81b Klagen gegen den Verantwortlichen oder Auftragsverarbeiter
§ 81c Antrag auf gerichtliche Entscheidung bei angenommener Europarechtswidrigkeit eines Angemessenheitsbeschlusses der Europäischen Kommission
§ 82   Informationspflichten bei der Erhebung von Sozialdaten bei der betroffenen Person
§ 82a Informationspflichten, wenn Sozialdaten nicht bei der betroffenen Person erhoben wurden
§ 83   Auskunftsrecht der betroffenen Personen

§ 83a	Benachrichtigung bei einer Verletzung des Schutzes von Sozialdaten
§ 84	Recht auf Berichtigung, Löschung, Einschränkung der Verarbeitung und Widerspruch
§ 85	Strafvorschriften
§ 85a	Bußgeldvorschriften

Drittes Kapitel
Zusammenarbeit der Leistungsträger und ihre Beziehungen zu Dritten

Erster Abschnitt
Zusammenarbeit der Leistungsträger untereinander und mit Dritten

Erster Titel
Allgemeine Vorschriften

§ 86	Zusammenarbeit

Zweiter Titel
Zusammenarbeit der Leistungsträger untereinander

§ 87	Beschleunigung der Zusammenarbeit
§ 88	Auftrag
§ 89	Ausführung des Auftrags
§ 90	Anträge und Widerspruch beim Auftrag
§ 91	Erstattung von Aufwendungen
§ 92	Kündigung des Auftrags
§ 93	Gesetzlicher Auftrag
§ 94	Arbeitsgemeinschaften
§ 95	Zusammenarbeit bei Planung und Forschung
§ 96	Ärztliche Untersuchungen, psychologische Eignungsuntersuchungen

Dritter Titel
Zusammenarbeit der Leistungsträger mit Dritten

§ 97	Durchführung von Aufgaben durch Dritte
§ 98	Auskunftspflicht des Arbeitgebers
§ 99	Auskunftspflicht von Angehörigen, Unterhaltspflichtigen oder sonstigen Personen
§ 100	Auskunftspflicht des Arztes oder Angehörigen eines anderen Heilberufs
§ 101	Auskunftspflicht der Leistungsträger
§ 101a	Mitteilungen der Meldebehörden

Zweiter Abschnitt
Erstattungsansprüche der Leistungsträger untereinander

§ 102	Anspruch des vorläufig leistenden Leistungsträgers
§ 103	Anspruch des Leistungsträgers, dessen Leistungsverpflichtung nachträglich entfallen ist
§ 104	Anspruch des nachrangig verpflichteten Leistungsträgers
§ 105	Anspruch des unzuständigen Leistungsträgers
§ 106	Rangfolge bei mehreren Erstattungsberechtigten
§ 107	Erfüllung
§ 108	Erstattung in Geld, Verzinsung
§ 109	Verwaltungskosten und Auslagen
§ 110	Pauschalierung
§ 111	Ausschlussfrist
§ 112	Rückerstattung
§ 113	Verjährung
§ 114	Rechtsweg

Dritter Abschnitt
Erstattungs- und Ersatzansprüche der Leistungsträger gegen Dritte

§ 115	Ansprüche gegen den Arbeitgeber
§ 116	Ansprüche gegen Schadenersatzpflichtige
§ 117	Schadenersatzansprüche mehrerer Leistungsträger
§ 118	Bindung der Gerichte
§ 119	Übergang von Beitragsansprüchen

Viertes Kapitel
Übergangs- und Schlussvorschriften

§ 120	Übergangsregelung

Anlage
(zu § 78a)

Erstes Kapitel
Verwaltungsverfahren

Erster Abschnitt
Anwendungsbereich, Zuständigkeit, Amtshilfe

§ 1 Anwendungsbereich

(1) ¹Die Vorschriften dieses Kapitels gelten für die öffentlich-rechtliche Verwaltungstätigkeit der Behörden, die nach diesem Gesetzbuch ausgeübt wird. ²Für die öffentlich-rechtliche Verwaltungstätigkeit der Behörden der Länder, der Gemeinden und Gemeindeverbände, der sonstigen der Aufsicht des Landes unterstehenden juristischen Personen des öffentlichen Rechts zur Ausführung von besonderen Teilen dieses Gesetzbuches, die nach Inkrafttreten der Vorschriften dieses Kapitels Bestandteil des Sozialgesetzbuches werden, gilt dies nur, soweit diese besonderen Teile mit Zustimmung des Bundesrates die

Vorschriften dieses Kapitels für anwendbar erklären. ³Die Vorschriften gelten nicht für die Verfolgung und Ahndung von Ordnungswidrigkeiten.
(2) Behörde im Sinne dieses Gesetzbuches ist jede Stelle, die Aufgaben der öffentlichen Verwaltung wahrnimmt.

§ 2 Örtliche Zuständigkeit

(1) ¹Sind mehrere Behörden örtlich zuständig, entscheidet die Behörde, die zuerst mit der Sache befasst worden ist, es sei denn, die gemeinsame Aufsichtsbehörde bestimmt, dass eine andere örtlich zuständige Behörde zu entscheiden hat. ²Diese Aufsichtsbehörde entscheidet ferner über die örtliche Zuständigkeit, wenn sich mehrere Behörden für zuständig oder für unzuständig halten oder wenn die Zuständigkeit aus anderen Gründen zweifelhaft ist. ³Fehlt eine gemeinsame Aufsichtsbehörde, treffen die Aufsichtsbehörden die Entscheidung gemeinsam.
(2) Ändern sich im Lauf des Verwaltungsverfahrens die die Zuständigkeit begründenden Umstände, kann die bisher zuständige Behörde das Verwaltungsverfahren fortführen, wenn dies unter Wahrung der Interessen der Beteiligten der einfachen und zweckmäßigen Durchführung des Verfahrens dient und die nunmehr zuständige Behörde zustimmt.
(3) ¹Hat die örtliche Zuständigkeit gewechselt, muss die bisher zuständige Behörde die Leistungen noch solange erbringen, bis sie von der nunmehr zuständigen Behörde fortgesetzt werden. ²Diese hat der bisher zuständigen Behörde die nach dem Zuständigkeitswechsel noch erbrachten Leistungen auf Anforderung zu erstatten. ³§ 102 Abs. 2 gilt entsprechend.
(4) ¹Bei Gefahr im Verzug ist für unaufschiebbare Maßnahmen jede Behörde örtlich zuständig, in deren Bezirk der Anlass für die Amtshandlung hervortritt. ²Die nach den besonderen Teilen dieses Gesetzbuches örtlich zuständige Behörde ist unverzüglich zu unterrichten.

§ 3 Amtshilfepflicht

(1) Jede Behörde leistet anderen Behörden auf Ersuchen ergänzende Hilfe (Amtshilfe).
(2) Amtshilfe liegt nicht vor, wenn
1. Behörden einander innerhalb eines bestehenden Weisungsverhältnisses Hilfe leisten,
2. die Hilfeleistung in Handlungen besteht, die der ersuchten Behörde als eigene Aufgabe obliegen.

§ 4 Voraussetzungen und Grenzen der Amtshilfe

(1) Eine Behörde kann um Amtshilfe insbesondere dann ersuchen, wenn sie
1. aus rechtlichen Gründen die Amtshandlung nicht selbst vornehmen kann,
2. aus tatsächlichen Gründen, besonders weil die zur Vornahme der Amtshandlung erforderlichen Dienstkräfte oder Einrichtungen fehlen, die Amtshandlung nicht selbst vornehmen kann,
3. zur Durchführung ihrer Aufgaben auf die Kenntnis von Tatsachen angewiesen ist, die ihr unbekannt sind und die sie selbst nicht ermitteln kann,
4. zur Durchführung ihrer Aufgaben Urkunden oder sonstige Beweismittel benötigt, die sich im Besitz der ersuchten Behörde befinden,
5. die Amtshandlung nur mit wesentlich größerem Aufwand vornehmen könnte als die ersuchte Behörde.
(2) ¹Die ersuchte Behörde darf Hilfe nicht leisten, wenn
1. sie hierzu aus rechtlichen Gründen nicht in der Lage ist,
2. durch die Hilfeleistung dem Wohl des Bundes oder eines Landes erhebliche Nachteile bereitet würden.

²Die ersuchte Behörde ist insbesondere zur Vorlage von Urkunden oder Akten sowie zur Erteilung von Auskünften nicht verpflichtet, wenn die Vorgänge nach einem Gesetz oder ihrem Wesen nach geheim gehalten werden müssen.
(3) Die ersuchte Behörde braucht Hilfe nicht zu leisten, wenn
1. eine andere Behörde die Hilfe wesentlich einfacher oder mit wesentlich geringerem Aufwand leisten kann,
2. sie die Hilfe nur mit unverhältnismäßig großem Aufwand leisten könnte,
3. sie unter Berücksichtigung der Aufgaben der ersuchenden Behörde durch die Hilfeleistung die Erfüllung ihrer eigenen Aufgaben ernstlich gefährden würde.
(4) Die ersuchte Behörde darf die Hilfe nicht deshalb verweigern, weil sie das Ersuchen aus anderen als den in Absatz 3 genannten Gründen oder weil sie die mit der Amtshilfe zu verwirklichende Maßnahme für unzweckmäßig hält.

(5) ¹Hält die ersuchte Behörde sich zur Hilfe nicht für verpflichtet, teilt sie der ersuchenden Behörde ihre Auffassung mit. ²Besteht diese auf der Amtshilfe, entscheidet über die Verpflichtung zur Amtshilfe die gemeinsame Aufsichtsbehörde oder, sofern eine solche nicht besteht, die für die ersuchte Behörde zuständige Aufsichtsbehörde.

§ 5 Auswahl der Behörde
Kommen für die Amtshilfe mehrere Behörden in Betracht, soll nach Möglichkeit eine Behörde der untersten Verwaltungsstufe des Verwaltungszweiges ersucht werden, dem die ersuchende Behörde angehört.

§ 6 Durchführung der Amtshilfe
(1) Die Zulässigkeit der Maßnahme, die durch die Amtshilfe verwirklicht werden soll, richtet sich nach dem für die ersuchende Behörde, die Durchführung der Amtshilfe nach dem für die ersuchte Behörde geltenden Recht.
(2) ¹Die ersuchende Behörde trägt gegenüber der ersuchten Behörde die Verantwortung für die Rechtmäßigkeit der zu treffenden Maßnahme. ²Die ersuchte Behörde ist für die Durchführung der Amtshilfe verantwortlich.

§ 7 Kosten der Amtshilfe
(1) ¹Die ersuchende Behörde hat der ersuchten Behörde für die Amtshilfe keine Verwaltungsgebühr zu entrichten. ²Auslagen hat sie der ersuchten Behörde auf Anforderung zu erstatten, wenn sie im Einzelfall 35 Euro, bei Amtshilfe zwischen Versicherungsträgern 100 Euro übersteigen. ³Abweichende Vereinbarungen werden dadurch nicht berührt. ⁴Leisten Behörden desselben Rechtsträgers einander Amtshilfe, werden die Auslagen nicht erstattet.
(2) Nimmt die ersuchte Behörde zur Durchführung der Amtshilfe eine kostenpflichtige Amtshandlung vor, stehen ihr die von einem Dritten hierfür geschuldeten Kosten (Verwaltungsgebühren, Benutzungsgebühren und Auslagen) zu.

Zweiter Abschnitt
Allgemeine Vorschriften über das Verwaltungsverfahren

Erster Titel
Verfahrensgrundsätze

§ 8 Begriff des Verwaltungsverfahrens
Das Verwaltungsverfahren im Sinne dieses Gesetzbuches ist die nach außen wirkende Tätigkeit der Behörden, die auf die Prüfung der Voraussetzungen, die Vorbereitung und den Erlass eines Verwaltungsaktes oder auf den Abschluss eines öffentlich-rechtlichen Vertrages gerichtet ist; es schließt den Erlass des Verwaltungsaktes oder den Abschluss des öffentlich-rechtlichen Vertrages ein.

§ 9 Nichtförmlichkeit des Verwaltungsverfahrens
¹Das Verwaltungsverfahren ist an bestimmte Formen nicht gebunden, soweit keine besonderen Rechtsvorschriften für die Form des Verfahrens bestehen. ²Es ist einfach, zweckmäßig und zügig durchzuführen.

§ 10 Beteiligungsfähigkeit
Fähig, am Verfahren beteiligt zu sein, sind
1. natürliche und juristische Personen,
2. Vereinigungen, soweit ihnen ein Recht zustehen kann,
3. Behörden.

§ 11 Vornahme von Verfahrenshandlungen
(1) Fähig zur Vornahme von Verfahrenshandlungen sind
1. natürliche Personen, die nach bürgerlichem Recht geschäftsfähig sind,
2. natürliche Personen, die nach bürgerlichem Recht in der Geschäftsfähigkeit beschränkt sind, soweit sie für den Gegenstand des Verfahrens durch Vorschriften des bürgerlichen Rechts als geschäftsfähig oder durch Vorschriften des öffentlichen Rechts als handlungsfähig anerkannt sind,
3. juristische Personen und Vereinigungen (§ 10 Nr. 2) durch ihre gesetzlichen Vertreter oder durch besonders Beauftragte,
4. Behörden durch ihre Leiter, deren Vertreter oder Beauftragte.

12 SGB X §§ 12-15

(2) Betrifft ein Einwilligungsvorbehalt nach § 1903 des Bürgerlichen Gesetzbuches den Gegenstand des Verfahrens, so ist ein geschäftsfähiger Betreuter nur insoweit zur Vornahme von Verfahrenshandlungen fähig, als er nach den Vorschriften des bürgerlichen Rechts ohne Einwilligung des Betreuers handeln kann oder durch Vorschriften des öffentlichen Rechts als handlungsfähig anerkannt ist.
(3) Die §§ 53 und 55 der Zivilprozessordnung gelten entsprechend.

§ 12 Beteiligte
(1) Beteiligte sind
1. Antragsteller und Antragsgegner,
2. diejenigen, an die die Behörde den Verwaltungsakt richten will oder gerichtet hat,
3. diejenigen, mit denen die Behörde einen öffentlich-rechtlichen Vertrag schließen will oder geschlossen hat,
4. diejenigen, die nach Absatz 2 von der Behörde zu dem Verfahren hinzugezogen worden sind.
(2) [1]Die Behörde kann von Amts wegen oder auf Antrag diejenigen, deren rechtliche Interessen durch den Ausgang des Verfahrens berührt werden können, als Beteiligte hinzuziehen. [2]Hat der Ausgang des Verfahrens rechtsgestaltende Wirkung für einen Dritten, ist dieser auf Antrag als Beteiligter zu dem Verfahren hinzuzuziehen; soweit er der Behörde bekannt ist, hat diese ihn von der Einleitung des Verfahrens zu benachrichtigen.
(3) Wer anzuhören ist, ohne dass die Voraussetzungen des Absatzes 1 vorliegen, wird dadurch nicht Beteiligter.

§ 13 Bevollmächtigte und Beistände
(1) [1]Ein Beteiligter kann sich durch einen Bevollmächtigten vertreten lassen. [2]Die Vollmacht ermächtigt zu allen das Verwaltungsverfahren betreffenden Verfahrenshandlungen, sofern sich aus ihrem Inhalt nicht etwas anderes ergibt. [3]Der Bevollmächtigte hat auf Verlangen seine Vollmacht schriftlich nachzuweisen. [4]Ein Widerruf der Vollmacht wird der Behörde gegenüber erst wirksam, wenn er ihr zugeht.
(2) Die Vollmacht wird weder durch den Tod des Vollmachtgebers noch durch eine Veränderung in seiner Handlungsfähigkeit oder seiner gesetzlichen Vertretung aufgehoben; der Bevollmächtigte hat jedoch, wenn er für den Rechtsnachfolger im Verwaltungsverfahren auftritt, dessen Vollmacht auf Verlangen schriftlich beizubringen.
(3) [1]Ist für das Verfahren ein Bevollmächtigter bestellt, muss sich die Behörde an ihn wenden. [2]Sie kann sich an den Beteiligten selbst wenden, soweit er zur Mitwirkung verpflichtet ist. [3]Wendet sich die Behörde an den Beteiligten, muss der Bevollmächtigte verständigt werden. [4]Vorschriften über die Zustellung an Bevollmächtigte bleiben unberührt.
(4) [1]Ein Beteiligter kann zu Verhandlungen und Besprechungen mit einem Beistand erscheinen. [2]Das von dem Beistand Vorgetragene gilt als von dem Beteiligten vorgebracht, soweit dieser nicht unverzüglich widerspricht.
(5) Bevollmächtigte und Beistände sind zurückzuweisen, wenn sie entgegen § 3 des Rechtsdienstleistungsgesetzes Rechtsdienstleistungen erbringen.
(6) [1]Bevollmächtigte und Beistände können vom Vortrag zurückgewiesen werden, wenn sie hierzu ungeeignet sind; vom mündlichen Vortrag können sie nur zurückgewiesen werden, wenn sie zum sachgemäßen Vortrag nicht fähig sind. [2]Nicht zurückgewiesen werden können Personen, die nach § 73 Abs. 2 Satz 1 und 2 Nr. 3 bis 9 des Sozialgerichtsgesetzes zur Vertretung im sozialgerichtlichen Verfahren befugt sind.
(7) [1]Die Zurückweisung nach den Absätzen 5 und 6 ist auch dem Beteiligten, dessen Bevollmächtigter oder Beistand zurückgewiesen wird, schriftlich mitzuteilen. [2]Verfahrenshandlungen des zurückgewiesenen Bevollmächtigten oder Beistandes, die dieser nach der Zurückweisung vornimmt, sind unwirksam.

§ 14 Bestellung eines Empfangsbevollmächtigten
[1]Ein Beteiligter ohne Wohnsitz oder gewöhnlichen Aufenthalt, Sitz oder Geschäftsleitung im Inland hat der Behörde auf Verlangen innerhalb einer angemessenen Frist einen Empfangsbevollmächtigten im Inland zu benennen. [2]Unterlässt er dies, gilt ein an ihn gerichtetes Schriftstück am siebenten Tage nach der Aufgabe zur Post und ein elektronisch übermitteltes Dokument am dritten Tage nach der Absendung als zugegangen. [3]Dies gilt nicht, wenn feststeht, dass das Dokument den Empfänger nicht oder zu einem späteren Zeitpunkt erreicht hat. [4]Auf die Rechtsfolgen der Unterlassung ist der Beteiligte hinzuweisen.

§ 15 Bestellung eines Vertreters von Amts wegen
(1) Ist ein Vertreter nicht vorhanden, hat das Gericht auf Ersuchen der Behörde einen geeigneten Vertreter zu bestellen

1. für einen Beteiligten, dessen Person unbekannt ist,
2. für einen abwesenden Beteiligten, dessen Aufenthalt unbekannt ist oder der an der Besorgung seiner Angelegenheiten verhindert ist,
3. für einen Beteiligten ohne Aufenthalt im Inland, wenn er der Aufforderung der Behörde, einen Vertreter zu bestellen, innerhalb der ihm gesetzten Frist nicht nachgekommen ist,
4. für einen Beteiligten, der infolge einer psychischen Krankheit oder körperlichen, geistigen oder seelischen Behinderung nicht in der Lage ist, in dem Verwaltungsverfahren selbst tätig zu werden.

(2) ¹Für die Bestellung des Vertreters ist in den Fällen des Absatzes 1 Nr. 4 das Betreuungsgericht zuständig, in dessen Bezirk der Beteiligte seinen gewöhnlichen Aufenthalt hat; im Übrigen ist das Betreuungsgericht zuständig, in dessen Bezirk die ersuchende Behörde ihren Sitz hat. ²Ist der Beteiligte minderjährig, tritt an die Stelle des Betreuungsgerichts das Familiengericht.

(3) ¹Der Vertreter hat gegen den Rechtsträger der Behörde, die um seine Bestellung ersucht hat, Anspruch auf eine angemessene Vergütung und auf die Erstattung seiner baren Auslagen. ²Die Behörde kann von dem Vertretenen Ersatz ihrer Aufwendungen verlangen. ³Sie bestimmt die Vergütung und stellt die Auslagen und Aufwendungen fest.

(4) Im Übrigen gelten für die Bestellung und für das Amt des Vertreters in den Fällen des Absatzes 1 Nr. 4 die Vorschriften über die Betreuung, in den übrigen Fällen die Vorschriften über die Pflegschaft entsprechend.

§ 16 Ausgeschlossene Personen

(1) ¹In einem Verwaltungsverfahren darf für eine Behörde nicht tätig werden,
1. wer selbst Beteiligter ist,
2. wer Angehöriger eines Beteiligten ist,
3. wer einen Beteiligten kraft Gesetzes oder Vollmacht allgemein oder in diesem Verwaltungsverfahren vertritt oder als Beistand zugezogen ist,
4. wer Angehöriger einer Person ist, die einen Beteiligten in diesem Verfahren vertritt,
5. wer bei einem Beteiligten gegen Entgelt beschäftigt ist oder bei ihm als Mitglied des Vorstandes, des Aufsichtsrates oder eines gleichartigen Organs tätig ist; dies gilt nicht für den, dessen Anstellungskörperschaft Beteiligte ist, und nicht für Beschäftigte bei Betriebskrankenkassen,
6. wer außerhalb seiner amtlichen Eigenschaft in der Angelegenheit ein Gutachten abgegeben hat oder sonst tätig geworden ist.

²Dem Beteiligten steht gleich, wer durch die Tätigkeit oder durch die Entscheidung einen unmittelbaren Vorteil oder Nachteil erlangen kann. ³Dies gilt nicht, wenn der Vor- oder Nachteil nur darauf beruht, dass jemand einer Berufs- oder Bevölkerungsgruppe angehört, deren gemeinsame Interessen durch die Angelegenheit berührt werden.

(2) ¹Absatz 1 gilt nicht für Wahlen zu einer ehrenamtlichen Tätigkeit und für die Abberufung von ehrenamtlich Tätigen. ²Absatz 1 Nr. 3 und 5 gilt auch nicht für das Verwaltungsverfahren auf Grund der Beziehungen zwischen Ärzten, Zahnärzten und Krankenkassen.

(3) Wer nach Absatz 1 ausgeschlossen ist, darf bei Gefahr im Verzug unaufschiebbare Maßnahmen treffen.

(4) ¹Hält sich ein Mitglied eines Ausschusses oder Beirats für ausgeschlossen oder bestehen Zweifel, ob die Voraussetzungen des Absatzes 1 gegeben sind, ist dies dem Ausschuss oder Beirat mitzuteilen. ²Der Ausschuss oder Beirat entscheidet über den Ausschluss. ³Der Betroffene darf an dieser Entscheidung nicht mitwirken. ⁴Das ausgeschlossene Mitglied darf bei der weiteren Beratung und Beschlussfassung nicht zugegen sein.

(5) ¹Angehörige im Sinne des Absatzes 1 Nr. 2 und 4 sind
1. der Verlobte,
2. der Ehegatte oder Lebenspartner,
3. Verwandte und Verschwägerte gerader Linie,
4. Geschwister,
5. Kinder der Geschwister,
6. Ehegatten oder Lebenspartner der Geschwister und Geschwister der Ehegatten oder Lebenspartner,
7. Geschwister der Eltern,
8. Personen, die durch ein auf längere Dauer angelegtes Pflegeverhältnis mit häuslicher Gemeinschaft wie Eltern und Kind miteinander verbunden sind (Pflegeeltern und Pflegekinder).

²Angehörige sind die in Satz 1 aufgeführten Personen auch dann, wenn

1. in den Fällen der Nummern 2, 3 und 6 die die Beziehung begründende Ehe oder Lebenspartnerschaft nicht mehr besteht,
2. in den Fällen der Nummern 3 bis 7 die Verwandtschaft oder Schwägerschaft durch Annahme als Kind erloschen ist,
3. im Falle der Nummer 8 die häusliche Gemeinschaft nicht mehr besteht, sofern die Personen weiterhin wie Eltern und Kind miteinander verbunden sind.

§ 17 Besorgnis der Befangenheit

(1) [1]Liegt ein Grund vor, der geeignet ist, Misstrauen gegen eine unparteiische Amtsausübung zu rechtfertigen, oder wird von einem Beteiligten das Vorliegen eines solchen Grundes behauptet, hat, wer in einem Verwaltungsverfahren für eine Behörde tätig werden soll, den Leiter der Behörde oder den von diesem Beauftragten zu unterrichten und sich auf dessen Anordnung der Mitwirkung zu enthalten. [2]Betrifft die Besorgnis der Befangenheit den Leiter der Behörde, trifft diese Anordnung die Aufsichtsbehörde, sofern sich der Behördenleiter nicht selbst einer Mitwirkung enthält. [3]Bei den Geschäftsführern der Versicherungsträger tritt an die Stelle der Aufsichtsbehörde der Vorstand.
(2) Für Mitglieder eines Ausschusses oder Beirats gilt § 16 Abs. 4 entsprechend.

§ 18 Beginn des Verfahrens

[1]Die Behörde entscheidet nach pflichtgemäßem Ermessen, ob und wann sie ein Verwaltungsverfahren durchführt. [2]Dies gilt nicht, wenn die Behörde auf Grund von Rechtsvorschriften
1. von Amts wegen oder auf Antrag tätig werden muss,
2. nur auf Antrag tätig werden darf und ein Antrag nicht vorliegt.

§ 19 Amtssprache

(1) [1]Die Amtssprache ist deutsch. [2]Menschen mit Hörbehinderungen und Menschen mit Sprachbehinderungen haben das Recht, in Deutscher Gebärdensprache, mit lautsprachbegleitenden Gebärden oder über andere geeignete Kommunikationshilfen zu kommunizieren; Kosten für Kommunikationshilfen sind von der Behörde oder dem für die Sozialleistung zuständigen Leistungsträger zu tragen. [3]§ 5 der Kommunikationshilfenverordnung in der jeweils geltenden Fassung gilt entsprechend.
(1a) § 11 des Behindertengleichstellungsgesetzes gilt in seiner jeweils geltenden Fassung für das Sozialverwaltungsverfahren entsprechend.
(2) [1]Werden bei einer Behörde in einer fremden Sprache Anträge gestellt oder Eingaben, Belege, Urkunden oder sonstige Dokumente vorgelegt, soll die Behörde unverzüglich die Vorlage einer Übersetzung innerhalb einer von ihr zu setzenden angemessenen Frist verlangen, sofern sie nicht in der Lage ist, die Anträge oder Schriftstücke zu verstehen. [2]In begründeten Fällen kann die Vorlage einer beglaubigten oder von einem öffentlich bestellten oder beeidigten Dolmetscher oder Übersetzer angefertigten Übersetzung verlangt werden. [3]Wird die verlangte Übersetzung nicht innerhalb der gesetzten Frist vorgelegt, kann die Behörde eine Übersetzung beschaffen und hierfür Ersatz ihrer Aufwendungen in angemessenem Umfang verlangen. [4]Falls die Behörde Dolmetscher oder Übersetzer herangezogen hat, die nicht Kommunikationshilfe im Sinne von Absatz 1 Satz 2 sind, erhalten sie auf Antrag in entsprechender Anwendung des Justizvergütungs- und -entschädigungsgesetzes eine Vergütung; mit Dolmetschern oder Übersetzern kann die Behörde eine Vergütung vereinbaren.
(3) Soll durch eine Anzeige, einen Antrag oder die Abgabe einer Willenserklärung eine Frist in Lauf gesetzt werden, innerhalb deren die Behörde in einer bestimmten Weise tätig werden muss, und gehen diese in einer fremden Sprache ein, beginnt der Lauf der Frist erst mit dem Zeitpunkt, in dem der Behörde eine Übersetzung vorliegt.
(4) [1]Soll durch eine Anzeige, einen Antrag oder eine Willenserklärung, die in fremder Sprache eingehen, zugunsten eines Beteiligten eine Frist gegenüber der Behörde gewahrt, ein öffentlich-rechtlicher Anspruch geltend gemacht oder eine Sozialleistung begehrt werden, gelten die Anzeige, der Antrag oder die Willenserklärung als zum Zeitpunkt des Eingangs bei der Behörde abgegeben, wenn die Behörde in der Lage ist, die Anzeige, den Antrag oder die Willenserklärung zu verstehen, oder wenn innerhalb der gesetzten Frist eine Übersetzung vorgelegt wird. [2]Anderenfalls ist der Zeitpunkt des Eingangs der Übersetzung maßgebend. [3]Auf diese Rechtsfolge ist bei der Fristsetzung hinzuweisen.

§ 20 Untersuchungsgrundsatz

(1) [1]Die Behörde ermittelt den Sachverhalt von Amts wegen. [2]Sie bestimmt Art und Umfang der Ermittlungen; an das Vorbringen und an die Beweisanträge der Beteiligten ist sie nicht gebunden.

(2) Die Behörde hat alle für den Einzelfall bedeutsamen, auch die für die Beteiligten günstigen Umstände zu berücksichtigen.
(3) Die Behörde darf die Entgegennahme von Erklärungen oder Anträgen, die in ihren Zuständigkeitsbereich fallen, nicht deshalb verweigern, weil sie die Erklärung oder den Antrag in der Sache für unzulässig oder unbegründet hält.

§ 21 Beweismittel

(1) ¹Die Behörde bedient sich der Beweismittel, die sie nach pflichtgemäßem Ermessen zur Ermittlung des Sachverhalts für erforderlich hält. ²Sie kann insbesondere
1. Auskünfte jeder Art, auch elektronisch und als elektronisches Dokument, einholen,
2. Beteiligte anhören, Zeugen und Sachverständige vernehmen oder die schriftliche oder elektronische Äußerung von Beteiligten, Sachverständigen und Zeugen einholen,
3. Urkunden und Akten beiziehen,
4. den Augenschein einnehmen.

³Urkunden und Akten können auch in elektronischer Form beigezogen werden, es sei denn, durch Rechtsvorschrift ist etwas anderes bestimmt.
(2) ¹Die Beteiligten sollen bei der Ermittlung des Sachverhalts mitwirken. ²Sie sollen insbesondere ihnen bekannte Tatsachen und Beweismittel angeben. ³Eine weitergehende Pflicht, bei der Ermittlung des Sachverhalts mitzuwirken, insbesondere eine Pflicht zum persönlichen Erscheinen oder zur Aussage, besteht nur, soweit sie durch Rechtsvorschrift besonders vorgesehen ist.
(3) ¹Für Zeugen und Sachverständige besteht eine Pflicht zur Aussage oder zur Erstattung von Gutachten, wenn sie durch Rechtsvorschrift vorgesehen ist. ²Eine solche Pflicht besteht auch dann, wenn die Aussage oder die Erstattung von Gutachten im Rahmen von § 407 der Zivilprozessordnung zur Entscheidung über die Entstehung, Erbringung, Fortsetzung, das Ruhen, die Entziehung oder den Wegfall einer Sozialleistung sowie deren Höhe unabweisbar ist. ³Die Vorschriften der Zivilprozessordnung über das Recht, ein Zeugnis oder ein Gutachten zu verweigern, über die Ablehnung von Sachverständigen sowie über die Vernehmung von Angehörigen des öffentlichen Dienstes als Zeugen oder Sachverständige gelten entsprechend. ⁴Falls die Behörde Zeugen, Sachverständige und Dritte herangezogen hat, erhalten sie auf Antrag in entsprechender Anwendung des Justizvergütungs- und -entschädigungsgesetzes eine Entschädigung oder Vergütung; mit Sachverständigen kann die Behörde eine Vergütung vereinbaren.
(4) Die Finanzbehörden haben, soweit es im Verfahren nach diesem Gesetzbuch erforderlich ist, Auskunft über die ihnen bekannten Einkommens- oder Vermögensverhältnisse des Antragstellers, Leistungsempfängers, Erstattungspflichtigen, Unterhaltsverpflichteten, Unterhaltsberechtigten oder der zum Haushalt rechnenden Familienmitglieder zu erteilen.

§ 22 Vernehmung durch das Sozial- oder Verwaltungsgericht

(1) ¹Verweigern Zeugen oder Sachverständige in den Fällen des § 21 Abs. 3 ohne Vorliegen eines der in den §§ 376, 383 bis 385 und 408 der Zivilprozessordnung bezeichneten Gründe die Aussage oder die Erstattung des Gutachtens, kann die Behörde je nach dem gegebenen Rechtsweg das für den Wohnsitz oder den Aufenthaltsort des Zeugen oder des Sachverständigen zuständige Sozial- oder Verwaltungsgericht um die Vernehmung ersuchen. ²Befindet sich der Wohnsitz oder der Aufenthaltsort des Zeugen oder des Sachverständigen nicht am Sitz eines Sozial- oder Verwaltungsgerichts oder einer Zweigstelle eines Sozialgerichts oder einer besonderen errichteten Kammer eines Verwaltungsgerichts, kann auch das zuständige Amtsgericht um die Vernehmung ersucht werden. ³In dem Ersuchen hat die Behörde den Gegenstand der Vernehmung darzulegen sowie die Namen und Anschriften der Beteiligten anzugeben. ⁴Das Gericht hat die Beteiligten von den Beweisterminen zu benachrichtigen.
(2) Hält die Behörde mit Rücksicht auf die Bedeutung der Aussage eines Zeugen oder des Gutachtens eines Sachverständigen oder zur Herbeiführung einer wahrheitsgemäßen Aussage die Beeidigung für geboten, kann sie das nach Absatz 1 zuständige Gericht um die eidliche Vernehmung ersuchen.
(3) Das Gericht entscheidet über die Rechtmäßigkeit einer Verweigerung des Zeugnisses, des Gutachtens oder der Eidesleistung.
(4) Ein Ersuchen nach Absatz 1 oder 2 an das Gericht darf nur von dem Behördenleiter, seinem allgemeinen Vertreter oder einem Angehörigen des öffentlichen Dienstes gestellt werden, der die Befähigung zum Richteramt hat.

§ 23 Glaubhaftmachung, Versicherung an Eides statt

(1) ¹Sieht eine Rechtsvorschrift vor, dass für die Feststellung der erheblichen Tatsachen deren Glaubhaftmachung genügt, kann auch die Versicherung an Eides statt zugelassen werden. ²Eine Tatsache ist

dann als glaubhaft anzusehen, wenn ihr Vorliegen nach dem Ergebnis der Ermittlungen, die sich auf sämtliche erreichbaren Beweismittel erstrecken sollen, überwiegend wahrscheinlich ist.
(2) ¹Die Behörde darf bei der Ermittlung des Sachverhalts eine Versicherung an Eides statt nur verlangen und abnehmen, wenn die Abnahme der Versicherung über den betreffenden Gegenstand und in dem betreffenden Verfahren durch Gesetz oder Rechtsverordnung vorgesehen und die Behörde durch Rechtsvorschrift für zuständig erklärt worden ist. ²Eine Versicherung an Eides statt soll nur gefordert werden, wenn andere Mittel zur Erforschung der Wahrheit nicht vorhanden sind, zu keinem Ergebnis geführt haben oder einen unverhältnismäßigen Aufwand erfordern. ³Von eidesunfähigen Personen im Sinne des § 393 der Zivilprozessordnung darf eine eidesstattliche Versicherung nicht verlangt werden.
(3) ¹Wird die Versicherung an Eides statt von einer Behörde zur Niederschrift aufgenommen, sind zur Aufnahme nur der Behördenleiter, sein allgemeiner Vertreter sowie Angehörige des öffentlichen Dienstes befugt, welche die Befähigung zum Richteramt haben. ²Andere Angehörige des öffentlichen Dienstes kann der Behördenleiter oder sein allgemeiner Vertreter hierzu allgemein oder im Einzelfall schriftlich ermächtigen.
(4) ¹Die Versicherung besteht darin, dass der Versichernde die Richtigkeit seiner Erklärung über den betreffenden Gegenstand bestätigt und erklärt: „Ich versichere an Eides statt, dass ich nach bestem Wissen die reine Wahrheit gesagt und nichts verschwiegen habe." ²Bevollmächtigte und Beistände sind berechtigt, an der Aufnahme der Versicherung an Eides statt teilzunehmen.
(5) ¹Vor der Aufnahme der Versicherung an Eides statt ist der Versichernde über die Bedeutung der eidesstattlichen Versicherung und die strafrechtlichen Folgen einer unrichtigen oder unvollständigen eidesstattlichen Versicherung zu belehren. ²Die Belehrung ist in der Niederschrift zu vermerken.
(6) ¹Die Niederschrift hat ferner die Namen der anwesenden Personen sowie den Ort und den Tag der Niederschrift zu enthalten. ²Die Niederschrift ist demjenigen, der die eidesstattliche Versicherung abgibt, zur Genehmigung vorzulesen oder auf Verlangen zur Durchsicht vorzulegen. ³Die erteilte Genehmigung ist zu vermerken und von dem Versichernden zu unterschreiben. ⁴Die Niederschrift ist sodann von demjenigen, der die Versicherung an Eides statt aufgenommen hat, sowie von dem Schriftführer zu unterschreiben.

§ 24 Anhörung Beteiligter

(1) Bevor ein Verwaltungsakt erlassen wird, der in Rechte eines Beteiligten eingreift, ist diesem Gelegenheit zu geben, sich zu den für die Entscheidung erheblichen Tatsachen zu äußern.
(2) Von der Anhörung kann abgesehen werden, wenn
1. eine sofortige Entscheidung wegen Gefahr im Verzug oder im öffentlichen Interesse notwendig erscheint,
2. durch die Anhörung die Einhaltung einer für die Entscheidung maßgeblichen Frist in Frage gestellt würde,
3. von den tatsächlichen Angaben eines Beteiligten, die dieser in einem Antrag oder einer Erklärung gemacht hat, nicht zu seinen Ungunsten abgewichen werden soll,
4. Allgemeinverfügungen oder gleichartige Verwaltungsakte in größerer Zahl erlassen werden sollen,
5. einkommensabhängige Leistungen den geänderten Verhältnissen angepasst werden sollen,
6. Maßnahmen in der Verwaltungsvollstreckung getroffen werden sollen oder
7. gegen Ansprüche oder mit Ansprüchen von weniger als 70 Euro aufgerechnet oder verrechnet werden soll; Nummer 5 bleibt unberührt.

§ 25 Akteneinsicht durch Beteiligte

(1) ¹Die Behörde hat den Beteiligten Einsicht in die das Verfahren betreffenden Akten zu gestatten, soweit deren Kenntnis zur Geltendmachung oder Verteidigung ihrer rechtlichen Interessen erforderlich ist. ²Satz 1 gilt bis zum Abschluss des Verwaltungsverfahrens nicht für Entwürfe zu Entscheidungen sowie die Arbeiten zu ihrer unmittelbaren Vorbereitung.
(2) ¹Soweit die Akten Angaben über gesundheitliche Verhältnisse eines Beteiligten enthalten, kann die Behörde statt dessen den Inhalt der Akten dem Beteiligten durch einen Arzt vermitteln lassen. ²Sie soll den Inhalt der Akten durch einen Arzt vermitteln lassen, soweit zu befürchten ist, dass die Akteneinsicht dem Beteiligten einen unverhältnismäßigen Nachteil, insbesondere an der Gesundheit, zufügen würde. ³Soweit die Akten Angaben enthalten, die die Entwicklung und Entfaltung der Persönlichkeit des Beteiligten beeinträchtigen können, gelten die Sätze 1 und 2 mit der Maßgabe entsprechend, dass der Inhalt der Akten auch durch einen Bediensteten der Behörde vermittelt werden kann, der durch Vorbildung

sowie Lebens- und Berufserfahrung dazu geeignet und befähigt ist. ⁴Das Recht nach Absatz 1 wird nicht beschränkt.

(3) Die Behörde ist zur Gestattung der Akteneinsicht nicht verpflichtet, soweit die Vorgänge wegen der berechtigten Interessen der Beteiligten oder dritter Personen geheim gehalten werden müssen.

(4) ¹Die Akteneinsicht erfolgt bei der Behörde, die die Akten führt. ²Im Einzelfall kann die Einsicht auch bei einer anderen Behörde oder bei einer diplomatischen oder berufskonsularischen Vertretung der Bundesrepublik Deutschland im Ausland erfolgen; weitere Ausnahmen kann die Behörde, die die Akten führt, gestatten.

(5) ¹Soweit die Akteneinsicht zu gestatten ist, können die Beteiligten Auszüge oder Abschriften selbst fertigen oder sich Ablichtungen durch die Behörde erteilen lassen. ²Soweit die Akteneinsicht in eine elektronische Akte zu gestatten ist, kann die Behörde Akteneinsicht gewähren, indem sie Unterlagen ganz oder teilweise ausdruckt, elektronische Dokumente auf einem Bildschirm wiedergibt, elektronische Dokumente zur Verfügung stellt oder den elektronischen Zugriff auf den Inhalt der Akte gestattet. ³Die Behörde kann Ersatz ihrer Aufwendungen in angemessenem Umfang verlangen.

Zweiter Titel
Fristen, Termine, Wiedereinsetzung

§ 26 Fristen und Termine

(1) Für die Berechnung von Fristen und für die Bestimmung von Terminen gelten die §§ 187 bis 193 des Bürgerlichen Gesetzbuches entsprechend, soweit nicht durch die Absätze 2 bis 5 etwas anderes bestimmt ist.

(2) Der Lauf einer Frist, die von einer Behörde gesetzt wird, beginnt mit dem Tag, der auf die Bekanntgabe der Frist folgt, außer wenn dem Betroffenen etwas anderes mitgeteilt wird.

(3) ¹Fällt das Ende einer Frist auf einen Sonntag, einen gesetzlichen Feiertag oder einen Sonnabend, endet die Frist mit dem Ablauf des nächstfolgenden Werktages. ²Dies gilt nicht, wenn dem Betroffenen unter Hinweis auf diese Vorschrift ein bestimmter Tag als Ende der Frist mitgeteilt worden ist.

(4) Hat eine Behörde Leistungen nur für einen bestimmten Zeitraum zu erbringen, endet dieser Zeitraum auch dann mit dem Ablauf seines letzten Tages, wenn dieser auf einen Sonntag, einen gesetzlichen Feiertag oder einen Sonnabend fällt.

(5) Der von einer Behörde gesetzte Termin ist auch dann einzuhalten, wenn er auf einen Sonntag, gesetzlichen Feiertag oder Sonnabend fällt.

(6) Ist eine Frist nach Stunden bestimmt, werden Sonntage, gesetzliche Feiertage oder Sonnabende mitgerechnet.

(7) ¹Fristen, die von einer Behörde gesetzt sind, können verlängert werden. ²Sind solche Fristen bereits abgelaufen, können sie rückwirkend verlängert werden, insbesondere wenn es unbillig wäre, die durch den Fristablauf eingetretenen Rechtsfolgen bestehen zu lassen. ³Die Behörde kann die Verlängerung der Frist nach § 32 mit einer Nebenbestimmung verbinden.

§ 27 Wiedereinsetzung in den vorigen Stand

(1) ¹War jemand ohne Verschulden verhindert, eine gesetzliche Frist einzuhalten, ist ihm auf Antrag Wiedereinsetzung in den vorigen Stand zu gewähren. ²Das Verschulden eines Vertreters ist dem Vertretenen zuzurechnen.

(2) ¹Der Antrag ist innerhalb von zwei Wochen nach Wegfall des Hindernisses zu stellen. ²Die Tatsachen zur Begründung des Antrages sind bei der Antragstellung oder im Verfahren über den Antrag glaubhaft zu machen. ³Innerhalb der Antragsfrist ist die versäumte Handlung nachzuholen. ⁴Ist dies geschehen, kann Wiedereinsetzung auch ohne Antrag gewährt werden.

(3) Nach einem Jahr seit dem Ende der versäumten Frist kann die Wiedereinsetzung nicht mehr beantragt oder die versäumte Handlung nicht mehr nachgeholt werden, außer wenn dies vor Ablauf der Jahresfrist infolge höherer Gewalt unmöglich war.

(4) Über den Antrag auf Wiedereinsetzung entscheidet die Behörde, die über die versäumte Handlung zu befinden hat.

(5) Die Wiedereinsetzung ist unzulässig, wenn sich aus einer Rechtsvorschrift ergibt, dass sie ausgeschlossen ist.

§ 28 Wiederholte Antragstellung

¹Hat ein Leistungsberechtigter von der Stellung eines Antrages auf eine Sozialleistung abgesehen, weil ein Anspruch auf eine andere Sozialleistung geltend gemacht worden ist, und wird diese Leistung versagt

oder ist sie zu erstatten, wirkt der nunmehr nachgeholte Antrag bis zu einem Jahr zurück, wenn er innerhalb von sechs Monaten nach Ablauf des Monats gestellt ist, in dem die Ablehnung oder Erstattung der anderen Leistung bindend geworden ist. ²Satz 1 gilt auch dann, wenn der Antrag auf die zunächst geltend gemachte Sozialleistung zurückgenommen wird.

Absatz 1 gilt auch dann, wenn der rechtzeitige Antrag auf eine andere Leistung aus Unkenntnis über deren Anspruchsvoraussetzung unterlassen wurde und die zweite Leistung gegenüber der ersten Leistung, wenn diese erbracht worden wäre, nachrangig gewesen wäre.

Dritter Titel
Amtliche Beglaubigung

§ 29 Beglaubigung von Dokumenten

(1) ¹Jede Behörde ist befugt, Abschriften von Urkunden, die sie selbst ausgestellt hat, zu beglaubigen. ²Darüber hinaus sind die von der Bundesregierung durch Rechtsverordnung bestimmten Behörden des Bundes, der bundesunmittelbaren Körperschaften, Anstalten und Stiftungen des öffentlichen Rechts und die nach Landesrecht zuständigen Behörden befugt, Abschriften zu beglaubigen, wenn die Urschrift von einer Behörde ausgestellt ist oder die Abschrift zur Vorlage bei einer Behörde benötigt wird, sofern nicht durch Rechtsvorschrift die Erteilung beglaubigter Abschriften aus amtlichen Registern und Archiven anderen Behörden ausschließlich vorbehalten ist; die Rechtsverordnung bedarf nicht der Zustimmung des Bundesrates.

(2) Abschriften dürfen nicht beglaubigt werden, wenn Umstände zu der Annahme berechtigen, dass der ursprüngliche Inhalt des Schriftstückes, dessen Abschrift beglaubigt werden soll, geändert worden ist, insbesondere wenn dieses Schriftstück Lücken, Durchstreichungen, Einschaltungen, Änderungen, unleserliche Wörter, Zahlen oder Zeichen, Spuren der Beseitigung von Wörtern, Zahlen und Zeichen enthält oder wenn der Zusammenhang eines aus mehreren Blättern bestehenden Schriftstückes aufgehoben ist.

(3) ¹Eine Abschrift wird beglaubigt durch einen Beglaubigungsvermerk, der unter die Abschrift zu setzen ist. ²Der Vermerk muss enthalten
1. die genaue Bezeichnung des Schriftstückes, dessen Abschrift beglaubigt wird,
2. die Feststellung, dass die beglaubigte Abschrift mit dem vorgelegten Schriftstück übereinstimmt,
3. den Hinweis, dass die beglaubigte Abschrift nur zur Vorlage bei der angegebenen Behörde erteilt wird, wenn die Urschrift nicht von einer Behörde ausgestellt worden ist,
4. den Ort und den Tag der Beglaubigung, die Unterschrift des für die Beglaubigung zuständigen Bediensteten und das Dienstsiegel.

(4) Die Absätze 1 bis 3 gelten entsprechend für die Beglaubigung von
1. Ablichtungen, Lichtdrucken und ähnlichen in technischen Verfahren hergestellten Vervielfältigungen,
2. auf fototechnischem Wege von Schriftstücken hergestellten Negativen, die bei einer Behörde aufbewahrt werden,
3. Ausdrucken elektronischer Dokumente,
4. elektronischen Dokumenten,
    a) die zur Abbildung eines Schriftstücks hergestellt wurden,
    b) die ein anderes technisches Format als das mit einer qualifizierten elektronischen Signatur verbundene Ausgangsdokument erhalten haben.

(5) ¹Der Beglaubigungsvermerk muss zusätzlich zu den Angaben nach Absatz 3 Satz 2 bei der Beglaubigung
1. des Ausdrucks eines elektronischen Dokuments, das mit einer qualifizierten elektronischen Signatur verbunden ist, die Feststellungen enthalten,
    a) wen die Signaturprüfung als Inhaber der Signatur ausweist,
    b) welchen Zeitpunkt die Signaturprüfung für die Anbringung der Signatur ausweist und
    c) welche Zertifikate mit welchen Daten dieser Signatur zugrunde lagen;
2. eines elektronischen Dokuments den Namen des für die Beglaubigung zuständigen Bediensteten und die Bezeichnung der Behörde, die die Beglaubigung vornimmt, enthalten; die Unterschrift des für die Beglaubigung zuständigen Bediensteten und das Dienstsiegel nach Absatz 3 Satz 2 Nr. 4 werden durch eine dauerhaft überprüfbare qualifizierte elektronische Signatur ersetzt.

²Wird ein elektronisches Dokument, das ein anderes technisches Format als das mit einer qualifizierten elektronischen Signatur verbundene Ausgangsdokument erhalten hat, nach Satz 1 Nr. 2 beglaubigt, muss

der Beglaubigungsvermerk zusätzlich die Feststellungen nach Satz 1 Nr. 1 für das Ausgangsdokument enthalten.
(6) Die nach Absatz 4 hergestellten Dokumente stehen, sofern sie beglaubigt sind, beglaubigten Abschriften gleich.
(7) Soweit eine Behörde über die technischen Möglichkeiten verfügt, kann sie von Urkunden, die sie selbst ausgestellt hat, auf Verlangen ein elektronisches Dokument nach Absatz 4 Nummer 4 Buchstabe a oder eine elektronische Abschrift fertigen und beglaubigen.

§ 30 Beglaubigung von Unterschriften

(1) ¹Die von der Bundesregierung durch Rechtsverordnung bestimmten Behörden des Bundes, der bundesunmittelbaren Körperschaften, Anstalten und Stiftungen des öffentlichen Rechts und die nach Landesrecht zuständigen Behörden sind befugt, Unterschriften zu beglaubigen, wenn das unterzeichnete Schriftstück zur Vorlage bei einer Behörde oder bei einer sonstigen Stelle, der auf Grund einer Rechtsvorschrift das unterzeichnete Schriftstück vorzulegen ist, benötigt wird. ²Dies gilt nicht für
1. Unterschriften ohne zugehörigen Text,
2. Unterschriften, die der öffentlichen Beglaubigung (§ 129 des Bürgerlichen Gesetzbuches) bedürfen.

(2) Eine Unterschrift soll nur beglaubigt werden, wenn sie in Gegenwart des beglaubigenden Bediensteten vollzogen oder anerkannt wird.
(3) ¹Der Beglaubigungsvermerk ist unmittelbar bei der Unterschrift, die beglaubigt werden soll, anzubringen. ²Er muss enthalten
1. die Bestätigung, dass die Unterschrift echt ist,
2. die genaue Bezeichnung desjenigen, dessen Unterschrift beglaubigt wird, sowie die Angabe, ob sich der für die Beglaubigung zuständige Bedienstete Gewissheit über diese Person verschafft hat und ob die Unterschrift in seiner Gegenwart vollzogen oder anerkannt worden ist,
3. den Hinweis, dass die Beglaubigung nur zur Vorlage bei der angegebenen Behörde oder Stelle bestimmt ist,
4. den Ort und den Tag der Beglaubigung, die Unterschrift des für die Beglaubigung zuständigen Bediensteten und das Dienstsiegel.

(4) Die Absätze 1 bis 3 gelten für die Beglaubigung von Handzeichen entsprechend.
(5) Die Rechtsverordnungen nach den Absätzen 1 und 4 bedürfen nicht der Zustimmung des Bundesrates.

Dritter Abschnitt
Verwaltungsakt

Erster Titel
Zustandekommen des Verwaltungsaktes

§ 31 Begriff des Verwaltungsaktes

¹Verwaltungsakt ist jede Verfügung, Entscheidung oder andere hoheitliche Maßnahme, die eine Behörde zur Regelung eines Einzelfalles auf dem Gebiet des öffentlichen Rechts trifft und die auf unmittelbare Rechtswirkung nach außen gerichtet ist. ²Allgemeinverfügung ist ein Verwaltungsakt, der sich an einen nach allgemeinen Merkmalen bestimmten oder bestimmbaren Personenkreis richtet oder die öffentlich-rechtliche Eigenschaft einer Sache oder ihre Benutzung durch die Allgemeinheit betrifft.

§ 31a Vollständig automatisierter Erlass eines Verwaltungsaktes

¹Ein Verwaltungsakt kann vollständig durch automatische Einrichtungen erlassen werden, sofern kein Anlass besteht, den Einzelfall durch Amtsträger zu bearbeiten. ²Setzt die Behörde automatische Einrichtungen zum Erlass von Verwaltungsakten ein, muss sie für den Einzelfall bedeutsame tatsächliche Angaben des Beteiligten berücksichtigen, die im automatischen Verfahren nicht ermittelt würden.

§ 32 Nebenbestimmungen zum Verwaltungsakt

(1) Ein Verwaltungsakt, auf den ein Anspruch besteht, darf mit einer Nebenbestimmung nur versehen werden, wenn sie durch Rechtsvorschrift zugelassen ist oder wenn sie sicherstellen soll, dass die gesetzlichen Voraussetzungen des Verwaltungsaktes erfüllt werden.
(2) Unbeschadet des Absatzes 1 darf ein Verwaltungsakt nach pflichtgemäßem Ermessen erlassen werden mit
1. einer Bestimmung, nach der eine Vergünstigung oder Belastung zu einem bestimmten Zeitpunkt beginnt, endet oder für einen bestimmten Zeitraum gilt (Befristung),

2. einer Bestimmung, nach der der Eintritt oder der Wegfall einer Vergünstigung oder eine Belastung von dem ungewissen Eintritt eines zukünftigen Ereignisses abhängt (Bedingung),
3. einem Vorbehalt des Widerrufs
oder verbunden werden mit
4. einer Bestimmung, durch die dem Begünstigten ein Tun, Dulden oder Unterlassen vorgeschrieben wird (Auflage),
5. einem Vorbehalt der nachträglichen Aufnahme, Änderung oder Ergänzung einer Auflage.
(3) Eine Nebenbestimmung darf dem Zweck des Verwaltungsaktes nicht zuwiderlaufen.

§ 33 Bestimmtheit und Form des Verwaltungsaktes

(1) Ein Verwaltungsakt muss inhaltlich hinreichend bestimmt sein.
(2) [1]Ein Verwaltungsakt kann schriftlich, elektronisch, mündlich oder in anderer Weise erlassen werden. [2]Ein mündlicher Verwaltungsakt ist schriftlich oder elektronisch zu bestätigen, wenn hieran ein berechtigtes Interesse besteht und der Betroffene dies unverzüglich verlangt. [3]Ein elektronischer Verwaltungsakt ist unter denselben Voraussetzungen schriftlich zu bestätigen; § 36a Abs. 2 des Ersten Buches findet insoweit keine Anwendung.
(3) [1]Ein schriftlicher oder elektronischer Verwaltungsakt muss die erlassende Behörde erkennen lassen und die Unterschrift oder die Namenswiedergabe des Behördenleiters, seines Vertreters oder seines Beauftragten enthalten. [2]Wird für einen Verwaltungsakt, für den durch Rechtsvorschrift die Schriftform angeordnet ist, die elektronische Form verwendet, muss auch das der Signatur zugrunde liegende qualifizierte Zertifikat oder ein zugehöriges qualifiziertes Attributzertifikat die erlassende Behörde erkennen lassen. [3]Im Fall des § 36a Absatz 2 Satz 4 Nummer 3 des Ersten Buches muss die Bestätigung nach § 5 Absatz 5 des De-Mail-Gesetzes die erlassende Behörde als Nutzer des De-Mail-Kontos erkennen lassen.
(4) Für einen Verwaltungsakt kann für die nach § 36a Abs. 2 des Ersten Buches erforderliche Signatur durch Rechtsvorschrift die dauerhafte Überprüfbarkeit vorgeschrieben werden.
(5) [1]Bei einem Verwaltungsakt, der mit Hilfe automatischer Einrichtungen erlassen wird, können abweichend von Absatz 3 Satz 1 Unterschrift und Namenswiedergabe fehlen; bei einem elektronischen Verwaltungsakt muss auch das der Signatur zugrunde liegende Zertifikat nur die erlassende Behörde erkennen lassen. [2]Zur Inhaltsangabe können Schlüsselzeichen verwendet werden, wenn derjenige, für den der Verwaltungsakt bestimmt ist oder der von ihm betroffen wird, auf Grund der dazu gegebenen Erläuterungen den Inhalt des Verwaltungsaktes eindeutig erkennen kann.

§ 34 Zusicherung

(1) [1]Eine von der zuständigen Behörde erteilte Zusage, einen bestimmten Verwaltungsakt später zu erlassen oder zu unterlassen (Zusicherung), bedarf zu ihrer Wirksamkeit der schriftlichen Form. [2]Ist vor dem Erlass des zugesicherten Verwaltungsaktes die Anhörung Beteiligter oder die Mitwirkung einer anderen Behörde oder eines Ausschusses auf Grund einer Rechtsvorschrift erforderlich, darf die Zusicherung erst nach Anhörung der Beteiligten oder nach Mitwirkung dieser Behörde oder des Ausschusses gegeben werden.
(2) Auf die Unwirksamkeit der Zusicherung finden, unbeschadet des Absatzes 1 Satz 1, § 40, auf die Heilung von Mängeln bei der Anhörung Beteiligter und der Mitwirkung anderer Behörden oder Ausschüsse § 41 Abs. 1 Nr. 3 bis 6 sowie Abs. 2, auf die Rücknahme §§ 44 und 45, auf den Widerruf, unbeschadet des Absatzes 3, §§ 46 und 47 entsprechende Anwendung.
(3) Ändert sich nach Abgabe der Zusicherung die Sach- oder Rechtslage derart, dass die Behörde bei Kenntnis der nachträglich eingetretenen Änderung die Zusicherung nicht gegeben hätte oder aus rechtlichen Gründen nicht hätte geben dürfen, ist die Behörde an die Zusicherung nicht mehr gebunden.

§ 35 Begründung des Verwaltungsaktes

(1) [1]Ein schriftlicher oder elektronischer sowie ein schriftlich oder elektronisch bestätigter Verwaltungsakt ist mit einer Begründung zu versehen. [2]In der Begründung sind die wesentlichen tatsächlichen und rechtlichen Gründe mitzuteilen, die die Behörde zu ihrer Entscheidung bewogen haben. [3]Die Begründung von Ermessensentscheidungen muss auch die Gesichtspunkte erkennen lassen, von denen die Behörde bei der Ausübung ihres Ermessens ausgegangen ist.
(2) Einer Begründung bedarf es nicht,
1. soweit die Behörde einem Antrag entspricht oder einer Erklärung folgt und der Verwaltungsakt nicht in Rechte eines anderen eingreift,
2. soweit demjenigen, für den der Verwaltungsakt bestimmt ist oder der von ihm betroffen wird, die Auffassung der Behörde über die Sach- und Rechtslage bereits bekannt oder auch ohne Begründung für ihn ohne weiteres erkennbar ist,

3. wenn die Behörde gleichartige Verwaltungsakte in größerer Zahl oder Verwaltungsakte mit Hilfe automatischer Einrichtungen erlässt und die Begründung nach den Umständen des Einzelfalles nicht geboten ist,
4. wenn sich dies aus einer Rechtsvorschrift ergibt,
5. wenn eine Allgemeinverfügung öffentlich bekannt gegeben wird.
(3) In den Fällen des Absatzes 2 Nr. 1 bis 3 ist der Verwaltungsakt schriftlich oder elektronisch zu begründen, wenn der Beteiligte, dem der Verwaltungsakt bekannt gegeben ist, es innerhalb eines Jahres seit Bekanntgabe verlangt.

§ 36 Rechtsbehelfsbelehrung

¹Erlässt die Behörde einen schriftlichen Verwaltungsakt oder bestätigt sie schriftlich einen Verwaltungsakt, ist der durch ihn beschwerte Beteiligte über den Rechtsbehelf und die Behörde oder das Gericht, bei denen der Rechtsbehelf anzubringen ist, deren Sitz, die einzuhaltende Frist und die Form schriftlich zu belehren. ²Erlässt die Behörde einen elektronischen Verwaltungsakt oder bestätigt sie elektronisch einen Verwaltungsakt, hat die Rechtsbehelfsbelehrung nach Satz 1 elektronisch zu erfolgen.

§ 37 Bekanntgabe des Verwaltungsaktes

(1) ¹Ein Verwaltungsakt ist demjenigen Beteiligten bekannt zu geben, für den er bestimmt ist oder der von ihm betroffen wird. ²Ist ein Bevollmächtigter bestellt, kann die Bekanntgabe ihm gegenüber vorgenommen werden.
(2) ¹Ein schriftlicher Verwaltungsakt, der im Inland durch die Post übermittelt wird, gilt am dritten Tag nach der Aufgabe zur Post als bekannt gegeben. ²Ein Verwaltungsakt, der im Inland oder Ausland elektronisch übermittelt wird, gilt am dritten Tag nach der Absendung als bekannt gegeben. ³Dies gilt nicht, wenn der Verwaltungsakt nicht oder zu einem späteren Zeitpunkt zugegangen ist; im Zweifel hat die Behörde den Zugang des Verwaltungsaktes und den Zeitpunkt des Zugangs nachzuweisen.
(2a) ¹Mit Einwilligung des Beteiligten können elektronische Verwaltungsakte bekannt gegeben werden, indem sie dem Beteiligten zum Abruf über öffentlich zugängliche Netze bereitgestellt werden. ²Die Einwilligung kann jederzeit mit Wirkung für die Zukunft widerrufen werden. ³Die Behörde hat zu gewährleisten, dass der Abruf nur nach Authentifizierung der berechtigten Person möglich ist und der elektronische Verwaltungsakt von ihr gespeichert werden kann. ⁴Ein zum Abruf bereitgestellter Verwaltungsakt gilt am dritten Tag nach Absendung der elektronischen Benachrichtigung über die Bereitstellung des Verwaltungsaktes an die abrufberechtigte Person als bekannt gegeben. ⁵Im Zweifel hat die Behörde den Zugang der Benachrichtigung nachzuweisen. ⁶Kann die Behörde den von der abrufberechtigten Person bestrittenen Zugang der Benachrichtigung nicht nachweisen, gilt der Verwaltungsakt an dem Tag als bekannt gegeben, an dem die abrufberechtigte Person den Verwaltungsakt abgerufen hat. ⁷Das Gleiche gilt, wenn die abrufberechtigte Person unwiderlegbar vorträgt, die Benachrichtigung nicht innerhalb von drei Tagen nach der Absendung erhalten zu haben. ⁸Die Möglichkeit einer erneuten Bereitstellung zum Abruf oder der Bekanntgabe auf andere Weise bleibt unberührt.
(2b) In Angelegenheiten nach dem Abschnitt 1 des Bundeselterngeld- und Elternzeitgesetzes gilt abweichend von Absatz 2a für die Bekanntgabe von elektronischen Verwaltungsakten § 9 des Onlinezugangsgesetzes.
(3) ¹Ein Verwaltungsakt darf öffentlich bekannt gegeben werden, wenn dies durch Rechtsvorschrift zugelassen ist. ²Eine Allgemeinverfügung darf auch dann öffentlich bekannt gegeben werden, wenn eine Bekanntgabe an die Beteiligten untunlich ist.
(4) ¹Die öffentliche Bekanntgabe eines schriftlichen oder elektronischen Verwaltungsaktes wird dadurch bewirkt, dass sein verfügender Teil in der jeweils vorgeschriebenen Weise entweder ortsüblich oder in der sonst für amtliche Veröffentlichungen vorgeschriebenen Art bekannt gemacht wird. ²In der Bekanntmachung ist anzugeben, wo der Verwaltungsakt und seine Begründung eingesehen werden können. ³Der Verwaltungsakt gilt zwei Wochen nach der Bekanntmachung als bekannt gegeben. ⁴In einer Allgemeinverfügung kann ein hiervon abweichender Tag, jedoch frühestens der auf die Bekanntmachung folgende Tag bestimmt werden.
(5) Vorschriften über die Bekanntgabe eines Verwaltungsaktes mittels Zustellung bleiben unberührt.

§ 38 Offenbare Unrichtigkeit im Verwaltungsakt

¹Die Behörde kann Schreibfehler, Rechenfehler und ähnliche offenbare Unrichtigkeiten in einem Verwaltungsakt jederzeit berichtigen. ²Bei berechtigtem Interesse des Beteiligten ist zu berichtigen. ³Die Behörde ist berechtigt, die Vorlage des Dokumentes zu verlangen, das berichtigt werden soll.

Zweiter Titel
Bestandskraft des Verwaltungsaktes

§ 39 Wirksamkeit des Verwaltungsaktes

(1) ¹Ein Verwaltungsakt wird gegenüber demjenigen, für den er bestimmt ist oder der von ihm betroffen wird, in dem Zeitpunkt wirksam, in dem er ihm bekannt gegeben wird. ²Der Verwaltungsakt wird mit dem Inhalt wirksam, mit dem er bekannt gegeben wird.
(2) Ein Verwaltungsakt bleibt wirksam, solange und soweit er nicht zurückgenommen, widerrufen, anderweitig aufgehoben oder durch Zeitablauf oder auf andere Weise erledigt ist.
(3) Ein nichtiger Verwaltungsakt ist unwirksam.

§ 40 Nichtigkeit des Verwaltungsaktes

(1) Ein Verwaltungsakt ist nichtig, soweit er an einem besonders schwerwiegenden Fehler leidet und dies bei verständiger Würdigung aller in Betracht kommenden Umstände offensichtlich ist.
(2) Ohne Rücksicht auf das Vorliegen der Voraussetzungen des Absatzes 1 ist ein Verwaltungsakt nichtig,
1. der schriftlich oder elektronisch erlassen worden ist, die erlassende Behörde aber nicht erkennen lässt,
2. der nach einer Rechtsvorschrift nur durch die Aushändigung einer Urkunde erlassen werden kann, aber dieser Form nicht genügt,
3. den aus tatsächlichen Gründen niemand ausführen kann,
4. der die Begehung einer rechtswidrigen Tat verlangt, die einen Straf- oder Bußgeldtatbestand verwirklicht,
5. der gegen die guten Sitten verstößt.
(3) Ein Verwaltungsakt ist nicht schon deshalb nichtig, weil
1. Vorschriften über die örtliche Zuständigkeit nicht eingehalten worden sind,
2. eine nach § 16 Abs. 1 Satz 1 Nr. 2 bis 6 ausgeschlossene Person mitgewirkt hat,
3. ein durch Rechtsvorschrift zur Mitwirkung berufener Ausschuss den für den Erlass des Verwaltungsaktes vorgeschriebenen Beschluss nicht gefasst hat oder nicht beschlussfähig war,
4. die nach einer Rechtsvorschrift erforderliche Mitwirkung einer anderen Behörde unterblieben ist.
(4) Betrifft die Nichtigkeit nur einen Teil des Verwaltungsaktes, ist er im Ganzen nichtig, wenn der nichtige Teil so wesentlich ist, dass die Behörde den Verwaltungsakt ohne den nichtigen Teil nicht erlassen hätte.
(5) Die Behörde kann die Nichtigkeit jederzeit von Amts wegen feststellen; auf Antrag ist sie festzustellen, wenn der Antragsteller hieran ein berechtigtes Interesse hat.

§ 41 Heilung von Verfahrens- und Formfehlern

(1) Eine Verletzung von Verfahrens- oder Formvorschriften, die nicht den Verwaltungsakt nach § 40 nichtig macht, ist unbeachtlich, wenn
1. der für den Erlass des Verwaltungsaktes erforderliche Antrag nachträglich gestellt wird,
2. die erforderliche Begründung nachträglich gegeben wird,
3. die erforderliche Anhörung eines Beteiligten nachgeholt wird,
4. der Beschluss eines Ausschusses, dessen Mitwirkung für den Erlass des Verwaltungsaktes erforderlich ist, nachträglich gefasst wird,
5. die erforderliche Mitwirkung einer anderen Behörde nachgeholt wird,
6. die erforderliche Hinzuziehung eines Beteiligten nachgeholt wird.
(2) Handlungen nach Absatz 1 Nr. 2 bis 6 können bis zur letzten Tatsacheninstanz eines sozial- oder verwaltungsgerichtlichen Verfahrens nachgeholt werden.
(3) ¹Fehlt einem Verwaltungsakt die erforderliche Begründung oder ist die erforderliche Anhörung eines Beteiligten vor Erlass des Verwaltungsaktes unterblieben und ist dadurch die rechtzeitige Anfechtung des Verwaltungsaktes versäumt worden, gilt die Versäumung der Rechtsbehelfsfrist als nicht verschuldet. ²Das für die Wiedereinsetzungsfrist maßgebende Ereignis tritt im Zeitpunkt der Nachholung der unterlassenen Verfahrenshandlung ein.

§ 42 Folgen von Verfahrens- und Formfehlern

¹Die Aufhebung eines Verwaltungsaktes, der nicht nach § 40 nichtig ist, kann nicht allein deshalb beansprucht werden, weil er unter Verletzung von Vorschriften über das Verfahren, die Form oder die örtliche Zuständigkeit zustande gekommen ist, wenn offensichtlich ist, dass die Verletzung die Ent-

scheidung in der Sache nicht beeinflusst hat. ²Satz 1 gilt nicht, wenn die erforderliche Anhörung unterblieben oder nicht wirksam nachgeholt ist.

§ 43 Umdeutung eines fehlerhaften Verwaltungsaktes

(1) Ein fehlerhafter Verwaltungsakt kann in einen anderen Verwaltungsakt umgedeutet werden, wenn er auf das gleiche Ziel gerichtet ist, von der erlassenden Behörde in der geschehenen Verfahrensweise und Form rechtmäßig hätte erlassen werden können und wenn die Voraussetzungen für dessen Erlass erfüllt sind.

(2) ¹Absatz 1 gilt nicht, wenn der Verwaltungsakt, in den der fehlerhafte Verwaltungsakt umzudeuten wäre, der erkennbaren Absicht der erlassenden Behörde widerspräche oder seine Rechtsfolgen für den Betroffenen ungünstiger wären als die des fehlerhaften Verwaltungsaktes. ²Eine Umdeutung ist ferner unzulässig, wenn der fehlerhafte Verwaltungsakt nicht zurückgenommen werden dürfte.

(3) Eine Entscheidung, die nur als gesetzlich gebundene Entscheidung ergehen kann, kann nicht in eine Ermessensentscheidung umgedeutet werden.

(4) § 24 ist entsprechend anzuwenden.

§ 44 Rücknahme eines rechtswidrigen nicht begünstigenden Verwaltungsaktes

(1) ¹Soweit sich im Einzelfall ergibt, dass bei Erlass eines Verwaltungsaktes das Recht unrichtig angewandt oder von einem Sachverhalt ausgegangen worden ist, der sich als unrichtig erweist, und soweit deshalb Sozialleistungen zu Unrecht nicht erbracht oder Beiträge zu Unrecht erhoben worden sind, ist der Verwaltungsakt, auch nachdem er unanfechtbar geworden ist, mit Wirkung für die Vergangenheit zurückzunehmen. ²Dies gilt nicht, wenn der Verwaltungsakt auf Angaben beruht, die der Betroffene vorsätzlich in wesentlicher Beziehung unrichtig oder unvollständig gemacht hat.

(2) ¹Im Übrigen ist ein rechtswidriger nicht begünstigender Verwaltungsakt, auch nachdem er unanfechtbar geworden ist, ganz oder teilweise mit Wirkung für die Zukunft zurückzunehmen. ²Er kann auch für die Vergangenheit zurückgenommen werden.

(3) Über die Rücknahme entscheidet nach Unanfechtbarkeit des Verwaltungsaktes die zuständige Behörde; dies gilt auch dann, wenn der zurückzunehmende Verwaltungsakt von einer anderen Behörde erlassen worden ist.

(4) ¹Ist ein Verwaltungsakt mit Wirkung für die Vergangenheit zurückgenommen worden, werden Sozialleistungen nach den Vorschriften der besonderen Teile dieses Gesetzbuches längstens für einen Zeitraum bis zu vier Jahren vor der Rücknahme erbracht. ²Dabei wird der Zeitpunkt der Rücknahme von Beginn des Jahres an gerechnet, in dem der Verwaltungsakt zurückgenommen wird. ³Erfolgt die Rücknahme auf Antrag, tritt bei der Berechnung des Zeitraums, für den rückwirkend Leistungen zu erbringen sind, anstelle der Rücknahme der Antrag.

§ 45 Rücknahme eines rechtswidrigen begünstigenden Verwaltungsaktes

(1) Soweit ein Verwaltungsakt, der ein Recht oder einen rechtlich erheblichen Vorteil begründet oder bestätigt hat (begünstigender Verwaltungsakt), rechtswidrig ist, darf er, auch nachdem er unanfechtbar geworden ist, nur unter den Einschränkungen der Absätze 2 bis 4 ganz oder teilweise mit Wirkung für die Zukunft oder für die Vergangenheit zurückgenommen werden.

(2) ¹Ein rechtswidriger begünstigender Verwaltungsakt darf nicht zurückgenommen werden, soweit der Begünstigte auf den Bestand des Verwaltungsaktes vertraut hat und sein Vertrauen unter Abwägung mit dem öffentlichen Interesse an einer Rücknahme schutzwürdig ist. ²Das Vertrauen ist in der Regel schutzwürdig, wenn der Begünstigte erbrachte Leistungen verbraucht oder eine Vermögensdisposition getroffen hat, die er nicht mehr oder nur unter unzumutbaren Nachteilen rückgängig machen kann. ³Auf Vertrauen kann sich der Begünstigte nicht berufen, soweit

1. er den Verwaltungsakt durch arglistige Täuschung, Drohung oder Bestechung erwirkt hat,
2. der Verwaltungsakt auf Angaben beruht, die der Begünstigte vorsätzlich oder grob fahrlässig in wesentlicher Beziehung unrichtig oder unvollständig gemacht hat, oder
3. er die Rechtswidrigkeit des Verwaltungsaktes kannte oder infolge grober Fahrlässigkeit nicht kannte; grobe Fahrlässigkeit liegt vor, wenn der Begünstigte die erforderliche Sorgfalt in besonders schwerem Maße verletzt hat.

(3) ¹Ein rechtswidriger begünstigender Verwaltungsakt mit Dauerwirkung kann nach Absatz 2 nur bis zum Ablauf von zwei Jahren nach seiner Bekanntgabe zurückgenommen werden. ²Satz 1 gilt nicht, wenn Wiederaufnahmegründe entsprechend § 580 der Zivilprozessordnung vorliegen. ³Bis zum Ablauf von zehn Jahren nach seiner Bekanntgabe kann ein rechtswidriger begünstigender Verwaltungsakt mit Dauerwirkung nach Absatz 2 zurückgenommen werden, wenn

1. die Voraussetzungen des Absatzes 2 Satz 3 Nr. 2 oder 3 gegeben sind oder
2. der Verwaltungsakt mit einem zulässigen Vorbehalt des Widerrufs erlassen wurde.

⁴In den Fällen des Satzes 3 kann ein Verwaltungsakt über eine laufende Geldleistung auch nach Ablauf der Frist von zehn Jahren zurückgenommen werden, wenn diese Geldleistung mindestens bis zum Beginn des Verwaltungsverfahrens über die Rücknahme gezahlt wurde. ⁵War die Frist von zehn Jahren am 15. April 1998 bereits abgelaufen, gilt Satz 4 mit der Maßgabe, dass der Verwaltungsakt nur mit Wirkung für die Zukunft aufgehoben wird.

(4) ¹Nur in den Fällen von Absatz 2 Satz 3 und Absatz 3 Satz 2 wird der Verwaltungsakt mit Wirkung für die Vergangenheit zurückgenommen. ²Die Behörde muss dies innerhalb eines Jahres seit Kenntnis der Tatsachen tun, welche die Rücknahme eines rechtswidrigen begünstigenden Verwaltungsaktes für die Vergangenheit rechtfertigen.

(5) § 44 Abs. 3 gilt entsprechend.

§ 46 Widerruf eines rechtmäßigen nicht begünstigenden Verwaltungsaktes

(1) Ein rechtmäßiger nicht begünstigender Verwaltungsakt kann, auch nachdem er unanfechtbar geworden ist, ganz oder teilweise mit Wirkung für die Zukunft widerrufen werden, außer wenn ein Verwaltungsakt gleichen Inhalts erneut erlassen werden müsste oder aus anderen Gründen ein Widerruf unzulässig ist.

(2) § 44 Abs. 3 gilt entsprechend.

§ 47 Widerruf eines rechtmäßigen begünstigenden Verwaltungsaktes

(1) Ein rechtmäßiger begünstigender Verwaltungsakt darf, auch nachdem er unanfechtbar geworden ist, ganz oder teilweise mit Wirkung für die Zukunft nur widerrufen werden, soweit
1. der Widerruf durch Rechtsvorschrift zugelassen oder im Verwaltungsakt vorbehalten ist,
2. mit dem Verwaltungsakt eine Auflage verbunden ist und der Begünstigte diese nicht oder nicht innerhalb einer ihm gesetzten Frist erfüllt hat.

(2) ¹Ein rechtmäßiger begünstigender Verwaltungsakt, der eine Geld- oder Sachleistung zur Erfüllung eines bestimmten Zweckes zuerkennt oder hierfür Voraussetzung ist, kann, auch nachdem er unanfechtbar geworden ist, ganz oder teilweise auch mit Wirkung für die Vergangenheit widerrufen werden, wenn
1. die Leistung nicht, nicht alsbald nach der Erbringung oder nicht mehr für den in dem Verwaltungsakt bestimmten Zweck verwendet wird,
2. mit dem Verwaltungsakt eine Auflage verbunden ist und der Begünstigte diese nicht oder nicht innerhalb einer ihm gesetzten Frist erfüllt hat.

²Der Verwaltungsakt darf mit Wirkung für die Vergangenheit nicht widerrufen werden, soweit der Begünstigte auf den Bestand des Verwaltungsaktes vertraut hat und sein Vertrauen unter Abwägung mit dem öffentlichen Interesse an einem Widerruf schutzwürdig ist. ³Das Vertrauen ist in der Regel schutzwürdig, wenn der Begünstigte erbrachte Leistungen verbraucht oder eine Vermögensdisposition getroffen hat, die er nicht mehr oder nur unter unzumutbaren Nachteilen rückgängig machen kann. ⁴Auf Vertrauen kann sich der Begünstigte nicht berufen, soweit er die Umstände kannte oder infolge grober Fahrlässigkeit nicht kannte, die zum Widerruf des Verwaltungsaktes geführt haben. ⁵§ 45 Abs. 4 Satz 2 gilt entsprechend.

(3) § 44 Abs. 3 gilt entsprechend.

§ 48 Aufhebung eines Verwaltungsaktes mit Dauerwirkung bei Änderung der Verhältnisse

(1) ¹Soweit in den tatsächlichen oder rechtlichen Verhältnissen, die beim Erlass eines Verwaltungsaktes mit Dauerwirkung vorgelegen haben, eine wesentliche Änderung eintritt, ist der Verwaltungsakt mit Wirkung für die Zukunft aufzuheben. ²Der Verwaltungsakt soll mit Wirkung vom Zeitpunkt der Änderung der Verhältnisse aufgehoben werden, soweit
1. die Änderung zugunsten des Betroffenen erfolgt,
2. der Betroffene einer durch Rechtsvorschrift vorgeschriebenen Pflicht zur Mitteilung wesentlicher für ihn nachteiliger Änderungen der Verhältnisse vorsätzlich oder grob fahrlässig nicht nachgekommen ist,
3. nach Antragstellung oder Erlass des Verwaltungsaktes Einkommen oder Vermögen erzielt worden ist, das zum Wegfall oder zur Minderung des Anspruchs geführt haben würde, oder

4. der Betroffene wusste oder nicht wusste, weil er die erforderliche Sorgfalt in besonders schwerem Maße verletzt hat, dass der sich aus dem Verwaltungsakt ergebende Anspruch kraft Gesetzes zum Ruhen gekommen oder ganz oder teilweise weggefallen ist.
³Als Zeitpunkt der Änderung der Verhältnisse gilt in Fällen, in denen Einkommen oder Vermögen auf einen zurückliegenden Zeitraum auf Grund der besonderen Teile dieses Gesetzbuches anzurechnen ist, der Beginn des Anrechnungszeitraumes.
(2) Der Verwaltungsakt ist im Einzelfall mit Wirkung für die Zukunft auch dann aufzuheben, wenn der zuständige oberste Gerichtshof des Bundes in ständiger Rechtsprechung nachträglich das Recht anders auslegt als die Behörde bei Erlass des Verwaltungsaktes und sich dieses zugunsten des Berechtigten auswirkt; § 44 bleibt unberührt.
(3) ¹Kann ein rechtswidriger begünstigender Verwaltungsakt nach § 45 nicht zurückgenommen werden und ist eine Änderung nach Absatz 1 oder 2 zugunsten des Betroffenen eingetreten, darf die neu festzustellende Leistung nicht über den Betrag hinausgehen, wie er sich der Höhe nach ohne Berücksichtigung der Bestandskraft ergibt. ²Satz 1 gilt entsprechend, soweit einem rechtmäßigen begünstigenden Verwaltungsakt ein rechtswidriger begünstigender Verwaltungsakt zugrunde liegt, der nach § 45 nicht zurückgenommen werden kann.
(4) ¹§ 44 Abs. 3 und 4, § 45 Abs. 3 Satz 3 bis 5 und Abs. 4 Satz 2 gelten entsprechend. ²§ 45 Abs. 4 Satz 2 gilt nicht im Fall des Absatzes 1 Satz 1 Nr. 1.

§ 49 Rücknahme und Widerruf im Rechtsbehelfsverfahren
§ 45 Abs. 1 bis 4, §§ 47 und 48 gelten nicht, wenn ein begünstigender Verwaltungsakt, der von einem Dritten angefochten worden ist, während des Vorverfahrens oder während des sozial- oder verwaltungsgerichtlichen Verfahrens aufgehoben wird, soweit dadurch dem Widerspruch abgeholfen oder der Klage stattgegeben wird.

§ 50 Erstattung zu Unrecht erbrachter Leistungen
(1) ¹Soweit ein Verwaltungsakt aufgehoben worden ist, sind bereits erbrachte Leistungen zu erstatten. ²Sach- und Dienstleistungen sind in Geld zu erstatten.
(2) ¹Soweit Leistungen ohne Verwaltungsakt zu Unrecht erbracht worden sind, sind sie zu erstatten. ²§ 45 und 48 gelten entsprechend.
(2a) ¹Der zu erstattende Betrag ist vom Eintritt der Unwirksamkeit eines Verwaltungsaktes, auf Grund dessen Leistungen zur Förderung von Einrichtungen oder ähnliche Leistungen erbracht worden sind, mit fünf Prozentpunkten über dem Basiszinssatz jährlich zu verzinsen. ²Von der Geltendmachung des Zinsanspruchs kann insbesondere dann abgesehen werden, wenn der Begünstigte die Umstände, die zur Rücknahme, zum Widerruf oder zur Unwirksamkeit des Verwaltungsaktes geführt haben, nicht zu vertreten hat und den zu erstattenden Betrag innerhalb der von der Behörde festgesetzten Frist leistet. ³Wird eine Leistung nicht alsbald nach der Auszahlung für den bestimmten Zweck verwendet, können für die Zeit bis zur zweckentsprechenden Verwendung Zinsen nach Satz 1 verlangt werden; Entsprechendes gilt, soweit eine Leistung in Anspruch genommen wird, obwohl andere Mittel anteilig oder vorrangig einzusetzen sind; § 47 Abs. 2 Satz 1 Nr. 1 bleibt unberührt.
(3) ¹Die zu erstattende Leistung ist durch schriftlichen Verwaltungsakt festzusetzen. ²Die Festsetzung soll, sofern die Leistung auf Grund eines Verwaltungsaktes erbracht worden ist, mit der Aufhebung des Verwaltungsaktes verbunden werden.
(4) ¹Der Erstattungsanspruch verjährt in vier Jahren nach Ablauf des Kalenderjahres, in dem der Verwaltungsakt nach Absatz 3 unanfechtbar geworden ist. ²Für die Hemmung, die Ablaufhemmung, den Neubeginn und die Wirkung der Verjährung gelten die Vorschriften des Bürgerlichen Gesetzbuchs sinngemäß. ³§ 52 bleibt unberührt.
(5) Die Absätze 1 bis 4 gelten bei Berichtigungen nach § 38 entsprechend.

§ 51 Rückgabe von Urkunden und Sachen
¹Ist ein Verwaltungsakt unanfechtbar widerrufen oder zurückgenommen oder ist seine Wirksamkeit aus einem anderen Grund nicht oder nicht mehr gegeben, kann die Behörde die auf Grund dieses Verwaltungsaktes erteilten Urkunden oder Sachen, die zum Nachweis der Rechte aus dem Verwaltungsakt oder zu deren Ausübung bestimmt sind, zurückfordern. ²Der Inhaber und, sofern er nicht Besitzer ist, auch der Besitzer dieser Urkunden oder Sachen sind zu ihrer Herausgabe verpflichtet. ³Der Inhaber oder der Besitzer kann jedoch verlangen, dass ihm die Urkunden oder Sachen wieder ausgehändigt werden, nachdem sie von der Behörde als ungültig gekennzeichnet sind; dies gilt nicht bei Sachen, bei denen eine solche Kennzeichnung nicht oder nicht mit der erforderlichen Offensichtlichkeit oder Dauerhaftigkeit möglich ist.

Dritter Titel
Verjährungsrechtliche Wirkungen des Verwaltungsaktes

§ 52 Hemmung der Verjährung durch Verwaltungsakt

(1) ¹Ein Verwaltungsakt, der zur Feststellung oder Durchsetzung des Anspruchs eines öffentlich-rechtlichen Rechtsträgers erlassen wird, hemmt die Verjährung dieses Anspruchs. ²Die Hemmung endet mit Eintritt der Unanfechtbarkeit des Verwaltungsakts oder sechs Monate nach seiner anderweitigen Erledigung.
(2) Ist ein Verwaltungsakt im Sinne des Absatzes 1 unanfechtbar geworden, beträgt die Verjährungsfrist 30 Jahre.

Vierter Abschnitt
Öffentlich-rechtlicher Vertrag

§ 53 Zulässigkeit des öffentlich-rechtlichen Vertrages

(1) ¹Ein Rechtsverhältnis auf dem Gebiet des öffentlichen Rechts kann durch Vertrag begründet, geändert oder aufgehoben werden (öffentlich-rechtlicher Vertrag), soweit Rechtsvorschriften nicht entgegenstehen. ²Insbesondere kann die Behörde, anstatt einen Verwaltungsakt zu erlassen, einen öffentlich-rechtlichen Vertrag mit demjenigen schließen, an den sie sonst den Verwaltungsakt richten würde.
(2) Ein öffentlich-rechtlicher Vertrag über Sozialleistungen kann nur geschlossen werden, soweit die Erbringung der Leistungen im Ermessen des Leistungsträgers steht.

§ 54 Vergleichsvertrag

(1) Ein öffentlich-rechtlicher Vertrag im Sinne des § 53 Abs. 1 Satz 2, durch den eine bei verständiger Würdigung des Sachverhalts oder der Rechtslage bestehende Ungewißheit durch gegenseitiges Nachgeben beseitigt wird (Vergleich), kann geschlossen werden, wenn die Behörde den Abschluss des Vergleichs zur Beseitigung der Ungewissheit nach pflichtgemäßem Ermessen für zweckmäßig hält.
(2) § 53 Abs. 2 gilt im Fall des Absatzes 1 nicht.

§ 55 Austauschvertrag

(1) ¹Ein öffentlich-rechtlicher Vertrag im Sinne des § 53 Abs. 1 Satz 2, in dem sich der Vertragspartner der Behörde zu einer Gegenleistung verpflichtet, kann geschlossen werden, wenn die Gegenleistung für einen bestimmten Zweck im Vertrag vereinbart wird und der Behörde zur Erfüllung ihrer öffentlichen Aufgaben dient. ²Die Gegenleistung muss den gesamten Umständen nach angemessen sein und im sachlichen Zusammenhang mit der vertraglichen Leistung der Behörde stehen.
(2) Besteht auf die Leistung der Behörde ein Anspruch, kann nur eine solche Gegenleistung vereinbart werden, die bei Erlass eines Verwaltungsaktes Inhalt einer Nebenbestimmung nach § 32 sein könnte.
(3) § 53 Abs. 2 gilt in den Fällen der Absätze 1 und 2 nicht.

§ 56 Schriftform

Ein öffentlich-rechtlicher Vertrag ist schriftlich zu schließen, soweit nicht durch Rechtsvorschrift eine andere Form vorgeschrieben ist.

§ 57 Zustimmung von Dritten und Behörden

(1) Ein öffentlich-rechtlicher Vertrag, der in Rechte eines Dritten eingreift, wird erst wirksam, wenn der Dritte schriftlich zustimmt.
(2) Wird anstatt eines Verwaltungsaktes, bei dessen Erlass nach einer Rechtsvorschrift die Genehmigung, die Zustimmung oder das Einvernehmen einer anderen Behörde erforderlich ist, ein Vertrag geschlossen, so wird dieser erst wirksam, nachdem die andere Behörde in der vorgeschriebenen Form mitgewirkt hat.

§ 58 Nichtigkeit des öffentlich-rechtlichen Vertrages

(1) Ein öffentlich-rechtlicher Vertrag ist nichtig, wenn sich die Nichtigkeit aus der entsprechenden Anwendung von Vorschriften des Bürgerlichen Gesetzbuches ergibt.
(2) Ein Vertrag im Sinne des § 53 Abs. 1 Satz 2 ist ferner nichtig, wenn
1. ein Verwaltungsakt mit entsprechendem Inhalt nichtig wäre,
2. ein Verwaltungsakt mit entsprechendem Inhalt nicht nur wegen eines Verfahrens- oder Formfehlers im Sinne des § 42 rechtswidrig wäre und dies den Vertragschließenden bekannt war,

3. die Voraussetzungen zum Abschluss eines Vergleichsvertrags nicht vorlagen und ein Verwaltungsakt mit entsprechendem Inhalt nicht nur wegen eines Verfahrens- oder Formfehlers im Sinne des § 42 rechtswidrig wäre,
4. sich die Behörde eine nach § 55 unzulässige Gegenleistung versprechen lässt.

(3) Betrifft die Nichtigkeit nur einen Teil des Vertrages, so ist er im Ganzen nichtig, wenn nicht anzunehmen ist, dass er auch ohne den nichtigen Teil geschlossen worden wäre.

§ 59 Anpassung und Kündigung in besonderen Fällen

(1) [1]Haben die Verhältnisse, die für die Festsetzung des Vertragsinhalts maßgebend gewesen sind, sich seit Abschluss des Vertrages so wesentlich geändert, dass einer Vertragspartei das Festhalten an der ursprünglichen vertraglichen Regelung nicht zuzumuten ist, so kann diese Vertragspartei eine Anpassung des Vertragsinhalts an die geänderten Verhältnisse verlangen oder, sofern eine Anpassung nicht möglich oder einer Vertragspartei nicht zuzumuten ist, den Vertrag kündigen. [2]Die Behörde kann den Vertrag auch kündigen, um schwere Nachteile für das Gemeinwohl zu verhüten oder zu beseitigen.

(2) [1]Die Kündigung bedarf der Schriftform, soweit nicht durch Rechtsvorschrift eine andere Form vorgeschrieben ist. [2]Sie soll begründet werden.

§ 60 Unterwerfung unter die sofortige Vollstreckung

(1) [1]Jeder Vertragschließende kann sich der sofortigen Vollstreckung aus einem öffentlich-rechtlichen Vertrag im Sinne des § 53 Abs. 1 Satz 2 unterwerfen. [2]Die Behörde muss hierbei von dem Behördenleiter, seinem allgemeinen Vertreter oder einem Angehörigen des öffentlichen Dienstes, der die Befähigung zum Richteramt hat, vertreten werden.

(2) [1]Auf öffentlich-rechtliche Verträge im Sinne des Absatzes 1 Satz 1 ist § 66 entsprechend anzuwenden. [2]Will eine natürliche oder juristische Person des Privatrechts oder eine nichtrechtsfähige Vereinigung die Vollstreckung wegen einer Geldforderung betreiben, so ist § 170 Abs. 1 bis 3 der Verwaltungsgerichtsordnung entsprechend anzuwenden. [3]Richtet sich die Vollstreckung wegen der Erzwingung einer Handlung, Duldung oder Unterlassung gegen eine Behörde, ist § 172 der Verwaltungsgerichtsordnung entsprechend anzuwenden.

§ 61 Ergänzende Anwendung von Vorschriften

[1]Soweit sich aus den §§ 53 bis 60 nichts Abweichendes ergibt, gelten die übrigen Vorschriften dieses Gesetzbuches. [2]Ergänzend gelten die Vorschriften des Bürgerlichen Gesetzbuches entsprechend.

Fünfter Abschnitt
Rechtsbehelfsverfahren

§ 62 Rechtsbehelfe gegen Verwaltungsakte

Für förmliche Rechtsbehelfe gegen Verwaltungsakte gelten, wenn der Sozialrechtsweg gegeben ist, das Sozialgerichtsgesetz, wenn der Verwaltungsrechtsweg gegeben ist, die Verwaltungsgerichtsordnung und die zu ihrer Ausführung ergangenen Rechtsvorschriften, soweit nicht durch Gesetz etwas anderes bestimmt ist; im Übrigen gelten die Vorschriften dieses Gesetzbuches.

§ 63 Erstattung von Kosten im Vorverfahren

(1) [1]Soweit der Widerspruch erfolgreich ist, hat der Rechtsträger, dessen Behörde den angefochtenen Verwaltungsakt erlassen hat, demjenigen, der Widerspruch erhoben hat, die zur zweckentsprechenden Rechtsverfolgung oder Rechtsverteidigung notwendigen Aufwendungen zu erstatten. [2]Dies gilt auch, wenn der Widerspruch nur deshalb keinen Erfolg hat, weil die Verletzung einer Verfahrens- oder Formvorschrift nach § 41 unbeachtlich ist. [3]Aufwendungen, die durch das Verschulden eines Erstattungsberechtigten entstanden sind, hat dieser selbst zu tragen; das Verschulden eines Vertreters ist dem Vertretenen zuzurechnen.

(2) Die Gebühren und Auslagen eines Rechtsanwalts oder eines sonstigen Bevollmächtigten im Vorverfahren sind erstattungsfähig, wenn die Zuziehung eines Bevollmächtigten notwendig war.

(3) [1]Die Behörde, die die Kostenentscheidung getroffen hat, setzt auf Antrag den Betrag der zu erstattenden Aufwendungen fest; hat ein Ausschuss oder Beirat die Kostenentscheidung getroffen, obliegt die Kostenfestsetzung der Behörde, bei der der Ausschuss oder Beirat gebildet ist. [2]Die Kostenentscheidung bestimmt auch, ob die Zuziehung eines Rechtsanwalts oder eines sonstigen Bevollmächtigten notwendig war.

Sechster Abschnitt
Kosten, Zustellung und Vollstreckung

§ 64 Kostenfreiheit

(1) ¹Für das Verfahren bei den Behörden nach diesem Gesetzbuch werden keine Gebühren und Auslagen erhoben. ²Abweichend von Satz 1 erhalten die Träger der gesetzlichen Rentenversicherung für jede auf der Grundlage des § 74a Abs. 2 Satz 1 erteilte Auskunft eine Gebühr von 10,20 Euro.

(2) ¹Geschäfte und Verhandlungen, die aus Anlass der Beantragung, Erbringung oder der Erstattung einer Sozialleistung nötig werden, sind kostenfrei. ²Dies gilt auch für die im Gerichts- und Notarkostengesetz bestimmten Gerichtskosten. ³Von Beurkundungs- und Beglaubigungskosten sind befreit Urkunden, die

1. in der Sozialversicherung bei den Versicherungsträgern und Versicherungsbehörden erforderlich werden, um die Rechtsverhältnisse zwischen den Versicherungsträgern einerseits und den Arbeitgebern, Versicherten oder ihren Hinterbliebenen andererseits abzuwickeln,
2. im Sozialhilferecht, im Recht der Eingliederungshilfe, im Recht der Grundsicherung für Arbeitsuchende, im Kinder- und Jugendhilferecht sowie im Recht der Kriegsopferfürsorge aus Anlass der Beantragung, Erbringung oder Erstattung einer nach dem Zwölften Buch, dem Neunten Buch, dem Zweiten und dem Achten Buch oder dem Bundesversorgungsgesetz vorgesehenen Leistung benötigt werden,
3. im Schwerbehindertengesetz von der zuständigen Stelle im Zusammenhang mit der Verwendung der Ausgleichsabgabe für erforderlich gehalten werden,
4. im Recht der sozialen Entschädigung bei Gesundheitsschäden für erforderlich gehalten werden,
5. im Kindergeldrecht für erforderlich gehalten werden.

(3) ¹Absatz 2 Satz 1 gilt auch für gerichtliche Verfahren, auf die das Gesetz über das Verfahren in Familiensachen und in den Angelegenheiten der freiwilligen Gerichtsbarkeit anzuwenden ist. ²Im Verfahren nach der Zivilprozessordnung, dem Gesetz über das Verfahren in Familiensachen und in den Angelegenheiten der freiwilligen Gerichtsbarkeit sowie im Verfahren vor Gerichten der Sozial- und Finanzgerichtsbarkeit sind die Träger der Eingliederungshilfe, der Sozialhilfe, der Grundsicherung für Arbeitsuchende, der Leistungen nach dem Asylbewerberleistungsgesetz, der Jugendhilfe und der Kriegsopferfürsorge von den Gerichtskosten befreit; § 197a des Sozialgerichtsgesetzes bleibt unberührt.

§ 65 Zustellung

(1) ¹Soweit Zustellungen durch Behörden des Bundes, der bundesunmittelbaren Körperschaften, Anstalten und Stiftungen des öffentlichen Rechts vorgeschrieben sind, gelten die §§ 2 bis 10 des Verwaltungszustellungsgesetzes. ²§ 5 Abs. 4 des Verwaltungszustellungsgesetzes und § 178 Abs. 1 Nr. 2 der Zivilprozessordnung sind auf die nach § 73 Absatz 2 Satz 2 Nummer 5 bis 9 und Satz 3 des Sozialgerichtsgesetzes als Bevollmächtigte zugelassenen Personen entsprechend anzuwenden. ³Diese Vorschriften gelten auch, soweit Zustellungen durch Verwaltungsbehörden der Kriegsopferversorgung vorgeschrieben sind.

(2) Für die übrigen Behörden gelten die jeweiligen landesrechtlichen Vorschriften über das Zustellungsverfahren.

§ 66 Vollstreckung

(1) ¹Für die Vollstreckung zugunsten der Behörden des Bundes, der bundesunmittelbaren Körperschaften, Anstalten und Stiftungen des öffentlichen Rechts gilt das Verwaltungs-Vollstreckungsgesetz. ²In Angelegenheiten des § 51 des Sozialgerichtsgesetzes ist für die Anordnung der Ersatzzwangshaft das Sozialgericht zuständig. ³Die oberste Verwaltungsbehörde kann bestimmen, dass die Aufsichtsbehörde nach Anhörung der in Satz 1 genannten Behörden für die Vollstreckung fachlich geeignete Bedienstete als Vollstreckungsbeamte und sonstige hierfür fachlich geeignete Bedienstete dieser Behörde als Vollziehungsbeamte bestellen darf; die fachliche Eignung ist durch einen qualifizierten beruflichen Abschluss, die Teilnahme an einem Lehrgang einschließlich berufspraktischer Tätigkeit oder entsprechende mehrjährige Berufserfahrung nachzuweisen. ⁴Die oberste Verwaltungsbehörde kann auch bestimmen, dass die Aufsichtsbehörde nach Anhörung der in Satz 1 genannten Behörden für die Vollstreckung von Ansprüchen auf Gesamtsozialversicherungsbeiträge fachlich geeignete Bedienstete

1. der Verbände der Krankenkassen oder
2. einer bestimmten Krankenkasse

als Vollstreckungsbeamte und sonstige hierfür fachlich geeignete Bedienstete der genannten Verbände und Krankenkassen als Vollziehungsbeamte bestellen darf. ⁵Der nach Satz 4 beauftragte Verband der

Krankenkassen ist berechtigt, Verwaltungsakte zur Erfüllung der mit der Vollstreckung verbundenen Aufgabe zu erlassen.
(2) Absatz 1 Satz 1 bis 3 gilt auch für die Vollstreckung durch Verwaltungsbehörden der Kriegsopferversorgung; das Land bestimmt die Vollstreckungsbehörde.
(3) ¹Für die Vollstreckung zugunsten der übrigen Behörden gelten die jeweiligen landesrechtlichen Vorschriften über das Verwaltungsvollstreckungsverfahren. ²Für die landesunmittelbaren Körperschaften, Anstalten und Stiftungen des öffentlichen Rechts gilt Absatz 1 Satz 2 bis 5 entsprechend. ³Abweichend von Satz 1 vollstrecken die nach Landesrecht zuständigen Vollstreckungsbehörden zugunsten der landesunmittelbaren Krankenkassen, die sich über mehr als ein Bundesland erstrecken, nach den Vorschriften des Verwaltungs-Vollstreckungsgesetzes.
(4) ¹Aus einem Verwaltungsakt kann auch die Zwangsvollstreckung in entsprechender Anwendung der Zivilprozessordnung stattfinden. ²Der Vollstreckungsschuldner soll vor Beginn der Vollstreckung mit einer Zahlungsfrist von einer Woche gemahnt werden. ³Die vollstreckbare Ausfertigung erteilt der Behördenleiter, sein allgemeiner Vertreter oder ein anderer auf Antrag eines Leistungsträgers von der Aufsichtsbehörde ermächtigter Angehöriger des öffentlichen Dienstes. ⁴Bei den Versicherungsträgern und der Bundesagentur für Arbeit tritt in Satz 3 an die Stelle der Aufsichtsbehörden der Vorstand.

Zweites Kapitel
Schutz der Sozialdaten

Erster Abschnitt
Begriffsbestimmungen

§ 67 Begriffsbestimmungen

(1) Die nachfolgenden Begriffsbestimmungen gelten ergänzend zu Artikel 4 der Verordnung (EU) 2016/679 des Europäischen Parlaments und des Rates vom 27. April 2016 zum Schutz natürlicher Personen bei der Verarbeitung personenbezogener Daten, zum freien Datenverkehr und zur Aufhebung der Richtlinie 95/46/EG (Datenschutz-Grundverordnung) (ABl. L 119 vom 4. 5. 2016, S. 1; L 314 vom 22. 11. 2016, S. 72; L 127 vom 23. 5. 2018, S. 2) in der jeweils geltenden Fassung.
(2) ¹Sozialdaten sind personenbezogene Daten (Artikel 4 Nummer 1 der Verordnung (EU) 2016/679), die von einer in § 35 des Ersten Buches genannten Stelle im Hinblick auf ihre Aufgaben nach diesem Gesetzbuch verarbeitet werden. ²Betriebs- und Geschäftsgeheimnisse sind alle betriebs- oder geschäftsbezogenen Daten, auch von juristischen Personen, die Geheimnischarakter haben.
(3) Aufgaben nach diesem Gesetzbuch sind, soweit dieses Kapitel angewandt wird, auch
1. Aufgaben auf Grund von Verordnungen, deren Ermächtigungsgrundlage sich im Sozialgesetzbuch befindet,
2. Aufgaben auf Grund von über- und zwischenstaatlichem Recht im Bereich der sozialen Sicherheit,
3. Aufgaben auf Grund von Rechtsvorschriften, die das Erste und das Zehnte Buch für entsprechend anwendbar erklären, und
4. Aufgaben auf Grund des Arbeitssicherheitsgesetzes und Aufgaben, soweit sie den in § 35 des Ersten Buches genannten Stellen durch Gesetz zugewiesen sind. § 8 Absatz 1 Satz 3 des Arbeitssicherheitsgesetzes bleibt unberührt.
(4) ¹Werden Sozialdaten von einem Leistungsträger im Sinne von § 12 des Ersten Buches verarbeitet, ist der Verantwortliche der Leistungsträger. ²Ist der Leistungsträger eine Gebietskörperschaft, so sind der Verantwortliche die Organisationseinheiten, die eine Aufgabe nach einem der besonderen Teile dieses Gesetzbuches funktional durchführen.
(5) Nicht-öffentliche Stellen sind natürliche und juristische Personen, Gesellschaften und andere Personenvereinigungen des privaten Rechts, soweit sie nicht unter § 81 Absatz 3 fallen.

Zweiter Abschnitt
Verarbeitung von Sozialdaten

§ 67a Erhebung von Sozialdaten

(1) ¹Die Erhebung von Sozialdaten durch die in § 35 des Ersten Buches genannten Stellen ist zulässig, wenn ihre Kenntnis zur Erfüllung einer Aufgabe der erhebenden Stelle nach diesem Gesetzbuch erforderlich ist. ²Dies gilt auch für die Erhebung der besonderen Kategorien personenbezogener Daten im Sinne des Artikels 9 Absatz 1 der Verordnung (EU) 2016/679. ³§ 22 Absatz 2 des Bundesdatenschutzgesetzes gilt entsprechend.

12 SGB X §§ 67b–67c

(2) ¹Sozialdaten sind bei der betroffenen Person zu erheben. ²Ohne ihre Mitwirkung dürfen sie nur erhoben werden
1. bei den in § 35 des Ersten Buches oder in § 69 Absatz 2 genannten Stellen, wenn
   a) diese zur Übermittlung der Daten an die erhebende Stelle befugt sind,
   b) die Erhebung bei der betroffenen Person einen unverhältnismäßigen Aufwand erfordern würde und
   c) keine Anhaltspunkte dafür bestehen, dass überwiegende schutzwürdige Interessen der betroffenen Person beeinträchtigt werden,
2. bei anderen Personen oder Stellen, wenn
   a) eine Rechtsvorschrift die Erhebung bei ihnen zulässt oder die Übermittlung an die erhebende Stelle ausdrücklich vorschreibt oder
   b) aa) die Aufgaben nach diesem Gesetzbuch ihrer Art nach eine Erhebung bei anderen Personen oder Stellen erforderlich machen oder
       bb) die Erhebung bei der betroffenen Person einen unverhältnismäßigen Aufwand erfordern würde
   und keine Anhaltspunkte dafür bestehen, dass überwiegende schutzwürdige Interessen der betroffenen Person beeinträchtigt werden.

§ 67b Speicherung, Veränderung, Nutzung, Übermittlung, Einschränkung der Verarbeitung und Löschung von Sozialdaten

(1) ¹Die Speicherung, Veränderung, Nutzung, Übermittlung, Einschränkung der Verarbeitung und Löschung von Sozialdaten durch die in § 35 des Ersten Buches genannten Stellen ist zulässig, soweit die nachfolgenden Vorschriften oder eine andere Rechtsvorschrift in diesem Gesetzbuch es erlauben oder anordnen. ²Dies gilt auch für die besonderen Kategorien personenbezogener Daten im Sinne des Artikels 9 Absatz 1 der Verordnung (EU) 2016/679. ³Die Übermittlung von biometrischen, genetischen oder Gesundheitsdaten ist abweichend von Artikel 9 Absatz 2 Buchstabe b, d bis j der Verordnung (EU) 2016/679 nur zulässig, soweit eine gesetzliche Übermittlungsbefugnis nach den §§ 68 bis 77 oder nach einer anderen Rechtsvorschrift in diesem Gesetzbuch vorliegt. ⁴§ 22 Absatz 2 des Bundesdatenschutzgesetzes gilt entsprechend.
(2) ¹Zum Nachweis im Sinne des Artikels 7 Absatz 1 der Verordnung (EU) 2016/679, dass die betroffene Person in die Verarbeitung ihrer personenbezogenen Daten eingewilligt hat, soll die Einwilligung schriftlich oder elektronisch erfolgen. ²Die Einwilligung zur Verarbeitung von genetischen, biometrischen oder Gesundheitsdaten oder Betriebs- oder Geschäftsgeheimnissen hat schriftlich oder elektronisch zu erfolgen, soweit nicht wegen besonderer Umstände eine andere Form angemessen ist. ³Wird die Einwilligung der betroffenen Person eingeholt, ist diese auf den Zweck der vorgesehenen Verarbeitung, auf die Folgen der Verweigerung der Einwilligung sowie auf die jederzeitige Widerrufsmöglichkeit gemäß Artikel 7 Absatz 3 der Verordnung (EU) 2016/679 hinzuweisen.
(3) ¹Die Einwilligung zur Verarbeitung personenbezogener Daten zu Forschungszwecken kann für ein bestimmtes Vorhaben oder für bestimmte Bereiche der wissenschaftlichen Forschung erteilt werden. ²Im Bereich der wissenschaftlichen Forschung liegt ein besonderer Umstand im Sinne des Absatzes 2 Satz 2 auch dann vor, wenn durch die Einholung einer schriftlichen oder elektronischen Einwilligung der Forschungszweck erheblich beeinträchtigt würde. ³In diesem Fall sind die Gründe, aus denen sich die erhebliche Beeinträchtigung des Forschungszweckes ergibt, schriftlich festzuhalten.

§ 67c Zweckbindung sowie Speicherung, Veränderung und Nutzung von Sozialdaten zu anderen Zwecken

(1) ¹Die Speicherung, Veränderung oder Nutzung von Sozialdaten durch die in § 35 des Ersten Buches genannten Stellen ist zulässig, wenn sie zur Erfüllung der in der Zuständigkeit des Verantwortlichen liegenden gesetzlichen Aufgaben nach diesem Gesetzbuch erforderlich ist und für die Zwecke erfolgt, für die die Daten erhoben worden sind. ²Ist keine Erhebung vorausgegangen, dürfen die Daten nur für die Zwecke geändert oder genutzt werden, für die sie gespeichert worden sind.
(2) Die nach Absatz 1 gespeicherten Daten dürfen von demselben Verantwortlichen für andere Zwecke nur gespeichert, verändert oder genutzt werden, wenn
1. die Daten für die Erfüllung von Aufgaben nach anderen Rechtsvorschriften dieses Gesetzbuches als diejenigen, für die sie erhoben wurden, erforderlich sind,

2. es zur Durchführung eines bestimmten Vorhabens der wissenschaftlichen Forschung oder Planung im Sozialleistungsbereich erforderlich ist und die Voraussetzungen des § 75 Absatz 1, 2 oder 4a Satz 1 vorliegen.

(3) ¹Eine Speicherung, Veränderung oder Nutzung von Sozialdaten ist zulässig, wenn sie für die Wahrnehmung von Aufsichts-, Kontroll- und Disziplinarbefugnissen, der Rechnungsprüfung oder der Durchführung von Organisationsuntersuchungen für den Verantwortlichen oder für die Wahrung oder Wiederherstellung der Sicherheit und Funktionsfähigkeit eines informationstechnischen Systems durch das Bundesamt für Sicherheit in der Informationstechnik erforderlich ist. ²Das gilt auch für die Veränderung oder Nutzung zu Ausbildungs- und Prüfungszwecken durch den Verantwortlichen, soweit nicht überwiegende schutzwürdige Interessen der betroffenen Person entgegenstehen.

(4) Sozialdaten, die ausschließlich zu Zwecken der Datenschutzkontrolle, der Datensicherung oder zur Sicherstellung eines ordnungsgemäßen Betriebes einer Datenverarbeitungsanlage gespeichert werden, dürfen nur für diese Zwecke verändert, genutzt und in der Verarbeitung eingeschränkt werden.

(5) ¹Für Zwecke der wissenschaftlichen Forschung oder Planung im Sozialleistungsbereich erhobene oder gespeicherte Sozialdaten dürfen von den in § 35 des Ersten Buches genannten Stellen nur für ein bestimmtes Vorhaben der wissenschaftlichen Forschung im Sozialleistungsbereich oder der Planung im Sozialleistungsbereich verändert oder genutzt werden. ²Die Sozialdaten sind zu anonymisieren, sobald dies nach dem Forschungs- oder Planungszweck möglich ist. ³Bis dahin sind die Merkmale gesondert zu speichern, mit denen Einzelangaben über persönliche oder sachliche Verhältnisse einer bestimmten oder bestimmbaren Person zugeordnet werden können. ⁴Sie dürfen mit den Einzelangaben nur zusammengeführt werden, soweit der Forschungs- oder Planungszweck dies erfordert.

§ 67d Übermittlungsgrundsätze

(1) ¹Die Verantwortung für die Zulässigkeit der Bekanntgabe von Sozialdaten durch ihre Weitergabe an einen Dritten oder durch die Einsichtnahme oder den Abruf eines Dritten von zur Einsicht oder zum Abruf bereitgehaltenen Daten trägt die übermittelnde Stelle. ²Erfolgt die Übermittlung auf Ersuchen des Dritten, an den die Daten übermittelt werden, trägt dieser die Verantwortung für die Richtigkeit der Angaben in seinem Ersuchen.

(2) Sind mit Sozialdaten, die übermittelt werden dürfen, weitere personenbezogene Daten der betroffenen Person oder eines Dritten so verbunden, dass eine Trennung nicht oder nur mit unvertretbarem Aufwand möglich ist, so ist die Übermittlung auch dieser Daten nur zulässig, wenn schutzwürdige Interessen der betroffenen Person oder eines Dritten an deren Geheimhaltung nicht überwiegen; eine Veränderung oder Nutzung dieser Daten ist unzulässig.

(3) Die Übermittlung von Sozialdaten ist auch über Vermittlungsstellen im Rahmen einer Auftragsverarbeitung zulässig.

§ 67e Erhebung und Übermittlung zur Bekämpfung von Leistungsmissbrauch und illegaler Ausländerbeschäftigung

¹Bei der Prüfung nach § 2 des Schwarzarbeitsbekämpfungsgesetzes oder nach § 28p des Vierten Buches darf bei der überprüften Person zusätzlich erfragt werden,
1. ob und welche Art von Sozialleistungen nach diesem Gesetzbuch oder Leistungen nach dem Asylbewerberleistungsgesetz sie bezieht und von welcher Stelle sie diese Leistungen bezieht,
2. bei welcher Krankenkasse sie versichert oder ob sie als Selbständige tätig ist,
3. ob und welche Art von Beiträgen nach diesem Gesetzbuch sie abführt und
4. ob und welche ausländischen Arbeitnehmerinnen und Arbeitnehmer sie mit einer für ihre Tätigkeit erforderlichen Genehmigung und nicht zu ungünstigeren Arbeitsbedingungen als vergleichbare deutsche Arbeitnehmerinnen und Arbeitnehmer beschäftigt.

²Zu Prüfzwecken dürfen die Antworten auf Fragen nach Satz 1 Nummer 1 an den jeweils zuständigen Leistungsträger und nach Satz 1 Nummer 2 bis 4 an die jeweils zuständige Einzugsstelle und die Bundesagentur für Arbeit übermittelt werden. ³Der Empfänger hat die Prüfung unverzüglich durchzuführen.

§ 68 Übermittlung für Aufgaben der Polizeibehörden, der Staatsanwaltschaften, Gerichte und der Behörden der Gefahrenabwehr

(1) ¹Zur Erfüllung von Aufgaben der Polizeibehörden, der Staatsanwaltschaften und Gerichte, der Behörden der Gefahrenabwehr und der Justizvollzugsanstalten dürfen im Einzelfall auf Ersuchen Name, Vorname, Geburtsdatum, Geburtsort, derzeitige Anschrift der betroffenen Person, ihr derzeitiger oder zukünftiger Aufenthaltsort sowie Namen, Vornamen oder Firma und Anschriften ihrer derzeitigen Ar-

beitgeber übermittelt werden, soweit kein Grund zu der Annahme besteht, dass dadurch schutzwürdige Interessen der betroffenen Person beeinträchtigt werden, und wenn das Ersuchen nicht länger als sechs Monate zurückliegt. ²Die ersuchte Stelle ist über § 4 Absatz 3 hinaus zur Übermittlung auch dann nicht verpflichtet, wenn sich die ersuchende Stelle die Angaben auf andere Weise beschaffen kann. ³Satz 2 findet keine Anwendung, wenn das Amtshilfeersuchen zur Durchführung einer Vollstreckung nach § 66 erforderlich ist.

(1a) Zu dem in § 7 Absatz 3 des Internationalen Familienrechtsverfahrensgesetzes bezeichneten Zweck ist es zulässig, der in dieser Vorschrift bezeichneten Zentralen Behörde auf Ersuchen im Einzelfall den derzeitigen Aufenthalt der betroffenen Person zu übermitteln, soweit kein Grund zur Annahme besteht, dass dadurch schutzwürdige Interessen der betroffenen Person beeinträchtigt werden.

(2) Über das Übermittlungsersuchen entscheidet der Leiter oder die Leiterin der ersuchten Stelle, dessen oder deren allgemeiner Stellvertreter oder allgemeine Stellvertreterin oder eine besonders bevollmächtigte bedienstete Person.

(3) ¹Eine Übermittlung der in Absatz 1 Satz 1 genannten Sozialdaten, von Angaben zur Staats- und Religionsangehörigkeit, früherer Anschriften der betroffenen Personen, von Namen und Anschriften früherer Arbeitgeber der betroffenen Personen sowie von Angaben über an betroffene Personen erbrachte oder demnächst zu erbringende Geldleistungen ist zulässig, soweit sie zur Durchführung einer nach Bundes- oder Landesrecht zulässigen Rasterfahndung erforderlich ist. ²Die Verantwortung für die Zulässigkeit der Übermittlung trägt abweichend von § 67d Absatz 1 Satz 1 der Dritte, an den die Daten übermittelt werden. ³Die übermittelnde Stelle prüft nur, ob das Übermittlungsersuchen im Rahmen der Aufgaben des Dritten liegt, an den die Daten übermittelt werden, es sei denn, dass besonderer Anlass zur Prüfung der Zulässigkeit der Übermittlung besteht.

§ 69 Übermittlung für die Erfüllung sozialer Aufgaben

(1) Eine Übermittlung von Sozialdaten ist zulässig, soweit sie erforderlich ist
1. für die Erfüllung der Zwecke, für die sie erhoben worden sind, oder für die Erfüllung einer gesetzlichen Aufgabe der übermittelnden Stelle nach diesem Gesetzbuch oder einer solchen Aufgabe des Dritten, an den die Daten übermittelt werden, wenn er eine in § 35 des Ersten Buches genannte Stelle ist,
2. für die Durchführung eines mit der Erfüllung einer Aufgabe nach Nummer 1 zusammenhängenden gerichtlichen Verfahrens einschließlich eines Strafverfahrens oder
3. für die Richtigstellung unwahrer Tatsachenbehauptungen der betroffenen Person im Zusammenhang mit einem Verfahren über die Erbringung von Sozialleistungen; die Übermittlung bedarf der vorherigen Genehmigung durch die zuständige oberste Bundes- oder Landesbehörde.

(2) Für die Erfüllung einer gesetzlichen oder sich aus einem Tarifvertrag ergebenden Aufgabe sind den in § 35 des Ersten Buches genannten Stellen gleichgestellt
1. die Stellen, die Leistungen nach dem Lastenausgleichsgesetz, dem Bundesentschädigungsgesetz, dem Strafrechtlichen Rehabilitierungsgesetz, dem Beruflichen Rehabilitierungsgesetz, dem Gesetz über die Entschädigung für Strafverfolgungsmaßnahmen, dem Unterhaltssicherungsgesetz, dem Beamtenversorgungsgesetz und den Vorschriften, die auf das Beamtenversorgungsgesetz verweisen, dem Soldatenversorgungsgesetz, dem Anspruchs- und Anwartschaftsüberführungsgesetz und den Vorschriften der Länder über die Gewährung von Blinden- und Pflegegeldleistungen zu erbringen haben,
2. die gemeinsamen Einrichtungen der Tarifvertragsparteien im Sinne des § 4 Absatz 2 des Tarifvertragsgesetzes, die Zusatzversorgungseinrichtungen des öffentlichen Dienstes und die öffentlich-rechtlichen Zusatzversorgungseinrichtungen,
3. die Bezügestellen des öffentlichen Dienstes, soweit sie kindergeldabhängige Leistungen des Besoldungs-, Versorgungs- und Tarifrechts unter Verwendung von personenbezogenen Kindergelddaten festzusetzen haben.

(3) Die Übermittlung von Sozialdaten durch die Bundesagentur für Arbeit an die Krankenkassen ist zulässig, soweit sie erforderlich ist, den Krankenkassen die Feststellung der Arbeitgeber zu ermöglichen, die am Ausgleich der Arbeitgeberaufwendungen nach dem Aufwendungsausgleichsgesetz teilnehmen.

(4) Die Krankenkassen sind befugt, einem Arbeitgeber mitzuteilen, ob die Fortdauer einer Arbeitsunfähigkeit oder eine erneute Arbeitsunfähigkeit eines Arbeitnehmers auf derselben Krankheit beruht; die Übermittlung von Diagnosedaten an den Arbeitgeber ist nicht zulässig.

(5) Die Übermittlung von Sozialdaten ist zulässig für die Erfüllung der gesetzlichen Aufgaben der Rechnungshöfe und der anderen Stellen, auf die § 67c Abs. 3 Satz 1 Anwendung findet.

§ 70 Übermittlung für die Durchführung des Arbeitsschutzes

Eine Übermittlung von Sozialdaten ist zulässig, soweit sie zur Erfüllung der gesetzlichen Aufgaben der für den Arbeitsschutz zuständigen staatlichen Behörden oder der Bergbehörden bei der Durchführung des Arbeitsschutzes erforderlich ist und schutzwürdige Interessen der betroffenen Person nicht beeinträchtigt werden oder das öffentliche Interesse an der Durchführung des Arbeitsschutzes das Geheimhaltungsinteresse der betroffenen Person erheblich überwiegt.

§ 71 Übermittlung für die Erfüllung besonderer gesetzlicher Pflichten und Mitteilungsbefugnisse

(1) ¹Eine Übermittlung von Sozialdaten ist zulässig, soweit sie erforderlich ist für die Erfüllung der gesetzlichen Mitteilungspflichten
1. zur Abwendung geplanter Straftaten nach § 138 des Strafgesetzbuches,
2. zum Schutz der öffentlichen Gesundheit nach § 8 des Infektionsschutzgesetzes,
3. zur Sicherung des Steueraufkommens nach § 22a des Einkommensteuergesetzes und den §§ 93, 97, 105, 111 Absatz 1 und 5, § 116 der Abgabenordnung und § 32b Absatz 3 des Einkommensteuergesetzes, soweit diese Vorschriften unmittelbar anwendbar sind, und zur Mitteilung von Daten der ausländischen Unternehmen, die auf Grund bilateraler Regierungsvereinbarungen über die Beschäftigung von Arbeitnehmern zur Ausführung von Werkverträgen tätig werden, nach § 93a der Abgabenordnung,
4. zur Gewährung und Prüfung des Sonderausgabenabzugs nach § 10 des Einkommensteuergesetzes,
5. zur Überprüfung der Voraussetzungen für die Einziehung der Ausgleichszahlungen und für die Leistung von Wohngeld nach § 33 des Wohngeldgesetzes,
6. zur Bekämpfung von Schwarzarbeit und illegaler Beschäftigung nach dem Schwarzarbeitsbekämpfungsgesetz,
7. zur Mitteilung in das Gewerbezentralregister einzutragender Tatsachen an die Registerbehörde,
8. zur Erfüllung der Aufgaben der statistischen Ämter der Länder und des Statistischen Bundesamtes gemäß § 3 Absatz 1 des Statistikregistergesetzes zum Aufbau und zur Führung des Statistikregisters,
9. zur Aktualisierung des Betriebsregisters nach § 97 Absatz 5 des Agrarstatistikgesetzes,
10. zur Erfüllung der Aufgaben der Deutschen Rentenversicherung Bund als zentraler Stelle nach § 22a und § 91 Absatz 1 Satz 1 des Einkommensteuergesetzes,
11. zur Erfüllung der Aufgaben der Deutschen Rentenversicherung Knappschaft-Bahn-See, soweit sie bei geringfügig Beschäftigten Aufgaben nach dem Einkommensteuergesetz durchführt,
12. zur Erfüllung der Aufgaben des Statistischen Bundesamtes nach § 5a Absatz 1 in Verbindung mit Absatz 3 des Bundesstatistikgesetzes sowie nach § 7 des Registerzensuserprobungsgesetzes zum Zwecke der Entwicklung von Verfahren für die zuverlässige Zuordnung von Personendatensätzen aus ihren Datenbeständen und von Verfahren der Qualitätssicherung eines Registerzensus,
13. nach § 69a des Erneuerbare-Energien-Gesetzes zur Berechnung der Bruttowertschöpfung im Verfahren zur Begrenzung der EEG-Umlage,
14. nach § 6 Absatz 3 des Wohnungslosenberichterstattungsgesetzes für die Erhebung über wohnungslose Personen,
15. nach § 4 des Sozialdienstleister-Einsatzgesetzes für die Feststellung des nachträglichen Erstattungsanspruchs oder
16. nach § 5 Absatz 1 des Rentenübersichtsgesetzes zur Erfüllung der Aufgaben der Zentralen Stelle für die Digitale Rentenübersicht.

²Erklärungspflichten als Drittschuldner, welche das Vollstreckungsrecht vorsieht, werden durch Bestimmungen dieses Gesetzbuches nicht berührt. ³Eine Übermittlung von Sozialdaten ist zulässig, soweit sie erforderlich ist für die Erfüllung der gesetzlichen Pflichten zur Sicherung und Nutzung von Archivgut des Bundes nach § 1 Nummer 8 und 9, § 3 Absatz 4, nach den §§ 5 bis 7 sowie nach den §§ 10 bis 13 des Bundesarchivgesetzes oder nach entsprechenden gesetzlichen Vorschriften der Länder, die die Schutzfristen dieses Gesetzes nicht unterschreiten. ⁴Eine Übermittlung von Sozialdaten ist auch zulässig, soweit sie erforderlich ist, Meldebehörden nach § 6 Absatz 2 des Bundesmeldegesetzes über konkrete Anhaltspunkte für die Unrichtigkeit oder Unvollständigkeit von diesen auf Grund Melderechts übermittelter Daten zu unterrichten. ⁵Zur Überprüfung des Anspruchs auf Kindergeld ist die Übermittlung von Sozialdaten gemäß § 68 Absatz 7 des Einkommensteuergesetzes an die Familienkassen zulässig. ⁶Eine Übermittlung von Sozialdaten ist auch zulässig, soweit sie zum Schutz des Kindeswohls nach § 4 Absatz 1 und 5 des Gesetzes zur Kooperation und Information im Kinderschutz erforderlich ist.

(2) ¹Eine Übermittlung von Sozialdaten eines Ausländers ist auch zulässig, soweit sie erforderlich ist

1. im Einzelfall auf Ersuchen der mit der Ausführung des Aufenthaltsgesetzes betrauten Behörden nach § 87 Absatz 1 des Aufenthaltsgesetzes mit der Maßgabe, dass über die Angaben nach § 68 hinaus nur mitgeteilt werden können
    a) für die Entscheidung über den Aufenthalt des Ausländers oder eines Familienangehörigen des Ausländers Daten über die Gewährung oder Nichtgewährung von Leistungen, Daten über frühere und bestehende Versicherungen und das Nichtbestehen einer Versicherung,
    b) für die Entscheidung über den Aufenthalt oder über die ausländerrechtliche Zulassung oder Beschränkung einer Erwerbstätigkeit des Ausländers Daten über die Zustimmung nach § 4a Absatz 2 Satz 1, § 16a Absatz 1 Satz 1 und § 18 Absatz 2 Nummer 2 des Aufenthaltsgesetzes,
    c) für eine Entscheidung über den Aufenthalt des Ausländers Angaben darüber, ob die in § 54 Absatz 2 Nummer 4 des Aufenthaltsgesetzes bezeichneten Voraussetzungen vorliegen, und
    d) durch die Jugendämter für die Entscheidung über den weiteren Aufenthalt oder die Beendigung des Aufenthalts eines Ausländers, bei dem ein Ausweisungsgrund nach den §§ 53 bis 56 des Aufenthaltsgesetzes vorliegt, Angaben über das zu erwartende soziale Verhalten,
2. für die Erfüllung der in § 87 Absatz 2 des Aufenthaltsgesetzes bezeichneten Mitteilungspflichten,
3. für die Erfüllung der in § 99 Absatz 1 Nummer 14 Buchstabe d, f und j des Aufenthaltsgesetzes bezeichneten Mitteilungspflichten, wenn die Mitteilung die Erteilung, den Widerruf oder Beschränkungen der Zustimmung nach § 4 Absatz 2 Satz 1, § 16a Absatz 1 Satz 1 und § 18 Absatz 2 Nummer 2 des Aufenthaltsgesetzes oder eines Versicherungsschutzes oder die Gewährung von Leistungen zur Sicherung des Lebensunterhalts nach dem Zweiten Buch betrifft,
4. für die Erfüllung der in § 6 Absatz 1 Nummer 8 in Verbindung mit Absatz 2 Nummer 6 des Gesetzes über das Ausländerzentralregister bezeichneten Mitteilungspflichten,
5. für die Erfüllung der in § 32 Absatz 1 Satz 1 und 2 des Staatsangehörigkeitsgesetzes bezeichneten Mitteilungspflichten oder
6. für die Erfüllung der nach § 8 Absatz 1c des Asylgesetzes bezeichneten Mitteilungspflichten der Träger der Grundsicherung für Arbeitsuchende.

²Daten über die Gesundheit eines Ausländers dürfen nur übermittelt werden,
1. wenn der Ausländer die öffentliche Gesundheit gefährdet und besondere Schutzmaßnahmen zum Ausschluss der Gefährdung nicht möglich sind oder von dem Ausländer nicht eingehalten werden oder
2. soweit sie für die Feststellung erforderlich sind, ob die Voraussetzungen des § 54 Absatz 2 Nummer 4 des Aufenthaltsgesetzes vorliegen.

(2a) Eine Übermittlung personenbezogener Daten eines Leistungsberechtigten nach § 1 des Asylbewerberleistungsgesetzes ist zulässig, soweit sie für die Durchführung des Asylbewerberleistungsgesetzes erforderlich ist.

(3) ¹Eine Übermittlung von Sozialdaten ist auch zulässig, soweit es nach pflichtgemäßem Ermessen eines Leistungsträgers erforderlich ist, dem Betreuungsgericht die Bestellung eines Betreuers oder eine andere Maßnahme in Betreuungssachen zu ermöglichen. ²§ 7 des Betreuungsbehördengesetzes gilt entsprechend.

(4) ¹Eine Übermittlung von Sozialdaten ist außerdem zulässig, soweit sie im Einzelfall für die rechtmäßige Erfüllung der in der Zuständigkeit der Zentralstelle für Finanztransaktionsuntersuchungen liegenden Aufgaben nach § 28 Absatz 1 Satz 2 Nummer 2 des Geldwäschegesetzes erforderlich ist. ²Die Übermittlung ist auf Angaben über Name, Vorname sowie früher geführte Namen, Geburtsdatum, Geburtsort, derzeitige und frühere Anschriften der betroffenen Person sowie Namen und Anschriften seiner derzeitigen und früheren Arbeitgeber beschränkt.

§ 72 Übermittlung für den Schutz der inneren und äußeren Sicherheit

(1) ¹Eine Übermittlung von Sozialdaten ist zulässig, soweit sie im Einzelfall für die rechtmäßige Erfüllung der in der Zuständigkeit der Behörden für Verfassungsschutz, des Bundesnachrichtendienstes, des Militärischen Abschirmdienstes und des Bundeskriminalamtes liegenden Aufgaben erforderlich ist. ²Die Übermittlung ist auf Angaben über Name und Vorname sowie früher geführte Namen, Geburtsdatum, Geburtsort, derzeitige und frühere Anschriften der betroffenen Person sowie Namen und Anschriften ihrer derzeitigen und früheren Arbeitgeber beschränkt.

(2) ¹Über die Erforderlichkeit des Übermittlungsersuchens entscheidet eine von dem Leiter oder der Leiterin der ersuchenden Stelle bestimmte beauftragte Person, die die Befähigung zum Richteramt haben soll. ²Wenn eine oberste Bundes- oder Landesbehörde für die Aufsicht über die ersuchende Stelle zuständig ist, ist sie über die gestellten Übermittlungsersuchen zu unterrichten. ³Bei der ersuchten Stelle

entscheidet über das Übermittlungsersuchen der Behördenleiter oder die Behördenleiterin oder dessen oder deren allgemeiner Stellvertreter oder allgemeine Stellvertreterin.

§ 73 Übermittlung für die Durchführung eines Strafverfahrens

(1) Eine Übermittlung von Sozialdaten ist zulässig, soweit sie zur Durchführung eines Strafverfahrens wegen eines Verbrechens oder wegen einer sonstigen Straftat von erheblicher Bedeutung erforderlich ist.
(2) Eine Übermittlung von Sozialdaten zur Durchführung eines Strafverfahrens wegen einer anderen Straftat ist zulässig, soweit die Übermittlung auf die in § 72 Absatz 1 Satz 2 genannten Angaben und die Angaben über erbrachte oder demnächst zu erbringende Geldleistungen beschränkt ist.
(3) Die Übermittlung nach den Absätzen 1 und 2 ordnet der Richter oder die Richterin an.

§ 74 Übermittlung bei Verletzung der Unterhaltspflicht und beim Versorgungsausgleich

(1) ¹Eine Übermittlung von Sozialdaten ist zulässig, soweit sie erforderlich ist
1. für die Durchführung
    a) eines gerichtlichen Verfahrens oder eines Vollstreckungsverfahrens wegen eines gesetzlichen oder vertraglichen Unterhaltsanspruchs oder eines an seine Stelle getretenen Ersatzanspruchs oder
    b) eines Verfahrens über den Versorgungsausgleich nach § 220 des Gesetzes über das Verfahren in Familiensachen und in den Angelegenheiten der freiwilligen Gerichtsbarkeit oder
2. für die Geltendmachung
    a) eines gesetzlichen oder vertraglichen Unterhaltsanspruchs außerhalb eines Verfahrens nach Nummer 1 Buchstabe a, soweit die betroffene Person nach den Vorschriften des bürgerlichen Rechts, insbesondere nach § 1605 oder nach § 1361 Absatz 4 Satz 4, § 1580 Satz 2, § 1615a oder § 1615l Absatz 3 Satz 1 in Verbindung mit § 1605 des Bürgerlichen Gesetzbuchs, zur Auskunft verpflichtet ist, oder
    b) eines Ausgleichsanspruchs im Rahmen des Versorgungsausgleichs außerhalb eines Verfahrens nach Nummer 1 Buchstabe b, soweit die betroffene Person nach § 4 Absatz 1 des Versorgungsausgleichsgesetzes zur Auskunft verpflichtet ist, oder
3. für die Anwendung der Öffnungsklausel nach § 22 Nummer 1 Satz 3 Buchstabe a Doppelbuchstabe bb Satz 2 des Einkommensteuergesetzes auf eine im Versorgungsausgleich auf die ausgleichsberechtigte Person übertragene Rentenanwartschaft, soweit die ausgleichspflichtige Person nach § 22 Nummer 1 Satz 3 Buchstabe a Doppelbuchstabe bb Satz 2 des Einkommensteuergesetzes in Verbindung mit § 4 Absatz 1 des Versorgungsausgleichsgesetzes zur Auskunft verpflichtet ist.

²In den Fällen des Satzes 1 Nummer 2 und 3 ist eine Übermittlung nur zulässig, wenn die auskunftspflichtige Person ihre Pflicht, nachdem sie unter Hinweis auf die in diesem Buch enthaltene Übermittlungsbefugnis der in § 35 des Ersten Buches genannten Stellen gemahnt wurde, innerhalb angemessener Frist nicht oder nicht vollständig erfüllt hat. ³Diese Stellen dürfen die Anschrift der auskunftspflichtigen Person zum Zwecke der Mahnung übermitteln.
(2) Eine Übermittlung von Sozialdaten durch die Träger der gesetzlichen Rentenversicherung und durch die Träger der Grundsicherung für Arbeitsuchende ist auch zulässig, soweit sie für die Erfüllung der nach § 5 des Auslandsunterhaltsgesetzes der zentralen Behörde (§ 4 des Auslandsunterhaltsgesetzes) obliegenden Aufgaben und zur Erreichung der in den §§ 16 und 17 des Auslandsunterhaltsgesetzes bezeichneten Zwecke erforderlich ist.

§ 74a Übermittlung zur Durchsetzung öffentlich-rechtlicher Ansprüche und im Vollstreckungsverfahren

(1) ¹Zur Durchsetzung von öffentlich-rechtlichen Ansprüchen dürfen im Einzelfall auf Ersuchen Name, Vorname, Geburtsdatum, Geburtsort, derzeitige Anschrift der betroffenen Person, ihr derzeitiger oder zukünftiger Aufenthaltsort sowie Namen, Vornamen oder Firma und Anschriften ihrer derzeitigen Arbeitgeber übermittelt werden, soweit kein Grund zu der Annahme besteht, dass dadurch schutzwürdige Interessen der betroffenen Person beeinträchtigt werden, und wenn das Ersuchen nicht länger als sechs Monate zurückliegt. ²Die ersuchte Stelle ist über § 4 Absatz 3 hinaus zur Übermittlung auch dann nicht verpflichtet, wenn sich die ersuchende Stelle die Angaben auf andere Weise beschaffen kann. ³Satz 2 findet keine Anwendung, wenn das Amtshilfeersuchen zur Durchführung einer Vollstreckung nach § 66 erforderlich ist.
(2) ¹Zur Durchführung eines Vollstreckungsverfahrens dürfen die Träger der gesetzlichen Rentenversicherung im Einzelfall auf Ersuchen des Gerichtsvollziehers die derzeitige Anschrift der betroffenen Person, ihren derzeitigen oder zukünftigen Aufenthaltsort sowie Namen, Vornamen oder Firma und

Anschriften ihrer derzeitigen Arbeitgeber übermitteln, soweit kein Grund zu der Annahme besteht, dass dadurch schutzwürdige Interessen der betroffenen Person beeinträchtigt werden, und das Ersuchen nicht länger als sechs Monate zurückliegt. ²Die Träger der gesetzlichen Rentenversicherung sind über § 4 Absatz 3 hinaus zur Übermittlung auch dann nicht verpflichtet, wenn sich die ersuchende Stelle die Angaben auf andere Weise beschaffen kann. ³Die Übermittlung ist nur zulässig, wenn
1. die Ladung zu dem Termin zur Abgabe der Vermögensauskunft an den Schuldner nicht zustellbar ist und
    a) die Anschrift, unter der die Zustellung ausgeführt werden sollte, mit der Anschrift übereinstimmt, die von einer der in § 755 Absatz 1 und 2 der Zivilprozessordnung genannten Stellen innerhalb von drei Monaten vor oder nach dem Zustellungsversuch mitgeteilt wurde, oder
    b) die Meldebehörde nach dem Zustellungsversuch die Auskunft erteilt, dass ihr keine derzeitige Anschrift des Schuldners bekannt ist, oder
    c) die Meldebehörde innerhalb von drei Monaten vor Erteilung des Vollstreckungsauftrags die Auskunft erteilt hat, dass ihr keine derzeitige Anschrift des Schuldners bekannt ist,
2. der Schuldner seiner Pflicht zur Abgabe der Vermögensauskunft in dem dem Ersuchen zugrundeliegenden Vollstreckungsverfahren nicht nachkommt,
3. bei einer Vollstreckung in die in der Vermögensauskunft aufgeführten Vermögensgegenstände eine vollständige Befriedigung des Gläubigers voraussichtlich nicht zu erwarten ist oder
4. die Anschrift oder der derzeitige oder zukünftige Aufenthaltsort des Schuldners trotz Anfrage bei der Meldebehörde nicht bekannt ist.

⁴Der Gerichtsvollzieher hat in seinem Ersuchen zu bestätigen, dass diese Voraussetzungen vorliegen.
⁵Das Ersuchen und die Auskunft sind elektronisch zu übermitteln.

§ 75 Übermittlung von Sozialdaten für die Forschung und Planung

(1) ¹Eine Übermittlung von Sozialdaten ist zulässig, soweit sie erforderlich ist für ein bestimmtes Vorhaben
1. der wissenschaftlichen Forschung im Sozialleistungsbereich oder der wissenschaftlichen Arbeitsmarkt- und Berufsforschung oder
2. der Planung im Sozialleistungsbereich durch eine öffentliche Stelle im Rahmen ihrer Aufgaben

und schutzwürdige Interessen der betroffenen Person nicht beeinträchtigt werden oder das öffentliche Interesse an der Forschung oder Planung das Geheimhaltungsinteresse der betroffenen Person erheblich überwiegt. ²Eine Übermittlung ohne Einwilligung der betroffenen Person ist nicht zulässig, soweit es zumutbar ist, ihre Einwilligung einzuholen. ³Angaben über den Namen und Vornamen, die Anschrift, die Telefonnummer sowie die für die Einleitung eines Vorhabens nach Satz 1 zwingend erforderlichen Strukturmerkmale der betroffenen Person können für Befragungen auch ohne Einwilligungen übermittelt werden. ⁴Der nach Absatz 4 Satz 1 zuständigen Behörde ist ein Datenschutzkonzept vorzulegen.
(2) Ergibt sich aus dem Vorhaben nach Absatz 1 Satz 1 eine Forschungsfrage, die in einem inhaltlichen Zusammenhang mit diesem steht, können hierzu auf Antrag die Frist nach Absatz 4 Satz 5 Nummer 4 zur Verarbeitung der erforderlichen Sozialdaten verlängert oder eine neue Frist festgelegt und weitere erforderliche Sozialdaten übermittelt werden.
(3) ¹Soweit nach Absatz 1 oder 2 besondere Kategorien von Daten im Sinne von Artikel 9 Absatz 1 der Verordnung (EU) 2016/679 an einen Dritten übermittelt oder nach Absatz 4a von einem Dritten verarbeitet werden, sieht dieser bei der Verarbeitung angemessene und spezifische Maßnahmen zur Wahrung der Interessen der betroffenen Person gemäß § 22 Absatz 2 Satz 2 des Bundesdatenschutzgesetzes vor. ²Ergänzend zu den dort genannten Maßnahmen sind die besonderen Kategorien von Daten im Sinne des Artikels 9 Absatz 1 der Verordnung (EU) 2016/679 zu anonymisieren, sobald dies nach dem Forschungszweck möglich ist.
(4) ¹Die Übermittlung nach Absatz 1 und die weitere Verarbeitung sowie die Übermittlung nach Absatz 2 bedürfen der vorherigen Genehmigung durch die oberste Bundes- oder Landesbehörde, die für den Bereich, aus dem die Daten herrühren, zuständig ist. ²Die oberste Bundesbehörde kann das Genehmigungsverfahren bei Anträgen von Versicherungsträgern nach § 1 Absatz 1 Satz 1 des Vierten Buches oder von deren Verbänden auf das Bundesversicherungsamt übertragen. ³Eine Übermittlung von Sozialdaten an eine nicht-öffentliche Stelle und eine weitere Verarbeitung durch diese nach Absatz 2 darf nur genehmigt werden, wenn sich die nicht-öffentliche Stelle gegenüber der Genehmigungsbehörde verpflichtet hat, die Daten nur für den vorgesehenen Zweck zu verarbeiten. ⁴Die Genehmigung darf im Hinblick auf die Wahrung des Sozialgeheimnisses nur versagt werden, wenn die Voraussetzungen des Absatzes 1, 2 oder 4a nicht vorliegen. ⁵Sie muss

1. den Dritten, an den die Daten übermittelt werden,
2. die Art der zu übermittelnden Sozialdaten und den Kreis der betroffenen Personen,
3. die wissenschaftliche Forschung oder die Planung, zu der die übermittelten Sozialdaten verarbeitet werden dürfen, und
4. den Tag, bis zu dem die übermittelten Sozialdaten verarbeitet werden dürfen,

genau bezeichnen und steht auch ohne besonderen Hinweis unter dem Vorbehalt der nachträglichen Aufnahme, Änderung oder Ergänzung einer Auflage. ⁶Nach Ablauf der Frist nach Satz 5 Nummer 4 können die verarbeiteten Daten bis zu zehn Jahre lang gespeichert werden, um eine Nachprüfung der Forschungsergebnisse auf der Grundlage der ursprünglichen Datenbasis sowie eine Verarbeitung für weitere Forschungsvorhaben nach Absatz 2 zu ermöglichen.

(4a) ¹Ergänzend zur Übermittlung von Sozialdaten zu einem bestimmten Forschungsvorhaben nach Absatz 1 Satz 1 kann die Verarbeitung dieser Sozialdaten auch für noch nicht bestimmte, aber inhaltlich zusammenhängende Forschungsvorhaben des gleichen Forschungsbereiches beantragt werden. ²Die Genehmigung ist unter den Voraussetzungen des Absatzes 4 zu erteilen, wenn sich der Datenempfänger gegenüber der genehmigenden Stelle verpflichtet, auch bei künftigen Forschungsvorhaben in dem Forschungsbereich die Genehmigungsvoraussetzungen einzuhalten. ³Die nach Absatz 4 Satz 1 zuständige Behörde kann vom Antragsteller die Vorlage einer unabhängigen Begutachtung des Datenschutzkonzeptes verlangen. ⁴Der Antragsteller ist verpflichtet, der nach Absatz 4 Satz 1 zuständigen Behörde jedes innerhalb des genehmigten Forschungsbereiches vorgesehene Forschungsvorhaben vor dessen Beginn anzuzeigen und dabei die Erfüllung der Genehmigungsvoraussetzungen darzulegen. ⁵Mit dem Forschungsvorhaben darf acht Wochen nach Eingang der Anzeige bei der Genehmigungsbehörde begonnen werden, sofern nicht die Genehmigungsbehörde vor Ablauf der Frist mitteilt, dass für das angezeigte Vorhaben ein gesondertes Genehmigungsverfahren erforderlich ist.

(5) Wird die Verarbeitung von Sozialdaten nicht-öffentlichen Stellen genehmigt, hat die genehmigende Stelle durch Auflagen sicherzustellen, dass die der Genehmigung durch Absatz 1, 2 und 4a gesetzten Grenzen beachtet werden.

(6) Ist der Dritte, an den Sozialdaten übermittelt werden, eine nicht-öffentliche Stelle, unterliegt dieser der Aufsicht der gemäß § 40 Absatz 1 des Bundesdatenschutzgesetzes zuständigen Behörde.

§ 76 Einschränkung der Übermittlungsbefugnis bei besonders schutzwürdigen Sozialdaten

(1) Die Übermittlung von Sozialdaten, die einer in § 35 des Ersten Buches genannten Stelle von einem Arzt oder einer Ärztin oder einer anderen in § 203 Absatz 1 und 4 des Strafgesetzbuches genannten Person zugänglich gemacht worden sind, ist nur unter den Voraussetzungen zulässig, unter denen diese Person selbst übermittlungsbefugt wäre.

(2) Absatz 1 gilt nicht
1. im Rahmen des § 69 Absatz 1 Nummer 1 und 2 für Sozialdaten, die im Zusammenhang mit einer Begutachtung wegen der Erbringung von Sozialleistungen oder wegen der Ausstellung einer Bescheinigung übermittelt worden sind, es sei denn, dass die betroffene Person der Übermittlung widerspricht; die betroffene Person ist von dem Verantwortlichen zu Beginn des Verwaltungsverfahrens in allgemeiner Form schriftlich oder elektronisch auf das Widerspruchsrecht hinzuweisen,
1a. im Rahmen der Geltendmachung und Durchsetzung sowie Abwehr eines Erstattungs- oder Ersatzanspruchs,
2. im Rahmen des § 69 Absatz 4 und 5 und des § 71 Absatz 1 Satz 3,
3. im Rahmen des § 94 Absatz 2 Satz 2 des Elften Buches.

(3) Ein Widerspruchsrecht besteht nicht in den Fällen des § 275 Absatz 1 bis 3 und 3b, des § 275c Absatz 1 und des § 275d Absatz 1 des Fünften Buches, soweit die Daten durch Personen nach Absatz 1 übermittelt werden.

§ 77 Übermittlung ins Ausland und an internationale Organisationen

(1) ¹Die Übermittlung von Sozialdaten an Personen oder Stellen in anderen Mitgliedstaaten der Europäischen Union sowie in diesen nach § 35 Absatz 7 des Ersten Buches gleichgestellten Staaten ist zulässig, soweit
1. dies für die Erfüllung einer gesetzlichen Aufgabe der in § 35 des Ersten Buches genannten übermittelnden Stelle nach diesem Gesetzbuch oder zur Erfüllung einer solchen Aufgabe von ausländischen Stellen erforderlich ist, soweit diese Aufgaben wahrnehmen, die denen der in § 35 des Ersten Buches genannten Stellen entsprechen,

2. die Voraussetzungen des § 69 Absatz 1 Nummer 2 oder Nummer 3 oder des § 70 oder einer Übermittlungsvorschrift nach dem Dritten Buch oder dem Arbeitnehmerüberlassungsgesetz vorliegen und die Aufgaben der ausländischen Stelle den in diesen Vorschriften genannten entsprechen,
3. die Voraussetzungen des § 74 vorliegen und die gerichtlich geltend gemachten Ansprüche oder die Rechte des Empfängers den in dieser Vorschrift genannten entsprechen oder
4. die Voraussetzungen des § 73 vorliegen; für die Anordnung einer Übermittlung nach § 73 ist ein inländisches Gericht zuständig.

²Die Übermittlung von Sozialdaten unterbleibt, soweit sie zu den in Artikel 6 des Vertrages über die Europäische Union enthaltenen Grundsätzen in Widerspruch stünde.
(2) Absatz 1 gilt entsprechend für die Übermittlung an Personen oder Stellen in einem Drittstaat sowie an internationale Organisationen, wenn deren angemessenes Datenschutzniveau durch Angemessenheitsbeschluss gemäß Artikel 45 der Verordnung (EU) 2016/679 festgestellt wurde.
(3) ¹Liegt kein Angemessenheitsbeschluss vor, ist eine Übermittlung von Sozialdaten an Personen oder Stellen in einem Drittstaat oder an internationale Organisationen abweichend von Artikel 46 Absatz 2 Buchstabe a und Artikel 49 Absatz 1 Unterabsatz 1 Buchstabe g der Verordnung (EU) 2016/679 unzulässig. ²Eine Übermittlung aus wichtigen Gründen des öffentlichen Interesses nach Artikel 49 Absatz 1 Unterabsatz 1 Buchstabe d und Absatz 4 der Verordnung (EU) 2016/679 liegt nur vor, wenn
1. die Übermittlung in Anwendung zwischenstaatlicher Übereinkommen auf dem Gebiet der sozialen Sicherheit erfolgt, oder
2. soweit die Voraussetzungen des § 69 Absatz 1 Nummer 1 und 2 oder des § 70 vorliegen

und soweit die betroffene Person kein schutzwürdiges Interesse an dem Ausschluss der Übermittlung hat.
(4) Die Stelle, an die die Sozialdaten übermittelt werden, ist auf den Zweck hinzuweisen, zu dessen Erfüllung die Sozialdaten übermittelt werden.

§78 Zweckbindung und Geheimhaltungspflicht eines Dritten, an den Daten übermittelt werden

(1) ¹Personen oder Stellen, die nicht in § 35 des Ersten Buches genannt und denen Sozialdaten übermittelt worden sind, dürfen diese nur zu dem Zweck verarbeiten, zu dem sie ihnen befugt übermittelt worden sind. ²Eine Übermittlung von Sozialdaten nach den §§ 68 bis 77 oder nach einer anderen Rechtsvorschrift in diesem Gesetzbuch an eine nicht-öffentliche Stelle auf deren Ersuchen hin ist nur zulässig, wenn diese sich gegenüber der übermittelnden Stelle verpflichtet hat, die Daten nur für den Zweck zu verarbeiten, zu dem sie ihr übermittelt werden. ³Die Dritten haben die Daten in demselben Umfang geheim zu halten wie die in § 35 des Ersten Buches genannten Stellen. ⁴Sind Sozialdaten an Gerichte oder Staatsanwaltschaften übermittelt worden, dürfen diese gerichtliche Entscheidungen, die Sozialdaten enthalten, weiter übermitteln, wenn eine in § 35 des Ersten Buches genannte Stelle zur Übermittlung an die weiteren Dritten befugt wäre. ⁵Abweichend von Satz 4 ist eine Übermittlung nach § 115 des Bundesbeamtengesetzes und nach Vorschriften, die auf diese Vorschrift verweisen, zulässig. ⁶Sind Sozialdaten an Polizeibehörden, Staatsanwaltschaften, Gerichte oder Behörden der Gefahrenabwehr übermittelt worden, dürfen diese die Daten unabhängig vom Zweck der Übermittlung sowohl für Zwecke der Gefahrenabwehr als auch für Zwecke der Strafverfolgung und der Strafvollstreckung speichern, verändern, nutzen, übermitteln, in der Verarbeitung einschränken oder löschen.
(2) Werden Daten an eine nicht-öffentliche Stelle übermittelt, so sind die dort beschäftigten Personen, welche diese Daten speichern, verändern, nutzen, übermitteln, in der Verarbeitung einschränken oder löschen, von dieser Stelle vor, spätestens bei der Übermittlung auf die Einhaltung der Pflichten nach Absatz 1 hinzuweisen.
(3) ¹Ergibt sich im Rahmen eines Vollstreckungsverfahrens nach § 66 die Notwendigkeit, dass eine Strafanzeige zum Schutz des Vollstreckungsbeamten erforderlich ist, so dürfen die zum Zweck der Vollstreckung übermittelten Sozialdaten auch zum Zweck der Strafverfolgung gespeichert, verändert, genutzt, übermittelt, in der Verarbeitung eingeschränkt oder gelöscht werden, soweit dies erforderlich ist. ²Das Gleiche gilt auch für die Klärung von Fragen im Rahmen eines Disziplinarverfahrens.
(4) Sind Sozialdaten an Gerichte oder Staatsanwaltschaften für die Durchführung eines Straf- oder Bußgeldverfahrens übermittelt worden, so dürfen sie nach Maßgabe der §§ 476, 487 Absatz 4 der Strafprozessordnung und der §§ 49b und 49c Absatz 1 des Gesetzes über Ordnungswidrigkeiten für Zwecke der wissenschaftlichen Forschung gespeichert, verändert, genutzt, übermittelt, in der Verarbeitung eingeschränkt oder gelöscht werden.
(5) Behörden der Zollverwaltung dürfen Sozialdaten, die ihnen zum Zweck der Vollstreckung übermittelt worden sind, auch zum Zweck der Vollstreckung öffentlich-rechtlicher Ansprüche anderer Stellen als der in § 35 des Ersten Buches genannten Stellen verarbeiten.

Dritter Abschnitt
Besondere Datenverarbeitungsarten

§ 79 Einrichtung automatisierter Verfahren auf Abruf

(1) ¹Die Einrichtung eines automatisierten Verfahrens, das die Übermittlung von Sozialdaten durch Abruf ermöglicht, ist zwischen den in § 35 des Ersten Buches genannten Stellen sowie mit der Deutschen Rentenversicherung Bund als zentraler Stelle zur Erfüllung ihrer Aufgaben nach § 91 Absatz 1 Satz 1 des Einkommensteuergesetzes und der Deutschen Rentenversicherung Knappschaft-Bahn-See, soweit sie bei geringfügig Beschäftigten Aufgaben nach dem Einkommensteuergesetz durchführt, zulässig, soweit dieses Verfahren unter Berücksichtigung der schutzwürdigen Interessen der betroffenen Personen wegen der Vielzahl der Übermittlungen oder wegen ihrer besonderen Eilbedürftigkeit angemessen ist und wenn die jeweiligen Rechts- oder Fachaufsichtsbehörden die Teilnahme der unter ihrer Aufsicht stehenden Stellen genehmigt haben. ²Das Gleiche gilt gegenüber den in § 69 Absatz 2 und 3 genannten Stellen.
(1a) Die Einrichtung eines automatisierten Verfahrens auf Abruf für ein Dateisystem der Sozialversicherung für Landwirtschaft, Forsten und Gartenbau ist nur gegenüber den Trägern der gesetzlichen Rentenversicherung, der Deutschen Rentenversicherung Bund als zentraler Stelle zur Erfüllung ihrer Aufgaben nach § 91 Absatz 1 Satz 1 des Einkommensteuergesetzes, den Krankenkassen, der Bundesagentur für Arbeit und der Deutschen Post AG, soweit sie mit der Berechnung oder Auszahlung von Sozialleistungen betraut ist, zulässig; dabei dürfen auch Vermittlungsstellen eingeschaltet werden.
(2) ¹Die beteiligten Stellen haben zu gewährleisten, dass die Zulässigkeit des Verfahrens auf Abruf kontrolliert werden kann. ²Hierzu haben sie schriftlich oder elektronisch festzulegen:
1. Anlass und Zweck des Verfahrens auf Abruf,
2. Dritte, an die übermittelt wird,
3. Art der zu übermittelnden Daten,
4. nach Artikel 32 der Verordnung (EU) 2016/679 erforderliche technische und organisatorische Maßnahmen.

(3) Über die Einrichtung von Verfahren auf Abruf ist in Fällen, in denen die in § 35 des Ersten Buches genannten Stellen beteiligt sind, die der Kontrolle des oder der Bundesbeauftragten für den Datenschutz und die Informationsfreiheit (Bundesbeauftragte) unterliegen, dieser oder diese, sonst die nach Landesrecht für die Kontrolle des Datenschutzes zuständige Stelle rechtzeitig vorher unter Mitteilung der Festlegungen nach Absatz 2 zu unterrichten.
(4) ¹Die Verantwortung für die Zulässigkeit des einzelnen Abrufs trägt der Dritte, an den übermittelt wird. ²Die speichernde Stelle prüft die Zulässigkeit der Abrufe nur, wenn dazu Anlass besteht. ³Sie hat mindestens bei jedem zehnten Abruf den Zeitpunkt, die abgerufenen Daten sowie Angaben zur Feststellung des Verfahrens und des für den Abruf Verantwortlichen zu protokollieren; die protokollierten Daten sind spätestens nach sechs Monaten zu löschen. ⁴Wird ein Gesamtbestand von Sozialdaten abgerufen oder übermittelt (Stapelverarbeitung), so bezieht sich die Gewährleistung der Feststellung und Überprüfung nur auf die Zulässigkeit des Abrufes oder der Übermittlung des Gesamtbestandes.
(5) Die Absätze 1 bis 4 gelten nicht für den Abruf aus Datenbeständen, die mit Einwilligung der betroffenen Personen angelegt werden und die jedermann, sei es ohne oder nach besonderer Zulassung, zur Benutzung offenstehen.

§ 80 Verarbeitung von Sozialdaten im Auftrag

(1) ¹Die Erteilung eines Auftrags im Sinne des Artikels 28 der Verordnung (EU) 2016/679 zur Verarbeitung von Sozialdaten ist nur zulässig, wenn der Verantwortliche seiner Rechts- oder Fachaufsichtsbehörde rechtzeitig vor der Auftragserteilung
1. den Auftragsverarbeiter, die bei diesem vorhandenen technischen und organisatorischen Maßnahmen und ergänzenden Weisungen,
2. die Art der Daten, die im Auftrag verarbeitet werden sollen, und den Kreis der betroffenen Personen,
3. die Aufgabe, zu deren Erfüllung die Verarbeitung der Daten im Auftrag erfolgen soll, sowie
4. den Abschluss von etwaigen Unterauftragsverhältnissen

schriftlich oder elektronisch anzeigt. ²Soll eine öffentliche Stelle mit der Verarbeitung von Sozialdaten beauftragt werden, hat diese rechtzeitig vor der Auftragserteilung die beabsichtigte Beauftragung ihrer Rechts- oder Fachaufsichtsbehörde schriftlich oder elektronisch anzuzeigen.
(2) Der Auftrag zur Verarbeitung von Sozialdaten darf nur erteilt werden, wenn die Verarbeitung im Inland, in einem anderen Mitgliedstaat der Europäischen Union, in einem diesem nach § 35 Absatz 7 des Ersten Buches gleichgestellten Staat, oder, sofern ein Angemessenheitsbeschluss gemäß Artikel 45 der

Verordnung (EU) 2016/679 vorliegt, in einem Drittstaat oder in einer internationalen Organisation erfolgt.

(3) ¹Die Erteilung eines Auftrags zur Verarbeitung von Sozialdaten durch nicht-öffentliche Stellen ist nur zulässig, wenn
1. beim Verantwortlichen sonst Störungen im Betriebsablauf auftreten können oder
2. die übertragenen Arbeiten beim Auftragsverarbeiter erheblich kostengünstiger besorgt werden können.

²Dies gilt nicht, wenn Dienstleister in der Informationstechnik, deren absolute Mehrheit der Anteile oder deren absolute Mehrheit der Stimmen dem Bund oder den Ländern zusteht, mit vorheriger Genehmigung der obersten Dienstbehörde des Verantwortlichen beauftragt werden.

(4) ¹Ist der Auftragsverarbeiter eine in § 35 des Ersten Buches genannte Stelle, gelten neben den §§ 85 und 85a die §§ 9, 13, 14 und 16 des Bundesdatenschutzgesetzes. ²Bei den in § 35 des Ersten Buches genannten Stellen, die nicht solche des Bundes sind, tritt anstelle des oder der Bundesbeauftragten insoweit die nach Landesrecht für die Kontrolle des Datenschutzes zuständige Stelle. ³Ist der Auftragsverarbeiter eine nicht-öffentliche Stelle, unterliegt dieser der Aufsicht der gemäß § 40 des Bundesdatenschutzgesetzes zuständigen Behörde.

(5) ¹Absatz 3 gilt nicht bei Verträgen über die Prüfung oder Wartung automatisierter Verfahren oder von Datenverarbeitungsanlagen durch andere Stellen im Auftrag, bei denen ein Zugriff auf Sozialdaten nicht ausgeschlossen werden kann. ²Die Verträge sind bei zu erwartenden oder bereits eingetretenen Störungen im Betriebsablauf unverzüglich der Rechts- oder Fachaufsichtsbehörde mitzuteilen.

Vierter Abschnitt
Rechte der betroffenen Person, Beauftragte für den Datenschutz und Schlussvorschriften

§ 81 Recht auf Anrufung, Beauftragte für den Datenschutz

(1) Ist eine betroffene Person der Ansicht, bei der Verarbeitung ihrer Sozialdaten in ihren Rechten verletzt worden zu sein, kann sie sich
1. an den Bundesbeauftragten oder die Bundesbeauftragte wenden, wenn sie eine Verletzung ihrer Rechte durch eine in § 35 des Ersten Buches genannte Stelle des Bundes bei der Wahrnehmung von Aufgaben nach diesem Gesetzbuch behauptet,
2. an die nach Landesrecht für die Kontrolle des Datenschutzes zuständige Stelle wenden, wenn sie die Verletzung ihrer Rechte durch eine andere in § 35 des Ersten Buches genannte Stelle bei der Wahrnehmung von Aufgaben nach diesem Gesetzbuch behauptet.

(2) ¹Bei der Wahrnehmung von Aufgaben nach diesem Gesetzbuch gelten für die in § 35 des Ersten Buches genannten Stellen die §§ 14 bis 16 des Bundesdatenschutzgesetzes. ²Bei öffentlichen Stellen der Länder, die unter § 35 des Ersten Buches fallen, tritt an die Stelle des oder der Bundesbeauftragten die nach Landesrecht für die Kontrolle des Datenschutzes zuständige Stelle.

(3) ¹Verbände und Arbeitsgemeinschaften der in § 35 des Ersten Buches genannten Stellen oder ihrer Verbände gelten, soweit sie Aufgaben nach diesem Gesetzbuch wahrnehmen und an ihnen Stellen des Bundes beteiligt sind, unbeschadet ihrer Rechtsform als öffentliche Stellen des Bundes, wenn sie über den Bereich eines Landes hinaus tätig werden, anderenfalls als öffentliche Stellen der Länder. ²Sonstige Einrichtungen der in § 35 des Ersten Buches genannten Stellen oder ihrer Verbände gelten als öffentliche Stellen des Bundes, wenn die absolute Mehrheit der Anteile oder der Stimmen dem Bund zusteht, anderenfalls als öffentliche Stellen der Länder. ³Die Datenstelle der Rentenversicherung nach § 145 Absatz 1 des Sechsten Buches gilt als öffentliche Stelle des Bundes.

(4) ¹Auf die in § 35 des Ersten Buches genannten Stellen, die Vermittlungsstellen nach § 67d Absatz 3 und die Auftragsverarbeiter sind die §§ 5 bis 7 des Bundesdatenschutzgesetzes entsprechend anzuwenden. ²In räumlich getrennten Organisationseinheiten ist sicherzustellen, dass der oder die Beauftragte für den Datenschutz bei der Erfüllung seiner oder ihrer Aufgaben unterstützt wird. ³Die Sätze 1 und 2 gelten nicht für öffentliche Stellen der Länder mit Ausnahme der Sozialversicherungsträger und ihrer Verbände. ⁴Absatz 2 Satz 2 gilt entsprechend.

§ 81a Gerichtlicher Rechtsschutz

(1) ¹Für Streitigkeiten zwischen einer natürlichen oder juristischen Person und dem oder der Bundesbeauftragten oder der nach Landesrecht für die Kontrolle des Datenschutzes zuständigen Stelle gemäß Artikel 78 Absatz 1 und 2 der Verordnung (EU) 2016/679 aufgrund der Verarbeitung von Sozialdaten im Zusammenhang mit einer Angelegenheit nach § 51 Absatz 1 und 2 des Sozialgerichtsgesetzes ist der

Rechtsweg zu den Gerichten der Sozialgerichtsbarkeit eröffnet. ²Für die übrigen Streitigkeiten gemäß Artikel 78 Absatz 1 und 2 der Verordnung (EU) 2016/679 aufgrund der Verarbeitung von Sozialdaten gilt § 20 des Bundesdatenschutzgesetzes, soweit die Streitigkeiten nicht durch Bundesgesetz einer anderen Gerichtsbarkeit ausdrücklich zugewiesen sind. ³Satz 1 gilt nicht für Bußgeldverfahren.
(2) Das Sozialgerichtsgesetz ist nach Maßgabe der Absätze 3 bis 7 anzuwenden.
(3) Abweichend von den Vorschriften über die örtliche Zuständigkeit der Sozialgerichte nach § 57 des Sozialgerichtsgesetzes ist für die Verfahren nach Absatz 1 Satz 1 das Sozialgericht örtlich zuständig, in dessen Bezirk der oder die Bundesbeauftragte oder die nach Landesrecht für die Kontrolle des Datenschutzes zuständige Stelle seinen oder ihren Sitz hat, wenn eine Körperschaft oder Anstalt des öffentlichen Rechts oder in Angelegenheiten des sozialen Entschädigungsrechts oder des Schwerbehindertenrechts ein Land klagt.
(4) In den Verfahren nach Absatz 1 Satz 1 sind der oder die Bundesbeauftragte sowie die nach Landesrecht für die Kontrolle des Datenschutzes zuständige Stelle beteiligungsfähig.
(5) ¹Beteiligte eines Verfahrens nach Absatz 1 Satz 1 sind
1. die natürliche oder juristische Person als Klägerin oder Antragstellerin und
2. der oder die Bundesbeauftragte oder die nach Landesrecht für die Kontrolle des Datenschutzes zuständige Stelle als Beklagter oder Beklagte oder als Antragsgegner oder Antragsgegnerin.
²§ 69 Nummer 3 des Sozialgerichtsgesetzes bleibt unberührt.
(6) Ein Vorverfahren findet nicht statt.
(7) Der oder die Bundesbeauftragte oder die nach Landesrecht für die Kontrolle des Datenschutzes zuständige Stelle darf gegenüber einer Behörde oder deren Rechtsträger nicht die sofortige Vollziehung (§ 86a Absatz 2 Nummer 5 des Sozialgerichtsgesetzes) anordnen.

§ 81b Klagen gegen den Verantwortlichen oder Auftragsverarbeiter

(1) Für Klagen der betroffenen Person gegen einen Verantwortlichen oder einen Auftragsverarbeiter wegen eines Verstoßes gegen datenschutzrechtliche Bestimmungen im Anwendungsbereich der Verordnung (EU) 2016/679 oder der darin enthaltenen Rechte der betroffenen Person bei der Verarbeitung von Sozialdaten im Zusammenhang mit einer Angelegenheit nach § 51 Absatz 1 und 2 des Sozialgerichtsgesetzes ist der Rechtsweg zu den Gerichten der Sozialgerichtsbarkeit eröffnet.
(2) Ergänzend zu § 57 Absatz 3 des Sozialgerichtsgesetzes ist für Klagen nach Absatz 1 das Sozialgericht örtlich zuständig, in dessen Bezirk sich eine Niederlassung des Verantwortlichen oder Auftragsverarbeiters befindet.
(3) ¹Hat der Verantwortliche oder Auftragsverarbeiter einen Vertreter nach Artikel 27 Absatz 1 der Verordnung (EU) 2016/679 benannt, gilt dieser auch als bevollmächtigt, Zustellungen in sozialgerichtlichen Verfahren nach Absatz 1 entgegenzunehmen. ²§ 63 Absatz 3 des Sozialgerichtsgesetzes bleibt unberührt.

§ 81c Antrag auf gerichtliche Entscheidung bei angenommener Europarechtswidrigkeit eines Angemessenheitsbeschlusses der Europäischen Kommission

Hält der oder die Bundesbeauftragte oder eine nach Landesrecht für die Kontrolle des Datenschutzes zuständige Stelle einen Angemessenheitsbeschluss der Europäischen Kommission, auf dessen Gültigkeit es bei der Entscheidung über die Beschwerde einer betroffenen Person hinsichtlich der Verarbeitung von Sozialdaten ankommt, für europarechtswidrig, so gilt § 21 des Bundesdatenschutzgesetzes.

§ 82 Informationspflichten bei der Erhebung von Sozialdaten bei der betroffenen Person

(1) Die Pflicht zur Information der betroffenen Person gemäß Artikel 13 Absatz 1 Buchstabe e der Verordnung (EU) 2016/679 über Kategorien von Empfängern besteht ergänzend zu der in Artikel 13 Absatz 4 der Verordnung (EU) 2016/679 genannten Ausnahme nur, soweit
1. sie nach den Umständen des Einzelfalles nicht mit der Nutzung oder der Übermittlung von Sozialdaten an diese Kategorien von Empfängern rechnen muss,
2. es sich nicht um Speicherung, Veränderung, Nutzung, Übermittlung, Einschränkung der Verarbeitung oder Löschung von Sozialdaten innerhalb einer in § 35 des Ersten Buches genannten Stelle oder einer Organisationseinheit im Sinne von § 67 Absatz 4 Satz 2 handelt oder
3. es sich nicht um eine Kategorie von in § 35 des Ersten Buches genannten Stellen oder von Organisationseinheiten im Sinne von § 67 Absatz 4 Satz 2 handelt, die auf Grund eines Gesetzes zur engen Zusammenarbeit verpflichtet sind.
(2) Die Pflicht zur Information der betroffenen Person gemäß Artikel 13 Absatz 3 der Verordnung (EU) 2016/679 besteht ergänzend zu der in Artikel 13 Absatz 4 der Verordnung (EU) 2016/679 genannten Ausnahme dann nicht, wenn die Erteilung der Information über die beabsichtigte Weiterverarbeitung

1. die ordnungsgemäße Erfüllung der in der Zuständigkeit des Verantwortlichen liegenden Aufgaben im Sinne des Artikels 23 Absatz 1 Buchstabe a bis e der Verordnung (EU) 2016/679 gefährden würde und die Interessen des Verantwortlichen an der Nichterteilung der Information die Interessen der betroffenen Person überwiegen,
2. die öffentliche Sicherheit oder Ordnung gefährden oder sonst dem Wohl des Bundes oder eines Landes Nachteile bereiten würde und die Interessen des Verantwortlichen an der Nichterteilung der Information die Interessen der betroffenen Person überwiegen oder
3. eine vertrauliche Übermittlung von Daten an öffentliche Stellen gefährden würde.

(3) ¹Unterbleibt eine Information der betroffenen Person nach Maßgabe des Absatzes 2, ergreift der Verantwortliche geeignete Maßnahmen zum Schutz der berechtigten Interessen der betroffenen Person, einschließlich der Bereitstellung der in Artikel 13 Absatz 1 und 2 der Verordnung (EU) 2016/679 genannten Informationen für die Öffentlichkeit in präziser, transparenter, verständlicher und leicht zugänglicher Form in einer klaren und einfachen Sprache. ²Der Verantwortliche hält schriftlich fest, aus welchen Gründen er von einer Information abgesehen hat. ³Die Sätze 1 und 2 finden in den Fällen des Absatzes 2 Nummer 3 keine Anwendung.

(4) Unterbleibt die Benachrichtigung in den Fällen des Absatzes 2 wegen eines vorübergehenden Hinderungsgrundes, kommt der Verantwortliche der Informationspflicht unter Berücksichtigung der spezifischen Umstände der Verarbeitung innerhalb einer angemessenen Frist nach Fortfall des Hinderungsgrundes, spätestens jedoch innerhalb von zwei Wochen, nach.

(5) Bezieht sich die Informationserteilung auf die Übermittlung von Sozialdaten durch öffentliche Stellen an die Staatsanwaltschaften und Gerichte im Bereich der Strafverfolgung, an Polizeibehörden, Verfassungsschutzbehörden, den Bundesnachrichtendienst und den Militärischen Abschirmdienst, ist sie nur mit Zustimmung dieser Stelle zulässig.

§ 82a Informationspflichten, wenn Sozialdaten nicht bei der betroffenen Person erhoben wurden

(1) Die Pflicht einer in § 35 des Ersten Buches genannten Stelle zur Information der betroffenen Person gemäß Artikel 14 Absatz 1, 2 und 4 der Verordnung (EU) 2016/679 besteht ergänzend zu den in Artikel 14 Absatz 5 der Verordnung (EU) 2016/679 genannten Ausnahmen nicht,
1. soweit die Erteilung der Information
   a) die ordnungsgemäße Erfüllung der in der Zuständigkeit des Verantwortlichen liegenden Aufgaben gefährden würde oder
   b) die öffentliche Sicherheit oder Ordnung gefährden oder sonst dem Wohle des Bundes oder eines Landes Nachteile bereiten würde, oder
2. soweit die Daten oder die Tatsache ihrer Speicherung nach einer Rechtsvorschrift oder ihrem Wesen nach, insbesondere wegen der überwiegenden berechtigten Interessen eines Dritten geheim gehalten werden müssen

und deswegen das Interesse der betroffenen Person an der Informationserteilung zurücktreten muss.

(2) Werden Sozialdaten bei einer nicht-öffentlichen Stelle erhoben, so ist diese auf die Rechtsvorschrift, die zur Auskunft verpflichtet, sonst auf die Freiwilligkeit hinzuweisen.

(3) ¹Unterbleibt eine Information der betroffenen Person nach Maßgabe des Absatzes 1, ergreift der Verantwortliche geeignete Maßnahmen zum Schutz der berechtigten Interessen der betroffenen Person, einschließlich der Bereitstellung der in Artikel 14 Absatz 1 und 2 der Verordnung (EU) 2016/679 genannten Informationen für die Öffentlichkeit in präziser, transparenter, verständlicher und leicht zugänglicher Form in einer klaren und einfachen Sprache. ²Der Verantwortliche hält schriftlich fest, aus welchen Gründen er von einer Information abgesehen hat.

(4) In Bezug auf die Pflicht zur Information nach Artikel 14 Absatz 1 Buchstabe e der Verordnung (EU) 2016/679 gilt § 82 Absatz 1 entsprechend.

(5) Bezieht sich die Informationserteilung auf die Übermittlung von Sozialdaten durch öffentliche Stellen an Staatsanwaltschaften und Gerichte im Bereich der Strafverfolgung, an Polizeibehörden, Verfassungsschutzbehörden, den Bundesnachrichtendienst und den Militärischen Abschirmdienst, ist sie nur mit Zustimmung dieser Stellen zulässig.

§ 83 Auskunftsrecht der betroffenen Personen

(1) Das Recht auf Auskunft der betroffenen Person gemäß Artikel 15 der Verordnung (EU) 2016/679 besteht nicht, soweit
1. die betroffene Person nach § 82a Absatz 1, 4 und 5 nicht zu informieren ist oder
2. die Sozialdaten

a) nur deshalb gespeichert sind, weil sie auf Grund gesetzlicher oder satzungsmäßiger Aufbewahrungsvorschriften nicht gelöscht werden dürfen, oder
b) ausschließlich zu Zwecken der Datensicherung oder der Datenschutzkontrolle dienen

und die Auskunftserteilung einen unverhältnismäßigen Aufwand erfordern würde sowie eine Verarbeitung zu anderen Zwecken durch geeignete technische und organisatorische Maßnahmen ausgeschlossen ist.

(2) ¹Die betroffene Person soll in dem Antrag auf Auskunft gemäß Artikel 15 der Verordnung (EU) 2016/679 die Art der Sozialdaten, über die Auskunft erteilt werden soll, näher bezeichnen. ²Sind die Sozialdaten nicht automatisiert oder nicht in nicht automatisierten Dateisystemen gespeichert, wird die Auskunft nur erteilt, soweit die betroffene Person Angaben macht, die das Auffinden der Daten ermöglichen, und der für die Erteilung der Auskunft erforderliche Aufwand nicht außer Verhältnis zu dem von der betroffenen Person geltend gemachten Informationsinteresse steht. ³Soweit Artikel 15 und 12 Absatz 3 der Verordnung (EU) 2016/679 keine Regelungen enthalten, bestimmt der Verantwortliche das Verfahren, insbesondere die Form der Auskunftserteilung, nach pflichtgemäßem Ermessen. ⁴§ 25 Absatz 2 gilt entsprechend.

(3) ¹Die Gründe der Auskunftsverweigerung sind zu dokumentieren. ²Die Ablehnung der Auskunftserteilung bedarf keiner Begründung, soweit durch die Mitteilung der tatsächlichen und rechtlichen Gründe, auf die die Entscheidung gestützt wird, der mit der Auskunftsverweigerung verfolgte Zweck gefährdet würde. ³In diesem Fall ist die betroffene Person darauf hinzuweisen, dass sie sich, wenn die in § 35 des Ersten Buches genannten Stellen der Kontrolle des oder der Bundesbeauftragten unterliegen, an diesen oder diese, sonst an die nach Landesrecht für die Kontrolle des Datenschutzes zuständige Stelle wenden kann.

(4) Wird einer betroffenen Person keine Auskunft erteilt, so kann, soweit es sich um in § 35 des Ersten Buches genannte Stellen handelt, die der Kontrolle des oder der Bundesbeauftragten unterliegen, diese, sonst die nach Landesrecht für die Kontrolle des Datenschutzes zuständige Stelle, auf Verlangen der betroffenen Person prüfen, ob die Ablehnung der Auskunftserteilung rechtmäßig war.

(5) Bezieht sich die Informationserteilung auf die Übermittlung von Sozialdaten durch öffentliche Stellen an Staatsanwaltschaften und Gerichte im Bereich der Strafverfolgung, an Polizeibehörden, Verfassungsschutzbehörden, den Bundesnachrichtendienst und den Militärischen Abschirmdienst, ist sie nur mit Zustimmung dieser Stellen zulässig.

§ 83a Benachrichtigung bei einer Verletzung des Schutzes von Sozialdaten

Ergänzend zu den Meldepflichten gemäß den Artikeln 33 und 34 der Verordnung (EU) 2016/679 meldet die in § 35 des Ersten Buches genannte Stelle die Verletzung des Schutzes von Sozialdaten auch der Rechts- oder Fachaufsichtsbehörde.

§ 84 Recht auf Berichtigung, Löschung, Einschränkung der Verarbeitung und Widerspruch

(1) ¹ Ist eine Löschung von Sozialdaten im Fall nicht automatisierter Datenverarbeitung wegen der besonderen Art der Speicherung nicht oder nur mit unverhältnismäßig hohem Aufwand möglich und ist das Interesse der betroffenen Person an der Löschung als gering anzusehen, besteht das Recht der betroffenen Person auf und die Pflicht des Verantwortlichen zur Löschung von Sozialdaten gemäß Artikel 17 Absatz 1 der Verordnung (EU) 2016/679 ergänzend zu den in Artikel 17 Absatz 3 der Verordnung (EU) 2016/679 genannten Ausnahmen nicht. ²In diesem Fall tritt an die Stelle einer Löschung die Einschränkung der Verarbeitung gemäß Artikel 18 der Verordnung (EU) 2016/679. ³Die Sätze 1 und 2 finden keine Anwendung, wenn die Sozialdaten unrechtmäßig verarbeitet wurden.

(2) ¹Wird die Richtigkeit von Sozialdaten von der betroffenen Person bestritten und lässt sich weder die Richtigkeit noch die Unrichtigkeit der Daten feststellen, gilt ergänzend zu Artikel 18 Absatz 1 Buchstabe a der Verordnung (EU) 2016/679, dass dies keine Einschränkung der Verarbeitung bewirkt, soweit es um die Erfüllung sozialer Aufgaben geht; die ungeklärte Sachlage ist in geeigneter Weise festzuhalten. ²Die bestrittenen Daten dürfen nur mit einem Hinweis hierauf verarbeitet werden.

(3) ¹Ergänzend zu Artikel 18 Absatz 1 Buchstabe b und c der Verordnung (EU) 2016/679 gilt Absatz 1 Satz 1 und 2 entsprechend im Fall des Artikels 17 Absatz 1 Buchstabe a und d der Verordnung (EU) 2016/679, solange und soweit der Verantwortliche Grund zu der Annahme hat, dass durch eine Löschung schutzwürdige Interessen der betroffenen Person beeinträchtigt würden. ²Der Verantwortliche unterrichtet die betroffene Person über die Einschränkung der Verarbeitung, sofern sich die Unterrichtung nicht als unmöglich erweist oder einen unverhältnismäßigen Aufwand erfordern würde.

(4) Sind Sozialdaten für die Zwecke, für die sie erhoben oder auf sonstige Weise verarbeitet wurden, nicht mehr notwendig, gilt ergänzend zu Artikel 17 Absatz 3 Buchstabe b der Verordnung (EU) 2016/679

Absatz 1 entsprechend, wenn einer Löschung satzungsmäßige oder vertragliche Aufbewahrungsfristen entgegenstehen.
(5) Das Recht auf Widerspruch gemäß Artikel 21 Absatz 1 der Verordnung (EU) 2016/679 gegenüber einer öffentlichen Stelle besteht nicht, soweit an der Verarbeitung ein zwingendes öffentliches Interesse besteht, das die Interessen der betroffenen Person überwiegt, oder eine Rechtsvorschrift zur Verarbeitung von Sozialdaten verpflichtet.
(6) § 71 Absatz 1 Satz 3 bleibt unberührt.

§ 85 Strafvorschriften
(1) Für Sozialdaten gelten die Strafvorschriften des § 42 Absatz 1 und 2 des Bundesdatenschutzgesetzes entsprechend.
(2) Die Tat wird nur auf Antrag verfolgt. Antragsberechtigt sind die betroffene Person, der Verantwortliche, der oder die Bundesbeauftragte oder die nach Landesrecht für die Kontrolle des Datenschutzes zuständige Stelle.
(3) Eine Meldung nach § 83a oder nach Artikel 33 der Verordnung (EU) 2016/679 oder eine Benachrichtigung nach Artikel 34 Absatz 1 der Verordnung (EU) 2016/679 dürfen in einem Strafverfahren gegen die melde- oder benachrichtigungspflichtige Person oder gegen einen ihrer in § 52 Absatz 1 der Strafprozessordnung bezeichneten Angehörigen nur mit Zustimmung der melde- oder benachrichtigungspflichtigen Person verwendet werden.

§ 85a Bußgeldvorschriften
(1) Für Sozialdaten gilt § 41 des Bundesdatenschutzgesetzes entsprechend.
(2) Eine Meldung nach § 83a oder nach Artikel 33 der Verordnung (EU) 2016/679 oder eine Benachrichtigung nach Artikel 34 Absatz 1 der Verordnung (EU) 2016/679 dürfen in einem Verfahren nach dem Gesetz über Ordnungswidrigkeiten gegen die melde- oder benachrichtigungspflichtige Person oder einen ihrer in § 52 Absatz 1 der Strafprozessordnung bezeichneten Angehörigen nur mit Zustimmung der melde- oder benachrichtigungspflichtigen Person verwendet werden.
(3) Gegen Behörden und sonstige öffentliche Stellen werden keine Geldbußen verhängt.

Drittes Kapitel
Zusammenarbeit der Leistungsträger und ihre Beziehungen zu Dritten

Erster Abschnitt
Zusammenarbeit der Leistungsträger untereinander und mit Dritten

Erster Titel
Allgemeine Vorschriften

§ 86 Zusammenarbeit
Die Leistungsträger, ihre Verbände und die in diesem Gesetzbuch genannten öffentlich-rechtlichen Vereinigungen sind verpflichtet, bei der Erfüllung ihrer Aufgaben nach diesem Gesetzbuch eng zusammenzuarbeiten.

Zweiter Titel
Zusammenarbeit der Leistungsträger untereinander

§ 87 Beschleunigung der Zusammenarbeit
(1) ¹Ersucht ein Leistungsträger einen anderen Leistungsträger um Verrechnung mit einer Nachzahlung und kann er die Höhe des zu verrechnenden Anspruchs noch nicht bestimmen, ist der ersuchte Leistungsträger dagegen bereits in der Lage, die Nachzahlung zu erbringen, ist die Nachzahlung spätestens innerhalb von zwei Monaten nach Zugang des Verrechnungsersuchens zu leisten. ²Soweit die Nachzahlung nach Auffassung der beteiligten Leistungsträger die Ansprüche der ersuchenden Leistungsträger übersteigt, ist sie unverzüglich auszuzahlen.
(2) ¹Ist ein Anspruch auf eine Geldleistung auf einen anderen Leistungsträger übergegangen und ist der Anspruchsübergang sowohl diesem als auch dem verpflichteten Leistungsträger bekannt, hat der verpflichtete Leistungsträger die Geldleistung nach Ablauf von zwei Monaten seit dem Zeitpunkt, in dem die Auszahlung frühestens möglich ist, an den Berechtigten auszuzahlen, soweit ihm bis zu diesem Zeitpunkt nicht bekannt ist, in welcher Höhe der Anspruch dem anderen Leistungsträger zusteht. ²Die Auszahlung hat gegenüber dem anderen Leistungsträger befreiende Wirkung. ³Absatz 1 Satz 2 gilt entsprechend.

§ 88 Auftrag

(1) ¹Ein Leistungsträger (Auftraggeber) kann ihm obliegende Aufgaben durch einen anderen Leistungsträger oder seinen Verband (Beauftragter) mit dessen Zustimmung wahrnehmen lassen, wenn dies
1. wegen des sachlichen Zusammenhangs der Aufgaben vom Auftraggeber und Beauftragten,
2. zur Durchführung der Aufgaben und
3. im wohlverstandenen Interesse der Betroffenen

zweckmäßig ist. ²Satz 1 gilt nicht im Recht der Ausbildungsförderung, der Kriegsopferfürsorge, des Kindergelds, der Unterhaltsvorschüsse und Unterhaltsausfallleistungen, im Wohngeldrecht sowie im Recht der Jugendhilfe und der Sozialhilfe.
(2) ¹Der Auftrag kann für Einzelfälle sowie für gleichartige Fälle erteilt werden. ²Ein wesentlicher Teil des gesamten Aufgabenbereichs muss beim Auftraggeber verbleiben.
(3) ¹Verbände dürfen Verwaltungsakte nur erlassen, soweit sie hierzu durch Gesetz oder auf Grund eines Gesetzes berechtigt sind. ²Darf der Verband Verwaltungsakte erlassen, ist die Berechtigung in der für die amtlichen Veröffentlichungen des Verbands sowie der Mitglieder vorgeschriebenen Weise bekannt zu machen.
(4) Der Auftraggeber hat einen Auftrag für gleichartige Fälle in der für seine amtlichen Veröffentlichungen vorgeschriebenen Weise bekannt zu machen.

§ 89 Ausführung des Auftrags

(1) Verwaltungsakte, die der Beauftragte zur Ausführung des Auftrags erlässt, ergehen im Namen des Auftraggebers.
(2) Durch den Auftrag wird der Auftraggeber nicht von seiner Verantwortung gegenüber dem Betroffenen entbunden.
(3) Der Beauftragte hat dem Auftraggeber die erforderlichen Mitteilungen zu machen, auf Verlangen über die Ausführung des Auftrags Auskunft zu erteilen und nach der Ausführung des Auftrags Rechenschaft abzulegen.
(4) Der Auftraggeber ist berechtigt, die Ausführung des Auftrags jederzeit zu prüfen.
(5) Der Auftraggeber ist berechtigt, den Beauftragten an seine Auffassung zu binden.

§ 90 Anträge und Widerspruch beim Auftrag

¹Der Beteiligte kann auch beim Beauftragten Anträge stellen. ²Erhebt der Beteiligte gegen eine Entscheidung des Beauftragten Widerspruch und hilft der Beauftragte diesem nicht ab, erlässt den Widerspruchsbescheid die für den Auftraggeber zuständige Widerspruchsstelle.

§ 91 Erstattung von Aufwendungen

(1) ¹Erbringt ein Beauftragter Sozialleistungen für einen Auftraggeber, ist dieser zur Erstattung verpflichtet. ²Sach- und Dienstleistungen sind in Geld zu erstatten. ³Eine Erstattungspflicht besteht nicht, soweit Sozialleistungen zu Unrecht erbracht worden sind und den Beauftragten hierfür ein Verschulden trifft.
(2) ¹Die bei der Ausführung des Auftrags entstehenden Kosten sind zu erstatten. ²Absatz 1 Satz 3 gilt entsprechend.
(3) Für die zur Ausführung des Auftrags erforderlichen Aufwendungen hat der Auftraggeber dem Beauftragten auf Verlangen einen angemessenen Vorschuss zu zahlen.
(4) Abweichende Vereinbarungen, insbesondere über pauschalierte Erstattungen, sind zulässig.

§ 92 Kündigung des Auftrags

¹Der Auftraggeber oder der Beauftragte kann den Auftrag kündigen. ²Die Kündigung darf nur zu einem Zeitpunkt erfolgen, der es ermöglicht, dass der Auftraggeber für die Erledigung der Aufgabe auf andere Weise rechtzeitig Vorsorge treffen und der Beauftragte sich auf den Wegfall des Auftrags in angemessener Zeit einstellen kann. ³Liegt ein wichtiger Grund vor, kann mit sofortiger Wirkung gekündigt werden. ⁴§ 88 Abs. 4 gilt entsprechend.

§ 93 Gesetzlicher Auftrag

Handelt ein Leistungsträger auf Grund gesetzlichen Auftrags für einen anderen, gelten § 89 Abs. 3 und 5 sowie § 91 Abs. 1 und 3 entsprechend.

§ 94 Arbeitsgemeinschaften

(1) Die Arbeitsgemeinschaft für Krebsbekämpfung der Träger der gesetzlichen Kranken- und Rentenversicherung im Lande Nordrhein-Westfalen, die Rheinische Arbeitsgemeinschaft zur Rehabilitation

Suchtkranker, die Westfälische Arbeitsgemeinschaft zur Rehabilitation Suchtkranker, die Arbeitsgemeinschaft zur Rehabilitation Suchtkranker im Lande Hessen sowie die Arbeitsgemeinschaft für Heimdialyse im Lande Hessen sind berechtigt, Verwaltungsakte zu erlassen zur Erfüllung der Aufgaben, die ihnen am 1. Juli 1981 übertragen waren.

(1a) ¹Träger der Sozialversicherung, Verbände von Trägern der Sozialversicherung und die Bundesagentur für Arbeit einschließlich der in § 19a Abs. 2 des Ersten Buches genannten anderen Leistungsträger können insbesondere zur gegenseitigen Unterrichtung, Abstimmung, Koordinierung und Förderung der engen Zusammenarbeit im Rahmen der ihnen gesetzlich übertragenen Aufgaben Arbeitsgemeinschaften bilden. ²Eine nach Satz 1 gebildete Arbeitsgemeinschaft kann eine weitere Arbeitsgemeinschaft bilden oder einer weiteren Arbeitsgemeinschaft beitreten, die sich ihrerseits an einer weiteren Arbeitsgemeinschaft beteiligen können. ³Weitere Beteiligungsebenen sind unzulässig. ⁴Die Aufsichtsbehörde ist vor der Bildung von Arbeitsgemeinschaften und dem Beitritt zu ihnen sowie vor ihrer Auflösung und einem Austritt so rechtzeitig und umfassend zu unterrichten, dass ihr ausreichend Zeit zur Prüfung bleibt. ⁵Die Aufsichtsbehörde kann auf eine Unterrichtung verzichten.

(2) ¹Können nach diesem Gesetzbuch Arbeitsgemeinschaften gebildet werden, unterliegen diese staatlicher Aufsicht, die sich auf die Beachtung von Gesetz und sonstigem Recht erstreckt, das für die Arbeitsgemeinschaften, die Leistungsträger und ihre Verbände maßgebend ist; die §§ 85, 88 bis 90a des Vierten Buches gelten entsprechend. ²Ist der Spitzenverband Bund der Krankenkassen oder die Bundesagentur für Arbeit Mitglied einer Arbeitsgemeinschaft, führt das zuständige Bundesministerium in Abstimmung mit den für die übrigen Mitglieder zuständigen Aufsichtsbehörden die Aufsicht. ³Beabsichtigt eine Aufsichtsbehörde, von den Aufsichtsmitteln nach § 89 des Vierten Buches Gebrauch zu machen, unterrichtet sie die Aufsichtsbehörden, die die Aufsicht über die Mitglieder der betroffenen Arbeitsgemeinschaft führen, und setzt eine angemessene Frist zur Stellungnahme.

(2a) ¹Ein räumlicher Zuständigkeitsbereich im Sinne von § 90 des Vierten Buches ist gegeben, wenn eine Arbeitsgemeinschaft unmittelbar sozialrechtliche Leistungen an Versicherte erbringt oder sonstige Aufgaben nach dem Sozialgesetzbuch im Außenverhältnis wahrnimmt. ²Fehlt ein Zuständigkeitsbereich im Sinne von § 90 des Vierten Buches, führen die Aufsicht die für die Sozialversicherung zuständigen obersten Verwaltungsbehörden oder die von der Landesregierung durch Rechtsverordnung bestimmten Behörden des Landes, in dem die Arbeitsgemeinschaften ihren Sitz haben; die Landesregierungen können diese Ermächtigung durch Rechtsverordnung auf die obersten Landesbehörden übertragen. ³Abweichend von Satz 2 führt das Bundesamt für Soziale Sicherung die Aufsicht, wenn die absolute Mehrheit der Anteile oder der Stimmen in der Arbeitsgemeinschaft Trägern zusteht, die unter Bundesaufsicht stehen.

(3) Soweit erforderlich, stellt eine Arbeitsgemeinschaft unter entsprechender Anwendung von § 67 des Vierten Buches einen Haushaltsplan auf.

(4) § 88 Abs. 1 Satz 1 und Abs. 2 gilt entsprechend.

§ 95 Zusammenarbeit bei Planung und Forschung

(1) ¹Die in § 86 genannten Stellen sollen
1. Planungen, die auch für die Willensbildung und Durchführung von Aufgaben der anderen von Bedeutung sind, im Benehmen miteinander abstimmen sowie
2. gemeinsame örtliche und überörtliche Pläne in ihrem Aufgabenbereich über soziale Dienste und Einrichtungen, insbesondere deren Bereitstellung und Inanspruchnahme, anstreben.

²Die jeweiligen Gebietskörperschaften sowie die gemeinnützigen und freien Einrichtungen und Organisationen sollen insbesondere hinsichtlich der Bedarfsermittlung beteiligt werden.

(2) Die in § 86 genannten Stellen sollen Forschungsvorhaben über den gleichen Gegenstand aufeinander abstimmen.

§ 96 Ärztliche Untersuchungen, psychologische Eignungsuntersuchungen

(1) ¹Veranlasst ein Leistungsträger eine ärztliche Untersuchungsmaßnahme oder eine psychologische Eignungsuntersuchungsmaßnahme, um festzustellen, ob die Voraussetzungen für eine Sozialleistung vorliegen, sollen die Untersuchungen in der Art und Weise vorgenommen und deren Ergebnisse so festgehalten werden, dass sie auch bei der Prüfung der Voraussetzungen anderer Sozialleistungen verwendet werden können. ²Der Umfang der Untersuchungsmaßnahme richtet sich nach der Aufgabe, die der Leistungsträger, der die Untersuchung veranlasst hat, zu erfüllen hat. ³Die Untersuchungsbefunde sollen bei der Feststellung, ob die Voraussetzungen einer anderen Sozialleistung vorliegen, verwertet werden.

(2) ¹Durch Vereinbarungen haben die Leistungsträger sicherzustellen, dass Untersuchungen unterbleiben, soweit bereits verwertbare Untersuchungsergebnisse vorliegen. ²Für den Einzelfall sowie nach Möglichkeit für eine Vielzahl von Fällen haben die Leistungsträger zu vereinbaren, dass bei der Begutachtung der Voraussetzungen von Sozialleistungen die Untersuchungen nach einheitlichen und vergleichbaren Grundlagen, Maßstäben und Verfahren vorgenommen und die Ergebnisse der Untersuchungen festgehalten werden. ³Sie können darüber hinaus vereinbaren, dass sich der Umfang der Untersuchungsmaßnahme nach den Aufgaben der beteiligten Leistungsträger richtet; soweit die Untersuchungsmaßnahme hierdurch erweitert ist, ist die Zustimmung des Betroffenen erforderlich.
(3) Die Bildung einer Zentraldatei mehrerer Leistungsträger für Daten der ärztlich untersuchten Leistungsempfänger ist nicht zulässig.

Dritter Titel
Zusammenarbeit der Leistungsträger mit Dritten

§ 97 Durchführung von Aufgaben durch Dritte

(1) ¹Kann ein Leistungsträger, ein Verband von Leistungsträgern oder eine Arbeitsgemeinschaft von einem Dritten Aufgaben wahrnehmen lassen, muss sichergestellt sein, dass der Dritte die Gewähr für eine sachgerechte, die Rechte und Interessen des Betroffenen wahrende Erfüllung der Aufgaben bietet. ²Soweit Aufgaben aus dem Bereich der Sozialversicherung von einem Dritten, an dem ein Leistungsträger, ein Verband oder eine Arbeitsgemeinschaft unmittelbar oder mittelbar beteiligt ist, wahrgenommen werden sollen, hat der Leistungsträger, der Verband oder die Arbeitsgemeinschaft den Dritten zu verpflichten, dem Auftraggeber auf Verlangen alle Unterlagen vorzulegen und über alle Tatsachen Auskunft zu erteilen, die zur Ausübung des Aufsichtsrechts über die Auftraggeber auf Grund pflichtgemäßer Prüfung der Aufsichtsbehörde des Auftraggebers erforderlich sind. ³Die Aufsichtsbehörde ist durch den Leistungsträger, den Verband oder die Arbeitsgemeinschaft so rechtzeitig und umfassend zu unterrichten, dass ihr vor der Aufgabenübertragung oder einer Änderung ausreichend Zeit zur Prüfung bleibt. ⁴Die Aufsichtsbehörde kann auf eine Unterrichtung verzichten. ⁵Die Sätze 3 und 4 gelten nicht für die Bundesagentur für Arbeit.
(2) § 89 Abs. 3 bis 5, § 91 Abs. 1 bis 3 sowie § 92 gelten entsprechend.

§ 98 Auskunftspflicht des Arbeitgebers

(1) ¹Soweit es in der Sozialversicherung einschließlich der Arbeitslosenversicherung im Einzelfall für die Erbringung von Sozialleistungen erforderlich ist, hat der Arbeitgeber auf Verlangen dem Leistungsträger oder der zuständigen Einzugsstelle Auskunft über die Art und Dauer der Beschäftigung, den Beschäftigungsort und das Arbeitsentgelt zu erteilen. ²Wegen der Entrichtung von Beiträgen hat der Arbeitgeber auf Verlangen über alle Tatsachen Auskunft zu erteilen, die für die Erhebung der Beiträge notwendig sind. ³Der Arbeitgeber hat auf Verlangen die Geschäftsbücher, Listen oder andere Unterlagen, aus denen die Angaben über die Beschäftigung hervorgehen, während der Betriebszeit nach seiner Wahl den in Satz 1 bezeichneten Stellen entweder in deren eigenen oder in seinen eigenen Geschäftsräumen zur Einsicht vorzulegen. ⁴Das Wahlrecht nach Satz 3 entfällt, wenn besondere Gründe eine Prüfung in den Geschäftsräumen des Arbeitgebers gerechtfertigt erscheinen lassen. ⁵Satz 4 gilt nicht gegenüber Arbeitgebern des öffentlichen Dienstes. ⁶Die Sätze 2 bis 5 gelten auch für Stellen im Sinne des § 28p Abs. 6 des Vierten Buches.
(1a) Soweit die Träger der Rentenversicherung nach § 28p des Vierten Buches prüfberechtigt sind, bestehen die Verpflichtungen nach Absatz 1 Satz 3 bis 6 gegenüber den Einzugsstellen wegen der Entrichtung des Gesamtsozialversicherungsbeitrags nicht; die Verpflichtung nach Absatz 1 Satz 2 besteht gegenüber den Einzugsstellen nur im Einzelfall.
(2) ¹Wird die Auskunft wegen der Erbringung von Sozialleistungen verlangt, gilt § 65 Abs. 1 des Ersten Buches entsprechend. ²Auskünfte auf Fragen, deren Beantwortung dem Arbeitgeber selbst oder einer ihm nahe stehenden Person (§ 383 Abs. 1 Nr. 1 bis 3 der Zivilprozessordnung) die Gefahr zuziehen würde, wegen einer Straftat oder einer Ordnungswidrigkeit verfolgt zu werden, können verweigert werden; dem Arbeitgeber stehen die in Absatz 1 Satz 6 genannten Stellen gleich.
(3) Hinsichtlich des Absatzes 1 Satz 2 und 3 sowie des Absatzes 2 stehen einem Arbeitgeber die Personen gleich, die wie ein Arbeitgeber Beiträge zu entrichten haben.
(4) Das Bundesministerium für Arbeit und Soziales kann durch Rechtsverordnung mit Zustimmung des Bundesrates das Nähere über die Durchführung der in Absatz 1 genannten Mitwirkung bestimmen.
(5) ¹Ordnungswidrig handelt, wer vorsätzlich oder leichtfertig

1. entgegen Absatz 1 Satz 1 oder
2. entgegen Absatz 1 Satz 2 oder Satz 3, jeweils auch in Verbindung mit Absatz 1 Satz 6 oder Absatz 3, eine Auskunft nicht, nicht richtig, nicht vollständig oder nicht rechtzeitig erteilt oder eine Unterlage nicht, nicht richtig, nicht vollständig oder nicht rechtzeitig vorlegt. ²Die Ordnungswidrigkeit kann mit einer Geldbuße bis zu fünftausend Euro geahndet werden. ³Die Sätze 1 und 2 gelten nicht für die Leistungsträger, wenn sie wie ein Arbeitgeber Beiträge für eine kraft Gesetzes versicherte Person zu entrichten haben.

§ 99 Auskunftspflicht von Angehörigen, Unterhaltspflichtigen oder sonstigen Personen

¹Ist nach dem Recht der Sozialversicherung einschließlich der Arbeitslosenversicherung oder dem sozialen Entschädigungsrecht
1. das Einkommen oder das Vermögen von Angehörigen des Leistungsempfängers oder sonstiger Personen bei einer Sozialleistung oder ihrer Erstattung zu berücksichtigen oder
2. die Sozialleistung oder ihre Erstattung von der Höhe eines Unterhaltsanspruchs abhängig, der dem Leistungsempfänger gegen einen Unterhaltspflichtigen zusteht,

gelten für diese Personen § 60 Abs. 1 Nr. 1 und 3 sowie § 65 Abs. 1 des Ersten Buches entsprechend. ²Das Gleiche gilt für den in Satz 1 genannten Anwendungsbereich in den Fällen, in denen Unterhaltspflichtige, Angehörige, der frühere Ehegatte, der frühere Lebenspartner oder Erben zum Ersatz der Aufwendungen des Leistungsträgers herangezogen werden. ³Auskünfte auf Fragen, deren Beantwortung einem nach Satz 1 oder Satz 2 Auskunftspflichtigen oder einer ihm nahe stehenden Person (§ 383 Abs. 1 Nr. 1 bis 3 der Zivilprozessordnung) die Gefahr zuziehen würde, wegen einer Straftat oder einer Ordnungswidrigkeit verfolgt zu werden, können verweigert werden.

§ 100 Auskunftspflicht des Arztes oder Angehörigen eines anderen Heilberufs

(1) ¹Der Arzt oder Angehörige eines anderen Heilberufs ist verpflichtet, dem Leistungsträger im Einzelfall auf Verlangen Auskunft zu erteilen, soweit es für die Durchführung von dessen Aufgaben nach diesem Gesetzbuch erforderlich und
1. es gesetzlich zugelassen ist oder
2. der Betroffene im Einzelfall eingewilligt hat.

²Die Einwilligung soll zum Nachweis im Sinne des Artikels 7 Absatz 1 der Verordnung (EU) 2016/679, dass die betroffene Person in die Verarbeitung ihrer personenbezogenen Daten eingewilligt hat, schriftlich oder elektronisch erfolgen. ³Die Sätze 1 und 2 gelten entsprechend für Krankenhäuser sowie für Vorsorge- oder Rehabilitationseinrichtungen.
(2) Auskünfte auf Fragen, deren Beantwortung dem Arzt, dem Angehörigen eines anderen Heilberufs oder ihnen nahe stehenden Personen (§ 383 Abs. 1 Nr. 1 bis 3 der Zivilprozessordnung) die Gefahr zuziehen würde, wegen einer Straftat oder einer Ordnungswidrigkeit verfolgt zu werden, können verweigert werden.

§ 101 Auskunftspflicht der Leistungsträger

¹Die Leistungsträger haben auf Verlangen eines behandelnden Arztes Untersuchungsbefunde, die für die Behandlung von Bedeutung sein können, mitzuteilen, sofern der Betroffene im Einzelfall in die Mitteilung eingewilligt hat. ²§ 100 Abs. 1 Satz 2 gilt entsprechend.

§ 101a Mitteilungen der Meldebehörden

(1) Die Datenstelle der Rentenversicherung übermittelt die Mitteilungen aller Sterbefälle und Anschriftenänderungen und jede Änderung des Vor- und des Familiennamens unter den Voraussetzungen von § 196 Absatz 2 des Sechsten Buches und bei einer Eheschließung eines Einwohners das Datum dieser Eheschließung unter den Voraussetzungen von § 196 Absatz 2a des Sechsten Buches unverzüglich an die Deutsche Post AG.
(2) Die Mitteilungen, die von der Datenstelle der Rentenversicherung an die Deutsche Post AG übermittelt werden, dürfen von der Deutschen Post AG
1. nur dazu verwendet werden, um laufende Geldleistungen der Leistungsträger, der in § 69 Abs. 2 genannten Stellen sowie ausländischer Leistungsträger mit laufenden Geldleistungen in die Bundesrepublik Deutschland einzustellen oder deren Einstellung zu veranlassen sowie um Anschriften von Empfängern laufender Geldleistungen der Leistungsträger und der in § 69 Abs. 2 genannten Stellen zu berichtigen oder deren Berichtigung zu veranlassen, und darüber hinaus
2. nur weiter übermittelt werden, um den Trägern der Unfallversicherung, der Sozialversicherung für Landwirtschaft, Forsten und Gartenbau und den in § 69 Abs. 2 genannten Zusatzversorgungsein-

richtungen eine Aktualisierung ihrer Versichertenbestände oder Mitgliederbestände zu ermöglichen; dies gilt auch für die Übermittlung der Mitteilungen an berufsständische Versorgungseinrichtungen, soweit diese nach Landesrecht oder Satzungsrecht zur Erhebung dieser Daten befugt sind.
(3) Die Verwendung und Übermittlung der Mitteilungen erfolgt
1. in der allgemeinen Rentenversicherung im Rahmen des gesetzlichen Auftrags der Deutschen Post AG nach § 119 Abs. 1 Satz 1 des Sechsten Buches,
2. im Übrigen im Rahmen eines öffentlich-rechtlichen oder privatrechtlichen Vertrages der Deutschen Post AG mit den Leistungsträgern, den berufsständischen Versorgungseinrichtungen oder den in § 69 Abs. 2 genannten Stellen.

Zweiter Abschnitt
Erstattungsansprüche der Leistungsträger untereinander

§ 102 Anspruch des vorläufig leistenden Leistungsträgers

(1) Hat ein Leistungsträger auf Grund gesetzlicher Vorschriften vorläufig Sozialleistungen erbracht, ist der zur Leistung verpflichtete Leistungsträger erstattungspflichtig.
(2) Der Umfang des Erstattungsanspruchs richtet sich nach den für den vorleistenden Leistungsträger geltenden Rechtsvorschriften.

§ 103 Anspruch des Leistungsträgers, dessen Leistungsverpflichtung nachträglich entfallen ist

(1) Hat ein Leistungsträger Sozialleistungen erbracht und ist der Anspruch auf diese nachträglich ganz oder teilweise entfallen, ist der für die entsprechende Leistung zuständige Leistungsträger erstattungspflichtig, soweit dieser nicht bereits selbst geleistet hat, bevor er von der Leistung des anderen Leistungsträgers Kenntnis erlangt hat.
(2) Der Umfang des Erstattungsanspruchs richtet sich nach den für den zuständigen Leistungsträger geltenden Rechtsvorschriften.
(3) Die Absätze 1 und 2 gelten gegenüber den Trägern der Eingliederungshilfe, der Sozialhilfe, der Kriegsopferfürsorge und der Jugendhilfe nur von dem Zeitpunkt ab, von dem ihnen bekannt war, dass die Voraussetzungen für ihre Leistungspflicht vorlagen.

§ 104 Anspruch des nachrangig verpflichteten Leistungsträgers

(1) [1]Hat ein nachrangig verpflichteter Leistungsträger Sozialleistungen erbracht, ohne dass die Voraussetzungen von § 103 Abs. 1 vorliegen, ist der Leistungsträger erstattungspflichtig, gegen den der Berechtigte vorrangig einen Anspruch hat oder hatte, soweit der Leistungsträger nicht bereits selbst geleistet hat, bevor er von der Leistung des anderen Leistungsträgers Kenntnis erlangt hat. [2]Nachrangig verpflichtet ist ein Leistungsträger, soweit dieser bei rechtzeitiger Erfüllung der Leistungsverpflichtung eines anderen Leistungsträgers selbst nicht zur Leistung verpflichtet gewesen wäre. [3]Ein Erstattungsanspruch besteht nicht, soweit der nachrangige Leistungsträger seine Leistungen auch bei Leistung des vorrangig verpflichteten Leistungsträgers hätte erbringen müssen. [4]Satz 1 gilt entsprechend, wenn von den Trägern der Eingliederungshilfe, der Sozialhilfe, der Kriegsopferfürsorge und der Jugendhilfe Aufwendungsersatz geltend gemacht oder ein Kostenbeitrag erhoben werden kann; Satz 3 gilt in diesen Fällen nicht.
(2) Absatz 1 gilt auch dann, wenn von einem nachrangig verpflichteten Leistungsträger für einen Angehörigen Sozialleistungen erbracht worden sind und ein anderer mit Rücksicht auf diesen Angehörigen einen Anspruch auf Sozialleistungen, auch auf besonders bezeichnete Leistungsteile, gegenüber einem vorrangig verpflichteten Leistungsträger hat oder hatte.
(3) Der Umfang des Erstattungsanspruchs richtet sich nach den für den vorrangig verpflichteten Leistungsträger geltenden Rechtsvorschriften.
(4) Sind mehrere Leistungsträger vorrangig verpflichtet, kann der Leistungsträger, der die Sozialleistung erbracht hat, Erstattung nur von dem Leistungsträger verlangen, für den er nach § 107 Abs. 2 mit befreiender Wirkung geleistet hat.

§ 105 Anspruch des unzuständigen Leistungsträgers

(1) [1]Hat ein unzuständiger Leistungsträger Sozialleistungen erbracht, ohne dass die Voraussetzungen von § 102 Abs. 1 vorliegen, ist der zuständige oder zuständig gewesene Leistungsträger erstattungspflichtig, soweit dieser nicht bereits selbst geleistet hat, bevor er von der Leistung des anderen Leistungsträgers Kenntnis erlangt hat. [2]§ 104 Abs. 2 gilt entsprechend.

(2) Der Umfang des Erstattungsanspruchs richtet sich nach den für den zuständigen Leistungsträger geltenden Rechtsvorschriften.

(3) Die Absätze 1 und 2 gelten gegenüber den Trägern der Eingliederungshilfe, der Sozialhilfe, der Kriegsopferfürsorge und der Jugendhilfe nur von dem Zeitpunkt ab, von dem ihnen bekannt war, dass die Voraussetzungen für ihre Leistungspflicht vorlagen.

§ 106 Rangfolge bei mehreren Erstattungsberechtigten

(1) Ist ein Leistungsträger mehreren Leistungsträgern zur Erstattung verpflichtet, sind die Ansprüche in folgender Rangfolge zu befriedigen:
1. (weggefallen)
2. der Anspruch des vorläufig leistenden Leistungsträgers nach § 102,
3. der Anspruch des Leistungsträgers, dessen Leistungsverpflichtung nachträglich entfallen ist, nach § 103,
4. der Anspruch des nachrangig verpflichteten Leistungsträgers nach § 104,
5. der Anspruch des unzuständigen Leistungsträgers nach § 105.

(2) ¹Treffen ranggleiche Ansprüche von Leistungsträgern zusammen, sind diese anteilsmäßig zu befriedigen. ²Machen mehrere Leistungsträger Ansprüche nach § 104 geltend, ist zuerst derjenige zu befriedigen, der im Verhältnis der nachrangigen Leistungsträger untereinander einen Erstattungsanspruch nach § 104 hätte.

(3) Der Erstattungspflichtige muss insgesamt nicht mehr erstatten, als er nach den für ihn geltenden Erstattungsvorschriften einzeln zu erbringen hätte.

§ 107 Erfüllung

(1) Soweit ein Erstattungsanspruch besteht, gilt der Anspruch des Berechtigten gegen den zur Leistung verpflichteten Leistungsträger als erfüllt.

(2) ¹Hat der Berechtigte Ansprüche gegen mehrere Leistungsträger, gilt der Anspruch als erfüllt, den der Träger, der die Sozialleistung erbracht hat, bestimmt. ²Die Bestimmung ist dem Berechtigten gegenüber unverzüglich vorzunehmen und den übrigen Leistungsträgern mitzuteilen.

§ 108 Erstattung in Geld, Verzinsung

(1) Sach- und Dienstleistungen sind in Geld zu erstatten.

(2) ¹Ein Erstattungsanspruch der Träger der Eingliederungshilfe, der Sozialhilfe, der Kriegsopferfürsorge und der Jugendhilfe ist von anderen Leistungsträgern
1. für die Dauer des Erstattungszeitraumes und
2. für den Zeitraum nach Ablauf eines Kalendermonats nach Eingang des vollständigen, den gesamten Erstattungszeitraum umfassenden Erstattungsantrages beim zuständigen Erstattungsverpflichteten bis zum Ablauf des Kalendermonats vor der Zahlung

auf Antrag mit 4 vom Hundert zu verzinsen. ²Die Verzinsung beginnt frühestens nach Ablauf von sechs Kalendermonaten nach Eingang des vollständigen Leistungsantrages des Leistungsberechtigten beim zuständigen Leistungsträger, beim Fehlen eines Antrages nach Ablauf eines Kalendermonats nach Bekanntgabe der Entscheidung über die Leistung. ³§ 44 Abs. 3 des Ersten Buches findet Anwendung; § 16 des Ersten Buches gilt nicht.

§ 109 Verwaltungskosten und Auslagen

¹Verwaltungskosten sind nicht zu erstatten. ²Auslagen sind auf Anforderung zu erstatten, wenn sie im Einzelfall 200 Euro übersteigen. ³Die Bundesregierung kann durch Rechtsverordnung mit Zustimmung des Bundesrates den in Satz 2 genannten Betrag entsprechend der jährlichen Steigerung der monatlichen Bezugsgröße nach § 18 des Vierten Buches anheben und dabei auf zehn Euro nach unten oder oben runden.

§ 110 Pauschalierung

¹Die Leistungsträger haben ihre Erstattungsansprüche pauschal abzugelten, soweit dies zweckmäßig ist. ²Beträgt im Einzelfall ein Erstattungsanspruch voraussichtlich weniger als 50 Euro, erfolgt keine Erstattung. ³Die Leistungsträger können abweichend von Satz 2 höhere Beträge vereinbaren. ⁴Die Bundesregierung kann durch Rechtsverordnung mit Zustimmung des Bundesrates den in Satz 2 genannten Betrag entsprechend der jährlichen Steigerung der monatlichen Bezugsgröße nach § 18 des Vierten Buches anheben und dabei auf zehn Euro nach unten oder oben runden.

§ 111 Ausschlussfrist

¹Der Anspruch auf Erstattung ist ausgeschlossen, wenn der Erstattungsberechtigte ihn nicht spätestens zwölf Monate nach Ablauf des letzten Tages, für den die Leistung erbracht wurde, geltend macht. ²Der Lauf der Frist beginnt frühestens mit dem Zeitpunkt, zu dem der erstattungsberechtigte Leistungsträger von der Entscheidung des erstattungspflichtigen Leistungsträgers über seine Leistungspflicht Kenntnis erlangt hat.

§ 112 Rückerstattung

Soweit eine Erstattung zu Unrecht erfolgt ist, sind die gezahlten Beträge zurückzuerstatten.

§ 113 Verjährung

(1) ¹Erstattungsansprüche verjähren in vier Jahren nach Ablauf des Kalenderjahres, in dem der erstattungsberechtigte Leistungsträger von der Entscheidung des erstattungspflichtigen Leistungsträgers über dessen Leistungspflicht Kenntnis erlangt hat. ²Rückerstattungsansprüche verjähren in vier Jahren nach Ablauf des Kalenderjahres, in dem die Erstattung zu Unrecht erfolgt ist.
(2) Für die Hemmung, die Ablaufhemmung, den Neubeginn und die Wirkung der Verjährung gelten die Vorschriften des Bürgerlichen Gesetzbuchs sinngemäß.

§ 114 Rechtsweg

¹Für den Erstattungsanspruch ist derselbe Rechtsweg wie für den Anspruch auf die Sozialleistung gegeben. ²Maßgebend ist im Falle des § 102 der Anspruch gegen den vorleistenden Leistungsträger und im Fall der §§ 103 bis 105 der Anspruch gegen den erstattungspflichtigen Leistungsträger.

Dritter Abschnitt
Erstattungs- und Ersatzansprüche der Leistungsträger gegen Dritte

§ 115 Ansprüche gegen den Arbeitgeber

(1) Soweit der Arbeitgeber den Anspruch des Arbeitnehmers auf Arbeitsentgelt nicht erfüllt und deshalb ein Leistungsträger Sozialleistungen erbracht hat, geht der Anspruch des Arbeitnehmers gegen den Arbeitgeber auf den Leistungsträger bis zur Höhe der erbrachten Sozialleistungen über.
(2) Der Übergang wird nicht dadurch ausgeschlossen, dass der Anspruch nicht übertragen, verpfändet oder gepfändet werden kann.
(3) An Stelle der Ansprüche des Arbeitnehmers auf Sachbezüge tritt im Fall des Absatzes 1 der Anspruch auf Geld; die Höhe bestimmt sich nach den nach § 17 Absatz 1 Satz 1 Nummer 4 des Vierten Buches festgelegten Werten der Sachbezüge.

§ 116 Ansprüche gegen Schadenersatzpflichtige

(1) ¹Ein auf anderen gesetzlichen Vorschriften beruhender Anspruch auf Ersatz eines Schadens geht auf den Versicherungsträger oder Träger der Eingliederungshilfe oder der Sozialhilfe über, soweit dieser auf Grund des Schadensereignisses Sozialleistungen zu erbringen hat, die der Behebung eines Schadens der gleichen Art dienen und sich auf denselben Zeitraum wie der vom Schädiger zu leistende Schadenersatz beziehen. ²Dazu gehören auch
1. die Beiträge, die von Sozialleistungen zu zahlen sind, und
2. die Beiträge zur Krankenversicherung, die für die Dauer des Anspruchs auf Krankengeld unbeschadet des § 224 Abs. 1 des Fünften Buches zu zahlen wären.

(2) Ist der Anspruch auf Ersatz eines Schadens durch Gesetz der Höhe nach begrenzt, geht er auf den Versicherungsträger oder Träger der Eingliederungshilfe oder der Sozialhilfe über, soweit er nicht zum Ausgleich des Schadens des Geschädigten oder seiner Hinterbliebenen erforderlich ist.
(3) ¹Ist der Anspruch auf Ersatz eines Schadens durch ein mitwirkendes Verschulden oder eine mitwirkende Verantwortlichkeit des Geschädigten begrenzt, geht auf den Versicherungsträger oder Träger der Eingliederungshilfe oder der Sozialhilfe von dem nach Absatz 1 bei unbegrenzter Haftung übergehenden Ersatzanspruch der Anteil über, welcher dem Vomhundertsatz entspricht, für den der Schädiger ersatzpflichtig ist. ²Dies gilt auch, wenn der Ersatzanspruch durch Gesetz der Höhe nach begrenzt ist. ³Der Anspruchsübergang ist ausgeschlossen, soweit der Geschädigte oder seine Hinterbliebenen dadurch hilfebedürftig im Sinne der Vorschriften des Zwölften Buches werden.
(4) Stehen der Durchsetzung der Ansprüche auf Ersatz eines Schadens tatsächliche Hindernisse entgegen, hat die Durchsetzung der Ansprüche des Geschädigten und seiner Hinterbliebenen Vorrang vor den übergegangenen Ansprüchen nach Absatz 1.

(5) Hat ein Versicherungsträger oder Träger der Eingliederungshilfe oder der Sozialhilfe auf Grund des Schadensereignisses dem Geschädigten oder seinen Hinterbliebenen keine höheren Sozialleistungen zu erbringen als vor diesem Ereignis, geht in den Fällen des Absatzes 3 Satz 1 und 2 der Schadenersatzanspruch nur insoweit über, als der geschuldete Schadenersatz nicht zur vollen Deckung des eigenen Schadens des Geschädigten oder seiner Hinterbliebenen erforderlich ist.
(6) [1]Ein nach Absatz 1 übergegangener Ersatzanspruch kann bei nicht vorsätzlichen Schädigungen durch eine Person, die im Zeitpunkt des Schadensereignisses mit dem Geschädigten oder seinen Hinterbliebenen in häuslicher Gemeinschaft lebt, nicht geltend gemacht werden. [2]Ein Ersatzanspruch nach Absatz 1 kann auch dann nicht geltend gemacht werden, wenn der Schädiger mit dem Geschädigten oder einem Hinterbliebenen nach Eintritt des Schadensereignisses die Ehe geschlossen oder eine Lebenspartnerschaft begründet hat und in häuslicher Gemeinschaft lebt. [3]Abweichend von den Sätzen 1 und 2 kann ein Ersatzanspruch bis zur Höhe der zur Verfügung stehenden Versicherungssumme geltend gemacht werden, wenn der Schaden bei dem Betrieb eines Fahrzeugs entstanden ist, für das Versicherungsschutz nach § 1 des Gesetzes über die Pflichtversicherung für Kraftfahrzeughalter oder § 1 des Gesetzes über die Haftpflichtversicherung für ausländische Kraftfahrzeuge und Kraftfahrzeuganhänger besteht. [4]Der Ersatzanspruch kann in den Fällen des Satzes 3 gegen den Schädiger in voller Höhe geltend gemacht werden, wenn er den Versicherungsfall vorsätzlich verursacht hat.
(7) [1]Haben der Geschädigte oder seine Hinterbliebenen von dem zum Schadenersatz Verpflichteten auf einen übergegangenen Anspruch mit befreiender Wirkung gegenüber dem Versicherungsträger oder Träger der Eingliederungshilfe oder der Sozialhilfe Leistungen erhalten, haben sie insoweit dem Versicherungsträger oder Träger der Eingliederungshilfe oder der Sozialhilfe die erbrachten Leistungen zu erstatten. [2]Haben die Leistungen gegenüber dem Versicherungsträger oder Träger der Sozialhilfe keine befreiende Wirkung, haften der zum Schadenersatz Verpflichtete und der Geschädigte oder dessen Hinterbliebene dem Versicherungsträger oder Träger der Sozialhilfe als Gesamtschuldner.
(8) Weist der Versicherungsträger oder Träger der Sozialhilfe nicht höhere Leistungen nach, sind vorbehaltlich der Absätze 2 und 3 je Schadensfall für nicht stationäre ärztliche Behandlung und Versorgung mit Arznei- und Verbandmitteln 5 vom Hundert der monatlichen Bezugsgröße nach § 18 des Vierten Buches zu ersetzen.
(9) Die Vereinbarung einer Pauschalierung der Ersatzansprüche ist zulässig.
(10) Die Bundesagentur für Arbeit und die Träger der Grundsicherung für Arbeitsuchende nach dem Zweiten Buch gelten als Versicherungsträger im Sinne dieser Vorschrift.

§ 117 Schadenersatzansprüche mehrerer Leistungsträger
[1]Haben im Einzelfall mehrere Leistungsträger Sozialleistungen erbracht und ist in den Fällen des § 116 Abs. 2 und 3 der übergegangene Anspruch auf Ersatz des Schadens begrenzt, sind die Leistungsträger Gesamtgläubiger. [2]Untereinander sind sie im Verhältnis der von ihnen erbrachten Sozialleistungen zum Ausgleich verpflichtet. [3]Soweit jedoch eine Sozialleistung allein von einem Leistungsträger erbracht ist, steht der Ersatzanspruch im Innenverhältnis nur diesem zu. [4]Die Leistungsträger können ein anderes Ausgleichsverhältnis vereinbaren.

§ 118 Bindung der Gerichte
Hat ein Gericht über einen nach § 116 übergegangenen Anspruch zu entscheiden, ist es an eine unanfechtbare Entscheidung gebunden, dass und in welchem Umfang der Leistungsträger zur Leistung verpflichtet ist.

§ 119 Übergang von Beitragsansprüchen
(1) [1]Soweit der Schadenersatzanspruch eines Versicherten den Anspruch auf Ersatz von Beiträgen zur Rentenversicherung umfasst, geht dieser auf den Versicherungsträger über, wenn der Geschädigte im Zeitpunkt des Schadensereignisses bereits Pflichtbeitragszeiten nachweist oder danach pflichtversichert wird; dies gilt nicht, soweit
1. der Arbeitgeber das Arbeitsentgelt fortzahlt oder sonstige der Beitragspflicht unterliegende Leistungen erbringt oder
2. der Anspruch auf Ersatz von Beiträgen nach § 116 übergegangen ist.
[2]Für den Anspruch auf Ersatz von Beiträgen zur Rentenversicherung gilt § 116 Abs. 3 Satz 1 und 2 entsprechend, soweit die Beiträge auf den Unterschiedsbetrag zwischen dem bei unbegrenzter Haftung zu ersetzenden Arbeitsentgelt oder Arbeitseinkommen und der bei Bezug von Sozialleistungen beitragspflichtigen Einnahme entfallen.

(2) ¹Der Versicherungsträger, auf den ein Teil des Anspruchs auf Ersatz von Beiträgen zur Rentenversicherung nach § 116 übergeht, übermittelt den von ihm festgestellten Sachverhalt dem Träger der Rentenversicherung auf einem einheitlichen Meldevordruck. ²Das Nähere über den Inhalt des Meldevordrucks und das Mitteilungsverfahren bestimmen die Spitzenverbände der Sozialversicherungsträger.
(3) ¹Die eingegangenen Beiträge oder Beitragsanteile gelten in der Rentenversicherung als Pflichtbeiträge. ²Durch den Übergang des Anspruchs auf Ersatz von Beiträgen darf der Versicherte nicht schlechter gestellt werden, als er ohne den Schadenersatzanspruch gestanden hätte.
(4) ¹Die Vereinbarung der Abfindung von Ansprüchen auf Ersatz von Beiträgen zur Rentenversicherung mit einem ihrem Kapitalwert entsprechenden Betrag ist im Einzelfall zulässig. ²Im Fall des Absatzes 1 Satz 1 Nr. 1 gelten für die Mitwirkungspflichten des Geschädigten die §§ 60, 61, 65 Abs. 1 und 3 sowie § 65a des Ersten Buches entsprechend.

Viertes Kapitel
Übergangs- und Schlussvorschriften

§ 120 Übergangsregelung

(1) ¹Die §§ 116 bis 119 sind nur auf Schadensereignisse nach dem 30. Juni 1983 anzuwenden; für frühere Schadensereignisse gilt das bis zum 30. Juni 1983 geltende Recht weiter. ²Ist das Schadensereignis nach dem 30. Juni 1983 eingetreten, sind § 116 Abs. 1 Satz 2 und § 119 Abs. 1, 3 und 4 in der ab 1. Januar 2001 geltenden Fassung auf einen Sachverhalt auch dann anzuwenden, wenn der Sachverhalt bereits vor diesem Zeitpunkt bestanden hat und darüber noch nicht abschließend entschieden ist. ³§ 116 Absatz 6 ist nur auf Schadensereignisse nach dem 31. Dezember 2020 anzuwenden; für frühere Schadensereignisse gilt das bis 31. Dezember 2020 geltende Recht weiter.
(2) § 111 Satz 2 und § 113 Abs. 1 Satz 1 sind in der vom 1. Januar 2001 an geltenden Fassung auf die Erstattungsverfahren anzuwenden, die am 1. Juni 2000 noch nicht abschließend entschieden waren.
(3) Eine Rückerstattung ist in den am 1. Januar 2001 bereits abschließend entschiedenen Fällen ausgeschlossen, wenn die Erstattung nach § 111 Satz 2 in der ab 1. Januar 2001 geltenden Fassung zu Recht erfolgt ist.
(4) (weggefallen)
(5) Artikel 229 § 6 Abs. 1 bis 4 des Einführungsgesetzes zum Bürgerlichen Gesetzbuche gilt entsprechend bei der Anwendung des § 50 Abs. 4 Satz 2 und der §§ 52 und 113 Abs. 2 in der seit dem 1. Januar 2002 geltenden Fassung.
(6) § 66 Abs. 1 Satz 3 bis 5, Abs. 2 und 3 Satz 2 in der ab dem 30. März 2005 geltenden Fassung gilt nur für Bestellungen zu Vollstreckungs- und Vollziehungsbeamten ab dem 30. März 2005.
(7) § 94 Absatz 1a Satz 3 findet nur Anwendung auf die Bildung von oder den Beitritt zu Arbeitsgemeinschaften, wenn die Bildung oder der Beitritt nach dem 30. Juni 2020 erfolgt; die am 30. Juni 2020 bereits bestehenden Arbeitsgemeinschaften dürfen weitergeführt werden.

Anlage
(zu § 78a)

¹Werden Sozialdaten automatisiert verarbeitet oder genutzt, ist die innerbehördliche oder innerbetriebliche Organisation so zu gestalten, dass sie den besonderen Anforderungen des Datenschutzes gerecht wird. ²Dabei sind insbesondere Maßnahmen zu treffen, die je nach der Art der zu schützenden Sozialdaten oder Kategorien von Sozialdaten geeignet sind,

1. Unbefugten den Zutritt zu Datenverarbeitungsanlagen, mit denen Sozialdaten verarbeitet oder genutzt werden, zu verwehren (Zutrittskontrolle),
2. zu verhindern, dass Datenverarbeitungssysteme von Unbefugten genutzt werden können (Zugangskontrolle),
3. zu gewährleisten, dass die zur Benutzung eines Datenverarbeitungssystems Berechtigten ausschließlich auf die ihrer Zugriffsberechtigung unterliegenden Daten zugreifen können, und dass Sozialdaten bei der Verarbeitung, Nutzung und nach der Speicherung nicht unbefugt gelesen, kopiert, verändert oder entfernt werden können (Zugriffskontrolle),
4. zu gewährleisten, dass Sozialdaten bei der elektronischen Übertragung oder während ihres Transports oder ihrer Speicherung auf Datenträger nicht unbefugt gelesen, kopiert, verändert oder entfernt werden können, und dass überprüft und festgestellt werden kann, an welchen Stellen eine Übermittlung von Sozialdaten durch Einrichtungen zur Datenübertragung vorgesehen ist (Weitergabekontrolle),
5. zu gewährleisten, dass nachträglich überprüft und festgestellt werden kann, ob und von wem Sozialdaten in Datenverarbeitungssysteme eingegeben, verändert oder entfernt worden sind (Eingabekontrolle),
6. zu gewährleisten, dass Sozialdaten, die im Auftrag erhoben, verarbeitet oder genutzt werden, nur entsprechend den Weisungen des Auftraggebers erhoben, verarbeitet oder genutzt werden können (Auftragskontrolle),
7. zu gewährleisten, dass Sozialdaten gegen zufällige Zerstörung oder Verlust geschützt sind (Verfügbarkeitskontrolle),
8. zu gewährleisten, dass zu unterschiedlichen Zwecken erhobene Sozialdaten getrennt verarbeitet werden können.

³Eine Maßnahme nach Satz 2 Nummer 2 bis 4 ist insbesondere die Verwendung von dem Stand der Technik entsprechenden Verschlüsselungsverfahren.

Sozialgesetzbuch (SGB) Zweites Buch (II) – Grundsicherung für Arbeitsuchende – (SGB II)

in der Fassung der Bekanntmachung
vom 13. Mai 2011 (BGBl. I S. 850, S. 2094)

Zuletzt geändert durch
Kitafinanzhilfenänderungsgesetz
vom 25. Juni 2021 (BGBl. I S. 2020)

Inhaltsübersicht

Kapitel 1
Fördern und Fordern
§ 1 Aufgabe und Ziel der Grundsicherung für Arbeitsuchende
§ 2 Grundsatz des Forderns
§ 3 Leistungsgrundsätze
§ 4 Leistungsformen
§ 5 Verhältnis zu anderen Leistungen
§ 6 Träger der Grundsicherung für Arbeitsuchende
§ 6a Zugelassene kommunale Träger
§ 6b Rechtsstellung der zugelassenen kommunalen Träger
§ 6c Personalübergang bei Zulassung weiterer kommunaler Träger und bei Beendigung der Trägerschaft
§ 6d Jobcenter

Kapitel 2
Anspruchsvoraussetzungen
§ 7 Leistungsberechtigte
§ 7a Altersgrenze
§ 8 Erwerbsfähigkeit
§ 9 Hilfebedürftigkeit
§ 10 Zumutbarkeit
§ 11 Zu berücksichtigendes Einkommen
§ 11a Nicht zu berücksichtigendes Einkommen
§ 11b Absetzbeträge
§ 12 Zu berücksichtigendes Vermögen
§ 12a Vorrangige Leistungen
§ 13 Verordnungsermächtigung

Kapitel 3
Leistungen
Abschnitt 1
Leistungen zur Eingliederung in Arbeit
§ 14 Grundsatz des Förderns
§ 15 Eingliederungsvereinbarung
§ 16 Leistungen zur Eingliederung
§ 16a Kommunale Eingliederungsleistungen
§ 16b Einstiegsgeld
§ 16c Leistungen zur Eingliederung von Selbständigen
§ 16d Arbeitsgelegenheiten
§ 16e Eingliederung von Langzeitarbeitslosen
§ 16f Freie Förderung
§ 16g Förderung bei Wegfall der Hilfebedürftigkeit
§ 16h Förderung schwer zu erreichender junger Menschen
§ 16i Teilhabe am Arbeitsmarkt
§ 17 Einrichtungen und Dienste für Leistungen zur Eingliederung
§ 18 Örtliche Zusammenarbeit
§ 18a Zusammenarbeit mit den für die Arbeitsförderung zuständigen Stellen
§ 18b Kooperationsausschuss
§ 18c Bund-Länder-Ausschuss
§ 18d Örtlicher Beirat
§ 18e Beauftragte für Chancengleichheit am Arbeitsmarkt

Abschnitt 2
Leistungen zur Sicherung des Lebensunterhalts
Unterabschnitt 1
Leistungsanspruch
§ 19 Arbeitslosengeld II, Sozialgeld und Leistungen für Bildung und Teilhabe

Unterabschnitt 2
Arbeitslosengeld II und Sozialgeld
§ 20 Regelbedarf zur Sicherung des Lebensunterhalts
§ 21 Mehrbedarfe
§ 22 Bedarfe für Unterkunft und Heizung
§ 22a Satzungsermächtigung
§ 22b Inhalt der Satzung
§ 22c Datenerhebung, -auswertung und -überprüfung
§ 23 Besonderheiten beim Sozialgeld

Unterabschnitt 3
Abweichende Leistungserbringung und weitere Leistungen
§ 24 Abweichende Erbringung von Leistungen
§ 25 Leistungen bei medizinischer Rehabilitation der Rentenversicherung und bei Anspruch auf Verletztengeld aus der Unfallversicherung
§ 26 Zuschüsse zu Beiträgen zur Krankenversicherung und Pflegeversicherung
§ 27 Leistungen für Auszubildende

Unterabschnitt 4
Leistungen für Bildung und Teilhabe
§ 28 Bedarfe für Bildung und Teilhabe

20 SGB II

§ 29 Erbringung der Leistungen für Bildung und Teilhabe
§ 30 Berechtigte Selbsthilfe

Unterabschnitt 5
Sanktionen

§ 31 Pflichtverletzungen
§ 31a Rechtsfolgen bei Pflichtverletzungen
§ 31b Beginn und Dauer der Minderung
§ 32 Meldeversäumnisse

Unterabschnitt 6
Verpflichtungen Anderer

§ 33 Übergang von Ansprüchen
§ 34 Ersatzansprüche bei sozialwidrigem Verhalten
§ 34a Ersatzansprüche für rechtswidrig erbrachte Leistungen
§ 34b Erstattungsanspruch bei Doppelleistungen
§ 34c Ersatzansprüche nach sonstigen Vorschriften
§ 35 (weggefallen)

Kapitel 4
Gemeinsame Vorschriften für Leistungen

Abschnitt 1
Zuständigkeit und Verfahren

§ 36 Örtliche Zuständigkeit
§ 36a Kostenerstattung bei Aufenthalt im Frauenhaus
§ 37 Antragserfordernis
§ 38 Vertretung der Bedarfsgemeinschaft
§ 39 Sofortige Vollziehbarkeit
§ 40 Anwendung von Verfahrensvorschriften
§ 40a Erstattungsanspruch
§ 41 Berechnung der Leistungen und Bewilligungszeitraum
§ 41a Vorläufige Entscheidung
§ 42 Fälligkeit, Auszahlung und Unpfändbarkeit der Leistungen
§ 42a Darlehen
§ 43 Aufrechnung
§ 43a Verteilung von Teilzahlungen
§ 44 Veränderung von Ansprüchen

Abschnitt 2
Einheitliche Entscheidung

§ 44a Feststellung von Erwerbsfähigkeit und Hilfebedürftigkeit
§ 44b Gemeinsame Einrichtung
§ 44c Trägerversammlung
§ 44d Geschäftsführerin, Geschäftsführer
§ 44e Verfahren bei Meinungsverschiedenheit über die Weisungszuständigkeit
§ 44f Bewirtschaftung von Bundesmitteln
§ 44g Zuweisung von Tätigkeiten bei der gemeinsamen Einrichtung
§ 44h Personalvertretung
§ 44i Schwerbehindertenvertretung; Jugend- und Auszubildendenvertretung
§ 44j Gleichstellungsbeauftragte

§ 44k Stellenbewirtschaftung
§ 45 (weggefallen)

Kapitel 5
Finanzierung und Aufsicht

§ 46 Finanzierung aus Bundesmitteln
§ 47 Aufsicht
§ 48 Aufsicht über die zugelassenen kommunalen Träger
§ 48a Vergleich der Leistungsfähigkeit
§ 48b Zielvereinbarungen
§ 49 Innenrevision

Kapitel 6
Datenverarbeitung und datenschutzrechtliche Verantwortung

§ 50 Datenübermittlung
§ 50a Speicherung, Veränderung, Nutzung, Übermittlung, Einschränkung der Verarbeitung oder Löschung von Daten für die Ausbildungsvermittlung
§ 51 Verarbeitung von Sozialdaten durch nicht-öffentliche Stellen
§ 51a Kundennummer
§ 51b Verarbeitung von Daten durch die Träger der Grundsicherung für Arbeitsuchende
§ 51c (weggefallen)
§ 52 Automatisierter Datenabgleich
§ 52a Überprüfung von Daten

Kapitel 7
Statistik und Forschung

§ 53 Statistik und Übermittlung statistischer Daten
§ 53a Arbeitslose
§ 54 Eingliederungsbilanz
§ 55 Wirkungsforschung

Kapitel 8
Mitwirkungspflichten

§ 56 Anzeige- und Bescheinigungspflicht bei Arbeitsunfähigkeit
§ 57 Auskunftspflicht von Arbeitgebern
§ 58 Einkommensbescheinigung
§ 59 Meldepflicht
§ 60 Auskunftspflicht und Mitwirkungspflicht Dritter
§ 61 Auskunftspflichten bei Leistungen zur Eingliederung in Arbeit
§ 62 Schadenersatz

Kapitel 9
Straf- und Bußgeldvorschriften

§ 63 Bußgeldvorschriften

Kapitel 10
Bekämpfung von Leistungsmissbrauch

§ 64 Zuständigkeit und Zusammenarbeit mit anderen Behörden

Kapitel 11
Übergangs- und Schlussvorschriften
§ 65 Allgemeine Übergangsvorschriften
§§ 65a bis 65c (weggefallen)
§ 65d Übermittlung von Daten
§ 65e Übergangsregelung zur Aufrechnung
§ 66 Rechtsänderungen bei Leistungen zur Eingliederung in Arbeit
§ 67 Vereinfachtes Verfahren für den Zugang zu sozialer Sicherung aus Anlass der COVID-19-Pandemie
§ 68 Regelungen zu Bedarfen für Bildung aus Anlass der COVID-19-Pandemie
§ 69 Übergangsregelung zum Freibetrag für Grundrentenzeiten und vergleichbare Zeiten
§ 70 Einmalzahlung aus Anlass der COVID-19-Pandemie
§ 71 Kinderfreizeitbonus und weitere Regelung aus Anlass der COVID-19-Pandemie
§§ 72 bis 75 (weggefallen)
§ 76 Gesetz zur Weiterentwicklung der Organisation der Grundsicherung für Arbeitsuchende
§ 77 Gesetz zur Ermittlung von Regelbedarfen und zur Änderung des Zweiten und Zwölften Buches Sozialgesetzbuch
§ 78 Gesetz zur Verbesserung der Eingliederungschancen am Arbeitsmarkt
§ 79 Achtes Gesetz zur Änderung des Zweiten Buches Sozialgesetzbuch – Ergänzung personalrechtlicher Bestimmungen
§ 80 Neuntes Gesetz zur Änderung des Zweiten Buches Sozialgesetzbuch – Rechtsvereinfachung – sowie zur vorübergehenden Aussetzung der Insolvenzantragspflicht
§ 81 Teilhabechancengesetz
§ 82 Gesetz zur Förderung der beruflichen Weiterbildung im Strukturwandel und zur Weiterentwicklung der Ausbildungsförderung
§ 83 Übergangsregelung aus Anlass des Gesetzes zur Ermittlung der Regelbedarfe und zur Änderung des Zwölften Buches Sozialgesetzbuch sowie weiterer Gesetze

Kapitel 1
Fördern und Fordern

§ 1 Aufgabe und Ziel der Grundsicherung für Arbeitsuchende

(1) Die Grundsicherung für Arbeitsuchende soll es Leistungsberechtigten ermöglichen, ein Leben zu führen, das der Würde des Menschen entspricht.

(2) ¹Die Grundsicherung für Arbeitsuchende soll die Eigenverantwortung von erwerbsfähigen Leistungsberechtigten und Personen, die mit ihnen in einer Bedarfsgemeinschaft leben, stärken und dazu beitragen, dass sie ihren Lebensunterhalt unabhängig von der Grundsicherung aus eigenen Mitteln und Kräften bestreiten können. ²Sie soll erwerbsfähige Leistungsberechtigte bei der Aufnahme oder Beibehaltung einer Erwerbstätigkeit unterstützen und den Lebensunterhalt sichern, soweit sie ihn nicht auf andere Weise bestreiten können. ³Die Gleichstellung von Männern und Frauen ist als durchgängiges Prinzip zu verfolgen. ⁴Die Leistungen der Grundsicherung sind insbesondere darauf auszurichten, dass
1. durch eine Erwerbstätigkeit Hilfebedürftigkeit vermieden oder beseitigt, die Dauer der Hilfebedürftigkeit verkürzt oder der Umfang der Hilfebedürftigkeit verringert wird,
2. die Erwerbsfähigkeit der leistungsberechtigten Person erhalten, verbessert oder wieder hergestellt wird,
3. geschlechtsspezifischen Nachteilen von erwerbsfähigen Leistungsberechtigten entgegengewirkt wird,
4. die familienspezifischen Lebensverhältnisse von erwerbsfähigen Leistungsberechtigten, die Kinder erziehen oder pflegebedürftige Angehörige betreuen, berücksichtigt werden,
5. behinderungsspezifische Nachteile überwunden werden,
6. Anreize zur Aufnahme und Ausübung einer Erwerbstätigkeit geschaffen und aufrechterhalten werden.

(3) Die Grundsicherung für Arbeitsuchende umfasst Leistungen zur
1. Beratung,
2. Beendigung oder Verringerung der Hilfebedürftigkeit insbesondere durch Eingliederung in Ausbildung oder Arbeit und
3. Sicherung des Lebensunterhalts.

§ 2 Grundsatz des Forderns

(1) ¹Erwerbsfähige Leistungsberechtigte und die mit ihnen in einer Bedarfsgemeinschaft lebenden Personen müssen alle Möglichkeiten zur Beendigung oder Verringerung ihrer Hilfebedürftigkeit ausschöpfen. ²Eine erwerbsfähige leistungsberechtigte Person muss aktiv an allen Maßnahmen zu ihrer Eingliederung in Arbeit mitwirken, insbesondere eine Eingliederungsvereinbarung abschließen. ³Wenn eine Erwerbstätigkeit auf dem allgemeinen Arbeitsmarkt

in absehbarer Zeit nicht möglich ist, hat die erwerbsfähige leistungsberechtigte Person eine ihr angebotene zumutbare Arbeitsgelegenheit zu übernehmen.

(2) ¹Erwerbsfähige Leistungsberechtigte und die mit ihnen in einer Bedarfsgemeinschaft lebenden Personen haben in eigener Verantwortung alle Möglichkeiten zu nutzen, ihren Lebensunterhalt aus eigenen Mitteln und Kräften zu bestreiten. ²Erwerbsfähige Leistungsberechtigte müssen ihre Arbeitskraft zur Beschaffung des Lebensunterhalts für sich und die mit ihnen in einer Bedarfsgemeinschaft lebenden Personen einsetzen.

§ 3 Leistungsgrundsätze

(1) ¹Leistungen zur Eingliederung in Arbeit können erbracht werden, soweit sie zur Vermeidung oder Beseitigung, Verkürzung oder Verminderung der Hilfebedürftigkeit für die Eingliederung erforderlich sind. ²Bei den Leistungen zur Eingliederung in Arbeit sind
1. die Eignung,
2. die individuelle Lebenssituation, insbesondere die familiäre Situation,
3. die voraussichtliche Dauer der Hilfebedürftigkeit und
4. die Dauerhaftigkeit der Eingliederung

der erwerbsfähigen Leistungsberechtigten zu berücksichtigen. ³Vorrangig sollen Maßnahmen eingesetzt werden, die die unmittelbare Aufnahme einer Erwerbstätigkeit ermöglichen. ⁴Bei der Leistungserbringung sind die Grundsätze von Wirtschaftlichkeit und Sparsamkeit zu beachten.

(2) ¹Bei der Beantragung von Leistungen nach diesem Buch sollen unverzüglich Leistungen zur Eingliederung in Arbeit nach dem Ersten Abschnitt des Dritten Kapitels erbracht werden. ²Bei fehlendem Berufsabschluss sind insbesondere die Möglichkeiten zur Vermittlung in eine Ausbildung zu nutzen.

(2a) ¹Die Agentur für Arbeit hat darauf hinzuwirken, dass erwerbsfähige Leistungsberechtigte, die
1. nicht über ausreichende deutsche Sprachkenntnisse verfügen, an einem Integrationskurs nach § 43 des Aufenthaltsgesetzes teilnehmen, oder
2. darüber hinaus notwendige berufsbezogene Sprachkenntnisse benötigen, an der berufsbezogenen Deutschsprachförderung nach § 45a des Aufenthaltsgesetzes teilnehmen,

sofern sie teilnahmeberechtigt sind und nicht unmittelbar in eine Ausbildung oder Arbeit vermittelt werden können und ihnen eine Teilnahme an einem Integrationskurs oder an der berufsbezogenen Deutschsprachförderung daneben nicht zumutbar ist. ²Für die Teilnahmeberechtigung, die Verpflichtung zur Teilnahme und die Zugangsvoraussetzungen gelten die Bestimmungen der §§ 44, 44a und 45a des Aufenthaltsgesetzes sowie des § 9 Absatz 1 Satz 1 des Bundesvertriebenengesetzes in Verbindung mit der Integrationskursverordnung und der Verordnung über die berufsbezogene Deutschsprachförderung. ³Eine Verpflichtung zur Teilnahme ist in die Eingliederungsvereinbarung als vorrangige Maßnahme aufzunehmen.

(3) Leistungen zur Sicherung des Lebensunterhalts dürfen nur erbracht werden, soweit die Hilfebedürftigkeit nicht anderweitig beseitigt werden kann; die nach diesem Buch vorgesehenen Leistungen decken den Bedarf der erwerbsfähigen Leistungsberechtigten und der mit ihnen in einer Bedarfsgemeinschaft lebenden Personen.

§ 4 Leistungsformen

(1) Die Leistungen der Grundsicherung für Arbeitsuchende werden erbracht in Form von
1. Dienstleistungen,
2. Geldleistungen und
3. Sachleistungen.

(2) ¹Die nach § 6 zuständigen Träger wirken darauf hin, dass erwerbsfähige Leistungsberechtigte und die mit ihnen in einer Bedarfsgemeinschaft lebenden Personen die erforderliche Beratung und Hilfe anderer Träger, insbesondere der Kranken- und Rentenversicherung, erhalten. ²Die nach § 6 zuständigen Träger wirken auch darauf hin, dass Kinder und Jugendliche Zugang zu geeigneten vorhandenen Angeboten der gesellschaftlichen Teilhabe erhalten. ³Sie arbeiten zu diesem Zweck mit Schulen und Kindertageseinrichtungen, den Trägern der Jugendhilfe, den Gemeinden und Gemeindeverbänden, freien Trägern, Vereinen und Verbänden und sonstigen handelnden Personen vor Ort zusammen. ⁴Sie sollen die Eltern unterstützen und in geeigneter Weise dazu beitragen, dass Kinder und Jugendliche Leistungen für Bildung und Teilhabe möglichst in Anspruch nehmen.

§ 5 Verhältnis zu anderen Leistungen

(1) ¹Auf Rechtsvorschriften beruhende Leistungen Anderer, insbesondere der Träger anderer Sozialleistungen, werden durch dieses Buch nicht berührt. ²Ermessensleistungen dürfen nicht deshalb versagt werden, weil dieses Buch entsprechende Leistungen vorsieht.

(2) ¹Der Anspruch auf Leistungen zur Sicherung des Lebensunterhalts nach diesem Buch schließt Leistungen nach dem Dritten Kapitel des Zwölften Buches aus. ²Leistungen nach dem Vierten Kapitel des Zwölften Buches sind gegenüber dem Sozialgeld vorrangig.

(3) ¹Stellen Leistungsberechtigte trotz Aufforderung einen erforderlichen Antrag auf Leistungen eines anderen Trägers nicht, können die Leistungsträger nach diesem Buch den Antrag stellen sowie Rechtsbehelfe und Rechtsmittel einlegen. ²Der Ablauf von Fristen, die ohne Verschulden der Leistungsträger nach diesem Buch verstrichen sind, wirkt nicht gegen die Leistungsträger nach diesem Buch; dies gilt nicht für Verfahrensfristen, soweit die Leistungsträger nach diesem Buch das Verfahren selbst betreiben. ³Wird eine Leistung aufgrund eines Antrages nach Satz 1 von einem anderen Träger nach § 66 des Ersten Buches bestandskräftig entzogen oder versagt, sind die Leistungen zur Sicherung des Lebensunterhalts nach diesem Buch ganz oder teilweise so lange zu entziehen oder zu versagen, bis die leistungsberechtigte Person ihrer Verpflichtung nach den §§ 60 bis 64 des Ersten Buches gegenüber dem anderen Träger nachgekommen ist. ⁴Eine Entziehung oder Versagung nach Satz 3 ist nur möglich, wenn die leistungsberechtigte Person vom zuständigen Leistungsträger nach diesem Buch zuvor schriftlich auf diese Folgen hingewiesen wurde. ⁵Wird die Mitwirkung gegenüber dem anderen Träger nachgeholt, ist die Versagung oder Entziehung rückwirkend aufzuheben. ⁶Die Sätze 3 bis 5 gelten nicht für die Folgen der vorzeitige Inanspruchnahme einer Rente wegen Alters.

(4) Leistungen zur Eingliederung in Arbeit nach dem Ersten Abschnitt des Dritten Kapitels werden nicht an oder für erwerbsfähige Leistungsberechtigte erbracht, die einen Anspruch auf Arbeitslosengeld oder Teilarbeitslosengeld haben.

(5) Leistungen nach den §§ 16a, 16b, 16d sowie 16f bis 16i können auch an erwerbsfähige Leistungsberechtigte erbracht werden, sofern ein Rehabilitationsträger im Sinne des Neunten Buches zuständig ist; § 22 Absatz 2 Satz 1 und 2 des Dritten Buches ist entsprechend anzuwenden.

§ 6 Träger der Grundsicherung für Arbeitsuchende

(1) ¹Träger der Leistungen nach diesem Buch sind:
1. die Bundesagentur für Arbeit (Bundesagentur), soweit Nummer 2 nichts anderes bestimmt,
2. die kreisfreien Städte und Kreise für die Leistungen nach § 16a, das Arbeitslosengeld II und das Sozialgeld, soweit Arbeitslosengeld II und Sozialgeld für den Bedarf für Unterkunft und Heizung geleistet wird, die Leistungen nach § 24 Absatz 3 Satz 1 Nummer 1 und 2 sowie für die Leistungen nach § 28, soweit durch Landesrecht nicht andere Träger bestimmt sind (kommunale Träger).

²Zu ihrer Unterstützung können sie Dritte mit der Wahrnehmung von Aufgaben beauftragen; sie sollen einen Außendienst zur Bekämpfung von Leistungsmissbrauch einrichten.

(2) ¹Die Länder können bestimmen, dass und inwieweit die Kreise ihnen zugehörige Gemeinden oder Gemeindeverbände zur Durchführung der in Absatz 1 Satz 1 Nummer 2 genannten Aufgaben nach diesem Gesetz heranziehen und ihnen dabei Weisungen erteilen können; in diesen Fällen erlassen die Kreise den Widerspruchsbescheid nach dem Sozialgerichtsgesetz. ²§ 44b Absatz 1 Satz 3 bleibt unberührt. ³Die Sätze 1 und 2 gelten auch in den Fällen des § 6a mit der Maßgabe, dass eine Heranziehung auch für die Aufgaben nach § 6b Absatz 1 Satz 1 erfolgen kann.

(3) Die Länder Berlin, Bremen und Hamburg werden ermächtigt, die Vorschriften dieses Gesetzes über die Zuständigkeit von Behörden für die Grundsicherung für Arbeitsuchende dem besonderen Verwaltungsaufbau ihrer Länder anzupassen.

§ 6a Zugelassene kommunale Träger

(1) Die Zulassungen der aufgrund der Kommunalträger-Zulassungsverordnung vom 24. September 2004 (BGBl. I S. 2349) anstelle der Bundesagentur als Träger der Leistungen nach § 6 Absatz 1 Satz 1 Nummer 1 zugelassenen kommunalen Träger werden vom Bundesministerium für Arbeit und Soziales durch Rechtsverordnung über den 31. Dezember 2010 hinaus unbefristet verlängert, wenn die zugelassenen kommunalen Träger gegenüber der zuständigen obersten Landesbehörde die Verpflichtungen nach Absatz 2 Satz 1 Nummer 4 und 5 bis zum 30. September 2010 anerkennen.

(2) ¹Auf Antrag wird eine begrenzte Zahl weiterer kommunaler Träger vom Bundesministerium für Arbeit und Soziales als Träger im Sinne des § 6 Absatz 1 Satz 1 Nummer 1 durch Rechtsverordnung ohne Zustimmung des Bundesrates zugelassen, wenn sie
1. geeignet sind, die Aufgaben zu erfüllen,
2. sich verpflichten, eine besondere Einrichtung nach Absatz 5 zu schaffen,
3. sich verpflichten, mindestens 90 Prozent der Beamtinnen und Beamten, Arbeitnehmerinnen und Arbeitnehmer der Bundesagentur, die zum Zeitpunkt der Zulassung mindestens seit 24 Monaten in der im Gebiet des kommunalen Trägers gelegenen Arbeitsgemeinschaft oder Agentur für Arbeit in getrennter Aufgabenwahrnehmung im Aufgabenbereich nach § 6 Absatz 1 Satz 1 tätig waren, vom Zeitpunkt der Zulassung an, dauerhaft zu beschäftigen,
4. sich verpflichten, mit der zuständigen Landesbehörde eine Zielvereinbarung über die Leistungen nach diesem Buch abzuschließen, und
5. sich verpflichten, die in der Rechtsverordnung nach § 51b Absatz 1 Satz 2 festgelegten Daten zu erheben und gemäß den Regelungen nach § 51b Absatz 4 an die Bundesagentur zu übermitteln, um bundeseinheitliche Datenerfassung, Ergebnisberichterstattung, Wirkungsforschung und Leistungsvergleiche zu ermöglichen.

²Für die Antragsberechtigung gilt § 6 Absatz 3 entsprechend. ³Der Antrag bedarf in den dafür zuständigen Vertretungskörperschaften der kommunalen Träger einer Mehrheit von zwei Dritteln der Mitglieder sowie der Zustimmung der zuständigen obersten Landesbehörde. ⁴Die Anzahl der nach den Absätzen 1 und 2 zugelassenen kommunalen Träger beträgt höchstens 25 Prozent der zum 31. Dezember 2010 bestehenden Arbeitsgemeinschaften nach § 44b in der bis zum 31. Dezember 2010 geltenden Fassung, zugelassenen kommunalen Trägern sowie der Kreise und kreisfreien Städte, in denen keine Arbeitsgemeinschaft nach § 44b in der bis zum 31. Dezember 2010 geltenden Fassung errichtet wurde (Aufgabenträger).
(3) Das Bundesministerium für Arbeit und Soziales wird ermächtigt, Voraussetzungen der Eignung nach Absatz 2 Nummer 1 und deren Feststellung sowie die Verteilung der Zulassungen nach den Absätzen 2 und 4 auf die Länder durch Rechtsverordnung mit Zustimmung des Bundesrates zu regeln.
(4) ¹Der Antrag nach Absatz 2 kann bis zum 31. Dezember 2010 mit Wirkung zum 1. Januar 2012 gestellt werden. ²Darüber hinaus kann vom 30. Juni 2015 bis zum 31. Dezember 2015 mit Wirkung zum 1. Januar 2017 ein Antrag auf Zulassung gestellt werden, soweit die Anzahl der nach den Absätzen 1 und 2 zugelassenen kommunalen Träger 25 Prozent der zum 1. Januar 2015 bestehenden Aufgabenträger nach Absatz 2 Satz 4 unterschreitet. ³Die Zulassungen werden unbefristet erteilt.
(5) Zur Wahrnehmung der Aufgaben anstelle der Bundesagentur errichten und unterhalten die zugelassenen kommunalen Träger besondere Einrichtungen für die Erfüllung der Aufgaben nach diesem Buch.
(6) ¹Das Bundesministerium für Arbeit und Soziales kann mit Zustimmung der zuständigen obersten Landesbehörde durch Rechtsverordnung ohne Zustimmung des Bundesrates die Zulassung widerrufen. ²Auf Antrag des zugelassenen kommunalen Trägers, der der Zustimmung der zuständigen obersten Landesbehörde bedarf, widerruft das Bundesministerium für Arbeit und Soziales die Zulassung durch Rechtsverordnung ohne Zustimmung des Bundesrates. ³Die Trägerschaft endet mit Ablauf des auf die Antragstellung folgenden Kalenderjahres.
(7) ¹Auf Antrag des kommunalen Trägers, der der Zustimmung der zuständigen obersten Landesbehörde bedarf, widerruft, beschränkt oder erweitert das Bundesministerium für Arbeit und Soziales die Zulassung nach Absatz 1 oder 2 durch Rechtsverordnung ohne Zustimmung des Bundesrates, wenn und soweit die Zulassung aufgrund einer kommunalen Neugliederung nicht mehr dem Gebiet des kommunalen Trägers entspricht. ²Absatz 2 Satz 1 Nummer 2 bis 5 gilt bei Erweiterung der Zulassung entsprechend. ³Der Antrag nach Satz 1 kann bis zum 1. Juli eines Kalenderjahres mit Wirkung zum 1. Januar des folgenden Kalenderjahres gestellt werden.

§ 6b Rechtsstellung der zugelassenen kommunalen Träger

(1) ¹Die zugelassenen kommunalen Träger sind anstelle der Bundesagentur im Rahmen ihrer örtlichen Zuständigkeit Träger der Aufgaben nach § 6 Absatz 1 Satz 1 Nummer 1 mit Ausnahme der sich aus den §§ 44b, 48b, 50, 51a, 51b, 53, 55, 56 Absatz 2, §§ 64 und 65d ergebenden Aufgaben. ²Sie haben insoweit die Rechte und Pflichten der Agentur für Arbeit.
(2) ¹Der Bund trägt die Aufwendungen der Grundsicherung für Arbeitsuchende einschließlich der Verwaltungskosten mit Ausnahme der Aufwendungen für Aufgaben nach § 6 Absatz 1 Satz 1 Nummer 2. ²§ 46 Absatz 1 Satz 4, Absatz 2 und 3 Satz 1 gilt entsprechend. ³§ 46 Absatz 5 bis 11 bleibt unberührt.
(2a) Für die Bewirtschaftung von Haushaltsmitteln des Bundes durch die zugelassenen kommunalen Träger gelten die haushaltsrechtlichen Bestimmungen des Bundes, soweit in Rechtsvorschriften des Bundes oder Vereinbarungen des Bundes mit den zugelassenen kommunalen Trägern nicht etwas anderes bestimmt ist.
(3) Der Bundesrechnungshof ist berechtigt, die Leistungsgewährung zu prüfen.
(4) ¹Das Bundesministerium für Arbeit und Soziales prüft, ob Einnahmen und Ausgaben in der besonderen Einrichtung nach § 6a Absatz 5 begründet und belegt sind und den Grundsätzen der Wirtschaftlichkeit und Sparsamkeit entsprechen. ²Die Prüfung kann in einem vereinfachten Verfahren erfolgen, wenn der zugelassene kommunale Träger ein Verwaltungs- und Kontrollsystem errichtet hat, das die Ordnungsmäßigkeit der Berechnung und Zahlung gewährleistet und er dem Bundesministerium für Arbeit und Soziales eine Beurteilung ermöglicht, ob Aufwendungen nach Grund und Höhe vom Bund zu tragen sind. ³Das Bundesministerium für Arbeit und Soziales kündigt örtliche Prüfungen bei einem zugelassenen kommunalen Träger gegenüber der nach § 48 Absatz 1 zuständigen Landesbehörde an und unterrichtet sie über das Ergebnis der Prüfung.
(5) ¹Das Bundesministerium für Arbeit und Soziales kann von dem zugelassenen kommunalen Träger die Erstattung von Mitteln verlangen, die er zu Lasten des Bundes ohne Rechtsgrund erlangt hat. ²Der zu erstattende Betrag ist während des Verzugs zu verzinsen. ³Der Verzugszinssatz beträgt für das Jahr 3 Prozentpunkte über dem Basiszinssatz.

§ 6c Personalübergang bei Zulassung weiterer kommunaler Träger und bei Beendigung der Trägerschaft

(1) ¹Die Beamtinnen und Beamten, Arbeitnehmerinnen und Arbeitnehmer der Bundesagentur, die am Tag vor der Zulassung eines weiteren kommunalen Trägers nach § 6a Absatz 2 und mindestens seit 24 Monaten Aufgaben der Bundesagentur als Träger nach § 6 Absatz 1 Satz 1 Nummer 1 in dem Gebiet des kommunalen Trägers wahrgenommen haben, treten zum Zeitpunkt der Neuzulassung kraft Gesetzes in den Dienst des kommunalen Trägers über.

²Für die Auszubildenden bei der Bundesagentur gilt Satz 1 entsprechend. ³Die Versetzung von nach Satz 1 übergetretenen Beamtinnen und Beamten vom kommunalen Träger zur Bundesagentur bedarf nicht der Zustimmung der Bundesagentur, bis sie 10 Prozent der nach Satz 1 übergetretenen Beamtinnen und Beamten, Arbeitnehmerinnen und Arbeitnehmer wieder aufgenommen hat. ⁴Bis zum Erreichen des in Satz 3 genannten Anteils ist die Bundesagentur zur Wiedereinstellung von nach Satz 1 übergetretenen Arbeitnehmerinnen und Arbeitnehmern verpflichtet, die auf Vorschlag des kommunalen Trägers dazu bereit sind. ⁵Die Versetzung und Wiedereinstellung im Sinne der Sätze 3 und 4 ist innerhalb von drei Monaten nach dem Zeitpunkt der Neuzulassung abzuschließen. ⁶Die Sätze 1 bis 5 gelten entsprechend für Zulassungen nach § 6a Absatz 4 Satz 2 sowie Erweiterungen der Zulassung nach § 6a Absatz 7.
(2) ¹Endet die Trägerschaft eines kommunalen Trägers nach § 6a, treten die Beamtinnen und Beamten, Arbeitnehmerinnen und Arbeitnehmer des kommunalen Trägers, die am Tag vor der Beendigung der Trägerschaft Aufgaben anstelle der Bundesagentur als Träger nach § 6 Absatz 1 Nummer 1 durchgeführt haben, zum Zeitpunkt der Beendigung der Trägerschaft kraft Gesetzes in den Dienst der Bundesagentur über. ²Für die Auszubildenden bei dem kommunalen Träger gilt Satz 1 entsprechend.
(3) ¹Treten Beamtinnen und Beamte aufgrund des Absatzes 1 oder 2 kraft Gesetzes in den Dienst eines anderen Trägers über, wird das Beamtenverhältnis mit dem anderen Träger fortgesetzt. ²Treten Arbeitnehmerinnen und Arbeitnehmer aufgrund des Absatzes 1 oder 2 kraft Gesetzes in den Dienst eines anderen Trägers über, tritt der neue Träger unbeschadet des Satzes 3 in die Rechte und Pflichten aus den Arbeitsverhältnissen ein, die im Zeitpunkt des Übertritts bestehen. ³Vom Zeitpunkt des Übertritts an sind die für Arbeitnehmerinnen und Arbeitnehmer des neuen Trägers jeweils geltenden Tarifverträge ausschließlich anzuwenden. ⁴Den Beamtinnen und Beamten, Arbeitnehmerinnen oder Arbeitnehmern ist die Fortsetzung des Beamten- oder Arbeitsverhältnisses von dem aufnehmenden Träger schriftlich zu bestätigen. ⁵Für die Verteilung der Versorgungslasten hinsichtlich der aufgrund des Absatzes 1 oder 2 übertretenden Beamtinnen und Beamten gilt § 107b des Beamtenversorgungsgesetzes entsprechend. ⁶Mit Inkrafttreten des Versorgungslastenteilungs-Staatsvertrags sind für die jeweils beteiligten Dienstherrn die im Versorgungslastenteilungs-Staatsvertrag bestimmten Regelungen entsprechend anzuwenden.
(4) ¹Beamtinnen und Beamten, die nach Absatz 1 oder 2 kraft Gesetzes in den Dienst eines anderen Trägers übertreten, soll ein gleich zu bewertendes Amt übertragen werden, das ihrem bisherigen Amt nach Bedeutung und Inhalt ohne Berücksichtigung von Dienststellung und Dienstalter entspricht. ²Wenn eine dem bisherigen Amt entsprechende Verwendung im Ausnahmefall nicht möglich ist, kann ihnen auch ein anderes Amt mit geringerem Grundgehalt übertragen werden. ³Verringert sich nach Satz 1 oder 2 der Gesamtbetrag von Grundgehalt, allgemeiner Stellenzulage oder entsprechender Besoldungsbestandteile und anteiliger Sonderzahlung (auszugleichende Dienstbezüge), hat der aufnehmende Träger eine Ausgleichszulage zu gewähren. ⁴Die Ausgleichszulage bemisst sich nach der Differenz zwischen den auszugleichenden Dienstbezügen beim abgebenden Träger und beim aufnehmenden Träger zum Zeitpunkt des Übertritts. ⁵Auf die Ausgleichszulage werden alle Erhöhungen der auszugleichenden Dienstbezüge beim aufnehmenden Träger angerechnet. ⁶Die Ausgleichszulage ist ruhegehaltfähig. ⁷Als Bestandteil der Versorgungsbezüge vermindert sich die Ausgleichszulage bei jeder auf das Grundgehalt bezogenen Erhöhung der Versorgungsbezüge um diesen Erhöhungsbetrag. ⁸Im Fall des Satzes 2 dürfen die Beamtinnen und Beamten neben der neuen Amtsbezeichnung die des früheren Amtes mit dem Zusatz „außer Dienst" („a. D.") führen.
(5) ¹Arbeitnehmerinnen und Arbeitnehmern, die nach Absatz 1 oder 2 kraft Gesetzes in den Dienst eines anderen Trägers übertreten, soll grundsätzlich eine tarifrechtlich gleichwertige Tätigkeit übertragen werden. ²Wenn eine derartige Verwendung im Ausnahmefall nicht möglich ist, kann ihnen eine niedriger bewertete Tätigkeit übertragen werden. ³Verringert sich das Arbeitsentgelt nach den Sätzen 1 und 2, ist eine Ausgleichszahlung in Höhe des Unterschiedsbetrages zwischen dem Arbeitsentgelt bei dem abgebenden Träger zum Zeitpunkt des Übertritts und dem jeweiligen Arbeitsentgelt bei dem aufnehmenden Träger zu zahlen.

§ 6d Jobcenter
Die gemeinsamen Einrichtungen nach § 44b und die zugelassenen kommunalen Träger nach § 6a führen die Bezeichnung Jobcenter.

Kapitel 2
Anspruchsvoraussetzungen

§ 7 Leistungsberechtigte
(1) ¹Leistungen nach diesem Buch erhalten Personen, die
1. das 15. Lebensjahr vollendet und die Altersgrenze nach § 7a noch nicht erreicht haben,
2. erwerbsfähig sind,
3. hilfebedürftig sind und
4. ihren gewöhnlichen Aufenthalt in der Bundesrepublik Deutschland haben (erwerbsfähige Leistungsberechtigte).

²Ausgenommen sind
1. Ausländerinnen und Ausländer, die weder in der Bundesrepublik Deutschland Arbeitnehmerinnen, Arbeitnehmer oder Selbständige noch aufgrund des § 2 Absatz 3 des Freizügigkeitsgesetzes/EU freizügigkeitsberechtigt sind, und ihre Familienangehörigen für die ersten drei Monate ihres Aufenthalts,
2. Ausländerinnen und Ausländer,
   a) die kein Aufenthaltsrecht haben oder
   b) deren Aufenthaltsrecht sich allein aus dem Zweck der Arbeitsuche ergibt,
   und ihre Familienangehörigen,
3. Leistungsberechtigte nach § 1 des Asylbewerberleistungsgesetzes.
³Satz 2 Nummer 1 gilt nicht für Ausländerinnen und Ausländer, die sich mit einem Aufenthaltstitel nach Kapitel 2 Abschnitt 5 des Aufenthaltsgesetzes in der Bundesrepublik Deutschland aufhalten. ⁴Abweichend von Satz 2 Nummer 2 erhalten Ausländerinnen und Ausländer und ihre Familienangehörigen Leistungen nach diesem Buch, wenn sie seit mindestens fünf Jahren ihren gewöhnlichen Aufenthalt im Bundesgebiet haben; dies gilt nicht, wenn der Verlust des Rechts nach § 2 Absatz 1 des Freizügigkeitsgesetzes/EU festgestellt wurde. ⁵Die Frist nach Satz 4 beginnt mit der Anmeldung bei der zuständigen Meldebehörde. ⁶Zeiten des nicht rechtmäßigen Aufenthalts, in denen eine Ausreisepflicht besteht, werden auf Zeiten des gewöhnlichen Aufenthalts nicht angerechnet. ⁷Aufenthaltsrechtliche Bestimmungen bleiben unberührt.
(2) ¹Leistungen erhalten auch Personen, die mit erwerbsfähigen Leistungsberechtigten in einer Bedarfsgemeinschaft leben. ²Dienstleistungen und Sachleistungen werden ihnen nur erbracht, wenn dadurch Hemmnisse bei der Eingliederung der erwerbsfähigen Leistungsberechtigten beseitigt oder vermindert werden. ³Zur Deckung der Bedarfe nach § 28 erhalten die dort genannten Personen auch dann Leistungen für Bildung und Teilhabe, wenn sie mit Personen in einem Haushalt zusammenleben, mit denen sie nur deshalb keine Bedarfsgemeinschaft bilden, weil diese aufgrund des zu berücksichtigenden Einkommens oder Vermögens selbst nicht leistungsberechtigt sind.
(3) Zur Bedarfsgemeinschaft gehören
1. die erwerbsfähigen Leistungsberechtigten,
2. die im Haushalt lebenden Eltern oder der im Haushalt lebende Elternteil eines unverheirateten erwerbsfähigen Kindes, welches das 25. Lebensjahr noch nicht vollendet hat, und die im Haushalt lebende Partnerin oder der im Haushalt lebende Partner dieses Elternteils,
3. als Partnerin oder Partner der erwerbsfähigen Leistungsberechtigten
   a) die nicht dauernd getrennt lebende Ehegattin oder der nicht dauernd getrennt lebende Ehegatte,
   b) die nicht dauernd getrennt lebende Lebenspartnerin oder der nicht dauernd getrennt lebende Lebenspartner,
   c) eine Person, die mit der erwerbsfähigen leistungsberechtigten Person in einem gemeinsamen Haushalt so zusammenlebt, dass nach verständiger Würdigung der wechselseitige Wille anzunehmen ist, Verantwortung füreinander zu tragen und füreinander einzustehen,
4. die dem Haushalt angehörenden unverheirateten Kinder der in den Nummern 1 bis 3 genannten Personen, wenn sie das 25. Lebensjahr noch nicht vollendet haben, soweit sie die Leistungen zur Sicherung ihres Lebensunterhalts nicht aus eigenem Einkommen oder Vermögen beschaffen können.
(3a) Ein wechselseitiger Wille, Verantwortung füreinander zu tragen und füreinander einzustehen, wird vermutet, wenn Partner
1. länger als ein Jahr zusammenleben,
2. mit einem gemeinsamen Kind zusammenleben,
3. Kinder oder Angehörige im Haushalt versorgen oder
4. befugt sind, über Einkommen oder Vermögen des anderen zu verfügen.
(4) ¹Leistungen nach diesem Buch erhält nicht, wer in einer stationären Einrichtung untergebracht ist, Rente wegen Alters oder Knappschaftsausgleichsleistung oder ähnliche Leistungen öffentlich-rechtlicher Art bezieht. ²Dem Aufenthalt in einer stationären Einrichtung ist der Aufenthalt in einer Einrichtung zum Vollzug richterlich angeordneter Freiheitsentziehung gleichgestellt. ³Abweichend von Satz 1 erhält Leistungen nach diesem Buch,
1. wer voraussichtlich für weniger als sechs Monate in einem Krankenhaus (§ 107 des Fünften Buches) untergebracht ist oder
2. wer in einer stationären Einrichtung nach Satz 1 untergebracht und unter den üblichen Bedingungen des allgemeinen Arbeitsmarktes mindestens 15 Stunden wöchentlich erwerbstätig ist.
⁴Die Sätze 1 und 3 Nummer 2 gelten für Bewohner von Räumlichkeiten im Sinne des § 42a Absatz 2 Satz 1 Nummer 2 und Satz 3 des Zwölften Buches entsprechend.
(4a) ¹Erwerbsfähige Leistungsberechtigte erhalten keine Leistungen, wenn sie sich ohne Zustimmung des zuständigen Trägers nach diesem Buch außerhalb des zeit- und ortsnahen Bereichs aufhalten und deshalb nicht für die Eingliederung in Arbeit zur Verfügung stehen. ²Die Zustimmung ist zu erteilen, wenn für den Aufenthalt außerhalb des zeit- und ortsnahen Bereichs ein wichtiger Grund vorliegt und die Eingliederung in Arbeit nicht beeinträchtigt wird. ³Ein wichtiger Grund liegt insbesondere vor bei

1. Teilnahme an einer ärztlich verordneten Maßnahme der medizinischen Vorsorge oder Rehabilitation,
2. Teilnahme an einer Veranstaltung, die staatspolitischen, kirchlichen oder gewerkschaftlichen Zwecken dient oder sonst im öffentlichen Interesse liegt, oder
3. Ausübung einer ehrenamtlichen Tätigkeit.

[4]Die Zustimmung kann auch erteilt werden, wenn für den Aufenthalt außerhalb des zeit- und ortsnahen Bereichs kein wichtiger Grund vorliegt und die Eingliederung in Arbeit nicht beeinträchtigt wird. [5]Die Dauer der Abwesenheiten nach Satz 4 soll in der Regel insgesamt drei Wochen im Kalenderjahr nicht überschreiten.

(5) [1]Auszubildende, deren Ausbildung im Rahmen des Bundesausbildungsförderungsgesetzes dem Grunde nach förderungsfähig ist, haben über die Leistungen nach § 27 hinaus keinen Anspruch auf Leistungen zur Sicherung des Lebensunterhalts. [2]Satz 1 gilt auch für Auszubildende, deren Bedarf sich nach § 61 Absatz 2, § 62 Absatz 3, § 123 Nummer 2 sowie § 124 Nummer 2 des Dritten Buches bemisst.

(6) Absatz 5 Satz 1 ist nicht anzuwenden auf Auszubildende,
1. die aufgrund von § 2 Absatz 1a des Bundesausbildungsförderungsgesetzes keinen Anspruch auf Ausbildungsförderung haben,
2. deren Bedarf sich nach den §§ 12, 13 Absatz 1 in Verbindung mit Absatz 2 Nummer 1 oder nach § 13 Absatz 1 Nummer 1 in Verbindung mit Absatz 2 Nummer 2 des Bundesausbildungsförderungsgesetzes bemisst und die Leistungen nach dem Bundesausbildungsförderungsgesetz
    a) erhalten oder nur wegen der Vorschriften zur Berücksichtigung von Einkommen und Vermögen nicht erhalten oder
    b) beantragt haben und über deren Antrag das zuständige Amt für Ausbildungsförderung noch nicht entschieden hat; lehnt das zuständige Amt für Ausbildungsförderung die Leistungen ab, findet Absatz 5 mit Beginn des folgenden Monats Anwendung, oder
3. die eine Abendhauptschule, eine Abendrealschule oder ein Abendgymnasium besuchen, sofern sie aufgrund des § 10 Absatz 3 des Bundesausbildungsförderungsgesetzes keinen Anspruch auf Ausbildungsförderung haben.

§7a Altersgrenze

[1]Personen, die vor dem 1. Januar 1947 geboren sind, erreichen die Altersgrenze mit Ablauf des Monats, in dem sie das 65. Lebensjahr vollenden. [2]Für Personen, die nach dem 31. Dezember 1946 geboren sind, wird die Altersgrenze wie folgt angehoben:

für den Geburtsjahrgang	erfolgt eine Anhebung um Monate	auf den Ablauf des Monats, in dem ein Lebensalter vollendet wird von
1947	1	65 Jahren und 1 Monat
1948	2	65 Jahren und 2 Monaten
1949	3	65 Jahren und 3 Monaten
1950	4	65 Jahren und 4 Monaten
1951	5	65 Jahren und 5 Monaten
1952	6	65 Jahren und 6 Monaten
1953	7	65 Jahren und 7 Monaten
1954	8	65 Jahren und 8 Monaten
1955	9	65 Jahren und 9 Monaten
1956	10	65 Jahren und 10 Monaten
1957	11	65 Jahren und 11 Monaten
1958	12	66 Jahren
1959	14	66 Jahren und 2 Monaten
1960	16	66 Jahren und 4 Monaten
1961	18	66 Jahren und 6 Monaten
1962	20	66 Jahren und 8 Monaten
1963	22	66 Jahren und 10 Monaten
ab 1964	24	67 Jahren

§8 Erwerbsfähigkeit

(1) Erwerbsfähig ist, wer nicht wegen Krankheit oder Behinderung auf absehbare Zeit außerstande ist, unter den üblichen Bedingungen des allgemeinen Arbeitsmarktes mindestens drei Stunden täglich erwerbstätig zu sein.

(2) [1]Im Sinne von Absatz 1 können Ausländerinnen und Ausländer nur erwerbstätig sein, wenn ihnen die Aufnahme einer Beschäftigung erlaubt ist oder erlaubt werden könnte. [2]Die rechtliche Möglichkeit, eine Beschäftigung vorbehaltlich einer Zustimmung nach § 39 des Aufenthaltsgesetzes aufzunehmen, ist ausreichend.

§ 9 Hilfebedürftigkeit

(1) Hilfebedürftig ist, wer seinen Lebensunterhalt nicht oder nicht ausreichend aus dem zu berücksichtigenden Einkommen oder Vermögen sichern kann und die erforderliche Hilfe nicht von anderen, insbesondere von Angehörigen oder von Trägern anderer Sozialleistungen, erhält.
(2) ¹Bei Personen, die in einer Bedarfsgemeinschaft leben, sind das Einkommen und Vermögen des Partners zu berücksichtigen. ²Bei unverheirateten Kindern, die mit ihren Eltern oder einem Elternteil in einer Bedarfsgemeinschaft leben und die ihren Lebensunterhalt nicht aus eigenem Einkommen oder Vermögen sichern können, sind auch das Einkommen und Vermögen der Eltern oder des Elternteils und dessen in Bedarfsgemeinschaft lebender Partnerin oder lebenden Partners zu berücksichtigen. ³Ist in einer Bedarfsgemeinschaft nicht der gesamte Bedarf aus eigenen Kräften und Mitteln gedeckt, gilt jede Person der Bedarfsgemeinschaft im Verhältnis des eigenen Bedarfs zum Gesamtbedarf als hilfebedürftig, dabei bleiben die Bedarfe nach § 28 außer Betracht. ⁴In den Fällen des § 7 Absatz 2 Satz 3 ist Einkommen und Vermögen, soweit es die nach Satz 3 zu berücksichtigenden Bedarfe übersteigt, im Verhältnis mehrerer Leistungsberechtigter zueinander zu gleichen Teilen zu berücksichtigen.
(3) Absatz 2 Satz 2 findet keine Anwendung auf ein Kind, das schwanger ist oder sein Kind bis zur Vollendung des sechsten Lebensjahres betreut.
(4) Hilfebedürftig ist auch derjenige, dem der sofortige Verbrauch oder die sofortige Verwertung von zu berücksichtigendem Vermögen nicht möglich ist oder für den dies eine besondere Härte bedeuten würde.
(5) Leben Hilfebedürftige in Haushaltsgemeinschaft mit Verwandten oder Verschwägerten, so wird vermutet, dass sie von ihnen Leistungen erhalten, soweit dies nach deren Einkommen und Vermögen erwartet werden kann.

Anm. d. Hrsg. zu Abs. 2 Satz 1: richtig wohl „der Partnerin oder des Partners".

§ 10 Zumutbarkeit

(1) Einer erwerbsfähigen leistungsberechtigten Person ist jede Arbeit zumutbar, es sei denn, dass
1. sie zu der bestimmten Arbeit körperlich, geistig oder seelisch nicht in der Lage ist,
2. die Ausübung der Arbeit die künftige Ausübung der bisherigen überwiegenden Arbeit wesentlich erschweren würde, weil die bisherige Tätigkeit besondere körperliche Anforderungen stellt,
3. die Ausübung der Arbeit die Erziehung ihres Kindes oder des Kindes ihrer Partnerin oder ihres Partners gefährden würde; die Erziehung eines Kindes, das das dritte Lebensjahr vollendet hat, ist in der Regel nicht gefährdet, soweit die Betreuung in einer Tageseinrichtung oder in Tagespflege im Sinne der Vorschriften des Achten Buches oder auf sonstige Weise sichergestellt ist; die zuständigen kommunalen Träger sollen darauf hinwirken, dass erwerbsfähigen Erziehenden vorrangig ein Platz zur Tagesbetreuung des Kindes angeboten wird,
4. die Ausübung der Arbeit mit der Pflege einer oder eines Angehörigen nicht vereinbar wäre und die Pflege nicht auf andere Weise sichergestellt werden kann,
5. der Ausübung der Arbeit ein sonstiger wichtiger Grund entgegensteht.

(2) Eine Arbeit ist nicht allein deshalb unzumutbar, weil
1. sie nicht einer früheren beruflichen Tätigkeit entspricht, für die die erwerbsfähige leistungsberechtigte Person ausgebildet ist oder die früher ausgeübt wurde,
2. sie im Hinblick auf die Ausbildung der erwerbsfähigen leistungsberechtigten Person als geringerwertig anzusehen ist,
3. der Beschäftigungsort vom Wohnort der erwerbsfähigen leistungsberechtigten Person weiter entfernt ist als ein früherer Beschäftigungs- oder Ausbildungsort,
4. die Arbeitsbedingungen ungünstiger sind als bei den bisherigen Beschäftigungen der erwerbsfähigen leistungsberechtigten Person,
5. sie mit der Beendigung einer Erwerbstätigkeit verbunden ist, es sei denn, es liegen begründete Anhaltspunkte vor, dass durch die bisherige Tätigkeit künftig die Hilfebedürftigkeit beendet werden kann.

(3) Die Absätze 1 und 2 gelten für die Teilnahme an Maßnahmen zur Eingliederung in Arbeit entsprechend.

§ 11 Zu berücksichtigendes Einkommen

(1) ¹Als Einkommen zu berücksichtigen sind Einnahmen in Geld abzüglich der nach § 11b abzusetzenden Beträge mit Ausnahme der in § 11a genannten Einnahmen. ²Dies gilt auch für Einnahmen in Geldeswert, die im Rahmen einer Erwerbstätigkeit, des Bundesfreiwilligendienstes oder eines Jugendfreiwilligendienstes zufließen. ³Als Einkommen zu berücksichtigen sind auch Zuflüsse aus darlehensweise gewährten Sozialleistungen, soweit sie dem Lebensunterhalt dienen. ⁴Der Kinderzuschlag nach § 6a des Bundeskindergeldgesetzes ist als Einkommen dem jeweiligen Kind zuzurechnen. ⁵Dies gilt auch für das Kindergeld für zur Bedarfsgemeinschaft gehörende Kinder, soweit es bei dem jeweiligen Kind zur Sicherung des Lebensunterhalts, mit Ausnahme der Bedarfe nach § 28, benötigt wird.
(2) ¹Laufende Einnahmen sind für den Monat zu berücksichtigen, in dem sie zufließen. ²Zu den laufenden Einnahmen zählen auch Einnahmen, die an einzelnen Tagen eines Monats aufgrund von kurzzeitigen Beschäftigungsverhältnis-

sen erzielt werden. ³Für laufende Einnahmen, die in größeren als monatlichen Zeitabständen zufließen, gilt Absatz 3 entsprechend.

(3) ¹Einmalige Einnahmen sind in dem Monat, in dem sie zufließen, zu berücksichtigen. ²Zu den einmaligen Einnahmen gehören auch als Nachzahlung zufließende Einnahmen, die nicht für den Monat des Zuflusses erbracht werden. ³Sofern für den Monat des Zuflusses bereits Leistungen ohne Berücksichtigung der einmaligen Einnahme erbracht worden sind, werden sie im Folgemonat berücksichtigt. ⁴Entfiele der Leistungsanspruch durch die Berücksichtigung in einem Monat, ist die einmalige Einnahme auf einen Zeitraum von sechs Monaten gleichmäßig aufzuteilen und monatlich mit einem entsprechenden Teilbetrag zu berücksichtigen.

§ 11a Nicht zu berücksichtigendes Einkommen

(1) Nicht als Einkommen zu berücksichtigen sind
1. Leistungen nach diesem Buch,
2. die Grundrente nach dem Bundesversorgungsgesetz und nach den Gesetzen, die eine entsprechende Anwendung des Bundesversorgungsgesetzes vorsehen,
3. die Renten oder Beihilfen, die nach dem Bundesentschädigungsgesetz für Schaden an Leben sowie an Körper oder Gesundheit erbracht werden, bis zur Höhe der vergleichbaren Grundrente nach dem Bundesversorgungsgesetz,
4. Aufwandsentschädigungen nach § 1835a des Bürgerlichen Gesetzbuchs kalenderjährlich bis zu dem in § 3 Nummer 26 Satz 1 des Einkommensteuergesetzes genannten Betrag.

(2) Entschädigungen, die wegen eines Schadens, der kein Vermögensschaden ist, nach § 253 Absatz 2 des Bürgerlichen Gesetzbuchs geleistet werden, sind nicht als Einkommen zu berücksichtigen.

(3) ¹Leistungen, die aufgrund öffentlich-rechtlicher Vorschriften zu einem ausdrücklich genannten Zweck erbracht werden, sind nur so weit als Einkommen zu berücksichtigen, als die Leistungen nach diesem Buch im Einzelfall demselben Zweck dienen. ²Abweichend von Satz 1 sind als Einkommen zu berücksichtigen
1. die Leistungen nach § 39 des Achten Buches, die für den erzieherischen Einsatz erbracht werden,
    a) für das dritte Pflegekind zu 75 Prozent,
    b) für das vierte und jedes weitere Pflegekind vollständig,
2. die Leistungen nach § 23 des Achten Buches,
3. die Leistungen der Ausbildungsförderung nach dem Bundesausbildungsförderungsgesetz sowie vergleichbare Leistungen der Begabtenförderungswerke; § 14b Absatz 2 Satz 1 des Bundesausbildungsförderungsgesetzes bleibt unberührt,
4. die Berufsausbildungsbeihilfe nach dem Dritten Buch mit Ausnahme der Bedarfe nach § 64 Absatz 3 Satz 1 des Dritten Buches sowie
5. Reisekosten zur Teilhabe am Arbeitsleben nach § 127 Absatz 1 Satz 1 des Dritten Buches in Verbindung mit § 73 des Neunten Buches.

(4) Zuwendungen der freien Wohlfahrtspflege sind nicht als Einkommen zu berücksichtigen, soweit sie die Lage der Empfängerinnen und Empfänger nicht so günstig beeinflussen, dass daneben Leistungen nach diesem Buch nicht gerechtfertigt wären.

(5) Zuwendungen, die ein anderer erbringt, ohne hierzu eine rechtliche oder sittliche Pflicht zu haben, sind nicht als Einkommen zu berücksichtigen, soweit
1. ihre Berücksichtigung für die Leistungsberechtigten grob unbillig wäre oder
2. sie die Lage der Leistungsberechtigten nicht so günstig beeinflussen, dass daneben Leistungen nach diesem Buch nicht gerechtfertigt wären.

(6) Überbrückungsgeld nach § 51 des Strafvollzugsgesetzes oder vergleichbare Leistungen nach landesrechtlichen Regelungen sind nicht als Einkommen zu berücksichtigen.

§ 11b Absetzbeträge

(1) ¹Vom Einkommen abzusetzen sind
1. auf das Einkommen entrichtete Steuern,
2. Pflichtbeiträge zur Sozialversicherung einschließlich der Beiträge zur Arbeitsförderung,
3. Beiträge zu öffentlichen oder privaten Versicherungen oder ähnlichen Einrichtungen, soweit diese Beiträge gesetzlich vorgeschrieben oder nach Grund und Höhe angemessen sind; hierzu gehören Beiträge
    a) zur Vorsorge für den Fall der Krankheit und der Pflegebedürftigkeit für Personen, die in der gesetzlichen Krankenversicherung nicht versicherungspflichtig sind,
    b) zur Altersvorsorge von Personen, die von der Versicherungspflicht in der gesetzlichen Rentenversicherung befreit sind,
    soweit die Beiträge nicht nach § 26 bezuschusst werden,

4. geförderte Altersvorsorgebeiträge nach § 82 des Einkommensteuergesetzes, soweit sie den Mindesteigenbeitrag nach § 86 des Einkommensteuergesetzes nicht überschreiten,
5. die mit der Erzielung des Einkommens verbundenen notwendigen Ausgaben,
6. für Erwerbstätige ferner ein Betrag nach Absatz 3,
7. Aufwendungen zur Erfüllung gesetzlicher Unterhaltsverpflichtungen bis zu dem in einem Unterhaltstitel oder in einer notariell beurkundeten Unterhaltsvereinbarung festgelegten Betrag,
8. bei erwerbsfähigen Leistungsberechtigten, deren Einkommen nach dem Vierten Abschnitt des Bundesausbildungsförderungsgesetzes oder nach § 67 oder § 126 des Dritten Buches bei der Berechnung der Leistungen der Ausbildungsförderung für mindestens ein Kind berücksichtigt wird, der nach den Vorschriften der Ausbildungsförderung berücksichtigte Betrag.

²Bei der Verteilung einer einmaligen Einnahme nach § 11 Absatz 3 Satz 4 sind die auf die einmalige Einnahme im Zuflussmonat entfallenden Beträge nach den Nummern 1, 2, 5 und 6 vorweg abzusetzen.

(2) ¹Bei erwerbsfähigen Leistungsberechtigten, die erwerbstätig sind, ist anstelle der Beträge nach Absatz 1 Satz 1 Nummer 3 bis 5 ein Betrag von insgesamt 100 Euro monatlich von dem Einkommen aus Erwerbstätigkeit abzusetzen. ²Beträgt das monatliche Einkommen aus Erwerbstätigkeit mehr als 400 Euro, gilt Satz 1 nicht, wenn die oder der erwerbsfähige Leistungsberechtigte nachweist, dass die Summe der Beträge nach Absatz 1 Satz 1 Nummer 3 bis 5 den Betrag von 100 Euro übersteigt. ³Erhält eine leistungsberechtigte Person mindestens aus einer Tätigkeit Bezüge oder Einnahmen, die nach § 3 Nummer 12, 26 oder 26a des Einkommensteuergesetzes steuerfrei sind, gelten die Sätze 1 und 2 mit den Maßgaben, dass jeweils an die Stelle des Betrages von
1. 100 Euro monatlich der Betrag von 250 Euro monatlich, höchstens jedoch der Betrag, der sich aus der Summe von 100 Euro und dem Betrag der steuerfreien Bezüge oder Einnahmen ergibt, und
2. 400 Euro der Betrag, der sich nach Nummer 1 ergibt,

tritt. ⁴§ 11a Absatz 3 bleibt unberührt. ⁵Von den in § 11a Absatz 3 Satz 2 Nummer 3 bis 5 genannten Leistungen, von dem Ausbildungsgeld nach dem Dritten Buch sowie von dem erhaltenen Unterhaltsbeitrag nach § 10 Absatz 2 des Aufstiegsfortbildungsförderungsgesetzes sind für die Absetzbeträge nach § 11b Absatz 1 Satz 1 Nummer 3 bis 5 mindestens 100 Euro abzusetzen, wenn die Absetzung nicht bereits nach den Sätzen 1 bis 3 erfolgt. ⁶Von dem Taschengeld nach § 2 Nummer 4 des Bundesfreiwilligendienstgesetzes oder § 2 Absatz 1 Nummer 4 des Jugendfreiwilligendienstegesetzes ist anstelle der Beträge nach § 11b Absatz 1 Satz 1 Nummer 3 bis 5 ein Betrag von insgesamt 250 Euro monatlich abzusetzen, soweit die Absetzung nicht bereits nach den Sätzen 1 bis 3 erfolgt.

(2a) § 82a des Zwölften Buches gilt entsprechend.

(3) ¹Bei erwerbsfähigen Leistungsberechtigten, die erwerbstätig sind, ist von dem monatlichen Einkommen aus Erwerbstätigkeit ein weiterer Betrag abzusetzen. ²Dieser beläuft sich
1. für den Teil des monatlichen Einkommens, der 100 Euro übersteigt und nicht mehr als 1000 Euro beträgt, auf 20 Prozent und
2. für den Teil des monatlichen Einkommens, der 1000 Euro übersteigt und nicht mehr als 1200 Euro beträgt, auf 10 Prozent.

³Anstelle des Betrages von 1200 Euro tritt für erwerbsfähige Leistungsberechtigte, die entweder mit mindestens einem minderjährigen Kind in Bedarfsgemeinschaft leben oder die mindestens ein minderjähriges Kind haben, ein Betrag von 1500 Euro.

§ 12 Zu berücksichtigendes Vermögen

(1) Als Vermögen sind alle verwertbaren Vermögensgegenstände zu berücksichtigen.
(2) ¹Vom Vermögen sind abzusetzen
1. ein Grundfreibetrag in Höhe von 150 Euro je vollendetem Lebensjahr für jede in der Bedarfsgemeinschaft lebende volljährige Person und deren Partnerin oder Partner, mindestens aber jeweils 3100 Euro; der Grundfreibetrag darf für jede volljährige Person und ihre Partnerin oder ihren Partner jeweils den nach Satz 2 maßgebenden Höchstbetrag nicht übersteigen,
1a. ein Grundfreibetrag in Höhe von 3100 Euro für jedes leistungsberechtigte minderjährige Kind,
2. Altersvorsorge in Höhe des nach Bundesrecht ausdrücklich als Altersvorsorge geförderten Vermögens einschließlich seiner Erträge und der geförderten laufenden Altersvorsorgebeiträge, soweit die Inhaberin oder der Inhaber das Altersvorsorgevermögen nicht vorzeitig verwendet,
3. geldwerte Ansprüche, die der Altersvorsorge dienen, soweit die Inhaberin oder der Inhaber sie vor dem Eintritt in den Ruhestand aufgrund einer unwiderruflichen vertraglichen Vereinbarung nicht verwerten kann und der Wert der geldwerten Ansprüche 750 Euro je vollendetem Lebensjahr der erwerbsfähigen leistungsberechtigten Person und deren Partnerin oder Partner, höchstens jedoch jeweils den nach Satz 2 maßgebenden Höchstbetrag nicht übersteigt,

4. ein Freibetrag für notwendige Anschaffungen in Höhe von 750 Euro für jeden in der Bedarfsgemeinschaft lebenden Leistungsberechtigten.
²Bei Personen, die
1. vor dem 1. Januar 1958 geboren sind, darf der Grundfreibetrag nach Satz 1 Nummer 1 jeweils 9750 Euro und der Wert der geldwerten Ansprüche nach Satz 1 Nummer 3 jeweils 48 750 Euro,
2. nach dem 31. Dezember 1957 und vor dem 1. Januar 1964 geboren sind, darf der Grundfreibetrag nach Satz 1 Nummer 1 jeweils 9900 Euro und der Wert der geldwerten Ansprüche nach Satz 1 Nummer 3 jeweils 49 500 Euro,
3. nach dem 31. Dezember 1963 geboren sind, darf der Grundfreibetrag nach Satz 1 Nummer 1 jeweils 10 050 Euro und der Wert der geldwerten Ansprüche nach Satz 1 Nummer 3 jeweils 50 250 Euro
nicht übersteigen.
(3) ¹Als Vermögen sind nicht zu berücksichtigen
1. angemessener Hausrat,
2. ein angemessenes Kraftfahrzeug für jede in der Bedarfsgemeinschaft lebende erwerbsfähige Person,
3. von der Inhaberin oder dem Inhaber als für die Altersvorsorge bestimmt bezeichnete Vermögensgegenstände in angemessenem Umfang, wenn die erwerbsfähige leistungsberechtigte Person oder deren Partnerin oder Partner von der Versicherungspflicht in der gesetzlichen Rentenversicherung befreit ist,
4. ein selbst genutztes Hausgrundstück von angemessener Größe oder eine entsprechende Eigentumswohnung,
5. Vermögen, solange es nachweislich zur baldigen Beschaffung oder Erhaltung eines Hausgrundstücks von angemessener Größe bestimmt ist, soweit dieses zu Wohnzwecken von Menschen mit Behinderungen oder pflegebedürftigen Menschen dient oder dienen soll und dieser Zweck durch den Einsatz oder die Verwertung des Vermögens gefährdet würde,
6. Sachen und Rechte, soweit ihre Verwertung offensichtlich unwirtschaftlich ist oder für den Betroffenen eine besondere Härte bedeuten würde.
²Für die Angemessenheit sind die Lebensumstände während des Bezugs der Leistungen zur Grundsicherung für Arbeitsuchende maßgebend.
(4) ¹Das Vermögen ist mit seinem Verkehrswert zu berücksichtigen. ²Für die Bewertung ist der Zeitpunkt maßgebend, in dem der Antrag auf Bewilligung oder erneute Bewilligung der Leistungen der Grundsicherung für Arbeitsuchende gestellt wird, bei späterem Erwerb von Vermögen der Zeitpunkt des Erwerbs. ³Wesentliche Änderungen des Verkehrswertes sind zu berücksichtigen.

§ 12a Vorrangige Leistungen

¹Leistungsberechtigte sind verpflichtet, Sozialleistungen anderer Träger in Anspruch zu nehmen und die dafür erforderlichen Anträge zu stellen, sofern dies zur Vermeidung, Beseitigung, Verkürzung oder Verminderung der Hilfebedürftigkeit erforderlich ist. ²Abweichend von Satz 1 sind Leistungsberechtigte nicht verpflichtet,
1. bis zur Vollendung des 63. Lebensjahres eine Rente wegen Alters vorzeitig in Anspruch zu nehmen oder
2. Wohngeld nach dem Wohngeldgesetz oder Kinderzuschlag nach dem Bundeskindergeldgesetz in Anspruch zu nehmen, wenn dadurch nicht die Hilfebedürftigkeit aller Mitglieder der Bedarfsgemeinschaft für einen zusammenhängenden Zeitraum von mindestens drei Monaten beseitigt würde.

§ 13 Verordnungsermächtigung

(1) Das Bundesministerium für Arbeit und Soziales wird ermächtigt, im Einvernehmen mit dem Bundesministerium der Finanzen ohne Zustimmung des Bundesrates durch Rechtsverordnung zu bestimmen,
1. welche weiteren Einnahmen nicht als Einkommen zu berücksichtigen sind und wie das Einkommen im Einzelnen zu berechnen ist,
2. welche weiteren Vermögensgegenstände nicht als Vermögen zu berücksichtigen sind und wie der Wert des Vermögens zu ermitteln ist,
3. welche Pauschbeträge für die von dem Einkommen abzusetzenden Beträge zu berücksichtigen sind,
4. welche durchschnittlichen monatlichen Beträge für einzelne Bedarfe nach § 28 für die Prüfung der Hilfebedürftigkeit zu berücksichtigen sind und welcher Eigenanteil des maßgebenden Regelbedarfs bei der Bemessung des Bedarfs nach § 28 Absatz 6 zugrunde zu legen ist.
(2) Das Bundesministerium für Arbeit und Soziales wird ermächtigt, ohne Zustimmung des Bundesrates durch Rechtsverordnung zu bestimmen, unter welchen Voraussetzungen und für welche Dauer Leistungsberechtigte nach Vollendung des 63. Lebensjahres ausnahmsweise zur Vermeidung von Unbilligkeiten nicht verpflichtet sind, eine Rente wegen Alters vorzeitig in Anspruch zu nehmen.
(3) Das Bundesministerium für Arbeit und Soziales wird ermächtigt, durch Rechtsverordnung ohne Zustimmung des Bundesrates nähere Bestimmungen zum zeit- und ortsnahen Bereich (§ 7 Absatz 4a) sowie dazu zu treffen, wie lange und unter welchen Voraussetzungen sich erwerbsfähige Leistungsberechtigte außerhalb des zeit- und ortsnahen Bereichs aufhalten dürfen, ohne Ansprüche auf Leistungen nach diesem Buch zu verlieren.

Kapitel 3
Leistungen

Abschnitt 1
Leistungen zur Eingliederung in Arbeit

§ 14 Grundsatz des Förderns

(1) Die Träger der Leistungen nach diesem Buch unterstützen erwerbsfähige Leistungsberechtigte umfassend mit dem Ziel der Eingliederung in Arbeit.

(2) [1]Leistungsberechtigte Personen erhalten Beratung. [2]Aufgabe der Beratung ist insbesondere die Erteilung von Auskunft und Rat zu Selbsthilfeobliegenheiten und Mitwirkungspflichten, zur Berechnung der Leistungen zur Sicherung des Lebensunterhalts und zur Auswahl der Leistungen im Rahmen des Eingliederungsprozesses. [3]Art und Umfang der Beratung richten sich nach dem Beratungsbedarf der leistungsberechtigten Person. [4]Beratungsleistungen, die Leistungsberechtigte nach den §§ 29 bis 33 des Dritten Buches von den für die Arbeitsförderung zuständigen Dienststellen der Bundesagentur für Arbeit erhalten, sollen dabei Berücksichtigung finden. [5]Hierbei arbeiten die Träger der Leistungen nach diesem Buch mit den in Satz 4 genannten Dienststellen eng zusammen.

(3) Die Agentur für Arbeit soll eine persönliche Ansprechpartnerin oder einen persönlichen Ansprechpartner für jede erwerbsfähige leistungsberechtigte Person und die mit dieser in einer Bedarfsgemeinschaft lebenden Person benennen.

(4) Die Träger der Leistungen nach diesem Buch erbringen unter Berücksichtigung der Grundsätze von Wirtschaftlichkeit und Sparsamkeit alle im Einzelfall für die Eingliederung in Arbeit erforderlichen Leistungen.

§ 15 Eingliederungsvereinbarung

(1) [1]Die Agentur für Arbeit soll unverzüglich zusammen mit jeder erwerbsfähigen leistungsberechtigten Person die für die Eingliederung erforderlichen persönlichen Merkmale, beruflichen Fähigkeiten und die Eignung feststellen (Potenzialanalyse). [2]Die Feststellungen erstrecken sich auch darauf, ob und durch welche Umstände die berufliche Eingliederung voraussichtlich erschwert sein wird. [3]Tatsachen, über die die Agentur für Arbeit nach § 9a Satz 2 Nummer 2 des Dritten Buches unterrichtet wird, müssen von ihr nicht erneut festgestellt werden, es sei denn, es liegen Anhaltspunkte dafür vor, dass sich eingliederungsrelevante Veränderungen ergeben haben.

(2) [1]Die Agentur für Arbeit soll im Einvernehmen mit dem kommunalen Träger mit jeder erwerbsfähigen leistungsberechtigten Person unter Berücksichtigung der Feststellungen nach Absatz 1 die für ihre Eingliederung erforderlichen Leistungen vereinbaren (Eingliederungsvereinbarung). [2]In der Eingliederungsvereinbarung soll bestimmt werden,
1. welche Leistungen zur Eingliederung in Ausbildung oder Arbeit nach diesem Abschnitt die leistungsberechtigte Person erhält,
2. welche Bemühungen erwerbsfähige Leistungsberechtigte in welcher Häufigkeit zur Eingliederung in Arbeit mindestens unternehmen sollen und in welcher Form diese Bemühungen nachzuweisen sind,
3. wie Leistungen anderer Leistungsträger in den Eingliederungsprozess einbezogen werden.

[3]Die Eingliederungsvereinbarung kann insbesondere bestimmen, in welche Tätigkeiten oder Tätigkeitsbereiche die leistungsberechtigte Person vermittelt werden soll.

(3) [1]Die Eingliederungsvereinbarung soll regelmäßig, spätestens jedoch nach Ablauf von sechs Monaten, gemeinsam überprüft und fortgeschrieben werden. [2]Bei jeder folgenden Eingliederungsvereinbarung sind die bisher gewonnenen Erfahrungen zu berücksichtigen. [3]Soweit eine Vereinbarung nach Absatz 2 nicht zustande kommt, sollen die Regelungen durch Verwaltungsakt getroffen werden.

(4) [1]In der Eingliederungsvereinbarung kann auch vereinbart werden, welche Leistungen die Personen erhalten, die mit der oder dem erwerbsfähigen Leistungsberechtigten in einer Bedarfsgemeinschaft leben. [2]Diese Personen sind hierbei zu beteiligen.

§ 16 Leistungen zur Eingliederung

(1) [1]Zur Eingliederung in Arbeit erbringt die Agentur für Arbeit Leistungen nach § 35 des Dritten Buches. [2]Sie kann folgende Leistungen des Dritten Kapitels des Dritten Buches erbringen:
1. die übrigen Leistungen der Beratung und Vermittlung nach dem Ersten Abschnitt mit Ausnahme der Leistung nach § 31a,
2. Leistungen zur Aktivierung und beruflichen Eingliederung nach dem Zweiten Abschnitt,
3. Leistungen zur Berufsausbildung nach dem Vierten Unterabschnitt des Dritten Abschnitts und Leistungen nach den § 54a Absatz 1 bis 5,
4. Leistungen zur beruflichen Weiterbildung nach dem Vierten Abschnitt, mit Ausnahme von Leistungen nach § 82 Absatz 6, und Leistungen nach den §§ 131a und 131b,

5. Leistungen zur Aufnahme einer sozialversicherungspflichtigen Beschäftigung nach dem Ersten Unterabschnitt des Fünften Abschnitts.

³Für Eingliederungsleistungen an erwerbsfähige Leistungsberechtigte mit Behinderungen nach diesem Buch gelten entsprechend
1. die §§ 112 bis 114, 115 Nummer 1 bis 3 mit Ausnahme berufsvorbereitender Bildungsmaßnahmen und der Berufsausbildungsbeihilfe sowie § 116 Absatz 1, 2, 5 und 6 des Dritten Buches,
2. § 117 Absatz 1 und § 118 Nummer 3 des Dritten Buches für die besonderen Leistungen zur Förderung der beruflichen Weiterbildung,
3. die §§ 127 und 128 des Dritten Buches für die besonderen Leistungen zur Förderung der beruflichen Weiterbildung.

⁴§ 1 Absatz 2 Nummer 4 sowie § 36 und § 81 Absatz 2 und 3 des Dritten Buches sind entsprechend anzuwenden.

(2) ¹Soweit dieses Buch nichts Abweichendes regelt, gelten für die Leistungen nach Absatz 1 die Regelungen des Dritten Buches mit Ausnahme der Verordnungsermächtigung nach § 47 des Dritten Buches sowie der Anordnungsermächtigungen für die Bundesagentur und mit der Maßgabe, dass an die Stelle des Arbeitslosengeldes das Arbeitslosengeld II tritt. ²§ 44 Absatz 3 Satz 3 des Dritten Buches gilt mit der Maßgabe, dass die Förderung aus dem Vermittlungsbudget auch die anderen Leistungen nach dem Zweiten Buch nicht aufstocken, ersetzen oder umgehen darf. ³Für die Teilnahme erwerbsfähiger Leistungsberechtigter an einer Maßnahme zur beruflichen Weiterbildung im Rahmen eines bestehenden Arbeitsverhältnisses werden Leistungen nach Absatz 1 Satz 2 Nummer 4 in Verbindung mit § 82 des Dritten Buches nicht gewährt, wenn die betreffende Maßnahme auf ein nach § 2 Absatz 1 des Aufstiegsfortbildungsförderungsgesetzes förderfähiges Fortbildungsziel vorbereitet.

(3) Abweichend von § 44 Absatz 1 Satz 1 des Dritten Buches können Leistungen auch für die Anbahnung und Aufnahme einer schulischen Berufsausbildung erbracht werden.

(3a) ¹Abweichend von § 81 Absatz 4 des Dritten Buches kann die Agentur für Arbeit unter Anwendung des Vergaberechts Träger mit der Durchführung von Maßnahmen der beruflichen Weiterbildung beauftragen, wenn die Maßnahme den Anforderungen des § 180 des Dritten Buches entspricht und
1. eine dem Bildungsziel entsprechende Maßnahme örtlich nicht verfügbar ist oder
2. die Eignung und persönlichen Verhältnisse der erwerbsfähigen Leistungsberechtigten dies erfordern.

²§ 176 Absatz 2 des Dritten Buches findet keine Anwendung.

(4) ¹Die Agentur für Arbeit als Träger der Grundsicherung für Arbeitsuchende kann die Ausbildungsvermittlung durch die für die Arbeitsförderung zuständigen Stellen der Bundesagentur wahrnehmen lassen. ²Das Bundesministerium für Arbeit und Soziales wird ermächtigt, durch Rechtsverordnung ohne Zustimmung des Bundesrates das Nähere über die Höhe, Möglichkeiten der Pauschalierung und den Zeitpunkt der Fälligkeit der Erstattung von Aufwendungen bei der Ausführung des Auftrags nach Satz 1 festzulegen.

§ 16a Kommunale Eingliederungsleistungen

Zur Verwirklichung einer ganzheitlichen und umfassenden Betreuung und Unterstützung bei der Eingliederung in Arbeit können die folgenden Leistungen, die für die Eingliederung der oder des erwerbsfähigen Leistungsberechtigten in das Erwerbsleben erforderlich sind, erbracht werden:
1. die Betreuung minderjähriger Kinder oder von Kindern mit Behinderungen oder die häusliche Pflege von Angehörigen,
2. die Schuldnerberatung,
3. die psychosoziale Betreuung,
4. die Suchtberatung.

§ 16b Einstiegsgeld

(1) ¹Zur Überwindung von Hilfebedürftigkeit kann erwerbsfähigen Leistungsberechtigten bei Aufnahme einer sozialversicherungspflichtigen oder selbständigen Erwerbstätigkeit ein Einstiegsgeld erbracht werden, wenn dies zur Eingliederung in den allgemeinen Arbeitsmarkt erforderlich ist. ²Das Einstiegsgeld kann auch erbracht werden, wenn die Hilfebedürftigkeit durch oder nach Aufnahme der Erwerbstätigkeit entfällt.

(2) ¹Das Einstiegsgeld wird, soweit für diesen Zeitraum eine Erwerbstätigkeit besteht, für höchstens 24 Monate erbracht. ²Bei der Bemessung der Höhe des Einstiegsgeldes sollen die vorherige Dauer der Arbeitslosigkeit sowie die Größe der Bedarfsgemeinschaft berücksichtigt werden, in der die oder der erwerbsfähige Leistungsberechtigte lebt.

(3) ¹Das Bundesministerium für Arbeit und Soziales wird ermächtigt, im Einvernehmen mit dem Bundesministerium der Finanzen ohne Zustimmung des Bundesrates durch Rechtsverordnung zu bestimmen, wie das Einstiegsgeld zu bemessen ist. ²Bei der Bemessung ist neben der Berücksichtigung der in Absatz 2 Satz 2 genannten Kriterien auch ein Bezug zu dem für die oder den erwerbsfähigen Leistungsberechtigten jeweils maßgebenden Regelbedarf herzustellen.

§ 16c Leistungen zur Eingliederung von Selbständigen

(1) ¹Erwerbsfähige Leistungsberechtigte, die eine selbständige, hauptberufliche Tätigkeit aufnehmen oder ausüben, können Darlehen und Zuschüsse für die Beschaffung von Sachgütern erhalten, die für die Ausübung der selbständigen Tätigkeit notwendig und angemessen sind. ²Zuschüsse dürfen einen Betrag von 5000 Euro nicht übersteigen.
(2) ¹Erwerbsfähige Leistungsberechtigte, die eine selbständige, hauptberufliche Tätigkeit ausüben, können durch geeignete Dritte durch Beratung oder Vermittlung von Kenntnissen und Fertigkeiten gefördert werden, wenn dies für die weitere Ausübung der selbständigen Tätigkeit erforderlich ist. ²Die Vermittlung von beruflichen Kenntnissen ist ausgeschlossen.
(3) ¹Leistungen zur Eingliederung von erwerbsfähigen Leistungsberechtigten, die eine selbständige, hauptberufliche Tätigkeit aufnehmen oder ausüben, können nur gewährt werden, wenn zu erwarten ist, dass die selbständige Tätigkeit wirtschaftlich tragfähig ist und die Hilfebedürftigkeit durch die selbständige Tätigkeit innerhalb eines angemessenen Zeitraums dauerhaft überwunden oder verringert wird. ²Zur Beurteilung der Tragfähigkeit der selbständigen Tätigkeit soll die Agentur für Arbeit die Stellungnahme einer fachkundigen Stelle verlangen.

§ 16d Arbeitsgelegenheiten

(1) ¹Erwerbsfähige Leistungsberechtigte können zur Erhaltung oder Wiedererlangung ihrer Beschäftigungsfähigkeit, die für eine Eingliederung in Arbeit erforderlich ist, in Arbeitsgelegenheiten zugewiesen werden, wenn die darin verrichteten Arbeiten zusätzlich sind, im öffentlichen Interesse liegen und wettbewerbsneutral sind. ²§ 18d Satz 2 findet Anwendung.
(2) ¹Arbeiten sind zusätzlich, wenn sie ohne die Förderung nicht, nicht in diesem Umfang oder erst zu einem späteren Zeitpunkt durchgeführt würden. ²Arbeiten, die auf Grund einer rechtlichen Verpflichtung durchzuführen sind oder die üblicherweise von juristischen Personen des öffentlichen Rechts durchgeführt werden, sind nur förderungsfähig, wenn sie ohne die Förderung voraussichtlich erst nach zwei Jahren durchgeführt würden. ³Ausgenommen sind Arbeiten zur Bewältigung von Naturkatastrophen und sonstigen außergewöhnlichen Ereignissen.
(3) ¹Arbeiten liegen im öffentlichen Interesse, wenn das Arbeitsergebnis der Allgemeinheit dient. ²Arbeiten, deren Ergebnis überwiegend erwerbswirtschaftlichen Interessen oder den Interessen eines begrenzten Personenkreises dient, liegen nicht im öffentlichen Interesse. ³Das Vorliegen des öffentlichen Interesses wird nicht allein dadurch ausgeschlossen, dass das Arbeitsergebnis auch den in der Maßnahme beschäftigten Leistungsberechtigten zugute kommt, wenn sichergestellt ist, dass die Arbeiten nicht zu einer Bereicherung Einzelner führen.
(4) Arbeiten sind wettbewerbsneutral, wenn durch sie eine Beeinträchtigung der Wirtschaft infolge der Förderung nicht zu befürchten ist und Erwerbstätigkeit auf dem allgemeinen Arbeitsmarkt weder verdrängt noch in ihrer Entstehung verhindert wird.
(5) Leistungen zur Eingliederung in Arbeit nach diesem Buch, mit denen die Aufnahme einer Erwerbstätigkeit auf dem allgemeinen Arbeitsmarkt unmittelbar unterstützt werden kann, haben Vorrang gegenüber der Zuweisung in Arbeitsgelegenheiten.
(6) ¹Erwerbsfähige Leistungsberechtigte dürfen innerhalb eines Zeitraums von fünf Jahren nicht länger als insgesamt 24 Monate in Arbeitsgelegenheiten zugewiesen werden. ²Der Zeitraum beginnt mit Eintritt in die erste Arbeitsgelegenheit. ³Abweichend von Satz 1 können erwerbsfähige Leistungsberechtigte nach Ablauf der 24 Monate bis zu zwölf weitere Monate in Arbeitsgelegenheiten zugewiesen werden, wenn die Voraussetzungen der Absätze 1 und 5 weiterhin vorliegen.
(7) ¹Den erwerbsfähigen Leistungsberechtigten ist während einer Arbeitsgelegenheit zuzüglich zum Arbeitslosengeld II von der Agentur für Arbeit eine angemessene Entschädigung für Mehraufwendungen zu zahlen. ²Die Arbeiten begründen kein Arbeitsverhältnis im Sinne des Arbeitsrechts und auch kein Beschäftigungsverhältnis im Sinne des Vierten Buches; die Vorschriften über den Arbeitsschutz und das Bundesurlaubsgesetz mit Ausnahme der Regelungen über das Urlaubsentgelt sind entsprechend anzuwenden. ³Für Schäden bei der Ausübung ihrer Tätigkeit haften die erwerbsfähigen Leistungsberechtigten wie Arbeitnehmerinnen und Arbeitnehmer.
(8) ¹Auf Antrag werden die unmittelbar im Zusammenhang mit der Verrichtung von Arbeiten nach Absatz 1 erforderlichen Kosten erstattet. ²Hierzu können auch Personalkosten gehören, die entstehen, wenn eine besondere Anleitung, eine tätigkeitsbezogene Unterweisung oder eine sozialpädagogische Betreuung notwendig ist.

§ 16e Eingliederung von Langzeitarbeitslosen

(1) ¹Arbeitgeber können für die nicht nur geringfügige Beschäftigung von erwerbsfähigen Leistungsberechtigten, die trotz vermittlerischer Unterstützung nach § 16 Absatz 1 Satz 1 unter Einbeziehung der übrigen Eingliederungsleistungen nach diesem Buch seit mindestens zwei Jahren arbeitslos sind, durch Zuschüsse zum Arbeitsentgelt gefördert werden, wenn sie mit einer erwerbsfähigen leistungsberechtigten Person ein Arbeitsverhältnis für die Dauer von mindestens zwei Jahren begründen. ²Für die Berechnung der Dauer der Arbeitslosigkeit nach Satz 1 findet § 18 des Dritten Buches entsprechende Anwendung.

(2) ¹Der Zuschuss nach Absatz 1 wird in den ersten beiden Jahren des Bestehens des Arbeitsverhältnisses geleistet. ²Er beträgt im ersten Jahr des Arbeitsverhältnisses 75 Prozent des zu berücksichtigenden Arbeitsentgelts und im zweiten Jahr des Arbeitsverhältnisses 50 Prozent des zu berücksichtigenden Arbeitsentgelts. ³Für das zu berücksichtigende Arbeitsentgelt findet § 91 Absatz 1 des Dritten Buches mit der Maßgabe entsprechende Anwendung, dass nur der pauschalierte Anteil des Arbeitgebers am Gesamtsozialversicherungsbeitrag abzüglich des Beitrags zur Arbeitsförderung zu berücksichtigen ist. ⁴§ 22 Absatz 4 Satz 1 des Mindestlohngesetzes gilt nicht für Arbeitsverhältnisse, für die der Arbeitgeber einen Zuschuss nach Absatz 1 erhält.

(3) ¹§ 92 Absatz 1 des Dritten Buches findet entsprechende Anwendung. ²§ 92 Absatz 2 Satz 1 erste Alternative, Satz 2 und 3 des Dritten Buches ist mit der Maßgabe entsprechend anzuwenden, dass abweichend von § 92 Absatz 2 Satz 3 zweiter Halbsatz des Dritten Buches der für die letzten sechs Monate bewilligte Förderbetrag zurückzuzahlen ist.

(4) ¹Während einer Beschäftigung in einem Arbeitsverhältnis nach Absatz 1 soll eine erforderliche ganzheitliche beschäftigungsbegleitende Betreuung durch die Agentur für Arbeit oder einen durch diese beauftragten Dritten erbracht werden. ²In den ersten sechs Monaten der Beschäftigung in einem Arbeitsverhältnis nach Absatz 1 hat der Arbeitgeber die Arbeitnehmerin oder den Arbeitnehmer in angemessenem Umfang für eine ganzheitliche beschäftigungsbegleitende Betreuung nach Satz 1 unter Fortzahlung des Arbeitsentgelts freizustellen.

§ 16f Freie Förderung

(1) ¹Die Agentur für Arbeit kann die Möglichkeiten der gesetzlich geregelten Eingliederungsleistungen durch freie Leistungen zur Eingliederung in Arbeit erweitern. ²Die freien Leistungen müssen den Zielen und Grundsätzen dieses Buches entsprechen.

(2) ¹Die Ziele der Leistungen sind vor Förderbeginn zu beschreiben. ²Eine Kombination oder Modularisierung von Inhalten ist zulässig. ³Die Leistungen der Freien Förderung dürfen gesetzliche Leistungen nicht umgehen oder aufstocken. ⁴Ausgenommen hiervon sind Leistungen für
1. Langzeitarbeitslose und
2. erwerbsfähige Leistungsberechtigte, die das 25. Lebensjahr noch nicht vollendet haben und deren berufliche Eingliederung auf Grund von schwerwiegenden Vermittlungshemmnissen besonders erschwert ist,

bei denen in angemessener Zeit von in der Regel sechs Monaten nicht mit Aussicht auf Erfolg auf einzelne Gesetzesgrundlagen dieses Buches oder des Dritten Buches zurückgegriffen werden kann. ⁵Bei Leistungen an Arbeitgeber ist darauf zu achten, Wettbewerbsverfälschungen zu vermeiden. ⁶Projektförderungen im Sinne von Zuwendungen sind nach Maßgabe der §§ 23 und 44 der Bundeshaushaltsordnung zulässig. ⁷Bei längerfristig angelegten Förderungen ist der Erfolg regelmäßig zu überprüfen und zu dokumentieren.

§ 16g Förderung bei Wegfall der Hilfebedürftigkeit

(1) Entfällt die Hilfebedürftigkeit der oder des Erwerbsfähigen während einer Maßnahme zur Eingliederung, kann sie weiter gefördert werden, wenn dies wirtschaftlich erscheint und die oder der Erwerbsfähige die Maßnahme voraussichtlich erfolgreich abschließen wird.

(2) ¹Zur nachhaltigen Eingliederung in Arbeit können Leistungen nach dem Ersten Abschnitt des Dritten Kapitels, nach 44 oder 45 Absatz 1 Satz 1 Nummer 5 des Dritten Buches oder nach § 16a oder § 16f bis zu sechs Monate nach Beschäftigungsaufnahme auch erbracht werden, wenn die Hilfebedürftigkeit der oder des Erwerbsfähigen aufgrund des zu berücksichtigenden Einkommens entfallen ist. ²Während der Förderdauer nach Satz 1 gilt § 15 entsprechend.

(3) Leistungen zur ganzheitlichen beschäftigungsbegleitenden Betreuung nach § 16e Absatz 4 und § 16i Absatz 4 dieses Buches können während der gesamten Dauer der jeweiligen Förderung auch erbracht werden, wenn die Hilfebedürftigkeit entfällt.

§ 16h Förderung schwer zu erreichender junger Menschen

(1) ¹Für Leistungsberechtigte, die das 25. Lebensjahr noch nicht vollendet haben, kann die Agentur für Arbeit Leistungen erbringen mit dem Ziel, die aufgrund der individuellen Situation der Leistungsberechtigten bestehenden Schwierigkeiten zu überwinden,
1. eine schulische, ausbildungsbezogene oder berufliche Qualifikation abzuschließen oder anders ins Arbeitsleben einzumünden und
2. Sozialleistungen zu beantragen oder anzunehmen.

²Die Förderung umfasst zusätzliche Betreuungs- und Unterstützungsleistungen mit dem Ziel, dass Leistungen der Grundsicherung für Arbeitsuchende in Anspruch genommen werden, erforderliche therapeutische Behandlungen eingeleitet werden und an Regelangebote dieses Buches zur Aktivierung und Stabilisierung und eine frühzeitige intensive berufsorientierte Förderung herangeführt wird.

(2) ¹Leistungen nach Absatz 1 können erbracht werden, wenn die Voraussetzungen der Leistungsberechtigung mit hinreichender Wahrscheinlichkeit vorliegen oder zu erwarten sind oder eine Leistungsberechtigung dem Grunde nach

besteht. ²Einer Leistung nach Absatz 1 steht eine fehlende Antragstellung der leistungsberechtigten Person nicht entgegen.
(3) Über die Leistungserbringung stimmen sich die Agentur für Arbeit und der örtlich zuständige Träger der öffentlichen Jugendhilfe ab.
(4) Träger bedürfen einer Zulassung nach dem Fünften Kapitel des Dritten Buches, um Maßnahmen nach Absatz 1 durchzuführen.
(5) Zuwendungen sind nach Maßgabe der §§ 23 und 44 der Bundeshaushaltsordnung zulässig.

§ 16i Teilhabe am Arbeitsmarkt

(1) Zur Förderung von Teilhabe am Arbeitsmarkt können Arbeitgeber für die Beschäftigung von zugewiesenen erwerbsfähigen Leistungsberechtigten Zuschüsse zum Arbeitsentgelt erhalten, wenn sie mit einer erwerbsfähigen leistungsberechtigten Person ein sozialversicherungspflichtiges Arbeitsverhältnis begründen.
(2) ¹Der Zuschuss nach Absatz 1 beträgt
1. in den ersten beiden Jahren des Arbeitsverhältnisses 100 Prozent,
2. im dritten Jahr des Arbeitsverhältnisses 90 Prozent,
3. im vierten Jahr des Arbeitsverhältnisses 80 Prozent,
4. im fünften Jahr des Arbeitsverhältnisses 70 Prozent
der Höhe des Mindestlohns nach dem Mindestlohngesetz zuzüglich des auf dieser Basis berechneten pauschalierten Anteils des Arbeitgebers am Gesamtsozialversicherungsbeitrag abzüglich des Beitrags zur Arbeitsförderung. ²Ist der Arbeitgeber durch oder aufgrund eines Tarifvertrages oder nach kirchlichen Arbeitsrechtsregelungen zur Zahlung eines höheren Arbeitsentgelts verpflichtet, bemisst sich der Zuschuss nach Satz 1 auf Grundlage des zu zahlenden Arbeitsentgelts. ³§ 91 Absatz 1 des Dritten Buches findet mit der Maßgabe entsprechende Anwendung, dass nur der pauschalierte Anteil des Arbeitgebers am Gesamtsozialversicherungsbeitrag abzüglich des Beitrags zur Arbeitsförderung zu berücksichtigen ist. ⁴Der Zuschuss bemisst sich nach der im Arbeitsvertrag vereinbarten Arbeitszeit. ⁵§ 22 Absatz 4 Satz 1 des Mindestlohngesetzes gilt nicht für Arbeitsverhältnisse, für die der Arbeitgeber einen Zuschuss nach Absatz 1 erhält.
(3) ¹Eine erwerbsfähige leistungsberechtigte Person kann einem Arbeitgeber zugewiesen werden, wenn
1. sie das 25. Lebensjahr vollendet hat,
2. sie für insgesamt mindestens sechs Jahre innerhalb der letzten sieben Jahre Leistungen zur Sicherung des Lebensunterhalts nach diesem Buch erhalten hat,
3. sie in dieser Zeit nicht oder nur kurzzeitig sozialversicherungspflichtig oder geringfügig beschäftigt oder selbständig tätig war und
4. für sie Zuschüsse an Arbeitgeber nach Absatz 1 noch nicht für eine Dauer von fünf Jahren erbracht worden sind.
²In der Regel soll die erwerbsfähige leistungsberechtigte Person bereits für einen Zeitraum von mindestens zwei Monaten eine ganzheitliche Unterstützung erhalten haben. ³Abweichend von Satz 1 Nummer 2 kann eine erwerbsfähige leistungsberechtigte Person, die in den letzten fünf Jahren Leistungen zur Sicherung des Lebensunterhalts nach diesem Buch erhalten hat, einem Arbeitgeber zugewiesen werden, wenn sie in einer Bedarfsgemeinschaft mit mindestens einem minderjährigen Kind lebt oder schwerbehindert im Sinne des § 2 Absatz 2 und 3 des Neunten Buches ist.
(4) ¹Während einer Förderung nach Absatz 1 soll eine erforderliche ganzheitliche beschäftigungsbegleitende Betreuung durch die Agentur für Arbeit oder einen durch diese beauftragten Dritten erbracht werden. ²Im ersten Jahr der Beschäftigung in einem Arbeitsverhältnis nach Absatz 1 hat der Arbeitgeber die Arbeitnehmerin oder den Arbeitnehmer in angemessenem Umfang für eine ganzheitliche beschäftigungsbegleitende Betreuung nach Satz 1 unter Fortzahlung des Arbeitsentgelts freizustellen. ³Begründet die Arbeitnehmerin oder der Arbeitnehmer im Anschluss an eine nach Absatz 1 geförderte Beschäftigung ein sozialversicherungspflichtiges Arbeitsverhältnis bei einem anderen Arbeitgeber, so können Leistungen nach Satz 1 bis zu sechs Monate nach Aufnahme der Anschlussbeschäftigung erbracht werden, auch wenn die Hilfebedürftigkeit während der Förderung nach Absatz 1 entfallen ist, sofern sie ohne die Aufnahme der Anschlussbeschäftigung erneut eintreten würde; § 16g Absatz 2 bleibt im Übrigen unberührt.
(5) ¹Angemessene Zeiten einer erforderlichen Weiterbildung oder eines betrieblichen Praktikums bei einem anderen Arbeitgeber, für die der Arbeitgeber die Arbeitnehmerin oder den Arbeitnehmer unter Fortzahlung des Arbeitsentgelts freistellt, sind förderfähig. ²Für Weiterbildung nach Satz 1 kann der Arbeitgeber je Förderfall Zuschüsse zu den Weiterbildungskosten von insgesamt bis zu 3000 Euro erhalten.
(6) ¹Die Agentur für Arbeit soll die Arbeitnehmerin oder den Arbeitnehmer umgehend abberufen, wenn sie diese Person in eine zumutbare Arbeit oder Ausbildung vermitteln kann oder die Förderung aus anderen Gründen beendet wird. ²Die Arbeitnehmerin oder der Arbeitnehmer kann das Arbeitsverhältnis ohne Einhaltung einer Frist kündigen, wenn sie oder er eine Arbeit oder Ausbildung aufnehmen kann, an einer Maßnahme der Berufsausbildung oder beruflichen Weiterbildung zum Erwerb eines Berufsabschlusses teilnehmen kann oder nach Satz 1 abberufen wird.

³Der Arbeitgeber kann das Arbeitsverhältnis ohne Einhaltung einer Frist kündigen, wenn die Arbeitnehmerin oder der Arbeitnehmer nach Satz 1 abberufen wird.
(7) Die Zahlung eines Zuschusses nach Absatz 1 ist ausgeschlossen, wenn zu vermuten ist, dass der Arbeitgeber
1. die Beendigung eines anderen Arbeitsverhältnisses veranlasst hat, um einen Zuschuss nach Absatz 1 zu erhalten, oder
2. eine bisher für das Arbeitsverhältnis erbrachte Förderung ohne besonderen Grund nicht mehr in Anspruch nimmt.
(8) ¹Die Befristung eines Arbeitsvertrages mit einer zugewiesenen erwerbsfähigen leistungsberechtigten Person im Sinne von Absatz 3 ist bis zu einer Dauer von fünf Jahren zulässig, wenn dem Arbeitgeber zur Förderung der Teilhabe am Arbeitsmarkt ein Zuschuss zum Arbeitsentgelt nach Absatz 1 gewährt wird. ²Bis zu der Gesamtdauer von fünf Jahren ist auch die höchstens einmalige Verlängerung des Arbeitsvertrages zulässig.
(9) ¹Zu den Einsatzfeldern der nach Absatz 1 geförderten Arbeitsverhältnisse hat die Agentur für Arbeit jährlich eine Stellungnahme der Vertreterinnen und Vertreter der Sozialpartner im Örtlichen Beirat, insbesondere zu möglichen Wettbewerbsverzerrungen sowie Verdrängungseffekten, einzuholen. ²Die Stellungnahme muss einvernehmlich erfolgen. ³Eine von der Stellungnahme abweichende Festlegung der Einsatzfelder hat die Agentur für Arbeit schriftlich zu begründen. ⁴§ 18d Satz 2 gilt entsprechend.
(10) ¹Abweichend von Absatz 3 Nummer 2 und 3 kann eine erwerbsfähige leistungsberechtigte Person auch dann einem Arbeitgeber zugewiesen werden, wenn sie seit dem 1. Januar 2015 für mehr als sechs Monate in einem Arbeitsverhältnis beschäftigt war, das durch einen Zuschuss nach § 16e in der bis zum 31. Dezember 2018 geltenden Fassung oder im Rahmen des Bundesprogramms „Soziale Teilhabe am Arbeitsmarkt" gefördert wurde, und sie dieses Arbeitsverhältnis nicht selbst gekündigt hat. ²Zeiten eines nach § 16e in der bis zum 31. Dezember 2018 geltenden Fassung oder nach dem Bundesprogramm „Soziale Teilhabe am Arbeitsmarkt" geförderten Arbeitsverhältnisses werden bei der Ermittlung der Förderdauer und Förderhöhe nach Absatz 2 Satz 1 berücksichtigt und auf die Förderdauer nach Absatz 3 Nummer 4 angerechnet.

Anm. d. Hrsg.: § 16i tritt mit Wirkung zum 1. Januar 2025 außer Kraft (siehe auch § 81).

§ 17 Einrichtungen und Dienste für Leistungen zur Eingliederung

(1) ¹Zur Erbringung von Leistungen zur Eingliederung in Arbeit sollen die zuständigen Träger der Leistungen nach diesem Buch eigene Einrichtungen und Dienste nicht neu schaffen, soweit geeignete Einrichtungen und Dienste Dritter vorhanden sind, ausgebaut oder in Kürze geschaffen werden können. ²Die zuständigen Träger der Leistungen nach diesem Buch sollen Träger der freien Wohlfahrtspflege in ihrer Tätigkeit auf dem Gebiet der Grundsicherung für Arbeitsuchende angemessen unterstützen.
(2) ¹Wird die Leistung von einem Dritten erbracht und sind im Dritten Buch keine Anforderungen geregelt, denen die Leistung entsprechen muss, sind die Träger der Leistungen nach diesem Buch zur Vergütung für die Leistung nur verpflichtet, wenn mit dem Dritten oder seinem Verband eine Vereinbarung insbesondere über
1. Inhalt, Umfang und Qualität der Leistungen,
2. die Vergütung, die sich aus Pauschalen und Beträgen für einzelne Leistungsbereiche zusammensetzen kann, und
3. die Prüfung der Wirtschaftlichkeit und Qualität der Leistungen
besteht. ²Die Vereinbarungen müssen den Grundsätzen der Wirtschaftlichkeit, Sparsamkeit und Leistungsfähigkeit entsprechen.

§ 18 Örtliche Zusammenarbeit

(1) Die zuständigen Träger der Leistungen arbeiten im Rahmen ihrer Aufgaben und Befugnisse mit den Gemeinden, Kreisen und Bezirken sowie den weiteren Beteiligten des örtlichen Ausbildungs- und Arbeitsmarktes zusammen, insbesondere mit den
1. Leistungsträgern im Sinne des § 12 des Ersten Buches sowie Trägern von Leistungen nach dem Bundesversorgungsgesetz und dem Asylbewerberleistungsgesetz,
2. Vertreterinnen und Vertretern der Arbeitgeber sowie der Arbeitnehmerinnen und Arbeitnehmer,
3. Kammern und berufsständischen Organisationen,
4. Ausländerbehörden und dem Bundesamt für Migration und Flüchtlinge,
5. allgemein- und berufsbildenden Schulen und Stellen der Schulverwaltung sowie Hochschulen,
6. Einrichtungen und Stellen des öffentlichen Gesundheitsdienstes und sonstigen Einrichtungen und Diensten des Gesundheitswesens sowie
7. Trägern der freien Wohlfahrtspflege und Dritten, die Leistungen nach diesem Buch erbringen.
(2) ¹Die Zusammenarbeit mit den Stellen nach Absatz 1 erfolgt auf der Grundlage der Gegenseitigkeit insbesondere, um
1. eine gleichmäßige oder gemeinsame Durchführung von Maßnahmen zu beraten oder zu sichern und
2. Leistungsmissbrauch zu verhindern oder aufzudecken.

²Dies gilt insbesondere, wenn
1. Hemmnisse bei der Eingliederung der erwerbsfähigen leistungsberechtigten Person in Ausbildung und Arbeit nur unter Einbeziehung der gesamten Bedarfsgemeinschaft beseitigt werden können und für die Mitglieder der Bedarfsgemeinschaft die Erbringung weiterer Leistungen erforderlich ist, oder
2. zur Eingliederung insbesondere sozial benachteiligter und individuell beeinträchtigter junger Menschen zwischen den nach Absatz 1 beteiligten Stellen und Einrichtungen abgestimmte, den individuellen Bedarf deckende Leistungen erforderlich sind.

(3) Die Leistungen nach diesem Buch sind in das regionale Arbeitsmarktmonitoring der Agenturen für Arbeit nach § 9 Absatz 2 des Dritten Buches einzubeziehen.

(4) ¹Die Agenturen für Arbeit sollen mit Gemeinden, Kreisen und Bezirken auf deren Verlangen Vereinbarungen über das Erbringen von Leistungen zur Eingliederung nach diesem Gesetz mit Ausnahme der Leistungen nach § 16 Absatz 1 schließen, wenn sie den durch eine Rechtsverordnung festgelegten Mindestanforderungen entsprechen. ²Satz 1 gilt nicht für die zugelassenen kommunalen Träger.

(5) Das Bundesministerium für Arbeit und Soziales wird ermächtigt, ohne Zustimmung des Bundesrates durch Rechtsverordnung zu bestimmen, welchen Anforderungen eine Vereinbarung nach Absatz 3 mindestens genügen muss.

§ 18a Zusammenarbeit mit den für die Arbeitsförderung zuständigen Stellen

¹Beziehen erwerbsfähige Leistungsberechtigte auch Leistungen der Arbeitsförderung, so sind die Agenturen für Arbeit, die zugelassenen kommunalen Träger und die gemeinsamen Einrichtungen verpflichtet, bei der Wahrnehmung der Aufgaben nach diesem Buch mit den für die Arbeitsförderung zuständigen Dienststellen der Bundesagentur eng zusammenzuarbeiten. ²Sie unterrichten diese unverzüglich über die ihnen insoweit bekannten, für die Wahrnehmung der Aufgaben der Arbeitsförderung erforderlichen Tatsachen, insbesondere über
1. die für erwerbsfähige Leistungsberechtigte, die auch Leistungen der Arbeitsförderung beziehen, vorgesehenen und erbrachten Leistungen zur Eingliederung in Arbeit,
2. den Wegfall der Hilfebedürftigkeit bei diesen Personen.

§ 18b Kooperationsausschuss

(1) ¹Die zuständige oberste Landesbehörde und das Bundesministerium für Arbeit und Soziales bilden einen Kooperationsausschuss. ²Der Kooperationsausschuss koordiniert die Umsetzung der Grundsicherung für Arbeitsuchende auf Landesebene. ³Im Kooperationsausschuss vereinbaren das Land und der Bund jährlich die Ziele und Schwerpunkte der Arbeitsmarkt- und Integrationspolitik in der Grundsicherung für Arbeitsuchende auf Landesebene. ⁴§ 48b bleibt unberührt. ⁵Die Verfahren zum Abschluss der Vereinbarungen zwischen Bund und Ländern werden mit den Verfahren zum Abschluss der Zielvereinbarungen zwischen dem Bundesministerium für Arbeit und Soziales und der Bundesagentur sowie deren Konkretisierung in den Zielvereinbarungen der Bundesagentur und den gemeinsamen Einrichtungen abgestimmt. ⁶Der Kooperationsausschuss kann sich über die Angelegenheiten der gemeinsamen Einrichtungen unterrichten lassen. ⁷Der Kooperationsausschuss entscheidet darüber hinaus bei einer Meinungsverschiedenheit über die Weisungszuständigkeit im Verfahren nach § 44e, berät die Trägerversammlung bei der Bestellung und Abberufung eines Geschäftsführers nach § 44c Absatz 2 Nummer 1 und gibt in den Fällen einer Weisung in grundsätzlichen Angelegenheiten nach § 44b Absatz 3 Satz 4 eine Empfehlung ab.

(2) ¹Der Kooperationsausschuss besteht aus sechs Mitgliedern, von denen drei Mitglieder von der zuständigen obersten Landesbehörde und drei Mitglieder vom Bundesministerium für Arbeit und Soziales entsandt werden. ²Die Mitglieder des Kooperationsausschusses können sich vertreten lassen. ³An den Sitzungen soll in der Regel jeweils mindestens eine Mitarbeiterin oder ein Mitarbeiter der zuständigen obersten Landesbehörde und des Bundesministeriums für Arbeit und Soziales teilnehmen.

(3) ¹Die Mitglieder wählen eine Vorsitzende oder einen Vorsitzenden. ²Kann im Kooperationsausschuss keine Einigung über die Person der oder des Vorsitzenden erzielt werden, wird die oder der Vorsitzende von den Vertreterinnen und Vertretern des Bundesministeriums für Arbeit und Soziales oder den Vertreterinnen und Vertretern der zuständigen obersten Landesbehörde abwechselnd jeweils für zwei Jahre bestimmt; die erstmalige Bestimmung erfolgt durch die Vertreterinnen und Vertreter des Bundesministeriums für Arbeit und Soziales. ³Der Kooperationsausschuss gibt sich eine Geschäftsordnung.

Anm. d. Hrsg. zu Abs. 1 Satz 7: richtig wohl „einer Geschäftsführerin oder eines Geschäftsführers".

§ 18c Bund-Länder-Ausschuss

(1) ¹Beim Bundesministerium für Arbeit und Soziales wird ein Ausschuss für die Grundsicherung für Arbeitsuchende gebildet. ²Er beobachtet und berät die zentralen Fragen der Umsetzung der Grundsicherung für Arbeitsuchende und

Fragen der Aufsicht nach den §§ 47 und 48, Fragen des Kennzahlenvergleichs nach § 48a Absatz 2 sowie Fragen der zu erhebenden Daten nach § 51b Absatz 1 Satz 2 und erörtert die Zielvereinbarungen nach § 48b Absatz 1.
(2) ¹Bei der Beobachtung und Beratung zentraler Fragen der Umsetzung der Grundsicherung für Arbeitsuchende sowie Fragen des Kennzahlenvergleichs nach § 48a Absatz 2 und Fragen der zu erhebenden Daten nach § 51b Absatz 1 Satz 2 ist der Ausschuss besetzt mit Vertreterinnen und Vertretern der Bundesregierung, der Länder, der kommunalen Spitzenverbände und der Bundesagentur. ²Der Ausschuss kann sich von den Trägern berichten lassen.
(3) ¹Bei der Beratung von Fragen der Aufsicht nach den §§ 47 und 48 ist der Ausschuss besetzt mit Vertreterinnen und Vertretern der Bundesregierung und der Aufsichtsbehörden der Länder. ²Bund und Länder können dazu einvernehmlich Vertreterinnen und Vertreter der kommunalen Spitzenverbände und der Bundesagentur einladen, sofern dies sachdienlich ist.

§ 18d Örtlicher Beirat
¹Bei jeder gemeinsamen Einrichtung nach § 44b wird ein Beirat gebildet. ²Der Beirat berät die Einrichtung bei der Auswahl und Gestaltung der Eingliederungsinstrumente und -maßnahmen; Stellungnahmen des Beirats, insbesondere diejenigen der Vertreter der Arbeitgeber und Arbeitnehmer, hat die gemeinsame Einrichtung zu berücksichtigen. ³Die Trägerversammlung beruft die Mitglieder des Beirats auf Vorschlag der Beteiligten des örtlichen Arbeitsmarktes, insbesondere den Trägern der freien Wohlfahrtspflege, den Vertreterinnen und Vertretern der Arbeitgeber und Arbeitnehmer sowie den Kammern und berufsständischen Organisationen. ⁴Vertreterinnen und Vertreter von Beteiligten des örtlichen Arbeitsmarktes, die Eingliederungsleistungen nach diesem Buch anbieten, dürfen nicht Mitglied des Beirats sein. ⁵Der Beirat gibt sich eine Geschäftsordnung. ⁶Die Sätze 1 bis 5 gelten entsprechend für die zugelassenen kommunalen Träger mit der Maßgabe, dass die Berufung der Mitglieder des Beirats durch den zugelassenen kommunalen Träger erfolgt.

§ 18e Beauftragte für Chancengleichheit am Arbeitsmarkt
(1) ¹Die Trägerversammlungen bei den gemeinsamen Einrichtungen bestellen Beauftragte für Chancengleichheit am Arbeitsmarkt aus dem Kreis der Beamtinnen und Beamten, Arbeitnehmerinnen und Arbeitnehmer, denen in den gemeinsamen Einrichtungen Tätigkeiten zugewiesen worden sind. ²Sie sind unmittelbar der jeweiligen Geschäftsführerin oder dem jeweiligen Geschäftsführer zugeordnet.
(2) ¹Die Beauftragten unterstützen und beraten die gemeinsamen Einrichtungen in Fragen der Gleichstellung von Frauen und Männern in der Grundsicherung für Arbeitsuchende, der Frauenförderung sowie der Vereinbarkeit von Familie und Beruf bei beiden Geschlechtern. ²Hierzu zählen insbesondere Fragen der Beratung, der Eingliederung in Arbeit und Ausbildung sowie des beruflichen Wiedereinstiegs von Frauen und Männern nach einer Familienphase.
(3) ¹Die Beauftragten sind bei der Erarbeitung des örtlichen Arbeitsmarkt- und Integrationsprogramms der Grundsicherung für Arbeitsuchende sowie bei der geschlechter- und familiengerechten fachlichen Aufgabenerledigung der gemeinsamen Einrichtung zu beteiligen. ²Sie haben ein Informations-, Beratungs- und Vorschlagsrecht in Fragen, die Auswirkungen auf die Chancengleichheit von Frauen und Männern haben.
(4) ¹Die Beauftragten unterstützen und beraten erwerbsfähige Leistungsberechtigte und die mit diesen in einer Bedarfsgemeinschaft lebenden Personen, Arbeitgeber sowie Arbeitnehmer- und Arbeitgeberorganisationen in übergeordneten Fragen der Gleichstellung von Frauen und Männern in der Grundsicherung für Arbeitsuchende, der Frauenförderung sowie der Vereinbarkeit von Familie und Beruf bei beiden Geschlechtern. ²Zur Sicherung der gleichberechtigten Teilhabe von Frauen und Männern am Arbeitsmarkt arbeiten die Beauftragten mit den in Fragen der Gleichstellung im Erwerbsleben tätigen Stellen im Zuständigkeitsbereich der gemeinsamen Einrichtung zusammen.
(5) Die gemeinsamen Einrichtungen werden in den Sitzungen kommunaler Gremien zu Themen, die den Aufgabenbereich der Beauftragten betreffen, von den Beauftragten vertreten.
(6) Die Absätze 1 bis 5 gelten entsprechend für die zugelassenen kommunalen Träger.

Abschnitt 2
Leistungen zur Sicherung des Lebensunterhalts

Unterabschnitt 1
Leistungsanspruch

§ 19 Arbeitslosengeld II, Sozialgeld und Leistungen für Bildung und Teilhabe
(1) ¹Erwerbsfähige Leistungsberechtigte erhalten Arbeitslosengeld II. ²Nichterwerbsfähige Leistungsberechtigte, die mit erwerbsfähigen Leistungsberechtigten in einer Bedarfsgemeinschaft leben, erhalten Sozialgeld, soweit sie keinen Anspruch auf Leistungen nach dem Vierten Kapitel des Zwölften Buches haben. ³Die Leistungen umfassen den Regelbedarf, Mehrbedarfe und den Bedarf für Unterkunft und Heizung.

(2) ¹Leistungsberechtigte haben unter den Voraussetzungen des § 28 Anspruch auf Leistungen für Bildung und Teilhabe, soweit sie keinen Anspruch auf Leistungen nach dem Vierten Kapitel des Zwölften Buches haben. ²Soweit für Kinder Leistungen zur Deckung von Bedarfen für Bildung und Teilhabe nach § 6b des Bundeskindergeldgesetzes gewährt werden, haben sie keinen Anspruch auf entsprechende Leistungen zur Deckung von Bedarfen nach § 28.
(3) ¹Die Leistungen zur Sicherung des Lebensunterhalts werden in Höhe der Bedarfe nach den Absätzen 1 und 2 erbracht, soweit diese nicht durch das zu berücksichtigende Einkommen und Vermögen gedeckt sind. ²Zu berücksichtigendes Einkommen und Vermögen deckt zunächst die Bedarfe nach den §§ 20, 21 und 23, darüber hinaus die Bedarfe nach § 22. ³Sind nur noch Leistungen für Bildung und Teilhabe zu leisten, deckt weiteres zu berücksichtigendes Einkommen und Vermögen die Bedarfe in der Reihenfolge der Absätze 2 bis 7 nach § 28.

Unterabschnitt 2
Arbeitslosengeld II und Sozialgeld

§ 20 Regelbedarf zur Sicherung des Lebensunterhalts

(1) ¹Der Regelbedarf zur Sicherung des Lebensunterhalts umfasst insbesondere Ernährung, Kleidung, Körperpflege, Hausrat, Haushaltsenergie ohne die auf die Heizung und Erzeugung von Warmwasser entfallenden Anteile sowie persönliche Bedürfnisse des täglichen Lebens. ²Zu den persönlichen Bedürfnissen des täglichen Lebens gehört in vertretbarem Umfang eine Teilhabe am sozialen und kulturellen Leben in der Gemeinschaft. ³Der Regelbedarf wird als monatlicher Pauschalbetrag berücksichtigt. ⁴Über die Verwendung der zur Deckung des Regelbedarfs erbrachten Leistungen entscheiden die Leistungsberechtigten eigenverantwortlich; dabei haben sie das Eintreten unregelmäßig anfallender Bedarfe zu berücksichtigen.
(1a) ¹Der Regelbedarf wird in Höhe der jeweiligen Regelbedarfsstufe entsprechend § 28 des Zwölften Buches in Verbindung mit dem Regelbedarfs-Ermittlungsgesetz und den §§ 28a und 40 des Zwölften Buches in Verbindung mit der für das jeweilige Jahr geltenden Regelbedarfsstufen-Fortschreibungsverordnung anerkannt. ²Soweit in diesem Buch auf einen Regelbedarf oder eine Regelbedarfsstufe verwiesen wird, ist auf den Betrag der für den jeweiligen Zeitraum geltenden Neuermittlung entsprechend § 28 des Zwölften Buches in Verbindung mit dem Regelbedarfs-Ermittlungsgesetz abzustellen. ³In Jahren, in denen keine Neuermittlung nach § 28 des Zwölften Buches erfolgt, ist auf den Betrag abzustellen, der sich für den jeweiligen Zeitraum entsprechend der Regelbedarfsstufen-Fortschreibungsverordnung nach den §§ 28a und 40 des Zwölften Buches ergibt.
(2) ¹Als Regelbedarf wird bei Personen, die alleinstehend oder alleinerziehend sind oder deren Partnerin oder Partner minderjährig ist, monatlich ein Betrag in Höhe der Regelbedarfsstufe 1 anerkannt. ²Für sonstige erwerbsfähige Angehörige der Bedarfsgemeinschaft wird als Regelbedarf anerkannt:
1. monatlich ein Betrag in Höhe der Regelbedarfsstufe 4, sofern sie das 18. Lebensjahr noch nicht vollendet haben,
2. monatlich ein Betrag in Höhe der Regelbedarfsstufe 3 in den übrigen Fällen.

(3) Abweichend von Absatz 2 Satz 1 ist bei Personen, die das 25. Lebensjahr noch nicht vollendet haben und ohne Zusicherung des zuständigen kommunalen Trägers nach § 22 Absatz 5 umziehen, bis zur Vollendung des 25. Lebensjahres der in Absatz 2 Satz 2 Nummer 2 genannte Betrag als Regelbedarf anzuerkennen.
(4) Haben zwei Partner der Bedarfsgemeinschaft das 18. Lebensjahr vollendet, ist als Regelbedarf für jede dieser Personen monatlich ein Betrag in Höhe der Regelbedarfsstufe 2 anzuerkennen.

Anm. d. Hrsg: Regelbedarfsstufen ab 1. Januar 2021
Regelbedarfsstufe 1: 446 Euro
Regelbedarfsstufe 2: 401 Euro
Regelbedarfsstufe 3: 357 Euro
Regelbedarfsstufe 4: 373 Euro
Regelbedarfsstufe 5: 309 Euro
Regelbedarfsstufe 6: 283 Euro

§ 21 Mehrbedarfe

(1) Mehrbedarfe umfassen Bedarfe nach den Absätzen 2 bis 7, die nicht durch den Regelbedarf abgedeckt sind.
(2) Bei werdenden Müttern wird nach der zwölften Schwangerschaftswoche bis zum Ende des Monats, in welchen die Entbindung fällt, ein Mehrbedarf von 17 Prozent des nach § 20 maßgebenden Regelbedarfs anerkannt.
(3) Bei Personen, die mit einem oder mehreren minderjährigen Kindern zusammenleben und allein für deren Pflege und Erziehung sorgen, ist ein Mehrbedarf anzuerkennen
1. in Höhe von 36 Prozent des nach § 20 Absatz 2 maßgebenden Bedarfs, wenn sie mit einem Kind unter sieben Jahren oder mit zwei oder drei Kindern unter sechzehn Jahren zusammenleben, oder
2. in Höhe von 12 Prozent der nach § 20 Absatz 2 maßgebenden Bedarfs für jedes Kind, wenn sich dadurch ein höherer Prozentsatz als nach der Nummer 1 ergibt, höchstens jedoch in Höhe von 60 Prozent des nach § 20 Absatz 2 maßgebenden Regelbedarfs.

(4) ¹Bei erwerbsfähigen Leistungsberechtigten mit Behinderungen, denen Leistungen zur Teilhabe am Arbeitsleben nach § 49 des Neunten Buches mit Ausnahme der Leistungen nach § 49 Absatz 3 Nummer 2 und 5 des Neunten Buches sowie sonstige Hilfen zur Erlangung eines geeigneten Platzes im Arbeitsleben oder Eingliederungshilfen nach § 112 des Neunten Buches erbracht werden, wird ein Mehrbedarf von 35 Prozent des nach § 20 maßgebenden Regelbedarfs anerkannt. ²Satz 1 kann auch nach Beendigung der dort genannten Maßnahmen während einer angemessenen Übergangszeit, vor allem einer Einarbeitungszeit, angewendet werden.

(5) Bei Leistungsberechtigten, die aus medizinischen Gründen einer kostenaufwändigen Ernährung bedürfen, wird ein Mehrbedarf in angemessener Höhe anerkannt.

(6) ¹Bei Leistungsberechtigten wird ein Mehrbedarf anerkannt, soweit im Einzelfall ein unabweisbarer, besonderer Bedarf besteht; bei einmaligen Bedarfen ist weitere Voraussetzung, dass ein Darlehen nach § 24 Absatz 1 ausnahmsweise nicht zumutbar oder wegen der Art des Bedarfs nicht möglich ist. ²Der Mehrbedarf ist unabweisbar, wenn er insbesondere nicht durch die Zuwendungen Dritter sowie unter Berücksichtigung von Einsparmöglichkeiten der Leistungsberechtigten gedeckt ist und seiner Höhe nach erheblich von einem durchschnittlichen Bedarf abweicht.

(6a) Soweit eine Schülerin oder ein Schüler aufgrund der jeweiligen schulrechtlichen Bestimmungen oder schulischen Vorgaben Aufwendungen zur Anschaffung oder Ausleihe von Schulbüchern oder gleichstehenden Arbeitsheften hat, sind sie als Mehrbedarf anzuerkennen.

(7) ¹Bei Leistungsberechtigten wird ein Mehrbedarf anerkannt, soweit Warmwasser durch in der Unterkunft installierte Vorrichtungen erzeugt wird (dezentrale Warmwassererzeugung) und deshalb keine Bedarfe für zentral bereitgestelltes Warmwasser nach § 22 anerkannt werden. ²Der Mehrbedarf beträgt für jede im Haushalt lebende leistungsberechtigte Person jeweils
1. 2,3 Prozent des für sie geltenden Regelbedarfs nach § 20 Absatz 2 Satz 1 oder Satz 2 Nummer 2, Absatz 3 oder 4,
2. 1,4 Prozent des für sie geltenden Regelbedarfs nach § 20 Absatz 2 Satz 2 Nummer 1 oder § 23 Nummer 1 bei Leistungsberechtigten im 15. Lebensjahr,
3. 1,2 Prozent des Regelbedarfs nach § 23 Nummer 1 bei Leistungsberechtigten vom Beginn des siebten bis zur Vollendung des 14. Lebensjahres oder
4. 0,8 Prozent des Regelbedarfs nach § 23 Nummer 1 bei Leistungsberechtigten bis zur Vollendung des sechsten Lebensjahres.

³Höhere Aufwendungen sind abweichend von Satz 2 nur zu berücksichtigen, soweit sie durch eine separate Messeinrichtung nachgewiesen werden.

(8) Die Summe des insgesamt anerkannten Mehrbedarfs nach den Absätzen 2 bis 5 darf die Höhe des für erwerbsfähige Leistungsberechtigte maßgebenden Regelbedarfs nicht übersteigen.

§ 22 Bedarfe für Unterkunft und Heizung

(1) ¹Bedarfe für Unterkunft und Heizung werden in Höhe der tatsächlichen Aufwendungen anerkannt, soweit diese angemessen sind. ²Erhöhen sich nach einem nicht erforderlichen Umzug die Aufwendungen für Unterkunft und Heizung, wird nur der bisherige Bedarf anerkannt. ³Soweit die Aufwendungen für die Unterkunft und Heizung den der Besonderheit des Einzelfalles angemessenen Umfang übersteigen, sind sie als Bedarf so lange anzuerkennen, wie es der oder dem alleinstehenden Leistungsberechtigten oder der Bedarfsgemeinschaft nicht möglich oder nicht zuzumuten ist, durch einen Wohnungswechsel, durch Vermieten oder auf andere Weise die Aufwendungen zu senken, in der Regel jedoch längstens für sechs Monate. ⁴Eine Absenkung der nach Satz 1 unangemessenen Aufwendungen muss nicht gefordert werden, wenn diese unter Berücksichtigung der bei einem Wohnungswechsel zu erbringenden Leistungen unwirtschaftlich wäre.

(2) ¹Als Bedarf für die Unterkunft werden auch unabweisbare Aufwendungen für Instandhaltung und Reparatur bei selbst bewohntem Wohneigentum im Sinne des § 12 Absatz 3 Satz 1 Nummer 4 anerkannt, soweit diese unter Berücksichtigung der im laufenden sowie den darauffolgenden elf Kalendermonaten anfallenden Aufwendungen insgesamt angemessen sind. ²Übersteigen unabweisbare Aufwendungen für Instandhaltung und Reparatur den Bedarf für die Unterkunft nach Satz 1, kann der kommunale Träger zur Deckung dieses Teils der Aufwendungen ein Darlehen erbringen, das dinglich gesichert werden soll.

(3) Rückzahlungen und Guthaben, die dem Bedarf für Unterkunft und Heizung zuzuordnen sind, mindern die Aufwendungen für Unterkunft und Heizung nach dem Monat der Rückzahlung oder der Gutschrift; Rückzahlungen, die sich auf die Kosten für Haushaltsenergie oder nicht anerkannte Aufwendungen für Unterkunft und Heizung beziehen, bleiben außer Betracht.

(4) ¹Vor Abschluss eines Vertrages über eine neue Unterkunft soll die leistungsberechtigte Person die Zusicherung des für die neue Unterkunft örtlich zuständigen kommunalen Trägers zur Berücksichtigung der Aufwendungen für die neue Unterkunft einholen. ²Der kommunale Träger ist zur Zusicherung verpflichtet, wenn die Aufwendungen für die neue Unterkunft angemessen sind.

(5) ¹Sofern Personen, die das 25. Lebensjahr noch nicht vollendet haben, umziehen, werden Bedarfe für Unterkunft und Heizung für die Zeit nach einem Umzug bis zur Vollendung des 25. Lebensjahres nur anerkannt, wenn der kommunale Träger dies vor Abschluss des Vertrages über die Unterkunft zugesichert hat. ²Der kommunale Träger ist zur Zusicherung verpflichtet, wenn
1. die oder der Betroffene aus schwerwiegenden sozialen Gründen nicht auf die Wohnung der Eltern oder eines Elternteils verwiesen werden kann,
2. der Bezug der Unterkunft zur Eingliederung in den Arbeitsmarkt erforderlich ist oder
3. ein sonstiger, ähnlich schwerwiegender Grund vorliegt.

³Unter den Voraussetzungen des Satzes 2 kann vom Erfordernis der Zusicherung abgesehen werden, wenn es der oder dem Betroffenen aus wichtigem Grund nicht zumutbar war, die Zusicherung einzuholen. ⁴Bedarfe für Unterkunft und Heizung werden bei Personen, die das 25. Lebensjahr noch nicht vollendet haben, nicht anerkannt, wenn diese vor der Beantragung von Leistungen in eine Unterkunft in der Absicht umziehen, die Voraussetzungen für die Gewährung der Leistungen herbeizuführen.

(6) ¹Wohnungsbeschaffungskosten und Umzugskosten können bei vorheriger Zusicherung durch den bis zum Umzug örtlich zuständigen kommunalen Träger als Bedarf anerkannt werden; Aufwendungen für eine Mietkaution und für den Erwerb von Genossenschaftsanteilen können bei vorheriger Zusicherung durch den am Ort der neuen Unterkunft zuständigen kommunalen Träger als Bedarf anerkannt werden. ²Die Zusicherung soll erteilt werden, wenn der Umzug durch den kommunalen Träger veranlasst oder aus anderen Gründen notwendig ist und wenn ohne die Zusicherung eine Unterkunft in einem angemessenen Zeitraum nicht gefunden werden kann. ³Aufwendungen für eine Mietkaution und für Genossenschaftsanteile sollen als Darlehen erbracht werden.

(7) ¹Soweit Arbeitslosengeld II für den Bedarf für Unterkunft und Heizung geleistet wird, ist es auf Antrag der leistungsberechtigten Person an den Vermieter oder andere Empfangsberechtigte zu zahlen. ²Es soll an den Vermieter oder andere Empfangsberechtigte gezahlt werden, wenn die zweckentsprechende Verwendung durch die leistungsberechtigte Person nicht sichergestellt ist. ³Das ist insbesondere der Fall, wenn
1. Mietrückstände bestehen, die zu einer außerordentlichen Kündigung des Mietverhältnisses berechtigen,
2. Energiekostenrückstände bestehen, die zu einer Unterbrechung der Energieversorgung berechtigen,
3. konkrete Anhaltspunkte für ein krankheits- oder suchtbedingtes Unvermögen der leistungsberechtigten Person bestehen, die Mittel zweckentsprechend zu verwenden, oder
4. konkrete Anhaltspunkte dafür bestehen, dass die im Schuldnerverzeichnis eingetragene leistungsberechtigte Person die Mittel nicht zweckentsprechend verwendet.

⁴Der kommunale Träger hat die leistungsberechtigte Person über eine Zahlung der Leistungen für die Unterkunft und Heizung an den Vermieter oder andere Empfangsberechtigte schriftlich zu unterrichten.

(8) ¹Sofern Arbeitslosengeld II für den Bedarf für Unterkunft und Heizung erbracht wird, können auch Schulden übernommen werden, soweit dies zur Sicherung der Unterkunft oder zur Behebung einer vergleichbaren Notlage gerechtfertigt ist. ²Sie sollen übernommen werden, wenn dies gerechtfertigt und notwendig ist und sonst Wohnungslosigkeit einzutreten droht. ³Vermögen nach § 12 Absatz 2 Satz 1 Nummer 1 ist vorrangig einzusetzen. ⁴Geldleistungen sollen als Darlehen erbracht werden.

(9) ¹Geht bei einem Gericht eine Klage auf Räumung von Wohnraum im Falle der Kündigung des Mietverhältnisses nach § 543 Absatz 1, 2 Satz 1 Nummer 3 in Verbindung mit § 569 Absatz 3 des Bürgerlichen Gesetzbuchs ein, teilt das Gericht dem örtlich zuständigen Träger nach diesem Buch oder der von diesem beauftragten Stelle zur Wahrnehmung der in Absatz 8 bestimmten Aufgaben unverzüglich Folgendes mit:
1. den Tag des Eingangs der Klage,
2. die Namen und die Anschriften der Parteien,
3. die Höhe der monatlich zu entrichtenden Miete,
4. die Höhe des geltend gemachten Mietrückstandes und der geltend gemachten Entschädigung und
5. den Termin zur mündlichen Verhandlung, sofern dieser bereits bestimmt ist.

²Außerdem kann der Tag der Rechtshängigkeit mitgeteilt werden. ³Die Übermittlung unterbleibt, wenn die Nichtzahlung der Miete nach dem Inhalt der Klageschrift offensichtlich nicht auf Zahlungsunfähigkeit der Mieterin oder des Mieters beruht.

(10) ¹Zur Beurteilung der Angemessenheit der Aufwendungen für Unterkunft und Heizung nach Absatz 1 Satz 1 ist die Bildung einer Gesamtangemessenheitsgrenze zulässig. ²Dabei kann für die Aufwendungen für Heizung der Wert berücksichtigt werden, der bei einer gesonderten Beurteilung der Angemessenheit der Aufwendungen für Unterkunft und der Aufwendungen für Heizung ohne Prüfung der Angemessenheit im Einzelfall höchstens anzuerkennen wäre. ³Absatz 1 Satz 2 bis 4 gilt entsprechend.

Anm. d. Hrsg. zu § 22 Abs. 7 Satz 3 Nr. 2: Vgl. hierzu die Stromgrundversorgungsverordnung
§ 17 Zahlung, Verzug

(1) Rechnungen und Abschläge werden zu dem vom Grundversorger angegebenen Zeitpunkt, frühestens jedoch zwei Wochen nach Zugang der Zahlungsaufforderung fällig. Einwände gegen Rechnungen und Abschlagsberechnungen berechtigen gegenüber dem Grundversorger zum Zahlungsaufschub oder zur Zahlungsverweigerung nur,
1. soweit die ernsthafte Möglichkeit eines offensichtlichen Fehlers besteht oder
2. sofern
   a) der in einer Rechnung angegebene Verbrauch ohne ersichtlichen Grund mehr als doppelt so hoch wie der vergleichbare Verbrauch im vorherigen Abrechnungszeitraum ist und
   b) der Kunde eine Nachprüfung der Messeinrichtung verlangt
   und solange durch die Nachprüfung nicht die ordnungsgemäße Funktion des Messgeräts festgestellt ist.
§ 315 des Bürgerlichen Gesetzbuchs bleibt von Satz 2 unberührt.
(2) Bei Zahlungsverzug des Kunden kann der Grundversorger, wenn er erneut zur Zahlung auffordert oder den Betrag durch einen Beauftragten einziehen lässt, die dadurch entstandenen Kosten für strukturell vergleichbare Fälle pauschal berechnen; die pauschale Berechnung muss einfach nachvollziehbar sein. Die Pauschale darf die nach dem gewöhnlichen Lauf der Dinge zu erwartenden Kosten nicht übersteigen. Auf Verlangen des Kunden ist die Berechnungsgrundlage nachzuweisen.
(3) Gegen Ansprüche des Grundversorgers kann vom Kunden nur mit unbestrittenen oder rechtskräftig festgestellten Gegenansprüchen aufgerechnet werden.

§ 19 Unterbrechung der Versorgung

(1) Der Grundversorger ist berechtigt, die Grundversorgung ohne vorherige Androhung durch den Netzbetreiber unterbrechen zu lassen, wenn der Kunde dieser Verordnung in nicht unerheblichem Maße schuldhaft zuwiderhandelt und die Unterbrechung erforderlich ist, um den Gebrauch von elektrischer Arbeit unter Umgehung, Beeinflussung oder vor Anbringung der Messeinrichtungen zu verhindern.
(2) Bei anderen Zuwiderhandlungen, insbesondere bei der Nichterfüllung einer Zahlungsverpflichtung trotz Mahnung, ist der Grundversorger berechtigt, die Grundversorgung vier Wochen nach Androhung unterbrechen zu lassen und den zuständigen Netzbetreiber nach § 24 Abs. 3 der Niederspannungsanschlussverordnung mit der Unterbrechung der Grundversorgung zu beauftragen. Dies gilt nicht, wenn die Folgen der Unterbrechung außer Verhältnis zur Schwere der Zuwiderhandlung stehen oder der Kunde darlegt, dass hinreichende Aussicht besteht, dass er seinen Verpflichtungen nachkommt. Der Grundversorger kann mit der Mahnung zugleich die Unterbrechung der Grundversorgung androhen, sofern dies nicht außer Verhältnis zur Schwere der Zuwiderhandlung steht. Wegen Zahlungsverzuges darf der Grundversorger eine Unterbrechung unter den in den Sätzen 1 bis 3 genannten Voraussetzungen nur durchführen lassen, wenn der Kunde nach Abzug etwaiger Anzahlungen mit Zahlungsverpflichtungen von mindestens 100 Euro in Verzug ist. Bei der Berechnung der Höhe des Betrages nach Satz 4 bleiben diejenigen nicht titulierten Forderungen außer Betracht, die der Kunde form- und fristgerecht sowie schlüssig begründet beanstandet hat. Ferner bleiben diejenigen Rückstände außer Betracht, die wegen einer Vereinbarung zwischen Versorger und Kunde noch nicht fällig sind oder die aus einer streitigen und noch nicht rechtskräftig entschiedenen Preiserhöhung des Grundversorgers resultieren.
(3) Der Beginn der Unterbrechung der Grundversorgung ist dem Kunden drei Werktage im Voraus anzukündigen.
(4) Der Grundversorger hat die Grundversorgung unverzüglich wiederherzustellen zu lassen, sobald die Gründe für ihre Unterbrechung entfallen sind und der Kunde die Kosten der Unterbrechung und Wiederherstellung der Belieferung ersetzt hat. Die Kosten können für strukturell vergleichbare Fälle pauschal berechnet werden; die pauschale Berechnung muss einfach nachvollziehbar sein. Die Pauschale darf die nach dem gewöhnlichen Lauf der Dinge zu erwartenden Kosten nicht übersteigen. Auf Verlangen des Kunden ist die Berechnungsgrundlage nachzuweisen. Der Nachweis geringerer Kosten ist dem Kunden zu gestatten.

§ 22a Satzungsermächtigung

(1) ¹Die Länder können die Kreise und kreisfreien Städte durch Gesetz ermächtigen oder verpflichten, durch Satzung zu bestimmen, in welcher Höhe Aufwendungen für Unterkunft und Heizung in ihrem Gebiet angemessen sind. ²Eine solche Satzung bedarf der vorherigen Zustimmung der obersten Landesbehörde oder einer von ihr bestimmten Stelle, wenn dies durch Landesgesetz vorgesehen ist. ³Die Länder Berlin und Hamburg bestimmen, welche Form der Rechtsetzung an die Stelle einer nach Satz 1 vorgesehenen Satzung tritt. ⁴Das Land Bremen kann eine Bestimmung nach Satz 3 treffen.
(2) ¹Die Länder können die Kreise und kreisfreien Städte auch ermächtigen, abweichend von § 22 Absatz 1 Satz 1 die Bedarfe für Unterkunft und Heizung in ihrem Gebiet durch eine monatliche Pauschale zu berücksichtigen, wenn auf dem örtlichen Wohnungsmarkt ausreichend freier Wohnraum verfügbar ist und dies dem Grundsatz der Wirtschaftlichkeit entspricht. ²In der Satzung sind Regelungen für den Fall vorzusehen, dass die Pauschalierung im Einzelfall zu unzumutbaren Ergebnissen führt. ³Absatz 1 Satz 2 bis 4 gilt entsprechend.
(3) ¹Die Bestimmung der angemessenen Aufwendungen für Unterkunft und Heizung soll die Verhältnisse des einfachen Standards auf dem örtlichen Wohnungsmarkt abbilden. ²Sie soll die Auswirkungen auf den örtlichen Wohnungsmarkt berücksichtigen hinsichtlich,
1. der Vermeidung von Mietpreis erhöhenden Wirkungen,
2. der Verfügbarkeit von Wohnraum des einfachen Standards,
3. aller verschiedenen Anbietergruppen und
4. der Schaffung und Erhaltung sozial ausgeglichener Bewohnerstrukturen.

§ 22b Inhalt der Satzung

(1) ¹In der Satzung ist zu bestimmen,

1. welche Wohnfläche entsprechend der Struktur des örtlichen Wohnungsmarktes als angemessen anerkannt wird und
2. in welcher Höhe Aufwendungen für die Unterkunft als angemessen anerkannt werden.

²In der Satzung kann auch die Höhe des als angemessen anerkannten Verbrauchswertes oder der als angemessen anerkannten Aufwendungen für die Heizung bestimmt werden. ³Bei einer Bestimmung nach Satz 2 kann sowohl eine Quadratmeterhöchstmiete als auch eine Gesamtangemessenheitsgrenze unter Berücksichtigung der in den Sätzen 1 und 2 genannten Werte gebildet werden. ⁴Um die Verhältnisse des einfachen Standards auf dem örtlichen Wohnungsmarkt realitätsgerecht abzubilden, können die Kreise und kreisfreien Städte ihr Gebiet in mehrere Vergleichsräume unterteilen, für die sie jeweils eigene Angemessenheitswerte bestimmen.
(2) ¹Der Satzung ist eine Begründung beizufügen. ²Darin ist darzulegen, wie die Angemessenheit der Aufwendungen für Unterkunft und Heizung ermittelt wird. ³Die Satzung ist mit ihrer Begründung ortsüblich bekannt zu machen.
(3) ¹In der Satzung soll für Personen mit einem besonderen Bedarf für Unterkunft und Heizung eine Sonderregelung getroffen werden. ²Dies gilt insbesondere für Personen, die einen erhöhten Raumbedarf haben wegen
1. einer Behinderung oder
2. der Ausübung ihres Umgangsrechts.

§ 22c Datenerhebung, -auswertung und -überprüfung

(1) ¹Zur Bestimmung der angemessenen Aufwendungen für Unterkunft und Heizung sollen die Kreise und kreisfreien Städte insbesondere
1. Mietspiegel, qualifizierte Mietspiegel und Mietdatenbanken und
2. geeignete eigene statistische Datenerhebungen und -auswertungen oder Erhebungen Dritter

einzeln oder kombiniert berücksichtigen. ²Hilfsweise können auch die monatlichen Höchstbeträge nach § 12 Absatz 1 des Wohngeldgesetzes berücksichtigt werden. ³In die Auswertung sollen sowohl Neuvertrags- als auch Bestandsmieten einfließen. ⁴Die Methodik der Datenerhebung und -auswertung ist in der Begründung der Satzung darzulegen.
(2) Die Kreise und kreisfreien Städte müssen die durch Satzung bestimmten Werte für die Unterkunft mindestens alle zwei Jahre und die durch Satzung bestimmten Werte für die Heizung mindestens jährlich überprüfen und gegebenenfalls neu festsetzen.

§ 23 Besonderheiten beim Sozialgeld

Beim Sozialgeld gelten ergänzend folgende Maßgaben:
1. Als Regelbedarf wird bis zur Vollendung des sechsten Lebensjahres ein Betrag in Höhe der Regelbedarfsstufe 6, vom Beginn des siebten bis zur Vollendung des 14. Lebensjahres ein Betrag in Höhe der Regelbedarfsstufe 5 und im 15. Lebensjahr ein Betrag in Höhe der Regelbedarfsstufe 4 anerkannt;
2. Mehrbedarfe nach § 21 Absatz 4 werden auch bei Menschen mit Behinderungen, die das 15. Lebensjahr vollendet haben, anerkannt, wenn Leistungen der Eingliederungshilfe nach § 112 des Neunten Buches erbracht werden;
3. § 21 Absatz 4 Satz 2 gilt auch nach Beendigung der in § 112 des Neunten Buches genannten Maßnahmen;
4. bei nicht erwerbsfähigen Personen, die voll erwerbsgemindert nach dem Sechsten Buch sind, wird ein Mehrbedarf von 17 Prozent der nach § 20 maßgebenden Regelbedarfe anerkannt, wenn sie Inhaberin oder Inhaber eines Ausweises nach § 152 Absatz 5 des Neunten Buches mit dem Merkzeichen G sind; dies gilt nicht, wenn bereits ein Anspruch auf einen Mehrbedarf wegen Behinderung nach § 21 Absatz 4 oder nach der vorstehenden Nummer 2 oder 3 besteht.

Unterabschnitt 3
Abweichende Leistungserbringung und weitere Leistungen

§ 24 Abweichende Erbringung von Leistungen

(1) ¹Kann im Einzelfall ein vom Regelbedarf zur Sicherung des Lebensunterhalts umfasster und nach den Umständen unabweisbarer Bedarf nicht gedeckt werden, erbringt die Agentur für Arbeit bei entsprechendem Nachweis den Bedarf als Sachleistung oder als Geldleistung und gewährt der oder dem Leistungsberechtigten ein entsprechendes Darlehen. ²Bei Sachleistungen wird das Darlehen in Höhe des für die Agentur für Arbeit entstandenen Anschaffungswertes gewährt. ³Weiter gehende Leistungen sind ausgeschlossen.
(2) Solange sich Leistungsberechtigte, insbesondere bei Drogen- oder Alkoholabhängigkeit sowie im Falle unwirtschaftlichen Verhaltens, als ungeeignet erweisen, mit den Leistungen für den Regelbedarf nach § 20 ihren Bedarf zu decken, kann das Arbeitslosengeld II bis zur Höhe des Regelbedarfs für den Lebensunterhalt in voller Höhe oder anteilig in Form von Sachleistungen erbracht werden.
(3) ¹Nicht vom Regelbedarf nach § 20 umfasst sind Bedarfe für

1. Erstausstattungen für die Wohnung einschließlich Haushaltsgeräten,
2. Erstausstattungen für Bekleidung und Erstausstattungen bei Schwangerschaft und Geburt sowie
3. Anschaffung und Reparatur von orthopädischen Schuhen, Reparaturen von therapeutischen Geräten und Ausrüstungen sowie die Miete von therapeutischen Geräten.

²Leistungen für diese Bedarfe werden gesondert erbracht. ³Leistungen nach Satz 2 werden auch erbracht, wenn Leistungsberechtigte keine Leistungen zur Sicherung des Lebensunterhalts einschließlich der angemessenen Kosten für Unterkunft und Heizung benötigen, den Bedarf nach Satz 1 jedoch aus eigenen Kräften und Mitteln nicht voll decken können. ⁴In diesem Fall kann das Einkommen berücksichtigt werden, das Leistungsberechtigte innerhalb eines Zeitraumes von bis zu sechs Monaten nach Ablauf des Monats erwerben, in dem über die Leistung entschieden wird. ⁵Die Leistungen für Bedarfe nach Satz 1 Nummer 1 und 2 können als Sachleistung oder Geldleistung, auch in Form von Pauschalbeträgen, erbracht werden. ⁶Bei der Bemessung der Pauschalbeträge sind geeignete Angaben über die erforderlichen Aufwendungen und nachvollziehbare Erfahrungswerte zu berücksichtigen.

(4) ¹Leistungen zur Sicherung des Lebensunterhalts können als Darlehen erbracht werden, soweit in dem Monat, für den die Leistungen erbracht werden, voraussichtlich Einnahmen anfallen. ²Satz 1 gilt auch, soweit Leistungsberechtigte einmalige Einnahmen nach § 11 Absatz 3 Satz 4 vorzeitig verbraucht haben.

(5) ¹Soweit Leistungsberechtigten der sofortige Verbrauch oder die sofortige Verwertung von zu berücksichtigendem Vermögen nicht möglich ist oder für sie eine besondere Härte bedeuten würde, sind Leistungen als Darlehen zu erbringen. ²Die Leistungen können davon abhängig gemacht werden, dass der Anspruch auf Rückzahlung dinglich oder in anderer Weise gesichert wird.

(6) In Fällen des § 22 Absatz 5 werden Leistungen für Erstausstattungen für die Wohnung nur erbracht, wenn der kommunale Träger die Übernahme der Leistungen für Unterkunft und Heizung zugesichert hat oder vom Erfordernis der Zusicherung abgesehen werden konnte.

§ 25 Leistungen bei medizinischer Rehabilitation der Rentenversicherung und bei Anspruch auf Verletztengeld aus der Unfallversicherung

¹Haben Leistungsberechtigte dem Grunde nach Anspruch auf Übergangsgeld bei medizinischen Leistungen der gesetzlichen Rentenversicherung in Höhe des Betrages des Arbeitslosengeldes II, erbringen die Träger der Leistungen nach diesem Buch die bisherigen Leistungen als Vorschuss auf die Leistungen der Rentenversicherung weiter; dies gilt entsprechend bei einem Anspruch auf Verletztengeld aus der gesetzlichen Unfallversicherung. ²Werden Vorschüsse länger als einen Monat geleistet, erhalten die Träger der Leistungen nach diesem Buch von den zur Leistung verpflichteten Trägern monatliche Abschlagszahlungen in Höhe der Vorschüsse des jeweils abgelaufenen Monats. ³§ 102 des Zehnten Buches gilt entsprechend.

§ 26 Zuschüsse zu Beiträgen zur Krankenversicherung und Pflegeversicherung

(1) ¹Für Bezieherinnen und Bezieher von Arbeitslosengeld II oder Sozialgeld, die gegen das Risiko Krankheit bei einem privaten Krankenversicherungsunternehmen im Rahmen von Versicherungsverträgen, die der Versicherungspflicht nach § 193 Absatz 3 des Versicherungsvertragsgesetzes genügen, versichert sind, wird für die Dauer des Leistungsbezugs ein Zuschuss zum Beitrag geleistet; der Zuschuss ist begrenzt auf die Höhe des nach § 152 Absatz 4 des Versicherungsaufsichtsgesetzes halbierten Beitrags für den Basistarif in der privaten Krankenversicherung, den Hilfebedürftige zu leisten haben. ²Für Bezieherinnen und Bezieher von Sozialgeld, die in der gesetzlichen Krankenversicherung versicherungspflichtig oder freiwillig versichert sind, wird für die Dauer des Leistungsbezugs ein Zuschuss in Höhe des Beitrags geleistet, soweit dieser nicht nach § 11b Absatz 1 Satz 1 Nummer 2 abgesetzt wird; Gleiches gilt für Bezieherinnen und Bezieher von Arbeitslosengeld II, die nicht nach § 5 Absatz 1 Nummer 2a des Fünften Buches versicherungspflichtig sind.

(2) ¹Für Personen, die
1. in der gesetzlichen Krankenversicherung versicherungspflichtig oder freiwillig versichert sind oder
2. unter den Voraussetzungen des Absatzes 1 Satz 1 erster Halbsatz privat krankenversichert sind und die

allein durch die Zahlung des Beitrags hilfebedürftig würden, wird ein Zuschuss zum Beitrag in Höhe des Betrages geleistet, der notwendig ist, um die Hilfebedürftigkeit zu vermeiden. ²In den Fällen des Satzes 1 Nummer 2 gilt die Begrenzung des Zuschusses nach Absatz 1 Satz 1 zweiter Halbsatz entsprechend.

(3) ¹Für Bezieherinnen und Bezieher von Arbeitslosengeld II oder Sozialgeld, die gegen das Risiko Pflegebedürftigkeit bei einem privaten Versicherungsunternehmen in Erfüllung ihrer Versicherungspflicht nach § 23 des Elften Buches versichert sind, wird für die Dauer des Leistungsbezugs ein Zuschuss zum Beitrag geleistet; der Zuschuss ist begrenzt auf die Hälfte des Höchstbetrags in der sozialen Pflegeversicherung. ²Für Bezieherinnen und Bezieher von Sozialgeld, die in der sozialen Pflegeversicherung versicherungspflichtig sind, wird für die Dauer des Leistungsbezugs ein Zuschuss in Höhe des Beitrags geleistet, soweit dieser nicht nach § 11b Absatz 1 Satz 1 Nummer 2 abgesetzt

wird; Gleiches gilt für Bezieherinnen und Bezieher von Arbeitslosengeld II, die nicht nach § 20 Absatz 1 Satz 2 Nummer 2a des Elften Buches versicherungspflichtig sind.
(4) ¹Für Personen, die
1. in der sozialen Pflegeversicherung versicherungspflichtig sind oder
2. unter den Voraussetzungen des Absatzes 3 Satz 1 erster Halbsatz privat pflegeversichert sind und die allein durch die Zahlung des Beitrags hilfebedürftig würden, wird ein Zuschuss zum Beitrag in Höhe des Betrages geleistet, der notwendig ist, um die Hilfebedürftigkeit zu vermeiden. ²In den Fällen des Satzes 1 Nummer 2 gilt die Begrenzung des Zuschusses nach Absatz 3 Satz 1 zweiter Halbsatz entsprechend.
(5) ¹Der Zuschuss nach Absatz 1 Satz 1, nach Absatz 2 Satz 1 Nummer 2, nach Absatz 3 Satz 1 und nach Absatz 4 Satz 1 Nummer 2 ist an das private Versicherungsunternehmen zu zahlen, bei dem die leistungsberechtigte Person versichert ist. ²Der Zuschuss nach Absatz 1 Satz 2 und Absatz 3 Satz 2 ist an die Krankenkasse zu zahlen, bei der die leistungsberechtigte Person versichert ist.

§ 27 Leistungen für Auszubildende

(1) ¹Auszubildende im Sinne des § 7 Absatz 5 erhalten Leistungen zur Sicherung des Lebensunterhalts nach Maßgabe der folgenden Absätze. ²Die Leistungen für Auszubildende im Sinne des § 7 Absatz 5 gelten nicht als Arbeitslosengeld II.
(2) Leistungen werden in Höhe der Mehrbedarfe nach § 21 Absatz 2, 3, 5 und 6 und in Höhe der Leistungen nach § 24 Absatz 3 Nummer 2 erbracht, soweit die Mehrbedarfe nicht durch zu berücksichtigendes Einkommen oder Vermögen gedeckt sind.
(3) ¹Leistungen können für Regelbedarfe, den Mehrbedarf nach § 21 Absatz 7, Bedarfe für Unterkunft und Heizung, Bedarfe für Bildung und Teilhabe und notwendige Beiträge zur Kranken- und Pflegeversicherung als Darlehen erbracht werden, sofern der Leistungsausschluss nach § 7 Absatz 5 eine besondere Härte bedeutet. ²Eine besondere Härte ist auch anzunehmen, wenn Auszubildenden, deren Bedarf sich nach §§ 12 oder 13 Absatz 1 Nummer 1 des Bundesausbildungsförderungsgesetzes bemisst, aufgrund von § 10 Absatz 3 des Bundesausbildungsförderungsgesetzes keine Leistungen zustehen, diese Ausbildung im Einzelfall für die Eingliederung der oder des Auszubildenden in das Erwerbsleben zwingend erforderlich ist und ohne die Erbringung von Leistungen zum Lebensunterhalt der Abbruch der Ausbildung droht; in diesem Fall sind Leistungen als Zuschuss zu erbringen. ³Für den Monat der Aufnahme einer Ausbildung können Leistungen entsprechend § 24 Absatz 4 Satz 1 erbracht werden. Leistungen nach Satz 1 sind gegenüber den Leistungen nach Absatz 2 nachrangig.

Unterabschnitt 4
Leistungen für Bildung und Teilhabe

§ 28 Bedarfe für Bildung und Teilhabe

(1) ¹Bedarfe für Bildung und Teilhabe am sozialen und kulturellen Leben in der Gemeinschaft werden bei Kindern, Jugendlichen und jungen Erwachsenen neben dem Regelbedarf nach Maßgabe der Absätze 2 bis 7 gesondert berücksichtigt. ²Bedarfe für Bildung werden nur bei Personen berücksichtigt, die das 25. Lebensjahr noch nicht vollendet haben, eine allgemein- oder berufsbildende Schule besuchen und keine Ausbildungsvergütung erhalten (Schülerinnen und Schüler).
(2) ¹Bei Schülerinnen und Schülern werden die tatsächlichen Aufwendungen anerkannt für
1. Schulausflüge und
2. mehrtägige Klassenfahrten im Rahmen der schulrechtlichen Bestimmungen.
²Für Kinder, die eine Tageseinrichtung besuchen oder für die Kindertagespflege geleistet wird, gilt Satz 1 entsprechend.
(3) Für die Ausstattung von Schülerinnen und Schülern mit persönlichem Schulbedarf ist § 34 Absatz 3 und 3a des Zwölften Buches mit der Maßgabe entsprechend anzuwenden, dass der nach § 34 Absatz 3 Satz 1 und Absatz 3a des Zwölften Buches anzuerkennende Bedarf für das erste Schulhalbjahr regelmäßig zum 1. August und für das zweite Schulhalbjahr regelmäßig zum 1. Februar zu berücksichtigen ist.
(4) ¹Bei Schülerinnen und Schülern, die für den Besuch der nächstgelegenen Schule des gewählten Bildungsgangs auf Schülerbeförderung angewiesen sind, werden die dafür erforderlichen tatsächlichen Aufwendungen berücksichtigt, soweit sie nicht von Dritten übernommen werden. ²Als nächstgelegene Schule des gewählten Bildungsgangs gilt auch eine Schule, die aufgrund ihres Profils gewählt wurde, soweit aus diesem Profil eine besondere inhaltliche oder organisatorische Ausgestaltung des Unterrichts folgt; dies sind insbesondere Schulen mit naturwissenschaftlichem, musischem, sportlichem oder sprachlichem Profil sowie bilinguale Schulen, und Schulen mit ganztägiger Ausrichtung.

(5) ¹Bei Schülerinnen und Schülern wird eine schulische Angebote ergänzende angemessene Lernförderung berücksichtigt, soweit diese geeignet und zusätzlich erforderlich ist, um die nach den schulrechtlichen Bestimmungen festgelegten wesentlichen Lernziele zu erreichen. ²Auf eine bestehende Versetzungsgefährdung kommt es dabei nicht an.
(6) ¹Bei Teilnahme an einer gemeinschaftlichen Mittagsverpflegung werden die entstehenden Aufwendungen berücksichtigt für
1. Schülerinnen und Schüler und
2. Kinder, die eine Tageseinrichtung besuchen oder für die Kindertagespflege geleistet wird.

²Für Schülerinnen und Schüler gilt dies unter der Voraussetzung, dass die Mittagsverpflegung in schulischer Verantwortung angeboten wird oder durch einen Kooperationsvertrag zwischen Schule und Tageseinrichtung vereinbart ist. ³In den Fällen des Satzes 2 ist für die Ermittlung des monatlichen Bedarfs die Anzahl der Schultage in dem Land zugrunde zu legen, in dem der Schulbesuch stattfindet.
(7) ¹Für die Teilhabe am sozialen und kulturellen Leben in der Gemeinschaft werden pauschal 15 Euro monatlich berücksichtigt, sofern bei Leistungsberechtigten, die das 18. Lebensjahr noch nicht vollendet haben, tatsächliche Aufwendungen entstehen im Zusammenhang mit der Teilnahme an
1. Aktivitäten in den Bereichen Sport, Spiel, Kultur und Geselligkeit,
2. Unterricht in künstlerischen Fächern (zum Beispiel Musikunterricht) und vergleichbare angeleitete Aktivitäten der kulturellen Bildung und
3. Freizeiten.

²Neben der Berücksichtigung von Bedarfen nach Satz 1 können auch weitere tatsächliche Aufwendungen berücksichtigt werden, wenn sie im Zusammenhang mit der Teilnahme an Aktivitäten nach Satz 1 Nummer 1 bis 3 entstehen und es den Leistungsberechtigten im Einzelfall nicht zugemutet werden kann, diese aus den Leistungen nach Satz 1 und aus dem Regelbedarf zu bestreiten.

§ 29 Erbringung der Leistungen für Bildung und Teilhabe

(1) ¹Leistungen zur Deckung der Bedarfe nach § 28 Absatz 2 und 5 bis 7 werden erbracht durch
1. Sach- und Dienstleistungen, insbesondere in Form von personalisierten Gutscheinen,
2. Direktzahlungen an Anbieter von Leistungen zur Deckung dieser Bedarfe (Anbieter) oder
3. Geldleistungen.

²Die kommunalen Träger bestimmen, in welcher Form sie die Leistungen erbringen. ³Die Leistungen zur Deckung der Bedarfe nach § 28 Absatz 3 und 4 werden jeweils durch Geldleistungen erbracht. ⁴Die kommunalen Träger können mit Anbietern pauschal abrechnen.
(2) ¹Werden die Bedarfe durch Gutscheine gedeckt, gelten die Leistungen mit Ausgabe des jeweiligen Gutscheins als erbracht. ²Die kommunalen Träger gewährleisten, dass Gutscheine bei geeigneten vorhandenen Anbietern oder zur Wahrnehmung ihrer eigenen Angebote eingelöst werden können. ³Gutscheine können für den gesamten Bewilligungszeitraum im Voraus ausgegeben werden. ⁴Die Gültigkeit von Gutscheinen ist angemessen zu befristen. ⁵Im Fall des Verlustes soll ein Gutschein erneut in dem Umfang ausgestellt werden, in dem er noch nicht in Anspruch genommen wurde.
(3) ¹Werden die Bedarfe durch Direktzahlungen an Anbieter gedeckt, gelten die Leistungen mit der Zahlung als erbracht. ²Eine Direktzahlung ist für den gesamten Bewilligungszeitraum im Voraus möglich.
(4) Werden die Leistungen für Bedarfe nach § 28 Absatz 2 und 5 bis 7 durch Geldleistungen erbracht, erfolgt dies
1. monatlich in Höhe der im Bewilligungszeitraum bestehenden Bedarfe oder
2. nachträglich durch Erstattung verauslagter Beträge.

(5) ¹Im Einzelfall kann ein Nachweis über eine zweckentsprechende Verwendung der Leistung verlangt werden. ²Soweit der Nachweis nicht geführt wird, soll die Bewilligungsentscheidung widerrufen werden.
(6) ¹Abweichend von den Absätzen 1 bis 4 können Leistungen nach § 28 Absatz 2 Satz 1 Nummer 1 gesammelt für Schülerinnen und Schüler an eine Schule ausgezahlt werden, wenn die Schule
1. dies bei dem örtlich zuständigen kommunalen Träger (§ 36 Absatz 3) beantragt,
2. die Leistungen für die leistungsberechtigten Schülerinnen und Schüler verauslagt und
3. sich die Leistungsberechtigung von den Leistungsberechtigten nachweisen lässt.

²Der kommunale Träger kann mit der Schule vereinbaren, dass monatliche oder schulhalbjährliche Abschlagszahlungen geleistet werden.

§ 30 Berechtigte Selbsthilfe

¹Geht die leistungsberechtigte Person durch Zahlung an Anbieter in Vorleistung, ist der kommunale Träger zur Übernahme der berücksichtigungsfähigen Aufwendungen verpflichtet, soweit

1. unbeschadet des Satzes 2 die Voraussetzungen einer Leistungsgewährung zur Deckung der Bedarfe im Zeitpunkt der Selbsthilfe nach § 28 Absatz 2 und 5 bis 7 vorlagen und
2. zum Zeitpunkt der Selbsthilfe der Zweck der Leistung durch Erbringung als Sach- oder Dienstleistung ohne eigenes Verschulden nicht oder nicht rechtzeitig zu erreichen war.

²War es dem Leistungsberechtigten nicht möglich, rechtzeitig einen Antrag zu stellen, gilt dieser als zum Zeitpunkt der Selbstvornahme gestellt.

Unterabschnitt 5
Sanktionen

§ 31 Pflichtverletzungen

(1) ¹Erwerbsfähige Leistungsberechtigte verletzen ihre Pflichten, wenn sie trotz schriftlicher Belehrung über die Rechtsfolgen oder deren Kenntnis
1. sich weigern, in der Eingliederungsvereinbarung oder in dem diese ersetzenden Verwaltungsakt nach § 15 Absatz 3 Satz 3 festgelegte Pflichten zu erfüllen, insbesondere in ausreichendem Umfang Eigenbemühungen nachzuweisen,
2. sich weigern, eine zumutbare Arbeit, Ausbildung, Arbeitsgelegenheit nach § 16d oder ein nach § 16e gefördertes Arbeitsverhältnis aufzunehmen, fortzuführen oder deren Anbahnung durch ihr Verhalten verhindern,
3. eine zumutbare Maßnahme zur Eingliederung in Arbeit nicht antreten, abbrechen oder Anlass für den Abbruch gegeben haben.

²Dies gilt nicht, wenn erwerbsfähige Leistungsberechtigte einen wichtigen Grund für ihr Verhalten darlegen und nachweisen.

(2) Eine Pflichtverletzung von erwerbsfähigen Leistungsberechtigten ist auch anzunehmen, wenn
1. sie nach Vollendung des 18. Lebensjahres ihr Einkommen oder Vermögen in der Absicht vermindert haben, die Voraussetzungen für die Gewährung oder Erhöhung des Arbeitslosengeldes II herbeizuführen,
2. sie trotz Belehrung über die Rechtsfolgen oder deren Kenntnis ihr unwirtschaftliches Verhalten fortsetzen,
3. ihr Anspruch auf Arbeitslosengeld ruht oder erloschen ist, weil die Agentur für Arbeit das Eintreten einer Sperrzeit oder das Erlöschen des Anspruchs nach den Vorschriften des Dritten Buches festgestellt hat, oder
4. sie die im Dritten Buch genannten Voraussetzungen für das Eintreten einer Sperrzeit erfüllen, die das Ruhen oder Erlöschen eines Anspruchs auf Arbeitslosengeld begründen.

§ 31a Rechtsfolgen bei Pflichtverletzungen

(1) ¹Bei einer Pflichtverletzung nach § 31 mindert sich das Arbeitslosengeld II in einer ersten Stufe um 30 Prozent des für die erwerbsfähige leistungsberechtigte Person nach § 20 maßgebenden Regelbedarfs. ²Bei der ersten wiederholten Pflichtverletzung nach § 31 mindert sich das Arbeitslosengeld II um 60 Prozent des für die erwerbsfähige leistungsberechtigte Person nach § 20 maßgebenden Regelbedarfs. ³Bei jeder weiteren wiederholten Pflichtverletzung nach § 31 entfällt das Arbeitslosengeld II vollständig. ⁴Eine wiederholte Pflichtverletzung liegt nur vor, wenn bereits zuvor eine Minderung festgestellt wurde. ⁵Sie liegt nicht vor, wenn der Beginn des vorangegangenen Minderungszeitraums länger als ein Jahr zurückliegt. ⁶Erklären sich erwerbsfähige Leistungsberechtigte nachträglich bereit, ihren Pflichten nachzukommen, kann der zuständige Träger die Minderung der Leistungen nach Satz 3 ab diesem Zeitpunkt auf 60 Prozent des für sie nach § 20 maßgebenden Regelbedarfs begrenzen.

(2) ¹Bei erwerbsfähigen Leistungsberechtigten, die das 25. Lebensjahr noch nicht vollendet haben, ist das Arbeitslosengeld II bei einer Pflichtverletzung nach § 31 auf die für die Bedarfe nach § 22 zu erbringenden Leistungen beschränkt. ²Bei wiederholter Pflichtverletzung nach § 31 entfällt das Arbeitslosengeld II vollständig. ³Absatz 1 Satz 4 und 5 gilt entsprechend. ⁴Erklären sich erwerbsfähige Leistungsberechtigte, die das 25. Lebensjahr noch nicht vollendet haben, nachträglich bereit, ihren Pflichten nachzukommen, kann der Träger unter Berücksichtigung aller Umstände des Einzelfalles ab diesem Zeitpunkt wieder die für die Bedarfe nach § 22 zu erbringenden Leistungen gewähren.

(3) ¹Bei einer Minderung des Arbeitslosengeldes II um mehr als 30 Prozent des nach § 20 maßgebenden Regelbedarfs kann der Träger auf Antrag in angemessenem Umfang ergänzende Sachleistungen oder geldwerte Leistungen erbringen. ²Der Träger hat Leistungen nach Satz 1 zu erbringen, wenn Leistungsberechtigte mit minderjährigen Kindern in einem Haushalt leben. ³Bei einer Minderung des Arbeitslosengeldes II um mindestens 60 Prozent des für den erwerbsfähigen Leistungsberechtigten nach § 20 maßgebenden Regelbedarfs soll das Arbeitslosengeld II, soweit es für den Bedarf für Unterkunft und Heizung nach § 22 Absatz 1 erbracht wird, an den Vermieter oder andere Empfangsberechtigte gezahlt werden.

(4) Für nichterwerbsfähige Leistungsberechtigte gilt Absatz 1 und 3 bei Pflichtverletzungen nach § 31 Absatz 2 Nummer 1 und 2 entsprechend.

Entscheidung des Bundesverfassungsgerichts vom 5. November 2019 (BGBl. I S. 2046)
Aus dem Urteil des Bundesverfassungsgerichts vom 5. November 2019 – 1 BvL 7/16 – wird die Entscheidungsformel veröffentlicht:
1. § 31a Absatz 1 Sätze 1, 2 und 3 Sozialgesetzbuch Zweites Buch in der Fassung des Gesetzes zur Ermittlung von Regelbedarfen und zur Änderung des Zweiten und Zwölften Buches Sozialgesetzbuch vom 24. März 2011 (Bundesgesetzblatt I Seite 453) sowie der Bekanntmachung der Neufassung des Zweiten Buches Sozialgesetzbuch vom 13. Mai 2011 (Bundesgesetzblatt I Seite 850), geändert durch das Gesetz zur Verbesserung der Eingliederungschancen am Arbeitsmarkt vom 20. Dezember 2011 (Bundesgesetzblatt I Seite 2854), geändert durch das Neunte Gesetz zur Änderung des Zweiten Buches Sozialgesetzbuch – Rechtsvereinfachung – sowie zur vorübergehenden Aussetzung der Insolvenzantragspflicht vom 26. Juli 2016 (Bundesgesetzblatt I Seite 1824), ist für Fälle des § 31 Absatz 1 Sozialgesetzbuch Zweites Buch in der genannten Fassung mit Artikel 1 Absatz 1 Grundgesetz in Verbindung mit dem Sozialstaatsprinzip des Artikel 20 Absatz 1 Grundgesetz unvereinbar, soweit die Höhe der Leistungsminderung bei einer erneuten Verletzung einer Pflicht nach § 31 Absatz 1 Sozialgesetzbuch Zweites Buch die Höhe von 30 Prozent des maßgebenden Regelbedarfs übersteigt, soweit eine Sanktion nach § 31a Absatz 1 Sätze 1 bis 3 Sozialgesetzbuch Zweites Buch zwingend zu verhängen ist, auch wenn außergewöhnliche Härten vorliegen, und soweit § 31b Absatz 1 Satz 3 Sozialgesetzbuch Zweites Buch für alle Leistungsminderungen ungeachtet der Erfüllung einer Mitwirkungspflicht oder der Bereitschaft dazu eine starre Dauer von drei Monaten vorgibt.
2. Bis zum Inkrafttreten der Neuregelung durch den Gesetzgeber sind § 31a Absatz 1 Sätze 1, 2 und 3 und § 31b Absatz 1 Satz 3 in Fällen des § 31 Absatz 1 Sozialgesetzbuch Zweites Buch in der Fassung folgender Übergangsregelungen weiter anwendbar:
   a) § 31a Absatz 1 Satz 1 Sozialgesetzbuch Zweites Buch ist in den Fällen des § 31 Absatz 1 Sozialgesetzbuch Zweites Buch mit der Maßgabe anzuwenden, dass die Leistungsminderung wegen einer Pflichtverletzung nach § 31 Absatz 1 SGB II nicht erfolgen muss, wenn dies im konkreten Einzelfall unter Berücksichtigung aller Umstände zu einer außergewöhnlichen Härte führen würde. Insbesondere kann von einer Minderung abgesehen werden, wenn nach Einschätzung der Behörde die Zwecke des Gesetzes nur erreicht werden können, indem eine Sanktion unterbleibt.
   b) § 31a Absatz 1 Sätze 2 und 3 Sozialgesetzbuch Zweites Buch sind in den Fällen des § 31 Absatz 1 Sozialgesetzbuch Zweites Buch mit der Maßgabe anwendbar, dass wegen wiederholter Pflichtverletzungen eine Minderung der Regelbedarfsleistungen nicht über 30 Prozent des maßgebenden Regelbedarfs hinausgehen darf. Von einer Leistungsminderung kann abgesehen werden, wenn dies im konkreten Einzelfall unter Berücksichtigung aller Umstände zu einer außergewöhnlichen Härte führen würde. Insbesondere kann von einer Minderung abgesehen werden, wenn nach Einschätzung der Behörde die Zwecke des Gesetzes nur erreicht werden können, indem eine Sanktion unterbleibt.
   c) . . . (betrifft § 31b)
Die vorstehende Entscheidungsformel hat gemäß § 31 Absatz 2 des Bundesverfassungsgerichtsgesetzes Gesetzeskraft.

§ 31b Beginn und Dauer der Minderung

(1) ¹Der Auszahlungsanspruch mindert sich mit Beginn des Kalendermonats, der auf das Wirksamwerden des Verwaltungsaktes folgt, der die Pflichtverletzung und den Umfang der Minderung der Leistung feststellt. ²In den Fällen des § 31 Absatz 2 Nummer 3 tritt die Minderung mit Beginn der Sperrzeit oder mit dem Erlöschen des Anspruchs nach dem Dritten Buch ein. ³Der Minderungszeitraum beträgt drei Monate. ⁴Bei erwerbsfähigen Leistungsberechtigten, die das 25. Lebensjahr noch nicht vollendet haben, kann der Träger die Minderung des Auszahlungsanspruchs in Höhe der Bedarfe nach den §§ 20 und 21 unter Berücksichtigung aller Umstände des Einzelfalls auf sechs Wochen verkürzen. ⁵Die Feststellung der Minderung ist nur innerhalb von sechs Monaten ab dem Zeitpunkt der Pflichtverletzung zulässig.

(2) Während der Minderung des Auszahlungsanspruchs besteht kein Anspruch auf ergänzende Hilfe zum Lebensunterhalt nach den Vorschriften des Zwölften Buches.

Entscheidung des Bundesverfassungsgerichts vom 5. November 2019 (BGBl. I S. 2046)
1. . . . (betrifft § 31a)
2. Bis zum Inkrafttreten der Neuregelung durch den Gesetzgeber sind § 31a Absatz 1 Sätze 1, 2 und 3 und § 31b Absatz 1 Satz 3 in Fällen des § 31 Absatz 1 Sozialgesetzbuch Zweites Buch in der Fassung folgender Übergangsregelungen weiter anwendbar:
   a)-b) . . . (betrifft § 31a)
   c) § 31b Absatz 1 Satz 3 Sozialgesetzbuch Zweites Buch ist in den Fällen des § 31 Absatz 1 Sozialgesetzbuch Zweites Buch mit folgender Maßgabe anzuwenden: Wird die Mitwirkungspflicht erfüllt oder erklären sich Leistungsberechtigte nachträglich ernsthaft und nachhaltig bereit, ihren Pflichten nachzukommen, kann die zuständige Behörde unter Berücksichtigung aller Umstände des Einzelfalls ab diesem Zeitpunkt die Leistung wieder in vollem Umfang erbringen. Die Minderung darf ab diesem Zeitpunkt nicht länger als einen Monat andauern.
Die vorstehende Entscheidungsformel hat gemäß § 31 Absatz 2 des Bundesverfassungsgerichtsgesetzes Gesetzeskraft.

§ 32 Meldeversäumnisse

(1) ¹Kommen Leistungsberechtigte trotz schriftlicher Belehrung über die Rechtsfolgen oder deren Kenntnis einer Aufforderung des zuständigen Trägers, sich bei ihm zu melden oder bei einem ärztlichen oder psychologischen

Untersuchungstermin zu erscheinen, nicht nach, mindert sich das Arbeitslosengeld II oder das Sozialgeld jeweils um 10 Prozent des für sie nach § 20 maßgebenden Regelbedarfs. ²Dies gilt nicht, wenn Leistungsberechtigte einen wichtigen Grund für ihr Verhalten darlegen und nachweisen.
(2) ¹Die Minderung nach dieser Vorschrift tritt zu einer Minderung nach § 31a hinzu. ²§ 31a Absatz 3 und § 31b gelten entsprechend.

Unterabschnitt 6
Verpflichtungen Anderer

§ 33 Übergang von Ansprüchen

(1) ¹Haben Personen, die Leistungen zur Sicherung des Lebensunterhalts beziehen, für die Zeit, für die Leistungen erbracht werden, einen Anspruch gegen einen Anderen, der nicht Leistungsträger ist, geht der Anspruch bis zur Höhe der geleisteten Aufwendungen auf die Träger der Leistungen nach diesem Buch über, wenn bei rechtzeitiger Leistung des Anderen Leistungen zur Sicherung des Lebensunterhalts nicht erbracht worden wären. ²Satz 1 gilt auch, soweit Kinder unter Berücksichtigung von Kindergeld nach § 11 Absatz 1 Satz 4 keine Leistungen empfangen haben und bei rechtzeitiger Leistung des Anderen keine oder geringere Leistungen an die Mitglieder der Haushaltsgemeinschaft erbracht worden wären. ³Der Übergang wird nicht dadurch ausgeschlossen, dass der Anspruch nicht übertragen, verpfändet oder gepfändet werden kann. ⁴Unterhaltsansprüche nach bürgerlichem Recht gehen zusammen mit dem unterhaltsrechtlichen Auskunftsanspruch auf die Träger der Leistungen nach diesem Buch über.
(2) ¹Ein Unterhaltsanspruch nach bürgerlichem Recht geht nicht über, wenn die unterhaltsberechtigte Person
1. mit der oder dem Verpflichteten in einer Bedarfsgemeinschaft lebt,
2. mit der oder dem Verpflichteten verwandt ist und den Unterhaltsanspruch nicht geltend macht; dies gilt nicht für Unterhaltsansprüche
   a) minderjähriger Leistungsberechtigter,
   b) Leistungsberechtigter, die das 25. Lebensjahr noch nicht vollendet und die Erstausbildung noch nicht abgeschlossen haben,
   gegen ihre Eltern,
3. in einem Kindschaftsverhältnis zur oder zum Verpflichteten steht und
   a) schwanger ist oder
   b) ihr leibliches Kind bis zur Vollendung seines sechsten Lebensjahres betreut.

²Der Übergang ist auch ausgeschlossen, soweit der Unterhaltsanspruch durch laufende Zahlung erfüllt wird. ³Der Anspruch geht nur über, soweit das Einkommen und Vermögen der unterhaltsverpflichteten Person das nach den §§ 11 bis 12 zu berücksichtigende Einkommen und Vermögen übersteigt.
(3) ¹Für die Vergangenheit können die Träger der Leistungen nach diesem Buch außer unter den Voraussetzungen des bürgerlichen Rechts nur von der Zeit an den Anspruch geltend machen, zu welcher sie der oder dem Verpflichteten die Erbringung der Leistung schriftlich mitgeteilt haben. ²Wenn die Leistung voraussichtlich auf längere Zeit erbracht werden muss, können die Träger der Leistungen nach diesem Buch bis zur Höhe der bisherigen monatlichen Aufwendungen auch auf künftige Leistungen klagen.
(4) ¹Die Träger der Leistungen nach diesem Buch können den auf sie übergegangenen Anspruch im Einvernehmen mit der Empfängerin oder dem Empfänger der Leistungen auf diese oder diesen zur gerichtlichen Geltendmachung rückübertragen und sich den geltend gemachten Anspruch abtreten lassen. ²Kosten, mit denen die Leistungsempfängerin oder der Leistungsempfänger dadurch selbst belastet wird, sind zu übernehmen. ³Über die Ansprüche nach Absatz 1 Satz 4 ist im Zivilrechtsweg zu entscheiden.
(5) Die §§ 115 und 116 des Zehnten Buches gehen der Regelung des Absatzes 1 vor.

§ 34 Ersatzansprüche bei sozialwidrigem Verhalten

(1) ¹Wer nach Vollendung des 18. Lebensjahres vorsätzlich oder grob fahrlässig die Voraussetzungen für die Gewährung von Leistungen nach diesem Buch an sich oder an Personen, die mit ihr oder ihm in einer Bedarfsgemeinschaft leben, ohne wichtigen Grund herbeigeführt hat, ist zum Ersatz der deswegen erbrachten Geld- und Sachleistungen verpflichtet. ²Als Herbeiführung im Sinne des Satzes 1 gilt auch, wenn die Hilfebedürftigkeit erhöht, aufrechterhalten oder nicht verringert wurde. ³Sachleistungen sind, auch wenn sie in Form eines Gutscheins erbracht wurden, in Geld zu ersetzen. ⁴§ 40 Absatz 6 Satz 2 gilt entsprechend. ⁵Der Ersatzanspruch umfasst auch die geleisteten Beiträge zur Sozialversicherung. ⁶Von der Geltendmachung eines Ersatzanspruchs ist abzusehen, soweit sie eine Härte bedeuten würde.
(2) ¹Eine nach Absatz 1 eingetretene Verpflichtung zum Ersatz der Leistungen geht auf den Erben über. ²Sie ist auf den Nachlasswert zum Zeitpunkt des Erbfalls begrenzt.

(3) ¹Der Ersatzanspruch erlischt drei Jahre nach Ablauf des Jahres, für das die Leistung erbracht worden ist. ²Die Bestimmungen des Bürgerlichen Gesetzbuchs über die Hemmung, die Ablaufhemmung, den Neubeginn und die Wirkung der Verjährung gelten sinngemäß; der Erhebung der Klage steht der Erlass eines Leistungsbescheides gleich.

§ 34a Ersatzansprüche für rechtswidrig erbrachte Leistungen

(1) ¹Zum Ersatz rechtswidrig erbrachter Geld- und Sachleistungen nach diesem Buch ist verpflichtet, wer diese durch vorsätzliches oder grob fahrlässiges Verhalten an Dritte herbeigeführt hat. ²Sachleistungen sind, auch wenn sie in Form eines Gutscheins erbracht wurden, in Geld zu ersetzen. ³§ 40 Absatz 6 Satz 2 gilt entsprechend. ⁴Der Ersatzanspruch umfasst auch die geleisteten Beiträge zur Sozialversicherung entsprechend § 40 Absatz 2 Nummer 5.
(2) ¹Der Ersatzanspruch verjährt in vier Jahren nach Ablauf des Kalenderjahres, in dem der Verwaltungsakt, mit dem die Erstattung nach § 50 des Zehnten Buches festgesetzt worden ist, unanfechtbar geworden ist. ²Soweit gegenüber einer rechtswidrig begünstigten Person ein Verwaltungsakt nicht aufgehoben werden kann, beginnt die Frist nach Satz 1 mit dem Zeitpunkt, ab dem die Behörde Kenntnis von der Rechtswidrigkeit der Leistungserbringung hat. ³§ 34 Absatz 3 Satz 2 gilt entsprechend.
(3) ¹§ 34 Absatz 2 gilt entsprechend. ²Der Ersatzanspruch erlischt drei Jahre nach dem Tod der Person, die gemäß Absatz 1 zum Ersatz verpflichtet war; § 34 Absatz 3 Satz 2 gilt entsprechend.
(4) Zum Ersatz nach Absatz 1 und zur Erstattung nach § 50 des Zehnten Buches Verpflichtete haften als Gesamtschuldner.

§ 34b Erstattungsanspruch bei Doppelleistungen

(1) ¹Hat ein vorrangig verpflichteter Leistungsträger in Unkenntnis der Leistung durch Träger nach diesem Buch an eine leistungsberechtigte Person geleistet, ist diese zur Erstattung der Leistung des vorrangigen Trägers an die Träger nach diesem Buch verpflichtet. ²Der Erstattungsanspruch besteht in der Höhe, in der ein Erstattungsanspruch nach dem Zweiten Abschnitt des Dritten Kapitels des Zehnten Buches bestanden hätte. ³§ 34c ist entsprechend anwendbar.
(2) Ein Erstattungsanspruch besteht nicht, soweit der geleistete Betrag als Einkommen nach den Vorschriften dieses Buches berücksichtigt werden kann.
(3) Der Erstattungsanspruch verjährt vier Jahre nach Ablauf des Kalenderjahres, in dem der vorrangig verpflichtete Leistungsträger die Leistung erbracht hat.

§ 34c Ersatzansprüche nach sonstigen Vorschriften

Bestimmt sich das Recht des Trägers nach diesem Buch, Ersatz seiner Aufwendungen von einem anderen zu verlangen, gegen den die Leistungsberechtigten einen Anspruch haben, nach sonstigen gesetzlichen Vorschriften, die dem § 33 vorgehen, gelten als Aufwendungen auch solche Leistungen zur Sicherung des Lebensunterhalts, die an die mit der leistungsberechtigten Person in einer Bedarfsgemeinschaft lebenden Personen erbracht wurden.

§ 35 (weggefallen)

Kapitel 4
Gemeinsame Vorschriften für Leistungen

Abschnitt 1
Zuständigkeit und Verfahren

§ 36 Örtliche Zuständigkeit

(1) ¹Für die Leistungen nach § 6 Absatz 1 Satz 1 Nummer 1 ist die Agentur für Arbeit zuständig, in deren Bezirk die erwerbsfähige leistungsberechtigte Person ihren gewöhnlichen Aufenthalt hat. ²Für die Leistungen nach § 6 Absatz 1 Satz 1 Nummer 2 ist der kommunale Träger zuständig, in dessen Gebiet die erwerbsfähige leistungsberechtigte Person ihren gewöhnlichen Aufenthalt hat. ³Für Leistungen nach den Sätzen 1 und 2 an Minderjährige, die Leistungen für die Zeit der Ausübung des Umgangsrechts nur für einen kurzen Zeitraum beanspruchen, ist der jeweilige Träger an dem Ort zuständig, an dem die umgangsberechtigte Person ihren gewöhnlichen Aufenthalt hat. ⁴Kann ein gewöhnlicher Aufenthaltsort nicht festgestellt werden, so ist der Träger nach diesem Buch örtlich zuständig, in dessen Bereich sich die oder der erwerbsfähige Leistungsberechtigte tatsächlich aufhält. ⁵Für nicht erwerbsfähige Personen, deren Leistungsberechtigung sich aus § 7 Absatz 2 Satz 3 ergibt, gelten die Sätze 1 bis 4 entsprechend.
(2) ¹Abweichend von Absatz 1 ist für die jeweiligen Leistungen nach diesem Buch der Träger zuständig, in dessen Gebiet die leistungsberechtigte Person nach § 12a Absatz 1 bis 3 des Aufenthaltsgesetzes ihren Wohnsitz zu nehmen hat. ²Ist die leistungsberechtigte Person nach § 12a Absatz 4 des Aufenthaltsgesetzes verpflichtet, ihren Wohnsitz an einem bestimmten Ort nicht zu nehmen, kann eine Zuständigkeit der Träger in diesem Gebiet für die jeweiligen Leistungen nach diesem Buch nicht begründet werden; im Übrigen gelten die Regelungen des Absatzes 1.
(3) ¹Abweichend von den Absätzen 1 und 2 ist im Fall der Auszahlung der Leistungen nach § 28 Absatz 2 Satz 1 Nummer 1 nach § 29 Absatz 6 der kommunale Träger zuständig, in dessen Gebiet die Schule liegt. ²Die Zuständigkeit

nach Satz 1 umfasst auch Leistungen an Schülerinnen und Schüler, für die im Übrigen ein anderer kommunaler Träger nach den Absätzen 1 oder 2 zuständig ist oder wäre.

§ 36a Kostenerstattung bei Aufenthalt im Frauenhaus
Sucht eine Person in einem Frauenhaus Zuflucht, ist der kommunale Träger am bisherigen gewöhnlichen Aufenthaltsort verpflichtet, dem durch die Aufnahme im Frauenhaus zuständigen kommunalen Träger am Ort des Frauenhauses die Kosten für die Zeit des Aufenthaltes im Frauenhaus zu erstatten.

§ 37 Antragserfordernis
(1) ¹Leistungen nach diesem Buch werden auf Antrag erbracht. ²Leistungen nach § 24 Absatz 1 und 3 und Leistungen für die Bedarfe nach § 28 Absatz 5 sind gesondert zu beantragen.
(2) ¹Leistungen nach diesem Buch werden nicht für Zeiten vor der Antragstellung erbracht. ²Der Antrag auf Leistungen zur Sicherung des Lebensunterhalts wirkt auf den Ersten des Monats zurück.

§ 38 Vertretung der Bedarfsgemeinschaft
(1) ¹Soweit Anhaltspunkte dem nicht entgegenstehen, wird vermutet, dass die oder der erwerbsfähige Leistungsberechtigte bevollmächtigt ist, Leistungen nach diesem Buch auch für die mit ihm in einer Bedarfsgemeinschaft lebenden Personen zu beantragen und entgegenzunehmen. ²Leben mehrere erwerbsfähige Leistungsberechtigte in einer Bedarfsgemeinschaft, gilt diese Vermutung zugunsten der Antrag stellenden Person.
(2) Für Leistungen an Kinder im Rahmen der Ausübung des Umgangsrechts hat die umgangsberechtigte Person die Befugnis, Leistungen nach diesem Buch zu beantragen und entgegenzunehmen, soweit das Kind dem Haushalt angehört.

§ 39 Sofortige Vollziehbarkeit
Keine aufschiebende Wirkung haben Widerspruch und Anfechtungsklage gegen einen Verwaltungsakt,
1. der Leistungen der Grundsicherung für Arbeitsuchende aufhebt, zurücknimmt, widerruft, entzieht, die Pflichtverletzung und die Minderung des Auszahlungsanspruchs feststellt oder Leistungen zur Eingliederung in Arbeit oder Pflichten erwerbsfähiger Leistungsberechtigter bei der Eingliederung in Arbeit regelt,
2. mit dem zur Beantragung einer vorrangigen Leistung aufgefordert wird oder
3. mit dem nach § 59 in Verbindung mit § 309 des Dritten Buches zur persönlichen Meldung bei der Agentur für Arbeit aufgefordert wird.

§ 40 Anwendung von Verfahrensvorschriften
(1) ¹Für das Verfahren nach diesem Buch gilt das Zehnte Buch. ²Abweichend von Satz 1 gilt § 44 des Zehnten Buches mit der Maßgabe, dass
1. rechtswidrige nicht begünstigende Verwaltungsakte nach den Absätzen 1 und 2 nicht später als vier Jahre nach Ablauf des Jahres, in dem der Verwaltungsakt bekanntgegeben wurde, zurückzunehmen sind; ausreichend ist, wenn die Rücknahme innerhalb dieses Zeitraums beantragt wird,
2. anstelle des Zeitraums von vier Jahren nach Absatz 4 Satz 1 ein Zeitraum von einem Jahr tritt.

(2) Entsprechend anwendbar sind die Vorschriften des Dritten Buches über
1. und 2. (weggefallen)
3. die Aufhebung von Verwaltungsakten (§ 330 Absatz 2, 3 Satz 1 und 4);
4. die vorläufige Zahlungseinstellung nach § 331 mit der Maßgabe, dass die Träger auch zur teilweisen Zahlungseinstellung berechtigt sind, wenn sie von Tatsachen Kenntnis erhalten, die zu einem geringeren Leistungsanspruch führen;
5. die Erstattung von Beiträgen zur Kranken-, Renten- und Pflegeversicherung (§ 335 Absatz 1, 2 und 5); § 335 Absatz 1 Satz 1 und Absatz 5 in Verbindung mit Absatz 1 Satz 1 ist nicht anwendbar, wenn in einem Kalendermonat für mindestens einen Tag rechtmäßig Arbeitslosengeld II gewährt wurde; in den Fällen des § 335 Absatz 1 Satz 2 und Absatz 5 in Verbindung mit Absatz 1 Satz 2 besteht kein Beitragserstattungsanspruch.

(3) ¹Liegen die in § 44 Absatz 1 Satz 1 des Zehnten Buches genannten Voraussetzungen für die Rücknahme eines rechtswidrigen nicht begünstigenden Verwaltungsaktes vor, weil dieser auf einer Rechtsnorm beruht, die nach Erlass des Verwaltungsaktes
1. durch eine Entscheidung des Bundesverfassungsgerichts für nichtig oder für unvereinbar mit dem Grundgesetz erklärt worden ist oder
2. in ständiger Rechtsprechung anders als durch den für die jeweilige Leistungsart zuständigen Träger der Grundsicherung für Arbeitsuchende ausgelegt worden ist,
so ist der Verwaltungsakt, wenn er unanfechtbar geworden ist, nur mit Wirkung für die Zeit nach der Entscheidung des Bundesverfassungsgerichts oder ab dem Bestehen der ständigen Rechtsprechung zurückzunehmen. ²Bei der Unwirksamkeit einer Satzung oder einer anderen im Rang unter einem Landesgesetz stehenden Rechtsvorschrift, die

nach § 22a Absatz 1 und dem dazu ergangenen Landesgesetz erlassen worden ist, ist abweichend von Satz 1 auf die Zeit nach der Entscheidung durch das Landessozialgericht abzustellen.

(4) Der Verwaltungsakt, mit dem über die Gewährung von Leistungen nach diesem Buch abschließend entschieden wurde, ist mit Wirkung für die Zukunft ganz aufzuheben, wenn in den tatsächlichen Verhältnissen der leistungsberechtigten Person Änderungen eintreten, aufgrund derer nach Maßgabe des § 41a vorläufig zu entscheiden wäre.

(5) [1]Verstirbt eine leistungsberechtigte Person oder eine Person, die mit der leistungsberechtigten Person in häuslicher Gemeinschaft lebt, bleiben im Sterbemonat allein die dadurch eintretenden Änderungen in den bereits bewilligten Leistungsansprüchen der leistungsberechtigten Person und der mit ihr in Bedarfsgemeinschaft lebenden Personen unberücksichtigt; die §§ 48 und 50 Absatz 2 des Zehnten Buches sind insoweit nicht anzuwenden. [2]§ 118 Absatz 3 bis 4a des Sechsten Buches findet mit der Maßgabe entsprechend Anwendung, dass Geldleistungen, die für die Zeit nach dem Monat des Todes der leistungsberechtigten Person überwiesen wurden, als unter Vorbehalt erbracht gelten.

(6) [1]§ 50 Absatz 1 des Zehnten Buches ist mit der Maßgabe anzuwenden, dass Gutscheine in Geld zu erstatten sind. [2]Die leistungsberechtigte Person kann die Erstattungsforderung auch durch Rückgabe des Gutscheins erfüllen, soweit dieser nicht in Anspruch genommen wurde. [3]Eine Erstattung der Leistungen nach § 28 erfolgt nicht, soweit eine Aufhebungsentscheidung allein wegen dieser Leistungen zu treffen wäre. [4]Satz 3 gilt nicht im Fall des Widerrufs einer Bewilligungsentscheidung nach § 29 Absatz 5 Satz 2.

(7) § 28 des Zehnten Buches gilt mit der Maßgabe, dass der Antrag unverzüglich nach Ablauf des Monats, in dem die Ablehnung oder Erstattung der anderen Leistung bindend geworden ist, nachzuholen ist.

(8) Für die Vollstreckung von Ansprüchen der in gemeinsamen Einrichtungen zusammenwirkenden Träger nach diesem Buch gilt das Verwaltungs-Vollstreckungsgesetz des Bundes; im Übrigen gilt § 66 des Zehnten Buches.

§ 40a Erstattungsanspruch

[1]Wird einer leistungsberechtigten Person für denselben Zeitraum, für den ein Träger der Grundsicherung für Arbeitsuchende Leistungen nach diesem Buch erbracht hat, eine andere Sozialleistung bewilligt, so steht dem Träger der Grundsicherung für Arbeitsuchende unter den Voraussetzungen des § 104 des Zehnten Buches ein Erstattungsanspruch gegen den anderen Sozialleistungsträger zu. [2]Der Erstattungsanspruch besteht auch, soweit die Erbringung des Arbeitslosengeldes II allein auf Grund einer nachträglich festgestellten vollen Erwerbsminderung rechtswidrig war oder rückwirkend eine Rente wegen Alters oder eine Knappschaftsausgleichsleistung zuerkannt wird. [3]Die §§ 106 bis 114 des Zehnten Buches gelten entsprechend. [4]§ 44 Absatz 3 bleibt unberührt.

§ 41 Berechnung der Leistungen und Bewilligungszeitraum

(1) [1]Anspruch auf Leistungen zur Sicherung des Lebensunterhalts besteht für jeden Kalendertag. [2]Der Monat wird mit 30 Tagen berechnet. [3]Stehen die Leistungen nicht für einen vollen Monat zu, wird die Leistung anteilig erbracht.

(2) [1]Berechnungen werden auf zwei Dezimalstellen durchgeführt, wenn nichts Abweichendes bestimmt ist. [2]Bei einer auf Dezimalstellen durchgeführten Berechnung wird die letzte Dezimalstelle um eins erhöht, wenn sich in der folgenden Dezimalstelle eine der Ziffern 5 bis 9 ergeben würde.

(3) [1]Über den Anspruch auf Leistungen zur Sicherung des Lebensunterhalts ist in der Regel für ein Jahr zu entscheiden (Bewilligungszeitraum). [2]Der Bewilligungszeitraum soll insbesondere in den Fällen regelmäßig auf sechs Monate verkürzt werden, in denen
1. über den Leistungsanspruch vorläufig entschieden wird (§ 41a) oder
2. die Aufwendungen für die Unterkunft und Heizung unangemessen sind.

[3]Die Festlegung des Bewilligungszeitraums erfolgt einheitlich für die Entscheidung über die Leistungsansprüche aller Mitglieder einer Bedarfsgemeinschaft. [4]Wird mit dem Bescheid über Leistungen zur Sicherung des Lebensunterhalts nicht auch über die Leistungen zur Deckung der Bedarfe nach § 28 Absatz 2, 4, 6 und 7 entschieden, ist die oder der Leistungsberechtigte in dem Bescheid über Leistungen zur Sicherung des Lebensunterhalts darauf hinzuweisen, dass die Entscheidung über Leistungen zur Deckung der Bedarfe nach § 28 Absatz 2, 4, 6 und 7 gesondert erfolgt.

§ 41a Vorläufige Entscheidung

(1) [1]Über die Erbringung von Geld- und Sachleistungen ist vorläufig zu entscheiden, wenn
1. zur Feststellung der Voraussetzungen des Anspruchs auf Geld- und Sachleistungen voraussichtlich längere Zeit erforderlich ist und die Voraussetzungen für den Anspruch mit hinreichender Wahrscheinlichkeit vorliegen oder
2. ein Anspruch auf Geld- und Sachleistungen dem Grunde nach besteht und zur Feststellung seiner Höhe voraussichtlich längere Zeit erforderlich ist.

[2]Besteht eine Bedarfsgemeinschaft aus mehreren Personen, ist unter den Voraussetzungen des Satzes 1 über den Leistungsanspruch aller Mitglieder der Bedarfsgemeinschaft vorläufig zu entscheiden. [3]Eine vorläufige Entscheidung ergeht nicht, wenn Leistungsberechtigte die Umstände, die einer sofortigen abschließenden Entscheidung entgegenstehen, zu vertreten haben.

(2) ¹Der Grund der Vorläufigkeit ist anzugeben. ²Die vorläufige Leistung ist so zu bemessen, dass der monatliche Bedarf der Leistungsberechtigten zur Sicherung des Lebensunterhalts gedeckt ist; dabei kann der Absetzbetrag nach § 11b Absatz 1 Satz 1 Nummer 6 ganz oder teilweise unberücksichtigt bleiben. ³Hierbei sind die im Zeitpunkt der Entscheidung bekannten und prognostizierten Verhältnisse zugrunde zu legen. ⁴Soweit die vorläufige Entscheidung nach Absatz 1 rechtswidrig ist, ist sie für die Zukunft zurückzunehmen. ⁵§ 45 Absatz 2 des Zehnten Buches findet keine Anwendung.

(3) ¹Die Träger der Grundsicherung für Arbeitsuchende entscheiden abschließend über den monatlichen Leistungsanspruch, sofern die vorläufig bewilligte Leistung nicht der abschließend festzustellenden entspricht oder die leistungsberechtigte Person eine abschließende Entscheidung beantragt. ²Die leistungsberechtigte Person und die mit ihr in Bedarfsgemeinschaft lebenden Personen sind nach Ablauf des Bewilligungszeitraums verpflichtet, die von den Trägern der Grundsicherung für Arbeitsuchende zum Erlass einer abschließenden Entscheidung geforderten leistungserheblichen Tatsachen nachzuweisen; die §§ 60, 61, 65 und 65a des Ersten Buches gelten entsprechend. ³Kommen die leistungsberechtigte Person oder die mit ihr in Bedarfsgemeinschaft lebenden Personen ihrer Nachweis- oder Auskunftspflicht bis zur abschließenden Entscheidung nicht, nicht vollständig oder trotz angemessener Fristsetzung und schriftlicher Belehrung über die Rechtsfolgen nicht fristgemäß nach, setzen die Träger der Grundsicherung für Arbeitsuchende den Leistungsanspruch für diejenigen Kalendermonate nur in der Höhe abschließend fest, in welcher seine Voraussetzungen ganz oder teilweise nachgewiesen wurden. ⁴Für die übrigen Kalendermonate wird festgestellt, dass ein Leistungsanspruch nicht bestand.

(4) Die abschließende Entscheidung nach Absatz 3 soll nach Ablauf des Bewilligungszeitraums erfolgen.

(5) ¹Ergeht innerhalb eines Jahres nach Ablauf des Bewilligungszeitraums keine abschließende Entscheidung nach Absatz 3, gelten die vorläufig bewilligten Leistungen als abschließend festgesetzt. ²Dies gilt nicht, wenn
1. die leistungsberechtigte Person innerhalb der Frist nach Satz 1 eine abschließende Entscheidung beantragt oder
2. der Leistungsanspruch aus einem anderen als dem nach Absatz 2 Satz 1 anzugebenden Grund nicht oder nur in geringerer Höhe als die vorläufigen Leistungen besteht und der Träger der Grundsicherung für Arbeitsuchende über den Leistungsanspruch innerhalb eines Jahres seit Kenntnis von diesen Tatsachen, spätestens aber nach Ablauf von zehn Jahren nach der Bekanntgabe der vorläufigen Entscheidung, abschließend entscheidet.

(6) ¹Die aufgrund der vorläufigen Entscheidung erbrachten Leistungen sind auf die abschließend festgestellten Leistungen anzurechnen. ²Soweit im Bewilligungszeitraum in einzelnen Kalendermonaten vorläufig zu hohe Leistungen erbracht wurden, sind die sich daraus ergebenden Überzahlungen auf die abschließend bewilligten Leistungen anzurechnen, die für andere Kalendermonate dieses Bewilligungszeitraums nachzuzahlen wären. ³Überzahlungen, die nach der Anrechnung fortbestehen, sind zu erstatten. ⁴Das gilt auch im Fall des Absatzes 3 Satz 3 und 4.

(7) ¹Über die Erbringung von Geld- und Sachleistungen kann vorläufig entschieden werden, wenn
1. die Vereinbarkeit einer Vorschrift dieses Buches, von der die Entscheidung über den Antrag abhängt, mit höherrangigem Recht Gegenstand eines Verfahrens bei dem Bundesverfassungsgericht oder dem Gerichtshof der Europäischen Union ist oder
2. eine entscheidungserhebliche Rechtsfrage von grundsätzlicher Bedeutung Gegenstand eines Verfahrens beim Bundessozialgericht ist.

²Absatz 2 Satz 1, Absatz 3 Satz 2 bis 4 sowie Absatz 6 gelten entsprechend.

§ 42 Fälligkeit, Auszahlung und Unpfändbarkeit der Leistungen

(1) Leistungen sollen monatlich im Voraus erbracht werden.

(2) ¹Auf Antrag der leistungsberechtigten Person können durch Bewilligungsbescheid festgesetzte, zum nächsten Zahlungszeitpunkt fällige Leistungsansprüche vorzeitig erbracht werden. ²Die Höhe der vorzeitigen Leistung ist auf 100 Euro begrenzt. ³Der Auszahlungsanspruch im Folgemonat verringert sich entsprechend. ⁴Soweit eine Verringerung des Auszahlungsanspruchs im Folgemonat nicht möglich ist, verringert sich der Auszahlungsanspruch für den zweiten auf die Bewilligung der vorzeitigen Leistung folgenden Monat. ⁵Die vorzeitige Leistung ist ausgeschlossen,
1. wenn im laufenden Monat oder im Monat der Verringerung des Leistungsanspruches eine Aufrechnung zu erwarten ist,
2. wenn der Leistungsanspruch im Folgemonat durch eine Sanktion gemindert ist oder
3. wenn sie bereits in einem der vorangegangenen zwei Kalendermonate in Anspruch genommen wurde.
(weggefallen)

(4) ¹Der Anspruch auf Leistungen zur Sicherung des Lebensunterhaltes kann nicht abgetreten, übertragen, verpfändet oder gepfändet werden. ²Die Abtretung und Übertragung nach § 53 Absatz 2 des Ersten Buches bleibt unberührt.

§ 42a Darlehen

(1) ¹Darlehen werden nur erbracht, wenn ein Bedarf weder durch Vermögen nach § 12 Absatz 2 Satz 1 Nummer 1, 1a und 4 noch auf andere Weise gedeckt werden kann. ²Darlehen können an einzelne Mitglieder von Bedarfsgemeinschaften oder an mehrere gemeinsam vergeben werden. ³Die Rückzahlungsverpflichtung trifft die Darlehensnehmer.

(2) ¹Solange Darlehensnehmer Leistungen zur Sicherung des Lebensunterhalts beziehen, werden Rückzahlungsansprüche aus Darlehen ab dem Monat, der auf die Auszahlung folgt, durch monatliche Aufrechnung in Höhe von 10 Prozent des maßgebenden Regelbedarfs getilgt. ²§ 43 Absatz 3 gilt entsprechend. ³Die Aufrechnung ist gegenüber den Darlehensnehmern schriftlich durch Verwaltungsakt zu erklären. ⁴Satz 1 gilt nicht, soweit Leistungen zur Sicherung des Lebensunterhaltes als Darlehen erbracht werden.
(3) ¹Rückzahlungsansprüche aus Darlehen nach § 24 Absatz 5 sind nach erfolgter Verwertung sofort in voller Höhe und Rückzahlungsansprüche aus Darlehen nach § 22 Absatz 6 bei Rückzahlung durch den Vermieter sofort in Höhe des noch nicht getilgten Darlehensbetrages fällig. ²Deckt der erlangte Betrag den noch nicht getilgten Darlehensbetrag nicht, soll eine Vereinbarung über die Rückzahlung des ausstehenden Betrags unter Berücksichtigung der wirtschaftlichen Verhältnisse der Darlehensnehmer getroffen werden.
(4) ¹Nach Beendigung des Leistungsbezuges ist der noch nicht getilgte Darlehensbetrag sofort fällig. ²Über die Rückzahlung des ausstehenden Betrags soll eine Vereinbarung unter Berücksichtigung der wirtschaftlichen Verhältnisse der Darlehensnehmer getroffen werden.
(5) ¹Rückzahlungsansprüche aus Darlehen nach § 27 Absatz 3 sind abweichend von Absatz 4 Satz 1 erst nach Abschluss der Ausbildung fällig. ²Absatz 4 Satz 2 gilt entsprechend.
(6) Sofern keine abweichende Tilgungsbestimmung getroffen wird, werden Zahlungen, die zur Tilgung der gesamten fälligen Schuld nicht ausreichen, zunächst auf das zuerst erbrachte Darlehen angerechnet.

§ 43 Aufrechnung

(1) Die Jobcenter können gegen Ansprüche von leistungsberechtigten Personen auf Geldleistungen zur Sicherung des Lebensunterhalts aufrechnen mit
1. Erstattungsansprüchen nach § 50 des Zehnten Buches,
2. Ersatzansprüchen nach den §§ 34 und 34a,
3. Erstattungsansprüchen nach § 34b oder
4. Erstattungsansprüchen nach § 41a Absatz 6 Satz 3.

(2) ¹Die Höhe der Aufrechnung beträgt bei Erstattungsansprüchen, die auf § 41a oder auf § 48 Absatz 1 Satz 2 Nummer 3 in Verbindung mit § 50 des Zehnten Buches beruhen, 10 Prozent des für die leistungsberechtigte Person maßgebenden Regelbedarfs, in den übrigen Fällen 30 Prozent. ²Die Aufrechnung, die zusammen mit bereits laufenden Aufrechnungen nach Absatz 1 und nach § 42a Absatz 2 insgesamt 30 Prozent des maßgebenden Regelbedarfs übersteigen würde, ist unzulässig.
(3) ¹Eine Aufrechnung ist nicht zulässig für Zeiträume, in denen der Auszahlungsanspruch nach § 31b Absatz 1 Satz 1 um mindestens 30 Prozent des maßgebenden Regelbedarfs gemindert ist. ²Ist die Minderung des Auszahlungsanspruchs geringer, ist die Höhe der Aufrechnung auf die Differenz zwischen dem Minderungsbetrag und 30 Prozent des maßgebenden Regelbedarfs begrenzt.
(4) ¹Die Aufrechnung ist gegenüber der leistungsberechtigten Person schriftlich durch Verwaltungsakt zu erklären. ²Sie endet spätestens drei Jahre nach dem Monat, der auf die Bestandskraft der in Absatz 1 genannten Entscheidungen folgt. ³Zeiten, in denen die Aufrechnung nicht vollziehbar ist, verlängern den Aufrechnungszeitraum entsprechend.

§ 43a Verteilung von Teilzahlungen

Teilzahlungen auf Ersatz- und Erstattungsansprüche der Träger nach diesem Buch gegen Leistungsberechtigte oder Dritte mindern die Aufwendungen der Träger der Aufwendungen im Verhältnis des jeweiligen Anteils an der Forderung zueinander.

§ 44 Veränderung von Ansprüchen

Die Träger von Leistungen nach diesem Buch dürfen Ansprüche erlassen, wenn deren Einziehung nach Lage des einzelnen Falles unbillig wäre.

Abschnitt 2
Einheitliche Entscheidung

§ 44a Feststellung von Erwerbsfähigkeit und Hilfebedürftigkeit

(1) ¹Die Agentur für Arbeit stellt fest, ob die oder der Arbeitsuchende erwerbsfähig ist. ²Der Entscheidung können widersprechen:
1. der kommunale Träger,
2. ein anderer Träger, der bei voller Erwerbsminderung zuständig wäre, oder
3. die Krankenkasse, die bei Erwerbsfähigkeit Leistungen der Krankenversicherung zu erbringen hätte.

³Der Widerspruch ist zu begründen. ⁴Im Widerspruchsfall entscheidet die Agentur für Arbeit, nachdem sie eine gutachterliche Stellungnahme eingeholt hat. ⁵Die gutachterliche Stellungnahme erstellt der nach § 109a Absatz 4 des Sechsten Buches zuständige Träger der Rentenversicherung. ⁶Die Agentur für Arbeit ist bei der Entscheidung über

den Widerspruch an die gutachterliche Stellungnahme nach Satz 5 gebunden. [7]Bis zu der Entscheidung über den Widerspruch erbringen die Agentur für Arbeit und der kommunale Träger bei Vorliegen der übrigen Voraussetzungen Leistungen der Grundsicherung für Arbeitsuchende.
(1a) [1]Der Einholung einer gutachterlichen Stellungnahme nach Absatz 1 Satz 4 bedarf es nicht, wenn der zuständige Träger der Rentenversicherung bereits nach § 109a Absatz 2 Satz 2 des Sechsten Buches eine gutachterliche Stellungnahme abgegeben hat. [2]Die Agentur für Arbeit ist an die gutachterliche Stellungnahme gebunden.
(2) Die gutachterliche Stellungnahme des Rentenversicherungsträgers zur Erwerbsfähigkeit ist für alle gesetzlichen Leistungsträger nach dem Zweiten, Dritten, Fünften, Sechsten und Zwölften Buch bindend; § 48 des Zehnten Buches bleibt unberührt.
(3) [1]Entscheidet die Agentur für Arbeit, dass ein Anspruch auf Leistungen der Grundsicherung für Arbeitsuchende nicht besteht, stehen ihr und dem kommunalen Träger Erstattungsansprüche nach § 103 des Zehnten Buches zu, wenn der oder dem Leistungsberechtigten eine andere Sozialleistung zuerkannt wird. [2]§ 103 Absatz 3 des Zehnten Buches gilt mit der Maßgabe, dass Zeitpunkt der Kenntnisnahme der Leistungsverpflichtung des Trägers der Sozialhilfe, der Kriegsopferfürsorge und der Jugendhilfe der Tag des Widerspruchs gegen die Feststellung der Agentur für Arbeit ist.
(4) [1]Die Agentur für Arbeit stellt fest, ob und in welchem Umfang die erwerbsfähige Person und die dem Haushalt angehörenden Personen hilfebedürftig sind. [2]Sie ist dabei und bei den weiteren Entscheidungen nach diesem Buch an die Feststellung der Angemessenheit der Kosten für Unterkunft und Heizung durch den kommunalen Träger gebunden. [3]Die Agentur für Arbeit stellt fest, ob die oder der erwerbsfähige Leistungsberechtigte oder die dem Haushalt angehörenden Personen vom Bezug von Leistungen nach diesem Buch ausgeschlossen sind.
(5) [1]Der kommunale Träger stellt die Höhe der in seiner Zuständigkeit zu erbringenden Leistungen fest. [2]Er ist dabei und bei den weiteren Entscheidungen nach diesem Buch an die Feststellungen der Agentur für Arbeit nach Absatz 4 gebunden. [3]Satz 2 gilt nicht, sofern der kommunale Träger zur vorläufigen Zahlungseinstellung berechtigt ist und dies der Agentur für Arbeit vor dieser Entscheidung mitteilt.
(6) [1]Der kommunale Träger kann einer Feststellung der Agentur für Arbeit nach Absatz 4 Satz 1 oder 3 innerhalb eines Monats schriftlich widersprechen, wenn er aufgrund der Feststellung höhere Leistungen zu erbringen hat. [2]Der Widerspruch ist zu begründen; er befreit nicht von der Verpflichtung, die Leistungen entsprechend der Feststellung der Agentur für Arbeit zu gewähren. [3]Die Agentur für Arbeit überprüft ihre Feststellung und teilt dem kommunalen Träger innerhalb von zwei Wochen ihre endgültige Feststellung mit. [4]Hält der kommunale Träger seinen Widerspruch aufrecht, sind die Träger bis zu einer anderen Entscheidung der Agentur für Arbeit oder einer gerichtlichen Entscheidung an die Feststellung der Agentur für Arbeit gebunden.

§ 44b Gemeinsame Einrichtung

(1) [1]Zur einheitlichen Durchführung der Grundsicherung für Arbeitsuchende bilden die Träger im Gebiet jedes kommunalen Trägers nach § 6 Absatz 1 Satz 1 Nummer 2 eine gemeinsame Einrichtung. [2]Die gemeinsame Einrichtung nimmt die Aufgaben der Träger nach diesem Buch wahr; die Trägerschaft nach § 6 sowie nach den §§ 6a und 6b bleibt unberührt. [3]Die gemeinsame Einrichtung ist befugt, Verwaltungsakte und Widerspruchsbescheide zu erlassen. [4]Die Aufgaben werden von Beamtinnen und Beamten sowie Arbeitnehmerinnen und Arbeitnehmern wahrgenommen, denen entsprechende Tätigkeiten zugewiesen worden sind.
(2) [1]Die Träger bestimmen den Standort sowie die nähere Ausgestaltung und Organisation der gemeinsamen Einrichtung durch Vereinbarung. [2]Die Ausgestaltung und Organisation der gemeinsamen Einrichtung sollen die Besonderheiten der beteiligten Träger, des regionalen Arbeitsmarktes und der regionalen Wirtschaftsstruktur berücksichtigen. [3]Die Träger können die Zusammenlegung mehrerer gemeinsamer Einrichtungen zu einer gemeinsamen Einrichtung vereinbaren.
(3) [1]Den Trägern obliegt die Verantwortung für die rechtmäßige und zweckmäßige Erbringung ihrer Leistungen. [2]Sie haben in ihrem Aufgabenbereich nach § 6 Absatz 1 Nummer 1 oder 2 gegenüber der gemeinsamen Einrichtung ein Weisungsrecht; dies gilt nicht im Zuständigkeitsbereich der Trägerversammlung nach § 44c. [3]Die Träger sind berechtigt, von der gemeinsamen Einrichtung die Erteilung von Auskunft und Rechenschaftslegung über die Leistungserbringung zu fordern, die Wahrnehmung der Aufgaben in der gemeinsamen Einrichtung zu prüfen und die gemeinsame Einrichtung an ihre Auffassung zu binden. [4]Vor Ausübung ihres Weisungsrechts in Angelegenheiten grundsätzlicher Bedeutung befassen die Träger den Kooperationsausschuss nach § 18b. [5]Der Kooperationsausschuss kann innerhalb von zwei Wochen nach Anrufung eine Empfehlung abgeben.
(4) [1]Die gemeinsame Einrichtung kann einzelne Aufgaben auch durch die Träger wahrnehmen lassen. [2]Im Übrigen gelten die §§ 88 bis 92 des Zehnten Buches für die gemeinsamen Einrichtungen im Aufgabenbereich dieses Buches entsprechend.
(5) Die Bundesagentur stellt der gemeinsamen Einrichtung Angebote an Dienstleistungen zur Verfügung.
(6) Die Träger teilen der gemeinsamen Einrichtung alle Tatsachen und Feststellungen mit, von denen sie Kenntnis erhalten und die für die Leistungen erforderlich sind.

§ 44c Trägerversammlung

(1) [1]Die gemeinsame Einrichtung hat eine Trägerversammlung. [2]In der Trägerversammlung sind Vertreterinnen und Vertreter der Agentur für Arbeit und des kommunalen Trägers je zur Hälfte vertreten. [3]In der Regel entsenden die Träger je drei Vertreterinnen oder Vertreter. [4]Jede Vertreterin und jeder Vertreter hat eine Stimme. [5]Die Vertreterinnen und Vertreter wählen eine Vorsitzende oder einen Vorsitzenden für eine Amtszeit von bis zu fünf Jahren. [6]Kann in der Trägerversammlung keine Einigung über die Person der oder des Vorsitzenden erzielt werden, wird die oder der Vorsitzende von den Vertreterinnen und Vertretern der Agentur für Arbeit und des kommunalen Trägers abwechselnd jeweils für zwei Jahre bestimmt; die erstmalige Bestimmung erfolgt durch die Vertreterinnen und Vertreter der Agentur für Arbeit. [7]Die Trägerversammlung entscheidet durch Beschluss mit Stimmenmehrheit. [8]Bei Stimmengleichheit entscheidet die Stimme der oder des Vorsitzenden; dies gilt nicht für Entscheidungen nach Absatz 2 Satz 2 Nummer 1, 4 und 8. [9]Die Beschlüsse sind von der oder dem Vorsitzenden schriftlich oder elektronisch niederzulegen. [10]Die Trägerversammlung gibt sich eine Geschäftsordnung.

(2) [1]Die Trägerversammlung entscheidet über organisatorische, personalwirtschaftliche, personalrechtliche und personalvertretungsrechtliche Angelegenheiten der gemeinsamen Einrichtung. [2]Dies sind insbesondere
1. die Bestellung und Abberufung der Geschäftsführerin oder des Geschäftsführers,
2. der Verwaltungsablauf und die Organisation,
3. die Änderung des Standorts der gemeinsamen Einrichtung,
4. die Entscheidungen nach § 6 Absatz 1 Satz 2 und § 44b Absatz 4, ob einzelne Aufgaben durch die Träger oder durch Dritte wahrgenommen werden,
5. die Regelung der Ordnung in der Dienststelle und des Verhaltens der Beschäftigten,
6. die Arbeitsplatzgestaltung,
7. die Genehmigung von Dienstvereinbarungen mit der Personalvertretung,
8. die Aufstellung des Stellenplans und der Richtlinien zur Stellenbewirtschaftung,
9. die grundsätzlichen Regelungen der innerdienstlichen, sozialen und persönlichen Angelegenheiten der Beschäftigten.

(3) Die Trägerversammlung nimmt in Streitfragen zwischen Personalvertretung und Geschäftsführerin oder Geschäftsführer die Aufgaben einer übergeordneten Dienststelle und obersten Dienstbehörde nach den §§ 71 bis 75, 77 und 82 des Bundespersonalvertretungsgesetzes wahr.

(4) [1]Die Trägerversammlung berät zu gemeinsamen Betreuungsschlüsseln. [2]Sie hat dabei die zur Verfügung stehenden Haushaltsmittel zu berücksichtigen. [3]Bei der Personalbedarfsermittlung sind im Regelfall folgende Anteilsverhältnisse zwischen eingesetztem Personal und Leistungsberechtigten nach diesem Buch zu berücksichtigen:
1. 1 : 75 bei der Gewährung der Leistungen zur Eingliederung in Arbeit von erwerbsfähigen Leistungsberechtigten bis zur Vollendung des 25. Lebensjahres,
2. 1 : 150 bei der Gewährung der Leistungen zur Eingliederung in Arbeit von erwerbsfähigen Leistungsberechtigten, die das 25. Lebensjahr vollendet und die Altersgrenze nach § 7a noch nicht erreicht haben.

(5) [1]Die Trägerversammlung stellt einheitliche Grundsätze der Qualifizierungsplanung und Personalentwicklung auf, die insbesondere der individuellen Entwicklung der Mitarbeiterinnen und Mitarbeiter dienen und ihnen unter Beachtung ihrer persönlichen Interessen und Fähigkeiten die zur Wahrnehmung ihrer Aufgaben erforderliche Qualifikation vermitteln sollen. [2]Die Trägerversammlung stimmt die Grundsätze der Personalentwicklung mit den Personalentwicklungskonzepten der Träger ab. [3]Die Geschäftsführerin oder der Geschäftsführer berichtet der Trägerversammlung regelmäßig über den Stand der Umsetzung.

(6) In der Trägerversammlung wird das örtliche Arbeitsmarkt- und Integrationsprogramm der Grundsicherung für Arbeitsuchende unter Beachtung von Zielvorgaben der Träger abgestimmt.

§ 44d Geschäftsführerin, Geschäftsführer

(1) [1]Die Geschäftsführerin oder der Geschäftsführer führt hauptamtlich die Geschäfte der gemeinsamen Einrichtung, soweit durch Gesetz nichts Abweichendes bestimmt ist. [2]Sie oder er vertritt die gemeinsame Einrichtung gerichtlich und außergerichtlich. [3]Sie oder er hat die von der Trägerversammlung in deren Aufgabenbereich beschlossenen Maßnahmen auszuführen und nimmt an deren Sitzungen beratend teil.

(2) [1]Die Geschäftsführerin oder der Geschäftsführer wird für fünf Jahre bestellt. [2]Für die Ausschreibung der zu besetzenden Stelle findet § 4 der Bundeslaufbahnverordnung entsprechende Anwendung. [3]Kann in der Trägerversammlung keine Einigung über die Person der Geschäftsführerin oder des Geschäftsführers erzielt werden, unterrichtet die oder der Vorsitzende der Trägerversammlung den Kooperationsausschuss. [4]Der Kooperationsausschuss hört die Träger der gemeinsamen Einrichtung an und unterbreitet einen Vorschlag. [5]Können sich die Mitglieder des Kooperationsausschusses nicht auf einen Vorschlag verständigen oder kann in der Trägerversammlung trotz Vorschlags keine Einigung erzielt werden, wird die Geschäftsführerin oder der Geschäftsführer von der Agentur für Arbeit und dem kommunalen Träger abwechselnd jeweils für zweieinhalb Jahre bestimmt. [6]Die erstmalige Bestim-

mung erfolgt durch die Agentur für Arbeit; abweichend davon erfolgt die erstmalige Bestimmung durch den kommunalen Träger, wenn die Agentur für Arbeit erstmalig die Vorsitzende oder den Vorsitzenden der Trägerversammlung bestimmt hat. [7]Die Geschäftsführerin oder der Geschäftsführer kann auf Beschluss der Trägerversammlung vorzeitig abberufen werden. [8]Bis zur Bestellung einer neuen Geschäftsführerin oder eines neuen Geschäftsführers führt sie oder er die Geschäfte der gemeinsamen Einrichtung kommissarisch.
(3) [1]Die Geschäftsführerin oder der Geschäftsführer ist Beamtin, Beamter, Arbeitnehmerin oder Arbeitnehmer eines Trägers und untersteht dessen Dienstaufsicht. [2]Soweit sie oder er Beamtin, Beamter, Arbeitnehmerin oder Arbeitnehmer einer nach § 6 Absatz 2 Satz 1 herangezogenen Gemeinde ist, untersteht sie oder er der Dienstaufsicht ihres oder seines Dienstherrn oder Arbeitgebers.
(4) Die Geschäftsführerin oder der Geschäftsführer übt über die Beamtinnen und Beamten sowie die Arbeitnehmerinnen und Arbeitnehmer, denen in der gemeinsamen Einrichtung Tätigkeiten zugewiesen worden sind, die dienst-, personal- und arbeitsrechtlichen Befugnisse der Bundesagentur und des kommunalen Trägers und die Dienstvorgesetzten- und Vorgesetztenfunktion, mit Ausnahme der Befugnisse zur Begründung und Beendigung der mit den Beamtinnen und Beamten sowie Arbeitnehmerinnen und Arbeitnehmern bestehenden Rechtsverhältnisse, aus.
(5) Die Geschäftsführerin ist Leiterin, der Geschäftsführer ist Leiter der Dienststelle im personalvertretungsrechtlichen Sinn und Arbeitgeber im Sinne des Arbeitsschutzgesetzes.
(6) Bei personalrechtlichen Entscheidungen, die in der Zuständigkeit der Träger liegen, hat die Geschäftsführerin oder der Geschäftsführer ein Anhörungs- und Vorschlagsrecht.
(7) [1]Bei der besoldungsrechtlichen Einstufung der Dienstposten der Geschäftsführerinnen und der Geschäftsführer sind Höchstgrenzen einzuhalten. [2]Die Besoldungsgruppe A 16 der Bundesbesoldungsordnung A, in Ausnahmefällen die Besoldungsgruppe B 3 der Bundesbesoldungsordnung B, oder die entsprechende landesrechtliche Besoldungsgruppe darf nicht überschritten werden. [3]Das Entgelt für Arbeitnehmerinnen und Arbeitnehmer darf die für Beamtinnen und Beamte geltende Besoldung nicht übersteigen.

§ 44e Verfahren bei Meinungsverschiedenheit über die Weisungszuständigkeit

(1) [1]Zur Beilegung einer Meinungsverschiedenheit über die Zuständigkeit nach § 44b Absatz 3 und § 44c Absatz 2 können die Träger oder die Trägerversammlung den Kooperationsausschuss anrufen. [2]Stellt die Geschäftsführerin oder der Geschäftsführer fest, dass sich Weisungen der Träger untereinander oder mit einer Weisung der Trägerversammlung widersprechen, unterrichtet sie oder er unverzüglich die Träger, um diesen Gelegenheit zur Überprüfung der Zuständigkeit zum Erlass der Weisungen zu geben. [3]Besteht die Meinungsverschiedenheit danach fort, kann die Geschäftsführerin oder der Geschäftsführer den Kooperationsausschuss anrufen.
(2) [1]Der Kooperationsausschuss entscheidet nach Anhörung der Träger und der Geschäftsführerin oder des Geschäftsführers durch Beschluss mit Stimmenmehrheit. [2]Bei Stimmengleichheit entscheidet die Stimme der oder des Vorsitzenden. [3]Die Beschlüsse des Ausschusses sind von der Vorsitzenden oder von dem Vorsitzenden schriftlich oder elektronisch niederzulegen. [4]Die oder der Vorsitzende teilt den Trägern, der Trägerversammlung sowie der Geschäftsführerin oder dem Geschäftsführer die Beschlüsse mit.
(3) [1]Die Entscheidung des Kooperationsausschusses bindet die Träger. [2]Soweit nach anderen Vorschriften der Rechtsweg gegeben ist, wird er durch die Anrufung des Kooperationsausschusses nicht ausgeschlossen.

§ 44f Bewirtschaftung von Bundesmitteln

(1) [1]Die Bundesagentur überträgt der gemeinsamen Einrichtung die Bewirtschaftung von Haushaltsmitteln des Bundes, die sie im Rahmen von § 46 bewirtschaftet. [2]Für die Übertragung und die Bewirtschaftung gelten die haushaltsrechtlichen Bestimmungen des Bundes.
(2) [1]Zur Bewirtschaftung der Haushaltsmittel des Bundes bestellt die Geschäftsführerin oder der Geschäftsführer eine Beauftragte oder einen Beauftragten für den Haushalt. [2]Die Geschäftsführerin oder der Geschäftsführer und die Trägerversammlung haben die Beauftragte oder den Beauftragten für den Haushalt an allen Maßnahmen von finanzieller Bedeutung zu beteiligen.
(3) Die Bundesagentur hat die Übertragung der Bewirtschaftung zu widerrufen, wenn die gemeinsame Einrichtung bei der Bewirtschaftung wiederholt oder erheblich gegen Rechts- oder Verwaltungsvorschriften verstoßen hat und durch die Bestellung einer oder eines anderen Beauftragten für den Haushalt keine Abhilfe zu erwarten ist.
(4) [1]Näheres zur Übertragung und Durchführung der Bewirtschaftung von Haushaltsmitteln des Bundes kann zwischen der Bundesagentur und der gemeinsamen Einrichtung vereinbart werden. [2]Der kommunale Träger kann die gemeinsame Einrichtung auch mit der Bewirtschaftung von kommunalen Haushaltsmitteln beauftragen.
(5) Auf Beschluss der Trägerversammlung kann die Befugnis nach Absatz 1 auf die Bundesagentur zurückübertragen werden.

§ 44g Zuweisung von Tätigkeiten bei der gemeinsamen Einrichtung

(1) [1]Beamtinnen und Beamten sowie Arbeitnehmerinnen und Arbeitnehmern der Träger und der nach § 6 Absatz 2 Satz 1 herangezogenen Gemeinden und Gemeindeverbände können mit Zustimmung der Geschäftsführerin oder des

Geschäftsführers der gemeinsamen Einrichtung nach den beamten- und tarifrechtlichen Regelungen Tätigkeiten bei den gemeinsamen Einrichtungen zugewiesen werden; diese Zuweisung kann auch auf Dauer erfolgen. ²Die Zuweisung ist auch ohne Zustimmung der Beamtinnen und Beamten sowie Arbeitnehmerinnen und Arbeitnehmer zulässig, wenn dringende dienstliche Interessen es erfordern.
(2) Bei einer Zuweisung von Tätigkeiten bei den gemeinsamen Einrichtungen an Beschäftigte, denen bereits eine Tätigkeit in diesen gemeinsamen Einrichtungen zugewiesen worden war, ist die Zustimmung der Geschäftsführerin oder des Geschäftsführers der gemeinsamen Einrichtung nicht erforderlich.
(3) ¹Die Rechtsstellung der Beamtinnen und Beamten bleibt unberührt. ²Ihnen ist eine ihrem Amt entsprechende Tätigkeit zu übertragen.
(4) ¹Die mit der Bundesagentur, dem kommunalen Träger oder einer nach § 6 Absatz 2 Satz 1 herangezogenen Gemeinde oder einem Gemeindeverband bestehenden Arbeitsverhältnisse bleiben unberührt. ²Werden einer Arbeitnehmerin oder einem Arbeitnehmer aufgrund der Zuweisung Tätigkeiten übertragen, die einer niedrigeren Entgeltgruppe oder Tätigkeitsebene zuzuordnen sind, bestimmt sich die Eingruppierung nach der vorherigen Tätigkeit.
(5) ¹Die Zuweisung kann
1. aus dienstlichen Gründen mit einer Frist von drei Monaten,
2. auf Verlangen der Beamtin, des Beamten, der Arbeitnehmerin oder des Arbeitnehmers aus wichtigem Grund jederzeit

beendet werden. ²Die Geschäftsführerin oder der Geschäftsführer kann der Beendigung nach Nummer 2 aus zwingendem dienstlichem Grund widersprechen.

§ 44h Personalvertretung

(1) ¹In den gemeinsamen Einrichtungen wird eine Personalvertretung gebildet. ²Die Regelungen des Bundespersonalvertretungsgesetzes gelten entsprechend.
(2) Die Beamtinnen und Beamten sowie Arbeitnehmerinnen und Arbeitnehmer in der gemeinsamen Einrichtung besitzen für den Zeitraum, für den ihnen Tätigkeiten in der gemeinsamen Einrichtung zugewiesen worden sind, ein aktives und passives Wahlrecht zu der Personalvertretung.
(3) Der Personalvertretung der gemeinsamen Einrichtung stehen alle Rechte entsprechend den Regelungen des Bundespersonalvertretungsgesetzes zu, soweit der Trägerversammlung oder der Geschäftsführerin oder dem Geschäftsführer Entscheidungsbefugnisse in personalrechtlichen, personalwirtschaftlichen, sozialen oder die Ordnung der Dienststelle betreffenden Angelegenheiten zustehen.
(4) ¹Zur Erörterung und Abstimmung gemeinsamer personalvertretungsrechtlich relevanter Angelegenheiten wird eine Arbeitsgruppe der Vorsitzenden der Personalvertretungen der gemeinsamen Einrichtungen eingerichtet. ²Die Arbeitsgruppe hält bis zu zwei Sitzungen im Jahr ab. ³Sie beschließt mit der Mehrheit der Stimmen ihrer Mitglieder eine Geschäftsordnung, die Regelungen über den Vorsitz, das Verfahren zur internen Willensbildung und zur Beschlussfassung enthalten muss. ⁴Die Arbeitsgruppe kann Stellungnahmen zu Maßnahmen der Träger, die Einfluss auf die Arbeitsbedingungen aller Arbeitnehmerinnen und Arbeitnehmer sowie Beamtinnen und Beamten in den gemeinsamen Einrichtungen haben können, an die zuständigen Träger abgeben.
(5) Die Rechte der Personalvertretungen der abgebenden Dienstherren und Arbeitgeber bleiben unberührt, soweit die Entscheidungsbefugnisse bei den Trägern verbleiben.

§ 44i Schwerbehindertenvertretung; Jugend- und Auszubildendenvertretung

Auf die Schwerbehindertenvertretung und Jugend- und Auszubildendenvertretung ist § 44h entsprechend anzuwenden.

§ 44j Gleichstellungsbeauftragte

¹In der gemeinsamen Einrichtung wird eine Gleichstellungsbeauftragte bestellt. ²Das Bundesgleichstellungsgesetz gilt entsprechend. ³Der Gleichstellungsbeauftragten stehen die Rechte entsprechend den Regelungen des Bundesgleichstellungsgesetzes zu, soweit die Trägerversammlung und die Geschäftsführer entscheidungsbefugt sind.

   Anm. d. Hrsg. zu Satz 3: richtig wohl „die Geschäftsführerinnen oder Geschäftsführer".

§ 44k Stellenbewirtschaftung

(1) Mit der Zuweisung von Tätigkeiten nach § 44g Absatz 1 und 2 übertragen die Träger der gemeinsamen Einrichtung die entsprechenden Planstellen und Stellen sowie Ermächtigungen für die Beschäftigung von Arbeitnehmerinnen und Arbeitnehmern mit befristeten Arbeitsverträgen zur Bewirtschaftung.
(2) ¹Der von der Trägerversammlung aufzustellende Stellenplan bedarf der Genehmigung der Träger. ²Bei Aufstellung und Bewirtschaftung des Stellenplanes unterliegt die gemeinsame Einrichtung den Weisungen der Träger.

§ 45 (weggefallen)

Kapitel 5
Finanzierung und Aufsicht

§ 46 Finanzierung aus Bundesmitteln

(1) ¹Der Bund trägt die Aufwendungen der Grundsicherung für Arbeitsuchende einschließlich der Verwaltungskosten, soweit die Leistungen von der Bundesagentur erbracht werden. ²Der Bundesrechnungshof prüft die Leistungsgewährung. ³Dies gilt auch, soweit die Aufgaben von gemeinsamen Einrichtungen nach § 44b wahrgenommen werden. ⁴Eine Pauschalierung von Eingliederungsleistungen und Verwaltungskosten ist zulässig. ⁵Die Mittel für die Erbringung von Eingliederungsleistungen und Verwaltungskosten werden in einem Gesamtbudget veranschlagt.

(2) ¹Der Bund kann festlegen, nach welchen Maßstäben die Mittel nach Absatz 1 Satz 4 auf die Agenturen für Arbeit zu verteilen sind. ²Bei der Zuweisung wird die Zahl der erwerbsfähigen Leistungsberechtigten nach diesem Buch zugrunde gelegt. ³Das Bundesministerium für Arbeit und Soziales kann im Einvernehmen mit dem Bundesministerium der Finanzen durch Rechtsverordnung ohne Zustimmung des Bundesrates andere oder ergänzende Maßstäbe für die Verteilung der Mittel nach Absatz 1 Satz 4 festlegen.

(3) ¹Der Anteil des Bundes an den Gesamtverwaltungskosten der gemeinsamen Einrichtungen beträgt 84,8 Prozent. ²Durch Rechtsverordnung mit Zustimmung des Bundesrates kann das Bundesministerium für Arbeit und Soziales im Einvernehmen mit dem Bundesministerium der Finanzen festlegen, nach welchen Maßstäben

1. kommunale Träger die Aufwendungen der Grundsicherung für Arbeitsuchende bei der Bundesagentur abrechnen, soweit sie Aufgaben nach § 6 Absatz 1 Satz 1 Nummer 1 wahrnehmen,
2. die Gesamtverwaltungskosten, die der Berechnung des Finanzierungsanteils nach Satz 1 zugrunde liegen, zu bestimmen sind.

(4) (weggefallen)

(5) ¹Der Bund beteiligt sich zweckgebunden an den Ausgaben für die Leistungen für Unterkunft und Heizung nach § 22 Absatz 1. ²Der Bund beteiligt sich höchstens mit 74 Prozent an den bundesweiten Ausgaben für die Leistungen nach § 22 Absatz 1. ³Es gelten landesspezifische Beteiligungsquoten, deren Höhe sich nach den Absätzen 6 bis 10 bestimmt.

(6) Der Bund beteiligt sich an den Ausgaben für die Leistungen nach § 22 Absatz 1 ab dem Jahr 2016
1. im Land Baden-Württemberg mit 31,6 Prozent,
2. im Land Rheinland-Pfalz mit 37,6 Prozent sowie
3. in den übrigen Ländern mit 27,6 Prozent.

(7) ¹Die in Absatz 6 genannten Prozentsätze erhöhen sich jeweils
1. im Jahr 2018 um 7,9 Prozentpunkte,
2. im Jahr 2019 um 3,3 Prozentpunkte,
3. im Jahr 2020 um 27,7 Prozentpunkte,
4. im Jahr 2021 um 26,2 Prozentpunkte sowie
5. ab dem Jahr 2022 um 35,2 Prozentpunkte.

²Darüber hinaus erhöhen sich die in Absatz 6 genannten Prozentsätze im Jahr 2017 jeweils um weitere 3,7 Prozentpunkte.

(8) ¹Die in Absatz 6 genannten Prozentsätze erhöhen sich jeweils um einen landesspezifischen Wert in Prozentpunkten. ²Dieser entspricht den Gesamtausgaben des jeweiligen Landes für die Leistungen nach § 28 dieses Gesetzes sowie nach § 6b des Bundeskindergeldgesetzes des abgeschlossenen Vorjahres geteilt durch die Gesamtausgaben des jeweiligen Landes für die Leistungen nach § 22 Absatz 1 des abgeschlossenen Vorjahres multipliziert mit 100.

(9) Die in Absatz 6 genannten Prozentsätze erhöhen sich in den Jahren 2016 bis 2021 jeweils um einen weiteren landesspezifischen Wert in Prozentpunkten.

(10) ¹Das Bundesministerium für Arbeit und Soziales wird ermächtigt, durch Rechtsverordnung mit Zustimmung des Bundesrates

1. die landesspezifischen Werte nach Absatz 8 Satz 1 jährlich für das Folgejahr festzulegen und für das laufende Jahr rückwirkend anzupassen,
2. die weiteren landesspezifischen Werte nach Absatz 9
    a) im Jahr 2019 für das Jahr 2020 festzulegen sowie für das laufende Jahr 2019 und das Vorjahr 2018 rückwirkend anzupassen,
    b) im Jahr 2020 für das Jahr 2021 festzulegen sowie für das laufende Jahr 2020 und das Vorjahr 2019 rückwirkend anzupassen,
    c) im Jahr 2021 für das laufende Jahr 2021 und das Vorjahr 2020 rückwirkend anzupassen,
    d) im Jahr 2022 für das Vorjahr 2021 rückwirkend anzupassen sowie
3. die landesspezifischen Beteiligungsquoten jährlich für das Folgejahr festzulegen und für das laufende Jahr rückwirkend anzupassen sowie in den Jahren 2019 bis 2022 für das jeweilige Vorjahr rückwirkend anzupassen.

²Die Festlegung und Anpassung der Werte nach Satz 1 Nummer 1 erfolgen in Höhe des jeweiligen Wertes nach Absatz 8 Satz 2 des abgeschlossenen Vorjahres. ³Für die Festlegung und Anpassung der Werte nach Satz 1 Nummer 2 werden auf der Grundlage statistischer Daten die Vorjahresausgaben eines Landes für Leistungen nach § 22 Absatz 1 für solche Bedarfsgemeinschaften ermittelt, in denen mindestens eine erwerbsfähige leistungsberechtigte Person, die nicht vor Oktober 2015 erstmals leistungsberechtigt war, über eine Aufenthaltsgestattung, eine Duldung oder eine Aufenthaltserlaubnis aus völkerrechtlichen, humanitären oder politischen Gründen nach den §§ 22 bis 26 des Aufenthaltsgesetzes verfügt. ⁴Bei der Ermittlung der Vorjahresausgaben nach Satz 3 ist nur der Teil zu berücksichtigen, der nicht vom Bund auf Basis der geltenden landesspezifischen Werte nach Absatz 6 erstattet wurde. ⁵Die Festlegung und Anpassung der Werte nach Satz 1 Nummer 2 erfolgen in Höhe des prozentualen Verhältnisses der nach den Sätzen 3 und 4 abgegrenzten Ausgaben zu den entsprechenden Vorjahresausgaben eines Landes für die Leistungen nach § 22 Absatz 1 für alle Bedarfsgemeinschaften. ⁶Soweit die Festlegung und Anpassung nach Satz 1 Nummer 1 und 2 zu landesspezifischen Beteiligungsquoten führen, auf Grund derer sich der Bund mit mehr als 74 Prozent an den bundesweiten Gesamtausgaben für die Leistungen nach § 22 Absatz 1 beteiligt, sind die Werte nach Absatz 7 proportional in dem Umfang zu mindern, dass die Beteiligung an den bundesweiten Gesamtausgaben für die Leistungen nach § 22 Absatz 1 nicht mehr als 74 Prozent beträgt. ⁷Soweit eine vollständige Minderung nach Satz 6 nicht ausreichend ist, sind anschließend die Werte nach Absatz 9 proportional in dem Umfang zu mindern, dass die Beteiligung an den bundesweiten Gesamtausgaben für die Leistungen nach § 22 Absatz 1 nicht mehr als 74 Prozent beträgt.

(11) ¹Die Anteile des Bundes an den Leistungen nach § 22 Absatz 1 werden den Ländern erstattet. ²Der Abruf der Erstattungen ist höchstens zweimal monatlich zulässig. ³Soweit eine Bundesbeteiligung für Zahlungen geltend gemacht wird, die wegen des fristgerechten Eingangs beim Empfänger bereits am Ende eines Haushaltsjahres geleistet wurden, aber erst im folgenden Haushaltsjahr fällig werden, ist die für das folgende Haushaltsjahr geltende Bundesbeteiligung maßgeblich. ⁴ Im Rahmen der rückwirkenden Anpassung nach Absatz 10 Satz 1 wird die Differenz, die sich aus der Anwendung der bis zur Anpassung geltenden landesspezifischen Beteiligungsquoten und der durch die Verordnung rückwirkend geltenden landesspezifischen Beteiligungsquoten ergibt, zeitnah im Erstattungsverfahren ausgeglichen. ⁵Die Gesamtausgaben für die Leistungen nach § 28 sowie nach § 6b des Bundeskindergeldgesetzes sowie die Gesamtausgaben für Leistungen nach § 22 Absatz 1 sind durch die Länder bis zum 31. März des Folgejahres zu ermitteln und dem Bundesministerium für Arbeit und Soziales mitzuteilen. ⁶Bei der Ermittlung ist maßgebend, dass diese Ausgaben im entsprechenden Jahr vom kommunalen Träger tatsächlich geleistet wurden; davon abweichend sind geleistete Ausgaben in Fällen des Satzes 3 den Gesamtausgaben des Jahres zuzurechnen, in dem sie fällig geworden sind. ⁷Die Ausgaben nach Satz 6 sind um entsprechende Einnahmen für die jeweiligen Leistungen im entsprechenden Jahr zu mindern. ⁸Die Länder gewährleisten, dass geprüft wird, dass die Ausgaben der kommunalen Träger nach Satz 5 begründet und belegt sind und den Grundsätzen der Wirtschaftlichkeit und Sparsamkeit entsprechen.

Anm. d. Hrsg. zu Abs. 10: vgl. Bundesbeteiligungs-Festlegungsverordnung 2021 (BBFestV 2021) vom 25. Juni 2021 (BGBl. I S. 2148).

§ 47 Aufsicht

(1) ¹Das Bundesministerium für Arbeit und Soziales führt die Rechts- und Fachaufsicht über die Bundesagentur, soweit dieser nach § 44b Absatz 3 ein Weisungsrecht gegenüber den gemeinsamen Einrichtungen zusteht. ²Das Bundesministerium für Arbeit und Soziales kann der Bundesagentur Weisungen erteilen und sie an seine Auffassung binden; es kann organisatorische Maßnahmen zur Wahrung der Interessen des Bundes an der Umsetzung der Grundsicherung für Arbeitsuchende treffen.
(2) ¹Die zuständigen Landesbehörden führen die Aufsicht über die kommunalen Träger, soweit diesen nach § 44b Absatz 3 ein Weisungsrecht gegenüber den gemeinsamen Einrichtungen zusteht. ²Im Übrigen bleiben landesrechtliche Regelungen unberührt.
(3) ¹Im Aufgabenbereich der Trägerversammlung führt das Bundesministerium für Arbeit und Soziales die Rechtsaufsicht über die gemeinsamen Einrichtungen im Einvernehmen mit der zuständigen obersten Landesbehörde. ²Kann ein Einvernehmen nicht hergestellt werden, gibt der Kooperationsausschuss eine Empfehlung ab. ³Von der Empfehlung kann das Bundesministerium für Arbeit und Soziales nur aus wichtigem Grund abweichen. ⁴Im Übrigen ist der Kooperationsausschuss bei Aufsichtsmaßnahmen zu unterrichten.
(4) Das Bundesministerium für Arbeit und Soziales kann durch Rechtsverordnung ohne Zustimmung des Bundesrates die Wahrnehmung seiner Aufgaben nach den Absätzen 1 und 3 auf eine Bundesoberbehörde übertragen.
(5) Die aufsichtführenden Stellen sind berechtigt, die Wahrnehmung der Aufgaben bei den gemeinsamen Einrichtungen zu prüfen.

§ 48 Aufsicht über die zugelassenen kommunalen Träger

(1) Die Aufsicht über die zugelassenen kommunalen Träger obliegt den zuständigen Landesbehörden.
(2) ¹Die Rechtsaufsicht über die obersten Landesbehörden übt die Bundesregierung aus, soweit die zugelassenen kommunalen Träger Aufgaben anstelle der Bundesagentur erfüllen. ²Zu diesem Zweck kann die Bundesregierung mit Zustimmung des Bundesrates allgemeine Verwaltungsvorschriften zu grundsätzlichen Rechtsfragen der Leistungserbringung erlassen. ³Die Bundesregierung kann die Ausübung der Rechtsaufsicht auf das Bundesministerium für Arbeit und Soziales übertragen.
(3) Das Bundesministerium für Arbeit und Soziales kann mit Zustimmung des Bundesrates allgemeine Verwaltungsvorschriften für die Abrechnung der Aufwendungen der Grundsicherung für Arbeitsuchende erlassen.

§ 48a Vergleich der Leistungsfähigkeit

(1) Zur Feststellung und Förderung der Leistungsfähigkeit der örtlichen Aufgabenwahrnehmung der Träger der Grundsicherung für Arbeitsuchende erstellt das Bundesministerium für Arbeit und Soziales auf der Grundlage der Kennzahlen nach § 51b Absatz 3 Nummer 3 Kennzahlenvergleiche und veröffentlicht die Ergebnisse vierteljährlich.
(2) Das Bundesministerium für Arbeit und Soziales wird ermächtigt, durch Rechtsverordnung mit Zustimmung des Bundesrates die für die Vergleiche erforderlichen Kennzahlen sowie das Verfahren zu deren Weiterentwicklung und die Form der Veröffentlichung der Ergebnisse festzulegen.

§ 48b Zielvereinbarungen

(1) ¹Zur Erreichung der Ziele nach diesem Buch schließen
1. das Bundesministerium für Arbeit und Soziales im Einvernehmen mit dem Bundesministerium der Finanzen mit der Bundesagentur,
2. die Bundesagentur und die kommunalen Träger mit den Geschäftsführerinnen und Geschäftsführern der gemeinsamen Einrichtungen,
3. das Bundesministerium für Arbeit und Soziales mit der zuständigen Landesbehörde sowie
4. die zuständige Landesbehörde mit den zugelassenen kommunalen Trägern

Vereinbarungen ab. ²Die Vereinbarungen nach Satz 1 Nummer 2 bis 4 umfassen alle Leistungen dieses Buches. ³Die Beratungen über die Vereinbarung nach Satz 1 Nummer 3 führen die Kooperationsausschüsse nach § 18b. ⁴Im Bund-Länder-Ausschuss nach § 18c wird für die Vereinbarungen nach diesem Absatz über einheitliche Grundlagen beraten.
(2) Die Vereinbarungen werden nach Beschlussfassung des Bundestages über das jährliche Haushaltsgesetz abgeschlossen.
(3) ¹Die Vereinbarungen umfassen insbesondere die Ziele der Verringerung der Hilfebedürftigkeit, Verbesserung der Integration in Erwerbstätigkeit und Vermeidung von langfristigem Leistungsbezug. ²Die Vereinbarungen nach Absatz 1 Satz 1 Nummer 2 bis 4 umfassen zusätzlich das Ziel der Verbesserung der sozialen Teilhabe.
(4) Die Vereinbarungen nach Absatz 1 Satz 1 Nummer 4 sollen sich an den Vereinbarungen nach Absatz 1 Satz 1 Nummer 3 orientieren.
(5) Für den Abschluss der Vereinbarungen und die Nachhaltung der Zielerreichung sind die Daten nach § 51b und die Kennzahlen nach § 48a Absatz 2 maßgeblich.
(6) Die Vereinbarungen nach Absatz 1 Satz 1 Nummer 1 können
1. erforderliche Genehmigungen oder Zustimmungen des Bundesministeriums für Arbeit und Soziales ersetzen,
2. die Selbstbewirtschaftung von Haushaltsmitteln für Leistungen zur Eingliederung in Arbeit sowie für Verwaltungskosten zulassen.

§ 49 Innenrevision

(1) ¹Die Bundesagentur stellt durch organisatorische Maßnahmen sicher, dass in allen Dienststellen und gemeinsamen Einrichtungen durch eigenes, nicht der Dienststelle angehörendes Personal geprüft wird, ob von ihr Leistungen nach diesem Buch unter Beachtung der gesetzlichen Bestimmungen nicht hätten erbracht werden dürfen oder zweckmäßiger oder wirtschaftlicher hätten eingesetzt werden können. ²Mit der Durchführung der Prüfungen können Dritte beauftragt werden.
(2) Das Prüfpersonal der Bundesagentur ist für die Zeit seiner Prüftätigkeit fachlich unmittelbar der Leitung der Dienststelle unterstellt, in der es beschäftigt ist.
(3) Der Vorstand legt die Berichte nach Absatz 1 unverzüglich dem Bundesministerium für Arbeit und Soziales vor.

Kapitel 6
Datenverarbeitung und datenschutzrechtliche Verantwortung

§ 50 Datenübermittlung

(1) ¹Die Bundesagentur, die kommunalen Träger, die zugelassenen kommunalen Träger, gemeinsame Einrichtungen, die für die Bekämpfung von Leistungsmissbrauch und illegaler Beschäftigung zuständigen Stellen und mit der

Wahrnehmung von Aufgaben beauftragte Dritte sollen sich gegenseitig Sozialdaten übermitteln, soweit dies zur Erfüllung ihrer Aufgaben nach diesem Buch oder dem Dritten Buch erforderlich ist. ²Hat die Agentur für Arbeit oder ein zugelassener kommunaler Träger eine externe Gutachterin oder einen externen Gutachter beauftragt, eine ärztliche oder psychologische Untersuchung oder Begutachtung durchzuführen, ist die Übermittlung von Daten an die Agentur für Arbeit oder den zugelassenen kommunalen Träger durch die externe Gutachterin oder den externen Gutachter zulässig, soweit dies zur Erfüllung des Auftrages erforderlich ist.
(2) Die gemeinsame Einrichtung ist Verantwortliche für die Verarbeitung von Sozialdaten nach § 67 Absatz 4 des Zehnten Buches sowie Stelle im Sinne des § 35 Absatz 1 des Ersten Buches.
(3) ¹Die gemeinsame Einrichtung nutzt zur Erfüllung ihrer Aufgaben durch die Bundesagentur zentral verwaltete Verfahren der Informationstechnik. ²Sie ist verpflichtet, auf einen auf dieser Grundlage erstellten gemeinsamen zentralen Datenbestand zuzugreifen. ³Verantwortliche für die zentral verwalteten Verfahren der Informationstechnik nach § 67 Absatz 4 des Zehnten Buches ist die Bundesagentur.
(4) ¹ Eine Verarbeitung von Sozialdaten durch die gemeinsame Einrichtung ist nur unter den Voraussetzungen der Verordnung (EU) 2016/679 des Europäischen Parlaments und des Rates vom 27. April 2016 zum Schutz natürlicher Personen bei der Verarbeitung personenbezogener Daten, zum freien Datenverkehr und zur Aufhebung der Richtlinie 95/46/EG (Datenschutz-Grundverordnung) (ABl. L 119 vom 4. 5. 2016, S. 1; L 314 vom 22. 11. 2016, S. 72; L 127 vom 23. 5. 2018, S. 2) in der jeweils geltenden Fassung sowie des Zweiten Kapitels des Zehnten Buches und der übrigen Bücher des Sozialgesetzbuches zulässig. ²Der Anspruch auf Zugang zu amtlichen Informationen gegenüber der gemeinsamen Einrichtung richtet sich nach dem Informationsfreiheitsgesetz des Bundes. ³Die Datenschutzkontrolle und die Kontrolle der Einhaltung der Vorschriften über die Informationsfreiheit bei der gemeinsamen Einrichtung sowie für die zentralen Verfahren der Informationstechnik obliegen nach § 9 Absatz 1 Satz 1 des Bundesdatenschutzgesetzes der oder dem Bundesbeauftragten für den Datenschutz und die Informationsfreiheit.

§ 50a Speicherung, Veränderung, Nutzung, Übermittlung, Einschränkung der Verarbeitung oder Löschung von Daten für die Ausbildungsvermittlung

¹Gemeinsame Einrichtungen und zugelassene kommunale Träger dürfen die ihnen nach § 282b Absatz 4 des Dritten Buches von der Bundesagentur übermittelten Daten über eintragungsfähige oder eingetragene Ausbildungsverhältnisse ausschließlich speichern, verändern, nutzen, übermitteln oder in der Verarbeitung einschränken zur Verbesserung der
1. Ausbildungsvermittlung,
2. Zuverlässigkeit und Aktualität der Ausbildungsvermittlungsstatistik oder
3. Feststellung von Angebot und Nachfrage auf dem Ausbildungsmarkt.

²Die zu diesen Zwecken übermittelten Daten sind spätestens zum Ende des Kalenderjahres zu löschen.

§ 51 Verarbeitung von Sozialdaten durch nicht-öffentliche Stellen

Die Träger der Leistungen nach diesem Buch dürfen abweichend von § 80 Absatz 3 des Zehnten Buches zur Erfüllung ihrer Aufgaben nach diesem Buch einschließlich der Erbringung von Leistungen zur Eingliederung in Arbeit und Bekämpfung von Leistungsmissbrauch nicht-öffentliche Stellen mit der Verarbeitung von Sozialdaten beauftragen.

§ 51a Kundennummer

¹Jeder Person, die Leistungen nach diesem Gesetz bezieht, wird einmalig eine eindeutige, von der Bundesagentur oder im Auftrag der Bundesagentur von den zugelassenen kommunalen Trägern vergebene Kundennummer zugeteilt. ²Die Kundennummer ist vom Träger der Grundsicherung für Arbeitsuchende als Identifikationsmerkmal zu nutzen und dient ausschließlich diesem Zweck sowie den Zwecken nach § 51b Absatz 3. ³Soweit vorhanden, ist die schon beim Vorbezug von Leistungen nach dem Dritten Buch vergebene Kundennummer der Bundesagentur zu verwenden. ⁴Die Kundennummer bleibt der jeweiligen Person auch zugeordnet, wenn sie den Träger wechselt. ⁵Bei erneuter Leistung nach längerer Zeit ohne Inanspruchnahme von Leistungen nach diesem Buch oder nach dem Dritten Buch wird eine neue Kundennummer vergeben. ⁶Diese Regelungen gelten entsprechend auch für Bedarfsgemeinschaften. ⁷Als Bedarfsgemeinschaft im Sinne dieser Vorschrift gelten auch ein oder mehrere Kinder eines Haushalts, die nach § 7 Absatz 2 Satz 3 Leistungen erhalten. ⁸Bei der Übermittlung der Daten verwenden die Träger eine eindeutige, von der Bundesagentur vergebene Trägernummer.

§ 51b Verarbeitung von Daten durch die Träger der Grundsicherung für Arbeitsuchende

(1) ¹Die zuständigen Träger der Grundsicherung für Arbeitsuchende erheben laufend die für die Durchführung der Grundsicherung für Arbeitsuchende erforderlichen Daten. ²Das Bundesministerium für Arbeit und Soziales wird ermächtigt, durch Rechtsverordnung mit Zustimmung des Bundesrates die nach Satz 1 zu erhebenden Daten, die zur Nutzung für die in Absatz 3 genannten Zwecke erforderlich sind, einschließlich des Verfahrens zu deren Weiterentwicklung festzulegen.

(2) Die kommunalen Träger und die zugelassenen kommunalen Träger übermitteln der Bundesagentur die Daten nach Absatz 1 unter Angabe eines eindeutigen Identifikationsmerkmals, personenbezogene Datensätze unter Angabe der Kundennummer sowie der Nummer der Bedarfsgemeinschaft nach § 51a.

(3) Die nach den Absätzen 1 und 2 erhobenen und an die Bundesagentur übermittelten Daten dürfen nur – unbeschadet auf sonstiger gesetzlicher Grundlagen bestehender Mitteilungspflichten – für folgende Zwecke gespeichert, verändert, genutzt, übermittelt, in der Verarbeitung eingeschränkt oder gelöscht werden:
1. die zukünftige Gewährung von Leistungen nach diesem und dem Dritten Buch an die von den Erhebungen betroffenen Personen,
2. Überprüfungen der Träger der Grundsicherung für Arbeitsuchende auf korrekte und wirtschaftliche Leistungserbringung,
3. die Erstellung von Statistiken, Kennzahlen für die Zwecke nach § 48a Absatz 2 und § 48b Absatz 5, Eingliederungsbilanzen und Controllingberichten durch die Bundesagentur, der laufenden Berichterstattung und der Wirkungsforschung nach den §§ 53 bis 55,
4. die Durchführung des automatisierten Datenabgleichs nach § 52,
5. die Bekämpfung von Leistungsmissbrauch.

(4) ¹Die Bundesagentur regelt im Benehmen mit den kommunalen Spitzenverbänden auf Bundesebene den genauen Umfang der nach den Absätzen 1 bis 2 zu übermittelnden Informationen, einschließlich einer Inventurmeldung, sowie die Fristen für deren Übermittlung. ²Sie regelt ebenso die zu verwendenden Systematiken, die Art der Übermittlung der Datensätze einschließlich der Datenformate, sowie Aufbau, Vergabe, Verwendung und Löschungsfristen von Kunden- und Bedarfsgemeinschaftsnummern nach § 51a.

§ 51c (weggefallen)

§ 52 Automatisierter Datenabgleich

(1) ¹Die Bundesagentur und die zugelassenen kommunalen Träger überprüfen Personen, die Leistungen nach diesem Buch beziehen, zum 1. Januar, 1. April, 1. Juli und 1. Oktober im Wege des automatisierten Datenabgleichs daraufhin,
1. ob und in welcher Höhe und für welche Zeiträume von ihnen Leistungen der Träger der gesetzlichen Unfall- oder Rentenversicherung bezogen werden oder wurden,
2. ob und in welchem Umfang Zeiten des Leistungsbezuges nach diesem Buch mit Zeiten einer Versicherungspflicht oder Zeiten einer geringfügigen Beschäftigung zusammentreffen,
3. ob und welche Daten nach § 45d Absatz 1 und § 45e des Einkommensteuergesetzes an das Bundeszentralamt für Steuern übermittelt worden sind,
4. ob und in welcher Höhe ein Kapital nach § 12 Absatz 2 Satz 1 Nummer 2 nicht mehr dem Zweck einer geförderten zusätzlichen Altersvorsorge im Sinne des § 10a oder des Abschnitts XI des Einkommensteuergesetzes dient,
5. ob und in welcher Höhe und für welche Zeiträume von ihnen Leistungen der Bundesagentur als Träger der Arbeitsförderung nach dem Dritten Buch bezogen werden oder wurden,
6. ob und in welcher Höhe und für welche Zeiträume von ihnen Leistungen anderer Träger der Grundsicherung für Arbeitsuchende bezogen werden oder wurden.

²Satz 1 gilt entsprechend für nicht leistungsberechtigte Personen, die mit Personen, die Leistungen nach diesem Buch beziehen, in einer Bedarfsgemeinschaft leben. ³Abweichend von Satz 1 können die dort genannten Träger die Überprüfung nach Satz 1 Nummer 2 zum ersten jedes Kalendermonats durchführen.

(2) Zur Durchführung des automatisierten Datenabgleichs dürfen die Träger der Leistungen nach diesem Buch die folgenden Daten einer Person, die Leistungen nach diesem Buch bezieht, an die in Absatz 1 genannten Stellen übermitteln:
1. Name und Vorname,
2. Geburtsdatum und -ort,
3. Anschrift,
4. Versicherungsnummer.

(2a) ¹Die Datenstelle der Rentenversicherung darf als Vermittlungsstelle die nach den Absätzen 1 und 2 übermittelten Daten speichern und nutzen, soweit dies für die Datenabgleiche nach den Absätzen 1 und 2 erforderlich ist. ²Sie darf die Daten der Stammsatzdatei (§ 150 des Sechsten Buches) und des bei ihr für die Prüfung bei den Arbeitgebern geführten Dateisystems (§ 28p Absatz 8 Satz 2 des Vierten Buches) nutzen, soweit die Daten für die Datenabgleiche erforderlich sind. ³Die nach Satz 1 bei der Datenstelle der Rentenversicherung gespeicherten Daten sind unverzüglich nach Abschluss des Datenabgleichs zu löschen.

(3) ¹Die den in Absatz 1 genannten Stellen überlassenen Daten und Datenträger sind nach Durchführung des Abgleichs unverzüglich zurückzugeben, zu löschen oder zu vernichten. ²Die Träger der Leistungen nach diesem Buch

dürfen die ihnen übermittelten Daten nur zur Überprüfung nach Absatz 1 nutzen. ³Die übermittelten Daten der Personen, bei denen die Überprüfung zu keinen abweichenden Feststellungen führt, sind unverzüglich zu löschen.
(4) Das Bundesministerium für Arbeit und Soziales wird ermächtigt, durch Rechtsverordnung das Nähere über das Verfahren des automatisierten Datenabgleichs und die Kosten des Verfahrens zu regeln; dabei ist vorzusehen, dass die Übermittlung an die Auskunftsstellen durch eine zentrale Vermittlungsstelle (Kopfstelle) zu erfolgen hat, deren Zuständigkeitsbereich zumindest das Gebiet eines Bundeslandes umfasst.

§ 52a Überprüfung von Daten

(1) Die Agentur für Arbeit darf bei Personen, die Leistungen nach diesem Buch beantragt haben, beziehen oder bezogen haben, Auskunft einholen
1. über die in § 39 Absatz 1 Nummer 5 und 11 des Straßenverkehrsgesetzes angeführten Daten über ein Fahrzeug, für das die Person als Halter eingetragen ist, bei dem Zentralen Fahrzeugregister;
2. aus dem Melderegister nach den §§ 34 und 38 bis 41 des Bundesmeldegesetzes und dem Ausländerzentralregister,

soweit dies zur Bekämpfung von Leistungsmissbrauch erforderlich ist.
(2) ¹Die Agentur für Arbeit darf Daten von Personen, die Leistungen nach diesem Buch beantragt haben, beziehen oder bezogen haben und die Wohngeld beantragt haben, beziehen oder bezogen haben, an die nach dem Wohngeldgesetz zuständige Behörde übermitteln, soweit dies zur Feststellung der Voraussetzungen des Ausschlusses vom Wohngeld (§§ 7 und 8 Absatz 1 des Wohngeldgesetzes) erforderlich ist. ²Die Übermittlung der in § 52 Absatz 2 Nummer 1 bis 3 genannten Daten ist zulässig. ³Die in Absatz 1 genannten Behörden führen die Überprüfung durch und teilen das Ergebnis der Überprüfungen der Agentur für Arbeit unverzüglich mit. ⁴Die in Absatz 1 und Satz 1 genannten Behörden haben die ihnen übermittelten Daten nach Abschluss der Überprüfung unverzüglich zu löschen.

Kapitel 7
Statistik und Forschung

§ 53 Statistik und Übermittlung statistischer Daten

(1) ¹Die Bundesagentur erstellt aus den bei der Durchführung der Grundsicherung für Arbeitsuchende von ihr nach § 51b erhaltenen und den ihr von den kommunalen Trägern und den zugelassenen kommunalen Trägern nach § 51b übermittelten Daten Statistiken. ²Sie übernimmt die laufende Berichterstattung und bezieht die Leistungen nach diesem Buch in die Arbeitsmarkt- und Berufsforschung ein.
(2) Das Bundesministerium für Arbeit und Soziales kann Art und Umfang sowie Tatbestände und Merkmale der Statistiken und der Berichterstattung näher bestimmen.
(3) ¹Die Bundesagentur legt die Statistiken nach Absatz 1 dem Bundesministerium für Arbeit und Soziales vor und veröffentlicht sie in geeigneter Form. ²Sie gewährleistet, dass auch kurzfristigem Informationsbedarf des Bundesministeriums für Arbeit und Soziales entsprochen werden kann.
(4) Die Bundesagentur stellt den statistischen Stellen der Kreise und kreisfreien Städte die für Zwecke der Planungsunterstützung und für die Sozialberichterstattung erforderlichen Daten und Tabellen der Arbeitsmarkt- und Grundsicherungsstatistik zur Verfügung.
(5) ¹Die Bundesagentur kann dem Statistischen Bundesamt und den statistischen Ämtern der Länder für Zwecke der Planungsunterstützung und für die Sozialberichterstattung für ihren Zuständigkeitsbereich Daten und Tabellen der Arbeitsmarkt- und Grundsicherungsstatistik zur Verfügung stellen. ²Sie ist berechtigt, dem Statistischen Bundesamt und den statistischen Ämtern der Länder für ergänzende Auswertungen anonymisierte und pseudonymisierte Einzeldaten zu übermitteln. ³Bei der Übermittlung von pseudonymisierten Einzeldaten sind die Namen durch jeweils neu zu generierende Pseudonyme zu ersetzen. ⁴Nicht pseudonymisierte Anschriften dürfen nur zum Zwecke der Zuordnung zu statistischen Blöcken übermittelt werden.
(6) ¹Die Bundesagentur ist berechtigt, für ausschließlich statistische Zwecke den zur Durchführung statistischer Aufgaben zuständigen Stellen der Gemeinden und Gemeindeverbände für ihren Zuständigkeitsbereich Daten und Tabellen der Arbeitsmarkt- und Grundsicherungsstatistik sowie anonymisierte und pseudonymisierte Einzeldaten zu übermitteln, soweit die Voraussetzungen nach § 16 Absatz 5 Satz 2 des Bundesstatistikgesetzes gegeben sind. ²Bei der Übermittlung von pseudonymisierten Einzeldaten sind die Namen durch jeweils neu zu generierende Pseudonyme zu ersetzen. ³Dabei dürfen nur Angaben zu kleinräumigen Gebietseinheiten, nicht aber die genauen Anschriften übermittelt werden.
(7) ¹Die §§ 280 und 281 des Dritten Buches gelten entsprechend. ²§ 282a des Dritten Buches gilt mit der Maßgabe, dass Daten und Tabellen der Arbeitsmarkt- und Grundsicherungsstatistik auch den zur Durchführung statistischer Aufgaben zuständigen Stellen der Kreise und kreisfreien Städte sowie der Gemeinden und Gemeindeverbänden

übermittelt werden dürfen, soweit die Voraussetzungen nach § 16 Absatz 5 Satz 2 des Bundesstatistikgesetzes gegeben sind.

§ 53a Arbeitslose

(1) Arbeitslose im Sinne dieses Gesetzes sind erwerbsfähige Leistungsberechtigte, die die Voraussetzungen des § 16 des Dritten Buches in sinngemäßer Anwendung erfüllen.
(2) Erwerbsfähige Leistungsberechtigte, die nach Vollendung des 58. Lebensjahres mindestens für die Dauer von zwölf Monaten Leistungen der Grundsicherung für Arbeitsuchende bezogen haben, ohne dass ihnen eine sozialversicherungspflichtige Beschäftigung angeboten worden ist, gelten nach Ablauf dieses Zeitraums für die Dauer des jeweiligen Leistungsbezugs nicht als arbeitslos.

§ 54 Eingliederungsbilanz

¹Jede Agentur für Arbeit erstellt für die Leistungen zur Eingliederung in Arbeit eine Eingliederungsbilanz. ²§ 11 des Dritten Buches gilt entsprechend. ³Soweit einzelne Maßnahmen nicht unmittelbar zur Eingliederung in Arbeit führen, sind von der Bundesagentur andere Indikatoren zu entwickeln, die den Integrationsfortschritt der erwerbsfähigen Leistungsberechtigten in geeigneter Weise abbilden.

§ 55 Wirkungsforschung

(1) ¹Die Wirkungen der Leistungen zur Eingliederung und der Leistungen zur Sicherung des Lebensunterhalts sind regelmäßig und zeitnah zu untersuchen und in die Arbeitsmarkt- und Berufsforschung nach § 282 des Dritten Buches einzubeziehen. ²Das Bundesministerium für Arbeit und Soziales und die Bundesagentur können in Vereinbarungen Einzelheiten der Wirkungsforschung festlegen. ³Soweit zweckmäßig, können Dritte mit der Wirkungsforschung beauftragt werden.
(2) Das Bundesministerium für Arbeit und Soziales untersucht vergleichend die Wirkung der örtlichen Aufgabenwahrnehmung durch die Träger der Leistungen nach diesem Buch.

Kapitel 8
Mitwirkungspflichten

§ 56 Anzeige- und Bescheinigungspflicht bei Arbeitsunfähigkeit

(1) ¹Die Agentur für Arbeit soll erwerbsfähige Leistungsberechtigte, die Leistungen zur Sicherung des Lebensunterhalts beantragt haben oder beziehen, in der Eingliederungsvereinbarung oder in dem diese ersetzenden Verwaltungsakt nach § 15 Absatz 3 Satz 3 verpflichten,
1. eine eingetretene Arbeitsunfähigkeit und deren voraussichtliche Dauer unverzüglich anzuzeigen und
2. spätestens vor Ablauf des dritten Kalendertages nach Eintritt der Arbeitsunfähigkeit eine ärztliche Bescheinigung über die Arbeitsunfähigkeit und deren voraussichtliche Dauer vorzulegen.

²§ 31 Absatz 1 findet keine Anwendung. ³Die Agentur für Arbeit ist berechtigt, die Vorlage der ärztlichen Bescheinigung früher zu verlangen. ⁴Dauert die Arbeitsunfähigkeit länger als in der Bescheinigung angegeben, so ist der Agentur für Arbeit eine neue ärztliche Bescheinigung vorzulegen. ⁵Die Bescheinigungen müssen einen Vermerk des behandelnden Arztes darüber enthalten, dass dem Träger der Krankenversicherung unverzüglich eine Bescheinigung über die Arbeitsunfähigkeit mit Angaben über den Befund und die voraussichtliche Dauer der Arbeitsunfähigkeit übersandt wird. ⁶Zweifelt die Agentur für Arbeit an der Arbeitsunfähigkeit der oder des erwerbsfähigen Leistungsberechtigten, so gilt § 275 Absatz 1 Nummer 3b und Absatz 1a des Fünften Buches entsprechend.
(2) ¹Die Bundesagentur erstattet den Krankenkassen die Kosten für die Begutachtung durch den Medizinischen Dienst nach Absatz 1 Satz 6. ²Die Bundesagentur und der Spitzenverband Bund der Krankenkassen vereinbaren das Nähere über das Verfahren und die Höhe der Kostenerstattung; der Medizinische Dienst Bund ist zu beteiligen. ³In der Vereinbarung kann auch eine pauschale Abgeltung der Kosten geregelt werden.

§ 57 Auskunftspflicht von Arbeitgebern

¹Arbeitgeber haben der Agentur für Arbeit auf deren Verlangen Auskunft über solche Tatsachen zu geben, die für die Entscheidung über einen Anspruch auf Leistungen nach diesem Buch erheblich sein können; die Agentur für Arbeit kann hierfür die Benutzung eines Vordrucks verlangen. ²Die Auskunftspflicht erstreckt sich auch auf Angaben über das Ende und den Grund für die Beendigung des Beschäftigungsverhältnisses.

§ 58 Einkommensbescheinigung

(1) ¹Wer jemanden, der laufende Geldleistungen nach diesem Buch beantragt hat oder bezieht, gegen Arbeitsentgelt beschäftigt, ist verpflichtet, diesem unverzüglich Art und Dauer dieser Erwerbstätigkeit sowie die Höhe des Arbeitsentgelts oder der Vergütung für die Zeiten zu bescheinigen, für die diese Leistung beantragt worden ist oder

bezogen wird. ²Dabei ist der von der Agentur für Arbeit vorgesehene Vordruck zu benutzen. ³Die Bescheinigung ist der- oder demjenigen, die oder der die Leistung beantragt hat oder bezieht, unverzüglich auszuhändigen.
(2) Wer eine laufende Geldleistung nach diesem Buch beantragt hat oder bezieht und gegen Arbeitsentgelt beschäftigt wird, ist verpflichtet, dem Arbeitgeber den für die Bescheinigung des Arbeitsentgelts vorgeschriebenen Vordruck unverzüglich vorzulegen.

§ 59 Meldepflicht

Die Vorschriften über die allgemeine Meldepflicht, § 309 des Dritten Buches, und über die Meldepflicht bei Wechsel der Zuständigkeit, § 310 des Dritten Buches, sind entsprechend anzuwenden.

§ 60 Auskunftspflicht und Mitwirkungspflicht Dritter

(1) Wer jemandem, der Leistungen nach diesem Buch beantragt hat oder bezieht, Leistungen erbringt, die geeignet sind, diese Leistungen nach diesem Buch auszuschließen oder zu mindern, hat der Agentur für Arbeit auf Verlangen hierüber Auskunft zu erteilen, soweit es zur Durchführung der Aufgaben nach diesem Buch erforderlich ist.
(2) ¹Wer jemandem, der eine Leistung nach diesem Buch beantragt hat oder bezieht, zu Leistungen verpflichtet ist, die geeignet sind, Leistungen nach diesem Buch auszuschließen oder zu mindern, oder wer für ihn Guthaben führt oder Vermögensgegenstände verwahrt, hat der Agentur für Arbeit auf Verlangen hierüber sowie über damit im Zusammenhang stehendes Einkommen oder Vermögen Auskunft zu erteilen, soweit es zur Durchführung der Aufgaben nach diesem Buch erforderlich ist. ²§ 21 Absatz 3 Satz 4 des Zehnten Buches gilt entsprechend. ³Für die Feststellung einer Unterhaltsverpflichtung ist § 1605 Absatz 1 des Bürgerlichen Gesetzbuchs anzuwenden.
(3) Wer jemanden, der
1. Leistungen nach diesem Buch beantragt hat oder bezieht oder dessen Partnerin oder Partner oder
2. nach Absatz 2 zur Auskunft verpflichtet ist,

beschäftigt, hat der Agentur für Arbeit auf Verlangen über die Beschäftigung, insbesondere über das Arbeitsentgelt, Auskunft zu erteilen, soweit es zur Durchführung der Aufgaben nach diesem Buch erforderlich ist.
(4) ¹Sind Einkommen oder Vermögen der Partnerin oder des Partners zu berücksichtigen, haben
1. diese Partnerin oder dieser Partner,
2. Dritte, die für diese Partnerin oder diesen Partner Guthaben führen oder Vermögensgegenstände verwahren,

der Agentur für Arbeit auf Verlangen hierüber Auskunft zu erteilen, soweit es zur Durchführung der Aufgaben nach diesem Buch erforderlich ist. ²§ 21 Absatz 3 Satz 4 des Zehnten Buches gilt entsprechend.
(5) Wer jemanden, der Leistungen nach diesem Buch beantragt hat, bezieht oder bezogen hat, beschäftigt, hat der Agentur für Arbeit auf Verlangen Einsicht in Geschäftsbücher, Geschäftsunterlagen und Belege sowie in Listen, Entgeltverzeichnisse und Entgeltbelege für Heimarbeiterinnen oder Heimarbeiter zu gewähren, soweit es zur Durchführung der Aufgaben nach diesem Buch erforderlich ist.

§ 61 Auskunftspflichten bei Leistungen zur Eingliederung in Arbeit

(1) ¹Träger, die eine Leistung zur Eingliederung in Arbeit erbracht haben oder erbringen, haben der Agentur für Arbeit unverzüglich Auskünfte über Tatsachen zu erteilen, die Aufschluss darüber geben, ob und inwieweit Leistungen zu Recht erbracht worden sind oder werden. ²Sie haben Änderungen, die für die Leistungen erheblich sind, unverzüglich der Agentur für Arbeit mitzuteilen.
(2) ¹Die Teilnehmerinnen und Teilnehmer an Maßnahmen zur Eingliederung sind verpflichtet,
1. der Agentur für Arbeit auf Verlangen Auskunft über den Eingliederungserfolg der Maßnahme sowie alle weiteren Auskünfte zu erteilen, die zur Qualitätsprüfung benötigt werden, und
2. eine Beurteilung ihrer Leistung und ihres Verhaltens durch den Maßnahmeträger zuzulassen.

²Die Maßnahmeträger sind verpflichtet, ihre Beurteilungen der Teilnehmerin oder des Teilnehmers unverzüglich der Agentur für Arbeit zu übermitteln.

§ 62 Schadenersatz

Wer vorsätzlich oder fahrlässig
1. eine Einkommensbescheinigung nicht, nicht richtig oder nicht vollständig ausfüllt,
2. eine Auskunft nach § 57 oder § 60 nicht, nicht richtig oder nicht vollständig erteilt,

ist zum Ersatz des daraus entstehenden Schadens verpflichtet.

Kapitel 9
Straf- und Bußgeldvorschriften

§ 63 Bußgeldvorschriften

(1) Ordnungswidrig handelt, wer vorsätzlich oder fahrlässig
1. entgegen § 57 Satz 1 eine Auskunft nicht, nicht richtig, nicht vollständig oder nicht rechtzeitig erteilt,

2. entgegen § 58 Absatz 1 Satz 1 oder 3 Art oder Dauer der Erwerbstätigkeit oder die Höhe des Arbeitsentgelts oder der Vergütung nicht, nicht richtig, nicht vollständig oder nicht rechtzeitig bescheinigt oder eine Bescheinigung nicht oder nicht rechtzeitig aushändigt,
3. entgegen § 58 Absatz 2 einen Vordruck nicht oder nicht rechtzeitig vorlegt,
4. entgegen § 60 Absatz 1, 2 Satz 1, Absatz 3 oder 4 Satz 1 oder als privater Träger entgegen § 61 Absatz 1 Satz 1 eine Auskunft nicht, nicht richtig, nicht vollständig oder nicht rechtzeitig erteilt,
5. entgegen § 60 Absatz 5 Einsicht nicht oder nicht rechtzeitig gewährt,
6. entgegen § 60 Absatz 1 Satz 1 Nummer 1 des Ersten Buches eine Angabe nicht, nicht richtig, nicht vollständig oder nicht rechtzeitig macht oder
7. entgegen § 60 Absatz 1 Satz 1 Nummer 2 des Ersten Buches eine Änderung in den Verhältnissen, die für einen Anspruch auf eine laufende Leistung erheblich ist, nicht, nicht richtig, nicht vollständig oder nicht rechtzeitig mitteilt.

(1a) Die Bestimmungen des Absatzes 1 Nummer 1, 4, 5, 6 und 7 gelten auch in Verbindung mit § 6b Absatz 1 Satz 2 oder § 44b Absatz 1 Satz 2 erster Halbsatz.
(2) Die Ordnungswidrigkeit kann in den Fällen des Absatzes 1 Nummer 6 und 7 mit einer Geldbuße bis zu fünftausend Euro, in den übrigen Fällen mit einer Geldbuße bis zu zweitausend Euro geahndet werden.

Kapitel 10
Bekämpfung von Leistungsmissbrauch

§ 64 Zuständigkeit und Zusammenarbeit mit anderen Behörden

(1) Für die Bekämpfung von Leistungsmissbrauch gilt § 319 des Dritten Buches entsprechend.
(2) Verwaltungsbehörden im Sinne des § 36 Absatz 1 Nummer 1 des Gesetzes über Ordnungswidrigkeiten sind in den Fällen
1. des § 63 Absatz 1 Nummer 1 bis 5 die gemeinsame Einrichtung oder der nach § 6a zugelassene kommunale Träger,
2. des § 63 Absatz 1 Nummer 6 und 7
   a) die gemeinsame Einrichtung oder der nach § 6a zugelassene kommunale Träger sowie
   b) die Behörden der Zollverwaltung
   jeweils für ihren Geschäftsbereich.

(3) Bei der Verfolgung und Ahndung der Ordnungswidrigkeiten nach § 63 Absatz 1 Nummer 6 und 7 arbeiten die Behörden nach Absatz 2 Nummer 2 mit den in § 2 Absatz 4 des Schwarzarbeitsbekämpfungsgesetzes genannten Behörden zusammen.
(4) ¹Soweit die gemeinsame Einrichtung Verwaltungsbehörde nach Absatz 2 ist, fließen die Geldbußen in die Bundeskasse. ²§ 66 des Zehnten Buches gilt entsprechend. ³Die Bundeskasse trägt abweichend von § 105 Absatz 2 des Gesetzes über Ordnungswidrigkeiten die notwendigen Auslagen. ⁴Sie ist auch ersatzpflichtig im Sinne des § 110 Absatz 4 des Gesetzes über Ordnungswidrigkeiten.

Kapitel 11
Übergangs- und Schlussvorschriften

§ 65 Allgemeine Übergangsvorschriften

(1) ¹Ist eine leistungsberechtigte Person in einer Gemeinschaftsunterkunft ohne Selbstversorgungsmöglichkeit untergebracht, kann der Anspruch auf Arbeitslosengeld II und Sozialgeld, soweit er sich auf Ernährung und Haushaltsenergie bezieht, bis zum Ablauf des 31. Dezember 2018 in Form von Sachleistungen erfüllt werden. ²Der Wert der Sachleistung nach Satz 1 beträgt
1. bei Erwachsenen, bei denen der Regelbedarf für eine alleinstehende Person anerkannt wird, 170 Euro,
2. bei den übrigen Erwachsenen 159 Euro,
3. bei Kindern von 0 bis unter 6 Jahren 86 Euro,
4. bei Kindern von 6 bis unter 14 Jahren 125 Euro und
5. bei Jugendlichen von 14 bis unter 18 Jahren 158 Euro.

³Wird die Sachleistung im Auftrag oder mit Zustimmung der Agentur für Arbeit durch einen anderen öffentlich-rechtlichen Träger oder einen privaten Dritten erbracht, gilt dies als Leistung nach diesem Buch. ⁴Die Agentur für Arbeit hat dem öffentlich-rechtlichen Träger der Gemeinschaftsunterkunft oder, soweit ein solcher nicht vorhanden ist, dem privaten Betreiber der Gemeinschaftsunterkunft Aufwendungen für die Verpflegung einschließlich Haushaltsstrom in Höhe der in Satz 2 benannten Beträge zu erstatten. ⁵Bei Teilnahme von Kindern und Jugendlichen im Sinne des Satzes 2 Nummer 3 bis 5 an einer gemeinschaftlichen Mittagsverpflegung in schulischer Verantwortung, in

einer Tageseinrichtung oder in der Kindertagespflege gilt § 28 Absatz 6 Satz 1 mit der Maßgabe, dass die entstehenden Aufwendungen berücksichtigt werden.
(2) und (3) (weggefallen)
(4) ¹Abweichend von § 2 haben auch erwerbsfähige Leistungsberechtigte Anspruch auf Leistungen zur Sicherung des Lebensunterhaltes, die das 58. Lebensjahr vollendet haben und die Regelvoraussetzungen des Anspruchs auf Leistungen zur Sicherung des Lebensunterhalts allein deshalb nicht erfüllen, weil sie nicht arbeitsbereit sind und nicht alle Möglichkeiten nutzen und nutzen wollen, ihre Hilfebedürftigkeit durch Aufnahme einer Arbeit zu beenden. ²Vom 1. Januar 2008 an gilt Satz 1 nur noch, wenn der Anspruch vor dem 1. Januar 2008 entstanden ist und der erwerbsfähige Leistungsberechtigte vor diesem Tag das 58. Lebensjahr vollendet hat. ³§ 428 des Dritten Buches gilt entsprechend. ⁴Satz 1 gilt entsprechend für erwerbsfähige Personen, die bereits vor dem 1. Januar 2008 unter den Voraussetzungen des § 428 Absatz 1 des Dritten Buches Arbeitslosengeld bezogen haben und erstmals nach dem 31. Dezember 2007 hilfebedürftig werden.
(5) § 12 Absatz 2 Nummer 1 gilt mit der Maßgabe, dass für die in § 4 Absatz 2 Satz 2 der Arbeitslosenhilfe-Verordnung vom 13. Dezember 2001 (BGBl. I S. 3734) in der Fassung vom 31. Dezember 2004 genannten Personen an die Stelle des Grundfreibetrags in Höhe von 150 Euro je vollendetem Lebensjahr ein Freibetrag von 520 Euro, an die Stelle des Höchstfreibetrags in Höhe von jeweils 9750 Euro ein Höchstfreibetrag in Höhe von 33 800 Euro tritt.

§§ 65a bis 65c (weggefallen)

§ 65d Übermittlung von Daten
(1) Der Träger der Sozialhilfe und die Agentur für Arbeit machen dem zuständigen Leistungsträger auf Verlangen die bei ihnen vorhandenen Unterlagen über die Gewährung von Leistungen für Personen, die Leistungen der Grundsicherung für Arbeitsuchende beantragt haben oder beziehen, zugänglich, soweit deren Kenntnis im Einzelfall für die Erfüllung der Aufgaben nach diesem Buch erforderlich ist.
(2) Die Bundesagentur erstattet den Trägern der Sozialhilfe die Sachkosten, die ihnen durch das Zugänglichmachen von Unterlagen entstehen; eine Pauschalierung ist zulässig.

§ 65e Übergangsregelung zur Aufrechnung
¹Der zuständige Träger der Leistungen nach diesem Buch kann mit Zustimmung des Trägers der Sozialhilfe dessen Ansprüche gegen den Leistungsberechtigten mit Geldleistungen zur Sicherung des Lebensunterhalts nach den Voraussetzungen des § 43 Absatz 2, 3 und 4 Satz 1 aufrechnen. ²Die Aufrechnung wegen eines Anspruchs nach Satz 1 ist auf die ersten zwei Jahre der Leistungserbringung nach diesem Buch beschränkt.

§ 66 Rechtsänderungen bei Leistungen zur Eingliederung in Arbeit
(1) Wird dieses Gesetzbuch geändert, so sind, soweit nichts Abweichendes bestimmt ist, auf Leistungen zur Eingliederung in Arbeit bis zum Ende der Leistungen oder der Maßnahme die Vorschriften in der vor dem Tag des Inkrafttretens der Änderung geltenden Fassung weiter anzuwenden, wenn vor diesem Tag
1. der Anspruch entstanden ist,
2. die Leistung zuerkannt worden ist oder
3. die Maßnahme begonnen hat, wenn die Leistung bis zum Beginn der Maßnahme beantragt worden ist.
(2) Ist eine Leistung nur für einen begrenzten Zeitraum zuerkannt worden, richtet sich eine Verlängerung nach den zum Zeitpunkt der Entscheidung über die Verlängerung geltenden Vorschriften.

§ 67 Vereinfachtes Verfahren für den Zugang zu sozialer Sicherung aus Anlass der COVID-19-Pandemie
(1) Leistungen für Bewilligungszeiträume, die in der Zeit vom 1. März 2020 bis zum 31. Dezember 2021 beginnen, werden nach Maßgabe der Absätze 2 bis 4 erbracht.
(2) ¹Abweichend von den §§ 9, 12 und 19 Absatz 3 wird Vermögen für die Dauer von sechs Monaten nicht berücksichtigt. ²Satz 1 gilt nicht, wenn das Vermögen erheblich ist; es wird vermutet, dass kein erhebliches Vermögen vorhanden ist, wenn die Antragstellerin oder der Antragsteller dies im Antrag erklärt.
(3) ¹§ 22 Absatz 1 ist mit der Maßgabe anzuwenden, dass die tatsächlichen Aufwendungen für Unterkunft und Heizung für die Dauer von sechs Monaten als angemessen gelten. ²Nach Ablauf des Zeitraums nach Satz 1 ist § 22 Absatz 1 Satz 3 mit der Maßgabe anzuwenden, dass der Zeitraum nach Satz 1 nicht auf die in § 22 Absatz 1 Satz 3 genannte Frist anzurechnen ist. ³Satz 1 gilt nicht in den Fällen, in denen im vorangegangenen Bewilligungszeitraum die angemessenen und nicht die tatsächlichen Aufwendungen als Bedarf anerkannt wurden.
(4) ¹Sofern über die Leistungen nach § 41a Absatz 1 Satz 1 vorläufig zu entscheiden ist, ist über den Anspruch auf Leistungen zur Sicherung des Lebensunterhalts abweichend von § 41 Absatz 3 Satz 1 und 2 für sechs Monate zu entscheiden. ²In den Fällen des Satzes 1 entscheiden die Träger der Grundsicherung für Arbeitsuchende für Bewilligungszeiträume, die bis zum 31. März 2021 begonnen haben, abweichend von § 41a Absatz 3 nur auf Antrag abschließend über den monatlichen Leistungsanspruch.

§ 68 Regelungen zu Bedarfen für Bildung aus Anlass der COVID-19-Pandemie

[1]Abweichend von § 28 Absatz 6 Satz 1 kommt es im Zeitraum vom 1. März 2020 bis zur Aufhebung der Feststellung einer epidemischen Lage von nationaler Tragweite wegen der dynamischen Ausbreitung der Coronavirus-Krankheit-2019 (COVID-19) nach § 5 Absatz 1 Satz 2 des Infektionsschutzgesetzes durch den Deutschen Bundestag, längstens jedoch bis zum Ablauf des 31. Dezember 2021, auf eine Gemeinschaftlichkeit der Mittagsverpflegung nicht an. [2]Zu den Aufwendungen im Sinne des § 28 Absatz 6 Satz 1 zählen bei den Leistungsberechtigten anfallende Zahlungsverpflichtungen auch, wenn sie pandemiebedingt in geänderter Höhe oder aufgrund abweichender Abgabewege berechnet werden. [3]Dies umfasst auch die Kosten einer Belieferung. [4]§ 28 Absatz 6 Satz 2 findet keine Anwendung.

§ 69 Übergangsregelung zum Freibetrag für Grundrentenzeiten und vergleichbare Zeiten

Über die Erbringung der Leistungen zur Sicherung des Lebensunterhalts ist ohne Berücksichtigung eines möglichen Freibetrages nach § 11b Absatz 2a in Verbindung mit § 82a des Zwölften Buches zu entscheiden, solange nicht durch eine Mitteilung des Rentenversicherungsträgers oder einer berufsständischen Versicherungs- oder Versorgungseinrichtung nachgewiesen ist, dass die Voraussetzungen für die Einräumung des Freibetrages vorliegen.

§ 70 Einmalzahlung aus Anlass der COVID-19-Pandemie

[1]Leistungsberechtigte, die für den Monat Mai 2021 Anspruch auf Arbeitslosengeld II oder Sozialgeld haben und deren Bedarf sich nach Regelbedarfsstufe 1 oder 2 richtet, erhalten für den Zeitraum vom 1. Januar 2021 bis zum 30. Juni 2021 zum Ausgleich der mit der COVID-19-Pandemie in Zusammenhang stehenden Mehraufwendungen eine Einmalzahlung in Höhe von 150 Euro. [2]Satz 1 gilt auch für Leistungsberechtigte, deren Bedarf sich nach Regelbedarfsstufe 3 richtet, sofern bei ihnen kein Kindergeld als Einkommen berücksichtigt wird.

§ 71 Kinderfreizeitbonus und weitere Regelung aus Anlass der COVID-19-Pandemie

(1) [1]Abweichend von § 37 Absatz 1 Satz 2 gilt der Antrag auf Leistungen nach § 28 Absatz 5 in der Zeit vom 1. Juli 2021 bis zum Ablauf des 31. Dezember 2023 als von dem Antrag auf Leistungen zur Sicherung des Lebensunterhalts mit umfasst. [2]Dies gilt für ab dem 1. Juli 2021 entstehende Lernförderungsbedarfe auch dann, wenn die jeweiligen Bewilligungszeiträume nur teilweise in den in Satz 1 genannten Zeitraum fallen, weil sie entweder bereits vor dem 1. Juli 2021 begonnen haben oder erst nach dem 31. Dezember 2023 enden.
(2) [1]Leistungsberechtigte, die für den Monat August 2021 Anspruch auf Arbeitslosengeld II oder Sozialgeld und das 18. Lebensjahr noch nicht vollendet haben, erhalten eine Einmalzahlung in Höhe von 100 Euro. [2]Satz 1 gilt nicht für Leistungsberechtigte, für die im Monat August 2021 Kinderzuschlag nach § 6a des Bundeskindergeldgesetzes gezahlt wird. [3]Eines gesonderten Antrags bedarf es nicht. [4]Erhält die leistungsberechtigte Person Arbeitslosengeld II oder Sozialgeld in zwei Bedarfsgemeinschaften, wird die Leistung nach Satz 1 in der Bedarfsgemeinschaft erbracht, in der das Kindergeld für die leistungsberechtigte Person berücksichtigt wird.

§§ 72 bis 75 (weggefallen)

§ 76 Gesetz zur Weiterentwicklung der Organisation der Grundsicherung für Arbeitsuchende

(1) Nimmt im Gebiet eines kommunalen Trägers nach § 6 Absatz 1 Satz 1 Nummer 2 mehr als eine Arbeitsgemeinschaft nach § 44b in der bis zum 31. Dezember 2010 geltenden Fassung die Aufgaben nach diesem Buch wahr, kann insoweit abweichend von § 44b Absatz 1 Satz 1 mehr als eine gemeinsame Einrichtung gebildet werden.
(2) [1]Bei Wechsel der Trägerschaft oder der Organisationsform tritt der zuständige Träger oder die zuständige Organisationsform an die Stelle des bisherigen Trägers oder der bisherigen Organisationsform; dies gilt auch für laufende Verwaltungs- und Gerichtsverfahren. [2]Die Träger teilen sich alle Tatsachen mit, die zur Vorbereitung eines Wechsels der Organisationsform erforderlich sind. [3]Sie sollen sich auch die zu diesem Zweck erforderlichen Sozialdaten in automatisierter und standardisierter Form übermitteln.

§ 77 Gesetz zur Ermittlung von Regelbedarfen und zur Änderung des Zweiten und Zwölften Buches Sozialgesetzbuch

(1) § 7 Absatz 4a in der bis zum 31. Dezember 2010 geltenden Fassung gilt weiter bis zum Inkrafttreten einer nach § 13 Absatz 2 erlassenen Rechtsverordnung.
(2) Abweichend von § 11a Absatz 3 Satz 2 Nummer 2 sind bis zum 31. Dezember 2011 die Leistungen nach § 23 des Achten Buches als Einkommen zu berücksichtigen
1. für das erste und zweite Pflegekind nicht,
2. für das dritte Pflegekind zu 75 Prozent und
3. für das vierte und jedes weitere Pflegekind vollständig.
(3) § 30 in der bis zum 31. Dezember 2010 geltenden Fassung ist für Einkommen aus Erwerbstätigkeit, das im Zeitraum vom 1. Januar 2011 bis zum 31. März 2011 zufließt, weiter anzuwenden und gilt anstelle des § 11b Absatz 3

weiter für Bewilligungszeiträume (§ 41 Satz 4), die vor dem 1. Juli 2011 beginnen, längstens jedoch bis zur Aufnahme einer Erwerbstätigkeit ab dem 1. Juli 2011.
(4) Für die Regelbedarfe nach § 20 Absatz 2 Satz 2 Nummer 1 und § 23 Nummer 1 tritt an die Stelle der Beträge nach
1. § 20 Absatz 2 Satz 2 Nummer 1 der Betrag von 287 Euro,
2. § 23 Nummer 1 für Leistungsberechtigte bis zur Vollendung des sechsten Lebensjahres der Betrag von 215 Euro,
3. § 23 Nummer 1 für Leistungsberechtigte vom Beginn des siebten bis zur Vollendung des 14. Lebensjahres der Betrag von 251 Euro,
4. § 23 Nummer 1 für Leistungsberechtigte im 15. Lebensjahr der Betrag von 287 Euro,
solange sich durch die Fortschreibung der Beträge nach § 20 Absatz 2 Satz 2 Nummer 1 und § 23 Nummer 1 nach § 20 Absatz 5 jeweils kein höherer Betrag ergibt.
(5) § 21 ist bis zum 31. Dezember 2011 mit der Maßgabe anzuwenden, dass Beträge, die nicht volle Euro-Beträge ergeben, bei einem Betrag von unter 0,50 Euro abzurunden und von 0,50 Euro an aufzurunden sind.
(6) Sofern Leistungen ohne Berücksichtigung der tatsächlichen Aufwendungen für die Erzeugung von Warmwasser festgesetzt wurden, weil sie nach den §§ 20 und 28 in der bis zum 31. Dezember 2010 geltenden Fassung mit der Regelleistung zur Sicherung des Lebensunterhalts abgegolten waren, ist der Verwaltungsakt, auch nachdem er unanfechtbar geworden ist, bis zum Ablauf eines Monats nach dem Ende des Bewilligungszeitraums zurückzunehmen und die Nachzahlung zu erbringen.
(7) Der Bedarf nach § 28 Absatz 3 wird erstmals zum 1. August 2011 anerkannt.
(8) Werden Leistungen für Bedarfe nach § 28 Absatz 2 und 4 bis 7 für den Zeitraum vom 1. Januar bis zum 31. Mai 2011 bis zum 30. Juni 2011 rückwirkend beantragt, gilt dieser Antrag abweichend von § 37 Absatz 2 Satz 2 als zum 1. Januar 2011 gestellt.
(9) ¹In den Fällen des Absatzes 8 sind Leistungen für die Bedarfe nach § 28 Absatz 2 Satz 1 Nummer 1, Satz 2 und Absatz 5 für den Zeitraum vom 1. Januar bis zum 31. Mai 2011 abweichend von § 29 Absatz 1 Satz 1 durch Direktzahlung an den Anbieter zu erbringen, wenn bei der leistungsberechtigten Person noch keine Aufwendungen zur Deckung dieser Bedarfe entstanden sind. ²Soweit die leistungsberechtigte Person in den Fällen des Absatzes 8 nachweist, dass ihr bereits Aufwendungen zur Deckung der in Satz 1 genannten Bedarfe entstanden sind, werden diese Aufwendungen abweichend von § 29 Absatz 1 Satz 1 durch Geldleistung an die leistungsberechtigte Person erstattet.
(10) Auf Klassenfahrten im Rahmen der schulrechtlichen Bestimmungen, an denen Schülerinnen und Schüler in der Zeit vom 1. Januar bis zum 29. März 2011 teilgenommen haben, ist § 23 Absatz 3 Satz 1 Nummer 3 und Satz 2 bis 4 in der bis zum 31. Dezember 2010 geltenden Fassung anstelle des § 19 Absatz 3 Satz 3 und des § 28 Absatz 2 Satz 1 Nummer 2 anzuwenden.
(11) ¹Für Schülerinnen und Schüler, die eine Schule besuchen, an der eine gemeinschaftliche Mittagsverpflegung in schulischer Verantwortung angeboten wird, sowie für Kinder, für die Kindertagespflege geleistet wird oder die eine Tageseinrichtung besuchen, an der eine gemeinschaftliche Mittagsverpflegung angeboten wird, werden die entstehenden Mehraufwendungen abweichend von § 28 Absatz 6 für die Zeit vom 1. Januar bis zum 31. März 2011 in Höhe von monatlich 26 Euro berücksichtigt. ²Bei Leistungsberechtigten bis zur Vollendung des 18. Lebensjahres, denen für die Zeit vom 1. Januar bis zum 31. März 2011 Aufwendungen für Teilhabe am sozialen und kulturellen Leben entstanden sind, werden abweichend von § 28 Absatz 7 als Bedarf monatlich 10 Euro berücksichtigt. ³Die im Zeitraum vom 1. Januar bis zum 31. März 2011 nach den Sätzen 1 und 2 zu berücksichtigenden Bedarfe werden abweichend von § 29 Absatz 1 Satz 1 durch Geldleistung gedeckt; die im Zeitraum vom 1. April bis zum 31. Mai 2011 nach den Sätzen 1 und 2 zu berücksichtigenden Bedarfe können in den Fällen des Absatzes 8 abweichend von § 29 Absatz 1 Satz 1 auch durch Geldleistung gedeckt werden. ⁴Bis zum 31. Dezember 2013 gilt § 28 Absatz 6 Satz 2 mit der Maßgabe, dass die Mehraufwendungen auch berücksichtigt werden, wenn Schülerinnen und Schüler das Mittagessen in einer Einrichtung nach § 22 des Achten Buches einnehmen.
(12) § 31 in der bis zum 31. März 2011 geltenden Fassung ist weiterhin anzuwenden für Pflichtverletzungen, die vor dem 1. April 2011 begangen worden sind.
(13) § 40 Absatz 1 Satz 2 ist nicht anwendbar auf Anträge nach § 44 des Zehnten Buches, die vor dem 1. April 2011 gestellt worden sind.
(14) § 41 Absatz 2 Satz 2 ist bis zum 31. Dezember 2011 mit der Maßgabe anzuwenden, dass bei einer auf zwei Dezimalstellen durchzuführenden Berechnung weitere sich ergebende Dezimalstellen wegfallen.

Entscheidung des Bundesverfassungsgerichts vom 23. Juli 2014 (BGBl. I S. 1581)
§ 77 Absatz 4 Nummer 1 und 2 ist nach Maßgabe der Gründe mit Artikel 1 Absatz 1 des Grundgesetzes in Verbindung mit dem Sozialstaatsprinzip des Artikels 20 Absatz 1 des Grundgesetzes vereinbar.

§ 78 Gesetz zur Verbesserung der Eingliederungschancen am Arbeitsmarkt

Bei der Ermittlung der Zuweisungshöchstdauer nach § 16d Absatz 6 werden Zuweisungsdauern, die vor dem 1. April 2012 liegen, nicht berücksichtigt.

§ 79 Achtes Gesetz zur Änderung des Zweiten Buches Sozialgesetzbuch – Ergänzung personalrechtlicher Bestimmungen

(1) Hat ein nach § 40a zur Erstattung verpflichteter Sozialleistungsträger in der Zeit vom 31. Oktober 2012 bis zum 5. Juni 2014 in Unkenntnis des Bestehens der Erstattungspflicht bereits an die leistungsberechtigte Person geleistet, entfällt der Erstattungsanspruch.

(2) Eine spätere Zuweisung von Tätigkeiten in den gemeinsamen Einrichtungen, die nach § 44g Absatz 2 in der bis zum 31. Dezember 2014 geltenden Fassung erfolgt ist, gilt fort.

§ 80 Neuntes Gesetz zur Änderung des Zweiten Buches Sozialgesetzbuch – Rechtsvereinfachung – sowie zur vorübergehenden Aussetzung der Insolvenzantragspflicht

(1) § 41 Absatz 1 Satz 4 und 5 in der bis zum 31. Juli 2016 geltenden Fassung gilt weiter für Bewilligungszeiträume, die vor dem 1. August 2016 begonnen haben.

(2) Für die abschließende Entscheidung über zunächst vorläufig beschiedene Leistungsansprüche für Bewilligungszeiträume,
1. die vor dem 1. August 2016 beendet waren, gilt § 41a Absatz 5 Satz 1 mit der Maßgabe, dass die Jahresfrist mit dem 1. August 2016 beginnt;
2. die vor dem 1. August 2016 noch nicht beendet sind, ist § 41a anzuwenden.

(3) ¹§ 43 gilt entsprechend für die Aufrechnung von Erstattungsansprüchen nach § 40 Absatz 2 Nummer 1 in der bis zum 31. Juli 2016 geltenden Fassung sowie nach § 42 Absatz 2 Satz 2 des Ersten Buches. ²Die Höhe der Aufrechnung beträgt 10 Prozent des für die leistungsberechtigte Person maßgebenden Regelbedarfs.

§ 81 Teilhabechancengesetz

§ 16i tritt mit Wirkung zum 1. Januar 2025 außer Kraft.

§ 82 Gesetz zur Förderung der beruflichen Weiterbildung im Strukturwandel und zur Weiterentwicklung der Ausbildungsförderung

Für Maßnahmen der ausbildungsbegleitenden Hilfen, die bis zum 28. Februar 2021 beginnen und bis zum 30. September 2021, im Fall des § 75 Absatz 2 Satz 2 des Dritten Buches in der bis zum 28. Mai 2020 geltenden Fassung bis zum 31. März 2022, enden, und für Maßnahmen der Assistierten Ausbildung, die bis zum 30. September 2020 beginnen, gelten § 16 Absatz 1 Satz 2 Nummer 3 in der bis zum 28. Mai 2020 geltenden Fassung in Verbindung mit § 450 Absatz 2 Satz 1 und Absatz 3 Satz 1 des Dritten Buches.

§ 83 Übergangsregelung aus Anlass des Gesetzes zur Ermittlung der Regelbedarfe und zur Änderung des Zwölften Buches Sozialgesetzbuch sowie weiterer Gesetze

(1) ¹§ 21 Absatz 4 Satz 1 in der bis zum 31. Dezember 2019 geltenden Fassung ist für erwerbsfähige Leistungsberechtigte mit Behinderungen, bei denen bereits bis zu diesem Zeitpunkt Eingliederungshilfe nach § 54 Absatz 1 Satz 1 Nummer 1 bis 3 des Zwölften Buches erbracht wurde und deswegen ein Mehrbedarf anzuerkennen war, ab dem 1. Januar 2020 für die Dauer der Maßnahme weiter anzuwenden, sofern der zugrundeliegende Maßnahmenbescheid noch wirksam ist. ²Der Mehrbedarf kann auch nach Beendigung der Maßnahme während einer angemessenen Übergangszeit, vor allem einer Einarbeitungszeit, anerkannt werden.

(2) ¹§ 23 Nummer 2 in der bis zum 31. Dezember 2019 geltenden Fassung ist für nichterwerbsfähige Leistungsberechtigte mit Behinderungen, bei denen bereits bis zu diesem Zeitpunkt Eingliederungshilfe nach § 54 Absatz 1 Satz 1 Nummer 1 und 2 des Zwölften Buches erbracht wurde und deswegen ein Mehrbedarf anzuerkennen war, ab dem 1. Januar 2020 für die Dauer der Maßnahme weiter anzuwenden, sofern der zugrundeliegende Maßnahmenbescheid noch wirksam ist. ²Der Mehrbedarf kann auch nach Beendigung der Maßnahme während einer angemessenen Übergangszeit, vor allem einer Einarbeitungszeit, anerkannt werden.

Verordnung zur Berechnung von Einkommen sowie zur Nichtberücksichtigung von Einkommen und Vermögen beim Arbeitslosengeld II/Sozialgeld (Arbeitslosengeld II/Sozialgeld-Verordnung – Alg II-V)

Vom 17. Dezember 2007 (BGBl. I S. 2942)

Zuletzt geändert durch
Zehnte Verordnung zur Änderung der Arbeitslosengeld II/Sozialgeld-Verordnung
vom 16. März 2021 (BGBl. I S. 358)

Inhaltsübersicht

§ 1   Nicht als Einkommen zu berücksichtigende Einnahmen
§ 2   Berechnung des Einkommens aus nichtselbständiger Arbeit
§ 3   Berechnung des Einkommens aus selbständiger Arbeit, Gewerbebetrieb oder Land- und Forstwirtschaft
§ 4   Berechnung des Einkommens in sonstigen Fällen
§ 5   Begrenzung abzugsfähiger Ausgaben
§ 5a Beträge für die Prüfung der Hilfebedürftigkeit
§ 6   Pauschbeträge für vom Einkommen abzusetzende Beträge
§ 7   Nicht zu berücksichtigendes Vermögen
§ 8   Wert des Vermögens
§ 9   Übergangsvorschrift
§ 10 Inkrafttreten, Außerkrafttreten

Auf Grund des § 13 des Zweiten Buches Sozialgesetzbuch – Grundsicherung für Arbeitsuchende – (Artikel 1 des Gesetzes vom 24. Dezember 2003, BGBl. I S. 2954, 2955), der durch Artikel 1 Nr. 11 des Gesetzes vom 20. Juli 2006 (BGBl. I S. 1706) geändert worden ist, verordnet das Bundesministerium für Arbeit und Soziales im Einvernehmen mit dem Bundesministerium der Finanzen:

§ 1   Nicht als Einkommen zu berücksichtigende Einnahmen

(1) Außer den in § 11a des Zweiten Buches Sozialgesetzbuch genannten Einnahmen sind nicht als Einkommen zu berücksichtigen:
1. Einnahmen, wenn sie innerhalb eines Kalendermonats 10 Euro nicht übersteigen,
2. (weggefallen)
3. Einnahmen aus Kapitalvermögen, soweit sie 100 Euro kalenderjährlich nicht übersteigen,
4. nicht steuerpflichtige Einnahmen einer Pflegeperson für Leistungen der Grundpflege und der hauswirtschaftlichen Versorgung,
5. bei Soldaten der Auslandsverwendungszuschlag,
6. die aus Mitteln des Bundes gezahlte Überbrückungsbeihilfe nach Artikel IX Abs. 4 des Abkommens zwischen den Parteien des Nordatlantikvertrages über die Rechtsstellung ihrer Truppen (NATO-Truppenstatut) vom 19. Juni 1951 (BGBl. 1961 II S. 1190) an ehemalige Arbeitnehmer bei den Stationierungsstreitkräften und nach Artikel 5 des Gesetzes zu den Notenwechseln vom 25. September 1990 und 23. September 1991 über die Rechtsstellung der in Deutschland stationierten verbündeten Streitkräfte und zu den Übereinkommen vom 25. September 1990 zur Regelung bestimmter Fragen in Bezug auf Berlin vom 3. Januar 1994 (BGBl. 1994 II S. 26) an ehemalige Arbeitnehmer bei den alliierten Streitkräften in Berlin,
7. (weggefallen)
8. Kindergeld für Kinder des Hilfebedürftigen, soweit es nachweislich an das nicht im Haushalt des Hilfebedürftigen lebende Kind weitergeleitet wird,
9. bei Sozialgeldempfängern, die das 15. Lebensjahr noch nicht vollendet haben, Einnahmen aus Erwerbstätigkeit, soweit sie einen Betrag von 100 Euro monatlich nicht übersteigen,
10. nach § 3 Nummer 11a des Einkommensteuergesetzes steuerfrei gewährte Leistungen auf Grund der COVID-19-Pandemie sowie diesen Leistungen entsprechende Zahlungen aus den Haushalten des Bundes und der Länder,
11. Verpflegung, die außerhalb der in den §§ 2, 3 und 4 Nummer 4 genannten Einkommensarten bereitgestellt wird,
12. Geldgeschenke an Minderjährige anlässlich der Firmung, Kommunion, Konfirmation oder vergleichbarer religiöser Feste sowie anlässlich der Jugendweihe, soweit sie den in § 12 Absatz 2 Satz 1 Nummer 1a des Zweiten Buches Sozialgesetzbuch genannten Betrag nicht überschreiten,

13. die auf Grund eines Bundesprogramms gezahlten Außerordentlichen Wirtschaftshilfen zur Abfederung von Einnahmeausfällen, die ab dem 2. November 2020 infolge der vorübergehenden Schließung von Betrieben und Einrichtungen entstanden sind (Novemberhilfe und Dezemberhilfe),
14. die pauschalierten Betriebskostenzuschüsse, die auf Grund des Förderelements „Neustarthilfe" des Bundesprogramms Überbrückungshilfe III gezahlt werden,
15. Hilfen zur Beschaffung von Hygiene- oder Gesundheitsartikeln, die auf Grund einer epidemischen Lage von nationaler Tragweite, die vom Deutschen Bundestag gemäß § 5 Absatz 1 Satz 1 des Infektionsschutzgesetzes festgestellt worden ist, aus Mitteln des Bundes oder der Länder gezahlt werden.

(2) ¹Bei der § 9 Abs. 5 des Zweiten Buches Sozialgesetzbuch zugrunde liegenden Vermutung, dass Verwandte und Verschwägerte an mit ihnen in Haushaltsgemeinschaft lebende Hilfebedürftige Leistungen erbringen, sind die um die Absetzbeträge nach § 11b des Zweiten Buches Sozialgesetzbuch bereinigten Einnahmen in der Regel nicht als Einkommen zu berücksichtigen, soweit sie einen Freibetrag in Höhe des doppelten Betrags des nach § 20 Absatz 2 Satz 1 maßgebenden Regelbedarfs zuzüglich der anteiligen Aufwendungen für Unterkunft und Heizung sowie darüber hinausgehend 50 Prozent der diesen Freibetrag übersteigenden bereinigten Einnahmen nicht überschreiten. ²§ 11a des Zweiten Buches Sozialgesetzbuch gilt entsprechend.

(3) ¹Die Verletztenrente nach dem Siebten Buch Sozialgesetzbuch ist teilweise nicht als Einkommen zu berücksichtigen, wenn sie auf Grund eines in Ausübung der Wehrpflicht bei der Nationalen Volksarmee der ehemaligen Deutschen Demokratischen Republik erlittenen Gesundheitsschadens erbracht wird. ²Dabei bestimmt sich die Höhe des nicht zu berücksichtigenden Betrages nach der Höhe der Grundrente nach § 31 des Bundesversorgungsgesetzes, die für den Grad der Schädigungsfolgen zu zahlen ist, der der jeweiligen Minderung der Erwerbsfähigkeit entspricht. ³Bei einer Minderung der Erwerbsfähigkeit um 20 Prozent beträgt der nicht zu berücksichtigende Betrag zwei Drittel, bei einer Minderung der Erwerbsfähigkeit um 10 Prozent ein Drittel der Mindestgrundrente nach dem Bundesversorgungsgesetz.

(4) ¹Nicht als Einkommen zu berücksichtigen sind Einnahmen von Schülerinnen und Schülern allgemein- oder berufsbildender Schulen, die das 25. Lebensjahr noch nicht vollendet haben, aus Erwerbstätigkeiten, die in den Schulferien ausgeübt werden, soweit diese einen Betrag in Höhe von 2400 Euro kalenderjährlich nicht überschreiten. ²Satz 1 gilt nicht für Schülerinnen und Schüler, die einen Anspruch auf Ausbildungsvergütung haben. ³Die Bestimmungen des Jugendarbeitsschutzgesetzes bleiben unberührt.

§2 Berechnung des Einkommens aus nichtselbständiger Arbeit

(1) Bei der Berechnung des Einkommens aus nichtselbständiger Arbeit (§ 14 des Vierten Buches Sozialgesetzbuch) ist von den Bruttoeinnahmen auszugehen.

(2) bis (4) (weggefallen)

(5) ¹Bei der Berechnung des Einkommens ist der Wert der vom Arbeitgeber bereitgestellten Vollverpflegung mit täglich 1 Prozent des nach § 20 des Zweiten Buches Sozialgesetzbuch maßgebenden monatlichen Regelbedarfs anzusetzen. ²Wird Teilverpflegung bereitgestellt, entfallen auf das Frühstück ein Anteil von 20 Prozent und auf das Mittag- und Abendessen Anteile von je 40 Prozent des sich nach Satz 1 ergebenden Betrages.

(6) Sonstige Einnahmen in Geldeswert sind mit ihrem Verkehrswert als Einkommen anzusetzen.

(7) Das Einkommen kann nach Anhörung geschätzt werden, wenn
1. Leistungen der Grundsicherung für Arbeitsuchende einmalig oder für kurze Zeit zu erbringen sind oder Einkommen nur für kurze Zeit zu berücksichtigen ist oder
2. die Entscheidung über die Erbringung von Leistungen der Grundsicherung für Arbeitsuchende im Einzelfall keinen Aufschub duldet.

§3 Berechnung des Einkommens aus selbständiger Arbeit, Gewerbebetrieb oder Land- und Forstwirtschaft

(1) ¹Bei der Berechnung des Einkommens aus selbständiger Arbeit, Gewerbebetrieb oder Land- und Forstwirtschaft ist von den Betriebseinnahmen auszugehen. ²Betriebseinnahmen sind alle aus selbständiger Arbeit, Gewerbebetrieb oder Land- und Forstwirtschaft erzielten Einnahmen, die im Bewilligungszeitraum nach § 41 Absatz 3 des Zweiten Buches Sozialgesetzbuch tatsächlich zufließen. ³Wird eine Erwerbstätigkeit nach Satz 1 nur während eines Teils des Bewilligungszeitraums ausgeübt, ist das Einkommen nur für diesen Zeitraum zu berechnen.

(1a) Nicht zu den Betriebseinnahmen zählen abweichend von Absatz 1 Satz 2 die pauschalierten Betriebskostenzuschüsse, die auf Grund des Förderelements „Neustarthilfe" des Bundesprogramms Überbrückungshilfe III gezahlt werden.

(2) Zur Berechnung des Einkommens sind von den Betriebseinnahmen die im Bewilligungszeitraum tatsächlich geleisteten notwendigen Ausgaben mit Ausnahme der nach § 11b des Zweiten Buches Sozialgesetzbuch abzusetzenden Beträge ohne Rücksicht auf steuerrechtliche Vorschriften abzusetzen.

(3) ¹Tatsächliche Ausgaben sollen nicht abgesetzt werden, soweit diese ganz oder teilweise vermeidbar sind oder offensichtlich nicht den Lebensumständen während des Bezuges der Leistungen zur Grundsicherung für Arbeitsuchende entsprechen. ²Nachgewiesene Einnahmen können bei der Berechnung angemessen erhöht werden, wenn anzunehmen ist, dass die nachgewiesene Höhe der Einnahmen offensichtlich nicht den tatsächlichen Einnahmen entspricht. ³Ausgaben können bei der Berechnung nicht abgesetzt werden, soweit das Verhältnis der Ausgaben zu den jeweiligen Erträgen in einem auffälligen Missverhältnis steht. ⁴Ausgaben sind ferner nicht abzusetzen, soweit für sie Darlehen oder Zuschüsse nach dem Zweiten Buch Sozialgesetzbuch erbracht oder betriebliche Darlehen aufgenommen worden sind. ⁵Dies gilt auch für Ausgaben, soweit zu deren Finanzierung andere Darlehen verwandt werden.

(4) ¹Für jeden Monat ist der Teil des Einkommens zu berücksichtigen, der sich bei der Teilung des Gesamteinkommens im Bewilligungszeitraum durch die Anzahl der Monate im Bewilligungszeitraum ergibt. ²Im Fall des Absatzes 1 Satz 3 gilt als monatliches Einkommen derjenige Teil des Einkommens, der der Anzahl der in den in Absatz 1 Satz 3 genannten Zeitraum fallenden Monate entspricht. ³Von dem Einkommen sind die Beträge nach § 11b des Zweiten Buches Sozialgesetzbuch abzusetzen.

(5) (weggefallen)

(6) (weggefallen)

(7) ¹Wird ein Kraftfahrzeug überwiegend betrieblich genutzt, sind die tatsächlich geleisteten notwendigen Ausgaben für dieses Kraftfahrzeug als betriebliche Ausgabe abzusetzen. ²Für private Fahrten sind die Ausgaben um 0,10 Euro für jeden gefahrenen Kilometer zu vermindern. ³Ein Kraftfahrzeug gilt als überwiegend betrieblich genutzt, wenn es zu mindestens 50 Prozent betrieblich genutzt wird. ⁴Wird ein Kraftfahrzeug überwiegend privat genutzt, sind die tatsächlichen Ausgaben keine Betriebsausgaben. ⁵Für betriebliche Fahrten können 0,10 Euro für jeden mit dem privaten Kraftfahrzeug gefahrenen Kilometer abgesetzt werden, soweit der oder die erwerbsfähige Leistungsberechtigte nicht höhere notwendige Ausgaben für Kraftstoff nachweist.

§ 4 Berechnung des Einkommens in sonstigen Fällen

¹Für die Berechnung des Einkommens aus Einnahmen, die nicht unter die §§ 2 und 3 fallen, ist § 2 entsprechend anzuwenden. ²Hierzu gehören insbesondere Einnahmen aus
1. Sozialleistungen,
2. Vermietung und Verpachtung,
3. Kapitalvermögen sowie
4. Wehr-, Ersatz- und Freiwilligendienstverhältnissen.

§ 5 Begrenzung abzugsfähiger Ausgaben

¹Ausgaben sind höchstens bis zur Höhe der Einnahmen aus derselben Einkunftsart abzuziehen. ²Einkommen darf nicht um Ausgaben einer anderen Einkommensart vermindert werden.

§ 5a Beträge für die Prüfung der Hilfebedürftigkeit

Bei der Prüfung der Hilfebedürftigkeit ist zugrunde zu legen
1. für die Schulausflüge (§ 28 Absatz 2 Satz 1 Nummer 1 des Zweiten Buches Sozialgesetzbuch) ein Betrag von drei Euro monatlich,
2. für die mehrtägigen Klassenfahrten (§ 28 Absatz 2 Satz 1 Nummer 2 des Zweiten Buches Sozialgesetzbuch) monatlich der Betrag, der sich bei der Teilung der Aufwendungen, die für die mehrtägige Klassenfahrt entstehen, auf einen Zeitraum von sechs Monaten ab Beginn des auf den Antrag folgenden Monats ergibt.

§ 6 Pauschbeträge für vom Einkommen abzusetzende Beträge

(1) Als Pauschbeträge sind abzusetzen
1. von dem Einkommen volljähriger Leistungsberechtigter ein Betrag in Höhe von 30 Euro monatlich für die Beiträge zu privaten Versicherungen nach § 11b Absatz 1 Satz 1 Nummer 3 des Zweiten Buches Sozialgesetzbuch, die nach Grund und Höhe angemessen sind,

2. von dem Einkommen Minderjähriger ein Betrag in Höhe von 30 Euro monatlich für die Beiträge zu privaten Versicherungen nach § 11b Absatz 1 Satz 1 Nummer 3 des Zweiten Buches Sozialgesetzbuch, die nach Grund und Höhe angemessen sind, wenn der oder die Minderjährige eine entsprechende Versicherung abgeschlossen hat,
3. von dem Einkommen Leistungsberechtigter monatlich ein Betrag in Höhe eines Zwölftels der zum Zeitpunkt der Entscheidung über den Leistungsanspruch nachgewiesenen Jahresbeiträge zu den gesetzlich vorgeschriebenen Versicherungen nach § 11b Absatz 1 Satz 1 Nummer 3 des Zweiten Buches Sozialgesetzbuch,
4. von dem Einkommen Leistungsberechtigter ein Betrag in Höhe von 3 Prozent des Einkommens, mindestens 5 Euro, für die zu einem geförderten Altersvorsorgevertrag entrichteten Beiträge nach § 11b Absatz 1 Satz 1 Nummer 4 des Zweiten Buches Sozialgesetzbuch; der Prozentwert mindert sich um 1,5 Prozentpunkte je zulageberechtigtes Kind im Haushalt der oder des Leistungsberechtigten,
5. von dem Einkommen Erwerbstätiger für die Beträge nach § 11b Absatz 1 Satz 1 Nummer 5 des Zweiten Buches Sozialgesetzbuch bei Benutzung eines Kraftfahrzeuges für die Fahrt zwischen Wohnung und Arbeitsstätte für Wegstrecken zur Ausübung der Erwerbstätigkeit 0,20 Euro für jeden Entfernungskilometer der kürzesten Straßenverbindung, soweit der oder die erwerbsfähige Leistungsberechtigte nicht höhere notwendige Ausgaben nachweist.

(2) Sofern die Berücksichtigung des Pauschbetrags nach Absatz 1 Nummer 5 im Vergleich zu den bei Benutzung eines zumutbaren öffentlichen Verkehrsmittels anfallenden Fahrtkosten unangemessen hoch ist, sind nur diese als Pauschbetrag abzusetzen.

(3) Für Mehraufwendungen für Verpflegung ist, wenn die erwerbsfähige leistungsberechtigte Person vorübergehend von seiner Wohnung und dem Mittelpunkt seiner dauerhaft angelegten Erwerbstätigkeit entfernt erwerbstätig ist, für jeden Kalendertag, an dem die erwerbsfähige leistungsberechtigte Person wegen dieser vorübergehenden Tätigkeit von seiner Wohnung und dem Tätigkeitsmittelpunkt mindestens zwölf Stunden abwesend ist, ein Pauschbetrag in Höhe von 6 Euro abzusetzen.

§7 Nicht zu berücksichtigendes Vermögen

(1) Außer dem in § 12 Abs. 3 des Zweiten Buches Sozialgesetzbuch genannten Vermögen sind Vermögensgegenstände nicht als Vermögen zu berücksichtigen, die zur Aufnahme oder Fortsetzung der Berufsausbildung oder der Erwerbstätigkeit unentbehrlich sind.

(2) Bei der § 9 Abs. 5 des Zweiten Buches Sozialgesetzbuch zu Grunde liegenden Vermutung, dass Verwandte und Verschwägerte an mit ihnen in Haushaltsgemeinschaft lebende Leistungsberechtigte Leistungen erbringen, ist Vermögen nicht zu berücksichtigen, das nach § 12 Abs. 2 des Zweiten Buches Sozialgesetzbuch abzusetzen oder nach § 12 Abs. 3 des Zweiten Buches Sozialgesetzbuch nicht zu berücksichtigen ist.

§8 Wert des Vermögens

Das Vermögen ist ohne Rücksicht auf steuerrechtliche Vorschriften mit seinem Verkehrswert zu berücksichtigen.

§9 Übergangsvorschrift

§ 6 Absatz 1 Nummer 3 und 4 in der ab dem 1. August 2016 geltenden Fassung ist erstmals anzuwenden für Bewilligungszeiträume, die nach dem 31. Juli 2016 begonnen haben.

§10 Inkrafttreten, Außerkrafttreten

[1]Diese Verordnung tritt am 1. Januar 2008 in Kraft. [2]Gleichzeitig tritt die Arbeitslosengeld II/Sozialgeld-Verordnung vom 20. Oktober 2004 (BGBl. I S. 2622), zuletzt geändert durch Artikel 3 Abs. 3 der Verordnung vom 21. Dezember 2006 (BGBl. I S. 3385), außer Kraft.

Sozialgesetzbuch (SGB) Drittes Buch (III) – Arbeitsförderung – (SGB III)

Vom 24. März 1997 (BGBl. I S. 594)

Zuletzt geändert durch
Gesetz zur Umsetzung der Richtlinie (EU) 2019/882 des Europäischen Parlaments und des Rates über die Barrierefreiheitsanforderungen für Produkte und Dienstleistungen und zur Änderung anderer Gesetze vom 16. Juli 2021 (BGBl. I S. 2970)

Inhaltsübersicht

Erstes Kapitel
Allgemeine Vorschriften

Erster Abschnitt
Grundsätze

§ 1	Ziele der Arbeitsförderung
§ 2	Zusammenwirken mit den Agenturen für Arbeit
§ 3	Leistungen der Arbeitsförderung
§ 4	Vorrang der Vermittlung
§ 5	Vorrang der aktiven Arbeitsförderung
§ 6	(weggefallen)
§ 7	Auswahl von Leistungen der aktiven Arbeitsförderung
§ 8	Vereinbarkeit von Familie und Beruf
§ 9	Ortsnahe Leistungserbringung
§ 9a	Zusammenarbeit mit den für die Wahrnehmung der Aufgaben der Grundsicherung für Arbeitsuchende zuständigen gemeinsamen Einrichtungen und zugelassenen kommunalen Trägern
§ 10	(weggefallen)
§ 11	Eingliederungsbilanz

Zweiter Abschnitt
Berechtigte

§ 12	Geltung der Begriffsbestimmungen
§ 13	Heimarbeiterinnen und Heimarbeiter
§ 14	Auszubildende
§ 15	Ausbildung- und Arbeitsuchende
§ 16	Arbeitslose
§ 17	Drohende Arbeitslosigkeit
§ 18	Langzeitarbeitslose
§ 19	Menschen mit Behinderungen
§ 20	Berufsrückkehrende
§ 21	Träger

Dritter Abschnitt
Verhältnis der Leistungen aktiver Arbeitsförderung zu anderen Leistungen

§ 22	Verhältnis zu anderen Leistungen
§ 23	Vorleistungspflicht der Arbeitsförderung

Zweites Kapitel
Versicherungspflicht

Erster Abschnitt
Beschäftigte, Sonstige Versicherungspflichtige

§ 24	Versicherungspflichtverhältnis
§ 25	Beschäftigte
§ 26	Sonstige Versicherungspflichtige
§ 27	Versicherungsfreie Beschäftigte
§ 28	Sonstige versicherungsfreie Personen

Zweiter Abschnitt
Versicherungspflichtverhältnis auf Antrag

§ 28a	Versicherungspflichtverhältnis auf Antrag

Drittes Kapitel
Aktive Arbeitsförderung

Erster Abschnitt
Beratung und Vermittlung

Erster Unterabschnitt
Beratung

§ 29	Beratungsangebot
§ 30	Berufsberatung
§ 31	Grundsätze der Berufsberatung
§ 31a	Informationen an junge Menschen ohne Anschlussperspektive; erforderliche Datenerhebung und Datenübermittlung
§ 32	Eignungsfeststellung
§ 33	Berufsorientierung
§ 34	Arbeitsmarktberatung

Zweiter Unterabschnitt
Vermittlung

§ 35	Vermittlungsangebot
§ 36	Grundsätze der Vermittlung
§ 37	Potenzialanalyse und Eingliederungsvereinbarung
§ 38	Rechte und Pflichten der Ausbildung- und Arbeitsuchenden
§ 39	Rechte und Pflichten der Arbeitgeber
§ 39a	Frühzeitige Förderung von Ausländerinnen und Ausländern mit Aufenthaltsgestattung

Dritter Unterabschnitt
Gemeinsame Vorschriften

§ 40	Allgemeine Unterrichtung
§ 41	Einschränkung des Fragerechts

22 SGB III

§ 42 Grundsatz der Unentgeltlichkeit
§ 43 Anordnungsermächtigung

Zweiter Abschnitt
Aktivierung und berufliche Eingliederung

§ 44 Förderung aus dem Vermittlungsbudget
§ 45 Maßnahmen zur Aktivierung und beruflichen Eingliederung
§ 46 Probebeschäftigung und Arbeitshilfe für Menschen mit Behinderungen
§ 47 Verordnungsermächtigung

Dritter Abschnitt
Berufswahl und Berufsausbildung

Erster Unterabschnitt
Übergang von der Schule in die Berufsausbildung

§ 48 Berufsorientierungsmaßnahmen
§ 49 Berufseinstiegsbegleitung
§ 50 Anordnungsermächtigung

Zweiter Unterabschnitt
Berufsvorbereitung

§ 51 Berufsvorbereitende Bildungsmaßnahmen
§ 52 Förderungsberechtigte junge Menschen
§ 53 Vorbereitung auf einen Hauptschulabschluss im Rahmen einer berufsvorbereitenden Bildungsmaßnahme
§ 54 Maßnahmekosten
§ 54a Einstiegsqualifizierung
§ 55 Anordnungsermächtigung

Dritter Unterabschnitt
Berufsausbildungsbeihilfe

§ 56 Berufsausbildungsbeihilfe
§ 57 Förderungsfähige Berufsausbildung
§ 58 Förderung im Ausland
§ 59 (weggefallen)
§ 60 Förderungsberechtigter Personenkreis bei Berufsausbildung
§ 61 Bedarf für den Lebensunterhalt bei Berufsausbildung
§ 62 Bedarf für den Lebensunterhalt bei berufsvorbereitenden Bildungsmaßnahmen
§ 63 Fahrkosten
§ 64 Sonstige Aufwendungen
§ 65 Besonderheiten beim Besuch des Berufsschulunterrichts in Blockform
§ 66 Anpassung der Bedarfssätze
§ 67 Einkommensanrechnung
§ 68 Vorausleistung von Berufsausbildungsbeihilfe
§ 69 Dauer der Förderung
§ 70 Berufsausbildungsbeihilfe für Arbeitslose
§ 71 Auszahlung
§ 72 Anordnungsermächtigung

Vierter Unterabschnitt
Berufsausbildung

§ 73 Zuschüsse zur Ausbildungsvergütung für Menschen mit Behinderungen und schwerbehinderte Menschen
§ 74 Assistierte Ausbildung
§ 75 Begleitende Phase der Assistierten Ausbildung
§ 75a Vorphase der Assistierten Ausbildung
§ 76 Außerbetriebliche Berufsausbildung
§§ 77 bis 79 (weggefallen)
§ 80 Anordnungsermächtigung

Fünfter Unterabschnitt
Jugendwohnheime

§ 80a Förderung von Jugendwohnheimen
§ 80b Anordnungsermächtigung

Vierter Abschnitt
Berufliche Weiterbildung

§ 81 Grundsatz
§ 82 Förderung beschäftigter Arbeitnehmerinnen und Arbeitnehmer
§ 83 Weiterbildungskosten
§ 84 Lehrgangskosten
§ 85 Fahrkosten
§ 86 Kosten für auswärtige Unterbringung und für Verpflegung
§ 87 Kinderbetreuungskosten

Fünfter Abschnitt
Aufnahme einer Erwerbstätigkeit

Erster Unterabschnitt
Sozialversicherungspflichtige Beschäftigung

§ 88 Eingliederungszuschuss
§ 89 Höhe und Dauer der Förderung
§ 90 Eingliederungszuschuss für Menschen mit Behinderungen und schwerbehinderte Menschen
§ 91 Zu berücksichtigendes Arbeitsentgelt und Auszahlung des Zuschusses
§ 92 Förderungsausschluss und Rückzahlung

Zweiter Unterabschnitt
Selbständige Tätigkeit

§ 93 Gründungszuschuss
§ 94 Dauer und Höhe der Förderung

Sechster Abschnitt
Verbleib in Beschäftigung

Erster Unterabschnitt
Kurzarbeitergeld

Erster Titel
Regelvoraussetzungen

§ 95 Anspruch
§ 96 Erheblicher Arbeitsausfall
§ 97 Betriebliche Voraussetzungen
§ 98 Persönliche Voraussetzungen
§ 99 Anzeige des Arbeitsausfalls
§ 100 Kurzarbeitergeld bei Arbeitskämpfen

Zweiter Titel
Sonderformen des Kurzarbeitergeldes
§ 101 Saison-Kurzarbeitergeld
§ 102 Ergänzende Leistungen
§ 103 Kurzarbeitergeld für Heimarbeiterinnen und Heimarbeiter

Dritter Titel
Leistungsumfang
§ 104 Dauer
§ 105 Höhe
§ 106 Nettoentgeltdifferenz
§ 106a Erstattungen bei beruflicher Weiterbildung während Kurzarbeit

Vierter Titel
Anwendung anderer Vorschriften
§ 107 Anwendung anderer Vorschriften

Fünfter Titel
Verfügung über das Kurzarbeitergeld
§ 108 Verfügung über das Kurzarbeitergeld

Sechster Titel
Verordnungsermächtigung
§ 109 Verordnungsermächtigung

Zweiter Unterabschnitt
Transferleistungen
§ 110 Transfermaßnahmen
§ 111 Transferkurzarbeitergeld
§ 111a Förderung der beruflichen Weiterbildung bei Transferkurzarbeitergeld

Siebter Abschnitt
Teilhabe von Menschen mit Behinderungen am Arbeitsleben

Erster Unterabschnitt
Grundsätze
§ 112 Teilhabe am Arbeitsleben
§ 113 Leistungen zur Teilhabe
§ 114 Leistungsrahmen

Zweiter Unterabschnitt
Allgemeine Leistungen
§ 115 Leistungen
§ 116 Besonderheiten

Dritter Unterabschnitt
Besondere Leistungen

Erster Titel
Allgemeines
§ 117 Grundsatz
§ 118 Leistungen

Zweiter Titel
Übergangsgeld und Ausbildungsgeld
§ 119 Übergangsgeld
§ 120 Vorbeschäftigungszeit für das Übergangsgeld
§ 121 Übergangsgeld ohne Vorbeschäftigungszeit
§ 122 Ausbildungsgeld

§ 123 Ausbildungsgeld bei Berufsausbildung und Unterstützter Beschäftigung
§ 124 Ausbildungsgeld bei berufsvorbereitenden Bildungsmaßnahmen und bei Grundausbildung
§ 125 Ausbildungsgeld bei Maßnahmen in anerkannten Werkstätten für behinderte Menschen und bei Maßnahmen anderer Leistungsanbieter nach § 60 des Neunten Buches
§ 126 Einkommensanrechnung

Dritter Titel
Teilnahmekosten für Maßnahmen
§ 127 Teilnahmekosten für Maßnahmen
§ 128 Kosten für Unterkunft und Verpflegung bei anderweitiger auswärtiger Unterbringung

Vierter Titel
Anordnungsermächtigung
§ 129 Anordnungsermächtigung

Achter Abschnitt
Befristete Leistungen und innovative Ansätze
§§ 130 und 131 (weggefallen)
§ 131a Sonderregelungen zur beruflichen Weiterbildung
§ 131b Weiterbildungsförderung in der Altenpflege
§ 132 (weggefallen)
§ 133 Saison-Kurzarbeitergeld und ergänzende Leistungen im Gerüstbauerhandwerk
§ 134 (weggefallen)
§ 135 Erprobung innovativer Ansätze

Viertes Kapitel
Arbeitslosengeld und Insolvenzgeld

Erster Abschnitt
Arbeitslosengeld

Erster Unterabschnitt
Regelvoraussetzungen
§ 136 Anspruch auf Arbeitslosengeld
§ 137 Anspruchsvoraussetzungen bei Arbeitslosigkeit
§ 138 Arbeitslosigkeit
§ 139 Sonderfälle der Verfügbarkeit
§ 140 Zumutbare Beschäftigungen
§ 141 Arbeitslosmeldung
§ 142 Anwartschaftszeit
§ 143 Rahmenfrist
§ 144 Anspruchsvoraussetzungen bei beruflicher Weiterbildung

Zweiter Unterabschnitt
Sonderformen des Arbeitslosengeldes
§ 145 Minderung der Leistungsfähigkeit
§ 146 Leistungsfortzahlung bei Arbeitsunfähigkeit

Dritter Unterabschnitt
Anspruchsdauer
§ 147 Grundsatz
§ 148 Minderung der Anspruchsdauer

22 SGB III

Vierter Unterabschnitt
Höhe des Arbeitslosengeldes
§ 149 Grundsatz
§ 150 Bemessungszeitraum und Bemessungsrahmen
§ 151 Bemessungsentgelt
§ 152 Fiktive Bemessung
§ 153 Leistungsentgelt
§ 154 Berechnung und Leistung

Fünfter Unterabschnitt
Minderung des Arbeitslosengeldes, Zusammentreffen des Anspruchs mit sonstigem Einkommen und Ruhen des Anspruchs
§ 155 Anrechnung von Nebeneinkommen
§ 156 Ruhen des Anspruchs bei anderen Sozialleistungen
§ 157 Ruhen des Anspruchs bei Arbeitsentgelt und Urlaubsabgeltung
§ 158 Ruhen des Anspruchs bei Entlassungsentschädigung
§ 159 Ruhen bei Sperrzeit
§ 160 Ruhen bei Arbeitskämpfen

Sechster Unterabschnitt
Erlöschen des Anspruchs
§ 161 Erlöschen des Anspruchs

Siebter Unterabschnitt
Teilarbeitslosengeld
§ 162 Teilarbeitslosengeld

Achter Unterabschnitt
Verordnungsermächtigung und Anordnungsermächtigung
§ 163 Verordnungsermächtigung
§ 164 Anordnungsermächtigung

Zweiter Abschnitt
Insolvenzgeld
§ 165 Anspruch
§ 166 Anspruchsausschluss
§ 167 Höhe
§ 168 Vorschuss
§ 169 Anspruchsübergang
§ 170 Verfügungen über das Arbeitsentgelt
§ 171 Verfügungen über das Insolvenzgeld
§ 172 Datenaustausch und Datenübermittlung

Dritter Abschnitt
Ergänzende Regelungen zur Sozialversicherung
§ 173 Übernahme und Erstattung von Beiträgen bei Befreiung von der Versicherungspflicht in der Rentenversicherung
§ 174 Übernahme von Beiträgen bei Befreiung von der Versicherungspflicht in der Kranken- und Pflegeversicherung
§ 175 Zahlung von Pflichtbeiträgen bei Insolvenzereignis

Fünftes Kapitel
Zulassung von Trägern und Maßnahmen
§ 176 Grundsatz
§ 177 Fachkundige Stelle
§ 178 Trägerzulassung
§ 179 Maßnahmezulassung
§ 180 Ergänzende Anforderungen an Maßnahmen der beruflichen Weiterbildung
§ 181 Zulassungsverfahren
§ 182 Beirat
§ 183 Qualitätsprüfung
§ 184 Verordnungsermächtigung

Sechstes Kapitel
Ergänzende vergabespezifische Regelungen
§ 185 Vergabespezifisches Mindestentgelt für Aus- und Weiterbildungsdienstleistungen
§§ 186 bis 279 (weggefallen)

Siebtes Kapitel
Weitere Aufgaben der Bundesagentur
Erster Abschnitt
Statistiken, Arbeitsmarkt- und Berufsforschung, Berichterstattung
§ 280 Aufgaben
§ 281 Arbeitsmarktstatistiken, Verordnungsermächtigung
§ 282 Arbeitsmarkt- und Berufsforschung
§ 282a Übermittlung von Daten
§ 282b Speicherung, Veränderung, Nutzung, Übermittlung, Einschränkung der Verarbeitung oder Löschung von Daten für die Ausbildungsvermittlung durch die Bundesagentur
§ 283 Arbeitsmarktberichterstattung, Weisungsrecht

Zweiter Abschnitt
Erteilung von Genehmigungen und Erlaubnissen
Erster Unterabschnitt
Beschäftigung von Ausländerinnen und Ausländern
§ 284 Arbeitsgenehmigung-EU für Staatsangehörige der neuen EU-Mitgliedstaaten
§§ 285 und 286 (weggefallen)
§ 287 Gebühren für die Durchführung der Vereinbarungen über Werkvertragsarbeitnehmerinnen und Werkvertragsarbeitnehmer
§ 288 Verordnungsermächtigung und Weisungsrecht

Zweiter Unterabschnitt
Beratung und Vermittlung durch Dritte
Erster Titel
Berufsberatung
§ 288a Untersagung der Berufsberatung

§ 289 Offenbarungspflicht
§ 290 Vergütungen

Zweiter Titel
Ausbildungsvermittlung und Arbeitsvermittlung

§ 291 (weggefallen)
§ 292 Auslandsvermittlung, Anwerbung aus dem Ausland
§§ 293 bis 295 (weggefallen)
§ 296 Vermittlungsvertrag zwischen Vermittlern und Arbeitsuchenden
§ 296a Vergütungen bei Ausbildungsvermittlung
§ 297 Unwirksamkeit von Vereinbarungen
§ 298 Behandlung von Daten
§ 299 Informationspflicht bei grenzüberschreitender Vermittlung
§ 300 (weggefallen)

Dritter Titel
Verordnungsermächtigung

§ 301 Verordnungsermächtigung
§§ 302 und 303 (weggefallen)

Dritter Abschnitt

§§ 304 bis 308 (weggefallen)

Achtes Kapitel
Pflichten

Erster Abschnitt
Pflichten im Leistungsverfahren

Erster Unterabschnitt
Meldepflichten

§ 309 Allgemeine Meldepflicht
§ 310 Meldepflicht bei Wechsel der Zuständigkeit

Zweiter Unterabschnitt
Anzeige- und Bescheinigungspflichten

§ 311 Anzeige- und Bescheinigungspflicht bei Arbeitsunfähigkeit
§ 312 Arbeitsbescheinigung
§ 312a Arbeitsbescheinigung für Zwecke des über- und zwischenstaatlichen Rechts
§ 313 Nebeneinkommensbescheinigung
§ 313a Elektronische Bescheinigung
§ 314 Insolvenzgeldbescheinigung

Dritter Unterabschnitt
Auskunfts-, Mitwirkungs- und Duldungspflichten

§ 315 Allgemeine Auskunftspflicht Dritter
§ 316 Auskunftspflicht bei Leistung von Insolvenzgeld
§ 317 Auskunftspflicht bei Kurzarbeitergeld und Wintergeld
§ 318 Auskunftspflicht bei Maßnahmen der beruflichen Aus- oder Weiterbildung, Leistungen zur Teilhabe am Arbeitsleben, zur Aktivierung und beruflichen Eingliederung
§ 319 Mitwirkungs- und Duldungspflichten

Vierter Unterabschnitt
Sonstige Pflichten

§ 320 Berechnungs-, Auszahlungs-, Aufzeichnungs- und Anzeigepflichten

Zweiter Abschnitt
Schadensersatz bei Pflichtverletzungen

§ 321 Schadensersatz

Dritter Abschnitt
Verordnungsermächtigung und Anordnungsermächtigung

§ 321a Verordnungsermächtigung
§ 322 Anordnungsermächtigung

Neuntes Kapitel
Gemeinsame Vorschriften für Leistungen

Erster Abschnitt
Antrag und Fristen

§ 323 Antragserfordernis
§ 324 Antrag vor Leistung
§ 325 Wirkung des Antrages
§ 326 Ausschlußfrist für Gesamtabrechnung

Zweiter Abschnitt
Zuständigkeit

§ 327 Grundsatz

Dritter Abschnitt
Leistungsverfahren in Sonderfällen

§ 328 Vorläufige Entscheidung
§ 329 Einkommensberechnung in besonderen Fällen
§ 330 Sonderregelungen für die Aufhebung von Verwaltungsakten
§ 331 Vorläufige Zahlungseinstellung
§ 332 Übergang von Ansprüchen
§ 333 Aufrechnung
§ 334 Pfändung von Leistungen
§ 335 Erstattung von Beiträgen zur Kranken-, Renten- und Pflegeversicherung
§ 336 Leistungsrechtliche Bindung
§ 336a Wirkung von Widerspruch und Klage

Vierter Abschnitt
Auszahlung von Geldleistungen

§ 337 Auszahlung im Regelfall

Fünfter Abschnitt
Berechnungsgrundsätze

§ 338 Allgemeine Berechnungsgrundsätze
§ 339 Berechnung von Zeiten

Zehntes Kapitel
Finanzierung

Erster Abschnitt
Finanzierungsgrundsatz

§ 340 Aufbringung der Mittel

Zweiter Abschnitt
Beiträge und Verfahren

Erster Unterabschnitt
Beiträge

- § 341 Beitragssatz und Beitragsbemessung
- § 342 Beitragspflichtige Einnahmen Beschäftigter
- § 343 (weggefallen)
- § 344 Sonderregelungen für beitragspflichtige Einnahmen Beschäftigter
- § 345 Beitragspflichtige Einnahmen sonstiger Versicherungspflichtiger
- § 345a Pauschalierung der Beiträge
- § 345b Beitragspflichtige Einnahmen bei einem Versicherungspflichtverhältnis auf Antrag

Zweiter Unterabschnitt
Verfahren

- § 346 Beitragstragung bei Beschäftigten
- § 347 Beitragstragung bei sonstigen Versicherten
- § 348 Beitragszahlung für Beschäftigte
- § 349 Beitragszahlung für sonstige Versicherungspflichtige
- § 349a Beitragstragung und Beitragszahlung bei einem Versicherungspflichtverhältnis auf Antrag
- § 350 Meldungen der Sozialversicherungsträger
- § 351 Beitragserstattung

Dritter Unterabschnitt
Verordnungsermächtigung, Anordnungsermächtigung und Ermächtigung zum Erlass von Verwaltungsvorschriften

- § 352 Verordnungsermächtigung
- § 352a Anordnungsermächtigung
- § 353 Ermächtigung zum Erlaß von Verwaltungsvorschriften

Dritter Abschnitt
Umlagen

Erster Unterabschnitt
Winterbeschäftigungs-Umlage

- § 354 Grundsatz
- § 355 Höhe der Umlage
- § 356 Umlageabführung
- § 357 Verordnungsermächtigung

Zweiter Unterabschnitt
Umlage für das Insolvenzgeld

- § 358 Aufbringung der Mittel
- § 359 Einzug und Weiterleitung der Umlage
- § 360 Umlagesatz
- § 361 Verordnungsermächtigung
- § 362 (weggefallen)

Vierter Abschnitt
Beteiligung des Bundes

- § 363 Finanzierung aus Bundesmitteln
- § 364 Liquiditätshilfen
- § 365 Stundung von Darlehen

Fünfter Abschnitt
Rücklage und Versorgungsfonds

- § 366 Bildung und Anlage der Rücklage
- § 366a Versorgungsfonds

Elftes Kapitel
Organisation und Datenschutz

Erster Abschnitt
Bundesagentur für Arbeit

- § 367 Bundesagentur für Arbeit
- § 368 Aufgaben der Bundesagentur
- § 369 Besonderheiten zum Gerichtsstand
- § 370 Beteiligung an Gesellschaften

Zweiter Abschnitt
Selbstverwaltung

Erster Unterabschnitt
Verfassung

- § 371 Selbstverwaltungsorgane
- § 372 Satzung und Anordnungen
- § 373 Verwaltungsrat
- § 374 Verwaltungsausschüsse
- § 375 Amtsdauer
- § 376 Entschädigung der ehrenamtlich Tätigen

Zweiter Unterabschnitt
Berufung und Abberufung

- § 377 Berufung und Abberufung der Mitglieder
- § 378 Berufungsfähigkeit
- § 379 Vorschlagsberechtigte Stellen

Dritter Unterabschnitt
Neutralitätsausschuss

- § 380 Neutralitätsausschuss

Dritter Abschnitt
Vorstand und Verwaltung

- § 381 Vorstand der Bundesagentur
- § 382 Rechtsstellung der Vorstandsmitglieder
- § 383 Geschäftsführung der Agenturen für Arbeit
- § 384 Geschäftsführung der Regionaldirektionen
- § 385 Beauftragte für Chancengleichheit am Arbeitsmarkt
- § 386 Innenrevision
- § 387 Personal der Bundesagentur
- § 388 Ernennung der Beamtinnen und Beamten
- § 389 Anstellungsverhältnisse oberster Führungskräfte
- § 390 Außertarifliche Arbeitsbedingungen und Vergütungen
- § 391 (weggefallen)
- § 392 Obergrenzen für Beförderungsämter

Vierter Abschnitt
Aufsicht

- § 393 Aufsicht

Fünfter Abschnitt
Datenschutz

- § 394 Verarbeitung von Sozialdaten durch die Bundesagentur

§ 395 Datenübermittlung an Dritte; Verarbeitung von Sozialdaten durch nicht-öffentliche Stellen
§ 396 Kennzeichnungs- und Maßregelungsverbot
§ 397 Automatisierter Datenabgleich
§ 398 Datenübermittlung durch beauftragte Dritte
§§ 399 bis 403 (weggefallen)

Zwölftes Kapitel
Bußgeldvorschriften

Erster Abschnitt
Bußgeldvorschriften

§ 404 Bußgeldvorschriften
§ 405 Zuständigkeit, Vollstreckung und Unterrichtung

Zweiter Abschnitt
§§ 406 und 407 (weggefallen)

Dreizehntes Kapitel
Sonderregelungen

Erster Abschnitt
Sonderregelungen im Zusammenhang mit der Herstellung der Einheit Deutschlands

§ 408 Besondere Bezugsgröße und Beitragsbemessungsgrenze
§§ 409 bis 416a (weggefallen)

Zweiter Abschnitt
Ergänzungen für übergangsweise mögliche Leistungen und zeitweilige Aufgaben

§ 417 Sonderregelung zum Bundesprogramm „Ausbildungsplätze sichern"
§ 418 Tragung der Beiträge zur Arbeitsförderung bei Beschäftigung älterer Arbeitnehmerinnen und Arbeitnehmer
§ 419 (weggefallen)
§ 420 Versicherungsfreiheit von Teilnehmerinnen und Teilnehmern des Programms Soziale Teilhabe am Arbeitsmarkt
§ 421 Förderung der Teilnahme an Sprachkursen
§ 421a Arbeiten in Maßnahmen des Arbeitsmarktprogramms Flüchtlingsintegrationsmaßnahmen
§ 421b Erprobung einer zentralen Servicestelle für anerkennungssuchende Fachkräfte im Ausland
§ 421c Vorübergehende Sonderregelungen im Zusammenhang mit Kurzarbeit
§ 421d Vorübergehende Sonderregelungen zum Arbeitslosengeld
§ 421e Vorübergehende Sonderregelungen im Zusammenhang mit dem Austritt des Vereinigten Königreichs Großbritannien und Nordirland aus der Europäischen Union

Dritter Abschnitt
Grundsätze bei Rechtsänderungen

§ 422 Leistungen der aktiven Arbeitsförderung
§§ 423 und 424 (weggefallen)

Vierter Abschnitt
Sonderregelungen im Zusammenhang mit der Einordnung des Arbeitsförderungsrechts in das Sozialgesetzbuch

§ 425 Übergang von der Beitrags- zur Versicherungspflicht
§§ 426 und 427 (weggefallen)
§ 427a Gleichstellung von Mutterschaftszeiten
§ 428 Arbeitslosengeld unter erleichterten Voraussetzungen
§ 429 (weggefallen)
§ 430 Sonstige Entgeltersatzleistungen
§§ 431 bis 433 (weggefallen)

Fünfter Abschnitt
Übergangsregelungen auf Grund von Änderungsgesetzen

§ 434 Gesetz zur Reform der Renten wegen verminderter Erwerbsfähigkeit
§ 434a bis 434x (weggefallen)
§ 435 Gesetz zur Vereinfachung der Wahl der Arbeitnehmervertreter in den Aufsichtsrat
§ 436 Zweites Gesetz für moderne Dienstleistungen am Arbeitsmarkt
§ 437 Drittes Gesetz für moderne Dienstleistungen am Arbeitsmarkt
§ 438 (weggefallen)
§ 439 Siebtes Gesetz zur Änderung des Dritten Buches Sozialgesetzbuch und anderer Gesetze
§ 440 Gesetz zur Neuausrichtung der arbeitsmarktpolitischen Instrumente
§ 441 Bürgerentlastungsgesetz Krankenversicherung
§ 442 Beschäftigungschancengesetz
§ 443 Gesetz zur Verbesserung der Eingliederungschancen am Arbeitsmarkt
§ 444 Gesetz zu Änderungen im Bereich der geringfügigen Beschäftigung
§ 444a Gesetz zur Stärkung der beruflichen Weiterbildung und des Versicherungsschutzes in der Arbeitslosenversicherung
§ 445 Fünfundzwanzigstes Gesetz zur Änderung des Bundesausbildungsförderungsgesetzes
§ 445a Gesetz zur Anpassung der Berufsausbildungsbeihilfe und des Ausbildungsgeldes
§ 446 Zweites Gesetz zur Stärkung der pflegerischen Versorgung und zur Änderung weiterer Vorschriften
§ 447 Gesetz zur Stärkung der Chancen für Qualifizierung und für mehr Schutz in der Arbeitslosenversicherung
§ 448 Gesetz zur Förderung der Ausbildung und Beschäftigung von Ausländerinnen und Ausländern

§ 449 Gesetz zur Modernisierung und Stärkung der beruflichen Bildung

§ 450 Gesetz zur Förderung der beruflichen Weiterbildung im Strukturwandel und zur Weiterentwicklung der Ausbildungsförderung

§ 451 Siebtes Gesetz zur Änderung des Vierten Buches Sozialgesetzbuch und anderer Gesetze

Erstes Kapitel
Allgemeine Vorschriften
Erster Abschnitt
Grundsätze

§ 1 Ziele der Arbeitsförderung

(1) [1]Die Arbeitsförderung soll dem Entstehen von Arbeitslosigkeit entgegenwirken, die Dauer der Arbeitslosigkeit verkürzen und den Ausgleich von Angebot und Nachfrage auf dem Ausbildungs- und Arbeitsmarkt unterstützen. [2]Dabei ist insbesondere durch die Verbesserung der individuellen Beschäftigungsfähigkeit Langzeitarbeitslosigkeit zu vermeiden. [3]Die Gleichstellung von Frauen und Männern ist als durchgängiges Prinzip der Arbeitsförderung zu verfolgen. [4]Die Arbeitsförderung soll dazu beitragen, dass ein hoher Beschäftigungsstand erreicht und die Beschäftigungsstruktur ständig verbessert wird. [5]Sie ist so auszurichten, dass sie der beschäftigungspolitischen Zielsetzung der Sozial-, Wirtschafts- und Finanzpolitik der Bundesregierung entspricht.

(2) Die Leistungen der Arbeitsförderung sollen insbesondere
1. die Transparenz auf dem Ausbildungs- und Arbeitsmarkt erhöhen, die berufliche und regionale Mobilität unterstützen und die zügige Besetzung offener Stellen ermöglichen,
2. die individuelle Beschäftigungsfähigkeit durch Erhalt und Ausbau von Fertigkeiten, Kenntnissen und Fähigkeiten fördern,
3. unterwertiger Beschäftigung entgegenwirken und
4. die berufliche Situation von Frauen verbessern, indem sie auf die Beseitigung bestehender Nachteile sowie auf die Überwindung eines geschlechtsspezifisch geprägten Ausbildungs- und Arbeitsmarktes hinwirken und Frauen mindestens entsprechend ihrem Anteil an den Arbeitslosen und ihrer relativen Betroffenheit von Arbeitslosigkeit gefördert werden.

(3) [1]Die Bundesregierung soll mit der Bundesagentur zur Durchführung der Arbeitsförderung Rahmenziele vereinbaren. [2]Diese dienen der Umsetzung der Grundsätze dieses Buches. [3]Die Rahmenziele werden spätestens zu Beginn einer Legislaturperiode überprüft.

§ 2 Zusammenwirken mit den Agenturen für Arbeit

(1) Die Agenturen für Arbeit erbringen insbesondere Dienstleistungen für Arbeitgeber, Arbeitnehmerinnen und Arbeitnehmer, indem sie
1. Arbeitgeber regelmäßig über Ausbildungs- und Arbeitsmarktentwicklungen, Ausbildungsuchende, Fachkräfteangebot und berufliche Bildungsmaßnahmen informieren sowie auf den Betrieb zugeschnittene Arbeitsmarktberatung und Vermittlung anbieten und
2. Arbeitnehmerinnen und Arbeitnehmer zur Vorbereitung der Berufswahl und zur Erschließung ihrer beruflichen Entwicklungsmöglichkeiten beraten, Vermittlungsangebote zur Ausbildungs- oder Arbeitsaufnahme entsprechend ihren Fähigkeiten unterbreiten sowie sonstige Leistungen der Arbeitsförderung erbringen.

(2) [1]Die Arbeitgeber haben bei ihren Entscheidungen verantwortungsvoll deren Auswirkungen auf die Beschäftigung der Arbeitnehmerinnen und Arbeitnehmer und von Arbeitslosen und damit die Inanspruchnahme von Leistungen der Arbeitsförderung einzubeziehen. [2]Sie sollen dabei insbesondere
1. im Rahmen ihrer Mitverantwortung für die Entwicklung der beruflichen Leistungsfähigkeit der Arbeitnehmerinnen und Arbeitnehmer zur Anpassung an sich ändernde Anforderungen sorgen,
2. vorrangig durch betriebliche Maßnahmen die Inanspruchnahme von Leistungen der Arbeitsförderung sowie Entlassungen von Arbeitnehmerinnen und Arbeitnehmern vermeiden,
3. Arbeitnehmer vor der Beendigung des Arbeitsverhältnisses frühzeitig über die Notwendigkeit eigener Aktivitäten bei der Suche nach einer anderen Beschäftigung sowie über die Verpflichtung zur Meldung nach § 38 Abs. 1 bei der Agentur für Arbeit informieren, sie hierzu freistellen und die Teilnahme an erforderlichen Maßnahmen der beruflichen Weiterbildung ermöglichen.

(3) ¹Die Arbeitgeber sollen die Agenturen für Arbeit frühzeitig über betriebliche Veränderungen, die Auswirkungen auf die Beschäftigung haben können, unterrichten. ²Dazu gehören insbesondere Mitteilungen über
1. zu besetzende Ausbildungs- und Arbeitsstellen,
2. geplante Betriebserweiterungen und den damit verbundenen Arbeitskräftebedarf,
3. die Qualifikationsanforderungen an die einzustellenden Arbeitnehmerinnen und Arbeitnehmer,
4. geplante Betriebseinschränkungen oder Betriebsverlagerungen sowie die damit verbundenen Auswirkungen und
5. Planungen, wie Entlassungen von Arbeitnehmerinnen und Arbeitnehmern vermieden oder Übergänge in andere Beschäftigungsverhältnisse organisiert werden können.

(4) ¹Die Arbeitnehmerinnen und Arbeitnehmer haben bei ihren Entscheidungen verantwortungsvoll deren Auswirkungen auf ihre beruflichen Möglichkeiten einzubeziehen. ²Sie sollen insbesondere ihre berufliche Leistungsfähigkeit den sich ändernden Anforderungen anpassen.

(5) Die Arbeitnehmerinnen und Arbeitnehmer haben zur Vermeidung oder zur Beendigung von Arbeitslosigkeit insbesondere
1. ein zumutbares Beschäftigungsverhältnis fortzusetzen,
2. eigenverantwortlich nach Beschäftigung zu suchen, bei bestehendem Beschäftigungsverhältnis frühzeitig vor dessen Beendigung,
3. eine zumutbare Beschäftigung aufzunehmen und
4. an einer beruflichen Eingliederungsmaßnahme teilzunehmen.

§ 3 Leistungen der Arbeitsförderung

(1) Leistungen der Arbeitsförderung sind Leistungen nach Maßgabe des Dritten und Vierten Kapitels dieses Buches.

(2) Leistungen der aktiven Arbeitsförderung sind Leistungen nach Maßgabe des Dritten Kapitels dieses Buches und Arbeitslosengeld bei beruflicher Weiterbildung.

(3) Leistungen der aktiven Arbeitsförderung sind Ermessensleistungen mit Ausnahme
1. des Aktivierungs- und Vermittlungsgutscheins nach § 45 Absatz 7,
2. der Berufsausbildungsbeihilfe während der ersten Berufsausbildung oder einer berufsvorbereitenden Bildungsmaßnahme,
3. der Leistung zur Vorbereitung auf den nachträglichen Erwerb des Hauptschulabschlusses oder eines gleichwertigen Schulabschlusses im Rahmen einer berufsvorbereitenden Bildungsmaßnahme,
4. der Weiterbildungskosten zum nachträglichen Erwerb eines Berufsabschlusses, des Hauptschulabschlusses oder eines gleichwertigen Schulabschlusses,
5. des Kurzarbeitergeldes bei Arbeitsausfall,
6. des Wintergeldes,
7. der Leistungen zur Förderung der Teilnahme an Transfermaßnahmen,
8. der besonderen Leistungen zur Teilhabe am Arbeitsleben und
9. des Arbeitslosengeldes bei beruflicher Weiterbildung.

(4) Entgeltersatzleistungen sind
1. Arbeitslosengeld bei Arbeitslosigkeit und bei beruflicher Weiterbildung,
2. Teilarbeitslosengeld bei Teilarbeitslosigkeit,
3. Übergangsgeld bei Teilnahme an Maßnahmen zur Teilhabe am Arbeitsleben,
4. Kurzarbeitergeld bei Arbeitsausfall,
5. Insolvenzgeld bei Zahlungsunfähigkeit des Arbeitgebers.

§ 4 Vorrang der Vermittlung

(1) Die Vermittlung in Ausbildung und Arbeit hat Vorrang vor den Leistungen zum Ersatz des Arbeitsentgelts bei Arbeitslosigkeit.

(2) ¹Der Vermittlungsvorrang gilt auch im Verhältnis zu den sonstigen Leistungen der aktiven Arbeitsförderung, es sei denn, die Leistung ist für eine dauerhafte Eingliederung erforderlich. ²Von der Erforderlichkeit für die dauerhafte Eingliederung ist insbesondere auszugehen, wenn Arbeitnehmerinnen und Arbeitnehmer mit fehlendem Berufsabschluss an einer nach § 81 geförderten beruflichen Weiterbildung teilnehmen.

§ 5 Vorrang der aktiven Arbeitsförderung

Die Leistungen der aktiven Arbeitsförderung sind entsprechend ihrer jeweiligen Zielbestimmung und den Ergebnissen der Beratungs- und Vermittlungsgespräche einzusetzen, um sonst erforderliche Leistungen zum Ersatz des Arbeitsentgelts bei Arbeitslosigkeit nicht nur vorübergehend zu vermeiden und dem Entstehen von Langzeitarbeitslosigkeit vorzubeugen.

§ 6 (weggefallen)

§ 7 Auswahl von Leistungen der aktiven Arbeitsförderung
¹Bei der Auswahl von Ermessensleistungen der aktiven Arbeitsförderung hat die Agentur für Arbeit unter Beachtung des Grundsatzes der Wirtschaftlichkeit und Sparsamkeit die für den Einzelfall am besten geeignete Leistung oder Kombination von Leistungen zu wählen. ²Dabei ist grundsätzlich auf
1. die Fähigkeiten der zu fördernden Personen,
2. die Aufnahmefähigkeit des Arbeitsmarktes und
3. den anhand der Ergebnisse der Beratungs- und Vermittlungsgespräche ermittelten arbeitsmarktpolitischen Handlungsbedarf

abzustellen.

§ 8 Vereinbarkeit von Familie und Beruf
(1) Die Leistungen der aktiven Arbeitsförderung sollen in ihrer zeitlichen, inhaltlichen und organisatorischen Ausgestaltung die Lebensverhältnisse von Frauen und Männern berücksichtigen, die aufsichtsbedürftige Kinder betreuen und erziehen oder pflegebedürftige Personen betreuen oder nach diesen Zeiten wieder in die Erwerbstätigkeit zurückkehren wollen.
(2) ¹Berufsrückkehrende sollen die zu ihrer Rückkehr in die Erwerbstätigkeit notwendigen Leistungen der aktiven Arbeitsförderung unter den Voraussetzungen dieses Buches erhalten. ²Hierzu gehören insbesondere Beratung und Vermittlung sowie die Förderung der beruflichen Weiterbildung durch Übernahme der Weiterbildungskosten.

§ 9 Ortsnahe Leistungserbringung
(1) ¹Die Leistungen der Arbeitsförderung sollen vorrangig durch die örtlichen Agenturen für Arbeit erbracht werden. ²Dabei haben die Agenturen für Arbeit die Gegebenheiten des örtlichen und überörtlichen Arbeitsmarktes zu berücksichtigen.
(2) ¹Die Agenturen für Arbeit sollen die Vorgänge am Arbeitsmarkt besser durchschaubar machen. ²Sie haben zum Ausgleich von Angebot und Nachfrage auf dem örtlichen und überörtlichen Arbeitsmarkt beizutragen. ³Der Einsatz der aktiven Arbeitsmarktpolitik ist zur Verbesserung der Wirksamkeit und Steuerung regelmäßig durch die Agenturen für Arbeit zu überprüfen. ⁴Dazu ist ein regionales Arbeitsmarktmonitoring einzurichten. ⁵Arbeitsmarktmonitoring ist ein System wiederholter Beobachtungen, Bilanzierungen, Trendbeschreibungen und Bewertungen der Vorgänge auf dem Arbeitsmarkt einschließlich der den Arbeitsmarktausgleich unterstützenden Maßnahmen.
(3) ¹Die Agenturen für Arbeit arbeiten zur Erfüllung ihrer Aufgaben mit den Gemeinden, Kreisen und Bezirken sowie den weiteren Beteiligten des örtlichen Ausbildungs- und Arbeitsmarktes zusammen, insbesondere mit den
1. Leistungsträgern im Sinne des § 12 des Ersten Buches sowie Trägern von Leistungen nach dem Bundesversorgungsgesetz und dem Asylbewerberleistungsgesetz,
2. Vertreterinnen und Vertretern der Arbeitgeber sowie der Arbeitnehmerinnen und Arbeitnehmer,
3. Kammern und berufsständischen Organisationen,
4. Ausländerbehörden und dem Bundesamt für Migration und Flüchtlinge,
5. allgemein- und berufsbildenden Schulen und Stellen der Schulverwaltung sowie Hochschulen,
6. Einrichtungen und Stellen des öffentlichen Gesundheitsdienstes und sonstigen Einrichtungen und Diensten des Gesundheitswesens sowie
7. Trägern der freien Wohlfahrtspflege und Dritten, die Leistungen nach diesem Buch erbringen.

²Die Zusammenarbeit mit den Stellen nach Satz 1 erfolgt auf der Grundlage der Gegenseitigkeit insbesondere, um
1. eine gleichmäßige oder gemeinsame Durchführung von Maßnahmen zu beraten oder zu sichern und
2. Leistungsmissbrauch zu verhindern oder aufzudecken.

³Die Agenturen für Arbeit sollen ihre Planungen rechtzeitig mit Trägern von Maßnahmen der Arbeitsförderung erörtern.

§ 9a Zusammenarbeit mit den für die Wahrnehmung der Aufgaben der Grundsicherung für Arbeitsuchende zuständigen gemeinsamen Einrichtungen und zugelassenen kommunalen Trägern
¹Beziehen erwerbsfähige Leistungsberechtigte nach dem Zweiten Buch auch Leistungen der Arbeitsförderung, so sind die Agenturen für Arbeit verpflichtet, eng mit den für die Wahrnehmung der Aufgaben der Grundsicherung für Arbeitsuchende zuständigen gemeinsamen Einrichtungen und zugelassenen kommunalen Trägern zusammenzuarbeiten. ²Sie unterrichten diese unverzüglich über die ihnen insoweit bekannten, für die Wahrnehmung der Aufgaben der Grundsicherung für Arbeitsuchende erforderlichen Tatsachen, insbesondere über

1. die für erwerbsfähige Leistungsberechtigte im Sinne des Zweiten Buches vorgesehenen und erbrachten Leistungen der aktiven Arbeitsförderung,
2. Feststellungen zu diesen Personen, die entsprechend § 37 Absatz 1 bei einer Berufsberatung nach § 31 Satz 2 getroffen werden, sowie
3. die bei diesen Personen eintretenden Sperrzeiten.

§ 10 (weggefallen)

§ 11 Eingliederungsbilanz

(1) ¹Die Bundesagentur und jede Agentur für Arbeit erstellen nach Abschluss eines Haushaltsjahres über ihre Ermessensleistungen der aktiven Arbeitsförderung eine Eingliederungsbilanz. ²Die Eingliederungsbilanzen müssen vergleichbar sein und sollen Aufschluss über den Mitteleinsatz, die geförderten Personengruppen und die Wirkung der Förderung geben.

(2) ¹Die Eingliederungsbilanzen sollen insbesondere Angaben enthalten zu
1. dem Anteil der Gesamtausgaben an den zugewiesenen Mitteln sowie zu den Ausgaben für die einzelnen Leistungen und ihrem Anteil an den Gesamtausgaben,
2. den durchschnittlichen Ausgaben für die einzelnen Leistungen je geförderte Arbeitnehmerin und je geförderten Arbeitnehmer unter Berücksichtigung der besonders förderungsbedürftigen Personengruppen, insbesondere Langzeitarbeitslose, schwerbehinderte Menschen, Ältere, Berufsrückkehrende und Personen mit geringer Qualifikation,
3. der Beteiligung besonders förderungsbedürftiger Personengruppen an den einzelnen Leistungen unter Berücksichtigung ihres Anteils an den Arbeitslosen,
4. der Beteiligung von Frauen an Maßnahmen der aktiven Arbeitsförderung unter Berücksichtigung ihres Anteils an den Arbeitslosen und ihrer relativen Betroffenheit von Arbeitslosigkeit sowie Angaben zu Maßnahmen, die zu einer gleichberechtigten Teilhabe von Frauen am Arbeitsmarkt beigetragen haben,
5. dem Verhältnis der Zahl der Arbeitslosen, die in eine nicht geförderte Beschäftigung vermittelt wurden, zu der Zahl aller Abgänge aus Arbeitslosigkeit in eine nicht geförderte Beschäftigung (Vermittlungsquote); dabei sind besonders förderungsbedürftige Personengruppen gesondert auszuweisen,
6. dem Verhältnis
   a) der Zahl der Arbeitnehmerinnen und Arbeitnehmer, die sechs Monate nach Abschluss einer Maßnahme der aktiven Arbeitsförderung nicht mehr arbeitslos sind, sowie
   b) der Zahl der Arbeitnehmerinnen und Arbeitnehmer, die nach angemessener Zeit im Anschluss an eine Maßnahme der aktiven Arbeitsförderung sozialversicherungspflichtig beschäftigt sind,
   jeweils zu der Zahl der geförderten Arbeitnehmerinnen und Arbeitnehmer in den einzelnen Maßnahmebereichen; dabei sind besonders förderungsbedürftige Personengruppen gesondert auszuweisen,
7. der Entwicklung der Rahmenbedingungen für die Eingliederung auf dem regionalen Arbeitsmarkt,
8. der Veränderung der Maßnahmen im Zeitverlauf,
9. der Arbeitsmarktsituation von Personen mit Migrationshintergrund.

²Die Zentrale der Bundesagentur stellt den Agenturen für Arbeit einheitliche Berechnungsmaßstäbe zu den einzelnen Angaben zur Verfügung, um die Vergleichbarkeit der Eingliederungsbilanzen sicherzustellen.

(3) ¹Die Eingliederungsbilanzen der Agenturen für Arbeit sind mit den Beteiligten des örtlichen Arbeitsmarktes zu erörtern. ²Dazu sind sie um einen Teil zu ergänzen, der weiteren Aufschluss gibt über die Leistungen und ihre Wirkungen auf den örtlichen Arbeitsmarkt, Aufschluss über die Konzentration der Maßnahmen auf einzelne Träger sowie Aufschluss über die Zusammensetzung der Maßnahmen zur Aktivierung und beruflichen Eingliederung sowie über die an diesen Maßnahmen teilnehmenden Personen und deren weitere Eingliederung in den Ausbildungs- und Arbeitsmarkt.

(4) Die Eingliederungsbilanzen sind bis zum 31. Oktober des folgenden Jahres fertigzustellen und zu veröffentlichen.

Zweiter Abschnitt
Berechtigte

§ 12 Geltung der Begriffsbestimmungen

Die in diesem Abschnitt enthaltenen Begriffsbestimmungen sind nur für dieses Buch maßgeblich.

§ 13 Heimarbeiterinnen und Heimarbeiter

Arbeitnehmerinnen und Arbeitnehmer im Sinne dieses Buches sind auch Heimarbeiterinnen und Heimarbeiter (§ 12 Abs. 2 des Vierten Buches).

§ 14 Auszubildende
Auszubildende sind die zur Berufsausbildung Beschäftigten und Teilnehmende an nach diesem Buch förderungsfähigen berufsvorbereitenden Bildungsmaßnahmen sowie Teilnehmer an einer Einstiegsqualifizierung.

§ 15 Ausbildung- und Arbeitsuchende
[1]Ausbildungsuchende sind Personen, die eine Berufsausbildung suchen. [2]Arbeitsuchende sind Personen, die eine Beschäftigung als Arbeitnehmerin oder Arbeitnehmer suchen. [3]Dies gilt auch, wenn sie bereits eine Beschäftigung oder eine selbständige Tätigkeit ausüben.

§ 16 Arbeitslose
(1) Arbeitslose sind Personen, die wie beim Anspruch auf Arbeitslosengeld
1. vorübergehend nicht in einem Beschäftigungsverhältnis stehen,
2. eine versicherungspflichtige Beschäftigung suchen und dabei den Vermittlungsbemühungen der Agentur für Arbeit zur Verfügung stehen und
3. sich bei der Agentur für Arbeit arbeitslos gemeldet haben.

(2) An Maßnahmen der aktiven Arbeitsmarktpolitik Teilnehmende gelten als nicht arbeitslos.

§ 17 Drohende Arbeitslosigkeit
Von Arbeitslosigkeit bedroht sind Personen, die
1. versicherungspflichtig beschäftigt sind,
2. alsbald mit der Beendigung der Beschäftigung rechnen müssen und
3. voraussichtlich nach Beendigung der Beschäftigung arbeitslos werden.

§ 18 Langzeitarbeitslose
(1) [1]Langzeitarbeitslose sind Arbeitslose, die ein Jahr und länger arbeitslos sind. [2]Die Teilnahme an einer Maßnahme nach § 45 sowie Zeiten einer Erkrankung oder sonstiger Nicht-Erwerbstätigkeit bis zu sechs Wochen unterbrechen die Dauer der Arbeitslosigkeit nicht.

(2) Für Leistungen, die Langzeitarbeitslosigkeit voraussetzen, bleiben folgende Unterbrechungen der Arbeitslosigkeit innerhalb eines Zeitraums von fünf Jahren unberücksichtigt:
1. Zeiten einer Maßnahme der aktiven Arbeitsförderung oder zur Eingliederung in Arbeit nach dem Zweiten Buch,
2. Zeiten einer Krankheit, einer Pflegebedürftigkeit oder eines Beschäftigungsverbots nach dem Mutterschutzgesetz,
3. Zeiten der Betreuung und Erziehung aufsichtsbedürftiger Kinder oder der Betreuung pflegebedürftiger Personen,
4. Zeiten eines Integrationskurses nach § 43 des Aufenthaltsgesetzes oder einer berufsbezogenen Deutschsprachförderung nach § 45a des Aufenthaltsgesetzes sowie Zeiten einer Maßnahme, die für die Feststellung der Gleichwertigkeit der im Ausland erworbenen Berufsqualifikation mit einer inländischen Berufsqualifikation, für die Erteilung der Befugnis zur Berufsausübung oder für die Erteilung der Erlaubnis zum Führen der Berufsbezeichnung erforderlich ist,
5. Beschäftigungen oder selbständige Tätigkeiten bis zu einer Dauer von insgesamt sechs Monaten,
6. Zeiten, in denen eine Beschäftigung rechtlich nicht möglich war, und
7. kurze Unterbrechungen der Arbeitslosigkeit ohne Nachweis.

(3) Ergibt sich der Sachverhalt einer unschädlichen Unterbrechung üblicherweise nicht aus den Unterlagen der Arbeitsvermittlung, so reicht Glaubhaftmachung aus.

§ 19 Menschen mit Behinderungen
(1) Menschen mit Behinderungen im Sinne dieses Buches sind Menschen, deren Aussichten, am Arbeitsleben teilzuhaben oder weiter teilzuhaben, wegen Art oder Schwere ihrer Behinderung im Sinne von § 2 Abs. 1 des Neunten Buches nicht nur vorübergehend wesentlich gemindert sind und die deshalb Hilfen zur Teilhabe am Arbeitsleben benötigen, einschließlich Menschen mit Lernbehinderungen.

(2) Menschen mit Behinderungen stehen Menschen gleich, denen eine Behinderung mit den in Absatz 1 genannten Folgen droht.

§ 20 Berufsrückkehrende
Berufsrückkehrende sind Frauen und Männer, die
1. ihre Erwerbstätigkeit oder Arbeitslosigkeit oder eine betriebliche Berufsausbildung wegen der Betreuung und Erziehung von aufsichtsbedürftigen Kindern oder der Betreuung pflegebedürftiger Personen unterbrochen haben und
2. in angemessener Zeit danach in die Erwerbstätigkeit zurückkehren wollen.

§ 21 Träger
Träger sind natürliche oder juristische Personen oder Personengesellschaften, die Maßnahmen der Arbeitsförderung selbst durchführen oder durch Dritte durchführen lassen.

Dritter Abschnitt
Verhältnis der Leistungen aktiver Arbeitsförderung zu anderen Leistungen

§ 22 Verhältnis zu anderen Leistungen
(1) Leistungen der aktiven Arbeitsförderung dürfen nur erbracht werden, wenn nicht andere Leistungsträger oder andere öffentlich-rechtliche Stellen zur Erbringung gleichartiger Leistungen gesetzlich verpflichtet sind.
(1a) Leistungen nach § 82 dürfen nur erbracht werden, wenn die berufliche Weiterbildung nicht auf ein nach § 2 Absatz 1 des Aufstiegsfortbildungsförderungsgesetzes förderfähiges Fortbildungsziel vorbereitet.
(2) ¹Allgemeine und besondere Leistungen zur Teilhabe am Arbeitsleben dürfen nur erbracht werden, sofern nicht ein anderer Rehabilitationsträger im Sinne des Neunten Buches zuständig ist. ²Dies gilt nicht für Leistungen nach den §§ 44 und 45, sofern nicht bereits der nach Satz 1 zuständige Rehabilitationsträger nach dem jeweiligen für ihn geltenden Leistungsgesetz gleichartige Leistungen erbringt. ³Der Eingliederungszuschuss für besonders betroffene schwerbehinderte Menschen nach § 90 Absatz 2 bis 4 und Zuschüsse zur Ausbildungsvergütung für schwerbehinderte Menschen nach § 73 dürfen auch dann erbracht werden, wenn ein anderer Leistungsträger zur Erbringung gleichartiger Leistungen gesetzlich verpflichtet ist oder, ohne gesetzlich verpflichtet zu sein, Leistungen erbringt. ⁴In diesem Fall werden die Leistungen des anderen Leistungsträgers angerechnet.
(3) ¹Soweit Leistungen zur Förderung der Berufsausbildung und zur Förderung der beruflichen Weiterbildung der Sicherung des Lebensunterhaltes dienen, gehen sie der Ausbildungsbeihilfe nach § 44 des Strafvollzugsgesetzes vor. ²Die Leistungen für Gefangene dürfen die Höhe der Ausbildungsbeihilfe nach § 44 des Strafvollzugsgesetzes nicht übersteigen. ³Sie werden den Gefangenen nach einer Förderzusage der Agentur für Arbeit in Vorleistung von den Ländern erbracht und von der Bundesagentur erstattet.
(4) ¹Folgende Leistungen des Dritten Kapitels werden nicht an oder für erwerbsfähige Leistungsberechtigte im Sinne des Zweiten Buches erbracht:
1. Leistungen nach § 35,
2. Leistungen zur Aktivierung und beruflichen Eingliederung nach dem Zweiten Abschnitt,
3. Leistungen zur Berufsausbildung nach dem Vierten Unterabschnitt des Dritten Abschnitts und Leistungen nach § 54a,
4. Leistungen zur beruflichen Weiterbildung nach dem Vierten Abschnitt, mit Ausnahme von Leistungen nach § 82 Absatz 6, und Leistungen nach den §§ 131a und 131b,
5. Leistungen zur Aufnahme einer sozialversicherungspflichtigen Beschäftigung nach dem Ersten Unterabschnitt des Fünften Abschnitts,
6. Leistungen zur Teilhabe von Menschen mit Behinderungen am Arbeitsleben nach
   a) den §§ 112 bis 114, 115 Nummer 1 bis 3 mit Ausnahme berufsvorbereitender Bildungsmaßnahmen und der Berufsausbildungsbeihilfe sowie § 116 Absatz 1, 2 und 6,
   b) § 117 Absatz 1 und § 118 Nummer 1 und 3 für die besonderen Leistungen zur Förderung der beruflichen Weiterbildung,
   c) den §§ 119 bis 121,
   d) den §§ 127 und 128 für die besonderen Leistungen zur Förderung der beruflichen Weiterbildung.

²Sofern die Bundesagentur für die Erbringung von Leistungen nach § 35 besondere Dienststellen nach § 367 Abs. 2 Satz 2 eingerichtet oder zusätzliche Vermittlungsdienstleistungen agenturübergreifend organisiert hat, erbringt sie die dort angebotenen Vermittlungsleistungen abweichend von Satz 1 auch an oder für erwerbsfähige Leistungsberechtigte im Sinne des Zweiten Buches. ³Eine Leistungserbringung an oder für erwerbsfähige Leistungsberechtigte im Sinne des Zweiten Buches nach den Grundsätzen der §§ 88 bis 92 des Zehnten Buches bleibt ebenfalls unberührt. ⁴Die Agenturen für Arbeit dürfen Aufträge nach Satz 3 zur Ausbildungsvermittlung nur aus wichtigem Grund ablehnen. ⁵Satz 1 gilt nicht für erwerbsfähige Leistungsberechtigte im Sinne des Zweiten Buches, die einen Anspruch auf Arbeitslosengeld oder Teilarbeitslosengeld haben; die Sätze 2 bis 4 finden insoweit keine Anwendung.

§ 23 Vorleistungspflicht der Arbeitsförderung
(1) Solange und soweit eine vorrangige Stelle Leistungen nicht gewährt, sind Leistungen der aktiven Arbeitsförderung so zu erbringen, als wenn die Verpflichtung dieser Stelle nicht bestünde.
(2) ¹Hat die Agentur für Arbeit für eine andere öffentlich-rechtliche Stelle vorgeleistet, ist die zur Leistung verpflichtete öffentlich-rechtliche Stelle der Bundesagentur erstattungspflichtig. ²Für diese Erstattungsansprüche gelten die Vorschriften des Zehnten Buches über die Erstattungsansprüche der Sozialleistungsträger untereinander entsprechend.

Zweites Kapitel
Versicherungspflicht

Erster Abschnitt
Beschäftigte, Sonstige Versicherungspflichtige

§ 24 Versicherungspflichtverhältnis

(1) In einem Versicherungspflichtverhältnis stehen Personen, die als Beschäftigte oder aus sonstigen Gründen versicherungspflichtig sind.

(2) Das Versicherungspflichtverhältnis beginnt für Beschäftigte mit dem Tag des Eintritts in das Beschäftigungsverhältnis oder mit dem Tag nach dem Erlöschen der Versicherungsfreiheit, für die sonstigen Versicherungspflichtigen mit dem Tag, an dem erstmals die Voraussetzungen für die Versicherungspflicht erfüllt sind.

(3) Das Versicherungspflichtverhältnis für Beschäftigte besteht während eines Arbeitsausfalls mit Entgeltausfall im Sinne der Vorschriften über das Kurzarbeitergeld fort.

(4) Das Versicherungspflichtverhältnis endet für Beschäftigte mit dem Tag des Ausscheidens aus dem Beschäftigungsverhältnis oder mit dem Tag vor Eintritt der Versicherungsfreiheit, für die sonstigen Versicherungspflichtigen mit dem Tag, an dem die Voraussetzungen für die Versicherungspflicht letztmals erfüllt waren.

§ 25 Beschäftigte

(1) [1]Versicherungspflichtig sind Personen, die gegen Arbeitsentgelt oder zu ihrer Berufsausbildung beschäftigt (versicherungspflichtige Beschäftigung) sind. [2]Die folgenden Personen stehen Beschäftigten zur Berufsausbildung im Sinne des Satzes 1 gleich:
1. Auszubildende, die im Rahmen eines Berufsausbildungsvertrages nach dem Berufsbildungsgesetz in einer außerbetrieblichen Einrichtung ausgebildet werden,
2. Teilnehmerinnen und Teilnehmer an dualen Studiengängen und
3. Teilnehmerinnen und Teilnehmer an Ausbildungen mit Abschnitten des schulischen Unterrichts und der praktischen Ausbildung, für die ein Ausbildungsvertrag und Anspruch auf Ausbildungsvergütung besteht (praxisintegrierte Ausbildungen).

(2) [1]Bei Wehrdienstleistenden und Zivildienstleistenden, denen nach gesetzlichen Vorschriften für die Zeit ihres Dienstes Arbeitsentgelt weiterzugewähren ist, gilt das Beschäftigungsverhältnis durch den Wehrdienst oder Zivildienst als nicht unterbrochen. [2]Personen, die nach dem Vierten Abschnitt des Soldatengesetzes Wehrdienst leisten, sind in dieser Beschäftigung nicht nach Absatz 1 versicherungspflichtig; sie gelten als Wehrdienst Leistende im Sinne des § 26 Abs. 1 Nr. 2. [3]Die Sätze 1 und 2 gelten auch für Personen in einem Wehrdienstverhältnis besonderer Art nach § 6 des Einsatz-Weiterverwendungsgesetzes, wenn sie den Einsatzunfall in einem Versicherungspflichtverhältnis erlitten haben.

§ 26 Sonstige Versicherungspflichtige

(1) Versicherungspflichtig sind
1. Jugendliche, die in Einrichtungen der beruflichen Rehabilitation nach § 51 des Neunten Buches Leistungen zur Teilhabe am Arbeitsleben erhalten, die ihnen eine Erwerbstätigkeit auf dem allgemeinen Arbeitsmarkt ermöglichen sollen, sowie Personen, die in Einrichtungen der Jugendhilfe für eine Erwerbstätigkeit befähigt werden sollen,
2. Personen, die nach Maßgabe des Wehrpflichtgesetzes, des § 58b des Soldatengesetzes oder des Zivildienstgesetzes Wehrdienst oder Zivildienst leisten und während dieser Zeit nicht als Beschäftigte versicherungspflichtig sind,
3. (weggefallen)
4. Gefangene, die Arbeitsentgelt, Ausbildungsbeihilfe oder Ausfallentschädigung (§§ 43 bis 45, 176 und 177 des Strafvollzugsgesetzes) erhalten oder Ausbildungsbeihilfe nur wegen des Vorrangs von Leistungen zur Förderung der Berufsausbildung nach diesem Buch nicht erhalten; das Versicherungspflichtverhältnis gilt während arbeitsfreier Sonnabende, Sonntage und gesetzlicher Feiertage als fortbestehend, wenn diese Tage innerhalb eines zusammenhängenden Arbeits- oder Ausbildungsabschnittes liegen. Gefangene im Sinne dieses Buches sind Personen, die im Vollzug von Untersuchungshaft, Freiheitsstrafen und freiheitsentziehenden Maßregeln der Besserung und Sicherung oder einstweilig nach § 126a Abs. 1 der Strafprozeßordnung untergebracht sind,
5. Personen, die als nicht satzungsmäßige Mitglieder geistlicher Genossenschaften oder ähnlicher religiöser Gemeinschaften für den Dienst in einer solchen Genossenschaft oder ähnlichen religiösen Gemeinschaft außerschulisch ausgebildet werden.

(2) Versicherungspflichtig sind Personen in der Zeit, für die sie
1. von einem Leistungsträger Mutterschaftsgeld, Krankengeld, Versorgungskrankengeld, Verletztengeld oder von einem Träger der medizinischen Rehabilitation Übergangsgeld beziehen,

2. von einem privaten Krankenversicherungsunternehmen Krankentagegeld beziehen,
2a. von einem privaten Krankenversicherungsunternehmen, von einem Beihilfeträger des Bundes, von einem sonstigen öffentlich-rechtlichen Träger von Kosten in Krankheitsfällen auf Bundesebene, von dem Träger der Heilfürsorge im Bereich des Bundes, von dem Träger der truppenärztlichen Versorgung oder von einem öffentlich-rechtlichen Träger von Kosten in Krankheitsfällen auf Landesebene, soweit Landesrecht dies vorsieht, Leistungen für den Ausfall von Arbeitseinkünften im Zusammenhang mit einer nach den §§ 8 und 8a des Transplantationsgesetzes erfolgenden Spende von Organen oder Geweben oder im Zusammenhang mit einer im Sinne von § 9 des Transfusionsgesetzes erfolgenden Spende von Blut zur Separation von Blutstammzellen oder anderen Blutbestandteilen beziehen,
2b. von einer Pflegekasse, einem privaten Versicherungsunternehmen, der Festsetzungsstelle für die Beihilfe oder dem Dienstherrn Pflegeunterstützungsgeld beziehen oder
3. von einem Träger der gesetzlichen Rentenversicherung eine Rente wegen voller Erwerbsminderung beziehen,

wenn sie unmittelbar vor Beginn der Leistung versicherungspflichtig waren oder Anspruch auf eine laufende Entgeltersatzleistung nach diesem Buch hatten.
(2a) ¹Versicherungspflichtig sind Personen in der Zeit, in der sie ein Kind, das das dritte Lebensjahr noch nicht vollendet hat, erziehen, wenn sie
1. unmittelbar vor der Kindererziehung versicherungspflichtig waren oder Anspruch auf eine laufende Entgeltersatzleistung nach diesem Buch hatten und
2. sich mit dem Kind im Inland gewöhnlich aufhalten oder bei Aufenthalt im Ausland Anspruch auf Kindergeld nach dem Einkommensteuergesetz oder Bundeskindergeldgesetz haben oder ohne die Anwendung des § 64 oder § 65 des Einkommensteuergesetzes oder des § 3 oder § 4 des Bundeskindergeldgesetzes haben würden.

²Satz 1 gilt nur für Kinder
1. der oder des Erziehenden,
2. seiner nicht dauernd getrennt lebenden Ehegattin oder ihres nicht dauernd getrennt lebenden Ehegatten oder
3. ihrer nicht dauernd getrennt lebenden Lebenspartnerin oder seines nicht dauernd getrennt lebenden Lebenspartners.

³Haben mehrere Personen ein Kind gemeinsam erzogen, besteht Versicherungspflicht nur für die Person, der nach den Regelungen des Rechts der gesetzlichen Rentenversicherung die Erziehungszeit zuzuordnen ist (§ 56 Abs. 2 des Sechsten Buches).
(2b) ¹Versicherungspflichtig sind Personen in der Zeit, in der sie als Pflegeperson einen Pflegebedürftigen mit mindestens Pflegegrad 2 im Sinne des Elften Buches, der Leistungen aus der Pflegeversicherung nach dem Elften Buch oder Hilfe zur Pflege nach dem Zwölften Buch oder gleichartige Leistungen nach anderen Vorschriften bezieht, nicht erwerbsmäßig wenigstens zehn Stunden wöchentlich, verteilt auf regelmäßig mindestens zwei Tage in der Woche, in seiner häuslichen Umgebung pflegen, wenn sie unmittelbar vor Beginn der Pflegetätigkeit versicherungspflichtig waren oder Anspruch auf eine laufende Entgeltersatzleistung nach diesem Buch hatten. ²Versicherungspflicht besteht auch, wenn die Voraussetzungen durch die Pflege mehrerer Pflegebedürftiger erfüllt werden.
(3) ¹Nach Absatz 1 Nr. 1 ist nicht versicherungspflichtig, wer nach § 25 Abs. 1 versicherungspflichtig ist. ²Nach Absatz 1 Nr. 4 ist nicht versicherungspflichtig, wer nach anderen Vorschriften dieses Buches versicherungspflichtig ist. ³Versicherungspflichtig wegen des Bezuges von Mutterschaftsgeld nach Absatz 2 Nr. 1 ist nicht, wer nach Absatz 2a versicherungspflichtig ist. ⁴Nach Absatz 2 Nr. 2 ist nicht versicherungspflichtig, wer nach Absatz 2 Nr. 1 versicherungspflichtig ist oder während des Bezugs von Krankentagegeld Anspruch auf Entgeltersatzleistungen nach diesem Buch hat. ⁵Nach Absatz 2a und 2b ist nicht versicherungspflichtig, wer nach anderen Vorschriften dieses Buches versicherungspflichtig ist oder während der Zeit der Erziehung oder Pflege Anspruch auf Entgeltersatzleistungen nach diesem Buch hat; Satz 3 bleibt unberührt. ⁶Trifft eine Versicherungspflicht nach Absatz 2a mit einer Versicherungspflicht nach Absatz 2b zusammen, geht die Versicherungspflicht nach Absatz 2a vor.

§ 27 Versicherungsfreie Beschäftigte

(1) Versicherungsfrei sind Personen in einer Beschäftigung als
1. Beamtin, Beamter, Richterin, Richter, Soldatin auf Zeit, Soldat auf Zeit, Berufssoldatin oder Berufssoldat der Bundeswehr sowie als sonstige Beschäftigte oder sonstiger Beschäftigter des Bundes, eines Landes, eines Gemeindeverbandes, einer Gemeinde, einer öffentlich-rechtlichen Körperschaft, Anstalt, Stiftung oder eines Verbandes öffentlich-rechtlicher Körperschaften oder deren Spitzenverbänden, wenn sie nach

beamtenrechtlichen Vorschriften oder Grundsätzen bei Krankheit Anspruch auf Fortzahlung der Bezüge und auf Beihilfe oder Heilfürsorge haben,
2. Geistliche der als öffentlich-rechtliche Körperschaften anerkannten Religionsgesellschaften, wenn sie nach beamtenrechtlichen Vorschriften oder Grundsätzen bei Krankheit Anspruch auf Fortzahlung der Bezüge und auf Beihilfe haben,
3. Lehrerin oder Lehrer an privaten genehmigten Ersatzschulen, wenn sie hauptamtlich beschäftigt sind und nach beamtenrechtlichen Vorschriften oder Grundsätzen bei Krankheit Anspruch auf Fortzahlung der Bezüge und auf Beihilfe haben,
4. satzungsmäßige Mitglieder von geistlichen Genossenschaften, Diakonissen und ähnliche Personen, wenn sie sich aus überwiegend religiösen oder sittlichen Beweggründen mit Krankenpflege, Unterricht oder anderen gemeinnützigen Tätigkeiten beschäftigen und nicht mehr als freien Unterhalt oder ein geringes Entgelt beziehen, das nur zur Beschaffung der unmittelbaren Lebensbedürfnisse an Wohnung, Verpflegung, Kleidung und dergleichen ausreicht,
5. Mitglieder des Vorstandes einer Aktiengesellschaft für das Unternehmen, dessen Vorstand sie angehören. Konzernunternehmen im Sinne des § 18 des Aktiengesetzes gelten als ein Unternehmen.

(2) ¹Versicherungsfrei sind Personen in einer geringfügigen Beschäftigung; abweichend von § 8 Abs. 2 Satz 1 des Vierten Buches werden geringfügige Beschäftigungen und nicht geringfügige Beschäftigungen nicht zusammengerechnet. ²Versicherungsfreiheit besteht nicht für Personen, die
1. im Rahmen betrieblicher Berufsbildung, nach dem Jugendfreiwilligendienstegesetz, nach dem Bundesfreiwilligendienstgesetz,
2. wegen eines Arbeitsausfalls mit Entgeltausfall im Sinne der Vorschriften über das Kurzarbeitergeld oder
3. wegen stufenweiser Wiedereingliederung in das Erwerbsleben (§ 74 Fünftes Buch, § 44 Neuntes Buch) oder aus einem sonstigen der in § 146 Absatz 1 genannten Gründe
nur geringfügig beschäftigt sind.

(3) Versicherungsfrei sind Personen in einer
1. unständigen Beschäftigung, die sie berufsmäßig ausüben. Unständig ist eine Beschäftigung, die auf weniger als eine Woche der Natur der Sache nach beschränkt zu sein pflegt oder im voraus durch Arbeitsvertrag beschränkt ist,
2. Beschäftigung als Heimarbeiterin oder Heimarbeiter, die gleichzeitig mit einer Tätigkeit als Zwischenmeisterin oder Zwischenmeister (§ 12 Abs. 4 Viertes Buch) ausgeübt wird, wenn der überwiegende Teil des Verdienstes aus der Tätigkeit als Zwischenmeisterin oder Zwischenmeister bezogen wird,
3. Beschäftigung als ausländische Arbeitnehmerin oder ausländischer Arbeitnehmer zur beruflichen Aus- oder Fortbildung, wenn
   a) die berufliche Aus- oder Fortbildung aus Mitteln des Bundes, eines Landes, einer Gemeinde oder eines Gemeindeverbandes oder aus Mitteln einer Einrichtung oder einer Organisation, die sich der Aus- oder Fortbildung von Ausländerinnen oder Ausländern widmet, gefördert wird,
   b) sie verpflichtet sind, nach Beendigung der geförderten Aus- oder Fortbildung das Inland zu verlassen, und
   c) die im Inland zurückgelegten Versicherungszeiten weder nach dem Recht der Europäischen Gemeinschaft noch nach zwischenstaatlichen Abkommen oder dem Recht des Wohnlandes der Arbeitnehmerin oder des Arbeitnehmers einen Anspruch auf Leistungen für den Fall der Arbeitslosigkeit in dem Wohnland der oder des Betreffenden begründen können,
4. Beschäftigung als Bürgermeisterin, Bürgermeister, Beigeordnete oder Beigeordneter, wenn diese Beschäftigung ehrenamtlich ausgeübt wird,
5. Beschäftigung, die nach den §§ 16e und 16i des Zweiten Buches gefördert wird.

(4) ¹Versicherungsfrei sind Personen, die während der Dauer
1. ihrer Ausbildung an einer allgemeinbildenden Schule oder
2. ihres Studiums als ordentlich Studierende einer Hochschule oder einer der fachlichen Ausbildung dienenden Schule
eine Beschäftigung ausüben. ²Satz 1 Nr. 1 gilt nicht, wenn die oder der Beschäftigte schulische Einrichtungen besucht, die der Fortbildung außerhalb der üblichen Arbeitszeit dienen.

(5) ¹Versicherungsfrei sind Personen, die während einer Zeit, in der ein Anspruch auf Arbeitslosengeld besteht, eine Beschäftigung ausüben. ²Satz 1 gilt nicht für Beschäftigungen, die während der Zeit, in der ein Anspruch auf Teilarbeitslosengeld besteht, ausgeübt werden.

§ 28 Sonstige versicherungsfreie Personen

(1) Versicherungsfrei sind Personen,

1. die das Lebensjahr für den Anspruch auf Regelaltersrente im Sinne des Sechsten Buches vollenden, mit Ablauf des Monats, in dem sie das maßgebliche Lebensjahr vollenden,
2. die wegen einer Minderung ihrer Leistungsfähigkeit dauernd nicht mehr verfügbar sind, von dem Zeitpunkt an, an dem die Agentur für Arbeit diese Minderung der Leistungsfähigkeit und der zuständige Träger der gesetzlichen Rentenversicherung volle Erwerbsminderung im Sinne der gesetzlichen Rentenversicherung festgestellt haben,
3. während der Zeit, für die ihnen eine dem Anspruch auf Rente wegen voller Erwerbsminderung vergleichbare Leistung eines ausländischen Leistungsträgers zuerkannt ist.

(2) Versicherungsfrei sind Personen in einer Beschäftigung oder auf Grund des Bezuges einer Sozialleistung (§ 26 Abs. 2 Nr. 1 und 2), soweit ihnen während dieser Zeit ein Anspruch auf Rente wegen voller Erwerbsminderung aus der gesetzlichen Rentenversicherung zuerkannt ist.

(3) Versicherungsfrei sind nicht-deutsche Besatzungsmitglieder deutscher Seeschiffe, die ihren Wohnsitz oder gewöhnlichen Aufenthalt nicht in einem Mitgliedstaat der Europäischen Union, einem Vertragsstaat des Abkommens über den Europäischen Wirtschaftsraum oder der Schweiz haben.

Zweiter Abschnitt
Versicherungspflichtverhältnis auf Antrag

§ 28a Versicherungspflichtverhältnis auf Antrag

(1) ¹Ein Versicherungspflichtverhältnis auf Antrag können Personen begründen, die
1. (weggefallen)
2. eine selbständige Tätigkeit mit einem Umfang von mindestens 15 Stunden wöchentlich aufnehmen und ausüben,
3. eine Beschäftigung mit einem Umfang von mindestens 15 Stunden wöchentlich in einem Staat außerhalb eines Mitgliedstaates der Europäischen Union, eines Vertragsstaates des Europäischen Wirtschaftsraums oder der Schweiz aufnehmen und ausüben,
4. eine Elternzeit nach § 15 des Bundeselterngeld- und Elternzeitgesetzes in Anspruch nehmen oder
5. sich beruflich weiterbilden, wenn dadurch ein beruflicher Aufstieg ermöglicht, ein beruflicher Abschluss vermittelt oder zu einer anderen beruflichen Tätigkeit befähigt wird; ausgeschlossen sind Weiterbildungen im Sinne des § 180 Absatz 3 Satz 1 Nummer 1, es sei denn, die berufliche Weiterbildung findet in einem berufsqualifizierenden Studiengang an einer Hochschule oder einer ähnlichen Bildungsstätte unter Anrechnung beruflicher Qualifikationen statt.

²Gelegentliche Abweichungen von der in den Satz 1 Nummer 2 und 3 genannten wöchentlichen Mindeststundenzahl bleiben unberücksichtigt, wenn sie von geringer Dauer sind.

(2) ¹Voraussetzung für die Versicherungspflicht ist, dass die antragstellende Person
1. innerhalb der letzten 30 Monate vor der Aufnahme der Tätigkeit oder Beschäftigung oder dem Beginn der Elternzeit oder beruflichen Weiterbildung mindestens zwölf Monate in einem Versicherungspflichtverhältnis gestanden hat oder
2. unmittelbar vor der Aufnahme der Tätigkeit oder der Beschäftigung oder dem Beginn der Elternzeit oder der beruflichen Weiterbildung Anspruch auf eine Entgeltersatzleistung nach diesem Buch hatte

und weder versicherungspflichtig (§§ 25, 26) noch versicherungsfrei (§§ 27, 28) ist; eine geringfügige Beschäftigung (§ 27 Absatz 2) schließt die Versicherungspflicht nicht aus. ²Die Begründung eines Versicherungspflichtverhältnisses auf Antrag nach Absatz 1 Satz 1 Nummer 2 ist ausgeschlossen, wenn die antragstellende Person bereits versicherungspflichtig nach Absatz 1 Satz 1 Nummer 2 war, die zu dieser Versicherungspflicht führende Tätigkeit zweimal unterbrochen hat und in den Unterbrechungszeiten einen Anspruch auf Arbeitslosengeld geltend gemacht hat. ³Die Begründung eines Versicherungspflichtverhältnisses auf Antrag nach Absatz 1 Satz 1 Nummer 4 ist ausgeschlossen, soweit für dasselbe Kind bereits eine andere Person nach § 26 Absatz 2a versicherungspflichtig ist.

(3) ¹Der Antrag muss spätestens innerhalb von drei Monaten nach Aufnahme der Tätigkeit oder Beschäftigung oder dem Beginn der Elternzeit oder beruflichen Weiterbildung, die zur Begründung eines Versicherungspflichtverhältnisses auf Antrag berechtigt, gestellt werden. ²Das Versicherungspflichtverhältnis beginnt mit dem Tag, an dem erstmals die Voraussetzungen nach den Absätzen 1 und 2 erfüllt sind. ³Kann ein Versicherungspflichtverhältnis auf Antrag allein deshalb nicht begründet werden, weil dies wegen einer vorrangigen Versicherungspflicht (§§ 25, 26) oder Versicherungsfreiheit (§§ 27, 28) ausgeschlossen ist, muss der Antrag abweichend von Satz 1 spätestens innerhalb von drei Monaten nach dem Wegfall des Ausschlusstatbestandes gestellt werden.

(4) ¹Die Versicherungspflicht nach Absatz 1 ruht, wenn während der Versicherungspflicht nach Absatz 1 eine weitere Versicherungspflicht (§§ 25, 26) oder Versicherungsfreiheit nach § 27 eintritt. ²Eine geringfügige Beschäftigung (§ 27 Absatz 2) führt nicht zum Ruhen der Versicherungspflicht nach Absatz 1.
(5) Das Versicherungspflichtverhältnis endet,
1. wenn die oder der Versicherte eine Entgeltersatzleistung nach § 3 Absatz 4 Nummer 1 bis 3 bezieht,
2. mit Ablauf des Tages, an dem die Voraussetzungen nach Absatz 1 letztmals erfüllt waren,
3. wenn die oder der Versicherte mit der Beitragszahlung länger als drei Monate in Verzug ist, mit Ablauf des Tages, für den letztmals Beiträge gezahlt wurden,
4. in den Fällen des § 28,
5. durch Kündigung der oder des Versicherten; die Kündigung ist erstmals nach Ablauf von fünf Jahren zulässig; die Kündigungsfrist beträgt drei Monate zum Ende eines Kalendermonats.

Drittes Kapitel
Aktive Arbeitsförderung

Erster Abschnitt
Beratung und Vermittlung

Erster Unterabschnitt
Beratung

§ 29 Beratungsangebot
(1) Die Agentur für Arbeit hat jungen Menschen und Erwachsenen, die am Arbeitsleben teilnehmen oder teilnehmen wollen, Berufsberatung, einschließlich einer Weiterbildungsberatung, und Arbeitgebern Arbeitsmarktberatung, einschließlich einer Qualifizierungsberatung, anzubieten.
(2) ¹Art und Umfang der Beratung richten sich nach dem Beratungsbedarf der oder des Ratsuchenden. ²Die Agentur für Arbeit berät geschlechtersensibel. ³Insbesondere wirkt sie darauf hin, das Berufswahlspektrum von Frauen und Männern zu erweitern.
(3) Die Agentur für Arbeit hat Auszubildenden, Arbeitnehmerinnen und Arbeitnehmern Beratung auch zur Festigung des Ausbildungs- oder Arbeitsverhältnisses nach Beginn einer Berufsausbildung oder nach der Aufnahme einer Arbeit anzubieten.
(4) Die Agentur für Arbeit soll bei der Beratung die Kenntnisse über den Arbeitsmarkt des europäischen Wirtschaftsraumes und die Erfahrungen aus der Zusammenarbeit mit den Arbeitsverwaltungen anderer Staaten nutzen.

§ 30 Berufsberatung
Die Berufsberatung umfasst die Erteilung von Auskunft und Rat
1. zur Berufswahl, zur beruflichen Entwicklung, zum Berufswechsel sowie zu Möglichkeiten der Anerkennung ausländischer Berufsabschlüsse,
2. zur Lage und Entwicklung des Arbeitsmarktes und der Berufe,
3. zu den Möglichkeiten der beruflichen Bildung sowie zur Verbesserung der individuellen Beschäftigungsfähigkeit und zur Entwicklung individueller beruflicher Perspektiven,
4. zur Ausbildungs- und Arbeitsstellensuche,
5. zu Leistungen der Arbeitsförderung,
6. zu Fragen der Ausbildungsförderung und der schulischen Bildung, soweit sie für die Berufswahl und die berufliche Bildung von Bedeutung sind.

§ 31 Grundsätze der Berufsberatung
¹Bei der Berufsberatung sind Neigung, Eignung, berufliche Fähigkeiten und Leistungsfähigkeit der Ratsuchenden sowie aktuelle und zu erwartende Beschäftigungsmöglichkeiten zu berücksichtigen. ²Die Durchführung einer Potenzialanalyse entsprechend § 37 Absatz 1 kann angeboten werden.

§ 31a Informationen an junge Menschen ohne Anschlussperspektive; erforderliche Datenerhebung und Datenübermittlung
(1) ¹Die Agentur für Arbeit hat junge Menschen, die nach ihrer Kenntnis bei Beendigung der Schule oder einer vergleichbaren Ersatzmaßnahme keine konkrete berufliche Anschlussperspektive haben, zu kontaktieren und über Angebote der Berufsberatung und Berufsorientierung zu informieren, soweit diese noch nicht genutzt werden. ²Zu diesem Zweck erhebt die Agentur für Arbeit folgende Daten, soweit sie ihr von den Ländern übermittelt werden:
1. Name,
2. Vorname,

3. Geburtsdatum,
4. Geschlecht,
5. Wohnanschrift,
6. voraussichtlich beendete Schulform oder Ersatzmaßnahme,
7. erreichter Abschluss.

(2) ¹Nimmt der junge Mensch nach einer Kontaktaufnahme nach Absatz 1 das Angebot der Agentur für Arbeit nicht in Anspruch, hat die Agentur für Arbeit den nach Landesrecht bestimmten Stellen des Landes, in dem der junge Mensch seinen Wohnsitz hat, die Sozialdaten zu übermitteln, die erforderlich sind, damit das Land dem jungen Menschen weitere Angebote unterbreiten kann. ²Erforderlich sind folgende Daten:
1. Name,
2. Vorname,
3. Geburtsdatum,
4. Wohnanschrift, falls sich diese gegenüber der vom Land übermittelten Anschrift geändert hat.

³Eine Datenübermittlung darf nur erfolgen, wenn die jeweiligen landesrechtlichen Regelungen die Erhebung der Daten erlauben. ⁴Die Daten werden nicht an die jeweiligen Stellen der Länder übermittelt, wenn der junge Mensch der Übermittlung widerspricht. ⁵Auf sein Widerspruchsrecht ist er hinzuweisen.

(3) Die Agentur für Arbeit hat die personenbezogenen Daten zu löschen, sobald sie für die Kontaktaufnahme nach Absatz 1 und die Übermittlung nach Absatz 2 nicht mehr erforderlich sind, spätestens jedoch sechs Monate nach Erhebung.

§ 32 Eignungsfeststellung

Die Agentur für Arbeit soll Ratsuchende mit deren Einverständnis ärztlich und psychologisch untersuchen und begutachten, soweit dies für die Feststellung der Berufseignung oder Vermittlungsfähigkeit erforderlich ist.

§ 33 Berufsorientierung

¹Die Agentur für Arbeit hat Berufsorientierung durchzuführen
1. zur Vorbereitung von jungen Menschen und Erwachsenen auf die Berufswahl und
2. zur Unterrichtung der Ausbildungsuchenden, Arbeitsuchenden, Arbeitnehmerinnen und Arbeitnehmer und Arbeitgeber.

²Dabei soll sie umfassend Auskunft und Rat geben zu Fragen der Berufswahl, über die Berufe und ihre Anforderungen und Aussichten, über die Wege und die Förderung der beruflichen Bildung sowie über beruflich bedeutsame Entwicklungen in den Betrieben, Verwaltungen und auf dem Arbeitsmarkt.

§ 34 Arbeitsmarktberatung

(1) ¹Die Arbeitsmarktberatung der Agentur für Arbeit soll die Arbeitgeber bei der Besetzung von Ausbildungs- und Arbeitsstellen sowie bei Qualifizierungsbedarfen ihrer Beschäftigten unterstützen. ²Sie umfasst die Erteilung von Auskunft und Rat
1. zur Lage und Entwicklung des Arbeitsmarktes und der Berufe,
2. zur Besetzung von Ausbildungs- und Arbeitsstellen auch einschließlich der Beschäftigungsmöglichkeiten von Arbeitnehmerinnen und Arbeitnehmern aus dem Ausland,
3. zur Gestaltung von Arbeitsplätzen, Arbeitsbedingungen und der Arbeitszeit von Auszubildenden sowie Arbeitnehmerinnen und Arbeitnehmern,
4. zur betrieblichen Aus- und Weiterbildung,
5. zur Eingliederung von förderungsbedürftigen Auszubildenden und von förderungsbedürftigen Arbeitnehmerinnen und Arbeitnehmern,
6. zu Leistungen der Arbeitsförderung.

(2) ¹Die Agentur für Arbeit soll die Beratung nutzen, um Ausbildungs- und Arbeitsstellen für die Vermittlung zu gewinnen. ²Sie soll auch von sich aus Kontakt zu den Arbeitgebern aufnehmen und unterhalten.

Zweiter Unterabschnitt
Vermittlung

§ 35 Vermittlungsangebot

(1) ¹Die Agentur für Arbeit hat Ausbildungsuchenden, Arbeitsuchenden und Arbeitgebern Ausbildungsvermittlung und Arbeitsvermittlung (Vermittlung) anzubieten. ²Die Vermittlung umfasst alle Tätigkeiten, die darauf gerichtet sind, Ausbildungsuchende mit Arbeitgebern zur Begründung eines Ausbildungsverhältnisses und Arbeitsuchende mit Arbeitgebern zur Begründung eines Beschäftigungsverhältnisses zusammenzuführen. ³Die Agentur für Arbeit stellt sicher, dass Ausbildungsuchende und Arbeitslose, deren berufliche Eingliederung voraussichtlich erschwert sein wird, eine verstärkte vermittlerische Unterstützung erhalten.

(2) ¹Die Agentur für Arbeit hat durch Vermittlung darauf hinzuwirken, dass Ausbildungsuchende eine Ausbildungsstelle, Arbeitsuchende eine Arbeitsstelle und Arbeitgeber geeignete Auszubildende sowie geeignete Arbeitnehmerinnen und Arbeitnehmer erhalten. ²Sie hat dabei die Neigung, Eignung und Leistungsfähigkeit der Ausbildungsuchenden und Arbeitsuchenden sowie die Anforderungen der angebotenen Stellen zu berücksichtigen.
(3) ¹Die Agentur für Arbeit hat Vermittlung auch über die Selbstinformationseinrichtungen nach § 40 Absatz 2 im Internet durchzuführen. ²Soweit es für diesen Zweck erforderlich ist, darf sie die Daten aus den Selbstinformationseinrichtungen nutzen und übermitteln.

§ 36 Grundsätze der Vermittlung

(1) Die Agentur für Arbeit darf nicht vermitteln, wenn ein Ausbildungs- oder Arbeitsverhältnis begründet werden soll, das gegen ein Gesetz oder die guten Sitten verstößt.
(2) ¹Die Agentur für Arbeit darf Einschränkungen, die der Arbeitgeber für eine Vermittlung hinsichtlich Geschlecht, Alter, Gesundheitszustand, Staatsangehörigkeit oder ähnlicher Merkmale der Ausbildungsuchenden und Arbeitsuchenden vornimmt, die regelmäßig nicht die berufliche Qualifikation betreffen, nur berücksichtigen, wenn diese Einschränkungen nach Art der auszuübenden Tätigkeit unerlässlich sind. ²Die Agentur für Arbeit darf Einschränkungen, die der Arbeitgeber für eine Vermittlung aus Gründen der Rasse oder wegen der ethnischen Herkunft, der Religion oder Weltanschauung, einer Behinderung oder der sexuellen Identität der Ausbildungsuchenden und der Arbeitsuchenden vornimmt, nur berücksichtigen, soweit sie nach dem Allgemeinen Gleichbehandlungsgesetz zulässig sind. ³Im Übrigen darf eine Einschränkung hinsichtlich der Zugehörigkeit zu einer Gewerkschaft, Partei oder vergleichbaren Vereinigung nur berücksichtigt werden, wenn
1. es sich um eine Ausbildungs- oder Arbeitsstelle in einem Tendenzunternehmen oder -betrieb im Sinne des § 118 Absatz 1 Satz 1 des Betriebsverfassungsgesetzes handelt und
2. die Art der auszuübenden Tätigkeit diese Einschränkung rechtfertigt.

(3) Die Agentur für Arbeit darf in einen durch einen Arbeitskampf unmittelbar betroffenen Bereich nur dann vermitteln, wenn die oder der Arbeitsuchende und der Arbeitgeber dies trotz eines Hinweises auf den Arbeitskampf verlangen.
(4) ¹Die Agentur für Arbeit ist bei der Vermittlung nicht verpflichtet zu prüfen, ob der vorgesehene Vertrag ein Arbeitsvertrag ist. ²Wenn ein Arbeitsverhältnis erkennbar nicht begründet werden soll, kann die Agentur für Arbeit auf Angebote zur Aufnahme einer selbständigen Tätigkeit hinweisen; Absatz 1 gilt entsprechend.

§ 37 Potenzialanalyse und Eingliederungsvereinbarung

(1) ¹Die Agentur für Arbeit hat unverzüglich nach der Ausbildungsuchendmeldung oder Arbeitsuchendmeldung zusammen mit der oder dem Ausbildungsuchenden oder der oder dem Arbeitsuchenden die für die Vermittlung erforderlichen beruflichen und persönlichen Merkmale, beruflichen Fähigkeiten und die Eignung festzustellen (Potenzialanalyse). ²Die Potenzialanalyse erstreckt sich auch auf die Feststellung, ob und durch welche Umstände die berufliche Eingliederung voraussichtlich erschwert sein wird.
(2) ¹In einer Eingliederungsvereinbarung, die die Agentur für Arbeit zusammen mit der oder dem Ausbildungsuchenden oder der oder dem Arbeitsuchenden trifft, werden für einen zu bestimmenden Zeitraum festgelegt
1. das Eingliederungsziel,
2. die Vermittlungsbemühungen der Agentur für Arbeit,
3. welche Eigenbemühungen zur beruflichen Eingliederung die oder der Ausbildungsuchende oder die oder der Arbeitsuchende in welcher Häufigkeit mindestens unternehmen muss und in welcher Form diese nachzuweisen sind,
4. die vorgesehenen Leistungen der aktiven Arbeitsförderung.

²Die besonderen Bedürfnisse behinderter und schwerbehinderter Menschen sollen angemessen berücksichtigt werden.
(3) ¹Der oder dem Ausbildungsuchenden oder der oder dem Arbeitsuchenden ist eine Ausfertigung der Eingliederungsvereinbarung auszuhändigen. ²Die Eingliederungsvereinbarung ist sich ändernden Verhältnissen anzupassen; sie ist fortzuschreiben, wenn in dem Zeitraum, für den sie zunächst galt, die Ausbildungsuche oder Arbeitsuche nicht beendet wurde. ³Sie ist spätestens nach sechsmonatiger Arbeitslosigkeit, bei arbeitslosen und ausbildungsuchenden jungen Menschen spätestens nach drei Monaten, zu überprüfen. ⁴Kommt eine Eingliederungsvereinbarung nicht zustande, sollen die nach Absatz 2 Satz 1 Nummer 3 erforderlichen Eigenbemühungen durch Verwaltungsakt festgesetzt werden.

§ 38 Rechte und Pflichten der Ausbildung- und Arbeitsuchenden

(1) ¹Personen, deren Ausbildungs- oder Arbeitsverhältnis endet, sind verpflichtet, sich spätestens drei Monate vor dessen Beendigung bei der Agentur für Arbeit unter Angabe der persönlichen Daten und des Beendi-

gungszeitpunktes des Ausbildungs- oder Arbeitsverhältnisses arbeitsuchend zu melden. ²Liegen zwischen der Kenntnis des Beendigungszeitpunktes und der Beendigung des Ausbildungs- oder Arbeitsverhältnisses weniger als drei Monate, haben sie sich innerhalb von drei Tagen nach Kenntnis des Beendigungszeitpunktes zu melden. ³Die Pflicht zur Meldung besteht unabhängig davon, ob der Fortbestand des Ausbildungs- oder Arbeitsverhältnisses gerichtlich geltend gemacht oder vom Arbeitgeber in Aussicht gestellt wird. ⁴Die Pflicht zur Meldung gilt nicht bei einem betrieblichen Ausbildungsverhältnis. ⁵Im Übrigen gelten für Ausbildung- und Arbeitsuchende die Meldepflichten im Leistungsverfahren nach den §§ 309 und 310 entsprechend.

(1a) Die zuständige Agentur für Arbeit soll mit der nach Absatz 1 arbeitsuchend gemeldeten Person unverzüglich nach der Arbeitsuchendmeldung ein erstes Beratungs- und Vermittlungsgespräch führen, das persönlich oder bei Einvernehmen zwischen Agentur für Arbeit und der arbeitsuchenden Person auch per Videotelefonie erfolgen kann.

(2) Die Agentur für Arbeit hat unverzüglich nach der Meldung nach Absatz 1 auch Berufsberatung durchzuführen.

(3) ¹Ausbildung- und Arbeitsuchende, die Dienstleistungen der Bundesagentur in Anspruch nehmen, haben dieser die für eine Vermittlung erforderlichen Auskünfte zu erteilen, Unterlagen vorzulegen und den Abschluss eines Ausbildungs- oder Arbeitsverhältnisses unter Benennung des Arbeitgebers und seines Sitzes unverzüglich mitzuteilen. ²Sie können die Weitergabe ihrer Unterlagen von deren Rückgabe an die Agentur für Arbeit abhängig machen oder ihre Weitergabe an namentlich benannte Arbeitgeber ausschließen. ³Die Anzeige- und Bescheinigungspflichten im Leistungsverfahren bei Arbeitsunfähigkeit nach § 311 gelten entsprechend.

(4) ¹Die Arbeitsvermittlung ist durchzuführen,
1. solange die oder der Arbeitsuchende Leistungen zum Ersatz des Arbeitsentgelts bei Arbeitslosigkeit oder Transferkurzarbeitergeld beansprucht oder
2. bis bei Meldepflichtigen nach Absatz 1 der angegebene Beendigungszeitpunkt des Ausbildungs- oder Arbeitsverhältnisses erreicht ist.

²Im Übrigen kann die Agentur für Arbeit die Arbeitsvermittlung einstellen, wenn die oder der Arbeitsuchende die ihr oder ihm nach Absatz 3 oder der Eingliederungsvereinbarung oder dem Verwaltungsakt nach § 37 Absatz 3 Satz 4 obliegenden Pflichten nicht erfüllt, ohne dafür einen wichtigen Grund zu haben. ³Die oder der Arbeitsuchende kann die Arbeitsvermittlung erneut nach Ablauf von zwölf Wochen in Anspruch nehmen.

(5) ¹Die Ausbildungsvermittlung ist durchzuführen,
1. bis die oder der Ausbildungsuchende in Ausbildung, schulische Bildung oder Arbeit einmündet oder sich die Vermittlung anderweitig erledigt oder
2. solange die oder der Ausbildungsuchende dies verlangt.

²Absatz 4 Satz 2 gilt entsprechend.

§ 39 Rechte und Pflichten der Arbeitgeber

(1) ¹Arbeitgeber, die Dienstleistungen der Bundesagentur in Anspruch nehmen, haben die für eine Vermittlung erforderlichen Auskünfte zu erteilen und Unterlagen vorzulegen. ²Sie können deren Überlassung an namentlich benannte Ausbildung- und Arbeitsuchende ausschließen oder die Vermittlung darauf begrenzen, dass ihnen Daten von geeigneten Ausbildung- und Arbeitsuchenden überlassen werden.

(2) ¹Die Agentur für Arbeit soll dem Arbeitgeber eine Arbeitsmarktberatung anbieten, wenn sie erkennt, dass eine gemeldete freie Ausbildungs- oder Arbeitsstelle durch ihre Vermittlung nicht in angemessener Zeit besetzt werden kann. ²Sie soll diese Beratung spätestens nach drei Monaten anbieten.

(3) ¹Die Agentur für Arbeit kann die Vermittlung zur Besetzung einer Ausbildungs- oder Arbeitsstelle einstellen, wenn
1. sie erfolglos bleibt, weil die Arbeitsbedingungen der angebotenen Stelle gegenüber denen vergleichbarer Ausbildungs- oder Arbeitsstellen so ungünstig sind, dass sie den Ausbildung- oder Arbeitsuchenden nicht zumutbar sind, und die Agentur für Arbeit den Arbeitgeber darauf hingewiesen hat,
2. der Arbeitgeber keine oder unzutreffende Mitteilungen über das Nichtzustandekommen eines Ausbildungs- oder Arbeitsvertrags mit einer oder einem vorgeschlagenen Ausbildungsuchenden oder einer oder einem vorgeschlagenen Arbeitsuchenden macht und die Vermittlung dadurch erschwert wird,
3. die Stelle auch nach erfolgter Arbeitsmarktberatung nicht besetzt werden kann, jedoch frühestens nach Ablauf von sechs Monaten, die Ausbildungsvermittlung jedoch frühestens drei Monate nach Beginn eines Ausbildungsjahres.

²Der Arbeitgeber kann die Vermittlung erneut in Anspruch nehmen.

§ 39a Frühzeitige Förderung von Ausländerinnen und Ausländern mit Aufenthaltsgestattung

¹Für Ausländerinnen und Ausländer, die eine Aufenthaltsgestattung nach dem Asylgesetz besitzen und auf Grund des § 61 des Asylgesetzes keine Erwerbstätigkeit ausüben dürfen, können Leistungen nach diesem

Unterabschnitt erbracht werden, wenn bei ihnen ein rechtmäßiger und dauerhafter Aufenthalt zu erwarten ist. ²Stammen sie aus einem sicheren Herkunftsstaat nach § 29a des Asylgesetzes, so wird vermutet, dass ein rechtmäßiger und dauerhafter Aufenthalt nicht zu erwarten ist.

Dritter Unterabschnitt
Gemeinsame Vorschriften

§ 40 Allgemeine Unterrichtung
(1) Die Agentur für Arbeit soll Ausbildung- und Arbeitsuchenden sowie Arbeitgebern in geeigneter Weise Gelegenheit geben, sich über freie Ausbildungs- und Arbeitsstellen sowie über Ausbildung- und Arbeitsuchende zu unterrichten.
(2) ¹Bei der Beratung, Vermittlung und Berufsorientierung sind Selbstinformationseinrichtungen einzusetzen. ²Diese sind an die technischen Entwicklungen anzupassen.
(3) ¹Die Agentur für Arbeit darf in die Selbstinformationseinrichtungen Daten über Ausbildungsuchende, Arbeitsuchende und Arbeitgeber nur aufnehmen, soweit sie für die Vermittlung erforderlich sind und von Dritten keiner bestimmten oder bestimmbaren Person zugeordnet werden können. ²Daten, die von Dritten einer bestimmten oder bestimmbaren Person zugeordnet werden können, dürfen nur mit Einwilligung der betroffenen Person aufgenommen werden. ³Der betroffenen Person ist auf Verlangen ein Ausdruck der aufgenommenen Daten zuzusenden. ⁴Die Agentur für Arbeit kann von der Aufnahme von Daten über Ausbildungs- und Arbeitsstellen in die Selbstinformationseinrichtungen absehen, wenn diese dafür nicht geeignet sind.
(4) Die Absätze 1 bis 3 gelten entsprechend für die in § 39a genannten Personen.

§ 41 Einschränkung des Fragerechts
(1) ¹Die Agentur für Arbeit darf von Ausbildung- und Arbeitsuchenden keine Daten erheben, die ein Arbeitgeber vor Begründung eines Ausbildungs- oder Arbeitsverhältnisses nicht erfragen darf. ²Daten über die Zugehörigkeit zu einer Gewerkschaft, Partei, Religionsgemeinschaft oder vergleichbaren Vereinigung dürfen nur bei der oder dem Ausbildungsuchenden und der oder dem Arbeitsuchenden erhoben werden. ³Die Agentur für Arbeit darf diese Daten nur erheben, speichern und nutzen, wenn
1. eine Vermittlung auf eine Ausbildungs- oder Arbeitsstelle
    a) in einem Tendenzunternehmen oder -betrieb im Sinne des § 118 Absatz 1 Satz 1 des Betriebsverfassungsgesetzes oder
    b) bei einer Religionsgemeinschaft oder in einer zu ihr gehörenden karitativen oder erzieherischen Einrichtung
    vorgesehen ist,
2. die oder der Ausbildungsuchende oder die oder der Arbeitsuchende bereit ist, auf eine solche Ausbildungs- oder Arbeitsstelle vermittelt zu werden, und
3. bei einer Vermittlung nach Nummer 1 Buchstabe a die Art der auszuübenden Tätigkeit diese Beschränkung rechtfertigt.

(2) Absatz 1 gilt entsprechend für die in § 39a genannten Personen.

§ 42 Grundsatz der Unentgeltlichkeit
(1) Die Agentur für Arbeit übt die Beratung und Vermittlung unentgeltlich aus.
(2) Die Agentur für Arbeit kann vom Arbeitgeber die Erstattung besonderer, bei einer Arbeitsvermittlung entstehender Aufwendungen (Aufwendungsersatz) verlangen, wenn
1. die Aufwendungen den gewöhnlichen Umfang erheblich übersteigen und
2. sie den Arbeitgeber bei Beginn der Arbeitsvermittlung über die Erstattungspflicht unterrichtet hat.

(3) ¹Die Agentur für Arbeit kann von einem Arbeitgeber, der die Auslandsvermittlung auf Grund zwischenstaatlicher Vereinbarungen oder Vermittlungsabsprachen der Bundesagentur mit ausländischen Arbeitsverwaltungen in Anspruch nimmt, eine Gebühr (Vermittlungsgebühr) erheben. ²Die Vorschriften des Verwaltungskostengesetzes vom 23. Juni 1970 (BGBl. I S. 821) in der am 14. August 2013 geltenden Fassung sind anzuwenden.
(4) Der Arbeitgeber darf sich den Aufwendungsersatz oder die Vermittlungsgebühr weder ganz noch teilweise von der vermittelten Arbeitnehmerin oder dem vermittelten Arbeitnehmer oder einem Dritten erstatten lassen.

§ 43 Anordnungsermächtigung
¹Die Bundesagentur wird ermächtigt, durch Anordnung die gebührenpflichtigen Tatbestände für die Vermittlungsgebühr zu bestimmen und dabei feste Sätze vorzusehen. ²Für die Bestimmung der Gebührenhöhe können auch Aufwendungen für Maßnahmen, die geeignet sind, die Eingliederung ausländischer Arbeitnehmerinnen und Arbeitnehmer in die Wirtschaft und in die Gesellschaft zu erleichtern oder der die der Überwachung der Einhaltung der zwischenstaatlichen Vereinbarungen oder Absprachen über die Vermittlung dienen, berücksichtigt werden.

Zweiter Abschnitt
Aktivierung und berufliche Eingliederung

§ 44 Förderung aus dem Vermittlungsbudget

(1) ¹Ausbildungsuchende, von Arbeitslosigkeit bedrohte Arbeitsuchende und Arbeitslose können aus dem Vermittlungsbudget der Agentur für Arbeit bei der Anbahnung oder Aufnahme einer versicherungspflichtigen Beschäftigung gefördert werden, wenn dies für die berufliche Eingliederung notwendig ist. ²Sie sollen insbesondere bei der Erreichung der in der Eingliederungsvereinbarung festgelegten Eingliederungsziele unterstützt werden. ³Die Förderung umfasst die Übernahme der angemessenen Kosten, soweit der Arbeitgeber gleichartige Leistungen nicht oder voraussichtlich nicht erbringen wird.

(2) Nach Absatz 1 kann auch die Anbahnung oder die Aufnahme einer versicherungspflichtigen Beschäftigung mit einer Arbeitszeit von mindestens 15 Stunden wöchentlich in einem anderen Mitgliedstaat der Europäischen Union, einem anderen Vertragsstaat des Abkommens über den Europäischen Wirtschaftsraum oder in der Schweiz gefördert werden.

(3) ¹Die Agentur für Arbeit entscheidet über den Umfang der zu erbringenden Leistungen; sie kann Pauschalen festlegen. ²Leistungen zur Sicherung des Lebensunterhalts sind ausgeschlossen. ³Die Förderung aus dem Vermittlungsbudget darf die anderen Leistungen nach diesem Buch nicht aufstocken, ersetzen oder umgehen.

(4) Die Absätze 1 bis 3 gelten entsprechend für die in § 39a genannten Personen.

§ 45 Maßnahmen zur Aktivierung und beruflichen Eingliederung

(1) ¹Ausbildungsuchende, von Arbeitslosigkeit bedrohte Arbeitsuchende und Arbeitslose können bei Teilnahme an Maßnahmen gefördert werden, die ihre berufliche Eingliederung durch
1. Heranführung an den Ausbildungs- und Arbeitsmarkt sowie Feststellung, Verringerung oder Beseitigung von Vermittlungshemmnissen,
2. (weggefallen)
3. Vermittlung in eine versicherungspflichtige Beschäftigung,
4. Heranführung an eine selbständige Tätigkeit oder
5. Stabilisierung einer Beschäftigungsaufnahme

unterstützen (Maßnahmen zur Aktivierung und beruflichen Eingliederung). ²Für die Aktivierung von Arbeitslosen, deren berufliche Eingliederung auf Grund von schwerwiegenden Vermittlungshemmnissen, insbesondere auf Grund der Dauer ihrer Arbeitslosigkeit, besonders erschwert ist, sollen Maßnahmen gefördert werden, die nach inhaltlicher Ausgestaltung und Dauer den erhöhten Stabilisierungs- und Unterstützungsbedarf der Arbeitslosen berücksichtigen. ³Versicherungspflichtige Beschäftigungen mit einer Arbeitszeit von mindestens 15 Stunden wöchentlich in einem anderen Mitgliedstaat der Europäischen Union oder einem anderen Vertragsstaat des Abkommens über den Europäischen Wirtschaftsraum sind den versicherungspflichtigen Beschäftigungen nach Satz 1 Nummer 3 gleichgestellt. ⁴Die Förderung umfasst die Übernahme der angemessenen Kosten für die Teilnahme, soweit dies für die berufliche Eingliederung notwendig ist. ⁵Die Förderung kann auf die Weiterleistung von Arbeitslosengeld beschränkt werden.

(2) ¹Die Dauer der Einzel- oder Gruppenmaßnahmen muss deren Zweck und Inhalt entsprechen. ²Soweit Maßnahmen oder Teile von Maßnahmen nach Absatz 1 bei oder von einem Arbeitgeber durchgeführt werden, dürfen diese jeweils die Dauer von sechs Wochen nicht überschreiten. ³Die Vermittlung von beruflichen Kenntnissen in Maßnahmen zur Aktivierung und beruflichen Eingliederung darf die Dauer von acht Wochen nicht überschreiten. ⁴Maßnahmen des Dritten Abschnitts sind ausgeschlossen.

(3) Die Agentur für Arbeit kann unter Anwendung des Vergaberechts Träger mit der Durchführung von Maßnahmen nach Absatz 1 beauftragen.

(4) ¹Die Agentur für Arbeit kann der oder dem Berechtigten das Vorliegen der Voraussetzungen für eine Förderung nach Absatz 1 bescheinigen und Maßnahmeziel und -inhalt festlegen (Aktivierungs- und Vermittlungsgutschein). ²Der Aktivierungs- und Vermittlungsgutschein kann zeitlich befristet sowie regional beschränkt werden. ³Der Aktivierungs- und Vermittlungsgutschein berechtigt zur Auswahl
1. eines Trägers, der eine dem Maßnahmeziel und -inhalt entsprechende und nach § 179 zugelassene Maßnahme anbietet,
2. eines Trägers, der eine ausschließlich erfolgsbezogen vergütete Arbeitsvermittlung in versicherungspflichtige Beschäftigung anbietet, oder
3. eines Arbeitgebers, der eine dem Maßnahmeziel und -inhalt entsprechende betriebliche Maßnahme von einer Dauer bis zu sechs Wochen anbietet.

⁴Der ausgewählte Träger nach Satz 3 Nummer 1 und der ausgewählte Arbeitgeber nach Satz 3 Nummer 3 haben der Agentur für Arbeit den Aktivierungs- und Vermittlungsgutschein vor Beginn der Maßnahme vorzulegen.

⁵Der ausgewählte Träger nach Satz 3 Nummer 2 hat der Agentur für Arbeit den Aktivierungs- und Vermittlungsgutschein nach erstmaligem Vorliegen der Auszahlungsvoraussetzungen vorzulegen.
(5) Die Agentur für Arbeit soll die Entscheidung über die Ausgabe eines Aktivierungs- und Vermittlungsgutscheins nach Absatz 4 von der Eignung und den persönlichen Verhältnissen der Förderberechtigten oder der örtlichen Verfügbarkeit von Arbeitsmarktdienstleistungen abhängig machen.
(6) ¹Die Vergütung richtet sich nach Art und Umfang der Maßnahme und kann aufwands- oder erfolgsbezogen gestaltet sein; eine Pauschalierung ist zulässig. ²§ 83 Absatz 2 gilt entsprechend. ³Bei einer erfolgreichen Arbeitsvermittlung in versicherungspflichtige Beschäftigung durch einen Träger nach Absatz 4 Satz 3 Nummer 2 beträgt die Vergütung 2500 Euro. ⁴Bei Langzeitarbeitslosen und Menschen mit Behinderungen nach § 2 Absatz 1 des Neunten Buches kann die Vergütung auf eine Höhe von bis zu 3000 Euro festgelegt werden. ⁵Die Vergütung nach den Sätzen 3 und 4 wird in Höhe von 1250 Euro nach einer sechswöchigen und der Restbetrag nach einer sechsmonatigen Dauer des Beschäftigungsverhältnisses gezahlt. ⁶Eine erfolgsbezogene Vergütung für die Arbeitsvermittlung in versicherungspflichtige Beschäftigung ist ausgeschlossen, wenn das Beschäftigungsverhältnis
1. von vornherein auf eine Dauer von weniger als drei Monaten begrenzt ist oder
2. bei einem früheren Arbeitgeber begründet wird, bei dem die Arbeitnehmerin oder der Arbeitnehmer während der letzten vier Jahre vor Aufnahme der Beschäftigung mehr als drei Monate lang versicherungspflichtig beschäftigt war; dies gilt nicht, wenn es sich um die befristete Beschäftigung besonders betroffener schwerbehinderter Menschen handelt.
(7) ¹Arbeitslose, die Anspruch auf Arbeitslosengeld haben, dessen Dauer nicht allein auf § 147 Absatz 3 beruht, und nach einer Arbeitslosigkeit von sechs Wochen innerhalb einer Frist von drei Monaten noch nicht vermittelt sind, haben Anspruch auf einen Aktivierungs- und Vermittlungsgutschein nach Absatz 4 Satz 3 Nummer 2. ²In die Frist werden Zeiten nicht eingerechnet, in denen die oder der Arbeitslose an Maßnahmen zur Aktivierung und beruflichen Eingliederung sowie an Maßnahmen der beruflichen Weiterbildung teilgenommen hat.
(8) Abweichend von Absatz 2 Satz 2 und Absatz 4 Satz 3 Nummer 3 darf bei Langzeitarbeitslosen oder Arbeitslosen, deren berufliche Eingliederung auf Grund von schwerwiegenden Vermittlungshemmnissen besonders erschwert ist, die Teilnahme an Maßnahmen oder Teilen von Maßnahmen, die bei oder von einem Arbeitgeber durchgeführt werden, jeweils die Dauer von zwölf Wochen nicht überschreiten.
(9) Die Absätze 1 bis 8 gelten entsprechend für die in § 39a genannten Personen.

§ 46 Probebeschäftigung und Arbeitshilfe für Menschen mit Behinderungen
(1) Arbeitgebern können die Kosten für eine befristete Probebeschäftigung von Menschen mit Behinderungen sowie schwerbehinderter und ihnen gleichgestellter Menschen im Sinne des § 2 des Neunten Buches bis zu einer Dauer von drei Monaten erstattet werden, wenn dadurch die Möglichkeit einer Teilhabe am Arbeitsleben verbessert wird oder eine vollständige und dauerhafte Teilhabe am Arbeitsleben zu erreichen ist.
(2) Arbeitgeber können Zuschüsse für eine behinderungsgerechte Ausgestaltung von Ausbildungs- oder Arbeitsplätzen erhalten, soweit dies erforderlich ist, um die dauerhafte Teilhabe am Arbeitsleben zu erreichen oder zu sichern und eine entsprechende Verpflichtung des Arbeitgebers nach dem Teil 3 des Neunten Buches nicht besteht.

§ 47 Verordnungsermächtigung
Das Bundesministerium für Arbeit und Soziales wird ermächtigt, durch Rechtsverordnung, die nicht der Zustimmung des Bundesrates bedarf, das Nähere über Voraussetzungen, Grenzen, Pauschalierung und Verfahren der Förderung nach den §§ 44 und 45 zu bestimmen.

Dritter Abschnitt
Berufswahl und Berufsausbildung

Erster Unterabschnitt
Übergang von der Schule in die Berufsausbildung

§ 48 Berufsorientierungsmaßnahmen
(1) ¹Die Agentur für Arbeit kann Schülerinnen und Schüler allgemeinbildender Schulen durch vertiefte Berufsorientierung und Berufswahlvorbereitung fördern (Berufsorientierungsmaßnahmen), wenn sich Dritte mit mindestens 50 Prozent an der Förderung beteiligen. ²Die Agentur für Arbeit kann sich auch mit bis zu 50 Prozent an der Förderung von Maßnahmen beteiligen, die von Dritten eingerichtet werden.
(2) Die besonderen Bedürfnisse von Schülerinnen und Schülern mit sonderpädagogischem Förderbedarf und von schwerbehinderten Schülerinnen und Schülern sollen bei der Ausgestaltung der Maßnahmen berücksichtigt werden.

§ 49 Berufseinstiegsbegleitung

(1) Die Agentur für Arbeit kann förderungsbedürftige junge Menschen durch Maßnahmen der Berufseinstiegsbegleitung fördern, um sie beim Übergang von der allgemeinbildenden Schule in eine Berufsausbildung zu unterstützen, wenn sich Dritte mit mindestens 50 Prozent an der Förderung beteiligen.

(2) ¹Förderungsfähig sind Maßnahmen zur individuellen Begleitung und Unterstützung förderungsbedürftiger junger Menschen durch Berufseinstiegsbegleiterinnen und Berufseinstiegsbegleiter, um die Eingliederung der jungen Menschen in eine Berufsausbildung zu erreichen (Berufseinstiegsbegleitung). ²Unterstützt werden sollen insbesondere das Erreichen des Abschlusses einer allgemeinbildenden Schule, die Berufsorientierung und -wahl, die Suche nach einer Ausbildungsstelle und die Stabilisierung des Berufsausbildungsverhältnisses. ³Hierzu sollen die Berufseinstiegsbegleiterinnen und Berufseinstiegsbegleiter insbesondere mit Verantwortlichen in der allgemeinbildenden Schule, mit Dritten, die junge Menschen in der Region mit ähnlichen Inhalten unterstützen, und mit den Arbeitgebern in der Region eng zusammenarbeiten.

(3) ¹Die Berufseinstiegsbegleitung beginnt in der Regel mit dem Besuch der Vorabgangsklasse der allgemeinbildenden Schule und endet in der Regel ein halbes Jahr nach Beginn einer Berufsausbildung. ²Die Berufseinstiegsbegleitung endet spätestens 24 Monate nach Beendigung der allgemeinbildenden Schule.

(4) Förderungsbedürftig sind junge Menschen, die voraussichtlich Schwierigkeiten haben werden, den Abschluss der allgemeinbildenden Schule zu erreichen oder den Übergang in eine Berufsausbildung zu bewältigen.

(5) Als Maßnahmekosten werden dem Träger die angemessenen Aufwendungen für die Durchführung der Maßnahme einschließlich der erforderlichen Kosten für die Berufseinstiegsbegleiterinnen und Berufseinstiegsbegleiter erstattet.

§ 50 Anordnungsermächtigung

Die Bundesagentur wird ermächtigt, durch Anordnung das Nähere über Voraussetzungen, Art, Umfang und Verfahren der Förderung zu bestimmen.

Zweiter Unterabschnitt
Berufsvorbereitung

§ 51 Berufsvorbereitende Bildungsmaßnahmen

(1) Die Agentur für Arbeit kann förderungsberechtigte junge Menschen durch berufsvorbereitende Bildungsmaßnahmen fördern, um sie auf die Aufnahme einer Berufsausbildung vorzubereiten oder, wenn die Aufnahme einer Berufsausbildung wegen in ihrer Person liegender Gründe nicht möglich ist, ihnen die berufliche Eingliederung zu erleichtern.

(2) ¹Eine berufsvorbereitende Bildungsmaßnahme ist förderungsfähig, wenn sie
1. nicht den Schulgesetzen der Länder unterliegt und
2. nach Aus- und Fortbildung sowie Berufserfahrung der Leitung und der Lehr- und Fachkräfte, nach Gestaltung des Lehrplans, nach Unterrichtsmethode und Güte der zum Einsatz vorgesehenen Lehr- und Lernmittel eine erfolgreiche berufliche Bildung erwarten lässt.

²Eine berufsvorbereitende Bildungsmaßnahme, die teilweise im Ausland durchgeführt wird, ist auch für den im Ausland durchgeführten Teil förderungsfähig, wenn dieser Teil im Verhältnis zur Gesamtdauer der berufsvorbereitenden Bildungsmaßnahme angemessen ist und die Hälfte der vorgesehenen Förderdauer nicht übersteigt.

(3) Eine berufsvorbereitende Bildungsmaßnahme kann zur Erleichterung der beruflichen Eingliederung auch allgemeinbildende Fächer enthalten und auf den nachträglichen Erwerb des Hauptschulabschlusses oder eines gleichwertigen Schulabschlusses vorbereiten.

(4) Betriebliche Praktika können abgestimmt auf den individuellen Förderbedarf in angemessenem Umfang vorgesehen werden.

§ 52 Förderungsberechtigte junge Menschen

(1) Förderungsberechtigt sind junge Menschen,
1. bei denen die berufsvorbereitende Bildungsmaßnahme zur Vorbereitung auf eine Berufsausbildung oder, wenn die Aufnahme einer Berufsausbildung wegen in ihrer Person liegender Gründe nicht möglich ist, zur beruflichen Eingliederung erforderlich ist,
2. die die Vollzeitschulpflicht nach den Gesetzen der Länder erfüllt haben und
3. deren Fähigkeiten erwarten lassen, dass sie das Ziel der Maßnahme erreichen.

(2) ¹Ausländerinnen und Ausländer sind förderungsberechtigt, wenn die Voraussetzungen nach Absatz 1 vorliegen und sie eine Erwerbstätigkeit ausüben dürfen oder ihnen eine Erwerbstätigkeit erlaubt werden kann. ²Zudem müssen Ausländerinnen und Ausländer, die zum Zeitpunkt der Entscheidung über die Förderberechtigung eine Aufenthaltsgestattung nach dem Asylgesetz besitzen,

1. sich seit mindestens 15 Monaten erlaubt, gestattet oder geduldet im Bundesgebiet aufhalten und
2. schulische Kenntnisse und Kenntnisse der deutschen Sprache besitzen, die einen erfolgreichen Übergang in eine Berufsausbildung erwarten lassen.

[3]Gestattete Ausländerinnen oder Ausländer, die vor dem 1. August 2019 in das Bundesgebiet eingereist sind, müssen sich abweichend von Satz 2 Nummer 1 seit mindestens drei Monaten erlaubt, gestattet oder geduldet dort aufhalten. [4]Für Ausländerinnen und Ausländer, die zum Zeitpunkt der Entscheidung über die Förderberechtigung eine Duldung besitzen, gilt Satz 2 mit der Maßgabe, dass abweichend von Nummer 1 ihre Abschiebung seit mindestens neun Monaten ausgesetzt ist. [5]Für geduldete Ausländerinnen oder Ausländer, die vor dem 1. August 2019 in das Bundesgebiet eingereist sind, muss abweichend von Satz 4 ihre Abschiebung seit mindestens drei Monaten ausgesetzt sein.

§53 Vorbereitung auf einen Hauptschulabschluss im Rahmen einer berufsvorbereitenden Bildungsmaßnahme

[1]Förderungsberechtigte junge Menschen ohne Schulabschluss haben einen Anspruch, im Rahmen einer berufsvorbereitenden Bildungsmaßnahme auf den nachträglichen Erwerb des Hauptschulabschlusses oder eines gleichwertigen Schulabschlusses vorbereitet zu werden. [2]Die Leistung wird nur erbracht, soweit sie nicht für den gleichen Zweck durch Dritte erbracht wird. [3]Die Agentur für Arbeit hat darauf hinzuwirken, dass sich die für die allgemeine Schulbildung zuständigen Länder an den Kosten der Maßnahme beteiligen. [4]Leistungen Dritter zur Aufstockung der Leistung bleiben anrechnungsfrei.

§54 Maßnahmekosten

Bei einer berufsvorbereitenden Bildungsmaßnahme werden dem Träger als Maßnahmekosten erstattet:
1. die angemessenen Aufwendungen für das zur Durchführung der Maßnahme eingesetzte erforderliche Ausbildungs- und Betreuungspersonal, einschließlich dessen regelmäßiger fachlicher Weiterbildung, sowie für das erforderliche Leitungs- und Verwaltungspersonal,
2. die angemessenen Sachkosten, einschließlich der Kosten für Lernmittel und Arbeitskleidung, und die angemessenen Verwaltungskosten sowie
3. erfolgsbezogene Pauschalen bei Vermittlung von Teilnehmenden in eine betriebliche Berufsausbildung im Sinne des § 57 Absatz 1.

§54a Einstiegsqualifizierung

(1) [1]Arbeitgeber, die eine betriebliche Einstiegsqualifizierung durchführen, können durch Zuschüsse in Höhe der von ihnen mit der oder dem Auszubildenden vereinbarten Vergütung zuzüglich des pauschalierten Anteils am durchschnittlichen Gesamtsozialversicherungsbeitrag gefördert werden. [2]Der Zuschuss zur Vergütung ist auf 247 Euro monatlich begrenzt. [3]Die betriebliche Einstiegsqualifizierung dient der Vermittlung und Vertiefung von Grundlagen für den Erwerb beruflicher Handlungsfähigkeit. [4]Soweit die betriebliche Einstiegsqualifizierung als Berufsausbildungsvorbereitung nach dem Berufsbildungsgesetz durchgeführt wird, gelten die §§ 68 bis 70 des Berufsbildungsgesetzes.

(2) Eine Einstiegsqualifizierung kann für die Dauer von sechs bis längstens zwölf Monaten gefördert werden, wenn sie
1. auf der Grundlage eines Vertrags im Sinne des § 26 des Berufsbildungsgesetzes mit der oder dem Auszubildenden durchgeführt wird,
2. auf einen anerkannten Ausbildungsberuf im Sinne des § 4 Absatz 1 des Berufsbildungsgesetzes, § 25 Absatz 1 Satz 1 der Handwerksordnung, des Seearbeitsgesetzes, nach Teil 2 des Pflegeberufegesetzes oder des Altenpflegegesetzes vorbereitet und
3. in Vollzeit oder wegen der Erziehung eigener Kinder oder der Pflege von Familienangehörigen in Teilzeit von mindestens 20 Wochenstunden durchgeführt wird.

(3) [1]Der Abschluss des Vertrags ist der nach dem Berufsbildungsgesetz, im Fall der Vorbereitung auf einen nach Teil 2 des Pflegeberufegesetzes oder nach dem Altenpflegegesetz anerkannten Ausbildungsberuf der nach Landesrecht zuständigen Stelle anzuzeigen. [2]Die vermittelten Fertigkeiten, Kenntnisse und Fähigkeiten sind vom Betrieb zu bescheinigen. [3]Die zuständige Stelle stellt über die erfolgreich durchgeführte betriebliche Einstiegsqualifizierung ein Zertifikat aus.

(4) Förderungsfähig sind
1. bei der Agentur für Arbeit gemeldete Ausbildungsbewerberinnen und -bewerber mit aus individuellen Gründen eingeschränkten Vermittlungsperspektiven, die auch nach den bundesweiten Nachvermittlungsaktionen keine Ausbildungsstelle haben,
2. Ausbildungsuchende, die noch nicht in vollem Maße über die erforderliche Ausbildungsreife verfügen, und
3. lernbeeinträchtigte und sozial benachteiligte Ausbildungsuchende.

(5) ¹Die Förderung einer oder eines Auszubildenden, die oder der bereits eine betriebliche Einstiegsqualifizierung bei dem Antrag stellenden Betrieb oder in einem anderen Betrieb des Unternehmens durchlaufen hat, oder in einem Betrieb des Unternehmens oder eines verbundenen Unternehmens in den letzten drei Jahren vor Beginn der Einstiegsqualifizierung versicherungspflichtig beschäftigt war, ist ausgeschlossen. ²Gleiches gilt, wenn die Einstiegsqualifizierung im Betrieb der Ehegatten, Lebenspartnerinnen oder Lebenspartner oder Eltern durchgeführt wird.
(6) ¹Teilnehmende an einer Einstiegsqualifizierung können durch Übernahme der Fahrkosten gefördert werden. ²Für die Übernahme und die Höhe der Fahrkosten gilt § 63 Absatz 1 Satz 1 Nummer 1 und Absatz 3 entsprechend.

§ 55 Anordnungsermächtigung

Die Bundesagentur wird ermächtigt, durch Anordnung das Nähere zu bestimmen
1. über Art und Inhalt der berufsvorbereitenden Bildungsmaßnahmen und die hieran gestellten Anforderungen,
2. zu den Voraussetzungen für die Erstattung von Pauschalen, zum Verfahren der Erstattung von Pauschalen sowie zur Höhe von Pauschalen nach § 54 Nummer 3 sowie
3. über Voraussetzungen, Art, Umfang und Verfahren der Einstiegsqualifizierung.

Dritter Unterabschnitt
Berufsausbildungsbeihilfe

§ 56 Berufsausbildungsbeihilfe

(1) Auszubildende haben Anspruch auf Berufsausbildungsbeihilfe während einer Berufsausbildung, wenn
1. die Berufsausbildung förderungsfähig ist,
2. sie zum förderungsberechtigten Personenkreis gehören und
3. ihnen die erforderlichen Mittel zur Deckung des Bedarfs für den Lebensunterhalt, die Fahrkosten und die sonstigen Aufwendungen (Gesamtbedarf) nicht anderweitig zur Verfügung stehen.
(2) ¹Auszubildende haben Anspruch auf Berufsausbildungsbeihilfe während einer berufsvorbereitenden Bildungsmaßnahme nach § 51. ²Teilnehmende an einer Vorphase nach § 74 Absatz 1 Satz 2 haben Anspruch auf Berufsausbildungsbeihilfe wie Auszubildende in einer berufsvorbereitenden Bildungsmaßnahme. ³Ausländerinnen und Ausländer, die eine Aufenthaltsgestattung nach dem Asylgesetz besitzen, sind in den Fällen der Sätze 1 und 2 nicht zum Bezug von Berufsausbildungsbeihilfe berechtigt.

§ 57 Förderungsfähige Berufsausbildung

(1) Eine Berufsausbildung ist förderungsfähig, wenn sie in einem nach dem Berufsbildungsgesetz, der Handwerksordnung oder dem Seearbeitsgesetz staatlich anerkannten Ausbildungsberuf betrieblich oder außerbetrieblich oder nach Teil 2, auch in Verbindung mit Teil 5, des Pflegeberufegesetzes oder dem Altenpflegegesetz betrieblich durchgeführt wird und der dafür vorgeschriebene Berufsausbildungsvertrag abgeschlossen worden ist.
(2) ¹Förderungsfähig ist die erste Berufsausbildung. ²Eine zweite Berufsausbildung kann gefördert werden, wenn zu erwarten ist, dass eine berufliche Eingliederung dauerhaft auf andere Weise nicht erreicht werden kann und durch die zweite Berufsausbildung die berufliche Eingliederung erreicht wird.
(3) Nach der vorzeitigen Lösung eines Berufsausbildungsverhältnisses darf erneut gefördert werden, wenn für die Lösung ein berechtigter Grund bestand.

§ 58 Förderung im Ausland

(1) Eine Berufsausbildung, die teilweise im Ausland durchgeführt wird, ist auch für den im Ausland durchgeführten Teil förderungsfähig, wenn dieser Teil im Verhältnis zur Gesamtdauer der Berufsausbildung angemessen ist und die Dauer von einem Jahr nicht übersteigt.
(2) Eine betriebliche Berufsausbildung, die vollständig im angrenzenden Ausland oder in den übrigen Mitgliedstaaten der Europäischen Union durchgeführt wird, ist förderungsfähig, wenn
1. eine nach Bundes- oder Landesrecht zuständige Stelle bestätigt, dass die Berufsausbildung einer entsprechenden betrieblichen Berufsausbildung gleichwertig ist und
2. die Berufsausbildung im Ausland dem Erreichen des Bildungsziels und der Beschäftigungsfähigkeit besonders dienlich ist.

§ 59 (weggefallen)

§ 60 Förderungsberechtigter Personenkreis bei Berufsausbildung

(1) Die oder der Auszubildende ist bei einer Berufsausbildung förderungsberechtigt, wenn sie oder er

1. außerhalb des Haushalts der Eltern oder eines Elternteils wohnt und
2. die Ausbildungsstätte von der Wohnung der Eltern oder eines Elternteils aus nicht in angemessener Zeit erreichen kann.

(2) Absatz 1 Nummer 2 gilt nicht, wenn die oder der Auszubildende
1. 18 Jahre oder älter ist,
2. verheiratet oder in einer Lebenspartnerschaft verbunden ist oder war,
3. mit mindestens einem Kind zusammenlebt oder
4. aus schwerwiegenden sozialen Gründen nicht auf die Wohnung der Eltern oder eines Elternteils verwiesen werden kann.

(3) ¹Ausländerinnen und Ausländer, die eine Aufenthaltsgestattung nach dem Asylgesetz besitzen, sind während einer Berufsausbildung nicht zum Bezug von Berufsausbildungsbeihilfe berechtigt. ²Geduldete Ausländerinnen und Ausländer sind während einer Berufsausbildung zum Bezug von Berufsausbildungsbeihilfe berechtigt, wenn die Voraussetzungen nach Absatz 1 in Verbindung mit Absatz 2 vorliegen und sie sich seit mindestens 15 Monaten ununterbrochen erlaubt, gestattet oder geduldet im Bundesgebiet aufhalten.

§ 61 Bedarf für den Lebensunterhalt bei Berufsausbildung

(1) Ist die oder der Auszubildende während der Berufsausbildung außerhalb des Haushalts der Eltern oder eines Elternteils untergebracht, wird der jeweils geltende Bedarf nach § 13 Absatz 1 Nummer 1 und Absatz 2 Nummer 2 des Bundesausbildungsförderungsgesetzes zugrunde gelegt.

(2) ¹Ist die oder der Auszubildende mit voller Verpflegung in einem Wohnheim, einem Internat oder in einer anderen sozialpädagogisch begleiteten Wohnform im Sinne des Achten Buches untergebracht, werden abweichend von Absatz 1 als Bedarf für den Lebensunterhalt die im Rahmen der §§ 78a bis 78g des Achten Buches vereinbarten Entgelte für Verpflegung und Unterbringung ohne sozialpädagogische Begleitung zuzüglich 103 Euro monatlich für sonstige Bedürfnisse zugrunde gelegt. ²Als Bedarf für den Lebensunterhalt von Auszubildenden unter 27 Jahren werden zusätzlich die Entgelte für die sozialpädagogische Begleitung zugrunde gelegt, soweit diese nicht von Dritten erstattet werden. ³Ist die oder der Auszubildende bereits in einer anderen sozialpädagogisch begleiteten Wohnform untergebracht, werden Leistungen für junge Menschen, die die Voraussetzungen des § 13 Absatz 1 des Achten Buchs erfüllen, vorrangig nach § 13 Absatz 3 des Achten Buches erbracht.

§ 62 Bedarf für den Lebensunterhalt bei berufsvorbereitenden Bildungsmaßnahmen

(1) Ist die oder der Auszubildende während einer berufsvorbereitenden Bildungsmaßnahme im Haushalt der Eltern oder eines Elternteils untergebracht, wird der jeweils geltende Bedarf nach § 12 Absatz 1 Nummer 1 des Bundesausbildungsförderungsgesetzes zugrunde gelegt.

(2) Ist die oder der Auszubildende außerhalb des Haushalts der Eltern oder eines Elternteils untergebracht, wird als Bedarf für den Lebensunterhalt der jeweils geltende Bedarf nach § 12 Absatz 2 Nummer 1 des Bundesausbildungsförderungsgesetzes zugrunde gelegt.

(3) ¹Ist die oder der Auszubildende mit voller Verpflegung in einem Wohnheim oder einem Internat untergebracht, werden abweichend von Absatz 2 als Bedarf für den Lebensunterhalt die im Rahmen der §§ 78a bis 78g des Achten Buches vereinbarten Entgelte für Verpflegung und Unterbringung ohne sozialpädagogische Begleitung zuzüglich 103 Euro monatlich für sonstige Bedürfnisse zugrunde gelegt. ²Als Bedarf für den Lebensunterhalt von Auszubildenden unter 18 Jahren werden zusätzlich die Entgelte für die sozialpädagogische Begleitung zugrunde gelegt, soweit diese nicht von Dritten erstattet werden.

§ 63 Fahrkosten

(1) ¹Als Bedarf für Fahrkosten werden folgende Kosten der oder des Auszubildenden zugrunde gelegt:
1. Kosten für Fahrten zwischen Unterkunft, Ausbildungsstätte und Berufsschule (Pendelfahrten),
2. bei einer erforderlichen auswärtigen Unterbringung Kosten für die An- und Abreise und für eine monatliche Familienheimfahrt oder anstelle der Familienheimfahrt für eine monatliche Fahrt einer oder eines Angehörigen zum Aufenthaltsort der oder des Auszubildenden.

²Eine auswärtige Unterbringung ist erforderlich, wenn die Ausbildungsstätte vom Familienwohnort aus nicht in angemessener Zeit erreicht werden kann.

(2) ¹Abweichend von Absatz 1 Nummer 2 werden bei einer Förderung im Ausland folgende Kosten der oder des Auszubildenden zugrunde gelegt:
1. bei einem Ausbildungsort innerhalb Europas die Kosten für eine Hin- und Rückreise je Ausbildungshalbjahr,
2. bei einem Ausbildungsort außerhalb Europas die Kosten für eine Hin- und Rückreise je Ausbildungsjahr.

²In besonderen Härtefällen können die notwendigen Aufwendungen für eine weitere Hin- und Rückreise zugrunde gelegt werden.

(3) ¹Die Fahrkosten werden in Höhe des Betrags zugrunde gelegt, der bei Benutzung des zweckmäßigsten regelmäßig verkehrenden öffentlichen Verkehrsmittels in der niedrigsten Klasse zu zahlen ist; bei Benutzung sonstiger Verkehrsmittel wird für Fahrkosten die Höhe der Wegstreckenentschädigung nach § 5 Absatz 1 des Bundesreisekostengesetzes zugrunde gelegt. ²Bei nicht geringfügigen Fahrpreiserhöhungen hat auf Antrag eine Anpassung zu erfolgen, wenn der Bewilligungszeitraum noch mindestens zwei weitere Monate andauert. ³Kosten für Pendelfahrten werden nur bis zur Höhe des Betrags zugrunde gelegt, der nach § 86 insgesamt erbracht werden kann.

§ 64 Sonstige Aufwendungen

(1) Bei einer Berufsausbildung wird als Bedarf für sonstige Aufwendungen eine Pauschale für Kosten der Arbeitskleidung in Höhe von 14 Euro monatlich zugrunde gelegt.

(2) Bei einer berufsvorbereitenden Bildungsmaßnahme werden als Bedarf für sonstige Aufwendungen bei Auszubildenden, deren Schutz im Krankheits- oder Pflegefall nicht anderweitig sichergestellt ist, die Beiträge für eine freiwillige Krankenversicherung ohne Anspruch auf Krankengeld und die Beiträge zur Pflegepflichtversicherung bei einem Träger der gesetzlichen Kranken- und Pflegeversicherung oder, wenn dort im Einzelfall ein Schutz nicht gewährleistet ist, bei einem privaten Krankenversicherungsunternehmen zugrunde gelegt.

(3) ¹Bei einer Berufsausbildung und einer berufsvorbereitenden Bildungsmaßnahme werden als Bedarf für sonstige Aufwendungen die Kosten für die Betreuung der aufsichtsbedürftigen Kinder der oder des Auszubildenden in Höhe von 150 Euro monatlich je Kind zugrunde gelegt. ²Darüber hinaus können sonstige Kosten anerkannt werden,

1. soweit sie durch die Berufsausbildung oder die Teilnahme an der berufsvorbereitenden Bildungsmaßnahme unvermeidbar entstehen,
2. soweit die Berufsausbildung oder die Teilnahme an der berufsvorbereitenden Bildungsmaßnahme andernfalls gefährdet ist und
3. wenn die Aufwendungen von der oder dem Auszubildenden oder ihren oder seinen Erziehungsberechtigten zu tragen sind.

§ 65 Besonderheiten beim Besuch des Berufsschulunterrichts in Blockform

(1) Für die Zeit des Berufsschulunterrichts in Blockform wird ein Bedarf zugrunde gelegt, der für Zeiten ohne Berufsschulunterricht zugrunde zu legen wäre.

(2) Eine Förderung allein für die Zeit des Berufsschulunterrichts in Blockform ist ausgeschlossen.

§ 66 Anpassung der Bedarfssätze

Für die Anpassung der Bedarfssätze gilt § 35 Satz 1 und 2 des Bundesausbildungsförderungsgesetzes entsprechend.

§ 67 Einkommensanrechnung

(1) Auf den Gesamtbedarf sind die Einkommen der folgenden Personen in der Reihenfolge ihrer Nennung anzurechnen:

1. der oder des Auszubildenden,
2. der Person, mit der die oder der Auszubildende verheiratet oder in einer Lebenspartnerschaft verbunden ist und von der sie oder er nicht dauernd getrennt lebt, und
3. der Eltern der oder des Auszubildenden.

(2) ¹Für die Ermittlung des Einkommens und dessen Anrechnung sowie die Berücksichtigung von Freibeträgen gelten § 11 Absatz 4 sowie die Vorschriften des Vierten Abschnitts des Bundesausbildungsförderungsgesetzes mit den hierzu ergangenen Rechtsverordnungen entsprechend. ²Abweichend von

1. § 21 Absatz 1 des Bundesausbildungsförderungsgesetzes werden Werbungskosten der oder des Auszubildenden auf Grund der Berufsausbildung nicht berücksichtigt;
2. § 22 Absatz 1 des Bundesausbildungsförderungsgesetzes ist das Einkommen der oder des Auszubildenden maßgebend, das zum Zeitpunkt der Antragstellung absehbar ist; Änderungen bis zum Zeitpunkt der Entscheidung sind zu berücksichtigen;
3. § 23 Absatz 3 des Bundesausbildungsförderungsgesetzes bleiben 66 Euro der Ausbildungsvergütung und abweichend von § 25 Absatz 1 des Bundesausbildungsförderungsgesetzes zusätzlich 709 Euro anrechnungsfrei, wenn die Ausbildungsstätte von der Wohnung der Eltern oder eines Elternteils aus nicht in angemessener Zeit erreicht werden kann;
4. § 23 Absatz 4 Nummer 2 des Bundesausbildungsförderungsgesetzes werden Leistungen Dritter, die zur Aufstockung der Berufsausbildungsbeihilfe erbracht werden, nicht angerechnet.

(3) Bei einer Berufsausbildung im Betrieb der Eltern, der Ehefrau oder des Ehemanns oder der Lebenspartnerin oder des Lebenspartners ist für die Feststellung des Einkommens der oder des Auszubildenden mindestens die tarifliche Bruttoausbildungsvergütung als vereinbart zugrunde zu legen oder, soweit eine tarifliche Regelung nicht besteht, die ortsübliche Bruttoausbildungsvergütung, die in diesem Ausbildungsberuf bei einer Berufsausbildung in einem fremden Betrieb geleistet wird.
(4) ¹Für an berufsvorbereitenden Bildungsmaßnahmen Teilnehmende wird von einer Anrechnung des Einkommens abgesehen. ²Satz 1 gilt nicht für Einkommen der Teilnehmenden aus einer nach diesem Buch oder vergleichbaren öffentlichen Programmen geförderten Maßnahme.
(5) ¹Das Einkommen der Eltern bleibt außer Betracht, wenn ihr Aufenthaltsort nicht bekannt ist oder sie rechtlich oder tatsächlich gehindert sind, im Inland Unterhalt zu leisten. ²Das Einkommen ist ferner nicht anzurechnen, soweit ein Unterhaltsanspruch nicht besteht oder dieser verwirkt ist.

§ 68 Vorausleistung von Berufsausbildungsbeihilfe

(1) ¹Macht die oder der Auszubildende glaubhaft, dass ihre oder seine Eltern den nach den Vorschriften dieses Buches angerechneten Unterhaltsbetrag nicht leisten, oder kann das Einkommen der Eltern nicht berechnet werden, weil diese die erforderlichen Auskünfte nicht erteilen oder Urkunden nicht vorlegen, und ist die Berufsausbildung, auch unter Berücksichtigung des Einkommens der Ehefrau oder des Ehemanns oder der Lebenspartnerin oder des Lebenspartners im Bewilligungszeitraum, gefährdet, so wird nach Anhörung der Eltern ohne Anrechnung dieses Betrags Berufsausbildungsbeihilfe geleistet. ²Von der Anhörung der Eltern kann aus wichtigem Grund abgesehen werden.
(2) ¹Ein Anspruch der oder des Auszubildenden auf Unterhaltsleistungen gegen ihre oder seine Eltern geht bis zur Höhe des anzurechnenden Unterhaltsanspruchs zusammen mit dem unterhaltsrechtlichen Auskunftsanspruch mit der Zahlung der Berufsausbildungsbeihilfe auf die Agentur für Arbeit über. ²Die Agentur für Arbeit hat den Eltern die Förderung anzuzeigen. ³Der Übergang wird nicht dadurch ausgeschlossen, dass der Anspruch nicht übertragen, nicht verpfändet oder nicht gepfändet werden kann. ⁴Ist die Unterhaltsleistung trotz des Rechtsübergangs mit befreiender Wirkung an die Auszubildende oder den Auszubildenden gezahlt worden, hat die oder der Auszubildende diese insoweit zu erstatten.
(3) Für die Vergangenheit können die Eltern der oder des Auszubildenden nur von dem Zeitpunkt an in Anspruch genommen werden, ab dem
1. die Voraussetzungen des bürgerlichen Rechts vorgelegen haben oder
2. sie bei dem Antrag auf Ausbildungsförderung mitgewirkt haben oder von ihm Kenntnis erhalten haben und darüber belehrt worden sind, unter welchen Voraussetzungen dieses Buch eine Inanspruchnahme von Eltern ermöglicht.
(4) Berufsausbildungsbeihilfe wird nicht vorausgeleistet, soweit die Eltern bereit sind, Unterhalt entsprechend einer nach § 1612 Absatz 2 des Bürgerlichen Gesetzbuchs getroffenen Bestimmung zu leisten.
(5) ¹Die Agentur für Arbeit kann den auf sie übergegangenen Unterhaltsanspruch im Einvernehmen mit der oder dem Unterhaltsberechtigten auf diese oder diesen zur gerichtlichen Geltendmachung rückübertragen und sich den geltend gemachten Unterhaltsanspruch abtreten lassen. ²Kosten, mit denen die oder der Unterhaltsberechtigte dadurch selbst belastet wird, sind zu übernehmen.

§ 69 Dauer der Förderung

(1) ¹Anspruch auf Berufsausbildungsbeihilfe besteht für die Dauer der Berufsausbildung oder die Dauer der berufsvorbereitenden Bildungsmaßnahme. ²Über den Anspruch wird bei Berufsausbildung in der Regel für 18 Monate, im Übrigen in der Regel für ein Jahr (Bewilligungszeitraum) entschieden.
(2) Für Fehlzeiten besteht in folgenden Fällen Anspruch auf Berufsausbildungsbeihilfe:
1. bei Krankheit längstens bis zum Ende des dritten auf den Eintritt der Krankheit folgenden Kalendermonats, im Fall einer Berufsausbildung jedoch nur, solange das Berufsausbildungsverhältnis fortbesteht,
2. für Zeiten einer Schwangerschaft oder nach der Entbindung, wenn
    a) bei einer Berufsausbildung die Fehlzeit durch ein Beschäftigungsverbot oder eine Schutzfrist aufgrund der Schwangerschaft oder der Geburt entsteht oder
    b) bei einer berufsvorbereitenden Bildungsmaßnahme die Maßnahme nicht länger als 14 Wochen, im Fall von Früh- oder Mehrlingsgeburten oder, wenn vor Ablauf von acht Wochen nach der Entbindung bei dem Kind eine Behinderung im Sinne von § 2 Absatz 1 des Neunten Buches Sozialgesetzbuch ärztlich festgestellt wird, nicht länger als 18 Wochen (§ 3 des Mutterschutzgesetzes) unterbrochen wird,
3. wenn bei einer Berufsausbildung die oder der Auszubildende aus einem sonstigen Grund der Berufsausbildung fernbleibt und die Ausbildungsvergütung weitergezahlt oder an deren Stelle eine Ersatzleistung erbracht wird oder

4. wenn bei einer berufsvorbereitenden Bildungsmaßnahme ein sonstiger wichtiger Grund für das Fernbleiben der oder des Auszubildenden vorliegt.

§ 70 Berufsausbildungsbeihilfe für Arbeitslose

¹Arbeitslose, die zu Beginn der berufsvorbereitenden Bildungsmaßnahme anderenfalls Anspruch auf Arbeitslosengeld gehabt hätten, der höher ist als der zugrunde zu legende Bedarf für den Lebensunterhalt, haben Anspruch auf Berufsausbildungsbeihilfe in Höhe des Arbeitslosengeldes. ²In diesem Fall wird Einkommen, das die oder der Arbeitslose aus einer neben der berufsvorbereitenden Bildungsmaßnahme ausgeübten Beschäftigung oder selbständigen Tätigkeit erzielt, in gleicher Weise angerechnet wie bei der Leistung von Arbeitslosengeld.

§ 71 Auszahlung

¹Monatliche Förderungsbeträge der Berufsausbildungsbeihilfe, die nicht volle Euro ergeben, sind bei Restbeträgen unter 0,50 Euro abzurunden und im Übrigen aufzurunden. ²Nicht geleistet werden monatliche Förderungsbeträge unter 10 Euro.

§ 72 Anordnungsermächtigung

Die Bundesagentur wird ermächtigt, durch Anordnung das Nähere über Voraussetzungen, Umfang und Verfahren der Förderung zu bestimmen.

Vierter Unterabschnitt
Berufsausbildung

§ 73 Zuschüsse zur Ausbildungsvergütung für Menschen mit Behinderungen und schwerbehinderte Menschen

(1) Arbeitgeber können für die betriebliche Aus- oder Weiterbildung von Menschen mit Behinderungen und schwerbehinderten Menschen im Sinne des § 187 Absatz 1 Nummer 3 Buchstabe e des Neunten Buches durch Zuschüsse zur Ausbildungsvergütung oder zu einer vergleichbaren Vergütung gefördert werden, wenn die Aus- oder Weiterbildung sonst nicht zu erreichen ist.
(2) ¹Die monatlichen Zuschüsse sollen regelmäßig 60 Prozent, bei schwerbehinderten Menschen 80 Prozent der monatlichen Ausbildungsvergütung für das letzte Ausbildungsjahr oder der vergleichbaren Vergütung einschließlich des darauf entfallenden pauschalierten Arbeitgeberanteils am Gesamtsozialversicherungsbeitrag nicht übersteigen. ²In begründeten Ausnahmefällen können Zuschüsse jeweils bis zur Höhe der Ausbildungsvergütung für das letzte Ausbildungsjahr erbracht werden.
(3) Bei Übernahme schwerbehinderter Menschen in ein Arbeitsverhältnis durch den ausbildenden oder einen anderen Arbeitgeber im Anschluss an eine abgeschlossene Aus- oder Weiterbildung kann ein Eingliederungszuschuss in Höhe von bis zu 70 Prozent des zu berücksichtigenden Arbeitsentgelts (§ 91) für die Dauer von einem Jahr erbracht werden, sofern während der Aus- oder Weiterbildung Zuschüsse erbracht wurden.

§ 74 Assistierte Ausbildung

(1) ¹Die Agentur für Arbeit kann förderungsberechtigte junge Menschen und deren Ausbildungsbetriebe während einer betrieblichen Berufsausbildung oder einer Einstiegsqualifizierung (begleitende Phase) durch Maßnahmen der Assistierten Ausbildung fördern. ²Die Maßnahme kann auch eine vorgeschaltete Phase enthalten, die die Aufnahme einer betrieblichen Berufsausbildung unterstützt (Vorphase).
(2) ¹Ziele der Assistierten Ausbildung sind
1. die Aufnahme einer Berufsausbildung und
2. die Hinführung auf den Abschluss der betrieblichen Berufsausbildung.
²Das Ziel der Assistierten Ausbildung ist auch erreicht, wenn der junge Mensch seine betriebliche Berufsausbildung ohne die Unterstützung fortsetzen und abschließen kann.
(3) ¹Förderungsberechtigt sind junge Menschen, die ohne Unterstützung
1. eine Berufsausbildung nicht aufnehmen oder fortsetzen können oder voraussichtlich Schwierigkeiten haben werden, die Berufsausbildung abzuschließen, oder
2. wegen in ihrer Person liegender Gründe
   a) nach der vorzeitigen Lösung eines betrieblichen Berufsausbildungsverhältnisses eine weitere Berufsausbildung nicht aufnehmen oder
   b) nach Abschluss einer mit Assistierter Ausbildung unterstützten Berufsausbildung ein Arbeitsverhältnis nicht begründen oder festigen können.
²Förderungsberechtigt sind auch junge Menschen, die wegen in ihrer Person liegender Gründe während einer Einstiegsqualifizierung zusätzlicher Unterstützung bedürfen. ³Die Förderungsberechtigung endet im

Fall des Satzes 1 Nummer 2 Buchstabe b spätestens sechs Monate nach Begründung eines Arbeitsverhältnisses oder spätestens ein Jahr nach Ende der Berufsausbildung.
(4) ¹Der junge Mensch wird, auch im Betrieb, individuell und kontinuierlich unterstützt und sozialpädagogisch begleitet. ²Ihm steht beim Träger der Assistierten Ausbildung über die gesamte Laufzeit der Förderung insbesondere eine feste Ausbildungsbegleiterin oder ein fester Ausbildungsbegleiter zur Verfügung.
(5) § 57 Absatz 1 gilt entsprechend.
(6) Mit der Durchführung von Maßnahmen der Assistierten Ausbildung beauftragt die Agentur für Arbeit Träger unter Anwendung des Vergaberechts.
(7) ¹Die Bundesagentur soll bei der Umsetzung der Assistierten Ausbildung mit den Ländern zusammenarbeiten. ²Durch die Zusammenarbeit sollen unter Berücksichtigung regionaler Besonderheiten Möglichkeiten einer Koordination der Akteure eröffnet und dadurch eine hohe Wirksamkeit der Maßnahme im Ausbildungsmarkt erreicht werden. ³Die Bundesagentur kann ergänzende Leistungen der Länder berücksichtigen. ⁴Das gilt insbesondere für Leistungen der Länder zur Förderung nicht nach Absatz 5 förderungsfähiger Berufsausbildungen.

§ 75 Begleitende Phase der Assistierten Ausbildung

(1) In der begleitenden Phase sind auch junge Menschen förderungsberechtigt, die zusätzlich zu der in § 74 Absatz 3 Satz 1 Nummer 1 genannten Voraussetzung abweichend von § 30 Absatz 1 des Ersten Buches ihren Wohnsitz und ihren gewöhnlichen Aufenthalt außerhalb von Deutschland haben, deren Ausbildungsbetrieb aber in Deutschland liegt.
(2) Die begleitende Phase umfasst
1. sozialpädagogische Begleitung,
2. Maßnahmen zur Stabilisierung des Berufsausbildungsverhältnisses oder der Einstiegsqualifizierung,
3. Angebote zum Abbau von Bildungs- und Sprachdefiziten und
4. Angebote zur Vermittlung fachtheoretischer Fertigkeiten, Kenntnissen und Fähigkeiten.
(3) ¹Die Agentur für Arbeit legt die erforderlichen Unterstützungselemente nach Beratung des förderungsberechtigten jungen Menschen in Abstimmung mit dem Träger der Maßnahme im Einzelfall fest. ²Sie überprüft die Erforderlichkeit regelmäßig in Abstimmung mit dem Träger.
(4) Die individuelle Unterstützung des jungen Menschen ist durch den Träger der Maßnahme mit dem Ausbildungsbetrieb abzustimmen.
(5) In den Fällen des § 74 Absatz 3 Satz 1 Nummer 2 in Verbindung mit Satz 3 kann der junge Mensch in der begleitenden Phase gefördert werden, ohne dass ein betriebliches Berufsausbildungsverhältnis besteht oder eine Einstiegsqualifizierung durchgeführt wird.
(6) Aufgaben des Ausbildungsbetriebes bei der und Verantwortung desselben für die Durchführung der Berufsausbildung oder der Einstiegsqualifizierung bleiben unberührt.
(7) Betriebe, die einen mit Assistierter Ausbildung geförderten jungen Menschen ausbilden, können bei der Durchführung der Berufsausbildung oder der Einstiegsqualifizierung
1. administrativ und organisatorisch sowie
2. zur Stabilisierung des Berufsausbildungsverhältnisses oder der Einstiegsqualifizierung
unterstützt werden.

§ 75a Vorphase der Assistierten Ausbildung

(1) ¹In der Vorphase sind junge Menschen förderungsberechtigt, wenn sie zusätzlich zu der in § 74 Absatz 3 Satz 1 Nummer 1 genannten Voraussetzung die Vollzeitschulpflicht nach den Gesetzen der Länder erfüllt haben. ²Ausländerinnen und Ausländer sind förderungsberechtigt, wenn die Voraussetzungen nach Satz 1 vorliegen und sie eine Erwerbstätigkeit ausüben dürfen oder ihnen eine Erwerbstätigkeit erlaubt werden kann. ³Für eine Unterstützung in dieser Phase müssen Ausländerinnen und Ausländer, die eine Aufenthaltsgestattung nach dem Asylgesetz oder eine Duldung besitzen, zudem
1. sich seit mindestens 15 Monaten erlaubt, gestattet oder geduldet im Bundesgebiet aufhalten und
2. schulische Kenntnisse und Kenntnisse der deutschen Sprache besitzen, die einen erfolgreichen Übergang in eine Berufsausbildung erwarten lassen.
⁴Gestattete oder geduldete Ausländerinnen oder Ausländer, die vor dem 1. August 2019 in das Bundesgebiet eingereist sind, müssen sich abweichend von Satz 3 Nummer 1 seit mindestens drei Monaten erlaubt, gestattet oder geduldet dort aufhalten.
(2) ¹In der Vorphase wird der junge Mensch bei der Suche nach und Aufnahme einer betrieblichen Berufsausbildung unterstützt. ²Abgestimmt auf den individuellen Förderbedarf sind in angemessenem Umfang betriebliche Praktika vorzusehen.

(3) ¹Die Vorphase darf eine Dauer von bis zu sechs Monaten umfassen. ²Konnte der junge Mensch in dieser Zeit nicht in eine betriebliche Berufsausbildung vermittelt werden, kann die ausbildungsvorbereitende Phase bis zu zwei weitere Monate fortgesetzt werden.
(4) Die Vorphase darf nicht den Schulgesetzen der Länder unterliegen.
(5) Betriebe, die das Ziel verfolgen, einen förderungsberechtigen jungen Menschen auszubilden, können bei der Vorbereitung zur Aufnahme der Berufsausbildung durch den jungen Menschen durch die Vorphase im Sinne von § 75 Absatz 7 unterstützt werden.

§ 76 Außerbetriebliche Berufsausbildung

(1) ¹Die Agentur für Arbeit kann förderungsberechtigte junge Menschen durch eine nach § 57 Absatz 1 förderungsfähige Berufsausbildung in einer außerbetrieblichen Einrichtung (außerbetriebliche Berufsausbildung) fördern. ²Der Anteil betrieblicher Ausbildungsphasen je Ausbildungsjahr muss angemessen sein.
(2) ¹Während der Durchführung einer außerbetrieblichen Berufsausbildung sind alle Möglichkeiten wahrzunehmen, um den Übergang der oder des Auszubildenden in ein betriebliches Berufsausbildungsverhältnis zu unterstützen. ²Die Agentur für Arbeit zahlt dem Träger, der die außerbetriebliche Berufsausbildung durchführt, für jede vorzeitige und nachhaltige Vermittlung aus einer außerbetrieblichen Berufsausbildung in eine betriebliche Berufsausbildung eine Pauschale in Höhe von 2000 Euro. ³Die Vermittlung gilt als vorzeitig, wenn die oder der Auszubildende spätestens zwölf Monate vor dem vertraglichen Ende der außerbetrieblichen Berufsausbildung vermittelt worden ist. ⁴Die Vermittlung gilt als nachhaltig, wenn das Berufsausbildungsverhältnis länger als vier Monate fortbesteht. ⁵Die Pauschale wird für jede Auszubildende und jeden Auszubildenden nur einmal gezahlt.
(2a) Die Gestaltung des Lehrplans, die Unterrichtsmethode und die Güte der zum Einsatz vorgesehenen Lehr- und Lernmittel müssen eine erfolgreiche Berufsausbildung erwarten lassen.
(3) Ist ein betriebliches oder außerbetriebliches Berufsausbildungsverhältnis vorzeitig gelöst worden, kann die Agentur für Arbeit die Auszubildende oder den Auszubildenden auch durch Fortsetzung der Berufsausbildung in einer außerbetrieblichen Einrichtung fördern.
(4) Wird ein außerbetriebliches Berufsausbildungsverhältnis vorzeitig gelöst, hat der Träger der Maßnahme eine Bescheinigung über bereits erfolgreich absolvierte Teile der Berufsausbildung auszustellen.
(5) Förderungsberechtigt sind junge Menschen,
1. die lernbeeinträchtigt oder sozial benachteiligt sind und wegen in ihrer Person liegender Gründe auch mit ausbildungsfördernden Leistungen nach diesem Buch eine Berufsausbildung in einem Betrieb nicht aufnehmen können oder
2. deren betriebliches oder außerbetriebliches Berufsausbildungsverhältnis vorzeitig gelöst worden ist und deren Eingliederung in betriebliche Berufsausbildung auch mit ausbildungsfördernden Leistungen nach diesem Buch aussichtslos ist, sofern zu erwarten ist, dass sie die Berufsausbildung erfolgreich abschließen können.

(6) ¹Nicht förderungsberechtigt sind
1. Ausländerinnen und Ausländer, die weder in der Bundesrepublik Deutschland Arbeitnehmerinnen, Arbeitnehmer oder Selbständige noch auf Grund des § 2 Absatz 3 des Freizügigkeitsgesetzes/EU freizügigkeitsberechtigt sind, und ihre Familienangehörigen für die ersten drei Monate ihres Aufenthalts,
2. Ausländerinnen und Ausländer,
   a) die kein Aufenthaltsrecht haben oder
   b) deren Aufenthaltsrecht sich allein aus dem Zweck der Arbeitsuche, der Suche nach einem Ausbildungs- oder Studienplatz, der Ausbildung oder des Studiums ergibt,
   und ihre Familienangehörigen,
3. Leistungsberechtigte nach § 1 des Asylbewerberleistungsgesetzes.
²Satz 1 Nummer 1 gilt nicht für Ausländerinnen und Ausländer, die sich mit einem Aufenthaltstitel nach Kapitel 2 Abschnitt 5 des Aufenthaltsgesetzes in der Bundesrepublik Deutschland aufhalten. ³Abweichend von Satz 1 Nummer 2 können Ausländerinnen und Ausländer und ihre Familienangehörigen gefördert werden, wenn sie seit mindestens fünf Jahren ihren gewöhnlichen Aufenthalt im Bundesgebiet haben; dies gilt nicht, wenn der Verlust des Rechts nach § 2 Absatz 1 des Freizügigkeitsgesetzes/EU festgestellt wurde. ⁴Die Frist nach Satz 3 beginnt mit der Anmeldung bei der zuständigen Meldebehörde. ⁵Zeiten des nicht rechtmäßigen Aufenthalts, in denen eine Ausreisepflicht besteht, werden auf Zeiten des gewöhnlichen Aufenthalts nicht angerechnet.
(7) ¹Die Agentur für Arbeit erstattet dem Träger, der die außerbetriebliche Berufsausbildung durchführt, die von diesem an die Auszubildende oder den Auszubildenden zu zahlende Ausbildungsvergütung, jedoch höchstens

den Betrag nach § 17 Absatz 2 des Berufsbildungsgesetzes. ²Der Betrag erhöht sich um den vom Träger zu tragenden Anteil am Gesamtsozialversicherungsbeitrag.
(8) Mit der Durchführung von Maßnahmen der außerbetrieblichen Berufsausbildung beauftragt die Agentur für Arbeit Träger unter Anwendung des Vergaberechts.

§§ 77 bis 79 (weggefallen)

§ 80 Anordnungsermächtigung
Die Bundesagentur wird ermächtigt, durch Anordnung das Nähere über Voraussetzungen, Art, Umfang und Verfahren der Förderung zu bestimmen.

Fünfter Unterabschnitt
Jugendwohnheime

§ 80a Förderung von Jugendwohnheimen
¹Träger von Jugendwohnheimen können durch Darlehen und Zuschüsse gefördert werden, wenn dies zum Ausgleich auf dem Ausbildungsmarkt und zur Förderung der Berufsausbildung erforderlich ist und die Träger oder Dritte sich in angemessenem Umfang an den Kosten beteiligen. ²Leistungen können erbracht werden für den Aufbau, die Erweiterung, den Umbau und die Ausstattung von Jugendwohnheimen.

§ 80b Anordnungsermächtigung
Die Bundesagentur wird ermächtigt, durch Anordnung das Nähere über Voraussetzungen, Art, Umfang und Verfahren der Förderung zu bestimmen.

Vierter Abschnitt
Berufliche Weiterbildung

§ 81 Grundsatz
(1) ¹Arbeitnehmerinnen und Arbeitnehmer können bei beruflicher Weiterbildung durch Übernahme der Weiterbildungskosten gefördert werden, wenn
1. die Weiterbildung notwendig ist, um sie bei Arbeitslosigkeit beruflich einzugliedern oder eine ihnen drohende Arbeitslosigkeit abzuwenden,
2. die Agentur für Arbeit sie vor Beginn der Teilnahme beraten hat und
3. die Maßnahme und der Träger der Maßnahme für die Förderung zugelassen sind.

²Als Weiterbildung gilt die Zeit vom ersten Tag bis zum letzten Tag der Maßnahme mit Unterrichtsveranstaltungen, es sei denn, die Maßnahme ist vorzeitig beendet worden.
(1a) Anerkannt wird die Notwendigkeit der Weiterbildung bei arbeitslosen Arbeitnehmerinnen und Arbeitnehmern auch, wenn durch den Erwerb erweiterter beruflicher Kompetenzen die individuelle Beschäftigungsfähigkeit verbessert wird und sie nach Lage und Entwicklung des Arbeitsmarktes zweckmäßig ist.
(2) ¹Der nachträgliche Erwerb eines Berufsabschlusses durch Arbeitnehmerinnen und Arbeitnehmer wird durch Übernahme der Weiterbildungskosten gefördert, wenn die Arbeitnehmerinnen und Arbeitnehmer
1. nicht über einen Berufsabschluss verfügen, für den nach bundes- oder landesrechtlichen Vorschriften eine Ausbildungsdauer von mindestens zwei Jahren festgelegt ist, oder aufgrund einer mehr als vier Jahre ausgeübten Beschäftigung in an- oder ungelernter Tätigkeit eine ihrem Berufsabschluss entsprechende Beschäftigung voraussichtlich nicht mehr ausüben können,
2. für den angestrebten Beruf geeignet sind,
3. voraussichtlich erfolgreich an der Maßnahme teilnehmen werden und
4. mit dem angestrebten Beruf ihre Beschäftigungschancen verbessern.

²Arbeitnehmerinnen und Arbeitnehmer ohne Berufsabschluss, die noch nicht drei Jahre beruflich tätig gewesen sind, werden nur gefördert, wenn eine Berufsausbildung oder eine berufsvorbereitende Bildungsmaßnahme aus in ihrer Person liegenden Gründen nicht möglich oder nicht zumutbar ist oder die Weiterbildung in einem Engpassberuf angestrebt wird. ³Zeiten der Arbeitslosigkeit, der Kindererziehung und der Pflege pflegebedürftiger Personen mit mindestens Pflegegrad 2 stehen Zeiten einer Beschäftigung nach Satz 1 Nummer 1 gleich. ⁴Absatz 1 Satz 1 Nummer 2 und 3 und Satz 2 gelten entsprechend.
(3) ¹Arbeitnehmerinnen und Arbeitnehmer werden durch Übernahme der Weiterbildungskosten zum nachträglichen Erwerb des Hauptschulabschlusses oder eines gleichwertigen Schulabschlusses gefördert, wenn
1. sie die Voraussetzungen für die Förderung der beruflichen Weiterbildung nach Absatz 1 erfüllen und
2. zu erwarten ist, dass sie an der Maßnahme erfolgreich teilnehmen werden.

²Absatz 2 Satz 2 gilt entsprechend. ³Die Leistung wird nur erbracht, soweit sie nicht für den gleichen Zweck durch Dritte erbracht wird. ⁴Die Agentur für Arbeit hat darauf hinzuwirken, dass sich die für die allgemeine

Schulbildung zuständigen Länder an den Kosten der Maßnahme beteiligen. [5]Leistungen Dritter zur Aufstockung der Leistung bleiben anrechnungsfrei.

(3a) Arbeitnehmerinnen und Arbeitnehmer können zum Erwerb von Grundkompetenzen durch Übernahme der Weiterbildungskosten gefördert werden, wenn
1. die in Absatz 1 genannten Voraussetzungen für die Förderung der beruflichen Weiterbildung erfüllt sind,
2. die Arbeitnehmerinnen und Arbeitnehmer nicht über ausreichende Grundkompetenzen verfügen, um erfolgreich an einer beruflichen Weiterbildung teilzunehmen, die zu einem Abschluss in einem Ausbildungsberuf führt, für den nach bundes- oder landesrechtlichen Vorschriften eine Ausbildungsdauer von mindestens zwei Jahren festgelegt ist, und
3. nach einer Teilnahme an der Maßnahme zum Erwerb von Grundkompetenzen der erfolgreiche Abschluss einer beruflichen Weiterbildung nach Nummer 2 erwartet werden kann.

(4) [1]Der Arbeitnehmerin oder dem Arbeitnehmer wird das Vorliegen der Voraussetzungen für eine Förderung bescheinigt (Bildungsgutschein). [2]Der Bildungsgutschein kann zeitlich befristet sowie regional und auf bestimmte Bildungsziele beschränkt werden. [3]Der von der Arbeitnehmerin oder vom Arbeitnehmer ausgewählte Träger hat der Agentur für Arbeit den Bildungsgutschein vor Beginn der Maßnahme vorzulegen. [4]Die Agentur für Arbeit kann auf die Ausstellung eines Bildungsgutscheins bei beschäftigten Arbeitnehmerinnen und Arbeitnehmern verzichten, wenn
1. der Arbeitgeber und die Arbeitnehmerin oder der Arbeitnehmer damit einverstanden sind oder
2. die Arbeitnehmerin oder der Arbeitnehmer oder die Betriebsvertretung das Einverständnis zu der Qualifizierung nach § 82 Absatz 6 Satz 1 Nummer 2 erklärt haben.

§ 82 Förderung beschäftigter Arbeitnehmerinnen und Arbeitnehmer

(1) [1]Arbeitnehmerinnen und Arbeitnehmer können abweichend von § 81 bei beruflicher Weiterbildung im Rahmen eines bestehenden Arbeitsverhältnisses durch volle oder teilweise Übernahme der Weiterbildungskosten gefördert werden, wenn
1. Fertigkeiten, Kenntnisse und Fähigkeiten vermittelt werden, die über ausschließlich arbeitsplatzbezogene kurzfristige Anpassungsfortbildungen hinausgehen,
2. der Erwerb des Berufsabschlusses, für den nach bundes- oder landesrechtlichen Vorschriften eine Ausbildungsdauer von mindestens zwei Jahren festgelegt ist, in der Regel mindestens vier Jahre zurückliegt,
3. die Arbeitnehmerin oder der Arbeitnehmer in den letzten vier Jahren vor Antragsstellung nicht an einer nach dieser Vorschrift geförderten beruflichen Weiterbildung teilgenommen hat,
4. die Maßnahme außerhalb des Betriebes oder von einem zugelassenen Träger im Betrieb, dem sie angehören, durchgeführt wird und mehr als 120 Stunden dauert und
5. die Maßnahme und der Träger der Maßnahme für die Förderung zugelassen sind.

[2]Die Förderung soll darauf gerichtet sein, Arbeitnehmerinnen und Arbeitnehmern, die berufliche Tätigkeiten ausüben, die durch Technologien ersetzt werden können oder in sonstiger Weise vom Strukturwandel betroffen sind, eine Anpassung und Fortentwicklung ihrer beruflichen Kompetenzen zu ermöglichen, um den genannten Herausforderungen besser begegnen zu können. [3]Gleiches gilt für Arbeitnehmerinnen und Arbeitnehmer, die eine Weiterbildung in einem Engpassberuf anstreben. [4]Die Sätze 2 und 3 gelten nicht, wenn die Arbeitnehmerinnen und Arbeitnehmer einem Betrieb mit weniger als 250 Beschäftigten angehören und soweit sie nach dem 31. Dezember 2020 mit der Teilnahme beginnen, das 45. Lebensjahr vollendet haben oder schwerbehindert im Sinne des § 2 Absatz 2 des Neunten Buches sind. [5]Ausgeschlossen von der Förderung ist die Teilnahme an Maßnahmen, zu deren Durchführung der Arbeitgeber auf Grund bundes- oder landesrechtlicher Regelungen verpflichtet ist.

(2) [1]Nach Absatz 1 soll nur gefördert werden, wenn sich der Arbeitgeber in angemessenem Umfang an den Lehrgangskosten beteiligt. [2]Angemessen ist die Beteiligung, wenn der Betrieb, dem die Arbeitnehmerin oder der Arbeitnehmer angehört,
1. mindestens zehn und weniger als 250 Beschäftigte hat und der Arbeitgeber mindestens 50 Prozent,
2. 250 Beschäftigte und weniger als 2500 Beschäftigte hat und der Arbeitgeber mindestens 75 Prozent,
3. 2500 Beschäftigte oder mehr hat und der Arbeitgeber mindestens 85 Prozent

der Lehrgangskosten trägt. [3]Abweichend von Satz 1 soll in Betrieben mit weniger als zehn Beschäftigten von einer Kostenbeteiligung des Arbeitgebers abgesehen werden. [4]Bei Betrieben mit weniger als 250 Beschäftigten kann von einer Kostenbeteiligung des Arbeitgebers abgesehen werden, wenn die Arbeitnehmerin oder der Arbeitnehmer
1. bei Beginn der Teilnahme das 45. Lebensjahr vollendet hat oder
2. schwerbehindert im Sinne des § 2 Absatz 2 des Neunten Buches ist.

(3) ¹Für die berufliche Weiterbildung von Arbeitnehmerinnen und Arbeitnehmern können Arbeitgeber durch Zuschüsse zum Arbeitsentgelt gefördert werden, soweit die Weiterbildung im Rahmen eines bestehenden Arbeitsverhältnisses durchgeführt wird. ²Die Zuschüsse können für Arbeitnehmerinnen und Arbeitnehmer, bei denen die Voraussetzungen für eine Weiterbildungsförderung wegen eines fehlenden Berufsabschlusses nach § 81 Absatz 2 erfüllt sind, bis zur Höhe des Betrags erbracht werden, der sich als anteiliges Arbeitsentgelt für weiterbildungsbedingte Zeiten ohne Arbeitsleistung errechnet. ³Dieses umfasst auch den darauf entfallenden pauschalen Arbeitgeberanteil am Gesamtsozialversicherungsbeitrag. ⁴Im Übrigen können bei Vorliegen der Voraussetzungen nach Absatz 1 Zuschüsse für Arbeitnehmerinnen und Arbeitnehmer in Betrieben mit
1. weniger als zehn Beschäftigten in Höhe von bis zu 75 Prozent,
2. mindestens zehn und weniger als 250 Beschäftigten in Höhe von bis zu 50 Prozent,
3. 250 Beschäftigten oder mehr in Höhe von bis zu 25 Prozent

des berücksichtigungsfähigen Arbeitsentgelts nach den Sätzen 2 und 3 erbracht werden.
(4) ¹Bei Vorliegen einer Betriebsvereinbarung über die berufliche Weiterbildung oder eines Tarifvertrages, der betriebsbezogen berufliche Weiterbildung vorsieht, verringert sich die Mindestbeteiligung des Arbeitgebers an den Lehrgangskosten nach Absatz 2 unabhängig von der Betriebsgröße um fünf Prozentpunkte. ²Die Zuschüsse zum Arbeitsentgelt nach Absatz 3 Satz 4 können bei Vorliegen der Voraussetzungen nach Satz 1 um fünf Prozentpunkte erhöht werden.
(5) ¹Die Beteiligung des Arbeitgebers an den Lehrgangskosten nach Absatz 2 verringert sich um jeweils 10 Prozentpunkte, wenn die beruflichen Kompetenzen von mindestens 20 Prozent, im Fall des Absatzes 2 Satz 2 Nummer 1 10 Prozent, der Beschäftigten eines Betriebes den betrieblichen Anforderungen voraussichtlich nicht oder teilweise nicht mehr entsprechen. ²Die Zuschüsse zum Arbeitsentgelt nach Absatz 3 Satz 4 können bei Vorliegen der Voraussetzungen nach Satz 1 um 10 Prozentpunkte erhöht werden.
(6) ¹Der Antrag auf Förderung nach Absatz 1 kann auch vom Arbeitgeber gestellt und die Förderleistungen an diesen erbracht werden, wenn
1. der Antrag mehrere Arbeitnehmerinnen oder Arbeitnehmer betrifft, bei denen Vergleichbarkeit hinsichtlich Qualifikation, Bildungsziel oder Weiterbildungsbedarf besteht, und
2. diese Arbeitnehmerinnen oder Arbeitnehmer oder die Betriebsvertretung ihr Einverständnis hierzu erklärt haben.

²Bei der Ermessensentscheidung über die Höhe der Förderleistungen nach den Absätzen 1 bis 5 kann die Agentur für Arbeit die individuellen und betrieblichen Belange pauschalierend für alle betroffenen Arbeitnehmerinnen und Arbeitnehmer einheitlich und maßnahmebezogen berücksichtigen und die Leistungen als Gesamtleistung bewilligen. ³Der Arbeitgeber hat der Agentur für Arbeit die Weiterleitung der Leistungen für Kosten, die den Arbeitnehmerinnen und Arbeitnehmern sowie dem Träger der Maßnahme unmittelbar entstehen, spätestens drei Monate nach Ende der Maßnahme nachzuweisen. ⁴§ 83 Absatz 2 bleibt unberührt.
(7) ¹§ 81 Absatz 4 findet Anwendung. ²Der Bildungsgutschein kann in Förderhöhe und Förderumfang beschränkt werden. ³Bei der Feststellung der Zahl der Beschäftigten sind zu berücksichtigen,
1. Teilzeitbeschäftigte mit einer regelmäßigen wöchentlichen Arbeitszeit von
   a) nicht mehr als zehn Stunden mit 0,25,
   b) nicht mehr als 20 Stunden mit 0,50 und
   c) nicht mehr als 30 Stunden mit 0,75 und
2. im Rahmen der Bestimmung der Betriebsgröße nach den Absätzen 1 bis 3 sämtliche Beschäftigte des Unternehmens, dem der Betrieb angehört, und, falls das Unternehmen einem Konzern angehört, die Zahl der Beschäftigten des Konzerns.

(8) Bei der Ausübung des Ermessens hat die Agentur für Arbeit die unterschiedlichen Betriebsgrößen angemessen zu berücksichtigen.
(9) Die Förderung von Arbeitnehmerinnen und Arbeitnehmern in Maßnahmen, die während des Bezugs von Kurzarbeitergeld beginnen, ist bis zum 31. Juli 2023 ausgeschlossen.

§ 83 Weiterbildungskosten

(1) Weiterbildungskosten sind die durch die Weiterbildung unmittelbar entstehenden
1. Lehrgangskosten und Kosten für die Eignungsfeststellung,
2. Fahrkosten,
3. Kosten für auswärtige Unterbringung und Verpflegung,
4. Kosten für die Betreuung von Kindern.

(2) ¹Leistungen können unmittelbar an den Träger der Maßnahme ausgezahlt werden, soweit Kosten bei dem Träger unmittelbar entstehen. ²Soweit ein Bescheid über die Bewilligung von unmittelbar an den Träger erbrachten Leistungen aufgehoben worden ist, sind diese Leistungen ausschließlich von dem Träger zu erstatten.

§ 84 Lehrgangskosten

(1) Lehrgangskosten sind Lehrgangsgebühren einschließlich
1. der Kosten für erforderliche Lernmittel, Arbeitskleidung und Prüfungsstücke,
2. der Prüfungsgebühren für gesetzlich geregelte oder allgemein anerkannte Zwischen- und Abschlussprüfungen sowie
3. der Kosten für eine notwendige Eignungsfeststellung.

(2) Lehrgangskosten können auch für die Zeit vom Ausscheiden einer Teilnehmerin oder eines Teilnehmers bis zum planmäßigen Ende der Maßnahme übernommen werden, wenn
1. die Teilnehmerin oder der Teilnehmer wegen Arbeitsaufnahme vorzeitig ausgeschieden ist,
2. das Arbeitsverhältnis durch Vermittlung des Trägers der Maßnahme zustande gekommen ist und
3. eine Nachbesetzung des frei gewordenen Platzes in der Maßnahme nicht möglich ist.

§ 85 Fahrkosten

Für Übernahme und Höhe der Fahrkosten gilt § 63 Absatz 1 und 3 entsprechend.

§ 86 Kosten für auswärtige Unterbringung und für Verpflegung

Ist eine auswärtige Unterbringung erforderlich, so kann
1. für die Unterbringung je Tag ein Betrag in Höhe von 60 Euro gezahlt werden, je Kalendermonat jedoch höchstens 420 Euro, und
2. für die Verpflegung je Tag ein Betrag in Höhe von 24 Euro gezahlt werden, je Kalendermonat jedoch höchstens 168 Euro.

§ 87 Kinderbetreuungskosten

Kosten für die Betreuung der aufsichtsbedürftigen Kinder der Arbeitnehmerin oder des Arbeitnehmers können in Höhe von 150 Euro monatlich je Kind übernommen werden.

Fünfter Abschnitt
Aufnahme einer Erwerbstätigkeit

Erster Unterabschnitt
Sozialversicherungspflichtige Beschäftigung

§ 88 Eingliederungszuschuss

Arbeitgeber können zur Eingliederung von Arbeitnehmerinnen und Arbeitnehmern, deren Vermittlung wegen in ihrer Person liegender Gründe erschwert ist, einen Zuschuss zum Arbeitsentgelt zum Ausgleich einer Minderleistung erhalten (Eingliederungszuschuss).

§ 89 Höhe und Dauer der Förderung

[1]Die Förderhöhe und die Förderdauer richten sich nach dem Umfang der Einschränkung der Arbeitsleistung der Arbeitnehmerin oder des Arbeitnehmers und nach den Anforderungen des jeweiligen Arbeitsplatzes (Minderleistung). [2]Der Eingliederungszuschuss kann bis zu 50 Prozent des zu berücksichtigenden Arbeitsentgelts und die Förderdauer bis zu zwölf Monate betragen. [3]Bei Arbeitnehmerinnen und Arbeitnehmern, die das 50. Lebensjahr vollendet haben, kann die Förderdauer bis zu 36 Monate betragen, wenn die Förderung bis zum 31. Dezember 2023 begonnen hat.

§ 90 Eingliederungszuschuss für Menschen mit Behinderungen und schwerbehinderte Menschen

(1) Für Menschen mit Behinderungen und schwerbehinderte Menschen kann der Eingliederungszuschuss bis zu 70 Prozent des zu berücksichtigenden Arbeitsentgelts und die Förderdauer bis zu 24 Monate betragen.

(2) [1]Für schwerbehinderte Menschen im Sinne des § 187 Absatz 1 Nummer 3 Buchstabe a bis d des Neunten Buches und ihnen nach § 2 Absatz 3 des Neunten Buches von den Agenturen für Arbeit gleichgestellte behinderte Menschen, deren Vermittlung wegen in ihrer Person liegender Gründe erschwert ist (besonders betroffene schwerbehinderte Menschen), kann der Eingliederungszuschuss bis zu 70 Prozent des zu berücksichtigenden Arbeitsentgelts und die Förderdauer bis zu 60 Monate betragen. [2]Die Förderdauer kann bei besonders betroffenen schwerbehinderten Menschen, die das 55. Lebensjahr vollendet haben, bis zu 96 Monate betragen.

(3) Bei der Entscheidung über Höhe und Dauer der Förderung von schwerbehinderten und besonders betroffenen schwerbehinderten Menschen ist zu berücksichtigen, ob der schwerbehinderte Mensch ohne gesetzliche Verpflichtung oder über die Beschäftigungspflicht nach dem Teil 3 des Neunten Buches hinaus eingestellt und beschäftigt wird.

(4) [1]Nach Ablauf von zwölf Monaten ist die Höhe des Eingliederungszuschusses um zehn Prozentpunkte jährlich zu vermindern. [2]Sie darf 30 Prozent des zu berücksichtigenden Arbeitsentgelts nicht unterschreiten.

³Der Eingliederungszuschuss für besonders betroffene schwerbehinderte Menschen ist erst nach Ablauf von 24 Monaten zu vermindern.

§ 91 Zu berücksichtigendes Arbeitsentgelt und Auszahlung des Zuschusses

(1) ¹Für den Eingliederungszuschuss ist zu berücksichtigen
1. das vom Arbeitgeber regelmäßig gezahlte Arbeitsentgelt, soweit es das tarifliche Arbeitsentgelt oder, wenn eine tarifliche Regelung nicht besteht, das für vergleichbare Tätigkeiten ortsübliche Arbeitsentgelt nicht übersteigt und soweit es die Beitragsbemessungsgrenze in der Arbeitsförderung nicht überschreitet, sowie
2. der pauschalierte Anteil des Arbeitgebers am Gesamtsozialversicherungsbeitrag.

²Einmalig gezahltes Arbeitsentgelt ist nicht zu berücksichtigen.

(2) ¹Der Eingliederungszuschuss wird zu Beginn der Maßnahme in monatlichen Festbeträgen für die Förderdauer festgelegt. ²Die monatlichen Festbeträge werden vermindert, wenn sich das zu berücksichtigende Arbeitsentgelt verringert.

§ 92 Förderungsausschluss und Rückzahlung

(1) Eine Förderung ist ausgeschlossen, wenn
1. zu vermuten ist, dass der Arbeitgeber die Beendigung eines Beschäftigungsverhältnisses veranlasst hat, um einen Eingliederungszuschuss zu erhalten, oder
2. die Arbeitnehmerin oder der Arbeitnehmer bei einem früheren Arbeitgeber eingestellt wird, bei dem sie oder er während der letzten vier Jahre vor Förderungsbeginn mehr als drei Monate versicherungspflichtig beschäftigt war; dies gilt nicht, wenn es sich um die befristete Beschäftigung besonders betroffener schwerbehinderter Menschen handelt.

(2) ¹Der Eingliederungszuschuss ist teilweise zurückzuzahlen, wenn das Beschäftigungsverhältnis während des Förderungszeitraums oder einer Nachbeschäftigungszeit beendet wird. ²Dies gilt nicht, wenn
1. der Arbeitgeber berechtigt war, das Arbeitsverhältnis aus Gründen, die in der Person oder dem Verhalten der Arbeitnehmerin oder des Arbeitnehmers liegen, zu kündigen,
2. eine Kündigung aus dringenden betrieblichen Erfordernissen, die einer Weiterbeschäftigung im Betrieb entgegenstehen, berechtigt war,
3. das Arbeitsverhältnis auf das Bestreben der Arbeitnehmerin oder des Arbeitnehmers hin beendet wird, ohne dass der Arbeitgeber den Grund hierfür zu vertreten hat,
4. die Arbeitnehmerin oder der Arbeitnehmer das Mindestalter für den Bezug der gesetzlichen Altersrente erreicht hat, oder
5. der Eingliederungszuschuss für die Einstellung eines besonders betroffenen schwerbehinderten Menschen geleistet wird.

³Die Rückzahlung ist auf die Hälfte des geleisteten Förderbetrags begrenzt und darf den in den letzten zwölf Monaten vor Beendigung des Beschäftigungsverhältnisses geleisteten Förderbetrag nicht überschreiten. ⁴Ungeförderte Nachbeschäftigungszeiten sind anteilig zu berücksichtigen. ⁵Die Nachbeschäftigungszeit entspricht der Förderdauer; sie beträgt längstens zwölf Monate.

Zweiter Unterabschnitt
Selbständige Tätigkeit

§ 93 Gründungszuschuss

(1) Arbeitnehmerinnen und Arbeitnehmer, die durch Aufnahme einer selbständigen, hauptberuflichen Tätigkeit die Arbeitslosigkeit beenden, können zur Sicherung des Lebensunterhalts und zur sozialen Sicherung in der Zeit nach der Existenzgründung einen Gründungszuschuss erhalten.

(2) ¹Ein Gründungszuschuss kann geleistet werden, wenn die Arbeitnehmerin oder der Arbeitnehmer
1. bis zur Aufnahme der selbständigen Tätigkeit einen Anspruch auf Arbeitslosengeld hat, dessen Dauer bei Aufnahme der selbständigen Tätigkeit noch mindestens 150 Tage beträgt und nicht allein auf § 147 Absatz 3 beruht,
2. der Agentur für Arbeit die Tragfähigkeit der Existenzgründung nachweist und
3. ihre oder seine Kenntnisse und Fähigkeiten zur Ausübung der selbständigen Tätigkeit darlegt.

²Zum Nachweis der Tragfähigkeit der Existenzgründung ist der Agentur für Arbeit die Stellungnahme einer fachkundigen Stelle vorzulegen; fachkundige Stellen sind insbesondere die Industrie- und Handelskammern, Handwerkskammern, berufsständische Kammern, Fachverbände und Kreditinstitute.

(3) Der Gründungszuschuss wird nicht geleistet, solange Ruhenstatbestände nach den §§ 156 bis 159 vorliegen oder vorgelegen hätten.

(4) Die Förderung ist ausgeschlossen, wenn nach Beendigung einer Förderung der Aufnahme einer selbständigen Tätigkeit nach diesem Buch noch nicht 24 Monate vergangen sind; von dieser Frist kann wegen besonderer in der Person der Arbeitnehmerin oder des Arbeitnehmers liegender Gründe abgesehen werden.
(5) Geförderte Personen, die das für die Regelaltersrente im Sinne des Sechsten Buches erforderliche Lebensjahr vollendet haben, können vom Beginn des folgenden Monats an keinen Gründungszuschuss erhalten.

§ 94 Dauer und Höhe der Förderung
(1) Als Gründungszuschuss wird für die Dauer von sechs Monaten der Betrag geleistet, den die Arbeitnehmerin oder der Arbeitnehmer als Arbeitslosengeld zuletzt bezogen hat, zuzüglich monatlich 300 Euro.
(2) [1]Der Gründungszuschuss kann für weitere neun Monate in Höhe von monatlich 300 Euro geleistet werden, wenn die geförderte Person ihre Geschäftstätigkeit anhand geeigneter Unterlagen darlegt. [2]Bestehen begründete Zweifel an der Geschäftstätigkeit, kann die Agentur für Arbeit verlangen, dass ihr erneut eine Stellungnahme einer fachkundigen Stelle vorgelegt wird.

Sechster Abschnitt
Verbleib in Beschäftigung

Erster Unterabschnitt
Kurzarbeitergeld

Erster Titel
Regelvoraussetzungen

§ 95 Anspruch
[1]Arbeitnehmerinnen und Arbeitnehmer haben Anspruch auf Kurzarbeitergeld, wenn
1. ein erheblicher Arbeitsausfall mit Entgeltausfall vorliegt,
2. die betrieblichen Voraussetzungen erfüllt sind,
3. die persönlichen Voraussetzungen erfüllt sind und
4. der Arbeitsausfall der Agentur für Arbeit angezeigt worden ist.

[2]Arbeitnehmerinnen und Arbeitnehmer in Betrieben nach § 101 Absatz 1 Nummer 1 haben in der Schlechtwetterzeit Anspruch auf Kurzarbeitergeld in Form des Saison-Kurzarbeitergeldes.

> **Anm. d. Hrsg.:** Wegen der COVID-19-Pandemie wurden die Kurzarbeitergeld-Regeln wiederholt zugunsten von Betrieben und Arbeitnehmern verbessert:
> – Der Zugang zum Kug wurde erleichtert.
> – Die Zeitarbeit wurde einbezogen.
> – Die Bezugsdauer wurde verlängert.
> – Das Kug wurde erhöht.
> – Die Hinzuverdienstmöglichkeiten bei Kurzarbeit wurden erweitert.
> – Der vom Arbeitgeber zu tragende Sozialversicherungsbeitrag für das bei Kurzarbeit ausfallende Arbeitsentgelt wurde von der Bundesagentur für Arbeit in pauschalierter Form erstattet.
>
> Da die Sonderregelung im Wesentlichen – mit dem Stand des Redaktionsschlusses 1.8.2021 der „Gesetze für Sozialberufe" – am 31.12.2021 enden sollen, wird auf die Einarbeitung der zeitlich befristeten Sonderregeln verzichtet.
> Für noch nach dem 31.12.2021 weiter geltende Sonderregeln für die Weiterbildung während der Kurzarbeit siehe § 106a SGB III.

§ 96 Erheblicher Arbeitsausfall
(1) [1]Ein Arbeitsausfall ist erheblich, wenn
1. er auf wirtschaftlichen Gründen oder einem unabwendbaren Ereignis beruht,
2. er vorübergehend ist,
3. er nicht vermeidbar ist und
4. im jeweiligen Kalendermonat (Anspruchszeitraum) mindestens ein Drittel der in dem Betrieb beschäftigten Arbeitnehmerinnen und Arbeitnehmer von einem Entgeltausfall von jeweils mehr als 10 Prozent ihres monatlichen Bruttoentgelts betroffen ist; der Entgeltausfall kann auch jeweils 100 Prozent des monatlichen Bruttoentgelts betragen.

[2]Bei den Berechnungen nach Satz 1 Nummer 4 sind Auszubildende nicht mitzuzählen.
(2) Ein Arbeitsausfall beruht auch auf wirtschaftlichen Gründen, wenn er durch eine Veränderung der betrieblichen Strukturen verursacht wird, die durch die allgemeine wirtschaftliche Entwicklung bedingt ist.
(3) [1]Ein unabwendbares Ereignis liegt insbesondere vor, wenn ein Arbeitsausfall auf ungewöhnlichen, von dem üblichen Witterungsverlauf abweichenden Witterungsverhältnissen beruht. [2]Ein unabwendbares Ereignis liegt auch vor, wenn ein Arbeitsausfall durch behördliche oder behördlich anerkannte Maßnahmen verursacht ist, die vom Arbeitgeber nicht zu vertreten sind.

(4) ¹Ein Arbeitsausfall ist nicht vermeidbar, wenn in einem Betrieb alle zumutbaren Vorkehrungen getroffen wurden, um den Eintritt des Arbeitsausfalls zu verhindern. ²Als vermeidbar gilt insbesondere ein Arbeitsausfall, der
1. überwiegend branchenüblich, betriebsüblich oder saisonbedingt ist oder ausschließlich auf betriebsorganisatorischen Gründen beruht,
2. durch die Gewährung von bezahltem Erholungsurlaub ganz oder teilweise verhindert werden kann, soweit vorrangige Urlaubswünsche der Arbeitnehmerinnen und Arbeitnehmer der Urlaubsgewährung nicht entgegenstehen, oder
3. durch die Nutzung von im Betrieb zulässigen Arbeitszeitschwankungen ganz oder teilweise vermieden werden kann.

³Die Auflösung eines Arbeitszeitguthabens kann von der Arbeitnehmerin oder dem Arbeitnehmer nicht verlangt werden, soweit es
1. vertraglich ausschließlich zur Überbrückung von Arbeitsausfällen außerhalb der Schlechtwetterzeit (§ 101 Absatz 1) bestimmt ist und den Umfang von 50 Stunden nicht übersteigt,
2. ausschließlich für die in § 7c Absatz 1 des Vierten Buches genannten Zwecke bestimmt ist,
3. zur Vermeidung der Inanspruchnahme von Saison-Kurzarbeitergeld angespart worden ist und den Umfang von 150 Stunden nicht übersteigt,
4. den Umfang von 10 Prozent der ohne Mehrarbeit geschuldeten Jahresarbeitszeit einer Arbeitnehmerin oder eines Arbeitnehmers übersteigt oder
5. länger als ein Jahr unverändert bestanden hat.

⁴In einem Betrieb, in dem eine Vereinbarung über Arbeitszeitschwankungen gilt, nach der mindestens 10 Prozent der ohne Mehrarbeit geschuldeten Jahresarbeitszeit je nach Arbeitsanfall eingesetzt werden, gilt ein Arbeitsausfall, der im Rahmen dieser Arbeitszeitschwankungen nicht mehr ausgeglichen werden kann, als nicht vermeidbar.

§ 97 Betriebliche Voraussetzungen

¹Die betrieblichen Voraussetzungen sind erfüllt, wenn in dem Betrieb mindestens eine Arbeitnehmerin oder ein Arbeitnehmer beschäftigt ist. ²Betrieb im Sinne der Vorschriften über das Kurzarbeitergeld ist auch eine Betriebsabteilung.

§ 98 Persönliche Voraussetzungen

(1) Die persönlichen Voraussetzungen sind erfüllt, wenn
1. die Arbeitnehmerin oder der Arbeitnehmer nach Beginn des Arbeitsausfalls eine versicherungspflichtige Beschäftigung
   a) fortsetzt,
   b) aus zwingenden Gründen aufnimmt oder
   c) im Anschluss an die Beendigung eines Berufsausbildungsverhältnisses aufnimmt,
2. das Arbeitsverhältnis nicht gekündigt oder durch Aufhebungsvertrag aufgelöst ist und
3. die Arbeitnehmerin oder der Arbeitnehmer nicht vom Kurzarbeitergeldbezug ausgeschlossen ist.

(2) Die persönlichen Voraussetzungen sind auch erfüllt, wenn die Arbeitnehmerin oder der Arbeitnehmer während des Bezugs von Kurzarbeitergeld arbeitsunfähig wird, solange Anspruch auf Fortzahlung des Arbeitsentgelts im Krankheitsfall besteht oder ohne den Arbeitsausfall bestehen würde.

(3) Die persönlichen Voraussetzungen sind nicht erfüllt bei Arbeitnehmerinnen und Arbeitnehmern
1. während der Teilnahme an einer beruflichen Weiterbildungsmaßnahme mit Bezug von Arbeitslosengeld oder Übergangsgeld, wenn diese Leistung nicht für eine neben der Beschäftigung durchgeführte Teilzeitmaßnahme gezahlt wird,
2. während des Bezugs von Krankengeld sowie
3. während der Zeit, in der sie von einem privaten Krankenversicherungsunternehmen, von einem Beihilfeträger des Bundes, von einem sonstigen öffentlich-rechtlichen Träger von Kosten in Krankheitsfällen auf Bundesebene, von dem Träger der Heilfürsorge im Bereich des Bundes, von dem Träger der truppenärztlichen Versorgung oder von einem öffentlich-rechtlichen Träger von Kosten in Krankheitsfällen auf Landesebene, soweit Landesrecht dies vorsieht, Leistungen für den Ausfall von Arbeitseinkünften im Zusammenhang mit einer nach den §§ 8 und 8a des Transplantationsgesetzes erfolgenden Spende von Organen oder Geweben oder im Zusammenhang mit einer im Sinne von § 9 des Transfusionsgesetzes erfolgenden Spende von Blut zur Separation von Blutstammzellen oder anderen Blutbestandteilen beziehen.

(4) ¹Die persönlichen Voraussetzungen sind auch nicht erfüllt, wenn und solange Arbeitnehmerinnen und Arbeitnehmer bei einer Vermittlung nicht in der von der Agentur für Arbeit verlangten und gebotenen Weise

mitwirken. ²Arbeitnehmerinnen und Arbeitnehmer, die von einem erheblichen Arbeitsausfall mit Entgeltausfall betroffen sind, sind in die Vermittlungsbemühungen der Agentur für Arbeit einzubeziehen. ³Hat die Arbeitnehmerin oder der Arbeitnehmer trotz Belehrung über die Rechtsfolgen eine von der Agentur für Arbeit angebotene zumutbare Beschäftigung nicht angenommen oder nicht angetreten, ohne für dieses Verhalten einen wichtigen Grund zu haben, sind die Vorschriften über die Sperrzeit beim Arbeitslosengeld entsprechend anzuwenden.

§ 99 Anzeige des Arbeitsausfalls

(1) ¹Der Arbeitsausfall ist bei der Agentur für Arbeit, in deren Bezirk der Betrieb seinen Sitz hat, schriftlich oder elektronisch anzuzeigen. ²Die Anzeige kann nur vom Arbeitgeber oder der Betriebsvertretung erstattet werden. ³Der Anzeige des Arbeitgebers ist eine Stellungnahme der Betriebsvertretung beizufügen. ⁴Mit der Anzeige ist glaubhaft zu machen, dass ein erheblicher Arbeitsausfall besteht und die betrieblichen Voraussetzungen für das Kurzarbeitergeld erfüllt sind.
(2) ¹Kurzarbeitergeld wird frühestens von dem Kalendermonat an geleistet, in dem die Anzeige über den Arbeitsausfall bei der Agentur für Arbeit eingegangen ist. ²Beruht der Arbeitsausfall auf einem unabwendbaren Ereignis, gilt die Anzeige für den entsprechenden Kalendermonat als erstattet, wenn sie unverzüglich erstattet worden ist.
(3) Die Agentur für Arbeit hat der oder dem Anzeigenden unverzüglich einen schriftlichen Bescheid darüber zu erteilen, ob auf Grund der vorgetragenen und glaubhaft gemachten Tatsachen ein erheblicher Arbeitsausfall vorliegt und die betrieblichen Voraussetzungen erfüllt sind.

§ 100 Kurzarbeitergeld bei Arbeitskämpfen

(1) § 160 über das Ruhen des Anspruchs auf Arbeitslosengeld bei Arbeitskämpfen gilt entsprechend für den Anspruch auf Kurzarbeitergeld bei Arbeitnehmerinnen und Arbeitnehmern, deren Arbeitsausfall Folge eines inländischen Arbeitskampfes ist, an dem sie nicht beteiligt sind.
(2) ¹Macht der Arbeitgeber geltend, der Arbeitsausfall sei die Folge eines Arbeitskampfes, so hat er dies darzulegen und glaubhaft zu machen. ²Der Erklärung ist eine Stellungnahme der Betriebsvertretung beizufügen. ³Der Arbeitgeber hat der Betriebsvertretung die für die Stellungnahme erforderlichen Angaben zu machen. ⁴Bei der Feststellung des Sachverhalts kann die Agentur für Arbeit insbesondere auch Feststellungen im Betrieb treffen.
(3) ¹Stellt die Agentur für Arbeit fest, dass ein Arbeitsausfall entgegen der Erklärung des Arbeitgebers nicht Folge eines Arbeitskampfes ist, und liegen die Voraussetzungen für einen Anspruch auf Kurzarbeitergeld allein deshalb nicht vor, weil der Arbeitsausfall vermeidbar ist, wird das Kurzarbeitergeld insoweit geleistet, als die Arbeitnehmerin oder der Arbeitnehmer Arbeitsentgelt (Arbeitsentgelt im Sinne des § 115 des Zehnten Buches) tatsächlich nicht erhält. ²Bei der Feststellung nach Satz 1 hat die Agentur für Arbeit auch die wirtschaftliche Vertretbarkeit einer Fortführung der Arbeit zu berücksichtigen. ³Hat der Arbeitgeber das Arbeitsentgelt trotz des Rechtsübergangs mit befreiender Wirkung an die Arbeitnehmerin oder den Arbeitnehmer oder an einen Dritten gezahlt, hat die Empfängerin oder der Empfänger des Kurzarbeitergeldes dieses insoweit zu erstatten.

Zweiter Titel
Sonderformen des Kurzarbeitergeldes

§ 101 Saison-Kurzarbeitergeld

(1) Arbeitnehmerinnen und Arbeitnehmer haben in der Zeit vom 1. Dezember bis zum 31. März (Schlechtwetterzeit) Anspruch auf Saison-Kurzarbeitergeld, wenn
1. sie in einem Betrieb beschäftigt sind, der dem Baugewerbe oder einem Wirtschaftszweig angehört, der von saisonbedingtem Arbeitsausfall betroffen ist,
2. der Arbeitsausfall nach Absatz 5 erheblich ist und
3. die betrieblichen Voraussetzungen des § 97 sowie die persönlichen Voraussetzungen des § 98 erfüllt sind.

(2) ¹Ein Betrieb des Baugewerbes ist ein Betrieb, der gewerblich überwiegend Bauleistungen auf dem Baumarkt erbringt. ²Bauleistungen sind alle Leistungen, die der Herstellung, Instandsetzung, Instandhaltung, Änderung oder Beseitigung von Bauwerken dienen. ³Ein Betrieb, der überwiegend Bauvorrichtungen, Baumaschinen, Baugeräte oder sonstige Baubetriebsmittel ohne Personal Betrieben des Baugewerbes gewerblich zur Verfügung stellt oder überwiegend Baustoffe oder Bauteile für den Markt herstellt, sowie ein Betrieb, der Betonentladegeräte gewerblich zur Verfügung stellt, ist kein Betrieb des Baugewerbes.
(3) ¹Erbringt ein Betrieb Bauleistungen auf dem Baumarkt, wird vermutet, dass er ein Betrieb des Baugewerbes im Sinne des Absatzes 2 Satz 1 ist. ²Satz 1 gilt nicht, wenn gegenüber der Bundesagentur nachgewiesen wird, dass Bauleistungen arbeitszeitlich nicht überwiegen.

(4) Ein Wirtschaftszweig ist von saisonbedingtem Arbeitsausfall betroffen, wenn der Arbeitsausfall regelmäßig in der Schlechtwetterzeit auf witterungsbedingten oder wirtschaftlichen Gründen beruht.
(5) ¹Ein Arbeitsausfall ist erheblich, wenn er auf witterungsbedingten oder wirtschaftlichen Gründen oder einem unabwendbaren Ereignis beruht, vorübergehend und nicht vermeidbar ist. ²Als nicht vermeidbar gilt auch ein Arbeitsausfall, der überwiegend branchenüblich, betriebsüblich oder saisonbedingt ist. ³Wurden seit der letzten Schlechtwetterzeit Arbeitszeitguthaben, die nicht mindestens ein Jahr bestanden haben, zu anderen Zwecken als zum Ausgleich für einen verstetigten Monatslohn, bei witterungsbedingtem Arbeitsausfall oder der Freistellung zum Zwecke der Qualifizierung aufgelöst, gelten im Umfang der aufgelösten Arbeitszeitguthaben Arbeitsausfälle als vermeidbar.
(6) ¹Ein Arbeitsausfall ist witterungsbedingt, wenn
1. er ausschließlich durch zwingende Witterungsgründe verursacht ist und
2. an einem Arbeitstag mindestens eine Stunde der regelmäßigen betrieblichen Arbeitszeit ausfällt (Ausfalltag).

²Zwingende Witterungsgründe liegen nur vor, wenn es auf Grund von atmosphärischen Einwirkungen (insbesondere Regen, Schnee, Frost) oder deren Folgewirkungen technisch unmöglich, wirtschaftlich unvertretbar oder für die Arbeitnehmerinnen und Arbeitnehmer unzumutbar ist, die Arbeiten fortzuführen. ³Der Arbeitsausfall ist nicht ausschließlich durch zwingende Witterungsgründe verursacht, wenn er durch Beachtung der besonderen arbeitsschutzrechtlichen Anforderungen an witterungsabhängige Arbeitsplätze vermieden werden kann.
(7) Die weiteren Vorschriften über das Kurzarbeitergeld sind mit Ausnahme der Anzeige des Arbeitsausfalls nach § 99 anzuwenden.

§ 102 Ergänzende Leistungen

(1) Arbeitnehmerinnen und Arbeitnehmer haben Anspruch auf Wintergeld als Zuschuss-Wintergeld und Mehraufwands-Wintergeld und Arbeitgeber haben Anspruch auf Erstattung der von ihnen zu tragenden Beiträge zur Sozialversicherung, soweit für diese Zwecke Mittel durch eine Umlage aufgebracht werden.
(2) Zuschuss-Wintergeld wird in Höhe von bis zu 2,50 Euro je ausgefallener Arbeitsstunde gezahlt, wenn zu deren Ausgleich Arbeitszeitguthaben aufgelöst und die Inanspruchnahme des Saison-Kurzarbeitergeldes vermieden wird.
(3) ¹Mehraufwands-Wintergeld wird in Höhe von 1,00 Euro für jede in der Zeit vom 15. Dezember bis zum letzten Kalendertag des Monats Februar geleistete berücksichtigungsfähige Arbeitsstunde an Arbeitnehmerinnen und Arbeitnehmer gezahlt, die auf einem witterungsabhängigen Arbeitsplatz beschäftigt sind. ²Berücksichtigungsfähig sind im Dezember bis zu 90 Arbeitsstunden, im Januar und Februar jeweils bis zu 180 Arbeitsstunden.
(4) Die von den Arbeitgebern allein zu tragenden Beiträge zur Sozialversicherung für Bezieherinnen und Bezieher von Saison-Kurzarbeitergeld werden auf Antrag erstattet.
(5) Die Absätze 1 bis 4 gelten im Baugewerbe ausschließlich für solche Arbeitnehmerinnen und Arbeitnehmer, deren Arbeitsverhältnis in der Schlechtwetterzeit nicht aus witterungsbedingten Gründen gekündigt werden kann.

§ 103 Kurzarbeitergeld für Heimarbeiterinnen und Heimarbeiter

(1) Anspruch auf Kurzarbeitergeld haben auch Heimarbeiterinnen und Heimarbeiter, wenn sie ihren Lebensunterhalt ausschließlich oder weitaus überwiegend aus dem Beschäftigungsverhältnis als Heimarbeiterin oder Heimarbeiter beziehen und soweit nicht nachfolgend Abweichendes bestimmt ist.
(2) ¹An die Stelle der im Betrieb beschäftigten Arbeitnehmerinnen und Arbeitnehmer treten die für den Auftraggeber beschäftigten Heimarbeiterinnen und Heimarbeiter. ²Im Übrigen tritt an die Stelle des erheblichen Arbeitsausfalls mit Entgeltausfall der erhebliche Entgeltausfall und an die Stelle des Betriebs und des Arbeitgebers der Auftraggeber; Auftraggeber kann eine Gewerbetreibende oder ein Gewerbetreibender oder eine Zwischenmeisterin oder ein Zwischenmeister sein. ³Ein Entgeltausfall ist erheblich, wenn das Entgelt der Heimarbeiterin oder des Heimarbeiters im Anspruchszeitraum um mehr als 20 Prozent gegenüber dem durchschnittlichen monatlichen Bruttoentgelt der letzten sechs Kalendermonate vermindert ist.
(3) Eine versicherungspflichtige Beschäftigung als Heimarbeiterin oder Heimarbeiter gilt während des Entgeltausfalls als fortbestehend, solange
1. der Auftraggeber bereit ist, der Heimarbeiterin oder dem Heimarbeiter so bald wie möglich Aufträge in dem vor Eintritt der Kurzarbeit üblichen Umfang zu erteilen, und
2. die Heimarbeiterin oder der Heimarbeiter bereit ist, Aufträge im Sinne der Nummer 1 zu übernehmen.

Dritter Titel
Leistungsumfang

§ 104 Dauer

(1) ¹Kurzarbeitergeld wird für den Arbeitsausfall für eine Dauer von längstens zwölf Monaten von der Agentur für Arbeit geleistet. ²Die Bezugsdauer gilt einheitlich für alle in einem Betrieb beschäftigten Arbeitnehmerinnen und Arbeitnehmer. ³Sie beginnt mit dem ersten Kalendermonat, für den in einem Betrieb Kurzarbeitergeld vom Arbeitgeber gezahlt wird.
(2) Wird innerhalb der Bezugsdauer für einen zusammenhängenden Zeitraum von mindestens einem Monat kein Kurzarbeitergeld gezahlt, verlängert sich die Bezugsdauer um diesen Zeitraum.
(3) Sind seit dem letzten Kalendermonat, für den Kurzarbeitergeld gezahlt worden ist, drei Monate vergangen und liegen die Voraussetzungen für einen Anspruch auf Kurzarbeitergeld erneut vor, beginnt eine neue Bezugsdauer.
(4) ¹Saison-Kurzarbeitergeld wird abweichend von den Absätzen 1 bis 3 für die Dauer des Arbeitsausfalls während der Schlechtwetterzeit von der Agentur für Arbeit geleistet. ²Zeiten des Bezugs von Saison-Kurzarbeitergeld werden nicht auf die Bezugsdauer für das Kurzarbeitergeld angerechnet. ³Sie gelten nicht als Zeiten der Unterbrechung im Sinne des Absatzes 3.

§ 105 Höhe

Das Kurzarbeitergeld beträgt
1. für Arbeitnehmerinnen und Arbeitnehmer, die beim Arbeitslosengeld die Voraussetzungen für den erhöhten Leistungssatz erfüllen würden, 67 Prozent,
2. für die übrigen Arbeitnehmerinnen und Arbeitnehmer 60 Prozent
der Nettoentgeltdifferenz im Anspruchszeitraum.

§ 106 Nettoentgeltdifferenz

(1) ¹Die Nettoentgeltdifferenz entspricht der Differenz zwischen
1. dem pauschalierten Nettoentgelt aus dem Soll-Entgelt und
2. dem pauschalierten Nettoentgelt aus dem Ist-Entgelt.

²Soll-Entgelt ist das Bruttoarbeitsentgelt, das die Arbeitnehmerin oder der Arbeitnehmer ohne den Arbeitsausfall in dem Anspruchszeitraum erzielt hätte, vermindert um Entgelt für Mehrarbeit. ³Ist-Entgelt ist das Bruttoarbeitsentgelt, das die Arbeitnehmerin oder der Arbeitnehmer in dem Anspruchszeitraum tatsächlich erzielt hat, zuzüglich aller zustehenden Entgeltanteile. ⁴Arbeitsentgelt, das einmalig gezahlt wird, bleibt bei der Berechnung von Soll-Entgelt und Ist-Entgelt außer Betracht. ⁵Soll-Entgelt und Ist-Entgelt sind auf den nächsten durch 20 teilbaren Euro-Betrag zu runden. ⁶§ 153 über die Berechnung des Leistungsentgelts beim Arbeitslosengeld gilt mit Ausnahme der Regelungen über den Zeitpunkt der Zuordnung der Lohnsteuerklassen und den Steuerklassenwechsel für die Berechnung der pauschalierten Nettoentgelte beim Kurzarbeitergeld entsprechend. ⁷Das Bundesministerium für Arbeit und Soziales wird ermächtigt, einen Programmablauf zur Berechnung der pauschalierten Nettoentgelte für das Kurzarbeitergeld im Bundesanzeiger bekannt zu machen.
(2) ¹Erzielt die Arbeitnehmerin oder der Arbeitnehmer aus anderen als wirtschaftlichen Gründen kein Arbeitsentgelt, ist das Ist-Entgelt um den Betrag zu erhöhen, um den das Arbeitsentgelt aus diesen Gründen gemindert ist. ²Arbeitsentgelt, das unter Anrechnung des Kurzarbeitergeldes gezahlt wird, bleibt bei der Berechnung des Ist-Entgelts außer Betracht. ³Bei der Berechnung der Nettoentgeltdifferenz nach Absatz 1 bleiben auf Grund von kollektivrechtlichen Beschäftigungssicherungsvereinbarungen durchgeführte vorübergehende Änderungen der vertraglich vereinbarten Arbeitszeit außer Betracht; die Sätze 1 und 2 sind insoweit nicht anzuwenden.
(3) Erzielt die Arbeitnehmerin oder der Arbeitnehmer für Zeiten des Arbeitsausfalls ein Entgelt aus einer anderen während des Bezugs von Kurzarbeitergeld aufgenommenen Beschäftigung, selbständigen Tätigkeit oder Tätigkeit als mithelfende Familienangehörige oder mithelfender Familienangehöriger, ist das Ist-Entgelt um dieses Entgelt zu erhöhen.
(4) ¹Lässt sich das Soll-Entgelt einer Arbeitnehmerin oder eines Arbeitnehmers in dem Anspruchszeitraum nicht hinreichend bestimmt feststellen, ist als Soll-Entgelt das Arbeitsentgelt maßgebend, das die Arbeitnehmerin oder der Arbeitnehmer in den letzten drei abgerechneten Kalendermonaten vor Beginn des Arbeitsausfalls in dem Betrieb durchschnittlich erzielt hat, vermindert um Entgelt für Mehrarbeit. ²Ist eine Berechnung nach Satz 1 nicht möglich, ist das durchschnittliche Soll-Entgelt einer vergleichbaren Arbeitnehmerin oder eines vergleichbaren Arbeitnehmers zugrunde zu legen. ³Änderungen der Grundlage für die Berechnung des Arbeitsentgelts sind zu berücksichtigen, wenn und solange sie auch während des Arbeitsausfalls wirksam sind.

(5) ¹Die Absätze 1 bis 4 gelten für Heimarbeiterinnen und Heimarbeiter mit der Maßgabe, dass als Soll-Entgelt das durchschnittliche Bruttoarbeitsentgelt der letzten sechs abgerechneten Kalendermonate vor Beginn des Entgeltausfalls zugrunde zu legen ist. ²War die Heimarbeiterin oder der Heimarbeiter noch nicht sechs Kalendermonate für den Auftraggeber tätig, so ist das in der kürzeren Zeit erzielte Arbeitsentgelt maßgebend.

§ 106a Erstattungen bei beruflicher Weiterbildung während Kurzarbeit

(1) ¹Dem Arbeitgeber werden von der Agentur für Arbeit auf Antrag für den jeweiligen Kalendermonat 50 Prozent der von ihm allein zu tragenden Beiträge zur Sozialversicherung in pauschalierter Form für Arbeitnehmerinnen und Arbeitnehmer erstattet, wenn diese
1. vor dem 31. Juli 2023 Kurzarbeitergeld beziehen und
2. an einer während der Kurzarbeit begonnenen beruflichen Weiterbildungsmaßnahme teilnehmen, die
    a) insgesamt mehr als 120 Stunden dauert und die Maßnahme und der Träger nach den Vorschriften des Fünften Kapitels zugelassen sind oder
    b) auf ein nach § 2 Absatz 1 des Aufstiegsfortbildungsförderungsgesetzes förderfähiges Fortbildungsziel vorbereitet und von einem für die Durchführung dieser Maßnahme nach § 2a des Aufstiegsfortbildungsförderungsgesetzes geeigneten Träger durchgeführt wird.

²Die Erstattung erfolgt für die Zeit, in der die Arbeitnehmerin oder der Arbeitnehmer jeweils vom vorübergehenden Arbeitsausfall betroffen ist. ³Für die Pauschalierung wird die Sozialversicherungspauschale nach § 153 Absatz 1 Satz 2 Nummer 1 abzüglich des Beitrages zur Arbeitsförderung zu Grunde gelegt.
(2) ¹Dem Arbeitgeber werden bis zum 31. Juli 2023 von der Agentur für Arbeit auf Antrag die Lehrgangskosten für Weiterbildungsmaßnahmen nach Absatz 1 Satz 1 Nummer 2 Buchstabe a für Betriebe mit weniger als zehn Beschäftigten zu 100 Prozent, mit zehn bis 249 Beschäftigten zu 50 Prozent, mit 250 und weniger als 2500 Beschäftigten zu 25 Prozent und für Betriebe mit 2500 oder mehr Beschäftigten zu 15 Prozent pauschal für die Zeit der Teilnahme der Arbeitnehmerin oder des Arbeitnehmers an dieser Maßnahme erstattet. ²Die Anwendung des § 82 ist ausgeschlossen.
(3) Ausgeschlossen von der Erstattung der Sozialversicherungsbeiträge nach Absatz 1 und der Erstattung der Lehrgangskosten nach Absatz 2 ist die Teilnahme an Maßnahmen, zu deren Durchführung der Arbeitgeber auf Grund bundes- oder landesrechtlicher Regelungen verpflichtet ist.

Vierter Titel
Anwendung anderer Vorschriften

§ 107 Anwendung anderer Vorschriften

(1) § 159 Absatz 1 Satz 2 Nummer 8 über das Ruhen des Anspruchs auf Arbeitslosengeld wegen Sperrzeiten bei Meldeversäumnis gilt für den Anspruch auf Kurzarbeitergeld entsprechend.
(2) § 156 über das Ruhen des Anspruchs auf Arbeitslosengeld bei Zusammentreffen mit anderen Sozialleistungen gilt für den Anspruch auf Kurzarbeitergeld entsprechend für die Fälle, in denen eine Altersrente als Vollrente zuerkannt ist.

Fünfter Titel
Verfügung über das Kurzarbeitergeld

§ 108 Verfügung über das Kurzarbeitergeld

(1) § 48 des Ersten Buches zur Auszahlung von Leistungen bei Verletzung der Unterhaltspflicht ist nicht anzuwenden.
(2) ¹Für die Zwangsvollstreckung in den Anspruch auf Kurzarbeitergeld gilt der Arbeitgeber als Drittschuldner. ²Die Abtretung oder Verpfändung des Anspruchs ist nur wirksam, wenn der Gläubiger sie dem Arbeitgeber anzeigt.
(3) ¹Hat ein Arbeitgeber oder eine von ihm bestellte Person durch eine der in § 45 Absatz 2 Satz 3 des Zehnten Buches bezeichneten Handlungen bewirkt, dass Kurzarbeitergeld zu Unrecht geleistet worden ist, so ist der zu Unrecht geleistete Betrag vom Arbeitgeber zu ersetzen. ²Sind die zu Unrecht geleisteten Beträge sowohl vom Arbeitgeber zu ersetzen als auch von der Bezieherin oder dem Bezieher der Leistung zu erstatten, so haften beide als Gesamtschuldner.
(4) Wird über das Vermögen eines Arbeitgebers, der von der Agentur für Arbeit Beträge zur Auszahlung an die Arbeitnehmerinnen und Arbeitnehmer erhalten hat, diese aber noch nicht ausgezahlt hat, das Insolvenzverfahren eröffnet, so kann die Agentur für Arbeit diese Beträge als Insolvenzgläubigerin zurückverlangen.

Sechster Titel
Verordnungsermächtigung

§ 109 Verordnungsermächtigung

(1) Das Bundesministerium für Arbeit und Soziales wird ermächtigt, durch Rechtsverordnung, die nicht der Zustimmung des Bundesrates bedarf, die Bezugsdauer für das Kurzarbeitergeld über die gesetzliche Bezugsdauer hinaus bis zur Dauer von 24 Monaten zu verlängern, wenn außergewöhnliche Verhältnisse auf dem gesamten Arbeitsmarkt vorliegen.

(1a) [1]Die Bundesregierung wird ermächtigt, für den Fall außergewöhnlicher Verhältnisse auf dem Arbeitsmarkt durch Rechtsverordnung, die nicht der Zustimmung des Bundesrates bedarf, die Bezugsdauer für das Kurzarbeitergeld über die gesetzliche Bezugsdauer hinaus bis zur Dauer von 24 Monaten zu verlängern. [2]Die Verordnung ist zeitlich zu befristen.

(2) [1]Das Bundesministerium für Arbeit und Soziales wird ermächtigt, durch Rechtsverordnung, die nicht der Zustimmung des Bundesrates bedarf, die Wirtschaftszweige nach § 101 Absatz 1 Nummer 1 festzulegen. [2]In der Regel sollen hierbei der fachliche Geltungsbereich tarifvertraglicher Regelungen berücksichtigt und die Tarifvertragsparteien vorher angehört werden.

(3) Das Bundesministerium für Arbeit und Soziales wird ermächtigt, auf Grundlage von Vereinbarungen der Tarifvertragsparteien durch Rechtsverordnung, die nicht der Zustimmung des Bundesrates bedarf, festzulegen, ob, in welcher Höhe und für welche Arbeitnehmerinnen und Arbeitnehmer die ergänzenden Leistungen nach § 102 Absatz 2 bis 4 in den Zweigen des Baugewerbes und den einzelnen Wirtschaftszweigen erbracht werden.

(4) Bei den Festlegungen nach den Absätzen 2 und 3 ist zu berücksichtigen, ob diese voraussichtlich in besonderem Maße dazu beitragen, die wirtschaftliche Tätigkeit in der Schlechtwetterzeit zu beleben oder die Beschäftigungsverhältnisse der von saisonbedingten Arbeitsausfällen betroffenen Arbeitnehmerinnen und Arbeitnehmer zu stabilisieren.

(5) [1]Die Bundesregierung wird ermächtigt, für den Fall außergewöhnlicher Verhältnisse auf dem Arbeitsmarkt durch Rechtsverordnung, die nicht der Zustimmung des Bundesrates bedarf,
1. abweichend von § 96 Absatz 1 Satz 1 Nummer 4 den Anteil der in dem Betrieb beschäftigten Arbeitnehmerinnen und Arbeitnehmer, die vom Entgeltausfall betroffen sein müssen, auf bis zu 10 Prozent herabzusetzen,
2. abweichend von § 96 Absatz 4 Satz 2 Nummer 3 auf den Einsatz negativer Arbeitszeitsalden zur Vermeidung von Kurzarbeit vollständig oder teilweise zu verzichten,
3. eine vollständige oder teilweise Erstattung der von den Arbeitgebern allein zu tragenden Beiträge zur Sozialversicherung für Arbeitnehmerinnen und Arbeitnehmer, die Kurzarbeitergeld beziehen, einzuführen.

[2]Die Verordnung ist zeitlich zu befristen. [3]Die Ermächtigung tritt mit Ablauf des 31. Dezember 2021 außer Kraft.

Zweiter Unterabschnitt
Transferleistungen

§ 110 Transfermaßnahmen

(1) [1]Nehmen Arbeitnehmerinnen und Arbeitnehmer, die auf Grund einer Betriebsänderung oder im Anschluss an die Beendigung eines Berufsausbildungsverhältnisses von Arbeitslosigkeit bedroht sind, an Transfermaßnahmen teil, wird diese Teilnahme gefördert, wenn
1. sich die Betriebsparteien im Vorfeld der Entscheidung über die Einführung von Transfermaßnahmen, insbesondere im Rahmen ihrer Verhandlungen über einen die Integration der Arbeitnehmerinnen und Arbeitnehmer fördernden Interessenausgleich oder Sozialplan nach § 112 des Betriebsverfassungsgesetzes, von der Agentur für Arbeit beraten lassen haben,
2. die Maßnahme von einem Dritten durchgeführt wird,
3. die Maßnahme der Eingliederung der Arbeitnehmerinnen und Arbeitnehmer in den Arbeitsmarkt dienen soll und
4. die Durchführung der Maßnahme gesichert ist.

[2]Transfermaßnahmen sind alle Maßnahmen zur Eingliederung von Arbeitnehmerinnen und Arbeitnehmern in den Arbeitsmarkt, an deren Finanzierung sich Arbeitgeber angemessen beteiligen. [3]Als Betriebsänderung gilt eine Betriebsänderung im Sinne des § 111 des Betriebsverfassungsgesetzes, unabhängig von der Unternehmensgröße und unabhängig davon, ob im jeweiligen Betrieb das Betriebsverfassungsgesetz anzuwenden ist.

(2) [1]Die Förderung wird als Zuschuss geleistet. [2]Der Zuschuss beträgt 50 Prozent der erforderlichen und angemessenen Maßnahmekosten, jedoch höchstens 2500 Euro je geförderter Arbeitnehmerin oder gefördertem Arbeitnehmer.

(3) ¹Eine Förderung ist ausgeschlossen, wenn die Maßnahme dazu dient, die Arbeitnehmerin oder den Arbeitnehmer auf eine Anschlussbeschäftigung im selben Betrieb oder in einem anderen Betrieb des selben Unternehmens vorzubereiten, oder, falls das Unternehmen einem Konzern angehört, auf eine Anschlussbeschäftigung in einem Betrieb eines anderen Konzernunternehmens des Konzerns vorzubereiten. ²Durch die Förderung darf der Arbeitgeber nicht von bestehenden Verpflichtungen entlastet werden. ³Von der Förderung ausgeschlossen sind Arbeitnehmerinnen und Arbeitnehmer des öffentlichen Dienstes mit Ausnahme der Beschäftigten von Unternehmen, die in selbständiger Rechtsform erwerbswirtschaftlich betrieben werden.
(4) Während der Teilnahme an Transfermaßnahmen sind andere Leistungen der aktiven Arbeitsförderung mit gleichartiger Zielsetzung ausgeschlossen.

§ 111 Transferkurzarbeitergeld

(1) ¹Um Entlassungen von Arbeitnehmerinnen und Arbeitnehmern zu vermeiden und ihre Vermittlungsaussichten zu verbessern, haben diese Anspruch auf Kurzarbeitergeld zur Förderung der Eingliederung bei betrieblichen Restrukturierungen (Transferkurzarbeitergeld), wenn
1. und solange sie von einem dauerhaften nicht vermeidbaren Arbeitsausfall mit Entgeltausfall betroffen sind,
2. die betrieblichen Voraussetzungen erfüllt sind,
3. die persönlichen Voraussetzungen erfüllt sind,
4. sich die Betriebsparteien im Vorfeld der Entscheidung über die Inanspruchnahme von Transferkurzarbeitergeld, insbesondere im Rahmen ihrer Verhandlungen über einen die Integration der Arbeitnehmerinnen und Arbeitnehmer fördernden Interessenausgleich oder Sozialplan nach § 112 des Betriebsverfassungsgesetzes, von der Agentur für Arbeit beraten lassen haben und
5. der dauerhafte Arbeitsausfall der Agentur für Arbeit angezeigt worden ist.

²Die Agentur für Arbeit leistet Transferkurzarbeitergeld für längstens zwölf Monate.
(2) ¹Ein dauerhafter Arbeitsausfall liegt vor, wenn auf Grund einer Betriebsänderung im Sinne des § 110 Absatz 1 Satz 3 die Beschäftigungsmöglichkeiten für die Arbeitnehmerinnen und Arbeitnehmer nicht nur vorübergehend entfallen. ²Der Entgeltausfall kann auch jeweils 100 Prozent des monatlichen Bruttoentgelts betragen.
(3) ¹Die betrieblichen Voraussetzungen für die Gewährung von Transferkurzarbeitergeld sind erfüllt, wenn
1. in einem Betrieb Personalanpassungsmaßnahmen auf Grund einer Betriebsänderung durchgeführt werden,
2. die von Arbeitsausfall betroffenen Arbeitnehmerinnen und Arbeitnehmer in einer betriebsorganisatorisch eigenständigen Einheit zusammengefasst werden, um Entlassungen zu vermeiden und ihre Eingliederungschancen zu verbessern,
3. die Organisation und Mittelausstattung der betriebsorganisatorisch eigenständigen Einheit den angestrebten Integrationserfolg erwarten lassen und
4. ein System zur Sicherung der Qualität angewendet wird.

²Wird die betriebsorganisatorisch eigenständige Einheit von einem Dritten durchgeführt, tritt an die Stelle der Voraussetzung nach Satz 1 Nummer 4 die Trägerzulassung nach § 178.
(4) ¹Die persönlichen Voraussetzungen sind erfüllt, wenn die Arbeitnehmerin oder der Arbeitnehmer
1. von Arbeitslosigkeit bedroht ist,
2. nach Beginn des Arbeitsausfalls eine versicherungspflichtige Beschäftigung fortsetzt oder im Anschluss an die Beendigung eines Berufsausbildungsverhältnisses aufnimmt,
3. nicht vom Kurzarbeitergeldbezug ausgeschlossen ist und
4. vor der Überleitung in die betriebsorganisatorisch eigenständige Einheit aus Anlass der Betriebsänderung
   a) sich bei der Agentur für Arbeit arbeitsuchend meldet und
   b) an einer arbeitsmarktlich zweckmäßigen Maßnahme zur Feststellung der Eingliederungsaussichten teilgenommen hat; können in berechtigten Ausnahmefällen trotz Mithilfe der Agentur für Arbeit die notwendigen Feststellungsmaßnahmen nicht rechtzeitig durchgeführt werden, sind diese im unmittelbaren Anschluss an die Überleitung innerhalb eines Monats nachzuholen.

²§ 98 Absatz 2 bis 4 gilt entsprechend.
(5) Arbeitnehmerinnen und Arbeitnehmer des Steinkohlenbergbaus, denen Anpassungsgeld nach § 5 des Steinkohlefinanzierungsgesetzes gezahlt werden kann, haben vor der Inanspruchnahme des Anpassungsgeldes Anspruch auf Transferkurzarbeitergeld.
(6) ¹Für die Anzeige des Arbeitsausfalls gilt § 99 Absatz 1, 2 Satz 1 und Absatz 3 entsprechend. ²Der Arbeitsausfall ist bei der Agentur für Arbeit anzuzeigen, in deren Bezirk der personalabgebende Betrieb seinen Sitz hat.
(7) ¹Während des Bezugs von Transferkurzarbeitergeld hat der Arbeitgeber den geförderten Arbeitnehmerinnen und Arbeitnehmern Vermittlungsvorschläge zu unterbreiten. ²Stellt der Arbeitgeber oder die Agentur für Arbeit

fest, dass Arbeitnehmerinnen oder Arbeitnehmer Qualifizierungsdefizite aufweisen, soll der Arbeitgeber geeignete Maßnahmen zur Verbesserung der Eingliederungsaussichten anbieten. ³Als geeignet gelten insbesondere
1. Maßnahmen der beruflichen Weiterbildung, für die und für deren Träger eine Zulassung nach dem Fünften Kapitel vorliegt, oder
2. eine zeitlich begrenzte, längstens sechs Monate dauernde Beschäftigung zum Zwecke der Qualifizierung bei einem anderen Arbeitgeber.

⁴Bei der Festlegung von Maßnahmen nach Satz 3 ist die Agentur für Arbeit zu beteiligen. ⁵Nimmt die Arbeitnehmerin oder der Arbeitnehmer während der Beschäftigung in einer betriebsorganisatorisch eigenständigen Einheit an einer Qualifizierungsmaßnahme teil, deren Ziel die anschließende Beschäftigung bei einem anderen Arbeitgeber ist, und wurde das Ziel der Maßnahme nicht erreicht, steht die Rückkehr der Arbeitnehmerin oder des Arbeitnehmers in den bisherigen Betrieb dem Anspruch auf Transferkurzarbeitergeld nicht entgegen.

(8) ¹Der Anspruch ist ausgeschlossen, wenn Arbeitnehmerinnen und Arbeitnehmer nur vorübergehend in der betriebsorganisatorisch eigenständigen Einheit zusammengefasst werden, um anschließend einen anderen Arbeitsplatz in dem gleichen oder einem anderen Betrieb des Unternehmens zu besetzen, oder, falls das Unternehmen einem Konzern angehört, einen Arbeitsplatz in einem Betrieb eines anderen Konzernunternehmens des Konzerns zu besetzen. ²§ 110 Absatz 3 Satz 3 gilt entsprechend.

(9) Soweit nichts Abweichendes geregelt ist, sind die für das Kurzarbeitergeld geltenden Vorschriften des Ersten Unterabschnitts anzuwenden, mit Ausnahme der ersten beiden Titel und des § 109.

§ 111a Förderung der beruflichen Weiterbildung bei Transferkurzarbeitergeld

(1) ¹Arbeitnehmerinnen und Arbeitnehmer, die einen Anspruch auf Transferkurzarbeitergeld nach § 111 haben, können bei Teilnahme an Maßnahmen der beruflichen Weiterbildung, die während des Bezugs von Transferkurzarbeitergeld enden, durch Übernahme der Weiterbildungskosten gefördert werden, wenn
1. die Agentur für Arbeit sie vor Beginn der Teilnahme beraten hat,
2. der Träger der Maßnahme und die Maßnahme für die Förderung zugelassen sind und
3. der Arbeitgeber mindestens 50 Prozent der Lehrgangskosten trägt.

²Die Grundsätze für die berufliche Weiterbildung nach § 81 Absatz 1 Satz 2 und Absatz 4 und § 83 gelten entsprechend.

(2) ¹Bei Teilnahme an einer Maßnahme der beruflichen Weiterbildung, die erst nach dem Bezug des Transferkurzarbeitergeldes endet, können Arbeitnehmerinnen und Arbeitnehmer nach § 81 gefördert werden, wenn
1. die Maßnahme spätestens drei Monate oder bei länger als ein Jahr dauernden Maßnahmen spätestens sechs Monate vor der Ausschöpfung des Anspruchs auf Transferkurzarbeitergeld beginnt und
2. der Arbeitgeber während des Bezugs des Transferkurzarbeitergeldes mindestens 50 Prozent der Lehrgangskosten trägt.

²Ein Anspruch auf Arbeitslosengeld bei beruflicher Weiterbildung nach § 144 ruht während der Zeit, für die ein Anspruch auf Transferkurzarbeitergeld zuerkannt ist.

(3) ¹In Betrieben mit weniger als 250 Beschäftigten verringert sich der von dem Arbeitgeber während des Bezugs des Transferkurzarbeitergeldes zu tragende Mindestanteil an den Lehrgangskosten abweichend von Absatz 1 Satz 1 Nummer 3 und Absatz 2 Satz 1 Nummer 2 auf 25 Prozent. ²Wenn ein Insolvenzereignis im Sinne des § 165 Absatz 1 Satz 2 vorliegt, kann die Agentur für Arbeit abweichend von Satz 1, von Absatz 1 Satz 1 Nummer 3 und von Absatz 2 Satz 1 Nummer 2 eine niedrigere Beteiligung des Arbeitgebers an den Lehrgangskosten festlegen.

Siebter Abschnitt
Teilhabe von Menschen mit Behinderungen am Arbeitsleben
Erster Unterabschnitt
Grundsätze

§ 112 Teilhabe am Arbeitsleben

(1) Für Menschen mit Behinderungen können Leistungen zur Förderung der Teilhabe am Arbeitsleben erbracht werden, um ihre Erwerbsfähigkeit zu erhalten, zu verbessern, herzustellen oder wiederherzustellen und ihre Teilhabe am Arbeitsleben zu sichern, soweit Art oder Schwere der Behinderung dies erfordern.

(2) ¹Bei der Auswahl der Leistungen sind Eignung, Neigung, bisherige Tätigkeit sowie Lage und Entwicklung des Arbeitsmarktes angemessen zu berücksichtigen. ²Soweit erforderlich, ist auch die berufliche Eignung abzuklären oder eine Arbeitserprobung durchzuführen.

§ 113 Leistungen zur Teilhabe
(1) Für Menschen mit Behinderungen können erbracht werden
1. allgemeine Leistungen sowie
2. besondere Leistungen zur Teilhabe am Arbeitsleben und diese ergänzende Leistungen.

(2) Besondere Leistungen zur Teilhabe am Arbeitsleben werden nur erbracht, soweit nicht bereits durch die allgemeinen Leistungen eine Teilhabe am Arbeitsleben erreicht werden kann.

§ 114 Leistungsrahmen
(1) Die allgemeinen und besonderen Leistungen richten sich nach den Vorschriften des Zweiten bis Fünften Abschnitts, soweit nachfolgend nichts Abweichendes bestimmt ist.

(2) Die allgemeinen und besonderen Leistungen zur Teilhabe am Arbeitsleben werden auf Antrag durch ein Persönliches Budget erbracht; § 29 des Neunten Buches gilt entsprechend.

Zweiter Unterabschnitt
Allgemeine Leistungen

§ 115 Leistungen
Die allgemeinen Leistungen umfassen
1. Leistungen zur Aktivierung und beruflichen Eingliederung,
2. Leistungen zur Förderung der Berufsvorbereitung und Berufsausbildung einschließlich der Berufsausbildungsbeihilfe und der Assistierten Ausbildung,
3. Leistungen zur Förderung der beruflichen Weiterbildung,
4. Leistungen zur Förderung der Aufnahme einer selbständigen Tätigkeit.

§ 116 Besonderheiten
(1) Leistungen zur Aktivierung und beruflichen Eingliederung können auch erbracht werden, wenn Menschen mit Behinderungen nicht arbeitslos sind und durch diese Leistungen eine dauerhafte Teilhabe am Arbeitsleben erreicht werden kann.

(2) Förderungsfähig sind auch berufliche Aus- und Weiterbildungen, die im Rahmen des Berufsbildungsgesetzes oder der Handwerksordnung abweichend von den Ausbildungsordnungen für staatlich anerkannte Ausbildungsberufe oder in Sonderformen für Menschen mit Behinderungen durchgeführt werden.

(3) [1]Ein Anspruch auf Berufsausbildungsbeihilfe besteht auch, wenn der Mensch mit Behinderungen während der Berufsausbildung im Haushalt der Eltern oder eines Elternteils wohnt. [2]In diesem Fall wird der jeweils geltende Bedarf nach § 13 Absatz 1 Nummer 1 des Bundesausbildungsförderungsgesetzes zugrunde gelegt. [3]Für die Unterkunft wird der jeweils geltende Bedarf nach § 13 Absatz 2 Nummer 1 des Bundesausbildungsförderungsgesetzes zugrunde gelegt.

(4) [1]Ein Anspruch auf Berufsausbildungsbeihilfe besteht auch, wenn der Mensch mit Behinderungen, der das 18. Lebensjahr noch nicht vollendet hat, außerhalb des Haushalts der Eltern oder eines Elternteils wohnt, auch wenn die Ausbildungsstätte von der Wohnung der Eltern oder eines Elternteils aus in angemessener Zeit zu erreichen ist. [2]In diesem Fall wird der Bedarf nach Absatz 3 Satz 2 und 3 zugrunde gelegt.

(5) Eine Verlängerung der Ausbildung über das vorgesehene Ausbildungsende hinaus, eine Wiederholung der Ausbildung ganz oder in Teilen oder eine erneute Berufsausbildung wird gefördert, wenn Art oder Schwere der Behinderung es erfordern und ohne die Förderung eine dauerhafte Teilhabe am Arbeitsleben nicht erreicht werden kann.

(6) [1]Berufliche Weiterbildung kann auch gefördert werden, wenn Menschen mit Behinderungen
1. nicht arbeitslos sind,
2. als Arbeitnehmerinnen oder Arbeitnehmer ohne Berufsabschluss noch nicht drei Jahre beruflich tätig gewesen sind oder
3. einer längeren Förderung als Menschen ohne Behinderungen oder einer erneuten Förderung bedürfen, um am Arbeitsleben teilzuhaben oder weiter teilzuhaben.

[2]Förderungsfähig sind auch schulische Ausbildungen, deren Abschluss für die Weiterbildung erforderlich ist.

(7) Ein Gründungszuschuss kann auch geleistet werden, wenn der Mensch mit Behinderungen einen Anspruch von weniger als 150 Tagen oder keinen Anspruch auf Arbeitslosengeld hat.

Dritter Unterabschnitt
Besondere Leistungen

Erster Titel
Allgemeines

§ 117 Grundsatz

(1) ¹Die besonderen Leistungen sind anstelle der allgemeinen Leistungen insbesondere zur Förderung der beruflichen Aus- und Weiterbildung, einschließlich Berufsvorbereitung, sowie der wegen der Behinderung erforderlichen Grundausbildung zu erbringen, wenn
1. Art oder Schwere der Behinderung oder die Sicherung der Teilhabe am Arbeitsleben die Teilnahme an
   a) einer Maßnahme in einer besonderen Einrichtung für Menschen mit Behinderungen oder
   b) einer sonstigen, auf die besonderen Bedürfnisse von Menschen mit Behinderungen ausgerichteten Maßnahme
   unerlässlich machen oder
2. die allgemeinen Leistungen die wegen Art oder Schwere der Behinderung erforderlichen Leistungen nicht oder nicht im erforderlichen Umfang vorsehen.

²In besonderen Einrichtungen für Menschen mit Behinderungen können auch Aus- und Weiterbildungen außerhalb des Berufsbildungsgesetzes und der Handwerksordnung gefördert werden.

(2) Leistungen im Eingangsverfahren und Berufsbildungsbereich werden von anerkannten Werkstätten für behinderte Menschen oder anderen Leistungsanbietern nach den §§ 57, 60, 61a und 62 des Neunten Buches erbracht.

§ 118 Leistungen

Die besonderen Leistungen umfassen
1. das Übergangsgeld,
2. das Ausbildungsgeld, wenn ein Übergangsgeld nicht gezahlt werden kann,
3. die Übernahme der Teilnahmekosten für eine Maßnahme.

Zweiter Titel
Übergangsgeld und Ausbildungsgeld

§ 119 Übergangsgeld

¹Menschen mit Behinderungen haben Anspruch auf Übergangsgeld, wenn
1. die Voraussetzung der Vorbeschäftigungszeit für das Übergangsgeld erfüllt ist und
2. sie an einer Maßnahme der Berufsausbildung, der Berufsvorbereitung einschließlich einer wegen der Behinderung erforderlichen Grundausbildung, der individuellen betrieblichen Qualifizierung im Rahmen der Unterstützten Beschäftigung nach § 55 des Neunten Buches, einer Maßnahme im Eingangsverfahren oder Berufsbildungsbereich einer Werkstatt für behinderte Menschen oder bei einem anderen Leistungsanbieter nach § 60 des Neunten Buches oder an einer Maßnahme der beruflichen Weiterbildung teilnehmen, für die die besonderen Leistungen erbracht werden.

²Im Übrigen gelten die Vorschriften des Kapitels 11 des Teils 1 des Neunten Buches, soweit in diesem Buch nichts Abweichendes bestimmt ist. ³Besteht bei Teilnahme an einer Maßnahme, für die die allgemeinen Leistungen erbracht werden, kein Anspruch auf Arbeitslosengeld bei beruflicher Weiterbildung, erhalten die Menschen mit Behinderungen Übergangsgeld in Höhe des Arbeitslosengeldes, wenn sie bei Teilnahme an einer Maßnahme, für die die besonderen Leistungen erbracht werden, Übergangsgeld erhalten würden.

§ 120 Vorbeschäftigungszeit für das Übergangsgeld

(1) Die Voraussetzung der Vorbeschäftigungszeit für das Übergangsgeld ist erfüllt, wenn der Mensch mit Behinderungen innerhalb der letzten drei Jahre vor Beginn der Teilnahme
1. mindestens zwölf Monate in einem Versicherungspflichtverhältnis gestanden hat oder
2. die Voraussetzungen für einen Anspruch auf Arbeitslosengeld erfüllt und Leistungen beantragt hat.

(2) ¹Der Zeitraum von drei Jahren gilt nicht für Berufsrückkehrende mit Behinderungen. ²Er verlängert sich um die Dauer einer Beschäftigung als Arbeitnehmerin oder Arbeitnehmer im Ausland, die für die weitere Ausübung des Berufes oder für den beruflichen Aufstieg nützlich und üblich ist, längstens jedoch um zwei Jahre.

§ 121 Übergangsgeld ohne Vorbeschäftigungszeit

¹Ein Mensch mit Behinderungen kann auch dann Übergangsgeld erhalten, wenn die Voraussetzung der Vorbeschäftigungszeit nicht erfüllt ist, jedoch innerhalb des letzten Jahres vor Beginn der Teilnahme

1. durch den Menschen mit Behinderungen ein Berufsausbildungsabschluss auf Grund einer Zulassung zur Prüfung nach § 43 Absatz 2 des Berufsbildungsgesetzes oder § 36 Absatz 2 der Handwerksordnung erworben worden ist oder
2. sein Prüfungszeugnis auf Grund einer Rechtsverordnung nach § 50 Absatz 1 des Berufsbildungsgesetzes oder § 40 Absatz 1 der Handwerksordnung dem Zeugnis über das Bestehen der Abschlussprüfung in einem nach dem Berufsbildungsgesetz oder der Handwerksordnung anerkannten Ausbildungsberuf gleichgestellt worden ist.

²Der Zeitraum von einem Jahr verlängert sich um Zeiten, in denen der Mensch mit Behinderungen nach dem Erwerb des Prüfungszeugnisses bei der Agentur für Arbeit arbeitslos gemeldet war.

§ 122 Ausbildungsgeld

(1) Menschen mit Behinderungen haben Anspruch auf Ausbildungsgeld während
1. einer Berufsausbildung oder berufsvorbereitenden Bildungsmaßnahme einschließlich einer Grundausbildung,
2. einer individuellen betrieblichen Qualifizierung im Rahmen der Unterstützten Beschäftigung nach § 55 des Neunten Buches und
3. einer Maßnahme im Eingangsverfahren oder Berufsbildungsbereich einer Werkstatt für behinderte Menschen oder bei einem anderen Leistungsanbieter nach § 60 des Neunten Buches,

wenn Übergangsgeld nicht gezahlt werden kann.

(2) Für das Ausbildungsgeld gelten die Vorschriften über die Berufsausbildungsbeihilfe entsprechend, soweit nachfolgend nichts Abweichendes bestimmt ist.

§ 123 Ausbildungsgeld bei Berufsausbildung und Unterstützter Beschäftigung

¹Bei einer Berufsausbildung und bei einer individuellen betrieblichen Qualifizierung im Rahmen der Unterstützten Beschäftigung wird folgender Bedarf zugrunde gelegt:
1. bei Unterbringung im Haushalt der Eltern oder eines Elternteils der jeweils geltende Bedarf nach § 13 Absatz 1 Nummer 1 des Bundesausbildungsförderungsgesetzes zuzüglich des jeweils geltenden Bedarfs für die Unterkunft nach § 13 Absatz 2 Nummer 1 des Bundesausbildungsförderungsgesetzes,
2. bei Unterbringung in einem Wohnheim, einem Internat oder einer besonderen Einrichtung für Menschen mit Behinderungen 119 Euro monatlich, wenn die Kosten für Unterbringung und Verpflegung von der Agentur für Arbeit oder einem anderen Leistungsträger übernommen werden,
3. bei anderweitiger Unterbringung der jeweils geltende Bedarf nach § 13 Absatz 1 Nummer 1 des Bundesausbildungsförderungsgesetzes zuzüglich des jeweils geltenden Bedarfs für die Unterkunft nach § 13 Absatz 2 Nummer 2 des Bundesausbildungsförderungsgesetzes; § 128 ist mit Ausnahme der Erstattung behinderungsbedingter Mehraufwendungen nicht anzuwenden.

²Bei einer Berufsausbildung ist in den Fällen der Nummern 1 und 3 mindestens ein Betrag zugrunde zu legen, der der Ausbildungsvergütung nach § 17 Absatz 2 des Berufsbildungsgesetzes nach Abzug der Steuern und einer Sozialversicherungspauschale nach § 153 Absatz 1 entspricht. ³Übersteigt in den Fällen der Nummer 2 die Ausbildungsvergütung nach § 17 Absatz 2 des Berufsbildungsgesetzes nach Abzug der Steuern und einer Sozialversicherungspauschale nach § 153 Absatz 1 den Bedarf zuzüglich der Beträge nach § 2 Absatz 1 und 3 Nummer 2 der Sozialversicherungsentgeltverordnung, so wird die Differenz als Ausgleichsbetrag gezahlt.

§ 124 Ausbildungsgeld bei berufsvorbereitenden Bildungsmaßnahmen und bei Grundausbildung

Bei berufsvorbereitenden Bildungsmaßnahmen und bei Grundausbildung wird folgender Bedarf zugrunde gelegt:
1. bei Unterbringung im Haushalt der Eltern oder eines Elternteils der jeweils geltende Bedarf nach § 12 Absatz 1 Nummer 1 des Bundesausbildungsförderungsgesetzes,
2. bei Unterbringung in einem Wohnheim, einem Internat oder einer besonderen Einrichtung für Menschen mit Behinderungen 119 Euro monatlich, wenn die Kosten für Unterbringung und Verpflegung von der Agentur für Arbeit oder einem anderen Leistungsträger übernommen werden,
3. bei anderweitiger Unterbringung der jeweils geltende Bedarf nach § 12 Absatz 2 Nummer 1 des Bundesausbildungsförderungsgesetzes; § 128 ist mit Ausnahme der Erstattung behinderungsbedingter Mehraufwendungen nicht anzuwenden.

§ 125 Ausbildungsgeld bei Maßnahmen in anerkannten Werkstätten für behinderte Menschen und bei Maßnahmen anderer Leistungsanbieter nach § 60 des Neunten Buches

Bei Maßnahmen im Eingangsverfahren und Berufsbildungsbereich anerkannter Werkstätten für behinderte Menschen und bei vergleichbaren Maßnahmen anderer Leistungsanbieter nach § 60 des Neunten Buches wird ein Ausbildungsgeld in Höhe von 119 Euro monatlich gezahlt.

§ 126 Einkommensanrechnung

(1) Das Einkommen, das ein Mensch mit Behinderungen während einer Maßnahme in einer anerkannten Werkstatt für Mensch mit Behinderungen oder bei einem anderen Leistungsanbieter nach § 60 des Neunten Buches erzielt, wird nicht auf den Bedarf angerechnet.

(2) Anrechnungsfrei bei der Einkommensanrechnung bleibt im Übrigen das Einkommen
1. des Menschen mit Behinderungen aus Waisenrenten, Waisengeld oder aus Unterhaltsleistungen bis zu 277 Euro monatlich,
2. der Eltern bis zu 3637 Euro monatlich, des verwitweten Elternteils oder, bei getrennt lebenden Eltern, das Einkommen des Elternteils, bei dem der Mensch mit Behinderungen lebt, ohne Anrechnung des Einkommens des anderen Elternteils, bis zu 2266 Euro monatlich und
3. der Ehegattin oder des Ehegatten oder der Lebenspartnerin oder des Lebenspartners bis zu 2266 Euro monatlich.

Dritter Titel
Teilnahmekosten für Maßnahmen

§ 127 Teilnahmekosten für Maßnahmen

(1) ¹Teilnahmekosten bestimmen sich nach den §§ 49, 64, 73 und 74 des Neunten Buches. ²Sie beinhalten auch weitere Aufwendungen, die wegen Art und Schwere der Behinderung unvermeidbar entstehen, sowie Kosten für Unterkunft und Verpflegung bei anderweitiger auswärtiger Unterbringung.

(2) Die Teilnahmekosten nach Absatz 1 können Aufwendungen für erforderliche eingliederungsbegleitende Dienste während der und im Anschluss an die Maßnahme einschließen.

§ 128 Kosten für Unterkunft und Verpflegung bei anderweitiger auswärtiger Unterbringung

Sind Menschen mit Behinderungen auswärts untergebracht, aber nicht in einem Wohnheim, einem Internat oder einer besonderen Einrichtung für Menschen mit Behinderungen mit voller Verpflegung, so wird ein Betrag nach § 86 zuzüglich der behinderungsbedingten Mehraufwendungen erbracht.

Vierter Titel
Anordnungsermächtigung

§ 129 Anordnungsermächtigung

Die Bundesagentur wird ermächtigt, durch Anordnung das Nähere über Voraussetzungen, Art, Umfang und Ausführung der Leistungen in Übereinstimmung mit den für die anderen Träger der Leistungen zur Teilhabe am Arbeitsleben geltenden Regelungen zu bestimmen.

Achter Abschnitt
Befristete Leistungen und innovative Ansätze

§§ 130 und 131 (weggefallen)

§ 131a Sonderregelungen zur beruflichen Weiterbildung

(1) (weggefallen)

(2) ¹Abweichend von § 81 Absatz 4 kann die Agentur für Arbeit unter Anwendung des Vergaberechts Träger mit der Durchführung von folgenden Maßnahmen beauftragen, wenn die Maßnahmen vor Ablauf des 31. Dezember 2023 beginnen:
1. Maßnahmen, die zum Erwerb von Grundkompetenzen nach § 81 Absatz 3a führen,
2. Maßnahmen, die zum Erwerb von Grundkompetenzen nach § 81 Absatz 3a und zum Erwerb eines Abschlusses in einem Ausbildungsberuf führen, für den nach bundes- oder landesrechtlichen Vorschriften eine Ausbildungsdauer von mindestens zwei Jahren festgelegt ist, oder
3. Maßnahmen, die eine Weiterbildung in einem Betrieb, die auf den Erwerb eines Berufsabschlusses im Sinne des § 81 Absatz 2 Nummer 1 gerichtet ist, begleitend unterstützen.

²Für Maßnahmen nach Nummer 2 gilt § 180 Absatz 4 entsprechend. ³§ 176 Absatz 2 Satz 2 findet keine Anwendung.

(3) Arbeitnehmerinnen und Arbeitnehmer, die an einer nach § 81 geförderten beruflichen Weiterbildung teilnehmen, die zu einem Abschluss in einem Ausbildungsberuf führt, für den nach bundes- oder landesrechtlichen Vorschriften eine Ausbildungsdauer von mindestens zwei Jahren festgelegt ist, erhalten folgende Prämien, wenn die Maßnahme vor Ablauf des 31. Dezember 2023 beginnt:
1. nach Bestehen einer in diesen Vorschriften geregelten Zwischenprüfung eine Prämie von 1000 Euro und
2. nach Bestehen der Abschlussprüfung eine Prämie von 1500 Euro.

§ 131b Weiterbildungsförderung in der Altenpflege

¹Abweichend von § 180 Absatz 4 Satz 1 ist die Dauer einer Vollzeitmaßnahme der beruflichen Weiterbildung in der Altenpflege, die in der Zeit vom 1. April 2013 bis zum 31. Dezember 2019 beginnt, auch dann angemessen, wenn sie nach dem Altenpflegegesetz nicht um mindestens ein Drittel verkürzt werden kann. ²Insoweit ist § 180 Absatz 4 Satz 2 nicht anzuwenden.

§ 132 (weggefallen)

§ 133 Saison-Kurzarbeitergeld und ergänzende Leistungen im Gerüstbauerhandwerk

(1) In Betrieben des Gerüstbauerhandwerks (§ 1 Absatz 3 Nummer 1 der Baubetriebe-Verordnung) werden bis zum 31. März 2021 Leistungen nach den §§ 101 und 102 nach Maßgabe der folgenden Regelungen erbracht.
(2) Die Schlechtwetterzeit beginnt am 1. November und endet am 31. März.
(3) ¹Ergänzende Leistungen nach § 102 Absatz 2 und 4 werden ausschließlich zur Vermeidung oder Überbrückung witterungsbedingter Arbeitsausfälle erbracht. ²Zuschuss-Wintergeld wird in Höhe von 1,03 Euro je Ausfallstunde gezahlt.
(4) ¹Anspruch auf Zuschuss-Wintergeld nach § 102 Absatz 2 haben auch Arbeitnehmerinnen und Arbeitnehmer, die zur Vermeidung witterungsbedingter Arbeitsausfälle eine Vorausleistung erbringen, die das Arbeitsentgelt bei witterungsbedingtem Arbeitsausfall in der Schlechtwetterzeit für mindestens 120 Stunden ersetzt, in angemessener Höhe im Verhältnis zum Saison-Kurzarbeitergeld steht und durch Tarifvertrag, Betriebsvereinbarung oder Arbeitsvertrag geregelt ist. ²Der Anspruch auf Zuschuss-Wintergeld besteht für Zeiten des Bezugs der Vorausleistung, wenn diese niedriger ist als das ohne den witterungsbedingten Arbeitsausfall erzielte Arbeitsentgelt.

§ 134 (weggefallen)

§ 135 Erprobung innovativer Ansätze

(1) ¹Die Zentrale der Bundesagentur kann bis zu einem Prozent der im Eingliederungstitel enthaltenen Mittel einsetzen, um innovative Ansätze der aktiven Arbeitsförderung zu erproben. ²Die einzelnen Projekte dürfen den Höchstbetrag von 2 Millionen Euro jährlich und eine Dauer von 24 Monaten nicht übersteigen.
(2) ¹Die Umsetzung und die Wirkung der Projekte sind zu beobachten und auszuwerten. ²Über die Ergebnisse der Projekte ist dem Verwaltungsrat nach deren Beendigung ein Bericht vorzulegen. ³Zu Beginn jedes Jahres übermittelt die Bundesagentur dem Verwaltungsrat eine Übersicht über die laufenden Projekte.

Viertes Kapitel
Arbeitslosengeld und Insolvenzgeld

Erster Abschnitt
Arbeitslosengeld

Erster Unterabschnitt
Regelvoraussetzungen

§ 136 Anspruch auf Arbeitslosengeld

(1) Arbeitnehmerinnen und Arbeitnehmer haben Anspruch auf Arbeitslosengeld
1. bei Arbeitslosigkeit oder
2. bei beruflicher Weiterbildung.

(2) Wer das für die Regelaltersrente im Sinne des Sechsten Buches erforderliche Lebensjahr vollendet hat, hat vom Beginn des folgenden Monats an keinen Anspruch auf Arbeitslosengeld.

§ 137 Anspruchsvoraussetzungen bei Arbeitslosigkeit

(1) Anspruch auf Arbeitslosengeld bei Arbeitslosigkeit hat, wer
1. arbeitslos ist,
2. sich bei der Agentur für Arbeit arbeitslos gemeldet und
3. die Anwartschaftszeit erfüllt hat.

(2) Bis zur Entscheidung über den Anspruch kann die antragstellende Person bestimmen, dass der Anspruch nicht oder zu einem späteren Zeitpunkt entstehen soll.

§ 138 Arbeitslosigkeit

(1) Arbeitslos ist, wer Arbeitnehmerin oder Arbeitnehmer ist und
1. nicht in einem Beschäftigungsverhältnis steht (Beschäftigungslosigkeit),
2. sich bemüht, die eigene Beschäftigungslosigkeit zu beenden (Eigenbemühungen), und
3. den Vermittlungsbemühungen der Agentur für Arbeit zur Verfügung steht (Verfügbarkeit).

(2) Eine ehrenamtliche Betätigung schließt Arbeitslosigkeit nicht aus, wenn dadurch die berufliche Eingliederung der oder des Arbeitslosen nicht beeinträchtigt wird.
(3) ¹Die Ausübung einer Beschäftigung, selbständigen Tätigkeit, Tätigkeit als mithelfende Familienangehörige oder mithelfender Familienangehöriger (Erwerbstätigkeit) schließt die Beschäftigungslosigkeit nicht aus, wenn die Arbeits- oder Tätigkeitszeit (Arbeitszeit) weniger als 15 Stunden wöchentlich umfasst; gelegentliche Abweichungen von geringer Dauer bleiben unberücksichtigt. ²Die Arbeitszeiten mehrerer Erwerbstätigkeiten werden zusammengerechnet.
(4) ¹Im Rahmen der Eigenbemühungen hat die oder der Arbeitslose alle Möglichkeiten zur beruflichen Eingliederung zu nutzen. ²Hierzu gehören insbesondere
1. die Wahrnehmung der Verpflichtungen aus der Eingliederungsvereinbarung,
2. die Mitwirkung bei der Vermittlung durch Dritte und
3. die Inanspruchnahme der Selbstinformationseinrichtungen der Agentur für Arbeit.
(5) Den Vermittlungsbemühungen der Agentur für Arbeit steht zur Verfügung, wer
1. eine versicherungspflichtige, mindestens 15 Stunden wöchentlich umfassende zumutbare Beschäftigung unter den üblichen Bedingungen des für sie oder ihn in Betracht kommenden Arbeitsmarktes ausüben kann und darf,
2. Vorschlägen der Agentur für Arbeit zur beruflichen Eingliederung zeit- und ortsnah Folge leisten kann,
3. bereit ist, jede Beschäftigung im Sinne der Nummer 1 anzunehmen und auszuüben, und
4. bereit ist, an Maßnahmen zur beruflichen Eingliederung in das Erwerbsleben teilzunehmen.

§ 139 Sonderfälle der Verfügbarkeit

(1) ¹Nimmt eine leistungsberechtigte Person an einer Maßnahme nach § 45 oder an einer Berufsfindung oder Arbeitserprobung im Sinne des Rechts der beruflichen Rehabilitation teil, leistet sie vorübergehend zur Verhütung oder Beseitigung öffentlicher Notstände Dienste, die nicht auf einem Arbeitsverhältnis beruhen, übt sie eine freie Arbeit im Sinne des Artikels 293 Absatz 1 des Einführungsgesetzes zum Strafgesetzbuch oder auf Grund einer Anordnung im Gnadenwege aus oder erbringt sie gemeinnützige Leistungen oder Arbeitsleistungen nach den in Artikel 293 Absatz 3 des Einführungsgesetzes zum Strafgesetzbuch genannten Vorschriften oder auf Grund deren entsprechender Anwendung, so schließt dies die Verfügbarkeit nicht aus. ²Nimmt eine leistungsberechtigte Person an einem Integrationskurs nach § 43 des Aufenthaltsgesetzes oder an einem Kurs der berufsbezogenen Deutschsprachförderung nach § 45a des Aufenthaltsgesetzes teil, der jeweils für die dauerhafte berufliche Eingliederung notwendig ist, so schließt dies die Verfügbarkeit nicht aus.
(2) ¹Bei Schülerinnen, Schülern, Studentinnen oder Studenten einer Schule, Hochschule oder sonstigen Ausbildungsstätte wird vermutet, dass sie nur versicherungsfreie Beschäftigungen ausüben können. ²Die Vermutung ist widerlegt, wenn die Schülerin, der Schüler, die Studentin oder der Student darlegt und nachweist, dass der Ausbildungsgang die Ausübung einer versicherungspflichtigen, mindestens 15 Stunden wöchentlich umfassenden Beschäftigung bei ordnungsgemäßer Erfüllung der in den Ausbildungs- und Prüfungsbestimmungen vorgeschriebenen Anforderungen zulässt.
(3) Nimmt eine leistungsberechtigte Person an einer Maßnahme der beruflichen Weiterbildung teil, für die die Voraussetzungen nach § 81 nicht erfüllt sind, schließt dies die Verfügbarkeit nicht aus, wenn
1. die Agentur für Arbeit der Teilnahme zustimmt und
2. die leistungsberechtigte Person ihre Bereitschaft erklärt, die Maßnahme abzubrechen, sobald eine berufliche Eingliederung in Betracht kommt, und zu diesem Zweck die Möglichkeit zum Abbruch mit dem Träger der Maßnahme vereinbart hat.
(4) ¹Ist die leistungsberechtigte Person nur bereit, Teilzeitbeschäftigungen auszuüben, so schließt dies Verfügbarkeit nicht aus, wenn sich die Arbeitsbereitschaft auf Teilzeitbeschäftigungen erstreckt, die versicherungspflichtig sind, mindestens 15 Stunden wöchentlich umfassen und den üblichen Bedingungen des für sie in Betracht kommenden Arbeitsmarktes entsprechen. ²Eine Einschränkung auf Teilzeitbeschäftigungen aus Anlass eines konkreten Arbeits- oder Maßnahmeangebotes ist nicht zulässig. ³Die Einschränkung auf Heimarbeit schließt die Verfügbarkeit nicht aus, wenn die Anwartschaftszeit durch eine Beschäftigung als Heimarbeiterin oder Heimarbeiter erfüllt worden ist und die leistungsberechtigte Person bereit und in der Lage ist, Heimarbeit unter den üblichen Bedingungen auf dem für sie in Betracht kommenden Arbeitsmarkt auszuüben.

§ 140 Zumutbare Beschäftigungen

(1) Einer arbeitslosen Person sind alle ihrer Arbeitsfähigkeit entsprechenden Beschäftigungen zumutbar, soweit allgemeine oder personenbezogene Gründe der Zumutbarkeit einer Beschäftigung nicht entgegenstehen.
(2) Aus allgemeinen Gründen ist eine Beschäftigung einer arbeitslosen Person insbesondere nicht zumutbar, wenn die Beschäftigung gegen gesetzliche, tarifliche oder in Betriebvereinbarungen festgelegte Bestimmungen über Arbeitsbedingungen oder gegen Bestimmungen des Arbeitsschutzes verstößt.

(3) ¹Aus personenbezogenen Gründen ist eine Beschäftigung einer arbeitslosen Person insbesondere nicht zumutbar, wenn das daraus erzielbare Arbeitsentgelt erheblich niedriger ist als das der Bemessung des Arbeitslosengeldes zugrunde liegende Arbeitsentgelt. ²In den ersten drei Monaten der Arbeitslosigkeit ist eine Minderung um mehr als 20 Prozent und in den folgenden drei Monaten um mehr als 30 Prozent dieses Arbeitsentgelts nicht zumutbar. ³Vom siebten Monat der Arbeitslosigkeit an ist einer arbeitslosen Person eine Beschäftigung nur dann nicht zumutbar, wenn das daraus erzielbare Nettoeinkommen unter Berücksichtigung der mit der Beschäftigung zusammenhängenden Aufwendungen niedriger ist als das Arbeitslosengeld.

(4) ¹Aus personenbezogenen Gründen ist einer arbeitslosen Person eine Beschäftigung auch nicht zumutbar, wenn die täglichen Pendelzeiten zwischen ihrer Wohnung und der Arbeitsstätte im Vergleich zur Arbeitszeit unverhältnismäßig lang sind. ²Als unverhältnismäßig lang sind im Regelfall Pendelzeiten von insgesamt mehr als zweieinhalb Stunden bei einer Arbeitszeit von mehr als sechs Stunden und Pendelzeiten von mehr als zwei Stunden bei einer Arbeitszeit von sechs Stunden und weniger anzusehen. ³Sind in einer Region unter vergleichbaren Beschäftigten längere Pendelzeiten üblich, bilden diese den Maßstab. ⁴Ein Umzug zur Aufnahme einer Beschäftigung außerhalb des zumutbaren Pendelbereichs ist einer arbeitslosen Person zumutbar, wenn nicht zu erwarten ist, dass sie innerhalb der ersten drei Monate der Arbeitslosigkeit eine Beschäftigung innerhalb des zumutbaren Pendelbereichs aufnehmen wird. ⁵Vom vierten Monat der Arbeitslosigkeit an ist einer arbeitslosen Person ein Umzug zur Aufnahme einer Beschäftigung außerhalb des zumutbaren Pendelbereichs in der Regel zumutbar. ⁶Die Sätze 4 und 5 sind nicht anzuwenden, wenn dem Umzug ein wichtiger Grund entgegensteht. ⁷Ein wichtiger Grund kann sich insbesondere aus familiären Bindungen ergeben.

(5) Eine Beschäftigung ist nicht schon deshalb unzumutbar, weil sie befristet ist, vorübergehend eine getrennte Haushaltsführung erfordert oder nicht zum Kreis der Beschäftigungen gehört, für die die Arbeitnehmerin oder der Arbeitnehmer ausgebildet ist oder die sie oder er bisher ausgeübt hat.

§ 141 Arbeitslosmeldung

(1) ¹Die oder der Arbeitslose hat sich elektronisch im Fachportal der Bundesagentur oder persönlich bei der zuständigen Agentur für Arbeit arbeitslos zu melden. ²Das in Satz 1 genannte elektronische Verfahren muss die Voraussetzungen des § 36a Absatz 2 Satz 4 Nummer 1 in Verbindung mit Satz 5 erster Halbsatz des Ersten Buches erfüllen. ³Eine Meldung ist auch zulässig, wenn die Arbeitslosigkeit noch nicht eingetreten, der Eintritt der Arbeitslosigkeit aber innerhalb der nächsten drei Monate zu erwarten ist.

(2) Ist die zuständige Agentur für Arbeit am ersten Tag der Beschäftigungslosigkeit der oder des Arbeitslosen nicht dienstbereit, so wirkt eine Meldung an dem nächsten Tag, an dem die Agentur für Arbeit dienstbereit ist, auf den Tag zurück, an dem die Agentur für Arbeit nicht dienstbereit war.

(3) Die Wirkung der Meldung erlischt
1. bei einer mehr als sechswöchigen Unterbrechung der Arbeitslosigkeit,
2. mit der Aufnahme der Beschäftigung, selbständigen Tätigkeit, Tätigkeit als mithelfende Familienangehörige oder als mithelfender Familienangehöriger, wenn die oder der Arbeitslose diese der Agentur für Arbeit nicht unverzüglich mitgeteilt hat.

(4) ¹Die zuständige Agentur für Arbeit soll mit der oder dem Arbeitslosen unverzüglich nach Eintritt der Arbeitslosigkeit ein persönliches Beratungs- und Vermittlungsgespräch führen. ²Dies ist entbehrlich, wenn das persönliche Beratungs- und Vermittlungsgespräch bereits in zeitlicher Nähe vor Eintritt der Arbeitslosigkeit, in der Regel innerhalb von vier Wochen, vor Eintritt der Arbeitslosigkeit geführt worden ist.

§ 142 Anwartschaftszeit

(1) ¹Die Anwartschaftszeit hat erfüllt, wer in der Rahmenfrist (§ 143) mindestens zwölf Monate in einem Versicherungspflichtverhältnis gestanden hat. ²Zeiten, die vor dem Tag liegen, an dem der Anspruch auf Arbeitslosengeld wegen des Eintritts einer Sperrzeit erloschen ist, dienen nicht zur Erfüllung der Anwartschaftszeit.

(2) ¹Für Arbeitslose, die die Anwartschaftszeit nach Absatz 1 nicht erfüllen sowie darlegen und nachweisen, dass
1. sich die in der Rahmenfrist zurückgelegten Beschäftigungstage überwiegend aus versicherungspflichtigen Beschäftigungen ergeben, die auf nicht mehr als 14 Wochen im Voraus durch Arbeitsvertrag zeit- oder zweckbefristet sind, und
2. das in den letzten zwölf Monaten vor der Beschäftigungslosigkeit erzielte Arbeitsentgelt das 1,5fache der zum Zeitpunkt der Anspruchsentstehung maßgeblichen Bezugsgröße nach § 18 Absatz 1 des Vierten Buches nicht übersteigt,

gilt bis zum 31. Dezember 2022, dass die Anwartschaftszeit sechs Monate beträgt. ²§ 27 Absatz 3 Nummer 1 bleibt unberührt.

§ 143 Rahmenfrist

(1) Die Rahmenfrist beträgt 30 Monate und beginnt mit dem Tag vor der Erfüllung aller sonstigen Voraussetzungen für den Anspruch auf Arbeitslosengeld.

(2) Die Rahmenfrist reicht nicht in eine vorangegangene Rahmenfrist hinein, in der die oder der Arbeitslose eine Anwartschaftszeit erfüllt hatte.

(3) [1]In der Rahmenfrist werden Zeiten nicht eingerechnet, in denen die oder der Arbeitslose von einem Rehabilitationsträger Übergangsgeld wegen einer berufsfördernden Maßnahme bezogen hat. [2]In diesem Fall endet die Rahmenfrist spätestens fünf Jahre nach ihrem Beginn.

§ 144 Anspruchsvoraussetzungen bei beruflicher Weiterbildung

(1) Anspruch auf Arbeitslosengeld hat auch, wer die Voraussetzungen für einen Anspruch auf Arbeitslosengeld bei Arbeitslosigkeit allein wegen einer nach § 81 geförderten beruflichen Weiterbildung nicht erfüllt.

(2) Bei einer Arbeitnehmerin oder einem Arbeitnehmer, die oder der vor Eintritt in die Maßnahme nicht arbeitslos war, gelten die Voraussetzungen eines Anspruchs auf Arbeitslosengeld bei Arbeitslosigkeit als erfüllt, wenn sie oder er

1. bei Eintritt in die Maßnahme einen Anspruch auf Arbeitslosengeld bei Arbeitslosigkeit hätte, der weder ausgeschöpft noch erloschen ist, oder
2. die Anwartschaftszeit im Fall von Arbeitslosigkeit am Tag des Eintritts in die Maßnahme der beruflichen Weiterbildung erfüllt hätte; insoweit gilt der Tag des Eintritts in die Maßnahme als Tag der Arbeitslosmeldung.

Zweiter Unterabschnitt
Sonderformen des Arbeitslosengeldes

§ 145 Minderung der Leistungsfähigkeit

(1) [1]Anspruch auf Arbeitslosengeld hat auch eine Person, die allein deshalb nicht arbeitslos ist, weil sie wegen einer mehr als sechsmonatigen Minderung ihrer Leistungsfähigkeit versicherungspflichtige, mindestens 15 Stunden wöchentlich umfassende Beschäftigungen nicht unter den Bedingungen ausüben kann, die auf dem für sie in Betracht kommenden Arbeitsmarkt ohne Berücksichtigung der Minderung der Leistungsfähigkeit üblich sind, wenn eine verminderte Erwerbsfähigkeit im Sinne der gesetzlichen Rentenversicherung nicht festgestellt worden ist. [2]Die Feststellung, ob eine verminderte Erwerbsfähigkeit vorliegt, trifft der zuständige Träger der gesetzlichen Rentenversicherung. [3]Kann sich die leistungsgeminderte Person wegen gesundheitlicher Einschränkungen nicht persönlich arbeitslos melden, so kann die Meldung durch eine Vertreterin oder einen Vertreter erfolgen. [4]Die leistungsgeminderte Person hat sich unverzüglich persönlich bei der Agentur für Arbeit zu melden, sobald der Grund für die Verhinderung entfallen ist.

(2) [1]Die Agentur für Arbeit hat die leistungsgeminderte Person unverzüglich aufzufordern, innerhalb eines Monats einen Antrag auf Leistungen zur medizinischen Rehabilitation oder zur Teilhabe am Arbeitsleben zu stellen. [2]Stellt sie diesen Antrag fristgemäß, so gilt er im Zeitpunkt des Antrags auf Arbeitslosengeld als gestellt. [3]Stellt die leistungsgeminderte Person den Antrag nicht, ruht der Anspruch auf Arbeitslosengeld vom Tag nach Ablauf der Frist an bis zum Tag, an dem sie einen Antrag auf Leistungen zur medizinischen Rehabilitation oder zur Teilhabe am Arbeitsleben oder einen Antrag auf Rente wegen Erwerbsminderung stellt. [4]Kommt die leistungsgeminderte Person ihren Mitwirkungspflichten gegenüber dem Träger der medizinischen Rehabilitation oder der Teilhabe am Arbeitsleben nicht nach, so ruht der Anspruch auf Arbeitslosengeld von dem Tag nach Unterlassen der Mitwirkung bis zu dem Tag, an dem die Mitwirkung nachgeholt wird. [5]Satz 4 gilt entsprechend, wenn die leistungsgeminderte Person durch ihr Verhalten die Feststellung der Erwerbsminderung verhindert.

(3) [1]Wird der leistungsgeminderten Person von einem Träger der gesetzlichen Rentenversicherung wegen einer Maßnahme zur Rehabilitation Übergangsgeld oder eine Rente wegen Erwerbsminderung zuerkannt, steht der Bundesagentur ein Erstattungsanspruch entsprechend § 103 des Zehnten Buches zu. [2]Hat der Träger der gesetzlichen Rentenversicherung Leistungen nach Satz 1 mit befreiender Wirkung an die leistungsgeminderte Person oder einen Dritten gezahlt, hat die Empfängerin oder der Empfänger des Arbeitslosengeldes dieses insoweit zu erstatten.

§ 146 Leistungsfortzahlung bei Arbeitsunfähigkeit

(1) [1]Wer während des Bezugs von Arbeitslosengeld infolge Krankheit unverschuldet arbeitsunfähig oder während des Bezugs von Arbeitslosengeld auf Kosten der Krankenkasse stationär behandelt wird, verliert dadurch nicht den Anspruch auf Arbeitslosengeld für die Zeit der Arbeitsunfähigkeit oder stationären Behandlung mit einer Dauer von bis zu sechs Wochen (Leistungsfortzahlung). [2]Als unverschuldet im Sinne des Satzes 1 gilt auch eine Arbeitsunfähigkeit, die infolge einer durch Krankheit erforderlichen Sterilisation durch

eine Ärztin oder einen Arzt oder infolge eines nicht rechtswidrigen Abbruchs der Schwangerschaft eintritt. ³Dasselbe gilt für einen Abbruch der Schwangerschaft, wenn die Schwangerschaft innerhalb von zwölf Wochen nach der Empfängnis durch eine Ärztin oder einen Arzt abgebrochen wird, die Schwangere den Abbruch verlangt und der Ärztin oder dem Arzt durch eine Bescheinigung nachgewiesen hat, dass sie sich mindestens drei Tage vor dem Eingriff von einer anerkannten Beratungsstelle beraten lassen hat.

(2) ¹Eine Leistungsfortzahlung erfolgt auch im Fall einer nach ärztlichem Zeugnis erforderlichen Beaufsichtigung, Betreuung oder Pflege eines erkrankten Kindes der oder des Arbeitslosen mit einer Dauer von bis zu zehn Tagen, bei alleinerziehenden Arbeitslosen mit einer Dauer von bis zu 20 Tagen für jedes Kind in jedem Kalenderjahr, wenn eine andere im Haushalt der oder des Arbeitslosen lebende Person diese Aufgabe nicht übernehmen kann und das Kind das zwölfte Lebensjahr noch nicht vollendet hat oder behindert und auf Hilfe angewiesen ist. ²Arbeitslosengeld wird jedoch für nicht mehr als 25 Tage, für alleinerziehende Arbeitslose für nicht mehr als 50 Tage in jedem Kalenderjahr fortgezahlt.

(3) Die Vorschriften des Fünften Buches, die bei Fortzahlung des Arbeitsentgelts durch den Arbeitgeber im Krankheitsfall sowie bei Zahlung von Krankengeld im Fall der Erkrankung eines Kindes anzuwenden sind, gelten entsprechend.

Dritter Unterabschnitt
Anspruchsdauer

§ 147 Grundsatz

(1) ¹Die Dauer des Anspruchs auf Arbeitslosengeld richtet sich nach
1. der Dauer der Versicherungspflichtverhältnisse innerhalb der um 30 Monate erweiterten Rahmenfrist und
2. dem Lebensalter, das die oder der Arbeitslose bei der Entstehung des Anspruchs vollendet hat.

²Die Vorschriften des Ersten Unterabschnitts zum Ausschluss von Zeiten bei der Erfüllung der Anwartschaftszeit und zur Begrenzung der Rahmenfrist durch eine vorangegangene Rahmenfrist gelten entsprechend.

(2) Die Dauer des Anspruchs auf Arbeitslosengeld beträgt

nach Versicherungspflichtverhältnissen mit einer Dauer von insgesamt mindestens ... Monaten	und nach Vollendung des ... Lebensjahres	... Monate
12		6
16		8
20		10
24		12
30	50.	15
36	55.	18
48	58.	24

(3) ¹Bei Erfüllung der Anwartschaftszeit nach § 142 Absatz 2 beträgt die Dauer des Anspruchs auf Arbeitslosengeld unabhängig vom Lebensalter

nach Versicherungspflichtverhältnissen mit einer Dauer von insgesamt mindestens ... Monaten	... Monate
6	3
8	4
10	5

²Abweichend von Absatz 1 sind nur die Versicherungspflichtverhältnisse innerhalb der Rahmenfrist des § 143 zu berücksichtigen.

(4) Die Dauer des Anspruchs verlängert sich um die Restdauer des wegen Entstehung eines neuen Anspruchs erloschenen Anspruchs, wenn nach der Entstehung des erloschenen Anspruchs noch nicht fünf Jahre verstrichen sind; sie verlängert sich längstens bis zu der dem Lebensalter der oder des Arbeitslosen zugeordneten Höchstdauer.

§ 148 Minderung der Anspruchsdauer

(1) Die Dauer des Anspruchs auf Arbeitslosengeld mindert sich um

1. die Anzahl von Tagen, für die der Anspruch auf Arbeitslosengeld bei Arbeitslosigkeit erfüllt worden ist,
2. jeweils einen Tag für jeweils zwei Tage, für die ein Anspruch auf Teilarbeitslosengeld innerhalb der letzten zwei Jahre vor der Entstehung des Anspruchs erfüllt worden ist,
3. die Anzahl von Tagen einer Sperrzeit wegen Arbeitsablehnung, unzureichender Eigenbemühungen, Ablehnung oder Abbruch einer beruflichen Eingliederungsmaßnahme, Ablehnung oder Abbruch eines Integrationskurses oder einer berufsbezogenen Deutschsprachförderung, Meldeversäumnis oder verspäteter Arbeitsuchendmeldung,
4. die Anzahl von Tagen einer Sperrzeit wegen Arbeitsaufgabe; in Fällen einer Sperrzeit von zwölf Wochen mindestens jedoch um ein Viertel der Anspruchsdauer, die der oder dem Arbeitslosen bei erstmaliger Erfüllung der Voraussetzungen für den Anspruch auf Arbeitslosengeld nach dem Ereignis, das die Sperrzeit begründet, zusteht,
5. die Anzahl von Tagen, für die der oder dem Arbeitslosen das Arbeitslosengeld wegen fehlender Mitwirkung (§ 66 des Ersten Buches) versagt oder entzogen worden ist,
6. die Anzahl von Tagen der Beschäftigungslosigkeit nach der Erfüllung der Voraussetzungen für den Anspruch auf Arbeitslosengeld, an denen die oder der Arbeitslose nicht arbeitsbereit ist, ohne für sein Verhalten einen wichtigen Grund zu haben,
7. jeweils einen Tag für jeweils zwei Tage, für die ein Anspruch auf Arbeitslosengeld bei beruflicher Weiterbildung nach diesem Buch erfüllt worden ist,
8. die Anzahl von Tagen, für die ein Gründungszuschuss in der Höhe des zuletzt bezogenen Arbeitslosengeldes geleistet worden ist.

(2) ¹In den Fällen des Absatzes 1 Nummer 5 und 6 mindert sich die Dauer des Anspruchs auf Arbeitslosengeld höchstens um vier Wochen. ²In den Fällen des Absatzes 1 Nummer 3 und 4 entfällt die Minderung für Sperrzeiten bei Abbruch einer beruflichen Eingliederungsmaßnahme oder Arbeitsaufgabe, wenn das Ereignis, das die Sperrzeit begründet, bei Erfüllung der Voraussetzungen für den Anspruch auf Arbeitslosengeld länger als ein Jahr zurückliegt. ³In den Fällen des Absatzes 1 Nummer 7 unterbleibt eine Minderung, soweit sich dadurch eine Anspruchsdauer von weniger als einem Monat ergibt. ⁴Ist ein neuer Anspruch entstanden, erstreckt sich die Minderung nur auf die Restdauer des erloschenen Anspruchs (§ 147 Absatz 4).

(3) In den Fällen des Absatzes 1 Nummer 1, 2 und 7 entfällt die Minderung für Tage, für die der Bundesagentur das nach den §§ 145, 157 Absatz 3 oder nach § 158 Absatz 4 geleistete Arbeitslosengeld einschließlich der darauf entfallenden Beiträge zur Kranken-, Renten- und Pflegeversicherung erstattet oder ersetzt wurde; Bruchteile von Tagen sind auf volle Tage aufzurunden.

Vierter Unterabschnitt
Höhe des Arbeitslosengeldes

§ 149 Grundsatz

Das Arbeitslosengeld beträgt
1. für Arbeitslose, die mindestens ein Kind im Sinne des § 32 Absatz 1, 3 bis 5 des Einkommensteuergesetzes haben, sowie für Arbeitslose, deren Ehegattin, Ehegatte, Lebenspartnerin oder Lebenspartner mindestens ein Kind im Sinne des § 32 Absatz 1, 3 bis 5 des Einkommensteuergesetzes hat, wenn beide Ehegatten oder Lebenspartner unbeschränkt einkommensteuerpflichtig sind und nicht dauernd getrennt leben, 67 Prozent (erhöhter Leistungssatz),
2. für die übrigen Arbeitslosen 60 Prozent (allgemeiner Leistungssatz)

des pauschalierten Nettoentgelts (Leistungsentgelt), das sich aus dem Bruttoentgelt ergibt, das die oder der Arbeitslose im Bemessungszeitraum erzielt hat (Bemessungsentgelt).

§ 150 Bemessungszeitraum und Bemessungsrahmen

(1) ¹Der Bemessungszeitraum umfasst die beim Ausscheiden aus dem jeweiligen Beschäftigungsverhältnis abgerechneten Entgeltabrechnungszeiträume der versicherungspflichtigen Beschäftigungen im Bemessungsrahmen. ²Der Bemessungsrahmen umfasst ein Jahr; er endet mit dem letzten Tag des letzten Versicherungspflichtverhältnisses vor der Entstehung des Anspruchs.

(2) ¹Bei der Ermittlung des Bemessungszeitraums bleiben außer Betracht
1. Zeiten einer Beschäftigung, neben der Übergangsgeld wegen einer Leistung zur Teilhabe am Arbeitsleben, Teilübergangsgeld oder Teilarbeitslosengeld geleistet worden ist,
2. Zeiten einer Beschäftigung als Freiwillige oder Freiwilliger im Sinne des Jugendfreiwilligendienstegesetzes oder des Bundesfreiwilligendienstgesetzes, wenn sich die beitragspflichtige Einnahme nach § 344 Absatz 2 bestimmt,

3. Zeiten, in denen Arbeitslose Elterngeld oder Erziehungsgeld bezogen oder nur wegen der Berücksichtigung von Einkommen nicht bezogen haben oder ein Kind unter drei Jahren betreut und erzogen haben, wenn wegen der Betreuung und Erziehung des Kindes das Arbeitsentgelt oder die durchschnittliche wöchentliche Arbeitszeit gemindert war,
4. Zeiten, in denen Arbeitslose eine Pflegezeit nach § 3 Absatz 1 Satz 1 des Pflegezeitgesetzes in Anspruch genommen haben sowie Zeiten einer Familienpflegezeit oder Nachpflegephase nach dem Familienpflegezeitgesetz, wenn wegen der Pflege das Arbeitsentgelt oder die durchschnittliche wöchentliche Arbeitszeit gemindert war; insoweit gilt § 151 Absatz 3 Nummer 2 nicht,
5. Zeiten, in denen die durchschnittliche regelmäßige wöchentliche Arbeitszeit auf Grund einer Teilzeitvereinbarung nicht nur vorübergehend auf weniger als 80 Prozent der durchschnittlichen regelmäßigen Arbeitszeit einer vergleichbaren Vollzeitbeschäftigung, mindestens um fünf Stunden wöchentlich, vermindert war, wenn die oder der Arbeitslose Beschäftigungen mit einer höheren Arbeitszeit innerhalb der letzten dreieinhalb Jahre vor der Entstehung des Anspruchs während eines sechs Monate umfassenden zusammenhängenden Zeitraums ausgeübt hat.

²Satz 1 Nummer 5 gilt nicht in Fällen einer Teilzeitvereinbarung nach dem Altersteilzeitgesetz, es sei denn, das Beschäftigungsverhältnis ist wegen Zahlungsunfähigkeit des Arbeitgebers beendet worden.
(3) ¹Der Bemessungsrahmen wird auf zwei Jahre erweitert, wenn
1. der Bemessungszeitraum weniger als 150 Tage mit Anspruch auf Arbeitsentgelt enthält,
2. in den Fällen des § 142 Absatz 2 der Bemessungszeitraum weniger als 90 Tage mit Anspruch auf Arbeitsentgelt enthält oder
3. es mit Rücksicht auf das Bemessungsentgelt im erweiterten Bemessungsrahmen unbillig hart wäre, von dem Bemessungsentgelt im Bemessungszeitraum auszugehen.

²Satz 1 Nummer 3 ist nur anzuwenden, wenn die oder der Arbeitslose dies verlangt und die zur Bemessung erforderlichen Unterlagen vorlegt.

§ 151 Bemessungsentgelt

(1) ¹Bemessungsentgelt ist das durchschnittlich auf den Tag entfallende beitragspflichtige Arbeitsentgelt, das die oder der Arbeitslose im Bemessungszeitraum erzielt hat. ²Arbeitsentgelte, auf die die oder der Arbeitslose beim Ausscheiden aus dem Beschäftigungsverhältnis Anspruch hatte, gelten als erzielt, wenn sie zugeflossen oder nur wegen Zahlungsunfähigkeit des Arbeitgebers nicht zugeflossen sind.
(2) Außer Betracht bleiben Arbeitsentgelte,
1. die Arbeitslose wegen der Beendigung des Arbeitsverhältnisses erhalten oder die im Hinblick auf die Arbeitslosigkeit vereinbart worden sind,
2. die als Wertguthaben einer Vereinbarung nach § 7b des Vierten Buches nicht nach dieser Vereinbarung verwendet werden.

(3) Als Arbeitsentgelt ist zugrunde zu legen
1. für Zeiten, in denen Arbeitslose Kurzarbeitergeld oder eine vertraglich vereinbarte Leistung zur Vermeidung der Inanspruchnahme von Saison-Kurzarbeitergeld bezogen haben, das Arbeitsentgelt, das Arbeitslose ohne den Arbeitsausfall und ohne Mehrarbeit erzielt hätten,
2. für Zeiten einer Vereinbarung nach § 7b des Vierten Buches das Arbeitsentgelt, das Arbeitslose für die geleistete Arbeitszeit ohne eine Vereinbarung nach § 7b des Vierten Buches erzielt hätten; für Zeiten einer Freistellung das erzielte Arbeitsentgelt,
3. für Zeiten einer Berufsausbildung, die im Rahmen eines Berufsausbildungsvertrages nach dem Berufsbildungsgesetz in einer außerbetrieblichen Einrichtung durchgeführt wurde (§ 25 Absatz 1 Satz 2 Nummer 1), die erzielte Ausbildungsvergütung; wurde keine Ausbildungsvergütung erzielt, der nach § 17 Absatz 2 des Berufsbildungsgesetzes als Mindestvergütung maßgebliche Betrag.

(4) Haben Arbeitslose innerhalb der letzten zwei Jahre vor der Entstehung des Anspruchs Arbeitslosengeld bezogen, ist Bemessungsentgelt mindestens das Entgelt, nach dem das Arbeitslosengeld zuletzt bemessen worden ist.
(5) ¹Ist die oder der Arbeitslose nicht mehr bereit oder in der Lage, die im Bemessungszeitraum durchschnittlich auf die Woche entfallende Zahl von Arbeitsstunden zu leisten, vermindert sich das Bemessungsentgelt für die Zeit der Einschränkung entsprechend dem Verhältnis der Zahl der durchschnittlichen regelmäßigen wöchentlichen Arbeitsstunden, die die oder der Arbeitslose künftig leisten will oder kann, zu der Zahl der durchschnittlich auf die Woche entfallenden Arbeitsstunden im Bemessungszeitraum. ²Einschränkungen des Leistungsvermögens bleiben unberücksichtigt, wenn Arbeitslosengeld nach § 145 geleistet wird. ³Bestimmt sich das Bemessungsentgelt nach § 152, ist insoweit die tarifliche regelmäßige wöchentliche Arbeitszeit maßgebend, die bei Entstehung des Anspruchs für Angestellte im öffentlichen Dienst des Bundes gilt.

§ 152 Fiktive Bemessung

(1) ¹Kann ein Bemessungszeitraum von mindestens 150 Tagen mit Anspruch auf Arbeitsentgelt innerhalb des auf zwei Jahre erweiterten Bemessungsrahmens nicht festgestellt werden, ist als Bemessungsentgelt ein fiktives Arbeitsentgelt zugrunde zu legen. ²In den Fällen des § 142 Absatz 2 gilt Satz 1 mit der Maßgabe, dass ein Bemessungszeitraum von mindestens 90 Tagen nicht festgestellt werden kann.

(2) ¹Für die Festsetzung des fiktiven Arbeitsentgelts ist die oder der Arbeitslose der Qualifikationsgruppe zuzuordnen, die der beruflichen Qualifikation entspricht, die für die Beschäftigung erforderlich ist, auf die die Agentur für Arbeit die Vermittlungsbemühungen für die Arbeitslose oder den Arbeitslosen in erster Linie zu erstrecken hat. ²Dabei ist zugrunde zu legen für Beschäftigungen, die
1. eine Hochschul- oder Fachhochschulausbildung erfordern (Qualifikationsgruppe 1), ein Arbeitsentgelt in Höhe von einem Dreihundertstel der Bezugsgröße,
2. einen Fachschulabschluss, den Nachweis über eine abgeschlossene Qualifikation als Meisterin oder Meister oder einen Abschluss in einer vergleichbaren Einrichtung erfordern (Qualifikationsgruppe 2), ein Arbeitsentgelt in Höhe von einem Dreihundertsechzigstel der Bezugsgröße,
3. eine abgeschlossene Ausbildung in einem Ausbildungsberuf erfordern (Qualifikationsgruppe 3), ein Arbeitsentgelt in Höhe von einem Vierhundertfünfzigstel der Bezugsgröße,
4. keine Ausbildung erfordern (Qualifikationsgruppe 4), ein Arbeitsentgelt in Höhe von einem Sechshundertstel der Bezugsgröße.

§ 153 Leistungsentgelt

(1) ¹Leistungsentgelt ist das um pauschalierte Abzüge verminderte Bemessungsentgelt. ²Abzüge sind
1. eine Sozialversicherungspauschale in Höhe von 20 Prozent des Bemessungsentgelts,
2. die Lohnsteuer, die sich nach dem vom Bundesministerium der Finanzen auf Grund des § 51 Absatz 4 Nummer 1a des Einkommensteuergesetzes bekannt gegebenen Programmablaufplan bei Berücksichtigung der Vorsorgepauschale nach § 39b Absatz 2 Satz 5 Nummer 3 Buchstabe a bis c des Einkommensteuergesetzes zu Beginn des Jahres, in dem der Anspruch entstanden ist, ergibt und
3. der Solidaritätszuschlag.

³Bei der Berechnung der Abzüge nach Satz 2 Nummer 2 und 3 sind
1. Freibeträge und Pauschalen, die nicht jeder Arbeitnehmerin oder jedem Arbeitnehmer zustehen, nicht zu berücksichtigen und
2. der als Lohnsteuerabzugsmerkmal gebildete Faktor nach § 39f des Einkommensteuergesetzes zu berücksichtigen.

⁴Für die Feststellung der Lohnsteuer wird die Vorsorgepauschale mit folgenden Maßgaben berücksichtigt:
1. für Beiträge zur Rentenversicherung als Beitragsbemessungsgrenze die für das Bundesgebiet West maßgebliche Beitragsbemessungsgrenze,
2. für Beiträge zur Krankenversicherung der ermäßigte Beitragssatz nach § 243 des Fünften Buches zuzüglich des durchschnittlichen Zusatzbeitragssatzes nach § 242a des Fünften Buches,
3. für Beiträge zur Pflegeversicherung der Beitragssatz des § 55 Absatz 1 Satz 1 des Elften Buches.

(2) ¹Die Feststellung der Lohnsteuer richtet sich nach der Lohnsteuerklasse, die zu Beginn des Jahres, in dem der Anspruch entstanden ist, als Lohnsteuerabzugsmerkmal gebildet war. ²Spätere Änderungen der als Lohnsteuerabzugsmerkmal gebildeten Lohnsteuerklasse werden mit Wirkung des Tages berücksichtigt, an dem erstmals die Voraussetzungen für die Änderung vorlagen.

(3) ¹Haben Ehegatten oder Lebenspartner die Lohnsteuerklassen gewechselt, so werden die als Lohnsteuerabzugsmerkmal neu gebildeten Lohnsteuerklassen von dem Tag an berücksichtigt, an dem sie wirksam werden, wenn
1. die neuen Lohnsteuerklassen dem Verhältnis der monatlichen Arbeitsentgelte beider Ehegatten oder Lebenspartner entsprechen oder
2. sich auf Grund der neuen Lohnsteuerklassen ein Arbeitslosengeld ergibt, das geringer ist als das Arbeitslosengeld, das sich ohne den Wechsel der Lohnsteuerklassen ergäbe.

²Bei der Prüfung nach Satz 1 ist der Faktor nach § 39f des Einkommensteuergesetzes zu berücksichtigen; ein Ausfall des Arbeitsentgelts, der den Anspruch auf eine lohnsteuerfreie Entgeltersatzleistung begründet, bleibt bei der Beurteilung des Verhältnisses der monatlichen Arbeitsentgelte außer Betracht.

§ 154 Berechnung und Leistung

¹Das Arbeitslosengeld wird für Kalendertage berechnet und geleistet. ²Ist es für einen vollen Kalendermonat zu zahlen, ist dieser mit 30 Tagen anzusetzen.

Fünfter Unterabschnitt
Minderung des Arbeitslosengeldes, Zusammentreffen des Anspruchs mit sonstigem Einkommen und Ruhen des Anspruchs

§ 155 Anrechnung von Nebeneinkommen

(1) ¹Übt die oder der Arbeitslose während einer Zeit, für die ihr oder ihm Arbeitslosengeld zusteht, eine Erwerbstätigkeit im Sinne des § 138 Absatz 3 aus, ist das daraus erzielte Einkommen nach Abzug der Steuern, der Sozialversicherungsbeiträge und der Werbungskosten sowie eines Freibetrags in Höhe von 165 Euro in dem Kalendermonat der Ausübung anzurechnen. ²Handelt es sich um eine selbständige Tätigkeit, eine Tätigkeit als mithelfende Familienangehörige oder mithelfender Familienangehöriger, sind pauschal 30 Prozent der Betriebseinnahmen als Betriebsausgaben abzusetzen, es sei denn, die oder der Arbeitslose weist höhere Betriebsausgaben nach.

(2) Hat die oder der Arbeitslose in den letzten 18 Monaten vor der Entstehung des Anspruchs neben einem Versicherungspflichtverhältnis eine Erwerbstätigkeit (§ 138 Absatz 3) mindestens zwölf Monate lang ausgeübt, so bleibt das Einkommen bis zu dem Betrag anrechnungsfrei, der in den letzten zwölf Monaten vor der Entstehung des Anspruchs aus einer Erwerbstätigkeit (§ 138 Absatz 3) durchschnittlich auf den Monat entfällt, mindestens jedoch ein Betrag in Höhe des Freibetrags, der sich nach Absatz 1 ergeben würde.

(3) Leistungen, die eine Bezieherin oder ein Bezieher von Arbeitslosengeld bei beruflicher Weiterbildung
1. vom Arbeitgeber oder dem Träger der Weiterbildung wegen der Teilnahme oder
2. auf Grund eines früheren oder bestehenden Arbeitsverhältnisses ohne Ausübung einer Beschäftigung für die Zeit der Teilnahme

erhält, werden nach Abzug der Steuern, des auf die Arbeitnehmerin oder den Arbeitnehmer entfallenden Anteils der Sozialversicherungsbeiträge und eines Freibetrags von 400 Euro monatlich auf das Arbeitslosengeld angerechnet.

§ 156 Ruhen des Anspruchs bei anderen Sozialleistungen

(1) ¹Der Anspruch auf Arbeitslosengeld ruht während der Zeit, für die ein Anspruch auf eine der folgenden Leistungen zuerkannt ist:
1. Berufsausbildungsbeihilfe für Arbeitslose,
2. Krankengeld, Versorgungskrankengeld, Verletztengeld, Mutterschaftsgeld oder Übergangsgeld nach diesem oder einem anderen Gesetz, dem eine Leistung zur Teilhabe zugrunde liegt, wegen der keine ganztägige Erwerbstätigkeit ausgeübt wird,
3. Rente wegen voller Erwerbsminderung aus der gesetzlichen Rentenversicherung oder
4. Altersrente aus der gesetzlichen Rentenversicherung oder Knappschaftsausgleichsleistung oder ähnliche Leistungen öffentlich-rechtlicher Art.

²Ist der oder dem Arbeitslosen eine Rente wegen teilweiser Erwerbsminderung zuerkannt, kann sie ihr oder er sein Restleistungsvermögen jedoch unter den üblichen Bedingungen des allgemeinen Arbeitsmarktes nicht mehr verwerten, hat die Agentur für Arbeit die Arbeitslose oder den Arbeitslosen unverzüglich aufzufordern, innerhalb eines Monats einen Antrag auf Rente wegen voller Erwerbsminderung zu stellen. ³Wird der Antrag nicht gestellt, ruht der Anspruch auf Arbeitslosengeld vom Tag nach Ablauf der Frist an bis zu dem Tag, an dem der Antrag gestellt wird.

(2) ¹Abweichend von Absatz 1 ruht der Anspruch
1. im Fall der Nummer 2 nicht, wenn für denselben Zeitraum Anspruch auf Verletztengeld und Arbeitslosengeld nach § 146 besteht,
2. im Fall der Nummer 3 vom Beginn der laufenden Zahlung der Rente an und
3. im Fall der Nummer 4
    a) mit Ablauf des dritten Kalendermonats nach Erfüllung der Voraussetzungen für den Anspruch auf Arbeitslosengeld, wenn der oder dem Arbeitslosen für die letzten sechs Monate einer versicherungspflichtigen Beschäftigung eine Teilrente oder eine ähnliche Leistung öffentlich-rechtlicher Art zuerkannt ist,
    b) nur bis zur Höhe der zuerkannten Leistung, wenn die Leistung auch während einer Beschäftigung und ohne Rücksicht auf die Höhe des Arbeitsentgelts gewährt wird.

²Im Fall des Satzes 1 Nummer 2 gilt § 145 Absatz 3 entsprechend.

(3) Die Absätze 1 und 2 gelten auch für einen vergleichbaren Anspruch auf eine andere Sozialleistung, den ein ausländischer Träger zuerkannt hat.

(4) Der Anspruch auf Arbeitslosengeld ruht auch während der Zeit, für die die oder der Arbeitslose wegen ihres oder seines Ausscheidens aus dem Erwerbsleben Vorruhestandsgeld oder eine vergleichbare Leistung des Arbeitgebers mindestens in Höhe von 65 Prozent des Bemessungsentgelts bezieht.

§ 157 Ruhen des Anspruchs bei Arbeitsentgelt und Urlaubsabgeltung

(1) Der Anspruch auf Arbeitslosengeld ruht während der Zeit, für die die oder der Arbeitslose Arbeitsentgelt erhält oder zu beanspruchen hat.

(2) ¹Hat die oder der Arbeitslose wegen Beendigung des Arbeitsverhältnisses eine Urlaubsabgeltung erhalten oder zu beanspruchen, so ruht der Anspruch auf Arbeitslosengeld für die Zeit des abgegoltenen Urlaubs. ²Der Ruhenszeitraum beginnt mit dem Ende des die Urlaubsabgeltung begründenden Arbeitsverhältnisses.

(3) ¹Soweit die oder der Arbeitslose die in den Absätzen 1 und 2 genannten Leistungen (Arbeitsentgelt im Sinne des § 115 des Zehnten Buches) tatsächlich nicht erhält, wird das Arbeitslosengeld auch für die Zeit geleistet, in der der Anspruch auf Arbeitslosengeld ruht. ²Hat der Arbeitgeber die in den Absätzen 1 und 2 genannten Leistungen trotz des Rechtsübergangs mit befreiender Wirkung an die Arbeitslose, den Arbeitslosen oder an eine dritte Person gezahlt, hat die Bezieherin oder der Bezieher des Arbeitslosengeldes dieses insoweit zu erstatten.

§ 158 Ruhen des Anspruchs bei Entlassungsentschädigung

(1) ¹Hat die oder der Arbeitslose wegen der Beendigung des Arbeitsverhältnisses eine Abfindung, Entschädigung oder ähnliche Leistung (Entlassungsentschädigung) erhalten oder zu beanspruchen und ist das Arbeitsverhältnis ohne Einhaltung einer der ordentlichen Kündigungsfrist des Arbeitgebers entsprechenden Frist beendet worden, so ruht der Anspruch auf Arbeitslosengeld von dem Ende des Arbeitsverhältnisses an bis zu dem Tag, an dem das Arbeitsverhältnis bei Einhaltung dieser Frist geendet hätte. ²Diese Frist beginnt mit der Kündigung, die der Beendigung des Arbeitsverhältnisses vorausgegangen ist, bei Fehlen einer solchen Kündigung mit dem Tag der Vereinbarung über die Beendigung des Arbeitsverhältnisses. ³Ist die ordentliche Kündigung des Arbeitsverhältnisses durch den Arbeitgeber ausgeschlossen, so gilt bei
1. zeitlich unbegrenztem Ausschluss eine Kündigungsfrist von 18 Monaten,
2. zeitlich begrenztem Ausschluss oder Vorliegen der Voraussetzungen für eine fristgebundene Kündigung aus wichtigem Grund die Kündigungsfrist, die ohne den Ausschluss der ordentlichen Kündigung maßgebend gewesen wäre.

⁴Kann der Arbeitnehmerin oder dem Arbeitnehmer nur bei Zahlung einer Entlassungsentschädigung ordentlich gekündigt werden, so gilt eine Kündigungsfrist von einem Jahr. ⁵Hat die oder der Arbeitslose auch eine Urlaubsabgeltung (§ 157 Absatz 2) erhalten oder zu beanspruchen, verlängert sich der Ruhenszeitraum nach Satz 1 um die Zeit des abgegoltenen Urlaubs. ⁶Leistungen, die der Arbeitgeber für eine arbeitslose Person, deren Arbeitsverhältnis frühestens mit Vollendung des 50. Lebensjahres beendet wird, unmittelbar für deren Rentenversicherung nach § 187a Absatz 1 des Sechsten Buches aufwendet, bleiben unberücksichtigt. ⁷Satz 6 gilt entsprechend für Beiträge des Arbeitgebers zu einer berufsständischen Versorgungseinrichtung.

(2) ¹Der Anspruch auf Arbeitslosengeld ruht nach Absatz 1 längstens ein Jahr. ²Er ruht nicht über den Tag hinaus,
1. bis zu dem die oder der Arbeitslose bei Weiterzahlung des während der letzten Beschäftigungszeit kalendertäglich verdienten Arbeitsentgelts einen Betrag in Höhe von 60 Prozent der nach Absatz 1 zu berücksichtigenden Entlassungsentschädigung als Arbeitsentgelt verdient hätte,
2. an dem das Arbeitsverhältnis infolge einer Befristung, die unabhängig von der Vereinbarung über die Beendigung des Arbeitsverhältnisses bestanden hat, geendet hätte, oder
3. an dem der Arbeitgeber das Arbeitsverhältnis aus wichtigem Grund ohne Einhaltung einer Kündigungsfrist hätte kündigen können.

³Der nach Satz 2 Nummer 1 zu berücksichtigende Anteil der Entlassungsentschädigung vermindert sich sowohl für je fünf Jahre des Arbeitsverhältnisses in demselben Betrieb oder Unternehmen als auch für je fünf Lebensjahre nach Vollendung des 35. Lebensjahres um 5 Prozent; er beträgt nicht weniger als 25 Prozent der nach Absatz 1 zu berücksichtigenden Entlassungsentschädigung. ⁴Letzte Beschäftigungszeit sind die am Tag des Ausscheidens aus dem Beschäftigungsverhältnis abgerechneten Entgeltabrechnungszeiträume der letzten zwölf Monate; § 150 Absatz 2 Satz 1 Nummer 3 und Absatz 3 gilt entsprechend. ⁵Arbeitsentgeltkürzungen infolge von Krankheit, Kurzarbeit, Arbeitsausfall oder Arbeitsversäumnis bleiben außer Betracht.

(3) Hat die oder der Arbeitslose wegen Beendigung des Beschäftigungsverhältnisses unter Aufrechterhaltung des Arbeitsverhältnisses eine Entlassungsentschädigung erhalten oder zu beanspruchen, gelten die Absätze 1 und 2 entsprechend.

(4) ¹Soweit die oder der Arbeitslose die Entlassungsentschädigung (Arbeitsentgelt im Sinne des § 115 des Zehnten Buches) tatsächlich nicht erhält, wird das Arbeitslosengeld auch für die Zeit geleistet, in der der Anspruch auf Arbeitslosengeld ruht. ²Hat der Verpflichtete die Entlassungsentschädigung trotz des Rechtsübergangs mit befreiender Wirkung an die Arbeitslose, den Arbeitslosen oder an eine dritte Person gezahlt, hat die Bezieherin oder der Bezieher des Arbeitslosengeldes dieses insoweit zu erstatten.

§ 159 Ruhen bei Sperrzeit

(1) ¹Hat die Arbeitnehmerin oder der Arbeitnehmer sich versicherungswidrig verhalten, ohne dafür einen wichtigen Grund zu haben, ruht der Anspruch für die Dauer einer Sperrzeit. ²Versicherungswidriges Verhalten liegt vor, wenn
1. die oder der Arbeitslose das Beschäftigungsverhältnis gelöst oder durch ein arbeitsvertragswidriges Verhalten Anlass für die Lösung des Beschäftigungsverhältnisses gegeben und dadurch vorsätzlich oder grob fahrlässig die Arbeitslosigkeit herbeigeführt hat (Sperrzeit bei Arbeitsaufgabe),
2. die bei der Agentur für Arbeit als arbeitsuchend gemeldete (§ 38 Absatz 1) oder die arbeitslose Person trotz Belehrung über die Rechtsfolgen eine von der Agentur für Arbeit unter Benennung des Arbeitgebers und der Art der Tätigkeit angebotene Beschäftigung nicht annimmt oder nicht antritt oder die Anbahnung eines solchen Beschäftigungsverhältnisses, insbesondere das Zustandekommen eines Vorstellungsgespräches, durch ihr Verhalten verhindert (Sperrzeit bei Arbeitsablehnung),
3. die oder der Arbeitslose trotz Belehrung über die Rechtsfolgen die von der Agentur für Arbeit geforderten Eigenbemühungen nicht nachweist (Sperrzeit bei unzureichenden Eigenbemühungen),
4. die oder der Arbeitslose sich weigert, trotz Belehrung über die Rechtsfolgen an einer Maßnahme zur Aktivierung und beruflichen Eingliederung (§ 45) oder einer Maßnahme zur beruflichen Ausbildung oder Weiterbildung oder einer Maßnahme zur Teilhabe am Arbeitsleben teilzunehmen (Sperrzeit bei Ablehnung einer beruflichen Eingliederungsmaßnahme),
5. die oder der Arbeitslose die Teilnahme an einer in Nummer 4 genannten Maßnahme abbricht oder durch maßnahmewidriges Verhalten Anlass für den Ausschluss aus einer dieser Maßnahmen gibt (Sperrzeit bei Abbruch einer beruflichen Eingliederungsmaßnahme),
6. die oder der Arbeitslose sich nach einer Aufforderung der Agentur für Arbeit weigert, trotz Belehrung über die Rechtsfolgen an einem Integrationskurs nach § 43 des Aufenthaltsgesetzes oder an einem Kurs der berufsbezogenen Deutschsprachförderung nach § 45a des Aufenthaltsgesetzes teilzunehmen, der jeweils für die dauerhafte berufliche Eingliederung notwendig ist (Sperrzeit bei Ablehnung eines Integrationskurses oder einer berufsbezogenen Deutschsprachförderung),
7. die oder der Arbeitslose die Teilnahme an einem in Nummer 6 genannten Kurs abbricht oder durch maßnahmewidriges Verhalten Anlass für den Ausschluss aus einem dieser Kurse gibt (Sperrzeit bei Abbruch eines Integrationskurses oder einer berufsbezogenen Deutschsprachförderung),
8. die oder der Arbeitslose einer Aufforderung der Agentur für Arbeit, sich zu melden oder zu einem ärztlichen oder psychologischen Untersuchungstermin zu erscheinen (§ 309), trotz Belehrung über die Rechtsfolgen nicht nachkommt oder nicht nachgekommen ist (Sperrzeit bei Meldeversäumnis),
9. die oder der Arbeitslose der Meldepflicht nach § 38 Absatz 1 nicht nachgekommen ist (Sperrzeit bei verspäteter Arbeitsuchendmeldung).

³Die Person, die sich versicherungswidrig verhalten hat, hat die für die Beurteilung eines wichtigen Grundes maßgebenden Tatsachen darzulegen und nachzuweisen, wenn diese Tatsachen in ihrer Sphäre oder in ihrem Verantwortungsbereich liegen.

(2) ¹Die Sperrzeit beginnt mit dem Tag nach dem Ereignis, das die Sperrzeit begründet, oder, wenn dieser Tag in eine Sperrzeit fällt, mit dem Ende dieser Sperrzeit. ²Werden mehrere Sperrzeiten durch dasselbe Ereignis begründet, folgen sie in der Reihenfolge des Absatzes 1 Satz 2 Nummer 1 bis 9 einander nach.

(3) ¹Die Dauer der Sperrzeit bei Arbeitsaufgabe beträgt zwölf Wochen. ²Sie verkürzt sich
1. auf drei Wochen, wenn das Arbeitsverhältnis innerhalb von sechs Wochen nach dem Ereignis, das die Sperrzeit begründet, ohne eine Sperrzeit geendet hätte,
2. auf sechs Wochen, wenn
   a) das Arbeitsverhältnis innerhalb von zwölf Wochen nach dem Ereignis, das die Sperrzeit begründet, ohne eine Sperrzeit geendet hätte oder
   b) eine Sperrzeit von zwölf Wochen für die arbeitslose Person nach den für den Eintritt der Sperrzeit maßgebenden Tatsachen eine besondere Härte bedeuten würde.

(4) ¹Die Dauer der Sperrzeit bei Arbeitsablehnung, bei Ablehnung einer beruflichen Eingliederungsmaßnahme, bei Abbruch einer beruflichen Eingliederungsmaßnahme, bei Ablehnung eines Integrationskurses oder einer berufsbezogenen Deutschsprachförderung oder bei Abbruch eines Integrationskurses oder einer berufsbezogenen Deutschsprachförderung beträgt
1. im Fall des erstmaligen versicherungswidrigen Verhaltens dieser Art drei Wochen,
2. im Fall des zweiten versicherungswidrigen Verhaltens dieser Art sechs Wochen,
3. in den übrigen Fällen zwölf Wochen.

²Im Fall der Arbeitsablehnung oder der Ablehnung einer beruflichen Eingliederungsmaßnahme nach der Meldung zur frühzeitigen Arbeitsuche (§ 38 Absatz 1) im Zusammenhang mit der Entstehung des Anspruchs gilt Satz 1 entsprechend.
(5) Die Dauer einer Sperrzeit bei unzureichenden Eigenbemühungen beträgt zwei Wochen.
(6) Die Dauer einer Sperrzeit bei Meldeversäumnis oder bei verspäteter Arbeitsuchendmeldung beträgt eine Woche.

§ 160 Ruhen bei Arbeitskämpfen

(1) ¹Durch die Leistung von Arbeitslosengeld darf nicht in Arbeitskämpfe eingegriffen werden. ²Ein Eingriff in den Arbeitskampf liegt nicht vor, wenn Arbeitslosengeld Arbeitslosen geleistet wird, die zuletzt in einem Betrieb beschäftigt waren, der nicht dem fachlichen Geltungsbereich des umkämpften Tarifvertrags zuzuordnen ist.
(2) Ist die Arbeitnehmerin oder der Arbeitnehmer durch Beteiligung an einem inländischen Arbeitskampf arbeitslos geworden, so ruht der Anspruch auf Arbeitslosengeld bis zur Beendigung des Arbeitskampfes.
(3) ¹Ist die Arbeitnehmerin oder der Arbeitnehmer durch einen inländischen Arbeitskampf arbeitslos geworden, ohne an dem Arbeitskampf beteiligt gewesen zu sein, so ruht der Anspruch auf Arbeitslosengeld bis zur Beendigung des Arbeitskampfes nur, wenn der Betrieb, in dem die oder der Arbeitslose zuletzt beschäftigt war,
1. dem räumlichen und fachlichen Geltungsbereich des umkämpften Tarifvertrags zuzuordnen ist oder
2. nicht dem räumlichen, aber dem fachlichen Geltungsbereich des umkämpften Tarifvertrags zuzuordnen ist und im räumlichen Geltungsbereich des Tarifvertrags, dem der Betrieb zuzuordnen ist,
    a) eine Forderung erhoben worden ist, die einer Hauptforderung des Arbeitskampfes nach Art und Umfang gleich ist, ohne mit ihr übereinstimmen zu müssen, und
    b) das Arbeitskampfergebnis aller Voraussicht nach in dem räumlichen Geltungsbereich des nicht umkämpften Tarifvertrags im Wesentlichen übernommen wird.

²Eine Forderung ist erhoben, wenn sie von der zur Entscheidung berufenen Stelle beschlossen worden ist oder auf Grund des Verhaltens der Tarifvertragspartei im Zusammenhang mit dem angestrebten Abschluss des Tarifvertrags als beschlossen anzusehen ist. ³Der Anspruch auf Arbeitslosengeld ruht nach Satz 1 nur, wenn die umkämpften oder geforderten Arbeitsbedingungen nach Abschluss eines entsprechenden Tarifvertrags für die Arbeitnehmerin oder den Arbeitnehmer gelten oder auf sie oder ihn angewendet würden.
(4) Ist bei einem Arbeitskampf das Ruhen des Anspruchs nach Absatz 3 für eine bestimmte Gruppe von Arbeitslosen ausnahmsweise nicht gerechtfertigt, so kann der Verwaltungsrat bestimmen, dass ihnen Arbeitslosengeld zu leisten ist.
(5) ¹Die Feststellung, ob die Voraussetzungen nach Absatz 3 Satz 1 Nummer 2 Buchstabe a und b erfüllt sind, trifft der Neutralitätsausschuss (§ 380). ²Er hat vor seiner Entscheidung den Fachspitzenverbänden der am Arbeitskampf beteiligten Tarifvertragsparteien Gelegenheit zur Stellungnahme zu geben.
(6) ¹Die Fachspitzenverbände der am Arbeitskampf beteiligten Tarifvertragsparteien können durch Klage die Aufhebung der Entscheidung des Neutralitätsausschusses nach Absatz 5 und eine andere Feststellung begehren. ²Die Klage ist gegen die Bundesagentur zu richten. ³Ein Vorverfahren findet nicht statt. ⁴Über die Klage entscheidet das Bundessozialgericht im ersten und letzten Rechtszug. ⁵Das Verfahren ist vorrangig zu erledigen. ⁶Auf Antrag eines Fachspitzenverbandes kann das Bundessozialgericht eine einstweilige Anordnung erlassen.

Sechster Unterabschnitt
Erlöschen des Anspruchs

§ 161 Erlöschen des Anspruchs

(1) Der Anspruch auf Arbeitslosengeld erlischt
1. mit der Entstehung eines neuen Anspruchs,
2. wenn die oder der Arbeitslose Anlass für den Eintritt von Sperrzeiten mit einer Dauer von insgesamt mindestens 21 Wochen gegeben hat, über den Eintritt der Sperrzeiten schriftliche Bescheide erhalten hat und auf die Rechtsfolgen des Eintritts von Sperrzeiten mit einer Dauer von insgesamt mindestens 21 Wochen hingewiesen worden ist; dabei werden auch Sperrzeiten berücksichtigt, die in einem Zeitraum von zwölf Monaten vor der Entstehung des Anspruchs eingetreten sind und nicht bereits zum Erlöschen eines Anspruchs geführt haben.

(2) Der Anspruch auf Arbeitslosengeld kann nicht mehr geltend gemacht werden, wenn nach seiner Entstehung vier Jahre verstrichen sind.

Siebter Unterabschnitt
Teilarbeitslosengeld

§ 162 Teilarbeitslosengeld

(1) Anspruch auf Teilarbeitslosengeld hat, wer als Arbeitnehmerin oder Arbeitnehmer
1. teilarbeitslos ist,
2. sich teilarbeitslos gemeldet und
3. die Anwartschaftszeit für Teilarbeitslosengeld erfüllt hat.

(2) ¹Für das Teilarbeitslosengeld gelten die Vorschriften über das Arbeitslosengeld bei Arbeitslosigkeit sowie für Empfängerinnen und Empfänger dieser Leistung entsprechend, soweit sich aus den Besonderheiten des Teilarbeitslosengeldes nichts anderes ergibt, mit folgenden Maßgaben:
1. Teilarbeitslos ist, wer eine versicherungspflichtige Beschäftigung verloren hat, die er neben einer weiteren versicherungspflichtigen Beschäftigung ausgeübt hat, und eine versicherungspflichtige Beschäftigung sucht.
2. Die Anwartschaftszeit für das Teilarbeitslosengeld hat erfüllt, wer in der Teilarbeitslosengeld-Rahmenfrist von zwei Jahren neben der weiterhin ausgeübten versicherungspflichtigen Beschäftigung mindestens zwölf Monate eine weitere versicherungspflichtige Beschäftigung ausgeübt hat. ²Für die Teilarbeitslosengeld-Rahmenfrist gelten die Regelungen zum Arbeitslosengeld über die Rahmenfrist entsprechend.
3. Die Dauer des Anspruchs auf Teilarbeitslosengeld beträgt sechs Monate.
4. Bei der Feststellung des Lohnsteuer (§ 153 Absatz 2) ist die Lohnsteuerklasse maßgeblich, die für das Beschäftigungsverhältnis zuletzt galt, das den Anspruch auf Teilarbeitslosengeld begründet.
5. Der Anspruch auf Teilarbeitslosengeld erlischt,
    a) wenn die Arbeitnehmerin oder der Arbeitnehmer nach der Entstehung des Anspruchs eine Erwerbstätigkeit für mehr als zwei Wochen oder mit einer Arbeitszeit von mehr als fünf Stunden wöchentlich aufnimmt,
    b) wenn die Voraussetzungen für einen Anspruch auf Arbeitslosengeld erfüllt sind oder
    c) spätestens nach Ablauf eines Jahres seit Entstehung des Anspruchs.

Achter Unterabschnitt
Verordnungsermächtigung und Anordnungsermächtigung

§ 163 Verordnungsermächtigung

Das Bundesministerium für Arbeit und Soziales wird ermächtigt, durch Rechtsverordnung, die nicht der Zustimmung des Bundesrates bedarf,
1. Versorgungen im Sinne des § 9 Absatz 1 des Anspruchs- und Anwartschaftsüberführungsgesetzes der Altersrente oder der Rente wegen voller Erwerbsminderung gleichzustellen, soweit dies zur Vermeidung von Doppelleistungen erforderlich ist; es hat dabei zu bestimmen, ob das Arbeitslosengeld voll oder nur bis zur Höhe der Versorgungsleistung ruht, und
2. das Nähere zur Abgrenzung der ehrenamtlichen Betätigung im Sinne des § 138 Absatz 2 und zu den dabei maßgebenden Erfordernissen der beruflichen Eingliederung zu bestimmen.

§ 164 Anordnungsermächtigung

Die Bundesagentur wird ermächtigt, durch Anordnung Näheres zu bestimmen
1. zu den Eigenbemühungen von Arbeitslosen (§ 138 Absatz 1 Nummer 2, Absatz 4),
2. zu den Pflichten von Arbeitslosen, Vorschlägen der Agentur für Arbeit zur beruflichen Eingliederung Folge leisten zu können (§ 138 Absatz 5 Nummer 2), und
3. zu den Voraussetzungen einer Zustimmung zur Teilnahme an Bildungsmaßnahmen nach § 139 Absatz 3.

Zweiter Abschnitt
Insolvenzgeld

§ 165 Anspruch

(1) ¹Arbeitnehmerinnen und Arbeitnehmer haben Anspruch auf Insolvenzgeld, wenn sie im Inland beschäftigt waren und bei einem Insolvenzereignis für die vorausgegangenen drei Monate des Arbeitsverhältnisses noch Ansprüche auf Arbeitsentgelt haben. ²Als Insolvenzereignis gilt
1. die Eröffnung des Insolvenzverfahrens über das Vermögen des Arbeitgebers,
2. die Abweisung des Antrags auf Eröffnung des Insolvenzverfahrens mangels Masse oder

3. die vollständige Beendigung der Betriebstätigkeit im Inland, wenn ein Antrag auf Eröffnung des Insolvenzverfahrens nicht gestellt worden ist und ein Insolvenzverfahren offensichtlich mangels Masse nicht in Betracht kommt.

³Auch bei einem ausländischen Insolvenzereignis haben im Inland beschäftigte Arbeitnehmerinnen und Arbeitnehmer einen Anspruch auf Insolvenzgeld.

(2) ¹Zu den Ansprüchen auf Arbeitsentgelt gehören alle Ansprüche auf Bezüge aus dem Arbeitsverhältnis. ²Als Arbeitsentgelt für Zeiten, in denen auch während der Freistellung eine Beschäftigung gegen Arbeitsentgelt besteht (§ 7 Absatz 1a des Vierten Buches), gilt der Betrag, der auf Grund der schriftlichen Vereinbarung zur Bestreitung des Lebensunterhalts im jeweiligen Zeitraum bestimmt war. ³Hat die Arbeitnehmerin oder der Arbeitnehmer einen Teil ihres oder seines Arbeitsentgelts nach § 1 Absatz 2 Nummer 3 des Betriebsrentengesetzes umgewandelt und wird dieser Entgeltteil in einem Pensionsfonds, in einer Pensionskasse oder in einer Direktversicherung angelegt, gilt die Entgeltumwandlung für die Berechnung des Insolvenzgeldes als nicht vereinbart, soweit der Arbeitgeber keine Beiträge an den Versorgungsträger abgeführt hat.

(3) Hat eine Arbeitnehmerin oder ein Arbeitnehmer in Unkenntnis eines Insolvenzereignisses weitergearbeitet oder die Arbeit aufgenommen, besteht der Anspruch auf Insolvenzgeld für die dem Tag der Kenntnisnahme vorausgegangenen drei Monate des Arbeitsverhältnisses.

(4) Anspruch auf Insolvenzgeld hat auch der Erbe der Arbeitnehmerin oder des Arbeitnehmers.

(5) Der Arbeitgeber ist verpflichtet, einen Beschluss des Insolvenzgerichts über die Abweisung des Antrags auf Insolvenzeröffnung mangels Masse dem Betriebsrat oder, wenn kein Betriebsrat besteht, den Arbeitnehmerinnen und Arbeitnehmern unverzüglich bekannt zu geben.

§ 166 Anspruchsausschluss

(1) Arbeitnehmerinnen und Arbeitnehmer haben keinen Anspruch auf Insolvenzgeld für Ansprüche auf Arbeitsentgelt, die
1. sie wegen der Beendigung des Arbeitsverhältnisses oder für die Zeit nach der Beendigung des Arbeitsverhältnisses haben,
2. sie durch eine nach der Insolvenzordnung angefochtene Rechtshandlung oder eine Rechtshandlung, die im Fall der Eröffnung des Insolvenzverfahrens anfechtbar wäre, erworben haben oder
3. die Insolvenzverwalterin oder der Insolvenzverwalter wegen eines Rechts zur Leistungsverweigerung nicht erfüllt.

(2) Soweit Insolvenzgeld gezahlt worden ist, obwohl dies nach Absatz 1 ausgeschlossen ist, ist es zu erstatten.

§ 167 Höhe

(1) Insolvenzgeld wird in Höhe des Nettoarbeitsentgelts gezahlt, das sich ergibt, wenn das auf die monatliche Beitragsbemessungsgrenze (§ 341 Absatz 4) begrenzte Bruttoarbeitsentgelt um die gesetzlichen Abzüge vermindert wird.

(2) Ist die Arbeitnehmerin oder der Arbeitnehmer
1. im Inland einkommensteuerpflichtig, ohne dass Steuern durch Abzug vom Arbeitsentgelt erhoben werden, oder
2. im Inland nicht einkommensteuerpflichtig und unterliegt das Insolvenzgeld nach den für sie oder ihn maßgebenden Vorschriften nicht der Steuer,

sind vom Arbeitsentgelt die Steuern abzuziehen, die bei einer Einkommensteuerpflicht im Inland durch Abzug vom Arbeitsentgelt erhoben würden.

§ 168 Vorschuss

¹Die Agentur für Arbeit kann einen Vorschuss auf das Insolvenzgeld leisten, wenn
1. die Eröffnung des Insolvenzverfahrens über das Vermögen des Arbeitgebers beantragt ist,
2. das Arbeitsverhältnis beendet ist und
3. die Voraussetzungen für den Anspruch auf Insolvenzgeld mit hinreichender Wahrscheinlichkeit erfüllt werden.

²Die Agentur für Arbeit bestimmt die Höhe des Vorschusses nach pflichtgemäßem Ermessen. ³Der Vorschuss ist auf das Insolvenzgeld anzurechnen. ⁴Er ist zu erstatten,
1. wenn ein Anspruch auf Insolvenzgeld nicht zuerkannt wird oder
2. soweit ein Anspruch auf Insolvenzgeld nur in geringerer Höhe zuerkannt wird.

§ 169 Anspruchsübergang

¹Ansprüche auf Arbeitsentgelt, die einen Anspruch auf Insolvenzgeld begründen, gehen mit dem Antrag auf Insolvenzgeld auf die Bundesagentur über. ²§ 165 Absatz 2 Satz 3 gilt entsprechend. ³Die gegen die Arbeitnehmerin oder den Arbeitnehmer begründete Anfechtung nach der Insolvenzordnung findet gegen die Bundesagentur statt.

§ 170 Verfügungen über das Arbeitsentgelt

(1) Soweit die Arbeitnehmerin oder der Arbeitnehmer vor Antragstellung auf Insolvenzgeld Ansprüche auf Arbeitsentgelt einem Dritten übertragen hat, steht der Anspruch auf Insolvenzgeld diesem zu.

(2) Von einer vor dem Antrag auf Insolvenzgeld vorgenommenen Pfändung oder Verpfändung des Anspruchs auf Arbeitsentgelt wird auch der Anspruch auf Insolvenzgeld erfasst.

(3) Die an den Ansprüchen auf Arbeitsentgelt bestehenden Pfandrechte erlöschen, wenn die Ansprüche auf die Bundesagentur übergegangen sind und diese Insolvenzgeld an die berechtigte Person erbracht hat.

(4) [1]Der neue Gläubiger oder Pfandgläubiger hat keinen Anspruch auf Insolvenzgeld für Ansprüche auf Arbeitsentgelt, die ihm vor dem Insolvenzereignis ohne Zustimmung der Agentur für Arbeit zur Vorfinanzierung der Arbeitsentgelte übertragen oder verpfändet wurden. [2]Die Agentur für Arbeit darf der Übertragung oder Verpfändung nur zustimmen, wenn Tatsachen die Annahme rechtfertigen, dass durch die Vorfinanzierung der Arbeitsentgelte ein erheblicher Teil der Arbeitsstellen erhalten bleibt.

§ 171 Verfügungen über das Insolvenzgeld

[1]Nachdem das Insolvenzgeld beantragt worden ist, kann der Anspruch auf Insolvenzgeld wie Arbeitseinkommen gepfändet, verpfändet oder übertragen werden. [2]Eine Pfändung des Anspruchs vor diesem Zeitpunkt wird erst mit dem Antrag wirksam.

§ 172 Datenaustausch und Datenübermittlung

(1) [1]Ist der insolvente Arbeitgeber auch in einem anderen Mitgliedstaat der Europäischen Union tätig, teilt die Bundesagentur dem zuständigen ausländischen Träger von Leistungen bei Zahlungsunfähigkeit des Arbeitgebers das Insolvenzereignis und die im Zusammenhang mit der Erbringung von Insolvenzgeld getroffenen Entscheidungen mit, soweit dies für die Aufgabenwahrnehmung dieses ausländischen Trägers erforderlich ist. [2]Übermittelt ein ausländischer Träger der Bundesagentur entsprechende Daten, darf sie diese Daten zwecks Zahlung von Insolvenzgeld nutzen.

(2) Die Bundesagentur ist berechtigt, Daten über gezahltes Insolvenzgeld für jede Empfängerin und jeden Empfänger durch Datenfernübertragung an die in § 32b Absatz 3 des Einkommensteuergesetzes bezeichnete Übermittlungsstelle der Finanzverwaltung zu übermitteln.

Dritter Abschnitt
Ergänzende Regelungen zur Sozialversicherung

§ 173 Übernahme und Erstattung von Beiträgen bei Befreiung von der Versicherungspflicht in der Rentenversicherung

(1) [1]Wer Arbeitslosengeld oder Übergangsgeld bezieht und von der Versicherungspflicht in der gesetzlichen Rentenversicherung befreit ist (§ 6 Absatz 1 Satz 1 Nummer 1, § 231 Absatz 1 und 2 des Sechsten Buches), hat Anspruch auf

1. Übernahme der Beiträge, die für die Dauer des Leistungsbezugs an eine öffentlich-rechtliche Versicherungs- oder Versorgungseinrichtung einer Berufsgruppe oder an ein Versicherungsunternehmen zu zahlen sind, und
2. Erstattung der von der Leistungsbezieherin oder vom Leistungsbezieher für die Dauer des Leistungsbezugs freiwillig an die gesetzliche Rentenversicherung gezahlten Beiträge.

[2]Freiwillig an die gesetzliche Rentenversicherung gezahlte Beiträge werden nur bei Nachweis auf Antrag der Leistungsbezieherin oder des Leistungsbeziehers erstattet.

(2) [1]Die Bundesagentur übernimmt höchstens die von der Leistungsbezieherin oder dem Leistungsbezieher nach der Satzung der Versicherungs- oder Versorgungseinrichtung geschuldeten oder im Lebensversicherungsvertrag spätestens sechs Monate vor Beginn des Leistungsbezugs vereinbarten Beiträge. [2]Sie erstattet höchstens die von der Leistungsbezieherin oder dem Leistungsbezieher freiwillig an die gesetzliche Rentenversicherung gezahlten Beiträge.

(3) [1]Die von der Bundesagentur zu übernehmenden und zu erstattenden Beiträge sind auf die Höhe der Beiträge begrenzt, die die Bundesagentur ohne die Befreiung von der Versicherungspflicht in der gesetzlichen Rentenversicherung für die Dauer des Leistungsbezugs zu tragen hätte. [2]Die Leistungsbezieherin oder der Leistungsbezieher kann bestimmen, ob vorrangig Beiträge übernommen oder erstattet werden sollen. [3]Trifft die Leistungsbezieherin oder der Leistungsbezieher keine Bestimmung, sind die Beiträge in dem Verhältnis zu übernehmen und zu erstatten, in dem die von der Leistungsbezieherin oder dem Leistungsbezieher zu zahlenden oder freiwillig gezahlten Beiträge stehen.

(4) Die Leistungsbezieherin oder der Leistungsbezieher wird insoweit von der Verpflichtung befreit, Beiträge an die Versicherungs- oder Versorgungseinrichtung oder an das Versicherungsunternehmen zu zahlen, als die Bundesagentur die Beitragszahlung für sie oder ihn übernommen hat.

§ 174 Übernahme von Beiträgen bei Befreiung von der Versicherungspflicht in der Kranken- und Pflegeversicherung

(1) Bezieherinnen und Bezieher von Arbeitslosengeld, die
1. nach § 6 Absatz 3a des Fünften Buches in der gesetzlichen Krankenversicherung versicherungsfrei oder nach § 8 Absatz 1 Nummer 1a des Fünften Buches von der Versicherungspflicht befreit sind,
2. nach § 22 Absatz 1 des Elften Buches oder nach Artikel 42 des Pflege-Versicherungsgesetzes von der Versicherungspflicht in der sozialen Pflegeversicherung befreit oder nach § 23 Absatz 1 des Elften Buches bei einem privaten Krankenversicherungsunternehmen gegen das Risiko der Pflegebedürftigkeit versichert sind,

haben Anspruch auf Übernahme der Beiträge, die für die Dauer des Leistungsbezugs für eine Versicherung gegen Krankheit oder Pflegebedürftigkeit an ein privates Krankenversicherungsunternehmen zu zahlen sind.
(2) ¹Die Bundesagentur übernimmt die von der Leistungsbezieherin oder dem Leistungsbezieher an das private Krankenversicherungsunternehmen zu zahlenden Beiträge, höchstens jedoch die Beiträge, die sie ohne die Befreiung von der Versicherungspflicht in der gesetzlichen Krankenversicherung oder in der sozialen Pflegeversicherung zu tragen hätte. ²Hierbei sind zugrunde zu legen
1. für die Beiträge zur gesetzlichen Krankenversicherung der allgemeine Beitragssatz der gesetzlichen Krankenversicherung zuzüglich des durchschnittlichen Zusatzbeitragssatzes (§§ 241, 242a des Fünften Buches),
2. für die Beiträge zur sozialen Pflegeversicherung der Beitragssatz nach § 55 Absatz 1 Satz 1 des Elften Buches.

(3) Die Leistungsbezieherin oder der Leistungsbezieher wird insoweit von der Verpflichtung befreit, Beiträge an das private Krankenversicherungsunternehmen zu zahlen, als die Bundesagentur die Beitragszahlung für sie oder ihn übernommen hat.

§ 175 Zahlung von Pflichtbeiträgen bei Insolvenzereignis

(1) ¹Den Gesamtsozialversicherungsbeitrag nach § 28d des Vierten Buches, der auf Arbeitsentgelte für die letzten dem Insolvenzereignis vorausgegangenen drei Monate des Arbeitsverhältnisses entfällt und bei Eintritt des Insolvenzereignisses noch nicht gezahlt worden ist, zahlt die Agentur für Arbeit auf Antrag der zuständigen Einzugsstelle; davon ausgenommen sind Säumniszuschläge, die infolge von Pflichtverletzungen des Arbeitgebers zu zahlen sind, sowie die Zinsen für dem Arbeitgeber gestundete Beiträge. ²Die Einzugsstelle hat der Agentur für Arbeit die Beiträge nachzuweisen und dafür zu sorgen, dass die Beschäftigungszeit und das beitragspflichtige Bruttoarbeitsentgelt einschließlich des Arbeitsentgelts, für das Beiträge nach Satz 1 gezahlt werden, dem zuständigen Rentenversicherungsträger mitgeteilt werden. ³Die §§ 166, 314, 323 Absatz 1 Satz 1 und § 327 Absatz 3 gelten entsprechend.
(2) ¹Die Ansprüche auf die in Absatz 1 Satz 1 genannten Beiträge bleiben gegenüber dem Arbeitgeber bestehen. ²Soweit Zahlungen geleistet werden, hat die Einzugsstelle der Agentur für Arbeit die nach Absatz 1 Satz 1 gezahlten Beiträge zu erstatten.

Fünftes Kapitel
Zulassung von Trägern und Maßnahmen

§ 176 Grundsatz

(1) ¹Träger bedürfen der Zulassung durch eine fachkundige Stelle, um Maßnahmen der Arbeitsförderung selbst durchzuführen oder durchführen zu lassen. ²Arbeitgeber, die ausschließlich betriebliche Maßnahmen oder betriebliche Teile von Maßnahmen durchführen, bedürfen keiner Zulassung.
(2) ¹Maßnahmen nach § 45 Absatz 4 Satz 3 Nummer 1 bedürfen der Zulassung nach § 179 durch eine fachkundige Stelle. ²Maßnahmen der beruflichen Weiterbildung nach den §§ 81 und 82 bedürfen der Zulassung nach den §§ 179 und 180.

§ 177 Fachkundige Stelle

(1) ¹Fachkundige Stellen im Sinne des § 176 sind die von der Akkreditierungsstelle für die Zulassung nach dem Recht der Arbeitsförderung akkreditierten Zertifizierungsstellen. ²Mit der Akkreditierung als fachkundige Stelle ist keine Beleihung verbunden. ³Die Bundesagentur übt im Anwendungsbereich dieses Gesetzes die Fachaufsicht über die Akkreditierungsstelle aus.
(2) ¹Eine Zertifizierungsstelle ist von der Akkreditierungsstelle als fachkundige Stelle zu akkreditieren, wenn
1. sie über die für die Zulassung notwendigen Organisationsstrukturen sowie personellen und finanziellen Mittel verfügt,

2. die bei ihr mit den entsprechenden Aufgaben beauftragten Personen auf Grund ihrer Ausbildung, beruflichen Bildung und beruflichen Praxis befähigt sind, die Leistungsfähigkeit und Qualität von Trägern und Maßnahmen der aktiven Arbeitsförderung einschließlich der Prüfung und Bewertung eines Systems zur Sicherung der Qualität zu beurteilen; dies schließt besondere Kenntnisse der jeweiligen Aufgabengebiete der Träger sowie der Inhalte und rechtlichen Ausgestaltung der zuzulassenden Maßnahmen ein,
3. sie über die erforderliche Unabhängigkeit verfügt und damit gewährleistet, dass sie über die Zulassung von Trägern und Maßnahmen nur entscheidet, wenn sie weder mit diesen wirtschaftlich, personell oder organisatorisch verflochten ist noch zu diesen ein Beratungsverhältnis besteht oder bestanden hat; zur Überprüfbarkeit der Unabhängigkeit sind bei der Antragstellung personelle, wirtschaftliche und organisatorische Verflechtungen oder Beratungsverhältnisse mit Trägern offenzulegen,
4. die bei ihr mit den entsprechenden Aufgaben beauftragten Personen über die erforderliche Zuverlässigkeit verfügen, um die Zulassung ordnungsgemäß durchzuführen,
5. sie gewährleistet, dass die Empfehlungen des Beirats nach § 182 bei der Prüfung angewendet werden,
6. sie die ihr bei der Zulassung bekannt gewordenen Betriebs- und Geschäftsgeheimnisse schützt,
7. sie ein Qualitätsmanagementsystem anwendet,
8. sie ein Verfahren zur Prüfung von Beschwerden und zum Entziehen der Zulassung bei erheblichen Verstößen eingerichtet hat und
9. sie über ein transparentes und dokumentiertes Verfahren zur Ermittlung und Abrechnung des Aufwands der Prüfung von Trägern und Maßnahmen verfügt.

²Das Gesetz über die Akkreditierungsstelle bleibt unberührt.

(3) ¹Die Akkreditierung ist bei der Akkreditierungsstelle unter Beifügung der erforderlichen Unterlagen zu beantragen. ²Die Akkreditierung ist auf längstens fünf Jahre zu befristen. ³Die wirksame Anwendung des Qualitätsmanagementsystems ist von der Akkreditierungsstelle in jährlichen Abständen zu überprüfen.

(4) Der Akkreditierungsstelle sind Änderungen, die Auswirkungen auf die Akkreditierung haben können, unverzüglich anzuzeigen.

(5) ¹Liegt ein besonderes arbeitsmarktpolitisches Interesse vor, kann die innerhalb der Bundesagentur zuständige Stelle im Einzelfall die Aufgaben einer fachkundigen Stelle für die Zulassung von Trägern und Maßnahmen der beruflichen Weiterbildung wahrnehmen. ²Ein besonderes arbeitsmarktpolitisches Interesse liegt insbesondere dann vor, wenn die Teilnahme an individuell ausgerichteten Weiterbildungsmaßnahmen im Einzelfall gefördert werden soll.

§ 178 Trägerzulassung

Ein Träger ist von einer fachkundigen Stelle zuzulassen, wenn
1. er die erforderliche Leistungsfähigkeit und Zuverlässigkeit besitzt,
2. er in der Lage ist, durch eigene Bemühungen die berufliche Eingliederung von Teilnehmenden in den Arbeitsmarkt zu unterstützen,
3. Leitung, Lehr- und Fachkräfte über Aus- und Fortbildung sowie Berufserfahrung verfügen, die eine erfolgreiche Durchführung einer Maßnahme erwarten lassen,
4. er ein System zur Sicherung der Qualität anwendet und
5. seine vertraglichen Vereinbarungen mit den Teilnehmenden angemessene Bedingungen insbesondere über Rücktritts- und Kündigungsrechte enthalten.

§ 179 Maßnahmezulassung

(1) Eine Maßnahme ist von der fachkundigen Stelle zuzulassen, wenn sie
1. nach Gestaltung der Inhalte, der Methoden und Materialien ihrer Vermittlung sowie der Lehrorganisation eine erfolgreiche Teilnahme erwarten lässt und nach Lage und Entwicklung des Arbeitsmarktes zweckmäßig ist,
2. angemessene Teilnahmebedingungen bietet und die räumliche, personelle und technische Ausstattung die Durchführung der Maßnahme gewährleisten und
3. nach den Grundsätzen der Wirtschaftlichkeit und Sparsamkeit geplant und durchgeführt wird, insbesondere die Kosten und die Dauer angemessen sind; die Dauer ist angemessen, wenn sie sich auf den Umfang beschränkt, der notwendig ist, um das Maßnahmeziel zu erreichen.

(2) ¹Die Kosten einer Maßnahme nach § 45 Absatz 4 Satz 3 Nummer 1 und nach den §§ 81 und 82 sind angemessen, wenn sie sachgerecht ermittelt worden sind und die von der Bundesagentur für das jeweilige Maßnahme- oder Bildungsziel zweijährlich ermittelten durchschnittlichen Kostensätze nicht überschreiten oder die Überschreitung der durchschnittlichen Kostensätze auf notwendige besondere Aufwendungen zurückzuführen ist. ²Überschreiten die kalkulierten Maßnahmekosten aufgrund dieser Aufwendungen die durch-

schnittlichen Kostensätze um mehr als 25 Prozent, bedarf die Zulassung dieser Maßnahmen der Zustimmung der Bundesagentur.

(3) Eine Maßnahme, die im Ausland durchgeführt wird, kann nur zugelassen werden, wenn die Durchführung im Ausland für das Erreichen des Maßnahmeziels besonders dienlich ist.

§ 180 Ergänzende Anforderungen an Maßnahmen der beruflichen Weiterbildung

(1) Für eine Maßnahme der beruflichen Weiterbildung nach den §§ 81 und 82 gelten für die Zulassung durch die fachkundige Stelle ergänzend die Anforderungen der nachfolgenden Absätze.

(2) [1]Eine Maßnahme ist zuzulassen, wenn
1. durch sie berufliche Fertigkeiten, Kenntnisse und Fähigkeiten erhalten, erweitert, der technischen Entwicklung angepasst werden oder ein beruflicher Aufstieg ermöglicht wird,
2. sie einen beruflichen Abschluss vermittelt oder die Weiterbildung in einem Betrieb, die zu einem solchen Abschluss führt, unterstützend begleitet oder
3. sie zu einer anderen beruflichen Tätigkeit befähigt

und mit einem Zeugnis, das Auskunft über den Inhalt des vermittelten Lehrstoffs gibt, abschließt. [2]Sofern es dem Wiedereingliederungserfolg förderlich ist, soll die Maßnahme im erforderlichen Umfang Grundkompetenzen vermitteln und betriebliche Lernphasen vorsehen.

(3) [1]Ausgeschlossen von der Zulassung ist eine Maßnahme, wenn
1. überwiegend Wissen vermittelt wird, das dem von allgemeinbildenden Schulen angestrebten Bildungsziel entspricht, oder die Maßnahme auf den Erwerb eines Studienabschlusses an Hochschulen oder ähnlichen Bildungsstätten gerichtet ist oder
2. überwiegend nicht berufsbezogene Inhalte vermittelt werden.

[2]Satz 1 gilt nicht für Maßnahmen, die
1. auf den nachträglichen Erwerb des Hauptschulabschlusses vorbereiten,
2. Grundkompetenzen vermitteln, die für den Erwerb eines Abschlusses in einem anerkannten Ausbildungsberuf erforderlich sind, oder
3. die Weiterbildung in einem Betrieb, die zum Erwerb eines solchen Abschlusses führt, unterstützend begleiten.

(4) [1]Die Dauer einer Vollzeitmaßnahme, die zu einem Abschluss in einem allgemein anerkannten Ausbildungsberuf führt, ist angemessen im Sinne des § 179 Absatz 1 Nummer 3, wenn sie gegenüber einer entsprechenden Berufsausbildung um mindestens ein Drittel der Ausbildungszeit verkürzt ist. [2]Ist eine Verkürzung um mindestens ein Drittel der Ausbildungszeit auf Grund bundes- oder landesgesetzlicher Regelungen ausgeschlossen, so ist ein Maßnahmeteil von bis zu zwei Dritteln nur förderungsfähig, wenn bereits zu Beginn der Maßnahme die Finanzierung für die gesamte Dauer der Maßnahme auf Grund bundes- oder landesrechtlicher Regelungen gesichert ist. [3]Abweichend von Satz 1 ist die Dauer einer Vollzeitmaßnahme der beruflichen Weiterbildung auch dann angemessen, wenn sie nach dem Pflegeberufegesetz nicht um mindestens ein Drittel verkürzt werden kann; insoweit ist Satz 2 nicht anzuwenden.

(5) Zeiten einer der beruflichen Weiterbildung folgenden Beschäftigung, die der Erlangung der staatlichen Anerkennung oder der staatlichen Erlaubnis zur Ausübung des Berufes dienen, sind nicht berufliche Weiterbildung im Sinne dieses Buches.

§ 181 Zulassungsverfahren

(1) [1]Die Zulassung ist unter Beifügung der erforderlichen Unterlagen bei einer fachkundigen Stelle zu beantragen. [2]Der Antrag muss alle Angaben und Nachweise enthalten, die erforderlich sind, um das Vorliegen der Voraussetzungen festzustellen.

(2) [1]Soweit bereits eine Zulassung bei einer anderen fachkundigen Stelle beantragt worden ist, ist dies und die Entscheidung dieser fachkundigen Stelle mitzuteilen. [2]Beantragt der Träger die Zulassung von Maßnahmen nicht bei der fachkundigen Stelle, bei der er seine Zulassung als Träger beantragt hat, so hat er der fachkundigen Stelle, bei der er die Zulassung von Maßnahmen beantragt, alle Unterlagen für seine Zulassung und eine gegebenenfalls bereits erteilte Zulassung zur Verfügung zu stellen.

(3) [1]Der Träger kann beantragen, dass die fachkundige Stelle eine durch sie bestimmte Referenzauswahl von Maßnahmen prüft, die in einem angemessenen Verhältnis zur Zahl der Maßnahmen des Trägers stehen, für die er die Zulassung beantragt. [2]Die Zulassung aller Maßnahmen setzt voraus, dass die gesetzlichen Voraussetzungen für die geprüften Maßnahmen erfüllt sind. [3]Für nach der Zulassung angebotene weitere Maßnahmen des Trägers ist das Zulassungsverfahren in entsprechender Anwendung der Sätze 1 und 2 wieder zu eröffnen.

(4) [1]Die fachkundige Stelle entscheidet über den Antrag auf Zulassung des Trägers einschließlich seiner Zweigstellen sowie der Maßnahmen nach Prüfung der eingereichten Antragsunterlagen und örtlichen Prüfungen. [2]Sie soll dabei Zertifikate oder Anerkennungen unabhängiger Stellen, die in einem dem Zulassungsverfahren ent-

sprechenden Verfahren erteilt worden sind, ganz oder teilweise berücksichtigen. ³Sie kann das Zulassungsverfahren einmalig zur Nachbesserung nicht erfüllter Kriterien für längstens drei Monate aussetzen oder die Zulassung endgültig ablehnen. ⁴Die Entscheidung bedarf der Schriftform. ⁵An der Entscheidung dürfen Personen, die im Rahmen des Zulassungsverfahrens gutachterliche oder beratende Funktionen ausgeübt haben, nicht beteiligt sein.
(5) ¹Die fachkundige Stelle kann die Zulassung maßnahmebezogen und örtlich einschränken, wenn dies unter Berücksichtigung aller Umstände sowie von Lage und voraussichtlicher Entwicklung des Arbeitsmarktes gerechtfertigt ist oder dies beantragt wird. ²§ 177 Absatz 3 Satz 2 und 3 und Absatz 4 gilt entsprechend.
(6) ¹Mit der Zulassung wird ein Zertifikat vergeben. ²Die Zertifikate für die Zulassung des Trägers und für die Zulassung von Maßnahmen nach § 45 Absatz 4 Satz 3 Nummer 1 und den §§ 81 und 82 werden wie folgt bezeichnet:
1. „Zugelassener Träger nach dem Recht der Arbeitsförderung. Zugelassen durch (Name der fachkundigen Stelle) – von (Name der Akkreditierungsstelle) akkreditierte Zertifizierungsstelle",
2. „Zugelassene Maßnahme zur Aktivierung und beruflichen Eingliederung nach dem Recht der Arbeitsförderung. Zugelassen durch (Name der fachkundigen Stelle) – von (Name der Akkreditierungsstelle) akkreditierte Zertifizierungsstelle" oder
3. „Zugelassene Weiterbildungsmaßnahme für die Förderung der beruflichen Weiterbildung nach dem Recht der Arbeitsförderung. Zugelassen durch (Name der fachkundigen Stelle) – von (Name der Akkreditierungsstelle) akkreditierte Zertifizierungsstelle".
(7) Die fachkundige Stelle ist verpflichtet, die Zulassung zu entziehen, wenn der Träger die rechtlichen Anforderungen auch nach Ablauf einer von ihr gesetzten, drei Monate nicht überschreitenden Frist nicht erfüllt.
(8) Die fachkundige Stelle hat die Kostensätze der zugelassenen Maßnahmen zu erfassen und der Bundesagentur vorzulegen.
(9) ¹Die fachkundige Stelle hat der Akkreditierungsstelle jährlich in einer von der Akkreditierungsstelle vorgegebenen Form jeweils bis 31. März die Zahl
1. der im vorangegangenen Kalenderjahr neu erteilten Zulassungen von Trägern und Maßnahmen und
2. der am 31. Dezember des vorangegangenen Kalenderjahres gültigen Zulassungen von Trägern und Maßnahmen

für die jeweiligen Fachbereiche nach § 5 Absatz 1 Satz 3 der Akkreditierungs- und Zulassungsverordnung Arbeitsförderung zu übermitteln. ²Die Akkreditierungsstelle hat die ihr übermittelten Zahlen der Zulassungen von Trägern und Maßnahmen nach der in Satz 1 genannten Untergliederung zu veröffentlichen.

§ 182 Beirat
(1) Bei der Bundesagentur wird ein Beirat eingerichtet, der Empfehlungen für die Zulassung von Trägern und Maßnahmen aussprechen kann.
(2) ¹Dem Beirat gehören elf Mitglieder an. ²Er setzt sich zusammen aus
1. je einer Vertreterin oder einem Vertreter
   a) der Länder,
   b) der kommunalen Spitzenverbände,
   c) der Arbeitnehmerinnen und Arbeitnehmer,
   d) der Arbeitgeber,
   e) der Bildungsverbände,
   f) der Verbände privater Arbeitsvermittler,
   g) des Bundesministeriums für Arbeit und Soziales,
   h) des Bundesministeriums für Bildung und Forschung,
   i) der Akkreditierungsstelle sowie
2. zwei unabhängigen Expertinnen oder Experten.

³Die Mitglieder des Beirats werden durch die Bundesagentur im Einvernehmen mit dem Bundesministerium für Arbeit und Soziales und dem Bundesministerium für Bildung und Forschung berufen.
(3) ¹Vorschlagsberechtigt für die Vertreterin oder den Vertreter
1. der Länder ist der Bundesrat,
2. der kommunalen Spitzenverbände ist die Bundesvereinigung der kommunalen Spitzenverbände,
3. der Arbeitnehmerinnen und Arbeitnehmer ist der Deutsche Gewerkschaftsbund,
4. der Arbeitgeber ist die Bundesvereinigung der Deutschen Arbeitgeberverbände,
5. der Bildungsverbände sind die Bildungsverbände, die sich auf einen Vorschlag einigen,
6. der Verbände privater Arbeitsvermittler sind die Verbände privater Arbeitsvermittler, die sich auf einen Vorschlag einigen.

²§ 377 Absatz 3 gilt entsprechend.

(4) ¹Der Beirat gibt sich eine Geschäftsordnung. ²Die Bundesagentur übernimmt für die Mitglieder des Beirats die Reisekostenvergütung nach § 376.

§ 183 Qualitätsprüfung

(1) ¹Die Agentur für Arbeit kann die Durchführung einer Maßnahme nach § 176 Absatz 2 prüfen und deren Erfolg beobachten. ²Sie kann insbesondere
1. von dem Träger der Maßnahme sowie den Teilnehmenden Auskunft über den Verlauf der Maßnahme und den Eingliederungserfolg verlangen und
2. die Einhaltung der Voraussetzungen für die Zulassung des Trägers und der Maßnahme prüfen, indem sie Einsicht in alle die Maßnahme betreffenden Unterlagen des Trägers nimmt.

(2) ¹Die Agentur für Arbeit ist berechtigt, zum Zweck nach Absatz 1 Grundstücke, Geschäfts- und Unterrichtsräume des Trägers während der Geschäfts- oder Unterrichtszeit zu betreten. ²Wird die Maßnahme bei einem Dritten durchgeführt, ist die Agentur für Arbeit berechtigt, die Grundstücke, Geschäfts- und Unterrichtsräume des Dritten während dieser Zeit zu betreten. ³Stellt die Agentur für Arbeit bei der Prüfung der Maßnahme hinreichende Anhaltspunkte für Verstöße gegen datenschutzrechtliche Vorschriften fest, soll sie die zuständige Kontrollbehörde für den Datenschutz hiervon unterrichten.

(3) ¹Die Agentur für Arbeit kann vom Träger die Beseitigung festgestellter Mängel innerhalb einer angemessenen Frist verlangen. ²Die Agentur für Arbeit kann die Geltung des Aktivierungs- und Vermittlungsgutscheins oder des Bildungsgutscheins für einen Träger ausschließen und die Entscheidung über die Förderung aufheben, wenn
1. der Träger dem Verlangen nach Satz 1 nicht nachkommt,
2. die Agentur für Arbeit schwerwiegende und kurzfristig nicht zu behebende Mängel festgestellt hat,
3. die in Absatz 1 genannten Auskünfte nicht, nicht rechtzeitig oder nicht vollständig erteilt werden oder
4. die Prüfungen oder das Betreten der Grundstücke, Geschäfts- und Unterrichtsräume durch die Agentur für Arbeit nicht geduldet werden.

(4) Die Agentur für Arbeit teilt der fachkundigen Stelle und der Akkreditierungsstelle die nach den Absätzen 1 bis 3 gewonnenen Erkenntnisse mit.

§ 184 Verordnungsermächtigung

Das Bundesministerium für Arbeit und Soziales wird ermächtigt, durch Rechtsverordnung, die nicht der Zustimmung des Bundesrates bedarf, die Voraussetzungen für die Akkreditierung als fachkundige Stelle und für die Zulassung von Trägern und Maßnahmen einschließlich der jeweiligen Verfahren zu regeln.

Sechstes Kapitel
Ergänzende vergabespezifische Regelungen

§ 185 Vergabespezifisches Mindestentgelt für Aus- und Weiterbildungsdienstleistungen

(1) Träger haben bei der Ausführung eines öffentlichen Auftrags über Aus- und Weiterbildungsdienstleistungen nach diesem Buch im Gebiet der Bundesrepublik Deutschland ihren Arbeitnehmerinnen und Arbeitnehmern das Mindestentgelt zu zahlen, das durch eine Rechtsverordnung des Bundesministeriums für Arbeit und Soziales nach Absatz 2 verbindlich vorgegeben wird. Setzt der Träger Leiharbeitnehmerinnen oder Leiharbeitnehmer ein, so hat der Verleiher zumindest das Mindestentgelt nach Satz 1 zu zahlen. Die Verpflichtung zur Zahlung des Mindestentgelts nach der jeweils geltenden Verordnung nach § 7 Absatz 1 des Arbeitnehmer-Entsendegesetzes über zwingende Arbeitsbedingungen für Aus- und Weiterbildungsdienstleistungen nach dem Zweiten oder diesem Buch bleibt unberührt.

(2) Das Bundesministerium für Arbeit und Soziales wird ermächtigt, durch Rechtsverordnung, die nicht der Zustimmung des Bundesrates bedarf, festzulegen:
1. das Nähere zum sachlichen, persönlichen und zeitlichen Geltungsbereich des vergabespezifischen Mindestentgelts sowie
2. die Höhe des vergabespezifischen Mindestentgelts und dessen Fälligkeit.

Hierbei übernimmt die Rechtsverordnung die Vorgaben aus der jeweils geltenden Verordnung nach § 7 Absatz 1 des Arbeitnehmer-Entsendegesetzes in der Branche der Aus- und Weiterbildungsdienstleistungen nach dem Zweiten oder diesem Buch nach § 4 Absatz 1 Nummer 8 des Arbeitnehmer-Entsendegesetzes.

(3) Die Vorschriften des Gesetzes gegen Wettbewerbsbeschränkungen und der Vergabeverordnung sind anzuwenden.

Anm. d. Hrsg. zu § 185 Abs. 2: Vgl. Vergabemindestentgeltverordnung 2019 vom 27. März 2019 (BGBl. I S. 364).

§§ 186 bis 279 (weggefallen)

Siebtes Kapitel
Weitere Aufgaben der Bundesagentur

Erster Abschnitt
Statistiken, Arbeitsmarkt- und Berufsforschung, Berichterstattung

§ 280 Aufgaben

Die Bundesagentur hat Lage und Entwicklung der Beschäftigung und des Arbeitsmarktes im allgemeinen und nach Berufen, Wirtschaftszweigen und Regionen sowie die Wirkungen der aktiven Arbeitsförderung zu beobachten, zu untersuchen und auszuwerten, indem sie
1. Statistiken erstellt,
2. Arbeitsmarkt- und Berufsforschung betreibt und
3. Bericht erstattet.

§ 281 Arbeitsmarktstatistiken, Verordnungsermächtigung

(1) ¹Die Bundesagentur erstellt amtliche Statistiken über
1. Arbeitslosigkeit und Arbeitsuche von Arbeitnehmerinnen und Arbeitnehmern sowie deren Eingliederung in den Arbeitsmarkt,
2. Entgeltersatzleistungen nach diesem Buch und Leistungen zur Sicherung des Lebensunterhaltes nach dem Zweiten Buch,
3. Leistungen der aktiven Arbeitsförderung nach diesem Buch und Leistungen zur Eingliederung in Arbeit nach dem Zweiten Buch,
4. sozialversicherungspflichtige und geringfügige Beschäftigung,
5. Angebot und Nachfrage auf dem Ausbildungs- und Arbeitsmarkt sowie
6. weitere, in ihrem Geschäftsbereich anfallende Aufgaben.

²Die Bundesagentur hat die einheitliche und termingerechte Erstellung von Statistiken sicherzustellen, die Ergebnisse der Statistik in angemessener Gliederung zu veröffentlichen sowie die Daten zu analysieren. ³Für Ausländerinnen und Ausländer, die keine Unionsbürgerinnen oder Unionsbürger sind und sich nicht nur vorübergehend im Geltungsbereich des Gesetzes über das Ausländerzentralregister aufhalten, wird die Statistik der sozialversicherungspflichtig und geringfügig Beschäftigten zusätzlich nach dem Aufenthaltsstatus auf der Grundlage der nach § 23a des AZR-Gesetzes übermittelten Daten gegliedert.

(2) Die Bundesagentur verarbeitet für die in Absatz 1 genannten Zwecke
1. Daten, die im Rahmen der Erfüllung ihrer Aufgaben nach diesem Buch erhoben oder übermittelt werden,
2. Daten, die von den zuständigen Trägern der Grundsicherung für Arbeitsuchende nach § 51b des Zweiten Buches erhoben und übermittelt werden,
3. Daten aus den Meldungen nach § 28a des Vierten Buches,
4. Daten aus dem Anzeigeverfahren zur Beschäftigung schwerbehinderter Menschen nach § 163 Absatz 2 des Neunten Buches,
5. Daten, die ihr auf Grundlage von § 23a des AZR-Gesetzes übermittelt werden,
6. Daten, die ihr zur Verarbeitung für statistische Zwecke auf Grund anderer einzelgesetzlicher Vorschriften übermittelt werden oder wurden.

(3) ¹Für die Statistiken der Bundesagentur gelten die Grundsätze der Neutralität und Objektivität. ²Die Vorschriften der Geheimhaltung nach § 16 des Bundesstatistikgesetzes gelten entsprechend. ³Das Statistikgeheimnis ist durch technische und organisatorische Maßnahmen der Trennung zwischen statistischen und nichtstatistischen Aufgaben einzuhalten.

(4) ¹Die Bundesagentur hat zusätzlich den Migrationshintergrund in ihren Statistiken zu berücksichtigen und die hierfür erforderlichen Merkmale zu erheben. ²Die erhobenen Merkmale dürfen ausschließlich für statistische Zwecke verarbeitet werden. ³Sie sind in einem durch technische und organisatorische Maßnahmen von sonstiger Datenverarbeitung getrennten Bereich zu verarbeiten. ⁴Das Bundesministerium für Arbeit und Soziales bestimmt durch Rechtsverordnung ohne Zustimmung des Bundesrates das Nähere über die zu erhebenden Merkmale und die Durchführung des Verfahrens, insbesondere über Erhebung, Übermittlung und Speicherung der erhobenen Daten.

§ 282 Arbeitsmarkt- und Berufsforschung

(1) ¹Die Bundesagentur hat bei der Festlegung von Inhalt, Art und Umfang der Arbeitsmarkt- und Berufsforschung ihren eigenen Informationsbedarf sowie den des Bundesministeriums für Arbeit und Soziales zu berücksichtigen. ²Die Bundesagentur hat den Forschungsbedarf mindestens in jährlichen Zeitabständen mit dem Bundesministerium für Arbeit und Soziales abzustimmen.

(2) ¹Die Untersuchung der Wirkungen der Arbeitsförderung ist ein Schwerpunkt der Arbeitsmarktforschung. ²Sie soll zeitnah erfolgen und ist ständige Aufgabe des Instituts für Arbeitsmarkt- und Berufsforschung.
(3) Die Wirkungsforschung soll unter Berücksichtigung der unterschiedlichen Zielsetzungen dieses Buches insbesondere
1. untersuchen, in welchem Ausmaß die Teilnahme an einer Maßnahme die Vermittlungsaussichten der Teilnehmenden verbessert und ihre Beschäftigungsfähigkeit erhöht,
2. vergleichend die Kosten von Maßnahmen im Verhältnis zu ihrem Nutzen ermitteln,
3. volkswirtschaftliche Nettoeffekte beim Einsatz von Leistungen der aktiven Arbeitsförderung messen und
4. Auswirkungen auf Erwerbsverläufe analysieren.
(4) Arbeitsmarktforschung soll auch die Wirkungen der Arbeitsförderung auf regionaler Ebene untersuchen.
(5) ¹Innerhalb der Bundesagentur dürfen die Daten aus ihrem Geschäftsbereich und der Migrationshintergrund nach § 281 Absatz 4 Satz 1 dem Institut für Arbeitsmarkt- und Berufsforschung zur Verfügung gestellt und dort für dessen Zwecke gespeichert, verändert, genutzt, übermittelt oder in der Verarbeitung eingeschränkt werden. ²Das Institut für Arbeitsmarkt- und Berufsforschung darf ergänzend Erhebungen ohne Auskunftspflicht der zu Befragenden durchführen, wenn sich die Informationen nicht bereits aus den im Geschäftsbereich der Bundesagentur vorhandenen Daten oder aus anderen statistischen Quellen gewinnen lassen. ³Das Institut, das räumlich, organisatorisch und personell vom Verwaltungsbereich der Bundesagentur zu trennen ist, hat die Daten vor unbefugter Kenntnisnahme durch Dritte zu schützen. ⁴Die Daten dürfen nur für den Zweck der wissenschaftlichen Forschung genutzt werden. ⁵Die personenbezogenen Daten sind zu anonymisieren, sobald dies nach dem Forschungszweck möglich ist. ⁶Bis dahin sind die Merkmale gesondert zu speichern, mit denen Einzelangaben über persönliche oder sachliche Verhältnisse einer bestimmten oder bestimmbaren Person zugeordnet werden können. ⁷Das Statistische Bundesamt und die statistischen Ämter der Länder dürfen dem Institut für Arbeitsmarkt- und Berufsforschung Daten entsprechend § 16 Abs. 6 des Bundesstatistikgesetzes übermitteln.
(6) ¹Das Institut hat die nach § 28a des Vierten Buches gemeldeten und der Bundesagentur weiter übermittelten Daten der in der Bundesrepublik Deutschland Beschäftigten ohne Vor- und Zunamen nach der Versicherungsnummer langfristig in einem besonders geschützten Dateisystem zu speichern. ²Die in diesem Dateisystem gespeicherten Daten dürfen nur für Zwecke der wissenschaftlichen Forschung, der Arbeitsmarktstatistik und der nicht einzelfallbezogenen Planung gespeichert, verändert, genutzt, übermittelt oder in der Verarbeitung eingeschränkt werden. ³Sie sind zu anonymisieren, sobald dies mit dem genannten Zweck vereinbar ist.
(7) ¹Die Bundesagentur übermittelt wissenschaftlichen Einrichtungen auf Antrag oder Ersuchen anonymisierte Daten, die für Zwecke der Arbeitsmarkt- und Berufsforschung erforderlich sind. ²§ 282a Absatz 5 gilt entsprechend. ³Für Sozialdaten gilt § 75 des Zehnten Buches.

§ 282a Übermittlung von Daten

(1) ¹Die Bundesagentur ist berechtigt, dem Statistischen Bundesamt und den statistischen Ämtern der Länder Tabellen mit statistischen Ergebnissen zu übermitteln, soweit dies für Zwecke eines Zensus erforderlich ist. ²Diese Ergebnisse können auch Einzelfälle ausweisen.
(2) ¹Die Bundesagentur ist berechtigt, dem Statistischen Bundesamt und den statistischen Ämtern der Länder anonymisierte Einzeldaten zu sozialversicherungspflichtig Beschäftigten zu übermitteln, soweit diese Daten dort für die Erstellung der Erwerbstätigenstatistiken erforderlich sind. ²Die in Satz 1 genannten Daten dürfen den Statistischen Ämtern des Bundes und der Länder auch übermittelt werden, wenn sie für Zwecke des Verdienststatistikgesetzes oder für Statistiken über die Gesundheitsversorgung nach dem Anhang II der Verordnung (EG) Nr. 1338/2008 des Europäischen Parlaments und des Rates vom 16. Dezember 2008 zu Gemeinschaftsstatistiken über öffentliche Gesundheit und über Gesundheitsschutz und Sicherheit am Arbeitsplatz (ABl. L 354 vom 31. 12. 2008, S. 70) erforderlich sind.
(2a) ¹Die Bundesagentur ist berechtigt, dem Statistischen Bundesamt die in § 3 des Verwaltungsdatenverwendungsgesetzes bezeichneten Daten für die in § 1 desselben Gesetzes genannten Zwecke zu übermitteln. ²Satz 1 gilt auch für Daten, die nach Maßgabe einer Rechtsverordnung im Sinne des § 5 des Verwaltungsdatenverwendungsgesetzes zu übermitteln sind.
(2b) ¹Die Bundesagentur darf dem Statistischen Bundesamt und den statistischen Ämtern der Länder nach Gemeinden Tabellen mit statistischen Ergebnissen über die Zahl der sozialversicherungspflichtig Beschäftigten und die sozialversicherungspflichtigen Entgelte – jeweils ohne Beschäftigte von Gebietskörperschaften und Sozialversicherungen sowie deren Einrichtungen – übermitteln, soweit diese zur Festsetzung des Verteilungsschlüssels für den Gemeindeanteil am Aufkommen der Umsatzsteuer nach § 5a des Gemeindefinanzreformgesetzes erforderlich sind. ²Diese Ergebnisse können auch Einzelfälle ausweisen. ³Das Statistische Bundesamt und die statistischen Ämter der Länder dürfen die in Satz 1 genannten Angaben dem Bundesministerium der

Finanzen sowie den zuständigen obersten Landesbehörden übermitteln, soweit die Daten für die Festsetzung des Verteilungsschlüssels nach § 5a des Gemeindefinanzreformgesetzes erforderlich sind. ⁴Die Angaben dürfen nur auf Ersuchen übermittelt und nur für die in den Sätzen 1 und 2 genannten Zwecke gespeichert, verändert, genutzt, übermittelt oder in der Verarbeitung eingeschränkt werden. ⁵Sie sind vier Jahre nach Festsetzung des Verteilungsschlüssels zu löschen. ⁶Werden innerhalb dieser Frist Einwendungen gegen die Berechnung des Verteilungsschlüssels erhoben, dürfen die Angaben bis zur abschließenden Klärung der Einwendungen aufbewahrt werden, soweit sie für die Klärung erforderlich sind.

(3) ¹Das Statistische Bundesamt und die statistischen Ämter der Länder sind berechtigt, der zur Durchführung ausschließlich statistischer Aufgaben zuständigen Stelle der Bundesagentur nach Gemeinden Tabellen mit statistischen Ergebnissen über Selbständige, mithelfende Familienangehörige, Beamtinnen und Beamte sowie geringfügig Beschäftigte zu übermitteln, soweit sie für die Berechnung von Arbeitslosenquoten im Rahmen der Arbeitsmarktstatistik erforderlich sind. ²Diese Ergebnisse können auch Einzelfälle ausweisen. ³Diese übermittelten Angaben dürfen ausschließlich für statistische Zwecke verarbeitet werden.

(4) Für die Speicherung und für die Nutzung gegenüber den gesetzgebenden Körperschaften und für Zwecke der Planung, jedoch nicht für die Regelung von Einzelfällen, dürfen den obersten Bundes- oder Landesbehörden von der Bundesagentur Tabellen mit statistischen Ergebnissen übermittelt werden, auch soweit Tabellenfelder nur einen einzigen Fall ausweisen.

(5) Bedarf die Übermittlung einer Datenaufbereitung in erheblichem Umfang, ist über die Daten- oder Tabellenübermittlung eine schriftliche Vereinbarung zu schließen, die eine Regelung zur Erstattung der durch die Aufbereitung entstehenden Kosten vorsehen kann.

§ 282b Speicherung, Veränderung, Nutzung, Übermittlung, Einschränkung der Verarbeitung oder Löschung von Daten für die Ausbildungsvermittlung durch die Bundesagentur

(1) Die Bundesagentur darf die ihr von den Auskunftsstellen übermittelten Daten über eintragungsfähige oder eingetragene Ausbildungsverhältnisse vorbehaltlich des Absatzes 4 ausschließlich speichern, verändern, nutzen, übermitteln oder in der Verarbeitung einschränken zur Verbesserung der
1. Ausbildungsvermittlung,
2. Zuverlässigkeit und Aktualität der Ausbildungsvermittlungsstatistik oder
3. Feststellung von Angebot und Nachfrage auf dem Ausbildungsmarkt.

(2) Auskunftsstellen sind die nach dem Berufsbildungsgesetz zuständigen Stellen.

(3) Die Bundesagentur hat die ihr zu den Zwecken des Absatzes 1 übermittelten Daten und Datenträger spätestens zum Ende des Kalenderjahres zu löschen.

(4) Die Bundesagentur übermittelt die ihr von den Auskunftsstellen übermittelten Daten zu den in Absatz 1 genannten Zwecken an die für den Wohnort der oder des Auszubildenden zuständige gemeinsame Einrichtung nach § 44b des Zweiten Buches oder an den für den Wohnort der oder des Auszubildenden zuständigen zugelassenen kommunalen Träger nach § 6a des Zweiten Buches.

§ 283 Arbeitsmarktberichterstattung, Weisungsrecht

(1) ¹Die Bundesagentur hat die Arbeitsmarktstatistiken und die Ergebnisse der Arbeitsmarkt- und Berufsforschung dem Bundesministerium für Arbeit und Soziales vorzulegen und in geeigneter Form zu veröffentlichen. ²Die Bundesagentur hat zu gewährleisten, dass bei der Wahrnehmung der Aufgaben dieses Abschnitts neben einem eigenen kurzfristigen arbeitsmarktpolitischen Informationsbedarf auch dem des Bundesministeriums für Arbeit und Soziales entsprochen werden kann.

(2) Das Bundesministerium für Arbeit und Soziales kann Art und Umfang sowie Tatbestände und Merkmale der Statistiken und der Arbeitsmarktberichterstattung näher bestimmen und der Bundesagentur entsprechende fachliche Weisungen erteilen.

Zweiter Abschnitt
Erteilung von Genehmigungen und Erlaubnissen

Erster Unterabschnitt
Beschäftigung von Ausländerinnen und Ausländern

§ 284 Arbeitsgenehmigung-EU für Staatsangehörige der neuen EU-Mitgliedstaaten

(1) Soweit nach Maßgabe des Beitrittsvertrages eines Mitgliedstaates zur Europäischen Union abweichende Regelungen als Übergangsregelungen von der Arbeitnehmerfreizügigkeit anzuwenden sind, dürfen Staatsangehörige dieses Mitgliedstaates und ihre freizügigkeitsberechtigten Familienangehörigen eine Beschäftigung nur mit Genehmigung der Bundesagentur ausüben sowie von Arbeitgebern nur beschäftigt werden, wenn sie eine solche Genehmigung besitzen.

(2) ¹Die Genehmigung wird befristet als Arbeitserlaubnis-EU erteilt, wenn nicht Anspruch auf eine unbefristete Erteilung als Arbeitsberechtigung-EU besteht. ²Die Genehmigung ist vor Aufnahme der Beschäftigung einzuholen.
(3) Die Arbeitserlaubnis-EU kann nach Maßgabe des § 39 Abs. 2 bis 4 des Aufenthaltsgesetzes erteilt werden.
(4) ¹Unionsbürgerinnen und Unionsbürger nach Absatz 1 und ihre freizügigkeitsberechtigten Familienangehörigen, die ihren Wohnsitz oder gewöhnlichen Aufenthalt im Ausland haben und eine Beschäftigung im Bundesgebiet aufnehmen wollen, darf eine Arbeitserlaubnis-EU nur erteilt werden, wenn dies durch zwischenstaatliche Vereinbarung bestimmt oder aufgrund einer Rechtsverordnung zulässig ist. ²Für die Beschäftigungen, die durch Rechtsverordnung zugelassen werden, ist Staatsangehörigen aus den Mitgliedstaaten der Europäischen Union nach Absatz 1 gegenüber Staatsangehörigen aus Drittstaaten vorrangig eine Arbeitserlaubnis-EU zu erteilen, soweit dies der EU-Beitrittsvertrag vorsieht.
(5) Die Erteilung der Arbeitsberechtigung-EU bestimmt sich nach der aufgrund des § 288 erlassenen Rechtsverordnung.
(6) ¹Das Aufenthaltsgesetz und die aufgrund des § 42 des Aufenthaltsgesetzes erlassenen Rechtsverordnungen gelten entsprechend, soweit nicht eine aufgrund des § 288 erlassene Rechtsverordnung günstigere Regelungen enthält. ²Bei Anwendung der Vorschriften steht die Arbeitsgenehmigung-EU der Zustimmung zu einem Aufenthaltstitel nach § 4 Abs. 3 des Aufenthaltsgesetzes gleich.
(7) ¹Ein Aufenthaltstitel zur Ausübung einer Beschäftigung, der vor dem Tag, an dem der Beitrittsvertrag eines Mitgliedstaates zur Europäischen Union, der Übergangsregelungen hinsichtlich der Arbeitnehmerfreizügigkeit vorsieht, für die Bundesrepublik Deutschland in Kraft getreten ist, erteilt wurde, gilt als Arbeitserlaubnis-EU fort. ²Beschränkungen des Aufenthaltstitels hinsichtlich der Ausübung der Beschäftigung bleiben als Beschränkungen der Arbeitserlaubnis-EU bestehen. ³Ein vor diesem Zeitpunkt erteilter Aufenthaltstitel, der zur unbeschränkten Ausübung einer Beschäftigung berechtigt, gilt als Arbeitsberechtigung-EU fort.

§§ 285 und 286 (weggefallen)

§ 287 Gebühren für die Durchführung der Vereinbarungen über Werkvertragsarbeitnehmerinnen und Werkvertragsarbeitnehmer

(1) Für die Aufwendungen, die der Bundesagentur und den Behörden der Zollverwaltung bei der Durchführung der zwischenstaatlichen Vereinbarungen über die Beschäftigung von Arbeitnehmerinnen und Arbeitnehmern auf der Grundlage von Werkverträgen entstehen, kann vom Arbeitgeber der ausländischen Arbeitnehmerinnen und Arbeitnehmer eine Gebühr erhoben werden.
(2) ¹Die Gebühr wird für die Aufwendungen der Bundesagentur und der Behörden der Zollverwaltung erhoben, die im Zusammenhang mit dem Antragsverfahren und der Überwachung der Einhaltung der Vereinbarungen stehen, insbesondere für die
1. Prüfung der werkvertraglichen Grundlagen,
2. Prüfung der Voraussetzungen für die Beschäftigung der ausländischen Arbeitnehmerinnen und Arbeitnehmer,
3. Zusicherung, Erteilung und Aufhebung der Zustimmung zur Erteilung einer Aufenthaltserlaubnis zum Zwecke der Beschäftigung oder der Arbeitserlaubnis-EU,
4. Überwachung der Einhaltung der für die Ausführung eines Werkvertrages festgesetzten Zahl der Arbeitnehmerinnen und Arbeitnehmer,
5. Überwachung der Einhaltung der für die Arbeitgeber nach den Vereinbarungen bei der Beschäftigung ihrer Arbeitnehmerinnen und Arbeitnehmer bestehenden Pflichten einschließlich der Durchführung der dafür erforderlichen Prüfungen nach § 2 Abs. 1 Nr. 4 des Schwarzarbeitsbekämpfungsgesetzes durch die Behörden der Zollverwaltung sowie
6. Durchführung von Ausschlussverfahren nach den Vereinbarungen.

²Die Bundesagentur wird ermächtigt, durch Anordnung die gebührenpflichtigen Tatbestände zu bestimmen, für die Gebühr feste Sätze vorzusehen und den auf die Behörden der Zollverwaltung entfallenden Teil der Gebühren festzulegen und zu erheben.
(3) Der Arbeitgeber darf sich die Gebühr nach den Absätzen 1 und 2 weder ganz noch teilweise erstatten lassen.
(4) Im Übrigen sind die Vorschriften des Verwaltungskostengesetzes vom 23. Juni 1970 (BGBl. I S. 821) in der am 14. August 2013 geltenden Fassung anzuwenden.

§ 288 Verordnungsermächtigung und Weisungsrecht

(1) Das Bundesministerium für Arbeit und Soziales kann durch Rechtsverordnung
1. Ausnahmen für die Erteilung einer Arbeitserlaubnis an Ausländerinnen und Ausländer, die keine Aufenthaltsgenehmigung besitzen,
2. Ausnahmen für die Erteilung einer Arbeitserlaubnis unabhängig von der Arbeitsmarktlage,
3. Ausnahmen für die Erteilung einer Arbeitserlaubnis an Ausländerinnen und Ausländer mit Wohnsitz oder gewöhnlichem Aufenthalt im Ausland,

4. die Voraussetzungen für die Erteilung einer Arbeitserlaubnis sowie das Erfordernis einer ärztlichen Untersuchung von Ausländerinnen und Ausländern mit Wohnsitz oder gewöhnlichem Aufenthalt im Ausland mit deren Einwilligung für eine erstmalige Beschäftigung,
5. das Nähere über Umfang und Geltungsdauer der Arbeitserlaubnis,
6. weitere Personengruppen, denen eine Arbeitsberechtigung erteilt wird, sowie die zeitliche, betriebliche, berufliche und regionale Beschränkung der Arbeitsberechtigung,
7. weitere Ausnahmen von der Genehmigungspflicht sowie
8. die Voraussetzungen für das Verfahren und die Aufhebung einer Genehmigung

näher bestimmen.

(2) Das Bundesministerium für Arbeit und Soziales kann der Bundesagentur zur Durchführung der Bestimmungen dieses Unterabschnittes und der hierzu erlassenen Rechtsverordnungen sowie der von den Organen der Europäischen Gemeinschaften erlassenen Bestimmungen über den Zugang zum Arbeitsmarkt und der zwischenstaatlichen Vereinbarungen über die Beschäftigung von Arbeitnehmerinnen und Arbeitnehmern Weisungen erteilen.

Zweiter Unterabschnitt
Beratung und Vermittlung durch Dritte
Erster Titel
Berufsberatung

§ 288a Untersagung der Berufsberatung

(1) ¹Die Agentur für Arbeit hat einer natürlichen oder juristischen Person oder Personengesellschaft, die Berufsberatung betreibt (Berufsberatende), die Ausübung dieser Tätigkeit ganz oder teilweise zu untersagen, sofern dies zum Schutz der Ratsuchenden erforderlich ist. ²Bei einer juristischen Person oder Personengesellschaft kann auch einer von ihr für die Leitung des Betriebes bestellten Person die Ausübung der Tätigkeit ganz oder teilweise untersagt werden, sofern dies zum Schutz der Ratsuchenden erforderlich ist.
(2) ¹Im Untersagungsverfahren hat die betreffende Person auf Verlangen der Agentur für Arbeit
1. die Auskünfte zu erteilen, die zur Durchführung des Verfahrens erforderlich sind, und
2. die geschäftlichen Unterlagen vorzulegen, aus denen sich die Richtigkeit ihrer Angaben ergibt.

²Sie kann die Auskunft auf solche Fragen verweigern, deren Beantwortung sie selbst oder einen in § 383 Abs. 1 Nr. 1 bis 3 der Zivilprozeßordnung bezeichneten Angehörigen der Gefahr strafrechtlicher Verfolgung oder eines Verfahrens nach dem Gesetz über Ordnungswidrigkeiten aussetzen würde.
(3) ¹Soweit es zur Durchführung der Überprüfung erforderlich ist, sind die von der Agentur für Arbeit beauftragten Personen befugt, Geschäftsräume der betreffenden Person während der üblichen Geschäftszeiten zu betreten. ²Die Person hat Maßnahmen nach Satz 1 zu dulden.
(4) Untersagt die Agentur für Arbeit die Ausübung der Berufsberatung, so hat es die weitere Ausübung dieser Tätigkeit nach den Vorschriften des Verwaltungs-Vollstreckungsgesetzes zu verhindern.

§ 289 Offenbarungspflicht

¹Berufsberatende, die die Interessen eines Arbeitgebers oder einer Einrichtung wahrnehmen, sind verpflichtet, Ratsuchenden die Identität des Trägers oder der Einrichtung mitzuteilen; sie haben darauf hinzuweisen, dass sich die Interessenwahrnehmung auf die Beratungstätigkeit auswirken kann. ²Die Offenbarungspflicht besteht auch, wenn Berufsberatende zu einer Einrichtung Verbindungen unterhalten, deren Kenntnis für die Ratsuchenden zur Beurteilung einer Beratung von Bedeutung sein kann.

§ 290 Vergütungen

¹Für eine Berufsberatung dürfen Vergütungen von Ratsuchenden nur dann verlangt oder entgegengenommen werden, wenn die oder der Berufsberatende nicht zugleich eine Vermittlung von Ausbildungs- oder Arbeitsplätzen betreibt oder eine entsprechende Vermittlung in damit zusammenhängenden Geschäftsräumen betrieben wird. ²Entgegen Satz 1 geschlossene Vereinbarungen sind unwirksam.

Zweiter Titel
Ausbildungsvermittlung und Arbeitsvermittlung

§ 291 (weggefallen)

§ 292 Auslandsvermittlung, Anwerbung aus dem Ausland

Das Bundesministerium für Arbeit und Soziales kann durch Rechtsverordnung bestimmen, dass die Vermittlung für eine Beschäftigung im Ausland außerhalb der Europäischen Gemeinschaft oder eines anderen Vertragsstaates des Abkommens über den Europäischen Wirtschaftsraum sowie die Vermittlung und die Anwerbung aus diesem Ausland für eine Beschäftigung im Inland (Auslandsvermittlung) für bestimmte Berufe und Tätigkeiten nur von der Bundesagentur durchgeführt werden dürfen.

§§ 293 bis 295 (weggefallen)

§ 296 Vermittlungsvertrag zwischen Vermittlern und Arbeitsuchenden

(1) ¹Ein Vertrag, nach dem sich ein Vermittler verpflichtet, einer oder einem Arbeitsuchenden eine Arbeitsstelle zu vermitteln, bedarf der schriftlichen Form. ²In dem Vertrag ist insbesondere die Vergütung des Vermittlers anzugeben. ³Zu den Leistungen der Vermittlung gehören auch alle Leistungen, die zur Vorbereitung und Durchführung der Vermittlung erforderlich sind, insbesondere die Feststellung der Kenntnisse der oder des Arbeitsuchenden sowie die mit der Vermittlung verbundene Berufsberatung. ⁴Der Vermittler hat der oder dem Arbeitsuchenden den Vertragsinhalt in Textform mitzuteilen.
(2) ¹Die oder der Arbeitsuchende ist zur Zahlung der Vergütung nach Absatz 3 nur verpflichtet, wenn infolge der Vermittlung des Vermittlers der Arbeitsvertrag zustande gekommen ist und der Vermittler die Arbeitsuchende oder den Arbeitsuchenden bei grenzüberschreitenden Vermittlungen entsprechend der Regelung des § 299 informiert hat. ²Der Vermittler darf keine Vorschüsse auf die Vergütungen verlangen oder entgegennehmen.
(3) ¹Die Vergütung einschließlich der darauf entfallenden gesetzlichen Umsatzsteuer darf 2000 Euro nicht übersteigen, soweit nicht ein gültiger Aktivierungs- und Vermittlungsgutschein in einer abweichenden Höhe nach § 45 Absatz 6 Satz 3 und Satz 4 vorgelegt wird oder durch eine Rechtsverordnung nach § 301 für bestimmte Berufe oder Personengruppen etwas anderes bestimmt ist. ²Für die Vermittlung einer geringfügigen Beschäftigung nach § 8 des Vierten Buches darf der Vermittler eine Vergütung weder verlangen noch entgegennehmen. ³Bei der Vermittlung von Personen in Au-pair-Verhältnisse darf die Vergütung 150 Euro nicht übersteigen.
(4) ¹Arbeitsuchende, die dem Vermittler einen Aktivierungs- und Vermittlungsgutschein vorlegen, können die Vergütung abweichend von § 266 des Bürgerlichen Gesetzbuchs in Teilbeträgen zahlen. ²Die Vergütung ist nach Vorlage des Aktivierungs- und Vermittlungsgutscheins bis zu dem Zeitpunkt gestundet, in dem die Agentur für Arbeit nach Maßgabe von § 45 Absatz 6 gezahlt hat.

§ 296a Vergütungen bei Ausbildungsvermittlung

¹Für die Leistungen zur Ausbildungsvermittlung dürfen nur vom Arbeitgeber Vergütungen verlangt oder entgegengenommen werden. ²Zu den Leistungen zur Ausbildungsvermittlung gehören auch alle Leistungen, die zur Vorbereitung und Durchführung der Vermittlung erforderlich sind, insbesondere die Feststellung der Kenntnisse der oder des Ausbildungsuchenden sowie die mit der Ausbildungsvermittlung verbundene Berufsberatung.

§ 297 Unwirksamkeit von Vereinbarungen

Unwirksam sind
1. Vereinbarungen zwischen einem Vermittler und einer oder einem Arbeitsuchenden über die Zahlung der Vergütung, wenn deren Höhe die nach § 296 Abs. 3 zulässige Höchstgrenze überschreitet, wenn Vergütungen für Leistungen verlangt oder entgegengenommen werden, die nach § 296 Abs. 1 Satz 3 zu den Leistungen der Vermittlung gehören oder wenn die erforderliche Schriftform nicht eingehalten wird, und
1a. Vereinbarungen zwischen einem Vermittler und einer oder einem Arbeitsuchenden über die Zahlung einer Vergütung, wenn eine geringfügige Beschäftigung nach § 8 des Vierten Buches vermittelt werden soll oder vermittelt wurde,
2. Vereinbarungen zwischen einem Vermittler und einer oder einem Ausbildungsuchenden über die Zahlung einer Vergütung,
3. Vereinbarungen zwischen einem Vermittler und einem Arbeitgeber, wenn der Vermittler eine Vergütung mit einer oder einem Ausbildungsuchenden vereinbart oder von dieser oder diesem entgegennimmt, obwohl dies nicht zulässig ist, und
4. Vereinbarungen, die sicherstellen sollen, dass ein Arbeitgeber oder eine Person, die eine Ausbildung oder Arbeit sucht, sich ausschließlich eines bestimmten Vermittlers bedient.

§ 298 Behandlung von Daten

(1) ¹Vermittler dürfen Daten über zu besetzende Ausbildungs- und Arbeitsplätze und über Ausbildungsuchende sowie Arbeitnehmerinnen und Arbeitnehmer nur verarbeiten, soweit dies für die Verrichtung ihrer Vermittlungstätigkeit erforderlich ist. ²Sind diese Daten personenbezogen oder Geschäfts- oder Betriebsgeheimnisse, dürfen sie nur verarbeitet werden, soweit die betroffene Person im Einzelfall eingewilligt hat; § 67b Absatz 2 und 3 des Zehnten Buches gilt entsprechend. ³Übermittelt der Vermittler diese Daten im Rahmen seiner Vermittlungstätigkeit einer weiteren Person oder Einrichtung, darf diese sie nur zu dem Zweck speichern, verändern, nutzen, übermitteln oder in der Verarbeitung einschränken, zu dem sie ihr befugt übermittelt worden sind.
(2) ¹Von betroffenen Personen zur Verfügung gestellte Unterlagen sind unmittelbar nach Abschluss der Vermittlungstätigkeit zurückzugeben. ²Die übrigen Geschäftsunterlagen des Vermittlers sind nach Abschluss der Vermittlungstätigkeit drei Jahre aufzubewahren. ³Die Verwendung der Geschäftsunterlagen ist zur Kontrolle des Vermittlers durch die zuständigen Behörden sowie zur Wahrnehmung berechtigter Interessen des Vermittl-

lers zulässig. ⁴Personenbezogene Daten sind nach Ablauf der Aufbewahrungspflicht zu löschen. ⁵Personen können nach Abschluss der Vermittlungstätigkeit Abweichungen von den Sätzen 1, 3 und 4 gestatten; die Gestattung bedarf der Schriftform.

§ 299 Informationspflicht bei grenzüberschreitender Vermittlung
Bei einer grenzüberschreitenden Vermittlung hat der Vermittler die Arbeitsuchende oder den Arbeitsuchenden vor Abschluss des Arbeitsvertrages in schriftlicher Form und auf seine Kosten in der eigenen Sprache der oder des Arbeitsuchenden oder in einer Sprache, die die oder der Arbeitsuchende versteht, zu informieren über:
1. den Namen und die Anschrift des Arbeitgebers,
2. den vorgesehenen Zeitpunkt des Beginns und die vorgesehene Dauer des Arbeitsverhältnisses,
3. den Arbeitsort oder, falls die Arbeitnehmerin oder der Arbeitnehmer nicht nur an einem bestimmten Arbeitsort tätig sein soll, einen Hinweis, dass die Arbeitnehmerin oder der Arbeitnehmer an verschiedenen Orten beschäftigt werden kann,
4. die zu leistende Tätigkeit,
5. die vertragliche Arbeitszeit,
6. das vertragliche Arbeitsentgelt, einschließlich vorgesehener Abzüge,
7. die Dauer des vertraglichen Erholungsurlaubs,
8. die Fristen für die Kündigung des Arbeitsverhältnisses,
9. einen in allgemeiner Form gehaltenen Hinweis auf die Tarifverträge, Betriebs- oder Dienstvereinbarungen, die auf das Arbeitsverhältnis anzuwenden sind und
10. die Möglichkeit, die Beratungsdienste der Sozialpartner und staatlicher Stellen in Anspruch zu nehmen; hierbei sind mindestens beispielhaft die Beratungsstellen nach § 23a des Arbeitnehmer-Entsendegesetzes zu nennen und die jeweils aktuellen Kontaktdaten der erwähnten Beratungsdienste anzugeben.

§ 300 (weggefallen)

Dritter Titel
Verordnungsermächtigung

§ 301 Verordnungsermächtigung
Das Bundesministerium für Arbeit und Soziales wird ermächtigt, durch Rechtsverordnung zu bestimmen, dass für bestimmte Berufe oder Personengruppen Vergütungen vereinbart werden dürfen, die sich nach dem der Arbeitnehmerin oder dem Arbeitnehmer zustehenden Arbeitsentgelt bemessen.

§§ 302 und 303 (weggefallen)

Dritter Abschnitt

§§ 304 bis 308 (weggefallen)

Achtes Kapitel
Pflichten

Erster Abschnitt
Pflichten im Leistungsverfahren

Erster Unterabschnitt
Meldepflichten

§ 309 Allgemeine Meldepflicht
(1) ¹Arbeitslose haben sich während der Zeit, für die sie einen Anspruch auf Arbeitslosengeld erheben, bei der Agentur für Arbeit oder einer sonstigen Dienststelle der Bundesagentur persönlich zu melden oder zu einem ärztlichen oder psychologischen Untersuchungstermin zu erscheinen, wenn die Agentur für Arbeit sie dazu auffordert (allgemeine Meldepflicht). ²Die Meldung muss bei der in der Aufforderung zur Meldung bezeichneten Stelle erfolgen. ³Die allgemeine Meldepflicht besteht auch in Zeiten, in denen der Anspruch auf Arbeitslosengeld ruht.
(2) Die Aufforderung zur Meldung kann zum Zwecke der
1. Berufsberatung,
2. Vermittlung in Ausbildung oder Arbeit,
3. Vorbereitung aktiver Arbeitsförderungsleistungen,
4. Vorbereitung von Entscheidungen im Leistungsverfahren und
5. Prüfung des Vorliegens der Voraussetzungen für den Leistungsanspruch
erfolgen.

(3) ¹Die meldepflichtige Person hat sich zu der von der Agentur für Arbeit bestimmten Zeit zu melden. ²Ist der Meldetermin nach Tag und Tageszeit bestimmt, so ist die meldepflichtige Person der allgemeinen Meldepflicht auch dann nachgekommen, wenn sie sich zu einer anderen Zeit am selben Tag meldet und der Zweck der Meldung erreicht wird. ³Ist die meldepflichtige Person am Meldetermin arbeitsunfähig, so wirkt die Meldeaufforderung auf den ersten Tag der Arbeitsfähigkeit fort, wenn die Agentur für Arbeit dies in der Meldeaufforderung bestimmt.

(4) Die notwendigen Reisekosten, die der meldepflichtigen Person und einer erforderlichen Begleitperson aus Anlaß der Meldung entstehen, können auf Antrag übernommen werden, soweit sie nicht bereits nach anderen Vorschriften oder auf Grund anderer Vorschriften dieses Buches übernommen werden können.

§ 310 Meldepflicht bei Wechsel der Zuständigkeit

Wird für die Arbeitslose oder den Arbeitslosen nach der Arbeitslosmeldung eine andere Agentur für Arbeit zuständig, hat sie oder er sich bei der nunmehr zuständigen Agentur für Arbeit unverzüglich zu melden.

Zweiter Unterabschnitt
Anzeige- und Bescheinigungspflichten

§ 311 Anzeige- und Bescheinigungspflicht bei Arbeitsunfähigkeit

¹Wer Arbeitslosengeld oder Übergangsgeld beantragt hat oder bezieht, ist verpflichtet, der Agentur für Arbeit
1. eine eingetretene Arbeitsunfähigkeit und deren voraussichtliche Dauer unverzüglich anzuzeigen und
2. spätestens vor Ablauf des dritten Kalendertages nach Eintritt der Arbeitsunfähigkeit eine ärztliche Bescheinigung über die Arbeitsunfähigkeit und deren voraussichtliche Dauer vorzulegen.

²Die Agentur für Arbeit ist berechtigt, die Vorlage der ärztlichen Bescheinigung früher zu verlangen. ³Dauert die Arbeitsunfähigkeit länger als in der Bescheinigung angegeben, so ist der Agentur für Arbeit eine neue ärztliche Bescheinigung vorzulegen. ⁴Die Bescheinigungen müssen einen Vermerk der behandelnden Ärztin oder des behandelnden Arztes darüber enthalten, daß dem Träger der Krankenversicherung unverzüglich eine Bescheinigung über die Arbeitsunfähigkeit mit Angaben über den Befund und die voraussichtliche Dauer der Arbeitsunfähigkeit übersandt wird.

§ 312 Arbeitsbescheinigung

(1) ¹Der Arbeitgeber hat auf Verlangen der Arbeitnehmerin oder des Arbeitnehmers oder auf Verlangen der Bundesagentur alle Tatsachen zu bescheinigen, die für die Entscheidung über den Anspruch auf Arbeitslosengeld oder Übergangsgeld erheblich sein können (Arbeitsbescheinigung); dabei hat er den von der Bundesagentur hierfür vorgesehenen Vordruck zu benutzen. ²In der Arbeitsbescheinigung sind insbesondere
1. die Art der Tätigkeit der Arbeitnehmerin oder des Arbeitnehmers,
2. Beginn, Ende, Unterbrechung und Grund für die Beendigung des Beschäftigungsverhältnisses und
3. das Arbeitsentgelt und die sonstigen Geldleistungen, die die Arbeitnehmerin oder der Arbeitnehmer erhalten oder zu beanspruchen hat,

anzugeben. ³Die Arbeitsbescheinigung ist der Arbeitnehmerin oder dem Arbeitnehmer vom Arbeitgeber auszuhändigen.

(2) ¹Macht der Arbeitgeber geltend, die Arbeitslosigkeit sei die Folge eines Arbeitskampfes, so hat er dies darzulegen, glaubhaft zu machen und eine Stellungnahme der Betriebsvertretung beizufügen. ²Der Arbeitgeber hat der Betriebsvertretung die für die Stellungnahme erforderlichen Angaben zu machen.

(3) Für Zwischenmeisterinnen, Zwischenmeister und andere Auftraggeber von Heimarbeiterinnen und Heimarbeitern sowie für Leistungsträger, Unternehmen und Stellen, die Beiträge nach diesem Buch für Bezieherinnen und Bezieher von Sozialleistungen, Krankentagegeld oder Leistungen für den Ausfall von Arbeitseinkünften im Zusammenhang mit einer nach den §§ 8 und 8a des Transplantationsgesetzes erfolgenden Spende von Organen oder Geweben oder im Zusammenhang mit einer im Sinne von § 9 des Transfusionsgesetzes erfolgenden Spende von Blut zur Separation von Blutstammzellen oder anderen Blutbestandteilen zu entrichten haben, gelten die Absätze 1 und 2 entsprechend.

(4) Nach Beendigung des Vollzuges einer Untersuchungshaft, Freiheitsstrafe, Jugendstrafe oder freiheitsentziehenden Maßregel der Besserung und Sicherung oder einer einstweiligen Unterbringung nach § 126a der Strafprozeßordnung hat die Vollzugsanstalt der oder dem Entlassenen eine Bescheinigung über die Zeiten auszustellen, in denen sie oder er innerhalb der letzten sieben Jahre vor der Entlassung als Gefangene oder Gefangener versicherungspflichtig war.

§ 312a Arbeitsbescheinigung für Zwecke des über- und zwischenstaatlichen Rechts

(1) ¹Der Arbeitgeber hat auf Verlangen der Bundesagentur alle Tatsachen zu bescheinigen, deren Kenntnis für die Entscheidung über einen Anspruch auf Leistungen bei Arbeitslosigkeit eines von der Verordnung erfaßten

Staates notwendig ist und zu deren Bescheinigung die Bundesagentur nach Artikel 54 der Verordnung (EG) Nr. 987/2009 des Europäischen Parlaments und des Rates vom 16. September 2009 zur Festlegung der Modalitäten für die Durchführung der Verordnung (EG) Nr. 883/2004 über die Koordinierung der Systeme der sozialen Sicherheit (ABl. L 284 vom 30. 10. 2009, S. 1) verpflichtet ist. ²Der Arbeitgeber hat dabei den von der Bundesagentur hierfür vorgesehenen Vordruck zu benutzen. ³Die Sätze 1 und 2 gelten entsprechend für Bescheinigungspflichten der Bundesagentur gegenüber einem ausländischen Träger nach anderen Regelungen des über- oder zwischenstaatlichen Rechts. ⁴Die Bescheinigungspflichten umfassen nur Daten, zu deren Aufbewahrung der Arbeitgeber nach deutschen Rechtsvorschriften verpflichtet ist.
(2) Die Bescheinigungspflicht gilt auch in den Fällen des § 312 Absatz 3 und 4.

§ 313 Nebeneinkommensbescheinigung

(1) ¹Wer eine Person, die Berufsausbildungsbeihilfe, Ausbildungsgeld, Arbeitslosengeld oder Übergangsgeld (laufende Geldleistungen) beantragt hat oder bezieht, gegen Arbeitsentgelt beschäftigt oder dieser Person gegen Vergütung eine selbständige Tätigkeit überträgt, ist verpflichtet, dieser Person unverzüglich Art und Dauer der Beschäftigung oder der selbständigen Tätigkeit sowie die Höhe des Arbeitsentgelts oder der Vergütung für die Zeiten zu bescheinigen, für die diese Leistung beantragt worden ist oder bezogen wird. ²Dabei ist der von der Bundesagentur vorgesehene Vordruck zu benutzen. ³Die Bescheinigung über das Nebeneinkommen ist der Bezieherin oder dem Bezieher der Leistung vom Dienstberechtigten oder Besteller unverzüglich auszuhändigen.
(2) Wer eine laufende Geldleistung beantragt hat oder bezieht und Dienst- oder Werkleistungen gegen Vergütung erbringt, ist verpflichtet, dem Dienstberechtigten oder Besteller den für die Bescheinigung des Arbeitsentgelts oder der Vergütung vorgeschriebenen Vordruck unverzüglich vorzulegen.
(3) Die Absätze 1 und 2 gelten für Personen, die Kurzarbeitergeld beziehen oder für die Kurzarbeitergeld beantragt worden ist, entsprechend.

§ 313a Elektronische Bescheinigung

¹Die Bescheinigungen nach den §§ 312, 312a und 313 können von dem Bescheinigungspflichtigen der Bundesagentur elektronisch unter den Voraussetzungen des § 108 Absatz 1 des Vierten Buches übermittelt werden, es sei denn, dass die Person, für die eine Bescheinigung nach den §§ 312 oder 313 auszustellen ist, der Übermittlung widerspricht. ²Die Person, für die die Bescheinigung auszustellen ist, ist von dem Bescheinigungspflichtigen in allgemeiner Form schriftlich auf das Widerspruchsrecht hinzuweisen. ³§ 312 Absatz 1 Satz 3 und § 313 Absatz 1 Satz 3 finden keine Anwendung; die Bundesagentur hat der Person, für die eine Bescheinigung nach den §§ 312 oder 313 elektronisch übermittelt worden ist, unverzüglich einen Ausdruck der Daten zuzuleiten.

§ 314 Insolvenzgeldbescheinigung

(1) ¹Die Insolvenzverwalterin oder der Insolvenzverwalter hat auf Verlangen der Agentur für Arbeit für jede Arbeitnehmerin und jeden Arbeitnehmer, für die oder den ein Anspruch auf Insolvenzgeld in Betracht kommt, Folgendes zu bescheinigen:
1. die Höhe des Arbeitsentgelts für die letzten drei Monate des Arbeitsverhältnisses, die der Eröffnung des Insolvenzverfahrens vorausgegangen sind, sowie
2. die Höhe der gesetzlichen Abzüge und derjenigen Leistungen, die zur Erfüllung der Ansprüche auf Arbeitsentgelt erbracht worden sind.

²Das Gleiche gilt hinsichtlich der Höhe von Entgeltteilen, die gemäß § 1 Abs. 2 Nr. 3 des Betriebsrentengesetzes umgewandelt und vom Arbeitgeber nicht an den Versorgungsträger abgeführt worden sind. ³Dabei ist anzugeben, ob der Entgeltteil in einem Pensionsfonds, in einer Pensionskasse oder in einer Direktversicherung angelegt und welcher Versorgungsträger für die betriebliche Altersversorgung gewählt worden ist. ⁴Es ist auch zu bescheinigen, inwieweit die Ansprüche auf Arbeitsentgelt gepfändet, verpfändet oder abgetreten sind. ⁵Dabei ist der von der Bundesagentur vorgesehene Vordruck zu benutzen. ⁶Wird die Insolvenzgeldbescheinigung durch die Insolvenzverwalterin oder den Insolvenzverwalter nach § 36a des Ersten Buches übermittelt, sind zusätzlich die Anschrift und die Daten des Überweisungsweges mitzuteilen.
(2) ¹In den Fällen, in denen ein Insolvenzverfahren nicht eröffnet wird oder nach § 207 der Insolvenzordnung eingestellt worden ist, sind die Pflichten der Insolvenzverwalterin oder des Insolvenzverwalters vom Arbeitgeber zu erfüllen. ²Satz 1 gilt entsprechend in den Fällen, in denen eine Eigenverwaltung nach § 270 Absatz 1 Satz 1 der Insolvenzordnung angeordnet worden ist.

Dritter Unterabschnitt
Auskunfts-, Mitwirkungs- und Duldungspflichten

§ 315 Allgemeine Auskunftspflicht Dritter

(1) Wer einer Person, die eine laufende Geldleistung beantragt hat oder bezieht, Leistungen erbringt, die geeignet sind, die laufende Geldleistung auszuschließen oder zu mindern, hat der Agentur für Arbeit auf Verlangen hierüber Auskunft zu erteilen, soweit es zur Durchführung der Aufgaben nach diesem Buch erforderlich ist.

(2) ¹Wer einer Person, die eine laufende Geldleistung beantragt hat oder bezieht, zu Leistungen verpflichtet ist, die geeignet sind, die laufende Geldleistung auszuschließen oder zu mindern, oder für diese Person Guthaben führt oder Vermögensgegenstände verwahrt, hat der Agentur für Arbeit auf Verlangen hierüber sowie über das Einkommen oder Vermögen dieser Person Auskunft zu erteilen, soweit es zur Durchführung der Aufgaben nach diesem Buch erforderlich ist. ²§ 21 Abs. 3 Satz 4 des Zehnten Buches gilt entsprechend. ³Für die Feststellung einer Unterhaltsverpflichtung ist § 1605 Abs. 1 des Bürgerlichen Gesetzbuchs anzuwenden.

(3) Wer eine Person beschäftigt, die
1. selbst oder deren Ehegattin, Ehegatte, Lebenspartnerin oder Lebenspartner eine laufende Geldleistung beantragt hat oder bezieht oder
2. nach Absatz 2 zur Auskunft verpflichtet ist,

hat der Agentur für Arbeit auf Verlangen über die Beschäftigung, insbesondere über das Arbeitsentgelt, Auskunft zu erteilen, soweit es zur Durchführung der Aufgaben nach diesem Buch erforderlich ist.

(4) Die Absätze 1 bis 3 gelten entsprechend, wenn jemand anstelle einer laufenden Geldleistung Kurzarbeitergeld bezieht oder für ihn Kurzarbeitergeld beantragt worden ist.

(5) ¹Sind bei einer Bedürftigkeitsprüfung Einkommen oder Vermögen der Ehegattin oder des Ehegatten, der Lebenspartnerin oder des Lebenspartners oder der Partnerin oder des Partners einer eheähnlichen Gemeinschaft zu berücksichtigen, hat diese oder dieser der Agentur für Arbeit auf Verlangen hierüber Auskunft zu erteilen, soweit es zur Durchführung der Vorschriften dieses Buches erforderlich ist. ²Haben die Ehegattin oder der Ehegatte, die Lebenspartnerin oder der Lebenspartner oder die Partnerin oder der Partner einer eheähnlichen Gemeinschaft Dritte beauftragt, für diese oder diesen das Guthaben zu führen oder Vermögensgegenstände zu verwahren, haben sie entsprechend Auskunft zu erteilen. ³§ 21 Absatz 3 Satz 4 des Zehnten Buches gilt entsprechend.

§ 316 Auskunftspflicht bei Leistung von Insolvenzgeld

(1) Der Arbeitgeber, die Insolvenzverwalterin oder der Insolvenzverwalter, die Arbeitnehmerinnen oder Arbeitnehmer sowie sonstige Personen, die Einblick in die Arbeitsentgeltunterlagen hatten, sind verpflichtet, der Agentur für Arbeit auf Verlangen alle Auskünfte zu erteilen, die für die Durchführung der §§ 165 bis 171, 175, 320 Absatz 2, des § 327 Absatz 3 erforderlich sind.

(2) Der Arbeitgeber, die Arbeitnehmerinnen und Arbeitnehmer sowie sonstige Personen, die Einblick in die Arbeitsunterlagen hatten, sind verpflichtet, der Insolvenzverwalterin oder dem Insolvenzverwalter auf Verlangen alle Auskünfte zu erteilen, die diese oder dieser für die Insolvenzgeldbescheinigung nach § 314 benötigt.

§ 317 Auskunftspflicht bei Kurzarbeitergeld und Wintergeld

Wer Kurzarbeitergeld oder Wintergeld bezieht oder für wen diese Leistungen beantragt worden sind, hat dem zur Errechnung und Auszahlung der Leistungen Verpflichteten auf Verlangen die erforderlichen Auskünfte zu erteilen.

§ 318 Auskunftspflicht bei Maßnahmen der beruflichen Aus- oder Weiterbildung, Leistungen zur Teilhabe am Arbeitsleben, zur Aktivierung und beruflichen Eingliederung

(1) ¹Arbeitgeber und Träger, bei denen eine Maßnahme der beruflichen Aus- und Weiterbildung, eine Leistung zur Teilhabe am Arbeitsleben oder eine Maßnahme nach § 45 durchgeführt wurde oder wird, haben der Agentur für Arbeit unverzüglich Auskünfte über Tatsachen zu erteilen, die Aufschluss darüber geben, ob und inwieweit Leistungen zu Recht erbracht worden sind oder werden. ²Sie haben Änderungen, die für die Leistungen erheblich sind, unverzüglich der Agentur für Arbeit mitzuteilen.

(2) ¹Personen, die bei Teilnahme an Maßnahmen der beruflichen Aus- oder Weiterbildung, der Teilhabe am Arbeitsleben oder einer Maßnahme nach § 45 gefördert werden oder gefördert worden sind, sind verpflichtet,
1. der Agentur für Arbeit oder dem Träger der Maßnahme auf Verlangen Auskunft über den Eingliederungserfolg der Maßnahme sowie alle weiteren Auskünfte zu erteilen, die zur Qualitätsprüfung nach § 183 benötigt werden, und
2. eine Beurteilung ihrer Leistung und ihres Verhaltens durch den Träger zuzulassen.

²Träger sind verpflichtet,

1. ihre Beurteilungen der Teilnehmerin oder des Teilnehmers unverzüglich der Agentur für Arbeit zu übermitteln,
2. der für die einzelne Teilnehmerin oder den einzelnen Teilnehmer zuständigen Agentur für Arbeit kalendermonatlich die Fehltage der Teilnehmerin oder des Teilnehmers sowie die Gründe für die Fehltage mitzuteilen; dabei haben sie den von der Bundesagentur vorgesehenen Vordruck zu benutzen.

§ 319 Mitwirkungs- und Duldungspflichten

(1) ¹Wer eine Leistung der Arbeitsförderung beantragt, bezogen hat oder bezieht oder wer jemanden, bei dem dies der Fall ist oder für den eine Leistung beantragt wurde, beschäftigt oder mit Arbeiten beauftragt, hat der Bundesagentur, soweit dies zur Durchführung der Aufgaben nach diesem Buch erforderlich ist, Einsicht in Lohn-, Meldeunterlagen, Bücher und andere Geschäftsunterlagen und Aufzeichnungen und während der Geschäftszeit Zutritt zu seinen Grundstücken und Geschäftsräumen zu gewähren. ²Werden die Unterlagen nach Satz 1 bei einem Dritten verwahrt, ist die Bundesagentur zur Durchführung der Aufgaben nach diesem Buch berechtigt, auch dessen Grundstücke und Geschäftsräume während der Geschäftszeit zu betreten und Einsicht in diese Unterlagen zu nehmen.
(2) ¹In automatisierten Dateisystemen gespeicherte Daten hat der Arbeitgeber auf Verlangen und auf Kosten der Agenturen für Arbeit auszusondern und auf maschinenverwertbaren Datenträgern oder in Listen zur Verfügung zu stellen. ²Der Arbeitgeber darf maschinenverwertbare Datenträger oder Datenlisten, die die erforderlichen Daten enthalten, ungesondert zur Verfügung stellen, wenn die Aussonderung mit einem unverhältnismäßigen Aufwand verbunden wäre und überwiegende schutzwürdige Interessen der Betroffenen nicht entgegenstehen. ³In diesem Fall haben die Agenturen für Arbeit die erforderlichen Daten auszusondern. ⁴Die übrigen Daten dürfen darüber hinaus nicht verarbeitet werden. ⁵Sind die zur Verfügung gestellten Datenträger oder Datenlisten zur Durchführung der Aufgaben nach diesem Buch nicht mehr erforderlich, sind sie unverzüglich zu vernichten oder auf Verlangen des Arbeitgebers zurückzugeben.

Vierter Unterabschnitt
Sonstige Pflichten

§ 320 Berechnungs-, Auszahlungs-, Aufzeichnungs- und Anzeigepflichten

(1) ¹Der Arbeitgeber hat der Agentur für Arbeit auf Verlangen die Voraussetzungen für die Erbringung von Kurzarbeitergeld und Wintergeld nachzuweisen. ²Er hat diese Leistungen kostenlos zu errechnen und auszuzahlen. ³Dabei hat er beim Kurzarbeitergeld von den Lohnsteuerabzugsmerkmalen in dem maßgeblichen Antragszeitraum auszugehen; auf Grund einer Bescheinigung der für die Arbeitnehmerin oder den Arbeitnehmer zuständigen Agentur für Arbeit ist den erhöhten Leistungssatz auch anzuwenden, wenn für ein Kind ein Kinderfreibetrag nicht als Lohnsteuerabzugsmerkmal gebildet ist.
(2) ¹Die Insolvenzverwalterin oder der Insolvenzverwalter hat auf Verlangen der Agentur für Arbeit das Insolvenzgeld zu errechnen und auszuzahlen, wenn ihr oder ihm dafür geeignete Arbeitnehmerinnen oder Arbeitnehmer des Betriebs zur Verfügung stehen und die Agentur für Arbeit die Mittel für die Auszahlung des Insolvenzgeldes bereitstellt. ²Kosten werden nicht erstattet.
(3) ¹Arbeitgeber, in deren Betrieben Wintergeld geleistet wird, haben für jeden Arbeitstag während der Dauer der beantragten Förderung Aufzeichnungen über die im Betrieb oder auf der Baustelle geleisteten sowie die ausgefallenen Arbeitsstunden zu führen. ²Arbeitgeber, in deren Betrieben Saison-Kurzarbeitergeld geleistet wird, haben diese Aufzeichnungen für jeden Arbeitstag während der Schlechtwetterzeit zu führen. ³Die Aufzeichnungen nach Satz 1 und 2 sind vier Jahre aufzubewahren.
(4) (weggefallen)
(4a) ¹Der Arbeitgeber hat der Agentur für Arbeit die Voraussetzungen für die Erbringung von Leistungen zur Förderung der Teilnahme an Transfermaßnahmen nachzuweisen. ²Auf Anforderung der Agentur für Arbeit hat der Arbeitgeber das Ergebnis von Maßnahmen zur Feststellung der Eingliederungsaussichten mitzuteilen.
(5) ¹Arbeitgeber, in deren Betrieben ein Arbeitskampf stattfindet, haben bei dessen Ausbruch und Beendigung der Agentur für Arbeit unverzüglich Anzeige zu erstatten. ²Die Anzeige bei Ausbruch des Arbeitskampfes muß Name und Anschrift des Betriebes, Datum des Beginns der Arbeitseinstellung und Zahl der betroffenen Arbeitnehmerinnen und Arbeitnehmer enthalten. ³Die Anzeige bei Beendigung des Arbeitskampfes muß außer Name und Anschrift des Betriebes das Datum der Beendigung der Arbeitseinstellung, die Zahl der an den einzelnen Tagen betroffenen Arbeitnehmerinnen und Arbeitnehmer sowie die Zahl der durch Arbeitseinstellung ausgefallenen Arbeitstage enthalten.

Zweiter Abschnitt
Schadensersatz bei Pflichtverletzungen

§ 321 Schadensersatz

Wer vorsätzlich oder fahrlässig
1. eine Arbeitsbescheinigung nach § 312, eine Nebeneinkommensbescheinigung nach § 313 oder eine Insolvenzgeldbescheinigung nach § 314 nicht, nicht richtig oder nicht vollständig ausfüllt,
2. eine Auskunft auf Grund der allgemeinen Auskunftspflicht Dritter nach § 315, der Auskunftspflicht bei beruflicher Aus- und Weiterbildung und bei einer Leistung zur Teilhabe am Arbeitsleben nach § 318 oder der Auskunftspflicht bei Leistung von Insolvenzgeld nach § 316 nicht, nicht richtig oder nicht vollständig erteilt,
3. als Arbeitgeber seine Berechnungs-, Auszahlungs-, Aufzeichnungs- und Mitteilungspflichten bei Kurzarbeitergeld, Wintergeld und Leistungen zur Förderung von Transfermaßnahmen nach § 320 Abs. 1 Satz 2 und 3, Abs. 3 und 4a nicht erfüllt,
3a. als Arbeitgeber Leistungen zur Förderung nach § 82 Absatz 6 Satz 3 nicht, nicht richtig, nicht vollständig oder nicht rechtzeitig an die Arbeitnehmerinnen und Arbeitnehmer und den Träger der Maßnahme weiterleitet,
4. als Insolvenzverwalterin oder Insolvenzverwalter die Verpflichtung zur Errechnung und Auszahlung des Insolvenzgeldes nach § 320 Abs. 2 Satz 1 nicht erfüllt,

ist der Bundesagentur zum Ersatz des daraus entstandenen Schadens verpflichtet.

Dritter Abschnitt
Verordnungsermächtigung und Anordnungsermächtigung

§ 321a Verordnungsermächtigung

Das Bundesministerium für Arbeit und Soziales wird ermächtigt, durch Rechtsverordnung mit Zustimmung des Bundesrates das Nähere über Art und Umfang der Pflichten nach dem Zweiten bis Vierten Unterabschnitt des Ersten Abschnitts sowie dem Zweiten Abschnitt dieses Kapitels einschließlich des zu beachtenden Verfahrens und der einzuhaltenden Fristen zu bestimmen.

§ 322 Anordnungsermächtigung

[1]Die Bundesagentur wird ermächtigt, durch Anordnung Näheres über die Meldepflicht der Arbeitslosen zu bestimmen. [2]Sie kann auch bestimmen, inwieweit Einrichtungen außerhalb der Bundesagentur auf ihren Antrag zur Entgegennahme der Meldung zuzulassen sind.

Neuntes Kapitel
Gemeinsame Vorschriften für Leistungen

Erster Abschnitt
Antrag und Fristen

§ 323 Antragserfordernis

(1) [1]Leistungen der Arbeitsförderung werden auf Antrag erbracht. [2]Arbeitslosengeld gilt mit der Arbeitslosmeldung als beantragt, wenn die oder der Arbeitslose keine andere Erklärung abgibt. [3]Leistungen der aktiven Arbeitsförderung können auch von Amts wegen erbracht werden, wenn die Berechtigten zustimmen. [4]Die Zustimmung gilt insoweit als Antrag.

(2) [1]Kurzarbeitergeld, Leistungen zur Förderung der Teilnahme an Transfermaßnahmen und ergänzende Leistungen nach § 102 sind vom Arbeitgeber schriftlich oder elektronisch unter Beifügung einer Stellungnahme der Betriebsvertretung zu beantragen. [2]Der Antrag kann auch von der Betriebsvertretung gestellt werden. [3]Für den Antrag des Arbeitgebers auf Erstattung der Sozialversicherungsbeiträge und Lehrgangskosten für die Bezieherinnen und Bezieher von Kurzarbeitergeld gilt Satz 1 entsprechend mit der Maßgabe, dass die Erstattung ohne Stellungnahme des Betriebsrats beantragt werden kann. [4]Mit einem Antrag auf Saison-Kurzarbeitergeld oder ergänzende Leistungen nach § 102 sind die Namen, Anschriften und Sozialversicherungsnummern der Arbeitnehmerinnen und Arbeitnehmer mitzuteilen, für die die Leistung beantragt wird. [5]Saison-Kurzarbeitergeld oder ergänzende Leistungen nach § 102 sollen bis zum 15. des Monats beantragt werden, der dem Monat folgt, in dem die Tage liegen, für die die Leistungen beantragt werden. [6]In den Fällen, in denen ein Antrag auf Kurzarbeitergeld, Saison-Kurzarbeitergeld, Erstattung der Sozialversicherungsbeiträge für die Bezieherinnen und Bezieher von Kurzarbeitergeld oder ergänzende Leistungen nach § 102 elektronisch gestellt wird, kann das Verfahren nach § 108 Absatz 1 des Vierten Buches genutzt werden.

§ 324 Antrag vor Leistung

(1) ¹Leistungen der Arbeitsförderung werden nur erbracht, wenn sie vor Eintritt des leistungsbegründenden Ereignisses beantragt worden sind. ²Zur Vermeidung unbilliger Härten kann die Agentur für Arbeit eine verspätete Antragstellung zulassen.
(2) ¹Berufsausbildungsbeihilfe, Ausbildungsgeld und Arbeitslosengeld können auch nachträglich beantragt werden. ²Kurzarbeitergeld, die Erstattung der Sozialversicherungsbeiträge und Lehrgangskosten für die Bezieherinnen und Bezieher von Kurzarbeitergeld und ergänzende Leistungen nach § 102 sind nachträglich zu beantragen.
(3) ¹Insolvenzgeld ist abweichend von Absatz 1 Satz 1 innerhalb einer Ausschlußfrist von zwei Monaten nach dem Insolvenzereignis zu beantragen. ²Wurde die Frist aus nicht selbst zu vertretenden Gründen versäumt, wird Insolvenzgeld geleistet, wenn der Antrag innerhalb von zwei Monaten nach Wegfall des Hinderungsgrundes gestellt worden ist. ³Ein selbst zu vertretender Grund liegt vor, wenn sich Arbeitnehmerinnen und Arbeitnehmer nicht mit der erforderlichen Sorgfalt um die Durchsetzung ihrer Ansprüche bemüht haben.

§ 325 Wirkung des Antrages

(1) Berufsausbildungsbeihilfe und Ausbildungsgeld werden rückwirkend längstens vom Beginn des Monats an geleistet, in dem die Leistungen beantragt worden sind.
(2) ¹Arbeitslosengeld wird nicht rückwirkend geleistet. ²Ist die zuständige Agentur für Arbeit an einem Tag, an dem die oder der Arbeitslose Arbeitslosengeld beantragen will, nicht dienstbereit, so wirkt ein Antrag auf Arbeitslosengeld in gleicher Weise wie eine Arbeitslosmeldung zurück.
(3) Kurzarbeitergeld, die Erstattung von Sozialversicherungsbeiträgen und Lehrgangskosten für Bezieherinnen und Bezieher von Kurzarbeitergeld und ergänzende Leistungen nach § 102 sind für den jeweiligen Kalendermonat innerhalb einer Ausschlußfrist von drei Kalendermonaten zu beantragen; die Frist beginnt mit Ablauf des Monats, in dem die Tage liegen, für die die Leistungen beantragt werden.
(4) (weggefallen)
(5) Leistungen zur Förderung der Teilnahme an Transfermaßnahmen sind innerhalb einer Ausschlussfrist von drei Monaten nach Ende der Maßnahme zu beantragen.

§ 326 Ausschlußfrist für Gesamtabrechnung

(1) ¹Für Leistungen an Träger hat der Träger der Maßnahme der Agentur für Arbeit innerhalb einer Ausschlußfrist von sechs Monaten die Unterlagen vorzulegen, die für eine abschließende Entscheidung über den Umfang der zu erbringenden Leistungen erforderlich sind (Gesamtabrechnung). ²Die Frist beginnt mit Ablauf des Kalendermonats, in dem die Maßnahme beendet worden ist.
(2) Erfolgt die Gesamtabrechnung nicht rechtzeitig, sind die erbrachten Leistungen von dem Träger in dem Umfang zu erstatten, in dem die Voraussetzungen für die Leistungen nicht nachgewiesen worden sind.

Zweiter Abschnitt
Zuständigkeit

§ 327 Grundsatz

(1) ¹Für Leistungen an Arbeitnehmerinnen und Arbeitnehmer, mit Ausnahme des Kurzarbeitergeldes, des Wintergeldes, des Insolvenzgeldes und der Leistungen zur Förderung der Teilnahme an Transfermaßnahmen, ist die Agentur für Arbeit zuständig, in deren Bezirk die Arbeitnehmerin oder der Arbeitnehmer bei Eintritt der leistungsbegründenden Tatbestände ihren oder seinen Wohnsitz hat. ²Solange die Arbeitnehmerin oder der Arbeitnehmer sich nicht an ihrem oder seinem Wohnsitz aufhält, ist die Agentur für Arbeit zuständig, in deren Bezirk die Arbeitnehmerin oder der Arbeitnehmer bei Eintritt der leistungsbegründenden Tatbestände ihren oder seinen gewöhnlichen Aufenthalt hat.
(2) Auf Antrag der oder des Arbeitslosen hat die Agentur für Arbeit eine andere Agentur für Arbeit für zuständig zu erklären, wenn nach der Arbeitsmarktlage keine Bedenken entgegenstehen oder die Ablehnung für die Arbeitslose oder den Arbeitslosen eine unbillige Härte bedeuten würde.
(3) ¹Für Kurzarbeitergeld, die Erstattung der Sozialversicherungsbeiträge und Lehrgangskosten für die Bezieherinnen und Bezieher von Kurzarbeitergeld, ergänzende Leistungen nach § 102 und Insolvenzgeld ist die Agentur für Arbeit zuständig, in deren Bezirk die für den Arbeitgeber zuständige Lohnabrechnungsstelle liegt. ²Für Insolvenzgeld ist, wenn der Arbeitgeber im Inland keine Lohnabrechnungsstelle hat, die Agentur für Arbeit zuständig, in deren Bezirk das Insolvenzgericht seinen Sitz hat. ³Für Leistungen zur Förderung der Teilnahme an Transfermaßnahmen ist die Agentur für Arbeit zuständig, in deren Bezirk der Betrieb des Arbeitgebers liegt.
(4) Für Leistungen an Arbeitgeber, mit Ausnahme der Erstattung von Beiträgen zur Sozialversicherung für Personen, die Saison-Kurzarbeitergeld beziehen, ist die Agentur für Arbeit zuständig, in deren Bezirk der Betrieb des Arbeitgebers liegt.

(5) Für Leistungen an Träger ist die Agentur für Arbeit zuständig, in deren Bezirk das Projekt oder die Maßnahme durchgeführt wird.
(6) Die Bundesagentur kann die Zuständigkeit abweichend von den Absätzen 1 bis 5 auf andere Dienststellen übertragen.

Dritter Abschnitt
Leistungsverfahren in Sonderfällen

§ 328 Vorläufige Entscheidung

(1) ¹Über die Erbringung von Geldleistungen kann vorläufig entschieden werden, wenn
1. die Vereinbarkeit einer Vorschrift dieses Buches, von der die Entscheidung über den Antrag abhängt, mit höherrangigem Recht Gegenstand eines Verfahrens bei dem Bundesverfassungsgericht oder dem Gerichtshof der Europäischen Gemeinschaften ist,
2. eine entscheidungserhebliche Rechtsfrage von grundsätzlicher Bedeutung Gegenstand eines Verfahrens beim Bundessozialgericht ist oder
3. zur Feststellung der Voraussetzungen des Anspruchs einer Arbeitnehmerin oder eines Arbeitnehmers auf Geldleistungen voraussichtlich längere Zeit erforderlich ist, die Voraussetzungen für den Anspruch mit hinreichender Wahrscheinlichkeit vorliegen und die Arbeitnehmerin oder der Arbeitnehmer die Umstände, die einer sofortigen abschließenden Entscheidung entgegenstehen, nicht zu vertreten hat.

²Umfang und Grund der Vorläufigkeit sind anzugeben. ³In den Fällen des Satzes 1 Nr. 3 ist auf Antrag vorläufig zu entscheiden.
(2) Eine vorläufige Entscheidung ist nur auf Antrag der berechtigten Person für endgültig zu erklären, wenn sie nicht aufzuheben oder zu ändern ist.
(3) ¹Auf Grund der vorläufigen Entscheidung erbrachte Leistungen sind auf die zustehende Leistung anzurechnen. ²Soweit mit der abschließenden Entscheidung ein Leistungsanspruch nicht oder nur in geringerer Höhe zuerkannt wird, sind auf Grund der vorläufigen Entscheidung erbrachte Leistungen zu erstatten; auf Grund einer vorläufigen Entscheidung erbrachtes Kurzarbeitergeld und Wintergeld ist vom Arbeitgeber zurückzuzahlen.
(4) Absatz 1 Satz 1 Nr. 3 und Satz 2 und 3, Absatz 2 sowie Absatz 3 Satz 1 und 2 sind für die Erstattung von Arbeitgeberbeiträgen zur Sozialversicherung entsprechend anwendbar.

§ 329 Einkommensberechnung in besonderen Fällen

Die Agentur für Arbeit kann das zu berücksichtigende Einkommen nach Anhörung der oder des Leistungsberechtigten schätzen, soweit Einkommen nur für kurze Zeit zu berücksichtigen ist.

§ 330 Sonderregelungen für die Aufhebung von Verwaltungsakten

(1) Liegen die in § 44 Abs. 1 Satz 1 des Zehnten Buches genannten Voraussetzungen für die Rücknahme eines rechtswidrigen nicht begünstigenden Verwaltungsaktes vor, weil er auf einer Rechtsnorm beruht, die nach Erlaß des Verwaltungsaktes für nichtig oder für unvereinbar mit dem Grundgesetz erklärt oder in ständiger Rechtsprechung anders als durch die Agentur für Arbeit ausgelegt worden ist, so ist der Verwaltungsakt, wenn er unanfechtbar geworden ist, nur mit Wirkung für die Zeit nach der Entscheidung des Bundesverfassungsgerichts oder ab dem Bestehen der ständigen Rechtsprechung zurückzunehmen.
(2) Liegen die in § 45 Abs. 2 Satz 3 des Zehnten Buches genannten Voraussetzungen für die Rücknahme eines rechtswidrigen begünstigenden Verwaltungsaktes vor, ist dieser auch mit Wirkung für die Vergangenheit zurückzunehmen.
(3) ¹Liegen die in § 48 Abs. 1 Satz 2 des Zehnten Buches genannten Voraussetzungen für die Aufhebung eines Verwaltungsaktes mit Dauerwirkung vor, ist dieser mit Wirkung vom Zeitpunkt der Änderung der Verhältnisse aufzuheben. ²Abweichend von § 48 Abs. 1 Satz 1 des Zehnten Buches ist mit Wirkung vom Zeitpunkt der Änderung der Verhältnisse an ein Verwaltungsakt auch aufzuheben, soweit sich das Bemessungsentgelt auf Grund einer Absenkung nach § 200 Abs. 3 zu Ungunsten der Betroffenen oder des Betroffenen ändert.
(4) Liegen die Voraussetzungen für die Rücknahme eines Verwaltungsaktes vor, mit dem ein Anspruch auf Erstattung des Arbeitslosengeldes durch Arbeitgeber geltend gemacht wird, ist dieser mit Wirkung für die Vergangenheit zurückzunehmen.

§ 331 Vorläufige Zahlungseinstellung

(1) ¹Die Agentur für Arbeit kann die Zahlung einer laufenden Leistung ohne Erteilung eines Bescheides vorläufig einstellen, wenn sie Kenntnis von Tatsachen erhält, die kraft Gesetzes zum Ruhen oder zum Wegfall des Anspruchs führen und wenn der Bescheid, aus dem sich der Anspruch ergibt, deshalb mit Wirkung für die Vergangenheit aufzuheben ist. ²Soweit die Kenntnis nicht auf Angaben der Person beruht, die die laufende

Leistung erhält, sind ihr unverzüglich die vorläufige Einstellung der Leistung sowie die dafür maßgeblichen Gründe mitzuteilen, und es ist ihr Gelegenheit zu geben, sich zu äußern.

(2) Die Agentur für Arbeit hat eine vorläufig eingestellte laufende Leistung unverzüglich nachzuzahlen, soweit der Bescheid, aus dem sich der Anspruch ergibt, zwei Monate nach der vorläufigen Einstellung der Zahlung nicht mit Wirkung für die Vergangenheit aufgehoben ist.

§ 332 Übergang von Ansprüchen

(1) [1]Die Agentur für Arbeit kann durch schriftliche Anzeige an die leistungspflichtige Person bewirken, daß Ansprüche einer erstattungspflichtigen Person auf Leistungen zur Deckung des Lebensunterhalts, insbesondere auf
1. Renten der Sozialversicherung,
2. Renten nach dem Bundesversorgungsgesetz sowie Renten, die nach anderen Gesetzen in entsprechender Anwendung des Bundesversorgungsgesetzes gewährt werden,
3. Renten nach dem Gesetz zur Regelung der Rechtsverhältnisse der unter Artikel 131 des Grundgesetzes fallenden Personen,
4. Unterhaltsbeihilfe nach dem Gesetz über die Unterhaltsbeihilfe für Angehörige von Kriegsgefangenen,
5. Unterhaltsbeihilfe nach dem Lastenausgleichsgesetz,
6. Mutterschaftsgeld oder auf Sonderunterstützung nach dem Mutterschutzgesetz,
7. Arbeitsentgelt aus einem Arbeitsverhältnis, das während des Bezugs der zurückzuzahlenden Leistung bestanden hat,

in Höhe der zurückzuzahlenden Leistung auf die Bundesagentur übergehen, es sei denn, die Bundesagentur hat insoweit aus dem gleichen Grund einen Erstattungsanspruch nach den §§ 102 bis 105 des Zehnten Buches. [2]Der Übergang beschränkt sich auf Ansprüche, die der rückzahlungspflichtigen Person für den Zeitraum in der Vergangenheit zustehen, für den die zurückzuzahlenden Leistungen gewährt worden sind. [3]Hat die rückzahlungspflichtige Person den unrechtmäßigen Bezug der Leistung vorsätzlich oder grob fahrlässig herbeigeführt, so geht in den Fällen nach Satz 1 Nr. 1 bis 5 auch der Anspruch auf die Hälfte der laufenden Bezüge auf die Agentur für Arbeit insoweit über, als die rückzahlungspflichtige Person dieses Teils der Bezüge zur Deckung ihres Lebensunterhalts und des Lebensunterhalts ihrer unterhaltsberechtigten Angehörigen nicht bedarf.

(2) Die leistungspflichtige Person hat ihre Leistungen in Höhe des nach Absatz 1 übergegangenen Anspruchs an die Bundesagentur abzuführen.

(3) [1]Wer nach Absatz 1 Satz 1 Nummer 1 bis 5 leistungspflichtig ist, hat den Eingang eines Antrags auf Rente, Unterhaltsbeihilfe oder Unterhaltshilfe der Agentur für Arbeit mitzuteilen, von der die Antragstellerin oder der Antragsteller zuletzt Leistungen nach diesem Buch bezogen hat. [2]Die Mitteilungspflicht entfällt, wenn der Bezug dieser Leistungen im Zeitpunkt der Antragstellung länger als drei Jahre zurückliegt. [3]Bezüge für eine zurückliegende Zeit dürfen an die Antragstellerin oder den Antragsteller frühestens zwei Wochen nach Abgang der Mitteilung an die Bundesagentur ausgezahlt werden, falls bis zur Auszahlung eine Anzeige der Agentur für Arbeit nach Absatz 1 nicht vorliegt.

(4) Der Rechtsübergang wird nicht dadurch ausgeschlossen, daß der Anspruch nicht übertragen, verpfändet oder gepfändet werden kann.

§ 333 Aufrechnung

(1) Wurde eine Entgeltersatzleistung zu Unrecht bezogen, weil der Anspruch wegen der Anrechnung von Nebeneinkommen gemindert war oder wegen einer Sperrzeit ruhte, so kann die Agentur für Arbeit mit dem Anspruch auf Erstattung gegen einen Anspruch auf die genannten Leistungen abweichend von § 51 Abs. 2 des Ersten Buches in voller Höhe aufrechnen.

(2) Der Anspruch auf Rückzahlung von Leistungen kann gegen einen Anspruch auf Rückzahlung zu Unrecht entrichteter Beiträge zur Arbeitsförderung aufgerechnet werden.

(3) Die Bundesagentur kann mit Ansprüchen auf
1. Rückzahlung von erstatteten Sozialversicherungsbeiträgen und Lehrgangskosten für Bezieherinnen und Bezieher von Kurzarbeitergeld, von Kurzarbeitergeld und von ergänzenden Leistungen nach § 102, die vorläufig erbracht wurden, und
2. Winterbeschäftigungs-Umlage

gegen Ansprüche auf Kurzarbeitergeld und Wintergeld, die vom Arbeitgeber verauslagt sind, aufrechnen; insoweit gilt der Arbeitgeber als anspruchsberechtigt.

§ 334 Pfändung von Leistungen

Bei Pfändung eines Geldleistungs- oder Erstattungsanspruchs gilt die Agentur für Arbeit, die über den Anspruch entschieden oder zu entscheiden hat, als Drittschuldner im Sinne der §§ 829 und 845 der Zivilprozeßordnung.

§ 335 Erstattung von Beiträgen zur Kranken-, Renten- und Pflegeversicherung

(1) ¹Wurden von der Bundesagentur für eine Bezieherin oder für einen Bezieher von Arbeitslosengeld Beiträge zur gesetzlichen Krankenversicherung gezahlt, so hat die Bezieherin oder der Bezieher dieser Leistungen der Bundesagentur die Beiträge zu ersetzen, soweit die Entscheidung über die Leistung rückwirkend aufgehoben und die Leistung zurückgefordert worden ist. ²Hat für den Zeitraum, für den die Leistung zurückgefordert worden ist, ein weiteres Krankenversicherungsverhältnis bestanden, so erstattet diejenige Stelle, an die die Beiträge aufgrund der Versicherungspflicht nach § 5 Absatz 1 Nummer 2 des Fünften Buches gezahlt wurden, der Bundesagentur die für diesen Zeitraum entrichteten Beiträge; die Bezieherin oder der Bezieher wird insoweit von der Ersatzpflicht nach Satz 1 befreit; § 5 Abs. 1 Nr. 2 zweiter Halbsatz des Fünften Buches gilt nicht. ³Werden die beiden Versicherungsverhältnisse bei verschiedenen Krankenkassen durchgeführt und wurden in dem Zeitraum, in dem die Versicherungsverhältnisse nebeneinander bestanden, Leistungen von der Krankenkasse erbracht, bei der die Bezieherin oder der Bezieher nach § 5 Abs. 1 Nr. 2 des Fünften Buches versicherungspflichtig war, so besteht kein Beitragserstattungsanspruch nach Satz 2. ⁴Die Bundesagentur, der Spitzenverband Bund der Krankenkassen (§ 217a des Fünften Buches) und das Bundesamt für Soziale Sicherung in seiner Funktion als Verwalter des Gesundheitsfonds können das Nähere über die Erstattung der Beiträge nach den Sätzen 2 und 3 durch Vereinbarung regeln. ⁵Satz 1 gilt entsprechend, soweit die Bundesagentur Beiträge, die für die Dauer des Leistungsbezuges an ein privates Versicherungsunternehmen zu zahlen sind, übernommen hat.

(2) ¹Beiträge für Versicherungspflichtige nach § 5 Abs. 1 Nr. 2 des Fünften Buches, denen eine Rente aus der gesetzlichen Rentenversicherung oder Übergangsgeld von einem nach § 251 Abs. 1 des Fünften Buches beitragspflichtigen Rehabilitationsträger gewährt worden ist, sind der Bundesagentur vom Träger der Rentenversicherung oder vom Rehabilitationsträger zu ersetzen, wenn und soweit wegen der Gewährung von Arbeitslosengeld ein Erstattungsanspruch der Bundesagentur gegen den Träger der Rentenversicherung oder den Rehabilitationsträger besteht. ²Satz 1 ist entsprechend anzuwenden in den Fällen, in denen der oder dem Arbeitslosen von einem Träger der gesetzlichen Rentenversicherung wegen einer Leistung zur medizinischen Rehabilitation oder zur Teilhabe am Arbeitsleben Übergangsgeld oder eine Rente wegen verminderter Erwerbsfähigkeit zuerkannt wurde (§ 145 Absatz 3). ³Zu ersetzen sind
1. vom Rentenversicherungsträger die Beitragsanteile der versicherten Rentnerin oder des versicherten Rentners und des Trägers der Rentenversicherung, die diese ohne die Regelung dieses Absatzes für dieselbe Zeit aus der Rente zu entrichten gehabt hätten,
2. vom Rehabilitationsträger der Betrag, den er als Krankenversicherungsbeitrag hätte leisten müssen, wenn die versicherte Person nicht nach § 5 Abs. 1 Nr. 2 des Fünften Buches versichert gewesen wäre.

⁴Der Träger der Rentenversicherung und der Rehabilitationsträger sind nicht verpflichtet, für dieselbe Zeit Beiträge zur Krankenversicherung zu entrichten. ⁵Die versicherte Person ist abgesehen von Satz 3 Nr. 1 nicht verpflichtet, für dieselbe Zeit Beiträge aus der Rente zur Krankenversicherung zu entrichten.

(3) ¹Der Arbeitgeber hat der Bundesagentur die im Falle des § 157 Absatz 3 geleisteten Beiträge zur Kranken- und Rentenversicherung zu ersetzen, soweit er für dieselbe Zeit Beiträge zur Kranken- und Rentenversicherung der Arbeitnehmerin oder des Arbeitnehmers zu entrichten hat. ²Er wird insoweit von seiner Verpflichtung befreit, Beiträge an die Kranken- und Rentenversicherung zu entrichten. ³Die Sätze 1 und 2 gelten entsprechend für den Zuschuß nach § 257 des Fünften Buches.

(4) Hat auf Grund des Bezuges von Arbeitslosengeld nach § 157 Absatz 3 eine andere Krankenkasse die Krankenversicherung durchgeführt als diejenige Kasse, die für das Beschäftigungsverhältnis zuständig ist, aus dem die Leistungsempfängerin oder der Leistungsempfänger Arbeitsentgelt bezieht oder zu beanspruchen hat, so erstatten die Krankenkassen einander Beiträge und Leistungen wechselseitig.

(5) Für die Beiträge der Bundesagentur zur sozialen Pflegeversicherung für Versicherungspflichtige nach § 20 Abs. 1 Satz 2 Nr. 2 des Elften Buches sind die Absätze 1 bis 3 entsprechend anzuwenden.

§ 336 Leistungsrechtliche Bindung

Stellt die Deutsche Rentenversicherung Bund im Verfahren nach § 7a Abs. 1 des Vierten Buches die Versicherungspflicht nach diesem Buch durch Verwaltungsakt fest, ist die Bundesagentur hinsichtlich der Zeiten, für die der die Versicherungspflicht feststellende Verwaltungsakt wirksam ist, an diese Feststellung leistungsrechtlich gebunden.

§ 336a Wirkung von Widerspruch und Klage

¹Die aufschiebende Wirkung von Widerspruch und Klage entfällt
1. bei Entscheidungen, die Arbeitsgenehmigungen-EU aufheben oder ändern,
2. bei Entscheidungen, die die Berufsberatung nach § 288a untersagen,

3. bei Aufforderungen nach § 309, sich bei der Agentur für Arbeit oder einer sonstigen Dienststelle der Bundesagentur persönlich zu melden.
²Bei Entscheidungen über die Herabsetzung oder Entziehung laufender Leistungen gelten die Vorschriften des Sozialgerichtsgesetzes (§ 86a Abs. 2 Nr. 2).

Vierter Abschnitt
Auszahlung von Geldleistungen

§ 337 Auszahlung im Regelfall
(1) (weggefallen)
(2) Laufende Geldleistungen werden regelmäßig monatlich nachträglich ausgezahlt.
(3) ¹Andere als laufende Geldleistungen werden mit der Entscheidung über den Antrag auf Leistung oder, soweit der oder dem Berechtigten Kosten erst danach entstehen, zum entsprechenden Zeitpunkt ausgezahlt. ²Insolvenzgeld wird nachträglich für den Zeitraum ausgezahlt, für den es beantragt worden ist. ³Weiterbildungskosten und Teilnahmekosten werden, soweit sie nicht unmittelbar an den Träger der Maßnahme erbracht werden, monatlich im voraus ausgezahlt.
(4) Zur Vermeidung unbilliger Härten können angemessene Abschlagszahlungen geleistet werden.

Fünfter Abschnitt
Berechnungsgrundsätze

§ 338 Allgemeine Berechnungsgrundsätze
(1) Berechnungen werden auf zwei Dezimalstellen durchgeführt, wenn nichts Abweichendes bestimmt ist.
(2) Bei einer auf Dezimalstellen durchgeführten Berechnung wird die letzte Dezimalstelle um 1 erhöht, wenn sich in der folgenden Dezimalstelle eine der Zahlen 5 bis 9 ergeben würde.
(3) (weggefallen)
(4) Bei einer Berechnung wird eine Multiplikation vor einer Division durchgeführt.

§ 339 Berechnung von Zeiten
¹Für die Berechnung von Leistungen wird ein Monat mit 30 Tagen und eine Woche mit sieben Tagen berechnet. ²Bei der Anwendung der Vorschriften über die Erfüllung der für einen Anspruch auf Arbeitslosengeld erforderlichen Anwartschaftszeit sowie der Vorschriften über die Dauer eines Anspruchs auf Arbeitslosengeld nach dem Ersten Abschnitt des Vierten Kapitels dieses Buches entspricht ein Monat 30 Kalendertagen. ³Satz 2 gilt entsprechend bei der Anwendung der Vorschriften über die Erfüllung der erforderlichen Vorbeschäftigungszeiten sowie der Vorschrift über die Dauer des Anspruchs auf Übergangsgeld im Anschluß an eine abgeschlossene Leistung zur Teilhabe am Arbeitsleben.

Zehntes Kapitel
Finanzierung

Erster Abschnitt
Finanzierungsgrundsatz

§ 340 Aufbringung der Mittel
Die Leistungen der Arbeitsförderung und die sonstigen Ausgaben der Bundesagentur werden durch Beiträge der Versicherungspflichtigen, der Arbeitgeber und Dritter (Beitrag zur Arbeitsförderung), Umlagen, Mittel des Bundes und sonstige Einnahmen finanziert.

Zweiter Abschnitt
Beiträge und Verfahren

Erster Unterabschnitt
Beiträge

§ 341 Beitragssatz und Beitragsbemessung
(1) Die Beiträge werden nach einem Prozentsatz (Beitragssatz) von der Beitragsbemessungsgrundlage erhoben.
(2) Der Beitragssatz beträgt 2,6 Prozent.
(3) ¹Beitragsbemessungsgrundlage sind die beitragspflichtigen Einnahmen, die bis zur Beitragsbemessungsgrenze berücksichtigt werden. ²Für die Berechnung der Beiträge ist die Woche zu sieben, der Monat zu dreißig und das Jahr zu dreihundertsechzig Tagen anzusetzen, soweit dieses Buch nichts anderes bestimmt. ³Beitragspflichtige Einnahmen sind bis zu einem Betrag von einem Dreihundertsechzigstel der Beitragsbemessungs-

grenze für den Kalendertag zu berücksichtigen. ⁴Einnahmen, die diesen Betrag übersteigen, bleiben außer Ansatz, soweit dieses Buch nichts Abweichendes bestimmt.
(4) Beitragsbemessungsgrenze ist die Beitragsbemessungsgrenze der allgemeinen Rentenversicherung.

Anm. d. Hrsg. zu Abs. 2: Nach der BeitragssatzVO 2019 vom 18. Dezember 2018 (BGBl. I. S. 2663), zuletzt geändert am 2. Dezember 2019 (BGBl. I S. 1998), beträgt der Beitragssatz ab 1. Januar 2020 2,4 %.

§ 342 Beitragspflichtige Einnahmen Beschäftigter
Beitragspflichtige Einnahme ist bei Personen, die beschäftigt sind, das Arbeitsentgelt, bei Personen, die zur Berufsausbildung beschäftigt sind, jedoch mindestens ein Arbeitsentgelt in Höhe von einem Prozent der Bezugsgröße.

§ 343 (weggefallen)

§ 344 Sonderregelungen für beitragspflichtige Einnahmen Beschäftigter
(1) Für Seeleute gilt als beitragspflichtige Einnahme der Betrag, der nach dem Recht der gesetzlichen Unfallversicherung für die Beitragsberechnung maßgebend ist.
(2) ¹Für Personen, die unmittelbar nach einem Versicherungspflichtverhältnis einen Freiwilligendienst im Sinne des Jugendfreiwilligendienstegesetzes oder des Bundesfreiwilligendienstgesetzes leisten, gilt als beitragspflichtige Einnahme ein Arbeitsentgelt in Höhe der monatlichen Bezugsgröße. ²Dies gilt auch, wenn der Jugendfreiwilligendienst oder der Bundesfreiwilligendienst nach einer Unterbrechung, die sechs Monate nicht überschreitet, fortgesetzt wird.
(3) Für Menschen mit Behinderungen, die in einer anerkannten Werkstatt für behinderte Menschen oder Blindenwerkstätte beschäftigt sind, ist als beitragspflichtige Einnahme das tatsächlich erzielte Arbeitsentgelt, mindestens jedoch ein Betrag in Höhe von 20 Prozent der monatlichen Bezugsgröße zugrunde zu legen.
(4) Bei Arbeitnehmerinnen und Arbeitnehmern, die gegen ein monatliches Arbeitsentgelt bis zum oberen Grenzbetrag des Übergangsbereichs (§ 20 Absatz 2 des Vierten Buches) mehr als geringfügig beschäftigt sind, gilt der Betrag der beitragspflichtigen Einnahmen nach § 163 Absatz 10 des Sechsten Buches entsprechend.

§ 345 Beitragspflichtige Einnahmen sonstiger Versicherungspflichtiger
Als beitragspflichtige Einnahme gilt bei Personen,
1. die in Einrichtungen der beruflichen Rehabilitation Leistungen erhalten, die ihnen eine Erwerbstätigkeit ermöglichen sollen, oder die in Einrichtungen der Jugendhilfe für eine Erwerbstätigkeit befähigt werden sollen, ein Arbeitsentgelt in Höhe von einem Fünftel der monatlichen Bezugsgröße,
2. die als Wehrdienstleistende oder als Zivildienstleistende versicherungspflichtig sind (§ 25 Abs. 2 Satz 2, § 26 Abs. 1 Nr. 2), ein Betrag in Höhe von 40 Prozent der monatlichen Bezugsgröße,
3. die als Gefangene versicherungspflichtig sind, ein Arbeitsentgelt in Höhe von 90 Prozent der Bezugsgröße,
4. die als nicht satzungsmäßige Mitglieder geistlicher Genossenschaften oder ähnlicher religiöser Gemeinschaften für den Dienst in einer solchen Genossenschaft oder ähnlichen religiösen Gemeinschaft außerschulisch ausgebildet werden, ein Entgelt in Höhe der gewährten Geld- und Sachbezüge,
5. die als Bezieherinnen oder Bezieher von Krankengeld, Versorgungskrankengeld, Verletztengeld oder Übergangsgeld versicherungspflichtig sind, 80 Prozent des der Leistung zugrunde liegenden Arbeitsentgelts oder Arbeitseinkommens, wobei 80 Prozent des beitragspflichtigen Arbeitsentgelts aus einem versicherungspflichtigen Beschäftigungsverhältnis abzuziehen sind; bei gleichzeitigem Bezug von Krankengeld neben einer anderen Leistung ist das dem Krankengeld zugrunde liegende Einkommen nicht zu berücksichtigen,
5a. die Krankengeld nach § 44a des Fünften Buches beziehen, das der Leistung zugrunde liegende Arbeitsentgelt oder Arbeitseinkommen; wird Krankengeld in Höhe der Entgeltersatzleistungen nach diesem Buch gezahlt, gilt Nummer 5,
5b. die Krankengeld nach § 45 Absatz 1 des Fünften Buches oder Verletztengeld nach § 45 Absatz 4 des Siebten Buches in Verbindung mit § 45 Absatz 1 des Fünften Buches beziehen, 80 Prozent des während der Freistellung ausgefallenen, laufenden Arbeitsentgelts oder des der Leistung zugrunde liegenden Arbeitseinkommens,
6. die als Bezieherinnen oder Bezieher von Krankentagegeld versicherungspflichtig sind, ein Arbeitsentgelt in Höhe von 70 Prozent der für die Erhebung der Beiträge zur gesetzlichen Krankenversicherung maßgeblichen Beitragsbemessungsgrenze (§ 223 Abs. 3 Satz 1 des Fünften Buches). Für den Kalendermonat ist ein Zwölftel und für den Kalendertag ein Dreihundertsechzigstel des Arbeitsentgelts zugrunde zu legen,
6a. die von einem privaten Krankenversicherungsunternehmen, von einem Beihilfeträger des Bundes, von einem sonstigen öffentlich-rechtlichen Träger von Kosten in Krankheitsfällen auf Bundesebene, von dem Träger der Heilfürsorge im Bereich des Bundes, von dem Träger der truppenärztlichen Versorgung oder von

öffentlich-rechtlichen Trägern von Kosten in Krankheitsfällen auf Landesebene, soweit Landesrecht dies vorsieht, Leistungen für den Ausfall von Arbeitseinkünften im Zusammenhang mit einer nach den §§ 8 und 8a des Transplantationsgesetzes erfolgenden Spende von Organen oder Geweben oder im Zusammenhang mit einer im Sinne von § 9 des Transfusionsgesetzes erfolgenden Spende von Blut zur Separation von Blutstammzellen oder anderen Blutbestandteilen beziehen, das diesen Leistungen zugrunde liegende Arbeitsentgelt oder Arbeitseinkommen,

6b. die als Bezieherinnen oder Bezieher von Pflegeunterstützungsgeld versicherungspflichtig sind, 80 Prozent des während der Freistellung ausgefallenen, laufenden Arbeitsentgelts,
7. die als Bezieherinnen von Mutterschaftsgeld versicherungspflichtig sind, ein Arbeitsentgelt in Höhe des Mutterschaftsgeldes,
8. die als Pflegepersonen versicherungspflichtig sind (§ 26 Abs. 2b), ein Arbeitsentgelt in Höhe von 50 Prozent der monatlichen Bezugsgröße; dabei ist die Bezugsgröße für das Beitrittsgebiet maßgebend, wenn der Tätigkeitsort im Beitrittsgebiet liegt.

§ 345a Pauschalierung der Beiträge

¹Für die Personen, die als Bezieherinnen oder Bezieher einer Rente wegen voller Erwerbsminderung versicherungspflichtig sind (§ 26 Abs. 2 Nr. 3) wird für jedes Kalenderjahr ein Gesamtbeitrag festgesetzt. ²Der Gesamtbeitrag beträgt

1. für das Jahr 2003: 5 Millionen Euro,
2. für das Jahr 2004: 18 Millionen Euro,
3. für das Jahr 2005: 36 Millionen Euro,
4. für das Jahr 2006: 19 Millionen Euro und
5. für das Jahr 2007: 26 Millionen Euro.

³Der jährliche Gesamtbeitrag verändert sich im jeweils folgenden Kalenderjahr in dem Verhältnis, in dem
1. die Bezugsgröße der Sozialversicherung,
2. die Zahl der Zugänge an Arbeitslosengeldbezieherinnen und Arbeitslosengeldbeziehern aus dem Bezug einer Rente wegen voller Erwerbsminderung und
3. die durchschnittlich durch Zeiten des Bezugs einer Rente wegen voller Erwerbsminderung erworbene Anspruchsdauer

des vergangenen Kalenderjahres zu den entsprechenden Werten des vorvergangenen Kalenderjahres stehen. ⁴Das Bundesministerium für Arbeit und Soziales macht den Gesamtbeitrag eines Kalenderjahres bis zum 1. Juli desselben Jahres im Bundesanzeiger bekannt.

§ 345b Beitragspflichtige Einnahmen bei einem Versicherungspflichtverhältnis auf Antrag

¹Für Personen, die ein Versicherungspflichtverhältnis auf Antrag begründen, gilt als beitragspflichtige Einnahme
1. (weggefallen)
2. in Fällen des § 28a Absatz 1 Nummer 2 und 3 ein Arbeitsentgelt in Höhe der monatlichen Bezugsgröße,
3. in Fällen des § 28a Absatz 1 Nummer 4 und 5 ein Arbeitsentgelt in Höhe von 50 Prozent der monatlichen Bezugsgröße.

²Abweichend von Satz 1 Nummer 2 gilt in Fällen des § 28a Absatz 1 Nummer 2 bis zum Ablauf von einem Kalenderjahr nach dem Jahr der Aufnahme der selbständigen Tätigkeit als beitragspflichtige Einnahme ein Arbeitsentgelt in Höhe von 50 Prozent der monatlichen Bezugsgröße. ³Dabei ist die Bezugsgröße für das Beitrittsgebiet maßgebend, wenn der Tätigkeitsort im Beitrittsgebiet liegt.

Zweiter Unterabschnitt
Verfahren

§ 346 Beitragstragung bei Beschäftigten

(1) ¹Die Beiträge werden von den versicherungspflichtig Beschäftigten und den Arbeitgebern je zur Hälfte getragen. ²Arbeitgeber im Sinne der Vorschriften dieses Titels sind auch die Auftraggeber von Heimarbeiterinnen und Heimarbeitern sowie Träger außerbetrieblicher Ausbildung.

(1a) Bei versicherungspflichtig Beschäftigten, deren beitragspflichtige Einnahme sich nach § 344 Abs. 4 bestimmt, werden die Beiträge abweichend von Absatz 1 Satz 1 getragen
1. von den Arbeitgebern in Höhe der Hälfte des Betrages, der sich ergibt, wenn der Beitragssatz auf das der Beschäftigung zugrunde liegende Arbeitsentgelt angewendet wird,
2. im Übrigen von den versicherungspflichtig Beschäftigten.

(2) Der Arbeitgeber trägt die Beiträge allein für Menschen mit Behinderungen, die in einer anerkannten Werkstatt für behinderte Menschen, bei einem anderen Leistungsanbieter nach § 60 des Neunten Buches oder in einer Blindenwerkstätte im Sinne des § 226 des Neunten Buches beschäftigt sind und deren monatliches Bruttoarbeitsentgelt ein Fünftel der monatlichen Bezugsgröße nicht übersteigt.

(3) ¹Für Beschäftigte, die wegen Vollendung des für die Regelaltersrente im Sinne des Sechsten Buches erforderlichen Lebensjahres versicherungsfrei sind, tragen die Arbeitgeber die Hälfte des Beitrages, der zu zahlen wäre, wenn die Beschäftigten versicherungspflichtig wären. ²Für den Beitragsanteil gelten die Vorschriften des Dritten Abschnitts des Vierten Buches und die Bußgeldvorschriften des § 111 Abs. 1 Nr. 2 bis 4, 8 und Abs. 4 des Vierten Buches entsprechend. ³Die Sätze 1 und 2 sind bis zum 31. Dezember 2021 nicht anzuwenden.

§ 347 Beitragstragung bei sonstigen Versicherten

Die Beiträge werden getragen
1. für Personen, die in Einrichtungen der beruflichen Rehabilitation Leistungen erhalten, die eine Erwerbstätigkeit ermöglichen sollen, oder die in Einrichtungen der Jugendhilfe für eine Erwerbstätigkeit befähigt werden sollen, vom Träger der Einrichtung,
2. für Wehrdienstleistende oder für Zivildienstleistende nach der Hälfte des Beitragssatzes vom Bund,
3. für Gefangene von dem für die Vollzugsanstalt zuständigen Land,
4. für nicht satzungsmäßige Mitglieder geistlicher Genossenschaften oder ähnlicher religiöser Gemeinschaften während der Zeit der außerschulischen Ausbildung für den Dienst in einer solchen Genossenschaft oder ähnlichen religiösen Gemeinschaft von der geistlichen Genossenschaft oder ähnlichen religiösen Gemeinschaft,
5. für Personen, die Krankengeld oder Verletztengeld beziehen, von diesen und den Leistungsträgern je zur Hälfte, soweit sie auf die Leistung entfallen, im übrigen von den Leistungsträgern; die Leistungsträger tragen die Beiträge auch allein, soweit sie folgende Leistungen zahlen:
    a) Versorgungskrankengeld oder Übergangsgeld,
    b) Krankengeld oder Verletztengeld in Höhe der Entgeltersatzleistungen nach diesem Buch oder
    c) eine Leistung, die nach einem monatlichen Arbeitsentgelt bemessen wird, das 450 Euro nicht übersteigt,
5a. für Personen, die Krankengeld nach § 44a des Fünften Buches beziehen, vom Leistungsträger,
6. für Personen, die Krankentagegeld beziehen, von privaten Krankenversicherungsunternehmen,
6a. für Personen, die Leistungen für den Ausfall von Arbeitseinkünften im Zusammenhang mit einer nach den §§ 8 und 8a des Transplantationsgesetzes erfolgenden Spende von Organen oder Geweben oder im Zusammenhang mit einer im Sinne von § 9 des Transfusionsgesetzes erfolgenden Spende von Blut zur Separation von Blutstammzellen oder anderen Blutbestandteilen beziehen, von der Stelle, die die Leistung erbringt; wird die Leistung von mehreren Stellen erbracht, sind die Beiträge entsprechend anteilig zu tragen,
6b. für Personen, die Pflegeunterstützungsgeld beziehen, von den Bezieherinnen oder Beziehern der Leistung zur Hälfte, soweit sie auf die Leistung entfallen, im Übrigen
    a) von der Pflegekasse, wenn die oder der Pflegebedürftige in der sozialen Pflegeversicherung versichert ist,
    b) vom privaten Versicherungsunternehmen, wenn die oder der Pflegebedürftige in der privaten Pflege-Pflichtversicherung versichert ist,
    c) von der Festsetzungsstelle für die Beihilfe oder dem Dienstherrn und der Pflegekasse oder dem privaten Versicherungsunternehmen anteilig, wenn die oder der Pflegebedürftige Anspruch auf Beihilfe oder Heilfürsorge hat und in der sozialen Pflegeversicherung oder bei einem privaten Versicherungsunternehmen versichert ist;
    die Beiträge werden von den Stellen, die die Leistung zu erbringen haben, allein getragen, wenn das der Leistung zugrunde liegende Arbeitsentgelt auf den Monat bezogen 450 Euro nicht übersteigt,
7. für Personen, die als Bezieherinnen oder Bezieher einer Rente wegen voller Erwerbsminderung versicherungspflichtig sind, von den Leistungsträgern,
8. für Personen, die als Bezieherinnen von Mutterschaftsgeld versicherungspflichtig sind, von den Leistungsträgern,
9. (weggefallen)
10. für Personen, die als Pflegepersonen versicherungspflichtig sind (§ 26 Absatz 2b) und eine
    a) in der sozialen Pflegeversicherung versicherte pflegebedürftige Person pflegen, von der Pflegekasse,

b) in der privaten Pflege-Pflichtversicherung versicherte pflegebedürftige Person pflegen, von dem privaten Versicherungsunternehmen,
c) pflegebedürftige Person pflegen, die wegen Pflegebedürftigkeit Beihilfeleistungen oder Leistungen der Heilfürsorge und Leistungen einer Pflegekasse oder eines privaten Versicherungsunternehmens erhält, von der Festsetzungsstelle für die Beihilfe oder vom Dienstherrn und der Pflegekasse oder dem privaten Versicherungsunternehmen anteilig.

§ 348 Beitragszahlung für Beschäftigte
(1) Die Beiträge sind, soweit nichts Abweichendes bestimmt ist, von der- oder demjenigen zu zahlen, die oder der sie zu tragen hat.
(2) Für die Zahlung der Beiträge aus Arbeitsentgelt bei einer versicherungspflichtigen Beschäftigung gelten die Vorschriften des Vierten Buches über den Gesamtsozialversicherungsbeitrag.

§ 349 Beitragszahlung für sonstige Versicherungspflichtige
(1) Für die Zahlung der Beiträge für Personen, die in Einrichtungen der beruflichen Rehabilitation Leistungen erhalten, die ihnen eine Erwerbstätigkeit ermöglichen soll, oder die in Einrichtungen der Jugendhilfe für eine Erwerbstätigkeit befähigt werden sollen, gelten die Vorschriften über die Beitragszahlung aus Arbeitsentgelt entsprechend.
(2) Die Beiträge für Wehrdienstleistende, für Zivildienstleistende und für Gefangene sind an die Bundesagentur zu zahlen.
(3) ¹Die Beiträge für Personen, die Sozialleistungen beziehen, sind von den Leistungsträgern an die Bundesagentur zu zahlen. ²Die Bundesagentur und die Leistungsträger regeln das Nähere über Zahlung und Abrechnung der Beiträge durch Vereinbarung.
(4) ¹Die Beiträge für Personen, die Krankentagegeld beziehen, sind von den privaten Krankenversicherungsunternehmen an die Bundesagentur zu zahlen. ²Die Beiträge können durch eine Einrichtung dieses Wirtschaftszweiges gezahlt werden. ³Mit dieser Einrichtung kann die Bundesagentur Näheres über Zahlung, Einziehung und Abrechnung vereinbaren; sie kann auch vereinbaren, daß der Beitragsabrechnung statistische Durchschnittswerte über die Zahl der Arbeitnehmerinnen und Arbeitnehmer, für die Beiträge zu zahlen sind, und über Zeiten der Arbeitsunfähigkeit zugrunde gelegt werden. ⁴Der Bundesagentur sind Verwaltungskosten für den Einzug der Beiträge in Höhe von zehn Prozent der Beiträge pauschal zu erstatten, wenn die Beiträge nicht nach Satz 2 gezahlt werden.
(4a) ¹Die Beiträge für Personen, die als Pflegepersonen versicherungspflichtig sind (§ 26 Abs. 2b), sind von den Stellen, die die Beiträge zu tragen haben, an die Bundesagentur zu zahlen. ²Die Beiträge für Bezieherinnen und Bezieher von Pflegeunterstützungsgeld sind von den Stellen, die die Leistung zu erbringen haben, an die Bundesagentur zu zahlen. ³Das Nähere über das Verfahren der Beitragszahlung und Abrechnung der Beiträge können der Spitzenverband Bund der Pflegekassen, der Verband der privaten Krankenversicherung e. V., die Festsetzungsstellen für die Beihilfe, das Bundesamt für Soziale Sicherung und die Bundesagentur durch Vereinbarung regeln.
(4b) ¹Die Beiträge für Personen, die Leistungen für den Ausfall von Arbeitseinkünften im Zusammenhang mit einer nach den §§ 8 und 8a des Transplantationsgesetzes erfolgenden Spende von Organen oder Geweben oder im Zusammenhang mit einer im Sinne von § 9 des Transfusionsgesetzes erfolgenden Spende von Blut zur Separation von Blutstammzellen oder anderen Blutbestandteilen beziehen, sind von den Stellen, die die Beiträge zu tragen haben, an die Bundesagentur zu zahlen. ²Absatz 4a Satz 2 gilt entsprechend.
(5) ¹Für die Zahlung der Beiträge nach den Absätzen 3 bis 4b sowie für die Zahlung der Beiträge für Gefangene gelten die Vorschriften für den Einzug der Beiträge, die an die Einzugsstelle zu zahlen sind, entsprechend, soweit die Besonderheiten der Beiträge nicht entgegenstehen; die Bundesagentur ist zur Prüfung der Beitragszahlung berechtigt. ²Die Zahlung der Beiträge nach Absatz 4a erfolgt in Form eines Gesamtbeitrags für das Kalenderjahr, in dem die Pflegetätigkeit geleistet oder das Pflegeunterstützungsgeld in Anspruch genommen wurde (Beitragsjahr). ³Abweichend von § 23 Abs. 1 Satz 4 des Vierten Buches ist der Gesamtbeitrag spätestens im März des Jahres fällig, das dem Beitragsjahr folgt.

§ 349a Beitragstragung und Beitragszahlung bei einem Versicherungspflichtverhältnis auf Antrag
¹Personen, die ein Versicherungspflichtverhältnis auf Antrag begründen, tragen die Beiträge allein. ²Die Beiträge sind an die Bundesagentur zu zahlen. ³§ 24 des Vierten Buches findet keine Anwendung.

§ 350 Meldungen der Sozialversicherungsträger
(1) ¹Die Einzugsstellen (§ 28i Viertes Buch) haben monatlich der Bundesagentur die Zahl der nach diesem Buch versicherungspflichtigen Personen mitzuteilen. ²Die Bundesagentur kann in die Geschäftsunterlagen und Statistiken der Einzugsstellen Einsicht nehmen, soweit dies zur Erfüllung ihrer Aufgaben erforderlich ist.

(2) Die Träger der Sozialversicherung haben der Bundesagentur auf Verlangen bei ihnen vorhandene Geschäftsunterlagen und Statistiken vorzulegen, soweit dies zur Erfüllung der Aufgaben der Bundesagentur erforderlich ist.

§ 351 Beitragserstattung

(1) ¹Für die Erstattung zu Unrecht gezahlter Beiträge gilt abweichend von § 26 Abs. 2 des Vierten Buches, daß sich der zu erstattende Betrag um den Betrag der Leistung mindert, der in irrtümlicher Annahme der Versicherungspflicht gezahlt worden ist. ²§ 27 Abs. 2 Satz 2 des Vierten Buches gilt nicht.
(2) Die Beiträge werden erstattet durch
1. die Agentur für Arbeit, in deren Bezirk die Stelle ihren Sitz hat, an welche die Beiträge entrichtet worden sind,
2. die zuständige Einzugsstelle oder den Leistungsträger, soweit die Bundesagentur dies mit den Einzugsstellen oder den Leistungsträgern vereinbart hat.

Anm. d. Hrsg.: Nach Art. 1 § 1 Nr. 2 der Ersten Verordnung zur Änderung der Beitragssatzverordnung 2019 vom 2. Dezember 2019 beträgt der Beitragssatz ab 1. Januar 2021 2,4 Prozent.

Dritter Unterabschnitt
Verordnungsermächtigung, Anordnungsermächtigung und Ermächtigung zum Erlass von Verwaltungsvorschriften

§ 352 Verordnungsermächtigung

(1) Die Bundesregierung wird ermächtigt, durch Rechtsverordnung nach Maßgabe der Finanzlage der Bundesagentur sowie unter Berücksichtigung der Beschäftigungs- und Wirtschaftslage sowie deren voraussichtlicher Entwicklung zu bestimmen, daß die Beiträge zeitweise nach einem niedrigeren Beitragssatz erhoben werden.
(2) Das Bundesministerium für Arbeit und Soziales wird ermächtigt, durch Rechtsverordnung
1. im Einvernehmen mit dem Bundesministerium der Finanzen, dem Bundesministerium der Verteidigung und dem Bundesministerium für Familie, Senioren, Frauen und Jugend eine Pauschalberechnung sowie die Fälligkeit, Zahlung und Abrechnung für einen Gesamtbeitrag der Wehrdienstleistenden und für einen Gesamtbeitrag der Zivildienstleistenden vorzuschreiben; es kann dabei eine geschätzte Durchschnittszahl der beitragspflichtigen Dienstleistenden zugrunde legen sowie die Besonderheiten berücksichtigen, die sich aus der Zusammensetzung dieses Personenkreises hinsichtlich der Bemessungsgrundlage und der Regelungen zur Anwartschaftszeit für das Arbeitslosengeld ergeben,
2. das Nähere über die Zahlung, Einziehung und Abrechnung der Beiträge, die von privaten Krankenversicherungsunternehmen zu zahlen sind, zu regeln.
(3) Das Bundesministerium für Arbeit und Soziales wird ermächtigt, durch Rechtsverordnung mit Zustimmung des Bundesrates eine Pauschalberechnung für die Beiträge der Gefangenen und der für die Vollzugsanstalten zuständigen Länder vorzuschreiben und die Zahlungsweise zu regeln.

§ 352a Anordnungsermächtigung

Die Bundesagentur wird ermächtigt, durch Anordnung das Nähere zum Antragsverfahren, zur Kündigung, zur Fälligkeit, Zahlung und Abrechnung der Beiträge bei einem Versicherungspflichtverhältnis auf Antrag (§ 28a) zu bestimmen.

§ 353 Ermächtigung zum Erlaß von Verwaltungsvorschriften

Das Bundesministerium für Arbeit und Soziales kann mit Zustimmung des Bundesrates zur Durchführung der Meldungen der Sozialversicherungsträger Verwaltungsvorschriften erlassen.

Dritter Abschnitt
Umlagen

Erster Unterabschnitt
Winterbeschäftigungs-Umlage

§ 354 Grundsatz

¹Die Mittel für die ergänzenden Leistungen nach § 102 werden einschließlich der Verwaltungskosten und der sonstigen Kosten, die mit der Gewährung dieser Leistungen zusammenhängen, in den durch Verordnung nach § 109 Absatz 3 bestimmten Wirtschaftszweigen durch Umlage aufgebracht. ²Die Umlage wird unter Berücksichtigung von Vereinbarungen der Tarifvertragsparteien der Wirtschaftszweige von Arbeitgebern oder gemeinsam von Arbeitgebern sowie Arbeitnehmerinnen und Arbeitnehmern aufgebracht und getrennt nach Zweigen des Baugewerbes und weiteren Wirtschaftszweigen abgerechnet.

§ 355 Höhe der Umlage

¹Die Umlage ist in den einzelnen Zweigen des Baugewerbes und in weiteren Wirtschaftszweigen, die von saisonbedingtem Arbeitsausfall betroffen sind, monatlich nach einem Prozentsatz der Bruttoarbeitsentgelte der dort beschäftigten Arbeitnehmerinnen und Arbeitnehmer, die ergänzende Leistungen nach § 102 erhalten können, zu erheben. ²Die Verwaltungskosten und die sonstigen Kosten können pauschaliert und für die einzelnen Wirtschaftszweige im Verhältnis der Anteile an den Ausgaben berücksichtigt werden.

§ 356 Umlageabführung

(1) ¹Die Arbeitgeber führen die Umlagebeträge über die gemeinsame Einrichtung ihres Wirtschaftszweiges oder über eine Ausgleichskasse ab. ²Dies gilt auch, wenn die Umlage gemeinsam von Arbeitgebern sowie Arbeitnehmerinnen und Arbeitnehmern aufgebracht wird; in diesen Fällen gelten § 28e Abs. 1 Satz 1 und § 28g des Vierten Buches entsprechend. ³Kosten werden der gemeinsamen Einrichtung oder der Ausgleichskasse nicht erstattet. ⁴Die Bundesagentur kann mit der gemeinsamen Einrichtung oder der Ausgleichskasse ein vereinfachtes Abrechnungsverfahren vereinbaren und dabei auf Einzelnachweise verzichten.

(2) ¹Umlagepflichtige Arbeitgeber, auf die die Tarifverträge über die gemeinsamen Einrichtungen oder Ausgleichskassen keine Anwendung finden, führen die Umlagebeträge unmittelbar an die Bundesagentur ab. ²Sie haben der Bundesagentur die Mehraufwendungen für die Einziehung pauschal zu erstatten.

§ 357 Verordnungsermächtigung

(1) Das Bundesministerium für Arbeit und Soziales wird ermächtigt, durch Rechtsverordnung
1. die Höhe der pauschalierten Verwaltungskosten, die von der Umlage in einzelnen Wirtschaftszweigen aufzubringen sind,
2. den jeweiligen Prozentsatz zur Berechnung der Umlage, eine gemeinsame Tragung der Umlage durch Arbeitgeber sowie Arbeitnehmerinnen und Arbeitnehmer und, bei gemeinsamer Tragung, die jeweiligen Anteile,
3. zur Berechnung der Umlage die umlagepflichtigen Bestandteile der Bruttoarbeitsentgelte in den einzelnen Zweigen des Baugewerbes und weiteren Wirtschaftszweigen, die von saisonbedingtem Arbeitsausfall betroffen sind,
4. die Höhe der Pauschale für die Mehraufwendungen in Fällen, in denen die Arbeitgeber ihre Umlagebeträge nicht über eine gemeinsame Einrichtung oder Ausgleichskasse abführen,
5. die Voraussetzungen zur Entrichtung der Umlagebeträge in längeren Abrechnungsintervallen und
6. das Nähere über die Zahlung und Einziehung der Umlage

festzulegen.

(2) ¹Bei der Festsetzung des jeweiligen Prozentsatzes ist zu berücksichtigen, welche ergänzenden Leistungen nach § 102 in Anspruch genommen werden können. ²Der jeweilige Prozentsatz ist so festzusetzen, dass das Aufkommen aus der Umlage unter Berücksichtigung von eventuell bestehenden Fehlbeträgen oder Überschüssen für die einzelnen Wirtschaftszweige ausreicht, um den voraussichtlichen Bedarf der Bundesagentur für die Aufwendungen nach § 354 Satz 1 zu decken.

Zweiter Unterabschnitt
Umlage für das Insolvenzgeld

§ 358 Aufbringung der Mittel

(1) ¹Die Mittel für die Zahlung des Insolvenzgeldes werden durch eine monatliche Umlage von den Arbeitgebern aufgebracht. ²Der Bund, die Länder, die Gemeinden sowie Körperschaften, Stiftungen und Anstalten des öffentlichen Rechts, über deren Vermögen ein Insolvenzverfahren nicht zulässig ist, und solche juristischen Personen des öffentlichen Rechts, bei denen der Bund, ein Land oder eine Gemeinde kraft Gesetzes die Zahlungsfähigkeit sichert, und private Haushalte werden nicht in die Umlage einbezogen.

(2) ¹Die Umlage ist nach einem Prozentsatz des Arbeitsentgelts (Umlagesatz) zu erheben. ²Maßgebend ist das Arbeitsentgelt, nach dem die Beiträge zur gesetzlichen Rentenversicherung für die im Betrieb beschäftigten Arbeitnehmerinnen, Arbeitnehmer und Auszubildenden bemessen werden oder im Fall einer Versicherungspflicht in der gesetzlichen Rentenversicherung zu bemessen wären. ³Für die Zeit des Bezugs von Kurzarbeitergeld, Saisonkurzarbeitergeld oder Transferkurzarbeitergeld bemessen sich die Umlagebeträge nach dem tatsächlich erzielten Arbeitsentgelt bis zur Beitragsbemessungsgrenze der gesetzlichen Rentenversicherung.

(3) ¹Zu den durch die Umlage zu deckenden Aufwendungen gehören
1. das Insolvenzgeld einschließlich des von der Bundesagentur gezahlten Gesamtsozialversicherungsbeitrages,
2. die Verwaltungskosten und
3. die Kosten für den Einzug der Umlage und der Prüfung der Arbeitgeber.

²Die Kosten für den Einzug der Umlage und der Prüfung der Arbeitgeber werden pauschaliert.

§ 359 Einzug und Weiterleitung der Umlage

(1) ¹Die Umlage ist zusammen mit dem Gesamtsozialversicherungsbeitrag an die Einzugsstelle zu zahlen. ²Die für den Gesamtsozialversicherungsbeitrag geltenden Vorschriften des Vierten Buches finden entsprechende Anwendung, soweit dieses Gesetz nichts anderes bestimmt.

(2) Die Einzugsstelle leitet die Umlage einschließlich der Zinsen und Säumniszuschläge arbeitstäglich an die Bundesagentur weiter.

§ 360 Umlagesatz

Der Umlagesatz beträgt 0,15 Prozent.

§ 361 Verordnungsermächtigung

Das Bundesministerium für Arbeit und Soziales wird ermächtigt, durch Rechtsverordnung mit Zustimmung des Bundesrates

1. im Einvernehmen mit dem Bundesministerium der Finanzen und dem Bundesministerium für Wirtschaft und Energie zum Ausgleich von Überschüssen oder Fehlbeständen unter Berücksichtigung der Beschäftigungs- und Wirtschaftslage zu bestimmen, dass die Umlage jeweils für ein Kalenderjahr nach einem von § 360 abweichenden Umlagesatz erhoben wird; dabei soll ein niedrigerer Umlagesatz angesetzt werden, wenn die Rücklage die durchschnittlichen jährlichen Aufwendungen der vorhergehenden fünf Kalenderjahre übersteigt, und ein höherer, wenn der Fehlbestand mehr als die durchschnittlichen jährlichen Aufwendungen der vorhergehenden fünf Kalenderjahre beträgt;
2. die Höhe der Pauschale für die Kosten des Einzugs der Umlage und der Prüfung der Arbeitgeber nach Anhörung der Bundesagentur, der Deutschen Rentenversicherung Bund, des Spitzenverbandes Bund der Krankenkassen und der Sozialversicherung für Landwirtschaft, Forsten und Gartenbau sowie der Deutschen Rentenversicherung Knappschaft-Bahn-See festzusetzen.

Anm. d. Hrsg. zu Nr. 1: vgl. Insolvenzgeldumlagesatzverordnung 2020 (InsoGeldFestV 2020) vom 2. Oktober 2019 (BGBl. I S. 1413).

§ 362 (weggefallen)

Vierter Abschnitt
Beteiligung des Bundes

§ 363 Finanzierung aus Bundesmitteln

(1) ¹Der Bund trägt die Ausgaben für die Aufgaben, deren Durchführung die Bundesregierung auf Grund dieses Buches der Bundesagentur übertragen hat. ²Verwaltungskosten der Bundesagentur werden nicht erstattet.

(2) ¹Der Bund trägt die Ausgaben für die weiteren Aufgaben, die er der Bundesagentur durch Gesetz übertragen hat. ²Hierfür werden der Bundesagentur die Verwaltungskosten erstattet, soweit in dem jeweiligen Gesetz nichts Abweichendes bestimmt ist.

§ 364 Liquiditätshilfen

(1) Der Bund leistet die zur Aufrechterhaltung einer ordnungsgemäßen Kassenwirtschaft notwendigen Liquiditätshilfen als zinslose Darlehen, wenn die Mittel der Bundesagentur zur Erfüllung der Zahlungsverpflichtungen nicht ausreichen.

(2) Die Darlehen sind zurückzuzahlen, sobald und soweit am Ende eines Tages die Einnahmen die Ausgaben übersteigen.

§ 365 Stundung von Darlehen

Kann die Bundesagentur als Liquiditätshilfen geleistete Darlehen des Bundes bis zum Schluss des Haushaltsjahres nicht zurückzahlen, gilt die Rückzahlung als bis zum Schluss des folgenden Haushaltsjahres gestundet.

Fünfter Abschnitt
Rücklage und Versorgungsfonds

§ 366 Bildung und Anlage der Rücklage

(1) Die Bundesagentur hat aus den Überschüssen der Einnahmen über die Ausgaben eine Rücklage zu bilden.

(2) Soweit in einem Haushaltsjahr die Einnahmen aus einer Umlage die aus dieser zu zahlenden Ausgaben übersteigen, sind die Überschüsse der Einnahmen über die Ausgaben jeweils einer gesonderten Rücklage zuzuführen.

(3) ¹Die Rücklage ist nach wirtschaftlichen Grundsätzen so anzulegen, daß bis zur vollen Höhe der Rücklage die jederzeitige Zahlungsfähigkeit der Bundesagentur gewährleistet ist. ²Die Bundesagentur kann mit Zustimmung des Bundesministeriums für Arbeit und Soziales sowie des Bundesministeriums der Finanzen Verwaltungsvorschriften über die Anlage der Rücklage erlassen.

§ 366a Versorgungsfonds

(1) ¹Zur Finanzierung der Versorgungsausgaben (Versorgungsaufwendungen und Beihilfen) für
1. Versorgungsempfängerinnen und Versorgungsempfänger,
2. Beamtinnen und Beamte und
3. Beschäftigte, denen eine Anwartschaft auf Versorgung nach beamtenrechtlichen Vorschriften oder Grundsätzen gewährleistet wird,

wird ein Sondervermögen der Bundesagentur unter dem Namen „Versorgungsfonds der Bundesagentur für Arbeit" errichtet. ²Dies gilt nicht für Personen im Beamtenverhältnis auf Widerruf.

(2) Das Sondervermögen „Versorgungsfonds der Bundesagentur für Arbeit" wird finanziert aus
1. regelmäßigen sowie ergänzenden Zuweisungen der Bundesagentur,
2. den sich nach § 14a Absatz 2 und 3 des Bundesbesoldungsgesetzes ergebenden Beträgen und
3. den Erträgen des Versorgungsfonds.

(3) ¹Die ergänzenden Zuweisungen werden dem Versorgungsfonds aus der Rücklage der Bundesagentur nach § 366 Absatz 1 zugeführt. ²Sie können sowohl zum Ausgleich einer festgestellten Unterfinanzierung als auch anstelle zukünftiger regelmäßiger Zuweisungen nach Absatz 2 Nummer 1 vorgenommen werden. ³Über Zeitpunkt und Höhe der ergänzenden Zuweisungen entscheidet die Bundesagentur mit Zustimmung des Bundesministeriums für Arbeit und Soziales und des Bundesministeriums der Finanzen.

(4) ¹Die regelmäßigen Zuweisungen nach Absatz 2 Nummer 1 dienen dazu, die Versorgungsanwartschaften des in Absatz 1 Nr. 2 und 3 genannten Personenkreises der Bundesagentur abzudecken. ²Die Höhe der monatlich für jede Person abzuführenden Zuweisung bestimmt sich nach Prozentsätzen der jeweiligen ruhegehaltfähigen Dienstbezüge oder Entgeltzahlungen auf der Grundlage versicherungsmathematischer Berechnungen und ist regelmäßig zu überprüfen. ³Die Höhe und das Verfahren der Zuweisungen sowie das Verfahren der Überprüfung legt das Bundesministerium für Arbeit und Soziales unter Beachtung der Liquidität des Sondervermögens durch Rechtsverordnung im Einvernehmen mit dem Bundesministerium der Finanzen fest. ⁴Unter Berücksichtigung der Abflüsse ist die Zahlungsfähigkeit des Sondervermögens jederzeit sicherzustellen. ⁵Das Bundesministerium für Arbeit und Soziales kann die Befugnis nach Satz 3 im Einvernehmen mit dem Bundesministerium der Finanzen durch Rechtsverordnung auf den Vorstand der Bundesagentur übertragen. ⁶Für Beamtinnen und Beamte, die nach § 387 Abs. 3 bis 6 beurlaubt sind oder denen die Zeit ihrer Beurlaubung als ruhegehaltfähig anerkannt worden ist, sind regelmäßige Zuweisungen auf der Grundlage der ihnen ohne die Beurlaubung jeweils zustehenden ruhegehaltfähigen Dienstbezüge zu leisten.

(5) ¹Der Versorgungsfonds ist ein nicht rechtsfähiges Sondervermögen der Bundesagentur. ²Die Bundesagentur hat den Versorgungsfonds getrennt von ihrem sonstigen Vermögen zu verwalten. ³Sie hat einen jährlichen Wirtschaftsplan zu erstellen, der der Genehmigung durch die Bundesregierung bedarf. ⁴Für jedes Rechnungsjahr ist auf der Grundlage des Wirtschaftsplanes eine Jahresrechnung aufzustellen, in der der Bestand des Versorgungsfonds, die Einnahmen und Ausgaben sowie die Forderungen und Verbindlichkeiten nachzuweisen sind. ⁵Die Jahresrechnung ist dem Bundesministerium für Arbeit und Soziales zum Ende des zweiten Monats eines Haushaltsjahres vorzulegen.

(6) ¹Die Verwaltung der Mittel des Versorgungsfonds der Bundesagentur wird der Deutschen Bundesbank übertragen. ²Die Mittel des Versorgungsfonds sind einschließlich der Erträge entsprechend der für den Versorgungsfonds des Bundes nach dem Versorgungsrücklagegesetz geltenden Grundsätze und Richtlinien auf der Grundlage einer von der Bundesagentur jährlich aufzustellenden langfristigen Planung der Nettozuweisungen und Abflüsse zu verwalten und anzulegen. ³Über die Terminierung der Anlage der einmaligen Zuweisung nach Absatz 2 Nr. 1 schließen die Bundesagentur und die Deutsche Bundesbank eine Vereinbarung.

(7) Mit Errichtung des Versorgungsfonds werden alle Versorgungsausgaben der Bundesagentur aus diesem geleistet.

Elftes Kapitel
Organisation und Datenschutz

Erster Abschnitt
Bundesagentur für Arbeit

§ 367 Bundesagentur für Arbeit

(1) Die Bundesagentur für Arbeit (Bundesagentur) ist eine rechtsfähige bundesunmittelbare Körperschaft des öffentlichen Rechts mit Selbstverwaltung.

(2) ¹Die Bundesagentur gliedert sich in eine Zentrale auf der oberen Verwaltungsebene, Regionaldirektionen auf der mittleren Verwaltungsebene und Agenturen für Arbeit auf der örtlichen Verwaltungsebene. ²Die Bundesagentur kann besondere Dienststellen errichten.

(3) ¹Die Regionaldirektionen tragen Verantwortung für den Erfolg der regionalen Arbeitsmarktpolitik. ²Zur Abstimmung der Leistungen der Arbeitsförderung mit der Arbeitsmarkt-, Struktur- und Wirtschaftspolitik der Länder arbeiten sie mit den Landesregierungen zusammen.
(4) Die Bundesagentur hat ihren Sitz in Nürnberg.

§ 368 Aufgaben der Bundesagentur

(1) ¹Die Bundesagentur ist der für die Durchführung der Aufgaben nach diesem Buch zuständige Verwaltungsträger. ²Sie darf ihre Mittel nur für die gesetzlich vorgeschriebenen oder zugelassenen Zwecke verwenden.
(1a) ¹Die Bundesagentur für Arbeit nimmt auf der Grundlage des über- und zwischenstaatlichen Rechts die Funktion der Verbindungsstelle für die Aufgaben nach diesem Buch oder nach dem Zweiten Buch wahr. ²Hierzu gehören insbesondere
1. die Koordinierung der Verwaltungshilfe und des Datenaustauschs bei grenzüberschreitenden Sachverhalten für den Bereich der Leistungen bei Arbeitslosigkeit,
2. Aufklärung, Beratung und Information.
(2) ¹Die Bundesagentur darf für Bundesbehörden Dienstleistungen im Rahmen der Festlegungen des Rates der IT-Beauftragten in den Bereichen Internet-Webhosting, Dienstausweis mit elektronischer Signatur, Druck- und Kuvertierleistungen sowie Archivierung von elektronischen Informationsobjekten erbringen, soweit dies ihre durch dieses Gesetz oder andere Bundesgesetze oder auf Grund dieser Gesetze zugewiesenen Aufgaben nicht beeinträchtigt. ²Dadurch entstehende Kosten sind ihr zu erstatten. ³Das Nähere ist jeweils in Verwaltungsvereinbarungen zu regeln.
(2a) Um die örtliche rechtskreisübergreifende Zusammenarbeit zur Integration junger Menschen in den Ausbildungs- und Arbeitsmarkt zu unterstützen, entwickelt und betreibt die Bundesagentur ein IT-System, welches den im jeweiligen Einzelfall beteiligten Leistungsträgern zur Verfügung gestellt werden kann, soweit dies für die Zusammenarbeit erforderlich ist.
(2b) ¹Um die Transparenz auf dem Arbeitsmarkt zu erhöhen und die Weiterbildungsbeteiligung von Arbeitnehmerinnen und Arbeitnehmern zu steigern, prüft die Bundesagentur den Aufbau und Betrieb eines Weiterbildungsportals. ²Abhängig von den Ergebnissen der Prüfung kann sie ein Weiterbildungsportal probeweise entwickeln und betreiben. ³Der Bund kann sich an den Kosten der Entwicklung des Weiterbildungsportals einschließlich der Prüfung nach Satz 1 beteiligen.
(3) ¹Die Bundesregierung kann der Bundesagentur durch Rechtsverordnung mit Zustimmung des Bundesrates weitere Aufgaben übertragen, die im Zusammenhang mit deren Aufgaben nach diesem Buch stehen. ²Die Durchführung befristeter Arbeitsmarktprogramme kann sie der Bundesagentur durch Verwaltungsvereinbarung übertragen.
(4) Die Regionaldirektionen können mit Zustimmung der Zentrale durch Verwaltungsvereinbarung die Durchführung befristeter Arbeitsmarktprogramme der Länder übernehmen.
(5) Die Agenturen für Arbeit können die Zusammenarbeit mit Kreisen und Gemeinden in Verwaltungsvereinbarungen regeln.

§ 369 Besonderheiten zum Gerichtsstand

Hat eine Klage gegen die Bundesagentur Bezug auf den Aufgabenbereich einer Regionaldirektion oder einer Agentur für Arbeit, und ist der Sitz der Bundesagentur maßgebend für die örtliche Zuständigkeit des Gerichts, so kann die Klage auch bei dem Gericht erhoben werden, in dessen Bezirk die Regionaldirektion oder die Agentur für Arbeit ihren Sitz hat.

§ 370 Beteiligung an Gesellschaften

Die Bundesagentur kann die Mitgliedschaft in Vereinen erwerben und mit Zustimmung des Bundesministeriums für Arbeit und Soziales sowie des Bundesministeriums der Finanzen Gesellschaften gründen oder sich an Gesellschaften beteiligen, wenn dies zur Erfüllung ihrer Aufgaben nach diesem Buch zweckmäßig ist.

Zweiter Abschnitt
Selbstverwaltung

Erster Unterabschnitt
Verfassung

§ 371 Selbstverwaltungsorgane

(1) Als Selbstverwaltungsorgane der Bundesagentur werden der Verwaltungsrat und die Verwaltungsausschüsse bei den Agenturen für Arbeit gebildet.
(2) ¹Die Selbstverwaltungsorgane haben die Verwaltung zu überwachen und in allen aktuellen Fragen des Arbeitsmarktes zu beraten. ²Sie erhalten die für die Wahrnehmung ihrer Aufgaben erforderlichen Informationen.

(3) ¹Jedes Selbstverwaltungsorgan gibt sich eine Geschäftsordnung. ²Die Geschäftsordnung ist von mindestens drei Vierteln der Mitglieder zu beschließen.
(4) Die Bundesagentur wird ohne Selbstverwaltung tätig, soweit sie der Fachaufsicht unterliegt.
(5) ¹Die Selbstverwaltungsorgane setzen sich zu gleichen Teilen aus Mitgliedern zusammen, die Arbeitnehmerinnen und Arbeitnehmer, Arbeitgeber und öffentliche Körperschaften vertreten. ²Eine Stellvertretung ist nur bei Abwesenheit des Mitglieds zulässig. ³Ein Mitglied, das die öffentlichen Körperschaften vertritt, kann einem Selbstverwaltungsorgan nicht vorsitzen.
(6) ¹Die Mitglieder der Selbstverwaltungsorgane üben ihre Tätigkeit ehrenamtlich aus. ²Sie dürfen in der Übernahme oder Ausübung des Ehrenamtes nicht behindert oder wegen der Übernahme oder Ausübung eines solchen Amtes nicht benachteiligt werden.
(7) Stellvertretende Mitglieder haben für die Zeit, in der sie Mitglieder vertreten, die Rechte und Pflichten eines Mitglieds.
(8) § 42 des Vierten Buches gilt entsprechend.

§ 372 Satzung und Anordnungen

(1) Die Bundesagentur gibt sich eine Satzung.
(2) Die Satzung und die Anordnungen des Verwaltungsrats bedürfen der Genehmigung des Bundesministeriums für Arbeit und Soziales.
(3) ¹Die Satzung und die Anordnungen sind öffentlich bekannt zu machen. ²Sie treten, wenn ein anderer Zeitpunkt nicht bestimmt ist, am Tag nach ihrer Bekanntmachung in Kraft. ³Die Art der Bekanntmachung wird durch die Satzung geregelt.
(4) Das Bundesministerium für Arbeit und Soziales kann anstelle der nach diesem Gesetz vorgesehenen Anordnungen Rechtsverordnungen erlassen, wenn die Bundesagentur nicht innerhalb von vier Monaten, nachdem das Bundesministerium für Arbeit und Soziales sie dazu aufgefordert hat, eine Anordnung erlässt oder veränderten Verhältnissen anpasst.

§ 373 Verwaltungsrat

(1) ¹Der Verwaltungsrat überwacht den Vorstand und die Verwaltung. ²Er kann vom Vorstand die Durchführung von Prüfungen durch die Innenrevision verlangen und Sachverständige mit einzelnen Aufgaben der Überwachung beauftragen.
(2) ¹Der Verwaltungsrat kann jederzeit vom Vorstand Auskunft über die Geschäftsführung verlangen. ²Auch ein einzelnes Mitglied des Verwaltungsrats kann einen Bericht, jedoch nur an den Verwaltungsrat, verlangen; lehnt der Vorstand die Berichterstattung ab, so kann der Bericht nur verlangt werden, wenn die Mehrheit der Gruppe, der das Antrag stellende Mitglied angehört, das Verlangen unterstützt.
(3) ¹Die Satzung kann bestimmen, dass bestimmte Arten von Geschäften nur mit Zustimmung des Verwaltungsrats vorgenommen werden dürfen. ²Verweigert der Verwaltungsrat die Zustimmung, so kann der Vorstand verlangen, dass das Bundesministerium für Arbeit und Soziales entscheidet.
(4) Ist der Verwaltungsrat der Auffassung, dass der Vorstand seine Pflichten verletzt hat, kann er die Angelegenheit dem Bundesministerium für Arbeit und Soziales vortragen.
(5) Der Verwaltungsrat beschließt die Satzung und erlässt die Anordnungen nach diesem Gesetz.
(6) ¹Der Verwaltungsrat besteht aus 21 Mitgliedern. ²Jede Gruppe kann bis zu fünf stellvertretende Mitglieder benennen. ³Für die Gruppe der öffentlichen Körperschaften können die Mitglieder des Verwaltungsrates, die auf Vorschlag der Bundesregierung, und die Mitglieder des Verwaltungsrates, die auf Vorschlag des Bundesrates in den Verwaltungsrat berufen worden sind, jeweils zwei stellvertretende Mitglieder und das Mitglied, das auf Vorschlag der kommunalen Spitzenverbände in den Verwaltungsrat berufen worden ist, ein stellvertretendes Mitglied benennen.

§ 374 Verwaltungsausschüsse

(1) Bei jeder Agentur für Arbeit besteht ein Verwaltungsausschuss.
(2) ¹Der Verwaltungsausschuss überwacht und berät die Agentur für Arbeit bei der Erfüllung ihrer Aufgaben. ²§ 373 Abs. 2 gilt entsprechend.
(3) Ist der Verwaltungsausschuss der Auffassung, dass die Geschäftsführung ihre Pflichten verletzt hat, kann er die Angelegenheit dem Verwaltungsrat vortragen.
(4) ¹Die Zahl der Mitglieder der Verwaltungsausschüsse setzt der Verwaltungsrat fest; die Mitgliederzahl darf höchstens 15 betragen. ²Jede Gruppe kann bis zu zwei stellvertretende Mitglieder benennen.

§ 375 Amtsdauer

(1) Die Amtsdauer der Mitglieder der Selbstverwaltungsorgane beträgt sechs Jahre.

(2) Die Mitglieder der Selbstverwaltungsorgane bleiben nach Ablauf ihrer Amtsdauer im Amt, bis ihre Nachfolger berufen sind.
(3) Scheidet ein Mitglied vor Ablauf der Amtsdauer aus, so ist für den Rest der Amtsdauer ein neues Mitglied zu berufen.
(4) Die Amtsdauer der stellvertretenden Mitglieder endet mit der Amtsdauer der Mitglieder der Selbstverwaltungsorgane.

§ 376 Entschädigung der ehrenamtlich Tätigen
¹Die Bundesagentur erstattet den Mitgliedern und den stellvertretenden Mitgliedern der Selbstverwaltungsorgane ihre baren Auslagen und gewährt eine Entschädigung. ²Der Verwaltungsrat kann feste Sätze beschließen.

Zweiter Unterabschnitt
Berufung und Abberufung

§ 377 Berufung und Abberufung der Mitglieder
(1) Die Mitglieder und die stellvertretenden Mitglieder der Selbstverwaltung werden berufen.
(2) ¹Die Berufung erfolgt bei Mitgliedern des Verwaltungsrats durch das Bundesministerium für Arbeit und Soziales und bei Mitgliedern der Verwaltungsausschüsse durch den Verwaltungsrat. ²Die berufende Stelle hat Frauen und Männer mit dem Ziel ihrer gleichberechtigten Teilhabe in den Gruppen zu berücksichtigen. ³Liegen Vorschläge mehrerer Vorschlagsberechtigter vor, so sind die Sitze anteilsmäßig unter billiger Berücksichtigung der Minderheiten zu verteilen.
(3) ¹Ein Mitglied ist abzuberufen, wenn
1. eine Voraussetzung für seine Berufung entfällt oder sich nachträglich herausstellt, dass sie nicht vorgelegen hat,
2. das Mitglied seine Amtspflicht grob verletzt,
3. die vorschlagende Stelle es beantragt oder
4. das Mitglied es beantragt.

²Eine Abberufung auf Antrag der vorschlagsberechtigten Gruppe hat bei den Gruppen der Arbeitnehmerinnen und Arbeitnehmer oder der Arbeitgeber nur zu erfolgen, wenn die Mitglieder aus ihren Organisationen ausgeschlossen worden oder ausgetreten sind oder die Vorschlagsberechtigung der Stelle, die das Mitglied vorgeschlagen hat, entfallen ist.
(4) ¹Für die Berufung der stellvertretenden Mitglieder gelten Absatz 2 Satz 1, Absatz 3 Satz 1 Nr. 1, 2 und 4 sowie § 378 entsprechend. ²Ein stellvertretendes Mitglied ist abzuberufen, wenn die benennende Gruppe dies beantragt.

§ 378 Berufungsfähigkeit
(1) Als Mitglieder der Selbstverwaltungsorgane können nur Deutsche, die das passive Wahlrecht zum Deutschen Bundestag besitzen, sowie Ausländerinnen und Ausländer, die ihren gewöhnlichen Aufenthalt rechtmäßig im Bundesgebiet haben und die die Voraussetzungen des § 15 des Bundeswahlgesetzes mit Ausnahme der von der Staatsangehörigkeit abhängigen Voraussetzungen erfüllen, berufen werden.
(2) Arbeitnehmerinnen und Arbeitnehmer sowie Beamtinnen und Beamte der Bundesagentur können nicht Mitglieder von Selbstverwaltungsorganen der Bundesagentur sein.

§ 379 Vorschlagsberechtigte Stellen
(1) ¹Vorschlagsberechtigt sind für die Mitglieder der Gruppen
1. der Arbeitnehmerinnen und Arbeitnehmer die Gewerkschaften, die Tarifverträge abgeschlossen haben, sowie ihre Verbände,
2. der Arbeitgeber die Arbeitgeberverbände, die Tarifverträge abgeschlossen haben, sowie ihre Vereinigungen,

die für die Vertretung von Arbeitnehmer- oder Arbeitgeberinteressen wesentliche Bedeutung haben. ²Für die Verwaltungsausschüsse der Agenturen für Arbeit sind nur die für den Bezirk zuständigen Gewerkschaften und ihre Verbände sowie die Arbeitgeberverbände und ihre Vereinigungen vorschlagsberechtigt.
(2) Vorschlagsberechtigt für die Mitglieder der Gruppe der öffentlichen Körperschaften im Verwaltungsrat sind
1. die Bundesregierung für drei Mitglieder,
2. der Bundesrat für drei Mitglieder und
3. die Spitzenvereinigungen der kommunalen Selbstverwaltungskörperschaften für ein Mitglied.

(3) ¹Vorschlagsberechtigt für die Mitglieder der Gruppe der öffentlichen Körperschaften in den Verwaltungsausschüssen sind die gemeinsamen Rechtsaufsichtsbehörden der zum Bezirk der Agentur für Arbeit gehörenden Gemeinden und Gemeindeverbände oder, soweit es sich um oberste Landesbehörden handelt, die von ihnen

bestimmten Behörden. ²Die zum Bezirk der Agentur für Arbeit gehörenden Gemeinden und Gemeindeverbände sind berechtigt, der zuständigen Behörde Personen vorzuschlagen. ³Einigen sie sich auf einen Vorschlag, ist die zuständige Behörde an diesen gebunden; im anderen Fall schlägt sie von sich aus Personen vor, die für die beteiligten Gemeinden oder Gemeindeverbände oder für sie tätig sein müssen. ⁴Ist eine gemeinsame Gemeindeaufsichtsbehörde nicht vorhanden und einigen sich die beteiligten Gemeindeaufsichtsbehörden nicht, so steht das Vorschlagsrecht der obersten Landesbehörde oder der von ihr bezeichneten Stelle zu. ⁵Mitglieder der öffentlichen Körperschaften können nur Vertreterinnen oder Vertreter der Gemeinden, der Gemeindeverbände oder der gemeinsamen Gemeindeaufsichtsbehörde sein, in deren Gebiet sich der Bezirk der Agentur für Arbeit befindet, und die bei diesen hauptamtlich oder ehrenamtlich tätig sind.

Dritter Unterabschnitt
Neutralitätsausschuss

§ 380 Neutralitätsausschuss

(1) ¹Der Neutralitätsausschuss, der Feststellungen über bestimmte Voraussetzungen über das Ruhen des Arbeitslosengeldes bei Arbeitskämpfen trifft, besteht aus
1. drei Mitgliedern, die der Gruppe der Arbeitnehmerinnen und Arbeitnehmer im Verwaltungsrat angehören,
2. drei Mitgliedern, die der Gruppe der Arbeitgeber im Verwaltungsrat angehören, sowie
3. der oder dem Vorsitzenden des Vorstands.

²Die Gruppe der Arbeitnehmerinnen und Arbeitnehmer sowie die Gruppe der Arbeitgeber bestimmen die sie jeweils vertretenden Personen mit einfacher Mehrheit. ³Vorsitzende oder Vorsitzender ist die oder der Vorsitzende des Vorstands. ⁴Sie oder er vertritt den Neutralitätsausschuss vor dem Bundessozialgericht.
(2) Die Vorschriften, die die Organe der Bundesagentur betreffen, gelten entsprechend, soweit Besonderheiten des Neutralitätsausschusses nicht entgegenstehen.

Dritter Abschnitt
Vorstand und Verwaltung

§ 381 Vorstand der Bundesagentur

(1) ¹Der Vorstand leitet die Bundesagentur und führt deren Geschäfte. ²Er vertritt die Bundesagentur gerichtlich und außergerichtlich.
(2) ¹Der Vorstand besteht aus einer oder einem Vorsitzenden und zwei weiteren Mitgliedern. ²Durch Satzung kann der Vorstand um ein weiteres Mitglied erweitert werden. ³Die oder der Vorsitzende führt die Amtsbezeichnung „Vorsitzende des Vorstands der Bundesagentur für Arbeit" oder „Vorsitzender des Vorstands der Bundesagentur für Arbeit", die übrigen Mitglieder führen die Amtsbezeichnung „Mitglied des Vorstands der Bundesagentur für Arbeit".
(3) ¹Die oder der Vorsitzende des Vorstands bestimmt die Richtlinien der Geschäftsführung und ist bei der Benennung der übrigen Vorstandsmitglieder zu hören. ²Innerhalb dieser Richtlinien nimmt jedes Vorstandsmitglied die Aufgaben seines Geschäftsbereiches selbständig wahr.
(4) ¹Der Vorstand gibt sich eine Geschäftsordnung, die der Zustimmung des Verwaltungsrats bedarf. ²Die Geschäftsordnung hat insbesondere die Geschäftsverteilung im Vorstand festzulegen sowie die Stellvertretung und die Voraussetzungen für die Beschlussfassung zu regeln.
(5) ¹Die Vorstandsmitglieder dürfen dem Verwaltungsrat nicht angehören. ²Sie sind berechtigt, an den Sitzungen des Verwaltungsrats teilzunehmen. ³Sie können jederzeit das Wort ergreifen.
(6) Der Vorstand hat dem Verwaltungsrat regelmäßig und aus wichtigem Anlass zu berichten und ihm auf Verlangen jederzeit Auskunft über die Geschäftsführung der Bundesagentur zu erteilen.

§ 382 Rechtsstellung der Vorstandsmitglieder

(1) ¹Die oder der Vorsitzende und die übrigen Mitglieder des Vorstands werden auf Vorschlag des Verwaltungsrats von der Bundesregierung benannt. ²Erfolgt trotz Aufforderung durch die Bundesregierung innerhalb von vier Wochen kein Vorschlag des Verwaltungsrats, erlischt das Vorschlagsrecht. ³Findet der Vorschlag des Verwaltungsrats nicht die Zustimmung der Bundesregierung, kann der Verwaltungsrat innerhalb von vier Wochen einen neuen Vorschlag unterbreiten. ⁴Das Letztentscheidungsrecht der Bundesregierung bleibt von diesem Verfahren unberührt.
(2) ¹Die oder der Vorsitzende und die übrigen Mitglieder des Vorstands stehen in einem öffentlich-rechtlichen Amtsverhältnis. ²Sie werden von der Bundespräsidentin oder dem Bundespräsidenten ernannt. ³Die Amtszeit der Mitglieder des Vorstands soll fünf Jahre betragen. ⁴Mehrere Amtszeiten sind zulässig.

(3) ¹Das Amtsverhältnis der Vorstandsmitglieder beginnt mit der Aushändigung der Ernennungsurkunde, wenn nicht in der Urkunde ein späterer Tag bestimmt ist. ²Es endet mit Ablauf der Amtszeit, Erreichen der Altersgrenze nach § 51 Abs. 1 und 2 des Bundesbeamtengesetzes oder Entlassung. ³Die Bundespräsidentin oder der Bundespräsident entlässt ein Vorstandsmitglied auf dessen Verlangen. ⁴Eine Entlassung erfolgt auch auf Beschluss der Bundesregierung oder des Verwaltungsrats mit Zustimmung der Bundesregierung, wenn das Vertrauensverhältnis gestört ist oder ein wichtiger Grund vorliegt. ⁵Im Falle der Beendigung des Amtsverhältnisses erhält das Vorstandsmitglied eine von der Bundespräsidentin oder dem Bundespräsidenten vollzogene Urkunde. ⁶Eine Entlassung wird mit der Aushändigung der Urkunde wirksam. ⁷Auf Verlangen des Verwaltungsrats mit Zustimmung des Bundesministeriums für Arbeit und Soziales ist ein Vorstandsmitglied verpflichtet, die Geschäfte bis zur Ernennung einer Nachfolgerin oder eines Nachfolgers weiterzuführen.
(4) ¹Die Mitglieder des Vorstands haben, auch nach Beendigung ihres Amtsverhältnisses, über die ihnen amtlich bekannt gewordenen Angelegenheiten Verschwiegenheit zu bewahren. ²Dies gilt nicht für Mitteilungen im dienstlichen Verkehr oder über Tatsachen, die offenkundig sind oder ihrer Bedeutung nach keiner Geheimhaltung bedürfen.
(5) ¹Die Vorstandsmitglieder dürfen neben ihrem Amt kein anderes besoldetes Amt, kein Gewerbe und keinen Beruf ausüben und weder der Leitung eines auf Erwerb gerichteten Unternehmens noch einer Regierung oder einer gesetzgebenden Körperschaft des Bundes oder eines Landes angehören. ²Sie dürfen nicht gegen Entgelt außergerichtliche Gutachten abgeben. ³Für die Zugehörigkeit zu einem Aufsichtsrat, Verwaltungsrat, Beirat oder einem anderen Gremium eines öffentlichen oder privaten Unternehmens oder einer sonstigen Einrichtung ist die Einwilligung des Bundesministeriums für Arbeit und Soziales erforderlich; dieses entscheidet, inwieweit eine Vergütung abzuführen ist.
(6) ¹Im Übrigen werden die Rechtsverhältnisse der Vorstandsmitglieder, insbesondere die Gehalts- und Versorgungsansprüche und die Haftung, durch Verträge geregelt, die das Bundesministerium für Arbeit und Soziales mit den Mitgliedern des Vorstands schließt. ²Die Verträge bedürfen der Zustimmung der Bundesregierung. ³Der Vollzug der vertraglichen Regelung obliegt der Bundesagentur.
(7) ¹Wird eine Bundesbeamtin oder ein Bundesbeamter zum Mitglied des Vorstands ernannt, ruhen für die Dauer des Amtsverhältnisses die in dem Beamtenverhältnis begründeten Rechte und Pflichten mit Ausnahme der Pflicht zur Amtsverschwiegenheit und des Verbots der Annahme von Belohnungen oder Geschenken. ²Satz 1 gilt längstens bis zum Eintritt oder bis zur Versetzung in den Ruhestand.
(8) Endet das Amtsverhältnis nach Absatz 2 und wird die oder der Betroffene nicht anschließend in ein anderes öffentlich-rechtliches Amtsverhältnis zum Bund berufen, treten Beamtinnen und Beamte, wenn ihnen nicht innerhalb von drei Monaten unter den Voraussetzungen des § 28 Abs. 2 des Bundesbeamtengesetzes oder vergleichbarer landesrechtlicher Regelungen ein anderes Amt übertragen wird, mit Ablauf dieser Frist aus ihrem Dienstverhältnis als Beamtinnen oder Beamte in den einstweiligen Ruhestand, sofern sie zu diesem Zeitpunkt noch nicht die gesetzliche Altersgrenze erreicht haben.

§ 383 Geschäftsführung der Agenturen für Arbeit

(1) ¹Die Agenturen für Arbeit werden von einer Geschäftsführerin, einem Geschäftsführer oder einer Geschäftsführung geleitet. ²Eine Geschäftsführung besteht aus einer oder einem Vorsitzenden und bis zu zwei weiteren Mitgliedern.
(2) ¹Die Geschäftsführerin, der Geschäftsführer oder die Mitglieder der Geschäftsführung werden vom Vorstand bestellt. ²Der Vorstand hört die Verwaltungsausschüsse zu den von ihm ausgewählten Bewerberinnen und Bewerbern.
(3) ¹Die Geschäftsführerin, der Geschäftsführer oder die Mitglieder der Geschäftsführung sind berechtigt, an den Sitzungen des Verwaltungsausschusses teilzunehmen. ²Sie können jederzeit das Wort ergreifen.
(4) Die Geschäftsführerin, der Geschäftsführer oder die Geschäftsführung haben dem Verwaltungsausschuss regelmäßig und aus wichtigem Anlass zu berichten und ihm auf Verlangen jederzeit Auskunft über die Geschäfte der Agentur für Arbeit zu erteilen.

§ 384 Geschäftsführung der Regionaldirektionen

(1) ¹Die Regionaldirektionen werden von einer Geschäftsführung geleitet. ²Die Geschäftsführung besteht aus einer oder einem Vorsitzenden und zwei weiteren Mitgliedern.
(2) Die Mitglieder werden vom Vorstand bestellt; vor der Bestellung der vorsitzenden Mitglieder der Geschäftsführung hat der Vorstand den Verwaltungsrat und die beteiligten Landesregierungen anzuhören.

§ 385 Beauftragte für Chancengleichheit am Arbeitsmarkt

(1) ¹Bei den Agenturen für Arbeit, bei den Regionaldirektionen und bei der Zentrale sind hauptamtliche Beauftragte für Chancengleichheit am Arbeitsmarkt zu bestellen. ²Sie sind unmittelbar der jeweiligen Dienststellenleitung zugeordnet.

(2) ¹Die Beauftragten für Chancengleichheit am Arbeitsmarkt unterstützen und beraten Arbeitgeber, Arbeitnehmerinnen und Arbeitnehmer sowie deren Organisationen in übergeordneten Fragen der Frauenförderung, der Gleichstellung von Frauen und Männern am Arbeitsmarkt sowie der Vereinbarkeit von Familie und Beruf bei beiden Geschlechtern. ²Hierzu zählen insbesondere Fragen der beruflichen Ausbildung, des beruflichen Einstiegs und Fortkommens von Frauen und Männern nach einer Familienphase sowie hinsichtlich einer flexiblen Arbeitszeitgestaltung. ³Zur Sicherung der gleichberechtigten Teilhabe von Frauen am Arbeitsmarkt arbeiten sie mit den in Fragen der Frauenerwerbsarbeit tätigen Stellen ihres Bezirks zusammen.
(3) ¹Die Beauftragten für Chancengleichheit am Arbeitsmarkt sind bei der frauen- und familiengerechten fachlichen Aufgabenerledigung ihrer Dienststellen zu beteiligen. ²Sie haben ein Informations-, Beratungs- und Vorschlagsrecht in Fragen, die Auswirkungen auf die Chancengleichheit von Frauen und Männern am Arbeitsmarkt haben.
(4) ¹Die Beauftragten für Chancengleichheit am Arbeitsmarkt bei den Agenturen für Arbeit können mit weiteren Aufgaben beauftragt werden, soweit die Aufgabenerledigung als Beauftragte für Chancengleichheit am Arbeitsmarkt dies zulässt. ²In Konfliktfällen entscheidet der Verwaltungsausschuss.

§ 386 Innenrevision

(1) ¹Die Bundesagentur stellt durch organisatorische Maßnahmen sicher, dass in allen Dienststellen durch eigenes nicht der Dienststelle angehörendes Personal geprüft wird, ob Leistungen unter Beachtung der gesetzlichen Bestimmungen nicht hätten erbracht werden dürfen oder zweckmäßiger oder wirtschaftlicher hätten eingesetzt werden können. ²Mit der Durchführung der Prüfungen können Dritte beauftragt werden.
(2) Das Prüfpersonal der Bundesagentur ist für die Zeit seiner Prüftätigkeit fachlich unmittelbar der Leitung der Dienststelle unterstellt, in der es beschäftigt ist.
(3) ¹Der Vorstand legt die Berichte der Innenrevision unverzüglich dem Verwaltungsrat vor. ²Vertreterinnen oder Vertreter der Innenrevision sind berechtigt, an den Sitzungen des Verwaltungsrats teilzunehmen, wenn ihre Berichte Gegenstand der Beratung sind. ³Sie können jederzeit das Wort ergreifen.

§ 387 Personal der Bundesagentur

(1) ¹Das Personal der Bundesagentur besteht vorrangig aus Arbeitnehmerinnen und Arbeitnehmern. ²Die Beamtinnen und Beamten der Bundesagentur sind Bundesbeamte.
(2) ¹Oberste Dienstbehörde für die Beamtinnen und Beamten der Bundesagentur ist der Vorstand. ²Soweit beamtenrechtliche Vorschriften die Übertragung der Befugnisse von obersten Dienstbehörden auf nachgeordnete Behörden zulassen, kann der Vorstand seine Befugnisse im Rahmen dieser Vorschriften auf die Geschäftsführerinnen, Geschäftsführer oder Vorsitzenden der Geschäftsführungen der Agenturen für Arbeit, auf die Vorsitzenden der Geschäftsführungen der Regionaldirektionen und die Leitungen der besonderen Dienststellen übertragen. ³§ 144 Abs. 1 des Bundesbeamtengesetzes und § 83 Abs. 1 des Bundesdisziplinargesetzes bleiben unberührt.
(3) ¹Beamtinnen und Beamte der Bundesagentur können auf Antrag zur Wahrnehmung einer hauptberuflichen Tätigkeit in einem befristeten Arbeits- oder Anstellungsverhältnis bei der Bundesagentur unter Wegfall der Besoldung beurlaubt werden, soweit das Beamtenverhältnis mindestens drei Jahre besteht und dienstliche Gründe nicht entgegenstehen. ²Eine Beurlaubung ist nur zulässig, wenn der Beamtin oder dem Beamten in dem Arbeits- oder Anstellungsverhältnis eine Funktion übertragen wird, die höher als die bisher übertragene Funktion bewertet ist. ³Die Bewilligung der Beurlaubung dient dienstlichen Interessen und ist auf längstens zehn Jahre zu befristen. ⁴Verlängerungen sind zulässig. ⁵Bei Abschluss eines Anstellungsvertrags nach § 389 Absatz 1 verlängert sich die Beurlaubung um die Zeit, die im Anstellungsverhältnis zu erbringen ist. ⁶Die Bewilligung der Beurlaubung kann aus zwingenden dienstlichen Gründen widerrufen werden. ⁷Bei Beendigung oder Ruhen des Arbeitsverhältnisses ist die Bewilligung der Beurlaubung grundsätzlich zu widerrufen. ⁸Sie kann auf Antrag der beurlaubten Beamtin oder des beurlaubten Beamten auch widerrufen werden, wenn ihr oder ihm eine Fortsetzung der Beurlaubung nicht zumutbar ist und dienstliche Belange nicht entgegenstehen.
(4) Die beurlaubten Beamtinnen und Beamten sind im Rahmen ihrer hauptberuflichen Tätigkeit nach Absatz 3 Satz 1 nicht versicherungspflichtig im Anwendungsbereich dieses Buches, in der gesetzlichen Kranken- und Rentenversicherung sowie in der sozialen Pflegeversicherung.
(5) ¹Die Zeit der hauptberuflichen Tätigkeit der nach Absatz 3 Satz 1 beurlaubten Beamtinnen und Beamten ist ruhegehaltfähig. ²Die Voraussetzungen des § 28 Abs. 1 Satz 1 des Bundesbesoldungsgesetzes gelten für die Zeit der Beurlaubung als erfüllt. ³Ein Versorgungszuschlag wird nicht erhoben. ⁴Die Anwartschaft der beurlaubten Beamtinnen und Beamten auf Versorgung bei verminderter Erwerbsfähigkeit und im Alter sowie auf Hinterbliebenenversorgung nach beamtenrechtlichen Vorschriften und Grundsätzen ist gewährleistet.
(6) ¹Während der hauptberuflichen Tätigkeit nach Absatz 3 Satz 1 besteht im Krankheitsfall ein zeitlich unbegrenzter Anspruch auf Entgeltfortzahlung in Höhe der Besoldung, die der beurlaubten Beamtin oder dem

beurlaubten Beamten vor der Beurlaubung zugestanden hat, mindestens jedoch in Höhe des Krankengeldes, das der beurlaubten Beamtin oder dem beurlaubten Beamten nach den §§ 44 ff. des Fünften Buches zustehen würde. ²Entgeltansprüche, die der beurlaubten Beamtin oder dem beurlaubten Beamten im Krankheitsfall nach dem Entgeltfortzahlungsgesetz, einem Tarifvertrag oder dem Arbeits- oder Anstellungsvertrag zustehen, bleiben unberührt und werden auf den Entgeltfortzahlungsanspruch nach Satz 1 angerechnet. ³Darüber hinaus besteht bei Krankheit und Pflegebedürftigkeit ein Anspruch auf Beihilfe in entsprechender Anwendung der Beihilferegelungen für Beamtinnen und Beamte mit Dienstbezügen.

(7) ¹Werden einer Beamtin oder einem Beamten der Bundesagentur mit Bestellung zur Geschäftsführerin oder zum Geschäftsführer einer gemeinsamen Einrichtung nach § 44d Absatz 2 Satz 1 des Zweiten Buches Aufgaben eines höherwertigen Amtes übertragen, erhält sie oder er ab dem siebten Monat der ununterbrochenen Wahrnehmung dieser Aufgaben im Beamtenverhältnis eine Zulage, wenn in diesem Zeitpunkt die haushaltsrechtlichen Voraussetzungen für die Übertragung dieses Amtes vorliegen. ²Die Zulage wird in Höhe des Unterschiedsbetrages zwischen dem Grundgehalt ihrer oder seiner Besoldungsgruppe und dem Grundgehalt der Besoldungsgruppe gezahlt, der das höherwertige Amt zugeordnet ist, höchstens jedoch der dritten folgenden Besoldungsgruppe.

§ 388 Ernennung der Beamtinnen und Beamten

(1) Der Vorstand ernennt die Beamtinnen und Beamten.
(2) ¹Der Vorstand kann seine Befugnisse auf Bedienstete der Bundesagentur übertragen. ²Er bestimmt im Einzelnen, auf wen die Ernennungsbefugnisse übertragen werden.

§ 389 Anstellungsverhältnisse oberster Führungskräfte

(1) ¹Folgende Funktionen werden vorrangig in einem befristeten außertariflichen Arbeitsverhältnis oberster Führungskräfte (Anstellungsverhältnis) übertragen:
1. die Funktion einer Geschäftsführerin oder eines Geschäftsführers bei der Zentrale der Bundesagentur,
2. die Funktion einer Bereichsleiterin oder eines Bereichsleiters mit herausgehobenen Aufgaben bei der Zentrale der Bundesagentur,
3. die Funktionen der oder des Vorsitzenden der Geschäftsführung einer Regionaldirektion und ständigen Vertreterin oder des ständigen Vertreters der oder des Vorsitzenden der Geschäftsführung einer Regionaldirektion,
4. die Funktion der Leiterin oder des Leiters der Familienkasse sowie
5. die Funktionen der Leiterin oder des Leiters und der stellvertretenden Leiterin oder des stellvertretenden Leiters des Instituts für Arbeitsmarkt- und Berufsforschung.

²Ein Anstellungsverhältnis darf jeweils die Dauer von fünf Jahren nicht überschreiten. ³Es kann wiederholt begründet werden. ⁴Wenn Beschäftigte zum Zeitpunkt der Übertragung in einem Arbeitsverhältnis zur Bundesagentur stehen, wird die Funktion ausschließlich im Anstellungsverhältnis übertragen. ⁵Vor Begründung eines Anstellungsverhältnisses ist der Verwaltungsrat der Bundesagentur zu beteiligen. ⁶Bei Übertragung im Beamtenverhältnis gilt § 24 Absatz 1 bis 4 und 6 des Bundesbeamtengesetzes.
(2) ¹Beamtinnen und Beamte, die in einem Anstellungsverhältnis begründen, kehren nach Beendigung ihres Anstellungsverhältnisses in das ihnen vor der Beurlaubung nach § 387 Absatz 3 zuletzt übertragene Amt zurück, es sei denn, sie haben zu diesem Zeitpunkt die für sie geltende Altersgrenze erreicht. ²Sie erhalten die Besoldung aus dem vor der Beurlaubung nach § 387 Absatz 3 zuletzt wahrgenommenen Amt.
(3) Für die Dauer eines Anstellungsverhältnisses ruhen die Rechte und Pflichten aus einem mit der Bundesagentur bereits bestehenden Arbeitsverhältnis.

§ 390 Außertarifliche Arbeitsbedingungen und Vergütungen

(1) ¹Der Vorstand regelt mit Zustimmung des Verwaltungsrats und im Benehmen mit dem Bundesministerium für Arbeit und Soziales und dem Bundesministerium der Finanzen die Bedingungen, unter denen die Bundesagentur Anstellungsverträge mit obersten Führungskräften und Arbeitsverträge mit den sonstigen Beschäftigten schließt, für die kein Tarifvertrag der Bundesagentur gilt (obere Führungskräfte und herausgehobene Fachkräfte). ²Die Funktionen der Beschäftigten nach Satz 1 sind jeweils einer von mehreren Tätigkeitsebenen zuzuordnen. ³Im Haushaltsplan der Bundesagentur ist für die Vergütung der in Satz 1 genannten Beschäftigten ein gesonderter Titel auszubringen. ⁴Dabei ist in einer verbindlichen Erläuterung zum Titel und im verbindlichen Stellenplan die Anzahl der Beschäftigten nach Satz 1 nach Tätigkeitsebenen gegliedert festzulegen. ⁵Für die Tätigkeitsebenen ist jeweils die Spannbreite der jährlichen Gesamtvergütungen sowie die dieser entsprechende Spannbreite der Besoldungsgruppen nach dem Bundesbesoldungsgesetz auszuweisen.
(2) ¹Die nach Absatz 1 Satz 1 zu regelnde Vergütung besteht aus einem Festgehalt, zu dem Zulagen gezahlt werden können. ²Zusätzlich können ein individueller leistungsbezogener Bestandteil sowie eine am Grad der

Zielerreichung der Bundesagentur oder ihrer Dienststellen ausgerichtete geschäftspolitische Ergebniskomponente geleistet werden.
(3) ¹Die Vergütung nach Absatz 2 Satz 1 hat sich an den Grundgehältern der Bundesbesoldungsordnungen A und B auszurichten. ²Für die Zuordnung von Festgehalt und Zulagen sind die mit der übertragenen Funktion verbundene Aufgaben- und Personalverantwortung, die Schwierigkeit der Aufgabe und die Bedeutung der Funktion oder der Grad der Anforderungen und Belastungen maßgeblich. ³Die Summe aus Festgehalt und Zulagen darf für oberste Führungskräfte die Grundgehälter der Bundesbesoldungsordnung B, für obere Führungskräfte und herausgehobene Fachkräfte die Endgrundgehälter der Bundesbesoldungsordnung A, jeweils zuzüglich des Familienzuschlags der Stufe 2, der Bundesbeamtinnen und Bundesbeamten in vergleichbaren Funktionen nicht übersteigen. ⁴Dabei darf für oberste Führungskräfte das Grundgehalt der Besoldungsgruppe B 7 der Bundesbesoldungsordnung B zuzüglich des Familienzuschlags der Stufe 2 nicht überschritten werden. ⁵§ 44d Absatz 7 des Zweiten Buches bleibt unberührt.
(4) ¹Der leistungsbezogene Bestandteil nach Absatz 2 Satz 2 hat sich an der individuellen Leistung der oder des Beschäftigten zu bemessen. ²Er darf nicht mehr als 20 Prozent des Festgehalts betragen. ³Die geschäftspolitische Ergebniskomponente ist auf jährlich höchstens 10 Prozent des nach Absatz 2 Satz 1 vorgesehenen niedrigsten Jahresfestgehalts zu begrenzen. ⁴Der Vorstand der Bundesagentur stellt unter vorheriger Beteiligung des Verwaltungsrats fest, zu welchem leistungsorientierten Grad die Ziele erreicht wurden, die für die geschäftspolitische Ergebniskomponente maßgeblich sind. ⁵Grundlage dafür ist ein mit dem Verwaltungsrat abgestimmtes geeignetes Ziele-, Kennzahlen- und Messgrößensystem.
(5) ¹Die Vergütung nach Absatz 2 Satz 1 nimmt an den Änderungen des höchsten Festgehalts für tariflich Beschäftigte der Bundesagentur teil. ²Die Regelung nach Absatz 3 Satz 3 und 4 bleibt davon unberührt.
(6) ¹Der Vorstand kann mit Zustimmung des Verwaltungsrats im Einzelfall Beschäftigten nach Absatz 1 Satz 1 eine weitere Zulage zahlen, wenn ein Dienstposten auf Grund besonderer Anforderungen nicht zu den Bedingungen der Absätze 3 und 4 besetzt werden oder besetzt bleiben kann. ²§ 44d Absatz 7 des Zweiten Buches bleibt unberührt. ³Für solche Einzelfälle sind folgende Angaben auszuweisen:
1. ein entsprechender Betrag in dem Titel nach Absatz 1 Satz 3 und
2. die Anzahl der Beschäftigten, die eine Zulage nach Satz 1 erhalten können, in einer verbindlichen Erläuterung zum Titel nach Absatz 1 Satz 3 und im verbindlichen Stellenplan.

§ 391 (weggefallen)

§ 392 Obergrenzen für Beförderungsämter
Bei der Bundesagentur können die nach § 17a Absatz 1 der Bundeshaushaltsordnung zulässigen Obergrenzen für Beförderungsämter nach Maßgabe sachgerechter Bewertung überschritten werden, soweit dies zur Vermeidung von Verschlechterungen der Beförderungsverhältnisse infolge einer Verminderung von Planstellen erforderlich ist.

Vierter Abschnitt
Aufsicht

§ 393 Aufsicht
(1) ¹Die Aufsicht über die Bundesagentur führt das Bundesministerium für Arbeit und Soziales. ²Sie erstreckt sich darauf, dass Gesetze und sonstiges Recht beachtet werden.
(2) Dem Bundesministerium für Arbeit und Soziales ist jährlich ein Geschäftsbericht vorzulegen, der vom Vorstand zu erstatten und vom Verwaltungsrat zu genehmigen ist.

Fünfter Abschnitt
Datenschutz

§ 394 Verarbeitung von Sozialdaten durch die Bundesagentur
(1) ¹Die Bundesagentur darf Sozialdaten nur verarbeiten, soweit dies zur Erfüllung ihrer gesetzlich vorgeschriebenen oder zugelassenen Aufgaben erforderlich ist. ²Ihre Aufgaben nach diesem Buch sind
1. die Feststellung eines Versicherungspflichtverhältnisses einschließlich einer Versicherungsfreiheit,
2. die Erbringung von Leistungen der Arbeitsförderung,
3. die Erstellung von Statistiken, Arbeitsmarkt- und Berufsforschung, Berichterstattung,
4. die Überwachung der Beratung und Vermittlung durch Dritte,
5. die Zustimmung zur Zulassung der Beschäftigung nach dem Aufenthaltsgesetz, die Zustimmung zur Anwerbung aus dem Ausland sowie die Erteilung einer Arbeitsgenehmigung-EU,
6. die Bekämpfung von Leistungsmissbrauch und illegaler Beschäftigung,

7. die Unterrichtung der zuständigen Behörden über Anhaltspunkte von Schwarzarbeit, Nichtentrichtung von Sozialversicherungsbeiträgen oder Steuern und Verstößen gegen das Aufenthaltsgesetz,
8. die Überwachung der Melde-, Anzeige-, Bescheinigungs- und sonstiger Pflichten nach dem Achten Kapitel sowie die Erteilung von Auskünften,
9. der Nachweis von Beiträgen sowie die Erhebung von Umlagen für die ergänzenden Leistungen nach § 102 und das Insolvenzgeld,
10. die Durchführung von Erstattungs- und Ersatzansprüchen.

(2) Eine Verarbeitung für andere als die in Absatz 1 genannten Zwecke ist nur zulässig, soweit dies durch Rechtsvorschriften des Sozialgesetzbuches angeordnet oder erlaubt ist.

§ 395 Datenübermittlung an Dritte; Verarbeitung von Sozialdaten durch nicht-öffentliche Stellen

(1) Die Bundesagentur darf Dritten, die mit der Erfüllung von Aufgaben nach diesem Buch beauftragt sind, Sozialdaten übermitteln, soweit dies zur Erfüllung dieser Aufgaben erforderlich ist.

(2) Die Bundesagentur darf abweichend von § 80 Absatz 3 des Zehnten Buches zur Erfüllung ihrer Aufgaben nach diesem Buch nicht-öffentliche Stellen mit der Verarbeitung von Sozialdaten beauftragen.

§ 396 Kennzeichnungs- und Maßregelungsverbot

¹Die Bundesagentur und von ihr beauftragte Dritte dürfen Berechtigte und Arbeitgeber bei der Speicherung oder Übermittlung von Daten nicht in einer aus dem Wortlaut nicht verständlichen oder in einer Weise kennzeichnen, die nicht zur Erfüllung ihrer Aufgaben erforderlich ist. ²Die Bundesagentur darf an einer Maßregelung von Berechtigten oder an entsprechenden Maßnahmen gegen Arbeitgeber nicht mitwirken.

§ 397 Automatisierter Datenabgleich

(1) ¹Soweit für die Erbringung oder die Erstattung von Leistungen nach diesem Buch erforderlich, darf die Bundesagentur Angaben zu Personen, die Leistungen nach diesem Buch beantragt haben, beziehen oder innerhalb der letzten neun Monate bezogen haben, regelmäßig automatisiert mit den folgenden nach § 36 Absatz 3 der Datenerfassungs- und Übermittlungsverordnung von der Datenstelle der Rentenversicherung übermittelten Daten abgleichen:
1. Versicherungsnummer (§ 28a Absatz 3 Satz 1 Nummer 1 des Vierten Buches),
2. Betriebsnummer des Arbeitgebers (§ 28a Absatz 3 Satz 1 Nummer 6 des Vierten Buches),
3. zuständige Einzugsstelle (§ 28a Absatz 3 Satz 1 Nummer 8 des Vierten Buches),
4. Beschäftigungsbeginn (§ 28a Absatz 3 Satz 2 Nummer 1 Buchstabe b des Vierten Buches),
5. Beschäftigungszeitraum (§ 28a Absatz·3 Satz 2 Nummer 2 Buchstabe d des Vierten Buches),
6. Personengruppenschlüssel, Beitragsgruppenschlüssel und Abgabegründe für die Meldungen (§ 28b Absatz 1 Satz 1 Nummer 1 des Vierten Buches),
7. Stornokennzeichen (§ 14 Absatz 1 der Datenerfassungs- und Übermittlungsverordnung).

²Satz 1 gilt auch für geringfügig Beschäftigte. ³Bei Beschäftigten, für die Meldungen im Rahmen des Haushaltsscheckverfahrens (§ 28a Absatz 7 des Vierten Buches) erstattet werden, dürfen die nach § 28a Absatz 8 Nummer 1, 2 und 4 Buchstabe a und d des Vierten Buches übermittelten Daten abgeglichen werden. ⁴Die abzugleichenden Daten dürfen von der Bundesagentur, bezogen auf einzelne Beschäftigungsverhältnisse, zusammengeführt werden. ⁵Dabei können die nach § 36 Absatz 3 der Datenerfassungs- und Übermittlungsverordnung übermittelten Daten, insbesondere auch das in der Rentenversicherung oder nach dem Recht der Arbeitsförderung beitragspflichtige Arbeitsentgelt in Euro (§ 28a Absatz 3 Satz 2 Nummer 2 Buchstabe b des Vierten Buches) genutzt werden.

(2) ¹Nach Durchführung des Abgleichs hat die Bundesagentur die Daten, die für die in Absatz 1 genannten Zwecke nicht erforderlich sind, unverzüglich zu löschen. ²Die übrigen Daten dürfen nur für die in Absatz 1 genannten Zwecke und für die Verfolgung von Straftaten und Ordnungswidrigkeiten, die im Zusammenhang mit der Beantragung oder dem Bezug von Leistungen stehen, gespeichert, verändert, genutzt, übermittelt oder in der Verarbeitung eingeschränkt werden.

§ 398 Datenübermittlung durch beauftragte Dritte

Hat die Bundesagentur eine externe Gutachterin oder einen externen Gutachter beauftragt, eine ärztliche oder psychologische Untersuchung oder Begutachtung durchzuführen, ist die Übermittlung von Daten an die Bundesagentur durch die externe Gutachterin oder den externen Gutachter zulässig, soweit dies zur Erfüllung des Auftrages erforderlich ist.

§§ 399 bis 403 (weggefallen)

Zwölftes Kapitel
Bußgeldvorschriften

Erster Abschnitt
Bußgeldvorschriften

§ 404 Bußgeldvorschriften

(1) Ordnungswidrig handelt, wer als Unternehmerin oder Unternehmer Dienst- oder Werkleistungen in erheblichem Umfang ausführen lässt, indem sie oder er eine andere Unternehmerin oder einen anderen Unternehmer beauftragt, von dem sie oder er weiß oder fahrlässig nicht weiß, dass diese oder dieser zur Erfüllung dieses Auftrags

1. entgegen § 284 Absatz 1 oder § 4a Absatz 5 Satz 1 des Aufenthaltsgesetzes eine Ausländerin oder einen Ausländer beschäftigt oder
2. eine Nachunternehmerin oder einen Nachunternehmer einsetzt oder es zulässt, dass eine Nachunternehmerin oder ein Nachunternehmer tätig wird, die oder der entgegen § 284 Absatz 1 oder § 4a Absatz 5 Satz 1 des Aufenthaltsgesetzes eine Ausländerin oder einen Ausländer beschäftigt.

(2) Ordnungswidrig handelt, wer vorsätzlich oder fahrlässig

1. entgegen § 42 Absatz 4 oder § 287 Abs. 3 sich die dort genannte Gebühr oder den genannten Aufwendungsersatz erstatten lässt,
1a. entgegen § 82 Absatz 6 Satz 3 einen Nachweis nicht, nicht richtig, nicht vollständig oder nicht rechtzeitig erbringt,
2. entgegen § 165 Absatz 5 einen dort genannten Beschluß nicht oder nicht rechtzeitig bekanntgibt,
3. entgegen § 284 Abs. 1 oder § 4a Absatz 5 Satz 1 oder 2 des Aufenthaltsgesetzes eine Ausländerin oder einen Ausländer beschäftigt,
4. entgegen § 284 Absatz 1 oder entgegen § 4a Absatz 3 Satz 4 oder Absatz 4, § 6 Absatz 2a, § 7 Absatz 1 Satz 4 erster Halbsatz, § 16a Absatz 3 Satz 1, § 16b Absatz 3, auch in Verbindung mit Absatz 7 Satz 3, § 16b Absatz 5 Satz 3 zweiter Halbsatz, § 16c Absatz 2 Satz 3, § 16d Absatz 1 Satz 4, Absatz 3 Satz 2 oder Absatz 4 Satz 3, § 16f Absatz 3 Satz 4, § 17 Absatz 3 Satz 1, § 20 Absatz 1 Satz 4, auch in Verbindung mit Absatz 2 Satz 2, § 23 Absatz 1 Satz 4 erster Halbsatz, § 24 Absatz 6 Satz 2 erster Halbsatz oder § 25 Absatz 4 Satz 3 erster Halbsatz, Absatz 4a Satz 4 erster Halbsatz oder Absatz 4b Satz 4 erster Halbsatz des Aufenthaltsgesetzes eine Beschäftigung ausübt,
5. entgegen § 39 Absatz 4 Satz 2 des Aufenthaltsgesetzes eine Auskunft nicht, nicht richtig oder nicht rechtzeitig erteilt,
6. einer vollziehbaren Anordnung nach § 288a Abs. 1 zuwiderhandelt,
7. entgegen § 288a Abs. 2 Satz 1 eine Auskunft nicht, nicht richtig, nicht vollständig oder nicht rechtzeitig erteilt oder eine Unterlage nicht, nicht richtig, nicht vollständig oder nicht rechtzeitig vorlegt,
8. entgegen § 288a Abs. 3 Satz 2 eine Maßnahme nicht duldet,
9. einer Rechtsverordnung nach § 292 zuwiderhandelt, soweit sie für einen bestimmten Tatbestand auf diese Bußgeldvorschrift verweist,
10. (weggefallen)
11. entgegen § 296 Abs. 2 oder § 296a eine Vergütung oder einen Vorschuss entgegennimmt,
12. (weggefallen)
13. entgegen § 298 Abs. 2 Satz 1 eine Unterlage nicht, nicht richtig, nicht vollständig oder nicht rechtzeitig zurückgibt,
14. (weggefallen)
15. (weggefallen)
16. einer Rechtsverordnung nach § 352 Abs. 2 Nr. 2 oder § 357 Satz 1 zuwiderhandelt, soweit sie für einen bestimmten Tatbestand auf diese Bußgeldvorschrift verweist,
17. und 18. (weggefallen)
19. entgegen § 312 Abs. 1 Satz 1 oder 3, jeweils auch in Verbindung mit Absatz 3, eine Tatsache nicht, nicht richtig, nicht vollständig oder nicht rechtzeitig bescheinigt oder eine Arbeitsbescheinigung nicht oder nicht rechtzeitig aushändigt,
19a. entgegen § 312a Absatz 1 Satz 1 oder Satz 2, jeweils auch in Verbindung mit Satz 3, eine Tatsache nicht, nicht richtig, nicht vollständig oder nicht rechtzeitig bescheinigt,
20. entgegen § 313 Abs. 1, auch in Verbindung mit Absatz 3, Art oder Dauer der Beschäftigung oder der selbständigen Tätigkeit oder die Höhe des Arbeitsentgelts oder der Vergütung nicht, nicht richtig, nicht vollständig oder nicht rechtzeitig bescheinigt oder eine Bescheinigung nicht oder nicht rechtzeitig aushändigt,

21. entgegen § 313 Abs. 2, auch in Verbindung mit Absatz 3, einen Vordruck nicht oder nicht rechtzeitig vorlegt,
22. entgegen § 314 eine Bescheinigung nicht, nicht richtig, nicht vollständig oder nicht rechtzeitig ausstellt,
23. entgegen § 315 Abs. 1, 2 Satz 1 oder Abs. 3, jeweils auch in Verbindung mit Absatz 4, § 315 Absatz 5 Satz 1, auch in Verbindung mit Satz 2, § 316, § 317 oder als privater Arbeitgeber oder Träger entgegen § 318 Abs. 1 Satz 1 eine Auskunft nicht, nicht richtig, nicht vollständig oder nicht rechtzeitig erteilt oder entgegen § 318 Abs. 2 Satz 2 Nr. 2 eine Mitteilung an die Agentur für Arbeit nicht oder nicht rechtzeitig erteilt,
24. entgegen § 319 Abs. 1 Satz 1 Einsicht oder Zutritt nicht gewährt,
25. entgegen § 320 Abs. 1 Satz 1, Abs. 3 Satz 1 oder 2 oder Abs. 5 einen Nachweis nicht, nicht richtig oder nicht vollständig oder nicht rechtzeitig erbringt, eine Aufzeichnung nicht, nicht richtig oder nicht vollständig führt oder eine Anzeige nicht, nicht richtig, nicht vollständig oder nicht rechtzeitig erstattet,
26. entgegen § 60 Absatz 1 Satz 1 Nummer 1 des Ersten Buches eine Angabe nicht, nicht richtig, nicht vollständig oder nicht rechtzeitig macht oder
27. entgegen § 60 Abs. 1 Satz 1 Nr. 2 des Ersten Buches eine Änderung in den Verhältnissen, die für einen Anspruch auf eine laufende Leistung erheblich ist, nicht, nicht richtig, nicht vollständig oder nicht rechtzeitig mitteilt.

(3) Die Ordnungswidrigkeit kann in den Fällen der Absätze 1 und 2 Nr. 3 mit einer Geldbuße bis zu fünfhunderttausend Euro, in den Fällen des Absatzes 2 Nr. 1, 5 bis 9 und 11 bis 13 mit einer Geldbuße bis zu dreißigtausend Euro, in den Fällen des Absatzes 2 Nr. 2, 4, 16, 26 und 27 mit einer Geldbuße bis zu fünftausend Euro, in den übrigen Fällen mit einer Geldbuße bis zu zweitausend Euro geahndet werden.

§ 405 Zuständigkeit, Vollstreckung und Unterrichtung

(1) Verwaltungsbehörden im Sinne des § 36 Abs. 1 Nr. 1 des Gesetzes über Ordnungswidrigkeiten sind in den Fällen
1. des § 404 Abs. 1 sowie des § 404 Abs. 2 Nr. 3 und 4 die Behörden der Zollverwaltung,
2. des § 404 Abs. 2 Nr. 1, 1a, 2, 5 bis 16 und 19 bis 25 die Bundesagentur,
3. des § 404 Abs. 2 Nr. 26 und 27 die Behörden der Zollverwaltung und die Bundesagentur jeweils für ihren Geschäftsbereich.

(2) ¹Die Geldbußen fließen in die Kasse der Verwaltungsbehörde, den den Bußgeldbescheid erlassen hat. ²§ 66 des Zehnten Buches gilt entsprechend.

(3) ¹Die nach Absatz 2 Satz 1 zuständige Kasse trägt abweichend von § 105 Abs. 2 des Gesetzes über Ordnungswidrigkeiten die notwendigen Auslagen. ²Sie ist auch ersatzpflichtig im Sinne des § 110 Abs. 4 des Gesetzes über Ordnungswidrigkeiten.

(4) Bei der Verfolgung und Ahndung der Beschäftigung oder Tätigkeit von Ausländerinnen und Ausländern ohne Genehmigung nach § 284 Abs. 1, ohne Aufenthaltstitel nach § 4a Absatz 5 Satz 1 des Aufenthaltsgesetzes oder ohne Erlaubnis oder Berechtigung nach § 4a Absatz 5 Satz 2 in Verbindung mit Absatz 4 des Aufenthaltsgesetzes sowie der Verstöße gegen die Mitwirkungspflicht gegenüber der Bundesagentur nach § 60 Absatz 1 Satz 1 Nummer 1 und 2 des Ersten Buches arbeiten die Behörden nach Absatz 1 mit den in § 2 Absatz 4 des Schwarzarbeitsbekämpfungsgesetzes genannten Behörden zusammen.

(5) ¹Die Bundesagentur unterrichtet das Gewerbezentralregister über rechtskräftige Bußgeldbescheide nach § 404 Abs. 2 Nr. 1, 5 bis 16, 19 und 20. ²Die Behörden der Zollverwaltung unterrichten das Gewerbezentralregister über rechtskräftige Bußgeldbescheide nach § 404 Abs. 1 und 2 Nr. 3. ³Dies gilt nur, sofern die Geldbuße mehr als 200 Euro beträgt.

(6) ¹Gerichte, Strafverfolgungs- oder Strafvollstreckungsbehörden sollen den Behörden der Zollverwaltung Erkenntnisse aus sonstigen Verfahren, die aus ihrer Sicht zur Verfolgung von Ordnungswidrigkeiten nach § 404 Abs. 1 oder 2 Nr. 3 erforderlich sind, übermitteln, soweit nicht für die übermittelnde Stelle erkennbar ist, dass schutzwürdige Interessen der oder des Betroffenen oder anderer Verfahrensbeteiligter an dem Ausschluss der Übermittlung überwiegen. ²Dabei ist zu berücksichtigen, wie gesichert die zu übermittelnden Erkenntnisse sind.

Zweiter Abschnitt

§§ 406 und 407 (weggefallen)

Dreizehntes Kapitel
Sonderregelungen

Erster Abschnitt
Sonderregelungen im Zusammenhang mit der Herstellung der Einheit Deutschlands

§ 408 Besondere Bezugsgröße und Beitragsbemessungsgrenze

Soweit Vorschriften dieses Buches bei Entgelten oder Beitragsbemessungsgrundlagen
1. an die Bezugsgröße anknüpfen, ist die Bezugsgröße für das in Artikel 3 des Einigungsvertrages genannte Gebiet (Beitrittsgebiet),
2. an die Beitragsbemessungsgrenze anknüpfen, ist die Beitragsbemessungsgrenze für das Beitrittsgebiet maßgebend, wenn der Beschäftigungsort im Beitrittsgebiet liegt.

§§ 409 bis 416a (weggefallen)

Zweiter Abschnitt
Ergänzungen für übergangsweise mögliche Leistungen und zeitweilige Aufgaben

§ 417 Sonderregelung zum Bundesprogramm „Ausbildungsplätze sichern"

Soweit die Bundesregierung die Umsetzung des Bundesprogramms „Ausbildungsplätze sichern" der Bundesagentur überträgt, erstattet der Bund der Bundesagentur abweichend von § 363 Absatz 1 Satz 2 die durch die Umsetzung entstehenden Verwaltungskosten.

§ 418 Tragung der Beiträge zur Arbeitsförderung bei Beschäftigung älterer Arbeitnehmerinnen und Arbeitnehmer

(1) [1]Arbeitgeber, die ein Beschäftigungsverhältnis mit einer zuvor arbeitslosen Person, das das 55. Lebensjahr vollendet hat, erstmalig begründen, werden von der Beitragstragung befreit. [2]Die versicherungspflichtig beschäftigte Person trägt die Hälfte des Beitrages, der ohne die Regelung des Satzes 1 zu zahlen wäre.
(2) Vom 1. Januar 2008 an ist Absatz 1 nur noch für Beschäftigungsverhältnisse anzuwenden, die vor dem 1. Januar 2008 begründet worden sind.

§ 419 (weggefallen)

§ 420 Versicherungsfreiheit von Teilnehmerinnen und Teilnehmern des Programms Soziale Teilhabe am Arbeitsmarkt

Versicherungsfrei sind Personen in einer Beschäftigung, die im Rahmen des Bundesprogramms „Soziale Teilhabe am Arbeitsmarkt" durch Zuwendungen des Bundes gefördert wird.

§ 421 Förderung der Teilnahme an Sprachkursen

(1) [1]Die Agentur für Arbeit kann die Teilnahme von Ausländerinnen und Ausländern, die eine Aufenthaltsgestattung besitzen und bei denen ein rechtmäßiger und dauerhafter Aufenthalt zu erwarten ist, an Maßnahmen zur Erlangung erster Kenntnisse der deutschen Sprache fördern, wenn dies zu ihrer Eingliederung notwendig ist und der Maßnahmeeintritt bis zum 31. Dezember 2015 erfolgt. [2]Dies gilt auch für Ausländerinnen und Ausländer nach Satz 1, die auf Grund des § 61 des Asylgesetzes eine Erwerbstätigkeit nicht ausüben dürfen. [3]Bei einem Asylbewerber, der aus einem sicheren Herkunftsstaat nach § 29a des Asylgesetzes stammt, wird vermutet, dass ein rechtmäßiger und dauerhafter Aufenthalt nicht zu erwarten ist.
(2) [1]Die Dauer der Teilnahme an der Maßnahme beträgt bis zu acht Wochen. [2]Die Teilnahme kann durch Übernahme der Maßnahmekosten gefördert werden, wenn die Träger die erforderliche Leistungsfähigkeit und Zuverlässigkeit besitzen.
(3) Dem Träger werden als Maßnahmekosten erstattet:
1. die angemessenen Aufwendungen für das zur Durchführung der Maßnahme eingesetzte erforderliche Personal sowie für das erforderliche Leitungs- und Verwaltungspersonal,
2. die angemessenen Sachkosten einschließlich der Kosten für Lehr- und Lernmittel und
3. die erforderlichen Fahrkosten der Teilnehmenden.
(4) Die Berechtigung der Ausländerin oder des Ausländers zur Teilnahme an einem Integrationskurs schließt eine Förderung nach Absatz 1 nicht aus.
(5) Die Leistungen nach dieser Vorschrift sind Leistungen der aktiven Arbeitsförderung im Sinne des § 3 Absatz 1 und 2.

§ 421a Arbeiten in Maßnahmen des Arbeitsmarktprogramms Flüchtlingsintegrationsmaßnahmen

[1]Arbeiten in Maßnahmen, die durch das Arbeitsmarktprogramm Flüchtlingsintegrationsmaßnahmen bereitgestellt werden, begründen kein Arbeitsverhältnis im Sinne des Arbeitsrechts und kein Beschäftigungsverhältnis im Sinne des Vierten Buches; die Vorschriften über den Arbeitsschutz und das Bundesurlaubsgesetz mit

Ausnahme der Regelungen über das Urlaubsentgelt sind entsprechend anzuwenden. ²Für Schäden bei der Ausübung ihrer Tätigkeit haften die Teilnehmerinnen und Teilnehmer an den Maßnahmen wie Arbeitnehmerinnen und Arbeitnehmer.

§ 421b Erprobung einer zentralen Servicestelle für anerkennungssuchende Fachkräfte im Ausland

Die Bundesagentur berät im Rahmen eines Modellvorhabens Personen, die sich nicht nur vorübergehend im Ausland aufhalten, zu den Möglichkeiten der Anerkennung ausländischer Berufsabschlüsse und damit im Zusammenhang stehenden aufenthaltsrechtlichen Fragen und begleitet sie bei der Durchführung der entsprechenden Verfahren. Das Modellvorhaben ist bis zum 31. Dezember 2023 befristet. § 363 Absatz 1 Satz 2 findet keine Anwendung.

§ 421c Vorübergehende Sonderregelungen im Zusammenhang mit Kurzarbeit

(1) In der Zeit vom 1. Januar 2021 bis zum Ablauf des 31. Dezember 2021 wird Entgelt aus einer geringfügigen Beschäftigung nach § 8 Absatz 1 Nummer 1 des Vierten Buches, die während des Bezugs von Kurzarbeitergeld aufgenommen worden ist, abweichend von § 106 Absatz 3 dem Ist-Entgelt nicht hinzugerechnet.
(2) ¹Abweichend von § 105 beträgt das Kurzarbeitergeld bis zum 31. Dezember 2021
1. für Arbeitnehmerinnen und Arbeitnehmer, die beim Arbeitslosengeld die Voraussetzungen für den erhöhten Leistungssatz erfüllen würden, ab dem vierten Bezugsmonat 77 Prozent und ab dem siebten Bezugsmonat 87 Prozent,
2. für die übrigen Arbeitnehmerinnen und Arbeitnehmer ab dem vierten Bezugsmonat 70 Prozent und ab dem siebten Bezugsmonat 80 Prozent
der Nettoentgeltdifferenz im Anspruchszeitraum, wenn der Anspruch auf Kurzarbeitergeld bis zum 31. März 2021 entstanden ist und wenn die Differenz zwischen Soll- und Ist-Entgelt im jeweiligen Bezugsmonat mindestens 50 Prozent beträgt. ²Für die Berechnung der Bezugsmonate sind Monate mit Kurzarbeit ab März 2020 zu berücksichtigen.

§ 421d Vorübergehende Sonderregelungen zum Arbeitslosengeld

(1) Für Personen, deren Anspruch auf Arbeitslosengeld sich in der Zeit vom 1. Mai 2020 bis zum 31. Dezember 2020 auf einen Tag gemindert hat, verlängert sich die Anspruchsdauer einmalig um drei Monate.
(2) ¹Für Zeiten, in denen die durchschnittliche regelmäßige wöchentliche Arbeitszeit der oder des Arbeitslosen auf Grund einer kollektivrechtlichen Beschäftigungssicherungsvereinbarung, die ab dem 1. März 2020 geschlossen oder wirksam geworden ist, vorübergehend vermindert war, gilt ergänzend zu § 151 Absatz 3, dass als Arbeitsentgelt das Arbeitsentgelt zu Grunde zu legen ist, das die oder der Arbeitslose ohne diese Vereinbarung und ohne Mehrarbeit erzielt hätte; insoweit gilt § 150 Absatz 2 Satz 1 Nummer 5 nicht. ²Satz 1 gilt nur für Zeiten mit Anspruch auf Arbeitsentgelt im Zeitraum vom 1. März 2020 bis zum 31. Dezember 2022. ³Sind Ansprüche auf Arbeitslosengeld vor dem 10. Dezember 2020 entstanden, so sind die Sätze 1 und 2 anzuwenden, wenn die oder der Arbeitslose dies verlangt und die zur Ermittlung des Bemessungsentgelts erforderlichen Tatsachen nachweist.
(3) ¹Abweichend von § 146 Absatz 2 besteht für das Kalenderjahr 2020 der Anspruch auf Leistungsfortzahlung für jedes Kind längstens für 15 Tage, bei alleinerziehenden Arbeitslosen längstens für 30 Tage; Arbeitslosengeld wird insgesamt für nicht mehr als 35 Tage, für alleinerziehende Arbeitslose für nicht mehr als 70 Tage fortgezahlt; für das Kalenderjahr 2021 besteht der Anspruch auf Leistungsfortzahlung für jedes Kind längstens für 30 Tage, bei alleinerziehenden Arbeitslosen längstens für 60 Tage; Arbeitslosengeld wird insgesamt für nicht mehr als 65 Tage, für alleinerziehende Arbeitslose für nicht mehr als 130 Tage fortgezahlt. ²Satz 1 ist nur anzuwenden, wenn die oder der Arbeitslose dies verlangt und die übrigen Voraussetzungen vorliegen.

§ 421e Vorübergehende Sonderregelungen im Zusammenhang mit dem Austritt des Vereinigten Königreichs Großbritannien und Nordirland aus der Europäischen Union

(1) Die Mitteilungspflicht der Bundesagentur für Arbeit nach § 172 Absatz 1 ist entsprechend für insolvente Arbeitgeber anzuwenden, die auch im Vereinigten Königreich Großbritannien und Nordirland tätig sind, wenn das Insolvenzereignis vor dem Tag nach dem Ende des Übergangszeitraums gemäß Teil Vier des Abkommens über den Austritt des Vereinigten Königreichs Großbritannien und Nordirland aus der Europäischen Union und der Europäischen Atomgemeinschaft vom 24. Januar 2020 (ABl. L 29 vom 31. 1. 2020, S. 7) liegt.
(2) Leistungsberechtigten Personen, die
1. laufende Geldleistungen nach diesem Buch bereits vor dem Tag nach dem Ende des Übergangszeitraums gemäß Teil Vier des Abkommens über den Austritt des Vereinigten Königreichs Großbritannien und Nordirland aus der Europäischen Union und der Europäischen Atomgemeinschaft bezogen haben und
2. ihr Konto bei einem Geldinstitut im Vereinigten Königreich Großbritannien und Nordirland bereits vor dem Tag nach dem Ende des Übergangszeitraums gemäß dem Vierten Teil des Abkommens über den Austritt des Vereinigten Königreichs Großbritannien und Nordirland aus der Europäischen Union und der Europäischen Atomgemeinschaft hatten,

werden Geldleistungen abweichend von § 337 Absatz 1 Satz 1 ohne Abzug der dadurch veranlassten Kosten ausgezahlt, solange die leistungsberechtigten Personen die laufende Geldleistung beziehen und weiterhin ihr Konto bei einem Geldinstitut im Vereinigten Königreich Großbritannien und Nordirland haben.

Dritter Abschnitt
Grundsätze bei Rechtsänderungen

§ 422 Leistungen der aktiven Arbeitsförderung

(1) Wird dieses Gesetzbuch geändert, so sind, soweit nichts Abweichendes bestimmt ist, auf Leistungen der aktiven Arbeitsförderung bis zum Ende der Leistungen oder der Maßnahme die Vorschriften in der vor dem Tag des Inkrafttretens der Änderung geltenden Fassung weiter anzuwenden, wenn vor diesem Tag
1. der Anspruch entstanden ist,
2. die Leistung zuerkannt worden ist oder
3. die Maßnahme begonnen hat, wenn die Leistung bis zum Beginn der Maßnahme beantragt worden ist.

(2) Ist eine Leistung nur für einen begrenzten Zeitraum zuerkannt worden, richtet sich eine Verlängerung nach den zum Zeitpunkt der Entscheidung über die Verlängerung geltenden Vorschriften.

§§ 423 und 424 (weggefallen)

Vierter Abschnitt
Sonderregelungen im Zusammenhang mit der Einordnung des Arbeitsförderungsrechts in das Sozialgesetzbuch

§ 425 Übergang von der Beitrags- zur Versicherungspflicht

Zeiten einer die Beitragspflicht begründenden Beschäftigung sowie sonstige Zeiten der Beitragspflicht nach dem Arbeitsförderungsgesetz in der zuletzt geltenden Fassung gelten als Zeiten eines Versicherungspflichtverhältnisses.

§§ 426 und 427 (weggefallen)

§ 427a Gleichstellung von Mutterschaftszeiten

(1) Für Personen, die in der Zeit vom 1. Januar 1998 bis zum 31. Dezember 2002 Sonderunterstützung nach dem Mutterschutzgesetz oder Mutterschaftsgeld bezogen haben, gilt für die Erfüllung der für einen Anspruch auf Arbeitslosengeld erforderlichen Anwartschaftszeit und für die Dauer des Anspruchs § 107 Satz 1 Nr. 5 Buchstabe b des Arbeitsförderungsgesetzes in der bis zum 31. Dezember 1997 geltenden Fassung entsprechend.
(2) Die Agentur für Arbeit entscheidet
1. von Amts wegen
    a) über Ansprüche auf Arbeitslosengeld neu, die allein deshalb abgelehnt worden sind, weil Zeiten nach § 107 Satz 1 Nr. 5 Buchstabe b des Arbeitsförderungsgesetzes in der bis zum 31. Dezember 1997 geltenden Fassung nicht berücksichtigt worden sind, wenn die Entscheidung am 28. März 2006 noch nicht unanfechtbar war,
    b) über Ansprüche auf Arbeitslosengeld, über die wegen des Bezugs einer der in Absatz 1 genannten Mutterschaftsleistungen bisher nicht oder nur vorläufig entschieden worden ist;
2. im Übrigen auf Antrag.

§ 428 Arbeitslosengeld unter erleichterten Voraussetzungen

(1) ¹Anspruch auf Arbeitslosengeld nach den Vorschriften des Ersten Abschnitts des Vierten Kapitels haben auch Arbeitnehmerinnen und Arbeitnehmer, die das 58. Lebensjahr vollendet haben und die Regelvoraussetzungen des Anspruchs auf Arbeitslosengeld allein deshalb nicht erfüllen, weil sie nicht arbeitsbereit sind und nicht alle Möglichkeiten nutzen und nutzen wollen, um ihre Beschäftigungslosigkeit zu beenden. ²Der Anspruch besteht auch während der Zeit eines Studiums an einer Hochschule oder einer der fachlichen Ausbildung dienenden Schule. ³Vom 1. Januar 2008 an gilt Satz 1 nur noch, wenn der Anspruch vor dem 1. Januar 2008 entstanden ist und die oder der Arbeitslose vor diesem Tag das 58. Lebensjahr vollendet hat.
(2) ¹Die Agentur für Arbeit soll die Arbeitslose oder den Arbeitslosen, die oder der nach Unterrichtung über die Regelung des Satzes 2 drei Monate Arbeitslosengeld nach Absatz 1 bezogen hat und in absehbarer Zeit die Voraussetzungen für den Anspruch auf Altersrente voraussichtlich erfüllt, auffordern, innerhalb eines Monats Altersrente zu beantragen; dies gilt nicht für Altersrenten, die vor dem für die Versicherte oder den Versicherten maßgebenden Rentenalter in Anspruch genommen werden können. ²Stellt die oder der Arbeitslose den Antrag nicht, ruht der Anspruch auf Arbeitslosengeld vom Tage nach Ablauf der Frist an bis zu dem Tage, an dem die oder der Arbeitslose Altersrente beantragt.
(3) Der Anspruch nach Absatz 1 ist ausgeschlossen, wenn der oder dem Arbeitslosen eine Teilrente wegen Alters aus der gesetzlichen Rentenversicherung oder eine ähnliche Leistung öffentlich-rechtlicher Art zuerkannt ist.

§ 429 (weggefallen)

§ 430 Sonstige Entgeltersatzleistungen

(1) Bei der Anwendung der Regelungen über die für Leistungen zur Förderung der beruflichen Weiterbildung und für Leistungen zur Teilhabe am Arbeitsleben erforderliche Vorbeschäftigungszeit stehen Zeiten, die nach dem Arbeitsförderungsgesetz in der zuletzt geltenden Fassung den Zeiten einer die Beitragspflicht begründenden Beschäftigung ohne Beitragsleistung gleichstanden, den Zeiten eines Versicherungspflichtsverhältnisses gleich.
(2) ¹Ist ein Anspruch auf Unterhaltsgeld vor dem 1. Januar 1998 entstanden, sind das Bemessungsentgelt und der Leistungssatz nicht neu festzusetzen. ²Satz 1 gilt für die Zuordnung zu einer Leistungsgruppe entsprechend.
(3) ¹Die Dauer eines Anspruchs auf Eingliederungshilfe für Spätaussiedler nach § 62a Abs. 1 und 2 des Arbeitsförderungsgesetzes, der vor dem 1. Januar 1998 entstanden und am 1. Januar 1998 noch nicht erloschen ist, erhöht sich um jeweils einen Tag für jeweils sechs Tage. ²Bruchteile von Tagen sind auf volle Tage aufzurunden.
(4) Die Vorschriften des Arbeitsförderungsgesetzes über das Konkursausfallgeld in der bis zum 31. Dezember 1998 geltenden Fassung sind weiterhin anzuwenden, wenn das Insolvenzereignis vor dem 1. Januar 1999 eingetreten ist.
(5) Ist ein Anspruch auf Kurzarbeitergeld von Arbeitnehmern, die zur Vermeidung von anzeigepflichtigen Entlassungen im Sinne des § 17 Abs. 1 des Kündigungsschutzgesetzes in einer betriebsorganisatorisch eigenständigen Einheit zusammengefaßt sind, vor dem 1. Januar 1998 entstanden, sind bei der Anwendung der Regelungen über die Dauer eines Anspruchs auf Kurzarbeitergeld in einer betriebsorganisatorisch eigenständigen Einheit Bezugseinheiten, die nach einer auf Grundlage des § 67 Abs. 2 Nr. 3 des Arbeitsförderungsgesetzes erlassenen Rechtsverordnung bis zum 1. Januar 1998 nicht ausgeschöpft sind, verbleibende Bezugszeiten eines Anspruchs auf Kurzarbeitergeld in einer betriebsorganisatorisch eigenständigen Einheit.

§§ 431 bis 433 (weggefallen)

Fünfter Abschnitt
Übergangsregelungen auf Grund von Änderungsgesetzen

§ 434 Gesetz zur Reform der Renten wegen verminderter Erwerbsfähigkeit

(1) Bei der Anwendung des § 26 Abs. 2 Nr. 3 und des § 345a gilt die Rente wegen Erwerbsunfähigkeit, deren Beginn vor dem 1. Januar 2001 liegt, als Rente wegen voller Erwerbsminderung; dies gilt auch dann, wenn die Rente wegen Erwerbsunfähigkeit wegen eines mehr als geringfügigen Hinzuverdienstes als Rente wegen Berufsunfähigkeit gezahlt wird.
(1a) Bei Anwendung des § 28 gilt
1. eine Rente wegen Erwerbsunfähigkeit, deren Beginn vor dem 1. Januar 2001 liegt, als eine Rente wegen voller Erwerbsminderung,
2. eine mit der Rente wegen Erwerbsunfähigkeit vergleichbare Leistung eines ausländischen Leistungsträgers, deren Beginn vor dem 1. Januar 2001 liegt, als eine mit der Rente wegen voller Erwerbsminderung vergleichbare Leistung eines ausländischen Leistungsträgers.
(2) Bei der Anwendung des § 28 Nr. 3 gilt die Feststellung der Berufsunfähigkeit oder Erwerbsunfähigkeit als Feststellung voller Erwerbsminderung.
(3) Bei der Anwendung des § 145 gilt die Feststellung der verminderten Berufsfähigkeit im Bergbau nach § 45 des Sechsten Buches als Feststellung der Erwerbsminderung.
(4) Bei der Anwendung des § 156 Absatz 1 Nummer 3 gilt die Rente wegen Erwerbsunfähigkeit, deren Beginn vor dem 1. Januar 2001 liegt, als Rente wegen voller Erwerbsminderung.
(5) § 142 Abs. 4 in der vor dem 1. Januar 2001 geltenden Fassung ist weiterhin auf Invalidenrenten, Bergmannsinvalidenrenten oder Invalidenrenten für Behinderte nach Artikel 2 des Renten-Überleitungsgesetzes, deren Beginn vor dem 1. Januar 1997 liegt, mit der Maßgabe anzuwenden, dass
1. diese dem Anspruch auf Rente wegen voller Erwerbsminderung gleichstehen und
2. an die Stelle der Feststellung der Erwerbsunfähigkeit oder Berufsunfähigkeit die Feststellung der Erwerbsminderung tritt.

§ 434a bis 434x (weggefallen)

§ 435 Gesetz zur Vereinfachung der Wahl der Arbeitnehmervertreter in den Aufsichtsrat

¹Zum 27. März 2002 treten der Präsident der Bundesanstalt für Arbeit und der Vizepräsident der Bundesanstalt für Arbeit in den Ruhestand. ²Für die in Satz 1 genannten Beamten sind § 4 des Bundesbesoldungsgesetzes sowie die Vorschriften des § 7 Nr. 2 und des § 14 Abs. 6 des Beamtenversorgungsgesetzes in der bis zum

31. Dezember 1998 geltenden Fassung entsprechend anzuwenden mit der Maßgabe, dass dem einstweiligen Ruhestand die Zeit von dem Eintritt in den Ruhestand bis zu dem in § 399 Abs. 4 Satz 2 in der bis zum 26. März 2002 geltenden Fassung genannten Zeitpunkt gleichsteht.

§ 436 Zweites Gesetz für moderne Dienstleistungen am Arbeitsmarkt

[1]Personen, die am 31. März 2003 in einer mehr als geringfügigen Beschäftigung versicherungspflichtig waren, die die Merkmale einer geringfügigen Beschäftigung in der ab 1. April 2003 geltenden Fassung von § 8 des Vierten Buches erfüllt, bleiben in dieser Beschäftigung versicherungspflichtig. [2]Sie werden auf ihren Antrag von der Versicherungspflicht befreit. [3]Die Befreiung wirkt vom 1. April 2003 an. [4]Sie ist auf diese Beschäftigung beschränkt.

§ 437 Drittes Gesetz für moderne Dienstleistungen am Arbeitsmarkt

(1) [1]Die Beamtinnen und Beamten der Bundesanstalt, die vor dem 2. Juli 2003 ganz oder überwiegend Aufgaben der Arbeitsmarktinspektion wahrgenommen haben und diese am 31. Dezember 2003 noch wahrnehmen, sind mit Wirkung vom 1. Januar 2004 Bundesbeamtinnen und Bundesbeamte im Dienst der Zollverwaltung. [2]§ 130 Abs. 1 des Beamtenrechtsrahmengesetzes in der Fassung der Bekanntmachung vom 31. März 1999 (BGBl. I S. 654) findet entsprechend Anwendung. [3]Von der Überleitung nach Satz 1 ausgenommen sind Beamtinnen und Beamte, die am 2. Juli 2003 die Antragsaltersgrenze des § 52 des Bundesbeamtengesetzes erreicht haben oder sich zu diesem Zeitpunkt in Altersteilzeit befanden.
(2) [1]Die Angestellten der Bundesanstalt, die vor dem 2. Juli 2003 ganz oder überwiegend Aufgaben der Arbeitsmarktinspektion wahrgenommen haben und diese am 31. Dezember 2003 noch wahrnehmen, sind mit Wirkung vom 1. Januar 2004 Angestellte des Bundes und in den Dienst der Zollverwaltung übergeleitet. [2]Die Bundesrepublik Deutschland tritt unbeschadet der nachfolgenden Absätze in die arbeitsvertraglichen Rechte und Pflichten der im Zeitpunkt der Überleitung bestehenden Arbeitsverhältnisse ein. [3]Von der Überleitung nach den Sätzen 1 und 2 ausgenommen sind Angestellte, die am 2. Juli 2003 die Anspruchsvoraussetzungen für eine gesetzliche Rente wegen Alters erfüllt haben oder sich zu diesem Zeitpunkt in einem Altersteilzeitarbeitsverhältnis befanden.
(3) [1]Vom Zeitpunkt der Überleitung an gelten die für Angestellte des Bundes bei der Zollverwaltung jeweils geltenden Tarifverträge und sonstigen Bestimmungen, soweit sich aus den Sätzen 2 bis 4 nicht etwas anderes ergibt. [2]Die Eingruppierung in die im Zeitpunkt der Überleitung erreichte Vergütungsgruppe besteht fort, solange überwiegend Aufgaben der Arbeitsmarktinspektion wahrgenommen und keine neuen Aufgaben, die nach dem Tarifrecht des Bundes zu einer Eingruppierung in eine höhere Vergütungsgruppe führen, übertragen werden. [3]Soweit in den Fällen einer fortbestehenden Eingruppierung nach Satz 2 in der bisherigen Tätigkeit ein Bewährungsaufstieg oder sonstiger Aufstieg vorgesehen war, sind Angestellte nach Ablauf der bei Überleitung geltenden Aufstiegsfrist in diejenige Vergütungsgruppe eingruppiert, die sich nach dem bei Inkrafttreten dieses Gesetzes geltenden Tarifrecht der Bundesanstalt ergeben hätte. [4]Eine Eingruppierung nach den Sätzen 2 und 3 entfällt mit dem Ende des Kalendermonats, in dem sich Angestellte schriftlich für eine Eingruppierung nach dem Tarifrecht des Bundes entscheiden.
(4) [1]Die bei der Bundesanstalt anerkannten Beschäftigungszeiten werden auf die Beschäftigungszeit im Sinne des Tarifrechts des Bundes angerechnet; Entsprechendes gilt für Zeiten in der Zusatzversorgung. [2]Nehmen die übergeleiteten Angestellten Vollzugsaufgaben wahr, die ansonsten Beamten obliegen, wird eine Zulage nach Vorbemerkung Nummer 9 zu den Besoldungsordnungen A und B des Bundesbesoldungsgesetzes nach Maßgabe der für vergleichbare Beamtinnen und Beamte der Zollverwaltung jeweils geltenden Vorschriften gewährt. [3]Soweit es darüber hinaus im Zusammenhang mit dem überleitungsbedingten Wechsel des Arbeitgebers angemessen ist, kann das Bundesministerium der Finanzen im Einvernehmen mit dem Bundesministerium des Innern, für Bau und Heimat außer- und übertariflich ergänzende Regelungen treffen.
(5) Die Absätze 3 und 4 gelten entsprechend für Angestellte, die im Zusammenhang mit der Übertragung von Aufgaben der Arbeitsmarktinspektion von der Bundesagentur in sonstiger Weise als Angestellte des Bundes in den Dienst der Zollverwaltung wechseln.
(6) [1]Die Bundesagentur trägt die Versorgungsbezüge der gemäß Absatz 1 in den Dienst des Bundes übernommenen Beamtinnen und Beamten für die bis zur Übernahme zurückgelegten Dienstzeiten. [2]Der Bund trägt die Versorgungsbezüge für die seit der Übernahme in den Dienst des Bundes zurückgelegten Dienstzeiten der in Absatz 1 genannten Beamtinnen und Beamten. [3]Im Übrigen gilt § 107b des Beamtenversorgungsgesetzes entsprechend.
(7) § 15 Absatz 1 Satz 2 des Bundespersonalvertretungsgesetzes gilt für die nach den Absätzen 1 und 2 übergeleiteten Beamtinnen und Beamten sowie Angestellten entsprechend.

§ 438 (weggefallen)

§ 439 Siebtes Gesetz zur Änderung des Dritten Buches Sozialgesetzbuch und anderer Gesetze

Ist ein Anspruch auf Arbeitslosengeld mit einer dem Lebensalter der oder des Arbeitslosen entsprechenden Höchstanspruchsdauer nach § 127 Abs. 2 in der bis zum 31. Dezember 2007 geltenden Fassung am 31. Dezember 2007 noch nicht erschöpft, erhöht sich die Anspruchsdauer bei Arbeitslosen, die vor dem 1. Januar 2008 das 50. Lebensjahr vollendet haben, auf 15 Monate, das 58. Lebensjahr vollendet haben, auf 24 Monate.

§ 440 Gesetz zur Neuausrichtung der arbeitsmarktpolitischen Instrumente

(1) Arbeitnehmerinnen und Arbeitnehmer, die am 31. Dezember 2008 in einer Arbeitsgelegenheit in der Entgeltvariante versicherungspflichtig beschäftigt waren, bleiben in dieser Beschäftigung versicherungspflichtig.

(2) ¹§ 38 Abs. 4 in der bis zum 31. Dezember 2008 geltenden Fassung ist weiterhin anzuwenden für den von § 237 Abs. 5 des Sechsten Buches erfassten Personenkreis. ²In diesen Fällen ist § 38 Abs. 3 in der vom 1. Januar 2009 an geltenden Fassung nicht anzuwenden.

(3) Soweit Zeiten der Teilnahme an einer Maßnahme nach § 46 bei der Berechnung von Fristen oder als Fördertatbestand berücksichtigt werden, sind ihnen Zeiten der Teilnahme an einer Maßnahme nach den §§ 37, 37c, 48 und 421i in der bis zum 31. Dezember 2008 geltenden Fassung und einer Maßnahme nach § 241 Abs. 3a in der bis zum 31. Juli 2009 geltenden Fassung gleichgestellt.

(4) ¹§ 144 Abs. 4 in der bis zum 31. Dezember 2008 geltenden Fassung ist weiterhin anzuwenden auf Ansprüche auf Arbeitslosengeld, die vor dem 1. Januar 2009 entstanden sind. ²In diesen Fällen ist § 144 Abs. 4 in der vom 1. Januar 2009 an geltenden Fassung nicht anzuwenden.

(5) Die §§ 248 und 249 in der bis zum 31. Dezember 2008 geltenden Fassung sind weiterhin anzuwenden für Träger von Einrichtungen der beruflichen Rehabilitation.

§ 441 Bürgerentlastungsgesetz Krankenversicherung

Ist der Anspruch auf Arbeitslosengeld vor dem 1. Januar 2010 entstanden, ist § 133 Absatz 1 in der bis zum 31. Dezember 2009 geltenden Fassung anzuwenden.

§ 442 Beschäftigungschancengesetz

(1) ¹Personen, die als Selbständige oder Auslandsbeschäftigte vor dem 1. Januar 2011 ein Versicherungspflichtverhältnis auf Antrag nach § 28a in der bis zum 31. Dezember 2010 geltenden Fassung begründet haben, bleiben in dieser Tätigkeit oder Beschäftigung über den 31. Dezember 2010 versicherungspflichtig nach § 28a in der ab dem 1. Januar 2011 an geltenden Fassung. ²Sie können die Versicherungspflicht auf Antrag bis zum 31. März 2011 durch schriftliche Erklärung gegenüber der Bundesagentur rückwirkend zum 31. Dezember 2010 beenden.

(2) ¹Abweichend von § 345b Satz 1 Nummer 2 und Satz 2 gilt als beitragspflichtige Einnahme für alle Selbständigen und Auslandsbeschäftigten, die in einem Versicherungspflichtverhältnis auf Antrag stehen, vom 1. Januar 2011 bis zum 31. Dezember 2011 ein Arbeitsentgelt in Höhe von 50 Prozent der monatlichen Bezugsgröße. ²§ 345b Satz 1 Nummer 2 und Satz 2 in der vom 1. Januar 2011 geltenden Fassung ist insoweit nicht anzuwenden.

§ 443 Gesetz zur Verbesserung der Eingliederungschancen am Arbeitsmarkt

(1) Für Arbeitsbeschaffungsmaßnahmen nach § 260 und Arbeitsgelegenheiten nach § 16d des Zweiten Buches in der vor dem 1. April 2012 geltenden Fassung gilt § 27 Absatz 3 Satz 1 Nummer 5 in der vor dem 1. April 2012 geltenden Fassung entsprechend, wenn und solange die Arbeitsbeschaffungsmaßnahmen und Arbeitsgelegenheiten nach dem vor diesem Tag geltenden Recht durchgeführt werden.

(2) Beschäftigungen im Sinne des § 159 Absatz 1 Satz 2 Nummer 1 und 2 sind auch Arbeitsbeschaffungsmaßnahmen, wenn und solange diese Arbeitsbeschaffungsmaßnahmen nach dem bis zum 31. März 2012 geltenden Recht gefördert werden.

(3) ¹Für Träger ist eine Zulassung nach § 176 bis einschließlich 31. Dezember 2012 nicht erforderlich. ²Dies gilt weder für Träger, die Maßnahmen zur Aktivierung und beruflichen Eingliederung nach § 45 Absatz 4 Satz 3 Nummer 1 durchführen, noch für Träger, die Maßnahmen der beruflichen Weiterbildung nach den §§ 81 und 82 durchführen. ³Zulassungen von Trägern und Maßnahmen der beruflichen Weiterbildung, die nach den §§ 84 und 85 in der bis zum 31. März 2012 geltenden Fassung erteilt wurden, sind den Zulassungen nach den §§ 176 und 178 sowie § 179 in Verbindung mit § 180 gleichgestellt. ⁴Ein Anspruch auf Vergütung für die Arbeitsvermittlung in eine versicherungspflichtige Beschäftigung nach § 45 Absatz 4 Satz 3 Nummer 2 besteht für bis einschließlich 31. Dezember 2012 erfolgte Vermittlungen nur, wenn der Träger zum Zeitpunkt der Vermittlung die Arbeitsvermittlung als Gegenstand seines Gewerbes angezeigt hat.

(4) ¹Anerkennungen nach den §§ 2 und 3 der Anerkennungs- und Zulassungsverordnung – Weiterbildung, die bis zum 31. März 2012 erteilt wurden, behalten ihre Gültigkeit bis längstens 31. März 2015. ²Die jährliche Überprüfung anerkannter Stellen wird ab 1. April 2012 von der Akkreditierungsstelle wahrgenommen.

(5) ¹Beamtinnen und Beamten, denen am 27. Dezember 2011 ein Amt im Beamtenverhältnis auf Zeit im Sinne der §§ 389 und 390 in der bis zum 27. Dezember 2011 geltenden Fassung übertragen ist, verbleiben bis zum Ablauf der jeweiligen Amtszeit in diesem Amt. ²Zeiten einer Beurlaubung nach § 387 Absatz 3 Satz 1 werden nicht als Amtszeit berücksichtigt. ³Wird nach Ablauf der Amtszeit festgestellt, dass sich die Beamtin oder der Beamte in dem übertragenen Amt bewährt hat, wird das Amt im Beamtenverhältnis auf Lebenszeit übertragen. ⁴Hat sich die Beamtin oder der Beamte in dem übertragenen Amt nicht bewährt, wird die Beamtin oder der Beamte aus dem Beamtenverhältnis auf Zeit entlassen. ⁵In diesem Fall enden der Anspruch auf Besoldung und, soweit gesetzlich nichts anderes bestimmt ist, alle sonstigen Ansprüche aus dem im Beamtenverhältnis auf Zeit übertragenen Amt. ⁶Tritt eine Beamtin auf Zeit oder ein Beamter auf Zeit nach der Entlassung wieder in ihr vorheriges Amt im Beamtenverhältnis ein oder tritt sie oder er wegen Erreichens der gesetzlichen Altersgrenze in den Ruhestand, ist § 15a des Beamtenversorgungsgesetzes entsprechend anzuwenden. ⁷§ 15a Absatz 4 des Beamtenversorgungsgesetzes gilt entsprechend, wenn eine Beamtin auf Zeit oder ein Beamter auf Zeit wegen Dienstunfähigkeit in den Ruhestand versetzt wird.

(6) ¹§ 389 ist anzuwenden, sofern nach dem 27. Dezember 2011 eine Funktion im Sinne dieser Vorschrift übertragen wird. ²Satz 1 gilt auch, wenn eine vor dem 28. Dezember 2011 übertragene Funktion ab dem 28. Dezember 2011 auf veränderter vertraglicher Grundlage fortgesetzt werden soll. ³§ 387 Absatz 3 Satz 2 bleibt unberührt.

(7) § 421s in der am 31. März 2012 geltenden Fassung ist weiterhin anzuwenden auf Maßnahmen, über die die Bundesagentur vor dem 31. März 2012 Verträge mit Trägern geschlossen hat, bis zum Ende der Vertragslaufzeit; § 422 Absatz 1 Nummer 3 gilt insoweit nicht.

§ 444 Gesetz zu Änderungen im Bereich der geringfügigen Beschäftigung

(1) ¹Personen, die am 31. Dezember 2012 in einer mehr als geringfügigen Beschäftigung nach § 8 Absatz 1 Nummer 1 oder § 8a in Verbindung mit § 8 Absatz 1 Nummer 1 des Vierten Buches versicherungspflichtig waren, die die Merkmale einer geringfügigen Beschäftigung nach diesen Vorschriften in der ab dem 1. Januar 2013 geltenden Fassung erfüllt, bleiben in dieser Beschäftigung längstens bis zum 31. Dezember 2014 versicherungspflichtig, solange das Arbeitsentgelt 400 Euro monatlich übersteigt. ²Sie werden auf Antrag von der Versicherungspflicht befreit. ³Der Antrag ist bei der Agentur für Arbeit zu stellen. ⁴Die Befreiung wirkt vom 1. Januar 2013 an, wenn sie bis zum 31. März 2013 beantragt wird, im Übrigen von dem Beginn des Kalendermonats an, der auf den Monat folgt, in dem der Antrag gestellt worden ist. ⁵Die Befreiung ist auf diese Beschäftigung beschränkt.

(2) Bei Anwendung des Absatzes 1 gilt § 276b Absatz 1 des Sechsten Buches und bei Anwendung des § 344 Absatz 4 gilt § 276b Absatz 2 des Sechsten Buches entsprechend.

§ 444a Gesetz zur Stärkung der beruflichen Weiterbildung und des Versicherungsschutzes in der Arbeitslosenversicherung

(1) § 28a Absatz 1 Satz 1 Nummer 4 und 5 in der Fassung vom 1. August 2016 gilt mit der Maßgabe, dass ein Antrag unberührt von § 28a Absatz 3 innerhalb von drei Monaten nach dem 31. Juli 2016 gestellt werden kann.

(2) Der Anspruch auf Zahlung einer Weiterbildungsprämie nach § 131a Absatz 3 gilt für Arbeitnehmerinnen und Arbeitnehmer, die an einer nach § 81 geförderten beruflichen Weiterbildung teilnehmen, die nach dem 31. Juli 2016 beginnt.

(3) § 151 Absatz 3 Nummer 3 in der Fassung vom 1. August 2016 ist nur für Ansprüche auf Arbeitslosengeld anzuwenden, die nach dem 31. Juli 2016 entstanden sind.

§ 445 Fünfundzwanzigstes Gesetz zur Änderung des Bundesausbildungsförderungsgesetzes

Abweichend von § 422 sind die §§ 54a, 61, 62, 64, 67, 116 und 123 bis 126 ab dem 1. August 2016 anzuwenden.

§ 445a Gesetz zur Anpassung der Berufsausbildungsbeihilfe und des Ausbildungsgeldes

Abweichend von § 422 sind
1. die §§ 54a, 61, 62, 64, 67, 79, 116 und 123 bis 126 ab dem 1. August 2019 nach Artikel 7 Absatz 1 des Gesetzes zur Anpassung der Berufsausbildungsbeihilfe und des Ausbildungsgeldes,
2. die §§ 54a, 61, 62, 64, 67 und 123 bis 126 ab dem 1. August 2020 nach Artikel 7 Absatz 2 des Gesetzes zur Anpassung der Berufsausbildungsbeihilfe und des Ausbildungsgeldes und
3. die §§ 67 und 126 ab dem 1. August 2021 nach Artikel 7 Absatz 3

anzuwenden.

§ 446 Zweites Gesetz zur Stärkung der pflegerischen Versorgung und zur Änderung weiterer Vorschriften

(1) ¹Für Personen, die am 31. Dezember 2016 nach § 26 Absatz 2b in der am 31. Dezember 2016 geltenden Fassung versicherungspflichtig waren, besteht die Versicherungspflicht für die Dauer der Pflegezeit fort. ²Für

diese Zeit sind § 345 Nummer 8, § 347 Nummer 10, § 349 Absatz 4a Satz 1 und Absatz 5 Satz 2 in der am 31. Dezember 2016 geltenden Fassung anzuwenden.
(2) ¹Für Pflegepersonen, die am 31. Dezember 2016 nach § 28a Absatz 1 Satz 1 Nummer 1 in der am 31. Dezember 2016 geltenden Fassung versicherungspflichtig waren, wird ab dem 1. Januar 2017 das Versicherungspflichtverhältnis nach § 26 Absatz 2b fortgesetzt. ²§ 26 Absatz 3 Satz 5 und 6 bleibt unberührt.

§ 447 Gesetz zur Stärkung der Chancen für Qualifizierung und für mehr Schutz in der Arbeitslosenversicherung

(1) Für Personen, die nach dem 31. Dezember 2019 nicht in einem Versicherungspflichtverhältnis gestanden haben, finden die §§ 142, 143 und 147 in der bis zum 31. Dezember 2019 geltenden Fassung Anwendung.
(2) Abweichend von § 422 ist § 153 Absatz 1 Satz 2 Nummer 1 in der ab dem 1. Januar 2019 geltenden Fassung anzuwenden auf Ansprüche auf Arbeitslosengeld bei beruflicher Weiterbildung (§ 144) und für die Berechnung von Ansprüchen auf Berufsausbildungsbeihilfe für Arbeitslose (§ 70).
(3) Die Bundesregierung berichtet dem Deutschen Bundestag in jeder Legislaturperiode, beginnend mit dem Jahr 2020, über die Förderung der beruflichen Weiterbildung im Rahmen der aktiven Arbeitsförderung und die entsprechenden Ausgaben.

§ 448 Gesetz zur Förderung der Ausbildung und Beschäftigung von Ausländerinnen und Ausländern

¹Für Fälle des § 132 Absatz 1 Satz 1 Nummer 2 in der bis zum 31. Juli 2019 geltenden Fassung sind abweichend von § 60 Absatz 3 und abweichend von § 132 Absatz 4 Nummer 2 in der bis zum 31. Juli 2019 geltenden Fassung § 132 in Verbindung mit § 59 in der jeweils bis zum 31. Juli 2019 geltenden Fassung anwendbar, wenn vor dem 31. Dezember 2019 die laufende Ausbildung begonnen und der erste Antrag auf Berufsausbildungsbeihilfe oder Ausbildungsgeld gestellt wird und die weiteren Anspruchsvoraussetzungen zu diesem Zeitpunkt vorliegen. ²Für die Voraussetzung, dass bei der Ausländerin oder dem Ausländer ein rechtmäßiger und dauerhafter Aufenthalt zu erwarten ist, ist auf den Zeitpunkt der ersten Antragstellung abzustellen.

§ 449 Gesetz zur Modernisierung und Stärkung der beruflichen Bildung

§ 346 Absatz 1b in der bis zum 31. Dezember 2019 geltenden Fassung ist weiterhin anzuwenden, wenn die Berufsausbildung in einer außerbetrieblichen Einrichtung vor dem 1. Januar 2020 begonnen wurde.

§ 450 Gesetz zur Förderung der beruflichen Weiterbildung im Strukturwandel und zur Weiterentwicklung der Ausbildungsförderung

(1) ¹Für die Teilnahme an Maßnahmen zur Aktivierung und beruflichen Eingliederung, die vor dem 1. Januar 2021 nach § 45 Absatz 1 Satz 1 Nummer 2 zugelassen wurden, können auch nach dem 31. Dezember 2020 Aktivierungs- und Vermittlungsgutscheine eingelöst werden, die entweder vor dem 1. Januar 2021 nach § 45 Absatz 1 Satz 1 Nummer 2 oder nach dem 31. Dezember 2020 nach § 45 Absatz 1 Satz 1 Nummer 1 ausgestellt wurden. ²Aktivierungs- und Vermittlungsgutscheine, die vor dem 1. Januar 2021 nach § 45 Absatz 1 Satz 1 Nummer 2 ausgestellt wurden, können auch für die Teilnahme an Maßnahmen zur Aktivierung und beruflichen Eingliederung eingelöst werden, die nach dem 31. Dezember 2020 nach § 45 Absatz 1 Satz 1 Nummer 1 zugelassen wurden.
(2) ¹Für Maßnahmen der ausbildungsbegleitenden Hilfen, die bis zum 28. Februar 2021 beginnen und bis zum 30. September 2021, im Fall des § 75 Absatz 2 Satz 2 in der bis zum 28. Mai 2020 geltenden Fassung bis zum 31. März 2022, enden, gelten die §§ 74, 75, 77 und 79 in der bis zum 28. Mai 2020 geltenden Fassung. ²Förderungsberechtigt sind auch junge Menschen, die im Fall einer Berufsausbildung zusätzlich zu den in § 75 Absatz 3 Nummer 1 in der bis zum 28. Mai 2020 geltenden Fassung genannten Voraussetzungen abweichend von § 30 Absatz 1 des Ersten Buches ihren Wohnsitz und ihren gewöhnlichen Aufenthalt außerhalb von Deutschland haben, deren Ausbildungsbetrieb aber in Deutschland liegt.
(3) ¹Für Maßnahmen der Assistierten Ausbildung, die bis zum 30. September 2020 beginnen, gelten § 130 und die §§ 77 und 79 in der bis zum 28. Mai 2020 geltenden Fassung. ²Förderungsberechtigt in der ausbildungsbegleitenden Phase sind auch junge Menschen, die im Fall einer Berufsausbildung zusätzlich zu den in § 130 Absatz 2 Satz 1 in der bis zum 28. Mai 2020 geltenden Fassung genannten Voraussetzungen abweichend von § 30 Absatz 1 des Ersten Buches ihren Wohnsitz und ihren gewöhnlichen Aufenthalt außerhalb von Deutschland haben, deren Ausbildungsbetrieb aber in Deutschland liegt.

§ 451 Siebtes Gesetz zur Änderung des Vierten Buches Sozialgesetzbuch und anderer Gesetze

¹§ 25 Absatz 1 Satz 2 Nummer 3 findet grundsätzlich nur Anwendung auf Ausbildungen, die nach dem 30. Juni 2020 begonnen werden. ²Wurde die Ausbildung vor diesem Zeitpunkt begonnen und wurden
1. Beiträge gezahlt, gilt § 25 Absatz 1 Satz 2 Nummer 3 ab Beginn der Beitragszahlung,
2. keine Beiträge gezahlt, gilt § 25 Absatz 1 Satz 2 Nummer 3 ab dem Zeitpunkt, zu dem der Arbeitgeber mit Zustimmung der Teilnehmerin oder des Teilnehmers Beiträge zahlt.

30 SGB XII

Sozialgesetzbuch (SGB) Zwölftes Buch (XII)
– Sozialhilfe –
(SGB XII)

Vom 27. Dezember 2003 (BGBl. I S. 3022, 2004 S. 3305)

Zuletzt geändert durch
Kitafinanzhilfenänderungsgesetz
vom 25. Juni 2021 (BGBl. I S. 2020)

Inhaltsübersicht

Erstes Kapitel
Allgemeine Vorschriften

§ 1	Aufgabe der Sozialhilfe
§ 2	Nachrang der Sozialhilfe
§ 3	Träger der Sozialhilfe
§ 4	Zusammenarbeit
§ 5	Verhältnis zur freien Wohlfahrtspflege
§ 6	Fachkräfte
§ 7	Aufgabe der Länder

Zweites Kapitel
Leistungen der Sozialhilfe

Erster Abschnitt
Grundsätze der Leistungen

§ 8	Leistungen
§ 9	Sozialhilfe nach der Besonderheit des Einzelfalles
§ 10	Leistungsformen
§ 11	Beratung und Unterstützung, Aktivierung
§ 12	Leistungsabsprache
§ 13	Leistungen für Einrichtungen, Vorrang anderer Leistungen
§ 14	(weggefallen)
§ 15	Vorbeugende und nachgehende Leistungen
§ 16	Familiengerechte Leistungen

Zweiter Abschnitt
Anspruch auf Leistungen

§ 17	Anspruch
§ 18	Einsetzen der Sozialhilfe
§ 19	Leistungsberechtigte
§ 20	Eheähnliche Gemeinschaft
§ 21	Sonderregelung für Leistungsberechtigte nach dem Zweiten Buch
§ 22	Sonderregelungen für Auszubildende
§ 23	Sozialhilfe für Ausländerinnen und Ausländer
§ 24	Sozialhilfe für Deutsche im Ausland
§ 25	Erstattung von Aufwendungen anderer
§ 26	Einschränkung, Aufrechnung

Drittes Kapitel
Hilfe zum Lebensunterhalt

Erster Abschnitt
Leistungsberechtigte, notwendiger Lebensunterhalt, Regelbedarfe und Regelsätze

§ 27	Leistungsberechtigte
§ 27a	Notwendiger Lebensunterhalt, Regelbedarfe und Regelsätze
§ 27b	Notwendiger Lebensunterhalt in Einrichtungen
§ 27c	Sonderregelung für den Lebensunterhalt
§ 28	Ermittlung der Regelbedarfe
§ 28a	Fortschreibung der Regelbedarfsstufen
§ 29	Festsetzung und Fortschreibung der Regelsätze

Zweiter Abschnitt
Zusätzliche Bedarfe

§ 30	Mehrbedarf
§ 31	Einmalige Bedarfe
§ 32	Bedarfe für eine Kranken- und Pflegeversicherung
§ 32a	Zeitliche Zuordnung und Zahlung von Beiträgen für eine Kranken- und Pflegeversicherung
§ 33	Bedarfe für die Vorsorge

Dritter Abschnitt
Bildung und Teilhabe

§ 34	Bedarfe für Bildung und Teilhabe
§ 34a	Erbringung der Leistungen für Bildung und Teilhabe
§ 34b	Berechtigte Selbsthilfe
§ 34c	Zuständigkeit

Vierter Abschnitt
Bedarfe für Unterkunft und Heizung

§ 35	Bedarfe für Unterkunft und Heizung
§ 35a	Satzung
§ 36	Sonstige Hilfen zur Sicherung der Unterkunft

Fünfter Abschnitt
Gewährung von Darlehen

§ 37	Ergänzende Darlehen
§ 37a	Darlehen bei am Monatsende fälligen Einkünften
§ 38	Darlehen bei vorübergehender Notlage

Sechster Abschnitt
Einschränkung von Leistungsberechtigung und -umfang

§ 39	Vermutung der Bedarfsdeckung
§ 39a	Einschränkung der Leistung

Siebter Abschnitt
Verordnungsermächtigung
§ 40　Verordnungsermächtigung

Viertes Kapitel
Grundsicherung im Alter und bei Erwerbsminderung

Erster Abschnitt
Grundsätze
§ 41　Leistungsberechtigte
§ 41a　Vorübergehender Auslandsaufenthalt
§ 42　Bedarfe
§ 42a　Bedarfe für Unterkunft und Heizung
§ 42b　Mehrbedarfe
§ 43　Einsatz von Einkommen und Vermögen

Zweiter Abschnitt
Verfahrensbestimmungen
§ 43a　Gesamtbedarf, Zahlungsanspruch und Direktzahlung
§ 44　Antragserfordernis, Erbringung von Geldleistungen, Bewilligungszeitraum
§ 44a　Vorläufige Entscheidung
§ 44b　Aufrechnung, Verrechnung
§ 44c　Erstattungsansprüche zwischen Trägern
§ 45　Feststellung der dauerhaften vollen Erwerbsminderung
§ 45a　Ermittlung der durchschnittlichen Warmmiete
§ 46　Zusammenarbeit mit den Trägern der Rentenversicherung

Dritter Abschnitt
Erstattung und Zuständigkeit
§ 46a　Erstattung durch den Bund
§ 46b　Zuständigkeit

Fünftes Kapitel
Hilfen zur Gesundheit
§ 47　Vorbeugende Gesundheitshilfe
§ 48　Hilfe bei Krankheit
§ 49　Hilfe zur Familienplanung
§ 50　Hilfe bei Schwangerschaft und Mutterschaft
§ 51　Hilfe bei Sterilisation
§ 52　Leistungserbringung, Vergütung

Sechstes Kapitel
(weggefallen)
§§ 53 bis 60a (weggefallen)

Siebtes Kapitel
Hilfe zur Pflege
§ 61　Leistungsberechtigte
§ 61a　Begriff der Pflegebedürftigkeit
§ 61b　Pflegegrade
§ 61c　Pflegegrade bei Kindern
§ 62　Ermittlung des Grades der Pflegebedürftigkeit
§ 62a　Bindungswirkung
§ 63　Leistungen für Pflegebedürftige
§ 63a　Notwendiger pflegerischer Bedarf
§ 63b　Leistungskonkurrenz
§ 64　Vorrang
§ 64a　Pflegegeld
§ 64b　Häusliche Pflegehilfe
§ 64c　Verhinderungspflege
§ 64d　Pflegehilfsmittel
§ 64e　Maßnahmen zur Verbesserung des Wohnumfeldes
§ 64f　Andere Leistungen
§ 64g　Teilstationäre Pflege
§ 64h　Kurzzeitpflege
§ 64i　Entlastungsbetrag bei den Pflegegraden 2, 3, 4 oder 5
§ 64j　Digitale Pflegeanwendungen
§ 64k　Ergänzende Unterstützung bei Nutzung von digitalen Pflegeanwendungen
§ 65　Stationäre Pflege
§ 66　Entlastungsbetrag bei Pflegegrad 1
§ 66a　Sonderregelungen zum Einsatz von Vermögen

Achtes Kapitel
Hilfe zur Überwindung besonderer sozialer Schwierigkeiten
§ 67　Leistungsberechtigte
§ 68　Umfang der Leistungen
§ 69　Verordnungsermächtigung

Neuntes Kapitel
Hilfe in anderen Lebenslagen
§ 70　Hilfe zur Weiterführung des Haushalts
§ 71　Altenhilfe
§ 72　Blindenhilfe
§ 73　Hilfe in sonstigen Lebenslagen
§ 74　Bestattungskosten

Zehntes Kapitel
Vertragsrecht
§ 75　Allgemeine Grundsätze
§ 76　Inhalt der Vereinbarungen
§ 76a　Zugelassene Pflegeeinrichtungen
§ 77　Verfahren und Inkrafttreten der Vereinbarung
§ 77a　Verbindlichkeit der vereinbarten Vergütung
§ 78　Wirtschaftlichkeits- und Qualitätsprüfung
§ 79　Kürzung der Vergütung
§ 79a　Außerordentliche Kündigung der Vereinbarungen
§ 80　Rahmenverträge
§ 81　Schiedsstelle

Elftes Kapitel
Einsatz des Einkommens und des Vermögens

Erster Abschnitt
Einkommen
§ 82　Begriff des Einkommens

30 SGB XII

§ 82a Freibetrag für Personen mit Grundrentenzeiten oder entsprechenden Zeiten aus anderweitigen Alterssicherungssystemen
§ 83 Nach Zweck und Inhalt bestimmte Leistungen
§ 84 Zuwendungen

Zweiter Abschnitt
Einkommensgrenzen für die Leistungen nach dem Fünften bis Neunten Kapitel
§ 85 Einkommensgrenze
§ 86 Abweichender Grundbetrag
§ 87 Einsatz des Einkommens über der Einkommensgrenze
§ 88 Einsatz des Einkommens unter der Einkommensgrenze
§ 89 Einsatz des Einkommens bei mehrfachem Bedarf

Dritter Abschnitt
Vermögen
§ 90 Einzusetzendes Vermögen
§ 91 Darlehen

Vierter Abschnitt
Einschränkung der Anrechnung
§ 92 Beschränkung des Einkommenseinsatzes auf die häusliche Ersparnis

Fünfter Abschnitt
Verpflichtungen anderer
§ 93 Übergang von Ansprüchen
§ 94 Übergang von Ansprüchen gegen einen nach bürgerlichem Recht Unterhaltspflichtigen
§ 95 Feststellung der Sozialleistungen

Sechster Abschnitt
Verordnungsermächtigungen
§ 96 Verordnungsermächtigungen

Zwölftes Kapitel
Zuständigkeit der Träger der Sozialhilfe
Erster Abschnitt
Sachliche und örtliche Zuständigkeit
§ 97 Sachliche Zuständigkeit
§ 98 Örtliche Zuständigkeit
§ 99 Vorbehalt abweichender Durchführung

Zweiter Abschnitt
Sonderbestimmungen
§ 100 (weggefallen)
§ 101 Behördenbestimmung und Stadtstaaten-Klausel

Dreizehntes Kapitel
Kosten
Erster Abschnitt
Kostenersatz
§ 102 Kostenersatz durch Erben

§ 102a Rücküberweisung und Erstattung im Todesfall
§ 103 Kostenersatz bei schuldhaftem Verhalten
§ 104 Kostenersatz für zu Unrecht erbrachte Leistungen
§ 105 Kostenersatz bei Doppelleistungen

Zweiter Abschnitt
Kostenerstattung zwischen den Trägern der Sozialhilfe
§ 106 Kostenerstattung bei Aufenthalt in einer Einrichtung
§ 107 Kostenerstattung bei Unterbringung in einer anderen Familie
§ 108 Kostenerstattung bei Einreise aus dem Ausland
§ 109 Ausschluss des gewöhnlichen Aufenthalts
§ 110 Umfang der Kostenerstattung
§ 111 Verjährung
§ 112 Kostenerstattung auf Landesebene

Dritter Abschnitt
Sonstige Regelungen
§ 113 Vorrang der Erstattungsansprüche
§ 114 Ersatzansprüche der Träger der Sozialhilfe nach sonstigen Vorschriften
§ 115 Übergangsregelung für die Kostenerstattung bei Einreise aus dem Ausland

Vierzehntes Kapitel
Verfahrensbestimmungen
§ 116 Beteiligung sozial erfahrener Dritter
§ 116a Rücknahme von Verwaltungsakten
§ 117 Pflicht zur Auskunft
§ 118 Überprüfung, Verwaltungshilfe
§ 119 Wissenschaftliche Forschung im Auftrag des Bundes
§ 120 Verordnungsermächtigung

Fünfzehntes Kapitel
Statistik
Erster Abschnitt
Bundesstatistik für das Dritte und Fünfte bis Neunte Kapitel
§ 121 Bundesstatistik für das Dritte und Fünfte bis Neunte Kapitel
§ 122 Erhebungsmerkmale
§ 123 Hilfsmerkmale
§ 124 Periodizität, Berichtszeitraum und Berichtszeitpunkte
§ 125 Auskunftpflicht
§ 126 Übermittlung, Veröffentlichung
§ 127 Übermittlung an Kommunen
§ 128 Zusatzerhebungen

Zweiter Abschnitt
Bundesstatistik für das Vierte Kapitel
§ 128a Bundesstatistik für das Vierte Kapitel
§ 128b Persönliche Merkmale

§ 128c	Art und Höhe der Bedarfe	§ 135	Übergangsregelung aus Anlass des Zweiten Rechtsbereinigungsgesetzes
§ 128d	Art und Höhe der angerechneten Einkommen und abgesetzten Beträge	§ 136	Erstattung des Barbetrags durch den Bund in den Jahren 2017 bis 2019
§ 128e	Hilfsmerkmale	§ 136a	Erstattung des Barbetrags durch den Bund ab dem Jahr 2020
§ 128f	Periodizität, Berichtszeitraum und Berichtszeitpunkte	§ 137	Überleitung in Pflegegrade zum 1. Januar 2017
§ 128g	Auskunftspflicht		
§ 128h	Datenübermittlung, Veröffentlichung	§ 138	Übergangsregelung für Pflegebedürftige aus Anlass des Dritten Pflegestärkungsgesetzes

Dritter Abschnitt
Verordnungsermächtigung

§ 129 Verordnungsermächtigung

Sechzehntes Kapitel
Übergangs- und Schlussbestimmungen

§ 130	Übergangsregelung für ambulant Betreute	§ 139	Übergangsregelung für Bedarfe für Unterkunft und Heizung ab dem Jahr 2020
§ 131	Übergangsregelung für die Statistik über Einnahmen und Ausgaben nach dem Vierten Kapitel	§ 140	Übergangsregelung zur Verhinderung einer Zahlungslücke
		§ 141	Übergangsregelung aus Anlass der COVID-19-Pandemie
§ 132	Übergangsregelung zur Sozialhilfegewährung für Deutsche im Ausland	§ 142	Übergangsregelung für die gemeinschaftliche Mittagsverpflegung aus Anlass der COVID-19-Pandemie
§ 133	Übergangsregelung für besondere Hilfen an Deutsche nach Artikel 116 Abs. 1 des Grundgesetzes	§ 143	Übergangsregelung zum Freibetrag für Grundrentenzeiten und vergleichbare Zeiten
§ 133a	Übergangsregelung für Hilfeempfänger in Einrichtungen	§ 144	Einmalzahlung aus Anlass der COVID-19-Pandemie
§ 133b	Übergangsregelung zu Bedarfen für Unterkunft und Heizung	**Anlage** (zu § 28)	
§ 134	Übergangsregelung für die Fortschreibung der Regelbedarfsstufe 6	**Anlage** (zu § 34)	

Erstes Kapitel
Allgemeine Vorschriften

§ 1 Aufgabe der Sozialhilfe

[1]Aufgabe der Sozialhilfe ist es, den Leistungsberechtigten die Führung eines Lebens zu ermöglichen, das der Würde des Menschen entspricht. [2]Die Leistung soll sie so weit wie möglich befähigen, unabhängig von ihr zu leben; darauf haben auch die Leistungsberechtigten nach ihren Kräften hinzuarbeiten. [3]Zur Erreichung dieser Ziele haben die Leistungsberechtigten und die Träger der Sozialhilfe im Rahmen ihrer Rechte und Pflichten zusammenzuwirken.

§ 2 Nachrang der Sozialhilfe

(1) Sozialhilfe erhält nicht, wer sich vor allem durch Einsatz seiner Arbeitskraft, seines Einkommens und seines Vermögens selbst helfen kann oder wer die erforderliche Leistung von anderen, insbesondere von Angehörigen oder von Trägern anderer Sozialleistungen, erhält.
(2) [1]Verpflichtungen anderer, insbesondere Unterhaltspflichtiger oder der Träger anderer Sozialleistungen, bleiben unberührt. [2]Auf Rechtsvorschriften beruhende Leistungen anderer dürfen nicht deshalb versagt werden, weil nach dem Recht der Sozialhilfe entsprechende Leistungen vorgesehen sind.

§ 3 Träger der Sozialhilfe

(1) Die Sozialhilfe wird von örtlichen und überörtlichen Trägern geleistet.
(2) [1]Örtliche Träger der Sozialhilfe sind die kreisfreien Städte und die Kreise, soweit nicht nach Landesrecht etwas anderes bestimmt wird. [2]Bei der Bestimmung durch Landesrecht ist zu gewährleisten, dass die zukünftigen örtlichen Träger mit der Übertragung dieser Aufgaben einverstanden sind, nach ihrer Leistungsfähigkeit zur Erfüllung der Aufgaben nach diesem Buch geeignet sind und dass die Erfüllung dieser Aufgaben in dem gesamten Kreisgebiet sichergestellt ist.
(3) Die Länder bestimmen die überörtlichen Träger der Sozialhilfe.

§ 4 Zusammenarbeit
(1) ¹Die Träger der Sozialhilfe arbeiten mit anderen Stellen, deren gesetzliche Aufgaben dem gleichen Ziel dienen oder die an Leistungen beteiligt sind oder beteiligt werden sollen, zusammen, insbesondere mit den Trägern von Leistungen nach dem Zweiten, dem Achten, dem Neunten und dem Elften Buch, sowie mit anderen Trägern von Sozialleistungen und mit Verbänden. ²Darüber hinaus sollen die Träger der Sozialhilfe gemeinsam mit den Beteiligten der Pflegestützpunkte nach § 7c des Elften Buches alle für die wohnortnahe Versorgung und Betreuung in Betracht kommenden Hilfe- und Unterstützungsangebote koordinieren. ³Die Rahmenverträge nach § 7a Absatz 7 des Elften Buches sind zu berücksichtigen und die Empfehlungen nach § 8a des Elften Buches sollen berücksichtigt werden.
(2) Ist die Beratung und Sicherung der gleichmäßigen, gemeinsamen oder ergänzenden Erbringung von Leistungen geboten, sollen zu diesem Zweck Arbeitsgemeinschaften gebildet werden.
(3) Soweit eine Verarbeitung personenbezogener Daten erfolgt, ist das Nähere in einer Vereinbarung zu regeln.

§ 5 Verhältnis zur freien Wohlfahrtspflege
(1) Die Stellung der Kirchen und Religionsgesellschaften des öffentlichen Rechts sowie der Verbände der freien Wohlfahrtspflege als Träger eigener sozialer Aufgaben und ihre Tätigkeit zur Erfüllung dieser Aufgaben werden durch dieses Buch nicht berührt.
(2) ¹Die Träger der Sozialhilfe sollen bei der Durchführung dieses Buches mit den Kirchen und Religionsgesellschaften des öffentlichen Rechts sowie den Verbänden der freien Wohlfahrtspflege zusammenarbeiten. ²Sie achten dabei deren Selbständigkeit in Zielsetzung und Durchführung ihrer Aufgaben.
(3) ¹Die Zusammenarbeit soll darauf gerichtet sein, dass sich die Sozialhilfe und die Tätigkeit der freien Wohlfahrtspflege zum Wohle der Leistungsberechtigten wirksam ergänzen. ²Die Träger der Sozialhilfe sollen die Verbände der freien Wohlfahrtspflege in ihrer Tätigkeit auf dem Gebiet der Sozialhilfe angemessen unterstützen.
(4) ¹Wird die Leistung im Einzelfall durch die freie Wohlfahrtspflege erbracht, sollen die Träger der Sozialhilfe von der Durchführung eigener Maßnahmen absehen. ²Dies gilt nicht für die Erbringung von Geldleistungen.
(5) ¹Die Träger der Sozialhilfe können allgemein an der Durchführung ihrer Aufgaben nach diesem Buch die Verbände der freien Wohlfahrtspflege beteiligen oder ihnen die Durchführung solcher Aufgaben übertragen, wenn die Verbände mit der Beteiligung oder Übertragung einverstanden sind. ²Die Träger der Sozialhilfe bleiben den Leistungsberechtigten gegenüber verantwortlich.
(6) § 4 Abs. 3 findet entsprechende Anwendung.

§ 6 Fachkräfte
(1) Bei der Durchführung der Aufgaben dieses Buches werden Personen beschäftigt, die sich hierfür nach ihrer Persönlichkeit eignen und in der Regel entweder eine ihren Aufgaben entsprechende Ausbildung erhalten haben oder über vergleichbare Erfahrungen verfügen.
(2) ¹Die Träger der Sozialhilfe gewährleisten für die Erfüllung ihrer Aufgaben eine angemessene fachliche Fortbildung ihrer Fachkräfte. ²Diese umfasst auch die Durchführung von Dienstleistungen, insbesondere von Beratung und Unterstützung.

§ 7 Aufgabe der Länder
¹Die obersten Landesbehörden unterstützten die Träger der Sozialhilfe bei der Durchführung ihrer Aufgaben nach diesem Buch. ²Dabei sollen sie insbesondere den Erfahrungsaustausch zwischen den Trägern der Sozialhilfe sowie die Entwicklung und Durchführung von Instrumenten der Dienstleistungen, der zielgerichteten Erbringung und Überprüfung von Leistungen und der Qualitätssicherung fördern.

Zweites Kapitel
Leistungen der Sozialhilfe

Erster Abschnitt
Grundsätze der Leistungen

§ 8 Leistungen
Die Sozialhilfe umfasst:
1. Hilfe zum Lebensunterhalt (§§ 27 bis 40),
2. Grundsicherung im Alter und bei Erwerbsminderung (§§ 41 bis 46b),
3. Hilfen zur Gesundheit (§§ 47 bis 52),
4. Hilfe zur Pflege (§§ 61 bis 66a),
5. Hilfe zur Überwindung besonderer sozialer Schwierigkeiten (§§ 67 bis 69),
6. Hilfe in anderen Lebenslagen (§§ 70 bis 74)

sowie die jeweils gebotene Beratung und Unterstützung.

§ 9 Sozialhilfe nach der Besonderheit des Einzelfalles
(1) Die Leistungen richten sich nach der Besonderheit des Einzelfalles, insbesondere nach der Art des Bedarfs, den örtlichen Verhältnissen, den eigenen Kräften und Mitteln der Person oder des Haushalts bei der Hilfe zum Lebensunterhalt.
(2) [1]Wünschen der Leistungsberechtigten, die sich auf die Gestaltung der Leistung richten, soll entsprochen werden, soweit sie angemessen sind. [2]Wünschen der Leistungsberechtigten, den Bedarf stationär oder teilstationär zu decken, soll nur entsprochen werden, wenn dies nach der Besonderheit des Einzelfalles erforderlich ist, weil anders der Bedarf nicht oder nicht ausreichend gedeckt werden kann und wenn mit der Einrichtung Vereinbarungen nach den Vorschriften des Zehnten Kapitels dieses Buches bestehen. [3]Der Träger der Sozialhilfe soll in der Regel Wünschen nicht entsprechen, deren Erfüllung mit unverhältnismäßigen Mehrkosten verbunden wäre.
(3) Auf Wunsch der Leistungsberechtigten sollen sie in einer Einrichtung untergebracht werden, in der sie durch Geistliche ihres Bekenntnisses betreut werden können.

§ 10 Leistungsformen
(1) Die Leistungen werden erbracht in Form von
1. Dienstleistungen,
2. Geldleistungen und
3. Sachleistungen.
(2) Zur Dienstleistung gehören insbesondere die Beratung in Fragen der Sozialhilfe und die Beratung und Unterstützung in sonstigen sozialen Angelegenheiten.
(3) Geldleistungen haben Vorrang vor Gutscheinen oder Sachleistungen, soweit dieses Buch nicht etwas anderes bestimmt oder mit Gutscheinen oder Sachleistungen das Ziel der Sozialhilfe erheblich besser oder wirtschaftlicher erreicht werden kann oder die Leistungsberechtigten es wünschen.

§ 11 Beratung und Unterstützung, Aktivierung
(1) Zur Erfüllung der Aufgaben dieses Buches werden die Leistungsberechtigten beraten und, soweit erforderlich, unterstützt.
(2) [1]Die Beratung betrifft die persönliche Situation, den Bedarf sowie die eigenen Kräfte und Mittel sowie die mögliche Stärkung der Selbsthilfe zur aktiven Teilnahme am Leben in der Gemeinschaft und zur Überwindung der Notlage. [2]Die aktive Teilnahme am Leben in der Gemeinschaft umfasst auch ein gesellschaftliches Engagement. [3]Zur Überwindung der Notlage gehört auch, die Leistungsberechtigten für den Erhalt von Sozialleistungen zu befähigen. [4]Die Beratung umfasst auch eine gebotene Budgetberatung.
(3) [1]Die Unterstützung umfasst Hinweise und, soweit erforderlich, die Vorbereitung von Kontakten und die Begleitung zu sozialen Diensten sowie zu Möglichkeiten der aktiven Teilnahme am Leben in der Gemeinschaft unter Einschluss des gesellschaftlichen Engagements. [2]Soweit Leistungsberechtigte zumutbar einer Tätigkeit nachgehen können, umfasst die Unterstützung auch das Angebot einer Tätigkeit sowie die Vorbereitung und Begleitung der Leistungsberechtigten. [3]Auf die Wahrnehmung von Unterstützungsangeboten ist hinzuwirken. [4]Können Leistungsberechtigte durch Aufnahme einer zumutbaren Tätigkeit Einkommen erzielen, sind sie hierzu sowie zur Teilnahme an einer erforderlichen Vorbereitung verpflichtet. [5]Leistungsberechtigte nach dem Dritten und Vierten Kapitel erhalten die gebotene Beratung für den Umgang mit dem durch den Regelsatz zur Verfügung gestellten monatlichen Pauschalbetrag (§ 27a Absatz 3 Satz 2).
(4) [1]Den Leistungsberechtigten darf eine Tätigkeit nicht zugemutet werden, wenn
1. sie wegen Erwerbsminderung, Krankheit, Behinderung oder Pflegebedürftigkeit hierzu nicht in der Lage sind oder
2. sie ein der Regelaltersgrenze der gesetzlichen Rentenversicherung (§ 35 des Sechsten Buches) entsprechendes Lebensalter erreicht oder überschritten haben oder
3. der Tätigkeit ein sonstiger wichtiger Grund entgegensteht.
[2]Ihnen darf eine Tätigkeit insbesondere nicht zugemutet werden, soweit dadurch die geordnete Erziehung eines Kindes gefährdet würde. [3]Die geordnete Erziehung eines Kindes, das das dritte Lebensjahr vollendet hat, ist in der Regel nicht gefährdet, soweit unter Berücksichtigung der besonderen Verhältnisse in der Familie der Leistungsberechtigten die Betreuung des Kindes in einer Tageseinrichtung oder in Tagespflege im Sinne der Vorschriften des Achten Buches sichergestellt ist; die Träger der Sozialhilfe sollen darauf hinwirken, dass Alleinerziehenden vorrangig ein Platz zur Tagesbetreuung des Kindes angeboten wird. [4]Auch sonst sind die Pflichten zu berücksichtigen, die den Leistungsberechtigten durch die Führung eines Haushalts oder die Pflege eines Angehörigen entstehen.

(5) ¹Auf die Beratung und Unterstützung von Verbänden der freien Wohlfahrtspflege, von Angehörigen der rechtsberatenden Berufe und von sonstigen Stellen ist zunächst hinzuweisen. ²Ist die weitere Beratung durch eine Schuldnerberatungsstelle oder andere Fachberatungsstellen geboten, ist auf ihre Inspruchnahme hinzuwirken. ³Angemessene Kosten einer Beratung nach Satz 2 sollen übernommen werden, wenn eine Lebenslage, die Leistungen der Hilfe zum Lebensunterhalt erforderlich macht oder erwarten lässt, sonst nicht überwunden werden kann; in anderen Fällen können Kosten übernommen werden. ⁴Die Kostenübernahme kann auch in Form einer pauschalierten Abgeltung der Leistung der Schuldnerberatungsstelle oder anderer Fachberatungsstellen erfolgen.

§ 12 Leistungsabsprache

¹Vor oder spätestens bis zu vier Wochen nach Beginn fortlaufender Leistungen sollen in einer schriftlichen Leistungsabsprache die Situation der leistungsberechtigten Personen sowie gegebenenfalls Wege zur Überwindung der Notlage und zu gebotenen Möglichkeiten der aktiven Teilnahme in der Gemeinschaft gemeinsam festgelegt und die Leistungsabsprache unterzeichnet werden. ²Soweit es auf Grund bestimmbarer Bedarfe erforderlich ist, ist ein Förderplan zu erstellen und in die Leistungsabsprache einzubeziehen. ³Sind Leistungen im Hinblick auf die sie tragenden Ziele zu überprüfen, kann dies in der Leistungsabsprache näher festgelegt werden. ⁴Die Leistungsabsprache soll regelmäßig gemeinsam überprüft und fortgeschrieben werden. ⁵Abweichende Regelungen in diesem Buch gehen vor.

§ 13 Leistungen für Einrichtungen, Vorrang anderer Leistungen

(1) ¹Die Leistungen nach dem Fünften bis Neunten Kapitel können entsprechend den Erfordernissen des Einzelfalles für die Deckung des Bedarfs außerhalb von Einrichtungen (ambulante Leistungen), für teilstationäre oder stationäre Einrichtungen (teilstationäre oder stationäre Leistungen) erbracht werden. ²Vorrang haben ambulante Leistungen vor teilstationären und stationären Leistungen sowie teilstationäre vor stationäre Leistungen. ³Der Vorrang der ambulanten Leistung gilt nicht, wenn eine Leistung für eine geeignete stationäre Einrichtung zumutbar und eine ambulante Leistung mit unverhältnismäßigen Mehrkosten verbunden ist. ⁴Bei der Entscheidung ist zunächst die Zumutbarkeit zu prüfen. ⁵Dabei sind die persönlichen, familiären und örtlichen Umstände angemessen zu berücksichtigen. ⁶Bei Unzumutbarkeit ist ein Kostenvergleich nicht vorzunehmen.

(2) Einrichtungen im Sinne des Absatzes 1 sind alle Einrichtungen, die der Pflege, der Behandlung oder sonstigen nach diesem Buch zu deckenden Bedarfe oder der Erziehung dienen.

§ 14 (weggefallen)

§ 15 Vorbeugende und nachgehende Leistungen

(1) ¹Die Sozialhilfe soll vorbeugend geleistet werden, wenn dadurch eine drohende Notlage ganz oder teilweise abgewendet werden kann. ²§ 47 ist vorrangig anzuwenden.

(2) Die Sozialhilfe soll auch nach Beseitigung einer Notlage geleistet werden, wenn dies geboten ist, um die Wirksamkeit der zuvor erbrachten Leistung zu sichern.

§ 16 Familiengerechte Leistungen

¹Bei Leistungen der Sozialhilfe sollen die besonderen Verhältnisse in der Familie der Leistungsberechtigten berücksichtigt werden. ²Die Sozialhilfe soll die Kräfte der Familie zur Selbsthilfe anregen und den Zusammenhalt der Familie festigen.

Zweiter Abschnitt
Anspruch auf Leistungen

§ 17 Anspruch

(1) ¹Auf Sozialhilfe besteht ein Anspruch, soweit bestimmt wird, dass die Leistung zu erbringen ist. ²Der Anspruch kann nicht übertragen, verpfändet oder gepfändet werden.

(2) ¹Über Art und Maß der Leistungserbringung ist nach pflichtgemäßem Ermessen zu entscheiden, soweit das Ermessen nicht ausgeschlossen wird. ²Werden Leistungen auf Grund von Ermessensentscheidungen erbracht, sind die Entscheidungen im Hinblick auf die sie tragenden Gründe und Ziele zu überprüfen und im Einzelfall gegebenenfalls abzuändern.

§ 18 Einsetzen der Sozialhilfe

(1) Die Sozialhilfe, mit Ausnahme der Leistungen der Grundsicherung im Alter und bei Erwerbsminderung, setzt ein, sobald dem Träger der Sozialhilfe oder den von ihm beauftragten Stellen bekannt wird, dass die Voraussetzungen für die Leistung vorliegen.

(2) ¹Wird einem nicht zuständigen Träger der Sozialhilfe oder einer nicht zuständigen Gemeinde im Einzelfall bekannt, dass Sozialhilfe beansprucht wird, so sind die darüber bekannten Umstände dem zuständigen Träger

der Sozialhilfe oder der von ihm beauftragten Stelle unverzüglich mitzuteilen und vorhandene Unterlagen zu übersenden. ²Ergeben sich daraus die Voraussetzungen für die Leistung, setzt die Sozialhilfe zu dem nach Satz 1 maßgebenden Zeitpunkt ein.

§ 19 Leistungsberechtigte

(1) Hilfe zum Lebensunterhalt nach dem Dritten Kapitel ist Personen zu leisten, die ihren notwendigen Lebensunterhalt nicht oder nicht ausreichend aus eigenen Kräften und Mitteln, insbesondere aus ihrem Einkommen und Vermögen, bestreiten können.
(2) ¹Grundsicherung im Alter und bei Erwerbsminderung nach dem Vierten Kapitel dieses Buches ist Personen zu leisten, die die Altersgrenze nach § 41 Absatz 2 erreicht haben oder das 18. Lebensjahr vollendet haben und dauerhaft voll erwerbsgemindert sind, sofern sie ihren notwendigen Lebensunterhalt nicht oder nicht ausreichend aus eigenen Kräften und Mitteln, insbesondere aus ihrem Einkommen und Vermögen, bestreiten können. ²Die Leistungen der Grundsicherung im Alter und bei Erwerbsminderung gehen der Hilfe zum Lebensunterhalt nach dem Dritten Kapitel vor.
(3) Hilfen zur Gesundheit, Hilfe zur Pflege, Hilfe zur Überwindung besonderer sozialer Schwierigkeiten und Hilfen in anderen Lebenslagen werden nach dem Fünften bis Neunten Kapitel dieses Buches geleistet, soweit den Leistungsberechtigten, ihren nicht getrennt lebenden Ehegatten oder Lebenspartnern und, wenn sie minderjährig und unverheiratet sind, auch ihren Eltern oder einem Elternteil die Aufbringung der Mittel aus dem Einkommen und Vermögen nach den Vorschriften des Elften Kapitels dieses Buches nicht zuzumuten ist.
(4) Lebt eine Person bei ihren Eltern oder einem Elternteil und ist sie schwanger oder betreut ihr leibliches Kind bis zur Vollendung des sechsten Lebensjahres, werden Einkommen und Vermögen der Eltern oder des Elternteils nicht berücksichtigt.
(5) ¹Ist den in den Absätzen 1 bis 3 genannten Personen die Aufbringung der Mittel aus dem Einkommen und Vermögen im Sinne der Absätze 1 und 2 möglich oder im Sinne des Absatzes 3 zuzumuten und sind Leistungen erbracht worden, haben sie dem Träger der Sozialhilfe die Aufwendungen in diesem Umfang zu ersetzen. ²Mehrere Verpflichtete haften als Gesamtschuldner.
(6) Der Anspruch der Berechtigten auf Leistungen für Einrichtungen oder auf Pflegegeld steht, soweit die Leistung den Berechtigten erbracht worden wäre, nach ihrem Tode demjenigen zu, der die Leistung erbracht oder die Pflege geleistet hat.

§ 20 Eheähnliche Gemeinschaft

¹Personen, die in eheähnlicher oder lebenspartnerschaftsähnlicher Gemeinschaft leben, dürfen hinsichtlich der Voraussetzungen sowie des Umfangs der Sozialhilfe nicht besser gestellt werden als Ehegatten. ²§ 39 gilt entsprechend.

§ 21 Sonderregelung für Leistungsberechtigte nach dem Zweiten Buch

¹Personen, die nach dem Zweiten Buch als Erwerbsfähige oder als Angehörige dem Grunde nach leistungsberechtigt sind, erhalten keine Leistungen für den Lebensunterhalt. ²Abweichend von Satz 1 können Personen, die nicht hilfebedürftig nach § 9 des Zweiten Buches sind, Leistungen nach § 36 erhalten. ³Bestehen über die Zuständigkeit zwischen den beteiligten Leistungsträgern unterschiedliche Auffassungen, so ist der zuständige Träger der Sozialhilfe für die Leistungsberechtigung nach dem Dritten oder Vierten Kapitel an die Feststellung einer vollen Erwerbsminderung im Sinne des § 43 Absatz 2 Satz 2 des Sechsten Buches und nach Abschluss des Widerspruchsverfahrens an die Entscheidung der Agentur für Arbeit zur Erwerbsfähigkeit nach § 44a Absatz 1 des Zweiten Buches gebunden.

§ 22 Sonderregelungen für Auszubildende

(1) ¹Auszubildende, deren Ausbildung im Rahmen des Bundesausbildungsförderungsgesetzes oder der §§ 51, 57 und 58 des Dritten Buches dem Grunde nach förderungsfähig ist, haben keinen Anspruch auf Leistungen nach dem Dritten und Vierten Kapitel. ²In besonderen Härtefällen können Leistungen nach dem Dritten oder Vierten Kapitel als Beihilfe oder Darlehen gewährt werden.
(2) Absatz 1 findet keine Anwendung auf Auszubildende,
1. die auf Grund von § 2 Abs. 1a des Bundesausbildungsförderungsgesetzes keinen Anspruch auf Ausbildungsförderung oder auf Grund von § 60 Absatz 1 und 2 des Dritten Buches keinen Anspruch auf Berufsausbildungsbeihilfe haben,
2. deren Bedarf sich nach § 12 Abs. 1 Nr. 1 des Bundesausbildungsförderungsgesetzes oder nach § 62 Absatz 1 des Dritten Buches bemisst oder
3. die eine Abendhauptschule, eine Abendrealschule oder ein Abendgymnasium besuchen, sofern sie aufgrund von § 10 Abs. 3 des Bundesausbildungsförderungsgesetzes keinen Anspruch auf Ausbildungsförderung haben.

§ 23 Sozialhilfe für Ausländerinnen und Ausländer

(1) ¹Ausländern, die sich im Inland tatsächlich aufhalten, ist Hilfe zum Lebensunterhalt, Hilfe bei Krankheit, Hilfe bei Schwangerschaft und Mutterschaft sowie Hilfe zur Pflege nach diesem Buch zu leisten. ²Die Vorschriften des Vierten Kapitels bleiben unberührt. ³Im Übrigen kann Sozialhilfe geleistet werden, soweit dies im Einzelfall gerechtfertigt ist. ⁴Die Einschränkungen nach Satz 1 gelten nicht für Ausländer, die im Besitz einer Niederlassungserlaubnis oder eines befristeten Aufenthaltstitels sind und sich voraussichtlich dauerhaft im Bundesgebiet aufhalten. ⁵Rechtsvorschriften, nach denen außer den in Satz 1 genannten Leistungen auch sonstige Sozialhilfe zu leisten ist oder geleistet werden soll, bleiben unberührt.
(2) Leistungsberechtigte nach § 1 des Asylbewerberleistungsgesetzes erhalten keine Leistungen der Sozialhilfe.
(3) ¹Ausländer und ihre Familienangehörigen erhalten keine Leistungen nach Absatz 1 oder nach dem Vierten Kapitel, wenn
1. sie weder in der Bundesrepublik Deutschland Arbeitnehmer oder Selbständige noch auf Grund des § 2 Absatz 3 des Freizügigkeitsgesetzes/EU freizügigkeitsberechtigt sind, für die ersten drei Monate ihres Aufenthalts,
2. sie kein Aufenthaltsrecht haben oder sich ihr Aufenthaltsrecht allein aus dem Zweck der Arbeitsuche ergibt oder
3. sie eingereist sind, um Sozialhilfe zu erlangen.

²Satz 1 Nummer 1 und 3 gilt nicht für Ausländerinnen und Ausländer, die sich mit einem Aufenthaltstitel nach Kapitel 2 Abschnitt 5 des Aufenthaltsgesetzes in der Bundesrepublik Deutschland aufhalten. ³Hilfebedürftigen Ausländern, die Satz 1 unterfallen, werden bis zur Ausreise, längstens jedoch für einen Zeitraum von einem Monat, einmalig innerhalb von zwei Jahren nur eingeschränkte Hilfen gewährt, um den Zeitraum bis zur Ausreise zu überbrücken (Überbrückungsleistungen); die Zweijahresfrist beginnt mit dem Erhalt der Überbrückungsleistungen nach Satz 3. ⁴Hierüber und über die Möglichkeit der Leistungen nach Absatz 3a sind die Leistungsberechtigten zu unterrichten. ⁵Die Überbrückungsleistungen umfassen:
1. Leistungen zur Deckung der Bedarfe für Ernährung sowie Körper- und Gesundheitspflege,
2. Leistungen zur Deckung der Bedarfe für Unterkunft und Heizung in angemessener Höhe, einschließlich der Bedarfe nach § 35 Absatz 4 und § 30 Absatz 7,
3. die zur Behandlung akuter Erkrankungen und Schmerzzustände erforderliche ärztliche und zahnärztliche Behandlung einschließlich der Versorgung mit Arznei- und Verbandmitteln sowie sonstiger zur Genesung, zur Besserung oder zur Linderung von Krankheiten oder Krankheitsfolgen erforderlichen Leistungen und
4. Leistungen nach § 50 Nummer 1 bis 3.

⁶Soweit dies im Einzelfall besondere Umstände erfordern, werden Leistungsberechtigten nach Satz 3 zur Überwindung einer besonderen Härte andere Leistungen im Sinne von Absatz 1 gewährt; ebenso sind Leistungen über einen Zeitraum von einem Monat hinaus zu erbringen, soweit dies im Einzelfall auf Grund besonderer Umstände zur Überwindung einer besonderen Härte und zur Deckung einer zeitlich befristeten Bedarfslage geboten ist. ⁷Abweichend von Satz 1 Nummer 2 erhalten Ausländer und ihre Familienangehörigen Leistungen nach Absatz 1 Satz 1 und 2, wenn sie sich seit mindestens fünf Jahren ohne wesentliche Unterbrechung im Bundesgebiet aufhalten; dies gilt nicht, wenn der Verlust des Rechts nach § 2 Absatz 1 des Freizügigkeitsgesetzes/EU festgestellt wurde. ⁸Die Frist nach Satz 7 beginnt mit der Anmeldung bei der zuständigen Meldebehörde. ⁹Zeiten des nicht rechtmäßigen Aufenthalts, in denen eine Ausreisepflicht besteht, werden auf Zeiten des tatsächlichen Aufenthalts nicht angerechnet. ¹⁰Ausländerrechtliche Bestimmungen bleiben unberührt.
(3a) ¹Neben den Überbrückungsleistungen werden auf Antrag auch die angemessenen Kosten der Rückreise übernommen. ²Satz 1 gilt entsprechend, soweit die Personen allein durch die angemessenen Kosten der Rückreise die in Absatz 3 Satz 5 Nummer 1 und 2 genannten Bedarfe nicht aus eigenen Mitteln oder mit Hilfe Dritter decken können. ³Die Leistung ist als Darlehen zu erbringen.
(4) Ausländer, denen Sozialhilfe geleistet wird, sind auf für sie zutreffende Rückführungs- und Weiterwanderungsprogramme hinzuweisen; in geeigneten Fällen ist auf eine Inanspruchnahme solcher Programme hinzuwirken.
(5) ¹Hält sich ein Ausländer entgegen einer räumlichen Beschränkung im Bundesgebiet auf oder wählt er seinen Wohnsitz entgegen einer Wohnsitzauflage oder einer Wohnsitzregelung nach § 12a des Aufenthaltsgesetzes im Bundesgebiet, darf der für den Aufenthaltsort örtlich zuständige Träger nur die nach den Umständen des Einzelfalls gebotene Leistung erbringen. ²Unabweisbar geboten ist regelmäßig nur eine Reisebeihilfe zur Deckung des Bedarfs für die Reise zu dem Wohnort, an dem ein Ausländer seinen Wohnsitz zu nehmen hat. ³In den Fällen des § 12a Absatz 1 und 4 des Aufenthaltsgesetzes ist regelmäßig eine Reisebeihilfe zu dem Ort im Bundesgebiet zu gewähren, an dem der Ausländer die Wohnsitznahme begehrt und an dem seine Wohnsitznahme zulässig ist. ⁴Der örtlich zuständige Träger am Aufenthaltsort informiert den bislang örtlich

zuständigen Träger darüber, ob Leistungen nach Satz 1 bewilligt worden sind. [5]Die Sätze 1 und 2 gelten auch für Ausländer, die eine räumlich nicht beschränkte Aufenthaltserlaubnis nach den §§ 23a, 24 Absatz 1 oder § 25 Absatz 4 oder 5 des Aufenthaltsgesetzes besitzen, wenn sie sich außerhalb des Landes aufhalten, in dem der Aufenthaltstitel erstmals erteilt worden ist. [6]Satz 5 findet keine Anwendung, wenn der Wechsel in ein anderes Land zur Wahrnehmung der Rechte zum Schutz der Ehe und Familie nach Artikel 6 des Grundgesetzes oder aus vergleichbar wichtigen Gründen gerechtfertigt ist.

§ 24 Sozialhilfe für Deutsche im Ausland

(1) [1]Deutsche, die ihren gewöhnlichen Aufenthalt im Ausland haben, erhalten keine Leistungen. [2]Hiervon kann im Einzelfall nur abgewichen werden, soweit dies wegen einer außergewöhnlichen Notlage unabweisbar ist und zugleich nachgewiesen wird, dass eine Rückkehr in das Inland aus folgenden Gründen nicht möglich ist:
1. Pflege und Erziehung eines Kindes, das aus rechtlichen Gründen im Ausland bleiben muss,
2. längerfristige stationäre Betreuung in einer Einrichtung oder Schwere der Pflegebedürftigkeit oder
3. hoheitliche Gewalt.

(2) Leistungen werden nicht erbracht, soweit sie von dem hierzu verpflichteten Aufenthaltsland oder von anderen erbracht werden oder zu erwarten sind.

(3) Art und Maß der Leistungserbringung sowie der Einsatz des Einkommens und des Vermögens richten sich nach den besonderen Verhältnissen im Aufenthaltsland.

(4) [1]Die Leistungen sind abweichend von § 18 zu beantragen. [2]Für die Leistungen zuständig ist der überörtliche Träger der Sozialhilfe, in dessen Bereich die antragstellende Person geboren ist. [3]Liegt der Geburtsort im Ausland oder ist er nicht zu ermitteln, wird der örtlich zuständige Träger von einer Schiedsstelle bestimmt. [4]§ 108 Abs. 1 Satz 2 gilt entsprechend.

(5) [1]Leben Ehegatten oder Lebenspartner, Verwandte und Verschwägerte bei Einsetzen der Sozialhilfe zusammen, richtet sich die örtliche Zuständigkeit nach der ältesten Person von ihnen, die im Inland geboren ist. [2]Ist keine dieser Personen im Inland geboren, ist ein gemeinsamer örtlich zuständiger Träger nach Absatz 4 zu bestimmen. [3]Die Zuständigkeit bleibt bestehen, solange eine der Personen nach Satz 1 der Sozialhilfe bedarf.

(6) Die Träger der Sozialhilfe arbeiten mit den deutschen Dienststellen im Ausland zusammen.

§ 25 Erstattung von Aufwendungen anderer

[1]Hat jemand in einem Eilfall einem anderen Leistungen erbracht, die bei rechtzeitigem Einsetzen von Sozialhilfe nicht zu erbringen gewesen wären, sind ihm die Aufwendungen in gebotenem Umfang zu erstatten, wenn er sie nicht auf Grund rechtlicher oder sittlicher Pflicht selbst zu tragen hat. [2]Dies gilt nur, wenn die Erstattung innerhalb angemessener Frist beim zuständigen Träger der Sozialhilfe beantragt wird.

§ 26 Einschränkung, Aufrechnung

(1) [1]Die Leistung soll bis auf das zum Lebensunterhalt Unerlässliche eingeschränkt werden
1. bei Leistungsberechtigten, die nach Vollendung des 18. Lebensjahres ihr Einkommen oder Vermögen vermindert haben in der Absicht, die Voraussetzungen für die Gewährung oder Erhöhung der Leistung herbeizuführen,
2. bei Leistungsberechtigten, die trotz Belehrung ihr unwirtschaftliches Verhalten fortsetzen.

[2]So weit wie möglich ist zu verhüten, dass die unterhaltsberechtigten Angehörigen oder andere mit ihnen in Haushaltsgemeinschaft lebende Leistungsberechtigte durch die Einschränkung der Leistung mitbetroffen werden.

(2) [1]Die Leistung kann bis auf das jeweils Unerlässliche mit Ansprüchen des Trägers der Sozialhilfe gegen eine leistungsberechtigte Person aufgerechnet werden, wenn es sich um Ansprüche auf Erstattung zu Unrecht erbrachter Leistungen der Sozialhilfe handelt, die die leistungsberechtigte Person oder ihr Vertreter durch vorsätzlich oder grob fahrlässig unrichtige oder unvollständige Angaben oder durch pflichtwidriges Unterlassen veranlasst hat, oder wenn es sich um Ansprüche auf Kostenersatz nach den §§ 103 und 104 handelt. [2]Die Aufrechnungsmöglichkeit wegen eines Anspruchs ist auf drei Jahre beschränkt; ein neuer Anspruch des Trägers der Sozialhilfe auf Erstattung oder auf Kostenersatz kann erneut aufgerechnet werden.

(3) Eine Aufrechnung nach Absatz 2 kann auch erfolgen, wenn Leistungen für einen Bedarf übernommen werden, der durch vorangegangene Leistungen der Sozialhilfe an die leistungsberechtigte Person bereits gedeckt worden war.

(4) Eine Aufrechnung erfolgt nicht, soweit dadurch der Gesundheit dienende Leistungen gefährdet werden.

Drittes Kapitel
Hilfe zum Lebensunterhalt

Erster Abschnitt
Leistungsberechtigte, notwendiger Lebensunterhalt, Regelbedarfe und Regelsätze

§ 27 Leistungsberechtigte

(1) Hilfe zum Lebensunterhalt ist Personen zu leisten, die ihren notwendigen Lebensunterhalt nicht oder nicht ausreichend aus eigenen Kräften und Mitteln bestreiten können.

(2) ¹Eigene Mittel sind insbesondere das eigene Einkommen und Vermögen. ²Bei nicht getrennt lebenden Ehegatten oder Lebenspartnern sind das Einkommen und Vermögen beider Ehegatten oder Lebenspartner gemeinsam zu berücksichtigen. ³Gehören minderjährige unverheiratete Kinder dem Haushalt ihrer Eltern oder eines Elternteils an und können sie den notwendigen Lebensunterhalt aus ihrem Einkommen und Vermögen nicht bestreiten, sind vorbehaltlich des § 39 Satz 3 Nummer 1 auch das Einkommen und das Vermögen der Eltern oder des Elternteils gemeinsam zu berücksichtigen.

(3) ¹Personen, die ihren Lebensunterhalt aus eigenen Mitteln und Kräften bestreiten können, jedoch einzelne im Haushalt erforderliche Tätigkeiten nicht verrichten können, erhalten auf Antrag einen angemessenen Zuschuss, wenn ihnen die Aufbringung der für die geleistete Hilfe und Unterstützung notwendigen Kosten nicht in voller Höhe zumutbar ist. ²Als angemessen gelten Aufwendungen, die üblicherweise als Anerkennung für unentgeltlich geleistete Hilfen und Unterstützungen oder zur Abgeltung des entsprechenden Aufwandes geleistet werden. ³Den Zuschuss erhält nicht, wer einen entsprechenden Anspruch auf Assistenzleistungen nach § 78 des Neunten Buches hat.

§ 27a Notwendiger Lebensunterhalt, Regelbedarfe und Regelsätze

(1) ¹Der für die Gewährleistung des Existenzminimums notwendige Lebensunterhalt umfasst insbesondere Ernährung, Kleidung, Körperpflege, Hausrat, Haushaltsenergie ohne die auf Heizung und Erzeugung von Warmwasser entfallenden Anteile, persönliche Bedürfnisse des täglichen Lebens sowie Unterkunft und Heizung. ²Zu den persönlichen Bedürfnissen des täglichen Lebens gehört in vertretbarem Umfang eine Teilhabe am sozialen und kulturellen Leben in der Gemeinschaft; dies gilt in besonderem Maß für Kinder und Jugendliche. ³Für Schülerinnen und Schüler umfasst der notwendige Lebensunterhalt auch die erforderlichen Hilfen für den Schulbesuch.

(2) ¹Der gesamte notwendige Lebensunterhalt nach Absatz 1 mit Ausnahme der Bedarfe nach dem Zweiten bis Vierten Abschnitt ergibt den monatlichen Regelbedarf. ²Dieser ist in Regelbedarfsstufen unterteilt; für Abgrenzung und Höhe der Regelbedarfsstufen sind zu berücksichtigen:
1. bei Kindern und Jugendlichen altersbedingte Unterschiede,
2. bei Erwachsenen die Art der Unterkunft, in der sie leben, und zusätzlich bei in Wohnungen oder sonstigen Unterkünften nach § 42a Absatz 2 Satz 1 Nummer 1 und 3 lebenden Erwachsenen, ob sie in einer Paarbeziehung oder ohne Paarbeziehung zusammenleben.

(3) ¹Für Leistungsberechtigte nach diesem Kapitel sind zur Deckung der Regelbedarfe, die sich nach den Regelbedarfsstufen der Anlage zu § 28 ergeben, monatliche Regelsätze als Bedarf anzuerkennen; dies gilt nicht für Leistungsberechtigte, deren notwendiger Lebensunterhalt sich nach § 27b bestimmt. ²Der Regelsatz stellt einen monatlichen Pauschalbetrag zur Bestreitung des Regelbedarfs dar, über dessen Verwendung die Leistungsberechtigten eigenverantwortlich entscheiden; dabei haben sie das Eintreten unregelmäßig anfallender Bedarfe zu berücksichtigen. ³Besteht die Leistungsberechtigung für weniger als einen Monat, ist der Regelsatz anteilig als Bedarf anzuerkennen. ⁴Zur Deckung der Regelbedarfe von Personen, die in einer sonstigen Unterkunft oder vorübergehend nicht in einer Unterkunft untergebracht sind, sind als Bedarfe monatliche Regelsätze anzuerkennen, die sich in entsprechender Anwendung der Regelbedarfsstufen nach der Anlage zu § 28 ergeben.

(4) ¹Im Einzelfall wird der Regelsatz abweichend von der maßgebenden Regelbedarfsstufe festgesetzt (abweichende Regelsatzfestsetzung), wenn ein durch die Regelbedarfe abgedeckter Bedarf nicht nur einmalig, sondern für eine Dauer von voraussichtlich mehr als einem Monat
1. nachweisbar vollständig oder teilweise anderweitig gedeckt ist oder
2. unausweichlich in mehr als geringem Umfang oberhalb durchschnittlicher Bedarfe liegt, wie sie sich nach den bei der Ermittlung der Regelbedarfe zugrundeliegenden durchschnittlichen Verbrauchsausgaben ergeben, und die dadurch bedingten Mehraufwendungen begründbar nicht anderweitig ausgeglichen werden können.

²Bei einer abweichenden Regelsatzfestsetzung nach Satz 1 Nummer 1 sind für die monatlich ersparten Verbrauchsausgaben die sich nach § 5 Absatz 1 oder nach § 6 Absatz 1 des Regelbedarfs-Ermittlungsgesetzes für die jeweilige Abteilung ergebenden Beträge zugrunde zu legen. ³Beschränkt sich die anderweitige Bedarfsdeckung auf einzelne in die regelbedarfsrelevanten Verbrauchsausgaben je Abteilung eingegangenen

Verbrauchspositionen, sind die regelbedarfsrelevanten Beträge zugrunde zu legen, auf denen die in § 5 Absatz 1 und § 6 Absatz 1 des Regelbedarfs-Ermittlungsgesetzes genannten Beträge für die einzelnen Abteilungen beruhen. ⁴Für Leistungsberechtigte, die nicht in einer Wohnung leben und deren Regelbedarf sich aus der Regelbedarfsstufe 2 der Anlage zu § 28 ergibt, ist Satz 1 Nummer 1 nicht anwendbar für Bedarfe, die durch einen Vertrag über die Überlassung von Wohnraum nach § 42a Absatz 5 Satz 4 Nummer 3 gedeckt werden. ⁵Für Leistungsberechtigte, die in einer Unterkunft nach § 42a Absatz 2 Satz 1 Nummer 2 und Satz 3 leben und denen Aufwendungen für Unterkunft und Heizung nach § 42a Absatz 5 und 6 anzuerkennen sind, ist Satz 1 Nummer 1 nicht anwendbar für Bedarfe, die durch einen Vertrag über die Überlassung von Wohnraum nach § 42a Absatz 5 Satz 6 Nummer 1, 3 und 4 gedeckt werden. ⁶Für Leistungsberechtigte, denen ein Mehrbedarf nach § 42b Absatz 2 anzuerkennen ist, ist Satz 1 für die dadurch abgedeckten Aufwendungen nicht anwendbar.
(5) Sind minderjährige Leistungsberechtigte in einer anderen Familie, insbesondere in einer Pflegefamilie, oder bei anderen Personen als bei ihren Eltern oder einem Elternteil untergebracht, so wird in der Regel der individuelle Bedarf abweichend von den Regelsätzen in Höhe der tatsächlichen Kosten der Unterbringung festgesetzt, sofern die Kosten einen angemessenen Umfang nicht übersteigen.

§ 27b Notwendiger Lebensunterhalt in Einrichtungen

(1) ¹Der notwendige Lebensunterhalt umfasst
1. in Einrichtungen den darin erbrachten Lebensunterhalt,
2. in stationären Einrichtungen zusätzlich den weiteren notwendigen Lebensunterhalt.

²Der notwendige Lebensunterhalt in stationären Einrichtungen entspricht dem Umfang
1. der Regelbedarfsstufe 3 nach der Anlage zu § 28 bei Leistungsberechtigten, die das 18. Lebensjahr vollendet haben, und den Regelbedarfsstufen 4 bis 6 nach der Anlage zu § 28 bei Leistungsberechtigten, die das 18. Lebensjahr noch nicht vollendet haben,
2. der zusätzlichen Bedarfe nach dem Zweiten Abschnitt des Dritten Kapitels,
3. der Bedarfe für Unterkunft und Heizung nach § 42 Nummer 4 Buchstabe b.

(2) Der weitere notwendige Lebensunterhalt nach Absatz 1 Nummer 2 umfasst insbesondere einen Barbetrag nach Absatz 3 sowie Bekleidung und Schuhe (Bekleidungspauschale) nach Absatz 4; § 31 Absatz 2 Satz 2 ist nicht anzuwenden.

(3) ¹Der Barbetrag nach Absatz 2 steht für die Abdeckung von Bedarfen des notwendigen Lebensunterhalts nach § 27a Absatz 1 zur Verfügung, soweit diese nicht nach Absatz 1 von der stationären Einrichtung gedeckt werden. ²Die Höhe des Barbetrages beträgt für Leistungsberechtigte nach diesem Kapitel,
1. die das 18. Lebensjahr vollendet haben, mindestens 27 Prozent der Regelbedarfsstufe 1 nach der Anlage zu § 28,
2. haben diese das 18. Lebensjahr noch nicht vollendet, setzen die zuständigen Landesbehörden oder die von ihnen bestimmten Stellen für die in ihrem Bereich bestehenden Einrichtungen die Höhe des Barbetrages fest.

³Der Barbetrag ist in der sich nach Satz 2 ergebenden Höhe an die Leistungsberechtigten zu zahlen; er ist zu vermindern, wenn und soweit dessen bestimmungsgemäße Verwendung durch oder für die Leistungsberechtigten nicht möglich ist.

(4) ¹Die Höhe der Bekleidungspauschale nach Absatz 2 setzen die zuständigen Landesbehörden oder die von ihnen bestimmten Stellen für die in ihrem Bereich bestehenden Einrichtungen fest. ²Sie ist als Geld- oder Sachleistung zu gewähren; im Falle einer Geldleistung hat die Zahlung monatlich, quartalsweise oder halbjährlich zu erfolgen.

Anm. d. Hrsg.: Das Ministerium für Arbeit, Integration und Soziales des Landes Nordrhein-Westfalen hat mit Runderlass vom 7. Dezember 2020 (MBl. NRW. S. 879) – Az VI A 2-6211 – die Barbeträge für Leistungsberechtigte, die das 18. Lebensjahr noch nicht vollendet haben, für den Bereich SGB XII für das Jahr 2021 festgesetzt:
1. Vom Beginn des 5. Lebensjahres bis zur Vollendung des 6. Lebensjahres (4 und 5 Jahre) 5,80 €
2. Im 7. Lebensjahr (6 Jahre) 10,80 €
3. Im 8. Lebensjahr (7 Jahre) 16,10 €
4. Im 9. Lebensjahr (8 Jahre) 21,80 €
5. Vom Beginn des 10. bis zur Vollendung des 11. Lebensjahres (9 und 10 Jahre) 27,00 €
6. Im 12. Lebensjahr (11 Jahre) 32,50 €
7. Im 13. Lebensjahr (12 Jahre) 37,90 €
8. Im 14. Lebensjahr (13 Jahre) 43,30 €
9. Im 15. Lebensjahr (14 Jahre) 57,50 €
10. Im 16. Lebensjahr (15 Jahre) 63,00 €
11. Im 17. Lebensjahr (16 Jahre) 74,80 €
12. Im 18. Lebensjahr (17 Jahre) 80,30 €.

Leistungsberechtigte, die das 18. Lebensjahr vollendet haben, erhalten mit Wirkung vom 1. Januar 2021 gemäß § 27b Absatz 2 Satz 2 SGB XII einen Barbetrag zur persönlichen Verfügung in Höhe von mindestens 120,42 €.

§ 27c Sonderregelung für den Lebensunterhalt

(1) Für Leistungsberechtigte, die nicht in einer Wohnung nach § 42a Absatz 2 Satz 1 Nummer 1 und Satz 2 leben, bestimmen sich der notwendige Lebensunterhalt nach Absatz 2 und der weitere notwendige Lebensunterhalt nach Absatz 3, wenn sie
1. minderjährig sind und ihnen Leistungen nach Teil 2 des Neunten Buches über Tag und Nacht erbracht werden oder
2. volljährig sind und ihnen Leistungen über Tag und Nacht erbracht werden, denen Vereinbarungen nach § 134 Absatz 4 des Neunten Buches zugrunde liegen.

(2) Der notwendige Lebensunterhalt nach Absatz 1 umfasst die Bedarfe nach § 27b Absatz 1 Satz 2, darüber hinaus sind Bedarfe für Bildung und Teilhabe nach dem Dritten Abschnitt mit umfasst, soweit nicht entsprechende Leistungen nach § 75 des Neunten Buches erbracht werden.

(3) Für den weiteren notwendigen Lebensunterhalt gilt § 27b Absatz 2 bis 4.

(4) Der sich nach Absatz 2 ergebende monatliche Betrag für den notwendigen Lebensunterhalt ist bei Leistungsberechtigten nach Absatz 1 Nummer 1 abzüglich der aufzubringenden Mittel nach § 142 Absatz 1 und 2 des Neunten Buches sowie bei Leistungsberechtigten nach Absatz 1 Nummer 2 abzüglich der aufzubringenden Mittel nach § 142 Absatz 3 des Neunten Buches quartalsweise dem für die Leistungen nach Teil 2 des Neunten Buches zuständigen Träger der Eingliederungshilfe zu erstatten.

§ 28 Ermittlung der Regelbedarfe

(1) Liegen die Ergebnisse einer bundesweiten neuen Einkommens- und Verbrauchsstichprobe vor, wird die Höhe der Regelbedarfe in einem Bundesgesetz neu ermittelt.

(2) [1]Bei der Ermittlung der bundesdurchschnittlichen Regelbedarfsstufen nach § 27a Absatz 2 sind Stand und Entwicklung von Nettoeinkommen, Verbraucherverhalten und Lebenshaltungskosten zu berücksichtigen. [2]Grundlage hierfür sind die durch die Einkommens- und Verbrauchsstichprobe nachgewiesenen tatsächlichen Verbrauchsausgaben unterer Einkommensgruppen.

(3) [1]Für die Ermittlung der Regelbedarfsstufen beauftragt das Bundesministerium für Arbeit und Soziales das Statistische Bundesamt mit Sonderauswertungen, die auf der Grundlage einer neuen Einkommens- und Verbrauchsstichprobe vorzunehmen sind. [2]Sonderauswertungen zu den Verbrauchsausgaben von Haushalten unterer Einkommensgruppen sind zumindest für Haushalte (Referenzhaushalte) vorzunehmen, in denen nur eine erwachsene Person lebt (Einpersonenhaushalte), sowie für Haushalte, in denen Paare mit einem Kind leben (Familienhaushalte). [3]Dabei ist festzulegen, welche Haushalte, die Leistungen nach diesem Buch und dem Zweiten Buch beziehen, nicht als Referenzhaushalte zu berücksichtigen sind. [4]Für die Bestimmung des Anteils der Referenzhaushalte an den jeweiligen Haushalten der Sonderauswertungen ist ein für statistische Zwecke hinreichend großer Stichprobenumfang zu gewährleisten.

(4) [1]Die in Sonderauswertungen nach Absatz 3 ausgewiesenen Verbrauchsausgaben der Referenzhaushalte sind für die Ermittlung der Regelbedarfsstufen als regelbedarfsrelevant zu berücksichtigen, soweit sie zur Sicherung des Existenzminimums notwendig sind und eine einfache Lebensweise ermöglichen, wie sie einkommensschwache Haushalte aufweisen, die ihren Lebensunterhalt nicht ausschließlich aus Leistungen nach diesem oder dem Zweiten Buch bestreiten. [2]Nicht als regelbedarfsrelevant zu berücksichtigen sind Verbrauchsausgaben der Referenzhaushalte, wenn sie bei Leistungsberechtigten nach diesem Buch oder dem Zweiten Buch
1. durch bundes- oder landesgesetzliche Leistungsansprüche, die der Finanzierung einzelner Verbrauchspositionen der Sonderauswertungen dienen, abgedeckt sind und diese Leistungsansprüche kein anrechenbares Einkommen nach § 82 oder § 11 des Zweiten Buches darstellen oder
2. nicht anfallen, weil bundesweit in einheitlicher Höhe Vergünstigungen gelten.

(5) [1]Die Summen der sich nach Absatz 4 ergebenden regelbedarfsrelevanten Verbrauchsausgaben der Referenzhaushalte sind Grundlage für die Prüfung der Regelbedarfsstufen, insbesondere für die Altersabgrenzungen bei Kindern und Jugendlichen. [2]Die nach Satz 1 für die Ermittlung der Regelbedarfsstufen zugrunde zu legenden Summen der regelbedarfsrelevanten Verbrauchsausgaben aus den Sonderauswertungen sind jeweils mit der sich nach § 28a Absatz 2 ergebenden Veränderungsrate entsprechend fortzuschreiben. [3]Die sich durch die Fortschreibung nach Satz 2 ergebenden Summenbeträge sind jeweils bis unter 0,50 Euro abzurunden sowie von 0,50 Euro an aufzurunden und ergeben die Regelbedarfsstufen (Anlage).

§ 28a Fortschreibung der Regelbedarfsstufen

(1) [1]In Jahren, in denen keine Neuermittlung nach § 28 erfolgt, werden die Regelbedarfsstufen jeweils zum 1. Januar mit der sich nach Absatz 2 ergebenden Veränderungsrate fortgeschrieben. [2]§ 28 Absatz 5 Satz 3 gilt entsprechend.

(2)¹Die Fortschreibung der Regelbedarfsstufen erfolgt aufgrund der bundesdurchschnittlichen Entwicklung der Preise für regelbedarfsrelevante Güter und Dienstleistungen sowie der bundesdurchschnittlichen Entwicklung der Nettolöhne und -gehälter je beschäftigten Arbeitnehmer nach der Volkswirtschaftlichen Gesamtrechnung (Mischindex). ²Maßgeblich ist jeweils die Veränderungsrate, die sich aus der Veränderung in dem Zwölfmonatszeitraum, der mit dem 1. Juli des Vorvorjahres beginnt und mit dem 30. Juni des Vorjahres endet, gegenüber dem davorliegenden Zwölfmonatszeitraum ergibt. ³Für die Ermittlung der jährlichen Veränderungsrate des Mischindexes wird die sich aus der Entwicklung der Preise aller regelbedarfsrelevanten Güter und Dienstleistungen ergebende Veränderungsrate mit einem Anteil von 70 vom Hundert und die sich aus der Entwicklung der Nettolöhne und -gehälter je beschäftigten Arbeitnehmer ergebende Veränderungsrate mit einem Anteil von 30 vom Hundert berücksichtigt.

(3) Das Bundesministerium für Arbeit und Soziales beauftragt das Statistische Bundesamt mit der Ermittlung der jährlichen Veränderungsrate für den Zeitraum nach Absatz 2 Satz 2 für
1. die Preise aller regelbedarfsrelevanten Güter und Dienstleistungen und
2. die durchschnittliche Nettolohn- und -gehaltssumme je durchschnittlich beschäftigten Arbeitnehmer.

Entscheidung des Bundesverfassungsgerichts vom 23. Juli 2014 (BGBl. I S. 1581)
§ 28a ist nach Maßgabe der Gründe mit Artikel 1 Absatz 1 des Grundgesetzes in Verbindung mit dem Sozialstaatsprinzip des Artikels 20 Absatz 1 des Grundgesetzes vereinbar.

§ 29 Festsetzung und Fortschreibung der Regelsätze

(1) ¹Werden die Regelbedarfsstufen nach § 28 neu ermittelt, gelten diese als neu festgesetzte Regelsätze (Neufestsetzung), solange die Länder keine abweichende Neufestsetzung vornehmen. ²Satz 1 gilt entsprechend, wenn die Regelbedarfe nach § 28a fortgeschrieben werden.

(2) ¹Nehmen die Länder eine abweichende Neufestsetzung vor, haben sie die Höhe der monatlichen Regelsätze entsprechend der Abstufung der Regelbedarfe nach der Anlage zu § 28 durch Rechtsverordnung neu festzusetzen. ²Sie können die Ermächtigung für die Neufestsetzung nach Satz 1 auf die zuständigen Landesministerien übertragen. ³Für die abweichende Neufestsetzung sind anstelle der bundesdurchschnittlichen Regelbedarfsstufen, die sich nach § 28 aus der bundesweiten Auswertung der Einkommens- und Verbrauchsstichprobe ergeben, entsprechend aus regionalen Auswertungen der Einkommens- und Verbrauchsstichprobe ermittelte Regelbedarfsstufen zugrunde zu legen. ⁴Die Länder können bei der Neufestsetzung der Regelsätze auch auf ihr Land bezogene besondere Umstände, die die Deckung des Regelbedarfs betreffen, berücksichtigen. Regelsätze, die nach Absatz 1 oder nach den Sätzen 1 bis 4 festgesetzt worden sind, können von den Ländern als Mindestregelsätze festgesetzt werden. ⁵§ 28 Absatz 4 Satz 4 und 5 gilt für die Festsetzung der Regelsätze nach den Sätzen 1 bis 4 entsprechend.

(3) ¹Die Länder können die Träger der Sozialhilfe ermächtigen, auf der Grundlage von nach Absatz 2 Satz 5 bestimmten Mindestregelsätzen regionale Regelsätze festzusetzen; bei der Festsetzung können die Träger der Sozialhilfe regionale Besonderheiten sowie statistisch nachweisbare Abweichungen in den Verbrauchsausgaben berücksichtigen. ²§ 28 Absatz 4 Satz 4 und 5 gilt für die Festsetzung der Regelsätze nach Satz 1 entsprechend.

(4) Werden die Regelsätze nach den Absätzen 2 und 3 abweichend von den Regelbedarfsstufen nach § 28 festgesetzt, sind diese in den Jahren, in denen keine Neuermittlung der Regelbedarfe nach § 28 erfolgt, jeweils zum 1. Januar durch Rechtsverordnung der Länder mit der Veränderungsrate der Regelbedarfe fortzuschreiben, die sich nach der Rechtsverordnung nach § 40 ergibt.

(5) Die nach den Absätzen 2 und 3 festgesetzten und nach Absatz 4 fortgeschriebenen Regelsätze gelten als Regelbedarfsstufen nach der Anlage zu § 28.

Zweiter Abschnitt
Zusätzliche Bedarfe

§ 30 Mehrbedarf

(1) Für Personen, die
1. die Altersgrenze nach § 41 Abs. 2 erreicht haben oder
2. die Altersgrenze nach § 41 Abs. 2 noch nicht erreicht haben und voll erwerbsgemindert nach dem Sechsten Buch sind

und durch einen Bescheid der nach § 152 Absatz 4 des Neunten Buches zuständigen Behörde oder einen Ausweis nach § 152 Absatz 5 des Neunten Buches die Feststellung des Merkzeichens G nachweisen, wird ein Mehrbedarf von 17 vom Hundert der maßgebenden Regelbedarfsstufe anerkannt, soweit nicht im Einzelfall ein abweichender Bedarf besteht.

(2) Für werdende Mütter nach der zwölften Schwangerschaftswoche bis zum Ende des Monats, in welchen die Entbindung fällt, wird ein Mehrbedarf von 17 vom Hundert der maßgebenden Regelbedarfsstufe anerkannt, soweit nicht im Einzelfall ein abweichender Bedarf besteht.

(3) Für Personen, die mit einem oder mehreren minderjährigen Kindern zusammenleben und allein für deren Pflege und Erziehung sorgen, ist, soweit kein abweichender Bedarf besteht, ein Mehrbedarf anzuerkennen
1. in Höhe von 36 vom Hundert der Regelbedarfsstufe 1 nach der Anlage zu § 28 für ein Kind unter sieben Jahren oder für zwei oder drei Kinder unter sechzehn Jahren, oder
2. in Höhe von 12 vom Hundert der Regelbedarfsstufe 1 nach der Anlage zu § 28 für jedes Kind, wenn die Voraussetzungen nach Nummer 1 nicht vorliegen, höchstens jedoch in Höhe von 60 vom Hundert der Regelbedarfsstufe 1 nach der Anlage zu § 28.

(4) § 42b Absatz 3 ist entsprechend anzuwenden auf Leistungsberechtigte, die das 15. Lebensjahr vollendet haben.

(5) [1]Für Leistungsberechtigte wird ein Mehrbedarf anerkannt, wenn deren Ernährungsbedarf aus medizinischen Gründen von allgemeinen Ernährungsempfehlungen abweicht und die Aufwendungen für die Ernährung deshalb unausweichlich und in mehr als geringem Umfang oberhalb eines durchschnittlichen Bedarfs für Ernährung liegen (ernährungsbedingter Mehrbedarf). [2]Dies gilt entsprechend für aus medizinischen Gründen erforderliche Aufwendungen für Produkte zur erhöhten Versorgung des Stoffwechsels mit bestimmten Nähr- oder Wirkstoffen, soweit hierfür keine vorrangigen Ansprüche bestehen. [3]Die medizinischen Gründe nach den Sätzen 1 und 2 sind auf der Grundlage aktueller medizinischer und ernährungswissenschaftlicher Erkenntnisse zu bestimmen. [4]Dabei sind auch die durchschnittlichen Mehraufwendungen zu ermitteln, die für die Höhe des anzuerkennenden ernährungsbedingten Mehrbedarfs zugrunde zu legen sind, soweit im Einzelfall kein abweichender Bedarf besteht.

(6) Die Summe des nach den Absätzen 1 bis 5 insgesamt anzuerkennenden Mehrbedarfs darf die Höhe der maßgebenden Regelbedarfsstufe nicht übersteigen.

(7) [1]Für Leistungsberechtigte wird ein Mehrbedarf anerkannt, soweit Warmwasser durch in der Wohnung, in der besonderen Wohnform oder der sonstigen Unterkunft nach § 42a Absatz 2 installierte Vorrichtungen erzeugt wird (dezentrale Warmwassererzeugung) und denen deshalb kein Bedarf für Warmwasser nach § 35 Absatz 4 anerkannt wird. [2]Der Mehrbedarf beträgt für jede leistungsberechtigte Person entsprechend der für sie geltenden Regelbedarfsstufe nach der Anlage zu § 28 jeweils
1. 2,3 Prozent der Regelbedarfsstufen 1 und 2,
2. 1,4 Prozent der Regelbedarfsstufe 4,
3. 1,2 Prozent der Regelbedarfsstufe 5 oder
4. 0,8 Prozent der Regelbedarfsstufe 6.

[3]Höhere Aufwendungen sind abweichend von Satz 2 nur zu berücksichtigen, soweit sie durch eine separate Messeinrichtung nachgewiesen werden.

(8) § 42b Absatz 2 ist entsprechend anzuwenden.

(9) Soweit eine Schülerin oder ein Schüler aufgrund der jeweiligen schulrechtlichen Bestimmungen oder schulischen Vorgaben Aufwendungen zur Anschaffung oder Ausleihe von Schulbüchern oder gleichstehenden Arbeitsheften hat, sind sie als Mehrbedarf anzuerkennen.

§ 31 Einmalige Bedarfe

(1) Leistungen zur Deckung von Bedarfen für
1. Erstausstattungen für die Wohnung einschließlich Haushaltsgeräten,
2. Erstausstattungen für Bekleidung und Erstausstattungen bei Schwangerschaft und Geburt sowie
3. Anschaffung und Reparaturen von orthopädischen Schuhen, Reparaturen von therapeutischen Geräten und Ausrüstungen sowie die Miete von therapeutischen Geräten

werden gesondert erbracht.

(2) [1]Einer Person, die Sozialhilfe beansprucht (nachfragende Person), werden, auch wenn keine Regelsätze zu gewähren sind, für einmalige Bedarfe nach Absatz 1 Leistungen erbracht, wenn sie diese nicht aus eigenen Kräften und Mitteln vollständig decken kann. [2]In diesem Falle kann das Einkommen berücksichtigt werden, das sie innerhalb eines Zeitraums von bis zu sechs Monaten nach Ablauf des Monats erwerben, in dem über die Leistung entschieden worden ist.

(3) [1]Die Leistungen nach Absatz 1 Nr. 1 und 2 können als Pauschalbeträge erbracht werden. [2]Bei der Bemessung der Pauschalbeträge sind geeignete Angaben über die erforderlichen Aufwendungen und nachvollziehbare Erfahrungswerte zu berücksichtigen.

§ 32 Bedarfe für eine Kranken- und Pflegeversicherung

(1) Angemessene Beiträge für eine Kranken- und Pflegeversicherung sind als Bedarf anzuerkennen, soweit Leistungsberechtigte diese nicht aus eigenem Einkommen tragen können. Leistungsberechtigte können die

Beiträge so weit aus eigenem Einkommen tragen, wie diese im Wege der Einkommensbereinigung nach § 82 Absatz 2 Satz 1 Nummer 2 und 3 abzusetzen sind. Der Bedarf nach Satz 1 erhöht sich entsprechend, wenn bei der Einkommensbereinigung für das Einkommen geltende Absetzbeträge nach § 82 Absatz 2 Satz 2 und Absatz 3 bis 6 zu berücksichtigen sind.
(2) Bei Personen, die in der gesetzlichen Krankenversicherung
1. nach § 5 Absatz 1 Nummer 13 des Fünften Buches oder nach § 2 Absatz 1 Nummer 7 des Zweiten Gesetzes über die Krankenversicherung der Landwirte pflichtversichert sind,
2. nach § 9 Absatz 1 Nummer 1 des Fünften Buches oder nach § 6 Absatz 1 Nummer 1 des Zweiten Gesetzes über die Krankenversicherung der Landwirte weiterversichert sind,
3. als Rentenantragsteller nach § 189 des Fünften Buches als Mitglied einer Krankenkasse gelten,
4. nach § 9 Absatz 1 Nummer 2 bis 8 des Fünften Buches oder nach § 6 Absatz 1 Nummer 2 des Zweiten Gesetzes über die Krankenversicherung der Landwirte freiwillig versichert sind oder
5. nach § 188 Absatz 4 des Fünften Buches oder nach § 22 Absatz 3 des Zweiten Gesetzes über die Krankenversicherung der Landwirte weiterversichert sind,
gilt der monatliche Beitrag als angemessen.
(3) Bei Personen, denen Beiträge nach Absatz 2 als Bedarf anerkannt werden, gilt auch der Zusatzbeitragssatz nach § 242 Absatz 1 des Fünften Buches als angemessen.
(4) ¹Bei Personen, die gegen das Risiko Krankheit bei einem privaten Krankenversicherungsunternehmen versichert sind, sind angemessene Beiträge nach den Sätzen 2 und 3 anzuerkennen. Angemessen sind Beiträge
1. bis zu der Höhe des sich nach § 152 Absatz 4 des Versicherungsaufsichtsgesetzes ergebenden halbierten monatlichen Beitrags für den Basistarif, sofern die Versicherungsverträge der Versicherungspflicht nach § 193 Absatz 3 des Versicherungsvertragsgesetzes genügen, oder
2. für eine Absicherung im brancheneinheitlichen Standardtarif nach § 257 Absatz 2a des Fünften Buches in der bis zum 31. Dezember 2008 geltenden Fassung.
²Ein höherer Beitrag kann als angemessen anerkannt werden, wenn die Leistungsberechtigung nach diesem Kapitel voraussichtlich nur für einen Zeitraum von bis zu drei Monaten besteht. ³Im begründeten Ausnahmefall kann auf Antrag ein höherer Beitrag auch im Fall einer Leistungsberechtigung für einen Zeitraum von bis zu sechs Monaten als angemessen anerkannt werden, wenn vor Ablauf der drei Monate oder bereits bei Antragstellung davon auszugehen ist, dass die Leistungsberechtigung nach diesem Kapitel für einen begrenzten, aber mehr als drei Monate andauernden Zeitraum bestehen wird.
(5) Bei Personen, die in der sozialen Pflegeversicherung nach
1. den §§ 20 und 21 des Elften Buches pflichtversichert sind oder
2. § 26 des Elften Buches weiterversichert sind oder
3. § 26a des Elften Buches der sozialen Pflegeversicherung beigetreten sind,
gilt der monatliche Beitrag als angemessen.
(6) ¹Bei Personen, die gegen das Risiko Pflegebedürftigkeit bei einem privaten Krankenversicherungsunternehmen in Erfüllung ihrer Versicherungspflicht nach § 23 des Elften Buches versichert sind oder nach § 26a des Elften Buches der privaten Pflegeversicherung beigetreten sind, gilt bei Versicherung im brancheneinheitlichen Standardtarif nach § 257 Absatz 2a des Fünften Buches in der bis zum 31. Dezember 2008 geltenden Fassung der geschuldete Beitrag als angemessen, im Übrigen höchstens jedoch bis zu einer Höhe des nach § 110 Absatz 2 Satz 3 des Elften Buches halbierten Höchstbeitrags in der sozialen Pflegeversicherung. ²Für die Höhe des im Einzelfall angemessenen monatlichen Beitrags gilt Absatz 4 Satz 3 und 4 entsprechend.

§ 32a Zeitliche Zuordnung und Zahlung von Beiträgen für eine Kranken- und Pflegeversicherung
(1) Die Bedarfe nach § 32 sind unabhängig von der Fälligkeit des Beitrags jeweils in dem Monat als Bedarf anzuerkennen, für den die Versicherung besteht.
(2) ¹Die Beiträge für eine Kranken- und Pflegeversicherung, die nach § 82 Absatz 2 Nummer 2 und 3 vom Einkommen abgesetzt und nach § 32 als Bedarf anerkannt werden, sind als Direktzahlung zu leisten, wenn der Zahlungsanspruch nach § 43a Absatz 2 größer oder gleich der Summe dieser Beiträge ist. ²Die Zahlung nach Satz 1 erfolgt an diejenige Krankenkasse oder dasjenige Versicherungsunternehmen, bei der beziehungsweise dem die leistungsberechtigte Person versichert ist. ³Die Leistungsberechtigten sowie die zuständigen Krankenkassen oder die zuständigen Versicherungsunternehmen sind über Beginn, Höhe des Beitrags und den Zeitraum sowie über die Beendigung einer Direktzahlung nach den Sätzen 1 und 2 schriftlich zu unterrichten. ⁴Die Leistungsberechtigten sind zusätzlich über die jeweilige Krankenkasse oder das Versicherungsunternehmen zu informieren, die zuständigen Krankenkassen und Versicherungsunternehmen zusätzlich über Namen und Anschrift der Leistungsberechtigten.
(3) Die Zahlung nach Absatz 2 hat in Fällen des § 32 Absatz 2, 3 und 5 bis zum Ende, in Fällen des § 32 Absatz 4 und 6 zum Ersten des sich nach Absatz 1 ergebenden Monats zu erfolgen.

§ 33 Bedarfe für die Vorsorge

(1) ¹Um die Voraussetzungen eines Anspruchs auf eine angemessene Alterssicherung zu erfüllen, können die erforderlichen Aufwendungen als Bedarf berücksichtigt werden, soweit sie nicht nach § 82 Absatz 2 Satz 1 Nummer 2 und 3 vom Einkommen abgesetzt werden. ²Aufwendungen nach Satz 1 sind insbesondere
1. Beiträge zur gesetzlichen Rentenversicherung,
2. Beiträge zur landwirtschaftlichen Alterskasse,
3. Beiträge zu berufsständischen Versorgungseinrichtungen, die den gesetzlichen Rentenversicherungen vergleichbare Leistungen erbringen,
4. Beiträge für eine eigene kapitalgedeckte Altersvorsorge in Form einer lebenslangen Leibrente, wenn der Vertrag nur die Zahlung einer monatlichen auf das Leben des Steuerpflichtigen bezogenen lebenslangen Leibrente nicht vor Vollendung des 60. Lebensjahres vorsieht, sowie
5. geförderte Altersvorsorgebeiträge nach § 82 des Einkommensteuergesetzes, soweit sie den Mindesteigenbeitrag nach § 86 des Einkommensteuergesetzes nicht überschreiten.

(2) Weisen Leistungsberechtigte Aufwendungen zur Erlangung eines Anspruchs auf ein angemessenes Sterbegeld vor Beginn der Leistungsberechtigung nach, so werden diese in angemessener Höhe als Bedarf anerkannt, soweit sie nicht nach § 82 Absatz 2 Nummer 3 vom Einkommen abgesetzt werden.

Dritter Abschnitt
Bildung und Teilhabe

§ 34 Bedarfe für Bildung und Teilhabe

(1) ¹Bedarfe für Bildung nach den Absätzen 2 bis 6 von Schülerinnen und Schülern, die eine allgemein- oder berufsbildende Schule besuchen, sowie Bedarfe von Kindern und Jugendlichen für Teilhabe am sozialen und kulturellen Leben in der Gemeinschaft nach Absatz 7 werden neben den maßgebenden Regelbedarfsstufen gesondert berücksichtigt. ²Leistungen hierfür werden nach den Maßgaben des § 34a gesondert erbracht.

(2) ¹Bedarfe werden bei Schülerinnen und Schülern in Höhe der tatsächlichen Aufwendungen anerkannt für
1. Schulausflüge und
2. mehrtägige Klassenfahrten im Rahmen der schulrechtlichen Bestimmungen.

²Für Kinder, die eine Tageseinrichtung besuchen oder für die Kindertagespflege geleistet wird, gilt Satz 1 entsprechend.

(3) ¹Bedarfe für die Ausstattung mit persönlichem Schulbedarf werden bei Schülerinnen und Schülern für den Monat, in dem der erste Schultag eines Schuljahres liegt, in Höhe von 100 Euro und für den Monat, in dem das zweite Schulhalbjahr eines Schuljahres beginnt, in Höhe von 50 Euro anerkannt. ²Abweichend von Satz 1 ist Schülerinnen und Schülern für die Ausstattung mit persönlichem Schulbedarf ein Bedarf anzuerkennen
1. in Höhe von 100 Euro für das erste Schulhalbjahr, wenn die erstmalige Aufnahme innerhalb des Schuljahres nach dem Monat erfolgt, in dem das erste Schulhalbjahr beginnt, aber vor Beginn des Monats, in dem das zweite Schulhalbjahr beginnt,
2. in Höhe des Betrags für das erste und das zweite Schulhalbjahr, wenn die erstmalige Aufnahme innerhalb des Schuljahres in oder nach dem Monat erfolgt, in dem das zweite Schulhalbjahr beginnt,
3. in Höhe von 50 Euro, wenn der Schulbesuch nach dem Monat, in dem das Schuljahr begonnen hat, unterbrochen wird und die Wiederaufnahme nach dem Monat erfolgt, in dem das zweite Schulhalbjahr beginnt.

(3a) ¹Der nach Absatz 3 anzuerkennende Teilbetrag für ein erstes Schulhalbjahr eines Schuljahres wird kalenderjährlich mit dem in der maßgeblichen Regelbedarfsstufen-Fortschreibungsverordnung nach den §§ 28a und 40 Nummer 1 bestimmten Prozentsatz fortgeschrieben; der fortgeschriebene Wert ist bis unter 0,50 Euro auf den nächsten vollen Euro abzurunden und ab 0,50 Euro auf den nächsten vollen Euro aufzurunden (Anlage). ²Der Teilbetrag für das zweite Schulhalbjahr eines Schuljahres nach Absatz 3 beträgt 50 Prozent des sich nach Satz 1 für das jeweilige Kalenderjahr ergebenden Teilbetrags (Anlage). ³Liegen die Ergebnisse einer bundesweiten neuen Einkommens- und Verbrauchsstichprobe vor, ist der Teilbetrag nach Satz 1 durch Bundesgesetz um den Betrag zu erhöhen, der sich aus der prozentualen Erhöhung der Regelbedarfsstufe 1 nach § 28 für das jeweilige Kalenderjahr durch Bundesgesetz ergibt, das Ergebnis ist entsprechend Satz 1 zweiter Teilsatz zu runden und die Anlage zu ergänzen. ⁴Aus dem sich nach Satz 3 ergebenden Teilbetrag für das erste Schulhalbjahr ist der Teilbetrag für das zweite Schulhalbjahr des jeweiligen Kalenderjahres entsprechend Satz 2 durch Bundesgesetz zu bestimmen und die Anlage um den sich ergebenden Betrag zu ergänzen.

(4) ¹Bei Schülerinnen und Schülern, die für den Besuch der nächstgelegenen Schule des gewählten Bildungsgangs auf Schülerbeförderung angewiesen sind, werden die dafür erforderlichen tatsächlichen Auf-

wendungen berücksichtigt, soweit sie nicht von Dritten übernommen werden. ²Als nächstgelegene Schule des gewählten Bildungsgangs gilt auch eine Schule, die aufgrund ihres Profils gewählt wurde, soweit aus diesem Profil eine besondere inhaltliche oder organisatorische Ausgestaltung des Unterrichts folgt; dies sind insbesondere Schulen mit naturwissenschaftlichem, musischem, sportlichem oder sprachlichem Profil sowie bilinguale Schulen, und Schulen mit ganztägiger Ausrichtung.

(5) ¹Für Schülerinnen und Schüler wird eine schulische Angebote ergänzende angemessene Lernförderung berücksichtigt, soweit diese geeignet und zusätzlich erforderlich ist, um die nach den schulrechtlichen Bestimmungen festgelegten wesentlichen Lernziele zu erreichen. ²Auf eine bestehende Versetzungsgefährdung kommt es dabei nicht an.

(6) ¹Bei Teilnahme an einer gemeinschaftlichen Mittagsverpflegung werden die entstehenden Aufwendungen berücksichtigt für
1. Schülerinnen und Schüler und
2. Kinder, die eine Tageseinrichtung besuchen oder für die Kindertagespflege geleistet wird.

²Für Schülerinnen und Schüler gilt dies unter der Voraussetzung, dass die Mittagsverpflegung in schulischer Verantwortung angeboten wird oder durch einen Kooperationsvertrag zwischen Schule und Tageseinrichtung vereinbart ist.

(7) ¹Für die Teilhabe am sozialen und kulturellen Leben in der Gemeinschaft werden pauschal 15 Euro monatlich berücksichtigt, sofern bei Leistungsberechtigten, die das 18. Lebensjahr noch nicht vollendet haben, tatsächliche Aufwendungen entstehen im Zusammenhang mit der Teilnahme an
1. Aktivitäten in den Bereichen Sport, Spiel, Kultur und Geselligkeit,
2. Unterricht in künstlerischen Fächern (zum Beispiel Musikunterricht) und vergleichbare angeleitete Aktivitäten der kulturellen Bildung und
3. Freizeiten.

²Neben der Berücksichtigung von Bedarfen nach Satz 1 können auch weitere tatsächliche Aufwendungen berücksichtigt werden, wenn sie im Zusammenhang mit der Teilnahme an Aktivitäten nach Satz 1 Nummer 1 bis 3 entstehen und es den Leistungsberechtigten im Einzelfall nicht zugemutet werden kann, diese aus den Leistungen nach Satz 1 und aus dem Regelbedarf zu bestreiten.

Entscheidung des Bundesverfassungsgerichts vom 7. Juli 2020 (BGBl. I S. 1992)
Aus dem Beschluss des Bundesverfassungsgerichts vom 7. Juli 2020 – 2 BvR 696/12 – wird folgende Entscheidungsformel veröffentlicht:
1. § 34 Absatz 1, Absatz 2 Satz 1 Nummer 1 und Satz 2, Absatz 4 bis Absatz 7 und § 34a Sozialgesetzbuch Zwölftes Buch in der Fassung von Artikel 3 Nummer 12 des Gesetzes zur Ermittlung von Regelbedarfen und zur Änderung des Zweiten und Zwölften Buches Sozialgesetzbuch vom 24. März 2011 (Bundesgesetzblatt I Seite 453) sind in Verbindung mit § 3 Absatz 2 Satz 1 Sozialgesetzbuch Zwölftes Buch in der Fassung vom 27. Dezember 2003 (Bundesgesetzblatt I Seite 3022) mit Artikel 28 Absatz 2 Satz 1 und Satz 3 in Verbindung mit Artikel 84 Absatz 1 Satz 7 des Grundgesetzes unvereinbar.
2. Die Vorschriften sind bis zu einer Neuregelung, spätestens bis zum 31. Dezember 2021, weiter anwendbar.

Die vorstehende Entscheidungsformel hat gemäß § 31 Absatz 2 des Bundesverfassungsgerichtsgesetzes Gesetzeskraft.

§ 34a Erbringung der Leistungen für Bildung und Teilhabe

(1) ¹Leistungen zur Deckung der Bedarfe nach § 34 Absatz 2 und 4 bis 7 werden auf Antrag erbracht; gesonderte Anträge sind nur für Leistungen nach § 34 Absatz 5 erforderlich. ²Einer nachfragenden Person werden, auch wenn keine Regelsätze zu gewähren sind, für Bedarfe nach § 34 Leistungen erbracht, wenn sie diese nicht aus eigenen Kräften und Mitteln vollständig decken kann. ³Die Leistungen zur Deckung der Bedarfe nach § 34 Absatz 7 bleiben bei der Erbringung von Leistungen nach Teil 2 des Neunten Buches unberücksichtigt.

(2) ¹Leistungen zur Deckung der Bedarfe nach § 34 Absatz 2 und 5 bis 7 werden erbracht durch
1. Sach- und Dienstleistungen, insbesondere in Form von personalisierten Gutscheinen,
2. Direktzahlungen an Anbieter von Leistungen zur Deckung dieser Bedarfe (Anbieter) oder
3. Geldleistungen.

²Die nach § 34c Absatz 1 zuständigen Träger der Sozialhilfe bestimmen, in welcher Form sie die Leistungen erbringen. ³Die Leistungen zur Deckung der Bedarfe nach § 34 Absatz 3 und 4 werden jeweils durch Geldleistungen erbracht. ⁴Die nach § 34c Absatz 1 zuständigen Träger der Sozialhilfe können mit Anbietern pauschal abrechnen.

(3) ¹Werden die Bedarfe durch Gutscheine gedeckt, gelten die Leistungen mit Ausgabe des jeweiligen Gutscheins als erbracht. ²Die nach § 34c Absatz 1 zuständigen Träger der Sozialhilfe gewährleisten, dass Gutscheine bei geeigneten vorhandenen Anbietern oder zur Wahrnehmung ihrer eigenen Angebote eingelöst werden können. ³Gutscheine können für den gesamten Bewilligungszeitraum im Voraus ausgegeben werden.

⁴Die Gültigkeit von Gutscheinen ist angemessen zu befristen. ⁵Im Fall des Verlustes soll ein Gutschein erneut in dem Umfang ausgestellt werden, in dem er noch nicht in Anspruch genommen wurde.
(4) ¹Werden die Bedarfe durch Direktzahlungen an Anbieter gedeckt, gelten die Leistungen mit der Zahlung als erbracht. ²Eine Direktzahlung ist für den gesamten Bewilligungszeitraum im Voraus möglich.
(5) Werden die Leistungen für Bedarfe nach § 34 Absatz 2 und 5 bis 7 durch Geldleistungen erbracht, erfolgt dies
1. monatlich in Höhe der im Bewilligungszeitraum bestehenden Bedarfe oder
2. nachträglich durch Erstattung verauslagter Beträge.
(6) ¹Im Einzelfall kann der nach § 34c Absatz 1 zuständige Träger der Sozialhilfe einen Nachweis über eine zweckentsprechende Verwendung der Leistung verlangen. ²Soweit der Nachweis nicht geführt wird, soll die Bewilligungsentscheidung widerrufen werden.
(7) ¹Abweichend von den Absätzen 2 bis 5 können Leistungen nach § 34 Absatz 2 Satz 1 Nummer 1 gesammelt für Schülerinnen und Schüler an eine Schule ausgezahlt werden, wenn die Schule
1. dies bei dem nach § 34c Absatz 1 zuständigen Träger der Sozialhilfe beantragt,
2. die Leistungen für die leistungsberechtigten Schülerinnen und Schüler verauslagt und
3. sich die Leistungsberechtigung von den Leistungsberechtigten nachweisen lässt.
²Der nach § 34c Absatz 1 zuständige Träger der Sozialhilfe kann mit der Schule vereinbaren, dass monatliche oder schulhalbjährliche Abschlagszahlungen geleistet werden.

Entscheidung des Bundesverfassungsgerichts vom 7. Juli 2020 (BGBl. I S. 1992)
Aus dem Beschluss des Bundesverfassungsgerichts vom 7. Juli 2020 – 2 BvR 696/12 – wird folgende Entscheidungsformel veröffentlicht:
1. § 34 Absatz 1, Absatz 2 Satz 1 Nummer 1 und Satz 2, Absatz 4 bis Absatz 7 und § 34a Sozialgesetzbuch Zwölftes Buch in der Fassung von Artikel 3 Nummer 12 des Gesetzes zur Ermittlung von Regelbedarfen und zur Änderung des Zweiten und Zwölften Buches Sozialgesetzbuch vom 24. März 2011 (Bundesgesetzblatt I Seite 453) sind in Verbindung mit § 3 Absatz 2 Satz 1 Sozialgesetzbuch Zwölftes Buch in der Fassung vom 27. Dezember 2003 (Bundesgesetzblatt I Seite 3022) mit Artikel 28 Absatz 2 Satz 1 und Satz 3 in Verbindung mit Artikel 84 Absatz 1 Satz 7 des Grundgesetzes unvereinbar.
2. Die Vorschriften sind bis zu einer Neuregelung, spätestens bis zum 31. Dezember 2021, weiter anwendbar.
Die vorstehende Entscheidungsformel hat gemäß § 31 Absatz 2 des Bundesverfassungsgerichtsgesetzes Gesetzeskraft.

§ 34b Berechtigte Selbsthilfe
¹Geht die leistungsberechtigte Person durch Zahlung an Anbieter in Vorleistung, ist der nach § 34c Absatz 1 zuständige Träger der Sozialhilfe zur Übernahme der berücksichtigungsfähigen Aufwendungen verpflichtet, soweit
1. unbeschadet des Satzes 2 die Voraussetzungen einer Leistungsgewährung zur Deckung der Bedarfe im Zeitpunkt der Selbsthilfe nach § 34 Absatz 2 und 5 bis 7 vorlagen und
2. zum Zeitpunkt der Selbsthilfe der Zweck der Leistung durch Erbringung als Sach- oder Dienstleistung ohne eigenes Verschulden nicht oder nicht rechtzeitig zu erreichen war.
²War es dem Leistungsberechtigten nicht möglich, rechtzeitig einen Antrag zu stellen, gilt dieser als zum Zeitpunkt der Selbstvornahme gestellt.

§ 34c Zuständigkeit
(1) Die für die Ausführung des Gesetzes nach diesem Abschnitt zuständigen Träger werden nach Landesrecht bestimmt.
(2) Die §§ 3, 6 und 7 sind nicht anzuwenden.

Vierter Abschnitt
Bedarfe für Unterkunft und Heizung

§ 35 Bedarfe für Unterkunft und Heizung
(1) ¹Bedarfe für die Unterkunft werden in Höhe der tatsächlichen Aufwendungen anerkannt. ²Bedarfe für die Unterkunft sind auf Antrag der leistungsberechtigten Person durch Direktzahlung an den Vermieter oder andere Empfangsberechtigte zu decken. ³Direktzahlungen an den Vermieter oder andere Empfangsberechtigte sollen erfolgen, wenn die zweckentsprechende Verwendung durch die leistungsberechtigte Person nicht sichergestellt ist. ⁴Das ist insbesondere der Fall, wenn
1. Mietrückstände bestehen, die zu einer außerordentlichen Kündigung des Mietverhältnisses berechtigen,
2. Energiekostenrückstände bestehen, die zu einer Unterbrechung der Energieversorgung berechtigen,
3. konkrete Anhaltspunkte für ein krankheits- oder suchtbedingtes Unvermögen der leistungsberechtigten Person bestehen, die Mittel zweckentsprechend zu verwenden, oder
4. konkrete Anhaltspunkte dafür bestehen, dass die im Schuldnerverzeichnis eingetragene leistungsberechtigte Person die Mittel nicht zweckentsprechend verwendet.

⁵Werden die Bedarfe für die Unterkunft und Heizung durch Direktzahlung an den Vermieter oder andere Empfangsberechtigte gedeckt, hat der Träger der Sozialhilfe die leistungsberechtigte Person darüber schriftlich zu unterrichten.

(2) ¹Übersteigen die Aufwendungen für die Unterkunft den der Besonderheit des Einzelfalles angemessenen Umfang, sind sie insoweit als Bedarf der Personen, deren Einkommen und Vermögen nach § 27 Absatz 2 zu berücksichtigen sind, anzuerkennen. ²Satz 1 gilt so lange, als es diesen Personen nicht möglich oder nicht zuzumuten ist, durch einen Wohnungswechsel, durch Vermieten oder auf andere Weise die Aufwendungen zu senken, in der Regel jedoch längstens für sechs Monate. ³Vor Abschluss eines Vertrages über eine neue Unterkunft haben Leistungsberechtigte den dort zuständigen Träger der Sozialhilfe über die nach den Sätzen 1 und 2 maßgeblichen Umstände in Kenntnis zu setzen. ⁴Sind die Aufwendungen für die neue Unterkunft unangemessen hoch, ist der Träger der Sozialhilfe nur zur Übernahme angemessener Aufwendungen verpflichtet, es sei denn, er hat den darüber hinausgehenden Aufwendungen vorher zugestimmt. ⁵Wohnungsbeschaffungskosten, Mietkautionen und Umzugskosten können bei vorheriger Zustimmung übernommen werden; Mietkautionen sollen als Darlehen erbracht werden. ⁶Eine Zustimmung soll erteilt werden, wenn der Umzug durch den Träger der Sozialhilfe veranlasst wird oder aus anderen Gründen notwendig ist und wenn ohne die Zustimmung eine Unterkunft in einem angemessenen Zeitraum nicht gefunden werden kann.

(3) ¹Der Träger der Sozialhilfe kann für seinen Bereich die Bedarfe für die Unterkunft durch eine monatliche Pauschale festsetzen, wenn auf dem örtlichen Wohnungsmarkt hinreichend angemessener freier Wohnraum verfügbar und in Einzelfällen die Pauschalierung nicht unzumutbar ist. ²Bei der Bemessung der Pauschale sind die tatsächlichen Gegebenheiten des örtlichen Wohnungsmarkts, der örtliche Mietspiegel sowie die familiären Verhältnisse der Leistungsberechtigten zu berücksichtigen. ³Absatz 2 Satz 1 gilt entsprechend.

(4) ¹Bedarfe für Heizung und zentrale Warmwasserversorgung werden in tatsächlicher Höhe anerkannt, soweit sie angemessen sind. ²Die Bedarfe können durch eine monatliche Pauschale festgesetzt werden. ³Bei der Bemessung der Pauschale sind die persönlichen und familiären Verhältnisse, die Größe und Beschaffenheit der Wohnung, die vorhandenen Heizmöglichkeiten und die örtlichen Gegebenheiten zu berücksichtigen.

(5) ¹Leben Leistungsberechtigte in einer Unterkunft nach § 42a Absatz 2 Satz 1 Nummer 2 und Satz 3, sind Aufwendungen für Unterkunft und Heizung nach § 42a Absatz 5 und 6 anzuerkennen. ²Leben Leistungsberechtigte in einer sonstigen Unterkunft nach § 42a Absatz 2 Satz 1 Nummer 3 sind Aufwendungen für Unterkunft und Heizung nach § 42a Absatz 7 anzuerkennen.

§ 35a Satzung

¹Hat ein Kreis oder eine kreisfreie Stadt eine Satzung nach den §§ 22a bis 22c des Zweiten Buches erlassen, so gilt sie für die Höhe der anzuerkennenden Bedarfe für die Unterkunft nach § 35 Absatz 1 und 2 des zuständigen Trägers der Sozialhilfe entsprechend, sofern darin nach § 22b Absatz 3 des Zweiten Buches Sonderregelungen für Personen mit einem besonderen Bedarf für Unterkunft und Heizung getroffen werden und dabei zusätzlich auch die Bedarfe älterer Menschen berücksichtigt werden. ²Dies gilt auch für die Höhe der anzuerkennenden Bedarfe für Heizung nach § 35 Absatz 4, soweit die Satzung Bestimmungen nach § 22b Absatz 1 Satz 2 und 3 des Zweiten Buches enthält. ³In Fällen der Sätze 1 und 2 ist § 35 Absatz 3 und 4 Satz 2 und 3 nicht anzuwenden.

§ 36 Sonstige Hilfen zur Sicherung der Unterkunft

(1) ¹Schulden können nur übernommen werden, wenn dies zur Sicherung der Unterkunft oder zur Behebung einer vergleichbaren Notlage gerechtfertigt ist. ²Sie sollen übernommen werden, wenn dies gerechtfertigt und notwendig ist und sonst Wohnungslosigkeit einzutreten droht. ³Geldleistungen können als Beihilfe oder als Darlehen erbracht werden.

(2) ¹Geht bei einem Gericht eine Klage auf Räumung von Wohnraum im Falle der Kündigung des Mietverhältnisses nach § 543 Absatz 1, 2 Satz 1 Nummer 3 in Verbindung mit § 569 Absatz 3 des Bürgerlichen Gesetzbuchs ein, teilt das Gericht dem zuständigen örtlichen Träger der Sozialhilfe oder der Stelle, die von ihm zur Wahrnehmung der in Absatz 1 bestimmten Aufgaben beauftragt wurde, unverzüglich Folgendes mit:
1. den Tag des Eingangs der Klage,
2. die Namen und die Anschriften der Parteien,
3. die Höhe der monatlich zu entrichtenden Miete,
4. die Höhe des geltend gemachten Mietrückstandes und der geltend gemachten Entschädigung sowie
5. den Termin zur mündlichen Verhandlung, sofern dieser bereits bestimmt ist.

²Außerdem kann der Tag der Rechtshängigkeit mitgeteilt werden. ³Die Übermittlung unterbleibt, wenn die Nichtzahlung der Miete nach dem Inhalt der Klageschrift offensichtlich nicht auf Zahlungsunfähigkeit des Mieters beruht. ⁴Die übermittelten Daten dürfen auch für entsprechende Zwecke der Kriegsopferfürsorge nach dem Bundesversorgungsgesetz gespeichert, verändert, genutzt, übermittelt und in der Verarbeitung eingeschränkt werden.

Fünfter Abschnitt
Gewährung von Darlehen

§ 37 Ergänzende Darlehen

(1) Kann im Einzelfall ein von den Regelbedarfen umfasster und nach den Umständen unabweisbar gebotener Bedarf auf keine andere Weise gedeckt werden, sollen auf Antrag hierfür notwendige Leistungen als Darlehen erbracht werden.

(2) ¹Der Träger der Sozialhilfe übernimmt für Leistungsberechtigte, die einen Barbetrag nach § 27b Absatz 3 Satz 2 Nummer 1 erhalten, die jeweils von ihnen bis zur Belastungsgrenze (§ 62 des Fünften Buches) zu leistenden Zuzahlungen in Form eines ergänzenden Darlehens, sofern der Leistungsberechtigte nicht widerspricht. ²Die Auszahlung der für das gesamte Kalenderjahr zu leistenden Zuzahlungen erfolgt unmittelbar an die zuständige Krankenkasse zum 1. Januar oder bei Aufnahme in eine stationäre Einrichtung. ³Der Träger der Sozialhilfe teilt der zuständigen Krankenkasse spätestens bis zum 1. November des Vorjahres die Leistungsberechtigten nach § 27b Absatz 3 Satz 2 Nummer 1 mit, soweit diese der Darlehensgewährung nach Satz 1 für das laufende oder ein vorangegangenes Kalenderjahr nicht widersprochen haben.

(3) In den Fällen des Absatzes 2 Satz 3 erteilt die Krankenkasse über den Träger der Sozialhilfe die in § 62 Absatz 1 Satz 1 des Fünften Buches genannte Bescheinigung jeweils bis zum 1. Januar oder bei Aufnahme in eine stationäre Einrichtung und teilt dem Träger der Sozialhilfe die Höhe der der leistungsberechtigten Person zu leistenden Zuzahlungen mit; Veränderungen im Laufe eines Kalenderjahres sind unverzüglich mitzuteilen.

(4) ¹Für die Rückzahlung von Darlehen nach Absatz 1 können von den monatlichen Regelsätzen Teilbeträge bis zur Höhe von jeweils 5 vom Hundert der Regelbedarfsstufe 1 nach der Anlage zu § 28 einbehalten werden. ²Die Rückzahlung von Darlehen nach Absatz 2 erfolgt in gleichen Teilbeträgen über das ganze Kalenderjahr.

§ 37a Darlehen bei am Monatsende fälligen Einkünften

(1) ¹Kann eine leistungsberechtigte Person in dem Monat, in dem ihr erstmals eine Rente zufließt, bis zum voraussichtlichen Zufluss der Rente ihren notwendigen Lebensunterhalt nicht vollständig aus eigenen Mitteln bestreiten, ist ihr insoweit auf Antrag ein Darlehen zu gewähren. ²Satz 1 gilt entsprechend für Einkünfte und Sozialleistungen, die am Monatsende fällig werden.

(2) ¹Das Darlehen ist in monatlichen Raten in Höhe von 5 Prozent der Regelbedarfsstufe 1 nach der Anlage zu § 28 zu tilgen; insgesamt ist jedoch höchstens ein Betrag in Höhe von 50 Prozent der Regelbedarfsstufe 1 nach der Anlage zu § 28 zurückzuzahlen. ²Beträgt der monatliche Leistungsanspruch der leistungsberechtigten Person weniger als 5 Prozent der Regelbedarfsstufe 1 nach der Anlage zu § 28 wird die monatliche Rate nach Satz 1 in Höhe des Leistungsanspruchs festgesetzt.

(3) ¹Die Rückzahlung nach Absatz 2 beginnt mit Ablauf des Kalendermonats, der auf die Auszahlung des Darlehens folgt. ²Die Rückzahlung des Darlehens erfolgt während des Leistungsbezugs durch Aufrechnung nach § 44b.

§ 38 Darlehen bei vorübergehender Notlage

¹Sind Leistungen nach § 27a Absatz 3 und 4, der Barbetrag nach § 27b Absatz 2 sowie nach den §§ 30, 32, 33 und 35 voraussichtlich nur für kurze Dauer zu erbringen, können Geldleistungen als Darlehen gewährt werden. ²Darlehen an Mitglieder von Haushaltsgemeinschaften im Sinne des § 27 Absatz 2 Satz 2 und 3 können an einzelne Mitglieder oder an mehrere gemeinsam vergeben werden.

Sechster Abschnitt
Einschränkung von Leistungsberechtigung und -umfang

§ 39 Vermutung der Bedarfsdeckung

¹Lebt eine nachfragende Person gemeinsam mit anderen Personen in einer Wohnung oder in einer entsprechenden anderen Unterkunft, so wird vermutet, dass sie gemeinsam wirtschaften (Haushaltsgemeinschaft) und dass die nachfragende Person von den anderen Personen Leistungen zum Lebensunterhalt erhält, soweit dies nach deren Einkommen und Vermögen erwartet werden kann. ²Soweit nicht gemeinsam gewirtschaftet wird oder die nachfragende Person von den Mitgliedern der Haushaltsgemeinschaft keine ausreichenden Leistungen zum Lebensunterhalt erhält, ist ihr Hilfe zum Lebensunterhalt zu gewähren. ³Satz 1 gilt nicht
1. für Schwangere oder Personen, die ihr leibliches Kind bis zur Vollendung seines sechsten Lebensjahres betreuen und mit ihren Eltern oder einem Elternteil zusammenleben, oder
2. für Personen, die in der Eingliederungshilfe leistungsberechtigt im Sinne des § 99 Absatz 1 bis 3 des Neunten Buches sind oder im Sinne des § 61a pflegebedürftig sind und von in Satz 1 genannten Personen betreut werden; dies gilt auch, wenn die genannten Voraussetzungen einzutreten drohen und das gemeinsame Wohnen im Wesentlichen zum Zweck der Sicherstellung der Hilfe und Versorgung erfolgt.

§ 39a Einschränkung der Leistung

(1) ¹Lehnen Leistungsberechtigte entgegen ihrer Verpflichtung die Aufnahme einer Tätigkeit oder die Teilnahme an einer erforderlichen Vorbereitung ab, vermindert sich die maßgebende Regelbedarfsstufe in einer ersten Stufe um bis zu 25 vom Hundert, bei wiederholter Ablehnung in weiteren Stufen um jeweils bis zu 25 vom Hundert. ²Die Leistungsberechtigten sind vorher entsprechend zu belehren.
(2) § 26 Abs. 1 Satz 2 findet Anwendung.

Siebter Abschnitt
Verordnungsermächtigung

§ 40 Verordnungsermächtigung

¹Das Bundesministerium für Arbeit und Soziales hat im Einvernehmen mit dem Bundesministerium der Finanzen durch Rechtsverordnung mit Zustimmung des Bundesrates
1. den für die Fortschreibung der Regelbedarfsstufen nach § 28a und für die Fortschreibung des Teilbetrags nach § 34 Absatz 3a Satz 1 maßgeblichen Prozentsatz zu bestimmen und
2. die Anlagen zu den §§ 28 und 34 um die sich durch die Fortschreibung nach Nummer 1 zum 1. Januar eines Jahres ergebenden Regelbedarfsstufen sowie um die sich aus der Fortschreibung nach § 34 Absatz 3a Satz 1 und 2 ergebenden Teilbeträge zu ergänzen.

²Der Vomhundertsatz nach Satz 1 Nummer 1 ist auf zwei Dezimalstellen zu berechnen; die zweite Dezimalstelle ist um eins zu erhöhen, wenn sich in der dritten Dezimalstelle eine der Ziffern von 5 bis 9 ergibt. ³Die Bestimmungen nach Satz 1 erfolgen bis spätestens zum Ablauf des 31. Oktober des jeweiligen Jahres.

Viertes Kapitel
Grundsicherung im Alter und bei Erwerbsminderung

Erster Abschnitt
Grundsätze

§ 41 Leistungsberechtigte

(1) Leistungsberechtigt nach diesem Kapitel sind Personen mit gewöhnlichem Aufenthalt im Inland, die ihren notwendigen Lebensunterhalt nicht oder nicht ausreichend aus Einkommen und Vermögen nach § 43 bestreiten können, wenn sie die Voraussetzungen nach Absatz 2, 3 oder 3a erfüllen.
(2) ¹Leistungsberechtigt sind Personen nach Absatz 1 wegen Alters, wenn sie die Altersgrenze erreicht haben. ²Personen, die vor dem 1. Januar 1947 geboren sind, erreichen die Altersgrenze mit Vollendung des 65. Lebensjahres. ³Für Personen, die nach dem 31. Dezember 1946 geboren sind, wird die Altersgrenze wie folgt angehoben:

für den Geburtsjahrgang	erfolgt eine Anhebung um Monate	auf Vollendung eines Lebensalters von
1947	1	65 Jahren und 1 Monat
1948	2	65 Jahren und 2 Monaten
1949	3	65 Jahren und 3 Monaten
1950	4	65 Jahren und 4 Monaten
1951	5	65 Jahren und 5 Monaten
1952	6	65 Jahren und 6 Monaten
1953	7	65 Jahren und 7 Monaten
1954	8	65 Jahren und 8 Monaten
1955	9	65 Jahren und 9 Monaten
1956	10	65 Jahren und 10 Monaten
1957	11	65 Jahren und 11 Monaten
1958	12	66 Jahren
1959	14	66 Jahren und 2 Monaten
1960	16	66 Jahren und 4 Monaten
1961	18	66 Jahren und 6 Monaten
1962	20	66 Jahren und 8 Monaten
1963	22	66 Jahren und 10 Monaten
ab 1964	24	67 Jahren.

(3) Leistungsberechtigt sind Personen nach Absatz 1 wegen einer dauerhaften vollen Erwerbsminderung, wenn sie das 18. Lebensjahr vollendet haben, unabhängig von der jeweiligen Arbeitsmarktlage voll erwerbsgemindert im Sinne des § 43 Absatz 2 des Sechsten Buches sind und bei denen unwahrscheinlich ist, dass die volle Erwerbsminderung behoben werden kann.
(3a) Leistungsberechtigt sind Personen nach Absatz 1, die das 18. Lebensjahr vollendet haben, für den Zeitraum, in dem sie
1. in einer Werkstatt für behinderte Menschen (§ 57 des Neunten Buches) oder bei einem anderen Leistungsanbieter (§ 60 des Neunten Buches) das Eingangsverfahren und den Berufsbildungsbereich durchlaufen oder
2. in einem Ausbildungsverhältnis stehen, für das sie ein Budget für Ausbildung (§ 61a des Neunten Buches) erhalten.
(4) Keinen Anspruch auf Leistungen nach diesem Kapitel hat, wer in den letzten zehn Jahren die Hilfebedürftigkeit vorsätzlich oder grob fahrlässig herbeigeführt hat.

§ 41a Vorübergehender Auslandsaufenthalt
Leistungsberechtigte, die sich länger als vier Wochen ununterbrochen im Ausland aufhalten, erhalten nach Ablauf der vierten Woche bis zu ihrer nachgewiesenen Rückkehr ins Inland keine Leistungen.

§ 42 Bedarfe
Die Bedarfe nach diesem Kapitel umfassen:
1. die Regelsätze nach den Regelbedarfsstufen der Anlage zu § 28; § 27a Absatz 3 und Absatz 4 ist anzuwenden; § 29 Absatz 1 Satz 1 letzter Halbsatz und Absatz 2 bis 5 ist nicht anzuwenden,
2. die zusätzlichen Bedarfe nach dem Zweiten Abschnitt des Dritten Kapitels sowie Bedarfe nach § 42b,
3. die Bedarfe für Bildung und Teilhabe nach dem Dritten Abschnitt des Dritten Kapitels, ausgenommen die Bedarfe nach § 34 Absatz 7,
4. Bedarfe für Unterkunft und Heizung
   a) bei Leistungsberechtigten außerhalb von Einrichtungen nach § 42a,
   b) bei Leistungsberechtigten, deren notwendiger Lebensunterhalt sich nach § 27b Absatz 1 Satz 2 oder nach § 27c Absatz 1 Nummer 2 ergibt, in Höhe der nach § 45a ermittelten durchschnittlichen Warmmiete von Einpersonenhaushalten,
5. ergänzende Darlehen nach § 37 Absatz 1 und Darlehen bei am Monatsende fälligem Einkommen nach § 37a.

§ 42a Bedarfe für Unterkunft und Heizung
(1) Für Leistungsberechtigte sind angemessene Bedarfe für Unterkunft und Heizung nach dem Vierten Abschnitt des Dritten Kapitels sowie nach § 42 Nummer 4 Buchstabe b anzuerkennen, soweit in den folgenden Absätzen nichts Abweichendes geregelt ist.
(2) ¹Für die Anerkennung von Bedarfen für Unterkunft und Heizung bei
1. Leistungsberechtigten, die in einer Wohnung nach Satz 2 leben, gelten die Absätze 3 und 4,
2. Leistungsberechtigten, die nicht in einer Wohnung nach Nummer 1 leben, weil ihnen zur Erbringung von Leistungen nach Teil 2 des Neunten Buches allein oder zu zweit ein persönlicher Wohnraum und zusätzliche Räumlichkeiten zur gemeinschaftlichen Nutzung nach Satz 3 zu Wohnzwecken überlassen werden, gelten die Absätze 5 und 6,
3. Leistungsberechtigten, die weder in einer Wohnung nach Nummer 1 noch in einem persönlichen Wohnraum und zusätzlichen Räumlichkeiten nach Nummer 2 untergebracht sind und für die § 42 Nummer 4 Buchstabe b nicht anzuwenden ist, gilt Absatz 7.
²Wohnung ist die Zusammenfassung mehrerer Räume, die von anderen Wohnungen oder Wohnräumen baulich getrennt sind und die in ihrer Gesamtheit alle für die Führung eines Haushalts notwendigen Einrichtungen, Ausstattungen und Räumlichkeiten umfassen. ³Persönlicher Wohnraum ist ein Wohnraum, der Leistungsberechtigten allein oder zu zweit zur alleinigen Nutzung überlassen wird, und zusätzliche Räumlichkeiten sind Räume, die Leistungsberechtigten zusammen mit weiteren Personen zur gemeinschaftlichen Nutzung überlassen werden.
(3) ¹Lebt eine leistungsberechtigte Person
1. zusammen mit mindestens einem Elternteil, mit mindestens einem volljährigen Geschwisterkind oder einem volljährigen Kind in einer Wohnung im Sinne von Absatz 2 Satz 2 und sind diese Mieter oder Eigentümer der gesamten Wohnung (Mehrpersonenhaushalt) und
2. ist sie nicht vertraglich zur Tragung von Unterkunftskosten verpflichtet,
sind ihr Bedarfe für Unterkunft und Heizung nach den Sätzen 2 bis 5 anzuerkennen. ²Als Bedarf sind leistungsberechtigten Personen nach Satz 1 diejenigen Aufwendungen für Unterkunft als Bedarf anzuerken-

nen, die sich aus der Differenz der angemessenen Aufwendungen für den Mehrpersonenhaushalt entsprechend der Anzahl der dort wohnenden Personen ergeben und für einen Haushalt mit einer um eins verringerten Personenzahl. ³Für die als Bedarf zu berücksichtigenden angemessenen Aufwendungen für Heizung ist der Anteil an den tatsächlichen Gesamtaufwendungen für die Heizung der Wohnung zu berücksichtigen, der sich für die Aufwendungen für die Unterkunft nach Satz 2 ergibt. ⁴Abweichend von § 35 kommt es auf die nachweisbare Tragung von tatsächlichen Aufwendungen für Unterkunft und Heizung nicht an. ⁵Die Sätze 2 und 3 gelten nicht, wenn die mit der leistungsberechtigten Person zusammenlebenden Personen darlegen, dass sie ihren Lebensunterhalt einschließlich der ungedeckten angemessenen Aufwendungen für Unterkunft und Heizung aus eigenen Mitteln nicht decken können; in diesen Fällen findet Absatz 4 Satz 1 Anwendung.
(4) ¹Lebt eine leistungsberechtigte Person zusammen mit anderen Personen in einer Wohnung im Sinne von Absatz 2 Satz 2 (Wohngemeinschaft) oder lebt die leistungsberechtigte Person zusammen mit in Absatz 3 Satz 1 Nummer 1 genannten Personen und ist sie vertraglich zur Tragung von Unterkunftskosten verpflichtet, sind die von ihr zu tragenden Aufwendungen für Unterkunft und Heizung bis zu dem Betrag als Bedarf anzuerkennen, der ihrem nach der Zahl der Bewohner zu bemessenden Anteil an den Aufwendungen für Unterkunft und Heizung entspricht, die für einen entsprechenden Mehrpersonenhaushalt als angemessen gelten. ²Satz 1 gilt nicht, wenn die leistungsberechtigte Person auf Grund einer mietvertraglichen Vereinbarung nur für konkret bestimmte Anteile des Mietzinses zur Zahlung verpflichtet ist; in diesem Fall sind die tatsächlichen Aufwendungen für Unterkunft und Heizung bis zu dem Betrag als Bedarf anzuerkennen, der für einen Einpersonenhaushalt angemessen ist, soweit der von der leistungsberechtigten Person zu zahlende Mietzins zur gesamten Wohnungsmiete in einem angemessenen Verhältnis steht. ³Übersteigen die tatsächlichen Aufwendungen der leistungsberechtigten Person die nach den Sätzen 1 und 2 angemessenen Aufwendungen für Unterkunft und Heizung, gilt § 35 Absatz 2 entsprechend.
(5) ¹Für leistungsberechtigte Personen, die in Räumlichkeiten nach Absatz 2 Satz 1 Nummer 2 leben, werden die tatsächlichen Aufwendungen für die Unterkunft, soweit sie angemessen sind, als Bedarf berücksichtigt für
1. den persönlichen Wohnraum in voller Höhe, wenn er allein bewohnt wird, und jeweils hälftig, wenn er von zwei Personen bewohnt wird,
2. einen Zuschlag für den persönlichen Wohnraum, der vollständig oder teilweise möbliert zur Nutzung überlassen wird, in der sich daraus ergebenden Höhe,
3. die Räumlichkeiten, die vorrangig zur gemeinschaftlichen Nutzung der leistungsberechtigten Person und anderer Bewohner bestimmt sind (Gemeinschaftsräume), mit einem Anteil, der sich aus der Anzahl der vorgesehenen Nutzer bei gleicher Aufteilung ergibt.

²Für die tatsächlichen Aufwendungen für die Heizung werden die auf den persönlichen Wohnraum und die auf die Gemeinschaftsräume entfallenden Anteile als Bedarf anerkannt, soweit sie angemessen sind. ³Tatsächliche Aufwendungen für Unterkunft und Heizung nach den Sätzen 1 und 2 gelten als angemessen, wenn sie die Höhe der durchschnittlichen angemessenen tatsächlichen Aufwendungen für die Warmmiete von Einpersonenhaushalten nach § 45a nicht überschreiten. ⁴Überschreiten die tatsächlichen Aufwendungen die Angemessenheitsgrenze nach Satz 3, sind um bis zu 25 Prozent höhere als die angemessenen Aufwendungen anzuerkennen, wenn die leistungsberechtigte Person die höheren Aufwendungen durch einen Vertrag mit gesondert ausgewiesenen zusätzlichen Kosten nachweist für
1. Zuschläge nach Satz 1 Nummer 2,
2. Wohn- und Wohnnebenkosten, sofern diese Kosten im Verhältnis zu vergleichbaren Wohnformen angemessen sind,
3. Haushaltsstrom, Instandhaltung des persönlichen Wohnraums und der Räumlichkeiten zur gemeinschaftlichen Nutzung sowie die Ausstattung mit Haushaltsgroßgeräten oder
4. Gebühren für Telekommunikation sowie Gebühren für den Zugang zu Rundfunk, Fernsehen und Internet.

⁵Die zusätzlichen Aufwendungen nach Satz 4 Nummer 2 bis 4 sind nach der Anzahl der in einer baulichen Einheit lebenden Personen zu gleichen Teilen aufzuteilen.
(6) ¹Übersteigen die Aufwendungen für die Unterkunft nach Absatz 4 den der Besonderheit des Einzelfalles angemessenen Umfang und hat der für die Ausführung des Gesetzes nach diesem Kapitel zuständige Träger Anhaltspunkte dafür, dass ein anderer Leistungsträger diese Aufwendungen ganz oder teilweise zu übernehmen verpflichtet ist, wirkt er auf eine sachdienliche Antragstellung bei diesem Leistungsträger hin. ²Übersteigen die tatsächlichen Aufwendungen die Angemessenheitsgrenze nach Absatz 5 Satz 3 um mehr als 25 Prozent, umfassen die Leistungen nach Teil 2 des Neunten Buches auch diese Aufwendungen.
(7) ¹Lebt eine leistungsberechtigte Person in einer sonstigen Unterkunft nach Absatz 2 Satz 1 Nummer 3 allein, so sind höchstens die durchschnittlichen angemessenen tatsächlichen Aufwendungen für die Warmmiete eines Einpersonenhaushaltes im örtlichen Zuständigkeitsbereich des für die Ausführung des Gesetzes nach diesem Kapitel zuständigen Trägers als Bedarf anzuerkennen. ²Lebt die leistungsberechtigte Person zusammen mit

anderen Bewohnern in einer sonstigen Unterkunft, so sind höchstens die angemessenen tatsächlichen Aufwendungen als Bedarf anzuerkennen, die die leistungsberechtigte Person nach der Zahl der Bewohner anteilig an einem entsprechenden Mehrpersonenhaushalt zu tragen hätte. ³Höhere als die sich nach Satz 1 oder 2 ergebenden Aufwendungen können im Einzelfall als Bedarf anerkannt werden, wenn
1. eine leistungsberechtigte Person voraussichtlich innerhalb von sechs Monaten ab der erstmaligen Anerkennung von Bedarfen nach Satz 1 oder Satz 2 in einer angemessenen Wohnung untergebracht werden kann oder, sofern dies als nicht möglich erscheint, voraussichtlich auch keine hinsichtlich Ausstattung und Größe sowie Höhe der Aufwendungen angemessene Unterbringung in einer sonstigen Unterkunft verfügbar ist oder
2. die Aufwendungen zusätzliche haushaltsbezogene Aufwendungen beinhalten, die ansonsten über die Regelbedarfe abzudecken wären.

§ 42b Mehrbedarfe

(1) Für Bedarfe, die nicht durch den Regelsatz abgedeckt sind, werden ergänzend zu den Mehrbedarfen nach § 30 die Mehrbedarfe nach den Absätzen 2 bis 4 anerkannt.
(2) ¹Für die Mehraufwendungen bei gemeinschaftlicher Mittagsverpflegung wird ein Mehrbedarf anerkannt
1. in einer Werkstatt für behinderte Menschen nach § 56 des Neunten Buches,
2. bei einem anderen Leistungsanbieter nach § 60 des Neunten Buches oder
3. im Rahmen vergleichbarer anderer tagesstrukturierender Angebote.
²Dies gilt unter der Voraussetzung, dass die Mittagsverpflegung in Verantwortung eines Leistungsanbieters nach Satz 1 Nummer 1 bis 3 angeboten wird oder durch einen Kooperationsvertrag zwischen diesem und dem für die gemeinschaftliche Mittagsverpflegung an einem anderen Ort Verantwortlichen vereinbart ist. ³Die Mehraufwendungen je Arbeitstag sind ein Dreißigstel des Betrags, der sich nach § 2 Absatz 1 Satz 2 der Sozialversicherungsentgeltverordnung in der jeweiligen Fassung ergibt.
(3) ¹Für Leistungsberechtigte mit Behinderungen, denen Hilfen zur Schulbildung oder Hilfen zur schulischen oder hochschulischen Ausbildung nach § 112 Absatz 1 Satz 1 Nummer 1 und 2 des Neunten Buches geleistet werden, wird ein Mehrbedarf von 35 Prozent der maßgebenden Regelbedarfsstufe anerkannt. ²In besonderen Einzelfällen ist der Mehrbedarf nach Satz 1 über die Beendigung der dort genannten Leistungen hinaus während einer angemessenen Einarbeitungszeit von bis zu drei Monaten anzuerkennen. In den Fällen des Satzes 1 oder des Satzes 2 ist § 30 Absatz 1 Nummer 2 nicht anzuwenden.
(4) Die Summe des nach Absatz 3 und § 30 Absatz 1 bis 5 insgesamt anzuerkennenden Mehrbedarfs darf die Höhe der maßgebenden Regelbedarfsstufe nicht übersteigen.

§ 43 Einsatz von Einkommen und Vermögen

(1) ¹Für den Einsatz des Einkommens sind die §§ 82 bis 84 und für den Einsatz des Vermögens die §§ 90 und 91 anzuwenden, soweit in den folgenden Absätzen nichts Abweichendes geregelt ist. ²Einkommen und Vermögen des nicht getrennt lebenden Ehegatten oder Lebenspartners sowie des Partners einer eheähnlichen oder lebenspartnerschaftsähnlichen Gemeinschaft, die dessen notwendigen Lebensunterhalt nach § 27a übersteigen, sind zu berücksichtigen.
(2) Zusätzlich zu den nach § 82 Absatz 2 vom Einkommen abzusetzenden Beträgen sind Einnahmen aus Kapitalvermögen abzusetzen, soweit sie einen Betrag von 26 Euro im Kalenderjahr nicht übersteigen.
(3) ¹Die Verletztenrente nach dem Siebten Buch ist teilweise nicht als Einkommen zu berücksichtigen, wenn sie auf Grund eines in Ausübung der Wehrpflicht bei der Nationalen Volksarmee der ehemaligen Deutschen Demokratischen Republik erlittenen Gesundheitsschadens erbracht wird. ²Dabei bestimmt sich die Höhe des nicht zu berücksichtigenden Betrages nach der Höhe der Grundrente nach § 31 des Bundesversorgungsgesetzes, die für den Grad der Schädigungsfolgen zu zahlen ist, der der jeweiligen Minderung der Erwerbsfähigkeit entspricht. ³Bei einer Minderung der Erwerbsfähigkeit um 20 Prozent beträgt der nicht zu berücksichtigende Betrag zwei Drittel, bei einer Minderung der Erwerbsfähigkeit um 10 Prozent ein Drittel der Mindestgrundrente nach dem Bundesversorgungsgesetz.
(4) Erhalten Leistungsberechtigte nach dem Dritten Kapitel in einem Land nach § 29 Absatz 1 letzter Halbsatz und Absatz 2 bis 5 festgesetzte und fortgeschriebene Regelsätze und sieht das Landesrecht in diesem Land für Leistungsberechtigte nach diesem Kapitel eine aufstockende Leistung vor, dann ist diese Leistung nicht als Einkommen nach § 82 Absatz 1 zu berücksichtigen.
(5) § 39 Satz 1 ist nicht anzuwenden.

Zweiter Abschnitt
Verfahrensbestimmungen

§ 43a Gesamtbedarf, Zahlungsanspruch und Direktzahlung

(1) Der monatliche Gesamtbedarf ergibt sich aus der Summe der nach § 42 Nummer 1 bis 4 anzuerkennenden monatlichen Bedarfe.
(2) Die Höhe der monatlichen Geldleistung im Einzelfall (monatlicher Zahlungsanspruch) ergibt sich aus dem Gesamtbedarf nach Absatz 1 zuzüglich Nachzahlungen und abzüglich des nach § 43 Absatz 1 bis 4 einzusetzenden Einkommens und Vermögens sowie abzüglich von Aufrechnungen und Verrechnungen nach § 44b.
(3) [1]Sehen Vorschriften des Dritten Kapitels vor, dass Bedarfe, die in den Gesamtbedarf eingehen, durch Zahlungen des zuständigen Trägers an Empfangsberechtigte gedeckt werden können oder zu decken sind (Direktzahlung), erfolgt die Zahlung durch den für die Ausführung des Gesetzes nach diesem Kapitel zuständigen Träger, und zwar bis zur Höhe des jeweils anerkannten Bedarfs, höchstens aber bis zu der sich nach Absatz 2 ergebenden Höhe des monatlichen Zahlungsanspruchs; die §§ 34a und 34b bleiben unberührt. [2]Satz 1 gilt entsprechend, wenn Leistungsberechtigte eine Direktzahlung wünschen. [3]Erfolgt eine Direktzahlung, hat der für die Ausführung des Gesetzes nach diesem Kapitel zuständige Träger die leistungsberechtigte Person darüber schriftlich zu informieren.
(4) Der für die Ausführung des Gesetzes nach diesem Kapitel zuständige Träger kann bei Zahlungsrückständen aus Stromlieferverträgen für Haushaltsstrom, die zu einer Unterbrechung der Energielieferung berechtigen, für die laufenden Zahlungsverpflichtungen einer leistungsberechtigten Person eine Direktzahlung entsprechend Absatz 3 Satz 1 vornehmen.

§ 44 Antragserfordernis, Erbringung von Geldleistungen, Bewilligungszeitraum

(1) [1]Leistungen nach diesem Kapitel werden auf Antrag erbracht. [2]Gesondert zu beantragen sind Leistungen zur Deckung von Bedarfen nach § 42 Nummer 2 in Verbindung mit den §§ 31 und 33 sowie zur Deckung der Bedarfe nach § 42 Nummer 3 in Verbindung mit § 34 Absatz 5 und nach § 42 Nummer 5.
(2) [1]Ein Antrag nach Absatz 1 wirkt auf den Ersten des Kalendermonats zurück, in dem er gestellt wird, wenn die Voraussetzungen des § 41 innerhalb dieses Kalendermonats erfüllt werden. [2]Leistungen zur Deckung von Bedarfen nach § 42 werden vorbehaltlich Absatz 4 Satz 2 nicht für Zeiten vor dem sich nach Satz 1 ergebenden Kalendermonat erbracht.
(3) [1]Leistungen zur Deckung von Bedarfen nach § 42 werden in der Regel für einen Bewilligungszeitraum von zwölf Kalendermonaten bewilligt. [2]Sofern über den Leistungsanspruch nach § 44a vorläufig entschieden wird, soll der Bewilligungszeitraum nach Satz 1 auf höchstens sechs Monate verkürzt werden. [3]Bei einer Bewilligung nach dem Bezug von Arbeitslosengeld II oder Sozialgeld nach dem Zweiten Buch, der mit Erreichen der Altersgrenze § 7a des Zweiten Buches endet, beginnt der Bewilligungszeitraum erst mit dem Ersten des Monats, der auf den nach § 7a des Zweiten Buches ergebenden Monat folgt.
(4) [1]Leistungen zur Deckung von wiederkehrenden Bedarfen nach § 42 Nummer 1, 2 und 4 werden monatlich im Voraus erbracht. [2]Für Leistungen zur Deckung der Bedarfe nach § 42 Nummer 3 sind die §§ 34a und 34b anzuwenden.

§ 44a Vorläufige Entscheidung

(1) Über die Erbringung von Geldleistungen ist vorläufig zu entscheiden, wenn die Voraussetzungen des § 41 Absatz 2 und 3 feststehen und
1. zur Feststellung der weiteren Voraussetzungen des Anspruchs auf Geldleistungen voraussichtlich längere Zeit erforderlich ist und die weiteren Voraussetzungen für den Anspruch mit hinreichender Wahrscheinlichkeit vorliegen oder
2. ein Anspruch auf Geldleistungen dem Grunde nach besteht und zur Feststellung seiner Höhe voraussichtlich längere Zeit erforderlich ist.

(2) [1]Der Grund der Vorläufigkeit der Entscheidung ist im Verwaltungsakt des ausführenden Trägers anzugeben. [2]Eine vorläufige Entscheidung ergeht nicht, wenn die leistungsberechtigte Person die Umstände, die einer sofortigen abschließenden Entscheidung entgegenstehen, zu vertreten hat.
(3) Soweit die Voraussetzungen des § 45 Absatz 1 des Zehnten Buches vorliegen, ist die vorläufige Entscheidung mit Wirkung für die Zukunft zurückzunehmen; § 45 Absatz 2 des Zehnten Buches findet keine Anwendung.
(4) Steht während des Bewilligungszeitraums fest, dass für Monate, für die noch keine vorläufig bewilligten Leistungen erbracht wurden, kein Anspruch bestehen wird und steht die Höhe des Anspruchs für die Monate endgültig fest, für die bereits vorläufig Geldleistungen erbracht worden sind, kann der ausführende Träger für den gesamten Bewilligungszeitraum eine abschließende Entscheidung bereits vor dessen Ablauf treffen.

(5) ¹Nach Ablauf des Bewilligungszeitraums hat der für die Ausführung des Gesetzes nach diesem Kapitel zuständige Träger abschließend über den monatlichen Leistungsanspruch zu entscheiden, sofern die vorläufig bewilligte Geldleistung nicht der abschließend festzustellenden entspricht. ²Anderenfalls trifft der ausführende Träger nur auf Antrag der leistungsberechtigten Person eine abschließende Entscheidung für den gesamten Bewilligungszeitraum. ³Die leistungsberechtigte Person ist nach Ablauf des Bewilligungszeitraums verpflichtet, die von dem der für die Ausführung des Gesetzes nach diesem Kapitel zuständige Träger zum Erlass einer abschließenden Entscheidung geforderten leistungserheblichen Tatsachen nachzuweisen; die §§ 60, 61, 65 und 65a des Ersten Buches gelten entsprechend. ⁴Kommt die leistungsberechtigte Person ihrer Nachweispflicht trotz angemessener Fristsetzung und schriftlicher Belehrung über die Rechtsfolgen bis zur abschließenden Entscheidung nicht, nicht vollständig oder nicht fristgemäß nach, setzt der für die Ausführung des Gesetzes nach diesem Kapitel zuständige Träger die zu gewährenden Geldleistungen für diese Kalendermonate nur in der Höhe endgültig fest, soweit der Leistungsanspruch nachgewiesen ist. ⁵Für die übrigen Kalendermonate wird festgestellt, dass ein Leistungsanspruch nicht bestand.

(6) ¹Ergeht innerhalb eines Jahres nach Ablauf des Bewilligungszeitraums keine abschließende Entscheidung nach Absatz 4, gelten die vorläufig bewilligten Geldleistungen als abschließend festgesetzt. ²Satz 1 gilt nicht, wenn

1. die leistungsberechtigte Person innerhalb der Frist nach Satz 1 eine abschließende Entscheidung beantragt oder
2. der Leistungsanspruch aus einem anderen als dem nach Absatz 2 anzugebenden Grund nicht oder nur in geringerer Höhe als die vorläufigen Leistungen besteht und der für die Ausführung des Gesetzes nach diesem Kapitel zuständige Träger über diesen innerhalb eines Jahres seit Kenntnis von diesen Tatsachen, spätestens aber nach Ablauf von zehn Jahren nach der Bekanntgabe der vorläufigen Entscheidung abschließend entschieden hat.

³Satz 2 Nummer 2 findet keine Anwendung, wenn der für die Ausführung des Gesetzes nach diesem Kapitel zuständige Träger die Unkenntnis von den entscheidungserheblichen Tatsachen zu vertreten hat.

(7) ¹Die auf Grund der vorläufigen Entscheidung erbrachten Geldleistungen sind auf die abschließend festgestellten Geldleistungen anzurechnen. ²Soweit im Bewilligungszeitraum in einzelnen Kalendermonaten vorläufig zu hohe Geldleistungen erbracht wurden, sind die sich daraus ergebenden Überzahlungen auf die abschließend bewilligten Geldleistungen anzurechnen, die für andere Kalendermonate dieses Bewilligungszeitraums nachzuzahlen wären. ³Überzahlungen, die nach der Anrechnung fortbestehen, sind zu erstatten.

§44b Aufrechnung, Verrechnung

(1) Die für die Ausführung des Gesetzes nach diesem Kapitel zuständigen Träger können mit einem bestandskräftigen Erstattungsanspruch nach § 44a Absatz 7 gegen den monatlichen Leistungsanspruch aufrechnen.

(2) Die Höhe der Aufrechnung nach Absatz 1 beträgt monatlich 5 Prozent der maßgebenden Regelbedarfsstufe nach der Anlage zu § 28.

(3) ¹Die Aufrechnung ist gegenüber der leistungsberechtigten Person schriftlich durch Verwaltungsakt zu erklären. ²Die Aufrechnung endet spätestens drei Jahre nach Ablauf des Monats, in dem die Bestandskraft der in Absatz 1 genannten Ansprüche eingetreten ist. ³Zeiten, in denen die Aufrechnung nicht vollziehbar ist, verlängern den Aufrechnungszeitraum entsprechend.

(4) ¹Ein für die Ausführung des Gesetzes nach diesem Kapitel zuständiger Träger kann nach Ermächtigung eines anderen Trägers im Sinne dieses Buches dessen bestandskräftige Ansprüche mit dem monatlichen Zahlungsanspruch nach § 43a nach Maßgabe der Absätze 2 und 3 verrechnen. ²Zwischen den für die Ausführung des Gesetzes nach diesem Kapitel zuständigen Trägern findet keine Erstattung verrechneter Forderungen statt, soweit die miteinander verrechneten Ansprüche auf der Bewilligung von Leistungen nach diesem Kapitel beruhen.

§44c Erstattungsansprüche zwischen Trägern

Im Verhältnis der für die Ausführung des Gesetzes nach diesem Kapitel zuständigen Träger untereinander sind die Vorschriften über die Erstattung nach

1. dem Zweiten Abschnitt des Dreizehnten Kapitels sowie
2. dem Zweiten Abschnitt des Dritten Kapitels des Zehnten Buches

für Geldleistungen nach diesem Kapitel nicht anzuwenden.

§45 Feststellung der dauerhaften vollen Erwerbsminderung

¹Der jeweils für die Ausführung des Gesetzes nach diesem Kapitel zuständige Träger ersucht den nach § 109a Absatz 2 des Sechsten Buches zuständigen Träger der Rentenversicherung, die medizinischen Voraussetzungen des § 41 Absatz 3 zu prüfen, wenn es auf Grund der Angaben und Nachweise des Leistungsberechtigten als

wahrscheinlich erscheint, dass diese erfüllt sind und das zu berücksichtigende Einkommen und Vermögen nicht ausreicht, um den Lebensunterhalt vollständig zu decken. ²Die Entscheidung des Trägers der Rentenversicherung ist bindend für den ersuchenden Träger, der für die Ausführung des Gesetzes nach diesem Kapitel zuständig ist; dies gilt auch für eine Entscheidung des Trägers der Rentenversicherung nach § 109a Absatz 3 des Sechsten Buches. ³Ein Ersuchen nach Satz 1 erfolgt nicht, wenn
1. ein Träger der Rentenversicherung bereits die Voraussetzungen des § 41 Absatz 3 im Rahmen eines Antrags auf eine Rente wegen Erwerbsminderung festgestellt hat,
2. ein Träger der Rentenversicherung bereits nach § 109a Absatz 2 und 3 des Sechsten Buches eine gutachterliche Stellungnahme abgegeben hat,
3. Personen in einer Werkstatt für behinderte Menschen das Eingangsverfahren oder den Berufsbildungsbereich durchlaufen oder im Arbeitsbereich beschäftigt sind oder
4. der Fachausschuss einer Werkstatt für behinderte Menschen über die Aufnahme in eine Werkstatt oder Einrichtung eine Stellungnahme nach den §§ 2 und 3 der Werkstättenverordnung abgegeben und dabei festgestellt hat, dass ein Mindestmaß an wirtschaftlich verwertbarer Arbeitsleistung nicht vorliegt.

⁴In Fällen des Satzes 3 Nummer 4 wird die Stellungnahme des Fachausschusses bei Durchführung eines Teilhabeplanverfahrens nach den §§ 19 bis 23 des Neunten Buches durch eine entsprechende Feststellung im Teilhabeplanverfahren ersetzt; dies gilt entsprechend, wenn ein Gesamtplanverfahren nach den §§ 117 bis 121 des Neunten Buches durchgeführt wird.

§ 45a Ermittlung der durchschnittlichen Warmmiete

(1) ¹Die Höhe der durchschnittlichen Warmmiete von Einpersonenhaushalten ergibt sich aus den tatsächlichen Aufwendungen, die für allein in Wohnungen (§ 42a Absatz 2 Satz 1 Nummer 1 und Satz 2) lebende Leistungsberechtigte im Durchschnitt als angemessene Bedarfe für Unterkunft und Heizung anerkannt worden sind. ²Hierfür sind die Bedarfe derjenigen Leistungsberechtigten in Einpersonenhaushalten heranzuziehen, die im Zuständigkeitsbereich desjenigen für dieses Kapitel zuständigen Trägers der Sozialhilfe leben, in dem die nach § 42 Nummer 4 Buchstabe b oder nach § 42a Absatz 5 Satz 1 maßgebliche Unterkunft liegt. ³Zuständiger Träger der Sozialhilfe im Sinne des Satzes 2 ist derjenige Träger, der für in Wohnungen lebende Leistungsberechtigte zuständig ist, die zur gleichen Zeit keine Leistungen nach dem Siebten bis Neunten Kapitel oder nach Teil 2 des Neunten Buches erhalten. ⁴Hat ein nach Satz 3 zuständiger Träger innerhalb seines örtlichen Zuständigkeitsbereiches mehrere regionale Angemessenheitsgrenzen festgelegt, so sind die sich daraus ergebenden örtlichen Abgrenzungen für die Durchschnittsbildung zu Grunde zu legen.

(2) ¹Die durchschnittliche Warmmiete ist jährlich bis spätestens zum 1. August eines Kalenderjahres neu zu ermitteln. ²Zur Neuermittlung ist der Durchschnitt aus den anerkannten angemessenen Bedarfen für Unterkunft und Heizung in einem vom zuständigen Träger festzulegenden Zwölfmonatszeitraum zu bilden, sofern dieser nicht von einem Land einheitlich für alle zuständigen Träger festgelegt worden ist. ³Bei der Ermittlung bleiben die anerkannten Bedarfe derjenigen Leistungsberechtigten außer Betracht, für die
1. keine Aufwendungen für Unterkunft und Heizung,
2. Aufwendungen für selbstgenutztes Wohneigentum,
3. Aufwendungen nach § 35 Absatz 2 Satz 1

anerkannt worden sind. ⁴Die neu ermittelte durchschnittliche Warmmiete ist ab dem 1. Januar des jeweils folgenden Kalenderjahres für die nach § 42 Nummer 4 Buchstabe b und § 42a Absatz 5 Satz 3 anzuerkennenden Bedarfe für Unterkunft und Heizung anzuwenden.

§ 46 Zusammenarbeit mit den Trägern der Rentenversicherung

¹Der zuständige Träger der Rentenversicherung informiert und berät leistungsberechtigte Personen nach § 41, die rentenberechtigt sind, über die Leistungsvoraussetzungen und über das Verfahren nach diesem Kapitel. ²Personen, die nicht rentenberechtigt sind, werden auf Anfrage beraten und informiert. ³Liegt die Rente unter dem 27-fachen Betrag des geltenden aktuellen Rentenwertes in der gesetzlichen Rentenversicherung (§§ 68, 68a des Sechsten Buches), ist der Information zusätzlich ein Antragsformular beizufügen. ⁴Der Träger der Rentenversicherung übersendet einen eingegangenen Antrag mit einer Mitteilung über die Höhe der monatlichen Rente und über das Vorliegen der Voraussetzungen der Leistungsberechtigung an den jeweils für die Ausführung des Gesetzes nach diesem Kapitel zuständigen Träger. ⁵Eine Verpflichtung des Trägers der Rentenversicherung nach Satz 1 besteht nicht, wenn eine Inanspruchnahme von Leistungen nach diesem Kapitel wegen der Höhe der gezahlten Rente sowie der im Rentenverfahren zu ermittelnden weiteren Einkommen nicht in Betracht kommt.

Dritter Abschnitt
Erstattung und Zuständigkeit

§ 46a Erstattung durch den Bund

(1) Der Bund erstattet den Ländern
1. im Jahr 2013 einen Anteil von 75 Prozent und
2. ab dem Jahr 2014 jeweils einen Anteil von 100 Prozent

der im jeweiligen Kalenderjahr den für die Ausführung des Gesetzes nach diesem Kapitel zuständigen Trägern entstandenen Nettoausgaben für Geldleistungen nach diesem Kapitel.

(2) ¹Die Höhe der Nettoausgaben für Geldleistungen nach Absatz 1 ergibt sich aus den Bruttoausgaben der für die Ausführung des Gesetzes nach diesem Kapitel zuständigen Träger, abzüglich der auf diese Geldleistungen entfallenden Einnahmen. ²Einnahmen nach Satz 1 sind insbesondere Einnahmen aus Aufwendungen, Kostenersatz und Ersatzansprüchen nach dem Dreizehnten Kapitel, soweit diese auf Geldleistungen nach diesem Kapitel entfallen, aus dem Übergang von Ansprüchen nach § 93 sowie aus Erstattungen anderer Sozialleistungsträger nach dem Zehnten Buch.

(3) ¹Der Abruf der Erstattungen durch die Länder erfolgt quartalsweise. ²Die Abrufe sind
1. vom 15. März bis 14. Mai,
2. vom 15. Juni bis 14. August,
3. vom 15. September bis 14. November und
4. vom 1. Januar bis 28. Februar des Folgejahres

zulässig (Abrufzeiträume). ³Werden Leistungen für Leistungszeiträume im folgenden Haushaltsjahr zur fristgerechten Auszahlung an den Leistungsberechtigten bereits im laufenden Haushaltsjahr erbracht, sind die entsprechenden Nettoausgaben im Abrufzeitraum 15. März bis 14. Mai des Folgejahres abzurufen. ⁴Der Abruf für Nettoausgaben aus Vorjahren, für die bereits ein Jahresnachweis vorliegt, ist in den darauf folgenden Jahren nach Maßgabe des Absatzes 1 jeweils nur vom 15. Juni bis 14. August zulässig.

(4) ¹Die Länder gewährleisten die Prüfung, dass die Ausgaben für Geldleistungen der für die Ausführung des Gesetzes nach diesem Kapitel zuständigen Träger begründet und belegt sind und den Grundsätzen für Wirtschaftlichkeit und Sparsamkeit entsprechen. ²Sie haben dies dem Bundesministerium für Arbeit und Soziales für das jeweils abgeschlossene Quartal in tabellarischer Form zu belegen (Quartalsnachweis). ³In den Quartalsnachweisen sind
1. die Bruttoausgaben für Geldleistungen nach § 46a Absatz 2 sowie die darauf entfallenden Einnahmen,
2. die Bruttoausgaben und Einnahmen nach Nummer 1, differenziert nach Leistungen für Leistungsberechtigte außerhalb und in Einrichtungen,
3. erstmals ab dem Jahr 2016 die Bruttoausgaben und Einnahmen nach Nummer 1, differenziert nach Leistungen für Leistungsberechtigte nach § 41 Absatz 2 und 3

zu belegen. ⁴Die Quartalsnachweise für die Abrufzeiträume nach Absatz 3 Satz 2 Nummer 1 bis 3 sind dem Bundesministerium für Arbeit und Soziales durch die Länder jeweils zwischen dem 15. und dem 20. der Monate Mai, August und November für das jeweils abgeschlossene Quartal vorzulegen, für den Abrufzeitraum nach Absatz 3 Satz 2 Nummer 4 zwischen dem 1. und 5. März des Folgejahres. ⁵Die Länder können die Quartalsnachweise auch vor den sich nach Satz 4 ergebenden Terminen vorlegen; ein weiterer Abruf in dem für das jeweilige Quartal nach Absatz 3 Satz 1 geltenden Abrufzeitraum ist nach Vorlage des Quartalsnachweises nicht zulässig.

(5) ¹Die Länder haben dem Bundesministerium für Arbeit und Soziales die Angaben nach
1. Absatz 4 Satz 3 Nummer 1 und 2 entsprechend ab dem Kalenderjahr 2015 und
2. Absatz 4 Satz 3 Nummer 3 entsprechend ab dem Kalenderjahr 2016

bis 31. März des jeweils folgenden Jahres in tabellarischer Form zu belegen (Jahresnachweis). ²Die Angaben nach Satz 1 sind zusätzlich für die für die Ausführung nach diesem Kapitel zuständigen Träger zu differenzieren.

§ 46b Zuständigkeit

(1) Die für die Ausführung des Gesetzes nach diesem Kapitel zuständigen Träger werden nach Landesrecht bestimmt, sofern sich nach Absatz 3 nichts Abweichendes ergibt.

(2) Die §§ 3, 6 und 7 sind nicht anzuwenden.

(3) ¹Das Zwölfte Kapitel ist nicht anzuwenden, sofern sich aus den Sätzen 2 bis 5 nichts Abweichendes ergibt. ²Im Fall der Auszahlung der Leistungen nach § 34 Absatz 2 Satz 1 Nummer 1 und nach § 34a Absatz 7 ist § 98 Absatz 1a entsprechend anzuwenden. ³Bei Leistungsberechtigten nach diesem Kapitel gilt der Aufenthalt in einer stationären Einrichtung und in Einrichtungen zum Vollzug richterlich angeordneter Freiheitsentziehung nicht als gewöhnlicher Aufenthalt; § 98 Absatz 2 Satz 1 bis 3 ist entsprechend anzuwenden. ⁴Für die Leistungen

nach diesem Kapitel an Personen, die Leistungen nach dem Siebten und Achten Kapitel in Formen ambulanter betreuter Wohnmöglichkeiten erhalten, ist § 98 Absatz 5 entsprechend anzuwenden. [5]Soweit Leistungen der Eingliederungshilfe nach Teil 2 des Neunten Buches und Leistungen nach diesem Kapitel gleichzeitig zu erbringen sind, ist § 98 Absatz 6 entsprechend anzuwenden.

Fünftes Kapitel
Hilfen zur Gesundheit
§ 47 Vorbeugende Gesundheitshilfe
[1]Zur Verhütung und Früherkennung von Krankheiten werden die medizinischen Vorsorgeleistungen und Untersuchungen erbracht. [2]Andere Leistungen werden nur erbracht, wenn ohne diese nach ärztlichem Urteil eine Erkrankung oder ein sonstiger Gesundheitsschaden einzutreten droht.

§ 48 Hilfe bei Krankheit
[1]Um eine Krankheit zu erkennen, zu heilen, ihre Verschlimmerung zu verhüten oder Krankheitsbeschwerden zu lindern, werden Leistungen zur Krankenbehandlung entsprechend dem Dritten Kapitel Fünften Abschnitt Ersten Titel des Fünften Buches erbracht. [2]Die Regelungen zur Krankenbehandlung nach § 264 des Fünften Buches gehen den Leistungen der Hilfe bei Krankheit nach Satz 1 vor.

§ 49 Hilfe zur Familienplanung
[1]Zur Familienplanung werden die ärztliche Beratung, die erforderliche Untersuchung und die Verordnung der empfängnisregelnden Mittel geleistet. [2]Die Kosten für empfängnisverhütende Mittel werden übernommen, wenn diese ärztlich verordnet worden sind.

§ 50 Hilfe bei Schwangerschaft und Mutterschaft
Bei Schwangerschaft und Mutterschaft werden
1. ärztliche Behandlung und Betreuung sowie Hebammenhilfe,
2. Versorgung mit Arznei-, Verband- und Heilmitteln,
3. Pflege in einer stationären Einrichtung und
4. häusliche Pflege nach den §§ 64c und 64f sowie die angemessenen Aufwendungen der Pflegeperson

geleistet.

§ 51 Hilfe bei Sterilisation
Bei einer durch Krankheit erforderlichen Sterilisation werden die ärztliche Untersuchung, Beratung und Begutachtung, die ärztliche Behandlung, die Versorgung mit Arznei-, Verband- und Heilmitteln sowie die Krankenhauspflege geleistet.

§ 52 Leistungserbringung, Vergütung
(1) [1]Die Hilfen nach den §§ 47 bis 51 entsprechen den Leistungen der gesetzlichen Krankenversicherung. [2]Soweit Krankenkassen in ihrer Satzung Umfang und Inhalt der Leistungen bestimmen können, entscheidet der Träger der Sozialhilfe über Umfang und Inhalt der Hilfen nach pflichtgemäßem Ermessen.
(2) [1]Leistungsberechtigte haben die freie Wahl unter den Ärzten und Zahnärzten sowie den Krankenhäusern entsprechend den Bestimmungen der gesetzlichen Krankenversicherung. [2]Hilfen werden nur in dem durch Anwendung des § 65a des Fünften Buches erzielbaren geringsten Umfang geleistet.
(3) [1]Bei Erbringung von Leistungen nach den §§ 47 bis 51 sind die für die gesetzlichen Krankenkassen nach dem Vierten Kapitel des Fünften Buches geltenden Regelungen mit Ausnahme des Dritten Titels des Zweiten Abschnitts anzuwenden. [2]Ärzte, Psychotherapeuten im Sinne des § 28 Abs. 3 Satz 1 des Fünften Buches und Zahnärzte haben für ihre Leistungen Anspruch auf die Vergütung, welche die Ortskrankenkasse, in deren Bereich der Arzt, Psychotherapeut oder der Zahnarzt niedergelassen ist, für ihre Mitglieder zahlt. [3]Die sich aus den §§ 294, 295, 300 bis 302 des Fünften Buches für die Leistungserbringer ergebenden Verpflichtungen gelten auch für die Abrechnung von Leistungen nach diesem Kapitel mit dem Träger der Sozialhilfe. [4]Die Vereinbarungen nach § 303 Abs. 1 sowie § 304 des Fünften Buches gelten für den Träger der Sozialhilfe entsprechend.
(4) Leistungsberechtigten, die nicht in der gesetzlichen Krankenversicherung versichert sind, wird unter den Voraussetzungen von § 39a Satz 1 des Fünften Buches zu stationärer und teilstationärer Versorgung in Hospizen der von den gesetzlichen Krankenkassen entsprechend § 39a Satz 3 des Fünften Buches zu zahlende Zuschuss geleistet.

Sechstes Kapitel
(weggefallen)

§§ 53 bis 60a (weggefallen)

Siebtes Kapitel
Hilfe zur Pflege
§ 61 Leistungsberechtigte
¹Personen, die pflegebedürftig im Sinne des § 61a sind, haben Anspruch auf Hilfe zur Pflege, soweit ihnen und ihren nicht getrennt lebenden Ehegatten oder Lebenspartnern nicht zuzumuten ist, dass sie die für die Hilfe zur Pflege benötigten Mittel aus dem Einkommen und Vermögen nach den Vorschriften des Elften Kapitels aufbringen. ²Sind die Personen minderjährig und unverheiratet, so sind auch das Einkommen und das Vermögen ihrer Eltern oder eines Elternteils zu berücksichtigen.

§ 61a Begriff der Pflegebedürftigkeit
(1) ¹Pflegebedürftig sind Personen, die gesundheitlich bedingte Beeinträchtigungen der Selbständigkeit oder der Fähigkeiten aufweisen und deshalb der Hilfe durch andere bedürfen. ²Pflegebedürftige Personen im Sinne des Satzes 1 können körperliche, kognitive oder psychische Beeinträchtigungen oder gesundheitlich bedingte Belastungen oder Anforderungen nicht selbständig kompensieren oder bewältigen.

(2) Maßgeblich für die Beurteilung der Beeinträchtigungen der Selbständigkeit oder Fähigkeiten sind die folgenden Bereiche mit folgenden Kriterien:
1. Mobilität mit den Kriterien
    a) Positionswechsel im Bett,
    b) Halten einer stabilen Sitzposition,
    c) Umsetzen,
    d) Fortbewegen innerhalb des Wohnbereichs,
    e) Treppensteigen;
2. kognitive und kommunikative Fähigkeiten mit den Kriterien
    a) Erkennen von Personen aus dem näheren Umfeld,
    b) örtliche Orientierung,
    c) zeitliche Orientierung,
    d) Erinnern an wesentliche Ereignisse oder Beobachtungen,
    e) Steuern von mehrschrittigen Alltagshandlungen,
    f) Treffen von Entscheidungen im Alltagsleben,
    g) Verstehen von Sachverhalten und Informationen,
    h) Erkennen von Risiken und Gefahren,
    i) Mitteilen von elementaren Bedürfnissen,
    j) Verstehen von Aufforderungen,
    k) Beteiligen an einem Gespräch;
3. Verhaltensweisen und psychische Problemlagen mit den Kriterien
    a) motorisch geprägte Verhaltensauffälligkeiten,
    b) nächtliche Unruhe,
    c) selbstschädigendes und autoaggressives Verhalten,
    d) Beschädigen von Gegenständen,
    e) physisch aggressives Verhalten gegenüber anderen Personen,
    f) verbale Aggression,
    g) andere pflegerelevante vokale Auffälligkeiten,
    h) Abwehr pflegerischer und anderer unterstützender Maßnahmen,
    i) Wahnvorstellungen,
    j) Ängste,
    k) Antriebslosigkeit bei depressiver Stimmungslage,
    l) sozial inadäquate Verhaltensweisen,
    m) sonstige pflegerelevante inadäquate Handlungen;
4. Selbstversorgung mit den Kriterien
    a) Waschen des vorderen Oberkörpers,
    b) Körperpflege im Bereich des Kopfes,
    c) Waschen des Intimbereichs,
    d) Duschen und Baden einschließlich Waschen der Haare,
    e) An- und Auskleiden des Oberkörpers,
    f) An- und Auskleiden des Unterkörpers,
    g) mundgerechtes Zubereiten der Nahrung und Eingießen von Getränken,
    h) Essen,
    i) Trinken,

j) Benutzen einer Toilette oder eines Toilettenstuhls,
k) Bewältigen der Folgen einer Harninkontinenz und Umgang mit Dauerkatheter und Urostoma,
l) Bewältigen der Folgen einer Stuhlinkontinenz und Umgang mit Stoma,
m) Ernährung parenteral oder über Sonde,
n) Bestehen gravierender Probleme bei der Nahrungsaufnahme bei Kindern bis zu 18 Monaten, die einen außergewöhnlich pflegeintensiven Hilfebedarf auslösen;

5. Bewältigung von und selbständiger Umgang mit krankheits- oder therapiebedingten Anforderungen und Belastungen in Bezug auf
   a) Medikation,
   b) Injektionen,
   c) Versorgung intravenöser Zugänge,
   d) Absaugen und Sauerstoffgabe,
   e) Einreibungen sowie Kälte- und Wärmeanwendungen,
   f) Messung und Deutung von Körperzuständen,
   g) körpernahe Hilfsmittel,
   h) Verbandswechsel und Wundversorgung,
   i) Versorgung mit Stoma,
   j) regelmäßige Einmalkatheterisierung und Nutzung von Abführmethoden,
   k) Therapiemaßnahmen in häuslicher Umgebung,
   l) zeit- und technikintensive Maßnahmen in häuslicher Umgebung,
   m) Arztbesuche,
   n) Besuch anderer medizinischer oder therapeutischer Einrichtungen,
   o) zeitlich ausgedehnte Besuche medizinischer oder therapeutischer Einrichtungen,
   p) Besuche von Einrichtungen zur Frühförderung bei Kindern,
   q) Einhalten einer Diät oder anderer krankheits- oder therapiebedingter Verhaltensvorschriften;

6. Gestaltung des Alltagslebens und sozialer Kontakte mit den Kriterien
   a) Gestaltung des Tagesablaufs und Anpassung an Veränderungen,
   b) Ruhen und Schlafen,
   c) Sichbeschäftigen,
   d) Vornehmen von in die Zukunft gerichteten Planungen,
   e) Interaktion mit Personen im direkten Kontakt,
   f) Kontaktpflege zu Personen außerhalb des direkten Umfelds.

§61b Pflegegrade

(1) Für die Gewährung von Leistungen der Hilfe zur Pflege sind pflegebedürftige Personen entsprechend den im Begutachtungsverfahren nach § 62 ermittelten Gesamtpunkten in einen der Schwere der Beeinträchtigungen der Selbständigkeit oder der Fähigkeiten entsprechenden Pflegegrad einzuordnen:
1. Pflegegrad 1: geringe Beeinträchtigungen der Selbständigkeit oder der Fähigkeiten (ab 12,5 bis unter 27 Gesamtpunkte),
2. Pflegegrad 2: erhebliche Beeinträchtigungen der Selbständigkeit oder der Fähigkeiten (ab 27 bis unter 47,5 Gesamtpunkte),
3. Pflegegrad 3: schwere Beeinträchtigungen der Selbständigkeit oder der Fähigkeiten (ab 47,5 bis unter 70 Gesamtpunkte),
4. Pflegegrad 4: schwerste Beeinträchtigungen der Selbständigkeit oder der Fähigkeiten (ab 70 bis unter 90 Gesamtpunkte),
5. Pflegegrad 5: schwerste Beeinträchtigungen der Selbständigkeit oder Fähigkeiten mit besonderen Anforderungen an die pflegerische Versorgung (ab 90 bis 100 Gesamtpunkte).

(2) Pflegebedürftige mit besonderen Bedarfskonstellationen, die einen spezifischen, außergewöhnlich hohen Hilfebedarf mit besonderen Anforderungen an die pflegerische Versorgung aufweisen, können aus pflegefachlichen Gründen dem Pflegegrad 5 zugeordnet werden, auch wenn ihre Gesamtpunkte unter 90 liegen.

§61c Pflegegrade bei Kindern

(1) Bei pflegebedürftigen Kindern, die 18 Monate oder älter sind, ist für die Einordnung in einen Pflegegrad nach § 61b der gesundheitlich bedingte Grad der Beeinträchtigungen ihrer Selbständigkeit und ihrer Fähigkeiten im Verhältnis zu altersentsprechend entwickelten Kindern maßgebend.

(2) Pflegebedürftige Kinder im Alter bis zu 18 Monaten sind in einen der nachfolgenden Pflegegrade einzuordnen:
1. Pflegegrad 2: ab 12,5 bis unter 27 Gesamtpunkte,
2. Pflegegrad 3: ab 27 bis unter 47,5 Gesamtpunkte,

30 SGB XII §§ 62–63b

3. Pflegegrad 4: ab 47,5 bis unter 70 Gesamtpunkte,
4. Pflegegrad 5: ab 70 bis 100 Gesamtpunkte.

§ 62 Ermittlung des Grades der Pflegebedürftigkeit
¹Die Ermittlung des Pflegegrades erfolgt durch ein Begutachtungsinstrument nach Maßgabe des § 15 des Elften Buches. ²Die auf Grund des § 16 des Elften Buches erlassene Verordnung sowie die auf Grund des § 17 des Elften Buches erlassenen Richtlinien der Pflegekassen finden entsprechende Anwendung.

§ 62a Bindungswirkung
¹Die Entscheidung der Pflegekasse über den Pflegegrad ist für den Träger der Sozialhilfe bindend, soweit sie auf Tatsachen beruht, die bei beiden Entscheidungen zu berücksichtigen sind. ²Bei seiner Entscheidung kann sich der Träger der Sozialhilfe der Hilfe sachverständiger Dritter bedienen. ³Auf Anforderung unterstützt der Medizinische Dienst gemäß § 278 des Fünften Buches den Träger der Sozialhilfe bei seiner Entscheidung und erhält hierfür Kostenersatz, der zu vereinbaren ist.

§ 63 Leistungen für Pflegebedürftige
(1) ¹Die Hilfe zur Pflege umfasst für Pflegebedürftige der Pflegegrade 2, 3, 4 oder 5
1. häusliche Pflege in Form von
   a) Pflegegeld (§ 64a),
   b) häuslicher Pflegehilfe (§ 64b),
   c) Verhinderungspflege (§ 64c),
   d) Pflegehilfsmitteln (§ 64d),
   e) Maßnahmen zur Verbesserung des Wohnumfeldes (§ 64e),
   f) anderen Leistungen (§ 64f),
   g) digitalen Pflegeanwendungen (§ 64j),
   h) ergänzender Unterstützung bei Nutzung von digitalen Pflegeanwendungen (§ 64k),
2. teilstationäre Pflege (§ 64g),
3. Kurzzeitpflege (§ 64h),
4. einen Entlastungsbetrag (§ 64i) und
5. stationäre Pflege (§ 65).

²Die Hilfe zur Pflege schließt Sterbebegleitung mit ein.

(2) Die Hilfe zur Pflege umfasst für Pflegebedürftige des Pflegegrades 1
1. Pflegehilfsmittel (§ 64d),
2. Maßnahmen zur Verbesserung des Wohnumfeldes (§ 64e),
3. digitale Pflegeanwendungen (§ 64j),
4. ergänzende Unterstützung bei Nutzung von digitalen Pflegeanwendungen (§ 64k) und
5. einen Entlastungsbetrag (§ 66).

(3) ¹Die Leistungen der Hilfe zur Pflege werden auf Antrag auch als Teil eines Persönlichen Budgets ausgeführt. ²§ 29 des Neunten Buches ist insoweit anzuwenden.

§ 63a Notwendiger pflegerischer Bedarf
Die Träger der Sozialhilfe haben den notwendigen pflegerischen Bedarf zu ermitteln und festzustellen.

§ 63b Leistungskonkurrenz
(1) Leistungen der Hilfe zur Pflege werden nicht erbracht, soweit Pflegebedürftige gleichartige Leistungen nach anderen Rechtsvorschriften erhalten.

(2) ¹Abweichend von Absatz 1 sind Leistungen nach § 72 oder gleichartige Leistungen nach anderen Rechtsvorschriften mit 70 Prozent auf das Pflegegeld nach § 64a anzurechnen. ²Leistungen nach § 45b des Elften Buches gehen den Leistungen nach den §§ 64i und 66 vor; auf die übrigen Leistungen der Hilfe zur Pflege werden sie nicht angerechnet.

(3) ¹Pflegebedürftige haben während ihres Aufenthalts in einer teilstationären oder vollstationären Einrichtung dort keinen Anspruch auf häusliche Pflege. ²Abweichend von Satz 1 kann das Pflegegeld nach § 64a während einer teilstationären Pflege nach § 64g oder einer vergleichbaren nicht nach Teil 2 des Neunten Buches durchgeführten Maßnahme angemessen gekürzt werden.

(4) ¹Absatz 3 Satz 1 gilt nicht für vorübergehende Aufenthalte in einem Krankenhaus nach § 108 des Fünften Buches oder in einer Vorsorge- oder Rehabilitationseinrichtung nach § 107 Absatz 2 des Fünften Buches, soweit Pflegebedürftige ihre Pflege durch von ihnen selbst beschäftigte besondere Pflegekräfte (Arbeitgebermodell) sicherstellen. ²Die vorrangigen Leistungen des Pflegegeldes für selbst beschaffte Pflegehilfen nach den §§ 37 und 38 des Elften Buches sind anzurechnen. ³§ 39 des Fünften Buches bleibt unberührt.

(5) Das Pflegegeld kann um bis zu zwei Drittel gekürzt werden, soweit die Heranziehung einer besonderen Pflegekraft erforderlich ist, Pflegebedürftige Leistungen der Verhinderungspflege nach § 64c oder gleichartige Leistungen nach anderen Rechtsvorschriften erhalten.
(6) ¹Pflegebedürftige, die ihre Pflege im Rahmen des Arbeitgebermodells sicherstellen, können nicht auf die Inanspruchnahme von Sachleistungen nach dem Elften Buch verwiesen werden. ²In diesen Fällen ist das geleistete Pflegegeld nach § 37 des Elften Buches auf die Leistungen der Hilfe zur Pflege anzurechnen.
(7) Leistungen der stationären Pflege nach § 65 werden auch bei einer vorübergehenden Abwesenheit von Pflegebedürftigen aus der stationären Einrichtung erbracht, solange die Voraussetzungen des § 87a Absatz 1 Satz 5 und 6 des Elften Buches vorliegen.

§ 64 Vorrang
Soweit häusliche Pflege ausreicht, soll der Träger der Sozialhilfe darauf hinwirken, dass die häusliche Pflege durch Personen, die dem Pflegebedürftigen nahestehen, oder als Nachbarschaftshilfe übernommen wird.

§ 64a Pflegegeld
(1) ¹Pflegebedürftige der Pflegegrade 2, 3, 4 oder 5 haben bei häuslicher Pflege Anspruch auf Pflegegeld in Höhe des Pflegegeldes nach § 37 Absatz 1 des Elften Buches. ²Der Anspruch auf Pflegegeld setzt voraus, dass die Pflegebedürftigen und die Sorgeberechtigten bei pflegebedürftigen Kindern die erforderliche Pflege mit dem Pflegegeld in geeigneter Weise selbst sicherstellen.
(2) ¹Besteht der Anspruch nach Absatz 1 nicht für den vollen Kalendermonat, ist das Pflegegeld entsprechend zu kürzen. ²Bei der Kürzung ist der Kalendermonat mit 30 Tagen anzusetzen. ³Das Pflegegeld wird bis zum Ende des Kalendermonats geleistet, in dem die pflegebedürftige Person gestorben ist.
(3) Stellt die Pflegekasse ihre Leistungen nach § 37 Absatz 6 des Elften Buches ganz oder teilweise ein, entfällt insoweit die Leistungspflicht nach Absatz 1.

§ 64b Häusliche Pflegehilfe
(1) ¹Pflegebedürftige der Pflegegrade 2, 3, 4 oder 5 haben Anspruch auf körperbezogene Pflegemaßnahmen und pflegerische Betreuungsmaßnahmen sowie auf Hilfen bei der Haushaltsführung als Pflegesachleistung (häusliche Pflegehilfe), soweit die häusliche Pflege nach § 64 nicht sichergestellt werden kann. ²Der Anspruch auf häusliche Pflegehilfe umfasst auch die pflegefachliche Anleitung von Pflegebedürftigen und Pflegepersonen. ³Mehrere Pflegebedürftige der Pflegegrade 2, 3, 4 oder 5 können die häusliche Pflege gemeinsam in Anspruch nehmen. ⁴Häusliche Pflegehilfe kann auch Betreuungs- und Entlastungsleistungen durch Unterstützungsangebote im Sinne des § 45a des Elften Buches umfassen; § 64i bleibt unberührt.
(2) Pflegerische Betreuungsmaßnahmen umfassen Unterstützungsleistungen zur Bewältigung und Gestaltung des alltäglichen Lebens im häuslichen Umfeld, insbesondere
1. bei der Bewältigung psychosozialer Problemlagen oder von Gefährdungen,
2. bei der Orientierung, bei der Tagesstrukturierung, bei der Kommunikation, bei der Aufrechterhaltung sozialer Kontakte und bei bedürfnisgerechten Beschäftigungen im Alltag sowie
3. durch Maßnahmen zur kognitiven Aktivierung.

§ 64c Verhinderungspflege
Ist eine Pflegeperson im Sinne von § 64 wegen Erholungsurlaubs, Krankheit oder aus sonstigen Gründen an der häuslichen Pflege gehindert, sind die angemessenen Kosten einer notwendigen Ersatzpflege zu übernehmen.

§ 64d Pflegehilfsmittel
(1) ¹Pflegebedürftige haben Anspruch auf Versorgung mit Pflegehilfsmitteln, die
1. zur Erleichterung der Pflege der Pflegebedürftigen beitragen,
2. zur Linderung der Beschwerden der Pflegebedürftigen beitragen oder
3. den Pflegebedürftigen eine selbständigere Lebensführung ermöglichen.
²Der Anspruch umfasst die notwendige Änderung, Instandsetzung und Ersatzbeschaffung von Pflegehilfsmitteln sowie die Ausbildung in ihrem Gebrauch.
(2) Technische Pflegehilfsmittel sollen den Pflegebedürftigen in geeigneten Fällen leihweise zur Verfügung gestellt werden.

§ 64e Maßnahmen zur Verbesserung des Wohnumfeldes
Maßnahmen zur Verbesserung des Wohnumfeldes der Pflegebedürftigen können gewährt werden,
1. soweit sie angemessen sind und
2. durch sie
    a) die häusliche Pflege ermöglicht oder erheblich erleichtert werden kann oder
    b) eine möglichst selbständige Lebensführung der Pflegebedürftigen wiederhergestellt werden kann.

§ 64f Andere Leistungen

(1) Zusätzlich zum Pflegegeld nach § 64a Absatz 1 sind die Aufwendungen für die Beiträge einer Pflegeperson oder einer besonderen Pflegekraft für eine angemessene Alterssicherung zu erstatten, soweit diese nicht anderweitig sichergestellt ist.
(2) Ist neben der häuslichen Pflege nach § 64 eine Beratung der Pflegeperson geboten, sind die angemessenen Kosten zu übernehmen.
(3) Soweit die Sicherstellung der häuslichen Pflege für Pflegebedürftige der Pflegegrade 2, 3, 4 oder 5 im Rahmen des Arbeitgebermodells erfolgt, sollen die angemessenen Kosten übernommen werden.

§ 64g Teilstationäre Pflege

[1]Pflegebedürftige der Pflegegrade 2, 3, 4 oder 5 haben Anspruch auf teilstationäre Pflege in Einrichtungen der Tages- oder Nachtpflege, soweit die häusliche Pflege nicht in ausreichendem Umfang sichergestellt werden kann oder die teilstationäre Pflege zur Ergänzung oder Stärkung der häuslichen Pflege erforderlich ist. [2]Der Anspruch umfasst auch die notwendige Beförderung des Pflegebedürftigen von der Wohnung zur Einrichtung der Tages- oder Nachtpflege und zurück.

§ 64h Kurzzeitpflege

(1) Pflegebedürftige der Pflegegrade 2, 3, 4 oder 5 haben Anspruch auf Kurzzeitpflege in einer stationären Pflegeeinrichtung, soweit die häusliche Pflege zeitweise nicht, noch nicht oder nicht im erforderlichen Umfang erbracht werden kann und die teilstationäre Pflege nach § 64g nicht ausreicht.
(2) Wenn die Pflege in einer zur Kurzzeitpflege zugelassenen Pflegeeinrichtung nach den §§ 71 und 72 des Elften Buches nicht möglich ist oder nicht zumutbar erscheint, kann die Kurzzeitpflege auch erbracht werden
1. durch geeignete Erbringer von Leistungen nach Teil 2 des Neunten Buches oder
2. in geeigneten Einrichtungen, die nicht als Einrichtung zur Kurzzeitpflege zugelassen sind.
(3) Soweit während einer Maßnahme der medizinischen Vorsorge oder Rehabilitation für eine Pflegeperson eine gleichzeitige Unterbringung und Pflege der Pflegebedürftigen erforderlich ist, kann Kurzzeitpflege auch in Vorsorge- oder Rehabilitationseinrichtungen nach § 107 Absatz 2 des Fünften Buches erbracht werden.

§ 64i Entlastungsbetrag bei den Pflegegraden 2, 3, 4 oder 5

[1]Pflegebedürftige der Pflegegrade 2, 3, 4 oder 5 haben Anspruch auf einen Entlastungsbetrag in Höhe von bis zu 125 Euro monatlich. [2]Der Entlastungsbetrag ist zweckgebunden einzusetzen zur
1. Entlastung pflegender Angehöriger oder nahestehender Pflegepersonen,
2. Förderung der Selbständigkeit und Selbstbestimmung der Pflegebedürftigen bei der Gestaltung ihres Alltags oder
3. Inanspruchnahme von Unterstützungsangeboten im Sinne des § 45a des Elften Buches.

§ 64j Digitale Pflegeanwendungen

(1) Pflegebedürftige haben Anspruch auf eine notwendige Versorgung mit Anwendungen, die wesentlich auf digitalen Technologien beruhen, die von den Pflegebedürftigen oder in der Interaktion von Pflegebedürftigen, Angehörigen und zugelassenen ambulanten Pflegeeinrichtungen genutzt werden, um insbesondere Beeinträchtigungen der Selbständigkeit oder der Fähigkeiten der Pflegebedürftigen zu mindern und einer Verschlimmerung der Pflegebedürftigkeit entgegenzuwirken (digitale Pflegeanwendungen).
(2) Der Anspruch umfasst nur solche digitalen Pflegeanwendungen, die vom Bundesinstitut für Arzneimittel und Medizinprodukte in das Verzeichnis für digitale Pflegeanwendungen nach § 78a Absatz 3 des Elften Buches aufgenommen wurden.

§ 64k Ergänzende Unterstützung bei Nutzung von digitalen Pflegeanwendungen

Pflegebedürftige haben bei der Nutzung digitaler Pflegeanwendungen im Sinne des § 64j Anspruch auf erforderliche ergänzende Unterstützungsleistungen, die das Bundesinstitut für Arzneimittel und Medizinprodukte nach § 78a Absatz 5 Satz 6 des Elften Buches festgelegt hat, durch nach dem Recht des Elften Buches zugelassene ambulante Pflegeeinrichtungen.

§ 65 Stationäre Pflege

[1]Pflegebedürftige der Pflegegrade 2, 3, 4 oder 5 haben Anspruch auf Pflege in stationären Einrichtungen, wenn häusliche oder teilstationäre Pflege nicht möglich ist oder wegen der Besonderheit des Einzelfalls nicht in Betracht kommt. [2]Der Anspruch auf stationäre Pflege umfasst auch Betreuungsmaßnahmen; § 64b Absatz 2 findet entsprechende Anwendung.

§ 66 Entlastungsbetrag bei Pflegegrad 1

[1]Pflegebedürftige des Pflegegrades 1 haben Anspruch auf einen Entlastungsbetrag in Höhe von bis zu 125 Euro monatlich. [2]Der Entlastungsbetrag ist zweckgebunden einzusetzen zur

1. Entlastung pflegender Angehöriger oder nahestehender Pflegepersonen,
2. Förderung der Selbständigkeit und Selbstbestimmung der Pflegebedürftigen bei der Gestaltung ihres Alltags,
3. Inanspruchnahme von
   a) Leistungen der häuslichen Pflegehilfe im Sinne des § 64b,
   b) Maßnahmen zur Verbesserung des Wohnumfeldes nach § 64e,
   c) anderen Leistungen nach § 64f,
   d) Leistungen zur teilstationären Pflege im Sinne des § 64g,
4. Inanspruchnahme von Unterstützungsangeboten im Sinne des § 45a des Elften Buches.

§ 66a Sonderregelungen zum Einsatz von Vermögen
Für Personen, die Leistungen nach diesem Kapitel erhalten, gilt ein zusätzlicher Betrag von bis zu 25 000 Euro für die Lebensführung und die Alterssicherung im Sinne von § 90 Absatz 3 Satz 2 als angemessen, sofern dieser Betrag ganz oder überwiegend als Einkommen aus selbständiger und nichtselbständiger Tätigkeit der Leistungsberechtigten während des Leistungsbezugs erworben wird; § 90 Absatz 3 Satz 1 bleibt unberührt.

Achtes Kapitel
Hilfe zur Überwindung besonderer sozialer Schwierigkeiten

§ 67 Leistungsberechtigte
¹Personen, bei denen besondere Lebensverhältnisse mit sozialen Schwierigkeiten verbunden sind, sind Leistungen zur Überwindung dieser Schwierigkeiten zu erbringen, wenn sie aus eigener Kraft hierzu nicht fähig sind. ²Soweit der Bedarf durch Leistungen nach anderen Vorschriften dieses Buches oder des Achten und Neunten Buches gedeckt wird, gehen diese der Leistung nach Satz 1 vor.

§ 68 Umfang der Leistungen
(1) ¹Die Leistungen umfassen alle Maßnahmen, die notwendig sind, um die Schwierigkeiten abzuwenden, zu beseitigen, zu mildern oder ihre Verschlimmerung zu verhüten, insbesondere Beratung und persönliche Betreuung für die Leistungsberechtigten und ihre Angehörigen, Hilfen zur Ausbildung, Erlangung und Sicherung eines Arbeitsplatzes sowie Maßnahmen bei der Erhaltung und Beschaffung einer Wohnung. ²Zur Durchführung der erforderlichen Maßnahmen ist in geeigneten Fällen ein Gesamtplan zu erstellen.
(2) ¹Die Leistung wird ohne Rücksicht auf Einkommen und Vermögen erbracht, soweit im Einzelfall Dienstleistungen erforderlich sind. ²Einkommen und Vermögen der in § 19 Abs. 3 genannten Personen ist nicht zu berücksichtigen und von der Inanspruchnahme nach bürgerlichem Recht Unterhaltspflichtiger abzusehen, soweit dies den Erfolg der Hilfe gefährden würde.
(3) Die Träger der Sozialhilfe sollen mit den Vereinigungen, die sich die gleichen Aufgaben zum Ziel gesetzt haben, und mit den sonst beteiligten Stellen zusammenarbeiten und darauf hinwirken, dass sich die Sozialhilfe und die Tätigkeit dieser Vereinigungen und Stellen wirksam ergänzen.

§ 69 Verordnungsermächtigung
Das Bundesministerium für Arbeit und Soziales kann durch Rechtsverordnung mit Zustimmung des Bundesrates Bestimmungen über die Abgrenzung des Personenkreises nach § 67 sowie über Art und Umfang der Maßnahmen nach § 68 Abs. 1 erlassen.

Neuntes Kapitel
Hilfe in anderen Lebenslagen

§ 70 Hilfe zur Weiterführung des Haushalts
(1) ¹Personen mit eigenem Haushalt sollen Leistungen zur Weiterführung des Haushalts erhalten, wenn weder sie selbst noch, falls sie mit anderen Haushaltsangehörigen zusammenleben, die anderen Haushaltsangehörigen den Haushalt führen können und die Weiterführung des Haushalts geboten ist. ²Die Leistungen sollen in der Regel nur vorübergehend erbracht werden. ³Satz 2 gilt nicht, wenn durch die Leistungen die Unterbringung in einer stationären Einrichtung vermieden oder aufgeschoben werden kann.
(2) Die Leistungen umfassen die persönliche Betreuung von Haushaltsangehörigen sowie die sonstige zur Weiterführung des Haushalts erforderliche Tätigkeit.
(3) ¹Personen im Sinne des Absatzes 1 sind die angemessenen Aufwendungen für eine haushaltsführende Person zu erstatten. ²Es können auch angemessene Beihilfen geleistet sowie Beiträge der haushaltsführenden Person für eine angemessene Alterssicherung übernommen werden, wenn diese nicht anderweitig sichergestellt ist. ³Ist neben oder anstelle der Weiterführung des Haushalts die Heranziehung einer besonderen Person

zur Haushaltsführung erforderlich oder eine Beratung oder zeitweilige Entlastung der haushaltsführenden Person geboten, sind die angemessenen Kosten zu übernehmen.

(4) Die Leistungen können auch durch Übernahme der angemessenen Kosten für eine vorübergehende anderweitige Unterbringung von Haushaltsangehörigen erbracht werden, wenn diese Unterbringung in besonderen Fällen neben oder statt der Weiterführung des Haushalts geboten ist.

§71 Altenhilfe

(1) ¹Alten Menschen soll außer den Leistungen nach den übrigen Bestimmungen dieses Buches sowie den Leistungen der Eingliederungshilfe nach Teil 2 des Neunten Buches Altenhilfe gewährt werden. ²Die Altenhilfe soll dazu beitragen, Schwierigkeiten, die durch das Alter entstehen, zu verhüten, zu überwinden oder zu mildern und alten Menschen die Möglichkeit zu erhalten, selbstbestimmt am Leben in der Gemeinschaft teilzunehmen und ihre Fähigkeit zur Selbsthilfe zu stärken.
(2) Als Leistungen der Altenhilfe kommen insbesondere in Betracht:
1. Leistungen zu einer Betätigung und zum gesellschaftlichen Engagement, wenn sie vom alten Menschen gewünscht wird,
2. Leistungen bei der Beschaffung und zur Erhaltung einer Wohnung, die den Bedürfnissen des alten Menschen entspricht,
3. Beratung und Unterstützung im Vor- und Umfeld von Pflege, insbesondere in allen Fragen des Angebots an Wohnformen bei Unterstützungs-, Betreuungs- oder Pflegebedarf sowie an Diensten, die Betreuung oder Pflege leisten,
4. Beratung und Unterstützung in allen Fragen der Inanspruchnahme altersgerechter Dienste,
5. Leistungen zum Besuch von Veranstaltungen oder Einrichtungen, die der Geselligkeit, der Unterhaltung, der Bildung oder den kulturellen Bedürfnissen alter Menschen dienen,
6. Leistungen, die alten Menschen die Verbindung mit nahe stehenden Personen ermöglichen.

(3) Leistungen nach Absatz 1 sollen auch erbracht werden, wenn sie der Vorbereitung auf das Alter dienen.
(4) Altenhilfe soll ohne Rücksicht auf vorhandenes Einkommen oder Vermögen geleistet werden, soweit im Einzelfall Beratung und Unterstützung erforderlich sind.
(5) ¹Die Leistungen der Altenhilfe sind mit den übrigen Leistungen dieses Buches, den Leistungen der Eingliederungshilfe nach dem Neunten Buch, den Leistungen der örtlichen Altenhilfe und der kommunalen Infrastruktur zur Vermeidung sowie Verringerung der Pflegebedürftigkeit und der Inanspruchnahme der Leistungen der Eingliederungshilfe zu verzahnen. ²Die Ergebnisse der Teilhabeplanung und Gesamtplanung nach dem Neunten Buch sind zu berücksichtigen.

§72 Blindenhilfe

(1) ¹Blinden Menschen wird zum Ausgleich der durch die Blindheit bedingten Mehraufwendungen Blindenhilfe gewährt, soweit sie keine gleichartigen Leistungen nach anderen Rechtsvorschriften erhalten. ²Auf die Blindenhilfe sind Leistungen bei häuslicher Pflege nach dem Elften Buch, auch soweit es sich um Sachleistungen handelt, bei Pflegebedürftigen des Pflegegrades 2 mit 50 Prozent des Pflegegeldes des Pflegegrades 2 und bei Pflegebedürftigen der Pflegegrade 3, 4 oder 5 mit 40 Prozent des Pflegegeldes des Pflegegrades 3, höchstens jedoch mit 50 Prozent des Betrages nach Absatz 2, anzurechnen. ³Satz 2 gilt sinngemäß für Leistungen nach dem Elften Buch aus einer privaten Pflegeversicherung und nach beamtenrechtlichen Vorschriften. ⁴§ 39a ist entsprechend anzuwenden.
(2) ¹Die Blindenhilfe beträgt bis 30. Juni 2004 für blinde Menschen nach Vollendung des 18. Lebensjahres 585 Euro monatlich, für blinde Menschen, die das 18. Lebensjahr noch nicht vollendet haben, beträgt sie 293 Euro monatlich. ²Sie verändert sich jeweils zu dem Zeitpunkt und in dem Umfang, wie sich der aktuelle Rentenwert in der gesetzlichen Rentenversicherung verändert.
(3) ¹Lebt der blinde Mensch in einer stationären Einrichtung und werden die Kosten des Aufenthalts ganz oder teilweise aus Mitteln öffentlich-rechtlicher Leistungsträger getragen, so verringert sich die Blindenhilfe nach Absatz 2 um die aus diesen Mitteln getragenen Kosten, höchstens jedoch um 50 vom Hundert der Beträge nach Absatz 2. ²Satz 1 gilt vom ersten Tage des zweiten Monats an, der auf den Eintritt in die Einrichtung folgt, für jeden vollen Kalendermonat des Aufenthalts in der Einrichtung. ³Für jeden vollen Tag vorübergehender Abwesenheit von der Einrichtung wird die Blindenhilfe in Höhe von je einem Dreißigstel des Betrages nach Absatz 2 gewährt, wenn die vorübergehende Abwesenheit länger als sechs volle zusammenhängende Tage dauert; der Betrag nach Satz 1 wird im gleichen Verhältnis gekürzt.
(4) ¹Neben der Blindenhilfe wird Hilfe zur Pflege wegen Blindheit nach dem Siebten Kapitel außerhalb von stationären Einrichtungen sowie ein Barbetrag (§ 27b Absatz 2) nicht gewährt. ²Neben Absatz 1 ist § 30 Abs. 1 Nr. 2 nur anzuwenden, wenn der blinde Mensch nicht allein wegen Blindheit voll erwerbsgemindert ist. ³Die

Sätze 1 und 2 gelten entsprechend für blinde Menschen, die nicht Blindenhilfe, sondern gleichartige Leistungen nach anderen Rechtsvorschriften erhalten.

(5) Blinden Menschen stehen Personen gleich, deren beidäugige Gesamtsehschärfe nicht mehr als ein Fünfzigstel beträgt oder bei denen dem Schweregrad dieser Sehschärfe gleichzuachtende, nicht nur vorübergehende Störungen des Sehvermögens vorliegen.

(6) Die Blindenhilfe wird neben Leistungen nach Teil 2 des Neunten Buches erbracht.

§ 73 Hilfe in sonstigen Lebenslagen

¹Leistungen können auch in sonstigen Lebenslagen erbracht werden, wenn sie den Einsatz öffentlicher Mittel rechtfertigen. ²Geldleistungen können als Beihilfe oder als Darlehen erbracht werden.

§ 74 Bestattungskosten

Die erforderlichen Kosten einer Bestattung werden übernommen, soweit den hierzu Verpflichteten nicht zugemutet werden kann, die Kosten zu tragen.

Zehntes Kapitel
Vertragsrecht

§ 75 Allgemeine Grundsätze

(1) ¹Der Träger der Sozialhilfe darf Leistungen nach dem Siebten bis Neunten Kapitel mit Ausnahme der Leistungen der häuslichen Pflege, soweit diese gemäß § 64 durch Personen, die dem Pflegebedürftigen nahe stehen, oder als Nachbarschaftshilfe übernommen werden, durch Dritte (Leistungserbringer) nur bewilligen, soweit eine schriftliche Vereinbarung zwischen dem Träger des Leistungserbringers und dem für den Ort der Leistungserbringung zuständigen Träger der Sozialhilfe besteht. ²Die Vereinbarung kann auch zwischen dem Träger der Sozialhilfe und dem Verband, dem der Leistungserbringer angehört, geschlossen werden, soweit der Verband eine entsprechende Vollmacht nachweist. ³Die Vereinbarungen sind für alle übrigen Träger der Sozialhilfe bindend. ⁴Die Vereinbarungen müssen den Grundsätzen der Wirtschaftlichkeit, Sparsamkeit und Leistungsfähigkeit entsprechen und dürfen das Maß des Notwendigen nicht überschreiten. ⁵Sie sind vor Beginn der jeweiligen Wirtschaftsperiode für einen zukünftigen Zeitraum abzuschließen (Vereinbarungszeitraum); nachträgliche Ausgleiche sind nicht zulässig. ⁶Die Ergebnisse sind den Leistungsberechtigten in einer wahrnehmbaren Form zugänglich zu machen.

(2) ¹Sind geeignete Leistungserbringer vorhanden, soll der Träger der Sozialhilfe zur Erfüllung seiner Aufgaben eigene Angebote nicht neu schaffen. ²Geeignet ist ein Leistungserbringer, der unter Sicherstellung der Grundsätze des § 9 Absatz 1 die Leistungen wirtschaftlich und sparsam erbringen kann. ³Geeignete Träger von Einrichtungen dürfen nur solche Personen beschäftigen oder ehrenamtliche Personen, die in Wahrnehmung ihrer Aufgaben Kontakt mit Leistungsberechtigten haben, mit Aufgaben betrauen, die nicht rechtskräftig wegen einer Straftat nach den §§ 171, 174 bis 174c, 176 bis 180a, 181a, 182 bis 184g, 184i bis 184l, 201a Absatz 3, §§ 225, 232 bis 233a, 234, 235 oder 236 des Strafgesetzbuchs verurteilt worden sind. ⁴Die Leistungserbringer sollen sich von Fach- und anderem Betreuungspersonal, die in Wahrnehmung ihrer Aufgaben Kontakt mit Leistungsberechtigten haben, vor deren Einstellung oder Aufnahme einer dauerhaften ehrenamtlichen Tätigkeit und in regelmäßigen Abständen ein Führungszeugnis nach § 30a Absatz 1 des Bundeszentralregistergesetzes vorlegen lassen. ⁵Nimmt der Leistungserbringer Einsicht in ein Führungszeugnis nach § 30a Absatz 1 des Bundeszentralregistergesetzes, so speichert er nur den Umstand der Einsichtnahme, das Datum des Führungszeugnisses und die Information, ob die das Führungszeugnis betreffende Person wegen einer in Satz 3 genannten Straftat rechtskräftig verurteilt worden ist. ⁶Der Träger der Einrichtung darf diese Daten nur verändern und nutzen, soweit dies zur Prüfung der Eignung einer Person erforderlich ist. ⁷Die Daten sind vor dem Zugriff Unbefugter zu schützen. ⁸Sie sind unverzüglich zu löschen, wenn im Anschluss an die Einsichtnahme keine Tätigkeit für den Leistungserbringer wahrgenommen wird. ⁹Sie sind spätestens drei Monate nach der letztmaligen Ausübung einer Tätigkeit für den Leistungserbringer zu löschen. ¹⁰Die durch den Leistungserbringer geforderte Vergütung ist wirtschaftlich angemessen, wenn sie im Vergleich mit der Vergütung vergleichbarer Leistungserbringer im unteren Drittel liegt (externer Vergleich). ¹¹Liegt die geforderte Vergütung oberhalb des unteren Drittels, kann sie wirtschaftlich angemessen sein, sofern sie nachvollziehbar auf einem höheren Aufwand des Leistungserbringers beruht und wirtschaftlicher Betriebsführung entspricht. ¹²In den externen Vergleich sind die im Einzugsbereich tätigen Leistungserbringer einzubeziehen. ¹³Tariflich vereinbarte Vergütungen sowie entsprechende Vergütungen nach kirchlichen Arbeitsrechtsregelungen sind grundsätzlich als wirtschaftlich anzusehen, auch soweit die Vergütung aus diesem Grunde oberhalb des unteren Drittels liegt.

(3) Sind mehrere Leistungserbringer im gleichen Maße geeignet, hat der Träger der Sozialhilfe Vereinbarungen vorrangig mit Leistungserbringern abzuschließen, deren Vergütung bei vergleichbarem Inhalt, Umfang und vergleichbarer Qualität der Leistung nicht höher ist als die anderer Leistungserbringer.

(4) Besteht eine schriftliche Vereinbarung, ist der Leistungserbringer im Rahmen des vereinbarten Leistungsangebotes verpflichtet, Leistungsberechtigte aufzunehmen und zu betreuen.

(5) Der Träger der Sozialhilfe darf die Leistungen durch Leistungserbringer, mit denen keine schriftliche Vereinbarung getroffen wurde, nur erbringen, soweit
1. dies nach der Besonderheit des Einzelfalles geboten ist,
2. der Leistungserbringer ein schriftliches Leistungsangebot vorlegt, das für den Inhalt einer Vereinbarung nach § 76 gilt,
3. der Leistungserbringer sich schriftlich verpflichtet, die Grundsätze der Wirtschaftlichkeit und Qualität der Leistungserbringung zu beachten,
4. die Vergütung für die Erbringung der Leistungen nicht höher ist als die Vergütung, die der Träger der Sozialhilfe mit anderen Leistungserbringern für vergleichbare Leistungen vereinbart hat.

Die allgemeinen Grundsätze der Absätze 1 bis 4 und 6 sowie die Vorschriften zum Inhalt der Vereinbarung (§ 76), zur Verbindlichkeit der vereinbarten Vergütung (§ 77a), zur Wirtschaftlichkeits- und Qualitätsprüfung (§ 78), zur Kürzung der Vergütung (§ 79) und zur außerordentlichen Kündigung der Vereinbarung (§ 79a) gelten entsprechend.

(6) Der Leistungserbringer hat gegen den Träger der Sozialhilfe einen Anspruch auf Vergütung der gegenüber dem Leistungsberechtigten erbrachten Leistungen.

§ 76 Inhalt der Vereinbarungen

(1) In der schriftlichen Vereinbarung mit Erbringern von Leistungen nach dem Siebten bis Neunten Kapitel sind zu regeln:
1. Inhalt, Umfang und Qualität einschließlich der Wirksamkeit der Leistungen (Leistungsvereinbarung) sowie
2. die Vergütung der Leistung (Vergütungsvereinbarung).

(2) In die Leistungsvereinbarung sind als wesentliche Leistungsmerkmale insbesondere aufzunehmen:
1. die betriebsnotwendigen Anlagen des Leistungserbringers,
2. der zu betreuende Personenkreis,
3. Art, Ziel und Qualität der Leistung,
4. die Festlegung der personellen Ausstattung,
5. die Qualifikation des Personals sowie
6. die erforderliche sächliche Ausstattung.

(3) ^{1}Die Vergütungsvereinbarung besteht mindestens aus
1. der Grundpauschale für Unterkunft und Verpflegung,
2. der Maßnahmepauschale sowie
3. einem Betrag für betriebsnotwendige Anlagen einschließlich ihrer Ausstattung (Investitionsbetrag).

^{2}Förderungen aus öffentlichen Mitteln sind anzurechnen. ^{3}Die Maßnahmepauschale ist nach Gruppen für Leistungsberechtigte mit vergleichbarem Bedarf sowie bei Leistungen der häuslichen Pflegehilfe für die gemeinsame Inanspruchnahme durch mehrere Leistungsberechtigte zu kalkulieren. ^{4}Abweichend von Satz 1 können andere geeignete Verfahren zur Vergütung und Abrechnung der Leistung unter Beteiligung der Interessenvertretungen der Menschen mit Behinderungen vereinbart werden.

§ 76a Zugelassene Pflegeeinrichtungen

(1) Bei zugelassenen Pflegeeinrichtungen im Sinne des § 72 des Elften Buches richten sich Art, Inhalt, Umfang und Vergütung
1. der ambulanten und teilstationären Pflegeleistungen,
2. der Leistungen der Kurzzeitpflege,
3. der vollstationären Pflegeleistungen,
4. der Leistungen bei Unterkunft und Verpflegung und
5. der Zusatzleistungen in Pflegeheimen

nach dem Achten Kapitel des Elften Buches, soweit die Vereinbarungen nach dem Achten Kapitel des Elften Buches im Einvernehmen mit dem Träger der Sozialhilfe getroffen worden sind und nicht nach dem Siebten Kapitel weitergehende Leistungen zu erbringen sind.

(2) Bestehen tatsächliche Anhaltspunkte, dass eine zugelassene Pflegeeinrichtung ihre vertraglichen oder gesetzlichen Pflichten nicht erfüllt, findet § 78 entsprechende Anwendung, soweit nicht eine Wirtschaftlichkeits- und Abrechnungsprüfung nach § 79 des Elften Buches erfolgt oder soweit nicht ein Auftrag für eine Anlassprüfung nach § 114 des Elften Buches durch die Landesverbände der Pflegekassen erteilt worden ist.

(3) Der Träger der Sozialhilfe ist zur Übernahme gesondert berechneter Investitionskosten nach dem Elften Buch nur verpflichtet, soweit die zuständige Landesbehörde ihre Zustimmung nach § 82 Absatz 3 Satz 3 des

Elften Buches erteilt oder der Träger der Sozialhilfe mit dem Träger der Einrichtung eine entsprechende Vereinbarung nach dem Zehnten Kapitel über die gesondert berechneten Investitionskosten nach § 82 Absatz 4 des Elften Buches getroffen hat.

§ 77 Verfahren und Inkrafttreten der Vereinbarung

(1) [1]Der Leistungserbringer oder der Träger der Sozialhilfe hat die jeweils andere Partei schriftlich zu Verhandlungen über den Abschluss einer Vereinbarung gemäß § 76 aufzufordern. [2]Bei einer Aufforderung zum Abschluss einer Folgevereinbarung sind die Verhandlungsgegenstände zu benennen. [3]Die Aufforderung durch den Leistungsträger kann an einen unbestimmten Kreis von Leistungserbringern gerichtet werden. [4]Auf Verlangen einer Partei sind geeignete Nachweise zu den Verhandlungsgegenständen vorzulegen.

(2) [1]Kommt es nicht innerhalb von drei Monaten, nachdem eine Partei zu Verhandlungen aufgefordert wurde, zu einer schriftlichen Vereinbarung, so kann jede Partei hinsichtlich der strittigen Punkte die gemeinsame Schiedsstelle anrufen. [2]Die Schiedsstelle hat unverzüglich über die strittigen Punkte zu entscheiden. [3]Gegen die Entscheidung der Schiedsstelle ist der Rechtsweg zu den Sozialgerichten gegeben, ohne dass es eines Vorverfahrens bedarf. [4]Die Klage ist nicht gegen die Schiedsstelle, sondern gegen den Verhandlungspartner zu richten.

(3) [1]Vereinbarungen und Schiedsstellenentscheidungen treten zu dem darin bestimmten Zeitpunkt in Kraft. [2]Wird in einer Vereinbarung ein Zeitpunkt nicht bestimmt, wird die Vereinbarung mit dem Tag ihres Abschlusses wirksam. [3]Festsetzungen der Schiedsstelle werden, soweit keine Festlegung erfolgt ist, rückwirkend mit dem Tag wirksam, an dem der Antrag bei der Schiedsstelle eingegangen ist. [4]Soweit in den Fällen des Satzes 3 während des Schiedsstellenverfahrens der Antrag geändert wurde, ist auf den Tag abzustellen, an dem der geänderte Antrag bei der Schiedsstelle eingegangen ist. [5]Ein jeweils vor diesem Zeitpunkt zurückwirkendes Vereinbaren oder Festsetzen von Vergütungen ist in den Fällen der Sätze 1 bis 4 nicht zulässig.

§ 77a Verbindlichkeit der vereinbarten Vergütung

(1) [1]Mit der Zahlung der vereinbarten Vergütung gelten alle während des Vereinbarungszeitraums entstandenen Ansprüche des Leistungserbringers auf Vergütung der Leistung als abgegolten. [2]Die im Einzelfall zu zahlende Vergütung bestimmt sich auf der Grundlage der jeweiligen Vereinbarung nach dem Betrag, der dem Leistungsberechtigten vom zuständigen Träger der Sozialhilfe bewilligt worden ist. [3]Sind Leistungspauschalen nach Gruppen von Leistungsberechtigten kalkuliert (§ 76 Absatz 3 Satz 2), richtet sich die zu zahlende Vergütung nach der Gruppe, die dem Leistungsberechtigten vom zuständigen Träger der Sozialhilfe bewilligt wurde.

(2) Einer Erhöhung der Vergütung auf Grund von Investitionsmaßnahmen, die während des laufenden Vereinbarungszeitraums getätigt werden, muss der Träger der Sozialhilfe zustimmen, soweit er der Maßnahme zuvor dem Grunde und der Höhe nach zugestimmt hat.

(3) [1]Bei unvorhergesehenen wesentlichen Änderungen der Annahmen, die der Vergütungsvereinbarung oder der Entscheidung der Schiedsstelle über die Vergütung zugrunde lagen, sind die Vergütungen auf Verlangen einer Vertragspartei für den laufenden Vereinbarungszeitraum neu zu verhandeln. [2]Für eine Neuverhandlung gelten die Vorschriften zum Verfahren und Inkrafttreten (§ 77) entsprechend.

(4) Nach Ablauf des Vereinbarungszeitraums gelten die vereinbarten oder durch die Schiedsstelle festgesetzten Vergütungen bis zum Inkrafttreten einer neuen Vergütungsvereinbarung weiter.

§ 78 Wirtschaftlichkeits- und Qualitätsprüfung

(1) [1]Soweit tatsächliche Anhaltspunkte dafür bestehen, dass ein Leistungserbringer seine vertraglichen oder gesetzlichen Pflichten nicht erfüllt, prüft der Träger der Sozialhilfe oder ein von diesem beauftragter Dritter die Wirtschaftlichkeit und Qualität einschließlich der Wirksamkeit der vereinbarten Leistungen des Leistungserbringers. [2]Die Leistungserbringer sind verpflichtet, dem Träger der Sozialhilfe auf Verlangen die für die Prüfung erforderlichen Unterlagen vorzulegen und Auskünfte zu erteilen. [3]Zur Vermeidung von Doppelprüfungen arbeiten die Träger der Sozialhilfe mit den Leistungsträgern nach Teil 2 des Neunten Buches, mit den für die Heimaufsicht zuständigen Behörden sowie mit dem Medizinischen Dienst gemäß § 278 des Fünften Buches zusammen. [4]Der Träger der Sozialhilfe ist berechtigt und auf Anforderung verpflichtet, den für die Heimaufsicht zuständigen Behörden die Daten über den Leistungserbringer sowie die Ergebnisse der Prüfungen mitzuteilen, soweit sie für die Zwecke der Prüfung durch den Empfänger erforderlich sind. [5]Personenbezogene Daten sind vor der Datenübermittlung zu anonymisieren. [6]Abweichend von Satz 5 dürfen personenbezogene Daten in nicht anonymisierter Form an die für die Heimaufsicht zuständigen Behörden übermittelt werden, soweit sie zu deren Aufgabenerfüllung erforderlich sind. [7]Durch Landesrecht kann von der Einschränkung in Satz 1 erster Halbsatz abgewichen werden.

(2) Die Prüfung erfolgt ohne vorherige Ankündigung und erstreckt sich auf Inhalt, Umfang, Wirtschaftlichkeit und Qualität einschließlich der Wirksamkeit der erbrachten Leistungen.

(3) ¹Der Träger der Sozialhilfe hat den Leistungserbringer über das Ergebnis der Prüfung schriftlich zu unterrichten. ²Das Ergebnis der Prüfung ist dem Leistungsberechtigten in einer wahrnehmbaren Form zugänglich zu machen.

§ 79 Kürzung der Vergütung

(1) ¹Hält ein Leistungserbringer seine gesetzlichen oder vertraglichen (vereinbarten) Verpflichtungen ganz oder teilweise nicht ein, ist die vereinbarte Vergütung für die Dauer der Pflichtverletzung entsprechend zu kürzen. ²Über die Höhe des Kürzungsbetrags ist zwischen den Vertragsparteien Einvernehmen herzustellen. ³Kommt eine Einigung nicht zustande, entscheidet auf Antrag einer Vertragspartei die Schiedsstelle. ⁴Für das Verfahren bei Entscheidungen durch die Schiedsstelle gilt § 77 Absatz 2 und 3 entsprechend.
(2) Der Kürzungsbetrag ist an den Träger der Sozialhilfe bis zu der Höhe zurückzuzahlen, in der die Leistung vom Träger der Sozialhilfe erbracht worden ist, und im Übrigen an den Leistungsberechtigten zurückzuzahlen.
(3) ¹Der Kürzungsbetrag kann nicht über die Vergütungen refinanziert werden. ²Darüber hinaus besteht hinsichtlich des Kürzungsbetrags kein Anspruch auf Nachverhandlung gemäß § 77a Absatz 2.

§ 79a Außerordentliche Kündigung der Vereinbarungen

¹Der Träger der Sozialhilfe kann die Vereinbarungen mit einem Leistungserbringer fristlos kündigen, wenn ihm ein Festhalten an den Vereinbarungen auf Grund einer groben Verletzung einer gesetzlichen oder vertraglichen Verpflichtung durch die Vertragspartei nicht mehr zumutbar ist. ²Eine grobe Pflichtverletzung liegt insbesondere dann vor, wenn in der Prüfung nach § 78 oder auf andere Weise festgestellt wird, dass
1. Leistungsberechtigte infolge der Pflichtverletzung zu Schaden kommen,
2. gravierende Mängel bei der Leistungserbringung vorhanden sind,
3. dem Leistungserbringer nach heimrechtlichen Vorschriften die Betriebserlaubnis entzogen ist,
4. dem Leistungserbringer der Betrieb untersagt wird oder
5. der Leistungserbringer nicht erbrachte Leistungen gegenüber dem Leistungsträger abrechnet.

³Die Kündigung bedarf der Schriftform. ⁴§ 59 des Zehnten Buches bleibt unberührt.

§ 80 Rahmenverträge

(1) ¹Die überörtlichen Träger der Sozialhilfe und die örtlichen Träger der Sozialhilfe im Zuständigkeitsbereich des überörtlichen Trägers schließen mit den Vereinigungen der Leistungserbringer gemeinsam und einheitlich Rahmenverträge zu den Vereinbarungen nach § 76 ab. ²Die Rahmenverträge bestimmen
1. die nähere Abgrenzung der den Vergütungspauschalen und -beträgen nach § 76 zugrunde zu legenden Kostenarten und -bestandteile sowie die Zusammensetzung der Investitionsbeträge nach § 76,
2. den Inhalt und die Kriterien für die Ermittlung und Zusammensetzung der Maßnahmepauschalen, die Merkmale für die Bildung von Gruppen mit vergleichbarem Bedarf nach § 76 Absatz 3 Satz 3 sowie die Zahl der zu bildenden Gruppen,
3. die Festlegung von Personalrichtwerten oder anderen Methoden zur Festlegung der personellen Ausstattung,
4. die Grundsätze und Maßstäbe für die Wirtschaftlichkeit und Qualitätssicherung einschließlich der Wirksamkeit der Leistungen sowie Inhalt und Verfahren zur Durchführung von Wirtschaftlichkeits- und Qualitätsprüfungen und
5. das Verfahren zum Abschluss von Vereinbarungen.

³Für Leistungserbringer, die einer Kirche oder Religionsgemeinschaft des öffentlichen Rechts oder einem sonstigen freigemeinnützigen Träger zuzuordnen sind, können die Rahmenverträge auch von der Kirche oder Religionsgemeinschaft oder von dem Wohlfahrtsverband abgeschlossen werden, dem der Leistungserbringer angehört. ⁴In den Rahmenverträgen sollen die Merkmale und Besonderheit der jeweiligen Leistungen berücksichtigt werden.
(2) Die durch Landesrecht bestimmten maßgeblichen Interessenvertretungen der Menschen mit Behinderungen wirken bei der Erarbeitung und Beschlussfassung der Rahmenverträge mit.
(3) Die Bundesarbeitsgemeinschaft der überörtlichen Träger der Sozialhilfe, die Bundesvereinigung der kommunalen Spitzenverbände und die Bundesvereinigungen der Leistungserbringer vereinbaren gemeinsam und einheitlich Empfehlungen zum Inhalt der Rahmenverträge nach Absatz 1.
(4) Kommt es nicht innerhalb von sechs Monaten nach schriftlicher Aufforderung durch die Landesregierung zu einem Rahmenvertrag, kann die Landesregierung durch Rechtsverordnung die Inhalte regeln.

§ 81 Schiedsstelle

(1) Für jedes Land oder für Teile eines Landes wird eine Schiedsstelle gebildet.
(2) Die Schiedsstelle besteht aus Vertretern der Leistungserbringer und Vertretern der örtlichen und überörtlichen Träger der Sozialhilfe in gleicher Zahl sowie einem unparteiischen Vorsitzenden.

(3) ¹Die Vertreter der Leistungserbringer und deren Stellvertreter werden von den Vereinigungen der Leistungserbringer bestellt. ²Bei der Bestellung ist die Trägervielfalt zu beachten. ³Die Vertreter der Träger der Sozialhilfe und deren Stellvertreter werden von diesen bestellt. ⁴Der Vorsitzende und sein Stellvertreter werden von den beteiligten Organisationen gemeinsam bestellt. ⁵Kommt eine Einigung nicht zustande, werden sie durch Los bestimmt. ⁶Soweit beteiligte Organisationen keinen Vertreter bestellen oder im Verfahren nach Satz 3 keine Kandidaten für das Amt des Vorsitzenden und des Stellvertreters benennen, bestellt die zuständige Landesbehörde auf Antrag einer der beteiligten Organisationen die Vertreter und benennt die Kandidaten.
(4) ¹Die Mitglieder der Schiedsstelle führen ihr Amt als Ehrenamt. ²Sie sind an Weisungen nicht gebunden. ³Jedes Mitglied hat eine Stimme. ⁴Die Entscheidungen werden mit der Mehrheit der Mitglieder getroffen. ⁵Ergibt sich keine Mehrheit, entscheidet die Stimme des Vorsitzenden.
(5) Die Landesregierungen werden ermächtigt, durch Rechtsverordnung das Nähere über
1. die Zahl der Schiedsstellen,
2. die Zahl der Mitglieder und deren Bestellung,
3. die Amtsdauer und Amtsführung,
4. die Erstattung der baren Auslagen und die Entschädigung für den Zeitaufwand der Mitglieder der Schiedsstelle,
5. die Geschäftsführung,
6. das Verfahren,
7. die Erhebung und die Höhe der Gebühren,
8. die Verteilung der Kosten sowie
9. die Rechtsaufsicht zu bestimmen.

Elftes Kapitel
Einsatz des Einkommens und des Vermögens

Erster Abschnitt
Einkommen

§ 82 Begriff des Einkommens

(1) ¹Zum Einkommen gehören alle Einkünfte in Geld oder Geldeswert. ²Nicht zum Einkommen gehören
1. Leistungen nach diesem Buch,
2. die Grundrente nach dem Bundesversorgungsgesetz und nach den Gesetzen, die eine entsprechende Anwendung des Bundesversorgungsgesetzes vorsehen,
3. Renten oder Beihilfen nach dem Bundesentschädigungsgesetz für Schaden an Leben sowie an Körper oder Gesundheit bis zur Höhe der vergleichbaren Grundrente nach dem Bundesversorgungsgesetz und
4. Aufwandsentschädigungen nach § 1835a des Bürgerlichen Gesetzbuchs kalenderjährlich bis zu dem in § 3 Nummer 26 Satz 1 des Einkommensteuergesetzes genannten Betrag.

³Einkünfte aus Rückerstattungen, die auf Vorauszahlungen beruhen, die Leistungsberechtigte aus dem Regelsatz erbracht haben, sind kein Einkommen. ⁴Bei Minderjährigen ist das Kindergeld dem jeweiligen Kind als Einkommen zuzurechnen, soweit es bei diesem zur Deckung des notwendigen Lebensunterhaltes, mit Ausnahme der Bedarfe nach § 34, benötigt wird.
(2) ¹Von dem Einkommen sind abzusetzen
1. auf das Einkommen entrichtete Steuern,
2. Pflichtbeiträge zur Sozialversicherung einschließlich der Beiträge zur Arbeitsförderung,
3. Beiträge zu öffentlichen oder privaten Versicherungen oder ähnlichen Einrichtungen, soweit diese Beiträge gesetzlich vorgeschrieben oder nach Grund und Höhe angemessen sind, sowie geförderte Altersvorsorgebeiträge nach § 82 des Einkommensteuergesetzes, soweit sie den Mindesteigenbetrag nach § 86 des Einkommensteuergesetzes nicht überschreiten, und
4. die mit der Erzielung des Einkommens verbundenen notwendigen Ausgaben.

²Erhält eine leistungsberechtigte Person aus einer Tätigkeit Bezüge oder Einnahmen, die nach § 3 Nummer 12, 26 oder 26a des Einkommensteuergesetzes steuerfrei sind oder die als Taschengeld nach § 2 Nummer 4 des Bundesfreiwilligendienstgesetzes oder nach § 2 Absatz 1 Nummer 4 des Jugendfreiwilligendienstegesetzes gezahlt werden, ist abweichend von Satz 1 Nummer 2 bis 4 und den Absätzen 3 und 6 ein Betrag von bis zu 250 Euro monatlich nicht als Einkommen zu berücksichtigen. ³Soweit ein Betrag nach Satz 2 in Anspruch genommen wird, gelten die Beträge nach Absatz 3 Satz 1 zweiter Halbsatz und nach Absatz 6 Satz 1 zweiter Halbsatz insoweit als ausgeschöpft.
(3) ¹Bei der Hilfe zum Lebensunterhalt und Grundsicherung im Alter und bei Erwerbsminderung ist ferner ein Betrag in Höhe von 30 vom Hundert des Einkommens aus selbständiger und nichtselbständiger Tätigkeit der Leistungsberechtigten abzusetzen, höchstens jedoch 50 vom Hundert der Regelbedarfsstufe 1 nach der Anlage

30 SGB XII § 82a

zu § 28. ²Abweichend von Satz 1 ist bei einer Beschäftigung in einer Werkstatt für behinderte Menschen oder bei einem anderen Leistungsanbieter nach § 60 des Neunten Buches von dem Entgelt ein Achtel der Regelbedarfsstufe 1 nach der Anlage zu § 28 zuzüglich 50 vom Hundert des diesen Betrag übersteigenden Entgelts abzusetzen. ³Im Übrigen kann in begründeten Fällen ein anderer als in Satz 1 festgelegter Betrag vom Einkommen abgesetzt werden.

(4) Bei der Hilfe zum Lebensunterhalt und Grundsicherung im Alter und bei Erwerbsminderung ist ferner ein Betrag von 100 Euro monatlich aus einer zusätzlichen Altersvorsorge der Leistungsberechtigten zuzüglich 30 vom Hundert des diesen Betrag übersteigenden Einkommens aus einer zusätzlichen Altersvorsorge der Leistungsberechtigten abzusetzen, höchstens jedoch 50 vom Hundert der Regelbedarfsstufe 1 nach der Anlage zu § 28.

(5) ¹Einkommen aus einer zusätzlichen Altersvorsorge im Sinne des Absatzes 4 ist jedes monatlich bis zum Lebensende ausgezahlte Einkommen, auf das der Leistungsberechtigte vor Erreichen der Regelaltersgrenze auf freiwilliger Grundlage Ansprüche erworben hat und das dazu bestimmt und geeignet ist, die Einkommenssituation des Leistungsberechtigten gegenüber möglichen Ansprüchen aus Zeiten einer Versicherungspflicht in der gesetzlichen Rentenversicherung nach den §§ 1 bis 4 des Sechsten Buches, nach § 1 des Gesetzes über die Alterssicherung der Landwirte, aus beamtenrechtlichen Versorgungsansprüchen und aus Ansprüchen aus Zeiten einer Versicherungspflicht in einer Versicherungs- und Versorgungseinrichtung, die für Angehörige bestimmter Berufe errichtet ist, zu verbessern. ²Als Einkommen aus einer zusätzlichen Altersvorsorge gelten auch laufende Zahlungen aus

1. einer betrieblichen Altersversorgung im Sinne des Betriebsrentengesetzes,
2. einem nach § 5 des Altersvorsorgeverträge-Zertifizierungsgesetzes zertifizierten Altersvorsorgevertrag und
3. einem nach § 5a des Altersvorsorgeverträge-Zertifizierungsgesetzes zertifizierten Basisrentenvertrag.

³Werden bis zu zwölf Monatsleistungen aus einer zusätzlichen Altersvorsorge, insbesondere gemäß einer Vereinbarung nach § 10 Absatz 1 Nummer 2 Satz 3 erster Halbsatz des Einkommensteuergesetzes, zusammengefasst, so ist das Einkommen gleichmäßig auf den Zeitraum aufzuteilen, für den die Auszahlung erfolgte.

(6) Für Personen, die Leistungen der Hilfe zur Pflege, der Blindenhilfe oder Leistungen der Eingliederungshilfe nach dem Neunten Buch erhalten, ist ein Betrag in Höhe von 40 Prozent des Einkommens aus selbständiger und nichtselbständiger Tätigkeit der Leistungsberechtigten abzusetzen, höchstens jedoch 65 Prozent der Regelbedarfsstufe 1 nach der Anlage zu § 28.

(7) ¹Einmalige Einnahmen, bei denen für den Monat des Zuflusses bereits Leistungen ohne Berücksichtigung der Einnahme erbracht worden sind, werden im Folgemonat berücksichtigt. ²Entfiele der Leistungsanspruch durch die Berücksichtigung in einem Monat, ist die einmalige Einnahme auf einen Zeitraum von sechs Monaten gleichmäßig zu verteilen und mit einem entsprechenden Teilbetrag zu berücksichtigen. ³In begründeten Einzelfällen ist der Anrechnungszeitraum nach Satz 2 angemessen zu verkürzen. ⁴Die Sätze 1 und 2 sind auch anzuwenden, soweit während des Leistungsbezugs eine Auszahlung zur Abfindung einer Kleinbetragsrente im Sinne des § 93 Absatz 3 Satz 2 des Einkommensteuergesetzes oder nach § 3 Absatz 2 des Betriebsrentengesetzes erfolgt und durch den ausgezahlten Betrag das Vermögen überschritten wird, welches nach § 90 Absatz 2 Nummer 9 und Absatz 3 nicht einzusetzen ist.

§ 82a Freibetrag für Personen mit Grundrentenzeiten oder entsprechenden Zeiten aus anderweitigen Alterssicherungssystemen

(1) Bei der Hilfe zum Lebensunterhalt und Grundsicherung im Alter und bei Erwerbsminderung ist für Personen, die mindestens 33 Jahre an Grundrentenzeiten nach § 76g Absatz 2 des Sechsten Buches erreicht haben, ein Betrag in Höhe von 100 Euro monatlich aus der gesetzlichen Rente zuzüglich 30 Prozent des diesen Betrag übersteigenden Einkommens aus der gesetzlichen Rente vom Einkommen nach § 82 Absatz 1 abzusetzen, höchstens jedoch ein Betrag in Höhe von 50 Prozent der Regelbedarfsstufe 1 nach der Anlage zu § 28.

(2) Absatz 1 gilt entsprechend für Personen, die mindestens 33 Jahre an Grundrentenzeiten vergleichbaren Zeiten in

1. einer Versicherungspflicht nach § 1 des Gesetzes über die Alterssicherung der Landwirte haben,
2. einer sonstigen Beschäftigung, in der Versicherungsfreiheit nach § 5 Absatz 1 Satz 1 Nummer 2 und 3 und Satz 2 des Sechsten Buches oder Befreiung von der Versicherungspflicht nach § 6 Absatz 1 Satz 1 Nummer 2 des Sechsten Buches bestand, haben oder
3. einer Versicherungspflicht in einer Versicherungs- oder Versorgungseinrichtung, die für Angehörige bestimmter Berufe errichtet ist, haben.

Absatz 1 gilt auch, wenn die 33 Jahre durch die Zusammenrechnung der Zeiten nach Satz 1 Nummer 1 bis 3 und der Grundrentenzeiten nach § 76g Absatz 2 des Sechsten Buches erfüllt werden. Je Kalendermonat wird eine Grundrentenzeit oder eine nach Satz 1 vergleichbare Zeit angerechnet.

§ 83 Nach Zweck und Inhalt bestimmte Leistungen
(1) Leistungen, die auf Grund öffentlich-rechtlicher Vorschriften zu einem ausdrücklich genannten Zweck erbracht werden, sind nur so weit als Einkommen zu berücksichtigen, als die Sozialhilfe im Einzelfall demselben Zweck dient.
(2) Eine Entschädigung, die wegen eines Schadens, der nicht Vermögensschaden ist, nach § 253 Abs. 2 des Bürgerlichen Gesetzbuches geleistet wird, ist nicht als Einkommen zu berücksichtigen.

§ 84 Zuwendungen
(1) ¹Zuwendungen der freien Wohlfahrtspflege bleiben als Einkommen außer Betracht. ²Dies gilt nicht, soweit die Zuwendung die Lage der Leistungsberechtigten so günstig beeinflusst, dass daneben Sozialhilfe ungerechtfertigt wäre.
(2) Zuwendungen, die ein anderer erbringt, ohne hierzu eine rechtliche oder sittliche Pflicht zu haben, sollen als Einkommen außer Betracht bleiben, soweit ihre Berücksichtigung für die Leistungsberechtigten eine besondere Härte bedeuten würde.

Zweiter Abschnitt
Einkommensgrenzen für die Leistungen nach dem Fünften bis Neunten Kapitel
§ 85 Einkommensgrenze
(1) Bei der Hilfe nach dem Fünften bis Neunten Kapitel ist der nachfragenden Person und ihrem nicht getrennt lebenden Ehegatten oder Lebenspartner die Aufbringung der Mittel nicht zuzumuten, wenn während der Dauer des Bedarfs ihr monatliches Einkommen zusammen eine Einkommensgrenze nicht übersteigt, die sich ergibt aus
1. einem Grundbetrag in Höhe des Zweifachen der Regelbedarfsstufe 1 nach der Anlage zu § 28,
2. den Aufwendungen für die Unterkunft, soweit diese den der Besonderheit des Einzelfalles angemessenen Umfang nicht übersteigen und
3. einem Familienzuschlag in Höhe des auf volle Euro aufgerundeten Betrages von 70 vom Hundert der Regelbedarfsstufe 1 nach der Anlage zu § 28 für den nicht getrennt lebenden Ehegatten oder Lebenspartner und für jede Person, die von der nachfragenden Person, ihrem nicht getrennt lebenden Ehegatten oder Lebenspartner überwiegend unterhalten worden ist oder für die sie nach der Entscheidung über die Erbringung der Sozialhilfe unterhaltspflichtig werden.
(2) ¹Ist die nachfragende Person minderjährig und unverheiratet, so ist ihr und ihren Eltern die Aufbringung der Mittel nicht zuzumuten, wenn während der Dauer des Bedarfs das monatliche Einkommen der nachfragenden Person und ihrer Eltern zusammen eine Einkommensgrenze nicht übersteigt, die sich ergibt aus
1. einem Grundbetrag in Höhe des Zweifachen der Regelbedarfsstufe 1 nach der Anlage zu § 28,
2. den Aufwendungen für die Unterkunft, soweit diese den der Besonderheit des Einzelfalles angemessenen Umfang nicht übersteigen und
3. einem Familienzuschlag in Höhe des auf volle Euro aufgerundeten Betrages von 70 vom Hundert der Regelbedarfsstufe 1 nach der Anlage zu § 28 für einen Elternteil, wenn die Eltern zusammenleben, sowie für die nachfragende Person und für jede Person, die von den Eltern oder der nachfragenden Person überwiegend unterhalten worden ist oder für die sie nach der Entscheidung über die Erbringung der Sozialhilfe unterhaltspflichtig werden.

²Leben die Eltern nicht zusammen, richtet sich die Einkommensgrenze nach dem Elternteil, bei dem die nachfragende Person lebt. ³Lebt sie bei keinem Elternteil, bestimmt sich die Einkommensgrenze nach Absatz 1.
(3) ¹Die Regelbedarfsstufe 1 nach der Anlage zu § 28 bestimmt sich nach dem Ort, an dem der Leistungsberechtigte die Leistung erhält. ²Bei der Leistung in einer Einrichtung sowie bei Unterbringung in einer anderen Familie oder bei den in § 107 genannten anderen Personen bestimmt er sich nach dem gewöhnlichen Aufenthalt des Leistungsberechtigten oder, wenn im Falle des Absatzes 2 auch das Einkommen seiner Eltern oder eines Elternteils maßgebend ist, nach deren gewöhnlichen Aufenthalt. ³Ist ein gewöhnlicher Aufenthalt im Inland nicht vorhanden oder nicht zu ermitteln, ist Satz 1 anzuwenden.

§ 86 Abweichender Grundbetrag
Die Länder und, soweit landesrechtliche Vorschriften nicht entgegenstehen, auch die Träger der Sozialhilfe können für bestimmte Arten der Hilfe nach dem Fünften bis Neunten Kapitel der Einkommensgrenze einen höheren Grundbetrag zu Grunde legen.

§ 87 Einsatz des Einkommens über der Einkommensgrenze
(1) ¹Soweit das zu berücksichtigende Einkommen die Einkommensgrenze übersteigt, ist die Aufbringung der Mittel in angemessenem Umfang zuzumuten. ²Bei der Prüfung, welcher Umfang angemessen ist, sind insbe-

sondere die Art des Bedarfs, die Art oder Schwere der Behinderung oder der Pflegebedürftigkeit, die Dauer und Höhe der erforderlichen Aufwendungen sowie besondere Belastungen der nachfragenden Person und ihrer unterhaltsberechtigten Angehörigen zu berücksichtigen. ³Bei Pflegebedürftigen der Pflegegrade 4 und 5 und blinden Menschen nach § 72 ist ein Einsatz des Einkommens über der Einkommensgrenze in Höhe von mindestens 60 vom Hundert nicht zuzumuten.
(2) Verliert die nachfragende Person durch den Eintritt eines Bedarfsfalles ihr Einkommen ganz oder teilweise und ist ihr Bedarf nur von kurzer Dauer, so kann die Aufbringung der Mittel auch aus dem Einkommen verlangt werden, das sie innerhalb eines angemessenen Zeitraumes nach dem Wegfall des Bedarfs erwirbt und das die Einkommensgrenze übersteigt, jedoch nur insoweit, als ihr ohne den Verlust des Einkommens die Aufbringung der Mittel zuzumuten gewesen wäre.
(3) Bei einmaligen Leistungen zur Beschaffung von Bedarfsgegenständen, deren Gebrauch für mindestens ein Jahr bestimmt ist, kann die Aufbringung der Mittel nach Maßgabe des Absatzes 1 auch aus dem Einkommen verlangt werden, das die in § 19 Abs. 3 genannten Personen innerhalb eines Zeitraumes von bis zu drei Monaten nach Ablauf des Monats, in dem über die Leistung entschieden worden ist, erwerben.

§ 88 Einsatz des Einkommens unter der Einkommensgrenze
(1) ¹Die Aufbringung der Mittel kann, auch soweit das Einkommen unter der Einkommensgrenze liegt, verlangt werden,
1. soweit von einem anderen Leistungen für einen besonderen Zweck erbracht werden, für den sonst Sozialhilfe zu leisten wäre,
2. wenn zur Deckung des Bedarfs nur geringfügige Mittel erforderlich sind.

²Darüber hinaus soll in angemessenem Umfang die Aufbringung der Mittel verlangt werden, wenn eine Person für voraussichtlich längere Zeit Leistungen in einer stationären Einrichtung bedarf.
(2) ¹Bei einer stationären Leistung in einer stationären Einrichtung wird von dem Einkommen, das der Leistungsberechtigte aus einer entgeltlichen Beschäftigung erzielt, die Aufbringung der Mittel in Höhe von einem Achtel der Regelbedarfsstufe 1 nach der Anlage zu § 28 zuzüglich 50 vom Hundert des diesen Betrag übersteigenden Einkommens aus der Beschäftigung nicht verlangt. ²§ 82 Absatz 3 und 6 ist nicht anzuwenden.

§ 89 Einsatz des Einkommens bei mehrfachem Bedarf
(1) Wird im Einzelfall der Einsatz eines Teils des Einkommens zur Deckung eines bestimmten Bedarfs zugemutet oder verlangt, darf dieser Teil des Einkommens bei der Prüfung, inwieweit der Einsatz des Einkommens für einen anderen gleichzeitig bestehenden Bedarf zuzumuten ist oder verlangt werden kann, nicht berücksichtigt werden.
(2) ¹Sind im Fall des Absatzes 1 für die Bedarfsfälle verschiedene Träger der Sozialhilfe zuständig, hat die Entscheidung über die Leistung für den zuerst eingetretenen Bedarf den Vorrang. ²Treten die Bedarfsfälle gleichzeitig ein, ist das über der Einkommensgrenze liegende Einkommen zu gleichen Teilen bei den Bedarfsfällen zu berücksichtigen. ³Bestehen neben den Bedarfen für Leistungen nach diesem Buch gleichzeitig Bedarfe für Leistungen nach Teil 2 des Neunten Buches, so ist das über der Einkommensgrenze liegende Einkommen nur zur Hälfte zu berücksichtigen.

Dritter Abschnitt
Vermögen

§ 90 Einzusetzendes Vermögen
(1) Einzusetzen ist das gesamte verwertbare Vermögen.
(2) Die Sozialhilfe darf nicht abhängig gemacht werden vom Einsatz oder von der Verwertung
1. eines Vermögens, das aus öffentlichen Mitteln zum Aufbau oder zur Sicherung einer Lebensgrundlage oder zur Gründung eines Hausstandes erbracht wird,
2. eines nach § 10a oder Abschnitt XI des Einkommensteuergesetzes geförderten Altersvorsorgevermögens im Sinne des § 92 des Einkommensteuergesetzes; dies gilt auch für das in der Auszahlungsphase insgesamt zur Verfügung stehende Kapital, soweit die Auszahlung als monatliche oder als sonstige regelmäßige Leistung im Sinne von § 82 Absatz 5 Satz 3 erfolgt; für diese Auszahlungen ist § 82 Absatz 4 und 5 anzuwenden,
3. eines sonstigen Vermögens, solange es nachweislich zur baldigen Beschaffung oder Erhaltung eines Hausgrundstücks im Sinne der Nummer 8 bestimmt ist, soweit dieses Wohnzwecken von Menschen mit einer wesentlichen Behinderung oder einer drohenden wesentlichen Behinderung (§ 99 Absatz 1 und 2 des Neunten Buches) oder von blinden Menschen (§ 72) oder pflegebedürftigen Menschen (§ 61) dient oder dienen soll und dieser Zweck durch den Einsatz oder die Verwertung des Vermögens gefährdet würde,

4. eines angemessenen Hausrats; dabei sind die bisherigen Lebensverhältnisse der nachfragenden Person zu berücksichtigen,
5. von Gegenständen, die zur Aufnahme oder Fortsetzung der Berufsausbildung oder der Erwerbstätigkeit unentbehrlich sind,
6. von Familien- und Erbstücken, deren Veräußerung für die nachfragende Person oder ihre Familie eine besondere Härte bedeuten würde,
7. von Gegenständen, die zur Befriedigung geistiger, insbesondere wissenschaftlicher oder künstlerischer Bedürfnisse dienen und deren Besitz nicht Luxus ist,
8. eines angemessenen Hausgrundstücks, das von der nachfragenden Person oder einer anderen in den § 19 Abs. 1 bis 3 genannten Person allein oder zusammen mit Angehörigen ganz oder teilweise bewohnt wird und nach ihrem Tod von ihren Angehörigen bewohnt werden soll. Die Angemessenheit bestimmt sich nach der Zahl der Bewohner, dem Wohnbedarf (zum Beispiel behinderter, blinder oder pflegebedürftiger Menschen), der Grundstücksgröße, der Hausgröße, dem Zuschnitt und der Ausstattung des Wohngebäudes sowie dem Wert des Grundstücks einschließlich des Wohngebäudes,
9. kleinerer Barbeträge oder sonstiger Geldwerte; dabei ist eine besondere Notlage der nachfragenden Person zu berücksichtigen.

(3) [1]Die Sozialhilfe darf ferner nicht vom Einsatz oder von der Verwertung eines Vermögens abhängig gemacht werden, soweit dies für den, der das Vermögen einzusetzen hat, und für seine unterhaltsberechtigten Angehörigen eine Härte bedeuten würde. [2]Dies ist bei der Leistung nach dem Fünften bis Neunten Kapitel insbesondere der Fall, soweit eine angemessene Lebensführung oder die Aufrechterhaltung einer angemessenen Alterssicherung wesentlich erschwert würde.

§ 91 Darlehen

[1]Soweit nach § 90 für den Bedarf der nachfragenden Person Vermögen einzusetzen ist, jedoch der sofortige Verbrauch oder die sofortige Verwertung des Vermögens nicht möglich ist oder für die, die es einzusetzen hat, eine Härte bedeuten würde, soll die Sozialhilfe als Darlehen geleistet werden. [2]Die Leistungserbringung kann davon abhängig gemacht werden, dass der Anspruch auf Rückzahlung dinglich oder in anderer Weise gesichert wird.

Vierter Abschnitt
Einschränkung der Anrechnung

§ 92 Beschränkung des Einkommenseinsatzes auf die häusliche Ersparnis

(1) [1]Erhält eine Person, die nicht in einer Wohnung nach § 42a Absatz 2 Satz 2 lebt, Leistungen nach dem Dritten, Vierten, Fünften, Siebten, Achten oder Neunten Kapitel oder Leistungen für ärztliche oder ärztlich verordnete Maßnahmen, so kann die Aufbringung der Mittel für die Leistungen nach dem Dritten und Vierten Kapitel von ihr und den übrigen in § 19 Absatz 3 genannten Personen verlangt werden, soweit Aufwendungen für den häuslichen Lebensunterhalt erspart werden. [2]Für Leistungsberechtigte nach § 27c Absatz 1 und die übrigen in § 19 Absatz 3 genannten Personen sind Leistungen nach § 27c ohne die Berücksichtigung von vorhandenem Vermögen zu erbringen; Absatz 2 findet keine Anwendung. [3]Die Aufbringung der Mittel nach Satz 1 ist aus dem Einkommen nicht zumutbar, wenn Personen, bei denen nach § 138 Absatz 1 Nummer 3 und 6 des Neunten Buches ein Beitrag zu Leistungen der Eingliederungshilfe nicht verlangt wird, einer selbständigen und nicht selbständigen Tätigkeit nachgehen und das Einkommen aus dieser Tätigkeit einen Betrag in Höhe des Zweifachen der Regelbedarfsstufe 1 nach der Anlage zu § 28 nicht übersteigt; Satz 2 gilt entsprechend.
(2) [1]Darüber hinaus soll in angemessenem Umfang die Aufbringung der Mittel aus dem gemeinsamen Einkommen der leistungsberechtigten Person und ihres nicht getrennt lebenden Ehegatten oder Lebenspartners verlangt werden, wenn die leistungsberechtigte Person auf voraussichtlich längere Zeit Leistungen in einer stationären Einrichtung bedarf. [2]Bei der Prüfung, welcher Umfang angemessen ist, ist auch der bisherigen Lebenssituation des im Haushalt verbliebenen, nicht getrennt lebenden Ehegatten oder Lebenspartners sowie der im Haushalt lebenden minderjährigen unverheirateten Kinder Rechnung zu tragen.
(3) [1]Hat ein anderer als ein nach bürgerlichem Recht Unterhaltspflichtiger nach sonstigen Vorschriften Leistungen für denselben Zweck zu erbringen, wird seine Verpflichtung durch Absatz 2 nicht berührt. [2]Soweit er solche Leistungen erbringt, kann abweichend von Absatz 2 von den in § 19 Absatz 3 genannten Personen die Aufbringung der Mittel verlangt werden.

Fünfter Abschnitt
Verpflichtungen anderer

§ 93 Übergang von Ansprüchen

(1) [1]Hat eine leistungsberechtigte Person oder haben bei Gewährung von Hilfen nach dem Fünften bis Neunten Kapitel auch ihre Eltern, ihr nicht getrennt lebender Ehegatte oder ihr Lebenspartner für die Zeit, für die

Leistungen erbracht werden, einen Anspruch gegen einen anderen, der kein Leistungsträger im Sinne des § 12 des Ersten Buches ist, kann der Träger der Sozialhilfe durch schriftliche Anzeige an den anderen bewirken, dass dieser Anspruch bis zur Höhe seiner Aufwendungen auf ihn übergeht. [2]Er kann den Übergang dieses Anspruchs auch wegen seiner Aufwendungen für diejenigen Leistungen des Dritten und Vierten Kapitels bewirken, die er gleichzeitig mit den Leistungen für die in Satz 1 genannte leistungsberechtigte Person, deren nicht getrennt lebenden Ehegatten oder Lebenspartner und deren minderjährigen unverheirateten Kindern erbringt. [3]Der Übergang des Anspruchs darf nur insoweit bewirkt werden, als bei rechtzeitiger Leistung des anderen entweder die Leistung nicht erbracht worden wäre oder in den Fällen des § 19 Abs. 5 Aufwendungsersatz oder ein Kostenbeitrag zu leisten wäre. [4]Der Übergang ist nicht dadurch ausgeschlossen, dass der Anspruch nicht übertragen, verpfändet oder gepfändet werden kann.
(2) [1]Die schriftliche Anzeige bewirkt den Übergang des Anspruchs für die Zeit, für die der leistungsberechtigten Person die Leistung ohne Unterbrechung erbracht wird. [2]Als Unterbrechung gilt ein Zeitraum von mehr als zwei Monaten.
(3) Widerspruch und Anfechtungsklage gegen den Verwaltungsakt, der den Übergang des Anspruchs bewirkt, haben keine aufschiebende Wirkung.
(4) Die §§ 115 und 116 des Zehnten Buches gehen der Regelung des Absatzes 1 vor.

§ 94 Übergang von Ansprüchen gegen einen nach bürgerlichem Recht Unterhaltspflichtigen

(1) [1]Hat die leistungsberechtigte Person für die Zeit, für die Leistungen erbracht werden, nach bürgerlichem Recht einen Unterhaltsanspruch, geht dieser bis zur Höhe der geleisteten Aufwendungen zusammen mit dem unterhaltsrechtlichen Auskunftsanspruch auf den Träger der Sozialhilfe über. [2]Der Übergang des Anspruchs ist ausgeschlossen, soweit der Unterhaltsanspruch durch laufende Zahlung erfüllt wird. [3]Der Übergang des Anspruchs ist auch ausgeschlossen, wenn die unterhaltspflichtige Person zum Personenkreis des § 19 gehört oder die unterhaltspflichtige Person mit der leistungsberechtigten Person vom zweiten Grad an verwandt ist. [4]Gleiches gilt für Unterhaltsansprüche gegen Verwandte ersten Grades einer Person, die schwanger ist oder ihr leibliches Kind bis zur Vollendung seines sechsten Lebensjahres betreut. [5]§ 93 Abs. 4 gilt entsprechend.
(1a) [1]Unterhaltsansprüche der Leistungsberechtigten gegenüber ihren Kindern und Eltern sind nicht zu berücksichtigen, es sei denn, deren jährliches Gesamteinkommen im Sinne des § 16 des Vierten Buches beträgt jeweils mehr als 100 000 Euro (Jahreseinkommensgrenze). [2]Der Übergang von Ansprüchen der Leistungsberechtigten ist ausgeschlossen, sofern Unterhaltsansprüche nach Satz 1 nicht zu berücksichtigen sind. [3]Es wird vermutet, dass das Einkommen der unterhaltsverpflichteten Personen nach Satz 1 die Jahreseinkommensgrenze nicht überschreitet. [4]Zur Widerlegung der Vermutung nach Satz 3 kann der jeweils für die Ausführung des Gesetzes zuständige Träger von den Leistungsberechtigten Angaben verlangen, die Rückschlüsse auf die Einkommensverhältnisse der Unterhaltspflichtigen nach Satz 1 zulassen. [5]Liegen im Einzelfall hinreichende Anhaltspunkte für ein Überschreiten der Jahreseinkommensgrenze vor, so ist § 117 anzuwenden. [6]Die Sätze 1 bis 5 gelten nicht bei Leistungen nach dem Dritten Kapitel an minderjährige Kinder.
(2) [1]Der Anspruch einer volljährigen unterhaltsberechtigten Person, die in der Eingliederungshilfe leistungsberechtigt im Sinne des § 99 Absatz 1 bis 3 des Neunten Buches oder pflegebedürftig im Sinne von § 61a ist, gegenüber ihren Eltern wegen Leistungen nach dem Siebten Kapitel geht nur in Höhe von bis zu 26 Euro, wegen Leistungen nach dem Dritten und Vierten Kapitel nur in Höhe von bis zu 20 Euro monatlich über. [2]Es wird vermutet, dass der Anspruch in Höhe der genannten Beträge übergeht und mehrere Unterhaltspflichtige zu gleichen Teilen haften; die Vermutung kann widerlegt werden. [3]Die in Satz 1 genannten Beträge verändern sich zum gleichen Zeitpunkt und um denselben Vomhundertsatz, um den sich das Kindergeld verändert.
(3) [1]Ansprüche nach Absatz 1 und 2 gehen nicht über, soweit
1. die unterhaltspflichtige Person Leistungsberechtigte nach dem Dritten und Vierten Kapitel ist oder bei Erfüllung des Anspruchs würde oder
2. der Übergang des Anspruchs eine unbillige Härte bedeuten würde.

[2]Der Träger der Sozialhilfe hat die Einschränkung des Übergangs nach Satz 1 zu berücksichtigen, wenn er von ihren Voraussetzungen durch vorgelegte Nachweise oder auf andere Weise Kenntnis hat.
(4) [1]Für die Vergangenheit kann der Träger der Sozialhilfe den übergegangenen Unterhalt außer unter den Voraussetzungen des bürgerlichen Rechts nur von der Zeit an fordern, zu welcher er dem Unterhaltspflichtigen die Erbringung der Leistung schriftlich mitgeteilt hat. [2]Wenn die Leistung voraussichtlich auf längere Zeit erbracht werden muss, kann der Träger der Sozialhilfe bis zur Höhe der bisherigen monatlichen Aufwendungen auch auf künftige Leistungen klagen.
(5) [1]Der Träger der Sozialhilfe kann den auf ihn übergegangenen Unterhaltsanspruch im Einvernehmen mit der leistungsberechtigten Person auf diesen zur gerichtlichen Geltendmachung rückübertragen und sich den geltend gemachten Unterhaltsanspruch abtreten lassen. [2]Kosten, mit denen die leistungsberechtigte Person da-

durch selbst belastet wird, sind zu übernehmen. ³Über die Ansprüche nach den Absätzen 1, 2 bis 4 ist im Zivilrechtsweg zu entscheiden.

Anm. d. Hrsg.: Die Elternpauschalen betragen (2021):
- bei Gewährung von Leistungen nach dem Dritten Kapitel: 28,44 €
- bei der Gewährung von Leistungen nach dem Sechsten und Siebten Kapitel: 36,97 €
- beim Zusammentreffen beider Pauschalen: 65,41 €.

§ 95 Feststellung der Sozialleistungen
¹Der erstattungsberechtigte Träger der Sozialhilfe kann die Feststellung einer Sozialleistung betreiben sowie Rechtsmittel einlegen. ²Der Ablauf der Fristen, die ohne sein Verschulden verstrichen sind, wirkt nicht gegen ihn. ³Satz 2 gilt nicht für die Verfahrensfristen, soweit der Träger der Sozialhilfe das Verfahren selbst betreibt.

Sechster Abschnitt
Verordnungsermächtigungen
§ 96 Verordnungsermächtigungen
(1) Die Bundesregierung kann durch Rechtsverordnung mit Zustimmung des Bundesrates Näheres über die Berechnung des Einkommens nach § 82, insbesondere der Einkünfte aus Land- und Forstwirtschaft, aus Gewerbebetrieb und aus selbständiger Arbeit bestimmen.
(2) Das Bundesministerium für Arbeit und Soziales kann durch Rechtsverordnung mit Zustimmung des Bundesrates die Höhe der Barbeträge oder sonstigen Geldwerte im Sinne des § 90 Abs. 2 Nr. 9 bestimmen.

Zwölftes Kapitel
Zuständigkeit der Träger der Sozialhilfe
Erster Abschnitt
Sachliche und örtliche Zuständigkeit
§ 97 Sachliche Zuständigkeit
(1) Für die Sozialhilfe sachlich zuständig ist der örtliche Träger der Sozialhilfe, soweit nicht der überörtliche Träger sachlich zuständig ist.
(2) ¹Die sachliche Zuständigkeit des überörtlichen Trägers der Sozialhilfe wird nach Landesrecht bestimmt. ²Dabei soll berücksichtigt werden, dass so weit wie möglich für Leistungen im Sinne von § 8 Nr. 1 bis 6 jeweils eine einheitliche sachliche Zuständigkeit gegeben ist.
(3) Soweit Landesrecht keine Bestimmung nach Absatz 2 Satz 1 enthält, ist der überörtliche Träger der Sozialhilfe für
1. (weggefallen)
2. Leistungen der Hilfe zur Pflege nach den §§ 61 bis 66,
3. Leistungen der Hilfe zur Überwindung besonderer sozialer Schwierigkeiten nach den §§ 67 bis 69,
4. Leistungen der Blindenhilfe nach § 72
sachlich zuständig.
(4) Die sachliche Zuständigkeit für eine stationäre Leistung umfasst auch die sachliche Zuständigkeit für Leistungen, die gleichzeitig nach anderen Kapiteln zu erbringen sind, sowie für eine Leistung nach § 74.

§ 98 Örtliche Zuständigkeit
(1) ¹Für die Sozialhilfe örtlich zuständig ist der Träger der Sozialhilfe, in dessen Bereich sich die Leistungsberechtigten tatsächlich aufhalten. ²Diese Zuständigkeit bleibt bis zur Beendigung der Leistung auch dann bestehen, wenn die Leistung außerhalb seines Bereichs erbracht wird.
(1a) ¹Abweichend von Absatz 1 ist im Falle der Auszahlung der Leistungen nach § 34 Absatz 2 Satz 1 Nummer 1 und bei Anwendung von § 34a Absatz 7 der nach § 34c zuständige Träger der Sozialhilfe zuständig, in dessen örtlichem Zuständigkeitsbereich die Schule liegt. ²Die Zuständigkeit nach Satz 1 umfasst auch Leistungen an Schülerinnen und Schüler, für die im Übrigen ein anderer Träger der Sozialhilfe nach Absatz 1 örtlich zuständig ist oder wäre.
(2) ¹Für die stationäre Leistung ist der Träger der Sozialhilfe örtlich zuständig, in dessen Bereich die Leistungsberechtigten ihren gewöhnlichen Aufenthalt im Zeitpunkt der Aufnahme in die Einrichtung haben oder in den zwei Monaten vor der Aufnahme zuletzt gehabt hatten. ²Waren bei Einsetzen der Sozialhilfe die Leistungsberechtigten aus einer Einrichtung im Sinne des Satzes 1 in eine andere Einrichtung oder von dort in weitere Einrichtungen übergetreten oder tritt nach dem Einsetzen der Leistung ein solcher Fall ein, ist der gewöhnliche Aufenthalt, der für die erste Einrichtung maßgebend war, entscheidend. ³Steht innerhalb von vier Wochen nicht fest, ob und wo der gewöhnliche Aufenthalt nach Satz 1 oder 2 begründet worden ist oder ist ein gewöhnlicher Aufenthaltsort nicht vorhanden oder nicht zu ermitteln oder liegt ein Eilfall vor, hat der nach

Absatz 1 zuständige Träger der Sozialhilfe über die Leistung unverzüglich zu entscheiden und sie vorläufig zu erbringen. ⁴Wird ein Kind in einer Einrichtung im Sinne des Satzes 1 geboren, tritt an die Stelle seines gewöhnlichen Aufenthalts der gewöhnliche Aufenthalt der Mutter.
(3) In den Fällen des § 74 ist der Träger der Sozialhilfe örtlich zuständig, der bis zum Tod der leistungsberechtigten Person Sozialhilfe leistete, in den anderen Fällen der Träger der Sozialhilfe, in dessen Bereich der Sterbeort liegt.
(4) Für Hilfen an Personen, die sich in Einrichtungen zum Vollzug richterlich angeordneter Freiheitsentziehung aufhalten oder aufgehalten haben, gelten die Absätze 1 und 2 sowie die §§ 106 und 109 entsprechend.
(5) ¹Für die Leistungen nach diesem Buch an Personen, die Leistungen nach dem Siebten und Achten Kapitel in Formen ambulanter betreuter Wohnmöglichkeiten erhalten, ist der Träger der Sozialhilfe örtlich zuständig, der vor Eintritt in diese Wohnform zuletzt zuständig war oder gewesen wäre. ²Vor Inkrafttreten dieses Buches begründete Zuständigkeiten bleiben hiervon unberührt.
(6) Soweit Leistungen der Eingliederungshilfe nach Teil 2 des Neunten Buches zu erbringen sind, richtet sich die örtliche Zuständigkeit für gleichzeitig zu erbringende Leistungen nach diesem Buch nach § 98 des Neunten Buches, soweit das Landesrecht keine abweichende Regelung trifft.

§ 99 Vorbehalt abweichender Durchführung
(1) Die Länder können bestimmen, dass und inwieweit die Kreise ihnen zugehörige Gemeinden oder Gemeindeverbände zur Durchführung von Aufgaben nach diesem Buch heranziehen und ihnen dabei Weisungen erteilen können; in diesen Fällen erlassen die Kreise den Widerspruchsbescheid nach dem Sozialgerichtsgesetz.
(2) Die Länder können bestimmen, dass und inwieweit die überörtlichen Träger der Sozialhilfe örtliche Träger der Sozialhilfe sowie diesen zugehörige Gemeinden und Gemeindeverbände zur Durchführung von Aufgaben nach diesem Buch heranziehen und ihnen dabei Weisungen erteilen können; in diesen Fällen erlassen die überörtlichen Träger den Widerspruchsbescheid nach dem Sozialgerichtsgesetz, soweit nicht nach Landesrecht etwas anderes bestimmt wird.

Zweiter Abschnitt
Sonderbestimmungen

§ 100 (weggefallen)

§ 101 Behördenbestimmung und Stadtstaaten-Klausel
(1) Welche Stellen zuständige Behörden sind, bestimmt die Landesregierung, soweit eine landesrechtliche Regelung nicht besteht.
(2) Die Senate der Länder Berlin, Bremen und Hamburg werden ermächtigt, die Vorschriften dieses Buches über die Zuständigkeit von Behörden dem besonderen Verwaltungsaufbau ihrer Länder anzupassen.

Dreizehntes Kapitel
Kosten

Erster Abschnitt
Kostenersatz

§ 102 Kostenersatz durch Erben
(1) ¹Der Erbe der leistungsberechtigten Person oder ihres Ehegatten oder ihres Lebenspartners, falls diese vor der leistungsberechtigten Person sterben, ist vorbehaltlich des Absatzes 5 zum Ersatz der Kosten der Sozialhilfe verpflichtet. ²Die Ersatzpflicht besteht nur für die Kosten der Sozialhilfe, die innerhalb eines Zeitraumes von zehn Jahren vor dem Erbfall aufgewendet worden sind und die das Dreifache des Grundbetrages nach § 85 Abs. 1 übersteigen. ³Die Ersatzpflicht des Erben des Ehegatten oder Lebenspartners besteht nicht für die Kosten der Sozialhilfe, die während des Getrenntlebens der Ehegatten oder Lebenspartner geleistet worden sind. ⁴Ist die leistungsberechtigte Person der Erbe ihres Ehegatten oder Lebenspartners, ist sie zum Ersatz der Kosten nach Satz 1 nicht verpflichtet.
(2) ¹Die Ersatzpflicht des Erben gehört zu den Nachlassverbindlichkeiten. ²Der Erbe haftet mit dem Wert des im Zeitpunkt des Erbfalles vorhandenen Nachlasses.
(3) Der Anspruch auf Kostenersatz ist nicht geltend zu machen,
1. soweit der Wert des Nachlasses unter dem Dreifachen des Grundbetrages nach § 85 Abs. 1 liegt,
2. soweit der Wert des Nachlasses unter dem Betrag von 15 340 Euro liegt, wenn der Erbe der Ehegatte oder Lebenspartner der leistungsberechtigten Person oder mit dieser verwandt ist und nicht nur vorübergehend bis zum Tod der leistungsberechtigten Person mit dieser in häuslicher Gemeinschaft gelebt und sie gepflegt hat,

3. soweit die Inanspruchnahme des Erben nach der Besonderheit des Einzelfalles eine besondere Härte bedeuten würde.

(4) ¹Der Anspruch auf Kostenersatz erlischt in drei Jahren nach dem Tod der leistungsberechtigten Person, ihres Ehegatten oder ihres Lebenspartners. ²§ 103 Abs. 3 Satz 2 und 3 gilt entsprechend.

(5) Der Ersatz der Kosten durch die Erben gilt nicht für Leistungen nach dem Vierten Kapitel und für die vor dem 1. Januar 1987 entstandenen Kosten der Tuberkulosehilfe.

§ 102a Rücküberweisung und Erstattung im Todesfall
Für Geldleistungen nach diesem Buch, die für Zeiträume nach dem Todesmonat der leistungsberechtigten Person überwiesen wurden, ist § 118 Absatz 3 bis 4a des Sechsten Buches entsprechend anzuwenden.

§ 103 Kostenersatz bei schuldhaftem Verhalten
(1) ¹Zum Ersatz der Kosten der Sozialhilfe ist verpflichtet, wer nach Vollendung des 18. Lebensjahres für sich oder andere durch vorsätzliches oder grob fahrlässiges Verhalten die Voraussetzungen für die Leistungen der Sozialhilfe herbeigeführt hat. ²Zum Kostenersatz ist auch verpflichtet, wer als leistungsberechtigte Person oder als deren Vertreter die Rechtswidrigkeit des der Leistung zu Grunde liegenden Verwaltungsaktes kannte oder infolge grober Fahrlässigkeit nicht kannte. ³Von der Heranziehung zum Kostenersatz kann abgesehen werden, soweit sie eine Härte bedeuten würde.

(2) ¹Eine nach Absatz 1 eingetretene Verpflichtung zum Ersatz der Kosten geht auf den Erben über. ²§ 102 Abs. 2 Satz 2 findet Anwendung.

(3) ¹Der Anspruch auf Kostenersatz erlischt in drei Jahren vom Ablauf des Jahres an, in dem die Leistung erbracht worden ist. ²Für die Hemmung, die Ablaufhemmung, den Neubeginn und die Wirkung der Verjährung gelten die Vorschriften des Bürgerlichen Gesetzbuchs sinngemäß. ³Der Erhebung der Klage steht der Erlass eines Leistungsbescheides gleich.

(4) ¹Die §§ 44 bis 50 des Zehnten Buches bleiben unberührt. ²Zum Kostenersatz nach Absatz 1 und zur Erstattung derselben Kosten nach § 50 des Zehnten Buches Verpflichtete haften als Gesamtschuldner.

§ 104 Kostenersatz für zu Unrecht erbrachte Leistungen
¹Zum Ersatz der Kosten für zu Unrecht erbrachte Leistungen der Sozialhilfe ist in entsprechender Anwendung des § 103 verpflichtet, wer die Leistungen durch vorsätzliches oder grob fahrlässiges Verhalten herbeigeführt hat. ²Zum Kostenersatz nach Satz 1 und zur Erstattung derselben Kosten nach § 50 des Zehnten Buches Verpflichtete haften als Gesamtschuldner.

§ 105 Kostenersatz bei Doppelleistungen
Hat ein vorrangig verpflichteter Leistungsträger in Unkenntnis der Leistung des Trägers der Sozialhilfe an die leistungsberechtigte Person geleistet, ist diese zur Herausgabe des Erlangten an den Träger der Sozialhilfe verpflichtet.

Zweiter Abschnitt
Kostenerstattung zwischen den Trägern der Sozialhilfe

§ 106 Kostenerstattung bei Aufenthalt in einer Einrichtung
(1) ¹Der nach § 98 Abs. 2 Satz 1 zuständige Träger der Sozialhilfe hat dem nach § 98 Abs. 2 Satz 3 vorläufig leistenden Träger die aufgewendeten Kosten zu erstatten. ²Ist in den Fällen des § 98 Abs. 2 Satz 3 oder 4 ein gewöhnlicher Aufenthalt nicht vorhanden oder nicht zu ermitteln und war für die Leistungserbringung ein örtlicher Träger der Sozialhilfe sachlich zuständig, sind diesem die aufgewendeten Kosten von dem überörtlichen Träger der Sozialhilfe zu erstatten, zu dessen Bereich der örtliche Träger gehört.

(2) Als Aufenthalt in einer stationären Einrichtung gilt auch, wenn jemand außerhalb der Einrichtung untergebracht wird, aber in ihrer Betreuung bleibt, oder aus der Einrichtung beurlaubt wird.

(3) ¹Verlässt in den Fällen des § 98 Abs. 2 die leistungsberechtigte Person die Einrichtung und erhält sie im Bereich des örtlichen Trägers, in dem die Einrichtung liegt, innerhalb von einem Monat danach Leistungen der Sozialhilfe, sind dem örtlichen Träger der Sozialhilfe die aufgewendeten Kosten von dem Träger der Sozialhilfe zu erstatten, in dessen Bereich die leistungsberechtigte Person ihren gewöhnlichen Aufenthalt im Sinne des § 98 Abs. 2 Satz 1 hatte. ²Absatz 1 Satz 2 gilt entsprechend. ³Die Erstattungspflicht wird nicht durch einen Aufenthalt außerhalb dieses Bereichs oder in einer Einrichtung im Sinne des § 98 Abs. 2 Satz 1 unterbrochen, wenn dieser zwei Monate nicht übersteigt; sie endet, wenn für einen zusammenhängenden Zeitraum von zwei Monaten Leistungen nicht zu erbringen waren, spätestens nach Ablauf von zwei Jahren seit dem Verlassen der Einrichtung.

§ 107 Kostenerstattung bei Unterbringung in einer anderen Familie
§ 98 Abs. 2 und § 106 gelten entsprechend, wenn ein Kind oder ein Jugendlicher in einer anderen Familie oder bei anderen Personen als bei seinen Eltern oder bei einem Elternteil untergebracht ist.

§ 108 Kostenerstattung bei Einreise aus dem Ausland

(1) ¹Reist eine Person, die weder im Ausland noch im Inland einen gewöhnlichen Aufenthalt hat, aus dem Ausland ein und setzen innerhalb eines Monats nach ihrer Einreise Leistungen der Sozialhilfe ein, sind die aufgewendeten Kosten von dem von einer Schiedsstelle bestimmten überörtlichen Träger der Sozialhilfe zu erstatten. ²Bei ihrer Entscheidung hat die Schiedsstelle die Einwohnerzahl und die Belastungen, die sich im vorangegangenen Haushaltsjahr für die Träger der Sozialhilfe nach dieser Vorschrift sowie nach den §§ 24 und 115 ergeben haben, zu berücksichtigen. ³Satz 1 gilt nicht für Personen, die im Inland geboren sind oder bei Einsetzen der Leistung mit ihnen als Ehegatte, Lebenspartner, Verwandte oder Verschwägerte zusammenleben. ⁴Leben Ehegatten, Lebenspartner, Verwandte oder Verschwägerte bei Einsetzen der Leistung zusammen, ist ein gemeinsamer erstattungspflichtiger Träger der Sozialhilfe zu bestimmen.
(2) ¹Schiedsstelle im Sinne des Absatzes 1 ist das Bundesverwaltungsamt. ²Die Länder können durch Verwaltungsvereinbarung eine andere Schiedsstelle bestimmen.
(3) Ist ein Träger der Sozialhilfe nach Absatz 1 zur Erstattung der für eine leistungsberechtigte Person aufgewendeten Kosten verpflichtet, hat er auch die für den Ehegatten, den Lebenspartner oder die minderjährigen Kinder der leistungsberechtigten Personen aufgewendeten Kosten zu erstatten, wenn diese Personen später einreisen und Sozialhilfe innerhalb eines Monats einsetzt.
(4) Die Verpflichtung zur Erstattung der für Leistungsberechtigten aufgewendeten Kosten entfällt, wenn für einen zusammenhängenden Zeitraum von drei Monaten Sozialhilfe nicht zu leisten war.
(5) Die Absätze 1 bis 4 sind nicht anzuwenden für Personen, deren Unterbringung nach der Einreise in das Inland bundesrechtlich oder durch Vereinbarung zwischen Bund und Ländern geregelt ist.

§ 109 Ausschluss des gewöhnlichen Aufenthalts

Als gewöhnlicher Aufenthalt im Sinne des Zwölften Kapitels und des Dreizehnten Kapitels, Zweiter Abschnitt, gelten nicht der Aufenthalt in einer Einrichtung im Sinne von § 98 Abs. 2 und der auf richterlich angeordneter Freiheitsentziehung beruhende Aufenthalt in einer Vollzugsanstalt.

§ 110 Umfang der Kostenerstattung

(1) ¹Die aufgewendeten Kosten sind zu erstatten, soweit die Leistung diesem Buch entspricht. ²Dabei gelten die am Aufenthaltsort der Leistungsberechtigten zur Zeit der Leistungserbringung bestehenden Grundsätze für die Leistung von Sozialhilfe.
(2) ¹Kosten unter 2560 Euro, bezogen auf einen Zeitraum der Leistungserbringung von bis zu zwölf Monaten, sind außer in den Fällen einer vorläufigen Leistungserbringung nach § 98 Abs. 2 Satz 3 nicht zu erstatten. ²Die Begrenzung auf 2560 Euro gilt, wenn die Kosten für die Mitglieder eines Haushalts im Sinne von § 27 Absatz 2 Satz 2 und 3 zu erstatten sind, abweichend von Satz 1 für die Mitglieder des Haushalts zusammen.

§ 111 Verjährung

(1) Der Anspruch auf Erstattung der aufgewendeten Kosten verjährt in vier Jahren, beginnend nach Ablauf des Kalenderjahres, in dem er entstanden ist.
(2) Für die Hemmung, die Ablaufhemmung, den Neubeginn und die Wirkung der Verjährung gelten die Vorschriften des Bürgerlichen Gesetzbuchs sinngemäß.

§ 112 Kostenerstattung auf Landesebene

Die Länder können Abweichendes über die Kostenerstattung zwischen den Trägern der Sozialhilfe ihres Bereichs regeln.

Dritter Abschnitt
Sonstige Regelungen

§ 113 Vorrang der Erstattungsansprüche

Erstattungsansprüche der Träger der Sozialhilfe gegen andere Leistungsträger nach § 104 des Zehnten Buches gehen einer Übertragung, Pfändung oder Verpfändung des Anspruchs vor, auch wenn sie vor Entstehen des Erstattungsanspruchs erfolgt sind.

§ 114 Ersatzansprüche der Träger der Sozialhilfe nach sonstigen Vorschriften

Bestimmt sich das Recht des Trägers der Sozialhilfe, Ersatz seiner Aufwendungen von einem anderen zu verlangen, gegen den die Leistungsberechtigten einen Anspruch haben, nach sonstigen gesetzlichen Vorschriften, die dem § 93 vorgehen, gelten als Aufwendungen
1. die Kosten der Leistung für diejenige Person, die den Anspruch gegen den anderen hat, und
2. die Kosten für Leistungen nach dem Dritten und Vierten Kapitel, die gleichzeitig mit der Leistung nach Nummer 1 für den nicht getrennt lebenden Ehegatten oder Lebenspartner und die minderjährigen unverheirateten Kinder geleistet wurden.

§ 115 Übergangsregelung für die Kostenerstattung bei Einreise aus dem Ausland
Die Pflicht eines Trägers der Sozialhilfe zur Kostenerstattung, die nach der vor dem 1. Januar 1994 geltenden Fassung des § 108 des Bundessozialhilfegesetzes entstanden oder von der Schiedsstelle bestimmt worden ist, bleibt bestehen.

Vierzehntes Kapitel
Verfahrensbestimmungen

§ 116 Beteiligung sozial erfahrener Dritter
(1) Soweit Landesrecht nichts Abweichendes bestimmt, sind vor dem Erlass allgemeiner Verwaltungsvorschriften sozial erfahrene Dritte zu hören, insbesondere aus Vereinigungen, die Bedürftige betreuen, oder aus Vereinigungen von Sozialleistungsempfängern.

(2) Soweit Landesrecht nichts Abweichendes bestimmt, sind vor dem Erlass des Verwaltungsaktes über einen Widerspruch gegen die Ablehnung der Sozialhilfe oder gegen die Festsetzung ihrer Art und Höhe Dritte, wie sie in Absatz 1 bezeichnet sind, beratend zu beteiligen.

§ 116a Rücknahme von Verwaltungsakten
§ 44 des Zehnten Buches gilt mit der Maßgabe, dass
1. rechtswidrige nicht begünstigende Verwaltungsakte nach den Absätzen 1 und 2 nicht später als vier Jahre nach Ablauf des Jahres, in dem der Verwaltungsakt bekanntgegeben wurde, zurückzunehmen sind; ausreichend ist, wenn die Rücknahme innerhalb dieses Zeitraumes beantragt wird,
2. anstelle des Zeitraums von vier Jahren nach Absatz 4 Satz 1 ein Zeitraum von einem Jahr tritt.

§ 117 Pflicht zur Auskunft
(1) [1]Die Unterhaltspflichtigen, ihre nicht getrennt lebenden Ehegatten oder Lebenspartner und die Kostensatzpflichtigen haben dem Träger der Sozialhilfe über ihre Einkommens- und Vermögensverhältnisse Auskunft zu geben, soweit die Durchführung dieses Buches es erfordert. [2]Dabei haben sie die Verpflichtung, auf Verlangen des Trägers der Sozialhilfe Beweisurkunden vorzulegen oder ihrer Vorlage zuzustimmen. [3]Auskunftspflichtig nach Satz 1 und 2 sind auch Personen, von denen nach § 39 trotz Aufforderung unwiderlegt vermutet wird, dass sie Leistungen zum Lebensunterhalt an andere Mitglieder der Haushaltsgemeinschaft erbringen. [4]Die Auskunftspflicht der Finanzbehörden nach § 21 Abs. 4 des Zehnten Buches erstreckt sich auch auf diese Personen.

(2) Wer jemandem, der Leistung nach diesem Buch beantragt hat oder bezieht, Leistungen erbringt oder erbracht hat, die geeignet sind oder waren, diese Leistungen auszuschließen oder zu mindern, hat dem Träger der Sozialhilfe auf Verlangen hierüber Auskunft zu geben, soweit es zur Durchführung der Aufgaben nach diesem Buch im Einzelfall erforderlich ist.

(3) [1]Wer jemandem, der Leistungen nach diesem Buch beantragt hat oder bezieht, zu Leistungen verpflichtet ist oder war, die geeignet sind oder waren, Leistungen auszuschließen oder zu mindern, oder für ihn Guthaben führt oder Vermögensgegenstände verwahrt, hat dem Träger der Sozialhilfe auf Verlangen hierüber sowie über damit im Zusammenhang stehendes Einkommen oder Vermögen Auskunft zu erteilen, soweit es zur Durchführung der Leistungen nach diesem Buch im Einzelfall erforderlich ist. [2]§ 21 Abs. 3 Satz 4 des Zehnten Buches gilt entsprechend.

(4) Der Arbeitgeber ist verpflichtet, dem Träger der Sozialhilfe über die Art und Dauer der Beschäftigung, die Arbeitsstätte und das Arbeitsentgelt der bei ihm beschäftigten Leistungsberechtigten, Unterhaltspflichtigen und deren nicht getrennt lebenden Ehegatten oder Lebenspartner sowie Kostenersatzpflichtigen Auskunft zu geben, soweit die Durchführung dieses Buches es erfordert.

(5) Die nach den Absätzen 1 bis 4 zur Erteilung einer Auskunft Verpflichteten können Angaben verweigern, die ihnen oder ihnen nahe stehenden Personen (§ 383 Abs. 1 Nr. 1 bis 3 der Zivilprozessordnung) die Gefahr zuziehen würden, wegen einer Straftat oder einer Ordnungswidrigkeit verfolgt zu werden.

(6) [1]Ordnungswidrig handelt, wer vorsätzlich oder fahrlässig die Auskünfte nach den Absätzen 2, 3 Satz 1 und Absatz 4 nicht, nicht richtig, nicht vollständig oder nicht rechtzeitig erteilt. [2]Die Ordnungswidrigkeit kann mit einer Geldbuße geahndet werden.

§ 118 Überprüfung, Verwaltungshilfe
(1) [1]Die Träger der Sozialhilfe können Personen, die Leistungen nach diesem Buch beziehen, auch regelmäßig im Wege des automatisierten Datenabgleichs daraufhin überprüfen,
1. ob und in welcher Höhe und für welche Zeiträume von ihnen Leistungen der Bundesagentur für Arbeit (Auskunftsstelle) oder der Träger der gesetzlichen Unfall- oder Rentenversicherung (Auskunftsstellen) bezogen werden oder wurden,

2. ob und in welchem Umfang Zeiten des Leistungsbezuges nach diesem Buch mit Zeiten einer Versicherungspflicht oder Zeiten einer geringfügigen Beschäftigung zusammentreffen,
3. ob und welche Daten nach § 45d Abs. 1 und § 45e des Einkommensteuergesetzes dem Bundeszentralamt für Steuern (Auskunftsstelle) übermittelt worden sind,
4. ob und in welcher Höhe ein Kapital nach § 90 Abs. 2 Nr. 2 nicht mehr dem Zweck einer geförderten zusätzlichen Altersvorsorge im Sinne des § 10a oder des Abschnitts XI des Einkommensteuergesetzes dient und
5. ob und in welcher Höhe und für welche Zeiträume von ihnen Leistungen der Eingliederungshilfe nach Teil 2 des Neunten Buches bezogen werden oder wurden.

[2]Sie dürfen für die Überprüfung nach Satz 1 Name, Vorname (Rufname), Geburtsdatum, Geburtsort, Nationalität, Geschlecht, Anschrift und Versicherungsnummer der Personen, die Leistungen nach diesem Buch beziehen, den Auskunftsstellen übermitteln. [3]Die Auskunftsstellen führen den Abgleich mit den nach Satz 2 übermittelten Daten durch und übermitteln die Daten über Feststellungen im Sinne des Satzes 1 an die Träger der Sozialhilfe. [4]Die ihnen überlassenen Daten und Datenträger sind nach Durchführung des Abgleichs unverzüglich zurückzugeben, zu löschen oder zu vernichten. [5]Die Träger der Sozialhilfe dürfen die ihnen übermittelten Daten nur zur Überprüfung nach Satz 1 nutzen. [6]Die übermittelten Daten der Personen, bei denen die Überprüfung zu keinen abweichenden Feststellungen führt, sind unverzüglich zu löschen.

(1a) Liegt ein Vermögen vor, das nach § 90 Absatz 2 Nummer 2 nicht einzusetzen ist, so melden die Träger der Sozialhilfe auf elektronischem Weg der Datenstelle der Rentenversicherung als Vermittlungsstelle, um eine Mitteilung zu einer schädlichen Verwendung nach § 94 Absatz 3 des Einkommensteuergesetzes zu erhalten, den erstmaligen Bezug nach dem Dritten und Vierten Kapitel sowie die Beendigung des jeweiligen Leistungsbezugs.

(2) [1]Die Träger der Sozialhilfe sind befugt, Personen, die Leistungen nach diesem Buch beziehen, auch regelmäßig im Wege des automatisierten Datenabgleichs daraufhin zu überprüfen, ob und in welcher Höhe und für welche Zeiträume von ihnen Leistungen nach diesem Buch durch andere Träger der Sozialhilfe bezogen werden oder wurden. [2]Hierzu dürfen die erforderlichen Daten nach Absatz 1 Satz 2 anderen Trägern der Sozialhilfe oder einer zentralen Vermittlungsstelle im Sinne des § 120 Nr. 1 übermittelt werden. [3]Diese führen den Abgleich der ihnen übermittelten Daten durch und leiten Feststellungen im Sinne des Satzes 1 an die übermittelnden Träger der Sozialhilfe zurück. [4]Sind die ihnen übermittelten Daten oder Datenträger für die Überprüfung nach Satz 1 nicht mehr erforderlich, sind diese unverzüglich zurückzugeben, zu löschen oder zu vernichten. [5]Überprüfungsverfahren nach diesem Absatz können zusammengefasst und mit Überprüfungsverfahren nach Absatz 1 verbunden werden.

(3) [1]Die Datenstelle der Rentenversicherung darf als Vermittlungsstelle für das Bundesgebiet die nach den Absätzen 1, 1a und 2 übermittelten Daten speichern und nutzen, soweit dies für die Datenabgleiche nach den Absätzen 1, 1a und 2 erforderlich ist. [2]Sie darf die Daten der Stammsatzdatei (§ 150 des Sechsten Buches) und des bei ihr für die Prüfung bei den Arbeitgebern geführten Dateisystems (§ 28p Absatz 8 Satz 2 des Vierten Buches) nutzen, soweit die Daten für die Datenabgleiche erforderlich sind. [3]Die nach Satz 1 bei der Datenstelle der Rentenversicherung gespeicherten Daten sind unverzüglich nach Abschluss der Datenabgleiche zu löschen.

(4) [1]Die Träger der Sozialhilfe sind befugt, zur Vermeidung rechtswidriger Inanspruchnahme von Sozialhilfe Daten von Personen, die Leistungen nach diesem Buch beziehen, bei anderen Stellen ihrer Verwaltung, bei ihren wirtschaftlichen Unternehmen und bei den Kreisen, Kreisverwaltungsbehörden und Gemeinden zu überprüfen, soweit diese für die Erfüllung dieser Aufgaben erforderlich sind. [2]Sie dürfen für die Überprüfung die in Absatz 1 Satz 2 genannten Daten übermitteln. [3]Die Überprüfung kann auch regelmäßig im Wege des automatisierten Datenabgleichs und den Stellen durchgeführt werden, bei denen die in Satz 4 jeweils genannten Daten zuständigkeitshalber vorliegen. [4]Nach Satz 1 ist die Überprüfung folgender Daten zulässig:
1. Geburtsdatum und -ort,
2. Personen- und Familienstand,
3. Wohnsitz,
4. Dauer und Kosten von Miet- oder Überlassungsverhältnissen von Wohnraum,
5. Dauer und Kosten von bezogenen Leistungen über Elektrizität, Gas, Wasser, Fernwärme oder Abfallentsorgung und
6. Eigenschaft als Kraftfahrzeughalter.

[5]Die in Satz 1 genannten Stellen sind verpflichtet, die in Satz 4 genannten Daten zu übermitteln. [6]Sie haben die ihnen im Rahmen der Überprüfung übermittelten Daten nach Vorlage der Mitteilung unverzüglich zu löschen. [7]Eine Übermittlung durch diese Stellen unterbleibt, soweit ihr besondere gesetzliche Verwendungsregelungen entgegenstehen.

§ 119 Wissenschaftliche Forschung im Auftrag des Bundes

¹Der Träger der Sozialhilfe darf einer wissenschaftlichen Einrichtung, die im Auftrag des Bundesministeriums für Arbeit und Soziales ein Forschungsvorhaben durchführt, das dem Zweck dient, die Erreichung der Ziele von Gesetzen über soziale Leistungen zu überprüfen oder zu verbessern, Sozialdaten übermitteln, soweit
1. dies zur Durchführung des Forschungsvorhabens erforderlich ist, insbesondere das Verfahren mit anonymisierten oder pseudoanonymisierten Daten nicht durchgeführt werden kann, und
2. das öffentliche Interesse an dem Forschungsvorhaben das schutzwürdige Interesse der Betroffenen an einem Ausschluss der Übermittlung erheblich überwiegt.

²Vor der Übermittlung sind die Betroffenen über die beabsichtigte Übermittlung, den Zweck des Forschungsvorhabens sowie ihr Widerspruchsrecht nach Satz 3 schriftlich zu unterrichten. ³Sie können der Übermittlung innerhalb eines Monats nach der Unterrichtung widersprechen. ⁴Im Übrigen bleibt das Zweite Kapitel des Zehnten Buches unberührt.

§ 120 Verordnungsermächtigung

Das Bundesministerium für Arbeit und Soziales wird ermächtigt, durch Rechtsverordnung mit Zustimmung des Bundesrates
1. das Nähere über das Verfahren des automatisierten Datenabgleichs nach § 118 Abs. 1 und die Kosten des Verfahrens zu regeln; dabei ist vorzusehen, dass die Zuleitung an die Auskunftsstellen durch eine zentrale Vermittlungsstelle (Kopfstelle) zu erfolgen hat, deren Zuständigkeitsbereich zumindest das Gebiet eines Bundeslandes umfasst, und
2. das Nähere über die Verfahren und die Kosten nach § 118 Absatz 1a und 2 zu regeln.

Fünfzehntes Kapitel
Statistik

Erster Abschnitt
Bundesstatistik für das Dritte und Fünfte bis Neunte Kapitel

§ 121 Bundesstatistik für das Dritte und Fünfte bis Neunte Kapitel

Zur Beurteilung der Auswirkungen des Dritten und Fünften bis Neunten Kapitels und zu deren Fortentwicklung werden Erhebungen über
1. die Leistungsberechtigten, denen
   a) Hilfe zum Lebensunterhalt nach dem Dritten Kapitel (§§ 27 bis 40),
   b) Hilfen zur Gesundheit nach dem Fünften Kapitel (§§ 47 bis 52),
   c) (weggefallen)
   d) Hilfe zur Pflege nach dem Siebten Kapitel (§§ 61 bis 66),
   e) Hilfe zur Überwindung besonderer sozialer Schwierigkeiten nach dem Achten Kapitel (§§ 67 bis 69) und
   f) Hilfe in anderen Lebenslagen nach dem Neunten Kapitel (§§ 70 bis 74),
   geleistet wird,
2. die Einnahmen und Ausgaben der Träger der Sozialhilfe nach dem Dritten und Fünften bis Neunten Kapitel

als Bundesstatistik durchgeführt.

§ 122 Erhebungsmerkmale

(1) Erhebungsmerkmale bei der Erhebung nach § 121 Nummer 1 Buchstabe a sind:
1. für Leistungsberechtigte, denen Leistungen nach dem Dritten Kapitel für mindestens einen Monat erbracht werden:
   a) Geschlecht, Geburtsmonat und -jahr, Staatsangehörigkeit, Migrationshintergrund, bei Ausländern auch aufenthaltsrechtlicher Status, Regelbedarfsstufe, Art der geleisteten Mehrbedarfe,
   b) für Leistungsberechtigte, die das 15. Lebensjahr vollendet, die Altersgrenze nach § 41 Abs. 2 aber noch nicht erreicht haben, zusätzlich zu den unter Buchstabe a genannten Merkmalen: Beschäftigung, Einschränkung der Leistung,
   c) für Leistungsberechtigte in Personengemeinschaften, für die eine gemeinsame Bedarfsberechnung erfolgt, und für einzelne Leistungsberechtigte: Wohngemeinde und Gemeindeteil, Art des Trägers, Leistungen in und außerhalb von Einrichtungen, Beginn der Leistung nach Monat und Jahr, Beginn der ununterbrochenen Leistungserbringung für mindestens ein Mitglied der Personengemeinschaft nach Monat und Jahr, die in den § 27a Absatz 3, §§ 27b, 30 bis 33, §§ 35 bis 38 und 133a genannten Bedarfe je Monat, Nettobedarf je Monat, Art und jeweilige Höhe der angerechneten oder in Anspruch

genommenen Einkommen und übergegangenen Ansprüche, Zahl aller Haushaltsmitglieder, Zahl aller Leistungsberechtigten im Haushalt,
  d) bei Änderung der Zusammensetzung der Personengemeinschaft und bei Beendigung der Leistungserbringung zusätzlich zu den unter den Buchstaben a bis c genannten Merkmalen: Monat und Jahr der Änderung der Zusammensetzung oder der Beendigung der Leistung, bei Ende der Leistung auch Grund der Einstellung der Leistungen,
  e) für Leistungsberechtigte mit Bedarfen für Bildung und Teilhabe nach § 34 Absatz 2 bis 7:
    aa) Geschlecht, Geburtsmonat und -jahr, Wohngemeinde und Gemeindeteil, Staatsangehörigkeit, bei Ausländern auch aufenthaltsrechtlicher Status,
    bb) die in § 34 Absatz 2 bis 7 genannten Bedarfe je Monat getrennt nach Schulausflügen, mehrtägigen Klassenfahrten, Ausstattung mit persönlichem Schulbedarf, Schülerbeförderung, Lernförderung, Teilnahme an einer gemeinsamen Mittagsverpflegung sowie Teilhabe am sozialen und kulturellen Leben in der Gemeinschaft und
2. für Leistungsberechtigte, die nicht zu dem Personenkreis der Nummer 1 zählen: Geschlecht, Altersgruppe, Staatsangehörigkeit, Vorhandensein eigenen Wohnraums, Art des Trägers.
(2) (weggefallen)
(3) Erhebungsmerkmale bei den Erhebungen nach § 121 Nummer 1 Buchstabe b bis f sind für jeden Leistungsberechtigten:
1. Geschlecht, Geburtsmonat und -jahr, Wohngemeinde und Gemeindeteil, Staatsangehörigkeit, bei Ausländern auch aufenthaltsrechtlicher Status, Art des Trägers, erbrachte Leistung im Laufe und am Ende des Berichtsjahres sowie in und außerhalb von Einrichtungen nach Art der Leistung nach § 8, am Jahresende erbrachte Leistungen nach dem Dritten und Vierten Kapitel jeweils getrennt nach in und außerhalb von Einrichtungen,
2. bei Leistungsberechtigten nach dem Siebten Kapitel auch die einzelne Art der Leistungen und die Ausgaben je Fall, Beginn und Ende der Leistungserbringung nach Monat und Jahr sowie Art der Unterbringung, Leistung durch ein Persönliches Budget,
3. (weggefallen)
4. bei Leistungsberechtigten nach dem Siebten Kapitel zusätzlich
  a) das Bestehen einer Pflegeversicherung,
  b) die Erbringung oder Gründe der Nichterbringung von Pflegeleistungen von Sozialversicherungsträgern und einer privaten Pflegeversicherung,
  c) die Höhe des anzurechnenden Einkommens, Bezug von Leistungen der Eingliederungshilfe nach Teil 2 des Neunten Buches.
(4) Erhebungsmerkmale bei der Erhebung nach § 121 Nummer 2 sind: Art des Trägers, Ausgaben für Leistungen in und außerhalb von Einrichtungen nach § 8, Einnahmen in und außerhalb von Einrichtungen nach Einnahmearten und Leistungen nach § 8.

§ 123 Hilfsmerkmale
(1) Hilfsmerkmale für Erhebungen nach § 121 sind
1. Name und Anschrift des Auskunftspflichtigen,
2. für die Erhebung nach § 122 Absatz 1 Nummer 1 und Absatz 3 die Kennnummern der Leistungsberechtigten,
3. Name und Telefonnummer der für eventuelle Rückfragen zur Verfügung stehenden Person.
(2) ¹Die Kennnummern nach Absatz 1 Nummer 2 dienen der Prüfung der Richtigkeit der Statistik und der Fortschreibung der jeweils letzten Bestandserhebung. ²Sie enthalten keine Angaben über persönliche und sachliche Verhältnisse der Leistungsberechtigten und sind zum frühestmöglichen Zeitpunkt spätestens nach Abschluss der wiederkehrenden Bestandserhebung zu löschen.

§ 124 Periodizität, Berichtszeitraum und Berichtszeitpunkte
(1) ¹Die Erhebungen nach § 122 Absatz 1 Nummer 1 Buchstabe a bis c werden als Bestandserhebungen jährlich zum 31. Dezember durchgeführt. ²Die Angaben sind darüber hinaus bei Beginn und Ende der Leistungserbringung sowie bei Änderung der Zusammensetzung der Personengemeinschaft nach § 122 Absatz 1 Nummer 1 Buchstabe c zu erteilen. ³Die Angaben zu § 122 Absatz 1 Nummer 1 Buchstabe d sind ebenfalls zum Zeitpunkt der Beendigung der Leistungserbringung und der Änderung der Zusammensetzung der Personengemeinschaft zu erteilen.
(2) ¹Die Erhebung nach § 122 Absatz 1 Nummer 1 Buchstabe e wird für jedes abgelaufene Quartal eines Kalenderjahres durchgeführt. ²Dabei sind die Merkmale für jeden Monat eines Quartals zu erheben.

(3) Die Erhebung nach § 122 Absatz 1 Nummer 2 wird als Bestandserhebung vierteljährlich zum Quartalsende durchgeführt.
(4) Die Erhebungen nach § 122 Absatz 3 und 4 erfolgen jährlich für das abgelaufene Kalenderjahr.

§ 125 Auskunftspflicht

(1) ¹Für die Erhebungen nach § 121 besteht Auskunftspflicht. ²Die Angaben nach § 123 Absatz 1 Nummer 3 sowie die Angaben zum Gemeindeteil nach § 122 Absatz 1 Nummer 1 Buchstabe c und e sowie Absatz 3 Nummer 1 sind freiwillig.
(2) Auskunftspflichtig sind die zuständigen örtlichen und überörtlichen Träger der Sozialhilfe sowie die kreisangehörigen Gemeinden und Gemeindeverbände, soweit sie Aufgaben dieses Buches wahrnehmen.

§ 126 Übermittlung, Veröffentlichung

(1) ¹An die fachlich zuständigen obersten Bundes- oder Landesbehörden dürfen für die Verwendung gegenüber den gesetzgebenden Körperschaften und für Zwecke der Planung, jedoch nicht für die Regelung von Einzelfällen, vom Statistischen Bundesamt und den statistischen Ämtern der Länder Tabellen mit statistischen Ergebnissen nach § 121 übermittelt werden, auch soweit Tabellenfelder nur einen einzigen Fall ausweisen. ²Tabellen, deren Tabellenfelder nur einen einzigen Fall ausweisen, dürfen nur dann übermittelt werden, wenn sie nicht differenzierter als auf Regierungsbezirksebene, bei Stadtstaaten auf Bezirksebene, aufbereitet sind.
(2) Die statistischen Ämter der Länder stellen dem Statistischen Bundesamt zu den Erhebungen nach § 121 für Zusatzaufbereitungen des Bundes jährlich unverzüglich nach Aufbereitung der Bestandserhebung und der Erhebung im Laufe des Berichtsjahres Einzelangaben aus einer Zufallsstichprobe mit einem Auswahlsatz von 25 vom Hundert der Leistungsberechtigten zur Verfügung.
(3) Die Ergebnisse der Sozialhilfestatistik dürfen auf die einzelne Gemeinde bezogen veröffentlicht werden.

§ 127 Übermittlung an Kommunen

(1) Für ausschließlich statistische Zwecke dürfen den zur Durchführung statistischer Aufgaben zuständigen Stellen der Gemeinden und Gemeindeverbände für ihren Zuständigkeitsbereich Einzelangaben aus der Erhebung nach § 122 mit Ausnahme der Hilfsmerkmale übermittelt werden, soweit die Voraussetzungen nach § 16 Abs. 5 des Bundesstatistikgesetzes gegeben sind.
(2) Die Daten können auch für interkommunale Vergleichszwecke übermittelt werden, wenn die betreffenden Träger der Sozialhilfe zustimmen und sichergestellt ist, dass die Datenerhebung der Berichtsstellen nach standardisierten Erfassungs- und Melderegelungen sowie vereinheitlichter Auswertungsroutine erfolgt.

§ 128 Zusatzerhebungen

Über Leistungen und Maßnahmen nach dem Dritten und Fünften bis Neunten Kapitel, die nicht durch die Erhebungen nach § 121 Nummer 1 erfasst sind, können bei Bedarf Zusatzerhebungen als Bundesstatistiken durchgeführt werden.

Zweiter Abschnitt
Bundesstatistik für das Vierte Kapitel

§ 128a Bundesstatistik für das Vierte Kapitel

(1) ¹Zur Beurteilung der Auswirkungen des Vierten Kapitels sowie zu seiner Fortentwicklung sind Erhebungen über die Leistungsberechtigten als Bundesstatistik durchzuführen. ²Die Erhebungen erfolgen zentral durch das Statistische Bundesamt.
(2) Die Statistik nach Absatz 1 umfasst folgende Merkmalkategorien:
1. Persönliche Merkmale,
2. Art und Höhe der Bedarfe,
3. Art und Höhe der angerechneten Einkommen und der nach § 82 Absatz 2 Satz 2, Absatz 3, 4 und 6 sowie nach § 82a abgesetzten Beträge.

§ 128b Persönliche Merkmale

Erhebungsmerkmale nach § 128a Absatz 2 Nummer 1 sind
1. Geschlecht, Geburtsjahr, Staatsangehörigkeit und Bundesland,
2. Geburtsmonat, Wohngemeinde und Gemeindeteil, bei Ausländern auch aufenthaltsrechtlicher Status,
3. Leistungsbezug in und außerhalb von Einrichtungen, bei Leistungsberechtigten außerhalb von Einrichtungen zusätzlich die Anzahl der im Haushalt lebenden Personen, bei Leistungsberechtigten in Einrichtungen die Art der Unterbringung,
4. Träger der Leistung,
5. Beginn der Leistungsgewährung nach Monat und Jahr sowie Ursache der Leistungsgewährung, Ende des Leistungsbezugs nach Monat und Jahr sowie Grund für die Einstellung der Leistung,

6. Dauer des Leistungsbezugs in Monaten,
  7. gleichzeitiger Bezug von Leistungen nach dem Dritten und Fünften bis Neunten Kapitel,
  8. Bezug einer Grundrente.

§ 128c Art und Höhe der Bedarfe
Erhebungsmerkmale nach § 128a Absatz 2 Nummer 2 sind
  1. Regelbedarfsstufe, gezahlter Regelsatz in den Regelbedarfsstufen und abweichende Regelsatzfestsetzung,
  2. Mehrbedarfe nach Art und Höhe,
  3. einmalige Bedarfe nach Art und Höhe,
  4. Beiträge zur Kranken- und Pflegeversicherung, getrennt nach
     a) Beiträgen für eine Pflichtversicherung in der gesetzlichen Krankenversicherung,
     b) Beiträgen für eine freiwillige Versicherung in der gesetzlichen Krankenversicherung,
     c) Beiträgen, die auf Grund des Zusatzbeitragssatzes nach dem Fünften Buch gezahlt werden,
     d) Beiträgen für eine private Krankenversicherung,
     e) Beiträgen für eine soziale Pflegeversicherung,
     f) Beiträgen für eine private Pflegeversicherung,
  5. Beiträge für die Vorsorge, getrennt nach
     a) Beiträgen für die Altersvorsorge,
     b) Aufwendungen für Sterbegeldversicherungen,
  6. Bedarfe für Bildung und Teilhabe, getrennt nach
     a) Schulausflügen,
     b) mehrtägigen Klassenfahrten,
     c) Ausstattung mit persönlichem Schulbedarf,
     d) Schulbeförderung,
     e) Lernförderung,
     f) Teilnahme an einer gemeinschaftlichen Mittagsverpflegung,
  7. Aufwendungen für Unterkunft und Heizung sowie sonstige Hilfen zur Sicherung der Unterkunft, getrennt nach Leistungsberechtigten,
     a) die in einer Wohnung
        aa) allein leben,
        bb) mit einem Ehegatten oder in eheähnlicher Gemeinschaft zusammenleben,
        cc) mit Verwandten ersten und zweiten Grades zusammenleben,
        dd) in einer Wohngemeinschaft leben,
     b) die in einer stationären Einrichtung oder in einem persönlichen Wohnraum und zusätzlichen Räumlichkeiten
        aa) allein leben,
        bb) mit einer oder mehreren Personen zusammenleben,
  8. Brutto- und Nettobedarf,
  9. Darlehen getrennt nach
     a) Darlehen nach § 37 Absatz 1 und
     b) Darlehen bei am Monatsende fälligen Einkünften nach § 37a.

§ 128d Art und Höhe der angerechneten Einkommen und abgesetzten Beträge
(1) Erhebungsmerkmale nach § 128a Absatz 2 Nummer 3 sind die jeweilige Höhe der angerechneten Einkommensart, getrennt nach
  1. Altersrente aus der gesetzlichen Rentenversicherung,
  2. Hinterbliebenenrente aus der gesetzlichen Rentenversicherung,
  3. Renten wegen Erwerbsminderung,
  4. Versorgungsbezüge,
  5. Renten aus betrieblicher Altersvorsorge,
  6. Renten aus privater Vorsorge,
  7. Vermögenseinkünfte,
  8. Einkünfte nach dem Bundesversorgungsgesetz,
  9. Erwerbseinkommen,
  10. übersteigendes Einkommen eines im gemeinsamen Haushalt lebenden Partners,
  11. öffentlich-rechtliche Leistungen für Kinder,
  12. sonstige Einkünfte.

(2) Weitere Erhebungsmerkmale nach § 128a Absatz 2 Nummer 3 sind die Art und Höhe der nach § 82 Absatz 2 Satz 2, Absatz 3, 4 und 6 sowie nach § 82a abgesetzten Beträge.

§ 128e Hilfsmerkmale

(1) Hilfsmerkmale für die Bundesstatistik nach § 128a sind
1. Name und Anschrift der nach § 128g Auskunftspflichtigen,
2. die Kennnummern des Leistungsberechtigten,
3. Name und Telefonnummer sowie Adresse für elektronische Post der für eventuelle Rückfragen zur Verfügung stehenden Person.

(2) ¹Die Kennnummern nach Absatz 1 Nummer 2 dienen der Prüfung der Richtigkeit der Statistik und der Fortschreibung der jeweils letzten Bestandserhebung. ²Sie enthalten keine Angaben über persönliche und sachliche Verhältnisse des Leistungsberechtigten und sind zum frühestmöglichen Zeitpunkt, spätestens nach Abschluss der wiederkehrenden Bestandserhebung, zu löschen.

§ 128f Periodizität, Berichtszeitraum und Berichtszeitpunkte

(1) Die Bundesstatistik nach § 128a wird quartalsweise durchgeführt.

(2) Die Merkmale nach den §§ 128b bis 128d, ausgenommen das Merkmal nach § 128b Nummer 5, sind als Bestandserhebung zum Quartalsende zu erheben, wobei sich die Angaben zu den Bedarfen nach § 128c Nummer 1 bis 8 sowie den angerechneten Einkommen und abgesetzten Beträgen nach § 128d jeweils auf den gesamten letzten Monat des Berichtsquartals beziehen.

(3) ¹Die Merkmale nach § 128b Nummer 5 sind für den gesamten Quartalszeitraum zu erheben, wobei gleichzeitig die Merkmale nach § 128b Nummer 1 und 2 zu erheben sind. ²Bei den beendeten Leistungen ist zudem die bisherige Dauer der Leistungsgewährung nach § 128b Nummer 6 zu erheben.

(4) Die Merkmale nach § 128c Nummer 6 sind für jeden Monat eines Quartals zu erheben, wobei gleichzeitig die Merkmale nach § 128b Nummer 1 und 2 zu erheben sind.

§ 128g Auskunftspflicht

(1) ¹Für die Bundesstatistik nach § 128a besteht Auskunftspflicht. ²Die Auskunftserteilung für die Angaben nach § 128e Nummer 3 und zum Gemeindeteil nach § 128b Nummer 2 sind freiwillig.

(2) Auskunftspflichtig sind die für die Ausführung des Gesetzes nach dem Vierten Kapitel zuständigen Träger.

§ 128h Datenübermittlung, Veröffentlichung

(1) ¹Die in sich schlüssigen und nach einheitlichen Standards formatierten Einzeldatensätze sind von den Auskunftspflichtigen elektronisch bis zum Ablauf von 30 Arbeitstagen nach Ende des jeweiligen Berichtsquartals nach § 128f an das Statistische Bundesamt zu übermitteln. ²Soweit die Übermittlung zwischen informationstechnischen Netzen von Bund und Ländern stattfindet, ist dafür nach § 3 des Gesetzes über die Verbindung der informationstechnischen Netze des Bundes und der Länder – Gesetz zur Ausführung von Artikel 91c Absatz 4 des Grundgesetzes – vom 10. August 2009 (BGBl. I S. 2702, 2706) das Verbindungsnetz zu nutzen. ³Die zu übermittelnden Daten sind nach dem Stand der Technik fortgeschritten zu signieren und zu verschlüsseln.

(2) Das Statistische Bundesamt übermittelt dem Bundesministerium für Arbeit und Soziales für Zwecke der Planung, jedoch nicht für die Regelung von Einzelfällen, Tabellen mit den Ergebnissen der Bundesstatistik nach § 128a, auch soweit Tabellenfelder nur einen einzigen Fall ausweisen.

(3) ¹Zur Weiterentwicklung des Systems der Grundsicherung im Alter und bei Erwerbsminderung übermittelt das Statistische Bundesamt auf Anforderung des Bundesministeriums für Arbeit und Soziales Einzelangaben aus einer Stichprobe, die vom Statistischen Bundesamt gezogen wird und nicht mehr als 10 Prozent der Grundgesamtheit der Leistungsberechtigten umfasst. ²Die zu übermittelnden Einzelangaben dienen der Entwicklung und dem Betrieb von Mikrosimulationsmodellen durch das Bundesministerium für Arbeit und Soziales und dürfen nur im hierfür erforderlichen Umfang und mittels eines sicheren Datentransfers ausschließlich an das Bundesministerium für Arbeit und Soziales übermittelt werden. ³Angaben zu den Erhebungsmerkmalen nach § 128b Nummer 2 und 4 und den Hilfsmerkmalen nach § 128e dürfen nicht übermittelt werden; Angaben zu monatlichen Durchschnittsbeträgen in den Einzelangaben werden vom Statistischen Bundesamt auf volle Euro gerundet.

(4) ¹Bei der Verarbeitung der Daten nach Absatz 3 ist das Statistikgeheimnis nach § 16 des Bundesstatistikgesetzes zu wahren. ²Dafür ist die Trennung von statistischen und nichtstatistischen Aufgaben durch Organisation und Verfahren zu gewährleisten. ³Die nach Absatz 3 übermittelten Daten dürfen nur für die Zwecke gespeichert, verändert, genutzt, übermittelt oder in der Verarbeitung eingeschränkt werden, für die sie übermittelt wurden. ⁴Eine Weitergabe von Einzelangaben aus einer Stichprobe nach Absatz 3 Satz 1 durch das

Bundesministerium für Arbeit und Soziales an Dritte ist nicht zulässig. ⁵Die übermittelten Einzeldaten sind nach dem Erreichen des Zweckes zu löschen, zu dem sie übermittelt wurden.

(5) ¹Das Statistische Bundesamt übermittelt den statistischen Ämtern der Länder Tabellen mit den Ergebnissen der Bundesstatistik für die jeweiligen Länder und für die für die Ausführung des Gesetzes nach dem Vierten Kapitel zuständigen Träger. ²Das Bundesministerium für Arbeit und Soziales erhält diese Tabellen ebenfalls. ³Die statistischen Ämter der Länder erhalten zudem für ihr Land die jeweiligen Einzeldatensätze für Sonderaufbereitungen auf regionaler Ebene.

(6) Die Ergebnisse der Bundesstatistik nach diesem Abschnitt dürfen auf die einzelnen Gemeinden bezogen veröffentlicht werden.

Dritter Abschnitt
Verordnungsermächtigung

§ 129 Verordnungsermächtigung

Das Bundesministerium für Arbeit und Soziales kann für Zusatzerhebungen nach § 128 im Einvernehmen mit dem Bundesministerium des Innern, für Bau und Heimat durch Rechtsverordnung mit Zustimmung des Bundesrates das Nähere regeln über
a) den Kreis der Auskunftspflichtigen nach § 125 Abs. 2,
b) die Gruppen von Leistungsberechtigten, denen Hilfen nach dem Dritten und Fünften bis Neunten Kapitel geleistet werden,
c) die Leistungsberechtigten, denen bestimmte einzelne Leistungen der Hilfen nach dem Dritten und Fünften bis Neunten Kapitel geleistet werden,
d) den Zeitpunkt der Erhebungen,
e) die erforderlichen Erhebungs- und Hilfsmerkmale im Sinne der §§ 122 und 123 und
f) die Art der Erhebung (Vollerhebung oder Zufallsstichprobe).

Sechzehntes Kapitel
Übergangs- und Schlussbestimmungen

§ 130 Übergangsregelung für ambulant Betreute

Für Personen, die Leistungen der Eingliederungshilfe für behinderte Menschen oder der Hilfe zur Pflege empfangen, deren Betreuung am 26. Juni 1996 durch von ihnen beschäftigte Personen oder ambulante Dienste sichergestellt wurde, gilt § 3a des Bundessozialhilfegesetzes in der am 26. Juli 1996 geltenden Fassung.

§ 131 Übergangsregelung für die Statistik über Einnahmen und Ausgaben nach dem Vierten Kapitel

¹Die Erhebungen nach § 121 Nummer 2 in Verbindung mit § 122 Absatz 4 in der am 31. Dezember 2014 geltenden Fassung über die Ausgaben und Einnahmen der nach Landesrecht für die Ausführung von Geldleistungen nach dem Vierten Kapitel zuständigen Träger sind dabei auch in den Berichtsjahren 2015 und 2016 durchzuführen. ²Die §§ 124 bis 127 sind in der am 31. Dezember 2014 geltenden Fassung anzuwenden.

§ 132 Übergangsregelung zur Sozialhilfegewährung für Deutsche im Ausland

(1) Deutsche, die am 31. Dezember 2003 Leistungen nach § 147b des Bundessozialhilfegesetzes in der zu diesem Zeitpunkt geltenden Fassung bezogen haben, erhalten diese Leistungen bei fortdauernder Bedürftigkeit weiter.

(2) ¹Deutsche,
1. die in den dem 1. Januar 2004 vorangegangenen 24 Kalendermonaten ohne Unterbrechung Leistungen nach § 119 des Bundessozialhilfegesetzes in der am 31. Dezember 2003 geltenden Fassung bezogen haben und
2. in dem Aufenthaltsstaat über eine dauerhafte Aufenthaltsgenehmigung verfügen,

erhalten diese Leistungen bei fortdauernder Bedürftigkeit weiter. ²Für Deutsche, die am 31. Dezember 2003 Leistungen nach § 119 des Bundessozialhilfegesetzes in der am 31. Dezember 2003 geltenden Fassung bezogen haben und weder die Voraussetzungen nach Satz 1 noch die Voraussetzungen des § 24 Abs. 1 erfüllen, enden die Leistungen bei fortdauernder Bedürftigkeit mit Ablauf des 31. März 2004.

(3) Deutsche, die die Voraussetzungen des § 1 Abs. 1 des Bundesentschädigungsgesetzes erfüllen und
1. zwischen dem 30. Januar 1933 und dem 8. Mai 1945 das Gebiet des Deutschen Reiches oder der Freien Stadt Danzig verlassen haben, um sich einer von ihnen nicht zu vertretenden und durch die politischen Verhältnisse bedingten besonderen Zwangslage zu entziehen oder aus den gleichen Gründen nicht in das Gebiet des Deutschen Reiches oder der Freien Stadt Danzig zurückkehren konnten oder
2. nach dem 8. Mai 1945 und vor dem 1. Januar 1950 das Gebiet des Deutschen Reiches nach dem Stande vom 31. Dezember 1937 oder das Gebiet der Freien Stadt Danzig verlassen haben,

können, sofern sie in dem Aufenthaltsstaat über ein dauerhaftes Aufenthaltsrecht verfügen, in außergewöhnlichen Notlagen Leistungen erhalten, auch wenn sie nicht die Voraussetzungen nach den Absätzen 1 und 2 oder nach § 24 Abs. 1 erfüllen; § 24 Abs. 2 gilt.

§ 133 Übergangsregelung für besondere Hilfen an Deutsche nach Artikel 116 Abs. 1 des Grundgesetzes

(1) ¹Deutsche, die außerhalb des Geltungsbereiches dieses Gesetzes, aber innerhalb des in Artikel 116 Abs. 1 des Grundgesetzes genannten Gebiets geboren sind und dort ihren gewöhnlichen Aufenthalt haben, können in außergewöhnlichen Notlagen besondere Hilfen erhalten, auch wenn sie nicht die Voraussetzungen des § 24 Abs. 1 erfüllen. ²§ 24 Abs. 2 gilt. ³Die Höhe dieser Leistungen bemisst sich nach den im Aufenthaltsstaat in vergleichbaren Lebensumständen üblichen Leistungen. ⁴Die besonderen Hilfen werden unter Übernahme der Kosten durch den Bund durch Träger der freien Wohlfahrtspflege mit Sitz im Inland geleistet.

(2) Die Bundesregierung wird ermächtigt, durch Rechtsverordnung mit Zustimmung des Bundesrates die persönlichen Bezugsvoraussetzungen, die Bemessung der Leistungen sowie die Trägerschaft und das Verfahren zu bestimmen.

§ 133a Übergangsregelung für Hilfeempfänger in Einrichtungen

Für Personen, die am 31. Dezember 2004 einen Anspruch auf einen zusätzlichen Barbetrag nach § 21 Abs. 3 Satz 4 des Bundessozialhilfegesetzes haben, wird diese Leistung in der für den vollen Kalendermonat Dezember 2004 festgestellten Höhe weiter erbracht.

§ 133b Übergangsregelung zu Bedarfen für Unterkunft und Heizung

¹§ 42a Absatz 3 und 4 findet keine Anwendung auf Leistungsberechtigte, bei denen vor dem 1. Juli 2017 Bedarfe für Unterkunft und Heizung nach § 35 anerkannt worden sind, die
1. dem Kopfteil an den Aufwendungen für Unterkunft und Heizung entsprechen, die für einen entsprechenden Mehrpersonenhaushalt als angemessen gelten, oder
2. nach ihrer Höhe der durchschnittlichen Warmmiete eines Einpersonenhaushaltes im örtlichen Zuständigkeitsbereich des für die Ausführung des Gesetzes nach diesem Kapitel zuständigen Trägers nicht übersteigen.

²Satz 1 findet Anwendung, solange die leistungsberechtigte Person mit mehreren Personen in derselben Wohnung lebt.

§ 134 Übergangsregelung für die Fortschreibung der Regelbedarfsstufe 6

Abweichend von § 28a ist die Regelbedarfsstufe 6 der Anlage zu § 28 nicht mit dem sich nach der Verordnung nach § 40 ergebenden Prozentsatz fortzuschreiben, solange sich durch die entsprechende Fortschreibung des Betrages nach § 8 Absatz 1 Satz 1 Nummer 6 des Regelbedarfs-Ermittlungsgesetzes kein höherer Betrag ergeben würde.

§ 135 Übergangsregelung aus Anlass des Zweiten Rechtsbereinigungsgesetzes

(1) ¹Erhielten am 31. Dezember 1986 Tuberkulosekranke, von Tuberkulose Bedrohte oder von Tuberkulose Genesene laufende Leistungen nach Vorschriften, die durch das Zweite Rechtsbereinigungsgesetz außer Kraft treten, sind diese Leistungen nach den bisher maßgebenden Vorschriften weiterzugewähren, längstens jedoch bis zum 31. Dezember 1987. ²Sachlich zuständig bleibt der überörtliche Träger der Sozialhilfe, soweit nicht nach Landesrecht der örtliche Träger zuständig ist.

(2) Die Länder können für die Verwaltung der im Rahmen der bisherigen Tuberkulosehilfe gewährten Darlehen andere Behörden bestimmen.

§ 136 Erstattung des Barbetrags durch den Bund in den Jahren 2017 bis 2019

(1) Für Leistungsberechtigte nach dem Vierten Kapitel, die zugleich Leistungen der Eingliederungshilfe nach dem Sechsten Kapitel in einer stationären Einrichtung erhalten, erstattet der Bund den Ländern in den Jahren 2017 bis 2019 für jeden Leistungsberechtigten je Kalendermonat einen Betrag, dessen Höhe sich nach einem Anteil von 14 Prozent der Regelbedarfsstufe 1 nach der Anlage zu § 28 bemisst.

(2) ¹Die Länder teilen dem Bundesministerium für Arbeit und Soziales die Zahl der Leistungsberechtigten je Kalendermonat nach Absatz 1 für jeden für die Ausführung des Gesetzes nach diesem Kapitel zuständigen Träger mit, sofern diese in einem Kalendermonat für mindestens 15 Kalendertage einen Barbetrag erhalten haben. ²Die Meldungen nach Satz 1 erfolgen
1. bis zum Ablauf der 35. Kalenderwoche des Jahres 2017 für den Meldezeitraum Januar bis Juni 2017,
2. bis zum Ablauf der 42. Kalenderwoche des Jahres 2018 für den Meldezeitraum Juli 2017 bis Juni 2018,
3. bis zum Ablauf der 42. Kalenderwoche des Jahres 2019 für den Meldezeitraum Juli 2018 bis Juni 2019 und
4. bis zum Ablauf der 16. Kalenderwoche des Jahres 2020 für den Meldezeitraum Juli 2019 bis Dezember 2019.

(3) ¹Der Erstattungsbetrag für jeden Kalendermonat im Meldezeitraum nach Absatz 2 errechnet sich aus
1. der Anzahl der jeweils gemeldeten Leistungsberechtigten,
2. multipliziert mit dem Anteil von 14 Prozent des für jeden Kalendermonat jeweils geltenden Betrags der Regelbedarfsstufe 1 nach der Anlage zu § 28.
²Der Erstattungsbetrag für den jeweiligen Meldezeitraum ergibt sich aus der Summe der Erstattungsbeträge je Kalendermonat nach Satz 1.
(4) Zu zahlen ist der Erstattungsbetrag
1. zum 15. Oktober 2017 für den Meldezeitraum Januar bis Juni 2017,
2. zum 15. November 2018 für den Meldezeitraum Juli 2017 bis Juni 2018,
3. zum 15. November 2019 für den Meldezeitraum Juli 2018 bis Juni 2019,
4. zum 15. Mai 2020 für den Meldezeitraum Juli 2019 bis Dezember 2019.

§ 136a Erstattung des Barbetrags durch den Bund ab dem Jahr 2020

(1) ¹Für Leistungsberechtigte nach dem Vierten Kapitel, die zugleich Leistungen in einer stationären Einrichtung erhalten, erstattet der Bund den Ländern ab dem Jahr 2020 je Kalendermonat einen Betrag, dessen Höhe sich nach den in Satz 2 genannten Anteilen der Regelbedarfsstufe 1 nach der Anlage zu § 28 bemisst. ²Die Anteile an der Regelbedarfsstufe 1 belaufen sich
1. für das Jahr 2020 auf 5,2 Prozent,
2. für das Jahr 2021 auf 5,0 Prozent,
3. für das Jahr 2022 auf 4,9 Prozent,
4. für das Jahr 2023 auf 4,7 Prozent,
5. für das Jahr 2024 auf 4,6 Prozent und
6. für das Jahr 2025 auf 4,4 Prozent.

(2) Die Länder teilen dem Bundesministerium für Arbeit und Soziales für jedes Kalenderjahr (Meldezeitraum) von 2020 bis 2025 jeweils bis zum 30. Juni des Folgejahres für jeden Träger, der für die Ausführung des Gesetzes nach diesem Kapitel zuständig ist, die Zahl der Leistungsberechtigten mit, die in einem Kalendermonat des Meldezeitraums für mindestens 15 Kalendertage einen Barbetrag erhalten haben.
(3) ¹Der Erstattungsbetrag für jeden Kalendermonat im Meldezeitraum errechnet sich aus der Anzahl der jeweils gemeldeten Leistungsberechtigten multipliziert mit dem Betrag, der sich aus dem sich für das jeweilige Jahr ergebenden Anteil nach Absatz 1 Satz 2 an dem jeweils geltenden Betrag der Regelbedarfsstufe 1 nach der Anlage zu § 28 ergibt. ²Der Erstattungsbetrag für den jeweiligen Meldezeitraum ergibt sich aus der Summe der Erstattungsbeträge je Kalendermonat nach Satz 1.
(4) Der Erstattungsbetrag nach Absatz 3 Satz 2 ist zum 31. August des Kalenderjahres zu zahlen, das auf den jeweiligen Meldezeitraum folgt.

§ 137 Überleitung in Pflegegrade zum 1. Januar 2017

¹Pflegebedürftige, deren Pflegebedürftigkeit nach den Vorschriften des Siebten Kapitels in der am 31. Dezember 2016 geltenden Fassung festgestellt worden ist und bei denen spätestens am 31. Dezember 2016 die Voraussetzungen auf Leistungen nach den Vorschriften des Siebten Kapitels vorliegen, werden ab dem 1. Januar 2017 ohne erneute Antragstellung und ohne erneute Begutachtung wie folgt in die Pflegegrade übergeleitet:
1. Pflegebedürftige mit Pflegestufe I in den Pflegegrad 2,
2. Pflegebedürftige mit Pflegestufe II in den Pflegegrad 3,
3. Pflegebedürftige mit Pflegestufe III in den Pflegegrad 4.

²Die Überleitung in die Pflegegrade nach § 140 des Elften Buches ist für den Träger der Sozialhilfe bindend.

§ 138 Übergangsregelung für Pflegebedürftige aus Anlass des Dritten Pflegestärkungsgesetzes

¹Einer Person, die am 31. Dezember 2016 einen Anspruch auf Leistungen nach dem Siebten Kapitel in der am 31. Dezember 2016 geltenden Fassung hat, sind die ihr am 31. Dezember 2016 zustehenden Leistungen über den 31. Dezember 2016 hinaus bis zum Abschluss des von Amts wegen zu betreibenden Verfahrens zur Ermittlung und Feststellung des Pflegegrades und des notwendigen pflegerischen Bedarfs nach § 63a in der ab dem 1. Januar 2017 geltenden Fassung weiter zu gewähren. ²Soweit eine Person zugleich Leistungen nach dem Elften Buch in der ab dem 1. Januar 2017 geltenden Fassung erhält, sind diese anzurechnen. ³Dies gilt nicht für die Zuschläge nach § 141 Absatz 2 des Elften Buches sowie für den Entlastungsbetrag nach § 45b des Elften Buches. ⁴Ergibt das Verfahren, dass für die Zeit ab dem 1. Januar 2017 die Leistungen für den notwendigen pflegerischen Bedarf, die nach dem Siebten Kapitel in der ab dem 1. Januar 2017 geltenden Fassung zu gewähren sind, geringer sind als die nach Satz 1 gewährten Leistungen, so sind die nach Satz 1 gewährten höheren Leistungen nicht vom Leistungsbezieher zu erstatten; § 45 des Zehnten Buches bleibt unberührt. ⁵Ergibt das Verfahren, dass für die Zeit ab dem 1. Januar 2017 die Leistungen für den notwendigen pflegeri-

schen Bedarf, die nach dem Siebten Kapitel in der ab dem 1. Januar 2017 geltenden Fassung zu gewähren sind, höher sind als die nach Satz 1 gewährten Leistungen, so sind die Leistungen rückwirkend nach den Vorschriften des Siebten Kapitels in der ab dem 1. Januar 2017 geltenden Fassung zu gewähren.

§ 139 Übergangsregelung für Bedarfe für Unterkunft und Heizung ab dem Jahr 2020

(1) Für Leistungsberechtigte,
1. die am 31. Dezember 2019 nach dem Dritten oder Vierten Kapitel und zugleich nach dem Sechsten Kapitel leistungsberechtigt sind und
2. die am 31. Dezember 2019 in einer Unterkunft leben, für die Bedarfe für Unterkunft und Heizung nach § 35 anerkannt werden,

sind, wenn
3. sie am 1. Januar 2020 leistungsberechtigt nach dem Dritten oder Vierten Kapitel sind und zugleich Leistungen nach Teil 2 des Neunten Buches beziehen und
4. die Unterkunft nach Nummer 2 am 1. Januar 2020 als persönlicher Wohnraum und zusätzliche Räumlichkeiten nach § 42a Absatz 2 Satz 1 Nummer 2 gilt,

für die Unterkunft die Bedarfe für Unterkunft und Heizung nach § 42a Absatz 2 Satz 1 Nummer 1 und Satz 2 zu berücksichtigen.

(2) Leistungsberechtigten,
1. die am 31. Dezember 2019 nach dem Dritten oder Vierten Kapitel und zugleich nach dem Sechsten Kapitel leistungsberechtigt sind und
2. denen am 31. Dezember 2019 Bedarfe für Unterkunft und Heizung nach § 27b Absatz 1 Satz 2 in Verbindung mit § 42 Nummer 4 Buchstabe b anzuerkennen sind,

sind, wenn sie am 1. Januar 2020 leistungsberechtigt nach dem Dritten oder Vierten Kapitel sind und zugleich Leistungen nach Teil 2 des Neunten Buches beziehen, für diese Unterkunft ab dem 1. Januar 2020 Bedarfe für Unterkunft und Heizung nach § 42a Absatz 2 Satz 1 Nummer 2 und Satz 3 anzuerkennen, solange sich keine Veränderung in der Unterbringung ergibt, durch die diese die Voraussetzungen einer Wohnung nach § 42a Absatz 2 Satz 1 Nummer 1 und Satz 2 erfüllt.

§ 140 Übergangsregelung zur Verhinderung einer Zahlungslücke

(1) ¹Leistungsberechtigte,
1. die am 31. Dezember 2019 Leistungen nach dem Sechsten Kapitel und ab dem 1. Januar 2020 Leistungen nach Teil 2 des Neunten Buches beziehen,
2. die nach dem Dritten oder Vierten Kapitel leistungsberechtigt sind und deren notwendiger Lebensunterhalt sich am 31. Dezember 2019 nach § 27b ergibt und für die sich ab dem 1. Januar 2020 der notwendige Lebensunterhalt
   a) bei einer Leistungsberechtigung nach dem Dritten Kapitel nach § 27a ergibt,
   b) bei einer Leistungsberechtigung nach dem Vierten Kapitel nach § 42 Nummer 1 bis 3, 4 Buchstabe a und Nummer 5 ergibt und
3. denen ab dem Monat Januar 2020 erstmals eine Rente aus der gesetzlichen Rentenversicherung zufließt,

haben abweichend von § 82 die zufließende Rente im Umstellungsmonat nicht für ihren notwendigen Lebensunterhalt nach dem Dritten oder Vierten Kapitel einzusetzen. ²Umstellungsmonat nach Satz 1 ist der Kalendermonat im ersten Quartal des Jahres 2020, in dem die Rente der leistungsberechtigten Person erstmals zufließt. ³Die Sätze 1 und 2 gelten entsprechend für alle laufend gezahlten und am Monatsende zufließenden Einkommen.

(2) ¹Personen,
1. die am 31. Dezember 2019 Leistungen nach dem Sechsten Kapitel und ab dem 1. Januar 2020 Leistungen nach Teil 2 des Neunten Buches beziehen,
2. die ihren sich am 31. Dezember 2019 nach § 27b ergebenden notwendigen Lebensunterhalt nach dem Dritten oder Vierten Kapitel ebenso aus eigenen Mitteln bestreiten können wie ihren sich ab dem 1. Januar 2020
   a) bei einer Leistungsberechtigung nach dem Dritten Kapitel nach § 27a,
   b) bei einer Leistungsberechtigung nach dem Vierten Kapitel nach § 42 Nummer 1 bis 3, 4 Buchstabe a und Nummer 5

   ergebenden notwendigen Lebensunterhalt und
3. denen ab dem Monat Januar 2020 eine Rente aus der gesetzlichen Rentenversicherung zufließt,

erhalten im Umstellungsmonat einen Zuschuss. ²Für den Umstellungsmonat gilt Absatz 1 Satz 2 entsprechend; dies gilt auch, sofern die Rente bereits vor Januar 2020 zugeflossen ist und letztmalig für Dezember 2019 als eigene Mittel für den Lebensunterhalt einzusetzen war. ³Die Höhe des Zuschusses ergibt sich aus den zu

Beginn des Umstellungsmonats nicht gedeckten Aufwendungen für den Lebensunterhalt nach Satz 1 Nummer 2; die Höhe des Zuschusses ist begrenzt auf die Höhe der zufließenden Rente. ⁴Der Zuschuss nach den Sätzen 1 bis 3 gilt
1. als Geldleistung nach dem Vierten Kapitel für Personen,
   a) die unabhängig von der jeweiligen Arbeitsmarktlage voll erwerbsgemindert im Sinne des § 43 Absatz 2 des Sechsten Buches sind und bei denen unwahrscheinlich ist, dass die volle Erwerbsminderung behoben werden kann oder
   b) die in einer Werkstatt für behinderte Menschen nach § 56 des Neunten Buches oder bei einem anderen Leistungsanbieter nach § 60 des Neunten Buches tätig sind oder
   c) die die Altersgrenze nach § 41 Absatz 2 erreicht oder überschritten haben,
2. als Leistung nach dem Dritten Kapitel für Personen, bei denen die Voraussetzungen der Nummer 1 nicht vorliegen.

⁵Bei Personen, für die Satz 4 Nummer 1 gilt, ist § 44 Absatz 1 Satz 1 nicht anzuwenden. ⁶Die Sätze 1 bis 5 gelten entsprechend für alle laufend gezahlten und am Monatsende zufließenden Einkommen. ⁷Der Zuschuss nach den Sätzen 1 bis 3 gilt nicht als Leistung nach § 7 Absatz 1 Satz 1 Nummer 5 und 6 des Wohngeldgesetzes.

§ 141 Übergangsregelung aus Anlass der COVID-19-Pandemie

(1) Leistungen nach dem Dritten und Vierten Kapitel werden für Bewilligungszeiträume, die in der Zeit vom 1. März 2020 bis zum 31. Dezember 2021 beginnen, nach Maßgabe der Absätze 2 bis 4 erbracht.

(2) ¹Abweichend von § 2 Absatz 1, § 19 Absatz 1, 2 und 5, § 27 Absatz 1 und 2, § 39, § 41 Absatz 1, § 43 Absatz 1, § 43a Absatz 2 und § 90 wird Vermögen für die Dauer von sechs Monaten nicht berücksichtigt. ²Satz 1 gilt nicht, wenn das Vermögen erheblich ist; es wird vermutet, dass kein erhebliches Vermögen vorhanden ist, wenn die leistungsnachsuchenden Personen dies im Antrag erklären.

(3) ¹Abweichend von § 35 und § 42a Absatz 1 gelten die tatsächlichen Aufwendungen für Unterkunft und Heizung für die Dauer von sechs Monaten als angemessen. ²Nach Ablauf des Zeitraums nach Satz 1 ist § 35 Absatz 2 Satz 2 mit der Maßgabe anzuwenden, dass der Zeitraum nach Satz 1 nicht auf die in § 35 Absatz 2 Satz 2 genannte Frist anzurechnen ist. ³Satz 1 gilt nicht in den Fällen, in denen im vorangegangenen Bewilligungszeitraum die angemessenen und nicht die tatsächlichen Aufwendungen als Bedarf anerkannt wurden.

(4) Sofern Geldleistungen der Grundsicherung im Alter und bei Erwerbsminderung nach § 44a Absatz 1 vorläufig oder Geldleistungen der Hilfe zum Lebensunterhalt vorschussweise nach § 42 des Ersten Buches zu bewilligen sind, ist über den monatlichen Leistungsanspruch für Bewilligungszeiträume, die bis zum 31. März 2021 begonnen haben, nur auf Antrag der leistungsberechtigten Person abschließend zu entscheiden; § 44a Absatz 5 Satz 1 findet keine Anwendung.

(5) ¹Abweichend von § 34a Absatz 1 Satz 1 gilt der Antrag auf Leistungen nach § 34 Absatz 5 in der Zeit vom 1. Juli 2021 bis zum Ablauf des 31. Dezember 2023 als von dem Antrag auf Leistungen zur Sicherung des Lebensunterhalts mit umfasst. ²Dies gilt für ab dem 1. Juli 2021 entstehende Lernförderungsbedarfe auch dann, wenn die jeweiligen Bewilligungszeiträume nur teilweise in den in Satz 1 genannten Zeitraum fallen, weil sie entweder bereits vor dem 1. Juli 2021 begonnen haben oder erst nach dem 31. Dezember 2023 enden.

§ 142 Übergangsregelung für die gemeinschaftliche Mittagsverpflegung aus Anlass der COVID-19-Pandemie

(1) ¹Abweichend von § 34 Absatz 6 Satz 1 kommt es im Zeitraum vom 1. März 2020 bis zur Aufhebung der Feststellung einer epidemischen Lage von nationaler Tragweite wegen der dynamischen Ausbreitung der Coronavirus-Krankheit-2019 (COVID-19) nach § 5 Absatz 1 Satz 2 des Infektionsschutzgesetzes durch den Deutschen Bundestag, längstens jedoch bis zum Ablauf des 31. Dezember 2021, auf eine Gemeinschaftlichkeit der Mittagsverpflegung nicht an. ²Zu den Aufwendungen im Sinne des § 34 Absatz 6 zählen bei den Leistungsberechtigten anfallende Zahlungsverpflichtungen auch dann, wenn sie pandemiebedingt in geänderter Höhe oder aufgrund abweichender Abgabewege berechnet werden. ³Dies umfasst auch die Kosten einer Belieferung. ⁴§ 34 Absatz 6 Satz 2 findet keine Anwendung.

(2) ¹Wurde im Februar 2020 ein Mehrbedarf nach § 42b Absatz 2 anerkannt, wird dieser für den Zeitraum vom 1. Mai 2020 bis zum 31. Dezember 2020 in unveränderter Höhe weiterhin anerkannt. ²Für den Zeitraum vom 1. Januar 2021 bis zur Aufhebung der Feststellung einer epidemischen Lage von nationaler Tragweite wegen der dynamischen Ausbreitung der Coronavirus-Krankheit-2019 (COVID-19) nach § 5 Absatz 1 Satz 2 des Infektionsschutzgesetzes durch den Deutschen Bundestag, längstens jedoch bis zum Ablauf des 31. Dezember 2021, gilt dies mit der Maßgabe, dass für die Berechnung der Höhe des Mehrbedarfs die Anzahl der für Februar 2020 berücksichtigten Arbeitstage und die nach § 42b Absatz 2 Satz 3 sich ergebenden Mehraufwendungen je Arbeitstag zugrunde zu legen sind. ³Abweichend von § 42b Absatz 2 Satz 1 und 2 kommt es im Zeitraum vom 1. Mai 2020 bis zur Aufhebung der Feststellung einer epidemischen Lage von nationaler Tragweite wegen der

dynamischen Ausbreitung der Coronavirus-Krankheit-2019 (COVID-19) nach § 5 Absatz 1 Satz 2 des Infektionsschutzgesetzes durch den Deutschen Bundestag, längstens jedoch bis zum Ablauf des 31. Dezember 2021, nicht auf die Gemeinschaftlichkeit der Mittagsverpflegung und die Essenseinnahme in der Verantwortung des Leistungsanbieters an.

§ 143 Übergangsregelung zum Freibetrag für Grundrentenzeiten und vergleichbare Zeiten
Der Träger der Sozialhilfe hat über Leistungen der Hilfe zum Lebensunterhalt und der Grundsicherung im Alter und bei Erwerbsminderung ohne Berücksichtigung eines eventuellen Freibetrages nach § 82a zu entscheiden, so lange ihm nicht durch eine Mitteilung des Rentenversicherungsträgers oder berufsständischer Versicherungs- oder Versorgungseinrichtungen nachgewiesen ist, dass die Voraussetzungen für die Einräumung des Freibetrages vorliegen.

§ 144 Einmalzahlung aus Anlass der COVID-19-Pandemie
[1]Leistungsberechtigte, denen für den Monat Mai 2021 Leistungen nach dem Dritten oder Vierten Kapitel gezahlt werden und deren Regelsatz sich nach der Regelbedarfsstufe 1, 2 oder 3 der Anlage zu § 28 ergibt, erhalten für den Zeitraum vom 1. Januar 2021 bis zum 30. Juni 2021 zum Ausgleich der mit der COVID-19-Pandemie in Zusammenhang stehenden Mehraufwendungen eine Einmalzahlung in Höhe von 150 Euro. [2]Leistungsberechtigten, für die die Regelbedarfsstufe 3 gilt, ist die Leistung nach Satz 1 zusammen mit dem Barbetrag nach § 27b Absatz 3 oder § 27c Absatz 3 auszuzahlen; die Einmalzahlungen für Leistungsberechtigte nach dem Vierten Kapitel sind Bruttoausgaben nach § 46a Absatz 2 Satz 1. [3]Die Sätze 1 und 2 gelten nur, sofern bei Leistungsberechtigten kein für sie gewährtes und an sie unmittelbar ausgezahltes oder weitergeleitetes Kindergeld als Einkommen berücksichtigt wird.

Anlage
(zu § 28)

Regelbedarfsstufen nach § 28

gültig ab 1. Januar 2021

Regelbedarfsstufe 1	446 Euro
Regelbedarfsstufe 2	401 Euro
Regelbedarfsstufe 3	357 Euro
Regelbedarfsstufe 4	373 Euro
Regelbedarfsstufe 5	309 Euro
Regelbedarfsstufe 6	283 Euro

gültig ab 1. Januar 2020

Regelbedarfsstufe 1	432 Euro
Regelbedarfsstufe 2	389 Euro
Regelbedarfsstufe 3	345 Euro
Regelbedarfsstufe 4	328 Euro
Regelbedarfsstufe 5	308 Euro
Regelbedarfsstufe 6	250 Euro

gültig ab 1. Januar 2019

Regelbedarfsstufe 1	424 Euro
Regelbedarfsstufe 2	382 Euro
Regelbedarfsstufe 3	339 Euro
Regelbedarfsstufe 4	322 Euro
Regelbedarfsstufe 5	302 Euro
Regelbedarfsstufe 6	245 Euro

gültig ab 1. Januar 2018

Regelbedarfsstufe 1	416 Euro
Regelbedarfsstufe 2	374 Euro
Regelbedarfsstufe 3	332 Euro
Regelbedarfsstufe 4	316 Euro
Regelbedarfsstufe 5	296 Euro
Regelbedarfsstufe 6	240 Euro

gültig ab 1. Januar 2017

Regelbedarfsstufe 1	409 Euro
Regelbedarfsstufe 2	368 Euro
Regelbedarfsstufe 3	327 Euro
Regelbedarfsstufe 4	311 Euro
Regelbedarfsstufe 5	291 Euro
Regelbedarfsstufe 6	237 Euro

gültig ab 1. Januar 2016

Regelbedarfsstufe 1	404 Euro
Regelbedarfsstufe 2	364 Euro
Regelbedarfsstufe 3	324 Euro
Regelbedarfsstufe 4	306 Euro
Regelbedarfsstufe 5	270 Euro
Regelbedarfsstufe 6	237 Euro

gültig ab 1. Januar 2015

Regelbedarfsstufe 1	399 Euro
Regelbedarfsstufe 2	360 Euro
Regelbedarfsstufe 3	320 Euro
Regelbedarfsstufe 4	302 Euro
Regelbedarfsstufe 5	267 Euro
Regelbedarfsstufe 6	234 Euro

gültig ab 1. Januar 2014

Regelbedarfsstufe 1	391 Euro
Regelbedarfsstufe 2	353 Euro
Regelbedarfsstufe 3	313 Euro
Regelbedarfsstufe 4	296 Euro
Regelbedarfsstufe 5	261 Euro
Regelbedarfsstufe 6	229 Euro

gültig ab 1. Januar 2013

Regelbedarfsstufe 1	382 Euro
Regelbedarfsstufe 2	345 Euro
Regelbedarfsstufe 3	306 Euro
Regelbedarfsstufe 4	289 Euro
Regelbedarfsstufe 5	255 Euro
Regelbedarfsstufe 6	224 Euro

gültig ab 1. Januar 2012

Regelbedarfsstufe 1	374 Euro
Regelbedarfsstufe 2	337 Euro
Regelbedarfsstufe 3	299 Euro
Regelbedarfsstufe 4	287 Euro
Regelbedarfsstufe 5	251 Euro
Regelbedarfsstufe 6	219 Euro

gültig ab 1. Januar 2011

Regelbedarfsstufe 1	364 Euro
Regelbedarfsstufe 2	328 Euro
Regelbedarfsstufe 3	291 Euro
Regelbedarfsstufe 4	287 Euro
Regelbedarfsstufe 5	251 Euro
Regelbedarfsstufe 6	215 Euro

Regelbedarfsstufe 1:
Für jede erwachsene Person, die in einer Wohnung nach § 42a Absatz 2 Satz 2 lebt und für die nicht Regelbedarfsstufe 2 gilt.

Regelbedarfsstufe 2:
Für jede erwachsene Person, wenn sie
1. in einer Wohnung nach § 42a Absatz 2 Satz 2 mit einem Ehegatten oder Lebenspartner oder in eheähnlicher oder lebenspartnerschaftsähnlicher Gemeinschaft mit einem Partner zusammenlebt oder
2. nicht in einer Wohnung lebt, weil ihr allein oder mit einer weiteren Person ein persönlicher Wohnraum und mit weiteren Personen zusätzliche Räumlichkeiten nach § 42a Absatz 2 Satz 3 zur gemeinschaftlichen Nutzung überlassen sind.

Regelbedarfsstufe 3:
Für eine erwachsene Person, deren notwendiger Lebensunterhalt sich nach § 27b bestimmt.

Regelbedarfsstufe 4:
Für eine Jugendliche oder einen Jugendlichen vom Beginn des 15. bis zur Vollendung des 18. Lebensjahres.

Regelbedarfsstufe 5:
Für ein Kind vom Beginn des siebten bis zur Vollendung des 14. Lebensjahres.

Regelbedarfsstufe 6:
Für ein Kind bis zur Vollendung des sechsten Lebensjahres.

Anlage
(zu § 34)

Ausstattung mit persönlichem Schulbedarf in Euro

gültig im Kalenderjahr	Teilbetrag für das im jeweiligen Kalenderjahr beginnende erste Schulhalbjahr	Teilbetrag für das im jeweiligen Kalenderjahr beginnende zweite Schulhalbjahr
2019	100 Euro	–
2020	100 Euro	50 Euro
2021	103 Euro	51,50 Euro

Gesetz zur Ermittlung der Regelbedarfe nach § 28 des Zwölften Buches Sozialgesetzbuch ab dem Jahr 2021 (Regelbedarfsermittlungsgesetz – RBEG)

Vom 9. Dezember 2020 (BGBl. I S. 2855)

Inhaltsübersicht

§ 1 Grundsatz
§ 2 Zugrundeliegende Haushaltstypen
§ 3 Auszuschließende Haushalte
§ 4 Bestimmung der Referenzhaushalte; Referenzgruppen
§ 5 Regelbedarfsrelevante Verbrauchsausgaben der Einpersonenhaushalte
§ 6 Regelbedarfsrelevante Verbrauchsausgaben der Familienhaushalte
§ 7 Fortschreibung der regelbedarfsrelevanten Verbrauchsausgaben
§ 8 Regelbedarfsstufen
§ 9 Ausstattung mit persönlichem Schulbedarf

§ 1 Grundsatz

(1) Zur Ermittlung pauschalierter Bedarfe für bedarfsabhängige und existenzsichernde bundesgesetzliche Leistungen werden entsprechend § 28 Absatz 1 bis 3 des Zwölften Buches Sozialgesetzbuch Sonderauswertungen der Einkommens- und Verbrauchsstichprobe 2018 zur Ermittlung der durchschnittlichen Verbrauchsausgaben einkommensschwacher Haushalte nach den §§ 2 bis 4 vorgenommen.

(2) Auf der Grundlage der Sonderauswertungen nach Absatz 1 werden entsprechend § 28 Absatz 4 und 5 des Zwölften Buches Sozialgesetzbuch für das Zwölfte und das Zweite Buch Sozialgesetzbuch die Regelbedarfsstufen nach den §§ 5 bis 8 ermittelt.

§ 2 Zugrundeliegende Haushaltstypen

Der Ermittlung der Regelbedarfsstufen nach der Anlage zu § 28 des Zwölften Buches Sozialgesetzbuch liegen die Verbrauchsausgaben folgender Haushaltstypen zugrunde:
1. Haushalte, in denen eine erwachsene Person allein lebt (Einpersonenhaushalte) und
2. Haushalte, in denen ein Paar mit einem minderjährigen Kind lebt (Familienhaushalte).

Die Familienhaushalte werden nach Altersgruppen der Kinder differenziert. Die Altersgruppen umfassen die Zeit bis zur Vollendung des sechsten Lebensjahres, vom Beginn des siebten bis zur Vollendung des 14. Lebensjahres sowie vom Beginn des 15. bis zur Vollendung des 18. Lebensjahres.

§ 3 Auszuschließende Haushalte

(1) Von den Haushalten nach § 2 sind vor der Bestimmung der Referenzhaushalte diejenigen Haushalte auszuschließen, in denen Leistungsberechtigte leben, die im Erhebungszeitraum eine der folgenden Leistungen bezogen haben:
1. Hilfe zum Lebensunterhalt nach dem Dritten Kapitel des Zwölften Buches Sozialgesetzbuch,
2. Grundsicherung im Alter und bei Erwerbsminderung nach dem Vierten Kapitel des Zwölften Buches Sozialgesetzbuch,
3. Arbeitslosengeld II oder Sozialgeld nach dem Zweiten Buch Sozialgesetzbuch,
4. Leistungen nach dem Asylbewerberleistungsgesetz.

(2) Nicht auszuschließen sind Haushalte, in denen Leistungsberechtigte leben, die im Erhebungszeitraum zusätzlich zu den Leistungen nach Absatz 1 Nummer 1 bis 4 Erwerbseinkommen bezogen haben.

§ 4 Bestimmung der Referenzhaushalte; Referenzgruppen

(1) Zur Bestimmung der Referenzhaushalte werden die nach dem Ausschluss von Haushalten nach § 3 verbleibenden Haushalte je Haushaltstyp nach § 2 Satz 1 Nummer 1 und 2 nach ihrem Nettoeinkommen aufsteigend gereiht. Als Referenzhaushalte werden dabei berücksichtigt:
1. von den Einpersonenhaushalten die unteren 15 Prozent der Haushalte und
2. von den Familienhaushalten jeweils die unteren 20 Prozent der Haushalte.

(2) Die Referenzhaushalte eines Haushaltstyps bilden jeweils eine Referenzgruppe.

§ 5 Regelbedarfsrelevante Verbrauchsausgaben der Einpersonenhaushalte

(1) Von den Verbrauchsausgaben der Referenzgruppe der Einpersonenhaushalte nach § 4 Absatz 1 Satz 2 Nummer 1 werden für die Ermittlung des Regelbedarfs folgende Verbrauchsausgaben der einzelnen

31 RBEG §6

Abteilungen aus der Sonderauswertung für Einpersonenhaushalte der Einkommens- und Verbrauchsstichprobe 2018 für den Regelbedarf berücksichtigt (regelbedarfsrelevant):

Abteilung 1 und 2 (Nahrungsmittel, Getränke, Tabakwaren)	150,93 Euro
Abteilung 3 (Bekleidung und Schuhe)	36,09 Euro
Abteilung 4 (Wohnungsmieten, Energie und Wohnungsinstandhaltung)	36,87 Euro
Abteilung 5 (Innenausstattung, Haushaltsgeräte und -gegenstände, laufende Haushaltsführung)	26,49 Euro
Abteilung 6 (Gesundheitspflege)	16,60 Euro
Abteilung 7 (Verkehr)	39,01 Euro
Abteilung 8 (Post und Telekommunikation)	38,89 Euro
Abteilung 9 (Freizeit, Unterhaltung und Kultur)	42,44 Euro
Abteilung 10 (Bildungswesen)	1,57 Euro
Abteilung 11 (Beherbergungs- und Gaststättendienstleistungen)	11,36 Euro
Abteilung 12 (Andere Waren und Dienstleistungen)	34,71 Euro

(2) Die Summe der regelbedarfsrelevanten Verbrauchsausgaben der Einpersonenhaushalte nach Absatz 1 beträgt 434,96 Euro.

§ 6 Regelbedarfsrelevante Verbrauchsausgaben der Familienhaushalte

(1) Von den Verbrauchsausgaben der Referenzgruppen der Familienhaushalte nach § 4 Absatz 1 Satz 2 Nummer 2 werden bei Kindern und Jugendlichen folgende Verbrauchsausgaben der einzelnen Abteilungen aus den Sonderauswertungen für Familienhaushalte der Einkommens- und Verbrauchsstichprobe 2018 als regelbedarfsrelevant berücksichtigt:

1. Kinder bis zur Vollendung des sechsten Lebensjahres:

Abteilung 1 und 2 (Nahrungsmittel, Getränke, Tabakwaren)	90,52 Euro
Abteilung 3 (Bekleidung und Schuhe)	44,15 Euro
Abteilung 4 (Wohnungsmieten, Energie und Wohnungsinstandhaltung)	8,63 Euro
Abteilung 5 (Innenausstattung, Haushaltsgeräte und -gegenstände, laufende Haushaltsführung)	15,83 Euro
Abteilung 6 (Gesundheitspflege)	8,06 Euro
Abteilung 7 (Verkehr)	25,39 Euro
Abteilung 8 (Post und Telekommunikation)	24,14 Euro
Abteilung 9 (Freizeit, Unterhaltung und Kultur)	44,16 Euro
Abteilung 10 (Bildungswesen)	1,49 Euro
Abteilung 11 (Beherbergungs- und Gaststättendienstleistungen)	3,11 Euro
Abteilung 12 (Andere Waren und Dienstleistungen)	10,37 Euro

2. Kinder vom Beginn des siebten bis zur Vollendung des 14. Lebensjahres:

Abteilung 1 und 2 (Nahrungsmittel, Getränke, Tabakwaren)	118,02 Euro
Abteilung 3 (Bekleidung und Schuhe)	36,49 Euro
Abteilung 4 (Wohnungsmieten, Energie und Wohnungsinstandhaltung)	13,90 Euro
Abteilung 5 (Innenausstattung, Haushaltsgeräte und -gegenstände, laufende Haushaltsführung)	12,89 Euro
Abteilung 6 (Gesundheitspflege)	7,94 Euro
Abteilung 7 (Verkehr)	23,99 Euro
Abteilung 8 (Post und Telekommunikation)	26,10 Euro
Abteilung 9 (Freizeit, Unterhaltung und Kultur)	43,13 Euro
Abteilung 10 (Bildungswesen)	1,56 Euro
Abteilung 11 (Beherbergungs- und Gaststättendienstleistungen)	6,81 Euro
Abteilung 12 (Andere Waren und Dienstleistungen)	10,34 Euro

3. Jugendliche vom Beginn des 15. bis zur Vollendung des 18. Lebensjahres:

Abteilung 1 und 2 (Nahrungsmittel, Getränke, Tabakwaren)	160,38 Euro
Abteilung 3 (Bekleidung und Schuhe)	43,38 Euro
Abteilung 4 (Wohnungsmieten, Energie und Wohnungsinstandhaltung)	19,73 Euro
Abteilung 5 (Innenausstattung, Haushaltsgeräte und -gegenstände, laufende Haushaltsführung)	16,59 Euro
Abteilung 6 (Gesundheitspflege)	10,73 Euro
Abteilung 7 (Verkehr)	22,92 Euro
Abteilung 8 (Post und Telekommunikation)	26,05 Euro
Abteilung 9 (Freizeit, Unterhaltung und Kultur)	38,19 Euro
Abteilung 10 (Bildungswesen)	0,64 Euro
Abteilung 11 (Beherbergungs- und Gaststättendienstleistungen)	10,26 Euro
Abteilung 12 (Andere Waren und Dienstleistungen)	14,60 Euro

(2) Die Summe der regelbedarfsrelevanten Verbrauchsausgaben, die im Familienhaushalt Kindern und Jugendlichen zugerechnet werden, beträgt
1. nach Absatz 1 Nummer 1 für Kinder bis zur Vollendung des sechsten Lebensjahres 275,85 Euro,
2. nach Absatz 1 Nummer 2 für Kinder vom Beginn des siebten bis zur Vollendung des 14. Lebensjahres 301,17 Euro und
3. nach Absatz 1 Nummer 3 für Jugendliche vom Beginn des 15. bis zur Vollendung des 18. Lebensjahres 363,47 Euro.

§ 7 Fortschreibung der regelbedarfsrelevanten Verbrauchsausgaben

(1) Die Summen der für das Jahr 2018 ermittelten regelbedarfsrelevanten Verbrauchsausgaben nach § 5 Absatz 2 und § 6 Absatz 2 werden entsprechend der Fortschreibung der Regelbedarfsstufen nach § 28a des Zwölften Buches Sozialgesetzbuch fortgeschrieben.
(2) Abweichend von § 28a des Zwölften Buches Sozialgesetzbuch bestimmt sich die Veränderungsrate des Mischindex für die Fortschreibung zum 1. Januar 2021 aus der Entwicklung der regelbedarfsrelevanten Preise und der Nettolöhne und -gehälter je Arbeitnehmer nach den Volkswirtschaftlichen Gesamtrechnungen vom Zeitraum Januar bis Dezember 2018 bis zum Zeitraum Juli 2019 bis Juni 2020. Die entsprechende Veränderungsrate beträgt 2,57 Prozent.
(3) Aufgrund der Fortschreibung nach Absatz 2 und in Anwendung der Rundungsregelung nach § 28 Absatz 5 Satz 3 des Zwölften Buches Sozialgesetzbuch beläuft sich die Summe der regelbedarfsrelevanten Verbrauchsausgaben für Einpersonenhaushalte nach § 5 Absatz 2 auf 446 Euro.
(4) Aufgrund der Fortschreibung nach Absatz 2 und in Anwendung der Rundungsregelung nach § 28 Absatz 5 Satz 3 des Zwölften Buches Sozialgesetzbuch beläuft sich die Summe der regelbedarfsrelevanten Verbrauchsausgaben für Kinder und Jugendliche
1. bis zur Vollendung des sechsten Lebensjahres nach § 6 Absatz 2 Nummer 1 auf 283 Euro,
2. vom Beginn des siebten bis zur Vollendung des 14. Lebensjahres nach § 6 Absatz 2 Nummer 2 auf 309 Euro und
3. vom Beginn des 15. bis zur Vollendung des 18. Lebensjahres nach § 6 Absatz 2 Nummer 3 auf 373 Euro.

§ 8 Regelbedarfsstufen

Die Regelbedarfsstufen nach der Anlage zu § 28 des Zwölften Buches Sozialgesetzbuch belaufen sich zum 1. Januar 2021
1. in der Regelbedarfsstufe 1 auf 446 Euro für jede erwachsene Person, die in einer Wohnung nach § 42a Absatz 2 Satz 2 des Zwölften Buches Sozialgesetzbuch lebt und für die nicht Nummer 2 gilt,
2. in der Regelbedarfsstufe 2 auf 401 Euro für jede erwachsene Person, die
   a) in einer Wohnung nach § 42a Absatz 2 Satz 2 des Zwölften Buches Sozialgesetzbuch mit einem Ehegatten oder Lebenspartner oder in eheähnlicher oder lebenspartnerschaftsähnlicher Gemeinschaft mit einem Partner zusammenlebt oder
   b) nicht in einer Wohnung lebt, weil ihr allein oder mit einer weiteren Person ein persönlicher Wohnraum und mit weiteren Personen zusätzliche Räumlichkeiten nach § 42a Absatz 2 Satz 3 des Zwölften Buches Sozialgesetzbuch zur gemeinschaftlichen Nutzung überlassen sind,

3. in der Regelbedarfsstufe 3 auf 357 Euro für eine erwachsene Person, deren notwendiger Lebensunterhalt sich nach § 27b des Zwölften Buches Sozialgesetzbuch bestimmt (Unterbringung in einer stationären Einrichtung),
4. in der Regelbedarfsstufe 4 auf 373 Euro für eine Jugendliche oder einen Jugendlichen vom Beginn des 15. bis zur Vollendung des 18. Lebensjahres,
5. in der Regelbedarfsstufe 5 auf 309 Euro für ein Kind vom Beginn des siebten bis zur Vollendung des 14. Lebensjahres und
6. in der Regelbedarfsstufe 6 auf 283 Euro für ein Kind bis zur Vollendung des sechsten Lebensjahres.

§ 9 Ausstattung mit persönlichem Schulbedarf
Der Teilbetrag für Ausstattung mit persönlichem Schulbedarf beläuft sich
1. für das im Kalenderjahr 2021 beginnende erste Schulhalbjahr auf 103 Euro und
2. für das im Kalenderjahr 2021 beginnende zweite Schulhalbjahr auf 51,50 Euro.

Verordnung zur Durchführung der Hilfe zur Überwindung besonderer sozialer Schwierigkeiten

in der Fassung der Bekanntmachung
vom 24. Januar 2001 (BGBl. I S. 179)

Zuletzt geändert durch
Gesetz zur Einordnung des Sozialhilferechts in das Sozialgesetzbuch
vom 27. Dezember 2003 (BGBl. I S. 3022)

Inhaltsübersicht

§ 1 Persönliche Voraussetzungen
§ 2 Art und Umfang der Maßnahmen
§ 3 Beratung und persönliche Unterstützung
§ 4 Erhaltung und Beschaffung einer Wohnung
§ 5 Ausbildung, Erlangung und Sicherung eines Arbeitsplatzes
§ 6 Hilfe zum Aufbau und zur Aufrechterhaltung sozialer Beziehungen und zur Gestaltung des Alltags
§ 7 Inkrafttreten, Außerkrafttreten

Auf Grund des § 72 Abs. 5 des Bundessozialhilfegesetzes in der Fassung der Bekanntmachung vom 23. März 1994 (BGBl. I S. 646, 2975), der zuletzt geändert wurde durch Artikel 1 Nr. 4 des Gesetzes vom 25. Juni 1999 (BGBl. I S. 1442), in Verbindung mit Artikel 6 Abs. 1 des Gesetzes vom 16. Februar 1993 (BGBl. I S. 239), verordnet das Bundesministerium für Arbeit und Sozialordnung:

§ 1 Persönliche Voraussetzungen

(1) Personen leben in besonderen sozialen Schwierigkeiten, wenn besondere Lebensverhältnisse derart mit sozialen Schwierigkeiten verbunden sind, dass die Überwindung der besonderen Lebensverhältnisse auch die Überwindung der sozialen Schwierigkeiten erfordert. Nachgehende Hilfe ist Personen zu gewähren, soweit ihnen nur durch Hilfe nach dieser Verordnung der drohende Wiedereintritt besonderer sozialer Schwierigkeiten abgewendet werden kann.
(2) Besondere Lebensverhältnisse bestehen bei fehlender oder nicht ausreichender Wohnung, bei ungesicherter wirtschaftlicher Lebensgrundlage, bei gewaltgeprägten Lebensumständen, bei Entlassung aus einer geschlossenen Einrichtung oder bei vergleichbaren nachteiligen Umständen. Besondere Lebensverhältnisse können ihre Ursachen in äußeren Umständen oder in der Person der Hilfesuchenden haben.
(3) Soziale Schwierigkeiten liegen vor, wenn ein Leben in der Gemeinschaft durch ausgrenzendes Verhalten des Hilfesuchenden oder eines Dritten wesentlich eingeschränkt ist, insbesondere im Zusammenhang mit der Erhaltung oder Beschaffung einer Wohnung, mit der Erlangung oder Sicherung eines Arbeitsplatzes, mit familiären oder anderen sozialen Beziehungen oder mit Straffälligkeit.

§ 2 Art und Umfang der Maßnahmen

(1) Art und Umfang der Maßnahmen richten sich nach dem Ziel, die Hilfesuchenden zur Selbsthilfe zu befähigen, die Teilnahme am Leben in der Gemeinschaft zu ermöglichen und die Führung eines menschenwürdigen Lebens zu sichern. Durch Unterstützung der Hilfesuchenden zur selbständigen Bewältigung ihrer besonderen sozialen Schwierigkeiten sollen sie in die Lage versetzt werden, ihr Leben entsprechend ihren Bedürfnissen, Wünschen und Fähigkeiten zu organisieren und selbstverantwortlich zu gestalten. Dabei ist auch zu berücksichtigen, dass Hilfesuchende verpflichtet sind, nach eigenen Kräften an der Überwindung der besonderen sozialen Schwierigkeiten mitzuwirken. Auf Leistungen anderer Stellen oder nach anderen Vorschriften des Zwölften Buches Sozialgesetzbuch, die im Sinne dieser Verordnung geeignet sind, ist hinzuwirken; die Regelungen über Erstattungsansprüche der Leistungsträger untereinander gemäß §§ 102 bis 114 des Zehnten Buches Sozialgesetzbuch finden insoweit auch zwischen Trägern der Sozialhilfe Anwendung.
(2) Maßnahmen sind die Dienst-, Geld- und Sachleistungen, die notwendig sind, um die besonderen sozialen Schwierigkeiten nachhaltig abzuwenden, zu beseitigen, zu mildern oder ihre Verschlimmerung zu verhüten. Vorrangig sind als Hilfe zur Selbsthilfe Dienstleistungen der Beratung und persönlichen Unterstützung für die Hilfesuchenden und für ihre Angehörigen, bei der Erhaltung und Beschaffung einer Wohnung, bei der Vermittlung in Ausbildung, bei der Erlangung und Sicherung eines Arbeits-

platzes sowie bei Aufbau und Aufrechterhaltung sozialer Beziehungen und der Gestaltung des Alltags. Bei der Hilfe sind geschlechts- und altersbedingte Besonderheiten sowie besondere Fähigkeiten und Neigungen zu berücksichtigen.

(3) Bei der Ermittlung und Feststellung des Hilfebedarfs sowie bei der Erstellung und Fortschreibung eines Gesamtplanes sollen die Hilfesuchenden unter Berücksichtigung der vorhandenen Kräfte und Fähigkeiten beteiligt werden. Wird ein Gesamtplan erstellt, sind der ermittelte Bedarf und die dem Bedarf entsprechenden Maßnahmen der Hilfe zu benennen und anzugeben, in welchem Verhältnis zueinander sie verwirklicht werden sollen. Dabei ist der verbundene Einsatz der unterschiedlichen Hilfen nach dem Zwölften Buch Sozialgesetzbuch und nach anderen Leistungsgesetzen anzustreben. Soweit es erforderlich ist, wirkt der Träger der Sozialhilfe mit anderen am Einzelfall Beteiligten zusammen; bei Personen vor Vollendung des 21. Lebensjahres ist ein Zusammenwirken mit dem Träger der öffentlichen Jugendhilfe erforderlich.

(4) Gesamtplan und Maßnahmen sind zu überprüfen, sobald Umstände die Annahme rechtfertigen, dass die Hilfe nicht oder nicht mehr zielgerecht ausgestaltet ist oder Hilfesuchende nicht nach ihren Kräften mitwirken.

(5) In stationären Einrichtungen soll die Hilfe nur befristet und nur dann gewährt werden, wenn eine verfügbare ambulante oder teilstationäre Hilfe nicht geeignet und die stationäre Hilfe Teil eines Gesamtplanes ist, an dessen Erstellung der für die stationäre Hilfe zuständige Träger der Sozialhilfe beteiligt war. Ist die Erstellung eines Gesamtplanes vor Beginn der Hilfe nicht möglich, hat sie unverzüglich danach zu erfolgen. Die Hilfe ist spätestens nach jeweils sechs Monaten zu überprüfen. Frauenhäuser sind keine Einrichtungen im Sinne von Satz 1; ambulante Maßnahmen nach den §§ 3 bis 6 werden durch den Aufenthalt in einem Frauenhaus nicht ausgeschlossen.

§3 Beratung und persönliche Unterstützung

(1) Zur Beratung und persönlichen Unterstützung gehört es vor allem, den Hilfebedarf zu ermitteln, die Ursachen der besonderen Lebensumstände sowie der sozialen Schwierigkeiten festzustellen, sie bewusst zu machen, über die zur Überwindung der besonderen Lebensverhältnisse und sozialen Schwierigkeiten in Betracht kommenden Maßnahmen und geeigneten Hilfeangebote und -organisationen zu unterrichten, diese soweit erforderlich zu vermitteln und ihre Inanspruchnahme und Wirksamkeit zu fördern.

(2) Beratung und persönliche Unterstützung müssen darauf ausgerichtet sein, die Bereitschaft und Fähigkeit zu erhalten und zu entwickeln, bei der Überwindung der besonderen sozialen Schwierigkeiten nach Kräften mitzuwirken und so weit wie möglich unabhängig von Sozialhilfe zu leben. Sie sollen auch erforderliche Hilfestellungen bei der Inanspruchnahme in Betracht kommender Sozialleistungen, bei der Inanspruchnahme von Schuldnerberatung oder bei der Erledigung von Angelegenheiten mit Behörden und Gerichten umfassen.

(3) Soweit es im Einzelfall erforderlich ist, erstreckt sich die persönliche Unterstützung auch darauf, in der Umgebung des Hilfesuchenden

1. Verständnis für die Art der besonderen Lebensverhältnisse und die damit verbundenen sozialen Schwierigkeiten zu wecken und Vorurteilen entgegenzuwirken,
2. Einflüssen zu begegnen, welche die Bemühungen und Fähigkeiten zur Überwindung besonderer sozialer Schwierigkeiten beeinträchtigen.

(4) Beratung und persönliche Unterstützung kann auch in Gruppen gewährt werden, wenn diese Art der Hilfegewährung geeignet ist, den Erfolg der Maßnahmen herbeizuführen.

§4 Erhaltung und Beschaffung einer Wohnung

(1) Maßnahmen zur Erhaltung und Beschaffung einer Wohnung sind vor allem die erforderliche Beratung und persönliche Unterstützung.

(2) Soweit es Maßnahmen nach Absatz 1 erfordern, umfasst die Hilfe auch sonstige Leistungen zur Erhaltung und Beschaffung einer Wohnung nach dem Dritten Kapitel des Zwölften Buches Sozialgesetzbuch, insbesondere nach § 34.

(3) Maßnahmen der Gefahrenabwehr lassen den Anspruch auf Hilfe zur Überwindung besonderer sozialer Schwierigkeiten bei der Erhaltung und Beschaffung einer Wohnung unberührt.

§5 Ausbildung, Erlangung und Sicherung eines Arbeitsplatzes

(1) Die Hilfe zur Ausbildung sowie zur Erlangung und Sicherung eines Arbeitsplatzes umfasst, wenn andere arbeits- und beschäftigungswirksame Maßnahmen im Einzelfall nicht in Betracht kommen, vor allem Maßnahmen, die darauf gerichtet sind, die Fähigkeiten und Fertigkeiten sowie die Bereitschaft zu

erhalten und zu entwickeln, einer regelmäßigen Erwerbstätigkeit nachzugehen und den Lebensunterhalt für sich und Angehörige aus Erwerbseinkommen zu bestreiten.
(2) Zu den Maßnahmen können vor allem solche gehören, die
1. dem drohenden Verlust eines Ausbildungs- oder Arbeitsplatzes entgegenwirken,
2. es ermöglichen, den Ausbildungsabschluss allgemeinbildender Schulen nachzuholen und die für die Ausübung einer Erwerbstätigkeit auf dem allgemeinen Arbeitsmarkt notwendigen Fähigkeiten und Fertigkeiten zu erwerben,
3. eine Ausbildung für einen angemessenen Beruf ermöglichen,
4. der Erlangung und Sicherung eines geeigneten Arbeitsplatzes oder einer sonstigen angemessenen Tätigkeit dienen,
5. den Abschluss sozialversicherungspflichtiger Beschäftigungsverhältnisse ermöglichen oder den Aufbau einer Lebensgrundlage durch selbständige Tätigkeit zu fördern.

§6 Hilfe zum Aufbau und zur Aufrechterhaltung sozialer Beziehungen und zur Gestaltung des Alltags

Zu den Maßnahmen im Sinne des § 68 Abs. 1 des Zwölften Buches Sozialgesetzbuch gehört auch Hilfe zum Aufbau und zur Aufrechterhaltung sozialer Beziehungen und zur Gestaltung des Alltags. Sie umfasst vor allem Maßnahmen der persönlichen Hilfe, die
1. die Begegnung und dem Umgang mit anderen Personen,
2. eine aktive Gestaltung, Strukturierung und Bewältigung des Alltags,
3. eine wirtschaftliche und gesundheitsbewusste Lebensweise,
4. den Besuch von Einrichtungen oder Veranstaltungen, die der Geselligkeit, der Unterhaltung oder kulturellen Zwecken dienen,
5. eine gesellige, sportliche oder kulturelle Betätigung
fördern oder ermöglichen.

§7 Inkrafttreten, Außerkrafttreten

Diese Verordnung tritt am ersten Tag des auf die Verkündung folgenden sechsten Kalendermonats in Kraft. Gleichzeitig tritt die Verordnung zur Durchführung des § 72 des Bundessozialhilfegesetzes vom 9. Juni 1976 (BGBl. I S. 1469), geändert durch Artikel 4 Abs. 5 des Gesetzes vom 16. Februar 1993 (BGBl. I S. 239), außer Kraft.

Anm. d. Hrsg.: Verkündet am 7.2.2001.

Verordnung zur Durchführung des § 82 des Zwölften Buches Sozialgesetzbuch

Vom 28. November 1962 (BGBl. I S. 692)

Zuletzt geändert durch
Gesetz zur Änderung des Zwölften Buches Sozialgesetzbuch und weiterer Vorschriften
vom 21. Dezember 2015 (BGBl. I S. 2557)

Inhaltsübersicht

§ 1 Einkommen
§ 2 Bewertung von Sachbezügen
§ 3 Einkünfte aus nichtselbständiger Arbeit
§ 4 Einkünfte aus Land- und Forstwirtschaft, Gewerbebetrieb und selbständiger Arbeit
§ 5 Sondervorschrift für die Einkünfte aus Land- und Forstwirtschaft
§ 6 Einkünfte aus Kapitalvermögen
§ 7 Einkünfte aus Vermietung und Verpachtung
§ 8 Andere Einkünfte
§ 9 Einkommensberechnung in besonderen Fällen
§ 10 Verlustausgleich
§ 11 Maßgebender Zeitraum
§ 12 Ausgaben nach § 82 Abs. 2 Nr. 1 bis 3 des Zwölften Buches Sozialgesetzbuch
§ 13 (weggefallen)
§ 14 Inkrafttreten

Auf Grund des § 76 Abs. 3 des Bundessozialhilfegesetzes vom 30. Juni 1961 (Bundesgesetzbl. I S. 815) verordnet die Bundesregierung mit Zustimmung des Bundesrates:

§ 1 Einkommen
Bei der Berechnung der Einkünfte in Geld oder Geldeswert, die nach § 82 Abs. 1 des Zwölften Buches Sozialgesetzbuch zum Einkommen gehören, sind alle Einnahmen ohne Rücksicht auf ihre Herkunft und Rechtsnatur sowie ohne Rücksicht darauf, ob sie zu den Einkunftsarten im Sinne des Einkommensteuergesetzes gehören und ob sie der Steuerpflicht unterliegen, zugrunde zu legen.

§ 2 Bewertung von Sachbezügen
(1) Für die Bewertung von Einnahmen, die nicht in Geld bestehen (Kost, Wohnung und sonstige Sachbezüge), sind die auf Grund des § 17 Abs. 2 des Vierten Buches Sozialgesetzbuch für die Sozialversicherung zuletzt festgesetzten Werte der Sachbezüge maßgebend; soweit der Wert der Sachbezüge nicht festgesetzt ist, sind der Bewertung die üblichen Mittelpreise des Verbrauchsortes zu Grunde zu legen. Die Verpflichtung, den notwendigen Lebensunterhalt im Einzelfall nach dem Dritten Kapitel des Zwölften Buches Sozialgesetzbuch sicherzustellen, bleibt unberührt.
(2) Absatz 1 gilt auch dann, wenn in einem Tarifvertrag, einer Tarifordnung, einer Betriebs- oder Dienstordnung, einer Betriebsvereinbarung, einem Arbeitsvertrag oder einem sonstigen Vertrag andere Werte festgesetzt worden sind.

§ 3 Einkünfte aus nichtselbständiger Arbeit
(1) Welche Einkünfte zu den Einkünften aus nichtselbständiger Arbeit gehören, bestimmt sich nach § 19 Abs. 1 Ziff. 1 des Einkommensteuergesetzes.
(2) Als nichtselbständige Arbeit gilt auch die Arbeit, die in einer Familiengemeinschaft von einem Familienangehörigen des Betriebsinhabers gegen eine Vergütung geleistet wird. Wird die Arbeit nicht nur vorübergehend geleistet, so ist in Zweifelsfällen anzunehmen, daß der Familienangehörige eine Vergütung erhält, wie sie einem Gleichaltrigen für eine gleichartige Arbeit gleichen Umfangs in einem fremden Betrieb ortsüblich gewährt wird.
(3) Bei der Berechnung der Einkünfte ist von den monatlichen Bruttoeinnahmen auszugehen. Sonderzuwendungen, Gratifikationen und gleichartige Bezüge und Vorteile, die in größeren als monatlichen Zeitabständen gewährt werden, sind wie einmalige Einnahmen zu behandeln.
(4) Zu den mit der Erzielung der Einkünfte aus nichtselbständiger Arbeit verbundenen Ausgaben im Sinne des § 82 Abs. 2 Nr. 4 des Zwölften Buches Sozialgesetzbuch gehören vor allem
1. notwendige Aufwendungen für Arbeitsmittel,
2. notwendige Aufwendungen für Fahrten zwischen Wohnung und Arbeitsstätte,
3. notwendige Beiträge für Berufsverbände,
4. notwendige Mehraufwendungen infolge Führung eines doppelten Haushalts nach näherer Bestimmung des Absatzes 7.

Ausgaben im Sinne des Satzes 1 sind nur insoweit zu berücksichtigen, als sie von dem Bezieher des Einkommens selbst getragen werden.

(5) Als Aufwendungen für Arbeitsmittel (Absatz 4 Nr. 1) kann ein monatlicher Pauschbetrag von 5,20 Euro berücksichtigt werden, wenn nicht im Einzelfall höhere Aufwendungen nachgewiesen werden.

(6) Wird für die Fahrt zwischen Wohnung und Arbeitsstätte (Absatz 4 Nr. 2) ein eigenes Kraftfahrzeug benutzt, gilt folgendes:
1. Wäre bei Nichtvorhandensein eines Kraftfahrzeuges die Benutzung eines öffentlichen Verkehrsmittels notwendig, so ist ein Betrag in Höhe der Kosten der tariflich günstigsten Zeitkarte abzusetzen.
2. Ist ein öffentliches Verkehrsmittel nicht vorhanden oder dessen Benutzung im Einzelfall nicht zumutbar und deshalb die Benutzung eines Kraftfahrzeuges notwendig, so sind folgende monatliche Pauschbeträge abzusetzen:
   a) bei Benutzung eines Kraftwagens 5,20 Euro,
   b) bei Benutzung eines Kleinstkraftwagens (drei- oder vierrädriges Kraftfahrzeug, dessen Motor einen Hubraum von nicht mehr als 500 ccm hat) 3,70 Euro,
   c) bei Benutzung eines Motorrades oder eines Motorrollers 2,30 Euro,
   d) bei Benutzung eines Fahrrades mit Motor 1,30 Euro

für jeden vollen Kilometer, den die Wohnung von der Arbeitsstätte entfernt liegt, jedoch für nicht mehr als 40 Kilometer. Bei einer Beschäftigungsdauer von weniger als einem Monat sind die Beträge anteilmäßig zu kürzen.

(7) Ist der Bezieher des Einkommens außerhalb des Ortes beschäftigt, an dem er einen eigenen Hausstand unterhält, und kann ihm weder der Umzug noch die tägliche Rückkehr an den Ort des eigenen Hausstandes zugemutet werden, so sind die durch Führung des doppelten Haushalts ihm nachweislich entstehenden Mehraufwendungen, höchstens ein Betrag von 130 Euro monatlich, sowie die unter Ausnutzung bestehender Tarifvergünstigungen entstehenden Aufwendungen für Fahrtkosten der zweiten Wagenklasse für eine Familienheimfahrt im Kalendermonat abzusetzen. Ein eigener Hausstand ist dann anzunehmen, wenn der Bezieher des Einkommens eine Wohnung mit eigener oder selbstbeschaffter Möbelausstattung besitzt. Eine doppelte Haushaltsführung kann auch dann anerkannt werden, wenn der Bezieher des Einkommens nachweislich ganz oder überwiegend die Kosten für einen Haushalt trägt, den er gemeinsam mit nächsten Angehörigen führt.

§ 4 Einkünfte aus Land- und Forstwirtschaft, Gewerbebetrieb und selbständiger Arbeit

(1) Welche Einkünfte zu den Einkünften aus Land- und Forstwirtschaft, Gewerbebetrieb und selbständiger Arbeit gehören, bestimmt sich nach § 13 Abs. 1 und 2, § 15 Abs. 1 und § 18 Abs. 1 des Einkommensteuergesetzes; der Nutzungswert der Wohnung im eigenen Haus bleibt unberücksichtigt.

(2) Die Einkünfte sind für das Jahr zu berechnen, in dem der Bedarfszeitraum liegt (Berechnungsjahr).

(3) Als Einkünfte ist bei den einzelnen Einkunftsarten ein Betrag anzusetzen, der auf der Grundlage früherer Betriebsergebnisse aus der Gegenüberstellung der im Rahmen des Betriebes im Berechnungsjahr bereits erzielten Einnahmen und geleisteten notwendigen Ausgaben sowie der im Rahmen des Betriebes im Berechnungsjahr noch zu erwartenden Einnahmen und notwendigen Ausgaben zu errechnen ist. Bei der Ermittlung früherer Betriebsergebnisse (Satz 1) kann ein durch das Finanzamt festgestellter Gewinn berücksichtigt werden.

(4) Soweit im Einzelfall geboten, kann abweichend von der Regelung des Absatzes 3 als Einkünfte ein Betrag angesetzt werden, der nach Ablauf des Berechnungsjahres aus der Gegenüberstellung der im Rahmen des Betriebes im Berechnungsjahr erzielten Einnahmen und geleisteten notwendigen Ausgaben zu errechnen ist. Als Einkünfte im Sinne des Satzes 1 kann auch der vom Finanzamt für das Berechnungsjahr festgestellte Gewinn angesetzt werden.

(5) Wird der vom Finanzamt festgestellte Gewinn nach Absatz 3 Satz 2 berücksichtigt oder nach Absatz 4 Satz 2 als Einkünfte angesetzt, so sind Absetzungen, die bei Gebäuden und sonstigen Wirtschaftsgütern durch das Finanzamt nach
1. den §§ 7, 7b und 7e des Einkommensteuergesetzes,
2. den Vorschriften des Berlinförderungsgesetzes,
3. den §§ 76, 77 und 78 Abs. 1 der Einkommensteuer-Durchführungsverordnung,
4. der Verordnung über Steuervergünstigungen zur Förderung des Baues von Landarbeiterwohnungen in der Fassung der Bekanntmachung vom 6. August 1974 (Bundesgesetzbl. I S. 1869)

vorgenommen worden sind, dem durch das Finanzamt festgestellten Gewinn wieder hinzuzurechnen. Soweit jedoch in diesen Fällen notwendige Ausgaben für die Anschaffung oder Herstellung der in Satz 1 genannten Wirtschaftsgüter im Feststellungszeitraum geleistet worden sind, sind sie vom Gewinn abzusetzen.

§ 5 Sondervorschrift für die Einkünfte aus Land- und Forstwirtschaft

(1) Die Träger der Sozialhilfe können mit Zustimmung der zuständigen Landesbehörde die Einkünfte aus Land- und Forstwirtschaft abweichend von § 4 nach § 7 der Dritten Verordnung über Ausgleichsleistungen nach dem Lastenausgleichsgesetz (3. LeistungsDV-LA) berechnen; der Nutzungswert der Wohnung im eigenen Haus bleibt jedoch unberücksichtigt.
(2) Von der Berechnung der Einkünfte nach Absatz 1 ist abzusehen,
1. wenn sie im Einzelfall offenbar nicht den besonderen persönlichen oder wirtschaftlichen Verhältnissen entspricht oder
2. wenn der Bezieher der Einkünfte zur Einkommensteuer veranlagt wird, es sei denn, daß der Gewinn auf Grund von Durchschnittssätzen ermittelt wird.

§ 6 Einkünfte aus Kapitalvermögen

(1) Welche Einkünfte zu den Einkünften aus Kapitalvermögen gehören, bestimmt sich nach § 20 Abs. 1 bis 3 des Einkommensteuergesetzes.
(2) Als Einkünfte aus Kapitalvermögen sind die Jahresroheinnahmen anzusetzen, vermindert um die Kapitalertragsteuer sowie um die mit der Erzielung der Einkünfte verbundenen notwendigen Ausgaben (§ 82 Abs. 2 Nr. 4 des Zwölften Buches Sozialgesetzbuch).
(3) Die Einkünfte sind auf der Grundlage der vor dem Berechnungsjahr erzielten Einkünfte unter Berücksichtigung der im Berechnungsjahr bereits eingetretenen und noch zu erwartenden Veränderungen zu errechnen. Soweit im Einzelfall geboten, können hiervon abweichend die Einkünfte für das Berechnungsjahr auch nachträglich errechnet werden.

§ 7 Einkünfte aus Vermietung und Verpachtung

(1) Welche Einkünfte zu den Einkünften aus Vermietung und Verpachtung gehören, bestimmt sich nach § 21 Abs. 1 und 3 des Einkommensteuergesetzes.
(2) Als Einkünfte aus Vermietung und Verpachtung ist der Überschuß der Einnahmen über die mit ihrer Erzielung verbundenen notwendigen Ausgaben (§ 82 Abs. 2 Nr. 4 des Zwölften Buches Sozialgesetzbuch) anzusetzen; zu den Ausgaben gehören
1. Schuldzinsen und dauernde Lasten,
2. Steuern vom Grundbesitz, sonstige öffentliche Abgaben und Versicherungsbeiträge,
3. Leistungen auf die Hypothekengewinnabgabe und die Kreditgewinnabgabe, soweit es sich um Zinsen nach § 211 Abs. 1 Nr. 2 des Lastenausgleichsgesetzes handelt,
4. der Erhaltungsaufwand,
5. sonstige Aufwendungen zur Bewirtschaftung des Haus- und Grundbesitzes, ohne besonderen Nachweis Aufwendungen in Höhe von 1 vom Hundert der Jahresroheinnahmen.

Zum Erhaltungsaufwand im Sinne des Satzes 1 Nr. 4 gehören die Ausgaben für Instandsetzung und Instandhaltung, nicht jedoch die Ausgaben für Verbesserungen; ohne Nachweis können bei Wohnungsgrundstücken, die vor dem 1. Januar 1925 bezugsfähig geworden sind, 15 vom Hundert, bei Wohnungsgrundstücken, die nach dem 31. Dezember 1924 bezugsfähig geworden sind, 10 vom Hundert der Jahresroheinnahmen als Erhaltungsaufwand berücksichtigt werden.
(3) Die in Absatz 2 genannten Ausgaben sind von den Einnahmen insoweit nicht abzusetzen, als sie auf den vom Vermieter oder Verpächter selbst genutzten Teil des vermieteten oder verpachteten Gegenstandes entfallen.
(4) Als Einkünfte aus der Vermietung von möblierten Wohnungen und von Zimmern sind anzusetzen

bei möblierten Wohnungen 80 vom Hundert,

bei möblierten Zimmern 70 vom Hundert,

bei Leerzimmern 90 vom Hundert

der Roheinnahmen. Dies gilt nicht, wenn geringe Einkünfte nachgewiesen werden.
(5) Die Einkünfte sind als Jahreseinkünfte, bei der Vermietung von möblierten Wohnungen und von Zimmern jedoch als Monatseinkünfte zu berechnen. Sind sie als Jahreseinkünfte zu berechnen, gilt § 6 Abs. 3 entsprechend.

§ 8 Andere Einkünfte

(1) Andere als die in den §§ 3, 4, 6 und 7 genannten Einkünfte sind, wenn sie nicht monatlich oder wenn sie monatlich in unterschiedlicher Höhe erzielt werden, als Jahreseinkünfte zu berechnen. Zu den anderen Einkünften im Sinne des Satzes 1 gehören auch die in § 19 Abs. 1 Ziff. 2 des Einkommensteuergesetzes genannten Bezüge sowie Renten und sonstige wiederkehrende Bezüge. § 3 Abs. 3 gilt entsprechend.
(2) Sind die Einkünfte als Jahreseinkünfte zu berechnen, gilt § 6 Abs. 3 entsprechend.

§ 9 Einkommensberechnung in besonderen Fällen

Ist der Bedarf an Sozialhilfe einmalig oder nur von kurzer Dauer und duldet die Entscheidung über die Hilfe keinen Aufschub, so kann der Träger der Sozialhilfe nach Anhörung des Beziehers des Einkommens die Einkünfte schätzen.

§ 10 Verlustausgleich

Ein Verlustausgleich zwischen einzelnen Einkunftsarten ist nicht vorzunehmen. In Härtefällen kann jedoch die gesamtwirtschaftliche Lage des Beziehers des Einkommens berücksichtigt werden.

§ 11 Maßgebender Zeitraum

(1) Soweit die Einkünfte als Jahreseinkünfte berechnet werden, gilt der zwölfte Teil dieser Einkünfte zusammen mit den monatlich berechneten Einkünften als monatliches Einkommen im Sinne des Zwölften Buches Sozialgesetzbuch. § 8 Abs. 1 Satz 3 geht der Regelung des Satzes 1 vor.
(2) Ist der Betrieb oder die sonstige Grundlage der als Jahreseinkünfte zu berechnenden Einkünfte nur während eines Teils vorhanden oder zur Einkommenserzielung genutzt, so sind die Einkünfte aus der betreffenden Einkunftsart nur für diesen Zeitraum zu berechnen; für ihn gilt als monatliches Einkommen im Sinne des Zwölften Buches Sozialgesetzbuch derjenige Teil der Einkünfte, der der Anzahl der in den genannten Zeitraum fallenden Monate entspricht. Satz 1 gilt nicht für Einkünfte aus Saisonbetrieben und andere ihrer Natur nach auf einen Teil des Jahres beschränkte Einkünfte, wenn die Einkünfte den Hauptbestandteil des Einkommens bilden.

§ 12 Ausgaben nach § 82 Abs. 2 Nr. 1 bis 3 des Zwölften Buches Sozialgesetzbuch

Die in § 82 Abs. 2 Nr. 1 bis 3 des Zwölften Buches Sozialgesetzbuch bezeichneten Ausgaben sind von der Summe der Einkünfte abzusetzen, soweit sie nicht bereits nach den Bestimmungen dieser Verordnung bei den einzelnen Einkunftsarten abzuziehen sind.

§ 13 (weggefallen)

§ 14 Inkrafttreten

Diese Verordnung tritt am 1. Januar 1963 in Kraft.

DV zu § 90 Abs. 2 Nr. 9 SGB XII §§ 1–4

Verordnung zur Durchführung des § 90 Abs. 2 Nr. 9 des Zwölften Buches Sozialgesetzbuch

Vom 11. Februar 1988 (BGBl. I S. 150)

Zuletzt geändert durch
Zweite Verordnung zur Änderung der Verordnung zur Durchführung des § 90 Abs. 2 Nr. 9 des Zwölften Buches Sozialgesetzbuch
vom 22. März 2017 (BGBl. I S. 519)

Inhaltsübersicht

§ 1 (Freigrenzen)
§ 2 (Erhöhung im Einzelfall)
§ 3 (Überleitungsvorschrift)
§ 4 (Inkrafttreten)

Auf Grund des § 88 Abs. 4 des Bundessozialhilfegesetzes in der Fassung der Bekanntmachung vom 20. Januar 1987 (BGBl. I S. 401) wird mit Zustimmung des Bundesrates verordnet:

§ 1 (Freigrenzen)
Kleinere Barbeträge oder sonstige Geldwerte im Sinne des § 90 Absatz 2 Nummer 9 des Zwölften Buches Sozialgesetzbuch sind:
1. für jede in § 19 Absatz 3, § 27 Absatz 1 und 2, § 41 und § 43 Absatz 1 Satz 2 des Zwölften Buches Sozialgesetzbuch genannte volljährige Person sowie für jede alleinstehende minderjährige Person, 5000 Euro,
2. für jede Person, die von einer Person nach Nummer 1 überwiegend unterhalten wird, 500 Euro.

Eine minderjährige Person ist alleinstehend im Sinne des Satzes 1 Nummer 1, wenn sie unverheiratet und ihr Anspruch auf Leistungen nach dem Zwölften Buch Sozialgesetzbuch nicht vom Vermögen ihrer Eltern oder eines Elternteils abhängig ist.

§ 2 (Erhöhung im Einzelfall)
(1) Der nach § 1 maßgebende Betrag ist angemessen zu erhöhen, wenn im Einzelfall eine besondere Notlage der nachfragenden Person besteht. Bei der Prüfung, ob eine besondere Notlage besteht, sowie bei der Entscheidung über den Umfang der Erhöhung sind vor allem Art und Dauer des Bedarfs sowie besondere Belastungen zu berücksichtigen.
(2) Der nach § 1 maßgebende Betrag kann angemessen herabgesetzt werden, wenn die Voraussetzungen der §§ 103 oder 94 des Gesetzes vorliegen.

§ 3 (Überleitungsvorschrift)
Diese Verordnung gilt nach § 14 des Dritten Überleitungsgesetzes in Verbindung mit § 136 des Zwölften Buches Sozialgesetzbuch auch im Land Berlin.

§ 4 (Inkrafttreten)
Diese Verordnung tritt am 1. April 1988 in Kraft. Gleichzeitig tritt die Verordnung zur Durchführung des § 88 Abs. 2 Nr. 8 des Bundessozialhilfegesetzes vom 9. November 1970 (BGBl. I S. 1529), zuletzt geändert durch die Verordnung vom 6. Dezember 1979 (BGBl. I S. 2004) außer Kraft.

Arbeitszeitgesetz (ArbZG)

Vom 6. Juni 1994 (BGBl. I S. 1170)

Zuletzt geändert durch
Arbeitsschutzkontrollgesetz
vom 22. Dezember 2020 (BGBl. I S. 3334)

Inhaltsübersicht

Erster Abschnitt
Allgemeine Vorschriften

§ 1 Zweck des Gesetzes
§ 2 Begriffsbestimmungen

Zweiter Abschnitt
Werktägliche Arbeitszeit und arbeitsfreie Zeiten

§ 3 Arbeitszeit der Arbeitnehmer
§ 4 Ruhepausen
§ 5 Ruhezeit
§ 6 Nacht- und Schichtarbeit
§ 7 Abweichende Regelungen
§ 8 Gefährliche Arbeiten

Dritter Abschnitt
Sonn- und Feiertagsruhe

§ 9 Sonn- und Feiertagsruhe
§ 10 Sonn- und Feiertagsbeschäftigung
§ 11 Ausgleich für Sonn- und Feiertagsbeschäftigung
§ 12 Abweichende Regelungen
§ 13 Ermächtigung, Anordnung, Bewilligung

Vierter Abschnitt
Ausnahmen in besonderen Fällen

§ 14 Außergewöhnliche Fälle
§ 15 Bewilligung, Ermächtigung

Fünfter Abschnitt
Durchführung des Gesetzes

§ 16 Aushang und Arbeitszeitnachweise
§ 17 Aufsichtsbehörde

Sechster Abschnitt
Sonderregelungen

§ 18 Nichtanwendung des Gesetzes
§ 19 Beschäftigung im öffentlichen Dienst
§ 20 Beschäftigung in der Luftfahrt
§ 21 Beschäftigung in der Binnenschifffahrt
§ 21a Beschäftigung im Straßentransport

Siebter Abschnitt
Straf- und Bußgeldvorschriften

§ 22 Bußgeldvorschriften
§ 23 Strafvorschriften

Achter Abschnitt
Schlußvorschriften

§ 24 Umsetzung von zwischenstaatlichen Vereinbarungen und Rechtsakten der EG
§ 25 Übergangsregelung für Tarifverträge

Erster Abschnitt
Allgemeine Vorschriften

§ 1 Zweck des Gesetzes

Zweck des Gesetzes ist es,
1. die Sicherheit und den Gesundheitsschutz der Arbeitnehmer in der Bundesrepublik Deutschland und in der ausschließlichen Wirtschaftszone bei der Arbeitszeitgestaltung zu gewährleisten und die Rahmenbedingungen für flexible Arbeitszeiten zu verbessern sowie
2. den Sonntag und die staatlich anerkannten Feiertage als Tage der Arbeitsruhe und der seelischen Erhebung der Arbeitnehmer zu schützen.

§ 2 Begriffsbestimmungen

(1) Arbeitszeit im Sinne dieses Gesetzes ist die Zeit vom Beginn bis zum Ende der Arbeit ohne die Ruhepausen; Arbeitszeiten bei mehreren Arbeitgebern sind zusammenzurechnen. Im Bergbau unter Tage zählen die Ruhepausen zur Arbeitszeit.
(2) Arbeitnehmer im Sinne dieses Gesetzes sind Arbeiter und Angestellte sowie die zu ihrer Berufsbildung Beschäftigten.
(3) Nachtzeit im Sinne dieses Gesetzes ist die Zeit von 23 bis 6 Uhr, in Bäckereien und Konditoreien die Zeit von 22 bis 5 Uhr.

(4) Nachtarbeit im Sinne dieses Gesetzes ist jede Arbeit, die mehr als zwei Stunden der Nachtzeit umfaßt.
(5) Nachtarbeitnehmer im Sinne dieses Gesetzes sind Arbeitnehmer, die
1. auf Grund ihrer Arbeitszeitgestaltung normalerweise Nachtarbeit in Wechselschicht zu leisten haben oder
2. Nachtarbeit an mindestens 48 Tagen im Kalenderjahr leisten.

Zweiter Abschnitt
Werktägliche Arbeitszeit und arbeitsfreie Zeiten

§ 3 Arbeitszeit der Arbeitnehmer
Die werktägliche Arbeitszeit der Arbeitnehmer darf acht Stunden nicht überschreiten. Sie kann auf bis zu zehn Stunden nur verlängert werden, wenn innerhalb von sechs Kalendermonaten oder innerhalb von 24 Wochen im Durchschnitt acht Stunden werktäglich nicht überschritten werden.

§ 4 Ruhepausen
Die Arbeit ist durch im voraus feststehende Ruhepausen von mindestens 30 Minuten bei einer Arbeitszeit von mehr als sechs bis zu neun Stunden und 45 Minuten bei einer Arbeitszeit von mehr als neun Stunden insgesamt zu unterbrechen. Die Ruhepausen nach Satz 1 können in Zeitabschnitte von jeweils mindestens 15 Minuten aufgeteilt werden. Länger als sechs Stunden hintereinander dürfen Arbeitnehmer nicht ohne Ruhepause beschäftigt werden.

§ 5 Ruhezeit
(1) Die Arbeitnehmer müssen nach Beendigung der täglichen Arbeitszeit eine ununterbrochene Ruhezeit von mindestens elf Stunden haben.
(2) Die Dauer der Ruhezeit des Absatzes 1 kann in Krankenhäusern und anderen Einrichtungen zur Behandlung, Pflege und Betreuung von Personen, in Gaststätten und anderen Einrichtungen zur Bewirtung und Beherbergung, in Verkehrsbetrieben, beim Rundfunk sowie in der Landwirtschaft und in der Tierhaltung um bis zu eine Stunde verkürzt werden, wenn jede Verkürzung der Ruhezeit innerhalb eines Kalendermonats oder innerhalb von vier Wochen durch Verlängerung einer anderen Ruhezeit auf mindestens zwölf Stunden ausgeglichen wird.
(3) Abweichend von Absatz 1 können in Krankenhäusern und anderen Einrichtungen zur Behandlung, Pflege und Betreuung von Personen Kürzungen der Ruhezeit durch Inanspruchnahme während der Rufbereitschaft, die nicht mehr als die Hälfte der Ruhezeit betragen, zu anderen Zeiten ausgeglichen werden.

§ 6 Nacht- und Schichtarbeit
(1) Die Arbeitszeit der Nacht- und Schichtarbeitnehmer ist nach den gesicherten arbeitswissenschaftlichen Erkenntnissen über die menschengerechte Gestaltung der Arbeit festzulegen.
(2) Die werktägliche Arbeitszeit der Nachtarbeitnehmer darf acht Stunden nicht überschreiten. Sie kann auf bis zu zehn Stunden nur verlängert werden, wenn abweichend von § 3 innerhalb von einem Kalendermonat oder innerhalb von vier Wochen im Durchschnitt acht Stunden werktäglich nicht überschritten werden. Für Zeiträume, in denen Nachtarbeitnehmer im Sinne des § 2 Abs. 5 Nr. 2 nicht zur Nachtarbeit herangezogen werden, findet § 3 Satz 2 Anwendung.
(3) Nachtarbeitnehmer sind berechtigt, sich vor Beginn der Beschäftigung und danach in regelmäßigen Zeitabständen von nicht weniger als drei Jahren arbeitsmedizinisch untersuchen zu lassen. Nach Vollendung des 50. Lebensjahres steht Nachtarbeitnehmern dieses Recht in Zeitabständen von einem Jahr zu. Die Kosten der Untersuchungen hat der Arbeitgeber zu tragen, sofern er die Untersuchungen den Nachtarbeitnehmern nicht kostenlos durch einen Betriebsarzt oder einen überbetrieblichen Dienst von Betriebsärzten anbietet.
(4) Der Arbeitgeber hat den Nachtarbeitnehmer auf dessen Verlangen auf einen für ihn geeigneten Tagesarbeitsplatz umzusetzen, wenn
a) nach arbeitsmedizinischer Feststellung die weitere Verrichtung von Nachtarbeit den Arbeitnehmer in seiner Gesundheit gefährdet oder
b) im Haushalt des Arbeitnehmers ein Kind unter zwölf Jahren lebt, das nicht von einer anderen im Haushalt lebenden Person betreut werden kann, oder
c) der Arbeitnehmer einen schwerpflegebedürftigen Angehörigen zu versorgen hat, der nicht von einem anderen im Haushalt lebenden Angehörigen versorgt werden kann,
sofern dem nicht dringende betriebliche Erfordernisse entgegenstehen. Stehen der Umsetzung des Nachtarbeitnehmers auf einen für ihn geeigneten Tagesarbeitsplatz nach Auffassung des Arbeitgebers

dringende betriebliche Erfordernisse entgegen, so ist der Betriebs- oder Personalrat zu hören. Der Betriebs- oder Personalrat kann dem Arbeitgeber Vorschläge für eine Umsetzung unterbreiten.
(5) Soweit keine tarifvertraglichen Ausgleichsregelungen bestehen, hat der Arbeitgeber dem Nachtarbeitnehmer für die während der Nachtzeit geleisteten Arbeitsstunden eine angemessene Zahl bezahlter freier Tage oder einen angemessenen Zuschlag auf das ihm hierfür zustehende Bruttoarbeitsentgelt zu gewähren.
(6) Es ist sicherzustellen, daß Nachtarbeitnehmer den gleichen Zugang zur betrieblichen Weiterbildung und zu aufstiegsfördernden Maßnahmen haben wie die übrigen Arbeitnehmer.

§ 7 Abweichende Regelungen

(1) In einem Tarifvertrag oder auf Grund eines Tarifvertrags in einer Betriebs- oder Dienstvereinbarung kann zugelassen werden,
1. abweichend von § 3
   a) die Arbeitszeit über zehn Stunden werktäglich zu verlängern, wenn in die Arbeitszeit regelmäßig und in erheblichem Umfang Arbeitsbereitschaft oder Bereitschaftsdienst fällt,
   b) einen anderen Ausgleichszeitraum festzulegen,
2. abweichend von § 4 Satz 2 die Gesamtdauer der Ruhepausen in Schichtbetrieben und Verkehrsbetrieben auf Kurzpausen von angemessener Dauer aufzuteilen,
3. abweichend von § 5 Abs. 1 die Ruhezeit um bis zu zwei Stunden zu kürzen, wenn die Art der Arbeit dies erfordert und die Kürzung der Ruhezeit innerhalb eines festzulegenden Ausgleichszeitraums ausgeglichen wird,
4. abweichend von § 6 Abs. 2
   a) die Arbeitszeit über zehn Stunden werktäglich hinaus zu verlängern, wenn in die Arbeitszeit regelmäßig und in erheblichem Umfang Arbeitsbereitschaft oder Bereitschaftsdienst fällt,
   b) einen anderen Ausgleichszeitraum festzulegen,
5. den Beginn des siebenstündigen Nachtzeitraums des § 2 Abs. 3 auf die Zeit zwischen 22 und 24 Uhr festzulegen.
(2) Sofern der Gesundheitsschutz der Arbeitnehmer durch einen entsprechenden Zeitausgleich gewährleistet wird, kann in einem Tarifvertrag oder auf Grund eines Tarifvertrags in einer Betriebs- oder Dienstvereinbarung ferner zugelassen werden,
1. abweichend von § 5 Abs. 1 die Ruhezeiten bei Rufbereitschaft den Besonderheiten dieses Dienstes anzupassen, insbesondere Kürzungen der Ruhezeit infolge von Inanspruchnahmen während dieses Dienstes zu anderen Zeiten auszugleichen,
2. die Regelungen der §§ 3, 5 Abs. 1 und § 6 Abs. 2 in der Landwirtschaft der Bestellungs- und Erntezeit sowie den Witterungseinflüssen anzupassen,
3. die Regelungen der §§ 3, 4, 5 Abs. 1 und § 6 Abs. 2 bei der Behandlung, Pflege und Betreuung von Personen der Eigenart dieser Tätigkeit und dem Wohl dieser Personen entsprechend anzupassen,
4. die Regelungen der §§ 3, 4, 5 Abs. 1 und § 6 Abs. 2 bei Verwaltungen und Betrieben des Bundes, der Länder, der Gemeinden und sonstigen Körperschaften, Anstalten und Stiftungen des öffentlichen Rechts sowie bei anderen Arbeitgebern, die der Tarifbindung eines für den öffentlichen Dienst geltenden oder eines im wesentlichen inhaltsgleichen Tarifvertrags unterliegen, der Eigenart der Tätigkeit bei diesen Stellen anzupassen.
(2a) In einem Tarifvertrag oder auf Grund eines Tarifvertrags in einer Betriebs- oder Dienstvereinbarung kann abweichend von den §§ 3, 5 Abs. 1 und § 6 Abs. 2 auch zugelassen werden, die werktägliche Arbeitszeit auch ohne Ausgleich über acht Stunden zu verlängern, wenn in die Arbeitszeit regelmäßig und in erheblichem Umfang Arbeitsbereitschaft oder Bereitschaftsdienst fällt und durch besondere Regelungen sichergestellt wird, dass die Gesundheit der Arbeitnehmer nicht gefährdet wird.
(3) Im Geltungsbereich eines Tarifvertrags nach Absatz 1, 2 oder 2a können abweichende tarifvertragliche Regelungen im Betrieb eines nicht tarifgebundenen Arbeitgebers durch Betriebs- oder Dienstvereinbarung oder, wenn ein Betriebs- oder Personalrat nicht besteht, durch schriftliche Vereinbarung zwischen dem Arbeitgeber und dem Arbeitnehmer übernommen werden. Können auf Grund eines solchen Tarifvertrags abweichende Regelungen in einer Betriebs- oder Dienstvereinbarung getroffen werden, kann auch in Betrieben eines nicht tarifgebundenen Arbeitgebers davon Gebrauch gemacht werden. Eine nach Absatz 2 Nr. 4 getroffene abweichende tarifvertragliche Regelung hat für nicht tarifgebundenen Arbeitgebern und Arbeitnehmern Geltung, wenn zwischen ihnen die Anwendung der für den öffentlichen Dienst geltenden tarifvertraglichen Bestimmungen vereinbart ist und die Arbeitgeber die Kosten des Betriebs überwiegend mit Zuwendungen im Sinne des Haushaltsrechts decken.

40 ArbZG §§ 8–10

(4) Die Kirchen und die öffentlich-rechtlichen Religionsgesellschaften können die in Absatz 1, 2 oder 2a genannten Abweichungen in ihren Regelungen vorsehen.

(5) In einem Bereich, in dem Regelungen durch Tarifvertrag üblicherweise nicht getroffen werden, können Ausnahmen im Rahmen des Absatzes 1, 2 oder 2a durch die Aufsichtsbehörde bewilligt werden, wenn dies aus betrieblichen Gründen erforderlich ist und die Gesundheit der Arbeitnehmer nicht gefährdet wird.

(6) Die Bundesregierung kann durch Rechtsverordnung mit Zustimmung des Bundesrates Ausnahmen im Rahmen des Absatzes 1 oder 2 zulassen, sofern dies aus betrieblichen Gründen erforderlich ist und die Gesundheit der Arbeitnehmer nicht gefährdet wird.

(7) Auf Grund einer Regelung nach Absatz 2a oder den Absätzen 3 bis 5 jeweils in Verbindung mit Absatz 2a darf die Arbeitszeit nur verlängert werden, wenn der Arbeitnehmer schriftlich eingewilligt hat. Der Arbeitnehmer kann die Einwilligung mit einer Frist von sechs Monaten schriftlich widerrufen. Der Arbeitgeber darf einen Arbeitnehmer nicht benachteiligen, wenn dieser die Einwilligung zur Verlängerung der Arbeitszeit nicht erklärt oder die Einwilligung widerrufen hat.

(8) Werden Regelungen nach Absatz 1 Nr. 1 und 4, Absatz 2 Nr. 2 bis 4 oder solche Regelungen auf Grund der Absätze 3 und 4 zugelassen, darf die Arbeitszeit 48 Stunden wöchentlich im Durchschnitt von zwölf Kalendermonaten nicht überschreiten. Erfolgt die Zulassung auf Grund des Absatzes 5, darf die Arbeitszeit 48 Stunden wöchentlich im Durchschnitt von sechs Kalendermonaten oder 24 Wochen nicht überschreiten.

(9) Wird die werktägliche Arbeitszeit über zwölf Stunden hinaus verlängert, muss im unmittelbaren Anschluss an die Beendigung der Arbeitszeit eine Ruhezeit von mindestens elf Stunden gewährt werden.

§ 8 Gefährliche Arbeiten

Die Bundesregierung kann durch Rechtsverordnung mit Zustimmung des Bundesrates für einzelne Beschäftigungsbereiche, für bestimmte Arbeiten oder für bestimmte Arbeitnehmergruppen, bei denen besondere Gefahren für die Gesundheit der Arbeitnehmer zu erwarten sind, die Arbeitszeit über § 3 hinaus beschränken, die Ruhepausen und Ruhezeiten über die §§ 4 und 5 hinaus ausdehnen, die Regelungen zum Schutz der Nacht- und Schichtarbeitnehmer in § 6 erweitern und die Abweichungsmöglichkeiten nach § 7 beschränken, soweit dies zum Schutz der Gesundheit der Arbeitnehmer erforderlich ist. Satz 1 gilt nicht für Beschäftigungsbereiche und Arbeiten in Betrieben, die der Bergaufsicht unterliegen.

Dritter Abschnitt
Sonn- und Feiertagsruhe

§ 9 Sonn- und Feiertagsruhe

(1) Arbeitnehmer dürfen an Sonn- und gesetzlichen Feiertagen von 0 bis 24 Uhr nicht beschäftigt werden.

(2) In mehrschichtigen Betrieben mit regelmäßiger Tag- und Nachtschicht kann Beginn oder Ende der Sonn- und Feiertagsruhe um bis zu sechs Stunden vor- oder zurückverlegt werden, wenn für die auf den Beginn der Ruhezeit folgenden 24 Stunden der Betrieb ruht.

(3) Für Kraftfahrer und Beifahrer kann der Beginn der 24stündigen Sonn- und Feiertagsruhe um bis zu zwei Stunden vorverlegt werden.

§ 10 Sonn- und Feiertagsbeschäftigung

(1) Sofern die Arbeiten nicht an Werktagen vorgenommen werden können, dürfen Arbeitnehmer an Sonn- und Feiertagen abweichend von § 9 beschäftigt werden

1. in Not- und Rettungsdiensten sowie bei der Feuerwehr,
2. zur Aufrechterhaltung der öffentlichen Sicherheit und Ordnung sowie der Funktionsfähigkeit von Gerichten und Behörden und für Zwecke der Verteidigung,
3. in Krankenhäusern und anderen Einrichtungen zur Behandlung, Pflege und Betreuung von Personen,
4. in Gaststätten und anderen Einrichtungen zur Bewirtung und Beherbergung sowie im Haushalt,
5. bei Musikaufführungen, Theatervorstellungen, Filmvorführungen, Schaustellungen, Darbietungen und anderen ähnlichen Veranstaltungen,
6. bei nichtgewerblichen Aktionen und Veranstaltungen der Kirchen, Religionsgesellschaften, Verbände, Vereine, Parteien und anderer ähnlicher Vereinigungen,
7. beim Sport und in Freizeit-, Erholungs- und Vergnügungseinrichtungen, beim Fremdenverkehr sowie in Museen und wissenschaftlichen Präsenzbibliotheken,
8. beim Rundfunk, bei der Tages- und Sportpresse, bei Nachrichtenagenturen sowie bei den der Tagesaktualität dienenden Tätigkeiten für andere Presseerzeugnisse einschließlich des Austragens, bei

der Herstellung von Satz, Filmen und Druckformen für tagesaktuelle Nachrichten und Bilder, bei tagesaktuellen Aufnahmen auf Ton- und Bildträger sowie beim Transport und Kommissionieren von Presseerzeugnissen, deren Ersterscheinungstag am Montag oder am Tag nach einem Feiertag liegt,
9. bei Messen, Ausstellungen und Märkten im Sinne des Titels IV der Gewerbeordnung sowie bei Volksfesten,
10. in Verkehrsbetrieben sowie beim Transport und Kommissionieren von leichtverderblichen Waren im Sinne des § 30 Abs. 3 Nr. 2 der Straßenverkehrsordnung,
11. in den Energie- und Wasserversorgungsbetrieben sowie in Abfall- und Abwasserentsorgungsbetrieben,
12. in der Landwirtschaft und in der Tierhaltung sowie in Einrichtungen zur Behandlung und Pflege von Tieren,
13. im Bewachungsgewerbe und bei der Bewachung von Betriebsanlagen,
14. bei der Reinigung und Instandhaltung von Betriebseinrichtungen, soweit hierdurch der regelmäßige Fortgang des eigenen oder eines fremden Betriebs bedingt ist, bei der Vorbereitung der Wiederaufnahme des vollen werktägigen Betriebs sowie bei der Aufrechterhaltung der Funktionsfähigkeit von Datennetzen und Rechnersystemen,
15. zur Verhütung des Verderbens von Naturerzeugnissen oder Rohstoffen oder des Mißlingens von Arbeitsergebnissen sowie bei kontinuierlich durchzuführenden Forschungsarbeiten,
16. zur Vermeidung einer Zerstörung oder erheblichen Beschädigung der Produktionseinrichtungen.
(2) Abweichend von § 9 dürfen Arbeitnehmer an Sonn- und Feiertagen mit den Produktionsarbeiten beschäftigt werden, wenn die infolge der Unterbrechung der Produktion nach Absatz 1 Nr. 14 zulässigen Arbeiten den Einsatz von mehr Arbeitnehmern als bei durchgehender Produktion erfordern.
(3) Abweichend von § 9 dürfen Arbeitnehmer an Sonn- und Feiertagen in Bäckereien und Konditoreien für bis zu drei Stunden mit der Herstellung und dem Austragen oder Ausfahren von Konditorwaren und an diesem Tag zum Verkauf kommenden Bäckerwaren beschäftigt werden.
(4) Sofern die Arbeiten nicht an Werktagen vorgenommen werden können, dürfen Arbeitnehmer zur Durchführung des Eil- und Großbetragszahlungsverkehrs und des Geld-, Devisen-, Wertpapier- und Derivatehandels abweichend von § 9 Abs. 1 an den auf einen Werktag fallenden Feiertagen beschäftigt werden, die nicht in allen Mitgliedstaaten der Europäischen Union Feiertage sind.

§ 11 Ausgleich für Sonn- und Feiertagsbeschäftigung

(1) Mindestens 15 Sonntage im Jahr müssen beschäftigungsfrei bleiben.
(2) Für die Beschäftigung an Sonn- und Feiertagen gelten die §§ 3 bis 8 entsprechend, jedoch dürfen durch die Arbeitszeit an Sonn- und Feiertagen die in den §§ 3, 6 Abs. 2, §§ 7 und 21a Abs. 4 bestimmten Höchstarbeitszeiten und Ausgleichszeiträume nicht überschritten werden.
(3) Werden Arbeitnehmer an einem Sonntag beschäftigt, müssen sie einen Ersatzruhetag haben, der innerhalb eines den Beschäftigungstag einschließenden Zeitraums von zwei Wochen zu gewähren ist. Werden Arbeitnehmer an einem auf einen Werktag fallenden Feiertag beschäftigt, müssen sie einen Ersatzruhetag haben, der innerhalb eines den Beschäftigungstag einschließenden Zeitraums von acht Wochen zu gewähren ist.
(4) Die Sonn- oder Feiertagsruhe des § 9 oder der Ersatzruhetag des Absatzes 3 ist den Arbeitnehmern unmittelbar in Verbindung mit einer Ruhezeit nach § 5 zu gewähren, soweit dem technische oder arbeitsorganisatorische Gründe nicht entgegenstehen.

§ 12 Abweichende Regelungen

In einem Tarifvertrag oder auf Grund eines Tarifvertrags in einer Betriebs- oder Dienstvereinbarung kann zugelassen werden,
1. abweichend von § 11 Abs. 1 die Anzahl der beschäftigungsfreien Sonntage in den Einrichtungen des § 10 Abs. 1 Nr. 2, 3, 4 und 10 auf mindestens zehn Sonntage, im Rundfunk, in Theaterbetrieben, Orchestern sowie bei Schaustellungen auf mindestens acht Sonntage, in Filmtheatern und in der Tierhaltung auf mindestens sechs Sonntage im Jahr zu verringern,
2. abweichend von § 11 Abs. 3 den Wegfall von Ersatzruhetagen für auf Werktage fallende Feiertage zu vereinbaren oder Arbeitnehmer innerhalb eines festzulegenden Ausgleichszeitraums beschäftigungsfrei zu stellen,
3. abweichend von § 11 Abs. 1 bis 3 in der Seeschifffahrt die den Arbeitnehmern nach diesen Vorschriften zustehenden freien Tage zusammenhängend zu geben,

4. abweichend von § 11 Abs. 2 die Arbeitszeit in vollkontinuierlichen Schichtbetrieben an Sonn- und Feiertagen auf bis zu zwölf Stunden zu verlängern, wenn dadurch zusätzliche freie Schichten an Sonn- und Feiertagen erreicht werden.
§ 7 Abs. 3 bis 6 findet Anwendung.

§ 13 Ermächtigung, Anordnung, Bewilligung

(1) Die Bundesregierung kann durch Rechtsverordnung mit Zustimmung des Bundesrates zur Vermeidung erheblicher Schäden unter Berücksichtigung des Schutzes der Arbeitnehmer und der Sonn- und Feiertagsruhe
1. die Bereiche mit Sonn- und Feiertagsbeschäftigung nach § 10 sowie die dort zugelassenen Arbeiten näher bestimmen,
2. über die Ausnahmen nach § 10 hinaus weitere Ausnahmen abweichend von § 9
    a) für Betriebe, in denen die Beschäftigung von Arbeitnehmern an Sonn- oder Feiertagen zur Befriedigung täglicher oder an diesen Tagen besonders hervortretender Bedürfnisse der Bevölkerung erforderlich ist,
    b) für Betriebe, in denen Arbeiten vorkommen, deren Unterbrechung oder Aufschub
        aa) nach dem Stand der Technik ihrer Art nach nicht oder nur mit erheblichen Schwierigkeiten möglich ist,
        bb) besondere Gefahren für Leben oder Gesundheit der Arbeitnehmer zur Folge hätte,
        cc) zu erheblichen Belastungen der Umwelt oder der Energie- oder Wasserversorgung führen würde,
    c) aus Gründen des Gemeinwohls, insbesondere auch zur Sicherung der Beschäftigung,
zulassen und die zum Schutz der Arbeitnehmer und der Sonn- und Feiertagsruhe notwendigen Bedingungen bestimmen.
(2) Soweit die Bundesregierung von der Ermächtigung des Absatzes 1 Nr. 2 Buchstabe a keinen Gebrauch gemacht hat, können die Landesregierungen durch Rechtsverordnung entsprechende Bestimmungen erlassen. Die Landesregierungen können diese Ermächtigung durch Rechtsverordnung auf oberste Landesbehörden übertragen.
(3) Die Aufsichtsbehörde kann
1. feststellen, ob eine Beschäftigung nach § 10 zulässig ist,
2. abweichend von § 9 bewilligen, Arbeitnehmer zu beschäftigen
    a) im Handelsgewerbe an bis zu zehn Sonn- und Feiertagen im Jahr, an denen besondere Verhältnisse einen erweiterten Geschäftsverkehr erforderlich machen,
    b) an bis zu fünf Sonn- und Feiertagen im Jahr, wenn besondere Verhältnisse zur Verhütung eines unverhältnismäßigen Schadens dies erfordern,
    c) an einem Sonntag im Jahr zur Durchführung einer gesetzlich vorgeschriebenen Inventur,
und Anordnungen über die Beschäftigungszeit unter Berücksichtigung der für den öffentlichen Gottesdienst bestimmten Zeit treffen.
(4) Die Aufsichtsbehörde soll abweichend von § 9 bewilligen, daß Arbeitnehmer an Sonn- und Feiertagen mit Arbeiten beschäftigt werden, die aus chemischen, biologischen, technischen oder physikalischen Gründen einen ununterbrochenen Fortgang auch an Sonn- und Feiertagen erfordern.
(5) Die Aufsichtsbehörde hat abweichend von § 9 die Beschäftigung von Arbeitnehmern an Sonn- und Feiertagen zu bewilligen, wenn bei einer weitgehenden Ausnutzung der gesetzlich zulässigen wöchentlichen Betriebszeiten und bei längeren Betriebszeiten im Ausland die Konkurrenzfähigkeit unzumutbar beeinträchtigt ist und durch die Genehmigung von Sonn- und Feiertagsarbeit die Beschäftigung gesichert werden kann.

Vierter Abschnitt
Ausnahmen in besonderen Fällen

§ 14 Außergewöhnliche Fälle

(1) Von den §§ 3 bis 5, 6 Abs. 2, §§ 7, 9 bis 11 darf abgewichen werden bei vorübergehenden Arbeiten in Notfällen und in außergewöhnlichen Fällen, die unabhängig vom Willen der Betroffenen eintreten und deren Folgen nicht auf andere Weise zu beseitigen sind, besonders wenn Rohstoffe oder Lebensmittel zu verderben oder Arbeitsergebnisse zu mißlingen drohen.
(2) Von den §§ 3 bis 5, 6 Abs. 2, §§ 7, 11 Abs. 1 bis 3 und § 12 darf ferner abgewichen werden,

1. wenn eine verhältnismäßig geringe Zahl von Arbeitnehmern vorübergehend mit Arbeiten beschäftigt wird, deren Nichterledigung das Ergebnis der Arbeiten gefährden oder einen unverhältnismäßigen Schaden zur Folge haben würden,
2. bei Forschung und Lehre, bei unaufschiebbaren Vor- und Abschlußarbeiten sowie bei unaufschiebbaren Arbeiten zur Behandlung, Pflege und Betreuung von Personen oder zur Behandlung und Pflege von Tieren an einzelnen Tagen,

wenn dem Arbeitgeber andere Vorkehrungen nicht zugemutet werden können.

(3) Wird von den Befugnissen nach Absatz 1 oder 2 Gebrauch gemacht, darf die Arbeitszeit 48 Stunden wöchentlich im Durchschnitt von sechs Kalendermonaten oder 24 Wochen nicht überschreiten.

§ 15 Bewilligung, Ermächtigung

(1) Die Aufsichtsbehörde kann
1. eine von den §§ 3, 6 Abs. 2 und § 11 Abs. 2 abweichende längere tägliche Arbeitszeit bewilligen
   a) für kontinuierliche Schichtbetriebe zur Erreichung zusätzlicher Freischichten,
   b) für Bau- und Montagestellen,
2. eine von den §§ 3, 6 Abs. 2 und § 11 Abs. 2 abweichende längere tägliche Arbeitszeit für Saison- und Kampagnebetriebe für die Zeit der Saison oder Kampagne bewilligen, wenn die Verlängerung der Arbeitszeit über acht Stunden werktäglich durch eine entsprechende Verkürzung der Arbeitszeit zu anderen Zeiten ausgeglichen wird,
3. eine von den §§ 5 und 11 Abs. 2 abweichende Dauer und Lage der Ruhezeit bei Arbeitsbereitschaft, Bereitschaftsdienst und Rufbereitschaft den Besonderheiten dieser Inanspruchnahmen im öffentlichen Dienst entsprechend bewilligen,
4. eine von den §§ 5 und 11 Abs. 2 abweichende Ruhezeit zur Herbeiführung eines regelmäßigen wöchentlichen Schichtwechsels zweimal innerhalb eines Zeitraums von drei Wochen bewilligen.

(2) Die Aufsichtsbehörde kann über die in diesem Gesetz vorgesehenen Ausnahmen hinaus weitergehende Ausnahmen zulassen, soweit sie im öffentlichen Interesse dringend nötig werden.

(2a) Die Bundesregierung kann durch Rechtsverordnung mit Zustimmung des Bundesrates
1. Ausnahmen von den §§ 3, 4, 5 und 6 Absatz 2 sowie von den §§ 9 und 11 für Arbeitnehmer, die besondere Tätigkeiten zur Errichtung, zur Änderung oder zum Betrieb von Bauwerken, künstlichen Inseln oder sonstigen Anlagen auf See (Offshore-Tätigkeiten) durchführen, zulassen und
2. die zum Schutz der in Nummer 1 genannten Arbeitnehmer sowie der Sonn- und Feiertagsruhe notwendigen Bedingungen bestimmen.

(3) Das Bundesministerium der Verteidigung kann in seinem Geschäftsbereich durch Rechtsverordnung mit Zustimmung des Bundesministeriums für Arbeit und Soziales aus zwingenden Gründen der Verteidigung Arbeitnehmer verpflichten, über die in diesem Gesetz und in den auf Grund dieses Gesetzes erlassenen Rechtsverordnungen und Tarifverträgen festgelegten Arbeitszeitgrenzen und -beschränkungen hinaus Arbeit zu leisten.

(3a) Das Bundesministerium der Verteidigung kann in seinem Geschäftsbereich durch Rechtsverordnung im Einvernehmen mit dem Bundesministerium für Arbeit und Soziales für besondere Tätigkeiten der Arbeitnehmer bei den Streitkräften Abweichungen von in diesem Gesetz sowie von in den auf Grund dieses Gesetzes erlassenen Rechtsverordnungen bestimmten Arbeitszeitgrenzen und -beschränkungen zulassen, soweit die Abweichungen aus zwingenden Gründen erforderlich sind und die größtmögliche Sicherheit und der bestmögliche Gesundheitsschutz der Arbeitnehmer gewährleistet werden.

(4) Werden Ausnahmen nach Absatz 1 oder 2 zugelassen, darf die Arbeitszeit 48 Stunden wöchentlich im Durchschnitt von sechs Kalendermonaten oder 24 Wochen nicht überschreiten.

Fünfter Abschnitt
Durchführung des Gesetzes

§ 16 Aushang und Arbeitszeitnachweise

(1) Der Arbeitgeber ist verpflichtet, einen Abdruck dieses Gesetzes, der auf Grund dieses Gesetzes erlassenen, für den Betrieb geltenden Rechtsverordnungen und der für den Betrieb geltenden Tarifverträge und Betriebs- oder Dienstvereinbarungen im Sinne des § 7 Abs. 1 bis 3, §§ 12 und 21a Abs. 6 an geeigneter Stelle im Betrieb zur Einsichtnahme auszulegen oder auszuhängen.

(2) Der Arbeitgeber ist verpflichtet, die über die werktägliche Arbeitszeit des § 3 Satz 1 hinausgehende Arbeitszeit der Arbeitnehmer aufzuzeichnen und ein Verzeichnis der Arbeitnehmer zu führen, die in eine

Verlängerung der Arbeitszeit gemäß § 7 Abs. 7 eingewilligt haben. Die Nachweise sind mindestens zwei Jahre aufzubewahren.

> **Anm. d. Hrsg.:** Durch die Entscheidung des EuGH (Große Kammer) vom 14. Mai 2019 – C-55/18 wird der deutsche Gesetzgeber gezwungen, § 16 Abs. 2 Satz 1 zu ändern; die Beschränkung der Arbeitszeiterfassung auf „...hinausgehende Arbeitszeit" ist nicht zu halten.

§ 17 Aufsichtsbehörde
(1) Die Einhaltung dieses Gesetzes und der auf Grund dieses Gesetzes erlassenen Rechtsverordnungen wird von den nach Landesrecht zuständigen Behörden (Aufsichtsbehörden) überwacht.
(2) Die Aufsichtsbehörde kann die erforderlichen Maßnahmen anordnen, die der Arbeitgeber zur Erfüllung der sich aus diesem Gesetz und den auf Grund dieses Gesetzes erlassenen Rechtsverordnungen ergebenden Pflichten zu treffen hat.
(3) Für den öffentlichen Dienst des Bundes sowie für die bundesunmittelbaren Körperschaften, Anstalten und Stiftungen des öffentlichen Rechts werden die Aufgaben und Befugnisse der Aufsichtsbehörde vom zuständigen Bundesministerium oder den von ihm bestimmten Stellen wahrgenommen; das gleiche gilt für die Befugnisse nach § 15 Abs. 1 und 2.
(4) Die Aufsichtsbehörde kann vom Arbeitgeber die für die Durchführung dieses Gesetzes und der auf Grund dieses Gesetzes erlassenen Rechtsverordnungen erforderlichen Auskünfte verlangen. Sie kann ferner vom Arbeitgeber verlangen, die Arbeitszeitnachweise und Tarifverträge oder Betriebs- oder Dienstvereinbarungen im Sinne des § 7 Abs. 1 bis 3, §§ 12 und 21a Abs. 6 sowie andere Arbeitszeitnachweise oder Geschäftsunterlagen, die mittelbar oder unmittelbar Auskunft über die Einhaltung des Arbeitszeitgesetzes geben, vorzulegen oder zur Einsicht einzusenden.
(5) Die Beauftragten der Aufsichtsbehörde sind berechtigt, die Arbeitsstätten während der Betriebs- und Arbeitszeit zu betreten und zu besichtigen; außerhalb dieser Zeit oder wenn sich die Arbeitsstätten in einer Wohnung befinden, dürfen sie ohne Einverständnis des Inhabers nur zur Verhütung von dringenden Gefahren für die öffentliche Sicherheit und Ordnung betreten und besichtigt werden. Der Arbeitgeber hat das Betreten und Besichtigen der Arbeitsstätten zu gestatten. Das Grundrecht der Unverletzlichkeit der Wohnung (Artikel 13 des Grundgesetzes) wird insoweit eingeschränkt.
(6) Der zur Auskunft Verpflichtete kann die Auskunft auf solche Fragen verweigern, deren Beantwortung ihn selbst oder einen der in § 383 Abs. 1 Nr. 1 bis 3 der Zivilprozeßordnung bezeichneten Angehörigen der Gefahr strafgerichtlicher Verfolgung oder eines Verfahrens nach dem Gesetz über Ordnungswidrigkeiten aussetzen würde.

Sechster Abschnitt
Sonderregelungen

§ 18 Nichtanwendung des Gesetzes
(1) Dieses Gesetz ist nicht anzuwenden auf
1. leitende Angestellte im Sinne des § 5 Abs. 3 des Betriebsverfassungsgesetzes sowie Chefärzte,
2. Leiter von öffentlichen Dienststellen und deren Vertreter sowie Arbeitnehmer im öffentlichen Dienst, die zu selbständigen Entscheidungen in Personalangelegenheiten befugt sind,
3. Arbeitnehmer, die in häuslicher Gemeinschaft mit den ihnen anvertrauten Personen zusammenleben und sie eigenverantwortlich erziehen, pflegen oder betreuen,
4. den liturgischen Bereich der Kirchen und der Religionsgemeinschaften.

(2) Für die Beschäftigung von Personen unter 18 Jahren gilt anstelle dieses Gesetzes das Jugendarbeitsschutzgesetz.
(3) Für die Beschäftigung von Arbeitnehmern als Besatzungsmitglieder auf Kauffahrteischiffen im Sinne des § 3 des Seearbeitsgesetzes gilt anstelle dieses Gesetzes das Seearbeitsgesetz.

§ 19 Beschäftigung im öffentlichen Dienst
Bei der Wahrnehmung hoheitlicher Aufgaben im öffentlichen Dienst können, soweit keine tarifvertragliche Regelung besteht, durch die zuständige Dienstbehörde die für Beamte geltenden Bestimmungen über die Arbeitszeit auf die Arbeitnehmer übertragen werden; insoweit finden die §§ 3 bis 13 keine Anwendung.

§ 20 Beschäftigung in der Luftfahrt
Für die Beschäftigung von Arbeitnehmern als Besatzungsmitglieder von Luftfahrzeugen gelten anstelle der Vorschriften dieses Gesetzes über Arbeits- und Ruhezeiten die Vorschriften über Flug-, Flugdienst-

und Ruhezeiten der Zweiten Durchführungsverordnung zur Betriebsordnung für Luftfahrtgerät in der jeweils geltenden Fassung.

§ 21 Beschäftigung in der Binnenschifffahrt

(1) Die Bundesregierung kann durch Rechtsverordnung mit Zustimmung des Bundesrates, auch zur Umsetzung zwischenstaatlicher Vereinbarungen oder Rechtsakten der Europäischen Union, abweichend von den Vorschriften dieses Gesetzes die Bedingungen für die Arbeitszeitgestaltung von Arbeitnehmern, die als Mitglied der Besatzung oder des Bordpersonals an Bord eines Fahrzeugs in der Binnenschifffahrt beschäftigt sind, regeln, soweit dies erforderlich ist, um den besonderen Bedingungen an Bord von Binnenschiffen Rechnung zu tragen. Insbesondere können in diesen Rechtsverordnungen die notwendigen Bedingungen für die Sicherheit und den Gesundheitsschutz im Sinne des § 1, einschließlich gesundheitlicher Untersuchungen hinsichtlich der Auswirkungen der Arbeitszeitbedingungen auf einem Schiff in der Binnenschifffahrt, sowie die notwendigen Bedingungen für den Schutz der Sonn- und Feiertagsruhe bestimmt werden. In Rechtsverordnungen nach Satz 1 kann ferner bestimmt werden, dass von den Vorschriften der Rechtsverordnung durch Tarifvertrag abgewichen werden kann.
(2) Soweit die Bundesregierung von der Ermächtigung des Absatzes 1 keinen Gebrauch macht, gelten die Vorschriften dieses Gesetzes für das Fahrpersonal auf Binnenschiffen, es sei denn, binnenschifffahrtsrechtliche Vorschriften über Ruhezeiten stehen dem entgegen. Bei Anwendung des Satzes 1 kann durch Tarifvertrag von den Vorschriften dieses Gesetzes abgewichen werden, um der Eigenart der Binnenschifffahrt Rechnung zu tragen.

§ 21a Beschäftigung im Straßentransport

(1) Für die Beschäftigung von Arbeitnehmern als Fahrer oder Beifahrer bei Straßenverkehrstätigkeiten im Sinne der Verordnung (EG) Nr. 561/2006 des Europäischen Parlaments und des Rates vom 15. März 2006 zur Harmonisierung bestimmter Sozialvorschriften im Straßenverkehr und zur Änderung der Verordnungen (EWG) Nr. 3821/85 und (EG) Nr. 2135/98 des Rates sowie zur Aufhebung der Verordnung (EWG) Nr. 3820/85 des Rates (ABl. EG Nr. L 102 S. 1) oder des Europäischen Übereinkommens über die Arbeit des im internationalen Straßenverkehr beschäftigten Fahrpersonals (AETR) vom 1. Juli 1970 (BGBl. II 1974 S. 1473) in ihren jeweiligen Fassungen gelten die Vorschriften dieses Gesetzes, soweit nicht die folgenden Absätze abweichende Regelungen enthalten. Die Vorschriften der Verordnung (EG) Nr. 561/2006 und des AETR bleiben unberührt.
(2) Eine Woche im Sinne dieser Vorschriften ist der Zeitraum von Montag 0 Uhr bis Sonntag 24 Uhr.
(3) Abweichend von § 2 Abs. 1 ist keine Arbeitszeit:
1. die Zeit, während derer sich ein Arbeitnehmer am Arbeitsplatz bereithalten muss, um seine Tätigkeit aufzunehmen,
2. die Zeit, während derer sich ein Arbeitnehmer bereithalten muss, um seine Tätigkeit auf Anweisung aufnehmen zu können, ohne sich an seinem Arbeitsplatz aufhalten zu müssen,
3. für Arbeitnehmer, die sich beim Fahren abwechseln, die während der Fahrt neben dem Fahrer oder in einer Schlafkabine verbrachte Zeit.

Für die Zeiten nach Satz 1 Nr. 1 und 2 gilt dies nur, wenn der Zeitraum und dessen voraussichtliche Dauer im Voraus, spätestens unmittelbar vor Beginn des betreffenden Zeitraums bekannt ist. Die in Satz 1 genannten Zeiten sind keine Ruhezeiten. Die in Satz 1 Nr. 1 und 2 genannten Zeiten sind keine Ruhepausen.
(4) Die Arbeitszeit darf 48 Stunden wöchentlich nicht überschreiten. Sie kann auf bis zu 60 Stunden verlängert werden, wenn innerhalb von vier Kalendermonaten oder 16 Wochen im Durchschnitt 48 Stunden wöchentlich nicht überschritten werden.
(5) Die Ruhezeiten bestimmen sich nach den Vorschriften der Europäischen Gemeinschaften für Kraftfahrer und Beifahrer sowie nach dem AETR. Dies gilt auch für Auszubildende und Praktikanten.
(6) In einem Tarifvertrag oder auf Grund eines Tarifvertrags in einer Betriebs- oder Dienstvereinbarung kann zugelassen werden,
1. nähere Einzelheiten zu den in Absatz 3 Satz 1 Nr. 1, 2 und Satz 2 genannten Voraussetzungen zu regeln,
2. abweichend von Absatz 4 sowie den §§ 3 und 6 Abs. 2 die Arbeitszeit festzulegen, wenn objektive, technische oder arbeitszeitorganisatorische Gründe vorliegen. Dabei darf die Arbeitszeit 48 Stunden wöchentlich im Durchschnitt von sechs Kalendermonaten nicht überschreiten.

§ 7 Abs. 1 Nr. 2 und Abs. 2a gilt nicht. § 7 Abs. 3 gilt entsprechend.

(7) Der Arbeitgeber ist verpflichtet, die Arbeitszeit der Arbeitnehmer aufzuzeichnen. Die Aufzeichnungen sind mindestens zwei Jahre aufzubewahren. Der Arbeitgeber hat dem Arbeitnehmer auf Verlangen eine Kopie der Aufzeichnungen seiner Arbeitszeit auszuhändigen.

(8) Zur Berechnung der Arbeitszeit fordert der Arbeitgeber den Arbeitnehmer schriftlich auf, ihm eine Aufstellung der bei einem anderen Arbeitgeber geleisteten Arbeitszeit vorzulegen. Der Arbeitnehmer legt diese Angaben schriftlich vor.

Siebter Abschnitt
Straf- und Bußgeldvorschriften

§ 22 Bußgeldvorschriften

(1) Ordnungswidrig handelt, wer als Arbeitgeber vorsätzlich oder fahrlässig
1. entgegen §§ 3, 6 Abs. 2 oder § 21a Abs. 4, jeweils auch in Verbindung mit § 11 Abs. 2, einen Arbeitnehmer über die Grenzen der Arbeitszeit hinaus beschäftigt,
2. entgegen § 4 Ruhepausen nicht, nicht mit der vorgeschriebenen Mindestdauer oder nicht rechtzeitig gewährt,
3. entgegen § 5 Abs. 1 die Mindestruhezeit nicht gewährt oder entgegen § 5 Abs. 2 die Verkürzung der Ruhezeit durch Verlängerung einer anderen Ruhezeit nicht oder nicht rechtzeitig ausgleicht,
4. einer Rechtsverordnung nach § 8 Satz 1, § 13 Abs. 1 oder 2, § 15 Absatz 2a Nummer 2, § 21 Absatz 1 oder § 24 zuwiderhandelt, soweit sie für einen bestimmten Tatbestand auf diese Bußgeldvorschrift verweist,
5. entgegen § 9 Abs. 1 einen Arbeitnehmer an Sonn- oder Feiertagen beschäftigt,
6. entgegen § 11 Abs. 1 einen Arbeitnehmer an allen Sonntagen beschäftigt oder entgegen § 11 Abs. 3 einen Ersatzruhetag nicht oder nicht rechtzeitig gewährt,
7. einer vollziehbaren Anordnung nach § 13 Abs. 3 Nr. 2 zuwiderhandelt,
8. entgegen § 16 Abs. 1 die dort bezeichnete Auslage oder den dort bezeichneten Aushang nicht vornimmt,
9. entgegen § 16 Abs. 2 oder § 21a Abs. 7 Aufzeichnungen nicht oder nicht richtig erstellt oder nicht für die vorgeschriebene Dauer aufbewahrt oder
10. entgegen § 17 Abs. 4 eine Auskunft nicht, nicht richtig oder nicht vollständig erteilt, Unterlagen nicht oder nicht vollständig vorlegt oder nicht einsendet oder entgegen § 17 Abs. 5 Satz 2 eine Maßnahme nicht gestattet.

(2) Die Ordnungswidrigkeit kann in den Fällen des Absatzes 1 Nr. 1 bis 7, 9 und 10 mit einer Geldbuße bis zu dreißigtausend Euro, in den Fällen des Absatzes 1 Nr. 8 mit einer Geldbuße bis zu fünftausend Euro geahndet werden.

§ 23 Strafvorschriften

(1) Wer eine der in § 22 Abs. 1 Nr. 1 bis 3, 5 bis 7 bezeichneten Handlungen
1. vorsätzlich begeht und dadurch Gesundheit oder Arbeitskraft eines Arbeitnehmers gefährdet oder
2. beharrlich wiederholt,
wird mit Freiheitsstrafe bis zu einem Jahr oder mit Geldstrafe bestraft.

(2) Wer in den Fällen des Absatzes 1 Nr. 1 die Gefahr fahrlässig verursacht, wird mit Freiheitsstrafe bis zu sechs Monaten oder mit Geldstrafe bis zu 180 Tagessätzen bestraft.

Achter Abschnitt
Schlußvorschriften

§ 24 Umsetzung von zwischenstaatlichen Vereinbarungen und Rechtsakten der EG

Die Bundesregierung kann mit Zustimmung des Bundesrates zur Erfüllung von Verpflichtungen aus zwischenstaatlichen Vereinbarungen oder zur Umsetzung von Rechtsakten des Rates oder der Kommission der Europäischen Gemeinschaften, die Sachbereiche dieses Gesetzes betreffen, Rechtsverordnungen nach diesem Gesetz erlassen.

§ 25 Übergangsregelung für Tarifverträge

Enthält ein am 1. Januar 2004 bestehender oder nachwirkender Tarifvertrag abweichende Regelungen nach § 7 Abs. 1 oder 2 oder § 12 Satz 1, die den in diesen Vorschriften festgelegten Höchstrahmen überschreiten, bleiben diese tarifvertraglichen Bestimmungen bis zum 31. Dezember 2006 unberührt. Tarifverträgen nach Satz 1 stehen durch Tarifvertrag zugelassene Betriebsvereinbarungen sowie Regelungen nach § 7 Abs. 4 gleich.

Gesetz über Teilzeitarbeit und befristete Arbeitsverträge
(Teilzeit- und Befristungsgesetz – TzBfG)

Vom 21. Dezember 2000 (BGBl. I S. 1966)

Zuletzt geändert durch
Drittes Bürokratieentlastungsgesetz
vom 22. November 2019 (BGBl. I S. 1746)

Inhaltsübersicht

Erster Abschnitt
Allgemeine Vorschriften

§ 1 Zielsetzung
§ 2 Begriff des teilzeitbeschäftigten Arbeitnehmers
§ 3 Begriff des befristet beschäftigten Arbeitnehmers
§ 4 Verbot der Diskriminierung
§ 5 Benachteiligungsverbot

Zweiter Abschnitt
Teilzeitarbeit

§ 6 Förderung von Teilzeitarbeit
§ 7 Ausschreibung; Erörterung; Information über freie Arbeitsplätze
§ 8 Zeitlich nicht begrenzte Verringerung der Arbeitszeit
§ 9 Verlängerung der Arbeitszeit
§ 9a Zeitlich begrenzte Verringerung der Arbeitszeit

§ 10 Aus- und Weiterbildung
§ 11 Kündigungsverbot
§ 12 Arbeit auf Abruf
§ 13 Arbeitsplatzteilung

Dritter Abschnitt
Befristete Arbeitsverträge

§ 14 Zulässigkeit der Befristung
§ 15 Ende des befristeten Arbeitsvertrages
§ 16 Folgen unwirksamer Befristung
§ 17 Anrufung des Arbeitsgerichts
§ 18 Information über unbefristete Arbeitsplätze
§ 19 Aus- und Weiterbildung
§ 20 Information der Arbeitnehmervertretung
§ 21 Auflösend bedingte Arbeitsverträge

Vierter Abschnitt
Gemeinsame Vorschriften

§ 22 Abweichende Vereinbarungen
§ 23 Besondere gesetzliche Regelungen

Erster Abschnitt
Allgemeine Vorschriften

§ 1 Zielsetzung

Ziel des Gesetzes ist, Teilzeitarbeit zu fördern, die Voraussetzungen für die Zulässigkeit befristeter Arbeitsverträge festzulegen und die Diskriminierung von teilzeitbeschäftigten und befristet beschäftigten Arbeitnehmern zu verhindern.

§ 2 Begriff des teilzeitbeschäftigten Arbeitnehmers

(1) ¹Teilzeitbeschäftigt ist ein Arbeitnehmer, dessen regelmäßige Wochenarbeitszeit kürzer ist als die eines vergleichbaren vollzeitbeschäftigten Arbeitnehmers. ²Ist eine regelmäßige Wochenarbeitszeit nicht vereinbart, so ist ein Arbeitnehmer teilzeitbeschäftigt, wenn seine regelmäßige Arbeitszeit im Durchschnitt eines bis zu einem Jahr reichenden Beschäftigungszeitraums unter der eines vergleichbaren vollzeitbeschäftigten Arbeitnehmers liegt. ³Vergleichbar ist ein vollzeitbeschäftigter Arbeitnehmer des Betriebes mit derselben Art des Arbeitsverhältnisses und der gleichen oder einer ähnlichen Tätigkeit. ⁴Gibt es im Betrieb keinen vergleichbaren vollzeitbeschäftigten Arbeitnehmer, so ist der vergleichbare vollzeitbeschäftigte Arbeitnehmer auf Grund des anwendbaren Tarifvertrages zu bestimmen; in allen anderen Fällen ist darauf abzustellen, wer im jeweiligen Wirtschaftszweig üblicherweise als vergleichbarer vollzeitbeschäftigter Arbeitnehmer anzusehen ist.
(2) Teilzeitbeschäftigt ist auch ein Arbeitnehmer, der eine geringfügige Beschäftigung nach § 8 Abs. 1 Nr. 1 des Vierten Buches Sozialgesetzbuch ausübt.

§ 3 Begriff des befristet beschäftigten Arbeitnehmers

(1) ¹Befristet beschäftigt ist ein Arbeitnehmer mit einem auf bestimmte Zeit geschlossenen Arbeitsvertrag. ²Ein auf bestimmte Zeit geschlossener Arbeitsvertrag (befristeter Arbeitsvertrag) liegt vor, wenn

seine Dauer kalendermäßig bestimmt ist (kalendermäßig befristeter Arbeitsvertrag) oder sich aus Art, Zweck oder Beschaffenheit der Arbeitsleistung ergibt (zweckbefristeter Arbeitsvertrag).
(2) ¹Vergleichbar ist ein unbefristet beschäftigter Arbeitnehmer des Betriebes mit der gleichen oder einer ähnlichen Tätigkeit. ²Gibt es im Betrieb keinen vergleichbaren unbefristet beschäftigten Arbeitnehmer, so ist der vergleichbare unbefristet beschäftigte Arbeitnehmer auf Grund des anwendbaren Tarifvertrages zu bestimmen; in allen anderen Fällen ist darauf abzustellen, wer im jeweiligen Wirtschaftszweig üblicherweise als vergleichbarer unbefristet beschäftigter Arbeitnehmer anzusehen ist.

§ 4 Verbot der Diskriminierung

(1) ¹Ein teilzeitbeschäftigter Arbeitnehmer darf wegen der Teilzeitarbeit nicht schlechter behandelt werden als ein vergleichbarer vollzeitbeschäftigter Arbeitnehmer, es sei denn, dass sachliche Gründe eine unterschiedliche Behandlung rechtfertigen. ²Einem teilzeitbeschäftigten Arbeitnehmer ist Arbeitsentgelt oder eine andere teilbare geldwerte Leistung mindestens in dem Umfang zu gewähren, der dem Anteil seiner Arbeitszeit an der Arbeitszeit eines vergleichbaren vollzeitbeschäftigten Arbeitnehmers entspricht.
(2) ¹Ein befristet beschäftigter Arbeitnehmer darf wegen der Befristung des Arbeitsvertrages nicht schlechter behandelt werden als ein vergleichbarer unbefristet beschäftigter Arbeitnehmer, es sei denn, dass sachliche Gründe eine unterschiedliche Behandlung rechtfertigen. ²Einem befristet beschäftigten Arbeitnehmer ist Arbeitsentgelt oder eine andere teilbare geldwerte Leistung, die für einen bestimmten Bemessungszeitraum gewährt wird, mindestens in dem Umfang zu gewähren, der dem Anteil seiner Beschäftigungsdauer am Bemessungszeitraum entspricht. ³Sind bestimmte Beschäftigungsbedingungen von der Dauer des Bestehens des Arbeitsverhältnisses in demselben Betrieb oder Unternehmen abhängig, so sind für befristet beschäftigte Arbeitnehmer dieselben Zeiten zu berücksichtigen wie für unbefristet beschäftigte Arbeitnehmer, es sei denn, dass eine unterschiedliche Berücksichtigung aus sachlichen Gründen gerechtfertigt ist.

§ 5 Benachteiligungsverbot

Der Arbeitgeber darf einen Arbeitnehmer nicht wegen der Inanspruchnahme von Rechten nach diesem Gesetz benachteiligen.

Zweiter Abschnitt
Teilzeitarbeit

§ 6 Förderung von Teilzeitarbeit

Der Arbeitgeber hat den Arbeitnehmern, auch in leitenden Positionen, Teilzeitarbeit nach Maßgabe dieses Gesetzes zu ermöglichen.

§ 7 Ausschreibung; Erörterung; Information über freie Arbeitsplätze

(1) Der Arbeitgeber hat einen Arbeitsplatz, den er öffentlich oder innerhalb des Betriebes ausschreibt, auch als Teilzeitarbeitsplatz auszuschreiben, wenn sich der Arbeitsplatz hierfür eignet.
(2) ¹Der Arbeitgeber hat mit dem Arbeitnehmer dessen Wunsch nach Veränderung von Dauer oder Lage oder von Dauer und Lage seiner vertraglich vereinbarten Arbeitszeit zu erörtern. ²Dies gilt unabhängig vom Umfang der Arbeitszeit. ³Der Arbeitnehmer kann ein Mitglied der Arbeitnehmervertretung zur Unterstützung oder Vermittlung hinzuziehen.
(3) Der Arbeitgeber hat einen Arbeitnehmer, der ihm den Wunsch nach einer Veränderung von Dauer oder Lage oder von Dauer und Lage seiner vertraglich vereinbarten Arbeitszeit angezeigt hat, über entsprechende Arbeitsplätze zu informieren, die im Betrieb oder Unternehmen besetzt werden sollen.
(4) ¹Der Arbeitgeber hat die Arbeitnehmervertretung über angezeigte Arbeitszeitwünsche nach Absatz 2 sowie über Teilzeitarbeit im Betrieb und Unternehmen zu informieren, insbesondere über vorhandene oder geplante Teilzeitarbeitsplätze und über die Umwandlung von Teilzeitarbeitsplätzen in Vollzeitarbeitsplätze oder umgekehrt. ²Der Arbeitnehmervertretung sind auf Verlangen die erforderlichen Unterlagen zur Verfügung zu stellen; § 92 des Betriebsverfassungsgesetzes bleibt unberührt.

§ 8 Zeitlich nicht begrenzte Verringerung der Arbeitszeit

(1) Ein Arbeitnehmer, dessen Arbeitsverhältnis länger als sechs Monate bestanden hat, kann verlangen, dass seine vertraglich vereinbarte Arbeitszeit verringert wird.
(2) ¹Der Arbeitnehmer muss die Verringerung seiner Arbeitszeit und den Umfang der Verringerung spätestens drei Monate vor deren Beginn in Textform geltend machen. ²Er soll dabei die gewünschte Verteilung der Arbeitszeit angeben.

(3) ¹Der Arbeitgeber hat mit dem Arbeitnehmer die gewünschte Verringerung der Arbeitszeit mit dem Ziel zu erörtern, zu einer Vereinbarung zu gelangen. ²Er hat mit dem Arbeitnehmer Einvernehmen über die von ihm festzulegende Verteilung der Arbeitszeit zu erzielen.

(4) ¹Der Arbeitgeber hat der Verringerung der Arbeitszeit zuzustimmen und ihre Verteilung entsprechend den Wünschen des Arbeitnehmers festzulegen, soweit betriebliche Gründe nicht entgegenstehen. ²Ein betrieblicher Grund liegt insbesondere vor, wenn die Verringerung der Arbeitszeit die Organisation, den Arbeitsablauf oder die Sicherheit im Betrieb wesentlich beeinträchtigt oder unverhältnismäßige Kosten verursacht. ³Die Ablehnungsgründe können durch Tarifvertrag festgelegt werden. ⁴Im Geltungsbereich eines solchen Tarifvertrages können nicht tarifgebundene Arbeitgeber und Arbeitnehmer die Anwendung der tariflichen Regelungen über die Ablehnungsgründe vereinbaren.

(5) ¹Die Entscheidung über die Verringerung der Arbeitszeit und ihre Verteilung hat der Arbeitgeber dem Arbeitnehmer spätestens einen Monat vor dem gewünschten Beginn der Verringerung in Textform mitzuteilen. ²Haben sich Arbeitgeber und Arbeitnehmer nicht nach Absatz 3 Satz 1 über die Verringerung der Arbeitszeit geeinigt und hat der Arbeitgeber die Arbeitszeitverringerung nicht spätestens einen Monat vor deren gewünschtem Beginn in Textform abgelehnt, verringert sich die Arbeitszeit in dem vom Arbeitnehmer gewünschten Umfang. ³Haben Arbeitgeber und Arbeitnehmer über die Verteilung der Arbeitszeit kein Einvernehmen nach Absatz 3 Satz 2 erzielt und hat der Arbeitgeber nicht spätestens einen Monat vor dem gewünschten Beginn der Arbeitszeitverringerung die gewünschte Verteilung der Arbeitszeit in Textform abgelehnt, gilt die Verteilung der Arbeitszeit entsprechend den Wünschen des Arbeitnehmers als festgelegt. ⁴Der Arbeitgeber kann die nach Satz 3 oder Absatz 3 Satz 2 festgelegte Verteilung der Arbeitszeit wieder ändern, wenn das betriebliche Interesse daran das Interesse des Arbeitnehmers an der Beibehaltung erheblich überwiegt und der Arbeitgeber die Änderung spätestens einen Monat vorher angekündigt hat.

(6) Der Arbeitnehmer kann eine erneute Verringerung der Arbeitszeit frühestens nach Ablauf von zwei Jahren verlangen, nachdem der Arbeitgeber einer Verringerung zugestimmt oder sie berechtigt abgelehnt hat.

(7) Für den Anspruch auf Verringerung der Arbeitszeit gilt die Voraussetzung, dass der Arbeitgeber, unabhängig von der Anzahl der Personen in Berufsbildung, in der Regel mehr als 15 Arbeitnehmer beschäftigt.

§ 9 Verlängerung der Arbeitszeit

Der Arbeitgeber hat einen teilzeitbeschäftigten Arbeitnehmer, der ihm in Textform den Wunsch nach einer Verlängerung seiner vertraglich vereinbarten Arbeitszeit angezeigt hat, bei der Besetzung eines Arbeitsplatzes bevorzugt zu berücksichtigen, es sei denn, dass
1. es sich dabei nicht um einen entsprechenden freien Arbeitsplatz handelt oder
2. der teilzeitbeschäftigte Arbeitnehmer nicht mindestens gleich geeignet ist wie ein anderer vom Arbeitgeber bevorzugter Bewerber oder
3. Arbeitszeitwünsche anderer teilzeitbeschäftigter Arbeitnehmer oder
4. dringende betriebliche Gründe entgegenstehen.

Ein freier zu besetzender Arbeitsplatz liegt vor, wenn der Arbeitgeber die Organisationsentscheidung getroffen hat, diesen zu schaffen oder einen unbesetzten Arbeitsplatz neu zu besetzen.

§ 9a Zeitlich begrenzte Verringerung der Arbeitszeit

(1) ¹Ein Arbeitnehmer, dessen Arbeitsverhältnis länger als sechs Monate bestanden hat, kann verlangen, dass seine vertraglich vereinbarte Arbeitszeit für einen im Voraus zu bestimmenden Zeitraum verringert wird. ²Der begehrte Zeitraum muss mindestens ein Jahr und darf höchstens fünf Jahre betragen. ³Der Arbeitnehmer hat nur dann einen Anspruch auf zeitlich begrenzte Verringerung der Arbeitszeit, wenn der Arbeitgeber in der Regel mehr als 45 Arbeitnehmer beschäftigt.

(2) ¹Der Arbeitgeber kann das Verlangen des Arbeitnehmers nach Verringerung der Arbeitszeit ablehnen, soweit betriebliche Gründe entgegenstehen; § 8 Absatz 4 gilt entsprechend. ²Ein Arbeitgeber, der in der Regel mehr als 45, aber nicht mehr als 200 Arbeitnehmer beschäftigt, kann das Verlangen eines Arbeitnehmers auch ablehnen, wenn zum Zeitpunkt des begehrten Beginns der verringerten Arbeitszeit bei einer Arbeitnehmerzahl von in der Regel
1. mehr als 45 bis 60 bereits mindestens vier,
2. mehr als 60 bis 75 bereits mindestens fünf,
3. mehr als 75 bis 90 bereits mindestens sechs,
4. mehr als 90 bis 105 bereits mindestens sieben,

5. mehr als 105 bis 120 bereits mindestens acht,
6. mehr als 120 bis 135 bereits mindestens neun,
7. mehr als 135 bis 150 bereits mindestens zehn,
8. mehr als 150 bis 165 bereits mindestens elf,
9. mehr als 165 bis 180 bereits mindestens zwölf,
10. mehr als 180 bis 195 bereits mindestens 13,
11. mehr als 195 bis 200 bereits mindestens 14

andere Arbeitnehmer ihre Arbeitszeit nach Absatz 1 verringert haben.
(3) ¹Im Übrigen gilt für den Umfang der Verringerung der Arbeitszeit und für die gewünschte Verteilung der Arbeitszeit § 8 Absatz 2 bis 5. ²Für den begehrten Zeitraum der Verringerung der Arbeitszeit sind § 8 Absatz 2 Satz 1, Absatz 3 Satz 1, Absatz 4 sowie Absatz 5 Satz 1 und 2 entsprechend anzuwenden.
(4) Während der Dauer der zeitlich begrenzten Verringerung der Arbeitszeit kann der Arbeitnehmer keine weitere Verringerung und keine Verlängerung seiner Arbeitszeit nach diesem Gesetz verlangen; § 9 findet keine Anwendung.
(5) ¹Ein Arbeitnehmer, der nach einer zeitlich begrenzten Verringerung der Arbeitszeit nach Absatz 1 zu seiner ursprünglichen vertraglich vereinbarten Arbeitszeit zurückgekehrt ist, kann eine erneute Verringerung der Arbeitszeit nach diesem Gesetz frühestens ein Jahr nach der Rückkehr zur ursprünglichen Arbeitszeit verlangen. ²Für einen erneuten Antrag auf Verringerung der Arbeitszeit nach berechtigter Ablehnung auf Grund entgegenstehender betrieblicher Gründe nach Absatz 2 Satz 1 gilt § 8 Absatz 6 entsprechend. ³Nach berechtigter Ablehnung auf Grund der Zumutbarkeitsregelung nach Absatz 2 Satz 2 kann der Arbeitnehmer frühestens nach Ablauf von einem Jahr nach der Ablehnung erneut eine Verringerung der Arbeitszeit verlangen.
(6) Durch Tarifvertrag kann der Rahmen für den Zeitraum der Arbeitszeitverringerung abweichend von Absatz 1 Satz 2 auch zuungunsten des Arbeitnehmers festgelegt werden.
(7) Bei der Anzahl der Arbeitnehmer nach Absatz 1 Satz 3 und Absatz 2 sind Personen in Berufsbildung nicht zu berücksichtigen.

§ 10 Aus- und Weiterbildung

Der Arbeitgeber hat Sorge zu tragen, dass auch teilzeitbeschäftigte Arbeitnehmer an Aus- und Weiterbildungsmaßnahmen zur Förderung der beruflichen Entwicklung und Mobilität teilnehmen können, es sei denn, dass dringende betriebliche Gründe oder Aus- und Weiterbildungswünsche anderer teilzeit- oder vollzeitbeschäftigter Arbeitnehmer entgegenstehen.

§ 11 Kündigungsverbot

¹Die Kündigung eines Arbeitsverhältnisses wegen der Weigerung eines Arbeitnehmers, von einem Vollzeit- in ein Teilzeitarbeitsverhältnis oder umgekehrt zu wechseln, ist unwirksam. ²Das Recht zur Kündigung des Arbeitsverhältnisses aus anderen Gründen bleibt unberührt.

§ 12 Arbeit auf Abruf

(1) ¹Arbeitgeber und Arbeitnehmer können vereinbaren, dass der Arbeitnehmer seine Arbeitsleistung entsprechend dem Arbeitsanfall zu erbringen hat (Arbeit auf Abruf). ²Die Vereinbarung muss eine bestimmte Dauer der wöchentlichen und täglichen Arbeitszeit festlegen. ³Wenn die Dauer der wöchentlichen Arbeitszeit nicht festgelegt ist, gilt eine Arbeitszeit von 20 Stunden als vereinbart. ⁴Wenn die Dauer der täglichen Arbeitszeit nicht festgelegt ist, hat der Arbeitgeber die Arbeitsleistung des Arbeitnehmers jeweils für mindestens drei aufeinander folgende Stunden in Anspruch zu nehmen.
(2) Ist für die Dauer der wöchentlichen Arbeitszeit nach Absatz 1 Satz 2 eine Mindestarbeitszeit vereinbart, darf der Arbeitgeber nur bis zu 25 Prozent der wöchentlichen Arbeitszeit zusätzlich abrufen. Ist für die Dauer der wöchentlichen Arbeitszeit nach Absatz 1 Satz 2 eine Höchstarbeitszeit vereinbart, darf der Arbeitgeber nur bis zu 20 Prozent der wöchentlichen Arbeitszeit weniger abrufen.
(3) Der Arbeitnehmer ist nur zur Arbeitsleistung verpflichtet, wenn der Arbeitgeber ihm die Lage seiner Arbeitszeit jeweils mindestens vier Tage im Voraus mitteilt.
(4) ¹Zur Berechnung der Entgeltfortzahlung im Krankheitsfall ist die maßgebende regelmäßige Arbeitszeit im Sinne von § 4 Absatz 1 des Entgeltfortzahlungsgesetzes die durchschnittliche Arbeitszeit der letzten drei Monate vor Beginn der Arbeitsunfähigkeit (Referenzzeitraum). ²Hat das Arbeitsverhältnis bei Beginn der Arbeitsunfähigkeit keine drei Monate bestanden, ist der Berechnung des Entgeltfortzahlungsanspruchs die durchschnittliche Arbeitszeit dieses kürzeren Zeitraums zugrunde zu legen.
³Zeiten von Kurzarbeit, unverschuldeter Arbeitsversäumnis, Arbeitsausfällen und Urlaub im Referenz-

zeitraum bleiben außer Betracht. ⁴Für den Arbeitnehmer günstigere Regelungen zur Berechnung der Entgeltfortzahlung im Krankheitsfall finden Anwendung.
(5) Für die Berechnung der Entgeltzahlung an Feiertagen nach § 2 Absatz 1 des Entgeltfortzahlungsgesetzes gilt Absatz 4 entsprechend.
(6) ¹Durch Tarifvertrag kann von den Absätzen 1 und 3 auch zuungunsten des Arbeitnehmers abgewichen werden, wenn der Tarifvertrag Regelungen über die tägliche und wöchentliche Arbeitszeit und die Vorankündigungsfrist vorsieht. ²Im Geltungsbereich eines solchen Tarifvertrages können nicht tarifgebundene Arbeitgeber und Arbeitnehmer die Anwendung der tariflichen Regelungen über die Arbeit auf Abruf vereinbaren.

§ 13 Arbeitsplatzteilung

(1) ¹Arbeitgeber und Arbeitnehmer können vereinbaren, dass mehrere Arbeitnehmer sich die Arbeitszeit an einem Arbeitsplatz teilen (Arbeitsplatzteilung). ²Ist einer dieser Arbeitnehmer an der Arbeitsleistung verhindert, sind die anderen Arbeitnehmer zur Vertretung verpflichtet, wenn sie der Vertretung im Einzelfall zugestimmt haben. ³Eine Pflicht zur Vertretung besteht auch, wenn der Arbeitsvertrag bei Vorliegen dringender betrieblicher Gründe eine Vertretung vorsieht und diese im Einzelfall zumutbar ist.
(2) ¹Scheidet ein Arbeitnehmer aus der Arbeitsplatzteilung aus, so ist die darauf gestützte Kündigung des Arbeitsverhältnisses eines anderen in die Arbeitsplatzteilung einbezogenen Arbeitnehmers durch den Arbeitgeber unwirksam. ²Das Recht zur Änderungskündigung aus diesem Anlass und zur Kündigung des Arbeitsverhältnisses aus anderen Gründen bleibt unberührt.
(3) Die Absätze 1 und 2 sind entsprechend anzuwenden, wenn sich Gruppen von Arbeitnehmern auf bestimmten Arbeitsplätzen in festgelegten Zeitabschnitten abwechseln, ohne dass eine Arbeitsplatzteilung im Sinne des Absatzes 1 vorliegt.
(4) ¹Durch Tarifvertrag kann von den Absätzen 1 und 3 auch zuungunsten des Arbeitnehmers abgewichen werden, wenn der Tarifvertrag Regelungen über die Vertretung der Arbeitnehmer enthält. ²Im Geltungsbereich eines solchen Tarifvertrages können nicht tarifgebundene Arbeitgeber und Arbeitnehmer die Anwendung der tariflichen Regelungen über die Arbeitsplatzteilung vereinbaren.

Dritter Abschnitt
Befristete Arbeitsverträge

§ 14 Zulässigkeit der Befristung

(1) ¹Die Befristung eines Arbeitsvertrages ist zulässig, wenn sie durch einen sachlichen Grund gerechtfertigt ist. ²Ein sachlicher Grund liegt insbesondere vor, wenn
1. der betriebliche Bedarf an der Arbeitsleistung nur vorübergehend besteht,
2. die Befristung im Anschluss an eine Ausbildung oder ein Studium erfolgt, um den Übergang des Arbeitnehmers in eine Anschlussbeschäftigung zu erleichtern,
3. der Arbeitnehmer zur Vertretung eines anderen Arbeitnehmers beschäftigt wird,
4. die Eigenart der Arbeitsleistung die Befristung rechtfertigt,
5. die Befristung zur Erprobung erfolgt,
6. in der Person des Arbeitnehmers liegende Gründe die Befristung rechtfertigen,
7. der Arbeitnehmer aus Haushaltsmitteln vergütet wird, die haushaltsrechtlich für eine befristete Beschäftigung bestimmt sind, und er entsprechend beschäftigt wird oder
8. die Befristung auf einem gerichtlichen Vergleich beruht.

(2) ¹Die kalendermäßige Befristung eines Arbeitsvertrages ohne Vorliegen eines sachlichen Grundes ist bis zur Dauer von zwei Jahren zulässig; bis zu dieser Gesamtdauer von zwei Jahren ist auch die höchstens dreimalige Verlängerung eines kalendermäßig befristeten Arbeitsvertrages zulässig. ²Eine Befristung nach Satz 1 ist nicht zulässig, wenn mit demselben Arbeitgeber bereits zuvor ein befristetes oder unbefristetes Arbeitsverhältnis bestanden hat. ³Durch Tarifvertrag kann die Anzahl der Verlängerungen oder die Höchstdauer der Befristung abweichend von Satz 1 festgelegt werden. ⁴Im Geltungsbereich eines solchen Tarifvertrages können nicht tarifgebundene Arbeitgeber und Arbeitnehmer die Anwendung der tariflichen Regelungen vereinbaren.
(2a) ¹In den ersten vier Jahren nach der Gründung eines Unternehmens ist die kalendermäßige Befristung eines Arbeitsvertrages ohne Vorliegen eines sachlichen Grundes bis zur Dauer von vier Jahren zulässig; bis zu dieser Gesamtdauer von vier Jahren ist auch die mehrfache Verlängerung eines kalendermäßig befristeten Arbeitsvertrages zulässig. ²Dies gilt nicht für Neugründungen im Zusammenhang mit der rechtlichen Umstrukturierung von Unternehmen und Konzernen. ³Maßgebend für den Zeitpunkt der

Gründung des Unternehmens ist die Aufnahme einer Erwerbstätigkeit, die nach § 138 der Abgabenordnung der Gemeinde oder dem Finanzamt mitzuteilen ist. [4]Auf die Befristung eines Arbeitsvertrages nach Satz 1 findet Absatz 2 Satz 2 bis 4 entsprechende Anwendung.

(3) [1]Die kalendermäßige Befristung eines Arbeitsvertrages ohne Vorliegen eines sachlichen Grundes ist bis zu einer Dauer von fünf Jahren zulässig, wenn der Arbeitnehmer bei Beginn des befristeten Arbeitsverhältnisses das 52. Lebensjahr vollendet hat und unmittelbar vor Beginn des befristeten Arbeitsverhältnisses mindestens vier Monate beschäftigungslos im Sinne des § 138 Absatz 1 Nummer 1 des Dritten Buches Sozialgesetzbuch gewesen ist, Transferkurzarbeitergeld bezogen oder an einer öffentlich geförderten Beschäftigungsmaßnahme nach dem Zweiten oder Dritten Buch Sozialgesetzbuch teilgenommen hat. [2]Bis zu der Gesamtdauer von fünf Jahren ist auch die mehrfache Verlängerung des Arbeitsvertrages zulässig.

(4) Die Befristung eines Arbeitsvertrages bedarf zu ihrer Wirksamkeit der Schriftform.

Entscheidung des Bundesverfassungsgerichts
vom 6. Juni 2018 (BGBl. I S. 882)
Aus dem Beschluss des Bundesverfassungsgerichts vom 6. Juni 2018 – 1 BvL 7/14, 1 BvR 1375/14 – wird die folgende Entscheidungsformel veröffentlicht:
§ 14 Absatz 2 Satz 2 des Gesetzes über Teilzeitarbeit und befristete Arbeitsverträge (TzBfG) vom 21. Dezember 2000 (Bundesgesetzblatt I Seite 1966), zuletzt geändert durch Gesetz vom 20. Dezember 2011 (Bundesgesetzblatt I S. 2854), ist nach Maßgabe der Gründe mit dem Grundgesetz vereinbar.
Die vorstehende Entscheidungsformel hat gemäß § 31 Absatz 2 des Bundesverfassungsgerichtsgesetzes Gesetzeskraft.

§ 15 Ende des befristeten Arbeitsvertrages

(1) Ein kalendermäßig befristeter Arbeitsvertrag endet mit Ablauf der vereinbarten Zeit.
(2) Ein zweckbefristeter Arbeitsvertrag endet mit Erreichen des Zwecks, frühestens jedoch zwei Wochen nach Zugang der schriftlichen Unterrichtung des Arbeitnehmers durch den Arbeitgeber über den Zeitpunkt der Zweckerreichung.
(3) Ein befristetes Arbeitsverhältnis unterliegt nur dann der ordentlichen Kündigung, wenn dies einzelvertraglich oder in einem anwendbaren Tarifvertrag vereinbart ist.
(4) [1]Ist das Arbeitsverhältnis für die Lebenszeit einer Person oder für längere Zeit als fünf Jahre eingegangen, so kann es von dem Arbeitnehmer nach Ablauf von fünf Jahren gekündigt werden. [2]Die Kündigungsfrist beträgt sechs Monate.
(5) Wird das Arbeitsverhältnis nach Ablauf der Zeit, für die es eingegangen ist, oder nach Zweckerreichung mit Wissen des Arbeitgebers fortgesetzt, so gilt es als auf unbestimmte Zeit verlängert, wenn der Arbeitgeber nicht unverzüglich widerspricht oder dem Arbeitnehmer die Zweckerreichung nicht unverzüglich mitteilt.

§ 16 Folgen unwirksamer Befristung

[1]Ist die Befristung rechtsunwirksam, so gilt der befristete Arbeitsvertrag als auf unbestimmte Zeit geschlossen; er kann vom Arbeitgeber frühestens zum vereinbarten Ende ordentlich gekündigt werden, sofern nicht nach § 15 Abs. 3 die ordentliche Kündigung zu einem früheren Zeitpunkt möglich ist. [2]Ist die Befristung nur wegen des Mangels der Schriftform unwirksam, kann der Arbeitsvertrag auch vor dem vereinbarten Ende ordentlich gekündigt werden.

§ 17 Anrufung des Arbeitsgerichts

[1]Will der Arbeitnehmer geltend machen, dass die Befristung eines Arbeitsvertrages rechtsunwirksam ist, so muss er innerhalb von drei Wochen nach dem vereinbarten Ende des befristeten Arbeitsvertrages Klage beim Arbeitsgericht auf Feststellung erheben, dass das Arbeitsverhältnis auf Grund der Befristung nicht beendet ist. [2]Die §§ 5 bis 7 des Kündigungsschutzgesetzes gelten entsprechend. [3]Wird das Arbeitsverhältnis nach dem vereinbarten Ende fortgesetzt, so beginnt die Frist nach Satz 1 mit dem Zugang der schriftlichen Erklärung des Arbeitgebers, dass das Arbeitsverhältnis auf Grund der Befristung beendet sei.

§ 18 Information über unbefristete Arbeitsplätze

[1]Der Arbeitgeber hat die befristet beschäftigten Arbeitnehmer über entsprechende unbefristete Arbeitsplätze zu informieren, die besetzt werden sollen. [2]Die Information kann durch allgemeine Bekanntgabe an geeigneter, den Arbeitnehmern zugänglicher Stelle im Betrieb und Unternehmen erfolgen.

§ 19 Aus- und Weiterbildung
Der Arbeitgeber hat Sorge zu tragen, dass auch befristet beschäftigte Arbeitnehmer an angemessenen Aus- und Weiterbildungsmaßnahmen zur Förderung der beruflichen Entwicklung und Mobilität teilnehmen können, es sei denn, dass dringende betriebliche Gründe oder Aus- und Weiterbildungswünsche anderer Arbeitnehmer entgegenstehen.

§ 20 Information der Arbeitnehmervertretung
Der Arbeitgeber hat die Arbeitnehmervertretung über die Anzahl der befristetet beschäftigten Arbeitnehmer und ihren Anteil an der Gesamtbelegschaft des Betriebes und des Unternehmens zu informieren.

§ 21 Auflösend bedingte Arbeitsverträge
Wird der Arbeitsvertrag unter einer auflösenden Bedingung geschlossen, gelten § 4 Abs. 2, § 5, § 14 Abs. 1 und 4, § 15 Abs. 2, 3 und 5 sowie die §§ 16 bis 20 entsprechend.

Vierter Abschnitt
Gemeinsame Vorschriften

§ 22 Abweichende Vereinbarungen
(1) Außer in den Fällen des § 9a Absatz 6, § 12 Absatz 6, § 13 Absatz 4 und § 14 Absatz 2 Satz 3 und 4 kann von den Vorschriften dieses Gesetzes nicht zuungunsten des Arbeitnehmers abgewichen werden.
(2) Enthält ein Tarifvertrag für den öffentlichen Dienst Bestimmungen im Sinne des § 8 Absatz 4 Satz 3 und 4, auch in Verbindung mit § 9a Absatz 2, des § 9a Absatz 6, § 12 Absatz 6, § 13 Absatz 4, § 14 Absatz 2 Satz 3 und 4 oder § 15 Absatz 3, so gelten diese Bestimmungen auch zwischen nicht tarifgebundenen Arbeitgebern und Arbeitnehmern außerhalb des öffentlichen Dienstes, wenn die Anwendung der für den öffentlichen Dienst geltenden tarifvertraglichen Bestimmungen zwischen ihnen vereinbart ist und die Arbeitgeber die Kosten des Betriebes überwiegend mit Zuwendungen im Sinne des Haushaltsrechts decken.

§ 23 Besondere gesetzliche Regelungen
Besondere Regelungen über Teilzeitarbeit und über die Befristung von Arbeitsverträgen nach anderen gesetzlichen Vorschriften bleiben unberührt.

Mindesturlaubsgesetz für Arbeitnehmer (Bundesurlaubsgesetz)

Vom 8. Januar 1963 (BGBl. I S. 2)

Zuletzt geändert durch
Gesetz zur Umsetzung des Seearbeitsübereinkommens 2006 der Internationalen Arbeitsorganisation vom 20. April 2013 (BGBl. I S. 868)[1]

Inhaltsübersicht

§ 1	Urlaubsanspruch	§ 10	Maßnahmen der medizinischen Vorsorge oder Rehabilitation
§ 2	Geltungsbereich		
§ 3	Dauer des Urlaubs	§ 11	Urlaubsentgelt
§ 4	Wartezeit	§ 12	Urlaub im Bereich der Heimarbeit
§ 5	Teilurlaub	§ 13	Unabdingbarkeit
§ 6	Ausschluß von Doppelansprüchen	§ 14	(gegenstandslos)
§ 7	Zeitpunkt, Übertragbarkeit und Abgeltung des Urlaubs	§ 15	Änderung und Aufhebung von Gesetzen
§ 8	Erwerbstätigkeit während des Urlaubs	§ 15a	Übergangsvorschrift
§ 9	Erkrankung während des Urlaubs	§ 16	Inkrafttreten

§ 1 Urlaubsanspruch
Jeder Arbeitnehmer hat in jedem Kalenderjahr Anspruch auf bezahlten Erholungsurlaub.

§ 2 Geltungsbereich
Arbeitnehmer im Sinne des Gesetzes sind Arbeiter und Angestellte sowie die zu ihrer Berufsausbildung Beschäftigten. Als Arbeitnehmer gelten auch Personen, die wegen ihrer wirtschaftlichen Unselbständigkeit als arbeitnehmerähnliche Personen anzusehen sind; für den Bereich der Heimarbeit gilt § 12.

§ 3 Dauer des Urlaubs
(1) Der Urlaub beträgt jährlich mindestens 24 Werktage.
(2) Als Werktage gelten alle Kalendertage, die nicht Sonn- oder gesetzliche Feiertage sind.

§ 4 Wartezeit
Der volle Urlaubsanspruch wird erstmalig nach sechsmonatigem Bestehen des Arbeitsverhältnisses erworben.

§ 5 Teilurlaub
(1) Anspruch auf ein Zwölftel des Jahresurlaubs für jeden vollen Monat des Bestehens des Arbeitsverhältnisses hat der Arbeitnehmer
a) für Zeiten eines Kalenderjahres, für die er wegen Nichterfüllung der Wartezeit in diesem Kalenderjahr keinen vollen Urlaubsanspruch erwirbt;
b) wenn er vor erfüllter Wartezeit aus dem Arbeitsverhältnis ausscheidet;
c) wenn er nach erfüllter Wartezeit in der ersten Hälfte eines Kalenderjahres aus dem Arbeitsverhältnis ausscheidet.
(2) Bruchteile von Urlaubstagen, die mindestens einen halben Tag ergeben, sind auf volle Urlaubstage aufzurunden.
(3) Hat der Arbeitnehmer im Falle des Absatzes 1 Buchstabe c bereits Urlaub über den ihm zustehenden Umfang hinaus erhalten, so kann das dafür gezahlte Urlaubsentgelt nicht zurückgefordert werden.

§ 6 Ausschluß von Doppelansprüchen
(1) Der Anspruch auf Urlaub besteht nicht, soweit dem Arbeitnehmer für das laufende Kalenderjahr bereits von einem früheren Arbeitgeber Urlaub gewährt worden ist.

---

[1] **Anm. d. Hrsg.:** Die Änderungen sind am 1. August 2013 in Kraft getreten.

(2) Der Arbeitgeber ist verpflichtet, bei Beendigung des Arbeitsverhältnisses dem Arbeitnehmer eine Bescheinigung über den im laufenden Kalenderjahr gewährten oder abgegoltenen Urlaub auszuhändigen.

§ 7 Zeitpunkt, Übertragbarkeit und Abgeltung des Urlaubs

(1) Bei der zeitlichen Festlegung des Urlaubs sind die Urlaubswünsche des Arbeitnehmers zu berücksichtigen, es sei denn, daß ihrer Berücksichtigung dringende betriebliche Belange oder Urlaubswünsche anderer Arbeitnehmer, die unter sozialen Gesichtspunkten den Vorrang verdienen, entgegenstehen. Der Urlaub ist zu gewähren, wenn der Arbeitnehmer dies im Anschluß an eine Maßnahme der medizinischen Vorsorge oder Rehabilitation verlangt.
(2) Der Urlaub ist zusammenhängend zu gewähren, es sei denn, daß dringende betriebliche oder in der Person des Arbeitnehmers liegende Gründe eine Teilung des Urlaubs erforderlich machen. Kann der Urlaub aus diesen Gründen nicht zusammenhängend gewährt werden, und hat der Arbeitnehmer Anspruch auf Urlaub von mehr als zwölf Werktagen, so muß einer der Urlaubsteile mindestens zwölf aufeinanderfolgende Werktage umfassen.
(3) Der Urlaub muß im laufenden Kalenderjahr gewährt und genommen werden. Eine Übertragung des Urlaubs auf das nächste Kalenderjahr ist nur statthaft, wenn dringende betriebliche oder in der Person des Arbeitnehmers liegende Gründe dies rechtfertigen. Im Fall der Übertragung muß der Urlaub in den ersten drei Monaten des folgenden Kalenderjahres gewährt und genommen werden. Auf Verlangen des Arbeitnehmers ist ein nach § 5 Abs. 1 Buchstabe a entstehender Teilurlaub jedoch auf das nächste Kalenderjahr zu übertragen.
(4) Kann der Urlaub wegen Beendigung des Arbeitsverhältnisses ganz oder teilweise nicht mehr gewährt werden, so ist er abzugelten.

§ 8 Erwerbstätigkeit während des Urlaubs

Während des Urlaubs darf der Arbeitnehmer keine dem Urlaubszweck widersprechende Erwerbstätigkeit leisten.

§ 9 Erkrankung während des Urlaubs

Erkrankt ein Arbeitnehmer während des Urlaubs, so werden die durch ärztliches Zeugnis nachgewiesenen Tage der Arbeitsunfähigkeit auf den Jahresurlaub nicht angerechnet.

§ 10 Maßnahmen der medizinischen Vorsorge oder Rehabilitation

Maßnahmen der medizinischen Vorsorge oder Rehabilitation dürfen nicht auf den Urlaub angerechnet werden, soweit ein Anspruch auf Fortzahlung des Arbeitsentgelts nach den gesetzlichen Vorschriften über die Entgeltfortzahlung im Krankheitsfall besteht.

§ 11 Urlaubsentgelt

(1) Das Urlaubsentgelt bemißt sich nach dem durchschnittlichen Arbeitsverdienst, das der Arbeitnehmer in den letzten dreizehn Wochen vor dem Beginn des Urlaubs erhalten hat, mit Ausnahme des zusätzlich für Überstunden gezahlten Arbeitsverdienstes. Bei Verdiensterhöhungen nicht nur vorübergehender Natur, die während des Berechnungszeitraums oder des Urlaubs eintreten, ist von dem erhöhten Verdienst auszugehen. Verdienstkürzungen, die im Berechnungszeitraum infolge von Kurzarbeit, Arbeitsausfällen oder unverschuldeter Arbeitsversäumnis eintreten, bleiben für die Berechnung des Urlaubsentgelts außer Betracht. Zum Arbeitsentgelt gehörende Sachbezüge, die während des Urlaubs nicht weitergewährt werden, sind für die Dauer des Urlaubs angemessen in bar abzugelten.
(2) Das Urlaubsentgelt ist vor Antritt des Urlaubs auszuzahlen.

§ 12 Urlaub im Bereich der Heimarbeit

Für die in Heimarbeit Beschäftigten und die ihnen nach § 1 Abs. 2 Buchstaben a bis c des Heimarbeitsgesetzes Gleichgestellten, für die die Urlaubsregelung nicht ausdrücklich von der Gleichstellung ausgenommen ist, gelten die vorstehenden Bestimmungen mit Ausnahme der §§ 4 bis 6, 7 Abs. 3 und 4 und § 11 nach Maßgabe der folgenden Bestimmungen:
1. Heimarbeiter (§ 1 Abs. 1 Buchstabe a des Heimarbeitsgesetzes) und nach § 1 Abs. 2 Buchstabe a des Heimarbeitsgesetzes Gleichgestellte erhalten von ihrem Auftraggeber, oder falls sie von einem Zwischenmeister beschäftigt werden, von diesem bei einem Anspruch auf 24 Werktage ein Urlaubsentgelt von 9,1 vom Hundert des in der Zeit vom 1. Mai bis zum 30. April des folgenden Jahres oder bis zur Beendigung des Beschäftigungsverhältnisses verdienten Arbeitsentgelts vor Abzug der

Steuern und Sozialversicherungsbeiträge ohne Unkostenzuschlag und ohne die für den Lohnausfall an Feiertagen, den Arbeitsausfall infolge Krankheit und den Urlaub zu leistenden Zahlungen.
2. War der Anspruchsberechtigte im Berechnungszeitraum nicht ständig beschäftigt, so brauchen unbeschadet des Anspruches auf Urlaubsentgelt nach Nummer 1 nur so viele Urlaubstage gegeben zu werden, wie durchschnittliche Tagesverdienste, die er in der Regel erzielt hat, in dem Urlaubsentgelt nach Nummer 1 enthalten sind.
3. Das Urlaubsentgelt für die in Nummer 1 bezeichneten Personen soll erst bei der letzten Entgeltzahlung vor Antritt des Urlaubs ausgezahlt werden.
4. Hausgewerbetreibende (§ 1 Abs. 1 Buchstabe b des Heimarbeitsgesetzes) und nach § 1 Abs. 2 Buchstaben b und c des Heimarbeitsgesetzes Gleichgestellte erhalten von ihrem Auftraggeber oder, falls sie von einem Zwischenmeister beschäftigt werden, von diesem als eigenes Urlaubsentgelt und zur Sicherung der Urlaubsansprüche der von ihnen Beschäftigten einen Betrag von 9,1 vom Hundert des an sie ausgezahlten Arbeitsentgelts vor Abzug der Steuern und Sozialversicherungsbeiträge ohne Unkostenzuschlag und ohne die für den Lohnausfall an Feiertagen, den Arbeitsausfall infolge Krankheit und den Urlaub zu leistenden Zahlungen.
5. Zwischenmeister, die den in Heimarbeit Beschäftigten nach § 1 Abs. 2 Buchstabe d des Heimarbeitsgesetzes gleichgestellt sind, haben gegen ihren Auftraggeber Anspruch auf die von ihnen nach den Nummern 1 und 4 nachweislich zu zahlenden Beträge.
6. Die Beträge nach den Nummern 1, 4 und 5 sind gesondert im Entgeltbeleg auszuweisen.
7. Durch Tarifvertrag kann bestimmt werden, daß Heimarbeiter (§ 1 Abs. 1 Buchstabe a des Heimarbeitsgesetzes), die nur für einen Auftraggeber tätig sind und tariflich allgemein wie Betriebsarbeiter behandelt werden, Urlaub nach den allgemeinen Urlaubsbestimmungen erhalten.
8. Auf die in den Nummern 1, 4 und 5 vorgesehenen Beträge finden die §§ 23 bis 25, 27 und 28 und auf die in den Nummern 1 und 4 vorgesehenen Beträge außerdem § 21 Abs. 2 des Heimarbeitsgesetzes entsprechende Anwendung. Für die Urlaubsansprüche der fremden Hilfskräfte der in Nummer 4 genannten Personen gilt § 26 des Heimarbeitsgesetzes entsprechend.

§ 13 Unabdingbarkeit

(1) Von den vorstehenden Vorschriften mit Ausnahme der §§ 1, 2 und 3 Abs. 1 kann in Tarifverträgen abgewichen werden. Die abweichenden Bestimmungen haben zwischen nichttarifgebundenen Arbeitgebern und Arbeitnehmern Geltung, wenn zwischen diesen die Anwendung der einschlägigen tariflichen Urlaubsregelung vereinbart ist. Im übrigen kann, abgesehen von § 7 Abs. 2 Satz 2, von den Bestimmungen dieses Gesetzes nicht zuungunsten des Arbeitnehmers abgewichen werden.

(2) Für das Baugewerbe oder sonstige Wirtschaftszweige, in denen als Folge häufigen Ortswechsels der von den Betrieben zu leistenden Arbeit Arbeitsverhältnisse von kürzerer Dauer als einem Jahr in erheblichem Umfange üblich sind, kann durch Tarifvertrag von den vorstehenden Vorschriften über die in Absatz 1 Satz 1 vorgesehene Grenze hinaus abgewichen werden, soweit dies zur Sicherung eines zusammenhängenden Jahresurlaubs für alle Arbeitnehmer erforderlich ist. Absatz 1 Satz 2 findet entsprechende Anwendung.

(3) Für den Bereich der Deutsche Bahn Aktiengesellschaft sowie einer gemäß § 2 Abs. 1 und § 3 Abs. 3 des Deutsche Bahn Gründungsgesetzes vom 27. Dezember 1993 (BGBl. I S. 2378, 2386) ausgegliederten Gesellschaft und für den Bereich der Nachfolgeunternehmen der Deutschen Bundespost kann von der Vorschrift über das Kalenderjahr als Urlaubsjahr (§ 1) in Tarifverträgen abgewichen werden.

§ 14 (gegenstandslos)

§ 15 Änderung und Aufhebung von Gesetzen

(1) Unberührt bleiben die urlaubsrechtlichen Bestimmungen des Arbeitsplatzschutzgesetzes vom 30. März 1957 (Bundesgesetzbl. I S. 293), geändert durch Gesetz vom 22. März 1962 (Bundesgesetzbl. I S. 169), des Neunten Buches Sozialgesetzbuch, des Jugendarbeitsschutzgesetzes vom 9. August 1960 (Bundesgesetzbl. I S. 665), geändert durch Gesetz vom 20. Juli 1962 (Bundesgesetzbl. I S. 449), und des Seearbeitsgesetzes vom 20. April 2013 (BGBl. I S. 868), jedoch wird
a) in § 19 Abs. 6 Satz 2 des Jugendarbeitsschutzgesetzes der Punkt hinter dem letzten Wort durch ein Komma ersetzt und folgender Satzteil angefügt: „und in diesen Fällen eine grobe Verletzung der Treuepflicht aus dem Beschäftigungsverhältnis vorliegt.";
b) § 53 Abs. 2 des Seemannsgesetzes durch folgende Bestimmung ersetzt: „Das Bundesurlaubsgesetz vom 8. Januar 1963 (Bundesgesetzbl. I S. 2) findet auf den Urlaubsanspruch des Besatzungsmitglieds nur insoweit Anwendung, als es Vorschriften über die Mindestdauer des Urlaubs enthält."

(2) Mit dem Inkrafttreten dieses Gesetzes treten die landesrechtlichen Vorschriften über den Erholungsurlaub außer Kraft. In Kraft bleiben jedoch die landesrechtlichen Bestimmungen über den Urlaub für Opfer des Nationalsozialismus und für solche Arbeitnehmer, die geistig oder körperlich in ihrer Erwerbsfähigkeit behindert sind.

§ 15a Übergangsvorschrift

Befindet sich der Arbeitnehmer von einem Tag nach dem 9. Dezember 1998 bis zum 1. Januar 1999 oder darüber hinaus in einer Maßnahme der medizinischen Vorsorge oder Rehabilitation, sind für diesen Zeitraum die seit dem 1. Januar 1999 geltenden Vorschriften maßgebend, es sei denn, daß diese für den Arbeitnehmer ungünstiger sind.

§ 16 Inkrafttreten

Dieses Gesetz tritt mit Wirkung vom 1. Januar 1963 in Kraft.

Gesetz über die Zahlung des Arbeitsentgelts an Feiertagen und im Krankheitsfall (Entgeltfortzahlungsgesetz)

Vom 26. Mai 1994 (BGBl. I S. 1014)

Zuletzt geändert durch
GKV-Versorgungsstärkungsgesetz
vom 16. Juli 2015 (BGBl. I S. 1211)

Inhaltsübersicht

§ 1 Anwendungsbereich
§ 2 Entgeltzahlung an Feiertagen
§ 3 Anspruch auf Entgeltfortzahlung im Krankheitsfall
§ 3a Anspruch auf Entgeltfortzahlung bei Spende von Organen, Geweben oder Blut zur Separation von Blutstammzellen oder anderen Blutbestandteilen
§ 4 Höhe des fortzuzahlenden Arbeitsentgelts
§ 4a Kürzung von Sondervergütungen
§ 5 Anzeige- und Nachweispflichten
§ 6 Forderungsübergang bei Dritthaftung
§ 7 Leistungsverweigerungsrecht des Arbeitgebers
§ 8 Beendigung des Arbeitsverhältnisses
§ 9 Maßnahmen der medizinischen Vorsorge und Rehabilitation
§ 10 Wirtschaftliche Sicherung für den Krankheitsfall im Bereich der Heimarbeit
§ 11 Feiertagsbezahlung der in Heimarbeit Beschäftigten
§ 12 Unabdingbarkeit
§ 13 Übergangsvorschrift

§ 1 Anwendungsbereich

(1) Dieses Gesetz regelt die Zahlung des Arbeitsentgelts an gesetzlichen Feiertagen und die Fortzahlung des Arbeitsentgelts im Krankheitsfall an Arbeitnehmer sowie die wirtschaftliche Sicherung im Bereich der Heimarbeit für gesetzliche Feiertage und im Krankheitsfall.
(2) Arbeitnehmer im Sinne dieses Gesetzes sind Arbeiter und Angestellte sowie die zu ihrer Berufsbildung Beschäftigten.

§ 2 Entgeltzahlung an Feiertagen

(1) Für Arbeitszeit, die infolge eines gesetzlichen Feiertages ausfällt, hat der Arbeitgeber dem Arbeitnehmer das Arbeitsentgelt zu zahlen, das er ohne den Arbeitsausfall erhalten hätte.
(2) Die Arbeitszeit, die an einem gesetzlichen Feiertag gleichzeitig infolge von Kurzarbeit ausfällt und für die an anderen Tagen als an gesetzlichen Feiertagen Kurzarbeitergeld geleistet wird, gilt als infolge eines gesetzlichen Feiertages nach Absatz 1 ausgefallen.
(3) Arbeitnehmer, die am letzten Arbeitstag vor oder am ersten Arbeitstag nach Feiertagen unentschuldigt der Arbeit fernbleiben, haben keinen Anspruch auf Bezahlung für diese Feiertage.

§ 3 Anspruch auf Entgeltfortzahlung im Krankheitsfall

(1) Wird ein Arbeitnehmer durch Arbeitsunfähigkeit infolge Krankheit an seiner Arbeitsleistung verhindert, ohne daß ihn ein Verschulden trifft, so hat er Anspruch auf Entgeltfortzahlung im Krankheitsfall durch den Arbeitgeber für die Zeit der Arbeitsunfähigkeit bis zur Dauer von sechs Wochen. Wird der Arbeitnehmer infolge derselben Krankheit erneut arbeitsunfähig, so verliert er wegen der erneuten Arbeitsunfähigkeit den Anspruch nach Satz 1 für einen weiteren Zeitraum von höchstens sechs Wochen nicht, wenn
1. er vor der erneuten Arbeitsunfähigkeit mindestens sechs Monate nicht infolge derselben Krankheit arbeitsunfähig war oder
2. seit Beginn der ersten Arbeitsunfähigkeit infolge derselben Krankheit eine Frist von zwölf Monaten abgelaufen ist.

(2) Als unverschuldete Arbeitsunfähigkeit im Sinne des Absatzes 1 gilt auch eine Arbeitsverhinderung, die infolge einer nicht rechtswidrigen Sterilisation oder eines nicht rechtswidrigen Abbruchs der Schwangerschaft eintritt. Dasselbe gilt für einen Abbruch der Schwangerschaft, wenn die Schwangerschaft innerhalb von zwölf Wochen nach der Empfängnis durch einen Arzt abgebrochen wird, die

schwangere Frau den Abbruch verlangt und dem Arzt durch eine Bescheinigung nachgewiesen hat, daß sie sich mindestens drei Tage vor dem Eingriff von einer anerkannten Beratungsstelle hat beraten lassen.
(3) Der Anspruch nach Absatz 1 entsteht nach vierwöchiger ununterbrochener Dauer des Arbeitsverhältnisses.

§ 3a Anspruch auf Entgeltfortzahlung bei Spende von Organen, Geweben oder Blut zur Separation von Blutstammzellen oder anderen Blutbestandteilen

(1) Ist ein Arbeitnehmer durch Arbeitsunfähigkeit infolge der Spende von Organen oder Geweben, die nach den §§ 8 und 8a des Transplantationsgesetzes erfolgt, oder einer Blutspende zur Separation von Blutstammzellen oder anderen Blutbestandteilen im Sinne von § 9 des Transfusionsgesetzes an seiner Arbeitsleistung verhindert, hat er Anspruch auf Entgeltfortzahlung durch den Arbeitgeber für die Zeit der Arbeitsunfähigkeit bis zur Dauer von sechs Wochen. § 3 Absatz 1 Satz 2 gilt entsprechend.
(2) Dem Arbeitgeber sind von der gesetzlichen Krankenkasse des Empfängers von Organen, Geweben oder Blut zur Separation von Blutstammzellen oder anderen Blutbestandteilen das an den Arbeitnehmer nach Absatz 1 fortgezahlte Arbeitsentgelt sowie die hierauf entfallenden vom Arbeitgeber zu tragenden Beiträge zur Sozialversicherung und zur betrieblichen Alters- und Hinterbliebenenversorgung auf Antrag zu erstatten. Ist der Empfänger von Organen, Geweben oder Blut zur Separation von Blutstammzellen oder anderen Blutbestandteilen gemäß § 193 Absatz 3 des Versicherungsvertragsgesetzes bei einem privaten Krankenversicherungsunternehmen versichert, erstattet dieses dem Arbeitgeber auf Antrag die Kosten nach Satz 1 in Höhe des tariflichen Erstattungssatzes. Ist der Empfänger von Organen, Geweben oder Blut zur Separation von Blutstammzellen oder anderen Blutbestandteilen bei einem Beihilfeträger des Bundes beihilfeberechtigt oder berücksichtigungsfähiger Angehöriger, erstattet der zuständige Beihilfeträger dem Arbeitgeber auf Antrag die Kosten nach Satz 1 zum jeweiligen Bemessungssatz des Empfängers von Organen, Geweben oder Blut zur Separation von Blutstammzellen oder anderen Blutbestandteilen; dies gilt entsprechend für sonstige öffentlich-rechtliche Träger von Kosten in Krankheitsfällen auf Bundesebene. Unterliegt der Empfänger von Organen, Geweben oder Blut zur Separation von Blutstammzellen oder anderen Blutbestandteilen der Heilfürsorge im Bereich des Bundes oder der truppenärztlichen Versorgung, erstatten die zuständigen Träger auf Antrag die Kosten nach Satz 1. Mehrere Erstattungspflichtige haben die Kosten nach Satz 1 anteilig zu tragen. Der Arbeitnehmer hat dem Arbeitgeber unverzüglich die zur Geltendmachung des Erstattungsanspruches erforderlichen Angaben zu machen.

§ 4 Höhe des fortzuzahlenden Arbeitsentgelts

(1) Für den in § 3 Abs. 1 oder in § 3a Absatz 1 bezeichneten Zeitraum ist dem Arbeitnehmer das ihm bei der für ihn maßgebenden regelmäßigen Arbeitszeit zustehende Arbeitsentgelt fortzuzahlen.
(1a) Zum Arbeitsentgelt nach Absatz 1 gehören nicht das zusätzlich für Überstunden gezahlte Arbeitsentgelt und Leistungen für Aufwendungen des Arbeitnehmers, soweit der Anspruch auf sie im Falle der Arbeitsfähigkeit davon abhängig ist, daß dem Arbeitnehmer entsprechende Aufwendungen tatsächlich entstanden sind, und dem Arbeitnehmer solche Aufwendungen während der Arbeitsunfähigkeit nicht entstehen. Erhält der Arbeitnehmer eine auf das Ergebnis der Arbeit abgestellte Vergütung, so ist der von dem Arbeitnehmer in der für ihn maßgebenden regelmäßigen Arbeitszeit erzielbare Durchschnittsverdienst der Berechnung zugrunde zu legen.
(2) Ist der Arbeitgeber für Arbeitszeit, die gleichzeitig infolge eines gesetzlichen Feiertages ausgefallen ist, zur Fortzahlung des Arbeitsentgelts nach § 3 oder nach § 3a Absatz 1 verpflichtet, bemißt sich die Höhe des fortzuzahlenden Arbeitsentgelts für diesen Feiertag nach § 2.
(3) Wird in dem Betrieb verkürzt gearbeitet und würde deshalb das Arbeitsentgelt des Arbeitnehmers im Falle seiner Arbeitsfähigkeit gemindert, so ist die verkürzte Arbeitszeit für ihre Dauer als die für den Arbeitnehmer maßgebende regelmäßige Arbeitszeit im Sinne des Absatzes 1 anzusehen. Dies gilt nicht im Falle des § 2 Abs. 2.
(4) Durch Tarifvertrag kann eine von den Absätzen 1, 1a und 3 abweichende Bemessungsgrundlage des fortzuzahlenden Arbeitsentgelts festgelegt werden. Im Geltungsbereich eines solchen Tarifvertrages kann zwischen nichttarifgebundenen Arbeitgebern und Arbeitnehmern die Anwendung der tarifvertraglichen Regelung über die Fortzahlung des Arbeitsentgelts im Krankheitsfalle vereinbart werden.

§ 4a Kürzung von Sondervergütungen

Eine Vereinbarung über die Kürzung von Leistungen, die der Arbeitgeber zusätzlich zum laufenden Arbeitsentgelt erbringt (Sondervergütungen), ist auch für Zeiten der Arbeitsunfähigkeit infolge Krankheit zulässig. Die Kürzung darf für jeden Tag der Arbeitsunfähigkeit infolge Krankheit ein Viertel des Arbeitsentgelts, das im Jahresdurchschnitt auf einen Arbeitstag entfällt, nicht überschreiten.

§5 Anzeige- und Nachweispflichten

(1) Der Arbeitnehmer ist verpflichtet, dem Arbeitgeber die Arbeitsunfähigkeit und deren voraussichtliche Dauer unverzüglich mitzuteilen. Dauert die Arbeitsunfähigkeit länger als drei Kalendertage, hat der Arbeitnehmer eine ärztliche Bescheinigung über das Bestehen der Arbeitsunfähigkeit sowie deren voraussichtliche Dauer spätestens an dem darauffolgenden Arbeitstag vorzulegen. Der Arbeitgeber ist berechtigt, die Vorlage der ärztlichen Bescheinigung früher zu verlangen. Dauert die Arbeitsunfähigkeit länger als in der Bescheinigung angegeben, ist der Arbeitnehmer verpflichtet, eine neue ärztliche Bescheinigung vorzulegen. Ist der Arbeitnehmer Mitglied einer gesetzlichen Krankenkasse, muß die ärztliche Bescheinigung einen Vermerk des behandelnden Arztes darüber enthalten, daß der Krankenkasse unverzüglich die Bescheinigung über die Arbeitsunfähigkeit mit Angaben über den Befund und die voraussichtliche Dauer der Arbeitsunfähigkeit übersandt wird.

(2) Hält sich der Arbeitnehmer bei Beginn der Arbeitsunfähigkeit im Ausland auf, so ist er verpflichtet, dem Arbeitgeber die Arbeitsunfähigkeit, deren voraussichtliche Dauer und die Adresse am Aufenthaltsort in der schnellstmöglichen Art der Übermittlung mitzuteilen. Die durch die Mitteilung entstehenden Kosten hat der Arbeitgeber zu tragen. Darüber hinaus ist der Arbeitnehmer, wenn er Mitglied einer gesetzlichen Krankenkasse ist, verpflichtet, auch dieser die Arbeitsunfähigkeit und deren voraussichtliche Dauer unverzüglich anzuzeigen. Dauert die Arbeitsunfähigkeit länger als angezeigt, so ist der Arbeitnehmer verpflichtet, der gesetzlichen Krankenkasse die voraussichtliche Fortdauer der Arbeitsunfähigkeit mitzuteilen. Die gesetzlichen Krankenkassen können festlegen, daß der Arbeitnehmer Anzeige- und Mitteilungspflichten nach den Sätzen 3 und 4 auch gegenüber einem ausländischen Sozialversicherungsträger erfüllen kann. Absatz 1 Satz 5 gilt nicht. Kehrt ein arbeitsunfähig erkrankter Arbeitnehmer in das Inland zurück, so ist er verpflichtet, dem Arbeitgeber und der Krankenkasse seine Rückkehr unverzüglich anzuzeigen.

§6 Forderungsübergang bei Dritthaftung

(1) Kann der Arbeitnehmer auf Grund gesetzlicher Vorschriften von einem Dritten Schadensersatz wegen des Verdienstausfalls beanspruchen, der ihm durch die Arbeitsunfähigkeit entstanden ist, so geht dieser Anspruch insoweit auf den Arbeitgeber über, als dieser dem Arbeitnehmer nach diesem Gesetz Arbeitsentgelt fortgezahlt und darauf entfallende vom Arbeitgeber zu tragende Beiträge zur Bundesagentur für Arbeit, Arbeitgeberanteile an Beiträgen zur Sozialversicherung und zur Pflegeversicherung sowie zu Einrichtungen der zusätzlichen Alters- und Hinterbliebenenversorgung abgeführt hat.

(2) Der Arbeitnehmer hat dem Arbeitgeber unverzüglich die zur Geltendmachung des Schadensersatzanspruchs erforderlichen Angaben zu machen.

(3) Der Forderungsübergang nach Absatz 1 kann nicht zum Nachteil des Arbeitnehmers geltend gemacht werden.

§7 Leistungsverweigerungsrecht des Arbeitgebers

(1) Der Arbeitgeber ist berechtigt, die Fortzahlung des Arbeitsentgelts zu verweigern,
1. solange der Arbeitnehmer die von ihm nach § 5 Abs. 1 vorzulegende ärztliche Bescheinigung nicht vorlegt oder den ihm nach § 5 Abs. 2 obliegenden Verpflichtungen nicht nachkommt;
2. wenn der Arbeitnehmer den Übergang eines Schadensersatzanspruchs gegen einen Dritten auf den Arbeitgeber (§ 6) verhindert.

(2) Absatz 1 gilt nicht, wenn der Arbeitnehmer die Verletzung dieser ihm obliegenden Verpflichtungen nicht zu vertreten hat.

§8 Beendigung des Arbeitsverhältnisses

(1) Der Anspruch auf Fortzahlung des Arbeitsentgelts wird nicht dadurch berührt, daß der Arbeitgeber das Arbeitsverhältnis aus Anlaß der Arbeitsunfähigkeit kündigt. Das gleiche gilt, wenn der Arbeitnehmer das Arbeitsverhältnis aus einem vom Arbeitgeber zu vertretenden Grunde kündigt, der den Arbeitnehmer zur Kündigung aus wichtigem Grund ohne Einhaltung einer Kündigungsfrist berechtigt.

(2) Endet das Arbeitsverhältnis vor Ablauf der in § 3 Abs. 1 oder in § 3a Absatz 1 bezeichneten Zeit nach dem Beginn der Arbeitsunfähigkeit, ohne daß es einer Kündigung bedarf, oder infolge einer Kündigung aus anderen als den in Absatz 1 bezeichneten Gründen, so endet der Anspruch mit dem Ende des Arbeitsverhältnisses.

§ 9 Maßnahmen der medizinischen Vorsorge und Rehabilitation

(1) Die Vorschriften der §§ 3 bis 4a und 6 bis 8 gelten entsprechend für die Arbeitsverhinderung infolge einer Maßnahme der medizinischen Vorsorge oder Rehabilitation, die ein Träger der gesetzlichen Renten-, Kranken- oder Unfallversicherung, eine Verwaltungsbehörde der Kriegsopferversorgung oder ein sonstiger Sozialleistungsträger bewilligt hat und die in einer Einrichtung der medizinischen Vorsorge oder Rehabilitation durchgeführt wird. Ist der Arbeitnehmer nicht Mitglied einer gesetzlichen Krankenkasse oder nicht in der gesetzlichen Rentenversicherung versichert, gelten die §§ 3 bis 4a und 6 bis 8 entsprechend, wenn eine Maßnahme der medizinischen Vorsorge oder Rehabilitation ärztlich verordnet worden ist und in einer Einrichtung der medizinischen Vorsorge oder Rehabilitation oder einer vergleichbaren Einrichtung durchgeführt wird.

(2) Der Arbeitnehmer ist verpflichtet, dem Arbeitgeber den Zeitpunkt des Antritts der Maßnahme, die voraussichtliche Dauer und die Verlängerung der Maßnahme im Sinne des Absatzes 1 unverzüglich mitzuteilen und ihm
a) eine Bescheinigung über die Bewilligung der Maßnahme durch einen Sozialleistungsträger nach Absatz 1 Satz 1 oder
b) eine ärztliche Bescheinigung über die Erforderlichkeit der Maßnahme im Sinne des Absatzes 1 Satz 2
unverzüglich vorzulegen.

§ 10 Wirtschaftliche Sicherung für den Krankheitsfall im Bereich der Heimarbeit

(1) In Heimarbeit Beschäftigte (§ 1 Abs. 1 des Heimarbeitsgesetzes) und ihnen nach § 1 Abs. 2 Buchstabe a bis c des Heimarbeitsgesetzes Gleichgestellte haben gegen ihren Auftraggeber oder, falls sie von einem Zwischenmeister beschäftigt werden, gegen diesen Anspruch auf Zahlung eines Zuschlags zum Arbeitsentgelt. Der Zuschlag beträgt
1. für Heimarbeiter, für Hausgewerbetreibende ohne fremde Hilfskräfte und die nach § 1 Abs. 2 Buchstabe a des Heimarbeitsgesetzes Gleichgestellten 3,4 vom Hundert,
2. für Hausgewerbetreibende mit nicht mehr als zwei fremden Hilfskräften und die nach § 1 Abs. 2 Buchstabe b und c des Heimarbeitsgesetzes Gleichgestellten 6,4 vom Hundert

des Arbeitsentgelts vor Abzug der Steuern, des Beitrags zur Bundesagentur für Arbeit und der Sozialversicherungsbeiträge ohne Unkostenzuschlag und ohne die für den Lohnausfall an gesetzlichen Feiertagen, den Urlaub und den Arbeitsausfall infolge Krankheit zu leistenden Zahlungen. Der Zuschlag für die unter Nummer 2 aufgeführten Personen dient zugleich zur Sicherung der Ansprüche der von ihnen Beschäftigten.

(2) Zwischenmeister, die den in Heimarbeit Beschäftigten nach § 1 Abs. 2 Buchstabe d des Heimarbeitsgesetzes gleichgestellt sind, haben gegen ihren Auftraggeber Anspruch auf Vergütung der von ihnen nach Absatz 1 nachweislich zu zahlenden Zuschläge.

(3) Die nach den Absätzen 1 und 2 in Betracht kommenden Zuschläge sind gesondert in den Entgeltbeleg einzutragen.

(4) Für Heimarbeiter (§ 1 Abs. 1 Buchstabe a des Heimarbeitsgesetzes) kann durch Tarifvertrag bestimmt werden, daß sie statt der in Absatz 1 Satz 2 Nr. 1 bezeichneten Leistungen die den Arbeitnehmern im Falle ihrer Arbeitsunfähigkeit nach diesem Gesetz zustehenden Leistungen erhalten. Bei der Bemessung des Anspruchs auf Arbeitsentgelt bleibt der Unkostenzuschlag außer Betracht.

(5) Auf die in den Absätzen 1 und 2 vorgesehenen Zuschläge sind die §§ 23 bis 25, 27 und 28 des Heimarbeitsgesetzes, auf die in Absatz 1 dem Zwischenmeister gegenüber vorgesehenen Zuschläge außerdem § 21 Abs. 2 des Heimarbeitsgesetzes entsprechend anzuwenden. Auf die Ansprüche der fremden Hilfskräfte der in Absatz 1 unter Nummer 2 genannten Personen auf Entgeltfortzahlung im Krankheitsfall ist § 26 des Heimarbeitsgesetzes entsprechend anzuwenden.

§ 11 Feiertagsbezahlung der in Heimarbeit Beschäftigten

(1) Die in Heimarbeit Beschäftigten (§ 1 Abs. 1 des Heimarbeitsgesetzes) haben gegen den Auftraggeber oder Zwischenmeister Anspruch auf Feiertagsbezahlung nach Maßgabe der Absätze 2 bis 5. Den gleichen Anspruch haben die in § 1 Abs. 2 Buchstabe a bis d des Heimarbeitsgesetzes bezeichneten Personen, wenn sie hinsichtlich der Feiertagsbezahlung gleichgestellt werden; die Vorschriften des § 1 Abs. 3 Satz 3 und Abs. 4 und 5 des Heimarbeitsgesetzes finden Anwendung. Eine Gleichstellung, die sich auf die Entgeltregelung erstreckt, gilt auch für die Feiertagsbezahlung, wenn diese nicht ausdrücklich von der Gleichstellung ausgenommen ist.

(2) Das Feiertagsgeld beträgt für jeden Feiertag im Sinne des § 2 Abs. 1 0,72 vom Hundert des in einem Zeitraum von sechs Monaten ausgezahlten reinen Arbeitsentgelts ohne Unkostenzuschläge. Bei der Berechnung des Feiertagsgeldes ist für die Feiertage, die in den Zeitraum von 1. Mai bis 31. Oktober fallen, der vorhergehende Zeitraum vom 1. November bis 30. April und für die Feiertage, die in den Zeitraum vom 1. November bis 30. April fallen, der vorhergehende Zeitraum vom 1. Mai bis 31. Oktober zugrunde zu legen. Der Anspruch auf Feiertagsgeld ist unabhängig davon, ob im laufenden Halbjahreszeitraum noch eine Beschäftigung in Heimarbeit für den Auftraggeber stattfindet.
(3) Das Feiertagsgeld ist jeweils bei der Entgeltzahlung vor dem Feiertag zu zahlen. Ist die Beschäftigung vor dem Feiertag unterbrochen worden, so ist das Feiertagsgeld spätestens drei Tage vor dem Feiertag auszuzahlen. Besteht bei der Einstellung der Ausgabe von Heimarbeit zwischen den Beteiligten Einvernehmen, das Heimarbeitsverhältnis nicht wieder fortzusetzen, so ist dem Berechtigten bei der letzten Entgeltzahlung das Feiertagsgeld für die noch übrigen Feiertage des laufenden sowie für die Feiertage des folgenden Halbjahreszeitraumes zu zahlen. Das Feiertagsgeld ist jeweils bei der Auszahlung in die Entgeltbelege (§ 9 des Heimarbeitsgesetzes) einzutragen.
(4) Übersteigt das Feiertagsgeld, das der nach Absatz 1 anspruchsberechtigte Hausgewerbetreibende oder im Lohnauftrag arbeitende Gewerbetreibende (Anspruchsberechtigte) für einen Feiertag auf Grund des § 2 seinen fremden Hilfskräften (§ 2 Abs. 6 des Heimarbeitsgesetzes) gezahlt hat, den Betrag, den er auf Grund der Absätze 2 und 3 für diesen Feiertag erhalten hat, so haben ihm auf Verlangen seine Auftraggeber oder Zwischenmeister den Mehrbetrag anteilig zu erstatten. Ist der Anspruchsberechtigte gleichzeitig Zwischenmeister, so bleibt hierbei das für die Heimarbeiter oder Hausgewerbetreibenden empfangene und weiter gezahlte Feiertagsgeld außer Ansatz. Nimmt ein Anspruchsberechtigter eine Erstattung nach Satz 1 in Anspruch, so können ihm bei Einstellung der Ausgabe von Heimarbeit die erstatteten Beträge auf das Feiertagsgeld angerechnet werden, das ihm auf Grund des Absatzes 2 und des Absatzes 3 Satz 3 für die dann noch übrigen Feiertage des laufenden sowie für die Feiertage des folgenden Halbjahreszeitraumes zu zahlen ist.
(5) Das Feiertagsgeld gilt als Entgelt im Sinne der Vorschriften des Heimarbeitsgesetzes über Mithaftung des Auftraggebers (§ 21 Abs. 2), über Entgeltschutz (§§ 23 bis 27) und über Auskunftpflicht über Entgelte (§ 28); hierbei finden die §§ 24 bis 26 des Heimarbeitsgesetzes Anwendung, wenn ein Feiertagsgeld gezahlt ist, das niedriger ist als das in diesem Gesetz festgesetzte.

§ 12 Unabdingbarkeit
Abgesehen von § 4 Abs. 4 kann von den Vorschriften dieses Gesetzes nicht zuungunsten des Arbeitnehmers oder der nach § 10 berechtigten Personen abgewichen werden.

§ 13 Übergangsvorschrift
Ist der Arbeitnehmer von einem Tag nach dem 9. Dezember 1998 bis zum 1. Januar 1999 oder darüber hinaus durch Arbeitsunfähigkeit infolge Krankheit oder infolge einer Maßnahme der medizinischen Vorsorge oder Rehabilitation an seiner Arbeitsleistung verhindert, sind für diesen Zeitraum die seit dem 1. Januar 1999 geltenden Vorschriften maßgebend, es sei denn, daß diese für den Arbeitnehmer ungünstiger sind.

Gesetz über die Pflegezeit
(Pflegezeitgesetz – PflegeZG)

Vom 28. Mai 2008 (BGBl. I S. 874)

Zuletzt geändert durch
Kitafinanzhilfenänderungsgesetz
vom 25. Juni 2021 (BGBl. I S. 2020)

Inhaltsübersicht

§ 1 Ziel des Gesetzes
§ 2 Kurzzeitige Arbeitsverhinderung
§ 3 Pflegezeit und sonstige Freistellungen
§ 4 Dauer der Inanspruchnahme
§ 4a Erneute Pflegezeit nach Inanspruchnahme einer Freistellung auf Grundlage der Sonderregelungen aus Anlass der COVID-19-Pandemie

§ 5 Kündigungsschutz
§ 6 Befristete Verträge
§ 7 Begriffsbestimmungen
§ 8 Unabdingbarkeit
§ 9 Sonderregelungen aus Anlass der COVID-19-Pandemie

§ 1 Ziel des Gesetzes

Ziel des Gesetzes ist, Beschäftigten die Möglichkeit zu eröffnen, pflegebedürftige nahe Angehörige in häuslicher Umgebung zu pflegen und damit die Vereinbarkeit von Beruf und familiärer Pflege zu verbessern.

§ 2 Kurzzeitige Arbeitsverhinderung

(1) Beschäftigte haben das Recht, bis zu zehn Arbeitstage der Arbeit fernzubleiben, wenn dies erforderlich ist, um für einen pflegebedürftigen nahen Angehörigen in einer akut aufgetretenen Pflegesituation eine bedarfsgerechte Pflege zu organisieren oder eine pflegerische Versorgung in dieser Zeit sicherzustellen.
(2) Beschäftigte sind verpflichtet, dem Arbeitgeber ihre Verhinderung an der Arbeitsleistung und deren voraussichtliche Dauer unverzüglich mitzuteilen. Dem Arbeitgeber ist auf Verlangen eine ärztliche Bescheinigung über die Pflegebedürftigkeit des nahen Angehörigen und die Erforderlichkeit der in Absatz 1 genannten Maßnahmen vorzulegen.
(3) Der Arbeitgeber ist zur Fortzahlung der Vergütung nur verpflichtet, soweit sich eine solche Verpflichtung aus anderen gesetzlichen Vorschriften oder aufgrund Vereinbarung ergibt. Ein Anspruch der Beschäftigten auf Zahlung von Pflegeunterstützungsgeld richtet sich nach § 44a Absatz 3 des Elften Buches Sozialgesetzbuch.

§ 3 Pflegezeit und sonstige Freistellungen

(1) Beschäftigte sind von der Arbeitsleistung vollständig oder teilweise freizustellen, wenn sie einen pflegebedürftigen nahen Angehörigen in häuslicher Umgebung pflegen (Pflegezeit). Der Anspruch nach Satz 1 besteht nicht gegenüber Arbeitgebern mit in der Regel 15 oder weniger Beschäftigten.
(2) Die Beschäftigten haben die Pflegebedürftigkeit des nahen Angehörigen durch Vorlage einer Bescheinigung der Pflegekasse oder des Medizinischen Dienstes der Krankenversicherung nachzuweisen. Bei in der privaten Pflege-Pflichtversicherung versicherten Pflegebedürftigen ist ein entsprechender Nachweis zu erbringen.
(3) Wer Pflegezeit beanspruchen will, muss dies dem Arbeitgeber spätestens zehn Arbeitstage vor Beginn schriftlich ankündigen und gleichzeitig erklären, für welchen Zeitraum und in welchem Umfang die Freistellung von der Arbeitsleistung in Anspruch genommen werden soll. Wenn nur teilweise Freistellung in Anspruch genommen wird, ist auch die gewünschte Verteilung der Arbeitszeit anzugeben. Enthält die Ankündigung keine eindeutige Festlegung, ob die oder der Beschäftigte Pflegezeit oder Familienpflegezeit nach § 2 des Familienpflegezeitgesetzes in Anspruch nehmen will, und liegen die Voraussetzungen beider Freistellungsansprüche vor, gilt die Erklärung als Ankündigung von Pflegezeit. Beansprucht die oder der Beschäftigte nach der Pflegezeit Familienpflegezeit oder eine Freistellung nach § 2 Absatz 5 des Familienpflegezeitgesetzes zur Pflege oder Betreuung desselben pflegebedürftigen Angehörigen, muss sich die Familienpflegezeit oder die Freistellung nach § 2 Absatz 5 des Familienpflegezeitgesetzes unmittelbar an die Pflegezeit anschließen. In diesem Fall soll die oder der Beschäf-

tigte möglichst frühzeitig erklären, ob sie oder er Familienpflegezeit oder eine Freistellung nach § 2 Absatz 5 des Familienpflegezeitgesetzes in Anspruch nehmen wird; abweichend von § 2a Absatz 1 Satz 1 des Familienpflegezeitgesetzes muss die Ankündigung spätestens drei Monate vor Beginn der Familienpflegezeit erfolgen. Wird Pflegezeit nach einer Familienpflegezeit oder einer Freistellung nach § 2 Absatz 5 des Familienpflegezeitgesetzes in Anspruch genommen, ist die Pflegezeit in unmittelbarem Anschluss an die Familienpflegezeit oder die Freistellung nach § 2 Absatz 5 des Familienpflegezeitgesetzes zu beanspruchen und abweichend von Satz 1 dem Arbeitgeber spätestens acht Wochen vor Beginn der Pflegezeit schriftlich anzukündigen.

(4) Wenn nur teilweise Freistellung in Anspruch genommen wird, haben Arbeitgeber und Beschäftigte über die Verringerung und die Verteilung der Arbeitszeit eine schriftliche Vereinbarung zu treffen. Hierbei hat der Arbeitgeber den Wünschen der Beschäftigten zu entsprechen, es sei denn, dass dringende betriebliche Gründe entgegenstehen.

(5) Beschäftigte sind von der Arbeitsleistung vollständig oder teilweise freizustellen, wenn sie einen minderjährigen pflegebedürftigen nahen Angehörigen in häuslicher oder außerhäuslicher Umgebung betreuen. Die Inanspruchnahme dieser Freistellung ist jederzeit im Wechsel mit der Freistellung nach Absatz 1 im Rahmen der Gesamtdauer nach § 4 Absatz 1 Satz 4 möglich. Absatz 1 Satz 2 und die Absätze 2 bis 4 gelten entsprechend. Beschäftigte können diesen Anspruch wahlweise statt des Anspruchs auf Pflegezeit nach Absatz 1 geltend machen.

(6) Beschäftigte sind zur Begleitung eines nahen Angehörigen von der Arbeitsleistung vollständig oder teilweise freizustellen, wenn dieser an einer Erkrankung leidet, die progredient verläuft und bereits ein weit fortgeschrittenes Stadium erreicht hat, bei der eine Heilung ausgeschlossen und eine palliativmedizinische Behandlung notwendig ist und die lediglich eine begrenzte Lebenserwartung von Wochen oder wenigen Monaten erwarten lässt. Beschäftigte haben diese gegenüber dem Arbeitgeber durch ein ärztliches Zeugnis nachzuweisen. Absatz 1 Satz 2, Absatz 3 Satz 1 und 2 und Absatz 4 gelten entsprechend. § 45 des Fünften Buches Sozialgesetzbuch bleibt unberührt.

(7) Ein Anspruch auf Förderung richtet sich nach den §§ 3, 4, 5 Absatz 1 Satz 1 und Absatz 2 sowie den §§ 6 bis 10 des Familienpflegezeitgesetzes.

§ 4 Dauer der Inanspruchnahme

(1) Die Pflegezeit nach § 3 beträgt für jeden pflegebedürftigen nahen Angehörigen längstens sechs Monate (Höchstdauer). Für einen kürzeren Zeitraum in Anspruch genommene Pflegezeit kann bis zur Höchstdauer verlängert werden, wenn der Arbeitgeber zustimmt. Eine Verlängerung bis zur Höchstdauer kann verlangt werden, wenn ein vorgesehener Wechsel in der Person des Pflegenden aus einem wichtigen Grund nicht erfolgen kann. Pflegezeit und Familienpflegezeit nach § 2 des Familienpflegezeitgesetzes dürfen gemeinsam die Gesamtdauer von 24 Monaten je pflegebedürftigem nahen Angehörigen nicht überschreiten. Die Pflegezeit wird auf Berufsbildungszeiten nicht angerechnet.

(2) Ist der nahe Angehörige nicht mehr pflegebedürftig oder die häusliche Pflege des nahen Angehörigen unmöglich oder unzumutbar, endet die Pflegezeit vier Wochen nach Eintritt der veränderten Umstände. Der Arbeitgeber ist über die veränderten Umstände unverzüglich zu unterrichten. Im Übrigen kann die Pflegezeit nur vorzeitig beendet werden, wenn der Arbeitgeber zustimmt.

(3) Für die Betreuung nach § 3 Absatz 5 gelten die Absätze 1 und 2 entsprechend. Für die Freistellung nach § 3 Absatz 6 gilt eine Höchstdauer von drei Monaten je nahem Angehörigen. Für die Freistellung nach § 3 Absatz 6 gelten Absatz 1 Satz 2, 3 und 5 sowie Absatz 2 entsprechend; bei zusätzlicher Inanspruchnahme von Pflegezeit oder einer Freistellung nach § 3 Absatz 5 oder Familienpflegezeit oder einer Freistellung nach § 2 Absatz 5 des Familienpflegezeitgesetzes dürfen die Freistellungen insgesamt 24 Monate je nahem Angehörigen nicht überschreiten.

(4) Der Arbeitgeber kann den Erholungsurlaub, der der oder dem Beschäftigten für das Urlaubsjahr zusteht, für jeden vollen Kalendermonat der vollständigen Freistellung von der Arbeitsleistung um ein Zwölftel kürzen.

§ 4a Erneute Pflegezeit nach Inanspruchnahme einer Freistellung auf Grundlage der Sonderregelungen aus Anlass der COVID-19-Pandemie

(1) Abweichend von § 4 Absatz 1 Satz 2 und 3 können Beschäftigte einmalig nach einer beendeten Pflegezeit zur Pflege oder Betreuung desselben pflegebedürftigen Angehörigen Pflegezeit erneut, jedoch insgesamt nur bis zur Höchstdauer nach § 4 Absatz 1 Satz 1 in Anspruch nehmen, wenn die Gesamtdauer nach § 4 Absatz 1 Satz 4 nicht überschritten wird und die Inanspruchnahme der beendeten Pflegezeit auf der Grundlage der Sonderregelungen aus Anlass der COVID-19-Pandemie erfolgte.

(2) Abweichend von § 3 Absatz 3 Satz 4 muss sich die Familienpflegezeit oder eine Freistellung nach § 2 Absatz 5 des Familienpflegezeitgesetzes nicht unmittelbar an die Pflegezeit anschließen, wenn die Pflegezeit auf Grund der Sonderregelungen aus Anlass der COVID-19-Pandemie in Anspruch genommen wurde und die Gesamtdauer nach § 4 Absatz 1 Satz 4 nicht überschritten wird.
(3) Abweichend von § 3 Absatz 3 Satz 6 muss sich die Pflegezeit nicht unmittelbar an die Familienpflegezeit oder an die Freistellung nach § 2 Absatz 5 des Familienpflegezeitgesetzes anschließen, wenn die Familienpflegezeit oder Freistellung auf Grund der Sonderregelungen aus Anlass der COVID-19-Pandemie erfolgte und die Gesamtdauer nach § 4 Absatz 1 Satz 4 nicht überschritten wird.

§ 5 Kündigungsschutz

(1) Der Arbeitgeber darf das Beschäftigungsverhältnis von der Ankündigung, höchstens jedoch zwölf Wochen vor dem angekündigten Beginn, bis zur Beendigung der kurzzeitigen Arbeitsverhinderung nach § 2 oder der Freistellung nach § 3 nicht kündigen.
(2) In besonderen Fällen kann eine Kündigung von der für den Arbeitsschutz zuständigen obersten Landesbehörde oder der von ihr bestimmten Stelle ausnahmsweise für zulässig erklärt werden. Die Bundesregierung kann hierzu mit Zustimmung des Bundesrates allgemeine Verwaltungsvorschriften erlassen.

§ 6 Befristete Verträge

(1) Wenn zur Vertretung einer Beschäftigten oder eines Beschäftigten für die Dauer der kurzzeitigen Arbeitsverhinderung nach § 2 oder der Freistellung nach § 3 eine Arbeitnehmerin oder ein Arbeitnehmer eingestellt wird, liegt hierin ein sachlicher Grund für die Befristung des Arbeitsverhältnisses. Über die Dauer der Vertretung nach Satz 1 hinaus ist die Befristung für notwendige Zeiten einer Einarbeitung zulässig.
(2) Die Dauer der Befristung des Arbeitsvertrages muss kalendermäßig bestimmt oder bestimmbar sein oder den in Absatz 1 genannten Zwecken zu entnehmen sein.
(3) Der Arbeitgeber kann den befristeten Arbeitsvertrag unter Einhaltung einer Frist von zwei Wochen kündigen, wenn die Freistellung nach § 4 Abs. 2 Satz 1 vorzeitig endet. Das Kündigungsschutzgesetz ist in diesen Fällen nicht anzuwenden. Satz 1 gilt nicht, soweit seine Anwendung vertraglich ausgeschlossen ist.
(4) Wird im Rahmen arbeitsrechtlicher Gesetze oder Verordnungen auf die Zahl der beschäftigten Arbeitnehmerinnen und Arbeitnehmer abgestellt, sind bei der Ermittlung dieser Zahl Arbeitnehmerinnen und Arbeitnehmer, die nach § 2 kurzzeitig an der Arbeitsleistung verhindert oder nach § 3 freigestellt sind, nicht mitzuzählen, solange für sie auf Grund von Absatz 1 eine Vertreterin oder ein Vertreter eingestellt ist. Dies gilt nicht, wenn die Vertreterin oder der Vertreter nicht mitzuzählen ist. Die Sätze 1 und 2 gelten entsprechend, wenn im Rahmen arbeitsrechtlicher Gesetze oder Verordnungen auf die Zahl der Arbeitsplätze abgestellt wird.

§ 7 Begriffsbestimmungen

(1) Beschäftigte im Sinne dieses Gesetzes sind
1. Arbeitnehmerinnen und Arbeitnehmer,
2. die zu ihrer Berufsbildung Beschäftigten,
3. Personen, die wegen ihrer wirtschaftlichen Unselbständigkeit als arbeitnehmerähnliche Personen anzusehen sind; zu diesen gehören auch die in Heimarbeit Beschäftigten und die ihnen Gleichgestellten.

(2) Arbeitgeber im Sinne dieses Gesetzes sind natürliche und juristische Personen sowie rechtsfähige Personengesellschaften, die Personen nach Absatz 1 beschäftigen. Für die arbeitnehmerähnlichen Personen, insbesondere für die in Heimarbeit Beschäftigten und die ihnen Gleichgestellten, tritt an die Stelle des Arbeitgebers der Auftraggeber oder Zwischenmeister.
(3) Nahe Angehörige im Sinne dieses Gesetzes sind
1. Großeltern, Eltern, Schwiegereltern, Stiefeltern,
2. Ehegatten, Lebenspartner, Partner einer eheähnlichen oder lebenspartnerschaftsähnlichen Gemeinschaft, Geschwister, Ehegatten der Geschwister und Geschwister der Ehegatten, Lebenspartner der Geschwister und Geschwister der Lebenspartner,
3. Kinder, Adoptiv- oder Pflegekinder, die Kinder, Adoptiv- oder Pflegekinder des Ehegatten oder Lebenspartners, Schwiegerkinder und Enkelkinder.

(4) Pflegebedürftig im Sinne dieses Gesetzes sind Personen, die die Voraussetzungen nach den §§ 14 und 15 des Elften Buches Sozialgesetzbuch erfüllen. Pflegebedürftig im Sinne von § 2 sind auch

Personen, die die Voraussetzungen nach den §§ 14 und 15 des Elften Buches Sozialgesetzbuch voraussichtlich erfüllen.

§ 8 Unabdingbarkeit
Von den Vorschriften dieses Gesetzes kann nicht zuungunsten der Beschäftigten abgewichen werden.

§ 9 Sonderregelungen aus Anlass der COVID-19-Pandemie
(1) Abweichend von § 2 Absatz 1 haben Beschäftigte das Recht, in dem Zeitraum vom 29. Oktober 2020 bis einschließlich 31. Dezember 2021 bis zu 20 Arbeitstage der Arbeit fernzubleiben, wenn die akute Pflegesituation auf Grund der COVID-19-Pandemie aufgetreten ist. Der Zusammenhang wird vermutet.
(2) § 2 Absatz 3 Satz 2 ist bis zum Ablauf des 31. Dezember 2021 mit der Maßgabe anzuwenden, dass sich der Anspruch auch nach § 150 Absatz 5d Satz 1 des Elften Buches Sozialgesetzbuch richtet.
(3) Abweichend von § 3 Absatz 3 Satz 1 gilt, dass die Ankündigung in Textform erfolgen muss.
(4) Abweichend von § 3 Absatz 3 Satz 4 muss sich die Familienpflegezeit oder die Freistellung nach § 2 Absatz 5 des Familienpflegezeitgesetzes nicht unmittelbar an die Pflegezeit anschließen, wenn der Arbeitgeber zustimmt, die Gesamtdauer nach § 4 Absatz 1 Satz 4 nicht überschritten wird und die Familienpflegezeit oder die Freistellung nach § 2 Absatz 5 des Familienpflegezeitgesetzes spätestens mit Ablauf des 31. Dezember 2021 endet. Die Ankündigung muss abweichend von § 3 Absatz 3 Satz 5 spätestens zehn Tage vor Beginn der Familienpflegezeit erfolgen.
(5) Abweichend von § 3 Absatz 3 Satz 6 muss sich die Pflegezeit nicht unmittelbar an die Familienpflegezeit oder an die Freistellung nach § 2 Absatz 5 des Familienpflegezeitgesetzes anschließen, wenn der Arbeitgeber zustimmt, die Gesamtdauer nach § 4 Absatz 1 Satz 4 nicht überschritten wird und die Pflegezeit spätestens mit Ablauf des 31. Dezember 2021 endet; die Inanspruchnahme ist dem Arbeitgeber spätestens zehn Tage vor Beginn der Pflegezeit in Textform anzukündigen.
(6) Abweichend von § 3 Absatz 4 Satz 1 gilt, dass die Vereinbarung in Textform zu treffen ist.
(7) Abweichend von § 4 Absatz 1 Satz 2 und 3 können Beschäftigte mit Zustimmung des Arbeitgebers nach einer beendeten Pflegezeit zur Pflege oder Betreuung desselben pflegebedürftigen Angehörigen Pflegezeit erneut, jedoch insgesamt nur bis zur Höchstdauer nach § 4 Absatz 1 Satz 1 in Anspruch nehmen, wenn die Gesamtdauer nach § 4 Absatz 1 Satz 4 nicht überschritten wird und die Pflegezeit spätestens mit Ablauf des 31. Dezember 2021 endet.

Gesetz über die Familienpflegezeit (Familienpflegezeitgesetz – FPfZG)

Vom 6. Dezember 2011 (BGBl. I S. 2564)

Zuletzt geändert durch
Kitafinanzhilfenänderungsgesetz
vom 25. Juni 2021 (BGBl. I S. 2020)

Inhaltsübersicht

§ 1 Ziel des Gesetzes
§ 2 Familienpflegezeit
§ 2a Inanspruchnahme der Familienpflegezeit
§ 2b Erneute Familienpflegezeit nach Inanspruchnahme einer Freistellung auf Grundlage der Sonderregelungen aus Anlass der COVID-19-Pandemie
§ 3 Förderung der pflegebedingten Freistellung von der Arbeitsleistung
§ 4 Mitwirkungspflicht des Arbeitgebers
§ 5 Ende der Förderfähigkeit
§ 6 Rückzahlung des Darlehens
§ 7 Härtefallregelung
§ 8 Antrag auf Förderung
§ 9 Darlehensbescheid und Zahlweise
§ 10 Antrag und Nachweis in weiteren Fällen
§ 11 Allgemeine Verwaltungsvorschriften
§ 12 Bußgeldvorschriften
§ 13 Aufbringung der Mittel
§ 14 Beirat
§ 15 Übergangsvorschrift
§ 16 Sonderregelungen aus Anlass der COVID-19-Pandemie

§ 1 Ziel des Gesetzes

Durch die Einführung der Familienpflegezeit werden die Möglichkeiten zur Vereinbarkeit von Beruf und familiärer Pflege verbessert.

§ 2 Familienpflegezeit

(1) Beschäftigte sind von der Arbeitsleistung für längstens 24 Monate (Höchstdauer) teilweise freizustellen, wenn sie einen pflegebedürftigen nahen Angehörigen in häuslicher Umgebung pflegen (Familienpflegezeit). Während der Familienpflegezeit muss die verringerte Arbeitszeit wöchentlich mindestens 15 Stunden betragen. Bei unterschiedlichen wöchentlichen Arbeitszeiten oder einer unterschiedlichen Verteilung der wöchentlichen Arbeitszeit darf die wöchentliche Arbeitszeit im Durchschnitt eines Zeitraums von bis zu einem Jahr 15 Stunden nicht unterschreiten (Mindestarbeitszeit). Der Anspruch nach Satz 1 besteht nicht gegenüber Arbeitgebern mit in der Regel 25 oder weniger Beschäftigten ausschließlich der zu ihrer Berufsbildung Beschäftigten.
(2) Pflegezeit und Familienpflegezeit dürfen gemeinsam 24 Monate je pflegebedürftigem nahen Angehörigen nicht überschreiten (Gesamtdauer).
(3) Die §§ 5 bis 8 des Pflegezeitgesetzes gelten entsprechend.
(4) Die Familienpflegezeit wird auf Berufsbildungszeiten nicht angerechnet.
(5) Beschäftigte sind von der Arbeitsleistung für längstens 24 Monate (Höchstdauer) teilweise freizustellen, wenn sie einen minderjährigen pflegebedürftigen nahen Angehörigen in häuslicher oder außerhäuslicher Umgebung betreuen. Die Inanspruchnahme dieser Freistellung ist jederzeit im Wechsel mit der Freistellung nach Absatz 1 im Rahmen der Gesamtdauer nach Absatz 2 möglich. Absatz 1 Satz 2 bis 4 und die Absätze 2 bis 4 gelten entsprechend. Beschäftigte können diesen Anspruch wahlweise statt des Anspruchs auf Familienpflegezeit nach Absatz 1 geltend machen.

§ 2a Inanspruchnahme der Familienpflegezeit

(1) Wer Familienpflegezeit nach § 2 beanspruchen will, muss dies dem Arbeitgeber spätestens acht Wochen vor dem gewünschten Beginn schriftlich ankündigen und gleichzeitig erklären, für welchen Zeitraum und in welchem Umfang innerhalb der Gesamtdauer nach § 2 Absatz 2 die Freistellung von der Arbeitsleistung in Anspruch genommen werden soll. Dabei ist auch die gewünschte Verteilung der Arbeitszeit anzugeben. Enthält die Ankündigung keine eindeutige Festlegung, ob die oder der Beschäftigte Pflegezeit nach § 3 des Pflegezeitgesetzes oder Familienpflegezeit in Anspruch nehmen will, und liegen die Voraussetzungen beider Freistellungsansprüche vor, gilt die Erklärung als Ankündigung von Pflegezeit. Wird die Familienpflegezeit nach einer Freistellung nach § 3 Absatz 1 oder Absatz 5 des Pflegezeitgesetzes zur Pflege oder Betreuung desselben pflegebedürftigen Angehörigen in Anspruch

genommen, muss sich die Familienpflegezeit unmittelbar an die Freistellung nach § 3 Absatz 1 oder Absatz 5 des Pflegezeitgesetzes anschließen. In diesem Fall soll die oder der Beschäftigte möglichst frühzeitig erklären, ob sie oder er Familienpflegezeit in Anspruch nehmen wird; abweichend von Satz 1 muss die Ankündigung spätestens drei Monate vor Beginn der Familienpflegezeit erfolgen. Wird eine Freistellung nach § 3 Absatz 1 oder Absatz 5 des Pflegezeitgesetzes nach einer Familienpflegezeit in Anspruch genommen, ist die Freistellung nach § 3 Absatz 1 oder Absatz 5 des Pflegezeitgesetzes in unmittelbarem Anschluss an die Familienpflegezeit zu beanspruchen und dem Arbeitgeber spätestens acht Wochen vor Beginn der Freistellung nach § 3 Absatz 1 oder Absatz 5 des Pflegezeitgesetzes schriftlich anzukündigen.
(2) Arbeitgeber und Beschäftigte haben über die Verringerung und Verteilung der Arbeitszeit eine schriftliche Vereinbarung zu treffen. Hierbei hat der Arbeitgeber den Wünschen der Beschäftigten zu entsprechen, es sei denn, dass dringende betriebliche Gründe entgegenstehen.
(3) Für einen kürzeren Zeitraum in Anspruch genommene Familienpflegezeit kann bis zur Gesamtdauer nach § 2 Absatz 2 verlängert werden, wenn der Arbeitgeber zustimmt. Eine Verlängerung bis zur Gesamtdauer kann verlangt werden, wenn ein vorgesehener Wechsel in der Person der oder des Pflegenden aus einem wichtigen Grund nicht erfolgen kann.
(4) Die Beschäftigten haben die Pflegebedürftigkeit der oder des nahen Angehörigen durch Vorlage einer Bescheinigung der Pflegekasse oder des Medizinischen Dienstes der Krankenversicherung nachzuweisen. Bei in der privaten Pflege-Pflichtversicherung versicherten Pflegebedürftigen ist ein entsprechender Nachweis zu erbringen.
(5) Ist die oder der nahe Angehörige nicht mehr pflegebedürftig oder die häusliche Pflege der oder des nahen Angehörigen unmöglich oder unzumutbar, endet die Familienpflegezeit vier Wochen nach Eintritt der veränderten Umstände. Der Arbeitgeber ist hierüber unverzüglich zu unterrichten. Im Übrigen kann die Familienpflegezeit nur vorzeitig beendet werden, wenn der Arbeitgeber zustimmt.
(6) Die Absätze 1 bis 5 gelten entsprechend für die Freistellung von der Arbeitsleistung nach § 2 Absatz 5.

§ 2b Erneute Familienpflegezeit nach Inanspruchnahme einer Freistellung auf Grundlage der Sonderregelungen aus Anlass der COVID-19-Pandemie

(1) Abweichend von § 2a Absatz 3 können Beschäftigte einmalig nach einer beendeten Familienpflegezeit zur Pflege und Betreuung desselben pflegebedürftigen Angehörigen Familienpflegezeit erneut, jedoch insgesamt nur bis zur Höchstdauer nach § 2 Absatz 1 in Anspruch nehmen, wenn die Gesamtdauer von 24 Monaten nach § 2 Absatz 2 nicht überschritten wird und die Inanspruchnahme der beendeten Familienpflegezeit auf der Grundlage der Sonderregelungen aus Anlass der COVID-19-Pandemie erfolgte.
(2) Abweichend von § 2a Absatz 1 Satz 4 muss sich die Familienpflegezeit nicht unmittelbar an die Freistellung nach § 3 Absatz 1 oder Absatz 5 des Pflegezeitgesetzes anschließen, wenn die Freistellung aufgrund der Sonderregelungen aus Anlass der COVID-19-Pandemie in Anspruch genommen wurde und die Gesamtdauer nach § 2 Absatz 2 von 24 Monaten nicht überschritten wird.
(3) Abweichend von § 2a Absatz 1 Satz 6 muss sich die Freistellung nach § 3 Absatz 1 oder Absatz 5 des Pflegezeitgesetzes nicht unmittelbar an die Familienpflegezeit anschließen, wenn die Inanspruchnahme der Familienpflegezeit aufgrund der Sonderregelungen aus Anlass der COVID-19-Pandemie erfolgte und die Gesamtdauer nach § 2 Absatz 2 von 24 Monaten ab Beginn der ersten Freistellung nicht überschritten wird.

§ 3 Förderung der pflegebedingten Freistellung von der Arbeitsleistung

(1) Für die Dauer der Freistellungen nach § 2 dieses Gesetzes oder nach § 3 des Pflegezeitgesetzes gewährt das Bundesamt für Familie und zivilgesellschaftliche Aufgaben Beschäftigten auf Antrag ein in monatlichen Raten zu zahlendes zinsloses Darlehen nach Maßgabe der Absätze 2 bis 5. Der Anspruch gilt auch für alle Vereinbarungen über Freistellungen von der Arbeitsleistung, die die Voraussetzungen von § 2 Absatz 1 Satz 1 bis 3 dieses Gesetzes oder des § 3 Absatz 1 Satz 1, Absatz 5 Satz 1 oder Absatz 6 Satz 1 des Pflegezeitgesetzes erfüllen.
(2) Die monatlichen Darlehensraten werden in Höhe der Hälfte der Differenz zwischen den pauschalierten monatlichen Nettoentgelten vor und während der Freistellung nach Absatz 1 gewährt.
(3) Das pauschalierte monatliche Nettoentgelt vor der Freistellung nach Absatz 1 wird berechnet auf der Grundlage des regelmäßigen durchschnittlichen monatlichen Bruttoarbeitsentgelts ausschließlich der Sachbezüge der letzten zwölf Kalendermonate vor Beginn der Freistellung. Das pauschalierte monatli-

che Nettoentgelt während der Freistellung wird berechnet auf der Grundlage des Bruttoarbeitsentgelts, das sich aus dem Produkt aus der vereinbarten durchschnittlichen monatlichen Stundenzahl während der Freistellung und dem durchschnittlichen Entgelt je Arbeitsstunde ergibt. Durchschnittliches Entgelt je Arbeitsstunde ist das Verhältnis des regelmäßigen gesamten Bruttoarbeitsentgelts ausschließlich der Sachbezüge der letzten zwölf Kalendermonate vor Beginn der Freistellung zur arbeitsvertraglichen Gesamtstundenzahl der letzten zwölf Kalendermonate vor Beginn der Freistellung. Die Berechnung der pauschalierten Nettoentgelte erfolgt entsprechend der Berechnung der pauschalierten Nettoentgelte gemäß § 106 Absatz 1 Satz 5 bis 7 des Dritten Buches Sozialgesetzbuch. Bei einem weniger als zwölf Monate vor Beginn der Freistellung bestehenden Beschäftigungsverhältnis verkürzt sich der der Berechnung zugrunde zu legende Zeitraum entsprechend. Für die Berechnung des durchschnittlichen Entgelts je Arbeitsstunde bleiben Mutterschutzfristen, Freistellungen nach § 2, kurzzeitige Arbeitsverhinderungen nach § 2 des Pflegezeitgesetzes, Freistellungen nach § 3 des Pflegezeitgesetzes sowie die Einbringung von Arbeitsentgelt in und die Entnahme von Arbeitsentgelt aus Wertguthaben nach § 7b des Vierten Buches Sozialgesetzbuch außer Betracht. Abweichend von Satz 6 bleiben auf Antrag für die Berechnung des durchschnittlichen Arbeitsentgelts je Arbeitsstunde in der Zeit vom 1. März 2020 bis zum Ablauf des 31. Dezember 2021 auch Kalendermonate mit einem wegen der durch das Coronavirus SARS-CoV-2 verursachten epidemischen Lage von nationaler Tragweite geringeren Entgelt unberücksichtigt.
(4) In den Fällen der Freistellung nach § 3 des Pflegezeitgesetzes ist die monatliche Darlehensrate auf den Betrag begrenzt, der bei einer durchschnittlichen Arbeitszeit während der Familienpflegezeit von 15 Wochenstunden zu gewähren ist.
(5) Abweichend von Absatz 2 können Beschäftigte auch einen geringeren Darlehensbetrag in Anspruch nehmen, wobei die monatliche Darlehensrate mindestens 50 Euro betragen muss.
(6) Das Darlehen ist in der in Absatz 2 genannten Höhe, in den Fällen der Pflegezeit in der in Absatz 4 genannten Höhe, vorrangig vor dem Bezug von bedürftigkeitsabhängigen Sozialleistungen in Anspruch zu nehmen und von den Beschäftigten zu beantragen; Absatz 5 ist insoweit nicht anzuwenden. Bei der Berechnung von Sozialleistungen nach Satz 1 sind die Zuflüsse aus dem Darlehen als Einkommen zu berücksichtigen.

§ 4 Mitwirkungspflicht des Arbeitgebers
Der Arbeitgeber hat dem Bundesamt für Familie und zivilgesellschaftliche Aufgaben für bei ihm Beschäftigte den Arbeitsumfang sowie das Arbeitsentgelt vor der Freistellung nach § 3 Absatz 1 zu bescheinigen, soweit dies zum Nachweis des Einkommens aus Erwerbstätigkeit oder der wöchentlichen Arbeitszeit der die Förderung beantragenden Beschäftigten erforderlich ist. Für die in Heimarbeit Beschäftigten und die ihnen Gleichgestellten tritt an die Stelle des Arbeitgebers der Auftraggeber oder Zwischenmeister.

§ 5 Ende der Förderfähigkeit
(1) Die Förderfähigkeit endet mit dem Ende der Freistellung nach § 3 Absatz 1. Die Förderfähigkeit endet auch dann, wenn die oder der Beschäftigte während der Freistellung nach § 2 den Mindestumfang der wöchentlichen Arbeitszeit aufgrund gesetzlicher oder kollektivvertraglicher Bestimmungen oder aufgrund von Bestimmungen, die in Arbeitsrechtsregelungen der Kirchen enthalten sind, unterschreitet. Die Unterschreitung der Mindestarbeitszeit aufgrund von Kurzarbeit oder eines Beschäftigungsverbotes lässt die Förderfähigkeit unberührt.
(2) Die Darlehensnehmerin oder der Darlehensnehmer hat dem Bundesamt für Familie und zivilgesellschaftliche Aufgaben unverzüglich jede Änderung in den Verhältnissen, die für den Anspruch nach § 3 Absatz 1 erheblich sind, mitzuteilen, insbesondere die Beendigung der häuslichen Pflege der oder des nahen Angehörigen, die Beendigung der Betreuung nach § 2 Absatz 5 dieses Gesetzes oder § 3 Absatz 5 des Pflegezeitgesetzes, die Beendigung der Freistellung nach § 3 Absatz 6 des Pflegezeitgesetzes, die vorzeitige Beendigung der Freistellung nach § 3 Absatz 1 sowie die Unterschreitung des Mindestumfangs der wöchentlichen Arbeitszeit während der Freistellung nach § 2 aus anderen als den in Absatz 1 Satz 2 genannten Gründen.

§ 6 Rückzahlung des Darlehens
(1) Im Anschluss an die Freistellung nach § 3 Absatz 1 ist die Darlehensnehmerin oder der Darlehensnehmer verpflichtet, das Darlehen innerhalb von 48 Monaten nach Beginn der Freistellung nach § 3 Absatz 1 zurückzuzahlen. Die Rückzahlung erfolgt in möglichst gleichbleibenden monatlichen Raten in Höhe des im Bescheid nach § 9 festgesetzten monatlichen Betrags jeweils spätestens zum letzten

Bankarbeitstag des laufenden Monats. Für die Rückzahlung gelten alle nach § 3 an die Darlehensnehmerin oder den Darlehensnehmer geleisteten Darlehensbeträge als ein Darlehen.
(2) Die Rückzahlung beginnt in dem Monat, der auf das Ende der Förderung der Freistellung nach § 3 Absatz 1 folgt. Das Bundesamt für Familie und zivilgesellschaftliche Aufgaben kann auf Antrag der Darlehensnehmerin oder des Darlehensnehmers den Beginn der Rückzahlung auf einen späteren Zeitpunkt, spätestens jedoch auf den 25. Monat nach Beginn der Förderung festsetzen, wenn die übrigen Voraussetzungen für den Anspruch nach den §§ 2 und 3 weiterhin vorliegen. Befindet sich die Darlehensnehmerin oder der Darlehensnehmer während des Rückzahlungszeitraums in einer Freistellung nach § 3 Absatz 1, setzt das Bundesamt für Familie und zivilgesellschaftliche Aufgaben auf Antrag der oder des Beschäftigten die monatlichen Rückzahlungsraten bis zur Beendigung der Freistellung von Arbeitsleistung aus. Der Rückzahlungszeitraum verlängert sich um den Zeitraum der Aussetzung.

§ 7 Härtefallregelung

(1) Zur Vermeidung einer besonderen Härte stundet das Bundesamt für Familie und zivilgesellschaftliche Aufgaben der Darlehensnehmerin oder dem Darlehensnehmer auf Antrag die Rückzahlung des Darlehens, ohne dass hierfür Zinsen anfallen. Als besondere Härte gelten insbesondere der Bezug von Entgeltersatzleistungen nach dem Dritten und dem Fünften Buch Sozialgesetzbuch, Leistungen zur Sicherung des Lebensunterhalts nach dem Zweiten Buch Sozialgesetzbuch und Leistungen nach dem Dritten und Vierten Kapitel des Zwölften Buches Sozialgesetzbuch oder eine mehr als 180 Tage ununterbrochene Arbeitsunfähigkeit. Eine besondere Härte liegt auch vor, wenn sich die Darlehensnehmerin oder der Darlehensnehmer wegen unverschuldeter finanzieller Belastungen vorübergehend in ernsthaften Zahlungsschwierigkeiten befindet oder zu erwarten ist, dass sie oder er durch die Rückzahlung des Darlehens in der vorgesehenen Form in solche Schwierigkeiten gerät.
(2) Für den über die Gesamtdauer der Freistellungen nach § 2 dieses Gesetzes oder nach § 3 Absatz 1 oder 5 des Pflegezeitgesetzes hinausgehenden Zeitraum, in dem die Pflegebedürftigkeit desselben nahen Angehörigen fortbesteht, die Pflege durch die oder den Beschäftigten in häuslicher Umgebung andauert und die Freistellung von der Arbeitsleistung fortgeführt wird, sind auf Antrag die fälligen Rückzahlungsraten zu einem Viertel zu erlassen (Teildarlehenserlass) und die restliche Darlehensschuld für diesen Zeitraum bis zur Beendigung der häuslichen Pflege auf Antrag zu stunden, ohne dass hierfür Zinsen anfallen, sofern eine besondere Härte im Sinne von Absatz 1 Satz 3 vorliegt.
(3) Die Darlehensschuld erlischt, soweit sie noch nicht fällig ist, wenn die Darlehensnehmerin oder der Darlehensnehmer
1. Leistungen nach dem Dritten und Vierten Kapitel des Zwölften Buches Sozialgesetzbuch oder Leistungen zur Sicherung des Lebensunterhalts nach dem Zweiten Buch Sozialgesetzbuch ununterbrochen seit mindestens zwei Jahren nach dem Ende der Freistellung bezieht oder
2. verstirbt.

(4) Der Abschluss von Vergleichen sowie die Stundung, Niederschlagung und der Erlass von Ansprüchen richten sich, sofern in diesem Gesetz nicht abweichende Regelungen getroffen werden, nach den §§ 58 und 59 der Bundeshaushaltsordnung.

§ 8 Antrag auf Förderung

(1) Das Bundesamt für Familie und zivilgesellschaftliche Aufgaben entscheidet auf schriftlichen Antrag über das Darlehen nach § 3 und dessen Rückzahlung nach § 6.
(2) Der Antrag wirkt vom Zeitpunkt des Vorliegens der Anspruchsvoraussetzungen, wenn er innerhalb von drei Monaten nach deren Vorliegen gestellt wird, andernfalls wirkt er vom Beginn des Monats der Antragstellung.
(3) Der Antrag muss enthalten:
1. Name und Anschrift der oder des das Darlehen beantragenden Beschäftigten,
2. Name, Anschrift und Angehörigenstatus der gepflegten Person,
3. Bescheinigung über die Pflegebedürftigkeit oder im Fall des § 3 Absatz 6 des Pflegezeitgesetzes das dort genannte ärztliche Zeugnis über die Erkrankung des oder der nahen Angehörigen,
4. Dauer der Freistellung nach § 3 Absatz 1 sowie Mitteilung, ob zuvor eine Freistellung nach § 3 Absatz 1 in Anspruch genommen wurde, sowie
5. Höhe, Dauer und Angabe der Zeitabschnitte des beantragten Darlehens.

(4) Dem Antrag sind beizufügen:
1. Entgeltbescheinigungen mit Angabe der arbeitsvertraglichen Wochenstunden der letzten zwölf Monate vor Beginn der Freistellung nach § 3 Absatz 1,

2. in den Fällen der vollständigen Freistellung nach § 3 des Pflegezeitgesetzes eine Bescheinigung des Arbeitgebers über die Freistellung und in den Fällen der teilweisen Freistellung die hierüber getroffene schriftliche Vereinbarung zwischen dem Arbeitgeber und der oder dem Beschäftigten.

§ 9 Darlehensbescheid und Zahlweise

(1) In dem Bescheid nach § 8 Absatz 1 sind anzugeben:
1. Höhe des Darlehens,
2. Höhe der monatlichen Darlehensraten sowie Dauer der Leistung der Darlehensraten,
3. Höhe und Dauer der Rückzahlungsraten und
4. Fälligkeit der ersten Rückzahlungsrate.

Wurde dem Antragsteller für eine vor dem Antrag liegende Freistellung nach § 3 Absatz 1 ein Darlehen gewährt, sind für die Ermittlung der Beträge nach Satz 1 Nummer 3 und 4 das zurückliegende und das aktuell gewährte Darlehen wie ein Darlehen zu behandeln. Der das erste Darlehen betreffende Bescheid nach Satz 1 wird hinsichtlich Höhe, Dauer und Fälligkeit der Rückzahlungsraten geändert.
(2) Die Höhe der Darlehensraten wird zu Beginn der Leistungsgewährung in monatlichen Festbeträgen für die gesamte Förderdauer festgelegt.
(3) Die Darlehensraten werden unbar zu Beginn jeweils für den Kalendermonat ausgezahlt, in dem die Anspruchsvoraussetzungen vorliegen. Monatliche Förderungsbeträge, die nicht volle Euro ergeben, sind bei Restbeträgen bis zu 0,49 Euro abzurunden und von 0,50 Euro an aufzurunden.

§ 10 Antrag und Nachweis in weiteren Fällen

(1) Das Bundesamt für Familie und zivilgesellschaftliche Aufgaben entscheidet auch in den Fällen des § 7 auf schriftlichen Antrag, der Name und Anschrift der Darlehensnehmerin oder des Darlehensnehmers enthalten muss.
(2) Die Voraussetzungen des § 7 sind nachzuweisen
1. in den Fällen des Absatzes 1 durch Glaubhaftmachung der dort genannten Voraussetzungen, insbesondere durch Darlegung der persönlichen wirtschaftlichen Verhältnisse oder bei Arbeitsunfähigkeit durch Vorlage einer Arbeitsunfähigkeitsbescheinigung der Darlehensnehmerin oder des Darlehensnehmers,
2. in den Fällen des Absatzes 2 durch Vorlage einer Bescheinigung über die fortbestehende Pflegebedürftigkeit der oder des nahen Angehörigen und die Fortdauer der Freistellung von der Arbeitsleistung sowie Glaubhaftmachung der dort genannten Voraussetzungen, insbesondere durch Darlegung der persönlichen wirtschaftlichen Verhältnisse,
3. in den Fällen des Absatzes 3 durch Vorlage der entsprechenden Leistungsbescheide der Darlehensnehmerin oder des Darlehensnehmers oder durch Vorlage einer Sterbeurkunde durch die Rechtsnachfolger.

(3) Anträge auf Teildarlehenserlass nach § 7 Absatz 2 sind bis spätestens 48 Monate nach Beginn der Freistellungen nach § 2 dieses Gesetzes oder nach § 3 Absatz 1 oder 5 des Pflegezeitgesetzes zu stellen.

§ 11 Allgemeine Verwaltungsvorschriften

Zur Durchführung des Verfahrens nach den §§ 8 und 10 kann das Bundesministerium für Familie, Senioren, Frauen und Jugend allgemeine Verwaltungsvorschriften erlassen.

§ 12 Bußgeldvorschriften

(1) Ordnungswidrig handelt, wer vorsätzlich oder fahrlässig
1. entgegen § 4 Satz 1 eine dort genannte Bescheinigung nicht, nicht richtig, nicht vollständig oder nicht rechtzeitig erstellt,
2. entgegen § 5 Absatz 2 eine Mitteilung nicht, nicht richtig, nicht vollständig oder nicht rechtzeitig macht oder
3. entgegen § 8 Absatz 3 Nummer 4 eine Mitteilung nicht, nicht richtig, nicht vollständig oder nicht rechtzeitig macht.

(2) Verwaltungsbehörde im Sinne des § 36 Absatz 1 Nummer 1 des Gesetzes über Ordnungswidrigkeiten ist das Bundesamt für Familie und zivilgesellschaftliche Aufgaben.
(3) Die Ordnungswidrigkeit kann in den Fällen des Absatzes 1 Nummer 1 mit einer Geldbuße bis zu fünftausend Euro und in den Fällen des Absatzes 1 Nummer 2 mit einer Geldbuße bis zu tausend Euro geahndet werden.
(4) Die Geldbußen fließen in die Kasse des Bundesamtes für Familie und zivilgesellschaftliche Aufgaben. Diese trägt abweichend von § 105 Absatz 2 des Gesetzes über Ordnungswidrigkeiten die notwen-

digen Auslagen. Sie ist auch ersatzpflichtig im Sinne des § 110 Absatz 4 des Gesetzes über Ordnungswidrigkeiten.

§ 13 Aufbringung der Mittel
Die für die Ausführung dieses Gesetzes erforderlichen Mittel trägt der Bund.

§ 14 Beirat
(1) Das Bundesministerium für Familie, Senioren, Frauen und Jugend setzt einen unabhängigen Beirat für die Vereinbarkeit von Pflege und Beruf ein.
(2) Der Beirat befasst sich mit Fragen zur Vereinbarkeit von Pflege und Beruf, er begleitet die Umsetzung der einschlägigen gesetzlichen Regelungen und berät über deren Auswirkungen. Das Bundesministerium für Familie, Senioren, Frauen und Jugend kann dem Beirat Themenstellungen zur Beratung vorgeben.
(3) Der Beirat legt dem Bundesministerium für Familie, Senioren, Frauen und Jugend alle vier Jahre, erstmals zum 1. Juni 2019, einen Bericht vor und kann hierin Handlungsempfehlungen aussprechen.
(4) Der Beirat besteht aus einundzwanzig Mitgliedern, die vom Bundesministerium für Familie, Senioren, Frauen und Jugend im Einvernehmen mit dem Bundesministerium für Arbeit und Soziales und dem Bundesministerium für Gesundheit berufen werden. Stellvertretung ist zulässig. Die oder der Vorsitzende und die oder der stellvertretende Vorsitzende werden vom Bundesministerium für Familie, Senioren, Frauen und Jugend ernannt. Der Beirat setzt sich zusammen aus sechs Vertreterinnen oder Vertretern von fachlich betroffenen Interessenverbänden, je zwei Vertreterinnen oder Vertretern der Gewerkschaften, der Arbeitgeber, der Wohlfahrtsverbände und der Seniorenorganisationen sowie aus je einer Vertreterin oder einem Vertreter der sozialen und der privaten Pflege-Pflichtversicherung. Des Weiteren gehören dem Beirat zwei Wissenschaftlerinnen oder Wissenschaftler mit Schwerpunkt in der Forschung der Vereinbarkeit von Pflege und Beruf sowie je eine Vertreterin oder ein Vertreter der Konferenz der Ministerinnen und Minister, Senatorinnen und Senatoren für Jugend und Familie, der Konferenz der Ministerinnen und Minister, Senatorinnen und Senatoren für Arbeit und Soziales sowie der kommunalen Spitzenverbände an. Die Besetzung des Beirats muss geschlechterparitätisch erfolgen.
(5) Die Amtszeit der Mitglieder des Beirats und ihrer Stellvertreterinnen oder Stellvertreter beträgt fünf Jahre und kann einmalig um fünf Jahre verlängert werden. Scheidet ein Mitglied oder dessen Stellvertreterin oder Stellvertreter vorzeitig aus, wird für den Rest der Amtszeit eine Nachfolgerin oder ein Nachfolger berufen.
(6) Die Mitglieder des Beirats sind ehrenamtlich tätig. Sie haben Anspruch auf Erstattung ihrer notwendigen Auslagen.
(7) Der Beirat arbeitet auf der Grundlage einer durch das Bundesministerium für Familie, Senioren, Frauen und Jugend zu erlassenden Geschäftsordnung.

§ 15 Übergangsvorschrift
Die Vorschriften des Familienpflegezeitgesetzes in der Fassung vom 6. Dezember 2011 gelten in den Fällen fort, in denen die Voraussetzungen für die Gewährung eines Darlehens nach § 3 Absatz 1 in Verbindung mit § 12 Absatz 1 Satz 1 bis einschließlich 31. Dezember 2014 vorlagen.

§ 16 Sonderregelungen aus Anlass der COVID-19-Pandemie
(1) Abweichend von § 2 Absatz 1 Satz 2 gilt, dass die wöchentliche Mindestarbeitszeit von 15 Wochenstunden vorübergehend unterschritten werden darf, längstens jedoch für die Dauer von einem Monat.
(2) Abweichend von § 2a Absatz 1 Satz 1 gilt für Familienpflegezeit, die spätestens am 1. Dezember 2021 beginnt, dass die Ankündigung gegenüber dem Arbeitgeber spätestens zehn Arbeitstage vor dem gewünschten Beginn in Textform erfolgen muss.
(3) Abweichend von § 2a Absatz 1 Satz 4 muss sich die Familienpflegezeit nicht unmittelbar an die Freistellung nach § 3 Absatz 1 oder Absatz 5 des Pflegezeitgesetzes anschließen, wenn der Arbeitgeber zustimmt, die Gesamtdauer nach § 2 Absatz 2 von 24 Monaten nicht überschritten wird und die Familienpflegezeit spätestens mit Ablauf des 31. Dezember 2021 endet. Die Ankündigung muss abweichend von § 2a Absatz 1 Satz 5 spätestens zehn Tage vor Beginn der Familienpflegezeit erfolgen.
(4) Abweichend von § 2a Absatz 1 Satz 6 muss sich die Freistellung nach § 3 Absatz 1 oder Absatz 5 des Pflegezeitgesetzes nicht unmittelbar an die Familienpflegezeit anschließen, wenn der Arbeitgeber zustimmt, die Gesamtdauer nach § 2 Absatz 2 von 24 Monaten nicht überschritten wird und die Pflegezeit spätestens mit Ablauf des 31. Dezember 2021 endet. Die Inanspruchnahme ist dem Arbeitgeber spä-

testens zehn Tage vor Beginn der Freistellung nach § 3 Absatz 1 oder Absatz 5 des Pflegezeitgesetzes in Textform anzukündigen.

(5) Abweichend von § 2a Absatz 2 Satz 1 gilt, dass die Vereinbarung in Textform zu treffen ist.

(6) Abweichend von § 2a Absatz 3 können Beschäftigte mit Zustimmung des Arbeitgebers nach einer beendeten Familienpflegezeit zur Pflege oder Betreuung desselben pflegebedürftigen Angehörigen Familienpflegezeit erneut, jedoch insgesamt nur bis zur Höchstdauer nach § 2 Absatz 1 in Anspruch nehmen, wenn die Gesamtdauer von 24 Monaten nach § 2 Absatz 2 nicht überschritten wird und die Familienpflegezeit spätestens mit Ablauf des 31. Dezember 2021 endet.

45 MuSchG

Gesetz zum Schutz von Müttern bei der Arbeit, in der Ausbildung und im Studium (Mutterschutzgesetz – MuSchG)

Vom 23. Mai 2017 (BGBl. I S. 1228)

Zuletzt geändert durch
Gesetz zur Regelung des Sozialen Entschädigungsrechts
vom 12. Dezember 2019 (BGBl. I S. 2652)

Inhaltsübersicht

Abschnitt 1
Allgemeine Vorschriften

§ 1 Anwendungsbereich, Ziel des Mutterschutzes
§ 2 Begriffsbestimmungen

Abschnitt 2
Gesundheitsschutz

Unterabschnitt 1
Arbeitszeitlicher Gesundheitsschutz

§ 3 Schutzfristen vor und nach der Entbindung
§ 4 Verbot der Mehrarbeit; Ruhezeit
§ 5 Verbot der Nachtarbeit
§ 6 Verbot der Sonn- und Feiertagsarbeit
§ 7 Freistellung für Untersuchungen und zum Stillen
§ 8 Beschränkung von Heimarbeit

Unterabschnitt 2
Betrieblicher Gesundheitsschutz

§ 9 Gestaltung der Arbeitsbedingungen; unverantwortbare Gefährdung
§ 10 Beurteilung der Arbeitsbedingungen; Schutzmaßnahmen
§ 11 Unzulässige Tätigkeiten und Arbeitsbedingungen für schwangere Frauen
§ 12 Unzulässige Tätigkeiten und Arbeitsbedingungen für stillende Frauen
§ 13 Rangfolge der Schutzmaßnahmen: Umgestaltung der Arbeitsbedingungen, Arbeitsplatzwechsel und betriebliches Beschäftigungsverbot
§ 14 Dokumentation und Information durch den Arbeitgeber
§ 15 Mitteilungen und Nachweise der schwangeren und stillenden Frauen

Unterabschnitt 3
Ärztlicher Gesundheitsschutz

§ 16 Ärztliches Beschäftigungsverbot

Abschnitt 3
Kündigungsschutz

§ 17 Kündigungsverbot

Abschnitt 4
Leistungen

§ 18 Mutterschutzlohn
§ 19 Mutterschaftsgeld
§ 20 Zuschuss zum Mutterschaftsgeld
§ 21 Ermittlung des durchschnittlichen Arbeitsentgelts
§ 22 Leistungen während der Elternzeit
§ 23 Entgelt bei Freistellung für Untersuchungen und zum Stillen
§ 24 Fortbestehen des Erholungsurlaubs bei Beschäftigungsverboten
§ 25 Beschäftigung nach dem Ende des Beschäftigungsverbots

Abschnitt 5
Durchführung des Gesetzes

§ 26 Aushang des Gesetzes
§ 27 Mitteilungs- und Aufbewahrungspflichten des Arbeitgebers, Offenbarungsverbot für die mit der Überwachung beauftragten Personen
§ 28 Behördliches Genehmigungsverfahren für eine Beschäftigung zwischen 20 Uhr und 22 Uhr
§ 29 Zuständigkeit und Befugnisse der Aufsichtsbehörden, Jahresbericht
§ 30 Ausschuss für Mutterschutz
§ 31 Erlass von Rechtsverordnungen

Abschnitt 6
Bußgeldvorschriften, Strafvorschriften

§ 32 Bußgeldvorschriften
§ 33 Strafvorschriften

Abschnitt 7
Schlussvorschriften

§ 34 Evaluationsbericht

Abschnitt 1
Allgemeine Vorschriften

§ 1 Anwendungsbereich, Ziel des Mutterschutzes

(1) Dieses Gesetz schützt die Gesundheit der Frau und ihres Kindes am Arbeits-, Ausbildungs- und Studienplatz während der Schwangerschaft, nach der Entbindung und in der Stillzeit. Das Gesetz ermöglicht es der Frau, ihre Beschäftigung oder sonstige Tätigkeit in dieser Zeit ohne Gefährdung ihrer Gesundheit oder der ihres Kindes fortzusetzen und wirkt Benachteiligungen während der Schwangerschaft, nach der Entbindung und in der Stillzeit entgegen. Regelungen in anderen Arbeitsschutzgesetzen bleiben unberührt.

(2) Dieses Gesetz gilt für Frauen in einer Beschäftigung im Sinne von § 7 Absatz 1 des Vierten Buches Sozialgesetzbuch. Unabhängig davon, ob ein solches Beschäftigungsverhältnis vorliegt, gilt dieses Gesetz auch für

1. Frauen in betrieblicher Berufsbildung und Praktikantinnen im Sinne von § 26 des Berufsbildungsgesetzes,
2. Frauen mit Behinderung, die in einer Werkstatt für behinderte Menschen beschäftigt sind,
3. Frauen, die als Entwicklungshelferinnen im Sinne des Entwicklungshelfer-Gesetzes tätig sind, jedoch mit der Maßgabe, dass die §§ 18 bis 22 auf sie nicht anzuwenden sind,
4. Frauen, die als Freiwillige im Sinne des Jugendfreiwilligendienstegesetzes oder des Bundesfreiwilligendienstgesetzes tätig sind,
5. Frauen, die als Mitglieder einer geistlichen Genossenschaft, Diakonissen oder Angehörige einer ähnlichen Gemeinschaft auf einer Planstelle oder aufgrund eines Gestellungsvertrages für diese tätig werden, auch während der Zeit ihrer dortigen außerschulischen Ausbildung,
6. Frauen, die in Heimarbeit beschäftigt sind, und ihnen Gleichgestellte im Sinne von § 1 Absatz 1 und 2 des Heimarbeitsgesetzes, soweit sie am Stück mitarbeiten, jedoch mit der Maßgabe, dass die §§ 10 und 14 auf sie nicht anzuwenden sind und § 9 Absatz 1 bis 5 auf sie entsprechend anzuwenden ist,
7. Frauen, die wegen ihrer wirtschaftlichen Unselbstständigkeit als arbeitnehmerähnliche Person anzusehen sind, jedoch mit der Maßgabe, dass die §§ 18, 19 Absatz 2 und § 20 auf sie nicht anzuwenden sind, und
8. Schülerinnen und Studentinnen, soweit die Ausbildungsstelle Ort, Zeit und Ablauf der Ausbildungsveranstaltung verpflichtend vorgibt oder die ein im Rahmen der schulischen oder hochschulischen Ausbildung vorgegebenes Praktikum ableisten, jedoch mit der Maßgabe, dass die §§ 17 bis 24 auf sie nicht anzuwenden sind.

(3) Das Gesetz gilt nicht für Beamtinnen und Richterinnen. Das Gesetz gilt ebenso nicht für Soldatinnen, auch soweit die Voraussetzungen des Absatzes 2 erfüllt sind, es sei denn, sie werden aufgrund dienstlicher Anordnung oder Gestattung außerhalb des Geschäftsbereiches des Bundesministeriums der Verteidigung tätig.

(4) Dieses Gesetz gilt für jede Person, die schwanger ist, ein Kind geboren hat oder stillt. Die Absätze 2 und 3 gelten entsprechend.

§ 2 Begriffsbestimmungen

(1) Arbeitgeber im Sinne dieses Gesetzes ist die natürliche oder juristische Person oder die rechtsfähige Personengesellschaft, die Personen nach § 1 Absatz 2 Satz 1 beschäftigt. Dem Arbeitgeber stehen gleich:
1. die natürliche oder juristische Person oder die rechtsfähige Personengesellschaft, die Frauen im Fall von § 1 Absatz 2 Satz 2 Nummer 1 ausbildet oder für die Praktikantinnen im Fall von § 1 Absatz 2 Satz 2 Nummer 1 tätig sind,
2. der Träger der Werkstatt für behinderte Menschen im Fall von § 1 Absatz 2 Satz 2 Nummer 2,
3. der Träger des Entwicklungsdienstes im Fall von § 1 Absatz 2 Satz 2 Nummer 3,
4. die Einrichtung, in der der Freiwilligendienst nach dem Jugendfreiwilligendienstegesetz oder nach dem Bundesfreiwilligendienstgesetz im Fall von § 1 Absatz 2 Satz 2 Nummer 4 geleistet wird,
5. die geistliche Genossenschaft und ähnliche Gemeinschaft im Fall von § 1 Absatz 2 Satz 2 Nummer 5,
6. der Auftraggeber und der Zwischenmeister von Frauen im Fall von § 1 Absatz 2 Satz 2 Nummer 6,
7. die natürliche oder juristische Person oder die rechtsfähige Personengesellschaft, für die Frauen im Sinne von § 1 Absatz 2 Satz 2 Nummer 7 tätig sind, und

8. die natürliche oder juristische Person oder die rechtsfähige Personengesellschaft, mit der das Ausbildungs- oder Praktikumsverhältnis im Fall von § 1 Absatz 2 Satz 2 Nummer 8 besteht (Ausbildungsstelle).

(2) Eine Beschäftigung im Sinne der nachfolgenden Vorschriften erfasst jede Form der Betätigung, die eine Frau im Rahmen eines Beschäftigungsverhältnisses nach § 1 Absatz 2 Satz 1 oder die eine Frau im Sinne von § 1 Absatz 2 Satz 2 im Rahmen ihres Rechtsverhältnisses zu ihrem Arbeitgeber nach § 2 Absatz 1 Satz 2 ausübt.

(3) Ein Beschäftigungsverbot im Sinne dieses Gesetzes ist nur ein Beschäftigungsverbot nach den §§ 3 bis 6, 10 Absatz 3, § 13 Absatz 1 Nummer 3 und § 16. Für eine in Heimarbeit beschäftigte Frau und eine ihr Gleichgestellte tritt an die Stelle des Beschäftigungsverbots das Verbot der Ausgabe von Heimarbeit nach den §§ 3, 8, 13 Absatz 2 und § 16. Für eine Frau, die wegen ihrer wirtschaftlichen Unselbstständigkeit als arbeitnehmerähnliche Person anzusehen ist, tritt an die Stelle der Beschäftigungsverbots nach Satz 1 die Befreiung von der vertraglich vereinbarten Leistungspflicht; die Frau kann sich jedoch gegenüber der dem Arbeitgeber gleichgestellten Person oder Gesellschaft im Sinne von Absatz 1 Satz 2 Nummer 7 dazu bereit erklären, die vertraglich vereinbarte Leistung zu erbringen.

(4) Alleinarbeit im Sinne dieses Gesetzes liegt vor, wenn der Arbeitgeber eine Frau an einem Arbeitsplatz in seinem räumlichen Verantwortungsbereich beschäftigt, ohne dass gewährleistet ist, dass sie jederzeit den Arbeitsplatz verlassen oder Hilfe erreichen kann.

(5) Arbeitsentgelt im Sinne dieses Gesetzes ist das Arbeitsentgelt, das nach § 14 des Vierten Buches Sozialgesetzbuch in Verbindung mit einer aufgrund des § 17 des Vierten Buches Sozialgesetzbuch erlassenen Verordnung bestimmt wird. Für Frauen im Sinne von § 1 Absatz 2 Satz 2 gilt als Arbeitsentgelt ihre jeweilige Vergütung.

Abschnitt 2
Gesundheitsschutz

Unterabschnitt 1
Arbeitszeitlicher Gesundheitsschutz

§ 3 Schutzfristen vor und nach der Entbindung

(1) Der Arbeitgeber darf eine schwangere Frau in den letzten sechs Wochen vor der Entbindung nicht beschäftigen (Schutzfrist vor der Entbindung), soweit sie sich nicht zur Arbeitsleistung ausdrücklich bereit erklärt. Sie kann die Erklärung nach Satz 1 jederzeit mit Wirkung für die Zukunft widerrufen. Für die Berechnung der Schutzfrist vor der Entbindung ist der voraussichtliche Tag der Entbindung maßgeblich, wie er sich aus dem ärztlichen Zeugnis oder dem Zeugnis einer Hebamme oder eines Entbindungspflegers ergibt. Entbindet eine Frau nicht am voraussichtlichen Tag, verkürzt oder verlängert sich die Schutzfrist vor der Entbindung entsprechend.

(2) Der Arbeitgeber darf eine Frau bis zum Ablauf von acht Wochen nach der Entbindung nicht beschäftigen (Schutzfrist nach der Entbindung). Die Schutzfrist nach der Entbindung verlängert sich auf zwölf Wochen
1. bei Frühgeburten,
2. bei Mehrlingsgeburten und,
3. wenn vor Ablauf von acht Wochen nach der Entbindung bei dem Kind eine Behinderung im Sinne von § 2 Absatz 1 Satz 1 des Neunten Buches Sozialgesetzbuch ärztlich festgestellt wird.

Bei vorzeitiger Entbindung verlängert sich die Schutzfrist nach der Entbindung nach Satz 1 oder nach Satz 2 um den Zeitraum der Verkürzung der Schutzfrist vor der Entbindung nach Absatz 1 Satz 4. Nach Satz 2 Nummer 3 verlängert sich die Schutzfrist nach der Entbindung nur, wenn die Frau dies beantragt.

(3) Die Ausbildungsstelle darf eine Frau im Sinne von § 1 Absatz 2 Satz 2 Nummer 8 bereits in der Schutzfrist nach der Entbindung im Rahmen der schulischen oder hochschulischen Ausbildung tätig werden lassen, wenn die Frau dies ausdrücklich gegenüber ihrer Ausbildungsstelle verlangt. Die Frau kann ihre Erklärung jederzeit mit Wirkung für die Zukunft widerrufen.

(4) Der Arbeitgeber darf eine Frau nach dem Tod ihres Kindes bereits nach Ablauf der ersten zwei Wochen nach der Entbindung beschäftigen, wenn
1. die Frau dies ausdrücklich verlangt und
2. nach ärztlichem Zeugnis nichts dagegen spricht.

Sie kann ihre Erklärung nach Satz 1 Nummer 1 jederzeit mit Wirkung für die Zukunft widerrufen.

§ 4 Verbot der Mehrarbeit; Ruhezeit

(1) Der Arbeitgeber darf eine schwangere oder stillende Frau, die 18 Jahre oder älter ist, nicht mit einer Arbeit beschäftigen, die die Frau über achteinhalb Stunden täglich oder über 90 Stunden in der Doppelwoche hinaus zu leisten hat. Eine schwangere oder stillende Frau unter 18 Jahren darf der Arbeitgeber nicht mit einer Arbeit beschäftigen, die die Frau über acht Stunden täglich oder über 80 Stunden in der Doppelwoche hinaus zu leisten hat. In die Doppelwoche werden die Sonntage eingerechnet. Der Arbeitgeber darf eine schwangere oder stillende Frau nicht in einem Umfang beschäftigen, der die vertraglich vereinbarte wöchentliche Arbeitszeit im Durchschnitt des Monats übersteigt. Bei mehreren Arbeitgebern sind die Arbeitszeiten zusammenzurechnen.

(2) Der Arbeitgeber muss der schwangeren oder stillenden Frau nach Beendigung der täglichen Arbeitszeit eine ununterbrochene Ruhezeit von mindestens elf Stunden gewähren.

§ 5 Verbot der Nachtarbeit

(1) Der Arbeitgeber darf eine schwangere oder stillende Frau nicht zwischen 20 Uhr und 6 Uhr beschäftigen. Er darf sie bis 22 Uhr beschäftigen, wenn die Voraussetzungen des § 28 erfüllt sind.

(2) Die Ausbildungsstelle darf eine schwangere oder stillende Frau im Sinne von § 1 Absatz 2 Satz 2 Nummer 8 nicht zwischen 20 Uhr und 6 Uhr im Rahmen der schulischen oder hochschulischen Ausbildung tätig werden lassen. Die Ausbildungsstelle darf sie an Ausbildungsveranstaltungen bis 22 Uhr teilnehmen lassen, wenn
1. sich die Frau dazu ausdrücklich bereit erklärt,
2. die Teilnahme zu Ausbildungszwecken zu dieser Zeit erforderlich ist und
3. insbesondere eine unverantwortbare Gefährdung für die schwangere Frau oder ihr Kind durch Alleinarbeit ausgeschlossen ist.

Die schwangere oder stillende Frau kann ihre Erklärung nach Satz 2 Nummer 1 jederzeit mit Wirkung für die Zukunft widerrufen.

§ 6 Verbot der Sonn- und Feiertagsarbeit

(1) Der Arbeitgeber darf eine schwangere oder stillende Frau nicht an Sonn- und Feiertagen beschäftigen. Er darf sie an Sonn- und Feiertagen nur dann beschäftigen, wenn
1. sich die Frau dazu ausdrücklich bereit erklärt,
2. eine Ausnahme vom allgemeinen Verbot der Arbeit an Sonn- und Feiertagen nach § 10 des Arbeitszeitgesetzes zugelassen ist,
3. der Frau in jeder Woche im Anschluss an eine ununterbrochene Nachtruhezeit von mindestens elf Stunden ein Ersatzruhetag gewährt wird und
4. insbesondere eine unverantwortbare Gefährdung für die schwangere Frau oder ihr Kind durch Alleinarbeit ausgeschlossen ist.

Die schwangere oder stillende Frau kann ihre Erklärung nach Satz 2 Nummer 1 jederzeit mit Wirkung für die Zukunft widerrufen.

(2) Die Ausbildungsstelle darf eine schwangere oder stillende Frau im Sinne von § 1 Absatz 2 Satz 2 Nummer 8 nicht an Sonn- und Feiertagen im Rahmen der schulischen oder hochschulischen Ausbildung tätig werden lassen. Die Ausbildungsstelle darf sie an Ausbildungsveranstaltungen an Sonn- und Feiertagen teilnehmen lassen, wenn
1. sich die Frau dazu ausdrücklich bereit erklärt,
2. die Teilnahme zu Ausbildungszwecken zu dieser Zeit erforderlich ist,
3. der Frau in jeder Woche im Anschluss an eine ununterbrochene Nachtruhezeit von mindestens elf Stunden ein Ersatzruhetag gewährt wird und
4. insbesondere eine unverantwortbare Gefährdung für die schwangere Frau oder ihr Kind durch Alleinarbeit ausgeschlossen ist.

Die schwangere oder stillende Frau kann ihre Erklärung nach Satz 2 Nummer 1 jederzeit mit Wirkung für die Zukunft widerrufen.

§ 7 Freistellung für Untersuchungen und zum Stillen

(1) Der Arbeitgeber hat eine Frau für die Zeit freizustellen, die zur Durchführung der Untersuchungen im Rahmen der Leistungen der gesetzlichen Krankenversicherung bei Schwangerschaft und Mutterschaft erforderlich sind. Entsprechendes gilt zugunsten einer Frau, die nicht in der gesetzlichen Krankenversicherung versichert ist.

(2) Der Arbeitgeber hat eine stillende Frau auf ihr Verlangen während der ersten zwölf Monate nach der Entbindung für die zum Stillen erforderliche Zeit freizustellen, mindestens aber zweimal täglich für eine

halbe Stunde oder einmal täglich für eine Stunde. Bei einer zusammenhängenden Arbeitszeit von mehr als acht Stunden soll auf Verlangen der Frau zweimal eine Stillzeit von mindestens 45 Minuten oder, wenn in der Nähe der Arbeitsstätte keine Stillgelegenheit vorhanden ist, einmal eine Stillzeit von mindestens 90 Minuten gewährt werden. Die Arbeitszeit gilt als zusammenhängend, wenn sie nicht durch eine Ruhepause von mehr als zwei Stunden unterbrochen wird.

§ 8 Beschränkung von Heimarbeit

(1) Der Auftraggeber oder Zwischenmeister darf Heimarbeit an eine schwangere in Heimarbeit beschäftigte Frau oder an eine ihr Gleichgestellte nur in solchem Umfang und mit solchen Fertigungsfristen ausgeben, dass die Arbeit werktags während einer achtstündigen Tagesarbeitszeit ausgeführt werden kann.

(2) Der Auftraggeber oder Zwischenmeister darf Heimarbeit an eine stillende in Heimarbeit beschäftigte Frau oder an eine ihr Gleichgestellte nur in solchem Umfang und mit solchen Fertigungsfristen ausgeben, dass die Arbeit werktags während einer siebenstündigen Tagesarbeitszeit ausgeführt werden kann.

Unterabschnitt 2
Betrieblicher Gesundheitsschutz

§ 9 Gestaltung der Arbeitsbedingungen; unverantwortbare Gefährdung

(1) Der Arbeitgeber hat bei der Gestaltung der Arbeitsbedingungen einer schwangeren oder stillenden Frau alle aufgrund der Gefährdungsbeurteilung nach § 10 erforderlichen Maßnahmen für den Schutz ihrer physischen und psychischen Gesundheit sowie der ihres Kindes zu treffen. Er hat die Maßnahmen auf ihre Wirksamkeit zu überprüfen und erforderlichenfalls den sich ändernden Gegebenheiten anzupassen. Soweit es nach den Vorschriften dieses Gesetzes verantwortbar ist, ist der Frau auch während der Schwangerschaft, nach der Entbindung und in der Stillzeit die Fortführung ihrer Tätigkeiten zu ermöglichen. Nachteile aufgrund der Schwangerschaft, der Entbindung oder der Stillzeit sollen vermieden oder ausgeglichen werden.

(2) Der Arbeitgeber hat die Arbeitsbedingungen so zu gestalten, dass Gefährdungen einer schwangeren oder stillenden Frau oder ihres Kindes möglichst vermieden werden und eine unverantwortbare Gefährdung ausgeschlossen wird. Eine Gefährdung ist unverantwortbar, wenn die Eintrittswahrscheinlichkeit einer Gesundheitsbeeinträchtigung angesichts der zu erwartenden Schwere des möglichen Gesundheitsschadens nicht hinnehmbar ist. Eine unverantwortbare Gefährdung gilt als ausgeschlossen, wenn der Arbeitgeber alle Vorgaben einhält, die aller Wahrscheinlichkeit nach dazu führen, dass die Gesundheit einer schwangeren oder stillenden Frau oder ihres Kindes nicht beeinträchtigt wird.

(3) Der Arbeitgeber hat sicherzustellen, dass die schwangere oder stillende Frau ihre Tätigkeit am Arbeitsplatz, soweit es für sie erforderlich ist, kurz unterbrechen kann. Er hat darüber hinaus sicherzustellen, dass sich die schwangere oder stillende Frau während der Pausen und Arbeitsunterbrechungen unter geeigneten Bedingungen hinlegen, hinsetzen und ausruhen kann.

(4) Alle Maßnahmen des Arbeitgebers nach diesem Unterabschnitt sowie die Beurteilung der Arbeitsbedingungen nach § 10 müssen dem Stand der Technik, der Arbeitsmedizin und der Hygiene sowie den sonstigen gesicherten wissenschaftlichen Erkenntnissen entsprechen. Der Arbeitgeber hat bei seinen Maßnahmen die vom Ausschuss für Mutterschutz ermittelten und nach § 30 Absatz 4 im Gemeinsamen Ministerialblatt veröffentlichten Regeln und Erkenntnisse zu berücksichtigen; bei Einhaltung dieser Regeln und bei Beachtung dieser Erkenntnisse ist davon auszugehen, dass die in diesem Gesetz gestellten Anforderungen erfüllt sind.

(5) Der Arbeitgeber kann zuverlässige und fachkundige Personen schriftlich damit beauftragen, ihm obliegende Aufgaben nach diesem Unterabschnitt in eigener Verantwortung wahrzunehmen.

(6) Kosten für Maßnahmen nach diesem Gesetz darf der Arbeitgeber nicht den Personen auferlegen, die bei ihm beschäftigt sind. Die Kosten für Zeugnisse und Bescheinigungen, die die schwangere oder stillende Frau auf Verlangen des Arbeitgebers vorzulegen hat, trägt der Arbeitgeber.

§ 10 Beurteilung der Arbeitsbedingungen; Schutzmaßnahmen

(1) Im Rahmen der Beurteilung der Arbeitsbedingungen nach § 5 des Arbeitsschutzgesetzes hat der Arbeitgeber für jede Tätigkeit
1. die Gefährdungen nach Art, Ausmaß und Dauer zu beurteilen, denen eine schwangere oder stillende Frau oder ihr Kind ausgesetzt ist oder sein kann, und
2. unter Berücksichtigung des Ergebnisses der Beurteilung der Gefährdung nach Nummer 1 zu ermitteln, ob für eine schwangere oder stillende Frau oder ihr Kind voraussichtlich

a) keine Schutzmaßnahmen erforderlich sein werden,
   b) eine Umgestaltung der Arbeitsbedingungen nach § 13 Absatz 1 Nummer 1 erforderlich sein wird oder
   c) eine Fortführung der Tätigkeit der Frau an diesem Arbeitsplatz nicht möglich sein wird.

Bei gleichartigen Arbeitsbedingungen ist die Beurteilung eines Arbeitsplatzes oder einer Tätigkeit ausreichend.
(2) Sobald eine Frau dem Arbeitgeber mitgeteilt hat, dass sie schwanger ist oder stillt, hat der Arbeitgeber unverzüglich die nach Maßgabe der Gefährdungsbeurteilung nach Absatz 1 erforderlichen Schutzmaßnahmen festzulegen. Zusätzlich hat der Arbeitgeber der Frau ein Gespräch über weitere Anpassungen ihrer Arbeitsbedingungen anzubieten.
(3) Der Arbeitgeber darf eine schwangere oder stillende Frau nur diejenigen Tätigkeiten ausüben lassen, für die er die erforderlichen Schutzmaßnahmen nach Absatz 2 Satz 1 getroffen hat.

§ 11 Unzulässige Tätigkeiten und Arbeitsbedingungen für schwangere Frauen

(1) Der Arbeitgeber darf eine schwangere Frau keine Tätigkeiten ausüben lassen und sie keinen Arbeitsbedingungen aussetzen, bei denen sie in einem Maß Gefahrstoffen ausgesetzt ist oder sein kann, dass dies für sie oder für ihr Kind eine unverantwortbare Gefährdung darstellt. Eine unverantwortbare Gefährdung im Sinne von Satz 1 liegt insbesondere vor, wenn die schwangere Frau Tätigkeiten ausübt oder Arbeitsbedingungen ausgesetzt ist, bei denen sie folgenden Gefahrstoffen ausgesetzt ist oder sein kann:
1. Gefahrstoffen, die nach den Kriterien des Anhangs I zur Verordnung (EG) Nr. 1272/2008 des Europäischen Parlaments und des Rates vom 16. Dezember 2008 über die Einstufung, Kennzeichnung und Verpackung von Stoffen und Gemischen, zur Änderung und Aufhebung der Richtlinien 67/548/EWG und 1999/45/EG und zur Änderung der Verordnung (EG) Nr. 1907/2006 (ABl. L 353 vom 31. 12. 2008, S. 1) zu bewerten sind
   a) als reproduktionstoxisch nach der Kategorie 1A, 1B oder 2 oder nach der Zusatzkategorie für Wirkungen auf oder über die Laktation,
   b) als keimzellmutagen nach der Kategorie 1A oder 1B,
   c) als karzinogen nach der Kategorie 1A oder 1B,
   d) als spezifisch zielorgantoxisch nach einmaliger Exposition nach der Kategorie 1 oder
   e) als akut toxisch nach der Kategorie 1, 2 oder 3,
2. Blei und Bleiderivaten, soweit die Gefahr besteht, dass diese Stoffe vom menschlichen Körper aufgenommen werden, oder
3. Gefahrstoffen, die als Stoffe ausgewiesen sind, die auch bei Einhaltung der arbeitsplatzbezogenen Vorgaben möglicherweise zu einer Fruchtschädigung führen können.

Eine unverantwortbare Gefährdung im Sinne von Satz 1 oder 2 gilt insbesondere als ausgeschlossen,
1. wenn
   a) für den jeweiligen Gefahrstoff die arbeitsplatzbezogenen Vorgaben eingehalten werden und es sich um einen Gefahrstoff handelt, der als Stoff ausgewiesen ist, der bei Einhaltung der arbeitsplatzbezogenen Vorgaben hinsichtlich einer Fruchtschädigung als sicher bewertet wird, oder
   b) der Gefahrstoff nicht in der Lage ist, die Plazentaschranke zu überwinden, oder aus anderen Gründen ausgeschlossen ist, dass eine Fruchtschädigung eintritt, und
2. wenn der Gefahrstoff nach den Kriterien des Anhangs I zur Verordnung (EG) Nr. 1272/2008 nicht als reproduktionstoxisch nach der Zusatzkategorie für Wirkungen auf oder über die Laktation zu bewerten ist.

Die vom Ausschuss für Mutterschutz ermittelten wissenschaftlichen Erkenntnisse sind zu beachten.
(2) Der Arbeitgeber darf eine schwangere Frau keine Tätigkeiten ausüben lassen und sie keinen Arbeitsbedingungen aussetzen, bei denen sie in einem Maß mit Biostoffen der Risikogruppe 2, 3 oder 4 im Sinne von § 3 Absatz 1 der Biostoffverordnung in Kontakt kommt oder kommen kann, dass dies für sie oder für ihr Kind eine unverantwortbare Gefährdung darstellt. Eine unverantwortbare Gefährdung im Sinne von Satz 1 liegt insbesondere vor, wenn die schwangere Frau Tätigkeiten ausübt oder Arbeitsbedingungen ausgesetzt ist, bei denen sie mit folgenden Biostoffen in Kontakt kommt oder kommen kann:
1. mit Biostoffen, die in die Risikogruppe 4 im Sinne von § 3 Absatz 1 der Biostoffverordnung einzustufen sind, oder
2. mit Rötelnvirus oder mit Toxoplasma.

Die Sätze 1 und 2 gelten auch, wenn der Kontakt mit Biostoffen im Sinne von Satz 1 oder 2 therapeutische Maßnahmen erforderlich macht oder machen kann, die selbst eine unverantwortbare Gefährdung darstellen. Eine unverantwortbare Gefährdung im Sinne von Satz 1 oder 2 gilt insbesondere als ausgeschlossen, wenn die schwangere Frau über einen ausreichenden Immunschutz verfügt.

(3) Der Arbeitgeber darf eine schwangere Frau keine Tätigkeiten ausüben lassen und sie keinen Arbeitsbedingungen aussetzen, bei denen sie physikalischen Einwirkungen in einem Maß ausgesetzt ist oder sein kann, dass dies für sie oder für ihr Kind eine unverantwortbare Gefährdung darstellt. Als physikalische Einwirkungen im Sinne von Satz 1 sind insbesondere zu berücksichtigen:
1. ionisierende und nicht ionisierende Strahlungen,
2. Erschütterungen, Vibrationen und Lärm sowie
3. Hitze, Kälte und Nässe.

(4) Der Arbeitgeber darf eine schwangere Frau keine Tätigkeiten ausüben lassen und sie keinen Arbeitsbedingungen aussetzen, bei denen sie einer belastenden Arbeitsumgebung in einem Maß ausgesetzt ist oder sein kann, dass dies für sie oder für ihr Kind eine unverantwortbare Gefährdung darstellt. Der Arbeitgeber darf eine schwangere Frau insbesondere keine Tätigkeiten ausüben lassen
1. in Räumen mit einem Überdruck im Sinne von § 2 der Druckluftverordnung,
2. in Räumen mit sauerstoffreduzierter Atmosphäre oder
3. im Bergbau unter Tage.

(5) Der Arbeitgeber darf eine schwangere Frau keine Tätigkeiten ausüben lassen und sie keinen Arbeitsbedingungen aussetzen, bei denen sie körperlichen Belastungen oder mechanischen Einwirkungen in einem Maß ausgesetzt ist oder sein kann, dass dies für sie oder für ihr Kind eine unverantwortbare Gefährdung darstellt. Der Arbeitgeber darf eine schwangere Frau insbesondere keine Tätigkeiten ausüben lassen, bei denen
1. sie ohne mechanische Hilfsmittel regelmäßig Lasten von mehr als 5 Kilogramm Gewicht oder gelegentlich Lasten von mehr als 10 Kilogramm Gewicht von Hand heben, halten, bewegen oder befördern muss,
2. sie mit mechanischen Hilfsmitteln Lasten von Hand heben, halten, bewegen oder befördern muss und dabei ihre körperliche Beanspruchung der von Arbeiten nach Nummer 1 entspricht,
3. sie nach Ablauf des fünften Monats der Schwangerschaft überwiegend bewegungsarm ständig stehen muss und wenn diese Tätigkeit täglich vier Stunden überschreitet,
4. sie sich häufig erheblich strecken, beugen, dauernd hocken, sich gebückt halten oder sonstige Zwangshaltungen einnehmen muss,
5. sie auf Beförderungsmitteln eingesetzt wird, wenn dies für sie oder für ihr Kind eine unverantwortbare Gefährdung darstellt,
6. Unfälle, insbesondere durch Ausgleiten, Fallen oder Stürzen, oder Tätlichkeiten zu befürchten sind, die für sie oder für ihr Kind eine unverantwortbare Gefährdung darstellen,
7. sie eine Schutzausrüstung tragen muss und das Tragen eine Belastung darstellt oder
8. eine Erhöhung des Drucks im Bauchraum zu befürchten ist, insbesondere bei Tätigkeiten mit besonderer Fußbeanspruchung.

(6) Der Arbeitgeber darf eine schwangere Frau folgende Arbeiten nicht ausüben lassen:
1. Akkordarbeit oder sonstige Arbeiten, bei denen durch ein gesteigertes Arbeitstempo ein höheres Entgelt erzielt werden kann,
2. Fließarbeit oder
3. getaktete Arbeit mit vorgeschriebenem Arbeitstempo, wenn die Art der Arbeit oder das Arbeitstempo für die schwangere Frau oder für ihr Kind eine unverantwortbare Gefährdung darstellt.

§ 12 Unzulässige Tätigkeiten und Arbeitsbedingungen für stillende Frauen

(1) Der Arbeitgeber darf eine stillende Frau keine Tätigkeiten ausüben lassen und sie keinen Arbeitsbedingungen aussetzen, bei denen sie in einem Maß Gefahrstoffen ausgesetzt ist oder sein kann, dass dies für sie oder für ihr Kind eine unverantwortbare Gefährdung darstellt. Eine unverantwortbare Gefährdung im Sinne von Satz 1 liegt insbesondere vor, wenn die stillende Frau Tätigkeiten ausübt oder Arbeitsbedingungen ausgesetzt ist, bei denen sie folgenden Gefahrstoffen ausgesetzt ist oder sein kann:
1. Gefahrstoffen, die nach den Kriterien des Anhangs I zur Verordnung (EG) Nr. 1272/2008 als reproduktionstoxisch nach der Zusatzkategorie für Wirkungen auf oder über die Laktation zu bewerten sind oder
2. Blei und Bleiderivaten, soweit die Gefahr besteht, dass diese Stoffe vom menschlichen Körper aufgenommen werden.

(2) Der Arbeitgeber darf eine stillende Frau keine Tätigkeiten ausüben lassen und sie keinen Arbeitsbedingungen aussetzen, bei denen sie in einem Maß mit Biostoffen der Risikogruppe 2, 3 oder 4 im Sinne von § 3 Absatz 1 der Biostoffverordnung in Kontakt kommt oder kommen kann, dass dies für sie oder für ihr Kind eine unverantwortbare Gefährdung darstellt. Eine unverantwortbare Gefährdung im Sinne von Satz 1 liegt insbesondere vor, wenn die stillende Frau Tätigkeiten ausübt oder Arbeitsbedingungen ausgesetzt ist, bei denen sie mit Biostoffen in Kontakt kommt oder kommen kann, die in die Risikogruppe 4 im Sinne von § 3 Absatz 1 der Biostoffverordnung einzustufen sind. Die Sätze 1 und 2 gelten auch, wenn der Kontakt mit Biostoffen im Sinne von Satz 1 oder 2 therapeutische Maßnahmen erforderlich macht oder machen kann, die selbst eine unverantwortbare Gefährdung darstellen. Eine unverantwortbare Gefährdung im Sinne von Satz 1 oder 2 gilt als ausgeschlossen, wenn die stillende Frau über einen ausreichenden Immunschutz verfügt.

(3) Der Arbeitgeber darf eine stillende Frau keine Tätigkeiten ausüben lassen und sie keinen Arbeitsbedingungen aussetzen, bei denen sie physikalischen Einwirkungen in einem Maß ausgesetzt ist oder sein kann, dass dies für sie oder für ihr Kind eine unverantwortbare Gefährdung darstellt. Als physikalische Einwirkungen im Sinne von Satz 1 sind insbesondere ionisierende und nicht ionisierende Strahlungen zu berücksichtigen.

(4) Der Arbeitgeber darf eine stillende Frau keine Tätigkeiten ausüben lassen und sie keinen Arbeitsbedingungen aussetzen, bei denen sie einer belastenden Arbeitsumgebung in einem Maß ausgesetzt ist oder sein kann, dass dies für sie oder für ihr Kind eine unverantwortbare Gefährdung darstellt. Der Arbeitgeber darf eine stillende Frau insbesondere keine Tätigkeiten ausüben lassen
1. in Räumen mit einem Überdruck im Sinne von § 2 der Druckluftverordnung oder
2. im Bergbau unter Tage.

(5) Der Arbeitgeber darf eine stillende Frau folgende Arbeiten nicht ausüben lassen:
1. Akkordarbeit oder sonstige Arbeiten, bei denen durch ein gesteigertes Arbeitstempo ein höheres Entgelt erzielt werden kann,
2. Fließarbeit oder
3. getaktete Arbeit mit vorgeschriebenem Arbeitstempo, wenn die Art der Arbeit oder das Arbeitstempo für die stillende Frau oder für ihr Kind eine unverantwortbare Gefährdung darstellt.

§ 13 Rangfolge der Schutzmaßnahmen: Umgestaltung der Arbeitsbedingungen, Arbeitsplatzwechsel und betriebliches Beschäftigungsverbot

(1) Werden unverantwortbare Gefährdungen im Sinne von § 9, § 11 oder § 12 festgestellt, hat der Arbeitgeber für jede Tätigkeit einer schwangeren oder stillenden Frau Schutzmaßnahmen in folgender Rangfolge zu treffen:
1. Der Arbeitgeber hat die Arbeitsbedingungen für die schwangere oder stillende Frau durch Schutzmaßnahmen nach Maßgabe des § 9 Absatz 2 umzugestalten.
2. Kann der Arbeitgeber unverantwortbare Gefährdungen für die schwangere oder stillende Frau nicht durch die Umgestaltung der Arbeitsbedingungen nach Nummer 1 ausschließen oder ist eine Umgestaltung wegen des nachweislich unverhältnismäßigen Aufwandes nicht zumutbar, hat der Arbeitgeber die Frau an einem anderen geeigneten Arbeitsplatz einzusetzen, wenn er einen solchen Arbeitsplatz zur Verfügung stellen kann und dieser Arbeitsplatz der schwangeren oder stillenden Frau zumutbar ist.
3. Kann der Arbeitgeber unverantwortbare Gefährdungen für die schwangere oder stillende Frau weder durch Schutzmaßnahmen nach Nummer 1 noch durch einen Arbeitsplatzwechsel nach Nummer 2 ausschließen, darf er die schwangere oder stillende Frau nicht weiter beschäftigen.

(2) Der Auftraggeber oder Zwischenmeister darf keine Heimarbeit an schwangere oder stillende Frauen ausgeben, wenn unverantwortbare Gefährdungen nicht durch Schutzmaßnahmen nach Absatz 1 Nummer 1 ausgeschlossen werden können.

§ 14 Dokumentation und Information durch den Arbeitgeber

(1) Der Arbeitgeber hat die Beurteilung der Arbeitsbedingungen nach § 10 durch Unterlagen zu dokumentieren, aus denen Folgendes ersichtlich ist:
1. das Ergebnis der Gefährdungsbeurteilung nach § 10 Absatz 1 Satz 1 Nummer 1 und der Bedarf an Schutzmaßnahmen nach § 10 Absatz 1 Satz 1 Nummer 2,
2. die Festlegung der erforderlichen Schutzmaßnahmen nach § 10 Absatz 2 Satz 1 sowie das Ergebnis ihrer Überprüfung nach § 9 Absatz 1 Satz 2 und

3. das Angebot eines Gesprächs mit der Frau über weitere Anpassungen ihrer Arbeitsbedingungen nach § 10 Absatz 2 Satz 2 oder der Zeitpunkt eines solchen Gesprächs.

Wenn die Beurteilung nach § 10 Absatz 1 ergibt, dass die schwangere oder stillende Frau oder ihr Kind keiner Gefährdung im Sinne von § 9 Absatz 2 ausgesetzt ist oder sein kann, reicht es aus, diese Feststellung in einer für den Arbeitsplatz der Frau oder für die Tätigkeit der Frau bereits erstellten Dokumentation der Beurteilung der Arbeitsbedingungen nach § 5 des Arbeitsschutzgesetzes zu vermerken.
(2) Der Arbeitgeber hat alle Personen, die bei ihm beschäftigt sind, über das Ergebnis der Gefährdungsbeurteilung nach § 10 Absatz 1 Satz 1 Nummer 1 und über den Bedarf an Schutzmaßnahmen nach § 10 Absatz 1 Satz 1 Nummer 2 zu informieren.
(3) Der Arbeitgeber hat eine schwangere oder stillende Frau über die Gefährdungsbeurteilung nach § 10 Absatz 1 Satz 1 Nummer 1 und über die damit verbundenen für sie erforderlichen Schutzmaßnahmen nach § 10 Absatz 2 Satz 1 in Verbindung mit § 13 zu informieren.

§ 15 Mitteilungen und Nachweise der schwangeren und stillenden Frauen
(1) Eine schwangere Frau soll ihrem Arbeitgeber ihre Schwangerschaft und den voraussichtlichen Tag der Entbindung mitteilen, sobald sie weiß, dass sie schwanger ist. Eine stillende Frau soll ihrem Arbeitgeber so früh wie möglich mitteilen, dass sie stillt.
(2) Auf Verlangen des Arbeitgebers soll eine schwangere Frau als Nachweis über ihre Schwangerschaft ein ärztliches Zeugnis oder das Zeugnis einer Hebamme oder eines Entbindungspflegers vorlegen. Das Zeugnis über die Schwangerschaft soll den voraussichtlichen Tag der Entbindung enthalten.

Unterabschnitt 3
Ärztlicher Gesundheitsschutz

§ 16 Ärztliches Beschäftigungsverbot
(1) Der Arbeitgeber darf eine schwangere Frau nicht beschäftigen, soweit nach einem ärztlichen Zeugnis ihre Gesundheit oder die ihres Kindes bei Fortdauer der Beschäftigung gefährdet ist.
(2) Der Arbeitgeber darf eine Frau, die nach einem ärztlichen Zeugnis in den ersten Monaten nach der Entbindung nicht voll leistungsfähig ist, nicht mit Arbeiten beschäftigen, die ihre Leistungsfähigkeit übersteigen.

Abschnitt 3
Kündigungsschutz

§ 17 Kündigungsverbot
(1) Die Kündigung gegenüber einer Frau ist unzulässig
1. während ihrer Schwangerschaft,
2. bis zum Ablauf von vier Monaten nach einer Fehlgeburt nach der zwölften Schwangerschaftswoche und
3. bis zum Ende ihrer Schutzfrist nach der Entbindung, mindestens jedoch bis zum Ablauf von vier Monaten nach der Entbindung,

wenn dem Arbeitgeber zum Zeitpunkt der Kündigung die Schwangerschaft, die Fehlgeburt nach der zwölften Schwangerschaftswoche oder die Entbindung bekannt ist oder wenn sie ihm innerhalb von zwei Wochen nach Zugang der Kündigung mitgeteilt wird. Das Überschreiten dieser Frist ist unschädlich, wenn die Überschreitung auf einem von der Frau nicht zu vertretenden Grund beruht und die Mitteilung unverzüglich nachgeholt wird. Die Sätze 1 und 2 gelten entsprechend für Vorbereitungsmaßnahmen des Arbeitgebers, die er im Hinblick auf eine Kündigung der Frau trifft.
(2) Die für den Arbeitsschutz zuständige oberste Landesbehörde oder die von ihr bestimmte Stelle kann in besonderen Fällen, die nicht mit dem Zustand der Frau in der Schwangerschaft, nach einer Fehlgeburt nach der zwölften Schwangerschaftswoche oder nach der Entbindung in Zusammenhang stehen, ausnahmsweise die Kündigung für zulässig erklären. Die Kündigung bedarf der Schriftform und muss den Kündigungsgrund angeben.
(3) Der Auftraggeber oder Zwischenmeister darf eine in Heimarbeit beschäftigte Frau in den Fristen nach Absatz 1 Satz 1 nicht gegen ihren Willen bei der Ausgabe von Heimarbeit ausschließen; die §§ 3, 8, 11, 12, 13 Absatz 2 und § 16 bleiben unberührt. Absatz 1 gilt auch für eine Frau, die der in Heimarbeit beschäftigten Frau gleichgestellt ist und deren Gleichstellung sich auch auf § 29 des Heimarbeitsgesetzes erstreckt. Absatz 2 gilt für eine in Heimarbeit beschäftigte Frau und eine ihr Gleichgestellte entsprechend.

Abschnitt 4
Leistungen

§ 18 Mutterschutzlohn

Eine Frau, die wegen eines Beschäftigungsverbots außerhalb der Schutzfristen vor oder nach der Entbindung teilweise oder gar nicht beschäftigt werden darf, erhält von ihrem Arbeitgeber Mutterschutzlohn. Als Mutterschutzlohn wird das durchschnittliche Arbeitsentgelt der letzten drei abgerechneten Kalendermonate vor dem Eintritt der Schwangerschaft gezahlt. Dies gilt auch, wenn wegen dieses Verbots die Beschäftigung oder die Entlohnungsart wechselt. Beginnt das Beschäftigungsverhältnis erst nach Eintritt der Schwangerschaft, ist das durchschnittliche Arbeitsentgelt aus dem Arbeitsentgelt der ersten drei Monate der Beschäftigung zu berechnen.

§ 19 Mutterschaftsgeld

(1) Eine Frau, die Mitglied einer gesetzlichen Krankenkasse ist, erhält für die Zeit der Schutzfristen vor und nach der Entbindung sowie für den Entbindungstag Mutterschaftsgeld nach den Vorschriften des Fünften Buches Sozialgesetzbuch oder nach den Vorschriften des Zweiten Gesetzes über die Krankenversicherung der Landwirte.
(2) Eine Frau, die nicht Mitglied einer gesetzlichen Krankenkasse ist, erhält für die Zeit der Schutzfristen vor und nach der Entbindung sowie für den Entbindungstag Mutterschaftsgeld zu Lasten des Bundes in entsprechender Anwendung der Vorschriften des Fünften Buches Sozialgesetzbuch über das Mutterschaftsgeld, jedoch insgesamt höchstens 210 Euro. Das Mutterschaftsgeld wird dieser Frau auf Antrag vom Bundesamt für Soziale Sicherung gezahlt. Endet das Beschäftigungsverhältnis nach Maßgabe von § 17 Absatz 2 durch eine Kündigung, erhält die Frau Mutterschaftsgeld in entsprechender Anwendung der Sätze 1 und 2 für die Zeit nach dem Ende des Beschäftigungsverhältnisses.

§ 20 Zuschuss zum Mutterschaftsgeld

(1) Eine Frau erhält während ihres bestehenden Beschäftigungsverhältnisses für die Zeit der Schutzfristen vor und nach der Entbindung sowie für den Entbindungstag von ihrem Arbeitgeber einen Zuschuss zum Mutterschaftsgeld. Als Zuschuss zum Mutterschaftsgeld wird der Unterschiedsbetrag zwischen 13 Euro und dem um die gesetzlichen Abzüge verminderten durchschnittlichen kalendertäglichen Arbeitsentgelt der letzten drei abgerechneten Kalendermonate vor Beginn der Schutzfrist vor der Entbindung gezahlt. Einer Frau, deren Beschäftigungsverhältnis während der Schutzfristen vor oder nach der Entbindung beginnt, wird der Zuschuss zum Mutterschaftsgeld von Beginn des Beschäftigungsverhältnisses an gezahlt.
(2) Ist eine Frau für mehrere Arbeitgeber tätig, sind für die Berechnung des Arbeitgeberzuschusses nach Absatz 1 die durchschnittlichen kalendertäglichen Arbeitsentgelte aus diesen Beschäftigungsverhältnissen zusammenzurechnen. Den sich daraus ergebenden Betrag zahlen die Arbeitgeber anteilig im Verhältnis der von ihnen gezahlten durchschnittlichen kalendertäglichen Arbeitsentgelte.
(3) Endet das Beschäftigungsverhältnis nach Maßgabe von § 17 Absatz 2 durch eine Kündigung, erhält die Frau für die Zeit nach dem Ende des Beschäftigungsverhältnisses den Zuschuss zum Mutterschaftsgeld nach Absatz 1 von der für die Zahlung des Mutterschaftsgeldes zuständigen Stelle. Satz 1 gilt entsprechend, wenn der Arbeitgeber wegen eines Insolvenzereignisses im Sinne von § 165 Absatz 1 Satz 2 des Dritten Buches Sozialgesetzbuch den Zuschuss nach Absatz 1 nicht zahlen kann.

§ 21 Ermittlung des durchschnittlichen Arbeitsentgelts

(1) Bei der Bestimmung des Berechnungszeitraumes für die Ermittlung des durchschnittlichen Arbeitsentgelts für die Leistungen nach den §§ 18 bis 20 bleiben Zeiten unberücksichtigt, in denen die Frau infolge unverschuldeter Fehlzeiten kein Arbeitsentgelt erzielt hat. War das Beschäftigungsverhältnis kürzer als drei Monate, ist der Berechnung der tatsächliche Zeitraum des Beschäftigungsverhältnisses zugrunde zu legen.
(2) Für die Ermittlung des durchschnittlichen Arbeitsentgelts für die Leistungen nach den §§ 18 bis 20 bleiben unberücksichtigt:
1. einmalig gezahltes Arbeitsentgelt im Sinne von § 23a des Vierten Buches Sozialgesetzbuch,
2. Kürzungen des Arbeitsentgelts, die im Berechnungszeitraum infolge von Kurzarbeit, Arbeitsausfällen oder unverschuldetem Arbeitsversäumnis eintreten, und
3. im Fall der Beendigung der Elternzeit nach dem Bundeselterngeld- und Elternzeitgesetz das Arbeitsentgelt aus Teilzeitbeschäftigung, das vor der Beendigung der Elternzeit während der Elternzeit erzielt wurde, soweit das durchschnittliche Arbeitsentgelt ohne die Berücksichtigung der Zeiten, in denen dieses Arbeitsentgelt erzielt wurde, höher ist.

(3) Ist die Ermittlung des durchschnittlichen Arbeitsentgelts entsprechend den Absätzen 1 und 2 nicht möglich, ist das durchschnittliche kalendertägliche Arbeitsentgelt einer vergleichbar beschäftigten Person zugrunde zu legen.
(4) Bei einer dauerhaften Änderung der Arbeitsentgelthöhe ist die geänderte Arbeitsentgelthöhe bei der Ermittlung des durchschnittlichen Arbeitsentgelts für die Leistungen nach den §§ 18 bis 20 zugrunde zu legen, und zwar
1. für den gesamten Berechnungszeitraum, wenn die Änderung während des Berechnungszeitraums wirksam wird,
2. ab Wirksamkeit der Änderung der Arbeitsentgelthöhe, wenn die Änderung der Arbeitsentgelthöhe nach dem Berechnungszeitraum wirksam wird.

§ 22 Leistungen während der Elternzeit
Während der Elternzeit sind Ansprüche auf Leistungen nach den §§ 18 und 20 aus dem wegen der Elternzeit ruhenden Arbeitsverhältnis ausgeschlossen. Übt die Frau während der Elternzeit eine Teilzeitarbeit aus, ist für die Ermittlung des durchschnittlichen Arbeitsentgelts nur das Arbeitsentgelt aus dieser Teilzeitarbeit zugrunde zu legen.

§ 23 Entgelt bei Freistellung für Untersuchungen und zum Stillen
(1) Durch die Gewährung der Freistellung nach § 7 darf bei der schwangeren oder stillenden Frau kein Entgeltausfall eintreten. Freistellungszeiten sind weder vor- noch nachzuarbeiten. Sie werden nicht auf Ruhepausen angerechnet, die im Arbeitszeitgesetz oder in anderen Vorschriften festgelegt sind.
(2) Der Auftraggeber oder Zwischenmeister hat einer in Heimarbeit beschäftigten Frau und der ihr Gleichgestellten für die Stillzeit ein Entgelt zu zahlen, das nach der Höhe des durchschnittlichen Stundenentgelts für jeden Werktag zu berechnen ist. Ist eine Frau für mehrere Auftraggeber oder Zwischenmeister tätig, haben diese das Entgelt für die Stillzeit zu gleichen Teilen zu zahlen. Auf das Entgelt finden die Vorschriften der §§ 23 bis 25 des Heimarbeitsgesetzes über den Entgeltschutz Anwendung.

§ 24 Fortbestehen des Erholungsurlaubs bei Beschäftigungsverboten
Für die Berechnung des Anspruchs auf bezahlten Erholungsurlaub gelten die Ausfallzeiten wegen eines Beschäftigungsverbots als Beschäftigungszeiten. Hat eine Frau ihren Urlaub vor Beginn eines Beschäftigungsverbots nicht oder nicht vollständig erhalten, kann sie nach dem Ende des Beschäftigungsverbots den Resturlaub im laufenden oder im nächsten Urlaubsjahr beanspruchen.

§ 25 Beschäftigung nach dem Ende des Beschäftigungsverbots
Mit dem Ende eines Beschäftigungsverbots im Sinne von § 2 Absatz 3 hat eine Frau das Recht, entsprechend den vertraglich vereinbarten Bedingungen beschäftigt zu werden.

Abschnitt 5
Durchführung des Gesetzes

§ 26 Aushang des Gesetzes
(1) In Betrieben und Verwaltungen, in denen regelmäßig mehr als drei Frauen beschäftigt werden, hat der Arbeitgeber eine Kopie dieses Gesetzes an geeigneter Stelle zur Einsicht auszulegen oder auszuhängen. Dies gilt nicht, wenn er das Gesetz für die Personen, die bei ihm beschäftigt sind, in einem elektronischen Verzeichnis jederzeit zugänglich gemacht hat.
(2) Für eine in Heimarbeit beschäftigte Frau oder eine ihr Gleichgestellten muss der Auftraggeber oder Zwischenmeister in den Räumen der Ausgabe oder Abnahme von Heimarbeit eine Kopie dieses Gesetzes an geeigneter Stelle zur Einsicht auslegen oder aushängen. Absatz 1 Satz 2 gilt entsprechend.

§ 27 Mitteilungs- und Aufbewahrungspflichten des Arbeitgebers, Offenbarungsverbot der mit der Überwachung beauftragten Personen
(1) Der Arbeitgeber hat die Aufsichtsbehörde unverzüglich zu benachrichtigen,
1. wenn eine Frau ihm mitgeteilt hat,
   a) dass sie schwanger ist oder
   b) dass sie stillt, es sei denn, er hat die Aufsichtsbehörde bereits über die Schwangerschaft dieser Frau benachrichtigt, oder
2. wenn er beabsichtigt, eine schwangere oder stillende Frau zu beschäftigen
   a) bis 22 Uhr nach den Vorgaben des § 5 Absatz 2 Satz 2 und 3,

b) an Sonn- und Feiertagen nach den Vorgaben des § 6 Absatz 1 Satz 2 und 3 oder Absatz 2 Satz 2 und 3 oder
c) mit getakteter Arbeit im Sinne von § 11 Absatz 6 Nummer 3 oder § 12 Absatz 5 Nummer 3.

Er darf diese Informationen nicht unbefugt an Dritte weitergeben.

(2) Der Arbeitgeber hat der Aufsichtsbehörde auf Verlangen die Angaben zu machen, die zur Erfüllung der Aufgaben dieser Behörde erforderlich sind. Er hat die Angaben wahrheitsgemäß, vollständig und rechtzeitig zu machen.

(3) Der Arbeitgeber hat der Aufsichtsbehörde auf Verlangen die Unterlagen zur Einsicht vorzulegen oder einzusenden, aus denen Folgendes ersichtlich ist:
1. die Namen der schwangeren oder stillenden Frauen, die bei ihm beschäftigt sind,
2. die Art und der zeitliche Umfang ihrer Beschäftigung,
3. die Entgelte, die an sie gezahlt worden sind,
4. die Ergebnisse der Beurteilung der Arbeitsbedingungen nach § 10 und
5. alle sonstigen nach Absatz 2 erforderlichen Angaben.

(4) Die auskunftspflichtige Person kann die Auskunft auf solche Fragen oder die Vorlage derjenigen Unterlagen verweigern, deren Beantwortung oder Vorlage sie selbst oder einen ihrer in § 383 Absatz 1 Nummer 1 bis 3 der Zivilprozessordung bezeichneten Angehörigen der Gefahr der Verfolgung wegen einer Straftat oder Ordnungswidrigkeit aussetzen würde. Die auskunftspflichtige Person ist darauf hinzuweisen.

(5) Der Arbeitgeber hat die in Absatz 3 genannten Unterlagen mindestens bis zum Ablauf von zwei Jahren nach der letzten Eintragung aufzubewahren.

(6) Die mit der Überwachung beauftragten Personen der Aufsichtsbehörde dürfen die ihnen bei ihrer Überwachungstätigkeit zur Kenntnis gelangten Geschäfts- und Betriebsgeheimnisse nur in den gesetzlich geregelten Fällen oder zur Verfolgung von Rechtsverstößen oder zur Erfüllung von gesetzlich geregelten Aufgaben zum Schutz der Umwelt den dafür zuständigen Behörden offenbaren. Soweit es sich bei Geschäfts- und Betriebsgeheimnissen um Informationen über die Umwelt im Sinne des Umweltinformationsgesetzes handelt, richtet sich die Befugnis zu ihrer Offenbarung nach dem Umweltinformationsgesetz.

§ 28 Behördliches Genehmigungsverfahren für eine Beschäftigung zwischen 20 Uhr und 22 Uhr

(1) Die Aufsichtsbehörde kann abweichend von § 5 Absatz 1 Satz 1 auf Antrag des Arbeitgebers genehmigen, dass eine schwangere oder stillende Frau zwischen 20 Uhr und 22 Uhr beschäftigt wird, wenn
1. sich die Frau dazu ausdrücklich bereit erklärt,
2. nach ärztlichem Zeugnis nichts gegen die Beschäftigung der Frau bis 22 Uhr spricht und
3. insbesondere eine unverantwortbare Gefährdung für die schwangere Frau oder ihr Kind durch Alleinarbeit ausgeschlossen ist.

Dem Antrag ist die Dokumentation der Beurteilung der Arbeitsbedingungen nach § 14 Absatz 1 beizufügen. Die schwangere oder stillende Frau kann ihre Erklärung nach Satz 1 Nummer 1 jederzeit mit Wirkung für die Zukunft widerrufen.

(2) Solange die Aufsichtsbehörde den Antrag nicht ablehnt oder die Beschäftigung zwischen 20 Uhr und 22 Uhr nicht vorläufig untersagt, darf der Arbeitgeber die Frau unter den Voraussetzungen des Absatzes 1 beschäftigen. Die Aufsichtsbehörde hat dem Arbeitgeber nach Eingang des Antrags unverzüglich eine Mitteilung zu machen, wenn die für den Antrag nach Absatz 1 erforderlichen Unterlagen unvollständig sind. Die Aufsichtsbehörde kann die Beschäftigung vorläufig untersagen, soweit dies erforderlich ist, um den Schutz der Gesundheit der Frau oder ihres Kindes sicherzustellen.

(3) Lehnt die Aufsichtsbehörde den Antrag nicht innerhalb von sechs Wochen nach Eingang des vollständigen Antrags ab, gilt die Genehmigung als erteilt. Auf Verlangen ist dem Arbeitgeber der Eintritt der Genehmigungsfiktion (§ 42a des Verwaltungsverfahrensgesetzes) zu bescheinigen.

(4) Im Übrigen gelten die Vorschriften des Verwaltungsverfahrensgesetzes.

§ 29 Zuständigkeit und Befugnisse der Aufsichtsbehörden, Jahresbericht

(1) Die Aufsicht über die Ausführung der Vorschriften dieses Gesetzes und der aufgrund dieses Gesetzes erlassenen Vorschriften obliegt den nach Landesrecht zuständigen Behörden (Aufsichtsbehörden).

(2) Die Aufsichtsbehörden haben dieselben Befugnisse wie die nach § 22 Absatz 2 und 3 des Arbeitsschutzgesetzes mit der Überwachung beauftragten Personen. Das Grundrecht der Unverletzlichkeit der Wohnung (Artikel 13 des Grundgesetzes) wird insoweit eingeschränkt.

(3) Die Aufsichtsbehörde kann in Einzelfällen die erforderlichen Maßnahmen anordnen, die der Arbeitgeber zur Erfüllung derjenigen Pflichten zu treffen hat, die sich aus Abschnitt 2 dieses Gesetzes und aus den aufgrund des § 31 Nummer 1 bis 5 erlassenen Rechtsverordnungen ergeben. Insbesondere kann die Aufsichtsbehörde:
1. in besonders begründeten Einzelfällen Ausnahmen vom Verbot der Mehrarbeit nach § 4 Absatz 1 Satz 1, 2 oder 4 sowie vom Verbot der Nachtarbeit auch zwischen 22 Uhr und 6 Uhr nach § 5 Absatz 1 Satz 1 oder Absatz 2 Satz 1 bewilligen, wenn
    a) sich die Frau dazu ausdrücklich bereit erklärt,
    b) nach ärztlichem Zeugnis nichts gegen die Beschäftigung spricht und
    c) in den Fällen des § 5 Absatz 1 Satz 1 oder Absatz 2 Satz 1 insbesondere eine unverantwortbare Gefährdung für die schwangere Frau oder ihr Kind durch Alleinarbeit ausgeschlossen ist,
2. verbieten, dass ein Arbeitgeber eine schwangere oder stillende Frau
    a) nach § 5 Absatz 2 Satz 2 zwischen 20 Uhr und 22 Uhr beschäftigt oder
    b) nach § 6 Absatz 1 Satz 2 oder nach § 6 Absatz 2 Satz 2 an Sonn- und Feiertagen beschäftigt,
3. Einzelheiten zur Freistellung zum Stillen nach § 7 Absatz 2 und zur Bereithaltung von Räumlichkeiten, die zum Stillen geeignet sind, anordnen,
4. Einzelheiten zur zulässigen Arbeitsmenge nach § 8 anordnen,
5. Schutzmaßnahmen nach § 9 Absatz 1 bis 3 und nach § 13 anordnen,
6. Einzelheiten zu Art und Umfang der Beurteilung der Arbeitsbedingungen nach § 10 anordnen,
7. bestimmte Tätigkeiten oder Arbeitsbedingungen nach § 11 oder nach § 12 verbieten,
8. Ausnahmen von den Vorschriften des § 11 Absatz 6 Nummer 1 und 2 und des § 12 Absatz 5 Nummer 1 und 2 bewilligen, wenn die Art der Arbeit und das Arbeitstempo keine unverantwortbare Gefährdung für die schwangere oder stillende Frau oder für ihr Kind darstellen, und
9. Einzelheiten zu Art und Umfang der Dokumentation und Information nach § 14 anordnen.
Die schwangere oder stillende Frau kann ihre Erklärung nach Satz 2 Nummer 1 Buchstabe a jederzeit mit Wirkung für die Zukunft widerrufen.
(4) Die Aufsichtsbehörde berät den Arbeitgeber bei der Erfüllung seiner Pflichten nach diesem Gesetz sowie die bei ihm beschäftigten Personen zu ihren Rechten und Pflichten nach diesem Gesetz; dies gilt nicht für die Rechte und Pflichten nach den §§ 18 bis 22.
(5) Für Betriebe und Verwaltungen im Geschäftsbereich des Bundesministeriums der Verteidigung wird die Aufsicht nach Absatz 1 durch das Bundesministerium der Verteidigung oder die von ihm bestimmte Stelle in eigener Zuständigkeit durchgeführt.
(6) Die zuständigen obersten Landesbehörden haben über die Überwachungstätigkeit der ihnen unterstellten Behörden einen Jahresbericht zu veröffentlichen. Der Jahresbericht umfasst auch Angaben zur Erfüllung von Unterrichtspflichten aus internationalen Übereinkommen oder Rechtsakten der Europäischen Union, soweit sie den Mutterschutz betreffen.

§ 30 Ausschuss für Mutterschutz

(1) Beim Bundesministerium für Familie, Senioren, Frauen und Jugend wird ein Ausschuss für Mutterschutz gebildet, in dem geeignete Personen vonseiten der öffentlichen und privaten Arbeitgeber, der Ausbildungsstellen, der Gewerkschaften, der Studierendenvertretungen und der Landesbehörden sowie weitere geeignete Personen, insbesondere aus der Wissenschaft, vertreten sein sollen. Dem Ausschuss sollen nicht mehr als 15 Mitglieder angehören. Für jedes Mitglied ist ein stellvertretendes Mitglied zu benennen. Die Mitgliedschaft im Ausschuss für Mutterschutz ist ehrenamtlich.
(2) Das Bundesministerium für Familie, Senioren, Frauen und Jugend beruft im Einvernehmen mit dem Bundesministerium für Arbeit und Soziales, dem Bundesministerium für Gesundheit und dem Bundesministerium für Bildung und Forschung die Mitglieder des Ausschusses für Mutterschutz und die stellvertretenden Mitglieder. Der Ausschuss gibt sich eine Geschäftsordnung und wählt die Vorsitzende oder den Vorsitzenden aus seiner Mitte. Die Geschäftsordnung und die Wahl der oder des Vorsitzenden bedürfen der Zustimmung des Bundesministeriums für Familie, Senioren, Frauen und Jugend. Die Zustimmung erfolgt im Einvernehmen mit dem Bundesministerium für Arbeit und Soziales und dem Bundesministerium für Gesundheit.
(3) Zu den Aufgaben des Ausschusses für Mutterschutz gehört es,
1. Art, Ausmaß und Dauer der möglichen unverantwortbaren Gefährdungen einer schwangeren oder stillenden Frau und ihres Kindes nach wissenschaftlichen Erkenntnissen zu ermitteln und zu begründen,

2. sicherheitstechnische, arbeitsmedizinische und arbeitshygienische Regeln zum Schutz der schwangeren oder stillenden Frau und ihres Kindes aufzustellen und
3. das Bundesministerium für Familie, Senioren, Frauen und Jugend in allen mutterschutzbezogenen Fragen zu beraten.

Der Ausschuss arbeitet eng mit den Ausschüssen nach § 18 Absatz 2 Nummer 5 des Arbeitsschutzgesetzes zusammen.

(4) Nach Prüfung durch das Bundesministerium für Familie, Senioren, Frauen und Jugend, durch das Bundesministerium für Arbeit und Soziales, durch das Bundesministerium für Gesundheit und durch das Bundesministerium für Bildung und Forschung kann das Bundesministerium für Familie, Senioren, Frauen und Jugend im Einvernehmen mit den anderen in diesem Absatz genannten Bundesministerien die vom Ausschuss für Mutterschutz nach Absatz 3 aufgestellten Regeln und Erkenntnisse im Gemeinsamen Ministerialblatt veröffentlichen.

(5) Die Bundesministerien sowie die obersten Landesbehörden können zu den Sitzungen des Ausschusses für Mutterschutz Vertreterinnen oder Vertreter entsenden. Auf Verlangen ist ihnen in der Sitzung das Wort zu erteilen.

(6) Die Geschäfte des Ausschusses für Mutterschutz werden vom Bundesamt für Familie und zivilgesellschaftliche Aufgaben geführt.

§ 31 Erlass von Rechtsverordnungen

Die Bundesregierung wird ermächtigt, durch Rechtsverordnung mit Zustimmung des Bundesrates Folgendes zu regeln:
1. nähere Bestimmungen zum Begriff der unverantwortbaren Gefährdung nach § 9 Absatz 2 Satz 2 und 3,
2. nähere Bestimmungen zur Durchführung der erforderlichen Schutzmaßnahmen nach § 9 Absatz 1 und 2 und nach § 13,
3. nähere Bestimmungen zu Art und Umfang der Beurteilung der Arbeitsbedingungen nach § 10,
4. Festlegungen von unzulässigen Tätigkeiten und Arbeitsbedingungen im Sinne von § 11 oder § 12 oder von anderen nach diesem Gesetz unzulässigen Tätigkeiten und Arbeitsbedingungen,
5. nähere Bestimmungen zur Dokumentation und Information nach § 14,
6. nähere Bestimmungen zur Ermittlung des durchschnittlichen Arbeitsentgelts im Sinne der §§ 18 bis 22 und
7. nähere Bestimmungen zum erforderlichen Inhalt der Benachrichtigung, ihrer Form, der Art und Weise der Übermittlung sowie die Empfänger der vom Arbeitgeber nach § 27 zu meldenden Informationen.

Abschnitt 6
Bußgeldvorschriften, Strafvorschriften

§ 32 Bußgeldvorschriften

(1) Ordnungswidrig handelt, wer vorsätzlich oder fahrlässig
1. entgegen § 3 Absatz 1 Satz 1, auch in Verbindung mit Satz 4, entgegen § 3 Absatz 2 Satz 1, auch in Verbindung mit Satz 2 oder 3, entgegen § 3 Absatz 3 Satz 1, § 4 Absatz 1 Satz 1, 2 oder 4 oder § 5 Absatz 1 Satz 1, § 6 Absatz 1 Satz 1, oder § 13 Absatz 1 Nummer 3 oder § 16 eine Frau beschäftigt,
2. entgegen § 4 Absatz 2 eine Ruhezeit nicht, nicht richtig oder nicht rechtzeitig gewährt,
3. entgegen § 5 Absatz 2 Satz 1 oder § 6 Absatz 2 Satz 1 eine Frau tätig werden lässt,
4. entgegen § 7 Absatz 1 Satz 1, auch in Verbindung mit Satz 2, oder entgegen § 7 Absatz 2 Satz 1 eine Frau nicht freistellt,
5. entgegen § 8 oder § 13 Absatz 2 Heimarbeit ausgibt,
6. entgegen § 10 Absatz 1 Satz 1, auch in Verbindung mit einer Rechtsverordnung nach § 31 Nummer 3, eine Gefährdung nicht, nicht richtig oder nicht rechtzeitig beurteilt oder eine Ermittlung nicht, nicht richtig oder nicht rechtzeitig durchführt,
7. entgegen § 10 Absatz 2 Satz 1, auch in Verbindung mit einer Rechtsverordnung nach § 31 Nummer 3, eine Schutzmaßnahme nicht, nicht richtig oder nicht rechtzeitig festlegt,
8. entgegen § 10 Absatz 3 eine Frau eine andere als die dort bezeichnete Tätigkeit ausüben lässt,
9. entgegen § 14 Absatz 1 Satz 1 in Verbindung mit einer Rechtsverordnung nach § 31 Nummer 5 eine Dokumentation nicht, nicht richtig, nicht vollständig oder nicht rechtzeitig erstellt,

10. entgegen § 14 Absatz 2 oder 3, jeweils in Verbindung mit einer Rechtsverordnung nach § 31 Nummer 5, eine Information nicht, nicht richtig, nicht vollständig oder nicht rechtzeitig gibt,
11. entgegen § 27 Absatz 1 Satz 1 die Aufsichtsbehörde nicht, nicht richtig oder nicht rechtzeitig benachrichtigt,
12. entgegen § 27 Absatz 1 Satz 2 eine Information weitergibt,
13. entgegen § 27 Absatz 2 eine Angabe nicht, nicht richtig, nicht vollständig oder nicht rechtzeitig macht,
14. entgegen § 27 Absatz 3 eine Unterlage nicht, nicht richtig oder nicht rechtzeitig vorlegt oder nicht oder nicht rechtzeitig einsendet,
15. entgegen § 27 Absatz 5 eine Unterlage nicht oder nicht mindestens zwei Jahre aufbewahrt,
16. einer vollziehbaren Anordnung nach § 29 Absatz 3 Satz 1 zuwiderhandelt oder
17. einer Rechtsverordnung nach § 31 Nummer 4 oder einer vollziehbaren Anordnung aufgrund einer solchen Rechtsverordnung zuwiderhandelt, soweit die Rechtsverordnung für einen bestimmten Tatbestand auf diese Bußgeldvorschrift verweist.

(2) Die Ordnungswidrigkeit kann in den Fällen des Absatzes 1 Nummer 1 bis 5, 8, 16 und 17 mit einer Geldbuße bis zu dreißigtausend Euro, in den übrigen Fällen mit einer Geldbuße bis zu fünftausend Euro geahndet werden.

§ 33 Strafvorschriften

Wer eine in § 32 Absatz 1 Nummer 1 bis 5, 8, 16 und 17 bezeichnete vorsätzliche Handlung begeht und dadurch die Gesundheit der Frau oder ihres Kindes gefährdet, wird mit Freiheitsstrafe bis zu einem Jahr oder mit Geldstrafe bestraft.

Abschnitt 7
Schlussvorschriften

§ 34 Evaluationsbericht

Die Bundesregierung legt dem Deutschen Bundestag zum 1. Januar 2021 einen Evaluationsbericht über die Auswirkungen des Gesetzes vor. Schwerpunkte des Berichts sollen die Handhabbarkeit der gesetzlichen Regelung in der betrieblichen und behördlichen Praxis, die Wirksamkeit und die Auswirkungen des Gesetzes im Hinblick auf seinen Anwendungsbereich, die Auswirkungen der Regelungen zum Verbot der Mehr- und Nachtarbeit sowie zum Verbot der Sonn- und Feiertagsarbeit und die Arbeit des Ausschusses für Mutterschutz sein. Der Bericht darf keine personenbezogenen Daten enthalten.

Kündigungsschutzgesetz (KSchG)

in der Fassung der Bekanntmachung
vom 25. August 1969 (BGBl. I S. 1317)

Zuletzt geändert durch
Betriebsrätemodernisierungsgesetz
vom 14. Juni 2021 (BGBl. I S. 1762)

Inhaltsübersicht

Erster Abschnitt
Allgemeiner Kündigungsschutz

- § 1 Sozial ungerechtfertigte Kündigungen
- § 1a Abfindungsanspruch bei betriebsbedingter Kündigung
- § 2 Änderungskündigung
- § 3 Kündigungseinspruch
- § 4 Anrufung des Arbeitsgerichts
- § 5 Zulassung verspäteter Klagen
- § 6 Verlängerte Anrufungsfrist
- § 7 Wirksamwerden der Kündigung
- § 8 Wiederherstellung der früheren Arbeitsbedingungen
- § 9 Auflösung des Arbeitsverhältnisses durch Urteil des Gerichts; Abfindung des Arbeitnehmers
- § 10 Höhe der Abfindung
- § 11 Anrechnung auf entgangenen Zwischenverdienst
- § 12 Neues Arbeitsverhältnis des Arbeitnehmers; Auflösung des alten Arbeitsverhältnisses
- § 13 Außerordentliche, sittenwidrige und sonstige Kündigungen
- § 14 Angestellte in leitender Stellung

Zweiter Abschnitt
Kündigungsschutz im Rahmen der Betriebsverfassung und Personalvertretung

- § 15 Unzulässigkeit der Kündigung
- § 16 Neues Arbeitsverhältnis; Auflösung des alten Arbeitsverhältnisses

Dritter Abschnitt
Anzeigepflichtige Entlassungen

- § 17 Anzeigepflicht
- § 18 Entlassungssperre
- § 19 Zulässigkeit von Kurzarbeit
- § 20 Entscheidungen der Agentur für Arbeit
- § 21 Entscheidungen der Zentrale der Bundesagentur für Arbeit
- § 22 Ausnahmebetriebe

Vierter Abschnitt
Schlußbestimmungen

- § 23 Geltungsbereich
- § 24 Anwendung des Gesetzes auf Betriebe der Schifffahrt und des Luftverkehrs
- § 25 Kündigung in Arbeitskämpfen
- § 25a (gegenstandslos)
- § 26 Inkrafttreten

Erster Abschnitt
Allgemeiner Kündigungsschutz

§ 1 Sozial ungerechtfertigte Kündigungen

(1) Die Kündigung des Arbeitsverhältnisses gegenüber einem Arbeitnehmer, dessen Arbeitsverhältnis in demselben Betrieb oder Unternehmen ohne Unterbrechung länger als sechs Monate bestanden hat, ist rechtsunwirksam, wenn sie sozial ungerechtfertigt ist.

(2) ¹Sozial ungerechtfertigt ist die Kündigung, wenn sie nicht durch Gründe, die in der Person oder in dem Verhalten des Arbeitnehmers liegen, oder durch dringende betriebliche Erfordernisse, die einer Weiterbeschäftigung des Arbeitnehmers in diesem Betrieb entgegenstehen, bedingt ist. ²Die Kündigung ist auch sozial ungerechtfertigt, wenn

1. in Betrieben des privaten Rechts
   a) die Kündigung gegen eine Richtlinie nach § 95 des Betriebsverfassungsgesetzes verstößt,
   b) der Arbeitnehmer an einem anderen Arbeitsplatz in demselben Betrieb oder in einem anderen Betrieb des Unternehmens weiterbeschäftigt werden kann

   und der Betriebsrat oder eine andere nach dem Betriebsverfassungsgesetz insoweit zuständige Vertretung der Arbeitnehmer aus einem dieser Gründe der Kündigung innerhalb der Frist des § 102 Abs. 2 Satz 1 des Betriebsverfassungsgesetzes schriftlich widersprochen hat,

2. in Betrieben und Verwaltungen des öffentlichen Rechts
   a) die Kündigung gegen eine Richtlinie über die personelle Auswahl bei Kündigungen verstößt,

b) der Arbeitnehmer an einem anderen Arbeitsplatz in derselben Dienststelle oder in einer anderen Dienststelle desselben Verwaltungszweiges an demselben Dienstort einschließlich seines Einzugsgebietes weiterbeschäftigt werden kann

und die zuständige Personalvertretung aus einem dieser Gründe fristgerecht gegen die Kündigung Einwendungen erhoben hat, es sei denn, daß die Stufenvertretung in der Verhandlung mit der übergeordneten Dienststelle die Einwendungen nicht aufrechterhalten hat.

³Satz 2 gilt entsprechend, wenn die Weiterbeschäftigung des Arbeitnehmers nach zumutbaren Umschulungs- oder Fortbildungsmaßnahmen oder eine Weiterbeschäftigung des Arbeitnehmers unter geänderten Arbeitsbedingungen möglich ist und der Arbeitnehmer sein Einverständnis hiermit erklärt hat. ⁴Der Arbeitgeber hat die Tatsachen zu beweisen, die die Kündigung bedingen.

(3) ¹Ist einem Arbeitnehmer aus dringenden betrieblichen Erfordernissen im Sinne des Absatzes 2 gekündigt worden, so ist die Kündigung trotzdem sozial ungerechtfertigt, wenn der Arbeitgeber bei der Auswahl des Arbeitnehmers die Dauer der Betriebszugehörigkeit, das Lebensalter, die Unterhaltspflichten und die Schwerbehinderung des Arbeitnehmers nicht oder nicht ausreichend berücksichtigt hat; auf Verlangen des Arbeitnehmers hat der Arbeitgeber dem Arbeitnehmer die Gründe anzugeben, die zu der getroffenen sozialen Auswahl geführt haben. ²In die soziale Auswahl nach Satz 1 sind Arbeitnehmer nicht einzubeziehen, deren Weiterbeschäftigung, insbesondere wegen ihrer Kenntnisse, Fähigkeiten und Leistungen oder zur Sicherung einer ausgewogenen Personalstruktur des Betriebes, im berechtigten betrieblichen Interesse liegt. ³Der Arbeitnehmer hat die Tatsachen zu beweisen, die die Kündigung als sozial ungerechtfertigt im Sinne des Satzes 1 erscheinen lassen.

(4) Ist in einem Tarifvertrag, in einer Betriebsvereinbarung nach § 95 des Betriebsverfassungsgesetzes oder in einer entsprechenden Richtlinie nach den Personalvertretungsgesetzen festgelegt, wie die sozialen Gesichtspunkte nach Absatz 3 Satz 1 im Verhältnis zueinander zu bewerten sind, so kann die Bewertung nur auf grobe Fehlerhaftigkeit überprüft werden.

(5) ¹Sind bei einer Kündigung auf Grund einer Betriebsänderung nach § 111 des Betriebsverfassungsgesetzes die Arbeitnehmer, denen gekündigt werden soll, in einem Interessenausgleich zwischen Arbeitgeber und Betriebsrat namentlich bezeichnet, so wird vermutet, dass die Kündigung durch dringende betriebliche Erfordernisse im Sinne des Absatzes 2 bedingt ist. ²Die soziale Auswahl der Arbeitnehmer kann nur auf grobe Fehlerhaftigkeit überprüft werden. ³Die Sätze 1 und 2 gelten nicht, soweit sich die Sachlage nach Zustandekommen des Interessenausgleichs wesentlich geändert hat. ⁴Der Interessenausgleich nach Satz 1 ersetzt die Stellungnahme des Betriebsrates nach § 17 Abs. 3 Satz 2.

§1a Abfindungsanspruch bei betriebsbedingter Kündigung

(1) ¹Kündigt der Arbeitgeber wegen dringender betrieblicher Erfordernisse nach § 1 Abs. 2 Satz 1 und erhebt der Arbeitnehmer bis zum Ablauf der Frist des § 4 Satz 1 keine Klage auf Feststellung, dass das Arbeitsverhältnis durch die Kündigung nicht aufgelöst ist, hat der Arbeitnehmer mit dem Ablauf der Kündigungsfrist Anspruch auf eine Abfindung. ²Der Anspruch setzt den Hinweis des Arbeitgebers in der Kündigungserklärung voraus, dass die Kündigung auf dringende betriebliche Erfordernisse gestützt ist und der Arbeitnehmer bei Verstreichenlassen der Klagefrist die Abfindung beanspruchen kann.

(2) ¹Die Höhe der Abfindung beträgt 0,5 Monatsverdienste für jedes Jahr des Bestehens des Arbeitsverhältnisses. ²§ 10 Abs. 3 gilt entsprechend. ³Bei der Ermittlung der Dauer des Arbeitsverhältnisses ist ein Zeitraum von mehr als sechs Monaten auf ein volles Jahr aufzurunden.

§2 Änderungskündigung

¹Kündigt der Arbeitgeber das Arbeitsverhältnis und bietet er dem Arbeitnehmer im Zusammenhang mit der Kündigung die Fortsetzung des Arbeitsverhältnisses zu geänderten Arbeitsbedingungen an, so kann der Arbeitnehmer dieses Angebot unter dem Vorbehalt annehmen, daß die Änderung der Arbeitsbedingungen nicht sozial ungerechtfertigt ist (§ 1 Abs. 2 Satz 1 bis 3, Abs. 3 Satz 1 und 2). ²Diesen Vorbehalt muß der Arbeitnehmer dem Arbeitgeber innerhalb der Kündigungsfrist, spätestens jedoch innerhalb von drei Wochen nach Zugang der Kündigung erklären.

§3 Kündigungseinspruch

¹Hält der Arbeitnehmer eine Kündigung für sozial ungerechtfertigt, so kann er binnen einer Woche nach der Kündigung Einspruch beim Betriebsrat einlegen. ²Erachtet der Betriebsrat den Einspruch für begründet, so hat er zu versuchen, eine Verständigung mit dem Arbeitgeber herbeizuführen. ³Er hat seine Stellungnahme zu dem Einspruch dem Arbeitnehmer und dem Arbeitgeber auf Verlangen schriftlich mitzuteilen.

§ 4 Anrufung des Arbeitsgerichts

¹Will ein Arbeitnehmer geltend machen, dass eine Kündigung sozial ungerechtfertigt oder aus anderen Gründen rechtsunwirksam ist, so muss er innerhalb von drei Wochen nach Zugang der schriftlichen Kündigung Klage beim Arbeitsgericht auf Feststellung erheben, dass das Arbeitsverhältnis durch die Kündigung nicht aufgelöst ist. ²Im Falle des § 2 ist die Klage auf Feststellung zu erheben, daß die Änderung der Arbeitsbedingungen sozial ungerechtfertigt oder aus anderen Gründen rechtsunwirksam ist. ³Hat der Arbeitnehmer Einspruch beim Betriebsrat eingelegt (§ 3), so soll er der Klage die Stellungnahme des Betriebsrates beifügen. ⁴Soweit die Kündigung der Zustimmung einer Behörde bedarf, läuft die Frist zur Anrufung des Arbeitsgerichtes erst von der Bekanntgabe der Entscheidung der Behörde an den Arbeitnehmer ab.

§ 5 Zulassung verspäteter Klagen

(1) ¹War ein Arbeitnehmer nach erfolgter Kündigung trotz Anwendung aller ihm nach Lage der Umstände zuzumutenden Sorgfalt verhindert, die Klage innerhalb von drei Wochen nach Zugang der schriftlichen Kündigung zu erheben, so ist auf seinen Antrag die Klage nachträglich zuzulassen. ²Gleiches gilt, wenn eine Frau von ihrer Schwangerschaft aus einem von ihr nicht zu vertretenden Grund erst nach Ablauf der Frist des § 4 Satz 1 Kenntnis erlangt hat.

(2) ¹Mit dem Antrag ist die Klageerhebung zu verbinden; ist die Klage bereits eingereicht, so ist auf sie im Antrag Bezug zu nehmen. ²Der Antrag muß ferner die Angabe der die nachträgliche Zulassung begründenden Tatsachen und der Mittel für deren Glaubhaftmachung enthalten.

(3) ¹Der Antrag ist nur innerhalb von zwei Wochen nach Behebung des Hindernisses zulässig. ²Nach Ablauf von sechs Monaten, vom Ende der versäumten Frist an gerechnet, kann der Antrag nicht mehr gestellt werden.

(4) ¹Das Verfahren über den Antrag auf nachträgliche Zulassung ist mit dem Verfahren über die Klage zu verbinden. ²Das Arbeitsgericht kann das Verfahren zunächst auf die Verhandlung und Entscheidung über den Antrag beschränken. ³In diesem Fall ergeht die Entscheidung durch Zwischenurteil, das wie ein Endurteil angefochten werden kann.

(5) ¹Hat das Arbeitsgericht über einen Antrag auf nachträgliche Klagezulassung nicht entschieden oder wird ein solcher Antrag erstmals vor dem Landesarbeitsgericht gestellt, entscheidet hierüber die Kammer des Landesarbeitsgerichts. ²Absatz 4 gilt entsprechend.

§ 6 Verlängerte Anrufungsfrist

¹Hat ein Arbeitnehmer innerhalb von drei Wochen nach Zugang der schriftlichen Kündigung im Klagewege geltend gemacht, dass eine rechtswirksame Kündigung nicht vorliege, so kann er sich in diesem Verfahren bis zum Schluss der mündlichen Verhandlung erster Instanz zur Begründung der Unwirksamkeit der Kündigung auch auf innerhalb der Klagefrist nicht geltend gemachte Gründe berufen. ²Das Arbeitsgericht soll ihn hierauf hinweisen.

§ 7 Wirksamwerden der Kündigung

Wird die Rechtsunwirksamkeit einer Kündigung nicht rechtzeitig geltend gemacht (§ 4 Satz 1, §§ 5 und 6), so gilt die Kündigung als von Anfang an rechtswirksam; ein vom Arbeitnehmer nach § 2 erklärter Vorbehalt erlischt.

§ 8 Wiederherstellung der früheren Arbeitsbedingungen

Stellt das Gericht im Falle des § 2 fest, daß die Änderung der Arbeitsbedingungen sozial ungerechtfertigt ist, so gilt die Änderungskündigung als von Anfang an rechtsunwirksam.

§ 9 Auflösung des Arbeitsverhältnisses durch Urteil des Gerichts; Abfindung des Arbeitnehmers

(1) ¹Stellt das Gericht fest, daß das Arbeitsverhältnis durch die Kündigung nicht aufgelöst ist, ist jedoch dem Arbeitnehmer die Fortsetzung des Arbeitsverhältnisses nicht zuzumuten, so hat das Gericht auf Antrag des Arbeitnehmers das Arbeitsverhältnis aufzulösen und den Arbeitgeber zur Zahlung einer angemessenen Abfindung zu verurteilen. ²Die gleiche Entscheidung hat das Gericht auf Antrag des Arbeitgebers zu treffen, wenn Gründe vorliegen, die eine den Betriebszwecken dienliche weitere Zusammenarbeit zwischen Arbeitgeber und Arbeitnehmer nicht erwarten lassen. ³Arbeitnehmer und Arbeitgeber können den Antrag auf Auflösung des Arbeitsverhältnisses bis zum Schluß der letzten mündlichen Verhandlung in der Berufungsinstanz stellen.

(2) Das Gericht hat für die Auflösung des Arbeitsverhältnisses den Zeitpunkt festzusetzen, an dem es bei sozial gerechtfertigter Kündigung geendet hätte.

§ 10 Höhe der Abfindung

(1) Als Abfindung ist ein Betrag bis zu zwölf Monatsverdiensten festzusetzen.
(2) ¹Hat der Arbeitnehmer das fünfzigste Lebensjahr vollendet und hat das Arbeitsverhältnis mindestens fünfzehn Jahre bestanden, so ist ein Betrag bis zu fünfzehn Monatsverdiensten, hat der Arbeitnehmer das fünfundfünfzigste Lebensjahr vollendet und hat das Arbeitsverhältnis mindestens zwanzig Jahre bestanden, so ist ein Betrag bis zu achtzehn Monatsverdiensten festzusetzen. ²Dies gilt nicht, wenn der Arbeitnehmer in dem Zeitpunkt, den das Gericht nach § 9 Abs. 2 für die Auflösung des Arbeitsverhältnisses festsetzt, das in der Vorschrift des Sechsten Buches Sozialgesetzbuch über die Regelaltersrente bezeichnete Lebensalter erreicht hat.
(3) Als Monatsverdienst gilt, was dem Arbeitnehmer bei der für ihn maßgebenden regelmäßigen Arbeitszeit in dem Monat, in dem das Arbeitsverhältnis endet (§ 9 Abs. 2), an Geld- und Sachbezügen zusteht.

§ 11 Anrechnung auf entgangenen Zwischenverdienst

Besteht nach der Entscheidung des Gerichts das Arbeitsverhältnis fort, so muß sich der Arbeitnehmer auf das Arbeitsentgelt, das ihm der Arbeitgeber für die Zeit nach der Entlassung schuldet, anrechnen lassen,
1. was er durch anderweitige Arbeit verdient hat,
2. was er hätte verdienen können, wenn er es nicht böswillig unterlassen hätte, eine ihm zumutbare Arbeit anzunehmen,
3. was ihm an öffentlich-rechtlichen Leistungen infolge Arbeitslosigkeit aus der Sozialversicherung, der Arbeitslosenversicherung, der Sicherung des Lebensunterhalts nach dem Zweiten Buch Sozialgesetzbuch oder der Sozialhilfe für die Zwischenzeit gezahlt worden ist. Diese Beträge hat der Arbeitgeber der Stelle zu erstatten, die sie geleistet hat.

§ 12 Neues Arbeitsverhältnis des Arbeitnehmers; Auflösung des alten Arbeitsverhältnisses

¹Besteht nach der Entscheidung des Gerichts das Arbeitsverhältnis fort, ist jedoch der Arbeitnehmer inzwischen ein neues Arbeitsverhältnis eingegangen, so kann er binnen einer Woche nach der Rechtskraft des Urteils durch Erklärung gegenüber dem alten Arbeitgeber die Fortsetzung des Arbeitsverhältnisses bei diesem verweigern. ²Die Frist wird auch durch eine vor ihrem Ablauf zur Post gegebene schriftliche Erklärung gewahrt. ³Mit dem Zugang der Erklärung erlischt das Arbeitsverhältnis. ⁴Macht der Arbeitnehmer von seinem Verweigerungsrecht Gebrauch, so ist ihm entgangener Verdienst nur für die Zeit zwischen der Entlassung und dem Tage des Eintritts in das neue Arbeitsverhältnis zu gewähren. ⁵§ 11 findet entsprechende Anwendung.

§ 13 Außerordentliche, sittenwidrige und sonstige Kündigungen

(1) ¹Die Vorschriften über das Recht zur außerordentlichen Kündigung eines Arbeitsverhältnisses werden durch das vorliegende Gesetz nicht berührt. ²Die Rechtsunwirksamkeit einer außerordentlichen Kündigung kann jedoch nur nach Maßgabe des § 4 Satz 1 und der §§ 5 bis 7 geltend gemacht werden. ³Stellt das Gericht fest, dass die außerordentliche Kündigung unbegründet ist, ist jedoch dem Arbeitnehmer die Fortsetzung des Arbeitsverhältnisses nicht zuzumuten, so hat auf seinen Antrag das Gericht das Arbeitsverhältnis aufzulösen und den Arbeitgeber zur Zahlung einer angemessenen Abfindung zu verurteilen. ⁴Das Gericht hat für die Auflösung des Arbeitsverhältnisses den Zeitpunkt festzulegen, zu dem die außerordentliche Kündigung ausgesprochen wurde. ⁵Die Vorschriften der §§ 10 bis 12 gelten entsprechend.
(2) Verstößt eine Kündigung gegen die guten Sitten, so finden die Vorschriften des § 9 Abs. 1 Satz 1 und Abs. 2 und der §§ 10 bis 12 entsprechende Anwendung.
(3) Im Übrigen finden die Vorschriften dieses Abschnitts mit Ausnahme der §§ 4 bis 7 auf eine Kündigung, die bereits aus anderen als den in § 1 Abs. 2 und 3 bezeichneten Gründen rechtsunwirksam ist, keine Anwendung.

§ 14 Angestellte in leitender Stellung

(1) Die Vorschriften dieses Abschnitts gelten nicht
1. in Betrieben einer juristischen Person für die Mitglieder des Organs, das zur gesetzlichen Vertretung der juristischen Person berufen ist,
2. in Betrieben einer Personengesamtheit für die durch Gesetz, Satzung oder Gesellschaftsvertrag zur Vertretung der Personengesamtheit berufenen Personen.

(2) ¹Auf Geschäftsführer, Betriebsleiter und ähnliche leitende Angestellte, soweit diese zur selbständigen Einstellung oder Entlassung von Arbeitnehmern berechtigt sind, finden die Vorschriften dieses Abschnitts mit Ausnahme des § 3 Anwendung. ²§ 9 Abs. 1 Satz 2 findet mit der Maßgabe Anwendung, daß der Antrag des Arbeitgebers auf Auflösung des Arbeitsverhältnisses keiner Begründung bedarf.

Zweiter Abschnitt
Kündigungsschutz im Rahmen der Betriebsverfassung und Personalvertretung

§ 15 Unzulässigkeit der Kündigung

(1) ¹Die Kündigung eines Mitglieds eines Betriebsrats, einer Jugend- und Auszubildendenvertretung, einer Bordvertretung oder eines Seebetriebsrats ist unzulässig, es sei denn, daß Tatsachen vorliegen, die den Arbeitgeber zur Kündigung aus wichtigem Grund ohne Einhaltung einer Kündigungsfrist berechtigen, und daß die nach § 103 des Betriebsverfassungsgesetzes erforderliche Zustimmung vorliegt oder durch gerichtliche Entscheidung ersetzt ist. ²Nach Beendigung der Amtszeit ist die Kündigung eines Mitglieds eines Betriebsrats, einer Jugend- und Auszubildendenvertretung oder eines Seebetriebsrats innerhalb eines Jahres, die Kündigung eines Mitglieds einer Bordvertretung innerhalb von sechs Monaten, jeweils vom Zeitpunkt der Beendigung der Amtszeit an gerechnet, unzulässig, es sei denn, daß Tatsachen vorliegen, die den Arbeitgeber zur Kündigung aus wichtigem Grund ohne Einhaltung einer Kündigungsfrist berechtigen; dies gilt nicht, wenn die Beendigung der Mitgliedschaft auf einer gerichtlichen Entscheidung beruht.

(2) ¹Die Kündigung eines Mitglieds einer Personalvertretung, einer Jugend- und Auszubildendenvertretung oder einer Jugendvertretung ist unzulässig, es sei denn, daß Tatsachen vorliegen, die den Arbeitgeber zur Kündigung aus wichtigem Grund ohne Einhaltung einer Kündigungsfrist berechtigen, und daß die nach dem Personalvertretungsrecht erforderliche Zustimmung vorliegt oder durch gerichtliche Entscheidung ersetzt ist. ²Nach Beendigung der Amtszeit der in Satz 1 genannten Personen ist ihre Kündigung innerhalb eines Jahres, vom Zeitpunkt der Beendigung der Amtszeit an gerechnet, unzulässig, es sei denn, daß Tatsachen vorliegen, die den Arbeitgeber zur Kündigung aus wichtigem Grund ohne Einhaltung einer Kündigungsfrist berechtigen; dies gilt nicht, wenn die Beendigung der Mitgliedschaft auf einer gerichtlichen Entscheidung beruht.

(3) ¹Die Kündigung eines Mitglieds eines Wahlvorstands ist vom Zeitpunkt seiner Bestellung an, die Kündigung eines Wahlbewerbers vom Zeitpunkt der Aufstellung des Wahlvorschlags an, jeweils bis zur Bekanntgabe des Wahlergebnisses unzulässig, es sei denn, daß Tatsachen vorliegen, die den Arbeitgeber zur Kündigung aus wichtigem Grund ohne Einhaltung einer Kündigungsfrist berechtigen, und daß die nach § 103 des Betriebsverfassungsgesetzes oder nach dem Personalvertretungsrecht erforderliche Zustimmung vorliegt oder durch eine gerichtliche Entscheidung ersetzt ist. ²Innerhalb von sechs Monaten nach Bekanntgabe des Wahlergebnisses ist die Kündigung unzulässig, es sei denn, daß Tatsachen vorliegen, die den Arbeitgeber zur Kündigung aus wichtigem Grund ohne Einhaltung einer Kündigungsfrist berechtigen; dies gilt nicht für Mitglieder des Wahlvorstands, wenn dieser durch gerichtliche Entscheidung durch einen anderen Wahlvorstand ersetzt worden ist.

(3a) ¹Die Kündigung eines Arbeitnehmers, der zu einer Betriebs-, Wahl- oder Bordversammlung nach § 17 Abs. 3, § 17a Nr. 3 Satz 2, § 115 Abs. 2 Nr. 8 Satz 1 des Betriebsverfassungsgesetzes einlädt oder die Bestellung eines Wahlvorstands nach § 16 Abs. 2 Satz 1, § 17 Abs. 4, § 17a Nr. 4, § 63 Abs. 3, § 115 Abs. 2 Nr. 8 Satz 2 oder § 116 Abs. 2 Nr. 7 Satz 5 des Betriebsverfassungsgesetzes beantragt, ist vom Zeitpunkt der Einladung oder Antragstellung an bis zur Bekanntgabe des Wahlergebnisses unzulässig, es sei denn, dass Tatsachen vorliegen, die den Arbeitgeber zur Kündigung aus wichtigem Grund ohne Einhaltung einer Kündigungsfrist berechtigen; der Kündigungsschutz gilt für die ersten sechs in der Einladung oder die ersten drei in der Antragstellung aufgeführten Arbeitnehmer. ²Wird ein Betriebsrat, eine Jugend- und Auszubildendenvertretung, eine Bordvertretung oder eine Seebetriebsrat nicht gewählt, besteht der Kündigungsschutz nach Satz 1 vom Zeitpunkt der Einladung oder Antragstellung an drei Monate.

(3b) ¹Die Kündigung eines Arbeitnehmers, der Vorbereitungshandlungen zur Errichtung eines Betriebsrats oder einer Bordvertretung unternimmt und eine öffentlich beglaubigte Erklärung mit dem Inhalt abgegeben hat, dass er die Absicht hat, einen Betriebsrat oder eine Bordvertretung zu errichten, ist unzulässig, soweit sie aus Gründen erfolgt, die in der Person oder in dem Verhalten des Arbeitnehmers liegen, es sei denn, dass Tatsachen vorliegen, die den Arbeitgeber zur Kündigung aus wichtigem Grund ohne Einhaltung einer Kündigungsfrist berechtigen. ²Der Kündigungsschutz gilt von der Abgabe der Erklärung nach Satz 1 bis zum Zeitpunkt der Einladung zu einer Betriebs-, Wahl- oder Bordversammlung nach § 17 Absatz 3, § 17a Nummer 3 Satz 2, § 115 Absatz 2 Nummer 8 Satz 1 des Betriebsverfassungsgesetzes, längstens jedoch für drei Monate.

(4) Wird der Betrieb stillgelegt, so ist die Kündigung der in den Absätzen 1 bis 3a genannten Personen frühestens zum Zeitpunkt der Stillegung zulässig, es sei denn, daß ihre Kündigung zu einem früheren Zeitpunkt durch zwingende betriebliche Erfordernisse bedingt ist.

(5) ¹Wird eine der in den Absätzen 1 bis 3a genannten Personen in einer Betriebsabteilung beschäftigt, die stillgelegt wird, so ist sie in eine andere Betriebsabteilung zu übernehmen. ²Ist dies aus betrieblichen

Gründen nicht möglich, so findet auf ihre Kündigung die Vorschrift des Absatzes 4 über die Kündigung bei Stillegung des Betriebs sinngemäß Anwendung.

§ 16 Neues Arbeitsverhältnis; Auflösung des alten Arbeitsverhältnisses

[1]Stellt das Gericht die Unwirksamkeit der Kündigung einer der in § 15 Absatz 1 bis 3b genannten Personen fest, so kann diese Person, falls sie inzwischen ein neues Arbeitsverhältnis eingegangen ist, binnen einer Woche nach Rechtskraft des Urteils durch Erklärung gegenüber dem alten Arbeitgeber die Weiterbeschäftigung bei diesem verweigern. [2]Im übrigen finden die Vorschriften des § 11 und des § 12 Satz 2 bis 4 entsprechende Anwendung.

Dritter Abschnitt
Anzeigepflichtige Entlassungen

§ 17 Anzeigepflicht

(1) [1]Der Arbeitgeber ist verpflichtet, der Agentur für Arbeit Anzeige zu erstatten, bevor er
1. in Betrieben mit in der Regel mehr als 20 und weniger als 60 Arbeitnehmern mehr als 5 Arbeitnehmer,
2. in Betrieben mit in der Regel mindestens 60 und weniger als 500 Arbeitnehmern 10 vom Hundert der im Betrieb regelmäßig beschäftigten Arbeitnehmer oder aber mehr als 25 Arbeitnehmer,
3. in Betrieben mit in der Regel mindestens 500 Arbeitnehmern mindestens 30 Arbeitnehmer
innerhalb von 30 Kalendertagen entläßt. [2]Den Entlassungen stehen andere Beendigungen des Arbeitsverhältnisses gleich, die vom Arbeitgeber veranlaßt werden.
(2) [1]Beabsichtigt der Arbeitgeber, nach Absatz 1 anzeigepflichtige Entlassungen vorzunehmen, hat er dem Betriebsrat rechtzeitig die zweckdienlichen Auskünfte zu erteilen und ihn schriftlich insbesondere zu unterrichten über
1. die Gründe für die geplanten Entlassungen,
2. die Zahl und die Berufsgruppen der zu entlassenden Arbeitnehmer,
3. die Zahl und die Berufsgruppen der in der Regel beschäftigten Arbeitnehmer,
4. den Zeitraum, in dem die Entlassungen vorgenommen werden sollen,
5. die vorgesehenen Kriterien für die Auswahl der zu entlassenden Arbeitnehmer,
6. die für die Berechnung etwaiger Abfindungen vorgesehenen Kriterien.
[2]Arbeitgeber und Betriebsrat haben insbesondere die Möglichkeiten zu beraten, Entlassungen zu vermeiden oder einzuschränken und ihre Folgen zu mildern.
(3) [1]Der Arbeitgeber hat gleichzeitig der Agentur für Arbeit eine Abschrift der Mitteilung an den Betriebsrat zuzuleiten; sie muß zumindest die in Absatz 2 Satz 1 Nr. 1 bis 5 vorgeschriebenen Angaben enthalten. [2]Die Anzeige nach Absatz 1 ist schriftlich unter Beifügung der Stellungnahme des Betriebsrates zu den Entlassungen zu erstatten. [3]Liegt eine Stellungnahme des Betriebsrates nicht vor, so ist die Anzeige wirksam, wenn der Arbeitgeber glaubhaft macht, daß er den Betriebsrat mindestens zwei Wochen vor Erstattung der Anzeige nach Absatz 2 Satz 1 unterrichtet hat, und er den Stand der Beratungen darlegt. [4]Die Anzeige muß Angaben über den Namen des Arbeitgebers, den Sitz und die Art des Betriebes enthalten, ferner die Gründe für die geplanten Entlassungen, die Zahl und die Berufsgruppen der zu entlassenden und der in der Regel beschäftigten Arbeitnehmer, den Zeitraum, in dem die Entlassungen vorgenommen werden sollen und die vorgesehenen Kriterien für die Auswahl der zu entlassenden Arbeitnehmer. [5]In der Anzeige sollen ferner im Einvernehmen mit dem Betriebsrat für die Arbeitsvermittlung Angaben über Geschlecht, Alter, Beruf und Staatsangehörigkeit der zu entlassenden Arbeitnehmer gemacht werden. [6]Der Arbeitgeber hat dem Betriebsrat eine Abschrift der Anzeige zuzuleiten. [7]Der Betriebsrat kann gegenüber der Agentur für Arbeit weitere Stellungnahmen abgeben. [8]Er hat dem Arbeitgeber eine Abschrift der Stellungnahme zuzuleiten.
(3a) [1]Die Auskunfts-, Beratungs- und Anzeigepflichten nach den Absätzen 1 bis 3 gelten auch dann, wenn die Entscheidung über die Entlassungen von einem den Arbeitgeber beherrschenden Unternehmen getroffen wurde. [2]Der Arbeitgeber kann sich nicht darauf berufen, daß das für die Entlassungen verantwortliche Unternehmen die notwendigen Auskünfte nicht übermittelt hat.
(4) [1]Das Recht zur fristlosen Entlassung bleibt unberührt. [2]Fristlose Entlassungen werden bei Berechnung der Mindestzahl der Entlassungen nach Absatz 1 nicht mitgerechnet.
(5) Als Arbeitnehmer im Sinne dieser Vorschrift gelten nicht
1. in Betrieben einer juristischen Person die Mitglieder des Organs, das zur gesetzlichen Vertretung der juristischen Person berufen ist,

2. in Betrieben einer Personengesamtheit die durch Gesetz, Satzung oder Gesellschaftsvertrag zur Vertretung der Personengesamtheit berufenen Personen,
3. Geschäftsführer, Betriebsleiter und ähnliche leitende Personen, soweit diese zur selbständigen Einstellung oder Entlassung von Arbeitnehmern berechtigt sind.

§ 18 Entlassungssperre

(1) Entlassungen, die nach § 17 anzuzeigen sind, werden vor Ablauf eines Monats nach Eingang der Anzeige bei der Agentur für Arbeit nur mit deren Zustimmung wirksam; die Zustimmung kann auch rückwirkend bis zum Tage der Antragstellung erteilt werden.
(2) Die Agentur für Arbeit kann im Einzelfall bestimmen, daß die Entlassungen nicht vor Ablauf von längstens zwei Monaten nach Eingang der Anzeige bei der Agentur für Arbeit wirksam werden.
(3) (weggefallen)
(4) Soweit die Entlassungen nicht innerhalb von 90 Tagen nach dem Zeitpunkt, zu dem sie nach den Absätzen 1 und 2 zulässig sind, durchgeführt werden, bedarf es unter den Voraussetzungen des § 17 Abs. 1 einer erneuten Anzeige.

§ 19 Zulässigkeit von Kurzarbeit

(1) Ist der Arbeitgeber nicht in der Lage, die Arbeitnehmer bis zu dem in § 18 Abs. 1 und 2 bezeichneten Zeitpunkt voll zu beschäftigen, so kann die Bundesagentur für Arbeit zulassen, daß der Arbeitgeber für die Zwischenzeit Kurzarbeit einführt.
(2) Der Arbeitgeber ist im Falle der Kurzarbeit berechtigt, Lohn oder Gehalt der mit verkürzter Arbeitszeit beschäftigten Arbeitnehmer entsprechend zu kürzen; die Kürzung des Arbeitsentgelts wird jedoch erst von dem Zeitpunkt an wirksam, an dem das Arbeitsverhältnis nach den allgemeinen gesetzlichen oder den vereinbarten Bestimmungen enden würde.
(3) Tarifvertragliche Bestimmungen über die Einführung, das Ausmaß und die Bezahlung von Kurzarbeit werden durch die Absätze 1 und 2 nicht berührt.

§ 20 Entscheidungen der Agentur für Arbeit

(1) [1]Die Entscheidungen der Agentur für Arbeit nach § 18 Abs. 1 und 2 trifft deren Geschäftsführung oder ein Ausschuß (Entscheidungsträger). [2]Die Geschäftsführung darf nur dann entscheiden, wenn die Zahl der Entlassungen weniger als 50 beträgt.
(2) [1]Der Ausschuß setzt sich aus dem Geschäftsführer, der Geschäftsführerin oder dem oder der Vorsitzenden der Geschäftsführung der Agentur für Arbeit oder einem von ihm oder ihr beauftragten Angehörigen der Agentur für Arbeit als Vorsitzenden und je zwei Vertretern der Arbeitnehmer, der Arbeitgeber und der öffentlichen Körperschaften zusammen, die von dem Verwaltungsausschuß der Agentur für Arbeit benannt werden. [2]Er trifft seine Entscheidungen mit Stimmenmehrheit.
(3) [1]Der Entscheidungsträger hat vor seiner Entscheidung den Arbeitgeber und den Betriebsrat anzuhören. [2]Dem Entscheidungsträger sind, insbesondere vom Arbeitgeber und Betriebsrat, die von ihm für die Beurteilung des Falles erforderlich gehaltenen Auskünfte zu erteilen.
(4) Der Entscheidungsträger hat sowohl das Interesse des Arbeitgebers als auch das der zu entlassenden Arbeitnehmer, das öffentliche Interesse und die Lage des gesamten Arbeitsmarktes unter besonderer Beachtung des Wirtschaftszweiges, dem der Betrieb angehört, zu berücksichtigen.

§ 21 Entscheidungen der Zentrale der Bundesagentur für Arbeit

[1]Für Betriebe, die zum Geschäftsbereich des Bundesministers für Verkehr oder des Bundesministers für Post- und Telekommunikation gehören, trifft, wenn mehr als 500 Arbeitnehmer entlassen werden sollen, ein gemäß § 20 Abs. 1 bei der Zentrale der Bundesagentur für Arbeit zu bildender Ausschuß die Entscheidungen nach § 18 Abs. 1 und 2. [2]Der zuständige Bundesminister kann zwei Vertreter mit beratender Stimme in den Ausschuß entsenden. [3]Die Anzeigen nach § 17 sind in diesem Falle an die Zentrale der Bundesagentur für Arbeit zu erstatten. [4]Im übrigen gilt § 20 Abs. 1 bis 3 entsprechend.

§ 22 Ausnahmebetriebe

(1) Auf Saisonbetriebe und Kampagne-Betriebe finden die Vorschriften dieses Abschnittes bei Entlassungen, die durch diese Eigenart der Betriebe bedingt sind, keine Anwendung.
(2) [1]Keine Saisonbetriebe oder Kampagne-Betriebe sind Betriebe des Baugewerbes, in denen die ganzjährige Beschäftigung nach dem Dritten Buch Sozialgesetzbuch gefördert wird. [2]Das Bundesministerium für Arbeit und Soziales wird ermächtigt, durch Rechtsverordnung Vorschriften zu erlassen, welche Betriebe als Saisonbetriebe oder Kampagne-Betriebe im Sinne des Absatzes 1 gelten.

Vierter Abschnitt
Schlußbestimmungen

§ 23 Geltungsbereich

(1) ¹Die Vorschriften des Ersten und Zweiten Abschnitts gelten für Betriebe und Verwaltungen des privaten und des öffentlichen Rechts, vorbehaltlich der Vorschriften des § 24 für die Seeschifffahrts-, Binnenschifffahrts- und Luftverkehrsbetriebe. ²Die Vorschriften des Ersten Abschnitts gelten mit Ausnahme der §§ 4 bis 7 und des § 13 Abs. 1 Satz 1 und 2 nicht für Betriebe und Verwaltungen, in denen in der Regel fünf oder weniger Arbeitnehmer ausschließlich der zu ihrer Berufsbildung Beschäftigten beschäftigt werden. ³In Betrieben und Verwaltungen, in denen in der Regel zehn oder weniger Arbeitnehmer ausschließlich der zu ihrer Berufsbildung Beschäftigten beschäftigt werden, gelten die Vorschriften des Ersten Abschnitts mit Ausnahme der §§ 4 bis 7 und des § 13 Abs. 1 Satz 1 und 2 nicht für Arbeitnehmer, deren Arbeitsverhältnis nach dem 31. Dezember 2003 begonnen hat; diese Arbeitnehmer sind bei der Feststellung der Zahl der beschäftigten Arbeitnehmer nach Satz 2 bis zur Beschäftigung von in der Regel zehn Arbeitnehmern nicht zu berücksichtigen. ⁴Bei der Feststellung der Zahl der beschäftigten Arbeitnehmer nach den Sätzen 2 und 3 sind teilzeitbeschäftigte Arbeitnehmer mit einer regelmäßigen wöchentlichen Arbeitszeit von nicht mehr als 20 Stunden mit 0,5 und nicht mehr als 30 Stunden mit 0,75 zu berücksichtigen.

(2) Die Vorschriften des Dritten Abschnitts gelten für Betriebe und Verwaltungen des privaten Rechts sowie für Betriebe, die von einer öffentlichen Verwaltung geführt werden, soweit sie wirtschaftliche Zwecke verfolgen.

§ 24 Anwendung des Gesetzes auf Betriebe der Schifffahrt und des Luftverkehrs

(1) Die Vorschriften des Ersten und Zweiten Abschnitts finden nach Maßgabe der Absätze 2 bis 4 auf Arbeitsverhältnisse der Besatzung von Seeschiffen, Binnenschiffen und Luftfahrzeugen Anwendung.

(2) Als Betrieb im Sinne dieses Gesetzes gilt jeweils die Gesamtheit der Seeschiffe oder der Binnenschiffe eines Schifffahrtsbetriebs oder der Luftfahrzeuge eines Luftverkehrsbetriebs.

(3) Dauert die erste Reise eines Besatzungsmitglieds eines Seeschiffes oder eines Binnenschiffes länger als sechs Monate, so verlängert sich die Sechsmonatsfrist des § 1 Absatz 1 bis drei Tage nach Beendigung dieser Reise.

(4) ¹Die Klage nach § 4 ist binnen drei Wochen zu erheben, nachdem die Kündigung dem Besatzungsmitglied an Land zugegangen ist. ²Geht dem Besatzungsmitglied eines Seeschiffes oder eines Binnenschiffes die Kündigung während der Fahrt des Schiffes zu, ist die Klage innerhalb von sechs Wochen nach dem Dienstende an Bord zu erheben. ³Geht dem Besatzungsmitglied eines Seeschiffes die Kündigung während einer Gefangenschaft aufgrund von seeräuberischen Handlungen oder bewaffneten Raubüberfällen auf Schiffe im Sinne von § 2 Nummer 11 oder 12 des Seearbeitsgesetzes zu oder gerät das Besatzungsmitglied während des Laufs der Frist nach Satz 1 oder 2 in eine solche Gefangenschaft, ist die Klage innerhalb von sechs Wochen nach der Freilassung des Besatzungsmitglieds zu erheben; nimmt das Besatzungsmitglied nach der Freilassung den Dienst an Bord wieder auf, beginnt die Frist mit dem Dienstende an Bord. ⁴An die Stelle der Dreiwochenfrist in § 5 Absatz 1 und § 6 treten die in den Sätzen 1 bis 3 genannten Fristen.

(5) ¹Die Vorschriften des Dritten Abschnitts finden nach Maßgabe der folgenden Sätze Anwendung auf die Besatzungen von Seeschiffen. ²Bei Schiffen nach § 114 Absatz 4 Satz 1 des Betriebsverfassungsgesetzes tritt, soweit sie nicht als Teil des Landbetriebs gelten, an die Stelle des Betriebsrats der Seebetriebsrat. ³Betrifft eine anzeigepflichtige Entlassung die Besatzung eines Seeschiffes, welches unter der Flagge eines anderen Mitgliedstaates der Europäischen Union fährt, so ist die Anzeige an die Behörde des Staates zu richten, unter dessen Flagge das Schiff fährt.

§ 25 Kündigung in Arbeitskämpfen

Die Vorschriften dieses Gesetzes finden keine Anwendung auf Kündigungen und Entlassungen, die lediglich als Maßnahmen in wirtschaftlichen Kämpfen zwischen Arbeitgebern und Arbeitnehmern vorgenommen werden.

§ 25a (gegenstandslos)

§ 26 Inkrafttreten

Dieses Gesetz tritt am Tage nach seiner Verkündung in Kraft.

Gesetz zur Regelung der Arbeitnehmerüberlassung (Arbeitnehmerüberlassungsgesetz – AÜG)
in der Fassung der Bekanntmachung
vom 3. Februar 1995 (BGBl. I S. 158)

Zuletzt geändert durch
Gesetz zur befristeten krisenbedingten Verbesserung der Regelungen für das Kurzarbeitergeld
vom 13. März 2020 (BGBl. I S. 493)

Inhaltsübersicht

§ 1   Arbeitnehmerüberlassung, Erlaubnispflicht
§ 1a Anzeige der Überlassung
§ 1b Einschränkungen im Baugewerbe
§ 2   Erteilung und Erlöschen der Erlaubnis
§ 2a Gebühren und Auslagen
§ 3   Versagung
§ 3a Lohnuntergrenze
§ 4   Rücknahme
§ 5   Widerruf
§ 6   Verwaltungszwang
§ 7   Anzeigen und Auskünfte
§ 8   Grundsatz der Gleichstellung
§ 9   Unwirksamkeit
§ 10 Rechtsfolgen bei Unwirksamkeit
§ 10a Rechtsfolgen bei Überlassung durch eine andere Person als den Arbeitgeber
§ 11 Sonstige Vorschriften über das Leiharbeitsverhältnis
§ 11a Verordnungsermächtigung
§ 12 Rechtsbeziehungen zwischen Verleiher und Entleiher
§ 13 Auskunftsanspruch des Leiharbeitnehmers
§ 13a Informationspflicht des Entleihers über freie Arbeitsplätze
§ 13b Zugang des Leiharbeitnehmers zu Gemeinschaftseinrichtungen oder -diensten
§ 14 Mitwirkungs- und Mitbestimmungsrechte
§ 15 Ausländische Leiharbeitnehmer ohne Genehmigung
§ 15a Entleih von Ausländern ohne Genehmigung
§ 16 Ordnungswidrigkeiten
§ 17 Durchführung
§ 17a Befugnisse der Behörden der Zollverwaltung
§ 17b Meldepflicht
§ 17c Erstellen und Bereithalten von Dokumenten
§ 18 Zusammenarbeit mit anderen Behörden
§ 19 Übergangsvorschrift
§ 20 Evaluation

§ 1 Arbeitnehmerüberlassung, Erlaubnispflicht

(1) ¹Arbeitgeber, die als Verleiher Dritten (Entleihern) Arbeitnehmer (Leiharbeitnehmer) im Rahmen ihrer wirtschaftlichen Tätigkeit zur Arbeitsleistung überlassen (Arbeitnehmerüberlassung) wollen, bedürfen der Erlaubnis. Arbeitnehmer werden zur Arbeitsleistung überlassen, wenn sie in die Arbeitsorganisation des Entleihers eingegliedert sind und seinen Weisungen unterliegen. ²Die Überlassung und das Tätigwerdenlassen von Arbeitnehmern als Leiharbeitnehmer ist nur zulässig, soweit zwischen dem Verleiher und dem Leiharbeitnehmer ein Arbeitsverhältnis besteht. ³Die Überlassung von Arbeitnehmern ist vorübergehend bis zu einer Überlassungshöchstdauer nach Absatz 1b zulässig. ⁴Verleiher und Entleiher haben die Überlassung von Leiharbeitnehmern in ihrem Vertrag ausdrücklich als Arbeitnehmerüberlassung zu bezeichnen, bevor sie den Leiharbeitnehmer überlassen oder tätig werden lassen. ⁵Vor der Überlassung haben sie die Person des Leiharbeitnehmers unter Bezugnahme auf diesen Vertrag zu konkretisieren.

(1a) ¹Die Abordnung von Arbeitnehmern zu einer zur Herstellung eines Werkes gebildeten Arbeitsgemeinschaft ist keine Arbeitnehmerüberlassung, wenn der Arbeitgeber Mitglied der Arbeitsgemeinschaft ist, für alle Mitglieder der Arbeitsgemeinschaft Tarifverträge desselben Wirtschaftszweiges gelten und alle Mitglieder auf Grund des Arbeitsgemeinschaftsvertrages zur selbständigen Erbringung von Vertragsleistungen verpflichtet sind. ²Für einen Arbeitgeber mit Geschäftssitz in einem anderen Mitgliedstaat des Europäischen Wirtschaftsraumes ist die Abordnung von Arbeitnehmern zu einer zur Herstellung eines Werkes gebildeten Arbeitsgemeinschaft auch dann keine Arbeitnehmerüberlassung, wenn für ihn deutsche Tarifverträge desselben Wirtschaftszweiges wie für die anderen Mitglieder der Arbeitsgemeinschaft nicht gelten, er aber die übrigen Voraussetzungen des Satzes 1 erfüllt.

(1b) ¹Der Verleiher darf denselben Leiharbeitnehmer nicht länger als 18 aufeinander folgende Monate demselben Entleiher überlassen; der Entleiher darf denselben Leiharbeitnehmer nicht länger als 18 aufeinander folgende Monate tätig werden lassen. ²Der Zeitraum vorheriger Überlassungen durch den-

selben oder einen anderen Verleiher an denselben Entleiher ist vollständig anzurechnen, wenn zwischen den Einsätzen jeweils nicht mehr als drei Monate liegen. ³In einem Tarifvertrag von Tarifvertragsparteien der Einsatzbranche kann eine von Satz 1 abweichende Überlassungshöchstdauer festgelegt werden. ⁴Im Geltungsbereich eines Tarifvertrages nach Satz 3 können abweichende tarifvertragliche Regelungen im Betrieb eines nicht tarifgebundenen Entleihers durch Betriebs- oder Dienstvereinbarung übernommen werden. ⁵In einer auf Grund eines Tarifvertrages von Tarifvertragsparteien der Einsatzbranche getroffenen Betriebs- oder Dienstvereinbarung kann eine von Satz 1 abweichende Überlassungshöchstdauer festgelegt werden. ⁶Können auf Grund eines Tarifvertrages nach Satz 5 abweichende Regelungen in einer Betriebs- oder Dienstvereinbarung getroffen werden, kann auch in Betrieben eines nicht tarifgebundenen Entleihers bis zu einer Überlassungshöchstdauer von 24 Monaten davon Gebrauch gemacht werden, soweit nicht durch diesen Tarifvertrag eine von Satz 1 abweichende Überlassungshöchstdauer für Betriebs- oder Dienstvereinbarungen festgelegt ist. ⁷Unterfällt der Betrieb des nicht tarifgebundenen Entleihers bei Abschluss einer Betriebs- oder Dienstvereinbarung nach Satz 4 oder Satz 6 den Geltungsbereichen mehrerer Tarifverträge, ist auf den für die Branche des Entleihers repräsentativen Tarifvertrag abzustellen. ⁸Die Kirchen und die öffentlich-rechtlichen Religionsgesellschaften können von Satz 1 abweichende Überlassungshöchstdauern in ihren Regelungen vorsehen.
(2) Werden Arbeitnehmer Dritten zur Arbeitsleistung überlassen und übernimmt der Überlassende nicht die üblichen Arbeitgeberpflichten oder das Arbeitgeberrisiko (§ 3 Abs. 1 Nr. 1 bis 3), so wird vermutet, daß der Überlassende Arbeitsvermittlung betreibt.
(3) Dieses Gesetz ist mit Ausnahme des § 1b Satz 1, des § 16 Absatz 1 Nummer 1f und Absatz 2 bis 5 sowie der §§ 17 und 18 nicht anzuwenden auf die Arbeitnehmerüberlassung
1. zwischen Arbeitgebern desselben Wirtschaftszweiges zur Vermeidung von Kurzarbeit oder Entlassungen, wenn ein für den Entleiher und Verleiher geltender Tarifvertrag dies vorsieht,
2. zwischen Konzernunternehmen im Sinne des § 18 des Aktiengesetzes, wenn der Arbeitnehmer nicht zum Zweck der Überlassung eingestellt und beschäftigt wird,
2a. zwischen Arbeitgebern, wenn die Überlassung nur gelegentlich erfolgt und der Arbeitnehmer nicht zum Zweck der Überlassung eingestellt und beschäftigt wird,
2b. zwischen Arbeitgebern, wenn Aufgaben eines Arbeitnehmers von dem bisherigen zu dem anderen Arbeitgeber verlagert werden und auf Grund eines Tarifvertrages des öffentlichen Dienstes
   a) das Arbeitsverhältnis mit dem bisherigen Arbeitgeber weiter besteht und
   b) die Arbeitsleistung zukünftig bei dem anderen Arbeitgeber erbracht wird,
2c. zwischen Arbeitgebern, wenn diese juristische Personen des öffentlichen Rechts sind und Tarifverträge des öffentlichen Dienstes oder Regelungen der öffentlich-rechtlichen Religionsgesellschaften anwenden, oder
3. in das Ausland, wenn der Leiharbeitnehmer in ein auf der Grundlage zwischenstaatlicher Vereinbarungen begründetes deutsch-ausländisches Gemeinschaftsunternehmen verliehen wird, an dem der Verleiher beteiligt ist.

§ 1a Anzeige der Überlassung

(1) Keiner Erlaubnis bedarf ein Arbeitgeber mit weniger als 50 Beschäftigten, der zur Vermeidung von Kurzarbeit oder Entlassungen an einen Arbeitgeber einen Arbeitnehmer, der nicht zum Zweck der Überlassung eingestellt und beschäftigt wird, bis zur Dauer von zwölf Monaten überläßt, wenn er die Überlassung vorher schriftlich der Bundesagentur für Arbeit angezeigt hat.
(2) In der Anzeige sind anzugeben
1. Vor- und Familiennamen, Wohnort und Wohnung, Tag und Ort der Geburt des Leiharbeitnehmers,
2. Art der vom Leiharbeitnehmer zu leistenden Tätigkeit und etwaige Pflicht zur auswärtigen Leistung,
3. Beginn und Dauer der Überlassung,
4. Firma und Anschrift des Entleihers.

§ 1b Einschränkungen im Baugewerbe

¹Arbeitnehmerüberlassung nach § 1 in Betriebe des Baugewerbes für Arbeiten, die üblicherweise von Arbeitern verrichtet werden, ist unzulässig. ²Sie ist gestattet
   a) zwischen Betrieben des Baugewerbes und anderen Betrieben, wenn diese Betriebe erfassende, für allgemeinverbindlich erklärte Tarifverträge dies bestimmen,
   b) zwischen Betrieben des Baugewerbes, wenn der verleihende Betrieb nachweislich seit mindestens drei Jahren von denselben Rahmen- und Sozialkassentarifverträgen oder von deren Allgemeinverbindlichkeit erfasst wird.

³Abweichend von Satz 2 ist für Betriebe des Baugewerbes mit Geschäftssitz in einem anderen Mitgliedstaat des Europäischen Wirtschaftsraumes Arbeitnehmerüberlassung auch gestattet, wenn die ausländischen Betriebe nicht von deutschen Rahmen- und Sozialkassentarifverträgen oder für allgemeinverbindlich erklärten Tarifverträgen erfasst werden, sie aber nachweislich seit mindestens drei Jahren überwiegend Tätigkeiten ausüben, die unter den Geltungsbereich derselben Rahmen- und Sozialkassentarifverträge fallen, von denen der Betrieb des Entleihers erfasst wird.

§ 2 Erteilung und Erlöschen der Erlaubnis

(1) Die Erlaubnis wird auf schriftlichen Antrag erteilt.

(2) ¹Die Erlaubnis kann unter Bedingungen erteilt und mit Auflagen verbunden werden, um sicherzustellen, daß keine Tatsachen eintreten, die nach § 3 die Versagung der Erlaubnis rechtfertigen. ²Die Aufnahme, Änderung oder Ergänzung von Auflagen sind auch nach Erteilung der Erlaubnis zulässig.

(3) Die Erlaubnis kann unter dem Vorbehalt des Widerrufs erteilt werden, wenn eine abschließende Beurteilung des Antrags noch nicht möglich ist.

(4) ¹Die Erlaubnis ist auf ein Jahr zu befristen. ²Der Antrag auf Verlängerung der Erlaubnis ist spätestens drei Monate vor Ablauf des Jahres zu stellen. ³Die Erlaubnis verlängert sich um ein weiteres Jahr, wenn die Erlaubnisbehörde die Verlängerung nicht vor Ablauf des Jahres ablehnt. ⁴Im Fall der Ablehnung gilt die Erlaubnis für die Abwicklung der nach § 1 erlaubt abgeschlossenen Verträge als fortbestehend, jedoch nicht länger als zwölf Monate.

(5) ¹Die Erlaubnis kann unbefristet erteilt werden, wenn der Verleiher drei aufeinanderfolgende Jahre lang nach § 1 erlaubt tätig war. ²Sie erlischt, wenn der Verleiher von der Erlaubnis drei Jahre lang keinen Gebrauch gemacht hat.

§ 3 Versagung

(1) Die Erlaubnis oder ihre Verlängerung ist zu versagen, wenn Tatsachen die Annahme rechtfertigen, daß der Antragsteller

1. die für die Ausübung der Tätigkeit nach § 1 erforderliche Zuverlässigkeit nicht besitzt, insbesondere weil er die Vorschriften des Sozialversicherungsrechts, über die Einbehaltung und Abführung der Lohnsteuer, über die Arbeitsvermittlung, über die Anwerbung im Ausland oder über die Ausländerbeschäftigung, über die Überlassungshöchstdauer nach § 1 Absatz 1b, die Vorschriften des Arbeitsschutzrechts oder die arbeitsrechtlichen Pflichten nicht einhält;
2. nach der Gestaltung seiner Betriebsorganisation nicht in der Lage ist, die üblichen Arbeitgeberpflichten ordnungsgemäß zu erfüllen;
3. dem Leiharbeitnehmer der ihm nach § 8 zustehenden Arbeitsbedingungen einschließlich des Arbeitsentgelts nicht gewährt.

(2) Die Erlaubnis oder ihre Verlängerung ist ferner zu versagen, wenn für die Ausübung der Tätigkeit nach § 1 Betriebe, Betriebsteile oder Nebenbetriebe vorgesehen sind, die nicht in einem Mitgliedstaat der Europäischen Wirtschaftsgemeinschaft oder einem anderen Vertragsstaat des Abkommens über den Europäischen Wirtschaftsraum liegen.

(3) Die Erlaubnis kann versagt werden, wenn der Antragsteller nicht Deutscher im Sinne des Artikels 116 des Grundgesetzes ist oder wenn eine Gesellschaft oder juristische Person den Antrag stellt, die entweder nicht nach deutschem Recht gegründet ist oder die weder ihren satzungsmäßigen Sitz noch ihre Hauptverwaltung noch ihre Hauptniederlassung im Geltungsbereich dieses Gesetzes hat.

(4) ¹Staatsangehörige der Mitgliedstaaten der Europäischen Wirtschaftsgemeinschaft oder eines anderen Vertragsstaates des Abkommens über den Europäischen Wirtschaftsraum erhalten die Erlaubnis unter den gleichen Voraussetzungen wie deutsche Staatsangehörige. ²Den Staatsangehörigen dieser Staaten stehen gleich Gesellschaften und juristische Personen, die nach den Rechtsvorschriften dieser Staaten gegründet sind und ihren satzungsgemäßen Sitz, ihre Hauptverwaltung oder ihre Hauptniederlassung innerhalb dieser Staaten haben. ³Soweit diese Gesellschaften oder juristischen Personen zwar ihren satzungsmäßigen Sitz, jedoch weder ihre Hauptverwaltung noch ihre Hauptniederlassung innerhalb dieser Staaten haben, gilt Satz 2 nur, wenn ihre Tätigkeit in tatsächlicher und dauerhafter Verbindung mit der Wirtschaft eines Mitgliedstaates oder eines Vertragsstaates des Abkommens über den Europäischen Wirtschaftsraum steht.

(5) ¹Staatsangehörige anderer als der in Absatz 4 genannten Staaten, die sich aufgrund eines internationalen Abkommens im Geltungsbereich dieses Gesetzes niederlassen und hierbei sowie bei ihrer Geschäftstätigkeit nicht weniger günstig behandelt werden dürfen als deutsche Staatsangehörige, erhalten die Erlaubnis unter den gleichen Voraussetzungen wie deutsche Staatsangehörige. ²Den Staatsangehö-

rigen nach Satz 1 stehen gleich Gesellschaften, die nach den Rechtsvorschriften des anderen Staates gegründet sind.

§ 3a Lohnuntergrenze

(1) ¹Gewerkschaften und Vereinigungen von Arbeitgebern, die zumindest auch für ihre jeweiligen in der Arbeitnehmerüberlassung tätigen Mitglieder zuständig sind (vorschlagsberechtigte Tarifvertragsparteien) und bundesweit tarifliche Mindeststundenentgelte im Bereich der Arbeitnehmerüberlassung miteinander vereinbart haben, können dem Bundesministerium für Arbeit und Soziales gemeinsam vorschlagen, diese als Lohnuntergrenze in einer Rechtsverordnung verbindlich festzusetzen; die Mindeststundenentgelte können nach dem jeweiligen Beschäftigungsort differenzieren und auch Regelungen zur Fälligkeit entsprechender Ansprüche einschließlich hierzu vereinbarter Ausnahmen und deren Voraussetzungen umfassen. ²Der Vorschlag muss für Verleihzeiten und verleihfreie Zeiten einheitliche Mindeststundenentgelte sowie eine Laufzeit enthalten. ³Der Vorschlag ist schriftlich zu begründen.

(2) ¹Das Bundesministerium für Arbeit und Soziales kann, wenn dies im öffentlichen Interesse geboten erscheint, in einer Rechtsverordnung ohne Zustimmung des Bundesrates bestimmen, dass die vorgeschlagenen tariflichen Mindeststundenentgelte nach Absatz 1 als verbindliche Lohnuntergrenze auf alle in den Geltungsbereich der Verordnung fallenden Arbeitgeber sowie Leiharbeitnehmer Anwendung findet. ²Der Verordnungsgeber kann den Vorschlag nur inhaltlich unverändert in die Rechtsverordnung übernehmen.

(3) ¹Der Verordnungsgeber hat bei seiner Entscheidung nach Absatz 2 im Rahmen einer Gesamtabwägung neben den Zielen dieses Gesetzes zu prüfen, ob eine Rechtsverordnung nach Absatz 2 insbesondere geeignet ist, die finanzielle Stabilität der sozialen Sicherungssysteme zu gewährleisten. ²Der Verordnungsgeber hat zu berücksichtigen

1. die bestehenden bundesweiten Tarifverträge in der Arbeitnehmerüberlassung und
2. die Repräsentativität der vorschlagenden Tarifvertragsparteien.

(4) ¹Liegen mehrere Vorschläge nach Absatz 1 vor, hat der Verordnungsgeber bei seiner Entscheidung nach Absatz 2 im Rahmen der nach Absatz 3 erforderlichen Gesamtabwägung die Repräsentativität der vorschlagenden Tarifvertragsparteien besonders zu berücksichtigen. ²Bei der Feststellung der Repräsentativität ist vorrangig abzustellen auf

1. die Zahl der jeweils in den Geltungsbereich einer Rechtsverordnung nach Absatz 2 fallenden Arbeitnehmer, die bei Mitgliedern der vorschlagenden Arbeitgebervereinigung beschäftigt sind;
2. die Zahl der jeweils in den Geltungsbereich einer Rechtsverordnung nach Absatz 2 fallenden Mitglieder der vorschlagenden Gewerkschaften.

(5) ¹Vor Erlass ist ein Entwurf der Rechtsverordnung im Bundesanzeiger bekannt zu machen. ²Das Bundesministerium für Arbeit und Soziales gibt Verleihern und Leiharbeitnehmern sowie den Gewerkschaften und Vereinigungen von Arbeitgebern, die im Geltungsbereich der Rechtsverordnung zumindest teilweise tarifzuständig sind, Gelegenheit zur schriftlichen Stellungnahme innerhalb von drei Wochen ab dem Tag der Bekanntmachung des Entwurfs der Rechtsverordnung im Bundesanzeiger. ³Nach Ablauf der Stellungnahmefrist wird der in § 5 Absatz 1 Satz 1 des Tarifvertragsgesetzes genannte Ausschuss mit dem Vorschlag befasst.

(6) ¹Nach Absatz 1 vorschlagsberechtigte Tarifvertragsparteien können gemeinsam die Änderung einer nach Absatz 2 erlassenen Rechtsverordnung vorschlagen. ²Die Absätze 1 bis 5 finden entsprechend Anwendung.

§ 4 Rücknahme

(1) ¹Eine rechtswidrige Erlaubnis kann mit Wirkung für die Zukunft zurückgenommen werden. ²§ 2 Abs. 4 Satz 4 gilt entsprechend.

(2) ¹Die Erlaubnisbehörde hat dem Verleiher auf Antrag den Vermögensnachteil auszugleichen, den dieser dadurch erleidet, daß er auf den Bestand der Erlaubnis vertraut hat, soweit sein Vertrauen unter Abwägung mit dem öffentlichen Interesse schutzwürdig ist. ²Auf Vertrauen kann sich der Verleiher nicht berufen, wenn er

1. die Erlaubnis durch arglistige Täuschung, Drohung oder eine strafbare Handlung erwirkt hat;
2. die Erlaubnis durch Angaben erwirkt hat, die in wesentlicher Beziehung unrichtig oder unvollständig waren, oder
3. die Rechtswidrigkeit der Erlaubnis kannte oder infolge grober Fahrlässigkeit nicht kannte.

³Der Vermögensnachteil ist jedoch nicht über den Betrag des Interesses hinaus zu ersetzen, das der Verleiher an dem Bestand der Erlaubnis hat. ⁴Der auszugleichende Vermögensnachteil wird durch die

Erlaubnisbehörde festgesetzt. ⁵Der Anspruch kann nur innerhalb eines Jahres geltend gemacht werden; die Frist beginnt, sobald die Erlaubnisbehörde den Verleiher auf sie hingewiesen hat.

(3) Die Rücknahme ist nur innerhalb eines Jahres seit dem Zeitpunkt zulässig, in dem die Erlaubnisbehörde von den Tatsachen Kenntnis erhalten hat, die die Rücknahme der Erlaubnis rechtfertigen.

§ 5 Widerruf

(1) Die Erlaubnis kann mit Wirkung für die Zukunft widerrufen werden, wenn
1. der Widerruf bei ihrer Erteilung nach § 2 Abs. 3 vorbehalten worden ist;
2. der Verleiher eine Auflage nach § 2 nicht innerhalb einer ihm gesetzten Frist erfüllt hat;
3. die Erlaubnisbehörde aufgrund nachträglich eingetretener Tatsachen berechtigt wäre, die Erlaubnis zu versagen, oder
4. die Erlaubnisbehörde aufgrund einer geänderten Rechtslage berechtigt wäre, die Erlaubnis zu versagen; § 4 Abs. 2 gilt entsprechend.

(2) ¹Die Erlaubnis wird mit dem Wirksamwerden des Widerrufs unwirksam. ²§ 2 Abs. 4 Satz 4 gilt entsprechend.

(3) Der Widerruf ist unzulässig, wenn eine Erlaubnis gleichen Inhalts erneut erteilt werden müßte.

(4) Der Widerruf ist nur innerhalb eines Jahres seit dem Zeitpunkt zulässig, in dem die Erlaubnisbehörde von den Tatsachen Kenntnis erhalten hat, die den Widerruf der Erlaubnis rechtfertigen.

§ 6 Verwaltungszwang

Werden Leiharbeitnehmer von einem Verleiher ohne die erforderliche Erlaubnis überlassen, so hat die Erlaubnisbehörde dem Verleiher dies zu untersagen und das weitere Überlassen nach den Vorschriften des Verwaltungsvollstreckungsgesetzes zu verhindern.

§ 7 Anzeigen und Auskünfte

(1) ¹Der Verleiher hat der Erlaubnisbehörde nach Erteilung der Erlaubnis unaufgefordert die Verlegung, Schließung und Errichtung von Betrieben, Betriebsteilen oder Nebenbetrieben vorher anzuzeigen, soweit diese die Ausübung der Arbeitnehmerüberlassung zum Gegenstand haben. ²Wenn die Erlaubnis Personengesamtheiten, Personengesellschaften oder juristischen Personen erteilt ist und nach ihrer Erteilung eine andere Person zur Geschäftsführung oder Vertretung nach Gesetz, Satzung oder Gesellschaftsvertrag berufen wird, ist auch dies unaufgefordert anzuzeigen.

(2) ¹Der Verleiher hat der Erlaubnisbehörde auf Verlangen die Auskünfte zu erteilen, die zur Durchführung des Gesetzes erforderlich sind. ²Die Auskünfte sind wahrheitsgemäß, vollständig, fristgemäß und unentgeltlich zu erteilen. ³Auf Verlangen der Erlaubnisbehörde hat der Verleiher die geschäftlichen Unterlagen vorzulegen, aus denen sich die Richtigkeit seiner Angaben ergibt, oder seine Angaben auf sonstige Weise glaubhaft zu machen. ⁴Der Verleiher hat seine Geschäftsunterlagen drei Jahre lang aufzubewahren.

(3) ¹In begründeten Einzelfällen sind die von der Erlaubnisbehörde beauftragten Personen befugt, Grundstücke und Geschäftsräume des Verleihers zu betreten und dort Prüfungen vorzunehmen. ²Der Verleiher hat die Maßnahmen nach Satz 1 zu dulden. ³Das Grundrecht der Unverletzlichkeit der Wohnung (Artikel 13 des GG) wird insoweit eingeschränkt.

(4) ¹Durchsuchungen können nur auf Anordnung des Richters bei dem Amtsgericht, in dessen Bezirk die Durchsuchung erfolgen soll, vorgenommen werden. ²Auf die Anfechtung dieser Anordnung finden die §§ 304 bis 310 der Strafprozeßordnung entsprechende Anwendung. ³Bei Gefahr im Verzuge können die von der Erlaubnisbehörde beauftragten Personen während der Geschäftszeit die erforderlichen Durchsuchungen ohne richterliche Anordnung vornehmen. ⁴An Ort und Stelle ist eine Niederschrift über die Durchsuchung und ihr wesentliches Ergebnis aufzunehmen, aus der sich, falls keine richterliche Anordnung ergangen ist, auch die Tatsachen ergeben, die zur Annahme einer Gefahr im Verzuge geführt haben.

(5) Der Verleiher kann die Auskunft auf solche Fragen verweigern, deren Beantwortung ihn selbst oder einen der in § 383 Abs. 1 Nr. 1 bis 3 der Zivilprozeßordnung bezeichneten Angehörigen der Gefahr strafgerichtlicher Verfolgung oder eines Verfahrens nach dem Gesetz über Ordnungswidrigkeiten aussetzen würde.

§ 8 Grundsatz der Gleichstellung

(1) ¹Der Verleiher ist verpflichtet, dem Leiharbeitnehmer für die Zeit der Überlassung an den Entleiher die im Betrieb des Entleihers für einen vergleichbaren Arbeitnehmer des Entleihers geltenden wesentlichen Arbeitsbedingungen einschließlich des Arbeitsentgelts zu gewähren (Gleichstellungsgrundsatz).

²Erhält der Leiharbeitnehmer das für einen vergleichbaren Arbeitnehmer des Entleihers im Entleihbetrieb geschuldete tarifvertragliche Arbeitsentgelt oder in Ermangelung eines solchen ein für vergleichbare Arbeitnehmer in der Einsatzbranche geltendes tarifvertragliches Arbeitsentgelt, wird vermutet, dass der Leiharbeitnehmer hinsichtlich des Arbeitsentgelts im Sinne von Satz 1 gleichgestellt ist. ³Werden im Betrieb des Entleihers Sachbezüge gewährt, kann ein Wertausgleich in Euro erfolgen.
(2) ¹Ein Tarifvertrag kann vom Gleichstellungsgrundsatz abweichen, soweit er nicht die in einer Rechtsverordnung nach § 3a Absatz 2 festgesetzten Mindeststundenentgelte unterschreitet. ²Soweit ein solcher Tarifvertrag vom Gleichstellungsgrundsatz abweicht, hat der Verleiher dem Leiharbeitnehmer die nach diesem Tarifvertrag geschuldeten Arbeitsbedingungen zu gewähren. ³Im Geltungsbereich eines solchen Tarifvertrages können nicht tarifgebundene Arbeitgeber und Arbeitnehmer die Anwendung des Tarifvertrages vereinbaren. ⁴Soweit ein solcher Tarifvertrag die in einer Rechtsverordnung nach § 3a Absatz 2 festgesetzten Mindeststundenentgelte unterschreitet, hat der Verleiher dem Leiharbeitnehmer für jede Arbeitsstunde das im Betrieb des Entleihers für einen vergleichbaren Arbeitnehmer des Entleihers für eine Arbeitsstunde zu zahlende Arbeitsentgelt zu gewähren.
(3) Eine abweichende tarifliche Regelung im Sinne von Absatz 2 gilt nicht für Leiharbeitnehmer, die in den letzten sechs Monaten vor der Überlassung an den Entleiher aus einem Arbeitsverhältnis bei diesem oder einem Arbeitgeber, der mit dem Entleiher einen Konzern im Sinne des § 18 des Aktiengesetzes bildet, ausgeschieden sind.
(4) ¹Ein Tarifvertrag im Sinne des Absatzes 2 kann hinsichtlich des Arbeitsentgelts vom Gleichstellungsgrundsatz für die ersten neun Monate einer Überlassung an einen Entleiher abweichen. ²Eine längere Abweichung durch Tarifvertrag ist nur zulässig, wenn
1. nach spätestens 15 Monaten einer Überlassung an einen Entleiher mindestens ein Arbeitsentgelt erreicht wird, das in dem Tarifvertrag als gleichwertig mit dem tarifvertraglichen Arbeitsentgelt vergleichbarer Arbeitnehmer in der Einsatzbranche festgelegt ist, und
2. nach einer Einarbeitungszeit von längstens sechs Wochen eine stufenweise Heranführung an dieses Arbeitsentgelt erfolgt.

³Im Geltungsbereich eines solchen Tarifvertrages können nicht tarifgebundene Arbeitgeber und Arbeitnehmer die Anwendung der tariflichen Regelungen vereinbaren. ⁴Der Zeitraum vorheriger Überlassungen durch denselben oder einen anderen Verleiher an denselben Entleiher ist vollständig anzurechnen, wenn zwischen den Einsätzen jeweils nicht mehr als drei Monate liegen.
(5) Der Verleiher ist verpflichtet, dem Leiharbeitnehmer mindestens das in einer Rechtsverordnung nach § 3a Absatz 2 für die Zeit der Überlassung und für Zeiten ohne Überlassung festgesetzte Mindeststundenentgelt zu zahlen.

§9 Unwirksamkeit

(1) Unwirksam sind:
1. Verträge zwischen Verleihern und Entleihern sowie zwischen Verleihern und Leiharbeitnehmern, wenn der Verleiher nicht die nach § 1 erforderliche Erlaubnis hat; der Vertrag zwischen Verleiher und Leiharbeitnehmer wird nicht unwirksam, wenn der Leiharbeitnehmer schriftlich bis zum Ablauf eines Monats nach dem zwischen Verleiher und Entleiher für den Beginn der Überlassung vorgesehenen Zeitpunkt gegenüber dem Verleiher oder dem Entleiher erklärt, dass er an dem Arbeitsvertrag mit dem Verleiher festhält; tritt die Unwirksamkeit erst nach Aufnahme der Tätigkeit beim Entleiher ein, so beginnt die Frist mit Eintritt der Unwirksamkeit,
1a. Arbeitsverträge zwischen Verleihern und Leiharbeitnehmern, wenn entgegen § 1 Absatz 1 Satz 5 und 6 die Arbeitnehmerüberlassung nicht ausdrücklich als solche bezeichnet und die Person des Leiharbeitnehmers nicht konkretisiert worden ist, es sei denn, der Leiharbeitnehmer erklärt schriftlich bis zum Ablauf eines Monats nach dem zwischen Verleiher und Entleiher für den Beginn der Überlassung vorgesehenen Zeitpunkt gegenüber dem Verleiher oder dem Entleiher, dass er an dem Arbeitsvertrag mit dem Verleiher festhält,
1b. Arbeitsverträge zwischen Verleihern und Leiharbeitnehmern mit dem Überschreiten der zulässigen Überlassungshöchstdauer nach § 1 Absatz 1b, es sei denn, der Leiharbeitnehmer erklärt schriftlich bis zum Ablauf eines Monats nach Überschreiten der zulässigen Überlassungshöchstdauer gegenüber dem Verleiher oder dem Entleiher, dass er an dem Arbeitsvertrag mit dem Verleiher festhält,
2. Vereinbarungen, die für den Leiharbeitnehmer schlechtere als die ihm nach § 8 zustehenden Arbeitsbedingungen einschließlich des Arbeitsentgelts vorsehen,
2a. Vereinbarungen, die den Zugang des Leiharbeitnehmers zu den Gemeinschaftseinrichtungen oder -diensten im Unternehmen des Entleihers entgegen § 13b beschränken,

3. Vereinbarungen, die dem Entleiher untersagen, den Leiharbeitnehmer zu einem Zeitpunkt einzustellen, in dem dessen Arbeitsverhältnis zum Verleiher nicht mehr besteht; dies schließt die Vereinbarung einer angemessenen Vergütung zwischen Verleiher und Entleiher für die nach vorangegangenem Verleih oder mittels vorangegangenem Verleih erfolgte Vermittlung nicht aus,
4. Vereinbarungen, die dem Leiharbeitnehmer untersagen, mit dem Entleiher zu einem Zeitpunkt, in dem das Arbeitsverhältnis zwischen Verleiher und Leiharbeitnehmer nicht mehr besteht, ein Arbeitsverhältnis einzugehen,
5. Vereinbarungen, nach denen der Leiharbeitnehmer eine Vermittlungsvergütung an den Verleiher zu zahlen hat.

(2) Die Erklärung nach Absatz 1 Nummer 1, 1a oder 1b (Festhaltenserklärung) ist nur wirksam, wenn
1. der Leiharbeitnehmer diese vor ihrer Abgabe persönlich in einer Agentur für Arbeit vorlegt,
2. die Agentur für Arbeit die abzugebende Erklärung mit dem Datum des Tages der Vorlage und dem Hinweis versieht, dass sie die Identität des Leiharbeitnehmers festgestellt hat, und
3. die Erklärung spätestens am dritten Tag nach der Vorlage in der Agentur für Arbeit dem Ver- oder Entleiher zugeht.

(3) ¹Eine vor Beginn einer Frist nach Absatz 1 Nummer 1 bis 1b abgegebene Festhaltenserklärung ist unwirksam. ²Wird die Überlassung nach der Festhaltenserklärung fortgeführt, gilt Absatz 1 Nummer 1 bis 1b. Eine erneute Festhaltenserklärung ist unwirksam. ³§ 28e Absatz 2 Satz 4 des Vierten Buches Sozialgesetzbuch gilt unbeschadet der Festhaltenserklärung.

§ 10 Rechtsfolgen bei Unwirksamkeit

(1) ¹Ist der Vertrag zwischen einem Verleiher und einem Leiharbeitnehmer nach § 9 unwirksam, so gilt ein Arbeitsverhältnis zwischen Entleiher und Leiharbeitnehmer zu dem zwischen dem Entleiher und dem Verleiher für den Beginn der Tätigkeit vorgesehenen Zeitpunkt als zustande gekommen; tritt die Unwirksamkeit erst nach Aufnahme der Tätigkeit beim Entleiher ein, so gilt das Arbeitsverhältnis zwischen Entleiher und Leiharbeitnehmer mit dem Eintritt der Unwirksamkeit als zustande gekommen. ²Das Arbeitsverhältnis nach Satz 1 gilt als befristet, wenn die Tätigkeit des Leiharbeitnehmers bei dem Entleiher nur befristet vorgesehen war und ein die Befristung des Arbeitsverhältnisses sachlich rechtfertigender Grund vorliegt. ³Für das Arbeitsverhältnis nach Satz 1 gilt die zwischen dem Verleiher und dem Entleiher vorgesehene Arbeitszeit als vereinbart. ⁴Im übrigen bestimmen sich Inhalt und Dauer dieses Arbeitsverhältnisses nach den für den Betrieb des Entleihers geltenden Vorschriften und sonstigen Regelungen; sind solche nicht vorhanden, gelten diejenigen vergleichbarer Betriebe. ⁵Der Leiharbeitnehmer hat gegen den Entleiher mindestens Anspruch auf das mit dem Verleiher vereinbarte Arbeitsentgelt.

(2) ¹Der Leiharbeitnehmer kann im Falle der Unwirksamkeit seines Vertrages mit dem Verleiher nach § 9 von diesem Ersatz des Schadens verlangen, den er dadurch erleidet, daß er auf die Gültigkeit des Vertrages vertraut. ²Die Ersatzpflicht tritt nicht ein, wenn der Leiharbeitnehmer den Grund der Unwirksamkeit kannte.

(3) ¹Zahlt der Verleiher das vereinbarte Arbeitsentgelt oder Teile des Arbeitsentgelts an den Leiharbeitnehmer, obwohl der Vertrag nach § 9 unwirksam ist, so hat er auch sonstige Teile des Arbeitsentgelts, die bei einem wirksamen Arbeitsvertrag für den Leiharbeitnehmer an einen anderen zu zahlen wären, an den anderen zu zahlen. ²Hinsichtlich dieser Zahlungspflicht gilt der Verleiher neben dem Entleiher als Arbeitgeber; beide haften insoweit als Gesamtschuldner.

§ 10a Rechtsfolgen bei Überlassung durch eine andere Person als den Arbeitgeber

Werden Arbeitnehmer entgegen § 1 Absatz 1 Satz 3 von einer anderen Person überlassen und verstößt diese Person hierbei gegen § 1 Absatz 1 Satz 1, 5 und 6 oder Absatz 1b, gelten für das Arbeitsverhältnis des Leiharbeitnehmers § 9 Absatz 1 Nummer 1 bis 1b und § 10 entsprechend.

§ 11 Sonstige Vorschriften über das Leiharbeitsverhältnis

(1) ¹Der Nachweis der wesentlichen Vertragsbedingungen des Leiharbeitsverhältnisses richtet sich nach den Bestimmungen des Nachweisgesetzes. ²Zusätzlich zu den in § 2 Abs. 1 des Nachweisgesetzes genannten Angaben sind in die Niederschrift aufzunehmen:
1. Firma und Anschrift des Verleihers, die Erlaubnisbehörde sowie Ort und Datum der Erteilung der Erlaubnis nach § 1,
2. Art und Höhe der Leistungen für Zeiten, in denen der Leiharbeitnehmer nicht verliehen ist.

(2) ¹Der Verleiher ist ferner verpflichtet, dem Leiharbeitnehmer bei Vertragsschluß ein Merkblatt der Erlaubnisbehörde über den wesentlichen Inhalt dieses Gesetzes auszuhändigen. ²Nichtdeutsche Leihar-

beitnehmer erhalten das Merkblatt und den Nachweis nach Absatz 1 auf Verlangen in ihrer Muttersprache. ³Die Kosten des Merkblatts trägt der Verleiher. ⁴Der Verleiher hat den Leiharbeitnehmer vor jeder Überlassung darüber zu informieren, dass er als Leiharbeitnehmer tätig wird.
(3) ¹Der Verleiher hat den Leiharbeitnehmer unverzüglich über den Zeitpunkt des Wegfalls der Erlaubnis zu unterrichten. ²In den Fällen der Nichtverlängerung (§ 2 Abs. 4 Satz 3), der Rücknahme (§ 4) oder des Widerrufs (§ 5) hat er ihn ferner auf das voraussichtliche Ende der Abwicklung (§ 2 Abs. 4 Satz 4) und die gesetzliche Abwicklungsfrist (§ 2 Abs. 4 Satz 4 letzter Halbsatz) hinzuweisen.
(4) ¹§ 622 Abs. 5 Nr. 1 des Bürgerlichen Gesetzbuchs ist nicht auf Arbeitsverhältnisse zwischen Verleihern und Leiharbeitnehmern anzuwenden. ²Das Recht des Leiharbeitnehmers auf Vergütung bei Annahmeverzug des Verleihers (§ 615 Satz 1 des Bürgerlichen Gesetzbuchs) kann nicht durch Vertrag aufgehoben oder beschränkt werden; § 615 Satz 2 des Bürgerlichen Gesetzbuchs bleibt unberührt.
(5) ¹Der Entleiher darf Leiharbeitnehmer nicht tätig werden lassen, wenn sein Betrieb unmittelbar durch einen Arbeitskampf betroffen ist. ²Satz 1 gilt nicht, wenn der Entleiher sicherstellt, dass Leiharbeitnehmer keine Tätigkeiten übernehmen, die bisher von Arbeitnehmern erledigt wurden, die
1. sich im Arbeitskampf befinden oder
2. ihrerseits Tätigkeiten von Arbeitnehmern, die sich im Arbeitskampf befinden, übernommen haben.
³Der Leiharbeitnehmer ist nicht verpflichtet, bei einem Entleiher tätig zu sein, soweit dieser durch einen Arbeitskampf unmittelbar betroffen ist. ⁴In den Fällen eines Arbeitskampfes hat der Verleiher den Leiharbeitnehmer auf das Recht, die Arbeitsleistung zu verweigern, hinzuweisen.
(6) ¹Die Tätigkeit des Leiharbeitnehmers bei dem Entleiher unterliegt den für den Betrieb des Entleihers geltenden öffentlich-rechtlichen Vorschriften des Arbeitsschutzrechts; die hieraus sich ergebenden Pflichten für den Arbeitgeber obliegen dem Entleiher unbeschadet der Pflichten des Verleihers. ²Insbesondere hat der Entleiher den Leiharbeitnehmer vor Beginn der Beschäftigung und bei Veränderungen in seinem Arbeitsbereich über Gefahren für Sicherheit und Gesundheit, denen er bei der Arbeit ausgesetzt sein kann, sowie über die Maßnahmen und Einrichtungen zur Abwendung dieser Gefahren zu unterrichten. ³Der Entleiher hat den Leiharbeitnehmer zusätzlich über die Notwendigkeit besonderer Qualifikationen oder beruflicher Fähigkeiten oder einer besonderen ärztlichen Überwachung sowie über erhöhte besondere Gefahren des Arbeitsplatzes zu unterrichten.
(7) Hat der Leiharbeitnehmer während der Dauer der Tätigkeit bei dem Entleiher eine Erfindung oder einen technischen Verbesserungsvorschlag gemacht, so gilt der Entleiher als Arbeitgeber im Sinne des Gesetzes über Arbeitnehmererfindungen.

§ 11a Verordnungsermächtigung
¹Die Bundesregierung wird ermächtigt, für den Fall außergewöhnlicher Verhältnisse auf dem Arbeitsmarkt durch Rechtsverordnung ohne Zustimmung des Bundesrates zu bestimmen, dass das in § 11 Absatz 4 Satz 2 geregelte Recht des Leiharbeitnehmers auf Vergütung bei Vereinbarung von Kurzarbeit für den Arbeitsausfall und für die Dauer aufgehoben ist, für die dem Leiharbeitnehmer Kurzarbeitergeld nach dem Dritten Buch Sozialgesetzbuch gezahlt wird. ²Die Verordnung ist zeitlich zu befristen. ³Die Ermächtigung tritt mit Ablauf des 31. Dezember 2021 außer Kraft.

§ 12 Rechtsbeziehungen zwischen Verleiher und Entleiher
(1) ¹Der Vertrag zwischen dem Verleiher und dem Entleiher bedarf der Schriftform. ²Wenn der Vertrag und seine tatsächliche Durchführung einander widersprechen, ist für die rechtliche Einordnung des Vertrages die tatsächliche Durchführung maßgebend. ³In der Urkunde hat der Verleiher zu erklären, ob er die Erlaubnis nach § 1 besitzt. ⁴Der Entleiher hat in der Urkunde anzugeben, welche besonderen Merkmale die für den Leiharbeitnehmer vorgesehene Tätigkeit hat und welche berufliche Qualifikation dafür erforderlich ist sowie welche im Betrieb des Entleihers für einen vergleichbaren Arbeitnehmer des Entleihers wesentlichen Arbeitsbedingungen einschließlich des Arbeitsentgelts gelten; Letzteres gilt nicht, soweit die Voraussetzungen der in § 8 Absatz 2 und 4 Satz 2 genannten Ausnahme vorliegen.
(2) ¹Der Verleiher hat den Entleiher unverzüglich über den Zeitpunkt des Wegfalls der Erlaubnis zu unterrichten. ²In den Fällen der Nichtverlängerung (§ 2 Abs. 4 Satz 3), der Rücknahme (§ 4) oder des Widerrufs (§ 5) hat er ihn ferner auf das voraussichtliche Ende der Abwicklung (§ 2 Abs. 4 Satz 4) und die gesetzliche Abwicklungsfrist (§ 2 Abs. 4 Satz 4 letzter Halbsatz) hinzuweisen.

§ 13 Auskunftsanspruch des Leiharbeitnehmers
Der Leiharbeitnehmer kann im Falle der Überlassung von seinem Entleiher Auskunft über die im Betrieb des Entleihers für einen vergleichbaren Arbeitnehmer des Entleihers geltenden wesentlichen Arbeits-

bedingungen einschließlich des Arbeitsentgelts verlangen; dies gilt nicht, soweit die Voraussetzungen der in § 8 Absatz 2 und 4 Satz 2 genannten Ausnahme vorliegen.

§ 13a Informationspflicht des Entleihers über freie Arbeitsplätze
[1]Der Entleiher hat den Leiharbeitnehmer über Arbeitsplätze des Entleihers, die besetzt werden sollen, zu informieren. [2]Die Information kann durch allgemeine Bekanntgabe an geeigneter, dem Leiharbeitnehmer zugänglicher Stelle im Betrieb und Unternehmen des Entleihers erfolgen.

§ 13b Zugang des Leiharbeitnehmers zu Gemeinschaftseinrichtungen oder -diensten
[1]Der Entleiher hat dem Leiharbeitnehmer Zugang zu den Gemeinschaftseinrichtungen oder -diensten im Unternehmen unter den gleichen Bedingungen zu gewähren wie vergleichbaren Arbeitnehmern in dem Betrieb, in dem der Leiharbeitnehmer seine Arbeitsleistung erbringt, es sei denn, eine unterschiedliche Behandlung ist aus sachlichen Gründen gerechtfertigt. [2]Gemeinschaftseinrichtungen oder -dienste im Sinne des Satzes 1 sind insbesondere Kinderbetreuungseinrichtungen, Gemeinschaftsverpflegung und Beförderungsmittel.

§ 14 Mitwirkungs- und Mitbestimmungsrechte
(1) Leiharbeitnehmer bleiben auch während der Zeit ihrer Arbeitsleistung bei einem Entleiher Angehörige des entsendenden Betriebs des Verleihers.
(2) [1]Leiharbeitnehmer sind bei der Wahl der Arbeitnehmervertreter in den Aufsichtsrat im Entleiherunternehmen und bei der Wahl der betriebsverfassungsrechtlichen Arbeitnehmervertretungen im Entleiherbetrieb nicht wählbar. [2]Sie sind berechtigt, die Sprechstunden dieser Arbeitnehmervertretungen aufzusuchen und an den Betriebs- und Jugendversammlungen im Entleiherbetrieb teilzunehmen. [3]Die §§ 81, 82 Abs. 1 und §§ 84 bis 86 des Betriebsverfassungsgesetzes gelten im Entleiherbetrieb auch in bezug auf die dort tätigen Leiharbeitnehmer. [4]Soweit Bestimmungen des Betriebsverfassungsgesetzes mit Ausnahme des § 112a, des Europäische Betriebsräte-Gesetzes oder der auf Grund der jeweiligen Gesetze erlassenen Wahlordnungen eine bestimmte Anzahl oder einen bestimmten Anteil von Arbeitnehmern voraussetzen, sind Leiharbeitnehmer auch im Entleiherbetrieb zu berücksichtigen. [5]Soweit Bestimmungen des Mitbestimmungsgesetzes, des Montan-Mitbestimmungsgesetzes, des Mitbestimmungsergänzungsgesetzes, des Drittelbeteiligungsgesetzes, des Gesetzes über die Mitbestimmung der Arbeitnehmer bei einer grenzüberschreitenden Verschmelzung, des SE- und des SCE-Beteiligungsgesetzes oder der auf Grund der jeweiligen Gesetze erlassenen Wahlordnungen eine bestimmte Anzahl oder einen bestimmten Anteil von Arbeitnehmern voraussetzen, sind Leiharbeitnehmer auch im Entleiherunternehmen zu berücksichtigen. [6]Soweit die Anwendung der in Satz 5 genannten Gesetze eine bestimmte Anzahl oder einen bestimmten Anteil von Arbeitnehmern erfordert, sind Leiharbeitnehmer im Entleiherunternehmen nur zu berücksichtigen, wenn die Einsatzdauer sechs Monate übersteigt.
(3) [1]Vor der Übernahme eines Leiharbeitnehmers zur Arbeitsleistung ist der Betriebsrat des Entleiherbetriebs nach § 99 des Betriebsverfassungsgesetzes zu beteiligen. [2]Dabei hat der Entleiher dem Betriebsrat auch die schriftliche Erklärung des Verleihers nach § 12 Absatz 1 Satz 3 vorzulegen. [3]Er ist ferner verpflichtet, Mitteilungen des Verleihers nach § 12 Abs. 2 unverzüglich dem Betriebsrat bekanntzugeben.
(4) Die Absätze 1 und 2 Satz 1 und 2 sowie Absatz 3 gelten für die Anwendung des Bundespersonalvertretungsgesetzes sinngemäß.

§ 15 Ausländische Leiharbeitnehmer ohne Genehmigung
(1) Wer als Verleiher einen Ausländer, der einen erforderlichen Aufenthaltstitel nach § 4a Absatz 5 Satz 1 des Aufenthaltsgesetzes, eine Erlaubnis oder Berechtigung nach § 4a Absatz 5 Satz 2 in Verbindung mit Absatz 4 des Aufenthaltsgesetzes, eine Aufenthaltsgestattung oder eine Duldung, die zur Ausübung der Beschäftigung berechtigen, oder eine Genehmigung nach § 284 Abs. 1 des Dritten Buches Sozialgesetzbuch nicht besitzt, entgegen § 1 einem Dritten ohne Erlaubnis überläßt, wird mit Freiheitsstrafe bis zu drei Jahren oder mit Geldstrafe bestraft.
(2) [1]In besonders schweren Fällen ist die Strafe Freiheitsstrafe von sechs Monaten bis zu fünf Jahren. [2]Ein besonders schwerer Fall liegt in der Regel vor, wenn der Täter gewerbsmäßig oder aus grobem Eigennutz handelt.

§ 15a Entleih von Ausländern ohne Genehmigung
(1) [1]Wer als Entleiher einen ihm überlassenen Ausländer, der einen erforderlichen Aufenthaltstitel nach § 4a Absatz 5 Satz 1 des Aufenthaltsgesetzes, eine Erlaubnis oder Berechtigung nach § 4a Absatz 5 Satz 2

in Verbindung mit Absatz 4 des Aufenthaltsgesetzes, eine Aufenthaltsgestattung oder eine Duldung, die zur Ausübung der Beschäftigung berechtigen, oder eine Genehmigung nach § 284 Abs. 1 des Dritten Buches Sozialgesetzbuch nicht besitzt, zu Arbeitsbedingungen des Leiharbeitsverhältnisses tätig werden läßt, die in einem auffälligen Mißverhältnis zu den Arbeitsbedingungen deutscher Leiharbeitnehmer stehen, die die gleiche oder eine vergleichbare Tätigkeit ausüben, wird mit Freiheitsstrafe bis zu drei Jahren oder mit Geldstrafe bestraft. ²In besonders schweren Fällen ist die Strafe Freiheitsstrafe von sechs Monaten bis zu fünf Jahren; ein besonders schwerer Fall liegt in der Regel vor, wenn der Täter gewerbsmäßig oder aus grobem Eigennutz handelt.

(2) ¹Wer als Entleiher
1. gleichzeitig mehr als fünf Ausländer, die einen erforderlichen Aufenthaltstitel nach § 4a Absatz 5 Satz 1 des Aufenthaltsgesetzes, eine Erlaubnis oder Berechtigung nach § 4a Absatz 5 Satz 2 in Verbindung mit Absatz 4 des Aufenthaltsgesetzes, eine Aufenthaltsgestattung oder eine Duldung, die zur Ausübung der Beschäftigung berechtigen, oder eine Genehmigung nach § 284 Abs. 1 des Dritten Buches Sozialgesetzbuch nicht besitzt, tätig werden läßt oder
2. eine in § 16 Abs. 1 Nr. 2 bezeichnete vorsätzliche Zuwiderhandlung beharrlich wiederholt,

wird mit Freiheitsstrafe bis zu einem Jahr oder mit Geldstrafe bestraft. ²Handelt der Täter aus grobem Eigennutz, ist die Strafe Freiheitsstrafe bis zu drei Jahren oder Geldstrafe.

§ 16 Ordnungswidrigkeiten

(1) Ordnungswidrig handelt, wer vorsätzlich oder fahrlässig
1. entgegen § 1 einen Leiharbeitnehmer einem Dritten ohne Erlaubnis überläßt,
1a. einen ihm von einem Verleiher ohne Erlaubnis überlassenen Leiharbeitnehmer tätig werden läßt,
1b. entgegen § 1 Absatz 1 Satz 3 einen Arbeitnehmer überlässt oder tätig werden lässt,
1c. entgegen § 1 Absatz 1 Satz 5 eine dort genannte Überlassung nicht, nicht richtig oder nicht rechtzeitig bezeichnet,
1d. entgegen § 1 Absatz 1 Satz 6 die Person nicht, nicht richtig oder nicht rechtzeitig konkretisiert,
1e. entgegen § 1 Absatz 1b Satz 1 einen Leiharbeitnehmer überlässt,
1f. entgegen § 1b Satz 1 Arbeitnehmer überläßt oder tätig werden läßt,
2. einen ihm überlassenen ausländischen Leiharbeitnehmer, der einen erforderlichen Aufenthaltstitel nach § 4a Absatz 5 Satz 1 des Aufenthaltsgesetzes, eine Erlaubnis oder Berechtigung nach § 4a Absatz 5 Satz 2 in Verbindung mit Absatz 4 des Aufenthaltsgesetzes, eine Aufenthaltsgestattung oder eine Duldung, die zur Ausübung der Beschäftigung berechtigen, oder eine Genehmigung nach § 284 Abs. 1 des Dritten Buches Sozialgesetzbuch nicht besitzt, tätig werden läßt,
2a. eine Anzeige nach § 1a nicht richtig, nicht vollständig oder nicht rechtzeitig erstattet,
3. einer Auflage nach § 2 Abs. 2 nicht, nicht vollständig oder nicht rechtzeitig nachkommt,
4. eine Anzeige nach § 7 Abs. 1 nicht, nicht richtig, nicht vollständig oder nicht rechtzeitig erstattet,
5. eine Auskunft nach § 7 Abs. 2 Satz 1 nicht, nicht richtig, nicht vollständig oder nicht rechtzeitig erteilt,
6. seiner Aufbewahrungspflicht nach § 7 Abs. 2 Satz 4 nicht nachkommt,
6a. entgegen § 7 Abs. 3 Satz 2 eine dort genannte Maßnahme nicht duldet,
7. (weggefallen)
7a. entgegen § 8 Absatz 1 Satz 1 oder Absatz 2 Satz 2 oder 4 eine Arbeitsbedingung nicht gewährt,
7b. entgegen § 8 Absatz 5 in Verbindung mit einer Rechtsverordnung nach § 3a Absatz 2 Satz 1 das dort genannte Mindeststundenentgelt nicht oder nicht rechtzeitig zahlt,
8. einer Pflicht nach § 11 Abs. 1 oder Abs. 2 nicht nachkommt,
8a. entgegen § 11 Absatz 5 Satz 1 einen Leiharbeitnehmer tätig werden lässt,
9. entgegen § 13a Satz 1 den Leiharbeitnehmer nicht, nicht richtig oder nicht vollständig informiert,
10. entgegen § 13b Satz 1 Zugang nicht gewährt,
11. entgegen § 17a in Verbindung mit § 5 Absatz 1 Satz 1 Nummer 1 oder 3 des Schwarzarbeitsbekämpfungsgesetzes eine Prüfung nicht duldet oder bei dieser Prüfung nicht mitwirkt,
12. entgegen § 17a in Verbindung mit § 5 Absatz 1 Satz 1 Nummer 2 des Schwarzarbeitsbekämpfungsgesetzes das Betreten eines Grundstücks oder Geschäftsraums nicht duldet,
13. entgegen § 17a in Verbindung mit § 5 Absatz 5 Satz 1 des Schwarzarbeitsbekämpfungsgesetzes Daten nicht, nicht richtig, nicht vollständig, nicht in der vorgeschriebenen Weise oder nicht rechtzeitig übermittelt,
14. entgegen § 17b Absatz 1 Satz 1 eine Anmeldung nicht, nicht richtig, nicht vollständig, nicht in der vorgeschriebenen Weise oder nicht rechtzeitig zuleitet,

15. entgegen § 17b Absatz 1 Satz 2 eine Änderungsmeldung nicht, nicht richtig, nicht vollständig, nicht in der vorgeschriebenen Weise oder nicht rechtzeitig macht,
16. entgegen § 17b Absatz 2 eine Versicherung nicht beifügt,
17. entgegen § 17c Absatz 1 eine Aufzeichnung nicht, nicht richtig, nicht vollständig oder nicht rechtzeitig erstellt oder nicht mindestens zwei Jahre aufbewahrt oder
18. entgegen § 17c Absatz 2 eine Unterlage nicht, nicht richtig, nicht vollständig oder nicht in der vorgeschriebenen Weise bereithält.

(2) Die Ordnungswidrigkeit nach Absatz 1 Nummer 1 bis 1f, 6 und 11 bis 18 kann mit einer Geldbuße bis zu dreißigtausend Euro, die Ordnungswidrigkeit nach Absatz 1 Nummer 2, 7a, 7b und 8a mit einer Geldbuße bis zu fünfhunderttausend Euro, die Ordnungswidrigkeit nach Absatz 1 Nummer 2a, 3, 9 und 10 mit einer Geldbuße bis zu zweitausendfünfhundert Euro, die Ordnungswidrigkeit nach Absatz 1 Nummer 4, 5, 6a und 8 mit einer Geldbuße bis zu tausend Euro geahndet werden.
(3) Verwaltungsbehörden im Sinne des § 36 Absatz 1 Nummer 1 des Gesetzes über Ordnungswidrigkeiten sind in den Fällen des Absatzes 1 Nummer 1, 1a, 1c, 1d, 1f, 2, 2a und 7b sowie 11 bis 18 die Behörden der Zollverwaltung jeweils für ihren Geschäftsbereich, in den Fällen des Absatzes 1 Nummer 1b, 1e, 3 bis 7a sowie 8 bis 10 die Bundesagentur für Arbeit.
(4) § 66 des Zehnten Buches Sozialgesetzbuch gilt entsprechend.
(5) [1]Die Geldbußen fließen in die Kasse der zuständigen Verwaltungsbehörde. [2]Sie trägt abweichend von § 105 Abs. 2 des Gesetzes über Ordnungswidrigkeiten die notwendigen Auslagen und ist auch ersatzpflichtig im Sinne des § 110 Abs. 4 des Gesetzes über Ordnungswidrigkeiten.

§ 17 Durchführung

(1) Die Bundesagentur für Arbeit führt dieses Gesetz nach fachlichen Weisungen des Bundesministeriums für Arbeit und Soziales durch. Verwaltungskosten werden nicht erstattet.
(2) Die Prüfung der Arbeitsbedingungen nach § 8 Absatz 5 obliegt zudem den Behörden der Zollverwaltung nach Maßgabe der §§ 17a bis 18a.

§ 17a Befugnisse der Behörden der Zollverwaltung

Die §§ 2, 3 bis 6 und 14 bis 20, 22, 23 des Schwarzarbeitsbekämpfungsgesetzes sind entsprechend anzuwenden mit der Maßgabe, dass die dort genannten Behörden auch Einsicht in Arbeitsverträge, Niederschriften nach § 2 des Nachweisgesetzes und andere Geschäftsunterlagen nehmen können, die mittelbar oder unmittelbar Auskunft über die Einhaltung der Arbeitsbedingungen nach § 8 Absatz 5 geben.

§ 17b Meldepflicht

(1) Überlässt ein Verleiher mit Sitz im Ausland einen Leiharbeitnehmer zur Arbeitsleistung einem Entleiher, hat der Entleiher, sofern eine Rechtsverordnung nach § 3a auf das Arbeitsverhältnis Anwendung findet, vor Beginn jeder Überlassung der zuständigen Behörde der Zollverwaltung eine schriftliche Anmeldung in deutscher Sprache mit folgenden Angaben zuzuleiten:
1. Familienname, Vornamen und Geburtsdatum des überlassenen Leiharbeitnehmers,
2. Beginn und Dauer der Überlassung,
3. Ort der Beschäftigung,
4. Ort im Inland, an dem die nach § 17c erforderlichen Unterlagen bereitgehalten werden,
5. Familienname, Vornamen und Anschrift in Deutschland eines oder einer Zustellungsbevollmächtigten des Verleihers,
6. Branche, in die die Leiharbeitnehmer überlassen werden sollen, und
7. Familienname, Vornamen oder Firma sowie Anschrift des Verleihers.

Änderungen bezüglich dieser Angaben hat der Entleiher unverzüglich zu melden.
(2) Der Entleiher hat der Anmeldung eine Versicherung des Verleihers beizufügen, dass dieser seine Verpflichtungen nach § 8 Absatz 5 einhält.
(3) Das Bundesministerium der Finanzen kann durch Rechtsverordnung im Einvernehmen mit dem Bundesministerium für Arbeit und Soziales ohne Zustimmung des Bundesrates bestimmen,
1. dass, auf welche Weise und unter welchen technischen und organisatorischen Voraussetzungen eine Anmeldung, Änderungsmeldung und Versicherung abweichend von den Absätzen 1 und 2 elektronisch übermittelt werden kann,
2. unter welchen Voraussetzungen eine Änderungsmeldung ausnahmsweise entfallen kann und
3. wie das Meldeverfahren vereinfacht oder abgewandelt werden kann.

(4) Das Bundesministerium der Finanzen kann durch Rechtsverordnung ohne Zustimmung des Bundesrates die zuständige Behörde nach Absatz 1 Satz 1 bestimmen.

§ 17c Erstellen und Bereithalten von Dokumenten

(1) Sofern eine Rechtsverordnung nach § 3a auf ein Arbeitsverhältnis Anwendung findet, ist der Entleiher verpflichtet, Beginn, Ende und Dauer der täglichen Arbeitszeit des Leiharbeitnehmers spätestens bis zum Ablauf des siebten auf den Tag der Arbeitsleistung folgenden Kalendertages aufzuzeichnen und diese Aufzeichnungen mindestens zwei Jahre beginnend ab dem für die Aufzeichnung maßgeblichen Zeitpunkt aufzubewahren.

(2) Jeder Verleiher ist verpflichtet, die für die Kontrolle der Einhaltung einer Rechtsverordnung nach § 3a erforderlichen Unterlagen im Inland für die gesamte Dauer der tatsächlichen Beschäftigung des Leiharbeitnehmers im Geltungsbereich dieses Gesetzes, insgesamt jedoch nicht länger als zwei Jahre, in deutscher Sprache bereitzuhalten. Auf Verlangen der Prüfbehörde sind die Unterlagen auch am Ort der Beschäftigung bereitzuhalten.

§ 18 Zusammenarbeit mit anderen Behörden

(1) Zur Verfolgung und Ahndung der Ordnungswidrigkeiten nach § 16 arbeiten die Behörden der Zollverwaltung insbesondere mit folgenden Behörden zusammen:
1. den Trägern der Krankenversicherung als Einzugsstellen für die Sozialversicherungsbeiträge,
2. den in § 71 des Aufenthaltsgesetzes genannten Behörden,
3. den Finanzbehörden,
4. den nach Landesrecht für die Verfolgung und Ahndung von Ordnungswidrigkeiten nach dem Schwarzarbeitsbekämpfungsgesetz zuständigen Behörden,
5. den Trägern der Unfallversicherung,
6. den für den Arbeitsschutz zuständigen Landesbehörden,
7. den Rentenversicherungsträgern,
8. den Trägern der Sozialhilfe.

(2) Ergeben sich für die Bundesagentur für Arbeit oder die Behörden der Zollverwaltung bei der Durchführung dieses Gesetzes im Einzelfall konkrete Anhaltspunkte für
1. Verstöße gegen das Schwarzarbeitsbekämpfungsgesetz,
2. eine Beschäftigung oder Tätigkeit von Ausländern ohne erforderlichen Aufenthaltstitel nach § 4a Absatz 5 Satz 1 des Aufenthaltsgesetzes, eine Erlaubnis oder Berechtigung nach § 4a Absatz 5 Satz 2 in Verbindung mit Absatz 4 des Aufenthaltsgesetzes, eine Aufenthaltsgestattung oder eine Duldung, die zur Ausübung der Beschäftigung berechtigen, oder eine Genehmigung nach § 284 Abs. 1 des Dritten Buches Sozialgesetzbuch,
3. Verstöße gegen die Mitwirkungspflicht nach § 60 Abs. 1 Satz 1 Nr. 2 des Ersten Buches Sozialgesetzbuch gegenüber einer Dienststelle der Bundesagentur für Arbeit, einem Träger der gesetzlichen Kranken-, Pflege-, Unfall oder Rentenversicherung oder einem Träger der Sozialhilfe oder gegen die Meldepflicht nach § 8a des Asylbewerberleistungsgesetzes,
4. Verstöße gegen die Vorschriften des Vierten und Siebten Buches Sozialgesetzbuch über die Verpflichtung zur Zahlung von Sozialversicherungsbeiträgen, soweit sie im Zusammenhang mit den in den Nummern 1 bis 3 genannten Verstößen sowie mit Arbeitnehmerüberlassung entgegen § 1 stehen,
5. Verstöße gegen die Steuergesetze,
6. Verstöße gegen das Aufenthaltsgesetz,

unterrichten sie die für die Verfolgung und Ahndung zuständigen Behörden, die Träger der Sozialhilfe sowie die Behörden nach § 71 des Aufenthaltsgesetzes.

(3) ¹In Strafsachen, die Straftaten nach den §§ 15 und 15a zum Gegenstand haben, sind der Bundesagentur für Arbeit und den Behörden der Zollverwaltung zur Verfolgung von Ordnungswidrigkeiten
1. bei Einleitung des Strafverfahrens die Personendaten des Beschuldigten, der Straftatbestand, die Tatzeit und der Tatort,
2. im Falle der Erhebung der öffentlichen Klage die das Verfahren abschließende Entscheidung mit Begründung

zu übermitteln. ²Ist mit der in Nummer 2 genannten Entscheidung ein Rechtsmittel verworfen worden oder wird darin auf die angefochtene Entscheidung Bezug genommen, so ist auch die angefochtene Entscheidung zu übermitteln. ³Die Übermittlung veranlaßt die Strafvollstreckungs- oder die Strafverfolgungsbehörde. ⁴Eine Verwendung
1. der Daten der Arbeitnehmer für Maßnahmen zu ihren Gunsten,

2. der Daten des Arbeitgebers zur Besetzung seiner offenen Arbeitsplätze, die im Zusammenhang mit dem Strafverfahren bekanntgeworden sind,
3. der in den Nummern 1 und 2 genannten Daten für Entscheidungen über die Einstellung oder Rückforderung von Leistungen der Bundesagentur für Arbeit

ist zulässig.

(4) (weggefallen)

(5) Die Behörden der Zollverwaltung unterrichten die zuständigen örtlichen Landesfinanzbehörden über den Inhalt von Meldungen nach § 17b.

(6) Die Behörden der Zollverwaltung und die übrigen in § 2 des Schwarzarbeitsbekämpfungsgesetzes genannten Behörden dürfen nach Maßgabe der jeweils einschlägigen datenschutzrechtlichen Bestimmungen auch mit Behörden anderer Vertragsstaaten des Abkommens über den Europäischen Wirtschaftsraum zusammenarbeiten, die dem § 17 Absatz 2 entsprechende Aufgaben durchführen oder für die Bekämpfung illegaler Beschäftigung zuständig sind oder Auskünfte geben können, ob ein Arbeitgeber seine Verpflichtungen nach § 8 Absatz 5 erfüllt. Die Regelungen über die internationale Rechtshilfe in Strafsachen bleiben hiervon unberührt.

§ 19 Übergangsvorschrift

(1) § 8 Absatz 3 findet keine Anwendung auf Leiharbeitsverhältnisse, die vor dem 15. Dezember 2010 begründet worden sind.

(2) Überlassungszeiten vor dem 1. April 2017 werden bei der Berechnung der Überlassungshöchstdauer nach § 1 Absatz 1b und der Berechnung der Überlassungszeiten nach § 8 Absatz 4 Satz 1 nicht berücksichtigt.

§ 20 Evaluation

Die Anwendung dieses Gesetzes ist im Jahr 2020 zu evaluieren.

48 BBiG

Berufsbildungsgesetz (BBiG)
in der Fassung der Bekanntmachung vom 4. Mai 2020 (BGBl. I S. 920)

– Auszug –*)

Inhaltsübersicht

Teil 1
Allgemeine Vorschriften
- § 1 Ziele und Begriffe der Berufsbildung
- § 2 Lernorte der Berufsbildung
- § 3 Anwendungsbereich

Teil 2
Berufsbildung

Kapitel 1
Berufsausbildung

Abschnitt 1
Ordnung der Berufsausbildung; Anerkennung von Ausbildungsberufen
- § 4 Anerkennung von Ausbildungsberufen
- § 5 Ausbildungsordnung
- § 6 Erprobung neuer Ausbildungs- und Prüfungsformen
- § 7 Anrechnung beruflicher Vorbildung auf die Ausbildungsdauer
- § 7a Teilzeitberufsausbildung
- § 8 Verkürzung oder Verlängerung der Ausbildungsdauer
- § 9 Regelungsbefugnis

Abschnitt 2
Berufsausbildungsverhältnis

Unterabschnitt 1
Begründung des Ausbildungsverhältnisses
- § 10 Vertrag
- § 11 Vertragsniederschrift
- § 12 Nichtige Vereinbarungen

Unterabschnitt 2
Pflichten der Auszubildenden
- § 13 Verhalten während der Berufsausbildung

Unterabschnitt 3
Pflichten der Ausbildenden
- § 14 Berufsausbildung
- § 15 Freistellung, Anrechnung
- § 16 Zeugnis

Unterabschnitt 4
Vergütung
- § 17 Vergütungsanspruch und Mindestvergütung
- § 18 Bemessung und Fälligkeit der Vergütung
- § 19 Fortzahlung der Vergütung

Unterabschnitt 5
Beginn und Beendigung des Ausbildungsverhältnisses
- § 20 Probezeit
- § 21 Beendigung
- § 22 Kündigung
- § 23 Schadensersatz bei vorzeitiger Beendigung

Unterabschnitt 6
Sonstige Vorschriften
- § 24 Weiterarbeit
- § 25 Unabdingbarkeit
- § 26 Andere Vertragsverhältnisse

Abschnitt 3
Eignung von Ausbildungsstätte und Ausbildungspersonal
- § 27 Eignung der Ausbildungsstätte
- § 28 Eignung von Ausbildenden und Ausbildern oder Ausbilderinnen
- § 29 Persönliche Eignung
- § 30 Fachliche Eignung
- § 31 Europaklausel
- § 31a Sonstige ausländische Vorqualifikationen
- § 32 Überwachung der Eignung
- § 33 Untersagung des Einstellens und Ausbildens

Abschnitt 4
Verzeichnis der Berufsausbildungsverhältnisse
- § 34 Einrichten, Führen
- § 35 Eintragen, Ändern, Löschen
- § 36 Antrag und Mitteilungspflichten

Abschnitt 5
Prüfungswesen
- § 37 Abschlussprüfung
- § 38 Prüfungsgegenstand
- § 39 Prüfungsausschüsse, Prüferdelegationen
- § 40 Zusammensetzung, Berufung
- § 41 Vorsitz, Beschlussfähigkeit, Abstimmung
- § 42 Beschlussfassung, Bewertung der Abschlussprüfung
- § 43 Zulassung zur Abschlussprüfung
- § 44 Zulassung zur Abschlussprüfung bei zeitlich auseinanderfallenden Teilen

---
*) Abgedruckt sind nur die für Sozialberufe wichtigen Bestimmungen. Das Inhaltsverzeichnis benennt den kompletten Inhalt des Gesetzes.

§ 45 Zulassung in besonderen Fällen
§ 46 Entscheidung über die Zulassung
§ 47 Prüfungsordnung
§ 48 Zwischenprüfungen
§ 49 Zusatzqualifikationen
§ 50 Gleichstellung von Prüfungszeugnissen
§ 50a Gleichwertigkeit ausländischer Berufsqualifikationen

Abschnitt 6
Interessenvertretung
§ 51 Interessenvertretung
§ 52 Verordnungsermächtigung

Kapitel 2
Berufliche Fortbildung

Abschnitt 1
Fortbildungsordnungen des Bundes
§ 53 Fortbildungsordnungen der höherqualifizierenden Berufsbildung
§ 53a Fortbildungsstufen
§ 53b Geprüfter Berufsspezialist und Geprüfte Berufsspezialistin
§ 53c Bachelor Professional
§ 53d Master Professional
§ 53e Anpassungsfortbildungsordnungen

Abschnitt 2
Fortbildungsprüfungsregelungen der zuständigen Stellen
§ 54 Fortbildungsprüfungsregelungen der zuständigen Stellen

Abschnitt 3
Ausländische Vorqualifikationen, Prüfungen
§ 55 Berücksichtigung ausländischer Vorqualifikationen
§ 56 Fortbildungsprüfungen
§ 57 Gleichstellung von Prüfungszeugnissen

Kapitel 3
Berufliche Umschulung
§ 58 Umschulungsordnung
§ 59 Umschulungsprüfungsregelungen der zuständigen Stellen
§ 60 Umschulung für einen anerkannten Ausbildungsberuf
§ 61 Berücksichtigung ausländischer Vorqualifikationen
§ 62 Umschulungsmaßnahmen; Umschulungsprüfungen
§ 63 Gleichstellung von Prüfungszeugnissen

Kapitel 4
Berufsbildung für besondere Personengruppen

Abschnitt 1
Berufsbildung behinderter Menschen
§ 64 Berufsausbildung

§ 65 Berufsausbildung in anerkannten Ausbildungsberufen
§ 66 Ausbildungsregelungen der zuständigen Stellen
§ 67 Berufliche Fortbildung, berufliche Umschulung

Abschnitt 2
Berufsausbildungsvorbereitung
§ 68 Personenkreis und Anforderungen
§ 69 Qualifizierungsbausteine, Bescheinigung
§ 70 Überwachung, Beratung

Teil 3
Organisation der Berufsbildung

Kapitel 1
Zuständige Stellen; zuständige Behörden

Abschnitt 1
Bestimmung der zuständigen Stelle
§ 71 Zuständige Stellen
§ 72 Bestimmung durch Rechtsverordnung
§ 73 Zuständige Stellen im Bereich des öffentlichen Dienstes
§ 74 Erweiterte Zuständigkeit
§ 75 Zuständige Stellen im Bereich der Kirchen und sonstigen Religionsgemeinschaften des öffentlichen Rechts

Abschnitt 2
Überwachung der Berufsbildung
§ 76 Überwachung, Beratung

Abschnitt 3
Berufsbildungsausschuss der zuständigen Stelle
§ 77 Errichtung
§ 78 Beschlussfähigkeit, Abstimmung
§ 79 Aufgaben
§ 80 Geschäftsordnung

Abschnitt 4
Zuständige Behörden
§ 81 Zuständige Behörden

Kapitel 2
Landesausschüsse für Berufsbildung
§ 82 Errichtung, Geschäftsordnung, Abstimmung
§ 83 Aufgaben

Teil 4
Berufsbildungsforschung, Planung und Statistik
§ 84 Ziele der Berufsbildungsforschung
§ 85 Ziele der Berufsbildungsplanung
§ 86 Berufsbildungsbericht
§ 87 Zweck und Durchführung der Berufsbildungsstatistik
§ 88 Erhebungen

48 BBiG §§ 1–3

Teil 5
Bundesinstitut für Berufsbildung
§ 89 Bundesinstitut für Berufsbildung
§ 90 Aufgaben
§ 91 Organe
§ 92 Hauptausschuss
§ 93 Präsident oder Präsidentin
§ 94 Wissenschaftlicher Beirat
§ 95 Ausschuss für Fragen behinderter Menschen
§ 96 Finanzierung des Bundesinstituts für Berufsbildung
§ 97 Haushalt
§ 98 Satzung
§ 99 Personal
§ 100 Aufsicht über das Bundesinstitut für Berufsbildung

Teil 6
Bußgeldvorschriften
§ 101 Bußgeldvorschriften

Teil 7
Übergangs- und Schlussvorschriften
§ 102 Gleichstellung von Abschlusszeugnissen im Rahmen der deutschen Einheit
§ 103 Fortgeltung bestehender Regelungen
§ 104 Übertragung von Zuständigkeiten
§ 105 Evaluation
§ 106 Übergangsregelung

Teil 1
Allgemeine Vorschriften

§ 1 Ziele und Begriffe der Berufsbildung

(1) Berufsbildung im Sinne dieses Gesetzes sind die Berufsausbildungsvorbereitung, die Berufsausbildung, die berufliche Fortbildung und die berufliche Umschulung.
(2) Die Berufsausbildungsvorbereitung dient dem Ziel, durch die Vermittlung von Grundlagen für den Erwerb beruflicher Handlungsfähigkeit an eine Berufsausbildung in einem anerkannten Ausbildungsberuf heranzuführen.
(3) Die Berufsausbildung hat die für die Ausübung einer qualifizierten beruflichen Tätigkeit in einer sich wandelnden Arbeitswelt notwendigen beruflichen Fertigkeiten, Kenntnisse und Fähigkeiten (berufliche Handlungsfähigkeit) in einem geordneten Ausbildungsgang zu vermitteln. Sie hat ferner den Erwerb der erforderlichen Berufserfahrungen zu ermöglichen.
(4) Die berufliche Fortbildung soll es ermöglichen,
1. die berufliche Handlungsfähigkeit durch eine Anpassungsfortbildung zu erhalten und anzupassen oder
2. die berufliche Handlungsfähigkeit durch eine Fortbildung der höherqualifizierenden Berufsbildung zu erweitern und beruflich aufzusteigen.
(5) Die berufliche Umschulung soll zu einer anderen beruflichen Tätigkeit befähigen.

§ 2 Lernorte der Berufsbildung

(1) Berufsbildung wird durchgeführt
1. in Betrieben der Wirtschaft, in vergleichbaren Einrichtungen außerhalb der Wirtschaft, insbesondere des öffentlichen Dienstes, der Angehörigen freier Berufe und in Haushalten (betriebliche Berufsbildung),
2. in berufsbildenden Schulen (schulische Berufsbildung) und
3. in sonstigen Berufsbildungseinrichtungen außerhalb der schulischen und betrieblichen Berufsbildung (außerbetriebliche Berufsbildung).
(2) Die Lernorte nach Absatz 1 wirken bei der Durchführung der Berufsbildung zusammen (Lernortkooperation).
(3) Teile der Berufsausbildung können im Ausland durchgeführt werden, wenn dies dem Ausbildungsziel dient. Ihre Gesamtdauer soll ein Viertel der in der Ausbildungsordnung festgelegten Ausbildungsdauer nicht überschreiten.

§ 3 Anwendungsbereich

(1) Dieses Gesetz gilt für die Berufsbildung, soweit sie nicht in berufsbildenden Schulen durchgeführt wird, die den Schulgesetzen der Länder unterstehen.
(2) Dieses Gesetz gilt nicht für
1. die Berufsbildung, die in berufsqualifizierenden oder vergleichbaren Studiengängen an Hochschulen auf der Grundlage des Hochschulrahmengesetzes und der Hochschulgesetze der Länder durchgeführt wird,

2. die Berufsbildung in einem öffentlich-rechtlichen Dienstverhältnis,
3. die Berufsbildung auf Kauffahrteischiffen, die nach dem Flaggenrechtsgesetz die Bundesflagge führen, soweit es sich nicht um Schiffe der kleinen Hochseefischerei oder der Küstenfischerei handelt.

(3) Für die Berufsbildung in Berufen der Handwerksordnung gelten die §§ 4 bis 9, 27 bis 49, 53 bis 70, 76 bis 80 sowie 101 Absatz 1 Nummer 1 bis 4 sowie Nummer 6 bis 10 nicht; insoweit gilt die Handwerksordnung.

Teil 2
Berufsbildung

Kapitel 1
Berufsausbildung

Abschnitt 1
Ordnung der Berufsausbildung; Anerkennung von Ausbildungsberufen

§ 4 Anerkennung von Ausbildungsberufen

(1) Als Grundlage für eine geordnete und einheitliche Berufsausbildung kann das Bundesministerium für Wirtschaft und Energie oder das sonst zuständige Fachministerium im Einvernehmen mit dem Bundesministerium für Bildung und Forschung durch Rechtsverordnung, die nicht der Zustimmung des Bundesrates bedarf, Ausbildungsberufe staatlich anerkennen und hierfür Ausbildungsordnungen nach § 5 erlassen.

(2) Für einen anerkannten Ausbildungsberuf darf nur nach der Ausbildungsordnung ausgebildet werden.

(3) In anderen als anerkannten Ausbildungsberufen dürfen Jugendliche unter 18 Jahren nicht ausgebildet werden, soweit die Berufsausbildung nicht auf den Besuch weiterführender Bildungsgänge vorbereitet.

(4) Wird die Ausbildungsordnung eines Ausbildungsberufs aufgehoben oder geändert, so sind für bestehende Berufsausbildungsverhältnisse weiterhin die Vorschriften, die bis zum Zeitpunkt der Aufhebung oder der Änderung gelten, anzuwenden, es sei denn, die ändernde Verordnung sieht eine abweichende Regelung vor.

(5) Das zuständige Fachministerium informiert die Länder frühzeitig über Neuordnungskonzepte und bezieht sie in die Abstimmung ein.

§ 5 Ausbildungsordnung

(1) Die Ausbildungsordnung hat festzulegen
1. die Bezeichnung des Ausbildungsberufes, der anerkannt wird,
2. die Ausbildungsdauer; sie soll nicht mehr als drei und nicht weniger als zwei Jahre betragen,
3. die beruflichen Fertigkeiten, Kenntnisse und Fähigkeiten, die mindestens Gegenstand der Berufsausbildung sind (Ausbildungsberufsbild),
4. eine Anleitung zur sachlichen und zeitlichen Gliederung der Vermittlung der beruflichen Fertigkeiten, Kenntnisse und Fähigkeiten (Ausbildungsrahmenplan),
5. die Prüfungsanforderungen.

Bei der Festlegung der Fertigkeiten, Kenntnisse und Fähigkeiten nach Satz 1 Nummer 3 ist insbesondere die technologische und digitale Entwicklung zu beachten.

(2) Die Ausbildungsordnung kann vorsehen,
1. dass die Berufsausbildung in sachlich und zeitlich besonders gegliederten, aufeinander aufbauenden Stufen erfolgt; nach den einzelnen Stufen soll ein Ausbildungsabschluss vorgesehen werden, der sowohl zu einer qualifizierten beruflichen Tätigkeit im Sinne des § 1 Absatz 3 befähigt als auch die Fortsetzung der Berufsausbildung in weiteren Stufen ermöglicht (Stufenausbildung),
2. dass die Abschlussprüfung in zwei zeitlich auseinanderfallenden Teilen durchgeführt wird,
2a. dass im Fall einer Regelung nach Nummer 2 bei nicht bestandener Abschlussprüfung in einem drei- oder dreieinhalbjährigen Ausbildungsberuf, der auf einem zweijährigen Ausbildungsberuf aufbaut, der Abschluss des zweijährigen Ausbildungsberufs erworben wird, sofern im ersten Teil der Abschlussprüfung mindestens ausreichende Prüfungsleistungen erbracht worden sind,
2b. dass Auszubildende bei erfolgreichem Abschluss eines zweijährigen Ausbildungsberufs vom ersten Teil der Abschlussprüfung oder einer Zwischenprüfung eines darauf aufbauenden drei- oder dreieinhalbjährigen Ausbildungsberufs befreit sind,

3. dass abweichend von § 4 Absatz 4 die Berufsausbildung in diesem Ausbildungsberuf unter Anrechnung der bereits zurückgelegten Ausbildungszeit fortgesetzt werden kann, wenn die Vertragsparteien dies vereinbaren,
4. dass auf die Dauer der durch die Ausbildungsordnung geregelten Berufsausbildung die Dauer einer anderen abgeschlossenen Berufsausbildung ganz oder teilweise anzurechnen ist,
5. dass über das in Absatz 1 Nummer 3 beschriebene Ausbildungsberufsbild hinaus zusätzliche berufliche Fertigkeiten, Kenntnisse und Fähigkeiten vermittelt werden können, die die berufliche Handlungsfähigkeit ergänzen oder erweitern,
6. dass Teile der Berufsausbildung in geeigneten Einrichtungen außerhalb der Ausbildungsstätte durchgeführt werden, wenn und soweit es die Berufsausbildung erfordert (überbetriebliche Berufsausbildung).

Im Fall des Satzes 1 Nummer 2a bedarf es eines Antrags der Auszubildenden. Im Fall des Satzes 1 Nummer 4 bedarf es der Vereinbarung der Vertragsparteien. Im Rahmen des Ordnungsverfahren soll stets geprüft werden, ob Regelungen nach Nummer 1, 2, 2a, 2b und 4 sinnvoll und möglich sind.

§ 6 Erprobung neuer Ausbildungs- und Prüfungsformen

Zur Entwicklung und Erprobung neuer Ausbildungs- und Prüfungsformen kann das Bundesministerium für Wirtschaft und Energie oder das sonst zuständige Fachministerium im Einvernehmen mit dem Bundesministerium für Bildung und Forschung nach Anhörung des Hauptausschusses des Bundesinstituts für Berufsbildung durch Rechtsverordnung, die nicht der Zustimmung des Bundesrates bedarf, Ausnahmen von § 4 Absatz 2 und 3 sowie den §§ 5, 37 und 48 zulassen, die auch auf eine bestimmte Art und Zahl von Ausbildungsstätten beschränkt werden können.

§ 7 Anrechnung beruflicher Vorbildung auf die Ausbildungsdauer

(1) Die Landesregierungen können nach Anhörung des Landesausschusses für Berufsbildung durch Rechtsverordnung bestimmen, dass der Besuch eines Bildungsganges berufsbildender Schulen oder die Berufsausbildung in einer sonstigen Einrichtung ganz oder teilweise auf die Ausbildungsdauer angerechnet wird. Die Ermächtigung kann durch Rechtsverordnung auf oberste Landesbehörden weiter übertragen werden.
(2) Ist keine Rechtsverordnung nach Absatz 1 erlassen, kann eine Anrechnung durch die zuständige Stelle im Einzelfall erfolgen. Für die Entscheidung über die Anrechnung auf die Ausbildungsdauer kann der Hauptausschuss des Bundesinstituts für Berufsbildung Empfehlungen beschließen.
(3) Die Anrechnung bedarf des gemeinsamen Antrags der Auszubildenden und der Ausbildenden. Der Antrag ist an die zuständige Stelle zu richten. Er kann sich auf Teile des höchstzulässigen Anrechnungszeitraums beschränken.
(4) Ein Anrechnungszeitraum muss in ganzen Monaten durch sechs teilbar sein.

§ 7a Teilzeitberufsausbildung

(1) Die Berufsausbildung kann in Teilzeit durchgeführt werden. Im Berufsausbildungsvertrag ist für die gesamte Ausbildungszeit oder für einen bestimmten Zeitraum der Berufsausbildung die Verkürzung der täglichen oder der wöchentlichen Ausbildungszeit zu vereinbaren. Die Kürzung der täglichen oder der wöchentlichen Ausbildungszeit darf nicht mehr als 50 Prozent betragen.
(2) Die Dauer der Teilzeitberufsausbildung verlängert sich entsprechend, höchstens jedoch bis zum Eineinhalbfachen der Dauer, die in der Ausbildungsordnung für die betreffende Berufsausbildung in Vollzeit festgelegt ist. Die Dauer der Teilzeitberufsausbildung ist auf ganze Monate abzurunden. § 8 Absatz 2 bleibt unberührt.
(3) Auf Verlangen der Auszubildenden verlängert sich die Ausbildungsdauer auch über die Höchstdauer nach Absatz 2 Satz 1 hinaus bis zur nächsten möglichen Abschlussprüfung.
(4) Der Antrag auf Eintragung des Berufsausbildungsvertrages nach § 36 Absatz 1 in das Verzeichnis der Berufsausbildungsverhältnisse für eine Teilzeitberufsausbildung kann mit einem Antrag auf Verkürzung der Ausbildungsdauer nach § 8 Absatz 1 verbunden werden.

§ 8 Verkürzung oder Verlängerung der Ausbildungsdauer

(1) Auf gemeinsamen Antrag der Auszubildenden und der Ausbildenden hat die zuständige Stelle die Ausbildungsdauer zu kürzen, wenn zu erwarten ist, dass das Ausbildungsziel in der gekürzten Dauer erreicht wird.

(2) In Ausnahmefällen kann die zuständige Stelle auf Antrag Auszubildender die Ausbildungsdauer verlängern, wenn die Verlängerung erforderlich ist, um das Ausbildungsziel zu erreichen. Vor der Entscheidung über die Verlängerung sind die Ausbildenden zu hören.
(3) Für die Entscheidung über die Verkürzung oder Verlängerung der Ausbildungsdauer kann der Hauptausschuss des Bundesinstituts für Berufsbildung Empfehlungen beschließen.

§ 9 Regelungsbefugnis

Soweit Vorschriften nicht bestehen, regelt die zuständige Stelle die Durchführung der Berufsausbildung im Rahmen dieses Gesetzes.

Abschnitt 2
Berufsausbildungsverhältnis

Unterabschnitt 1
Begründung des Ausbildungsverhältnisses

§ 10 Vertrag

(1) Wer andere Personen zur Berufsausbildung einstellt (Ausbildende), hat mit den Auszubildenden einen Berufsausbildungsvertrag zu schließen.
(2) Auf den Berufsausbildungsvertrag sind, soweit sich aus seinem Wesen und Zweck und aus diesem Gesetz nichts anderes ergibt, die für den Arbeitsvertrag geltenden Rechtsvorschriften und Rechtsgrundsätze anzuwenden.
(3) Schließen die gesetzlichen Vertreter oder Vertreterinnen mit ihrem Kind einen Berufsausbildungsvertrag, so sind sie von dem Verbot des § 181 des Bürgerlichen Gesetzbuchs befreit.
(4) Ein Mangel in der Berechtigung, Auszubildende einzustellen oder auszubilden, berührt die Wirksamkeit des Berufsausbildungsvertrages nicht.
(5) Zur Erfüllung der vertraglichen Verpflichtungen der Ausbildenden können mehrere natürliche oder juristische Personen in einem Ausbildungsverbund zusammenwirken, soweit die Verantwortlichkeit für die einzelnen Ausbildungsabschnitte sowie für die Ausbildungszeit insgesamt sichergestellt ist (Verbundausbildung).

§ 11 Vertragsniederschrift

(1) Ausbildende haben unverzüglich nach Abschluss des Berufsausbildungsvertrages, spätestens vor Beginn der Berufsausbildung, den wesentlichen Inhalt des Vertrages gemäß Satz 2 schriftlich niederzulegen; die elektronische Form ist ausgeschlossen. In die Niederschrift sind mindestens aufzunehmen
1. Art, sachliche und zeitliche Gliederung sowie Ziel der Berufsausbildung, insbesondere die Berufstätigkeit, für die ausgebildet werden soll,
2. Beginn und Dauer der Berufsausbildung,
3. Ausbildungsmaßnahmen außerhalb der Ausbildungsstätte,
4. Dauer der regelmäßigen täglichen Ausbildungszeit,
5. Dauer der Probezeit,
6. Zahlung und Höhe der Vergütung,
7. Dauer des Urlaubs,
8. Voraussetzungen, unter denen der Berufsausbildungsvertrag gekündigt werden kann,
9. ein in allgemeiner Form gehaltener Hinweis auf die Tarifverträge, Betriebs- oder Dienstvereinbarungen, die auf das Berufsausbildungsverhältnis anzuwenden sind,
10. die Form des Ausbildungsnachweises nach § 13 Satz 2 Nummer 7.

(2) Die Niederschrift ist von den Ausbildenden, den Auszubildenden und deren gesetzlichen Vertretern und Vertreterinnen zu unterzeichnen.
(3) Ausbildende haben den Auszubildenden und deren gesetzlichen Vertretern und Vertreterinnen eine Ausfertigung der unterzeichneten Niederschrift unverzüglich auszuhändigen.
(4) Bei Änderungen des Berufsausbildungsvertrages gelten die Absätze 1 bis 3 entsprechend.

§ 12 Nichtige Vereinbarungen

(1) Eine Vereinbarung, die Auszubildende für die Zeit nach Beendigung des Berufsausbildungsverhältnisses in der Ausübung ihrer beruflichen Tätigkeit beschränkt, ist nichtig. Dies gilt nicht, wenn sich Auszubildende innerhalb der letzten sechs Monate des Berufsausbildungsverhältnisses dazu verpflichten, nach dessen Beendigung mit den Ausbildenden ein Arbeitsverhältnis einzugehen.
(2) Nichtig ist eine Vereinbarung über

1. die Verpflichtung Auszubildender, für die Berufsausbildung eine Entschädigung zu zahlen,
2. Vertragsstrafen,
3. den Ausschluss oder die Beschränkung von Schadensersatzansprüchen,
4. die Festsetzung der Höhe eines Schadensersatzes in Pauschbeträgen.

Unterabschnitt 2
Pflichten der Auszubildenden

§ 13 Verhalten während der Berufsausbildung

Auszubildende haben sich zu bemühen, die berufliche Handlungsfähigkeit zu erwerben, die zum Erreichen des Ausbildungsziels erforderlich ist. Sie sind insbesondere verpflichtet,
1. die ihnen im Rahmen ihrer Berufsausbildung aufgetragenen Aufgaben sorgfältig auszuführen,
2. an Ausbildungsmaßnahmen teilzunehmen, für die sie nach § 15 freigestellt werden,
3. den Weisungen zu folgen, die ihnen im Rahmen der Berufsausbildung von Ausbildenden, von Ausbildern oder Ausbilderinnen oder von anderen weisungsberechtigten Personen erteilt werden,
4. die für die Ausbildungsstätte geltende Ordnung zu beachten,
5. Werkzeug, Maschinen und sonstige Einrichtungen pfleglich zu behandeln,
6. über Betriebs- und Geschäftsgeheimnisse Stillschweigen zu wahren,
7. einen schriftlichen oder elektronischen Ausbildungsnachweis zu führen.

Unterabschnitt 3
Pflichten der Ausbildenden

§ 14 Berufsausbildung

(1) Ausbildende haben
1. dafür zu sorgen, dass den Auszubildenden die berufliche Handlungsfähigkeit vermittelt wird, die zum Erreichen des Ausbildungsziels erforderlich ist, und die Berufsausbildung in einer durch ihren Zweck gebotenen Form planmäßig, zeitlich und sachlich gegliedert so durchzuführen, dass das Ausbildungsziel in der vorgesehenen Ausbildungszeit erreicht werden kann,
2. selbst auszubilden oder einen Ausbilder oder eine Ausbilderin ausdrücklich damit zu beauftragen,
3. Auszubildenden kostenlos die Ausbildungsmittel, insbesondere Werkzeuge, Werkstoffe und Fachliteratur zur Verfügung zu stellen, die zur Berufsausbildung und zum Ablegen von Zwischen- und Abschlussprüfungen, auch soweit solche nach Beendigung des Berufsausbildungsverhältnisses stattfinden, erforderlich sind,
4. Auszubildende zum Besuch der Berufsschule anzuhalten,
5. dafür zu sorgen, dass Auszubildende charakterlich gefördert sowie sittlich und körperlich nicht gefährdet werden.

(2) Ausbildende haben Auszubildende zum Führen der Ausbildungsnachweise nach § 13 Satz 2 Nummer 7 anzuhalten und diese regelmäßig durchzusehen. Den Auszubildenden ist Gelegenheit zu geben, den Ausbildungsnachweis am Arbeitsplatz zu führen.

(3) Auszubildenden dürfen nur Aufgaben übertragen werden, die dem Ausbildungszweck dienen und ihren körperlichen Kräften angemessen sind.

§ 15 Freistellung, Anrechnung

(1) Ausbildende dürfen Auszubildende vor einem vor 9 Uhr beginnenden Berufsschulunterricht nicht beschäftigen. Sie haben Auszubildende freizustellen
1. für die Teilnahme am Berufsschulunterricht,
2. an einem Berufsschultag mit mehr als fünf Unterrichtsstunden von mindestens je 45 Minuten, einmal in der Woche,
3. in Berufsschulwochen mit einem planmäßigen Blockunterricht von mindestens 25 Stunden an mindestens fünf Tagen,
4. für die Teilnahme an Prüfungen und Ausbildungsmaßnahmen, die auf Grund öffentlich-rechtlicher oder vertraglicher Bestimmungen außerhalb der Ausbildungsstätte durchzuführen sind, und
5. an dem Arbeitstag, der der schriftlichen Abschlussprüfung unmittelbar vorangeht.

Im Fall von Satz 2 Nummer 3 sind zusätzliche betriebliche Ausbildungsveranstaltungen bis zu zwei Stunden wöchentlich zulässig.

(2) Auf die Ausbildungszeit der Auszubildenden werden angerechnet

1. die Berufsschulunterrichtszeit einschließlich der Pausen nach Absatz 1 Satz 2 Nummer 1,
2. Berufsschultage nach Absatz 1 Satz 2 Nummer 2 mit der durchschnittlichen täglichen Ausbildungszeit,
3. Berufsschulwochen nach Absatz 1 Satz 2 Nummer 3 mit der durchschnittlichen wöchentlichen Ausbildungszeit,
4. die Freistellung nach Absatz 1 Satz 2 Nummer 4 mit der Zeit der Teilnahme einschließlich der Pausen und
5. die Freistellung nach Absatz 1 Satz 2 Nummer 5 mit der durchschnittlichen täglichen Ausbildungszeit.

(3) Für Auszubildende unter 18 Jahren gilt das Jugendarbeitsschutzgesetz.

§ 16 Zeugnis

(1) Ausbildende haben den Auszubildenden bei Beendigung des Berufsausbildungsverhältnisses ein schriftliches Zeugnis auszustellen. Die elektronische Form ist ausgeschlossen. Haben Ausbildende die Berufsausbildung nicht selbst durchgeführt, so soll auch der Ausbilder oder die Ausbilderin das Zeugnis unterschreiben.

(2) Das Zeugnis muss Angaben enthalten über Art, Dauer und Ziel der Berufsausbildung sowie über die erworbenen beruflichen Fertigkeiten, Kenntnisse und Fähigkeiten der Auszubildenden. Auf Verlangen Auszubildender sind auch Angaben über Verhalten und Leistung aufzunehmen.

Unterabschnitt 4
Vergütung

§ 17 Vergütungsanspruch und Mindestvergütung

(1) Ausbildende haben Auszubildenden eine angemessene Vergütung zu gewähren. Die Vergütung steigt mit fortschreitender Berufsausbildung, mindestens jährlich, an.

(2) Die Angemessenheit der Vergütung ist ausgeschlossen, wenn sie folgende monatliche Mindestvergütung unterschreitet:

1. im ersten Jahr einer Berufsausbildung
   a) 515 Euro, wenn die Berufsausbildung im Zeitraum vom 1. Januar 2020 bis zum 31. Dezember 2020 begonnen wird,
   b) 550 Euro, wenn die Berufsausbildung im Zeitraum vom 1. Januar 2021 bis zum 31. Dezember 2021 begonnen wird,
   c) 585 Euro, wenn die Berufsausbildung im Zeitraum vom 1. Januar 2022 bis zum 31. Dezember 2022 begonnen wird, und
   d) 620 Euro, wenn die Berufsausbildung im Zeitraum vom 1. Januar 2023 bis zum 31. Dezember 2023 begonnen wird,
2. im zweiten Jahr einer Berufsausbildung den Betrag nach Nummer 1 für das jeweilige Jahr, in dem die Berufsausbildung begonnen worden ist, zuzüglich 18 Prozent,
3. im dritten Jahr einer Berufsausbildung den Betrag nach Nummer 1 für das jeweilige Jahr, in dem die Berufsausbildung begonnen worden ist, zuzüglich 35 Prozent und
4. im vierten Jahr einer Berufsausbildung den Betrag nach Nummer 1 für das jeweilige Jahr, in dem die Berufsausbildung begonnen worden ist, zuzüglich 40 Prozent.

Die Höhe der Mindestvergütung nach Satz 1 Nummer 1 wird zum 1. Januar eines jeden Jahres, erstmals zum 1. Januar 2024, fortgeschrieben. Die Fortschreibung entspricht dem rechnerischen Mittel der nach § 88 Absatz 1 Satz 1 Nummer 1 Buchstabe g erhobenen Ausbildungsvergütungen im Vergleich der beiden dem Jahr der Bekanntgabe vorausgegangenen Kalenderjahre. Dabei ist der sich ergebende Betrag bis unter 0,50 Euro abzurunden sowie von 0,50 Euro an aufzurunden. Das Bundesministerium für Bildung und Forschung gibt jeweils spätestens bis zum 1. November eines jeden Kalenderjahres die Höhe der Mindestvergütung nach Satz 1 Nummer 1 bis 4, die für das folgende Kalenderjahr maßgebend ist, im Bundesgesetzblatt bekannt. Die nach den Sätzen 2 bis 5 fortgeschriebene Höhe der Mindestvergütung für das erste Jahr einer Berufsausbildung gilt für Berufsausbildungen, die im Jahr der Fortschreibung begonnen werden. Die Aufschläge nach Satz 1 Nummer 2 bis 4 für das zweite bis vierte Jahr einer Berufsausbildung sind auf der Grundlage dieses Betrages zu berechnen.

(3) Angemessen ist auch eine für den Ausbildenden nach § 3 Absatz 1 des Tarifvertragsgesetzes geltende tarifvertragliche Vergütungsregelung, durch die die in Absatz 2 genannte jeweilige Mindestvergütung unterschritten wird. Nach Ablauf eines Tarifvertrages nach Satz 1 gilt dessen Vergütungsregelung für

bereits begründete Ausbildungsverhältnisse weiterhin als angemessen, bis sie durch einen neuen oder ablösenden Tarifvertrag ersetzt wird.

(4) Die Angemessenheit der vereinbarten Vergütung ist auch dann, wenn sie die Mindestvergütung nach Absatz 2 nicht unterschreitet, in der Regel ausgeschlossen, wenn sie die Höhe der in einem Tarifvertrag geregelten Vergütung, in dessen Geltungsbereich das Ausbildungsverhältnis fällt, an der der Ausbildende aber nicht gebunden ist, um mehr als 20 Prozent unterschreitet.

(5) Bei einer Teilzeitberufsausbildung kann eine nach den Absätzen 2 bis 4 zu gewährende Vergütung unterschritten werden. Die Angemessenheit der Vergütung ist jedoch ausgeschlossen, wenn die prozentuale Kürzung der Vergütung höher ist als die prozentuale Kürzung der täglichen oder der wöchentlichen Arbeitszeit.

(6) Sachleistungen können in Höhe der nach § 17 Absatz 1 Satz 1 Nummer 4 des Vierten Buches Sozialgesetzbuch festgesetzten Sachbezugswerte angerechnet werden, jedoch nicht über 75 Prozent der Bruttovergütung hinaus.

(7) Eine über die vereinbarte regelmäßige tägliche Ausbildungszeit hinausgehende Beschäftigung ist besonders zu vergüten oder durch die Gewährung entsprechender Freizeit auszugleichen.

§ 18 Bemessung und Fälligkeit der Vergütung

(1) Die Vergütung bemisst sich nach Monaten. Bei Berechnung der Vergütung für einzelne Tage wird der Monat zu 30 Tagen gerechnet.

(2) Ausbildende haben die Vergütung für den laufenden Kalendermonat spätestens am letzten Arbeitstag des Monats zu zahlen.

(3) Gilt für Ausbildende nicht nach § 3 Absatz 1 des Tarifvertragsgesetzes eine tarifvertragliche Vergütungsregelung, sind sie verpflichtet, den bei ihnen beschäftigten Auszubildenden spätestens zu dem in Absatz 2 genannten Zeitpunkt eine Vergütung mindestens in der bei Beginn der Berufsausbildung geltenden Höhe der Mindestvergütung nach § 17 Absatz 2 Satz 1 zu zahlen. Satz 1 findet bei einer Teilzeitberufsausbildung mit der Maßgabe Anwendung, dass die Vergütungshöhe mindestens dem prozentualen Anteil an der Arbeitszeit entsprechen muss.

§ 19 Fortzahlung der Vergütung

(1) Auszubildenden ist die Vergütung auch zu zahlen
1. für die Zeit der Freistellung (§ 15),
2. bis zur Dauer von sechs Wochen, wenn sie
    a) sich für die Berufsausbildung bereithalten, diese aber ausfällt oder
    b) aus einem sonstigen, in ihrer Person liegenden Grund unverschuldet verhindert sind, ihre Pflichten aus dem Berufsausbildungsverhältnis zu erfüllen.

(2) Können Auszubildende während der Zeit, für welche die Vergütung fortzuzahlen ist, aus berechtigtem Grund Sachleistungen nicht abnehmen, so sind diese nach den Sachbezugswerten (§ 17 Absatz 6) abzugelten.

Unterabschnitt 5
Beginn und Beendigung des Ausbildungsverhältnisses

§ 20 Probezeit

Das Berufsausbildungsverhältnis beginnt mit der Probezeit. Sie muss mindestens einen Monat und darf höchstens vier Monate betragen.

§ 21 Beendigung

(1) Das Berufsausbildungsverhältnis endet mit dem Ablauf der Ausbildungsdauer. Im Falle der Stufenausbildung endet es mit Ablauf der letzten Stufe.

(2) Bestehen Auszubildende vor Ablauf der Ausbildungsdauer die Abschlussprüfung, so endet das Berufsausbildungsverhältnis mit Bekanntgabe des Ergebnisses durch den Prüfungsausschuss.

(3) Bestehen Auszubildende die Abschlussprüfung nicht, so verlängert sich das Berufsausbildungsverhältnis auf ihr Verlangen bis zur nächstmöglichen Wiederholungsprüfung, höchstens um ein Jahr.

§ 22 Kündigung

(1) Während der Probezeit kann das Berufsausbildungsverhältnis jederzeit ohne Einhalten einer Kündigungsfrist gekündigt werden.

(2) Nach der Probezeit kann das Berufsausbildungsverhältnis nur gekündigt werden
1. aus einem wichtigen Grund ohne Einhalten einer Kündigungsfrist,

2. von Auszubildenden mit einer Kündigungsfrist von vier Wochen, wenn sie die Berufsausbildung aufgeben oder sich für eine andere Berufstätigkeit ausbilden lassen wollen.

(3) Die Kündigung muss schriftlich und in den Fällen des Absatzes 2 unter Angabe der Kündigungsgründe erfolgen.

(4) Eine Kündigung aus einem wichtigen Grund ist unwirksam, wenn die ihr zugrunde liegenden Tatsachen dem zur Kündigung Berechtigten länger als zwei Wochen bekannt sind. Ist ein vorgesehenes Güteverfahren vor einer außergerichtlichen Stelle eingeleitet, so wird bis zu dessen Beendigung der Lauf dieser Frist gehemmt.

§ 23 Schadensersatz bei vorzeitiger Beendigung

(1) Wird das Berufsausbildungsverhältnis nach der Probezeit vorzeitig gelöst, so können Ausbildende oder Auszubildende Ersatz des Schadens verlangen, wenn die andere Person den Grund für die Auflösung zu vertreten hat. Dies gilt nicht im Falle des § 22 Absatz 2 Nummer 2.

(2) Der Anspruch erlischt, wenn er nicht innerhalb von drei Monaten nach Beendigung des Berufsausbildungsverhältnisses geltend gemacht wird.

Unterabschnitt 6
Sonstige Vorschriften

§ 24 Weiterarbeit

Werden Auszubildende im Anschluss an das Berufsausbildungsverhältnis beschäftigt, ohne dass hierüber ausdrücklich etwas vereinbart worden ist, so gilt ein Arbeitsverhältnis auf unbestimmte Zeit als begründet.

§ 25 Unabdingbarkeit

Eine Vereinbarung, die zuungunsten Auszubildender von den Vorschriften dieses Teils des Gesetzes abweicht, ist nichtig.

§ 26 Andere Vertragsverhältnisse

Soweit nicht ein Arbeitsverhältnis vereinbart ist, gelten für Personen, die eingestellt werden, um berufliche Fertigkeiten, Kenntnisse, Fähigkeiten oder berufliche Erfahrungen zu erwerben, ohne dass es sich um eine Berufsausbildung im Sinne dieses Gesetzes handelt, die §§ 10 bis 16 und 17 Absatz 1, 6 und 7 sowie die §§ 18 bis 23 und 25 mit der Maßgabe, dass die gesetzliche Probezeit abgekürzt, auf die Vertragsniederschrift verzichtet und bei vorzeitiger Lösung des Vertragsverhältnisses nach Ablauf der Probezeit abweichend von § 23 Absatz 1 Satz 1 Schadensersatz nicht verlangt werden kann.

Kapitel 2
Berufliche Fortbildung

Abschnitt 1
Fortbildungsordnungen des Bundes

§ 53 Fortbildungsordnungen der höherqualifizierenden Berufsbildung

(1) Als Grundlage für eine einheitliche höherqualifizierende Berufsbildung kann das Bundesministerium für Bildung und Forschung im Einvernehmen mit dem Bundesministerium für Wirtschaft und Energie oder mit dem sonst zuständigen Fachministerium nach Anhörung des Hauptausschusses des Bundesinstituts für Berufsbildung durch Rechtsverordnung, die nicht der Zustimmung des Bundesrates bedarf, Abschlüsse der höherqualifizierenden Berufsbildung anerkennen und hierfür Prüfungsregelungen erlassen (Fortbildungsordnungen).

(2) Die Fortbildungsordnungen haben festzulegen:
1. die Bezeichnung des Fortbildungsabschlusses,
2. die Fortbildungsstufe,
3. das Ziel, den Inhalt und die Anforderungen der Prüfung,
4. die Zulassungsvoraussetzungen für die Prüfung und
5. das Prüfungsverfahren.

(3) Abweichend von Absatz 1 werden Fortbildungsordnungen
1. in den Berufen der Landwirtschaft, einschließlich der ländlichen Hauswirtschaft, durch das Bundesministerium für Ernährung und Landwirtschaft im Einvernehmen mit dem Bundesministerium für Bildung und Forschung erlassen und

2. in Berufen der Hauswirtschaft durch das Bundesministerium für Wirtschaft und Energie im Einvernehmen mit dem Bundesministerium für Bildung und Forschung erlassen.

§ 53a Fortbildungsstufen

(1) Die Fortbildungsstufen der höherqualifizierenden Berufsbildung sind
1. als erste Fortbildungsstufe der Geprüfte Berufsspezialist und die Geprüfte Berufsspezialistin,
2. als zweite Fortbildungsstufe der Bachelor Professional und
3. als dritte Fortbildungsstufe der Master Professional.

(2) Jede Fortbildungsordnung, die eine höherqualifizierende Berufsbildung der ersten Fortbildungsstufe regelt, soll auf einen Abschluss der zweiten Fortbildungsstufe hinführen.

§ 53b Geprüfter Berufsspezialist und Geprüfte Berufsspezialistin

(1) Den Fortbildungsabschluss des Geprüften Berufsspezialisten oder der Geprüften Berufsspezialistin erlangt, wer eine Prüfung der ersten beruflichen Fortbildungsstufe besteht.

(2) In der Fortbildungsprüfung der ersten beruflichen Fortbildungsstufe wird festgestellt, ob der Prüfling
1. die Fertigkeiten, Kenntnisse und Fähigkeiten, die er in der Regel im Rahmen der Berufsausbildung erworben hat, vertieft hat und
2. die in der Regel im Rahmen der Berufsausbildung erworbene berufliche Handlungsfähigkeit um neue Fertigkeiten, Kenntnisse und Fähigkeiten ergänzt hat.

Der Lernumfang für den Erwerb dieser Fertigkeiten, Kenntnisse und Fähigkeiten soll mindestens 400 Stunden betragen.

(3) Als Voraussetzung zur Zulassung für eine Prüfung der ersten beruflichen Fortbildungsstufe ist als Regelzugang der Abschluss in einem anerkannten Ausbildungsberuf vorzusehen.

(4) Die Bezeichnung eines Fortbildungsabschlusses der ersten beruflichen Fortbildungsstufe beginnt mit den Wörtern „Geprüfter Berufsspezialist für" oder „Geprüfte Berufsspezialistin für". Die Fortbildungsordnung kann vorsehen, dass dieser Abschlussbezeichnung eine weitere Abschlussbezeichnung vorangestellt wird. Diese Abschlussbezeichnung der ersten beruflichen Fortbildungsstufe darf nur führen, wer
1. die Prüfung der ersten beruflichen Fortbildungsstufe bestanden hat oder
2. die Prüfung einer gleichwertigen beruflichen Fortbildung auf der Grundlage bundes- oder landesrechtlicher Regelungen, die diese Abschlussbezeichnung vorsehen, bestanden hat.

§ 53c Bachelor Professional

(1) Den Fortbildungsabschluss Bachelor Professional erlangt, wer eine Prüfung der zweiten beruflichen Fortbildungsstufe erfolgreich besteht.

(2) In der Fortbildungsprüfung der zweiten beruflichen Fortbildungsstufe wird festgestellt, ob der Prüfling in der Lage ist, Fach- und Führungsfunktionen zu übernehmen, in denen zu verantwortende Leitungsprozesse von Organisationen eigenständig gesteuert werden, eigenständig ausgeführt werden und dafür Mitarbeiter und Mitarbeiterinnen geführt werden. Der Lernumfang für den Erwerb dieser Fertigkeiten, Kenntnisse und Fähigkeiten soll mindestens 1200 Stunden betragen.

(3) Als Voraussetzung zur Zulassung für eine Prüfung der zweiten beruflichen Fortbildungsstufe ist als Regelzugang vorzusehen:
1. der Abschluss in einem anerkannten Ausbildungsberuf oder
2. ein Abschluss der ersten beruflichen Fortbildungsstufe.

(4) Die Bezeichnung eines Fortbildungsabschlusses der zweiten beruflichen Fortbildungsstufe beginnt mit den Wörtern „Bachelor Professional in". Die Fortbildungsordnung kann vorsehen, dass dieser Abschlussbezeichnung eine weitere Abschlussbezeichnung vorangestellt wird. Die Abschlussbezeichnung der zweiten beruflichen Fortbildungsstufe darf nur führen, wer
1. die Prüfung der zweiten beruflichen Fortbildungsstufe bestanden hat oder
2. die Prüfung einer gleichwertigen beruflichen Fortbildung auf der Grundlage bundes- oder landesrechtlicher Regelungen, die diese Abschlussbezeichnung vorsehen, bestanden hat.

§ 53d Master Professional

(1) Den Fortbildungsabschluss Master Professional erlangt, wer die Prüfung der dritten beruflichen Fortbildungsstufe besteht.

(2) In der Fortbildungsprüfung der dritten beruflichen Fortbildungsstufe wird festgestellt, ob der Prüfling
1. die Fertigkeiten, Kenntnisse und Fähigkeiten, die er in der Regel mit der Vorbereitung auf eine Fortbildungsprüfung der zweiten Fortbildungsstufe erworben hat, vertieft hat und

2. neue Fertigkeiten, Kenntnisse und Fähigkeiten erworben hat, die erforderlich sind für die verantwortliche Führung von Organisationen oder zur Bearbeitung von neuen, komplexen Aufgaben- und Problemstellungen wie der Entwicklung von Verfahren und Produkten.

Der Lernumfang für den Erwerb dieser Fertigkeiten, Kenntnisse und Fähigkeiten soll mindestens 1600 Stunden betragen.

(3) Als Voraussetzung zur Zulassung für eine Prüfung der dritten beruflichen Fortbildungsstufe ist als Regelzugang ein Abschluss auf der zweiten beruflichen Fortbildungsstufe vorzusehen.

(4) Die Bezeichnung eines Fortbildungsabschlusses der dritten beruflichen Fortbildungsstufe beginnt mit den Wörtern „Master Professional in". Die Fortbildungsordnung kann vorsehen, dass dieser Abschlussbezeichnung eine weitere Abschlussbezeichnung vorangestellt wird. Die Abschlussbezeichnung der dritten beruflichen Fortbildungsstufe darf nur führen, wer

1. die Prüfung der dritten beruflichen Fortbildungsstufe bestanden hat oder
2. die Prüfung einer gleichwertigen beruflichen Fortbildung auf der Grundlage bundes- oder landesrechtlicher Regelungen, die diese Abschlussbezeichnung vorsehen, bestanden hat.

§ 53e Anpassungsfortbildungsordnungen

(1) Als Grundlage für eine einheitliche Anpassungsfortbildung kann das Bundesministerium für Bildung und Forschung im Einvernehmen mit dem Bundesministerium für Wirtschaft und Energie oder dem sonst zuständigen Fachministerium nach Anhörung des Hauptausschusses des Bundesinstituts für Berufsbildung durch Rechtsverordnung, die nicht der Zustimmung des Bundesrates bedarf, Fortbildungsabschlüsse anerkennen und hierfür Prüfungsregelungen erlassen (Anpassungsfortbildungsordnungen).

(2) Die Anpassungsfortbildungsordnungen haben festzulegen:
1. die Bezeichnung des Fortbildungsabschlusses,
2. das Ziel, den Inhalt und die Anforderungen der Prüfung,
3. die Zulassungsvoraussetzungen und
4. das Prüfungsverfahren.

(3) Abweichend von Absatz 1 werden Anpassungsfortbildungsordnungen
1. in den Berufen der Landwirtschaft, einschließlich der ländlichen Hauswirtschaft, durch das Bundesministerium für Ernährung und Landwirtschaft im Einvernehmen mit dem Bundesministerium für Bildung und Forschung erlassen und
2. in Berufen der Hauswirtschaft durch das Bundesministerium für Wirtschaft und Energie im Einvernehmen mit dem Bundesministerium für Bildung und Forschung erlassen.

Abschnitt 2
Fortbildungsprüfungsregelungen der zuständigen Stellen

§ 54 Fortbildungsprüfungsregelungen der zuständigen Stellen

(1) Sofern für einen Fortbildungsabschluss weder eine Fortbildungsordnung noch eine Anpassungsfortbildungsordnung erlassen worden ist, kann die zuständige Stelle Fortbildungsprüfungsregelungen erlassen. Wird im Fall des § 71 Absatz 8 als zuständige Stelle eine Landesbehörde bestimmt, so erlässt die zuständige Landesregierung die Fortbildungsprüfungsregelungen durch Rechtsverordnung. Die Ermächtigung nach Satz 2 kann durch Rechtsverordnung auf die von ihr bestimmte zuständige Stelle übertragen werden.

(2) Die Fortbildungsprüfungsregelungen haben festzulegen:
1. die Bezeichnung des Fortbildungsabschlusses,
2. das Ziel, den Inhalt und die Anforderungen der Prüfungen,
3. die Zulassungsvoraussetzungen für die Prüfung und
4. das Prüfungsverfahren.

(3) Bestätigt die zuständige oberste Landesbehörde,
1. dass die Fortbildungsprüfungsregelungen die Voraussetzungen des § 53b Absatz 2 und 3 sowie des § 53a Absatz 2 erfüllen, so beginnt die Bezeichnung des Fortbildungsabschlusses mit den Wörtern „Geprüfter Berufsspezialist für" oder „Geprüfte Berufsspezialistin für",
2. dass die Fortbildungsprüfungsregelungen die Voraussetzungen des § 53c Absatz 2 und 3 erfüllen, so beginnt die Bezeichnung des Fortbildungsabschlusses mit den Wörtern „Bachelor Professional in",
3. dass die Fortbildungsprüfungsregelungen die Voraussetzungen des § 53d Absatz 2 und 3 erfüllen, so beginnt die Bezeichnung des Fortbildungsabschlusses mit den Wörtern „Master Professional in".

Der Abschlussbezeichnung nach Satz 1 ist in Klammern ein Zusatz beizufügen, aus dem sich zweifelsfrei die zuständige Stelle ergibt, die die Fortbildungsprüfungsregelungen erlassen hat. Die Fortbildungsprüfungsregelungen können vorsehen, dass dieser Abschlussbezeichnung eine weitere Abschlussbezeichnung vorangestellt wird.
(4) Eine Abschlussbezeichnung, die in einer von der zuständigen obersten Landesbehörde bestätigten Fortbildungsprüfungsregelung enthalten ist, darf nur führen, wer die Prüfung bestanden hat.

Abschnitt 3
Ausländische Vorqualifikationen, Prüfungen

§ 55 Berücksichtigung ausländischer Vorqualifikationen
Sofern Fortbildungsordnungen, Anpassungsfortbildungsordnungen oder Fortbildungsprüfungsregelungen nach § 54 Zulassungsvoraussetzungen zu Prüfungen vorsehen, sind ausländische Bildungsabschlüsse und Zeiten der Berufstätigkeit im Ausland zu berücksichtigen.

§ 56 Fortbildungsprüfungen
(1) Für die Durchführung von Prüfungen im Bereich der beruflichen Fortbildung errichtet die zuständige Stelle Prüfungsausschüsse. § 37 Absatz 2 Satz 1 und 2 und Absatz 3 Satz 1 sowie § 39 Absatz 1 Satz 2, Absatz 2 und 3 und die §§ 40 bis 42, 46 und 47 sind entsprechend anzuwenden.
(2) Der Prüfling ist auf Antrag von der Ablegung einzelner Prüfungsbestandteile durch die zuständige Stelle zu befreien, wenn
1. er eine andere vergleichbare Prüfung vor einer öffentlichen oder einer staatlich anerkannten Bildungseinrichtung oder vor einem staatlichen Prüfungsausschuss erfolgreich abgelegt hat und
2. die Anmeldung zur Fortbildungsprüfung innerhalb von zehn Jahren nach der Bekanntgabe des Bestehens der Prüfung erfolgt.

§ 57 Gleichstellung von Prüfungszeugnissen
Das Bundesministerium für Wirtschaft und Energie oder das sonst zuständige Fachministerium kann im Einvernehmen mit dem Bundesministerium für Bildung und Forschung nach Anhörung des Hauptausschusses des Bundesinstituts für Berufsbildung durch Rechtsverordnung Prüfungszeugnisse, die außerhalb des Anwendungsbereichs dieses Gesetzes oder im Ausland erworben worden sind, den entsprechenden Zeugnissen über das Bestehen einer Fortbildungsprüfung auf der Grundlage der §§ 53b bis 53e und 54 gleichstellen, wenn die in der Prüfung nachzuweisenden beruflichen Fertigkeiten, Kenntnisse und Fähigkeiten gleichwertig sind.

Kapitel 3
Berufliche Umschulung

§ 58 Umschulungsordnung
Als Grundlage für eine geordnete und einheitliche berufliche Umschulung kann das Bundesministerium für Bildung und Forschung im Einvernehmen mit dem Bundesministerium für Wirtschaft und Energie oder dem sonst zuständigen Fachministerium nach Anhörung des Hauptausschusses des Bundesinstituts für Berufsbildung durch Rechtsverordnung, die nicht der Zustimmung des Bundesrates bedarf,
1. die Bezeichnung des Umschulungsabschlusses,
2. das Ziel, den Inhalt, die Art und Dauer der Umschulung,
3. die Anforderungen der Umschulungsprüfung und die Zulassungsvoraussetzungen sowie
4. das Prüfungsverfahren der Umschulung
unter Berücksichtigung der besonderen Erfordernisse der beruflichen Erwachsenenbildung bestimmen (Umschulungsordnung).

§ 59 Umschulungsprüfungsregelungen der zuständigen Stellen
Soweit Rechtsverordnungen nach § 58 nicht erlassen sind, kann die zuständige Stelle Umschulungsprüfungsregelungen erlassen. Wird im Fall des § 71 Absatz 8 als zuständige Stelle eine Landesbehörde bestimmt, so erlässt die zuständige Landesregierung die Umschulungsprüfungsregelungen durch Rechtsverordnung. Die Ermächtigung nach Satz 2 kann durch Rechtsverordnung auf die von ihr bestimmte zuständige Stelle übertragen werden. Die zuständige Stelle regelt die Bezeichnung des Umschulungsabschlusses, Ziel, Inhalt und Anforderungen der Prüfungen, die Zulassungsvoraussetzungen sowie das Prüfungsverfahren unter Berücksichtigung der besonderen Erfordernisse beruflicher Erwachsenenbildung.

§ 60 Umschulung für einen anerkannten Ausbildungsberuf

Sofern sich die Umschulungsordnung (§ 58) oder eine Regelung der zuständigen Stelle (§ 59) auf die Umschulung für einen anerkannten Ausbildungsberuf richtet, sind das Ausbildungsberufsbild (§ 5 Absatz 1 Nummer 3), der Ausbildungsrahmenplan (§ 5 Absatz 1 Nummer 4) und die Prüfungsanforderungen (§ 5 Absatz 1 Nummer 5) zugrunde zu legen. Die §§ 27 bis 33 gelten entsprechend.

§ 61 Berücksichtigung ausländischer Vorqualifikationen

Sofern die Umschulungsordnung (§ 58) oder eine Regelung der zuständigen Stelle (§ 59) Zulassungsvoraussetzungen vorsieht, sind ausländische Bildungsabschlüsse und Zeiten der Berufstätigkeit im Ausland zu berücksichtigen.

§ 62 Umschulungsmaßnahmen; Umschulungsprüfungen

(1) Maßnahmen der beruflichen Umschulung müssen nach Inhalt, Art, Ziel und Dauer den besonderen Erfordernissen der beruflichen Erwachsenenbildung entsprechen.
(2) Umschulende haben die Durchführung der beruflichen Umschulung vor Beginn der Maßnahme der zuständigen Stelle schriftlich anzuzeigen. Die Anzeigepflicht erstreckt sich auf den wesentlichen Inhalt des Umschulungsverhältnisses. Bei Abschluss eines Umschulungsvertrages ist eine Ausfertigung der Vertragsniederschrift beizufügen.
(3) Für die Durchführung von Prüfungen im Bereich der beruflichen Umschulung errichtet die zuständige Stelle Prüfungsausschüsse. § 37 Absatz 2 und 3 sowie § 39 Absatz 2 und die §§ 40 bis 42, 46 und 47 gelten entsprechend.
(4) Der Prüfling ist auf Antrag von der Ablegung einzelner Prüfungsbestandteile durch die zuständige Stelle zu befreien, wenn er eine andere vergleichbare Prüfung vor einer öffentlichen oder staatlich anerkannten Bildungseinrichtung oder vor einem staatlichen Prüfungsausschuss erfolgreich abgelegt hat und die Anmeldung zur Umschulungsprüfung innerhalb von zehn Jahren nach der Bekanntgabe des Bestehens der anderen Prüfung erfolgt.

§ 63 Gleichstellung von Prüfungszeugnissen

Das Bundesministerium für Wirtschaft und Energie oder das sonst zuständige Fachministerium kann im Einvernehmen mit dem Bundesministerium für Bildung und Forschung nach Anhörung des Hauptausschusses des Bundesinstituts für Berufsbildung durch Rechtsverordnung außerhalb des Anwendungsbereichs dieses Gesetzes oder im Ausland erworbene Prüfungszeugnisse den entsprechenden Zeugnissen über das Bestehen einer Umschulungsprüfung auf der Grundlage der §§ 58 und 59 gleichstellen, wenn die in der Prüfung nachzuweisenden beruflichen Fertigkeiten, Kenntnisse und Fähigkeiten gleichwertig sind.

Kapitel 4
Berufsbildung für besondere Personengruppen

Abschnitt 1
Berufsbildung behinderter Menschen

§ 64 Berufsausbildung

Behinderte Menschen (§ 2 Absatz 1 Satz 1 des Neunten Buches Sozialgesetzbuch) sollen in anerkannten Ausbildungsberufen ausgebildet werden.

§ 65 Berufsausbildung in anerkannten Ausbildungsberufen

(1) Regelungen nach den §§ 9 und 47 sollen die besonderen Verhältnisse behinderter Menschen berücksichtigen. Dies gilt insbesondere für die zeitliche und sachliche Gliederung der Ausbildung, die Dauer von Prüfungszeiten, die Zulassung von Hilfsmitteln und die Inanspruchnahme von Hilfeleistungen Dritter wie Gebärdensprachdolmetscher für hörbehinderte Menschen.
(2) Der Berufsausbildungsvertrag mit einem behinderten Menschen ist in das Verzeichnis der Berufsausbildungsverhältnisse (§ 34) einzutragen. Der behinderte Mensch ist zur Abschlussprüfung auch zuzulassen, wenn die Voraussetzungen des § 43 Absatz 1 Nummer 2 und 3 nicht vorliegen.

§ 66 Ausbildungsregelungen der zuständigen Stellen

(1) Für behinderte Menschen, für die wegen Art und Schwere ihrer Behinderung eine Ausbildung in einem anerkannten Ausbildungsberuf nicht in Betracht kommt, treffen die zuständigen Stellen auf Antrag der behinderten Menschen oder ihrer gesetzlichen Vertreter oder Vertreterinnen Ausbildungsregelungen entsprechend den Empfehlungen des Hauptausschusses des Bundesinstituts für Berufsbildung.

Die Ausbildungsinhalte sollen unter Berücksichtigung von Lage und Entwicklung des allgemeinen Arbeitsmarktes aus den Inhalten anerkannter Ausbildungsberufe entwickelt werden. Im Antrag nach Satz 1 ist eine Ausbildungsmöglichkeit in dem angestrebten Ausbildungsgang nachzuweisen.
(2) § 65 Absatz 2 Satz 1 gilt entsprechend.

§ 67 Berufliche Fortbildung, berufliche Umschulung
Für die berufliche Fortbildung und die berufliche Umschulung behinderter Menschen gelten die §§ 64 bis 66 entsprechend, soweit es Art und Schwere der Behinderung erfordern.

Abschnitt 2
Berufsausbildungsvorbereitung

§ 68 Personenkreis und Anforderungen
(1) Die Berufsausbildungsvorbereitung richtet sich an lernbeeinträchtigte oder sozial benachteiligte Personen, deren Entwicklungsstand eine erfolgreiche Ausbildung in einem anerkannten Ausbildungsberuf noch nicht erwarten lässt. Sie muss nach Inhalt, Art, Ziel und Dauer den besonderen Erfordernissen des in Satz 1 genannten Personenkreises entsprechen und durch umfassende sozialpädagogische Betreuung und Unterstützung begleitet werden.
(2) Für die Berufsausbildungsvorbereitung, die nicht im Rahmen des Dritten Buches Sozialgesetzbuch oder anderer vergleichbarer, öffentlich geförderter Maßnahmen durchgeführt wird, gelten die §§ 27 bis 33 entsprechend.

§ 69 Qualifizierungsbausteine, Bescheinigung
(1) Die Vermittlung von Grundlagen für den Erwerb beruflicher Handlungsfähigkeit (§ 1 Absatz 2) kann insbesondere durch inhaltlich und zeitlich abgegrenzte Lerneinheiten erfolgen, die aus den Inhalten anerkannter Ausbildungsberufe entwickelt werden (Qualifizierungsbausteine).
(2) Über vermittelte Grundlagen für den Erwerb beruflicher Handlungsfähigkeit stellt der Anbieter der Berufsausbildungsvorbereitung eine Bescheinigung aus. Das Nähere regelt das Bundesministerium für Bildung und Forschung im Einvernehmen mit den für den Erlass von Ausbildungsordnungen zuständigen Fachministerien nach Anhörung des Hauptausschusses des Bundesinstituts für Berufsbildung durch Rechtsverordnung, die nicht der Zustimmung des Bundesrates bedarf.

§ 70 Überwachung, Beratung
(1) Die nach Landesrecht zuständige Behörde hat die Berufsausbildungsvorbereitung zu untersagen, wenn die Voraussetzungen des § 68 Absatz 1 nicht vorliegen.
(2) Der Anbieter hat die Durchführung von Maßnahmen der Berufsausbildungsvorbereitung vor Beginn der Maßnahme der zuständigen Stelle schriftlich anzuzeigen. Die Anzeigepflicht erstreckt sich auf den wesentlichen Inhalt des Qualifizierungsvertrages.
(3) Die Absätze 1 und 2 sowie § 76 finden keine Anwendung, soweit die Berufsausbildungsvorbereitung im Rahmen des Dritten Buches Sozialgesetzbuch oder anderer vergleichbarer, öffentlich geförderter Maßnahmen durchgeführt wird.

Gesetz zur Regelung eines allgemeinen Mindestlohns (Mindestlohngesetz – MiLoG)

Vom 11. August 2014 (BGBl. I S. 1348)

Zuletzt geändert durch
Gesetz zur Umsetzung der Richtlinie (EU) 2018/957 des Europäischen Parlaments und des Rates vom 28. Juni 2018 zur Änderung der Richtlinie 96/71/EG über die Entsendung von Arbeitnehmern im Rahmen der Erbringung von Dienstleistungen
vom 10. Juli 2020 (BGBl. I S. 1657)

Inhaltsübersicht

Abschnitt 1
Festsetzung des allgemeinen Mindestlohns

Unterabschnitt 1
Inhalt des Mindestlohns

§ 1 Mindestlohn
§ 2 Fälligkeit des Mindestlohns
§ 3 Unabdingbarkeit des Mindestlohns

Unterabschnitt 2
Mindestlohnkommission

§ 4 Aufgabe und Zusammensetzung
§ 5 Stimmberechtigte Mitglieder
§ 6 Vorsitz
§ 7 Beratende Mitglieder
§ 8 Rechtsstellung der Mitglieder
§ 9 Beschluss der Mindestlohnkommission
§ 10 Verfahren der Mindestlohnkommission
§ 11 Rechtsverordnung
§ 12 Geschäfts- und Informationsstelle für den Mindestlohn; Kostenträgerschaft

Abschnitt 2
Zivilrechtliche Durchsetzung

§ 13 Haftung des Auftraggebers

Abschnitt 3
Kontrolle und Durchsetzung durch staatliche Behörden

§ 14 Zuständigkeit
§ 15 Befugnisse der Behörden der Zollverwaltung und anderer Behörden; Mitwirkungspflichten des Arbeitgebers
§ 16 Meldepflicht
§ 17 Erstellen und Bereithalten von Dokumenten
§ 18 Zusammenarbeit der in- und ausländischen Behörden
§ 19 Ausschluss von der Vergabe öffentlicher Aufträge
§ 20 Pflichten des Arbeitgebers zur Zahlung des Mindestlohns
§ 21 Bußgeldvorschriften

Abschnitt 4
Schlussvorschriften

§ 22 Persönlicher Anwendungsbereich
§ 23 Evaluation

Abschnitt 1
Festsetzung des allgemeinen Mindestlohns

Unterabschnitt 1
Inhalt des Mindestlohns

§ 1 Mindestlohn

(1) Jede Arbeitnehmerin und jeder Arbeitnehmer hat Anspruch auf Zahlung eines Arbeitsentgelts mindestens in Höhe des Mindestlohns durch den Arbeitgeber.
(2) Die Höhe des Mindestlohns beträgt ab dem 1. Januar 2015 brutto 8,50 Euro je Zeitstunde. Die Höhe des Mindestlohns kann auf Vorschlag einer ständigen Kommission der Tarifpartner (Mindestlohnkommission) durch Rechtsverordnung der Bundesregierung geändert werden.
(3) Die Regelungen des Arbeitnehmer-Entsendegesetzes, des Arbeitnehmerüberlassungsgesetzes und der auf ihrer Grundlage erlassenen Rechtsverordnungen gehen den Regelungen dieses Gesetzes vor, soweit die Höhe der auf ihrer Grundlage festgesetzten Branchenmindestlöhne die Höhe des Mindestlohns nicht unterschreitet.

Anm. d. Hrsg.: Ab 1. Januar 2022 beträgt der Mindestlohn brutto 9,82 Euro je Zeitstunde (§ 1 der Dritten Mindestlohnanpassungsverordnung vom 9. November 2020, BGBl. I S. 2356), zum 1. Juli 2022 wird er auf 10,45 Euro angehoben.

§ 2 Fälligkeit des Mindestlohns

(1) Der Arbeitgeber ist verpflichtet, der Arbeitnehmerin oder dem Arbeitnehmer den Mindestlohn

1. zum Zeitpunkt der vereinbarten Fälligkeit,
2. spätestens am letzten Bankarbeitstag (Frankfurt am Main) des Monats, der auf den Monat folgt, in dem die Arbeitsleistung erbracht wurde,

zu zahlen. Für den Fall, dass keine Vereinbarung über die Fälligkeit getroffen worden ist, bleibt § 614 des Bürgerlichen Gesetzbuchs unberührt.

(2) Abweichend von Absatz 1 Satz 1 sind bei Arbeitnehmerinnen und Arbeitnehmern die über die vertraglich vereinbarte Arbeitszeit hinausgehenden und auf einem schriftlich vereinbarten Arbeitszeitkonto eingestellten Arbeitsstunden spätestens innerhalb von zwölf Kalendermonaten nach ihrer monatlichen Erfassung durch bezahlte Freizeitgewährung oder Zahlung des Mindestlohns auszugleichen, soweit der Anspruch auf den Mindestlohn für die geleisteten Arbeitsstunden nach § 1 Absatz 1 nicht bereits durch Zahlung des verstetigten Arbeitsentgelts erfüllt ist. Im Falle der Beendigung des Arbeitsverhältnisses hat der Arbeitgeber nicht ausgeglichene Arbeitsstunden spätestens in dem auf die Beendigung des Arbeitsverhältnisses folgenden Kalendermonat auszugleichen. Die auf das Arbeitszeitkonto eingestellten Arbeitsstunden dürfen monatlich jeweils 50 Prozent der vertraglich vereinbarten Arbeitszeit nicht übersteigen.

(3) Die Absätze 1 und 2 gelten nicht für Wertguthabenvereinbarungen im Sinne des Vierten Buches Sozialgesetzbuch. Satz 1 gilt entsprechend für eine im Hinblick auf den Schutz der Arbeitnehmerinnen und Arbeitnehmer vergleichbare ausländische Regelung.

§ 3 Unabdingbarkeit des Mindestlohns

Vereinbarungen, die den Anspruch auf Mindestlohn unterschreiten oder seine Geltendmachung beschränken oder ausschließen, sind insoweit unwirksam. Die Arbeitnehmerin oder der Arbeitnehmer kann auf den entstandenen Anspruch nach § 1 Absatz 1 nur durch gerichtlichen Vergleich verzichten; im Übrigen ist ein Verzicht ausgeschlossen. Die Verwirkung des Anspruchs ist ausgeschlossen.

Unterabschnitt 2
Mindestlohnkommission

§ 4 Aufgabe und Zusammensetzung

(1) Die Bundesregierung errichtet eine ständige Mindestlohnkommission, die über die Anpassung der Höhe des Mindestlohns befindet.

(2) Die Mindestlohnkommission wird alle fünf Jahre neu berufen. Sie besteht aus einer oder einem Vorsitzenden, sechs weiteren stimmberechtigten ständigen Mitgliedern und zwei Mitgliedern aus Kreisen der Wissenschaft ohne Stimmrecht (beratende Mitglieder).

§ 5 Stimmberechtigte Mitglieder

(1) Die Bundesregierung beruft je drei stimmberechtigte Mitglieder auf Vorschlag der Spitzenorganisationen der Arbeitgeber und der Arbeitnehmer aus Kreisen der Vereinigungen von Arbeitgebern und Gewerkschaften. Die Spitzenorganisationen der Arbeitgeber und Arbeitnehmer sollen jeweils mindestens eine Frau und einen Mann als stimmberechtigte Mitglieder vorschlagen. Werden auf Arbeitgeber- oder auf Arbeitnehmerseite von den Spitzenorganisationen mehr als drei Personen vorgeschlagen, erfolgt die Auswahl zwischen den Vorschlägen im Verhältnis zur Bedeutung der jeweiligen Spitzenorganisationen für die Vertretung der Arbeitgeber- oder Arbeitnehmerinteressen im Arbeitsleben des Bundesgebietes. Übt eine Seite ihr Vorschlagsrecht nicht aus, werden die Mitglieder dieser Seite durch die Bundesregierung aus Kreisen der Vereinigungen von Arbeitgebern oder Gewerkschaften berufen.

(2) Scheidet ein Mitglied aus, wird nach Maßgabe des Absatzes 1 Satz 1 und 4 ein neues Mitglied berufen.

§ 6 Vorsitz

(1) Die Bundesregierung beruft die Vorsitzende oder den Vorsitzenden auf gemeinsamen Vorschlag der Spitzenorganisationen der Arbeitgeber und der Arbeitnehmer.

(2) Wird von den Spitzenorganisationen kein gemeinsamer Vorschlag unterbreitet, beruft die Bundesregierung jeweils eine Vorsitzende oder einen Vorsitzenden auf Vorschlag der Spitzenorganisationen der Arbeitgeber und der Arbeitnehmer. Der Vorsitz wechselt zwischen den Vorsitzenden nach jeder Beschlussfassung nach § 9. Über den erstmaligen Vorsitz entscheidet das Los. § 5 Absatz 1 Satz 3 und 4 gilt entsprechend.

(3) Scheidet die Vorsitzende oder der Vorsitzende aus, wird nach Maßgabe der Absätze 1 und 2 eine neue Vorsitzende oder ein neuer Vorsitzender berufen.

§ 7 Beratende Mitglieder

(1) Die Bundesregierung beruft auf Vorschlag der Spitzenorganisationen der Arbeitgeber und Arbeitnehmer zusätzlich je ein beratendes Mitglied aus Kreisen der Wissenschaft. Die Bundesregierung soll darauf hinwirken, dass die Spitzenorganisationen der Arbeitgeber und Arbeitnehmer eine Frau und einen Mann als beratendes Mitglied vorschlagen. Das beratende Mitglied soll in keinem Beschäftigungsverhältnis stehen zu
1. einer Spitzenorganisation der Arbeitgeber oder Arbeitnehmer,
2. einer Vereinigung der Arbeitgeber oder einer Gewerkschaft oder
3. einer Einrichtung, die von den in der Nummer 1 oder Nummer 2 genannten Vereinigungen getragen wird.

§ 5 Absatz 1 Satz 3 und 4 und Absatz 2 gilt entsprechend.

(2) Die beratenden Mitglieder unterstützen die Mindestlohnkommission insbesondere bei der Prüfung nach § 9 Absatz 2 durch die Einbringung wissenschaftlichen Sachverstands. Sie haben das Recht, an den Beratungen der Mindestlohnkommission teilzunehmen.

§ 8 Rechtsstellung der Mitglieder

(1) Die Mitglieder der Mindestlohnkommission unterliegen bei der Wahrnehmung ihrer Tätigkeit keinen Weisungen.

(2) Die Tätigkeit der Mitglieder der Mindestlohnkommission ist ehrenamtlich.

(3) Die Mitglieder der Mindestlohnkommission erhalten eine angemessene Entschädigung für den ihnen bei der Wahrnehmung ihrer Tätigkeit erwachsenden Verdienstausfall und Aufwand sowie Ersatz der Fahrtkosten entsprechend den für ehrenamtliche Richterinnen und Richter der Arbeitsgerichte geltenden Vorschriften. Die Entschädigung und die erstattungsfähigen Fahrtkosten setzt im Einzelfall die oder der Vorsitzende der Mindestlohnkommission fest.

§ 9 Beschluss der Mindestlohnkommission

(1) Die Mindestlohnkommission hat über eine Anpassung der Höhe des Mindestlohns erstmals bis zum 30. Juni 2016 mit Wirkung zum 1. Januar 2017 zu beschließen. Danach hat die Mindestlohnkommission alle zwei Jahre über Anpassungen der Höhe des Mindestlohns zu beschließen.

(2) Die Mindestlohnkommission prüft im Rahmen einer Gesamtabwägung, welche Höhe des Mindestlohns geeignet ist, zu einem angemessenen Mindestschutz der Arbeitnehmerinnen und Arbeitnehmer beizutragen, faire und funktionierende Wettbewerbsbedingungen zu ermöglichen sowie Beschäftigung nicht zu gefährden. Die Mindestlohnkommission orientiert sich bei der Festsetzung des Mindestlohns nachlaufend an der Tarifentwicklung.

(3) Die Mindestlohnkommission hat ihren Beschluss schriftlich zu begründen.

(4) Die Mindestlohnkommission evaluiert laufend die Auswirkungen des Mindestlohns auf den Schutz der Arbeitnehmerinnen und Arbeitnehmer, die Wettbewerbsbedingungen und die Beschäftigung im Bezug auf bestimmte Branchen und Regionen sowie die Produktivität und stellt ihre Erkenntnisse der Bundesregierung in einem Bericht alle zwei Jahre gemeinsam mit ihrem Beschluss zur Verfügung.

§ 10 Verfahren der Mindestlohnkommission

(1) Die Mindestlohnkommission ist beschlussfähig, wenn mindestens die Hälfte ihrer stimmberechtigten Mitglieder anwesend ist.

(2) Die Beschlüsse der Mindestlohnkommission werden mit einfacher Mehrheit der Stimmen der anwesenden Mitglieder gefasst. Bei der Beschlussfassung hat sich die oder der Vorsitzende zunächst der Stimme zu enthalten. Kommt eine Stimmenmehrheit nicht zustande, macht die oder der Vorsitzende einen Vermittlungsvorschlag. Kommt nach Beratung über den Vermittlungsvorschlag keine Stimmenmehrheit zustande, übt die oder der Vorsitzende ihr oder sein Stimmrecht aus.

(3) Die Mindestlohnkommission kann Spitzenorganisationen der Arbeitgeber und Arbeitnehmer, Vereinigungen von Arbeitgebern und Gewerkschaften, öffentlichrechtliche Religionsgesellschaften, Wohlfahrtsverbände, Verbände, die wirtschaftliche und soziale Interessen organisieren, sowie sonstige von der Anpassung des Mindestlohns Betroffene vor Beschlussfassung anhören. Sie kann Informationen und fachliche Einschätzungen von externen Stellen einholen.

(4) Die Sitzungen der Mindestlohnkommission sind nicht öffentlich; der Inhalt ihrer Beratungen ist vertraulich. Die Teilnahme an Sitzungen der Mindestlohnkommission sowie die Beschlussfassung können in begründeten Ausnahmefällen auf Vorschlag der oder des Vorsitzenden mittels einer Videokonferenz erfolgen, wenn
1. kein Mitglied diesem Verfahren unverzüglich widerspricht und

2. sichergestellt ist, dass Dritte vom Inhalt der Sitzung keine Kenntnis nehmen können.
Die übrigen Verfahrensregelungen trifft die Mindestlohnkommission in einer Geschäftsordnung.

§ 11 Rechtsverordnung

(1) Die Bundesregierung kann die von der Mindestlohnkommission vorgeschlagene Anpassung des Mindestlohns durch Rechtsverordnung ohne Zustimmung des Bundesrates für alle Arbeitgeber sowie Arbeitnehmerinnen und Arbeitnehmer verbindlich machen. Die Rechtsverordnung tritt am im Beschluss der Mindestlohnkommission bezeichneten Tag, frühestens aber am Tag nach Verkündung in Kraft. Die Rechtsverordnung gilt, bis sie durch eine neue Rechtsverordnung abgelöst wird.
(2) Vor Erlass der Rechtsverordnung erhalten die Spitzenorganisationen der Arbeitgeber und Arbeitnehmer, die Vereinigungen von Arbeitgebern und Gewerkschaften, die öffentlich-rechtlichen Religionsgesellschaften, die Wohlfahrtsverbände sowie die Verbände, die wirtschaftliche und soziale Interessen organisieren, Gelegenheit zur schriftlichen Stellungnahme. Die Frist zur Stellungnahme beträgt drei Wochen; sie beginnt mit der Bekanntmachung des Verordnungsentwurfs.

§ 12 Geschäfts- und Informationsstelle für den Mindestlohn; Kostenträgerschaft

(1) Die Mindestlohnkommission wird bei der Durchführung ihrer Aufgaben von einer Geschäftsstelle unterstützt. Die Geschäftsstelle untersteht insoweit fachlich der oder dem Vorsitzenden der Mindestlohnkommission.
(2) Die Geschäftsstelle wird bei der Bundesanstalt für Arbeitsschutz und Arbeitsmedizin als selbständige Organisationseinheit eingerichtet.
(3) Die Geschäftsstelle informiert und berät als Informationsstelle für den Mindestlohn Arbeitnehmerinnen und Arbeitnehmer sowie Unternehmen zum Thema Mindestlohn.
(4) Die durch die Tätigkeit der Mindestlohnkommission und der Geschäftsstelle anfallenden Kosten trägt der Bund.

Abschnitt 2
Zivilrechtliche Durchsetzung

§ 13 Haftung des Auftraggebers

§ 14 des Arbeitnehmer-Entsendegesetzes findet entsprechende Anwendung.

Abschnitt 3
Kontrolle und Durchsetzung durch staatliche Behörden

§ 14 Zuständigkeit

Für die Prüfung der Einhaltung der Pflichten eines Arbeitgebers nach § 20 sind die Behörden der Zollverwaltung zuständig.

§ 15 Befugnisse der Behörden der Zollverwaltung und anderer Behörden; Mitwirkungspflichten des Arbeitgebers

Die §§ 2 bis 6, 14, 15, 20, 22 und 23 des Schwarzarbeitsbekämpfungsgesetzes sind entsprechend anzuwenden mit der Maßgabe, dass
1. die dort genannten Behörden auch Einsicht in Arbeitsverträge, Niederschriften nach § 2 des Nachweisgesetzes und andere Geschäftsunterlagen nehmen können, die mittelbar oder unmittelbar Auskunft über die Einhaltung des Mindestlohns nach § 20 geben, und
2. die nach § 5 Absatz 1 des Schwarzarbeitsbekämpfungsgesetzes zur Mitwirkung Verpflichteten diese Unterlagen vorzulegen haben.

§ 6 Absatz 3 sowie die §§ 16 bis 19 des Schwarzarbeitsbekämpfungsgesetzes finden entsprechende Anwendung.

§ 16 Meldepflicht

(1) Ein Arbeitgeber mit Sitz im Ausland, der eine Arbeitnehmerin oder einen Arbeitnehmer oder mehrere Arbeitnehmerinnen oder Arbeitnehmer in den in § 2a des Schwarzarbeitsbekämpfungsgesetzes genannten Wirtschaftsbereichen oder Wirtschaftszweigen im Anwendungsbereich dieses Gesetzes beschäftigt, ist verpflichtet, vor Beginn jeder Werk- oder Dienstleistung eine schriftliche Anmeldung in deutscher Sprache bei der zuständigen Behörde der Zollverwaltung nach Absatz 6 vorzulegen, die die für die Prüfung wesentlichen Angaben enthält. Wesentlich sind die Angaben über

1. den Familiennamen, den Vornamen und das Geburtsdatum der von ihm im Geltungsbereich dieses Gesetzes beschäftigten Arbeitnehmerinnen und Arbeitnehmer,
2. den Beginn und die voraussichtliche Dauer der Beschäftigung,
3. den Ort der Beschäftigung,
4. den Ort im Inland, an dem die nach § 17 erforderlichen Unterlagen bereitgehalten werden,
5. den Familiennamen, den Vornamen, das Geburtsdatum und die Anschrift in Deutschland der oder des verantwortlich Handelnden und
6. den Familiennamen, den Vornamen und die Anschrift in Deutschland einer oder eines Zustellungsbevollmächtigten, soweit diese oder dieser nicht mit der oder dem in Nummer 5 genannten verantwortlich Handelnden identisch ist.

Änderungen bezüglich dieser Angaben hat der Arbeitgeber im Sinne des Satzes 1 unverzüglich zu melden.

(2) Der Arbeitgeber hat der Anmeldung eine Versicherung beizufügen, dass er die Verpflichtungen nach § 20 einhält.

(3) Überlässt ein Verleiher mit Sitz im Ausland eine Arbeitnehmerin oder einen Arbeitnehmer oder mehrere Arbeitnehmerinnen oder Arbeitnehmer zur Arbeitsleistung einem Entleiher, hat der Entleiher in den in § 2a des Schwarzarbeitsbekämpfungsgesetzes genannten Wirtschaftsbereichen oder Wirtschaftszweigen unter den Voraussetzungen des Absatzes 1 Satz 1 vor Beginn jeder Werk- oder Dienstleistung der zuständigen Behörde der Zollverwaltung eine schriftliche Anmeldung in deutscher Sprache mit folgenden Angaben zuzuleiten:
1. den Familiennamen, den Vornamen und das Geburtsdatum der überlassenen Arbeitnehmerinnen und Arbeitnehmer,
2. den Beginn und die Dauer der Überlassung,
3. den Ort der Beschäftigung,
4. den Ort im Inland, an dem die nach § 17 erforderlichen Unterlagen bereitgehalten werden,
5. den Familiennamen, den Vornamen und die Anschrift in Deutschland einer oder eines Zustellungsbevollmächtigten des Verleihers,
6. den Familiennamen, den Vornamen oder die Firma sowie die Anschrift des Verleihers.

Absatz 1 Satz 3 gilt entsprechend.

(4) Der Entleiher hat der Anmeldung eine Versicherung des Verleihers beizufügen, dass dieser die Verpflichtungen nach § 20 einhält.

(5) Das Bundesministerium der Finanzen kann durch Rechtsverordnung im Einvernehmen mit dem Bundesministerium für Arbeit und Soziales ohne Zustimmung des Bundesrates bestimmen,
1. dass, auf welche Weise und unter welchen technischen und organisatorischen Voraussetzungen eine Anmeldung, eine Änderungsmeldung und die Versicherung abweichend von Absatz 1 Satz 1 und 3, Absatz 2 und 3 Satz 1 und 2 und Absatz 4 elektronisch übermittelt werden kann,
2. unter welchen Voraussetzungen eine Änderungsmeldung ausnahmsweise entfallen kann, und
3. wie das Meldeverfahren vereinfacht oder abgewandelt werden kann, sofern die entsandten Arbeitnehmerinnen und Arbeitnehmer im Rahmen einer regelmäßig wiederkehrenden Werk- oder Dienstleistung eingesetzt werden oder sonstige Besonderheiten der zu erbringenden Werk- oder Dienstleistungen dies erfordern.

(6) Das Bundesministerium der Finanzen kann durch Rechtsverordnung ohne Zustimmung des Bundesrates die zuständige Behörde nach Absatz 1 Satz 1 und Absatz 3 Satz 1 bestimmen.

§ 17 Erstellen und Bereithalten von Dokumenten

(1) Ein Arbeitgeber, der Arbeitnehmerinnen und Arbeitnehmer nach § 8 Absatz 1 des Vierten Buches Sozialgesetzbuch oder in den in § 2a des Schwarzarbeitsbekämpfungsgesetzes genannten Wirtschaftsbereichen oder Wirtschaftszweigen beschäftigt, ist verpflichtet, Beginn, Ende und Dauer der täglichen Arbeitszeit dieser Arbeitnehmerinnen und Arbeitnehmer spätestens bis zum Ablauf des siebten auf den Tag der Arbeitsleistung folgenden Kalendertages aufzuzeichnen und diese Aufzeichnungen mindestens zwei Jahre beginnend ab dem für die Aufzeichnung maßgeblichen Zeitpunkt aufzubewahren. Satz 1 gilt entsprechend für einen Entleiher, dem ein Verleiher eine Arbeitnehmerin oder einen Arbeitnehmer oder mehrere Arbeitnehmerinnen oder Arbeitnehmer zur Arbeitsleistung in einem der in § 2a des Schwarzarbeitsbekämpfungsgesetzes genannten Wirtschaftszweige überlässt. Satz 1 gilt nicht für Beschäftigungsverhältnisse nach § 8a des Vierten Buches Sozialgesetzbuch.

(2) Arbeitgeber im Sinne des Absatzes 1 haben die für die Kontrolle der Einhaltung der Verpflichtungen nach § 20 in Verbindung mit § 2 erforderlichen Unterlagen im Inland in deutscher Sprache für die

gesamte Dauer der tatsächlichen Beschäftigung der Arbeitnehmerinnen und Arbeitnehmer im Geltungsbereich dieses Gesetzes, mindestens für die Dauer der gesamten Werk- oder Dienstleistung, insgesamt jedoch nicht länger als zwei Jahre, bereitzuhalten. Auf Verlangen der Prüfbehörde sind die Unterlagen auch am Ort der Beschäftigung bereitzuhalten.
(3) Das Bundesministerium für Arbeit und Soziales kann durch Rechtsverordnung ohne Zustimmung des Bundesrates die Verpflichtungen des Arbeitgebers oder eines Entleihers nach § 16 und den Absätzen 1 und 2 hinsichtlich bestimmter Gruppen von Arbeitnehmerinnen und Arbeitnehmern oder der Wirtschaftsbereiche oder den Wirtschaftszweigen einschränken oder erweitern.
(4) Das Bundesministerium der Finanzen kann durch Rechtsverordnung im Einvernehmen mit dem Bundesministerium für Arbeit und Soziales ohne Zustimmung des Bundesrates bestimmen, wie die Verpflichtung des Arbeitgebers, die tägliche Arbeitszeit bei ihm beschäftigter Arbeitnehmerinnen und Arbeitnehmer aufzuzeichnen und diese Aufzeichnungen aufzubewahren, vereinfacht oder abgewandelt werden kann, sofern Besonderheiten der zu erbringenden Werk- oder Dienstleistungen oder Besonderheiten des jeweiligen Wirtschaftsbereiches oder Wirtschaftszweiges dies erfordern.

§ 18 Zusammenarbeit der in- und ausländischen Behörden

(1) Die Behörden der Zollverwaltung unterrichten die zuständigen örtlichen Landesfinanzbehörden über Meldungen nach § 16 Absatz 1 und 3.
(2) Die Behörden der Zollverwaltung und die übrigen in § 2 des Schwarzarbeitsbekämpfungsgesetzes genannten Behörden dürfen nach Maßgabe der datenschutzrechtlichen Vorschriften auch mit Behörden anderer Vertragsstaaten des Abkommens über den Europäischen Wirtschaftsraum zusammenarbeiten, die diesem Gesetz entsprechende Aufgaben durchführen oder für die Bekämpfung illegaler Beschäftigung zuständig sind oder Auskünfte geben können, ob ein Arbeitgeber seine Verpflichtungen nach § 20 erfüllt. Die Regelungen über die internationale Rechtshilfe in Strafsachen bleiben hiervon unberührt.
(3) Die Behörden der Zollverwaltung unterrichten das Gewerbezentralregister über rechtskräftige Bußgeldentscheidungen nach § 21 Absatz 1 bis 3, sofern die Geldbuße mehr als zweihundert Euro beträgt.

§ 19 Ausschluss von der Vergabe öffentlicher Aufträge

(1) Von der Teilnahme an einem Wettbewerb um einen Liefer-, Bau- oder Dienstleistungsauftrag der in den §§ 99 und 100 des Gesetzes gegen Wettbewerbsbeschränkungen genannten Auftraggeber sollen Bewerberinnen oder Bewerber für eine angemessene Zeit bis zur nachgewiesenen Wiederherstellung ihrer Zuverlässigkeit ausgeschlossen werden, die wegen eines Verstoßes nach § 21 mit einer Geldbuße von wenigstens zweitausendfünfhundert Euro belegt worden sind.
(2) Die für die Verfolgung oder Ahndung der Ordnungswidrigkeiten nach § 21 zuständigen Behörden dürfen öffentlichen Auftraggebern nach § 99 des Gesetzes gegen Wettbewerbsbeschränkungen und solchen Stellen, die von öffentlichen Auftraggebern zugelassene Präqualifikationsverzeichnisse oder Unternehmer- und Lieferantenverzeichnisse führen, auf Verlangen die erforderlichen Auskünfte geben.
(3) Öffentliche Auftraggeber nach Absatz 2 fordern im Rahmen ihrer Tätigkeit beim Gewerbezentralregister Auskünfte über rechtskräftige Bußgeldentscheidungen wegen einer Ordnungswidrigkeit nach § 21 Absatz 1 oder Absatz 2 an oder verlangen von Bewerberinnen oder Bewerbern eine Erklärung, dass die Voraussetzungen für einen Ausschluss nach Absatz 1 nicht vorliegen. Im Falle einer Erklärung der Bewerberin oder des Bewerbers können öffentliche Auftraggeber nach Absatz 2 jederzeit zusätzlich Auskünfte des Gewerbezentralregisters nach § 150a der Gewerbeordnung anfordern.
(4) Bei Aufträgen ab einer Höhe von 30 000 Euro fordert der öffentliche Auftraggeber nach Absatz 2 für die Bewerberin oder den Bewerber, die oder der den Zuschlag erhalten soll, vor der Zuschlagserteilung eine Auskunft aus dem Gewerbezentralregister nach § 150a der Gewerbeordnung an.
(5) Vor der Entscheidung über den Ausschluss ist die Bewerberin oder der Bewerber zu hören.

§ 20 Pflichten des Arbeitgebers zur Zahlung des Mindestlohns

Arbeitgeber mit Sitz im In- oder Ausland sind verpflichtet, ihren im Inland beschäftigten Arbeitnehmerinnen und Arbeitnehmern ein Arbeitsentgelt mindestens in Höhe des Mindestlohns nach § 1 Absatz 2 spätestens zu dem in § 2 Absatz 1 Satz 1 Nummer 2 genannten Zeitpunkt zu zahlen.

§ 21 Bußgeldvorschriften

(1) Ordnungswidrig handelt, wer vorsätzlich oder fahrlässig
1. entgegen § 15 Satz 1 in Verbindung mit § 5 Absatz 1 Satz 1 Nummer 1 oder 3 des Schwarzarbeitsbekämpfungsgesetzes eine Prüfung nicht duldet oder bei einer Prüfung nicht mitwirkt,

2. entgegen § 15 Satz 1 in Verbindung mit § 5 Absatz 1 Satz 1 Nummer 2 des Schwarzarbeitsbekämpfungsgesetzes das Betreten eines Grundstücks oder Geschäftsraums nicht duldet,
3. entgegen § 15 Satz 1 in Verbindung mit § 5 Absatz 5 Satz 1 des Schwarzarbeitsbekämpfungsgesetzes Daten nicht, nicht richtig, nicht vollständig, nicht in der vorgeschriebenen Weise oder nicht rechtzeitig übermittelt,
4. entgegen § 16 Absatz 1 Satz 1 oder Absatz 3 Satz 1 eine Anmeldung nicht, nicht richtig, nicht vollständig, nicht in der vorgeschriebenen Weise oder nicht rechtzeitig vorlegt oder nicht, nicht richtig, nicht vollständig, nicht in der vorgeschriebenen Weise oder nicht rechtzeitig zuleitet,
5. entgegen § 16 Absatz 1 Satz 3, auch in Verbindung mit Absatz 3 Satz 2, eine Änderungsmeldung nicht, nicht richtig, nicht vollständig, nicht in der vorgeschriebenen Weise oder nicht rechtzeitig macht,
6. entgegen § 16 Absatz 2 oder 4 eine Versicherung nicht, nicht richtig oder nicht rechtzeitig beifügt,
7. entgegen § 17 Absatz 1 Satz 1, auch in Verbindung mit Satz 2, eine Aufzeichnung nicht, nicht richtig, nicht vollständig oder nicht rechtzeitig erstellt oder nicht oder nicht mindestens zwei Jahre aufbewahrt,
8. entgegen § 17 Absatz 2 eine Unterlage nicht, nicht richtig, nicht vollständig oder nicht in der vorgeschriebenen Weise bereithält oder
9. entgegen § 20 das dort genannte Arbeitsentgelt nicht oder nicht rechtzeitig zahlt.

(2) Ordnungswidrig handelt, wer Werk- oder Dienstleistungen in erheblichem Umfang ausführen lässt, indem er als Unternehmer einen anderen Unternehmer beauftragt, von dem er weiß oder fahrlässig nicht weiß, dass dieser bei der Erfüllung dieses Auftrags
1. entgegen § 20 das dort genannte Arbeitsentgelt nicht oder nicht rechtzeitig zahlt oder
2. einen Nachunternehmer einsetzt oder zulässt, dass ein Nachunternehmer tätig wird, der entgegen § 20 das dort genannte Arbeitsentgelt nicht oder nicht rechtzeitig zahlt.

(3) Die Ordnungswidrigkeit kann in den Fällen des Absatzes 1 Nummer 9 und des Absatzes 2 mit einer Geldbuße bis zu fünfhunderttausend Euro, in den übrigen Fällen mit einer Geldbuße bis zu dreißigtausend Euro geahndet werden.

(4) Verwaltungsbehörden im Sinne des § 36 Absatz 1 Nummer 1 des Gesetzes über Ordnungswidrigkeiten sind die in § 14 genannten Behörden jeweils für ihren Geschäftsbereich.

(5) Für die Vollstreckung zugunsten der Behörden des Bundes und der bundesunmittelbaren juristischen Personen des öffentlichen Rechts sowie für die Vollziehung des Vermögensarrestes nach § 111e der Strafprozessordnung in Verbindung mit § 46 des Gesetzes über Ordnungswidrigkeiten durch die in § 14 genannten Behörden gilt das Verwaltungs-Vollstreckungsgesetz des Bundes.

Abschnitt 4
Schlussvorschriften

§ 22 Persönlicher Anwendungsbereich

(1) Dieses Gesetz gilt für Arbeitnehmerinnen und Arbeitnehmer. Praktikantinnen und Praktikanten im Sinne des § 26 des Berufsbildungsgesetzes gelten als Arbeitnehmerinnen und Arbeitnehmer im Sinne dieses Gesetzes, es sei denn, dass sie
1. ein Praktikum verpflichtend auf Grund einer schulrechtlichen Bestimmung, einer Ausbildungsordnung, einer hochschulrechtlichen Bestimmung oder im Rahmen einer Ausbildung an einer gesetzlich geregelten Berufsakademie leisten,
2. ein Praktikum von bis zu drei Monaten zur Orientierung für eine Berufsausbildung oder für die Aufnahme eines Studiums leisten,
3. ein Praktikum von bis zu drei Monaten begleitend zu einer Berufs- oder Hochschulausbildung leisten, wenn nicht zuvor ein solches Praktikumsverhältnis mit demselben Ausbildenden bestanden hat, oder
4. an einer Einstiegsqualifizierung nach § 54a des Dritten Buches Sozialgesetzbuch oder an einer Berufsausbildungsvorbereitung nach §§ 68 bis 70 des Berufsbildungsgesetzes teilnehmen.

Praktikantin oder Praktikant ist unabhängig von der Bezeichnung des Rechtsverhältnisses, wer sich nach der tatsächlichen Ausgestaltung und Durchführung des Vertragsverhältnisses für eine begrenzte Dauer zum Erwerb praktischer Kenntnisse und Erfahrungen einer bestimmten betrieblichen Tätigkeit zur Vorbereitung auf eine berufliche Tätigkeit unterzieht, ohne dass es sich dabei um eine Berufsausbildung im Sinne des Berufsbildungsgesetzes oder um eine damit vergleichbare praktische Ausbildung handelt.

49 MiLoG § 23

(2) Personen im Sinne von § 2 Absatz 1 und 2 des Jugendarbeitsschutzgesetzes ohne abgeschlossene Berufsausbildung gelten nicht als Arbeitnehmerinnen und Arbeitnehmer im Sinne dieses Gesetzes.
(3) Von diesem Gesetz nicht geregelt wird die Vergütung von zu ihrer Berufsausbildung Beschäftigten sowie ehrenamtlich Tätigen.
(4) Für Arbeitsverhältnisse von Arbeitnehmerinnen und Arbeitnehmern, die unmittelbar vor Beginn der Beschäftigung langzeitarbeitslos im Sinne des § 18 Absatz 1 des Dritten Buches Sozialgesetzbuch waren, gilt der Mindestlohn in den ersten sechs Monaten der Beschäftigung nicht. Die Bundesregierung hat den gesetzgebenden Körperschaften zum 1. Juni 2016 darüber zu berichten, inwieweit die Regelung nach Satz 1 die Wiedereingliederung von Langzeitarbeitslosen in den Arbeitsmarkt gefördert hat, und eine Einschätzung darüber abzugeben, ob diese Regelung fortbestehen soll.

§ 23 Evaluation
Dieses Gesetz ist im Jahr 2020 zu evaluieren.

Sozialgesetzbuch (SGB) Fünftes Buch (V)
– Gesetzliche Krankenversicherung – (SGB V)

Vom 20. Dezember 1988 (BGBl. I S. 2477)

Zuletzt geändert durch
Gesundheitsversorgungsweiterentwicklungsgesetz
vom 11. Juli 2021 (BGBl I S. 2754)

– Auszug –*)

Inhaltsübersicht

Erstes Kapitel
Allgemeine Vorschriften

- § 1 Solidarität und Eigenverantwortung
- § 2 Leistungen
- § 2a Leistungen an behinderte und chronisch kranke Menschen
- § 2b Geschlechts- und altersspezifische Besonderheiten
- § 3 Solidarische Finanzierung
- § 4 Krankenkassen
- § 4a Wettbewerb der Krankenkassen, Verordnungsermächtigung
- § 4b Sonderregelungen zum Verwaltungsverfahren

Zweites Kapitel
Versicherter Personenkreis

Erster Abschnitt
Versicherung kraft Gesetzes

- § 5 Versicherungspflicht
- § 6 Versicherungsfreiheit
- § 7 Versicherungsfreiheit bei geringfügiger Beschäftigung
- § 8 Befreiung von der Versicherungspflicht

Zweiter Abschnitt
Versicherungsberechtigung

- § 9 Freiwillige Versicherung

Dritter Abschnitt
Versicherung der Familienangehörigen

- § 10 Familienversicherung

Drittes Kapitel
Leistungen der Krankenversicherung

Erster Abschnitt
Übersicht über die Leistungen

- § 11 Leistungsarten

Zweiter Abschnitt
Gemeinsame Vorschriften

- § 12 Wirtschaftlichkeitsgebot
- § 13 Kostenerstattung
- § 14 Teilkostenerstattung
- § 15 Ärztliche Behandlung, elektronische Gesundheitskarte
- § 16 Ruhen des Anspruchs
- § 17 Leistungen bei Beschäftigung im Ausland
- § 18 Kostenübernahme bei Behandlung außerhalb des Geltungsbereichs des Vertrages zur Gründung der Europäischen Gemeinschaft und des Abkommens über den Europäischen Wirtschaftsraum
- § 19 Erlöschen des Leistungsanspruchs

Dritter Abschnitt
Leistungen zur Verhütung von Krankheiten, betriebliche Gesundheitsförderung und Prävention arbeitsbedingter Gesundheitsgefahren, Förderung der Selbsthilfe sowie Leistungen bei Schwangerschaft und Mutterschaft

- § 20 Primäre Prävention und Gesundheitsförderung
- § 20a Leistungen zur Gesundheitsförderung und Prävention in Lebenswelten
- § 20b Betriebliche Gesundheitsförderung
- § 20c Prävention arbeitsbedingter Gesundheitsgefahren
- § 20d Nationale Präventionsstrategie
- § 20e Nationale Präventionskonferenz
- § 20f Landesrahmenvereinbarungen zur Umsetzung der nationalen Präventionsstrategie
- § 20g Modellvorhaben
- § 20h Förderung der Selbsthilfe
- § 20i Leistungen zur Verhütung übertragbarer Krankheiten, Verordnungsermächtigung
- § 20j Präexpositionsprophylaxe
- § 20k Förderung der digitalen Gesundheitskompetenz
- § 21 Verhütung von Zahnerkrankungen (Gruppenprophylaxe)
- § 22 Verhütung von Zahnerkrankungen (Individualprophylaxe)
- § 22a Verhütung von Zahnerkrankungen bei Pflegebedürftigen und Menschen mit Behinderungen
- § 23 Medizinische Vorsorgeleistungen
- § 24 Medizinische Vorsorge für Mütter und Väter

---

*) Abgedruckt sind nur die für Sozialberufe wichtigen Bestimmungen. Das Inhaltsverzeichnis benennt den kompletten Inhalt des Gesetzes.

50 SGB V

§ 24a	Empfängnisverhütung	§ 39d	Förderung der Koordination in Hospiz- und Palliativnetzwerken durch einen Netzwerkkoordinator
§ 24b	Schwangerschaftsabbruch und Sterilisation		
§ 24c	Leistungen bei Schwangerschaft und Mutterschaft	§ 39e	Übergangspflege im Krankenhaus
§ 24d	Ärztliche Betreuung und Hebammenhilfe	§ 40	Leistungen zur medizinischen Rehabilitation
§ 24e	Versorgung mit Arznei-, Verband-, Heil- und Hilfsmitteln	§ 41	Medizinische Rehabilitation für Mütter und Väter
§ 24f	Entbindung	§ 42	Belastungserprobung und Arbeitstherapie
§ 24g	Häusliche Pflege	§ 43	Ergänzende Leistungen zur Rehabilitation
§ 24h	Haushaltshilfe	§ 43a	Nichtärztliche sozialpädiatrische Leistungen
§ 24i	Mutterschaftsgeld	§ 43b	Nichtärztliche Leistungen für Erwachsene mit geistiger Behinderung oder schweren Mehrfachbehinderungen

Vierter Abschnitt
Leistungen zur Erfassung von gesundheitlichen Risiken und Früherkennung von Krankheiten

		§ 43c	Zahlungsweg

Zweiter Titel
Krankengeld

§ 25	Gesundheitsuntersuchungen		
§ 25a	Organisierte Früherkennungsprogramme	§ 44	Krankengeld
§ 26	Gesundheitsuntersuchungen für Kinder und Jugendliche	§ 44a	Krankengeld bei Spende von Organen, Geweben oder Blut zur Separation von Blutstammzellen oder anderen Blutbestandteilen

Fünfter Abschnitt
Leistungen bei Krankheit

		§ 45	Krankengeld bei Erkrankung des Kindes

Erster Titel
Krankenbehandlung

		§ 46	Entstehen des Anspruchs auf Krankengeld
§ 27	Krankenbehandlung	§ 47	Höhe und Berechnung des Krankengeldes
§ 27a	Künstliche Befruchtung	§ 47a	Beitragszahlungen der Krankenkassen an berufsständische Versorgungseinrichtungen
§ 27b	Zweitmeinung		
§ 28	Ärztliche und zahnärztliche Behandlung	§ 47b	Höhe und Berechnung des Krankengeldes bei Beziehern von Arbeitslosengeld, Unterhaltsgeld oder Kurzarbeitergeld
§ 29	Kieferorthopädische Behandlung		
§ 30	(weggefallen)		
§ 31	Arznei- und Verbandmittel, Verordnungsermächtigung	§ 48	Dauer des Krankengeldes
		§ 49	Ruhen des Krankengeldes
§ 31a	Medikationsplan	§ 50	Ausschluß und Kürzung des Krankengeldes
§ 31b	Referenzdatenbank für Fertigarzneimittel	§ 51	Wegfall des Krankengeldes, Antrag auf Leistungen zur Teilhabe
§ 31c	Beleihung mit der Aufgabe der Referenzdatenbank für Fertigarzneimittel; Rechts- und Fachaufsicht über die Beliehene		

Dritter Titel
Leistungsbeschränkungen

§ 32	Heilmittel	§ 52	Leistungsbeschränkung bei Selbstverschulden
§ 33	Hilfsmittel	§ 52a	Leistungsausschluss
§ 33a	Digitale Gesundheitsanwendungen		
§ 34	Ausgeschlossene Arznei-, Heil- und Hilfsmittel		

Sechster Abschnitt
Selbstbehalt, Beitragsrückzahlung

§ 35	Festbeträge für Arznei- und Verbandmittel	§ 53	Wahltarife
§ 35a	Bewertung des Nutzens von Arzneimitteln mit neuen Wirkstoffen, Verordnungsermächtigung	§ 54	(weggefallen)

Siebter Abschnitt
Zahnersatz

§ 35b	Kosten-Nutzen-Bewertung von Arzneimitteln		
§ 35c	Zulassungsüberschreitende Anwendung von Arzneimitteln	§ 55	Leistungsanspruch
		§ 56	Festsetzung der Regelversorgungen
§ 36	Festbeträge für Hilfsmittel	§ 57	Beziehungen zu Zahnärzten und Zahntechnikern
§ 37	Häusliche Krankenpflege	§§ 58 und 59	(weggefallen)
§ 37a	Soziotherapie		
§ 37b	Spezialisierte ambulante Palliativversorgung	*Achter Abschnitt* **Fahrkosten**	
§ 37c	Außerklinische Intensivpflege		
§ 38	Haushaltshilfe	§ 60	Fahrkosten
§ 39	Krankenhausbehandlung		
§ 39a	Stationäre und ambulante Hospizleistungen	*Neunter Abschnitt* **Zuzahlungen, Belastungsgrenze**	
§ 39b	Hospiz- und Palliativberatung durch die Krankenkassen		
		§ 61	Zuzahlungen
§ 39c	Kurzzeitpflege bei fehlender Pflegebedürftigkeit	§ 62	Belastungsgrenze

Zehnter Abschnitt
Weiterentwicklung der Versorgung

§ 63 Grundsätze
§ 64 Vereinbarungen mit Leistungserbringern
§ 64a Modellvorhaben zur Arzneimittelversorgung
§ 64b Modellvorhaben zur Versorgung psychisch kranker Menschen
§ 64c Modellvorhaben zum Screening auf 4MRGN
§ 64d Verpflichtende Durchführung von Modellvorhaben zur Übertragung ärztlicher Tätigkeiten
§ 64e Modellvorhaben zur umfassenden Diagnostik und Therapiefindung mittels Genomsequenzierung bei seltenen und bei onkologischen Erkrankungen, Verordnungsermächtigung
§ 65 Auswertung der Modellvorhaben
§ 65a Bonus für gesundheitsbewusstes Verhalten
§ 65b Förderung von Einrichtungen zur Verbraucher- und Patientenberatung
§ 65c Klinische Krebsregister
§ 65d Förderung besonderer Therapieeinrichtungen
§ 65e Ambulante Krebsberatungsstellen
§ 66 Unterstützung der Versicherten bei Behandlungsfehlern
§ 67 Elektronische Kommunikation
§ 68 Finanzierung einer persönlichen elektronischen Gesundheitsakte
§ 68a Förderung der Entwicklung digitaler Innovationen durch Krankenkassen
§ 68b Förderung von Versorgungsinnovationen
§ 68c Förderung digitaler Innovationen durch die Kassenärztlichen Vereinigungen und die Kassenärztlichen Bundesvereinigungen

Viertes Kapitel
Beziehungen der Krankenkassen zu den Leistungserbringern

Erster Abschnitt
Allgemeine Grundsätze

§ 69 Anwendungsbereich
§ 70 Qualität, Humanität und Wirtschaftlichkeit
§ 71 Beitragssatzstabilität, besondere Aufsichtsmittel

Zweiter Abschnitt
Beziehungen zu Ärzten, Zahnärzten und Psychotherapeuten

Erster Titel
Sicherstellung der vertragsärztlichen und kassenzahnärztlichen Versorgung

§ 72 Sicherstellung der vertragsärztlichen und vertragszahnärztlichen Versorgung
§ 72a Übergang des Sicherstellungsauftrags auf die Krankenkassen
§ 73 Kassenärztliche Versorgung, Verordnungsermächtigung
§ 73a (weggefallen)
§ 73b Hausarztzentrierte Versorgung
§ 73c Kooperationsvereinbarungen zum Kinder- und Jugendschutz
§ 74 Stufenweise Wiedereingliederung
§ 75 Inhalt und Umfang der Sicherstellung
§ 75a Förderung der Weiterbildung
§ 75b Richtlinie zur IT-Sicherheit in der vertragsärztlichen und vertragszahnärztlichen Versorgung
§ 75c IT-Sicherheit in Krankenhäusern
§ 76 Freie Arztwahl

Zweiter Titel
Kassenärztliche und Kassenzahnärztliche Vereinigungen

§ 77 Kassenärztliche Vereinigungen und Bundesvereinigungen
§ 77a Dienstleistungsgesellschaften
§ 77b Besondere Regelungen zu Einrichtungen und Arbeitsgemeinschaften der Kassenärztlichen Bundesvereinigungen
§ 78 Aufsicht, Haushalts- und Rechnungswesen, Vermögen, Statistiken
§ 78a Aufsichtsmittel in besonderen Fällen bei den Kassenärztlichen Bundesvereinigungen
§ 78b Entsandte Person für besondere Angelegenheiten bei den Kassenärztlichen Bundesvereinigungen
§ 78c Berichtspflicht des Bundesministeriums für Gesundheit
§ 79 Organe
§ 79a Verhinderung von Organen; Bestellung eines Beauftragten
§ 79b Beratender Fachausschuß für Psychotherapie
§ 79c Beratender Fachausschuss für hausärztliche Versorgung; weitere beratende Fachausschüsse
§ 80 Wahl und Abberufung
§ 81 Satzung
§ 81a Stellen zur Bekämpfung von Fehlverhalten im Gesundheitswesen

Dritter Titel
Verträge auf Bundes- und Landesebene

§ 82 Grundsätze
§ 83 Gesamtverträge
§ 84 Arznei- und Heilmittelvereinbarung
§ 85 Gesamtvergütung
§ 85a Sonderregelungen für Vertragszahnärztinnen und Vertragszahnärzte aus Anlass der COVID-19-Pandemie
§ 85b (weggefallen)
§ 86 Verwendung von Verordnungen und Empfehlungen in elektronischer Form
§ 86a Verwendung von Überweisungen in elektronischer Form
§ 87 Bundesmantelvertrag, einheitlicher Bewertungsmaßstab, bundeseinheitliche Orientierungswerte

50 SGB V

§ 87a Regionale Euro-Gebührenordnung, Morbiditätsbedingte Gesamtvergütung, Behandlungsbedarf der Versicherten
§ 87b Vergütung der Ärzte (Honorarverteilung)
§ 87c Transparenz der Vergütung vertragsärztlicher Leistungen
§ 87d (weggefallen)
§ 87e Zahlungsanspruch bei Mehrkosten

Vierter Titel
Zahntechnische Leistungen
§ 88 Bundesleistungsverzeichnis, Datenaustausch, Vergütungen

Fünfter Titel
Schiedswesen
§ 89 Schiedsamt, Verordnungsermächtigungen
§ 89a Sektorenübergreifendes Schiedsgremium, Verordnungsermächtigungen

Sechster Titel
Landesausschüsse und Gemeinsamer Bundesausschuss
§ 90 Landesausschüsse
§ 90a Gemeinsames Landesgremium
§ 91 Gemeinsamer Bundesausschuss
§ 91a Aufsicht über den Gemeinsamen Bundesausschuss, Haushalts- und Rechnungswesen, Vermögen
§ 91b Verordnungsermächtigung zur Regelung der Verfahrensgrundsätze der Bewertung von Untersuchungs- und Behandlungsmethoden in der vertragsärztlichen Versorgung und im Krankenhaus
§ 92 Richtlinien des Gemeinsamen Bundesausschusses
§ 92a Innovationsfonds, Grundlagen der Förderung von neuen Versorgungsformen zur Weiterentwicklung der Versorgung und von Versorgungsforschung durch den Gemeinsamen Bundesausschuss
§ 92b Durchführung der Förderung von neuen Versorgungsformen zur Weiterentwicklung der Versorgung und von Versorgungsforschung durch den Gemeinsamen Bundesausschuss
§ 93 Übersicht über ausgeschlossene Arzneimittel
§ 94 Wirksamwerden der Richtlinien

Siebter Titel
Voraussetzungen und Formen der Teilnahme von Ärzten und Zahnärzten an der Versorgung
§ 95 Teilnahme an der vertragsärztlichen Versorgung
§ 95a Voraussetzung für die Eintragung in das Arztregister für Vertragsärzte
§ 95b Kollektiver Verzicht auf die Zulassung
§ 95c Voraussetzung für die Eintragung von Psychotherapeuten in das Arztregister
§ 95d Pflicht zur fachlichen Fortbildung
§ 95e Berufshaftpflichtversicherung

§ 96 Zulassungsausschüsse
§ 97 Berufungsausschüsse
§ 98 Zulassungsverordnungen

Achter Titel
Bedarfsplanung, Unterversorgung, Überversorgung
§ 99 Bedarfsplan
§ 100 Unterversorgung
§ 101 Überversorgung
§ 102 (weggefallen)
§ 103 Zulassungsbeschränkungen
§ 104 Verfahren bei Zulassungsbeschränkungen
§ 105 Förderung der vertragsärztlichen Versorgung

Neunter Titel
Wirtschaftlichkeits- und Abrechnungsprüfung
§ 106 Wirtschaftlichkeitsprüfung
§ 106a Wirtschaftlichkeitsprüfung ärztlicher Leistungen
§ 106b Wirtschaftlichkeitsprüfung ärztlich verordneter Leistungen
§ 106c Prüfungsstelle und Beschwerdeausschuss bei Wirtschaftlichkeitsprüfungen
§ 106d Abrechnungsprüfung in der vertragsärztlichen Versorgung

Dritter Abschnitt
Beziehungen zu Krankenhäusern und anderen Einrichtungen
§ 107 Krankenhäuser, Vorsorge- oder Rehabilitationseinrichtungen
§ 108 Zugelassene Krankenhäuser
§ 108a Krankenhausgesellschaften
§ 109 Abschluß von Versorgungsverträgen mit Krankenhäusern
§ 110 Kündigung von Versorgungsverträgen mit Krankenhäusern
§ 110a Qualitätsverträge
§ 111 Versorgungsverträge mit Vorsorge- oder Rehabilitationseinrichtungen, Verordnungsermächtigung
§ 111a Versorgungsverträge mit Einrichtungen des Müttergenesungswerks oder gleichartigen Einrichtungen
§ 111b Landesschiedsstelle für Versorgungs- und Vergütungsvereinbarungen zwischen Krankenkassen und Trägern von Vorsorge- oder Rehabilitationseinrichtungen und Bundesschiedsstelle für Rahmenempfehlungen, Verordnungsermächtigung
§ 111c Versorgungsverträge mit Rehabilitationseinrichtungen, Verordnungsermächtigung
§ 111d Ausgleichszahlungen an Vorsorge- und Rehabilitationseinrichtungen aufgrund von Einnahmeausfällen durch das neuartige Coronavirus SARS-CoV-2, Verordnungsermächtigung

§ 112 Zweiseitige Verträge und Rahmenempfehlungen über Krankenhausbehandlung
§ 113 Qualitäts- und Wirtschaftlichkeitsprüfung der Krankenhausbehandlung
§ 114 Landesschiedsstelle

Vierter Abschnitt
Beziehungen zu Krankenhäusern und Vertragsärzten

§ 115 Dreiseitige Verträge und Rahmenempfehlungen zwischen Krankenkassen, Krankenhäusern und Vertragsärzten
§ 115a Vor- und nachstationäre Behandlung im Krankenhaus
§ 115b Ambulantes Operieren im Krankenhaus
§ 115c Fortsetzung der Arzneimitteltherapie nach Krankenhausbehandlung
§ 115d Stationsäquivalente psychiatrische Behandlung
§ 116 Ambulante Behandlung durch Krankenhausärzte
§ 116a Ambulante Behandlung durch Krankenhäuser bei Unterversorgung
§ 116b Ambulante spezialfachärztliche Versorgung
§ 117 Hochschulambulanzen
§ 118 Psychiatrische Institutsambulanzen
§ 118a Geriatrische Institutsambulanzen
§ 119 Sozialpädiatrische Zentren
§ 119a Ambulante Behandlung in Einrichtungen der Behindertenhilfe
§ 119b Ambulante Behandlung in stationären Pflegeeinrichtungen
§ 119c Medizinische Behandlungszentren
§ 120 Vergütung ambulanter Krankenhausleistungen
§ 121 Belegärztliche Leistungen
§ 121a Genehmigung zur Durchführung künstlicher Befruchtungen
§ 122 Behandlung in Praxiskliniken
§ 123 (weggefallen)

Fünfter Abschnitt
Beziehungen zu Leistungserbringern von Heilmitteln

§ 124 Zulassung
§ 125 Verträge
§ 125a Heilmittelversorgung mit erweiterter Versorgungsverantwortung
§ 125b Bundesweit geltende Preise, Verordnungsermächtigung

Sechster Abschnitt
Beziehungen zu Leistungserbringern von Hilfsmitteln

§ 126 Versorgung durch Vertragspartner
§ 127 Verträge
§ 128 Unzulässige Zusammenarbeit zwischen Leistungserbringern und Vertragsärzten

Siebter Abschnitt
Beziehungen zu Apotheken und pharmazeutischen Unternehmern

§ 129 Rahmenvertrag über die Arzneimittelversorgung, Verordnungsermächtigung
§ 129a Krankenhausapotheken
§ 130 Rabatt
§ 130a Rabatte der pharmazeutischen Unternehmer
§ 130b Vereinbarungen zwischen dem Spitzenverband Bund der Krankenkassen und pharmazeutischen Unternehmern über Erstattungsbeträge für Arzneimittel, Verordnungsermächtigung
§ 130c Verträge von Krankenkassen mit pharmazeutischen Unternehmern
§ 130d Preise für Arzneimittel zur Therapie von Gerinnungsstörungen bei Hämophilie
§ 131 Rahmenverträge mit pharmazeutischen Unternehmern
§ 131a Ersatzansprüche der Krankenkassen

Achter Abschnitt
Beziehungen zu sonstigen Leistungserbringern

§ 132 Versorgung mit Haushaltshilfe
§ 132a Versorgung mit häuslicher Krankenpflege
§ 132b Versorgung mit Soziotherapie
§ 132c Versorgung mit sozialmedizinischen Nachsorgemaßnahmen
§ 132d Spezialisierte ambulante Palliativversorgung
§ 132e Versorgung mit Schutzimpfungen
§ 132f Versorgung durch Betriebsärzte
§ 132g Gesundheitliche Versorgungsplanung für die letzte Lebensphase
§ 132h Versorgungsverträge mit Kurzzeitpflegeeinrichtungen
§ 132i Versorgungsverträge mit Hämophiliezentren
§ 132j Regionale Modellvorhaben zur Durchführung von Grippeschutzimpfungen in Apotheken
§ 132k Vertrauliche Spurensicherung
§ 132l Versorgung mit außerklinischer Intensivpflege, Verordnungsermächtigung
§ 132m Versorgung mit Leistungen der Übergangspflege im Krankenhaus
§ 133 Versorgung mit Krankentransportleistungen
§ 134 Vereinbarung zwischen dem Spitzenverband Bund der Krankenkassen und den Herstellern digitaler Gesundheitsanwendungen über Vergütungsbeträge; Verordnungsermächtigung
§ 134a Versorgung mit Hebammenhilfe

Neunter Abschnitt
Sicherung der Qualität der Leistungserbringung

§ 135 Bewertung von Untersuchungs- und Behandlungsmethoden
§ 135a Verpflichtung der Leistungserbringer zur Qualitätssicherung
§ 135b Förderung der Qualität durch die Kassenärztlichen Vereinigungen

50 SGB V

- § 135c Förderung der Qualität durch die Deutsche Krankenhausgesellschaft
- § 136 Richtlinien des Gemeinsamen Bundesausschusses zur Qualitätssicherung
- § 136a Richtlinien des Gemeinsamen Bundesausschusses zur Qualitätssicherung in ausgewählten Bereichen
- § 136b Beschlüsse des Gemeinsamen Bundesausschusses zur Qualitätssicherung im Krankenhaus
- § 136c Beschlüsse des Gemeinsamen Bundesausschusses zu Qualitätssicherung und Krankenhausplanung
- § 136d Evaluation und Weiterentwicklung der Qualitätssicherung durch den Gemeinsamen Bundesausschuss
- § 137 Durchsetzung und Kontrolle der Qualitätsanforderungen des Gemeinsamen Bundesausschusses
- § 137a Institut für Qualitätssicherung und Transparenz im Gesundheitswesen
- § 137b Aufträge des Gemeinsamen Bundesausschusses an das Institut nach § 137a
- § 137c Bewertung von Untersuchungs- und Behandlungsmethoden im Krankenhaus
- § 137d Qualitätssicherung bei der ambulanten und stationären Vorsorge oder Rehabilitation
- § 137e Erprobung von Untersuchungs- und Behandlungsmethoden
- § 137f Strukturierte Behandlungsprogramme bei chronischen Krankheiten
- § 137g Zulassung strukturierter Behandlungsprogramme
- § 137h Bewertung neuer Untersuchungs- und Behandlungsmethoden mit Medizinprodukten hoher Risikoklasse
- § 137i Pflegepersonaluntergrenzen in pflegesensitiven Bereichen in Krankenhäusern; Verordnungsermächtigung
- § 137j Pflegepersonalquotienten, Verordnungsermächtigung
- § 137k Personalbemessung in der Pflege im Krankenhaus
- § 138 Neue Heilmittel
- § 139 Hilfsmittelverzeichnis, Qualitätssicherung bei Hilfsmitteln
- § 139a Institut für Qualität und Wirtschaftlichkeit im Gesundheitswesen
- § 139b Aufgabendurchführung
- § 139c Finanzierung
- § 139d Erprobung von Leistungen und Maßnahmen zur Krankenbehandlung
- § 139e Verzeichnis für digitale Gesundheitsanwendungen; Verordnungsermächtigung

Zehnter Abschnitt
Eigeneinrichtungen der Krankenkassen

- § 140 Eigeneinrichtungen

Elfter Abschnitt
Sonstige Beziehungen zu den Leistungserbringern

- § 140a Besondere Versorgung
- § 140b Verträge zu integrierten Versorgungsformen
- § 140c Vergütung
- § 140d Bereinigung

Zwölfter Abschnitt
Beziehungen zu Leistungserbringern europäischer Staaten

- § 140e Verträge mit Leistungserbringern europäischer Staaten

Dreizehnter Abschnitt
Beteiligung von Patientinnen und Patienten, Beauftragte oder Beauftragter der Bundesregierung für die Belange der Patientinnen und Patienten

- § 140f Beteiligung von Interessenvertretungen der Patientinnen und Patienten
- § 140g Verordnungsermächtigung
- § 140h Amt, Aufgabe und Befugnisse der oder des Beauftragten der Bundesregierung für die Belange der Patientinnen und Patienten

Fünftes Kapitel
Sachverständigenrat zur Begutachtung der Entwicklung im Gesundheitswesen

- § 141 (weggefallen)
- § 142 Sachverständigenrat

Sechstes Kapitel
Organisation der Krankenkassen

Erster Abschnitt
Errichtung, Vereinigung und Beendigung von Krankenkassen

Erster Titel
Arten der Krankenkassen

- § 143 Ortskrankenkassen
- § 144 Betriebskrankenkassen
- § 145 Innungskrankenkassen
- § 146 Landwirtschaftliche Krankenkasse
- § 147 Deutsche Rentenversicherung Knappschaft-Bahn-See
- § 148 Ersatzkassen

Zweiter Titel
Besondere Vorschriften zur Errichtung, zur Ausdehnung und zur Auflösung von Betriebskrankenkassen sowie zum Ausscheiden von Betrieben aus Betriebskrankenkassen

- § 149 Errichtung von Betriebskrankenkassen
- § 150 Verfahren bei Errichtung
- § 151 Ausdehnung auf weitere Betriebe
- § 152 Ausscheiden von Betrieben

§ 153 Auflösung
§ 154 Betriebskrankenkassen öffentlicher Verwaltungen

Dritter Titel
Vereinigung, Schließung und Insolvenz von Krankenkassen

§ 155 Freiwillige Vereinigung
§ 156 Vereinigung auf Antrag
§ 157 Verfahren bei Vereinigung auf Antrag
§ 158 Zusammenschlusskontrolle bei Vereinigungen von Krankenkassen
§ 159 Schließung
§ 160 Insolvenz von Krankenkassen
§ 161 Aufhebung der Haftung nach § 12 Absatz 2 der Insolvenzordnung
§ 162 Insolvenzfähigkeit von Krankenkassenverbänden
§ 163 Vermeidung der Schließung oder Insolvenz von Krankenkassen
§ 164 Vorübergehende finanzielle Hilfen

Vierter Titel
Folgen der Auflösung, der Schließung und der Insolvenz

§ 165 Abwicklung der Geschäfte
§ 166 Haftung für Verpflichtungen bei Auflösung oder Schließung
§ 167 Verteilung der Haftungssumme auf die Krankenkassen
§ 168 Personal
§ 169 Haftung im Insolvenzfall
§ 170 Deckungskapital für Altersversorgungsverpflichtungen, Verordnungsermächtigung
§§ 171 und 172 (weggefallen)

Zweiter Abschnitt
Wahlrechte der Mitglieder

§ 173 Allgemeine Wahlrechte
§ 174 Besondere Wahlrechte
§ 175 Ausübung des Wahlrechts
§ 176 Bestandschutzregelung für Solidargemeinschaften
§§ 177 bis 185 (weggefallen)

Dritter Abschnitt
Mitgliedschaft und Verfassung

Erster Titel
Mitgliedschaft

§ 186 Beginn der Mitgliedschaft Versicherungspflichtiger
§ 187 Beginn der Mitgliedschaft bei einer neu errichteten Krankenkasse
§ 188 Beginn der freiwilligen Mitgliedschaft
§ 189 Mitgliedschaft von Rentenantragstellern
§ 190 Ende der Mitgliedschaft Versicherungspflichtiger
§ 191 Ende der freiwilligen Mitgliedschaft
§ 192 Fortbestehen der Mitgliedschaft Versicherungspflichtiger
§ 193 Fortbestehen der Mitgliedschaft bei Wehrdienst oder Zivildienst

Zweiter Titel
Satzung, Organe

§ 194 Satzung der Krankenkassen
§ 194a Modellprojekt zur Durchführung von Online-Wahlen bei den Krankenkassen
§ 194b Durchführung der Stimmabgabe per Online-Wahl
§ 194c Verordnungsermächtigung
§ 194d Evaluierung
§ 195 Genehmigung der Satzung
§ 196 Einsichtnahme in die Satzung
§ 197 Verwaltungsrat
§ 197a Stellen zur Bekämpfung von Fehlverhalten im Gesundheitswesen
§ 197b Aufgabenerledigung durch Dritte

Vierter Abschnitt
Meldungen

§ 198 Meldepflicht des Arbeitgebers für versicherungspflichtig Beschäftigte
§ 199 Meldepflichten bei unständiger Beschäftigung
§ 199a Informationspflichten bei krankenversicherten Studenten
§ 200 Meldepflichten bei sonstigen versicherungspflichtigen Personen
§ 201 Meldepflichten bei Rentenantragstellung und Rentenbezug
§ 202 Meldepflichten bei Versorgungsbezügen
§ 203 Meldepflichten bei Leistung von Mutterschaftsgeld, Elterngeld oder Erziehungsgeld
§ 203a Meldepflicht bei Bezug von Arbeitslosengeld, Arbeitslosengeld II oder Unterhaltsgeld
§ 204 Meldepflichten bei Einberufung zum Wehrdienst oder Zivildienst
§ 205 Meldepflichten bestimmter Versicherungspflichtiger
§ 206 Auskunfts- und Mitteilungspflichten der Versicherten

Siebtes Kapitel
Verbände der Krankenkassen

§ 207 Bildung und Vereinigung von Landesverbänden
§ 208 Aufsicht, Haushalts- und Rechnungswesen, Vermögen, Statistiken
§ 209 Verwaltungsrat der Landesverbände
§ 209a Vorstand bei den Landesverbänden
§ 210 Satzung der Landesverbände
§ 211 Aufgaben der Landesverbände
§ 211a Entscheidungen auf Landesebene
§ 212 Bundesverbände, Deutsche Rentenversicherung Knappschaft-Bahn-See, Verbände der Ersatzkassen

§ 213	Rechtsnachfolge, Vermögensübergang, Arbeitsverhältnisse		*Zweiter Titel* **Beitragspflichtige Einnahmen der Mitglieder**	
§ 214	Aufgaben		§ 226	Beitragspflichtige Einnahmen versicherungspflichtig Beschäftigter
§ 215	(weggefallen)			
§ 216	(weggefallen)		§ 227	Beitragspflichtige Einnahmen versicherungspflichtiger Rückkehrer in die gesetzliche Krankenversicherung und bisher nicht Versicherter
§ 217	(weggefallen)			
§ 217a	Errichtung des Spitzenverbandes Bund der Krankenkassen			
§ 217b	Organe		§ 228	Rente als beitragspflichtige Einnahmen
§ 217c	Wahl des Verwaltungsrates und des Vorsitzenden der Mitgliederversammlung		§ 229	Versorgungsbezüge als beitragspflichtige Einnahmen
§ 217d	Aufsicht, Haushalts- und Rechnungswesen, Vermögen, Statistiken		§ 230	Rangfolge der Einnahmearten versicherungspflichtig Beschäftigter
§ 217e	Satzung		§ 231	Erstattung von Beiträgen
§ 217f	Aufgaben des Spitzenverbandes Bund der Krankenkassen		§ 232	Beitragspflichtige Einnahmen unständig Beschäftigter
§ 217g	Aufsichtsmittel in besonderen Fällen bei dem Spitzenverband Bund der Krankenkassen		§ 232a	Beitragspflichtige Einnahmen der Bezieher von Arbeitslosengeld, Unterhaltsgeld oder Kurzarbeitergeld
§ 217h	Entsandte Person für besondere Angelegenheiten bei dem Spitzenverband Bund der Krankenkassen		§ 232b	Beitragspflichtige Einnahmen der Bezieher von Pflegeunterstützungsgeld
			§ 233	Beitragspflichtige Einnahmen der Seeleute
§ 217i	Verhinderung von Organen, Bestellung eines Beauftragten		§ 234	Beitragspflichtige Einnahmen der Künstler und Publizisten
§ 217j	Berichtspflicht des Bundesministeriums für Gesundheit		§ 235	Beitragspflichtige Einnahmen von Rehabilitanden, Jugendlichen und Menschen mit Behinderungen in Einrichtungen
§ 218	Regionale Kassenverbände			
§ 219	Besondere Regelungen zu Einrichtungen und Arbeitsgemeinschaften des Spitzenverbandes Bund der Krankenkassen		§ 236	Beitragspflichtige Einnahmen der Studenten und Praktikanten
			§ 237	Beitragspflichtige Einnahmen versicherungspflichtiger Rentner
§ 219a	Deutsche Verbindungsstelle Krankenversicherung – Ausland		§ 238	Rangfolge der Einnahmearten versicherungspflichtiger Rentner
§ 219b	Datenaustausch im automatisierten Verfahren zwischen den Trägern der sozialen Sicherheit und der Deutschen Verbindungsstelle Krankenversicherung – Ausland		§ 238a	Rangfolge der Einnahmearten freiwillig versicherter Rentner
			§ 239	Beitragsbemessung bei Rentenantragstellern
			§ 240	Beitragspflichtige Einnahmen freiwilliger Mitglieder
§ 219c	(weggefallen)			
§ 219d	Nationale Kontaktstellen		*Dritter Titel* **Beitragssätze, Zusatzbeitrag**	
Achtes Kapitel **Finanzierung**				
Erster Abschnitt **Beiträge**			§ 241	Allgemeiner Beitragssatz
			§ 242	Zusatzbeitrag
Erster Titel **Aufbringung der Mittel**			§ 242a	Durchschnittlicher Zusatzbeitragssatz
			§ 242b	(weggefallen)
§ 220	Grundsatz		§ 243	Ermäßigter Beitragssatz
§ 221	Beteiligung des Bundes an Aufwendungen		§ 244	Ermäßigter Beitrag für Wehrdienstleistende und Zivildienstleistende
§ 221a	Ergänzende Bundeszuschüsse an den Gesundheitsfonds im Jahr 2021			
			§ 245	Beitragssatz für Studenten und Praktikanten
§ 221b	(weggefallen)		§ 246	Beitragssatz für Bezieher von Arbeitslosengeld II
§ 222	(weggefallen)			
§ 223	Beitragspflicht, beitragspflichtige Einnahmen, Beitragsbemessungsgrenze		§ 247	Beitragssatz aus der Rente
§ 224	Beitragsfreiheit bei Krankengeld, Mutterschaftsgeld oder Elterngeld		§ 248	Beitragssatz aus Versorgungsbezügen und Arbeitseinkommen
§ 225	Beitragsfreiheit bestimmter Rentenantragsteller			

Vierter Titel
Tragung der Beiträge

§ 249 Tragung der Beiträge bei versicherungspflichtiger Beschäftigung
§ 249a Tragung der Beiträge bei Versicherungspflichtigen mit Rentenbezug
§ 249b Beitrag des Arbeitgebers bei geringfügiger Beschäftigung
§ 249c Tragung der Beiträge bei Bezug von Pflegeunterstützungsgeld
§ 250 Tragung der Beiträge durch das Mitglied
§ 251 Tragung der Beiträge durch Dritte

Fünfter Titel
Zahlung der Beiträge

§ 252 Beitragszahlung
§ 253 Beitragszahlung aus dem Arbeitsentgelt
§ 254 Beitragszahlung der Studenten
§ 255 Beitragszahlung aus der Rente
§ 256 Beitragszahlung aus Versorgungsbezügen
§ 256a Ermäßigung und Erlass von Beitragsschulden und Säumniszuschlägen

Zweiter Abschnitt
Beitragszuschüsse

§ 257 Beitragszuschüsse für Beschäftigte
§ 258 Beitragszuschüsse für andere Personen

Dritter Abschnitt
Verwendung und Verwaltung der Mittel

§ 259 Mittel der Krankenkasse
§ 260 Betriebsmittel
§ 261 Rücklage
§ 262 Gesamtrücklage
§ 263 Verwaltungsvermögen
§ 263a Anlagen in Investmentvermögen zur Förderung der Entwicklung digitaler Innovationen
§ 264 Übernahme der Krankenbehandlung für nicht Versicherungspflichtige gegen Kostenerstattung

Vierter Abschnitt
Finanzausgleiche und Zuweisungen aus dem Gesundheitsfonds

§ 265 Finanzausgleich für aufwendige Leistungsfälle
§ 266 Zuweisungen aus dem Gesundheitsfonds (Risikostrukturausgleich), Verordnungsermächtigung
§ 267 Datenverarbeitung für die Durchführung und Weiterentwicklung des Risikostrukturausgleichs
§ 268 Risikopool
§ 269 Sonderregelungen für Krankengeld und Auslandsversicherte
§ 270 Zuweisungen aus dem Gesundheitsfonds für sonstige Ausgaben
§ 270a Einkommensausgleich
§ 271 Gesundheitsfonds
§ 271a Sicherstellung der Einnahmen des Gesundheitsfonds
§ 272 Sonderregelungen für den Gesundheitsfonds im Jahr 2021
§ 272a Sonderregelung für den Gesundheitsfonds im Jahr 2022
§ 273 Sicherung der Datengrundlagen für den Risikostrukturausgleich

Fünfter Abschnitt
Prüfung der Krankenkassen und ihrer Verbände

§ 274 Prüfung der Geschäfts-, Rechnungs- und Betriebsführung

Neuntes Kapitel
Medizinischer Dienst

Erster Abschnitt
Aufgaben

§ 275 Begutachtung und Beratung
§ 275a Durchführung und Umfang von Qualitätskontrollen in Krankenhäusern durch den Medizinischen Dienst
§ 275b Durchführung und Umfang von Qualitäts- und Abrechnungsprüfungen bei Leistungen der häuslichen Krankenpflege und außerklinischen Intensivpflege durch den Medizinischen Dienst und Verordnungsermächtigung
§ 275c Durchführung und Umfang von Prüfungen bei Krankenhausbehandlung durch den Medizinischen Dienst
§ 275d Prüfung von Strukturmerkmalen
§ 276 Zusammenarbeit
§ 277 Mitteilungspflichten

Zweiter Abschnitt
Organisation

§ 278 Medizinischer Dienst
§ 279 Verwaltungsrat und Vorstand
§ 280 Finanzierung, Haushalt, Aufsicht
§ 281 Medizinischer Dienst Bund, Rechtsform, Finanzen, Aufsicht
§ 282 Medizinischer Dienst Bund, Verwaltungsrat und Vorstand
§ 283 Aufgaben des Medizinischen Dienstes Bund
§ 283a Aufgaben des Sozialmedizinischen Dienstes Deutsche Rentenversicherung Knappschaft-Bahn-See

Zehntes Kapitel
Versicherungs- und Leistungsdaten, Datenschutz, Datentransparenz

Erster Abschnitt
Informationsgrundlagen

Erster Titel
Grundsätze der Datenverarbeitung

§ 284 Sozialdaten bei den Krankenkassen
§ 285 Personenbezogene Daten bei den Kassenärztlichen Vereinigungen
§ 286 Datenübersicht

50 SGB V

§ 287 Forschungsvorhaben
§ 287a Federführende Datenschutzaufsicht in der Versorgungs- und Gesundheitsforschung

Zweiter Titel
Informationsgrundlagen der Krankenkassen

§ 288 Versichertenverzeichnis
§ 289 Nachweispflicht bei Familienversicherung
§ 290 Krankenversichertennummer
§ 291 Elektronische Gesundheitskarte
§ 291a Elektronische Gesundheitskarte als Versicherungsnachweis und Mittel zur Abrechnung
§ 291b Verfahren zur Nutzung der elektronischen Gesundheitskarte als Versicherungsnachweis
§ 291c Einzug, Sperrung oder weitere Nutzung der elektronischen Gesundheitskarte nach Krankenkassenwechsel; Austausch der elektronischen Gesundheitskarte
§ 292 Angaben über Leistungsvoraussetzungen
§ 293 Kennzeichen für Leistungsträger und Leistungserbringer
§ 293a Transparenzstelle für Verträge über eine hausarztzentrierte Versorgung und über eine besondere Versorgung

Zweiter Abschnitt
Übermittlung und Aufbereitung von Leistungsdaten, Datentransparenz

Erster Titel
Übermittlung von Leistungsdaten

§ 294 Pflichten der Leistungserbringer
§ 294a Mitteilung von Krankheitsursachen und drittverursachten Gesundheitsschäden
§ 295 Übermittlungspflichten und Abrechnung bei ärztlichen Leistungen
§ 295a Abrechnung der im Rahmen von Verträgen nach § 73b, § 132e, § 132f und § 140a sowie vom Krankenhaus im Notfall erbrachten Leistungen
§ 296 Datenübermittlung für Wirtschaftlichkeitsprüfungen
§ 297 Weitere Regelungen zur Datenübermittlung für Wirtschaftlichkeitsprüfungen
§ 298 Übermittlung versichertenbezogener Daten
§ 299 Datenverarbeitung für Zwecke der Qualitätssicherung
§ 300 Abrechnung der Apotheken und weiterer Stellen
§ 301 Krankenhäuser
§ 301a Abrechnung der Hebammen und der von ihnen geleiteten Einrichtungen
§ 302 Abrechnung der sonstigen Leistungserbringer
§ 303 Ergänzende Regelungen

Zweiter Titel
Datentransparenz

§ 303a Wahrnehmung der Aufgaben der Datentransparenz; Verordnungsermächtigung
§ 303b Datenzusammenführung und -übermittlung
§ 303c Vertrauensstelle
§ 303d Forschungsdatenzentrum
§ 303e Datenverarbeitung
§ 303f Gebührenregelung; Verordnungsermächtigung

Dritter Abschnitt
Datenlöschung, Auskunftspflicht

§ 304 Aufbewahrung von Daten bei Krankenkassen, Kassenärztlichen Vereinigungen und Geschäftsstellen der Prüfungsausschüsse
§ 305 Auskünfte an Versicherte
§ 305a Beratung der Vertragsärzte
§ 305b Veröffentlichung der Jahresrechnungsergebnisse

Elftes Kapitel
Telematikinfrastruktur

Erster Abschnitt
Anforderungen an die Telematikinfrastruktur

§ 306 Telematikinfrastruktur
§ 307 Datenschutzrechtliche Verantwortlichkeiten
§ 308 Vorrang von technischen Schutzmaßnahmen
§ 309 Protokollierung

Zweiter Abschnitt
Gesellschaft für Telematik

Erster Titel
Aufgaben, Verfassung und Finanzierung der Gesellschaft für Telematik

§ 310 Gesellschaft für Telematik
§ 311 Aufgaben der Gesellschaft für Telematik
§ 312 Aufträge an die Gesellschaft für Telematik
§ 313 Elektronischer Verzeichnisdienst der Telematikinfrastruktur
§ 314 Informationspflichten der Gesellschaft für Telematik
§ 315 Verbindlichkeit der Beschlüsse der Gesellschaft für Telematik
§ 316 Finanzierung der Gesellschaft für Telematik; Verordnungsermächtigung

Zweiter Titel
Beirat der Gesellschaft für Telematik

§ 317 Beirat der Gesellschaft für Telematik
§ 318 Aufgaben des Beirats

Dritter Titel
Schlichtungsstelle der Gesellschaft für Telematik

§ 319 Schlichtungsstelle der Gesellschaft für Telematik
§ 320 Zusammensetzung der Schlichtungsstelle; Finanzierung
§ 321 Beschlussfassung der Schlichtungsstelle
§ 322 Rechtsaufsicht des Bundesministeriums für Gesundheit über die Schlichtungsstelle

Dritter Abschnitt
Betrieb der Telematikinfrastruktur

§ 323 Betriebsleistungen
§ 324 Zulassung von Anbietern von Betriebsleistungen

§ 325	Zulassung von Komponenten und Diensten der Telematikinfrastruktur		§ 344	Einwilligung der Versicherten und Zulässigkeit der Datenverarbeitung durch die Krankenkassen und Anbieter der elektronischen Patientenakte
§ 326	Verbot der Nutzung der Telematikinfrastruktur ohne Zulassung oder Bestätigung		§ 345	Angebot und Nutzung zusätzlicher Inhalte und Anwendungen
§ 327	Weitere Anwendungen der Telematikinfrastruktur; Bestätigungsverfahren			
§ 328	Gebühren und Auslagen; Verordnungsermächtigung			

Zweiter Untertitel
Nutzung der elektronischen Patientenakte durch den Versicherten

Vierter Abschnitt
Überwachung von Funktionsfähigkeit und Sicherheit

§ 329	Maßnahmen zur Abwehr von Gefahren für die Funktionsfähigkeit und Sicherheit der Telematikinfrastruktur		§ 346	Unterstützung bei der elektronischen Patientenakte
§ 330	Vermeidung von Störungen der informationstechnischen Systeme, Komponenten und Prozesse der Telematikinfrastruktur		§ 347	Anspruch der Versicherten auf Übertragung von Behandlungsdaten in die elektronische Patientenakte durch Leistungserbringer
§ 331	Maßnahmen zur Überwachung des Betriebs, zur Gewährleistung der Sicherheit, Verfügbarkeit und Nutzbarkeit der Telematikinfrastruktur		§ 348	Anspruch der Versicherten auf Übertragung von Behandlungsdaten in die elektronische Patientenakte durch Krankenhäuser
§ 332	Anforderungen an die Wartung von Diensten		§ 349	Anspruch der Versicherten auf Übertragung von Daten aus Anwendungen der Telematikinfrastruktur nach § 334 und von elektronischen Arztbriefen in die elektronische Patientenakte
§ 333	Überprüfung durch das Bundesamt für Sicherheit in der Informationstechnik		§ 350	Anspruch der Versicherten auf Übertragung von bei der Krankenkasse gespeicherten Daten in die elektronische Patientenakte

Fünfter Abschnitt
Anwendungen der Telematikinfrastruktur

Erster Titel
Allgemeine Vorschriften

			§ 351	Übertragung von Daten aus der elektronischen Gesundheitsakte und aus Anwendungen nach § 33a in die elektronische Patientenakte
§ 334	Anwendungen der Telematikinfrastruktur			
§ 335	Diskriminierungsverbot			

Dritter Untertitel
Zugriff von Leistungserbringern auf Daten in der elektronischen Patientenakte

§ 336	Zugriffsrechte der Versicherten		§ 352	Verarbeitung von Daten in der elektronischen Patientenakte durch Leistungserbringer und andere zugriffsberechtigte Personen
§ 337	Recht der Versicherten auf Verarbeitung von Daten sowie auf Erteilung von Zugriffsberechtigungen auf Daten		§ 353	Erteilung der Einwilligung
§ 338	Komponenten zur Wahrnehmung der Versichertenrechte			

Vierter Untertitel
Festlegungen für technische Voraussetzungen und semantische und syntaktische Interoperabilität von Daten

§ 339	Voraussetzungen für den Zugriff von Leistungserbringern und anderen zugriffsberechtigten Personen			
			§ 354	Festlegungen der Gesellschaft für Telematik für die elektronische Patientenakte
§ 340	Ausgabe von elektronischen Heilberufs- und Berufsausweisen sowie von Komponenten zur Authentifizierung von Leistungserbringerinstitutionen		§ 355	Festlegungen für die semantische und syntaktische Interoperabilität von Daten in der elektronischen Patientenakte, des elektronischen Medikationsplans, der elektronischen Notfalldaten und der elektronischen Patientenkurzakte

Zweiter Titel
Elektronische Patientenakte

§ 341 Elektronische Patientenakte

Erster Untertitel
Angebot und Einrichtung der elektronischen Patientenakte

Dritter Titel
Erklärungen des Versicherten zur Organ- und Gewebespende sowie Hinweise auf deren Vorhandensein und Aufbewahrungsort

§ 342	Angebot und Nutzung der elektronischen Patientenakte		§ 356	Zugriff auf Hinweise der Versicherten auf das Vorhandensein und den Aufbewahrungsort von Erklärungen zur Organ- und Gewebespende
§ 343	Informationspflichten der Krankenkassen			

Vierter Titel
Hinweis des Versicherten auf das Vorhandensein und den Aufbewahrungsort von Vorsorgevollmachten oder Patientenverfügungen

§ 357 Zugriff auf Hinweise der Versicherten auf das Vorhandensein und den Aufbewahrungsort von Vorsorgevollmachten oder Patientenverfügungen

Fünfter Titel
Elektronischer Medikationsplan und elektronische Notfalldaten

§ 358 Elektronische Notfalldaten, elektronische Patientenkurzakte und elektronischer Medikationsplan
§ 359 Zugriff auf den elektronischen Medikationsplan, die elektronischen Notfalldaten und die elektronische Patientenkurzakte

Sechster Titel
Übermittlung ärztlicher Verordnungen

§ 360 Elektronische Übermittlung und Verarbeitung vertragsärztlicher elektronischer Verordnungen
§ 361 Zugriff auf ärztliche Verordnungen in der Telematikinfrastruktur

Siebter Titel
Nutzung der Telematikinfrastruktur durch weitere Kostenträger

§ 362 Nutzung von elektronischen Gesundheitskarten oder digitalen Identitäten für Versicherte von Unternehmen der privaten Krankenversicherung, der Postbeamtenkrankenkasse, der Krankenversorgung der Bundesbahnbeamten, für Polizeivollzugsbeamte der Bundespolizei oder für Soldaten der Bundeswehr
§ 362a Nutzung der elektronischen Gesundheitskarte bei Krankenbehandlung der Sozialen Entschädigung nach dem Vierzehnten Buch

Achter Titel
Verfügbarkeit von Daten aus Anwendungen der Telematikinfrastruktur für Forschungszwecke

§ 363 Verarbeitung von Daten der elektronischen Patientenakte zu Forschungszwecken

Sechster Abschnitt
Telemedizinische Verfahren

§ 364 Vereinbarung über technische Verfahren zur konsiliarischen Befundbeurteilung von Röntgenaufnahmen
§ 365 Vereinbarung über technische Verfahren zur Videosprechstunde in der vertragsärztlichen Versorgung
§ 366 Vereinbarung über technische Verfahren zur Videosprechstunde in der vertragszahnärztlichen Versorgung
§ 367 Vereinbarung über technische Verfahren zu telemedizinischen Konsilien
§ 367a Vereinbarung über technische Verfahren bei telemedizinischem Monitoring
§ 368 Vereinbarung über ein Authentifizierungsverfahren im Rahmen der Videosprechstunde
§ 369 Prüfung der Vereinbarungen durch das Bundesministerium für Gesundheit
§ 370 Entscheidung der Schlichtungsstelle
§ 370a Unterstützung der Kassenärztlichen Vereinigungen bei der Vermittlung telemedizinischer Angebote durch die Kassenärztliche Bundesvereinigung, Verordnungsermächtigung

Siebter Abschnitt
Anforderungen an Schnittstellen in informationstechnischen Systemen

§ 371 Integration offener und standardisierter Schnittstellen in informationstechnische Systeme
§ 372 Festlegungen zu den offenen und standardisierten Schnittstellen für informationstechnische Systeme in der vertragsärztlichen und vertragszahnärztlichen Versorgung
§ 373 Festlegungen zu den offenen und standardisierten Schnittstellen für informationstechnische Systeme in Krankenhäusern und in der pflegerischen Versorgung; Gebühren und Auslagen; Verordnungsermächtigung
§ 374 Abstimmung zur Festlegung sektorenübergreifender einheitlicher Vorgaben
§ 374a Integration offener und standardisierter Schnittstellen in Hilfsmitteln und Implantaten
§ 375 Verordnungsermächtigung

Achter Abschnitt
Finanzierung und Kostenerstattung

§ 376 Finanzierungsvereinbarung
§ 377 Finanzierung der den Krankenhäusern entstehenden Ausstattungs- und Betriebskosten
§ 378 Finanzierung der an der vertragsärztlichen Versorgung teilnehmenden Leistungserbringern entstehenden Ausstattungs- und Betriebskosten
§ 379 Finanzierung der den Apotheken entstehenden Ausstattungs- und Betriebskosten
§ 380 Finanzierung der den Hebammen, Physiotherapeuten und anderen Heilmittelerbringern, Hilfsmittelerbringern, zahntechnischen Laboren, Erbringern von Soziotherapie nach § 37a sowie weiteren Leistungserbringern entstehenden Ausstattungs- und Betriebskosten
§ 381 Finanzierung der den Vorsorgeeinrichtungen und Rehabilitationseinrichtungen entstehenden Ausstattungs- und Betriebskosten

§ 382	Erstattung der dem Öffentlichen Gesundheitsdienst entstehenden Ausstattungs- und Betriebskosten			
§ 383	Erstattung der Kosten für die Übermittlung elektronischer Briefe in der vertragsärztlichen Versorgung			

Zwölftes Kapitel
Förderung von offenen Standards und Schnittstellen; Nationales Gesundheitsportal

§ 384	Begriffsbestimmungen
§ 385	Interoperabilitätsverzeichnis
§ 386	Beratung durch Experten
§ 387	Aufnahme von Standards, Profilen und Leitfäden der Gesellschaft für Telematik
§ 388	Aufnahme von Standards, Profilen und Leitfäden für informationstechnische Systeme im Gesundheitswesen
§ 389	Empfehlung von Standards, Profilen und Leitfäden von informationstechnischen Systemen im Gesundheitswesen als Referenz
§ 390	Beachtung der Festlegungen und Empfehlungen bei Finanzierung aus Mitteln der gesetzlichen Krankenversicherung
§ 391	Beteiligung der Fachöffentlichkeit
§ 392	Informationsportal
§ 393	Geschäfts- und Verfahrensordnung für das Interoperabilitätsverzeichnis
§ 394	Bericht über das Interoperabilitätsverzeichnis
§ 394a	Verordnungsermächtigung
§ 395	Nationales Gesundheitsportal

Dreizehntes Kapitel
Straf- und Bußgeldvorschriften

§ 396	Zusammenarbeit zur Verfolgung und Ahndung von Ordnungswidrigkeiten
§ 397	Bußgeldvorschriften
§ 398	Strafvorschriften
§ 399	Strafvorschriften

Vierzehntes Kapitel
Überleitungsregelungen aus Anlass der Herstellung der Einheit Deutschlands

§ 400	Versicherter Personenkreis
§ 401	Leistungen
§ 402	Beziehungen der Krankenkassen zu den Leistungserbringern

Fünfzehntes Kapitel
Weitere Übergangsvorschriften

§ 403	Übergangsregelung zur enteralen Ernährung
§ 403a	Beitragszuschüsse für Beschäftigte
§ 404	Standardtarif für Personen ohne Versicherungsschutz
§ 405	Übergangsregelung für die knappschaftliche Krankenversicherung
§ 406	Übergangsregelung zum Krankengeldwahltarif
§ 407	Übergangsregelung für die Anforderungen an die strukturierten Behandlungsprogramme nach § 137g Absatz 1
§ 408	Bestandsbereinigung bei der freiwilligen Versicherung
§ 409	Übergangsregelung zur Neuregelung der Verjährungsfrist für die Ansprüche von Krankenhäusern und Krankenkassen
§ 410	Übergangsregelung zur Vergütung der Vorstandsmitglieder der Kassenärztlichen Bundesvereinigungen, der unparteiischen Mitglieder des Beschlussgremiums des Gemeinsamen Bundesausschusses, der Vorstandsmitglieder des Spitzenverbandes Bund der Krankenkassen und des Geschäftsführers des Medizinischen Dienstes des Spitzenverbandes Bund der Krankenkassen sowie von dessen Stellvertreter
§ 411	Übergangsregelung für die Medizinischen Dienste der Krankenversicherung und den Medizinischen Dienst des Spitzenverbandes Bund der Krankenkassen
§ 412	Errichtung der Medizinischen Dienste und des Medizinischen Dienstes Bund
§ 413	Übergangsregelung zur Tragung der Beiträge durch Dritte für Auszubildende in einer außerbetrieblichen Einrichtung
§ 414	Übergangsregelung für am 1. April 2020 bereits geschlossene Krankenkassen
§ 415	Übergangsregelung zur Zahlungsfrist von Krankenhausrechnungen, Verordnungsermächtigung
§ 416	Übergangsregelung zur Versicherungspflicht bei praxisintegrierter Ausbildung

Anlage
(zu § 307 Absatz 1 Satz 3 SGB V)

Erstes Kapitel
Allgemeine Vorschriften

§ 1 Solidarität und Eigenverantwortung

¹Die Krankenversicherung als Solidargemeinschaft hat die Aufgabe, die Gesundheit der Versicherten zu erhalten, wiederherzustellen oder ihren Gesundheitszustand zu bessern. ²Das umfasst auch die Förderung der gesundheitlichen Eigenkompetenz und Eigenverantwortung der Versicherten. ³Die Versicherten sind für ihre Gesundheit mit verantwortlich; sie sollen durch eine gesundheitsbewußte Lebensführung, durch frühzeitige Beteiligung an gesundheitlichen Vorsorgemaßnahmen sowie durch aktive Mitwirkung an Krankenbehandlung und Rehabilitation dazu beitragen, den Eintritt von Krankheit und Behinderung zu vermeiden oder ihre Folgen zu überwinden. ⁴Die Krankenkassen

haben den Versicherten dabei durch Aufklärung, Beratung und Leistungen zu helfen und unter Berücksichtigung von geschlechts-, alters- und behinderungsspezifischen Besonderheiten auf gesunde Lebensverhältnisse hinzuwirken.

§ 2 Leistungen

(1) ¹Die Krankenkassen stellen den Versicherten die im Dritten Kapitel genannten Leistungen unter Beachtung des Wirtschaftlichkeitsgebots (§ 12) zur Verfügung, soweit diese Leistungen nicht der Eigenverantwortung der Versicherten zugerechnet werden. ²Behandlungsmethoden, Arznei- und Heilmittel der besonderen Therapierichtungen sind nicht ausgeschlossen. ³Qualität und Wirksamkeit der Leistungen haben dem allgemein anerkannten Stand der medizinischen Erkenntnisse zu entsprechen und den medizinischen Fortschritt zu berücksichtigen.
(1a) ¹Versicherte mit einer lebensbedrohlichen oder regelmäßig tödlichen Erkrankung oder mit einer zumindest wertungsmäßig vergleichbaren Erkrankung, für die eine allgemein anerkannte, dem medizinischen Standard entsprechende Leistung nicht zur Verfügung steht, können auch eine von Absatz 1 Satz 3 abweichende Leistung beanspruchen, wenn eine nicht ganz entfernt liegende Aussicht auf Heilung oder auf eine spürbare positive Einwirkung auf den Krankheitsverlauf besteht. ²Die Krankenkasse erteilt für Leistungen nach Satz 1 vor Beginn der Behandlung eine Kostenübernahmeerklärung, wenn Versicherte oder behandelnde Leistungserbringer dies beantragen. ³Mit der Kostenübernahmeerklärung wird die Abrechnungsmöglichkeit der Leistung nach Satz 1 festgestellt.
(2) ¹Die Versicherten erhalten die Leistungen als Sach- und Dienstleistungen, soweit dieses oder das Neunte Buch nichts Abweichendes vorsehen. ²Die Leistungen werden auf Antrag durch ein Persönliches Budget erbracht; § 29 des Neunten Buches gilt entsprechend. ³Über die Erbringung der Sach- und Dienstleistungen schließen die Krankenkassen nach den Vorschriften des Vierten Kapitels Verträge mit den Leistungserbringern.
(3) ¹Bei der Auswahl der Leistungserbringer ist ihre Vielfalt zu beachten. ²Den religiösen Bedürfnissen der Versicherten ist Rechnung zu tragen.
(4) Krankenkassen, Leistungserbringer und Versicherte haben darauf zu achten, daß die Leistungen wirksam und wirtschaftlich erbracht und nur im notwendigen Umfang in Anspruch genommen werden.

§ 2a Leistungen an behinderte und chronisch kranke Menschen
Den besonderen Belangen behinderter und chronisch kranker Menschen ist Rechnung zu tragen.

§ 2b Geschlechts- und altersspezifische Besonderheiten
Bei den Leistungen der Krankenkassen ist geschlechts- und altersspezifischen Besonderheiten Rechnung zu tragen.

§ 3 Solidarische Finanzierung
¹Die Leistungen und sonstigen Ausgaben der Krankenkassen werden durch Beiträge finanziert. ²Dazu entrichten die Mitglieder und die Arbeitgeber Beiträge, die sich in der Regel nach den beitragspflichtigen Einnahmen der Mitglieder richten. ³Für versicherte Familienangehörige werden Beiträge nicht erhoben.

§ 4 Krankenkassen
(1) Die Krankenkassen sind rechtsfähige Körperschaften des öffentlichen Rechts mit Selbstverwaltung.
(2) Die Krankenversicherung ist in folgende Kassenarten gegliedert:
- Allgemeine Ortskrankenkassen,
- Betriebskrankenkassen,
- Innungskrankenkassen,
- Sozialversicherung für Landwirtschaft, Forsten und Gartenbau als Träger der Krankenversicherung der Landwirte,
- die Deutsche Rentenversicherung Knappschaft-Bahn-See als Träger der Krankenversicherung (Deutsche Rentenversicherung Knappschaft-Bahn-See),
- Ersatzkassen.

(3) Im Interesse der Leistungsfähigkeit und Wirtschaftlichkeit der gesetzlichen Krankenversicherung arbeiten die Krankenkassen und ihre Verbände sowohl innerhalb einer Kassenart als auch kassenartenübergreifend miteinander und mit allen anderen Einrichtungen des Gesundheitswesens eng zusammen.
(4) Die Krankenkassen haben bei der Durchführung ihrer Aufgaben und in ihren Verwaltungsangelegenheiten sparsam und wirtschaftlich zu verfahren und dabei ihre Ausgaben so auszurichten, dass Beitragserhöhungen ausgeschlossen werden, es sei denn, die notwendige medizinische Versorgung ist auch nach Ausschöpfung von Wirtschaftlichkeitsreserven nicht zu gewährleisten.

§ 4a Wettbewerb der Krankenkassen, Verordnungsermächtigung
(1) ¹Der Wettbewerb der Krankenkassen dient dem Ziel, das Leistungsangebot und die Qualität der Leistungen zu verbessern sowie die Wirtschaftlichkeit der Versorgung zu erhöhen. ²Dieser Wettbewerb muss unter Berücksichti-

der Finanzierung der Krankenkassen durch Beiträge und des sozialen Auftrags der Krankenkassen angemessen sein. ³Maßnahmen, die der Risikoselektion dienen oder diese unmittelbar oder mittelbar fördern, sind unzulässig.

(2) Unlautere geschäftliche Handlungen der Krankenkassen sind unzulässig.

(3) ¹Krankenkassen sind berechtigt, um Mitglieder und für ihre Leistungen zu werben. ²Bei Werbemaßnahmen der Krankenkassen muss die sachbezogene Information im Vordergrund stehen. ³Die Werbung hat in einer Form zu erfolgen, die mit der Eigenschaft der Krankenkassen als Körperschaften des öffentlichen Rechts unter Berücksichtigung ihrer Aufgaben vereinbar ist.

(4) ¹Das Bundesministerium für Gesundheit wird ermächtigt, durch Rechtsverordnung mit Zustimmung des Bundesrates das Nähere über die Zulässigkeit von Werbemaßnahmen der Krankenkassen zu regeln im Hinblick auf
1. Inhalt und Art der Werbung,
2. Höchstgrenzen für Werbeausgaben einschließlich der Aufwandsentschädigungen für externe Dienstleister, die zu Werbezwecken beauftragt werden,
3. die Trennung der Werbung von der Erfüllung gesetzlicher Informationspflichten,
4. die Beauftragung und Vergütung von Mitarbeitern, Arbeitsgemeinschaften, Beteiligungsgesellschaften und Dritten zu Werbezwecken,
5. die Vermittlung privater Zusatzversicherungsverträge nach § 194 Absatz 1a.

²Das Bundesministerium für Gesundheit kann die Ermächtigung nach Satz 1 durch Rechtsverordnung mit Zustimmung des Bundesrates auf das Bundesamt für Soziale Sicherung übertragen.

(5) Beauftragen Krankenkassen Arbeitsgemeinschaften, Beteiligungsgesellschaften oder Dritte zu Zwecken des Wettbewerbs und insbesondere der Werbung, haben sie sicherzustellen, dass die Beauftragten die für entsprechende Maßnahmen der Krankenkassen geltenden Vorschriften einschließlich der Vorgaben der Absätze 1 bis 3 sowie der Rechtsverordnung nach Absatz 4 einhalten.

(6) In den Verwaltungsvorschriften nach § 78 Satz 1 des Vierten Buches und § 77 Absatz 1a des Vierten Buches ist sicherzustellen, dass Verwaltungsausgaben, die der Werbung neuer Mitglieder dienen, nach für alle Krankenkassen gleichen Grundsätzen gebucht werden.

(7) ¹Krankenkassen können von anderen Krankenkassen die Beseitigung und Unterlassung unzulässiger Maßnahmen verlangen, die geeignet sind, ihre Interessen im Wettbewerb zu beeinträchtigen. ²Die zur Geltendmachung des Anspruchs berechtigte Krankenkasse soll die Schuldnerin vor der Einleitung eines gerichtlichen Verfahrens abmahnen und ihr Gelegenheit geben, den Streit durch Abgabe einer mit einer angemessenen Vertragsstrafe bewehrten Unterlassungsverpflichtung beizulegen. ³Soweit die Abmahnung berechtigt ist, kann die Abmahnende von der Abgemahnten Ersatz der erforderlichen Aufwendungen verlangen. ⁴Zur Sicherung der Ansprüche nach Satz 1 können einstweilige Anordnungen auch ohne die Darlegung und Glaubhaftmachung der in § 86b Absatz 2 Satz 1 und 2 des Sozialgerichtsgesetzes bezeichneten Voraussetzungen erlassen werden. ⁵Ist auf Grund von Satz 1 Klage auf Unterlassung erhoben worden, so kann das Gericht der obsiegenden Partei die Befugnis zusprechen, das Urteil auf Kosten der unterliegenden Partei öffentlich bekannt zu machen, wenn sie ein berechtigtes Interesse dartut. ⁶Art und Umfang der Bekanntmachung werden im Urteil bestimmt. ⁷Die Befugnis erlischt, wenn von ihr nicht innerhalb von drei Monaten nach Eintritt der Rechtskraft Gebrauch gemacht worden ist. ⁸Der Ausspruch nach Satz 5 ist nicht vorläufig vollstreckbar.

§ 4b Sonderregelungen zum Verwaltungsverfahren

Abweichungen von den Regelungen des Verwaltungsverfahrens gemäß den §§ 266, 267, 269 und 287a durch Landesrecht sind ausgeschlossen.

Zweites Kapitel
Versicherter Personenkreis

Erster Abschnitt
Versicherung kraft Gesetzes

§ 5 Versicherungspflicht

(1) Versicherungspflichtig sind
1. Arbeiter, Angestellte und zu ihrer Berufsausbildung Beschäftigte, die gegen Arbeitsentgelt beschäftigt sind,
2. Personen in der Zeit, für die sie Arbeitslosengeld nach dem Dritten Buch beziehen oder nur deshalb nicht beziehen, weil der Anspruch wegen einer Sperrzeit (§ 159 des Dritten Buches) oder wegen einer Urlaubsabgeltung (§ 157 Absatz 2 des Dritten Buches) ruht; dies gilt auch, wenn die Entscheidung, die zum Bezug der Leistung geführt hat, rückwirkend aufgehoben oder die Leistung zurückgefordert oder zurückgezahlt worden ist,
2a. Personen in der Zeit, für die sie Arbeitslosengeld II nach dem Zweiten Buch beziehen, es sei denn, dass diese Leistung nur darlehensweise gewährt wird oder nur Leistungen nach § 24 Absatz 3 Satz 1 des Zweiten Buches

bezogen werden; dies gilt auch, wenn die Entscheidung, die zum Bezug der Leistung geführt hat, rückwirkend aufgehoben oder die Leistung zurückgefordert oder zurückgezahlt worden ist,
3. Landwirte, ihre mitarbeitenden Familienangehörigen und Altenteiler nach näherer Bestimmung des Zweiten Gesetzes über die Krankenversicherung der Landwirte,
4. Künstler und Publizisten nach näherer Bestimmung des Künstlersozialversicherungsgesetzes,
5. Personen, die in Einrichtungen der Jugendhilfe für eine Erwerbstätigkeit befähigt werden sollen,
6. Teilnehmer an Leistungen zur Teilhabe am Arbeitsleben sowie an Abklärungen der beruflichen Eignung oder Arbeitserprobung, es sei denn, die Maßnahmen werden nach den Vorschriften des Bundesversorgungsgesetzes erbracht,
7. behinderte Menschen, die in anerkannten Werkstätten für behinderte Menschen oder in Blindenwerkstätten im Sinne des § 226 des Neunten Buches oder für diese Einrichtungen in Heimarbeit oder bei einem anderen Leistungsanbieter nach § 60 des Neunten Buches tätig sind,
8. behinderte Menschen, die in Anstalten, Heimen oder gleichartigen Einrichtungen in gewisser Regelmäßigkeit eine Leistung erbringen, die einem Fünftel der Leistung eines voll erwerbsfähigen Beschäftigten in gleichartiger Beschäftigung entspricht; hierzu zählen auch Dienstleistungen für den Träger der Einrichtung,
9. Studenten, die an staatlichen oder staatlich anerkannten Hochschulen eingeschrieben sind, unabhängig davon, ob sie ihren Wohnsitz oder gewöhnlichen Aufenthalt im Inland haben, wenn für sie auf Grund über- oder zwischenstaatlichen Rechts kein Anspruch auf Sachleistungen besteht, längstens bis zur Vollendung des dreißigsten Lebensjahres; Studenten nach Vollendung des dreißigsten Lebensjahres sind nur versicherungspflichtig, wenn die Art der Ausbildung oder familiäre sowie persönliche Gründe, insbesondere der Erwerb der Zugangsvoraussetzungen in einer Ausbildungsstätte des Zweiten Bildungswegs, die Überschreitung der Altersgrenze rechtfertigen,
10. Personen, die eine in Studien- oder Prüfungsordnungen vorgeschriebene berufspraktische Tätigkeit ohne Arbeitsentgelt verrichten, längstens bis zur Vollendung des 30. Lebensjahres, sowie zu ihrer Berufsausbildung ohne Arbeitsentgelt Beschäftigte; Auszubildende des Zweiten Bildungswegs, die sich in einem förderungsfähigen Teil eines Ausbildungsabschnitts nach dem Bundesausbildungsförderungsgesetz befinden, sind Praktikanten gleichgestellt,
11. Personen, die die Voraussetzungen für den Anspruch auf eine Rente aus der gesetzlichen Rentenversicherung erfüllen und diese Rente beantragt haben, wenn sie seit der erstmaligen Aufnahme einer Erwerbstätigkeit bis zur Stellung des Rentenantrags mindestens neun Zehntel der zweiten Hälfte des Zeitraums Mitglied oder nach § 10 versichert waren,
11a. Personen, die eine selbständige künstlerische oder publizistische Tätigkeit vor dem 1. Januar 1983 aufgenommen haben, die Voraussetzungen für den Anspruch auf eine Rente aus der Rentenversicherung erfüllen und diese Rente beantragt haben, wenn sie mindestens neun Zehntel des Zeitraums zwischen dem 1. Januar 1985 und der Stellung des Rentenantrags nach dem Künstlersozialversicherungsgesetz in der gesetzlichen Krankenversicherung versichert waren; für Personen, die am 3. Oktober 1990 ihren Wohnsitz im Beitrittsgebiet hatten, ist anstelle des 1. Januar 1985 der 1. Januar 1992 maßgebend,
11b. Personen, die die Voraussetzungen für den Anspruch
   a) auf eine Waisenrente nach § 48 des Sechsten Buches oder
   b) auf eine entsprechende Leistung einer berufsständischen Versorgungseinrichtung, wenn der verstorbene Elternteil zuletzt als Beschäftigter von der Versicherungspflicht in der gesetzlichen Rentenversicherung wegen einer Pflichtmitgliedschaft in einer berufsständischen Versorgungseinrichtung nach § 6 Absatz 1 Satz 1 Nummer 1 des Sechsten Buches befreit war,
erfüllen und diese beantragt haben; dies gilt nicht für Personen, die zuletzt vor der Stellung des Rentenantrags privat krankenversichert waren, es sei denn, sie erfüllen die Voraussetzungen für eine Familienversicherung mit Ausnahme des § 10 Absatz 1 Satz 1 Nummer 2 oder der Voraussetzungen der Nummer 11,
12. Personen, die die Voraussetzungen für den Anspruch auf eine Rente aus der gesetzlichen Rentenversicherung erfüllen und diese Rente beantragt haben, wenn sie zu den in § 1 oder § 17a des Fremdrentengesetzes oder zu den in § 20 des Gesetzes zur Wiedergutmachung nationalsozialistischen Unrechts in der Sozialversicherung genannten Personen gehören und ihren Wohnsitz innerhalb der letzten 10 Jahre vor der Stellung des Rentenantrags in das Inland verlegt haben,
13. Personen, die keinen anderweitigen Anspruch auf Absicherung im Krankheitsfall haben und
   a) zuletzt gesetzlich krankenversichert waren oder
   b) bisher nicht gesetzlich oder privat krankenversichert waren, es sei denn, dass sie zu den in Absatz 5 oder den in § 6 Abs. 1 oder 2 genannten Personen gehören oder bei Ausübung ihrer beruflichen Tätigkeit im Inland gehört hätten.

(2) ¹Der nach Absatz 1 Nr. 11 erforderlichen Mitgliedszeit steht bis zum 31. Dezember 1988 die Zeit der Ehe mit einem Mitglied gleich, wenn die mit dem Mitglied verheiratete Person nicht mehr als nur geringfügig beschäftigt oder geringfügig selbständig tätig war. ²Bei Personen, die ihren Rentenanspruch aus der Versicherung einer anderen Person ableiten, gelten die Voraussetzungen des Absatzes 1 Nr. 11 oder 12 als erfüllt, wenn die andere Person diese Voraussetzungen erfüllt hatte. ³Auf die nach Absatz 1 Nummer 11 erforderliche Mitgliedszeit wird für jedes Kind, Stiefkind oder Pflegekind (§ 56 Absatz 2 Nummer 2 des Ersten Buches) eine Zeit von drei Jahren angerechnet. ⁴Eine Anrechnung erfolgt nicht für

1. ein Adoptivkind, wenn das Kind zum Zeitpunkt des Wirksamwerdens der Adoption bereits die in § 10 Absatz 2 vorgesehenen Altersgrenzen erreicht hat, oder
2. ein Stiefkind, wenn das Kind zum Zeitpunkt der Eheschließung mit dem Elternteil des Kindes bereits die in § 10 Absatz 2 vorgesehenen Altersgrenzen erreicht hat oder wenn das Kind vor Erreichen dieser Altersgrenzen nicht in den gemeinsamen Haushalt mit dem Mitglied aufgenommen wurde.

(3) Als gegen Arbeitsentgelt beschäftigte Arbeiter und Angestellte im Sinne des Absatzes 1 Nr. 1 gelten Bezieher von Vorruhestandsgeld, wenn sie unmittelbar vor Bezug des Vorruhestandsgeldes versicherungspflichtig waren und das Vorruhestandsgeld mindestens in Höhe von 65 vom Hundert des Bruttoarbeitsentgelts im Sinne des § 3 Abs. 2 des Vorruhestandsgesetzes gezahlt wird.

(4) Als Bezieher von Vorruhestandsgeld ist nicht versicherungspflichtig, wer im Ausland seinen Wohnsitz oder gewöhnlichen Aufenthalt in einem Staat hat, mit dem für Arbeitnehmer mit Wohnsitz oder gewöhnlichem Aufenthalt in diesem Staat keine über- oder zwischenstaatlichen Regelungen über Sachleistungen bei Krankheit bestehen.

(4a) ¹Die folgenden Personen stehen Beschäftigten zur Berufsausbildung im Sinne des Absatzes 1 Nummer 1 gleich:
1. Auszubildende, die im Rahmen eines Berufsausbildungsvertrages nach dem Berufsbildungsgesetz in einer außerbetrieblichen Einrichtung ausgebildet werden,
2. Teilnehmerinnen und Teilnehmer an dualen Studiengängen und
3. Teilnehmerinnen und Teilnehmer an Ausbildungen mit Abschnitten des schulischen Unterrichts und der praktischen Ausbildung, für die ein Ausbildungsvertrag und Anspruch auf Ausbildungsvergütung besteht (praxisintegrierte Ausbildungen).

²Als zu ihrer Berufsausbildung Beschäftigte im Sinne des Absatzes 1 Nr. 1 gelten Personen, die als nicht satzungsmäßige Mitglieder geistlicher Genossenschaften oder ähnlicher religiöser Gemeinschaften für den Dienst in einer solchen Genossenschaft oder ähnlichen religiösen Gemeinschaft außerschulisch ausgebildet werden.

(5) ¹Nach Absatz 1 Nr. 1 oder 5 bis 12 ist nicht versicherungspflichtig, wer hauptberuflich selbständig erwerbstätig ist. ²Bei Personen, die im Zusammenhang mit ihrer selbständigen Erwerbstätigkeit regelmäßig mindestens einen Arbeitnehmer mehr als geringfügig beschäftigen, wird vermutet, dass sie hauptberuflich selbständig erwerbstätig sind; als Arbeitnehmer gelten für Gesellschafter auch die Arbeitnehmer der Gesellschaft.

(5a) ¹Nach Absatz 1 Nr. 2a ist nicht versicherungspflichtig, wer zuletzt vor dem Bezug von Arbeitslosengeld II privat krankenversichert war oder weder gesetzlich noch privat krankenversichert war und zu den in Absatz 5 oder den in § 6 Abs. 1 oder 2 genannten Personen gehört oder bei Ausübung seiner beruflichen Tätigkeit im Inland gehört hätte. ²Satz 1 gilt nicht für Personen, die am 31. Dezember 2008 nach § 5 Abs. 1 Nr. 2a versicherungspflichtig waren, für die Dauer ihrer Hilfebedürftigkeit. ³Personen nach Satz 1 sind nicht nach § 10 versichert. ⁴Personen nach Satz 1, die am 31. Dezember 2015 die Voraussetzungen des § 10 erfüllt haben, sind ab dem 1. Januar 2016 versicherungspflichtig nach Absatz 1 Nummer 2a, solange sie diese Voraussetzungen erfüllen.

(6) ¹Nach Absatz 1 Nr. 5 bis 7 oder 8 ist nicht versicherungspflichtig, wer nach Absatz 1 Nr. 1 versicherungspflichtig ist. ²Trifft eine Versicherungspflicht nach Absatz 1 Nr. 6 mit einer Versicherungspflicht nach Absatz 1 Nr. 7 oder 8 zusammen, geht die Versicherungspflicht vor, nach der die höheren Beiträge zu zahlen sind.

(7) ¹Nach Absatz 1 Nr. 9 oder 10 ist nicht versicherungspflichtig, wer nach Absatz 1 Nr. 1 bis 8, 11 bis 12 versicherungspflichtig oder nach § 10 versichert ist, es sei denn, der Ehegatte, der Lebenspartner oder das Kind des Studenten oder Praktikanten ist nicht versichert oder die Versicherungspflicht nach Absatz 1 Nummer 11b besteht über die Altersgrenze des § 10 Absatz 2 Nummer 3 hinaus. ²Die Versicherungspflicht nach Absatz 1 Nr. 9 geht der Versicherungspflicht nach Absatz 1 Nr. 10 vor.

(8) ¹Nach Absatz 1 Nr. 11 bis 12 ist nicht versicherungspflichtig, wer nach Absatz 1 Nr. 1 bis 7 oder 8 versicherungspflichtig ist. ²Satz 1 gilt für die in § 190 Abs. 11a genannten Personen entsprechend. ³Bei Beziehern einer Rente der gesetzlichen Rentenversicherung, die nach dem 31. März 2002 nach § 5 Abs. 1 Nr. 11 versicherungspflichtig geworden sind, deren Anspruch auf Rente schon an diesem Tag bestand und die bis zu diesem Zeitpunkt nach § 10 oder nach § 7 des Zweiten Gesetzes über die Krankenversicherung der Landwirte versichert waren, aber nicht die Vorversicherungszeit des § 5 Abs. 1 Nr. 11 in der seit dem 1. Januar 1993 geltenden Fassung erfüllt hatten, und deren Versicherung nach § 10 oder nach § 7 des Zweiten Gesetzes über die Krankenversicherung der Landwirte

nicht von einer der in § 9 Abs. 1 Nr. 6 genannten Personen abgeleitet worden ist, geht die Versicherung nach § 10 oder nach § 7 des Zweiten Gesetzes über die Krankenversicherung der Landwirte der Versicherung nach § 5 Abs. 1 Nr. 11 vor.

(8a) ¹Nach Absatz 1 Nr. 13 ist nicht versicherungspflichtig, wer nach Absatz 1 Nr. 1 bis 12 versicherungspflichtig, freiwilliges Mitglied oder nach § 10 versichert ist. ²Satz 1 gilt entsprechend für Empfänger laufender Leistungen nach dem Dritten, Vierten und Siebten Kapitel des Zwölften Buches, dem Teil 2 des Neunten Buches und für Empfänger laufender Leistungen nach § 2 des Asylbewerberleistungsgesetzes. ³Satz 2 gilt auch, wenn der Anspruch auf diese Leistungen für weniger als einen Monat unterbrochen wird. ⁴Der Anspruch auf Leistungen nach § 19 Abs. 2 gilt nicht als Absicherung im Krankheitsfall im Sinne von Absatz 1 Nr. 13, sofern im Anschluss daran kein anderweitiger Anspruch auf Absicherung im Krankheitsfall besteht.

(9) ¹Kommt eine Versicherung nach den §§ 5, 9 oder 10 nach Kündigung des Versicherungsvertrages nicht zu Stande oder endet eine Versicherung nach den §§ 5 oder 10 vor Erfüllung der Vorversicherungszeit nach § 9, ist das private Krankenversicherungsunternehmen zum erneuten Abschluss eines Versicherungsvertrages verpflichtet, wenn der vorherige Vertrag für mindestens fünf Jahre vor seiner Kündigung ununterbrochen bestanden hat. ²Der Abschluss erfolgt ohne Risikoprüfung zu gleichen Tarifbedingungen, die zum Zeitpunkt der Kündigung bestanden haben; die bis zum Ausscheiden erworbenen Alterungsrückstellungen sind dem Vertrag zuzuschreiben. ³Wird eine gesetzliche Krankenversicherung nach Satz 1 nicht begründet, tritt der neue Versicherungsvertrag am Tag nach der Beendigung des vorhergehenden Versicherungsvertrages in Kraft. ⁴Endet die gesetzliche Krankenversicherung nach Satz 1 vor Erfüllung der Vorversicherungszeit, tritt der neue Versicherungsvertrag am Tag nach Beendigung der gesetzlichen Krankenversicherung in Kraft. ⁵Die Verpflichtung nach Satz 1 endet drei Monate nach der Beendigung des Versicherungsvertrages, wenn eine Versicherung nach den §§ 5, 9 oder 10 nicht begründet wurde. ⁶Bei Beendigung der Versicherung nach den §§ 5 oder 10 vor Erfüllung der Vorversicherungszeiten nach § 9 endet die Verpflichtung nach Satz 1 längstens zwölf Monate nach der Beendigung des privaten Versicherungsvertrages. ⁷Die vorstehenden Regelungen zum Versicherungsvertrag sind auf eine Anwartschaftsversicherung in der privaten Krankenversicherung entsprechend anzuwenden.

(10) (unbesetzt)

(11) ¹Ausländer, die nicht Angehörige eines Mitgliedstaates der Europäischen Union, Angehörige eines Vertragsstaates des Abkommens über den Europäischen Wirtschaftsraum oder Staatsangehörige der Schweiz sind, werden von der Versicherungspflicht nach Absatz 1 Nr. 13 erfasst, wenn sie eine Niederlassungserlaubnis oder eine Aufenthaltserlaubnis mit einer Befristung auf mehr als zwölf Monate nach dem Aufenthaltsgesetz besitzen und für die Erteilung dieser Aufenthaltstitel keine Verpflichtung zur Sicherung des Lebensunterhalts nach § 5 Abs. 1 Nr. 1 des Aufenthaltsgesetzes besteht. ²Angehörige eines anderen Mitgliedstaates der Europäischen Union, Angehörige eines anderen Vertragsstaates des Abkommens über den Europäischen Wirtschaftsraum oder Staatsangehörige der Schweiz werden von der Versicherungspflicht nach Absatz 1 Nr. 13 nicht erfasst, wenn die Voraussetzung für die Wohnortnahme in Deutschland die Existenz eines Krankenversicherungsschutzes nach § 4 des Freizügigkeitsgesetzes/EU ist. ³Bei Leistungsberechtigten nach dem Asylbewerberleistungsgesetz liegt eine Absicherung im Krankheitsfall bereits dann vor, wenn ein Anspruch auf Leistungen bei Krankheit, Schwangerschaft und Geburt nach § 4 des Asylbewerberleistungsgesetzes dem Grunde nach besteht.

§ 6 Versicherungsfreiheit

(1) Versicherungsfrei sind
1. Arbeiter und Angestellte, deren regelmäßiges Jahresarbeitsentgelt die Jahresarbeitsentgeltgrenze nach den Absätzen 6 oder 7 übersteigt; Zuschläge, die mit Rücksicht auf den Familienstand gezahlt werden, bleiben unberücksichtigt,
1a. nicht-deutsche Besatzungsmitglieder deutscher Seeschiffe, die ihren Wohnsitz oder gewöhnlichen Aufenthalt nicht in einem Mitgliedstaat der Europäischen Union, einem Vertragsstaat des Abkommens über den Europäischen Wirtschaftsraum oder der Schweiz haben,
2. Beamte, Richter, Soldaten auf Zeit sowie Berufssoldaten der Bundeswehr und sonstige Beschäftigte des Bundes, eines Landes, eines Gemeindeverbandes, einer Gemeinde, von öffentlich-rechtlichen Körperschaften, Anstalten, Stiftungen oder Verbänden öffentlich-rechtlicher Körperschaften oder deren Spitzenverbänden, wenn sie nach beamtenrechtlichen Vorschriften oder Grundsätzen bei Krankheit Anspruch auf Fortzahlung der Bezüge und auf Beihilfe oder Heilfürsorge haben,
3. Personen, die während der Dauer ihres Studiums als ordentliche Studierende einer Hochschule oder einer der fachlichen Ausbildung dienenden Schule gegen Arbeitsentgelt beschäftigt sind,
4. Geistliche der als öffentlich-rechtliche Körperschaften anerkannten Religionsgesellschaften, wenn sie nach beamtenrechtlichen Vorschriften oder Grundsätzen bei Krankheit Anspruch auf Fortzahlung der Bezüge und auf Beihilfe haben,

5. Lehrer, die an privaten genehmigten Ersatzschulen hauptamtlich beschäftigt sind, wenn sie nach beamtenrechtlichen Vorschriften oder Grundsätzen bei Krankheit Anspruch auf Fortzahlung der Bezüge und auf Beihilfe haben,
6. die in den Nummern 2, 4 und 5 genannten Personen, wenn ihnen ein Anspruch auf Ruhegehalt oder ähnliche Bezüge zuerkannt ist und sie Anspruch auf Beihilfe im Krankheitsfalle nach beamtenrechtlichen Vorschriften oder Grundsätzen haben,
7. satzungsmäßige Mitglieder geistlicher Genossenschaften, Diakonissen und ähnliche Personen, wenn sie sich aus überwiegend religiösen oder sittlichen Beweggründen mit Krankenpflege, Unterricht oder anderen gemeinnützigen Tätigkeiten beschäftigen und nicht mehr als freien Unterhalt oder ein geringes Entgelt beziehen, das nur zur Beschaffung der unmittelbaren Lebensbedürfnisse an Wohnung, Verpflegung, Kleidung und dergleichen ausreicht,
8. Personen, die nach dem Krankheitsfürsorgesystem der Europäischen Gemeinschaften bei Krankheit geschützt sind.

(2) Nach § 5 Abs. 1 Nr. 11 versicherungspflichtige Hinterbliebene der in Absatz 1 Nr. 2 und 4 bis 6 genannten Personen sind versicherungsfrei, wenn sie ihren Rentenanspruch nur aus der Versicherung dieser Personen ableiten und nach beamtenrechtlichen Vorschriften oder Grundsätzen bei Krankheit Anspruch auf Beihilfe haben.

(3) ¹Die nach Absatz 1 oder anderen gesetzlichen Vorschriften mit Ausnahme von Absatz 2 und § 7 versicherungsfreien oder von der Versicherungspflicht befreiten Personen bleiben auch dann versicherungsfrei, wenn sie eine der in § 5 Abs. 1 Nr. 1 oder Nr. 5 bis 13 genannten Voraussetzungen erfüllen. ²Dies gilt nicht für die in Absatz 1 Nr. 3 genannten Personen, solange sie während ihrer Beschäftigung versicherungsfrei sind.

(3a) ¹Personen, die nach Vollendung des 55. Lebensjahres versicherungspflichtig werden, sind versicherungsfrei, wenn sie in den letzten fünf Jahren vor Eintritt der Versicherungspflicht nicht gesetzlich versichert waren. ²Weitere Voraussetzung ist, dass diese Personen mindestens die Hälfte dieser Zeit versicherungsfrei, von der Versicherungspflicht befreit oder nach § 5 Abs. 5 nicht versicherungspflichtig waren. ³Der Voraussetzung nach Satz 2 stehen die Ehe oder die Lebenspartnerschaft mit einer in Satz 2 genannten Person gleich. ⁴Satz 1 gilt nicht für Personen, die nach § 5 Abs. 1 Nr. 13 versicherungspflichtig sind.

(4) ¹Wird die Jahresarbeitsentgeltgrenze überschritten, endet die Versicherungspflicht mit Ablauf des Kalenderjahres, in dem sie überschritten wird. ²Dies gilt nicht, wenn das Entgelt die vom Beginn des nächsten Kalenderjahres an geltende Jahresarbeitsentgeltgrenze nicht übersteigt. ³Rückwirkende Erhöhungen des Entgelts werden dem Kalenderjahr zugerechnet, in dem der Anspruch auf das erhöhte Entgelt entstanden ist.

(5) (weggefallen)

(6) ¹Die Jahresarbeitsentgeltgrenze nach Absatz 1 Nr. 1 beträgt im Jahr 2003 45 900 Euro. ²Sie ändert sich zum 1. Januar eines jeden Jahres in dem Verhältnis, in dem die Bruttolöhne und -gehälter je Arbeitnehmer (§ 68 Abs. 2 Satz 1 des Sechsten Buches) im vergangenen Kalenderjahr zu den entsprechenden Bruttolöhnen und -gehältern im vorvergangenen Kalenderjahr stehen. ³Die veränderten Beträge werden nur für das Kalenderjahr, für das die Jahresarbeitsentgeltgrenze bestimmt wird, auf das nächsthöhere Vielfache von 450 aufgerundet. ⁴Die Bundesregierung setzt die Jahresarbeitsentgeltgrenze in der Rechtsverordnung nach § 160 des Sechsten Buches Sozialgesetzbuch fest.

(7) ¹Abweichend von Absatz 6 Satz 1 beträgt die Jahresarbeitsentgeltgrenze für Arbeiter und Angestellte, die am 31. Dezember 2002 wegen Überschreitens der an diesem Tag geltenden Jahresarbeitsentgeltgrenze versicherungsfrei und bei einem privaten Krankenversicherungsunternehmen in einer substitutiven Krankenversicherung versichert waren, im Jahr 2003 41 400 Euro. ²Absatz 6 Satz 2 bis 4 gilt entsprechend.

§ 7 Versicherungsfreiheit bei geringfügiger Beschäftigung

(1) ¹Wer eine geringfügige Beschäftigung nach §§ 8, 8a des Vierten Buches ausübt, ist in dieser Beschäftigung versicherungsfrei; dies gilt nicht für eine Beschäftigung
1. im Rahmen betrieblicher Berufsbildung,
2. nach dem Jugendfreiwilligendienstegesetz,
3. nach dem Bundesfreiwilligendienstgesetz.
²§ 8 Abs. 2 des Vierten Buches ist mit der Maßgabe anzuwenden, daß eine Zusammenrechnung mit einer nicht geringfügigen Beschäftigung nur erfolgt, wenn diese Versicherungspflicht begründet.

(2) ¹Personen, die am 31. März 2003 nur in einer Beschäftigung versicherungspflichtig waren, die die Merkmale einer geringfügigen Beschäftigung nach den §§ 8, 8a des Vierten Buches erfüllt, und die nach dem 31. März 2003 nicht die Voraussetzungen für eine Versicherung nach § 10 erfüllen, bleiben in dieser Beschäftigung versicherungspflichtig. ²Sie werden auf ihren Antrag von der Versicherungspflicht befreit. ³§ 8 Abs. 2 gilt entsprechend mit der Maßgabe, dass an die Stelle des Zeitpunkts des Beginns der Versicherungspflicht der 1. April 2003 tritt. ⁴Die Befreiung ist auf die jeweilige Beschäftigung beschränkt.

§ 8 Befreiung von der Versicherungspflicht

(1) Auf Antrag wird von der Versicherungspflicht befreit, wer versicherungspflichtig wird
1. wegen Änderung der Jahresarbeitsentgeltgrenze nach § 6 Abs. 6 Satz 2 oder Abs. 7,
1a. durch den Bezug von Arbeitslosengeld oder Unterhaltsgeld (§ 5 Abs. 1 Nr. 2) und in den letzten fünf Jahren vor dem Leistungsbezug nicht gesetzlich krankenversichert war, wenn er bei einem Krankenversicherungsunternehmen versichert ist und Vertragsleistungen erhält, die der Art und dem Umfang nach den Leistungen dieses Buches entsprechen,
2. durch Aufnahme einer nicht vollen Erwerbstätigkeit nach § 2 des Bundeserziehungsgeldgesetzes oder nach § 1 Abs. 6 des Bundeselterngeld- und Elternzeitgesetzes während der Elternzeit; die Befreiung erstreckt sich nur auf die Elternzeit,
2a. durch Herabsetzung der regelmäßigen Wochenarbeitszeit während einer Freistellung nach § 3 des Pflegezeitgesetzes oder der Familienpflegezeit nach § 2 des Familienpflegezeitgesetzes; die Befreiung erstreckt sich nur auf die Dauer einer Freistellung oder die Dauer der Familienpflegezeit,
3. weil seine Arbeitszeit auf die Hälfte oder weniger als die Hälfte der regelmäßigen Wochenarbeitszeit vergleichbarer Vollbeschäftigter des Betriebes herabgesetzt wird; dies gilt auch für Beschäftigte, die im Anschluß an ihr bisheriges Beschäftigungsverhältnis bei einem anderen Arbeitgeber ein Beschäftigungsverhältnis aufnehmen, das die Voraussetzungen des vorstehenden Halbsatzes erfüllt, sowie für Beschäftigte, die im Anschluss an die Zeiten des Bezugs von Elterngeld oder der Inanspruchnahme von Elternzeit oder einer Freistellung nach § 3 des Pflegezeitgesetzes oder § 2 des Familienpflegezeitgesetzes ein Beschäftigungsverhältnis im Sinne des ersten Teilsatzes aufnehmen, das bei Vollbeschäftigung zur Versicherungsfreiheit nach § 6 Absatz 1 Nummer 1 führen würde; Voraussetzung ist ferner, daß der Beschäftigte seit mindestens fünf Jahren wegen Überschreitens der Jahresarbeitsentgeltgrenze versicherungsfrei ist; Zeiten des Bezugs von Erziehungsgeld oder Elterngeld oder der Inanspruchnahme von Elternzeit oder einer Freistellung nach § 3 des Pflegezeitgesetzes oder § 2 des Familienpflegezeitgesetzes werden angerechnet,
4. durch den Antrag auf Rente oder den Bezug von Rente oder die Teilnahme an einer Leistung zur Teilhabe am Arbeitsleben (§ 5 Abs. 1 Nr. 6, 11 bis 12),
5. durch die Einschreibung als Student oder die berufspraktische Tätigkeit (§ 5 Abs. 1 Nr. 9 oder 10),
6. durch die Beschäftigung als Arzt im Praktikum,
7. durch die Tätigkeit in einer Einrichtung für behinderte Menschen (§ 5 Abs. 1 Nr. 7 oder 8).

Das Recht auf Befreiung setzt nicht voraus, dass der Antragsteller erstmals versicherungspflichtig wird.

(2) ¹Der Antrag ist innerhalb von drei Monaten nach Beginn der Versicherungspflicht bei der Krankenkasse zu stellen. ²Die Befreiung wirkt vom Beginn der Versicherungspflicht an, wenn seit diesem Zeitpunkt noch keine Leistungen in Anspruch genommen wurden, sonst vom Beginn des Kalendermonats an, der auf die Antragstellung folgt. ³Die Befreiung kann nicht widerrufen werden. ⁴Die Befreiung wird nur wirksam, wenn das Mitglied das Bestehen eines anderweitigen Anspruchs auf Absicherung im Krankheitsfall nachweist.

(3) ¹Personen, die am 31. Dezember 2014 von der Versicherungspflicht nach Absatz 1 Nummer 2a befreit waren, bleiben auch für die Dauer der Nachpflegephase nach § 3 Absatz 1 Nummer 1 Buchstabe c des Familienpflegezeitgesetzes in der am 31. Dezember 2014 geltenden Fassung befreit. ²Bei Anwendung des Absatzes 1 Nummer 3 steht der Freistellung nach § 2 des Familienpflegezeitgesetzes die Nachpflegephase nach § 3 Absatz 1 Nummer 1 Buchstabe c des Familienpflegezeitgesetzes in der am 31. Dezember 2014 geltenden Fassung gleich.

Zweiter Abschnitt
Versicherungsberechtigung

§ 9 Freiwillige Versicherung

(1) ¹Der Versicherung können beitreten
1. Personen, die als Mitglieder aus der Versicherungspflicht ausgeschieden sind und in den letzten fünf Jahren vor dem Ausscheiden mindestens vierundzwanzig Monate oder unmittelbar vor dem Ausscheiden ununterbrochen mindestens zwölf Monate versichert waren; Zeiten der Mitgliedschaft nach § 189 und Zeiten, in denen eine Versicherung allein deshalb bestanden hat, weil Arbeitslosengeld II zu Unrecht bezogen wurde, werden nicht berücksichtigt,
2. Personen, deren Versicherung nach § 10 erlischt oder nur deswegen nicht besteht, weil die Voraussetzungen des § 10 Abs. 3 vorliegen, wenn sie oder der Elternteil, aus dessen Versicherung die Familienversicherung abgeleitet wurde, die in Nummer 1 genannte Vorversicherungszeit erfüllen,
3. Personen, die erstmals eine Beschäftigung im Inland aufnehmen und nach § 6 Absatz 1 Nummer 1 versicherungsfrei sind; Beschäftigungen vor oder während der beruflichen Ausbildung bleiben unberücksichtigt,

4. schwerbehinderte Menschen im Sinne des Neunten Buches, wenn sie, ein Elternteil, ihr Ehegatte oder ihr Lebenspartner in den letzten fünf Jahren vor dem Beitritt mindestens drei Jahre versichert waren, es sei denn, sie konnten wegen ihrer Behinderung diese Voraussetzung nicht erfüllen; die Satzung kann das Recht zum Beitritt von einer Altersgrenze abhängig machen,
5. Arbeitnehmer, deren Mitgliedschaft durch Beschäftigung im Ausland oder bei einer zwischenstaatlichen oder überstaatlichen Organisation endete, wenn sie innerhalb von zwei Monaten nach Rückkehr in das Inland oder nach Beendigung ihrer Tätigkeit bei der zwischenstaatlichen oder überstaatlichen Organisation wieder eine Beschäftigung aufnehmen,
6. (weggefallen)
7. innerhalb von sechs Monaten nach ständiger Aufenthaltnahme im Inland oder innerhalb von drei Monaten nach Ende des Bezugs von Arbeitslosengeld II Spätaussiedler sowie deren gemäß § 7 Abs. 2 Satz 1 des Bundesvertriebenengesetzes leistungsberechtigte Ehegatten und Abkömmlinge, die bis zum Verlassen ihres früheren Versicherungsbereichs bei einem dortigen Träger der gesetzlichen Krankenversicherung versichert waren,
8. Personen, die ab dem 31. Dezember 2018 als Soldatinnen oder Soldaten auf Zeit aus dem Dienst ausgeschieden sind.
²Für die Berechnung der Vorversicherungszeiten nach Satz 1 Nr. 1 gelten 360 Tage eines Bezugs von Leistungen, die nach § 339 des Dritten Buches berechnet werden, als zwölf Monate.
(2) Der Beitritt ist der Krankenkasse innerhalb von drei Monaten anzuzeigen
1. im Falle des Absatzes 1 Nr. 1 nach Beendigung der Mitgliedschaft,
2. im Falle des Absatzes 1 Nr. 2 nach Beendigung der Versicherung oder nach Geburt des Kindes,
3. im Falle des Absatzes 1 Satz 1 Nummer 3 nach Aufnahme der Beschäftigung,
4. im Falle des Absatzes 1 Nr. 4 nach Feststellung der Behinderung nach § 151 des Neunten Buches,
5. im Falle des Absatzes 1 Nummer 5 nach Rückkehr in das Inland oder nach Beendigung der Tätigkeit bei der zwischenstaatlichen oder überstaatlichen Organisation,
6. im Falle des Absatzes 1 Satz 1 Nummer 8 nach dem Ausscheiden aus dem Dienst als Soldatin oder Soldat auf Zeit.
(3) Kann zum Zeitpunkt des Beitritts zur gesetzlichen Krankenversicherung nach Absatz 1 Nr. 7 eine Bescheinigung nach § 15 Abs. 1 oder 2 des Bundesvertriebenengesetzes nicht vorgelegt werden, reicht als vorläufiger Nachweis der vom Bundesverwaltungsamt im Verteilungsverfahren nach § 8 Abs. 1 des Bundesvertriebenengesetzes ausgestellte Registrierschein und die Bestätigung der für die Ausstellung einer Bescheinigung nach § 15 Abs. 1 oder 2 des Bundesvertriebenengesetzes zuständigen Behörde, dass die Ausstellung dieser Bescheinigung beantragt wurde.

Dritter Abschnitt
Versicherung der Familienangehörigen

§ 10 Familienversicherung

(1) ¹Versichert sind der Ehegatte, der Lebenspartner und die Kinder von Mitgliedern sowie die Kinder von familienversicherten Kindern, wenn diese Familienangehörigen
1. ihren Wohnsitz oder gewöhnlichen Aufenthalt im Inland haben,
2. nicht nach § 5 Abs. 1 Nr. 1, 2, 2a, 3 bis 8, 11 bis 12 oder nicht freiwillig versichert sind,
3. nicht versicherungsfrei oder nicht von der Versicherungspflicht befreit sind; dabei bleibt die Versicherungsfreiheit nach § 7 außer Betracht,
4. nicht hauptberuflich selbständig erwerbstätig sind und
5. kein Gesamteinkommen haben, das regelmäßig im Monat ein Siebtel der monatlichen Bezugsgröße nach § 18 des Vierten Buches überschreitet; bei Abfindungen, Entschädigungen oder ähnlichen Leistungen (Entlassungsentschädigungen), die wegen der Beendigung eines Arbeitsverhältnisses in Form nicht monatlich wiederkehrender Leistungen gezahlt werden, wird das zuletzt erzielte monatliche Arbeitsentgelt für die Dauer der Auszahlung der Entlassungsentschädigung folgenden Monate bis zu dem Monat berücksichtigt, in dem im Fall der Fortzahlung des Arbeitsentgelts die Höhe der gezahlten Entlassungsentschädigung erreicht worden wäre; bei Renten wird der Zahlbetrag ohne den auf Entgeltpunkte für Kindererziehungszeiten entfallenden Teil berücksichtigt.

²Eine hauptberufliche selbständige Tätigkeit im Sinne des Satzes 1 Nr. 4 ist nicht deshalb anzunehmen, weil eine Versicherung nach § 1 Abs. 3 des Gesetzes über die Alterssicherung der Landwirte vom 29. Juli 1994 (BGBl. I S. 1890, 1891) besteht. ³Ehegatten und Lebenspartner sind für die Dauer der Schutzfristen nach § 3 des Mutterschutzgesetzes sowie der Elternzeit nicht versichert, wenn sie zuletzt vor diesen Zeiträumen nicht gesetzlich krankenversichert waren.

50 SGB V § 11

(2) Kinder sind versichert
1. bis zur Vollendung des achtzehnten Lebensjahres,
2. bis zur Vollendung des dreiundzwanzigsten Lebensjahres, wenn sie nicht erwerbstätig sind,
3. bis zur Vollendung des fünfundzwanzigsten Lebensjahres, wenn sie sich in Schul- oder Berufsausbildung befinden oder ein freiwilliges soziales Jahr oder ein freiwilliges ökologisches Jahr im Sinne des Jugendfreiwilligendienstegesetzes leisten; wird die Schul- oder Berufsausbildung durch Erfüllung einer gesetzlichen Dienstpflicht des Kindes unterbrochen oder verzögert, besteht die Versicherung auch für einen der Dauer dieses Dienstes entsprechenden Zeitraum über das fünfundzwanzigste Lebensjahr hinaus; dies gilt auch bei einer Unterbrechung oder Verzögerung durch den freiwilligen Wehrdienst nach § 58b des Soldatengesetzes, einen Freiwilligendienst nach dem Bundesfreiwilligendienstgesetz, dem Jugendfreiwilligendienstegesetz oder einen vergleichbaren anerkannten Freiwilligendienst oder durch eine Tätigkeit als Entwicklungshelfer im Sinne des § 1 Absatz 1 des Entwicklungshelfer-Gesetzes für die Dauer von höchstens zwölf Monaten; wird als Berufsausbildung ein Studium an einer staatlichen oder staatlich anerkannten Hochschule abgeschlossen, besteht die Versicherung bis zum Ablauf des Semesters fort, längstens bis zur Vollendung des 25. Lebensjahres; § 186 Absatz 7 Satz 2 und 3 gilt entsprechend,
4. ohne Altersgrenze, wenn sie als Menschen mit Behinderungen (§ 2 Abs. 1 Satz 1 des Neunten Buches) außerstande sind, sich selbst zu unterhalten; Voraussetzung ist, daß die Behinderung zu einem Zeitpunkt vorlag, in dem das Kind innerhalb der Altersgrenzen nach den Nummern 1, 2 oder 3 familienversichert war oder die Familienversicherung nur wegen einer Vorrangversicherung nach Absatz 1 Satz 1 Nummer 2 ausgeschlossen war.

(3) Kinder sind nicht versichert, wenn der mit den Kindern verwandte Ehegatte oder Lebenspartner des Mitglieds nicht Mitglied einer Krankenkasse ist und sein Gesamteinkommen regelmäßig im Monat ein Zwölftel der Jahresarbeitsentgeltgrenze übersteigt und regelmäßig höher als das Gesamteinkommen des Mitglieds ist; bei Renten wird der Zahlbetrag berücksichtigt.

(4) ¹Als Kinder im Sinne der Absätze 1 bis 3 gelten auch Stiefkinder und Enkel, die das Mitglied überwiegend unterhält oder in seinen Haushalt aufgenommen hat, sowie Pflegekinder (§ 56 Abs. 2 Nr. 2 des Ersten Buches). ²Kinder, die mit dem Ziel der Annahme als Kind in die Obhut des Annehmenden aufgenommen sind und für die die zur Annahme erforderliche Einwilligung der Eltern erteilt ist, gelten als Kinder des Annehmenden und nicht mehr als Kinder der leiblichen Eltern. ³Stiefkinder im Sinne des Satzes 1 sind auch die Kinder des Lebenspartners eines Mitglieds.

(5) Sind die Voraussetzungen der Absätze 1 bis 4 mehrfach erfüllt, wählt das Mitglied die Krankenkasse.

(6) ¹Das Mitglied hat die nach den Absätzen 1 bis 4 Versicherten mit den für die Durchführung der Familienversicherung notwendigen Angaben sowie die Änderung dieser Angaben an die zuständige Krankenkasse zu melden. ²Der Spitzenverband Bund der Krankenkassen legt für die Meldung nach Satz 1 ein einheitliches Verfahren und einheitliche Meldevordrucke fest.

Drittes Kapitel
Leistungen der Krankenversicherung

Erster Abschnitt
Übersicht über die Leistungen

§ 11 Leistungsarten

(1) Versicherte haben nach den folgenden Vorschriften Anspruch auf Leistungen
1. bei Schwangerschaft und Mutterschaft (§§ 24c bis 24i),
2. zur Verhütung von Krankheiten und von deren Verschlimmerung sowie zur Empfängnisverhütung, bei Sterilisation und bei Schwangerschaftsabbruch (§§ 20 bis 24b),
3. zur Erfassung von gesundheitlichen Risiken und Früherkennung von Krankheiten (§§ 25 und 26),
4. zur Behandlung einer Krankheit (§§ 27 bis 52),
5. des Persönlichen Budgets nach § 29 des Neunten Buches.

(2) ¹Versicherte haben auch Anspruch auf Leistungen zur medizinischen Rehabilitation sowie auf unterhaltssichernde und andere ergänzende Leistungen, die notwendig sind, um eine Behinderung oder Pflegebedürftigkeit abzuwenden, zu beseitigen, zu mindern, auszugleichen, ihre Verschlimmerung zu verhüten oder ihre Folgen zu mildern. ²Leistungen der aktivierenden Pflege nach Eintritt von Pflegebedürftigkeit werden von den Pflegekassen erbracht. ³Die Leistungen nach Satz 1 werden unter Beachtung des Neunten Buches erbracht, soweit in diesem Buch nichts anderes bestimmt ist.

(3) ¹Bei stationärer Behandlung umfassen die Leistungen auch die aus medizinischen Gründen notwendige Mitaufnahme einer Begleitperson des Versicherten oder bei stationärer Behandlung in einem Krankenhaus nach § 108

oder einer Vorsorge- oder Rehabilitationseinrichtung nach § 107 Absatz 2 die Mitaufnahme einer Pflegekraft, soweit Versicherte ihre Pflege nach § 63b Absatz 6 Satz 1 des Zwölften Buches durch von ihnen beschäftigte besondere Pflegekräfte sicherstellen. ²Ist bei stationärer Behandlung die Anwesenheit einer Begleitperson aus medizinischen Gründen notwendig, eine Mitaufnahme in die stationäre Einrichtung jedoch nicht möglich, kann die Unterbringung der Begleitperson auch außerhalb des Krankenhauses oder der Vorsorge- oder Rehabilitationseinrichtung erfolgen. ³Die Krankenkasse bestimmt nach den medizinischen Erfordernissen des Einzelfalls Art und Dauer der Leistungen für eine Unterbringung nach Satz 2 nach pflichtgemäßem Ermessen; die Kosten dieser Leistungen dürfen nicht höher sein als die für eine Mitaufnahme der Begleitperson in die stationäre Einrichtung nach Satz 1 anfallenden Kosten.

(4) ¹Versicherte haben Anspruch auf ein Versorgungsmanagement insbesondere zur Lösung von Problemen beim Übergang in die verschiedenen Versorgungsbereiche; dies umfasst auch die fachärztliche Anschlussversorgung. ²Die betroffenen Leistungserbringer sorgen für eine sachgerechte Anschlussversorgung des Versicherten und übermitteln sich gegenseitig die erforderlichen Informationen. ³Sie sind zur Erfüllung dieser Aufgabe von den Krankenkassen zu unterstützen. ⁴In das Versorgungsmanagement sind die Pflegeeinrichtungen einzubeziehen; dabei ist eine enge Zusammenarbeit mit Pflegeberatern und Pflegeberaterinnen nach § 7a des Elften Buches zu gewährleisten. ⁵Das Versorgungsmanagement und eine dazu erforderliche Übermittlung von Daten darf nur mit Einwilligung und nach vorheriger Information des Versicherten erfolgen. ⁶Soweit in Verträgen nach § 140a nicht bereits entsprechende Regelungen vereinbart sind, ist das Nähere im Rahmen von Verträgen mit sonstigen Leistungserbringern der gesetzlichen Krankenversicherung und mit Leistungserbringern nach dem Elften Buch sowie mit den Pflegekassen zu regeln.

(5) ¹Auf Leistungen besteht kein Anspruch, wenn sie als Folge eines Arbeitsunfalls oder einer Berufskrankheit im Sinne der gesetzlichen Unfallversicherung zu erbringen sind. ²Dies gilt auch in Fällen des § 12a des Siebten Buches.

(6) ¹Die Krankenkasse kann in ihrer Satzung zusätzliche vom Gemeinsamen Bundesausschuss nicht ausgeschlossene Leistungen in der fachlich gebotenen Qualität im Bereich der medizinischen Vorsorge und Rehabilitation (§§ 23, 40), der Leistungen von Hebammen bei Schwangerschaft und Mutterschaft (§ 24d), der künstlichen Befruchtung (§ 27a), der zahnärztlichen Behandlung ohne die Versorgung mit Zahnersatz (§ 28 Absatz 2), bei der Versorgung mit nicht verschreibungspflichtigen apothekenpflichtigen Arzneimitteln (§ 34 Absatz 1 Satz 1), mit Heilmitteln (§ 32), mit Hilfsmitteln (§ 33) und mit digitalen Gesundheitsanwendungen (§ 33a), im Bereich der häuslichen Krankenpflege (§ 37) und der Haushaltshilfe (§ 38) sowie Leistungen von nicht zugelassenen Leistungserbringern vorsehen. ²Die Satzung muss insbesondere die Art, die Dauer und den Umfang der Leistung bestimmen; sie hat hinreichende Anforderungen an die Qualität der Leistungserbringung zu regeln. ³Die zusätzlichen Leistungen sind von den Krankenkassen in ihrer Rechnungslegung gesondert auszuweisen.

Zweiter Abschnitt
Gemeinsame Vorschriften

§ 12 Wirtschaftlichkeitsgebot

(1) ¹Die Leistungen müssen ausreichend, zweckmäßig und wirtschaftlich sein; sie dürfen das Maß des Notwendigen nicht überschreiten. ²Leistungen, die nicht notwendig oder unwirtschaftlich sind, können Versicherte nicht beanspruchen, dürfen die Leistungserbringer nicht bewirken und die Krankenkassen nicht bewilligen.

(2) Ist für eine Leistung ein Festbetrag festgesetzt, erfüllt die Krankenkasse ihre Leistungspflicht mit dem Festbetrag.

(3) Hat die Krankenkasse Leistungen ohne Rechtsgrundlage oder entgegen geltendem Recht erbracht und hat ein Vorstandsmitglied hiervon gewußt oder hätte es hiervon wissen müssen, hat die zuständige Aufsichtsbehörde nach Anhörung des Vorstandsmitglieds den Verwaltungsrat zu veranlassen, den Geschäftsführer auf Ersatz des aus der Pflichtverletzung entstandenen Schadens in Anspruch zu nehmen, falls der Vorstand das Regreßverfahren nicht bereits von sich aus eingeleitet hat.

§ 13 Kostenerstattung

(1) Die Krankenkasse darf anstelle der Sach- oder Dienstleistung (§ 2 Abs. 2) Kosten nur erstatten, soweit es dieses oder das Neunte Buch vorsieht.

(2) ¹Versicherte können anstelle der Sach- oder Dienstleistungen Kostenerstattung wählen. ²Hierüber haben sie ihre Krankenkasse vor Inanspruchnahme der Leistung in Kenntnis zu setzen. ³Der Leistungserbringer hat die Versicherten vor Inanspruchnahme der Leistung darüber zu informieren, dass Kosten, die nicht von der Krankenkasse übernommen werden, von dem Versicherten zu tragen sind. ⁴Eine Einschränkung der Wahl auf den Bereich der ärztlichen Versorgung, der zahnärztlichen Versorgung, den stationären Bereich oder auf veranlasste Leistungen ist

möglich. ⁵Nicht im Vierten Kapitel genannte Leistungserbringer dürfen nur nach vorheriger Zustimmung der Krankenkasse in Anspruch genommen werden. ⁶Eine Zustimmung kann erteilt werden, wenn medizinische oder soziale Gründe eine Inanspruchnahme dieser Leistungserbringer rechtfertigen und eine zumindest gleichwertige Versorgung gewährleistet ist. ⁷Die Inanspruchnahme von Leistungserbringern nach § 95b Absatz 3 Satz 1 im Wege der Kostenerstattung ist ausgeschlossen. ⁸Anspruch auf Erstattung besteht höchstens in Höhe der Vergütung, die die Krankenkasse bei Erbringung als Sachleistung zu tragen hätte. ⁹Die Satzung hat das Verfahren der Kostenerstattung zu regeln. ¹⁰Sie kann dabei Abschläge vom Erstattungsbetrag für Verwaltungskosten in Höhe von höchstens 5 Prozent in Abzug bringen. ¹¹Im Falle der Kostenerstattung nach § 129 Absatz 1 Satz 6 sind die der Krankenkasse entgangenen Rabatte nach § 130a Absatz 8 sowie die Mehrkosten im Vergleich zur Abgabe eines Arzneimittels nach § 129 Absatz 1 Satz 3 und 5 zu berücksichtigen; die Abschläge sollen pauschaliert werden. ¹²Die Versicherten sind an ihre Wahl der Kostenerstattung mindestens ein Kalendervierteljahr gebunden.

(3) ¹Konnte die Krankenkasse eine unaufschiebbare Leistung nicht rechtzeitig erbringen oder hat sie eine Leistung zu Unrecht abgelehnt und sind dadurch Versicherten für die selbstbeschaffte Leistung Kosten entstanden, sind diese von der Krankenkasse in der entstandenen Höhe zu erstatten, soweit die Leistung notwendig war. ²Die Kosten für selbstbeschaffte Leistungen zur medizinischen Rehabilitation nach dem Neunten Buch werden nach § 18 des Neunten Buches erstattet. ³Die Kosten für selbstbeschaffte Leistungen, die durch einen Psychotherapeuten erbracht werden, sind erstattungsfähig, sofern dieser die Voraussetzungen des § 95c erfüllt.

(3a) ¹Die Krankenkasse hat über einen Antrag auf Leistungen zügig, spätestens bis zum Ablauf von drei Wochen nach Antragseingang oder in Fällen, in denen eine gutachtliche Stellungnahme, insbesondere des Medizinischen Dienstes, eingeholt wird, innerhalb von fünf Wochen nach Antragseingang zu entscheiden. ²Wenn die Krankenkasse eine gutachtliche Stellungnahme für erforderlich hält, hat sie diese unverzüglich einzuholen und die Leistungsberechtigten hierüber zu unterrichten. ³Der Medizinische Dienst nimmt innerhalb von drei Wochen gutachtlich Stellung. ⁴Wird ein im Bundesmantelvertrag für Zahnärzte vorgesehenes Gutachterverfahren gemäß § 87 Absatz 1c durchgeführt, hat die Krankenkasse ab Antragseingang innerhalb von sechs Wochen zu entscheiden; der Gutachter nimmt innerhalb von vier Wochen Stellung. ⁵Kann die Krankenkasse Fristen nach Satz 1 oder Satz 4 nicht einhalten, teilt sie dies den Leistungsberechtigten unter Darlegung der Gründe rechtzeitig schriftlich oder elektronisch mit; für die elektronische Mitteilung gilt § 37 Absatz 2b des Zehnten Buches entsprechend. ⁶Erfolgt keine Mitteilung eines hinreichenden Grundes, gilt die Leistung nach Ablauf der Frist als genehmigt. ⁷Beschaffen sich Leistungsberechtigte nach Ablauf der Frist eine erforderliche Leistung selbst, ist die Krankenkasse zur Erstattung der hierdurch entstandenen Kosten verpflichtet. ⁸Die Krankenkasse berichtet dem Spitzenverband Bund der Krankenkassen jährlich über die Anzahl der Fälle, in denen Fristen nicht eingehalten oder Kostenerstattungen vorgenommen wurden. ⁹Für Leistungen zur medizinischen Rehabilitation gelten die §§ 14 bis 24 des Neunten Buches zur Koordinierung der Leistungen und zur Erstattung selbst beschaffter Leistungen.

(4) ¹Versicherte sind berechtigt, auch Leistungserbringer in einem anderen Mitgliedstaat der Europäischen Union, einem anderen Vertragsstaat des Abkommens über den Europäischen Wirtschaftsraum oder der Schweiz anstelle der Sach- oder Dienstleistung im Wege der Kostenerstattung in Anspruch zu nehmen, es sei denn, Behandlungen für diesen Personenkreis im anderen Staat sind auf der Grundlage eines Pauschbetrages zu erstatten oder unterliegen auf Grund eines vereinbarten Erstattungsverzichts nicht der Erstattung. ²Es dürfen nur solche Leistungserbringer in Anspruch genommen werden, bei denen die Bedingungen des Zugangs und der Ausübung des Berufes Gegenstand einer Richtlinie der Europäischen Gemeinschaft sind oder die im jeweiligen nationalen System der Krankenversicherung des Aufenthaltsstaates zur Versorgung der Versicherten berechtigt sind. ³Der Anspruch auf Erstattung besteht höchstens in Höhe der Vergütung, die die Krankenkasse bei Erbringung als Sachleistung im Inland zu tragen hätte. ⁴Die Satzung hat das Verfahren der Kostenerstattung zu regeln. ⁵Sie hat dabei ausreichende Abschläge vom Erstattungsbetrag für Verwaltungskosten in Höhe von höchstens 5 Prozent vorzusehen sowie vorgesehene Zuzahlungen in Abzug zu bringen. ⁶Ist eine dem allgemein anerkannten Stand der medizinischen Erkenntnisse entsprechende Behandlung einer Krankheit nur in einem anderen Mitgliedstaat der Europäischen Union oder einem anderen Vertragsstaat des Abkommens über den Europäischen Wirtschaftsraum möglich, kann die Krankenkasse die Kosten der erforderlichen Behandlung auch ganz übernehmen.

(5) ¹Abweichend von Absatz 4 können in einem anderen Mitgliedstaat der Europäischen Union, einem anderen Vertragsstaat des Abkommens über den Europäischen Wirtschaftsraum oder der Schweiz Krankenhausleistungen nach § 39 nur nach vorheriger Zustimmung durch die Krankenkassen in Anspruch genommen werden. ²Die Zustimmung darf nur versagt werden, wenn die gleiche oder eine für den Versicherten ebenso wirksame, dem allgemein anerkannten Stand der medizinischen Erkenntnisse entsprechende Behandlung einer Krankheit rechtzeitig bei einem Vertragspartner der Krankenkasse im Inland erlangt werden kann.

(6) § 18 Abs. 1 Satz 2 und Abs. 2 gilt in den Fällen der Absätze 4 und 5 entsprechend.

§ 14 Teilkostenerstattung

(1) ¹Die Satzung kann für Angestellte und Versorgungsempfänger der Krankenkassen und ihrer Verbände, für die eine Dienstordnung nach § 351 der Reichsversicherungsordnung gilt, und für Beamte, die in einer Betriebskrankenkasse oder in der knappschaftlichen Krankenversicherung tätig sind, bestimmen, daß an die Stelle der nach diesem Buch vorgesehenen Leistungen ein Anspruch auf Teilkostenerstattung tritt. ²Sie hat die Höhe des Erstattungsanspruchs in Vomhundertsätzen festzulegen und das Nähere über die Durchführung des Erstattungsverfahrens zu regeln.
(2) ¹Die in Absatz 1 genannten Versicherten können sich jeweils im voraus für die Dauer von zwei Jahren für die Teilkostenerstattung nach Absatz 1 entscheiden. ²Die Entscheidung wirkt auch für ihre nach § 10 versicherten Angehörigen.

§ 15 Ärztliche Behandlung, elektronische Gesundheitskarte

(1) ¹Ärztliche oder zahnärztliche Behandlung wird von Ärzten oder Zahnärzten erbracht, soweit nicht in Modellvorhaben nach § 63 Abs. 3c etwas anderes bestimmt ist. ²Sind Hilfeleistungen anderer Personen erforderlich, dürfen sie nur erbracht werden, wenn sie vom Arzt (Zahnarzt) angeordnet und von ihm verantwortet werden.
(2) ¹Versicherte, die ärztliche, zahnärztliche oder psychotherapeutische Behandlung in Anspruch nehmen, haben dem Arzt, Zahnarzt oder Psychotherapeuten vor Beginn der Behandlung ihre elektronische Gesundheitskarte zum Nachweis der Berechtigung zur Inanspruchnahme von Leistungen auszuhändigen. ²Ab dem 1. Januar 2024 kann der Versicherte den Nachweis nach Satz 1 auch durch eine digitale Identität nach § 291 Absatz 8 erbringen.
(3) ¹Für die Inanspruchnahme anderer Leistungen stellt die Krankenkasse den Versicherten Berechtigungsscheine aus, soweit es zweckmäßig ist. ²Der Berechtigungsschein ist vor der Inanspruchnahme der Leistung dem Leistungserbringer auszuhändigen.
(4) ¹In den Berechtigungsscheinen sind die Angaben nach § 291a Absatz 2 Nummer 1 bis 9 und 11, bei befristeter Gültigkeit das Datum des Fristablaufs, aufzunehmen. ²Weitere Angaben dürfen nicht aufgenommen werden.
(5) In dringenden Fällen kann die elektronische Gesundheitskarte oder der Berechtigungsschein nachgereicht werden.
(6) ¹Jeder Versicherte erhält die elektronische Gesundheitskarte bei der erstmaligen Ausgabe und bei Beginn der Versicherung bei einer Krankenkasse sowie bei jeder weiteren, nicht vom Versicherten verschuldeten erneuten Ausgabe gebührenfrei. ²Die Krankenkassen haben einem Missbrauch der Karten durch geeignete Maßnahmen entgegenzuwirken. ³Muß die Karte auf Grund von vom Versicherten verschuldeten Gründen neu ausgestellt werden, kann eine Gebühr von 5 Euro erhoben werden; diese Gebühr ist auch von den nach § 10 Versicherten zu zahlen. ⁴Satz 3 gilt entsprechend, wenn die Karte aus vom Versicherten verschuldeten Gründen nicht ausgestellt werden kann und von der Krankenkasse eine zur Überbrückung von Übergangszeiten befristete Ersatzbescheinigung zum Nachweis der Berechtigung zur Inanspruchnahme von Leistungen ausgestellt wird. ⁵Die wiederholte Ausstellung einer Bescheinigung nach Satz 4 kommt nur in Betracht, wenn der Versicherte bei der Ausstellung der elektronischen Gesundheitskarte mitwirkt; hierauf ist der Versicherte bei der erstmaligen Ausstellung einer Ersatzbescheinigung hinzuweisen. ⁶Die Krankenkasse kann die Aushändigung der elektronischen Gesundheitskarte vom Vorliegen der Meldung nach § 10 Abs. 6 abhängig machen.

§ 16 Ruhen des Anspruchs

(1) ¹Der Anspruch auf Leistungen ruht, solange Versicherte
1. sich im Ausland aufhalten, und zwar auch dann, wenn sie dort während eines vorübergehenden Aufenthalts erkranken, soweit in diesem Gesetzbuch nichts Abweichendes bestimmt ist,
2. Dienst auf Grund einer gesetzlichen Dienstpflicht oder Dienstleistungen und Übungen nach dem Vierten Abschnitt des Soldatengesetzes leisten,
2a. in einem Wehrdienstverhältnis besonderer Art nach § 6 des Einsatz-Weiterverwendungsgesetzes stehen,
3. nach dienstrechtlichen Vorschriften Anspruch auf Heilfürsorge haben oder als Entwicklungshelfer Entwicklungsdienst leisten,
4. sich in Untersuchungshaft befinden, nach § 126a der Strafprozeßordnung einstweilen untergebracht sind oder gegen sie eine Freiheitsstrafe oder freiheitsentziehende Maßregel der Besserung und Sicherung vollzogen wird, soweit die Versicherten als Gefangene Anspruch auf Gesundheitsfürsorge nach dem Strafvollzugsgesetz haben oder sonstige Gesundheitsfürsorge erhalten.

²Satz 1 gilt nicht für den Anspruch auf Mutterschaftsgeld.
(2) Der Anspruch auf Leistungen ruht, soweit Versicherte gleichartige Leistungen von einem Träger der Unfallversicherung im Ausland erhalten.
(3) ¹Der Anspruch auf Leistungen ruht, soweit durch das Seearbeitsgesetz für den Fall der Erkrankung oder Verletzung Vorsorge getroffen ist. ²Er ruht insbesondere, solange sich das Besatzungsmitglied an Bord des Schiffes oder auf der Reise befindet, es sei denn, das Besatzungsmitglied hat nach § 100 Absatz 1 des Seearbeitsgesetzes die

Leistungen der Krankenkasse gewählt oder der Reeder hat das Besatzungsmitglied nach § 100 Absatz 2 des Seearbeitsgesetzes an die Krankenkasse verwiesen.

(3a) ¹Der Anspruch auf Leistungen für nach dem Künstlersozialversicherungsgesetz Versicherte, die mit einem Betrag in Höhe von Beitragsanteilen für zwei Monate im Rückstand sind und trotz Mahnung nicht zahlen, ruht nach näherer Bestimmung des § 16 Abs. 2 des Künstlersozialversicherungsgesetzes. ²Satz 1 gilt entsprechend für Mitglieder nach den Vorschriften dieses Buches, die mit einem Betrag in Höhe von Beitragsanteilen für zwei Monate im Rückstand sind und trotz Mahnung nicht zahlen, ausgenommen sind Untersuchungen zur Früherkennung von Krankheiten nach den §§ 25 und 26 und Leistungen, die zur Behandlung akuter Erkrankungen und Schmerzzustände sowie bei Schwangerschaft und Mutterschaft erforderlich sind; das Ruhen endet, wenn alle rückständigen und die auf die Zeit des Ruhens entfallenden Beitragsanteile gezahlt sind. ³Ist eine wirksame Ratenzahlungsvereinbarung zu Stande gekommen, hat das Mitglied ab diesem Zeitpunkt wieder Anspruch auf Leistungen, solange die Raten vertragsgemäß entrichtet werden. ⁴Das Ruhen tritt nicht ein oder endet, wenn Versicherte hilfebedürftig im Sinne des Zweiten oder Zwölften Buches sind oder werden.

(3b) Sind Versicherte mit einem Betrag in Höhe von Beitragsanteilen für zwei Monate im Rückstand, hat die Krankenkasse sie schriftlich darauf hinzuweisen, dass sie im Fall der Hilfebedürftigkeit die Übernahme der Beiträge durch den zuständigen Sozialleistungsträger beantragen können.

(4) Der Anspruch auf Krankengeld ruht nicht, solange sich Versicherte nach Eintritt der Arbeitsunfähigkeit mit Zustimmung der Krankenkasse außerhalb des Geltungsbereichs dieses Gesetzbuchs aufhalten.

§ 17 Leistungen bei Beschäftigung im Ausland

(1) ¹Mitglieder, die im Ausland beschäftigt sind und während dieser Beschäftigung erkranken oder bei denen Leistungen bei Schwangerschaft oder Mutterschaft erforderlich sind, erhalten die ihnen nach diesem Kapitel zustehenden Leistungen von ihrem Arbeitgeber. ²Satz 1 gilt entsprechend
1. die nach § 10 versicherten Familienangehörigen und
2. Familienangehörige in Elternzeit, wenn sie wegen § 10 Absatz 1 Satz 1 Nummer 2 nicht familienversichert sind, soweit die Familienangehörigen das Mitglied für die Zeit dieser Beschäftigung begleiten oder besuchen.

(2) Die Krankenkasse des Versicherten hat dem Arbeitgeber die ihm nach Absatz 1 entstandenen Kosten bis zu der Höhe zu erstatten, in der sie ihr im Inland entstanden wären.

(3) Die zuständige Krankenkasse hat dem Reeder die Aufwendungen zu erstatten, die ihm nach § 104 Absatz 2 des Seearbeitsgesetzes entstanden sind.

§ 18 Kostenübernahme bei Behandlung außerhalb des Geltungsbereichs des Vertrages zur Gründung der Europäischen Gemeinschaft und des Abkommens über den Europäischen Wirtschaftsraum

(1) ¹Ist eine dem allgemein anerkannten Stand der medizinischen Erkenntnisse entsprechende Behandlung einer Krankheit nur außerhalb des Geltungsbereichs des Vertrages zur Gründung der Europäischen Gemeinschaft und des Abkommens über den Europäischen Wirtschaftsraum möglich, kann die Krankenkasse die Kosten der erforderlichen Behandlung ganz oder teilweise übernehmen. ²Der Anspruch auf Krankengeld ruht in diesem Fall nicht.

(2) In den Fällen des Absatzes 1 kann die Krankenkasse auch weitere Kosten für den Versicherten und für eine erforderliche Begleitperson ganz oder teilweise übernehmen.

(3) ¹Ist während eines vorübergehenden Aufenthalts außerhalb des Geltungsbereichs des Vertrages zur Gründung der Europäischen Gemeinschaft und des Abkommens über den Europäischen Wirtschaftsraum eine Behandlung unverzüglich erforderlich, die auch im Inland möglich wäre, hat die Krankenkasse die Kosten der erforderlichen Behandlung insoweit zu übernehmen, als Versicherte sich hierfür wegen einer Vorerkrankung oder ihres Lebensalters nachweislich nicht versichern können und die Krankenkasse dies vor Beginn des Auslandsaufenthalts festgestellt hat. ²Die Kosten dürfen nur bis zu der Höhe, in der sie im Inland entstanden wären, und nur für längstens sechs Wochen im Kalenderjahr übernommen werden. ³Eine Kostenübernahme ist nicht zulässig, wenn Versicherte sich zur Behandlung ins Ausland begeben. ⁴Die Sätze 1 und 3 gelten entsprechend für Auslandsaufenthalte, die aus schulischen oder Studiengründen erforderlich sind; die Kosten dürfen nur bis zu der Höhe übernommen werden, in der sie im Inland entstanden wären.

§ 19 Erlöschen des Leistungsanspruchs

(1) Der Anspruch auf Leistungen erlischt mit dem Ende der Mitgliedschaft, soweit in diesem Gesetzbuch nichts Abweichendes bestimmt ist.

(1a) ¹Endet die Mitgliedschaft durch die Schließung oder Insolvenz einer Krankenkasse, gelten die von dieser Krankenkasse getroffenen Leistungsentscheidungen mit Wirkung für die aufnehmende Krankenkasse fort. ²Hiervon ausgenommen sind Leistungen aufgrund von Satzungsregelungen. ³Beim Abschluss von Wahltarifen, die ein Mitglied zum Zeitpunkt der Schließung in vergleichbarer Form bei der bisherigen Krankenkasse abgeschlossen hatte, dürfen von der aufnehmenden Krankenkasse keine Wartezeiten geltend gemacht werden. [4]Die Vorschriften des Zehnten Buches, insbesondere zur Rücknahme von Leistungsentscheidungen, bleiben hiervon unberührt.

(2) [1]Endet die Mitgliedschaft Versicherungspflichtiger, besteht Anspruch auf Leistungen längstens für einen Monat nach dem Ende der Mitgliedschaft, solange keine Erwerbstätigkeit ausgeübt wird. [2]Eine Versicherung nach § 10 hat Vorrang vor dem Leistungsanspruch nach Satz 1.

(3) Endet die Mitgliedschaft durch Tod, erhalten die nach § 10 versicherten Angehörigen Leistungen längstens für einen Monat nach dem Tode des Mitglieds.

Dritter Abschnitt
Leistungen zur Verhütung von Krankheiten, betriebliche Gesundheitsförderung und Prävention arbeitsbedingter Gesundheitsgefahren, Förderung der Selbsthilfe sowie Leistungen bei Schwangerschaft und Mutterschaft

§ 20 Primäre Prävention und Gesundheitsförderung

(1) [1]Die Krankenkasse sieht in der Satzung Leistungen zur Verhinderung und Verminderung von Krankheitsrisiken (primäre Prävention) sowie zur Förderung des selbstbestimmten gesundheitsorientierten Handelns der Versicherten (Gesundheitsförderung) vor. [2]Die Leistungen sollen insbesondere zur Verminderung sozial bedingter sowie geschlechtsbezogener Ungleichheit von Gesundheitschancen beitragen und kind- und jugendspezifische Belange berücksichtigen. [3]Die Krankenkasse legt dabei die Handlungsfelder und Kriterien nach Absatz 2 zugrunde.

(2) [1]Der Spitzenverband Bund der Krankenkassen legt unter Einbeziehung unabhängigen, insbesondere gesundheitswissenschaftlichen, ärztlichen, arbeitsmedizinischen, psychotherapeutischen, psychologischen, pflegerischen, ernährungs-, sport-, sucht-, erziehungs- und sozialwissenschaftlichen Sachverstandes sowie des Sachverstandes der Menschen mit Behinderung einheitliche Handlungsfelder und Kriterien für die Leistungen nach Absatz 1 fest, insbesondere hinsichtlich Bedarf, Zielgruppen, Zugangswegen, Inhalt, Methodik, Qualität, intersektoraler Zusammenarbeit, wissenschaftlicher Evaluation und der Messung der Erreichung der mit den Leistungen verfolgten Ziele. [2]Er bestimmt außerdem die Anforderungen und ein einheitliches Verfahren für die Zertifizierung von Leistungsangeboten durch die Krankenkassen, um insbesondere die einheitliche Qualität von Leistungen nach Absatz 4 Nummer 1 und 3 sicherzustellen. [3]Der Spitzenverband Bund der Krankenkassen stellt sicher, dass seine Festlegungen nach den Sätzen 1 und 2 sowie eine Übersicht der nach Satz 2 zertifizierten Leistungen der Krankenkassen auf seiner Internetseite veröffentlicht werden. [4]Die Krankenkassen erteilen dem Spitzenverband Bund der Krankenkassen hierfür sowie für den nach § 20d Absatz 2 Nummer 2 zu erstellenden Bericht die erforderlichen Auskünfte und übermitteln ihm nicht versichertenbezogen die erforderlichen Daten.

(3) [1]Bei der Aufgabenwahrnehmung nach Absatz 2 Satz 1 berücksichtigt der Spitzenverband Bund der Krankenkassen auch die folgenden Gesundheitsziele im Bereich der Gesundheitsförderung und Prävention:
1. Diabetes mellitus Typ 2: Erkrankungsrisiko senken, Erkrankte früh erkennen und behandeln,
2. Brustkrebs: Mortalität vermindern, Lebensqualität erhöhen,
3. Tabakkonsum reduzieren,
4. gesund aufwachsen: Lebenskompetenz, Bewegung, Ernährung,
5. gesundheitliche Kompetenz erhöhen, Souveränität der Patientinnen und Patienten stärken,
6. depressive Erkrankungen: verhindern, früh erkennen, nachhaltig behandeln,
7. gesund älter werden und
8. Alkoholkonsum reduzieren.

[2]Bei der Berücksichtigung des in Satz 1 Nummer 1 genannten Ziels werden auch die Ziele und Teilziele beachtet, die in der Bekanntmachung über die Gesundheitsziele und Teilziele im Bereich der Prävention und Gesundheitsförderung vom 21. März 2005 (BAnz. S. 5304) festgelegt sind. [3]Bei der Berücksichtigung der in Satz 1 Nummer 2, 3 und 8 genannten Ziele werden auch die Ziele und Teilziele beachtet, die in der Bekanntmachung über die Gesundheitsziele und Teilziele im Bereich der Prävention und Gesundheitsförderung vom 27. April 2015 (BAnz. AT 19. 05. 2015 B3) festgelegt sind. [4]Bei der Berücksichtigung der in Satz 1 Nummer 4 bis 7 genannten Ziele werden auch die Ziele und Teilziele beachtet, die in der Bekanntmachung über die Gesundheitsziele und Teilziele im Bereich der Prävention und Gesundheitsförderung vom 26. Februar 2013 (BAnz. AT 26. 03. 2013 B3) festgelegt sind. [5]Der Spitzenverband Bund der Krankenkassen berücksichtigt auch die von der Nationalen Arbeitsschutzkonferenz im Rahmen der gemeinsamen deutschen Arbeitsschutzstrategie nach § 20a Absatz 2 Nummer 1 des Arbeitsschutzgesetzes entwickelten Arbeitsschutzziele.

(4) Leistungen nach Absatz 1 werden erbracht als
1. Leistungen zur verhaltensbezogenen Prävention nach Absatz 5,
2. Leistungen zur Gesundheitsförderung und Prävention in Lebenswelten für in der gesetzlichen Krankenversicherung Versicherte nach § 20a und

3. Leistungen zur Gesundheitsförderung in Betrieben (betriebliche Gesundheitsförderung) nach § 20b.

(5) ¹Die Krankenkasse kann eine Leistung zur verhaltensbezogenen Prävention nach Absatz 4 Nummer 1 erbringen, wenn diese nach Absatz 2 Satz 2 von einer Krankenkasse oder von einem mit der Wahrnehmung dieser Aufgabe beauftragten Dritten in ihrem Namen zertifiziert ist. ²Bei ihrer Entscheidung über eine Leistung zur verhaltensbezogenen Prävention berücksichtigt die Krankenkasse eine Präventionsempfehlung nach § 25 Absatz 1 Satz 2, nach § 26 Absatz 1 Satz 3 oder eine im Rahmen einer arbeitsmedizinischen Vorsorge oder einer sonstigen ärztlichen Untersuchung schriftlich abgegebene Empfehlung. ³Die Krankenkasse darf die sich aus der Präventionsempfehlung ergebenden personenbezogenen Daten nur mit schriftlicher oder elektronischer Einwilligung und nach vorheriger schriftlicher Information des Versicherten verarbeiten. ⁴Die Krankenkassen dürfen ihre Aufgaben nach dieser Vorschrift an andere Krankenkassen, deren Verbände oder Arbeitsgemeinschaften übertragen. ⁵Für Leistungen zur verhaltensbezogenen Prävention, die die Krankenkasse wegen besonderer beruflicher oder familiärer Umstände wohnortfern erbringt, gilt § 23 Absatz 2 Satz 2 entsprechend.

(6) ¹Die Ausgaben der Krankenkassen für die Wahrnehmung ihrer Aufgaben nach dieser Vorschrift und nach den §§ 20a bis 20c sollen ab dem Jahr 2019 insgesamt für jeden ihrer Versicherten einen Betrag in Höhe von 7,52 Euro umfassen. ²Von diesem Betrag wenden die Krankenkassen für jeden ihrer Versicherten mindestens 2,15 Euro für Leistungen nach § 20a und mindestens 3,15 Euro für Leistungen nach § 20b auf. ³Von dem Betrag für Leistungen nach § 20b wenden die Krankenkassen für Leistungen nach § 20b, die in Einrichtungen nach § 107 Absatz 1 und in Einrichtungen nach § 71 Absatz 1 und 2 des Elften Buches erbracht werden, für jeden ihrer Versicherten mindestens 1 Euro auf. ⁴Unterschreiten die jährlichen Ausgaben einer Krankenkasse den Betrag nach Satz 2 für Leistungen nach § 20a, so stellt die Krankenkasse diese nicht ausgegebenen Mittel im Folgejahr zusätzlich für Leistungen nach § 20a zur Verfügung. ⁵Die Ausgaben nach den Sätzen 1 bis 3 sind in den Folgejahren entsprechend der prozentualen Veränderung der monatlichen Bezugsgröße nach § 18 Absatz 1 des Vierten Buches anzupassen. ⁶Unbeschadet der Verpflichtung nach Absatz 1 müssen die Ausgaben der Krankenkassen für die Wahrnehmung ihrer Aufgaben nach dieser Vorschrift und nach den §§ 20a bis 20c im Jahr 2020 nicht den in den Sätzen 1 bis 3 genannten Beträgen entsprechen. ⁷Im Jahr 2019 nicht ausgegebene Mittel für Leistungen nach § 20a hat die Krankenkasse nicht im Jahr 2020 für zusätzliche Leistungen nach § 20a zur Verfügung zu stellen.

§ 20a Leistungen zur Gesundheitsförderung und Prävention in Lebenswelten

(1) ¹Lebenswelten im Sinne des § 20 Absatz 4 Nummer 2 sind für die Gesundheit bedeutsame, abgrenzbare soziale Systeme insbesondere des Wohnens, des Lernens, des Studierens, der medizinischen und pflegerischen Versorgung sowie der Freizeitgestaltung einschließlich des Sports. ²Die Krankenkassen fördern im Zusammenwirken mit dem öffentlichen Gesundheitsdienst unbeschadet der Aufgaben anderer auf der Grundlage von Rahmenvereinbarungen nach § 20f Absatz 1 mit Leistungen zur Gesundheitsförderung und Prävention in Lebenswelten insbesondere den Aufbau und die Stärkung gesundheitsförderlicher Strukturen. ³Hierzu erheben sie unter Beteiligung der Versicherten und der für die Lebenswelt Verantwortlichen die gesundheitliche Situation einschließlich ihrer Risiken und Potenziale und entwickeln Vorschläge zur Verbesserung der gesundheitlichen Situation sowie zur Stärkung der gesundheitlichen Ressourcen und Fähigkeiten und unterstützen deren Umsetzung. ⁴Bei der Wahrnehmung ihrer Aufgaben nach Satz 2 sollen die Krankenkassen zusammenarbeiten und kassenübergreifende Leistungen zur Gesundheitsförderung und Prävention in Lebenswelten erbringen. ⁵Bei der Erbringung von Leistungen für Personen, deren berufliche Eingliederung auf Grund gesundheitlicher Einschränkungen besonders erschwert ist, arbeiten die Krankenkassen mit der Bundesagentur für Arbeit und mit den kommunalen Trägern der Grundsicherung für Arbeitsuchende eng zusammen.

(2) Die Krankenkasse kann Leistungen zur Gesundheitsförderung und Prävention in Lebenswelten erbringen, wenn die Bereitschaft der für die Lebenswelt Verantwortlichen zur Umsetzung von Vorschlägen zur Verbesserung der gesundheitlichen Situation sowie zur Stärkung der gesundheitlichen Ressourcen und Fähigkeiten besteht und sie mit einer angemessenen Eigenleistung zur Umsetzung der Rahmenvereinbarungen nach § 20f beitragen.

(3) ¹Zur Unterstützung der Krankenkassen bei der Wahrnehmung ihrer Aufgaben zur Gesundheitsförderung und Prävention in Lebenswelten für in der gesetzlichen Krankenversicherung Versicherte, insbesondere in Kindertageseinrichtungen, in sonstigen Einrichtungen der Kinder- und Jugendhilfe, in Schulen sowie in den Lebenswelten älterer Menschen und zur Sicherung und Weiterentwicklung der Qualität der Leistungen beauftragt der Spitzenverband Bund der Krankenkassen die Bundeszentrale für gesundheitliche Aufklärung ab dem Jahr 2016 insbesondere mit der Entwicklung der Art und der Qualität krankenkassenübergreifender Leistungen, deren Implementierung und deren wissenschaftlicher Evaluation. ²Der Spitzenverband Bund der Krankenkassen legt dem Auftrag die nach § 20 Absatz 2 Satz 1 festgelegten Handlungsfelder und Kriterien sowie die in den Rahmenvereinbarungen nach § 20f jeweils getroffenen Festlegungen zugrunde. ³Im Rahmen des Auftrags nach Satz 1 soll die Bundeszentrale für gesundheitliche Aufklärung geeignete Kooperationspartner heranziehen. ⁴Die Bundeszentrale für gesundheitliche Aufklärung erhält für die Ausführung des Auftrags nach Satz 1 vom Spitzenverband Bund der Krankenkassen eine pauschale Vergütung in Höhe von mindestens 0,45 Euro aus dem Betrag, den die Krankenkassen nach § 20 Absatz 6 Satz 2 für Leistungen

zur Gesundheitsförderung und Prävention in Lebenswelten aufzuwenden haben. ⁵Die Vergütung nach Satz 4 erfolgt quartalsweise und ist am ersten Tag des jeweiligen Quartals zu leisten. ⁶Sie ist nach Maßgabe von § 20 Absatz 6 Satz 5 jährlich anzupassen. ⁷Die Bundeszentrale für gesundheitliche Aufklärung stellt sicher, dass die vom Spitzenverband Bund der Krankenkassen geleistete Vergütung ausschließlich zur Durchführung des Auftrags nach diesem Absatz eingesetzt wird und dokumentiert dies nach Maßgabe des Spitzenverbandes Bund der Krankenkassen. ⁸Abweichend von Satz 4 erhält die Bundeszentrale für gesundheitliche Aufklärung im Jahr 2020 keine pauschale Vergütung für die Ausführung des Auftrags nach Satz 1.
(4) ¹Das Nähere über die Beauftragung der Bundeszentrale für gesundheitliche Aufklärung nach Absatz 3, insbesondere zum Inhalt und Umfang, zur Qualität und zur Prüfung der Wirtschaftlichkeit sowie zu den für die Durchführung notwendigen Kosten, vereinbaren der Spitzenverband Bund der Krankenkassen und die Bundeszentrale für gesundheitliche Aufklärung erstmals bis zum 30. November 2015. ²Kommt die Vereinbarung nicht innerhalb der Frist nach Satz 1 zustande, erbringt die Bundeszentrale für gesundheitliche Aufklärung die Leistungen nach Absatz 3 Satz 1 unter Berücksichtigung der vom Spitzenverband Bund der Krankenkassen nach § 20 Absatz 2 Satz 1 festgelegten Handlungsfelder und Kriterien sowie unter Beachtung der in Rahmenvereinbarungen nach § 20f getroffenen Festlegungen und des Wirtschaftlichkeitsgebots nach § 12. ³Der Spitzenverband Bund der Krankenkassen regelt in seiner Satzung das Verfahren zur Aufbringung der erforderlichen Mittel durch die Krankenkassen. ⁴§ 89 Absatz 3 bis 5 des Zehnten Buches gilt entsprechende.

§ 20b Betriebliche Gesundheitsförderung

(1) ¹Die Krankenkassen fördern mit Leistungen zur Gesundheitsförderung in Betrieben (betriebliche Gesundheitsförderung) insbesondere den Aufbau und die Stärkung gesundheitsförderlicher Strukturen. ²Hierzu erheben sie unter Beteiligung der Versicherten und der Verantwortlichen für den Betrieb sowie der Betriebsärzte und der Fachkräfte für Arbeitssicherheit die gesundheitliche Situation einschließlich ihrer Risiken und Potenziale und entwickeln Vorschläge zur Verbesserung der gesundheitlichen Situation sowie zur Stärkung der gesundheitlichen Ressourcen und Fähigkeiten und unterstützen deren Umsetzung. ³Für im Rahmen der Gesundheitsförderung in Betrieben erbrachte Leistungen zur individuellen, verhaltensbezogenen Prävention gilt § 20 Absatz 5 Satz 1 entsprechend.
(2) ¹Bei der Wahrnehmung von Aufgaben nach Absatz 1 arbeiten die Krankenkassen mit dem zuständigen Unfallversicherungsträger sowie mit den für den Arbeitsschutz zuständigen Landesbehörden zusammen. ²Sie können Aufgaben nach Absatz 1 durch andere Krankenkassen, durch ihre Verbände oder durch zu diesem Zweck gebildete Arbeitsgemeinschaften (Beauftragte) mit deren Zustimmung wahrnehmen lassen und sollen bei der Aufgabenwahrnehmung mit anderen Krankenkassen zusammenarbeiten. ³§ 88 Abs. 1 Satz 1 und Abs. 2 des Zehnten Buches und § 219 gelten entsprechend.
(3) ¹Die Krankenkassen bieten Unternehmen, insbesondere Einrichtungen nach § 107 Absatz 1 und Einrichtungen nach § 71 Absatz 1 und 2 des Elften Buches, unter Nutzung bestehender Strukturen in gemeinsamen regionalen Koordinierungsstellen Beratung und Unterstützung an. ²Die Beratung und Unterstützung umfasst insbesondere die Information über Leistungen nach Absatz 1, die Förderung überbetrieblicher Netzwerke zur betrieblichen Gesundheitsförderung und die Klärung, welche Krankenkasse im Einzelfall Leistungen nach Absatz 1 im Betrieb erbringt. ³Örtliche Unternehmensorganisationen und die für die Wahrnehmung der Interessen der Einrichtungen nach § 107 Absatz 1 oder der Einrichtungen nach § 71 Absatz 1 oder 2 des Elften Buches auf Landesebene maßgeblichen Verbände sollen an der Beratung beteiligt werden. ⁴Die Landesverbände der Krankenkassen und die Ersatzkassen regeln einheitlich und gemeinsam das Nähere über die Aufgaben, die Arbeitsweise und die Finanzierung der Koordinierungsstellen sowie über die Beteiligung örtlicher Unternehmensorganisationen und der für die Wahrnehmung der Interessen der Einrichtungen nach § 107 Absatz 1 oder der Einrichtungen nach § 71 Absatz 1 oder 2 des Elften Buches auf Landesebene maßgeblichen Verbände durch Kooperationsvereinbarungen. ⁵Auf die zum Zwecke der Vorbereitung und Umsetzung der Kooperationsvereinbarungen gebildeten Arbeitsgemeinschaften findet § 94 Absatz 1a Satz 2 und 3 des Zehnten Buches keine Anwendung.
(4) ¹Unterschreiten die jährlichen Ausgaben einer Krankenkasse den Betrag nach § 20 Absatz 6 Satz 2 für Leistungen nach Absatz 1, stellt die Krankenkasse die nicht verausgabten Mittel dem Spitzenverband Bund der Krankenkassen zur Verfügung. ²Dieser verteilt die Mittel nach einem von ihm festzulegenden Schlüssel auf die Landesverbände der Krankenkassen und die Ersatzkassen, die Kooperationsvereinbarungen mit örtlichen Unternehmensorganisationen nach Absatz 3 Satz 4 abgeschlossen haben. ³Die Mittel dienen der Umsetzung der Förderung überbetrieblicher Netzwerke nach Absatz 3 Satz 2 und der Kooperationsvereinbarungen nach Absatz 3 Satz 4. ⁴Die Sätze 1 bis 3 sind bezogen auf Ausgaben einer Krankenkasse für Leistungen nach Absatz 1 im Jahr 2020 nicht anzuwenden.

§ 20c Prävention arbeitsbedingter Gesundheitsgefahren

(1) ¹Die Krankenkassen unterstützen die Träger der gesetzlichen Unfallversicherung bei ihren Aufgaben zur Verhütung arbeitsbedingter Gesundheitsgefahren. ²Insbesondere erbringen sie in Abstimmung mit den Trägern der ge-

setzlichen Unfallversicherung auf spezifische arbeitsbedingte Gesundheitsrisiken ausgerichtete Maßnahmen zur betrieblichen Gesundheitsförderung nach § 20b und informieren diese über die Erkenntnisse, die sie über Zusammenhänge zwischen Erkrankungen und Arbeitsbedingungen gewonnen haben. ³Ist anzunehmen, dass bei einem Versicherten eine berufsbedingte gesundheitliche Gefährdung oder eine Berufskrankheit vorliegt, hat die Krankenkasse dies unverzüglich den für den Arbeitsschutz zuständigen Stellen und dem Unfallversicherungsträger mitzuteilen.
(2) ¹Zur Wahrnehmung der Aufgaben nach Absatz 1 arbeiten die Krankenkassen eng mit den Trägern der gesetzlichen Unfallversicherung sowie mit den für den Arbeitsschutz zuständigen Landesbehörden zusammen. ²Dazu sollen sie und ihre Verbände insbesondere regionale Arbeitsgemeinschaften bilden. ³§ 88 Abs. 1 Satz 1 und Abs. 2 des Zehnten Buches und § 219 gelten entsprechend.

§ 20d Nationale Präventionsstrategie

(1) Die Krankenkassen entwickeln im Interesse einer wirksamen und zielgerichteten Gesundheitsförderung und Prävention mit den Trägern der gesetzlichen Rentenversicherung, der gesetzlichen Unfallversicherung und den Pflegekassen eine gemeinsame nationale Präventionsstrategie und gewährleisten ihre Umsetzung und Fortschreibung im Rahmen der Nationalen Präventionskonferenz nach § 20e.
(2) Die Nationale Präventionsstrategie umfasst insbesondere
1. die Vereinbarung bundeseinheitlicher, trägerübergreifender Rahmenempfehlungen zur Gesundheitsförderung und Prävention nach Absatz 3,
2. die Erstellung eines Berichts über die Entwicklung der Gesundheitsförderung und Prävention (Präventionsbericht) nach Absatz 4.
(3) ¹Zur Sicherung und Weiterentwicklung der Qualität von Gesundheitsförderung und Prävention sowie der Zusammenarbeit der für die Erbringung von Leistungen zur Prävention in Lebenswelten und in Betrieben zuständigen Träger und Stellen vereinbaren die Träger nach Absatz 1 bundeseinheitliche, trägerübergreifende Rahmenempfehlungen, insbesondere durch Festlegung gemeinsamer Ziele, vorrangiger Handlungsfelder und Zielgruppen, der zu beteiligenden Organisationen und Einrichtungen sowie zu Dokumentations- und Berichtspflichten. ²Die Träger nach Absatz 1 vereinbaren auch gemeinsame Ziele zur Erhaltung und zur Förderung der Gesundheit und der Beschäftigungsfähigkeit der Beschäftigten in Einrichtungen nach § 107 Absatz 1 und Einrichtungen nach § 71 Absatz 1 und 2 des Elften Buches. ³Bei der Festlegung gemeinsamer Ziele werden auch die Ziele der gemeinsamen deutschen Arbeitsschutzstrategie sowie die von der Ständigen Impfkommission gemäß § 20 Absatz 2 des Infektionsschutzgesetzes empfohlenen Schutzimpfungen berücksichtigt. ⁴Die Rahmenempfehlungen werden im Benehmen mit dem Bundesministerium für Gesundheit, dem Bundesministerium für Arbeit und Soziales, dem Bundesministerium für Ernährung und Landwirtschaft, dem Bundesministerium für Familie, Senioren, Frauen und Jugend, dem Bundesministerium des Innern, für Bau und Heimat und den Ländern vereinbart. ⁵Das Bundesministerium für Gesundheit beteiligt weitere Bundesministerien, soweit die Rahmenempfehlungen ihre Zuständigkeit berühren. ⁶An der Vorbereitung der Rahmenempfehlungen werden die Bundesagentur für Arbeit, die kommunalen Träger der Grundsicherung für Arbeitsuchende über ihre Spitzenverbände auf Bundesebene, die für den Arbeitsschutz zuständigen obersten Landesbehörden sowie die Träger der öffentlichen Jugendhilfe über die obersten Landesjugendbehörden beteiligt.
(4) ¹Die Nationale Präventionskonferenz erstellt den Präventionsbericht alle vier Jahre, erstmals zum 1. Juli 2019, und leitet ihn dem Bundesministerium für Gesundheit zu. ²Das Bundesministerium für Gesundheit legt den Bericht den gesetzgebenden Körperschaften des Bundes vor und fügt eine Stellungnahme der Bundesregierung bei. ³Der Bericht enthält insbesondere Angaben zu den Erfahrungen mit der Anwendung der §§ 20 bis 20g und zu den Ausgaben für die Leistungen der Träger nach Absatz 1 und im Fall des § 20e Absatz 1 Satz 3 bis 5 auch der Unternehmen der privaten Krankenversicherung und der Unternehmen, die die private Pflege-Pflichtversicherung durchführen, den Zugangswegen, den erreichten Personen, der Erreichung der gemeinsamen Ziele und der Zielgruppen, den Erfahrungen mit der Qualitätssicherung und der Zusammenarbeit bei der Durchführung von Leistungen sowie zu möglichen Schlussfolgerungen. ⁴Der Bericht enthält auch Empfehlungen für die weitere Entwicklung des in § 20 Absatz 6 Satz 1 bestimmten Ausgabenrichtwerts für Leistungen der Krankenkassen nach den §§ 20 bis 20c und der in § 20 Absatz 6 Satz 2 bestimmten Mindestwerte für Leistungen der Krankenkassen nach den §§ 20a und 20b. ⁵Die Leistungsträger nach Satz 3 erteilen der Nationalen Präventionskonferenz die für die Erstellung des Präventionsberichts erforderlichen Auskünfte. ⁶Das Robert Koch-Institut liefert für den Präventionsbericht die im Rahmen des Gesundheitsmonitorings erhobenen relevanten Informationen. ⁷Die Länder können regionale Erkenntnisse aus ihrer Gesundheitsberichterstattung für den Präventionsbericht zur Verfügung stellen.

§ 20e Nationale Präventionskonferenz

(1) ¹Die Aufgabe der Entwicklung und Fortschreibung der nationalen Präventionsstrategie wird von der Nationalen Präventionskonferenz als Arbeitsgemeinschaft der gesetzlichen Spitzenorganisationen der Leistungsträger nach

§ 20d Absatz 1 mit je zwei Sitzen wahrgenommen. ²Die Leistungsträger nach § 20d Absatz 1 setzen die Präventionsstrategie in engem Zusammenwirken um. ³Im Fall einer angemessenen finanziellen Beteiligung der Unternehmen der privaten Krankenversicherung und der Unternehmen, die die private Pflege-Pflichtversicherung durchführen, an Programmen und Projekten im Sinne der Rahmenempfehlungen nach § 20d Absatz 2 Nummer 1 erhält der Verband der privaten Krankenversicherungsunternehmen e. V. ebenfalls einen Sitz. ⁴Die Höhe der hierfür jährlich von den Unternehmen der privaten Krankenversicherung zur Verfügung zu stellenden Mittel bemisst sich mindestens nach dem Betrag, den die Krankenkassen nach § 20 Absatz 6 Satz 2 und 3 für Leistungen zur Gesundheitsförderung und Prävention nach § 20a aufzuwenden haben, multipliziert mit der Anzahl der in der privaten Krankenversicherung Vollversicherten. ⁵Die Höhe der hierfür jährlich von den Unternehmen, die die private Pflege-Pflichtversicherung durchführen, zur Verfügung zu stellenden Mittel bemisst sich nach dem Betrag, den die Pflegekassen nach § 5 Absatz 2 des Elften Buches für Leistungen zur Prävention in Lebenswelten aufzuwenden haben, multipliziert mit der Anzahl ihrer Versicherten. ⁶Bund und Länder erhalten jeweils vier Sitze mit beratender Stimme. ⁷Darüber hinaus entsenden die kommunalen Spitzenverbände auf Bundesebene, die Bundesagentur für Arbeit, die repräsentativen Spitzenorganisationen der Arbeitgeber und Arbeitnehmer sowie das Bundesamt für Sicherheit jeweils einen Vertreter in die Nationale Präventionskonferenz, die mit beratender Stimme an den Sitzungen teilnehmen. ⁸Die Nationale Präventionskonferenz gibt sich eine Geschäftsordnung; darin werden insbesondere die Arbeitsweise und das Beschlussverfahren festgelegt. ⁹Die Geschäftsordnung muss einstimmig angenommen werden. ¹⁰Die Geschäftsstelle, die die Mitglieder der Nationalen Präventionskonferenz bei der Wahrnehmung ihrer Aufgabe nach Satz 1 unterstützt, wird bei der Bundeszentrale für gesundheitliche Aufklärung angesiedelt.

(2) ¹Die Nationale Präventionskonferenz wird durch ein Präventionsforum beraten, das in der Regel einmal jährlich stattfindet. ²Das Präventionsforum setzt sich aus Vertretern der für die Gesundheitsförderung und Prävention maßgeblichen Organisationen und Verbände sowie der stimmberechtigten und beratenden Mitglieder der Nationalen Präventionskonferenz nach Absatz 1 zusammen. ³Die Nationale Präventionskonferenz beauftragt die Bundesvereinigung für Prävention und Gesundheitsförderung e. V. mit der Durchführung des Präventionsforums und erstattet dieser die notwendigen Aufwendungen. ⁴Die Einzelheiten zur Durchführung des Präventionsforums einschließlich der für die Durchführung notwendigen Kosten werden in der Geschäftsordnung der Nationalen Präventionskonferenz geregelt.

§ 20f Landesrahmenvereinbarungen zur Umsetzung der nationalen Präventionsstrategie

(1) ¹Zur Umsetzung der nationalen Präventionsstrategie schließen die Landesverbände der Krankenkassen und die Ersatzkassen, auch für die Pflegekassen, mit den Trägern der gesetzlichen Rentenversicherung, den Trägern der gesetzlichen Unfallversicherung und mit den in den Ländern zuständigen Stellen gemeinsame Rahmenvereinbarungen auf Landesebene. ²Die für die Rahmenvereinbarungen maßgeblichen Leistungen richten sich nach § 20 Absatz 4 Nummer 2 und 3, nach den §§ 20a bis 20c sowie nach den für die Pflegekassen, für die Träger der gesetzlichen Rentenversicherung und für die Träger der gesetzlichen Unfallversicherung jeweils geltenden Leistungsgesetzen.

(2) ¹Die an den Rahmenvereinbarungen Beteiligten nach Absatz 1 treffen Festlegungen unter Berücksichtigung der bundeseinheitlichen, trägerübergreifenden Rahmenempfehlungen nach § 20d Absatz 2 Nummer 1 und der regionalen Erfordernisse insbesondere über

1. gemeinsam und einheitlich zu verfolgende Ziele und Handlungsfelder,
2. die Koordinierung von Leistungen zwischen den Beteiligten,
3. die einvernehmliche Klärung von Zuständigkeitsfragen,
4. Möglichkeiten der gegenseitigen Beauftragung der Leistungsträger nach dem Zehnten Buch,
5. die Zusammenarbeit mit dem öffentlichen Gesundheitsdienst und den Trägern der örtlichen öffentlichen Jugendhilfe sowie über deren Information über Leistungen der Krankenkassen nach § 20a Absatz 1 Satz 2 und
6. die Mitwirkung weiterer für die Gesundheitsförderung und Prävention relevanter Einrichtungen und Organisationen.

²An der Vorbereitung der Rahmenvereinbarungen werden die Bundesagentur für Arbeit, die für den Arbeitsschutz zuständigen obersten Landesbehörden und die kommunalen Spitzenverbände auf Landesebene beteiligt. ³Sie können den Rahmenvereinbarungen beitreten. ⁴Auf die zum Zwecke der Vorbereitung und Umsetzung der Rahmenvereinbarungen gebildeten Arbeitsgemeinschaften wird § 94 Absatz 1a Satz 2 und 3 des Zehnten Buches nicht angewendet.

§ 20g Modellvorhaben

(1) ¹Die Leistungsträger nach § 20d Absatz 1 und ihre Verbände können zur Erreichung der in den Rahmenempfehlungen nach § 20d Absatz 2 Nummer 1 festgelegten gemeinsamen Ziele einzeln oder in Kooperation mit Dritten, insbesondere den in den Ländern zuständigen Stellen nach § 20f Absatz 1, Modellvorhaben durchführen. ²Anhand der Modellvorhaben soll die Qualität und Effizienz der Versorgung mit Leistungen zur Gesundheitsförderung und Prävention in Lebenswelten und mit Leistungen zur betrieblichen Gesundheitsförderung verbessert werden. ³Die

Modellvorhaben können auch der wissenschaftlich fundierten Auswahl geeigneter Maßnahmen der Zusammenarbeit dienen. ⁴Die Aufwendungen der Krankenkassen für Modellvorhaben sind auf die Mittel nach § 20 Absatz 6 Satz 2 anzurechnen.
(2) Die Modellvorhaben sind im Regelfall auf fünf Jahre zu befristen und nach allgemein anerkannten wissenschaftlichen Standards wissenschaftlich zu begleiten und auszuwerten.

§ 20h Förderung der Selbsthilfe
(1) ¹Die Krankenkassen und ihre Verbände fördern Selbsthilfegruppen und -organisationen, die sich die gesundheitliche Prävention oder die Rehabilitation von Versicherten bei einer der im Verzeichnis nach Satz 2 aufgeführten Krankheiten zum Ziel gesetzt haben, sowie Selbsthilfekontaktstellen im Rahmen der Festlegungen des Absatzes 4. ²Der Spitzenverband Bund der Krankenkassen beschließt ein Verzeichnis der Krankheitsbilder, bei deren gesundheitlicher Prävention oder Rehabilitation eine Förderung zulässig ist; sie haben die Kassenärztliche Bundesvereinigung und die Vertretungen der für die Wahrnehmung der Interessen der Selbsthilfe maßgeblichen Spitzenorganisationen zu beteiligen. ³Selbsthilfekontaktstellen müssen für eine Förderung ihrer gesundheitsbezogenen Arbeit themen-, bereichs- und indikationsgruppenübergreifend tätig sein.
(2) Die Krankenkassen und ihre Verbände berücksichtigen im Rahmen der Förderung nach Absatz 1 Satz 1 auch solche digitalen Anwendungen, die den Anforderungen an den Datenschutz entsprechen und die Datensicherheit nach dem Stand der Technik gewährleisten.
(3) ¹Der Spitzenverband Bund der Krankenkassen beschließt Grundsätze zu den Inhalten der Förderung der Selbsthilfe und zur Verteilung der Fördermittel auf die verschiedenen Förderebenen und Förderbereiche. ²Die in Absatz 1 Satz 2 genannten Vertretungen der Selbsthilfe sind zu beteiligen. ³Die Förderung kann als Pauschal- und Projektförderung erfolgen.
(4) ¹Die Ausgaben der Krankenkassen und ihrer Verbände für die Wahrnehmung der Aufgaben nach Absatz 1 Satz 1 und Absatz 2 sollen insgesamt im Jahr 2016 für jeden ihrer Versicherten einen Betrag von 1,05 Euro umfassen; sie sind in den Folgejahren entsprechend der prozentualen Veränderung der monatlichen Bezugsgröße nach § 18 Abs. 1 des Vierten Buches anzupassen. ²Für die Förderung auf der Landesebene und in den Regionen sind die Mittel entsprechend dem Wohnort der Versicherten aufzubringen. ³Mindestens 70 vom Hundert der in Satz 1 bestimmten Mittel sind für die kassenartübergreifende Pauschalförderung aufzubringen. ⁴Über die Vergabe der Fördermittel aus der Pauschalförderung beschließen die Krankenkassen oder ihre Verbände auf den jeweiligen Förderebenen gemeinsam nach Maßgabe der in Absatz 3 Satz 1 genannten Grundsätze und nach Beratung mit den zur Wahrnehmung der Interessen der Selbsthilfe jeweils maßgeblichen Vertretungen von Selbsthilfegruppen, -organisationen und -kontaktstellen. ⁵Erreicht eine Krankenkasse den in Satz 1 genannten Betrag der Förderung in einem Jahr nicht, hat sie die nicht verausgabten Fördermittel im Folgejahr zusätzlich für die Pauschalförderung zur Verfügung zu stellen.

§ 20i Leistungen zur Verhütung übertragbarer Krankheiten, Verordnungsermächtigung
(1) ¹Versicherte haben Anspruch auf Leistungen für Schutzimpfungen im Sinne des § 2 Nr. 9 des Infektionsschutzgesetzes, dies gilt unabhängig davon, ob sie auch entsprechende Ansprüche gegen andere Kostenträger haben. ²Satz 1 gilt für Schutzimpfungen, die wegen eines erhöhten Gesundheitsrisikos durch einen Auslandsaufenthalt indiziert sind, nur dann, wenn der Auslandsaufenthalt beruflich oder durch eine Ausbildung bedingt ist oder wenn zum Schutz der öffentlichen Gesundheit ein besonderes Interesse daran besteht, der Einschleppung einer übertragbaren Krankheit in die Bundesrepublik Deutschland vorzubeugen. ³Einzelheiten zu Voraussetzungen, Art und Umfang der Leistungen bestimmt der Gemeinsame Bundesausschuss in Richtlinien nach § 92 auf der Grundlage der Empfehlungen der Ständigen Impfkommission beim Robert Koch-Institut gemäß § 20 Abs. 2 des Infektionsschutzgesetzes unter besonderer Berücksichtigung der Bedeutung der Schutzimpfungen für die öffentliche Gesundheit. ⁴Abweichungen von den Empfehlungen der Ständigen Impfkommission sind besonders zu begründen. ⁵Zu Änderungen der Empfehlungen der Ständigen Impfkommission hat der Gemeinsame Bundesausschuss innerhalb von zwei Monaten nach ihrer Veröffentlichung eine Entscheidung zu treffen. ⁶Kommt eine Entscheidung nicht fristgemäß zustande, dürfen insoweit die von der Ständigen Impfkommission empfohlenen Schutzimpfungen mit Ausnahme von Schutzimpfungen nach Satz 2 erbracht werden, bis die Richtlinie vorliegt.
(2) Die Krankenkasse kann in ihrer Satzung weitere Schutzimpfungen und andere Maßnahmen der spezifischen Prophylaxe vorsehen.
(3) ¹Das Bundesministerium für Gesundheit wird ermächtigt, nach Anhörung der Ständigen Impfkommission und des Spitzenverbandes Bund der Krankenkassen durch Rechtsverordnung ohne Zustimmung des Bundesrates zu bestimmen, dass Versicherte Anspruch auf weitere bestimmte Schutzimpfungen oder auf bestimmte andere Maßnahmen der spezifischen Prophylaxe haben. ²Das Bundesministerium für Gesundheit wird, sofern der Deutsche Bundestag nach § 5 Absatz 1 Satz 1 des Infektionsschutzgesetzes eine epidemische Lage von nationaler

Tragweite festgestellt hat, ermächtigt, durch Rechtsverordnung ohne Zustimmung des Bundesrates zu bestimmen, dass
1. Versicherte Anspruch auf
   a) bestimmte Schutzimpfungen oder auf bestimmte andere Maßnahmen der spezifischen Prophylaxe haben, im Fall einer Schutzimpfung gegen das Coronavirus SARS-CoV-2 insbesondere dann, wenn sie aufgrund ihres Alters oder Gesundheitszustandes ein signifikant erhöhtes Risiko für einen schweren oder tödlichen Krankheitsverlauf haben, wenn sie solche Personen behandeln, betreuen oder pflegen oder wenn sie zur Aufrechterhaltung zentraler staatlicher Funktionen, Kritischer Infrastrukturen oder zentraler Bereiche der Daseinsvorsorge eine Schlüsselstellung besitzen,
   b) bestimmte Testungen für den Nachweis des Vorliegens einer Infektion mit einem bestimmten Krankheitserreger oder auf das Vorhandensein von Antikörpern gegen diesen Krankheitserreger haben,
   c) bestimmte Schutzmasken haben, wenn sie zu einer in der Rechtsverordnung festzulegenden Risikogruppe mit einem signifikant erhöhten Risiko für einen schweren oder tödlichen Krankheitsverlauf nach einer Infektion mit dem Coronavirus SARS-CoV-2 gehören,
2. Personen, die nicht in der gesetzlichen Krankenversicherung versichert sind, Anspruch auf Leistungen nach Nummer 1 haben.

[3]Der Anspruch nach Satz 2 kann auf bestimmte Teilleistungen beschränkt werden; er umfasst auch die Ausstellung einer Impf- und Testdokumentation sowie von COVID-19-Zertifikaten nach § 22 des Infektionsschutzgesetzes. [4]Sofern in der Rechtsverordnung nach Satz 2 Nummer 1 Buchstabe a und Nummer 2 ein Anspruch auf Schutzimpfung gegen das Coronavirus SARS-CoV-2 festgelegt wird, kann zugleich im Fall beschränkter Verfügbarkeit von Impfstoffen eine Priorisierung der Anspruchsberechtigten nach Personengruppen festgelegt werden; die in § 20 Absatz 2a Satz 1 des Infektionsschutzgesetzes genannten Impfziele sind dabei zu berücksichtigen. [5]Als Priorisierungskriterien kommen insbesondere das Alter der Anspruchsberechtigten, ihr Gesundheitszustand, ihr behinderungs-, tätigkeits- oder aufenthaltsbedingtes SARS-CoV-2-Expositionsrisiko sowie ihre Systemrelevanz in zentralen staatlichen Funktionen, Kritischer Infrastrukturen oder zentralen Bereichen der Daseinsvorsorge in Betracht. [6]Ein Anspruch nach Satz 2 Nummer 1 Buchstabe b besteht nicht, wenn die betroffene Person bereits einen Anspruch auf die in Satz 2 Nummer 1 Buchstabe b genannten Leistungen hat oder einen Anspruch auf Erstattung der Aufwendungen für diese Leistungen hätte. [7]Sofern in der Rechtsverordnung nach Satz 2 Nummer 1 Buchstabe c ein Anspruch auf Schutzmasken festgelegt wird, ist das Einvernehmen mit dem Bundesministerium der Finanzen herzustellen und kann eine Zuzahlung durch den berechtigten Personenkreis vorgesehen werden. [8]Sofern in der Rechtsverordnung nach Satz 2 ein Anspruch auf eine Schutzimpfung gegen das Coronavirus SARS-CoV-2 auch für Personen, die nicht in der gesetzlichen Krankenversicherung versichert sind, festgelegt wird, beteiligen sich die privaten Krankenversicherungsunternehmen anteilig in Höhe von 7 Prozent an den Kosten, soweit diese nicht von Bund oder Ländern getragen werden. [9]Die Rechtsverordnung nach Satz 2 ist nach Anhörung des Spitzenverbandes Bund der Krankenkassen und der Kassenärztlichen Bundesvereinigung zu erlassen. [10]Sofern in der Rechtsverordnung nach Satz 2 ein Anspruch auf Schutzimpfungen oder andere Maßnahmen der spezifischen Prophylaxe festgelegt wird, ist vor ihrem Erlass auch die Ständige Impfkommission beim Robert Koch-Institut anzuhören. [11]Sofern in der Rechtsverordnung nach Satz 2 ein Anspruch auf Schutzmasken festgelegt wird, ist vor ihrem Erlass auch der Deutsche Apothekerverband anzuhören. [12]Sofern die Rechtsverordnung nach Satz 2 Regelungen für Personen enthält, die privat krankenversichert sind, ist vor Erlass der Rechtsverordnung auch der Verband der Privaten Krankenversicherung anzuhören. [13]In der Rechtsverordnung nach Satz 2 kann auch das Nähere geregelt werden
1. zu den Voraussetzungen, zur Art und zum Umfang der Leistungen nach Satz 2 Nummer 1,
2. zu den zur Erbringung der in Satz 2 genannten Leistungen berechtigten Leistungserbringern, einschließlich der für die Leistungserbringung eingerichteten Testzentren und Impfzentren, zur Vergütung und Abrechnung der Leistungen und Kosten sowie zum Zahlungsverfahren,
3. zur Organisation der Versorgung einschließlich der Mitwirkungspflichten der Kassenärztlichen Vereinigungen und der Kassenärztlichen Bundesvereinigung bei der Versorgung mit den in Satz 2 Nummer 1 Buchstabe a genannten Leistungen,
4. zur vollständigen oder anteiligen Finanzierung der Leistungen und Kosten aus der Liquiditätsreserve des Gesundheitsfonds,
5. zur anteiligen Kostentragung durch die privaten Krankenversicherungsunternehmen nach Satz 8, insbesondere zum Verfahren und zu den Zahlungsmodalitäten, und
6. zur Erfassung und Übermittlung von anonymisierten Daten insbesondere an das Robert Koch-Institut über die aufgrund der Rechtsverordnung durchgeführten Maßnahmen.

[14]Im Zeitraum vom 1. Januar 2021 bis zum 31. Dezember 2021 werden aufgrund von Rechtsverordnungen nach Satz 2 Nummer 1 Buchstabe a und b, auch in Verbindung mit Nummer 2, sowie Satz 13 Nummer 4 aus der Liquiditätsreserve des Gesundheitsfonds gezahlte Beträge aus Bundesmitteln erstattet, soweit die Erstattung nicht bereits gemäß § 12a

des Haushaltsgesetzes 2021 erfolgt. [15]Soweit Leistungen nach Satz 2 Nummer 1 Buchstabe c aus der Liquiditätsreserve des Gesundheitsfonds finanziert werden, sind diese aus Bundesmitteln zu erstatten; in den Rechtsverordnungen nach Satz 2 Nummer 1 Buchstabe a und b, auch in Verbindung mit Nummer 2, kann eine Erstattung aus Bundesmitteln für weitere Leistungen nach Satz 2 geregelt werden. [16]Eine aufgrund des Satzes 2 erlassene Rechtsverordnung tritt spätestens ein Jahr nach der Aufhebung der Feststellung der epidemischen Lage von nationaler Tragweite durch den Deutschen Bundestag nach § 5 Absatz 1 Satz 2 des Infektionsschutzgesetzes außer Kraft. [17]Bis zu ihrem Außerkrafttreten kann eine Verordnung nach Satz 2 auch nach Aufhebung der epidemischen Lage von nationaler Tragweite geändert werden. [18]Soweit und solange eine auf Grund des Satzes 1 oder des Satzes 2 erlassene Rechtsverordnung in Kraft ist, hat der Gemeinsame Bundesausschuss, soweit die Ständige Impfkommission Empfehlungen für Schutzimpfungen abgegeben hat, auf die ein Anspruch nach der jeweiligen Rechtsverordnung besteht, in Abweichung von Absatz 1 Satz 5 Einzelheiten zu Voraussetzungen, Art und Umfang von diesen Schutzimpfungen nach Absatz 1 Satz 3 für die Zeit nach dem Außerkrafttreten der jeweiligen Rechtsverordnung in Richtlinien nach § 92 zu bestimmen; die von der Ständigen Impfkommission empfohlenen Schutzimpfungen dürfen nach Außerkrafttreten der Rechtsverordnung so lange erbracht werden, bis die Richtlinie vorliegt.

(4) [1]Soweit Versicherte Anspruch auf Leistungen für Maßnahmen nach den Absätzen 1 bis 3 haben, schließt dieser Anspruch die Bereitstellung einer Impfdokumentation nach § 22 des Infektionsschutzgesetzes ein. [2]Die Krankenkassen können die Versicherten in geeigneter Form über fällige Schutzimpfungen und über andere Maßnahmen nach den Absätzen 2 und 3, auf die sie einen Anspruch auf Leistungen haben, versichertenbezogen informieren.

(5) [1]Die von den privaten Krankenversicherungsunternehmen in dem Zeitraum vom 1. Januar 2021 bis zum 31. Dezember 2021 nach Absatz 3 Satz 8 und 13 Nummer 5 getragenen Kosten werden aus Bundesmitteln an den Verband der Privaten Krankenversicherung erstattet. [2]Der Verband der Privaten Krankenversicherung teilt dem Bundesministerium für Gesundheit die nach Satz 1 zu erstattenden Beträge bis zum 30. November 2021 für den Zeitraum vom 1. Januar 2021 bis zum 30. November 2021 und bis zum 31. März 2022 für den Zeitraum vom 1. Dezember 2021 bis zum 31. Dezember 2021 mit. [3]Die Beträge nach Satz 2 sind binnen der in Satz 2 genannten Fristen durch den Verband der Privaten Krankenversicherung durch Vorlage der von den Ländern an den Verband der Privaten Krankenversicherung gestellten Rechnungen und der Zahlungsbelege über die vom Verband der Privaten Krankenversicherung an die Länder geleisteten Zahlungen nachzuweisen. [4]Das Bundesministerium für Gesundheit erstattet dem Verband der Privaten Krankenversicherung nach dem Zugang der Mitteilung nach Satz 2 und der Vorlage der Nachweise nach Satz 3 die mitgeteilten Beträge. [5]Der Verband der Privaten Krankenversicherung erstattet die vom Bundesministerium für Gesundheit erstatteten Beträge an die privaten Krankenversicherungsunternehmen.

§ 20j Präexpositionsprophylaxe

(1) Versicherte mit einem substantiellen HIV-Infektionsrisiko, die das 16. Lebensjahr vollendet haben, haben Anspruch auf
1. ärztliche Beratung über Fragen der medikamentösen Präexpositionsprophylaxe zur Verhütung einer Ansteckung mit HIV sowie
2. Untersuchungen, die bei Anwendung der für die medikamentöse Präexpositionsprophylaxe zugelassenen Arzneimittel erforderlich sind.

(2) Das Nähere zum Kreis der Anspruchsberechtigten und zu den Voraussetzungen für die Ausführung der Leistungen vereinbaren die Kassenärztliche Bundesvereinigung und der Spitzenverband Bund der Krankenkassen bis zum 31. Juli 2019 mit Wirkung zum 1. September 2019 als Bestandteil der Bundesmantelverträge.

(3) Auf Grundlage der Vereinbarung nach Absatz 2 hat der Bewertungsausschuss den einheitlichen Bewertungsmaßstab für ärztliche Leistungen zu überprüfen und spätestens innerhalb eines Monats nach Abschluss dieser Vereinbarung anzupassen.

(4) Versicherte nach Absatz 1 haben nach Beratung Anspruch auf Versorgung mit verschreibungspflichtigen Arzneimitteln zur Präexpositionsprophylaxe.

(5) Das Bundesministerium für Gesundheit evaluiert die Wirkungen der ärztlichen Verordnung der Präexpositionsprophylaxe auf das Infektionsgeschehen im Bereich sexuell übertragbarer Krankheiten bis Ende 2020 nach allgemein anerkannten wissenschaftlichen Standards.

§ 20k Förderung der digitalen Gesundheitskompetenz

(1) [1]Die Krankenkasse sieht in der Satzung Leistungen zur Förderung des selbstbestimmten gesundheitsorientierten Einsatzes digitaler oder telemedizinischer Anwendungen und Verfahren durch die Versicherten vor. [2]Die Leistungen sollen dazu dienen, die für die Nutzung digitaler oder telemedizinischer Anwendungen und Verfahren erforderlichen Kompetenzen zu vermitteln. [3]Die Krankenkasse legt dabei die Festlegungen des Spitzenverbands Bund der Krankenkassen nach Absatz 2 zugrunde.

(2) Der Spitzenverband Bund der Krankenkassen regelt unter Einbeziehung unabhängigen, ärztlichen, psychologischen, pflegerischen, informationstechnologischen und sozialwissenschaftlichen Sachverstands das Nähere zu bedarfsgerechten Zielstellungen, Zielgruppen sowie zu Inhalt, Methodik und Qualität der Leistungen nach Absatz 1.
(3) ¹Der Spitzenverband Bund der Krankenkassen berichtet dem Bundesministerium für Gesundheit alle zwei Jahre, erstmals bis zum 31. Dezember 2021, wie und in welchem Umfang seine Mitglieder den Versicherten Leistungen nach Absatz 1 gewähren. ²Der Spitzenverband Bund der Krankenkassen bestimmt zu diesem Zweck die von seinen Mitgliedern zu übermittelnden statistischen Informationen über die erstatteten Leistungen sowie Art und Umfang der Übermittlung.

§ 21 Verhütung von Zahnerkrankungen (Gruppenprophylaxe)

(1) ¹Die Krankenkassen haben im Zusammenwirken mit den Zahnärzten und den für die Zahngesundheitspflege in den Ländern zuständigen Stellen unbeschadet der Aufgaben anderer gemeinsam und einheitlich Maßnahmen zur Erkennung und Verhütung von Zahnerkrankungen ihrer Versicherten, die das zwölfte Lebensjahr noch nicht vollendet haben, zu fördern und sich an den Kosten der Durchführung zu beteiligen. ²Sie haben auf flächendeckende Maßnahmen hinzuwirken. ³In Schulen und Behinderteneinrichtungen, in denen das durchschnittliche Kariesrisiko der Schüler überproportional hoch ist, werden die Maßnahmen bis zum 16. Lebensjahr durchgeführt. ⁴Die Maßnahmen sollen vorrangig in Gruppen, insbesondere in Kindergärten und Schulen, durchgeführt werden; sie sollen sich insbesondere auf die Untersuchung der Mundhöhle, Erhebung des Zahnstatus, Zahnschmelzhärtung, Ernährungsberatung und Mundhygiene erstrecken. ⁵Für Kinder mit besonders hohem Kariesrisiko sind spezifische Programme zu entwickeln.
(2) ¹Zur Durchführung der Maßnahmen nach Absatz 1 schließen die Landesverbände der Krankenkassen und die Ersatzkassen mit den zuständigen Stellen nach Absatz 1 Satz 1 gemeinsame Rahmenvereinbarungen. ²Der Spitzenverband Bund der Krankenkassen hat bundeseinheitliche Rahmenempfehlungen insbesondere über Inhalt, Finanzierung, nicht versichertenbezogene Dokumentation und Kontrolle zu beschließen.
(3) Kommt eine gemeinsame Rahmenvereinbarung nach Absatz 2 Satz 1 nicht zustande, werden Inhalt, Finanzierung, nicht versichertenbezogene Dokumentation und Kontrolle unter Berücksichtigung der bundeseinheitlichen Rahmenempfehlungen des Spitzenverbandes Bund der Krankenkassen durch Rechtsverordnung der Landesregierung bestimmt.

§ 22 Verhütung von Zahnerkrankungen (Individualprophylaxe)

(1) Versicherte, die das sechste, aber noch nicht das achtzehnte Lebensjahr vollendet haben, können sich zur Verhütung von Zahnerkrankungen einmal in jedem Kalenderhalbjahr zahnärztlich untersuchen lassen.
(2) Die Untersuchungen sollen sich auf den Befund des Zahnfleisches, die Aufklärung über Krankheitsursachen und ihre Vermeidung, das Erstellen von diagnostischen Vergleichen zur Mundhygiene, zum Zustand des Zahnfleisches und zur Anfälligkeit gegenüber Karieserkrankungen, auf die Motivation und Einweisung bei der Mundpflege sowie auf Maßnahmen zur Schmelzhärtung der Zähne erstrecken.
(3) Versicherte, die das sechste, aber noch nicht das achtzehnte Lebensjahr vollendet haben, haben Anspruch auf Fissurenversiegelung der Molaren.
(4) (weggefallen)
(5) Der Gemeinsame Bundesausschuss regelt das Nähere über Art, Umfang und Nachweis der individualprophylaktischen Leistungen in Richtlinien nach § 92.

§ 22a Verhütung von Zahnerkrankungen bei Pflegebedürftigen und Menschen mit Behinderungen

(1) ¹Versicherte, die einem Pflegegrad nach § 15 des Elften Buches zugeordnet sind oder in der Eingliederungshilfe nach § 99 des Neunten Buches leistungsberechtigt sind, haben Anspruch auf Leistungen zur Verhütung von Zahnerkrankungen. ²Die Leistungen umfassen insbesondere die Erhebung eines Mundgesundheitsstatus, die Aufklärung über die Bedeutung der Mundhygiene und über Maßnahmen zu deren Erhaltung, die Erstellung eines Planes zur individuellen Mund- und Prothesenpflege sowie die Entfernung harter Zahnbeläge. ³Pflegepersonen des Versicherten sollen in die Aufklärung und Planerstellung nach Satz 2 einbezogen werden.
(2) Das Nähere über Art und Umfang der Leistungen regelt der Gemeinsame Bundesausschuss in Richtlinien nach § 92.

§ 23 Medizinische Vorsorgeleistungen

(1) Versicherte haben Anspruch auf ärztliche Behandlung und Versorgung mit Arznei-, Verband-, Heil- und Hilfsmitteln, wenn diese notwendig sind,
1. eine Schwächung der Gesundheit, die in absehbarer Zeit voraussichtlich zu einer Krankheit führen würde, zu beseitigen,
2. einer Gefährdung der gesundheitlichen Entwicklung eines Kindes entgegenzuwirken,

50 SGB V §§ 24–24b

3. Krankheiten zu verhüten oder deren Verschlimmerung zu vermeiden oder
4. Pflegebedürftigkeit zu vermeiden.

(2) ¹Reichen bei Versicherten die Leistungen nach Absatz 1 nicht aus oder können sie wegen besonderer beruflicher oder familiärer Umstände nicht durchgeführt werden, erbringt die Krankenkasse aus medizinischen Gründen erforderliche ambulante Vorsorgeleistungen in anerkannten Kurorten. ²Die Satzung der Krankenkasse kann zu den übrigen Kosten, die Versicherten im Zusammenhang mit dieser Leistung entstehen, einen Zuschuß von bis zu 16 Euro täglich vorsehen. ³Bei ambulanten Vorsorgeleistungen für versicherte chronisch kranke Kleinkinder kann der Zuschuss nach Satz 2 auf bis zu 25 Euro erhöht werden.
(3) In den Fällen der Absätze 1 und 2 sind die §§ 31 bis 34 anzuwenden.
(4) ¹Reichen bei Versicherten die Leistungen nach Absatz 1 und 2 nicht aus, erbringt die Krankenkasse Behandlung mit Unterkunft und Verpflegung in einer Vorsorgeeinrichtung, mit der ein Vertrag nach § 111 besteht; für pflegende Angehörige kann die Krankenkasse unter denselben Voraussetzungen Behandlung mit Unterkunft und Verpflegung auch in einer Vorsorgeeinrichtung erbringen, mit der ein Vertrag nach § 111a besteht. ²Die Krankenkasse führt statistische Erhebungen über Anträge auf Leistungen nach Satz 1 und Absatz 2 sowie deren Erledigung durch.
(5) ¹Die Krankenkasse bestimmt nach den medizinischen Erfordernissen des Einzelfalls unter entsprechender Anwendung des Wunsch- und Wahlrechts der Leistungsberechtigten nach § 8 des Neunten Buches Art, Dauer, Umfang, Beginn und Durchführung der Leistungen nach Absatz 4 sowie die Vorsorgeeinrichtung nach pflichtgemäßem Ermessen; die Krankenkasse berücksichtigt bei ihrer Entscheidung die besonderen Belange pflegender Angehöriger. ²Leistungen nach Absatz 4 sollen für längstens drei Wochen erbracht werden, es sei denn, eine Verlängerung der Leistung ist aus medizinischen Gründen dringend erforderlich. ³Satz 2 gilt nicht, soweit der Spitzenverband Bund der Krankenkassen nach Anhörung der für die Wahrnehmung der Interessen der ambulanten und stationären Vorsorgeeinrichtungen auf Bundesebene maßgeblichen Spitzenorganisationen in Leitlinien Indikationen festgelegt und diesen jeweils eine Regeldauer zugeordnet hat; von dieser Regeldauer kann nur abgewichen werden, wenn dies aus dringenden medizinischen Gründen im Einzelfall erforderlich ist. ⁴Leistungen nach Absatz 2 können nicht vor Ablauf von drei, Leistungen nach Absatz 4 können nicht vor Ablauf von vier Jahren nach Durchführung solcher oder ähnlicher Leistungen erbracht werden, deren Kosten auf Grund öffentlich-rechtlicher Vorschriften getragen oder bezuschusst worden sind, es sei denn, eine vorzeitige Leistung ist aus medizinischen Gründen dringend erforderlich.
(6) ¹Versicherte, die eine Leistung nach Absatz 4 in Anspruch nehmen und das achtzehnte Lebensjahr vollendet haben, zahlen je Kalendertag den sich nach § 61 Satz 2 ergebenden Betrag an die Einrichtung. ²Die Zahlung ist an die Krankenkasse weiterzuleiten.
(7) Medizinisch notwendige stationäre Vorsorgemaßnahmen für versicherte Kinder, die das 14. Lebensjahr noch nicht vollendet haben, sollen in der Regel für vier bis sechs Wochen erbracht werden.

§ 24 Medizinische Vorsorge für Mütter und Väter

(1) ¹Versicherte haben unter den in § 23 Abs. 1 genannten Voraussetzungen Anspruch auf aus medizinischen Gründen erforderliche Vorsorgeleistungen in einer Einrichtung des Müttergenesungswerks oder einer gleichartigen Einrichtung; die Leistung kann in Form einer Mutter-Kind-Maßnahme erbracht werden. ²Satz 1 gilt auch für Vater-Kind-Maßnahmen in dafür geeigneten Einrichtungen. ³Vorsorgeleistungen nach den Sätzen 1 und 2 werden in Einrichtungen erbracht, mit denen ein Versorgungsvertrag nach § 111a besteht. ⁴§ 23 Abs. 4 Satz 1 gilt nicht; § 23 Abs. 4 Satz 2 gilt entsprechend.
(2) § 23 Abs. 5 gilt entsprechend.
(3) ¹Versicherte, die das achtzehnte Lebensjahr vollendet haben und eine Leistung nach Absatz 1 in Anspruch nehmen, zahlen je Kalendertag den sich nach § 61 Satz 2 ergebenden Betrag an die Einrichtung. ²Die Zahlung ist an die Krankenkasse weiterzuleiten.

§ 24a Empfängnisverhütung

(1) ¹Versicherte haben Anspruch auf ärztliche Beratung über Fragen der Empfängnisregelung. ²Zur ärztlichen Beratung gehören auch die erforderliche Untersuchung und die Verordnung von empfängnisregelnden Mitteln.
(2) ¹Versicherte bis zum vollendeten 22. Lebensjahr haben Anspruch auf Versorgung mit verschreibungspflichtigen empfängnisverhütenden Mitteln; § 31 Abs. 2 bis 4 gilt entsprechend. ²Satz 1 gilt entsprechend für nicht verschreibungspflichtige Notfallkontrazeptiva, soweit sie ärztlich verordnet werden; § 129 Absatz 5a gilt entsprechend.

§ 24b Schwangerschaftsabbruch und Sterilisation

(1) ¹Versicherte haben Anspruch auf Leistungen bei einer durch Krankheit erforderlichen Sterilisation und bei einem nicht rechtswidrigen Abbruch der Schwangerschaft durch einen Arzt. ²Der Anspruch auf Leistungen bei einem nicht

rechtswidrigen Schwangerschaftsabbruch besteht nur, wenn dieser in einer Einrichtung im Sinne des § 13 Abs. 1 des Schwangerschaftskonfliktgesetzes vorgenommen wird.

(2) [1]Es werden ärztliche Beratung über die Erhaltung und den Abbruch der Schwangerschaft, ärztliche Untersuchung und Begutachtung zur Feststellung der Voraussetzungen für eine durch Krankheit erforderliche Sterilisation oder für einen nicht rechtswidrigen Schwangerschaftsabbruch, ärztliche Behandlung, Versorgung mit Arznei-, Verbands- und Heilmitteln sowie Krankenhauspflege gewährt. [2]Anspruch auf Krankengeld besteht, wenn Versicherte wegen einer durch Krankheit erforderlichen Sterilisation oder wegen eines nicht rechtswidrigen Abbruchs der Schwangerschaft durch einen Arzt arbeitsunfähig werden, es sei denn, es besteht ein Anspruch nach § 44 Abs. 1.

(3) Im Fall eines unter den Voraussetzungen des § 218a Abs. 1 des Strafgesetzbuches vorgenommenen Abbruchs der Schwangerschaft haben Versicherte Anspruch auf die ärztliche Beratung über die Erhaltung und den Abbruch der Schwangerschaft, die ärztliche Behandlung mit Ausnahme der Vornahme des Abbruchs und der Nachbehandlung bei komplikationslosem Verlauf, die Versorgung mit Arznei-, Verband- und Heilmitteln sowie auf Krankenhausbehandlung, falls und soweit die Maßnahmen dazu dienen,
1. die Gesundheit des Ungeborenen zu schützen, falls es nicht zum Abbruch kommt,
2. die Gesundheit der Kinder aus weiteren Schwangerschaften zu schützen oder
3. die Gesundheit der Mutter zu schützen, insbesondere zu erwartenden Komplikationen aus dem Abbruch der Schwangerschaft vorzubeugen oder eingetretene Komplikationen zu beseitigen.

(4) [1]Die nach Absatz 3 vom Anspruch auf Leistungen ausgenommene ärztliche Vornahme des Abbruchs umfaßt
1. die Anästhesie,
2. den operativen Eingriff oder die Gabe einer den Schwangerschaftsabbruch herbeiführenden Medikation,
3. die vaginale Behandlung einschließlich der Einbringung von Arzneimitteln in die Gebärmutter,
4. die Injektion von Medikamenten,
5. die Gabe eines wehenauslösenden Medikamentes,
6. die Assistenz durch einen anderen Arzt,
7. die körperlichen Untersuchungen im Rahmen der unmittelbaren Operationsvorbereitung und der Überwachung im direkten Anschluß an die Operation.

[2]Mit diesen ärztlichen Leistungen im Zusammenhang stehende Sachkosten, insbesondere für Narkosemittel, Verbandmittel, Abdecktücher, Desinfektionsmittel fallen ebenfalls nicht in die Leistungspflicht der Krankenkassen. [3]Bei vollstationärer Vornahme des Abbruchs übernimmt die Krankenkasse nicht die mittleren Kosten der Leistungen nach den Sätzen 1 und 2 für den Tag, an dem der Abbruch vorgenommen wird. [4]Das DRG-Institut ermittelt die Kosten nach Satz 3 gesondert und veröffentlicht das Ergebnis jährlich in Zusammenhang mit dem Entgeltsystem nach § 17b des Krankenhausfinanzierungsgesetzes.

§ 24c Leistungen bei Schwangerschaft und Mutterschaft

[1]Die Leistungen bei Schwangerschaft und Mutterschaft umfassen
1. ärztliche Betreuung und Hebammenhilfe,
2. Versorgung mit Arznei-, Verband-, Heil- und Hilfsmitteln,
3. Entbindung,
4. häusliche Pflege,
5. Haushaltshilfe,
6. Mutterschaftsgeld.

[2]Anspruch auf Leistungen nach Satz 1 hat bei Vorliegen der übrigen Voraussetzungen jede Person, die schwanger ist, ein Kind geboren hat oder stillt.

§ 24d Ärztliche Betreuung und Hebammenhilfe

[1]Die Versicherte hat während der Schwangerschaft, bei und nach der Entbindung Anspruch auf ärztliche Betreuung sowie auf Hebammenhilfe einschließlich der Untersuchungen zur Feststellung der Schwangerschaft und zur Schwangerenvorsorge; ein Anspruch auf Hebammenhilfe im Hinblick auf die Wochenbettbetreuung besteht bis zum Ablauf von zwölf Wochen nach der Geburt, weitergehende Leistungen bedürfen der ärztlichen Anordnung. [2]Sofern das Kind nach der Entbindung nicht von der Versicherten versorgt werden kann, hat das versicherte Kind Anspruch auf die Leistungen der Hebammenhilfe, die sich auf dieses beziehen. [3]Die ärztliche Betreuung umfasst auch die Beratung der Schwangeren zur Bedeutung der Mundgesundheit für Mutter und Kind einschließlich des Zusammenhangs zwischen Ernährung und Krankheitsrisiko sowie die Einschätzung oder Bestimmung des Übertragungsrisikos von Karies. [4]Die ärztliche Beratung der Versicherten umfasst bei Bedarf auch Hinweise auf regionale Unterstützungsangebote für Eltern und Kind.

§ 24e Versorgung mit Arznei-, Verband-, Heil- und Hilfsmitteln

¹Die Versicherte hat während der Schwangerschaft und im Zusammenhang mit der Entbindung Anspruch auf Versorgung mit Arznei-, Verband-, Heil- und Hilfsmitteln. ²Die für die Leistungen nach den §§ 31 bis 33 geltenden Vorschriften gelten entsprechend; bei Schwangerschaftsbeschwerden und im Zusammenhang mit der Entbindung finden § 31 Absatz 3, § 32 Absatz 2, § 33 Absatz 8 und § 127 Absatz 4 keine Anwendung.

§ 24f Entbindung

¹Die Versicherte hat Anspruch auf ambulante oder stationäre Entbindung. ²Die Versicherte kann ambulant in einem Krankenhaus, in einer von einer Hebamme oder einem Entbindungspfleger geleiteten Einrichtung, in einer ärztlich geleiteten Einrichtung, in einer Hebammenpraxis oder im Rahmen einer Hausgeburt entbinden. ³Wird die Versicherte zur stationären Entbindung in einem Krankenhaus oder in einer anderen stationären Einrichtung aufgenommen, hat sie für sich und das Neugeborene Anspruch auf Unterkunft, Pflege und Verpflegung. ⁴Für diese Zeit besteht kein Anspruch auf Krankenhausbehandlung. ⁵§ 39 Absatz 2 gilt entsprechend.

§ 24g Häusliche Pflege

¹Die Versicherte hat Anspruch auf häusliche Pflege, soweit diese wegen Schwangerschaft oder Entbindung erforderlich ist. ²§ 37 Absatz 3 und 4 gilt entsprechend.

§ 24h Haushaltshilfe

¹Die Versicherte erhält Haushaltshilfe, soweit ihr wegen Schwangerschaft oder Entbindung die Weiterführung des Haushalts nicht möglich ist und eine andere im Haushalt lebende Person den Haushalt nicht weiterführen kann. ²§ 38 Absatz 4 gilt entsprechend.

§ 24i Mutterschaftsgeld

(1) ¹Weibliche Mitglieder, die bei Arbeitsunfähigkeit Anspruch auf Krankengeld haben oder denen wegen der Schutzfristen nach § 3 des Mutterschutzgesetzes kein Arbeitsentgelt gezahlt wird, erhalten Mutterschaftsgeld. ²Mutterschaftsgeld erhalten auch Frauen, deren Arbeitsverhältnis unmittelbar vor Beginn der Schutzfrist nach § 3 Absatz 1 des Mutterschutzgesetzes endet, wenn sie am letzten Tag des Arbeitsverhältnisses Mitglied einer Krankenkasse waren.

(2) ¹Für Mitglieder, die bei Beginn der Schutzfrist vor der Entbindung nach § 3 Absatz 1 des Mutterschutzgesetzes in einem Arbeitsverhältnis stehen oder in Heimarbeit beschäftigt sind oder deren Arbeitsverhältnis nach Maßgabe von § 17 Absatz 2 des Mutterschutzgesetzes gekündigt worden ist, wird als Mutterschaftsgeld das um die gesetzlichen Abzüge verminderte durchschnittliche kalendertägliche Arbeitsentgelt der letzten drei abgerechneten Kalendermonate vor Beginn der Schutzfrist nach § 3 Absatz 1 des Mutterschutzgesetzes gezahlt. ²Es beträgt höchstens 13 Euro für den Kalendertag. ³Für die Ermittlung des durchschnittlichen kalendertäglichen Arbeitsentgelts gilt § 21 des Mutterschutzgesetzes entsprechend. ⁴Übersteigt das durchschnittliche Arbeitsentgelt 13 Euro kalendertäglich, wird der übersteigende Betrag vom Arbeitgeber oder von der für die Zahlung des Mutterschaftsgeldes zuständigen Stelle nach den Vorschriften des Mutterschutzgesetzes gezahlt. ⁵Für Frauen nach Absatz 1 Satz 2 sowie für andere Mitglieder wird das Mutterschaftsgeld in Höhe des Krankengeldes gezahlt.

(3) ¹Das Mutterschaftsgeld wird für die letzten sechs Wochen vor dem voraussichtlichen Tag der Entbindung, den Entbindungstag und für die ersten acht Wochen nach der Entbindung gezahlt. ²Bei Früh- und Mehrlingsgeburten sowie in Fällen, in denen vor Ablauf von acht Wochen nach der Entbindung bei dem Kind eine Behinderung im Sinne von § 2 Absatz 1 Satz 1 des Neunten Buches ärztlich festgestellt und ein Antrag nach § 3 Absatz 2 Satz 4 des Mutterschutzgesetzes gestellt wird, verlängert sich der Zeitraum der Zahlung des Mutterschaftsgeldes nach Satz 1 auf die ersten zwölf Wochen nach der Entbindung. ³Wird bei Frühgeburten und sonstigen vorzeitigen Entbindungen der Zeitraum von sechs Wochen vor dem voraussichtlichen Tag der Entbindung verkürzt, so verlängert sich die Bezugsdauer um den Zeitraum, der vor der Entbindung nicht in Anspruch genommen werden konnte. ⁴Für die Zahlung des Mutterschaftsgeldes vor der Entbindung ist das Zeugnis eines Arztes oder einer Hebamme maßgebend, in dem der voraussichtliche Tag der Entbindung angegeben ist. ⁵Bei Entbindungen nach dem voraussichtlichen Tag der Entbindung verlängert sich die Bezugsdauer bis zum Tag der Entbindung entsprechend. ⁶Für Mitglieder, deren Arbeitsverhältnis während der Schutzfristen nach § 3 des Mutterschutzgesetzes beginnt, wird das Mutterschaftsgeld von Beginn des Arbeitsverhältnisses an gezahlt.

(4) ¹Der Anspruch auf Mutterschaftsgeld ruht, soweit und solange das Mitglied beitragspflichtiges Arbeitsentgelt, Arbeitseinkommen oder Urlaubsabgeltung erhält. ²Dies gilt nicht für einmalig gezahltes Arbeitsentgelt.

Vierter Abschnitt
Leistungen zur Erfassung von gesundheitlichen Risiken und Früherkennung von Krankheiten

§ 25 Gesundheitsuntersuchungen

(1) ¹Versicherte, die das 18. Lebensjahr vollendet haben, haben Anspruch auf alters-, geschlechter- und zielgruppengerechte ärztliche Gesundheitsuntersuchungen zur Erfassung und Bewertung gesundheitlicher Risiken und Belastungen, zur Früherkennung von bevölkerungsmedizinisch bedeutsamen Krankheiten und eine darauf abgestimmte präventionsorientierte Beratung, einschließlich einer Überprüfung des Impfstatus im Hinblick auf die Empfehlungen der Ständigen Impfkommission nach § 20 Absatz 2 des Infektionsschutzgesetzes. ²Die Untersuchungen umfassen, sofern medizinisch angezeigt, eine Präventionsempfehlung für Leistungen zur verhaltensbezogenen Prävention nach § 20 Absatz 5. ³Die Präventionsempfehlung wird in Form einer ärztlichen Bescheinigung erteilt. ⁴Sie informiert über Möglichkeiten und Hilfen zur Veränderung gesundheitsbezogener Verhaltensweisen und kann auch auf andere Angebote zur verhaltensbezogenen Prävention hinweisen wie beispielsweise auf die vom Deutschen Olympischen Sportbund e. V. und der Bundesärztekammer empfohlenen Bewegungsangebote in Sportvereinen oder auf sonstige qualitätsgesicherte Bewegungsangebote in Sport- oder Fitnessstudios sowie auf Angebote zur Förderung einer ausgewogenen Ernährung.

(2) Versicherte, die das 18. Lebensjahr vollendet haben, haben Anspruch auf Untersuchungen zur Früherkennung von Krebserkrankungen.

(3) ¹Voraussetzung für die Untersuchung nach den Absätzen 1 und 2 ist, dass es sich um Krankheiten handelt, die wirksam behandelt werden können oder um zu erfassende gesundheitliche Risiken und Belastungen, die durch geeignete Leistungen zur verhaltensbezogenen Prävention nach § 20 Absatz 5 vermieden, beseitigt oder vermindert werden können. ²Die im Rahmen der Untersuchungen erbrachten Maßnahmen zur Früherkennung setzen ferner voraus, dass
1. das Vor- und Frühstadium dieser Krankheiten durch diagnostische Maßnahmen erfassbar ist,
2. die Krankheitszeichen medizinisch-technisch genügend eindeutig zu erfassen sind,
3. genügend Ärzte und Einrichtungen vorhanden sind, um die aufgefundenen Verdachtsfälle eindeutig zu diagnostizieren und zu behandeln.

³Stellt der Gemeinsame Bundesausschuss bei seinen Beratungen über eine Gesundheitsuntersuchung nach Absatz 1 fest, dass notwendige Erkenntnisse fehlen, kann er eine Richtlinie zur Erprobung der geeigneten inhaltlichen und organisatorischen Ausgestaltung der Gesundheitsuntersuchung beschließen. ⁴§ 137e gilt entsprechend.

(4) ¹Die Untersuchungen nach Absatz 1 und 2 sollen, soweit berufsrechtlich zulässig, zusammen angeboten werden. ²Der Gemeinsame Bundesausschuss bestimmt in den Richtlinien nach § 92 das Nähere über Inhalt, Art und Umfang der Untersuchungen sowie die Erfüllung der Voraussetzungen nach Absatz 3. ³Ferner bestimmt er für die Untersuchungen die Zielgruppen, Altersgrenzen und die Häufigkeit der Untersuchungen. ⁴Der Gemeinsame Bundesausschuss regelt erstmals bis zum 31. Juli 2016 in Richtlinien nach § 92 das Nähere zur Ausgestaltung der Präventionsempfehlung nach Absatz 1 Satz 2. ⁵Im Übrigen beschließt der Gemeinsame Bundesausschuss erstmals bis zum 31. Juli 2018 in Richtlinien nach § 92 das Nähere über die Gesundheitsuntersuchungen nach Absatz 1 zur Erfassung und Bewertung gesundheitlicher Risiken und Belastungen sowie eine Anpassung der Richtlinie im Hinblick auf Gesundheitsuntersuchungen zur Früherkennung von bevölkerungsmedizinisch bedeutsamen Krankheiten. ⁶Die Frist nach Satz 5 verlängert sich in dem Fall einer Erprobung nach Absatz 3 Satz 3 um zwei Jahre.

(4a) ¹Legt das Bundesministerium für Umwelt, Naturschutz und nukleare Sicherheit in einer Rechtsverordnung nach § 84 Absatz 2 des Strahlenschutzgesetzes die Zulässigkeit einer Früherkennungsuntersuchung fest, für die der Gemeinsame Bundesausschuss noch keine Richtlinie nach § 92 Absatz 1 Satz 2 Nummer 3 beschlossen hat, prüft der Gemeinsame Bundesausschuss innerhalb von 18 Monaten nach Inkrafttreten der Rechtsverordnung, ob die Früherkennungsuntersuchung nach Absatz 1 oder Absatz 2 zu Lasten der Krankenkassen zu erbringen ist und regelt gegebenenfalls das Nähere nach Absatz 3 Satz 2 und 3. ²Gelangt der Gemeinsame Bundesausschuss zu der Feststellung, dass der Nutzen der neuen Früherkennungsuntersuchung noch nicht hinreichend belegt ist, so hat er in der Regel eine Richtlinie nach § 137e zu beschließen.

(5) ¹In den Richtlinien des Gemeinsamen Bundesausschusses ist ferner zu regeln, dass die Durchführung von Maßnahmen nach den Absätzen 1 und 2 von einer Genehmigung der Kassenärztlichen Vereinigung abhängig ist, wenn es zur Sicherung der Qualität der Untersuchungen geboten ist, dass Ärzte mehrerer Fachgebiete zusammenwirken oder die teilnehmenden Ärzte eine Mindestzahl von Untersuchungen durchführen oder besondere technische Einrichtungen vorgehalten werden oder dass besonders qualifiziertes nichtärztliches Personal mitwirkt. ²Ist es erforderlich, dass die teilnehmenden Ärzte eine hohe Mindestzahl von Untersuchungen durchführen oder dass bei der Leistungserbringung Ärzte mehrerer Fachgebiete zusammenwirken, legen die Richtlinien außerdem Kriterien für die Bemessung des Versorgungsbedarfs fest, so dass eine bedarfsgerechte räumliche Verteilung gewährleistet ist. ³Die Auswahl der Ärzte durch die Kassenärztliche Vereinigung erfolgt auf der Grundlage der

Bewertung ihrer Qualifikation und der geeigneten räumlichen Zuordnung ihres Praxissitzes für die Versorgung im Rahmen eines in den Richtlinien geregelten Ausschreibungsverfahrens. [4]Die Genehmigung zur Durchführung der Früherkennungsuntersuchungen kann befristet und mit für das Versorgungsziel notwendigen Auflagen erteilt werden.

§ 25a Organisierte Früherkennungsprogramme

(1) [1]Untersuchungen zur Früherkennung von Krebserkrankungen gemäß § 25 Absatz 2, für die von der Europäischen Kommission veröffentlichte Europäische Leitlinien zur Qualitätssicherung von Krebsfrüherkennungsprogrammen vorliegen, sollen als organisierte Krebsfrüherkennungsprogramme angeboten werden. [2]Diese Programme umfassen insbesondere

1. die regelmäßige Einladung der Versicherten in Textform zur Früherkennungsuntersuchung nach Satz 1,
2. die mit der Einladung erfolgende umfassende und verständliche Information der Versicherten über Nutzen und Risiken der jeweiligen Untersuchung, über die nach Absatz 4 vorgesehene Verarbeitung der personenbezogenen Daten, die zum Schutz dieser Daten getroffenen Maßnahmen, den Verantwortlichen und bestehende Widerspruchsrechte,
3. die inhaltliche Bestimmung der Zielgruppen, der Untersuchungsmethoden, der Abstände zwischen den Untersuchungen, der Altersgrenzen, des Vorgehens zur Abklärung auffälliger Befunde und der Maßnahmen zur Qualitätssicherung sowie
4. die systematische Erfassung, Überwachung und Verbesserung der Qualität der Krebsfrüherkennungsprogramme unter besonderer Berücksichtigung der Teilnahmeraten, des Auftretens von Intervallkarzinomen, falsch positiver Diagnosen und der Sterblichkeit an der betreffenden Krebserkrankung unter den Programmteilnehmern.

[3]Die Maßnahmen nach Satz 2 Nummer 4 beinhalten auch einen Abgleich der Daten, die nach § 299 zum Zwecke der Qualitätssicherung an eine vom Gemeinsamen Bundesausschuss bestimmte Stelle übermittelt werden, mit Daten der epidemiologischen oder der klinischen Krebsregister, soweit dies insbesondere für die Erfassung des Auftretens von Intervallkarzinomen und der Sterblichkeit an der betreffenden Krebserkrankung unter den Programmteilnehmern erforderlich ist und landesrechtliche Vorschriften die Übermittlung von Krebsregisterdaten erlauben. [4]Die entstehenden Kosten für den Datenabgleich werden von den Krankenkassen getragen.

(2) [1]Der Gemeinsame Bundesausschuss regelt bis zum 30. April 2016 in Richtlinien nach § 92 das Nähere über die Durchführung der organisierten Krebsfrüherkennungsprogramme für Früherkennungsuntersuchungen, für die bereits Europäische Leitlinien zur Qualitätssicherung nach Absatz 1 Satz 1 vorliegen. [2]Für künftige Leitlinien erfolgt eine Regelung innerhalb von drei Jahren nach Veröffentlichung der Leitlinien. [3]Handelt es sich um eine neue Früherkennungsuntersuchung, für die noch keine Richtlinien nach § 92 Absatz 1 Satz 2 Nummer 3 bestehen, prüft der Gemeinsame Bundesausschuss zunächst innerhalb von drei Jahren nach Veröffentlichung der Leitlinien, ob die Früherkennungsuntersuchung nach § 25 Absatz 2 zu Lasten der Krankenkassen zu erbringen ist, und regelt gegebenenfalls innerhalb von weiteren drei Jahren das Nähere über die Durchführung des organisierten Krebsfrüherkennungsprogramms. [4]In den Richtlinien über die Durchführung der organisierten Krebsfrüherkennungsprogramme ist insbesondere das Nähere zum Einladungswesen, zur Qualitätssicherung und zum Datenabgleich mit den Krebsregistern festzulegen, und es sind die hierfür zuständigen Stellen zu bestimmen. [5]Der Verband der Privaten Krankenversicherung ist bei den Richtlinien zu beteiligen.

(3) [1]Stellt der Gemeinsame Bundesausschuss bei seinen Beratungen fest, dass notwendige Erkenntnisse fehlen, kann er eine Richtlinie zur Erprobung der geeigneten inhaltlichen und organisatorischen Ausgestaltung eines organisierten Krebsfrüherkennungsprogramms beschließen. [2]§ 137e gilt entsprechend. [3]Die Frist nach Absatz 2 Satz 1 bis 3 für die Regelung des Näheren über die Durchführung der organisierten Krebsfrüherkennungsprogramme verlängert sich in diesem Fall um den Zeitraum der Vorbereitung, Durchführung und Auswertung der Erprobung, längstens jedoch um fünf Jahre.

(4) [1]Die nach Absatz 2 Satz 4 in den Richtlinien bestimmten Stellen sind befugt, die für die Wahrnehmung ihrer Aufgaben erforderlichen und in den Richtlinien aufgeführten Daten nach den dort genannten Vorgaben zu verarbeiten. [2]Für die Einladungen nach Absatz 1 Satz 2 Nummer 1 dürfen die in § 291a Absatz 2 Nummer 1 bis 6 genannten Daten der Krankenkassen verarbeitet werden; sofern andere Stellen als die Krankenkassen die Aufgabe der Einladung wahrnehmen, darf die Krankenversichertennummer nur in pseudonymisierter Form verarbeitet werden. [3]Die Versicherten können in Textform weiteren Einladungen widersprechen; sie sind in den Einladungen auf ihr Widerspruchsrecht hinzuweisen. [4]Andere personenbezogene Daten der Krankenkassen, insbesondere Befunddaten und Daten über die Inanspruchnahme von Krebsfrüherkennungsuntersuchungen, dürfen für die Einladungen nur mit Einwilligung der Versicherten verarbeitet werden. [5]Für die Datenverarbeitungen zum Zwecke der Qualitätssicherung nach Absatz 1 Satz 2 Nummer 4 gilt § 299, sofern der Versicherte nicht schriftlich oder elektronisch widersprochen hat. [6]Ein Abgleich der Daten nach Satz 4 und der Daten, die nach § 299 zum Zwecke der Qualitätssicherung an eine vom Gemeinsamen Bundesausschuss bestimmte Stelle übermittelt werden, mit

Daten der epidemiologischen oder klinischen Krebsregister ist unter Beachtung der landesrechtlichen Vorschriften zulässig, sofern der Versicherte nicht schriftlich oder elektronisch widersprochen hat. [7]Der Gemeinsame Bundesausschuss legt in den Richtlinien fest, welche Daten für den Abgleich zwischen den von ihm bestimmten Stellen und den epidemiologischen oder klinischen Krebsregistern übermittelt werden sollen.
(5) [1]Der Gemeinsame Bundesausschuss oder eine von ihm beauftragte Stelle veröffentlicht alle zwei Jahre einen Bericht über den Stand der Maßnahmen nach Absatz 1 Satz 2 Nummer 4. [2]Der Gemeinsame Bundesausschuss oder eine von ihm beauftragte Stelle übermittelt auf Antrag, nach Prüfung des berechtigten Interesses des Antragstellers, anonymisierte Daten zum Zwecke der wissenschaftlichen Forschung. [3]Die Entscheidung über den Antrag ist dem Antragsteller innerhalb von zwei Monaten nach Antragstellung mitzuteilen; eine Ablehnung ist zu begründen.

§ 26 Gesundheitsuntersuchungen für Kinder und Jugendliche

(1) [1]Versicherte Kinder und Jugendliche haben bis zur Vollendung des 18. Lebensjahres Anspruch auf Untersuchungen zur Früherkennung von Krankheiten, die ihre körperliche, geistige oder psycho-soziale Entwicklung in nicht geringfügigem Maße gefährden. [2]Die Untersuchungen beinhalten auch eine Erfassung und Bewertung gesundheitlicher Risiken einschließlich einer Überprüfung der Vollständigkeit des Impfstatus sowie eine darauf abgestimmte präventionsorientierte Beratung einschließlich Informationen zu regionalen Unterstützungsangeboten für Eltern und Kind. [3]Die Untersuchungen umfassen, sofern medizinisch angezeigt, eine Präventionsempfehlung für Leistungen zur verhaltensbezogenen Prävention nach § 20 Absatz 5, die sich altersentsprechend an das Kind, den Jugendlichen oder die Eltern oder andere Sorgeberechtigte richten kann. [4]Die Präventionsempfehlung wird in Form einer ärztlichen Bescheinigung erteilt. [5]Zu den Früherkennungsuntersuchungen auf Zahn-, Mund- und Kieferkrankheiten gehören insbesondere die Inspektion der Mundhöhle, die Einschätzung oder Bestimmung des Kariesrisikos, die Ernährungs- und Mundhygieneberatung sowie Maßnahmen zur Schmelzhärtung der Zähne und zur Keimzahlsenkung. [6]Die Leistungen nach Satz 5 werden bis zur Vollendung des sechsten Lebensjahres erbracht und können von Ärzten oder Zahnärzten erbracht werden.
(2) [1]§ 25 Absatz 3 gilt entsprechend. [2]Der Gemeinsame Bundesausschuss bestimmt in den Richtlinien nach § 92 das Nähere über Inhalt, Art und Umfang der Untersuchungen nach Absatz 1 sowie über die Erfüllung der Voraussetzungen nach § 25 Absatz 3. [3]Ferner bestimmt er die Altersgrenzen und die Häufigkeit dieser Untersuchungen. [4]In der ärztlichen Dokumentation über die Untersuchungen soll auf den Impfstatus in Bezug auf Masern und auf eine durchgeführte Impfberatung hingewiesen werden, um einen Nachweis im Sinne von § 20 Absatz 9 Satz 1 Nummer 1 und § 34 Absatz 10a Satz 1 des Infektionsschutzgesetzes zu ermöglichen. [5]Der Gemeinsame Bundesausschuss regelt erstmals bis zum 31. Juli 2016 in Richtlinien nach § 92 das Nähere zur Ausgestaltung der Präventionsempfehlung nach Absatz 1 Satz 3. [6]Er regelt insbesondere das Nähere zur Ausgestaltung der zahnärztlichen Früherkennungsuntersuchungen zur Vermeidung frühkindlicher Karies.
(3) [1]Die Krankenkassen haben im Zusammenwirken mit den für die Kinder- und Gesundheitspflege durch Landesrecht bestimmten Stellen der Länder auf eine Inanspruchnahme der Leistungen nach Absatz 1 hinzuwirken. [2]Zur Durchführung der Maßnahmen nach Satz 1 schließen die Landesverbände der Krankenkassen und die Ersatzkassen mit den Stellen der Länder nach Satz 1 gemeinsame Rahmenvereinbarungen.

Fünfter Abschnitt
Leistungen bei Krankheit

Erster Titel
Krankenbehandlung

§ 27 Krankenbehandlung

(1) [1]Versicherte haben Anspruch auf Krankenbehandlung, wenn sie notwendig ist, um eine Krankheit zu erkennen, zu heilen, ihre Verschlimmerung zu verhüten oder Krankheitsbeschwerden zu lindern. [2]Die Krankenbehandlung umfaßt
1. ärztliche Behandlung einschließlich Psychotherapie als ärztliche und psychotherapeutische Behandlung,
2. zahnärztliche Behandlung,
2a. Versorgung mit Zahnersatz einschließlich Zahnkronen und Suprakonstruktionen,
3. Versorgung mit Arznei-, Verband-, Heil- und Hilfsmitteln sowie mit digitalen Gesundheitsanwendungen,
4. häusliche Krankenpflege, außerklinische Intensivpflege und Haushaltshilfe,
5. Krankenhausbehandlung,
6. Leistungen zur medizinischen Rehabilitation und ergänzende Leistungen.

[3]Zur Krankenbehandlung gehört auch die palliative Versorgung der Versicherten. [4]Bei der Krankenbehandlung ist den besonderen Bedürfnissen psychisch Kranker Rechnung zu tragen, insbesondere bei der Versorgung mit Heilmitteln und bei der medizinischen Rehabilitation. [5]Zur Krankenbehandlung gehören auch Leistungen zur Herstellung der Zeugungs- und Empfängnisfähigkeit, wenn diese Fähigkeit nicht vorhanden war oder durch Krankheit oder wegen

einer durch Krankheit erforderlichen Sterilisation verlorengegangen war. ⁶Zur Krankenbehandlung gehören auch Leistungen zur vertraulichen Spurensicherung am Körper, einschließlich der erforderlichen Dokumentation sowie Laboruntersuchungen und einer ordnungsgemäßen Aufbewahrung der sichergestellten Befunde, bei Hinweisen auf drittverursachte Gesundheitsschäden, die Folge einer Misshandlung, eines sexuellen Missbrauchs, eines sexuellen Übergriffs, einer sexuellen Nötigung oder einer Vergewaltigung sein können.

(1a) ¹Spender von Organen oder Geweben oder von Blut zur Separation von Blutstammzellen oder anderen Blutbestandteilen (Spender) haben bei einer nach den §§ 8 und 8a des Transplantationsgesetzes erfolgenden Spende von Organen oder Geweben oder im Zusammenhang mit einer im Sinne von § 9 des Transfusionsgesetzes erfolgenden Spende zum Zwecke der Übertragung auf Versicherte (Entnahme bei lebenden Spendern) Anspruch auf Leistungen der Krankenbehandlung. ²Dazu gehören die ambulante und stationäre Behandlung der Spender, die medizinisch erforderliche Vor- und Nachbetreuung, Leistungen zur medizinischen Rehabilitation sowie die Erstattung des Ausfalls von Arbeitseinkünften als Krankengeld nach § 44a und erforderlicher Fahrkosten; dies gilt auch für Leistungen, die über die Leistungen nach dem Dritten Kapitel dieses Gesetzes, auf die ein Anspruch besteht, hinausgehen, soweit sie vom Versicherungsschutz des Spenders umfasst sind. ³Zuzahlungen sind von den Spendern nicht zu leisten. ⁴Zuständig für Leistungen nach den Sätzen 1 und 2 ist die Krankenkasse der Empfänger von Organen, Geweben oder Blutstammzellen sowie anderen Blutbestandteilen (Empfänger). ⁵Im Zusammenhang mit der Spende von Knochenmark nach den §§ 8 und 8a des Transplantationsgesetzes, von Blutstammzellen oder anderen Blutbestandteilen nach § 9 des Transfusionsgesetzes können die Erstattung der erforderlichen Fahrkosten des Spenders und die Erstattung der Entgeltfortzahlung an den Arbeitgeber nach § 3a Absatz 2 Satz 1 des Entgeltfortzahlungsgesetzes einschließlich der Befugnis zum Erlass der hierzu erforderlichen Verwaltungsakte auf Dritte übertragen werden. ⁶Das Nähere kann der Spitzenverband Bund der Krankenkassen mit den für die nationale und internationale Suche nach nichtverwandten Spendern von Blutstammzellen aus Knochenmark oder peripherem Blut maßgeblichen Organisationen vereinbaren. ⁷Für die Behandlung von Folgeerkrankungen der Spender ist die Krankenkasse der Spender zuständig, sofern der Leistungsanspruch nicht nach § 11 Absatz 5 ausgeschlossen ist. ⁸Ansprüche nach diesem Absatz haben auch nicht gesetzlich krankenversicherte Personen. ⁹Die Krankenkasse der Spender ist befugt, die für die Leistungserbringung nach den Sätzen 1 und 2 erforderlichen personenbezogenen Daten an die Krankenkasse oder das private Krankenversicherungsunternehmen der Empfänger zu übermitteln; dies gilt auch für personenbezogene Daten von nach dem Künstlersozialversicherungsgesetz Krankenversicherungspflichtigen. ¹⁰Die nach Satz 9 übermittelten Daten dürfen nur für die Erbringung von Leistungen nach den Sätzen 1 und 2 verarbeitet werden. ¹¹Die Datenverarbeitung nach den Sätzen 9 und 10 darf nur mit schriftlicher Einwilligung der Spender, der eine umfassende Information vorausgegangen ist, erfolgen.

(2) Versicherte, die sich nur vorübergehend im Inland aufhalten, Ausländer, denen eine Aufenthaltserlaubnis nach § 25 Abs. 4 bis 5 des Aufenthaltsgesetzes erteilt wurde, sowie
1. asylsuchende Ausländer, deren Asylverfahren noch nicht unanfechtbar abgeschlossen ist,
2. Vertriebene im Sinne des § 1 Abs. 2 Nr. 2 und 3 des Bundesvertriebenengesetzes sowie Spätaussiedler im Sinne des § 4 des Bundesvertriebenengesetzes, ihre Ehegatten, Lebenspartner und Abkömmlinge im Sinne des § 7 Abs. 2 des Bundesvertriebenengesetzes haben Anspruch auf Versorgung mit Zahnersatz, wenn sie unmittelbar vor Inanspruchnahme mindestens ein Jahr lang Mitglied einer Krankenkasse (§ 4) oder nach § 10 versichert waren oder wenn die Behandlung aus medizinischen Gründen ausnahmsweise unaufschiebbar ist.

§ 27a Künstliche Befruchtung

(1) Die Leistungen der Krankenbehandlung umfassen auch medizinische Maßnahmen zur Herbeiführung einer Schwangerschaft, wenn
1. diese Maßnahmen nach ärztlicher Feststellung erforderlich sind,
2. nach ärztlicher Feststellung hinreichende Aussicht besteht, daß durch die Maßnahmen eine Schwangerschaft herbeigeführt wird; eine hinreichende Aussicht besteht nicht mehr, wenn die Maßnahme drei Mal ohne Erfolg durchgeführt worden ist,
3. die Personen, die diese Maßnahmen in Anspruch nehmen wollen, miteinander verheiratet sind,
4. ausschließlich Ei- und Samenzellen der Ehegatten verwendet werden und
5. sich die Ehegatten vor Durchführung der Maßnahmen von einem Arzt, der die Behandlung nicht selbst durchführt, über eine solche Behandlung unter Berücksichtigung ihrer medizinischen und psychosozialen Gesichtspunkte haben unterrichten lassen und der Arzt sie an einen der Ärzte oder eine der Einrichtungen überwiesen hat, denen eine Genehmigung nach § 121a erteilt worden ist.

(2) ¹Absatz 1 gilt auch für Inseminationen, die nach Stimulationsverfahren durchgeführt werden und bei denen dadurch ein erhöhtes Risiko von Schwangerschaften mit drei oder mehr Embryonen besteht. ²Bei anderen Inseminationen ist Absatz 1 Nr. 2 zweiter Halbsatz und Nr. 5 nicht anzuwenden.

(3) ¹Anspruch auf Sachleistungen nach Absatz 1 besteht nur für Versicherte, die das 25. Lebensjahr vollendet haben; der Anspruch besteht nicht für weibliche Versicherte, die das 40. und für männliche Versicherte, die das 50. Lebensjahr vollendet haben. ²Vor Beginn der Behandlung ist der Krankenkasse ein Behandlungsplan zur Genehmigung vorzulegen. ³Die Krankenkasse übernimmt 50 vom Hundert der mit dem Behandlungsplan genehmigten Kosten der Maßnahmen, die bei ihrem Versicherten durchgeführt werden.
(4) ¹Versicherte haben Anspruch auf Kryokonservierung von Ei- oder Samenzellen oder von Keimzellgewebe sowie auf die dazugehörigen medizinischen Maßnahmen, wenn die Kryokonservierung wegen einer Erkrankung und deren Behandlung mit einer keimzellschädigenden Therapie medizinisch notwendig erscheint, um spätere medizinische Maßnahmen zur Herbeiführung einer Schwangerschaft nach Absatz 1 vornehmen zu können. ²Absatz 3 Satz 1 zweiter Halbsatz gilt entsprechend.
(5) Der Gemeinsame Bundesausschuss bestimmt in den Richtlinien nach § 92 die medizinischen Einzelheiten zu Voraussetzungen, Art und Umfang der Maßnahmen nach den Absätzen 1 und 4.

Entscheidung des Bundesverfassungsgerichts vom 28. Februar 2007 (BGBl. I S. 350)
Aus dem Urteil des Bundesverfassungsgerichts vom 28. Februar 2007 – 1 BvL 5/03 – wird die Entscheidungsformel veröffentlicht: § 27a Absatz 1 Nummer 3 des Fünften Buches Sozialgesetzbuch ist mit dem Grundgesetz vereinbar, soweit die Leistung medizinischer Maßnahmen zur Herbeiführung einer Schwangerschaft (künstliche Befruchtung) durch die gesetzliche Krankenversicherung auf Personen beschränkt ist, die miteinander verheiratet sind.
Die vorstehende Entscheidungsformel hat gemäß § 31 Abs. 2 des Bundesverfassungsgerichtsgesetzes Gesetzeskraft.

§ 27b Zweitmeinung

(1) ¹Versicherte, bei denen die Indikation zu einem planbaren Eingriff gestellt wird, bei dem insbesondere im Hinblick auf die zahlenmäßige Entwicklung seiner Durchführung die Gefahr einer Indikationsausweitung nicht auszuschließen ist, haben Anspruch darauf, eine unabhängige ärztliche Zweitmeinung bei einem Arzt oder einer Einrichtung nach Absatz 3 einzuholen. ²Die Zweitmeinung kann nicht bei einem Arzt oder einer Einrichtung eingeholt werden, durch den oder durch die der Eingriff durchgeführt werden soll.
(2) ¹Der Gemeinsame Bundesausschuss bestimmt in seinen Richtlinien nach § 92 Absatz 1 Satz 2 Nummer 13, für welche planbaren Eingriffe nach Absatz 1 Satz 1 der Anspruch auf Einholung der Zweitmeinung im Einzelnen besteht; ab dem 1. Januar 2022 soll der Gemeinsame Bundesausschuss jährlich mindestens zwei weitere Eingriffe bestimmen, für die Anspruch auf Einholung der Zweitmeinung im Einzelnen besteht. ²Er legt indikationsspezifische Anforderungen an die Abgabe der Zweitmeinung zum empfohlenen Eingriff und an die Erbringer einer Zweitmeinung fest, um eine besondere Expertise zur Zweitmeinungserbringung zu sichern. ³Kriterien für die besondere Expertise sind
1. eine langjährige fachärztliche Tätigkeit in einem Fachgebiet, das für die Indikation zum Eingriff maßgeblich ist,
2. Kenntnisse über den aktuellen Stand der wissenschaftlichen Forschung zur jeweiligen Diagnostik und Therapie einschließlich Kenntnissen über Therapiealternativen zum empfohlenen Eingriff.
⁴Der Gemeinsame Bundesausschuss kann Anforderungen mit zusätzlichen Kriterien festlegen. ⁵Zusätzliche Kriterien sind insbesondere
1. Erfahrungen mit der Durchführung des jeweiligen Eingriffs,
2. regelmäßige gutachterliche Tätigkeit in einem für die Indikation maßgeblichen Fachgebiet oder
3. besondere Zusatzqualifikationen, die für die Beurteilung einer gegebenenfalls interdisziplinär abzustimmenden Indikationsstellung von Bedeutung sind.
⁶Der Gemeinsame Bundesausschuss berücksichtigt bei den Festlegungen nach Satz 2 die Möglichkeiten einer telemedizinischen Erbringung der Zweitmeinung.
(3) Zur Erbringung einer Zweitmeinung sind berechtigt:
1. zugelassene Ärzte,
2. zugelassene medizinische Versorgungszentren,
3. ermächtigte Ärzte und Einrichtungen,
4. zugelassene Krankenhäuser sowie
5. nicht an der vertragsärztlichen Versorgung teilnehmende Ärzte, die nur zu diesem Zweck an der vertragsärztlichen Versorgung teilnehmen,
soweit sie die Anforderungen nach Absatz 2 Satz 2 erfüllen.
(4) Die Kassenärztlichen Vereinigungen und die Landeskrankenhausgesellschaften informieren inhaltlich abgestimmt über Leistungserbringer, die unter Berücksichtigung der vom Gemeinsamen Bundesausschuss nach Absatz 2 Satz 2 festgelegten Anforderungen zur Erbringung einer unabhängigen Zweitmeinung geeignet und bereit sind.
(5) ¹Der Arzt, der die Indikation für einen Eingriff nach Absatz 1 Satz 1 in Verbindung mit Absatz 2 Satz 1 stellt, muss den Versicherten über das Recht, eine unabhängige ärztliche Zweitmeinung einholen zu können, aufklären und ihn auf die Informationsangebote über geeignete Leistungserbringer nach Absatz 4 hinweisen. ²Die Aufklärung muss

mündlich erfolgen; ergänzend kann auf Unterlagen Bezug genommen werden, die der Versicherte in Textform erhält. ³Der Arzt hat dafür Sorge zu tragen, dass die Aufklärung in der Regel mindestens zehn Tage vor dem geplanten Eingriff erfolgt. ⁴In jedem Fall hat die Aufklärung so rechtzeitig zu erfolgen, dass der Versicherte seine Entscheidung über die Einholung einer Zweitmeinung wohlüberlegt treffen kann. ⁵Der Arzt hat den Versicherten auf sein Recht auf Überlassung von Abschriften der Befundunterlagen aus der Patientenakte gemäß § 630g Absatz 2 des Bürgerlichen Gesetzbuchs, die für die Einholung der Zweitmeinung erforderlich sind, hinzuweisen. ⁶Die Kosten, die dem Arzt durch die Zusammenstellung und Überlassung von Befundunterlagen für die Zweitmeinung entstehen, trägt die Krankenkasse.
(6) ¹Die Krankenkasse kann in ihrer Satzung zusätzliche Leistungen zur Einholung einer unabhängigen ärztlichen Zweitmeinung vorsehen. ²Sofern diese zusätzlichen Leistungen die vom Gemeinsamen Bundesausschuss bestimmten Eingriffe nach Absatz 2 Satz 1 betreffen, müssen sie die Anforderungen nach Absatz 2 Satz 2 erfüllen, die der Gemeinsame Bundesausschuss festgelegt hat. ³Dies gilt auch, wenn die Krankenkasse ein Zweitmeinungsverfahren im Rahmen von Verträgen der besonderen Versorgung nach § 140a anbietet.

§ 28 Ärztliche und zahnärztliche Behandlung

(1) ¹Die ärztliche Behandlung umfaßt die Tätigkeit des Arztes, die zur Verhütung, Früherkennung und Behandlung von Krankheiten nach den Regeln der ärztlichen Kunst ausreichend und zweckmäßig ist. ²Zur ärztlichen Behandlung gehört auch die Hilfeleistung anderer Personen, die von dem Arzt angeordnet und von ihm zu verantworten ist. ³Die Partner der Bundesmantelverträge legen für die ambulante Versorgung beispielhaft fest, bei welchen Tätigkeiten Personen nach Satz 2 ärztliche Leistungen erbringen können und welche Anforderungen an die Erbringung zu stellen sind. ⁴Der Bundesärztekammer ist Gelegenheit zur Stellungnahme zu geben.
(2) ¹Die zahnärztliche Behandlung umfaßt die Tätigkeit des Zahnarztes, die zur Verhütung, Früherkennung und Behandlung von Zahn-, Mund- und Kieferkrankheiten nach den Regeln der zahnärztlichen Kunst ausreichend und zweckmäßig ist; sie umfasst auch konservierend-chirurgische Leistungen und Röntgenleistungen, die im Zusammenhang mit Zahnersatz einschließlich Zahnkronen und Suprakonstruktionen erbracht werden. ²Wählen Versicherte bei Zahnfüllungen eine darüber hinausgehende Versorgung, haben sie die Mehrkosten selbst zu tragen. ³In diesen Fällen ist von den Kassen die vergleichbare preisgünstigste plastische Füllung als Sachleistung abzurechnen. ⁴In Fällen des Satzes 2 ist vor Beginn der Behandlung eine schriftliche Vereinbarung zwischen dem Zahnarzt und dem Versicherten zu treffen. ⁵Die Mehrkostenregelung gilt nicht für Fälle, in denen intakte plastische Füllungen ausgetauscht werden. ⁶Nicht zur zahnärztlichen Behandlung gehört die kieferorthopädische Behandlung von Versicherten, die zu Beginn der Behandlung das 18. Lebensjahr vollendet haben. ⁷Dies gilt nicht für Versicherte mit schweren Kieferanomalien, die ein Ausmaß haben, das kombinierte kieferchirurgische und kieferorthopädische Behandlungsmaßnahmen erfordert. ⁸Ebenso gehören funktionsanalytische und funktionstherapeutische Maßnahmen nicht zur zahnärztlichen Behandlung; sie dürfen von den Krankenkassen auch nicht bezuschußt werden. ⁹Das Gleiche gilt für implantologische Leistungen, es sei denn, es liegen seltene vom Gemeinsamen Bundesausschuss in Richtlinien nach § 92 Abs. 1 festzulegende Ausnahmeindikationen für besonders schwere Fälle vor, in denen die Krankenkasse diese Leistung einschließlich der Suprakonstruktion als Sachleistung im Rahmen einer medizinischen Gesamtbehandlung erbringt. ¹⁰Absatz 1 Satz 2 gilt entsprechend.
(3) ¹Die psychotherapeutische Behandlung einer Krankheit wird durch Psychologische Psychotherapeuten und Kinder- und Jugendlichenpsychotherapeuten nach den §§ 26 und 27 des Psychotherapeutengesetzes und durch Psychotherapeuten nach § 1 Absatz 1 Satz 1 des Psychotherapeutengesetzes (Psychotherapeuten), soweit sie zur psychotherapeutischen Behandlung zugelassen sind, sowie durch Vertragsärzte entsprechend den Richtlinien nach § 92 durchgeführt. ²Absatz 1 Satz 2 gilt entsprechend. ³Spätestens nach den probatorischen Sitzungen gemäß § 92 Abs. 6a hat der Psychotherapeut vor Beginn der Behandlung den Konsiliarbericht eines Vertragsarztes zur Abklärung einer somatischen Erkrankung sowie, falls der somatisch abklärende Vertragsarzt dies für erforderlich hält, eines psychiatrisch tätigen Vertragsarztes einzuholen.

§ 29 Kieferorthopädische Behandlung

(1) Versicherte haben Anspruch auf kieferorthopädische Versorgung in medizinisch begründeten Indikationsgruppen, bei denen eine Kiefer- oder Zahnfehlstellung vorliegt, die das Kauen, Beißen, Sprechen oder Atmen erheblich beeinträchtigt oder zu beeinträchtigen droht.
(2) ¹Versicherte leisten zu der kieferorthopädischen Behandlung nach Absatz 1 einen Anteil in Höhe von 20 vom Hundert der Kosten an den Vertragszahnarzt. ²Satz 1 gilt nicht für im Zusammenhang mit kieferorthopädischer Behandlung erbrachte konservierend-chirurgische und Röntgenleistungen. ³Befinden sich mindestens zwei versicherte Kinder, die bei Beginn der Behandlung das 18. Lebensjahr noch nicht vollendet haben und mit ihren Erziehungsberechtigten in einem gemeinsamen Haushalt leben, in kieferorthopädischer Behandlung, beträgt der Anteil nach Satz 1 für das zweite und jedes weitere Kind 10 vom Hundert.

(3) ¹Der Vertragszahnarzt rechnet die kieferorthopädische Behandlung abzüglich des Versichertenanteils nach Absatz 2 Satz 1 und 3 mit der Kassenzahnärztlichen Vereinigung ab. ²Wenn die Behandlung in dem durch den Behandlungsplan bestimmten medizinisch erforderlichen Umfang abgeschlossen worden ist, zahlt die Kasse den von den Versicherten geleisteten Anteil nach Absatz 2 Satz 1 und 3 an die Versicherten zurück.
(4) ¹Der Gemeinsame Bundesausschuss bestimmt in den Richtlinien nach § 92 Abs. 1 befundbezogen die objektiv überprüfbaren Indikationsgruppen, bei denen die in Absatz 1 genannten Voraussetzungen vorliegen. ²Dabei sind auch einzuhaltende Standards zur kieferorthopädischen Befunderhebung und Diagnostik vorzugeben.
(5) ¹Wählen Versicherte im Fall von kieferorthopädischen Behandlungen Leistungen, die den im einheitlichen Bewertungsmaßstab für zahnärztliche Leistungen abgebildeten kieferorthopädischen Leistungen vergleichbar sind und sich lediglich in der Durchführungsart oder durch die eingesetzten Behandlungsmittel unterscheiden (Mehrleistungen), haben die Versicherten die Mehrkosten, die durch diese Mehrleistungen entstehen, selbst zu tragen. ²In diesem Fall ist von dem behandelnden Zahnarzt gegenüber der zuständigen Kassenzahnärztlichen Vereinigung die vergleichbare im einheitlichen Bewertungsmaßstab für zahnärztliche Leistungen abgebildete kieferorthopädische Leistung als Sachleistung abzurechnen. ³Die Absätze 2 und 3 gelten entsprechend.
(6) ¹Der Bewertungsausschuss für die zahnärztlichen Leistungen beschließt bis spätestens zum 31. Dezember 2022 einen Katalog von Leistungen, die als Mehrleistungen vereinbart und abgerechnet werden können. ²Er kann solche nicht im Bewertungsmaßstab enthaltenen kieferorthopädischen Leistungen benennen, die nicht als Mehrleistungen anzusehen sind (Zusatzleistungen). ³Sofern es zur Abgrenzung zwischen Mehrleistungen und den im einheitlichen Bewertungsmaßstab enthaltenen kieferorthopädischen Leistungen erforderlich ist, konkretisiert der Bewertungsausschuss die im einheitlichen Bewertungsmaßstab abgebildete kieferorthopädische Leistung.
(7) ¹Werden im Rahmen einer kieferorthopädischen Behandlung neben kieferorthopädischen Leistungen, die im einheitlichen Bewertungsmaßstab für zahnärztliche Leistungen abgebildet sind, Mehrleistungen oder Zusatzleistungen erbracht, ist der Versicherte vor Beginn der Behandlung vom behandelnden Zahnarzt über die in Betracht kommenden Behandlungsalternativen mündlich aufzuklären und ist eine schriftliche oder elektronische Vereinbarung zwischen dem Zahnarzt und dem Versicherten zu treffen, in der die von der Krankenkasse zu tragenden Kostenanteile und die vom Versicherten zu tragenden Kostenanteile aufgeschlüsselt nach Leistungen gegenübergestellt werden. ²Hiermit ist eine schriftliche oder elektronische Erklärung des Versicherten zu verknüpfen, dass er über die in Betracht kommenden Behandlungsalternativen einschließlich einer zuzahlungsfreien Behandlung auf der Grundlage des einheitlichen Bewertungsmaßstabs für zahnärztliche Leistungen aufgeklärt worden ist. ³Die Bundesmantelvertragspartner vereinbaren für die schriftliche Vereinbarung nach Satz 1 und für die Erklärung des Versicherten nach Satz 2 verbindliche Formularvordrucke und bestimmen den Zeitpunkt, ab dem diese verbindlich zu verwenden sind.
(8) ¹Die Kassenzahnärztlichen Vereinigungen überprüfen anlassbezogen die Einhaltung der Informations- und Aufklärungspflichten aus Absatz 7 Satz 1. ²Der behandelnde Zahnarzt ist verpflichtet, der zuständigen Kassenzahnärztlichen Vereinigung auf Verlangen die Vereinbarung nach Absatz 7 Satz 1 und die Erklärung nach Absatz 7 Satz 2 vorzulegen. ³Soweit es zur Nachvollziehbarkeit der vereinbarten Mehr- und Zusatzkosten erforderlich ist, kann die zuständige Kassenzahnärztliche Vereinigung auch behandlungs- und rechnungsbegründende Unterlagen von dem behandelnden Zahnarzt anfordern. ⁴Der behandelnde Zahnarzt ist in diesem Fall zur Übermittlung der behandlungs- und rechnungsbegründenden Unterlagen verpflichtet, wenn der Versicherte ihm gegenüber in die Übermittlung schriftlich oder elektronisch eingewilligt hat. ⁵Die Kassenzahnärztlichen Vereinigungen dürfen die in der Vereinbarung nach Absatz 7 Satz 1 und der Erklärung nach Absatz 7 Satz 2 enthaltenen Daten sowie die Daten, die in den ihnen übermittelten behandlungs- und rechnungsbegründenden Unterlagen enthalten sind, nur verarbeiten, soweit dies für die Prüfung nach Satz 1 erforderlich ist.

§ 30 (weggefallen)

§ 31 Arznei- und Verbandmittel, Verordnungsermächtigung

(1) ¹Versicherte haben Anspruch auf Versorgung mit apothekenpflichtigen Arzneimitteln, soweit die Arzneimittel nicht nach § 34 oder durch Richtlinien nach § 92 Abs. 1 Satz 2 Nr. 6 ausgeschlossen sind, und auf Versorgung mit Verbandmitteln, Harn- und Blutteststreifen. ²Der Gemeinsame Bundesausschuss hat in den Richtlinien nach § 92 Abs. 1 Satz 2 Nr. 6 festzulegen, in welchen medizinisch notwendigen Fällen Stoffe und Zubereitungen aus Stoffen, die als Medizinprodukte nach § 3 Nr. 1 oder Nr. 2 des Medizinproduktegesetzes in der bis einschließlich 25. Mai 2021 geltenden Fassung zur Anwendung am oder im menschlichen Körper bestimmt sind, ausnahmsweise in die Arzneimittelversorgung einbezogen werden; § 34 Abs. 1 Satz 5, 7 und 8 und Abs. 6 sowie die § 35 und die §§ 126 und 127 in der bis zum 10. Mai 2019 geltenden Fassung gelten entsprechend. ³Für verschreibungspflichtige und nicht verschreibungspflichtige Medizinprodukte nach Satz 2 gilt § 34 Abs. 1 Satz 6 entsprechend. ⁴Der Vertragsarzt kann Arzneimittel, die auf Grund der Richtlinien nach § 92 Abs. 1 Satz 2 Nr. 6 von der Versorgung ausgeschlossen sind, ausnahmsweise in medizinisch begründeten Einzelfällen mit Begründung verordnen. ⁵Für die Versorgung nach Satz 1

können die Versicherten unter den Apotheken, für die der Rahmenvertrag nach § 129 Abs. 2 Geltung hat, frei wählen. ⁶Vertragsärzte und Krankenkassen dürfen, soweit gesetzlich nicht etwas anderes bestimmt oder aus medizinischen Gründen im Einzelfall eine Empfehlung geboten ist, weder die Versicherten dahingehend beeinflussen, Verordnungen bei einer bestimmten Apotheke oder einem sonstigen Leistungserbringer einzulösen, noch unmittelbar oder mittelbar Verordnungen bestimmten Apotheken oder sonstigen Leistungserbringern zuweisen. ⁷Die Sätze 5 und 6 gelten auch bei der Einlösung von elektronischen Verordnungen.
(1a) ¹Verbandmittel sind Gegenstände einschließlich Fixiermaterial, deren Hauptwirkung darin besteht, oberflächengeschädigte Körperteile zu bedecken, Körperflüssigkeiten von oberflächengeschädigten Körperteilen aufzusaugen oder beides zu erfüllen. ²Die Eigenschaft als Verbandmittel entfällt nicht, wenn ein Gegenstand ergänzend weitere Wirkungen entfaltet, die ohne pharmakologische, immunologische oder metabolische Wirkungsweise im menschlichen Körper der Wundheilung dienen, beispielsweise, indem er eine Wunde feucht hält, reinigt, geruchsbindend, antimikrobiell oder metallbeschichtet ist. ³Erfasst sind auch Gegenstände, die zur individuellen Erstellung von einmaligen Verbänden an Körperteilen, die nicht oberflächengeschädigt sind, gegebenenfalls mehrfach verwendet werden, um Körperteile zu stabilisieren, zu immobilisieren oder zu komprimieren. ⁴Das Nähere zur Abgrenzung von Verbandmitteln zu sonstigen Produkten zur Wundbehandlung regelt der Gemeinsame Bundesausschuss bis zum 31. August 2020 in den Richtlinien nach § 92 Absatz 1 Satz 2 Nummer 6; Absatz 1 Satz 2 gilt für diese sonstigen Produkte entsprechend. ⁵Bis 36 Monate nach dem Wirksamwerden der Regelungen nach Satz 4 sind solche Gegenstände weiterhin zu Lasten der Krankenkassen zu erbringen, die vor dem Wirksamwerden der Regelungen nach Satz 4 erbracht wurden.
(1b) ¹Für Versicherte, die eine kontinuierliche Versorgung mit einem bestimmten Arzneimittel benötigen, können Vertragsärzte Verordnungen ausstellen, nach denen eine nach der Erstabgabe bis zu dreimal sich wiederholende Abgabe erlaubt ist. ²Die Verordnungen sind besonders zu kennzeichnen. ³Sie dürfen bis zu einem Jahr nach Ausstellungsdatum zu Lasten der gesetzlichen Krankenkasse durch Apotheken beliefert werden.
(2) ¹Für ein Arznei- oder Verbandmittel, für das ein Festbetrag nach § 35 festgesetzt ist, trägt die Krankenkasse die Kosten bis zur Höhe dieses Betrages, für andere Arznei- oder Verbandmittel die vollen Kosten, jeweils abzüglich der vom Versicherten zu leistenden Zuzahlung und der Abschläge nach den §§ 130, 130a und dem Gesetz zur Einführung von Abschlägen der pharmazeutischen Großhändler. ²Hat die Krankenkasse mit einem pharmazeutischen Unternehmen, das ein Festbetragsarzneimittel anbietet, eine Vereinbarung nach § 130a Abs. 8 abgeschlossen, trägt die Krankenkasse abweichend von Satz 1 den Apothekenverkaufspreis dieses Mittels abzüglich der Zuzahlungen und Abschläge nach den §§ 130 und 130a Abs. 1, 3a und 3b. ³Diese Vereinbarung ist nur zulässig, wenn hierdurch die Mehrkosten der Überschreitung des Festbetrages ausgeglichen werden. ⁴Die Krankenkasse übermittelt die erforderlichen Angaben einschließlich des Arzneimittel- und des Institutionskennzeichens der Krankenkasse an die Vertragspartner nach § 129 Abs. 2; das Nähere ist in den Verträgen nach § 129 Abs. 2 und 5 zu vereinbaren. ⁵Versicherte und Apotheken sind nicht verpflichtet, Mehrkosten an die Krankenkasse zurückzuzahlen, wenn die von der Krankenkasse abgeschlossene Vereinbarung den gesetzlichen Anforderungen nicht entspricht.
(3) ¹Versicherte, die das achtzehnte Lebensjahr vollendet haben, leisten an die abgebende Stelle zu jedem zu Lasten der gesetzlichen Krankenversicherung verordneten Arznei- und Verbandmittel als Zuzahlung den sich nach § 61 Satz 1 ergebenden Betrag, jedoch jeweils nicht mehr als die Kosten des Mittels. ²Satz 1 findet keine Anwendung bei Harn- und Blutteststreifen. ³Satz 1 gilt auch für Medizinprodukte, die nach Absatz 1 Satz 2 und 3 in die Versorgung mit Arzneimitteln einbezogen worden sind. ⁴Der Spitzenverband Bund der Krankenkassen kann Arzneimittel, deren Abgabepreis des pharmazeutischen Unternehmers ohne Mehrwertsteuer mindestens um 30 vom Hundert niedriger als der jeweils gültige Festbetrag ist, der diesem Preis zugrunde liegt, von der Zuzahlung freistellen, wenn hieraus Einsparungen zu erwarten sind. ⁵Für andere Arzneimittel, für die eine Vereinbarung nach § 130a Abs. 8 besteht, kann die Krankenkasse die Zuzahlung um die Hälfte ermäßigen oder aufheben, wenn hieraus Einsparungen zu erwarten sind. ⁶Absatz 2 Satz 4 gilt entsprechend. ⁷Muss für ein Arzneimittel auf Grund eines Arzneimittelrückrufs oder einer von der zuständigen Behörde bekannt gemachten Einschränkung der Verwendbarkeit erneut ein Arzneimittel verordnet werden, so ist die erneute Verordnung zuzahlungsfrei. ⁸Eine bereits geleistete Zuzahlung für die erneute Verordnung ist dem Versicherten auf Antrag von der Krankenkasse zu erstatten.
(4) ¹Das Nähere zu therapiegerechten und wirtschaftlichen Packungsgrößen bestimmt das Bundesministerium für Gesundheit durch Rechtsverordnung ohne Zustimmung des Bundesrates. ²Ein Fertigarzneimittel, dessen Packungsgröße die größte der auf Grund der Verordnung nach Satz 1 bestimmte Packungsgröße übersteigt, ist nicht Gegenstand der Versorgung nach Absatz 1 und darf nicht zu Lasten der gesetzlichen Krankenversicherung abgegeben werden.
(5) ¹Versicherte haben Anspruch auf bilanzierte Diäten zur enteralen Ernährung nach Maßgabe der Arzneimittel-Richtlinie des Gemeinsamen Bundesausschusses nach § 92 Absatz 1 Satz 2 Nummer 6 in der jeweils geltenden und gemäß § 94 Absatz 2 im Bundesanzeiger bekannt gemachten Fassung. ²Der Gemeinsame Bundesausschuss hat die

Entwicklung der Leistungen, auf die Versicherte nach Satz 1 Anspruch haben, zu evaluieren und über das Ergebnis der Evaluation dem Bundesministerium für Gesundheit alle drei Jahre, erstmals zwei Jahre nach dem Inkrafttreten der Regelungen in der Verfahrensordnung nach Satz 5, zu berichten. [3]Stellt der Gemeinsame Bundesausschuss in dem Bericht nach Satz 2 fest, dass zur Gewährleistung einer ausreichenden, zweckmäßigen und wirtschaftlichen Versorgung der Versicherten mit bilanzierten Diäten zur enteralen Ernährung Anpassungen der Leistungen, auf die Versicherte nach Satz 1 Anspruch haben, erforderlich sind, regelt er diese Anpassungen spätestens zwei Jahre nach Übersendung des Berichts in den Richtlinien nach § 92 Absatz 1 Satz 2 Nummer 6. [4]Der Gemeinsame Bundesausschuss berücksichtigt bei der Evaluation nach Satz 2 und bei der Regelung nach Satz 3 Angaben von Herstellern von Produkten zu bilanzierten Diäten zur enteralen Ernährung zur medizinischen Notwendigkeit und Zweckmäßigkeit ihrer Produkte sowie Angaben zur Versorgung mit Produkten zu bilanzierten Diäten zur enteralen Ernährung der wissenschaftlich-medizinischen Fachgesellschaften, des Spitzenverbandes Bund der Krankenkassen, der Kassenärztlichen Bundesvereinigung und der Deutschen Krankenhausgesellschaft. [5]Das Nähere zum Verfahren der Evaluation nach Satz 2 und der Regelung nach Satz 3 regelt der Gemeinsame Bundesausschuss in seiner Verfahrensordnung. [6]Für die Zuzahlung gilt Absatz 3 Satz 1 entsprechend. [7]Für die Abgabe von bilanzierten Diäten zur enteralen Ernährung gelten die §§ 126 und 127 in der bis zum 10. Mai 2019 geltenden Fassung entsprechend. [8]Bei Vereinbarungen nach § 84 Absatz 1 Satz 2 Nummer 1 sind Leistungen nach Satz 1 zu berücksichtigen.
(6) [1]Versicherte mit einer schwerwiegenden Erkrankung haben Anspruch auf Versorgung mit Cannabis in Form von getrockneten Blüten oder Extrakten in standardisierter Qualität und auf Versorgung mit Arzneimitteln mit den Wirkstoffen Dronabinol oder Nabilon, wenn
1. eine allgemein anerkannte, dem medizinischen Standard entsprechende Leistung
   a) nicht zur Verfügung steht oder
   b) im Einzelfall nach der begründeten Einschätzung der behandelnden Vertragsärztin oder des behandelnden Vertragsarztes unter Abwägung der zu erwartenden Nebenwirkungen und unter Berücksichtigung des Krankheitszustandes der oder des Versicherten nicht zur Anwendung kommen kann,
2. eine nicht ganz entfernt liegende Aussicht auf eine spürbare positive Einwirkung auf den Krankheitsverlauf oder auf schwerwiegende Symptome besteht.

[2]Die Leistung bedarf bei der ersten Verordnung für eine Versicherte oder einen Versicherten der nur in begründeten Ausnahmefällen abzulehnenden Genehmigung der Krankenkasse, die vor Beginn der Leistung zu erteilen ist. [3]Verordnet die Vertragsärztin oder der Vertragsarzt die Leistung nach Satz 1 im Rahmen der Versorgung nach § 37b oder im unmittelbaren Anschluss an eine Behandlung mit einer Leistung nach Satz 1 im Rahmen eines stationären Krankenhausaufenthalts, ist über den Antrag auf Genehmigung nach Satz 2 abweichend von § 13 Absatz 3a Satz 1 innerhalb von drei Tagen nach Antragseingang zu entscheiden. [4]Leistungen, die auf der Grundlage einer Verordnung einer Vertragsärztin oder eines Vertragsarztes zu erbringen sind, bei denen allein die Dosierung eines Arzneimittels nach Satz 1 angepasst wird oder die einen Wechsel zu anderen getrockneten Blüten oder zu anderen Extrakten in standardisierter Qualität anordnen, bedürfen keiner erneuten Genehmigung nach Satz 2. [5]Das Bundesinstitut für Arzneimittel und Medizinprodukte wird mit einer bis zum 31. März 2022 laufenden nichtinterventionellen Begleiterhebung zum Einsatz der Leistungen nach Satz 1 beauftragt. [6]Die Vertragsärztin oder der Vertragsarzt, die oder der die Leistung nach Satz 1 verordnet, übermittelt die für die Begleiterhebung erforderlichen Daten dem Bundesinstitut für Arzneimittel und Medizinprodukte in anonymisierter Form; über diese Übermittlung ist die oder der Versicherte vor Verordnung der Leistung von der Vertragsärztin oder dem Vertragsarzt zu informieren. [7]Das Bundesinstitut für Arzneimittel und Medizinprodukte darf die nach Satz 6 übermittelten Daten nur in anonymisierter Form und nur zum Zweck der wissenschaftlichen Begleiterhebung verarbeiten. [8]Das Bundesministerium für Gesundheit wird ermächtigt, durch Rechtsverordnung, die nicht der Zustimmung des Bundesrates bedarf, den Umfang der zu übermittelnden Daten, das Verfahren zur Durchführung der Begleiterhebung einschließlich der anonymisierten Datenübermittlung sowie das Format des Studienberichts nach Satz 9 zu regeln. [9]Auf der Grundlage der Ergebnisse der Begleiterhebung nach Satz 5 regelt der Gemeinsame Bundesausschuss innerhalb von sechs Monaten nach der Übermittlung der Ergebnisse der Begleiterhebung in Form eines Studienberichts das Nähere zur Leistungsgewährung in den Richtlinien nach § 92 Absatz 1 Satz 2 Nummer 6. [10]Der Studienbericht wird vom Bundesinstitut für Arzneimittel und Medizinprodukte auf seiner Internetseite veröffentlicht.

§ 31a Medikationsplan

(1) [1]Versicherte, die gleichzeitig mindestens drei verordnete Arzneimittel anwenden, haben Anspruch auf Erstellung und Aushändigung eines Medikationsplans in Papierform sowie auf Erstellung eines elektronischen Medikationsplans nach § 334 Absatz 1 Satz 2 Nummer 4 durch einen an der vertragsärztlichen Versorgung teilnehmenden Arzt. [2]Das Nähere zu den Voraussetzungen des Anspruchs nach Satz 1 vereinbaren die Kassenärztliche Bundesvereinigung und der Spitzenverband Bund der Krankenkassen als Bestandteil der Bundesmantelverträge. [3]Jeder an der vertrags-

ärztlichen Versorgung teilnehmende Arzt ist verpflichtet, bei der Verordnung eines Arzneimittels den Versicherten, der einen Anspruch nach Satz 1 hat, über diesen Anspruch zu informieren.

(2) ¹In dem Medikationsplan sind mit Anwendungshinweisen zu dokumentieren
1. alle Arzneimittel, die dem Versicherten verordnet worden sind,
2. Arzneimittel, die der Versicherte ohne Verschreibung anwendet, sowie
3. Hinweise auf Medizinprodukte, soweit sie für die Medikation nach den Nummern 1 und 2 relevant sind.

²Den besonderen Belangen der blinden und sehbehinderten Patienten ist bei der Erläuterung der Inhalte des Medikationsplans Rechnung zu tragen.

(3) ¹Der Arzt nach Absatz 1 Satz 1 hat den Medikationsplan zu aktualisieren, sobald er die Medikation ändert oder er Kenntnis davon erlangt, dass eine anderweitige Änderung der Medikation eingetreten ist. ²Auf Wunsch des Versicherten hat die Apotheke bei Abgabe eines Arzneimittels eine insoweit erforderliche Aktualisierung des Medikationsplans vorzunehmen. ³Ab dem 1. Januar 2019 besteht der Anspruch auf Aktualisierung über den Anspruch nach Satz 1 hinaus gegenüber jedem an der vertragsärztlichen Versorgung teilnehmenden Arzt sowie nach Satz 2 gegenüber der abgebenden Apotheke, wenn der Versicherte gegenüber dem Arzt oder der abgebenden Apotheke den Zugriff auf den elektronischen Medikationsplan nach § 334 Absatz 1 Satz 2 Nummer 4 erlaubt. ⁴Hierzu haben Apotheken sich bis zum 30. September 2020 an die Telematikinfrastruktur nach § 291a Absatz 7 Satz 1 anzuschließen. ⁵Die Aktualisierungen nach Satz 3 sind im elektronischen Medikationsplan nach § 334 Absatz 1 Satz 2 Nummer 4 zu speichern, sofern der Versicherte dies wünscht.

(3a) ¹Bei der Angabe von Fertigarzneimitteln sind im Medikationsplan neben der Arzneimittelbezeichnung insbesondere auch die Wirkstoffbezeichnung, die Darreichungsform und die Wirkstärke des Arzneimittels anzugeben. ²Hierfür sind einheitliche Bezeichnungen zu verwenden, die in der Referenzdatenbank nach § 31b zur Verfügung gestellt werden.

(4) ¹Inhalt, Struktur und die näheren Vorgaben zur Erstellung und Aktualisierung des Medikationsplans sowie ein Verfahren zu seiner Fortschreibung vereinbaren die Kassenärztliche Bundesvereinigung, die Bundesärztekammer und die für die Wahrnehmung der wirtschaftlichen Interessen gebildete maßgebliche Spitzenorganisation der Apotheker auf Bundesebene im Benehmen mit dem Spitzenverband Bund der Krankenkassen und der Deutschen Krankenhausgesellschaft. ²Den auf Bundesebene für die Wahrnehmung der Interessen der Patienten und der Selbsthilfe chronisch kranker und behinderter Menschen maßgeblichen Organisationen ist Gelegenheit zur Stellungnahme zu geben.

(5) Von den Regelungen dieser Vorschrift bleiben regionale Modellvorhaben nach § 63 unberührt.

§31b Referenzdatenbank für Fertigarzneimittel

(1) ¹Das Bundesministerium für Gesundheit stellt die Errichtung und das Betreiben einer Referenzdatenbank für Fertigarzneimittel sicher. ²Es kann die Errichtung und das Betreiben einer Referenzdatenbank für Fertigarzneimittel auf das Bundesinstitut für Arzneimittel und Medizinprodukte oder nach § 31c auf eine juristische Person des Privatrechts übertragen.

(2) In der Referenzdatenbank sind für jedes in den Verkehr gebrachte Fertigarzneimittel die Wirkstoffbezeichnung, die Darreichungsform und die Wirkstärke zu erfassen und in elektronischer Form allgemein zugänglich zu machen.

(3) ¹Die Wirkstoffbezeichnung, die Darreichungsform und die Wirkstärke basieren auf den Angaben, die der Zulassung, der Registrierung oder der Genehmigung für das Inverkehrbringen des jeweiligen Arzneimittels zugrunde liegen. ²Die Wirkstoffbezeichnung, Darreichungsform und Wirkstärke sind im Benehmen mit der Kassenärztlichen Bundesvereinigung zu vereinheitlichen und patientenverständlich so zu gestalten, dass Verwechslungen ausgeschlossen sind. ³Vor der erstmaligen Bereitstellung der Daten ist das Benehmen mit der Kassenärztlichen Bundesvereinigung, der Bundesärztekammer, der für die Wahrnehmung der wirtschaftlichen Interessen gebildeten maßgeblichen Spitzenorganisation der Apotheker auf Bundesebene, dem Spitzenverband Bund der Krankenkassen, der Deutschen Krankenhausgesellschaft und den für die Wahrnehmung der wirtschaftlichen Interessen gebildeten maßgeblichen Spitzenorganisationen der pharmazeutischen Unternehmer herzustellen. ⁴§ 31a Absatz 4 Satz 2 gilt entsprechend. ⁵Die in der Referenzdatenbank verzeichneten Angaben sind regelmäßig, mindestens jedoch alle zwei Wochen, zu aktualisieren.

(4) Von Unternehmen oder Personen, die die Referenzdatenbank für die Zwecke ihrer gewerblichen oder beruflichen Tätigkeit nutzen, können kostendeckende Entgelte verlangt werden.

§31c Beleihung mit der Aufgabe der Referenzdatenbank für Fertigarzneimittel; Rechts- und Fachaufsicht über die Beliehene

(1) Das Bundesministerium für Gesundheit kann eine juristische Person des Privatrechts mit ihrem Einverständnis mit der Aufgabe und den hierfür erforderlichen Befugnissen beleihen, die Referenzdatenbank nach § 31b zu errichten und zu betreiben, wenn diese Person die Gewähr für eine sachgerechte Erfüllung der ihr übertragenen Aufgabe bietet.

(2) Eine juristische Person des Privatrechts bietet die Gewähr für eine sachgerechte Erfüllung der ihr übertragenen Aufgabe, wenn
1. die natürlichen Personen, die nach dem Gesetz, dem Gesellschaftsvertrag oder der Satzung die Geschäftsführung und Vertretung ausüben, zuverlässig und fachlich geeignet sind und
2. sie die zur Erfüllung ihrer Aufgaben notwendige Organisation sowie technische und finanzielle Ausstattung hat.

(3) ¹Die Beleihung ist zu befristen und soll fünf Jahre nicht unterschreiten. ²Sie kann verlängert werden. ³Bei Vorliegen eines wichtigen Grundes kann das Bundesministerium für Gesundheit die Beleihung vor Ablauf der Frist beenden. ⁴Das Bundesministerium für Gesundheit kann die Beleihung jederzeit beenden, wenn die Voraussetzungen der Beleihung
1. zum Zeitpunkt der Beleihung nicht vorgelegen haben oder
2. nach dem Zeitpunkt der Beleihung entfallen sind.

(4) ¹Die Beliehene unterliegt bei der Wahrnehmung der ihr übertragenen Aufgaben der Rechts- und Fachaufsicht des Bundesministeriums für Gesundheit. ²Zur Wahrnehmung seiner Aufsichtstätigkeit kann das Bundesministerium für Gesundheit insbesondere
1. sich jederzeit über die Angelegenheiten der Beliehenen, insbesondere durch Einholung von Auskünften, Berichten und die Vorlage von Aufzeichnungen aller Art, informieren,
2. Maßnahmen beanstanden und entsprechende Abhilfe verlangen.

(5) ¹Die Beliehene ist verpflichtet, den Weisungen des Bundesministeriums für Gesundheit nachzukommen. ²Im Falle der Amtshaftung wegen Ansprüchen Dritter kann der Bund gegenüber der Beliehenen bei Vorliegen von Vorsatz oder grober Fahrlässigkeit Rückgriff nehmen.

§ 32 Heilmittel

(1) ¹Versicherte haben Anspruch auf Versorgung mit Heilmitteln, soweit sie nicht nach § 34 ausgeschlossen sind. ²Ein Anspruch besteht auch auf Versorgung mit Heilmitteln, die telemedizinisch erbracht werden. ³Für nicht nach Satz 1 ausgeschlossene Heilmittel bleibt § 92 unberührt.

(1a) ¹Der Gemeinsame Bundesausschuss regelt in seiner Richtlinie nach § 92 Absatz 1 Satz 2 Nummer 6 das Nähere zur Heilmittelversorgung von Versicherten mit langfristigem Behandlungsbedarf. ²Er hat insbesondere zu bestimmen, wann ein langfristiger Heilmittelbedarf vorliegt, und festzulegen, ob und inwieweit ein Genehmigungsverfahren durchzuführen ist. ³Ist in der Richtlinie ein Genehmigungsverfahren vorgesehen, so ist über die Anträge innerhalb von vier Wochen zu entscheiden; ansonsten gilt die Genehmigung nach Ablauf der Frist als erteilt. ⁴Soweit zur Entscheidung ergänzende Informationen des Antragstellers erforderlich sind, ist der Lauf der Frist bis zum Eingang dieser Informationen unterbrochen.

(1b) Verordnungen, die über die in der Richtlinie des Gemeinsamen Bundesausschusses nach § 92 Absatz 1 Satz 2 Nummer 6 in Verbindung mit Absatz 6 Satz 1 Nummer 3 geregelte orientierende Behandlungsmenge hinausgehen, bedürfen keiner Genehmigung durch die Krankenkasse.

(2) ¹Versicherte, die das achtzehnte Lebensjahr vollendet haben, haben zu den Kosten der Heilmittel als Zuzahlung den sich nach § 61 Satz 3 ergebenden Betrag an die abgebende Stelle zu leisten. ²Dies gilt auch, wenn Massagen, Bäder und Krankengymnastik als Bestandteil der ärztlichen Behandlung (§ 27 Absatz 1 Satz 2 Nr. 1) oder bei ambulanter Behandlung in Krankenhäusern, Rehabilitations- oder anderen Einrichtungen abgegeben werden. ³Die Zuzahlung für die in Satz 2 genannten Heilmittel, die als Bestandteil der ärztlichen Behandlung abgegeben werden, errechnet sich nach den Preisen, die nach § 125 vereinbart oder nach § 125b Absatz 2 festgesetzt worden sind.

§ 33 Hilfsmittel

(1) ¹Versicherte haben Anspruch auf Versorgung mit Hörhilfen, Körperersatzstücken, orthopädischen und anderen Hilfsmitteln, die im Einzelfall erforderlich sind, um den Erfolg der Krankenbehandlung zu sichern, einer drohenden Behinderung vorzubeugen oder eine Behinderung auszugleichen, soweit die Hilfsmittel nicht als allgemeine Gebrauchsgegenstände des täglichen Lebens anzusehen sind oder nach § 34 Abs. 4 ausgeschlossen sind. ²Die Hilfsmittel müssen mindestens die im Hilfsmittelverzeichnis nach § 139 Absatz 2 festgelegten Anforderungen an die Qualität der Versorgung und der Produkte erfüllen, soweit sie im Hilfsmittelverzeichnis nach § 139 Absatz 1 gelistet oder von den dort genannten Produktgruppen erfasst sind. ³Der Anspruch auf Versorgung mit Hilfsmitteln zum Behinderungsausgleich hängt bei stationärer Pflege nicht davon ab, in welchem Umfang eine Teilhabe am Leben der Gemeinschaft noch möglich ist; die Pflicht der stationären Pflegeeinrichtungen zur Vorhaltung von Hilfsmitteln und Pflegehilfsmitteln, die für den üblichen Pflegebetrieb jeweils notwendig sind, bleibt hiervon unberührt. ⁴Für nicht durch Satz 1 ausgeschlossene Hilfsmittel bleibt § 92 Abs. 1 unberührt. ⁵Der Anspruch umfasst auch zusätzlich zur Bereitstellung des Hilfsmittels zu erbringende, notwendige Leistungen wie die notwendige Änderung, Instandsetzung und Ersatzbeschaffung von Hilfsmitteln, die Ausbildung in ihrem Gebrauch und, soweit zum Schutz der Versicherten vor unvertretbaren gesundheitlichen Risiken erforderlich, die nach dem Stand der Technik zur Erhaltung der Funktions-

fähigkeit und der technischen Sicherheit notwendigen Wartungen und technischen Kontrollen. [6]Ein Anspruch besteht auch auf solche Hilfsmittel, die eine dritte Person durch einen Sicherheitsmechanismus vor Nadelstichverletzungen schützen, wenn der Versicherte selbst nicht zur Anwendung des Hilfsmittels in der Lage ist und es hierfür einer Tätigkeit der dritten Person bedarf, bei der durch mögliche Stichverletzungen eine Infektionsgefahr besteht oder angenommen werden kann. [7]Zu diesen Tätigkeiten gehören insbesondere Blutentnahmen und Injektionen. [8]Der Gemeinsame Bundesausschuss bestimmt in seiner Richtlinie nach § 92 Absatz 1 Satz 2 Nummer 6 bis zum 31. Januar 2020 die Tätigkeiten, bei denen eine erhöhte Infektionsgefährdung angenommen werden kann. [9]Wählen Versicherte Hilfsmittel oder zusätzliche Leistungen, die über das Maß des Notwendigen hinausgehen, haben sie die Mehrkosten und dadurch bedingte höhere Folgekosten selbst zu tragen. [10]§ 18 Absatz 6a des Elften Buches ist zu beachten.

(2) [1]Versicherte haben bis zur Vollendung des 18. Lebensjahres Anspruch auf Versorgung mit Sehhilfen entsprechend den Voraussetzungen nach Absatz 1. [2]Für Versicherte, die das 18. Lebensjahr vollendet haben, besteht der Anspruch auf Sehhilfen, wenn sie
1. nach ICD 10-GM 2017 auf Grund ihrer Sehbeeinträchtigung oder Blindheit bei bestmöglicher Brillenkorrektur auf beiden Augen eine schwere Sehbeeinträchtigung mindestens der Stufe 1 oder
2. einen verordneten Fern-Korrekturausgleich für einen Refraktionsfehler von mehr als 6 Dioptrien bei Myopie oder Hyperopie oder mehr als 4 Dioptrien bei Astigmatismus

aufweisen; Anspruch auf therapeutische Sehhilfen besteht, wenn diese der Behandlung von Augenverletzungen oder Augenerkrankungen dienen.
[3]Der Gemeinsame Bundesausschuss bestimmt in Richtlinien nach § 92, bei welchen Indikationen therapeutische Sehhilfen verordnet werden. [4]Der Anspruch auf Versorgung mit Sehhilfen umfaßt nicht die Kosten des Brillengestells.
(3) [1]Anspruch auf Versorgung mit Kontaktlinsen besteht für anspruchsberechtigte Versicherte nach Absatz 2 nur in medizinisch zwingend erforderlichen Ausnahmefällen. [2]Der Gemeinsame Bundesausschuss bestimmt in den Richtlinien nach § 92, bei welchen Indikationen Kontaktlinsen verordnet werden. [3]Wählen Versicherte statt einer erforderlichen Brille Kontaktlinsen und liegen die Voraussetzungen des Satzes 1 nicht vor, zahlt die Krankenkasse als Zuschuß zu den Kosten von Kontaktlinsen höchstens den Betrag, den sie für eine erforderliche Brille aufzuwenden hätte. [4]Die Kosten für Pflegemittel werden nicht übernommen.
(4) Ein erneuter Anspruch auf Versorgung mit Sehhilfen nach Absatz 2 besteht für Versicherte, die das vierzehnte Lebensjahr vollendet haben, nur bei einer Änderung der Sehfähigkeit um mindestens 0,5 Dioptrien; für medizinisch zwingend erforderliche Fälle kann der Gemeinsame Bundesausschuss in den Richtlinien nach § 92 Ausnahmen zulassen.
(5) [1]Die Krankenkasse kann den Versicherten die erforderlichen Hilfsmittel auch leihweise überlassen. [2]Sie kann die Bewilligung von Hilfsmitteln davon abhängig machen, daß die Versicherten sich das Hilfsmittel anpassen oder sich in seinem Gebrauch ausbilden lassen.
(5a) [1]Eine vertragsärztliche Verordnung ist für die Beantragung von Leistungen nach den Absätzen 1 bis 4 nur erforderlich, soweit eine erstmalige oder erneute ärztliche Diagnose oder Therapieentscheidung medizinisch geboten ist. [2]Abweichend von Satz 1 können die Krankenkassen eine vertragsärztliche Verordnung als Voraussetzung für die Kostenübernahme verlangen, soweit sie auf die Genehmigung der beantragten Hilfsmittelversorgung verzichtet haben. [3]§ 18 Absatz 6a und § 40 Absatz 6 des Elften Buches sind zu beachten.
(5b) [1]Sofern die Krankenkassen nicht auf die Genehmigung der beantragten Hilfsmittelversorgung verzichten, haben sie den Antrag auf Bewilligung eines Hilfsmittels mit eigenem weisungsgebundenem Personal zu prüfen. [2]Sie können in geeigneten Fällen durch den Medizinischen Dienst vor Bewilligung eines Hilfsmittels nach § 275 Absatz 3 Nummer 1 prüfen lassen, ob das Hilfsmittel erforderlich ist. [3]Eine Beauftragung Dritter ist nicht zulässig.
(6) [1]Die Versicherten können alle Leistungserbringer in Anspruch nehmen, die Vertragspartner ihrer Krankenkasse sind. [2]Vertragsärzte oder Krankenkassen dürfen, soweit gesetzlich nicht etwas anderes bestimmt ist oder aus medizinischen Gründen im Einzelfall eine Empfehlung geboten ist, weder Verordnungen bestimmten Leistungserbringern zuweisen, noch die Versicherten dahingehend beeinflussen, Verordnungen bei einem bestimmten Leistungserbringer einzulösen. [3]Die Sätze 1 und 2 gelten auch bei der Einlösung von elektronischen Verordnungen.
(7) Die Krankenkasse übernimmt die jeweils vertraglich vereinbarten Preise.
(8) [1]Versicherte, die das 18. Lebensjahr vollendet haben, leisten zu jedem zu Lasten der gesetzlichen Krankenversicherung abgegebenen Hilfsmittel als Zuzahlung den sich nach § 61 Satz 1 ergebenden Betrag zu dem von der Krankenkasse zu übernehmenden Betrag an die abgebende Stelle. [2]Der Vergütungsanspruch nach Absatz 7 verringert sich um die Zuzahlung; § 43c Abs. 1 Satz 2 findet keine Anwendung. [3]Die Zuzahlung bei zum Verbrauch bestimmten Hilfsmitteln beträgt 10 vom Hundert des insgesamt von der Krankenkasse zu übernehmenden Betrags, jedoch höchstens 10 Euro für den gesamten Monatsbedarf.
(9) Absatz 1 Satz 9 gilt entsprechend für Intraokularlinsen beschränkt auf die Kosten der Linsen.

§ 33a Digitale Gesundheitsanwendungen

(1) ¹Versicherte haben Anspruch auf Versorgung mit Medizinprodukten niedriger Risikoklasse, deren Hauptfunktion wesentlich auf digitalen Technologien beruht und die dazu bestimmt sind, bei den Versicherten oder in der Versorgung durch Leistungserbringer die Erkennung, Überwachung, Behandlung oder Linderung von Krankheiten oder die Erkennung, Behandlung, Linderung oder Kompensierung von Verletzungen oder Behinderungen zu unterstützen (digitale Gesundheitsanwendungen). ²Der Anspruch umfasst nur solche digitalen Gesundheitsanwendungen, die
1. vom Bundesinstitut für Arzneimittel und Medizinprodukte in das Verzeichnis für digitale Gesundheitsanwendungen nach § 139e aufgenommen wurden und
2. entweder nach Verordnung des behandelnden Arztes oder des behandelnden Psychotherapeuten oder mit Genehmigung der Krankenkasse angewendet werden.

³Für die Genehmigung nach Satz 2 Nummer 2 ist das Vorliegen der medizinischen Indikation nachzuweisen, für die die digitale Gesundheitsanwendung bestimmt ist. ⁴Wählen Versicherte Medizinprodukte, deren Funktionen oder Anwendungsbereiche über die in das Verzeichnis für digitale Gesundheitsanwendungen nach § 139e aufgenommenen digitalen Gesundheitsanwendungen hinausgehen oder deren Kosten die Vergütungsbeträge nach § 134 übersteigen, haben sie die Mehrkosten selbst zu tragen.
(2) Medizinprodukte mit niedriger Risikoklasse nach Absatz 1 Satz 1 sind solche, die der Risikoklasse I oder IIa nach § 13 Absatz 1 des Medizinproduktegesetzes in Verbindung mit Anhang IX der Richtlinie 93/42/EWG des Rates vom 14. Juni 1993 über Medizinprodukte (ABl. L 169 vom 12. 7. 1993, S. 1), die zuletzt durch die Verordnung (EU) 2020/561 des Europäischen Parlaments und des Rates vom 23. April 2020 zur Änderung der Verordnung (EU) 2017/745 über Medizinprodukte hinsichtlich des Geltungsbeginns einiger ihrer Bestimmungen (ABl. L 130 vom 24. 4. 2020, S. 18) geändert worden ist oder nach Artikel 51 in Verbindung mit Anhang VIII der Verordnung (EU) 2017/745 des Europäischen Parlaments und des Rates vom 5. April 2017 über Medizinprodukte, zur Änderung der Richtlinie 2001/83/EG, der Verordnung (EG) Nr. 178/2002 und der Verordnung (EG) Nr. 1223/2009 und zur Aufhebung der Richtlinien 90/385/EWG und 93/42/EWG des Rates (ABl. L 117 vom 5. 5. 2017, S. 1; L 117 vom 3. 5. 2019, S. 9) zugeordnet und als solche bereits in den Verkehr gebracht sind, als Medizinprodukt der Risikoklasse IIa auf Grund der Übergangsbestimmungen in Artikel 120 Absatz 3 oder Absatz 4 der Verordnung (EU) 2017/745 in Verkehr gebracht wurden oder als Medizinprodukt der Risikoklasse I auf Grund unionsrechtlicher Vorschriften zunächst verkehrsfähig bleiben und im Verkehr sind.
(3) ¹Die Hersteller stellen den Versicherten digitale Gesundheitsanwendungen im Wege elektronischer Übertragung über öffentlich zugängliche Netze oder auf maschinell lesbaren Datenträgern zur Verfügung. ²Ist eine Übertragung oder Abgabe nach Satz 1 nicht möglich, können digitale Gesundheitsanwendungen auch über öffentlich zugängliche digitale Vertriebsplattformen zur Verfügung gestellt werden; in diesen Fällen erstattet die Krankenkasse dem Versicherten die tatsächlichen Kosten bis zur Höhe der Vergütungsbeträge nach § 134.
(4) ¹Leistungsansprüche nach anderen Vorschriften dieses Buches bleiben unberührt. ²Der Leistungsanspruch nach Absatz 1 besteht unabhängig davon, ob es sich bei der digitalen Gesundheitsanwendung um eine neue Untersuchungs- oder Behandlungsmethode handelt; es bedarf keiner Richtlinie nach § 135 Absatz 1 Satz 1. ³Ein Leistungsanspruch nach Absatz 1 auf digitale Gesundheitsanwendungen, die Leistungen enthalten, die nach dem Dritten Kapitel ausgeschlossen sind oder über die der Gemeinsame Bundesausschuss bereits eine ablehnende Entscheidung nach den §§ 92, 135 oder 137c getroffen hat, besteht nicht.
(5) ¹Vertragsärzte, Vertragszahnärzte und Vertragspsychotherapeuten dürfen Verordnungen von digitalen Gesundheitsanwendungen nicht bestimmten Leistungserbringern zuweisen. ²Vertragsärzte, Vertragszahnärzte und Vertragspsychotherapeuten dürfen mit Herstellern digitaler Gesundheitsanwendungen oder mit Personen, die sich mit der Behandlung von Krankheiten befassen, keine Rechtsgeschäfte vornehmen oder Absprachen treffen, die eine Zuweisung oder eine Übermittlung von Verordnungen von digitalen Gesundheitsanwendungen zum Gegenstand haben. ³Die Sätze 1 und 2 gelten nicht, soweit gesetzlich etwas anderes bestimmt ist oder aus medizinischen Gründen im Einzelfall ein anderes Vorgehen geboten ist. ⁴Die Sätze 1 bis 3 gelten auch für elektronische Verordnungen von digitalen Gesundheitsanwendungen.
(6) ¹Der Spitzenverband Bund der Krankenkassen legt über das Bundesministerium für Gesundheit dem Deutschen Bundestag jährlich, erstmals zum 31. Dezember 2021, einen Bericht vor, wie und in welchem Umfang den Versicherten Leistungen nach Absatz 1 zu Lasten seiner Mitglieder gewährt werden. ²Der Spitzenverband Bund der Krankenkassen bestimmt zu diesem Zweck die von seinen Mitgliedern zu übermittelnden statistischen Informationen über die erstatteten Leistungen sowie Art und Umfang der Übermittlung. ³Der Spitzenverband Bund der Krankenkassen veröffentlicht den Bericht barrierefrei im Internet. ⁴Das Bundesministerium für Gesundheit kann weitere Inhalte des Berichts in der Rechtsverordnung nach § 139e Absatz 9 festlegen.

§ 34 Ausgeschlossene Arznei-, Heil- und Hilfsmittel

(1) [1]Nicht verschreibungspflichtige Arzneimittel sind von der Versorgung nach § 31 ausgeschlossen. [2]Der Gemeinsame Bundesausschuss legt in den Richtlinien nach § 92 Abs. 1 Satz 2 Nr. 6 fest, welche nicht verschreibungspflichtigen Arzneimittel, die bei der Behandlung schwerwiegender Erkrankungen als Therapiestandard gelten, zur Anwendung bei diesen Erkrankungen mit Begründung vom Vertragsarzt ausnahmsweise verordnet werden können. [3]Dabei ist der therapeutischen Vielfalt Rechnung zu tragen. [4]Der Gemeinsame Bundesausschuss hat auf der Grundlage der Richtlinie nach Satz 2 dafür Sorge zu tragen, dass eine Zusammenstellung der verordnungsfähigen Fertigarzneimittel erstellt, regelmäßig aktualisiert wird und im Internet abruffähig sowie in elektronisch weiterverarbeitbarer Form zur Verfügung steht. [5]Satz 1 gilt nicht für:
1. versicherte Kinder bis zum vollendeten 12. Lebensjahr,
2. versicherte Jugendliche bis zum vollendeten 18. Lebensjahr mit Entwicklungsstörungen.

[6]Für Versicherte, die das achtzehnte Lebensjahr vollendet haben, sind von der Versorgung nach § 31 folgende verschreibungspflichtige Arzneimittel bei Verordnung in den genannten Anwendungsgebieten ausgeschlossen:
1. Arzneimittel zur Anwendung bei Erkältungskrankheiten und grippalen Infekten einschließlich der bei diesen Krankheiten anzuwendenden Schnupfenmittel, Schmerzmittel, hustendämpfenden und hustenlösenden Mittel,
2. Mund- und Rachentherapeutika, ausgenommen bei Pilzinfektionen,
3. Abführmittel,
4. Arzneimittel gegen Reisekrankheit.

[7]Von der Versorgung sind außerdem Arzneimittel ausgeschlossen, bei deren Anwendung eine Erhöhung der Lebensqualität im Vordergrund steht. [8]Ausgeschlossen sind insbesondere Arzneimittel, die überwiegend zur Behandlung der erektilen Dysfunktion, der Anreizung sowie Steigerung der sexuellen Potenz, zur Raucherentwöhnung, zur Abmagerung oder zur Zügelung des Appetits, zur Regulierung des Körpergewichts oder zur Verbesserung des Haarwuchses dienen. [9]Das Nähere regeln die Richtlinien nach § 92 Abs. 1 Satz 2 Nr. 6.

(2) [1]Abweichend von Absatz 1 haben Versicherte, bei denen eine bestehende schwere Tabakabhängigkeit festgestellt wurde, Anspruch auf eine einmalige Versorgung mit Arzneimitteln zur Tabakentwöhnung im Rahmen von evidenzbasierten Programmen zur Tabakentwöhnung. [2]Eine erneute Versorgung nach Satz 1 ist frühestens drei Jahre nach Abschluss der Behandlung nach Satz 1 möglich. [3]Der Gemeinsame Bundesausschuss legt in den Richtlinien nach § 92 Absatz 1 Satz 2 Nummer 6 fest, welche Arzneimittel und unter welchen Voraussetzungen Arzneimittel zur Tabakentwöhnung im Rahmen von evidenzbasierten Programmen zur Tabakentwöhnung verordnet werden können.

(3) [1]Der Ausschluss der Arzneimittel, die in Anlage 2 Nummer 2 bis 6 der Verordnung über unwirtschaftliche Arzneimittel in der gesetzlichen Krankenversicherung vom 21. Februar 1990 (BGBl. I S. 301), die zuletzt durch die Verordnung vom 9. Dezember 2002 (BGBl. I S. 4554) geändert worden ist, aufgeführt sind, gilt als Verordnungsausschluss des Gemeinsamen Bundesausschusses und ist Teil der Richtlinien nach § 92 Absatz 1 Satz 2 Nummer 6. [2]Bei der Beurteilung von Arzneimitteln der besonderen Therapierichtungen wie homöopathischen, phytotherapeutischen und anthroposophischen Arzneimitteln ist der besonderen Wirkungsweise dieser Arzneimittel Rechnung zu tragen.

(4) [1]Das Bundesministerium für Gesundheit kann durch Rechtsverordnung mit Zustimmung des Bundesrates Hilfsmittel von geringem oder umstrittenem therapeutischen Nutzen oder geringem Abgabepreis bestimmen, deren Kosten die Krankenkasse nicht übernimmt. [2]Die Rechtsverordnung kann auch bestimmen, inwieweit geringfügige Kosten der notwendigen Änderung, Instandsetzung und Ersatzbeschaffung sowie der Ausbildung im Gebrauch der Hilfsmittel von der Krankenkasse nicht übernommen werden. [3]Die Sätze 1 und 2 gelten nicht für die Instandsetzung von Hörgeräten und ihre Versorgung mit Batterien bei Versicherten, die das achtzehnte Lebensjahr noch nicht vollendet haben. [4]Für nicht durch Rechtsverordnung nach Satz 1 ausgeschlossene Hilfsmittel bleibt § 92 unberührt.

(5) (weggefallen)

(6) [1]Pharmazeutische Unternehmer können beim Gemeinsamen Bundesausschuss Anträge zur Aufnahme von Arzneimitteln in die Zusammenstellung nach Absatz 1 Satz 2 und 4 stellen. [2]Die Anträge sind ausreichend zu begründen; die erforderlichen Nachweise sind dem Antrag beizufügen. [3]Sind die Angaben zur Begründung des Antrags unzureichend, teilt der Gemeinsame Bundesausschuss dem Antragsteller unverzüglich mit, welche zusätzlichen Einzelangaben erforderlich sind. [4]Der Gemeinsame Bundesausschuss hat über ausreichend begründete Anträge nach Satz 1 innerhalb von 90 Tagen zu bescheiden und den Antragsteller über Rechtsmittel und Rechtsmittelfristen zu belehren. [5]Eine ablehnende Entscheidung muss eine auf objektiven und überprüfbaren Kriterien beruhende Begründung enthalten. [6]Für das Antragsverfahren sind Gebühren zu erheben. [7]Das Nähere insbesondere zur ausreichenden Begründung und zu den erforderlichen Nachweisen regelt der Gemeinsame Bundesausschuss.

§ 35 Festbeträge für Arznei- und Verbandmittel

(1) [1]Der Gemeinsame Bundesausschuss bestimmt in den Richtlinien nach § 92 Abs. 1 Satz 2 Nr. 6, für welche Gruppen von Arzneimitteln Festbeträge festgesetzt werden können. [2]In den Gruppen sollen Arzneimittel mit
1. denselben Wirkstoffen,
2. pharmakologisch-therapeutisch vergleichbaren Wirkstoffen, insbesondere mit chemisch verwandten Stoffen,
3. therapeutisch vergleichbarer Wirkung, insbesondere Arzneimittelkombinationen,

zusammengefaßt werden; unterschiedliche Bioverfügbarkeiten wirkstoffgleicher Arzneimittel sind zu berücksichtigen, sofern sie für die Therapie bedeutsam sind. [3]Bei der Bildung von Gruppen nach Satz 1 soll bei Arzneimitteln mit Wirkstoffen zur Behandlung bakterieller Infektionskrankheiten (Antibiotika) die Resistenzsituation berücksichtigt werden. [4]Arzneimittel, die als Reserveantibiotika für die Versorgung von Bedeutung sind, können von der Bildung von Gruppen nach Satz 1 ausgenommen werden. [5]Die nach Satz 2 Nr. 2 und 3 gebildeten Gruppen müssen gewährleisten, daß Therapiemöglichkeiten nicht eingeschränkt werden und medizinisch notwendige Verordnungsalternativen zur Verfügung stehen; insbesondere können altersgerechte Darreichungsformen für Kinder berücksichtigt werden. [6]Ausgenommen von den nach Satz 2 Nummer 2 und 3 gebildeten Gruppen sind Arzneimittel mit patentgeschützten Wirkstoffen, deren Wirkungsweise neuartig ist oder die eine therapeutische Verbesserung, auch wegen geringerer Nebenwirkungen, bedeuten. [7]Als neuartig gilt ein Wirkstoff, solange derjenige Wirkstoff, der als erster dieser Gruppe in Verkehr gebracht worden ist, unter Patentschutz steht. [8]Der Gemeinsame Bundesausschuss ermittelt auch die nach Absatz 3 notwendigen rechnerischen mittleren Tages- oder Einzeldosen oder anderen geeigneten Vergleichsgrößen. [9]Für die Vorbereitung der Beschlüsse nach Satz 1 durch die Geschäftsstelle des Gemeinsamen Bundesausschusses gilt § 106 Absatz 3 Satz 1 entsprechend. [10]Soweit der Gemeinsame Bundesausschuss Dritte beauftragt, hat er zu gewährleisten, dass diese ihre Bewertungsgrundsätze und die Begründung für ihre Bewertungen einschließlich der verwendeten Daten offen legen. [11]Die Namen beauftragter Gutachter dürfen nicht genannt werden.

(1a) (weggefallen)

(1b) [1]Eine therapeutische Verbesserung nach Absatz 1 Satz 6 liegt vor, wenn das Arzneimittel einen therapierelevanten höheren Nutzen als andere Arzneimittel dieser Wirkstoffgruppe hat und deshalb als zweckmäßige Therapie regelmäßig oder auch für relevante Patientengruppen oder Indikationsbereiche den anderen Arzneimitteln dieser Gruppe vorzuziehen ist. [2]Bewertungen nach Satz 1 erfolgen für gemeinsame Anwendungsgebiete der Arzneimittel der Wirkstoffgruppe. [3]Ein höherer Nutzen nach Satz 1 kann auch eine Verringerung der Häufigkeit oder des Schweregrads therapierelevanter Nebenwirkungen sein. [4]Der Nachweis einer therapeutischen Verbesserung erfolgt aufgrund der Fachinformationen und durch Bewertung von klinischen Studien nach methodischen Grundsätzen der evidenzbasierten Medizin, soweit diese Studien allgemein verfügbar sind oder gemacht werden und ihre Methodik internationalen Standards entspricht. [5]Vorrangig sind klinische Studien, insbesondere direkte Vergleichsstudien mit anderen Arzneimitteln dieser Wirkstoffgruppe mit patientenrelevanten Endpunkten, insbesondere Mortalität, Morbidität und Lebensqualität, zu berücksichtigen. [6]Die Ergebnisse der Bewertung sind in der Begründung zu dem Beschluss nach Absatz 1 Satz 1 fachlich und methodisch aufzubereiten, sodass die tragenden Gründe des Beschlusses nachvollziehbar sind. [7]Vor der Entscheidung sind die Sachverständigen nach Absatz 2 auch mündlich anzuhören. [8]Vorbehaltlich einer abweichenden Entscheidung des Gemeinsamen Bundesausschusses aus wichtigem Grund ist die Begründung des Beschlusses bekannt zu machen, sobald die Vorlage nach § 94 Abs. 1 erfolgt, spätestens jedoch mit Bekanntgabe des Beschlusses im Bundesanzeiger. [9]Ein Arzneimittel, das von einer Festbetragsgruppe freigestellt ist, weil es einen therapierelevanten höheren Nutzen nur für einen Teil der Patienten oder Indikationsbereiche des gemeinsamen Anwendungsgebietes nach Satz 1 hat, ist nur für diese Anwendungen wirtschaftlich; das Nähere ist in den Richtlinien nach § 92 Abs. 1 Satz 2 Nr. 6 zu regeln.

(2) [1]Sachverständigen der medizinischen und pharmazeutischen Wissenschaft und Praxis sowie der Arzneimittelhersteller und der Berufsvertretungen der Apotheker ist vor der Entscheidung des Gemeinsamen Bundesausschusses Gelegenheit zur Stellungnahme zu geben; bei der Beurteilung von Arzneimitteln der besonderen Therapierichtungen sind auch Stellungnahmen von Sachverständigen dieser Therapierichtungen einzuholen. [2]Die Stellungnahmen sind in die Entscheidung einzubeziehen.

(3) [1]Der Spitzenverband Bund der Krankenkassen setzt den jeweiligen Festbetrag auf der Grundlage von rechnerischen mittleren Tages- oder Einzeldosen oder anderen geeigneten Vergleichsgrößen fest. [2]Der Spitzenverband Bund der Krankenkassen kann einheitliche Festbeträge für Verbandmittel festsetzen. [3]Für die Stellungnahmen der Sachverständigen gilt Absatz 2 entsprechend.

(4) (weggefallen)

(5) [1]Die Festbeträge sind so festzusetzen, daß sie im allgemeinen eine ausreichende, zweckmäßige und wirtschaftliche sowie in der Qualität gesicherte Versorgung gewährleisten. [2]Sie haben Wirtschaftlichkeitsreserven auszuschöpfen, sollen einen wirksamen Preiswettbewerb auslösen und haben sich deshalb an möglichst preisgünstigen Versorgungsmöglichkeiten auszurichten; soweit wie möglich ist eine für die Therapie hinreichende Arzneimittelauswahl sicherzustellen. [3]Die Festbeträge sind mindestens einmal im Jahr zu überprüfen; sie sind in

geeigneten Zeitabständen an eine veränderte Marktlage anzupassen. ⁴Der Festbetrag für die Arzneimittel in einer Festbetragsgruppe nach Absatz 1 Satz 2 soll den höchsten Abgabepreis des unteren Drittels des Intervalls zwischen dem niedrigsten und dem höchsten Preis einer Standardpackung nicht übersteigen. ⁵Dabei müssen mindestens ein Fünftel aller Verordnungen und mindestens ein Fünftel aller Packungen zum Festbetrag verfügbar sein; zugleich darf die Summe der jeweiligen Vomhundertsätze der Verordnungen und Packungen, die nicht zum Festbetrag erhältlich sind, den Wert von 160 nicht überschreiten. ⁶Bei der Berechnung nach Satz 4 sind hochpreisige Packungen mit einem Anteil von weniger als 1 vom Hundert an den verordneten Packungen in der Festbetragsgruppe nicht zu berücksichtigen. ⁷Für die Zahl der Verordnungen sind die zum Zeitpunkt des Berechnungsstichtages zuletzt verfügbaren Jahresdaten nach § 84 Abs. 5 zu Grunde zu legen.

(6) ¹Sofern zum Zeitpunkt der Anpassung des Festbetrags ein gültiger Beschluss nach § 31 Absatz 3 Satz 4 vorliegt und tatsächlich Arzneimittel auf Grund dieses Beschlusses von der Zuzahlung freigestellt sind, soll der Festbetrag so angepasst werden, dass auch nach der Anpassung eine hinreichende Versorgung mit Arzneimitteln ohne Zuzahlung gewährleistet werden kann. ² In diesem Fall darf die Summe nach Absatz 5 Satz 5 den Wert von 100 nicht überschreiten, wenn zu erwarten ist, dass anderenfalls keine hinreichende Anzahl zuvor auf Grund von § 31 Absatz 3 Satz 4 von der Zuzahlung freigestellter Arzneimittel weiterhin freigestellt wird.

(7) ¹Die Festbeträge sind im Bundesanzeiger bekanntzumachen. ²Klagen gegen die Festsetzung der Festbeträge haben keine aufschiebende Wirkung. ³Ein Vorverfahren findet nicht statt. ⁴Eine gesonderte Klage gegen die Gruppeneinteilung nach Absatz 1 Satz 1 bis 6, gegen die rechnerischen mittleren Tages- oder Einzeldosen oder anderen geeigneten Vergleichsgrößen nach Absatz 1 Satz 8 oder gegen sonstige Bestandteile der Festsetzung der Festbeträge ist unzulässig.

(8) ¹Der Spitzenverband Bund der Krankenkassen erstellt und veröffentlicht Übersichten über sämtliche Festbeträge und die betroffenen Arzneimittel und übermittelt diese im Wege der Datenübertragung dem Bundesinstitut für Arzneimittel und Medizinprodukte zur abruffähigen Veröffentlichung im Internet. ²Die Übersichten sind vierteljährlich zu aktualisieren.

(9) ¹Der Spitzenverband Bund der Krankenkassen rechnet die nach Absatz 7 Satz 1 bekanntgemachten Festbeträge für verschreibungspflichtige Arzneimittel entsprechend den Handelszuschlägen der Arzneimittelpreisverordnung in der ab dem 1. Januar 2012 geltenden Fassung um und macht die umgerechneten Festbeträge bis zum 30. Juni 2011 bekannt. ²Für die Umrechnung ist die Einholung von Stellungnahmen Sachverständiger nicht erforderlich. ³Die umgerechneten Festbeträge finden ab dem 1. Januar 2012 Anwendung.

§ 35a Bewertung des Nutzens von Arzneimitteln mit neuen Wirkstoffen, Verordnungsermächtigung

(1) ¹Der Gemeinsame Bundesausschuss bewertet den Nutzen von erstattungsfähigen Arzneimitteln mit neuen Wirkstoffen. ²Hierzu gehört insbesondere die Bewertung des Zusatznutzens gegenüber der zweckmäßigen Vergleichstherapie, des Ausmaßes des Zusatznutzens und seiner therapeutischen Bedeutung. ³Die Nutzenbewertung erfolgt auf Grund von Nachweisen des pharmazeutischen Unternehmers, die er einschließlich aller von ihm durchgeführten oder in Auftrag gegebenen klinischen Prüfungen spätestens zum Zeitpunkt des erstmaligen Inverkehrbringens sowie vier Wochen nach Zulassung neuer Anwendungsgebiete des Arzneimittels an den Gemeinsamen Bundesausschuss elektronisch zu übermitteln hat, und die insbesondere folgende Angaben enthalten müssen:
1. zugelassene Anwendungsgebiete,
2. medizinischer Nutzen,
3. medizinischer Zusatznutzen im Verhältnis zur zweckmäßigen Vergleichstherapie,
4. Anzahl der Patienten und Patientengruppen, für die ein therapeutisch bedeutsamer Zusatznutzen besteht,
5. Kosten der Therapie für die gesetzliche Krankenversicherung,
6. Anforderung an eine qualitätsgesicherte Anwendung.

⁴Bei Arzneimitteln, die pharmakologisch-therapeutisch vergleichbar mit Festbetragsarzneimitteln sind, ist der medizinische Zusatznutzen nach Satz 3 Nummer 3 als therapeutische Verbesserung entsprechend § 35 Absatz 1b Satz 1 bis 5 nachzuweisen. ⁵Legt der pharmazeutische Unternehmer die erforderlichen Nachweise trotz Aufforderung durch den Gemeinsamen Bundesausschuss nicht rechtzeitig oder nicht vollständig vor, gilt ein Zusatznutzen als nicht belegt. ⁶Der Gemeinsame Bundesausschuss bestimmt in seiner Verfahrensordnung, wann die Voraussetzungen nach Satz 5 vorliegen. ⁷Das Bundesministerium für Gesundheit regelt durch Rechtsverordnung ohne Zustimmung des Bundesrats das Nähere zur Nutzenbewertung. ⁸Darin sind insbesondere festzulegen:
1. Anforderungen an die Übermittlung der Nachweise nach Satz 3,
2. Grundsätze für die Bestimmung der zweckmäßigen Vergleichstherapie und des Zusatznutzens, und dabei auch die Fälle, in denen zusätzliche Nachweise erforderlich sind, und die Voraussetzungen, unter denen Studien bestimmter Evidenzstufen zu verlangen sind; Grundlage sind die internationalen Standards der evidenzbasierten Medizin und der Gesundheitsökonomie,
3. Verfahrensgrundsätze,

4. Grundsätze der Beratung nach Absatz 7,
5. die Veröffentlichung der Nachweise, die der Nutzenbewertung zu Grunde liegen, sowie
6. Übergangsregelungen für Arzneimittel mit neuen Wirkstoffen, die bis zum 31. Juli 2011 erstmals in den Verkehr gebracht werden.

[9]Der Gemeinsame Bundesausschuss regelt weitere Einzelheiten in seiner Verfahrensordnung. [10]Zur Bestimmung der zweckmäßigen Vergleichstherapie kann er verlangen, dass der pharmazeutische Unternehmer Informationen zu den Anwendungsgebieten des Arzneimittels übermittelt, für die eine Zulassung beantragt wird. [11]Für Arzneimittel, die zur Behandlung eines seltenen Leidens nach der Verordnung (EG) Nr. 141/2000 des Europäischen Parlaments und des Rates vom 16. Dezember 1999 über Arzneimittel für seltene Leiden (ABl. L 18 vom 22. 1. 2000, S. 1) zugelassen sind, gilt der medizinische Zusatznutzen durch die Zulassung als belegt; Nachweise nach Satz 3 Nummer 2 und 3 müssen vorbehaltlich eines Beschlusses nach Absatz 3b nicht vorgelegt werden. [12]Übersteigt der Umsatz des Arzneimittels nach Satz 11 mit der gesetzlichen Krankenversicherung zu Apothekenverkaufspreisen sowie außerhalb der vertragsärztlichen Versorgung einschließlich Umsatzsteuer in den letzten zwölf Kalendermonaten einen Betrag von 50 Millionen Euro, so hat der pharmazeutische Unternehmer innerhalb von drei Monaten nach Aufforderung durch den Gemeinsamen Bundesausschuss Nachweise nach Satz 3 Nummer 2 und 3 zu übermitteln und darin den Zusatznutzen gegenüber der zweckmäßigen Vergleichstherapie abweichend von Satz 11 nachzuweisen. [13]Der Umsatz nach Satz 12 ist auf Grund der Angaben nach § 84 Absatz 5 Satz 4 sowie durch geeignete Erhebungen zu ermitteln. [14]Zu diesem Zweck teilt der pharmazeutische Unternehmer dem Gemeinsamen Bundesausschuss auf Verlangen die erzielten Umsätze des Arzneimittels mit der gesetzlichen Krankenversicherung außerhalb der vertragsärztlichen Versorgung mit. [15]Abweichend von Satz 11 kann der pharmazeutische Unternehmer für Arzneimittel, die zur Behandlung eines seltenen Leidens nach der Verordnung (EG) Nr. 141/2000 zugelassen sind, dem Gemeinsamen Bundesausschuss unwiderruflich anzeigen, dass eine Nutzenbewertung nach Satz 2 unter Vorlage der Nachweise nach Satz 3 Nummer 2 und 3 durchgeführt werden soll.

(1a) [1]Der Gemeinsame Bundesausschuss hat den pharmazeutischen Unternehmer von der Verpflichtung zur Vorlage der Nachweise nach Absatz 1 und das Arzneimittel von der Nutzenbewertung nach Absatz 3 auf Antrag freizustellen, wenn zu erwarten ist, dass den gesetzlichen Krankenkassen nur geringfügige Ausgaben für das Arzneimittel entstehen werden. [2]Der pharmazeutische Unternehmer hat seinen Antrag entsprechend zu begründen. [3]Der Gemeinsame Bundesausschuss kann die Freistellung befristen. [4]Ein Antrag auf Freistellung nach Satz 1 ist nur vor der erstmaligen Verpflichtung zur Vorlage der Nachweise nach Absatz 1 Satz 3 zulässig. [5]Das Nähere regelt der Gemeinsame Bundesausschuss in seiner Verfahrensordnung.

(1b) [1]Für zugelassene Arzneimittel für neuartige Therapien im Sinne von § 4 Absatz 9 des Arzneimittelgesetzes besteht die Verpflichtung zur Vorlage von Nachweisen nach Absatz 1 Satz 3; die ärztliche Behandlung mit einem solchen Arzneimittel unterliegt nicht der Bewertung von Untersuchungs- und Behandlungsmethoden nach den §§ 135, 137c oder 137h. [2]Satz 1 gilt nicht für biotechnologisch bearbeitete Gewebeprodukte. [3]Für folgende Arzneimittel besteht keine Verpflichtung zur Vorlage von Nachweisen nach Absatz 1 Satz 3:
1. für Arzneimittel, die nach § 34 Absatz 1 Satz 5 für versicherte Kinder und Jugendliche nicht von der Versorgung nach § 31 ausgeschlossen sind,
2. für verschreibungspflichtige Arzneimittel, die nach § 34 Absatz 1 Satz 6 von der Versorgung nach § 31 ausgeschlossen sind.

(1c) [1]Der Gemeinsame Bundesausschuss hat den pharmazeutischen Unternehmer von der Verpflichtung zur Vorlage der Nachweise nach Absatz 1 Satz 3 Nummer 2 und 3 auf Antrag freizustellen, wenn es sich um ein Antibiotikum handelt, das gegen durch multiresistente bakterielle Krankheitserreger verursachte Infektionen, für die nur eingeschränkte alternative Therapiemöglichkeiten zur Verfügung stehen, wirksam ist und der Einsatz dieses Antibiotikums einer strengen Indikationsstellung unterliegt (Reserveantibiotikum). [2]Der pharmazeutische Unternehmer hat seinen Antrag nach Satz 1 entsprechend zu begründen. [3]Ein Antrag auf Freistellung nach Satz 1 ist nur vor der erstmaligen Verpflichtung zur Vorlage der Nachweise nach Absatz 1 Satz 3 zulässig. [4]Das Nähere zur Ausgestaltung des Antragsverfahrens regelt der Gemeinsame Bundesausschuss in seiner Verfahrensordnung bis zum 31. Dezember 2020. [5]Das Robert Koch-Institut bestimmt im Einvernehmen mit dem Bundesinstitut für Arzneimittel und Medizinprodukte dem jeweiligen Stand der medizinischen Wissenschaft entsprechende Kriterien zur Einordnung eines Antibiotikums als Reserveantibiotikum bis zum 31. Dezember 2020 und veröffentlicht diese Kriterien auf seiner Internetseite. [6]Das Robert Koch-Institut hat zu diesen Kriterien im Einvernehmen mit dem Bundesinstitut für Arzneimittel und Medizinprodukte eine nicht abschließende Liste von multiresistenten bakteriellen Krankheitserregern nach Satz 1 zu veröffentlichen. [7]Hat der Gemeinsame Bundesausschuss eine Freistellung für ein Reserveantibiotikum nach Satz 1 beschlossen, gilt der Zusatznutzen als belegt; das Ausmaß des Zusatznutzens und seine therapeutische Bedeutung sind vom Gemeinsamen Bundesausschuss nicht zu bewerten. [8]Bei dem Beschluss nach Absatz 3 Satz 1 hat der Gemeinsame Bundesausschuss Anforderungen an eine qualitätsgesicherte Anwendung des Reserveantibiotikums unter Berücksichtigung der Auswirkungen auf die Resistenzsituation festzulegen. [9]Dazu holt er eine Stellungnahme

beim Robert Koch-Institut ein, die im Einvernehmen mit dem Bundesinstitut für Arzneimittel und Medizinprodukte zu erstellen ist.
(2) ¹Der Gemeinsame Bundesausschuss prüft die Nachweise nach Absatz 1 Satz 3 und entscheidet, ob er die Nutzenbewertung selbst durchführt oder hiermit das Institut für Qualität und Wirtschaftlichkeit im Gesundheitswesen oder Dritte beauftragt. ²Der Gemeinsame Bundesausschuss und das Institut für Qualität und Wirtschaftlichkeit im Gesundheitswesen erhalten auf Verlangen Einsicht in die Zulassungsunterlagen bei der zuständigen Bundesoberbehörde. ³Die Nutzenbewertung ist spätestens innerhalb von drei Monaten nach dem nach Absatz 1 Satz 3 maßgeblichen Zeitpunkt für die Einreichung der Nachweise abzuschließen und im Internet zu veröffentlichen.
(3) ¹Der Gemeinsame Bundesausschuss beschließt über die Nutzenbewertung innerhalb von drei Monaten nach ihrer Veröffentlichung. ²§ 92 Absatz 3a gilt entsprechend mit der Maßgabe, dass Gelegenheit auch zur mündlichen Stellungnahme zu geben ist. ³Mit dem Beschluss wird insbesondere der Zusatznutzen des Arzneimittels festgestellt. ⁴Die Geltung des Beschlusses über die Nutzenbewertung kann befristet werden. ⁵Der Beschluss ist im Internet zu veröffentlichen. ⁶Der Beschluss ist Teil der Richtlinie nach § 92 Absatz 1 Satz 2 Nummer 6; § 94 Absatz 1 gilt nicht. ⁷Innerhalb eines Monats nach der Beschlussfassung veröffentlicht die Geschäftsstelle des Gemeinsamen Bundesausschusses zur Information der Öffentlichkeit zudem den Beschluss und die tragenden Gründe in englischer Sprache auf der Internetseite des Gemeinsamen Bundesausschusses.
(3a) ¹Der Gemeinsame Bundesausschuss veröffentlicht innerhalb eines Monats nach dem Beschluss nach Absatz 3 eine maschinenlesbare Fassung zu dem Beschluss, die zur Abbildung in elektronischen Programmen nach § 73 Absatz 9 geeignet ist. ²Das Bundesministerium für Gesundheit wird ermächtigt, durch Rechtsverordnung ohne Zustimmung des Bundesrates weitere Vorgaben zur Veröffentlichung der Beschlüsse nach Satz 1 zu regeln. ³Das Nähere regelt der Gemeinsame Bundesausschuss erstmals innerhalb von drei Monaten nach Inkrafttreten der Rechtsverordnung nach Satz 2 in seiner Verfahrensordnung. ⁴Vor der erstmaligen Beschlussfassung nach Satz 3 findet § 92 Absatz 3a mit der Maßgabe entsprechende Anwendung, dass auch den für die Wahrnehmung der Interessen der Industrie maßgeblichen Bundesverbänden aus dem Bereich der Informationstechnologie im Gesundheitswesen Gelegenheit zur Stellungnahme zu geben ist. ⁵Zu den vor der erstmaligen Änderung der Verfahrensordnung nach Satz 3 gefassten Beschlüssen nach Absatz 3 veröffentlicht der Gemeinsame Bundesausschuss die maschinenlesbare Fassung nach Satz 1 innerhalb von sechs Monaten nach der erstmaligen Änderung der Verfahrensordnung nach Satz 3.
(3b) ¹Der Gemeinsame Bundesausschuss kann frühestens mit Wirkung zum Zeitpunkt des erstmaligen Inverkehrbringens bei den folgenden Arzneimitteln vom pharmazeutischen Unternehmer innerhalb einer angemessenen Frist die Vorlage anwendungsbegleitender Datenerhebungen und Auswertungen zum Zweck der Nutzenbewertung fordern:
1. bei Arzneimitteln, deren Inverkehrbringen nach dem Verfahren des Artikels 14 Absatz 8 der Verordnung (EG) Nr. 726/2004 des Europäischen Parlaments und des Rates vom 31. März 2004 zur Festlegung von Gemeinschaftsverfahren für die Genehmigung und Überwachung von Human- und Tierarzneimitteln und zur Errichtung einer Europäischen Arzneimittel-Agentur (ABl. L 136 vom 30. 4. 2004, S. 1), die zuletzt durch die Verordnung (EU) 2019/5 (ABl. L 4 vom 7. 1. 2019, S. 24) geändert worden ist, genehmigt wurde oder für die nach Artikel 14-a der Verordnung (EG) Nr. 726/2004 eine Zulassung erteilt wurde, sowie
2. bei Arzneimitteln, die zur Behandlung eines seltenen Leidens nach der Verordnung (EG) Nr. 141/2000 zugelassen sind.

²Der Gemeinsame Bundesausschuss kann die Befugnis zur Versorgung der Versicherten mit einem solchen Arzneimittel zu Lasten der gesetzlichen Krankenversicherung auf solche Leistungserbringer beschränken, die an der geforderten anwendungsbegleitenden Datenerhebung mitwirken. ³Die näheren Vorgaben an die Dauer, die Art und den Umfang der Datenerhebung und Auswertung, einschließlich der zu verwendenden Formate, werden vom Gemeinsamen Bundesausschuss bestimmt. ⁴Er hat dabei insbesondere Vorgaben zur Methodik sowie zu patientenrelevanten Endpunkten und deren Erfassung zu bestimmen. ⁵Dabei soll er laufende und geplante Datenerhebungen zu dem Arzneimittel berücksichtigen, insbesondere solche, die sich aus Auflagen oder sonstigen Nebenbestimmungen der Zulassungs- oder Genehmigungsbehörden ergeben. ⁶Der Gemeinsame Bundesausschuss kann dabei auch indikationsbezogene Datenerhebungen ohne Randomisierung fordern. ⁷Das Bundesinstitut für Arzneimittel und Medizinprodukte und das Paul-Ehrlich-Institut sind vor Erlass einer Maßnahme nach Satz 1 zu beteiligen. ⁸Unter Beachtung von Betriebs- und Geschäftsgeheimnissen sollen auch die wissenschaftlich-medizinischen Fachgesellschaften, die Arzneimittelkommission der deutschen Ärzteschaft und der betroffene pharmazeutische Unternehmer vor Erlass einer Maßnahme nach Satz 1 schriftlich beteiligt werden. ⁹Das Nähere zum Verfahren der Anforderung von anwendungsbegleitenden Datenerhebungen und Auswertungen, einschließlich der Beteiligung nach Satz 4, regelt der Gemeinsame Bundesausschuss in seiner Verfahrensordnung. ¹⁰Die gewonnenen Daten und die Verpflichtung zur Datenerhebung sind in regelmäßigen Abständen, mindestens jedoch alle achtzehn Monate, vom Gemeinsamen Bundesausschuss zu überprüfen. ¹¹Für Beschlüsse nach den Sätzen 1 und 2 gilt Absatz 3 Satz 4 bis 6 entsprechend. ¹²Klagen gegen eine Maßnahme nach Satz 1 haben keine aufschiebende Wirkung; ein Vorverfahren findet nicht statt.

(4) ¹Wurde für ein Arzneimittel nach Absatz 1 Satz 4 keine therapeutische Verbesserung festgestellt, ist es in dem Beschluss nach Absatz 3 in die Festbetragsgruppe nach § 35 Absatz 1 mit pharmakologisch-therapeutisch vergleichbaren Arzneimitteln einzuordnen. ²§ 35 Absatz 1b Satz 6 gilt entsprechend. ³§ 35 Absatz 1b Satz 7 und 8 sowie Absatz 2 gilt nicht.

(5) ¹Für ein Arzneimittel, für das ein Beschluss nach Absatz 3 vorliegt, kann der pharmazeutische Unternehmer eine erneute Nutzenbewertung beantragen, wenn er die Erforderlichkeit wegen neuer wissenschaftlicher Erkenntnisse nachweist. ²Der Gemeinsame Bundesausschuss entscheidet über diesen Antrag innerhalb von acht Wochen. ³Der pharmazeutische Unternehmer übermittelt dem Gemeinsamen Bundesausschuss auf Anforderung die Nachweise nach Absatz 1 Satz 3 innerhalb von drei Monaten. ⁴Die erneute Nutzenbewertung beginnt frühestens ein Jahr nach Veröffentlichung des Beschlusses nach Absatz 3. ⁵Die Absätze 1 bis 4 und 5a bis 8 gelten entsprechend.

(5a) ¹Stellt der Gemeinsame Bundesausschuss in seinem Beschluss nach Absatz 3 keinen Zusatznutzen oder nach Absatz 4 keine therapeutische Verbesserung fest, hat er auf Verlangen des pharmazeutischen Unternehmers eine Bewertung nach § 35b oder nach § 139a Absatz 3 Nummer 6 in Auftrag zu geben, wenn der pharmazeutische Unternehmer die Kosten hierfür trägt. ²Die Verpflichtung zur Festsetzung eines Festbetrags oder eines Erstattungsbetrags bleibt unberührt.

(5b) ¹Der Gemeinsame Bundesausschuss kann den für die Vorlage der erforderlichen Nachweise maßgeblichen Zeitpunkt auf Antrag des pharmazeutischen Unternehmers abweichend von Absatz 1 Satz 3 bestimmen, wenn innerhalb eines Zeitraums von sechs Monaten ab dem nach Absatz 1 Satz 3 maßgeblichen Zeitpunkt die Zulassung von mindestens einem neuen Anwendungsgebiet zu erwarten ist. ²Der vom Gemeinsamen Bundesausschuss bestimmte maßgebliche Zeitpunkt darf nicht mehr als sechs Monate nach dem maßgeblichen Zeitpunkt nach Absatz 1 Satz 3 liegen. ³Der pharmazeutische Unternehmer hat den Antrag spätestens drei Monate vor dem maßgeblichen Zeitpunkt nach Absatz 1 Satz 3 zu stellen. ⁴Der Gemeinsame Bundesausschuss entscheidet über den Antrag innerhalb von acht Wochen. ⁵Er regelt das Nähere in seiner Verfahrensordnung. ⁶§ 130b Absatz 3a Satz 2 und 3 und Absatz 4 Satz 3 bleiben unberührt.

(6) ¹Für ein Arzneimittel mit einem Wirkstoff, der kein neuer Wirkstoff im Sinne des Absatzes 1 Satz 1 ist, kann der Gemeinsame Bundesausschuss eine Nutzenbewertung nach Absatz 1 veranlassen, wenn für das Arzneimittel eine neue Zulassung mit neuem Unterlagenschutz erteilt wird. ²Satz 1 gilt auch für Arzneimittel mit einem neuen Wirkstoff im Sinne des Absatzes 1 Satz 1, wenn für das Arzneimittel eine neue Zulassung mit neuem Unterlagenschutz erteilt wird. ³Das Nähere regelt der Gemeinsame Bundesausschuss in seiner Verfahrensordnung.

(7) ¹Der Gemeinsame Bundesausschuss berät den pharmazeutischen Unternehmer insbesondere zu vorzulegenden Unterlagen und Studien sowie zur Vergleichstherapie; er kann hierzu auf seiner Internetseite generalisierte Informationen zur Verfügung stellen. ²Er kann hierüber Vereinbarungen mit dem pharmazeutischen Unternehmer treffen. ³Eine Beratung vor Beginn von Zulassungsstudien der Phase drei, zur Planung klinischer Prüfungen oder zu anwendungsbegleitenden Datenerhebungen soll unter Beteiligung des Bundesinstituts für Arzneimittel und Medizinprodukte oder des Paul-Ehrlich-Instituts stattfinden. ⁴Zu Fragen der Vergleichstherapie sollen unter Beachtung der Betriebs- und Geschäftsgeheimnisse des pharmazeutischen Unternehmers die wissenschaftlich-medizinischen Fachgesellschaften und die Arzneimittelkommission der deutschen Ärzteschaft schriftlich beteiligt werden. ⁵Der pharmazeutische Unternehmer erhält eine Niederschrift über das Beratungsgespräch. ⁶Für die pharmazeutischen Unternehmer ist die Beratung gebührenpflichtig. ⁷Der Gemeinsame Bundesausschuss hat dem Bundesinstitut für Arzneimittel und Medizinprodukte und dem Paul-Ehrlich-Institut die Kosten zu erstatten, die diesen im Rahmen der Beratung von pharmazeutischen Unternehmern nach den Sätzen 1 und 3 entstehen, soweit diese Kosten vom pharmazeutischen Unternehmer getragen werden. ⁸Das Nähere einschließlich der Erstattung der für diese Beratung entstandenen Kosten ist in der Verfahrensordnung zu regeln.

(8) ¹Eine gesonderte Klage gegen die Aufforderung zur Übermittlung der Nachweise nach Absatz 1, die Nutzenbewertung nach Absatz 2, den Beschluss nach Absatz 3 und die Einbeziehung eines Arzneimittels in eine Festbetragsgruppe nach Absatz 4 ist unzulässig. ²§ 35 Absatz 7 Satz 1 bis 3 gilt entsprechend.

§ 35b Kosten-Nutzen-Bewertung von Arzneimitteln

(1) ¹Der Gemeinsame Bundesausschuss beauftragt auf Grund eines Antrags nach § 130b Absatz 8 das Institut für Qualität und Wirtschaftlichkeit im Gesundheitswesen mit einer Kosten-Nutzen-Bewertung. ²In dem Auftrag ist insbesondere festzulegen, für welche zweckmäßige Vergleichstherapie und Patientengruppen die Bewertung erfolgen soll sowie welcher Zeitraum, welche Art von Nutzen und Kosten und welches Maß für den Gesamtnutzen bei der Bewertung zu berücksichtigen sind; das Nähere regelt der Gemeinsame Bundesausschuss in seiner Verfahrensordnung; für die Auftragserteilung gilt § 92 Absatz 3a entsprechend mit der Maßgabe, dass der Gemeinsame Bundesausschuss auch eine mündliche Anhörung durchführt. ³Die Bewertung erfolgt durch Vergleich mit anderen Arzneimitteln und Behandlungsformen unter Berücksichtigung des therapeutischen Zusatznutzens für die Patienten im

Verhältnis zu den Kosten; Basis für die Bewertung sind die Ergebnisse klinischer Studien sowie derjenigen Versorgungsstudien, die mit dem Gemeinsamen Bundesausschuss nach Absatz 2 vereinbart wurden oder die der Gemeinsame Bundesausschuss auf Antrag des pharmazeutischen Unternehmens anerkennt; § 35a Absatz 1 Satz 3 und Absatz 2 Satz 2 gilt entsprechend. [4]Beim Patienten-Nutzen sollen insbesondere die Verbesserung des Gesundheitszustandes, eine Verkürzung der Krankheitsdauer, eine Verlängerung der Lebensdauer, eine Verringerung der Nebenwirkungen sowie eine Verbesserung der Lebensqualität, bei der wirtschaftlichen Bewertung auch die Angemessenheit und Zumutbarkeit einer Kostenübernahme durch die Versichertengemeinschaft, angemessen berücksichtigt werden. [5]Das Institut bestimmt auftragsbezogen über die Methoden und Kriterien für die Erarbeitung von Bewertungen nach Satz 1 auf der Grundlage der in den jeweiligen Fachkreisen anerkannten internationalen Standards der evidenzbasierten Medizin und der Gesundheitsökonomie. [6]Das Institut gewährleistet vor Abschluss von Bewertungen hohe Verfahrenstransparenz und eine angemessene Beteiligung der in § 35 Abs. 2 und § 139a Abs. 5 Genannten. [7]Das Institut veröffentlicht die jeweiligen Methoden und Kriterien im Internet.

(2) [1]Der Gemeinsame Bundesausschuss kann mit dem pharmazeutischen Unternehmer Versorgungsstudien und die darin zu behandelnden Schwerpunkte vereinbaren. [2]Die Frist zur Vorlage dieser Studien bemisst sich nach der Indikation und dem nötigen Zeitraum zur Bereitstellung valider Daten; sie soll drei Jahre nicht überschreiten. [3]Das Nähere regelt der Gemeinsame Bundesausschuss in seiner Verfahrensordnung. [4]Die Studien sind auf Kosten des pharmazeutischen Unternehmers bevorzugt in Deutschland durchzuführen.

(3) [1]Auf Grundlage der Kosten-Nutzen-Bewertung nach Absatz 1 beschließt der Gemeinsame Bundesausschuss über die Kosten-Nutzen-Bewertung und veröffentlicht den Beschluss im Internet. [2]§ 92 Absatz 3a gilt entsprechend. [3]Mit dem Beschluss werden insbesondere der Zusatznutzen sowie die Therapiekosten bei Anwendung des jeweiligen Arzneimittels festgestellt. [4]Der Beschluss ist Teil der Richtlinie nach § 92 Absatz 1 Satz 2 Nummer 6; der Beschluss kann auch Therapiehinweise nach § 92 Absatz 2 enthalten. [5]§ 94 Absatz 1 gilt nicht.

(4) [1]Gesonderte Klagen gegen den Auftrag nach Absatz 1 Satz 1 oder die Bewertung nach Absatz 1 Satz 3 sind unzulässig. [2]Klagen gegen eine Feststellung des Kosten-Nutzen-Verhältnisses nach Absatz 3 haben keine aufschiebende Wirkung.

§ 35c Zulassungsüberschreitende Anwendung von Arzneimitteln

(1) [1]Für die Abgabe von Bewertungen zum Stand der wissenschaftlichen Erkenntnis über die Anwendung von zugelassenen Arzneimitteln für Indikationen und Indikationsbereiche, für die sie nach dem Arzneimittelgesetz nicht zugelassen sind, beruft das Bundesministerium für Gesundheit Expertengruppen beim Bundesinstitut für Arzneimittel und Medizinprodukte, davon mindestens eine ständige Expertengruppe, die fachgebietsbezogen ergänzt werden kann. [2]Das Nähere zur Organisation und Arbeitsweise der Expertengruppen regelt eine Geschäftsordnung des Bundesinstituts für Arzneimittel und Medizinprodukte, die der Zustimmung des Bundesministeriums für Gesundheit bedarf. [3]Zur Sicherstellung der fachlichen Unabhängigkeit der Experten gilt § 139b Absatz 3 Satz 2 entsprechend. [4]Der Gemeinsame Bundesausschuss kann die Expertengruppen mit Bewertungen nach Satz 1 beauftragen; das Nähere regelt er in seiner Verfahrensordnung. [5]Bewertungen nach Satz 1 kann auch das Bundesministerium für Gesundheit beauftragen. [6]Die Bewertungen werden dem Gemeinsamen Bundesausschuss als Empfehlung zur Beschlussfassung nach § 92 Absatz 1 Satz 2 Nummer 6 zugeleitet. [7]Bewertungen sollen nur mit Zustimmung der betroffenen pharmazeutischen Unternehmer erstellt werden. [8]Gesonderte Klagen gegen diese Bewertungen sind unzulässig.

(2) [1]Außerhalb des Anwendungsbereichs des Absatzes 1 haben Versicherte Anspruch auf Versorgung mit zugelassenen Arzneimitteln in klinischen Studien, sofern hierdurch eine therapierelevante Verbesserung der Behandlung einer schwerwiegenden Erkrankung im Vergleich zu bestehenden Behandlungsmöglichkeiten zu erwarten ist, damit verbundene Mehrkosten in einem angemessenen Verhältnis zum erwarteten medizinischen Zusatznutzen stehen, die Behandlung durch einen Arzt erfolgt, der an der vertragsärztlichen Versorgung oder an der ambulanten Versorgung nach den §§ 116b und 117 teilnimmt, und der Gemeinsame Bundesausschuss der Arzneimittelverordnung nicht widerspricht. [2]Eine Leistungspflicht der Krankenkasse ist ausgeschlossen, sofern das Arzneimittel auf Grund arzneimittelrechtlicher Vorschriften vom pharmazeutischen Unternehmer kostenlos bereitzustellen ist. [3]Der Gemeinsame Bundesausschuss ist mindestens zehn Wochen vor dem Beginn der Arzneimittelverordnung zu informieren; er kann innerhalb von acht Wochen nach Eingang der Mitteilung widersprechen, sofern die Voraussetzungen nach Satz 1 nicht erfüllt sind. [4]Das Nähere, auch zu den Nachweisen und Informationspflichten, regelt der Gemeinsame Bundesausschuss in den Richtlinien nach § 92 Abs. 1 Satz 2 Nr. 6. [5]Leisten Studien nach Satz 1 für die Erweiterung einer Zulassung einen entscheidenden Beitrag, hat der pharmazeutische Unternehmer den Krankenkassen die Verordnungskosten zu erstatten. [6]Dies gilt auch für eine Genehmigung für das Inverkehrbringen nach europäischem Recht.

§ 36 Festbeträge für Hilfsmittel

(1) [1]Der Spitzenverband Bund der Krankenkassen bestimmt Hilfsmittel, für die Festbeträge festgesetzt werden. [2]Dabei sollen unter Berücksichtigung des Hilfsmittelverzeichnisses nach § 139 in ihrer Funktion gleichartige und

gleichwertige Mittel in Gruppen zusammengefasst und die Einzelheiten der Versorgung festgelegt werden. ³Den maßgeblichen Spitzenorganisationen der betroffenen Hersteller und Leistungserbringer auf Bundesebene ist unter Übermittlung der hierfür erforderlichen Informationen innerhalb einer angemessenen Frist vor der Entscheidung Gelegenheit zur Stellungnahme zu geben; die Stellungnahmen sind in die Entscheidung einzubeziehen.
(2) ¹Der Spitzenverband Bund der Krankenkassen setzt für die Versorgung mit den nach Absatz 1 bestimmten Hilfsmitteln einheitliche Festbeträge fest. ²Absatz 1 Satz 3 gilt entsprechend. ³Die Hersteller und Leistungserbringer sind verpflichtet, dem Spitzenverband Bund der Krankenkassen auf Verlangen die zur Wahrnehmung der Aufgaben nach Satz 1 und nach Absatz 1 Satz 1 und 2 erforderlichen Informationen und Auskünfte, insbesondere auch zu den Abgabepreisen der Hilfsmittel, zu erteilen.
(3) § 35 Abs. 5 und 7 gilt entsprechend.

§ 37 Häusliche Krankenpflege

(1) ¹Versicherte erhalten in ihrem Haushalt, ihrer Familie oder sonst an einem geeigneten Ort, insbesondere in betreuten Wohnformen, Schulen und Kindergärten, bei besonders hohem Pflegebedarf auch in Werkstätten für behinderte Menschen neben der ärztlichen Behandlung häusliche Krankenpflege durch geeignete Pflegekräfte, wenn Krankenhausbehandlung geboten, aber nicht ausführbar ist, oder wenn sie durch die häusliche Krankenpflege vermieden oder verkürzt wird. ²§ 10 der Werkstättenverordnung bleibt unberührt. ³Die häusliche Krankenpflege umfaßt die im Einzelfall erforderliche Grund- und Behandlungspflege sowie hauswirtschaftliche Versorgung. ⁴Der Anspruch besteht bis zu vier Wochen je Krankheitsfall. ⁵In begründeten Ausnahmefällen kann die Krankenkasse die häusliche Krankenpflege für einen längeren Zeitraum bewilligen, wenn der Medizinische Dienst (§ 275) festgestellt hat, daß dies aus den in Satz 1 genannten Gründen erforderlich ist.
(1a) ¹Versicherte erhalten an geeigneten Orten im Sinne von Absatz 1 Satz 1 wegen schwerer Krankheit oder wegen akuter Verschlimmerung einer Krankheit, insbesondere nach einem Krankenhausaufenthalt, nach einer ambulanten Operation oder nach einer ambulanten Krankenhausbehandlung, soweit keine Pflegebedürftigkeit mit Pflegegrad 2, 3, 4 oder 5 im Sinne des Elften Buches vorliegt, die erforderliche Grundpflege und hauswirtschaftliche Versorgung. ²Absatz 1 Satz 4 und 5 gilt entsprechend.
(2) ¹Versicherte erhalten in ihrem Haushalt, ihrer Familie oder sonst an einem geeigneten Ort, insbesondere in betreuten Wohnformen, Schulen und Kindergärten, bei besonders hohem Pflegebedarf auch in Werkstätten für behinderte Menschen als häusliche Krankenpflege Behandlungspflege, wenn diese zur Sicherung des Ziels der ärztlichen Behandlung erforderlich ist. ²§ 10 der Werkstättenverordnung bleibt unberührt. ³Der Anspruch nach Satz 1 besteht über die dort genannten Fälle hinaus ausnahmsweise auch für solche Versicherte in zugelassenen Pflegeeinrichtungen im Sinne des § 43 des Elften Buches, die auf Dauer, voraussichtlich für mindestens sechs Monate, einen besonders hohen Bedarf an medizinischer Behandlungspflege haben; § 37c Absatz 3 gilt entsprechend. ⁴Die Satzung kann bestimmen, dass die Krankenkasse zusätzlich zur Behandlungspflege nach Satz 1 als häusliche Krankenpflege auch Grundpflege und hauswirtschaftliche Versorgung erbringt. ⁵Die Satzung kann dabei Dauer und Umfang der Grundpflege und der hauswirtschaftlichen Versorgung nach Satz 4 bestimmen. ⁶Leistungen nach den Sätzen 4 und 5 sind nach Eintritt von Pflegebedürftigkeit mit mindestens Pflegegrad 2 im Sinne des Elften Buches nicht zulässig. ⁷Versicherte, die nicht auf Dauer in Einrichtungen nach § 71 Abs. 2 oder 4 des Elften Buches aufgenommen sind, erhalten Leistungen nach Satz 1 und den Sätzen 4 bis 6 auch dann, wenn ihr Haushalt nicht mehr besteht und ihnen nur zur Durchführung der Behandlungspflege vorübergehender Aufenthalt in einer Einrichtung oder in einer anderen geeigneten Unterkunft zur Verfügung gestellt wird. ⁸Versicherte erhalten in stationären Einrichtungen im Sinne des § 43a des Elften Buches Leistungen nach Satz 1, wenn der Bedarf an Behandlungspflege eine ständige Überwachung und Versorgung durch eine qualifizierte Pflegefachkraft erfordert.
(2a) ¹Die gesetzliche Krankenversicherung beteiligt sich an den Kosten der medizinischen Behandlungspflege in vollstationären Pflegeeinrichtungen mit einem jährlichen Pauschalbetrag in Höhe von 640 Millionen Euro, der an den Ausgleichsfonds der sozialen Pflegeversicherung zu leisten ist. ²Die Zahlung erfolgt anteilig quartalsweise. ³Der Spitzenverband Bund der Krankenkassen erhebt hierzu von den Krankenkassen eine Umlage gemäß dem Anteil der Versicherten der Krankenkassen an der Gesamtzahl der Versicherten aller Krankenkassen. ⁴Das Nähere zum Umlageverfahren und zur Zahlung an die Pflegeversicherung bestimmt der Spitzenverband Bund der Krankenkassen.
(2b) ¹Die häusliche Krankenpflege nach den Absätzen 1 und 2 umfasst auch die ambulante Palliativversorgung. ²Für Leistungen der ambulanten Palliativversorgung ist regelmäßig ein begründeter Ausnahmefall im Sinne von Absatz 1 Satz 5 anzunehmen. ³§ 37b Absatz 4 gilt für die häusliche Krankenpflege zur ambulanten Palliativversorgung entsprechend.
(3) Der Anspruch auf häusliche Krankenpflege besteht nur, soweit eine im Haushalt lebende Person den Kranken in dem erforderlichen Umfang nicht pflegen und versorgen kann.
(4) Kann die Krankenkasse keine Kraft für die häusliche Krankenpflege stellen oder besteht Grund, davon abzusehen, sind den Versicherten die Kosten für eine selbstbeschaffte Kraft in angemessener Höhe zu erstatten.

(5) Versicherte, die das 18. Lebensjahr vollendet haben, leisten als Zuzahlung den sich nach § 61 Satz 3 ergebenden Betrag, begrenzt auf die für die ersten 28 Kalendertage der Leistungsinanspruchnahme je Kalenderjahr anfallenden Kosten an die Krankenkasse.
(6) Der Gemeinsame Bundesausschuss legt in Richtlinien nach § 92 fest, an welchen Orten und in welchen Fällen Leistungen nach den Absätzen 1 und 2 auch außerhalb des Haushalts und der Familie des Versicherten erbracht werden können.
(7) ¹Der Gemeinsame Bundesausschuss regelt in Richtlinien nach § 92 unter Berücksichtigung bestehender Therapieangebote das Nähere zur Versorgung von chronischen und schwer heilenden Wunden. ²Die Versorgung von chronischen und schwer heilenden Wunden kann auch in spezialisierten Einrichtungen an einem geeigneten Ort außerhalb der Häuslichkeit von Versicherten erfolgen.
(8) Der Gemeinsame Bundesausschuss regelt in der Richtlinie über die Verordnung häuslicher Krankenpflege nach § 92 Absatz 1 Satz 2 Nummer 6 bis zum 31. Juli 2022 Rahmenvorgaben zu einzelnen nach dem Leistungsverzeichnis der Richtlinie nach § 92 Absatz 1 Satz 2 Nummer 6 verordnungsfähigen Maßnahmen, bei denen Pflegefachkräfte, die die in den Rahmenempfehlungen nach § 132a Absatz 1 Satz 4 Nummer 7 geregelten Anforderungen erfüllen, innerhalb eines vertragsärztlich festgestellten Verordnungsrahmens selbst über die erforderliche Häufigkeit und Dauer bestimmen können, sowie Vorgaben zur Notwendigkeit eines erneuten Arztkontaktes und zur Information der Vertragsärztin oder des Vertragsarztes durch den Leistungserbringer über die erbrachten Maßnahmen.
(9) ¹Zur Feststellung des tatsächlichen Ausgabenvolumens für die im Rahmen einer Versorgung nach Absatz 8 erbrachten Leistungen pseudonymisieren die Krankenkassen die Angaben zu den Ausgaben jeweils arztbezogen sowie versichertenbezogen. ²Sie übermitteln diese Angaben nach Durchführung der Abrechnungsprüfung dem Spitzenverband Bund der Krankenkassen, der diese Daten für den Zweck der nach Absatz 10 durchzuführenden Evaluierung kassenartenübergreifend zusammenführt und diese Daten dem nach Absatz 10 Satz 2 beauftragten unabhängigen Dritten übermittelt. ³Das Nähere zur Datenübermittlung und zum Verfahren der Pseudonymisierung regelt der Spitzenverband Bund der Krankenkassen. ⁴Der Spitzenverband Bund der Krankenkassen und der beauftragte unabhängige Dritte nach Absatz 10 Satz 2 haben die ihnen nach Satz 2 übermittelten pseudonymisierten Daten spätestens ein Jahr nach Abschluss der Evaluierung zu löschen.
(10) ¹Drei Jahre nach Inkrafttreten der Regelungen nach Absatz 8 evaluieren der Spitzenverband Bund der Krankenkassen, die Kassenärztliche Bundesvereinigung und die in § 132a Absatz 1 Satz 1 genannten Organisationen der Leistungserbringer unter Berücksichtigung der nach Absatz 9 Satz 2 übermittelten Daten insbesondere die mit der Versorgung nach Absatz 8 verbundenen Auswirkungen auf das Versorgungsgeschehen im Bereich der häuslichen Krankenpflege, die finanziellen Auswirkungen auf die Krankenkassen, die Wirtschaftlichkeit der Versorgung nach Absatz 8 sowie die Auswirkungen auf die Behandlungs- und Ergebnisqualität. ²Die Evaluierung hat durch einen durch den Spitzenverband Bund der Krankenkassen, die Kassenärztliche Bundesvereinigung und die in § 132a Absatz 1 Satz 1 genannten Organisationen der Leistungserbringer gemeinsam zu beauftragenden unabhängigen Dritten zu erfolgen.

§ 37a Soziotherapie

(1) ¹Versicherte, die wegen schwerer psychischer Erkrankung nicht in der Lage sind, ärztliche oder ärztlich verordnete Leistungen selbständig in Anspruch zu nehmen, haben Anspruch auf Soziotherapie, wenn dadurch Krankenhausbehandlung vermieden oder verkürzt wird oder wenn diese geboten, aber nicht ausführbar ist. ²Die Soziotherapie umfasst im Rahmen des Absatzes 2 die im Einzelfall erforderliche Koordinierung der verordneten Leistungen sowie Anleitung und Motivation zu deren Inanspruchnahme. ³Der Anspruch besteht für höchstens 120 Stunden innerhalb von drei Jahren je Krankheitsfall.
(2) Der Gemeinsame Bundesausschuss bestimmt in den Richtlinien nach § 92 das Nähere über Voraussetzungen, Art und Umfang der Versorgung nach Absatz 1, insbesondere
1. die Krankheitsbilder, bei deren Behandlung im Regelfall Soziotherapie erforderlich ist,
2. die Ziele, den Inhalt, den Umfang, die Dauer und die Häufigkeit der Soziotherapie,
3. die Voraussetzungen, unter denen Ärzte zur Verordnung von Soziotherapie berechtigt sind,
4. die Anforderungen an die Therapiefähigkeit des Patienten,
5. Inhalt und Umfang der Zusammenarbeit des verordnenden Arztes mit dem Leistungserbringer.
(3) Versicherte, die das 18. Lebensjahr vollendet haben, leisten als Zuzahlung je Kalendertag der Leistungsinanspruchnahme den sich nach § 61 Satz 1 ergebenden Betrag an die Krankenkasse.

§ 37b Spezialisierte ambulante Palliativversorgung

(1) ¹Versicherte mit einer nicht heilbaren, fortschreitenden und weit fortgeschrittenen Erkrankung bei einer zugleich begrenzten Lebenserwartung, die eine besonders aufwändige Versorgung benötigen, haben Anspruch auf spezialisierte ambulante Palliativversorgung. ²Die Leistung ist von einem Vertragsarzt oder Krankenhausarzt zu verordnen. ³Die

spezialisierte ambulante Palliativversorgung umfasst ärztliche und pflegerische Leistungen einschließlich ihrer Koordination insbesondere zur Schmerztherapie und Symptomkontrolle und zielt darauf ab, die Betreuung der Versicherten nach Satz 1 in der vertrauten Umgebung des häuslichen oder familiären Bereichs zu ermöglichen; hierzu zählen beispielsweise Einrichtungen der Eingliederungshilfe für behinderte Menschen und der Kinder- und Jugendhilfe. [4]Versicherte in stationären Hospizen haben einen Anspruch auf die Teilleistung der erforderlichen ärztlichen Versorgung im Rahmen der spezialisierten ambulanten Palliativversorgung. [5]Dies gilt nur, wenn und soweit nicht andere Leistungsträger zur Leistung verpflichtet sind. [6]Dabei sind die besonderen Belange von Kindern zu berücksichtigen.
(2) [1]Versicherte in stationären Pflegeeinrichtungen im Sinne von § 72 Abs. 1 des Elften Buches haben in entsprechender Anwendung des Absatzes 1 einen Anspruch auf spezialisierte Palliativversorgung. [2]Die Verträge nach § 132d Abs. 1 regeln, ob die Leistung nach Absatz 1 durch Vertragspartner der Krankenkassen in der Pflegeeinrichtung oder durch Personal der Pflegeeinrichtung erbracht wird; § 132d Abs. 2 gilt entsprechend.
(3) Der Gemeinsame Bundesausschuss bestimmt in den Richtlinien nach § 92 das Nähere über die Leistungen, insbesondere
1. die Anforderungen an die Erkrankungen nach Absatz 1 Satz 1 sowie an den besonderen Versorgungsbedarf der Versicherten,
2. Inhalt und Umfang der spezialisierten ambulanten Palliativversorgung einschließlich von deren Verhältnis zur ambulanten Versorgung und der Zusammenarbeit der Leistungserbringer mit den bestehenden ambulanten Hospizdiensten und stationären Hospizen (integrativer Ansatz); die gewachsenen Versorgungsstrukturen sind zu berücksichtigen,
3. Inhalt und Umfang der Zusammenarbeit des verordnenden Arztes mit dem Leistungserbringer.
(4) [1]Der Spitzenverband Bund der Krankenkassen berichtet dem Bundesministerium für Gesundheit alle drei Jahre über die Entwicklung der spezialisierten ambulanten Palliativversorgung und die Umsetzung der dazu erlassenen Richtlinien des Gemeinsamen Bundesausschusses. [2]Er bestimmt zu diesem Zweck die von seinen Mitgliedern zu übermittelnden statistischen Informationen über die geschlossenen Verträge und die erbrachten Leistungen der spezialisierten ambulanten Palliativversorgung.

§ 37c Außerklinische Intensivpflege

(1) [1]Versicherte mit einem besonders hohen Bedarf an medizinischer Behandlungspflege haben Anspruch auf außerklinische Intensivpflege. [2]Ein besonders hoher Bedarf an medizinischer Behandlungspflege liegt vor, wenn die ständige Anwesenheit einer geeigneten Pflegefachkraft zur individuellen Kontrolle und Einsatzbereitschaft oder ein vergleichbar intensiver Einsatz einer Pflegefachkraft erforderlich ist. [3]Der Anspruch auf außerklinische Intensivpflege umfasst die medizinische Behandlungspflege, die zur Sicherung des Ziels der ärztlichen Behandlung erforderlich ist, sowie eine Beratung durch die Krankenkasse, insbesondere zur Auswahl des geeigneten Leistungsorts nach Absatz 2. [4]Die Leistung bedarf der Verordnung durch eine Vertragsärztin oder einen Vertragsarzt, die oder der für die Versorgung dieser Versicherten besonders qualifiziert ist. [5]Die verordnende Vertragsärztin oder der verordnende Vertragsarzt hat das Therapieziel mit dem Versicherten zu erörtern und individuell festzustellen, bei Bedarf unter Einbeziehung palliativmedizinischer Fachkompetenz. [6]Bei Versicherten, die beatmet werden oder tracheotomiert sind, sind mit jeder Verordnung einer außerklinischen Intensivpflege das Potenzial zur Reduzierung der Beatmungszeit bis hin zur vollständigen Beatmungsentwöhnung und Dekanülierung sowie die zu deren Umsetzung notwendigen Maßnahmen zu erheben, zu dokumentieren und auf deren Umsetzung hinzuwirken. [7]Zur Erhebung und Dokumentation nach Satz 6 sind auch nicht an der vertragsärztlichen Versorgung teilnehmende Ärztinnen oder Ärzte oder nicht an der vertragsärztlichen Versorgung teilnehmende Krankenhäuser berechtigt; sie nehmen zu diesem Zweck an der vertragsärztlichen Versorgung teil. [8]Der Gemeinsame Bundesausschuss bestimmt in den Richtlinien nach § 92 Absatz 1 Satz 2 Nummer 6 bis zum 31. Oktober 2021 jeweils für Kinder und Jugendliche bis zur Vollendung des 18. Lebensjahres, für junge Volljährige, bei denen ein Krankheitsbild des Kinder- und Jugendalters weiterbesteht oder ein typisches Krankheitsbild des Kinder- und Jugendalters neu auftritt oder ein dem Kindesalter entsprechender psychomotorischer Entwicklungsstand vorliegt, und für volljährige Versicherte getrennt das Nähere zu Inhalt und Umfang der Leistungen sowie die Anforderungen
1. an den besonders hohen Bedarf an medizinischer Behandlungspflege nach Satz 2,
2. an die Zusammenarbeit der an der medizinischen und pflegerischen Versorgung beteiligten ärztlichen und nichtärztlichen Leistungserbringer, insbesondere zur Sicherstellung der ärztlichen und pflegerischen Versorgungskontinuität und Versorgungskoordination,
3. an die Verordnung der Leistungen einschließlich des Verfahrens zur Feststellung des Therapieziels nach Satz 5 sowie des Verfahrens zur Erhebung und Dokumentation des Entwöhnungspotenzials bei Versicherten, die beatmet werden oder tracheotomiert sind und
4. an die besondere Qualifikation der Vertragsärztinnen oder Vertragsärzte, die die Leistung verordnen dürfen.
(2) [1]Versicherte erhalten außerklinische Intensivpflege

1. in vollstationären Pflegeeinrichtungen, die Leistungen nach § 43 des Elften Buches erbringen,
2. in Einrichtungen im Sinne des § 43a Satz 1 in Verbindung mit § 71 Absatz 4 Nummer 1 des Elften Buches oder Räumlichkeiten im Sinne des § 43a Satz 3 in Verbindung mit § 71 Absatz 4 Nummer 3 des Elften Buches,
3. in einer Wohneinheit im Sinne des § 132l Absatz 5 Nummer 1 oder
4. in ihrem Haushalt oder in ihrer Familie oder sonst an einem geeigneten Ort, insbesondere in betreuten Wohnformen, in Schulen, Kindergärten und in Werkstätten für behinderte Menschen.

²Berechtigten Wünschen der Versicherten ist zu entsprechen. ³Hierbei ist zu prüfen, ob und wie die medizinische und pflegerische Versorgung am Ort der Leistung nach Satz 1 sichergestellt ist oder durch entsprechende Nachbesserungsmaßnahmen in angemessener Zeit sichergestellt werden kann; dabei sind die persönlichen, familiären und örtlichen Umstände zu berücksichtigen. ⁴Über die Nachbesserungsmaßnahmen nach Satz 3 schließt die Krankenkasse mit dem Versicherten eine Zielvereinbarung, an der sich nach Maßgabe des individuell festgestellten Bedarfs weitere Leistungsträger zu beteiligen haben. ⁵Zur Umsetzung der Zielvereinbarung schuldet die Krankenkasse nur Leistungen nach diesem Buch. ⁶Die Feststellung, ob die Voraussetzungen nach Absatz 1 und den Sätzen 1 bis 3 erfüllt sind, wird durch die Krankenkasse nach persönlicher Begutachtung des Versicherten am Leistungsort durch den Medizinischen Dienst getroffen. ⁷Die Krankenkasse hat ihre Feststellung jährlich zu überprüfen und hierzu eine persönliche Begutachtung des Medizinischen Dienstes zu veranlassen. ⁸Liegen der Krankenkasse Anhaltspunkte vor, dass die Voraussetzungen nach Absatz 1 und den Sätzen 1 bis 3 nicht mehr vorliegen, kann sie die Überprüfung nach Satz 7 zu einem früheren Zeitpunkt durchführen. ⁹Ist die Feststellung nach Satz 6 oder die Überprüfung nach den Sätzen 7 und 8 nicht möglich, weil der oder die Versicherte oder eine andere an den Wohnräumen berechtigte Person sein oder ihr Einverständnis zu der nach den Sätzen 6 bis 8 gebotenen Begutachtung durch den Medizinischen Dienst in den Wohnräumen nicht erteilt hat, so kann in den Fällen, in denen Leistungen der außerklinischen Intensivpflege an einem Leistungsort nach Satz 1 Nummer 3 oder Nummer 4 erbracht oder gewünscht werden, die Leistung an diesem Ort versagt und der oder die Versicherte auf Leistungen an einem Ort im Sinne des Satzes 1 Nummer 1 oder Nummer 2 verwiesen werden.

(3) ¹Erfolgt die außerklinische Intensivpflege in einer vollstationären Pflegeeinrichtung, die Leistungen nach § 43 des Elften Buches erbringt, umfasst der Anspruch die pflegebedingten Aufwendungen einschließlich der Aufwendungen für die Betreuung und die Aufwendungen für Leistungen der medizinischen Behandlungspflege in der Einrichtung unter Anrechnung des Leistungsbetrags nach § 43 des Elften Buches, die betriebsnotwendigen Investitionskosten sowie die Entgelte für Unterkunft und Verpflegung nach § 87 des Elften Buches. ²Entfällt der Anspruch auf außerklinische Intensivpflege auf Grund einer Besserung des Gesundheitszustands, sind die Leistungen nach Satz 1 für sechs Monate weiter zu gewähren, wenn eine Pflegebedürftigkeit des Pflegegrades 2, 3, 4 oder 5 im Sinne des § 15 Absatz 3 Satz 4 Nummer 2 bis 5 des Elften Buches festgestellt ist. ³Die Krankenkassen können in ihrer Satzung bestimmen, dass die Leistungen nach Satz 1 unter den in Satz 2 genannten Voraussetzungen auch über den in Satz 2 genannten Zeitraum hinaus weitergewährt werden.

(4) ¹Kann die Krankenkasse keine qualifizierte Pflegefachkraft für die außerklinische Intensivpflege stellen, sind dem Versicherten die Kosten für eine selbstbeschaffte Pflegefachkraft in angemessener Höhe zu erstatten. ²Die Möglichkeit der Leistungserbringung im Rahmen eines persönlichen Budgets nach § 2 Absatz 2 Satz 2, § 11 Absatz 1 Nummer 5 des Fünften Buches in Verbindung mit § 29 des Neunten Buches bleibt davon unberührt.

(5) ¹Versicherte, die das 18. Lebensjahr vollendet haben, leisten als Zuzahlung an die Krankenkasse den sich nach § 61 Satz 2 ergebenden Betrag, begrenzt auf die ersten 28 Kalendertage der Leistungsinanspruchnahme je Kalenderjahr. ²Versicherte, die außerklinische Intensivpflege an einem Leistungsort nach Absatz 2 Satz 1 Nummer 4 erhalten und die das 18. Lebensjahr vollendet haben, leisten als Zuzahlung an die Krankenkasse abweichend von Satz 1 den sich nach § 61 Satz 3 ergebenden Betrag, begrenzt auf die für die ersten 28 Kalendertage der Leistungsinanspruchnahme je Kalenderjahr anfallenden Kosten.

(6) ¹Der Spitzenverband Bund der Krankenkassen legt über das Bundesministerium für Gesundheit dem Deutschen Bundestag bis Ende des Jahres 2026 einen Bericht über die Erfahrungen mit der Umsetzung des Anspruchs auf außerklinische Intensivpflege vor. ²Darin sind insbesondere aufzuführen:
1. die Entwicklung der Anzahl der Leistungsfälle,
2. Angaben zur Leistungsdauer,
3. Angaben zum Leistungsort einschließlich Angaben zur Berücksichtigung von Wünschen der Versicherten,
4. Angaben zu Widerspruchsverfahren in Bezug auf die Leistungsbewilligung und deren Ergebnis sowie
5. Angaben zu Satzungsleistungen der Krankenkassen nach Absatz 3 Satz 3.

§ 38 Haushaltshilfe

(1) ¹Versicherte erhalten Haushaltshilfe, wenn ihnen wegen Krankenhausbehandlung oder wegen einer Leistung nach § 23 Abs. 2 oder 4, §§ 24, 37, 40 oder § 41 die Weiterführung des Haushalts nicht möglich ist. ²Voraussetzung ist ferner, daß im Haushalt ein Kind lebt, das bei Beginn der Haushaltshilfe das zwölfte Lebensjahr noch nicht vollendet

hat oder das behindert und auf Hilfe angewiesen ist. ³Darüber hinaus erhalten Versicherte, soweit keine Pflegebedürftigkeit mit Pflegegrad 2, 3, 4 oder 5 im Sinne des Elften Buches vorliegt, auch dann Haushaltshilfe, wenn ihnen die Weiterführung des Haushalts wegen schwerer Krankheit oder wegen akuter Verschlimmerung einer Krankheit, insbesondere nach einem Krankenhausaufenthalt, nach einer ambulanten Operation oder nach einer ambulanten Krankenhausbehandlung, nicht möglich ist, längstens jedoch für die Dauer von vier Wochen. ⁴Wenn im Haushalt ein Kind lebt, das bei Beginn der Haushaltshilfe das zwölfte Lebensjahr noch nicht vollendet hat oder das behindert und auf Hilfe angewiesen ist, verlängert sich der Anspruch nach Satz 3 auf längstens 26 Wochen. ⁵Die Pflegebedürftigkeit von Versicherten schließt Haushaltshilfe nach den Sätzen 3 und 4 zur Versorgung des Kindes nicht aus.
(2) ¹Die Satzung kann bestimmen, daß die Krankenkasse in anderen als den in Absatz 1 genannten Fällen Haushaltshilfe erbringt, wenn Versicherten wegen Krankheit die Weiterführung des Haushalts nicht möglich ist. ²Sie kann dabei von Absatz 1 Satz 2 bis 4 abweichen sowie Umfang und Dauer der Leistung bestimmen.
(3) Der Anspruch auf Haushaltshilfe besteht nur, soweit eine im Haushalt lebende Person den Haushalt nicht weiterführen kann.
(4) ¹Kann die Krankenkasse keine Haushaltshilfe stellen oder besteht Grund, davon abzusehen, sind den Versicherten die Kosten für eine selbstbeschaffte Haushaltshilfe in angemessener Höhe zu erstatten. ²Für Verwandte und Verschwägerte bis zum zweiten Grad werden keine Kosten erstattet; die Krankenkasse kann jedoch die erforderlichen Fahrkosten und den Verdienstausfall erstatten, wenn die Erstattung in einem angemessenen Verhältnis zu den sonst für eine Ersatzkraft entstehenden Kosten steht.
(5) Versicherte, die das 18. Lebensjahr vollendet haben, leisten als Zuzahlung je Kalendertag der Leistungsinanspruchnahme den sich nach § 61 Satz 1 ergebenden Betrag an die Krankenkasse.

§ 39 Krankenhausbehandlung

(1) ¹Die Krankenhausbehandlung wird vollstationär, stationsäquivalent, teilstationär, vor- und nachstationär sowie ambulant erbracht; sie umfasst auch Untersuchungs- und Behandlungsmethoden, zu denen der Gemeinsame Bundesausschuss bisher keine Entscheidung nach § 137c Absatz 1 getroffen hat und die das Potential einer erforderlichen Behandlungsalternative bieten. ²Versicherte haben Anspruch auf vollstationäre oder stationsäquivalente Behandlung durch ein nach § 108 zugelassenes Krankenhaus, wenn die Aufnahme oder die Behandlung im häuslichen Umfeld nach Prüfung durch das Krankenhaus erforderlich ist, weil das Behandlungsziel nicht durch teilstationäre, vor- und nachstationäre oder ambulante Behandlung einschließlich häuslicher Krankenpflege erreicht werden kann. ³Die Krankenhausbehandlung umfaßt im Rahmen des Versorgungsauftrags des Krankenhauses alle Leistungen, die im Einzelfall nach Art und Schwere der Krankheit für die medizinische Versorgung der Versicherten im Krankenhaus notwendig sind, insbesondere ärztliche Behandlung (§ 28 Abs. 1), Krankenpflege, Versorgung mit Arznei-, Heil- und Hilfsmitteln, Unterkunft und Verpflegung; die akutstationäre Behandlung umfasst auch die im Einzelfall erforderlichen und zum frühestmöglichen Zeitpunkt einsetzenden Leistungen zur Frührehabilitation. ⁴Die stationsäquivalente Behandlung umfasst eine psychiatrische Behandlung im häuslichen Umfeld durch mobile ärztlich geleitete multiprofessionelle Behandlungsteams. ⁵Sie entspricht hinsichtlich der Inhalte sowie der Flexibilität und Komplexität der Behandlung einer vollstationären Behandlung. ⁶Zur Krankenhausbehandlung gehört auch eine qualifizierte ärztliche Einschätzung des Beatmungsstatus im Laufe der Behandlung und vor der Verlegung oder Entlassung von Beatmungspatienten.
(1a) ¹Die Krankenhausbehandlung umfasst ein Entlassmanagement zur Unterstützung einer sektorenübergreifenden Versorgung der Versicherten beim Übergang in die Versorgung nach Krankenhausbehandlung. ²§ 11 Absatz 4 Satz 4 gilt. ³Das Krankenhaus kann mit Leistungserbringern nach § 95 Absatz 1 Satz 1 vereinbaren, dass diese Aufgaben des Entlassmanagements wahrnehmen. ⁴§ 11 des Apothekengesetzes bleibt unberührt. ⁵Der Versicherte hat gegenüber der Krankenkasse einen Anspruch auf Unterstützung des Entlassmanagements nach Satz 1; soweit Hilfen durch die Pflegeversicherung in Betracht kommen, kooperieren Kranken- und Pflegekassen miteinander. ⁶Das Entlassmanagement umfasst alle Leistungen, die für die Versorgung nach Krankenhausbehandlung erforderlich sind, insbesondere die Leistungen nach den §§ 37b, 38, 39c sowie alle dafür erforderlichen Leistungen nach dem Elften Buch. ⁷Das Entlassmanagement umfasst auch die Verordnung einer erforderlichen Anschlussversorgung durch Krankenhausbehandlung in einem anderen Krankenhaus. ⁸Soweit dies für die Versorgung des Versicherten unmittelbar nach der Entlassung erforderlich ist, können die Krankenhäuser Leistungen nach § 33a und die in § 92 Absatz 1 Satz 2 Nummer 6 und 12 genannten Leistungen verordnen und die Arbeitsunfähigkeit feststellen; hierfür gelten die Bestimmungen über die vertragsärztliche Versorgung mit der Maßgabe, dass bis zur Verwendung der Arztnummer nach § 293 Absatz 7 Satz 3 Nummer 1 eine im Rahmenvertrag nach Satz 9 erster Halbsatz zu vereinbarende alternative Kennzeichnung zu verwenden ist. ⁹Bei der Verordnung von Arzneimitteln können Krankenhäuser eine Packung mit dem kleinsten Packungsgrößenkennzeichen gemäß der Packungsgrößenverordnung verordnen; im Übrigen können die in § 92 Absatz 1 Satz 2 Nummer 6 genannten Leistungen für die Versorgung in einem Zeitraum von bis zu sieben Tagen verordnet und die Arbeitsunfähigkeit festgestellt werden (§ 92 Absatz 1 Satz 2 Nummer 7). ¹⁰Der Gemeinsame

Bundesausschuss bestimmt in den Richtlinien nach § 92 Absatz 1 Satz 2 Nummer 6, 7 und 12 die weitere Ausgestaltung des Verordnungsrechts nach Satz 7. [11]Die weiteren Einzelheiten zu den Sätzen 1 bis 8, insbesondere zur Zusammenarbeit der Leistungserbringer mit den Krankenkassen, regeln der Spitzenverband Bund der Krankenkassen auch als Spitzenverband Bund der Pflegekassen, die Kassenärztliche Bundesvereinigung und die Deutsche Krankenhausgesellschaft unter Berücksichtigung der Richtlinien des Gemeinsamen Bundesausschusses in einem Rahmenvertrag. [12]Wird der Rahmenvertrag ganz oder teilweise beendet und kommt bis zum Ablauf des Vertrages kein neuer Rahmenvertrag zustande, entscheidet das sektorenübergreifende Schiedsgremium auf Bundesebene gemäß § 89a. [13]Vor Abschluss des Rahmenvertrages ist der für die Wahrnehmung der wirtschaftlichen Interessen gebildeten maßgeblichen Spitzenorganisation der Apotheker sowie den Vereinigungen der Träger der Pflegeeinrichtungen auf Bundesebene Gelegenheit zur Stellungnahme zu geben. [14]Das Entlassmanagement und eine dazu erforderliche Verarbeitung personenbezogener Daten dürfen nur mit Einwilligung und nach vorheriger Information des Versicherten erfolgen. [15]Die Information sowie die Einwilligung müssen schriftlich oder elektronisch erfolgen.
(2) Wählen Versicherte ohne zwingenden Grund ein anderes als ein in der ärztlichen Einweisung genanntes Krankenhaus, können ihnen die Mehrkosten ganz oder teilweise auferlegt werden.
(3) [1]Die Landesverbände der Krankenkassen, die Ersatzkassen und die Deutsche Rentenversicherung Knappschaft-Bahn-See gemeinsam erstellen unter Mitwirkung der Landeskrankenhausgesellschaft und der Kassenärztlichen Vereinigung ein Verzeichnis der Leistungen und Entgelte für die Krankenhausbehandlung in den zugelassenen Krankenhäusern im Land oder in einer Region und passen es der Entwicklung an (Verzeichnis stationärer Leistungen und Entgelte). [2]Dabei sind die Entgelte so zusammenzustellen, daß sie miteinander verglichen werden können. [3]Die Krankenkassen haben darauf hinzuwirken, daß Vertragsärzte und Versicherte das Verzeichnis bei der Verordnung und Inanspruchnahme von Krankenhausbehandlung beachten.
(4) [1]Versicherte, die das achtzehnte Lebensjahr vollendet haben, zahlen vom Beginn der vollstationären Krankenhausbehandlung an innerhalb eines Kalenderjahres für längstens 28 Tage den sich nach § 61 Satz 2 ergebenden Betrag je Kalendertag an das Krankenhaus. [2]Die innerhalb des Kalenderjahres bereits an einen Träger der gesetzlichen Rentenversicherung geleistete Zahlung nach § 32 Abs. 1 Satz 2 des Sechsten Buches sowie die nach § 40 Abs. 6 Satz 1 geleistete Zahlung sind auf die Zahlung nach Satz 1 anzurechnen.

§ 39a Stationäre und ambulante Hospizleistungen

(1) [1]Versicherte, die keiner Krankenhausbehandlung bedürfen, haben im Rahmen der Verträge nach Satz 4 Anspruch auf einen Zuschuß zu stationärer oder teilstationärer Versorgung in Hospizen, in denen palliativ-medizinische Behandlung erbracht wird, wenn eine ambulante Versorgung im Haushalt oder der Familie des Versicherten nicht erbracht werden kann. [2]Die Krankenkasse trägt die zuschussfähigen Kosten nach Satz 1 unter Anrechnung der Leistungen nach dem Elften Buch zu 95 Prozent. [3]Der Zuschuss darf kalendertäglich 9 Prozent der monatlichen Bezugsgröße nach § 18 Abs. 1 des Vierten Buches nicht unterschreiten und unter Anrechnung der Leistungen anderer Sozialleistungsträger die tatsächlichen kalendertäglichen Kosten nach Satz 1 nicht überschreiten. [4]Der Spitzenverband Bund der Krankenkassen vereinbart mit den für die Wahrnehmung der Interessen der stationären Hospize maßgeblichen Spitzenorganisationen das Nähere über Art und Umfang der Versorgung nach Satz 1. [5]Dabei ist den besonderen Belangen der Versorgung in Kinderhospizen und in Erwachsenenhospizen durch jeweils gesonderte Vereinbarungen nach Satz 4 ausreichend Rechnung zu tragen. [6]In den Vereinbarungen nach Satz 4 sind bundesweit geltende Standards zum Leistungsumfang und zur Qualität der zuschussfähigen Leistungen festzulegen. [7]Der besondere Verwaltungsaufwand stationärer Hospize ist dabei zu berücksichtigen. [8]Die Vereinbarungen nach Satz 4 sind mindestens alle vier Jahre zu überprüfen und an aktuelle Versorgungs- und Kostenentwicklungen anzupassen. [9]In den Vereinbarungen ist auch zu regeln, in welchen Fällen Bewohner einer stationären Pflegeeinrichtung in ein stationäres Hospiz wechseln können; dabei sind die berechtigten Wünsche der Bewohner zu berücksichtigen. [10]Der Kassenärztlichen Bundesvereinigung ist Gelegenheit zur Stellungnahme zu geben. [11]In den über die Einzelheiten der Versorgung nach Satz 1 zwischen Krankenkassen und Hospizen abzuschließenden Verträgen ist zu regeln, dass im Falle von Nichteinigung eine von den Parteien zu bestimmende unabhängige Schiedsperson den Vertragsinhalt festlegt. [12]Einigen sich die Vertragspartner nicht auf eine Schiedsperson, so wird diese von der für die vertragschließende Krankenkasse zuständigen Aufsichtsbehörde bestimmt. [13]Die Kosten des Schiedsverfahrens tragen die Vertragspartner zu gleichen Teilen.
(2) [1]Die Krankenkasse hat ambulante Hospizdienste zu fördern, die für Versicherte, die keiner Krankenhausbehandlung und keiner stationären oder teilstationären Versorgung in einem Hospiz bedürfen, qualifizierte ehrenamtliche Sterbebegleitung in deren Haushalt, in der Familie, in stationären Pflegeeinrichtungen, in Einrichtungen der Eingliederungshilfe für behinderte Menschen oder der Kinder- und Jugendhilfe erbringen. [2]Satz 1 gilt entsprechend, wenn ambulante Hospizdienste für Versicherte in Krankenhäusern Sterbebegleitung im Auftrag des jeweiligen Krankenhausträgers erbringen. [3]Voraussetzung der Förderung ist außerdem, dass der ambulante Hospizdienst

1. mit palliativ-medizinisch erfahrenen Pflegediensten und Ärzten zusammenarbeitet sowie
2. unter der fachlichen Verantwortung einer Krankenschwester, eines Krankenpflegers oder einer anderen fachlich qualifizierten Person steht, die über mehrjährige Erfahrung in der palliativ-medizinischen Pflege oder über eine entsprechende Weiterbildung verfügt und eine Weiterbildung als verantwortliche Pflegefachkraft oder in Leitungsfunktionen nachweisen kann.

[4]Der ambulante Hospizdienst erbringt palliativ-pflegerische Beratung durch entsprechend ausgebildete Fachkräfte und stellt die Gewinnung, Schulung, Koordination und Unterstützung der ehrenamtlich tätigen Personen, die für die Sterbebegleitung zur Verfügung stehen, sicher. [5]Die Förderung nach Satz 1 erfolgt durch einen angemessenen Zuschuss zu den notwendigen Personal- und Sachkosten. [6]Der Zuschuss bezieht sich auf Leistungseinheiten, die sich aus dem Verhältnis der Zahl der qualifizierten Ehrenamtlichen zu der Zahl der Sterbebegleitungen bestimmen. [7]Die Ausgaben der Krankenkassen für die Förderung nach Satz 1 betragen je Leistungseinheit 13 vom Hundert der monatlichen Bezugsgröße nach § 18 Absatz 1 des Vierten Buches, sie dürfen die zuschussfähigen Personal- und Sachkosten des Hospizdienstes nicht überschreiten. [8]Der Spitzenverband Bund der Krankenkassen vereinbart mit den für die Wahrnehmung der Interessen der ambulanten Hospizdienste maßgeblichen Spitzenorganisationen das Nähere zu den Voraussetzungen der Förderung sowie zu Inhalt, Qualität und Umfang der ambulanten Hospizarbeit. [9]Dabei ist den besonderen Belangen der Versorgung von Kindern und Jugendlichen sowie der Versorgung von Erwachsenen durch ambulante Hospizdienste durch jeweils gesonderte Vereinbarungen nach Satz 8 Rechnung zu tragen. [10]Zudem ist der ambulanten Hospizarbeit in Pflegeeinrichtungen nach § 72 des Elften Buches Rechnung zu tragen. [11]Es ist sicherzustellen, dass ein bedarfsgerechtes Verhältnis von ehrenamtlichen und hauptamtlichen Mitarbeitern gewährleistet ist, und dass die Förderung zeitnah ab dem Zeitpunkt erfolgt, in dem der ambulante Hospizdienst zuschussfähige Sterbebegleitung leistet. [12]Die Vereinbarung ist mindestens alle vier Jahre zu überprüfen und an aktuelle Versorgungs- und Kostenentwicklungen anzupassen. [13]Pflegeeinrichtungen nach § 72 des Elften Buches sollen mit ambulanten Hospizdiensten zusammenarbeiten.

§ 39b Hospiz- und Palliativberatung durch die Krankenkassen

(1) [1]Versicherte haben Anspruch auf individuelle Beratung und Hilfestellung durch die Krankenkasse zu den Leistungen der Hospiz- und Palliativversorgung. [2]Der Anspruch umfasst auch die Erstellung einer Übersicht der Ansprechpartner der regional verfügbaren Beratungs- und Versorgungsangebote. [3]Die Krankenkasse leistet bei Bedarf Hilfestellung bei der Kontaktaufnahme und Leistungsinanspruchnahme. [4]Die Beratung soll mit der Pflegeberatung nach § 7a des Elften Buches und anderen bereits in Anspruch genommenen Beratungsangeboten abgestimmt werden. [5]Auf Verlangen des Versicherten sind Angehörige und andere Vertrauenspersonen an der Beratung zu beteiligen. [6]Im Auftrag des Versicherten informiert die Krankenkasse die Leistungserbringer und Einrichtungen, die an der Versorgung des Versicherten mitwirken, über die wesentlichen Beratungsinhalte und Hilfestellungen oder händigt dem Versicherten zu diesem Zweck ein entsprechendes Begleitschreiben aus. [7]Maßnahmen nach dieser Vorschrift und die dazu erforderliche Verarbeitung personenbezogener Daten dürfen nur mit schriftlicher oder elektronischer Einwilligung und nach vorheriger schriftlicher oder elektronischer Information des Versicherten erfolgen. [8]Die Krankenkassen dürfen ihre Aufgaben nach dieser Vorschrift an andere Krankenkassen, deren Verbände oder Arbeitsgemeinschaften übertragen.

(2) [1]Die Krankenkasse informiert ihre Versicherten in allgemeiner Form über die Möglichkeiten persönlicher Vorsorge für die letzte Lebensphase, insbesondere zu Patientenverfügung, Vorsorgevollmacht und Betreuungsverfügung. [2]Der Spitzenverband Bund der Krankenkassen regelt für seine Mitglieder das Nähere zu Form und Inhalt der Informationen und berücksichtigt dabei das Informationsmaterial und die Formulierungshilfen anderer öffentlicher Stellen.

§ 39c Kurzzeitpflege bei fehlender Pflegebedürftigkeit

[1]Reichen Leistungen der häuslichen Krankenpflege nach § 37 Absatz 1a bei schwerer Krankheit oder wegen akuter Verschlimmerung einer Krankheit, insbesondere nach einem Krankenhausaufenthalt, nach einer ambulanten Operation oder nach einer ambulanten Krankenhausbehandlung, nicht aus, erbringt die Krankenkasse die erforderliche Kurzzeitpflege entsprechend § 42 des Elften Buches für eine Übergangszeit, wenn keine Pflegebedürftigkeit mit Pflegegrad 2, 3, 4 oder 5 im Sinne des Elften Buches festgestellt ist. [2]Im Hinblick auf die Leistungsdauer und die Leistungshöhe gilt § 42 Absatz 2 Satz 1 und 2 des Elften Buches entsprechend. [3]Die Leistung kann in zugelassenen Einrichtungen nach dem Elften Buch oder in anderen geeigneten Einrichtungen erbracht werden.

§ 39d Förderung der Koordination in Hospiz- und Palliativnetzwerken durch einen Netzwerkkoordinator

(1) [1]Die Landesverbände der Krankenkassen und die Ersatzkassen fördern gemeinsam und einheitlich in jedem Kreis und jeder kreisfreien Stadt die Koordination der Aktivitäten in einem regionalen Hospiz- und Palliativnetzwerk durch einen Netzwerkkoordinator. [2]Bedarfsgerecht kann insbesondere in Ballungsräumen auf Grundlage von in den Förderrichtlinien nach Absatz 3 festzulegenden Kriterien die Koordination eines Netzwerkes durch einen Netzwerkko-

ordinator in mehreren regionalen Hospiz- und Palliativnetzwerken für verschiedene Teile des Kreises oder der kreisfreien Stadt gefördert werden. ³Die Förderung setzt voraus, dass der Kreis oder die kreisfreie Stadt an der Finanzierung der Netzwerkkoordination in jeweils gleicher Höhe wie die Landesverbände der Krankenkassen und die Ersatzkassen beteiligt ist. ⁴Die Fördersumme für die entsprechende Teilfinanzierung der Netzwerkkoordination nach Satz 1 beträgt maximal 15.000 Euro je Kalenderjahr und Netzwerk für Personal- und Sachkosten des Netzwerkkoordinators. ⁵Die Fördermittel werden von den Landesverbänden der Krankenkassen und von den Ersatzkassen durch eine Umlage gemäß dem Anteil ihrer eigenen Mitglieder gemessen an der Gesamtzahl der Mitglieder aller Krankenkassen im jeweiligen Bundesland erhoben und im Benehmen mit den für Gesundheit und Pflege jeweils zuständigen obersten Landesbehörden verausgabt. ⁶Im Fall einer finanziellen Beteiligung der privaten Krankenversicherungen an der Förderung erhöht sich das Fördervolumen um den Betrag der Beteiligung.
(2) Aufgaben des Netzwerkkoordinators sind übergreifende Koordinierungstätigkeiten, insbesondere
1. die Unterstützung der Kooperation der Mitglieder des regionalen Hospiz- und Palliativnetzwerkes und die Abstimmung und Koordination ihrer Aktivitäten im Bereich der Hospiz- und Palliativversorgung,
2. die Information der Öffentlichkeit über die Tätigkeiten und Versorgungsangebote der Mitglieder des regionalen Hospiz- und Palliativnetzwerkes in enger Abstimmung mit weiteren informierenden Stellen auf Kommunal- und Landesebene,
3. die Initiierung, Koordinierung und Vermittlung von interdisziplinären Fort- und Weiterbildungsangeboten zur Hospiz- und Palliativversorgung sowie die Organisation und Durchführung von Schulungen zur Netzwerktätigkeit,
4. die Organisation regelmäßiger Treffen der Mitglieder des regionalen Hospiz- und Palliativnetzwerkes zur stetigen bedarfsgerechten Weiterentwicklung der Netzwerkstrukturen und zur gezielten Weiterentwicklung der Versorgungsangebote entsprechend dem regionalen Bedarf,
5. die Unterstützung von Kooperationen der Mitglieder des regionalen Hospiz- und Palliativnetzwerkes mit anderen Beratungs- und Betreuungsangeboten wie Pflegestützpunkten, lokalen Demenznetzwerken, Einrichtungen der Altenhilfe sowie kommunalen Behörden und kirchlichen Einrichtungen,
6. die Ermöglichung eines regelmäßigen Erfahrungsaustausches mit anderen koordinierenden Personen und Einrichtungen auf Kommunal- und Landesebene.
(3) ¹Die Grundsätze der Förderung nach Absatz 1 regelt der Spitzenverband Bund der Krankenkassen in Förderrichtlinien erstmals bis zum 31. März 2022 einschließlich der Anforderungen an den Nachweis der zweckentsprechenden Mittelverwendung und an die Herstellung von Transparenz über die Finanzierungsquellen der geförderten Netzwerkkoordination. ²Bei der Erstellung der Förderrichtlinien sind die maßgeblichen Spitzenorganisationen der Hospizarbeit und Palliativversorgung, die kommunalen Spitzenverbände und der Verband der privaten Krankenversicherung zu beteiligen. ³Der Spitzenverband Bund der Krankenkassen berichtet dem Bundesministerium für Gesundheit bis zum 31. März 2025 über die Entwicklung der Netzwerkstrukturen und die geleistete Förderung. ⁴Die Krankenkassen sowie deren Landesverbände sind verpflichtet, dem Spitzenverband Bund der Krankenkassen die für den Bericht erforderlichen Informationen insbesondere über die Struktur der Netzwerke sowie die aufgrund der Förderung erfolgten Koordinierungstätigkeiten und die Höhe der Fördermittel zu übermitteln.

§ 39e Übergangspflege im Krankenhaus

(1) ¹Können im unmittelbaren Anschluss an eine Krankenhausbehandlung erforderliche Leistungen der häuslichen Krankenpflege, der Kurzzeitpflege, Leistungen zur medizinischen Rehabilitation oder Pflegeleistungen nach dem Elften Buch nicht oder nur unter erheblichem Aufwand erbracht werden, erbringt die Krankenkasse Leistungen der Übergangspflege in dem Krankenhaus, in dem die Behandlung erfolgt. ²Die Übergangspflege im Krankenhaus umfasst die Versorgung mit Arznei-, Heil- und Hilfsmitteln, die Aktivierung der Versicherten, die Grund- und Behandlungspflege, ein Entlassmanagement, Unterkunft und Verpflegung sowie die im Einzelfall erforderliche ärztliche Behandlung. ³Ein Anspruch auf Übergangspflege im Krankenhaus besteht für längstens zehn Tage je Krankenhausbehandlung. ⁴Das Vorliegen der Voraussetzungen einer Übergangspflege ist vom Krankenhaus im Einzelnen nachprüfbar zu dokumentieren. ⁵Der Spitzenverband Bund der Krankenkassen, der Verband der privaten Krankenversicherung e. V. und die Deutsche Krankenhausgesellschaft vereinbaren bis zum 31. Oktober 2021 das Nähere zur Dokumentation nach Satz 4. ⁶Kommt die Vereinbarung nach Satz 5 nicht fristgerecht zustande, legt die Schiedsstelle nach § 18a Absatz 6 des Krankenhausfinanzierungsgesetzes ohne Antrag einer Vertragspartei innerhalb von sechs Wochen den Inhalt der Vereinbarung fest.
(2) Versicherte, die das 18. Lebensjahr vollendet haben, zahlen vom Beginn der Leistungen nach Absatz 1 an innerhalb eines Kalenderjahres für längstens 28 Tage den sich nach § 61 Satz 2 ergebenden Betrag je Kalendertag an das Krankenhaus. Zahlungen nach § 39 Absatz 4 sind anzurechnen.

§ 40 Leistungen zur medizinischen Rehabilitation

(1) ¹Reicht bei Versicherten eine ambulante Krankenbehandlung nicht aus, um die in § 11 Abs. 2 beschriebenen Ziele zu erreichen, erbringt die Krankenkasse aus medizinischen Gründen erforderliche ambulante Rehabilitationsleistungen in Rehabilitationseinrichtungen, für die ein Versorgungsvertrag nach § 111c besteht; dies schließt mobile Rehabilitationsleistungen durch wohnortnahe Einrichtungen ein. ²Leistungen nach Satz 1 sind auch in stationären Pflegeeinrichtungen nach § 72 Abs. 1 des Elften Buches zu erbringen.

(2) ¹Reicht die Leistung nach Absatz 1 nicht aus, so erbringt die Krankenkasse erforderliche stationäre Rehabilitation mit Unterkunft und Verpflegung in einer nach § 37 Absatz 3 des Neunten Buches zertifizierten Rehabilitationseinrichtung, mit der ein Vertrag nach § 111 besteht. ²Für pflegende Angehörige erbringt die Krankenkasse stationäre Rehabilitation unabhängig davon, ob die Leistung nach Absatz 1 ausreicht. ³Die Krankenkasse kann für pflegende Angehörige diese stationäre Rehabilitation mit Unterkunft und Verpflegung auch in einer nach § 37 Absatz 3 des Neunten Buches zertifizierten Rehabilitationseinrichtung erbringen, mit der ein Vertrag nach § 111a besteht. ⁴Wählt der Versicherte eine andere zertifizierte Einrichtung, so hat er die dadurch entstehenden Mehrkosten zur Hälfte zu tragen; dies gilt nicht für solche Mehrkosten, die im Hinblick auf die Beachtung des Wunsch- und Wahlrechts nach § 8 des Neunten Buches von der Krankenkasse zu übernehmen sind. ⁵Die Krankenkasse führt nach Geschlecht differenzierte statistische Erhebungen über Anträge auf Leistungen nach Satz 1 und Absatz 1 sowie deren Erledigung durch. ⁶§ 39 Absatz 1a gilt entsprechend mit der Maßgabe, dass bei dem Rahmenvertrag entsprechend § 39 Absatz 1a die für die Erbringung von Leistungen zur medizinischen Rehabilitation maßgeblichen Verbände auf Bundesebene zu beteiligen sind. ⁷Kommt der Rahmenvertrag ganz oder teilweise nicht zustande oder wird der Rahmenvertrag ganz oder teilweise beendet und kommt bis zum Ablauf des Vertrages kein neuer Rahmenvertrag zustande, entscheidet das sektorenübergreifende Schiedsgremium auf Bundesebene gemäß § 89a auf Antrag einer Vertragspartei. ⁸Abweichend von § 89a Absatz 5 Satz 1 und 4 besteht das sektorenübergreifende Schiedsgremium auf Bundesebene in diesem Fall aus je zwei Vertretern der Ärzte, der Krankenkassen und der zertifizierten Rehabilitationseinrichtungen sowie einem unparteiischen Vorsitzenden und einem weiteren unparteiischen Mitglied. ⁹Die Vertreter und Stellvertreter der zertifizierten Rehabilitationseinrichtungen werden durch die für die Erbringer von Leistungen zur medizinischen Rehabilitation maßgeblichen Verbände auf Bundesebene bestellt.

(3) ¹Die Krankenkasse bestimmt nach den medizinischen Erfordernissen des Einzelfalls unter Beachtung des Wunsch- und Wahlrechts der Leistungsberechtigten nach § 8 des Neunten Buches Art, Dauer, Umfang, Beginn und Durchführung der Leistungen nach den Absätzen 1 und 2 sowie die Rehabilitationseinrichtung nach pflichtgemäßem Ermessen; die Krankenkasse berücksichtigt bei ihrer Entscheidung die besonderen Belange pflegender Angehöriger. ²Von der Krankenkasse wird bei einer vertragsärztlich verordneten geriatrischen Rehabilitation nicht überprüft, ob diese medizinisch erforderlich ist, sofern die geriatrische Indikation durch dafür geeignete Abschätzungsinstrumente vertragsärztlich überprüft wurde. ³Bei der Übermittlung der Verordnung an die Krankenkasse ist die Anwendung der geeigneten Abschätzungsinstrumente nachzuweisen und das Ergebnis der Abschätzung beizufügen. ⁴Von der vertragsärztlichen Verordnung anderer Leistungen nach den Absätzen 1 und 2 darf die Krankenkasse hinsichtlich der medizinischen Erforderlichkeit nur dann abweichen, wenn eine von der Verordnung abweichende gutachterliche Stellungnahme des Medizinischen Dienstes vorliegt. ⁵Die gutachterliche Stellungnahme des Medizinischen Dienstes ist den Versicherten und mit deren Einwilligung in Textform auch den verordnenden Ärztinnen und Ärzten zur Verfügung zu stellen. ⁶Die Krankenkasse teilt den Versicherten und den verordnenden Ärztinnen und Ärzten das Ergebnis ihrer Entscheidung in schriftlicher oder elektronischer Form mit und begründet die Abweichungen von der Verordnung. ⁷Mit Einwilligung der Versicherten in Textform übermittelt die Krankenkasse ihre Entscheidung schriftlich oder elektronisch den Angehörigen und Vertrauenspersonen der Versicherten sowie Pflege- und Betreuungseinrichtungen, die die Versicherten versorgen. ⁸Vor der Verordnung informieren die Ärztinnen und Ärzte die Versicherten über die Möglichkeit, eine Einwilligung nach Satz 5 zu erteilen, fragen die Versicherten, ob sie in eine Übermittlung der Krankenkassenentscheidung durch die Krankenkasse an die in Satz 7 genannten Personen oder Einrichtungen einwilligen und teilen der Krankenkasse anschließend den Inhalt einer abgegebenen Einwilligung mit. ⁹Die Aufgaben der Krankenkasse als Rehabilitationsträger nach dem Neunten Buch bleiben von den Sätzen 1 bis 4 unberührt. ¹⁰Der Gemeinsame Bundesausschuss regelt in Richtlinien nach § 92 bis zum 31. Dezember 2021 das Nähere zu Auswahl und Einsatz geeigneter Abschätzungsinstrumente im Sinne des Satzes 2 und zum erforderlichen Nachweis von deren Anwendung nach Satz 3 und legt fest, in welchen Fällen Anschlussrehabilitationen nach Absatz 6 Satz 1 ohne vorherige Überprüfung der Krankenkasse erbracht werden können. ¹¹Bei einer stationären Rehabilitation haben pflegende Angehörige auch Anspruch auf die Versorgung der Pflegebedürftigen, wenn diese in derselben Einrichtung aufgenommen werden. ¹²Sollen die Pflegebedürftigen in einer anderen als in der Einrichtung der pflegenden Angehörigen aufgenommen werden, koordiniert die Krankenkasse mit der Pflegekasse der Pflegebedürftigen deren Versorgung auf Wunsch der pflegenden Angehörigen und mit Einwilligung der Pflegebedürftigen. ¹³Leistungen nach Absatz 1 sollen für längstens 20 Behandlungstage, Leistungen nach Absatz 2 für längstens drei Wochen erbracht werden,

mit Ausnahme von Leistungen der geriatrischen Rehabilitation, die als ambulante Leistungen nach Absatz 1 in der Regel für 20 Behandlungstage oder als stationäre Leistungen nach Absatz 2 in der Regel für drei Wochen erbracht werden sollen. [14]Eine Verlängerung der Leistungen nach Satz 13 ist möglich, wenn dies aus medizinischen Gründen dringend erforderlich ist. [15]Satz 13 gilt nicht, soweit der Spitzenverband Bund der Krankenkassen nach Anhörung der für die Wahrnehmung der Interessen der ambulanten und stationären Rehabilitationseinrichtungen auf Bundesebene maßgeblichen Spitzenorganisationen in Leitlinien Indikationen festgelegt und diesen jeweils eine Regeldauer zugeordnet hat; von dieser Regeldauer kann nur abgewichen werden, wenn dies aus dringenden medizinischen Gründen im Einzelfall erforderlich ist. [16]Leistungen nach den Absätzen 1 und 2 können für Versicherte, die das 18. Lebensjahr vollendet haben, nicht vor Ablauf von vier Jahren nach Durchführung solcher oder ähnlicher Leistungen erbracht werden, deren Kosten auf Grund öffentlich-rechtlicher Vorschriften getragen oder bezuschusst worden sind, es sei denn, eine vorzeitige Leistung ist aus medizinischen Gründen dringend erforderlich. [17]§ 23 Abs. 7 gilt entsprechend. [18]Die Krankenkasse zahlt der Pflegekasse einen Betrag in Höhe von 3072 Euro für pflegebedürftige Versicherte, für die innerhalb von sechs Monaten nach Antragstellung keine notwendigen Leistungen zur medizinischen Rehabilitation erbracht worden sind. [19]Satz 18 gilt nicht, wenn die Krankenkasse die fehlende Leistungserbringung nicht zu vertreten hat. [20]Der Spitzenverband Bund der Krankenkassen legt über das Bundesministerium für Gesundheit dem Deutschen Bundestag erstmalig für das Jahr 2021 bis zum 30. Juni 2022 und danach jährlich bis zum 30. Juni 2024 einen Bericht vor, in dem die Erfahrungen mit der vertragsärztlichen Verordnung von geriatrischen Rehabilitationen wiedergegeben werden.
(4) Leistungen nach den Absätzen 1 und 2 werden nur erbracht, wenn nach den für andere Träger der Sozialversicherung geltenden Vorschriften mit Ausnahme der §§ 14, 15a, 17 und 31 des Sechsten Buches solche Leistungen nicht erbracht werden können.
(5) [1]Versicherte, die eine Leistung nach Absatz 1 oder 2 in Anspruch nehmen und das achtzehnte Lebensjahr vollendet haben, zahlen je Kalendertag den sich nach § 61 Satz 2 ergebenden Betrag an die Einrichtung. [2]Die Zahlungen sind an die Krankenkasse weiterzuleiten.
(6) [1]Versicherte, die das achtzehnte Lebensjahr vollendet haben und eine Leistung nach Absatz 1 oder 2 in Anspruch nehmen, deren unmittelbarer Anschluß an eine Krankenhausbehandlung medizinisch notwendig ist (Anschlußrehabilitation), zahlen den sich nach § 61 Satz 2 ergebenden Betrag für längstens 28 Tage je Kalenderjahr an die Einrichtung; als unmittelbar gilt der Anschluß auch, wenn die Maßnahme innerhalb von 14 Tagen beginnt, es sei denn, die Einhaltung dieser Frist ist aus zwingenden tatsächlichen oder medizinischen Gründen nicht möglich. [2]Die innerhalb des Kalenderjahres bereits an einen Träger der gesetzlichen Rentenversicherung geleistete kalendertägliche Zahlung nach § 32 Abs. 1 Satz 2 des Sechsten Buches sowie die nach § 39 Abs. 4 geleistete Zahlung sind auf die Zahlung nach Satz 1 anzurechnen. [3]Die Zahlungen sind an die Krankenkasse weiterzuleiten.
(7) [1]Der Spitzenverband Bund der Krankenkassen legt unter Beteiligung der Arbeitsgemeinschaft nach § 282 (Medizinischer Dienst der Spitzenverbände der Krankenkassen) Indikationen fest, bei denen für eine medizinisch notwendige Leistung nach Absatz 2 die Zuzahlung nach Absatz 6 Satz 1 Anwendung findet, ohne daß es sich um Anschlußrehabilitation handelt. [2]Vor der Festlegung der Indikationen ist den für die Wahrnehmung der Interessen der stationären Rehabilitation auf Bundesebene maßgebenden Organisationen Gelegenheit zur Stellungnahme zu geben; die Stellungnahmen sind in die Entscheidung einzubeziehen.

§ 41 Medizinische Rehabilitation für Mütter und Väter

(1) [1]Versicherte haben unter den in § 27 Abs. 1 genannten Voraussetzungen Anspruch auf aus medizinischen Gründen erforderliche Rehabilitationsleistungen in einer Einrichtung des Müttergenesungswerks oder einer gleichartigen Einrichtung; die Leistung kann in Form einer Mutter-Kind-Maßnahme erbracht werden. [2]Satz 1 gilt auch für Vater-Kind-Maßnahmen in dafür geeigneten Einrichtungen. [3]Rehabilitationsleistungen nach den Sätzen 1 und 2 werden in Einrichtungen erbracht, mit denen ein Versorgungsvertrag nach § 111a besteht. [4]§ 40 Absatz 2 Satz 1 und 4 gilt nicht; § 40 Absatz 2 Satz 5 und 6 gilt entsprechend.
(2) § 40 Abs. 3 und 4 gilt entsprechend.
(3) [1]Versicherte, die das achtzehnte Lebensjahr vollendet haben und eine Leistung nach Absatz 1 in Anspruch nehmen, zahlen je Kalendertag den sich nach § 61 Satz 2 ergebenden Betrag an die Einrichtung. [2]Die Zahlungen sind an die Krankenkasse weiterzuleiten.

§ 42 Belastungserprobung und Arbeitstherapie

Versicherte haben Anspruch auf Belastungserprobung und Arbeitstherapie, wenn nach den für andere Träger der Sozialversicherung geltenden Vorschriften solche Leistungen nicht erbracht werden können.

§ 43 Ergänzende Leistungen zur Rehabilitation

(1) Die Krankenkasse kann neben den Leistungen, die nach § 64 Abs. 1 Nr. 2 bis 6 sowie nach §§ 73 und 74 des Neunten Buches als ergänzende Leistungen zu erbringen sind,

1. solche Leistungen zur Rehabilitation ganz oder teilweise erbringen oder fördern, die unter Berücksichtigung von Art oder Schwere der Behinderung erforderlich sind, um das Ziel der Rehabilitation zu erreichen oder zu sichern, aber nicht zu den Leistungen zur Teilhabe am Arbeitsleben oder den Leistungen zur allgemeinen sozialen Eingliederung gehören,
2. wirksame und effiziente Patientenschulungsmaßnahmen für chronisch Kranke erbringen; Angehörige und ständige Betreuungspersonen sind einzubeziehen, wenn dies aus medizinischen Gründen erforderlich ist, wenn zuletzt die Krankenkasse Krankenbehandlung geleistet hat oder leistet.

(2) [1]Die Krankenkasse erbringt aus medizinischen Gründen in unmittelbarem Anschluss an eine Krankenhausbehandlung nach § 39 Abs. 1 oder stationäre Rehabilitation erforderliche sozialmedizinische Nachsorgemaßnahmen für chronisch kranke oder schwerstkranke Kinder und Jugendliche, die das 14. Lebensjahr, in besonders schwerwiegenden Fällen das 18. Lebensjahr, noch nicht vollendet haben, wenn die Nachsorge wegen der Art, Schwere und Dauer der Erkrankung notwendig ist, um den stationären Aufenthalt zu verkürzen oder die anschließende ambulante ärztliche Behandlung zu sichern. [2]Die Nachsorgemaßnahmen umfassen die im Einzelfall erforderliche Koordinierung der verordneten Leistungen sowie Anleitung und Motivation zu deren Inanspruchnahme. [3]Angehörige und ständige Betreuungspersonen sind einzubeziehen, wenn dies aus medizinischen Gründen erforderlich ist. [4]Der Spitzenverband Bund der Krankenkassen bestimmt das Nähere zu den Voraussetzungen sowie zu Inhalt und Qualität der Nachsorgemaßnahmen.

§ 43a Nichtärztliche sozialpädiatrische Leistungen

(1) Versicherte Kinder haben Anspruch auf nichtärztliche sozialpädiatrische Leistungen, insbesondere auf psychologische, heilpädagogische und psychosoziale Leistungen, wenn sie unter ärztlicher Verantwortung erbracht werden und erforderlich sind, um eine Krankheit zum frühestmöglichen Zeitpunkt zu erkennen und einen Behandlungsplan aufzustellen; § 46 des Neunten Buches bleibt unberührt.

(2) Versicherte Kinder haben Anspruch auf nichtärztliche sozialpädiatrische Leistungen, die unter ärztlicher Verantwortung in der ambulanten psychiatrischen Behandlung erbracht werden.

§ 43b Nichtärztliche Leistungen für Erwachsene mit geistiger Behinderung oder schweren Mehrfachbehinderungen

[1]Versicherte Erwachsene mit geistiger Behinderung oder schweren Mehrfachbehinderungen haben Anspruch auf nichtärztliche Leistungen, insbesondere auf psychologische, therapeutische und psychosoziale Leistungen, wenn sie unter ärztlicher Verantwortung durch ein medizinisches Behandlungszentrum nach § 119c erbracht werden und erforderlich sind, um eine Krankheit zum frühestmöglichen Zeitpunkt zu erkennen und einen Behandlungsplan aufzustellen. [2]Dies umfasst auch die im Einzelfall erforderliche Koordinierung von Leistungen.

§ 43c Zahlungsweg

(1) [1]Leistungserbringer haben Zahlungen, die Versicherte zu entrichten haben, einzuziehen und mit ihrem Vergütungsanspruch gegenüber der Krankenkasse zu verrechnen. [2]Zahlt der Versicherte trotz einer gesonderten schriftlichen Aufforderung durch den Leistungserbringer nicht, hat die Krankenkasse die Zahlung einzuziehen.

(2) (weggefallen)

(3) [1]Zuzahlungen, die Versicherte nach § 39 Abs. 4 zu entrichten haben, hat das Krankenhaus einzubehalten; sein Vergütungsanspruch gegenüber der Krankenkasse verringert sich entsprechend. [2]Absatz 1 Satz 2 gilt nicht. [3]Zahlt der Versicherte trotz einer gesonderten schriftlichen Aufforderung durch das Krankenhaus nicht, hat dieses im Auftrag der Krankenkasse die Zuzahlung einzuziehen. [4]Die Krankenhäuser werden zur Durchführung des Verwaltungsverfahrens nach Satz 3 beliehen. [5]Sie können hierzu Verwaltungsakte gegenüber den Versicherten erlassen; Klagen gegen diese Verwaltungsakte haben keine aufschiebende Wirkung; ein Vorverfahren findet nicht statt. [6]Die zuständige Krankenkasse erstattet dem Krankenhaus je durchgeführtem Verwaltungsverfahren nach Satz 3 eine angemessene Kostenpauschale. [7]Die dem Krankenhaus für Klagen von Versicherten gegen den Verwaltungsakt entstehenden Kosten werden von den Krankenkassen getragen. [8]Das Vollstreckungsverfahren für Zuzahlungen nach § 39 Absatz 4 wird von der zuständigen Krankenkasse durchgeführt. [9]Das Nähere zur Umsetzung der Kostenerstattung nach den Sätzen 6 und 7 vereinbaren der Spitzenverband Bund und die Deutsche Krankenhausgesellschaft. [10]Soweit die Einziehung der Zuzahlung durch das Krankenhaus erfolglos bleibt, verringert sich abweichend von Satz 1 der Vergütungsanspruch des Krankenhauses gegenüber der Krankenkasse nicht. [11]Zwischen dem Krankenhaus und der Krankenkasse können abweichende Regelungen zum Zahlungsweg vereinbart werden, soweit dies wirtschaftlich ist.

Zweiter Titel
Krankengeld

§ 44 Krankengeld

(1) Versicherte haben Anspruch auf Krankengeld, wenn die Krankheit sie arbeitsunfähig macht oder sie auf Kosten der Krankenkasse stationär in einem Krankenhaus, einer Vorsorge- oder Rehabilitationseinrichtung (§ 23 Abs. 4, §§ 24, 40 Abs. 2 und § 41) behandelt werden.

(2) ¹Keinen Anspruch auf Krankengeld haben
1. die nach § 5 Abs. 1 Nr. 2a, 5, 6, 9, 10 oder 13 sowie die nach § 10 Versicherten; dies gilt nicht für die nach § 5 Abs. 1 Nr. 6 Versicherten, wenn sie Anspruch auf Übergangsgeld haben, und für Versicherte nach § 5 Abs. 1 Nr. 13, sofern sie abhängig beschäftigt und nicht nach den §§ 8 und 8a des Vierten Buches geringfügig beschäftigt sind oder sofern sie hauptberuflich selbständig erwerbstätig sind und eine Wahlerklärung nach Nummer 2 abgegeben haben,
2. hauptberuflich selbständig Erwerbstätige, es sei denn, das Mitglied erklärt gegenüber der Krankenkasse, dass die Mitgliedschaft den Anspruch auf Krankengeld umfassen soll (Wahlerklärung),
3. Versicherte nach § 5 Absatz 1 Nummer 1, die bei Arbeitsunfähigkeit nicht mindestens sechs Wochen Anspruch auf Fortzahlung des Arbeitsentgelts auf Grund des Entgeltfortzahlungsgesetzes, eines Tarifvertrags, einer Betriebsvereinbarung oder anderer vertraglicher Zusagen oder auf Zahlung einer die Versicherungspflicht begründenden Sozialleistung haben, es sei denn, das Mitglied gibt eine Wahlerklärung ab, dass die Mitgliedschaft den Anspruch auf Krankengeld umfassen soll. Dies gilt nicht für Versicherte, die nach § 10 des Entgeltfortzahlungsgesetzes Anspruch auf Zahlung eines Zuschlages zum Arbeitsentgelt haben,
4. Versicherte, die eine Rente aus einer öffentlich-rechtlichen Versicherungseinrichtung oder Versorgungseinrichtung ihrer Berufsgruppe oder von anderen vergleichbaren Stellen beziehen, die ihrer Art nach den in § 50 Abs. 1 genannten Leistungen entspricht. Für Versicherte nach Satz 1 Nr. 4 gilt § 50 Abs. 2 entsprechend, soweit sie eine Leistung beziehen, die ihrer Art nach den in dieser Vorschrift aufgeführten Leistungen entspricht.

²Für die Wahlerklärung nach Satz 1 Nummer 2 und 3 gilt § 53 Absatz 8 Satz 1 entsprechend. ³Für die nach Nummer 2 und 3 aufgeführten Versicherten bleibt § 53 Abs. 6 unberührt. ⁴Geht der Krankenkasse die Wahlerklärung nach Satz 1 Nummer 2 und 3 zum Zeitpunkt einer bestehenden Arbeitsunfähigkeit zu, wirkt die Wahlerklärung erst zu dem Tag, der auf das Ende dieser Arbeitsunfähigkeit folgt.

(3) Der Anspruch auf Fortzahlung des Arbeitsentgelts bei Arbeitsunfähigkeit richtet sich nach arbeitsrechtlichen Vorschriften.

(4) ¹Versicherte haben Anspruch auf individuelle Beratung und Hilfestellung durch die Krankenkasse, welche Leistungen und unterstützende Angebote zur Wiederherstellung der Arbeitsfähigkeit erforderlich sind. ²Maßnahmen nach Satz 1 und die dazu erforderliche Verarbeitung personenbezogener Daten dürfen nur mit schriftlicher oder elektronischer Einwilligung und nach vorheriger schriftlicher oder elektronischer Information des Versicherten erfolgen. ³Die Einwilligung kann jederzeit schriftlich oder elektronisch widerrufen werden. ⁴Die Krankenkassen dürfen ihre Aufgaben nach Satz 1 an die in § 35 des Ersten Buches genannten Stellen übertragen.

§ 44a Krankengeld bei Spende von Organen, Geweben oder Blut zur Separation von Blutstammzellen oder anderen Blutbestandteilen

¹Spender von Organen, Geweben oder Blut zur Separation von Blutstammzellen oder anderen Blutbestandteilen nach § 27 Absatz 1a Satz 1 haben Anspruch auf Krankengeld, wenn die Spende an Versicherte sie arbeitsunfähig macht. ²Das Krankengeld wird den Spendern von der Krankenkasse der Empfänger in Höhe des vor Beginn der Arbeitsunfähigkeit regelmäßig erzielten Nettoarbeitsentgelts oder Arbeitseinkommens bis zur Höhe des Betrages der kalendertäglichen Beitragsbemessungsgrenze geleistet. ³Für nach dem Künstlersozialversicherungsgesetz versicherungspflichtige Spender ist das ausgefallene Arbeitseinkommen im Sinne von Satz 2 aus demjenigen Arbeitseinkommen zu berechnen, das der Beitragsbemessung für die letzten zwölf Kalendermonate vor Beginn der Arbeitsunfähigkeit im Hinblick auf die Spende zugrunde gelegen hat. ⁴§ 44 Absatz 3, § 47 Absatz 2 bis 4, die §§ 47b, 49 und 50 gelten entsprechend; Ansprüche nach § 44 sind gegenüber Ansprüchen nach dieser Vorschrift ausgeschlossen. ⁵Ansprüche nach dieser Vorschrift haben auch nicht gesetzlich krankenversicherte Personen.

§ 45 Krankengeld bei Erkrankung des Kindes

(1) ¹Versicherte haben Anspruch auf Krankengeld, wenn es nach ärztlichem Zeugnis erforderlich ist, daß sie zur Beaufsichtigung, Betreuung oder Pflege ihres erkrankten und versicherten Kindes der Arbeit fernbleiben, eine andere in ihrem Haushalt lebende Person das Kind nicht beaufsichtigen, betreuen oder pflegen kann und das Kind das zwölfte Lebensjahr noch nicht vollendet hat oder behindert und auf Hilfe angewiesen ist. ²§ 10 Abs. 4 und § 44 Absatz 2 gelten.

(2) ¹Anspruch auf Krankengeld nach Absatz 1 besteht in jedem Kalenderjahr für jedes Kind längstens für 10 Arbeitstage, für alleinerziehende Versicherte längstens für 20 Arbeitstage. ²Der Anspruch nach Satz 1 besteht für

Versicherte für nicht mehr als 25 Arbeitstage, für alleinerziehende Versicherte für nicht mehr als 50 Arbeitstage je Kalenderjahr. ³Das Krankengeld nach Absatz 1 beträgt 90 Prozent des ausgefallenen Nettoarbeitsentgelts aus beitragspflichtigem Arbeitsentgelt der Versicherten, bei Bezug von beitragspflichtigem einmalig gezahltem Arbeitsentgelt (§ 23a des Vierten Buches) in den der Freistellung von Arbeitsleistung nach Absatz 3 vorangegangenen zwölf Kalendermonaten 100 Prozent des ausgefallenen Nettoarbeitsentgelts aus beitragspflichtigem Arbeitsentgelt; es darf 70 Prozent der Beitragsbemessungsgrenze nach § 223 Absatz 3 nicht überschreiten. ⁴Erfolgt die Berechnung des Krankengeldes nach Absatz 1 aus Arbeitseinkommen, beträgt dies 70 Prozent des erzielten regelmäßigen Arbeitseinkommens, soweit es der Beitragsberechnung unterliegt. ⁵§ 47 Absatz 1 Satz 6 bis 8 und Absatz 4 Satz 3 bis 5 gilt entsprechend.

(3) ¹Versicherte mit Anspruch auf Krankengeld nach Absatz 1 haben für die Dauer dieses Anspruchs gegen ihren Arbeitgeber Anspruch auf unbezahlte Freistellung von der Arbeitsleistung, soweit nicht aus dem gleichen Grund Anspruch auf bezahlte Freistellung besteht. ²Wird der Freistellungsanspruch nach Satz 1 geltend gemacht, bevor die Krankenkasse ihre Leistungsverpflichtung nach Absatz 1 anerkannt hat, und sind die Voraussetzungen dafür nicht erfüllt, ist der Arbeitgeber berechtigt, die gewährte Freistellung von der Arbeitsleistung auf einen späteren Freistellungsanspruch zur Beaufsichtigung, Betreuung oder Pflege eines erkrankten Kindes anzurechnen. ³Der Freistellungsanspruch nach Satz 1 kann nicht durch Vertrag ausgeschlossen oder beschränkt werden.

(4) ¹Versicherte haben ferner Anspruch auf Krankengeld, wenn sie zur Beaufsichtigung, Betreuung oder Pflege ihres erkrankten und versicherten Kindes der Arbeit fernbleiben, sofern das Kind das zwölfte Lebensjahr noch nicht vollendet hat oder behindert und auf Hilfe angewiesen ist und nach ärztlichem Zeugnis an einer Erkrankung leidet,
a) die progredient verläuft und bereits ein weit fortgeschrittenes Stadium erreicht hat,
b) bei der eine Heilung ausgeschlossen und eine palliativ-medizinische Behandlung notwendig oder von einem Elternteil erwünscht ist und
c) die lediglich eine begrenzte Lebenserwartung von Wochen oder wenigen Monaten erwarten lässt.
²Der Anspruch besteht nur für ein Elternteil. ³Absatz 1 Satz 2, Absatz 3 und § 47 gelten entsprechend.

(5) Anspruch auf unbezahlte Freistellung nach den Absätzen 3 und 4 haben auch Arbeitnehmer, die nicht Versicherte mit Anspruch auf Krankengeld nach Absatz 1 sind.

§ 46 Entstehen des Anspruchs auf Krankengeld

¹Der Anspruch auf Krankengeld entsteht
1. bei Krankenhausbehandlung oder Behandlung in einer Vorsorge- oder Rehabilitationseinrichtung (§ 23 Abs. 4, §§ 24, 40 Abs. 2 und § 41) von ihrem Beginn an,
2. im Übrigen von dem Tag der ärztlichen Feststellung der Arbeitsunfähigkeit an.
²Der Anspruch auf Krankengeld bleibt jeweils bis zu dem Tag bestehen, an dem die weitere Arbeitsunfähigkeit wegen derselben Krankheit ärztlich festgestellt wird, wenn diese ärztliche Feststellung spätestens am nächsten Werktag nach dem zuletzt bescheinigten Ende der Arbeitsunfähigkeit erfolgt; Samstage gelten insoweit nicht als Werktage. ³Für Versicherte, deren Mitgliedschaft nach § 192 Absatz 1 Nummer 2 vom Bestand des Anspruchs auf Krankengeld abhängig ist, bleibt der Anspruch auf Krankengeld auch dann bestehen, wenn die weitere Arbeitsunfähigkeit wegen derselben Krankheit nicht am nächsten Werktag im Sinne von Satz 2, aber spätestens innerhalb eines Monats nach dem zuletzt bescheinigten Ende der Arbeitsunfähigkeit ärztlich festgestellt wird. ⁴Für die nach dem Künstlersozialversicherungsgesetz Versicherten sowie für Versicherte, die eine Wahlerklärung nach § 44 Absatz 2 Satz 1 Nummer 2 abgegeben haben, entsteht der Anspruch von der siebten Woche der Arbeitsunfähigkeit an. ⁵Der Anspruch auf Krankengeld für die in Satz 3 genannten Versicherten nach dem Künstlersozialversicherungsgesetz entsteht bereits vor der siebten Woche der Arbeitsunfähigkeit zu dem von der Satzung bestimmten Zeitpunkt, spätestens jedoch mit Beginn der dritten Woche der Arbeitsunfähigkeit, wenn der Versicherte bei seiner Krankenkasse einen Tarif nach § 53 Abs. 6 gewählt hat.

§ 47 Höhe und Berechnung des Krankengeldes

(1) ¹Das Krankengeld beträgt 70 vom Hundert des erzielten regelmäßigen Arbeitsentgelts und Arbeitseinkommens, soweit es der Beitragsberechnung unterliegt (Regelentgelt). ²Das aus dem Arbeitsentgelt berechnete Krankengeld darf 90 vom Hundert des bei entsprechender Anwendung des Absatzes 2 berechneten Nettoarbeitsentgelts nicht übersteigen. ³Für die Berechnung des Nettoarbeitsentgelts nach Satz 2 ist der sich aus dem kalendertäglichen Hinzurechnungsbetrag nach Absatz 2 Satz 6 ergebende Anteil am Nettoarbeitsentgelt mit dem Vomhundertsatz anzusetzen, der sich aus dem Verhältnis des kalendertäglichen Regelentgeltbetrages nach Absatz 2 Satz 1 bis 5 zu dem sich aus diesem Regelentgeltbetrag ergebenden Nettoarbeitsentgelt ergibt. ⁴Das nach Satz 1 bis 3 berechnete kalendertägliche Krankengeld darf das sich aus dem Arbeitsentgelt nach Absatz 2 Satz 1 bis 5 ergebende kalendertägliche Nettoarbeitsentgelt nicht übersteigen. ⁵Das Regelentgelt wird nach den Absätzen 2, 4 und 6 berechnet. ⁶Das Krankengeld wird für Kalendertage gezahlt. ⁷Ist es für einen ganzen Kalendermonat zu zahlen, ist dieser mit dreißig Tagen anzusetzen.

⁸Bei der Berechnung des Regelentgelts nach Satz 1 und des Nettoarbeitsentgelts nach den Sätzen 2 und 4 sind die für die jeweilige Beitragsbemessung und Beitragstragung geltenden Besonderheiten des Übergangsbereichs nach § 20 Abs. 2 des Vierten Buches nicht zu berücksichtigen.
(2) ¹Für die Berechnung des Regelentgelts ist das von dem Versicherten im letzten vor Beginn der Arbeitsunfähigkeit abgerechneten Entgeltabrechnungszeitraum, mindestens das während der letzten abgerechneten vier Wochen (Bemessungszeitraum) erzielte und um einmalig gezahltes Arbeitsentgelt verminderte Arbeitsentgelt durch die Zahl der Stunden zu teilen, für die es gezahlt wurde. ²Das Ergebnis ist mit der Zahl der sich aus dem Inhalt des Arbeitsverhältnisses ergebenden regelmäßigen wöchentlichen Arbeitsstunden zu vervielfachen und durch sieben zu teilen. ³Ist das Arbeitsentgelt nach Monaten bemessen oder ist eine Berechnung des Regelentgelts nach den Sätzen 1 und 2 nicht möglich, gilt der dreißigste Teil des im letzten vor Beginn der Arbeitsunfähigkeit abgerechneten Kalendermonat erzielten und um einmalig gezahltes Arbeitsentgelt verminderten Arbeitsentgelts als Regelentgelt. ⁴Wenn mit einer Arbeitsleistung Arbeitsentgelt erzielt wird, das für Zeiten einer Freistellung vor oder nach dieser Arbeitsleistung fällig wird (Wertguthaben nach § 7b des Vierten Buches), ist für die Berechnung des Regelentgelts das im Bemessungszeitraum der Beitragsberechnung zugrundeliegende und um einmalig gezahltes Arbeitsentgelt verminderte Arbeitsentgelt maßgebend; Wertguthaben, die nicht gemäß einer Vereinbarung über flexible Arbeitszeitregelungen verwendet werden (§ 23b Abs. 2 des Vierten Buches), bleiben außer Betracht. ⁵Bei der Anwendung des Satzes 1 gilt als regelmäßige wöchentliche Arbeitszeit die Arbeitszeit, die dem gezahlten Arbeitsentgelt entspricht. ⁶Für die Berechnung des Regelentgelts ist der dreihundertsechzigste Teil des einmalig gezahlten Arbeitsentgelts, das in den letzten zwölf Kalendermonaten vor Beginn der Arbeitsunfähigkeit nach § 23a des Vierten Buches der Beitragsberechnung zugrunde gelegen hat, dem nach Satz 1 bis 5 berechneten Arbeitsentgelt hinzuzurechnen.
(3) Die Satzung kann bei nicht kontinuierlicher Arbeitsverrichtung und -vergütung abweichende Bestimmungen zur Zahlung und Berechnung des Krankengeldes vorsehen, die sicherstellen, daß das Krankengeld seine Entgeltersatzfunktion erfüllt.
(4) ¹Für Seeleute gelten als Regelentgelt die beitragspflichtigen Einnahmen nach § 233 Abs. 1. ²Für Versicherte, die nicht Arbeitnehmer sind, gilt als Regelentgelt der kalendertägliche Betrag, der zuletzt vor Beginn der Arbeitsunfähigkeit für die Beitragsbemessung aus Arbeitseinkommen maßgebend war. ³Für nach dem Künstlersozialversicherungsgesetz Versicherte ist das Regelentgelt aus dem Arbeitseinkommen zu berechnen, das der Beitragsbemessung für die letzten zwölf Kalendermonate vor Beginn der Arbeitsunfähigkeit zugrunde gelegen hat; dabei ist für den Kalendertag der dreihundertsechzigste Teil dieses Betrages anzusetzen. ⁴Die Zahl dreihundertsechzig ist um die Zahl der Kalendertage zu vermindern, in denen eine Versicherungspflicht nach dem Künstlersozialversicherungsgesetz nicht bestand oder für die nach § 234 Abs. 1 Satz 3 Arbeitseinkommen nicht zugrunde zu legen ist. ⁵Die Beträge nach § 226 Abs. 1 Satz 1 Nr. 2 und 3 bleiben außer Betracht.
(5) (weggefallen)
(6) Das Regelentgelt wird bis zur Höhe des Betrages der kalendertäglichen Beitragsbemessungsgrenze berücksichtigt.

§ 47a Beitragszahlungen der Krankenkassen an berufsständische Versorgungseinrichtungen

(1) ¹Für Bezieher von Krankengeld, die wegen einer Pflichtmitgliedschaft in einer berufsständischen Versorgungseinrichtung von der Versicherungspflicht in der gesetzlichen Rentenversicherung befreit sind, zahlen die Krankenkassen auf Antrag des Mitglieds diejenigen Beiträge an die zuständige berufsständische Versorgungseinrichtung, wie sie bei Eintritt von Versicherungspflicht nach § 3 Satz 1 Nummer 3 des Sechsten Buches an die gesetzliche Rentenversicherung zu entrichten wären. ²Die von der Krankenkasse zu zahlenden Beiträge sind auf die Höhe der Beiträge begrenzt, die die Krankenkasse ohne die Befreiung von der Versicherungspflicht in der gesetzlichen Rentenversicherung für die Dauer des Leistungsbezugs zu tragen hätte; sie dürfen die Hälfte der in der Zeit des Leistungsbezugs vom Mitglied an die berufsständische Versorgungseinrichtung zu zahlenden Beiträge nicht übersteigen.
(2) ¹Die Krankenkassen haben der zuständigen berufsständischen Versorgungseinrichtung den Beginn und das Ende der Beitragszahlung sowie die Höhe der der Beitragsberechnung zugrunde liegenden beitragspflichtigen Einnahmen und den zu zahlenden Beitrag für das Mitglied zu übermitteln; ab dem 1. Januar 2017 erfolgt die Übermittlung durch elektronischen Nachweis. ²Das Nähere zum Verfahren, zu notwendigen weiteren Angaben und den Datensatz regeln der Spitzenverband Bund der Krankenkassen und die Arbeitsgemeinschaft berufsständischer Versorgungseinrichtungen bis zum 31. Juli 2016 in gemeinsamen Grundsätzen, die vom Bundesministerium für Gesundheit zu genehmigen sind.

§ 47b Höhe und Berechnung des Krankengeldes bei Beziehern von Arbeitslosengeld, Unterhaltsgeld oder Kurzarbeitergeld

(1) Das Krankengeld für Versicherte nach § 5 Abs. 1 Nr. 2 wird in Höhe des Betrages des Arbeitslosengeldes oder des Unterhaltsgeldes gewährt, den der Versicherte zuletzt bezogen hat.

(2) ¹Ändern sich während des Bezuges von Krankengeld die für den Anspruch auf Arbeitslosengeld oder Unterhaltsgeld maßgeblichen Verhältnisse des Versicherten, so ist auf Antrag des Versicherten als Krankengeld derjenige Betrag zu gewähren, den der Versicherte als Arbeitslosengeld oder Unterhaltsgeld erhalten würde, wenn er nicht erkrankt wäre. ²Änderungen, die zu einer Erhöhung des Krankengeldes um weniger als zehn vom Hundert führen würden, werden nicht berücksichtigt.
(3) Für Versicherte, die während des Bezuges von Kurzarbeitergeld arbeitsunfähig erkranken, wird das Krankengeld nach dem regelmäßigen Arbeitsentgelt, das zuletzt vor Eintritt des Arbeitsausfalls erzielt wurde (Regelentgelt), berechnet.
(4) ¹Für Versicherte, die arbeitsunfähig erkranken, bevor in ihrem Betrieb die Voraussetzungen für den Bezug von Kurzarbeitergeld nach dem Dritten Buch erfüllt sind, wird, solange Anspruch auf Fortzahlung des Arbeitsentgelts im Krankheitsfalle besteht, neben dem Arbeitsentgelt als Krankengeld der Betrag des Kurzarbeitergeldes gewährt, den der Versicherte erhielte, wenn er nicht arbeitsunfähig wäre. ²Der Arbeitgeber hat das Krankengeld kostenlos zu errechnen und auszuzahlen. ³Der Arbeitnehmer hat die erforderlichen Angaben zu machen.
(5) Bei der Ermittlung der Bemessungsgrundlage für die Leistungen der gesetzlichen Krankenversicherung ist von dem Arbeitsentgelt auszugehen, das bei der Bemessung der Beiträge zur gesetzlichen Krankenversicherung zugrunde gelegt wurde.
(6) ¹In den Fällen des § 232a Abs. 3 wird das Krankengeld abweichend von Absatz 3 nach dem Arbeitsentgelt unter Hinzurechnung des Winterausfallgeldes berechnet. ²Die Absätze 4 und 5 gelten entsprechend.

Anm. d. Hrsg. zu Abs. 1 und Abs. 2: Statt Unterhaltsgeld muss es Arbeitslosengeld bei beruflicher Weiterbildung heißen.

§ 48 Dauer des Krankengeldes

(1) ¹Versicherte erhalten Krankengeld ohne zeitliche Begrenzung, für den Fall der Arbeitsunfähigkeit wegen derselben Krankheit jedoch für längstens achtundsiebzig Wochen innerhalb von je drei Jahren, gerechnet vom Tage des Beginns der Arbeitsunfähigkeit an. ²Tritt während der Arbeitsunfähigkeit eine weitere Krankheit hinzu, wird die Leistungsdauer nicht verlängert.
(2) Für Versicherte, die im letzten Dreijahreszeitraum wegen derselben Krankheit für achtundsiebzig Wochen Krankengeld bezogen haben, besteht nach Beginn eines neuen Dreijahreszeitraums ein neuer Anspruch auf Krankengeld wegen derselben Krankheit, wenn sie bei Eintritt der erneuten Arbeitsunfähigkeit mit Anspruch auf Krankengeld versichert sind und in der Zwischenzeit mindestens sechs Monate
1. nicht wegen dieser Krankheit arbeitsunfähig waren und
2. erwerbstätig waren oder der Arbeitsvermittlung zur Verfügung standen.
(3) ¹Bei der Feststellung der Leistungsdauer des Krankengeldes werden Zeiten, in denen der Anspruch auf Krankengeld ruht oder für die das Krankengeld versagt wird, wie Zeiten des Bezugs von Krankengeld berücksichtigt. ²Zeiten, für die kein Anspruch auf Krankengeld besteht, bleiben unberücksichtigt. ³Satz 2 gilt nicht für Zeiten des Bezuges von Verletztengeld nach dem Siebten Buch.

§ 49 Ruhen des Krankengeldes

(1) Der Anspruch auf Krankengeld ruht,
1. soweit und solange Versicherte beitragspflichtiges Arbeitsentgelt oder Arbeitseinkommen erhalten; dies gilt nicht für einmalig gezahltes Arbeitsentgelt,
2. solange Versicherte Elternzeit nach dem Bundeselterngeld- und Elternzeitgesetz in Anspruch nehmen; dies gilt nicht, wenn die Arbeitsunfähigkeit vor Beginn der Elternzeit eingetreten ist oder das Krankengeld aus dem Arbeitsentgelt zu berechnen ist, das aus einer versicherungspflichtigen Beschäftigung während der Elternzeit erzielt worden ist,
3. soweit und solange Versicherte Versorgungskrankengeld, Übergangsgeld, Unterhaltsgeld oder Kurzarbeitergeld beziehen,
3a. solange Versicherte Mutterschaftsgeld oder Arbeitslosengeld beziehen oder der Anspruch wegen einer Sperrzeit nach dem Dritten Buch ruht,
4. soweit und solange Versicherte Entgeltersatzleistungen, die ihrer Art nach den in Nummer 3 genannten Leistungen vergleichbar sind, von einem Träger der Sozialversicherung oder einer staatlichen Stelle im Ausland erhalten,
5. solange die Arbeitsunfähigkeit der Krankenkasse nicht gemeldet wird; dies gilt nicht, wenn die Meldung innerhalb einer Woche nach Beginn der Arbeitsunfähigkeit oder die Übermittlung der Arbeitsunfähigkeitsdaten im elektronischen Verfahren nach § 295 Absatz 1 Satz 10 erfolgt,
6. soweit und solange für Zeiten einer Freistellung von der Arbeitsleistung (§ 7 Abs. 1a des Vierten Buches) eine Arbeitsleistung nicht geschuldet wird,

50 SGB V §§ 50–51

7. während der ersten sechs Wochen der Arbeitsunfähigkeit für Versicherte, die eine Wahlerklärung nach § 44 Absatz 2 Satz 1 Nummer 3 abgegeben haben,
8. solange bis die weitere Arbeitsunfähigkeit wegen derselben Krankheit nach § 46 Satz 3 ärztlich festgestellt wurde.

(2) (weggefallen)
(3) Auf Grund gesetzlicher Bestimmungen gesenkte Entgelt- oder Entgeltersatzleistungen dürfen bei der Anwendung des Absatzes 1 nicht aufgestockt werden.

§ 50 Ausschluß und Kürzung des Krankengeldes

(1) ¹Für Versicherte, die
1. Rente wegen voller Erwerbsminderung oder Vollrente wegen Alters aus der gesetzlichen Rentenversicherung,
2. Ruhegehalt, das nach beamtenrechtlichen Vorschriften oder Grundsätzen gezahlt wird,
3. Vorruhestandsgeld nach § 5 Abs. 3,
4. Leistungen, die ihrer Art nach den in den Nummern 1 und 2 genannten Leistungen vergleichbar sind, wenn sie von einem Träger der gesetzlichen Rentenversicherung oder einer staatlichen Stelle im Ausland gezahlt werden,
5. Leistungen, die ihrer Art nach den in den Nummern 1 und 2 genannten Leistungen vergleichbar sind, wenn sie nach den ausschließlich für das in Artikel 3 des Einigungsvertrages genannte Gebiet geltenden Bestimmungen gezahlt werden,

beziehen, endet ein Anspruch auf Krankengeld vom Beginn dieser Leistungen an; nach Beginn dieser Leistungen entsteht ein neuer Krankengeldanspruch nicht. ²Ist über den Beginn der in Satz 1 genannten Leistungen hinaus Krankengeld gezahlt worden und übersteigt dieses den Betrag der Leistungen, kann die Krankenkasse den überschießenden Betrag vom Versicherten nicht zurückfordern. ³In den Fällen der Nummer 4 gilt das überzahlte Krankengeld bis zur Höhe der dort genannten Leistungen als Vorschuß des Trägers oder der Stelle; es ist zurückzuzahlen. ⁴Wird eine der in Satz 1 genannten Leistungen nicht mehr gezahlt, entsteht ein Anspruch auf Krankengeld, wenn das Mitglied bei Eintritt einer erneuten Arbeitsunfähigkeit mit Anspruch auf Krankengeld versichert ist.

(2) Das Krankengeld wird um den Zahlbetrag
1. der Altersrente, der Rente wegen Erwerbsminderung oder der Landabgaberente aus der Alterssicherung der Landwirte,
2. der Rente wegen teilweiser Erwerbsminderung oder der Teilrente wegen Alters aus der gesetzlichen Rentenversicherung,
3. der Knappschaftsausgleichsleistung oder der Rente für Bergleute oder
4. einer vergleichbaren Leistung, die von einem Träger oder einer staatlichen Stelle im Ausland gezahlt wird,
5. von Leistungen, die ihrer Art nach den in den Nummern 1 bis 3 genannten Leistungen vergleichbar sind, wenn sie nach den ausschließlich für das in dem in Artikel 3 des Einigungsvertrages genannten Gebiets geltenden Bestimmungen gezahlt werden,

gekürzt, wenn die Leistung von einem Zeitpunkt nach dem Beginn der Arbeitsunfähigkeit oder der stationären Behandlung an zuerkannt wird.

§ 51 Wegfall des Krankengeldes, Antrag auf Leistungen zur Teilhabe

(1) ¹Versicherten, deren Erwerbsfähigkeit nach ärztlichem Gutachten erheblich gefährdet oder gemindert ist, kann die Krankenkasse eine Frist von zehn Wochen setzen, innerhalb der sie einen Antrag auf Leistungen zur medizinischen Rehabilitation und zur Teilhabe am Arbeitsleben zu stellen haben. ²Haben diese Versicherten ihren Wohnsitz oder gewöhnlichen Aufenthalt im Ausland, kann ihnen die Krankenkasse eine Frist von zehn Wochen setzen, innerhalb der sie entweder einen Antrag auf Leistungen zur medizinischen Rehabilitation und zur Teilhabe am Arbeitsleben bei einem Leistungsträger mit Sitz im Inland oder einen Antrag auf Rente wegen voller Erwerbsminderung bei einem Träger der gesetzlichen Rentenversicherung mit Sitz im Inland zu stellen haben.

(1a) Beziehen Versicherte eine Teilrente wegen Alters aus der gesetzlichen Rentenversicherung und ist absehbar, dass die Hinzuverdienstgrenze nach § 34 Absatz 2 des Sechsten Buches nicht überschritten wird, so kann die Krankenkasse eine Frist von vier Wochen setzen, innerhalb derer die Versicherten einen Antrag nach § 34 Absatz 3e des Sechsten Buches zu stellen haben.

(2) Erfüllen Versicherte die Voraussetzungen für den Bezug der Regelaltersrente der gesetzlichen Rentenversicherung oder der Alterssicherung der Landwirte mit Erreichen der Regelaltersgrenze, kann ihnen die Krankenkasse eine Frist von zehn Wochen setzen, innerhalb der sie den Antrag auf diese Leistung zu stellen haben.

(3) ¹Stellen Versicherte innerhalb der Frist den Antrag nicht, entfällt der Anspruch auf Krankengeld mit Ablauf der Frist. ²Wird der Antrag später gestellt, lebt der Anspruch auf Krankengeld mit dem Tag der Antragstellung wieder auf. ³Ergibt sich im Falle des Absatzes 1a, dass die Hinzuverdienstgrenze nach Feststellung des Rentenversicherungsträgers überschritten wird, besteht abweichend von Satz 1 rückwirkend ein Anspruch auf Krankengeld ab Ablauf der Frist.

Dritter Titel
Leistungsbeschränkungen

§ 52 Leistungsbeschränkung bei Selbstverschulden

(1) Haben sich Versicherte eine Krankheit vorsätzlich oder bei einem von ihnen begangenen Verbrechen oder vorsätzlichen Vergehen zugezogen, kann die Krankenkasse sie an den Kosten der Leistungen in angemessener Höhe beteiligen und das Krankengeld ganz oder teilweise für die Dauer dieser Krankheit versagen und zurückfordern.

(2) Haben sich Versicherte eine Krankheit durch eine medizinisch nicht indizierte ästhetische Operation, eine Tätowierung oder ein Piercing zugezogen, hat die Krankenkasse die Versicherten in angemessener Höhe an den Kosten zu beteiligen und das Krankengeld für die Dauer dieser Behandlung ganz oder teilweise zu versagen oder zurückzufordern.

§ 52a Leistungsausschluss

[1]Auf Leistungen besteht kein Anspruch, wenn sich Personen in den Geltungsbereich dieses Gesetzbuchs begeben, um in einer Versicherung nach § 5 Abs. 1 Nr. 13 oder auf Grund dieser Versicherung in einer Versicherung nach § 10 missbräuchlich Leistungen in Anspruch zu nehmen. [2]Das Nähere zur Durchführung regelt die Krankenkasse in ihrer Satzung.

Sechster Abschnitt
Selbstbehalt, Beitragsrückzahlung

§ 53 Wahltarife

(1) [1]Die Krankenkasse kann in ihrer Satzung vorsehen, dass Mitglieder jeweils für ein Kalenderjahr einen Teil der von der Krankenkasse zu tragenden Kosten übernehmen können (Selbstbehalt). [2]Die Krankenkasse hat für diese Mitglieder Prämienzahlungen vorzusehen.

(2) [1]Die Krankenkasse kann in ihrer Satzung für Mitglieder, die im Kalenderjahr länger als drei Monate versichert waren, eine Prämienzahlung vorsehen, wenn sie und ihre nach § 10 mitversicherten Angehörigen in diesem Kalenderjahr Leistungen zu Lasten der Krankenkasse nicht in Anspruch genommen haben. [2]Die Prämienzahlung darf ein Zwölftel der jeweils im Kalenderjahr gezahlten Beiträge nicht überschreiten und wird innerhalb eines Jahres nach Ablauf des Kalenderjahres an das Mitglied gezahlt. [3]Die im dritten und vierten Abschnitt genannten Leistungen mit Ausnahme der Leistungen nach § 23 Abs. 2 und den §§ 24 bis 24b sowie Leistungen für Versicherte, die das 18. Lebensjahr noch nicht vollendet haben, bleiben unberücksichtigt.

(3) [1]Die Krankenkasse hat in ihrer Satzung zu regeln, dass für Versicherte, die an besonderen Versorgungsformen nach § 63, § 73b, § 137f oder § 140a teilnehmen, Tarife angeboten werden. [2]Für diese Versicherten kann die Krankenkasse eine Prämienzahlung oder Zuzahlungsermäßigungen vorsehen. [3]Für Versicherte, die an einer hausarztzentrierten Versorgung nach § 73b teilnehmen, hat die Krankenkasse Prämienzahlungen oder Zuzahlungsermäßigungen vorzusehen, wenn die zu erwartenden Einsparungen und Effizienzsteigerungen die zu erwartenden Aufwendungen für den Wahltarif übersteigen. [4]Die Aufwendungen für Zuzahlungsermäßigungen und Prämienzahlungen müssen in diesem Fall mindestens die Hälfte des Differenzbetrags betragen, um den die Einsparungen und Effizienzsteigerungen die sonstigen Aufwendungen für den Wahltarif übersteigen. [5]Die Berechnung der zu erwartenden Einsparungen, Effizienzsteigerungen und Aufwendungen nach Satz 3 hat die jeweilige Krankenkasse ihrer Aufsichtsbehörde vorzulegen. [6]Werden keine Effizienzsteigerungen erwartet, die die Aufwendungen übersteigen, ist dies gesondert zu begründen.

(4) [1]Die Krankenkasse kann in ihrer Satzung vorsehen, dass Mitglieder für sich und ihre nach § 10 mitversicherten Angehörigen Tarife für Kostenerstattung wählen. [2]Sie kann die Höhe der Kostenerstattung variieren und hierfür spezielle Prämienzahlungen durch die Versicherten vorsehen. [3]§ 13 Abs. 2 Satz 2 und 3 gilt nicht.

(5) (weggefallen)

(6) [1]Die Krankenkasse hat in ihrer Satzung für die in § 44 Absatz 2 Nummer 2 und 3 genannten Versicherten gemeinsame Tarife sowie Tarife für die nach dem Künstlersozialversicherungsgesetz Versicherten anzubieten, die einen Anspruch auf Krankengeld entsprechend § 46 Satz 1 oder zu einem späteren Zeitpunkt entstehen lassen, für die Versicherten nach dem Künstlersozialversicherungsgesetz jedoch spätestens mit Beginn der dritten Woche der Arbeitsunfähigkeit. [2]Von § 47 kann abgewichen werden. [3]Die Krankenkasse hat entsprechend der Leistungserweiterung Prämienzahlungen des Mitglieds vorzusehen. [4]Die Höhe der Prämienzahlung ist unabhängig von Alter, Geschlecht oder Krankheitsrisiko des Mitglieds festzulegen. [5]Die Krankenkasse kann durch Satzungsregelung die Durchführung von Wahltarifen nach Satz 1 auf eine andere Krankenkasse oder einen Landesverband übertragen. [6]In diesen Fällen erfolgt die Prämienzahlung weiterhin an die übertragende Krankenkasse. [7]Die Rechenschaftslegung erfolgt durch die durchführende Krankenkasse oder den durchführenden Landesverband.

(7) Die Krankenkasse kann in ihrer Satzung für bestimmte Mitgliedergruppen, für die sie den Umfang der Leistungen nach Vorschriften dieses Buches beschränkt, der Leistungsbeschränkung entsprechende Prämienzahlung vorsehen.

(8) ¹Die Mindestbindungsfrist beträgt für die Wahltarife nach den Absätzen 2 und 4 ein Jahr und für die Wahltarife nach den Absätzen 1 und 6 drei Jahre; für die Wahltarife nach Absatz 3 gilt keine Mindestbindungsfrist. ²Die Mitgliedschaft kann frühestens zum Ablauf der Mindestbindungsfrist nach Satz 1, aber nicht vor Ablauf der Mindestbindungsfrist nach § 175 Absatz 4 Satz 1 gekündigt werden; § 175 Absatz 4 Satz 6 gilt mit Ausnahme für Mitglieder in Wahltarifen nach Absatz 6. ³Die Satzung hat für Tarife ein Sonderkündigungsrecht in besonderen Härtefällen vorzusehen. ⁴Die Prämienzahlung an Versicherte darf bis zu 20 vom Hundert, für einen oder mehrere Tarife 30 vom Hundert der vom Mitglied im Kalenderjahr getragenen Beiträge mit Ausnahme der Beitragszuschüsse nach § 106 des Sechsten Buches sowie § 257 Abs. 1 Satz 1, jedoch nicht mehr als 600 Euro, bei einem oder mehreren Tarifen 900 Euro jährlich betragen. ⁵Satz 4 gilt nicht für Versicherte, die Teilkostenerstattung nach § 14 gewählt haben. ⁶Mitglieder, deren Beiträge vollständig von Dritten getragen werden, können nur Tarife nach Absatz 3 wählen.

(9) ¹Die Aufwendungen für jeden Wahltarif müssen jeweils aus Einnahmen, Einsparungen und Effizienzsteigerungen aus diesen Wahltarifen auf Dauer finanziert werden. ²Kalkulatorische Einnahmen, die allein durch das Halten oder die Neugewinnung von Mitgliedern erzielt werden, dürfen dabei nicht berücksichtigt werden; wurden solche Einnahmen bei der Kalkulation von Wahltarifen berücksichtigt, ist die Kalkulation unverzüglich, spätestens bis zum 31. Dezember 2013 entsprechend umzustellen. ³Die Krankenkassen haben über die Berechnung nach den Sätzen 1 und 2 der zuständigen Aufsichtsbehörde regelmäßig, mindestens alle drei Jahre, Rechenschaft abzulegen. ⁴Sie haben hierzu ein versicherungsmathematisches Gutachten vorzulegen über die wesentlichen versicherungsmathematischen Annahmen, die der Berechnung der Beiträge und der versicherungstechnischen Rückstellungen der Wahltarife zugrunde liegen.

§ 54 (weggefallen)

Siebter Abschnitt
Zahnersatz

§ 55 Leistungsanspruch

(1) ¹Versicherte haben nach den Vorgaben in den Sätzen 2 bis 7 Anspruch auf befundbezogene Festzuschüsse bei einer medizinisch notwendigen Versorgung mit Zahnersatz einschließlich Zahnkronen und Suprakonstruktionen (zahnärztliche und zahntechnische Leistungen) in den Fällen, in denen eine zahnprothetische Versorgung notwendig ist und die geplante Versorgung einer Methode entspricht, die gemäß § 135 Abs. 1 anerkannt ist. ²Die Festzuschüsse umfassen 60 Prozent der nach § 57 Absatz 1 Satz 3 und Absatz 2 Satz 5 und 6 festgesetzten Beträge für die jeweilige Regelversorgung. ³Für eigene Bemühungen zur Gesunderhaltung der Zähne erhöhen sich die Festzuschüsse nach Satz 2 auf 70 Prozent. ⁴Die Erhöhung entfällt, wenn der Gebisszustand des Versicherten regelmäßige Zahnpflege nicht erkennen lässt und der Versicherte während der letzten fünf Jahre vor Beginn der Behandlung
1. die Untersuchungen nach § 22 Abs. 1 nicht in jedem Kalenderhalbjahr in Anspruch genommen hat und
2. sich nach Vollendung des 18. Lebensjahres nicht wenigstens einmal in jedem Kalenderjahr hat zahnärztlich untersuchen lassen.

⁵Die Festzuschüsse nach Satz 2 erhöhen sich auf 75 Prozent, wenn der Versicherte seine Zähne regelmäßig gepflegt und in den letzten zehn Kalenderjahren vor Beginn der Behandlung die Untersuchungen nach Satz 4 Nr. 1 und 2 ohne Unterbrechung in Anspruch genommen hat. ⁶Abweichend von den Sätzen 4 und 5 entfällt die Erhöhung der Festzuschüsse nicht aufgrund einer Nichtinanspruchnahme der Untersuchungen nach Satz 4 im Kalenderjahr 2020. ⁷In begründeten Ausnahmefällen können die Krankenkassen abweichend von Satz 5 und unabhängig von Satz 6 die Festzuschüsse nach Satz 2 auf 75 Prozent erhöhen, wenn der Versicherte seine Zähne regelmäßig gepflegt und in den letzten zehn Jahren vor Beginn der Behandlungen die Untersuchungen nach Satz 4 Nummer 1 und 2 nur mit einer einmaligen Unterbrechung in Anspruch genommen hat. ⁸Dies gilt nicht in den Fällen des Absatzes 2. ⁹Bei allen vor dem 20. Juli 2021 bewilligten Festzuschüssen, die sich durch die Anwendung des Satzes 6 rückwirkend erhöhen, ist die Krankenkasse gegenüber dem Versicherten zur Erstattung des Betrages verpflichtet, um den sich der Festzuschuss nach Satz 6 erhöht; dies gilt auch in den Fällen, in denen die von der Krankenkasse genehmigte Versorgung mit zahnärztlichen und zahntechnischen Leistungen zwar begonnen, aber noch nicht beendet worden ist. ¹⁰Das Nähere zur Erstattung regeln die Bundesmantelvertragspartner.

(2) ¹Versicherte haben bei der Versorgung mit Zahnersatz zusätzlich zu den Festzuschüssen nach Absatz 1 Satz 2 Anspruch auf einen Betrag in Höhe von 40 Prozent der nach § 57 Absatz 1 Satz 3 und Absatz 2 Satz 5 und 6 festgesetzten Beträge für die jeweilige Regelversorgung, angepasst an die Höhe der für die Regelversorgungsleistungen tatsächlich anfallenden Kosten, höchstens jedoch in Höhe der tatsächlich entstandenen Kosten, wenn sie

ansonsten unzumutbar belastet würden; wählen Versicherte, die unzumutbar belastet würden, nach Absatz 4 oder 5 einen über die Regelversorgung hinausgehenden gleich- oder andersartigen Zahnersatz, leisten die Krankenkassen nur den Festzuschuss nach Absatz 1 Satz 2 und den Betrag in Höhe von 40 Prozent der nach § 57 Absatz 1 Satz 6 und Absatz 2 Satz 5 und 6 festgesetzten Beträge für die jeweilige Regelversorgung. ²Eine unzumutbare Belastung liegt vor, wenn

1. die monatlichen Bruttoeinnahmen zum Lebensunterhalt des Versicherten 40 vom Hundert der monatlichen Bezugsgröße nach § 18 des Vierten Buches nicht überschreiten,
2. der Versicherte Hilfe zum Lebensunterhalt nach dem Zwölften Buch oder im Rahmen der Kriegsopferfürsorge nach dem Bundesversorgungsgesetz, Leistungen nach dem Recht der bedarfsorientierten Grundsicherung, Leistungen zur Sicherung des Lebensunterhalts nach dem Zweiten Buch, Ausbildungsförderung nach dem Bundesausbildungsförderungsgesetz oder dem Dritten Buch erhält oder
3. die Kosten der Unterbringung in einem Heim oder einer ähnlichen Einrichtung von einem Träger der Sozialhilfe oder der Kriegsopferfürsorge getragen werden.

³Als Einnahmen zum Lebensunterhalt der Versicherten gelten auch die Einnahmen anderer in dem gemeinsamen Haushalt lebender Angehöriger und Angehöriger des Lebenspartners. ⁴Zu den Einnahmen zum Lebensunterhalt gehören nicht Grundrenten, die Beschädigte nach dem Bundesversorgungsgesetz oder nach anderen Gesetzen in entsprechender Anwendung des Bundesversorgungsgesetzes erhalten, sowie Renten oder Beihilfen, die nach dem Bundesentschädigungsgesetz für Schäden an Körper und Gesundheit gezahlt werden, bis zur Höhe der vergleichbaren Grundrente nach dem Bundesversorgungsgesetz. ⁵Der in Satz 2 Nr. 1 genannte Vomhundertsatz erhöht sich für den ersten in dem gemeinsamen Haushalt lebenden Angehörigen des Versicherten um 15 vom Hundert und für jeden weiteren in dem gemeinsamen Haushalt lebenden Angehörigen des Versicherten und des Lebenspartners um 10 vom Hundert der monatlichen Bezugsgröße nach § 18 des Vierten Buches.

(3) ¹Versicherte haben bei der Versorgung mit Zahnersatz zusätzlich zu den Festzuschüssen nach Absatz 1 Satz 2 Anspruch auf einen weiteren Betrag. ²Die Krankenkasse erstattet den Versicherten den Betrag, um den die Festzuschüsse nach Absatz 1 Satz 2 das Dreifache der Differenz zwischen den monatlichen Bruttoeinnahmen zum Lebensunterhalt und der zur Gewährung eines Gesamtbetrages aus dem Festzuschuss nach Absatz 1 Satz 2 und des zusätzlichen Betrages nach Absatz 2 Satz 1, maßgebenden Einnahmegrenze übersteigen. ³Die Beteiligung an den Kosten umfasst höchstens einen Betrag in Höhe eines Gesamtbetrages bestehend aus dem Festzuschuss nach Absatz 1 Satz 2 und des zusätzlichen Betrages nach Absatz 2 Satz 1 jedoch nicht mehr als die tatsächlich entstandenen Kosten.

(4) Wählen Versicherte einen über die Regelversorgung gemäß § 56 Abs. 2 hinausgehenden gleichartigen Zahnersatz, haben sie die Mehrkosten gegenüber den in § 56 Abs. 2 Satz 10 aufgelisteten Leistungen selbst zu tragen.

(5) Die Krankenkassen haben die bewilligten Festzuschüsse nach Absatz 1 Satz 2 bis 7, den Absätzen 2 und 3 in den Fällen zu erstatten, in denen eine von der Regelversorgung nach § 56 Abs. 2 abweichende, andersartige Versorgung durchgeführt wird.

§ 56 Festsetzung der Regelversorgungen

(1) Der Gemeinsame Bundesausschuss bestimmt in Richtlinien, erstmalig bis zum 30. Juni 2004, die Befunde, für die Festzuschüsse nach § 55 gewährt werden und ordnet diesen prothetische Regelversorgungen zu.

(2) ¹Die Bestimmung der Befunde erfolgt auf der Grundlage einer international anerkannten Klassifikation des Lückengebisses. ²Dem jeweiligen Befund wird eine zahnprothetische Regelversorgung zugeordnet. ³Diese hat sich an zahnmedizinisch notwendigen zahnärztlichen und zahntechnischen Leistungen zu orientieren, die zu einer ausreichenden, zweckmäßigen und wirtschaftlichen Versorgung mit Zahnersatz einschließlich Zahnkronen und Suprakonstruktionen bei einem Befund im Sinne von Satz 1 nach dem allgemein anerkannten Stand der zahnmedizinischen Erkenntnisse gehören. ⁴Bei der Zuordnung der Regelversorgung zum Befund sind insbesondere die Funktionsdauer, die Stabilität und die Gegenbezahnung zu berücksichtigen. ⁵Zumindest bei kleinen Lücken ist festsitzender Zahnersatz zu Grunde zu legen. ⁶Bei großen Brücken ist die Regelversorgung auf den Ersatz von bis zu vier fehlenden Zähnen je Kiefer und bis zu drei fehlenden Zähnen je Seitenzahngebiet begrenzt. ⁷Bei Kombinationsversorgungen ist die Regelversorgung auf zwei Verbindungselemente je Kiefer, bei Versicherten mit einem Restzahnbestand von höchstens drei Zähnen je Kiefer auf drei Verbindungselemente je Kiefer begrenzt. ⁸Regelversorgungen umfassen im Oberkiefer Verblendungen bis einschließlich Zahn fünf, im Unterkiefer bis einschließlich Zahn vier. ⁹In die Festlegung der Regelversorgung einzubeziehen sind die Befunderhebung, die Planung, die Vorbereitung des Restgebisses, die Beseitigung von groben Okklusionshindernissen und alle Maßnahmen zur Herstellung und Eingliederung des Zahnersatzes einschließlich der Nachbehandlung sowie die Unterweisung im Gebrauch des Zahnersatzes. ¹⁰Bei der Festlegung der Regelversorgung für zahnärztliche Leistungen und für zahntechnische Leistungen sind jeweils die einzelnen Leistungen nach § 87 Abs. 2 und § 88 Abs. 1 getrennt aufzulisten. ¹¹Inhalt und Umfang der Regelversorgungen sind in geeigneten Zeitabständen zu überprüfen und an

die zahnmedizinische Entwicklung anzupassen. ¹²Der Gemeinsame Bundesausschuss kann von den Vorgaben der Sätze 5 bis 8 abweichen und die Leistungsbeschreibung fortentwickeln.

(3) Vor der Entscheidung des Gemeinsamen Bundesausschusses nach Absatz 2 ist dem Verband Deutscher Zahntechniker-Innungen Gelegenheit zur Stellungnahme zu geben; die Stellungnahme ist in die Entscheidung über die Regelversorgung hinsichtlich der zahntechnischen Leistungen einzubeziehen.

(4) Der Gemeinsame Bundesausschuss hat jeweils bis zum 30. November eines Kalenderjahres die Befunde, die zugeordneten Regelversorgungen einschließlich der nach Absatz 2 Satz 10 aufgelisteten zahnärztlichen und zahntechnischen Leistungen sowie die Höhe der auf die Regelversorgung entfallenden Beträge nach § 57 Absatz 1 Satz 3 und Absatz 2 Satz 5 und 6 in den Abstaffelungen nach § 55 Abs. 1 Satz 2, 3 und 5 sowie Abs. 2 im Bundesanzeiger bekannt zu machen.

(5) ¹§ 94 Abs. 1 Satz 2 gilt mit der Maßgabe, dass die Beanstandungsfrist einen Monat beträgt. ²Erlässt das Bundesministerium für Gesundheit die Richtlinie nach § 94 Abs. 1 Satz 5, gilt § 87 Abs. 6 Satz 4 zweiter Halbsatz und Satz 6 entsprechend.

§ 57 Beziehungen zu Zahnärzten und Zahntechnikern

(1) ¹Der Spitzenverband Bund der Krankenkassen und die Kassenzahnärztliche Bundesvereinigung vereinbaren jeweils bis zum 30. September eines Kalenderjahres für das Folgejahr die Höhe der Vergütungen für die zahnärztlichen Leistungen bei den Regelversorgungen nach § 56 Abs. 2 Satz 2. ²Es gelten § 71 Abs. 1 bis 3 sowie § 85 Abs. 3. ³Die Beträge nach Satz 1 ergeben sich jeweils aus der Summe der Punktzahlen der nach § 56 Abs. 2 Satz 10 aufgelisteten zahnärztlichen Leistungen, multipliziert mit den jeweils vereinbarten Punktwerten. ⁴Die Vertragspartner nach Satz 1 informieren den Gemeinsamen Bundesausschuss über die Beträge nach Satz 3. ⁵Kommt eine Vereinbarung nach Satz 1 nicht zustande oder kündigt eine Vereinbarungspartei die Vereinbarung und kommt bis zum Ablauf der Vereinbarungszeit keine neue Vereinbarung zustande, setzt das Schiedsamt nach § 89 den Vertragsinhalt fest.

(2) ¹Der Spitzenverband Bund der Krankenkassen und der Verband Deutscher Zahntechniker-Innungen vereinbaren jeweils zum 30. September eines Kalenderjahres die Veränderung der erstmalig für das Jahr 2005 ermittelten bundeseinheitlichen durchschnittlichen Preise. ²§ 71 Absatz 1 bis 3 gilt. ³Die Landesverbände der Krankenkassen und die Ersatzkassen gemeinsam und einheitlich vereinbaren mit den Innungsverbänden der Zahntechniker-Innungen die Höchstpreise für die zahntechnischen Leistungen bei den Regelversorgungen nach § 56 Absatz 2 Satz 2; sie dürfen die für das jeweilige Kalenderjahr nach Satz 1 festgesetzten bundeseinheitlichen Preise um bis zu 5 Prozent unter- oder überschreiten. ⁴Für die Vereinbarungen nach Satz 3 gilt § 71 nicht. ⁵Die für die Festlegung der Festzuschüsse nach § 55 Absatz 1 Satz 2 maßgeblichen Beträge für die zahntechnischen Leistungen bei den Regelversorgungen, die nicht von Zahnärzten erbracht werden, ergeben sich als Summe der bundeseinheitlichen Preise nach Satz 1 für die nach § 56 Absatz 2 Satz 10 aufgelisteten zahntechnischen Leistungen. ⁶Die Höchstpreise nach Satz 3 und die Beträge nach Satz 5 vermindern sich um 5 Prozent für zahntechnische Leistungen, die von Zahnärzten erbracht werden. ⁷Die Vertragspartner nach Satz 1 informieren den Gemeinsamen Bundesausschuss über die Beträge für die zahntechnischen Leistungen bei Regelversorgungen. ⁸Kommt eine Vereinbarung nach Satz 1 nicht zustande oder kündigt eine Vereinbarungspartei die Vereinbarung und kommt bis zum Ablauf der Vereinbarungszeit keine neue Vereinbarung zustande, setzt das Schiedsamt nach § 89 den Vertragsinhalt fest. ⁹Die Festsetzungsfristen nach § 89 Absatz 3, 4 und 9 für die Festsetzungen nach Satz 1 betragen einen Monat.

§§ 58 und 59 (weggefallen)

Achter Abschnitt
Fahrkosten

§ 60 Fahrkosten

(1) ¹Die Krankenkasse übernimmt nach den Absätzen 2 und 3 die Kosten für Fahrten einschließlich der Transporte nach § 133 (Fahrkosten), wenn sie im Zusammenhang mit einer Leistung der Krankenkasse aus zwingenden medizinischen Gründen notwendig sind. ²Welches Fahrzeug benutzt werden kann, richtet sich nach der medizinischen Notwendigkeit im Einzelfall. ³Die Krankenkasse übernimmt Fahrkosten zu einer ambulanten Behandlung unter Abzug des sich nach § 61 Satz 1 ergebenden Betrages in besonderen Ausnahmefällen, die der Gemeinsame Bundesausschuss in den Richtlinien nach § 92 Abs. 1 Satz 2 Nr. 12 festgelegt hat. ⁴Die Übernahme von Fahrkosten nach Satz 3 und nach Absatz 2 Satz 1 Nummer 3 für Fahrten zur ambulanten Behandlung erfolgt nur nach vorheriger Genehmigung durch die Krankenkasse. ⁵Für Krankenfahrten zur ambulanten Behandlung gilt die Genehmigung nach Satz 4 als erteilt, wenn eine der folgenden Voraussetzungen vorliegt:
1. ein Schwerbehindertenausweis mit dem Merkzeichen „aG", „Bl" oder „H",
2. eine Einstufung gemäß § 15 des Elften Buches in den Pflegegrad 3, 4 oder 5, bei Einstufung in den Pflegegrad 3 zusätzlich eine dauerhafte Beeinträchtigung der Mobilität, oder

3. bis zum 31. Dezember 2016 eine Einstufung in die Pflegestufe 2 gemäß § 15 des Elften Buches in der am 31. Dezember 2016 geltenden Fassung und seit dem 1. Januar 2017 mindestens eine Einstufung in den Pflegegrad 3.

(2) ¹Die Krankenkasse übernimmt die Fahrkosten in Höhe des sich nach § 61 Satz 1 ergebenden Betrages je Fahrt übersteigenden Betrages
1. bei Leistungen, die stationär erbracht werden; dies gilt bei einer Verlegung in ein anderes Krankenhaus nur, wenn die Verlegung aus zwingenden medizinischen Gründen erforderlich ist, oder bei einer mit Einwilligung der Krankenkasse erfolgten Verlegung in ein wohnortnahes Krankenhaus,
2. bei Rettungsfahrten zum Krankenhaus auch dann, wenn eine stationäre Behandlung nicht erforderlich ist,
3. bei anderen Fahrten von Versicherten, die während der Fahrt einer fachlichen Betreuung oder der besonderen Einrichtungen eines Krankenkraftwagens bedürfen oder bei denen dies auf Grund ihres Zustandes zu erwarten ist (Krankentransport),
4. bei Fahrten von Versicherten zu einer ambulanten Krankenbehandlung sowie zu einer Behandlung nach § 115a oder § 115b, wenn dadurch eine an sich gebotene vollstationäre oder teilstationäre Krankenhausbehandlung (§ 39) vermieden oder verkürzt wird oder diese nicht ausführbar ist, wie bei einer stationären Krankenhausbehandlung.

²Soweit Fahrten nach Satz 1 von Rettungsdiensten durchgeführt werden, zieht die Krankenkasse die Zuzahlung in Höhe des sich nach § 61 Satz 1 ergebenden Betrages je Fahrt von dem Versicherten ein.

(3) Als Fahrkosten werden anerkannt
1. bei Benutzung eines öffentlichen Verkehrsmittels der Fahrpreis unter Ausschöpfen von Fahrpreisermäßigungen,
2. bei Benutzung eines Taxis oder Mietwagens, wenn ein öffentliches Verkehrsmittel nicht benutzt werden kann, der nach § 133 berechnungsfähige Betrag,
3. bei Benutzung eines Krankenkraftwagens oder Rettungsfahrzeugs, wenn ein öffentliches Verkehrsmittel, ein Taxi oder ein Mietwagen nicht benutzt werden kann, der nach § 133 berechnungsfähige Betrag,
4. bei Benutzung eines privaten Kraftfahrzeugs für jeden gefahrenen Kilometer den jeweils auf Grund des Bundesreisekostengesetzes festgesetzten Höchstbetrag für Wegstreckenentschädigung, höchstens jedoch die Kosten, die bei Inanspruchnahme des nach Nummer 1 bis 3 erforderlichen Transportmittels entstanden wären.

(4) ¹Die Kosten des Rücktransports in das Inland werden nicht übernommen. ²§ 18 bleibt unberührt.

(5) ¹Im Zusammenhang mit Leistungen zur medizinischen Rehabilitation werden Reisekosten nach § 73 Absatz 1 und 3 des Neunten Buches übernommen. ²Zu den Reisekosten nach Satz 1 gehören bei pflegenden Angehörigen auch die Reisekosten, die im Zusammenhang mit der Versorgung Pflegebedürftiger nach § 40 Absatz 3 Satz 2 und 3 entstehen. ³Die Reisekosten von Pflegebedürftigen, die gemäß § 40 Absatz 3 Satz 3 während einer stationären Rehabilitation ihres pflegenden Angehörigen eine Kurzzeitpflege nach § 42 des Elften Buches erhalten, hat die Pflegekasse des Pflegebedürftigen der Krankenkasse des pflegenden Angehörigen zu erstatten.

Neunter Abschnitt
Zuzahlungen, Belastungsgrenze

§ 61 Zuzahlungen

¹Zuzahlungen, die Versicherte zu leisten haben, betragen 10 vom Hundert des Abgabepreises, mindestens jedoch 5 Euro und höchstens 10 Euro; allerdings jeweils nicht mehr als die Kosten des Mittels. ²Als Zuzahlungen zu stationären Maßnahmen und zur außerklinischen Intensivpflege in vollstationären Pflegeeinrichtungen, in Einrichtungen oder Räumlichkeiten im Sinne des § 43a des Elften Buches in Verbindung mit § 71 Absatz 4 des Elften Buches sowie in Wohneinheiten nach § 132l Absatz 5 Nummer 1 werden je Kalendertag 10 Euro erhoben. ³Bei Heilmitteln, häuslicher Krankenpflege und außerklinischer Intensivpflege an den in § 37c Absatz 2 Satz 1 Nummer 4 genannten Orten beträgt die Zuzahlung 10 vom Hundert der Kosten sowie 10 Euro je Verordnung. ⁴Geleistete Zuzahlungen sind von dem zum Einzug Verpflichteten gegenüber dem Versicherten zu quittieren; ein Vergütungsanspruch hierfür besteht nicht.

§ 62 Belastungsgrenze

(1) ¹Versicherte haben während jedes Kalenderjahres nur Zuzahlungen bis zur Belastungsgrenze zu leisten; wird die Belastungsgrenze bereits innerhalb eines Kalenderjahres erreicht, hat die Krankenkasse eine Bescheinigung darüber zu erteilen, dass für den Rest des Kalenderjahres keine Zuzahlungen mehr zu leisten sind. ²Die Belastungsgrenze beträgt 2 vom Hundert der jährlichen Bruttoeinnahmen zum Lebensunterhalt; für chronisch Kranke, die wegen derselben schwerwiegenden Krankheit in Dauerbehandlung sind, beträgt sie 1 vom Hundert der jährlichen Bruttoeinnahmen zum Lebensunterhalt. ³Abweichend von Satz 2 beträgt die Belastungsgrenze 2 vom Hundert der jährlichen

Bruttoeinnahmen zum Lebensunterhalt für nach dem 1. April 1972 geborene chronisch kranke Versicherte, die ab dem 1. Januar 2008 die in § 25 Absatz 1 genannten Gesundheitsuntersuchungen vor der Erkrankung nicht regelmäßig in Anspruch genommen haben. ⁴Für Versicherte nach Satz 3, die an einem für ihre Erkrankung bestehenden strukturierten Behandlungsprogramm teilnehmen, beträgt die Belastungsgrenze 1 vom Hundert der jährlichen Bruttoeinnahmen zum Lebensunterhalt. ⁵Der Gemeinsame Bundesausschuss legt in seinen Richtlinien fest, in welchen Fällen Gesundheitsuntersuchungen ausnahmsweise nicht zwingend durchgeführt werden müssen. ⁶Die weitere Dauer der in Satz 2 genannten Behandlung ist der Krankenkasse jeweils spätestens nach Ablauf eines Kalenderjahres nachzuweisen und vom Medizinischen Dienst, soweit erforderlich, zu prüfen; die Krankenkasse kann auf den jährlichen Nachweis verzichten, wenn bereits die notwendigen Feststellungen getroffen worden sind und im Einzelfall keine Anhaltspunkte für einen Wegfall der chronischen Erkrankung vorliegen. ⁷Die Krankenkassen sind verpflichtet, ihre Versicherten zu Beginn eines Kalenderjahres auf die für sie in diesem Kalenderjahr maßgeblichen Untersuchungen nach § 25 Abs. 1 hinzuweisen. ⁸Das Nähere zur Definition einer schwerwiegenden chronischen Erkrankung bestimmt der Gemeinsame Bundesausschuss in den Richtlinien nach § 92.

(2) ¹Bei der Ermittlung der Belastungsgrenzen nach Absatz 1 werden die Zuzahlungen und die Bruttoeinnahmen zum Lebensunterhalt des Versicherten, seines Ehegatten oder Lebenspartners, der minderjährigen oder nach § 10 versicherten Kinder des Versicherten, seines Ehegatten oder Lebenspartners sowie der Angehörigen im Sinne des § 8 Absatz 4 des Zweiten Gesetzes über die Krankenversicherung der Landwirte jeweils zusammengerechnet, soweit sie im gemeinsamen Haushalt leben. ²Hierbei sind die jährlichen Bruttoeinnahmen für den ersten in dem gemeinsamen Haushalt lebenden Angehörigen des Versicherten um 15 vom Hundert und für jeden weiteren in dem gemeinsamen Haushalt lebenden Angehörigen des Versicherten und des Lebenspartners um 10 vom Hundert der jährlichen Bezugsgröße nach § 18 des Vierten Buches zu vermindern. ³Für jedes Kind des Versicherten und des Lebenspartners sind die jährlichen Bruttoeinnahmen um den sich aus den Freibeträgen nach § 32 Abs. 6 Satz 1 und 2 des Einkommensteuergesetzes ergebenden Betrag zu vermindern; die nach Satz 2 bei der Ermittlung der Belastungsgrenze vorgesehene Berücksichtigung entfällt. ⁴Zu den Einnahmen zum Lebensunterhalt gehören nicht Grundrenten, die Beschädigte nach dem Bundesversorgungsgesetz oder nach anderen Gesetzen in entsprechender Anwendung des Bundesversorgungsgesetzes erhalten, sowie Renten oder Beihilfen, die nach dem Bundesentschädigungsgesetz für Schäden an Körper und Gesundheit gezahlt werden, bis zur Höhe der vergleichbaren Grundrente nach dem Bundesversorgungsgesetz. ⁵Abweichend von den Sätzen 1 bis 3 ist bei Versicherten,

1. die Hilfe zum Lebensunterhalt oder Grundsicherung im Alter und bei Erwerbsminderung nach dem Zwölften Buch oder die ergänzende Hilfe zum Lebensunterhalt nach dem Bundesversorgungsgesetz oder nach einem Gesetz, das dieses für anwendbar erklärt, erhalten,
2. bei denen die Kosten der Unterbringung in einem Heim oder einer ähnlichen Einrichtung von einem Träger der Sozialhilfe oder der Kriegsopferfürsorge getragen werden

sowie für den in § 264 genannten Personenkreis als Bruttoeinnahmen zum Lebensunterhalt für die gesamte Bedarfsgemeinschaft nur der Regelsatz für die Regelbedarfsstufe 1 nach der Anlage zu § 28 des Zwölften Buches maßgeblich. ⁶Bei Versicherten, die Leistungen zur Sicherung des Lebensunterhalts nach dem Zweiten Buch erhalten, ist abweichend von den Sätzen 1 bis 3 als Bruttoeinnahmen zum Lebensunterhalt für die gesamte Bedarfsgemeinschaft nur der Regelbedarf nach § 20 Absatz 2 Satz 1 des Zweiten Buches maßgeblich. ⁷Bei Ehegatten und Lebenspartnern ist ein gemeinsamer Haushalt im Sinne des Satzes 1 auch dann anzunehmen, wenn ein Ehegatte oder Lebenspartner dauerhaft in eine vollstationäre Einrichtung aufgenommen wurde, in der Leistungen gemäß § 43 oder § 43a des Elften Buches erbracht werden.

(3) ¹Die Krankenkasse stellt dem Versicherten eine Bescheinigung über die Befreiung nach Absatz 1 aus. ²Diese darf keine Angaben über das Einkommen des Versicherten oder anderer zu berücksichtigender Personen enthalten.

Viertes Kapitel
Beziehungen der Krankenkassen zu den Leistungserbringern

Zweiter Abschnitt
Beziehungen zu Ärzten, Zahnärzten und Psychotherapeuten

Sechster Titel
Landesausschüsse und Gemeinsamer Bundesausschuss

§ 92 Richtlinien des Gemeinsamen Bundesausschusses

(1) ¹Der Gemeinsame Bundesausschuss beschließt die zur Sicherung der ärztlichen Versorgung erforderlichen Richtlinien über die Gewähr für eine ausreichende, zweckmäßige und wirtschaftliche Versorgung der Versicherten; dabei ist den besonderen Erfordernissen der Versorgung von Kindern und Jugendlichen sowie behinderter oder von Behinderung bedrohter Menschen und psychisch Kranker Rechnung zu tragen, vor allem bei den Leistungen zur Belastungserprobung und Arbeitstherapie; er kann dabei die Erbringung und Verordnung von Leistungen oder

Maßnahmen einschränken oder ausschließen, wenn nach allgemein anerkanntem Stand der medizinischen Erkenntnisse der diagnostische oder therapeutische Nutzen, die medizinische Notwendigkeit oder die Wirtschaftlichkeit nicht nachgewiesen sind; er kann die Verordnung von Arzneimitteln einschränken oder ausschließen, wenn die Unzweckmäßigkeit erwiesen oder eine andere, wirtschaftlichere Behandlungsmöglichkeit mit vergleichbarem diagnostischen oder therapeutischen Nutzen verfügbar ist. ²Er soll insbesondere Richtlinien beschließen über die

1. ärztliche Behandlung,
2. zahnärztliche Behandlung einschließlich der Versorgung mit Zahnersatz sowie kieferorthopädische Behandlung,
3. Maßnahmen zur Früherkennung von Krankheiten und zur Qualitätssicherung der Früherkennungsuntersuchungen sowie zur Durchführung organisierter Krebsfrüherkennungsprogramme nach § 25a einschließlich der systematischen Erfassung, Überwachung und Verbesserung der Qualität dieser Programme,
4. ärztliche Betreuung bei Schwangerschaft und Mutterschaft,
5. Einführung neuer Untersuchungs- und Behandlungsmethoden,
6. Verordnung von Arznei-, Verband-, Heil- und Hilfsmitteln, Krankenhausbehandlung, häuslicher Krankenpflege, Soziotherapie und außerklinischer Intensivpflege sowie zur Anwendung von Arzneimitteln für neuartige Therapien im Sinne von § 4 Absatz 9 des Arzneimittelgesetzes,
7. Beurteilung der Arbeitsunfähigkeit einschließlich der Arbeitsunfähigkeit nach § 44a Satz 1 sowie der nach § 5 Abs. 1 Nr. 2a versicherten erwerbsfähigen Hilfebedürftigen im Sinne des Zweiten Buches,
8. Verordnung von im Einzelfall gebotenen Leistungen zur medizinischen Rehabilitation und die Beratung über Leistungen zur medizinischen Rehabilitation, Leistungen zur Teilhabe am Arbeitsleben und ergänzende Leistungen zur Rehabilitation,
9. Bedarfsplanung,
10. medizinische Maßnahmen zur Herbeiführung einer Schwangerschaft nach § 27a Abs. 1 sowie die Kryokonservierung nach § 27a Absatz 4,
11. Maßnahmen nach den §§ 24a und 24b,
12. Verordnung von Krankentransporten,
13. Qualitätssicherung,
14. spezialisierte ambulante Palliativversorgung,
15. Schutzimpfungen.

(1a) ¹Die Richtlinien nach Absatz 1 Satz 2 Nr. 2 sind auf eine ursachengerechte, zahnsubstanzschonende und präventionsorientierte zahnärztliche Behandlung einschließlich der Versorgung mit Zahnersatz sowie kieferorthopädischer Behandlung auszurichten. ²Der Gemeinsame Bundesausschuss hat die Richtlinien auf der Grundlage auch von externem, umfassendem zahnmedizinisch-wissenschaftlichem Sachverstand zu beschließen. ³Das Bundesministerium für Gesundheit kann dem Gemeinsamen Bundesausschuss vorgeben, einen Beschluss zu einzelnen dem Bundesausschuss durch Gesetz zugewiesenen Aufgaben zu fassen oder zu überprüfen und hierzu eine angemessene Frist setzen. ⁴Bei Nichteinhaltung der Frist fasst eine aus den Mitgliedern des Bundesausschusses zu bildende Schiedsstelle innerhalb von 30 Tagen den erforderlichen Beschluss. ⁵Die Schiedsstelle besteht aus dem unparteiischen Vorsitzenden, den zwei weiteren unparteiischen Mitgliedern des Bundesausschusses und je einem von der Kassenzahnärztlichen Bundesvereinigung und dem Spitzenverband Bund der Krankenkassen bestimmten Vertreter. ⁶Vor der Entscheidung des Bundesausschusses über die Richtlinien nach Absatz 1 Satz 2 Nr. 2 ist den für die Wahrnehmung der Interessen von Zahntechnikern maßgeblichen Spitzenorganisationen auf Bundesebene Gelegenheit zur Stellungnahme zu geben; die Stellungnahmen sind in die Entscheidung einzubeziehen.

(1b) Vor der Entscheidung des Gemeinsamen Bundesausschusses über die Richtlinien nach Absatz 1 Satz 2 Nr. 4 ist den in § 134a Absatz 1 genannten Organisationen der Leistungserbringer auf Bundesebene Gelegenheit zur Stellungnahme zu geben; die Stellungnahmen sind in die Entscheidung einzubeziehen.

(2) ¹Die Richtlinien nach Absatz 1 Satz 2 Nr. 6 haben Arznei- und Heilmittel unter Berücksichtigung der Bewertungen nach den §§ 35a und 35b so zusammenzustellen, daß dem Arzt die wirtschaftliche und zweckmäßige Auswahl der Arzneimitteltherapie ermöglicht wird. ²Die Zusammenstellung der Arzneimittel ist nach Indikationsgebieten und Stoffgruppen zu gliedern. ³Um dem Arzt eine therapie- und preisgerechte Auswahl der Arzneimittel zu ermöglichen, sind zu den einzelnen Indikationsgebieten Hinweise aufzunehmen, aus denen sich für Arzneimittel mit pharmakologisch vergleichbaren Wirkstoffen oder therapeutisch vergleichbarer Wirkung eine Bewertung des therapeutischen Nutzens auch im Verhältnis zu den Therapiekosten und damit zur Wirtschaftlichkeit der Verordnung ergibt; § 73 Abs. 8 Satz 3 bis 6 gilt entsprechend. ⁴Um dem Arzt eine therapie- und preisgerechte Auswahl der Arzneimittel zu ermöglichen, können ferner für die einzelnen Indikationsgebiete die Arzneimittel in folgenden Gruppen zusammengefaßt werden:

1. Mittel, die allgemein zur Behandlung geeignet sind,
2. Mittel, die nur bei einem Teil der Patienten oder in besonderen Fällen zur Behandlung geeignet sind,

3. Mittel, bei deren Verordnung wegen bekannter Risiken oder zweifelhafter therapeutischer Zweckmäßigkeit besondere Aufmerksamkeit geboten ist.

⁵Absatz 3a gilt entsprechend. ⁶In den Therapiehinweisen nach den Sätzen 1 und 7 können Anforderungen an die qualitätsgesicherte Anwendung von Arzneimitteln festgestellt werden, insbesondere bezogen auf die Qualifikation des Arztes oder auf die zu behandelnden Patientengruppen. ⁷In den Richtlinien nach Absatz 1 Satz 2 Nr. 6 können auch Therapiehinweise zu Arzneimitteln außerhalb von Zusammenstellungen gegeben werden; die Sätze 3 und 4 sowie Absatz 1 Satz 1 dritter Halbsatz gelten entsprechend. ⁸Die Therapiehinweise nach den Sätzen 1 und 7 können Empfehlungen zu den Anteilen einzelner Wirkstoffe an den Verordnungen im Indikationsgebiet vorsehen. ⁹Der Gemeinsame Bundesausschuss regelt die Grundsätze für die Therapiehinweise nach den Sätzen 1 und 7 in seiner Verfahrensordnung. ¹⁰Verordnungseinschränkungen oder Verordnungsausschlüsse nach Absatz 1 für Arzneimittel beschließt der Gemeinsame Bundesausschuss gesondert in Richtlinien außerhalb von Therapiehinweisen. ¹¹Der Gemeinsame Bundesausschuss kann die Verordnung eines Arzneimittels nur einschränken oder ausschließen, wenn die Wirtschaftlichkeit nicht durch einen Festbetrag nach § 35 hergestellt werden kann. ¹²Verordnungseinschränkungen oder -ausschlüsse eines Arzneimittels wegen Unzweckmäßigkeit nach Absatz 1 Satz 1 dürfen den Feststellungen der Zulassungsbehörde über Qualität, Wirksamkeit und Unbedenklichkeit eines Arzneimittels nicht widersprechen.

(2a) ¹Der Gemeinsame Bundesausschuss kann im Einzelfall mit Wirkung für die Zukunft vom pharmazeutischen Unternehmer im Benehmen mit der Arzneimittelkommission der deutschen Ärzteschaft und dem Bundesinstitut für Arzneimittel und Medizinprodukte oder dem Paul-Ehrlich-Institut innerhalb einer angemessenen Frist ergänzende versorgungsrelevante Studien zur Bewertung der Zweckmäßigkeit eines Arzneimittels fordern. ²Absatz 3a gilt für die Forderung nach Satz 1 entsprechend. ³Das Nähere zu den Voraussetzungen, zu der Forderung ergänzender Studien, zu Fristen sowie zu den Anforderungen an die Studien regelt der Gemeinsame Bundesausschuss in seiner Verfahrensordnung. ⁴Werden die Studien nach Satz 1 nicht oder nicht rechtzeitig vorgelegt, kann der Gemeinsame Bundesausschuss das Arzneimittel abweichend von Absatz 1 Satz 1 von der Verordnungsfähigkeit ausschließen. ⁵Eine gesonderte Klage gegen die Forderung ergänzender Studien ist ausgeschlossen.

(3) ¹Für Klagen gegen die Zusammenstellung der Arzneimittel nach Absatz 2 gelten die Vorschriften über die Anfechtungsklage entsprechend. ²Die Klagen haben keine aufschiebende Wirkung. ³Ein Vorverfahren findet nicht statt. ⁴Eine gesonderte Klage gegen die Gliederung nach Indikationsgebieten oder Stoffgruppen nach Absatz 2 Satz 2, die Zusammenfassung der Arzneimittel in Gruppen nach Absatz 2 Satz 4 oder gegen sonstige Bestandteile der Zusammenstellung nach Absatz 2 ist unzulässig.

(3a) ¹Vor der Entscheidung über die Richtlinien nach Absatz 1 Satz 2 Nummer 6 zur Verordnung von Arzneimitteln und zur Anwendung von Arzneimitteln für neuartige Therapien im Sinne von § 4 Absatz 9 des Arzneimittelgesetzes und Therapiehinweisen nach Absatz 2 Satz 7 ist den Sachverständigen der medizinischen und pharmazeutischen Wissenschaft und Praxis sowie den für die Wahrnehmung der wirtschaftlichen Interessen gebildeten maßgeblichen Spitzenorganisationen der pharmazeutischen Unternehmer, den betroffenen pharmazeutischen Unternehmern, den Berufsvertretungen der Apotheker und den maßgeblichen Dachverbänden der Ärztegesellschaften der besonderen Therapierichtungen auf Bundesebene Gelegenheit zur Stellungnahme zu geben. ²Die Stellungnahmen sind in die Entscheidung einzubeziehen. ³Der Gemeinsame Bundesausschuss hat unter Wahrung der Betriebs- und Geschäftsgeheimnisse Gutachten oder Empfehlungen von Sachverständigen, die er bei Richtlinien nach Absatz 1 Satz 2 Nummer 6 zur Verordnung von Arzneimitteln und zur Anwendung von Arzneimitteln für neuartige Therapien im Sinne von § 4 Absatz 9 des Arzneimittelgesetzes sowie bei Therapiehinweisen nach Absatz 2 Satz 7 zu Grunde legt, bei Einleitung des Stellungnahmeverfahrens zu benennen und zu veröffentlichen sowie in den tragenden Gründen der Beschlüsse zu benennen.

(4) In den Richtlinien nach Absatz 1 Satz 2 Nr. 3 sind insbesondere zu regeln
1. die Anwendung wirtschaftlicher Verfahren und die Voraussetzungen, unter denen mehrere Maßnahmen zur Früherkennung zusammenzufassen sind,
2. das Nähere über die Bescheinigungen und Aufzeichnungen bei Durchführung der Maßnahmen zur Früherkennung von Krankheiten,
3. Einzelheiten zum Verfahren und zur Durchführung von Auswertungen der Aufzeichnungen sowie der Evaluation der Maßnahmen zur Früherkennung von Krankheiten einschließlich der organisierten Krebsfrüherkennungsprogramme nach § 25a.

(4a) ¹Der Gemeinsame Bundesausschuss beschließt bis zum 31. Dezember 2021 in den Richtlinien nach Absatz 1 Satz 2 Nummer 7 Regelungen zur Feststellung der Arbeitsunfähigkeit im Rahmen der ausschließlichen Fernbehandlung in geeigneten Fällen. ²Bei der Festlegung der Regelungen nach Satz 1 ist zu beachten, dass im Falle der erstmaligen Feststellung der Arbeitsunfähigkeit im Rahmen der ausschließlichen Fernbehandlung diese nicht über einen Zeitraum von bis zu drei Kalendertagen hinausgehen und ihr keine Feststellung des Fortbestehens der Arbeitsunfähigkeit folgen soll. ³Der Gemeinsame Bundesausschuss hat dem Ausschuss für Gesundheit des Deutschen Bundestages zwei Jahre nach dem Inkrafttreten der Regelungen nach Satz 1 über das Bundesministerium für Ge-

sundheit einen Bericht über deren Umsetzung vorzulegen. ⁴Bei der Erstellung des Berichtes ist den Spitzenorganisationen der Arbeitgeber und der Arbeitnehmer Gelegenheit zur Stellungnahme zu geben.
(5) ¹Vor der Entscheidung des Gemeinsamen Bundesausschusses über die Richtlinien nach Absatz 1 Satz 2 Nr. 8 ist den in § 111b Satz 1 genannten Organisationen der Leistungserbringer, den Rehabilitationsträgern (§ 6 Abs. 1 Nr. 2 bis 7 des Neunten Buches) sowie der Bundesarbeitsgemeinschaft für Rehabilitation Gelegenheit zur Stellungnahme zu geben; die Stellungnahmen sind in die Entscheidung einzubeziehen. ²In den Richtlinien ist zu regeln, bei welchen Behinderungen, unter welchen Voraussetzungen und nach welchen Verfahren die Vertragsärzte die Krankenkassen über die Behinderung von Versicherten zu unterrichten haben.
(6) ¹In den Richtlinien nach Absatz 1 Satz 2 Nr. 6 ist insbesondere zu regeln
1. der Katalog verordnungsfähiger Heilmittel,
2. die Zuordnung der Heilmittel zu Indikationen,
3. die indikationsbezogenen orientierenden Behandlungsmengen und die Zahl der Behandlungseinheiten je Verordnung,
4. Inhalt und Umfang der Zusammenarbeit des verordnenden Vertragsarztes mit dem jeweiligen Heilmittelerbringer,
5. auf welche Angaben bei Verordnungen nach § 73 Absatz 11 Satz 1 verzichtet werden kann sowie
6. die Dauer der Gültigkeit einer Verordnung nach § 73 Absatz 11 Satz 1.
²Vor der Entscheidung des Gemeinsamen Bundesausschusses über die Richtlinien zur Verordnung von Heilmitteln nach Absatz 1 Satz 2 Nr. 6 ist in § 125 Abs. 1 Satz 1 genannten Organisationen der Leistungserbringer Gelegenheit zur Stellungnahme zu geben; die Stellungnahmen sind in die Entscheidung einzubeziehen.
(6a) ¹In den Richtlinien nach Absatz 1 Satz 2 Nr. 1 ist insbesondere das Nähere über die psychotherapeutisch behandlungsbedürftigen Krankheiten, die zur Krankenbehandlung geeigneten Verfahren, das Antrags- und Gutachterverfahren, die probatorischen Sitzungen sowie über Art, Umfang und Durchführung der Behandlung zu regeln; der Gemeinsame Bundesausschuss kann dabei Regelungen treffen, die leitliniengerecht den Behandlungsbedarf konkretisieren. ²Sofern sich nach einer Krankenhausbehandlung eine ambulante psychotherapeutische Behandlung anschließen soll, können erforderliche probatorische Sitzungen frühzeitig, bereits während der Krankenhausbehandlung sowohl in det vertragsärztlichen Praxis als auch in den Räumen des Krankenhauses durchgeführt werden; das Nähere regelt der Gemeinsame Bundesausschuss in den Richtlinien nach Satz 1 und nach Absatz 6b. ³Die Richtlinien nach Satz 1 haben darüber hinaus Regelungen zu treffen über die inhaltlichen Anforderungen an den Konsiliarbericht und an die fachlichen Anforderungen des den Konsiliarbericht (§ 28 Abs. 3) abgebenden Vertragsarztes. ⁴Der Gemeinsame Bundesausschuss beschließt in den Richtlinien nach Satz 1 Regelungen zur Flexibilisierung des Therapieangebotes, insbesondere zur Einrichtung von psychotherapeutischen Sprechstunden, zur Förderung der frühzeitigen diagnostischen Abklärung und der Akutversorgung, zur Förderung von Gruppentherapien und der Rezidivprophylaxe sowie zur Vereinfachung des Antrags- und Gutachterverfahrens. ⁵Der Gemeinsame Bundesausschuss beschließt bis spätestens zum 31. Dezember 2020 in einer Ergänzung der Richtlinien nach Satz 1 Regelungen zur weiteren Förderung der Gruppentherapie und der weiteren Vereinfachung des Gutachterverfahrens; für Gruppentherapien findet ab dem 23. November 2019 kein Gutachterverfahren mehr statt. ⁶Der Gemeinsame Bundesausschuss hat sämtliche Regelungen zum Antragsund Gutachterverfahren aufzuheben, sobald er ein Verfahren zur Qualitätssicherung nach § 136a Absatz 2a eingeführt hat.
(6b) ¹Der Gemeinsame Bundesausschuss beschließt bis spätestens zum 31. Dezember 2020 in einer Richtlinie nach Absatz 1 Satz 2 Nummer 1 Regelungen für eine berufsgruppenübergreifende, koordinierte und strukturierte Versorgung, insbesondere für schwer psychisch kranke Versicherte mit einem komplexen psychiatrischen oder psychotherapeutischen Behandlungsbedarf. ²Der Gemeinsame Bundesausschuss kann dabei Regelungen treffen, die diagnoseorientiert und leitliniengerecht den Behandlungsbedarf konkretisieren. ³In der Richtlinie sind auch Regelungen zur Erleichterung des Übergangs von der stationären in die ambulante Versorgung zu treffen.
(7) ¹In den Richtlinien nach Absatz 1 Satz 2 Nr. 6 ist insbesondere zu regeln
1. die Verordnung der häuslichen Krankenpflege und deren ärztliche Zielsetzung,
2. Inhalt und Umfang der Zusammenarbeit des verordnenden Vertragsarztes mit dem jeweiligen Leistungserbringer und dem Krankenhaus,
3. die Voraussetzungen für die Verordnung häuslicher Krankenpflege und für die Mitgabe von Arzneimitteln im Krankenhaus im Anschluss an einen Krankenhausaufenthalt,
4. Näheres zur Verordnung häuslicher Krankenpflege zur Dekolonisation von Trägern mit dem Methicillin-resistenten Staphylococcus aureus (MRSA),
5. Näheres zur Verordnung häuslicher Krankenpflege zur ambulanten Palliativversorgung.
²Vor der Entscheidung des Gemeinsamen Bundesausschusses über die Richtlinien zur Verordnung von häuslicher Krankenpflege nach Absatz 1 Satz 2 Nr. 6 ist den in § 132a Abs. 1 Satz 1 genannten Leistungserbringern und zu den Regelungen gemäß Satz 1 Nummer 5 zusätzlich den maßgeblichen Spitzenorganisationen der Hospizarbeit und der

Palliativversorgung auf Bundesebene Gelegenheit zur Stellungnahme zu geben; die Stellungnahmen sind in die Entscheidung einzubeziehen.

(7a) Vor der Entscheidung des Gemeinsamen Bundesausschusses über die Richtlinien zur Verordnung von Hilfsmitteln nach Absatz 1 Satz 2 Nr. 6 ist den in § 127 Absatz 9 Satz 1 genannten Organisationen der Leistungserbringer und den Spitzenorganisationen der betroffenen Hilfsmittelhersteller auf Bundesebene Gelegenheit zur Stellungnahme zu geben; die Stellungnahmen sind in die Entscheidung einzubeziehen.

(7b) [1]Vor der Entscheidung über die Richtlinien zur Verordnung von spezialisierter ambulanter Palliativversorgung nach Absatz 1 Satz 2 Nr. 14 ist den maßgeblichen Organisationen der Hospizarbeit und der Palliativversorgung sowie den in § 132a Abs. 1 Satz 1 genannten Organisationen Gelegenheit zur Stellungnahme zu geben. [2]Die Stellungnahmen sind in die Entscheidung einzubeziehen.

(7c) Vor der Entscheidung über die Richtlinien zur Verordnung von Soziotherapie nach Absatz 1 Satz 2 Nr. 6 ist den maßgeblichen Organisationen der Leistungserbringer der Soziotherapieversorgung Gelegenheit zur Stellungnahme zu geben; die Stellungnahmen sind in die Entscheidung einzubeziehen.

(7d) [1]Vor der Entscheidung über die Richtlinien nach den §§ 135, 137c und § 137e ist den jeweils einschlägigen wissenschaftlichen Fachgesellschaften Gelegenheit zur Stellungnahme zu geben; bei Methoden, deren technische Anwendung maßgeblich auf dem Einsatz eines Medizinprodukts beruht, ist auch den für die Wahrnehmung der wirtschaftlichen Interessen gebildeten maßgeblichen Spitzenorganisationen der Medizinprodukteherstellern Gelegenheit zur Stellungnahme zu geben. [2]Bei Methoden, bei denen radioaktive Stoffe oder ionisierende Strahlung am Menschen angewandt werden, ist auch der Strahlenschutzkommission Gelegenheit zur Stellungnahme zu geben. [3]Die Stellungnahmen sind in die Entscheidung einzubeziehen.

(7e) [1]Bei den Richtlinien nach Absatz 1 Satz 2 Nummer 9 erhalten die Länder ein Antrags- und Mitberatungsrecht. [2]Es wird durch zwei Vertreter der Länder ausgeübt, die von der Gesundheitsministerkonferenz der Länder benannt werden. [3]Die Mitberatung umfasst auch das Recht, Beratungsgegenstände auf die Tagesordnung setzen zu lassen und das Recht zur Anwesenheit bei der Beschlussfassung. [4]Der Gemeinsame Bundesausschuss hat über Anträge der Länder in der nächsten Sitzung des jeweiligen Gremiums zu beraten. [5]Wenn über einen Antrag nicht entschieden werden kann, soll in der Sitzung das Verfahren hinsichtlich der weiteren Beratung und Entscheidung festgelegt werden. [6]Entscheidungen über die Einrichtung einer Arbeitsgruppe und die Bestellung von Sachverständigen durch den zuständigen Unterausschuss sind nur im Einvernehmen mit den beiden Vertretern der Länder zu treffen. [7]Dabei haben diese ihr Votum einheitlich abzugeben.

(7f) [1]Bei den Richtlinien nach Absatz 1 Satz 2 Nummer 13 und den Beschlüssen nach den §§ 136b und 136c erhalten die Länder ein Antrags- und Mitberatungsrecht; Absatz 7e Satz 2 bis 7 gilt entsprechend. [2]Vor der Entscheidung über die Richtlinien nach § 136 Absatz 1 in Verbindung mit § 136a Absatz 1 Satz 1 bis 3 ist dem Robert Koch-Institut Gelegenheit zur Stellungnahme zu geben. [3]Das Robert Koch-Institut hat die Stellungnahme mit den wissenschaftlichen Kommissionen am Robert Koch-Institut nach § 23 des Infektionsschutzgesetzes abzustimmen. [4]Die Stellungnahme ist in die Entscheidung einzubeziehen.

(7g) Vor der Entscheidung über die Richtlinien zur Verordnung außerklinischer Intensivpflege nach Absatz 1 Satz 2 Nummer 6 ist den in § 132l Absatz 1 Satz 1 genannten Organisationen der Leistungserbringer sowie den für die Wahrnehmung der Interessen der betroffenen Versicherten maßgeblichen Spitzenorganisationen auf Bundesebene Gelegenheit zur Stellungnahme zu geben; die Stellungnahmen sind in die Entscheidung einzubeziehen.

(8) Die Richtlinien des Gemeinsamen Bundesausschusses sind Bestandteil der Bundesmantelverträge.

Sechstes Kapitel
Organisation der Krankenkassen

Zweiter Abschnitt
Wahlrechte der Mitglieder

§ 173 Allgemeine Wahlrechte

(1) Versicherungspflichtige (§ 5) und Versicherungsberechtigte (§ 9) sind Mitglied der von ihnen gewählten Krankenkasse, soweit in den nachfolgenden Vorschriften, im Zweiten Gesetz über die Krankenversicherung der Landwirte oder im Künstlersozialversicherungsgesetz nichts Abweichendes bestimmt ist.

(2) Versicherungspflichtige und Versicherungsberechtigte können wählen
1. die Ortskrankenkasse des Beschäftigungs- oder Wohnorts,
2. jede Ersatzkasse,
3. die Betriebskrankenkasse, wenn sie in dem Betrieb beschäftigt sind, für den die Betriebskrankenkasse besteht,
4. jede Betriebs- oder Innungskrankenkasse des Beschäftigungs- oder Wohnorts, deren Satzung eine Regelung nach § 144 Absatz 2 Satz 1 oder § 145 Absatz 2 enthält,
4a. die Deutsche Rentenversicherung Knappschaft-Bahn-See,

5. die Krankenkasse, bei der vor Beginn der Versicherungspflicht oder Versicherungsberechtigung zuletzt eine Mitgliedschaft oder eine Versicherung nach § 10 bestanden hat,
6. die Krankenkasse, bei der der Ehegatte oder der Lebenspartner versichert ist.

(2a) § 2 Abs. 1 der Verordnung über den weiteren Ausbau der knappschaftlichen Versicherung in der im Bundesgesetzblatt Teil III, Gliederungsnummer 822-4, veröffentlichten bereinigten Fassung, die zuletzt durch Artikel 22 Nr. 1 des Gesetzes vom 22. Dezember 1983 (BGBl. I S. 1532) geändert worden ist, gilt nicht für Personen, die nach dem 31. März 2007 Versicherte der Deutschen Rentenversicherung Knappschaft-Bahn-See werden.

(3) Studenten können zusätzlich die Ortskrankenkasse an dem Ort wählen, in dem die Hochschule ihren Sitz hat.

(4) Nach § 5 Abs. 1 Nr. 5 bis 8 versicherungspflichtige Jugendliche, Teilnehmer an Leistungen zur Teilhabe am Arbeitsleben, behinderte Menschen und nach § 5 Abs. 1 Nr. 11 und 12 oder nach § 9 versicherte Rentner sowie nach § 9 Abs. 1 Nr. 4 versicherte behinderte Menschen können zusätzlich die Krankenkasse wählen, bei der ein Elternteil versichert ist.

(5) Versicherte Rentner können zusätzlich die Betriebs- oder Innungskrankenkasse wählen, wenn sie in dem Betrieb beschäftigt gewesen sind, für den die Betriebs- oder Innungskrankenkasse besteht.

(6) Für nach § 10 Versicherte gilt die Wahlentscheidung des Mitglieds.

(7) War an einer Vereinigung nach § 155 eine Betriebskrankenkasse ohne Satzungsregelung nach § 144 Absatz 2 Satz 1 beteiligt und handelt es sich bei der aus der Vereinigung hervorgegangenen Krankenkasse um eine Innungskrankenkasse, ist die neue Krankenkasse auch für die Versicherungspflichtigen und Versicherungsberechtigten wählbar, die ein Wahlrecht zu einer Betriebskrankenkasse gehabt hätten, wenn deren Satzung vor der Vereinigung eine Regelung nach § 144 Absatz 2 Satz 1 enthalten hätte.

Dritter Abschnitt
Mitgliedschaft und Verfassung

Erster Titel
Mitgliedschaft

§ 186 Beginn der Mitgliedschaft Versicherungspflichtiger

(1) Die Mitgliedschaft versicherungspflichtig Beschäftigter beginnt mit dem Tag des Eintritts in das Beschäftigungsverhältnis.

(2) [1]Die Mitgliedschaft unständig Beschäftigter (§ 179 Abs. 2) beginnt mit dem Tag der Aufnahme der unständigen Beschäftigung, für die die zuständige Krankenkasse erstmalig Versicherungspflicht festgestellt hat, wenn die Feststellung innerhalb eines Monats nach Aufnahme der Beschäftigung erfolgt, andernfalls mit dem Tag der Feststellung. [2]Die Mitgliedschaft besteht auch an den Tagen fort, an denen der unständig Beschäftigte vorübergehend, längstens für drei Wochen nicht beschäftigt wird.

(2a) Die Mitgliedschaft der Bezieher von Arbeitslosengeld II nach dem Zweiten Buch und Arbeitslosengeld oder Unterhaltsgeld nach dem Dritten Buch beginnt mit dem Tag, von dem an die Leistung bezogen wird.

(3) [1]Die Mitgliedschaft der nach dem Künstlersozialversicherungsgesetz Versicherten beginnt mit dem Tage, an dem die Versicherungspflicht auf Grund der Feststellung der Künstlersozialkasse beginnt. [2]Ist die Versicherungspflicht nach dem Künstlersozialversicherungsgesetz durch eine unständige Beschäftigung (§ 179 Abs. 2) unterbrochen worden, beginnt die Mitgliedschaft mit dem Tage nach dem Ende der unständigen Beschäftigung. [3]Kann nach § 9 des Künstlersozialversicherungsgesetzes ein Versicherungsvertrag gekündigt werden, beginnt die Mitgliedschaft mit dem auf die Kündigung folgenden Monat, spätestens zwei Monate nach der Feststellung der Versicherungspflicht.

(4) Die Mitgliedschaft von Personen, die in Einrichtungen der Jugendhilfe für eine Erwerbstätigkeit befähigt werden, beginnt mit dem Beginn der Maßnahme.

(5) Die Mitgliedschaft versicherungspflichtiger Teilnehmer an Leistungen zur Teilhabe am Arbeitsleben beginnt mit dem Beginn der Maßnahme.

(6) Die Mitgliedschaft versicherungspflichtiger behinderter Menschen beginnt mit dem Beginn der Tätigkeit in den anerkannten Werkstätten für behinderte Menschen, Anstalten, Heimen oder gleichartigen Einrichtungen.

(7) [1]Die Mitgliedschaft versicherungspflichtiger Studenten beginnt mit dem Semester, frühestens mit dem Tag der Einschreibung oder Rückmeldung an der Hochschule. [2]Bei Hochschulen, in denen das Studienjahr in Trimester eingeteilt ist, tritt an die Stelle des Semesters das Trimester. [3]Für Hochschulen, die keine Semestereinteilung haben, gelten als Semester im Sinne des Satzes 1 die Zeiten vom 1. April bis 30. September und vom 1. Oktober bis 31. März.

(8) [1]Die Mitgliedschaft versicherungspflichtiger Praktikanten beginnt mit dem Tag der Aufnahme der berufspraktischen Tätigkeit. [2]Die Mitgliedschaft von zu ihrer Berufsausbildung ohne Arbeitsentgelt Beschäftigten beginnt mit dem Tag des Eintritts in die Beschäftigung.

(9) Die Mitgliedschaft versicherungspflichtiger Rentner beginnt mit dem Tag der Stellung des Rentenantrags. (10) Wird die Mitgliedschaft Versicherungspflichtiger zu einer Krankenkasse gekündigt (§ 175), beginnt die Mitgliedschaft bei der neugewählten Krankenkasse abweichend von den Absätzen 1 bis 9 mit dem Tag nach Eintritt der Rechtswirksamkeit der Kündigung.
(11) ¹Die Mitgliedschaft der nach § 5 Abs. 1 Nr. 13 Versicherungspflichtigen beginnt mit dem ersten Tag ohne anderweitigen Anspruch auf Absicherung im Krankheitsfall im Inland. ²Die Mitgliedschaft von Ausländern, die nicht Angehörige eines Mitgliedstaates der Europäischen Union, eines Vertragsstaates des Abkommens über den Europäischen Wirtschaftsraum oder Staatsangehörige der Schweiz sind, beginnt mit dem ersten Tag der Geltung der Niederlassungserlaubnis oder der Aufenthaltserlaubnis. ³Für Personen, die am 1. April 2007 keinen anderweitigen Anspruch auf Absicherung im Krankheitsfall haben, beginnt die Mitgliedschaft an diesem Tag.

§ 187 Beginn der Mitgliedschaft bei einer neu errichteten Krankenkasse

Die Mitgliedschaft bei einer neu errichteten Krankenkasse beginnt für Versicherungspflichtige, für die diese Krankenkasse zuständig ist, mit dem Zeitpunkt, an dem die Errichtung der Krankenkasse wirksam wird.

§ 188 Beginn der freiwilligen Mitgliedschaft

(1) Die Mitgliedschaft Versicherungsberechtigter beginnt mit dem Tag ihres Beitritts zur Krankenkasse.
(2) ¹Die Mitgliedschaft der in § 9 Abs. 1 Nr. 1 und 2 genannten Versicherungsberechtigten beginnt mit dem Tag nach dem Ausscheiden aus der Versicherungspflicht oder mit dem Tag nach dem Ende der Versicherung nach § 10. ²Die Mitgliedschaft der in § 9 Absatz 1 Satz 1 Nummer 3 und 5 genannten Versicherungsberechtigten beginnt mit dem Tag der Aufnahme der Beschäftigung. ³Die Mitgliedschaft der in § 9 Absatz 1 Satz 1 Nummer 8 genannten Versicherungsberechtigten beginnt mit dem Tag nach dem Ausscheiden aus dem Dienst.
(3) ¹Der Beitritt ist in Textform zu erklären. ²Die Krankenkassen haben sicherzustellen, dass die Mitgliedschaftsberechtigten vor Abgabe ihrer Erklärung in geeigneter Weise in Textform über die Rechtsfolgen ihrer Beitrittserklärung informiert werden.
(4) ¹Für Personen, deren Versicherungspflicht oder Familienversicherung endet, setzt sich die Versicherung mit dem Tag nach dem Ausscheiden aus der Versicherungspflicht oder mit dem Tag nach dem Ende der Familienversicherung als freiwillige Mitgliedschaft fort, es sei denn, das Mitglied erklärt innerhalb von zwei Wochen nach Hinweis der Krankenkasse über die Austrittsmöglichkeiten seinen Austritt. ²Der Austritt wird nur wirksam, wenn das Mitglied das Bestehen eines anderweitigen Anspruchs auf Absicherung im Krankheitsfall nachweist. ³Satz 1 gilt nicht für Personen, deren Versicherungspflicht endet, wenn die übrigen Voraussetzungen für eine Familienversicherung erfüllt sind oder ein Anspruch auf Leistungen nach § 19 Absatz 2 besteht, sofern im Anschluss daran das Bestehen eines anderweitigen Anspruchs auf Absicherung im Krankheitsfall nachgewiesen wird. ⁴Satz 1 gilt nicht, wenn die Krankenkasse trotz Ausschöpfung der ihr zur Verfügung stehenden Ermittlungsmöglichkeiten weder den Wohnsitz noch den gewöhnlichen Aufenthalt des Mitglieds im Geltungsbereich des Sozialgesetzbuches ermitteln konnte. ⁵Bei Saisonarbeitnehmern, deren Versicherungspflicht mit der Beendigung der Saisonarbeitnehmertätigkeit endet, setzt sich die Versicherung nur dann nach Satz 1 fort, wenn diese Personen innerhalb von drei Monaten nach dem Ende der Versicherungspflicht ihren Beitritt zur freiwilligen Versicherung gegenüber ihrer bisherigen Krankenkasse erklären und ihren Wohnsitz oder gewöhnlichen Aufenthalt in der Bundesrepublik Deutschland nachweisen. ⁶Ein Saisonarbeitnehmer nach Satz 5 ist ein Arbeitnehmer, der vorübergehend für eine versicherungspflichtige auf bis zu acht Monate befristete Beschäftigung in die Bundesrepublik Deutschland gekommen ist, um mit seiner Tätigkeit einen jahreszeitlich bedingten jährlich wiederkehrenden erhöhten Arbeitskräftebedarf des Arbeitgebers abzudecken. ⁷Der Arbeitgeber hat den Saisonarbeitnehmer nach Satz 5 im Meldeverfahren nach § 28a des Vierten Buches gesondert zu kennzeichnen. ⁸Die Krankenkasse hat den Saisonarbeitnehmer nach Satz 5, nachdem der Arbeitgeber der Krankenkasse den Beginn der Beschäftigungsaufnahme gemeldet hat, unverzüglich auf das Beitrittsrecht und seine Nachweispflicht nach Satz 5 hinzuweisen.
(5) ¹Der Spitzenverband Bund der Krankenkassen regelt das Nähere zu den Ermittlungspflichten der Krankenkassen nach Absatz 4 Satz 4 und § 191 Nummer 4. ²Die Regelungen nach Satz 1 bedürfen zu ihrer Wirksamkeit der Zustimmung des Bundesministeriums für Gesundheit.

§ 189 Mitgliedschaft von Rentenantragstellern

(1) ¹Als Mitglieder gelten Personen, die eine Rente der gesetzlichen Rentenversicherung beantragt haben und die Voraussetzungen nach § 5 Absatz 1 Nummer 11 bis 12 und Absatz 2, jedoch nicht die Voraussetzungen für den Bezug der Rente erfüllen. ²Satz 1 gilt nicht für Personen, die nach anderen Vorschriften versicherungspflichtig oder nach § 6 Abs. 1 versicherungsfrei sind.
(2) ¹Die Mitgliedschaft beginnt mit dem Tag der Stellung des Rentenantrags. ²Sie endet mit dem Tod oder mit dem Tag, an dem der Antrag zurückgenommen oder die Ablehnung des Antrags unanfechtbar wird.

§ 190 Ende der Mitgliedschaft Versicherungspflichtiger

(1) Die Mitgliedschaft Versicherungspflichtiger endet mit dem Tod des Mitglieds.
(2) Die Mitgliedschaft versicherungspflichtig Beschäftigter endet mit Ablauf des Tages, an dem das Beschäftigungsverhältnis gegen Arbeitsentgelt endet.
(3) (weggefallen)
(4) Die Mitgliedschaft unständig Beschäftigter endet, wenn das Mitglied die berufsmäßige Ausübung der unständigen Beschäftigung nicht nur vorübergehend aufgibt, spätestens mit Ablauf von drei Wochen nach dem Ende der letzten unständigen Beschäftigung.
(5) Die Mitgliedschaft der nach dem Künstlersozialversicherungsgesetz Versicherten endet mit dem Tage, an dem die Versicherungspflicht auf Grund der Feststellung der Künstlersozialkasse endet; § 192 Abs. 1 Nr. 2 und 3 bleibt unberührt.
(6) Die Mitgliedschaft von Personen, die in Einrichtungen der Jugendhilfe für eine Erwerbstätigkeit befähigt werden, endet mit dem Ende der Maßnahme.
(7) Die Mitgliedschaft versicherungspflichtiger Teilnehmer an Leistungen zur Teilhabe am Arbeitsleben endet mit dem Ende der Maßnahme, bei Weiterzahlung des Übergangsgeldes mit Ablauf des Tages, bis zu dem Übergangsgeld gezahlt wird.
(8) Die Mitgliedschaft von versicherungspflichtigen behinderten Menschen in anerkannten Werkstätten für behinderte Menschen, Anstalten, Heimen oder gleichartigen Einrichtungen endet mit Aufgabe der Tätigkeit.
(9) ¹Die Mitgliedschaft versicherungspflichtiger Studenten endet mit Ablauf des Semesters, für das sie sich zuletzt eingeschrieben oder zurückgemeldet haben, wenn sie
1. bis zum Ablauf oder mit Wirkung zum Ablauf dieses Semesters exmatrikuliert worden sind oder
2. bis zum Ablauf dieses Semesters das 30. Lebensjahr vollendet haben.
²Bei Anerkennung von Hinderungsgründen, die eine Überschreitung der Altersgrenze nach Satz 1 Nummer 2 rechtfertigen, endet die Mitgliedschaft mit Ablauf des Verlängerungszeitraums zum Semesterende. ³Abweichend von Satz 1 Nummer 1 endet im Fall der Exmatrikulation die Mitgliedschaft mit Ablauf des Tages, an dem der Student seinen Wohnsitz oder gewöhnlichen Aufenthalt im Geltungsbereich des Sozialgesetzbuchs aufgegeben hat oder an dem er dauerhaft an seinen Wohnsitz oder Ort des gewöhnlichen Aufenthalts außerhalb des Geltungsbereichs des Sozialgesetzbuchs zurückkehrt. ⁴Satz 1 Nummer 1 gilt nicht, wenn sich der Student nach Ablauf des Semesters, in dem oder mit Wirkung zu dessen Ablauf er exmatrikuliert wurde, innerhalb eines Monats an einer staatlichen oder staatlich anerkannten Hochschule einschreibt. ⁵§ 186 Absatz 7 Satz 2 und 3 gilt entsprechend.
(10) ¹Die Mitgliedschaft versicherungspflichtiger Praktikanten endet mit dem Tag der Aufgabe der berufspraktischen Tätigkeit oder vor Aufgabe des Praktikums mit Vollendung des 30. Lebensjahres. ²Die Mitgliedschaft von zu ihrer Berufsausbildung ohne Arbeitsentgelt Beschäftigten endet mit dem Tag der Aufgabe der Beschäftigung.
(11) Die Mitgliedschaft versicherungspflichtiger Rentner endet
1. mit Ablauf des Monats, in dem der Anspruch auf Rente wegfällt oder die Entscheidung über den Wegfall oder den Entzug der Rente unanfechtbar geworden ist, frühestens mit Ablauf des Monats, für den letztmalig Rente zu zahlen ist,
2. bei Gewährung einer Rente für zurückliegende Zeiträume mit Ablauf des Monats, in dem die Entscheidung unanfechtbar wird.
(11a) Die Mitgliedschaft der in § 9 Abs. 1 Satz 1 Nummer 6 in der am 10. Mai 2019 geltenden Fassung genannten Personen, die das Beitrittsrecht ausgeübt haben, sowie ihrer Familienangehörigen, die nach dem 31. März 2002 nach § 5 Abs. 1 Nr. 11 versicherungspflichtig geworden sind, deren Anspruch auf Rente schon an diesem Tag bestand, die aber nicht die Vorversicherungszeit des § 5 Abs. 1 Nr. 11 in der seit dem 1. Januar 1993 geltenden Fassung erfüllt hatten und die bis zum 31. März 2002 nach § 10 oder nach § 7 des Zweiten Gesetzes über die Krankenversicherung der Landwirte versichert waren, endet mit dem Eintritt der Versicherungspflicht nach § 5 Abs. 1 Nr. 11.
(12) Die Mitgliedschaft der Bezieher von Arbeitslosengeld II nach dem Zweiten Buch und Arbeitslosengeld oder Unterhaltsgeld nach dem Dritten Buch endet mit Ablauf des letzten Tages, für den die Leistung bezogen wird.
(13) ¹Die Mitgliedschaft der in § 5 Abs. 1 Nr. 13 genannten Personen endet mit Ablauf des Vortages, an dem
1. ein anderweitiger Anspruch auf Absicherung im Krankheitsfall begründet wird oder
2. der Wohnsitz oder gewöhnliche Aufenthalt in einen anderen Staat verlegt wird.
²Satz 1 Nr. 1 gilt nicht für Mitglieder, die Empfänger von Leistungen nach dem Dritten, Vierten, Sechsten und Siebten Kapitel des Zwölften Buches sind.

§ 191 Ende der freiwilligen Mitgliedschaft

Die freiwillige Mitgliedschaft endet
1. mit dem Tod des Mitglieds,
2. mit Beginn einer Pflichtmitgliedschaft,

3. mit dem Wirksamwerden der Kündigung (§ 175 Abs. 4); die Satzung kann einen früheren Zeitpunkt bestimmen, wenn das Mitglied die Voraussetzungen einer Versicherung nach § 10 erfüllt oder
4. mit Ablauf eines Zeitraums von mindestens sechs Monaten rückwirkend ab dem Beginn dieses Zeitraums, in dem für die Mitgliedschaft keine Beiträge geleistet wurden, das Mitglied und familienversicherte Angehörige keine Leistungen in Anspruch genommen haben und die Krankenkasse trotz Ausschöpfung der ihr zur Verfügung stehenden Ermittlungsmöglichkeiten weder einen Wohnsitz noch einen gewöhnlichen Aufenthalt des Mitglieds im Geltungsbereich des Sozialgesetzbuches ermitteln konnte.

§ 192 Fortbestehen der Mitgliedschaft Versicherungspflichtiger
(1) Die Mitgliedschaft Versicherungspflichtiger bleibt erhalten, solange
1. sie sich in einem rechtmäßigen Arbeitskampf befinden,
2. Anspruch auf Krankengeld oder Mutterschaftsgeld besteht oder eine dieser Leistungen oder nach gesetzlichen Vorschriften Erziehungsgeld oder Elterngeld bezogen oder Elternzeit in Anspruch genommen oder Pflegeunterstützungsgeld bezogen wird,
2a. von einem privaten Krankenversicherungsunternehmen, von einem Beihilfeträger des Bundes, von sonstigen öffentlich-rechtlichen Trägern von Kosten in Krankheitsfällen auf Bundesebene, von dem Träger der Heilfürsorge im Bereich des Bundes, von dem Träger der truppenärztlichen Versorgung oder von einem öffentlich-rechtlichen Träger von Kosten in Krankheitsfällen auf Landesebene, soweit das Landesrecht dies vorsieht, Leistungen für den Ausfall von Arbeitseinkünften im Zusammenhang mit einer nach den §§ 8 und 8a des Transplantationsgesetzes erfolgenden Spende von Organen oder Geweben oder im Zusammenhang mit einer Spende von Blut zur Separation von Blutstammzellen oder anderen Blutbestandteilen im Sinne von § 9 des Transfusionsgesetzes bezogen werden oder diese beansprucht werden können,
3. von einem Rehabilitationsträger während einer Leistung zur medizinischen Rehabilitation Verletztengeld, Versorgungskrankengeld oder Übergangsgeld gezahlt wird oder
4. Kurzarbeitergeld nach dem Dritten Buch bezogen wird.
(2) Während der Schwangerschaft bleibt die Mitgliedschaft Versicherungspflichtiger auch erhalten, wenn das Beschäftigungsverhältnis vom Arbeitgeber zulässig aufgelöst oder das Mitglied unter Wegfall des Arbeitsentgelts beurlaubt worden ist, es sei denn, es besteht eine Mitgliedschaft nach anderen Vorschriften.

§ 193 Fortbestehen der Mitgliedschaft bei Wehrdienst oder Zivildienst
(1) ¹Bei versicherungspflichtig Beschäftigten, denen nach § 1 Abs. 2 des Arbeitsplatzschutzgesetzes Entgelt weiterzugewähren ist, gilt das Beschäftigungsverhältnis als durch den Wehrdienst nach § 4 Abs. 1 und § 6b Abs. 1 des Wehrpflichtgesetzes nicht unterbrochen. ²Dies gilt auch für Personen in einem Wehrdienstverhältnis besonderer Art nach § 6 des Einsatz-Weiterverwendungsgesetzes, wenn sie den Einsatzunfall in einem Versicherungsverhältnis erlitten haben.
(2) ¹Bei Versicherungspflichtigen, die nicht unter Absatz 1 fallen, sowie bei freiwilligen Mitgliedern berührt der Wehrdienst nach § 4 Abs. 1 und § 6b Abs. 1 des Wehrpflichtgesetzes eine bestehende Mitgliedschaft bei einer Krankenkasse nicht. ²Die versicherungspflichtige Mitgliedschaft gilt als fortbestehend, wenn die Versicherungspflicht am Tag vor dem Beginn des Wehrdienstes endet oder wenn zwischen dem letzten Tag der Mitgliedschaft und dem Beginn des Wehrdienstes ein Samstag, Sonntag oder gesetzlicher Feiertag liegt. ³Absatz 1 Satz 2 gilt entsprechend.
(3) Die Absätze 1 und 2 gelten für den Zivildienst entsprechend.
(4) ¹Die Absätze 1 und 2 gelten für Personen, die Dienstleistungen oder Übungen nach dem Vierten Abschnitt des Soldatengesetzes leisten. ²Die Dienstleistungen und Übungen gelten nicht als Beschäftigungen im Sinne des § 5 Abs. 1 Nr. 1 und § 6 Abs. 1 Nr. 3.
(5) Die Zeit in einem Wehrdienstverhältnis besonderer Art nach § 6 des Einsatz-Weiterverwendungsgesetzes gilt nicht als Beschäftigung im Sinne von § 5 Abs. 1 Nr. 1 und § 6 Abs. 1 Nr. 3.

Achtes Kapitel
Finanzierung

Erster Abschnitt
Beiträge

Erster Titel
Aufbringung der Mittel

§ 220 Grundsatz
(1) ¹Die Mittel der Krankenversicherung werden durch Beiträge und sonstige Einnahmen aufgebracht; als Beiträge gelten auch Zusatzbeiträge nach § 242. ²Darlehensaufnahmen sind nicht zulässig. ³Die Aufsichtsbehörde kann im Einzelfall Darlehensaufnahmen bei Kreditinstituten zur Finanzierung des Erwerbs von Grundstücken für Eigenein-

richtungen nach § 140 sowie der Errichtung, der Erweiterung oder des Umbaus von Gebäuden für Eigeneinrichtungen nach § 140 genehmigen.

(2) ¹Der beim Bundesamt für Soziale Sicherung gebildete Schätzerkreis schätzt jedes Jahr bis zum 15. Oktober für das jeweilige Jahr und für das Folgejahr
1. die Höhe der voraussichtlichen beitragspflichtigen Einnahmen der Mitglieder der Krankenkassen,
2. die Höhe der voraussichtlichen jährlichen Einnahmen des Gesundheitsfonds,
3. die Höhe der voraussichtlichen jährlichen Ausgaben der Krankenkassen sowie
4. die voraussichtliche Zahl der Versicherten und der Mitglieder der Krankenkassen.

²Die Schätzung für das Folgejahr dient als Grundlage für die Festlegung des durchschnittlichen Zusatzbeitragssatzes nach § 242a, für die Zuweisungen aus dem Gesundheitsfonds nach den §§ 266 und 270 sowie für die Durchführung des Einkommensausgleichs nach § 270a. ³Bei der Schätzung der Höhe der voraussichtlichen jährlichen Einnahmen bleiben die Beträge nach § 271 Absatz 1a außer Betracht.

(3) ¹Für das Haushalts- und Rechnungswesen einschließlich der Statistiken bei der Verwaltung des Gesundheitsfonds durch das Bundesamt für Soziale Sicherung gelten die §§ 67 bis 69, 70 Abs. 5, § 72 Abs. 1 und 2 Satz 1 erster Halbsatz, die §§ 73 bis 77 Absatz 1a Satz 1 bis 6 und § 79 Abs. 1 und 2 in Verbindung mit Abs. 3a des Vierten Buches sowie die auf Grund des § 78 des Vierten Buches erlassenen Rechtsverordnungen entsprechend. ²Für das Vermögen gelten die §§ 80 und 85 des Vierten Buches entsprechend. ³Die Bestellung des Wirtschaftsprüfers oder des vereidigten Buchprüfers zur Prüfung der Jahresrechnung des Gesundheitsfonds erfolgt durch die beim Bundesamt für Soziale Sicherung eingerichtete Prüfstelle im Einvernehmen mit dem Bundesministerium für Gesundheit und dem Bundesministerium der Finanzen. ⁴Die Entlastung des Präsidenten oder der Präsidentin des Bundesamtes für Soziale Sicherung als Verwalter des Gesundheitsfonds erfolgt durch das Bundesministerium für Gesundheit im Einvernehmen mit dem Bundesministerium der Finanzen.

§ 221 Beteiligung des Bundes an Aufwendungen

(1) Der Bund leistet zur pauschalen Abgeltung der Aufwendungen der Krankenkassen für versicherungsfremde Leistungen jährlich 14,5 Milliarden Euro in monatlich zum ersten Bankarbeitstag zu überweisenden Teilbeträgen an den Gesundheitsfonds.

(2) ¹Der Gesundheitsfonds überweist von den ihm zufließenden Leistungen des Bundes nach Absatz 1 der landwirtschaftlichen Krankenkasse den auf sie entfallenden Anteil an der Beteiligung des Bundes. ²Der Überweisungsbetrag nach Satz 1 bemisst sich nach dem Verhältnis der Anzahl der Versicherten dieser Krankenkasse zu der Anzahl der Versicherten aller Krankenkassen; maßgebend sind die Verhältnisse am 1. Juli des Vorjahres.

(3) ¹Der Überweisungsbetrag nach Absatz 2 Satz 1 reduziert sich
1. in den Jahren 2016 bis 2024 um den auf die landwirtschaftliche Krankenkasse entfallenden Anteil an der Finanzierung des Innovationsfonds nach § 92a Absatz 3 und 4 und
2. ab dem Jahr 2016 um den auf die landwirtschaftliche Krankenkasse entfallenden Anteil an der Finanzierung des Strukturfonds nach Maßgabe der §§ 12 bis 14 des Krankenhausfinanzierungsgesetzes.

²Absatz 2 Satz 2 gilt entsprechend. ³Der Anteil nach Satz 1 Nummer 1 wird dem Innovationsfonds und der Anteil nach Satz 1 Nummer 2 dem Strukturfonds zugeführt. ⁴Die auf die landwirtschaftliche Krankenkasse nach Satz 1 Nummer 1 und 2 entfallenden Anteile an den Mitteln für den Innovationsfonds nach § 92a und den Strukturfonds nach den §§ 12 und 12a des Krankenhausfinanzierungsgesetzes werden nach Vorliegen der Geschäfts- und Rechnungsergebnisse des Gesundheitsfonds für das abgelaufene Kalenderjahr festgesetzt und mit der landwirtschaftlichen Krankenkasse abgerechnet. ⁵Solange ein Anteil nach Satz 4 noch nicht feststeht, kann das Bundesversicherungsamt einen vorläufigen Betrag festsetzen. ⁶Das Nähere zur Festsetzung des Betrags und zur Abrechnung mit der landwirtschaftlichen Krankenkasse bestimmt das Bundesversicherungsamt.

§ 223 Beitragspflicht, beitragspflichtige Einnahmen, Beitragsbemessungsgrenze

(1) Die Beiträge sind für jeden Kalendertag der Mitgliedschaft zu zahlen, soweit dieses Buch nichts Abweichendes bestimmt.

(2) ¹Die Beiträge werden nach den beitragspflichtigen Einnahmen der Mitglieder bemessen. ²Für die Berechnung ist die Woche zu sieben, der Monat zu dreißig und das Jahr zu dreihundertsechzig Tagen anzusetzen.

(3) ¹Beitragspflichtige Einnahmen sind bis zu einem Betrag von einem Dreihundertsechzigstel der Jahresarbeitsentgeltgrenze nach § 6 Abs. 7 für den Kalendertag zu berücksichtigen (Beitragsbemessungsgrenze). ²Einnahmen, die diesen Betrag übersteigen, bleiben außer Ansatz, soweit dieses Buch nichts Abweichendes bestimmt.

§ 224 Beitragsfreiheit bei Krankengeld, Mutterschaftsgeld oder Elterngeld

(1) ¹Beitragsfrei ist ein Mitglied für die Dauer des Anspruchs auf Krankengeld oder Mutterschaftsgeld oder des Bezugs von Elterngeld. ²Die Beitragsfreiheit erstreckt sich nur auf die in Satz 1 genannten Leistungen. ³Für die Dauer des Bezugs von Krankengeld oder Mutterschaftsgeld gilt § 240 Absatz 4 Satz 1 nicht.

(2) Durch die Beitragsfreiheit wird ein Anspruch auf Schadensersatz nicht ausgeschlossen oder gemindert.

§ 225 Beitragsfreiheit bestimmter Rentenantragsteller

¹Beitragsfrei ist ein Rentenantragsteller bis zum Beginn der Rente, wenn er
1. als hinterbliebener Ehegatte oder hinterbliebener Lebenspartner eines nach § 5 Abs. 1 Nr. 11 oder 12 versicherungspflichtigen Rentners, der bereits Rente bezogen hat, Hinterbliebenenrente beantragt,
2. als Waise die Voraussetzungen nach § 5 Absatz 1 Nummer 11b erfüllt und die dort genannten Leistungen vor Vollendung des achtzehnten Lebensjahres beantragt oder
3. ohne die Versicherungspflicht nach § 5 Absatz 1 Nummer 11 bis 12 nach § 10 dieses Buches oder nach § 7 des Zweiten Gesetzes über die Krankenversicherung der Landwirte versichert wäre.

²Satz 1 gilt nicht, wenn der Rentenantragsteller Arbeitseinkommen oder Versorgungsbezüge erhält. ³§ 226 Abs. 2 gilt entsprechend.

Zweiter Titel
Beitragspflichtige Einnahmen der Mitglieder

§ 226 Beitragspflichtige Einnahmen versicherungspflichtig Beschäftigter

(1) ¹Bei versicherungspflichtig Beschäftigten werden der Beitragsbemessung zugrunde gelegt
1. das Arbeitsentgelt aus einer versicherungspflichtigen Beschäftigung,
2. der Zahlbetrag der Rente der gesetzlichen Rentenversicherung,
3. der Zahlbetrag der der Rente vergleichbaren Einnahmen (Versorgungsbezüge),
4. das Arbeitseinkommen, soweit es neben einer Rente der gesetzlichen Rentenversicherung oder Versorgungsbezügen erzielt wird.

²Dem Arbeitsentgelt steht das Vorruhestandsgeld gleich. ³Bei Auszubildenden, die in einer außerbetrieblichen Einrichtung im Rahmen eines Berufsausbildungsvertrages nach dem Berufsbildungsgesetz ausgebildet werden, steht die Ausbildungsvergütung dem Arbeitsentgelt gleich.

(2) ¹Die nach Absatz 1 Satz 1 Nr. 3 und 4 zu bemessenden Beiträge sind nur zu entrichten, wenn die monatlichen beitragspflichtigen Einnahmen nach Absatz 1 Satz 1 Nr. 3 und 4 insgesamt ein Zwanzigstel der monatlichen Bezugsgröße nach § 18 des Vierten Buches übersteigen. ²Überschreiten die monatlichen beitragspflichtigen Einnahmen nach Absatz 1 Satz 1 Nummer 3 und 4 insgesamt ein Zwanzigstel der monatlichen Bezugsgröße nach § 18 des Vierten Buches, ist von den monatlichen beitragspflichtigen Einnahmen nach § 229 Absatz 1 Satz 1 Nummer 5 ein Freibetrag in Höhe von einem Zwanzigstel der monatlichen Bezugsgröße nach § 18 des Vierten Buches abzuziehen; der abzuziehende Freibetrag ist der Höhe nach begrenzt auf die monatlichen beitragspflichtigen Einnahmen nach § 229 Absatz 1 Satz 1 Nummer 5; bis zum 31. Dezember 2020 ist § 27 Absatz 1 des Vierten Buches nicht anzuwenden. ³Für die Beitragsbemessung nach dem Arbeitseinkommen nach Absatz 1 Satz 1 Nummer 4 gilt § 240 Absatz 1 Satz 1 und Absatz 4a entsprechend.

(3) Für Schwangere, deren Mitgliedschaft nach § 192 Abs. 2 erhalten bleibt, gelten die Bestimmungen der Satzung.

(4) Bei Arbeitnehmern, die gegen ein monatliches Arbeitsentgelt bis zum oberen Grenzbetrag des Übergangsbereichs (§ 20 Absatz 2 des Vierten Buches) mehr als geringfügig beschäftigt sind, gilt der Betrag der beitragspflichtigen Einnahme nach § 163 Absatz 10 des Sechsten Buches entsprechend.

§ 227 Beitragspflichtige Einnahmen versicherungspflichtiger Rückkehrer in die gesetzliche Krankenversicherung und bisher nicht Versicherter

Für die nach § 5 Abs. 1 Nr. 13 Versicherungspflichtigen gilt § 240 entsprechend.

§ 228 Rente als beitragspflichtige Einnahmen

(1) ¹Als Rente der gesetzlichen Rentenversicherung gelten Renten der allgemeinen Rentenversicherung sowie Renten der knappschaftlichen Rentenversicherung einschließlich der Steigerungsbeträge aus Beiträgen der Höherversicherung. ²Satz 1 gilt auch, wenn vergleichbare Renten aus dem Ausland bezogen werden.

(2) ¹Bei der Beitragsbemessung sind auch Nachzahlungen einer Rente nach Absatz 1 zu berücksichtigen, soweit sie auf einen Zeitraum entfallen, in dem der Rentner Anspruch auf Leistungen nach diesem Buch hatte. ²Die Beiträge aus der Nachzahlung gelten als Beiträge für die Monate, für die die Rente nachgezahlt wird. ³Ein Beitragsbescheid ist abweichend von § 48 Absatz 1 Satz 2 des Zehnten Buches mit Wirkung für die Vergangenheit aufzuheben, soweit Nachzahlungen nach den Sätzen 1 und 2 bei der Beitragsbemessung zu berücksichtigen sind.

§ 229 Versorgungsbezüge als beitragspflichtige Einnahmen

(1) ¹Als der Rente vergleichbare Einnahmen (Versorgungsbezüge) gelten, soweit sie wegen einer Einschränkung der Erwerbsfähigkeit oder zur Alters- oder Hinterbliebenenversorgung erzielt werden,
1. Versorgungsbezüge aus einem öffentlich-rechtlichen Dienstverhältnis oder aus einem Arbeitsverhältnis mit Anspruch auf Versorgung nach beamtenrechtlichen Vorschriften oder Grundsätzen; außer Betracht bleiben

a) lediglich übergangsweise gewährte Bezüge,
b) unfallbedingte Leistungen und Leistungen der Beschädigtenversorgung,
c) bei einer Unfallversorgung ein Betrag von 20 vom Hundert des Zahlbetrags und
d) bei einer erhöhten Unfallversorgung der Unterschiedsbetrag zum Zahlbetrag der Normalversorgung, mindestens 20 vom Hundert des Zahlbetrags der erhöhten Unfallversorgung,
2. Bezüge aus der Versorgung der Abgeordneten, Parlamentarischen Staatssekretäre und Minister,
3. Renten der Versicherungs- und Versorgungseinrichtungen, die für Angehörige bestimmter Berufe errichtet sind,
4. Renten und Landabgabenrenten nach dem Gesetz über die Alterssicherung der Landwirte mit Ausnahme einer Übergangshilfe,
5. Renten der betrieblichen Altersversorgung einschließlich der Zusatzversorgung im öffentlichen Dienst und der hüttenknappschaftlichen Zusatzversorgung; außer Betracht bleiben Leistungen aus Altersvorsorgevermögen im Sinne des § 92 des Einkommensteuergesetzes sowie Leistungen, die der Versicherte nach dem Ende des Arbeitsverhältnisses als alleiniger Versicherungsnehmer aus nicht durch den Arbeitgeber finanzierten Beiträgen erworben hat.

²Satz 1 gilt auch, wenn Leistungen dieser Art aus dem Ausland oder von einer zwischenstaatlichen oder überstaatlichen Einrichtung bezogen werden. ³Tritt an die Stelle der Versorgungsbezüge eine nicht regelmäßig wiederkehrende Leistung oder ist eine solche Leistung vor Eintritt des Versicherungsfalls vereinbart oder zugesagt worden, gilt ein Einhundertzwanzigstel der Leistung als monatlicher Zahlbetrag der Versorgungsbezüge, längstens jedoch für einhundertzwanzig Monate.

(2) Für Nachzahlungen von Versorgungsbezügen gilt § 228 Abs. 2 entsprechend.

§ 230 Rangfolge der Einnahmearten versicherungspflichtig Beschäftigter

¹Erreicht das Arbeitsentgelt nicht die Beitragsbemessungsgrenze, werden nacheinander der Zahlbetrag der Versorgungsbezüge und das Arbeitseinkommen des Mitglieds bis zur Beitragsbemessungsgrenze berücksichtigt. ²Der Zahlbetrag der Rente der gesetzlichen Rentenversicherung wird getrennt von den übrigen Einnahmearten bis zur Beitragsbemessungsgrenze berücksichtigt.

§ 231 Erstattung von Beiträgen

(1) ¹Die Krankenkasse informiert das Mitglied, wenn es zu einer Überschreitung der Beitragsbemessungsgrenze gekommen ist. ²Beiträge aus Versorgungsbezügen oder Arbeitseinkommen werden dem Mitglied durch die Krankenkasse auf Antrag erstattet, soweit sie auf Beträge entfallen, um die die Versorgungsbezüge und das Arbeitseinkommen zusammen mit dem Arbeitsentgelt einschließlich des einmalig gezahlten Arbeitsentgelts die anteilige Jahresarbeitsentgeltgrenze nach § 6 Abs. 7 überschritten haben.

(2) ¹Die zuständige Krankenkasse erstattet dem Mitglied auf Antrag die von ihm selbst getragenen Anteile an den Beiträgen aus der Rente der gesetzlichen Rentenversicherung, soweit sie auf Beträge entfallen, um die die Rente zusammen mit den übrigen der Beitragsbemessung zugrunde gelegten Einnahmen des Mitglieds die Beitragsbemessungsgrenze überschritten hat. ²Die Satzung der Krankenkasse kann Näheres über die Durchführung der Erstattung bestimmen. ³Wenn dem Mitglied auf Antrag von ihm getragene Beitragsanteile nach Satz 1 erstattet werden, werden dem Träger der gesetzlichen Rentenversicherung die von diesem insoweit getragenen Beitragsanteile erstattet. ⁴Absatz 1 Satz 2 gilt entsprechend.

(3) Weist ein Mitglied, dessen Beiträge nach § 240 Absatz 4a Satz 6 festgesetzt wurden, innerhalb von drei Jahren nach Ablauf des Kalenderjahres, für das die Beiträge zu zahlen waren, beitragspflichtige Einnahmen nach, die für den Kalendertag unterhalb des 30. Teils der monatlichen Beitragsbemessungsgrenze liegen, wird dem Mitglied der Anteil der gezahlten Beiträge erstattet, der die Beiträge übersteigt, die das Mitglied auf der Grundlage der tatsächlich erzielten beitragspflichtigen Einnahmen nach § 240 hätte zahlen müssen.

§ 232 Beitragspflichtige Einnahmen unständig Beschäftigter

(1) ¹Für unständig Beschäftigte ist als beitragspflichtige Einnahmen ohne Rücksicht auf die Beschäftigungsdauer das innerhalb eines Kalendermonats erzielte Arbeitsentgelt bis zur Höhe von einem Zwölftel der Jahresarbeitsentgeltgrenze nach § 6 Abs. 7 zugrunde zu legen. ²Die §§ 226 und 228 bis 231 dieses Buches sowie § 23a des Vierten Buches gelten.

(2) ¹Bestanden innerhalb eines Kalendermonats mehrere unständige Beschäftigungen und übersteigt das Arbeitsentgelt insgesamt die genannte monatliche Bemessungsgrenze nach Absatz 1, sind bei der Berechnung der Beiträge die einzelnen Arbeitsentgelte anteilmäßig nur zu berücksichtigen, soweit der Gesamtbetrag die monatliche Bemessungsgrenze nicht übersteigt. ²Auf Antrag des Mitglieds oder eines Arbeitgebers verteilt die Krankenkasse die Beiträge nach den anrechenbaren Arbeitsentgelten.

(3) Unständig ist die Beschäftigung, die auf weniger als eine Woche entweder nach der Natur der Sache befristet zu sein pflegt oder im Voraus durch den Arbeitsvertrag befristet ist.

§ 232a Beitragspflichtige Einnahmen der Bezieher von Arbeitslosengeld, Unterhaltsgeld oder Kurzarbeitergeld

(1) ¹Als beitragspflichtige Einnahmen gelten
1. bei Personen, die Arbeitslosengeld oder Unterhaltsgeld nach dem Dritten Buch beziehen, 80 vom Hundert des der Leistung zugrunde liegenden, durch sieben geteilten wöchentlichen Arbeitsentgelts nach § 226 Abs. 1 Satz 1 Nr. 1, soweit es ein Dreihundertsechzigstel der Jahresarbeitsentgeltgrenze nach § 6 Abs. 7 nicht übersteigt; 80 vom Hundert des beitragspflichtigen Arbeitsentgelts aus einem nicht geringfügigen Beschäftigungsverhältnis sind abzuziehen;
2. bei Personen, die Arbeitslosengeld II beziehen, das 0,2155fache der monatlichen Bezugsgröße; abweichend von § 223 Absatz 1 sind die Beiträge für jeden Kalendermonat, in dem mindestens für einen Tag eine Mitgliedschaft besteht, zu zahlen.

²Bei Personen, die Teilarbeitslosengeld oder Teilunterhaltsgeld nach dem Dritten Buch beziehen, ist Satz 1 Nr. 1 zweiter Teilsatz nicht anzuwenden. ³Ab Beginn des zweiten Monats bis zur zwölften Woche einer Sperrzeit oder ab Beginn des zweiten Monats eines Ruhenszeitraumes wegen einer Urlaubsabgeltung gelten die Leistungen als bezogen.

(1a) ¹Der Faktor nach Absatz 1 Satz 1 Nummer 2 ist im Jahr 2018 im Hinblick auf die für die Berechnung maßgebliche Struktur der Bezieherinnen und Bezieher von Arbeitslosengeld II zu überprüfen. ²Bei Veränderungen ist der Faktor nach Absatz 1 Satz 1 Nummer 2 mit Wirkung zum 1. Januar 2018 neu zu bestimmen. ³Das Nähere über das Verfahren einer nachträglichen Korrektur bestimmen das Bundesministerium für Gesundheit und das Bundesministerium für Arbeit und Soziales im Einvernehmen mit dem Bundesministerium der Finanzen.

(2) Soweit Kurzarbeitergeld nach dem Dritten Buch gewährt wird, gelten als beitragspflichtige Einnahmen nach § 226 Abs. 1 Satz 1 Nr. 1 80 vom Hundert des Unterschiedsbetrages zwischen dem Sollentgelt und dem Istentgelt nach § 106 des Dritten Buches.

(3) § 226 gilt entsprechend.

§ 232b Beitragspflichtige Einnahmen der Bezieher von Pflegeunterstützungsgeld

(1) Bei Personen, die Pflegeunterstützungsgeld nach § 44a Absatz 3 des Elften Buches beziehen, gelten 80 Prozent des während der Freistellung ausgefallenen, laufenden Arbeitsentgelts als beitragspflichtige Einnahmen.

(2) ¹Für Personen, deren Mitgliedschaft nach § 192 Absatz 1 Nummer 2 erhalten bleibt, gelten § 226 Absatz 1 Nummer 2 bis 4 und Absatz 2 sowie die §§ 228 bis 231 entsprechend. ²Die Einnahmen nach § 226 Absatz 1 Satz 1 Nummer 2 bis 4 unterliegen höchstens in dem Umfang der Beitragspflicht, in dem zuletzt vor dem Bezug des Pflegeunterstützungsgeldes Beitragspflicht bestand. ³Für freiwillige Mitglieder gilt Satz 2 entsprechend.

§ 233 Beitragspflichtige Einnahmen der Seeleute

(1) Für Seeleute gilt als beitragspflichtige Einnahme der Betrag, der nach dem Recht der gesetzlichen Unfallversicherung für die Beitragsberechnung maßgebend ist.

(2) § 226 Abs. 1 Satz 1 Nr. 2 bis 4 und Abs. 2 sowie die §§ 228 bis 231 gelten entsprechend.

§ 234 Beitragspflichtige Einnahmen der Künstler und Publizisten

(1) ¹Für die nach dem Künstlersozialversicherungsgesetz versicherungspflichtigen Mitglieder wird der Beitragsbemessung der dreihundertsechzigste Teil des voraussichtlichen Jahresarbeitseinkommens (§ 12 des Künstlersozialversicherungsgesetzes), mindestens jedoch der einhundertachtzigste Teil der monatlichen Bezugsgröße nach § 18 des Vierten Buches Sozialgesetzbuch zugrunde gelegt. ²Für die Dauer des Bezugs von Elterngeld oder Erziehungsgeld oder für die Zeit, in der Erziehungsgeld nur wegen des zu berücksichtigenden Einkommens nicht bezogen wird, wird auf Antrag des Mitglieds das in dieser Zeit voraussichtlich erzielte Arbeitseinkommen nach Satz 1 mit dem auf den Kalendertag entfallenden Teil zugrunde gelegt, wenn es im Durchschnitt monatlich 325 Euro übersteigt. ³Für Kalendertage, für die Anspruch auf Krankengeld oder Mutterschaftsgeld besteht oder für die Beiträge nach § 251 Abs. 1 zu zahlen sind, wird Arbeitseinkommen nicht zugrunde gelegt. ⁴Arbeitseinkommen sind auch die Vergütungen für die Verwertung und Nutzung urheberrechtlich geschützter Werke oder Leistungen.

(2) § 226 Abs. 1 Satz 1 Nr. 2 bis 4 und Abs. 2 sowie die §§ 228 bis 231 gelten entsprechend.

§ 235 Beitragspflichtige Einnahmen von Rehabilitanden, Jugendlichen und Menschen mit Behinderungen in Einrichtungen

(1) ¹Für die nach § 5 Abs. 1 Nr. 6 versicherungspflichtigen Teilnehmer an Leistungen zur Teilhabe am Arbeitsleben gelten als beitragspflichtige Einnahmen 80 Prozent des Regelentgelts, das der Berechnung des Übergangsgeldes zugrunde liegt. ²Das Entgelt ist um den Zahlbetrag der Rente wegen verminderter Erwerbsfähigkeit sowie um das Entgelt zu kürzen, das aus einer Versicherungspflicht begründenden Beschäftigung erzielt wird. ³Bei Personen, die Teilübergangsgeld nach dem Dritten Buch beziehen, ist Satz 2 nicht anzuwenden. ⁴Wird das Übergangsgeld, das

Verletztengeld oder das Versorgungskrankengeld angepaßt, ist das Entgelt um den gleichen Vomhundertsatz zu erhöhen. ⁵Für Teilnehmer, die kein Übergangsgeld erhalten, sowie für die nach § 5 Abs. 1 Nr. 5 Versicherungspflichtigen gilt als beitragspflichtige Einnahmen ein Arbeitsentgelt in Höhe von 20 vom Hundert der monatlichen Bezugsgröße nach § 18 des Vierten Buches.
(2) ¹Für Personen, deren Mitgliedschaft nach § 192 Abs. 1 Nr. 3 erhalten bleibt, sind die vom zuständigen Rehabilitationsträger nach § 251 Abs. 1 zu tragenden Beiträge nach 80 vom Hundert des Regelentgelts zu bemessen, das der Berechnung des Übergangsgeldes, des Verletztengeldes oder des Versorgungskrankengeldes zugrunde liegt. ²Absatz 1 Satz 4 gilt. ³Bei Personen, die Verletztengeld nach § 45 Absatz 4 des Siebten Buches in Verbindung mit § 45 Absatz 1 beziehen, gelten abweichend von Satz 1 als beitragspflichtige Einnahmen 80 Prozent des während der Freistellung ausgefallenen laufenden Arbeitsentgelts oder des der Leistung zugrunde liegenden Arbeitseinkommens.
(3) Für die nach § 5 Abs. 1 Nr. 7 und 8 versicherungspflichtigen behinderten Menschen ist als beitragspflichtige Einnahmen das tatsächlich erzielte Arbeitsentgelt, mindestens jedoch ein Betrag in Höhe von 20 vom Hundert der monatlichen Bezugsgröße nach § 18 des Vierten Buches zugrunde zu legen.
(4) § 226 Abs. 1 Satz 1 Nr. 2 bis 4 und Abs. 2 sowie die §§ 228 bis 231 gelten entsprechend; bei Anwendung des § 230 Satz 1 ist das Arbeitsentgelt vorrangig zu berücksichtigen.

§ 236 Beitragspflichtige Einnahmen der Studenten und Praktikanten

(1) ¹Für die nach § 5 Abs. 1 Nr. 9 und 10 Versicherungspflichtigen gilt als beitragspflichtige Einnahmen ein Dreißigstel des Betrages, der als monatlicher Bedarf nach § 13 Abs. 1 Nr. 2 und Abs. 2 des Bundesausbildungsförderungsgesetzes für Studenten festgesetzt ist, die nicht bei ihren Eltern wohnen. ²Änderungen des Bedarfsbetrags sind vom Beginn des auf die Änderung folgenden Semesters an zu berücksichtigen; als Semester gelten die Zeiten vom 1. April bis 30. September und vom 1. Oktober bis 31. März.
(2) ¹§ 226 Abs. 1 Satz 1 Nr. 2 bis 4 und Abs. 2 sowie die §§ 228 bis 231 gelten entsprechend. ²Die nach § 226 Abs. 1 Satz 1 Nr. 3 und 4 zu bemessenden Beiträge sind nur zu entrichten, soweit sie die nach Absatz 1 zu bemessenden Beiträge übersteigen.

§ 237 Beitragspflichtige Einnahmen versicherungspflichtiger Rentner

¹Bei versicherungspflichtigen Rentnern werden der Beitragsbemessung zugrunde gelegt
1. der Zahlbetrag der Rente der gesetzlichen Rentenversicherung,
2. der Zahlbetrag der der Rente vergleichbaren Einnahmen und
3. das Arbeitseinkommen.

²Bei Versicherungspflichtigen nach § 5 Absatz 1 Nummer 11b sind die dort genannten Leistungen bis zum Erreichen der Altersgrenzen des § 10 Absatz 2 beitragsfrei. ³Dies gilt entsprechend für die Leistungen der Hinterbliebenenversorgung nach § 229 Absatz 1 Satz 1 Nummer 1 und für die Waisenrente nach § 15 des Gesetzes über die Alterssicherung der Landwirte. ⁴§ 226 Abs. 2 und die §§ 228, 229 und 231 gelten entsprechend.

§ 238 Rangfolge der Einnahmearten versicherungspflichtiger Rentner

Erreicht der Zahlbetrag der Rente der gesetzlichen Rentenversicherung nicht die Beitragsbemessungsgrenze, werden nacheinander der Zahlbetrag der Versorgungsbezüge und das Arbeitseinkommen des Mitglieds bis zur Beitragsbemessungsgrenze berücksichtigt.

§ 238a Rangfolge der Einnahmearten freiwillig versicherter Rentner

Bei freiwillig versicherten Rentnern werden der Beitragsbemessung nacheinander der Zahlbetrag der Rente, der Zahlbetrag der Versorgungsbezüge, das Arbeitseinkommen und die sonstigen Einnahmen, die die wirtschaftliche Leistungsfähigkeit des freiwilligen Mitglieds bestimmen (§ 240 Abs. 1), bis zur Beitragsbemessungsgrenze zugrunde gelegt.

§ 239 Beitragsbemessung bei Rentenantragstellern

¹Bei Rentenantragstellern wird die Beitragsbemessung für die Zeit der Rentenantragstellung bis zum Beginn der Rente durch den Spitzenverband Bund der Krankenkassen geregelt. ²Dies gilt auch für Personen, bei denen die Rentenzahlung eingestellt wird, bis zum Ablauf des Monats, in dem die Entscheidung über Wegfall oder Entzug der Rente unanfechtbar geworden ist. ³§ 240 gilt entsprechend.

§ 240 Beitragspflichtige Einnahmen freiwilliger Mitglieder

(1) ¹Für freiwillige Mitglieder wird die Beitragsbemessung einheitlich durch den Spitzenverband Bund der Krankenkassen geregelt. ²Dabei ist sicherzustellen, daß die Beitragsbelastung die gesamte wirtschaftliche Leistungsfähigkeit des freiwilligen Mitglieds berücksichtigt; sofern und solange Mitglieder Nachweise über die beitragspflichtigen Einnahmen auf Verlangen der Krankenkasse nicht vorlegen, gilt als beitragspflichtige Einnahmen für den

50 SGB V § 240

Kalendertag der dreißigste Teil der monatlichen Beitragsbemessungsgrenze (§ 223). ³Weist ein Mitglied innerhalb einer Frist von zwölf Monaten, nachdem die Beiträge nach Satz 2 auf Grund nicht vorgelegter Einkommensnachweise unter Zugrundelegung der monatlichen Beitragsbemessungsgrenze festgesetzt wurden, geringere Einnahmen nach, sind die Beiträge für die nachgewiesenen Zeiträume neu festzusetzen. ⁴Für Zeiträume, für die der Krankenkasse hinreichende Anhaltspunkte dafür vorliegen, dass die beitragspflichtigen Einnahmen des Mitglieds die jeweils anzuwendende Mindestbeitragsbemessungsgrundlage nicht überschreiten, hat sie die Beiträge des Mitglieds neu festzusetzen. ⁵Wird der Beitrag nach den Sätzen 3 oder 4 festgesetzt, gilt § 24 des Vierten Buches nur im Umfang der veränderten Beitragsfestsetzung.

(2) ¹Bei der Bestimmung der wirtschaftlichen Leistungsfähigkeit sind mindestens die Einnahmen des freiwilligen Mitglieds zu berücksichtigen, die bei einem vergleichbaren versicherungspflichtig Beschäftigten der Beitragsbemessung zugrunde zu legen sind. ²Abstufungen nach dem Familienstand oder der Zahl der Angehörigen, für die eine Versicherung nach § 10 besteht, sind unzulässig. ³Der zur sozialen Sicherung vorgesehene Teil des Gründungszuschusses nach § 94 des Dritten Buches in Höhe von monatlich 300 Euro darf nicht berücksichtigt werden. ⁴Ebenfalls nicht zu berücksichtigen ist das an eine Pflegeperson weitergereichte Pflegegeld bis zur Höhe des Pflegegeldes nach § 37 Absatz 1 des Elften Buches. ⁵Die §§ 223 und 228 Abs. 2, § 229 Abs. 2, §§ 238a, 247 Satz 1 und 2 und 248 Satz 1 und 2 dieses Buches sowie § 23a des Vierten Buches gelten entsprechend.

(3) ¹Für freiwillige Mitglieder, die neben dem Arbeitsentgelt eine Rente der gesetzlichen Rentenversicherung beziehen, ist der Zahlbetrag der Rente getrennt von den übrigen Einnahmen bis zur Beitragsbemessungsgrenze zu berücksichtigen. ²Soweit dies insgesamt zu einer über der Beitragsbemessungsgrenze liegenden Beitragsbelastung führen würde, ist statt des entsprechenden Beitrags aus der Rente nur der Zuschuß des Rentenversicherungsträgers einzuzahlen.

(4) ¹Als beitragspflichtige Einnahmen gilt für den Kalendertag mindestens der neunzigste Teil der monatlichen Bezugsgröße. ²Für freiwillige Mitglieder, die Schüler einer Fachschule oder Berufsschule oder als Studenten an einer ausländischen staatlichen oder staatlich anerkannten Hochschule eingeschrieben sind oder regelmäßig als Arbeitnehmer ihre Arbeitsleistung im Umherziehen anbieten (Wandergesellen), gilt § 236 in Verbindung mit § 245 Abs. 1 entsprechend. ³Satz 1 gilt nicht für freiwillige Mitglieder, die Voraussetzungen für den Anspruch auf eine Rente aus der gesetzlichen Rentenversicherung erfüllen und diese Rente beantragt haben, wenn sie seit der erstmaligen Aufnahme einer Erwerbstätigkeit bis zur Stellung des Rentenantrags mindestens neun Zehntel der zweiten Hälfte dieses Zeitraums Mitglied oder nach § 10 versichert waren; § 5 Abs. 2 Satz 1 gilt entsprechend.

(4a) ¹Die nach dem Arbeitseinkommen zu bemessenden Beiträge werden auf der Grundlage des zuletzt erlassenen Einkommensteuerbescheides vorläufig festgesetzt; dabei ist der Einkommensteuerbescheid für die Beitragsbemessung ab Beginn des auf die Ausfertigung folgenden Monats heranzuziehen; Absatz 1 Satz 2 zweiter Halbsatz gilt entsprechend. ²Bei Aufnahme einer selbstständigen Tätigkeit werden die Beiträge auf der Grundlage der nachgewiesenen voraussichtlichen Einnahmen vorläufig festgesetzt. ³Die nach den Sätzen 1 und 2 vorläufig festgesetzten Beiträge werden auf Grundlage der tatsächlich erzielten beitragspflichtigen Einnahmen für das jeweilige Kalenderjahr nach Vorlage des jeweiligen Einkommensteuerbescheides endgültig festgesetzt. ⁴Weist das Mitglied seine tatsächlichen Einnahmen auf Verlangen der Krankenkasse nicht innerhalb von drei Jahren nach Ablauf des jeweiligen Kalenderjahres nach, gilt für die endgültige Beitragsfestsetzung nach Satz 3 als beitragspflichtige Einnahme für den Kalendertag der 30. Teil der monatlichen Beitragsbemessungsgrenze. ⁵Für die Bemessung der Beiträge aus Einnahmen aus Vermietung und Verpachtung gelten die Sätze 1, 3 und 4 entsprechend. ⁶Die Sätze 1 bis 5 gelten nicht, wenn auf Grund des zuletzt erlassenen Einkommensteuerbescheides oder einer Erklärung des Mitglieds für den Kalendertag beitragspflichtige Einnahmen in Höhe des 30. Teils der monatlichen Beitragsbemessungsgrenze zugrunde gelegt werden.

(4b) ¹Der Beitragsbemessung für freiwillige Mitglieder sind 10 vom Hundert der monatlichen Bezugsgröße nach § 18 des Vierten Buches zugrunde zu legen, wenn der Anspruch auf Leistungen für das Mitglied und seine nach § 10 versicherten Angehörigen während eines Auslandsaufenthaltes, der durch die Berufstätigkeit des Mitglieds, seines Ehegatten, seines Lebenspartners oder eines seiner Elternteile bedingt ist, oder nach § 16 Abs. 1 Nr. 3 ruht. ²Satz 1 gilt entsprechend, wenn nach § 16 Abs. 1 der Anspruch auf Leistungen aus anderem Grund für länger als drei Kalendermonate ruht, sowie für Versicherte während einer Tätigkeit für eine internationale Organisation im Geltungsbereich dieses Gesetzes.

(5) ¹Soweit bei der Beitragsbemessung freiwilliger Mitglieder das Einkommen von Ehegatten, die nicht einer Krankenkasse nach § 4 Absatz 2 angehören, berücksichtigt wird, ist von diesem Einkommen für jedes gemeinsame unterhaltsberechtigte Kind, für das keine Familienversicherung besteht, ein Betrag in Höhe von einem Drittel der monatlichen Bezugsgröße, für nach § 10 versicherte Kinder ein Betrag in Höhe von einem Fünftel der monatlichen Bezugsgröße abzusetzen. ²Für jedes unterhaltsberechtigte Kind des Ehegatten, das nicht zugleich ein Kind des Mitglieds ist, ist ein Betrag in Höhe von einem Sechstel der monatlichen Bezugsgröße abzusetzen, wenn für das Kind keine Familienversicherung besteht; für jedes nach § 10 versicherte Kind des Ehegatten, das nicht zugleich

ein Kind des Mitglieds ist, ist ein Betrag in Höhe von einem Zehntel der monatlichen Bezugsgröße abzusetzen. ³Für nach § 10 versicherungsberechtigte Kinder, für die eine Familienversicherung nicht begründet wurde, gelten die Abzugsbeträge für nach § 10 versicherte Kinder nach Satz 1 oder Satz 2 entsprechend. ⁴Wird für das unterhaltsberechtigte Kind des Ehegatten, das nicht zugleich ein Kind des Mitglieds ist, vom anderen Elternteil kein Unterhalt geleistet, gelten die Abzugsbeträge nach Satz 1; das freiwillige Mitglied hat in diesem Fall die Nichtzahlung von Unterhalt gegenüber der Krankenkasse glaubhaft zu machen. ⁵Der Abzug von Beträgen für nicht nach § 10 versicherte Kinder nach Satz 1 oder Satz 2 ist ausgeschlossen, wenn das Kind nach § 5 Absatz 1 Nummer 1, 2, 2a, 3 bis 8, 11 bis 12 versichert oder hauptberuflich selbständig erwerbstätig ist oder ein Gesamteinkommen hat, das regelmäßig im Monat ein Siebtel der monatlichen Bezugsgröße nach § 18 des Vierten Buches überschreitet, oder die Altersgrenze im Sinne des § 10 Absatz 2 überschritten hat.

Dritter Titel
Beitragssätze, Zusatzbeitrag

§ 241 Allgemeiner Beitragssatz

Der allgemeine Beitragssatz beträgt 14,6 Prozent der beitragspflichtigen Einnahmen der Mitglieder.

§ 242 Zusatzbeitrag

(1) ¹Soweit der Finanzbedarf einer Krankenkasse durch die Zuweisungen aus dem Gesundheitsfonds nicht gedeckt ist, hat sie in ihrer Satzung zu bestimmen, dass von ihren Mitgliedern ein einkommensabhängiger Zusatzbeitrag erhoben wird. ²Die Krankenkassen haben den einkommensabhängigen Zusatzbeitrag als Prozentsatz der beitragspflichtigen Einnahmen jedes Mitglieds zu erheben (kassenindividueller Zusatzbeitragssatz). ³Der Zusatzbeitragssatz ist so zu bemessen, dass die Einnahmen aus dem Zusatzbeitrag zusammen mit den Zuweisungen aus dem Gesundheitsfonds und den sonstigen Einnahmen die im Haushaltsjahr voraussichtlich zu leistenden Ausgaben und die vorgeschriebene Höhe der Rücklage decken; dabei ist die Höhe der voraussichtlichen beitragspflichtigen Einnahmen aller Krankenkassen nach § 220 Absatz 2 Satz 2 je Mitglied zugrunde zu legen. ⁴Krankenkassen dürfen ihren Zusatzbeitragssatz nicht anheben, solange ausweislich der zuletzt vorgelegten vierteljährlichen Rechnungsergebnisse ihre nicht für die laufenden Ausgaben benötigten Betriebsmittel zuzüglich der Rücklage nach § 261 sowie der zur Anschaffung und Erneuerung der Vermögensteile bereitgehaltenen Geldmittel nach § 263 Absatz 1 Satz 1 Nummer 2 das 0,8-Fache des durchschnittlich auf einen Monat entfallenden Betrages der Ausgaben für die in § 260 Absatz 1 Nummer 1 genannten Zwecke überschreiten; § 260 Absatz 2 Satz 2 gilt entsprechend.

(1a) ¹Krankenkassen, deren Finanzreserven gemäß § 260 Absatz 2 Satz 1 nach ihrem Haushaltsplan für das Jahr 2021 zum Ende des Jahres 2021 einen Betrag von 0,4 Monatsausgaben unterschreiten würden, wenn keine Anhebung des Zusatzbeitragssatzes erfolgt, dürfen ihren Zusatzbeitragssatz abweichend von Absatz 1 Satz 4 zum 1. Januar 2021 anheben; diese Zusatzbeitragssatzanhebung ist begrenzt auf einen Zusatzbeitragssatz, der der Absicherung dieser Finanzreserven in Höhe von 0,4 Monatsausgaben am Ende des Jahres 2021 entspricht. ²Die zuständige Aufsichtsbehörde kann einer Krankenkasse, die zum Zeitpunkt der Haushaltsaufstellung für das Jahr 2021 über weniger als 50 000 Mitglieder verfügt, auf Antrag eine Anhebung des Zusatzbeitragssatzes zum 1. Januar 2021 genehmigen, die über die nach Satz 1 zulässige Anhebung hinausgeht, soweit dies erforderlich ist, um den für diese Krankenkasse notwendigen Betrag an Finanzreserven zur Absicherung gegen unvorhersehbare Ausgabenrisiken nicht zu unterschreiten. ³Bei der Anhebung und der Genehmigung der Anhebung der Zusatzbeitragssätze nach den Sätzen 1 und 2 soll die Entwicklung der Ausgaben zugrunde gelegt werden, die der Schätzerkreis nach § 220 Absatz 2 Satz 1 Nummer 3 für das Jahr 2021 erwartet. ⁴Die in den Haushaltsplänen der Krankenkassen für das Jahr 2021 vorzusehenden Beträge der Zuführungen nach § 170 Absatz 1 Satz 1 und zum Deckungskapital für Verpflichtungen nach § 12 Absatz 1 der Sozialversicherungs-Rechnungsverordnung sind 2021 auf die für das Haushaltsjahr notwendigen Beträge begrenzt.

(2) ¹Ergibt sich während des Haushaltsjahres, dass die Betriebsmittel der Krankenkassen einschließlich der Zuführung aus der Rücklage zur Deckung der Ausgaben nicht ausreichen, ist der Zusatzbeitragssatz nach Absatz 1 durch Änderung der Satzung zu erhöhen. ²Muss eine Krankenkasse kurzfristig ihre Leistungsfähigkeit erhalten, so hat der Vorstand zu beschließen, dass der Zusatzbeitragssatz bis zur satzungsmäßigen Neuregelung erhöht wird; der Beschluss bedarf der Genehmigung der Aufsichtsbehörde. ³Kommt kein Beschluss zustande, ordnet die Aufsichtsbehörde die notwendige Erhöhung des Zusatzbeitragssatzes an. ⁴Klagen gegen die Anordnung nach Satz 3 haben keine aufschiebende Wirkung.

(3) ¹Die Krankenkasse hat den Zusatzbeitrag abweichend von Absatz 1 in Höhe des durchschnittlichen Zusatzbeitragssatzes nach § 242a zu erheben für
1. Mitglieder nach § 5 Absatz 1 Nummer 2a,
2. Mitglieder nach § 5 Absatz 1 Nummer 5 und 6,

50 SGB V §§ 242a–247

3. Mitglieder nach § 5 Absatz 1 Nummer 7 und 8, wenn das tatsächliche Arbeitsentgelt den nach § 235 Absatz 3 maßgeblichen Mindestbetrag nicht übersteigt,
4. Mitglieder, deren Mitgliedschaft nach § 192 Absatz 1 Nummer 3 oder nach § 193 Absatz 2 bis 5 oder nach § 8 des Eignungsübungsgesetzes fortbesteht,
5. Mitglieder, die Verletztengeld nach dem Siebten Buch, Versorgungskrankengeld nach dem Bundesversorgungsgesetz oder vergleichbare Entgeltersatzleistungen beziehen, sowie
6. Beschäftigte, bei denen § 20 Absatz 3 Satz 1 Nummer 1 oder Nummer 2 oder Satz 2 des Vierten Buches angewendet wird.

²Auf weitere beitragspflichtige Einnahmen dieser Mitglieder findet der Beitragssatz nach Absatz 1 Anwendung.
(4) Die Vorschriften des Zweiten und Dritten Abschnitts des Vierten Buches gelten entsprechend.
(5) ¹Die Krankenkassen melden die Zusatzbeitragssätze nach Absatz 1 dem Spitzenverband Bund der Krankenkassen. ²Der Spitzenverband Bund der Krankenkassen führt eine laufend aktualisierte Übersicht, welche Krankenkassen einen Zusatzbeitrag erheben und in welcher Höhe, und veröffentlicht diese Übersicht im Internet. ³Das Nähere zu Zeitpunkt, Form und Inhalt der Meldungen sowie zur Veröffentlichung regelt der Spitzenverband Bund der Krankenkassen.

§ 242a Durchschnittlicher Zusatzbeitragssatz

(1) Der durchschnittliche Zusatzbeitragssatz ergibt sich aus der Differenz zwischen den voraussichtlichen jährlichen Ausgaben der Krankenkassen und den voraussichtlichen jährlichen Einnahmen des Gesundheitsfonds, die für die Zuweisungen nach den §§ 266 und 270 zur Verfügung stehen, geteilt durch die voraussichtlichen jährlichen beitragspflichtigen Einnahmen der Mitglieder aller Krankenkassen, multipliziert mit 100.
(2) Das Bundesministerium für Gesundheit legt nach Auswertung der Ergebnisse des Schätzerkreises nach § 220 Absatz 2 die Höhe des durchschnittlichen Zusatzbeitragssatzes für das Folgejahr fest und gibt diesen Wert in Prozent jeweils bis zum 1. November eines Kalenderjahres im Bundesanzeiger bekannt.

§ 242b (weggefallen)

§ 243 Ermäßigter Beitragssatz

¹Für Mitglieder, die keinen Anspruch auf Krankengeld haben, gilt ein ermäßigter Beitragssatz. ²Dies gilt nicht für die Beitragsbemessung nach § 240 Absatz 4b. ³Der ermäßigte Beitragssatz beträgt 14,0 Prozent der beitragspflichtigen Einnahmen der Mitglieder.

§ 244 Ermäßigter Beitrag für Wehrdienstleistende und Zivildienstleistende

(1) ¹Bei Einberufung zu einem Wehrdienst wird der Beitrag für
1. Wehrdienstleistende nach § 193 Abs. 1 auf ein Drittel,
2. Wehrdienstleistende nach § 193 Abs. 2 auf ein Zehntel
des Beitrags ermäßigt, der vor der Einberufung zuletzt zu entrichten war. ²Dies gilt nicht für aus Renten der gesetzlichen Rentenversicherung, Versorgungsbezügen und Arbeitseinkommen zu bemessende Beiträge.
(2) Das Bundesministerium für Gesundheit kann im Einvernehmen mit dem Bundesministerium der Verteidigung und dem Bundesministerium der Finanzen durch Rechtsverordnung mit Zustimmung des Bundesrates für die Beitragszahlung nach Absatz 1 Satz 1 Nr. 2 eine pauschale Beitragsabrechnung vorschreiben und die Zahlungsweise regeln.
(3) ¹Die Absätze 1 und 2 gelten für Zivildienstleistende entsprechend. ²Bei einer Rechtsverordnung nach Absatz 2 tritt an die Stelle des Bundesministeriums der Verteidigung das Bundesministerium für Familie, Senioren, Frauen und Jugend.

§ 245 Beitragssatz für Studenten und Praktikanten

Für die nach § 5 Abs. 1 Nr. 9 und 10 Versicherungspflichtigen gelten als Beitragssatz sieben Zehntel des allgemeinen Beitragssatzes.

§ 246 Beitragssatz für Bezieher von Arbeitslosengeld II

Für Personen, die Arbeitslosengeld II beziehen, gilt als Beitragssatz der ermäßigte Beitragssatz nach § 243.

§ 247 Beitragssatz aus der Rente

¹Für Versicherungspflichtige findet für die Bemessung der Beiträge aus Renten der gesetzlichen Rentenversicherung der allgemeine Beitragssatz nach § 241 Anwendung. ²Abweichend von Satz 1 gilt bei Versicherungspflichtigen für die Bemessung der Beiträge aus ausländischen Renten nach § 228 Absatz 1 Satz 2 die Hälfte des allgemeinen Beitragssatzes und abweichend von § 242 Absatz 1 Satz 2 die Hälfte des kassenindividuellen Zusatzbeitragssatzes.

[3]Veränderungen des Zusatzbeitragssatzes gelten jeweils vom ersten Tag des zweiten auf die Veränderung folgenden Kalendermonats an; dies gilt nicht für ausländische Renten nach § 228 Absatz 1 Satz 2.

§ 248 Beitragssatz aus Versorgungsbezügen und Arbeitseinkommen
[1]Bei Versicherungspflichtigen gilt für die Bemessung der Beiträge aus Versorgungsbezügen und Arbeitseinkommen der allgemeine Beitragssatz. [2]Abweichend von Satz 1 gilt bei Versicherungspflichtigen für die Bemessung der Beiträge aus Versorgungsbezügen nach § 229 Absatz 1 Satz 1 Nummer 4 die Hälfte des allgemeinen Beitragssatzes und abweichend von § 242 Absatz 1 Satz 2 die Hälfte des kassenindividuellen Zusatzbeitragssatzes. [3]Veränderungen des Zusatzbeitragssatzes gelten für Versorgungsbezüge nach § 229 in den Fällen des § 256 Absatz 1 Satz 1 jeweils vom ersten Tag des zweiten auf die Veränderung folgenden Kalendermonats an.

Vierter Titel
Tragung der Beiträge

§ 249 Tragung der Beiträge bei versicherungspflichtiger Beschäftigung
(1) [1]Beschäftigte, die nach § 5 Absatz 1 Nummer 1 oder Nummer 13 versicherungspflichtig sind, und ihre Arbeitgeber tragen die nach dem Arbeitsentgelt zu bemessenden Beiträge jeweils zur Hälfte. [2]Bei geringfügig Beschäftigten gilt § 249b.

(2) Der Arbeitgeber trägt den Beitrag allein für Beschäftigte, soweit Beiträge für Kurzarbeitergeld zu zahlen sind.

(3) [1]Abweichend von Absatz 1 werden die Beiträge bei versicherungspflichtig Beschäftigten mit einem monatlichen Arbeitsentgelt innerhalb des Übergangsbereichs nach § 20 Abs. 2 des Vierten Buches vom Arbeitgeber in Höhe der Hälfte des Betrages, der sich ergibt, wenn der allgemeine oder ermäßigte Beitragssatz zuzüglich des kassenindividuellen Zusatzbeitragssatzes auf das der Beschäftigung zugrunde liegende Arbeitsentgelt angewendet wird, im Übrigen vom Versicherten getragen. [2]Dies gilt auch für Personen, für die § 7 Absatz 3 Anwendung findet.

§ 249a Tragung der Beiträge bei Versicherungspflichtigen mit Rentenbezug
[1]Versicherungspflichtige, die eine Rente nach § 228 Absatz 1 Satz 1 beziehen, und die Träger der Rentenversicherung tragen die nach der Rente zu bemessenden Beiträge jeweils zur Hälfte. [2]Bei Versicherungspflichtigen, die eine für sie nach § 237 Satz 2 beitragsfreie Waisenrente nach § 48 des Sechsten Buches beziehen, trägt der Träger der Rentenversicherung die Hälfte der nach dieser Rente zu bemessenden Beiträge, wie er sie ohne die Beitragsfreiheit zu tragen hätte. [3]Die Beiträge aus ausländischen Renten nach § 228 Absatz 1 Satz 2 tragen die Rentner allein.

§ 249b Beitrag des Arbeitgebers bei geringfügiger Beschäftigung
[1]Der Arbeitgeber einer Beschäftigung nach § 8 Abs. 1 Nr. 1 des Vierten Buches hat für Versicherte, die in dieser Beschäftigung versicherungsfrei oder nicht versicherungspflichtig sind, einen Beitrag in Höhe von 13 vom Hundert des Arbeitsentgelts dieser Beschäftigung zu tragen. [2]Für Beschäftigte in Privathaushalten nach § 8a Satz 1 des Vierten Buches, die in dieser Beschäftigung versicherungsfrei oder nicht versicherungspflichtig sind, hat der Arbeitgeber einen Beitrag in Höhe von 5 vom Hundert des Arbeitsentgelts dieser Beschäftigung zu tragen. [3]Für den Beitrag des Arbeitgebers gelten der Dritte Abschnitt des Vierten Buches sowie § 111 Abs. 1 Nr. 2 bis 4, 8 und Abs. 2 und 4 des Vierten Buches entsprechend.

§ 249c Tragung der Beiträge bei Bezug von Pflegeunterstützungsgeld
[1]Bei Bezug von Pflegeunterstützungsgeld werden die Beiträge, soweit sie auf das Pflegeunterstützungsgeld entfallen, getragen
1. bei Personen, die einen in der sozialen Pflegeversicherung versicherten Pflegebedürftigen pflegen, von den Versicherten und der Pflegekasse je zur Hälfte,
2. bei Personen, die einen in der privaten Pflege- Pflichtversicherung versicherungspflichtigen Pflegebedürftigen pflegen, von den Versicherten und dem privaten Versicherungsunternehmen je zur Hälfte,
3. bei Personen, die einen Pflegebedürftigen pflegen, der wegen Pflegebedürftigkeit Beihilfeleistungen oder Leistungen der Heilfürsorge und Leistungen einer Pflegekasse oder eines privaten Versicherungsunternehmens erhält, von den Versicherten zur Hälfte und von der Festsetzungsstelle für die Beihilfe oder vom Dienstherrn und der Pflegekasse oder dem privaten Versicherungsunternehmen jeweils anteilig,

im Übrigen von der Pflegekasse, dem privaten Versicherungsunternehmen oder anteilig von der Festsetzungsstelle für die Beihilfe oder dem Dienstherrn und der Pflegekasse oder dem privaten Versicherungsunternehmen. [2]Die Beiträge werden von der Pflegekasse oder dem privaten Versicherungsunternehmen allein oder anteilig von der Festsetzungsstelle für die Beihilfe oder dem Dienstherrn und der Pflegekasse oder dem privaten Versicherungsunternehmen getragen, wenn das dem Pflegeunterstützungsgeld zugrunde liegende monatliche Arbeitsentgelt 450 Euro nicht übersteigt.

§ 250 Tragung der Beiträge durch das Mitglied

(1) Versicherungspflichtige tragen die Beiträge aus
1. den Versorgungsbezügen,
2. dem Arbeitseinkommen,
3. den beitragspflichtigen Einnahmen nach § 236 Abs. 1

allein.
(2) Freiwillige Mitglieder, in § 189 genannte Rentenantragsteller sowie Schwangere, deren Mitgliedschaft nach § 192 Abs. 2 erhalten bleibt, tragen den Beitrag allein.
(3) Versicherungspflichtige nach § 5 Abs. 1 Nr. 13 tragen ihre Beiträge mit Ausnahme der aus Arbeitsentgelt und nach § 228 Absatz 1 Satz 1 zu tragenden Beiträge allein.

§ 251 Tragung der Beiträge durch Dritte

(1) Der zuständige Rehabilitationsträger trägt die auf Grund der Teilnahme an Leistungen zur Teilhabe am Arbeitsleben sowie an Berufsfindung oder Arbeitserprobung (§ 5 Abs. 1 Nr. 6) oder des Bezugs von Übergangsgeld, Verletztengeld oder Versorgungskrankengeld (§ 192 Abs. 1 Nr. 3) zu zahlenden Beiträge.
(2) [1]Der Träger der Einrichtung trägt den Beitrag allein
1. für die nach § 5 Abs. 1 Nr. 5 versicherungspflichtigen Jugendlichen,
2. für die nach § 5 Abs. 1 Nr. 7 oder 8 versicherungspflichtigen behinderten Menschen, wenn das tatsächliche Arbeitsentgelt den nach § 235 Abs. 3 maßgeblichen Mindestbetrag nicht übersteigt, im übrigen gilt § 249 Abs. 1 entsprechend.

[2]Für die nach § 5 Abs. 1 Nr. 7 versicherungspflichtigen behinderten Menschen sind die Beiträge, die der Träger der Einrichtung zu tragen hat, von den für die behinderten Menschen zuständigen Leistungsträgern zu erstatten. [3]Satz 1 Nummer 2 und Satz 2 gelten für einen anderen Leistungsanbieter nach § 60 des Neunten Buches entsprechend.
(3) [1]Die Künstlersozialkasse trägt die Beiträge für die nach dem Künstlersozialversicherungsgesetz versicherungspflichtigen Mitglieder. [2]Hat die Künstlersozialkasse nach § 16 Abs. 2 Satz 2 des Künstlersozialversicherungsgesetzes das Ruhen der Leistungen festgestellt, entfällt für die Zeit des Ruhens die Pflicht zur Entrichtung des Beitrages, es sei denn, das Ruhen endet nach § 16 Abs. 2 Satz 5 des Künstlersozialversicherungsgesetzes. [3]Bei einer Vereinbarung nach § 16 Abs. 2 Satz 6 des Künstlersozialversicherungsgesetzes ist die Künstlersozialkasse zur Entrichtung der Beiträge für die Zeit des Ruhens insoweit verpflichtet, als der Versicherte seine Beitragsanteile zahlt.
(4) [1]Der Bund trägt die Beiträge für Wehrdienst- und Zivildienstleistende im Falle des § 193 Abs. 2 und 3 sowie für die nach § 5 Abs. 1 Nr. 2a versicherungspflichtigen Bezieher von Arbeitslosengeld II. [2]Die Höhe der vom Bund zu tragenden Zusatzbeiträge für die nach § 5 Absatz 1 Nummer 2a versicherungspflichtigen Bezieher von Arbeitslosengeld II wird für ein Kalenderjahr jeweils im Folgejahr abschließend festgestellt. [3]Hierzu ermittelt das Bundesministerium für Gesundheit den rechnerischen Zusatzbeitragssatz, der sich als Durchschnitt der im Kalenderjahr geltenden Zusatzbeitragssätze der Krankenkassen nach § 242 Absatz 1 unter Berücksichtigung der Zahl ihrer Mitglieder ergibt. [4]Weicht der durchschnittliche Zusatzbeitragssatz nach § 242a von dem für das Kalenderjahr nach Satz 2 ermittelten rechnerischen Zusatzbeitragssatz ab, so erfolgt zwischen dem Gesundheitsfonds und dem Bundeshaushalt ein finanzieller Ausgleich des sich aus der Abweichung ergebenden Differenzbetrags. [5]Den Ausgleich führt das Bundesamt für Soziale Sicherung für den Gesundheitsfonds nach § 271 und das Bundesministerium für Arbeit und Soziales im Einvernehmen mit dem Bundesministerium der Finanzen für den Bund durch. [6]Ein Ausgleich findet nicht statt, wenn sich ein Betrag von weniger als einer Million Euro ergibt.
(4a) Die Bundesagentur für Arbeit trägt die Beiträge für die Bezieher von Arbeitslosengeld und Unterhaltsgeld nach dem Dritten Buch.
(4b) Für Personen, die als nicht satzungsmäßige Mitglieder geistlicher Genossenschaften oder ähnlicher religiöser Gemeinschaften für den Dienst in einer solchen Genossenschaft oder ähnlichen religiösen Gemeinschaft außerschulisch ausgebildet werden, trägt die geistliche Genossenschaft oder ähnliche religiöse Gemeinschaft die Beiträge.
(5) [1]Die Krankenkassen sind zur Prüfung der Beitragszahlung berechtigt. [2]In den Fällen der Absätze 3, 4 und 4a ist das Bundesamt für Soziale Sicherung zur Prüfung der Beitragszahlung berechtigt. [3]Ihm sind die für die Durchführung der Prüfung erforderlichen Unterlagen vorzulegen und die erforderlichen Auskünfte zu erteilen. [4]Das Bundesamt für Soziale Sicherung kann die Prüfung durch eine Krankenkasse oder einen Landesverband wahrnehmen lassen; der Beauftragte muss zustimmen. [5]Dem Beauftragten sind die erforderlichen Unterlagen vorzulegen und die erforderlichen Auskünfte zu erteilen. [6]Der Beauftragte darf die erhobenen Daten nur zum Zweck der Durchführung der Prüfung verarbeiten. [7]Im Übrigen gelten für die Verarbeitung die Vorschriften des Ersten und Zehnten Buches.

Fünfter Titel
Zahlung der Beiträge

§ 252 Beitragszahlung

(1) ¹Soweit gesetzlich nichts Abweichendes bestimmt ist, sind die Beiträge von demjenigen zu zahlen, der sie zu tragen hat. ²Abweichend von Satz 1 zahlen die Bundesagentur für Arbeit oder in den Fällen des § 6a des Zweiten Buches die zugelassenen kommunalen Träger die Beiträge für die Bezieher von Arbeitslosengeld II nach dem Zweiten Buch.
(2) ¹Die Beitragszahlung erfolgt in den Fällen des § 251 Abs. 3, 4 und 4a an den Gesundheitsfonds. ²Ansonsten erfolgt die Beitragszahlung an die nach § 28i des Vierten Buches zuständige Einzugsstelle. ³Die Einzugsstellen leiten die nach Satz 2 gezahlten Beiträge einschließlich der Zinsen auf Beiträge und Säumniszuschläge arbeitstäglich an den Gesundheitsfonds weiter. ⁴Das Weitere zum Verfahren der Beitragszahlungen nach Satz 1 und Beitragsweiterleitungen nach Satz 3 wird durch Rechtsverordnung nach den §§ 28c und 28n des Vierten Buches geregelt.
(2a) ¹Die Pflegekassen zahlen für Bezieher von Pflegeunterstützungsgeld die Beiträge nach § 249c Satz 1 Nummer 1 und 3. ²Die privaten Versicherungsunternehmen, die Festsetzungsstellen für die Beihilfe oder die Dienstherren zahlen die Beiträge nach § 249c Satz 1 Nummer 2 und 3; der Verband der privaten Krankenversicherung e. V., die Festsetzungsstellen für die Beihilfe und die Dienstherren vereinbaren mit dem Spitzenverband Bund der Krankenkassen und dem Bundesamt für Soziale Sicherung Näheres über die Zahlung und Abrechnung der Beiträge. ³Für den Beitragsabzug gilt § 28g Satz 1 und 2 des Vierten Buches entsprechend.
(3) ¹Schuldet ein Mitglied Auslagen, Gebühren, insbesondere Mahn- und Vollstreckungsgebühren sowie wie Gebühren zu behandelnde Entgelte für Rücklastschriften, Beiträge, den Zusatzbeitrag nach § 242 in der bis zum 31. Dezember 2014 geltenden Fassung, Prämien nach § 53, Säumniszuschläge, Zinsen, Bußgelder oder Zwangsgelder, kann es bei Zahlung bestimmen, welche Schuld getilgt werden soll. ²Trifft das Mitglied keine Bestimmung, werden die Schulden in der genannten Reihenfolge getilgt. ³Innerhalb der gleichen Schuldenart werden die einzelnen Schulden nach ihrer Fälligkeit, bei gleichzeitiger Fälligkeit anteilmäßig getilgt.
(4) Für die Haftung der Einzugsstellen wegen schuldhafter Pflichtverletzung beim Einzug von Beiträgen nach Absatz 2 Satz 2 gilt § 28r Abs. 1 und 2 des Vierten Buches entsprechend.
(5) Das Bundesministerium für Gesundheit regelt durch Rechtsverordnung mit Zustimmung des Bundesrates das Nähere über die Prüfung der von den Krankenkassen mitzuteilenden Daten durch die mit der Prüfung nach § 274 befassten Stellen einschließlich der Folgen fehlerhafter Datenlieferungen oder nicht prüfbarer Daten sowie das Verfahren der Prüfung und der Prüfkriterien für die Bereiche der Beitragsfestsetzung, des Beitragseinzugs und der Weiterleitung von Beiträgen nach Absatz 2 Satz 2 durch die Krankenkassen, auch abweichend von § 274.
(6) Stellt die Aufsichtsbehörde fest, dass eine Krankenkasse die Monatsabrechnungen über die Sonstigen Beiträge gegenüber dem Bundesamt für Soziale Sicherung als Verwalter des Gesundheitsfonds entgegen der Rechtsverordnung auf Grundlage der §§ 28n und 28p des Vierten Buches nicht, nicht vollständig, nicht richtig oder nicht fristgerecht abgibt, kann sie die Aufforderung zur Behebung der festgestellten Rechtsverletzung und zur Unterlassung künftiger Rechtsverletzungen mit der Androhung eines Zwangsgeldes bis zu 50 000 Euro für jeden Fall der Zuwiderhandlung verbinden.

§ 253 Beitragszahlung aus dem Arbeitsentgelt

Für die Zahlung der Beiträge aus Arbeitsentgelt bei einer versicherungspflichtigen Beschäftigung gelten die Vorschriften über den Gesamtsozialversicherungsbeitrag nach den §§ 28d bis 28n und § 28r des Vierten Buches.

§ 254 Beitragszahlung der Studenten

¹Versicherungspflichtige Studenten haben vor der Einschreibung oder Rückmeldung an der Hochschule die Beiträge für das Semester im voraus an die zuständige Krankenkasse zu zahlen. ²Der Spitzenverband Bund der Krankenkassen kann andere Zahlungsweisen vorsehen. ³Weist ein als Student zu Versichernder die Erfüllung der ihm gegenüber der Krankenkasse auf Grund dieses Gesetzbuchs auferlegten Verpflichtungen nicht nach, verweigert die Hochschule die Einschreibung oder die Annahme der Rückmeldung.

§ 255 Beitragszahlung aus der Rente

(1) ¹Beiträge, die Versicherungspflichtige aus ihrer Rente nach § 228 Absatz 1 Satz 1 zu tragen haben, sind von den Trägern der Rentenversicherung bei der Zahlung der Rente einzubehalten und zusammen mit den von den Trägern der Rentenversicherung zu tragenden Beiträgen an die Deutsche Rentenversicherung Bund für die Krankenkassen mit Ausnahme der landwirtschaftlichen Krankenkasse zu zahlen. ²Bei einer Änderung in der Höhe der Beiträge ist die Erteilung eines besonderen Bescheides durch den Träger der Rentenversicherung nicht erforderlich.

(2) ¹Ist bei der Zahlung der Rente die Einbehaltung von Beiträgen nach Absatz 1 unterblieben, sind die rückständigen Beiträge durch den Träger der Rentenversicherung aus der weiterhin zu zahlenden Rente einzubehalten; § 51 Abs. 2 des Ersten Buches gilt entsprechend. ²Abweichend von Satz 1 kann die Krankenkasse den Anspruch auf Zahlung rückständiger Beiträge mit einem ihr obliegenden Erstattungsbetrag gemäß § 28 Nummer 1 des Vierten Buches verrechnen. ³Wird nachträglich festgestellt, dass ein freiwilliges Mitglied, das eine Rente nach § 228 Absatz 1 Satz 1 bezieht, versicherungspflichtig ist und ersucht der Träger der Rentenversicherung die Krankenkasse um Verrechnung des der Krankenkasse obliegenden Erstattungsbetrags der als freiwilliges Mitglied entrichteten Beiträge mit einem Anspruch auf Zahlung rückständiger Beiträge oder mit einem Anspruch auf Erstattung eines nach § 106 des Sechsten Buches geleisteten Zuschusses zur Krankenversicherung, ist die Erstattung, sofern sie im Übrigen möglich ist, spätestens innerhalb von zwei Monaten zu erbringen, nachdem die Krankenkasse den Träger der Rentenversicherung informiert hat, dass das freiwillige Mitglied versicherungspflichtig war. ⁴Wird die Rente nicht mehr gezahlt, obliegt der Einzug von rückständigen Beiträgen der zuständigen Krankenkasse. ⁵Der Träger der Rentenversicherung haftet mit dem von ihm zu tragenden Anteil an den Aufwendungen für die Krankenversicherung.
(3) ¹Soweit im Folgenden nichts Abweichendes bestimmt ist, werden die Beiträge nach den Absätzen 1 und 2 am letzten Bankarbeitstag des Monats fällig, der dem Monat folgt, für den die Rente gezahlt wird. ²Wird eine Rente am letzten Bankarbeitstag des Monats ausgezahlt, der dem Monat vorausgeht, in dem sie fällig wird (§ 272a des Sechsten Buches), werden die Beiträge nach den Absätzen 1 und 2 abweichend von Satz 1 am letzten Bankarbeitstag des Monats, für den die Rente gezahlt wird, fällig. ³Am Achten eines Monats wird ein Betrag in Höhe von 300 Millionen Euro fällig; die im selben Monat fälligen Beiträge nach den Sätzen 1 und 2 verringern sich um diesen Betrag. ⁴Die Deutsche Rentenversicherung Bund leitet die Beiträge nach den Absätzen 1 und 2 an den Gesundheitsfonds weiter und teilt dem Bundesamt für Soziale Sicherung bis zum 15. des Monats die voraussichtliche Höhe der am letzten Bankarbeitstag fälligen Beträge mit.

§ 256 Beitragszahlung aus Versorgungsbezügen

(1) ¹Für Versicherungspflichtige haben die Zahlstellen der Versorgungsbezüge die Beiträge aus Versorgungsbezügen einzubehalten und an die zuständige Krankenkasse zu zahlen. ²Die zu zahlenden Beiträge werden am 15. des Folgemonats der Auszahlung der Versorgungsbezüge fällig. ³Die Zahlstellen haben der Krankenkasse die einbehaltenen Beiträge nachzuweisen; § 28f Absatz 3 Satz 1 und 2 des Vierten Buches gilt entsprechend. ⁴Die Beitragsnachweise sind von den Zahlstellen durch Datenübertragung zu übermitteln; § 202 Absatz 2 gilt entsprechend. ⁵Bezieht das Mitglied Versorgungsbezüge von mehreren Zahlstellen und übersteigen die Versorgungsbezüge zusammen mit dem Zahlbetrag der Rente der gesetzlichen Rentenversicherung die Beitragsbemessungsgrenze, verteilt die Krankenkasse auf Antrag des Mitglieds oder einer der Zahlstellen die Beiträge.
(2) ¹§ 255 Abs. 2 Satz 1 und 4 gilt entsprechend. ²Die Krankenkasse zieht die Beiträge aus nachgezahlten Versorgungsbezügen ein. ³Dies gilt nicht für Beiträge aus Nachzahlungen aufgrund von Anpassungen der Versorgungsbezüge an die wirtschaftliche Entwicklung. ⁴Die Erstattung von Beiträgen obliegt der zuständigen Krankenkasse. ⁵Die Krankenkassen können mit den Zahlstellen der Versorgungsbezüge Abweichendes vereinbaren.
(3) ¹Die Krankenkasse überwacht die Beitragszahlung. ²Sind für die Überwachung der Beitragszahlung durch eine Zahlstelle mehrere Krankenkassen zuständig, haben sie zu vereinbaren, daß eine dieser Krankenkassen die Überwachung für die beteiligten Krankenkassen übernimmt. ³§ 98 Abs. 1 Satz 2 des Zehnten Buches gilt entsprechend.

§ 256a Ermäßigung und Erlass von Beitragsschulden und Säumniszuschlägen

(1) Zeigt ein Versicherter das Vorliegen der Voraussetzungen der Versicherungspflicht nach § 5 Absatz 1 Nummer 13 erst nach einem der in § 186 Absatz 11 Satz 1 und 2 genannten Zeitpunkte an, soll die Krankenkasse die für die Zeit seit dem Eintritt der Versicherungspflicht nachzuzahlenden Beiträge angemessen ermäßigen; darauf entfallende Säumniszuschläge nach § 24 des Vierten Buches sind vollständig zu erlassen.
(2) ¹Erfolgt die Anzeige nach Absatz 1 bis zum 31. Dezember 2013, soll die Krankenkasse den für die Zeit seit dem Eintritt der Versicherungspflicht nachzuzahlenden Beitrag und die darauf entfallenden Säumniszuschläge nach § 24 des Vierten Buches erlassen. ²Satz 1 gilt für bis zum 31. Juli 2013 erfolgte Anzeigen der Versicherungspflicht nach § 5 Absatz 1 Nummer 13 für noch ausstehende Beiträge und Säumniszuschläge entsprechend.
(3) Die Krankenkasse hat für Mitglieder nach § 5 Absatz 1 Nummer 13 sowie für freiwillige Mitglieder noch nicht gezahlte Säumniszuschläge in Höhe der Differenz zwischen dem nach § 24 Absatz 1a des Vierten Buches in der bis zum 31. Juli 2013 geltenden Fassung erhobenen Säumniszuschlag und dem sich bei Anwendung des in § 24 Absatz 1 des Vierten Buches ergebenden Säumniszuschlag zu erlassen.

(4) ¹Der Spitzenverband Bund der Krankenkassen regelt das Nähere zur Ermäßigung und zum Erlass von Beiträgen und Säumniszuschlägen nach den Absätzen 1 bis 3, insbesondere zu einem Verzicht auf die Inanspruchnahme von Leistungen als Voraussetzung für die Ermäßigung oder den Erlass. ²Die Regelungen nach Satz 1 bedürfen zu ihrer Wirksamkeit der Zustimmung des Bundesministeriums für Gesundheit und sind diesem spätestens bis zum 15. September 2013 vorzulegen.

Zweiter Abschnitt
Beitragszuschüsse

§ 257 Beitragszuschüsse für Beschäftigte

(1) ¹Freiwillig in der gesetzlichen Krankenversicherung versicherte Beschäftigte, die nur wegen Überschreitens der Jahresarbeitsentgeltgrenze versicherungsfrei sind, erhalten von ihrem Arbeitgeber als Beitragszuschuß den Betrag, den der Arbeitgeber entsprechend § 249 Absatz 1 oder 2 bei Versicherungspflicht des Beschäftigten zu tragen hätte. ²Satz 1 gilt für freiwillig in der gesetzlichen Krankenversicherung versicherte Beschäftigte, deren Mitgliedschaft auf der Versicherungsberechtigung nach § 9 Absatz 1 Satz 1 Nummer 8 beruht, entsprechend. ³Bestehen innerhalb desselben Zeitraums mehrere Beschäftigungsverhältnisse, sind die beteiligten Arbeitgeber anteilig nach dem Verhältnis der Höhe der jeweiligen Arbeitsentgelte zur Zahlung des Beitragszuschusses verpflichtet. ⁴Freiwillig in der gesetzlichen Krankenversicherung Versicherte, die eine Beschäftigung nach dem Jugendfreiwilligendienstegesetz oder nach dem Bundesfreiwilligendienstgesetz ausüben, erhalten von ihrem Arbeitgeber als Beitragszuschuss den Betrag, den der Arbeitgeber bei Versicherungspflicht der Freiwilligendienstleistenden nach § 20 Absatz 3 Satz 1 Nummer 2 des Vierten Buches für die Krankenversicherung zu tragen hätte.

(2) ¹Beschäftigte, die nur wegen Überschreitens der Jahresarbeitsentgeltgrenze oder auf Grund von § 6 Abs. 3a versicherungsfrei oder die von der Versicherungspflicht befreit und bei einem privaten Krankenversicherungsunternehmen versichert sind und für sich und ihre Angehörigen, die bei Versicherungspflicht des Beschäftigten nach § 10 versichert wären, Vertragsleistungen beanspruchen können, die der Art nach den Leistungen dieses Buches entsprechen, erhalten von ihrem Arbeitgeber einen Beitragszuschuß. ²Der Zuschuss wird in Höhe des Betrages gezahlt, der sich bei Anwendung der Hälfte des Beitragssatzes nach § 241 zuzüglich der Hälfte des durchschnittlichen Zusatzbeitragssatzes nach § 242a und der nach § 226 Absatz 1 Satz 1 Nummer 1 bei Versicherungspflicht zugrunde zu legenden beitragspflichtigen Einnahmen als Beitrag ergibt, höchstens jedoch in Höhe der Hälfte des Betrages, den der Beschäftigte für seine Krankenversicherung zu zahlen hat. ³Für Beschäftigte, die bei Versicherungspflicht keinen Anspruch auf Krankengeld hätten, tritt an die Stelle des Beitragssatzes nach § 241 der Beitragssatz nach § 243. ⁴Soweit Kurzarbeitergeld bezogen wird, ist der Beitragszuschuss in Höhe des Betrages zu zahlen, den der Arbeitgeber bei Versicherungspflicht des Beschäftigten entsprechend § 249 Absatz 2 zu tragen hätte, höchstens jedoch in Höhe des Betrages, den der Beschäftigte für seine Krankenversicherung zu zahlen hat; für die Berechnung gilt der um den durchschnittlichen Zusatzbeitragssatz nach § 242a erhöhte allgemeine Beitragssatz nach § 241. ⁵Absatz 1 Satz 3 gilt.

(2a) ¹Der Zuschuss nach Absatz 2 wird ab 1. Januar 2009 für eine private Krankenversicherung nur gezahlt, wenn das Versicherungsunternehmen

1. diese Krankenversicherung nach Art der Lebensversicherung betreibt,
2. einen Basistarif im Sinne des § 152 Absatz 1 des Versicherungsaufsichtsgesetzes anbietet,
2a. sich verpflichtet, Interessenten vor Abschluss der Versicherung das amtliche Informationsblatt der Bundesanstalt für Finanzdienstleistungsaufsicht gemäß § 146 Absatz 1 Nummer 6 des Versicherungsaufsichtsgesetzes auszuhändigen, welches über die verschiedenen Prinzipien der gesetzlichen sowie der privaten Krankenversicherung aufklärt,
3. soweit es über versicherte Personen im brancheneinheitlichen Standardtarif im Sinne von § 257 Abs. 2a in der bis zum 31. Dezember 2008 geltenden Fassung verfügt, sich verpflichtet, die in § 257 Abs. 2a in der bis zum 31. Dezember 2008 geltenden Fassung in Bezug auf einen Standardtarif genannten Pflichten einzuhalten,
4. sich verpflichtet, den überwiegenden Teil der Überschüsse, die sich aus dem selbst abgeschlossenen Versicherungsgeschäft ergeben, zugunsten der Versicherten zu verwenden,
5. vertraglich auf das ordentliche Kündigungsrecht verzichtet,
6. die Krankenversicherung nicht zusammen mit anderen Versicherungssparten betreibt, wenn das Versicherungsunternehmen seinen Sitz im Geltungsbereich dieses Gesetzes hat.

²Der Versicherungsnehmer hat dem Arbeitgeber jeweils nach Ablauf von drei Jahren eine Bescheinigung des Versicherungsunternehmens darüber vorzulegen, dass die Aufsichtsbehörde dem Versicherungsunternehmen bestätigt hat, dass es die Versicherung, die Grundlage des Versicherungsvertrages ist, nach den in Satz 1 genannten Voraussetzungen betreibt.

(3) [1]Für Bezieher von Vorruhestandsgeld nach § 5 Abs. 3, die als Beschäftigte bis unmittelbar vor Beginn der Vorruhestandsleistungen Anspruch auf den vollen oder anteiligen Beitragszuschuß nach Absatz 1 hatten, bleibt der Anspruch für die Dauer der Vorruhestandsleistungen gegen den zur Zahlung des Vorruhestandsgeldes Verpflichteten erhalten. [2]Der Zuschuss wird in Höhe des Betrages gezahlt, den der Arbeitgeber bei Versicherungspflicht des Beziehers von Vorruhestandsgeld zu tragen hätte. [3]Absatz 1 Satz 2 gilt entsprechend.
(4) [1]Für Bezieher von Vorruhestandsgeld nach § 5 Abs. 3, die als Beschäftigte bis unmittelbar vor Beginn der Vorruhestandsleistungen Anspruch auf den vollen oder anteiligen Beitragszuschuß nach Absatz 2 hatten, bleibt der Anspruch für die Dauer der Vorruhestandsleistungen gegen den zur Zahlung des Vorruhestandsgeldes Verpflichteten erhalten. [2]Der Zuschuss wird in Höhe des Betrages gezahlt, der sich bei Anwendung der Hälfte des Beitragssatzes nach § 243 und des Vorruhestandsgeldes bis zur Beitragsbemessungsgrenze (§ 223 Absatz 3) als Beitrag ergibt, höchstens jedoch in Höhe der Hälfte des Betrages, den der Bezieher von Vorruhestandsgeld für seine Krankenversicherung zu zahlen hat; Absatz 1 Satz 2 gilt entsprechend.

§ 258 Beitragszuschüsse für andere Personen

[1]In § 5 Abs. 1 Nr. 6, 7 oder 8 genannte Personen, die nach § 6 Abs. 3a versicherungsfrei sind, sowie Bezieher von Übergangsgeld, die nach § 8 Abs. 1 Nr. 4 von der Versicherungspflicht befreit sind, erhalten vom zuständigen Leistungsträger einen Zuschuß zu ihrem Krankenversicherungsbeitrag. [2]Als Zuschuß ist der Betrag zu zahlen, der von dem Leistungsträger als Beitrag bei Krankenversicherungspflicht zu zahlen wäre, höchstens jedoch der Betrag, der an das private Krankenversicherungsunternehmen zu zahlen ist. [3]§ 257 Abs. 2a gilt entsprechend.

Dritter Abschnitt
Verwendung und Verwaltung der Mittel

§ 264 Übernahme der Krankenbehandlung für nicht Versicherungspflichtige gegen Kostenerstattung

(1) [1]Die Krankenkasse kann für Arbeits- und Erwerbslose, die nicht gesetzlich gegen Krankheit versichert sind, für andere Hilfeempfänger sowie für die vom Bundesministerium für Gesundheit bezeichneten Personenkreise die Krankenbehandlung übernehmen, sofern der Krankenkasse Ersatz der vollen Aufwendungen für den Einzelfall sowie eines angemessenen Teils ihrer Verwaltungskosten gewährleistet wird. [2]Die Krankenkasse ist zur Übernahme der Krankenbehandlung nach Satz 1 für Empfänger von Gesundheitsleistungen nach den §§ 4 und 6 des Asylbewerberleistungsgesetzes verpflichtet, wenn sie durch die Landesregierung oder die von der Landesregierung beauftragte oberste Landesbehörde dazu aufgefordert wird und mit ihr eine entsprechende Vereinbarung mindestens auf Ebene der Landkreise oder kreisfreien Städte geschlossen wird. [3]Die Vereinbarung über die Übernahme der Krankenbehandlung nach Satz 1 für den in Satz 2 genannten Personenkreis hat insbesondere Regelungen zur Erbringung der Leistungen sowie zum Ersatz der Aufwendungen und Verwaltungskosten nach Satz 1 zu enthalten; die Ausgabe einer elektronischen Gesundheitskarte kann vereinbart werden. [4]Wird von der Landesregierung oder der von ihr beauftragten obersten Landesbehörde eine Rahmenvereinbarung auf Landesebene zur Übernahme der Krankenbehandlung für den in Satz 2 genannten Personenkreis gefordert, sind die Landesverbände der Krankenkassen und die Ersatzkassen gemeinsam zum Abschluss einer Rahmenvereinbarung verpflichtet. [5]Zudem vereinbart der Spitzenverband Bund der Krankenkassen mit den auf Bundesebene bestehenden Spitzenorganisationen der nach dem Asylbewerberleistungsgesetz zuständigen Behörden Rahmenempfehlungen zur Übernahme der Krankenbehandlung für den in Satz 2 genannten Personenkreis. [6]Die Rahmenempfehlungen nach Satz 5, die von den zuständigen Behörden nach dem Asylbewerberleistungsgesetz und den Krankenkassen nach den Sätzen 1 bis 3 sowie von den Vertragspartnern auf Landesebene nach Satz 4 übernommen werden sollen, regeln insbesondere die Umsetzung der leistungsrechtlichen Regelungen nach den §§ 4 und 6 des Asylbewerberleistungsgesetzes, die Abrechnung und die Abrechnungsprüfung der Leistungen sowie den Ersatz der Aufwendungen und der Verwaltungskosten der Krankenkassen nach Satz 1.
(2) [1]Die Krankenbehandlung von Empfängern von Leistungen nach dem Dritten bis Neunten Kapitel des Zwölften Buches, nach dem Teil 2 des Neunten Buches, von Empfängern laufender Leistungen nach § 2 des Asylbewerberleistungsgesetzes und von Empfängern von Krankenhilfeleistungen nach dem Achten Buch, die nicht versichert sind, wird von der Krankenkasse übernommen. [2]Satz 1 gilt nicht für Empfänger, die voraussichtlich nicht mindestens einen Monat ununterbrochen Hilfe zum Lebensunterhalt beziehen, für Personen, die ausschließlich Leistungen nach § 11 Abs. 5 Satz 3 und 33 des Zwölften Buches beziehen sowie für die in § 24 des Zwölften Buches genannten Personen.
(3) [1]Die in Absatz 2 Satz 1 genannten Empfänger haben unverzüglich eine Krankenkasse im Bereich des für die Hilfe zuständigen Trägers der Sozialhilfe oder der öffentlichen Jugendhilfe zu wählen, die ihre Krankenbehandlung übernimmt. [2]Leben mehrere Empfänger in häuslicher Gemeinschaft, wird das Wahlrecht vom Haushaltsvorstand für sich und für die Familienangehörigen ausgeübt, die bei Versicherungspflicht des Haushaltsvorstands

nach § 10 versichert wären. ³Wird das Wahlrecht nach den Sätzen 1 und 2 nicht ausgeübt, gelten § 28i des Vierten Buches und § 175 Abs. 3 Satz 2 entsprechend.

(4) ¹Für die in Absatz 2 Satz 1 genannten Empfänger gelten § 11 Abs. 1 sowie die §§ 61 und 62 entsprechend. ²Sie erhalten eine elektronische Gesundheitskarte nach § 291. ³Als Versichertenstatus nach § 291a Absatz 2 Nummer 7 gilt für Empfänger bis zur Vollendung des 65. Lebensjahres die Statusbezeichnung „Mitglied", für Empfänger nach Vollendung des 65. Lebensjahres die Statusbezeichnung „Rentner". ⁴Empfänger, die das 65. Lebensjahr noch nicht vollendet haben, in häuslicher Gemeinschaft leben und nicht Haushaltsvorstand sind, erhalten die Statusbezeichnung „Familienversicherte".

(5) ¹Wenn Empfänger nicht mehr bedürftig im Sinne des Zwölften Buches oder des Achten Buches sind, meldet der Träger der Sozialhilfe oder der öffentlichen Jugendhilfe diese bei der jeweiligen Krankenkasse ab. ²Bei der Abmeldung hat der Träger der Sozialhilfe oder der öffentlichen Jugendhilfe die elektronische Gesundheitskarte vom Empfänger einzuziehen und an die Krankenkasse zu übermitteln. ³Aufwendungen, die der Krankenkasse nach Abmeldung durch eine missbräuchliche Verwendung der Karte entstehen, hat der Träger der Sozialhilfe oder der öffentlichen Jugendhilfe zu erstatten. ⁴Satz 3 gilt nicht in den Fällen, in denen die Krankenkasse auf Grund gesetzlicher Vorschriften oder vertraglicher Vereinbarungen verpflichtet ist, ihre Leistungspflicht vor der Inanspruchnahme der Leistung zu prüfen.

(6) ¹Bei der Bemessung der Vergütungen nach § 85 oder § 87a ist die vertragsärztliche Versorgung der Empfänger zu berücksichtigen. ²Werden die Gesamtvergütungen nach § 85 nach Kopfpauschalen berechnet, gelten die Empfänger als Mitglieder. ³Leben mehrere Empfänger in häuslicher Gemeinschaft, gilt abweichend von Satz 2 nur der Haushaltsvorstand nach Absatz 3 als Mitglied; die vertragsärztliche Versorgung der Familienangehörigen, die nach § 10 versichert wären, wird durch die für den Haushaltsvorstand zu zahlende Kopfpauschale vergütet.

(7) ¹Die Aufwendungen, die den Krankenkassen durch die Übernahme der Krankenbehandlung nach den Absätzen 2 bis 6 entstehen, werden ihnen von den für die Hilfe zuständigen Trägern der Sozialhilfe oder der öffentlichen Jugendhilfe vierteljährlich erstattet. ²Als angemessene Verwaltungskosten einschließlich Personalaufwand für den Personenkreis nach Absatz 2 werden bis zu 5 vom Hundert der abgerechneten Leistungsaufwendungen festgelegt. ³Wenn Anhaltspunkte für eine unwirtschaftliche Leistungserbringung oder -gewährung vorliegen, kann der zuständige Träger der Sozialhilfe oder der öffentlichen Jugendhilfe von der jeweiligen Krankenkasse verlangen, die Angemessenheit der Aufwendungen zu prüfen und nachzuweisen.

Neuntes Kapitel
Medizinischer Dienst

Erster Abschnitt
Aufgaben

§ 275 Begutachtung und Beratung

(1) ¹Die Krankenkassen sind in den gesetzlich bestimmten Fällen oder wenn es nach Art, Schwere, Dauer oder Häufigkeit der Erkrankung oder nach dem Krankheitsverlauf erforderlich ist, verpflichtet,
1. bei Erbringung von Leistungen, insbesondere zur Prüfung von Voraussetzungen, Art und Umfang der Leistung, sowie bei Auffälligkeiten zur Prüfung der ordnungsgemäßen Abrechnung,
2. zur Einleitung von Leistungen zur Teilhabe, insbesondere zur Koordinierung der Leistungen nach den §§ 14 bis 24 des Neunten Buches, im Benehmen mit dem behandelnden Arzt,
3. bei Arbeitsunfähigkeit
    a) zur Sicherung des Behandlungserfolgs, insbesondere zur Einleitung von Maßnahmen der Leistungsträger für die Wiederherstellung der Arbeitsfähigkeit, oder
    b) zur Beseitigung von Zweifeln an der Arbeitsunfähigkeit,

eine gutachtliche Stellungnahme des Medizinischen Dienstes einzuholen. ²Die Regelungen des § 87 Absatz 1c zu dem im Bundesmantelvertrag für Zahnärzte vorgesehenen Gutachterverfahren bleiben unberührt.

(1a) ¹Zweifel an der Arbeitsunfähigkeit nach Absatz 1 Nr. 3 Buchstabe b sind insbesondere in Fällen anzunehmen, in denen
a) Versicherte auffällig häufig oder auffällig häufig nur für kurze Dauer arbeitsunfähig sind oder der Beginn der Arbeitsunfähigkeit häufig auf einen Arbeitstag am Beginn oder am Ende einer Woche fällt oder
b) die Arbeitsunfähigkeit von einem Arzt festgestellt worden ist, der durch die Häufigkeit der von ihm ausgestellten Bescheinigungen über Arbeitsunfähigkeit auffällig geworden ist.

²Die Prüfung hat unverzüglich nach Vorlage der ärztlichen Feststellung über die Arbeitsunfähigkeit zu erfolgen. ³Der Arbeitgeber kann verlangen, daß die Krankenkasse eine gutachtliche Stellungnahme des Medizinischen Dienstes zur Überprüfung der Arbeitsunfähigkeit einholt. ⁴Die Krankenkasse kann von einer Beauftragung des Medizinischen

Dienstes absehen, wenn sich die medizinischen Voraussetzungen der Arbeitsunfähigkeit eindeutig aus den der Krankenkasse vorliegenden ärztlichen Unterlagen ergeben.

(1b) ¹Die Krankenkassen dürfen für den Zweck der Feststellung, ob bei Arbeitsunfähigkeit nach Absatz 1 Satz 1 Nummer 3 eine gutachtliche Stellungnahme des Medizinischen Dienstes einzuholen ist, im jeweils erforderlichen Umfang grundsätzlich nur die bereits nach § 284 Absatz 1 rechtmäßig erhobenen und gespeicherten versichertenbezogenen Daten verarbeiten. ²Sollte die Verarbeitung bereits bei den Krankenkassen vorhandener Daten für den Zweck nach Satz 1 nicht ausreichen, dürfen die Krankenkassen abweichend von Satz 1 zu dem dort bezeichneten Zweck bei den Versicherten nur folgende versichertenbezogene Angaben im jeweils erforderlichen Umfang erheben und verarbeiten:
1. Angaben dazu, ob eine Wiederaufnahme der Arbeit absehbar ist und gegebenenfalls zu welchem Zeitpunkt eine Wiederaufnahme der Arbeit voraussichtlich erfolgt, und
2. Angaben zu konkret bevorstehenden diagnostischen und therapeutischen Maßnahmen, die einer Wiederaufnahme der Arbeit entgegenstehen.

³Die Krankenkassen dürfen die Angaben nach Satz 2 bei den Versicherten grundsätzlich nur schriftlich oder elektronisch erheben. ⁴Abweichend von Satz 3 ist eine telefonische Erhebung zulässig, wenn die Versicherten in die telefonische Erhebung zuvor schriftlich oder elektronisch eingewilligt haben. ⁵Die Krankenkassen haben jede telefonische Erhebung beim Versicherten zu protokollieren; die Versicherten sind hierauf sowie insbesondere auf das Auskunftsrecht nach Artikel 15 der Verordnung (EU) 2016/679 hinzuweisen. ⁶Versichertenanfragen der Krankenkassen im Rahmen der Durchführung der individuellen Beratung und Hilfestellung nach § 44 Absatz 4 bleiben unberührt. ⁷Abweichend von Satz 1 dürfen die Krankenkassen zu dem in Satz 1 bezeichneten Zweck im Rahmen einer Anfrage bei dem die Arbeitsunfähigkeitsbescheinigung ausstellenden Leistungserbringer weitere Angaben erheben und verarbeiten. ⁸Den Umfang der Datenerhebung nach Satz 7 regelt der Gemeinsame Bundesausschuss in seiner Richtlinie nach § 92 Absatz 1 Satz 2 Nummer 7 unter der Voraussetzung, dass diese Angaben erforderlich sind
1. zur Konkretisierung der auf der Arbeitsunfähigkeitsbescheinigung aufgeführten Diagnosen,
2. zur Kenntnis von weiteren diagnostischen und therapeutischen Maßnahmen, die in Bezug auf die die Arbeitsunfähigkeit auslösenden Diagnosen vorgesehen sind,
3. zur Ermittlung von Art und Umfang der zuletzt vor der Arbeitsunfähigkeit ausgeübten Beschäftigung oder
4. bei Leistungsempfängern nach dem Dritten Buch zur Feststellung des zeitlichen Umfangs, für den diese Versicherten zur Arbeitsvermittlung zur Verfügung stehen.

⁹Die nach diesem Absatz erhobenen und verarbeiteten versichertenbezogenen Daten dürfen von den Krankenkassen nicht mit anderen Daten zu einem anderen Zweck zusammengeführt werden und sind zu löschen, sobald sie nicht mehr für die Entscheidung, ob bei Arbeitsunfähigkeit nach Absatz 1 Satz 1 Nummer 3 eine gutachtliche Stellungnahme des Medizinischen Dienstes einzuholen ist, benötigt werden.

(2) Die Krankenkassen haben durch den Medizinischen Dienst prüfen zu lassen
1. die Notwendigkeit der Leistungen nach den §§ 23, 24, 40 und 41, mit Ausnahme von Verordnungen nach § 40 Absatz 3 Satz 2, unter Zugrundelegung eines ärztlichen Behandlungsplans in Stichproben vor Bewilligung und regelmäßig bei beantragter Verlängerung; der Spitzenverband Bund der Krankenkassen regelt in Richtlinien den Umfang und die Auswahl der Stichprobe und kann Ausnahmen zulassen, wenn Prüfungen nach Indikation und Personenkreis nicht notwendig erscheinen; dies gilt insbesondere für Leistungen zur medizinischen Rehabilitation im Anschluß an eine Krankenhausbehandlung (Anschlußheilbehandlung),
2. bei Kostenübernahme einer Behandlung im Ausland, ob die Behandlung einer Krankheit nur im Ausland möglich ist (§ 18),
3. ob und für welchen Zeitraum häusliche Krankenpflege länger als vier Wochen erforderlich ist (§ 37 Abs. 1),
4. ob Versorgung mit Zahnersatz aus medizinischen Gründen ausnahmsweise unaufschiebbar ist (§ 27 Abs. 2),
5. den Anspruch auf Leistungen der außerklinischen Intensivpflege nach § 37c Absatz 2 Satz 1.

(3) ¹Die Krankenkassen können in geeigneten Fällen durch den Medizinischen Dienst prüfen lassen
1. vor Bewilligung eines Hilfsmittels, ob das Hilfsmittel erforderlich ist (§ 33); der Medizinische Dienst hat hierbei den Versicherten zu beraten; er hat mit den Orthopädischen Versorgungsstellen zusammenzuarbeiten,
2. bei Dialysebehandlung, welche Form der ambulanten Dialysebehandlung unter Berücksichtigung des Einzelfalls notwendig und wirtschaftlich ist,
3. die Evaluation durchgeführter Hilfsmittelversorgungen,
4. ob Versicherten bei der Inanspruchnahme von Versicherungsleistungen aus Behandlungsfehlern ein Schaden entstanden ist (§ 66).

²Der Medizinische Dienst hat den Krankenkassen das Ergebnis seiner Prüfung nach Satz 1 Nummer 4 durch eine gutachterliche Stellungnahme mitzuteilen, die auch in den Fällen nachvollziehbar zu begründen ist, in denen gutachterlich kein Behandlungsfehler festgestellt wird, wenn dies zur angemessenen Unterrichtung des Versicherten im Einzelfall erforderlich ist.

(3a) Ergeben sich bei der Auswertung der Unterlagen über die Zuordnung von Patienten zu den Behandlungsbereichen nach § 4 der Psychiatrie-Personalverordnung in vergleichbaren Gruppen Abweichungen, so können die Landesverbände der Krankenkassen und die Verbände der Ersatzkassen die Zuordnungen durch den Medizinischen Dienst überprüfen lassen; das zu übermittelnde Ergebnis der Überprüfung darf keine Sozialdaten enthalten.

(3b) Hat in den Fällen des Absatzes 3 die Krankenkasse den Leistungsantrag des Versicherten ohne vorherige Prüfung durch den Medizinischen Dienst wegen fehlender medizinischer Erforderlichkeit abgelehnt, hat sie vor dem Erlass eines Widerspruchsbescheids eine gutachterliche Stellungnahme des Medizinischen Dienstes einzuholen.

(3c) Lehnt die Krankenkasse einen Leistungsantrag einer oder eines Versicherten ab und liegt dieser Ablehnung eine gutachtliche Stellungnahme des Medizinischen Dienstes nach den Absätzen 1 bis 3 zugrunde, ist die Krankenkasse verpflichtet, in ihrem Bescheid oder dem Versicherten das Ergebnis der gutachtlichen Stellungnahme des Medizinischen Dienstes und die wesentlichen Gründe für dieses Ergebnis in einer verständlichen und nachvollziehbaren Form mitzuteilen sowie auf die Möglichkeit hinzuweisen, sich bei Beschwerden vertraulich an die Ombudsperson nach § 278 Absatz 3 zu wenden.

(4) [1]Die Krankenkassen und ihre Verbände sollen bei der Erfüllung anderer als der in Absatz 1 bis 3 genannten Aufgaben im notwendigen Umfang den Medizinischen Dienst oder andere Gutachterdienste zu Rate ziehen, insbesondere für allgemeine medizinische Fragen der gesundheitlichen Versorgung und Beratung der Versicherten, für Fragen der Qualitätssicherung, für Vertragsverhandlungen mit den Leistungserbringern und für Beratungen der gemeinsamen Ausschüsse von Ärzten und Krankenkassen, insbesondere der Prüfungsausschüsse. [2]Der Medizinische Dienst führt die Aufgaben nach § 116b Absatz 2 durch, wenn der erweiterte Landesausschuss ihn hiermit nach § 116b Absatz 3 Satz 8 ganz oder teilweise beauftragt.

(4a) [1]Soweit die Erfüllung der sonstigen dem Medizinischen Dienst obliegenden Aufgaben nicht beeinträchtigt wird, kann er Beamte nach den §§ 44 bis 49 des Bundesbeamtengesetzes ärztlich untersuchen und ärztliche Gutachten fertigen. [2]Die hierdurch entstehenden Kosten sind von der Behörde, die den Auftrag erteilt hat, zu erstatten. [3]§ 280 Absatz 2 Satz 2 gilt entsprechend. [4]Der Medizinische Dienst Bund und das Bundesministerium des Innern, für Bau und Heimat vereinbaren unter Beteiligung der Medizinischen Dienste, die ihre grundsätzliche Bereitschaft zur Durchführung von Untersuchungen und zur Fertigung von Gutachten nach Satz 1 erklärt haben, das Nähere über das Verfahren und die Höhe der Kostenerstattung. [5]Die Medizinischen Dienste legen die Vereinbarung ihrer Aufsichtsbehörde vor, die der Vereinbarung innerhalb von drei Monaten nach Vorlage widersprechen kann, wenn die Erfüllung der sonstigen Aufgaben des Medizinischen Dienstes gefährdet wäre.

(4b) [1]Soweit die Erfüllung der dem Medizinischen Dienst gesetzlich obliegenden Aufgaben nicht beeinträchtigt wird, kann der Medizinische Dienst, sofern der Deutsche Bundestag nach § 5 Absatz 1 Satz 1 des Infektionsschutzgesetzes eine epidemische Lage von nationaler Tragweite festgestellt hat, Mitarbeiterinnen und Mitarbeitern auf Ersuchen insbesondere einer für die Bekämpfung übertragbarer Krankheiten zuständigen Einrichtung des öffentlichen Gesundheitsdienstes, eines zugelassenen Krankenhauses im Sinne des § 108, eines nach § 95 Absatz 1 Satz 1 an der vertragsärztlichen Versorgung teilnehmenden Leistungserbringers sowie eines Trägers einer zugelassenen Pflegeeinrichtung im Sinne des § 72 des Elften Buches befristet, höchstens für die Zeit der Feststellung nach § 5 Absatz 1 des Infektionsschutzgesetzes, eine unterstützende Tätigkeit bei diesen Behörden, Einrichtungen oder Leistungserbringern zuweisen. [2]Die hierdurch dem Medizinischen Dienst entstehenden Personal- und Sachkosten sind von der Behörde, der Einrichtung, dem Einrichtungsträger oder dem Leistungserbringer, die oder der die Unterstützung erbeten hat, zu erstatten. [3]Das Nähere über den Umfang der Unterstützungsleistung sowie zu Verfahren und Höhe der Kostenerstattung vereinbaren der Medizinische Dienst und die um Unterstützung bittende Behörde oder Einrichtung oder der um Unterstützung bittende Einrichtungsträger oder Leistungserbringer. [4]Eine Verwendung von Umlagemitteln nach § 280 Absatz 1 Satz 1 zur Finanzierung der Unterstützung nach Satz 1 ist auszuschließen. [5]Der Medizinische Dienst legt die Zuweisungsverfügung seiner Aufsichtsbehörde vor, die dieser innerhalb einer Woche nach Vorlage widersprechen kann, wenn die Erfüllung der dem Medizinischen Dienst gesetzlich obliegenden Aufgaben beeinträchtigt wäre.

(5) [1]Die Gutachterinnen und Gutachter des Medizinischen Dienstes sind bei der Wahrnehmung ihrer fachlichen Aufgaben nur ihrem Gewissen unterworfen. [2]Sie sind nicht berechtigt, in die Behandlung und pflegerische Versorgung der Versicherten einzugreifen.

§ 275a Durchführung und Umfang von Qualitätskontrollen in Krankenhäusern durch den Medizinischen Dienst

(1) [1]Der Medizinische Dienst führt nach Maßgabe der folgenden Absätze und der Richtlinie des Gemeinsamen Bundesausschusses nach § 137 Absatz 3 Kontrollen zur Einhaltung von Qualitätsanforderungen in den nach § 108 zugelassenen Krankenhäusern durch. [2]Voraussetzung für die Durchführung einer solchen Kontrolle ist, dass der Medizinische Dienst hierzu von einer vom Gemeinsamen Bundesausschuss in der Richtlinie nach § 137 Absatz 3

festgelegten Stelle oder einer Stelle nach Absatz 4 beauftragt wurde. ³Die Kontrollen sind aufwandsarm zu gestalten und können unangemeldet durchgeführt werden.
(2) ¹Art und Umfang der vom Medizinischen Dienst durchzuführenden Kontrollen bestimmen sich abschließend nach dem konkreten Auftrag, den die in den Absätzen 3 und 4 genannten Stellen erteilen. ²Der Auftrag muss bei Kontrollen, die durch Anhaltspunkte begründet sein müssen, in einem angemessenen Verhältnis zu den Anhaltspunkten stehen, die Auslöser für die Kontrollen sind. ³Gegenstand der Aufträge können sein
1. die Einhaltung der Qualitätsanforderungen nach den §§ 135b und 136 bis 136c,
2. die Kontrolle der Richtigkeit der Dokumentation der Krankenhäuser im Rahmen der externen stationären Qualitätssicherung und
3. die Einhaltung der Qualitätsanforderungen der Länder, soweit dies landesrechtlich vorgesehen ist.

⁴Werden bei Durchführung der Kontrollen Anhaltspunkte für erhebliche Qualitätsmängel offenbar, die außerhalb des Kontrollauftrags liegen, so teilt der Medizinische Dienst diese dem Auftraggeber nach Absatz 3 oder Absatz 4 sowie dem Krankenhaus unverzüglich mit. ⁵Satz 2 gilt nicht für Stichprobenprüfungen zur Validierung der Qualitätssicherungsdaten nach § 137 Absatz 3 Satz 1.
(3) ¹Die vom Gemeinsamen Bundesausschuss hierfür bestimmten Stellen beauftragen den Medizinischen Dienst nach Maßgabe der Richtlinie nach § 137 Absatz 3 mit Kontrollen nach Absatz 1 in Verbindung mit Absatz 2 Satz 3 Nummer 1 und 2. ²Soweit der Auftrag auch eine Kontrolle der Richtigkeit der Dokumentation nach Absatz 2 Satz 3 Nummer 2 beinhaltet, sind dem Medizinischen Dienst vom Gemeinsamen Bundesausschuss die Datensätze zu übermitteln, die das Krankenhaus im Rahmen der externen stationären Qualitätssicherung den zuständigen Stellen gemeldet hat und deren Richtigkeit der Medizinische Dienst im Rahmen der Kontrolle zu prüfen hat.
(4) Der Medizinische Dienst kann auch von den für die Krankenhausplanung zuständigen Stellen der Länder mit Kontrollen nach Absatz 1 in Verbindung mit Absatz 2 Satz 3 Nummer 3 beauftragt werden.

§ 275b Durchführung und Umfang von Qualitäts- und Abrechnungsprüfungen bei Leistungen der häuslichen Krankenpflege und außerklinischen Intensivpflege durch den Medizinischen Dienst und Verordnungsermächtigung

(1) ¹Die Landesverbände der Krankenkassen und die Ersatzkassen gemeinsam und einheitlich veranlassen bei Leistungserbringern, mit denen die Krankenkassen Verträge nach § 132a Absatz 4 oder nach § 132l Absatz 5 abgeschlossen haben und die keiner Regelprüfung nach § 114 Absatz 2 des Elften Buches unterliegen, Regelprüfungen durch den Medizinischen Dienst; § 114 Absatz 2 bis 3 des Elften Buches gilt entsprechend. ²Abweichend von Satz 1 haben die Landesverbände der Krankenkassen und die Ersatzkassen gemeinsam und einheitlich auch Regelprüfungen bei Leistungserbringern zu veranlassen, mit denen die Landesverbände der Krankenkassen und die Ersatzkassen Verträge nach § 132l Absatz 5 Nummer 1 oder Nummer 2 abgeschlossen haben und die einer Regelprüfung nach § 114 Absatz 2 des Elften Buches unterliegen. ³Der Medizinische Dienst führt bei Leistungserbringern, mit denen die Krankenkassen Verträge nach § 132a Absatz 4 oder die Landesverbände der Krankenkassen und Ersatzkassen Verträge nach § 132l Absatz 5 abgeschlossen haben, im Auftrag der Krankenkassen oder der Landesverbände der Krankenkassen auch anlassbezogen Prüfungen durch, ob die Leistungs- und Qualitätsanforderungen nach diesem Buch und den nach diesem Buch abgeschlossenen vertraglichen Vereinbarungen für Leistungen nach § 37 oder nach § 37c erfüllt sind und ob die Abrechnung ordnungsgemäß erfolgt ist; § 114 Absatz 4 des Elften Buches gilt entsprechend. ⁴Das Nähere, insbesondere zu den Prüfanlässen, den Inhalten der Prüfungen, der Durchführung der Prüfungen, der Beteiligung der Krankenkassen an den Prüfungen sowie zur Abstimmung der Prüfungen nach den Sätzen 1 und 2 mit den Prüfungen nach § 114 des Elften Buches bestimmt der Medizinische Dienst Bund in Richtlinien nach § 283 Absatz 2 Satz 1 Nummer 1 und 2. ⁵§ 114a Absatz 7 Satz 5 bis 8 und 11 des Elften Buches gilt entsprechend mit der Maßgabe, dass auch den für die Wahrnehmung der Interessen von Pflegediensten maßgeblichen Spitzenorganisationen auf Bundesebene Gelegenheit zur Stellungnahme zu geben ist.
(2) ¹Für die Durchführung der Prüfungen nach Absatz 1 gilt § 114a Absatz 1 bis 3a des Elften Buches entsprechend. ²Prüfungen nach Absatz 1 bei Leistungserbringern, mit denen die Krankenkassen Verträge nach § 132a Absatz 4 abgeschlossen haben und die in einer Wohneinheit behandlungspflegerische Leistungen erbringen, die nach § 132a Absatz 4 Satz 14 anzeigepflichtig sind, sind grundsätzlich unangemeldet durchzuführen; dies gilt auch für Prüfungen bei Leistungserbringern, die Wohneinheiten nach § 132l Absatz 5 Nummer 1 betreiben, und bei Leistungserbringern, mit denen die Krankenkassen Verträge nach § 132l Absatz 5 Nummer 2 abgeschlossen haben. ³Räume der Wohneinheiten und vollstationären Pflegeeinrichtungen nach Satz 2, die einem Wohnrecht der Versicherten unterliegen, dürfen vom Medizinischen Dienst ohne deren Einwilligung nur betreten werden, soweit dies zur Verhütung dringender Gefahren für die öffentliche Sicherheit und Ordnung erforderlich ist; das Grundrecht der Unverletzlichkeit der Wohnung (Artikel 13 Absatz 1 des Grundgesetzes) wird insoweit eingeschränkt. ⁴Der Medizinische Dienst ist im Rahmen der Prüfungen nach Absatz 1 befugt, zu den üblichen Geschäfts- und Betriebszeiten die Räume des Leistungserbringers, mit dem die Krankenkassen Verträge nach § 132a Absatz 4 oder nach § 132l Absatz 5 abgeschlossen

haben, zu betreten, die erforderlichen Unterlagen einzusehen und personenbezogene Daten zu verarbeiten, soweit dies für die Prüfungen nach Absatz 1 erforderlich und in den Richtlinien nach Absatz 1 Satz 3 festgelegt ist; für die Einwilligung der Betroffenen gilt § 114a Absatz 3 Satz 5 des Elften Buches entsprechend. [5]Der Leistungserbringer, mit dem die Krankenkassen Verträge nach § 132a Absatz 4 oder nach § 132l Absatz 5 abgeschlossen haben, ist zur Mitwirkung bei den Prüfungen nach Absatz 1 verpflichtet und hat dem Medizinischen Dienst Zugang zu den Räumen und den Unterlagen zu verschaffen sowie die Voraussetzungen dafür zu schaffen, dass der Medizinische Dienst die Prüfungen nach Absatz 1 ordnungsgemäß durchführen kann. [6]Im Rahmen der Mitwirkung ist der Leistungserbringer befugt und verpflichtet, dem Medizinischen Dienst Einsicht in personenbezogene Daten zu gewähren oder diese Daten dem Medizinischen Dienst auf dessen Anforderung zu übermitteln. [7]Für die Einwilligung der Betroffenen gilt § 114a Absatz 3 Satz 5 des Elften Buches entsprechend. [8]§ 114a Absatz 4 Satz 2 und 3 des Elften Buches sowie § 277 Absatz 1 Satz 4 gelten entsprechend.

(3) [1]Der Medizinische Dienst berichtet dem Medizinischen Dienst Bund über seine Erfahrungen mit den nach den Absätzen 1 und 2 durchzuführenden Prüfungen, über die Ergebnisse seiner Prüfungen sowie über seine Erkenntnisse zum Stand und zur Entwicklung der Pflegequalität und der Qualitätssicherung in der häuslichen Krankenpflege und der außerklinischen Intensivpflege. [2]Die Medizinischen Dienste stellen unter Beteiligung des Medizinischen Dienstes Bund die Vergleichbarkeit der gewonnenen Daten sicher. [3]Der Medizinische Dienst Bund hat die Erfahrungen und Erkenntnisse der Medizinischen Dienste zu den nach den Absätzen 1 und 2 durchzuführenden Prüfungen sowie die Ergebnisse dieser Prüfungen in den Bericht nach § 114a Absatz 6 des Elften Buches einzubeziehen.

(4) [1]Die Krankenkassen, die Landesverbände der Krankenkassen und die Ersatzkassen sowie der Medizinische Dienst arbeiten mit den nach heimrechtlichen Vorschriften zuständigen Aufsichtsbehörden und den Trägern der Eingliederungshilfe bei Prüfungen nach den Absätzen 1 und 2 eng zusammen, um ihre wechselseitigen Aufgaben nach diesem Buch wirksam aufeinander abzustimmen, insbesondere durch
1. regelmäßige gegenseitige Information und Beratung,
2. Terminabsprachen für gemeinsame oder arbeitsteilige Prüfungen von Leistungserbringern und
3. Verständigung über die im Einzelfall notwendigen Maßnahmen.

[2]Dabei ist sicherzustellen, dass Doppelprüfungen unter Berücksichtigung des inhaltlichen Schwerpunkts der vorgesehenen Prüfungen nach Möglichkeit vermieden werden. [3]Zur Erfüllung der Aufgaben nach den Sätzen 1 und 2 sind die Krankenkassen, die Landesverbände der Krankenkassen und die Ersatzkassen sowie der Medizinische Dienst verpflichtet, in den Arbeitsgemeinschaften nach den heimrechtlichen Vorschriften mitzuwirken und sich an im Rahmen der Arbeitsgemeinschaft geschlossenen Vereinbarungen zu beteiligen. [4]Im Rahmen der Zusammenarbeit sind die Krankenkassen, Landesverbände der Krankenkassen und die Ersatzkassen sowie der Medizinische Dienst berechtigt und auf Anforderung verpflichtet, der nach heimrechtlichen Vorschriften zuständigen Aufsichtsbehörde und den Trägern der Eingliederungshilfe die ihnen nach diesem Buch und dem Sozialgesetzbuch zugänglichen Daten über die Leistungserbringer, die sie im Rahmen von Prüfungen nach den Absätzen 1 und 2 verarbeiten, mitzuteilen, soweit diese für die Zwecke der Prüfung durch den Empfänger erforderlich sind. [5]Diese Daten sind insbesondere die Zahl und Art der Plätze und deren Belegung, über die personelle und sachliche Ausstattung sowie über Leistungen und Vergütungen der Leistungserbringer. [6]Personenbezogene Daten sind vor der Datenübermittlung zu anonymisieren. Erkenntnisse aus den Prüfungen nach den Absätzen 1 und 2 sind vom Medizinischen Dienst unverzüglich der nach heimrechtlichen Vorschriften zuständigen Aufsichtsbehörde mitzuteilen, soweit sie zur Vorbereitung und Durchführung von aufsichtsrechtlichen Maßnahmen nach den heimrechtlichen Vorschriften erforderlich sind.

(5) [1]Die Krankenkassen, die Landesverbände der Krankenkassen und die Ersatzkassen sowie der Medizinische Dienst tragen die ihnen durch die Zusammenarbeit mit den nach heimrechtlichen Vorschriften zuständigen Aufsichtsbehörden und den Trägern der Eingliederungshilfe nach Absatz 4 entstehenden Kosten. [2]Eine Beteiligung an den Kosten der nach heimrechtlichen Vorschriften zuständigen Aufsichtsbehörden oder anderer von nach heimrechtlichen Vorschriften zuständigen Aufsichtsbehörden beteiligter Stellen oder Gremien sowie der Träger der Eingliederungshilfe ist unzulässig.

(6) Abweichend von Absatz 1 finden bis einschließlich 30. September 2020 keine Regelprüfungen statt.

(7) Das Bundesministerium für Gesundheit kann nach einer erneuten Risikobeurteilung bei Fortbestehen oder erneutem Risiko für ein Infektionsgeschehen im Zusammenhang mit dem neuartigen Coronavirus SARS-CoV-2 den Befristungszeitraum nach Absatz 4 durch Rechtsverordnung mit Zustimmung des Bundesrates um jeweils bis zu einem halben Jahr verlängern.

§ 275c Durchführung und Umfang von Prüfungen bei Krankenhausbehandlung durch den Medizinischen Dienst

(1) [1]Bei Krankenhausbehandlung nach § 39 ist eine Prüfung der Rechnung des Krankenhauses spätestens vier Monate nach deren Eingang bei der Krankenkasse einzuleiten und durch den Medizinischen Dienst dem Krankenhaus anzuzeigen. [2]Falls die Prüfung nicht zu einer Minderung des Abrechnungsbetrages führt, hat die Krankenkasse dem

Krankenhaus eine Aufwandspauschale in Höhe von 300 Euro zu entrichten. ³Als Prüfung nach Satz 1 ist jede Prüfung der Abrechnung eines Krankenhauses anzusehen, mit der die Krankenkasse den Medizinischen Dienst zum Zwecke der Erstellung einer gutachtlichen Stellungnahme nach § 275 Absatz 1 Nummer 1 beauftragt und die eine Datenerhebung durch den Medizinischen Dienst beim Krankenhaus erfordert. ⁴Die Prüfungen nach Satz 1 sind, soweit in den Richtlinien nach § 283 Absatz 2 Satz 1 Nummer 1 und 2 nichts Abweichendes bestimmt ist, bei dem Medizinischen Dienst einzuleiten, der örtlich für das zu prüfende Krankenhaus zuständig ist.

(2) ¹Im Jahr 2020 darf eine Krankenkasse in jedem Quartal von den nach Absatz 1 Satz 1 prüfbaren Schlussrechnungen für vollstationäre Krankenhausbehandlung bis zu 5 Prozent der Anzahl der bei ihr im vorvergangenen Quartal eingegangenen Schlussrechnungen für vollstationäre Krankenhausbehandlung eines Krankenhauses nach Absatz 1 durch den Medizinischen Dienst prüfen lassen (quartalsbezogene Prüfquote); im Jahr 2021 gilt eine quartalsbezogene Prüfquote von bis zu 12,5 Prozent. ²Ab dem Jahr 2022 gilt für eine Krankenkasse bei der Prüfung von Schlussrechnungen für vollstationäre Krankenhausbehandlung durch den Medizinischen Dienst eine quartalsbezogene Prüfquote je Krankenhaus in Abhängigkeit von dem Anteil unbeanstandeter Abrechnungen je Krankenhaus nach Absatz 4 Satz 3 Nummer 2. ³Maßgeblich für die Zuordnung einer Prüfung zu einem Quartal und zu der maßgeblichen quartalsbezogenen Prüfquote ist das Datum der Einleitung der Prüfung. ⁴Die quartalsbezogene Prüfquote nach Satz 2 wird vom Spitzenverband Bund der Krankenkassen für jedes Quartal auf der Grundlage der Prüfergebnisse des vorvergangenen Quartals ermittelt und beträgt:

1. bis zu 5 Prozent für ein Krankenhaus, wenn der Anteil unbeanstandeter Abrechnungen an allen durch den Medizinischen Dienst geprüften Schlussrechnungen für vollstationäre Krankenhausbehandlung bei 60 Prozent oder mehr liegt,
2. bis zu 10 Prozent für ein Krankenhaus, wenn der Anteil unbeanstandeter Abrechnungen an allen durch den Medizinischen Dienst geprüften Schlussrechnungen für vollstationäre Krankenhausbehandlung zwischen 40 Prozent und unterhalb von 60 Prozent liegt,
3. bis zu 15 Prozent für ein Krankenhaus, wenn der Anteil unbeanstandeter Abrechnungen an allen durch den Medizinischen Dienst geprüften Schlussrechnungen für vollstationäre Krankenhausbehandlung unterhalb von 40 Prozent liegt.

⁵Der Medizinische Dienst hat eine nach Absatz 1 Satz 3 eingeleitete Prüfung einer Schlussrechnung für vollstationäre Krankenhausbehandlung abzulehnen, wenn die nach Satz 1 oder Satz 4 zulässige quartalsbezogene Prüfquote eines Krankenhauses von der Krankenkasse überschritten wird; dafür ist die nach Absatz 4 Satz 3 Nummer 4 veröffentlichte Anzahl der Schlussrechnungen für vollstationäre Krankenhausbehandlung, die die einzelne Krankenkasse vom einzelnen Krankenhaus im vorvergangenen Quartal erhalten hat, heranzuziehen. ⁶Liegt der Anteil unbeanstandeter Abrechnungen eines Krankenhauses unterhalb von 20 Prozent oder besteht ein begründeter Verdacht einer systematisch überhöhten Abrechnung, ist die Krankenkasse bei diesem Krankenhaus auch nach Erreichen der Prüfquote vor Ende eines Quartals zu weiteren Prüfungen nach Absatz 1 befugt. ⁷Die anderen Vertragsparteien nach § 18 Absatz 2 Nummer 1 und 2 des Krankenhausfinanzierungsgesetzes haben das Vorliegen der Voraussetzungen nach Satz 6 unter Angabe der Gründe vor der Einleitung der Prüfung bei der für die Krankenhausversorgung zuständigen Landesbehörde gemeinsam anzuzeigen. ⁸Krankenkassen, die in einem Quartal von einem Krankenhaus weniger als 20 Schlussrechnungen für vollstationäre Krankenhausbehandlung erhalten, können mindestens eine Schlussrechnung und höchstens die aus der quartalsbezogenen Prüfquote resultierende Anzahl an Schlussrechnungen für vollstationäre Krankenhausbehandlung durch den Medizinischen Dienst prüfen lassen; die Übermittlung und Auswertung der Daten nach Absatz 4 bleibt davon unberührt. ⁹Die Prüfung von Rechnungen im Vorfeld einer Beauftragung des Medizinischen Dienstes nach § 17c Absatz 2 Satz 2 Nummer 3 des Krankenhausfinanzierungsgesetzes unterliegt nicht der quartalsbezogenen Prüfquote.

(3) ¹Ab dem Jahr 2022 haben die Krankenhäuser bei einem Anteil unbeanstandeter Abrechnungen unterhalb von 60 Prozent neben der Rückzahlung der Differenz zwischen dem ursprünglichen und dem geminderten Abrechnungsbetrag einen Aufschlag auf diese Differenz an die Krankenkassen zu zahlen. ²Dieser Aufschlag beträgt

1. 25 Prozent im Falle des Absatzes 2 Satz 4 Nummer 2,
2. 50 Prozent im Falle des Absatzes 2 Satz 4 Nummer 3 und im Falle des Absatzes 2 Satz 6,

jedoch mindestens 300 Euro und höchstens 10 Prozent des auf Grund der Prüfung durch den Medizinischen Dienst geminderten Abrechnungsbetrages, wobei der Mindestbetrag von 300 Euro nicht unterschritten werden darf. ³In dem Verfahren zwischen Krankenkassen und Krankenhäusern im Vorfeld einer Beauftragung des Medizinischen Dienstes nach § 17c Absatz 2 Satz 2 Nummer 3 des Krankenhausfinanzierungsgesetzes wird kein Aufschlag erhoben.

(4) ¹Zur Umsetzung der Einzelfallprüfung nach den Vorgaben der Absätze 1 bis 3 wird der Spitzenverband Bund der Krankenkassen verpflichtet, bundeseinheitliche quartalsbezogene Auswertungen zu erstellen. ²Die Krankenkassen übermitteln dem Spitzenverband Bund der Krankenkassen zum Ende des ersten Monats, der auf ein Quartal folgt, die folgenden Daten je Krankenhaus:

1. Anzahl der eingegangenen Schlussrechnungen für vollstationäre Krankenhausbehandlung,

2. Anzahl der beim Medizinischen Dienst eingeleiteten Prüfungen von Schlussrechnungen für vollstationäre Krankenhausbehandlung nach Absatz 1,
3. Anzahl der nach Absatz 1 durch den Medizinischen Dienst abgeschlossenen Prüfungen von Schlussrechnungen für vollstationäre Krankenhausbehandlung,
4. Anzahl der Schlussrechnungen für vollstationäre Krankenhausbehandlung, die nach der Prüfung gemäß Absatz 1 nicht zu einer Minderung des Abrechnungsbetrages geführt haben und insoweit unbeanstandet geblieben sind.

³Ab dem Jahr 2020 sind vom Spitzenverband Bund der Krankenkassen auf der Grundlage der nach Satz 2 übermittelten Daten bis jeweils zum Ende des zweiten Monats, der auf das Ende des jeweiligen betrachteten Quartals folgt, für das einzelne Krankenhaus insbesondere auszuweisen und zu veröffentlichen:
1. Anteil der beim Medizinischen Dienst Schlussrechnungen für vollstationäre Krankenhausbehandlung, die, ausgehend vom betrachteten Quartal, im vorvergangenen Quartal eingegangen sind an allen in dem betrachteten Quartal eingegangenen Schlussrechnungen für vollstationäre Krankenhausbehandlung,
2. Anteil der Schlussrechnungen für vollstationäre Krankenhausbehandlung, die nach der Prüfung durch den Medizinischen Dienst nicht zu einer Minderung des Abrechnungsbetrages in dem betrachteten Quartal führen und insoweit durch den Medizinischen Dienst unbeanstandet geblieben sind, an allen in dem betrachteten Quartal abgeschlossenen Prüfungen von Schlussrechnungen für vollstationäre Krankenhausbehandlung,
3. zulässige Prüfquote nach Absatz 2 und die Höhe des Aufschlags nach Absatz 3, die sich aus dem Ergebnis nach Nummer 2 des betrachteten Quartals ergibt,
4. Werte nach Satz 2 Nummer 1, die nach den einzelnen Krankenkassen zu gliedern sind.

⁴Die Ergebnisse sind auch in zusammengefasster Form, bundesweit und gegliedert nach Medizinischen Diensten, zu veröffentlichen. ⁵Die näheren Einzelheiten, insbesondere zu den zu übermittelnden Daten, deren Lieferung, deren Veröffentlichung sowie zu den Konsequenzen, sofern Daten nicht oder nicht fristgerecht übermittelt werden, legt der Spitzenverband Bund der Krankenkassen bis zum 31. März 2020 fest. ⁶Bei der Festlegung sind die Stellungnahmen der Deutschen Krankenhausgesellschaft und der Medizinischen Dienste einzubeziehen.

(5) ¹Widerspruch und Klage gegen die Geltendmachung des Aufschlags nach Absatz 3 und gegen die Ermittlung der Prüfquote nach Absatz 4 haben keine aufschiebende Wirkung. ²Einwendungen gegen die Ergebnisse einzelner Prüfungen nach Absatz 1 sind bei der Ermittlung der Prüfquote nicht zu berücksichtigen. ³Behördliche oder gerichtliche Feststellungen zu einzelnen Prüfungen nach Absatz 1 lassen die für das jeweilige betrachtete Quartal ermittelte Prüfquote nach Absatz 2 unberührt.

(6) Eine einzelfallbezogene Prüfung nach Absatz 1 Satz 1 ist nicht zulässig
1. bei der Abrechnung von tagesbezogenen Pflegeentgelten nach § 7 Absatz 1 Satz 1 Nummer 6a des Krankenhausentgeltgesetzes; Prüfergebnisse aus anderweitigen Prüfanlässen werden insoweit umgesetzt, dass in Fällen, in denen es nach einer Prüfung bei der Abrechnung von voll- oder teilstationären Entgelten verbleibt, für die Ermittlung der tagesbezogenen Pflegeentgelte die ursprünglich berücksichtigten Belegungstage beibehalten werden und in Fällen, in denen eine Prüfung zur Abrechnung einer ambulanten oder vorstationären Vergütung nach § 8 Absatz 3 des Krankenhausentgeltgesetzes führt, die Abrechnung tagesbezogener Pflegeentgelte entfällt;
2. bei der Prüfung der Einhaltung von Strukturmerkmalen, die nach § 275d geprüft wurden.

(7) ¹Vereinbarungen zwischen Krankenkassen und Krankenhäusern über pauschale Abschläge auf die Abrechnung geltender Entgelte für Krankenhausleistungen zur Abbedingung der Prüfung der Wirtschaftlichkeit erbrachter Krankenhausleistungen oder der Rechtmäßigkeit der Krankenhausabrechnung sind nicht zulässig. ²Vereinbarungen auf Grundlage von § 17c Absatz 2 Satz 1 und 2 Nummer 3 und 7 sowie Absatz 2b des Krankenhausfinanzierungsgesetzes bleiben unberührt.

§ 276 Zusammenarbeit

(1) ¹Die Krankenkassen sind verpflichtet, dem Medizinischen Dienst die für die Beratung und Begutachtung erforderlichen Unterlagen vorzulegen und Auskünfte zu erteilen. ²Unterlagen, die der Versicherte über seine Mitwirkungspflicht nach den §§ 60 und 65 des Ersten Buches hinaus seiner Krankenkasse freiwillig selbst überlassen hat, dürfen an den Medizinischen Dienst nur weitergegeben werden, soweit der Versicherte eingewilligt hat. ³Für die Einwilligung gilt § 67b Abs. 2 des Zehnten Buches.

(2) ¹Der Medizinische Dienst darf Sozialdaten erheben und speichern sowie einem anderen Medizinischen Dienst übermitteln, soweit dies für die Prüfungen, Beratungen und gutachtlichen Stellungnahmen nach den §§ 275 bis 275d erforderlich ist. ²Haben die Krankenkassen oder der Medizinische Dienst für eine gutachtliche Stellungnahme oder Prüfung nach § 275 Absatz 1 bis 3 und 3b, § 275c oder § 275d erforderliche versichertenbezogene Daten bei den Leistungserbringern unter Nennung des Begutachtungszwecks angefordert, so sind die Leistungserbringer verpflichtet, diese Daten unmittelbar an den Medizinischen Dienst zu übermitteln. ³Die rechtmäßig erhobenen und gespeicherten Sozialdaten dürfen nur für die in den §§ 275 bis 275d genannten Zwecke verarbeitet werden, für andere Zwecke, soweit dies durch Rechtsvorschriften des Sozialgesetzbuchs angeordnet oder erlaubt

ist. ⁴Die Sozialdaten sind nach fünf Jahren zu löschen. ⁵Die §§ 286, 287 und 304 Absatz 1 Satz 2 und Absatz 2 sowie § 35 des Ersten Buches gelten für den Medizinischen Dienst entsprechend. ⁶Der Medizinische Dienst hat Sozialdaten zur Identifikation des Versicherten getrennt von den medizinischen Sozialdaten des Versicherten zu speichern. ⁷Durch technische und organisatorische Maßnahmen ist sicherzustellen, dass die Sozialdaten nur den Personen zugänglich sind, die sie zur Erfüllung ihrer Aufgaben benötigen. ⁸Der Schlüssel für die Zusammenführung der Daten ist vom Beauftragten für den Datenschutz des Medizinischen Dienstes aufzubewahren und darf anderen Personen nicht zugänglich gemacht werden. ⁹Jede Zusammenführung ist zu protokollieren.
(2a) ¹Ziehen die Krankenkassen den Medizinischen Dienst oder einen anderen Gutachterdienst nach § 275 Abs. 4 zu Rate, können sie ihn mit Erlaubnis der Aufsichtsbehörde beauftragen, Datenbestände leistungserbringer- oder fallbezogen für zeitlich befristete und im Umfang begrenzte Aufträge nach § 275 Abs. 4 auszuwerten; die versichertenbezogenen Sozialdaten sind vor der Übermittlung an den Medizinischen Dienst oder den anderen Gutachterdienst zu anonymisieren. ²Absatz 2 Satz 2 gilt entsprechend.
(2b) Beauftragt der Medizinische Dienst einen Gutachter (§ 278 Abs. 2), ist die Übermittlung von erforderlichen Daten zwischen Medizinischem Dienst und dem Gutachter zulässig, soweit dies zur Erfüllung des Auftrages erforderlich ist.
(3) Für das Akteneinsichtsrecht des Versicherten gilt § 25 des Zehnten Buches entsprechend.
(4) ¹Wenn es im Einzelfall zu einer gutachtlichen Stellungnahme über die Notwendigkeit, Dauer und ordnungsgemäße Abrechnung der stationären Behandlung des Versicherten erforderlich ist, sind die Gutachterinnen und Gutachter des Medizinischen Dienstes befugt, zwischen 8.00 und 18.00 Uhr die Räume der Krankenhäuser und Vorsorge- oder Rehabilitationseinrichtungen zu betreten, um dort die Krankenunterlagen einzusehen und, soweit erforderlich, den Versicherten untersuchen zu können. ²In den Fällen des § 275 Abs. 3a sind die Gutachterinnen und Gutachter des Medizinischen Dienstes befugt, zwischen 8.00 und 18.00 Uhr die Räume der Krankenhäuser zu betreten, um dort die zur Prüfung erforderlichen Unterlagen einzusehen.
(4a) ¹Der Medizinische Dienst ist im Rahmen der Kontrollen nach § 275a befugt, zu den üblichen Geschäfts- und Betriebszeiten die Räume des Krankenhauses zu betreten, die erforderlichen Unterlagen einzusehen und personenbezogene Daten zu verarbeiten, soweit dies in der Richtlinie des Gemeinsamen Bundesausschusses nach § 137 Absatz 3 festgelegt und für die Kontrollen erforderlich ist. ²Absatz 2 Satz 3 bis 9 gilt für die Durchführung von Kontrollen nach § 275a entsprechend. ³Das Krankenhaus ist zur Mitwirkung verpflichtet und hat dem Medizinischen Dienst Zugang zu den Räumen und den Unterlagen zu verschaffen sowie die Voraussetzungen dafür zu schaffen, dass er die Kontrollen nach § 275a ordnungsgemäß durchführen kann; das Krankenhaus ist hierbei befugt und verpflichtet, dem Medizinischen Dienst Einsicht in personenbezogene Daten zu gewähren oder diese auf Anforderung des Medizinischen Dienstes zu übermitteln. ⁴Die Sätze 1 und 2 gelten für Kontrollen nach § 275a Absatz 4 nur unter der Voraussetzung, dass das Landesrecht entsprechende Mitwirkungspflichten und datenschutzrechtliche Befugnisse der Krankenhäuser zur Gewährung von Einsicht in personenbezogene Daten vorsieht.
(5) ¹Wenn sich im Rahmen der Überprüfung der Feststellungen von Arbeitsunfähigkeit (§ 275 Abs. 1 Nr. 3b, Abs. 1a und Abs. 1b) aus den ärztlichen Unterlagen ergibt, daß der Versicherte auf Grund seines Gesundheitszustandes nicht in der Lage ist, einer Vorladung des Medizinischen Dienstes Folge zu leisten oder wenn der Versicherte einen Vorladungstermin unter Berufung auf seinen Gesundheitszustand absagt und der Untersuchung fernbleibt, soll die Untersuchung in der Wohnung des Versicherten stattfinden. ²Verweigert er hierzu seine Zustimmung, kann ihm die Leistung versagt werden. ³Die §§ 65, 66 des Ersten Buches bleiben unberührt.
(6) Die Aufgaben des Medizinischen Dienstes im Rahmen der sozialen Pflegeversicherung ergeben sich zusätzlich zu den Bestimmungen dieses Buches aus den Vorschriften des Elften Buches.

§ 277 Mitteilungspflichten

(1) ¹Der Medizinische Dienst hat der Krankenkasse das Ergebnis der Begutachtung und die wesentlichen Gründe für dieses Ergebnis mitzuteilen. ²Der Medizinische Dienst ist befugt und in dem Fall, dass das Ergebnis seiner Begutachtung von der Verordnung, der Einordnung der erbrachten Leistung als Leistung der gesetzlichen Krankenversicherung oder der Abrechnung der Leistung mit der Krankenkasse durch den Leistungserbringer abweicht, verpflichtet, diesem Leistungserbringer das Ergebnis seiner Begutachtung mitzuteilen; dies gilt bei Prüfungen nach § 275 Absatz 3 Satz 1 Nummer 4 nur, wenn die betroffenen Versicherten in die Übermittlung an den Leistungserbringer eingewilligt haben. ³Fordern Leistungserbringer nach der Mitteilung nach Satz 2 erster Halbsatz mit Einwilligung der Versicherten die wesentlichen Gründe für das Ergebnis der Begutachtung durch den Medizinischen Dienst an, ist der Medizinische Dienst zur Übermittlung dieser Gründe verpflichtet. ⁴Bei Prüfungen nach § 275c gilt Satz 2 erster Halbsatz auch für die wesentlichen Gründe für das Ergebnis der Begutachtung, soweit diese keine zusätzlichen, vom Medizinischen Dienst erhobenen versichertenbezogenen Daten enthalten. ⁵Der Medizinische Dienst hat den Versicherten die sie betreffenden Gutachten nach § 275 Absatz 3 Satz 1 Nummer 4 schriftlich oder elektronisch vollständig zu übermitteln. ⁶Nach Abschluss der Kontrollen nach § 275a hat der Medizinische Dienst die Kontrollergebnisse dem

geprüften Krankenhaus und dem jeweiligen Auftraggeber mitzuteilen. ⁷Soweit in der Richtlinie nach § 137 Absatz 3 Fälle festgelegt sind, in denen Dritte wegen erheblicher Verstöße gegen Qualitätsanforderungen unverzüglich einrichtungsbezogen über das Kontrollergebnis zu informieren sind, hat der Medizinische Dienst sein Kontrollergebnis unverzüglich an die in dieser Richtlinie abschließend benannten Dritten zu übermitteln. ⁸Soweit erforderlich und in der Richtlinie des Gemeinsamen Bundesausschusses nach § 137 Absatz 3 vorgesehen, dürfen diese Mitteilungen auch personenbezogene Angaben enthalten; in der Mitteilung an den Auftraggeber und den Dritten sind personenbezogene Daten zu anonymisieren.

(2) ¹Die Krankenkasse hat, solange ein Anspruch auf Fortzahlung des Arbeitsentgelts besteht, dem Arbeitgeber und dem Versicherten das Ergebnis des Gutachtens des Medizinischen Dienstes über die Arbeitsunfähigkeit mitzuteilen, wenn das Gutachten mit der Bescheinigung des Kassenarztes im Ergebnis nicht übereinstimmt. ²Die Mitteilung darf keine Angaben über die Krankheit des Versicherten enthalten.

Zehntes Kapitel
Versicherungs- und Leistungsdaten, Datenschutz, Datentransparenz

Erster Abschnitt
Informationsgrundlagen

Erster Titel
Grundsätze der Datenverarbeitung

§ 284 Sozialdaten bei den Krankenkassen

(1) ¹Die Krankenkassen dürfen Sozialdaten für Zwecke der Krankenversicherung nur erheben und speichern, soweit diese für
1. die Feststellung des Versicherungsverhältnisses und der Mitgliedschaft, einschließlich der für die Anbahnung eines Versicherungsverhältnisses erforderlichen Daten,
2. die Ausstellung des Berechtigungsscheines und der elektronischen Gesundheitskarte,
3. die Feststellung der Beitragspflicht und der Beiträge, deren Tragung und Zahlung,
4. die Prüfung der Leistungspflicht und der Erbringung von Leistungen an Versicherte einschließlich der Voraussetzungen von Leistungsbeschränkungen, die Bestimmung des Zuzahlungsstatus und die Durchführung der Verfahren bei Kostenerstattung, Beitragsrückzahlung und der Ermittlung der Belastungsgrenze,
5. die Unterstützung der Versicherten bei Behandlungsfehlern,
6. die Übernahme der Behandlungskosten in den Fällen des § 264,
7. die Beteiligung des Medizinischen Dienstes oder das Gutachterverfahren nach § 87 Absatz 1c,
8. die Abrechnung mit den Leistungserbringern, einschließlich der Prüfung der Rechtmäßigkeit und Plausibilität der Abrechnung,
9. die Überwachung der Wirtschaftlichkeit der Leistungserbringung,
10. die Abrechnung mit anderen Leistungsträgern,
11. die Durchführung von Erstattungs- und Ersatzansprüchen,
12. die Vorbereitung, Vereinbarung und Durchführung von ihnen zu schließenden Vergütungsverträgen,
13. die Vorbereitung und Durchführung von Modellvorhaben, die Durchführung des Versorgungsmanagements nach § 11 Abs. 4, die Durchführung von Verträgen zur hausarztzentrierten Versorgung, zu besonderen Versorgungsformen und zur ambulanten Erbringung hochspezialisierter Leistungen, einschließlich der Durchführung von Wirtschaftlichkeitsprüfungen und Qualitätsprüfungen,
14. die Durchführung des Risikostrukturausgleichs nach den §§ 266 und 267 sowie zur Gewinnung von Versicherten für die Programme nach § 137g und zur Vorbereitung und Durchführung dieser Programme,
15. die Durchführung des Entlassmanagements nach § 39 Absatz 1a,
16. die Auswahl von Versicherten für Maßnahmen nach § 44 Absatz 4 Satz 1 und nach § 39b sowie zu deren Durchführung,
17. die Überwachung der Einhaltung der vertraglichen und gesetzlichen Pflichten der Leistungserbringer von Hilfsmitteln nach § 127 Absatz 7,
18. die Erfüllung der Aufgaben der Krankenkassen als Rehabilitationsträger nach dem Neunten Buch,
19. die Vorbereitung von Versorgungsinnovationen, die Information der Versicherten und die Unterbreitung von Angeboten nach § 68b Absatz 1 und 2 sowie
20. die administrative Zurverfügungstellung der elektronischen Patientenakte sowie für das Angebot zusätzlicher Anwendungen im Sinne des § 345 Absatz 1 Satz 1

erforderlich sind. ²Versichertenbezogene Angaben über ärztliche Leistungen dürfen auch auf maschinell verwertbaren Datenträgern gespeichert werden, soweit dies für die in Satz 1 Nr. 4, 8, 9, 10, 11, 12, 13, 14 und § 305 Absatz 1 bezeichneten Zwecke erforderlich ist. ³Versichertenbezogene Angaben über ärztlich verordnete Leistungen dürfen

auf maschinell verwertbaren Datenträgern gespeichert werden, soweit dies für die in Satz 1 Nr. 4, 8, 9, 10, 11, 12, 13, 14 und § 305 Abs. 1 bezeichneten Zwecke erforderlich ist. ⁴Im Übrigen gelten für die Datenerhebung und -speicherung die Vorschriften des Ersten und Zehnten Buches.
(2) Im Rahmen der Überwachung der Wirtschaftlichkeit der vertragsärztlichen Versorgung dürfen versichertenbezogene Leistungs- und Gesundheitsdaten auf maschinell verwertbaren Datenträgern nur gespeichert werden, soweit dies für Stichprobenprüfungen nach § 106a Absatz 1 Satz 1 oder § 106b Absatz 1 Satz 1 erforderlich ist.
(3) ¹Die rechtmäßig erhobenen und gespeicherten versichertenbezogenen Daten dürfen nur für die Zwecke der Aufgaben nach Absatz 1 in dem jeweils erforderlichen Umfang verarbeitet werden, für andere Zwecke, soweit dies durch Rechtsvorschriften des Sozialgesetzbuchs angeordnet oder erlaubt ist. ²Die Daten, die nach § 295 Abs. 1b Satz 1 an die Krankenkasse übermittelt werden, dürfen nur zu Zwecken nach Absatz 1 Satz 1 Nr. 4, 8, 9, 10, 11, 12, 13, 14, 19 und § 305 Abs. 1 versichertenbezogen verarbeitet werden und nur, soweit dies für diese Zwecke erforderlich ist; für die Verarbeitung dieser Daten zu anderen Zwecken ist der Versichertenbezug vorher zu löschen.
(4) ¹Zur Gewinnung von Mitgliedern dürfen die Krankenkassen Daten verarbeiten, wenn die Daten allgemein zugänglich sind, es sei denn, dass das schutzwürdige Interesse der betroffenen Person an dem Ausschluss der Verarbeitung überwiegt. ²Ein Abgleich der erhobenen Daten mit den Angaben nach § 291a Absatz 2 Nummer 2 bis 5 ist zulässig. ³Im Übrigen gelten für die Datenverarbeitung die Vorschriften des Ersten und Zehnten Buches.

§ 285 Personenbezogene Daten bei den Kassenärztlichen Vereinigungen

(1) Die Kassenärztlichen Vereinigungen dürfen Einzelangaben über die persönlichen und sachlichen Verhältnisse der Ärzte nur erheben und speichern, soweit dies zur Erfüllung der folgenden Aufgaben erforderlich ist:
1. Führung des Arztregisters (§ 95),
2. Sicherstellung und Vergütung der vertragsärztlichen Versorgung einschließlich der Überprüfung der Zulässigkeit und Richtigkeit der Abrechnung,
3. Vergütung der ambulanten Krankenhausleistungen (§ 120),
4. Vergütung der belegärztlichen Leistungen (§ 121),
5. Durchführung von Wirtschaftlichkeitsprüfungen (§ 106 bis § 106c),
6. Durchführung von Qualitätsprüfungen (§ 135b).

(2) Einzelangaben über die persönlichen und sachlichen Verhältnisse der Versicherten dürfen die Kassenärztlichen Vereinigungen nur erheben und speichern, soweit dies zur Erfüllung der in Absatz 1 Nr. 2, 5, 6 sowie den §§ 106d und 305 genannten Aufgaben erforderlich ist.
(3) ¹Die rechtmäßig erhobenen und gespeicherten Sozialdaten dürfen nur für die Zwecke der Aufgaben nach Absatz 1 in dem jeweils erforderlichen Umfang verarbeitet werden, für andere Zwecke, soweit dies durch Rechtsvorschriften des Sozialgesetzbuchs oder nach § 13 Absatz 5 des Infektionsschutzgesetzes angeordnet oder erlaubt ist. ²Die nach Absatz 1 Nr. 6 rechtmäßig erhobenen und gespeicherten Daten dürfen den ärztlichen und zahnärztlichen Stellen nach § 128 Absatz 1 der Strahlenschutzverordnung übermittelt werden, soweit dies für die Durchführung von Qualitätsprüfungen erforderlich ist. ³Die beteiligten Kassenärztlichen Vereinigungen dürfen die nach Absatz 1 und 2 rechtmäßig erhobenen und gespeicherten Sozialdaten der für die überörtliche Berufsausübungsgemeinschaft zuständigen Kassenärztlichen Vereinigung übermitteln, soweit dies zur Erfüllung der in Absatz 1 Nr. 1, 2, 4, 5 und 6 genannten Aufgaben erforderlich ist. ⁴Sie dürfen die nach den Absätzen 1 und 2 rechtmäßig erhobenen Sozialdaten der nach § 24 Abs. 3 Satz 3 der Zulassungsverordnung für Vertragsärzte und § 24 Abs. 3 Satz 3 der Zulassungsverordnung für Vertragszahnärzte ermächtigten Vertragsärzte und Vertragszahnärzte auf Anforderung auch untereinander übermitteln, soweit dies zur Erfüllung der in Absatz 1 Nr. 2 genannten Aufgaben erforderlich ist. ⁵Die zuständige Kassenärztliche und die zuständige Kassenzahnärztliche Vereinigung dürfen die nach Absatz 1 und 2 rechtmäßig erhobenen und gespeicherten Sozialdaten der Leistungserbringer, die vertragsärztliche und vertragszahnärztliche Leistungen erbringen, auf Anforderung untereinander übermitteln, soweit dies zur Erfüllung der in Absatz 1 Nr. 2 sowie in § 106a genannten Aufgaben erforderlich ist. ⁶Sie dürfen rechtmäßig erhobene und gespeicherte Sozialdaten auf Anforderung auch untereinander übermitteln, soweit dies zur Erfüllung der in § 32 Abs. 1 der Zulassungsverordnung für Vertragsärzte und § 32 Abs. 1 der Zulassungsverordnung für Vertragszahnärzte genannten Aufgaben erforderlich ist. ⁷Die Kassenärztlichen Vereinigungen dürfen rechtmäßig erhobene und gespeicherte Sozialdaten auch untereinander übermitteln, soweit dies im Rahmen eines Auftrags nach § 77 Absatz 6 Satz 2 dieses Buches in Verbindung mit § 88 des Zehnten Buches erforderlich ist. ⁸Versichertenbezogene Daten sind vor ihrer Übermittlung zu pseudonymisieren.
(3a) ¹Die Kassenärztlichen Vereinigungen sind befugt, personenbezogene Daten der Ärzte, von denen sie bei Erfüllung ihrer Aufgaben nach Absatz 1 Kenntnis erlangt haben, und soweit diese
1. für Entscheidungen über die Rücknahme, den Widerruf oder die Anordnung des Ruhens der Approbation oder
2. für berufsrechtliche Verfahren

erheblich sind, den hierfür zuständigen Behörden und Heilberufskammern zu übermitteln. ²Die Kassenärztlichen Vereinigungen sind befugt, auf Anforderung der zuständigen Heilberufskammer personenbezogene Angaben der Ärzte nach § 293 Absatz 4 Satz 2 Nummer 2 bis 12 an die jeweils zuständige Heilberufskammer für die Prüfung der Erfüllung der berufsrechtlich vorgegebenen Verpflichtung zur Meldung der ärztlichen Berufstätigkeit zu übermitteln.
(4) Soweit sich die Vorschriften dieses Kapitels auf Ärzte und Kassenärztliche Vereinigungen beziehen, gelten sie entsprechend für Psychotherapeuten, Zahnärzte und Kassenzahnärztliche Vereinigungen.

§ 286 Datenübersicht

Die Krankenkassen und die Kassenärztlichen Vereinigungen regeln in Dienstanweisungen das Nähere insbesondere über
1. die zulässigen Verfahren der Verarbeitung der Daten,
2. Art, Form, Inhalt und Kontrolle der einzugebenden und der auszugebenden Daten,
3. die Abgrenzung der Verantwortungsbereiche bei der Datenverarbeitung,
4. die weiteren zur Gewährleistung von Datenschutz und Datensicherheit zu treffenden Maßnahmen.

§ 287 Forschungsvorhaben

(1) Die Krankenkassen und die Kassenärztlichen Vereinigungen dürfen mit Erlaubnis der Aufsichtsbehörde die Datenbestände leistungserbringer- oder fallbeziehbar für zeitlich befristete und im Umfang begrenzte Forschungsvorhaben, insbesondere zur Gewinnung epidemiologischer Erkenntnisse, von Erkenntnissen über Zusammenhänge zwischen Erkrankungen und Arbeitsbedingungen oder von Erkenntnissen über örtliche Krankheitsschwerpunkte, selbst auswerten oder über die sich aus § 304 ergebenden Fristen hinaus aufbewahren.
(2) Sozialdaten sind zu anonymisieren.

§ 287a Federführende Datenschutzaufsicht in der Versorgungs- und Gesundheitsforschung

¹Bei länderübergreifenden Vorhaben der Versorgungs- und Gesundheitsforschung, an denen nichtöffentliche Stellen oder öffentliche Stellen des Bundes oder der Länder aus zwei oder mehr Ländern als Verantwortliche beteiligt sind, findet § 27 des Bundesdatenschutzgesetzes Anwendung. ²Die beteiligten Verantwortlichen benennen einen Hauptverantwortlichen und melden diesen der für die Hauptniederlassung des Hauptverantwortlichen zuständigen Aufsichtsbehörde. ³Die Artikel 56 und 60 der Verordnung (EU) 2016/679 sind entsprechend anzuwenden.

Zweiter Titel
Informationsgrundlagen der Krankenkassen

§ 290 Krankenversichertennummer

(1) ¹Die Krankenkasse verwendet für jeden Versicherten eine Krankenversichertennummer. ²Die Krankenversichertennummer besteht aus einem unveränderbaren Teil zur Identifikation des Versicherten und einem veränderbaren Teil, der bundeseinheitliche Angaben zur Kassenzugehörigkeit enthält und aus dem bei Vergabe der Nummer an Versicherte nach § 10 sicherzustellen ist, dass der Bezug zu dem Angehörigen, der Mitglied ist, hergestellt werden kann. ³Der Aufbau und das Verfahren der Vergabe der Krankenversichertennummer haben den Richtlinien nach Absatz 2 zu entsprechen. ⁴Die Rentenversicherungsnummer darf nicht als Krankenversichertennummer verwendet werden. ⁵Eine Verwendung der Rentenversicherungsnummer zur Bildung der Krankenversichertennummer entsprechend den Richtlinien nach Absatz 2 ist zulässig, wenn nach dem Stand von Wissenschaft und Technik sichergestellt ist, dass nach Vergabe der Krankenversichertennummer weder aus der Krankenversichertennummer auf die Rentenversicherungsnummer noch aus der Rentenversicherungsnummer auf die Krankenversichertennummer zurückgeschlossen werden kann; dieses Erfordernis gilt auch in Bezug auf die vergebende Stelle. ⁶Die Prüfung einer Mehrfachvergabe der Krankenversichertennummer durch die Vertrauensstelle bleibt davon unberührt. ⁷Wird die Krankenversicherungsnummer zur Bildung der Krankenversichertennummer verwendet, ist für Personen, denen eine Krankenversichertennummer zugewiesen werden muss und die noch keine Rentenversicherungsnummer erhalten haben, eine Rentenversicherungsnummer zu vergeben.
(2) ¹Der Spitzenverband Bund der Krankenkassen hat den Aufbau und das Verfahren der Vergabe der Krankenversichertennummer durch Richtlinien zu regeln. ²Die Krankenversichertennummer ist von einer von den Krankenkassen und ihren Verbänden räumlich, organisatorisch und personell getrennten Vertrauensstelle zu vergeben. ³Die im Zusammenhang mit der Einrichtung und dem Betrieb der Vertrauensstelle anfallenden Verwaltungskosten werden vom Spitzenverband Bund der Krankenkassen finanziert. ⁴Die Vertrauensstelle gilt als öffentliche Stelle und unterliegt dem Sozialgeheimnis nach § 35 des Ersten Buches. ⁵Sie untersteht der Rechtsaufsicht des Bundesministeriums für Gesundheit. ⁶§ 274 Abs. 1 Satz 2 gilt entsprechend. ⁷Die Richtlinien sind dem Bundesministerium für Gesundheit vorzulegen. ⁸Es kann sie innerhalb von zwei Monaten beanstanden. ⁹Kommen die Richtlinien nicht innerhalb der gesetzten Frist zu Stande oder werden die Beanstandungen nicht innerhalb der vom

Bundesministerium für Gesundheit gesetzten Frist behoben, kann das Bundesministerium für Gesundheit die Richtlinien erlassen.

(3) ¹Die Vertrauensstelle nach Absatz 2 Satz 2 führt ein Verzeichnis der Krankenversichertennummern. ²Das Verzeichnis enthält für jeden Versicherten den unveränderbaren und den veränderbaren Teil der Krankenversichertennummer sowie die erforderlichen Angaben, um zu gewährleisten, dass der unveränderbare Teil der Krankenversichertennummer nicht mehrfach vergeben wird. ³Der Spitzenverband Bund der Krankenkassen legt das Nähere zu dem Verzeichnis im Einvernehmen mit der oder dem Bundesbeauftragten für den Datenschutz und die Informationsfreiheit in den Richtlinien nach Absatz 2 Satz 1 fest, insbesondere ein Verfahren des Datenabgleichs zur Gewährleistung eines tagesaktuellen Standes des Verzeichnisses. ⁴Das Verzeichnis darf ausschließlich zum Ausschluss und zur Korrektur von Mehrfachvergaben derselben Krankenversichertennummer verwendet werden.

§ 291 Elektronische Gesundheitskarte

(1) Die Krankenkasse stellt für jeden Versicherten eine elektronische Gesundheitskarte aus.

(2) Die elektronische Gesundheitskarte muss technisch geeignet sein,
1. Authentifizierung, Verschlüsselung und elektronische Signatur barrierefrei zu ermöglichen,
2. die Anwendungen der Telematikinfrastruktur nach § 334 Absatz 1 zu unterstützen und
3. sofern sie vor dem 1. Januar 2023 ausgestellt wird, die Speicherung von Daten nach § 291a, und, wenn sie nach diesem Zeitpunkt ausgestellt wird, die Speicherung von Daten nach § 291a Absatz 2 Nummer 1 bis 3 und 6 zu ermöglichen; zusätzlich müssen vor dem 1. Juli 2024 ausgegebene elektronische Gesundheitskarten die Speicherung von Daten nach § 334 Absatz 1 Satz 2 Nummer 2 bis 5 in Verbindung mit § 358 Absatz 4 ermöglichen.

(3) ¹Elektronische Gesundheitskarten, die die Krankenkassen nach dem 30. November 2019 ausgeben, müssen mit einer kontaktlosen Schnittstelle ausgestattet sein. ²Die Krankenkassen sind verpflichtet, Versicherten auf deren Verlangen unverzüglich eine elektronische Gesundheitskarte mit kontaktloser Schnittstelle zur Verfügung zu stellen.

(4) ¹Die elektronische Gesundheitskarte gilt nur für die Dauer der Mitgliedschaft bei der ausstellenden Krankenkasse und ist nicht übertragbar. ²Die Krankenkasse kann die Gültigkeit der Karte befristen.

(5) Spätestens bei der Versendung der elektronischen Gesundheitskarte an den Versicherten hat die Krankenkasse den Versicherten umfassend und in allgemein verständlicher, barrierefreier Form zu informieren über die Funktionsweise der elektronischen Gesundheitskarte und die Art der personenbezogenen Daten, die nach § 291a auf der elektronischen Gesundheitskarte und durch sie zu verarbeiten sind.

(6) ¹Die Krankenkasse hat bei der Ausstellung der elektronischen Gesundheitskarte die in der Richtlinie gemäß § 217f Absatz 4b vorgesehenen Maßnahmen und Vorgaben zum Schutz von Sozialdaten der Versicherten vor unbefugter Kenntnisnahme umzusetzen. ²Die Krankenkasse kann zum Zwecke des in der Richtlinie zum 1. Januar 2021 vorzusehenden Abgleichs der Versichertenanschrift mit den Daten aus dem Melderegister vor dem Versand der elektronischen Gesundheitskarte und deren persönlicher Identifikationsnummer (PIN) an den Versicherten die Daten nach § 34 Absatz 1 Satz 1 Nummer 1 bis 6 und 10 des Bundesmeldegesetzes aus dem Melderegister abrufen.

(7) Spätestens ab dem 1. Januar 2022 stellen die Krankenkassen den Versicherten gemäß den Festlegungen der Gesellschaft für Telematik ein technisches Verfahren barrierefrei zur Verfügung, welches die Anforderungen nach § 336 Absatz 4 erfüllt.

(8) ¹Spätestens ab dem 1. Januar 2023 stellen die Krankenkassen den Versicherten ergänzend zur elektronischen Gesundheitskarte auf Verlangen eine sichere digitale Identität für das Gesundheitswesen barrierefrei zur Verfügung, die die Vorgaben nach Absatz 2 Nummer 1 und 2 erfüllt und die Bereitstellung von Daten nach § 291a Absatz 2 und 3 durch die Krankenkassen ermöglicht. ²Ab dem 1. Januar 2024 dient die digitale Identität nach Satz 1 in gleicher Weise wie die elektronische Gesundheitskarte zur Authentisierung des Versicherten im Gesundheitswesen und als Versicherungsnachweis nach § 291a Absatz 1. ³Die Gesellschaft für Telematik legt die Anforderungen an die Sicherheit und Interoperabilität der digitalen Identitäten fest. ⁴Die Festlegung der Anforderungen an die Sicherheit und den Datenschutz erfolgt dabei im Einvernehmen mit dem Bundesamt für Sicherheit in der Informationstechnik und der oder dem Bundesbeauftragten für den Datenschutz und die Informationsfreiheit auf Basis der jeweils gültigen Technischen Richtlinien des Bundesamts für Sicherheit in der Informationstechnik und unter Berücksichtigung der notwendigen Vertrauensniveaus der unterstützten Anwendungen. ⁵Eine digitale Identität kann über verschiedene Ausprägungen mit verschiedenen Sicherheits- und Vertrauensniveaus verfügen. ⁶Das Sicherheits- und Vertrauensniveau der Ausprägung einer digitalen Identität muss mindestens dem Schutzbedarf der Anwendung entsprechen, bei der diese eingesetzt wird. ⁷Spätestens ab dem 1. Juli 2022 stellen die Krankenkassen zur Nutzung berechtigten Dritten Verfahren zur Erprobung der Integration der sicheren digitalen Identität nach Satz 1 zur Verfügung.

Zweiter Abschnitt
Übermittlung und Aufbereitung von Leistungsdaten, Datentransparenz

Zweiter Titel
Datentransparenz

§ 303a Wahrnehmung der Aufgaben der Datentransparenz; Verordnungsermächtigung

(1) ¹Die Aufgaben der Datentransparenz werden von öffentlichen Stellen des Bundes als Vertrauensstelle nach § 303c und als Forschungsdatenzentrum nach § 303d sowie vom Spitzenverband Bund der Krankenkassen als Datensammelstelle wahrgenommen. ²Das Bundesministerium für Gesundheit bestimmt im Benehmen mit dem Bundesministerium für Bildung und Forschung durch Rechtsverordnung ohne Zustimmung des Bundesrates zur Wahrnehmung der Aufgaben der Datentransparenz eine öffentliche Stelle des Bundes als Vertrauensstelle nach § 303c und eine öffentliche Stelle des Bundes als Forschungsdatenzentrum nach § 303d.
(2) ¹Die Vertrauensstelle und das Forschungsdatenzentrum sind räumlich, organisatorisch und personell eigenständig zu führen. ²Sie unterliegen dem Sozialgeheimnis nach § 35 des Ersten Buches und unterstehen der Rechtsaufsicht des Bundesministeriums für Gesundheit.
(3) Die Kosten, die den öffentlichen Stellen nach Absatz 1 durch die Wahrnehmung der Aufgaben der Datentransparenz entstehen, tragen die Krankenkassen nach der Zahl ihrer Mitglieder.
(4) In der Rechtsverordnung nach Absatz 1 Satz 2 ist auch das Nähere zu regeln
1. zu spezifischen Festlegungen zu Art und Umfang der nach § 303b Absatz 1 Satz 1 zu übermittelnden Daten und zu den Fristen der Datenübermittlung nach § 303b Absatz 1 Satz 1,
2. zur Datenverarbeitung durch den Spitzenverband Bund der Krankenkassen nach § 303b Absatz 2 und 3 Satz 1 und 2,
3. zum Verfahren der Pseudonymisierung der Versichertendaten nach § 303c Absatz 1 und 2 und zum Verfahren der Übermittlung der Pseudonyme an das Forschungsdatenzentrum nach § 303c Absatz 3 durch die Vertrauensstelle,
4. zur Wahrnehmung der Aufgaben nach § 303d Absatz 1 und § 303e einschließlich der Bereitstellung von Einzeldatensätzen nach § 303e Absatz 4 durch das Forschungsdatenzentrum,
5. zur Verkürzung der Höchstfrist für die Aufbewahrung von Einzeldatensätzen nach § 303d Absatz 3,
6. zur Evaluation und Weiterentwicklung der Datentransparenz,
7. zur Erstattung der Kosten nach Absatz 3 einschließlich der zu zahlenden Vorschüsse.

§ 303b Datenzusammenführung und -übermittlung

(1) ¹Für die in § 303e Absatz 2 genannten Zwecke übermitteln die Krankenkassen an den Spitzenverband Bund der Krankenkassen als Datensammelstelle für jeden Versicherten jeweils in Verbindung mit einem Versichertenpseudonym, das eine kassenübergreifende eindeutige Identifizierung im Berichtszeitraum erlaubt (Lieferpseudonym),
1. Angaben zu Alter, Geschlecht und Wohnort,
2. Angaben zum Versicherungsverhältnis,
3. die Kosten- und Leistungsdaten nach den §§ 295, 295a, 300, 301, 301a und 302,
4. Angaben zum Vitalstatus und zum Sterbedatum und
5. Angaben zu den abrechnenden Leistungserbringern.

²Das Nähere zur technischen Ausgestaltung der Datenübermittlung nach Satz 1 regelt der Spitzenverband Bund der Krankenkassen spätestens bis zum 31. Dezember 2021.
(2) Der Spitzenverband Bund der Krankenkassen führt die Daten nach Absatz 1 zusammen, prüft die Daten auf Vollständigkeit, Plausibilität und Konsistenz und klärt Auffälligkeiten jeweils mit der die Daten liefernden Stelle.
(3) ¹Der Spitzenverband Bund der Krankenkassen übermittelt
1. an das Forschungsdatenzentrum nach § 303d die Daten nach Absatz 1 ohne das Lieferpseudonym, wobei jeder einem Lieferpseudonym zuzuordnende Einzeldatensatz mit einer Arbeitsnummer gekennzeichnet wird,
2. an die Vertrauensstelle nach § 303c eine Liste mit den Lieferpseudonymen einschließlich der Arbeitsnummern, die zu den nach Nummer 1 übermittelten Einzeldatensätzen für das jeweilige Lieferpseudonym gehören.

²Die Angaben zu den Leistungserbringern sind vor der Übermittlung an das Forschungsdatenzentrum zu pseudonymisieren. ³Das Nähere zur technischen Ausgestaltung der Datenübermittlung nach Satz 1 vereinbart der Spitzenverband Bund der Krankenkassen mit den nach § 303a Absatz 1 Satz 2 bestimmten Stellen spätestens bis zum 31. Dezember 2021.
(4) Der Spitzenverband Bund der Krankenkassen kann eine Arbeitsgemeinschaft nach § 219 mit der Durchführung der Aufgaben nach den Absätzen 1 bis 3 beauftragen.

§ 303c Vertrauensstelle

(1) Die Vertrauensstelle überführt die ihr nach § 303b Absatz 3 Satz 1 Nummer 2 übermittelten Lieferpseudonyme nach einem einheitlich anzuwendenden Verfahren nach Absatz 2 in periodenübergreifende Pseudonyme.

(2) ¹Die Vertrauensstelle hat im Einvernehmen mit dem Bundesamt für Sicherheit in der Informationstechnik ein schlüsselabhängiges Verfahren zur Pseudonymisierung festzulegen, das dem jeweiligen Stand der Technik und Wissenschaft entspricht. ²Das Verfahren zur Pseudonymisierung ist so zu gestalten, dass für das jeweilige Lieferpseudonym eines jeden Versicherten periodenübergreifend immer das gleiche Pseudonym erstellt wird, aus dem Pseudonym aber nicht auf das Lieferpseudonym oder die Identität des Versicherten geschlossen werden kann.
(3) ¹Die Vertrauensstelle hat die Liste der Pseudonyme dem Forschungsdatenzentrum mit den Arbeitsnummern zu übermitteln. ²Nach der Übermittlung dieser Liste an das Forschungsdatenzentrum hat sie die diesen Pseudonymen zugrunde liegenden Lieferpseudonyme und Arbeitsnummern sowie die Pseudonyme zu löschen.

§ 303d Forschungsdatenzentrum

(1) Das Forschungsdatenzentrum hat folgende Aufgaben:
1. die ihm vom Spitzenverband Bund der Krankenkassen und von der Vertrauensstelle übermittelten Daten nach § 303b Absatz 3 und § 303c Absatz 3 für die Auswertung für Zwecke nach § 303e Absatz 2 aufzubereiten,
2. Qualitätssicherungen der Daten vorzunehmen,
3. Anträge auf Datennutzung zu prüfen,
4. die beantragten Daten den Nutzungsberechtigten nach § 303e zugänglich zu machen,
5. das spezifische Reidentifikationsrisiko in Bezug auf die durch Nutzungsberechtigte nach § 303e beantragten Daten zu bewerten und unter angemessener Wahrung des angestrebten wissenschaftlichen Nutzens durch geeignete Maßnahmen zu minimieren,
6. ein öffentliches Antragsregister mit Informationen zu den antragstellenden Nutzungsberechtigten, zu den Vorhaben, für die Daten beantragt wurden, und deren Ergebnissen aufzubauen und zu pflegen,
7. die Verfahren der Datentransparenz zu evaluieren und weiterzuentwickeln,
8. Nutzungsberechtigte nach § 303e Absatz 1 zu beraten,
9. Schulungsmöglichkeiten für Nutzungsberechtigte anzubieten sowie
10. die wissenschaftliche Erschließung der Daten zu fördern.

(2) ¹Das Forschungsdatenzentrum richtet im Benehmen mit dem Bundesministerium für Gesundheit und dem Bundesministerium für Bildung und Forschung einen Arbeitskreis der Nutzungsberechtigten nach § 303e Absatz 1 ein. ²Der Arbeitskreis wirkt beratend an der Ausgestaltung, Weiterentwicklung und Evaluation des Datenzugangs mit.
(3) Das Forschungsdatenzentrum hat die versichertenbezogenen Einzeldatensätze spätestens nach 30 Jahren zu löschen.

§ 303e Datenverarbeitung

(1) Das Forschungsdatenzentrum macht die ihm vom Spitzenverband Bund der Krankenkassen und von der Vertrauensstelle übermittelten Daten nach Maßgabe der Absätze 3 bis 6 folgenden Nutzungsberechtigten zugänglich, soweit diese nach Absatz 2 zur Verarbeitung der Daten berechtigt sind:
1. dem Spitzenverband Bund der Krankenkassen,
2. den Bundes- und Landesverbänden der Krankenkassen,
3. den Krankenkassen,
4. den Kassenärztlichen Bundesvereinigungen und den Kassenärztlichen Vereinigungen,
5. den für die Wahrnehmung der wirtschaftlichen Interessen gebildeten maßgeblichen Spitzenorganisationen der Leistungserbringer auf Bundesebene,
6. den Institutionen der Gesundheitsberichterstattung des Bundes und der Länder,
7. den Institutionen der Gesundheitsversorgungsforschung,
8. den Hochschulen, den nach landesrechtlichen Vorschriften anerkannten Hochschulkliniken, öffentlich geförderten außeruniversitären Forschungseinrichtungen und sonstigen Einrichtungen mit der Aufgabe unabhängiger wissenschaftlicher Forschung, sofern die Daten wissenschaftlichen Vorhaben dienen,
9. dem Gemeinsamen Bundesausschuss,
10. dem Institut für Qualität und Wirtschaftlichkeit im Gesundheitswesen,
11. dem Institut des Bewertungsausschusses,
12. der oder dem Beauftragten der Bundesregierung und der Landesregierungen für die Belange der Patientinnen und Patienten,
13. den für die Wahrnehmung der Interessen der Patientinnen und Patienten und der Selbsthilfe chronisch kranker und behinderter Menschen maßgeblichen Organisationen auf Bundesebene,
14. dem Institut für Qualitätssicherung und Transparenz im Gesundheitswesen,
15. dem Institut für das Entgeltsystem im Krankenhaus,

16. den für die gesetzliche Krankenversicherung zuständigen obersten Bundes- und Landesbehörden und deren jeweiligen nachgeordneten Bereichen sowie den übrigen obersten Bundesbehörden,
17. der Bundesärztekammer, der Bundeszahnärztekammer, der Bundespsychotherapeutenkammer sowie der Bundesapothekerkammer,
18. der Deutschen Krankenhausgesellschaft.

(2) Soweit die Datenverarbeitung jeweils für die Erfüllung von Aufgaben der nach Absatz 1 Nutzungsberechtigten erforderlich ist, dürfen die Nutzungsberechtigten Daten für folgende Zwecke verarbeiten:
1. Wahrnehmung von Steuerungsaufgaben durch die Kollektivvertragspartner,
2. Verbesserung der Qualität der Versorgung,
3. Planung von Leistungsressourcen, zum Beispiel Krankenhausplanung,
4. Forschung, insbesondere für Längsschnittanalysen über längere Zeiträume, Analysen von Behandlungsabläufen oder Analysen des Versorgungsgeschehens,
5. Unterstützung politischer Entscheidungsprozesse zur Weiterentwicklung der gesetzlichen Krankenversicherung,
6. Analyse und Entwicklung von sektorenübergreifenden Versorgungsformen sowie von Einzelverträgen der Krankenkassen,
7. Wahrnehmung von Aufgaben der Gesundheitsberichterstattung.

(3) ¹Das Forschungsdatenzentrum macht einem Nutzungsberechtigten auf Antrag Daten zugänglich, wenn die Voraussetzungen nach Absatz 2 erfüllt sind. ²In dem Antrag hat der antragstellende Nutzungsberechtigte nachvollziehbar darzulegen, dass Umfang und Struktur der beantragten Daten geeignet und erforderlich sind, um die zu untersuchende Frage zu beantworten. ³Liegen die Voraussetzungen nach Absatz 2 vor, übermittelt das Forschungsdatenzentrum dem antragstellenden Nutzungsberechtigten die entsprechend den Anforderungen des Nutzungsberechtigten ausgewählten Daten anonymisiert und aggregiert. ⁴Das Forschungsdatenzentrum kann einem Nutzungsberechtigten entsprechend seinen Anforderungen auch anonymisierte und aggregierte Daten mit kleinen Fallzahlen übermitteln, wenn der antragstellende Nutzungsberechtigte nachvollziehbar darlegt, dass ein nach Absatz 2 zulässiger Nutzungszweck, insbesondere die Durchführung eines Forschungsvorhabens, die Übermittlung dieser Daten erfordert.

(4) ¹Das Forschungsdatenzentrum kann einem Nutzungsberechtigten entsprechend seinen Anforderungen auch pseudonymisierte Einzeldatensätze bereitstellen, wenn antragstellende Nutzungsberechtigte nachvollziehbar darlegt, dass die Nutzung der pseudonymisierten Einzeldatensätze für einen nach Absatz 2 zulässigen Nutzungszweck, insbesondere für die Durchführung eines Forschungsvorhabens, erforderlich ist. ²Das Forschungsdatenzentrum stellt einem Nutzungsberechtigten die pseudonymisierten Einzeldatensätze ohne Sichtbarmachung der Pseudonyme für die Verarbeitung unter Kontrolle des Forschungsdatenzentrums bereit, soweit
1. gewährleistet ist, dass diese Daten nur solchen Personen bereitgestellt werden, die einer Geheimhaltungspflicht nach § 203 des Strafgesetzbuches unterliegen, und
2. durch geeignete technische und organisatorische Maßnahmen sichergestellt wird, dass die Verarbeitung durch den Nutzungsberechtigten auf das erforderliche Maß beschränkt und insbesondere ein Kopieren der Daten verhindert werden kann.

³Personen, die nicht der Geheimhaltungspflicht nach § 203 des Strafgesetzbuches unterliegen, können pseudonymisierte Einzeldatensätze nach Satz 2 bereitgestellt werden, wenn sie vor dem Zugang zur Geheimhaltung verpflichtet wurden. ⁴§ 1 Absatz 2, 3 und 4 Nummer 2 des Verpflichtungsgesetzes gilt entsprechend.

(5) ¹Die Nutzungsberechtigten dürfen die nach Absatz 3 oder Absatz 4 zugänglich gemachten Daten
1. nur für die Zwecke nutzen, für die sie zugänglich gemacht werden,
2. nicht an Dritte weitergeben, es sei denn, das Forschungsdatenzentrum genehmigt auf Antrag eine Weitergabe an einen Dritten im Rahmen eines nach Absatz 2 zulässigen Nutzungszwecks.

²Die Nutzungsberechtigten haben bei der Verarbeitung der nach Absatz 3 oder Absatz 4 zugänglich gemachten Daten darauf zu achten, keinen Bezug zu Personen, Leistungserbringern oder Leistungsträgern herzustellen. ³Wird ein Bezug zu Personen, Leistungserbringern oder Leistungsträgern unbeabsichtigt hergestellt, so ist dies dem Forschungsdatenzentrum zu melden. ⁴Die Verarbeitung der bereitgestellten Daten zum Zwecke der Herstellung eines Personenbezugs, zum Zwecke der Identifizierung von Leistungserbringern oder Leistungsträgern sowie zum Zwecke der bewussten Verschaffung von Kenntnissen über fremde Betriebs- und Geschäftsgeheimnisse ist untersagt.

(6) ¹Wenn die zuständige Datenschutzaufsichtsbehörde feststellt, dass Nutzungsberechtigte die vom Forschungsdatenzentrum nach Absatz 3 oder Absatz 4 zugänglich gemachten Daten in einer Art und Weise verarbeitet haben, die nicht den geltenden datenschutzrechtlichen Vorschriften oder den Auflagen des Forschungsdatenzentrums entspricht, und wegen eines solchen Verstoßes eine Maßnahme nach Artikel 58 Absatz 2 Buchstabe b bis j der Verordnung (EU) 2016/679 gegenüber dem Nutzungsberechtigten ergriffen hat, informiert sie das Forschungsdatenzentrum. ²In diesem

Fall schließt das Forschungsdatenzentrum den Nutzungsberechtigten für einen Zeitraum von bis zu zwei Jahren vom Datenzugang aus.

§ 303f Gebührenregelung; Verordnungsermächtigung

(1) ¹Das Forschungsdatenzentrum erhebt von den Nutzungsberechtigten nach § 303e Absatz 1 Gebühren und Auslagen für individuell zurechenbare öffentliche Leistungen nach § 303d zur Deckung des Verwaltungsaufwandes. ²Die Gebührensätze sind so zu bemessen, dass sie den auf die Leistungen entfallenden durchschnittlichen Personal- und Sachaufwand nicht übersteigen. ³Die Krankenkassen, ihre Verbände, der Spitzenverband Bund der Krankenkassen sowie das Bundesministerium für Gesundheit als Aufsichtsbehörde sind von der Zahlung der Gebühren befreit. (2) ¹Das Bundesministerium für Gesundheit wird ermächtigt, durch Rechtsverordnung ohne Zustimmung des Bundesrates die gebührenpflichtigen Tatbestände zu bestimmen und dabei feste Sätze oder Rahmensätze vorzusehen sowie Regelungen über die Gebührenentstehung, die Gebührenerhebung, die Erstattung von Auslagen, den Gebührenschuldner, Gebührenbefreiungen, die Fälligkeit, die Stundung, die Niederschlagung, den Erlass, Säumniszuschläge, die Verjährung und die Erstattung zu treffen. ²Das Bundesministerium für Gesundheit kann die Ermächtigung durch Rechtsverordnung auf die öffentliche Stelle, die vom Bundesministerium für Gesundheit nach § 303a Absatz 1 als Forschungsdatenzentrum nach § 303d bestimmt ist, übertragen.

Dritter Abschnitt
Datenlöschung, Auskunftspflicht

§ 304 Aufbewahrung von Daten bei Krankenkassen, Kassenärztlichen Vereinigungen und Geschäftsstellen der Prüfungsausschüsse

(1) ¹Die für Aufgaben der gesetzlichen Krankenversicherung bei Krankenkassen, Kassenärztlichen Vereinigungen und Geschäftsstellen der Prüfungsausschüsse gespeicherten Sozialdaten sind nach folgender Maßgabe zu löschen:
1. die Daten nach den §§ 292, 295 Absatz 1a, 1b und 2 sowie Daten, die für die Prüfungsausschüsse und ihre Geschäftsstellen für die Prüfungen nach den §§ 106 bis 106c erforderlich sind, spätestens nach zehn Jahren,
2. die Daten, die auf Grund der nach § 266 Absatz 8 Satz 1 erlassenen Rechtsverordnung für die Durchführung des Risikostrukturausgleichs nach den §§ 266 und 267 erforderlich sind, spätestens nach den in der Rechtsverordnung genannten Fristen.

²Die Aufbewahrungsfristen beginnen mit dem Ende des Geschäftsjahres, in dem die Leistungen gewährt oder abgerechnet wurden. ³Die Krankenkassen können für Zwecke der Krankenversicherung Leistungsdaten länger aufbewahren, wenn sichergestellt ist, daß ein Bezug zum Arzt und Versicherten nicht mehr herstellbar ist. ⁴Die Löschfristen gelten nicht für den Nachweis über die Erfüllung der Meldepflicht nach § 36 des Implantateregistergesetzes, dessen Speicherung für die Erfüllung der Meldepflicht nach § 17 Absatz 2 des Implantateregistergesetzes erforderlich ist. ⁵Dieser Nachweis ist unverzüglich zu löschen, sobald die Registerstelle des Implantateregisters Deutschland die Krankenkasse über die Anonymisierung des Registerdatensatzes oder des Versicherten unterrichtet hat.
(2) Im Falle des Wechsels der Krankenkasse ist die bisher zuständige Krankenkasse verpflichtet, den Nachweis über die Erfüllung der Meldepflicht nach § 36 des Implantateregistergesetzes an die neue Krankenkasse zu übermitteln sowie die für die Fortführung der Versicherung erforderlichen Angaben nach den §§ 288 und 292 der neuen Krankenkasse zu übermitteln.
(3) Für die Aufbewahrung der Kranken- und sonstigen Berechtigungsscheine für die Inanspruchnahme von Leistungen einschließlich der Verordnungsblätter für Arznei-, Verband-, Heil- und Hilfsmittel gilt § 84 Absatz 6 des Zehnten Buches.

§ 305 Auskünfte an Versicherte

(1) ¹Die Krankenkassen unterrichten die Versicherten auf deren Antrag über die in Anspruch genommenen Leistungen und deren Kosten. ²Auf Verlangen der Versicherten und mit deren ausdrücklicher Einwilligung sollen die Krankenkassen an Dritte, die die Versicherten benannt haben, Daten nach Satz 1 auch elektronisch übermitteln. ³Die Krankenkassen dürfen auf Verlangen und mit ausdrücklicher Einwilligung der Versicherten Daten über die von diesem Versicherten in Anspruch genommenen Leistungen an Anbieter elektronischer Patientenakten oder anderer persönlicher Gesundheitsakten zur Erfüllung ihrer Pflichten nach § 344 Absatz 1 Satz 2 und § 350 Absatz 1 übermitteln. ⁴Bei der Übermittlung an Anbieter elektronischer Patientenakten oder anderer persönlicher elektronischer Gesundheitsakten muss sichergestellt werden, dass die Daten nach Satz 1 nicht ohne ausdrückliche Einwilligung der Versicherten von Dritten eingesehen werden können. ⁵Zum Schutz vor unbefugter Kenntnisnahme der Daten der Versicherten, insbesondere zur sicheren Identifizierung des Versicherten und des Dritten nach den Sätzen 2 und 3 sowie zur sicheren Datenübertragung, ist die Richtlinie nach § 217f Absatz 4b entsprechend anzuwenden. ⁶Auf Antrag der Versicherten haben die Krankenkassen abweichend von § 303 Absatz 4 Diagnosedaten, die ihnen nach den §§ 295 und 295a übermittelt wurden und deren Unrichtigkeit durch einen ärztlichen Nachweis belegt wird, in

berichtigter Form bei der Unterrichtung nach Satz 1 und bei der Übermittlung nach den Sätzen 2 und 3 zu verwenden. [7]Den Antrag nach Satz 6 haben die Krankenkassen innerhalb von vier Wochen nach Erhalt des Antrags zu bescheiden. [8]Die für die Unterrichtung nach Satz 1 und für die Übermittlung nach den Sätzen 2 und 3 erforderlichen Daten dürfen ausschließlich für diese Zwecke verarbeitet werden. [9]Eine Mitteilung an die Leistungserbringer über die Unterrichtung des Versicherten und die Übermittlung der Daten ist nicht zulässig. [10]Die Krankenkassen können in ihrer Satzung das Nähere über das Verfahren der Unterrichtung nach Satz 1 und über die Übermittlung nach den Sätzen 2 und 3 regeln.

(2) [1]Die an der vertragsärztlichen Versorgung teilnehmenden Ärzte, Einrichtungen und medizinischen Versorgungszentren haben die Versicherten auf Verlangen in verständlicher Form entweder schriftlich oder elektronisch, direkt im Anschluss an die Behandlung oder mindestens quartalsweise spätestens vier Wochen nach Ablauf des Quartals, in dem die Leistungen in Anspruch genommen worden sind, über die zu Lasten der Krankenkassen erbrachten Leistungen und deren vorläufige Kosten (Patientenquittung) zu unterrichten. [2]Satz 1 gilt auch für die vertragszahnärztliche Versorgung. [3]Der Versicherte erstattet für eine quartalsweise schriftliche Unterrichtung nach Satz 1 eine Aufwandspauschale in Höhe von 1 Euro zuzüglich Versandkosten. [4]Das Nähere regelt die Kassenärztliche Bundesvereinigung. [5]Die Krankenhäuser unterrichten die Versicherten auf Verlangen in verständlicher Form entweder schriftlich oder elektronisch innerhalb von vier Wochen nach Abschluss der Krankenhausbehandlung über die erbrachten Leistungen und die dafür von den Krankenkassen zu zahlenden Entgelte. [6]Das Nähere regelt der Spitzenverband Bund der Krankenkassen und die Deutsche Krankenhausgesellschaft durch Vertrag.

(3) [1]Die Krankenkassen informieren ihre Versicherten auf Verlangen umfassend über in der gesetzlichen Krankenversicherung zugelassene Leistungserbringer einschließlich medizinische Versorgungszentren und Leistungserbringer in der besonderen Versorgung sowie über die verordnungsfähigen Leistungen und Bezugsquellen, einschließlich der Informationen nach § 73 Abs. 8, § 127 Absatz 3 und 5. [2]Die Krankenkasse hat Versicherte vor deren Entscheidung über die Teilnahme an besonderen Versorgungsformen in Wahltarifen nach § 53 Abs. 3 umfassend über darin erbrachte Leistungen und die beteiligten Leistungserbringer zu informieren. [3]§ 69 Absatz 1 Satz 3 gilt entsprechend.

§ 305a Beratung der Vertragsärzte

[1]Die Kassenärztlichen Vereinigungen beraten in erforderlichen Fällen die Vertragsärzte auf der Grundlage von Übersichten über die von ihnen im Zeitraum eines Jahres oder in einem kürzeren Zeitraum erbrachten, verordneten oder veranlassten Leistungen über Fragen der Wirtschaftlichkeit. [2]Ergänzend können die Vertragsärzte den Kassenärztlichen Vereinigungen die Daten über die von ihnen verordneten Leistungen nicht versichertenbezogen übermitteln, die Kassenärztlichen Vereinigungen können diese Daten für ihre Beratung des Vertragsarztes auswerten und auf der Grundlage dieser Daten erstellte vergleichende Übersichten den Vertragsärzten nicht arztbezogen zur Verfügung stellen. [3]Die Vertragsärzte und die Kassenärztlichen Vereinigungen dürfen die Daten nach Satz 2 nur für im Sozialgesetzbuch bestimmte Zwecke verarbeiten. [4]Ist gesetzlich oder durch Vereinbarung nach § 130a Abs. 8 nichts anderes bestimmt, dürfen Vertragsärzte Daten über von ihnen verordnete Arzneimittel nur solchen Stellen übermitteln, die sich verpflichten, die Daten ausschließlich als Nachweis für die in einer Kassenärztlichen Vereinigung oder einer Region mit mindestens jeweils 300 000 Einwohnern oder mit jeweils mindestens 1300 Ärzten insgesamt in Anspruch genommenen Leistungen zu verarbeiten; eine Verarbeitung dieser Daten mit regionaler Differenzierung innerhalb einer Kassenärztlichen Vereinigung, für einzelne Vertragsärzte oder Einrichtungen sowie für einzelne Apotheken ist unzulässig. [5]Satz 4 gilt auch für die Übermittlung von Daten über die nach diesem Buch verordnungsfähigen Arzneimittel durch Apotheken, den Großhandel, Krankenkassen sowie deren Rechenzentren. [6]Abweichend von Satz 4 dürfen Leistungserbringer und Krankenkassen Daten über verordnete Arzneimittel in vertraglichen Versorgungsformen nach den §§ 63, 73b, 137f oder 140a nutzen.

§ 305b Veröffentlichung der Jahresrechnungsergebnisse

[1]Die Krankenkassen, mit Ausnahme der landwirtschaftlichen Krankenkasse, veröffentlichen im elektronischen Bundesanzeiger sowie auf der eigenen Internetpräsenz zum 30. November des dem Berichtsjahr folgenden Jahres die wesentlichen Ergebnisse ihrer Rechnungslegung in einer für die Versicherten verständlichen Weise. [2]Die Satzung hat weitere Arten der Veröffentlichung zu regeln, die sicherstellen, dass alle Versicherten der Krankenkasse davon Kenntnis erlangen können. [3]Zu veröffentlichen sind insbesondere Angaben zur Entwicklung der Zahl der Mitglieder und Versicherten, zur Höhe und Struktur der Einnahmen, zur Höhe und Struktur der Ausgaben sowie zur Vermögenssituation. [4]Ausgaben für Prävention und Gesundheitsförderung sowie Verwaltungsausgaben sind gesondert auszuweisen. [5]Das Nähere zu den zu veröffentlichenden Angaben wird in der Allgemeinen Verwaltungsvorschrift über das Rechnungswesen in der Sozialversicherung geregelt.

Elftes Kapitel
Telematikinfrastruktur

Erster Abschnitt
Anforderungen an die Telematikinfrastruktur

§ 306 Telematikinfrastruktur

(1) ¹Die Bundesrepublik Deutschland, vertreten durch das Bundesministerium für Gesundheit, der Spitzenverband Bund der Krankenkassen, die Kassenärztliche Bundesvereinigung, die Kassenzahnärztliche Bundesvereinigung, die Bundesärztekammer, die Bundeszahnärztekammer, die Deutsche Krankenhausgesellschaft sowie die für die Wahrnehmung der wirtschaftlichen Interessen gebildete maßgebliche Spitzenorganisation der Apotheker auf Bundesebene schaffen die Telematikinfrastruktur. ²Die Telematikinfrastruktur ist die interoperable und kompatible Informations-, Kommunikations- und Sicherheitsinfrastruktur, die der Vernetzung von Leistungserbringern, Kostenträgern, Versicherten und weiteren Akteuren des Gesundheitswesens sowie der Rehabilitation und der Pflege dient und insbesondere

1. erforderlich ist für die Nutzung der elektronischen Gesundheitskarte und der Anwendungen der Telematikinfrastruktur,
2. geeignet ist
   a) für die Nutzung weiterer Anwendungen der Telematikinfrastruktur ohne Nutzung der elektronischen Gesundheitskarte nach § 327 und
   b) für die Verwendung für Zwecke der Gesundheits- und pflegerischen Forschung.

³Die Bundesrepublik Deutschland, vertreten durch das Bundesministerium für Gesundheit, und die in Satz 1 genannten Spitzenorganisationen nehmen die Aufgabe nach Satz 1 nach Maßgabe des § 310 durch eine Gesellschaft für Telematik wahr.

(2) Die Telematikinfrastruktur umfasst
1. eine dezentrale Infrastruktur bestehend aus Komponenten zur Authentifizierung, zur elektronischen Signatur, zur Verschlüsselung sowie Entschlüsselung und zur sicheren Verarbeitung von Daten in der zentralen Infrastruktur,
2. eine zentrale Infrastruktur bestehend aus
   a) sicheren Zugangsdiensten als Schnittstelle zur dezentralen Infrastruktur und
   b) einem gesicherten Netz einschließlich der für den Betrieb notwendigen Dienste sowie
3. eine Anwendungsinfrastruktur bestehend aus Diensten für die Anwendungen nach diesem Kapitel.

(3) Für die Verarbeitung der zu den besonderen Kategorien im Sinne von Artikel 9 der Verordnung (EU) 2016/679 gehörenden personenbezogenen Daten in der Telematikinfrastruktur gilt ein dem besonderen Schutzbedarf entsprechendes hohes Schutzniveau, dem durch entsprechende technische und organisatorische Maßnahmen im Sinne des Artikels 32 der Verordnung (EU) 2016/679 Rechnung zu tragen ist.

(4) ¹Anwendungen im Sinne dieses Kapitels sind nutzerbezogene Funktionalitäten auf der Basis von nach § 325 zugelassenen Diensten und Komponenten zur Verarbeitung von Gesundheitsdaten in der Telematikinfrastruktur sowie weitere nutzerbezogene Funktionalitäten nach § 327. ²Dienste im Sinne von Satz 1 sind zentral bereitgestellte und in der Telematikinfrastruktur betriebene technische Systeme, die einzelne Funktionalitäten der Telematikinfrastruktur umsetzen. ³Komponenten sind dezentrale technische Systeme oder deren Bestandteile.

§ 307 Datenschutzrechtliche Verantwortlichkeiten

(1) ¹Die Verarbeitung personenbezogener Daten mittels der Komponenten der dezentralen Infrastruktur nach § 306 Absatz 2 Nummer 1 liegt in der Verantwortung derjenigen, die diese Komponenten für die Zwecke der Authentifizierung und elektronischen Signatur sowie zur Verschlüsselung, Entschlüsselung und sicheren Verarbeitung von Daten in der zentralen Infrastruktur nutzen, soweit sie über die Mittel der Datenverarbeitung mitentscheiden. ²Die Verantwortlichkeit nach Satz 1 erstreckt sich insbesondere auf die ordnungsgemäße Inbetriebnahme, Wartung und Verwendung der Komponenten. ³Für die Verarbeitung personenbezogener Daten mittels der Komponenten der dezentralen Infrastruktur nach § 306 Absatz 2 Nummer 1 durch Verantwortliche nach Satz 1 erfolgt in der Anlage zu diesem Gesetz eine Datenschutz-Folgenabschätzung nach Artikel 35 Absatz 10 der Verordnung (EU) 2016/679. ⁴Soweit eine Datenschutz-Folgenabschätzung nach Satz 3 erfolgt, gilt für die Verantwortlichen nach Satz 1 Artikel 35 Absatz 1 bis 7 der Verordnung (EU) 2016/679 sowie § 38 Absatz 1 Satz 2 des Bundesdatenschutzgesetzes nicht.

(2) ¹Der Betrieb der durch die Gesellschaft für Telematik spezifizierten und zugelassenen Zugangsdienste nach § 306 Absatz 2 Nummer 2 Buchstabe a liegt in der Verantwortung des jeweiligen Anbieters des Zugangsdienstes. ²Der Anbieter eines Zugangsdienstes darf personenbezogene Daten der Versicherten ausschließlich für Zwecke des Aufbaus und des Betriebs seines Zugangsdienstes verarbeiten. ³§ 3 des Telekommunikation-Telemedien-Datenschutz-Gesetzes ist entsprechend anzuwenden.

(3) ¹Die Gesellschaft für Telematik erteilt einen Auftrag nach § 323 Absatz 2 Satz 1 zum alleinverantwortlichen Betrieb des gesicherten Netzes nach § 306 Absatz 2 Nummer 2 Buchstabe b, einschließlich der für den Betrieb notwendigen Dienste. ²Der Anbieter des gesicherten Netzes ist innerhalb des gesicherten Netzes verantwortlich für die Übertragung von personenbezogenen Daten, insbesondere von Gesundheitsdaten der Versicherten, zwischen Leistungserbringern, Kostenträgern sowie Versicherten und für die Übertragung im Rahmen der Anwendungen der elektronischen Gesundheitskarte. ³Der Anbieter des gesicherten Netzes darf die Daten ausschließlich zum Zweck der Datenübertragung verarbeiten. ⁴§ 3 des Telekommunikation-Telemedien-Datenschutz-Gesetzes ist entsprechend anzuwenden.
(4) ¹Der Betrieb der Dienste der Anwendungsinfrastruktur nach § 306 Absatz 2 Nummer 3 erfolgt durch den jeweiligen Anbieter. ²Die Anbieter sind für die Verarbeitung personenbezogener Daten, insbesondere von Gesundheitsdaten der Versicherten, zum Zweck der Nutzung des jeweiligen Dienstes der Anwendungsinfrastruktur verantwortlich.
(5) ¹Die Gesellschaft für Telematik ist Verantwortliche für die Verarbeitung personenbezogener Daten in der Telematikinfrastruktur, soweit sie im Rahmen ihrer Aufgaben nach § 311 Absatz 1 die Mittel der Datenverarbeitung bestimmt und insoweit keine Verantwortlichkeit nach den vorstehenden Absätzen begründet ist. ²Die Gesellschaft für Telematik richtet für die Betroffenen eine koordinierende Stelle ein. ³Die koordinierende Stelle erteilt den Betroffenen allgemeine Informationen zur Telematikinfrastruktur sowie Auskunft über Zuständigkeiten innerhalb der Telematikinfrastruktur, insbesondere zur datenschutzrechtlichen Verantwortlichkeit nach dieser Vorschrift.

§ 308 Vorrang von technischen Schutzmaßnahmen

(1) ¹Die Rechte der betroffenen Person nach den Artikeln 12 bis 22 der Verordnung (EU) 2016/679 sind gegenüber den Verantwortlichen nach § 307 ausgeschlossen, soweit diese Rechte von dem Verantwortlichen nach § 307 und dessen Auftragsverarbeiter nicht oder nur unter Umgehung von Schutzmechanismen wie insbesondere der Verschlüsselung oder der Anonymisierung gewährleistet werden können. ²Ist es einem Verantwortlichen nach § 307 nur unter Umgehung von Schutzmechanismen wie insbesondere der Verschlüsselung oder der Anonymisierung, die eine Kenntnisnahme oder Identifizierung ausschließen, möglich, Rechte der betroffenen Person zu befriedigen, so ist der Verantwortliche nicht verpflichtet, zur bloßen Einhaltung datenschutzrechtlicher Betroffenenrechte zusätzliche Informationen aufzubewahren, einzuholen oder zu verarbeiten oder Sicherheitsvorkehrungen aufzuheben.
(2) Absatz 1 gilt nicht, wenn die Datenverarbeitung unrechtmäßig ist oder berechtigte Zweifel an der behaupteten Unmöglichkeit nach Absatz 1 bestehen.

§ 309 Protokollierung

(1) Die Verantwortlichen nach § 307 haben durch geeignete technische Maßnahmen sicherzustellen, dass für Zwecke der Datenschutzkontrolle bei Anwendungen nach den §§ 327 und 334 Absatz 1 nachträglich für den Zeitraum der regelmäßigen dreijährigen Verjährungsfrist nach § 195 des Bürgerlichen Gesetzbuchs die Zugriffe und die versuchten Zugriffe auf personenbezogene Daten der Versicherten in diesen Anwendungen überprüft werden können und festgestellt werden kann, ob, von wem und welche Daten des Versicherten in dieser Anwendung verarbeitet worden sind.
(2) Eine Verwendung der Protokolldaten nach Absatz 1 für andere als die dort genannten Zwecke ist unzulässig.
(3) Die Protokolldaten sind nach Ablauf der in Absatz 1 genannten Frist unverzüglich zu löschen.

Zweiter Abschnitt
Gesellschaft für Telematik

Erster Titel
Aufgaben, Verfassung und Finanzierung der Gesellschaft für Telematik

§ 310 Gesellschaft für Telematik

(1) Die Bundesrepublik Deutschland, vertreten durch das Bundesministerium für Gesundheit, und die in § 306 Absatz 1 Satz 1 genannten Spitzenorganisationen sind Gesellschafter der Gesellschaft für Telematik.
(2) Die Geschäftsanteile entfallen
1. zu 51 Prozent auf die Bundesrepublik Deutschland, vertreten durch das Bundesministerium für Gesundheit,
2. zu 24,5 Prozent auf den Spitzenverband Bund der Krankenkassen und
3. zu 24,5 Prozent auf die anderen in § 306 Absatz 1 Satz 1 genannten Spitzenorganisationen.
(3) ¹Die Gesellschafter können den Beitritt weiterer Spitzenorganisationen der Leistungserbringer auf Bundesebene und des Verbandes der Privaten Krankenversicherung auf deren Wunsch beschließen. ²Im Fall eines Beitritts sind die Geschäftsanteile innerhalb der Gruppen der Kostenträger und Leistungserbringer entsprechend anzupassen.

(4) Unbeschadet zwingender gesetzlicher Mehrheitserfordernisse entscheiden die Gesellschafter mit der einfachen Mehrheit der sich aus den Geschäftsanteilen ergebenden Stimmen.

§ 311 Aufgaben der Gesellschaft für Telematik

(1) Im Rahmen des Auftrags nach § 306 Absatz 1 hat die Gesellschaft für Telematik nach Maßgabe der Anforderungen gemäß § 306 Absatz 3 folgende Aufgaben:
1. zur Schaffung der Telematikinfrastruktur:
    a) Erstellung der funktionalen und technischen Vorgaben einschließlich eines Sicherheitskonzepts,
    b) Festlegung von Inhalt und Struktur der Datensätze für deren Bereitstellung und Nutzung, soweit diese Festlegung nicht nach § 355 durch die Kassenärztliche Bundesvereinigung oder die Deutsche Krankenhausgesellschaft erfolgt,
    c) Erstellung von Vorgaben für den sicheren Betrieb der Telematikinfrastruktur und Überwachung der Umsetzung dieser Vorgaben,
    d) Sicherstellung der notwendigen Test-, Bestätigungs- und Zertifizierungsmaßnahmen und
    e) Festlegung von Verfahren einschließlich der dafür erforderlichen Authentisierungsverfahren zur Verwaltung
        aa) der Zugriffsberechtigungen nach dem Fünften Abschnitt und
        bb) der Steuerung der Zugriffe auf Daten nach § 334 Absatz 1 Satz 2,
2. Aufbau der Telematikinfrastruktur und insoweit Festlegung der Rahmenbedingungen für Betriebsleistungen sowie Vergabe von Aufträgen für deren Erbringung an Anbieter von Betriebsleistungen oder Zulassung von Betriebsleistungen,
3. Betrieb des elektronischen Verzeichnisdienstes nach § 313,
4. Zulassung der Komponenten und Dienste der Telematikinfrastruktur einschließlich der Verfahren zum Zugriff auf diese Komponenten und Dienste,
5. Zulassung der sicheren Dienste für Verfahren zur Übermittlung medizinischer und pflegerischer Dokumente über die Telematikinfrastruktur,
6. Festlegung der Voraussetzungen für die Nutzung der Telematikinfrastruktur für weitere Anwendungen und für Zwecke der Gesundheitsforschung nach § 306 Absatz 1 Satz 2 Nummer 2 und Durchführung der Verfahren zur Bestätigung des Vorliegens dieser Voraussetzungen,
7. Gewährleistung einer diskriminierungsfreien Nutzung der Telematikinfrastruktur für weitere Anwendungen und für Zwecke der Gesundheitsforschung nach § 306 Absatz 1 Satz 2 Nummer 2 unter vorrangiger Berücksichtigung der elektronischen Anwendungen, die der Erfüllung von gesetzlichen Aufgaben der Kranken- und Pflegeversicherung, der Rentenversicherung und der Unfallversicherung dienen,
8. Aufbau, Pflege und Betrieb des Interoperabilitätsverzeichnisses nach § 385,
9. Koordinierung der Ausgabeprozesse der in der Telematikinfrastruktur genutzten Identifikations- und Authentifizierungsmittel, insbesondere der Karten und Ausweise gemäß den §§ 291 und 340, im Benehmen mit den Kartenherausgebern, Überwachung der Ausgabeprozesse und Vorgabe von verbindlichen Maßnahmen, die bei Sicherheitsmängeln zu ergreifen sind,
10. Entwicklung und Zurverfügungstellung der Komponenten der Telematikinfrastruktur, die den Zugriff der Versicherten auf die Anwendung zur Übermittlung ärztlicher Verordnungen nach § 334 Absatz 1 Satz 2 Nummer 6 nach Maßgabe des § 360 Absatz 5 ermöglichen, als Dienstleistungen von allgemeinem wirtschaftlichem Interesse,
11. Unterstützung des Robert Koch-Instituts bei der Entwicklung und dem Betrieb des elektronischen Melde- und Informationssystems nach § 14 des Infektionsschutzgesetzes und
12. Betrieb von Komponenten und Diensten der zentralen Infrastruktur gemäß § 306 Absatz 2 Nummer 2, die zur Gewährleistung der Sicherheit oder für die Aufrechterhaltung der Funktionsfähigkeit der Telematikinfrastruktur von wesentlicher Bedeutung sind, nach Maßgabe des § 323 Absatz 2 Satz 3.

(2) ¹Die Gesellschaft für Telematik hat Festlegungen und Maßnahmen nach Absatz 1 Nummer 1, die Fragen der Datensicherheit berühren, im Einvernehmen mit dem Bundesamt für Sicherheit in der Informationstechnik zu treffen und Festlegungen und Maßnahmen nach Absatz 1 Nummer 1, die Fragen des Datenschutzes berühren, im Einvernehmen mit der oder dem Bundesbeauftragten für den Datenschutz und die Informationsfreiheit zu treffen. ²Bei der Gestaltung der Verfahren nach Absatz 1 Nummer 1 Buchstabe e berücksichtigt die Gesellschaft für Telematik, dass die Telematikinfrastruktur schrittweise ausgebaut wird und die Zugriffsberechtigungen künftig auf weitere Leistungserbringergruppen ausgedehnt werden können.

(3) ¹Die Gesellschaft für Telematik nimmt auf europäischer Ebene, insbesondere im Zusammenhang mit dem grenzüberschreitenden Austausch von Gesundheitsdaten, Aufgaben wahr. ²Dabei hat sie darauf hinzuwirken, dass einerseits die auf europäischer Ebene getroffenen Festlegungen mit den Vorgaben für die Telematikinfrastruktur

und ihre Anwendungen vereinbar sind und dass andererseits die Vorgaben für die Telematikinfrastruktur und ihre Anwendungen mit den europäischen Vorgaben vereinbar sind. ³Die Gesellschaft für Telematik hat die für den grenzüberschreitenden Austausch von Gesundheitsdaten erforderlichen Festlegungen zu treffen und hierbei die auf europäischer Ebene hierzu getroffenen Festlegungen zu berücksichtigen. ⁴Die Datensicherheit ist dabei nach dem Stand der Technik zu gewährleisten.

(4) ¹Bei der Wahrnehmung ihrer Aufgaben hat die Gesellschaft für Telematik die Interessen von Patienten zu wahren und die Einhaltung der Vorschriften zum Schutz personenbezogener Daten sowie zur Barrierefreiheit sicherzustellen. ²Sie hat Aufgaben nur insoweit wahrzunehmen, als dies zur Schaffung einer interoperablen, kompatiblen und sicheren Telematikinfrastruktur erforderlich ist.

(5) ¹Mit Teilaufgaben der Gesellschaft für Telematik können einzelne Gesellschafter mit Ausnahme der Bundesrepublik Deutschland oder Dritte beauftragt werden. ²Hierbei hat die Gesellschaft für Telematik die Interoperabilität, die Kompatibilität und das notwendige Sicherheitsniveau der Telematikinfrastruktur zu gewährleisten.

(6) ¹Die Gesellschaft für Telematik legt in Abstimmung mit dem Bundesamt für Sicherheit in der Informationstechnik und mit der oder dem Bundesbeauftragten für den Datenschutz und die Informationsfreiheit sichere Verfahren zur Übermittlung medizinischer Daten über die Telematikinfrastruktur fest. ²Die festgelegten Verfahren veröffentlicht die Gesellschaft für Telematik auf ihrer Internetseite. ³Der Anbieter eines Dienstes für ein Übermittlungsverfahren muss die Anwendung der festgelegten Verfahren gegenüber der Gesellschaft für Telematik in einem Zulassungsverfahren nachweisen. ⁴Die Kassenärztlichen Bundesvereinigungen können Anbieter eines zugelassenen Dienstes für ein sicheres Verfahren zur Übermittlung medizinischer Dokumente nach Satz 1 sein, sofern der Dienst nur Kassenärztlichen Vereinigungen sowie deren Mitgliedern zur Verfügung gestellt wird. ⁵Für das Zulassungsverfahren nach Satz 3 gilt § 325. ⁶Die für das Zulassungsverfahren erforderlichen Festlegungen hat die Gesellschaft für Telematik zu treffen und auf ihrer Internetseite zu veröffentlichen. ⁷Die Kosten, die nach diesem Absatz bei der oder dem Bundesbeauftragten für den Datenschutz und die Informationsfreiheit entstehen, sind durch die Gesellschaft für Telematik zu erstatten. ⁸Die Gesellschaft für Telematik legt die Einzelheiten der Kostenerstattung einvernehmlich mit der oder dem Bundesbeauftragten für den Datenschutz und die Informationsfreiheit fest.

(7) ¹Bei der Vergabe von Aufträgen durch die Gesellschaft für Telematik ist unterhalb der Schwellenwerte nach § 106 des Gesetzes gegen Wettbewerbsbeschränkungen die Unterschwellenvergabeordnung in der Fassung der Bekanntmachung vom 2. Februar 2017 (BAnz. AT 07. 02. 2017 B1; BAnz. AT 07. 02. 2017 B2) anzuwenden. ²Für die Verhandlungsvergabe von Leistungen gemäß § 8 Absatz 4 Nummer 17 der Unterschwellenvergabeordnung werden die Ausführungsbestimmungen vom Bundesministerium für Gesundheit festgelegt. ³Teil 4 des Gesetzes gegen Wettbewerbsbeschränkungen bleibt unberührt.

§ 312 Aufträge an die Gesellschaft für Telematik

(1) ¹Die Gesellschaft für Telematik hat im Rahmen ihrer Aufgaben nach § 311 Absatz 1 Nummer 1
1. bis zum 30. Juni 2020 die Maßnahmen durchzuführen, die erforderlich sind, damit vertragsärztliche elektronische Verordnungen für apothekenpflichtige Arzneimittel elektronisch nach § 360 Absatz 1 übermittelt werden können,
2. bis zum 30. Juni 2021 die Maßnahmen durchzuführen, die erforderlich sind, damit vertragsärztliche elektronische Verordnungen für Betäubungsmittel sowie für Arzneimittel nach § 3a Absatz 1 Satz 1 der Arzneimittelverschreibungsverordnung elektronisch nach § 360 Absatz 1 übermittelt werden können,
3. bis zum 30. Juni 2021 die Maßnahmen durchzuführen, die erforderlich sind, damit Informationen zur vertragsärztlichen Verordnung nach den Nummern 1 oder 2 mit Informationen über das auf der Grundlage der vertragsärztlichen Verordnung nach den Nummern 1 oder 2 abgegebene Arzneimittel, dessen Chargennummer und, falls auf der Verordnung angegeben, dessen Dosierung den Versicherten elektronisch verfügbar gemacht werden können (Dispensierinformationen),
4. bis zum 1. Oktober 2021 die Maßnahmen durchzuführen, die erforderlich sind, damit sichere Übermittlungsverfahren nach § 311 Absatz 6 einen Sofortnachrichtendienst zur Kommunikation zwischen Leistungserbringern umfassen,
5. bis zum 31. Oktober 2021 die Maßnahmen durchzuführen, die erforderlich sind, damit der elektronische Medikationsplan nach § 334 Absatz 1 Satz 2 Nummer 4 gemäß § 358 in Verbindung mit § 359 Absatz 2 ab dem 1. Juli 2023 in einer eigenständigen Anwendung innerhalb der Telematikinfrastruktur genutzt werden kann, die nicht auf der elektronischen Gesundheitskarte gespeichert wird,
6. bis zum 1. Dezember 2021 die Maßnahmen durchzuführen, die erforderlich sind, damit zugriffsberechtigte Leistungserbringer mittels der elektronischen Gesundheitskarte sowie entsprechend den Zugriffsvoraussetzungen nach § 361 Absatz 2 auf elektronische Verordnungen zugreifen können,

7. bis zum 1. Januar 2022 die Maßnahmen durchzuführen, die erforderlich sind, damit vertragsärztliche elektronische Verordnungen von digitalen Gesundheitsanwendungen durch Ärzte, Zahnärzte und Psychotherapeuten ab dem 1. Januar 2023 elektronisch nach § 360 Absatz 1 übermittelt werden können,
8. bis zum 1. April 2022 die Maßnahmen durchzuführen, die erforderlich sind, um digitale Identitäten zur Verfügung zu stellen durch
   a) die Krankenkassen für ihre Versicherten nach § 291 Absatz 8 und
   b) die Stellen nach § 340 Absatz 1 Satz 1 Nummer 1 für die zugriffsberechtigten Leistungserbringer,
9. bis zum 1. April 2022 die Maßnahmen durchzuführen, die erforderlich sind, damit der in Nummer 4 definierte Dienst auch zur Kommunikation zwischen Versicherten und Leistungserbringern beziehungsweise Versicherten und Krankenkassen genutzt werden kann,
10. bis zum 30. Juni 2022 die Maßnahmen durchzuführen, die erforderlich sind, damit Anbieter ab dem 1. Januar 2023 Komponenten und Dienste zur Verfügung stellen können, die eine sichere, wirtschaftliche, skalierbare, stationäre und mobile Zugangsmöglichkeit zur Telematikinfrastruktur ermöglichen,
11. bis zum 30. Juni 2022 die Maßnahmen durchzuführen, die erforderlich sind, damit Komponenten gemäß § 306 Absatz 2 Nummer 1, die das Lesen von in der Telematikinfrastruktur genutzten Identifikations- und Authentifizierungsmitteln, insbesondere von Karten und Ausweisen gemäß den §§ 291 und 340, ermöglichen, eine kontaktlose Schnittstelle unterstützen,
12. bis zum 30. Juni 2022 die Maßnahmen durchzuführen, die erforderlich sind, damit vertragsärztliche elektronische Verordnungen von häuslicher Krankenpflege nach § 37 sowie außerklinischer Intensivpflege nach § 37c elektronisch nach § 360 Absatz 1 übermittelt werden können,
13. bis zum 30. Juni 2023 die Maßnahmen durchzuführen, die erforderlich sind, damit vertragsärztliche elektronische Verordnungen von Soziotherapien nach § 37a durch Ärzte und Psychotherapeuten elektronisch nach § 360 Absatz 1 übermittelt werden können,
14. bis zum 1. Juli 2023 die Maßnahmen durchzuführen, die erforderlich sind, damit der Spitzenverband Bund der Krankenkassen, Deutsche Verbindungsstelle Krankenversicherung – Ausland, seine Aufgaben nach § 219d Absatz 6 Satz 1 erfüllen und den Betrieb der nationalen eHealth-Kontaktstelle zu diesem Zeitpunkt aufnehmen kann; dazu sind im Benehmen mit dem Spitzenverband Bund der Krankenkassen, Deutsche Verbindungsstelle Krankenversicherung – Ausland, und im Einvernehmen mit dem Bundesamt für Sicherheit in der Informationstechnik und der oder dem Bundesbeauftragten für den Datenschutz und die Informationsfreiheit insbesondere diejenigen Festlegungen zum Aufbau und Betrieb der nationalen eHealth-Kontaktstelle nach § 219d Absatz 6 Satz 1 zu treffen, die im Rahmen des grenzüberschreitenden Austauschs von Gesundheitsdaten Fragen der Datensicherheit und des Datenschutzes berühren,
15. bis zum 1. Oktober 2023 die Maßnahmen durchzuführen, die erforderlich sind, damit die sicheren Übermittlungsverfahren nach § 311 Absatz 6 auch den Austausch von medizinischen Daten in Form von Text, Dateien, Ton und Bild, auch als Konferenz mit mehr als zwei Beteiligten, ermöglichen, und
16. bis zum 1. Juli 2024 die Maßnahmen durchzuführen, die erforderlich sind, damit vertragsärztliche elektronische Verordnungen nach § 360 Absatz 7 Satz 1 ab dem 1. Juli 2026 elektronisch nach § 360 Absatz 1 übermittelt werden können.

²Bei der Durchführung der Maßnahmen nach Satz 1 berücksichtigt die Gesellschaft für Telematik, dass die Telematikinfrastruktur schrittweise ausgebaut wird und die Verfahren schrittweise auf sonstige in der ärztlichen Versorgung verordnungsfähige Leistungen und auf Verordnungen ohne direkten Kontakt zwischen den Ärzten oder den Zahnärzten und den Versicherten ausgedehnt werden sollen. ³Bei der Durchführung der Maßnahmen nach Satz 1 Nummer 2 sind darüber hinaus die Vorgaben der Betäubungsmittel-Verschreibungsverordnung und entsprechende Vorgaben des Betäubungsmittelgesetzes in der jeweils geltenden Fassung zu beachten.

(2) Die Gesellschaft für Telematik hat im Rahmen ihrer Aufgaben nach § 311 Absatz 1 Nummer 1 bis zum 15. Oktober 2020 die Voraussetzungen dafür zu schaffen, dass Pflegeeinrichtungen nach dem Elften Buch und Leistungserbringer, die Leistungen nach den §§ 24g, 37, 37b, 37c, 39a Absatz 1 und § 39c erbringen, sowie Zugriffsberechtigte nach § 352 Nummer 9 bis 18 die Telematikinfrastruktur nutzen können.

(3) Die Gesellschaft für Telematik hat im Rahmen ihrer Aufgaben nach § 311 Absatz 1 Nummer 1 die Voraussetzungen dafür zu schaffen, dass Zugriffsberechtigte nach § 359 Absatz 1 Daten nach § 334 Absatz 1 Satz 2 Nummer 4 und 5 nutzen können.

(4) Die Gesellschaft für Telematik hat im Rahmen ihrer Aufgabenzuweisung nach § 311 Absatz 1 Nummer 10 bis zum 30. Juni 2021 die entsprechenden Komponenten der Telematikinfrastruktur anzubieten.

(5) Die Gesellschaft für Telematik hat im Rahmen ihrer Aufgabenzuweisung nach § 311 Absatz 1 Nummer 1 die Maßnahmen durchzuführen, damit Überweisungen in elektronischer Form übermittelt werden können.

(6) ¹Die Gesellschaft für Telematik hat im Rahmen ihrer Aufgabenzuweisung nach § 311 Absatz 1 Nummer 1 die Maßnahmen durchzuführen, die erforderlich sind, damit das Auslesen der Protokolldaten gemäß § 309 Absatz 1 und

der Daten in Anwendungen nach § 334 Absatz 1 Satz 2 Nummer 2, 3 und 6 mittels einer Benutzeroberfläche eines geeigneten Endgeräts erfolgen kann. ²Dabei ist ein technisches Verfahren vorzusehen, das zur Authentifizierung einen hohen Sicherheitsstandard gewährleistet.

(7) ¹Bei den Maßnahmen nach Absatz 1 Satz 1 Nummer 1, 2, 12, 13 und 16 hat die Gesellschaft für Telematik auch Verfahren festzulegen oder die technischen Voraussetzungen dafür zu schaffen, dass Versicherte Daten ihrer elektronischen Verordnungen nach § 360 Absatz 2, 5, 6 oder Absatz 7 vor einer Inanspruchnahme der jeweils verordneten Leistungen, soweit erforderlich, elektronisch ihrer Krankenkasse zur Bewilligung übermitteln können.

(8) Die Gesellschaft für Telematik hat im Rahmen ihrer Aufgaben nach § 311 Absatz 1 bis zum 1. Januar 2024 die Voraussetzungen dafür zu schaffen, dass die in § 380 Absatz 2 genannten Leistungserbringer die Telematikinfrastruktur nutzen und ihre Zugriffsrechte nach § 352 Nummer 14 und 15 sowie nach § 361 Absatz 1 Satz 1 Nummer 5 ausüben können.

(9) ¹Die Gesellschaft für Telematik legt zu den Verfahren nach Absatz 1 Satz 1 Nummer 6 im Benehmen mit dem Bundesamt für Sicherheit in der Informationstechnik und der oder dem Bundesbeauftragten für den Datenschutz und die Informationsfreiheit bis zum 31. Dezember 2021 Einzelheiten zu dem Bestätigungsverfahren fest und veröffentlicht diese Einzelheiten. ²Die Gesellschaft für Telematik veröffentlicht eine Liste mit den nach Absatz 1 Satz 1 Nummer 6 bestätigten Anwendungen auf ihrer Internetseite.

51 SGB XI

Sozialgesetzbuch (SGB) Elftes Buch (XI)
– Soziale Pflegeversicherung –
(SGB XI)[1])

Vom 26. Mai 1994 (BGBl. I S. 1014)

Zuletzt geändert durch
Gesundheitsversorgungsweiterentwicklungsgesetz
vom 11. Juli 2021 (BGBl. I S. 2754)
– Auszug –*)

Inhaltsübersicht

Erstes Kapitel
Allgemeine Vorschriften

- § 1 Soziale Pflegeversicherung
- § 2 Selbstbestimmung
- § 3 Vorrang der häuslichen Pflege
- § 4 Art und Umfang der Leistungen
- § 5 Prävention in Pflegeeinrichtungen, Vorrang von Prävention und medizinischer Rehabilitation
- § 6 Eigenverantwortung
- § 7 Aufklärung, Auskunft
- § 7a Pflegeberatung
- § 7b Pflicht zum Beratungsangebot und Beratungsgutscheine
- § 7c Pflegestützpunkte, Verordnungsermächtigung
- § 8 Gemeinsame Verantwortung
- § 8a Gemeinsame Empfehlungen zur pflegerischen Versorgung
- § 9 Aufgaben der Länder
- § 10 Berichtspflichten des Bundes und der Länder
- § 11 Rechte und Pflichten der Pflegeeinrichtungen
- § 12 Aufgaben der Pflegekassen
- § 13 Verhältnis der Leistungen der Pflegeversicherung zu anderen Sozialleistungen

Zweites Kapitel
Leistungsberechtigter Personenkreis

- § 14 Begriff der Pflegebedürftigkeit
- § 15 Ermittlung des Grades der Pflegebedürftigkeit, Begutachtungsinstrument
- § 16 Verordnungsermächtigung
- § 17 Richtlinien des Medizinischen Dienstes Bund; Richtlinien der Pflegekassen
- § 18 Verfahren zur Feststellung der Pflegebedürftigkeit
- § 18a Weiterleitung der Rehabilitationsempfehlung, Berichtspflichten
- § 18b Dienstleistungsorientierung im Begutachtungsverfahren
- § 18c Fachliche und wissenschaftliche Begleitung der Umstellung des Verfahrens zur Feststellung der Pflegebedürftigkeit
- § 19 Begriff der Pflegepersonen

Drittes Kapitel
Versicherungspflichtiger Personenkreis

- § 20 Versicherungspflicht in der sozialen Pflegeversicherung für Mitglieder der gesetzlichen Krankenversicherung
- § 21 Versicherungspflicht in der sozialen Pflegeversicherung für sonstige Personen
- § 21a Versicherungspflicht in der sozialen Pflegeversicherung bei Mitgliedern von Solidargemeinschaften
- § 22 Befreiung von der Versicherungspflicht
- § 23 Versicherungspflicht für Versicherte der privaten Krankenversicherungsunternehmen
- § 24 Versicherungspflicht der Abgeordneten
- § 25 Familienversicherung
- § 26 Weiterversicherung
- § 26a Beitrittsrecht
- § 27 Kündigung eines privaten Pflegeversicherungsvertrages

Viertes Kapitel
Leistungen der Pflegeversicherung
Erster Abschnitt
Übersicht über die Leistungen

- § 28 Leistungsarten, Grundsätze
- § 28a Leistungen bei Pflegegrad 1

Zweiter Abschnitt
Gemeinsame Vorschriften

- § 29 Wirtschaftlichkeitsgebot
- § 30 Dynamisierung, Verordnungsermächtigung
- § 31 Vorrang der Rehabilitation vor Pflege
- § 32 Vorläufige Leistungen zur medizinischen Rehabilitation
- § 33 Leistungsvoraussetzungen
- § 33a Leistungsausschluss
- § 34 Ruhen der Leistungsansprüche

---

[1]) **Anm. d. Hrsg.:** Verkündet als Art. 1 Pflege-VersicherungsG v. 26. Mai 1994 (BGBl. I S. 1014).
*) Abgedruckt sind nur die für Sozialberufe wichtigen Bestimmungen. Das Inhaltsverzeichnis benennt den kompletten Inhalt des Gesetzes.

§ 35 Erlöschen der Leistungsansprüche
§ 35a Teilnahme an einem Persönlichen Budget nach § 29 des Neunten Buches

Dritter Abschnitt
Leistungen

Erster Titel
Leistungen bei häuslicher Pflege

§ 36 Pflegesachleistung
§ 37 Pflegegeld für selbst beschaffte Pflegehilfen
§ 38 Kombination von Geldleistung und Sachleistung (Kombinationsleistung)
§ 38a Zusätzliche Leistungen für Pflegebedürftige in ambulant betreuten Wohngruppen
§ 39 Häusliche Pflege bei Verhinderung der Pflegeperson
§ 39a Ergänzende Unterstützung bei Nutzung von digitalen Pflegeanwendungen
§ 40 Pflegehilfsmittel und wohnumfeldverbessernde Maßnahmen
§ 40a Digitale Pflegeanwendungen
§ 40b Leistungsanspruch beim Einsatz digitaler Pflegeanwendungen

Zweiter Titel
Teilstationäre Pflege und Kurzzeitpflege

§ 41 Tagespflege und Nachtpflege
§ 42 Kurzzeitpflege

Dritter Titel
Vollstationäre Pflege

§ 43 Inhalt der Leistung

Vierter Titel
Pauschalleistung für die Pflege von Menschen mit Behinderungen

§ 43a Inhalt der Leistung

Fünfter Titel
Zusätzliche Betreuung und Aktivierung in stationären Pflegeeinrichtungen

§ 43b Inhalt der Leistung

Sechster Titel
Pflegebedingter Eigenanteil bei vollstationärer Pflege

§ 43c Begrenzung des Eigenanteils an den pflegebedingten Aufwendungen

Vierter Abschnitt
Leistungen für Pflegepersonen

§ 44 Leistungen zur sozialen Sicherung der Pflegepersonen
§ 44a Zusätzliche Leistungen bei Pflegezeit und kurzzeitiger Arbeitsverhinderung
§ 45 Pflegekurse für Angehörige und ehrenamtliche Pflegepersonen

Fünfter Abschnitt
Angebote zur Unterstützung im Alltag, Entlastungsbetrag, Förderung der Weiterentwicklung der Versorgungsstrukturen und des Ehrenamts sowie der Selbsthilfe

§ 45a Angebote zur Unterstützung im Alltag, Umwandlung des ambulanten Sachleistungsbetrags (Umwandlungsanspruch), Verordnungsermächtigung
§ 45b Entlastungsbetrag
§ 45c Förderung der Weiterentwicklung der Versorgungsstrukturen und des Ehrenamts, Verordnungsermächtigung
§ 45d Förderung der Selbsthilfe, Verordnungsermächtigung

Sechster Abschnitt
Initiativprogramm zur Förderung neuer Wohnformen

§ 45e Anschubfinanzierung zur Gründung von ambulant betreuten Wohngruppen
§ 45f Weiterentwicklung neuer Wohnformen

Fünftes Kapitel
Organisation

Erster Abschnitt
Träger der Pflegeversicherung

§ 46 Pflegekassen
§ 47 Satzung
§ 47a Stellen zur Bekämpfung von Fehlverhalten im Gesundheitswesen

Zweiter Abschnitt
Zuständigkeit, Mitgliedschaft

§ 48 Zuständigkeit für Versicherte einer Krankenkasse und sonstige Versicherte
§ 49 Mitgliedschaft

Dritter Abschnitt
Meldungen

§ 50 Melde- und Auskunftspflichten bei Mitgliedern der sozialen Pflegeversicherung
§ 51 Meldungen bei Mitgliedern der privaten Pflegeversicherung

Vierter Abschnitt
Wahrnehmung der Verbandsaufgaben

§ 52 Aufgaben auf Landesebene
§ 53 Aufgaben auf Bundesebene
§ 53a Beauftragung von anderen unabhängigen Gutachtern durch die Pflegekassen im Verfahren zur Feststellung der Pflegebedürftigkeit
§ 53b Richtlinien zur Qualifikation und zu den Aufgaben zusätzlicher Betreuungskräfte

Fünfter Abschnitt
Medizinische Dienste, Medizinischer Dienst Bund

§ 53c Medizinische Dienste, Medizinischer Dienst Bund, Übergangsregelung
§ 53d Aufgaben des Medizinischen Dienstes Bund

Sechstes Kapitel
Finanzierung

Erster Abschnitt
Beiträge

- § 54 Grundsatz
- § 55 Beitragssatz, Beitragsbemessungsgrenze
- § 56 Beitragsfreiheit
- § 57 Beitragspflichtige Einnahmen
- § 58 Tragung der Beiträge bei versicherungspflichtig Beschäftigten
- § 59 Beitragstragung bei anderen Mitgliedern
- § 60 Beitragszahlung

Zweiter Abschnitt
Beitragszuschüsse

- § 61 Beitragszuschüsse für freiwillige Mitglieder der gesetzlichen Krankenversicherung und Privatversicherte

Dritter Abschnitt
Bundesmittel

- § 61a Beteiligung des Bundes an Aufwendungen

Vierter Abschnitt
Verwendung und Verwaltung der Mittel

- § 62 Mittel der Pflegekasse
- § 63 Betriebsmittel
- § 64 Rücklage

Fünfter Abschnitt
Ausgleichsfonds, Finanzausgleich

- § 65 Ausgleichsfonds
- § 66 Finanzausgleich
- § 67 Monatlicher Ausgleich
- § 68 Jahresausgleich

Siebtes Kapitel
Beziehungen der Pflegekassen zu den Leistungserbringern

Erster Abschnitt
Allgemeine Grundsätze

- § 69 Sicherstellungsauftrag
- § 70 Beitragssatzstabilität

Zweiter Abschnitt
Beziehungen zu den Pflegeeinrichtungen

- § 71 Pflegeeinrichtungen
- § 72 Zulassung zur Pflege durch Versorgungsvertrag
- § 73 Abschluß von Versorgungsverträgen
- § 74 Kündigung von Versorgungsverträgen
- § 75 Rahmenverträge, Bundesempfehlungen und -vereinbarungen über die pflegerische Versorgung
- § 76 Schiedsstelle

Dritter Abschnitt
Beziehungen zu sonstigen Leistungserbringern

- § 77 Häusliche Pflege durch Einzelpersonen
- § 78 Verträge über Pflegehilfsmittel, Pflegehilfsmittelverzeichnis und Empfehlungen zu wohnumfeldverbessernden Maßnahmen
- § 78a Verträge über digitale Pflegeanwendungen und Verzeichnis für digitale Pflegeanwendungen, Verordnungsermächtigung

Vierter Abschnitt
Wirtschaftlichkeitsprüfungen

- § 79 Wirtschaftlichkeits- und Abrechnungsprüfungen
- § 80 (weggefallen)
- § 81 Verfahrensregelungen

Achtes Kapitel
Pflegevergütung

Erster Abschnitt
Allgemeine Vorschriften

- § 82 Finanzierung der Pflegeeinrichtungen
- § 82a Ausbildungsvergütung
- § 82b Ehrenamtliche Unterstützung
- § 82c Wirtschaftlichkeit von Personalaufwendungen
- § 83 Verordnung zur Regelung der Pflegevergütung

Zweiter Abschnitt
Vergütung der stationären Pflegeleistungen

- § 84 Bemessungsgrundsätze
- § 85 Pflegesatzverfahren
- § 86 Pflegesatzkommission
- § 87 Unterkunft und Verpflegung
- § 87a Berechnung und Zahlung des Heimentgelts
- § 88 Zusatzleistungen
- § 88a Wirtschaftlich tragfähige Vergütung für Kurzzeitpflege

Dritter Abschnitt
Vergütung der ambulanten Pflegeleistungen

- § 89 Grundsätze für die Vergütungsregelung
- § 90 Gebührenordnung für ambulante Pflegeleistungen

Vierter Abschnitt
Kostenerstattung, Pflegeheimvergleich

- § 91 Kostenerstattung
- § 92 (weggefallen)
- § 92a Pflegeheimvergleich

Fünfter Abschnitt
Integrierte Versorgung

- § 92b Integrierte Versorgung

Neuntes Kapitel
Datenschutz und Statistik

Erster Abschnitt
Informationsgrundlagen

Erster Titel
Grundsätze der Datenverarbeitung

- § 93 Anzuwendende Vorschriften
- § 94 Personenbezogene Daten bei den Pflegekassen
- § 95 Personenbezogene Daten bei den Verbänden der Pflegekassen

§ 96	Gemeinsame Verarbeitung personenbezogener Daten	§ 113	Maßstäbe und Grundsätze zur Sicherung und Weiterentwicklung der Pflegequalität
§ 97	Personenbezogene Daten beim Medizinischen Dienst	§ 113a	Expertenstandards zur Sicherung und Weiterentwicklung der Qualität in der Pflege
§ 97a	Qualitätssicherung durch Sachverständige	§ 113b	Qualitätsausschuss
§ 97b	Personenbezogene Daten bei den nach heimrechtlichen Vorschriften zuständigen Aufsichtsbehörden und den Trägern der Sozialhilfe	§ 113c	Personalbemessung in vollstationären Pflegeeinrichtungen
		§ 114	Qualitätsprüfungen
		§ 114a	Durchführung der Qualitätsprüfungen
§ 97c	Qualitätssicherung durch den Prüfdienst des Verbandes der privaten Krankenversicherung e. V.	§ 114b	Erhebung und Übermittlung von indikatorenbezogenen Daten zur vergleichenden Messung und Darstellung von Ergebnisqualität in vollstationären Pflegeeinrichtungen
§ 97d	Begutachtung durch unabhängige Gutachter		
§ 98	Forschungsvorhaben	§ 114c	Richtlinien zur Verlängerung des Prüfrhytmus in vollstationären Einrichtungen bei guter Qualität und zur Veranlassung unangemeldeter Prüfungen; Berichtspflicht

Zweiter Titel
Informationsgrundlagen der Pflegekassen

§ 99	Versichertenverzeichnis	§ 115	Ergebnisse von Qualitätsprüfungen, Qualitätsdarstellung, Vergütungskürzung
§ 100	Nachweispflicht bei Familienversicherung		
§ 101	Pflegeversichertennummer	§ 115a	Übergangsregelung für Pflege-Transparenzvereinbarungen und Qualitätsprüfungs-Richtlinien
§ 102	Angaben über Leistungsvoraussetzungen		
§ 103	Kennzeichen für Leistungsträger und Leistungserbringer		
		§ 116	Kostenregelungen
		§ 117	Zusammenarbeit mit den nach heimrechtlichen Vorschriften zuständigen Aufsichtsbehörden

Zweiter Abschnitt
Übermittlung von Leistungsdaten, Nutzung der Telematikinfrastruktur

§ 104	Pflichten der Leistungserbringer	§ 118	Beteiligung von Interessenvertretungen, Verordnungsermächtigung
§ 105	Abrechnung pflegerischer Leistungen		
§ 106	Abweichende Vereinbarungen	§ 119	Verträge mit Pflegeheimen außerhalb des Anwendungsbereichs des Wohn- und Betreuungsvertragsgesetzes
§ 106a	Mitteilungspflichten		
§ 106b	Finanzierung der Einbindung der Pflegeeinrichtungen in die Telematikinfrastruktur		
		§ 120	Pflegevertrag bei häuslicher Pflege
§ 106c	Einbindung der Medizinischen Dienste in die Telematikinfrastruktur		

Zwölftes Kapitel
Bußgeldvorschrift

§ 121	Bußgeldvorschrift
§ 122	(weggefallen)

Dritter Abschnitt
Datenlöschung, Auskunftspflicht

Dreizehntes Kapitel
Befristete Modellvorhaben

§ 107	Löschen von Daten	§ 123	Durchführung der Modellvorhaben zur kommunalen Beratung Pflegebedürftiger und ihrer Angehörigen, Verordnungsermächtigung
§ 108	Auskünfte an Versicherte		

Vierter Abschnitt
Statistik

§ 109	Pflegestatistiken	§ 124	Befristung, Widerruf und Begleitung der Modellvorhaben zur kommunalen Beratung; Beirat

Zehntes Kapitel
Private Pflegeversicherung

§ 110	Regelungen für die private Pflegeversicherung	§ 125	Modellvorhaben zur Einbindung der Pflegeeinrichtungen in die Telematikinfrastruktur
§ 110a	Befristeter Zuschlag zu privaten Pflege-Pflichtversicherungsverträgen zur Finanzierung pandemiebedingter Mehrausgaben	§ 125a	Modellvorhaben zur Erprobung von Telepflege

Vierzehntes Kapitel
Zulagenförderung der privaten Pflegevorsorge

§ 111	Risikoausgleich

Elftes Kapitel
Qualitätssicherung, Sonstige Regelungen zum Schutz der Pflegebedürftigen

		§ 126	Zulageberechtigte
		§ 127	Pflegevorsorgezulage; Fördervoraussetzungen
§ 112	Qualitätsverantwortung	§ 128	Verfahren; Haftung des Versicherungsunternehmens
§ 112a	Übergangsregelung zur Qualitätssicherung bei Betreuungsdiensten	§ 129	Wartezeit bei förderfähigen Pflege-Zusatzversicherungen
		§ 130	Verordnungsermächtigung

Fünfzehntes Kapitel
Bildung eines Pflegevorsorgefonds
§ 131 Pflegevorsorgefonds
§ 132 Zweck des Vorsorgefonds
§ 133 Rechtsform und Vertretung in gerichtlichen Verfahren
§ 134 Verwaltung und Anlage der Mittel
§ 135 Zuführung der Mittel
§ 136 Verwendung des Sondervermögens
§ 137 Vermögenstrennung
§ 138 Jahresrechnung
§ 139 Auflösung

Sechzehntes Kapitel
Überleitungs- und Übergangsrecht
Erster Abschnitt
Regelungen zur Rechtsanwendung im Übergangszeitraum, zur Überleitung in die Pflegegrade, zum Besitzstandsschutz für Leistungen der Pflegeversicherung sowie Übergangsregelungen im Begutachtungsverfahren im Rahmen der Einführung des neuen Pflegebedürftigkeitsbegriffs
§ 140 Anzuwendendes Recht und Überleitung in die Pflegegrade
§ 141 Besitzstandsschutz und Übergangsrecht zur sozialen Sicherung von Pflegepersonen
§ 142 Übergangsregelungen im Begutachtungsverfahren
§ 143 Sonderanpassungsrecht für die Allgemeinen Versicherungsbedingungen und die technischen Berechnungsgrundlagen privater Pflegeversicherungsverträge

Zweiter Abschnitt
Sonstige Überleitungs-, Übergangs- und Besitzstandsschutzregelungen
§ 144 Überleitungs- und Übergangsregelungen, Verordnungsermächtigung

§ 145 Besitzstandsschutz für pflegebedürftige Menschen mit Behinderungen in häuslicher Pflege
§ 146 Übergangs- und Überleitungsregelung zur Beratung nach § 37 Absatz 3

Dritter Abschnitt
Maßnahmen zur Aufrechterhaltung der pflegerischen Versorgung während der durch das neuartige Coronavirus SARS-CoV-2 verursachten Pandemie
§ 147 Verfahren zur Feststellung der Pflegebedürftigkeit nach § 18
§ 148 Beratungsbesuche nach § 37
§ 149 Einrichtungen zur Inanspruchnahme von Kurzzeitpflege und anderweitige vollstationäre pflegerische Versorgung
§ 150 Sicherstellung der pflegerischen Versorgung, Kostenerstattung für Pflegeeinrichtungen und Pflegebedürftige
§ 150a Sonderleistung während der Coronavirus-SARS-CoV-2-Pandemie
§ 150b Nichtanrechnung von Arbeitstagen mit Bezug von Pflegeunterstützungsgeld, Betriebshilfe oder Kostenerstattung gemäß § 150 Absatz 5d
§ 151 Qualitätsprüfungen nach § 114
§ 152 Verordnungsermächtigung
§ 153 Erstattung pandemiebedingter Kosten durch den Bund; Verordnungsermächtigung

Anlage 1
(zu § 15)

Anlage 2
(zu § 15)

Erstes Kapitel
Allgemeine Vorschriften

§ 1 Soziale Pflegeversicherung

(1) Zur sozialen Absicherung des Risikos der Pflegebedürftigkeit wird als neuer eigenständiger Zweig der Sozialversicherung eine soziale Pflegeversicherung geschaffen.

(2) ¹In den Schutz der sozialen Pflegeversicherung sind kraft Gesetzes alle einbezogen, die in der gesetzlichen Krankenversicherung versichert sind. ²Wer gegen Krankheit bei einem privaten Krankenversicherungsunternehmen versichert ist, muß eine private Pflegeversicherung abschließen.

(3) Träger der sozialen Pflegeversicherung sind die Pflegekassen; ihre Aufgaben werden von den Krankenkassen (§ 4 des Fünften Buches) wahrgenommen.

(4) Die Pflegeversicherung hat die Aufgabe, Pflegebedürftigen Hilfe zu leisten, die wegen der Schwere der Pflegebedürftigkeit auf solidarische Unterstützung angewiesen sind.

(5) In der Pflegeversicherung sollen geschlechtsspezifische Unterschiede bezüglich der Pflegebedürftigkeit von Männern und Frauen und ihrer Bedarfe an Leistungen berücksichtigt und den Bedürfnissen nach einer kultursensiblen Pflege nach Möglichkeit Rechnung getragen werden.

(6) ¹Die Ausgaben der Pflegeversicherung werden durch Beiträge der Mitglieder und der Arbeitgeber finanziert. ²Die Beiträge richten sich nach den beitragspflichtigen Einnahmen der Mitglieder. ³Für versicherte Familienangehörige und eingetragene Lebenspartner (Lebenspartner) werden Beiträge nicht erhoben.

(7) Ein Lebenspartner einer eingetragenen Lebenspartnerschaft gilt im Sinne dieses Buches als Familienangehöriger des anderen Lebenspartners, sofern nicht ausdrücklich etwas anderes bestimmt ist.

§2 Selbstbestimmung

(1) ¹Die Leistungen der Pflegeversicherung sollen den Pflegebedürftigen helfen, trotz ihres Hilfebedarfs ein möglichst selbständiges und selbstbestimmtes Leben zu führen, das der Würde des Menschen entspricht. ²Die Hilfen sind darauf auszurichten, die körperlichen, geistigen und seelischen Kräfte der Pflegebedürftigen, auch in Form der aktivierenden Pflege, wiederzugewinnen oder zu erhalten.
(2) ¹Die Pflegebedürftigen können zwischen Einrichtungen und Diensten verschiedener Träger wählen. ²Ihren Wünschen zur Gestaltung der Hilfe soll, soweit sie angemessen sind, im Rahmen des Leistungsrechts entsprochen werden. ³Wünsche der Pflegebedürftigen nach gleichgeschlechtlicher Pflege haben nach Möglichkeit Berücksichtigung zu finden.
(3) ¹Auf die religiösen Bedürfnisse der Pflegebedürftigen ist Rücksicht zu nehmen. ²Auf ihren Wunsch hin sollen sie stationäre Leistungen in einer Einrichtung erhalten, in der sie durch Geistliche ihres Bekenntnisses betreut werden können.
(4) Die Pflegebedürftigen sind auf die Rechte nach den Absätzen 2 und 3 hinzuweisen.

§3 Vorrang der häuslichen Pflege

¹Die Pflegeversicherung soll mit ihren Leistungen vorrangig die häusliche Pflege und die Pflegebereitschaft der Angehörigen und Nachbarn unterstützen, damit die Pflegebedürftigen möglichst lange in ihrer häuslichen Umgebung bleiben können. ²Leistungen der teilstationären Pflege und der Kurzzeitpflege gehen den Leistungen der vollstationären Pflege vor.

§4 Art und Umfang der Leistungen

(1) ¹Die Leistungen der Pflegeversicherung sind Dienst-, Sach- und Geldleistungen für den Bedarf an körperbezogenen Pflegemaßnahmen, pflegerischen Betreuungsmaßnahmen und Hilfen bei der Haushaltsführung sowie Kostenerstattung, soweit es dieses Buch vorsieht. ²Art und Umfang der Leistungen richten sich nach der Schwere der Pflegebedürftigkeit und danach, ob häusliche, teilstationäre oder vollstationäre Pflege in Anspruch genommen wird.
(2) ¹Bei häuslicher und teilstationärer Pflege ergänzen die Leistungen der Pflegeversicherung die familiäre, nachbarschaftliche oder sonstige ehrenamtliche Pflege und Betreuung. ²Bei teil- und vollstationärer Pflege werden die Pflegebedürftigen von Aufwendungen entlastet, die für ihre Versorgung nach Art und Schwere der Pflegebedürftigkeit erforderlich sind (pflegebedingte Aufwendungen), die Aufwendungen für Unterkunft und Verpflegung tragen die Pflegebedürftigen selbst.
(3) Pflegekassen, Pflegeeinrichtungen und Pflegebedürftige haben darauf hinzuwirken, daß die Leistungen wirksam und wirtschaftlich erbracht und nur im notwendigen Umfang in Anspruch genommen werden.

§5 Prävention in Pflegeeinrichtungen, Vorrang von Prävention und medizinischer Rehabilitation

(1) ¹Die Pflegekassen sollen Leistungen zur Prävention in stationären Pflegeeinrichtungen nach § 71 Absatz 2 für in der sozialen Pflegeversicherung Versicherte erbringen, indem sie unter Beteiligung der versicherten Pflegebedürftigen und der Pflegeeinrichtung Vorschläge zur Verbesserung der gesundheitlichen Situation und zur Stärkung der gesundheitlichen Ressourcen und Fähigkeiten entwickeln sowie deren Umsetzung unterstützen. ²Die Pflichten der Pflegeeinrichtungen nach § 11 Absatz 1 bleiben unberührt. ³Der Spitzenverband Bund der Pflegekassen legt unter Einbeziehung unabhängigen Sachverstandes die Kriterien für die Leistungen nach Satz 1 fest, insbesondere hinsichtlich Inhalt, Methodik, Qualität, wissenschaftlicher Evaluation und der Messung der Erreichung der mit den Leistungen verfolgten Ziele.
(2) ¹Die Ausgaben der Pflegekassen für die Wahrnehmung ihrer Aufgaben nach Absatz 1 sollen insgesamt im Jahr 2016 für jeden ihrer Versicherten einen Betrag von 0,30 Euro umfassen. ²Die Ausgaben sind in den Folgejahren entsprechend der prozentualen Veränderung der monatlichen Bezugsgröße nach § 18 Absatz 1 des Vierten Buches anzupassen. ³Sind in einem Jahr die Ausgaben rundungsbedingt nicht anzupassen, ist die unterbliebene Anpassung bei der Berechnung der Anpassung der Ausgaben im Folgejahr zu berücksichtigen.
(3) ¹Bei der Wahrnehmung ihrer Aufgaben nach Absatz 1 sollen die Pflegekassen zusammenarbeiten und kassenübergreifende Leistungen zur Prävention erbringen. ²Erreicht eine Pflegekasse den in Absatz 2 festgelegten Betrag in einem Jahr nicht, stellt sie die nicht verausgabten Mittel im Folgejahr dem Spitzenverband Bund der Pflegekassen zur Verfügung, der die Mittel nach einem von ihm festzulegenden Schlüssel auf die Pflegekassen zur Wahrnehmung der Aufgaben nach Absatz 1 verteilt, die Kooperationsvereinbarungen zur Durchführung kassenübergreifender Leistungen geschlossen haben. ³Auf die zum Zwecke der Vorbereitung und Umsetzung der Kooperationsvereinbarungen nach Satz 2 gebildeten Arbeitsgemeinschaften findet § 94 Absatz 1a Satz 2 und 3 des Zehnten Buches keine Anwendung.

(4) Die Pflegekassen wirken unbeschadet ihrer Aufgaben nach Absatz 1 bei den zuständigen Leistungsträgern darauf hin, dass frühzeitig alle geeigneten Leistungen zur Prävention, zur Krankenbehandlung und zur medizinischen Rehabilitation eingeleitet werden, um den Eintritt von Pflegebedürftigkeit zu vermeiden.
(5) Die Pflegekassen beteiligen sich an der nationalen Präventionsstrategie nach den §§ 20d bis 20f des Fünften Buches mit den Aufgaben nach den Absätzen 1 und 2.
(6) Die Leistungsträger haben im Rahmen ihres Leistungsrechts auch nach Eintritt der Pflegebedürftigkeit ihre Leistungen zur medizinischen Rehabilitation und ergänzenden Leistungen in vollem Umfang einzusetzen und darauf hinzuwirken, die Pflegebedürftigkeit zu überwinden, zu mindern sowie eine Verschlimmerung zu verhindern.
(7) [1]Im Jahr 2020 müssen die Ausgaben der Pflegekassen für die Wahrnehmung der Aufgaben nach Absatz 1 nicht dem in Absatz 2 festgelegten Betrag entsprechen. [2]Im Jahr 2019 nicht verausgabte Mittel sind abweichend von Absatz 3 Satz 2 im Jahr 2020 nicht dem Spitzenverband Bund der Pflegekassen zur Verfügung zu stellen.

§ 6 Eigenverantwortung

(1) Die Versicherten sollen durch gesundheitsbewußte Lebensführung, durch frühzeitige Beteiligung an Vorsorgemaßnahmen und durch aktive Mitwirkung an Krankenbehandlung und Leistungen zur medizinischen Rehabilitation dazu beitragen, Pflegebedürftigkeit zu vermeiden.
(2) Nach Eintritt der Pflegebedürftigkeit haben die Pflegebedürftigen an Leistungen zur medizinischen Rehabilitation und der aktivierenden Pflege mitzuwirken, um die Pflegebedürftigkeit zu überwinden, zu mindern oder eine Verschlimmerung zu verhindern.

§ 7 Aufklärung, Auskunft

(1) Die Pflegekassen haben die Eigenverantwortung der Versicherten durch Aufklärung und Auskunft über eine gesunde, der Pflegebedürftigkeit vorbeugende Lebensführung zu unterstützen und auf die Teilnahme an gesundheitsfördernden Maßnahmen hinzuwirken.
(2) [1]Die Pflegekassen haben die Versicherten und ihre Angehörigen und Lebenspartner in den mit der Pflegebedürftigkeit zusammenhängenden Fragen, insbesondere über die Leistungen der Pflegekassen sowie über die Leistungen und Hilfen anderer Träger, in für sie verständlicher Weise zu informieren und darüber aufzuklären, dass ein Anspruch besteht auf die Übermittlung
1. des Gutachtens des Medizinischen Dienstes oder eines anderen von der Pflegekasse beauftragten Gutachters sowie
2. der gesonderten Präventions- und Rehabilitationsempfehlung gemäß § 18a Absatz 1.
[2]Mit Einwilligung des Versicherten haben der behandelnde Arzt, das Krankenhaus, die Rehabilitations- und Vorsorgeeinrichtungen sowie die Sozialleistungsträger unverzüglich die zuständige Pflegekasse zu benachrichtigen, wenn sich der Eintritt von Pflegebedürftigkeit abzeichnet oder wenn Pflegebedürftigkeit festgestellt wird. [3]Die zuständige Pflegekasse informiert die Versicherten unverzüglich nach Eingang eines Antrags auf Leistungen nach diesem Buch insbesondere über ihren Anspruch auf die unentgeltliche Pflegeberatung nach § 7a, den nächstgelegenen Pflegestützpunkt nach § 7c sowie die Leistungs- und Preisvergleichsliste nach Absatz 3. [4]Ebenso gibt die zuständige Pflegekasse Auskunft über die in ihren Verträgen zur integrierten Versorgung nach § 92b Absatz 2 getroffenen Festlegungen, insbesondere zu Art, Inhalt und Umfang der zu erbringenden Leistungen und der für die Versicherten entstehenden Kosten, und veröffentlicht diese Angaben auf einer eigenen Internetseite.
(3) [1]Zur Unterstützung der pflegebedürftigen Person bei der Ausübung ihres Wahlrechts nach § 2 Absatz 2 sowie zur Förderung des Wettbewerbs und der Überschaubarkeit des vorhandenen Angebots hat die zuständige Pflegekasse der antragstellenden Person auf Anforderung unverzüglich und in geeigneter Form eine Leistungs- und Preisvergleichsliste zu übermitteln; die Leistungs- und Preisvergleichsliste muss für den Einzugsbereich der antragstellenden Person, in dem die pflegerische Versorgung und Betreuung gewährleistet werden soll, die Leistungen und Vergütungen der zugelassenen Pflegeeinrichtungen, die Angebote zur Unterstützung im Alltag nach § 45a sowie Angaben zur Person des zugelassenen oder anerkannten Leistungserbringers enthalten. [2]Die Landesverbände der Pflegekassen erstellen eine Leistungs- und Preisvergleichsliste nach Satz 1, aktualisieren diese einmal im Quartal und veröffentlichen sie auf einer eigenen Internetseite. [3]Die Liste hat zumindest die jeweils geltenden Festlegungen der Vergütungsvereinbarungen nach dem Achten Kapitel sowie die im Rahmen der Vereinbarungen nach Absatz 4 übermittelten Angaben zu Art, Inhalt und Umfang der Angebote sowie zu den Kosten in einer Form zu enthalten, die einen regionalen Vergleich von Angeboten und Kosten und der regionalen Verfügbarkeit ermöglicht. [4]Auf der Internetseite nach Satz 2 sind auch die nach § 115 Absatz 1a veröffentlichten Ergebnisse der Qualitätsprüfungen und die nach § 115 Absatz 1b veröffentlichten Informationen zu berücksichtigen. [5]Die Leistungs- und Preisvergleichsliste ist von der zuständigen Pflegekasse sowie dem Verband der privaten Krankenversicherung e. V. für die Wahrnehmung ihrer Aufgaben nach diesem Buch und zur Veröffentlichung nach Absatz 2 Satz 4 und 5 vom Landesverband der Pflegekassen durch elektronische Datenübertragung zur Verfügung zu stellen. [6]Die Landesverbände der Pflegekassen erarbeiten Nutzungsbedingungen für eine

zweckgerechte, nicht gewerbliche Nutzung der Angaben nach Satz 1 durch Dritte; die Übermittlung der Angaben erfolgt gegen Verwaltungskostenersatz, es sei denn, es handelt sich bei den Dritten um öffentlich-rechtliche Stellen. (4) ¹Im Einvernehmen mit den zuständigen obersten Landesbehörden vereinbaren die Landesverbände der Pflegekassen gemeinsam mit den nach Landesrecht zuständigen Stellen für die Anerkennung der Angebote zur Unterstützung im Alltag nach den Vorschriften dieses Buches das Nähere zur Übermittlung von Angaben im Wege elektronischer Datenübertragung insbesondere zu Art, Inhalt und Umfang der Angebote, Kosten und regionaler Verfügbarkeit dieser Angebote einschließlich der Finanzierung des Verfahrens für die Übermittlung. ²Träger weiterer Angebote, in denen Leistungen zur medizinischen Vorsorge und Rehabilitation, zur Teilhabe am Arbeitsleben oder Leben in der Gemeinschaft, zur schulischen Ausbildung oder Erziehung kranker oder behinderter Kinder, zur Alltagsunterstützung und zum Wohnen im Vordergrund stehen, können an Vereinbarungen nach Satz 1 beteiligt werden, falls sie insbesondere die Angaben nach Satz 1 im Wege der von den Parteien nach Satz 1 vorgesehenen Form der elektronischen Datenübertragung unentgeltlich bereitstellen. ³Dazu gehören auch Angebote der Träger von Leistungen der Eingliederungshilfe, soweit diese in der vorgesehenen Form der elektronischen Datenübermittlung kostenfrei bereitgestellt werden. ⁴Der Spitzenverband Bund der Pflegekassen gibt Empfehlungen für einen bundesweit einheitlichen technischen Standard zur elektronischen Datenübermittlung ab. ⁵Die Empfehlungen bedürfen der Zustimmung der Länder.

§ 7a Pflegeberatung

(1) ¹Personen, die Leistungen nach diesem Buch erhalten, haben Anspruch auf individuelle Beratung und Hilfestellung durch einen Pflegeberater oder eine Pflegeberaterin bei der Auswahl und Inanspruchnahme von bundes- oder landesrechtlich vorgesehenen Sozialleistungen sowie sonstigen Hilfsangeboten, die auf die Unterstützung von Menschen mit Pflege-, Versorgungs- oder Betreuungsbedarf ausgerichtet sind (Pflegeberatung); Anspruchsberechtigten soll durch die Pflegekassen vor der erstmaligen Beratung unverzüglich ein zuständiger Pflegeberater, eine zuständige Pflegeberaterin oder eine sonstige Beratungsstelle benannt werden. ²Für das Verfahren, die Durchführung und die Inhalte der Pflegeberatung sind die Richtlinien nach § 17 Absatz 1a maßgeblich. ³Aufgabe der Pflegeberatung ist es insbesondere,
1. den Hilfebedarf unter Berücksichtigung der Ergebnisse der Begutachtung durch den Medizinischen Dienst sowie, wenn die nach Satz 1 anspruchsberechtigte Person zustimmt, die Ergebnisse der Beratung in der eigenen Häuslichkeit nach § 37 Absatz 3 systematisch zu erfassen und zu analysieren,
2. einen individuellen Versorgungsplan mit den im Einzelfall erforderlichen Sozialleistungen und gesundheitsfördernden, präventiven, kurativen, rehabilitativen oder sonstigen medizinischen sowie pflegerischen und sozialen Hilfen zu erstellen,
3. auf die für die Durchführung des Versorgungsplans erforderlichen Maßnahmen einschließlich deren Genehmigung durch den jeweiligen Leistungsträger hinzuwirken, insbesondere hinsichtlich einer Empfehlung zur medizinischen Rehabilitation gemäß § 18 Absatz 1 Satz 3,
4. die Durchführung des Versorgungsplans zu überwachen und erforderlichenfalls einer veränderten Bedarfslage anzupassen,
5. bei besonders komplexen Fallgestaltungen den Hilfeprozess auszuwerten und zu dokumentieren sowie
6. über Leistungen zur Entlastung der Pflegepersonen zu informieren.

⁴Der Versorgungsplan wird nach Maßgabe der Richtlinien nach § 17 Absatz 1a erstellt und umgesetzt; er beinhaltet insbesondere Empfehlungen zu den im Einzelfall erforderlichen Maßnahmen nach Satz 3 Nummer 3, Hinweise zu dem dazu vorhandenen örtlichen Leistungsangebot sowie zur Überprüfung und Anpassung der empfohlenen Maßnahmen. ⁵Bei Erstellung und Umsetzung des Versorgungsplans ist Einvernehmen mit dem Hilfesuchenden und allen an der Pflege, Versorgung und Betreuung Beteiligten anzustreben. ⁶Soweit Leistungen nach sonstigen bundes- oder landesrechtlichen Vorschriften erforderlich sind, sind die zuständigen Leistungsträger frühzeitig mit dem Ziel der Abstimmung einzubeziehen. ⁷Eine enge Zusammenarbeit mit anderen Koordinierungsstellen, insbesondere den Ansprechstellen der Rehabilitationsträger nach § 12 Absatz 1 Satz 3 des Neunten Buches, ist sicherzustellen. ⁸Ihnen obliegende Aufgaben der Pflegeberatung können die Pflegekassen ganz oder teilweise auf Dritte übertragen; § 80 des Zehnten Buches bleibt unberührt. ⁹Ein Anspruch auf Pflegeberatung besteht auch dann, wenn ein Antrag auf Leistungen nach diesem Buch gestellt wurde und erkennbar ein Hilfe- und Beratungsbedarf besteht. ¹⁰Es ist sicherzustellen, dass im jeweiligen Pflegestützpunkt nach § 7c Pflegeberatung im Sinne dieser Vorschrift in Anspruch genommen werden kann und die Unabhängigkeit der Beratung gewährleistet ist.
(2) ¹Auf Wunsch einer anspruchsberechtigten Person nach Absatz 1 Satz 1 erfolgt die Pflegeberatung auch gegenüber ihren Angehörigen oder weiteren Personen oder unter deren Einbeziehung. ²Sie erfolgt auf Wunsch einer anspruchsberechtigten Person nach Absatz 1 Satz 1 in der häuslichen Umgebung oder in der Einrichtung, in der diese Person lebt. ³Die Pflegeberatung kann auf Wunsch einer anspruchsberechtigten Person nach Absatz 1 Satz 1 durch barrierefreie digitale Angebote der Pflegekassen ergänzt werden und in diesem Rahmen mittels barrierefreier digitaler

Anwendungen erfolgen, bei denen im Fall der Verarbeitung personenbezogener Daten die dafür geltenden Vorschriften zum Datenschutz eingehalten und die Anforderungen an die Datensicherheit nach dem Stand der Technik gewährleistet werden. ⁴Die Anforderungen an den Datenschutz und die Datensicherheit der eingesetzten digitalen Anwendungen gelten als erfüllt, wenn die Anwendungen die nach § 365 Absatz 1 Satz 1 des Fünften Buches vereinbarten Anforderungen erfüllen. ⁵Die Anforderungen an den Datenschutz und die Datensicherheit nach Satz 3 gelten auch bei den digitalen Anwendungen als erfüllt, die der Spitzenverband Bund der Pflegekassen in seiner Richtlinie nach § 17 Absatz 1a zur Durchführung von Beratungen bestimmt hat. ⁶Ein Versicherter kann einen Leistungsantrag nach diesem oder dem Fünften Buch auch gegenüber dem Pflegeberater oder der Pflegeberaterin stellen. ⁷Der Antrag ist unverzüglich der zuständigen Pflege- oder Krankenkasse zu übermitteln, die den Leistungsbescheid unverzüglich dem Antragsteller und zeitgleich dem Pflegeberater oder der Pflegeberaterin zuleitet. ⁸Erfolgt die individuelle Beratung nach Absatz 1 Satz 1 mittels barrierefreier digitaler Anwendungen, bleibt der Anspruch des Versicherten auf eine Beratung nach Satz 2 unberührt.

(3) ¹Die Anzahl von Pflegeberatern und Pflegeberaterinnen ist so zu bemessen, dass die Aufgaben nach Absatz 1 im Interesse der Hilfesuchenden zeitnah und umfassend wahrgenommen werden können. ²Die Pflegekassen setzen für die persönliche Beratung und Betreuung durch Pflegeberater und Pflegeberaterinnen entsprechend qualifiziertes Personal ein, insbesondere Pflegefachkräfte, Sozialversicherungsfachangestellte oder Sozialarbeiter mit der jeweils erforderlichen Zusatzqualifikation. ³Der Spitzenverband Bund der Pflegekassen gibt unter Beteiligung der in § 17 Absatz 1a Satz 2 genannten Parteien bis zum 31. Juli 2018 Empfehlungen zur erforderlichen Anzahl, Qualifikation und Fortbildung von Pflegeberaterinnen und Pflegeberatern ab.

(4) ¹Die Pflegekassen im Land haben Pflegeberater und Pflegeberaterinnen zur Sicherstellung einer wirtschaftlichen Aufgabenwahrnehmung in den Pflegestützpunkten nach Anzahl und örtlicher Zuständigkeit aufeinander abgestimmt bereitzustellen und hierüber einheitlich und gemeinsam Vereinbarungen zu treffen. ²Die Pflegekassen können diese Aufgabe auf die Landesverbände der Pflegekassen übertragen. ³Kommt eine Einigung bis zu dem in Satz 1 genannten Zeitpunkt ganz oder teilweise nicht zustande, haben die Landesverbände der Pflegekassen innerhalb eines Monats zu entscheiden; § 81 Abs. 1 Satz 2 gilt entsprechend. ⁴Die Pflegekassen und die gesetzlichen Krankenkassen können zur Aufgabenwahrnehmung durch Pflegeberater und Pflegeberaterinnen von der Möglichkeit der Beauftragung nach Maßgabe der §§ 88 bis 92 des Zehnten Buches Gebrauch machen; § 94 Absatz 1 Nummer 8 gilt entsprechend. ⁵Die durch die Tätigkeit von Pflegeberatern und Pflegeberaterinnen entstehenden Aufwendungen werden von den Pflegekassen getragen und zur Hälfte auf die Verwaltungskostenpauschale nach § 46 Abs. 3 Satz 1 angerechnet.

(5) ¹Zur Durchführung der Pflegeberatung können die privaten Versicherungsunternehmen, die die private Pflege-Pflichtversicherung durchführen, Pflegeberater und Pflegeberaterinnen der Pflegekassen für die bei ihnen versicherten Personen nutzen. ²Dies setzt eine vertragliche Vereinbarung mit den Pflegekassen über Art, Inhalt und Umfang der Inanspruchnahme sowie über die Vergütung der hierfür je Fall entstehenden Aufwendungen voraus. ³Soweit Vereinbarungen mit den Pflegekassen nicht zustande kommen, können die privaten Versicherungsunternehmen, die die private Pflege-Pflichtversicherung durchführen, untereinander Vereinbarungen über eine abgestimmte Bereitstellung von Pflegeberatern und Pflegeberaterinnen treffen.

(6) Pflegeberater und Pflegeberaterinnen sowie sonstige mit der Wahrnehmung von Aufgaben nach Absatz 1 befasste Stellen, insbesondere

1. nach Landesrecht für die wohnortnahe Betreuung im Rahmen der örtlichen Altenhilfe und für die Gewährung der Hilfe zur Pflege nach dem Zwölften Buch zu bestimmende Stellen,
2. Unternehmen der privaten Kranken- und Pflegeversicherung,
3. Pflegeeinrichtungen und Einzelpersonen nach § 77,
4. Mitglieder von Selbsthilfegruppen, ehrenamtliche und sonstige zum bürgerschaftlichen Engagement bereite Personen und Organisationen sowie
5. Agenturen für Arbeit und Träger der Grundsicherung für Arbeitsuchende,

dürfen Sozialdaten für Zwecke der Pflegeberatung nur verarbeiten, soweit dies zur Erfüllung der Aufgaben nach diesem Buch erforderlich oder durch Rechtsvorschriften des Sozialgesetzbuches oder Regelungen des Versicherungsvertrags- oder des Versicherungsaufsichtsgesetzes angeordnet oder erlaubt ist.

(7) ¹Die Landesverbände der Pflegekassen vereinbaren gemeinsam und einheitlich mit dem Verband der privaten Krankenversicherung e. V., den nach Landesrecht bestimmten Stellen für die wohnortnahe Betreuung im Rahmen der Altenhilfe und den zuständigen Trägern der Sozialhilfe sowie mit den kommunalen Spitzenverbänden auf Landesebene Rahmenverträge über die Zusammenarbeit in der Beratung. ²Zu den Verträgen nach Satz 1 sind die Verbände der Träger weiterer nicht gewerblicher Beratungsstellen auf Landesebene anzuhören, die für die Beratung Pflegebedürftiger und ihrer Angehörigen von Bedeutung sind. ³Die Landesverbände der Pflegekassen vereinbaren gemeinsam und einheitlich mit dem Verband der privaten Krankenversicherung e. V. und dem zuständigen Träger der Sozialhilfe auf dessen Verlangen eine ergänzende Vereinbarung zu den Verträgen nach Satz 1 über die Zusammenarbeit in der örtlichen Beratung im Gebiet des Kreises oder der kreisfreien Stadt für den Bereich der örtlichen

Zuständigkeit des Trägers der Sozialhilfe. Für Modellvorhaben nach § 123 kann der Antragsteller nach § 123 Absatz 1 die ergänzende Vereinbarung für den Geltungsbereich des Modellvorhabens verlangen.

(8) Die Pflegekassen können sich zur Wahrnehmung ihrer Beratungsaufgaben nach diesem Buch aus ihren Verwaltungsmitteln an der Finanzierung und arbeitsteiligen Organisation von Beratungsaufgaben anderer Träger beteiligen; die Neutralität und Unabhängigkeit der Beratung sind zu gewährleisten.

(9) [1]Der Spitzenverband Bund der Pflegekassen legt dem Bundesministerium für Gesundheit alle drei Jahre, erstmals zum 30. Juni 2020, einen unter wissenschaftlicher Begleitung zu erstellenden Bericht vor über
1. die Erfahrungen und Weiterentwicklung der Pflegeberatung und Pflegeberatungsstrukturen nach den Absätzen 1 bis 4, 7 und 8, § 7b Absatz 1 und 2 und § 7c und
2. die Durchführung, Ergebnisse und Wirkungen der Beratung in der eigenen Häuslichkeit sowie die Fortentwicklung der Beratungsstrukturen nach § 37 Absatz 3 bis 8.

[2]Er kann hierfür Mittel nach § 8 Absatz 3 einsetzen.

§ 7b Pflicht zum Beratungsangebot und Beratungsgutscheine

(1) [1]Die Pflegekasse hat dem Versicherten unmittelbar nach Eingang eines erstmaligen Antrags auf Leistungen nach diesem Buch oder des erklärten Bedarfs einer Begutachtung zur Feststellung der Pflegebedürftigkeit oder weiterer Anträge auf Leistungen nach den §§ 36 bis 38a, 40 Absatz 1 und 4, den §§ 40b, 41 bis 43, 44a, 45, 45e, 87a Absatz 2 Satz 1 und § 115 Absatz 4 entweder
1. unter Angabe einer Kontaktperson einen konkreten Beratungstermin anzubieten, der spätestens innerhalb von zwei Wochen nach Antragseingang durchzuführen ist, oder
2. einen Beratungsgutschein auszustellen, in dem Beratungsstellen benannt sind, bei denen er zu Lasten der Pflegekasse innerhalb von zwei Wochen nach Antragseingang eingelöst werden kann; § 7a Absatz 4 Satz 5 ist entsprechend anzuwenden.

[2]Dabei ist ausdrücklich auf die Möglichkeiten des individuellen Versorgungsplans nach § 7a hinzuweisen und über dessen Nutzen aufzuklären. [3]Die Beratung richtet sich nach § 7a. [4]Auf Wunsch des Versicherten hat die Beratung in der häuslichen Umgebung stattzufinden und kann auch nach Ablauf der in Satz 1 genannten Frist durchgeführt werden; über diese Möglichkeiten hat ihn die Pflegekasse aufzuklären. [5]Die Sätze 1 bis 4 finden auch Anwendung bei der erstmaligen Beantragung von Leistungen nach den §§ 39, 40 Absatz 2, § 45a Absatz 4 und § 45b.

(2) [1]Die Pflegekasse hat sicherzustellen, dass die Beratungsstellen die Anforderungen an die Beratung nach § 7a einhalten. [2]Die Pflegekasse schließt hierzu allein oder gemeinsam mit anderen Pflegekassen vertragliche Vereinbarungen mit unabhängigen und neutralen Beratungsstellen, die insbesondere Regelungen treffen für
1. die Anforderungen an die Beratungsleistung und die Beratungspersonen,
2. die Haftung für Schäden, die der Pflegekasse durch fehlerhafte Beratung entstehen, und
3. die Vergütung.

(2a) [1]Sofern kommunale Gebietskörperschaften, von diesen geschlossene Zweckgemeinschaften oder nach Landesrecht zu bestimmende Stellen
1. für die wohnortnahe Betreuung im Rahmen der örtlichen Altenhilfe oder
2. für die Gewährung der Hilfe zur Pflege nach dem Zwölften Buch

Pflegeberatung im Sinne von § 7a erbringen, sind sie Beratungsstellen, bei denen Pflegebedürftige nach Absatz 1 Satz 1 Nummer 2 Beratungsgutscheine einlösen können; sie haben die Empfehlungen nach § 7a Absatz 3 Satz 3 zu berücksichtigen und die Pflegeberatungs-Richtlinien nach § 17 Absatz 1a zu beachten. [2]Absatz 2 Satz 1 findet keine Anwendung. [3]Die Pflegekasse schließt hierzu allein oder gemeinsam mit anderen Pflegekassen mit den in Satz 1 genannten Stellen vertragliche Vereinbarungen über die Vergütung. [4]Für die Verarbeitung der Sozialdaten gilt § 7a Absatz 6 entsprechend.

(3) [1]Stellen nach Absatz 1 Satz 1 Nummer 2 dürfen personenbezogene Daten nur verarbeiten, soweit dies für Zwecke der Beratung nach § 7a erforderlich ist und der Versicherte oder sein gesetzlicher Vertreter eingewilligt hat. [2]Zudem ist der Versicherte oder sein gesetzlicher Vertreter zu Beginn der Beratung darauf hinzuweisen, dass die Einwilligung jederzeit widerrufen werden kann.

(4) Die Absätze 1 bis 3 gelten für private Versicherungsunternehmen, die die private Pflege-Pflichtversicherung durchführen, entsprechend.

§ 7c Pflegestützpunkte, Verordnungsermächtigung

(1) [1]Zur wohnortnahen Beratung, Versorgung und Betreuung der Versicherten richten die Pflegekassen und Krankenkassen Pflegestützpunkte ein, sofern die zuständige oberste Landesbehörde dies bestimmt. [2]Die Einrichtung muss innerhalb von sechs Monaten nach der Bestimmung durch die oberste Landesbehörde erfolgen. [3]Kommen die hierfür erforderlichen Verträge nicht innerhalb von drei Monaten nach der Bestimmung durch die oberste Landesbehörde zustande, haben die Landesverbände der Pflegekassen innerhalb eines weiteren Monats den Inhalt der Verträge

festzulegen; hierbei haben sie auch die Interessen der Ersatzkassen und der Landesverbände der Krankenkassen wahrzunehmen. [4]Hinsichtlich der Mehrheitsverhältnisse bei der Beschlussfassung ist § 81 Absatz 1 Satz 2 entsprechend anzuwenden. [5]Widerspruch und Anfechtungsklage gegen Maßnahmen der Aufsichtsbehörden zur Einrichtung von Pflegestützpunkten haben keine aufschiebende Wirkung.

(1a) [1]Die für die Hilfe zur Pflege zuständigen Träger der Sozialhilfe nach dem Zwölften Buch sowie die nach Landesrecht zu bestimmenden Stellen der Altenhilfe können bis zum 31. Dezember 2021 auf Grund landesrechtlicher Vorschriften von den Pflegekassen und Krankenkassen den Abschluss einer Vereinbarung zur Einrichtung von Pflegestützpunkten verlangen. [2]Ist in der Vereinbarung zur Einrichtung eines Pflegestützpunktes oder in den Rahmenverträgen nach Absatz 6 nichts anderes vereinbart, werden die Aufwendungen, die für den Betrieb des Pflegestützpunktes erforderlich sind, von den Trägern des Pflegestützpunktes zu gleichen Teilen unter Berücksichtigung der anrechnungsfähigen Aufwendungen für das eingesetzte Personal getragen.

(2) [1]Aufgaben der Pflegestützpunkte sind
1. umfassende sowie unabhängige Auskunft und Beratung zu den Rechten und Pflichten nach dem Sozialgesetzbuch und zur Auswahl und Inanspruchnahme der bundes- oder landesrechtlich vorgesehenen Sozialleistungen und sonstigen Hilfsangebote einschließlich der Pflegeberatung nach § 7a in Verbindung mit den Richtlinien nach § 17 Absatz 1a,
2. Koordinierung aller für die wohnortnahe Versorgung und Betreuung in Betracht kommenden gesundheitsfördernden, präventiven, kurativen, rehabilitativen und sonstigen medizinischen sowie pflegerischen und sozialen Hilfs- und Unterstützungsangebote einschließlich der Hilfestellung bei der Inanspruchnahme der Leistungen,
3. Vernetzung aufeinander abgestimmter pflegerischer und sozialer Versorgungs- und Betreuungsangebote.

[2]Auf vorhandene vernetzte Beratungsstrukturen ist zurückzugreifen. [3]Die Pflegekassen haben jederzeit darauf hinzuwirken, dass sich insbesondere die
1. nach Landesrecht zu bestimmenden Stellen für die wohnortnahe Betreuung im Rahmen der örtlichen Altenhilfe und für die Gewährung der Hilfe zur Pflege nach dem Zwölften Buch,
2. im Land zugelassenen und tätigen Pflegeeinrichtungen,
3. im Land tätigen Unternehmen der privaten Kranken- und Pflegeversicherung

an den Pflegestützpunkten beteiligen. [4]Die Krankenkassen haben sich an den Pflegestützpunkten zu beteiligen. [5]Träger der Pflegestützpunkte sind die beteiligten Kosten- und Leistungsträger. [6]Die Träger
1. sollen Pflegefachkräfte in die Tätigkeit der Pflegestützpunkte einbinden,
2. haben nach Möglichkeit Mitglieder von Selbsthilfegruppen sowie ehrenamtliche und sonstige zum bürgerschaftlichen Engagement bereite Personen und Organisationen in die Tätigkeit der Pflegestützpunkte einzubinden,
3. sollen interessierten kirchlichen sowie sonstigen religiösen und gesellschaftlichen Trägern und Organisationen sowie nicht gewerblichen, gemeinwohlorientierten Einrichtungen mit öffentlich zugänglichen Angeboten und insbesondere Selbsthilfe stärkender und generationenübergreifender Ausrichtung in kommunalen Gebietskörperschaften die Beteiligung an den Pflegestützpunkten ermöglichen,
4. können sich zur Erfüllung ihrer Aufgaben dritter Stellen bedienen,
5. sollen im Hinblick auf die Vermittlung und Qualifizierung von für die Pflege und Betreuung geeigneten Kräften eng mit dem Träger der Arbeitsförderung nach dem Dritten Buch und den Trägern der Grundsicherung für Arbeitsuchende nach dem Zweiten Buch zusammenarbeiten.

(3) Die an den Pflegestützpunkten beteiligten Kostenträger und Leistungserbringer können für das Einzugsgebiet der Pflegestützpunkte Verträge zur wohnortnahen integrierten Versorgung schließen; insoweit ist § 92b mit der Maßgabe entsprechend anzuwenden, dass die Pflege- und Krankenkassen gemeinsam und einheitlich handeln.

(4) [1]Der Pflegestützpunkt kann bei einer im Land zugelassenen und tätigen Pflegeeinrichtung errichtet werden, wenn dies nicht zu einer unzulässigen Beeinträchtigung des Wettbewerbs zwischen den Pflegeeinrichtungen führt. [2]Die für den Betrieb des Pflegestützpunktes erforderlichen Aufwendungen werden von den Trägern der Pflegestützpunkte unter Berücksichtigung der anrechnungsfähigen Aufwendungen für das eingesetzte Personal auf der Grundlage einer vertraglichen Vereinbarung anteilig getragen. [3]Die Verteilung der für den Betrieb des Pflegestützpunktes erforderlichen Aufwendungen wird mit der Maßgabe vereinbart, dass der auf eine einzelne Pflegekasse entfallende Anteil nicht höher sein darf als der von der Krankenkasse, bei sie errichtet ist, zu tragende Anteil. [4]Soweit sich private Versicherungsunternehmen, die die private Pflege-Pflichtversicherung durchführen, nicht an der Finanzierung der Pflegestützpunkte beteiligen, haben sie mit den Trägern der Pflegestützpunkte über Art, Inhalt und Umfang der Inanspruchnahme der Pflegestützpunkte durch privat Pflege-Pflichtversicherte sowie über die Vergütung der hierfür je Fall entstehenden Aufwendungen Vereinbarungen zu treffen; dies gilt für private Versicherungsunternehmen, die die private Krankenversicherung durchführen, entsprechend.

(5) Im Pflegestützpunkt tätige Personen sowie sonstige mit der Wahrnehmung von Aufgaben nach Absatz 1 befasste Stellen, insbesondere

1. nach Landesrecht für die wohnortnahe Betreuung im Rahmen der örtlichen Altenhilfe und für die Gewährung der Hilfe zur Pflege nach dem Zwölften Buch zu bestimmende Stellen,
2. Unternehmen der privaten Kranken- und Pflegeversicherung,
3. Pflegeeinrichtungen und Einzelpersonen nach § 77,
4. Mitglieder von Selbsthilfegruppen, ehrenamtliche und sonstige zum bürgerschaftlichen Engagement bereite Personen und Organisationen sowie
5. Agenturen für Arbeit und Träger der Grundsicherung für Arbeitsuchende,

dürfen Sozialdaten nur verarbeiten, soweit dies zur Erfüllung der Aufgaben nach diesem Buch erforderlich oder durch Rechtsvorschriften des Sozialgesetzbuches oder Regelungen des Versicherungsvertrags- oder des Versicherungsaufsichtsgesetzes angeordnet oder erlaubt ist.

(6) ¹Sofern die zuständige oberste Landesbehörde die Einrichtung von Pflegestützpunkten bestimmt hat, vereinbaren die Landesverbände der Pflegekassen mit den Landesverbänden der Krankenkassen sowie den Ersatzkassen und den für die Hilfe zur Pflege zuständigen Trägern der Sozialhilfe nach dem Zwölften Buch und den kommunalen Spitzenverbänden auf Landesebene Rahmenverträge zur Arbeit und zur Finanzierung der Pflegestützpunkte. ²Bestandskräftige Rahmenverträge gelten bis zum Inkrafttreten von Rahmenverträgen nach Satz 1 fort. ³Die von der zuständigen obersten Landesbehörde getroffene Bestimmung zur Einrichtung von Pflegestützpunkten sowie die Empfehlungen nach Absatz 9 sind beim Abschluss der Rahmenverträge zu berücksichtigen. ⁴In den Rahmenverträgen nach Satz 1 sind die Strukturierung der Zusammenarbeit mit weiteren Beteiligten sowie die Zuständigkeit insbesondere für die Koordinierung der Arbeit, die Qualitätssicherung und die Auskunftspflicht gegenüber den Trägern, den Ländern und dem Bundesversicherungsamt zu bestimmen. ⁵Ferner sollen Regelungen zur Aufteilung der Kosten unter Berücksichtigung der Vorschriften nach Absatz 4 getroffen werden. ⁶Die Regelungen zur Kostenaufteilung gelten unmittelbar für die Pflegestützpunkte, soweit in den Verträgen zur Errichtung der Pflegestützpunkte nach Absatz 1 nichts anderes vereinbart ist.

(7) ¹Die Landesregierungen werden ermächtigt, Schiedsstellen einzurichten. ²Diese setzen den Inhalt der Rahmenverträge nach Absatz 6 fest, sofern ein Rahmenvertrag nicht innerhalb der in der Rechtsverordnung nach Satz 6 zu bestimmenden Frist zustande kommt. ³Die Schiedsstelle besteht aus Vertretungen der Pflegekassen und der für die Hilfe zur Pflege zuständigen Träger der Sozialhilfe nach dem Zwölften Buch in gleicher Zahl sowie einem unparteiischen Vorsitzenden und zwei weiteren unparteiischen Mitgliedern. ⁴Für den Vorsitzenden und die unparteiischen Mitglieder können Stellvertretungen bestellt werden. ⁵§ 76 Absatz 3 und 4 gilt entsprechend. ⁶Die Landesregierungen werden ermächtigt, durch Rechtsverordnung das Nähere über die Zahl, die Bestellung, die Amtsdauer, die Amtsführung, die Erstattung der baren Auslagen und die Entschädigung für den Zeitaufwand der Mitglieder der Schiedsstelle, die Geschäftsführung, das Verfahren, die Frist, nach deren Ablauf die Schiedsstelle ihre Arbeit aufnimmt, die Erhebung und die Höhe der Gebühren sowie über die Verteilung der Kosten zu regeln.

(8) ¹Abweichend von Absatz 7 können die Parteien des Rahmenvertrages nach Absatz 6 Satz 1 einvernehmlich eine unparteiische Schiedsperson und zwei unparteiische Mitglieder bestellen, die den Inhalt des Rahmenvertrages nach Absatz 6 innerhalb von sechs Wochen nach ihrer Bestellung festlegen. ²Die Kosten des Schiedsverfahrens tragen die Vertragspartner zu gleichen Teilen.

(9) Der Spitzenverband Bund der Pflegekassen, der Spitzenverband Bund der Krankenkassen, die Bundesarbeitsgemeinschaft der überörtlichen Träger der Sozialhilfe und die Bundesvereinigung der kommunalen Spitzenverbände können gemeinsam und einheitlich Empfehlungen zur Arbeit und zur Finanzierung von Pflegestützpunkten in der gemeinsamen Trägerschaft der gesetzlichen Kranken- und Pflegekassen sowie der nach Landesrecht zu bestimmenden Stellen der Alten- und Sozialhilfe vereinbaren.

§ 8 Gemeinsame Verantwortung

(1) Die pflegerische Versorgung der Bevölkerung ist eine gesamtgesellschaftliche Aufgabe.

(2) ¹Die Länder, die Kommunen, die Pflegeeinrichtungen und die Pflegekassen wirken unter Beteiligung des Medizinischen Dienstes eng zusammen, um eine leistungsfähige, regional gegliederte, ortsnahe und aufeinander abgestimmte ambulante und stationäre pflegerische Versorgung der Bevölkerung zu gewährleisten. ²Sie tragen zum Ausbau und zur Weiterentwicklung der notwendigen pflegerischen Versorgungsstrukturen bei; das gilt insbesondere für die Ergänzung des Angebots an häuslicher und stationärer Pflege durch neue Formen der teilstationären Pflege und Kurzzeitpflege sowie für die Vorhaltung eines Angebots von die Pflege ergänzenden Leistungen zur medizinischen Rehabilitation. ³Sie unterstützen und fördern darüber hinaus die Bereitschaft zu einer humanen Pflege und Betreuung durch hauptberufliche und ehrenamtliche Pflegekräfte sowie durch Angehörige, Nachbarn und Selbsthilfegruppen und wirken so auf eine neue Kultur des Helfens und der mitmenschlichen Zuwendung hin.

(3) ¹Der Spitzenverband Bund der Pflegekassen kann aus Mitteln des Ausgleichsfonds der Pflegeversicherung mit 5 Millionen Euro im Kalenderjahr Maßnahmen wie Modellvorhaben, Studien, wissenschaftliche Expertisen und Fachtagungen zur Weiterentwicklung der Pflegeversicherung, insbesondere zur Entwicklung neuer qualitätsgesi-

cherter Versorgungsformen für Pflegebedürftige, durchführen und mit Leistungserbringern vereinbaren. ²Dabei sind vorrangig modellhaft in einer Region Möglichkeiten eines personenbezogenen Budgets sowie neue Wohnkonzepte für Pflegebedürftige zu erproben. ³Bei der Vereinbarung und Durchführung von Modellvorhaben kann im Einzelfall von den Regelungen des Siebten Kapitels sowie von § 36 und zur Entwicklung besonders pauschalierter Pflegesätze von § 84 Abs. 2 Satz 2 abgewichen werden. ⁴Mehrbelastungen der Pflegeversicherung, die dadurch entstehen, dass Pflegebedürftige, die Pflegegeld beziehen, durch Einbeziehung in ein Modellvorhaben höhere Leistungen als das Pflegegeld erhalten, sind in das nach Satz 1 vorgesehene Fördervolumen einzubeziehen. ⁵Soweit die in Satz 1 genannten Mittel im jeweiligen Haushaltsjahr nicht verbraucht wurden, können sie in das Folgejahr übertragen werden. ⁶Die Modellvorhaben sind auf längstens fünf Jahre zu befristen. ⁷Der Spitzenverband Bund der Pflegekassen bestimmt Ziele, Dauer, Inhalte und Durchführung der Maßnahmen; dabei sind auch regionale Modellvorhaben einzelner Länder zu berücksichtigen. ⁸Die Maßnahmen sind mit dem Bundesministerium für Gesundheit abzustimmen. ⁹Soweit finanzielle Interessen einzelner Länder berührt werden, sind diese zu beteiligen. ¹⁰Näheres über das Verfahren zur Auszahlung der aus dem Ausgleichsfonds zu finanzierenden Fördermittel regeln der Spitzenverband Bund der Pflegekassen und das Bundesamt für Soziale Sicherung durch Vereinbarung. ¹¹Für die Modellvorhaben ist eine wissenschaftliche Begleitung und Auswertung vorzusehen. ¹²§ 45c Absatz 5 Satz 6 gilt entsprechend.

(3a) ¹Der Spitzenverband Bund der Pflegekassen kann aus Mitteln des Ausgleichsfonds der Pflegeversicherung mit 3 Millionen Euro im Kalenderjahr Modellvorhaben, Studien und wissenschaftliche Expertisen zur Entwicklung oder Erprobung innovativer Versorgungsansätze unter besonderer Berücksichtigung einer kompetenzorientierten Aufgabenverteilung des Personals in Pflegeeinrichtungen durchführen und mit Leistungserbringern vereinbaren. ²Bei Modellvorhaben, die den Einsatz von zusätzlichem Personal in der Versorgung durch die Pflegeeinrichtung erfordern, können die dadurch entstehenden Personalkosten in das nach Satz 1 vorgesehene Fördervolumen einbezogen werden. ³Bei der Vereinbarung und Durchführung von Modellvorhaben kann im Einzelfall von den Regelungen des Siebten Kapitels abgewichen werden. ⁴Pflegebedürftige dürfen durch die Durchführung der Modellvorhaben nicht belastet werden. ⁵Soweit die in Satz 1 genannten Mittel im jeweiligen Haushaltsjahr nicht verbraucht wurden, können sie in das folgende Haushaltsjahr übertragen werden. ⁶Die Modellvorhaben sind auf längstens fünf Jahre zu befristen. ⁷Der Spitzenverband Bund der Pflegekassen bestimmt im Einvernehmen mit dem Bundesministerium für Gesundheit Ziele, Dauer, Inhalte und Durchführung der Modellvorhaben. ⁸Das Nähere über das Verfahren zur Auszahlung der aus dem Ausgleichsfonds zu finanzierenden Fördermittel regeln der Spitzenverband Bund der Pflegekassen und das Bundesamt für Soziale Sicherung durch Vereinbarung. ⁹Der Spitzenverband Bund der Pflegekassen hat eine wissenschaftliche Begleitung und Auswertung der Modellvorhaben im Hinblick auf die Erreichung der Ziele der Modellvorhaben nach allgemein wissenschaftlichen Standards zu veranlassen. ¹⁰Über die Auswertung der Modellvorhaben ist von unabhängigen Sachverständigen ein Bericht zu erstellen. ¹¹Der Bericht ist zu veröffentlichen. ¹²§ 45c Absatz 5 Satz 6 gilt entsprechend.

(3b) ¹Der Spitzenverband Bund der Pflegekassen stellt durch die Finanzierung von Studien, Modellprojekten und wissenschaftlichen Expertisen die wissenschaftlich gestützte Begleitung der Einführung und Weiterentwicklung des wissenschaftlich fundierten Verfahrens zur einheitlichen Bemessung des Personalbedarfs in Pflegeeinrichtungen nach qualitativen und quantitativen Maßstäben, das nach § 113c Satz 1 in der am 1. Januar 2016 geltenden Fassung für vollstationäre Pflegeeinrichtungen entwickelt und erprobt wurde, und die wissenschaftlich gestützte Weiterentwicklung der ambulanten Versorgung sicher. ²Das Bundesministerium für Gesundheit setzt dazu ein Begleitgremium ein. ³Aufgabe des Begleitgremiums ist es, den Spitzenverband Bund der Pflegekassen, das Bundesministerium für Gesundheit und das Bundesministerium für Familie, Senioren, Frauen und Jugend bei der Umsetzung des Verfahrens zur einheitlichen Bemessung des Personalbedarfs für vollstationäre Pflegeeinrichtungen sowie bei der Weiterentwicklung der ambulanten Versorgung fachlich zu beraten und zu unterstützen. ⁴Der Spitzenverband Bund der Pflegekassen bestimmt im Einvernehmen mit dem Bundesministerium für Gesundheit und dem Bundesministerium für Familie, Senioren, Frauen und Jugend sowie nach Anhörung des Begleitgremiums Ziele, Dauer, Inhalte und Durchführung der Maßnahmen nach Satz 1. ⁵Dem Spitzenverband Bund der Pflegekassen werden zur Finanzierung der Maßnahmen nach Satz 1 in den Jahren 2021 bis 2024 bis zu 12 Millionen Euro aus dem Ausgleichsfonds zur Verfügung gestellt. ⁶Das Nähere über das Verfahren zur Auszahlung der Mittel regeln der Spitzenverband Bund der Pflegekassen und das Bundesamt für Soziale Sicherung durch Vereinbarung. ⁷Der Einsatz von zusätzlichem Personal in vollstationären Pflegeeinrichtungen und die dadurch entstehenden Personalkosten bei der Teilnahme an Modellprojekten nach Satz 1 sollen in das Fördervolumen nach Satz 5 einbezogen werden. ⁸Pflegebedürftige dürfen durch die Durchführung von Maßnahmen nach Satz 1 nicht belastet werden.

(4) ¹Aus den Mitteln des Ausgleichsfonds der Pflegeversicherung ist ebenfalls die Finanzierung der qualifizierten Geschäftsstelle nach § 113b Absatz 6 und der wissenschaftlichen Aufträge nach § 113b Absatz 4 und 4a sicherzustellen. ²Absatz 5 Satz 2 und 3 gilt entsprechend. ³Sofern der Verband der privaten Krankenversicherung e. V. als Mitglied im Qualitätsausschuss nach § 113b vertreten ist, beteiligen sich die privaten Versicherungsunternehmen, die die private Pflege-Pflichtversicherung durchführen, mit einem Anteil von 10 Prozent an den Aufwendungen nach

Satz 1. ⁴Der Finanzierungsanteil nach den Satz 2, der auf die privaten Versicherungsunternehmen entfällt, kann von dem Verband der privaten Krankenversicherung e. V. unmittelbar an das Bundesamt für Soziale Sicherung zugunsten des Ausgleichsfonds der Pflegeversicherung nach § 65 geleistet werden.

(5) ¹Aus den Mitteln des Ausgleichsfonds der Pflegeversicherung ist die Finanzierung der gemäß § 113 Absatz 1b Satz 1 beauftragten, fachlich unabhängigen Institution sicherzustellen. ²Die Vertragsparteien nach § 113 und das Bundesversicherungsamt vereinbaren das Nähere über das Verfahren zur Auszahlung der aus dem Ausgleichsfonds zu finanzierenden Mittel. ³Die jeweilige Auszahlung bedarf der Genehmigung durch das Bundesministerium für Gesundheit.

(6) ¹Abweichend von § 84 Absatz 4 Satz 1 erhalten vollstationäre Pflegeeinrichtungen auf Antrag einen Vergütungszuschlag zur Unterstützung der Leistungserbringung insbesondere im Bereich der medizinischen Behandlungspflege. ²Voraussetzung für die Gewährung des Vergütungszuschlags ist, dass die Pflegeeinrichtung über neu eingestelltes oder über Stellenaufstockung erweitertes Pflegepersonal verfügt, das über das Personal hinausgeht, das die Pflegeeinrichtung nach der Pflegesatzvereinbarung gemäß § 84 Absatz 5 Satz 2 Nummer 2 vorzuhalten hat. ³Das zusätzliche Pflegepersonal muss zur Erbringung aller vollstationären Pflegeleistungen vorgesehen sein und es muss sich bei dem Personal um Pflegefachkräfte handeln. ⁴Die vollstationäre Pflegeeinrichtung kann auch für die Beschäftigung zusätzlicher Fachkräfte aus dem Gesundheits- und Sozialbereich sowie von zusätzlichen Pflegehilfskräften, die sich in der Ausbildung zur Pflegefachkraft befinden, einen Vergütungszuschlag erhalten. ⁵Das Bundesversicherungsamt verwaltet die zur Finanzierung des Vergütungszuschlags von den Krankenkassen nach § 37 Absatz 2a des Fünften Buches und von den privaten Versicherungsunternehmen nach Absatz 9 Satz 2 zu leistende Beträge im Ausgleichsfonds der Pflegeversicherung. ⁶Der Anspruch auf einen Vergütungszuschlag ist unter entsprechender Anwendung des § 84 Absatz 2 Satz 5 und 6 begrenzt auf die tatsächlichen Aufwendungen für zusätzlich
1. eine halbe Stelle bei Pflegeeinrichtungen mit bis zu 40 Plätzen,
2. eine Stelle bei Pflegeeinrichtungen mit 41 bis zu 80 Plätzen,
3. anderthalb Stellen bei Pflegeeinrichtungen mit 81 bis zu 120 Plätzen und
4. zwei Stellen bei Pflegeeinrichtungen mit mehr als 120 Plätzen.

⁷Der Vergütungszuschlag ist von den Pflegekassen monatlich zu zahlen und wird zum 15. eines jeden Monats fällig, sofern von der vollstationären Pflegeeinrichtung halbjährlich das Vorliegen der Anspruchsvoraussetzungen nach Satz 2 bestätigt wird. ⁸Der Spitzenverband Bund der Pflegekassen legt im Benehmen mit den Bundesvereinigungen der Träger stationärer Pflegeeinrichtungen das Nähere für die Antragstellung sowie das Zahlungsverfahren für seine Mitglieder fest. ⁹Die Festlegungen bedürfen der Zustimmung des Bundesministeriums für Gesundheit im Benehmen mit dem Bundesministerium für Familie, Senioren, Frauen und Jugend im Rahmen seiner Zuständigkeit. ¹⁰Bis zum Vorliegen der Bestimmung nach Satz 8 stellen die Landesverbände der Pflegekassen die sachgerechte Verfahrensbearbeitung sicher; es genügt die Antragstellung an eine als Partei der Pflegesatzvereinbarung beteiligte Pflegekasse. ¹¹Die über den Vergütungszuschlag finanzierten zusätzlichen Stellen und die der Berechnung des Vergütungszuschlags zugrunde gelegte Bezahlung der auf diesen Stellen Beschäftigten sind von den Pflegeeinrichtungen unter entsprechender Anwendung des § 84 Absatz 6 Satz 3 und 4 und Absatz 7 nachzuweisen. ¹²Die Auszahlung des gesamten Zuschlags hat einheitlich über eine Pflegekasse an die vollstationäre Pflegeeinrichtung vor Ort zu erfolgen. ¹³Änderungen der den Anträgen zugrunde liegenden Sachverhalte sind von den vollstationären Pflegeeinrichtungen unverzüglich anzuzeigen. ¹⁴Der Spitzenverband Bund der Pflegekassen berichtet dem Bundesministerium für Gesundheit erstmals bis zum 31. Dezember 2019 und danach jährlich über die Zahl der durch diesen Zuschlag finanzierten Pflegekräfte, den Stellenzuwachs und die Ausgabenentwicklung.

(7) ¹Aus den Mitteln des Ausgleichsfonds der Pflegeversicherung werden in den Jahren 2019 bis 2024 jährlich bis zu 100 Millionen Euro bereitgestellt, um Maßnahmen der Pflegeeinrichtungen zu fördern, die das Ziel haben, die Vereinbarkeit von Pflege, Familie und Beruf für ihre in der Pflege tätigen Mitarbeiterinnen und Mitarbeiter zu verbessern. ²Förderfähig sind
1. individuelle und gemeinschaftliche Betreuungsangebote, die auf die besonderen Arbeitszeiten von Pflegekräften ausgerichtet sind,
2. die Entwicklung von Konzepten für mitarbeiterorientierte und lebensphasengerechte Arbeitszeitmodelle und Maßnahmen zu ihrer betrieblichen Umsetzung,
3. die Entwicklung von Konzepten zur Rückgewinnung von Pflege- und Betreuungspersonal und Maßnahmen zu ihrer betrieblichen Umsetzung und
4. Schulungen und Weiterbildungen zur Verbesserung der Vereinbarkeit von Pflege, Familie und Beruf sowie zu den Zielen, zu denen nach den Nummern 2 und 3 Konzepte zu entwickeln sind.

³Gefördert werden bis zu 50 Prozent der durch die Pflegeeinrichtung für eine Maßnahme verausgabten Mittel. ⁴Pro Pflegeeinrichtung ist höchstens ein jährlicher Förderzuschuss von 7500 Euro möglich. ⁵Die Landesverbände der Pflegekassen stellen die sachgerechte Verteilung der Mittel sicher. ⁶Der in Satz 1 genannte Betrag soll unter Berücksichtigung der Zahl der Pflegeeinrichtungen auf die Länder aufgeteilt werden. ⁷Antrag und Nachweis sollen

einfach ausgestaltet sein. [8]Pflegeeinrichtungen können in einem Antrag die Förderung von zeitlich und sachlich unterschiedlichen Maßnahmen beantragen. [9]Soweit eine Pflegeeinrichtung den Förderhöchstbetrag nach Satz 4 innerhalb eines Kalenderjahres nicht in Anspruch genommen hat und die für das Land, in dem die Pflegeeinrichtung ihren Sitz hat, in diesem Kalenderjahr bereitgestellte Gesamtfördersumme noch nicht ausgeschöpft ist, erhöht sich der mögliche Förderhöchstbetrag für diese Pflegeeinrichtung im nachfolgenden Kalenderjahr um den aus dem Vorjahr durch die Pflegeeinrichtung nicht in Anspruch genommenen Betrag. [10]Der Spitzenverband Bund der Pflegekassen erlässt im Einvernehmen mit dem Verband der privaten Krankenversicherung e. V. nach Anhörung der Verbände der Leistungserbringer auf Bundesebene, erstmals bis zum 31. März 2019, Richtlinien über das Nähere der Voraussetzungen, Ziele, Inhalte und Durchführung der Förderung sowie zu dem Verfahren zur Vergabe der Fördermittel durch eine Pflegekasse. [11]Die Richtlinien bedürfen der Genehmigung des Bundesministeriums für Gesundheit. [12]Die Genehmigung gilt als erteilt, wenn die Richtlinien nicht innerhalb eines Monats, nachdem sie dem Bundesministerium für Gesundheit vorgelegt worden sind, beanstandet werden. [13]Das Bundesministerium für Gesundheit kann im Rahmen der Richtlinienprüfung vom Spitzenverband Bund der Pflegekassen zusätzliche Informationen und ergänzende Stellungnahmen anfordern; bis zu deren Eingang ist der Lauf der Frist nach Satz 12 unterbrochen. [14]Beanstandungen des Bundesministeriums für Gesundheit sind innerhalb der von ihm gesetzten Frist zu beheben. [15]Die Genehmigung kann vom Bundesministerium für Gesundheit mit Auflagen verbunden werden.

(8) [1]Aus den Mitteln des Ausgleichsfonds der Pflegeversicherung wird in den Jahren 2019 bis 2023 ein einmaliger Zuschuss für jede ambulante und stationäre Pflegeeinrichtung bereitgestellt, um digitale Anwendungen, die insbesondere das interne Qualitätsmanagement, die Erhebung von Qualitätsindikatoren, die Zusammenarbeit zwischen Ärzten und stationären Pflegeeinrichtungen sowie die Aus-, Fort- und Weiterbildung in der Altenpflege betreffen, zur Entlastung der Pflegekräfte zu fördern. [2]Förderungsfähig sind Anschaffungen von digitaler oder technischer Ausrüstung sowie damit verbundene Schulungen. [3]Gefördert werden bis zu 40 Prozent der durch die Pflegeeinrichtung verausgabten Mittel. [4]Pro Pflegeeinrichtung ist höchstens ein einmaliger Zuschuss in Höhe von 12 000 Euro möglich. [5]Der Spitzenverband Bund der Pflegekassen beschließt im Einvernehmen mit dem Verband der privaten Krankenversicherung e. V. nach Anhörung der Verbände der Leistungserbringer auf Bundesebene bis zum 31. März 2019 Richtlinien über das Nähere der Voraussetzungen und zu dem Verfahren der Gewährung des Zuschusses, der durch eine Pflegekasse ausgezahlt wird. [6]Die Richtlinien bedürfen der Genehmigung des Bundesministeriums für Gesundheit. [7]Die Genehmigung gilt als erteilt, wenn die Richtlinien nicht innerhalb eines Monats, nachdem sie dem Bundesministerium für Gesundheit vorgelegt worden sind, beanstandet werden. [8]Das Bundesministerium für Gesundheit kann im Rahmen der Richtlinienprüfung vom Spitzenverband Bund der Pflegekassen zusätzliche Informationen und ergänzende Stellungnahmen anfordern; bis zu deren Eingang ist der Lauf der Frist nach Satz 7 unterbrochen. [9]Beanstandungen des Bundesministeriums für Gesundheit sind innerhalb der von ihm gesetzten Frist zu beheben. [10]Die Genehmigung kann vom Bundesministerium für Gesundheit mit Auflagen verbunden werden.

(9) [1]Die privaten Versicherungsunternehmen, die die private Pflege-Pflichtversicherung durchführen, beteiligen sich mit einem Anteil von 7 Prozent an den Kosten, die sich gemäß den Absätzen 5, 7 und 8 jeweils ergeben. [2]Die privaten Versicherungsunternehmen, die die private Pflege-Pflichtversicherung durchführen, beteiligen sich an der Finanzierung der Vergütungszuschläge nach Absatz 6 mit jährlich 44 Millionen Euro. [3]Der jeweilige Finanzierungsanteil, der auf die privaten Versicherungsunternehmen entfällt, kann von dem Verband der privaten Krankenversicherung e. V. unmittelbar an das Bundesversicherungsamt zugunsten des Ausgleichsfonds der Pflegeversicherung nach § 65 geleistet werden. [4]Einmalig können die privaten Versicherungsunternehmen, die die private Pflege-Pflichtversicherung durchführen, für bestehende Vertragsverhältnisse die Prämie für die private Pflege-Pflichtversicherung anpassen, um die Verpflichtungen zu berücksichtigen, die sich aus den Sätzen 1 und 2 ergeben. [5]§ 155 Absatz 1 des Versicherungsaufsichtsgesetzes ist anzuwenden. [6]Dem Versicherungsnehmer ist die Neufestsetzung der Prämie unter Hinweis auf die hierfür maßgeblichen Gründe in Textform mitzuteilen. [7]§ 203 Absatz 5 des Versicherungsvertragsgesetzes und § 205 Absatz 4 des Versicherungsvertragsgesetzes gelten entsprechend.

(10) Der Spitzenverband Bund der Pflegekassen, der Verband der privaten Krankenversicherung e. V. und das Bundesversicherungsamt regeln das Nähere über das Verfahren zur Bereitstellung der notwendigen Finanzmittel zur Finanzierung der Maßnahmen nach den Absätzen 6 bis 8 aus dem Ausgleichsfonds der Pflegeversicherung sowie zur Feststellung und Erhebung der Beträge der privaten Versicherungsunternehmen, die die private Pflege-Pflichtversicherung durchführen, nach Absatz 9 Satz 1 und 2 durch Vereinbarung.

§ 8a Gemeinsame Empfehlungen zur pflegerischen Versorgung

(1) [1]Für jedes Land oder für Teile des Landes wird zur Beratung über Fragen der Pflegeversicherung ein Landespflegeausschuss gebildet. [2]Der Ausschuss kann zur Umsetzung der Pflegeversicherung einvernehmlich Empfehlungen abgeben. [3]Die Landesregierungen werden ermächtigt, durch Rechtsverordnung das Nähere zu den Landespflegeausschüssen zu bestimmen; insbesondere können sie die den Landespflegeausschüssen angehörenden Organisationen unter Berücksichtigung der Interessen aller an der Pflege im Land Beteiligten berufen.

(2) ¹Sofern nach Maßgabe landesrechtlicher Vorschriften ein Ausschuss zur Beratung über sektorenübergreifende Zusammenarbeit in der Versorgung von Pflegebedürftigen (sektorenübergreifender Landespflegeausschuss) eingerichtet worden ist, entsenden die Landesverbände der Pflegekassen und der Krankenkassen sowie die Ersatzkassen, die Kassenärztlichen Vereinigungen und die Landeskrankenhausgesellschaften Vertreter in diesen Ausschuss und wirken an der Abgabe gemeinsamer Empfehlungen mit. ²Soweit erforderlich, ist eine Abstimmung mit dem Landesgremium nach § 90a des Fünften Buches herbeizuführen.
(3) Sofern nach Maßgabe landesrechtlicher Vorschriften regionale Ausschüsse insbesondere zur Beratung über Fragen der Pflegeversicherung in Landkreisen und kreisfreien Städten eingerichtet worden sind, entsenden die Landesverbände der Pflegekassen Vertreter in diese Ausschüsse und wirken an der einvernehmlichen Abgabe gemeinsamer Empfehlungen mit.
(4) ¹Die in den Ausschüssen nach den Absätzen 1 und 3 vertretenen Pflegekassen, Landesverbände der Pflegekassen sowie die sonstigen in Absatz 2 genannten Mitglieder wirken in dem jeweiligen Ausschuss an einer nach Maßgabe landesrechtlicher Vorschriften vorgesehenen Erstellung und Fortschreibung von Empfehlungen zur Sicherstellung der pflegerischen Infrastruktur (Pflegestrukturplanungsempfehlung) mit. ²Sie stellen die hierfür erforderlichen Angaben bereit, soweit diese ihnen im Rahmen ihrer gesetzlichen Aufgaben verfügbar sind und es sich nicht um personenbezogene Daten handelt. ³Die Mitglieder nach Satz 1 berichten den jeweiligen Ausschüssen nach den Absätzen 1 bis 3 insbesondere darüber, inwieweit diese Empfehlungen von den Landesverbänden der Pflegekassen und der Krankenkassen sowie den Ersatzkassen, den Kassenärztlichen Vereinigungen und den Landeskrankenhausgesellschaften bei der Erfüllung der ihnen nach diesem und dem Fünften Buch übertragenen Aufgaben berücksichtigt wurden.
(5) Empfehlungen der Ausschüsse nach den Absätzen 1 bis 3 zur Weiterentwicklung der Versorgung sollen von den Vertragsparteien nach dem Siebten Kapitel beim Abschluss der Versorgungs- und Rahmenverträge und von den Vertragsparteien nach dem Achten Kapitel beim Abschluss der Vergütungsverträge einbezogen werden.

§ 9 Aufgaben der Länder

¹Die Länder sind verantwortlich für die Vorhaltung einer leistungsfähigen, zahlenmäßig ausreichenden und wirtschaftlichen pflegerischen Versorgungsstruktur. ²Das Nähere zur Planung und zur Förderung der Pflegeeinrichtungen wird durch Landesrecht bestimmt; durch Landesrecht kann auch bestimmt werden, ob und in welchem Umfang eine im Landesrecht vorgesehene und an der wirtschaftlichen Leistungsfähigkeit der Pflegebedürftigen orientierte finanzielle Unterstützung
1. der Pflegebedürftigen bei der Tragung der ihnen von den Pflegeeinrichtungen berechneten betriebsnotwendigen Investitionsaufwendungen oder
2. der Pflegeeinrichtungen bei der Tragung ihrer betriebsnotwendigen Investitionsaufwendungen
als Förderung der Pflegeeinrichtungen gilt.
³Zur finanziellen Förderung der Investitionskosten der Pflegeeinrichtungen sollen Einsparungen eingesetzt werden, die den Trägern der Sozialhilfe durch die Einführung der Pflegeversicherung entstehen.

§ 10 Berichtspflichten des Bundes und der Länder

(1) ¹Die Bundesregierung berichtet den gesetzgebenden Körperschaften des Bundes ab 2016 im Abstand von vier Jahren über die Entwicklung der Pflegeversicherung und den Stand der pflegerischen Versorgung in der Bundesrepublik Deutschland. ²Für den Berichtszeitraum bis einschließlich 2019 ist der Bericht erst im Jahr 2021 vorzulegen.
(2) ¹Die Länder berichten dem Bundesministerium für Gesundheit jährlich bis zum 30. Juni über Art und Umfang der finanziellen Förderung der Pflegeeinrichtungen im vorausgegangenen Kalenderjahr sowie über die mit dieser Förderung verbundenen durchschnittlichen Investitionskosten für die Pflegebedürftigen. ²Die Berichterstattung zum Jahr 2019 erfolgt bis zum 31. Dezember 2020.

§ 11 Rechte und Pflichten der Pflegeeinrichtungen

(1) ¹Die Pflegeeinrichtungen pflegen, versorgen und betreuen die Pflegebedürftigen, die ihre Leistungen in Anspruch nehmen, entsprechend dem allgemein anerkannten Stand medizinisch-pflegerischer Erkenntnisse. ²Inhalt und Organisation der Leistungen haben eine humane und aktivierende Pflege unter Achtung der Menschenwürde zu gewährleisten.
(2) ¹Bei der Durchführung dieses Buches sind die Vielfalt der Träger von Pflegeeinrichtungen zu wahren sowie deren Selbständigkeit, Selbstverständnis und Unabhängigkeit zu achten. ²Dem Auftrag kirchlicher und sonstiger Träger der freien Wohlfahrtspflege, kranke, gebrechliche und pflegebedürftige Menschen zu pflegen, zu betreuen, zu trösten und sie im Sterben zu begleiten, ist Rechnung zu tragen. ³Freigemeinnützige und private Träger haben Vorrang gegenüber öffentlichen Trägern.
(3) Die Bestimmungen des Wohn- und Betreuungsvertragsgesetzes bleiben unberührt.

§ 12 Aufgaben der Pflegekassen

(1) ¹Die Pflegekassen sind für die Sicherstellung der pflegerischen Versorgung ihrer Versicherten verantwortlich. ²Sie arbeiten dabei mit allen an der pflegerischen, gesundheitlichen und sozialen Versorgung Beteiligten eng zusammen und wirken, insbesondere durch Pflegestützpunkte nach § 7c, auf eine Vernetzung der regionalen und kommunalen Versorgungsstrukturen hin, um eine Verbesserung der wohnortnahen Versorgung pflege- und betreuungsbedürftiger Menschen zu ermöglichen. ³Die Pflegekassen sollen zur Durchführung der ihnen gesetzlich übertragenen Aufgaben örtliche und regionale Arbeitsgemeinschaften bilden. ⁴§ 94 Abs. 2 bis 4 des Zehnten Buches gilt entsprechend.
(2) ¹Die Pflegekassen wirken mit den Trägern der ambulanten und der stationären gesundheitlichen und sozialen Versorgung partnerschaftlich zusammen, um die für den Pflegebedürftigen zur Verfügung stehenden Hilfen zu koordinieren. ²Sie stellen insbesondere über die Pflegeberatung nach § 7a sicher, dass im Einzelfall häusliche Pflegehilfe, Behandlungspflege, ärztliche Behandlung, spezialisierte Palliativversorgung, Leistungen zur Prävention, zur medizinischen Rehabilitation und zur Teilhabe nahtlos und störungsfrei ineinandergreifen. ³Die Pflegekassen nutzen darüber hinaus das Instrument der integrierten Versorgung nach § 92b und wirken zur Sicherstellung der haus-, fach- und zahnärztlichen Versorgung der Pflegebedürftigen darauf hin, dass die stationären Pflegeeinrichtungen Kooperationen mit niedergelassenen Ärzten eingehen oder § 119b des Fünften Buches anwenden.

§ 13 Verhältnis der Leistungen der Pflegeversicherung zu anderen Sozialleistungen

(1) Den Leistungen der Pflegeversicherung gehen die Entschädigungsleistungen wegen Pflegebedürftigkeit
1. nach dem Bundesversorgungsgesetz und nach den Gesetzen, die eine entsprechende Anwendung des Bundesversorgungsgesetzes vorsehen,
2. aus der gesetzlichen Unfallversicherung und
3. aus öffentlichen Kassen auf Grund gesetzlich geregelter Unfallversorgung oder Unfallfürsorge

vor.
(2) ¹Die Leistungen nach dem Fünften Buch einschließlich der Leistungen der häuslichen Krankenpflege nach § 37 des Fünften Buches bleiben unberührt. ²Dies gilt auch für krankheitsspezifische Pflegemaßnahmen, soweit diese im Rahmen der häuslichen Krankenpflege nach § 37 des Fünften Buches zu leisten sind.
(3) ¹Die Leistungen der Pflegeversicherung gehen den Fürsorgeleistungen zur Pflege
1. nach dem Zwölften Buch,
2. nach dem Lastenausgleichsgesetz, dem Reparationsschädengesetz und dem Flüchtlingshilfegesetz,
3. nach dem Bundesversorgungsgesetz (Kriegsopferfürsorge) und nach den Gesetzen, die eine entsprechende Anwendung des Bundesversorgungsgesetzes vorsehen,

vor, soweit dieses Buch nichts anderes bestimmt. ²Leistungen zur Pflege nach diesen Gesetzen sind zu gewähren, wenn und soweit Leistungen der Pflegeversicherung nicht erbracht werden oder diese Gesetze dem Grunde oder der Höhe nach weitergehende Leistungen als die Pflegeversicherung vorsehen. ³Die Leistungen der Eingliederungshilfe für Menschen mit Behinderungen nach dem Neunten Buch, dem Bundesversorgungsgesetz und dem Achten Buch bleiben unberührt, sie sind im Verhältnis zur Pflegeversicherung nicht nachrangig; die notwendige Hilfe in den Einrichtungen und Räumlichkeiten nach § 71 Abs. 4 ist einschließlich der Pflegeleistungen zu gewähren.
(4) ¹Treffen Leistungen der Pflegeversicherung und Leistungen der Eingliederungshilfe zusammen, vereinbaren mit Zustimmung des Leistungsberechtigten die zuständige Pflegekasse und der für die Eingliederungshilfe zuständige Träger,
1. dass im Verhältnis zum Pflegebedürftigen der für die Eingliederungshilfe zuständige Träger die Leistungen der Pflegeversicherung auf der Grundlage des von der Pflegekasse erlassenen Leistungsbescheids zu übernehmen hat,
2. dass die zuständige Pflegekasse dem für die Eingliederungshilfe zuständigen Träger die Kosten der von ihr zu tragenden Leistungen zu erstatten hat sowie
3. die Modalitäten der Übernahme und der Durchführung der Leistungen sowie der Erstattung.

²Die bestehenden Wunsch- und Wahlrechte der Leistungsberechtigten bleiben unberührt und sind zu beachten. ³Die Ausführung der Leistungen erfolgt nach den für den zuständigen Leistungsträger geltenden Rechtsvorschriften. ⁴Soweit auch Leistungen der Hilfe zur Pflege nach dem Zwölften Buch zu erbringen sind, ist der für die Hilfe zur Pflege zuständige Träger zu beteiligen. ⁵Der Spitzenverband Bund der Pflegekassen beschließt gemeinsam mit der Bundesarbeitsgemeinschaft der überörtlichen Träger der Sozialhilfe bis zum 1. Januar 2018 in einer Empfehlung Näheres zu den Modalitäten der Übernahme und der Durchführung der Leistungen sowie der Erstattung und zu der Beteiligung des für die Hilfe zur Pflege zuständigen Trägers. ⁶Die Länder, die kommunalen Spitzenverbände auf Bundesebene, die Bundesarbeitsgemeinschaft der Freien Wohlfahrtspflege, die Vereinigungen der Träger der Pflegeeinrichtungen auf Bundesebene, die Vereinigungen der Leistungserbringer der Eingliederungshilfe auf Bundesebene sowie die auf Bundesebene maßgeblichen Organisationen für die Wahrnehmung der Interessen und der

Selbsthilfe pflegebedürftiger und behinderter Menschen sind vor dem Beschluss anzuhören. ⁷Die Empfehlung bedarf der Zustimmung des Bundesministeriums für Gesundheit und des Bundesministeriums für Arbeit und Soziales.
(4a) Bestehen im Einzelfall Anhaltspunkte für ein Zusammentreffen von Leistungen der Pflegeversicherung und Leistungen der Eingliederungshilfe, bezieht der für die Durchführung eines Teilhabeplanverfahrens oder Gesamtplanverfahrens verantwortliche Träger mit Zustimmung des Leistungsberechtigten die zuständige Pflegekasse in das Verfahren beratend mit ein, um die Vereinbarung nach Absatz 4 gemeinsam vorzubereiten.
(4b) Die Regelungen nach Absatz 3 Satz 3, Absatz 4 und 4a werden bis zum 1. Juli 2019 evaluiert.
(5) ¹Die Leistungen der Pflegeversicherung bleiben als Einkommen bei Sozialleistungen und bei Leistungen nach dem Asylbewerberleistungsgesetz, deren Gewährung von anderen Einkommen abhängig ist, unberücksichtigt; dies gilt nicht für das Pflegeunterstützungsgeld gemäß § 44a Absatz 3. ²Satz 1 gilt entsprechend bei Vertragsleistungen aus privaten Pflegeversicherungen, die der Art und dem Umfang nach den Leistungen der sozialen Pflegeversicherung gleichwertig sind. ³Rechtsvorschriften, die weitergehende oder ergänzende Leistungen aus einer privaten Pflegeversicherung von der Einkommensermittlung ausschließen, bleiben unberührt.
(6) ¹Wird Pflegegeld nach § 37 oder eine vergleichbare Geldleistung an eine Pflegeperson (§ 19) weitergeleitet, bleibt dies bei der Ermittlung von Unterhaltsansprüchen und Unterhaltsverpflichtungen der Pflegeperson unberücksichtigt. ²Dies gilt nicht
1. in den Fällen des § 1361 Abs. 3, der §§ 1579, 1603 Abs. 2 und des § 1611 Abs. 1 des Bürgerlichen Gesetzbuchs,
2. für Unterhaltsansprüche der Pflegeperson, wenn von dieser erwartet werden kann, ihren Unterhaltsbedarf ganz oder teilweise durch eigene Einkünfte zu decken und der Pflegebedürftige mit dem Unterhaltspflichtigen nicht in gerader Linie verwandt ist.

Zweites Kapitel
Leistungsberechtigter Personenkreis

§ 14 Begriff der Pflegebedürftigkeit

(1) ¹Pflegebedürftig im Sinne dieses Buches sind Personen, die gesundheitlich bedingte Beeinträchtigungen der Selbständigkeit oder der Fähigkeiten aufweisen und deshalb der Hilfe durch andere bedürfen. ²Es muss sich um Personen handeln, die körperliche, kognitive oder psychische Beeinträchtigungen oder gesundheitlich bedingte Belastungen oder Anforderungen nicht selbständig kompensieren oder bewältigen können. ³Die Pflegebedürftigkeit muss auf Dauer, voraussichtlich für mindestens sechs Monate, und mit mindestens der in § 15 festgelegten Schwere bestehen.
(2) Maßgeblich für das Vorliegen von gesundheitlich bedingten Beeinträchtigungen der Selbständigkeit oder der Fähigkeiten sind die in den folgenden sechs Bereichen genannten pflegefachlich begründeten Kriterien:
1. Mobilität: Positionswechsel im Bett, Halten einer stabilen Sitzposition, Umsetzen, Fortbewegen innerhalb des Wohnbereichs, Treppensteigen;
2. kognitive und kommunikative Fähigkeiten: Erkennen von Personen aus dem näheren Umfeld, örtliche Orientierung, zeitliche Orientierung, Erinnern an wesentliche Ereignisse oder Beobachtungen, Steuern von mehrschrittigen Alltagshandlungen, Treffen von Entscheidungen im Alltagsleben, Verstehen von Sachverhalten und Informationen, Erkennen von Risiken und Gefahren, Mitteilen von elementaren Bedürfnissen, Verstehen von Aufforderungen, Beteiligen an einem Gespräch;
3. Verhaltensweisen und psychische Problemlagen: motorisch geprägte Verhaltensauffälligkeiten, nächtliche Unruhe, selbstschädigendes und autoaggressives Verhalten, Beschädigen von Gegenständen, physisch aggressives Verhalten gegenüber anderen Personen, verbale Aggression, andere pflegerelevante vokale Auffälligkeiten, Abwehr pflegerischer und anderer unterstützender Maßnahmen, Wahnvorstellungen, Ängste, Antriebslosigkeit bei depressiver Stimmungslage, sozial inadäquate Verhaltensweisen, sonstige pflegerelevante inadäquate Handlungen;
4. Selbstversorgung: Waschen des vorderen Oberkörpers, Körperpflege im Bereich des Kopfes, Waschen des Intimbereichs, Duschen und Baden einschließlich Waschen der Haare, An- und Auskleiden des Oberkörpers, An- und Auskleiden des Unterkörpers, mundgerechtes Zubereiten der Nahrung und Eingießen von Getränken, Essen, Trinken, Benutzen einer Toilette oder eines Toilettenstuhls, Bewältigen der Folgen einer Harninkontinenz und Umgang mit Dauerkatheter und Urostoma, Bewältigen der Folgen einer Stuhlinkontinenz und Umgang mit Stoma, Ernährung parenteral oder über Sonde, Bestehen gravierender Probleme bei der Nahrungsaufnahme bei Kindern bis zu 18 Monaten, die einen außergewöhnlich pflegeintensiven Hilfebedarf auslösen;
5. Bewältigung von und selbständiger Umgang mit krankheits- oder therapiebedingten Anforderungen und Belastungen:

a) in Bezug auf Medikation, Injektionen, Versorgung intravenöser Zugänge, Absaugen und Sauerstoffgabe, Einreibungen sowie Kälte- und Wärmeanwendungen, Messung und Deutung von Körperzuständen, körpernahe Hilfsmittel,
b) in Bezug auf Verbandswechsel und Wundversorgung, Versorgung mit Stoma, regelmäßige Einmalkatheterisierung und Nutzung von Abführmethoden, Therapiemaßnahmen in häuslicher Umgebung,
c) in Bezug auf zeit- und technikintensive Maßnahmen in häuslicher Umgebung, Arztbesuche, Besuche anderer medizinischer oder therapeutischer Einrichtungen, zeitlich ausgedehnte Besuche medizinischer oder therapeutischer Einrichtungen, Besuch von Einrichtungen zur Frühförderung bei Kindern sowie
d) in Bezug auf das Einhalten einer Diät oder anderer krankheits- oder therapiebedingter Verhaltensvorschriften;
6. Gestaltung des Alltagslebens und sozialer Kontakte: Gestaltung des Tagesablaufs und Anpassung an Veränderungen, Ruhen und Schlafen, Sichbeschäftigen, Vornehmen von in die Zukunft gerichteten Planungen, Interaktion mit Personen im direkten Kontakt, Kontaktpflege zu Personen außerhalb des direkten Umfelds.

(3) Beeinträchtigungen der Selbständigkeit oder der Fähigkeiten, die dazu führen, dass die Haushaltsführung nicht mehr ohne Hilfe bewältigt werden kann, werden bei den Kriterien der in Absatz 2 genannten Bereiche berücksichtigt.

§ 15 Ermittlung des Grades der Pflegebedürftigkeit, Begutachtungsinstrument

(1) ¹Pflegebedürftige erhalten nach der Schwere der Beeinträchtigungen der Selbständigkeit oder der Fähigkeiten einen Grad der Pflegebedürftigkeit (Pflegegrad). ²Der Pflegegrad wird mit Hilfe eines pflegefachlich begründeten Begutachtungsinstruments ermittelt.

(2) ¹Das Begutachtungsinstrument ist in sechs Module gegliedert, die den sechs Bereichen in § 14 Absatz 2 entsprechen. ²In jedem Modul sind für die in den Bereichen genannten Kriterien die in Anlage 1 dargestellten Kategorien vorgesehen. ³Die Kategorien stellen die in ihnen zum Ausdruck kommenden verschiedenen Schweregrade der Beeinträchtigungen der Selbständigkeit oder der Fähigkeiten dar. ⁴Den Kategorien werden in Bezug auf die einzelnen Kriterien pflegefachlich fundierte Einzelpunkte zugeordnet, die aus Anlage 1 ersichtlich sind. ⁵In jedem Modul werden die jeweils erreichbaren Summen aus Einzelpunkten nach den in Anlage 2 festgelegten Punktbereichen gegliedert. ⁶Die Summen der Punkte werden nach den in ihnen zum Ausdruck kommenden Schweregraden der Beeinträchtigungen der Selbständigkeit oder der Fähigkeiten wie folgt bezeichnet:
1. Punktbereich 0: keine Beeinträchtigungen der Selbständigkeit oder der Fähigkeiten,
2. Punktbereich 1: geringe Beeinträchtigungen der Selbständigkeit oder der Fähigkeiten,
3. Punktbereich 2: erhebliche Beeinträchtigungen der Selbständigkeit oder der Fähigkeiten,
4. Punktbereich 3: schwere Beeinträchtigungen der Selbständigkeit oder der Fähigkeiten und
5. Punktbereich 4: schwerste Beeinträchtigungen der Selbständigkeit oder der Fähigkeiten.

⁷Jedem Punktbereich in einem Modul werden unter Berücksichtigung der in ihm zum Ausdruck kommenden Schwere der Beeinträchtigungen der Selbständigkeit oder der Fähigkeiten sowie der folgenden Gewichtung der Module die in Anlage 2 festgelegten, gewichteten Punkte zugeordnet. ⁸Die Module des Begutachtungsinstruments werden wie folgt gewichtet:
1. Mobilität mit 10 Prozent,
2. kognitive und kommunikative Fähigkeiten sowie Verhaltensweisen und psychische Problemlagen zusammen mit 15 Prozent,
3. Selbstversorgung mit 40 Prozent,
4. Bewältigung von und selbständiger Umgang mit krankheits- oder therapiebedingten Anforderungen und Belastungen mit 20 Prozent,
5. Gestaltung des Alltagslebens und sozialer Kontakte mit 15 Prozent.

(3) ¹Zur Ermittlung des Pflegegrades sind die bei der Begutachtung festgestellten Einzelpunkte in jedem Modul zu addieren und dem in Anlage 2 festgelegten Punktbereich sowie den sich daraus ergebenden gewichteten Punkten zuzuordnen. ²Den Modulen 2 und 3 ist ein gemeinsamer gewichteter Punkt zuzuordnen, der aus den höchsten gewichteten Punkten entweder des Moduls 2 oder des Moduls 3 besteht. ³Aus den gewichteten Punkten aller Module sind durch Addition die Gesamtpunkte zu bilden. ⁴Auf der Basis der erreichten Gesamtpunkte sind pflegebedürftige Personen in einen der nachfolgenden Pflegegrade einzuordnen:
1. ab 12,5 bis unter 27 Gesamtpunkten in den Pflegegrad 1: geringe Beeinträchtigungen der Selbständigkeit oder der Fähigkeiten,
2. ab 27 bis unter 47,5 Gesamtpunkten in den Pflegegrad 2: erhebliche Beeinträchtigungen der Selbständigkeit oder der Fähigkeiten,
3. ab 47,5 bis unter 70 Gesamtpunkten in den Pflegegrad 3: schwere Beeinträchtigungen der Selbständigkeit oder der Fähigkeiten,

4. ab 70 bis unter 90 Gesamtpunkten in den Pflegegrad 4: schwerste Beeinträchtigungen der Selbständigkeit oder der Fähigkeiten,
5. ab 90 bis 100 Gesamtpunkten in den Pflegegrad 5: schwerste Beeinträchtigungen der Selbständigkeit oder der Fähigkeiten mit besonderen Anforderungen an die pflegerische Versorgung.

(4) ¹Pflegebedürftige mit besonderen Bedarfskonstellationen, die einen spezifischen, außergewöhnlich hohen Hilfebedarf mit besonderen Anforderungen an die pflegerische Versorgung aufweisen, können aus pflegefachlichen Gründen dem Pflegegrad 5 zugeordnet werden, auch wenn ihre Gesamtpunkte unter 90 liegen. ²Der Medizinische Dienst Bund konkretisiert in den Richtlinien nach § 17 Absatz 1 die pflegefachlich begründeten Voraussetzungen für solche besonderen Bedarfskonstellationen.

(5) ¹Bei der Begutachtung sind auch solche Kriterien zu berücksichtigen, die zu einem Hilfebedarf führen, für den Leistungen des Fünften Buches vorgesehen sind. ²Dies gilt auch für krankheitsspezifische Pflegemaßnahmen. ³Krankheitsspezifische Pflegemaßnahmen sind Maßnahmen der Behandlungspflege, bei denen der behandlungspflegerische Hilfebedarf aus medizinisch-pflegerischen Gründen regelmäßig und auf Dauer untrennbarer Bestandteil einer pflegerischen Maßnahme in den in § 14 Absatz 2 genannten sechs Bereichen ist oder mit einer solchen notwendig in einem unmittelbaren zeitlichen und sachlichen Zusammenhang steht.

(6) ¹Bei pflegebedürftigen Kindern wird der Pflegegrad durch einen Vergleich der Beeinträchtigungen ihrer Selbständigkeit und ihrer Fähigkeiten mit altersentsprechend entwickelten Kindern ermittelt. ²Im Übrigen gelten die Absätze 1 bis 5 entsprechend.

(7) Pflegebedürftige Kinder im Alter bis zu 18 Monaten werden abweichend von den Absätzen 3, 4 und 6 Satz 2 wie folgt eingestuft:
1. ab 12,5 bis unter 27 Gesamtpunkten in den Pflegegrad 2,
2. ab 27 bis unter 47,5 Gesamtpunkten in den Pflegegrad 3,
3. ab 47,5 bis unter 70 Gesamtpunkten in den Pflegegrad 4,
4. ab 70 bis 100 Gesamtpunkten in den Pflegegrad 5.

§ 16 Verordnungsermächtigung

¹Das Bundesministerium für Gesundheit wird ermächtigt, im Einvernehmen mit dem Bundesministerium für Familien, Senioren, Frauen und Jugend und dem Bundesministerium für Arbeit und Soziales durch Rechtsverordnung mit Zustimmung des Bundesrates Vorschriften zur pflegefachlichen Konkretisierung der Inhalte des Begutachtungsinstruments nach § 15 sowie zum Verfahren der Feststellung der Pflegebedürftigkeit nach § 18 zu erlassen. ²Es kann sich dabei von unabhängigen Sachverständigen beraten lassen.

§ 17 Richtlinien des Medizinischen Dienstes Bund; Richtlinien der Pflegekassen

(1) ¹Der Medizinische Dienst Bund erlässt mit dem Ziel, eine einheitliche Rechtsanwendung zu fördern, im Benehmen mit dem Spitzenverband Bund der Pflegekassen Richtlinien zur pflegefachlichen Konkretisierung der Inhalte des Begutachtungsinstruments nach § 15 sowie zum Verfahren der Feststellung der Pflegebedürftigkeit nach § 18 (Begutachtungs-Richtlinien). ²Er hat dabei die Vereinigungen der Träger der Pflegeeinrichtungen auf Bundesebene, den Verband der privaten Krankenversicherung e. V., die Bundesarbeitsgemeinschaft der überörtlichen Träger der Sozialhilfe, die kommunalen Spitzenverbände auf Bundesebene und die Verbände der Pflegeberufe auf Bundesebene zu beteiligen. ³Ihnen ist unter Übermittlung der hierfür erforderlichen Informationen innerhalb einer angemessenen Frist vor der Entscheidung Gelegenheit zur Stellungnahme zu geben. ⁴Die Stellungnahmen sind in die Entscheidung einzubeziehen. ⁵Die maßgeblichen Organisationen für die Wahrnehmung der Interessen und der Selbsthilfe der pflegebedürftigen und behinderten Menschen wirken nach Maßgabe der nach § 118 Absatz 2 erlassenen Verordnung beratend mit. ⁶§ 118 Absatz 1 Satz 2 und 3 gilt entsprechend.

(1a) ¹Der Spitzenverband Bund der Pflegekassen erlässt unter Beteiligung des Medizinischen Dienstes Bund Richtlinien zur einheitlichen Durchführung der Pflegeberatung nach § 7a (Pflegeberatungs-Richtlinien). ²An den Pflegeberatungs-Richtlinien sind die Länder, der Verband der Privaten Krankenversicherung e. V., die Bundesarbeitsgemeinschaft der überörtlichen Träger der Sozialhilfe, die kommunalen Spitzenverbände auf Bundesebene, die Bundesarbeitsgemeinschaft der freien Wohlfahrtspflege sowie die Verbände der Träger der Pflegeeinrichtungen auf Bundesebene zu beteiligen. ³Den Verbänden der Pflegeberufe auf Bundesebene, unabhängigen Sachverständigen sowie den maßgeblichen Organisationen für die Wahrnehmung der Interessen und der Selbsthilfe der pflegebedürftigen und behinderten Menschen sowie ihren Angehörigen ist Gelegenheit zur Stellungnahme zu geben. ⁴Darüber hinaus ergänzt der Spitzenverband Bund der Pflegekassen unter Beteiligung des Medizinischen Dienstes Bund, der Kassenärztlichen Bundesvereinigung, der kommunalen Spitzenverbände auf Bundesebene und der Länder bis zum 31. Juli 2020 die Pflegeberatungs-Richtlinien um Regelungen für eine einheitliche Struktur eines elektronischen Versorgungsplans nach § 7a Absatz 1 Satz 2 Nummer 2 und für dessen elektronischen Austausch sowohl mit der Pflegekasse als auch mit den beteiligten Ärzten und Ärztinnen und Pflegeeinrichtungen sowie mit den Beratungsstellen der Kommunen sowie bis zum 31. Dezember 2021 um Regelungen zur Nutzung von digitalen Anwendungen nach § 7a Absatz 2 einschließlich der Festlegungen über technische Verfahren und der Bestimmung von digitalen Anwendungen zur Durchführung der Beratungen. ⁵Die Pflegeberatungs-Richtlinien sind für die Pflegeberater und Pflegeberaterinnen der Pflegekassen, der Beratungsstellen nach § 7b Absatz 1 Satz 1 Nummer 2 sowie der Pflegestützpunkte nach § 7c unmittelbar verbindlich. ⁶Die Festlegungen über technische Verfahren nach Satz 4 sind im Einvernehmen mit der oder dem Bundesbeauftragten für den Datenschutz und die Informationsfreiheit und dem Bundesamt für Sicherheit in der Informationstechnik zu treffen.

(1b) ¹Der Medizinische Dienst Bund erlässt im Benehmen mit dem Spitzenverband Bund der Pflegekassen Richtlinien zur Feststellung des Zeitanteils, für den die Pflegeversicherung bei ambulant versorgten Pflegebedürftigen, die einen besonders hohen Bedarf an behandlungspflegerischen Leistungen haben und die Leistungen der häuslichen Pflegehilfe nach § 36 und der häuslichen Krankenpflege nach § 37 Absatz 2 des Fünften Buches oder die Leistungen der häuslichen Pflegehilfe nach § 36 und der außerklinischen Intensivpflege nach § 37c des Fünften Buches beziehen, die hälftigen Kosten zu tragen hat. ²Von den Leistungen der häuslichen Pflegehilfe nach § 36 sind dabei nur Maßnahmen der körperbezogenen Pflege zu berücksichtigen. ³Im Übrigen gilt § 17 Absatz 1 Satz 2 bis 6 entsprechend.

(2) ¹Die Richtlinien nach den Absätzen 1, 1a und 1b werden erst wirksam, wenn das Bundesministerium für Gesundheit sie genehmigt. ²Die Genehmigung gilt als erteilt, wenn die Richtlinien nicht innerhalb eines Monats, nachdem sie dem Bundesministerium für Gesundheit vorgelegt worden sind, beanstandet werden. ³Beanstandungen des Bundesministeriums für Gesundheit sind innerhalb der von ihm gesetzten Frist zu beheben.

Anm. d. Hrsg.: In § 17 Absatz 1a Satz 4 heißt es „…Struktur eines elektronischen Versorgungsplanes nach § 7a Absatz 1 Satz 2 Nummer 2 und…"; richtig müsste es heißen „…Struktur eines elektronischen Versorgungsplanes nach § 7a Absatz 1 Satz 3 Nummer 2 und…" (redaktionelles Versehen des Gesetzgebers).

§ 18 Verfahren zur Feststellung der Pflegebedürftigkeit

(1) ¹Die Pflegekassen beauftragen den Medizinischen Dienst oder andere unabhängige Gutachter mit der Prüfung, ob die Voraussetzungen der Pflegebedürftigkeit erfüllt sind und welcher Pflegegrad vorliegt. ²Im Rahmen dieser Prüfungen haben der Medizinische Dienst oder die von der Pflegekasse beauftragten Gutachter durch eine Untersuchung des Antragstellers die Beeinträchtigungen der Selbständigkeit oder der Fähigkeiten bei den in § 14 Absatz 2 genannten Kriterien nach Maßgabe des § 15 sowie die voraussichtliche Dauer der Pflegebedürftigkeit zu ermitteln. ³Darüber hinaus sind auch Feststellungen darüber zu treffen, ob und in welchem Umfang Maßnahmen zur Beseitigung, Minderung oder Verhütung einer Verschlimmerung der Pflegebedürftigkeit einschließlich der Leistungen zur medizinischen Rehabilitation geeignet, notwendig und zumutbar sind; insoweit haben Versicherte einen Anspruch gegen den zuständigen Träger auf Leistungen zur medizinischen Rehabilitation. ⁴Jede Feststellung hat zudem eine Aussage darüber zu treffen, ob Beratungsbedarf insbesondere in der häuslichen Umgebung oder in der Einrichtung, in der der Anspruchsberechtigte lebt, hinsichtlich Leistungen zur verhaltensbezogenen Prävention nach § 20 Absatz 5 des Fünften Buches besteht.

(1a) ¹Die Pflegekassen können den Medizinischen Dienst oder andere unabhängige Gutachter mit der Prüfung beauftragen, für welchen Zeitanteil die Pflegeversicherung bei ambulant versorgten Pflegebedürftigen, die einen besonders hohen Bedarf an behandlungspflegerischen Leistungen haben und die Leistungen der häuslichen Pflegehilfe nach § 36 und der häuslichen Krankenpflege nach § 37 Absatz 2 des Fünften Buches beziehen, die hälftigen Kosten zu tragen hat. ²Von den Leistungen der häuslichen Pflegehilfe nach § 36 sind nur Maßnahmen der körperbezogenen Pflege zu berücksichtigen. ³Bei der Prüfung des Zeitanteils sind die Richtlinien nach § 17 Absatz 1b zu beachten.

(2) ¹Der Medizinische Dienst oder die von der Pflegekasse beauftragten Gutachter haben den Versicherten in seinem Wohnbereich zu untersuchen. ²Erteilt der Versicherte dazu nicht sein Einverständnis, kann die Pflegekasse die beantragten Leistungen verweigern. ³Die §§ 65, 66 des Ersten Buches bleiben unberührt. ⁴Die Untersuchung im Wohnbereich des Pflegebedürftigen kann ausnahmsweise unterbleiben, wenn auf Grund einer eindeutigen Aktenlage das Ergebnis der medizinischen Untersuchung bereits feststeht. ⁵Die Untersuchung ist in angemessenen Zeitabständen zu wiederholen.

(2a) ¹Bei pflegebedürftigen Versicherten werden vom 1. Juli 2016 bis zum 31. Dezember 2016 keine Wiederholungsbegutachtungen nach Absatz 2 Satz 5 durchgeführt, auch dann nicht, wenn die Wiederholungsbegutachtung vor diesem Zeitpunkt vom Medizinischen Dienst oder anderen unabhängigen Gutachtern empfohlen wurde. ²Abweichend von Satz 1 können Wiederholungsbegutachtungen durchgeführt werden, wenn eine Verringerung des Hilfebedarfs, insbesondere aufgrund von durchgeführten Operationen oder Rehabilitationsmaßnahmen, zu erwarten ist.

(2b) Abweichend von Absatz 3a Satz 1 Nummer 2 ist die Pflegekasse vom 1. November 2016 bis zum 31. Dezember 2016 nur bei Vorliegen eines besonders dringlichen Entscheidungsbedarfs gemäß Absatz 2b dazu verpflichtet, dem

Antragsteller mindestens drei unabhängige Gutachter zur Auswahl zu benennen, wenn innerhalb von 20 Arbeitstagen nach Antragstellung keine Begutachtung erfolgt ist.

(3) ¹Die Pflegekasse leitet die Anträge zur Feststellung von Pflegebedürftigkeit unverzüglich an den Medizinischen Dienst oder die von der Pflegekasse beauftragten Gutachter weiter. ²Dem Antragsteller ist spätestens 25 Arbeitstage nach Eingang des Antrags bei der zuständigen Pflegekasse die Entscheidung der Pflegekasse schriftlich mitzuteilen. ³Befindet sich der Antragsteller im Krankenhaus oder in einer stationären Rehabilitationseinrichtung und

1. liegen Hinweise vor, dass zur Sicherstellung der ambulanten oder stationären Weiterversorgung und Betreuung eine Begutachtung in der Einrichtung erforderlich ist, oder
2. wurde die Inanspruchnahme von Pflegezeit nach dem Pflegezeitgesetz gegenüber dem Arbeitgeber der pflegenden Person angekündigt oder
3. wurde mit dem Arbeitgeber der pflegenden Person eine Familienpflegezeit nach § 2 Absatz 1 des Familienpflegezeitgesetzes vereinbart,

ist die Begutachtung dort unverzüglich, spätestens innerhalb einer Woche nach Eingang des Antrags bei der zuständigen Pflegekasse durchzuführen; die Frist kann durch regionale Vereinbarungen verkürzt werden. ⁴Die verkürzte Begutachtungsfrist gilt auch dann, wenn der Antragsteller sich in einem Hospiz befindet oder ambulant palliativ versorgt wird. ⁵Befindet sich der Antragsteller in häuslicher Umgebung, ohne palliativ versorgt zu werden, und wurde die Inanspruchnahme von Pflegezeit nach dem Pflegezeitgesetz gegenüber dem Arbeitgeber der pflegenden Person angekündigt oder mit dem Arbeitgeber der pflegenden Person eine Familienpflegezeit nach § 2 Absatz 1 des Familienpflegezeitgesetzes vereinbart, ist eine Begutachtung durch den Medizinischen Dienst oder die von der Pflegekasse beauftragten Gutachter spätestens innerhalb von zwei Wochen nach Eingang des Antrags bei der zuständigen Pflegekasse durchzuführen und der Antragsteller seitens des Medizinischen Dienstes oder der von der Pflegekasse beauftragten Gutachter unverzüglich schriftlich darüber zu informieren, welche Empfehlung der Medizinische Dienst oder die von der Pflegekasse beauftragten Gutachter an die Pflegekasse weiterleiten. ⁶In den Fällen der Sätze 3 bis 5 muss die Empfehlung nur die Feststellung beinhalten, ob Pflegebedürftigkeit im Sinne der §§ 14 und 15 vorliegt. ⁷Die Entscheidung der Pflegekasse ist dem Antragsteller unverzüglich nach Eingang der Empfehlung des Medizinischen Dienstes oder der beauftragten Gutachter bei der Pflegekasse schriftlich mitzuteilen. ⁸Der Antragsteller ist bei der Begutachtung auf die maßgebliche Bedeutung des Gutachtens insbesondere für eine umfassende Beratung, das Erstellen eines individuellen Versorgungsplans nach § 7a, das Versorgungsmanagement nach § 11 Absatz 4 des Fünften Buches und für die Pflegeplanung hinzuweisen. ⁹Das Gutachten wird dem Antragsteller durch die Pflegekasse übersandt, sofern er der Übersendung nicht widerspricht. ¹⁰Das Ergebnis des Gutachtens ist transparent darzustellen und dem Antragsteller verständlich zu erläutern. ¹¹Der Medizinische Dienst Bund konkretisiert im Benehmen mit dem Spitzenverband Bund der Pflegekassen in den Richtlinien nach § 17 Absatz 1 die Anforderungen an eine transparente Darstellungsweise und verständliche Erläuterung des Gutachtens. ¹²Der Antragsteller kann die Übermittlung des Gutachtens auch zu einem späteren Zeitpunkt verlangen. ¹³Die Pflegekasse hat den Antragsteller auf die Möglichkeit hinzuweisen, sich bei Beschwerden über die Tätigkeit des Medizinischen Dienstes vertraulich an die Ombudsperson nach § 278 Absatz 3 des Fünften Buches zu wenden.

(3a) ¹Die Pflegekasse ist verpflichtet, dem Antragsteller mindestens drei unabhängige Gutachter zur Auswahl zu benennen,

1. soweit nach Absatz 1 unabhängige Gutachter mit der Prüfung beauftragt werden sollen oder
2. wenn innerhalb von 20 Arbeitstagen ab Antragstellung keine Begutachtung erfolgt ist.

²Auf die Qualifikation und Unabhängigkeit des Gutachters ist der Versicherte hinzuweisen. ³Hat sich der Antragsteller für einen benannten Gutachter entschieden, wird dem Wunsch Rechnung getragen. ⁴Der Antragsteller hat der Pflegekasse seine Entscheidung innerhalb einer Woche ab Kenntnis der Namen der Gutachter mitzuteilen, ansonsten kann die Pflegekasse einen Gutachter aus der übersandten Liste beauftragen. ⁵Die Gutachter sind bei der Wahrnehmung ihrer Aufgaben nur ihrem Gewissen unterworfen. ⁶Satz 1 Nummer 2 gilt nicht, wenn die Pflegekasse die Verzögerung nicht zu vertreten hat.

(3b) ¹Erteilt die Pflegekasse den schriftlichen Bescheid über den Antrag nicht innerhalb von 25 Arbeitstagen nach Eingang des Antrags oder wird eine der in Absatz 3 genannten verkürzten Begutachtungsfristen nicht eingehalten, hat die Pflegekasse nach Fristablauf für jede begonnene Woche der Fristüberschreitung unverzüglich 70 Euro an den Antragsteller zu zahlen. ²Dies gilt nicht, wenn die Pflegekasse die Verzögerung nicht zu vertreten hat oder wenn sich der Antragsteller in vollstationärer Pflege befindet und bereits bei ihm mindestens erhebliche Beeinträchtigungen der Selbständigkeit oder der Fähigkeiten (mindestens Pflegegrad 2) festgestellt sind. ³Entsprechendes gilt für die privaten Versicherungsunternehmen, die die private Pflege-Pflichtversicherung durchführen. ⁴Die Träger der Pflegeversicherung und die privaten Versicherungsunternehmen veröffentlichen jährlich jeweils bis zum 31. März des dem Berichtsjahr folgenden Jahres eine Statistik über die Einhaltung der Fristen nach Absatz 3.

(4) ¹Der Medizinische Dienst oder die von der Pflegekasse beauftragten Gutachter sollen, soweit der Versicherte einwilligt, die behandelnden Ärzte des Versicherten, insbesondere die Hausärzte, in die Begutachtung einbeziehen

und ärztliche Auskünfte und Unterlagen über die für die Begutachtung der Pflegebedürftigkeit wichtigen Vorerkrankungen sowie Art, Umfang und Dauer der Hilfebedürftigkeit einholen. ²Mit Einverständnis des Versicherten sollen auch pflegende Angehörige oder sonstige Personen oder Dienste, die an der Pflege des Versicherten beteiligt sind, befragt werden.

(5) ¹Die Pflege- und Krankenkassen sowie die Leistungserbringer sind verpflichtet, dem Medizinischen Dienst oder den von der Pflegekasse beauftragten Gutachtern die für die Begutachtung erforderlichen Unterlagen vorzulegen und Auskünfte zu erteilen. ²§ 276 Abs. 1 Satz 2 und 3 des Fünften Buches gilt entsprechend.

(5a) ¹Bei der Begutachtung sind darüber hinaus die Beeinträchtigungen der Selbständigkeit oder der Fähigkeiten in den Bereichen außerhäusliche Aktivitäten und Haushaltsführung festzustellen. ²Mit diesen Informationen sollen eine umfassende Beratung und das Erstellen eines individuellen Versorgungsplans nach § 7a, das Versorgungsmanagement nach § 11 Absatz 4 des Fünften Buches und eine individuelle Pflegeplanung sowie eine sachgerechte Erbringung von Hilfen bei der Haushaltsführung ermöglicht werden. ³Hierbei ist im Einzelnen auf die nachfolgenden Kriterien abzustellen:
1. außerhäusliche Aktivitäten: Verlassen des Bereichs der Wohnung oder der Einrichtung, Fortbewegen außerhalb der Wohnung oder der Einrichtung, Nutzung öffentlicher Verkehrsmittel im Nahverkehr, Mitfahren in einem Kraftfahrzeug, Teilnahme an kulturellen, religiösen oder sportlichen Veranstaltungen, Besuch von Schule, Kindergarten, Arbeitsplatz, einer Werkstatt für behinderte Menschen oder Besuch einer Einrichtung der Tages- oder Nachtpflege oder eines Tagesbetreuungsangebotes, Teilnahme an sonstigen Aktivitäten mit anderen Menschen;
2. Haushaltsführung: Einkaufen für den täglichen Bedarf, Zubereitung einfacher Mahlzeiten, einfache Aufräum- und Reinigungsarbeiten, aufwändige Aufräum- und Reinigungsarbeiten einschließlich Wäschepflege, Nutzung von Dienstleistungen, Umgang mit finanziellen Angelegenheiten, Umgang mit Behördenangelegenheiten.

⁴Der Medizinische Dienst Bund wird ermächtigt, in den Richtlinien nach § 17 Absatz 1 die in Satz 3 genannten Kriterien im Benehmen mit dem Spitzenverband Bund der Pflegekassen pflegefachlich unter Berücksichtigung der Ziele nach Satz 2 zu konkretisieren.

(6) ¹Der Medizinische Dienst oder ein von der Pflegekasse beauftragter Gutachter hat der Pflegekasse das Ergebnis seiner Prüfung zur Feststellung der Pflegebedürftigkeit durch Übersendung des vollständigen Gutachtens unverzüglich mitzuteilen. ²In seiner oder ihrer Stellungnahme haben der Medizinische Dienst oder die von der Pflegekasse beauftragten Gutachter auch das Ergebnis der Prüfung, ob und gegebenenfalls welche Maßnahmen der Prävention und der medizinischen Rehabilitation geeignet, notwendig und zumutbar sind, mitzuteilen und Art und Umfang von Pflegeleistungen sowie einen individuellen Pflegeplan zu empfehlen. ³Die Feststellungen zur Prävention und zur medizinischen Rehabilitation sind durch den Medizinischen Dienst oder die von der Pflegekasse beauftragten Gutachter auf der Grundlage eines bundeseinheitlichen, strukturierten Verfahrens zu treffen und in einer gesonderten Präventions- und Rehabilitationsempfehlung zu dokumentieren. ⁴Beantragt der Pflegebedürftige Pflegegeld, hat sich die Stellungnahme auch darauf zu erstrecken, ob die häusliche Pflege in geeigneter Weise sichergestellt ist.

(6a) ¹Der Medizinische Dienst oder die von der Pflegekasse beauftragten Gutachter haben gegenüber der Pflegekasse in ihrem Gutachten zur Feststellung der Pflegebedürftigkeit konkrete Empfehlungen zur Hilfsmittel- und Pflegehilfsmittelversorgung abzugeben. ²Die Empfehlungen gelten hinsichtlich Hilfsmitteln und Pflegehilfsmitteln, die den Zielen von § 40 dienen, jeweils als Antrag auf Leistungsgewährung, sofern der Versicherte zustimmt. ³Die Zustimmung erfolgt gegenüber dem Gutachter im Rahmen der Begutachtung und wird im Begutachtungsformular schriftlich oder elektronisch dokumentiert. ⁴Bezüglich der empfohlenen Pflegehilfsmittel wird die Notwendigkeit der Versorgung nach § 40 Absatz 1 Satz 2 vermutet. ⁵Bezüglich der empfohlenen Hilfsmittel, die den Zielen nach § 40 dienen, wird die Erforderlichkeit nach § 33 Absatz 1 des Fünften Buches vermutet; insofern bedarf es keiner ärztlichen Verordnung gemäß § 33 Absatz 5a des Fünften Buches. ⁶Welche Hilfsmittel und Pflegehilfsmittel im Sinne von Satz 2 den Zielen von § 40 dienen, wird in den Begutachtungs-Richtlinien nach § 17 konkretisiert. ⁷Dabei ist auch die Richtlinie des Gemeinsamen Bundesausschusses nach § 92 Absatz 1 des Fünften Buches über die Verordnung von Hilfsmitteln zu berücksichtigen. ⁸Die Pflegekasse übermittelt dem Antragsteller unverzüglich die Entscheidung über die empfohlenen Hilfsmittel und Pflegehilfsmittel.

(7) ¹Die Aufgaben des Medizinischen Dienstes werden durch Pflegefachkräfte oder Ärztinnen und Ärzte in enger Zusammenarbeit mit anderen geeigneten Fachkräften wahrgenommen. ²Die Prüfung der Pflegebedürftigkeit von Kindern ist in der Regel durch besonders geschulte Gutachter mit einer Qualifikation als Gesundheits- und Kinderkrankenpflegerin oder Gesundheits- und Kinderkrankenpfleger oder als Kinderärztin oder Kinderarzt vorzunehmen. ³Der Medizinische Dienst ist befugt, den Pflegefachkräften oder sonstigen geeigneten Fachkräften, die nicht dem Medizinischen Dienst angehören, die für deren jeweilige Beteiligung erforderlichen personenbezogenen Daten zu übermitteln. ⁴Für andere unabhängige Gutachter gelten die Sätze 1 bis 3 entsprechend.

§ 18a Weiterleitung der Rehabilitationsempfehlung, Berichtspflichten

(1) ¹Spätestens mit der Mitteilung der Entscheidung über die Pflegebedürftigkeit leitet die Pflegekasse dem Antragsteller die gesonderte Präventions- und Rehabilitationsempfehlung des Medizinischen Dienstes oder der von der

Pflegekasse beauftragten Gutachter zu und nimmt umfassend und begründet dazu Stellung, inwieweit auf der Grundlage der Empfehlung die Durchführung einer Maßnahme zur Prävention oder zur medizinischen Rehabilitation angezeigt ist. ²Die Pflegekasse hat den Antragsteller zusätzlich darüber zu informieren, dass mit der Zuleitung einer Mitteilung über den Rehabilitationsbedarf an den zuständigen Rehabilitationsträger ein Antragsverfahren auf Leistungen zur medizinischen Rehabilitation entsprechend den Vorschriften des Neunten Buches ausgelöst wird, sofern der Antragsteller in dieses Verfahren einwilligt. ³Mit Einwilligung des Antragstellers leitet die Pflegekasse die Präventions- und Rehabilitationsempfehlung und die Informationen nach Satz 2 auch seinen Angehörigen, Personen seines Vertrauens, Pflege- und Betreuungseinrichtungen, die den Antragsteller versorgen, oder der behandelnden Ärztin oder dem behandelnden Arzt schriftlich oder elektronisch zu. ⁴Sobald der Pflegekasse die Information über die Leistungsentscheidung des zuständigen Rehabilitationsträgers nach § 31 Absatz 3 Satz 4 vorliegt, leitet sie diese Information unverzüglich dem Medizinischen Dienst sowie mit Einwilligung des Antragstellers auch an die behandelnde Ärztin oder den behandelnden Arzt sowie an Angehörige des Antragstellers, Personen seines Vertrauens oder an Pflege- und Betreuungseinrichtungen, die den Antragsteller versorgen, schriftlich oder elektronisch weiter. ⁵Über die Möglichkeiten nach den Sätzen 3 und 4 und das Erfordernis der Einwilligung ist der Antragsteller durch den Medizinischen Dienst oder die von der Pflegekasse beauftragten Gutachterinnen und Gutachter im Rahmen der Begutachtung zu informieren. ⁶Die Einwilligung ist schriftlich oder elektronisch zu dokumentieren.

(2) ¹Die Pflegekassen berichten für die Geschäftsjahre ab 2013 jährlich über die Anwendung eines bundeseinheitlichen, strukturierten Verfahrens zur Erkennung rehabilitativer Bedarfe in der Pflegebegutachtung und die Erfahrungen mit der Umsetzung der Empfehlungen der Medizinischen Dienste oder der beauftragten Gutachter zur medizinischen Rehabilitation. ²Hierzu wird insbesondere Folgendes gemeldet:

1. die Anzahl der Empfehlungen der Medizinischen Dienste und der beauftragten Gutachter für Leistungen der medizinischen Rehabilitation im Rahmen der Begutachtung zur Feststellung der Pflegebedürftigkeit,
2. die Anzahl der Anträge an den zuständigen Rehabilitationsträger gemäß § 31 Absatz 3 in Verbindung mit § 14 des Neunten Buches,
3. die Anzahl der genehmigten und die Anzahl der abgelehnten Leistungsentscheidungen der zuständigen Rehabilitationsträger einschließlich der Gründe für Ablehnungen sowie die Anzahl der Widersprüche,
4. die Anzahl der durchgeführten medizinischen Rehabilitationsmaßnahmen,
5. die Gründe, warum Versicherte nicht in die Weiterleitung einer Mitteilung über den Rehabilitationsbedarf an den Rehabilitationsträger nach § 31 Absatz 3 Satz 1 einwilligen, soweit diese der Pflegekasse bekannt sind, und inwiefern die zuständige Pflegekasse hier tätig geworden ist und
6. die Maßnahmen, die die Pflegekassen im jeweiligen Einzelfall regelmäßig durchführen, um ihren Aufgaben nach Absatz 1 und § 31 Absatz 3 nachzukommen.

³Die Meldung durch die Pflegekassen erfolgt bis zum 31. März des dem Berichtsjahr folgenden Jahres an den Spitzenverband Bund der Pflegekassen. ⁴Näheres über das Meldeverfahren und die Inhalte entwickelt der Spitzenverband Bund der Pflegekassen im Einvernehmen mit dem Bundesministerium für Gesundheit. ⁵Die für die Aufsicht über die Pflegekasse zuständige Stelle erhält von der jeweiligen Pflegekasse ebenfalls den Bericht.

(3) ¹Der Spitzenverband Bund der Pflegekassen bereitet die Daten auf und leitet die aufbereiteten und auf Plausibilität geprüften Daten bis zum 30. Juni des dem Berichtsjahr folgenden Jahres dem Bundesministerium für Gesundheit zu. ²Der Verband hat die aufbereiteten Daten der landesunmittelbaren Versicherungsträger auch den für die Sozialversicherung zuständigen obersten Verwaltungsbehörden der Länder oder den von diesen bestimmten Stellen auf Verlangen zuzuleiten. ³Der Spitzenverband Bund der Pflegekassen veröffentlicht auf Basis der gemeldeten Daten sowie sonstiger Erkenntnisse jährlich einen Bericht bis zum 1. September des dem Berichtsjahr folgenden Jahres.

§ 18b Dienstleistungsorientierung im Begutachtungsverfahren

(1) ¹Der Medizinische Dienst Bund erlässt mit dem Ziel, die Dienstleistungsorientierung für die Versicherten im Begutachtungsverfahren zu stärken, unter fachlicher Beteiligung der Medizinischen Dienste verbindliche Richtlinien. ²Die für die Wahrnehmung der Interessen und der Selbsthilfe der pflegebedürftigen und behinderten Menschen auf Bundesebene maßgeblichen Organisationen sind zu beteiligen.

(2) Die Richtlinien regeln insbesondere

1. allgemeine Verhaltensgrundsätze für alle unter der Verantwortung der Medizinischen Dienste am Begutachtungsverfahren Beteiligten,
2. die Pflicht der Medizinischen Dienste zur individuellen und umfassenden Information des Versicherten über das Begutachtungsverfahren, insbesondere über den Ablauf, die Rechtsgrundlagen und Beschwerdemöglichkeiten,
3. die regelhafte Durchführung von Versichertenbefragungen und
4. ein einheitliches Verfahren zum Umgang mit Beschwerden, die das Verhalten der Mitarbeiter der Medizinischen Dienste oder das Verfahren bei der Begutachtung betreffen.

(3) ¹Die Richtlinien werden erst wirksam, wenn das Bundesministerium für Gesundheit sie genehmigt. ²Die Genehmigung gilt als erteilt, wenn die Richtlinien nicht innerhalb eines Monats, nachdem sie dem Bundesministerium für Gesundheit vorgelegt worden sind, beanstandet werden. ³Beanstandungen des Bundesministeriums für Gesundheit sind innerhalb der von ihm gesetzten Frist zu beheben.

§ 18c Fachliche und wissenschaftliche Begleitung der Umstellung des Verfahrens zur Feststellung der Pflegebedürftigkeit

(1) ¹Das Bundesministerium für Gesundheit richtet im Benehmen mit dem Bundesministerium für Arbeit und Soziales und dem Bundesministerium für Familie, Senioren, Frauen und Jugend ein Begleitgremium ein, das die Vorbereitung der Umstellung des Verfahrens zur Feststellung der Pflegebedürftigkeit nach den §§ 14, 15 und 18 Absatz 5a in der ab dem 1. Januar 2017 geltenden Fassung mit pflegefachlicher und wissenschaftlicher Kompetenz unterstützt. ²Aufgabe des Begleitgremiums ist, das Bundesministerium für Gesundheit bei der Klärung fachlicher Fragen zu beraten und den Spitzenverband Bund der Pflegekassen, den Medizinischen Dienst Bund sowie die Vereinigungen der Träger der Pflegeeinrichtungen auf Bundesebene bei der Vorbereitung der Umstellung zu unterstützen. ³Dem Begleitgremium wird ab dem 1. Januar 2017 zusätzlich die Aufgabe übertragen, das Bundesministerium für Gesundheit bei der Klärung fachlicher Fragen zu beraten, die nach der Umstellung im Zuge der Umsetzung auftreten.

(2) ¹Das Bundesministerium für Gesundheit beauftragt eine begleitende wissenschaftliche Evaluation insbesondere zu Maßnahmen und Ergebnissen der Vorbereitung und der Umsetzung der Umstellung des Verfahrens zur Feststellung der Pflegebedürftigkeit nach den §§ 14, 15 und 18 Absatz 5a in der ab dem 1. Januar 2017 geltenden Fassung. ²Die Auftragserteilung erfolgt im Benehmen mit dem Bundesministerium für Arbeit und Soziales, soweit Auswirkungen auf andere Sozialleistungssysteme aus dem Zuständigkeitsbereich des Bundesministeriums für Arbeit und Soziales untersucht werden. ³Im Rahmen der Evaluation sind insbesondere Erfahrungen und Auswirkungen hinsichtlich der folgenden Aspekte zu untersuchen:
1. Leistungsentscheidungsverfahren und Leistungsentscheidungen bei Pflegekassen und Medizinischen Diensten, beispielsweise Bearbeitungsfristen und Übermittlung von Ergebnissen;
2. Umsetzung der Übergangsregelungen im Begutachtungsverfahren;
3. Leistungsentscheidungsverfahren und Leistungsentscheidungen anderer Sozialleistungsträger, soweit diese pflegebedürftige Personen betreffen;
4. Umgang mit dem neuen Begutachtungsinstrument bei pflegebedürftigen Antragstellern, beispielsweise Antragsverhalten und Informationsstand;
5. Entwicklung der ambulanten Pflegevergütungen und der stationären Pflegesätze einschließlich der einrichtungseinheitlichen Eigenanteile;
6. Entwicklungen in den vertraglichen Grundlagen, in der Pflegeplanung, den pflegefachlichen Konzeptionen und in der konkreten Versorgungssituation in der ambulanten und in der stationären Pflege unter Berücksichtigung unterschiedlicher Gruppen von Pflegebedürftigen und Versorgungskonstellationen einschließlich derjenigen von pflegebedürftigen Personen, die im Rahmen der Eingliederungshilfe für behinderte Menschen versorgt werden.

⁴Ein Bericht über die Ergebnisse der Evaluation ist bis zum 1. Januar 2020 zu veröffentlichen. ⁵Dem Bundesministerium für Gesundheit sind auf Verlangen Zwischenberichte vorzulegen.

§ 19 Begriff der Pflegepersonen

¹Pflegepersonen im Sinne dieses Buches sind Personen, die nicht erwerbsmäßig einen Pflegebedürftigen im Sinne des § 14 in seiner häuslichen Umgebung pflegen. ²Leistungen zur sozialen Sicherung nach § 44 erhält eine Pflegeperson nur dann, wenn sie eine oder mehrere pflegebedürftige Personen wenigstens zehn Stunden wöchentlich, verteilt auf regelmäßig mindestens zwei Tage in der Woche, pflegt.

Drittes Kapitel
Versicherungspflichtiger Personenkreis

§ 20 Versicherungspflicht in der sozialen Pflegeversicherung für Mitglieder der gesetzlichen Krankenversicherung

(1) ¹Versicherungspflichtig in der sozialen Pflegeversicherung sind die versicherungspflichtigen Mitglieder der gesetzlichen Krankenversicherung. ²Dies sind:
1. Arbeiter, Angestellte und zu ihrer Berufsausbildung Beschäftigte, die gegen Arbeitsentgelt beschäftigt sind; für die Zeit des Bezugs von Kurzarbeitergeld nach dem Dritten Buch bleibt die Versicherungspflicht unberührt,
2. Personen in der Zeit, für die sie Arbeitslosengeld nach dem Dritten Buch beziehen oder nur deshalb nicht beziehen, weil der Anspruch wegen einer Sperrzeit (§ 159 des Dritten Buches) oder wegen einer Urlaubsab-

geltung (§ 157 Absatz 2 des Dritten Buches) ruht; dies gilt auch, wenn die Entscheidung, die zum Bezug der Leistung geführt hat, rückwirkend aufgehoben oder die Leistung zurückgefordert oder zurückgezahlt worden ist,
2a. Personen in der Zeit, für die sie Arbeitslosengeld II nach dem Zweiten Buch beziehen, auch wenn die Entscheidung, die zum Bezug der Leistung geführt hat, rückwirkend aufgehoben oder die Leistung zurückgefordert oder zurückgezahlt worden ist, es sei denn, dass diese Leistung nur darlehensweise gewährt wird oder nur Leistungen nach § 24 Abs. 3 Satz 1 des Zweiten Buches bezogen werden,
3. Landwirte, ihre mitarbeitenden Familienangehörigen und Altenteiler, die nach § 2 des Zweiten Gesetzes über die Krankenversicherung der Landwirte versicherungspflichtig sind,
4. selbständige Künstler und Publizisten nach näherer Bestimmung des Künstlersozialversicherungsgesetzes,
5. Personen, die in Einrichtungen der Jugendhilfe, in Berufsbildungswerken oder in ähnlichen Einrichtungen für behinderte Menschen für eine Erwerbstätigkeit befähigt werden sollen,
6. Teilnehmer an Leistungen zur Teilhabe am Arbeitsleben sowie an Berufsfindung oder Arbeitserprobung, es sei denn, die Leistungen werden nach den Vorschriften des Bundesversorgungsgesetzes erbracht,
7. behinderte Menschen, die in anerkannten Werkstätten für behinderte Menschen oder in Blindenwerkstätten im Sinne des § 226 des Neunten Buches oder für diese Einrichtungen in Heimarbeit oder bei einem anderen Leistungsanbieter nach § 60 des Neunten Buches tätig sind,
8. behinderte Menschen, die in Anstalten, Heimen oder gleichartigen Einrichtungen in gewisser Regelmäßigkeit eine Leistung erbringen, die einem Fünftel der Leistung eines voll erwerbsfähigen Beschäftigten in gleichartiger Beschäftigung entspricht; hierzu zählen auch Dienstleistungen für den Träger der Einrichtung,
9. Studenten, die an staatlichen oder staatlich anerkannten Hochschulen eingeschrieben sind, soweit sie nach § 5 Abs. 1 Nr. 9 des Fünften Buches der Krankenversicherungspflicht unterliegen,
10. Personen, die zu ihrer Berufsausbildung ohne Arbeitsentgelt beschäftigt sind oder die eine Fachschule oder Berufsfachschule besuchen oder eine in Studien- oder Prüfungsordnungen vorgeschriebene berufspraktische Tätigkeit ohne Arbeitsentgelt verrichten (Praktikanten), längstens bis zur Vollendung des 30. Lebensjahres; Auszubildende des Zweiten Bildungsweges, die sich in einem nach dem Bundesausbildungsförderungsgesetz förderungsfähigen Teil eines Ausbildungsabschnittes befinden, sind Praktikanten gleichgestellt.
11. Personen, die die Voraussetzungen für den Anspruch auf eine Rente aus der gesetzlichen Rentenversicherung erfüllen und diese Rente beantragt haben, soweit sie nach § 5 Abs. 1 Nr. 11, 11a, 11b oder 12 des Fünften Buches der Krankenversicherungspflicht unterliegen,
12. Personen, die, weil sie bisher keinen Anspruch auf Absicherung im Krankheitsfall hatten, nach § 5 Abs. 1 Nr. 13 des Fünften Buches oder nach § 2 Abs. 1 Nr. 7 des Zweiten Gesetzes über die Krankenversicherung der Landwirte der Krankenversicherungspflicht unterliegen.

(2) ¹Als gegen Arbeitsentgelt beschäftigte Arbeiter und Angestellte im Sinne des Absatzes 1 Nr. 1 gelten Bezieher von Vorruhestandsgeld, wenn sie unmittelbar vor Bezug des Vorruhestandsgeldes versicherungspflichtig waren und das Vorruhestandsgeld mindestens in Höhe von 65 vom Hundert des Bruttoarbeitsentgelts im Sinne des § 3 Abs. 2 des Vorruhestandsgesetzes gezahlt wird. ²Satz 1 gilt nicht für Personen, die im Ausland ihren Wohnsitz oder gewöhnlichen Aufenthalt in einem Staat haben, mit dem für Arbeitnehmer mit Wohnsitz oder gewöhnlichem Aufenthalt in diesem Staat keine über- oder zwischenstaatlichen Regelungen über Sachleistungen bei Krankheit bestehen.

(2a) Als zu ihrer Berufsausbildung Beschäftigte im Sinne des Absatzes 1 Satz 2 Nr. 1 gelten Personen, die als nicht satzungsmäßige Mitglieder geistlicher Genossenschaften oder ähnlicher religiöser Gemeinschaften für den Dienst in einer solchen Genossenschaft oder ähnlichen religiösen Gemeinschaft außerschulisch ausgebildet werden.

(3) Freiwillige Mitglieder der gesetzlichen Krankenversicherung sind versicherungspflichtig in der sozialen Pflegeversicherung.

(4) ¹Nehmen Personen, die mindestens zehn Jahre nicht in der sozialen Pflegeversicherung oder der gesetzlichen Krankenversicherung versicherungspflichtig waren, eine dem äußeren Anschein nach versicherungspflichtige Beschäftigung oder selbständige Tätigkeit von untergeordneter wirtschaftlicher Bedeutung auf, besteht die widerlegbare Vermutung, daß eine die Versicherungspflicht begründende Beschäftigung nach Absatz 1 Nr. 1 oder eine versicherungspflichtige selbständige Tätigkeit nach Absatz 1 Nr. 3 oder 4 tatsächlich nicht ausgeübt wird. ²Dies gilt insbesondere für eine Beschäftigung bei Familienangehörigen oder Lebenspartnern.

§ 21 Versicherungspflicht in der sozialen Pflegeversicherung für sonstige Personen

Versicherungspflicht in der sozialen Pflegeversicherung besteht auch für Personen mit Wohnsitz oder gewöhnlichem Aufenthalt im Inland, die
1. nach dem Bundesversorgungsgesetz oder nach Gesetzen, die eine entsprechende Anwendung des Bundesversorgungsgesetzes vorsehen, einen Anspruch auf Heilbehandlung oder Krankenbehandlung haben,
2. Kriegsschadenrente oder vergleichbare Leistungen nach dem Lastenausgleichsgesetz oder dem Reparationsschädengesetz oder laufende Beihilfe nach dem Flüchtlingshilfegesetz beziehen,

3. ergänzende Hilfe zum Lebensunterhalt im Rahmen der Kriegsopferfürsorge nach dem Bundesversorgungsgesetz oder nach Gesetzen beziehen, die eine entsprechende Anwendung des Bundesversorgungsgesetzes vorsehen,
4. laufende Leistungen zum Unterhalt und Leistungen der Krankenhilfe nach dem Achten Buch beziehen,
5. krankenversorgungsberechtigt nach dem Bundesentschädigungsgesetz sind,
6. in das Dienstverhältnis eines Soldaten auf Zeit berufen worden sind,

wenn sie gegen das Risiko Krankheit weder in der gesetzlichen Krankenversicherung noch bei einem privaten Krankenversicherungsunternehmen versichert sind.

§ 21a Versicherungspflicht in der sozialen Pflegeversicherung bei Mitgliedern von Solidargemeinschaften

(1) [1]Versicherungspflicht in der sozialen Pflegeversicherung besteht für Mitglieder von Solidargemeinschaften, deren Mitgliedschaft gemäß § 176 Absatz 1 des Fünften Buches als anderweitige Absicherung im Krankheitsfall im Sinne des § 5 Absatz 1 Nummer 13 des Fünften Buches gilt, sofern sie ihren Wohnsitz oder gewöhnlichen Aufenthalt im Inland haben und sie ohne die Mitgliedschaft in der Solidargemeinschaft nach § 5 Absatz 1 Nummer 13 des Fünften Buches versicherungspflichtig wären. [2]Sofern ein Mitglied bereits gegen das Risiko der Pflegebedürftigkeit in der privaten Pflege-Pflichtversicherung versichert ist, gilt die Versicherungspflicht nach Satz 1 als erfüllt.

(2) [1]Die in § 176 Absatz 1 des Fünften Buches genannten Solidargemeinschaften haben bei ihren Mitgliedern unverzüglich abzufragen, ob sie in der sozialen Pflegeversicherung oder privaten Pflege-Pflichtversicherung versichert sind. [2]Die Mitglieder einer Solidargemeinschaft sind verpflichtet, der Solidargemeinschaft innerhalb von drei Monaten nach der Abfrage das Vorliegen eines Pflegeversicherungsschutzes nachzuweisen oder mitzuteilen, dass kein Versicherungsschutz besteht. [3]Wird kein Pflegeversicherungsschutz innerhalb der Frist nach Satz 2 nachgewiesen, hat die Solidargemeinschaft das Mitglied unverzüglich aufzufordern, sich gegen das Risiko der Pflegebedürftigkeit zu versichern und einen Nachweis darüber innerhalb von sechs Wochen vorzulegen.

§ 22 Befreiung von der Versicherungspflicht

(1) [1]Personen, die nach § 20 Abs. 3 in der sozialen Pflegeversicherung versicherungspflichtig sind, können auf Antrag von der Versicherungspflicht befreit werden, wenn sie nachweisen, daß sie bei einem privaten Versicherungsunternehmen gegen Pflegebedürftigkeit versichert sind und die für sich und ihre Angehörigen oder Lebenspartner, die bei Versicherungspflicht nach § 25 versichert wären, Leistungen beanspruchen können, die nach Art und Umfang den Leistungen des Vierten Kapitels gleichwertig sind. [2]Die befreiten Personen sind verpflichtet, den Versicherungsvertrag aufrechtzuerhalten, solange sie krankenversichert sind. [3]Personen, die bei Pflegebedürftigkeit Beihilfeleistungen erhalten, sind zum Abschluß einer entsprechenden anteiligen Versicherung im Sinne des Satzes 1 verpflichtet.

(2) [1]Der Antrag kann nur innerhalb von drei Monaten nach Beginn der Versicherungspflicht bei der Pflegekasse gestellt werden. [2]Die Befreiung wirkt vom Beginn der Versicherungspflicht an, wenn seit diesem Zeitpunkt noch keine Leistungen in Anspruch genommen wurden, sonst vom Beginn des Kalendermonats an, der auf die Antragstellung folgt. [3]Die Befreiung kann nicht widerrufen werden.

§ 23 Versicherungspflicht für Versicherte der privaten Krankenversicherungsunternehmen

(1) [1]Personen, die gegen das Risiko Krankheit bei einem privaten Krankenversicherungsunternehmen mit Anspruch auf allgemeine Krankenhausleistungen oder im Rahmen von Versicherungsverträgen, die der Versicherungspflicht nach § 193 Abs. 3 des Versicherungsvertragsgesetzes genügen, versichert sind, sind vorbehaltlich des Absatzes 2 verpflichtet, bei diesem Unternehmen zur Absicherung des Risikos der Pflegebedürftigkeit einen Versicherungsvertrag abzuschließen und aufrechtzuerhalten. [2]Der Vertrag muß ab dem Zeitpunkt des Eintritts der Versicherungspflicht für sie selbst und ihre Angehörigen oder Lebenspartner, für die in der sozialen Pflegeversicherung nach § 25 eine Familienversicherung bestünde, Vertragsleistungen vorsehen, die nach Art und Umfang den Leistungen des Vierten Kapitels gleichwertig sind. [3]Dabei tritt an die Stelle der Sachleistungen eine der Höhe nach gleiche Kostenerstattung.

(2) [1]Der Vertrag nach Absatz 1 kann auch bei einem anderen privaten Versicherungsunternehmen abgeschlossen werden. [2]Das Wahlrecht ist innerhalb von sechs Monaten auszuüben. [3]Die Frist beginnt mit dem Eintritt der individuellen Versicherungspflicht. [4]Das Recht zur Kündigung des Vertrages wird durch den Ablauf der Frist nicht berührt; bei fortbestehender Versicherungspflicht nach Absatz 1 wird eine Kündigung des Vertrages jedoch erst wirksam, wenn der Versicherungsnehmer nachweist, dass die versicherte Person bei einem neuen Versicherer ohne Unterbrechung versichert ist.

(3) [1]Personen, die nach beamtenrechtlichen Vorschriften oder Grundsätzen bei Pflegebedürftigkeit Anspruch auf Beihilfe haben, sind zum Abschluß einer entsprechenden anteiligen beihilfekonformen Versicherung im Sinne des Absatzes 1 verpflichtet, sofern sie nicht nach § 20 Abs. 3 versicherungspflichtig sind. [2]Die beihilfekonforme Versicherung ist so auszugestalten, daß ihre Vertragsleistungen zusammen mit den Beihilfeleistungen, die sich bei Anwendung der in § 46 Absatz 2 und 3 der Bundesbeihilfeverordnung festgelegten Bemessungssätze ergeben, den in Absatz 1 Satz 2 vorgeschriebenen Versicherungsschutz gewährleisten.

(4) Die Absätze 1 bis 3 gelten entsprechend für

1. Heilfürsorgeberechtigte, die nicht in der sozialen Pflegeversicherung versicherungspflichtig sind,
2. Mitglieder der Postbeamtenkrankenkasse und
3. Mitglieder der Krankenversorgung der Bundesbahnbeamten.

(4a) ¹Die Absätze 1 und 3 gelten entsprechend für Mitglieder von Solidargemeinschaften, deren Mitgliedschaft gemäß § 176 Absatz 1 des Fünften Buches als ein mit dem Anspruch auf freie Heilfürsorge oder einer Beihilfeberechtigung vergleichbarer Anspruch im Sinne des § 193 Absatz 3 Satz 2 Nummer 2 des Versicherungsvertragsgesetzes gilt und die ohne die Mitgliedschaft in der Solidargemeinschaft nach § 193 Absatz 3 des Versicherungsvertragsgesetzes verpflichtet wären, eine Krankheitskostenversicherung abzuschließen. ²Eine Kündigung des Versicherungsvertrages wird bei fortbestehender Versicherungspflicht erst wirksam, wenn der Versicherungsnehmer nachweist, dass die versicherte Person bei einem neuen Versicherer ohne Unterbrechung versichert ist. ³Sofern ein Mitglied bereits gegen das Risiko der Pflegebedürftigkeit in der sozialen Pflegeversicherung versichert ist, gilt die Versicherungspflicht nach Satz 1 als erfüllt. ⁴§ 21a Absatz 2 bleibt unberührt.

(5) Die Absätze 1, 3 und 4 gelten nicht für Personen, die sich auf nicht absehbare Dauer in stationärer Pflege befinden und bereits Pflegeleistungen nach § 35 Abs. 6 des Bundesversorgungsgesetzes, nach § 44 des Siebten Buches, nach § 34 des Beamtenversorgungsgesetzes oder nach den Gesetzen erhalten, die eine entsprechende Anwendung des Bundesversorgungsgesetzes vorsehen, sofern sie keine Familienangehörigen oder Lebenspartner haben, für die in der sozialen Pflegeversicherung nach § 25 eine Familienversicherung bestünde.

(6) Das private Krankenversicherungsunternehmen oder ein anderes die Pflegeversicherung betreibendes Versicherungsunternehmen sind verpflichtet,
1. für die Feststellung der Pflegebedürftigkeit sowie für die Zuordnung zu einem Pflegegrad dieselben Maßstäbe wie in der sozialen Pflegeversicherung anzulegen und
2. die in der sozialen Pflegeversicherung zurückgelegte Versicherungszeit des Mitglieds und seiner nach § 25 familienversicherten Angehörigen oder Lebenspartner auf die Wartezeit anzurechnen.

§ 24 Versicherungspflicht der Abgeordneten

¹Mitglieder des Bundestages, des Europäischen Parlaments und der Parlamente der Länder (Abgeordnete) sind unbeschadet einer bereits nach § 20 Abs. 3 oder § 23 Abs. 1 bestehenden Versicherungspflicht verpflichtet, gegenüber dem jeweiligen Parlamentspräsidenten nachzuweisen, daß sie sich gegen das Risiko der Pflegebedürftigkeit versichert haben. ²Das gleiche gilt für die Bezieher von Versorgungsleistungen nach den jeweiligen Abgeordnetengesetzen des Bundes und der Länder.

§ 25 Familienversicherung

(1) ¹Versichert sind der Ehegatte, der Lebenspartner und die Kinder von Mitgliedern sowie die Kinder von familienversicherten Kindern, wenn diese Familienangehörigen
1. ihren Wohnsitz oder gewöhnlichen Aufenthalt im Inland haben,
2. nicht nach § 20 Abs. 1 Nr. 1 bis 8 oder 11 oder nach § 20 Abs. 3 versicherungspflichtig sind,
3. nicht nach § 22 von der Versicherungspflicht befreit oder nach § 23 in der privaten Pflegeversicherung pflichtversichert sind,
4. nicht hauptberuflich selbständig erwerbstätig sind und
5. kein Gesamteinkommen haben, das regelmäßig im Monat ein Siebtel der monatlichen Bezugsgröße nach § 18 des Vierten Buches, überschreitet; bei Abfindungen, Entschädigungen oder ähnlichen Leistungen (Entlassungsentschädigungen), die wegen der Beendigung eines Arbeitsverhältnisses in Form nicht monatlich wiederkehrender Leistungen gezahlt werden, wird das zuletzt erzielte monatliche Arbeitsentgelt für die der Auszahlung der Entlassungsentschädigung folgenden Monate bis zu dem Monat berücksichtigt, in dem im Fall der Fortzahlung des Arbeitsentgelts die Höhe der gezahlten Entlassungsentschädigung erreicht worden wäre; bei Renten wird der Zahlbetrag ohne den auf Entgeltpunkte für Kindererziehungszeiten entfallenden Teil berücksichtigt.
²§ 7 Abs. 1 Satz 3 und 4 und Abs. 2 des Zweiten Gesetzes über die Krankenversicherung der Landwirte sowie § 10 Absatz 1 Satz 2 und 3 des Fünften Buches gelten entsprechend.

(2) ¹Kinder sind versichert:
1. bis zur Vollendung des 18. Lebensjahres,
2. bis zur Vollendung des 23. Lebensjahres, wenn sie nicht erwerbstätig sind,
3. bis zur Vollendung des 25. Lebensjahres, wenn sie sich in Schul- oder Berufsausbildung befinden oder ein freiwilliges soziales Jahr oder ein freiwilliges ökologisches Jahr im Sinne des Jugendfreiwilligendienstegesetzes leisten; wird die Schul- oder Berufsausbildung durch Erfüllung einer gesetzlichen Dienstpflicht des Kindes unterbrochen oder verzögert, besteht die Versicherung auch für einen der Dauer dieses Dienstes entsprechenden Zeitraum über das 25. Lebensjahr hinaus; dies gilt auch bei einer Unterbrechung durch den freiwilligen Wehrdienst nach § 58b des Soldatengesetzes, einen Freiwilligendienst nach dem Bundesfreiwilligendienstgesetz, dem

Jugendfreiwilligendienstegesetz oder einen vergleichbaren anerkannten Freiwilligendienst oder durch eine Tätigkeit als Entwicklungshelfer im Sinne des § 1 Absatz 1 des Entwicklungshelfer-Gesetzes für die Dauer von höchstens zwölf Monaten; wird als Berufsausbildung ein Studium an einer staatlichen oder staatlich anerkannten Hochschule abgeschlossen, besteht die Versicherung bis zum Ablauf des Semesters fort, längstens bis zur Vollendung des 25. Lebensjahres; § 186 Absatz 7 Satz 2 und 3 des Fünften Buches gilt entsprechend,

4. ohne Altersgrenze, wenn sie wegen körperlicher, geistiger oder seelischer Behinderung (§ 2 Abs. 1 des Neunten Buches) außerstande sind, sich selbst zu unterhalten; Voraussetzung ist, daß die Behinderung zu einem Zeitpunkt vorlag, in dem das Kind innerhalb der Altersgrenzen nach den Nummern 1, 2 oder 3 familienversichert war oder die Familienversicherung nur wegen einer Vorrangversicherung nach Absatz 1 Satz 1 Nummer 2 ausgeschlossen war.

²§ 10 Abs. 4 und 5 des Fünften Buches Sozialgesetzbuch gilt entsprechend.

(3) Kinder sind nicht versichert, wenn der mit den Kindern verwandte Ehegatte oder Lebenspartner des Mitglieds nach § 22 von der Versicherungspflicht befreit oder nach § 23 in der privaten Pflegeversicherung pflichtversichert ist und sein Gesamteinkommen regelmäßig im Monat ein Zwölftel der Jahresarbeitsentgeltgrenze nach dem Fünften Buch übersteigt und regelmäßig höher als das Gesamteinkommen des Mitglieds ist; bei Renten wird der Zahlbetrag berücksichtigt.

(4) ¹Die Versicherung nach Absatz 2 Nr. 1, 2 und 3 bleibt bei Personen, die auf Grund gesetzlicher Pflicht Wehrdienst oder Zivildienst oder die Dienstleistungen oder Übungen nach dem Vierten Abschnitt des Soldatengesetzes leisten, für die Dauer des Dienstes bestehen. ²Dies gilt auch für Personen in einem Wehrdienstverhältnis besonderer Art nach § 6 des Einsatz-Weiterverwendungsgesetzes.

§ 26 Weiterversicherung

(1) ¹Personen, die aus der Versicherungspflicht nach § 20, § 21 oder § 21a Absatz 1 ausgeschieden sind und in den letzten fünf Jahren vor dem Ausscheiden mindestens 24 Monate oder unmittelbar vor dem Ausscheiden mindestens zwölf Monate versichert waren, können sich auf Antrag in der sozialen Pflegeversicherung weiterversichern, sofern für sie keine Versicherungspflicht nach § 23 Abs. 1 eintritt. ²Dies gilt auch für Personen, deren Familienversicherung nach § 25 erlischt oder nur deswegen nicht besteht, weil die Voraussetzungen des § 25 Abs. 3 vorliegen. ³Der Antrag ist in den Fällen des Satzes 1 innerhalb von drei Monaten nach Beendigung der Mitgliedschaft, in den Fällen des Satzes 2 nach Beendigung der Familienversicherung oder nach Geburt des Kindes bei der zuständigen Pflegekasse zu stellen.

(2) ¹Personen, die wegen der Verlegung ihres Wohnsitzes oder gewöhnlichen Aufenthaltes ins Ausland aus der Versicherungspflicht ausscheiden, können sich auf Antrag weiterversichern. ²Der Antrag ist bis spätestens einen Monat nach Ausscheiden aus der Versicherungspflicht bei der Pflegekasse zu stellen, bei der die Versicherung zuletzt bestand. ³Die Weiterversicherung erstreckt sich auch auf die nach § 25 versicherten Familienangehörigen oder Lebenspartner, die gemeinsam mit dem Mitglied ihren Wohnsitz oder gewöhnlichen Aufenthalt in das Ausland verlegen. ⁴Für Familienangehörige oder Lebenspartner, die im Inland verbleiben, endet die Familienversicherung nach § 25 mit dem Tag, an dem das Mitglied seinen Wohnsitz oder gewöhnlichen Aufenthalt ins Ausland verlegt.

§ 26a Beitrittsrecht

(1) ¹Personen mit Wohnsitz im Inland, die nicht pflegeversichert sind, weil sie zum Zeitpunkt der Einführung der Pflegeversicherung am 1. Januar 1995 trotz Wohnsitz im Inland keinen Tatbestand der Versicherungspflicht oder der Mitversicherung in der sozialen oder privaten Pflegeversicherung erfüllten, sind berechtigt, die freiwillige Mitgliedschaft bei einer der nach § 48 Abs. 2 wählbaren sozialen Pflegekassen zu beantragen oder einen Pflegeversicherungsvertrag mit einem privaten Versicherungsunternehmen abzuschließen. ²Ausgenommen sind Personen, die laufende Hilfe zum Lebensunterhalt nach dem Zwölften Buch beziehen sowie Personen, die nicht selbst in der Lage sind, einen Beitrag zu zahlen. ³Der Beitritt ist gegenüber der gewählten Pflegekasse oder dem gewählten privaten Versicherungsunternehmen bis zum 30. Juni 2002 schriftlich zu erklären; er bewirkt einen Versicherungsbeginn rückwirkend zum 1. April 2001. ⁴Die Vorversicherungszeiten nach § 33 Abs. 2 gelten als erfüllt. ⁵Auf den privaten Versicherungsvertrag findet § 110 Abs. 1 Anwendung.

(2) ¹Personen mit Wohnsitz im Inland, die erst ab einem Zeitpunkt nach dem 1. Januar 1995 bis zum Inkrafttreten dieses Gesetzes nicht pflegeversichert sind und keinen Tatbestand der Versicherungspflicht nach diesem Buch erfüllen, sind berechtigt, die freiwillige Mitgliedschaft bei einer der nach § 48 Abs. 2 wählbaren sozialen Pflegekassen zu beantragen oder einen Pflegeversicherungsvertrag mit einem privaten Versicherungsunternehmen abzuschließen. ²Vom Beitrittsrecht ausgenommen sind die in Absatz 1 Satz 2 genannten Personen sowie Personen, die nur deswegen nicht pflegeversichert sind, weil sie nach dem 1. Januar 1995 ohne zwingenden Grund eine private Kranken- und Pflegeversicherung aufgegeben oder von einer möglichen Weiterversicherung in der gesetzlichen Krankenversicherung oder in der sozialen Pflegeversicherung keinen Gebrauch gemacht haben. ³Der Beitritt ist gegenüber der gewählten Pflegekasse oder dem gewählten privaten Versicherungsunternehmen bis zum 30. Juni 2002 schriftlich zu

erklären. [4]Er bewirkt einen Versicherungsbeginn zum 1. Januar 2002. [5]Auf den privaten Versicherungsvertrag findet § 110 Abs. 3 Anwendung.

(3) [1]Ab dem 1. Juli 2002 besteht ein Beitrittsrecht zur sozialen oder privaten Pflegeversicherung nur für nicht pflegeversicherte Personen, die als Zuwanderer oder Auslandsrückkehrer bei Wohnsitznahme im Inland keinen Tatbestand der Versicherungspflicht nach diesem Buch erfüllen und das 65. Lebensjahr noch nicht vollendet haben, sowie für nicht versicherungspflichtige Personen mit Wohnsitz im Inland, bei denen die Ausschlussgründe nach Absatz 1 Satz 2 entfallen sind. [2]Der Beitritt ist gegenüber der nach § 48 Abs. 2 gewählten Pflegekasse oder dem gewählten privaten Versicherungsunternehmen schriftlich innerhalb von drei Monaten nach Wohnsitznahme im Inland oder nach Wegfall der Ausschlussgründe nach Absatz 1 Satz 2 mit Wirkung vom 1. des Monats zu erklären, der auf die Beitrittserklärung folgt. [3]Auf den privaten Versicherungsvertrag findet § 110 Abs. 3 Anwendung. [4]Das Beitrittsrecht nach Satz 1 ist nicht gegeben in Fällen, in denen ohne zwingenden Grund von den in den Absätzen 1 und 2 geregelten Beitrittsrechten kein Gebrauch gemacht worden ist oder in denen die in Absatz 2 Satz 2 aufgeführten Ausschlussgründe vorliegen.

§ 27 Kündigung eines privaten Pflegeversicherungsvertrages

[1]Personen, die nach § 20, § 21 oder § 21a Absatz 1 versicherungspflichtig werden und bei einem privaten Krankenversicherungsunternehmen gegen Pflegebedürftigkeit versichert sind, können ihren Versicherungsvertrag mit Wirkung vom Eintritt der Versicherungspflicht an kündigen. [2]Das Kündigungsrecht gilt auch für Familienangehörige oder Lebenspartner, wenn für sie eine Familienversicherung nach § 25 eintritt. [3]§ 5 Absatz 9 des Fünften Buches gilt entsprechend.

Viertes Kapitel
Leistungen der Pflegeversicherung

Erster Abschnitt
Übersicht über die Leistungen

§ 28 Leistungsarten, Grundsätze

(1) Die Pflegeversicherung gewährt folgende Leistungen:
1. Pflegesachleistung (§ 36),
2. Pflegegeld für selbst beschaffte Pflegehilfen (§ 37),
3. Kombination von Geldleistung und Sachleistung (§ 38),
4. häusliche Pflege bei Verhinderung der Pflegeperson (§ 39),
5. Pflegehilfsmittel und wohnumfeldverbessernde Maßnahmen (§ 40),
6. Tagespflege und Nachtpflege (§ 41),
7. Kurzzeitpflege (§ 42),
8. vollstationäre Pflege (§ 43),
9. Pauschalleistung für die Pflege von Menschen mit Behinderungen (§ 43a),
9a. Zusätzliche Betreuung und Aktivierung in stationären Pflegeeinrichtungen (§ 43b),
10. Leistungen zur sozialen Sicherung der Pflegepersonen (§ 44),
11. zusätzliche Leistungen bei Pflegezeit und kurzzeitiger Arbeitsverhinderung (§ 44a),
12. Pflegekurse für Angehörige und ehrenamtliche Pflegepersonen (§ 45),
12a. Umwandlung des ambulanten Sachleistungsbetrags (§ 45a),
13. Entlastungsbetrag (§ 45b),
14. Leistungen des Persönlichen Budgets nach § 29 des Neunten Buches,
15. zusätzliche Leistungen für Pflegebedürftige in ambulant betreuten Wohngruppen (§ 38a),
16. Ergänzende Unterstützung bei Nutzung von digitalen Pflegeanwendungen (§ 39a) und digitale Pflegeanwendungen (§ 40a),
17. Leistungsanspruch beim Einsatz digitaler Pflegeanwendungen (§ 40b).

(1a) Versicherte haben gegenüber ihrer Pflegekasse oder ihrem Versicherungsunternehmen Anspruch auf Pflegeberatung (§ 7a).

(1b) Bis zum Erreichen des in § 45e Absatz 2 Satz 2 genannten Zeitpunkts haben Pflegebedürftige unter den Voraussetzungen des § 45e Absatz 1 Anspruch auf Anschubfinanzierung bei Gründung von ambulant betreuten Wohngruppen.

(2) Personen, die nach beamtenrechtlichen Vorschriften oder Grundsätzen bei Krankheit und Pflege Anspruch auf Beihilfe oder Heilfürsorge haben, erhalten die jeweils zustehenden Leistungen zur Hälfte; dies gilt auch für den Wert von Sachleistungen.

(3) Die Pflegekassen und die Leistungserbringer haben sicherzustellen, daß die Leistungen nach Absatz 1 nach allgemein anerkanntem Stand medizinisch-pflegerischer Erkenntnisse erbracht werden.
(4) Pflege schließt Sterbebegleitung mit ein; Leistungen anderer Sozialleistungsträger bleiben unberührt.

§ 28a Leistungen bei Pflegegrad 1
(1) Abweichend von § 28 Absatz 1 und 1a gewährt die Pflegeversicherung bei Pflegegrad 1 folgende Leistungen:
1. Pflegeberatung gemäß den §§ 7a und 7b,
2. Beratung in der eigenen Häuslichkeit gemäß § 37 Absatz 3,
3. zusätzliche Leistungen für Pflegebedürftige in ambulant betreuten Wohngruppen gemäß § 38a, ohne dass § 38a Absatz 1 Satz 1 Nummer 2 erfüllt sein muss,
4. Versorgung mit Pflegehilfsmitteln gemäß § 40 Absatz 1 bis 3 und 5,
5. finanzielle Zuschüsse für Maßnahmen zur Verbesserung des individuellen oder gemeinsamen Wohnumfelds gemäß § 40 Absatz 4,
6. zusätzliche Betreuung und Aktivierung in stationären Pflegeeinrichtungen gemäß § 43b,
7. zusätzliche Leistungen bei Pflegezeit und kurzzeitiger Arbeitsverhinderung gemäß § 44a,
8. Pflegekurse für Angehörige und ehrenamtliche Pflegepersonen gemäß § 45.
9. ergänzende Unterstützung bei Nutzung von digitalen Pflegeanwendungen gemäß § 39a und digitale Pflegeanwendungen gemäß § 40a,
10. Leistungsanspruch beim Einsatz digitaler Pflegeanwendungen gemäß § 40b.

(2) [1]Zudem gewährt die Pflegeversicherung den Entlastungsbetrag gemäß § 45b Absatz 1 Satz 1 in Höhe von 125 Euro monatlich. [2]Dieser kann gemäß § 45b im Wege der Erstattung von Kosten eingesetzt werden, die dem Versicherten im Zusammenhang mit der Inanspruchnahme von Leistungen der Tages- und Nachtpflege sowie der Kurzzeitpflege, von Leistungen der ambulanten Pflegedienste im Sinne des § 36 sowie von Leistungen der nach Landesrecht anerkannten Angebote zur Unterstützung im Alltag im Sinne des § 45a Absatz 1 und 2 entstehen.
(3) Wählen Pflegebedürftige des Pflegegrades 1 vollstationäre Pflege, gewährt die Pflegeversicherung gemäß § 43 Absatz 3 einen Zuschuss in Höhe von 125 Euro monatlich.

Zweiter Abschnitt
Gemeinsame Vorschriften

§ 29 Wirtschaftlichkeitsgebot
(1) [1]Die Leistungen müssen wirksam und wirtschaftlich sein; sie dürfen das Maß des Notwendigen nicht übersteigen. [2]Leistungen, die diese Voraussetzungen nicht erfüllen, können Pflegebedürftige nicht beanspruchen, dürfen die Pflegekassen nicht bewilligen und dürfen die Leistungserbringer nicht zu Lasten der sozialen Pflegeversicherung bewirken.
(2) Leistungen dürfen nur bei Leistungserbringern in Anspruch genommen werden, mit denen die Pflegekassen oder die für sie tätigen Verbände Verträge abgeschlossen haben.

§ 30 Dynamisierung, Verordnungsermächtigung
(1) [1]Die Bundesregierung prüft alle drei Jahre, erneut im Jahre 2020, Notwendigkeit und Höhe einer Anpassung der Leistungen der Pflegeversicherung. [2]Als ein Orientierungswert für die Anpassungsnotwendigkeit dient die kumulierte Preisentwicklung in den letzten drei abgeschlossenen Kalenderjahren; dabei ist sicherzustellen, dass der Anstieg der Leistungsbeträge nicht höher ausfällt als die Bruttolohnentwicklung im gleichen Zeitraum. [3]Bei der Prüfung können die gesamtwirtschaftlichen Rahmenbedingungen mit berücksichtigt werden. [4]Die Bundesregierung legt den gesetzgebenden Körperschaften des Bundes einen Bericht über das Ergebnis der Prüfung und die tragenden Gründe vor.
(2) [1]Die Bundesregierung wird ermächtigt, nach Vorlage des Berichts unter Berücksichtigung etwaiger Stellungnahmen der gesetzgebenden Körperschaften des Bundes die Höhe der Leistungen der Pflegeversicherung durch Rechtsverordnung mit Zustimmung des Bundesrates zum 1. Januar des Folgejahres anzupassen. [2]Die Rechtsverordnung soll frühestens zwei Monate nach Vorlage des Berichts erlassen werden, um den gesetzgebenden Körperschaften des Bundes Gelegenheit zur Stellungnahme zu geben.

§ 31 Vorrang der Rehabilitation vor Pflege
(1) [1]Die Pflegekassen prüfen im Einzelfall, welche Leistungen zur medizinischen Rehabilitation und ergänzenden Leistungen geeignet und zumutbar sind, Pflegebedürftigkeit zu überwinden, zu mindern oder ihre Verschlimmerung zu verhüten. [2]Werden Leistungen nach diesem Buch gewährt, ist bei Nachuntersuchungen die Frage geeigneter und zumutbarer Leistungen zur medizinischen Rehabilitation mit zu prüfen.
(2) Die Pflegekassen haben bei der Einleitung und Ausführung der Leistungen zur Pflege sowie bei Beratung, Auskunft und Aufklärung mit den Trägern der Rehabilitation eng zusammenzuarbeiten, um Pflegebedürftigkeit zu vermeiden, zu überwinden, zu mindern oder ihre Verschlimmerung zu verhüten.

(3) ¹Wenn eine Pflegekasse durch die gutachterlichen Feststellungen des Medizinischen Dienstes (§ 18 Abs. 6) oder auf sonstige Weise feststellt, dass im Einzelfall Leistungen zur medizinischen Rehabilitation angezeigt sind, informiert sie schriftlich oder elektronisch unverzüglich den Versicherten sowie mit dessen Einwilligung schriftlich oder elektronisch die behandelnde Ärztin oder den behandelnden Arzt sowie Angehörige, Personen des Vertrauens der Versicherten oder Pflege- und Betreuungseinrichtungen, die den Versicherten versorgen, und leitet mit Einwilligung des Versicherten eine entsprechende Mitteilung dem zuständigen Rehabilitationsträger zu. ²Die Pflegekasse weist den Versicherten gleichzeitig auf seine Eigenverantwortung und Mitwirkungspflicht hin. ³Soweit der Versicherte eingewilligt hat, gilt die Mitteilung an den Rehabilitationsträger als Antragstellung für das Verfahren nach § 14 des Neunten Buches. ⁴Die Pflegekasse ist über die Leistungsentscheidung des zuständigen Rehabilitationsträgers unverzüglich zu informieren. ⁵Sie prüft in einem angemessenen zeitlichen Abstand, ob entsprechende Maßnahmen durchgeführt worden sind; soweit erforderlich, hat sie vorläufige Leistungen zur medizinischen Rehabilitation nach § 32 Abs. 1 zu erbringen.

§ 32 Vorläufige Leistungen zur medizinischen Rehabilitation

(1) Die Pflegekasse erbringt vorläufige Leistungen zur medizinischen Rehabilitation, wenn eine sofortige Leistungserbringung erforderlich ist, um eine unmittelbar drohende Pflegebedürftigkeit zu vermeiden, eine bestehende Pflegebedürftigkeit zu überwinden, zu mindern oder eine Verschlimmerung der Pflegebedürftigkeit zu verhüten, und sonst die sofortige Einleitung der Leistungen gefährdet wäre.

(2) Die Pflegekasse hat zuvor den zuständigen Träger zu unterrichten und auf die Eilbedürftigkeit der Leistungsgewährung hinzuweisen; wird dieser nicht rechtzeitig, spätestens jedoch vier Wochen nach Antragstellung, tätig, erbringt die Pflegekasse die Leistungen vorläufig.

§ 33 Leistungsvoraussetzungen

(1) ¹Versicherte erhalten die Leistungen der Pflegeversicherung auf Antrag. ²Die Leistungen werden ab Antragstellung gewährt, frühestens jedoch von dem Zeitpunkt an, in dem die Anspruchsvoraussetzungen vorliegen. ³Wird der Antrag nicht in dem Kalendermonat, in dem die Pflegebedürftigkeit eingetreten ist, sondern später gestellt, werden die Leistungen vom Beginn des Monats der Antragstellung an gewährt. ⁴Die Zuordnung zu einem Pflegegrad und die Bewilligung von Leistungen können befristet werden und enden mit Ablauf der Frist. ⁵Die Befristung erfolgt, wenn und soweit eine Verringerung der Beeinträchtigungen der Selbständigkeit oder der Fähigkeiten nach der Einschätzung des Medizinischen Dienstes zu erwarten ist. ⁶Die Befristung kann wiederholt werden und schließt Änderungen bei der Zuordnung zu einem Pflegegrad und bei bewilligten Leistungen im Befristungszeitraum nicht aus, soweit dies durch Rechtsvorschriften des Sozialgesetzbuches angeordnet oder erlaubt ist. ⁷Der Befristungszeitraum darf insgesamt die Dauer von drei Jahren nicht überschreiten. ⁸Um eine nahtlose Leistungsgewährung sicherzustellen, hat die Pflegekasse vor Ablauf einer Befristung rechtzeitig zu prüfen und dem Pflegebedürftigen sowie der ihn betreuenden Pflegeeinrichtung mitzuteilen, ob Pflegeleistungen weiterhin bewilligt werden und welchem Pflegegrad der Pflegebedürftige zuzuordnen ist.

(2) ¹Anspruch auf Leistungen besteht, wenn der Versicherte in den letzten zehn Jahren vor der Antragstellung mindestens zwei Jahre als Mitglied versichert oder nach § 25 familienversichert war. ²Zeiten der Weiterversicherung nach § 26 Abs. 2 werden bei der Ermittlung der nach Satz 1 erforderlichen Vorversicherungszeit mitberücksichtigt. ³Für versicherte Kinder gilt die Vorversicherungszeit nach Satz 1 als erfüllt, wenn ein Elternteil sie erfüllt.

(3) Personen, die wegen des Eintritts von Versicherungspflicht in der sozialen Pflegeversicherung oder von Familienversicherung nach § 25 aus der privaten Pflegeversicherung ausscheiden, ist die dort ununterbrochen zurückgelegte Versicherungszeit auf die Vorversicherungszeit nach Absatz 2 anzurechnen.

§ 33a Leistungsausschluss

¹Auf Leistungen besteht kein Anspruch, wenn sich Personen in den Geltungsbereich dieses Gesetzbuchs begeben, um in einer Versicherung nach § 20 Abs. 1 Satz 2 Nr. 12 oder auf Grund dieser Versicherung in einer Versicherung nach § 25 missbräuchlich Leistungen in Anspruch zu nehmen. ²Das Nähere zur Durchführung regelt die Pflegekasse in ihrer Satzung.

§ 34 Ruhen der Leistungsansprüche

(1) Der Anspruch auf Leistungen ruht:
1. solange sich der Versicherte im Ausland aufhält. Bei vorübergehendem Auslandsaufenthalt von bis zu sechs Wochen im Kalenderjahr ist das Pflegegeld nach § 37 oder anteiliges Pflegegeld nach § 38 weiter zu gewähren. Für die Pflegesachleistung gilt dies nur, soweit die Pflegekraft, die ansonsten die Pflegesachleistung erbringt, den Pflegebedürftigen während des Auslandsaufenthaltes begleitet,
2. soweit Versicherte Entschädigungsleistungen wegen Pflegebedürftigkeit unmittelbar nach § 35 des Bundesversorgungsgesetzes oder nach den Gesetzen, die eine entsprechende Anwendung des Bundesversorgungsgesetzes

vorsehen, aus der gesetzlichen Unfallversicherung oder aus öffentlichen Kassen auf Grund gesetzlich geregelter Unfallversorgung oder Unfallfürsorge erhalten. Dies gilt auch, wenn vergleichbare Leistungen aus dem Ausland oder von einer zwischenstaatlichen oder überstaatlichen Einrichtung bezogen werden.
(1a) Der Anspruch auf Pflegegeld nach § 37 oder anteiliges Pflegegeld nach § 38 ruht nicht bei pflegebedürftigen Versicherten, die sich in einem Mitgliedstaat der Europäischen Union, einem Vertragsstaat des Abkommens über den Europäischen Wirtschaftsraum oder der Schweiz aufhalten.
(2) [1]Der Anspruch auf Leistungen bei häuslicher Pflege ruht darüber hinaus, soweit im Rahmen des Anspruchs auf häusliche Krankenpflege (§ 37 des Fünften Buches) auch Anspruch auf Leistungen besteht, deren Inhalt den Leistungen nach § 36 entspricht, sowie für die Dauer des stationären Aufenthalts in einer Einrichtung im Sinne des § 71 Abs. 4, soweit § 39 nichts Abweichendes bestimmt. [2]Pflegegeld nach § 37 oder anteiliges Pflegegeld nach § 38 ist in den ersten vier Wochen einer vollstationären Krankenhausbehandlung, einer häuslichen Krankenpflege mit Anspruch auf Leistungen, deren Inhalt den Leistungen nach § 36 entspricht, oder einer Aufnahme in Vorsorge- oder Rehabilitationseinrichtungen nach § 107 Absatz 2 des Fünften Buches weiter zu zahlen; bei Pflegebedürftigen, die ihre Pflege durch von ihnen beschäftigte besondere Pflegekräfte sicherstellen und bei denen § 63b Absatz 6 Satz 1 des Zwölften Buches Anwendung findet, wird das Pflegegeld nach § 37 oder anteiliges Pflegegeld nach § 38 auch über die ersten vier Wochen hinaus weiter gezahlt.
(3) Die Leistungen zur sozialen Sicherung nach den §§ 44 und 44a ruhen nicht für die Dauer der häuslichen Krankenpflege, bei vorübergehendem Auslandsaufenthalt des Versicherten oder Erholungsurlaub der Pflegeperson von bis zu sechs Wochen im Kalenderjahr sowie in den ersten vier Wochen einer vollstationären Krankenhausbehandlung oder einer stationären Leistung zur medizinischen Rehabilitation.

§ 35 Erlöschen der Leistungsansprüche
[1]Der Anspruch auf Leistungen erlischt mit dem Ende der Mitgliedschaft, soweit in diesem Buch nichts Abweichendes bestimmt ist. [2]§ 19 Absatz 1a des Fünften Buches gilt entsprechend. [3]Endet die Mitgliedschaft durch Tod, erlöschen Ansprüche auf Kostenerstattung nach diesem Buch abweichend von § 59 des Ersten Buches nicht, wenn sie innerhalb von zwölf Monaten nach dem Tod des Berechtigten geltend gemacht werden.

§ 35a Teilnahme an einem Persönlichen Budget nach § 29 des Neunten Buches
[1]Pflegebedürftigen werden auf Antrag die Leistungen nach den §§ 36, 37 Abs. 1, §§ 38, 40 Abs. 2 und § 41 durch ein Persönliches Budget nach § 29 des Neunten Buches erbracht; bei der Kombinationsleistung nach § 38 ist nur das anteilige und im Voraus bestimmte Pflegegeld als Geldleistung budgetfähig, die Sachleistungen nach den §§ 36, 38 und 41 dürfen nur in Form von Gutscheinen zur Verfügung gestellt werden, die zur Inanspruchnahme von zugelassenen Pflegeeinrichtungen nach diesem Buch berechtigen. [2]Der Leistungsträger, der das Persönliche Budget nach § 29 Absatz 3 des Neunten Buches durchführt, hat sicherzustellen, dass eine den Vorschriften dieses Buches entsprechende Leistungsbewilligung und Verwendung der Leistungen durch den Pflegebedürftigen gewährleistet ist. [3]Andere als die in Satz 1 genannten Leistungsansprüche bleiben ebenso wie die sonstigen Vorschriften dieses Buches unberührt.

Dritter Abschnitt
Leistungen

Erster Titel
Leistungen bei häuslicher Pflege

§ 36 Pflegesachleistung
(1) [1]Pflegebedürftige der Pflegegrade 2 bis 5 haben bei häuslicher Pflege Anspruch auf körperbezogene Pflegemaßnahmen und pflegerische Betreuungsmaßnahmen sowie auf Hilfen bei der Haushaltsführung als Sachleistung (häusliche Pflegehilfe). [2]Der Anspruch umfasst pflegerische Maßnahmen in den in § 14 Absatz 2 genannten Bereichen Mobilität, kognitive und kommunikative Fähigkeiten, Verhaltensweisen und psychische Problemlagen, Selbstversorgung, Bewältigung von und selbständiger Umgang mit krankheits- oder therapiebedingten Anforderungen und Belastungen sowie Gestaltung des Alltagslebens und sozialer Kontakte.
(2) [1]Häusliche Pflegehilfe wird erbracht, um Beeinträchtigungen der Selbständigkeit oder der Fähigkeiten des Pflegebedürftigen so weit wie möglich durch pflegerische Maßnahmen zu beseitigen oder zu mindern und eine Verschlimmerung der Pflegebedürftigkeit zu verhindern. [2]Bestandteil der häuslichen Pflegehilfe ist auch die pflegefachliche Anleitung von Pflegebedürftigen und Pflegepersonen. [3]Pflegerische Betreuungsmaßnahmen umfassen Unterstützungsleistungen zur Bewältigung und Gestaltung des alltäglichen Lebens im häuslichen Umfeld, insbesondere
1. bei der Bewältigung psychosozialer Problemlagen oder von Gefährdungen,

2. bei der Orientierung, bei der Tagesstrukturierung, bei der Kommunikation, bei der Aufrechterhaltung sozialer Kontakte und bei bedürfnisgerechten Beschäftigungen im Alltag sowie
3. durch Maßnahmen zur kognitiven Aktivierung.

(3) Der Anspruch auf häusliche Pflegehilfe umfasst je Kalendermonat
1. für Pflegebedürftige des Pflegegrades 2 Leistungen bis zu einem Gesamtwert von 724 Euro,
2. für Pflegebedürftige des Pflegegrades 3 Leistungen bis zu einem Gesamtwert von 1363 Euro,
3. für Pflegebedürftige des Pflegegrades 4 Leistungen bis zu einem Gesamtwert von 1693 Euro,
4. für Pflegebedürftige des Pflegegrades 5 Leistungen bis zu einem Gesamtwert von 2095 Euro.

(4) [1]Häusliche Pflegehilfe ist auch zulässig, wenn Pflegebedürftige nicht in ihrem eigenen Haushalt gepflegt werden; sie ist nicht zulässig, wenn Pflegebedürftige in einer stationären Pflegeeinrichtung oder in einer Einrichtung oder in Räumlichkeiten im Sinne des § 71 Absatz 4 gepflegt werden. [2]Häusliche Pflegehilfe wird durch geeignete Pflegekräfte erbracht, die entweder von der Pflegekasse oder bei ambulanten Pflegeeinrichtungen, mit denen die Pflegekasse einen Versorgungsvertrag abgeschlossen hat, angestellt sind. [3]Auch durch Einzelpersonen, mit denen die Pflegekasse einen Vertrag nach § 77 Absatz 1 abgeschlossen hat, kann häusliche Pflegehilfe als Sachleistung erbracht werden. [4]Mehrere Pflegebedürftige können häusliche Pflegehilfe gemeinsam in Anspruch nehmen.

§ 37 Pflegegeld für selbst beschaffte Pflegehilfen

(1) [1]Pflegebedürftige der Pflegegrade 2 bis 5 können anstelle der häuslichen Pflegehilfe ein Pflegegeld beantragen. [2]Der Anspruch setzt voraus, dass der Pflegebedürftige mit dem Pflegegeld dessen Umfang entsprechend die erforderlichen körperbezogenen Pflegemaßnahmen und pflegerischen Betreuungsmaßnahmen sowie Hilfen bei der Haushaltsführung in geeigneter Weise selbst sicherstellt. [3]Das Pflegegeld beträgt je Kalendermonat
1. 316 Euro für Pflegebedürftige des Pflegegrades 2,
2. 545 Euro für Pflegebedürftige des Pflegegrades 3,
3. 728 Euro für Pflegebedürftige des Pflegegrades 4,
4. 901 Euro für Pflegebedürftige des Pflegegrades 5.

(2) [1]Besteht der Anspruch nach Absatz 1 nicht für den vollen Kalendermonat, ist der Geldbetrag entsprechend zu kürzen; dabei ist der Kalendermonat mit 30 Tagen anzusetzen. [2]Die Hälfte des bisher bezogenen Pflegegeldes wird während einer Kurzzeitpflege nach § 42 für bis zu acht Wochen und während einer Verhinderungspflege nach § 39 für bis zu sechs Wochen je Kalenderjahr fortgewährt. [3]Das Pflegegeld wird bis zum Ende des Kalendermonats geleistet, in dem der Pflegebedürftige gestorben ist. [4]§ 118 Abs. 3 und 4 des Sechsten Buches gilt entsprechend, wenn für die Zeit nach dem Monat, in dem der Pflegebedürftige verstorben ist, Pflegegeld überwiesen wurde.

(3) [1]Pflegebedürftige, die Pflegegeld nach Absatz 1 beziehen, haben
1. bei Pflegegrad 2 und 3 halbjährlich einmal,
2. bei Pflegegrad 4 und 5 vierteljährlich einmal

eine Beratung in der eigenen Häuslichkeit durch einen zugelassenen Pflegedienst, durch eine von den Landesverbänden der Pflegekassen nach Absatz 7 anerkannte Beratungsstelle mit nachgewiesener pflegefachlicher Kompetenz oder, sofern dies durch einen zugelassenen Pflegedienst vor Ort oder eine von den Landesverbänden der Pflegekassen anerkannte Beratungsstelle mit nachgewiesener pflegefachlicher Kompetenz nicht gewährleistet werden kann, durch eine von der Pflegekasse beauftragte, jedoch von ihr nicht beschäftigte Pflegefachkraft abzurufen. [2]Die Beratung dient der Sicherung der Qualität der häuslichen Pflege und der regelmäßigen Hilfestellung und praktischen pflegefachlichen Unterstützung der häuslich Pflegenden. [3]Die Pflegebedürftigen und die häuslich Pflegenden sind bei der Beratung auch auf die Auskunfts-, Beratungs- und Unterstützungsangebote des für sie zuständigen Pflegestützpunktes sowie auf die Pflegeberatung nach § 7a hinzuweisen. [4]Die Vergütung für die Beratung ist von der zuständigen Pflegekasse, bei privat Pflegeversicherten von dem zuständigen privaten Versicherungsunternehmen zu tragen, im Fall der Beihilfeberechtigung anteilig von den Beihilfefestsetzungsstellen. [5]Die Höhe der Vergütung für die Beratung durch einen zugelassenen Pflegedienst oder durch eine von der Pflegekasse beauftragte Pflegefachkraft vereinbaren die Pflegekassen oder deren Arbeitsgemeinschaften in entsprechender Anwendung des § 89 Absatz 1 und 3 mit dem Träger des zugelassenen Pflegedienstes oder mit der von der Pflegekasse beauftragten Pflegefachkraft unter Berücksichtigung der Empfehlungen nach Absatz 5. [6]Die Vergütung kann nach Pflegegraden gestaffelt werden. [7]Über die Höhe der Vergütung anerkannter Beratungsstellen und von Beratungspersonen der kommunalen Gebietskörperschaften entscheiden ab dem Jahr 2020 die Landesverbände der Pflegekassen unter Zugrundelegung der im jeweiligen Land nach Satz 5 und 6 vereinbarten Vergütungssätze jeweils für die Dauer eines Jahres. [8]Die Landesverbände haben die jeweilige Festlegung der Vergütungshöhe in geeigneter Weise zu veröffentlichen. [9]Pflegebedürftige des Pflegegrades 1 haben Anspruch, halbjährlich einmal einen Beratungsbesuch abzurufen. [10]Beziehen Pflegebedürftige von einem ambulanten Pflegedienst Pflegesachleistungen, können sie ebenfalls halbjährlich einmal einen Beratungsbesuch in Anspruch nehmen; für die Vergütung der Beratung gelten die Sätze 4 bis 9.

(4) ¹Die Pflegedienste und die anerkannten Beratungsstellen sowie die beauftragten Pflegefachkräfte haben die Durchführung der Beratungseinsätze gegenüber der Pflegekasse oder dem privaten Versicherungsunternehmen zu bestätigen sowie die bei dem Beratungsbesuch gewonnenen Erkenntnisse über die Möglichkeiten der Verbesserung der häuslichen Pflegesituation dem Pflegebedürftigen und mit dessen Einwilligung der Pflegekasse oder dem privaten Versicherungsunternehmen mitzuteilen, im Fall der Beihilfeberechtigung auch der zuständigen Beihilfefestsetzungsstelle. ²Der Spitzenverband Bund der Pflegekassen und die privaten Versicherungsunternehmen stellen ihnen für diese Mitteilung ein einheitliches Formular zur Verfügung. ³Erteilt die pflegebedürftige Person die Einwilligung nicht, ist jedoch nach Überzeugung der Beratungsperson eine weitergehende Beratung angezeigt, übermittelt die jeweilige Beratungsstelle diese Einschätzung über die Erforderlichkeit einer weitergehenden Beratung der zuständigen Pflegekasse oder dem zuständigen privaten Versicherungsunternehmen. ⁴Diese haben eine weitergehende Beratung nach § 7a anzubieten. ⁵Der beauftragte Pflegedienst und die anerkannte Beratungsstelle haben dafür Sorge zu tragen, dass für einen Beratungsbesuch im häuslichen Bereich Pflegekräfte eingesetzt werden, die spezifisches Wissen zu dem Krankheits- und Behinderungsbild sowie des sich daraus ergebenden Hilfebedarfs des Pflegebedürftigen mitbringen und über besondere Beratungskompetenz verfügen. ⁶Zudem soll bei der Planung für die Beratungsbesuche weitestgehend sichergestellt werden, dass der Beratungsbesuch bei einem Pflegebedürftigen möglichst auf Dauer von derselben Pflegekraft durchgeführt wird.

(5) ¹Die Vertragsparteien nach § 113 beschließen gemäß § 113b bis zum 1. Januar 2018 unter Beachtung der in Absatz 4 festgelegten Anforderungen Empfehlungen zur Qualitätssicherung der Beratungsbesuche nach Absatz 3. ²Die Empfehlungen enthalten Ausführungen wenigstens

1. zu Beratungsstandards,
2. zur erforderlichen Qualifikation der Beratungspersonen sowie
3. zu erforderlichenfalls einzuleitenden Maßnahmen im Einzelfall.

³Fordert das Bundesministerium für Gesundheit oder eine Vertragspartei nach § 113 im Einvernehmen mit dem Bundesministerium für Gesundheit die Vertragsparteien schriftlich zum Beschluss neuer Empfehlungen nach Satz 1 auf, sind diese innerhalb von sechs Monaten nach Eingang der Aufforderung neu zu beschließen. ⁴Die Empfehlungen gelten für die anerkannten Beratungsstellen entsprechend.

(5a) ¹Der Spitzenverband Bund der Pflegekassen beschließt mit dem Verband der privaten Krankenversicherung e. V. bis zum 1. Januar 2020 Richtlinien zur Aufbereitung, Bewertung und standardisierten Dokumentation der Erkenntnisse aus dem jeweiligen Beratungsbesuch durch die Pflegekasse oder das private Versicherungsunternehmen. ²Die Richtlinien werden erst wirksam, wenn das Bundesministerium für Gesundheit sie genehmigt. ³Die Genehmigung gilt als erteilt, wenn die Richtlinien nicht innerhalb von zwei Monaten, nachdem sie dem Bundesministerium für Gesundheit vorgelegt worden sind, beanstandet werden. ⁴Beanstandungen des Bundesministeriums für Gesundheit sind innerhalb der von ihm gesetzten Frist zu beheben.

(6) Rufen Pflegebedürftige die Beratung nach Absatz 3 Satz 1 nicht ab, hat die Pflegekasse oder das private Versicherungsunternehmen das Pflegegeld angemessen zu kürzen und im Wiederholungsfall zu entziehen.

(7) ¹Die Landesverbände der Pflegekassen haben neutrale und unabhängige Beratungsstellen zur Durchführung der Beratung nach den Absätzen 3 und 4 anzuerkennen. ²Dem Antrag auf Anerkennung ist ein Nachweis über die erforderliche pflegefachliche Kompetenz der Beratungsstelle und ein Konzept zur Qualitätssicherung des Beratungsangebotes beizufügen. ³Die Landesverbände der Pflegekassen regeln das Nähere zur Anerkennung der Beratungsstellen.

(8) ¹Die Beratungsbesuche nach Absatz 3 können auch von Pflegeberaterinnen und Pflegeberatern im Sinne des § 7a oder von Beratungspersonen der kommunalen Gebietskörperschaften, die die erforderliche pflegefachliche Kompetenz aufweisen, durchgeführt werden. ²Absatz 4 findet entsprechende Anwendung. ³Die Inhalte der Empfehlungen zur Qualitätssicherung der Beratungsbesuche nach Absatz 5 sind zu beachten.

(9) Beratungsbesuche nach Absatz 3 dürfen von Betreuungsdiensten im Sinne des § 71 Absatz 1a nicht durchgeführt werden.

§ 38 Kombination von Geldleistung und Sachleistung (Kombinationsleistung)

¹Nimmt der Pflegebedürftige die ihm nach § 36 Absatz 3 zustehende Sachleistung nur teilweise in Anspruch, erhält er daneben ein anteiliges Pflegegeld im Sinne des § 37. ²Das Pflegegeld wird um den Vomhundertsatz vermindert, in dem der Pflegebedürftige Sachleistungen in Anspruch genommen hat. ³An die Entscheidung, in welchem Verhältnis er Geld- und Sachleistung in Anspruch nehmen will, ist der Pflegebedürftige für die Dauer von sechs Monaten gebunden. ⁴Anteiliges Pflegegeld wird während einer Kurzzeitpflege nach § 42 für bis zu acht Wochen und während einer Verhinderungspflege nach § 39 für bis zu sechs Wochen je Kalenderjahr in Höhe der Hälfte der vor Beginn der Kurzzeit- oder Verhinderungspflege geleisteten Höhe fortgewährt. ⁵Pflegebedürftige in vollstationären Einrichtungen der Hilfe für behinderte Menschen (§ 43a) haben Anspruch auf ungekürztes Pflegegeld anteilig für die Tage, an denen sie sich in häuslicher Pflege befinden.

§ 38a Zusätzliche Leistungen für Pflegebedürftige in ambulant betreuten Wohngruppen

(1) ¹Pflegebedürftige haben Anspruch auf einen pauschalen Zuschlag in Höhe von 214 Euro monatlich, wenn
1. sie mit mindestens zwei und höchstens elf weiteren Personen in einer ambulant betreuten Wohngruppe in einer gemeinsamen Wohnung zum Zweck der gemeinschaftlich organisierten pflegerischen Versorgung leben und davon mindestens zwei weitere Personen pflegebedürftig im Sinne der §§ 14, 15 sind,
2. sie Leistungen nach den §§ 36, 37, 38, 45a oder § 45b beziehen,
3. eine Person durch die Mitglieder der Wohngruppe gemeinschaftlich beauftragt ist, unabhängig von der individuellen pflegerischen Versorgung allgemeine organisatorische, verwaltende, betreuende oder das Gemeinschaftsleben fördernde Tätigkeiten zu verrichten oder die Wohngruppenmitglieder bei der Haushaltsführung zu unterstützen, und
4. keine Versorgungsform einschließlich teilstationärer Pflege vorliegt, in der ein Anbieter der Wohngruppe oder ein Dritter den Pflegebedürftigen Leistungen anbietet oder gewährleistet, die dem im jeweiligen Rahmenvertrag nach § 75 Absatz 1 für vollstationäre Pflege vereinbarten Leistungsumfang weitgehend entsprechen; der Anbieter einer ambulant betreuten Wohngruppe hat die Pflegebedürftigen vor deren Einzug in die Wohngruppe in geeigneter Weise darauf hinzuweisen, dass dieser Leistungsumfang von ihm oder einem Dritten nicht erbracht wird, sondern die Versorgung in der Wohngruppe auch durch die aktive Einbindung ihrer eigenen Ressourcen und ihres sozialen Umfelds sichergestellt werden kann.

²Leistungen der Tages- und Nachtpflege gemäß § 41 können neben den Leistungen nach dieser Vorschrift nur in Anspruch genommen werden, wenn gegenüber der zuständigen Pflegekasse durch eine Prüfung des Medizinischen Dienstes nachgewiesen ist, dass die Pflege in der ambulant betreuten Wohngruppe ohne teilstationäre Pflege nicht in ausreichendem Umfang sichergestellt ist; dies gilt entsprechend für die Versicherten der privaten Pflege-Pflichtversicherung.

(2) Die Pflegekassen sind berechtigt, zur Feststellung der Anspruchsvoraussetzungen bei dem Antragsteller folgende Daten zu verarbeiten und folgende Unterlagen anzufordern:
1. eine formlose Bestätigung des Antragstellers, dass die Voraussetzungen nach Absatz 1 Nummer 1 erfüllt sind,
2. die Adresse und das Gründungsdatum der Wohngruppe,
3. den Mietvertrag einschließlich eines Grundrisses der Wohnung und den Pflegevertrag nach § 120,
4. Vorname, Name, Anschrift und Telefonnummer sowie Unterschrift der Person nach Absatz 1 Nummer 3 und
5. die vereinbarten Aufgaben der Person nach Absatz 1 Nummer 3.

§ 39 Häusliche Pflege bei Verhinderung der Pflegeperson

(1) ¹Ist eine Pflegeperson wegen Erholungsurlaubs, Krankheit oder aus anderen Gründen an der Pflege gehindert, übernimmt die Pflegekasse die nachgewiesenen Kosten einer notwendigen Ersatzpflege für längstens sechs Wochen je Kalenderjahr; § 34 Absatz 2 Satz 1 gilt nicht. ²Voraussetzung ist, dass die Pflegeperson den Pflegebedürftigen vor der erstmaligen Verhinderung mindestens sechs Monate in seiner häuslichen Umgebung gepflegt hat und der Pflegebedürftige zum Zeitpunkt der Verhinderung mindestens in Pflegegrad 2 eingestuft ist. ³Die Aufwendungen der Pflegekasse können sich im Kalenderjahr auf bis zu 1612 Euro belaufen, wenn die Ersatzpflege durch andere Pflegepersonen sichergestellt wird als solche, die mit dem Pflegebedürftigen bis zum zweiten Grade verwandt oder verschwägert sind oder die mit ihm in häuslicher Gemeinschaft leben.

(2) ¹Der Leistungsbetrag nach Absatz 1 Satz 3 kann um bis zu 806 Euro aus noch nicht in Anspruch genommenen Mitteln der Kurzzeitpflege nach § 42 Absatz 2 Satz 2 auf insgesamt bis zu 2418 Euro im Kalenderjahr erhöht werden. ²Der für die Verhinderungspflege in Anspruch genommene Erhöhungsbetrag wird auf den Leistungsbetrag für eine Kurzzeitpflege nach § 42 Absatz 2 Satz 2 angerechnet.

(3) ¹Bei einer Ersatzpflege durch Pflegepersonen, die mit dem Pflegebedürftigen bis zum zweiten Grade verwandt oder verschwägert sind oder mit ihm in häuslicher Gemeinschaft leben, dürfen die Aufwendungen der Pflegekasse regelmäßig den Betrag des Pflegegeldes nach § 37 Absatz 1 Satz 3 für bis zu sechs Wochen nicht überschreiten. ²Wird die Ersatzpflege von den in Satz 1 genannten Personen erwerbsmäßig ausgeübt, können sich die Aufwendungen der Pflegekasse abweichend von Satz 1 auf den Leistungsbetrag nach Absatz 1 Satz 3 belaufen; Absatz 2 findet Anwendung. ³Bei Bezug der Leistung in Höhe des Pflegegeldes für eine Ersatzpflege durch Pflegepersonen, die mit dem Pflegebedürftigen bis zum zweiten Grade verwandt oder verschwägert sind oder mit ihm in häuslicher Gemeinschaft leben, können von der Pflegekasse auf Nachweis notwendige Aufwendungen, die der Pflegeperson im Zusammenhang mit der Ersatzpflege entstanden sind, übernommen werden. ⁴Die Aufwendungen der Pflegekasse nach den Sätzen 1 und 3 dürfen zusammen den Leistungsbetrag nach Absatz 1 Satz 3 nicht übersteigen; Absatz 2 findet Anwendung.

§ 39a Ergänzende Unterstützung bei Nutzung von digitalen Pflegeanwendungen

¹Pflegebedürftige haben bei der Nutzung digitaler Pflegeanwendungen im Sinne des § 40a Anspruch auf ergänzende Unterstützungsleistungen, deren Erforderlichkeit das Bundesinstitut für Arzneimittel und Medizinprodukte nach

§ 78a Absatz 5 Satz 6 festgestellt hat, durch nach diesem Buch zugelassene ambulante Pflegeeinrichtungen. ²Der Anspruch setzt voraus, dass die ergänzende Unterstützungsleistung für die Nutzung der digitalen Pflegeanwendung im Einzelfall erforderlich ist.

§ 40 Pflegehilfsmittel und wohnumfeldverbessernde Maßnahmen

(1) ¹Pflegebedürftige haben Anspruch auf Versorgung mit Pflegehilfsmitteln, die zur Erleichterung der Pflege oder zur Linderung der Beschwerden des Pflegebedürftigen beitragen oder ihm eine selbständigere Lebensführung ermöglichen, soweit die Hilfsmittel nicht wegen Krankheit oder Behinderung von der Krankenversicherung oder anderen zuständigen Leistungsträgern zu leisten sind. ²Die Pflegekasse kann in geeigneten Fällen die Notwendigkeit der Versorgung mit den beantragten Pflegehilfsmitteln unter Beteiligung einer Pflegekraft oder des Medizinischen Dienstes überprüfen lassen. ³Entscheiden sich Versicherte für eine Ausstattung des Pflegehilfsmittels, die über das Maß des Notwendigen hinausgeht, haben sie die Mehrkosten und die dadurch bedingten Folgekosten selbst zu tragen. ⁴§ 33 Abs. 6 und 7 des Fünften Buches gilt entsprechend.

(2) ¹Die Aufwendungen der Pflegekassen für zum Verbrauch bestimmte Pflegehilfsmittel dürfen monatlich den Betrag von 40 Euro nicht übersteigen; bis zum 31. Dezember 2021 gilt ein monatlicher Betrag in Höhe von 60 Euro. ²Die Leistung kann auch in Form einer Kostenerstattung erbracht werden.

(3) ¹Die Pflegekassen sollen technische Pflegehilfsmittel in allen geeigneten Fällen vorrangig leihweise überlassen. ²Sie können die Bewilligung davon abhängig machen, daß die Pflegebedürftigen sich das Pflegehilfsmittel anpassen oder sich selbst oder die Pflegeperson in seinem Gebrauch ausbilden lassen. ³Der Anspruch umfaßt auch die notwendige Änderung, Instandsetzung und Ersatzbeschaffung von Pflegehilfsmitteln sowie die Ausbildung in ihrem Gebrauch. ⁴Versicherte, die das 18. Lebensjahr vollendet haben, haben zu den Kosten des Pflegehilfsmittel mit Ausnahme der Pflegehilfsmittel nach Absatz 2 eine Zuzahlung von zehn vom Hundert, höchstens jedoch 25 Euro je Pflegehilfsmittel an die abgebende Stelle zu leisten. ⁵Zur Vermeidung von Härten kann die Pflegekasse den Versicherten in entsprechender Anwendung des § 62 Abs. 1 Satz 1, 2 und 6 sowie Abs. 2 und 3 des Fünften Buches ganz oder teilweise von der Zuzahlung befreien. ⁶Versicherte, die die für sie geltende Belastungsgrenze nach § 62 des Fünften Buches erreicht haben oder unter Berücksichtigung der Zuzahlung nach Satz 4 erreichen, sind hinsichtlich des die Belastungsgrenze überschreitenden Betrags von der Zuzahlung nach diesem Buch befreit. ⁷Lehnen Versicherte die teilweise Überlassung eines Pflegehilfsmittels ohne zwingenden Grund ab, haben sie die Kosten des Pflegehilfsmittels in vollem Umfang selbst zu tragen.

(4) ¹Die Pflegekassen können subsidiär finanzielle Zuschüsse für Maßnahmen zur Verbesserung des individuellen Wohnumfeldes des Pflegebedürftigen gewähren, beispielsweise für technische Hilfen im Haushalt, wenn dadurch im Einzelfall die häusliche Pflege ermöglicht oder erheblich erleichtert oder eine möglichst selbständige Lebensführung des Pflegebedürftigen wiederhergestellt wird. ²Die Zuschüsse dürfen einen Betrag in Höhe von 4000 Euro je Maßnahme nicht übersteigen. ³Leben mehrere Pflegebedürftige in einer gemeinsamen Wohnung, dürfen die Zuschüsse für Maßnahmen zur Verbesserung des gemeinsamen Wohnumfeldes einen Betrag in Höhe von 4000 Euro je Pflegebedürftigem nicht übersteigen. ⁴Der Gesamtbetrag je Maßnahme nach Satz 3 ist auf 16 000 Euro begrenzt und wird bei mehr als vier Anspruchsberechtigten anteilig auf die Versicherungsträger der Anspruchsberechtigten aufgeteilt. ⁵§ 40 Absatz 1 Satz 2 gilt entsprechend.

(5) ¹Für Hilfsmittel und Pflegehilfsmittel, die sowohl den in § 23 und § 33 des Fünften Buches als auch den in Absatz 1 genannten Zwecken dienen können, prüft der Leistungsträger, bei dem die Leistung beantragt wird, ob ein Anspruch gegenüber der Krankenkasse oder der Pflegekasse besteht und entscheidet über die Bewilligung der Hilfsmittel und Pflegehilfsmittel. ²Zur Gewährleistung einer Absatz 1 Satz 1 entsprechenden Abgrenzung der Leistungsverpflichtungen der gesetzlichen Krankenversicherung und der sozialen Pflegeversicherung werden die Ausgaben für Hilfsmittel und Pflegehilfsmittel zwischen der jeweiligen Krankenkasse und der bei ihr errichteten Pflegekasse in einem bestimmten Verhältnis pauschal aufgeteilt. ³Der Spitzenverband Bund der Krankenkassen bestimmt in Richtlinien, die erstmals bis zum 30. April 2012 zu beschließen sind, die Hilfsmittel und Pflegehilfsmittel nach Satz 1, das Verhältnis, in dem die Ausgaben aufzuteilen sind, sowie die Einzelheiten zur Umsetzung der Pauschalierung. ⁴Er berücksichtigt dabei die bisherigen Ausgaben der Kranken- und Pflegekassen und stellt sicher, dass bei der Aufteilung die Zielsetzung der Vorschriften des Fünften Buches und dieses Buches zur Hilfsmittelversorgung sowie die Belange der Versicherten gewahrt bleiben. ⁵Die Richtlinien bedürfen der Genehmigung des Bundesministeriums für Gesundheit und treten am ersten Tag des auf die Genehmigung folgenden Monats in Kraft; die Genehmigung kann mit Auflagen verbunden werden. ⁶Die Richtlinien sind für die Kranken- und Pflegekassen verbindlich. ⁷Für die nach Satz 3 bestimmten Hilfsmittel und Pflegehilfsmittel richtet sich die Zuzahlung nach den §§ 33, 61 und 62 des Fünften Buches; für die Prüfung des Leistungsanspruchs gilt § 275 Absatz 3 des Fünften Buches. ⁸Die Regelungen dieses Absatzes gelten nicht für Ansprüche auf Hilfsmittel oder Pflegehilfsmittel von Pflegebedürftigen, die sich in vollstationärer Pflege befinden, sowie von Pflegebedürftigen nach § 28 Absatz 2.

(6) ¹Pflegefachkräfte können im Rahmen ihrer Leistungserbringung nach § 36, nach den §§ 37 und 37c des Fünften Buches sowie der Beratungseinsätze nach § 37 Absatz 3 konkrete Empfehlungen zur Hilfsmittel- und Pflegehilfsmittelversorgung abgeben. ²Wird ein Pflegehilfsmittel nach Absatz 1 Satz 1 oder Absatz 5 oder ein Hilfsmittel nach Absatz 5, das den Zielen von Absatz 1 Satz 1 dient, von einer Pflegefachkraft bei der Antragstellung empfohlen, werden unter den in den Richtlinien nach Satz 6 festgelegten Voraussetzungen die Notwendigkeit der Versorgung nach Absatz 1 Satz 2 und die Erforderlichkeit der Versorgung nach § 33 Absatz 1 des Fünften Buches vermutet. ³Die Empfehlung der Pflegefachkraft darf bei der Antragstellung nicht älter als zwei Wochen sein. ⁴Einer ärztlichen Verordnung gemäß § 33 Absatz 5a des Fünften Buches bedarf es bei Vorliegen einer Empfehlung nach Satz 1 nicht. ⁵Die Empfehlung der Pflegefachkraft für ein Pflegehilfsmittel oder ein Hilfsmittel, das den Zielen des Absatzes 1 Satz 1 dient, ist der Kranken- oder Pflegekasse zusammen mit dem Antrag des Versicherten in Textform zu übermitteln. ⁶Der Spitzenverband Bund der Krankenkassen, zugleich nach § 53 Satz 1 die Aufgaben des Spitzenverbandes Bund der Pflegekassen wahrnehmend, legt bis zum 31. Dezember 2021 in Richtlinien fest, in welchen Fällen und für welche Hilfsmittel und Pflegehilfsmittel nach Satz 2 die Erforderlichkeit oder Notwendigkeit der Versorgung vermutet wird; dabei ist auch festzulegen, über welche Eignung die empfehlende Pflegefachkraft verfügen soll. ⁷In den Richtlinien wird auch das Nähere zum Verfahren der Empfehlung durch die versorgende Pflegefachkraft bei Antragstellung festgelegt. ⁸Die Bundespflegekammer und die Verbände der Pflegeberufe auf Bundesebene sind an den Richtlinien zu beteiligen. ⁹Der Spitzenverband Bund der Krankenkassen, zugleich nach § 53 Satz 1 die Aufgaben des Spitzenverbandes Bund der Pflegekassen wahrnehmend, wird beauftragt, die in den Richtlinien festgelegten Verfahren in fachlicher und wirtschaftlicher Hinsicht unter Beteiligung des Medizinischen Dienstes Bund, der Bundespflegekammer und der Verbände der Pflegeberufe auf Bundesebene zu evaluieren. ¹⁰Ein Bericht über die Ergebnisse der Evaluation ist dem Bundesministerium für Gesundheit bis zum 1. Januar 2025 vorzulegen.

(7) ¹Die Pflegekasse hat über einen Antrag auf Pflegehilfsmittel oder Zuschüsse zu wohnumfeldverbessernden Maßnahmen zügig, spätestens bis zum Ablauf von drei Wochen nach Antragseingang oder in Fällen, in denen eine Pflegefachkraft oder der Medizinische Dienst nach Absatz 1 Satz 2 beteiligt wird, innerhalb von fünf Wochen nach Antragseingang zu entscheiden. ²Über einen Antrag auf ein Pflegehilfsmittel, das von einer Pflegefachkraft bei der Antragstellung nach Absatz 6 Satz 2 empfohlen wurde, hat die Pflegekasse zügig, spätestens bis zum Ablauf von drei Wochen nach Antragseingang, zu entscheiden. ³Kann die Pflegekasse die Fristen nach Satz 1 oder Satz 2 nicht einhalten, teilt sie dies den Antragstellern unter Darlegung der Gründe rechtzeitig schriftlich mit. ⁴Erfolgt keine Mitteilung eines hinreichenden Grundes, gilt die Leistung nach Ablauf der Frist als genehmigt.

§ 40a Digitale Pflegeanwendungen

(1) Pflegebedürftige haben Anspruch auf Versorgung mit Anwendungen, die wesentlich auf digitalen Technologien beruhen und von den Pflegebedürftigen oder in der Interaktion von Pflegebedürftigen, Angehörigen und zugelassenen ambulanten Pflegeeinrichtungen genutzt werden, um Beeinträchtigungen der Selbständigkeit oder der Fähigkeiten des Pflegebedürftigen zu mindern und einer Verschlimmerung der Pflegebedürftigkeit entgegenzuwirken, soweit die Anwendung nicht wegen Krankheit oder Behinderung von der Krankenversicherung oder anderen zuständigen Leistungsträgern zu leisten ist (digitale Pflegeanwendungen).

(2) ¹Der Anspruch umfasst nur solche digitale Pflegeanwendungen, die vom Bundesinstitut für Arzneimittel und Medizinprodukte in das Verzeichnis für digitale Pflegeanwendungen nach § 78a Absatz 3 aufgenommen sind. ²Die Pflegekasse entscheidet auf Antrag des Pflegebedürftigen über die Notwendigkeit der Versorgung des Pflegebedürftigen mit einer digitalen Pflegeanwendung. ³Entscheiden sich Pflegebedürftige für eine digitale Pflegeanwendung, deren Funktionen oder Anwendungsbereiche über die in das Verzeichnis für digitale Pflegeanwendungen nach § 78a Absatz 3 aufgenommenen digitalen Pflegeanwendungen hinausgehen oder deren Kosten die Vergütungsbeträge nach § 78a Absatz 1 Satz 1 übersteigen, haben sie die Mehrkosten selbst zu tragen. ⁴Über die von ihnen zu tragenden Mehrkosten sind die Pflegebedürftigen von den Pflegekassen vorab in schriftlicher Form oder elektronisch zu informieren.

(3) ¹Für digitale Pflegeanwendungen, die sowohl den in § 33a Absatz 1 Satz 1 des Fünften Buches als auch den in Absatz 1 genannten Zwecken dienen können, prüft der Leistungsträger, bei dem die Leistung beantragt wird, ob ein Anspruch gegenüber der Krankenkasse oder der Pflegekasse besteht und entscheidet über die Bewilligung der digitalen Gesundheitsanwendung oder der digitalen Pflegeanwendung. ²Ansprüche nach anderen Vorschriften dieses Buches bleiben unberührt. ³§ 40 Absatz 5 Satz 2 bis 6 gilt entsprechend mit der Maßgabe, dass der Spitzenverband Bund der Krankenkassen Richtlinien über das Verhältnis zur Aufteilung der Ausgaben erstmals bis zum 31. Dezember 2021 zu beschließen hat.

(4) Die Hersteller stellen den Anspruchsberechtigten digitale Pflegeanwendungen barrierefrei im Wege elektronischer Übertragung über öffentlich zugängliche Netze, auf maschinell lesbaren Datenträgern oder über digitale Vertriebsplattformen zur Verfügung.

§ 40b Leistungsanspruch beim Einsatz digitaler Pflegeanwendungen

¹Pflegebedürftige haben Anspruch auf die Leistungen nach den §§ 39a und 40a bis zur Höhe von insgesamt 50 Euro im Monat. ²Die Aufteilung des Leistungsanspruchs nach Satz 1 auf die ergänzende Unterstützungsleistung nach § 39a und die digitale Pflegeanwendung nach § 40a beim Einsatz digitaler Pflegeanwendungen richtet sich nach § 78 Absatz 1 Satz 5.

Zweiter Titel
Teilstationäre Pflege und Kurzzeitpflege

§ 41 Tagespflege und Nachtpflege

(1) ¹Pflegebedürftige der Pflegegrade 2 bis 5 haben Anspruch auf teilstationäre Pflege in Einrichtungen der Tages- oder Nachtpflege, wenn häusliche Pflege nicht in ausreichendem Umfang sichergestellt werden kann oder wenn dies zur Ergänzung oder Stärkung der häuslichen Pflege erforderlich ist. ²Die teilstationäre Pflege umfaßt auch die notwendige Beförderung des Pflegebedürftigen von der Wohnung zur Einrichtung der Tagespflege oder der Nachtpflege und zurück.
(2) ¹Die Pflegekasse übernimmt im Rahmen der Leistungsbeträge nach Satz 2 die pflegebedingten Aufwendungen der teilstationären Pflege einschließlich der Aufwendungen für Betreuung und die Aufwendungen für die in der Einrichtung notwendigen Leistungen der medizinischen Behandlungspflege. ²Der Anspruch auf teilstationäre Pflege umfasst je Kalendermonat
1. für Pflegebedürftige des Pflegegrades 2 einen Gesamtwert bis zu 689 Euro,
2. für Pflegebedürftige des Pflegegrades 3 einen Gesamtwert bis zu 1298 Euro,
3. für Pflegebedürftige des Pflegegrades 4 einen Gesamtwert bis zu 1612 Euro,
4. für Pflegebedürftige des Pflegegrades 5 einen Gesamtwert bis zu 1995 Euro.

(3) Pflegebedürftige der Pflegegrade 2 bis 5 können teilstationäre Tages- und Nachtpflege zusätzlich zu ambulanten Pflegesachleistungen, Pflegegeld oder der Kombinationsleistung nach § 38 in Anspruch nehmen, ohne dass eine Anrechnung auf diese Ansprüche erfolgt.

§ 42 Kurzzeitpflege

(1) ¹Kann die häusliche Pflege zeitweise nicht, noch nicht oder nicht im erforderlichen Umfang erbracht werden und reicht auch teilstationäre Pflege nicht aus, besteht für Pflegebedürftige der Pflegegrade 2 bis 5 Anspruch auf Pflege in einer vollstationären Einrichtung. ²Dies gilt:
1. für eine Übergangszeit im Anschluß an eine stationäre Behandlung des Pflegebedürftigen oder
2. in sonstigen Krisensituationen, in denen vorübergehend häusliche oder teilstationäre Pflege nicht möglich oder nicht ausreichend ist.

(2) ¹Der Anspruch auf Kurzzeitpflege ist auf acht Wochen pro Kalenderjahr beschränkt. ²Die Pflegekasse übernimmt die pflegebedingten Aufwendungen einschließlich der Aufwendungen für Betreuung sowie die Aufwendungen für Leistungen der medizinischen Behandlungspflege bis zu dem Gesamtbetrag von 1774 Euro im Kalenderjahr. ³Der Leistungsbetrag nach Satz 2 kann um bis zu 1612 Euro aus noch nicht in Anspruch genommenen Mitteln der Verhinderungspflege nach § 39 Absatz 1 Satz 3 auf insgesamt bis zu 3386 Euro im Kalenderjahr erhöht werden. ⁴Der für die Kurzzeitpflege in Anspruch genommene Erhöhungsbetrag wird auf den Leistungsbetrag für eine Verhinderungspflege nach § 39 Absatz 1 Satz 3 angerechnet.
(3) ¹Abweichend von den Absätzen 1 und 2 besteht der Anspruch auf Kurzzeitpflege in begründeten Einzelfällen bei zu Hause gepflegten Pflegebedürftigen auch in geeigneten Einrichtungen der Hilfe für behinderte Menschen und anderen geeigneten Einrichtungen, wenn die Pflege in einer von den Pflegekassen zur Kurzzeitpflege zugelassenen Pflegeeinrichtung nicht möglich ist oder nicht zumutbar erscheint. ²§ 34 Abs. 2 Satz 1 findet keine Anwendung. ³Sind in dem Entgelt für die Einrichtung Kosten für Unterkunft und Verpflegung sowie Aufwendungen für Investitionen enthalten, ohne gesondert ausgewiesen zu sein, so sind 60 vom Hundert des Entgelts zuschussfähig. ⁴In begründeten Einzelfällen kann die Pflegekasse in Ansehung der Kosten für Unterkunft und Verpflegung sowie der Aufwendungen für Investitionen davon abweichende pauschale Abschläge vornehmen.
(4) Abweichend von den Absätzen 1 und 2 besteht der Anspruch auf Kurzzeitpflege auch in Einrichtungen, die stationäre Leistungen zur medizinischen Vorsorge oder Rehabilitation erbringen, wenn während einer Maßnahme der medizinischen Vorsorge oder Rehabilitation für eine Pflegeperson eine gleichzeitige Unterbringung und Pflege des Pflegebedürftigen erforderlich ist.

Dritter Titel
Vollstationäre Pflege

§ 43 Inhalt der Leistung

(1) Pflegebedürftige der Pflegegrade 2 bis 5 haben Anspruch auf Pflege in vollstationären Einrichtungen.
(2) ¹Für Pflegebedürftige in vollstationären Einrichtungen übernimmt die Pflegekasse im Rahmen der pauschalen Leistungsbeträge nach Satz 2 die pflegebedingten Aufwendungen einschließlich der Aufwendungen für Betreuung und die Aufwendungen für Leistungen der medizinischen Behandlungspflege. ²Der Anspruch beträgt je Kalendermonat
1. 770 Euro für Pflegebedürftige des Pflegegrades 2,
2. 1262 Euro für Pflegebedürftige des Pflegegrades 3,
3. 1775 Euro für Pflegebedürftige des Pflegegrades 4,
4. 2005 Euro für Pflegebedürftige des Pflegegrades 5.

³Abweichend von Satz 1 übernimmt die Pflegekasse auch Aufwendungen für Unterkunft und Verpflegung, soweit der nach Satz 2 gewährte Leistungsbetrag die in Satz 1 genannten Aufwendungen übersteigt.
(3) Wählen Pflegebedürftige des Pflegegrades 1 vollstationäre Pflege, erhalten sie für die in Absatz 2 Satz 1 genannten Aufwendungen einen Zuschuss in Höhe von 125 Euro monatlich.
(4) Bei vorübergehender Abwesenheit von Pflegebedürftigen aus dem Pflegeheim werden die Leistungen für vollstationäre Pflege erbracht, solange die Voraussetzungen des § 87a Abs. 1 Satz 5 und 6 vorliegen.

Vierter Titel
Pauschalleistung für die Pflege von Menschen mit Behinderungen

§ 43a Inhalt der Leistung

¹Für Pflegebedürftige der Pflegegrade 2 bis 5 in einer vollstationären Einrichtung im Sinne des § 71 Absatz 4 Nummer 1, in der die Teilhabe am Arbeitsleben, an Bildung oder die soziale Teilhabe, die schulische Ausbildung oder die Erziehung von Menschen mit Behinderungen im Vordergrund des Einrichtungszwecks stehen, übernimmt die Pflegekasse zur Abgeltung der in § 43 Absatz 2 genannten Aufwendungen 15 Prozent der nach Teil 2 Kapitel 8 des Neunten Buches vereinbarten Vergütung. ²Die Aufwendungen der Pflegekasse dürfen im Einzelfall je Kalendermonat 266 Euro nicht überschreiten. ³Die Sätze 1 und 2 gelten auch für Pflegebedürftige der Pflegegrade 2 bis 5 in Räumlichkeiten im Sinne des § 71 Absatz 4 Nummer 3, die Leistungen der Eingliederungshilfe für Menschen mit Behinderungen nach Teil 2 des Neunten Buches erhalten. ⁴Wird für die Tage, an denen die Pflegebedürftigen im Sinne der Sätze 1 und 3 zu Hause gepflegt und betreut werden, anteiliges Pflegegeld beansprucht, gelten die Tage der An- und Abreise als volle Tage der häuslichen Pflege.

Fünfter Titel
Zusätzliche Betreuung und Aktivierung in stationären Pflegeeinrichtungen

§ 43b Inhalt der Leistung

Pflegebedürftige in stationären Pflegeeinrichtungen haben nach Maßgabe von § 84 Absatz 8 und § 85 Absatz 8 Anspruch auf zusätzliche Betreuung und Aktivierung, die über die nach Art und Schwere der Pflegebedürftigkeit notwendige Versorgung hinausgeht.

Sechster Titel
Pflegebedingter Eigenanteil bei vollstationärer Pflege

§ 43c Begrenzung des Eigenanteils an den pflegebedingten Aufwendungen

¹Pflegebedürftige der Pflegegrade 2 bis 5, die bis einschließlich 12 Monate Leistungen nach § 43 beziehen, erhalten einen Leistungszuschlag in Höhe von 5 Prozent ihres zu zahlenden Eigenanteils an den pflegebedingten Aufwendungen. ²Pflegebedürftige der Pflegegrade 2 bis 5, die seit mehr als 12 Monaten Leistungen nach § 43 beziehen, erhalten einen Leistungszuschlag in Höhe von 25 Prozent ihres zu zahlenden Eigenanteils an den pflegebedingten Aufwendungen. Pflegebedürftige der Pflegegrade 2 bis 5, die seit mehr als 24 Monaten Leistungen nach § 43 beziehen, erhalten einen Leistungszuschlag in Höhe von 45 Prozent ihres zu zahlenden Eigenanteils an den pflegebedingten Aufwendungen. ³Pflegebedürftige der Pflegegrade 2 bis 5, die seit mehr als 36 Monaten Leistungen nach § 43 beziehen, erhalten einen Leistungszuschlag in Höhe von 70 Prozent ihres zu zahlenden Eigenanteils an den pflegebedingten Aufwendungen. ⁴Bei der Bemessung der Monate, in denen Pflegebedürftige Leistungen nach § 43 beziehen, werden Monate, in denen nur für einen Teilzeitraum Leistungen nach § 43 bezogen worden sind, berücksichtigt. ⁵Die Pflegeeinrichtung, die den Pflegebedürftigen versorgt, stellt der Pflegekasse des Pflegebedürftigen neben dem Leistungsbetrag den Leistungszuschlag in Rechnung und dem Pflegebedürftigen den verbleibenden

Eigenanteil. ⁶Die Pflegekasse übermittelt für jeden Pflegebedürftigen beim Einzug in die Pflegeeinrichtung sowie zum 1. Januar 2022 für alle vollstationär versorgten Pflegebedürftigen die bisherige Dauer des Bezugs von Leistungen nach § 43.

Vierter Abschnitt
Leistungen für Pflegepersonen

§ 44 Leistungen zur sozialen Sicherung der Pflegepersonen

(1) ¹Zur Verbesserung der sozialen Sicherung der Pflegepersonen im Sinne des § 19, die einen Pflegebedürftigen mit mindestens Pflegegrad 2 pflegen, entrichten die Pflegekassen und die privaten Versicherungsunternehmen, bei denen eine private Pflege-Pflichtversicherung durchgeführt wird, sowie die sonstigen in § 170 Absatz 1 Nummer 6 des Sechsten Buches genannten Stellen Beiträge nach Maßgabe des § 166 Absatz 2 des Sechsten Buches an den zuständigen Träger der gesetzlichen Rentenversicherung, wenn die Pflegeperson regelmäßig nicht mehr als 30 Stunden wöchentlich erwerbstätig ist. ²Der Medizinische Dienst oder ein anderer von der Pflegekasse beauftragter unabhängiger Gutachter ermittelt im Einzelfall, ob die Pflegeperson eine oder mehrere pflegebedürftige Personen wenigstens zehn Stunden wöchentlich, verteilt auf regelmäßig mindestens zwei Tage in der Woche, pflegt. ³Wird die Pflege eines Pflegebedürftigen von mehreren Pflegepersonen erbracht (Mehrfachpflege), wird zudem der Umfang der jeweiligen Pflegetätigkeit je Pflegeperson im Verhältnis zum Umfang der von den Pflegepersonen zu leistenden Pflegetätigkeit insgesamt (Gesamtpflegeaufwand) ermittelt. ⁴Dabei werden die Angaben der beteiligten Pflegepersonen zugrunde gelegt. ⁵Werden keine oder keine übereinstimmenden Angaben gemacht, erfolgt eine Aufteilung zu gleichen Teilen. ⁶Die Feststellungen zu den Pflegezeiten und zum Pflegeaufwand der Pflegeperson sowie bei Mehrfachpflege zum Einzel- und Gesamtpflegeaufwand trifft die für die Pflegeleistungen nach diesem Buch zuständige Stelle. ⁷Diese Feststellungen sind der Pflegeperson auf Wunsch zu übermitteln.

(2) ¹Für Pflegepersonen, die wegen einer Pflichtmitgliedschaft in einer berufsständischen Versorgungseinrichtung auch in ihrer Pflegetätigkeit von der Versicherungspflicht in der gesetzlichen Rentenversicherung befreit sind oder befreit wären, wenn sie in der gesetzlichen Rentenversicherung versicherungspflichtig wären und einen Befreiungsantrag gestellt hätten, werden die nach Absatz 1 zu entrichtenden Beiträge auf Antrag an die berufsständische Versorgungseinrichtung gezahlt. ²§ 47a Absatz 2 des Fünften Buches gilt für die Pflegekassen, die Beiträge an berufsständische Versorgungseinrichtungen entrichten, entsprechend.

(2a) Während der pflegerischen Tätigkeit sind Pflegepersonen im Sinne des § 19, die einen Pflegebedürftigen mit mindestens Pflegegrad 2 pflegen, nach Maßgabe des § 2 Absatz 1 Nummer 17 des Siebten Buches in den Versicherungsschutz der gesetzlichen Unfallversicherung einbezogen.

(2b) ¹Während der pflegerischen Tätigkeit sind Pflegepersonen im Sinne des § 19, die einen Pflegebedürftigen mit mindestens Pflegegrad 2 pflegen, nach Maßgabe des § 26 Absatz 2b des Dritten Buches nach dem Recht der Arbeitsförderung versichert. ²Die Pflegekassen und die privaten Versicherungsunternehmen, bei denen eine private Pflege-Pflichtversicherung durchgeführt wird, sowie die sonstigen in § 347 Nummer 10 Buchstabe c des Dritten Buches genannten Stellen entrichten für die Pflegepersonen Beiträge an die Bundesagentur für Arbeit. ³Näheres zu den Beiträgen und zum Verfahren regeln die §§ 345, 347 und 349 des Dritten Buches.

(3) ¹Die Pflegekasse und das private Versicherungsunternehmen haben die in der Renten- und Unfallversicherung sowie nach dem Dritten Buch zu versichernde Pflegeperson den zuständigen Renten- und Unfallversicherungsträgern sowie der Bundesagentur für Arbeit zu melden. ²Die Meldung für die Pflegeperson enthält:
1. ihre Versicherungsnummer, soweit bekannt,
2. ihren Familien- und Vornamen,
3. ihr Geburtsdatum,
4. ihre Staatsangehörigkeit,
5. ihre Anschrift,
6. Beginn und Ende der Pflegetätigkeit,
7. den Pflegegrad des Pflegebedürftigen und
8. die nach § 166 Absatz 2 des Sechsten Buches maßgeblichen beitragspflichtigen Einnahmen.

³Der Spitzenverband Bund der Pflegekassen sowie der Verband der privaten Krankenversicherung e. V. können mit der Deutschen Rentenversicherung Bund und mit den Trägern der Unfallversicherung sowie mit der Bundesagentur für Arbeit Näheres über das Meldeverfahren vereinbaren.

(4) Der Inhalt der Meldung nach Absatz 3 Satz 2 Nr. 1 bis 6 und 8 ist der Pflegeperson, der Inhalt der Meldung nach Absatz 3 Satz 2 Nr. 7 dem Pflegebedürftigen schriftlich mitzuteilen.

(5) ¹Die Pflegekasse und das private Versicherungsunternehmen haben in den Fällen, in denen eine nicht erwerbsmäßig tätige Pflegeperson einen Pflegebedürftigen mit mindestens Pflegegrad 2 pflegt, der Anspruch auf Beihilfeleistungen oder Leistungen der Heilfürsorge hat, und für die die Beiträge an die gesetzliche Rentenversicherung nach

§ 170 Absatz 1 Nummer 6 Buchstabe c des Sechsten Buches oder an die Bundesagentur für Arbeit nach § 347 Nummer 10 Buchstabe c des Dritten Buches anteilig getragen werden, im Antragsverfahren auf Leistungen der Pflegeversicherung von dem Pflegebedürftigen die zuständige Festsetzungsstelle für die Beihilfe oder den Dienstherrn unter Hinweis auf die beabsichtigte Weiterleitung der in Satz 2 genannten Angaben an diese Stelle zu erfragen. ²Der angegebenen Festsetzungsstelle für die Beihilfe oder dem Dienstherrn sind bei Feststellung der Beitragspflicht sowie bei Änderungen in den Verhältnissen des Pflegebedürftigen oder der Pflegeperson, insbesondere bei einer Änderung des Pflegegrades, einer Unterbrechung der Pflegetätigkeit oder einem Wechsel der Pflegeperson, die in Absatz 3 Satz 2 genannten Angaben mitzuteilen. ³Absatz 4 findet auf Satz 2 entsprechende Anwendung. ⁴Für die Mitteilungen nach Satz 2 haben die Pflegekassen und privaten Versicherungsunternehmen spätestens zum 1. Januar 2020 ein elektronisches Verfahren vorzusehen, bei dem die Mitteilungen an die Beihilfefestsetzungsstellen oder die Dienstherren automatisch erfolgen. ⁵Die Pflegekassen und privaten Versicherungsunternehmen haben technisch sicherzustellen, dass die Meldungen nach Absatz 3 an die Träger der gesetzlichen Rentenversicherung erst erfolgen, wenn die erforderliche Mitteilung an die Beihilfefestsetzungsstelle oder den Dienstherrn erfolgt ist. ⁶Für Beiträge, die von den Beihilfestellen und Dienstherren nicht bis zum Ablauf des Fälligkeitstages gezahlt worden sind, weil die Pflegekassen und privaten Versicherungsunternehmen die Mitteilungen nach Satz 2 nicht, nicht unverzüglich, nicht vollständig oder fehlerhaft durchgeführt haben, ist von den Pflegekassen und privaten Versicherungsunternehmen ein Säumniszuschlag entsprechend § 24 Absatz 1 Satz 1 des Vierten Buches zu zahlen; dies gilt nicht, wenn im Einzelfall kein Verschulden der Pflegekassen und privaten Versicherungsunternehmen vorliegt.

(6) ¹Für Pflegepersonen, bei denen die Mindeststundenzahl von zehn Stunden wöchentlicher Pflege, verteilt auf regelmäßig mindestens zwei Tage in der Woche, nur durch die Pflege mehrerer Pflegebedürftiger erreicht wird, haben der Spitzenverband Bund der Pflegekassen, der Verband der privaten Krankenversicherung e. V., die Deutsche Rentenversicherung Bund und die Bundesagentur für Arbeit das Verfahren und die Mitteilungspflichten zwischen den an einer Addition von Pflegezeiten und Pflegeaufwänden beteiligten Pflegekassen und Versicherungsunternehmen durch Vereinbarung zu regeln. ²Die Pflegekassen und Versicherungsunternehmen dürfen die in Absatz 3 Satz 2 Nummer 1 bis 3 und 6 und, soweit dies für eine sichere Identifikation der Pflegeperson erforderlich ist, die in den Nummern 4 und 5 genannten Daten sowie die Angabe des zeitlichen Umfangs der Pflegetätigkeit der Pflegeperson an andere Pflegekassen und Versicherungsunternehmen, die an einer Addition von Pflegezeiten und Pflegeaufwänden beteiligt sind, zur Überprüfung der Voraussetzungen der Rentenversicherungspflicht oder der Versicherungspflicht nach dem Dritten Buch der Pflegeperson übermitteln und ihnen übermittelte Daten verarbeiten.

§ 44a Zusätzliche Leistungen bei Pflegezeit und kurzzeitiger Arbeitsverhinderung

(1) ¹Beschäftigte, die nach § 3 des Pflegezeitgesetzes von der Arbeitsleistung vollständig freigestellt wurden oder deren Beschäftigung durch Reduzierung der Arbeitszeit zu einer geringfügigen Beschäftigung im Sinne des § 8 Abs. 1 Nr. 1 des Vierten Buches wird, erhalten auf Antrag Zuschüsse zur Kranken- und Pflegeversicherung. ²Zuschüsse werden gewährt für eine freiwillige Versicherung in der gesetzlichen Krankenversicherung, eine Pflichtversicherung nach § 5 Abs. 1 Nr. 13 des Fünften Buches oder nach § 2 Abs. 1 Nr. 7 des Zweiten Gesetzes über die Krankenversicherung der Landwirte, eine Versicherung bei einem privaten Krankenversicherungsunternehmen, eine Versicherung bei der Postbeamtenkrankenkasse oder der Krankenversorgung der Bundesbahnbeamten, soweit im Einzelfall keine beitragsfreie Familienversicherung möglich ist, sowie für eine damit in Zusammenhang stehende Pflege-Pflichtversicherung. ³Die Zuschüsse belaufen sich auf die Höhe der Mindestbeiträge, die von freiwillig in der gesetzlichen Krankenversicherung versicherten Personen zur gesetzlichen Krankenversicherung (§ 240 Abs. 4 Satz 1 des Fünften Buches) und zur sozialen Pflegeversicherung (§ 57 Abs. 4) zu entrichten sind und dürfen die tatsächliche Höhe der Beiträge nicht übersteigen. ⁴Für die Berechnung der Mindestbeiträge zur gesetzlichen Krankenversicherung werden bei Mitgliedern der gesetzlichen Krankenversicherung der allgemeine Beitragssatz nach § 241 des Fünften Buches sowie der kassenindividuelle Zusatzbeitragssatz nach § 242 Absatz 1 des Fünften Buches zugrunde gelegt. ⁵Bei Mitgliedern der landwirtschaftlichen Krankenversicherung, die nicht in der gesetzlichen Krankenversicherung versichert sind, werden der allgemeine Beitragssatz nach § 241 des Fünften Buches sowie der durchschnittliche Zusatzbeitragssatz nach § 242a des Fünften Buches zugrunde gelegt. ⁶Beschäftigte haben Änderungen in den Verhältnissen, die sich auf die Zuschussgewährung auswirken können, unverzüglich der Pflegekasse oder dem privaten Versicherungsunternehmen, bei dem der Pflegebedürftige versichert ist, mitzuteilen.

(2) (weggefallen)

(3) ¹Für kurzzeitige Arbeitsverhinderung nach § 2 des Pflegezeitgesetzes hat eine Beschäftigte oder ein Beschäftigter im Sinne des § 7 Absatz 1 des Pflegezeitgesetzes, die oder der für diesen Zeitraum keine Entgeltfortzahlung vom Arbeitgeber und kein Kranken- oder Verletztengeld bei Erkrankung oder Unfall eines Kindes nach § 45 des Fünften Buches oder nach § 45 Absatz 4 des Siebten Buches beanspruchen kann, Anspruch auf einen Ausgleich für entgangenes Arbeitsentgelt (Pflegeunterstützungsgeld) für bis zu insgesamt zehn Arbeitstage. ²Wenn mehrere Beschäftigte den Anspruch nach § 2 Absatz 1 des Pflegezeitgesetzes für einen pflegebedürftigen nahen Angehörigen geltend

machen, ist deren Anspruch auf Pflegeunterstützungsgeld auf insgesamt bis zu zehn Arbeitstage begrenzt. ³Das Pflegeunterstützungsgeld wird auf Antrag, der unverzüglich zu stellen ist, unter Vorlage der ärztlichen Bescheinigung nach § 2 Absatz 2 Satz 2 des Pflegezeitgesetzes von der Pflegekasse oder dem Versicherungsunternehmen des pflegebedürftigen nahen Angehörigen gewährt. ⁴Für die Höhe des Pflegeunterstützungsgeldes gilt § 45 Absatz 2 Satz 3 bis 5 des Fünften Buches entsprechend.

(4) ¹Beschäftigte, die Pflegeunterstützungsgeld nach Absatz 3 beziehen, erhalten für die Dauer des Leistungsbezuges von den in Absatz 3 bezeichneten Organisationen auf Antrag Zuschüsse zur Krankenversicherung. ²Zuschüsse werden gewährt für eine Versicherung bei einem privaten Krankenversicherungsunternehmen, eine Versicherung bei der Postbeamtenkrankenkasse oder der Krankenversorgung der Bundesbahnbeamten. ³Die Zuschüsse belaufen sich auf den Betrag, der bei Versicherungspflicht in der gesetzlichen Krankenversicherung als Leistungsträgeranteil nach § 249c des Fünften Buches aufzubringen wäre, und dürfen die tatsächliche Höhe der Beiträge nicht übersteigen. ⁴Für die Berechnung nach Satz 3 werden der allgemeine Beitragssatz nach § 241 des Fünften Buches sowie der durchschnittliche Zusatzbeitragssatz nach § 242a Absatz 2 des Fünften Buches zugrunde gelegt. ⁵Für Beschäftigte, die Pflegeunterstützungsgeld nach Absatz 3 beziehen und wegen einer Pflichtmitgliedschaft in einer berufsständischen Versorgungseinrichtung von der Versicherungspflicht in der gesetzlichen Rentenversicherung befreit sind, zahlen die in § 170 Absatz 1 Nummer 2 Buchstabe e des Sechsten Buches genannten Stellen auf Antrag Beiträge an die zuständige berufsständische Versorgungseinrichtung in der Höhe, wie sie bei Eintritt von Versicherungspflicht nach § 3 Satz 1 Nummer 3 des Sechsten Buches an die gesetzliche Rentenversicherung zu entrichten wären. ⁶Die von den in § 170 Absatz 1 Nummer 2 Buchstabe e des Sechsten Buches genannten Stellen zu zahlenden Beiträge sind auf die Höhe der Beiträge begrenzt, die von diesen Stellen ohne die Befreiung von der Versicherungspflicht in der gesetzlichen Rentenversicherung für die Dauer des Leistungsbezugs zu tragen wären; die Beiträge dürfen die Hälfte der in der Zeit des Leistungsbezugs vom Beschäftigten an die berufsständische Versorgungseinrichtung zu zahlenden Beiträge nicht übersteigen. ⁷§ 47a Absatz 2 des Fünften Buches gilt für die Pflegekassen, die Beiträge an berufsständische Versorgungseinrichtungen entrichten, entsprechend.

(5) ¹Die Pflegekasse oder das private Pflegeversicherungsunternehmen des pflegebedürftigen nahen Angehörigen stellt dem Leistungsbezieher nach Absatz 3 mit der Leistungsbewilligung eine Bescheinigung über den Zeitraum des Bezugs und die Höhe des gewährten Pflegeunterstützungsgeldes aus. ²Der Leistungsbezieher hat diese Bescheinigung unverzüglich seinem Arbeitgeber vorzulegen. ³In den Fällen des § 170 Absatz 1 Nummer 2 Buchstabe e Doppelbuchstabe cc des Sechsten Buches bescheinigt die Pflegekasse oder das private Versicherungsunternehmen die gesamte Höhe der Leistung.

(6) ¹Landwirtschaftlichen Unternehmern im Sinne des § 2 Absatz 1 Nummer 1 und 2 des Zweiten Gesetzes über eine Krankenversicherung der Landwirte, die an der Führung des Unternehmens gehindert sind, weil sie für einen pflegebedürftigen nahen Angehörigen in einer akut aufgetretenen Pflegesituation eine bedarfsgerechte Pflege organisieren oder eine pflegerische Versorgung in dieser Zeit sicherstellen müssen, wird anstelle des Pflegeunterstützungsgeldes für bis zu zehn Arbeitstage Betriebshilfe entsprechend § 9 des Zweiten Gesetzes über die Krankenversicherung der Landwirte gewährt. ²Diese Kosten der Leistungen für die Betriebshilfe werden der landwirtschaftlichen Pflegekasse von der Pflegeversicherung des pflegebedürftigen nahen Angehörigen erstattet; innerhalb der sozialen Pflegeversicherung wird von einer Erstattung abgesehen. ³Privat pflegeversicherte landwirtschaftliche Unternehmer, die an der Führung des Unternehmens gehindert sind, weil dies erforderlich ist, um für einen pflegebedürftigen nahen Angehörigen in einer akut aufgetretenen Pflegesituation eine bedarfsgerechte Pflege zu organisieren oder eine pflegerische Versorgung in dieser Zeit sicherzustellen, erhalten von der Pflegekasse des Pflegebedürftigen oder in Höhe des tariflichen Erstattungssatzes von dem privaten Versicherungsunternehmen des Pflegebedürftigen eine Kostenerstattung für bis zu zehn Arbeitstage Betriebshilfe; dabei werden nicht die tatsächlichen Kosten, sondern ein pauschaler Betrag in Höhe von 200 Euro je Tag Betriebshilfe zugrunde gelegt.

(7) ¹Die Pflegekasse und das private Versicherungsunternehmen haben in den Fällen, in denen ein Leistungsbezieher nach Absatz 3 einen pflegebedürftigen nahen Angehörigen pflegt, der Anspruch auf Beihilfeleistungen oder Leistungen der Heilfürsorge hat, und für den Beiträge anteilig getragen werden, im Antragsverfahren auf Pflegeunterstützungsgeld von dem Pflegebedürftigen die zuständige Festsetzungsstelle für die Beihilfe oder den Dienstherrn unter Hinweis auf die beabsichtigte Information dieser Stelle über den beitragspflichtigen Bezug von Pflegeunterstützungsgeld zu erfragen. ²Der angegebenen Festsetzungsstelle für die Beihilfe oder dem angegebenen Dienstherrn sind bei Feststellung der Beitragspflicht folgende Angaben zum Leistungsbezieher mitzuteilen:
1. die Versicherungsnummer, soweit bekannt,
2. der Familien- und der Vorname,
3. das Geburtsdatum,
4. die Staatsangehörigkeit,
5. die Anschrift,
6. der Beginn des Bezugs von Pflegeunterstützungsgeld,

7. die Höhe des dem Pflegeunterstützungsgeld zugrunde liegenden ausgefallenen Arbeitsentgelts und
8. Name und Anschrift der Krankenkasse oder des privaten Krankenversicherungsunternehmens.

§ 45 Pflegekurse für Angehörige und ehrenamtliche Pflegepersonen

(1) ¹Die Pflegekassen haben für Angehörige und sonstige an einer ehrenamtlichen Pflegetätigkeit interessierte Personen unentgeltlich Schulungskurse durchzuführen, um soziales Engagement im Bereich der Pflege zu fördern und zu stärken, Pflege und Betreuung zu erleichtern und zu verbessern sowie pflegebedingte körperliche und seelische Belastungen zu mindern und ihrer Entstehung vorzubeugen. ²Die Kurse sollen Fertigkeiten für eine eigenständige Durchführung der Pflege vermitteln. ³Auf Wunsch der Pflegeperson und der pflegebedürftigen Person findet die Schulung auch in der häuslichen Umgebung des Pflegebedürftigen statt. ⁴§ 114a Absatz 3a gilt entsprechend. ⁵Die Pflegekassen sollen auch digitale Pflegekurse anbieten; die Pflicht der Pflegekassen zur Durchführung von Schulungskursen nach Satz 1 vor Ort bleibt unberührt.

(2) Die Pflegekasse kann die Kurse entweder selbst oder gemeinsam mit anderen Pflegekassen durchführen oder geeignete andere Einrichtungen mit der Durchführung beauftragen.

(3) Über die einheitliche Durchführung sowie über die inhaltliche Ausgestaltung der Kurse können die Landesverbände der Pflegekassen Rahmenvereinbarungen mit den Trägern der Einrichtungen schließen, die die Pflegekurse durchführen.

Fünfter Abschnitt
Angebote zur Unterstützung im Alltag, Entlastungsbetrag, Förderung der Weiterentwicklung der Versorgungsstrukturen und des Ehrenamts sowie der Selbsthilfe

§ 45a Angebote zur Unterstützung im Alltag, Umwandlung des ambulanten Sachleistungsbetrags (Umwandlungsanspruch), Verordnungsermächtigung

(1) ¹Angebote zur Unterstützung im Alltag tragen dazu bei, Pflegepersonen zu entlasten, und helfen Pflegebedürftigen, möglichst lange in ihrer häuslichen Umgebung zu bleiben, soziale Kontakte aufrechtzuerhalten und ihren Alltag weiterhin möglichst selbständig bewältigen zu können. ²Angebote zur Unterstützung im Alltag sind
1. Angebote, in denen insbesondere ehrenamtliche Helferinnen und Helfer unter pflegefachlicher Anleitung die Betreuung von Pflegebedürftigen mit allgemeinem oder mit besonderem Betreuungsbedarf in Gruppen oder im häuslichen Bereich übernehmen (Betreuungsangebote),
2. Angebote, die der gezielten Entlastung und beratenden Unterstützung von pflegenden Angehörigen und vergleichbar nahestehenden Pflegepersonen in ihrer Eigenschaft als Pflegende dienen (Angebote zur Entlastung von Pflegenden),
3. Angebote, die dazu dienen, die Pflegebedürftigen bei der Bewältigung von allgemeinen oder pflegebedingten Anforderungen des Alltags oder im Haushalt, insbesondere bei der Haushaltsführung, oder bei der eigenverantwortlichen Organisation individuell benötigter Hilfeleistungen zu unterstützen (Angebote zur Entlastung im Alltag).

³Die Angebote benötigen eine Anerkennung durch die zuständige Behörde nach Maßgabe des gemäß Absatz 3 erlassenen Landesrechts. ⁴Durch ein Angebot zur Unterstützung im Alltag können auch mehrere der in Satz 2 Nummer 1 bis 3 genannten Bereiche abgedeckt werden. ⁵In Betracht kommen als Angebote zur Unterstützung im Alltag insbesondere Betreuungsgruppen für an Demenz erkrankte Menschen, Helferinnen- und Helferkreise zur stundenweisen Entlastung pflegender Angehöriger oder vergleichbar nahestehender Pflegepersonen im häuslichen Bereich, die Tagesbetreuung in Kleingruppen oder Einzelbetreuung durch anerkannte Helferinnen oder Helfer, Agenturen zur Vermittlung von Betreuungs- und Entlastungsleistungen für Pflegebedürftige und pflegende Angehörige sowie vergleichbar nahestehende Pflegepersonen, Familienentlastende Dienste, Alltagsbegleiter, Pflegebegleiter und Serviceangebote für haushaltsnahe Dienstleistungen.

(2) ¹Angebote zur Unterstützung im Alltag beinhalten die Übernahme von Betreuung und allgemeiner Beaufsichtigung, eine die vorhandenen Ressourcen und Fähigkeiten stärkende oder stabilisierende Alltagsbegleitung, Unterstützungsleistungen für Angehörige und vergleichbar Nahestehende in ihrer Eigenschaft als Pflegende zur besseren Bewältigung des Pflegealltags, die Erbringung von Dienstleistungen, organisatorische Hilfestellungen oder andere geeignete Maßnahmen. ²Die Angebote verfügen über ein Konzept, das Angaben zur Qualitätssicherung des Angebots sowie eine Übersicht über die Leistungen, die angeboten werden sollen, und die Höhe der den Pflegebedürftigen hierfür in Rechnung gestellten Kosten enthält. ³Das Konzept umfasst ferner Angaben zur zielgruppen- und tätigkeitsgerechten Qualifikation der Helfenden und zu dem Vorhandensein von Grund- und Notfallwissen im Umgang mit Pflegebedürftigen sowie dazu, wie eine angemessene Schulung und Fortbildung der Helfenden sowie eine kontinuierliche fachliche Begleitung und Unterstützung insbesondere von ehrenamtlich Helfenden in ihrer Arbeit gesichert werden. ⁴Bei wesentlichen Änderungen hinsichtlich der angebotenen Leistungen ist das Konzept entspre-

chend fortzuschreiben; bei Änderung der hierfür in Rechnung gestellten Kosten sind die entsprechenden Angaben zu aktualisieren.
(3) ¹Die Landesregierungen werden ermächtigt, durch Rechtsverordnung das Nähere über die Anerkennung der Angebote zur Unterstützung im Alltag im Sinne der Absätze 1 und 2 einschließlich der Vorgaben zur regelmäßigen Qualitätssicherung der Angebote und zur regelmäßigen Übermittlung einer Übersicht über die aktuell angebotenen Leistungen und die Höhe der hierfür erhobenen Kosten zu bestimmen. ²Beim Erlass der Rechtsverordnung sollen sie die gemäß § 45c Absatz 7 beschlossenen Empfehlungen berücksichtigen.
(4) ¹Pflegebedürftige in häuslicher Pflege mit mindestens Pflegegrad 2 können eine Kostenerstattung zum Ersatz von Aufwendungen für Leistungen der nach Landesrecht anerkannten Angebote zur Unterstützung im Alltag unter Anrechnung auf ihren Anspruch auf ambulante Pflegesachleistungen nach § 36 erhalten, soweit für den entsprechenden Leistungsbetrag nach § 36 in dem jeweiligen Kalendermonat keine ambulanten Pflegesachleistungen bezogen wurden. ²Der hierfür verwendete Betrag darf je Kalendermonat 40 Prozent des nach § 36 für den jeweiligen Pflegegrad vorgesehenen Höchstleistungsbetrags nicht überschreiten. ³Zur Inanspruchnahme der Umwandlung des ambulanten Sachleistungsbetrags nach Satz 1 bedarf es keiner vorherigen Antragstellung. ⁴Die Anspruchsberechtigten erhalten die Kostenerstattung nach Satz 1 bei Beantragung der dafür erforderlichen finanziellen Mittel von der zuständigen Pflegekasse oder dem zuständigen privaten Versicherungsunternehmen sowie im Fall der Beihilfeberechtigung anteilig von der Beihilfefestsetzungsstelle gegen Vorlage entsprechender Belege über Eigenbelastungen, die ihnen im Zusammenhang mit der Inanspruchnahme der Leistungen der Angebote zur Unterstützung im Alltag entstanden sind. ⁵Die Vergütungen für ambulante Pflegesachleistungen nach § 36 sind vorrangig abzurechnen. ⁶Im Rahmen der Kombinationsleistung nach § 38 gilt die Erstattung der Aufwendungen nach Satz 1 als Inanspruchnahme der dem Anspruchsberechtigten nach § 36 Absatz 3 zustehenden Sachleistung. ⁷Ist vor der Auszahlung der Kostenerstattung nach Satz 1 für den jeweiligen Kalendermonat bereits mehr Pflegegeld oder anteiliges Pflegegeld an den Pflegebedürftigen ausgezahlt worden, als er nach Berücksichtigung des Betrages der zu erstattenden Aufwendungen beanspruchen kann, wird der Kostenerstattungsbetrag insoweit mit dem bereits ausgezahlten Pflegegeldbetrag verrechnet. ⁸Beziehen Anspruchsberechtigte die Leistung nach Satz 1, findet § 37 Absatz 3 bis 5 und 7 bis 9 Anwendung; § 37 Absatz 6 findet mit der Maßgabe entsprechende Anwendung, dass eine Kürzung oder Entziehung in Bezug auf die Kostenerstattung nach Satz 1 erfolgt. ⁹Die Inanspruchnahme der Umwandlung des ambulanten Sachleistungsbetrags nach Satz 1 und die Inanspruchnahme des Entlastungsbetrags nach § 45b erfolgen unabhängig voneinander.

§ 45b Entlastungsbetrag

(1) ¹Pflegebedürftige in häuslicher Pflege haben Anspruch auf einen Entlastungsbetrag in Höhe von bis zu 125 Euro monatlich. ²Der Betrag ist zweckgebunden einzusetzen für qualitätsgesicherte Leistungen zur Entlastung pflegender Angehöriger und vergleichbar Nahestehender in ihrer Eigenschaft als Pflegende sowie zur Förderung der Selbständigkeit und Selbstbestimmtheit der Pflegebedürftigen bei der Gestaltung ihres Alltags. ³Er dient der Erstattung von Aufwendungen, die den Versicherten entstehen im Zusammenhang mit der Inanspruchnahme von
1. Leistungen der Tages- oder Nachtpflege,
2. Leistungen der Kurzzeitpflege,
3. Leistungen der ambulanten Pflegedienste im Sinne des § 36, in den Pflegegraden 2 bis 5 jedoch nicht von Leistungen im Bereich der Selbstversorgung,
4. Leistungen der nach Landesrecht anerkannten Angebote zur Unterstützung im Alltag im Sinne des § 45a.
⁴Die Erstattung der Aufwendungen erfolgt auch, wenn für die Finanzierung der in Satz 3 genannten Leistungen Mittel der Verhinderungspflege gemäß § 39 eingesetzt werden. ⁵Die Leistung nach Satz 1 kann innerhalb des jeweiligen Kalenderjahres in Anspruch genommen werden; wird die Leistung in einem Kalenderjahr nicht ausgeschöpft, kann der nicht verbrauchte Betrag in das folgende Kalenderhalbjahr übertragen werden.
(2) ¹Der Anspruch auf den Entlastungsbetrag entsteht, sobald die in Absatz 1 Satz 1 genannten Anspruchsvoraussetzungen vorliegen, ohne dass es einer vorherigen Antragstellung bedarf. ²Die Kostenerstattung in Höhe des Entlastungsbetrags nach Absatz 1 erhalten die Pflegebedürftigen von der zuständigen Pflegekasse oder dem zuständigen privaten Versicherungsunternehmen sowie im Fall der Beihilfeberechtigung anteilig von der Beihilfefestsetzungsstelle bei Beantragung der dafür erforderlichen finanziellen Mittel gegen Vorlage entsprechender Belege über entstandene Eigenbelastungen im Zusammenhang mit der Inanspruchnahme der in Absatz 1 Satz 3 genannten Leistungen. ³Für Zwecke der statistischen Erfassung bei den Pflegekassen und den privaten Versicherungsunternehmen muss auf den Belegen eindeutig und deutlich erkennbar angegeben sein, im Zusammenhang mit welcher der in Absatz 1 Satz 3 Nummer 1 bis 4 genannten Leistungen die Aufwendungen jeweils entstanden sind.
(3) ¹Der Entlastungsbetrag nach Absatz 1 Satz 1 bleibt bei den Fürsorgeleistungen zur Pflege nach § 13 Absatz 3 Satz 1 keine Berücksichtigung. ²§ 63b Absatz 1 des Zwölften Buches findet auf den Entlastungsbetrag keine Anwendung. ³Abweichend von den Sätzen 1 und 2 darf der Entlastungsbetrag hinsichtlich der Leistungen nach § 64i

oder § 66 des Zwölften Buches bei der Hilfe zur Pflege Berücksichtigung finden, soweit nach diesen Vorschriften Leistungen zu gewähren sind, deren Inhalte den Leistungen nach Absatz 1 Satz 3 entsprechen.
(4) [1]Die für die Erbringung von Leistungen nach Absatz 1 Satz 3 Nummer 1 bis 4 verlangte Vergütung darf die Preise für vergleichbare Sachleistungen von zugelassenen Pflegeeinrichtungen nicht übersteigen. [2]Näheres zur Ausgestaltung einer entsprechenden Begrenzung der Vergütung, die für die Erbringung von Leistungen nach Absatz 1 Satz 3 Nummer 4 durch nach Landesrecht anerkannte Angebote zur Unterstützung im Alltag verlangt werden darf, können die Landesregierungen in der Rechtsverordnung nach § 45a Absatz 3 bestimmen.

§ 45c Förderung der Weiterentwicklung der Versorgungsstrukturen und des Ehrenamts, Verordnungsermächtigung

(1) [1]Zur Weiterentwicklung der Versorgungsstrukturen und Versorgungskonzepte und zur Förderung ehrenamtlicher Strukturen fördert der Spitzenverband Bund der Pflegekassen im Wege der Anteilsfinanzierung aus Mitteln des Ausgleichsfonds mit 25 Millionen Euro je Kalenderjahr
1. den Auf- und Ausbau von Angeboten zur Unterstützung im Alltag im Sinne des § 45a,
2. den Auf- und Ausbau und die Unterstützung von Gruppen ehrenamtlich tätiger sowie sonstiger zum bürgerschaftlichen Engagement bereiter Personen und entsprechender ehrenamtlicher Strukturen sowie
3. Modellvorhaben zur Erprobung neuer Versorgungskonzepte und Versorgungsstrukturen insbesondere für an Demenz erkrankte Pflegebedürftige sowie andere Gruppen von Pflegebedürftigen, deren Versorgung in besonderem Maße der strukturellen Weiterentwicklung bedarf.

[2]Die privaten Versicherungsunternehmen, die die private Pflege-Pflichtversicherung durchführen, beteiligen sich an dieser Förderung mit insgesamt 10 Prozent des in Satz 1 genannten Fördervolumens. [3]Darüber hinaus fördert der Spitzenverband Bund der Pflegekassen aus Mitteln des Ausgleichsfonds mit 20 Millionen Euro je Kalenderjahr die strukturierte Zusammenarbeit in regionalen Netzwerken nach Absatz 9; Satz 2 gilt entsprechend. [4]Fördermittel nach Satz 3, die in dem jeweiligen Kalenderjahr nicht in Anspruch genommen worden sind, erhöhen im Folgejahr das Fördervolumen nach Satz 1; dadurch erhöht sich auch das in Absatz 2 Satz 2 genannte Gesamtfördervolumen entsprechend. [5]Im Rahmen der Förderung nach Satz 1 können jeweils auch digitale Anwendungen berücksichtigt werden, sofern diese den geltenden Anforderungen an den Datenschutz entsprechen und die Datensicherheit nach dem Stand der Technik gewährleisten.
(2) [1]Der Zuschuss aus Mitteln der sozialen und privaten Pflegeversicherung ergänzt eine Förderung der in Absatz 1 Satz 1 genannten Zwecke durch das jeweilige Land oder die jeweilige kommunale Gebietskörperschaft. [2]Der Zuschuss wird jeweils in gleicher Höhe wie der Zuschuss, der vom Land oder von der kommunalen Gebietskörperschaft für die einzelne Fördermaßnahme geleistet wird, sodass insgesamt ein Fördervolumen von 50 Millionen Euro im Kalenderjahr erreicht wird. [3]Im Einvernehmen mit allen Fördergebern können Zuschüsse der kommunalen Gebietskörperschaften auch als Personal- oder Sachmittel eingebracht werden, sofern diese Mittel nachweislich ausschließlich und unmittelbar dazu dienen, den jeweiligen Förderzweck zu erreichen. [4]Soweit Mittel der Arbeitsförderung bei einem Projekt eingesetzt werden, sind diese einem vom Land oder von der Kommune geleisteten Zuschuss gleichgestellt.
(3) [1]Die Förderung des Auf- und Ausbaus von Angeboten zur Unterstützung im Alltag im Sinne des § 45a nach Absatz 1 Satz 1 Nummer 1 erfolgt als Projektförderung und dient insbesondere dazu, Aufwandsentschädigungen für die ehrenamtlich tätigen Helfenden zu finanzieren sowie notwendige Personal- und Sachkosten, die mit der Koordination und Organisation der Hilfen und der fachlichen Anleitung und Schulung der Helfenden durch Fachkräfte verbunden sind. [2]Dem Antrag auf Förderung ist ein Konzept zur Qualitätssicherung des Angebots beizufügen. [3]Aus dem Konzept muss sich ergeben, dass eine angemessene Schulung und Fortbildung der Helfenden sowie eine kontinuierliche fachliche Begleitung und Unterstützung der ehrenamtlich Helfenden in ihrer Arbeit gesichert sind.
(4) Die Förderung des Auf- und Ausbaus und der Unterstützung von Gruppen ehrenamtlich tätiger sowie sonstiger zum bürgerschaftlichen Engagement bereiter Personen und entsprechender ehrenamtlicher Strukturen nach Absatz 1 Satz 1 Nummer 2 erfolgt zur Förderung von Initiativen, die sich die Unterstützung, allgemeine Betreuung und Entlastung von Pflegebedürftigen und deren Angehörigen sowie vergleichbar nahestehenden Pflegepersonen zum Ziel gesetzt haben.
(5) [1]Im Rahmen der Modellförderung nach Absatz 1 Satz 1 Nummer 3 sollen insbesondere modellhaft Möglichkeiten einer wirksamen Vernetzung der erforderlichen Hilfen für an Demenz erkrankte Pflegebedürftige und andere Gruppen von Pflegebedürftigen, deren Versorgung in besonderem Maße der strukturellen Weiterentwicklung bedarf, in einzelnen Regionen erprobt werden. [2]Dabei können auch stationäre Versorgungsangebote berücksichtigt werden. [3]Die Modellvorhaben sind auf längstens fünf Jahre zu befristen. [4]Bei der Vereinbarung und Durchführung von Modellvorhaben kann im Einzelfall von den Regelungen des Siebten Kapitels abgewichen werden. [5]Für die Modellvorhaben sind eine wissenschaftliche Begleitung und Auswertung vorzusehen. [6]Soweit im Rahmen der Modellvorhaben per-

sonenbezogene Daten benötigt werden, können diese nur mit Einwilligung des Pflegebedürftigen erhoben, verarbeitet und genutzt werden.

(6) [1]Um eine gerechte Verteilung der Fördermittel der Pflegeversicherung auf die Länder zu gewährleisten, werden die nach Absatz 1 Satz 1 und 2 zur Verfügung stehenden Fördermittel der sozialen und privaten Pflegeversicherung nach dem Königsteiner Schlüssel aufgeteilt. [2]Mittel, die in einem Land im jeweiligen Haushaltsjahr nicht in Anspruch genommen werden, können in das Folgejahr übertragen werden. [3]Nach Satz 2 übertragene Mittel, die am Ende des Folgejahres nicht in Anspruch genommen worden sind, können für Projekte, für die bis zum Stichtag nach Satz 5 mindestens Art, Region und geplante Förderhöhe konkret benannt werden, im darauf folgenden Jahr von Ländern beantragt werden, die im Jahr vor der Übertragung der Mittel nach Satz 2 mindestens 80 Prozent der auf sie nach dem Königsteiner Schlüssel entfallenden Mittel ausgeschöpft haben. [4]Die Verausgabung der nach Satz 3 beantragten Fördermittel durch die Länder oder kommunalen Gebietskörperschaften darf sich für die entsprechend benannten Projekte über einen Zeitraum von maximal drei Jahren erstrecken. [5]Der Ausgleichsfonds sammelt die nach Satz 3 eingereichten Anträge bis zum 30. April des auf das Folgejahr folgenden Jahres und stellt anschließend fest, in welchem Umfang die Mittel jeweils auf die beantragenden Länder entfallen. [6]Die Auszahlung der Mittel für ein Projekt erfolgt, sobald für das Projekt eine konkrete Förderzusage durch das Land oder die kommunale Gebietskörperschaft vorliegt. [7]Ist die Summe der bis zum 30. April beantragten Mittel insgesamt größer als der dafür vorhandene Mittelbestand, so werden die vorhandenen Mittel nach dem Königsteiner Schlüssel auf die beantragenden Länder verteilt. [8]Nach dem 30. April eingehende Anträge werden in der Reihenfolge des Antragseingangs bearbeitet, bis die Fördermittel verbraucht sind. [9]Fördermittel, die bis zum Ende des auf das Folgejahr folgenden Jahres nicht beantragt sind, verfallen.

(7) [1]Der Spitzenverband Bund der Pflegekassen beschließt mit dem Verband der privaten Krankenversicherung e. V. nach Anhörung der Verbände der Behinderten und Pflegebedürftigen auf Bundesebene Empfehlungen über die Voraussetzungen, Ziele, Dauer, Inhalte und Durchführung der Förderung sowie zu dem Verfahren zur Vergabe der Fördermittel für die in Absatz 1 Satz 1 genannten Zwecke. [2]In den Empfehlungen ist unter anderem auch festzulegen, welchen Anforderungen die Einbringung von Zuschüssen der kommunalen Gebietskörperschaften als Personal- oder Sachmittel genügen muss und dass jeweils im Einzelfall zu prüfen ist, ob im Rahmen der in Absatz 1 Satz 1 genannten Zwecke Mittel und Möglichkeiten der Arbeitsförderung genutzt werden können. [3]Die Empfehlungen bedürfen der Zustimmung des Bundesministeriums für Gesundheit und der Länder. [4]Soweit Belange des Ehrenamts betroffen sind, erteilt das Bundesministerium für Gesundheit seine Zustimmung im Benehmen mit dem Bundesministerium für Familie, Senioren, Frauen und Jugend. [5]Die Landesregierungen werden ermächtigt, durch Rechtsverordnung das Nähere über die Umsetzung der Empfehlungen zu bestimmen.

(8) [1]Der Finanzierungsanteil, der auf die privaten Versicherungsunternehmen entfällt, kann von dem Verband der privaten Krankenversicherung e. V. unmittelbar an das Bundesamt für Soziale Sicherung zugunsten des Ausgleichsfonds der Pflegeversicherung (§ 65) überwiesen werden. [2]Näheres über das Verfahren der Auszahlung der Fördermittel, die aus dem Ausgleichsfonds zu finanzieren sind, sowie über die Zahlung und Abrechnung des Finanzierungsanteils der privaten Versicherungsunternehmen regeln das Bundesamt für Soziale Sicherung, der Spitzenverband Bund der Pflegekassen und der Verband der privaten Krankenversicherung e. V. durch Vereinbarung.

(9) [1]Zur Verbesserung der Versorgung und Unterstützung von Pflegebedürftigen und deren Angehörigen sowie vergleichbar nahestehenden Pflegepersonen können die in Absatz 1 Satz 3 genannten Mittel für die Beteiligung von Pflegekassen an regionalen Netzwerken verwendet werden, die der strukturierten Zusammenarbeit von Akteuren dienen, die an der Versorgung Pflegebedürftiger beteiligt sind und die sich im Rahmen einer freiwilligen Vereinbarung vernetzen. [2]Die Förderung der strukturierten regionalen Zusammenarbeit erfolgt, indem sich die Pflegekassen einzeln oder gemeinsam im Wege einer Anteilsfinanzierung an den netzwerkbedingten Kosten beteiligen. [3]Je Kreis oder kreisfreier Stadt können zwei regionale Netzwerke, je Kreis oder kreisfreier Stadt ab 500 000 Einwohnern bis zu vier regionale Netzwerke gefördert werden. [4]Abweichend von Satz 1 können pro Bezirk in den Stadtstaaten, die nur aus einer kreisfreien Stadt bestehen, zwei regionale Netzwerke gefördert werden. [5]Der Förderbetrag pro Netzwerk darf dabei 25 000 Euro je Kalenderjahr nicht überschreiten. [6]Die Landesverbände der Pflegekassen erstellen eine Übersicht über die in ihrem Zuständigkeitsbereich geförderten regionalen Netzwerke, aktualisieren diese mindestens einmal jährlich und veröffentlichen sie auf einer eigenen Internetseite. [7]Den Kreisen und kreisfreien Städten, Selbsthilfegruppen, -organisationen und -kontaktstellen im Sinne des § 45d sowie organisierten Gruppen ehrenamtlich tätiger sowie sonstiger zum bürgerschaftlichen Engagement bereiter Personen im Sinne des Absatzes 4 ist in ihrem jeweiligen Einzugsgebiet die Teilnahme an der geförderten strukturierten regionalen Zusammenarbeit zu ermöglichen. [8]Für private Versicherungsunternehmen, die die private Pflege-Pflichtversicherung durchführen, gelten die Sätze 1 bis 5 entsprechend. [9]Absatz 7 Satz 1 bis 4 und Absatz 8 finden entsprechende Anwendung. [10]Die Absätze 2 und 6 finden keine Anwendung. [11]Die Empfehlungen nach Absatz 7, soweit sie die Förderung der regionalen Netzwerke betreffen, sind bis zum 31. Dezember 2021 zu aktualisieren.

§ 45d Förderung der Selbsthilfe, Verordnungsermächtigung

[1]Je Kalenderjahr werden 0,15 Euro je Versicherten verwendet zur Förderung und zum Auf- und Ausbau von Selbsthilfegruppen, -organisationen und -kontaktstellen, die sich die Unterstützung von Pflegebedürftigen sowie von deren Angehörigen und vergleichbar Nahestehenden zum Ziel gesetzt haben; um eine gerechte Verteilung dieser Fördermittel auf die Länder zu gewährleisten, werden die Fördermittel der Pflegeversicherung nach dem Königsteiner Schlüssel aufgeteilt. [2]Der Zuschuss aus den Mitteln der sozialen und privaten Pflegeversicherung nach Satz 1 ergänzt eine Förderung durch das jeweilige Land oder die jeweilige kommunale Gebietskörperschaft und wird jeweils in Höhe von 75 Prozent des Zuschusses gewährt, der für die einzelne Fördermaßnahme insgesamt geleistet wird. [3]Davon abweichend können von den nach Satz 1 auf die Länder aufgeteilten Mitteln Fördermittel in Höhe von insgesamt je Kalenderjahr bis zu 0,01 Euro je Versicherten als Gründungszuschüsse für neue Selbsthilfegruppen, -organisationen und -kontaktstellen verwendet werden, ohne dass es für die Förderung einer Mitfinanzierung durch das Land oder durch eine kommunale Gebietskörperschaft bedarf. [4]Die Gründungszuschüsse sind von den Selbsthilfegruppen, -organisationen und -kontaktstellen unmittelbar beim Spitzenverband Bund der Pflegekassen zu beantragen; das Nähere zur Durchführung der Förderung und zum Verfahren wird in den Empfehlungen nach § 45c Absatz 7 festgelegt. [5]Im Übrigen werden für die Förderung der Selbsthilfe die Vorgaben des § 45c und das dortige Verfahren, einschließlich § 45c Absatz 2 Satz 3 und 4 und Absatz 6 Satz 2, entsprechend angewendet. [6]§ 45c Absatz 6 Satz 3 bis 9 findet mit der Maßgabe entsprechende Anwendung, dass von den in das Folgejahr übertragenen Mitteln nach Satz 1, die am Ende des Folgejahres nicht in Anspruch genommen worden sind, Fördermittel in Höhe von 0,01 Euro je Versicherten in dem auf das Folgejahr folgenden Jahr von einer Übertragung auf die Länder ausgenommen sind. [7]Die nach Satz 6 von der Übertragung ausgenommenen Mittel werden zur Förderung von bundesweiten Tätigkeiten von Selbsthilfegruppen, -organisationen und -kontaktstellen verwendet. [8]Die Förderung der bundesweiten Selbsthilfetätigkeiten erfolgt durch den Spitzenverband Bund der Pflegekassen, ohne dass es einer Mitfinanzierung durch das Land oder durch eine kommunale Gebietskörperschaft bedarf. [9]Die Förderung der bundesweiten Selbsthilfetätigkeiten ist von den Selbsthilfegruppen, -organisationen und -kontaktstellen unmittelbar beim Spitzenverband Bund der Pflegekassen zu beantragen. [10]Die Bewilligung der Fördermittel aus den gemäß den Sätzen 6 und 7 zur Verfügung stehenden Mitteln durch den Spitzenverband Bund der Pflegekassen darf jeweils für einen Zeitraum von maximal fünf Jahren erfolgen. [11]Nach erneuter Antragstellung kann eine Förderung erneut bewilligt werden. [12]Die Einzelheiten zu den Voraussetzungen, Zielen, Inhalten und der Durchführung der Förderung sowie zu dem Verfahren zur Vergabe der Fördermittel nach Satz 7 werden in den Empfehlungen nach § 45c Absatz 7 festgelegt. [13]Selbsthilfegruppen im Sinne dieser Vorschrift sind freiwillige, neutrale, unabhängige und nicht gewinnorientierte Zusammenschlüsse von Personen, die entweder aufgrund eigener Betroffenheit oder als Angehörige oder vergleichbar Nahestehende das Ziel verfolgen, durch persönliche, wechselseitige Unterstützung, auch unter Zuhilfenahme von Angeboten ehrenamtlicher und sonstiger zum bürgerschaftlichen Engagement bereiter Personen, die Lebenssituation von Pflegebedürftigen sowie von deren Angehörigen und vergleichbar Nahestehenden zu verbessern. [14]Selbsthilfeorganisationen sind die Zusammenschlüsse von Selbsthilfegruppen in Verbänden. [15]Selbsthilfekontaktstellen sind örtlich oder regional arbeitende professionelle Beratungseinrichtungen mit hauptamtlichem Personal, die das Ziel verfolgen, die Lebenssituation von Pflegebedürftigen sowie von deren Angehörigen und vergleichbar Nahestehenden zu verbessern. [16]Eine Förderung der Selbsthilfe nach dieser Vorschrift ist ausgeschlossen, soweit für dieselbe Zweckbestimmung eine Förderung nach § 20h des Fünften Buches erfolgt. [17]§ 45c Absatz 7 Satz 5 gilt entsprechend. [18]Im Rahmen der Förderung der Selbsthilfe können auch digitale Anwendungen berücksichtigt werden, sofern diese den geltenden Anforderungen an den Datenschutz entsprechen und die Datensicherheit nach dem Stand der Technik gewährleisten.

Sechster Abschnitt
Initiativprogramm zur Förderung neuer Wohnformen

§ 45e Anschubfinanzierung zur Gründung von ambulant betreuten Wohngruppen

(1) [1]Zur Förderung der Gründung von ambulant betreuten Wohngruppen wird Pflegebedürftigen, die Anspruch auf Leistungen nach § 38a haben und die an der gemeinsamen Gründung beteiligt sind, für die altersgerechte oder barrierearme Umgestaltung der gemeinsamen Wohnung zusätzlich zu dem Betrag nach § 40 Absatz 4 einmalig ein Betrag von bis zu 2500 Euro gewährt. [2]Der Gesamtbetrag ist je Wohngruppe auf 10 000 Euro begrenzt und wird bei mehr als vier Anspruchsberechtigten anteilig auf die Versicherungsträger der Anspruchsberechtigten aufgeteilt. [3]Der Antrag ist innerhalb eines Jahres nach Vorliegen der Anspruchsvoraussetzungen zu stellen. [4]Dabei kann die Umgestaltungsmaßnahme auch vor der Gründung und dem Einzug erfolgen. [5]Die Sätze 1 bis 4 gelten für die Versicherten der privaten Pflege-Pflichtversicherung entsprechend.

(2) [1]Die Pflegekassen zahlen den Förderbetrag aus, wenn die Gründung einer ambulant betreuten Wohngruppe nachgewiesen wird. [2]Der Anspruch endet mit Ablauf des Monats, in dem das Bundesamt für Soziale Sicherung den Pflegekassen und dem Verband der privaten Krankenversicherung e. V. mitteilt, dass mit der Förderung eine Ge-

samthöhe von 30 Millionen Euro erreicht worden ist. ³Einzelheiten zu den Voraussetzungen und dem Verfahren der Förderung regelt der Spitzenverband Bund der Pflegekassen im Einvernehmen mit dem Verband der privaten Krankenversicherung e. V.

§ 45f Weiterentwicklung neuer Wohnformen

(1) ¹Zur wissenschaftlich gestützten Weiterentwicklung und Förderung neuer Wohnformen werden zusätzlich 10 Millionen Euro zur Verfügung gestellt. ²Dabei sind insbesondere solche Konzepte einzubeziehen, die es alternativ zu stationären Einrichtungen ermöglichen, außerhalb der vollstationären Betreuung bewohnerorientiert individuelle Versorgung anzubieten.

(2) ¹Einrichtungen, die aus diesem Grund bereits eine Modellförderung, insbesondere nach § 8 Absatz 3, erfahren haben, sind von der Förderung nach Absatz 1 Satz 1 ausgenommen. ²Für die Förderung gilt § 8 Absatz 3 entsprechend.

Fünftes Kapitel
Organisation

Erster Abschnitt
Träger der Pflegeversicherung

§ 46 Pflegekassen

(1) ¹Träger der Pflegeversicherung sind die Pflegekassen. ²Bei jeder Krankenkasse (§ 4 Abs. 2 des Fünften Buches) wird eine Pflegekasse errichtet. ³Die Deutsche Rentenversicherung Knappschaft-Bahn-See als Träger der Krankenversicherung führt die Pflegeversicherung für die Versicherten durch.

(2) ¹Die Pflegekassen sind rechtsfähige Körperschaften des öffentlichen Rechts mit Selbstverwaltung. ²Organe der Pflegekassen sind die Organe der Krankenkassen, bei denen sie errichtet sind. ³Arbeitgeber (Dienstherr) der für die Pflegekasse tätigen Beschäftigten ist die Krankenkasse, bei der die Pflegekasse errichtet ist. ⁴Krankenkassen und Pflegekassen können für Mitglieder, die ihre Kranken- und Pflegeversicherungsbeiträge selbst zu zahlen haben, die Höhe der Beiträge zur Kranken- und Pflegeversicherung in einem gemeinsamen Beitragsbescheid festsetzen. ⁵Das Mitglied ist darauf hinzuweisen, dass der Bescheid über den Beitrag zur Pflegeversicherung im Namen der Pflegekasse ergeht. ⁶In den Fällen des Satzes 4 kann auch ein gemeinsamer Widerspruchsbescheid erlassen werden; Satz 5 gilt entsprechend. ⁷Die Erstattung zu Unrecht gezahlter Pflegeversicherungsbeiträge erfolgt durch die Krankenkasse, bei der die Pflegekasse errichtet ist. ⁸Bei der Ausführung dieses Buches ist das Erste Kapitel des Zehnten Buches anzuwenden.

(3) ¹Die Verwaltungskosten einschließlich der Personalkosten, die den Krankenkassen auf Grund dieses Buches entstehen, werden von den Pflegekassen in Höhe von 3,2 Prozent des Mittelwertes von Leistungsaufwendungen und Beitragseinnahmen erstattet; dabei ist der Erstattungsbetrag für die einzelne Krankenkasse um die Hälfte der Aufwendungen der jeweiligen Pflegekasse für Pflegeberatung nach § 7a Abs. 4 Satz 5 und um die Aufwendungen für Zahlungen nach § 18 Absatz 3b zu vermindern. ²Bei der Berechnung der Erstattung sind die Beitragseinnahmen um die Beitragseinnahmen zu vermindern, die dazu bestimmt sind, nach § 135 dem Vorsorgefonds der sozialen Pflegeversicherung zugeführt zu werden. ³Der Gesamtbetrag der nach Satz 1 zu erstattenden Verwaltungskosten aller Krankenkassen ist nach dem tatsächlich entstehenden Aufwand (Beitragseinzug/Leistungsgewährung) auf die Krankenkassen zu verteilen. ⁴Der Spitzenverband Bund der Pflegekassen bestimmt das Nähere über die Verteilung. ⁵Außerdem übernehmen die Pflegekassen 50 vom Hundert der umlagefinanzierten Kosten des Medizinischen Dienstes. ⁶Personelle Verwaltungskosten, die einer Betriebskrankenkasse von der Pflegekasse erstattet werden, sind an den Arbeitgeber weiterzuleiten, wenn er die Personalkosten der Betriebskrankenkasse nach § 149 Absatz 2 des Fünften Buches trägt. ⁷Der Verwaltungsaufwand in der sozialen Pflegeversicherung ist nach Ablauf von einem Jahr nach Inkrafttreten dieses Gesetzes zu überprüfen.

(4) Das Bundesministerium für Gesundheit wird ermächtigt, durch Rechtsverordnung mit Zustimmung des Bundesrates Näheres über die Erstattung der Verwaltungskosten zu regeln sowie die Höhe der Verwaltungskostenerstattung neu festzusetzen, wenn die Überprüfung des Verwaltungsaufwandes nach Absatz 3 Satz 6 dies rechtfertigt.

(5) Bei Vereinigung, Auflösung und Schließung einer Krankenkasse gelten die §§ 143 bis 170 des Fünften Buches für die bei ihr errichtete Pflegekasse entsprechend.

(6) ¹Die Aufsicht über die Pflegekassen führen die für die Aufsicht über die Krankenkassen zuständigen Stellen. ²Das Bundesamt für Soziale Sicherung und die für die Sozialversicherung zuständigen obersten Verwaltungsbehörden der Länder haben mindestens alle fünf Jahre die Geschäfts-, Rechnungs- und Betriebsführung der ihrer Aufsicht unterstehenden Pflegekassen und deren Arbeitsgemeinschaften zu prüfen. ³Das Bundesministerium für Gesundheit kann die Prüfung der bundesunmittelbaren Pflegekassen und deren Arbeitsgemeinschaften, die für die Sozialversicherung zuständigen obersten Verwaltungsbehörden der Länder können die Prüfung der landesunmittelbaren Pflegekassen und deren Arbeitsgemeinschaften auf eine öffentlich-rechtliche Prüfungseinrichtung übertragen, die bei der Durch-

führung der Prüfung unabhängig ist. ⁴Die Prüfung hat sich auf den gesamten Geschäftsbetrieb zu erstrecken; sie umfaßt die Prüfung seiner Gesetzmäßigkeit und Wirtschaftlichkeit. ⁵Die Pflegekassen und deren Arbeitsgemeinschaften haben auf Verlangen alle Unterlagen vorzulegen und alle Auskünfte zu erteilen, die zur Durchführung der Prüfung erforderlich sind. ⁶Die mit der Prüfung nach diesem Absatz befassten Stellen können nach Anhörung des Spitzenverbandes Bund der Krankenkassen als Spitzenverband Bund der Pflegekassen bestimmen, dass die Pflegekassen die zu prüfenden Daten elektronisch und in einer bestimmten Form zur Verfügung stellen.⁷§ 274 Abs. 2 und 3 des Fünften Buches gilt entsprechend.

§47 Satzung

(1) Die Satzung muß Bestimmungen enthalten über:
1. Name und Sitz der Pflegekasse,
2. Bezirk der Pflegekasse und Kreis der Mitglieder,
3. Rechte und Pflichten der Organe,
4. Art der Beschlußfassung der Vertreterversammlung,
5. Bemessung der Entschädigungen für Organmitglieder, soweit sie Aufgaben der Pflegeversicherung wahrnehmen,
6. jährliche Prüfung der Betriebs- und Rechnungsführung und Abnahme der Jahresrechnung,
7. Zusammensetzung und Sitz der Widerspruchsstelle und
8. Art der Bekanntmachungen.

(2) Die Satzung kann eine Bestimmung enthalten, nach der die Pflegekasse den Abschluss privater Pflege-Zusatzversicherungen zwischen ihren Versicherten und privaten Krankenversicherungsunternehmen vermitteln kann.

(3) Die Satzung und ihre Änderungen bedürfen der Genehmigung der Behörde, die für die Genehmigung der Satzung der Krankenkasse, bei der die Pflegekasse errichtet ist, zuständig ist.

§47a Stellen zur Bekämpfung von Fehlverhalten im Gesundheitswesen

(1) ¹§ 197a des Fünften Buches gilt entsprechend; § 197a Absatz 3 des Fünften Buches gilt mit der Maßgabe, auch mit den nach Landesrecht bestimmten Trägern der Sozialhilfe, die für die Hilfe zur Pflege im Sinne des Siebten Kapitels des Zwölften Buches zuständig sind, zusammenzuarbeiten. ²Die organisatorischen Einheiten nach § 197a Abs. 1 des Fünften Buches sind die Stellen zur Bekämpfung von Fehlverhalten im Gesundheitswesen bei den Pflegekassen, ihren Landesverbänden und dem Spitzenverband Bund der Pflegekassen.

(2) ¹Die Einrichtungen nach Absatz 1 Satz 2 dürfen personenbezogene Daten, die von ihnen zur Erfüllung ihrer Aufgaben nach Absatz 1 erhoben oder an sie übermittelt wurden, untereinander übermitteln, soweit dies für die Feststellung und Bekämpfung von Fehlverhalten im Gesundheitswesen beim Empfänger erforderlich ist. ²An die nach Landesrecht bestimmten Träger der Sozialhilfe, die für die Hilfe zur Pflege im Sinne des Siebten Kapitels des Zwölften Buches zuständig sind, dürfen die Einrichtungen nach Absatz 1 Satz 2 personenbezogene Daten nur übermitteln, soweit dies für die Feststellung und Bekämpfung von Fehlverhalten im Zusammenhang mit den Regelungen des Siebten Kapitels des Zwölften Buches erforderlich ist und im Einzelfall konkrete Anhaltspunkte dafür vorliegen. ³Der Empfänger darf diese Daten nur zu dem Zweck verarbeiten, zu dem sie ihm übermittelt worden sind. ⁴Ebenso dürfen die nach Landesrecht bestimmten Träger der Sozialhilfe, die für die Hilfe zur Pflege im Sinne des Siebten Kapitels des Zwölften Buches zuständig sind, personenbezogene Daten, die von ihnen zur Erfüllung ihrer Aufgaben erhoben oder an sie übermittelt wurden, an die in Absatz 1 Satz 2 genannten Einrichtungen übermitteln, soweit dies für die Feststellung und Bekämpfung von Fehlverhalten im Gesundheitswesen beim Empfänger erforderlich ist. ⁵Die in Absatz 1 Satz 2 genannten Einrichtungen dürfen diese nur zu dem Zweck verarbeiten, zu dem sie ihnen übermittelt worden sind. ⁶Die Einrichtungen nach Absatz 1 Satz 2 sowie die nach Landesrecht bestimmten Träger der Sozialhilfe, die für die Hilfe zur Pflege im Sinne des Siebten Kapitels des Zwölften Buches zuständig sind, haben sicherzustellen, dass die personenbezogenen Daten nur Befugten zugänglich sind oder nur an diese weitergegeben werden.

(3) ¹Die Einrichtungen nach Absatz 1 Satz 2 dürfen personenbezogene Daten an die folgenden Stellen übermitteln, soweit dies für die Verhinderung oder Aufdeckung von Fehlverhalten im Zuständigkeitsbereich der jeweiligen Stelle erforderlich ist:
1. die Stellen, die für die Entscheidung über die Teilnahme von Leistungserbringern an der Versorgung in der sozialen Pflegeversicherung sowie in der Hilfe zur Pflege zuständig sind,
2. die Stellen, die für die Leistungsgewährung in der sozialen Pflegeversicherung sowie in der Hilfe zur Pflege zuständig sind,
3. die Stellen, die für die Abrechnung von Leistungen in der sozialen Pflegeversicherung sowie in der Hilfe zur Pflege zuständig sind,
4. die Stellen, die nach Landesrecht für eine Förderung nach § 9 zuständig sind,

5. den Medizinischen Dienst der Krankenversicherung, den Prüfdienst des Verbandes der privaten Krankenversicherung e. V. sowie die für Prüfaufträge nach § 114 bestellten Sachverständigen und
6. die Behörden und berufsständischen Kammern, die für Entscheidungen über die Erteilung, die Rücknahme, den Widerruf oder die Anordnung des Ruhens einer Erlaubnis zum Führen der Berufsbezeichnung in den Pflegeberufen oder für berufsrechtliche Verfahren zuständig sind.

²Die nach Satz 1 übermittelten Daten dürfen von dem jeweiligen Empfänger nur zu dem Zweck verarbeitet werden, zu dem sie ihm übermittelt worden sind. ³Die Stellen nach Satz 1 Nummer 4 dürfen personenbezogene Daten, die von ihnen zur Erfüllung ihrer Aufgaben nach diesem Buch erhoben oder an sie übermittelt wurden, an die Einrichtungen nach Absatz 1 Satz 2 übermitteln, soweit dies für die Feststellung und Bekämpfung von Fehlverhalten im Gesundheitswesen durch die Einrichtungen nach Absatz 1 Satz 2 erforderlich ist. ⁴Die nach Satz 3 übermittelten Daten dürfen von den Einrichtungen nach Absatz 1 Satz 2 nur zu dem Zweck verarbeitet werden, zu dem sie ihnen übermittelt worden sind.

Zweiter Abschnitt
Zuständigkeit, Mitgliedschaft

§ 48 Zuständigkeit für Versicherte einer Krankenkasse und sonstige Versicherte

(1) ¹Für die Durchführung der Pflegeversicherung ist jeweils die Pflegekasse zuständig, die bei der Krankenkasse errichtet ist, bei der eine Pflichtmitgliedschaft oder freiwillige Mitgliedschaft besteht. ²Für Familienversicherte nach § 25 ist die Pflegekasse des Mitglieds zuständig.
(2) ¹Für Personen, die nach § 21 Nr. 1 bis 5 versichert sind, ist die Pflegekasse zuständig, die bei der Krankenkasse errichtet ist, die mit der Leistungserbringung im Krankheitsfalle beauftragt ist. ²Ist keine Krankenkasse mit der Leistungserbringung im Krankheitsfall beauftragt, kann der Versicherte die Pflegekasse nach Maßgabe des Absatzes 3 wählen.
(3) ¹Personen, die nach § 21 Nr. 6 versichert sind, können die Mitgliedschaft wählen bei der Pflegekasse, die bei
1. der Krankenkasse errichtet ist, der sie angehören würden, wenn sie in der gesetzlichen Krankenversicherung versicherungspflichtig wären,
2. der Allgemeinen Ortskrankenkasse ihres Wohnsitzes oder gewöhnlichen Aufenthaltes errichtet ist,
3. einer Ersatzkasse errichtet ist, wenn sie zu dem Mitgliederkreis gehören, den die gewählte Ersatzkasse aufnehmen darf.

²Ab 1. Januar 1996 können sie die Mitgliedschaft bei der Pflegekasse wählen, die bei der Krankenkasse errichtet ist, die sie nach § 173 Abs. 2 des Fünften Buches wählen könnten, wenn sie in der gesetzlichen Krankenversicherung versicherungspflichtig wären; dies gilt auch für Mitglieder von Solidargemeinschaften, die nach § 21a Absatz 1 versicherungspflichtig sind.

§ 49 Mitgliedschaft

(1) ¹Die Mitgliedschaft bei einer Pflegekasse beginnt mit dem Tag, an dem die Voraussetzungen des § 20, des § 21 oder des § 21a vorliegen. ²Sie endet mit dem Tod des Mitglieds oder mit Ablauf des Tages, an dem die Voraussetzungen des § 20, des § 21 oder des § 21a entfallen, sofern nicht das Recht zur Weiterversicherung nach § 26 ausgeübt wird. ³Für die nach § 20 Abs. 1 Satz 2 Nr. 12 Versicherten gelten § 186 Abs. 11 und § 190 Abs. 13 des Fünften Buches entsprechend.
(2) Für das Fortbestehen der Mitgliedschaft gelten die §§ 189, 192 des Fünften Buches sowie § 25 des Zweiten Gesetzes über die Krankenversicherung der Landwirte entsprechend.
(3) Die Mitgliedschaft freiwillig Versicherter nach den §§ 26 und 26a endet:
1. mit dem Tod des Mitglieds oder
2. mit Ablauf des übernächsten Kalendermonats, gerechnet von dem Monat, in dem das Mitglied den Austritt erklärt, wenn die Satzung nicht einen früheren Zeitpunkt bestimmt.

Dritter Abschnitt
Meldungen

§ 50 Melde- und Auskunftspflichten bei Mitgliedern der sozialen Pflegeversicherung

(1) ¹Alle nach § 20 versicherungspflichtigen Mitglieder haben sich selbst unverzüglich bei der für sie zuständigen Pflegekasse anzumelden. ²Dies gilt nicht, wenn ein Dritter bereits eine Meldung nach den §§ 28a bis 28c des Vierten Buches, §§ 199 bis 205 des Fünften Buches oder §§ 27 bis 29 des Zweiten Gesetzes über die Krankenversicherung der Landwirte zur gesetzlichen Krankenversicherung abgegeben hat; die Meldung zur gesetzlichen Krankenversicherung schließt die Meldung zur sozialen Pflegeversicherung ein. ³Bei freiwillig versicherten Mitgliedern der gesetzlichen

Krankenversicherung gilt die Beitrittserklärung zur gesetzlichen Krankenversicherung als Meldung zur sozialen Pflegeversicherung.

(2) Für die nach § 21 versicherungspflichtigen Mitglieder haben eine Meldung an die zuständige Pflegekasse zu erstatten:
1. das Versorgungsamt für Leistungsempfänger nach dem Bundesversorgungsgesetz oder nach den Gesetzen, die eine entsprechende Anwendung des Bundesversorgungsgesetzes vorsehen,
2. das Ausgleichsamt für Leistungsempfänger von Kriegsschadenrente oder vergleichbaren Leistungen nach dem Lastenausgleichsgesetz oder dem Reparationsschädengesetz oder von laufender Beihilfe nach dem Flüchtlingshilfegesetz,
3. der Träger der Kriegsopferfürsorge für Empfänger von laufenden Leistungen der ergänzenden Hilfe zum Lebensunterhalt nach dem Bundesversorgungsgesetz oder nach den Gesetzen, die eine entsprechende Anwendung des Bundesversorgungsgesetzes vorsehen,
4. der Leistungsträger der Jugendhilfe für Empfänger von laufenden Leistungen zum Unterhalt nach dem Achten Buch,
5. der Leistungsträger für Krankenversorgungsberechtigte nach dem Bundesentschädigungsgesetz,
6. der Dienstherr für Soldaten auf Zeit.

(3) [1]Personen, die versichert sind oder als Versicherte in Betracht kommen, haben der Pflegekasse, soweit sie nicht nach § 28o des Vierten Buches auskunftspflichtig sind,
1. auf Verlangen über alle für die Feststellung der Versicherungs- und Beitragspflicht und für die Durchführung der der Pflegekasse übertragenen Aufgaben erforderlichen Tatsachen unverzüglich Auskunft zu erteilen,
2. Änderungen in den Verhältnissen, die für die Feststellung der Versicherungs- und Beitragspflicht erheblich sind und nicht durch Dritte gemeldet werden, unverzüglich mitzuteilen.

[2]Sie haben auf Verlangen die Unterlagen, aus denen die Tatsachen oder die Änderung der Verhältnisse hervorgehen, der Pflegekasse in deren Geschäftsräumen unverzüglich vorzulegen.

(4) Entstehen der Pflegekasse durch eine Verletzung der Pflichten nach Absatz 3 zusätzliche Aufwendungen, kann sie von dem Verpflichteten die Erstattung verlangen.

(5) Die Krankenkassen übermitteln den Pflegekassen die zur Erfüllung ihrer Aufgaben erforderlichen personenbezogenen Daten.

(6) Für die Meldungen der Pflegekassen an die Rentenversicherungsträger gilt § 201 des Fünften Buches entsprechend.

§ 51 Meldungen bei Mitgliedern der privaten Pflegeversicherung

(1) [1]Das private Versicherungsunternehmen hat Personen, die bei ihm gegen Krankheit versichert sind und trotz Aufforderung innerhalb von sechs Monaten nach Inkrafttreten des Pflege-Versicherungsgesetzes, bei Neuabschlüssen von Krankenversicherungsverträgen innerhalb von drei Monaten nach Abschluß des Vertrages, keinen privaten Pflegeversicherungsvertrag abgeschlossen haben, unverzüglich elektronisch dem Bundesamt für Soziale Sicherung zu melden. [2]Das Versicherungsunternehmen hat auch Versicherungsnehmer zu melden, sobald diese mit der Entrichtung von sechs insgesamt vollen Monatsprämien in Verzug geraten sind. [3]Das Bundesamt für Soziale Sicherung und der Verband der privaten Krankenversicherung e. V. haben bis zum 31. Dezember 2017 Näheres über das elektronische Meldeverfahren zu vereinbaren.

(2) [1]Der Dienstherr hat für Heilfürsorgeberechtigte, die weder privat krankenversichert noch Mitglied in der gesetzlichen Krankenversicherung sind, eine Meldung an das Bundesamt für Soziale Sicherung zu erstatten. [2]Die Postbeamtenkrankenkasse und die Krankenversorgung der Bundesbahnbeamten melden die im Zeitpunkt des Inkrafttretens des Gesetzes bei diesen Einrichtungen versicherten Mitglieder und mitversicherten Familienangehörigen an das Bundesamt für Soziale Sicherung.

(3) Die Meldepflichten bestehen auch für die Fälle, in denen eine bestehende private Pflegeversicherung gekündigt und der Abschluß eines neuen Vertrages bei einem anderen Versicherungsunternehmen nicht nachgewiesen wird.

Sechstes Kapitel
Finanzierung

Erster Abschnitt
Beiträge

§ 54 Grundsatz

(1) Die Mittel für die Pflegeversicherung werden durch Beiträge sowie sonstige Einnahmen gedeckt.

(2) [1]Die Beiträge werden nach einem Vomhundertsatz (Beitragssatz) von den beitragspflichtigen Einnahmen der Mitglieder bis zur Beitragsbemessungsgrenze (§ 55) erhoben. [2]Die Beiträge sind für jeden Kalendertag der Mit-

gliedschaft zu zahlen, soweit dieses Buch nichts Abweichendes bestimmt. ³Für die Berechnung der Beiträge ist die Woche zu sieben, der Monat zu 30 und das Jahr zu 360 Tagen anzusetzen.
(3) Die Vorschriften des Zwölften Kapitels des Fünften Buches gelten entsprechend.

§ 55 Beitragssatz, Beitragsbemessungsgrenze

(1) ¹Der Beitragssatz beträgt bundeseinheitlich 3,05 Prozent der beitragspflichtigen Einnahmen der Mitglieder; er wird durch Gesetz festgesetzt. ²Für Personen, bei denen § 28 Abs. 2 Anwendung findet, beträgt der Beitragssatz die Hälfte des Beitragssatzes nach Satz 1.
(2) Beitragspflichtige Einnahmen sind bis zu einem Betrag von 1/360 der in § 6 Abs. 7 des Fünften Buches festgelegten Jahresarbeitsentgeltgrenze für den Kalendertag zu berücksichtigen (Beitragsbemessungsgrenze).
(3) ¹Der Beitragssatz nach Absatz 1 Satz 1 und 2 erhöht sich für Mitglieder nach Ablauf des Monats, in dem sie das 23. Lebensjahr vollendet haben, um einen Beitragszuschlag in Höhe von 0,35 Beitragssatzpunkten (Beitragszuschlag für Kinderlose). ²Satz 1 gilt nicht für Eltern im Sinne des § 56 Abs. 1 Satz 1 Nr. 3 und Abs. 3 Nr. 2 und 3 des Ersten Buches. ³Die Elterneigenschaft ist in geeigneter Form gegenüber der beitragsabführenden Stelle, von Selbstzahlern gegenüber der Pflegekasse, nachzuweisen, sofern diesen die Elterneigenschaft nicht bereits aus anderen Gründen bekannt ist. ⁴Der Spitzenverband Bund der Pflegekassen gibt Empfehlungen darüber, welche Nachweise geeignet sind. ⁵Erfolgt die Vorlage des Nachweises innerhalb von drei Monaten nach der Geburt des Kindes, gilt der Nachweis mit Beginn des Monats der Geburt als erbracht, ansonsten wirkt der Nachweis ab Beginn des Monats, der dem Monat folgt, in dem der Nachweis erbracht wird. ⁶Nachweise für vor dem 1. Januar 2005 geborene Kinder, die bis zum 30. Juni 2005 erbracht werden, wirken vom 1. Januar 2005 an. ⁷Satz 1 gilt nicht für Mitglieder, die vor dem 1. Januar 1940 geboren wurden, für Wehr- und Zivildienstleistende sowie für Bezieher von Arbeitslosengeld II.
(3a) Zu den Eltern im Sinne des Absatzes 3 Satz 2 gehören nicht
1. Adoptiveltern, wenn das Kind zum Zeitpunkt des Wirksamwerdens der Adoption bereits die in § 25 Abs. 2 vorgesehenen Altersgrenzen erreicht hat,
2. Stiefeltern, wenn das Kind zum Zeitpunkt der Eheschließung oder der Begründung der eingetragenen Lebenspartnerschaft gemäß § 1 des Lebenspartnerschaftsgesetzes mit dem Elternteil des Kindes bereits die in § 25 Abs. 2 vorgesehenen Altersgrenzen erreicht hat oder wenn das Kind vor Erreichen dieser Altersgrenzen nicht in den gemeinsamen Haushalt mit dem Mitglied aufgenommen worden ist.
(4) ¹Der Beitragszuschlag für die Monate Januar bis März 2005 auf Renten der gesetzlichen Rentenversicherung wird für Rentenbezieher, die nach dem 31. Dezember 1939 geboren wurden, in der Weise abgegolten, dass der Beitragszuschlag im Monat April 2005 1 vom Hundert der im April 2005 beitragspflichtigen Rente beträgt. ²Für die Rentenbezieher, die in den Monaten Januar bis April 2005 zeitweise nicht beitrags- oder zuschlagspflichtig sind, wird der Beitragszuschlag des Monats April 2005 entsprechend der Dauer dieser Zeit reduziert.
(5) ¹Sind landwirtschaftliche Unternehmer, die nicht zugleich Arbeitslosengeld II beziehen, sowie mitarbeitende Familienangehörige Mitglied der landwirtschaftlichen Krankenkasse, wird der Beitrag abweichend von den Absätzen 1 bis 3 in Form eines Zuschlags auf den Krankenversicherungsbeitrag, den sie nach den Vorschriften des Zweiten Gesetzes über die Krankenversicherung der Landwirte aus dem Arbeitseinkommen aus Land- und Forstwirtschaft zu zahlen haben, erhoben. ²Die Höhe des Zuschlags ergibt sich aus dem Verhältnis des Beitragssatzes nach Absatz 1 Satz 1 zu dem um den durchschnittlichen Zusatzbeitragssatz erhöhten allgemeinen Beitragssatz nach § 241 des Fünften Buches. ³Sind die Voraussetzungen für einen Beitragszuschlag für Kinderlose nach Absatz 3 erfüllt, erhöht sich der Zuschlag nach Satz 2 um das Verhältnis des Beitragszuschlags für Kinderlose nach Absatz 3 Satz 1 zu dem Beitragssatz nach Absatz 1 Satz 1.

§ 56 Beitragsfreiheit

(1) Familienangehörige sind für die Dauer der Familienversicherung nach § 25 beitragsfrei.
(2) ¹Beitragsfreiheit besteht vom Zeitpunkt der Rentenantragstellung bis zum Beginn der Rente einschließlich einer Rente nach dem Gesetz über die Alterssicherung der Landwirte für:
1. den hinterbliebenen Ehegatten oder hinterbliebenen Lebenspartner eines Rentners, der bereits Rente bezogen hat, wenn Hinterbliebenenrente beantragt wird,
2. die Waise eines Rentners, der bereits Rente bezogen hat, vor Vollendung des 18. Lebensjahres; dies gilt auch für Waisen, deren verstorbener Elternteil eine Rente nach dem Gesetz über die Alterssicherung der Landwirte bezogen hat,
3. den hinterbliebenen Ehegatten oder hinterbliebenen Lebenspartner eines Beziehers einer Rente nach dem Gesetz über die Alterssicherung der Landwirte, wenn die Ehe vor Vollendung des 65. Lebensjahres des Verstorbenen geschlossen oder die eingetragene Lebenspartnerschaft vor Vollendung des 65. Lebensjahres des Verstorbenen gemäß § 1 des Lebenspartnerschaftsgesetzes begründet wurde,
4. den hinterbliebenen Ehegatten oder hinterbliebenen Lebenspartner eines Beziehers von Landabgaberente.

²Satz 1 gilt nicht, wenn der Rentenantragsteller eine eigene Rente, Arbeitsentgelt, Arbeitseinkommen oder Versorgungsbezüge erhält.
(3) ¹Beitragsfrei sind Mitglieder für die Dauer des Bezuges von Mutterschafts- oder Elterngeld. ²Die Beitragsfreiheit erstreckt sich nur auf die in Satz 1 genannten Leistungen.
(4) Beitragsfrei sind auf Antrag Mitglieder, die sich auf nicht absehbare Dauer in stationärer Pflege befinden und bereits Leistungen nach § 35 Abs. 6 des Bundesversorgungsgesetzes, nach § 44 des Siebten Buches, nach § 34 des Beamtenversorgungsgesetzes oder nach den Gesetzen erhalten, die eine entsprechende Anwendung des Bundesversorgungsgesetzes vorsehen, wenn sie keine Familienangehörigen haben, für die eine Versicherung nach § 25 besteht.
(5) ¹Beitragsfrei sind Mitglieder für die Dauer des Bezuges von Pflegeunterstützungsgeld. ²Die Beitragsfreiheit erstreckt sich nur auf die in Satz 1 genannten Leistungen.

§ 57 Beitragspflichtige Einnahmen

(1) ¹Bei Mitgliedern der Pflegekasse, die in der gesetzlichen Krankenversicherung pflichtversichert sind, gelten für die Beitragsbemessung § 226 Absatz 1, 2 Satz 1 und 3, Absatz 3 und 4 sowie die §§ 227 bis 232a, 233 bis 238 und § 244 des Fünften Buches sowie die §§ 23a und 23b Abs. 2 bis 4 des Vierten Buches. ²Bei Personen, die Arbeitslosengeld II beziehen, ist abweichend von § 232a Abs. 1 Satz 1 Nr. 2 des Fünften Buches das 0,2266fache der monatlichen Bezugsgröße zugrunde zu legen und sind abweichend von § 54 Absatz 2 Satz 2 die Beiträge für jeden Kalendermonat, in dem mindestens für einen Tag eine Mitgliedschaft besteht, zu zahlen; § 232a Absatz 1a des Fünften Buches gilt entsprechend.
(2) ¹Bei Beziehern von Krankengeld gilt als beitragspflichtige Einnahme 80 vom Hundert des Arbeitsgelts, das der Bemessung des Krankengeldes zugrundeliegt. ²Dies gilt auch für den Krankengeldbezug eines rentenversicherungspflichtigen mitarbeitenden Familienangehörigen eines landwirtschaftlichen Unternehmers. ³Beim Krankengeldbezug eines nicht rentenversicherungspflichtigen mitarbeitenden Familienangehörigen ist der Zahlbetrag der Leistung der Beitragsbemessung zugrunde zu legen. ⁴Bei Personen, die Krankengeld nach § 44a des Fünften Buches beziehen, wird das der Leistung zugrunde liegende Arbeitsentgelt oder Arbeitseinkommen zugrunde gelegt; wird dieses Krankengeld nach § 47b des Fünften Buches gezahlt, gelten die Sätze 1 bis 3. ⁵Bei Personen, die Leistungen für den Ausfall von Arbeitseinkünften von einem privaten Krankenversicherungsunternehmen, von einem Beihilfeträger des Bundes, von einem sonstigen öffentlich-rechtlichen Träger von Kosten in Krankheitsfällen auf Bundesebene, von dem Träger der Heilfürsorge im Bereich des Bundes, von dem Träger der truppenärztlichen Versorgung oder von einem öffentlich-rechtlichen Träger von Kosten in Krankheitsfällen auf Landesebene, soweit Landesrecht dies vorsieht, im Zusammenhang mit einer nach den §§ 8 und 8a des Transplantationsgesetzes erfolgenden Spende von Organen oder Geweben oder im Zusammenhang mit einer im Sinne von § 9 des Transfusionsgesetzes erfolgenden Spende von Blut zur Separation von Blutstammzellen oder anderen Blutbestandteilen erhalten, wird das diesen Leistungen zugrunde liegende Arbeitsentgelt oder Arbeitseinkommen zugrunde gelegt. ⁶Bei Personen, die Krankengeld nach § 45 Absatz 1 des Fünften Buches beziehen, gelten als beitragspflichtige Einnahmen 80 Prozent des während der Freistellung ausgefallenen, laufenden Arbeitsentgelts oder des der Leistung zugrunde liegenden Arbeitseinkommens.
(3) Für die Beitragsbemessung der in § 20 Absatz 1 Satz 2 Nummer 3 genannten Altenteiler gilt § 45 des Zweiten Gesetzes über die Krankenversicherung der Landwirte.
(4) ¹Bei freiwilligen Mitgliedern der gesetzlichen Krankenversicherung und bei Mitgliedern der sozialen Pflegeversicherung, die nicht in der gesetzlichen Krankenversicherung versichert sind, ist für die Beitragsbemessung § 240 des Fünften Buches entsprechend anzuwenden. ²Für die Beitragsbemessung in der gesetzlichen Krankenversicherung versicherten Rentenantragsteller und freiwillig versicherten Rentner finden darüber hinaus die §§ 238a und 239 des Fünften Buches entsprechende Anwendung. ³Abweichend von Satz 1 ist bei Mitgliedern nach § 20 Abs. 1 Nr. 10, die in der gesetzlichen Krankenversicherung freiwillig versichert sind, § 236 des Fünften Buches entsprechend anzuwenden; als beitragspflichtige Einnahmen der satzungsmäßigen Mitglieder geistlicher Genossenschaften, Diakonissen und ähnlichen Personen, die freiwillig in der gesetzlichen Krankenversicherung versichert sind, sind der Wert für gewährte Sachbezüge oder das ihnen zur Beschaffung der unmittelbaren Lebensbedürfnisse an Wohnung, Verpflegung, Kleidung und dergleichen gezahlte Entgelt zugrunde zu legen. ⁴Bei freiwilligen Mitgliedern der gesetzlichen Krankenversicherung, die von einem Rehabilitationsträger Verletztengeld, Versorgungskrankengeld oder Übergangsgeld erhalten, gilt für die Beitragsbemessung § 235 Abs. 2 des Fünften Buches entsprechend; für die in der landwirtschaftlichen Krankenversicherung freiwillig Versicherten gilt § 46 des Zweiten Gesetzes über die Krankenversicherung der Landwirte.
(5) Der Beitragsberechnung von Personen, die nach § 26 Abs. 2 weiterversichert sind, werden für den Kalendertag der 180. Teil der monatlichen Bezugsgröße nach § 18 des Vierten Buches zugrunde gelegt.

51 SGB XI §§ 58–59

§ 58 Tragung der Beiträge bei versicherungspflichtig Beschäftigten

(1) ¹Die nach § 20 Abs. 1 Satz 2 Nr. 1 und 12 versicherungspflichtig Beschäftigten, die in der gesetzlichen Krankenversicherung pflichtversichert sind, und ihre Arbeitgeber tragen die nach dem Arbeitsentgelt zu bemessenden Beiträge jeweils zur Hälfte. ²Soweit für Beschäftigte Beiträge für Kurzarbeitergeld zu zahlen sind, trägt der Arbeitgeber den Beitrag allein. ³Den Beitragszuschlag für Kinderlose nach § 55 Abs. 3 tragen die Beschäftigten.
(2) Zum Ausgleich der mit den Arbeitgeberbeiträgen verbundenen Belastungen der Wirtschaft werden die Länder einen gesetzlichen landesweiten Feiertag, der stets auf einen Werktag fällt, aufheben.
(3) ¹Die in Absatz 1 genannten Beschäftigten tragen die Beiträge in Höhe von 1 vom Hundert allein, wenn der Beschäftigungsort in einem Land liegt, in dem die am 31. Dezember 1993 bestehende Anzahl der gesetzlichen landesweiten Feiertage nicht um einen Feiertag, der stets auf einen Werktag fiel, vermindert worden ist. ²In Fällen des § 55 Abs. 1 Satz 2 werden die Beiträge in Höhe von 0,5 vom Hundert allein getragen. ³Im Übrigen findet Absatz 1 Anwendung, soweit es sich um eine versicherungspflichtige Beschäftigung mit einem monatlichen Arbeitsentgelt innerhalb des Übergangsbereichs nach § 20 Absatz 2 des Vierten Buches handelt, für die Absatz 5 Satz 2 Anwendung findet. ⁴Die Beiträge der Beschäftigten erhöhen sich nicht, wenn Länder im Jahr 2017 den Reformationstag einmalig zu einem gesetzlichen Feiertag erheben.
(4) ¹Die Aufhebung eines Feiertages wirkt für das gesamte Kalenderjahr. ²Handelt es sich um einen Feiertag, der im laufenden Kalenderjahr vor dem Zeitpunkt des Inkrafttretens der Regelung über die Streichung liegt, wirkt die Aufhebung erst im folgenden Kalenderjahr.
(5) ¹§ 249 Abs. 2 des Fünften Buches gilt entsprechend. ²§ 249 Absatz 3 des Fünften Buches gilt mit der Maßgabe, dass statt des Beitragssatzes der Krankenkasse der Beitragssatz der Pflegeversicherung und bei den in Absatz 3 Satz 1 genannten Beschäftigten für die Berechnung des Beitragsanteils des Arbeitgebers ein Beitragssatz in Höhe des um einen Prozentpunkt verminderten Beitragssatzes der Pflegeversicherung Anwendung findet.

§ 59 Beitragstragung bei anderen Mitgliedern

(1) ¹Für die nach § 20 Abs. 1 Satz 2 Nr. 2 bis 12 versicherten Mitglieder der sozialen Pflegeversicherung, die in der gesetzlichen Krankenversicherung pflichtversichert sind, gelten für die Tragung der Beiträge § 250 Absatz 1 und 3, die §§ 251 und 413 des Fünften Buches sowie § 48 des Zweiten Gesetzes über die Krankenversicherung der Landwirte entsprechend; die Beiträge aus der Rente der gesetzlichen Rentenversicherung sind von dem Mitglied allein zu tragen. ²Bei Beziehern einer Rente nach dem Gesetz über die Alterssicherung der Landwirte, die nach § 20 Abs. 1 Satz 2 Nr. 3 versichert sind, und bei Beziehern von Produktionsaufgabenrente oder Ausgleichsgeld, die nach § 14 Abs. 4 des Gesetzes zur Förderung der Einstellung der landwirtschaftlichen Erwerbstätigkeit versichert sind, werden die Beiträge aus diesen Leistungen von den Beziehern der Leistung allein getragen.
(2) ¹Die Beiträge für Bezieher von Krankengeld werden von den Leistungsbeziehern und den Krankenkassen je zur Hälfte getragen, soweit sie auf das Krankengeld entfallen und dieses nicht in Höhe der Leistungen der Bundesagentur für Arbeit zu zahlen ist, im übrigen von den Krankenkassen; die Beiträge werden auch dann von den Krankenkassen getragen, wenn das dem Krankengeld zugrunde liegende monatliche Arbeitsentgelt 450 Euro nicht übersteigt. ²Die Beträge für Bezieher von Krankengeld nach § 44a des Fünften Buches oder für den Ausfall von Arbeitseinkünften im Zusammenhang mit einer nach den §§ 8 und 8a des Transplantationsgesetzes erfolgenden Spende von Organen oder Geweben oder im Zusammenhang mit einer im Sinne von § 9 des Transfusionsgesetzes erfolgenden Spende von Blut zur Separation von Blutstammzellen oder anderen Blutbestandteilen sind von der Stelle zu tragen, die die Leistung erbringt; wird die Leistung von mehreren Stellen erbracht, sind die Beiträge entsprechend anteilig zu tragen.
(3) ¹Die Beiträge für die nach § 21 Nr. 1 bis 5 versicherten Leistungsempfänger werden vom jeweiligen Leistungsträger getragen. ²Beiträge auf Grund des Leistungsbezugs im Rahmen der Kriegsopferfürsorge gelten als Aufwendungen für die Kriegsopferfürsorge.
(4) ¹Mitglieder der sozialen Pflegeversicherung, die in der gesetzlichen Krankenversicherung freiwillig versichert sind, sowie Mitglieder, deren Mitgliedschaft nach § 49 Abs. 2 Satz 1 erhalten bleibt oder nach den §§ 26 und 26a freiwillig versichert sind, und die nach § 21 Nr. 6 versicherten Soldaten auf Zeit sowie die nach § 21a Absatz 1 Satz 1 versicherten Mitglieder von Solidargemeinschaften tragen den Beitrag allein.
²Abweichend von Satz 1 werden
1. die auf Grund des Bezuges von Verletztengeld, Versorgungskrankengeld oder Übergangsgeld zu zahlenden Beiträge von dem zuständigen Rehabilitationsträger,
2. die Beiträge für satzungsmäßige Mitglieder geistlicher Genossenschaften, Diakonissen und ähnliche Personen einschließlich der Beiträge bei einer Weiterversicherung nach § 26 von der Gemeinschaft
allein getragen.
(5) Den Beitragszuschlag für Kinderlose nach § 55 Abs. 3 trägt das Mitglied.

§ 60 Beitragszahlung

(1) ¹Soweit gesetzlich nichts Abweichendes bestimmt ist, sind die Beiträge von demjenigen zu zahlen, der sie zu tragen hat. ²§ 252 Abs. 1 Satz 2, die §§ 253 bis 256a des Fünften Buches und § 49 Satz 2, die §§ 50 und 50a des Zweiten Gesetzes über die Krankenversicherung der Landwirte gelten entsprechend. ³Die aus einer Rente nach dem Gesetz über die Alterssicherung der Landwirte und einer laufenden Geldleistung nach dem Gesetz zur Förderung der Einstellung der landwirtschaftlichen Erwerbstätigkeit zu entrichtenden Beiträge werden von der Alterskasse gezahlt; § 28g Satz 1 des Vierten Buches gilt entsprechend.

(2) ¹Für Bezieher von Krankengeld zahlen die Krankenkassen die Beiträge; für den Beitragsabzug gilt § 28g Satz 1 des Vierten Buches entsprechend. ²Die zur Tragung der Beiträge für die in § 21 Nr. 1 bis 5 genannten Mitglieder Verpflichteten können einen Dritten mit der Zahlung der Beiträge beauftragen und mit den Pflegekassen Näheres über die Zahlung und Abrechnung der Beiträge vereinbaren.

(3) ¹Die Beiträge sind an die Krankenkassen zu zahlen; in den in § 252 Abs. 2 Satz 1 des Fünften Buches geregelten Fällen sind sie an den Gesundheitsfonds zu zahlen, der sie unverzüglich an den Ausgleichsfonds weiterzuleiten hat. ²Die nach Satz 1 eingegangenen Beiträge zur Pflegeversicherung sind von der Krankenkasse unverzüglich an die Pflegekasse weiterzuleiten. ³In den Fällen des § 252 Absatz 2 Satz 1 des Fünften Buches ist das Bundesamt für Soziale Sicherung als Verwalter des Gesundheitsfonds, im Übrigen sind die Pflegekassen zur Prüfung der ordnungsgemäßen Beitragszahlung berechtigt; § 251 Absatz 5 Satz 3 bis 7 des Fünften Buches gilt entsprechend. ⁴§ 24 Abs. 1 des Vierten Buches gilt. ⁵§ 252 Abs. 3 des Fünften Buches gilt mit der Maßgabe, dass die Beiträge zur Pflegeversicherung den Beiträgen zur Krankenversicherung gleichstehen.

(4) ¹Die Deutsche Rentenversicherung Bund leitet alle Pflegeversicherungsbeiträge aus Rentenleistungen der allgemeinen Rentenversicherung am fünften Arbeitstag des Monats, der dem Monat folgt, in dem die Rente fällig war, an den Ausgleichsfonds der Pflegeversicherung (§ 65) weiter. ²Werden Rentenleistungen am letzten Bankarbeitstag des Monats ausgezahlt, der dem Monat vorausgeht, in dem sie fällig werden (§ 272a des Sechsten Buches), leitet die Deutsche Rentenversicherung Bund die darauf entfallenden Pflegeversicherungsbeiträge am fünften Arbeitstag des laufenden Monats an den Ausgleichsfonds der Pflegeversicherung weiter.

(5) ¹Der Beitragszuschlag nach § 55 Abs. 3 ist von demjenigen zu zahlen, der die Beiträge zu zahlen hat. ²Wird der Pflegeversicherungsbeitrag von einem Dritten gezahlt, hat dieser einen Anspruch gegen das Mitglied auf den von dem Mitglied zu tragenden Beitragszuschlag. ³Dieser Anspruch kann von dem Dritten durch Abzug von der an das Mitglied zu erbringenden Geldleistung geltend gemacht werden.

(6) Wenn kein Abzug nach Absatz 5 möglich ist, weil der Dritte keine laufende Geldleistung an das Mitglied erbringen muss, hat das Mitglied den sich aus dem Beitragszuschlag ergebenden Betrag an die Pflegekasse zu zahlen.

(7) ¹Die Beitragszuschläge für die Bezieher von Arbeitslosengeld, Unterhaltsgeld, Kurzarbeitergeld, Ausbildungsgeld, Übergangsgeld und, soweit die Bundesagentur beitragszahlungspflichtig ist, für Bezieher von Berufsausbildungsbeihilfe nach dem Dritten Buch werden von der Bundesagentur für Arbeit pauschal in Höhe von 20 Millionen Euro pro Jahr an den Ausgleichsfonds der Pflegeversicherung (§ 66) überwiesen. ²Die Bundesagentur für Arbeit kann mit Zustimmung des Bundesministeriums für Arbeit und Soziales hinsichtlich der übernommenen Beträge Rückgriff bei den genannten Leistungsbeziehern nach dem Dritten Buch nehmen. ³Die Bundesagentur für Arbeit kann mit dem Bundesamt für Soziale Sicherung Näheres zur Zahlung der Pauschale vereinbaren.

Zweiter Abschnitt
Beitragszuschüsse

§ 61 Beitragszuschüsse für freiwillige Mitglieder der gesetzlichen Krankenversicherung und Privatversicherte

(1) ¹Beschäftigte, die in der gesetzlichen Krankenversicherung freiwillig versichert sind, erhalten unter den Voraussetzungen des § 58 von ihrem Arbeitgeber einen Beitragszuschuß, der in der Höhe begrenzt ist, auf den Betrag, der als Arbeitgeberanteil nach § 58 zu zahlen wäre. ²Bestehen innerhalb desselben Zeitraums mehrere Beschäftigungsverhältnisse, sind die beteiligten Arbeitgeber anteilmäßig nach dem Verhältnis der Höhe der jeweiligen Arbeitsentgelte zur Zahlung des Beitragszuschusses verpflichtet. ³Für Beschäftigte, die Kurzarbeitergeld nach dem Dritten Buch beziehen, ist zusätzlich zu dem Zuschuß nach Satz 1 die Hälfte des Betrages zu zahlen, den der Arbeitgeber bei Versicherungspflicht des Beschäftigten nach § 58 Abs. 1 Satz 2 als Beitrag zu tragen hätte. ⁴Freiwillig in der gesetzlichen Krankenversicherung Versicherte, die eine Beschäftigung nach dem Jugendfreiwilligendienstegesetz oder nach dem Bundesfreiwilligendienstgesetz ausüben, erhalten von ihrem Arbeitgeber als Beitragszuschuss den Betrag, den Arbeitgeber bei Versicherungspflicht der Freiwilligendienstleistenden nach § 20 Absatz 3 Satz 1 Nummer 2 des Vierten Buches für die Pflegeversicherung zu tragen hätten.

(2) ¹Beschäftigte, die in Erfüllung ihrer Versicherungspflicht nach den §§ 22 und 23 bei einem privaten Krankenversicherungsunternehmen versichert sind und für sich und ihre Angehörigen oder Lebenspartner, die bei Versiche-

rungspflicht des Beschäftigten in der sozialen Pflegeversicherung nach § 25 versichert wären, Vertragsleistungen beanspruchen können, die nach Art und Umfang den Leistungen dieses Buches gleichwertig sind, erhalten unter den Voraussetzungen des § 58 von ihrem Arbeitgeber einen Beitragszuschuß. ²Der Zuschuß ist in der Höhe begrenzt auf den Betrag, der als Arbeitgeberanteil bei Versicherungspflicht in der sozialen Pflegeversicherung als Beitragsanteil zu zahlen wäre, höchstens jedoch auf die Hälfte des Betrages, den der Beschäftigte für seine private Pflegeversicherung zu zahlen hat. ³Für Beschäftigte, die Kurzarbeitergeld nach dem Dritten Buch beziehen, gilt Absatz 1 Satz 3 mit der Maßgabe, daß sie höchstens den Betrag erhalten, den sie tatsächlich zu zahlen haben. ⁴Bestehen innerhalb desselben Zeitraumes mehrere Beschäftigungsverhältnisse, sind die beteiligten Arbeitgeber anteilig nach dem Verhältnis der Höhe der jeweiligen Arbeitsentgelte zur Zahlung des Beitragszuschusses verpflichtet.

(3) ¹Für Bezieher von Vorruhestandsgeld, die als Beschäftigte bis unmittelbar vor Beginn der Vorruhestandsleistungen Anspruch auf den vollen oder anteiligen Beitragszuschuß nach Absatz 1 oder 2 hatten, sowie für Bezieher von Leistungen nach § 9 Abs. 1 Nr. 1 und 2 des Anspruchs- und Anwartschaftsüberführungsgesetzes und Bezieher einer Übergangsversorgung nach § 7 des Tarifvertrages über einen sozialverträglichen Personalabbau im Bereich des Bundesministeriums der Verteidigung vom 30. November 1991 bleibt der Anspruch für die Dauer der Vorruhestandsleistungen gegen den zur Zahlung des Vorruhestandsgeldes Verpflichteten erhalten. ²Der Zuschuss beträgt die Hälfte des Beitrages, den Bezieher von Vorruhestandsgeld als versicherungspflichtig Beschäftigte ohne den Beitragszuschlag nach § 55 Abs. 3 zu zahlen hätten, höchstens jedoch die Hälfte des Betrages, den sie ohne den Beitragszuschlag nach § 55 Abs. 3 zu zahlen haben. ³Absatz 1 Satz 2 gilt entsprechend.

(4) ¹Die in § 20 Abs. 1 Satz 2 Nr. 6, 7 oder 8 genannten Personen, für die nach § 23 Versicherungspflicht in der privaten Pflegeversicherung besteht, erhalten vom zuständigen Leistungsträger einen Zuschuß zu ihrem privaten Pflegeversicherungsbeitrag. ²Als Zuschuß ist der Betrag zu zahlen, der von dem Leistungsträger als Beitrag bei Versicherungspflicht in der sozialen Pflegeversicherung zu zahlen wäre, höchstens jedoch der Betrag, der an das private Versicherungsunternehmen zu zahlen ist.

(5) Der Zuschuß nach den Absätzen 2, 3 und 4 wird für eine private Pflegeversicherung nur gezahlt, wenn das Versicherungsunternehmen:
1. die Pflegeversicherung nach Art der Lebensversicherung betreibt,
2. sich verpflichtet, den überwiegenden Teil der Überschüsse, die sich aus dem selbst abgeschlossenen Versicherungsgeschäft ergeben, zugunsten der Versicherten zu verwenden,
3. die Pflegeversicherung nur zusammen mit der Krankenversicherung, nicht zusammen mit anderen Versicherungssparten betreibt oder, wenn das Versicherungsunternehmen seinen Sitz in einem anderen Mitgliedstaat der Europäischen Union hat, den Teil der Prämien, für den Berechtigte den Zuschuss erhalten, nur für die Kranken- und Pflegeversicherung verwendet.

(6) ¹Das Krankenversicherungsunternehmen hat dem Versicherungsnehmer eine Bescheinigung darüber auszuhändigen, daß ihm die Aufsichtsbehörde bestätigt hat, daß es die Versicherung, die Grundlage des Versicherungsvertrages ist, nach den in Absatz 5 genannten Voraussetzungen betreibt. ²Der Versicherungsnehmer hat diese Bescheinigung dem zur Zahlung des Beitragszuschusses Verpflichteten jeweils nach Ablauf von drei Jahren vorzulegen.

(7) Personen, die nach beamtenrechtlichen Vorschriften oder Grundsätzen bei Krankheit und Pflege Anspruch auf Beihilfe oder Heilfürsorge haben und bei einem privaten Versicherungsunternehmen pflegeversichert sind, sowie Personen, für die der halbe Beitragssatz nach § 55 Abs. 1 Satz 2 gilt, haben gegenüber dem Arbeitgeber oder Dienstherrn, der die Beihilfe und Heilfürsorge zu Aufwendungen aus Anlaß der Pflege gewährt, keinen Anspruch auf einen Beitragszuschuß.

Dritter Abschnitt
Bundesmittel

§ 61a Beteiligung des Bundes an Aufwendungen

Der Bund leistet zur pauschalen Beteiligung an den Aufwendungen der sozialen Pflegeversicherung ab dem Jahr 2022 jährlich 1 Milliarde Euro in monatlich zum jeweils ersten Bankarbeitstag zu überweisenden Teilbeträgen an den Ausgleichsfonds nach § 65.

Siebtes Kapitel
Beziehungen der Pflegekassen zu den Leistungserbringern

Zweiter Abschnitt
Beziehungen zu den Pflegeeinrichtungen

§ 71 Pflegeeinrichtungen

(1) Ambulante Pflegeeinrichtungen (Pflegedienste) im Sinne dieses Buches sind selbständig wirtschaftende Einrichtungen, die unter ständiger Verantwortung einer ausgebildeten Pflegefachkraft Pflegebedürftige in ihrer Wohnung mit Leistungen der häuslichen Pflegehilfe im Sinne des § 36 versorgen.
(1a) Auf ambulante Betreuungseinrichtungen, die für Pflegebedürftige dauerhaft pflegerische Betreuungsmaßnahmen und Hilfen bei der Haushaltsführung erbringen (Betreuungsdienste), sind die Vorschriften dieses Buches, die für Pflegedienste gelten, entsprechend anzuwenden, soweit keine davon abweichende Regelung bestimmt ist.
(2) Stationäre Pflegeeinrichtungen (Pflegeheime) im Sinne dieses Buches sind selbständig wirtschaftende Einrichtungen, in denen Pflegebedürftige:
1. unter ständiger Verantwortung einer ausgebildeten Pflegefachkraft gepflegt werden,
2. ganztägig (vollstationär) oder tagsüber oder nachts (teilstationär) untergebracht und verpflegt werden können.
(3) ¹Für die Anerkennung als verantwortliche Pflegefachkraft im Sinne der Absätze 1 und 2 ist neben dem Abschluss einer Ausbildung als
1. Pflegefachfrau oder Pflegefachmann,
2. Gesundheits- und Krankenpflegerin oder Gesundheits- und Krankenpfleger,
3. Gesundheits- und Kinderkrankenpflegerin oder Gesundheits- und Kinderkrankenpfleger oder
4. Altenpflegerin oder Altenpfleger

eine praktische Berufserfahrung in dem erlernten Ausbildungsberuf von zwei Jahren innerhalb der letzten acht Jahre erforderlich. ²Bei ambulanten Pflegeeinrichtungen, die überwiegend behinderte Menschen pflegen und betreuen, gelten auch nach Landesrecht ausgebildete Heilerziehungspflegerinnen und Heilerziehungspfleger sowie Heilerzieherinnen und Heilerzieher mit einer praktischen Berufserfahrung von zwei Jahren innerhalb der letzten acht Jahre als ausgebildete Pflegefachkraft. ³Bei Betreuungsdiensten kann anstelle der verantwortlichen Pflegefachkraft eine entsprechend qualifizierte, fachlich geeignete und zuverlässige Fachkraft mit praktischer Berufserfahrung im erlernten Beruf von zwei Jahren innerhalb der letzten acht Jahre (verantwortliche Fachkraft) eingesetzt werden. ⁴Die Rahmenfrist nach den Sätzen 1, 2 oder 3 beginnt acht Jahre vor dem Tag, zu dem die verantwortliche Pflegefachkraft im Sinne des Absatzes 1 oder 2 bestellt werden soll. ⁵Für die Anerkennung als verantwortliche Pflegefachkraft ist ferner Voraussetzung, dass eine Weiterbildungsmaßnahme für leitende Funktionen mit einer Mindeststundenzahl, die 460 Stunden nicht unterschreiten soll, erfolgreich durchgeführt wurde. ⁶Anerkennungen als verantwortliche Fachkraft, die im Rahmen der Durchführung des Modellvorhabens zur Erprobung von Leistungen der häuslichen Betreuung durch Betreuungsdienste erfolgt sind, gelten fort. ⁷Für die Anerkennung einer verantwortlichen Fachkraft ist ferner ab dem 1. Januar 2023 ebenfalls Voraussetzung, dass eine Weiterbildungsmaßnahme im Sinne von Satz 5 durchgeführt wurde.
(4) Keine Pflegeeinrichtungen im Sinne des Absatzes 2 sind
1. stationäre Einrichtungen, in denen die Leistungen zur medizinischen Vorsorge, zur medizinischen Rehabilitation, zur Teilhabe am Arbeitsleben, zur Teilhabe an Bildung oder zur sozialen Teilhabe, die schulische Ausbildung oder die Erziehung kranker Menschen oder von Menschen mit Behinderungen im Vordergrund des Zweckes der Einrichtung stehen,
2. Krankenhäuser sowie
3. Räumlichkeiten,
    a) in denen der Zweck des Wohnens von Menschen mit Behinderungen und der Erbringung von Leistungen der Eingliederungshilfe für diese im Vordergrund steht,
    b) auf deren Überlassung das Wohn- und Betreuungsvertragsgesetz Anwendung findet und
    c) in denen der Umfang der Gesamtversorgung der dort wohnenden Menschen mit Behinderungen durch Leistungserbringer regelmäßig einen Umfang erreicht, der weitgehend der Versorgung in einer vollstationären Einrichtung entspricht; bei einer Versorgung der Menschen mit Behinderungen sowohl in Räumlichkeiten im Sinne der Buchstaben a und b als auch in Einrichtungen im Sinne der Nummer 1 ist eine Gesamtbetrachtung anzustellen, ob der Umfang der Versorgung durch Leistungserbringer weitgehend der Versorgung in einer vollstationären Einrichtung entspricht.

(5) ¹Mit dem Ziel, eine einheitliche Rechtsanwendung zu fördern, erlässt der Spitzenverband Bund der Pflegekassen spätestens bis zum 1. Juli 2019 Richtlinien zur näheren Abgrenzung, wann die in Absatz 4 Nummer 3 Buchstabe c in der ab dem 1. Januar 2020 geltenden Fassung genannten Merkmale vorliegen und welche Kriterien bei der Prüfung dieser Merkmale mindestens heranzuziehen sind. ²Die Richtlinien nach Satz 1 sind im Benehmen mit dem Verband

der privaten Krankenversicherung e. V., der Bundesarbeitsgemeinschaft der überörtlichen Träger der Sozialhilfe und den kommunalen Spitzenverbänden auf Bundesebene zu beschließen; die Länder, die Bundesarbeitsgemeinschaft der Freien Wohlfahrtspflege sowie die Vereinigungen der Träger der Pflegeeinrichtungen auf Bundesebene sind zu beteiligen. ³Für die Richtlinien nach Satz 1 gilt § 17 Absatz 2 entsprechend mit der Maßgabe, dass das Bundesministerium für Gesundheit die Genehmigung im Einvernehmen mit dem Bundesministerium für Arbeit und Soziales erteilt und die Genehmigung als erteilt gilt, wenn die Richtlinien nicht innerhalb von zwei Monaten, nachdem sie dem Bundesministerium für Gesundheit vorgelegt worden sind, beanstandet werden.

§ 72 Zulassung zur Pflege durch Versorgungsvertrag

(1) ¹Die Pflegekassen dürfen ambulante und stationäre Pflege nur durch Pflegeeinrichtungen gewähren, mit denen ein Versorgungsvertrag besteht (zugelassene Pflegeeinrichtungen). ²In dem Versorgungsvertrag sind Art, Inhalt und Umfang der allgemeinen Pflegeleistungen (§ 84 Abs. 4) festzulegen, die von der Pflegeeinrichtung während der Dauer des Vertrages für die Versicherten zu erbringen sind (Versorgungsauftrag).

(2) ¹Der Versorgungsvertrag wird zwischen dem Träger der Pflegeeinrichtung oder einer vertretungsberechtigten Vereinigung gleicher Träger und den Landesverbänden der Pflegekassen im Einvernehmen mit den überörtlichen Trägern der Sozialhilfe im Land abgeschlossen, soweit nicht nach Landesrecht der örtliche Träger für die Pflegeeinrichtung zuständig ist; für mehrere oder alle selbständig wirtschaftenden Einrichtungen (§ 71 Abs. 1 und 2) einschließlich für einzelne, eingestreute Pflegeplätze eines Pflegeeinrichtungsträgers, die vor Ort organisatorisch miteinander verbunden sind, kann, insbesondere zur Sicherstellung einer quartiersnahen Unterstützung zwischen den verschiedenen Versorgungsbereichen, ein einheitlicher Versorgungsvertrag (Gesamtversorgungsvertrag) geschlossen werden. ²Er ist für die Pflegeeinrichtung und für alle Pflegekassen im Inland unmittelbar verbindlich. ³Bei Betreuungsdiensten nach § 71 Absatz 1a sind bereits vorliegende Vereinbarungen aus der Durchführung des Modellvorhabens zur Erprobung von Leistungen der häuslichen Betreuung durch Betreuungsdienste zu beachten.

(3) ¹Versorgungsverträge dürfen nur mit Pflegeeinrichtungen abgeschlossen werden, die
1. den Anforderungen des § 71 genügen,
2. die Gewähr für eine leistungsfähige und wirtschaftliche pflegerische Versorgung bieten sowie eine in Pflegeeinrichtungen ortsübliche Arbeitsvergütung an ihre Beschäftigten zahlen, soweit diese nicht von einer Verordnung über Mindestentgeltsätze aufgrund des Gesetzes über zwingende Arbeitsbedingungen für grenzüberschreitend entsandte und für regelmäßig im Inland beschäftigte Arbeitnehmer und Arbeitnehmerinnen (Arbeitnehmer-Entsendegesetz) erfasst sind,
3. sich verpflichten, nach Maßgabe der Vereinbarungen nach § 113 einrichtungsintern ein Qualitätsmanagement einzuführen und weiterzuentwickeln,
4. sich verpflichten, alle Expertenstandards nach § 113a anzuwenden,
5. sich verpflichten, die ordnungsgemäße Durchführung von Qualitätsprüfungen zu ermöglichen;

ein Anspruch auf Abschluß eines Versorgungsvertrages besteht, soweit und solange die Pflegeeinrichtung diese Voraussetzungen erfüllt. ²Bei notwendiger Auswahl zwischen mehreren geeigneten Pflegeeinrichtungen sollen die Versorgungsverträge vorrangig mit freigemeinnützigen und privaten Trägern abgeschlossen werden. ³Bei ambulanten Pflegediensten ist in den Versorgungsverträgen der Einzugsbereich festzulegen, in dem die Leistungen ressourcenschonend und effizient zu erbringen sind.

(3a) Ab dem 1. September 2022 dürfen Versorgungsverträge nur mit Pflegeeinrichtungen abgeschlossen werden, die ihren Arbeitnehmerinnen und Arbeitnehmern, die Leistungen der Pflege oder Betreuung von Pflegebedürftigen erbringen, eine Entlohnung zahlen, die in Tarifverträgen oder kirchlichen Arbeitsrechtsregelungen vereinbart ist, an die jeweiligen Pflegeeinrichtungen gebunden sind.

(3b) ¹Mit Pflegeeinrichtungen, die nicht an Tarifverträge oder kirchliche Arbeitsrechtsregelungen für ihre Arbeitnehmerinnen und Arbeitnehmer, die Leistungen der Pflege oder Betreuung von Pflegebedürftigen erbringen, gebunden sind, dürfen Versorgungsverträge ab dem 1. September 2022 nur abgeschlossen werden, wenn sie ihren Arbeitnehmerinnen und Arbeitnehmern, die Leistungen der Pflege oder Betreuung von Pflegebedürftigen erbringen, eine Entlohnung zahlen, die
1. die Höhe der Entlohnung eines Tarifvertrags nicht unterschreitet, dessen räumlicher, zeitlicher, fachlicher und persönlicher Geltungsbereich eröffnet ist,
2. die Höhe der Entlohnung eines Tarifvertrags nicht unterschreitet, dessen fachlicher Geltungsbereich mindestens eine andere Pflegeeinrichtung in der Region erfasst, in der die Pflegeeinrichtung betrieben wird, und dessen zeitlicher und persönlicher Geltungsbereich eröffnet ist, oder
3. die Höhe der Entlohnung einer der Nummer 1 oder Nummer 2 entsprechenden kirchlichen Arbeitsrechtsregelung nicht unterschreitet.

²Versorgungsverträge, die mit Pflegeeinrichtungen vor dem 1. September 2022 abgeschlossen wurden, sind bis spätestens zum Ablauf des 31. August 2022 mit Wirkung ab 1. September 2022 an die Vorgaben des Absatzes 3a oder Absatzes 3b anzupassen.

(3c) ¹Der Spitzenverband Bund der Pflegekassen legt in Richtlinien, erstmals bis zum Ablauf des 30. September 2021, das Nähere insbesondere zu den Verfahrens- und Prüfgrundsätzen für die Einhaltung der Vorgaben der Absätze 3a und 3b fest. ²Er hat dabei die Bundesarbeitsgemeinschaft der überörtlichen Träger der Sozialhilfe und der Eingliederungshilfe zu beteiligen. ³Die Richtlinien werden erst wirksam, wenn das Bundesministerium für Gesundheit sie im Einvernehmen mit dem Bundesministerium für Arbeit und Soziales genehmigt. ⁴Beanstandungen des Bundesministeriums für Gesundheit sind innerhalb der von ihm gesetzten Frist zu beheben.

(3d) ¹Pflegeeinrichtungen haben den Landesverbänden der Pflegekassen zur Feststellung des Vorliegens der Voraussetzungen des Absatzes 3a oder 3b mitzuteilen, an welchen Tarifvertrag oder an welche kirchlichen Arbeitsrechtsregelungen sie im Fall des Absatzes 3a gebunden sind oder welcher Tarifvertrag oder welche kirchlichen Arbeitsrechtsregelungen im Fall des Absatzes 3b für sie maßgebend sind. ²Änderungen der Angaben gemäß Satz 1 nach Abschluss des Versorgungsvertrags sind unverzüglich mitzuteilen. ³Im Jahr 2022 sind alle Pflegeeinrichtungen verpflichtet, den Landesverbänden der Pflegekassen die Angaben gemäß Satz 1 oder Satz 2 spätestens bis zum Ablauf des 28. Februar 2022 mitzuteilen. ⁴Die Mitteilung nach Satz 3 gilt, sofern die Pflegeeinrichtung dem nicht widerspricht, als Antrag auf entsprechende Anpassung des Versorgungsvertrags mit Wirkung zum 1. September 2022.

(3e) ¹Pflegeeinrichtungen, die an Tarifverträge oder an kirchliche Arbeitsrechtsregelungen nach Absatz 3a gebunden sind, haben den Landesverbänden der Pflegekassen jährlich bis zum Ablauf des 30. September des Jahres mitzuteilen, an welchen Tarifvertrag oder an welche kirchlichen Arbeitsrechtsregelungen sie gebunden sind. ²Dabei sind auch die maßgeblichen Informationen aus den Tarifverträgen oder kirchlichen Arbeitsrechtsregelungen für die Feststellung der Entlohnung der Arbeitnehmerinnen und Arbeitnehmer, die Leistungen der Pflege oder Betreuung von Pflegebedürftigen erbringen, zu übermitteln.

(3f) Das Bundesministerium für Gesundheit evaluiert unter Beteiligung des Bundesministeriums für Arbeit und Soziales bis zum 31. Dezember 2025 die Wirkungen der Regelungen der Absätze 3a und 3b und des § 82c.

(4) ¹Mit Abschluß des Versorgungsvertrages wird die Pflegeeinrichtung für die Dauer des Vertrages zur pflegerischen Versorgung der Versicherten zugelassen. ²Die zugelassene Pflegeeinrichtung ist im Rahmen ihres Versorgungsauftrages zur pflegerischen Versorgung der Versicherten verpflichtet; dazu gehört bei ambulanten Pflegediensten auch die Durchführung von Beratungseinsätzen nach § 37 Absatz 3 auf Anforderung des Pflegebedürftigen. ³Die Pflegekassen sind verpflichtet, die Leistungen der Pflegeeinrichtung nach Maßgabe des Achten Kapitels zu vergüten.

§ 73 Abschluß von Versorgungsverträgen

(1) Der Versorgungsvertrag ist schriftlich abzuschließen.

(2) ¹Gegen die Ablehnung eines Versorgungsvertrages durch die Landesverbände der Pflegekassen ist der Rechtsweg zu den Sozialgerichten gegeben. ²Ein Vorverfahren findet nicht statt; die Klage hat keine aufschiebende Wirkung.

(3) ¹Mit Pflegeeinrichtungen, die vor dem 1. Januar 1995 ambulante Pflege, teilstationäre Pflege oder Kurzzeitpflege auf Grund von Vereinbarungen mit Sozialleistungsträgern erbracht haben, gilt ein Versorgungsvertrag als abgeschlossen. ²Satz 1 gilt nicht, wenn die Pflegeeinrichtung die Anforderungen nach § 72 Abs. 3 Satz 1 nicht erfüllt und die zuständigen Landesverbände der Pflegekassen dies im Einvernehmen mit dem zuständigen Träger der Sozialhilfe (§ 72 Abs. 2 Satz 1) bis zum 30. Juni 1995 gegenüber dem Träger der Einrichtung schriftlich geltend machen. ³Satz 1 gilt auch dann nicht, wenn die Pflegeeinrichtung die Anforderungen nach § 72 Abs. 3 Satz 1 offensichtlich nicht erfüllt. ⁴Die Pflegeeinrichtung hat bis spätestens zum 31. März 1995 die Voraussetzungen für den Bestandsschutz nach den Sätzen 1 und 2 durch Vorlage von Vereinbarungen mit Sozialleistungsträgern sowie geeigneter Unterlagen zur Prüfung und Beurteilung der Leistungsfähigkeit und Wirtschaftlichkeit gegenüber einem Landesverband der Pflegekassen nachzuweisen. ⁵Der Versorgungsvertrag bleibt wirksam, bis er durch einen neuen Versorgungsvertrag abgelöst oder gemäß § 74 gekündigt wird.

(4) Für vollstationäre Pflegeeinrichtungen gilt Absatz 3 entsprechend mit der Maßgabe, daß der für die Vorlage der Unterlagen nach Satz 3 maßgebliche Zeitpunkt der 30. September 1995 und der Stichtag nach Satz 2 der 30. Juni 1996 ist.

§ 74 Kündigung von Versorgungsverträgen

(1) ¹Der Versorgungsvertrag kann von jeder Vertragspartei mit einer Frist von einem Jahr ganz oder teilweise gekündigt werden, von den Landesverbänden der Pflegekassen jedoch nur, wenn die zugelassene Pflegeeinrichtung nicht nur vorübergehend eine der Voraussetzungen des § 72 Abs. 3 Satz 1 nicht oder nicht mehr erfüllt; dies gilt auch, wenn die Pflegeeinrichtung ihre Pflicht wiederholt gröblich verletzt, Pflegebedürftigen ein möglichst selbständiges und selbstbestimmtes Leben zu bieten, die Hilfen darauf auszurichten, die körperlichen, geistigen und seelischen Kräfte der Pflegebedürftigen wiederzugewinnen oder zu erhalten und angemessenen Wünschen der Pflegebedürfti-

gen zur Gestaltung der Hilfe zu entsprechen. ²Vor Kündigung durch die Landesverbände der Pflegekassen ist das Einvernehmen mit dem zuständigen Träger der Sozialhilfe (§ 72 Abs. 2 Satz 1) herzustellen. ³Die Landesverbände der Pflegekassen können im Einvernehmen mit den zuständigen Trägern der Sozialhilfe zur Vermeidung der Kündigung des Versorgungsvertrages mit dem Träger der Pflegeeinrichtung insbesondere vereinbaren, dass
1. die verantwortliche Pflegefachkraft sowie weitere Leitungskräfte zeitnah erfolgreich geeignete Fort- und Weiterbildungsmaßnahmen absolvieren,
2. die Pflege, Versorgung und Betreuung weiterer Pflegebedürftiger bis zur Beseitigung der Kündigungsgründe ganz oder teilweise vorläufig ausgeschlossen ist.

(2) ¹Der Versorgungsvertrag kann von den Landesverbänden der Pflegekassen auch ohne Einhaltung einer Kündigungsfrist gekündigt werden, wenn die Einrichtung ihre gesetzlichen oder vertraglichen Verpflichtungen gegenüber den Pflegebedürftigen oder deren Kostenträgern derart gröblich verletzt, daß ein Festhalten an dem Vertrag nicht zumutbar ist. ²Das gilt insbesondere dann, wenn Pflegebedürftige infolge der Pflichtverletzung zu Schaden kommen oder die Einrichtung nicht erbrachte Leistungen gegenüber den Kostenträgern abrechnet. ³Das gleiche gilt, wenn dem Träger eines Pflegeheimes nach den heimrechtlichen Vorschriften die Betriebserlaubnis entzogen oder der Betrieb des Heimes untersagt wird. ⁴Absatz 1 Satz 2 gilt entsprechend.

(3) ¹Die Kündigung bedarf der Schriftform. ²Für Klagen gegen die Kündigung gilt § 73 Abs. 2 entsprechend.

§ 75 Rahmenverträge, Bundesempfehlungen und -vereinbarungen über die pflegerische Versorgung

(1) ¹Die Landesverbände der Pflegekassen schließen unter Beteiligung des Medizinischen Dienstes sowie des Verbandes der privaten Krankenversicherung e. V. im Land mit den Vereinigungen der Träger der ambulanten oder stationären Pflegeeinrichtungen im Land gemeinsam und einheitlich Rahmenverträge mit dem Ziel, eine wirksame und wirtschaftliche pflegerische Versorgung der Versicherten sicherzustellen. ²Für Pflegeeinrichtungen, die einer Kirche oder Religionsgemeinschaft des öffentlichen Rechts oder einem sonstigen freigemeinnützigen Träger zuzuordnen sind, können die Rahmenverträge auch von der Kirche oder Religionsgemeinschaft oder von dem Wohlfahrtsverband abgeschlossen werden, dem die Pflegeeinrichtung angehört. ³Bei Rahmenverträgen über ambulante Pflege sind die Arbeitsgemeinschaften der örtlichen Träger der Sozialhilfe oder anderer nach Landesrecht für die Sozialhilfe zuständigen Träger, bei Rahmenverträgen über stationäre Pflege die überörtlichen Träger der Sozialhilfe und die Arbeitsgemeinschaften der örtlichen Träger der Sozialhilfe als Vertragspartei am Vertragsschluß zu beteiligen. ⁴Die Rahmenverträge sind für die Pflegekassen und die zugelassenen Pflegeeinrichtungen im Inland unmittelbar verbindlich.

(2) ¹Die Verträge regeln insbesondere:
1. den Inhalt der Pflegeleistungen einschließlich der Sterbebegleitung sowie bei stationärer Pflege die Abgrenzung zwischen den allgemeinen Pflegeleistungen, den Leistungen bei Unterkunft und Verpflegung und den Zusatzleistungen,
1a. bei häuslicher Pflege den Inhalt der ergänzenden Unterstützung bei Nutzung von digitalen Pflegeanwendungen,
2. die allgemeinen Bedingungen der Pflege einschließlich der Vertragsvoraussetzungen und der Vertragserfüllung für eine leistungsfähige und wirtschaftliche pflegerische Versorgung, der Kostenübernahme, der Abrechnung der Entgelte und der hierzu erforderlichen Bescheinigungen und Berichte,
3. Maßstäbe und Grundsätze für eine wirtschaftliche und leistungsbezogene, am Versorgungsauftrag orientierte personelle und sächliche Ausstattung der Pflegeeinrichtungen,
4. die Überprüfung der Notwendigkeit und Dauer der Pflege,
5. Abschläge von der Pflegevergütung bei vorübergehender Abwesenheit (Krankenhausaufenthalt, Beurlaubung) des Pflegebedürftigen aus dem Pflegeheim,
6. den Zugang des Medizinischen Dienstes und sonstiger von den Pflegekassen beauftragter Prüfer zu den Pflegeeinrichtungen,
7. die Verfahrens- und Prüfungsgrundsätze für Wirtschaftlichkeits- und Abrechnungsprüfungen,
8. die Grundsätze zur Festlegung der örtlichen oder regionalen Einzugsbereiche der Pflegeeinrichtungen, um Pflegeleistungen ohne lange Wege möglichst orts- und bürgernah anzubieten,
9. die Möglichkeiten, unter denen sich Mitglieder von Selbsthilfegruppen, ehrenamtliche Pflegepersonen und sonstige zum bürgerschaftlichen Engagement bereite Personen und Organisationen in der häuslichen Pflege sowie in ambulanten und stationären Pflegeeinrichtungen an der Betreuung Pflegebedürftiger beteiligen können,
10. die Verfahrens- und Prüfungsgrundsätze für die Zahlung einer ortsüblichen Vergütung an die Beschäftigten nach § 72 Absatz 3 Satz 1 Nummer 2,
11. die Anforderungen an die nach § 85 Absatz 3 geeigneten Nachweise bei den Vergütungsverhandlungen.

²Durch die Regelung der sächlichen Ausstattung in Satz 1 Nr. 3 werden Ansprüche der Pflegeheimbewohner nach § 33 des Fünften Buches auf Versorgung mit Hilfsmitteln weder aufgehoben noch eingeschränkt.

(3) ¹Als Teil der Verträge nach Absatz 2 Nr. 3 sind entweder

1. landesweite Verfahren zur Ermittlung des Personalbedarfs oder zur Bemessung der Pflegezeiten oder
2. landesweite Personalrichtwerte

zu vereinbaren. ²Dabei ist jeweils der besondere Pflege- und Betreuungsbedarf Pflegebedürftiger mit geistigen Behinderungen, psychischen Erkrankungen, demenzbedingten Fähigkeitsstörungen und anderen Leiden des Nervensystems zu beachten. ³Bei der Vereinbarung der Verfahren nach Satz 1 Nr. 1 sind auch in Deutschland erprobte und bewährte internationale Erfahrungen zu berücksichtigen. ⁴Die Personalrichtwerte nach Satz 1 Nr. 2 können als Bandbreiten vereinbart werden und umfassen bei teil- oder vollstationärer Pflege wenigstens

1. das Verhältnis zwischen der Zahl der Heimbewohner und der Zahl der Pflege- und Betreuungskräfte (in Vollzeitkräfte umgerechnet), unterteilt nach Pflegegrad (Personalanhaltszahlen), sowie
2. im Bereich der Pflege, der Betreuung und der medizinischen Behandlungspflege zusätzlich den Anteil der ausgebildeten Fachkräfte am Pflege- und Betreuungspersonal.

⁵Die Maßstäbe und Grundsätze nach Absatz 2 Nummer 3 sind auch daraufhin auszurichten, dass das Personal bei demselben Einrichtungsträger in verschiedenen Versorgungsbereichen flexibel eingesetzt werden kann.

(4) ¹Kommt ein Vertrag nach Absatz 1 innerhalb von sechs Monaten ganz oder teilweise nicht zustande, nachdem eine Vertragspartei schriftlich zu Vertragsverhandlungen aufgefordert hat, wird sein Inhalt auf Antrag einer Vertragspartei durch die Schiedsstelle nach § 76 festgesetzt. ²Satz 1 gilt auch für Verträge, mit denen bestehende Rahmenverträge geändert oder durch neue Verträge abgelöst werden sollen.

(5) ¹Die Verträge nach Absatz 1 können von jeder Vertragspartei mit einer Frist von einem Jahr ganz oder teilweise gekündigt werden. ²Satz 1 gilt entsprechend für die von der Schiedsstelle nach Absatz 4 getroffenen Regelungen. ³Diese können auch ohne Kündigung jederzeit durch einen Vertrag nach Absatz 1 ersetzt werden.

(6) ¹Der Spitzenverband Bund der Pflegekassen und die Vereinigungen der Träger der Pflegeeinrichtungen auf Bundesebene sollen unter Beteiligung des Medizinischen Dienstes Bund, des Verbandes der privaten Krankenversicherung e. V. sowie unabhängiger Sachverständiger gemeinsam mit der Bundesvereinigung der kommunalen Spitzenverbände und der Bundesarbeitsgemeinschaft der überörtlichen Träger der Sozialhilfe Empfehlungen zum Inhalt der Verträge nach Absatz 1 abgeben. ²Sie arbeiten dabei mit den Verbänden der Pflegeberufe sowie den Verbänden der Behinderten und der Pflegebedürftigen eng zusammen.

(7) ¹Der Spitzenverband Bund der Pflegekassen, die Bundesarbeitsgemeinschaft der überörtlichen Träger der Sozialhilfe, die Bundesvereinigung der kommunalen Spitzenverbände und die Vereinigungen der Träger der Pflegeeinrichtungen auf Bundesebene vereinbaren gemeinsam und einheitlich Grundsätze ordnungsgemäßer Pflegebuchführung für die ambulanten und stationären Pflegeeinrichtungen. ²Die Vereinbarung nach Satz 1 tritt unmittelbar nach Aufhebung der gemäß § 83 Abs. 1 Satz 1 Nr. 3 erlassenen Rechtsverordnung in Kraft und ist den im Land tätigen zugelassenen Pflegeeinrichtungen von den Landesverbänden der Pflegekassen unverzüglich bekannt zu geben. ³Sie ist für alle Pflegekassen und deren Verbände sowie für die zugelassenen Pflegeeinrichtungen unmittelbar verbindlich.

§ 76 Schiedsstelle

(1) ¹Die Landesverbände der Pflegekassen und die Vereinigungen der Träger der Pflegeeinrichtungen im Land bilden gemeinsam für jedes Land eine Schiedsstelle. ²Diese entscheidet in den ihr nach diesem Buch zugewiesenen Angelegenheiten.

(2) ¹Die Schiedsstelle besteht aus Vertretern der Pflegekassen und Pflegeeinrichtungen in gleicher Zahl sowie einem unparteiischen Vorsitzenden und zwei weiteren unparteiischen Mitgliedern; für den Vorsitzenden und die unparteiischen Mitglieder können Stellvertreter bestellt werden. ²Der Schiedsstelle gehört auch ein Vertreter des Verbandes der privaten Krankenversicherung e. V. sowie der überörtlichen oder, sofern Landesrecht dies bestimmt, ein örtlicher Träger der Sozialhilfe im Land an, die auf die Zahl der Vertreter der Pflegekassen angerechnet werden. ³Die Vertreter der Pflegekassen und deren Stellvertreter werden von den Landesverbänden der Pflegekassen, die Vertreter der Pflegeeinrichtungen und deren Stellvertreter von den Vereinigungen der Träger der Pflegedienste und Pflegeheime im Land bestellt; bei der Bestellung der Vertreter der Pflegeeinrichtungen ist die Trägervielfalt zu beachten. ⁴Der Vorsitzende und die weiteren unparteiischen Mitglieder werden von den beteiligten Organisationen gemeinsam bestellt. ⁵Kommt eine Einigung nicht zustande, werden sie durch Los bestimmt. ⁶Soweit beteiligte Organisationen keinen Vertreter bestellen oder im Verfahren nach Satz 4 keine Kandidaten für das Amt des Vorsitzenden oder der weiteren unparteiischen Mitglieder benennen, bestellt die zuständige Landesbehörde auf Antrag einer der beteiligten Organisationen die Vertreter und benennt die Kandidaten.

(3) ¹Die Mitglieder der Schiedsstelle führen ihr Amt als Ehrenamt. ²Sie sind an Weisungen nicht gebunden. ³Jedes Mitglied hat eine Stimme. ⁴Die Entscheidungen werden mit der Mehrheit der Mitglieder getroffen. ⁵Ergibt sich keine Mehrheit, gibt die Stimme des Vorsitzenden den Ausschlag.

(4) Die Rechtsaufsicht über die Schiedsstelle führt die zuständige Landesbehörde.

(5) Die Landesregierungen werden ermächtigt, durch Rechtsverordnung das Nähere über die Zahl, die Bestellung, die Amtsdauer und die Amtsführung, die Erstattung der baren Auslagen und die Entschädigung für Zeitaufwand der

Mitglieder der Schiedsstelle, die Geschäftsführung, das Verfahren, die Erhebung und die Höhe der Gebühren sowie über die Verteilung der Kosten zu bestimmen.

(6) ¹Abweichend von § 85 Abs. 5 können die Parteien der Pflegesatzvereinbarung (§ 85 Abs. 2) gemeinsam eine unabhängige Schiedsperson bestellen. ²Diese setzt spätestens bis zum Ablauf von 28 Kalendertagen nach ihrer Bestellung die Pflegesätze und den Zeitpunkt ihres Inkrafttretens fest. ³Gegen die Festsetzungsentscheidung kann ein Antrag auf gerichtliche Aufhebung nur gestellt werden, wenn die Festsetzung der öffentlichen Ordnung widerspricht. ⁴Die Kosten des Schiedsverfahrens tragen die Vertragspartner zu gleichen Teilen. ⁵§ 85 Abs. 6 gilt entsprechend.

Dritter Abschnitt
Beziehungen zu sonstigen Leistungserbringern

§ 77 Häusliche Pflege durch Einzelpersonen

(1) ¹Zur Sicherstellung der körperbezogenen Pflege, der pflegerischen Betreuung sowie der Haushaltsführung im Sinne des § 36 soll die Pflegekasse Verträge mit einzelnen geeigneten Pflegekräften schließen, um dem Pflegebedürftigen zu helfen, ein möglichst selbständiges und selbstbestimmtes Leben zu führen oder dem besonderen Wunsch des Pflegebedürftigen zur Gestaltung der Hilfe zu entsprechen; Verträge mit Verwandten oder Verschwägerten des Pflegebedürftigen bis zum dritten Grad sowie mit Personen, die mit dem Pflegebedürftigen in häuslicher Gemeinschaft leben, sind unzulässig. ²In dem Vertrag sind Inhalt, Umfang, Qualität, Qualitätssicherung, Vergütung sowie Prüfung der Qualität und Wirtschaftlichkeit der vereinbarten Leistungen zu regeln; § 112 ist entsprechend anzuwenden. ³Die Vergütungen sind für Leistungen der häuslichen Pflegehilfe nach § 36 Absatz 1 zu vereinbaren. ⁴In dem Vertrag ist weiter zu regeln, dass die Pflegekräfte mit dem Pflegebedürftigen, dem sie Leistungen der häuslichen Pflegehilfe erbringen, kein Beschäftigungsverhältnis eingehen dürfen. ⁵Soweit davon abweichend Verträge geschlossen sind, sind sie zu kündigen. ⁶Die Sätze 4 und 5 gelten nicht, wenn

1. das Beschäftigungsverhältnis vor dem 1. Mai 1996 bestanden hat und
2. die vor dem 1. Mai 1996 erbrachten Pflegeleistungen von der zuständigen Pflegekasse aufgrund eines von ihr mit der Pflegekraft abgeschlossenen Vertrages vergütet worden sind.

⁷In den Pflegeverträgen zwischen den Pflegebedürftigen und den Pflegekräften sind mindestens Art, Inhalt und Umfang der Leistungen einschließlich der dafür mit den Kostenträgern vereinbarten Vergütungen zu beschreiben. ⁸§ 120 Absatz 1 Satz 2 gilt entsprechend.

(2) Die Pflegekassen können bei Bedarf einzelne Pflegekräfte zur Sicherstellung der körperbezogenen Pflege, der pflegerischen Betreuung sowie der Haushaltsführung im Sinne des § 36 anstellen, für die hinsichtlich der Wirtschaftlichkeit und Qualität ihrer Leistungen die gleichen Anforderungen wie für die zugelassenen Pflegedienste nach diesem Buch gelten.

§ 78 Verträge über Pflegehilfsmittel, Pflegehilfsmittelverzeichnis und Empfehlungen zu wohnumfeldverbessernden Maßnahmen

(1) ¹Der Spitzenverband Bund der Pflegekassen schließt mit den Leistungserbringern oder deren Verbänden Verträge über die Versorgung der Versicherten mit Pflegehilfsmitteln, soweit diese nicht nach den Vorschriften des Fünften Buches über die Hilfsmittel zu vergüten sind. ²Abweichend von Satz 1 können die Pflegekassen Verträge über die Versorgung der Versicherten mit Pflegehilfsmitteln schließen, um dem Wirtschaftlichkeitsgebot verstärkt Rechnung zu tragen. ³Die §§ 36, 126 und 127 des Fünften Buches gelten entsprechend.

(2) ¹Der Spitzenverband Bund der Pflegekassen erstellt als Anlage zu dem Hilfsmittelverzeichnis nach § 139 des Fünften Buches ein systematisch strukturiertes Pflegehilfsmittelverzeichnis. ²Darin sind die von der Leistungspflicht der Pflegeversicherung umfassten Pflegehilfsmittel aufzuführen, soweit diese nicht bereits im Hilfsmittelverzeichnis enthalten sind. ³Pflegehilfsmittel, die nur eine leihweise Überlassung an die Versicherten geeignet sind, sind gesondert auszuweisen. ⁴Das Pflegehilfsmittelverzeichnis ist spätestens alle drei Jahre unter besonderer Berücksichtigung digitaler Technologien vom Spitzenverband Bund der Pflegekassen fortzuschreiben. ⁵Unbeschadet der regelhaften Fortschreibung nach Satz 4 entscheidet der Spitzenverband Bund der Pflegekassen über Anträge zur Aufnahme von neuartigen Pflegehilfsmitteln in das Pflegehilfsmittelverzeichnis innerhalb von drei Monaten nach Vorlage der vollständigen Unterlagen. ⁶Der Spitzenverband Bund der Pflegekassen informiert und berät Hersteller auf deren Anfrage über die Voraussetzungen und das Verfahren zur Aufnahme von neuartigen Pflegehilfsmitteln in das Pflegehilfsmittelverzeichnis; im Übrigen gilt § 139 Absatz 8 des Fünften Buches entsprechend. ⁷Die Beratung erstreckt sich insbesondere auch auf die grundlegenden Anforderungen an den Nachweis des pflegerischen Nutzens des Pflegehilfsmittels. ⁸Im Übrigen gilt § 139 des Fünften Buches entsprechend mit der Maßgabe, dass die Verbände der Pflegeberufe und der behinderten Menschen vor Erstellung und Fortschreibung des Pflegehilfsmittelverzeichnisses ebenfalls anzuhören sind.

(2a) ¹Der Spitzenverband Bund der Pflegekassen beschließt spätestens alle drei Jahre, erstmals bis zum 30. September 2021, Empfehlungen zu wohnumfeldverbessernden Maßnahmen gemäß § 40 Absatz 4 unter besonderer Berücksichtigung digitaler Technologien, einschließlich des Verfahrens zur Aufnahme von Produkten oder Maßnahmen in die Empfehlungen. ²Absatz 2 Satz 5 bis 7 gilt entsprechend.

(3) ¹Die Landesverbände der Pflegekassen vereinbaren untereinander oder mit geeigneten Pflegeeinrichtungen das Nähere zur Ausleihe der hierfür nach Absatz 2 Satz 4 geeigneten Pflegehilfsmittel einschließlich ihrer Beschaffung, Lagerung, Wartung und Kontrolle. ²Die Pflegebedürftigen und die zugelassenen Pflegeeinrichtungen sind von den Pflegekassen oder deren Verbänden in geeigneter Form über die Möglichkeit der Ausleihe zu unterrichten.

(4) Das Bundesministerium für Gesundheit wird ermächtigt, das Pflegehilfsmittelverzeichnis nach Absatz 2 durch Rechtsverordnung im Einvernehmen mit dem Bundesministerium für Arbeit und Soziales und dem Bundesministerium für Familie, Senioren, Frauen und Jugend und mit Zustimmung des Bundesrates zu bestimmen; § 40 Abs. 5 bleibt unberührt.

§ 78a Verträge über digitale Pflegeanwendungen und Verzeichnis für digitale Pflegeanwendungen, Verordnungsermächtigung

(1) ¹Der Spitzenverband Bund der Pflegekassen vereinbart im Einvernehmen mit der Bundesarbeitsgemeinschaft der überörtlichen Träger der Sozialhilfe und der Eingliederungshilfe mit dem Hersteller einer digitalen Pflegeanwendung innerhalb von drei Monaten nach Aufnahme der digitalen Pflegeanwendung in das Verzeichnis nach Absatz 3 einen Vergütungsbetrag sowie technische und vertragliche Rahmenbedingungen für die Zurverfügungstellung der digitalen Pflegeanwendungen nach § 40a Absatz 4. ²Die Vereinbarungen gelten ab dem Zeitpunkt der Aufnahme in das Verzeichnis für digitale Pflegeanwendungen. ³Kommt innerhalb der Frist nach Satz 1 keine Einigung zustande, entscheidet die Schiedsstelle nach § 134 Absatz 3 des Fünften Buches mit der Maßgabe, dass an die Stelle der zwei Vertreter der Krankenkassen zwei Vertreter der Pflegekassen und an die Stelle der zwei Vertreter der Hersteller digitaler Gesundheitsanwendungen zwei Vertreter der für die Wahrnehmung der wirtschaftlichen Interessen gebildeten maßgeblichen Spitzenorganisationen der Hersteller von digitalen Pflegeanwendungen auf Bundesebene treten. ⁴Der Hersteller übermittelt dem Spitzenverband Bund der Pflegekassen zur Vorbereitung der Verhandlungen unverzüglich
1. den Nachweis nach Absatz 4 Satz 3 Nummer 3 und
2. die Angaben zur Höhe des tatsächlichen Preises bei Abgabe an Selbstzahler und in anderen europäischen Ländern.

⁵Der Spitzenverband Bund der Pflegekassen legt nach Anhörung der Vereinigungen der Träger der Pflegeeinrichtungen auf Bundesebene sowie der maßgeblichen Spitzenorganisationen der Hersteller von digitalen Pflegeanwendungen die Aufteilung des Leistungsanspruchs nach § 40b auf die ergänzende Unterstützungsleistung nach § 39a und die digitale Pflegeanwendung nach § 40a innerhalb von drei Monaten nach Aufnahme in das Verzeichnis für digitale Pflegeanwendungen fest.

(2) ¹Der Spitzenverband Bund der Pflegekassen trifft im Einvernehmen mit der Bundesarbeitsgemeinschaft der überörtlichen Träger der Sozialhilfe und der Eingliederungshilfe mit den für die Wahrnehmung der wirtschaftlichen Interessen gebildeten maßgeblichen Spitzenorganisationen der Hersteller von digitalen Pflegeanwendungen auf Bundesebene eine Rahmenvereinbarung über die Maßstäbe für die Vereinbarungen der Vergütungsbeträge sowie zu den Grundsätzen der technischen und vertraglichen Rahmenbedingungen für die Zurverfügungstellung der digitalen Pflegeanwendungen. ²Kommt innerhalb von drei Monaten nach Inkrafttreten der Rechtsverordnung nach Absatz 6 eine Rahmenvereinbarung nicht zustande, setzen die unparteiischen Mitglieder der Schiedsstelle nach Absatz 1 Satz 3 innerhalb von drei Monaten die Rahmenvereinbarung im Benehmen mit dem Spitzenverband Bund der Pflegekassen sowie den in Satz 1 genannten Verbänden auf Antrag einer Vertragspartei und im Einvernehmen mit der Bundesarbeitsgemeinschaft der überörtlichen Träger der Sozialhilfe und der Eingliederungshilfe fest.

(3) ¹Das Bundesinstitut für Arzneimittel und Medizinprodukte führt ein barrierefreies Verzeichnis für digitale Pflegeanwendungen. ²§ 139e Absatz 1 Satz 2 und 3 des Fünften Buches gilt entsprechend.

(4) ¹Die Aufnahme in das Verzeichnis nach Absatz 3 erfolgt auf elektronischen Antrag des Herstellers einer digitalen Pflegeanwendung beim Bundesinstitut für Arzneimittel und Medizinprodukte. ²Der Hersteller hat die vom Bundesinstitut für Arzneimittel und Medizinprodukte auf seiner Internetseite bereitgestellten elektronischen Antragsformulare zu verwenden. ³Der Hersteller hat dem Antrag Nachweise darüber beizufügen, dass die digitale Pflegeanwendung
1. die in der Rechtsverordnung nach Absatz 6 Nummer 2 geregelten Anforderungen an die Sicherheit, Funktionstauglichkeit und Qualität erfüllt,
2. die Anforderungen an den Datenschutz erfüllt und die Datensicherheit nach dem Stand der Technik gewährleistet und
3. im Sinne der Rechtsverordnung nach Absatz 6 Nummer 2 einen pflegerischen Nutzen aufweist.

⁴Die Qualität einer digitalen Pflegeanwendung im Sinne des Satzes 3 Nummer 1 bemisst sich insbesondere nach folgenden Kriterien:
1. Barrierefreiheit,

2. altersgerechte Nutzbarkeit,
3. Robustheit,
4. Verbraucherschutz,
5. Qualität der pflegebezogenen Inhalte und
6. Unterstützung der Pflegebedürftigen, Angehörigen und zugelassenen ambulanten Pflegeeinrichtungen bei der Nutzung der digitalen Pflegeanwendung.

[5]Auch wenn die digitale Pflegeanwendung einen zusätzlichen pflegerischen Nutzen aufweist oder eine andere Funktionalität beinhaltet, die nicht in das Verzeichnis nach Absatz 3 aufgenommen wurde, darf der Hersteller für zusätzliche Funktionalitäten oder mehrfach zur Nutzung abgegebene digitale Pflegeanwendungen keine höheren als die nach Absatz 1 vereinbarten Vergütungsbeträge verlangen. [6]Eine Differenzierung der Vergütungsbeträge nach Absatz 1 nach Kostenträgern ist nicht zulässig.

(5) [1]Das Bundesinstitut für Arzneimittel und Medizinprodukte entscheidet über den Antrag des Herstellers innerhalb von drei Monaten nach Eingang der vollständigen Antragsunterlagen durch Bescheid. [2]Legt der Hersteller unvollständige Antragsunterlagen vor, fordert ihn das Bundesinstitut für Arzneimittel und Medizinprodukte auf, den Antrag innerhalb von einer Frist von drei Monaten zu ergänzen. [3]Liegen nach Ablauf der Frist keine vollständigen Antragsunterlagen vor, ist der Antrag abzulehnen. [4]Das Bundesinstitut für Arzneimittel und Medizinprodukte berät die Hersteller digitaler Pflegeanwendungen zu den Antrags- und Anzeigeverfahren sowie zu den Voraussetzungen, die erfüllt sein müssen, damit die Versorgung mit der jeweiligen digitalen Pflegeanwendung nach den §§ 40a und 40b zu Lasten der Pflegeversicherung erbracht werden kann. [5]Im Übrigen gilt § 139e Absatz 6 bis 8 des Fünften Buches entsprechend. [6]In seiner Entscheidung stellt das Bundesinstitut für Arzneimittel und Medizinprodukte fest, welche ergänzenden Unterstützungsleistungen für die Nutzung der digitalen Pflegeanwendung erforderlich sind, und informiert die Vertragsparteien nach § 75 Absatz 1, die an Rahmenverträgen über ambulante Pflege beteiligt sind, zeitgleich mit der Aufnahme der digitalen Pflegeanwendung in das Verzeichnis nach Absatz 3 hierüber.

(6) Das Bundesministerium für Gesundheit wird ermächtigt, durch Rechtsverordnung im Benehmen mit dem Bundesministerium für Arbeit und Soziales ohne Zustimmung des Bundesrates das Nähere zu regeln zu

1. den Inhalten des Verzeichnisses, dessen Veröffentlichung, der Interoperabilität des elektronischen Verzeichnisses mit elektronischen Transparenzportalen Dritter und der Nutzung der Inhalte des Verzeichnisses durch Dritte,
2. den Anforderungen an die Sicherheit, Funktionstauglichkeit und Qualität einschließlich der Anforderungen an die Interoperabilität, der Anforderungen an Datenschutz und Datensicherheit und dem pflegerischen Nutzen,
3. den anzeigepflichtigen Veränderungen der digitalen Pflegeanwendung einschließlich deren Dokumentation,
4. den Einzelheiten des Antrags- und Anzeigeverfahrens sowie des Formularwesens beim Bundesinstitut für Arzneimittel und Medizinprodukte,
5. dem Schiedsverfahren nach Absatz 1 Satz 3, insbesondere der Bestellung der Mitglieder der Schiedsstelle nach Absatz 1 Satz 3, der Erstattung der baren Auslagen und der Entschädigung für den Zeitaufwand der Mitglieder der Schiedsstelle nach Absatz 1 Satz 3, dem Verfahren, dem Teilnahmerecht des Bundesministeriums für Gesundheit, sowie der Vertreter der Organisationen, die für die Wahrnehmung der Interessen der Pflegebedürftigen maßgeblich sind, an den Sitzungen der Schiedsstelle nach Absatz 1 Satz 3 sowie der Verteilung der Kosten,
6. den Gebühren und Gebührensätzen für die von den Herstellern zu tragenden Kosten und Auslagen.

(7) [1]Das Bundesamt für Sicherheit in der Informationstechnik legt im Einvernehmen mit dem Bundesinstitut für Arzneimittel und Medizinprodukte und im Benehmen mit der oder dem Bundesbeauftragten für den Datenschutz und die Informationsfreiheit erstmals bis zum 31. Dezember 2021 und dann in der Regel jährlich die von digitalen Pflegeanwendungen nach Absatz 4 Satz 3 Nummer 2 zu gewährleistenden Anforderungen an die Datensicherheit fest. [2]§ 139e Absatz 10 Satz 2 und 3 des Fünften Buches gilt entsprechend.

(8) [1]Das Bundesinstitut für Arzneimittel und Medizinprodukte legt im Einvernehmen mit der oder dem Bundesbeauftragten für den Datenschutz und die Informationsfreiheit und im Benehmen mit dem Bundesamt für Sicherheit in der Informationstechnik erstmals bis zum 31. März 2022 und dann in der Regel jährlich die Prüfkriterien für die von Herstellern einer digitalen Pflegeanwendung nach Absatz 4 Satz 3 Nummer 2 nachzuweisende Erfüllung der Anforderungen an den Datenschutz fest. [2]§ 139e Absatz 11 Satz 2 des Fünften Buches gilt entsprechend.

(9) [1]Der Spitzenverband Bund der Pflegekassen legt über das Bundesministerium für Gesundheit und das Bundesministerium für Arbeit und Soziales dem Deutschen Bundestag jährlich, erstmals zum 1. Februar 2024, einen barrierefreien Bericht vor. [2]Der Bericht enthält Informationen über die Inanspruchnahme der Leistungen nach den §§ 39a und 40a, insbesondere dazu, wie viele Pflegebedürftige der jeweiligen Pflegegrade Leistungen in Anspruch genommen haben und welche Mittel die Pflegekassen dafür verausgabt haben. [3]Das Bundesministerium für Gesundheit kann weitere Inhalte des Berichts in der Verordnung nach Absatz 6 festlegen.

Vierter Abschnitt
Wirtschaftlichkeitsprüfungen

§ 79 Wirtschaftlichkeits- und Abrechnungsprüfungen

(1) ¹Die Landesverbände der Pflegekassen können die Wirtschaftlichkeit und Wirksamkeit der ambulanten, teilstationären und vollstationären Pflegeleistungen durch von ihnen bestellte Sachverständige prüfen lassen; vor Bestellung der Sachverständigen ist der Träger der Pflegeeinrichtung zu hören. ²Eine Prüfung ist nur zulässig, wenn tatsächliche Anhaltspunkte dafür bestehen, dass die Pflegeeinrichtung die Anforderungen des § 72 Abs. 3 Satz 1 ganz oder teilweise nicht oder nicht mehr erfüllt. ³Die Anhaltspunkte sind der Pflegeeinrichtung rechtzeitig vor der Anhörung mitzuteilen. ⁴Personenbezogene Daten sind zu anonymisieren.

(2) Die Träger der Pflegeeinrichtungen sind verpflichtet, dem Sachverständigen auf Verlangen die für die Wahrnehmung seiner Aufgaben notwendigen Unterlagen vorzulegen und Auskünfte zu erteilen.

(3) Das Prüfungsergebnis ist, unabhängig von den sich daraus ergebenden Folgerungen für eine Kündigung des Versorgungsvertrags nach § 74, in der nächstmöglichen Vergütungsvereinbarung, mit Wirkung für die Zukunft zu berücksichtigen.

(4) ¹Die Landesverbände der Pflegekassen können eine Abrechnungsprüfung selbst oder durch von ihnen bestellte Sachverständige durchführen lassen, wenn tatsächliche Anhaltspunkte dafür bestehen, dass die Pflegeeinrichtung fehlerhaft abrechnet. ²Die Abrechnungsprüfung bezieht sich
1. auf die Abrechnung von Leistungen, die zu Lasten der Pflegeversicherung erbracht oder erstattet werden, sowie
2. auf die Abrechnung der Leistungen für Unterkunft und Verpflegung (§ 87).

³Für die Abrechnungsprüfung sind Absatz 1 Satz 3 und 4 sowie die Absätze 2 und 3 entsprechend anzuwenden.

§ 80 (weggefallen)

§ 81 Verfahrensregelungen

(1) ¹Die Landesverbände der Pflegekassen (§ 52) erfüllen die ihnen nach dem Siebten und Achten Kapitel zugewiesenen Aufgaben gemeinsam. ²Kommt eine Einigung ganz oder teilweise nicht zustande, erfolgt die Beschlussfassung durch die Mehrheit der in § 52 Abs. 1 Satz 1 genannten Stellen mit der Maßgabe, dass die Beschlüsse durch drei Vertreter der Ortskrankenkassen und durch zwei Vertreter der Ersatzkassen sowie durch je einen Vertreter der weiteren Stellen gefasst werden.

(2) ¹Bei Entscheidungen, die von den Landesverbänden der Pflegekassen mit den Arbeitsgemeinschaften der örtlichen Träger der Sozialhilfe oder den überörtlichen Trägern der Sozialhilfe gemeinsam zu treffen sind, werden die Arbeitsgemeinschaften oder die überörtlichen Träger mit zwei Vertretern an der Beschlussfassung nach Absatz 1 Satz 2 beteiligt. ²Kommt bei zwei Beschlussfassungen nacheinander eine Einigung mit den Vertretern der Träger der Sozialhilfe nicht zustande, kann jeder Beteiligte nach Satz 1 die Entscheidung des Vorsitzenden und der weiteren unparteiischen Mitglieder der Schiedsstelle nach § 76 verlangen. ³Sie entscheiden für alle Beteiligten verbindlich über die streitbefangenen Punkte unter Ausschluss des Rechtswegs. ⁴Die Kosten des Verfahrens nach Satz 2 und das Honorar des Vorsitzenden sind von allen Beteiligten anteilig zu tragen.

(3) ¹Bei Entscheidungen nach dem Siebten Kapitel, die der Spitzenverband Bund der Pflegekassen mit den Vertretern der Träger der Sozialhilfe gemeinsam zu treffen hat, stehen dem Spitzenverband Bund der Pflegekassen in entsprechender Anwendung von Absatz 2 Satz 1 in Verbindung mit Absatz 1 Satz 2 neun und den Vertretern der Träger der Sozialhilfe zwei Stimmen zu. ²Absatz 2 Satz 2 bis 4 gilt mit der Maßgabe entsprechend, dass bei Nichteinigung ein Schiedsstellenvorsitzender zur Entscheidung von den Beteiligten einvernehmlich auszuwählen ist.

Achtes Kapitel
Pflegevergütung

Erster Abschnitt
Allgemeine Vorschriften

§ 82 Finanzierung der Pflegeeinrichtungen

(1) ¹Zugelassene Pflegeheime und Pflegedienste erhalten nach Maßgabe dieses Kapitels
1. eine leistungsgerechte Vergütung für die allgemeinen Pflegeleistungen (Pflegevergütung) sowie
2. bei stationärer Pflege ein angemessenes Entgelt für Unterkunft und Verpflegung.

²Die Pflegevergütung ist von den Pflegebedürftigen oder deren Kostenträgern zu tragen. ³Sie umfasst auch die Betreuung und, soweit bei stationärer Pflege kein Anspruch auf außerklinische Intensivpflege nach § 37c des Fünften Buches besteht, die medizinische Behandlungspflege. ⁴Für Unterkunft und Verpflegung bei stationärer Pflege hat der Pflegebedürftige selbst aufzukommen.

51 SGB XI § 82a

(2) In der Pflegevergütung und in den Entgelten für Unterkunft und Verpflegung dürfen keine Aufwendungen berücksichtigt werden für
1. Maßnahmen einschließlich Kapitalkosten, die dazu bestimmt sind, die für den Betrieb der Pflegeeinrichtung notwendigen Gebäude und sonstigen abschreibungsfähigen Anlagegüter herzustellen, anzuschaffen, wiederzubeschaffen, zu ergänzen, instandzuhalten oder instandzusetzen; ausgenommen sind die zum Verbrauch bestimmten Güter (Verbrauchsgüter), die der Pflegevergütung nach Absatz 1 Satz 1 Nr. 1 zuzuordnen sind,
2. den Erwerb und die Erschließung von Grundstücken,
3. Miete, Pacht, Erbbauzins, Nutzung oder Mitbenutzung von Grundstücken, Gebäuden oder sonstigen Anlagegütern,
4. den Anlauf oder die innerbetriebliche Umstellung von Pflegeeinrichtungen,
5. die Schließung von Pflegeeinrichtungen oder ihre Umstellung auf andere Aufgaben.

(3) ¹Soweit betriebsnotwendige Investitionsaufwendungen nach Absatz 2 Nr. 1 oder Aufwendungen für Miete, Pacht, Erbbauzins, Nutzung oder Mitbenutzung von Gebäuden oder sonstige abschreibungsfähige Anlagegüter nach Absatz 2 Nr. 3 durch öffentliche Förderung gemäß § 9 nicht vollständig gedeckt sind, kann die Pflegeeinrichtung diesen Teil der Aufwendungen den Pflegebedürftigen gesondert berechnen. ²Gleiches gilt, soweit die Aufwendungen nach Satz 1 vom Land durch Darlehen oder sonstige rückzahlbare Zuschüsse gefördert werden. ³Die gesonderte Berechnung bedarf der Zustimmung der zuständigen Landesbehörde; das Nähere hierzu, insbesondere auch zu Art, Höhe und Laufzeit sowie die Verteilung der gesondert berechenbaren Aufwendungen auf die Pflegebedürftigen einschließlich der Berücksichtigung pauschalierter Instandhaltungs- und Instandsetzungsaufwendungen sowie der zugrunde zu legenden Belegungsquote, wird durch Landesrecht bestimmt. ⁴Die Pauschalen müssen in einem angemessenen Verhältnis zur tatsächlichen Höhe der Instandhaltungs- und Instandsetzungsaufwendungen stehen.

(4) ¹Pflegeeinrichtungen, die nicht nach Landesrecht gefördert werden, können ihre betriebsnotwendigen Investitionsaufwendungen den Pflegebedürftigen ohne Zustimmung der zuständigen Landesbehörde gesondert berechnen. ²Die gesonderte Berechnung ist der zuständigen Landesbehörde mitzuteilen.

(5) Öffentliche Zuschüsse zu den laufenden Aufwendungen einer Pflegeeinrichtung (Betriebskostenzuschüsse) sind von der Pflegevergütung abzuziehen.

§ 82a Ausbildungsvergütung

(1) Die Ausbildungsvergütung im Sinne dieser Vorschrift umfasst die Vergütung, die aufgrund von Rechtsvorschriften, Tarifverträgen, entsprechenden allgemeinen Vergütungsregelungen oder aufgrund vertraglicher Vereinbarungen an Personen, die nach Bundesrecht in der Altenpflege oder nach Landesrecht in der Altenpflegehilfe ausgebildet werden, während der Dauer ihrer praktischen oder theoretischen Ausbildung zu zahlen ist, sowie nach § 17 Abs. 1a Altenpflegegesetzes zu erstattenden Weiterbildungskosten.

(2) ¹Soweit eine nach diesem Gesetz zugelassene Pflegeeinrichtung nach Bundesrecht zur Ausbildung in der Altenpflege oder nach Landesrecht zur Ausbildung in der Altenpflegehilfe berechtigt oder verpflichtet ist, ist die Ausbildungsvergütung der Personen, die aufgrund eines entsprechenden Ausbildungsvertrages mit der Einrichtung oder ihrem Träger zum Zwecke der Ausbildung in der Einrichtung tätig sind, während der Dauer des Ausbildungsverhältnisses in der Vergütung der allgemeinen Pflegeleistungen (§ 84 Abs. 1, § 89) berücksichtigungsfähig. ²Betreut die Einrichtung auch Personen, die nicht pflegebedürftig im Sinne dieses Buches sind, so ist in der Pflegevergütung nach Satz 1 nur der Anteil an der Gesamtsumme der Ausbildungsvergütungen berücksichtigungsfähig, der bei einer gleichmäßigen Verteilung der Gesamtsumme auf alle betreuten Personen auf die Pflegebedürftigen im Sinne dieses Buches entfällt. ³Soweit die Ausbildungsvergütung im Pflegesatz eines zugelassenen Pflegeheimes zu berücksichtigen ist, ist der Anteil, der auf die Pflegebedürftigen im Sinne dieses Buches entfällt, gleichmäßig auf alle pflegebedürftigen Heimbewohner zu verteilen. ⁴Satz 1 gilt nicht, soweit
1. die Ausbildungsvergütung oder eine entsprechende Vergütung nach anderen Vorschriften aufgebracht wird oder
2. die Ausbildungsvergütung durch ein landesrechtliches Umlageverfahren nach Absatz 3 finanziert wird.

⁵Die Ausbildungsvergütung ist in der Vergütungsvereinbarung über die allgemeinen Pflegeleistungen gesondert auszuweisen; die §§ 84 bis 86 und 89 gelten entsprechend.

(3) Wird die Ausbildungsvergütung ganz oder teilweise durch ein landesrechtliches Umlageverfahren finanziert, so ist die Umlage in der Vergütung der allgemeinen Pflegeleistungen nur insoweit berücksichtigungsfähig, als sie auf der Grundlage nachfolgender Berechnungsgrundsätze ermittelt wird:
1. Die Kosten der Ausbildungsvergütung werden nach einheitlichen Grundsätzen gleichmäßig auf alle zugelassenen ambulanten, teilstationären und stationären Pflegeeinrichtungen und die Altenheime im Land verteilt. Bei der Bemessung und Verteilung der Umlage ist sicherzustellen, daß der Verteilungsmaßstab nicht einseitig zu Lasten der zugelassenen Pflegeeinrichtungen gewichtet ist. Im übrigen gilt Absatz 2 Satz 2 und 3 entsprechend.
2. Die Gesamthöhe der Umlage darf den voraussichtlichen Mittelbedarf zur Finanzierung eines angemessenen Angebots an Ausbildungsplätzen nicht überschreiten.

3. Aufwendungen für die Vorhaltung, Instandsetzung oder Instandhaltung von Ausbildungsstätten (§§ 9, 82 Abs. 2 bis 4), für deren laufende Betriebskosten (Personal- und Sachkosten) sowie für die Verwaltungskosten der nach Landesrecht für das Umlageverfahren zuständigen Stelle bleiben unberücksichtigt.

(4) ¹Die Höhe der Umlage nach Absatz 3 sowie ihre Berechnungsfaktoren sind von der dafür nach Landesrecht zuständigen Stelle den Landesverbänden der Pflegekassen rechtzeitig vor Beginn der Pflegesatzverhandlungen mitzuteilen. ²Es genügt die Mitteilung an einen Landesverband; dieser leitet die Mitteilung unverzüglich an die übrigen Landesverbände und an die zuständigen Träger der Sozialhilfe weiter. ³Bei Meinungsverschiedenheiten zwischen den nach Satz 1 Beteiligten über die ordnungsgemäße Bemessung und die Höhe des von den zugelassenen Pflegeeinrichtungen zu zahlenden Anteils an der Umlage entscheidet die Schiedsstelle nach § 76 unter Ausschluß des Rechtsweges. ⁴Die Entscheidung ist für alle Beteiligten nach Satz 1 sowie für die Parteien der Vergütungsvereinbarungen nach dem Achten Kapitel verbindlich; § 85 Abs. 5 Satz 1 und 2, erster Halbsatz, sowie Abs. 6 gilt entsprechend.

§ 82b Ehrenamtliche Unterstützung

(1) ¹Soweit und solange einer nach diesem Gesetz zugelassenen Pflegeeinrichtung, insbesondere
1. für die vorbereitende und begleitende Schulung,
2. für die Planung und Organisation des Einsatzes oder
3. für den Ersatz des angemessenen Aufwands

der Mitglieder von Selbsthilfegruppen sowie der ehrenamtlichen und sonstigen zum bürgerschaftlichen Engagement bereiten Personen und Organisationen, für von der Pflegeversicherung versorgte Leistungsempfänger nicht anderweitig gedeckte Aufwendungen entstehen, sind diese bei stationären Pflegeeinrichtungen in den Pflegesätzen (§ 84 Abs. 1) und bei ambulanten Pflegeeinrichtungen in den Vergütungen (§ 89) berücksichtigungsfähig. ²Die Aufwendungen können in der Vergütungsvereinbarung über die allgemeinen Pflegeleistungen gesondert ausgewiesen werden.

(2) ¹Stationäre Pflegeeinrichtungen können für ehrenamtliche Unterstützung als ergänzendes Engagement bei allgemeinen Pflegeleistungen Aufwandsentschädigungen zahlen. ²Absatz 1 gilt entsprechend.

§ 82c Wirtschaftlichkeit von Personalaufwendungen

(1) Ab dem 1. September 2022 kann bei tarifgebundenen oder an kirchliche Arbeitsrechtsregelungen gebundenen Pflegeeinrichtungen eine Bezahlung von Gehältern der Beschäftigten bis zur Höhe der aus dieser Bindung resultierenden Vorgaben nicht als unwirtschaftlich abgelehnt werden.

(2) ¹Bei Pflegeeinrichtungen, die nicht unter Absatz 1 fallen, kann ab dem 1. September 2022 eine Entlohnung der Arbeitnehmerinnen und Arbeitnehmer, die Leistungen der Pflege oder Betreuung von Pflegebedürftigen erbringen, nicht als unwirtschaftlich abgelehnt werden, soweit die Höhe ihrer Entlohnung nach dem Tarifvertrag oder der kirchlichen Arbeitsrechtsregelung, der oder die nach § 72 Absatz 3b für ihre Entlohnung maßgebend ist, das regional übliche Entgeltniveau nicht deutlich überschreitet. ²Eine deutliche Überschreitung des regional üblichen Entgeltniveaus liegt dann vor, wenn die Entlohnung nach Satz 1 die durchschnittliche Entlohnung für solche Arbeitnehmerinnen und Arbeitnehmer in Tarifverträgen und kirchlichen Arbeitsrechtsregelungen, die in der Region, in der die Einrichtung betrieben wird, von Pflegeeinrichtungen nach Absatz 1 angewendet werden, um mehr als 10 Prozent übersteigt.

(3) Für eine über die Höhe der Bezahlung von Gehältern nach Absatz 1 oder die Höhe der Entlohnung nach Absatz 2 hinausgehende Bezahlung der Beschäftigten bedarf es eines sachlichen Grundes.

(4) ¹Der Spitzenverband Bund der Pflegekassen legt bis zum Ablauf des 30. September 2021 in Richtlinien das Nähere zum Verfahren nach den Absätzen 1 bis 3 und 5 fest. ²Er hat dabei die Bundesarbeitsgemeinschaft der überörtlichen Träger der Sozialhilfe und der Eingliederungshilfe zu beteiligen. ³Die Richtlinien werden erst wirksam, wenn das Bundesministerium für Gesundheit sie genehmigt. § 72 Absatz 3c Satz 3 und 4 gilt entsprechend.

(5) Zur Information der Pflegeeinrichtungen sollen die Landesverbände der Pflegekassen unter Beteiligung des Verbandes der privaten Krankenversicherung e. V. im Land und der Träger der Sozialhilfe auf Landesebene unverzüglich nach Genehmigung der Richtlinien nach Absatz 4, spätestens innerhalb eines Monats, für das jeweilige Land eine Übersicht veröffentlichen, welche Tarifverträge und kirchlichen Arbeitsrechtsregelungen eine Entlohnung nach Maßgabe von Absatz 2 vorsehen.

§ 83 Verordnung zur Regelung der Pflegevergütung

(1) Die Bundesregierung wird ermächtigt, durch Rechtsverordnung mit Zustimmung des Bundesrates Vorschriften zu erlassen über
1. die Pflegevergütung der Pflegeeinrichtungen einschließlich der Verfahrensregelungen zu ihrer Vereinbarung nach diesem Kapitel,

2. den Inhalt der Pflegeleistungen sowie bei stationärer Pflege die Abgrenzung zwischen den allgemeinen Pflegeleistungen (§ 84 Abs. 4), den Leistungen bei Unterkunft und Verpflegung (§ 87) und den Zusatzleistungen (§ 88),
3. die Rechnungs- und Buchführungsvorschriften der Pflegeeinrichtungen einschließlich einer Kosten- und Leistungsrechnung; bei zugelassenen Pflegeeinrichtungen, die neben den Leistungen nach diesem Buch auch andere Sozialleistungen im Sinne des Ersten Buches (gemischte Einrichtung) erbringen, kann der Anwendungsbereich der Verordnung auf den Gesamtbetrieb erstreckt werden,
4. Maßstäbe und Grundsätze für eine wirtschaftliche und leistungsbezogene, am Versorgungsauftrag (§ 72 Abs. 1) orientierte personelle Ausstattung der Pflegeeinrichtungen,
5. die nähere Abgrenzung der Leistungsaufwendungen nach Nummer 2 von den Investitionsaufwendungen und sonstigen Aufwendungen nach § 82 Abs. 2,
§ 90 bleibt unberührt.
(2) Nach Erlass der Rechtsverordnung sind Rahmenverträge und Schiedsstellenregelungen nach § 75 zu den von der Verordnung erfassten Regelungsbereichen nicht mehr zulässig.

Zweiter Abschnitt
Vergütung der stationären Pflegeleistungen

§ 84 Bemessungsgrundsätze

(1) ¹Pflegesätze sind die Entgelte der Heimbewohner oder ihrer Kostenträger für die teil- oder vollstationären Pflegeleistungen des Pflegeheims sowie für die Betreuung und, soweit kein Anspruch auf außerklinische Intensivpflege nach § 37c des Fünften Buches besteht, für die medizinische Behandlungspflege. ²In den Pflegesätzen dürfen keine Aufwendungen berücksichtigt werden, die nicht der Finanzierungszuständigkeit der sozialen Pflegeversicherung unterliegen.
(2) ¹Die Pflegesätze müssen leistungsgerecht sein. ²Sie sind nach dem Versorgungsaufwand, den der Pflegebedürftige nach Art und Schwere seiner Pflegebedürftigkeit benötigt, entsprechend den fünf Pflegegraden einzuteilen. ³Davon ausgehend sind bei vollstationärer Pflege nach § 43 für die Pflegegrade 2 bis 5 einrichtungseinheitliche Eigenanteile zu ermitteln; dies gilt auch bei Änderungen der Leistungsbeträge. ⁴Die Pflegesätze müssen einem Pflegeheim bei wirtschaftlicher Betriebsführung ermöglichen, seine Aufwendungen zu finanzieren und seinen Versorgungsauftrag zu erfüllen unter Berücksichtigung einer angemessenen Vergütung ihres Unternehmerrisikos. ⁵Die Bezahlung von Gehältern bis zur Höhe tarifvertraglich vereinbarter Vergütungen sowie entsprechender Vergütungen nach kirchlichen Arbeitsrechtsregelungen kann dabei nicht als unwirtschaftlich abgelehnt werden. ⁶Für eine darüber hinausgehende Bezahlung bedarf es eines sachlichen Grundes. ⁷Überschüsse verbleiben dem Pflegeheim; Verluste sind von ihm zu tragen. ⁸Der Grundsatz der Beitragssatzstabilität ist zu beachten. ⁹Bei der Bemessung der Pflegesätze einer Pflegeeinrichtung können die Pflegesätze derjenigen Pflegeeinrichtungen, die nach Art und Größe sowie hinsichtlich der in Absatz 5 genannten Leistungs- und Qualitätsmerkmale im Wesentlichen gleichartig sind, angemessen berücksichtigt werden.
(3) Die Pflegesätze sind für alle Heimbewohner des Pflegeheimes nach einheitlichen Grundsätzen zu bemessen; eine Differenzierung nach Kostenträgern ist unzulässig.
(4) ¹Mit den Pflegesätzen sind alle für die Versorgung der Pflegebedürftigen nach Art und Schwere ihrer Pflegebedürftigkeit erforderlichen Pflegeleistungen der Pflegeeinrichtung (allgemeine Pflegeleistungen) abgegolten. ²Für die allgemeinen Pflegeleistungen dürfen, soweit nichts anderes bestimmt ist, ausschließlich die nach § 85 oder § 86 vereinbarten oder nach § 85 Abs. 5 festgesetzten Pflegesätze berechnet werden, ohne Rücksicht darauf, wer zu ihrer Zahlung verpflichtet ist.
(5) ¹In der Pflegesatzvereinbarung sind die wesentlichen Leistungs- und Qualitätsmerkmale der Einrichtung festzulegen. ²Hierzu gehören insbesondere
1. die Zuordnung des voraussichtlich zu versorgenden Personenkreises sowie Art, Inhalt und Umfang der Leistungen, die von der Einrichtung während des nächsten Pflegesatzzeitraums erwartet werden,
2. die von der Einrichtung für den voraussichtlich zu versorgenden Personenkreis individuell vorzuhaltende personelle Ausstattung, gegliedert nach Berufsgruppen, sowie
3. Art und Umfang der Ausstattung der Einrichtung mit Verbrauchsgütern (§ 82 Abs. 2 Nr. 1).
(6) ¹Der Träger der Einrichtung ist verpflichtet, mit der vereinbarten personellen Ausstattung die Versorgung der Pflegebedürftigen jederzeit sicherzustellen. ²Er hat bei Personalengpässen oder -ausfällen durch geeignete Maßnahmen sicherzustellen, dass die Versorgung der Pflegebedürftigen nicht beeinträchtigt wird. ³Auf Verlangen einer Vertragspartei hat der Träger der Einrichtung in einem Personalabgleich nachzuweisen, dass die vereinbarte Personalausstattung tatsächlich bereitgestellt und bestimmungsgemäß eingesetzt wird. ⁴Das Nähere zur Durchführung des Personalabgleichs wird in den Verträgen nach § 75 Abs. 1 und 2 geregelt.

(7) ¹Der Träger der Einrichtung ist ab dem 1. September 2022 verpflichtet, die bei der Vereinbarung der Pflegesätze zugrunde gelegte Bezahlung der Gehälter nach § 82c Absatz 1 oder der Entlohnung nach § 82c Absatz 2 jederzeit einzuhalten und auf Verlangen einer Vertragspartei nachzuweisen. Personenbezogene Daten sind zu anonymisieren. ²Der Spitzenverband Bund der Pflegekassen legt in Richtlinien bis zum 1. Juli 2022 das Nähere zur Durchführung des Nachweises nach Satz 1 fest. ³Dabei ist die Bundesarbeitsgemeinschaft der überörtlichen Träger der Sozialhilfe und der Eingliederungshilfe zu beteiligen; den Bundesvereinigungen der Träger von Pflegeeinrichtungen ist Gelegenheit zur Stellungnahme zu geben. ⁴§ 72 Absatz 3c Satz 3 und 4 gilt entsprechend.

(7a) ¹Der Träger der Einrichtung ist verpflichtet, im Falle einer Vereinbarung der Pflegesätze auf Grundlage der Bezahlung von Gehältern bis zur Höhe tarifvertraglich vereinbarter Vergütungen sowie entsprechender Vergütungen nach kirchlichen Arbeitsrechtsregelungen, die entsprechende Bezahlung der Beschäftigten jederzeit einzuhalten. ²Auf Verlangen einer Vertragspartei hat der Träger der Einrichtung dieses nachzuweisen. ³Personenbezogene Daten sind zu anonymisieren. ⁴Das Nähere zur Durchführung des Nachweises wird in den Verträgen nach § 75 Absatz 1 und 2 geregelt.

(8) ¹Vergütungszuschläge sind abweichend von Absatz 2 Satz 2 und Absatz 4 Satz 1 sowie unter entsprechender Anwendung des Absatzes 2 Satz 1 und 5, des Absatzes 7 und des § 87a zusätzliche Entgelte zur Pflegevergütung für die Leistungen nach § 43b. ²Der Vergütungszuschlag ist von der Pflegekasse zu tragen und von dem privaten Versicherungsunternehmen im Rahmen des vereinbarten Versicherungsschutzes zu erstatten; § 28 Absatz 2 ist entsprechend anzuwenden. ³Mit den Vergütungszuschlägen sind alle zusätzlichen Leistungen der Betreuung und Aktivierung in stationären Pflegeeinrichtungen abgegolten. ⁴Pflegebedürftige dürfen mit den Vergütungszuschlägen weder ganz noch teilweise belastet werden.

(9) ¹Vergütungszuschläge sind abweichend von Absatz 2 Satz 2 und Absatz 4 Satz 1 sowie unter entsprechender Anwendung des Absatzes 2 Satz 1 und 5, des Absatzes 7 und des § 87a zusätzliche Entgelte zur Pflegevergütung für die Unterstützung der Leistungserbringung durch zusätzliches Pflegehilfskraftpersonal in vollstationären Pflegeeinrichtungen. ²Der Vergütungszuschlag ist von der Pflegekasse zu tragen und von dem privaten Versicherungsunternehmen im Rahmen des vereinbarten Versicherungsschutzes zu erstatten; § 28 Absatz 2 ist entsprechend anzuwenden. ³Pflegebedürftige dürfen mit den Vergütungszuschlägen weder ganz noch teilweise belastet werden.

§ 85 Pflegesatzverfahren

(1) Art, Höhe und Laufzeit der Pflegesätze werden zwischen dem Träger des Pflegeheimes und den Leistungsträgern nach Absatz 2 vereinbart.

(2) ¹Parteien der Pflegesatzvereinbarung (Vertragsparteien) sind der Träger des einzelnen zugelassenen Pflegeheimes sowie
1. die Pflegekassen oder sonstige Sozialversicherungsträger,
2. die für die Bewohner des Pflegeheimes zuständigen Träger der Sozialhilfe sowie
3. die Arbeitsgemeinschaften der unter Nummer 1 und 2 genannten Träger,

soweit auf den jeweiligen Kostenträger oder die Arbeitsgemeinschaft im Jahr vor Beginn der Pflegesatzverhandlungen jeweils mehr als fünf vom Hundert der Berechnungstage des Pflegeheimes entfallen. ²Die Pflegesatzvereinbarung ist für jedes zugelassene Pflegeheim gesondert abzuschließen; § 86 Abs. 2 bleibt unberührt. ³Die Vereinigungen der Pflegeheime im Land, die Landesverbände der Pflegekassen sowie der Verband der privaten Krankenversicherung e. V. im Land können sich am Pflegesatzverfahren beteiligen.

(3) ¹Die Pflegesatzvereinbarung ist im voraus, vor Beginn der jeweiligen Wirtschaftsperiode des Pflegeheimes, für einen zukünftigen Zeitraum (Pflegesatzzeitraum) zu treffen. ²Das Pflegeheim hat Art, Inhalt, Umfang und Kosten der Leistungen, für die es eine Vergütung beansprucht, durch Pflegedokumentationen und andere geeignete Nachweise rechtzeitig vor Beginn der Pflegesatzverhandlungen darzulegen; es hat außerdem die schriftliche Stellungnahme der nach heimrechtlichen Vorschriften vorgesehenen Interessenvertretung der Bewohnerinnen und Bewohner beizufügen. ³Soweit dies zur Beurteilung seiner Wirtschaftlichkeit und Leistungsfähigkeit im Einzelfall erforderlich ist, hat das Pflegeheim auf Verlangen einer Vertragspartei zusätzliche Unterlagen vorzulegen und Auskünfte zu erteilen. ⁴Hierzu gehören auch pflegesatzerhebliche Angaben zum Jahresabschluß entsprechend den Grundsätzen ordnungsgemäßer Pflegebuchführung, zur personellen und sachlichen Ausstattung des Pflegeheims einschließlich der Kosten sowie zur tatsächlichen Stellenbesetzung und Eingruppierung. ⁵Dabei sind insbesondere die in der Pflegesatzverhandlung geltend gemachten, voraussichtlichen Personalkosten einschließlich entsprechender Erhöhungen im Vergleich zum bisherigen Pflegesatzzeitraum vorzuweisen. ⁶Personenbezogene Daten sind zu anonymisieren.

(4) ¹Die Pflegesatzvereinbarung kommt durch Einigung zwischen dem Träger des Pflegeheimes und der Mehrheit der Kostenträger nach Absatz 2 Satz 1 zustande, die an der Pflegesatzverhandlung teilgenommen haben. ²Sie ist schriftlich abzuschließen. ³Soweit Vertragsparteien sich bei den Pflegesatzverhandlungen durch Dritte vertreten lassen, haben diese vor Verhandlungsbeginn den übrigen Vertragsparteien eine schriftliche Verhandlungs- und Abschlußvollmacht vorzulegen.

(5) ¹Kommt eine Pflegesatzvereinbarung innerhalb von sechs Wochen nicht zustande, nachdem eine Vertragspartei schriftlich zu Pflegesatzverhandlungen aufgefordert hat, setzt die Schiedsstelle nach § 76 auf Antrag einer Vertragspartei die Pflegesätze unverzüglich, in der Regel binnen drei Monaten, fest. ²Satz 1 gilt auch, soweit der nach Absatz 2 Satz 1 Nr. 2 zuständige Träger der Sozialhilfe der Pflegesatzvereinbarung innerhalb von zwei Wochen nach Vertragsschluß widerspricht; der Träger der Sozialhilfe kann im voraus verlangen, daß an Stelle der gesamten Schiedsstelle nur der Vorsitzende und die beiden weiteren unparteiischen Mitglieder oder nur der Vorsitzende allein entscheiden. ³Gegen die Festsetzung ist der Rechtsweg zu den Sozialgerichten gegeben. ⁴Ein Vorverfahren findet nicht statt; die Klage hat keine aufschiebende Wirkung.

(6) ¹Pflegesatzvereinbarungen sowie Schiedsstellenentscheidungen nach Absatz 5 Satz 1 oder 2 treten zu dem darin unter angemessener Berücksichtigung der Interessen der Pflegeheimbewohner bestimmten Zeitpunkt in Kraft; sie sind für das Pflegeheim sowie für die in dem Heim versorgten Pflegebedürftigen und deren Kostenträger unmittelbar verbindlich. ²Ein rückwirkendes Inkrafttreten von Pflegesätzen ist nicht zulässig. ³Nach Ablauf des Pflegesatzzeitraums gelten die vereinbarten oder festgesetzten Pflegesätze bis zum Inkrafttreten neuer Pflegesätze weiter.

(7) ¹Bei unvorhersehbaren wesentlichen Veränderungen der Annahmen, die der Vereinbarung oder Festsetzung der Pflegesätze zugrunde lagen, sind die Pflegesätze auf Verlangen einer Vertragspartei für den laufenden Pflegesatzzeitraum neu zu verhandeln. ²Dies gilt insbesondere bei einer erheblichen Abweichung der tatsächlichen Bewohnerstruktur. ³Die Absätze 3 bis 6 gelten entsprechend. ⁴Im Fall von Satz 2 kann eine Festsetzung der Pflegesätze durch die Schiedsstelle abweichend von Satz 3 in Verbindung mit Absatz 5 Satz 1 bereits nach einem Monat beantragt werden.

(8) ¹Die Vereinbarung des Vergütungszuschlags nach § 84 Absatz 8 erfolgt auf der Grundlage, dass

1. die stationäre Pflegeeinrichtung für die zusätzliche Betreuung und Aktivierung der Pflegebedürftigen über zusätzliches Betreuungspersonal, in vollstationären Pflegeeinrichtungen in sozialversicherungspflichtiger Beschäftigung verfügt und die Aufwendungen für dieses Personal weder bei der Bemessung der Pflegesätze noch bei den Zusatzleistungen nach § 88 berücksichtigt werden,
2. in der Regel für jeden Pflegebedürftigen 5 Prozent der Personalaufwendungen für eine zusätzliche Vollzeitkraft finanziert wird und
3. die Vertragsparteien Einvernehmen erzielt haben, dass der vereinbarte Vergütungszuschlag nicht berechnet werden darf, soweit die zusätzliche Betreuung und Aktivierung für Pflegebedürftige nicht erbracht wird.

²Pflegebedürftige und ihre Angehörigen sind von der stationären Pflegeeinrichtung im Rahmen der Verhandlung und des Abschlusses des stationären Pflegevertrages nachprüfbar und deutlich darauf hinzuweisen, dass ein zusätzliches Betreuungsangebot besteht. ³Im Übrigen gelten die Absätze 1 bis 7 entsprechend.

(9) ¹Die Vereinbarung des Vergütungszuschlags nach § 84 Absatz 9 Satz 1 durch die Vertragsparteien nach Absatz 2 erfolgt auf der Grundlage, dass

1. die vollstationäre Pflegeeinrichtung über zusätzliches Pflegehilfskraftpersonal verfügt,
   a) das über eine abgeschlossene, landesrechtlich geregelte Assistenz- oder Helferausbildung in der Pflege mit einer Ausbildungsdauer von mindestens einem Jahr verfügt, oder
   b) das berufsbegleitend eine Ausbildung im Sinne von Buchstabe a begonnen hat oder
   c) für das die vollstationäre Pflegeeinrichtung sicherstellt, dass es spätestens bis zum Ablauf von zwei Jahren nach Vereinbarung des Vergütungszuschlages nach § 84 Absatz 9 Satz 1 oder nach der Mitteilung nach Absatz 11 Satz 1 eine berufsbegleitende, landesrechtlich geregelte Assistenz- oder Helferausbildung in der Pflege beginnen wird, die die von der Arbeits- und Sozialministerkonferenz 2012 und von der Gesundheitsministerkonferenz 2013 als Mindestanforderungen beschlossenen „Eckpunkte für die in Länderzuständigkeit liegenden Ausbildungen zu Assistenz- und Helferberufen in der Pflege" (BAnz AT 17. 02. 2016 B3) erfüllt, es sei denn, dass der Beginn oder die Durchführung dieser Ausbildung aus Gründen, die die Einrichtung nicht zu vertreten hat, unmöglich ist,
2. zusätzliche Stellenanteile im Umfang von bis zu 0,016 Vollzeitäquivalenten je Pflegebedürftigen des Pflegegrades 1 oder 2, 0,025 Vollzeitäquivalenten je Pflegebedürftigen des Pflegegrades 3, 0,032 Vollzeitäquivalenten je Pflegebedürftigen des Pflegegrades 4 und 0,036 Vollzeitäquivalenten je Pflegebedürftigen des Pflegegrades 5, mindestens aber 0,5 Vollzeitäquivalenten, für den Pflegesatzzeitraum finanziert werden,
3. notwendige Ausbildungsaufwendungen für das zusätzliche Pflegehilfskraftpersonal, das eine Ausbildung im Sinne von Nummer 1 Buchstabe b oder c durchläuft, finanziert werden, soweit diese Aufwendungen nicht von einer anderen Stelle finanziert werden,
4. die Aufwendungen für das zusätzliche Pflegehilfskraftpersonal weder bei der Bemessung der Pflegesätze noch bei den Zusatzleistungen nach § 88 berücksichtigt werden und
5. die Vertragsparteien Einvernehmen erzielt haben, dass der vereinbarte Vergütungszuschlag nicht berechnet werden darf, soweit die vollstationäre Pflegeeinrichtung nicht über zusätzliches Pflegehilfskraftpersonal verfügt, das über das nach der Pflegesatzvereinbarung gemäß § 84 Absatz 5 Satz 2 Nummer 2 vorzuhaltende Personal hinausgeht.

²Bei Pflegehilfskräften, die sich im Sinne von Satz 1 Nummer 1 Buchstabe b oder c in einer Ausbildung befinden, kann die Differenz zwischen dem Gehalt einer Pflegehilfskraft und der Ausbildungsvergütung nur berücksichtigt werden, wenn die Pflegehilfskraft beruflich insgesamt ein Jahr tätig war. ³Im Übrigen gelten die Absätze 1 bis 7 entsprechend.

(10) ¹Der Spitzenverband Bund der Pflegekassen berichtet dem Bundesministerium für Gesundheit erstmals zum 30. Juni 2021 und anschließend vierteljährlich über die Zahl des durch den Vergütungszuschlag nach § 84 Absatz 9 Satz 1 finanzierten Pflegehilfskraftpersonals, die Personalstruktur, den Stellenzuwachs und die Ausgabenentwicklung. ²Der Spitzenverband Bund der Pflegekassen legt im Benehmen mit dem Verband der Privaten Krankenversicherung e. V., der Bundesarbeitsgemeinschaft der überörtlichen Träger der Sozialhilfe und den Bundesvereinigungen der Träger stationärer Pflegeeinrichtungen das Nähere für das Vereinbarungsverfahren nach Absatz 9 in Verbindung mit § 84 Absatz 9, für die notwendigen Ausbildungsaufwendungen nach Absatz 9 Satz 1 Nummer 3 sowie für seinen Bericht nach Satz 1 fest. ³Die Festlegungen nach Satz 2 bedürfen der Zustimmung des Bundesministeriums für Gesundheit im Benehmen mit dem Bundesministerium für Arbeit und Soziales.

(11) ¹Der Träger der vollstationären Pflegeeinrichtung kann bis zum Abschluss einer Vereinbarung nach § 84 Absatz 9 Satz 1 einen Vergütungszuschlag für zusätzliches Pflegehilfskraftpersonal nach § 84 Absatz 9 Satz 2 berechnen, wenn er vor Beginn der Leistungserbringung durch das zusätzliche Pflegehilfskraftpersonal den nach Absatz 2 als Parteien der Pflegesatzvereinbarung beteiligten Kostenträgern den von ihm entsprechend Absatz 9 ermittelten Vergütungszuschlag zusammen mit folgenden Angaben mitteilt:
1. die Anzahl der zum Zeitpunkt der Mitteilung versorgten Pflegebedürftigen nach Pflegegraden,
2. die zusätzlichen Stellenanteile, die entsprechend Absatz 9 Satz 1 Nummer 2 auf der Grundlage der versorgten Pflegebedürftigen nach Pflegegraden nach Nummer 1 berechnet werden,
3. die Qualifikation, die Entlohnung und die weiteren Personalaufwendungen für das zusätzliche Pflegehilfskraftpersonal,
4. die mit einer berufsbegleitenden Ausbildung nach Absatz 9 Satz 1 Nummer 1 Buchstabe b und c verbundenen notwendigen, nicht anderweitig finanzierten Aufwendungen und
5. die Erklärung, dass das zusätzliche Pflegehilfskraftpersonal über das Personal hinausgeht, das die vollstationäre Pflegeeinrichtung nach der Pflegesatzvereinbarung gemäß § 84 Absatz 5 Satz 2 Nummer 2 vorzuhalten hat.

²Für die Mitteilung nach Satz 1 ist ein einheitliches Formular zu verwenden, das der Spitzenverband Bund der Pflegekassen im Benehmen mit dem Bundesministerium für Gesundheit, dem Verband der Privaten Krankenversicherung e. V. und der Bundesarbeitsgemeinschaft der überörtlichen Träger der Sozialhilfe bereitstellt. ³Die nach Absatz 2 als Parteien der Pflegesatzvereinbarung beteiligten Kostenträger können die nach Satz 1 mitgeteilten Angaben beanstanden. ⁴Über diese Beanstandungen befinden die Vertragsparteien nach Absatz 2 unverzüglich mit Mehrheit. ⁵Die mit dem Vergütungszuschlag nach § 84 Absatz 9 Satz 1 finanzierten zusätzlichen Stellen und die der Berechnung des Vergütungszuschlags zugrunde gelegte Bezahlung der auf diesen Stellen Beschäftigten sind von dem Träger der vollstationären Pflegeeinrichtung unter entsprechender Anwendung des § 84 Absatz 6 Satz 3 und 4 und Absatz 7 nachzuweisen.

§ 86 Pflegesatzkommission

(1) ¹Die Landesverbände der Pflegekassen, der Verband der privaten Krankenversicherung e. V., die überörtlichen oder ein nach Landesrecht bestimmter Träger der Sozialhilfe und die Vereinigungen der Pflegeheimträger im Land bilden regional oder landesweit tätige Pflegesatzkommissionen, die anstelle der Vertragsparteien nach § 85 Abs. 2 die Pflegesätze mit Zustimmung der betroffenen Pflegeheimträger vereinbaren können. ²§ 85 Abs. 3 bis 7 gilt entsprechend.

(2) ¹Für Pflegeheime, die in derselben kreisfreien Gemeinde oder in demselben Landkreis liegen, kann die Pflegesatzkommission mit Zustimmung der betroffenen Pflegeheimträger für die gleichen Leistungen einheitliche Pflegesätze vereinbaren. ²Die beteiligten Pflegeheime sind befugt, ihre Leistungen unterhalb der nach Satz 1 vereinbarten Pflegesätze anzubieten.

(3) ¹Die Pflegesatzkommission oder die Vertragsparteien nach § 85 Abs. 2 können auch Rahmenvereinbarungen abschließen, die insbesondere ihre Rechte und Pflichten, die Vorbereitung, den Beginn und das Verfahren der Pflegesatzverhandlungen sowie Art, Umfang und Zeitpunkt der vom Pflegeheim vorzulegenden Leistungsnachweise und sonstigen Verhandlungsunterlagen näher bestimmen. ²Satz 1 gilt nicht, soweit für das Pflegeheim verbindliche Regelungen nach § 75 getroffen worden sind.

§ 87 Unterkunft und Verpflegung

¹Die als Pflegesatzparteien betroffenen Leistungsträger (§ 85 Abs. 2) vereinbaren mit dem Träger des Pflegeheimes die von den Pflegebedürftigen zu tragenden Entgelte für die Unterkunft und für die Verpflegung jeweils getrennt. ²Die

Entgelte müssen in einem angemessenen Verhältnis zu den Leistungen stehen. ³§ 84 Abs. 3 und 4 und die §§ 85 und 86 gelten entsprechend; § 88 bleibt unberührt.

§ 87a Berechnung und Zahlung des Heimentgelts

(1) ¹Die Pflegesätze, die Entgelte für Unterkunft und Verpflegung sowie die gesondert berechenbaren Investitionskosten (Gesamtheimentgelt) werden für den Tag der Aufnahme des Pflegebedürftigen in das Pflegeheim sowie für jeden weiteren Tag des Heimaufenthalts berechnet (Berechnungstag). ²Die Zahlungspflicht der Heimbewohner oder ihrer Kostenträger endet mit dem Tag, an dem der Heimbewohner aus dem Heim entlassen wird oder verstirbt. ³Zieht ein Pflegebedürftiger in ein anderes Heim um, darf nur das aufnehmende Pflegeheim ein Gesamtheimentgelt für den Verlegungstag berechnen. ⁴Von den Sätzen 1 bis 3 abweichende Vereinbarungen zwischen dem Pflegeheim und dem Heimbewohner oder dessen Kostenträger sind nichtig. ⁵Der Pflegeplatz ist im Fall vorübergehender Abwesenheit vom Pflegeheim für einen Abwesenheitszeitraum von bis zu 42 Tagen im Kalenderjahr für den Pflegebedürftigen freizuhalten. ⁶Abweichend hiervon verlängert sich der Abwesenheitszeitraum bei Krankenhausaufenthalten und bei Aufenthalten in Rehabilitationseinrichtungen für die Dauer dieser Aufenthalte. ⁷In den Rahmenverträgen nach § 75 sind für die nach den Sätzen 5 und 6 bestimmten Abwesenheitszeiträume, soweit drei Kalendertage überschritten werden, Abschläge von mindestens 25 vom Hundert der Pflegevergütung, der Entgelte für Unterkunft und Verpflegung und der Zuschläge nach § 92b vorzusehen.

(2) ¹Bestehen Anhaltspunkte dafür, dass der pflegebedürftige Heimbewohner auf Grund der Entwicklung seines Zustands einem höheren Pflegegrad zuzuordnen ist, so ist er auf schriftliche Aufforderung des Heimträgers verpflichtet, bei seiner Pflegekasse die Zuordnung zu einem höheren Pflegegrad zu beantragen. ²Die Aufforderung ist zu begründen und auch der Pflegekasse sowie bei Sozialhilfeempfängern dem zuständigen Träger der Sozialhilfe zuzuleiten. ³Weigert sich der Heimbewohner, den Antrag zu stellen, kann der Heimträger ihm oder seinem Kostenträger ab dem ersten Tag des zweiten Monats nach der Aufforderung vorläufig den Pflegesatz nach dem nächsthöheren Pflegegrad berechnen. ⁴Werden die Voraussetzungen für einen höheren Pflegegrad vom Medizinischen Dienst nicht bestätigt und lehnt die Pflegekasse eine Höherstufung deswegen ab, hat das Pflegeheim dem Pflegebedürftigen den überzahlten Betrag unverzüglich zurückzuzahlen; der Rückzahlungsbetrag ist rückwirkend ab dem in Satz 3 genannten Zeitpunkt mit wenigstens 5 vom Hundert zu verzinsen.

(3) ¹Die dem pflegebedürftigen Heimbewohner nach den §§ 41 bis 43 zustehenden Leistungsbeträge sind von seiner Pflegekasse mit befreiender Wirkung unmittelbar an das Pflegeheim zu zahlen. ²Maßgebend für die Höhe des zu zahlenden Leistungsbetrags ist der Leistungsbescheid der Pflegekasse, unabhängig davon, ob der Bescheid bestandskräftig ist oder nicht. ³Die von den Pflegekassen zu zahlenden Leistungsbeträge werden bei vollstationärer Pflege (§ 43) zum 15. eines jeden Monats fällig.

(4) ¹Pflegeeinrichtungen, die Leistungen im Sinne des § 43 erbringen, erhalten von der Pflegekasse zusätzlich den Betrag von 2952 Euro, wenn der Pflegebedürftige nach der Durchführung aktivierender oder rehabilitativer Maßnahmen in einen niedrigeren Pflegegrad zurückgestuft wurde oder festgestellt wurde, dass er nicht mehr pflegebedürftig im Sinne der §§ 14 und 15 ist. ²Der Betrag wird entsprechend § 30 angepasst. ³Der von der Pflegekasse gezahlte Betrag ist von der Pflegeeinrichtung zurückzuzahlen, wenn der Pflegebedürftige innerhalb von sechs Monaten in einen höheren Pflegegrad oder wieder als pflegebedürftig im Sinne der §§ 14 und 15 eingestuft wird.

§ 88 Zusatzleistungen

(1) ¹Neben den Pflegesätzen nach § 85 und den Entgelten nach § 87 darf das Pflegeheim mit den Pflegebedürftigen über die im Versorgungsvertrag vereinbarten notwendigen Leistungen hinaus (§ 72 Abs. 1 Satz 2) gesondert ausgewiesene Zuschläge für

1. besondere Komfortleistungen bei Unterkunft und Verpflegung sowie
2. zusätzliche pflegerisch-betreuende Leistungen

vereinbaren (Zusatzleistungen). ²Der Inhalt der notwendigen Leistungen und deren Abgrenzung von den Zusatzleistungen werden in den Rahmenverträgen nach § 75 festgelegt.

(2) Die Gewährung und Berechnung von Zusatzleistungen ist nur zulässig, wenn:

1. dadurch die notwendigen stationären oder teilstationären Leistungen des Pflegeheimes (§ 84 Abs. 4 und § 87) nicht beeinträchtigt werden,
2. die angebotenen Zusatzleistungen nach Art, Umfang, Dauer und Zeitabfolge sowie die Höhe der Zuschläge und die Zahlungsbedingungen vorher schriftlich zwischen dem Pflegeheim und dem Pflegebedürftigen vereinbart worden sind,
3. das Leistungsangebot und die Leistungsbedingungen den Landesverbänden der Pflegekassen und den überörtlichen Trägern der Sozialhilfe im Land vor Leistungsbeginn schriftlich mitgeteilt worden sind.

Dritter Abschnitt
Vergütung der ambulanten Pflegeleistungen

§ 88a Wirtschaftlich tragfähige Vergütung für Kurzzeitpflege

(1) ¹Zur Sicherstellung einer wirtschaftlich tragfähigen Vergütung in der Kurzzeitpflege sind Empfehlungen nach dem Verfahren gemäß § 75 Absatz 6 zur Kurzzeitpflege bis zum 20. April 2022 abzugeben. ²Die Empfehlungen berücksichtigen insbesondere die verschiedenen Arten und Formen sowie die inhaltlichen und strukturellen Besonderheiten der Kurzzeitpflege. ³Auf Grundlage dieser Empfehlungen haben die Vertragspartner nach § 75 Absatz 1 in den Ländern ihre Rahmenverträge für die Kurzzeitpflege zu überprüfen und bei Bedarf an die Empfehlungen anzupassen. ⁴Bis zur Entscheidung über eine Anpassung der Rahmenverträge nach Satz 3 sind die Empfehlungen nach Satz 1 für die Pflegekassen und die zugelassenen Pflegeeinrichtungen unmittelbar verbindlich.

(2) ¹Kommen die Empfehlungen nach Absatz 1 innerhalb der in Absatz 1 Satz 1 genannten Frist ganz oder teilweise nicht zustande, bestellen die in § 75 Absatz 6 genannten Parteien gemeinsam eine unabhängige Schiedsperson. ²Kommt eine Einigung auf eine Schiedsperson bis zum Ablauf von 28 Kalendertagen ab der Feststellung der Nichteinigung auf die Empfehlungen nicht zustande, erfolgt eine Bestellung der Schiedsperson durch das Bundesministerium für Gesundheit im Einvernehmen mit dem Bundesministerium für Arbeit und Soziales. ³Die Schiedsperson setzt den betreffenden Empfehlungsinhalt einschließlich der Kostentragung des Verfahrens innerhalb von zwei Monaten nach Bestellung fest.

§ 89 Grundsätze für die Vergütungsregelung

(1) ¹Die Vergütung der ambulanten Leistungen der häuslichen Pflegehilfe und der ergänzenden Unterstützungsleistungen bei der Nutzung von digitalen Pflegeanwendungen wird, soweit nicht die Gebührenordnung nach § 90 Anwendung findet, zwischen dem Träger des Pflegedienstes und den Leistungsträgern nach Absatz 2 für alle Pflegebedürftigen nach einheitlichen Grundsätzen vereinbart. ²Sie muß leistungsgerecht sein. ³Die Vergütung muss einem Pflegedienst bei wirtschaftlicher Betriebsführung ermöglichen, seine Aufwendungen zu finanzieren und seinen Versorgungsauftrag zu erfüllen unter Berücksichtigung einer angemessenen Vergütung ihres Unternehmerrisikos. ⁴Die Bezahlung von Gehältern bis zur Höhe tarifvertraglich vereinbarter Vergütungen sowie entsprechender Vergütungen nach kirchlichen Arbeitsrechtsregelungen kann dabei nicht als unwirtschaftlich abgelehnt werden. ⁵Für eine darüber hinausgehende Bezahlung bedarf es eines sachlichen Grundes. ⁶Eine Differenzierung in der Vergütung nach Kostenträgern ist unzulässig.

(2) ¹Vertragsparteien der Vergütungsvereinbarung sind die Träger des Pflegedienstes sowie
1. die Pflegekassen oder sonstige Sozialversicherungsträger,
2. die Träger der Sozialhilfe, die für die durch den Pflegedienst versorgten Pflegebedürftigen zuständig sind, sowie
3. die Arbeitsgemeinschaften der unter Nummer 1 und 2 genannten Träger,

soweit auf den jeweiligen Kostenträger oder die Arbeitsgemeinschaft im Jahr vor Beginn der Vergütungsverhandlungen jeweils mehr als 5 vom Hundert der vom Pflegedienst betreuten Pflegebedürftigen entfallen. ²Die Vergütungsvereinbarung ist für jeden Pflegedienst gesondert abzuschließen und gilt für den nach § 72 Abs. 3 Satz 3 vereinbarten Einzugsbereich, soweit nicht ausdrücklich etwas Abweichendes vereinbart wird.

(3) ¹Die Vergütungen können, je nach Art und Umfang der Pflegeleistung, nach dem dafür erforderlichen Zeitaufwand oder unabhängig vom Zeitaufwand nach dem Leistungsinhalt des jeweiligen Pflegeeinsatzes, nach Komplexleistungen oder in Ausnahmefällen auch nach Einzelleistungen bemessen werden; sonstige Leistungen wie hauswirtschaftliche Versorgung, Behördengänge oder Fahrkosten können auch mit Pauschalen vergütet werden. ²Die Vergütungen haben zu berücksichtigen, dass Leistungen von mehreren Pflegebedürftigen gemeinsam abgerufen und in Anspruch genommen werden können; die sich aus einer gemeinsamen Leistungsinanspruchnahme ergebenden Zeit- und Kostenersparnisse kommen den Pflegebedürftigen zugute. ³Bei der Vereinbarung der Vergütung sind die Grundsätze für die Vergütung von längeren Wegezeiten, insbesondere in ländlichen Räumen, die in den Rahmenempfehlungen nach § 132a Absatz 1 Satz 4 Nummer 5 des Fünften Buches vorzusehen sind, zu berücksichtigen; die in den Rahmenempfehlungen geregelten Verfahren zum Vorweis der voraussichtlichen Personalkosten im Sinne von § 85 Absatz 3 Satz 5 können berücksichtigt werden. ⁴§ 84 Absatz 4 Satz 2 und Absatz 7 und 7a, § 85 Absatz 3 bis 7 und § 86 gelten entsprechend.

§ 90 Gebührenordnung für ambulante Pflegeleistungen

(1) ¹Das Bundesministerium für Gesundheit wird ermächtigt, im Einvernehmen mit dem Bundesministerium für Familie, Senioren, Frauen und Jugend und dem Bundesministerium für Arbeit und Soziales durch Rechtsverordnung mit Zustimmung des Bundesrates eine Gebührenordnung für die Vergütung der ambulanten Leistungen der häuslichen Pflegehilfe zu erlassen, soweit die Versorgung von der Leistungspflicht der Pflegeversicherung umfaßt ist. ²Die Vergütung muß leistungsgerecht sein, den Bemessungsgrundsätzen nach § 89 entsprechen und hinsichtlich ihrer Höhe

regionale Unterschiede berücksichtigen. ³§ 82 Abs. 2 gilt entsprechend. ⁴In der Verordnung ist auch das Nähere zur Abrechnung der Vergütung zwischen den Pflegekassen und den Pflegediensten zu regeln.
(2) ¹Die Gebührenordnung gilt nicht für die Vergütung von ambulanten Leistungen der häuslichen Pflegehilfe durch Familienangehörige und sonstige Personen, die mit dem Pflegebedürftigen in häuslicher Gemeinschaft leben. ²Soweit die Gebührenordnung Anwendung findet, sind die davon betroffenen Pflegeeinrichtungen und Pflegepersonen nicht berechtigt, über die Berechnung der Gebühren hinaus weitergehende Ansprüche an die Pflegebedürftigen oder deren Kostenträger zu stellen.

Vierter Abschnitt
Kostenerstattung, Pflegeheimvergleich

§ 91 Kostenerstattung

(1) Zugelassene Pflegeeinrichtungen, die auf eine vertragliche Regelung der Pflegevergütung nach den §§ 85 und 89 verzichten oder mit denen eine solche Regelung nicht zustande kommt, können den Preis für ihre ambulanten oder stationären Leistungen unmittelbar mit den Pflegebedürftigen vereinbaren.
(2) ¹Den Pflegebedürftigen werden die ihnen von den Einrichtungen nach Absatz 1 berechneten Kosten für die pflegebedingten Aufwendungen erstattet. ²Die Erstattung darf jedoch 80 vom Hundert des Betrages nicht überschreiten, den die Pflegekasse für den einzelnen Pflegebedürftigen nach Art und Schwere seiner Pflegebedürftigkeit nach dem Dritten Abschnitt des Vierten Kapitels zu leisten hat. ³Eine weitergehende Kostenerstattung durch einen Träger der Sozialhilfe ist unzulässig.
(3) Die Absätze 1 und 2 gelten entsprechend für Pflegebedürftige, die nach Maßgabe dieses Buches bei einem privaten Versicherungsunternehmen versichert sind.
(4) Die Pflegebedürftigen und ihre Angehörigen sind von der Pflegekasse und der Pflegeeinrichtung rechtzeitig auf die Rechtsfolgen der Absätze 2 und 3 hinzuweisen.

§ 92 (weggefallen)

§ 92a Pflegeheimvergleich

(1) ¹Die Bundesregierung wird ermächtigt, durch Rechtsverordnung mit Zustimmung des Bundesrates einen Pflegeheimvergleich anzuordnen, insbesondere mit dem Ziel,
1. die Landesverbände der Pflegekassen bei der Durchführung von Wirtschaftlichkeits- und Qualitätsprüfungen (§ 79, Elftes Kapitel),
2. die Vertragsparteien nach § 85 Abs. 2 bei der Bemessung der Vergütungen und Entgelte sowie
3. die Pflegekassen bei der Erstellung der Leistungs- und Preisvergleichslisten (§ 7 Abs. 3)

zu unterstützen. ²Die Pflegeheime sind länderbezogen, Einrichtung für Einrichtung, insbesondere hinsichtlich ihrer Leistungs- und Belegungsstrukturen, ihrer Pflegesätze und Entgelte sowie ihrer gesondert berechenbaren Investitionskosten miteinander zu vergleichen.
(2) In der Verordnung nach Absatz 1 sind insbesondere zu regeln:
1. die Organisation und Durchführung des Pflegeheimvergleichs durch eine oder mehrere von dem Spitzenverband Bund der Pflegekassen oder den Landesverbänden der Pflegekassen gemeinsam beauftragte Stellen,
2. die Finanzierung des Pflegeheimvergleichs aus Verwaltungsmitteln der Pflegekassen,
3. die Erhebung der vergleichsnotwendigen Daten einschließlich ihrer Verarbeitung.

(3) ¹Zur Ermittlung der Vergleichsdaten ist vorrangig auf die verfügbaren Daten aus den Versorgungsverträgen, sowie den Pflegesatz- und Entgeltvereinbarungen über
1. die Versorgungsstrukturen einschließlich der personellen und sächlichen Ausstattung,
2. die Leistungen, Pflegesätze und sonstigen Entgelte der Pflegeheime

und auf die Daten aus den Vereinbarungen über Zusatzleistungen zurückzugreifen. ²Soweit dies für die Zwecke des Pflegeheimvergleichs erforderlich ist, haben die Pflegeheime der mit der Durchführung des Pflegeheimvergleichs beauftragten Stelle auf Verlangen zusätzliche Unterlagen vorzulegen und Auskünfte zu erteilen, insbesondere auch über die von ihnen gesondert berechneten Investitionskosten (§ 82 Abs. 3 und 4).
(4) ¹Durch die Verordnung nach Absatz 1 ist sicherzustellen, dass die Vergleichsdaten
1. den zuständigen Landesbehörden,
2. den Vereinigungen der Pflegeheimträger im Land,
3. den Landesverbänden der Pflegekassen,
4. dem Medizinischen Dienst,
5. dem Verband der privaten Krankenversicherung e. V. im Land sowie
6. den nach Landesrecht zuständigen Trägern der Sozialhilfe

zugänglich gemacht werden. ²Die Beteiligten nach Satz 1 sind befugt, die Vergleichsdaten ihren Verbänden oder Vereinigungen auf Bundesebene zu übermitteln; die Landesverbände der Pflegekassen sind verpflichtet, die für Prüfzwecke erforderlichen Vergleichsdaten den von ihnen zur Durchführung von Wirtschaftlichkeits- und Qualitätsprüfungen bestellten Sachverständigen zugänglich zu machen.

(5) ¹Vor Erlass der Rechtsverordnung nach Absatz 1 sind der Spitzenverband Bund der Pflegekassen, der Verband der privaten Krankenversicherung e. V., die Bundesarbeitsgemeinschaft der überörtlichen Träger der Sozialhilfe, die Bundesvereinigung der kommunalen Spitzenverbände und die Vereinigungen der Träger der Pflegeheime auf Bundesebene anzuhören. ²Im Rahmen der Anhörung können diese auch Vorschläge für eine Rechtsverordnung nach Absatz 1 oder für einzelne Regelungen einer solchen Rechtsverordnung vorlegen.

(6) Der Spitzenverband Bund der Pflegekassen oder die Landesverbände der Pflegekassen sind berechtigt, jährlich Verzeichnisse der Pflegeheime mit den im Pflegeheimvergleich ermittelten Leistungs-, Belegungs- und Vergütungsdaten zu veröffentlichen.

(7) Personenbezogene Daten sind vor der Datenübermittlung oder der Erteilung von Auskünften zu anonymisieren.

(8) Die Bundesregierung wird ermächtigt, durch Rechtsverordnung mit Zustimmung des Bundesrates einen länderbezogenen Vergleich über die zugelassenen Pflegedienste (Pflegedienstvergleich) in entsprechender Anwendung der vorstehenden Absätze anzuordnen.

Fünfter Abschnitt
Integrierte Versorgung

§ 92b Integrierte Versorgung

(1) Die Pflegekassen können mit zugelassenen Pflegeeinrichtungen und den weiteren Vertragspartnern nach § 140a Absatz 3 Satz 1 des Fünften Buches Verträge zur integrierten Versorgung schließen oder derartigen Verträgen mit Zustimmung der Vertragspartner beitreten.

(2) ¹In den Verträgen nach Absatz 1 ist das Nähere über Art, Inhalt und Umfang der zu erbringenden Leistungen der integrierten Versorgung sowie deren Vergütung zu regeln. ²Diese Verträge können von den Vorschriften der §§ 75, 85 und 89 abweichende Regelungen treffen, wenn sie dem Sinn und der Eigenart der integrierten Versorgung entsprechen, die Qualität, die Wirksamkeit und die Wirtschaftlichkeit der Versorgung durch die Pflegeeinrichtungen verbessern oder aus sonstigen Gründen zur Durchführung der integrierten Versorgung erforderlich sind. ³In den Pflegevergütungen dürfen keine Aufwendungen berücksichtigt werden, die nicht der Finanzierungszuständigkeit der sozialen Pflegeversicherung unterliegen. ⁴Soweit Pflegeeinrichtungen durch die integrierte Versorgung Mehraufwendungen für Pflegeleistungen entstehen, vereinbaren die Beteiligten leistungsgerechte Zuschläge zu den Pflegevergütungen (§§ 85 und 89). ⁵§ 140a Absatz 2 Satz 1 bis 3 des Fünften Buches gilt für Leistungsansprüche der Pflegeversicherten gegenüber ihrer Pflegekasse entsprechend.

(3) § 140a Absatz 4 des Fünften Buches gilt für die Teilnahme der Pflegeversicherten an den integrierten Versorgungsformen entsprechend.

Neuntes Kapitel
Datenschutz und Statistik

Erster Abschnitt
Informationsgrundlagen

Erster Titel
Grundsätze der Datenverarbeitung

§ 93 Anzuwendende Vorschriften

Für den Schutz personenbezogener Daten bei der Verarbeitung in der Pflegeversicherung gelten § 35 des Ersten Buches, die §§ 67 bis 84 und § 85a des Zehnten Buches sowie die Vorschriften dieses Buches.

§ 94 Personenbezogene Daten bei den Pflegekassen

(1) Die Pflegekassen dürfen personenbezogene Daten für Zwecke der Pflegeversicherung nur verarbeiten, soweit dies für:
1. die Feststellung des Versicherungsverhältnisses (§§ 20 bis 26) und der Mitgliedschaft (§ 49),
2. die Feststellung der Beitragspflicht und der Beiträge, deren Tragung und Zahlung (§§ 54 bis 61),
3. die Prüfung der Leistungspflicht und die Gewährung von Leistungen an Versicherte (§§ 4, 28 und 28a) sowie die Durchführung von Erstattungs- und Ersatzansprüchen,
4. die Beteiligung des Medizinischen Dienstes (§§ 18 und 40),
5. die Abrechnung mit den Leistungserbringern und die Kostenerstattung (§§ 84 bis 91 und 105),

6. die Überwachung der Wirtschaftlichkeit, der Abrechnung und der Qualität der Leistungserbringung (§§ 79, 112, 113, 114, 114a, 115 und 117),
6a. den Abschluss und die Durchführung von Pflegesatzvereinbarungen (§§ 85, 86), Vergütungsvereinbarungen (§ 89), sowie Verträgen zur integrierten Versorgung (§ 92b),
7. die Aufklärung und Auskunft (§ 7),
8. die Koordinierung pflegerischer Hilfen (§ 12), die Pflegeberatung (§ 7a), das Ausstellen von Beratungsgutscheinen (§ 7b) sowie die Wahrnehmung der Aufgaben in den Pflegestützpunkten (§ 7c),
9. die Abrechnung mit anderen Leistungsträgern,
10. statistische Zwecke (§ 109),
11. die Unterstützung der Versicherten bei der Verfolgung von Schadensersatzansprüchen (§ 115 Abs. 3 Satz 7) erforderlich ist.
(2) ¹Die nach Absatz 1 erhobenen und gespeicherten personenbezogenen Daten dürfen für andere Zwecke nur verarbeitet werden, soweit dies durch Rechtsvorschriften des Sozialgesetzbuches angeordnet oder erlaubt ist. ²Auf Ersuchen des Betreuungsgerichts hat die Pflegekasse diesem zu dem in § 282 Abs. 1 des Gesetzes über das Verfahren in Familiensachen und in den Angelegenheiten der freiwilligen Gerichtsbarkeit genannten Zweck das nach § 18 zur Feststellung der Pflegebedürftigkeit erstellte Gutachten einschließlich der Befunde des Medizinischen Dienstes zu übermitteln.
(3) Versicherungs- und Leistungsdaten der für Aufgaben der Pflegekasse eingesetzten Beschäftigten einschließlich der Daten ihrer mitversicherten Angehörigen dürfen Personen, die kasseninterne Personalentscheidungen treffen oder daran mitwirken können, weder zugänglich sein noch diesen Personen von Zugriffsberechtigten offenbart werden.

§ 95 Personenbezogene Daten bei den Verbänden der Pflegekassen

(1) Die Verbände der Pflegekassen dürfen personenbezogene Daten für Zwecke der Pflegeversicherung nur verarbeiten, soweit diese für:
1. die Überwachung der Wirtschaftlichkeit, der Abrechnung und der Qualitätssicherung der Leistungserbringung (§§ 79, 112, 113, 114, 114a, 115 und 117),
1a. die Information über die Erbringer von Leistungen der Prävention, Teilhabe sowie von Leistungen und Hilfen zur Pflege (§ 7),
2. den Abschluss und die Durchführung von Versorgungsverträgen (§§ 72 bis 74), Pflegesatzvereinbarungen (§§ 85, 86), Vergütungsvereinbarungen (§ 89) sowie Verträgen zur integrierten Versorgung (§ 92b),
3. die Wahrnehmung der ihnen nach §§ 52 und 53 zugewiesenen Aufgaben,
4. die Unterstützung der Versicherten bei der Verfolgung von Schadensersatzansprüchen (§ 115 Abs. 3 Satz 7) erforderlich sind.
(2) § 94 Abs. 2 und 3 gilt entsprechend.

§ 96 Gemeinsame Verarbeitung personenbezogener Daten

(1) ¹Die Pflegekassen und die Krankenkassen dürfen erhobene personenbezogene Daten, die zur Erfüllung gesetzlicher Aufgaben jeder Stelle erforderlich sind, gemeinsam verarbeiten. ²Insoweit findet § 76 des Zehnten Buches im Verhältnis zwischen der Pflegekasse und der Krankenkasse, bei der sie errichtet ist (§ 46), keine Anwendung.
(2) § 286 des Fünften Buches gilt für die Pflegekassen entsprechend.
(3) Die Absätze 1 und 2 gelten entsprechend für die Verbände der Pflege- und Krankenkassen.

§ 97 Personenbezogene Daten beim Medizinischen Dienst

(1) ¹Der Medizinische Dienst darf personenbezogene Daten für Zwecke der Pflegeversicherung nur verarbeiten, soweit dies für die Prüfungen, Beratungen und gutachtlichen Stellungnahmen nach den §§ 18, 38a, 40, 112, 113, 114, 114a, 115 und 117 erforderlich ist. ²Nach Satz 1 erhobene Daten dürfen für andere Zwecke nur verarbeitet werden, soweit dies durch Rechtsvorschriften des Sozialgesetzbuches angeordnet oder erlaubt ist.
(2) Der Medizinische Dienst darf personenbezogene Daten, die er für die Aufgabenerfüllung nach dem Fünften oder Elften Buch verarbeitet, auch für die Aufgaben des jeweils anderen Buches verarbeiten, wenn ohne die vorhandenen Daten diese Aufgaben nicht ordnungsgemäß erfüllt werden können.
(3) ¹Die personenbezogenen Daten sind nach fünf Jahren zu löschen. ²§ 96 Abs. 2, § 98 und § 107 Abs. 1 Satz 2 und 3 und Abs. 2 gelten für den Medizinischen Dienst entsprechend. ³Der Medizinische Dienst hat Sozialdaten zur Identifikation des Versicherten getrennt von den medizinischen Sozialdaten des Versicherten zu speichern. ⁴Durch technische und organisatorische Maßnahmen ist sicherzustellen, dass die Sozialdaten nur den Personen zugänglich sind, die sie zur Erfüllung ihrer Aufgaben benötigen. ⁵Der Schlüssel für die Zusammenführung der Daten ist vom Beauftragten für den Datenschutz des Medizinischen Dienstes aufzubewahren und darf anderen Personen nicht zugänglich gemacht werden. ⁶Jede Zusammenführung ist zu protokollieren.
(4) Für das Akteneinsichtsrecht des Versicherten gilt § 25 des Zehnten Buches entsprechend.

§ 97a Qualitätssicherung durch Sachverständige

(1) ¹Von den Landesverbänden der Pflegekassen bestellte sonstige Sachverständige (§ 114 Abs. 1 Satz 1) sind berechtigt, für Zwecke der Qualitätssicherung und -prüfung Daten nach den §§ 112, 113, 114, 114a, 115 und 117 zu verarbeiten; sie dürfen die Daten an die Pflegekassen und deren Verbände sowie an die in den §§ 112, 114, 114a, 115 und 117 genannten Stellen übermitteln, soweit dies zur Erfüllung der gesetzlichen Aufgaben auf dem Gebiet der Qualitätssicherung und Qualitätsprüfung dieser Stellen erforderlich ist. ²Die Daten sind vertraulich zu behandeln.
(2) § 107 gilt entsprechend.

§ 97b Personenbezogene Daten bei den nach heimrechtlichen Vorschriften zuständigen Aufsichtsbehörden und den Trägern der Sozialhilfe

Die nach heimrechtlichen Vorschriften zuständigen Aufsichtsbehörden und die zuständigen Träger der Sozialhilfe sind berechtigt, die für Zwecke der Pflegeversicherung nach den §§ 112, 113, 114, 114a, 115 und 117 erhobenen personenbezogenen Daten zu verarbeiten, soweit dies zur Erfüllung ihrer gesetzlichen Aufgaben erforderlich ist; § 107 findet entsprechende Anwendung.

§ 97c Qualitätssicherung durch den Prüfdienst des Verbandes der privaten Krankenversicherung e. V.

¹Bei Wahrnehmung der Aufgaben auf dem Gebiet der Qualitätssicherung und Qualitätsprüfung im Sinne dieses Buches durch den Prüfdienst des Verbandes der privaten Krankenversicherung e. V. gilt der Prüfdienst als Stelle im Sinne des § 35 Absatz 1 Satz 1 des Ersten Buches. ²Die §§ 97 und 97a gelten entsprechend.

§ 97d Begutachtung durch unabhängige Gutachter

(1) ¹Von den Pflegekassen gemäß § 18 Absatz 1 Satz 1 beauftragte unabhängige Gutachter sind berechtigt, personenbezogene Daten des Antragstellers zu verarbeiten, soweit dies für die Zwecke der Begutachtung gemäß § 18 erforderlich ist. ²Die Daten sind vertraulich zu behandeln. ³Durch technische und organisatorische Maßnahmen ist sicherzustellen, dass die Daten nur den Personen zugänglich sind, die sie zur Erfüllung des dem Gutachter von den Pflegekassen nach § 18 Absatz 1 Satz 1 erteilten Auftrags benötigen.
(2) ¹Die unabhängigen Gutachter dürfen das Ergebnis der Prüfung zur Feststellung der Pflegebedürftigkeit sowie die Präventions- und Rehabilitationsempfehlung gemäß § 18 an die sie beauftragende Pflegekasse übermitteln, soweit dies zur Erfüllung der gesetzlichen Aufgaben der Pflegekasse erforderlich ist; § 35 des Ersten Buches gilt entsprechend. ²Dabei ist sicherzustellen, dass das Ergebnis der Prüfung zur Feststellung der Pflegebedürftigkeit sowie die Präventions- und Rehabilitationsempfehlung nur den Personen zugänglich gemacht werden, die sie zur Erfüllung ihrer Aufgaben benötigen.
(3) ¹Die personenbezogenen Daten sind nach fünf Jahren zu löschen. ²§ 107 Absatz 1 Satz 2 gilt entsprechend.

§ 98 Forschungsvorhaben

(1) Die Pflegekassen dürfen mit der Erlaubnis der Aufsichtsbehörde die Datenbestände leistungserbringer- und fallbeziehbar für zeitlich befristete und im Umfang begrenzte Forschungsvorhaben selbst auswerten und zur Durchführung eines Forschungsvorhabens über die sich aus § 107 ergebenden Fristen hinaus aufbewahren.
(2) Personenbezogene Daten sind zu anonymisieren.

Zweiter Titel
Informationsgrundlagen der Pflegekassen

§ 99 Versichertenverzeichnis

¹Die Pflegekasse hat ein Versichertenverzeichnis zu führen. ²Sie hat in das Versichertenverzeichnis alle Angaben einzutragen, die zur Feststellung der Versicherungspflicht oder -berechtigung und des Anspruchs auf Familienversicherung, zur Bemessung und Einziehung der Beiträge sowie zur Feststellung des Leistungsanspruchs erforderlich sind.

§ 100 Nachweispflicht bei Familienversicherung

Die Pflegekasse kann die für den Nachweis einer Familienversicherung (§ 25) erforderlichen Daten vom Angehörigen oder mit dessen Zustimmung vom Mitglied erheben.

§ 101 Pflegeversichertennummer

¹Die Pflegekasse verwendet für jeden Versicherten eine Versichertennummer, die mit der Krankenversichertennummer ganz oder teilweise übereinstimmen darf. ²Bei der Vergabe der Nummer für Versicherte nach § 25 ist sicherzustellen, daß der Bezug zu dem Angehörigen, der Mitglied ist, hergestellt werden kann.

§ 102 Angaben über Leistungsvoraussetzungen

¹Die Pflegekasse hat Angaben über Leistungen, die zur Prüfung der Voraussetzungen späterer Leistungsgewährung erforderlich sind, zu speichern. ²Hierzu gehören insbesondere Angaben zur Feststellung der Voraussetzungen von Leistungsansprüchen und zur Leistung von Zuschüssen.

§ 103 Kennzeichen für Leistungsträger und Leistungserbringer

(1) Die Pflegekassen, die anderen Träger der Sozialversicherung und die Vertragspartner der Pflegekassen einschließlich deren Mitglieder verwenden im Schriftverkehr und für Abrechnungszwecke untereinander bundeseinheitliche Kennzeichen.
(2) § 293 Abs. 2 und 3 des Fünften Buches gilt entsprechend.

Zweiter Abschnitt
Übermittlung von Leistungsdaten, Nutzung der Telematikinfrastruktur

§ 104 Pflichten der Leistungserbringer

(1) Die Leistungserbringer sind berechtigt und verpflichtet:
1. im Falle der Überprüfung der Notwendigkeit von Pflegehilfsmitteln (§ 40 Abs. 1),
2. im Falle eines Prüfverfahrens, soweit die Wirtschaftlichkeit oder die Qualität der Leistungen im Einzelfall zu beurteilen sind (§§ 79, 112, 113, 114, 114a, 115 und 117),
2a. im Falle des Abschlusses und der Durchführung von Versorgungsverträgen (§§ 72 bis 74), Pflegesatzvereinbarungen (§§ 85, 86), Vergütungsvereinbarungen (§ 89), sowie Verträgen zur integrierten Versorgung (§ 92b),
3. im Falle der Abrechnung pflegerischer Leistungen (§ 105)

die für die Erfüllung der Aufgaben der Pflegekassen und ihrer Verbände erforderlichen Angaben zu speichern und den Pflegekassen sowie den Verbänden oder den mit der Datenverarbeitung beauftragten Stellen zu übermitteln.
(2) Soweit dies für die in Absatz 1 Nr. 2 und 2a genannten Zwecke erforderlich ist, sind die Leistungserbringer berechtigt, die personenbezogenen Daten auch an die Medizinischen Dienste und die in den §§ 112, 113, 114, 114a, 115 und 117 genannten Stellen zu übermitteln.
(3) Trägervereinigungen dürfen die ihnen nach Absatz 2 oder § 115 Absatz 1 Satz 2 übermittelten personenbezogenen Daten verarbeiten, soweit dies für ihre Beteiligung an Qualitätsprüfungen oder Maßnahmen der Qualitätssicherung nach diesem Buch erforderlich ist.

§ 105 Abrechnung pflegerischer Leistungen

(1) ¹Die an der Pflegeversorgung teilnehmenden Leistungserbringer sind verpflichtet,
1. in den Abrechnungsunterlagen die von ihnen erbrachten Leistungen nach Art, Menge und Preis einschließlich des Tages und der Zeit der Leistungserbringung aufzuzeichnen,
2. in den Abrechnungsunterlagen ihr Kennzeichen (§ 103), spätestens ab dem 1. Januar 2023 die Beschäftigtennummer nach § 293 Absatz 8 Satz 2 des Fünften Buches der Person, die die Leistung erbracht hat, sowie die Versichertennummer des Pflegebedürftigen anzugeben,
3. bei der Abrechnung über die Abgabe von Hilfsmitteln die Bezeichnungen des Hilfsmittelverzeichnisses nach § 78 zu verwenden.

²Vom 1. Januar 1996 an sind maschinenlesbare Abrechnungsunterlagen zu verwenden.
(2) ¹Das Nähere über Form und Inhalt der Abrechnungsunterlagen sowie Einzelheiten des Datenträgeraustausches werden vom Spitzenverband Bund der Pflegekassen im Einvernehmen mit den Verbänden der Leistungserbringer festgelegt. ²Der Spitzenverband Bund der Pflegekassen und die Verbände der Leistungserbringer legen bis zum 1. Januar 2018 die Einzelheiten für eine elektronische Datenübertragung aller Angaben und Nachweise fest, die für die Abrechnung pflegerischer Leistungen in der Form elektronischer Dokumente erforderlich sind. ³Kommt eine Festlegung nach Satz 1 oder Satz 2 ganz oder teilweise nicht zustande, wird ihr Inhalt für die Abrechnung von Leistungen der häuslichen Pflegehilfe im Sinne des § 36 sowie von häuslicher Krankenpflege nach § 37 des Fünften Buches durch die Schiedsstelle nach § 132a Absatz 3 Satz 1 des Fünften Buches auf Antrag des Spitzenverbandes Bund der Pflegekassen oder der Verbände der Leistungserbringer bestimmt. ⁴Die Schiedsstelle kann auch vom Bundesministerium für Gesundheit angerufen werden. ⁵Sie bestimmt den Inhalt der Festlegung innerhalb von drei Monaten ab der Anrufung. ⁶Die Regelungen der Rahmenempfehlung nach § 132a Absatz 1 Satz 4 Nummer 6 des Fünften Buches sind bei der Bestimmung durch die Schiedsstelle zu berücksichtigen. ⁷Für die elektronische Datenübertragung elektronischer Dokumente ist neben der qualifizierten elektronischen Signatur auch ein anderes sicheres Verfahren vorzusehen, das den Absender der Daten authentifiziert und die Integrität des elektronisch übermittelten Datensatzes gewährleistet. ⁸Zur Authentifizierung des Absenders der Daten können auch der elektronische Heilberufs- oder Berufsausweis nach § 339 Absatz 3 Satz 1 des Fünften Buches, die elektronische Gesundheitskarte nach § 291 des Fünften Buches sowie der elektronische Identitätsnachweis des Personalausweises genutzt werden; die zur Authentifizierung des Absenders der Daten erforderlichen Daten dürfen zusammen mit den übrigen übermittelten Daten gespeichert und verwendet werden.⁹ § 302 Absatz 2 Satz 2 und 3 des Fünften Buches gilt entsprechend.
(3) ¹Im Rahmen der Abrechnung pflegerischer Leistungen nach § 105 sind vorbehaltlich des Satzes 2 von den Pflegekassen und den Leistungserbringern ab dem 1. März 2021 ausschließlich elektronische Verfahren zur Über-

mittlung von Abrechnungsunterlagen einschließlich des Leistungsnachweises zu nutzen, wenn der Leistungserbringer
1. an die Telematikinfrastruktur angebunden ist,
2. ein von der Gesellschaft für Telematik nach § 311 Absatz 6 des Fünften Buches festgelegtes Verfahren zur Übermittlung der Daten nutzt und
3. der Pflegekasse die für die elektronische Übermittlung von Abrechnungsunterlagen erforderlichen Angaben übermittelt hat.

²Die Verpflichtung nach Satz 1 besteht nach Ablauf von drei Monaten, nachdem der Leistungserbringer die für die elektronische Übermittlung von Abrechnungsunterlagen erforderlichen Angaben an die Pflegekasse übermittelt hat.

§ 106 Abweichende Vereinbarungen

Die Landesverbände der Pflegekassen (§ 52) können mit den Leistungserbringern oder ihren Verbänden vereinbaren, daß
1. der Umfang der zu übermittelnden Abrechnungsbelege eingeschränkt,
2. bei der Abrechnung von Leistungen von einzelnen Angaben ganz oder teilweise abgesehen

wird, wenn dadurch eine ordnungsgemäße Abrechnung und die Erfüllung der gesetzlichen Aufgaben der Pflegekassen nicht gefährdet werden.

§ 106a Mitteilungspflichten

¹Zugelassene Pflegedienste, anerkannte Beratungsstellen, beauftragte Pflegefachkräfte sowie Beratungspersonen der kommunalen Gebietskörperschaften, die Beratungseinsätze nach § 37 Absatz 3 durchführen, sind mit Einwilligung des Versicherten berechtigt und verpflichtet, die für die Erfüllung der Aufgaben der Pflegekassen, der privaten Versicherungsunternehmen sowie der Beihilfefestsetzungsstellen erforderlichen Angaben zur Qualität der Pflegesituation und zur Notwendigkeit einer Verbesserung der zuständigen Pflegekasse, dem zuständigen privaten Versicherungsunternehmen und der zuständigen Beihilfefestsetzungsstelle zu übermitteln. ²Das Formular nach § 37 Abs. 4 Satz 2 wird unter Beteiligung des Bundesbeauftragten für den Datenschutz und die Informationsfreiheit und des Bundesministeriums für Gesundheit erstellt. ³Erteilt die pflegebedürftige Person die Einwilligung nicht, ist jedoch nach Überzeugung der Beratungsperson eine weitergehende Beratung angezeigt, übermittelt die jeweilige Beratungsstelle diese Einschätzung über die Erforderlichkeit einer weitergehenden Beratung der zuständigen Pflegekasse oder dem zuständigen privaten Versicherungsunternehmen.

§ 106b Finanzierung der Einbindung der Pflegeeinrichtungen in die Telematikinfrastruktur

(1) ¹Zum Ausgleich
1. der erforderlichen erstmaligen Ausstattungskosten, die den Leistungserbringern in der Festlegungs-, Erprobungs- und Einführungsphase der Telematikinfrastruktur entstehen, sowie
2. der Kosten, die den Leistungserbringern im laufenden Betrieb der Telematikinfrastruktur entstehen,

erhalten die ambulanten und stationären Pflegeeinrichtungen ab dem 1. Juli 2020 von der Pflegeversicherung die in den Finanzierungsvereinbarungen nach § 376 Satz 1 des Fünften Buches für die an der vertragsärztlichen Versorgung teilnehmenden Ärzte in der jeweils geltenden Fassung vereinbarten Erstattungen. ²Das Verfahren zur Erstattung der Kosten vereinbaren der Spitzenverband Bund der Pflegekassen und die Vereinigungen der Träger der Pflegeeinrichtungen auf Bundesebene bis zum 31. März 2020.

(2) ¹Die durch die Erstattung nach Absatz 1 entstehenden Kosten, soweit die ambulanten Pflegeeinrichtungen betroffen sind, tragen die gesetzlichen Krankenkassen und die soziale Pflegeversicherung in dem Verhältnis, das dem Verhältnis zwischen den Ausgaben der Krankenkassen für die häusliche Krankenpflege und den Ausgaben der sozialen Pflegeversicherung für Pflegesachleistungen im vorangegangenen Kalenderjahr entspricht. ²Zur Finanzierung der den Krankenkassen nach Satz 1 entstehenden Kosten erhebt der Spitzenverband Bund der Pflegekassen von den Krankenkassen eine Umlage gemäß dem Anteil der Versicherten der Krankenkassen an der Gesamtzahl der Versicherten aller Krankenkassen. ³Das Nähere zum Umlageverfahren und zur Zahlung an die Pflegeversicherung bestimmt der Spitzenverband Bund der Krankenkassen.

§ 106c Einbindung der Medizinischen Dienste in die Telematikinfrastruktur

Bei der Erfüllung der ihnen nach diesem Buch zugewiesenen Aufgaben haben die Medizinischen Dienste gemäß § 278 des Fünften Buches und die Pflegekassen oder die Landesverbände der Pflegekassen für die gegenseitige Übermittlung von Daten die von der Gesellschaft für Telematik nach § 311 Absatz 6 des Fünften Buches festgelegten Verfahren zu verwenden, sofern der jeweilige Medizinische Dienst und die Pflegekasse oder der jeweilige Landesverband der Pflegekasse an die Telematikinfrastruktur angebunden sind.

Dritter Abschnitt
Datenlöschung, Auskunftspflicht

§ 107 Löschen von Daten

(1) ¹Für das Löschen der für Aufgaben der Pflegekassen und ihrer Verbände gespeicherten personenbezogenen Daten gilt, daß
1. die Daten nach § 102 spätestens nach Ablauf von zehn Jahren,
2. sonstige Daten aus der Abrechnung pflegerischer Leistungen (§ 105), aus Wirtschaftlichkeitsprüfungen (§ 79), aus Prüfungen zur Qualitätssicherung (§§ 112, 113, 114, 114a, 115 und 117) und aus dem Abschluss oder der Durchführung von Verträgen (§§ 72 bis 74, 85, 86 oder 89) spätestens nach zwei Jahren

zu löschen sind. ²Die Fristen beginnen mit dem Ende des Geschäftsjahres, in dem die Leistungen gewährt oder abgerechnet wurden. ³Die Pflegekassen können für Zwecke der Pflegeversicherung Leistungsdaten länger aufbewahren, wenn sichergestellt ist, daß ein Bezug zu natürlichen Personen nicht mehr herstellbar ist.
(2) Im Falle des Wechsels der Pflegekasse ist die bisher zuständige Pflegekasse verpflichtet, auf Verlangen die für die Fortführung der Versicherung erforderlichen Angaben nach den §§ 99 und 102 der neuen Pflegekasse mitzuteilen.

§ 108 Auskünfte an Versicherte

(1) ¹Die Pflegekassen unterrichten die Versicherten auf deren Antrag über die in einem Zeitraum von mindestens 18 Monaten vor Antragstellung in Anspruch genommenen Leistungen und deren Kosten. ²Eine Mitteilung an die Leistungserbringer über die Unterrichtung des Versicherten ist nicht zulässig. ³Die Pflegekassen können in ihren Satzungen das Nähere über das Verfahren der Unterrichtung regeln.
(2) ¹Die Berechtigung der Versicherten, auf die in der elektronischen Patientenakte gespeicherten Angaben über ihre pflegerische Versorgung zuzugreifen, folgt aus § 336 Absatz 2 des Fünften Buches. ²§ 336 Absatz 2 Nummer 1 des Fünften Buches ist entsprechend auf die Pflegekassen anzuwenden.

Vierter Abschnitt
Statistik

§ 109 Pflegestatistiken

(1) ¹Die Bundesregierung wird ermächtigt, für Zwecke dieses Buches durch Rechtsverordnung mit Zustimmung des Bundesrates jährliche Erhebungen über ambulante und stationäre Pflegeeinrichtungen sowie über die häusliche Pflege als Bundesstatistik anzuordnen. ²Die Bundesstatistik kann folgende Sachverhalte umfassen:
1. Art der Pflegeeinrichtung und der Trägerschaft,
2. Art des Leistungsträgers und des privaten Versicherungsunternehmens,
3. in der ambulanten und stationären Pflege tätige Personen nach Geschlecht, Geburtsjahr, Beschäftigungsverhältnis, Tätigkeitsbereich, Dienststellung, Berufsabschluß auf Grund einer Ausbildung, Weiterbildung oder Umschulung, zusätzlich bei Auszubildenden und Umschülern Art der Ausbildung und Ausbildungsjahr, Beginn und Ende der Pflegetätigkeit,
4. sachliche Ausstattung und organisatorische Einheiten der Pflegeeinrichtung, Ausbildungsstätten an Pflegeeinrichtungen,
5. Pflegebedürftige nach Geschlecht, Geburtsjahr, Wohnort, Postleitzahl des Wohnorts vor dem Einzug in eine vollstationäre Pflegeeinrichtung, Art, Ursache, Grad und Dauer der Pflegebedürftigkeit, Art des Versicherungsverhältnisses,
6. in Anspruch genommene Pflegeleistungen nach Art, Dauer und Häufigkeit sowie nach Art des Kostenträgers,
7. Kosten der Pflegeeinrichtungen nach Kostenarten sowie Erlöse nach Art, Höhe und Kostenträgern.

³Auskunftspflichtig sind die Träger der Pflegeeinrichtungen, die Träger der Pflegeversicherung sowie die privaten Versicherungsunternehmen gegenüber den statistischen Ämtern der Länder; die Rechtsverordnung kann Ausnahmen von der Auskunftspflicht vorsehen.
(2) ¹Die Bundesregierung wird ermächtigt, für Zwecke dieses Buches durch Rechtsverordnung mit Zustimmung des Bundesrates jährliche Erhebungen über die Situation Pflegebedürftiger und ehrenamtlich Pflegender als Bundesstatistik anzuordnen. ²Die Bundesstatistik kann folgende Sachverhalte umfassen:
1. Ursachen von Pflegebedürftigkeit,
2. Pflege- und Betreuungsbedarf der Pflegebedürftigen,
3. Pflege- und Betreuungsleistungen durch Pflegefachkräfte, Angehörige und ehrenamtliche Helfer sowie Angebote zur Unterstützung im Alltag,
4. Leistungen zur Prävention und Teilhabe,
5. Maßnahmen zur Erhaltung und Verbesserung der Pflegequalität,
6. Bedarf an Pflegehilfsmitteln und technischen Hilfen,

7. Maßnahmen zur Verbesserung des Wohnumfeldes.
³Auskunftspflichtig ist der Medizinische Dienst gegenüber den statistischen Ämtern der Länder;.Absatz 1 Satz 3 zweiter Halbsatz gilt entsprechend.
(3) ¹Die nach Absatz 1 Satz 3 und Absatz 2 Satz 3 Auskunftspflichtigen teilen die von der jeweiligen Statistik umfaßten Sachverhalte gleichzeitig den für die Planung und Investitionsfinanzierung der Pflegeeinrichtungen zuständigen Landesbehörden mit. ²Die Befugnis der Länder, zusätzliche, von den Absätzen 1 und 2 nicht erfaßte Erhebungen über Sachverhalte des Pflegewesens als Landesstatistik anzuordnen, bleibt unberührt. ³Die Verordnung nach Absatz 1 Satz 1 hat sicherzustellen, dass die Pflegeeinrichtungen diesen Auskunftsverpflichtungen gemeinsam mit der Auskunftsverpflichtung nach Absatz 1 durch eine einheitliche Auskunftserteilung nachkommen können.
(4) Daten der Pflegebedürftigen, der in der Pflege tätigen Personen, der Angehörigen und ehrenamtlichen Helfer dürfen für Zwecke der Bundesstatistik nur in anonymisierter Form an die statistischen Ämter der Länder übermittelt werden.
(5) Die Statistiken nach den Absätzen 1 und 2 sind für die Bereiche der ambulanten Pflege und der Kurzzeitpflege erstmals im Jahr 1996 für das Jahr 1995 vorzulegen, für den Bereich der stationären Pflege im Jahr 1998 für das Jahr 1997.

Zehntes Kapitel
Private Pflegeversicherung

§ 110 Regelungen für die private Pflegeversicherung

(1) Um sicherzustellen, daß die Belange der Personen, die nach § 23 zum Abschluß eines Pflegeversicherungsvertrages bei einem privaten Krankenversicherungsunternehmen verpflichtet sind, ausreichend gewahrt werden und daß die Verträge auf Dauer erfüllbar bleiben, ohne die Interessen der Versicherten anderer Tarife zu vernachlässigen, werden die im Geltungsbereich dieses Gesetzes zum Betrieb der Pflegeversicherung befugten privaten Krankenversicherungsunternehmen verpflichtet,
1. mit allen in § 22 und § 23 Abs. 1, 3 und 4 genannten versicherungspflichtigen Personen auf Antrag einen Versicherungsvertrag abzuschließen, der einen Versicherungsschutz in dem in § 23 Abs. 1 und 3 festgelegten Umfang vorsieht (Kontrahierungszwang); dies gilt auch für das nach § 23 Abs. 2 gewählte Versicherungsunternehmen,
2. in den Verträgen, die Versicherungspflichtige in dem nach § 23 Abs. 1 und 3 vorgeschriebenen Umfang abschließen,
    a) keinen Ausschluß von Vorerkrankungen der Versicherten,
    b) keinen Ausschluß bereits pflegebedürftiger Personen,
    c) keine längeren Wartezeiten als in der sozialen Pflegeversicherung (§ 33 Abs. 2),
    d) keine Staffelung der Prämien nach Geschlecht und Gesundheitszustand der Versicherten,
    e) keine Prämienhöhe, die den Höchstbeitrag der sozialen Pflegeversicherung übersteigt, bei Personen, die nach § 23 Abs. 3 einen Teilkostentarif abgeschlossen haben, keine Prämienhöhe, die 50 vom Hundert des Höchstbeitrages der sozialen Pflegeversicherung übersteigt,
    f) die beitragsfreie Mitversicherung der Kinder des Versicherungsnehmers unter denselben Voraussetzungen, wie in § 25 festgelegt,
    g) für Ehegatten oder Lebenspartner ab dem Zeitpunkt des Nachweises der zur Inanspruchnahme der Beitragsermäßigung berechtigenden Umstände keine Prämie in Höhe von mehr als 150 vom Hundert des Höchstbeitrages der sozialen Pflegeversicherung, wenn ein Ehegatte oder ein Lebenspartner kein Gesamteinkommen hat, das die in § 25 Abs. 1 Satz 1 Nr. 5 genannten Einkommensgrenzen überschreitet,
vorzusehen.
(2) ¹Die in Absatz 1 genannten Bedingungen gelten für Versicherungsverträge, die mit Personen abgeschlossen werden, die zum Zeitpunkt des Inkrafttretens dieses Gesetzes Mitglied bei einem privaten Krankenversicherungsunternehmen mit Anspruch auf allgemeine Krankenhausleistungen sind oder sich nach Artikel 41 des Pflege-Versicherungsgesetzes innerhalb von sechs Monaten nach Inkrafttreten dieses Gesetzes von der Versicherungspflicht in der sozialen Pflegeversicherung befreien lassen. ²Die in Absatz 1 Nr. 1 und 2 Buchstabe a bis f genannten Bedingungen gelten auch für Verträge mit Personen, die im Basistarif nach § 152 des Versicherungsaufsichtsgesetzes versichert sind. ³Für Personen, die im Basistarif nach § 152 des Versicherungsaufsichtsgesetzes versichert sind und deren Beitrag zur Krankenversicherung sich nach § 152 Absatz 4 des Versicherungsaufsichtsgesetzes vermindert, darf der Beitrag 50 vom Hundert des sich nach Absatz 1 Nr. 2 Buchstabe e ergebenden Beitrags nicht übersteigen; die Beitragsbegrenzung für Ehegatten oder Lebenspartner nach Absatz 1 Nr. 2 Buchstabe g gilt für diese Versicherten nicht. ⁴Würde allein durch die Zahlung des Beitrags zur Pflegeversicherung nach Satz 2 Hilfebedürftigkeit im Sinne

des Zweiten oder Zwölften Buches entstehen, gilt Satz 3 entsprechend; die Hilfebedürftigkeit ist vom zuständigen Träger nach dem Zweiten oder Zwölften Buch auf Antrag des Versicherten zu prüfen und zu bescheinigen.

(3) Für Versicherungsverträge, die mit Personen abgeschlossen werden, die erst nach Inkrafttreten dieses Gesetzes Mitglied eines privaten Krankenversicherungsunternehmens mit Anspruch auf allgemeine Krankenhausleistungen werden oder die der Versicherungspflicht nach § 193 Abs. 3 des Versicherungsvertragsgesetzes genügen, gelten, sofern sie in Erfüllung der Vorsorgepflicht nach § 22 Abs. 1 und § 23 Absatz 1, 3, 4 und 4a geschlossen werden und Vertragsleistungen in dem in § 23 Abs. 1 und 3 festgelegten Umfang vorsehen, folgende Bedingungen:
1. Kontrahierungszwang,
2. kein Ausschluß von Vorerkrankungen der Versicherten,
3. keine Staffelung der Prämien nach Geschlecht,
4. keine längeren Wartezeiten als in der sozialen Pflegeversicherung,
5. für Versicherungsnehmer, die über eine Vorversicherungszeit von mindestens fünf Jahren in ihrer privaten Pflegeversicherung oder privaten Krankenversicherung verfügen, keine Prämienhöhe, die den Höchstbetrag der sozialen Pflegeversicherung übersteigt; Absatz 1 Nr. 2 Buchstabe e gilt,
6. beitragsfreie Mitversicherung der Kinder des Versicherungsnehmers unter denselben Voraussetzungen, wie in § 25 festgelegt.

(4) Rücktritts- und Kündigungsrechte der Versicherungsunternehmen sind ausgeschlossen, solange der Kontrahierungszwang besteht.

(5) ¹Die Versicherungsunternehmen haben den Versicherten Akteneinsicht zu gewähren. ²Sie haben die Berechtigten über das Recht auf Akteneinsicht zu informieren, wenn sie das Ergebnis einer Prüfung auf Pflegebedürftigkeit mitteilen. ³§ 25 des Zehnten Buches gilt entsprechend.

§ 110a Befristeter Zuschlag zu privaten Pflege-Pflichtversicherungsverträgen zur Finanzierung pandemiebedingter Mehrausgaben

(1) Für den Zeitraum vom 1. Juli 2021 bis zum 31. Dezember 2022 können private Versicherungsunternehmen, die die private Pflege-Pflichtversicherung durchführen, für bestehende Vertragsverhältnisse über die Prämie hinaus einen monatlichen Zuschlag erheben.

(2) ¹Bei der Ermittlung der Höhe des Zuschlags nach Absatz 1 dürfen ausschließlich Mehrausgaben des privaten Versicherungsunternehmens berücksichtigt werden, die
1. aus der Erfüllung der Verpflichtung nach § 150 Absatz 4 Satz 5 entstehen oder entstanden sind und
2. nicht durch Minderausgaben im Bereich der privaten Pflege-Pflichtversicherung in dem Zeitraum, für den der Erstattungsbetrag nach § 150 Absatz 2 an die zugelassenen Pflegeeinrichtungen gezahlt wurde, kompensiert werden können.

²Für die Ermittlung der Minderausgaben nach Satz 1 Nummer 2 ist ein Vergleich mit den Ausgaben im Bereich der privaten Pflege-Pflichtversicherung im entsprechenden Zeitraum des Jahres 2019 zugrunde zu legen. Alterungsrückstellungen sind für den Zuschlag nicht zu bilden.

(3) Die Mehrausgaben im Sinne des Absatzes 2 sind auf die Tarifstufen gemäß der Zahl der Leistungsempfänger der jeweiligen Tarifstufe zu verteilen und mit dem Zuschlag nach Absatz 1 gleichmäßig durch alle Versicherten der jeweiligen Tarifstufe der privaten Pflege-Pflichtversicherung zu finanzieren.

(4) ¹Die Erhebung des Zuschlags nach den Absätzen 1 bis 3 bedarf der Zustimmung eines unabhängigen Treuhänders. ²§ 155 Absatz 1 des Versicherungsaufsichtsgesetzes ist entsprechend anzuwenden.

(5) ¹Dem Versicherungsnehmer ist die Höhe des Zuschlags nach Absatz 1 unter Hinweis auf die hierfür maßgeblichen Gründe und auf dessen Befristung in Textform mitzuteilen. ²Der Zuschlag wird zu Beginn des zweiten Monats wirksam, der auf die Mitteilung nach Satz 1 folgt. § 205 Absatz 4 des Versicherungsvertragsgesetzes gilt entsprechend.

(6) Der Zuschlag nach Absatz 1 wird nicht für Personen erhoben, die
1. Anspruch auf Arbeitslosengeld haben,
2. Anspruch auf Leistungen der Grundsicherung für Arbeitsuchende nach dem Zweiten Buch haben oder
3. allein durch die Zahlung des Zuschlags hilfebedürftig im Sinne des Zweiten Buches würden.

§ 111 Risikoausgleich

(1) ¹Die Versicherungsunternehmen, die eine private Pflegeversicherung im Sinne dieses Buches betreiben, müssen sich zur dauerhaften Gewährleistung der Regelungen für die private Pflegeversicherung nach § 110 sowie zur Aufbringung der Fördermittel nach § 45c und der Mittel nach § 8 Absatz 9 Satz 1 und 2 am Ausgleich der Versicherungsrisiken beteiligen und dazu ein Ausgleichssystem schaffen und erhalten, dem sie angehören. ²Das Ausgleichssystem muß einen dauerhaften, wirksamen Ausgleich der unterschiedlichen Belastungen gewährleisten; es darf den Marktzugang neuer Anbieter der privaten Pflegeversicherung nicht erschweren und muß diesen eine

Beteiligung an dem Ausgleichssystem zu gleichen Bedingungen ermöglichen. ³In diesem System werden die Beiträge ohne die Kosten auf der Basis gemeinsamer Kalkulationsgrundlagen einheitlich für alle Unternehmen, die eine private Pflegeversicherung betreiben, ermittelt.

(2) Die Errichtung, die Ausgestaltung, die Änderung und die Durchführung des Ausgleichs unterliegen der Aufsicht der Bundesanstalt für Finanzdienstleistungsaufsicht.

Elftes Kapitel
Qualitätssicherung, Sonstige Regelungen zum Schutz der Pflegebedürftigen

§ 112 Qualitätsverantwortung

(1) ¹Die Träger der Pflegeeinrichtungen bleiben, unbeschadet des Sicherstellungsauftrags der Pflegekassen (§ 69), für die Qualität der Leistungen ihrer Einrichtungen einschließlich der Sicherung und Weiterentwicklung der Pflegequalität verantwortlich. ²Maßstäbe für die Beurteilung der Leistungsfähigkeit einer Pflegeeinrichtung und die Qualität ihrer Leistungen sind die für sie verbindlichen Anforderungen in den Vereinbarungen nach § 113 sowie die vereinbarten Leistungs- und Qualitätsmerkmale (§ 84 Abs. 5).

(2) ¹Die zugelassenen Pflegeeinrichtungen sind verpflichtet, Maßnahmen der Qualitätssicherung sowie ein Qualitätsmanagement nach Maßgabe der Vereinbarungen nach § 113 durchzuführen, Expertenstandards nach § 113a anzuwenden sowie bei Qualitätsprüfungen nach § 114 mitzuwirken. ²Bei stationärer Pflege erstreckt sich die Qualitätssicherung neben den allgemeinen Pflegeleistungen auch auf die medizinische Behandlungspflege, die Betreuung, die Leistungen bei Unterkunft und Verpflegung (§ 87) sowie auf die Zusatzleistungen (§ 88).

(3) Der Medizinische Dienst und der Prüfdienst des Verbandes der privaten Krankenversicherung e. V. beraten die Pflegeeinrichtungen in Fragen der Qualitätssicherung mit dem Ziel, Qualitätsmängeln rechtzeitig vorzubeugen und die Eigenverantwortung der Pflegeeinrichtungen und ihrer Träger für die Sicherung und Weiterentwicklung der Pflegequalität zu stärken.

§ 112a Übergangsregelung zur Qualitätssicherung bei Betreuungsdiensten

(1) Bis zur Einführung des neuen Qualitätssystems nach § 113b Absatz 4 Satz 2 Nummer 3 gelten für die Betreuungsdienste die Vorschriften des Elften Kapitels für ambulante Pflegedienste nach Maßgabe der folgenden Absätze.

(2) ¹Der Medizinische Dienst Bund beschließt im Benehmen mit dem Spitzenverband Bund der Pflegekassen und unter Beteiligung des Prüfdienstes des Verbandes der privaten Krankenversicherung e. V. Richtlinien zu den Anforderungen an das Qualitätsmanagement und die Qualitätssicherung für ambulante Betreuungsdienste. ²Dabei sind die in dem Modellvorhaben zugrunde gelegten Vorgaben zu beachten. ³Mitarbeiterinnen und Mitarbeiter mit Betreuungsaufgaben können die nach den Richtlinien erforderlichen Qualifikationen auch berufsbegleitend erwerben. ⁴Die auf Bundesebene maßgeblichen Organisationen für die Wahrnehmung der Interessen und der Selbsthilfe der pflegebedürftigen und behinderten Menschen wirken nach Maßgabe von § 118 bei der Erarbeitung oder bei einer Änderung des Beschlusses mit.

(3) ¹Der Medizinische Dienst Bund hat die Vereinigungen der Träger der Pflegeeinrichtungen auf Bundesebene, die Verbände der Pflegeberufe auf Bundesebene, den Verband der privaten Krankenversicherung e. V. sowie die Bundesarbeitsgemeinschaft der überörtlichen Träger der Sozialhilfe und die kommunalen Spitzenverbände auf Bundesebene bei der Erarbeitung oder bei einer Änderung des Beschlusses zu beteiligen. ²Ihnen ist innerhalb einer angemessenen Frist vor der Beschlussfassung und unter Übermittlung der hierfür erforderlichen Informationen Gelegenheit zur Stellungnahme zu geben. ³Die Stellungnahmen sind in die Entscheidung über den Inhalt der Richtlinien einzubeziehen.

(4) ¹Die Richtlinien sind durch das Bundesministerium für Gesundheit zu genehmigen. ²Beanstandungen des Bundesministeriums für Gesundheit sind innerhalb der von ihm gesetzten Frist zu beheben.

(5) Eine Qualitätsberichterstattung zu Betreuungsdiensten findet in der Übergangszeit bis zur Einführung des neuen Qualitätssystems nach § 113b Absatz 4 Satz 2 Nummer 3 nicht statt.

(6) Die Qualitätsprüfungs-Richtlinien des Medizinischen Dienstes Bund sind unverzüglich im Anschluss an den Richtlinienbeschluss nach Absatz 2 Satz 1 entsprechend anzupassen.

§ 113 Maßstäbe und Grundsätze zur Sicherung und Weiterentwicklung der Pflegequalität

(1) ¹Der Spitzenverband Bund der Pflegekassen, die Bundesarbeitsgemeinschaft der überörtlichen Träger der Sozialhilfe, die kommunalen Spitzenverbände auf Bundesebene und die Vereinigungen der Träger der Pflegeeinrichtungen auf Bundesebene vereinbaren unter Beteiligung des Medizinischen Dienstes Bund, des Verbandes der privaten Krankenversicherung e. V., der Verbände der Pflegeberufe auf Bundesebene, der maßgeblichen Organisationen für die Wahrnehmung der Interessen und der Selbsthilfe der pflegebedürftigen und behinderten Menschen nach Maßgabe von § 118 sowie unabhängiger Sachverständiger Maßstäbe und Grundsätze für die Qualität, Qualitätssicherung und Qualitätsdarstellung in der ambulanten, teilstationären, vollstationären und Kurzzeitpflege sowie für die Entwicklung

eines einrichtungsinternen Qualitätsmanagements, das auf eine stetige Sicherung und Weiterentwicklung der Pflegequalität ausgerichtet ist und flexible Maßnahmen zur Qualitätssicherung in Krisensituationen umfasst. [2]In den Vereinbarungen sind insbesondere auch Anforderungen an eine praxistaugliche, den Pflegeprozess unterstützende und die Pflegequalität fördernde Pflegedokumentation zu regeln. [3]Die Anforderungen dürfen über ein für die Pflegeeinrichtungen vertretbares und wirtschaftliches Maß nicht hinausgehen und sollen den Aufwand für Pflegedokumentation in ein angemessenes Verhältnis zu den Aufgaben der pflegerischen Versorgung setzen. [4]Darüber hinaus ist in den Vereinbarungen zu regeln, dass die Mitarbeiterinnen und Mitarbeiter von ambulanten Pflegediensten, die Betreuungsmaßnahmen erbringen, entsprechend den Richtlinien nach § 112a zu den Anforderungen an das Qualitätsmanagement und die Qualitätssicherung für ambulante Betreuungsdienste qualifiziert sein müssen. [5]Sie sind in regelmäßigen Abständen an den medizinisch-pflegefachlichen Fortschritt anzupassen. [6]Soweit sich in den Pflegeeinrichtungen zeitliche Einsparungen ergeben, die Ergebnis der Weiterentwicklung der Pflegedokumentation auf Grundlage des pflegefachlichen Fortschritts durch neue, den Anforderungen nach Satz 3 entsprechende Pflegedokumentationsmodelle sind, führen diese nicht zu einer Absenkung der Pflegevergütung, sondern wirken der Arbeitsverdichtung entgegen. [7]Die Vereinbarungen sind im Bundesanzeiger zu veröffentlichen und gelten vom ersten Tag des auf die Veröffentlichung folgenden Monats. [8]Sie sind für alle Pflegekassen und deren Verbände sowie für die zugelassenen Pflegeeinrichtungen unmittelbar verbindlich.

(1a) [1]In den Maßstäben und Grundsätzen für die stationäre Pflege nach Absatz 1 ist insbesondere das indikatorengestützte Verfahren zur vergleichenden Messung und Darstellung von Ergebnisqualität im stationären Bereich, das auf der Grundlage einer strukturierten Datenerhebung im Rahmen des internen Qualitätsmanagements eine Qualitätsberichterstattung und die externe Qualitätsprüfung ermöglicht, zu beschreiben. [2]Insbesondere sind die Indikatoren, das Datenerhebungsinstrument sowie die bundesweiten Verfahren für die Übermittlung, Auswertung und Bewertung der Daten sowie die von Externen durchzuführende Prüfung der Daten festzulegen. [3]Die datenschutzrechtlichen Bestimmungen sind zu beachten, insbesondere sind personenbezogene Daten von Versicherten vor der Übermittlung an die fachlich unabhängige Institution nach Absatz 1b zu pseudonymisieren. [4]Eine Wiederherstellung des Personenbezugs durch die fachlich unabhängige Institution nach Absatz 1b ist ausgeschlossen. [5]Ein Datenschutzkonzept ist mit den zuständigen Datenschutzaufsichtsbehörden abzustimmen. [6]Zur Sicherstellung der Wissenschaftlichkeit beschließen die Vertragsparteien nach Absatz 1 Satz 1 unverzüglich die Vergabe der Aufträge nach § 113b Absatz 4 Satz 2 Nummer 1 und 2.

(1b) [1]Die Vertragsparteien nach Absatz 1 Satz 1 beauftragen im Rahmen eines Vergabeverfahrens eine fachlich unabhängige Institution, die entsprechend den Festlegungen nach Absatz 1a erhobenen Daten zusammenzuführen sowie leistungserbringerbeziehbar und fallbeziehbar nach Maßgabe von Absatz 1a auszuwerten. [2]Zum Zweck der Prüfung der von den Pflegeeinrichtungen erbrachten Leistungen und deren Qualität nach den §§ 114 und 114a sowie zum Zweck der Qualitätsdarstellung nach § 115 Absatz 1a übermittelt die beauftragte Institution die Ergebnisse der nach Absatz 1a ausgewerteten Daten an die Landesverbände der Pflegekassen und die von ihnen beauftragten Prüfinstitutionen und Sachverständigen; diese dürfen die übermittelten Daten zu den genannten Zwecken verarbeiten. [3]Die Vertragsparteien nach Absatz 1 Satz 1 vereinbaren diesbezüglich entsprechende Verfahren zur Übermittlung der Daten. [4]Die datenschutzrechtlichen Bestimmungen sind jeweils zu beachten. [5]Die Vertragsparteien nach Absatz 1 Satz 1 sind verpflichtet, dem Bundesministerium für Gesundheit auf Verlangen unverzüglich Auskunft über den Stand der Bearbeitung ihrer Aufgaben zu geben. [6]Die Vertragsparteien nach Absatz 1 Satz 1 legen dem Bundesministerium für Gesundheit spätestens bis zum 31. Januar 2018 einen konkreten Zeitplan für die Bearbeitung ihrer Aufgaben vor, aus dem einzelne Umsetzungsschritte erkennbar sind. [7]§ 113b Absatz 8 Satz 3 bis 5 gilt entsprechend.

(2) [1]Die Vereinbarungen nach Absatz 1 können von jeder Partei mit einer Frist von einem Jahr ganz oder teilweise gekündigt werden. [2]Nach Ablauf des Vereinbarungszeitraums oder der Kündigungsfrist gilt die Vereinbarung bis zum Abschluss einer neuen Vereinbarung weiter. [3]Die am 1. Januar 2016 bestehenden Maßstäbe und Grundsätze zur Sicherung und Weiterentwicklung der Pflege gelten bis zum Abschluss der Vereinbarungen nach Absatz 1 fort.

§ 113a Expertenstandards zur Sicherung und Weiterentwicklung der Qualität in der Pflege

(1) [1]Die Vertragsparteien nach § 113 stellen die Entwicklung und Aktualisierung wissenschaftlich fundierter und fachlich abgestimmter Expertenstandards zur Sicherung und Weiterentwicklung der Qualität in der Pflege sicher. [2]Expertenstandards tragen für ihren Themenbereich zur Konkretisierung des allgemein anerkannten Standes der medizinisch-pflegerischen Erkenntnisse bei. [3]Dabei ist das Ziel, auch nach Eintritt der Pflegebedürftigkeit Leistungen zur Prävention und zur medizinischen Rehabilitation einzusetzen, zu berücksichtigen. [4]Der Medizinische Dienst Bund, der Verband der privaten Krankenversicherung e. V., die Verbände der Pflegeberufe auf Bundesebene sowie unabhängige Sachverständige sind zu beteiligen. [5]Sie und die nach § 118 zu beteiligenden Organisationen für die Wahrnehmung der Interessen und der Selbsthilfe der pflegebedürftigen und behinderten Menschen können vorschlagen, zu welchen Themen Expertenstandards entwickelt werden sollen. [6]Der Auftrag zur Entwicklung oder Aktualisierung und die Einführung von Expertenstandards erfolgen jeweils durch einen Beschluss der Vertragsparteien.

(2) ¹Die Vertragsparteien stellen die methodische und pflegefachliche Qualität des Verfahrens der Entwicklung und Aktualisierung von Expertenstandards und die Transparenz des Verfahrens sicher. ²Die Anforderungen an die Entwicklung von Expertenstandards sind in einer Verfahrensordnung zu regeln. ³In der Verfahrensordnung ist das Vorgehen auf anerkannter methodischer Grundlage, insbesondere die wissenschaftliche Fundierung und Unabhängigkeit, die Schrittfolge der Entwicklung, der fachlichen Abstimmung, der Praxiserprobung und der modellhaften Umsetzung eines Expertenstandards sowie die Transparenz des Verfahrens festzulegen. ⁴Die Verfahrensordnung ist durch das Bundesministerium für Gesundheit im Benehmen mit dem Bundesministerium für Familie, Senioren, Frauen und Jugend zu genehmigen.

(3) ¹Die Expertenstandards sind im Bundesanzeiger zu veröffentlichen. ²Sie sind für alle Pflegekassen und deren Verbände sowie für die zugelassenen Pflegeeinrichtungen unmittelbar verbindlich. ³Die Vertragsparteien unterstützen die Einführung der Expertenstandards in die Praxis.

(4) ¹Die Kosten für die Entwicklung und Aktualisierung von Expertenstandards, mit Ausnahme der Kosten für die qualifizierte Geschäftsstelle nach § 113b Absatz 6, sind Verwaltungskosten, die vom Spitzenverband Bund der Pflegekassen getragen werden. ²Die privaten Versicherungsunternehmen, die die private Pflege-Pflichtversicherung durchführen, beteiligen sich mit einem Anteil von 10 vom Hundert an den Aufwendungen nach Satz 1. ³Der Finanzierungsanteil, der auf die privaten Versicherungsunternehmen entfällt, kann von dem Verband der privaten Krankenversicherung e. V. unmittelbar an den Spitzenverband Bund der Pflegekassen geleistet werden.

§ 113b Qualitätsausschuss

(1) ¹Die von den Vertragsparteien nach § 113 im Jahr 2008 eingerichtete Schiedsstelle Qualitätssicherung entscheidet als Qualitätsausschuss nach Maßgabe der Absätze 2 bis 8. ²Die Vertragsparteien nach § 113 treffen die Vereinbarungen und erlassen die Beschlüsse nach § 37 Absatz 5, den §§ 113, 113a, 115 Absatz 1a, 1c und 3b sowie § 115a Absatz 1 und 2 durch diesen Qualitätsausschuss. ³Die Vertragsparteien nach § 113 treffen auch die zur Wahrnehmung ihrer Aufgaben und Pflichten nach den Absätzen 4 und 8 sowie nach § 8 Absatz 5 Satz 2 notwendigen Entscheidungen durch den Qualitätsausschuss.

(2) ¹Der Qualitätsausschuss besteht aus Vertretern des Spitzenverbandes Bund der Pflegekassen (Leistungsträger) und aus Vertretern der Vereinigungen der Träger der Pflegeeinrichtungen auf Bundesebene (Leistungserbringer) in gleicher Zahl; Leistungsträger und Leistungserbringer können jeweils höchstens elf Mitglieder entsenden. ²Dem Qualitätsausschuss gehören auch ein Vertreter der Bundesarbeitsgemeinschaft der überörtlichen Träger der Sozialhilfe und ein Vertreter der kommunalen Spitzenverbände auf Bundesebene an; sie werden auf die Zahl der Leistungsträger angerechnet. ³Dem Qualitätsausschuss kann auch ein Vertreter des Verbandes der privaten Krankenversicherung e. V. angehören; die Entscheidung hierüber obliegt dem Verband der privaten Krankenversicherung e. V. ⁴Sofern der Verband der privaten Krankenversicherung e. V. ein Mitglied entsendet, wird dieses Mitglied auf die Zahl der Leistungsträger angerechnet. ⁵Dem Qualitätsausschuss soll auch ein Vertreter der Verbände der Pflegeberufe angehören; die Entscheidung hierüber obliegt den Verbänden der Pflegeberufe. ⁶Sofern die Verbände der Pflegeberufe ein Mitglied entsenden, wird dieses Mitglied auf die Zahl der Leistungserbringer angerechnet. ⁷Eine Organisation kann nicht gleichzeitig der Leistungsträgerseite und der Leistungserbringerseite zugerechnet werden. ⁸Jedes Mitglied erhält eine Stimme; die Stimmen sind gleich zu gewichten. ⁹Der Medizinische Dienst Bund wirkt in den Sitzungen und an den Beschlussfassungen im Qualitätsausschuss, auch in seiner erweiterten Form nach Absatz 3, beratend mit. ¹⁰Die auf Bundesebene maßgeblichen Organisationen für die Wahrnehmung der Interessen und der Selbsthilfe pflegebedürftiger und behinderter Menschen wirken in den Sitzungen und an den Beschlussfassungen im Qualitätsausschuss, auch in seiner erweiterten Form nach Absatz 3, nach Maßgabe von § 118 mit.

(3) ¹Kommt im Qualitätsausschuss eine Vereinbarung, ein Beschluss oder eine Entscheidung nach Absatz 1 Satz 2 und 3 ganz oder teilweise nicht durch einvernehmliche Einigung zustande, so wird der Qualitätsausschuss auf Verlangen von mindestens einer Vertragspartei nach § 113, eines Mitglieds des Qualitätsausschusses oder des Bundesministeriums für Gesundheit um einen unparteiischen Vorsitzenden und zwei weitere unparteiische Mitglieder erweitert (erweiterter Qualitätsausschuss). ²Sofern die Organisationen, die Mitglieder in den Qualitätsausschuss entsenden, nicht bis zum 31. März 2016 die Mitglieder nach Maßgabe von Absatz 2 Satz 1 benannt haben, wird der Qualitätsausschuss durch die drei unparteiischen Mitglieder gebildet. ³Der unparteiische Vorsitzende und die weiteren unparteiischen Mitglieder sowie deren Stellvertreter führen ihr Amt als Ehrenamt. ⁴Der unparteiische Vorsitzende wird vom Bundesministerium für Gesundheit benannt; der Stellvertreter des unparteiischen Vorsitzenden und die weiteren unparteiischen Mitglieder sowie deren Stellvertreter werden von den Vertragsparteien nach § 113 gemeinsam benannt. ⁵Mitglieder des Qualitätsausschusses können nicht als Stellvertreter des unparteiischen Vorsitzenden oder der weiteren unparteiischen Mitglieder benannt werden. ⁶Kommt eine Einigung über die Benennung der unparteiischen Mitglieder nicht innerhalb einer vom Bundesministerium für Gesundheit gesetzten Frist zustande, erfolgt die Benennung durch das Bundesministerium für Gesundheit. ⁷Der erweiterte Qualitätsausschuss setzt mit der Mehrheit seiner Mitglieder den Inhalt der Vereinbarungen oder der Beschlüsse der Vertragsparteien nach § 113 fest.

⁸Die Festsetzungen des erweiterten Qualitätsausschusses haben die Rechtswirkung einer vertraglichen Vereinbarung, Beschlussfassung oder Entscheidung im Sinne der Absätze 4 und 8, des § 8 Absatz 5 Satz 2, des § 37 Absatz 5, der §§ 113, 113a und 115 Absatz 1a, 1c und 3b.

(4) ¹Die Vertragsparteien nach § 113 beauftragen zur Sicherstellung der Wissenschaftlichkeit bei der Wahrnehmung ihrer Aufgaben mit Unterstützung der qualifizierten Geschäftsstelle nach Absatz 6 fachlich unabhängige wissenschaftliche Einrichtungen oder Sachverständige. ²Diese wissenschaftlichen Einrichtungen oder Sachverständigen werden beauftragt, insbesondere

1. bis zum 31. März 2017 die Instrumente für die Prüfung der Qualität der Leistungen, die von den stationären Pflegeeinrichtungen erbracht werden, und für die Qualitätsberichterstattung in der stationären Pflege zu entwickeln, wobei
   a) insbesondere die 2011 vorgelegten Ergebnisse des vom Bundesministerium für Gesundheit und vom Bundesministerium für Familie, Senioren, Frauen und Jugend geförderten Projektes „Entwicklung und Erprobung von Instrumenten zur Beurteilung der Ergebnisqualität in der stationären Altenhilfe" und die Ergebnisse der dazu durchgeführten Umsetzungsprojekte einzubeziehen sind und
   b) Aspekte der Prozess- und Strukturqualität zu berücksichtigen sind;
2. bis zum 31. März 2017 auf der Grundlage der Ergebnisse nach Nummer 1 unter Beachtung des Prinzips der Datensparsamkeit ein bundesweites Datenerhebungsinstrument, bundesweite Verfahren für die Übermittlung und Auswertung der Daten einschließlich einer Bewertungssystematik sowie für die von Externen durchzuführende Prüfung der Daten zu entwickeln;
3. bis zum 30. Juni 2017 die Instrumente für die Prüfung der Qualität der von den ambulanten Pflegeeinrichtungen erbrachten Leistungen und für die Qualitätsberichterstattung in der ambulanten Pflege zu entwickeln, eine anschließende Pilotierung durchzuführen und einen Abschlussbericht bis zum 31. März 2018 vorzulegen;
4. ergänzende Instrumente für die Ermittlung und Bewertung von Lebensqualität zu entwickeln;
5. die Umsetzung der nach den Nummern 1 bis 3 entwickelten Verfahren zur Qualitätsmessung und Qualitätsdarstellung wissenschaftlich zu evaluieren und den Vertragsparteien nach § 113 Vorschläge zur Anpassung der Verfahren an den neuesten Stand der wissenschaftlichen Erkenntnisse zu unterbreiten sowie
6. bis zum 31. März 2018 ein Konzept für eine Qualitätssicherung in neuen Wohnformen zu entwickeln und zu erproben, insbesondere Instrumente zur internen und externen Qualitätssicherung sowie für eine angemessene Qualitätsberichterstattung zu entwickeln und ihre Eignung zu erproben.

³Das Bundesministerium für Gesundheit sowie das Bundesministerium für Familie, Senioren, Frauen und Jugend in Abstimmung mit dem Bundesministerium für Gesundheit können den Vertragsparteien nach § 113 weitere Themen zur wissenschaftlichen Bearbeitung vorschlagen.

(4a) ¹Die Vertragsparteien nach § 113 stellen sicher, dass die nach Absatz 4 Satz 2 Nummer 1 bis 3 entwickelten Qualitätssysteme dem medizinisch-pflegefachlichen und technischen Fortschritt entsprechend weiterentwickelt werden. ²Sie haben darauf hinzuwirken, dass die Evaluationsergebnisse nach Absatz 4 Satz 2 Nummer 5 umgesetzt und die Berichte des Spitzenverbandes Bund der Pflegekassen nach § 114c Absatz 3 bei der Weiterentwicklung der Qualitätssysteme nach Satz 1 berücksichtigt werden. ³Zur Sicherstellung der Wissenschaftlichkeit bei der Weiterentwicklung der Qualitätssysteme beauftragen die Vertragsparteien fachlich unabhängige wissenschaftliche Einrichtungen oder Sachverständige. ⁴Für die Erteilung und Bearbeitung der Aufträge gilt Absatz 5 Satz 2 bis 5 entsprechend. ⁵Die Vertragsparteien nach § 113 legen dem Bundesministerium für Gesundheit auf Verlangen einen konkreten Zeitplan für die Bearbeitung ihrer Aufgaben und Vorhaben vor, aus dem die einzelnen Umsetzungsschritte erkennbar sind. ⁶Es besteht ein Genehmigungsvorbehalt, eine Informationspflicht und die Möglichkeit der Ersatzvornahme entsprechend Absatz 8 Satz 3 bis 5.

(5) ¹Die Finanzierung der Aufträge nach Absatz 4 und der Aufträge und Vorhaben nach Absatz 4a erfolgt aus Mitteln des Ausgleichsfonds der Pflegeversicherung nach § 8 Absatz 4. ²Bei der Bearbeitung der Aufträge nach Absatz 4 Satz 2 ist zu gewährleisten, dass die Arbeitsergebnisse umsetzbar sind. ³Der jeweilige Auftragnehmer hat darzulegen, zu welchen finanziellen Auswirkungen die Umsetzung der Arbeitsergebnisse führen wird. ⁴Den Arbeitsergebnissen ist diesbezüglich eine Praktikabilitäts- und Kostenanalyse beizufügen. ⁵Die Ergebnisse der Arbeiten nach Absatz 4 Satz 2 sind dem Bundesministerium für Gesundheit zur Kenntnisnahme vor der Veröffentlichung vorzulegen.

(6) ¹Die Vertragsparteien nach § 113 richten gemeinsam bis zum 31. März 2016 eine unabhängige qualifizierte Geschäftsstelle des Qualitätsausschusses ein. ²Die Geschäftsstelle nimmt auch die Aufgaben einer wissenschaftlichen Beratungs- und Koordinierungsstelle wahr. ³Sie soll insbesondere den Qualitätsausschuss und seine Mitglieder fachwissenschaftlich beraten, die Auftragsverfahren nach Absatz 4 koordinieren und die wissenschaftlichen Arbeitsergebnisse für die Entscheidungen im Qualitätsausschuss aufbereiten. ⁴Näheres zur Zusammensetzung und Arbeitsweise der qualifizierten Geschäftsstelle regeln die Vertragsparteien nach § 113 in der Geschäftsordnung nach Absatz 7.

(7) ¹Die Vertragsparteien nach § 113 vereinbaren in einer Geschäftsordnung mit dem Verband der privaten Krankenversicherung e. V., mit den Verbänden der Pflegeberufe auf Bundesebene und mit den auf Bundesebene maß-

geblichen Organisationen für die Wahrnehmung der Interessen und der Selbsthilfe pflegebedürftiger und behinderter Menschen das Nähere zur Arbeitsweise des Qualitätsausschusses, insbesondere
1. zur Benennung der Mitglieder und der unparteiischen Mitglieder,
2. zur Amtsdauer, Amtsführung und Entschädigung für den Zeitaufwand der unparteiischen Mitglieder,
3. zum Vorsitz,
4. zu den Beschlussverfahren,
5. zur Errichtung einer qualifizierten Geschäftsstelle auch mit der Aufgabe als wissenschaftliche Beratungs- und Koordinierungsstelle nach Absatz 6,
6. zur Sicherstellung der jeweiligen Auftragserteilung nach Absatz 4,
7. zur Einbeziehung weiterer Sachverständiger oder Gutachter,
8. zur Bildung von Arbeitsgruppen,
9. zur Gewährleistung der Beteiligungs- und Mitberatungsrechte nach diesem Gesetz einschließlich der Erstattung von Reisekosten, eines Verdienstausfalls sowie die Zahlung eines Pauschbetrages nach § 118 Absatz 1 Satz 6 sowie
10. zur Verteilung der Kosten für die Entschädigung der unparteiischen Mitglieder und der einbezogenen weiteren Sachverständigen und Gutachter sowie für die Erstattung von Reisekosten nach § 118 Absatz 1 Satz 6; die Kosten können auch den Kosten der qualifizierten Geschäftsstelle nach Absatz 6 zugerechnet werden.
²Die Geschäftsordnung und die Änderung der Geschäftsordnung sind durch das Bundesministerium für Gesundheit im Benehmen mit dem Bundesministerium für Familie, Senioren, Frauen und Jugend zu genehmigen. ³Kommt die Geschäftsordnung nicht bis zum 29. Februar 2016 zustande, wird ihr Inhalt durch das Bundesministerium für Gesundheit im Benehmen mit dem Bundesministerium für Familie, Senioren, Frauen und Jugend bestimmt.
(8) ¹Die Vertragsparteien nach § 113 sind verpflichtet, dem Bundesministerium für Gesundheit auf Verlangen unverzüglich Auskunft über den Stand der Bearbeitung der mit gesetzlichen Fristen versehenen Aufgaben nach Absatz 1 Satz 2 und über den Stand der Auftragserteilung und Bearbeitung der nach Absatz 4 zu erteilenden Aufträge sowie über erforderliche besondere Maßnahmen zur Einhaltung der gesetzlichen Fristen zu geben. ²Die Vertragsparteien legen dem Bundesministerium für Gesundheit bis zum 15. Januar 2017 einen konkreten Zeitplan für die Bearbeitung der mit gesetzlichen Fristen versehenen Aufgaben nach Absatz 1 Satz 2 und der Aufträge nach Absatz 4 vor, aus dem einzelne Umsetzungsschritte erkennbar sind. ³Der Zeitplan ist durch das Bundesministerium für Gesundheit im Benehmen mit dem Bundesministerium für Familie, Senioren, Frauen und Jugend zu genehmigen. ⁴Die Vertragsparteien nach § 113 sind verpflichtet, das Bundesministerium für Gesundheit unverzüglich zu informieren, wenn absehbar ist, dass ein Zeitziel des Zeitplans nicht eingehalten werden kann. ⁵In diesem Fall kann das Bundesministerium für Gesundheit im Benehmen mit dem Bundesministerium für Familie, Senioren, Frauen und Jugend einzelne Umsetzungsschritte im Wege der Ersatzvornahme selbst vornehmen.
(9) ¹Die durch den Qualitätsausschuss getroffenen Entscheidungen sind dem Bundesministerium für Gesundheit vorzulegen, ausgenommen sind die zur Wahrnehmung der Aufgabe nach § 8 Absatz 5 Satz 2 getroffenen Entscheidungen. ²Es kann die Entscheidungen innerhalb von zwei Monaten beanstanden. ³Das Bundesministerium für Gesundheit kann im Rahmen der Prüfung vom Qualitätsausschuss zusätzliche Informationen und ergänzende Stellungnahmen anfordern; bis zu deren Eingang ist der Lauf der Frist nach Satz 2 unterbrochen. ⁴Beanstandungen des Bundesministeriums für Gesundheit sind innerhalb der von ihm gesetzten Frist zu beheben. ⁵Die Nichtbeanstandung von Entscheidungen kann vom Bundesministerium für Gesundheit mit Auflagen verbunden werden. ⁶Kommen Entscheidungen des Qualitätsausschusses ganz oder teilweise nicht fristgerecht zustande oder werden die Beanstandungen des Bundesministeriums für Gesundheit nicht innerhalb der von ihm gesetzten Frist behoben, kann das Bundesministerium für Gesundheit den Inhalt der Vereinbarungen und der Beschlüsse nach Absatz 1 Satz 2 festsetzen. ⁷Bei den Verfahren nach den Sätzen 1 bis 6 setzt sich das Bundesministerium für Gesundheit mit dem Bundesministerium für Familie, Senioren, Frauen und Jugend ins Benehmen. ⁸Bezüglich der Vereinbarungen nach § 115 Absatz 3b setzt sich das Bundesministerium für Gesundheit bei den Verfahren nach den Sätzen 1 bis 6 darüber hinaus mit dem Bundesministerium für Arbeit und Soziales ins Benehmen.
(10) ¹Gegen eine Entscheidung des Qualitätsausschusses nach Absatz 1 und gegen Anordnungen und Maßnahmen des Bundesministeriums für Gesundheit nach Absatz 9 Satz 2, 3, 5 und 6 ist der Rechtsweg zu den Sozialgerichten gegeben. ²Ein Vorverfahren findet nicht statt; die Klage hat keine aufschiebende Wirkung.

§ 113c Personalbemessung in vollstationären Pflegeeinrichtungen

(1) Ab dem 1. Juli 2023 kann in den Pflegesatzvereinbarungen nach § 84 Absatz 5 Satz 2 Nummer 2 für vollstationäre Pflegeeinrichtungen höchstens die sich aus nachfolgenden Personalanhaltswerten ergebende personelle Ausstattung mit Pflege- und Betreuungspersonal vereinbart werden:
1. für Hilfskraftpersonal ohne Ausbildung nach Nummer 2
    a) 0,0872 Vollzeitäquivalente je Pflegebedürftigen des Pflegegrades 1,

b) 0,1202 Vollzeitäquivalente je Pflegebedürftigen des Pflegegrades 2,
   c) 0,1449 Vollzeitäquivalente je Pflegebedürftigen des Pflegegrades 3,
   d) 0,1627 Vollzeitäquivalente je Pflegebedürftigen des Pflegegrades 4,
   e) 0,1758 Vollzeitäquivalente je Pflegebedürftigen des Pflegegrades 5,
2. für Hilfskraftpersonal mit landesrechtlich geregelter Helfer- oder Assistenzausbildung in der Pflege mit einer Ausbildungsdauer von mindestens einem Jahr
   a) 0,0564 Vollzeitäquivalente je Pflegebedürftigen des Pflegegrades 1,
   b) 0,0675 Vollzeitäquivalente je Pflegebedürftigen des Pflegegrades 2,
   c) 0,1074 Vollzeitäquivalente je Pflegebedürftigen des Pflegegrades 3,
   d) 0,1413 Vollzeitäquivalente je Pflegebedürftigen des Pflegegrades 4,
   e) 0,1102 Vollzeitäquivalente je Pflegebedürftigen des Pflegegrades 5,
3. für Fachkraftpersonal
   a) 0,0770 Vollzeitäquivalente je Pflegebedürftigen des Pflegegrades 1,
   b) 0,1037 Vollzeitäquivalente je Pflegebedürftigen des Pflegegrades 2,
   c) 0,1551 Vollzeitäquivalente je Pflegebedürftigen des Pflegegrades 3,.
   d) 0,2463 Vollzeitäquivalente je Pflegebedürftigen des Pflegegrades 4,
   e) 0,3842 Vollzeitäquivalente je Pflegebedürftigen des Pflegegrades 5.

(2) Abweichend von Absatz 1 kann ab dem 1. Juli 2023 eine höhere personelle Ausstattung mit Pflege- und Betreuungspersonal vereinbart werden, wenn
1. in der bestehenden Pflegesatzvereinbarung gemäß § 84 Absatz 5 Satz 2 Nummer 2 bereits eine personelle Ausstattung vereinbart ist, die über die personelle Ausstattung nach Absatz 1 hinausgeht und diese personelle Ausstattung von der Pflegeeinrichtung vorgehalten wird, oder
2. in dem am 30. Juni 2023 geltenden Rahmenvertrag nach § 75 Absatz 1 eine höhere personelle Ausstattung für Fachkraftpersonal geregelt ist, als nach Absatz 1 Nummer 3 vereinbart werden kann, oder
3. die Pflegeeinrichtung sachliche Gründe für die Überschreitung der personellen Ausstattung nach Absatz 1 darlegen kann.

(3) ¹Sofern ab dem 1. Juli 2023 eine personelle Ausstattung mit Pflege- und Betreuungspersonal vereinbart wird, die über die mindestens zu vereinbarende personelle Ausstattung im Sinne von Absatz 5 Nummer 1 hinausgeht,
1. soll die Pflegeeinrichtung Maßnahmen der Personal- und Organisationsentwicklung durchführen, die nach § 8 Absatz 3b entwickelt und erprobt wurden, und
2. 2. kann die Pflegeeinrichtung für die Stellenanteile der personellen Ausstattung, die über die mindestens zu vereinbarende personelle Ausstattung hinausgeht, auch Pflegehilfskraftpersonal vorhalten, das folgende Ausbildungen berufsbegleitend absolviert:
   a) für Stellenanteile nach Absatz 1 Nummer 2 Ausbildungen nach § 12 Absatz 2 des Pflegeberufegesetzes und
   b) für Stellenanteile nach Absatz 1 Nummer 3 eine Ausbildung nach § 5 des Pflegeberufegesetzes.

²Finanziert werden kann auch die Differenz zwischen dem Gehalt der Pflegehilfskraft und der Ausbildungsvergütung, sofern die Pflegehilfskraft mindestens ein Jahr beruflich tätig war. ³Finanziert werden können zudem Ausbildungsaufwendungen, soweit diese Aufwendungen nicht von anderer Stelle finanziert werden.

(4) ¹Der Spitzenverband Bund der Pflegekassen und die Vereinigungen der Träger der Pflegeeinrichtungen auf Bundesebene geben bis zum 30. Juni 2022 unter Beteiligung des Medizinischen Dienstes Bund, des Verbandes der privaten Krankenversicherung e. V. sowie unabhängiger Sachverständiger gemeinsam mit der Bundesvereinigung der kommunalen Spitzenverbände und der Bundesarbeitsgemeinschaft der überörtlichen Träger der Sozialhilfe und der Eingliederungshilfe gemeinsame Empfehlungen zu den Inhalten der Verträge nach Absatz 5 ab. ²Sie arbeiten dabei mit den Verbänden der Pflegeberufe auf Bundesebene sowie den auf Bundesebene maßgeblichen Organisationen für die Wahrnehmung der Interessen und der Selbsthilfe pflegebedürftiger und behinderter Menschen eng zusammen. ³Kommen die Empfehlungen nach Satz 1 nicht innerhalb der dort genannten Frist zustande, wird ein Schiedsgremium aus drei unparteiischen und unabhängigen Schiedspersonen gebildet. ⁴Der unparteiische Vorsitzende des Schiedsgremiums und die zwei weiteren unparteiischen Mitglieder führen ihr Amt als Ehrenamt. ⁵Sie werden vom Spitzenverband Bund der Pflegekassen und den Vereinigungen der Träger der Pflegeeinrichtungen auf Bundesebene benannt. ⁶Kommt eine Einigung über ihre Benennung nicht innerhalb einer vom Bundesministerium für Gesundheit gesetzten Frist zustande, erfolgt die Benennung durch das Bundesministerium für Gesundheit im Einvernehmen mit dem Bundesministerium für Arbeit und Soziales. ⁷Das Schiedsgremium setzt mit der Mehrheit seiner Mitglieder spätestens bis zum Ablauf von zwei Monaten nach seiner Bestellung die Empfehlungen fest. ⁸Die Kosten des Schiedsverfahrens tragen der Spitzenverband Bund der Pflegekassen und die Vereinigungen der Träger der Pflegeeinrichtungen auf Bundesebene zu gleichen Teilen.

(5) ¹Abweichend von § 75 Absatz 3 Satz 1 sind in den Rahmenverträgen nach § 75 Absatz 1 ab dem 1. Juli 2023 für die vollstationäre Pflege unter Berücksichtigung der Personalanhaltswerte nach Absatz 1 insbesondere zu regeln:

1. die mindestens zu vereinbarende personelle Ausstattung, die sich aus den Personalanhaltszahlen für das Pflege- und Betreuungspersonal einschließlich des Anteils der ausgebildeten Fachkräfte aus den Vorgaben der zum 30. Juni 2023 geltenden Rahmenverträge nach § 75 Absatz 1 in Verbindung mit landesrechtlichen Vorgaben ergibt; dabei sind auch die Pflegesituation in der Nacht sowie Besonderheiten in Bezug auf Einrichtungsgrößen und Einrichtungskonzeptionen einzubeziehen,
2. besondere Personalbedarfe beispielsweise für die Pflegedienstleitung, für die Qualitätsbeauftragte oder für die Praxisanleitung,
3. die erforderlichen Qualifikationen für das Pflege- und Betreuungspersonal, das von der Pflegeeinrichtung für die personelle Ausstattung nach Absatz 1 oder Absatz 2 vorzuhalten ist; bei der personellen Ausstattung mit Fachkräften sollen neben Pflegefachkräften auch andere Fachkräfte aus dem Gesundheits- und Sozialbereich vorgehalten werden können.

²Geregelt werden kann auch, dass die Personalanhaltswerte nach Absatz 1 Nummer 1 weiter nach Qualifikationen unterteilt werden. ³§ 75 Absatz 1 Satz 4 gilt entsprechend. ⁴Ab dem 1. Juli 2023 gelten die Empfehlungen nach Absatz 4 als unmittelbar verbindlich, soweit die Rahmenverträge nach § 75 Absatz 1 keine Vorgaben nach Satz 1 Nummer 1 bis 3 regeln.

(6) ¹Ab dem 1. Juli 2023 können Anträge auf Vergütungszuschläge zur Finanzierung von zusätzlichen Fachkräften nach § 8 Absatz 6 und von zusätzlichen Pflegehilfskräften nach § 84 Absatz 9 in Verbindung mit § 85 Absatz 9 bis 11 jeweils nicht mehr gestellt werden. ²Vergütungszuschläge nach Satz 1, die bis zum Beginn des ersten nach dem 1. Juli 2023 stattfindenden Pflegesatzverfahrens vereinbart oder beschieden worden sind, werden in diesem Pflegesatzverfahren in die Pflegesätze nach § 84 Absatz 1 und die Leistungs- und Qualitätsmerkmale nach § 84 Absatz 5 übertragen. ³Die Übertragung hat spätestens bis zum 31. Dezember 2025 zu erfolgen.

(7) ¹Das Bundesministerium für Gesundheit prüft im Einvernehmen mit dem Bundesministerium für Familie, Senioren, Frauen und Jugend und dem Bundesministerium für Arbeit und Soziales unmittelbar nach Vorlage der erforderlichen Daten und Ergebnisse durch den Spitzenverband Bund der Pflegekassen nach Satz 3, ob eine Anpassung der Personalanhaltswerte nach Absatz 1 und der Personalanhaltszahlen nach Absatz 5 Nummer 1 möglich und notwendig ist. ²Die Prüfung erfolgt insbesondere im Hinblick auf
1. die Erkenntnisse aus der wissenschaftlich gestützten Begleitung der Einführung und Weiterentwicklung des wissenschaftlich fundierten Verfahrens zur einheitlichen Bemessung des Personalbedarfs in Pflegeeinrichtungen nach qualitativen und quantitativen Maßstäben für vollstationäre Pflegeeinrichtungen nach § 8 Absatz 3b,
2. die in den Ländern durchschnittlich nach den Absätzen 1 und 2 vereinbarte personelle Ausstattung mit Pflege- und Betreuungspersonal, die über die mindestens zu vereinbarende personelle Ausstattung hinausgeht, und
3. die Arbeitsmarkt- und Ausbildungssituation im Pflegebereich.

³Der Spitzenverband Bund der Pflegekassen stellt dem Bundesministerium für Gesundheit spätestens bis zum 1. April 2025 die erforderlichen Daten und Ergebnisse für die Prüfung nach Satz 1 und 2 zur Verfügung. ⁴Die Bundesregierung legt dem Deutschen Bundestag und dem Bundesrat innerhalb von sechs Monaten nach der Vorlage der Daten und Ergebnisse durch den Spitzenverband Bund der Pflegekassen einen Bericht über das Ergebnis der Prüfung und die tragenden Gründe sowie einen Vorschlag für die weitere Umsetzung des wissenschaftlich fundierten Verfahrens zur einheitlichen Bemessung des Personalbedarfs nach qualitativen und quantitativen Maßstäben für vollstationäre Pflegeeinrichtungen vor.

§ 114 Qualitätsprüfungen

(1) ¹Zur Durchführung einer Qualitätsprüfung erteilen die Landesverbände der Pflegekassen dem Medizinischen Dienst, dem Prüfdienst des Verbandes der privaten Krankenversicherung e. V. im Umfang von 10 Prozent der in einem Jahr anfallenden Prüfaufträge oder den von ihnen bestellten Sachverständigen einen Prüfauftrag. ²Der Prüfauftrag enthält Angaben zur Prüfart, zum Prüfgegenstand und zum Prüfumfang. ³Die Prüfung erfolgt als Regelprüfung, Anlassprüfung oder Wiederholungsprüfung. ⁴Die Pflegeeinrichtungen haben die ordnungsgemäße Durchführung der Prüfungen zu ermöglichen. ⁵Vollstationäre Pflegeeinrichtungen sind ab dem 1. Januar 2014 verpflichtet, die Landesverbände der Pflegekassen unmittelbar nach einer Regelprüfung darüber zu informieren, wie die ärztliche, fachärztliche und zahnärztliche Versorgung sowie die Arzneimittelversorgung in den Einrichtungen geregelt sind. ⁶Sie sollen insbesondere auf Folgendes hinweisen:
1. auf den Abschluss und den Inhalt von Kooperationsverträgen oder die Einbindung der Einrichtung in Ärztenetze,
2. auf den Abschluss von Vereinbarungen mit Apotheken sowie
3. ab dem 1. Juli 2016 auf die Zusammenarbeit mit einem Hospiz- und Palliativnetz.

⁷Wesentliche Änderungen hinsichtlich der ärztlichen, fachärztlichen und zahnärztlichen Versorgung, der Arzneimittelversorgung sowie der Zusammenarbeit mit einem Hospiz- und Palliativnetz sind den Landesverbänden der Pflegekassen innerhalb von vier Wochen zu melden.

(2) ¹Die Landesverbände der Pflegekassen veranlassen in zugelassenen Pflegeeinrichtungen bis zum 31. Dezember 2010 mindestens einmal und ab dem Jahre 2011 regelmäßig im Abstand von höchstens einem Jahr eine Prüfung durch den Medizinischen Dienst, den Prüfdienst des Verbandes der privaten Krankenversicherung e. V. oder durch von ihnen bestellte Sachverständige (Regelprüfung). ²Die Richtlinien nach § 114c zur Verlängerung des Prüfrhythmus bei guter Qualität sind zu beachten. ³Die Landesverbände der Pflegekassen erteilen die Prüfaufträge für zugelassene vollstationäre Pflegeeinrichtungen auf der Grundlage der von der Datenauswertungsstelle nach § 113 Absatz 1b Satz 3 übermittelten Ergebnisse. ⁴Zu prüfen ist, ob die Qualitätsanforderungen nach diesem Buch und nach den auf dieser Grundlage abgeschlossenen vertraglichen Vereinbarungen erfüllt sind. ⁵Die Regelprüfung erfasst insbesondere wesentliche Aspekte des Pflegezustandes und die Wirksamkeit der Pflege- und Betreuungsmaßnahmen (Ergebnisqualität). ⁶Sie kann auch auf den Ablauf, die Durchführung und die Evaluation der Leistungserbringung (Prozessqualität) sowie die unmittelbaren Rahmenbedingungen der Leistungserbringung (Strukturqualität) erstreckt werden. ⁷Die Regelprüfung bezieht sich auf die Qualität der allgemeinen Pflegeleistungen, der medizinischen Behandlungspflege, der Betreuung einschließlich der zusätzlichen Betreuung und Aktivierung im Sinne des § 43b, der Leistungen bei Unterkunft und Verpflegung (§ 87) und der Zusatzleistungen (§ 88). ⁸Auch die nach § 37 des Fünften Buches erbrachten Leistungen der häuslichen Krankenpflege sind in die Regelprüfung einzubeziehen, unabhängig davon, ob von der Pflegeversicherung Leistungen nach § 36 erbracht werden. ⁹In die Regelprüfung einzubeziehen sind auch Leistungen der außerklinischen Intensivpflege nach § 37c des Fünften Buches, die auf der Grundlage eines Versorgungsvertrages mit den Krankenkassen gemäß § 132l Absatz 5 Nummer 4 des Fünften Buches erbracht werden, unabhängig davon, ob von der Pflegeversicherung Leistungen nach § 36 erbracht werden. ¹⁰In den Fällen nach Satz 10 ist in die Regelprüfung mindestens eine Person, die Leistungen der außerklinischen Intensivpflege an einem der in § 37c Absatz 2 Satz 1 Nummer 4 des Fünften Buches genannten Orte erhält, einzubeziehen. ¹¹Die Regelprüfung umfasst auch die Abrechnung der genannten Leistungen. ¹²Zu prüfen ist auch, ob die Versorgung der Pflegebedürftigen den Empfehlungen der Kommission für Krankenhaushygiene und Infektionsprävention nach § 23 Absatz 1 des Infektionsschutzgesetzes entspricht.

(2a) ¹Abweichend von Absatz 2 Satz 1 ist in dem Zeitraum vom 1. Oktober 2020 bis zum 31. Dezember 2021 in allen zugelassenen Pflegeeinrichtungen eine Regelprüfung durchzuführen, wenn die Situation vor Ort es aufgrund der SARS-CoV-2-Pandemie zulässt. ²Der Spitzenverband Bund der Pflegekassen beschließt im Benehmen mit dem Medizinischen Dienst des Spitzenverbandes Bund der Krankenkassen und dem Prüfdienst des Verbandes der Privaten Krankenversicherung e. V. sowie im Einvernehmen mit dem Bundesministerium für Gesundheit unverzüglich das Nähere zur Durchführbarkeit von Prüfungen, insbesondere, unter welchen Voraussetzungen Prüfaufträge angesichts der aktuellen Infektionslage angemessen sind und welche spezifischen Vorgaben, insbesondere zur Hygiene, zu beachten sind. ³Dabei sind insbesondere die aktuellen wissenschaftlichen Erkenntnisse zu berücksichtigen. ⁴Der Beschluss nach Satz 2 ist entsprechend der Entwicklung der SARS-CoV-2-Pandemie zu aktualisieren. ⁵Er ist für die Landesverbände der Pflegekassen, die Medizinischen Dienste und den Prüfdienst des Verbandes der Privaten Krankenversicherung e. V. verbindlich. ⁶Der Spitzenverband Bund der Pflegekassen berichtet dem Bundesministerium für Gesundheit zum 30. September 2021 über die Erfahrungen der Pflegekassen mit der Durchführung von Qualitätsprüfungen in dem in Satz 1 genannten Zeitraum.

(3) ¹Die Landesverbände der Pflegekassen haben im Rahmen der Zusammenarbeit mit den nach heimrechtlichen Vorschriften zuständigen Aufsichtsbehörden (§ 117) vor einer Regelprüfung insbesondere zu erfragen, ob Qualitätsanforderungen nach diesem Buch und den auf seiner Grundlage abgeschlossenen vertraglichen Vereinbarungen in einer Prüfung der nach heimrechtlichen Vorschriften zuständigen Aufsichtsbehörde oder in einem nach Landesrecht durchgeführten Prüfverfahren berücksichtigt worden sind. ²Hierzu können auch Vereinbarungen auf Landesebene zwischen den Landesverbänden der Pflegekassen und den nach heimrechtlichen Vorschriften zuständigen Aufsichtsbehörden sowie den für weitere Prüfverfahren zuständigen Aufsichtsbehörden getroffen werden. ³Um Doppelprüfungen zu vermeiden, haben die Landesverbände der Pflegekassen den Prüfumfang der Regelprüfung in angemessener Weise zu verringern, wenn

1. die Prüfungen nicht länger als neun Monate zurückliegen,
2. die Prüfergebnisse nach pflegefachlichen Kriterien den Ergebnissen einer Regelprüfung gleichwertig sind und
3. die Veröffentlichung der von den Pflegeeinrichtungen erbrachten Leistungen und deren Qualität gemäß § 115 Absatz 1a gewährleistet ist.

⁴Die Pflegeeinrichtung kann verlangen, dass von einer Verringerung der Prüfpflicht abgesehen wird.

(4) ¹Bei Anlassprüfungen geht der Prüfauftrag in der Regel über den jeweiligen Prüfanlass hinaus; er umfasst eine vollständige Prüfung mit dem Schwerpunkt der Ergebnisqualität. ²Gibt es im Rahmen einer Anlass-, Regel- oder Wiederholungsprüfung sachlich begründete Hinweise auf eine nicht fachgerechte Pflege bei Pflegebedürftigen, auf die sich die Prüfung nicht erstreckt, sind die betroffenen Pflegebedürftigen unter Beachtung der datenschutzrechtlichen Bestimmungen in die Prüfung einzubeziehen. ³Die Prüfung ist insgesamt als Anlassprüfung durchzuführen. ⁴Im Zusammenhang mit einer zuvor durchgeführten Regel- oder Anlassprüfung kann von den Landesverbänden der

Pflegekassen eine Wiederholungsprüfung veranlasst werden, um zu überprüfen, ob die festgestellten Qualitätsmängel durch die nach § 115 Abs. 2 angeordneten Maßnahmen beseitigt worden sind.

§ 114a Durchführung der Qualitätsprüfungen

(1) ¹Der Medizinische Dienst, der Prüfdienst des Verbandes der privaten Krankenversicherung e. V. und die von den Landesverbänden der Pflegekassen bestellten Sachverständigen sind im Rahmen ihres Prüfauftrags nach § 114 jeweils berechtigt und verpflichtet, an Ort und Stelle zu überprüfen, ob die zugelassenen Pflegeeinrichtungen die Leistungs- und Qualitätsanforderungen nach diesem Buch erfüllen. ²Die Prüfungen sind grundsätzlich am Tag zuvor anzukündigen; Anlassprüfungen sollen unangemeldet erfolgen. ³Die Prüfungen in zugelassenen vollstationären Pflegeeinrichtungen sollen unangekündigt erfolgen, wenn die Einrichtung ihrer Verpflichtung nach § 114b Absatz 1 gar nicht nachkommt, die Datenübermittlung unvollständig war oder von der Datenauswertungsstelle nach § 113 Absatz 1b mangelnde Plausibilität der übermittelten Daten festgestellt wurde. ⁴Der Medizinische Dienst, der Prüfdienst des Verbandes der privaten Krankenversicherung e. V. und die von den Landesverbänden der Pflegekassen bestellten Sachverständigen beraten im Rahmen der Qualitätsprüfungen die Pflegeeinrichtungen in Fragen der Qualitätssicherung. ⁵§ 112 Abs. 3 gilt entsprechend.

(2) ¹Sowohl bei teil- als auch bei vollstationärer Pflege sind der Medizinische Dienst, der Prüfdienst des Verbandes der privaten Krankenversicherung e. V. und die von den Landesverbänden der Pflegekassen bestellten Sachverständigen jeweils berechtigt, zum Zwecke der Qualitätssicherung die für das Pflegeheim benutzten Grundstücke und Räume jederzeit zu betreten, dort Prüfungen und Besichtigungen vorzunehmen, sich mit den Pflegebedürftigen, ihren Angehörigen, vertretungsberechtigten Personen und Betreuern in Verbindung zu setzen sowie die Beschäftigten und die Interessenvertretung der Bewohnerinnen und Bewohner zu befragen. ²Prüfungen und Besichtigungen zur Nachtzeit sind nur zulässig, wenn und soweit das Ziel der Qualitätssicherung zu anderen Tageszeiten nicht erreicht werden kann. ³Soweit Räume einem Wohnrecht der Heimbewohner unterliegen, dürfen sie ohne deren Einwilligung nur betreten werden, soweit dies zur Verhütung dringender Gefahren für die öffentliche Sicherheit und Ordnung erforderlich ist; das Grundrecht der Unverletzlichkeit der Wohnung (Artikel 13 Abs. 1 des Grundgesetzes) wird insoweit eingeschränkt. ⁴Bei der ambulanten Pflege sind der Medizinische Dienst, der Prüfdienst des Verbandes der privaten Krankenversicherung e. V. und die von den Landesverbänden der Pflegekassen bestellten Sachverständigen berechtigt, die Qualität der Leistungen des Pflegedienstes mit Einwilligung der von dem Pflegedienst versorgten Person auch in deren Wohnung zu überprüfen. ⁵Der Medizinische Dienst und der Prüfdienst des Verbandes der privaten Krankenversicherung e. V. sollen die nach heimrechtlichen Vorschriften zuständige Aufsichtsbehörde an Prüfungen beteiligen, soweit dadurch die Prüfung nicht verzögert wird.

(3) ¹Die Prüfungen beinhalten auch Inaugenscheinnahmen des gesundheitlichen und pflegerischen Zustands von durch die Pflegeeinrichtung versorgten Personen. ²Zum gesundheitlichen und pflegerischen Zustand der durch Inaugenscheinnahme in die Prüfung einbezogenen Personen können sowohl diese Personen selbst als auch Beschäftigte der Pflegeeinrichtungen, Betreuer und Angehörige sowie Mitglieder der heimrechtlichen Interessenvertretungen der Bewohnerinnen und Bewohner befragt werden. ³Bei der Beurteilung der Pflegequalität sind die Pflegedokumentation, die Inaugenscheinnahme von Personen nach Satz 1 und Befragungen der Beschäftigten der Pflegeeinrichtungen sowie der durch Inaugenscheinnahme in die Prüfung einbezogenen Personen, ihrer Angehörigen und der vertretungsberechtigten Personen angemessen zu berücksichtigen. ⁴Die Teilnahme an Inaugenscheinnahmen und Befragungen ist freiwillig. ⁵Durch die Ablehnung dürfen keine Nachteile entstehen. ⁶Einsichtnahmen in Pflegedokumentationen, Inaugenscheinnahmen von Personen nach Satz 1 und Befragungen von Personen nach Satz 2 sowie die damit jeweils zusammenhängende Verarbeitung personenbezogener Daten von durch Inaugenscheinnahme in die Prüfung einbezogenen Personen zum Zwecke der Erstellung eines Prüfberichts bedürfen der Einwilligung der betroffenen Personen.

(3a) ¹Die Pflegeeinrichtungen haben im Rahmen ihrer Mitwirkungspflicht nach § 114 Absatz 1 Satz 4 insbesondere die Namen und Kontaktdaten der von ihnen versorgten Personen an die jeweiligen Prüfer weiterzuleiten. ²Die Prüfer sind jeweils verpflichtet, die durch Inaugenscheinnahme nach Absatz 3 Satz 1 in die Qualitätsprüfung einzubeziehenden Personen vor der Durchführung der Qualitätsprüfung in verständlicher Weise über die für die Einwilligung in die Prüfhandlungen nach Absatz 3 Satz 6 wesentlichen Umstände aufzuklären. ³Ergänzend kann auch auf Unterlagen Bezug genommen werden, die die durch Inaugenscheinnahme in die Prüfung einzubeziehende Person in Textform erhält. ⁴Die Aufklärung muss so rechtzeitig erfolgen, dass die durch Inaugenscheinnahme in die Prüfung einzubeziehende Person ihre Entscheidung über die Einwilligung wohlüberlegt treffen kann. ⁵Die Einwilligung nach Absatz 2 oder Absatz 3 kann erst nach Bekanntgabe der Einbeziehung der in Augenschein zu nehmenden Person in die Qualitätsprüfung erklärt werden und muss in einer Urkunde oder auf andere zur dauerhaften Wiedergabe in Schriftzeichen geeignete Weise gegenüber den Prüfern abgegeben werden, die Person des Erklärenden benennen und den Abschluss der Erklärung durch Nachbildung der Namensunterschrift oder anders erkennbar machen (Textform). ⁶Ist die durch Inaugenscheinnahme in die Prüfung einzubeziehende Person einwilligungsunfähig, ist die Einwilligung eines hierzu Berechtigten einzuholen, wobei dieser nach Maßgabe der Sätze 2 bis 4 aufzuklären ist. [7]Ist ein Berechtigter nicht am Ort einer unangemeldeten Prüfung anwesend und ist eine rechtzeitige Einholung der Einwilligung in Textform nicht möglich, so genügt nach einer den Maßgaben der Sätze 2 bis 4 entsprechenden Aufklärung durch die Prüfer ausnahmsweise eine mündliche Einwilligung, wenn andernfalls die Durchführung der Prüfung erschwert würde. [8]Die mündliche Einwilligung oder Nichteinwilligung des Berechtigten sowie die Gründe für ein ausnahmsweises Abweichen von der erforderlichen Textform sind schriftlich oder elektronisch zu dokumentieren.

(4) [1]Auf Verlangen sind Vertreter der betroffenen Pflegekassen oder ihrer Verbände, des zuständigen Sozialhilfeträgers sowie des Verbandes der privaten Krankenversicherung e. V. an den Prüfungen nach den Absätzen 1 bis 3 zu beteiligen. [2]Der Träger der Pflegeeinrichtung kann verlangen, dass eine Vereinigung, deren Mitglied er ist (Trägervereinigung), an der Prüfung nach den Absätzen 1 bis 3 beteiligt wird. [3]Ausgenommen sind Prüfungen nach Satz 1 oder nach Satz 2, soweit dadurch die Durchführung einer Prüfung voraussichtlich verzögert wird. [4]Unabhängig von ihren eigenen Prüfungsbefugnissen nach den Absätzen 1 bis 3 sind der Medizinische Dienst, der Prüfdienst des Verbandes der privaten Krankenversicherung e. V. und die von den Landesverbänden der Pflegekassen bestellten Sachverständigen jeweils befugt, sich an Überprüfungen von zugelassenen Pflegeeinrichtungen zu beteiligen, soweit sie von der nach heimrechtlichen Vorschriften zuständigen Aufsichtsbehörde nach Maßgabe heimrechtlicher Vorschriften durchgeführt werden. [5]Sie haben in diesem Fall ihre Mitwirkung an der Überprüfung der Pflegeeinrichtung auf den Bereich der Qualitätssicherung nach diesem Buch zu beschränken.

(5) [1]Unterschreitet der Prüfdienst des Verbandes der privaten Krankenversicherung e. V. die in § 114 Absatz 1 Satz 1 genannte, auf das Bundesgebiet bezogene Prüfquote, beteiligen sich die privaten Versicherungsunternehmen, die die private Pflege-Pflichtversicherung durchführen, anteilig bis zu einem Betrag von 10 Prozent an den Kosten der Qualitätsprüfungen der ambulanten und stationären Pflegeeinrichtungen. [2]Das Bundesamt für Soziale Sicherung stellt jeweils am Ende eines Jahres die Einhaltung der Prüfquote oder die Höhe der Unter- oder Überschreitung sowie die Höhe der durchschnittlichen Kosten von Prüfungen im Wege einer Schätzung nach Anhörung des Verbandes der privaten Krankenversicherung e. V. und des Spitzenverbandes Bund der Pflegekassen fest und teilt diesen jährlich die Anzahl der durchgeführten Prüfungen und bei Unterschreitung der Prüfquote den Finanzierungsanteil der privaten Versicherungsunternehmen mit; der Finanzierungsanteil ergibt sich aus der Multiplikation der Durchschnittskosten mit der Differenz zwischen der Anzahl der vom Prüfdienst des Verbandes der privaten Krankenversicherung e. V. durchgeführten Prüfungen und der in § 114 Absatz 1 Satz 1 genannten Prüfquote. [3]Der Finanzierungsanteil, der auf die privaten Versicherungsunternehmen entfällt, ist vom Verband der privaten Krankenversicherung e. V. jährlich unmittelbar an das Bundesamt für Soziale Sicherung zugunsten des Ausgleichsfonds der Pflegeversicherung (§ 65) zu überweisen. [4]Der Verband der privaten Krankenversicherung e. V. muss der Zahlungsaufforderung durch das Bundesamt für Soziale Sicherung keine Folge leisten, wenn er innerhalb von vier Wochen nach der Zahlungsaufforderung nachweist, dass die Unterschreitung der Prüfquote nicht von ihm oder seinem Prüfdienst zu vertreten ist.

(5a) Der Spitzenverband Bund der Pflegekassen vereinbart bis zum 31. Oktober 2011 mit dem Verband der privaten Krankenversicherung e. V. das Nähere über die Zusammenarbeit bei der Durchführung von Qualitätsprüfungen durch den Prüfdienst des Verbandes der privaten Krankenversicherung e. V., insbesondere über Maßgaben zur Prüfquote, Auswahlverfahren der zu prüfenden Pflegeeinrichtungen und Maßnahmen der Qualitätssicherung, sowie zur einheitlichen Veröffentlichung von Ergebnissen der Qualitätsprüfungen durch den Verband der privaten Krankenversicherung e. V.

(6) [1]Die Medizinischen Dienste und der Prüfdienst des Verbandes der privaten Krankenversicherung e. V. berichten dem Medizinischen Dienst Bund zum 30. Juni 2020, danach in Abständen von zwei Jahren, über ihre Erfahrungen mit der Anwendung der Beratungs- und Prüfvorschriften nach diesem Buch, über die Ergebnisse ihrer Qualitätsprüfungen sowie über ihre Erkenntnisse zum Stand und zur Entwicklung der Pflegequalität und der Qualitätssicherung. [2]Sie stellen unter Beteiligung des Medizinischen Dienstes Bund die Vergleichbarkeit der gewonnenen Daten sicher. [3]Der Medizinische Dienst Bund führt die Berichte der Medizinischen Dienste, des Prüfdienstes des Verbandes der privaten Krankenversicherung e. V. und seine eigenen Erkenntnisse und Erfahrungen zur Entwicklung der Pflegequalität und der Qualitätssicherung zu einem Bericht zusammen und legt diesen innerhalb eines halben Jahres dem Spitzenverband Bund der Pflegekassen, dem Bundesministerium für Gesundheit, dem Bundesministerium für Familie, Senioren, Frauen und Jugend sowie dem Bundesministerium für Arbeit und Soziales und den zuständigen Länderministerien vor.

(7) [1]Der Medizinische Dienst Bund beschließt im Benehmen mit dem Spitzenverband Bund der Pflegekassen und des Prüfdienstes des Verbandes der privaten Krankenversicherung e. V. zur verfahrensrechtlichen Konkretisierung Richtlinien über die Durchführung der Prüfung der in Pflegeeinrichtungen erbrachten Leistungen und deren Qualität nach § 114 sowohl für den ambulanten als auch für den stationären Bereich. [2]In den Richtlinien sind die Maßstäbe und Grundsätze zur Sicherung und Weiterentwicklung der Pflegequalität nach § 113 zu berücksichtigen. [3]Die Richtlinien für den stationären Bereich sind bis zum 31. Oktober 2017, die Richtlinien für den ambulanten Bereich bis zum 31. Oktober 2018 zu beschließen. [4]Sie treten jeweils gleichzeitig mit der entsprechenden Qualitätsdarstellungsver-

einbarung nach § 115 Absatz 1a in Kraft. ⁵Die maßgeblichen Organisationen für die Wahrnehmung der Interessen und der Selbsthilfe der pflegebedürftigen und behinderten Menschen wirken nach Maßgabe von § 118 mit. ⁶Der Medizinische Dienst Bund hat die Vereinigungen der Träger der Pflegeeinrichtungen auf Bundesebene, die Verbände der Pflegeberufe auf Bundesebene, den Verband der privaten Krankenversicherung e. V. sowie die Bundesarbeitsgemeinschaft der überörtlichen Träger der Sozialhilfe und die kommunalen Spitzenverbände auf Bundesebene zu beteiligen. ⁷Ihnen ist unter Übermittlung der hierfür erforderlichen Informationen innerhalb einer angemessenen Frist vor der Entscheidung Gelegenheit zur Stellungnahme zu geben; die Stellungnahmen sind in die Entscheidung einzubeziehen. ⁸Die Richtlinien sind in regelmäßigen Abständen an den medizinisch-pflegefachlichen Fortschritt anzupassen. ⁹Sie sind durch das Bundesministerium für Gesundheit im Benehmen mit dem Bundesministerium für Familie, Senioren, Frauen und Jugend zu genehmigen. ¹⁰Beanstandungen des Bundesministeriums für Gesundheit sind innerhalb der von ihm gesetzten Frist zu beheben. ¹¹Die Richtlinien über die Durchführung der Qualitätsprüfung sind für die Medizinischen Dienste und den Prüfdienst des Verbandes der privaten Krankenversicherung e. V. verbindlich.

§ 114b Erhebung und Übermittlung von indikatorenbezogenen Daten zur vergleichenden Messung und Darstellung von Ergebnisqualität in vollstationären Pflegeeinrichtungen

(1) ¹Die zugelassenen vollstationären Pflegeeinrichtungen sind verpflichtet, ab dem 1. Oktober 2019 bis zum 31. Dezember 2021 einmal und ab dem 1. Januar 2022 halbjährlich zu einem bestimmten Stichtag indikatorenbezogene Daten zur vergleichenden Messung und Darstellung von Ergebnisqualität im vollstationären Bereich zu erheben und an die Datenauswertungsstelle nach § 113 Absatz 1b zu übermitteln. ²Die indikatorenbezogenen Daten sind auf der Grundlage einer strukturierten Datenerhebung im Rahmen des internen Qualitätsmanagements zu erfassen. ³Wenn die Datenauswertungsstelle nach § 113 Absatz 1b bis zum 15. September 2019 nicht eingerichtet ist, haben die Landesverbände der Pflegekassen die Erfüllung der Aufgaben nach § 113 Absatz 1b sicherzustellen.
(2) Die von den Einrichtungen gemäß Absatz 1 Satz 1 übermittelten indikatorenbezogenen Daten werden entsprechend den Qualitätsdarstellungsvereinbarungen nach § 115 Absatz 1a mit Ausnahme der zwischen dem 1. Oktober 2019 und dem 31. Dezember 2021 erhobenen und übermittelten Daten veröffentlicht.
(3) ¹Aus den Mitteln des Ausgleichsfonds der Pflegeversicherung wird im Jahr 2019 ein einmaliger Förderbetrag in Höhe von 1000 Euro für jede zugelassene vollstationäre Pflegeeinrichtung bereitgestellt, um die für die Erhebung von indikatorenbezogenen Daten zur vergleichenden Messung und Darstellung von Ergebnisqualität notwendigen Schulungen in den Einrichtungen zu unterstützen. ²Die Modalitäten der Auszahlung der Fördermittel durch eine Pflegekasse werden von den Landesverbänden der Pflegekassen festgelegt. ³Die privaten Versicherungsunternehmen, die die private Pflege-Pflichtversicherung durchführen, beteiligen sich mit einem Anteil von 7 Prozent an den Kosten. ⁴Der jeweilige Finanzierungsanteil, der auf die privaten Versicherungsunternehmen entfällt, wird vom Verband der privaten Krankenversicherung e. V. unmittelbar an das Bundesversicherungsamt zugunsten des Ausgleichsfonds der Pflegeversicherung nach § 65 geleistet werden. ⁵Der Spitzenverband Bund der Pflegekassen, der Verband der privaten Krankenversicherung e. V. und das Bundesversicherungsamt regeln das Nähere über das Verfahren zur Bereitstellung der notwendigen Finanzmittel aus dem Ausgleichsfonds der Pflegeversicherung sowie zur Feststellung und Erhebung der Beträge der privaten Versicherungsunternehmen, die die private Pflege-Pflichtversicherung durchführen, durch Vereinbarung.

§ 114c Richtlinien zur Verlängerung des Prüfrhythmus in vollstationären Einrichtungen bei guter Qualität und zur Veranlassung unangemeldeter Prüfungen; Berichtspflicht

(1) ¹Abweichend von § 114 Absatz 2 kann eine Prüfung in einer zugelassenen vollstationären Pflegeeinrichtung ab dem 1. Januar 2023 regelmäßig im Abstand von höchstens zwei Jahren stattfinden, wenn durch die jeweilige Einrichtung ein hohes Qualitätsniveau erreicht worden ist. ²Der Medizinische Dienst Bund legt im Benehmen mit dem Spitzenverband Bund der Pflegekassen und unter Beteiligung des Prüfdienstes des Verbandes der privaten Krankenversicherung e. V. in Richtlinien Kriterien zur Feststellung eines hohen Qualitätsniveaus sowie Kriterien für die Veranlassung unangemeldeter Prüfungen nach § 114a Absatz 1 Satz 2 fest. ³Bei der Erstellung der Richtlinien sind die Empfehlungen heranzuziehen, die in dem Abschlussbericht des wissenschaftlichen Verfahrens zur Entwicklung der Instrumente und Verfahren für Qualitätsprüfungen nach den §§ 114 bis 114b und die Qualitätsdarstellung nach § 115 Absatz 1a in der stationären Pflege „Darstellung der Konzeption für das neue Prüfverfahren und die Qualitätsdarstellung" in der vom Qualitätsausschuss Pflege am 17. September 2018 abgenommenen Fassung zum indikatorengestützten Verfahren dargelegt wurden. ⁴Die Feststellung, ob ein hohes Qualitätsniveau durch eine Einrichtung erreicht worden ist, soll von den Landesverbänden der Pflegekassen auf der Grundlage der durch die Datenauswertungsstelle nach § 113 Absatz 1b Satz 3 übermittelten Daten und der Ergebnisse der nach § 114 durchgeführten Qualitätsprüfungen erfolgen. ⁵Die auf Bundesebene maßgeblichen Organisationen für die Wahrnehmung der Interessen und der Selbsthilfe pflegebedürftiger und behinderter Menschen wirken nach Maßgabe von § 118 an der

Erstellung und Änderung der Richtlinien mit. ⁶Der Medizinische Dienst Bund hat die Vereinigungen der Träger der Pflegeeinrichtungen auf Bundesebene, die Verbände der Pflegeberufe auf Bundesebene, den Verband der privaten Krankenversicherung e. V., die Bundesarbeitsgemeinschaft der überörtlichen Träger der Sozialhilfe und die kommunalen Spitzenverbände auf Bundesebene zu beteiligen. ⁷Ihnen ist unter Übermittlung der hierfür erforderlichen Informationen innerhalb einer angemessenen Frist vor der Entscheidung Gelegenheit zur Stellungnahme zu geben; die Stellungnahmen sind in die Entscheidung einzubeziehen. ⁸Die Kriterien nach Satz 2 sind auf der Basis der empirischen Erkenntnisse der Datenauswertungsstelle nach § 113 Absatz 1b zur Messung und Bewertung der Qualität der Pflege in den Einrichtungen sowie des allgemein anerkannten Standes der medizinisch-pflegerischen Erkenntnisse regelmäßig, erstmals nach zwei Jahren, zu überprüfen.

(2) ¹Die Richtlinien werden erst wirksam, wenn das Bundesministerium für Gesundheit sie genehmigt. ²Die Genehmigung gilt als erteilt, wenn die Richtlinien nicht innerhalb eines Monats, nachdem sie dem Bundesministerium für Gesundheit vorgelegt worden sind, beanstandet werden. ³Beanstandungen des Bundesministeriums für Gesundheit sind innerhalb der von ihm gesetzten Frist zu beheben.

(3) ¹Der Spitzenverband Bund der Pflegekassen berichtet dem Bundesministerium für Gesundheit zum 30. Juni 2022, zum 31. März 2023 und danach jährlich über die Erfahrungen der Pflegekassen mit
1. der Erhebung und Übermittlung von indikatorenbezogenen Daten zur vergleichenden Messung und Darstellung von Ergebnisqualität in vollstationären Pflegeeinrichtungen nach § 114b Absatz 1 und
2. Qualitätsprüfungen, die ab dem 1. November 2019 nach § 114 in vollstationären Pflegeeinrichtungen durchgeführt werden.

²Für die Berichterstattung zum 31. März 2023 beauftragt der Spitzenverband Bund der Pflegekassen eine unabhängige wissenschaftliche Einrichtung oder einen unabhängigen Sachverständigen mit der Evaluation der in den Qualitätsdarstellungsvereinbarungen festgelegten Bewertungssystematik für die Ergebnisse der Qualitätsprüfungen.

§ 115 Ergebnisse von Qualitätsprüfungen, Qualitätsdarstellung, Vergütungskürzung

(1) ¹Die Medizinischen Dienste, der Prüfdienst des Verbandes der privaten Krankenversicherung e. V. sowie die von den Landesverbänden der Pflegekassen für Qualitätsprüfungen bestellten Sachverständigen haben das Ergebnis einer jeden Qualitätsprüfung sowie die dabei gewonnenen Daten und Informationen den Landesverbänden der Pflegekassen und den zuständigen Trägern der Sozialhilfe sowie den nach heimrechtlichen Vorschriften zuständigen Aufsichtsbehörden im Rahmen ihrer Zuständigkeit und bei häuslicher Pflege den zuständigen Pflegekassen zum Zwecke der Erfüllung ihrer gesetzlichen Aufgaben sowie der betroffenen Pflegeeinrichtung mitzuteilen. ²Die Landesverbände der Pflegekassen sind befugt und auf Anforderung verpflichtet, die ihnen nach Satz 1 bekannt gewordenen Daten und Informationen mit Zustimmung des Trägers der Pflegeeinrichtung auch seiner Trägervereinigung zu übermitteln, soweit deren Kenntnis für die Anhörung oder eine Stellungnahme der Pflegeeinrichtung zu einem Bescheid nach Absatz 2 erforderlich ist. ³Gegenüber Dritten sind die Prüfer und die Empfänger der Daten zur Verschwiegenheit verpflichtet; dies gilt nicht für die zur Veröffentlichung der Ergebnisse von Qualitätsprüfungen nach Absatz 1a erforderlichen Daten und Informationen.

(1a) ¹Die Landesverbände der Pflegekassen stellen sicher, dass die von Pflegeeinrichtungen erbrachten Leistungen und deren Qualität für die Pflegebedürftigen und ihre Angehörigen verständlich, übersichtlich und vergleichbar sowohl im Internet als auch in anderer geeigneter Form kostenfrei veröffentlicht werden. ²Die Vertragsparteien nach § 113 vereinbaren insbesondere auf der Grundlage der Maßstäbe und Grundsätze nach § 113 und der Richtlinien zur Durchführung der Prüfung der in Pflegeeinrichtungen erbrachten Leistungen und deren Qualität nach § 114a Absatz 7, welche Ergebnisse bei der Darstellung der Qualität für den ambulanten und den stationären Bereich zugrunde zu legen sind und inwieweit die Ergebnisse durch weitere Informationen ergänzt werden. ³In den Vereinbarungen sind die Ergebnisse der nach § 113b Absatz 4 Satz 2 Nummer 1 bis 4 vergebenen Aufträge zu berücksichtigen. ⁴Die Vereinbarungen umfassen auch die Form der Darstellung einschließlich einer Bewertungssystematik (Qualitätsdarstellungsvereinbarungen). ⁵Bei Anlassprüfungen nach § 114 Absatz 5 bilden die Prüfergebnisse aller in die Prüfung einbezogenen Pflegebedürftigen die Grundlage für die Bewertung und Darstellung der Qualität. ⁶Personenbezogene Daten sind zu anonymisieren. ⁷Ergebnisse von Wiederholungsprüfungen sind zeitnah zu berücksichtigen. ⁸Bei der Darstellung der Qualität ist die Art der Prüfung als Anlass-, Regel- oder Wiederholungsprüfung kenntlich zu machen. ⁹Das Datum der letzten Prüfung durch den Medizinischen Dienst oder durch den Prüfdienst des Verbandes der privaten Krankenversicherung e. V., eine Einordnung des Prüfergebnisses nach einer Bewertungssystematik sowie eine Zusammenfassung der Prüfergebnisse sind an gut sichtbarer Stelle in jeder Pflegeeinrichtung auszuhängen. ¹⁰Die Qualitätsdarstellungsvereinbarungen für den stationären Bereich sind bis zum 31. Dezember 2017 und für den ambulanten Bereich bis zum 31. Dezember 2018 jeweils unter Beteiligung des Medizinischen Dienstes Bund, des Verbandes der privaten Krankenversicherung e. V. und der Verbände der Pflegeberufe auf Bundesebene zu schließen. ¹¹Die auf Bundesebene maßgeblichen Organisationen für die Wahrnehmung der Interessen und der Selbsthilfe der pflegebedürftigen und behinderten Menschen wirken nach Maßgabe von § 118 mit. ¹²Die Qualitätsdarstellungsver-

einbarungen sind an den medizinisch- pflegefachlichen Fortschritt anzupassen. [13]Bestehende Vereinbarungen gelten bis zum Abschluss einer neuen Vereinbarung fort; dies gilt entsprechend auch für die bestehenden Vereinbarungen über die Kriterien der Veröffentlichung einschließlich der Bewertungssystematik (Pflege-Transparenzvereinbarungen).
(1b) [1]Die Landesverbände der Pflegekassen stellen sicher, dass ab dem 1. Januar 2014 die Informationen gemäß § 114 Absatz 1 über die Regelungen zur ärztlichen, fachärztlichen und zahnärztlichen Versorgung sowie zur Arzneimittelversorgung und ab dem 1. Juli 2016 die Informationen gemäß § 114 Absatz 1 zur Zusammenarbeit mit einem Hospiz- und Palliativnetz in vollstationären Einrichtungen für die Pflegebedürftigen und ihre Angehörigen verständlich, übersichtlich und vergleichbar sowohl im Internet als auch in anderer geeigneter Form kostenfrei zur Verfügung gestellt werden. [2]Die Pflegeeinrichtungen sind verpflichtet, die Informationen nach Satz 1 an gut sichtbarer Stelle in der Pflegeeinrichtung auszuhängen. [3]Die Landesverbände der Pflegekassen übermitteln die Informationen nach Satz 1 an den Verband der privaten Krankenversicherung e. V. zum Zweck der einheitlichen Veröffentlichung.
(1c) [1]Die Landesverbände der Pflegekassen haben Dritten für eine zweckgerechte, nicht gewerbliche Nutzung die Daten, die nach den Qualitätsdarstellungsvereinbarungen nach Absatz 1a der Darstellung der Qualität zu Grunde liegen, sowie rückwirkend zum 1. Januar 2017 ab dem 1. April 2017 die Daten, die nach den nach § 115a übergeleiteten Pflege-Transparenzvereinbarungen der Darstellung der Qualität bis zum Inkrafttreten der Qualitätsdarstellungsvereinbarungen zu Grunde liegen, auf Antrag in maschinen- und menschenlesbarer sowie plattformunabhängiger Form zur Verarbeitung und Veröffentlichung zur Verfügung zu stellen. [2]Das Nähere zu der Übermittlung der Daten an Dritte, insbesondere zum Datenformat, zum Datennutzungsvertrag, zu den Nutzungsrechten und den Pflichten des Nutzers bei der Verwendung der Daten, bestimmen die Vertragsparteien nach § 113 bis zum 31. März 2017 in Nutzungsbedingungen, die dem Datennutzungsvertrag unabdingbar zu Grunde zu legen sind. [3]Mit den Nutzungsbedingungen ist eine nicht missbräuchliche, nicht wettbewerbsverzerrende und manipulationsfreie Verwendung der Daten sicherzustellen. [4]Der Dritte hat zu gewährleisten, dass die Herkunft der Daten für die Endverbraucherin oder den Endverbraucher transparent bleibt. [5]Dies gilt insbesondere, wenn eine Verwendung der Daten in Zusammenhang mit anderen Daten erfolgt. [6]Für die Informationen nach Absatz 1b gelten die Sätze 1 bis 4 entsprechend. [7]Die Übermittlung der Daten erfolgt gegen Ersatz der entstehenden Verwaltungskosten, es sei denn, es handelt sich bei den Dritten um öffentlich-rechtliche Stellen. [8]Die entsprechenden Aufwendungen sind von den Landesverbänden der Pflegekassen nachzuweisen.
(2) [1]Soweit bei einer Prüfung nach diesem Buch Qualitätsmängel festgestellt werden, entscheiden die Landesverbände der Pflegekassen nach Anhörung des Trägers der Pflegeeinrichtung und der beteiligten Trägervereinigung unter Beteiligung des zuständigen Trägers der Sozialhilfe, welche Maßnahmen zu treffen sind, erteilen dem Träger der Einrichtung hierüber einen Bescheid und setzen ihm darin zugleich eine angemessene Frist zur Beseitigung der festgestellten Mängel. [2]Werden nach Satz 1 festgestellte Mängel nicht fristgerecht beseitigt, können die Landesverbände der Pflegekassen gemeinsam den Versorgungsvertrag gemäß § 74 Abs. 1, in schwerwiegenden Fällen nach § 74 Abs. 2, kündigen. [3]§ 73 Abs. 2 gilt entsprechend.
(3) [1]Hält die Pflegeeinrichtung ihre gesetzlichen oder vertraglichen Verpflichtungen, insbesondere ihre Verpflichtungen zu einer qualitätsgerechten Leistungserbringung aus dem Versorgungsvertrag (§ 72) ganz oder teilweise nicht ein, sind die nach dem Achten Kapitel vereinbarten Pflegevergütungen für die Dauer der Pflichtverletzung entsprechend zu kürzen. [2]Über die Höhe des Kürzungsbetrags ist zwischen den Vertragsparteien nach § 85 Abs. 2 Einvernehmen anzustreben. [3]Kommt eine Einigung nicht zustande, entscheidet auf Antrag einer Vertragspartei die Schiedsstelle nach § 76 in der Besetzung des Vorsitzenden und beiden weiteren unparteiischen Mitglieder. [4]Gegen die Entscheidung nach Satz 3 ist der Rechtsweg zu den Sozialgerichten gegeben; ein Vorverfahren findet nicht statt, die Klage hat aufschiebende Wirkung. [5]Der vereinbarte oder festgesetzte Kürzungsbetrag ist von der Pflegeeinrichtung bis zur Höhe ihres Eigenanteils an die betroffenen Pflegebedürftigen und im Weiteren an die Pflegekassen zurückzuzahlen; soweit die Pflegevergütung als nachrangige Sachleistung von einem anderen Leistungsträger übernommen wurde, ist der Kürzungsbetrag an diese zurückzuzahlen. [6]Der Kürzungsbetrag kann nicht über die Vergütungen oder Entgelte nach dem Achten Kapitel refinanziert werden. [7]Schadensersatzansprüche der betroffenen Pflegebedürftigen nach anderen Vorschriften bleiben unberührt; § 66 des Fünften Buches gilt entsprechend.
(3a) [1]Eine Verletzung der Verpflichtungen zu einer qualitätsgerechten Leistungserbringung im Sinne des Absatzes 3 Satz 1 wird unwiderlegbar vermutet
1. bei einem planmäßigen und zielgerichteten Verstoß des Trägers der Einrichtung gegen seine Verpflichtung zur Einhaltung der nach § 84 Absatz 5 Satz 2 Nummer 2 vereinbarten Personalausstattung oder
2. bei nicht nur vorübergehenden Unterschreitungen der nach § 84 Absatz 5 Satz 2 Nummer 2 vereinbarten Personalausstattung.

[2]Entsprechendes gilt bei Nichtbezahlung der nach § 84 Absatz 2 Satz 5 beziehungsweise nach § 89 Absatz 1 Satz 4 zu Grunde gelegten Gehälter. [3]Abweichend von Absatz 3 Satz 2 und 3 ist das Einvernehmen über den Kürzungsbetrag unverzüglich herbeizuführen und die Schiedsstelle hat in der Regel binnen drei Monaten zu entscheiden. [4]Bei

Verstößen im Sinne von Satz 1 Nummer 1 können die Landesverbände der Pflegekassen gemeinsam den Versorgungsvertrag gemäß § 74 Absatz 1, in schwerwiegenden Fällen nach § 74 Absatz 2, kündigen; § 73 Absatz 2 gilt entsprechend.
(3b) ¹Die Vertragsparteien nach § 113 vereinbaren durch den Qualitätsausschuss gemäß § 113b bis zum 1. Januar 2018 das Verfahren zur Kürzung der Pflegevergütung nach den Absätzen 3 und 3a. ²Die Vereinbarungen sind im Bundesanzeiger zu veröffentlichen und gelten vom ersten Tag des auf die Veröffentlichung folgenden Monats. ³Sie sind für alle Pflegekassen und deren Verbände sowie für die zugelassenen Pflegeeinrichtungen unmittelbar verbindlich.
(4) ¹Bei Feststellung schwerwiegender, kurzfristig nicht behebbarer Mängel in der stationären Pflege sind die Pflegekassen verpflichtet, den betroffenen Heimbewohnern auf deren Antrag eine andere geeignete Pflegeeinrichtung zu vermitteln, welche die Pflege, Versorgung und Betreuung nahtlos übernimmt. ²Bei Sozialhilfeempfängern ist der zuständige Träger der Sozialhilfe zu beteiligen.
(5) ¹Stellen der Medizinische Dienst oder der Prüfdienst des Verbandes der privaten Krankenversicherung e. V. schwerwiegende Mängel in der ambulanten Pflege fest, kann die zuständige Pflegekasse dem Pflegedienst auf Empfehlung des Medizinischen Dienstes oder des Prüfdienstes des Verbandes der privaten Krankenversicherung e. V. die weitere Versorgung des Pflegebedürftigen vorläufig untersagen; § 73 Absatz 2 gilt entsprechend. ²Die Pflegekasse hat dem Pflegebedürftigen in diesem Fall einen anderen geeigneten Pflegedienst zu vermitteln, der die Pflege nahtlos übernimmt; dabei ist so weit wie möglich das Wahlrecht des Pflegebedürftigen nach § 2 Abs. 2 zu beachten. ³Absatz 4 Satz 2 gilt entsprechend.
(6) ¹In den Fällen der Absätze 4 und 5 haftet der Träger der Pflegeeinrichtung gegenüber den betroffenen Pflegebedürftigen und deren Kostenträgern für die Kosten der Vermittlung einer anderen ambulanten oder stationären Pflegeeinrichtung, soweit er die Mängel in entsprechender Anwendung des § 276 des Bürgerlichen Gesetzbuches zu vertreten hat. ²Absatz 3 Satz 7 bleibt unberührt.

§ 115a Übergangsregelung für Pflege-Transparenzvereinbarungen und Qualitätsprüfungs-Richtlinien

(1) ¹Die Vertragsparteien nach § 113 passen unter Beteiligung des Medizinischen Dienstes Bund, des Verbandes der privaten Krankenversicherung e. V. und der Verbände der Pflegeberufe auf Bundesebene die Pflege-Transparenzvereinbarungen an dieses Gesetz in der am 1. Januar 2017 geltenden Fassung an (übergeleitete Pflege-Transparenzvereinbarungen). ²Die auf Bundesebene maßgeblichen Organisationen für die Wahrnehmung der Interessen und der Selbsthilfe der pflegebedürftigen und behinderten Menschen wirken nach Maßgabe von § 118 mit. Kommt bis zum 30. April 2016 keine einvernehmliche Einigung zustande, entscheidet der erweiterte Qualitätsausschuss nach § 113b Absatz 3 bis zum 30. Juni 2016. ³Die übergeleiteten Pflege-Transparenzvereinbarungen gelten ab 1. Januar 2017 bis zum Inkrafttreten der in § 115 Absatz 1a vorgesehenen Qualitätsdarstellungsvereinbarungen.
(2) Schiedsstellenverfahren zu den Pflege-Transparenzvereinbarungen, die am 1. Januar 2016 anhängig sind, werden nach Maßgabe des § 113b Absatz 2, 3 und 8 durch den Qualitätsausschuss entschieden; die Verfahren sind bis zum 30. Juni 2016 abzuschließen.
(3) Die Richtlinien über die Prüfung der in Pflegeeinrichtungen erbrachten Leistungen und deren Qualität nach § 114 (Qualitätsprüfungs-Richtlinien) in der am 31. Dezember 2015 geltenden Fassung gelten nach Maßgabe der Absätze 4 und 5 bis zum Inkrafttreten der Richtlinien über die Durchführung der Prüfung der in Pflegeeinrichtungen erbrachten Leistungen und deren Qualität nach § 114a Absatz 7 fort und sind für den Medizinischen Dienst und den Prüfdienst des Verbandes der privaten Krankenversicherung e. V. verbindlich.
(4) ¹Der Spitzenverband Bund der Pflegekassen passt unter Beteiligung des Medizinischen Dienstes Bund und des Prüfdienstes des Verbandes der privaten Krankenversicherung e. V. die Qualitätsprüfungs- Richtlinien unverzüglich an dieses Gesetz in der am 1. Januar 2016 geltenden Fassung an. ²Die auf Bundesebene maßgeblichen Organisationen für die Wahrnehmung der Interessen und der Selbsthilfe der pflegebedürftigen und behinderten Menschen wirken nach Maßgabe von § 118 mit. ³Der Spitzenverband Bund der Pflegekassen hat die Vereinigungen der Träger der Pflegeeinrichtungen auf Bundesebene, die Verbände der Pflegeberufe auf Bundesebene, den Verband der privaten Krankenversicherung e. V. sowie die Bundesarbeitsgemeinschaft der überörtlichen Träger der Sozialhilfe und der kommunalen Spitzenverbände auf Bundesebene zu beteiligen. ⁴Ihnen ist unter Übermittlung der hierfür erforderlichen Informationen innerhalb einer angemessenen Frist vor der Entscheidung Gelegenheit zur Stellungnahme zu geben; die Stellungnahmen sind in die Entscheidung einzubeziehen. ⁵Die angepassten Qualitätsprüfungs-Richtlinien bedürfen der Genehmigung des Bundesministeriums für Gesundheit.
(5) ¹Der Spitzenverband Bund der Pflegekassen passt unter Beteiligung des Medizinischen Dienstes Bund und des Prüfdienstes des Verbandes der privaten Krankenversicherung e. V. die nach Absatz 4 angepassten Qualitätsprüfungs-Richtlinien bis zum 30. September 2016 an die nach Absatz 1 übergeleiteten und gegebenenfalls nach Absatz 2 geänderten Pflege-Transparenzvereinbarungen an. ²Die auf Bundesebene maßgeblichen Organisationen für die Wahrnehmung der Interessen und der Selbsthilfe der pflegebedürftigen und behinderten Menschen wirken nach Maßgabe von § 118 mit. ³Der Spitzenverband Bund der Pflegekassen hat die Vereinigungen der Träger der Pflege-

einrichtungen auf Bundesebene, die Verbände der Pflegeberufe auf Bundesebene, den Verband der privaten Krankenversicherung e. V. sowie die Bundesarbeitsgemeinschaft der überörtlichen Träger der Sozialhilfe und die kommunalen Spitzenverbände auf Bundesebene zu beteiligen. ⁴Ihnen ist unter Übermittlung der hierfür erforderlichen Informationen innerhalb einer angemessenen Frist vor der Entscheidung Gelegenheit zur Stellungnahme zu geben; die Stellungnahmen sind in die Entscheidung einzubeziehen. ⁵Die angepassten Qualitätsprüfungs-Richtlinien bedürfen der Genehmigung des Bundesministeriums für Gesundheit und treten zum 1. Januar 2017 in Kraft.

§ 116 Kostenregelungen

(1) Die Prüfkosten bei Wirksamkeits- und Wirtschaftlichkeitsprüfungen nach § 79 sind als Aufwand in der nächstmöglichen Vergütungsvereinbarung nach dem Achten Kapitel zu berücksichtigen; sie können auch auf mehrere Vergütungszeiträume verteilt werden.
(2) ¹Die Kosten der Schiedsstellenentscheidung nach § 115 Abs. 3 Satz 3 trägt der Träger der Pflegeeinrichtung, soweit die Schiedsstelle eine Vergütungskürzung anordnet; andernfalls sind sie von den als Kostenträgern betroffenen Vertragsparteien gemeinsam zu tragen. ²Setzt die Schiedsstelle einen niedrigeren Kürzungsbetrag fest als von den Kostenträgern gefordert, haben die Beteiligten die Verfahrenskosten anteilig zu zahlen.
(3) ¹Die Bundesregierung wird ermächtigt, durch Rechtsverordnung mit Zustimmung des Bundesrates die Entgelte für die Durchführung von Wirtschaftlichkeitsprüfungen zu regeln. ²In der Rechtsverordnung können auch Mindest- und Höchstsätze festgelegt werden; dabei ist den berechtigten Interessen der Wirtschaftlichkeitsprüfer (§ 79) sowie der zur Zahlung der Entgelte verpflichteten Pflegeeinrichtungen Rechnung zu tragen.

§ 117 Zusammenarbeit mit den nach heimrechtlichen Vorschriften zuständigen Aufsichtsbehörden

(1) ¹Die Landesverbände der Pflegekassen sowie der Medizinische Dienst und der Prüfdienst des Verbandes der privaten Krankenversicherung e. V. arbeiten mit den nach heimrechtlichen Vorschriften zuständigen Aufsichtsbehörden bei der Zulassung und der Überprüfung der Pflegeeinrichtungen eng zusammen, um ihre wechselseitigen Aufgaben nach diesem Buch und nach den heimrechtlichen Vorschriften insbesondere durch
1. regelmäßige gegenseitige Information und Beratung,
2. Terminabsprachen für eine gemeinsame oder arbeitsteilige Überprüfung von Pflegeeinrichtungen und
3. Verständigung über die im Einzelfall notwendigen Maßnahmen

wirksam aufeinander abzustimmen. ²Dabei ist sicherzustellen, dass Doppelprüfungen nach Möglichkeit vermieden werden. ³Zur Erfüllung dieser Aufgaben sind die Landesverbände der Pflegekassen sowie der Medizinische Dienst und der Prüfdienst des Verbandes der privaten Krankenversicherung e. V. verpflichtet, in den Arbeitsgemeinschaften nach den heimrechtlichen Vorschriften mitzuwirken und sich an entsprechenden Vereinbarungen zu beteiligen.
(2) ¹Die Landesverbände der Pflegekassen sowie der Medizinische Dienst und der Prüfdienst des Verbandes der privaten Krankenversicherung e. V. können mit den nach heimrechtlichen Vorschriften zuständigen Aufsichtsbehörden oder den obersten Landesbehörden ein Modellvorhaben vereinbaren, das darauf zielt, eine abgestimmte Vorgehensweise bei der Prüfung der Qualität von Pflegeeinrichtungen nach diesem Buch und nach heimrechtlichen Vorschriften zu erarbeiten. ²Von den Richtlinien nach § 114a Absatz 7 und den nach § 115 Absatz 1a bundesweit getroffenen Vereinbarungen kann dabei für die Zwecke und die Dauer des Modellvorhabens abgewichen werden. ³Die Verantwortung der Pflegekassen und ihrer Verbände für die inhaltliche Bestimmung, Sicherung und Prüfung der Pflege-, Versorgungs- und Betreuungsqualität nach diesem Buch kann durch eine Zusammenarbeit mit den nach heimrechtlichen Vorschriften zuständigen Aufsichtsbehörden oder den obersten Landesbehörden weder eingeschränkt noch erweitert werden.
(3) ¹Zur Verwirklichung der engen Zusammenarbeit sind die Landesverbände der Pflegekassen sowie der Medizinische Dienst und der Prüfdienst des Verbandes der privaten Krankenversicherung e. V. berechtigt und auf Anforderung verpflichtet, der nach heimrechtlichen Vorschriften zuständigen Aufsichtsbehörde die ihnen nach diesem Buch zugänglichen Daten über die Pflegeeinrichtungen, insbesondere über die Zahl und Art der Pflegeplätze und der betreuten Personen (Belegung), über die personelle und sächliche Ausstattung sowie über die Leistungen und Vergütungen der Pflegeeinrichtungen, mitzuteilen. ²Personenbezogene Daten sind vor der Datenübermittlung zu anonymisieren.
(4) ¹Erkenntnisse aus der Prüfung von Pflegeeinrichtungen sind vom Medizinischen Dienst, dem Prüfdienst des Verbandes der privaten Krankenversicherung e. V. oder von den sonstigen Sachverständigen oder Stellen, die Qualitätsprüfungen nach diesem Buch durchführen, unverzüglich der nach heimrechtlichen Vorschriften zuständigen Aufsichtsbehörde mitzuteilen, soweit sie zur Vorbereitung und Durchführung von aufsichtsrechtlichen Maßnahmen nach den heimrechtlichen Vorschriften erforderlich sind. ²§ 115 Abs. 1 Satz 1 bleibt hiervon unberührt.
(5) ¹Die Pflegekassen und ihre Verbände sowie der Medizinische Dienst und der Prüfdienst des Verbandes der privaten Krankenversicherung e. V. tragen die ihnen durch die Zusammenarbeit mit den nach heimrechtlichen Vorschriften zuständigen Aufsichtsbehörden entstehenden Kosten. ²Eine Beteiligung an den Kosten nach heimrechtlichen Vor-

schriften zuständigen Aufsichtsbehörden oder anderer von der nach heimrechtlichen Vorschriften zuständigen Aufsichtsbehörde beteiligter Stellen oder Gremien ist unzulässig.
(6) ¹Durch Anordnungen der nach heimrechtlichen Vorschriften zuständigen Aufsichtsbehörde bedingte Mehr- oder Minderkosten sind, soweit sie dem Grunde nach vergütungsfähig im Sinne des § 82 Abs. 1 sind, in der nächstmöglichen Pflegesatzvereinbarung zu berücksichtigen. ²Der Widerspruch oder die Klage einer Vertragspartei oder eines Beteiligten nach § 85 Abs. 2 gegen die Anordnung hat keine aufschiebende Wirkung.

§ 118 Beteiligung von Interessenvertretungen, Verordnungsermächtigung

(1) ¹Bei Erarbeitung oder Änderung
1. der in § 17 Absatz 1, §§ 18b, 112a Absatz 2, § 114a Absatz 7, § 114c Absatz 1 und § 115a Absatz 3 bis 5 vorgesehenen Richtlinien sowie
2. der Vereinbarungen und Beschlüsse nach § 37 Absatz 5 in der ab dem 1. Januar 2017 geltenden Fassung, den §§ 113, 113a, 115 Absatz 1a sowie § 115a Absatz 1 Satz 3 und Absatz 2 durch den Qualitätsausschuss nach § 113b sowie der Vereinbarungen und Beschlüsse nach § 113c und der Vereinbarungen nach § 115a Absatz 1 Satz 1

wirken die auf Bundesebene maßgeblichen Organisationen für die Wahrnehmung der Interessen und der Selbsthilfe pflegebedürftiger und behinderter Menschen nach Maßgabe der Verordnung nach Absatz 2 beratend mit. ²Das Mitberatungsrecht beinhaltet auch das Recht zur Anwesenheit bei Beschlussfassungen. ³Bei den durch den Qualitätsausschuss nach § 113b zu treffenden Entscheidungen erhalten diese Organisationen das Recht, Anträge zu stellen. ⁴Der Qualitätsausschuss nach § 113b hat über solche Anträge in der nächsten Sitzung zu beraten. ⁵Wenn über einen Antrag nicht entschieden werden kann, soll in der Sitzung das Verfahren hinsichtlich der weiteren Beratung und Entscheidung festgelegt werden. ⁶Ehrenamtlich Tätige, die von den auf Bundesebene maßgeblichen Organisationen nach Maßgabe einer auf Grund des Absatzes 2 erlassenen Verordnung in die Gremien des Qualitätsausschusses nach § 113b entsandt werden, damit sie dort die in den Sätzen 1 und 3 genannten Rechte dieser Organisationen wahrnehmen, haben Anspruch auf Erstattung der Reisekosten, die ihnen durch die Entsendung entstanden sind, sowie auf den Ersatz des Verdienstausfalls in entsprechender Anwendung des § 41 Absatz 2 des Vierten Buches und einen Pauschbetrag für Zeitaufwand in Höhe eines Fünfzigstels der monatlichen Bezugsgröße (§ 18 des Vierten Buches) für jeden Kalendertag einer Sitzung. ⁷Das Nähere regeln die Vereinbarungspartner in der Geschäftsordnung nach § 113b Absatz 7.
(2) Das Bundesministerium für Gesundheit wird ermächtigt, durch Rechtsverordnung mit Zustimmung des Bundesrates Einzelheiten festzulegen für
1. die Voraussetzungen der Anerkennung der für die Wahrnehmung der Interessen und der Selbsthilfe der pflegebedürftigen und behinderten Menschen maßgeblichen Organisationen auf Bundesebene, insbesondere zu den Erfordernissen an die Organisationsform und die Offenlegung der Finanzierung, sowie
2. das Verfahren der Beteiligung.

§ 119 Verträge mit Pflegeheimen außerhalb des Anwendungsbereichs des Wohn- und Betreuungsvertragsgesetzes

Für den Vertrag zwischen dem Träger einer zugelassenen stationären Pflegeeinrichtung, auf die das Wohn- und Betreuungsvertragsgesetz keine Anwendung findet, und dem pflegebedürftigen Bewohner gelten die Vorschriften über die Verträge nach dem Wohn- und Betreuungsvertragsgesetz entsprechend.

§ 120 Pflegevertrag bei häuslicher Pflege

(1) ¹Bei häuslicher Pflege übernimmt der zugelassene Pflegedienst spätestens mit Beginn des ersten Pflegeeinsatzes auch gegenüber dem Pflegebedürftigen die Verpflichtung, diesen nach Art und Schwere seiner Pflegebedürftigkeit, entsprechend der von ihm in Anspruch genommenen Leistungen der häuslichen Pflegehilfe im Sinne des § 36 zu versorgen (Pflegevertrag). ²Bei jeder wesentlichen Veränderung des Zustandes des Pflegebedürftigen hat der Pflegedienst dies der zuständigen Pflegekasse unverzüglich mitzuteilen.
(2) ¹Der Pflegedienst hat nach Aufforderung der zuständigen Pflegekasse unverzüglich eine Ausfertigung des Pflegevertrages auszuhändigen. ²Der Pflegevertrag kann von dem Pflegebedürftigen jederzeit ohne Einhaltung einer Frist gekündigt werden.
(3) ¹In dem Pflegevertrag sind mindestens Art, Inhalt und Umfang der Leistungen einschließlich der dafür mit den Kostenträgern nach § 89 vereinbarten Vergütungen für jede Leistung oder jeden Leistungskomplex einschließlich ergänzender Unterstützungsleistungen bei der Nutzung von digitalen Pflegeanwendungen gesondert zu beschreiben. ²Der Pflegedienst hat den Pflegebedürftigen vor Vertragsschluss und bei jeder wesentlichen Veränderung in der Regel schriftlich über die voraussichtlichen Kosten zu unterrichten. ³Bei der Vereinbarung des Pflegevertrages ist zu berücksichtigen, dass der Pflegebedürftige Leistungen von mehreren Leistungserbringern in Anspruch nimmt.

⁴Ebenso zu berücksichtigen ist die Bereitstellung der Informationen für eine Nutzung des Umwandlungsanspruchs nach § 45a Absatz 4.

(4) ¹Der Anspruch des Pflegedienstes auf Vergütung seiner Leistungen der häuslichen Pflegehilfe im Sinne des § 36 und seiner ergänzenden Unterstützungsleistungen im Sinne des § 39a ist unmittelbar gegen die zuständige Pflegekasse zu richten. ²Soweit die von dem Pflegebedürftigen abgerufenen Leistungen nach Satz 1 den von der Pflegekasse mit Bescheid festgelegten und von ihr zu zahlenden leistungsrechtlichen Höchstbetrag überschreiten, darf der Pflegedienst dem Pflegebedürftigen für die zusätzlich abgerufenen Leistungen keine höhere als die nach § 89 vereinbarte Vergütung berechnen.

Zwölftes Kapitel
Bußgeldvorschrift

§ 121 Bußgeldvorschrift

(1) Ordnungswidrig handelt, wer vorsätzlich oder leichtfertig
1. der Verpflichtung zum Abschluß oder zur Aufrechterhaltung des privaten Pflegeversicherungsvertrages nach § 23 Abs. 1 Satz 1 und 2 oder § 23 Abs. 4 oder der Verpflichtung zur Aufrechterhaltung des privaten Pflegeversicherungsvertrages nach § 22 Abs. 1 Satz 2 nicht nachkommt,
2. entgegen § 50 Abs. 1 Satz 1, § 51 Abs. 1 Satz 1 und 2, § 51 Abs. 3 oder entgegen Artikel 42 Abs. 4 Satz 1 oder 2 des Pflege-Versicherungsgesetzes eine Meldung nicht, nicht richtig, nicht vollständig oder nicht rechtzeitig erstattet,
3. entgegen § 50 Abs. 3 Satz 1 Nr. 1 eine Auskunft nicht, nicht richtig, nicht vollständig oder nicht rechtzeitig erteilt oder entgegen § 50 Abs. 3 Satz 1 Nr. 2 eine Änderung nicht, nicht richtig, nicht vollständig oder nicht rechtzeitig mitteilt,
4. entgegen § 50 Abs. 3 Satz 2 die erforderlichen Unterlagen nicht, nicht vollständig oder nicht rechtzeitig vorlegt,
5. entgegen Artikel 42 Abs. 1 Satz 3 des Pflege-Versicherungsgesetzes den Leistungsumfang seines privaten Versicherungsvertrages nicht oder nicht rechtzeitig anpaßt,
6. mit der Entrichtung von sechs Monatsprämien zur privaten Pflegeversicherung in Verzug gerät,
7. entgegen § 128 Absatz 1 Satz 4 die dort genannten Daten nicht, nicht richtig, nicht vollständig oder nicht rechtzeitig übermittelt.

(2) Die Ordnungswidrigkeit kann mit einer Geldbuße bis zu 2500 Euro geahndet werden.

(3) Für die von privaten Versicherungsunternehmen begangenen Ordnungswidrigkeiten nach Absatz 1 Nummer 2 und 7 ist das Bundesamt für Soziale Sicherung die Verwaltungsbehörde im Sinne des § 36 Abs. 1 Nr. 1 des Gesetzes über Ordnungswidrigkeiten.

(4) ¹Die für die Verfolgung und Ahndung der Ordnungswidrigkeiten nach Absatz 1 Nummer 1 und 6 zuständige Verwaltungsbehörde im Sinne des § 36 Absatz 1 Nummer 2 Buchstabe a oder Absatz 2 des Gesetzes über Ordnungswidrigkeiten kann die zur Ermittlung des Sachverhalts erforderlichen Auskünfte, auch elektronisch und als elektronisches Dokument, bei den nach § 51 Absatz 1 Satz 1 und 2 und Absatz 2 Meldepflichtigen einholen. ²Diese sollen bei der Ermittlung des Sachverhalts mitwirken. ³Sie sollen insbesondere ihnen bekannte Tatsachen und Beweismittel angeben. ⁴Eine weitergehende Pflicht, bei der Ermittlung des Sachverhalts mitzuwirken, insbesondere eine Pflicht zum persönlichen Erscheinen oder zur Aussage, besteht nur, soweit sie durch Rechtsvorschrift besonders vorgesehen ist.

§ 122 (weggefallen)

Dreizehntes Kapitel
Befristete Modellvorhaben

§ 123 Durchführung der Modellvorhaben zur kommunalen Beratung Pflegebedürftiger und ihrer Angehörigen, Verordnungsermächtigung

(1) ¹Die für die Hilfe zur Pflege zuständigen Träger der Sozialhilfe nach dem Zwölften Buch können Modellvorhaben zur Beratung von Pflegebedürftigen und deren Angehörigen für ihren Zuständigkeitsbereich bei der zuständigen obersten Landesbehörde beantragen, sofern dies nach Maßgabe landesrechtlicher Vorschriften vorgesehen ist. ²Ist als überörtlicher Träger für die Hilfe zur Pflege durch landesrechtliche Vorschriften das Land bestimmt, können die örtlichen Träger der Sozialhilfe, die im Auftrag des Landes die Hilfe zur Pflege durchführen, Modellvorhaben nach Satz 1 beantragen. ³Sofern sich die Zuständigkeit des jeweiligen Trägers der Sozialhilfe nach dem Zwölften Buch auf mehrere Kreise erstreckt, soll sich das Modellvorhaben auf einen Kreis oder eine kreisfreie Stadt beschränken. ⁴Für Stadtstaaten, die nur aus einer kreisfreien Stadt bestehen, ist das Modellvorhaben auf jeweils einen Stadtbezirk zu

beschränken. ⁵Die Modellvorhaben umfassen insbesondere die Übernahme folgender Aufgaben durch eigene Beratungsstellen:
1. die Pflegeberatung nach den §§ 7a bis 7c,
2. die Beratung in der eigenen Häuslichkeit nach § 37 Absatz 3 und
3. Pflegekurse nach § 45.

⁶Die §§ 7a bis 7c, § 17 Absatz 1a, § 37 Absatz 3 Satz 1, 2, 3, 9, 10 erster Halbsatz und Absatz 4 sowie § 45 gelten entsprechend. ⁷In den Modellvorhaben ist eine Zusammenarbeit bei der Beratung nach Satz 5 Nummer 1 und 2 insbesondere mit der Beratung zu Leistungen der Altenhilfe, der Hilfe zur Pflege nach dem Zwölften Buch und der Eingliederungshilfe nach dem Neunten Buch sowie mit der Beratung zu Leistungen des öffentlichen Gesundheitsdienstes, zur rechtlichen Betreuung, zu behindertengerechten Wohnangeboten, zum öffentlichen Nahverkehr und zur Förderung des bürgerschaftlichen Engagements sicherzustellen. ⁸Abweichend von Satz 5 Nummer 1 und Absatz 6 Satz 1 kann die Pflegeberatung nach den §§ 7a bis 7c durch die Pflegekassen erfolgen, soweit die Zusammenarbeit in der Beratung für den örtlichen Geltungsbereich des Modellvorhabens in einer ergänzenden Vereinbarung nach § 7a Absatz 7 Satz 4 in Verbindung mit einer Vereinbarung nach Absatz 5 gewährleistet ist. ⁹Die Landesregierungen werden ermächtigt, Schiedsstellen entsprechend § 7c Absatz 7 Satz 1 bis 5 einzurichten und eine Rechtsverordnung entsprechend § 7c Absatz 7 Satz 6 zu erlassen. ¹⁰Absatz 5 Satz 5 bis 7 gilt entsprechend.

(2) ¹Dem Antrag nach Absatz 1 ist ein Konzept beizufügen, wie die Aufgaben durch die Beratungsstellen wahrgenommen werden und mit welchen eigenen sächlichen, personellen und finanziellen Mitteln die Beratungsstellen ausgestattet werden. ²Eine Zusammenarbeit mit den privaten Versicherungsunternehmen, die die private Pflege-Pflichtversicherung durchführen, ist anzustreben und im Konzept nachzuweisen. ³Das Nähere, insbesondere zu den Anforderungen an die Beratungsstellen und an die Anträge nach Absatz 1 sowie zum Widerruf einer Genehmigung nach § 124 Absatz 2 Satz 1, ist bis zum 31. Dezember 2018 durch landesrechtliche Vorschriften zu regeln.

(3) ¹Die zuständige oberste Landesbehörde kann höchstens so viele Modellvorhaben genehmigen, wie ihr nach dem Königsteiner Schlüssel, der für das Jahr 2017 im Bundesanzeiger veröffentlicht ist, bei einer Gesamtzahl von insgesamt 60 Modellvorhaben zustehen. ²Der Antrag kann genehmigt werden, wenn die Anforderungen nach den Absätzen 1 und 2 in Verbindung mit den landesrechtlichen Vorgaben im Sinne des Absatzes 2 Satz 3 erfüllt sind. ³Den kommunalen Spitzenverbänden auf Landesebene und den Landesverbänden der Pflegekassen ist zu jedem Antrag vor der Genehmigung Gelegenheit zur Stellungnahme zu geben. ⁴Die Länder insgesamt sollen bei der Genehmigung sicherstellen, dass die Hälfte aller bewilligten Modellvorhaben durch Antragsteller nach Absatz 1 durchgeführt wird, die keine mehrjährigen Erfahrungen in strukturierter Zusammenarbeit in der Beratung aufweisen. ⁵Länder, die innerhalb der in Absatz 2 Satz 3 genannten Frist keine landesrechtlichen Regelungen getroffen haben oder die die ihnen zustehenden Modellvorhaben nicht nutzen wollen, treten die ihnen zustehenden Modellvorhaben an andere Länder ab. ⁶Die Verteilung der nicht in Anspruch genommenen Modellvorhaben auf die anderen Länder wird von den Ländern im Einvernehmen mit dem Bundesministerium für Gesundheit bestimmt.

(4) ¹Der Spitzenverband Bund der Pflegekassen beschließt nach Anhörung der kommunalen Spitzenverbände sowie der auf Bundesebene maßgeblichen Organisationen für die Wahrnehmung der Interessen und der Selbsthilfe der pflegebedürftigen und behinderten Menschen und ihrer Angehörigen sowie des Verbands der privaten Krankenversicherung e. V. Empfehlungen über die konkreten Voraussetzungen, Ziele, Inhalte und Durchführung der Modellvorhaben. ²Die Empfehlungen sind bis zum 30. Juni 2017 vorzulegen und bedürfen der Zustimmung des Bundesministeriums für Gesundheit und der Länder. ³Das Bundesministerium für Gesundheit trifft seine Entscheidung im Benehmen mit dem Bundesministerium für Familie, Senioren, Frauen und Jugend. ⁴Zur Begleitung der Modellvorhaben eines Landes kann die oberste Landesbehörde einen Beirat einrichten, der insbesondere aus den kommunalen Spitzenverbänden auf Landesebene und den Landesverbänden der Pflegekassen besteht. ⁵Aufgaben des Beirates sind insbesondere, die oberste Landesbehörde bei der Klärung fachlicher und verfahrensbezogener Fragen zu beraten, sowie der Austausch der Mitglieder untereinander über die Unterstützung der Modellvorhaben in eigener Zuständigkeit.

(5) ¹Ist ein Antrag nach Absatz 3 Satz 2 genehmigt, trifft der Antragsteller mit den Landesverbänden der Pflegekassen gemeinsam und einheitlich eine Vereinbarung
1. zur Zusammenarbeit,
2. zur Einbeziehung bestehender Beratungs- und Kursangebote,
3. zu Nachweis- und Berichtspflichten gegenüber den Landesverbänden der Pflegekassen,
4. zum Übergang der Beratungsaufgaben auf die Beratungsstellen nach Absatz 1 Satz 5,
5. zur Haftung für Schäden, die den Pflegekassen durch fehlerhafte Beratung entstehen, und
6. zur Beteiligung der Pflegekassen mit sächlichen, personellen und finanziellen Mitteln.

²Der Beitrag der Pflegekassen nach Satz 1 Nummer 6 darf den Aufwand nicht übersteigen, der entstehen würde, wenn sie die Aufgaben anstelle der Antragsteller nach Absatz 1 im selben Umfang selbst erbringen würden. ³Grundlage hierfür sind die bisherigen Ausgaben der Pflegekassen für die Aufgabenerfüllung nach Absatz 1 Satz 5. ⁴Die

Landesregierungen werden ermächtigt, Schiedsstellen entsprechend § 7c Absatz 7 Satz 1 bis 5 einzurichten und eine Rechtsverordnung entsprechend § 7c Absatz 7 Satz 6 zu erlassen. [5]Abweichend von Satz 4 können die Parteien der Vereinbarung nach Satz 1 einvernehmlich eine unparteiische Schiedsperson und zwei unparteiische Mitglieder bestellen, die den Inhalt der Vereinbarung nach Satz 1 innerhalb von sechs Wochen nach ihrer Bestellung festlegen. [6]Die Kosten des Schiedsverfahrens tragen die Parteien der Vereinbarung zu gleichen Teilen. [7]Kommt eine Einigung der Landesverbände der Pflegekassen untereinander nicht zustande, erfolgt die Beschlussfassung durch die Mehrheit der in § 52 Absatz 1 Satz 1 genannten Stellen.
(6) [1]Mit dem Inkrafttreten der Vereinbarung nach Absatz 5 Satz 1 geht die Verantwortung für die Pflegeberatung nach den §§ 7a bis 7c und für die Beratung in der eigenen Häuslichkeit nach § 37 Absatz 3 von anspruchsberechtigten Pflegebedürftigen mit Wohnort im Bereich der örtlichen Zuständigkeit der Beratungsstelle und von deren Angehörigen sowie für die Pflegekurse nach § 45 auf den Antragsteller nach Absatz 1 über. [2]Die Antragsteller können sich zur Erfüllung ihrer Aufgaben Dritter bedienen. [3]Die Erfüllung der Aufgaben durch Dritte ist im Konzept nach Absatz 2 darzulegen. [4]Sofern sie sich für die Beratung in der eigenen Häuslichkeit nach § 37 Absatz 3 Dritter bedienen, ist die Leistungserbringung allen in § 37 Absatz 3 Satz 1 und Absatz 8 genannten Einrichtungen zu ermöglichen.
(7) [1]Während der Durchführung des Modellvorhabens weist der Antragsteller gegenüber der obersten Landesbehörde und den am Vertrag beteiligten Landesverbänden der Pflegekassen die Höhe der eingebrachten sächlichen und personellen Mittel je Haushaltsjahr nach. [2]Diese Mittel dürfen die durchschnittlich aufgewendeten Verwaltungsausgaben für die Hilfe zur Pflege und die Eingliederungshilfe bezogen auf den einzelnen Empfänger und für die Altenhilfe bezogen auf alte Menschen im Haushaltsjahr vor Beginn des Modellvorhabens nicht unterschreiten; Ausnahmen hiervon sind bei den sächlichen Mitteln möglich, soweit sich die Abweichung nachweislich aus Einsparungen aufgrund der Zusammenlegung von Beratungsaufgaben ergibt. [3]Die Mittel sind auf der Grundlage der Haushaltsaufstellung im Konzept nach Absatz 2 Satz 1 nachzuweisen.

§ 124 Befristung, Widerruf und Begleitung der Modellvorhaben zur kommunalen Beratung; Beirat

(1) [1]Anträge zur Durchführung von Modellvorhaben können bis zum 31. Dezember 2020 gestellt werden. [2]Modellvorhaben nach diesem Kapitel sind auf fünf Jahre zu befristen.
(2) [1]Die Genehmigung zur Durchführung eines Modellvorhabens ist zu widerrufen, wenn die in § 123 Absatz 1 Satz 5 genannten Aufgaben nicht in vollem Umfang erfüllt werden. [2]Die Genehmigung ist auch dann zu widerrufen, wenn die nach § 123 Absatz 5 Satz 1 vereinbarten oder die in § 123 Absatz 5 Satz 2 oder Absatz 7 festgelegten Anforderungen überwiegend nicht erfüllt werden. [3]Eine Klage gegen den Widerruf hat keine aufschiebende Wirkung. [4]Die zuständige oberste Landesbehörde überprüft die Erfüllung der Aufgaben nach § 123 Absatz 1 anhand der wissenschaftlichen Begleitung und Auswertung nach Absatz 3 zum Abschluss des jeweiligen Haushaltsjahres. [5]Sie überprüft die Erfüllung der Anforderungen nach § 123 Absatz 7 anhand der jeweiligen Haushaltspläne.
(3) [1]Der Spitzenverband Bund der Pflegekassen und die für die Modellvorhaben nach § 123 Absatz 1 Satz 1 zuständigen obersten Landesbehörden veranlassen gemeinsam im Einvernehmen mit dem Bundesministerium für Gesundheit und im Benehmen mit den kommunalen Spitzenverbänden eine wissenschaftliche Begleitung und Auswertung aller Modellvorhaben durch unabhängige Sachverständige. [2]Die Auswertung erfolgt nach allgemein anerkannten wissenschaftlichen Standards hinsichtlich der Wirksamkeit, Qualität und Kosten der Beratung im Vergleich zur Beratung vor Beginn des jeweiligen Modellvorhabens und außerhalb der Modellvorhaben. [3]Die Auswertung schließt einen Vergleich mit den Beratungsangeboten der sozialen Pflegeversicherung und der privaten Pflege-Pflichtversicherung jeweils außerhalb der Modellvorhaben ein. [4]Die unabhängigen Sachverständigen haben einen Zwischenbericht und einen Abschlussbericht über die Ergebnisse der Auswertungen zu erstellen. [5]Der Zwischenbericht ist spätestens am 31. Dezember 2024 und der Abschlussbericht spätestens am 31. Juli 2027 zu veröffentlichen. [6]Die Kosten der wissenschaftlichen Begleitung und Auswertung der Modellvorhaben tragen je zur Hälfte die für diese Modellvorhaben zuständigen obersten Landesbehörden gemeinsam und der Spitzenverband Bund der Pflegekassen, dessen Beitrag aus Mitteln des Ausgleichsfonds nach § 65 zu finanzieren ist.
(4) [1]Die nach Landesrecht zuständigen Stellen begleiten die Modellvorhaben über die gesamte Laufzeit und sorgen für einen bundesweiten Austausch der Modellvorhaben untereinander unter Beteiligung der für die Begleitung und Auswertung nach Absatz 3 zuständigen unabhängigen Sachverständigen sowie des Spitzenverbandes Bund der Pflegekassen und der kommunalen Spitzenverbände. [2]Bei der Organisation und Durchführung des Austausches können sich die nach Landesrecht zuständigen Stellen von den unabhängigen Sachverständigen unterstützen lassen, die die wissenschaftliche Begleitung und Auswertung nach Absatz 3 durchführen.
(5) [1]Der Spitzenverband Bund der Pflegekassen richtet einen Beirat zur Begleitung der Modellvorhaben im Einvernehmen mit dem Bundesministerium für Gesundheit ein. [2]Der Beirat tagt mindestens zweimal jährlich und berät den Sachstand der Modellvorhaben. [3]Ihm gehören Vertreterinnen und Vertreter der kommunalen Spitzenverbände, der Länder, der Pflegekassen, der Wissenschaft, des Bundesministeriums für Gesundheit und des Bundesministeriums für Familie, Senioren, Frauen und Jugend an.

§ 125 Modellvorhaben zur Einbindung der Pflegeeinrichtungen in die Telematikinfrastruktur

¹Für eine wissenschaftlich gestützte Erprobung der Einbindung der Pflegeeinrichtungen in die Telematikinfrastruktur werden aus Mitteln des Ausgleichsfonds der Pflegeversicherung zusätzlich 10 Millionen Euro im Zeitraum von 2020 bis 2024 zur Verfügung gestellt. ²Für die Förderung gilt § 8 Absatz 3 entsprechend mit der Maßgabe, dass die Maßnahmen in Abstimmung mit der Gesellschaft für Telematik und der Kassenärztlichen Bundesvereinigung zu planen und durchzuführen sind.

§ 125a Modellvorhaben zur Erprobung von Telepflege

¹Für eine wissenschaftlich gestützte Erprobung von Telepflege zur Verbesserung der pflegerischen Versorgung von Pflegebedürftigen werden aus Mitteln des Ausgleichsfonds der Pflegeversicherung zehn Millionen Euro im Zeitraum von 2022 bis 2024 zur Verfügung gestellt. ²Für die Förderung gilt § 8 Absatz 3 entsprechend mit der Maßgabe, dass die Planung des Modellvorhabens im Benehmen mit den Verbänden der Träger der Pflegeeinrichtungen auf Bundesebene, geeigneten Verbänden der Digitalwirtschaft sowie der Gesellschaft für Telematik erfolgt.

Sechzehntes Kapitel
Überleitungs- und Übergangsrecht

Dritter Abschnitt
Maßnahmen zur Aufrechterhaltung der pflegerischen Versorgung während der durch das neuartige Coronavirus SARS-CoV-2 verursachten Pandemie

§ 147 Verfahren zur Feststellung der Pflegebedürftigkeit nach § 18

(1) ¹Abweichend von § 18 Absatz 2 Satz 1 kann die Begutachtung bis einschließlich 30. Juni 2021 ohne Untersuchung des Versicherten in seinem Wohnbereich erfolgen, wenn dies zur Verhinderung des Risikos einer Ansteckung des Versicherten oder des Gutachters mit dem Coronavirus SARS-CoV-2 zwingend erforderlich ist. ²Grundlage für die Begutachtung bilden bis zu diesem Zeitpunkt insbesondere die zum Versicherten zur Verfügung stehenden Unterlagen sowie die Angaben und Auskünfte, die beim Versicherten, seinen Angehörigen und sonstigen zur Auskunft fähigen Personen einzuholen sind. ³Der Medizinische Dienst des Spitzenverbandes Bund der Krankenkassen entwickelt im Benehmen mit dem Spitzenverband Bund der Pflegekassen bis zum 31. Oktober 2020 bundesweit einheitliche Maßgaben dafür, unter welchen Schutz- und Hygieneanforderungen eine Begutachtung durch eine Untersuchung des Versicherten in seinem Wohnbereich stattfindet und in welchen Fällen, insbesondere bei welchen Personengruppen, eine Begutachtung ohne Untersuchung des Versicherten in seinem Wohnbereich zwingend erforderlich ist.

(2) Abweichend von § 18 Absatz 2 Satz 5 werden bis einschließlich 31. März 2021 keine Wiederholungsbegutachtungen durchgeführt, auch dann nicht, wenn die Wiederholungsbegutachtung vor diesem Zeitpunkt vom Medizinischen Dienst oder anderen unabhängigen Gutachterinnen und Gutachtern empfohlen wurde.

(3) ¹Abweichend von § 18 Absatz 3 Satz 2 ist die Frist, in welcher dem Antragsteller die Entscheidung der Pflegekasse schriftlich mitzuteilen ist, bis einschließlich 30. September 2020 unbeachtlich. ²Abweichend von Satz 1 ist einem Antragsteller, bei dem ein besonders dringlicher Entscheidungsbedarf vorliegt, spätestens 25 Arbeitstage nach Eingang des Antrags bei der zuständigen Pflegekasse die Entscheidung der Pflegekasse schriftlich mitzuteilen. ³Der Spitzenverband Bund der Pflegekassen entwickelt unverzüglich, spätestens bis einschließlich 9. April 2020, bundesweit einheitliche Kriterien für das Vorliegen, die Gewichtung und die Feststellung eines besonders dringlichen Entscheidungsbedarfs. ⁴Die Pflegekassen und die privaten Versicherungsunternehmen berichten in der nach § 109 Absatz 3b Satz 4 zu veröffentlichenden Statistik über die Anwendung der Kriterien zum Vorliegen und zur Feststellung eines besonders dringlichen Entscheidungsbedarfs.

(4) Abweichend von § 18 Absatz 3a Satz 1 Nummer 2 ist die Pflegekasse bis einschließlich 30. September 2020 nur bei Vorliegen eines besonders dringlichen Entscheidungsbedarfs gemäß Absatz 3 dazu verpflichtet, dem Antragsteller mindestens drei unabhängige Gutachter zur Auswahl zu benennen, wenn innerhalb von 20 Arbeitstagen nach Antragstellung keine Begutachtung erfolgt ist.

(5) § 18 Absatz 3b Satz 1 bis 3 findet bis einschließlich 30. September 2020 keine Anwendung.

(6) Absatz 1 gilt für Anträge auf Pflegeleistungen, die zwischen dem 1. Oktober 2020 und dem 30. Juni 2021 gestellt werden.

Anm. d. Hrsg.: Zu beachten hierzu § 1 der Verordnung zur Verlängerung von Maßnahmen zur Aufrechterhaltung der pflegerischen Versorgung während der durch das Coronavirus SARS-CoV-2 verursachten Pandemie vom 28. Juni 2021 (BAnz. AT 30.06.2021 V2):
(1) Die Frist nach § 147 Absatz 1 Satz 1 des Elften Buches Sozialgesetzbuch wird bis einschließlich 30. September 2021 verlängert.
(2) Der Zeitraum nach § 147 Absatz 6 des Elften Buches Sozialgesetzbuch wird bis einschließlich 30. September 2021 verlängert.

§ 148 Beratungsbesuche nach § 37

Abweichend von § 37 Absatz 3 Satz 1 erfolgt die von den Pflegebedürftigen abzurufende Beratung bis einschließlich 30. Juni 2021 telefonisch, digital oder per Videokonferenz, wenn die oder der Pflegebedürftige dies wünscht.

> **Anm. d. Hrsg.:** Zu beachten hierzu § 1 der Verordnung zur Verlängerung von Maßnahmen zur Aufrechterhaltung der pflegerischen Versorgung während der durch das Coronavirus SARS-CoV-2 verursachten Pandemie vom 28. Juni 2021 (BAnz. AT 30.06.2021 V2):
>
> ...
>
> (3) Die Frist nach § 148 des Elften Buches Sozialgesetzbuch wird bis einschließlich 30. September 2021 verlängert.

§ 149 Einrichtungen zur Inanspruchnahme von Kurzzeitpflege und anderweitige vollstationäre pflegerische Versorgung

(1) ¹Bis einschließlich 30. September 2020 besteht der Anspruch auf Kurzzeitpflege in Einrichtungen, die stationäre Leistungen zur medizinischen Vorsorge oder Rehabilitation erbringen, abweichend von § 42 Absatz 4 auch ohne dass gleichzeitig eine Maßnahme der medizinischen Vorsorge oder Rehabilitation für eine Pflegeperson erbracht wird. ²Die Vergütung richtet sich nach dem durchschnittlichen Vergütungssatz gemäß § 111 Absatz 5 des Fünften Buches der Vorsorge- oder Rehabilitationseinrichtung.
(2) Abweichend von § 42 Absatz 2 Satz 2 übernehmen die Pflegekassen bei Kurzzeitpflege in dem Zeitraum vom 28. März 2020 bis einschließlich 30. September 2020 in Einrichtungen, die stationäre Leistungen zur medizinischen Vorsorge oder Rehabilitation erbringen, Aufwendungen bis zu einem Gesamtbetrag von 2418 Euro.
(3) ¹Ist eine pflegerische Versorgung von bereits vollstationär versorgten Pflegebedürftigen in einer vollstationären Pflegeeinrichtung auf Grund der SARS-CoV-2-Pandemie quarantänebedingt nicht zu gewährleisten, kann diese für die Dauer von maximal 14 Kalendertagen in dem Zeitraum vom 23. Mai 2020 bis einschließlich 30. September 2020 auch in einer Einrichtung erbracht werden, die Leistungen zur medizinischen Vorsorge oder Rehabilitation erbringt (anderweitige vollstationäre pflegerische Versorgung). ²Im begründeten Einzelfall kann in Abstimmung mit der Pflegekasse des Pflegebedürftigen auch eine pflegerische Versorgung von mehr als 14 Tagen in einer Einrichtung erbracht werden, die Leistungen zur medizinischen Vorsorge oder Rehabilitation erbringt. ³Der Pflegeplatz des Pflegebedürftigen ist von der bisherigen vollstationären Pflegeeinrichtung während seiner Abwesenheit freizuhalten. ⁴Die Berechnung des Heimentgeltes und seine Zahlung an die bisherige vollstationäre Pflegeeinrichtung sowie der nach § 43 von der Pflegekasse an die bisherige vollstationäre Pflegeeinrichtung zu gewährende Leistungsbetrag bleiben unverändert. ⁵Die Vergütung der anderweitigen vollstationären pflegerischen Versorgung richtet sich nach dem durchschnittlichen Vergütungssatz nach § 111 Absatz 5 des Fünften Buches für die Vorsorge- oder Rehabilitationseinrichtung. ⁶Sie wird der Einrichtung von den Pflegekassen entsprechend dem Verfahren nach § 150 Absatz 2 Satz 2 bis 4 erstattet. ⁷Der Spitzenverband Bund der Pflegekassen kann im Benehmen mit den Verbänden der Träger von vollstationären Pflegeeinrichtungen sowie im Benehmen mit den Verbänden der stationären medizinischen Rehabilitations- und Vorsorgeeinrichtungen Empfehlungen zur formellen Abwicklung des Abrechnungsverfahrens abgeben.

§ 150 Sicherstellung der pflegerischen Versorgung, Kostenerstattung für Pflegeeinrichtungen und Pflegebedürftige

(1) ¹Im Fall einer wesentlichen Beeinträchtigung der Leistungserbringung infolge des neuartigen Coronavirus SARS-CoV-2 ist der Träger einer nach § 72 zugelassenen Pflegeeinrichtung verpflichtet, diese umgehend den Pflegekassen gegenüber anzuzeigen. ²Es genügt die Anzeige an eine als Partei des Versorgungsvertrages beteiligte Pflegekasse. ³In Abstimmung mit den weiteren hierbei zuständigen Stellen, insbesondere den nach Landesrecht bestimmten heimrechtlichen Aufsichtsbehörden, haben die Pflegekassen zusammen mit der Pflegeeinrichtung zur Sicherstellung der pflegerischen Versorgung die erforderlichen Maßnahmen und Anpassungen vorzunehmen, wobei auch von der vereinbarten Personalausstattung einschließlich deren gesetzlichen Bestimmungen nach diesem Buch abgewichen werden kann. ⁴Dabei sind zum flexiblen Einsatz des Personals in anderen Versorgungsbereichen alle bestehenden Instrumente und Mittel einschließlich des Vertragsrechts zu nutzen, bei denen zulassungsrechtliche Voraussetzungen zweckgerichtet und unbürokratisch angewandt werden können. ⁵Dies gilt auch für den Einsatz von Beschäftigten für die Leistungen der zusätzlichen Betreuung nach § 43b in anderen Bereichen.
(2) ¹Den zugelassenen Pflegeeinrichtungen werden die ihnen infolge des neuartigen Coronavirus SARS-CoV-2 anfallenden, außerordentlichen Aufwendungen sowie Mindereinnahmen im Rahmen ihrer Leistungserbringung, die nicht anderweitig finanziert werden, erstattet. ²Der Anspruch auf Erstattung kann bei einer Pflegekasse regelmäßig zum Monatsende geltend gemacht werden, die Partei des Versorgungsvertrages ist. ³Die Auszahlung des gesamten Erstattungsbetrages hat innerhalb von 14 Kalendertagen über eine Pflegekasse zu erfolgen. ⁴Die Auszahlung kann vorläufig erfolgen. ⁵Für zugelassene Pflegeeinrichtungen, die eine vertragliche Regelung der Pflegevergütung nach den §§ 85 und 89 abgeschlossen haben, findet § 85 Absatz 7 insoweit keine Anwendung. ⁶Dabei sind bei Unter-

schreitungen der vereinbarten Personalausstattung keine Vergütungskürzungsverfahren nach § 115 Absatz 3 Satz 1 durchzuführen.

(3) ¹Der Spitzenverband Bund der Pflegekassen legt im Benehmen mit den Bundesvereinigungen der Träger stationärer und ambulanter Pflegeeinrichtungen unverzüglich das Nähere für das Erstattungsverfahren und die erforderlichen Nachweise für seine Mitglieder fest. ²Dabei sind gemessen an der besonderen Herausforderung von allen Beteiligten pragmatische Lösungen in der Umsetzung vorzusehen. ³Die Festlegungen bedürfen der Zustimmung des Bundesministeriums für Gesundheit. ⁴Der Spitzenverband Bund der Pflegekassen berichtet dem Bundesministerium für Gesundheit regelmäßig über die Ausgabenentwicklung.

(4) ¹Bei ambulanten Pflegeeinrichtungen tragen die gesetzlichen Krankenkassen und die soziale Pflegeversicherung die nach Absatz 2 entstehenden Erstattungen entsprechend dem Verhältnis, das dem Verhältnis zwischen den Ausgaben der Krankenkassen für die häusliche Krankenpflege und den Ausgaben der sozialen Pflegeversicherung für Pflegesachleistungen im vorangegangenen Kalenderjahr entspricht. ²Bei den in § 39a Absatz 1 des Fünften Buches genannten stationären Hospizen, mit denen ein Versorgungsvertrag als stationäre Pflegeeinrichtung nach § 72 besteht, tragen die gesetzlichen Krankenkassen 80 Prozent der nach Absatz 2 entstehenden Erstattungen. ³Zur Finanzierung der den Krankenkassen nach den Sätzen 1 und 2 entstehenden Kosten erhebt der Spitzenverband Bund der Krankenkassen von den Krankenkassen eine Umlage gemäß dem Anteil der Versicherten der Krankenkassen an der Gesamtzahl der Versicherten aller Krankenkassen. ⁴Das Nähere zum Umlageverfahren und zur Zahlung an die Pflegeversicherung bestimmt der Spitzenverband Bund der Krankenkassen. ⁵Die privaten Versicherungsunternehmen, die die private Pflege-Pflichtversicherung durchführen, beteiligen sich mit einem Anteil von 7 Prozent an den Kosten, die sich gemäß Absatz 2 ergeben. ⁶Das Bundesamt für Soziale Sicherung stellt die Höhe des Finanzierungsanteils der privaten Versicherungsunternehmen auf Basis der vierteljährlichen Finanzstatistiken der gesetzlichen Kranken- und Pflegekassen fest. ⁷Die entsprechende Zahlung wird binnen vier Wochen fällig. ⁸Der jeweilige Finanzierungsanteil, der auf die privaten Versicherungsunternehmen entfällt, kann von dem Verband der privaten Krankenversicherung e. V. unmittelbar an das Bundesamt für Soziale Sicherung zugunsten des Ausgleichsfonds der Pflegeversicherung nach § 65 geleistet werden.

(5) ¹Die Pflegekassen können nach ihrem Ermessen zur Vermeidung von durch das neuartige Coronavirus SARS-CoV-2 im Einzelfall im häuslichen Bereich verursachten pflegerischen Versorgungsengpässen, Kostenerstattung in Höhe der ambulanten Sachleistungsbeträge (§ 36) nach vorheriger Antragstellung gewähren, wenn die Maßnahmen nach Absatz 1 Satz 3 nicht ausreichend sind; dabei haben sie vorrangig Leistungserbringer zu berücksichtigen, die von Pflegefachkräften geleitet werden. ²Entsprechende Kostenerstattungszusagen sind jeweils auf bis zu drei Monate zu begrenzen. ³Der Spitzenverband Bund der Pflegekassen legt Einzelheiten dazu in Empfehlungen fest. ⁴Die Pflegekassen können bei Bedarf bereits vor dem Vorliegen der Empfehlungen Kostenerstattungen zusagen. ⁵Die Pflegekassen können aus wichtigen Gründen die Kostenerstattungszusage jederzeit widerrufen.

(5a) ¹Den nach Maßgabe des gemäß § 45a Absatz 3 erlassenen Landesrechts anerkannten Angeboten zur Unterstützung im Alltag werden die ihnen infolge des neuartigen Coronavirus SARS-CoV-2 anfallenden, außerordentlichen Aufwendungen sowie Mindereinnahmen im Rahmen ihrer Leistungserbringung, die nicht anderweitig finanziert werden, aus Mitteln der Pflegeversicherung erstattet, wenn sie diese Aufwendungen nachweisen oder die Mindereinnahmen glaubhaft machen. ²Die Erstattung der Mindereinnahmen wird begrenzt auf eine monatliche Summe aus der Multiplikation von

1. 125 Euro und
2. der Differenz, die sich beim Vergleich der Anzahl der im letzten Quartal des Jahres 2019 monatsdurchschnittlich betreuten Pflegebedürftigen und der Anzahl der in dem Monat, für den Mindereinnahmen geltend gemacht werden, betreuten Pflegebedürftigen ergibt.

³Die Auszahlung kann vorläufig erfolgen. ⁴Der Spitzenverband Bund der Pflegekassen legt in Abstimmung mit dem Bundesministerium für Gesundheit unverzüglich das Nähere für das Erstattungsverfahren fest. ⁵Absatz 4 Satz 5 bis 8 gilt entsprechend.

(5b) ¹Abweichend von § 45b Absatz 1 Satz 3 können Pflegebedürftige des Pflegegrades 1 den Entlastungsbetrag auch für die Inanspruchnahme anderer Hilfen im Wege der Kostenerstattung einsetzen, wenn dies zur Überwindung von infolge des neuartigen Coronavirus SARS-CoV-2 verursachten Versorgungsengpässen erforderlich ist. ²§ 45b Absatz 2 Satz 3 und Absatz 4 findet keine Anwendung. ³Der Spitzenverband Bund der Pflegekassen legt Einzelheiten zum Einsatz des Entlastungsbetrags für andere Hilfen nach Satz 1 in Empfehlungen fest.

(5c) Abweichend von § 45b Absatz 1 Satz 5 zweiter Halbsatz kann der im Jahr 2019 sowie der im Jahr 2020 nicht verbrauchte Betrag für die Leistung nach § 45b Absatz 1 Satz 1 in den Zeitraum bis zum 30. September 2021 übertragen werden.

(5d) ¹Abweichend von § 44a Absatz 3 Satz 1 haben Beschäftigte im Sinne des § 7 Absatz 1 des Pflegezeitgesetzes Anspruch auf Pflegeunterstützungsgeld für bis zu insgesamt 20 Arbeitstage, um die Pflege eines pflegebedürftigen

nahen Angehörigen im Sinne des § 7 Absatz 3 des Pflegezeitgesetzes sicherzustellen oder zu organisieren, unabhängig davon, ob eine kurzzeitige Arbeitsverhinderung im Sinne des § 2 des Pflegezeitgesetzes vorliegt, wenn
1. die Beschäftigten glaubhaft darlegen, dass sie die Pflege oder die Organisation der Pflege auf Grund der SARS-CoV-2-Pandemie übernehmen,
2. die Beschäftigten keinen Anspruch auf Entgeltfortzahlung vom Arbeitgeber, Kranken- oder Verletztengeld bei Erkrankung oder Unfall eines Kindes nach § 45 des Fünften Buches oder nach § 45 Absatz 4 des Siebten Buches haben und
3. die häusliche Pflege nicht anders sichergestellt werden kann.
²Abweichend von § 44a Absatz 6 Satz 1 haben landwirtschaftliche Unternehmer nach § 2 Absatz 1 Nummer 1 und 2 des Zweiten Gesetzes über die Krankenversicherung der Landwirte Anspruch auf Betriebshilfe für bis zu insgesamt 20 Arbeitstage, um die Pflege eines pflegebedürftigen nahen Angehörigen im Sinne des § 7 Absatz 3 des Pflegezeitgesetzes sicherzustellen oder zu organisieren, unabhängig davon, ob eine akut aufgetretene Pflegesituation vorliegt, sofern die Voraussetzungen nach Satz 1 Nummer 1 und 3 erfüllt sind. ³Abweichend von § 44a Absatz 6 Satz 3 haben privat pflegeversicherte landwirtschaftliche Unternehmer Anspruch auf Kostenerstattung für bis zu insgesamt 20 Arbeitstage Betriebshilfe, um die Pflege eines pflegebedürftigen nahen Angehörigen im Sinne des § 7 Absatz 3 des Pflegezeitgesetzes sicherzustellen oder zu organisieren, unabhängig davon, ob eine akut aufgetretene Pflegesituation vorliegt, sofern die Voraussetzungen nach Satz 1 Nummer 1 und 3 erfüllt sind.
(6) ¹Die Absätze 1 bis 5b gelten bis einschließlich 30. Juni 2021. ²Absatz 5d gilt in dem Zeitraum vom 23. Mai 2020 bis einschließlich 30. Juni 2021.

Anm. d. Hrsg.: Zu beachten hierzu § 1 der Verordnung zur Verlängerung von Maßnahmen zur Aufrechterhaltung der pflegerischen Versorgung während der durch das Coronavirus SARS-CoV-2 verursachten Pandemie vom 28. Juni 2021 (BAnz. AT 30.06.2021 V2):

...

(4) Die Frist nach § 150 Absatz 6 Satz 1 des Elften Buches Sozialgesetzbuch wird bis einschließlich 30. September 2021 verlängert.
(5) Der Zeitraum nach § 150 Absatz 6 Satz 2 des Elften Buches Sozialgesetzbuch wird bis einschließlich 31. Dezember 2021 verlängert.

§ 150a Sonderleistung während der Coronavirus-SARS-CoV-2-Pandemie

(1) ¹Die zugelassenen Pflegeeinrichtungen werden verpflichtet, ihren Beschäftigten im Jahr 2020 zum Zweck der Wertschätzung für die besonderen Anforderungen während der Coronavirus-SARS-CoV-2-Pandemie eine für jeden Beschäftigten einmalige Sonderleistung nach Maßgabe der Absätze 2 bis 6 und 8 zu zahlen (Corona-Prämie). ²Gleiches gilt für Arbeitgeber, deren Arbeitnehmerinnen oder Arbeitnehmer in Einrichtungen nach Satz 1 im Rahmen einer Arbeitnehmerüberlassung oder eines Werk- oder Dienstleistungsvertrags eingesetzt werden.
(2) ¹Die Corona-Prämie ist für Vollzeitbeschäftigte, die in dem Zeitraum vom 1. März 2020 bis einschließlich zum 31. Oktober 2020 (Bemessungszeitraum) mindestens drei Monate in einer zugelassenen oder für eine zugelassene Pflegeeinrichtung tätig waren, in folgender Höhe auszuzahlen:
1. in Höhe von 1000 Euro für Beschäftigte, die Leistungen nach diesem Buch oder im ambulanten Bereich nach dem Fünften Buch durch die direkte Pflege und Betreuung von Pflegebedürftigen erbringen,
2. in Höhe von 667 Euro für andere Beschäftigte, die in einem Umfang von mindestens 25 Prozent ihrer Arbeitszeit gemeinsam mit Pflegebedürftigen tagesstrukturierend, aktivierend, betreuend oder pflegend tätig sind,
3. in Höhe von 334 Euro für alle übrigen Beschäftigten.
²Freiwillige im Sinne des § 2 des Bundesfreiwilligendienstgesetzes und Freiwillige im Sinne des § 2 des Jugendfreiwilligendienstgesetzes im freiwilligen sozialen Jahr erhalten eine Corona-Prämie in Höhe von 100 Euro.
(3) ¹Den folgenden Auszubildenden, die mit einer zugelassenen Pflegeeinrichtung einen Ausbildungsvertrag geschlossen haben oder im Bemessungszeitraum mindestens drei Monate in einer zugelassenen Pflegeeinrichtung zur Durchführung der praktischen Ausbildung tätig waren, ist eine Corona-Prämie in Höhe von 600 Euro zu zahlen:
1. Auszubildenden zur Altenpflegerin oder zum Altenpfleger nach § 58 Absatz 2 des Pflegeberufegesetzes,
2. Auszubildenden zur Altenpflegerin oder zum Altenpfleger nach § 66 Absatz 2 des Pflegeberufegesetzes,
3. Auszubildenden zur Gesundheits- und Krankenpflegerin oder zum Gesundheits- und Krankenpfleger nach § 66 Absatz 1 Satz 1 Nummer 1 des Pflegeberufegesetzes,
4. Auszubildenden zur Gesundheits- und Kinderkrankenpflegerin oder zum Gesundheits- und Kinderkrankenpfleger nach § 58 Absatz 1 des Pflegeberufegesetzes,
5. Auszubildenden zur Gesundheits- und Kinderkrankenpflegerin oder zum Gesundheits- und Kinderkrankenpfleger nach § 66 Absatz 1 Satz 1 Nummer 2 des Pflegeberufegesetzes oder
6. Auszubildenden zur Pflegefachfrau oder zum Pflegefachmann nach dem Pflegeberufegesetz.
²Satz 1 gilt entsprechend für Auszubildende in landesrechtlich geregelten Assistenz- oder Helferausbildungen in der Pflege von mindestens einjähriger Dauer.

51 SGB XI § 150a

(4) ¹An Beschäftigte, die im Bemessungszeitraum mindestens drei Monate in einer zugelassenen Pflegeeinrichtung tätig waren und in dieser Zeit ganz oder teilweise in Teilzeit gearbeitet haben, ist die Corona-Prämie anteilig im Verhältnis zu den in Absatz 2 Satz 1 genannten Höhen zu zahlen. ²Der jeweilige Anteil entspricht dem Anteil der von ihnen wöchentlich durchschnittlich in dem Bemessungszeitraum tatsächlich geleisteten Stunden im Verhältnis zur regelmäßigen Wochenarbeitszeit der bei derselben Pflegeeinrichtung Vollzeitbeschäftigten, mindestens jedoch dem Anteil der mit ihnen vertraglich vereinbarten durchschnittlichen Wochenarbeitszeit im Verhältnis zur regelmäßigen Wochenarbeitszeit der bei der Pflegeeinrichtung Vollzeitbeschäftigten. ³Abweichend von Satz 1 ist die Corona-Prämie nach Absatz 2 ungekürzt an Teilzeitbeschäftigte zu zahlen, wenn sie im Bemessungszeitraum mindestens drei Monate in einer zugelassenen Pflegeeinrichtung tätig waren und ihre wöchentliche tatsächliche oder vertragliche Arbeitszeit in diesem Zeitraum 35 Stunden oder mehr betrug.

(5) Die folgenden Unterbrechungen der Tätigkeit im Bemessungszeitraum sind für die Berechnung des dreimonatigen Zeitraums, in dem die Beschäftigten im Bemessungszeitraum mindestens in einer zugelassenen Pflegeeinrichtung tätig sein müssen, unbeachtlich:
1. Unterbrechungen von bis zu 14 Kalendertagen,
2. Unterbrechungen auf Grund einer COVID-19-Erkrankung,
3. Unterbrechungen auf Grund von Quarantänemaßnahmen,
4. Unterbrechungen auf Grund eines Arbeitsunfalls oder
5. Unterbrechungen wegen Erholungsurlaubs.

(6) ¹Soweit Beschäftigte einer Pflegeeinrichtung im Bemessungszeitraum ganz oder teilweise in Kurzarbeit gearbeitet haben, sind für die Bemessung der diesen Beschäftigten jeweils zustehenden Corona-Prämie die von ihnen wöchentlich durchschnittlich im Bemessungszeitraum tatsächlich geleisteten Stunden maßgeblich. ²Absatz 4 gilt im Übrigen entsprechend.

(7) ¹Die zugelassenen Pflegeeinrichtungen erhalten im Wege der Vorauszahlung von der sozialen Pflegeversicherung den Betrag, den sie für die Auszahlung der in den Absätzen 2 bis 4 und 6 genannten Corona-Prämien benötigen, erstattet. ²Gleiches gilt für Arbeitgeber nach Absatz 1 Satz 2. ³Die in den Absätzen 2 bis 4 und 6 genannten Corona-Prämien sowie weitere von den zugelassenen Pflegeeinrichtungen an ihre Beschäftigten gezahlten, vergleichbaren Sonderleistungen können nicht nach § 150 Absatz 2 erstattet werden und dürfen auch nicht zu finanziellen Belastungen der Pflegebedürftigen führen. ⁴Bei ambulanten Pflegeeinrichtungen tragen die gesetzlichen Krankenkassen und die soziale Pflegeversicherung die nach Satz 1 entstehenden Erstattungen entsprechend dem Verhältnis, das dem Verhältnis zwischen den Ausgaben der Krankenkassen für die häusliche Krankenpflege und den Ausgaben der sozialen Pflegeversicherung für Pflegesachleistungen im vorangegangenen Kalenderjahr entspricht. ⁵Zur Finanzierung der den Krankenkassen nach Satz 4 entstehenden Kosten erhebt der Spitzenverband Bund der Krankenkassen von den Krankenkassen eine Umlage gemäß dem Anteil der Versicherten der Krankenkassen an der Gesamtzahl der Versicherten aller Krankenkassen. ⁶Das Nähere zum Umlageverfahren und zur Zahlung an die Pflegeversicherung bestimmt der Spitzenverband Bund der Krankenkassen. ⁷Die Pflegekassen stellen sicher, dass alle Pflegeeinrichtungen und alle Arbeitgeber im Sinne von Absatz 1 Satz 2 den Betrag, den sie für die Auszahlung der in den Absätzen 2 bis 4 und 6 genannten Corona-Prämien benötigen und den sie an die Pflegekassen gemeldet haben, von der sozialen Pflegeversicherung zu den folgenden Zeitpunkten erhalten:
1. bis spätestens 15. Juli 2020 für die Beschäftigten und Arbeitnehmer nach Absatz 1 Satz 2, die bis zum 1. Juni 2020 die Voraussetzungen erfüllen, und
2. bis spätestens 15. Dezember 2020 für die Beschäftigten und Arbeitnehmer nach Absatz 1 Satz 2, die die Voraussetzungen bis zum 1. Juni 2020 noch nicht erfüllen, aber diese bis zum 31. Oktober 2020 erfüllen.

⁸Die Pflegeeinrichtungen und die Arbeitgeber im Sinne von Absatz 1 Satz 2 haben den Pflegekassen bis spätestens 15. Februar 2021 die tatsächliche Auszahlung der Corona-Prämien anzuzeigen. ⁹Der Spitzenverband Bund der Pflegekassen legt im Benehmen mit den Bundesvereinigungen der Träger stationärer und ambulanter Pflegeeinrichtungen und geeigneten Verbänden der Arbeitgeber nach Absatz 1 Satz 2 auf Bundesebene unverzüglich das Nähere für das Verfahren einschließlich der Information der Beschäftigten und Arbeitnehmer nach Absatz 1 Satz 2 über ihren Anspruch fest. ¹⁰Die Verfahrensregelungen bedürfen der Zustimmung des Bundesministeriums für Gesundheit.

(8) ¹Die Auszahlung der jeweiligen Corona-Prämie durch die jeweilige zugelassene Pflegeeinrichtung oder die Arbeitgeber nach Absatz 1 Satz 2 an ihre Beschäftigten hat unverzüglich nach Erhalt der Vorauszahlung nach Absatz 7, spätestens mit der nächstmöglichen regelmäßigen Entgeltauszahlung zu erfolgen. ²Sie ist den Beschäftigten in der gesamten ihnen nach den Absätzen 2 bis 4 und 6 zustehenden Höhe in Geld über das Arbeitsentgelt und sonstige Bezüge hinaus auszuzahlen. ³Eine Aufrechnung mit Ansprüchen der Pflegeeinrichtung oder der Arbeitgeber nach Absatz 1 Satz 2 gegen den Beschäftigten oder Arbeitnehmer nach Absatz 1 Satz 2 ist ausgeschlossen. ⁴Die Corona-Prämie ist unpfändbar. ⁵Die Sätze 1 bis 4 gelten entsprechend für die Ausbildungsvergütung sowie für das Taschengeld für Freiwillige im Sinne des § 2 des Bundesfreiwilligendienstgesetzes und für Freiwillige im Sinne des § 2 des Jugendfreiwilligendienstgesetzes im freiwilligen sozialen Jahr.

(9) ¹Die Corona-Prämie kann durch die Länder oder die zugelassenen Pflegeeinrichtungen unter Berücksichtigung der Bemessungsgrundlagen der Absätze 1 bis 6 über die dort genannten Höchstbeträge hinaus auf folgende Beträge erhöht werden:
1. auf bis zu 1500 Euro für Vollzeit-, Teilzeit- oder in Kurzarbeit Beschäftigte, die die in Absatz 2 Satz 1 Nummer 1 genannten Voraussetzungen erfüllen,
2. auf bis zu 1000 Euro für Vollzeit-, Teilzeit- oder in Kurzarbeit Beschäftigte, die die in Absatz 2 Satz 1 Nummer 2 genannten Voraussetzungen erfüllen,
3. auf bis zu 500 Euro für alle übrigen Vollzeit-, Teilzeit- oder in Kurzarbeit Beschäftigten einer zugelassenen Pflegeeinrichtung,
4. auf bis zu 150 Euro für die in Absatz 2 Satz 2 genannten Personen sowie
5. auf bis zu 900 Euro für die in nach Absatz 3 genannten Auszubildenden.

²Gleiches gilt für die Arbeitgeber und Arbeitnehmer nach Absatz 1 Satz 2. ³Die Länder regeln ihr Verfahren. ⁴Sie können sich dabei an den Verfahrensregelungen dieser Vorschrift, insbesondere an den genannten Fristen, orientieren.

§ 150b Nichtanrechnung von Arbeitstagen mit Bezug von Pflegeunterstützungsgeld, Betriebshilfe oder Kostenerstattung gemäß § 150 Absatz 5d

Die Arbeitstage, für die Pflegeunterstützungsgeld gemäß § 150 Absatz 5d Satz 1, Betriebshilfe gemäß § 150 Absatz 5d Satz 2 oder Kostenerstattung gemäß § 150 Absatz 5d Satz 3 in Anspruch genommen worden ist, werden auf die Arbeitstage, für die Pflegeunterstützungsgeld gemäß § 44a Absatz 3, Betriebshilfe gemäß § 44a Absatz 6 Satz 1 oder Kostenerstattung gemäß § 44a Absatz 6 Satz 3 in Anspruch genommen werden kann, nicht angerechnet.

§ 151 Qualitätsprüfungen nach § 114

Abweichend von § 114 Absatz 2 Satz 1 und 2 finden bis einschließlich 30. September 2020 keine Regelprüfungen statt.

§ 152 Verordnungsermächtigung

Das Bundesministerium für Gesundheit kann nach einer erneuten Risikobeurteilung bei Fortbestehen oder erneutem Risiko für ein Infektionsgeschehen im Zusammenhang mit dem neuartigen Coronavirus SARS-CoV-2 den Befristungszeitraum der §§ 147 bis 151 jeweils durch Rechtsverordnung mit Zustimmung des Bundesrates um jeweils bis zu einem halben Jahr verlängern.

§ 153 Erstattung pandemiebedingter Kosten durch den Bund; Verordnungsermächtigung

¹Wenn der Mittelbestand der sozialen Pflegeversicherung aufgrund pandemiebedingter Mehrausgaben absehbar das gesetzliche Betriebsmittel- und Rücklagesoll der Pflegekassen zu unterschreiten droht, gewährt der Bundeshaushalt der sozialen Pflegeversicherung im Jahr 2021 einen Zuschuss in erforderlicher Höhe (Bundeszuschuss). ²Das Bundesministerium für Gesundheit wird ermächtigt, das Nähere durch Rechtsverordnung im Einvernehmen mit dem Bundesministerium der Finanzen ohne Zustimmung des Bundesrates zu bestimmen.

§ 51 SGB XI Anlage 1

Anlage 1
(zu § 15)

Einzelpunkte der Module 1 bis 6; Bildung der Summe der Einzelpunkte in jedem Modul

Modul 1: Einzelpunkte im Bereich der Mobilität

Das Modul umfasst fünf Kriterien, deren Ausprägungen in den folgenden Kategorien mit den nachstehenden Einzelpunkten gewertet werden:

Ziffer	Kriterien	selbständig	überwiegend selbständig	überwiegend unselbständig	unselbständig
1.1	Positionswechsel im Bett	0	1	2	3
1.2	Halten einer stabilen Sitzposition	0	1	2	3
1.3	Umsetzen	0	1	2	3
1.4	Fortbewegen innerhalb des Wohnbereichs	0	1	2	3
1.5	Treppensteigen	0	1	2	3

Modul 2: Einzelpunkte im Bereich der kognitiven und kommunikativen Fähigkeiten

Das Modul umfasst elf Kriterien, deren Ausprägungen in den folgenden Kategorien mit den nachstehenden Einzelpunkten gewertet werden:

Ziffer	Kriterien	Fähigkeit vorhanden/ unbeeinträchtigt	Fähigkeit größtenteils vorhanden	Fähigkeit in geringem Maße vorhanden	Fähigkeit nicht vorhanden
2.1	Erkennen von Personen aus dem näheren Umfeld	0	1	2	3
2.2	Örtliche Orientierung	0	1	2	3
2.3	Zeitliche Orientierung	0	1	2	3
2.4	Erinnern an wesentliche Ereignisse oder Beobachtungen	0	1	2	3
2.5	Steuern von mehrschrittigen Alltagshandlungen	0	1	2	3
2.6	Treffen von Entscheidungen im Alltag	0	1	2	3
2.7	Verstehen von Sachverhalten und Informationen	0	1	2	3
2.8	Erkennen von Risiken und Gefahren	0	1	2	3
2.9	Mitteilen von elementaren Bedürfnissen	0	1	2	3
2.10	Verstehen von Aufforderungen	0	1	2	3
2.11	Beteiligen an einem Gespräch	0	1	2	3

Anlage 1 SGB XI 51

Modul 3: Einzelpunkte im Bereich der Verhaltensweisen und psychische Problemlagen

Das Modul umfasst dreizehn Kriterien, deren Häufigkeit des Auftretens in den folgenden Kategorien mit den nachstehenden Einzelpunkten gewertet wird:

Ziffer	Kriterien	nie oder selten	selten (ein- bis dreimal innerhalb von zwei Wochen)	häufig (zweimal bis mehrmals wöchentlich, aber nicht täglich)	täglich
3.1	Motorisch geprägte Verhaltensauffälligkeiten	0	1	3	5
3.2	Nächtliche Unruhe	0	1	3	5
3.3	Selbstschädigendes und autoaggressives Verhalten	0	1	3	5
3.4	Beschädigen von Gegenständen	0	1	3	5
3.5	Physisch aggressives Verhalten gegenüber anderen Personen	0	1	3	5
3.6	Verbale Aggression	0	1	3	5
3.7	Andere pflegerelevante vokale Auffälligkeiten	0	1	3	5
3.8	Abwehr pflegerischer und anderer unterstützender Maßnahmen	0	1	3	5
3.9	Wahnvorstellungen	0	1	3	5
3.10	Ängste	0	1	3	5
3.11	Antriebslosigkeit bei depressiver Stimmungslage	0	1	3	5
3.12	Sozial inadäquate Verhaltensweisen	0	1	3	5
3.13	Sonstige pflegerelevante inadäquate Handlungen	0	1	3	5

Modul 4: Einzelpunkte im Bereich der Selbstversorgung

Das Modul umfasst dreizehn Kriterien:

Einzelpunkte für die Kriterien der Ziffern 4.1 bis 4.12

Die Ausprägungen der Kriterien 4.1 bis 4.12 werden in den folgenden Kategorien mit den nachstehenden Punkten gewertet:

Ziffer	Kriterien	selbständig	überwiegend selbständig	überwiegend unselbständig	unselbständig
4.1	Waschen des vorderen Oberkörpers	0	1	2	3
4.2	Körperpflege im Bereich des Kopfes (Kämmen, Zahnpflege/ Prothesenreinigung, Rasieren)	0	1	2	3
4.3	Waschen des Intimbereichs	0	1	2	3
4.4	Duschen und Baden einschließlich Waschen der Haare	0	1	2	3
4.5	An- und Auskleiden des Oberkörpers	0	1	2	3
4.6	An- und Auskleiden des Unterkörpers	0	1	2	3

51 SGB XI Anlage 1

Ziffer	Kriterien	selbständig	überwiegend selbständig	überwiegend unselbständig	unselbständig
4.7	Mundgerechtes Zubereiten der Nahrung und Eingießen von Getränken	0	1	2	3
4.8	Essen	0	3	6	9
4.9	Trinken	0	2	4	6
4.10	Benutzen einer Toilette oder eines Toilettenstuhls	0	2	4	6
4.11	Bewältigen der Folgen einer Harninkontinenz und Umgang mit Dauerkatheter und Urostoma	0	1	2	3
4.12	Bewältigen der Folgen einer Stuhlinkontinenz und Umgang mit Stoma	0	1	2	3

Die Ausprägungen des Kriteriums der Ziffer 4.8 sowie die Ausprägung der Kriterien der Ziffern 4.9 und 4.10 werden wegen ihrer besonderen Bedeutung für die pflegerische Versorgung stärker gewichtet.

Die Einzelpunkte für die Kriterien der Ziffern 4.11 und 4.12 gehen in die Berechnung nur ein, wenn bei der Begutachtung beim Versicherten darüber hinaus die Feststellung „überwiegend inkontinent" oder „vollständig inkontinent" getroffen wird oder eine künstliche Ableitung von Stuhl oder Harn erfolgt.

Einzelpunkte für das Kriterium der Ziffer 4.13

Die Ausprägungen des Kriteriums der Ziffer 4.13 werden in den folgenden Kategorien mit den nachstehenden Einzelpunkten gewertet:

Ziffer	Kriterium	entfällt	teilweise	vollständig
4.13	Ernährung parental oder über Sonde	0	6	3

Das Kriterium ist mit „entfällt" (0 Punkte) zu bewerten, wenn eine regelmäßige und tägliche parenterale Ernährung oder Sondenernährung auf Dauer, voraussichtlich für mindestens sechs Monate, nicht erforderlich ist. Kann die parenterale Ernährung oder Sondenernährung ohne Hilfe durch andere selbständig durchgeführt werden, werden ebenfalls keine Punkte vergeben.

Das Kriterium ist mit „teilweise" (6 Punkte) zu bewerten, wenn eine parenterale Ernährung oder Sondenernährung zur Vermeidung von Mangelernährung mit Hilfe täglich und zusätzlich zur oralen Aufnahme von Nahrung oder Flüssigkeit erfolgt.

Das Kriterium ist mit „vollständig" (3 Punkte) zu bewerten, wenn die Aufnahme von Nahrung oder Flüssigkeit ausschließlich oder nahezu ausschließlich parenteral oder über eine Sonde erfolgt.

Bei einer vollständigen parenteralen Ernährung oder Sondenernährung werden weniger Punkte vergeben als bei einer teilweisen parenteralen Ernährung oder Sondenernährung, da der oft hohe Aufwand zur Unterstützung bei der oralen Nahrungsaufnahme im Fall ausschließlich parenteraler oder Sondenernährung weitgehend entfällt.

Einzelpunkte für das Kriterium der Ziffer 4.K

Bei Kindern im Alter bis 18 Monate werden die Kriterien der Ziffern 4.1 bis 4.13 durch das Kriterium 4.K ersetzt und wie folgt gewertet:

Ziffer	Kriterium	Einzelpunkte
4.K	Bestehen gravierender Probleme bei der Nahrungsaufnahme bei Kindern bis zu 18 Monaten, die einen außergewöhnlich pflegeintensiven Hilfebedarf auslösen	20

Anlage 1 SGB XI 51

Modul 5: Einzelpunkte im Bereich der Bewältigung von und des selbständigen Umgangs mit krankheits- oder therapiebedingten Anforderungen und Belastungen

Das Modul umfasst sechzehn Kriterien.

Einzelpunkte für die Kriterien der Ziffern 5.1 bis 5.7

Die durchschnittliche Häufigkeit der Maßnahmen pro Tag bei den Kriterien der Ziffern 5.1 bis 5.7 wird in den folgenden Kategorien mit den nachstehenden Einzelpunkten gewertet:

Ziffer	Kriterien in Bezug auf	entfällt oder selbständig	Anzahl der Maßnahmen pro Tag	Anzahl der Maßnahmen pro Woche	Anzahl der Maßnahmen pro Monat
5.1	Medikation	0			
5.2	Injektionen (subcutan oder intramuskulär)	0			
5.3	Versorgung intravenöser Zugänge (Port)	0			
5.4	Absaugen und Sauerstoffgabe	0			
5.5	Einreibungen oder Kälte- und Wärmeanwendungen	0			
5.6	Messung und Deutung von Körperzuständen	0			
5.7	Körpernahe Hilfsmittel	0			
Summe der Maßnahmen aus 5.1 bis 5.7		0			
Umrechnung in Maßnahmen pro Tag		0			

Einzelpunkte für die Kriterien der Ziffern 5.1 bis 5.7

Maßnahme pro Tag	keine oder seltener als einmal täglich	mindestens einmal bis maximal dreimal täglich	mehr als dreimal bis maximal achtmal täglich	mehr als achtmal täglich
Einzelpunkte	0	1	2	3

Für jedes der Kriterien 5.1 bis 5.7 wird zunächst die Anzahl der durchschnittlich durchgeführten Maßnahmen, die täglich und auf Dauer, voraussichtlich für mindestens sechs Monate, vorkommen, in der Spalte pro Tag, die Maßnahmen, die wöchentlich und auf Dauer, voraussichtlich für mindestens sechs Monate, vorkommen, in der Spalte pro Woche und die Maßnahmen, die monatlich und auf Dauer, voraussichtlich für mindestens sechs Monate, vorkommen, in der Spalte pro Monat erfasst. Berücksichtigt werden nur Maßnahmen, die vom Versicherten nicht selbständig durchgeführt werden können.

Die Zahl der durchschnittlich durchgeführten täglichen, wöchentlichen und monatlichen Maßnahmen wird für die Kriterien 5.1 bis 5.7 summiert (erfolgt zum Beispiel täglich dreimal eine Medikamentengabe – Kriterium 5.1 – und einmal Blutzuckermessen – Kriterium 5.6 –, entspricht dies vier Maßnahmen pro Tag). Diese Häufigkeit wird umgerechnet in einen Durchschnittswert pro Tag. Für die Umrechnung der Maßnahmen pro Monat in Maßnahmen pro Tag wird die Summe der Maßnahmen pro Monat durch 30 geteilt. Für die Umrechnung der Maßnahmen pro Woche in Maßnahmen pro Tag wird die Summe der Maßnahmen pro Woche durch 7 geteilt.

Einzelpunkte für die Kriterien der Ziffern 5.8 bis 5.11

Die durchschnittliche Häufigkeit der Maßnahmen pro Tag bei den Kriterien der Ziffern 5.8 bis 5.11 wird in den folgenden Kategorien mit den nachstehenden Einzelpunkten gewertet:

§ 51 SGB XI Anlage 1

Ziffer	Kriterien in Bezug auf	entfällt oder selbständig	Anzahl der Maßnahmen pro Tag	Anzahl der Maßnahmen pro Woche	Anzahl der Maßnahmen pro Monat
5.8	Verbandswechsel und Wundversorgung	0			
5.9	Versorgung mit Stoma	0			
5.10	Regelmäßige Einmalkatheterisierung und Nutzung von Abführmethoden	0			
5.11	Therapiemaßnahmen in häuslicher Umgebung	0			
	Summe der Maßnahmen aus 5.8 bis 5.11	0			
	Umrechnung in Maßnahmen pro Tag	0			

Einzelpunkte für die Kriterien der Ziffern 5.8 bis 5.11

Maßnahme pro Tag	keine oder seltener als einmal wöchentlich	ein- bis mehrmals wöchentlich	ein- bis unter dreimal täglich	mindestens dreimal täglich
Einzelpunkte	0	1	2	3

Für jedes der Kriterien 5.8 bis 5.11 wird zunächst die Anzahl der durchschnittlich durchgeführten Maßnahmen, die täglich und auf Dauer, voraussichtlich für mindestens sechs Monate, vorkommen, in der Spalte pro Tag, die Maßnahmen, die wöchentlich und auf Dauer, voraussichtlich für mindestens sechs Monate, vorkommen, in der Spalte pro Woche und die Maßnahmen, die monatlich und auf Dauer, voraussichtlich für mindestens sechs Monate, vorkommen, in der Spalte pro Monat erfasst. Berücksichtigt werden nur Maßnahmen, die vom Versicherten nicht selbständig durchgeführt werden können.

Die Zahl der durchschnittlich durchgeführten täglichen, wöchentlichen und monatlichen Maßnahmen wird für die Kriterien 5.8 bis 5.11 summiert. Diese Häufigkeit wird umgerechnet in einen Durchschnittswert pro Tag. Für die Umrechnung der Maßnahmen pro Monat in Maßnahmen pro Tag wird die Summe der Maßnahmen pro Monat durch 30 geteilt. Für die Umrechnung der Maßnahmen pro Woche in Maßnahmen pro Tag wird die Summe der Maßnahmen pro Woche durch 7 geteilt.

Einzelpunkte für die Kriterien der Ziffern 5.12 bis 5.K

Die durchschnittliche wöchentliche oder monatliche Häufigkeit von zeit- und technikintensiven Maßnahmen in häuslicher Umgebung, die auf Dauer, voraussichtlich für mindestens sechs Monate, vorkommen, wird in den folgenden Kategorien mit den nachstehenden Einzelpunkten gewertet:

Ziffer	Kriterium in Bezug auf	entfällt oder selbständig	täglich	wöchentliche Häufigkeit multipliziert mit	monatliche Häufigkeit multipliziert mit
5.12	Zeit- und technikintensive Maßnahmen in häuslicher Umgebung	0	60	8,6	2

Für das Kriterium der Ziffer 5.12 wird zunächst die Anzahl der regelmäßig und mit durchschnittlicher Häufigkeit durchgeführten Maßnahmen, die wöchentlich vorkommen, und die Anzahl der regelmäßig und mit durchschnittlicher Häufigkeit durchgeführten Maßnahmen, die monatlich vorkommen, erfasst. Kommen Maßnahmen regelmäßig täglich vor, werden 60 Punkte vergeben.

Jede regelmäßige wöchentliche Maßnahme wird mit 8,6 Punkten gewertet. Jede regelmäßige monatliche Maßnahme wird mit zwei Punkten gewertet.

Die durchschnittliche wöchentliche oder monatliche Häufigkeit der Kriterien der Ziffern 5.13 bis 5.K wird wie folgt erhoben und mit den nachstehenden Punkten gewertet:

Ziffer	Kriterien	entfällt oder selbständig	wöchentliche Häufigkeit multipliziert mit	monatliche Häufigkeit multipliziert mit
5.13	Arztbesuche	0	4,3	1
5.14	Besuch anderer medizinischer oder therapeutischer Einrichtungen (bis zu drei Stunden)	0	4,3	1
5.15	Zeitlich ausgedehnte Besuche anderer medizinischer oder therapeutischer Einrichtungen (länger als drei Stunden)	0	8,6	2
5.K	Besuche von Einrichtungen zur Frühförderung bei Kindern	0	4,3	1

Für jedes der Kriterien der Ziffern 5.13 bis 5.K wird zunächst die Anzahl der regelmäßig und mit durchschnittlicher Häufigkeit durchgeführten Besuche, die wöchentlich und auf Dauer, voraussichtlich für mindestens sechs Monate, vorkommen, und die Anzahl der regelmäßig und mit durchschnittlicher Häufigkeit durchgeführten Besuche, die monatlich und auf Dauer, voraussichtlich für mindestens sechs Monate, vorkommen, erfasst. Jeder regelmäßige monatliche Besuch wird mit einem Punkt gewertet. Jeder regelmäßige wöchentliche Besuch wird mit 4,3 Punkten gewertet. Handelt es sich um zeitlich ausgedehnte Arztbesuche oder Besuche von anderen medizinischen oder therapeutischen Einrichtungen, werden sie doppelt gewertet.

Die Punkte der Kriterien 5.12 bis 5.15 – bei Kindern bis 5.K – werden addiert. Die Kriterien der Ziffern 5.12 bis 5.15 – bei Kindern bis 5.K – werden anhand der Summe der so erreichten Punkte mit den nachstehenden Einzelpunkten gewertet:

Summe	Einzelpunkte
0 bis unter 4,3	0
4,3 bis unter 8,6	1
8,6 bis unter 12,9	2
12,9 bis unter 60	3
60 und mehr	6

Einzelpunkte für das Kriterium der Ziffer 5.16

Die Ausprägungen des Kriteriums der Ziffer 5.16 werden in den folgenden Kategorien mit den nachstehenden Einzelpunkten gewertet:

Ziffer	Kriterien	entfällt oder selbständig	überwiegend selbständig	überwiegend unselbständig	unselbständig
5.16	Einhaltung einer Diät und anderer krankheits- oder therapiebedingter Verhaltensvorschriften	0	1	2	3

Modul 6: Einzelpunkte im Bereich der Gestaltung des Alltagslebens und sozialer Kontakte

Das Modul umfasst sechs Kriterien, deren Ausprägungen in den folgenden Kategorien mit den nachstehenden Punkten gewertet werden:

51 SGB XI Anlage 2

Ziffer	Kriterien	selbständig	überwiegend selbständig	überwiegend unselbständig	unselbständig
6.1	Gestaltung des Tagesablaufs und Anpassung an Veränderungen	0	1	2	3
6.2	Ruhen und Schlafen	0	1	2	3
6.3	Sichbeschäftigen	0	1	2	3
6.4	Vornehmen von in die Zukunft gerichteten Planungen	0	1	2	3
6.5	Interaktion mit Personen im direkten Kontakt	0	1	2	3
6.6	Kontaktpflege zu Personen außerhalb des direkten Umfelds	0	1	2	3

Anlage 2
(zu § 15)

Bewertungssystematik (Summe der Punkte und gewichtete Punkte)
Schweregrad der Beeinträchtigungen der Selbständigkeit oder der Fähigkeiten im Modul

	Module	Gewichtung	0 Keine	1 Geringe	2 Erhebliche	3 Schwere	4 Schwerste	
1	Mobilität	10 %	0 – 1	2 – 3	4 – 5	6 – 9	10 – 15	Summe der Einzelpunkte im Modul 1
			0	2,5	5	7,5	10	**Gewichtete Punkte im Modul 1**
2	Kognitive und kommunikative Fähigkeiten	15 %	0 – 1	2 – 5	6 – 10	11 – 16	17 – 33	Summe der Einzelpunkte im Modul 2
3	Verhaltensweisen und psychische Problemlagen		0	1 – 2	3 – 4	5 – 6	7 – 65	Summe der Einzelpunkte im Modul 3
	Höchster Wert aus Modul 2 oder Modul 3		0	3,75	7,5	11,25	15	**Gewichtete Punkte für die Module 2 und 3**
4	Selbstversorgung	40 %	0 – 2	3 – 7	8 – 18	19 – 36	37 – 54	Summe der Einzelpunkte im Modul 4
			0	10	20	30	40	**Gewichtete Punkte im Modul 4**
5	Bewältigung von und selbständiger Umgang mit krankheits- oder therapiebedingten Anforderungen und Belastungen	20 %	0	1	2 – 3	4 – 5	6 – 15	Summe der Einzelpunkte im Modul 5
			0	5	10	15	20	**Gewichtete Punkte im Modul 5**
6	Gestaltung des Alltagslebens und sozialer Kontakte	15 %	0	1 – 3	4 – 6	7 – 11	12 – 18	Summe der Einzelpunkte im Modul 6
			0	3,75	7,5	11,25	15	**Gewichtete Punkte im Modul 6**
7	Außerhäusliche Aktivitäten		Die Berechnung einer Modulbewertung ist entbehrlich, da die Darstellung der qualitativen Ausprägungen bei den einzelnen Kriterien ausreichend ist, um Anhaltspunkte für eine Versorgungs- und Pflegeplanung ableiten zu können.					
8	Haushaltsführung							

Sozialgesetzbuch (SGB) Sechstes Buch (VI)
– Gesetzliche Rentenversicherung –
(SGB VI)

in der Fassung der Bekanntmachung
vom 19. Februar 2002 (BGBl. I S. 754, S. 1404, S. 3384)

Zuletzt geändert durch
Gesetz zur Umsetzung der Richtlinie (EU) 2019/882 des Europäischen Parlaments und des Rates über die Barrierefreiheitsanforderungen für Produkte und Dienstleistungen und zur Änderung anderer Gesetze
vom 16. Juli 2021 (BGBl. I S. 2970)

– **Auszug** –*)

Inhaltsübersicht

Erstes Kapitel
Versicherter Personenkreis

Erster Abschnitt
Versicherung kraft Gesetzes
- § 1 Beschäftigte
- § 2 Selbständig Tätige
- § 3 Sonstige Versicherte
- § 4 Versicherungspflicht auf Antrag
- § 5 Versicherungsfreiheit
- § 6 Befreiung von der Versicherungspflicht

Zweiter Abschnitt
Freiwillige Versicherung
- § 7 Freiwillige Versicherung

Dritter Abschnitt
Nachversicherung, Versorgungsausgleich und Rentensplitting
- § 8 Nachversicherung, Versorgungsausgleich und Rentensplitting

Zweites Kapitel
Leistungen

Erster Abschnitt
Leistungen zur Teilhabe

Erster Unterabschnitt
Voraussetzungen für die Leistungen
- § 9 Aufgabe der Leistungen zur Teilhabe
- § 10 Persönliche Voraussetzungen
- § 11 Versicherungsrechtliche Voraussetzungen
- § 12 Ausschluss von Leistungen

Zweiter Unterabschnitt
Umfang der Leistungen

Erster Titel
Allgemeines
- § 13 Leistungsumfang

Zweiter Titel
Leistungen zur Prävention, zur medizinischen Rehabilitation, zur Teilhabe am Arbeitsleben und zur Nachsorge
- § 14 Leistungen zur Prävention
- § 15 Leistungen zur medizinischen Rehabilitation
- § 15a Leistungen zur Kinderrehabilitation
- § 16 Leistungen zur Teilhabe am Arbeitsleben
- § 17 Leistungen zur Nachsorge
- §§ 18 und 19 (weggefallen)

Dritter Titel
Übergangsgeld
- § 20 Anspruch
- § 21 Höhe und Berechnung
- §§ 22 bis 27 (weggefallen)

Vierter Titel
Ergänzende Leistungen
- § 28 Ergänzende Leistungen
- §§ 29 und 30 (weggefallen)

Fünfter Titel
Sonstige Leistungen
- § 31 Sonstige Leistungen

Sechster Titel
Zuzahlung bei Leistungen zur medizinischen Rehabilitation und bei sonstigen Leistungen
- § 32 Zuzahlung bei Leistungen zur medizinischen Rehabilitation und bei sonstigen Leistungen

Zweiter Abschnitt
Renten

Erster Unterabschnitt
Rentenarten und Voraussetzungen für einen Rentenanspruch
- § 33 Rentenarten
- § 34 Voraussetzungen für einen Rentenanspruch und Hinzuverdienstgrenze

Zweiter Unterabschnitt
Anspruchsvoraussetzungen für einzelne Renten

Erster Titel
Renten wegen Alters
- § 35 Regelaltersrente
- § 36 Altersrente für langjährig Versicherte
- § 37 Altersrente für schwerbehinderte Menschen
- § 38 Altersrente für besonders langjährig Versicherte
- § 39 (weggefallen)

---

*) Abgedruckt sind nur die für Sozialberufe wichtigen Bestimmungen. Das Inhaltsverzeichnis benennt den kompletten Inhalt des Gesetzes.

§ 40 Altersrente für langjährig unter Tage beschäftigte Bergleute
§ 41 Altersrente und Kündigungsschutz
§ 42 Vollrente und Teilrente

Zweiter Titel
Renten wegen verminderter Erwerbsfähigkeit
§ 43 Rente wegen Erwerbsminderung
§ 44 (weggefallen)
§ 45 Rente für Bergleute

Dritter Titel
Renten wegen Todes
§ 46 Witwenrente und Witwerrente
§ 47 Erziehungsrente
§ 48 Waisenrente
§ 49 Renten wegen Todes bei Verschollenheit

Vierter Titel
Wartezeiterfüllung
§ 50 Wartezeiten
§ 51 Anrechenbare Zeiten
§ 52 Wartezeiterfüllung durch Versorgungsausgleich, Rentensplitting und Zuschläge an Entgeltpunkten für Arbeitsentgelt aus geringfügiger Beschäftigung
§ 53 Vorzeitige Wartezeiterfüllung

Fünfter Titel
Rentenrechtliche Zeiten
§ 54 Begriffsbestimmungen
§ 55 Beitragszeiten
§ 56 Kindererziehungszeiten
§ 57 Berücksichtigungszeiten
§ 58 Anrechnungszeiten
§ 59 Zurechnungszeit
§ 60 Zuordnung beitragsfreier Zeiten zur knappschaftlichen Rentenversicherung
§ 61 Ständige Arbeiten unter Tage
§ 62 Schadenersatz bei rentenrechtlichen Zeiten

Dritter Unterabschnitt
Rentenhöhe und Rentenanpassung

Erster Titel
Grundsätze
§ 63 Grundsätze

Zweiter Titel
Berechnung und Anpassung der Renten
§ 64 Rentenformel für Monatsbetrag der Rente
§ 65 Anpassung der Renten
§ 66 Persönliche Entgeltpunkte
§ 67 Rentenartfaktor
§ 68 Aktueller Rentenwert
§ 68a Schutzklausel
§ 69 Verordnungsermächtigung

Dritter Titel
Ermittlung der persönlichen Entgeltpunkte
§ 70 Entgeltpunkte für Beitragszeiten
§ 71 Entgeltpunkte für beitragsfreie und beitragsgeminderte Zeiten (Gesamtleistungsbewertung)
§ 72 Grundbewertung
§ 73 Vergleichsbewertung
§ 74 Begrenzte Gesamtleistungsbewertung
§ 75 Entgeltpunkte für Zeiten nach Rentenbeginn
§ 76 Zuschläge oder Abschläge beim Versorgungsausgleich
§ 76a Zuschläge an Entgeltpunkten aus Zahlung von Beiträgen bei vorzeitiger Inanspruchnahme einer Rente wegen Alters oder bei Abfindungen einer Anwartschaft auf betriebliche Altersversorgung oder von Anrechten bei der Versorgungsausgleichskasse
§ 76b Zuschläge an Entgeltpunkten für Arbeitsentgelt aus geringfügiger Beschäftigung
§ 76c Zuschläge oder Abschläge bei Rentensplitting
§ 76d Zuschläge an Entgeltpunkten aus Beiträgen nach Beginn einer Rente wegen Alters
§ 76e Zuschläge an Entgeltpunkten für Zeiten einer besonderen Auslandsverwendung
§ 76f Zuschläge an Entgeltpunkten für nachversicherte Soldaten auf Zeit
§ 76g Zuschlag an Entgeltpunkten für langjährige Versicherung
§ 77 Zugangsfaktor
§ 78 Zuschlag bei Waisenrenten
§ 78a Zuschlag bei Witwenrenten und Witwerrenten

Vierter Titel
Knappschaftliche Besonderheiten
§ 79 Grundsatz
§ 80 Monatsbetrag der Rente
§ 81 Persönliche Entgeltpunkte
§ 82 Rentenartfaktor
§ 83 Entgeltpunkte für Beitragszeiten
§ 84 Entgeltpunkte für beitragsfreie und beitragsgeminderte Zeiten (Gesamtleistungsbewertung)
§ 85 Entgeltpunkte für ständige Arbeiten unter Tage (Leistungszuschlag)
§ 86 (weggefallen)
§ 86a Zugangsfaktor
§ 87 Zuschlag bei Waisenrenten

Fünfter Titel
Ermittlung des Monatsbetrags der Rente in Sonderfällen
§ 88 Persönliche Entgeltpunkte bei Folgerenten
§ 88a Höchstbetrag bei Witwenrenten und Witwerrenten

Vierter Unterabschnitt
Zusammentreffen von Renten und von Einkommen
§ 89 Mehrere Rentenansprüche

§ 90 Witwenrente und Witwerrente nach dem vorletzten Ehegatten und Ansprüche infolge Auflösung der letzten Ehe
§ 91 Aufteilung von Witwenrenten und Witwerrenten auf mehrere Berechtigte
§ 92 Waisenrente und andere Leistungen an Waisen
§ 93 Rente und Leistungen aus der Unfallversicherung
§§ 94 und 95 (weggefallen)
§ 96 Nachversicherte Versorgungsbezieher
§ 96a Rente wegen verminderter Erwerbsfähigkeit und Hinzuverdienst
§ 97 Einkommensanrechnung auf Renten wegen Todes
§ 97a Einkommensanrechnung beim Zuschlag an Entgeltpunkten für langjährige Versicherung
§ 98 Reihenfolge bei der Anwendung von Berechnungsvorschriften

Fünfter Unterabschnitt
Beginn, Änderung und Ende von Renten
§ 99 Beginn
§ 100 Änderung und Ende
§ 101 Beginn und Änderung in Sonderfällen
§ 102 Befristung und Tod

Sechster Unterabschnitt
Ausschluss und Minderung von Renten
§ 103 Absichtliche Minderung der Erwerbsfähigkeit
§ 104 Minderung der Erwerbsfähigkeit bei einer Straftat
§ 105 Tötung eines Angehörigen

Dritter Abschnitt
Zusatzleistungen
§ 106 Zuschuss zur Krankenversicherung
§ 107 Rentenabfindung
§ 108 Beginn, Änderung und Ende von Zusatzleistungen

Vierter Abschnitt
Serviceleistungen
§ 109 Renteninformation und Rentenauskunft
§ 109a Hilfen in Angelegenheiten der Grundsicherung

Fünfter Abschnitt
Leistungen an Berechtigte im Ausland
§ 110 Grundsatz
§ 111 Rehabilitationsleistungen und Krankenversicherungszuschuss
§ 112 Renten bei verminderter Erwerbsfähigkeit
§ 113 Höhe der Rente
§ 114 Besonderheiten

Sechster Abschnitt
Durchführung
Erster Unterabschnitt
Beginn und Abschluss des Verfahrens
§ 115 Beginn
§ 116 Besonderheiten bei Leistungen zur Teilhabe

§ 117 Abschluss
§ 117a Besonderheiten beim Zuschlag an Entgeltpunkten für langjährige Versicherung

Zweiter Unterabschnitt
Auszahlung und Anpassung
§ 118 Fälligkeit und Auszahlung
§ 118a Anpassungsmitteilung
§ 119 Wahrnehmung von Aufgaben durch die Deutsche Post AG
§ 120 Verordnungsermächtigung

Dritter Unterabschnitt
Rentensplitting
§ 120a Grundsätze für das Rentensplitting unter Ehegatten
§ 120b Tod eines Ehegatten vor Empfang angemessener Leistungen
§ 120c Abänderung des Rentensplittings unter Ehegatten
§ 120d Verfahren und Zuständigkeit
§ 120e Rentensplitting unter Lebenspartnern

Vierter Unterabschnitt
Besonderheiten beim Versorgungsausgleich
§ 120f Interne Teilung und Verrechnung von Anrechten
§ 120g Externe Teilung
§ 120h Abzuschmelzende Anrechte

Fünfter Unterabschnitt
Berechnungsgrundsätze
§ 121 Allgemeine Berechnungsgrundsätze
§ 122 Berechnung von Zeiten
§ 123 Berechnung von Geldbeträgen
§ 124 Berechnung von Durchschnittswerten und Rententeilen

Drittes Kapitel
Organisation, Datenschutz und Datensicherheit
Erster Abschnitt
Organisation
Erster Unterabschnitt
Deutsche Rentenversicherung
§ 125 Träger der gesetzlichen Rentenversicherung

Zweiter Unterabschnitt
Zuständigkeit in der allgemeinen Rentenversicherung
§ 126 Zuständigkeit der Träger der Rentenversicherung
§ 127 Zuständigkeit für Versicherte und Hinterbliebene
§ 127a Verbindungsstelle für Leistungen bei Invalidität, bei Alter und an Hinterbliebene sowie für Vorruhestandsleistungen
§ 128 Örtliche Zuständigkeit der Regionalträger
§ 128a Sonderzuständigkeit der Deutschen Rentenversicherung Saarland

60 SGB VI

§ 129 Zuständigkeit der Deutschen Rentenversicherung Knappschaft-Bahn-See für Versicherte
§ 130 Sonderzuständigkeit der Deutschen Rentenversicherung Knappschaft-Bahn-See
§ 131 Auskunfts- und Beratungsstellen

Dritter Unterabschnitt
Zuständigkeit in der knappschaftlichen Rentenversicherung

§ 132 Versicherungsträger
§ 133 Zuständigkeit der Deutschen Rentenversicherung Knappschaft-Bahn-See für Beschäftigte
§ 134 Knappschaftliche Betriebe und Arbeiten
§ 135 Nachversicherung
§ 136 Sonderzuständigkeit der Deutschen Rentenversicherung Knappschaft-Bahn-See
§ 136a Verbindungsstelle für Leistungen bei Invalidität, bei Alter und an Hinterbliebene der knappschaftlichen Rentenversicherung
§ 137 Besonderheit bei der Durchführung der Versicherung und bei den Leistungen

Unterabschnitt 3a
Zuständigkeit der Deutschen Rentenversicherung Knappschaft-Bahn-See für die Seemannskasse

§ 137a Zuständigkeit der Deutschen Rentenversicherung Knappschaft-Bahn-See für die Seemannskasse
§ 137b Besonderheiten bei den Leistungen und bei der Durchführung der Versicherung
§ 137c Vermögen, Haftung
§ 137d Organe
§ 137e Beirat

Vierter Unterabschnitt
Grundsatz- und Querschnittsaufgaben der Deutschen Rentenversicherung, Erweitertes Direktorium

§ 138 Grundsatz- und Querschnittsaufgaben der Deutschen Rentenversicherung
§ 139 Erweitertes Direktorium
§ 140 Arbeitsgruppe Personalvertretung der Deutschen Rentenversicherung

Fünfter Unterabschnitt
Vereinigung von Regionalträgern

§ 141 Vereinigung von Regionalträgern auf Beschluss ihrer Vertreterversammlungen
§ 142 Vereinigung von Regionalträgern durch Rechtsverordnung

Sechster Unterabschnitt
Beschäftigte der Versicherungsträger

§ 143 Bundesunmittelbare Versicherungsträger
§ 144 Landesunmittelbare Versicherungsträger

Siebter Unterabschnitt
Datenstelle der Rentenversicherung

§ 145 Aufgaben der Datenstelle der Rentenversicherung
§ 146 (weggefallen)

Zweiter Abschnitt
Datenschutz und Datensicherheit

§ 147 Versicherungsnummer
§ 148 Datenverarbeitung beim Rentenversicherungsträger
§ 149 Versicherungskonto
§ 150 Dateisysteme bei der Datenstelle
§ 151 Auskünfte der Deutschen Post AG
§ 151a Antragstellung im automatisierten Verfahren beim Versicherungsamt
§ 151b Automatisiertes Abrufverfahren beim Zuschlag an Entgeltpunkten für langjährige Versicherung
§ 151c Auskunftsrechte zur Überprüfung von Einkünften aus Kapitalvermögen beim Zuschlag an Entgeltpunkten für langjährige Versicherung
§ 152 Verordnungsermächtigung

Viertes Kapitel
Finanzierung

Erster Abschnitt
Finanzierungsgrundsatz und Rentenversicherungsbericht

Erster Unterabschnitt
Umlageverfahren

§ 153 Umlageverfahren

Zweiter Unterabschnitt
Rentenversicherungsbericht und Sozialbeirat

§ 154 Rentenversicherungsbericht, Stabilisierung des Beitragssatzes und Sicherung des Rentenniveaus
§ 155 Aufgabe des Sozialbeirats
§ 156 Zusammensetzung des Sozialbeirats

Zweiter Abschnitt
Beiträge und Verfahren

Erster Unterabschnitt
Beiträge

Erster Titel
Allgemeines

§ 157 Grundsatz
§ 158 Beitragssätze
§ 159 Beitragsbemessungsgrenzen
§ 160 Verordnungsermächtigung

Zweiter Titel
Beitragsbemessungsgrundlagen

§ 161 Grundsatz
§ 162 Beitragspflichtige Einnahmen Beschäftigter
§ 163 Sonderregelung für beitragspflichtige Einnahmen Beschäftigter
§ 164 (weggefallen)

§ 165 Beitragspflichtige Einnahmen selbständig Tätiger
§ 166 Beitragspflichtige Einnahmen sonstiger Versicherter
§ 167 Freiwillig Versicherte

Dritter Titel
Verteilung der Beitragslast
§ 168 Beitragstragung bei Beschäftigten
§ 169 Beitragstragung bei selbständig Tätigen
§ 170 Beitragstragung bei sonstigen Versicherten
§ 171 Freiwillig Versicherte
§ 172 Arbeitgeberanteil bei Versicherungsfreiheit und Befreiung von der Versicherungspflicht
§ 172a Beitragszuschüsse des Arbeitgebers für Mitglieder berufsständischer Versorgungseinrichtungen

Vierter Titel
Zahlung der Beiträge
§ 173 Grundsatz
§ 174 Beitragszahlung aus dem Arbeitsentgelt und Arbeitseinkommen
§ 175 Beitragszahlung bei Künstlern und Publizisten
§ 176 Beitragszahlung und Abrechnung bei Bezug von Sozialleistungen, bei Leistungen im Eingangsverfahren und im Berufsbildungsbereich anerkannter Werkstätten für behinderte Menschen
§ 176a Beitragszahlung und Abrechnung bei Pflegepersonen
§ 176b Beitragszahlung und Abrechnung für Bezieher von Übergangsgebührnissen
§ 177 Beitragszahlung für Kindererziehungszeiten
§ 178 Verordnungsermächtigung

Fünfter Titel
Erstattungen
§ 179 Erstattung von Aufwendungen
§ 180 Verordnungsermächtigung

Sechster Titel
Nachversicherung
§ 181 Berechnung und Tragung der Beiträge
§ 182 Zusammentreffen mit vorhandenen Beiträgen
§ 183 Erhöhung und Minderung der Beiträge bei Versorgungsausgleich
§ 184 Fälligkeit der Beiträge und Aufschub
§ 185 Zahlung der Beiträge und Wirkung der Beitragszahlung
§ 186 Zahlung an eine berufsständische Versorgungseinrichtung
§ 186a Zeiten einer besonderen Auslandsverwendung im Nachversicherungszeitraum

Siebter Titel
Zahlung von Beiträgen in besonderen Fällen
§ 187 Zahlung von Beiträgen und Ermittlung von Entgeltpunkten aus Beiträgen beim Versorgungsausgleich
§ 187a Zahlung von Beiträgen bei vorzeitiger Inanspruchnahme einer Rente wegen Alters
§ 187b Zahlung von Beiträgen bei Abfindungen von Anwartschaften auf betriebliche Altersversorgung oder von Anrechten bei der Versorgungsausgleichskasse
§ 188 Beitragszahlung für Zeiten einer besonderen Auslandsverwendung

Achter Titel
Berechnungsgrundsätze
§ 189 Berechnungsgrundsätze

Zweiter Unterabschnitt
Verfahren

Erster Titel
Meldungen
§ 190 Meldepflichten bei Beschäftigten und Hausgewerbetreibenden
§ 190a Meldepflicht von versicherungspflichtigen selbständig Tätigen
§ 191 Meldepflichten bei sonstigen versicherungspflichtigen Personen
§ 192 Meldepflichten bei Einberufung zum Wehrdienst oder Zivildienst
§ 192a Meldepflicht für Zeiten einer besonderen Auslandsverwendung
§ 192b Meldepflichten bei Bezug von Übergangsgebührnissen
§ 193 Meldung von sonstigen rechtserheblichen Zeiten
§ 194 Gesonderte Meldung und Hochrechnung
§ 195 Verordnungsermächtigung

Zweiter Titel
Auskunfts- und Mitteilungspflichten
§ 196 Auskunfts- und Mitteilungspflichten

Dritter Titel
Wirksamkeit der Beitragszahlung
§ 197 Wirksamkeit von Beiträgen
§ 198 Neubeginn und Hemmung von Fristen
§ 199 Vermutung der Beitragszahlung
§ 200 Änderung der Beitragsberechnungsgrundlagen
§ 201 Beiträge an nicht zuständige Träger der Rentenversicherung
§ 202 Irrtümliche Pflichtbeitragszahlung
§ 203 Glaubhaftmachung der Beitragszahlung

Vierter Titel
Nachzahlung
§ 204 Nachzahlung von Beiträgen bei Ausscheiden aus einer internationalen Organisation
§ 205 Nachzahlung bei Strafverfolgungsmaßnahmen
§ 206 Nachzahlung für Geistliche und Ordensleute
§ 207 Nachzahlung für Ausbildungszeiten
§ 208 (weggefallen)
§ 209 Berechtigung und Beitragsberechnung zur Nachzahlung

60 SGB VI

Fünfter Titel
Beitragserstattung und Beitragsüberwachung
§ 210 Beitragserstattung
§ 211 Sonderregelung bei der Zuständigkeit zu Unrecht gezahlter Beiträge
§ 212 Beitragsüberwachung
§ 212a Prüfung der Beitragszahlungen und Meldungen für sonstige Versicherte, Nachversicherte und für Zeiten einer besonderen Auslandsverwendung
§ 212b Prüfung der Beitragszahlung bei versicherungspflichtigen Selbständigen

Dritter Abschnitt
Beteiligung des Bundes, Finanzbeziehungen und Erstattungen

Erster Unterabschnitt
Beteiligung des Bundes
§ 213 Zuschüsse des Bundes
§ 214 Liquiditätssicherung
§ 214a Liquiditätserfassung
§ 215 Beteiligung des Bundes in der knappschaftlichen Rentenversicherung

Zweiter Unterabschnitt
Nachhaltigkeitsrücklage und Finanzausgleich
§ 216 Nachhaltigkeitsrücklage
§ 217 Anlage der Nachhaltigkeitsrücklage
§ 218 (weggefallen)
§ 219 Finanzverbund in der allgemeinen Rentenversicherung
§ 220 Aufwendungen für Leistungen zur Teilhabe, Verwaltung und Verfahren
§ 221 Ausgaben für das Anlagevermögen
§ 222 Ermächtigung

Dritter Unterabschnitt
Erstattungen
§ 223 Wanderversicherungsausgleich und Wanderungsausgleich
§ 224 Erstattung durch die Bundesagentur für Arbeit
§ 224a Tragung pauschalierter Beiträge für Renten wegen voller Erwerbsminderung
§ 224b Erstattung für Begutachtung in Angelegenheiten der Grundsicherung
§ 225 Erstattung durch den Träger der Versorgungslast
§ 226 Verordnungsermächtigung

Vierter Unterabschnitt
Abrechnung der Aufwendungen
§ 227 Abrechnung der Aufwendungen

Fünftes Kapitel
Sonderregelungen

Erster Abschnitt
Ergänzungen für Sonderfälle

Erster Unterabschnitt
Grundsatz
§ 228 Grundsatz

§ 228a Besonderheiten für das Beitrittsgebiet
§ 228b Maßgebende Werte in der Anpassungsphase

Zweiter Unterabschnitt
Versicherter Personenkreis
§ 229 Versicherungspflicht
§ 229a Versicherungspflicht im Beitrittsgebiet
§ 230 Versicherungsfreiheit
§ 231 Befreiung von der Versicherungspflicht
§ 231a Befreiung von der Versicherungspflicht im Beitrittsgebiet
§ 232 Freiwillige Versicherung
§ 233 Nachversicherung
§ 233a Nachversicherung im Beitrittsgebiet

Dritter Unterabschnitt
Teilhabe
§ 234 Übergangsgeldanspruch und -berechnung bei Arbeitslosenhilfe
§ 234a Übergangsgeldanspruch und -berechnung bei Unterhaltsgeldbezug

Vierter Unterabschnitt
Anspruchsvoraussetzungen für einzelne Renten
§ 235 Regelaltersrente
§ 236 Altersrente für langjährig Versicherte
§ 236a Altersrente für schwerbehinderte Menschen
§ 236b Altersrente für besonders langjährig Versicherte
§ 237 Altersrente wegen Arbeitslosigkeit oder nach Altersteilzeitarbeit
§ 237a Altersrente für Frauen
§ 238 Altersrente für langjährig unter Tage beschäftigte Bergleute
§ 239 Knappschaftsausgleichsleistung
§ 240 Rente wegen teilweiser Erwerbsminderung bei Berufsunfähigkeit
§ 241 Rente wegen Erwerbsminderung
§ 242 Rente für Bergleute
§ 242a Witwenrente und Witwerrente
§ 243 Witwenrente und Witwerrente an vor dem 1. Juli 1977 geschiedene Ehegatten
§ 243a Rente wegen Todes an vor dem 1. Juli 1977 geschiedene Ehegatten im Beitrittsgebiet
§ 243b Wartezeit
§ 244 Anrechenbare Zeiten
§ 244a Wartezeiterfüllung durch Zuschläge an Entgeltpunkten für Arbeitsentgelt aus geringfügiger versicherungsfreier Beschäftigung
§ 245 Vorzeitige Wartezeiterfüllung
§ 245a Wartezeiterfüllung bei früherem Anspruch auf Hinterbliebenenrente im Beitrittsgebiet
§ 246 Beitragsgeminderte Zeiten
§ 247 Beitragszeiten
§ 248 Beitragszeiten im Beitrittsgebiet und im Saarland
§ 249 Beitragszeiten wegen Kindererziehung

§ 249a Beitragszeiten wegen Kindererziehung im Beitrittsgebiet
§ 249b Berücksichtigungszeiten wegen Pflege
§ 250 Ersatzzeiten
§ 251 Ersatzzeiten bei Handwerkern
§ 252 Anrechnungszeiten
§ 252a Anrechnungszeiten im Beitrittsgebiet
§ 253 Pauschale Anrechnungszeit
§ 253a Zurechnungszeit
§ 254 Zuordnung beitragsfreier Zeiten zur knappschaftlichen Rentenversicherung
§ 254a Ständige Arbeiten unter Tage im Beitrittsgebiet

Fünfter Unterabschnitt
Rentenhöhe und Rentenanpassung

§ 254b Rentenformel für Monatsbetrag der Rente
§ 254c Anpassung der Renten
§ 254d Entgeltpunkte (Ost)
§ 255 Rentenartfaktor
§ 255a Bestimmung des aktuellen Rentenwerts (Ost) für die Zeit vom 1. Juli 2018 bis zum 1. Juli 2023
§ 255b Verordnungsermächtigung
§ 255c Anwendung des aktuellen Rentenwerts zum 1. Juli 2024
§ 255d Bestimmung des aktuellen Rentenwerts für die Zeit vom 1. Juli 2018 bis zum 1. Juli 2026
§ 255e Niveauschutzklausel für die Zeit vom 1. Juli 2019 bis zum 1. Juli 2025
§ 255f Verordnungsermächtigung
§ 255g Ausgleichsbedarf bis zum 30. Juni 2026
§ 256 Entgeltpunkte für Beitragszeiten
§ 256a Entgeltpunkte für Beitragszeiten im Beitrittsgebiet
§ 256b Entgeltpunkte für glaubhaft gemachte Beitragszeiten
§ 256c Entgeltpunkte für nachgewiesene Beitragszeiten ohne Beitragsbemessungsgrundlage
§ 257 Entgeltpunkte für Berliner Beitragszeiten
§ 258 Entgeltpunkte für saarländische Beitragszeiten
§ 259 Entgeltpunkte für Beitragszeiten mit Sachbezug
§ 259a Besonderheiten für Versicherte der Geburtsjahrgänge vor 1937
§ 259b Besonderheiten bei Zugehörigkeit zu einem Zusatz- oder Sonderversorgungssystem
§ 260 Beitragsbemessungsgrenzen
§ 261 Beitragszeiten ohne Entgeltpunkte
§ 262 Mindestentgeltpunkte bei geringem Arbeitsentgelt
§ 263 Gesamtleistungsbewertung für beitragsfreie und beitragsgeminderte Zeiten
§ 263a Gesamtleistungsbewertung für beitragsfreie und beitragsgeminderte Zeiten mit Entgeltpunkten (Ost)

§ 264 Zuschläge oder Abschläge bei Versorgungsausgleich
§ 264a Zuschläge oder Abschläge bei Versorgungsausgleich im Beitrittsgebiet
§ 264b Zuschläge an Entgeltpunkten für Arbeitsentgelt aus geringfügiger versicherungsfreier Beschäftigung
§ 264c Zuschlag bei Hinterbliebenenrenten
§ 264d Zugangsfaktor
§ 265 Knappschaftliche Besonderheiten
§ 265a Knappschaftliche Besonderheiten bei rentenrechtlichen Zeiten im Beitrittsgebiet

Sechster Unterabschnitt
Zusammentreffen von Renten und von Einkommen

§ 266 Erhöhung des Grenzbetrags
§ 267 Rente und Leistungen aus der Unfallversicherung

Siebter Unterabschnitt
Beginn von Witwenrenten und Witwerrenten an vor dem 1. Juli 1977 geschiedene Ehegatten und Änderung von Renten beim Versorgungsausgleich

§ 268 Beginn von Witwenrenten und Witwerrenten an vor dem 1. Juli 1977 geschiedene Ehegatten
§ 268a Änderung von Renten beim Versorgungsausgleich

Achter Unterabschnitt
Zusatzleistungen

§ 269 Steigerungsbeträge
§ 269a (weggefallen)
§ 269b Rentenabfindung bei Wiederheirat von Witwen und Witwern
§ 270 (weggefallen)
§ 270a (weggefallen)

Neunter Unterabschnitt
Leistungen an Berechtigte im Ausland und Auszahlung

§ 270b Rente wegen teilweiser Erwerbsminderung bei Berufsunfähigkeit
§ 271 Höhe der Rente
§ 272 Besonderheiten
§ 272a Fälligkeit und Auszahlung laufender Geldleistungen bei Beginn vor dem 1. April 2004

Zehnter Unterabschnitt
Organisation, Datenverarbeitung und Datenschutz

Erster Titel
Organisation

§ 273 Zuständigkeit der Deutschen Rentenversicherung Knappschaft-Bahn-See
§ 273a Zuständigkeit in Zweifelsfällen

60 SGB VI

Zweiter Titel
Datenverarbeitung und Datenschutz

§ 274 Dateisysteme bei der Datenstelle hinsichtlich der Verordnung (EWG) Nr. 1408/71 des Rates vom 14. Juni 1971
§ 274a Verarbeitung von Sozialdaten im Zusammenhang mit dem Anpassungsgeld nach § 57 des Kohleverstromungsbeendigungsgesetzes
§ 274b (weggefallen)

Dritter Titel
Übergangsvorschriften zur Zuständigkeit der Rentenversicherungsträger

§ 274c Ausgleichsverfahren

Elfter Unterabschnitt
Finanzierung

Erster Titel
(weggefallen)

§ 275 (weggefallen)

Zweiter Titel
Beiträge

§ 275a Beitragsbemessungsgrenzen im Beitrittsgebiet für die Zeit bis zum 31. Dezember 2024
§ 275b Verordnungsermächtigung
§ 276 Übergangsregelung für Auszubildende in einer außerbetrieblichen Einrichtung
§ 276a Arbeitgeberanteil bei Versicherungsfreiheit
§ 276b (weggefallen)
§ 277 Beitragsrecht bei Nachversicherung
§ 277a Durchführung der Nachversicherung im Beitrittsgebiet
§ 278 Mindestbeitragsbemessungsgrundlage für die Nachversicherung
§ 278a Mindestbeitragsbemessungsgrundlage für die Nachversicherung im Beitrittsgebiet
§ 279 Beitragspflichtige Einnahmen bei Hebammen und Handwerkern
§ 279a Beitragspflichtige Einnahmen mitarbeitender Ehegatten im Beitrittsgebiet
§ 279b Beitragsbemessungsgrundlage für freiwillig Versicherte
§ 279c Beitragstragung im Beitrittsgebiet
§ 279d Beitragszahlung im Beitrittsgebiet
§§ 279e und 279f (weggefallen)
§ 279g Sonderregelungen bei Altersteilzeitbeschäftigten
§ 280 Höherversicherung für Zeiten vor 1998
§ 281 Nachversicherung
§ 281a Zahlung von Beiträgen im Rahmen des Versorgungsausgleichs im Beitrittsgebiet
§ 281b Verordnungsermächtigung

Dritter Titel
Verfahren

§ 281c Meldepflichten im Beitrittsgebiet
§ 282 Nachzahlung nach Erreichen der Regelaltersgrenze
§ 283 (weggefallen)
§ 284 Nachzahlung für Vertriebene, Flüchtlinge und Evakuierte
§ 285 Nachzahlung bei Nachversicherung
§ 286 Versicherungskarten
§ 286a Glaubhaftmachung der Beitragszahlung und Aufteilung von Beiträgen
§ 286b Glaubhaftmachung der Beitragszahlung im Beitrittsgebiet
§ 286c Vermutung der Beitragszahlung im Beitrittsgebiet
§ 286d Beitragserstattung
§ 286e Ausweis für Arbeit und Sozialversicherung
§ 286f Erstattung zu Unrecht gezahlter Pflichtbeiträge an die berufsständische Versorgungseinrichtung
§ 286g Erstattung von nach dem 21. Juli 2009 gezahlten freiwilligen Beiträgen

Vierter Titel
Berechnungsgrundlagen

§ 287 Beitragssatzgarantie bis 2025
§ 287a Sonderzahlungen des Bundes in den Jahren 2022 bis 2025
§ 287b Ausgaben für Leistungen zur Teilhabe
§ 287c Förderung für sonstige Leistungen der Teilhabe
§ 287d Erstattungen in besonderen Fällen
§ 287e Veränderung des Bundeszuschusses im Beitrittsgebiet
§ 287f Getrennte Abrechnung
§ 288 (weggefallen)

Fünfter Titel
Erstattungen

§ 289 Wanderversicherungsausgleich
§ 289a Besonderheiten beim Wanderversicherungsausgleich
§ 290 Erstattung durch den Träger der Versorgungslast
§ 290a Erstattung durch den Träger der Versorgungslast im Beitrittsgebiet
§ 291 Erstattungen für Anrechnungszeiten für den Bezug von Anpassungsgeld
§ 291a Erstattung von Invalidenrenten und Aufwendungen für Pflichtbeitragszeiten bei Erwerbsunfähigkeit
§ 291b Erstattung nicht beitragsgedeckter Leistungen
§ 292 Verordnungsermächtigung
§ 292a Verordnungsermächtigung für das Beitrittsgebiet

Sechster Titel
Vermögensanlagen

§ 293 Vermögensanlagen

Zwölfter Unterabschnitt
Leistungen für Kindererziehung an Mütter der Geburtsjahrgänge vor 1921

- § 294 Anspruchsvoraussetzungen
- § 294a Besonderheiten für das Beitrittsgebiet
- § 295 Höhe der Leistung
- § 295a Höhe der Leistung im Beitrittsgebiet
- § 296 Beginn und Ende
- § 297 Zuständigkeit
- § 298 Durchführung
- § 299 Anrechnungsfreiheit

Zweiter Abschnitt
Ausnahmen von der Anwendung neuen Rechts

Erster Unterabschnitt
Grundsatz
- § 300 Grundsatz

Zweiter Unterabschnitt
Leistungen zur Teilhabe
- § 301 Leistungen zur Teilhabe
- § 301a Einmalzahlungs-Neuregelungsgesetz

Dritter Unterabschnitt
Anspruchsvoraussetzungen für einzelne Renten
- § 302 Anspruch auf Altersrente in Sonderfällen
- § 302a Renten wegen verminderter Erwerbsfähigkeit und Bergmannsvollrenten
- § 302b Renten wegen verminderter Erwerbsfähigkeit
- § 303 Witwerrente
- § 303a Große Witwenrente und große Witwerrente wegen Berufsunfähigkeit oder Erwerbsunfähigkeit
- § 304 Waisenrente
- § 305 Wartezeit und sonstige zeitliche Voraussetzungen

Vierter Unterabschnitt
Rentenhöhe
- § 306 Grundsatz
- § 307 Umwertung in persönliche Entgeltpunkte
- § 307a Persönliche Entgeltpunkte aus Bestandsrenten des Beitrittsgebiets
- § 307b Bestandsrenten aus überführten Renten des Beitrittsgebiets
- § 307c Durchführung der Neuberechnung von Bestandsrenten nach § 307b
- § 307d Zuschlag an persönlichen Entgeltpunkten für Kindererziehung
- § 307e Zuschlag an Entgeltpunkten für langjährige Versicherung bei Rentenbeginn in den Jahren 1992 bis 2020
- § 307f Zuschlag an Entgeltpunkten für langjährige Versicherung bei Rentenbeginn vor dem 1. Januar 1992
- § 307g Prüfung des Zuschlags an Entgeltpunkten für langjährige Versicherung
- § 307h Evaluierung
- § 308 Umstellungsrenten
- § 309 Neufeststellung auf Antrag
- § 310 Erneute Neufeststellung von Renten
- § 310a Neufeststellung von Renten mit Zeiten der Beschäftigung bei der Deutschen Reichsbahn oder bei der Deutschen Post
- § 310b Neufeststellung von Renten mit überführten Zeiten nach dem Anspruchs- und Anwartschaftsüberführungsgesetz
- § 310c Neufeststellung von Renten wegen Beschäftigungszeiten während des Bezugs einer Invalidenrente

Fünfter Unterabschnitt
Zusammentreffen von Renten und von Einkommen
- § 311 Rente und Leistungen aus der Unfallversicherung
- § 312 Mindestgrenzbetrag bei Versicherungsfällen vor dem 1. Januar 1979
- § 313 Hinzuverdienst bei Renten wegen verminderter Erwerbsfähigkeit
- § 314 Einkommensanrechnung auf Renten wegen Todes
- § 314a Einkommensanrechnung auf Renten wegen Todes aus dem Beitrittsgebiet

Sechster Unterabschnitt
Zusatzleistungen
- § 315 Zuschuss zur Krankenversicherung
- § 315a Auffüllbetrag
- § 315b Renten aus freiwilligen Beiträgen des Beitrittsgebiets
- § 316 (weggefallen)

Siebter Unterabschnitt
Leistungen an Berechtigte im Ausland
- § 317 Grundsatz
- § 317a Neufeststellung
- § 318 (weggefallen)
- § 319 Zusatzleistungen

Achter Unterabschnitt
Zusatzleistungen bei gleichzeitigem Anspruch auf Renten nach dem Übergangsrecht für Renten nach den Vorschriften des Beitrittsgebiets
- § 319a Rentenzuschlag bei Rentenbeginn in den Jahren 1992 und 1993

Neunter Unterabschnitt
Leistungen bei gleichzeitigem Anspruch auf Renten nach dem Übergangsrecht für Renten nach den Vorschriften des Beitrittsgebiets
- § 319b Übergangszuschlag

Sechstes Kapitel
Bußgeldvorschriften
- § 320 Bußgeldvorschriften
- § 321 Zusammenarbeit zur Verfolgung und Ahndung von Ordnungswidrigkeiten

Anlage 1 bis Anlage 20

Erstes Kapitel
Versicherter Personenkreis

Erster Abschnitt
Versicherung kraft Gesetzes

§ 1 Beschäftigte

¹Versicherungspflichtig sind
1. Personen, die gegen Arbeitsentgelt oder zu ihrer Berufsausbildung beschäftigt sind; während des Bezugs von Kurzarbeitergeld nach dem Dritten Buch besteht die Versicherungspflicht fort,
2. behinderte Menschen, die
   a) in anerkannten Werkstätten für behinderte Menschen oder in Blindenwerkstätten im Sinne des § 226 des Neunten Buches oder für diese Einrichtungen in Heimarbeit oder bei einem anderen Leistungsanbieter nach § 60 des Neunten Buches tätig sind,
   b) in Anstalten, Heimen oder gleichartigen Einrichtungen in gewisser Regelmäßigkeit eine Leistung erbringen, die einem Fünftel der Leistung eines voll erwerbsfähigen Beschäftigten in gleichartiger Beschäftigung entspricht; hierzu zählen auch Dienstleistungen für den Träger der Einrichtung.
3. Personen, die in Einrichtungen der Jugendhilfe oder in Berufsbildungswerken oder ähnlichen Einrichtungen für behinderte Menschen für eine Erwerbstätigkeit befähigt werden sollen; dies gilt auch für Personen während der individuellen betrieblichen Qualifizierung im Rahmen der Unterstützten Beschäftigung nach § 55 des Neunten Buches,
4. Mitglieder geistlicher Genossenschaften, Diakonissen und Angehörige ähnlicher Gemeinschaften während ihres Dienstes für die Gemeinschaft und während der Zeit ihrer außerschulischen Ausbildung.

²Personen, die Wehrdienst leisten und nicht in einem Dienstverhältnis als Berufssoldat oder Soldat auf Zeit stehen, sind in dieser Beschäftigung nicht nach Satz 1 Nr. 1 versicherungspflichtig; sie gelten als Wehrdienstleistende im Sinne des § 3 Satz 1 Nr. 2 oder 2a und Satz 4. ³Mitglieder des Vorstandes einer Aktiengesellschaft sind in dem Unternehmen, dessen Vorstand sie angehören, nicht versicherungspflichtig beschäftigt, wobei Konzernunternehmen im Sinne des § 18 des Aktiengesetzes als ein Unternehmen gelten. ⁴Die in Satz 1 Nr. 2 bis 4 genannten Personen gelten als Beschäftigte im Sinne des Rechts der Rentenversicherung. ⁵Die folgenden Personen stehen den Beschäftigten zur Berufsausbildung im Sinne des Satzes 1 Nummer 1 gleich:
1. Auszubildende, die in einer außerbetrieblichen Einrichtung im Rahmen eines Berufsausbildungsvertrages nach dem Berufsbildungsgesetz ausgebildet werden,
2. Teilnehmer an dualen Studiengängen und
3. Teilnehmer an Ausbildungen mit Abschnitten des schulischen Unterrichts und der praktischen Ausbildung, für die ein Ausbildungsvertrag und Anspruch auf Ausbildungsvergütung besteht (praxisintegrierte Ausbildungen).

§ 2 Selbständig Tätige

¹Versicherungspflichtig sind selbständig tätige
1. Lehrer und Erzieher, die im Zusammenhang mit ihrer selbständigen Tätigkeit regelmäßig keinen versicherungspflichtigen Arbeitnehmer beschäftigen,
2. Pflegepersonen, die in der Kranken-, Wochen-, Säuglings- oder Kinderpflege tätig sind und im Zusammenhang mit ihrer selbständigen Tätigkeit regelmäßig keinen versicherungspflichtigen Arbeitnehmer beschäftigen,
3. Hebammen und Entbindungspfleger,
4. Seelotsen der Reviere im Sinne des Gesetzes über das Seelotswesen,
5. Künstler und Publizisten nach näherer Bestimmung des Künstlersozialversicherungsgesetzes,
6. Hausgewerbetreibende,
7. Küstenschiffer und Küstenfischer, die zur Besatzung ihres Fahrzeuges gehören oder als Küstenfischer ohne Fahrzeug fischen und regelmäßig nicht mehr als vier versicherungspflichtige Arbeitnehmer beschäftigen,
8. Gewerbetreibende, die in die Handwerksrolle eingetragen sind und in ihrer Person die für die Eintragung in die Handwerksrolle erforderlichen Voraussetzungen erfüllen, wobei Handwerksbetriebe im Sinne der §§ 2 und 3 der Handwerksordnung sowie Betriebsfortführungen auf Grund von § 4 der Handwerksordnung außer Betracht bleiben; ist eine Personengesellschaft in die Handwerksrolle eingetragen, gilt als Gewerbetreibender, wer als Gesellschafter in seiner Person die Voraussetzungen für die Eintragung in die Handwerksrolle erfüllt,
9. Personen, die
   a) im Zusammenhang mit ihrer selbständigen Tätigkeit regelmäßig keinen versicherungspflichtigen Arbeitnehmer beschäftigen und
   b) auf Dauer und im Wesentlichen nur für einen Auftraggeber tätig sind; bei Gesellschaftern gelten als Auftraggeber die Auftraggeber der Gesellschaft.

²Als Arbeitnehmer im Sinne des Satzes 1 Nr. 1, 2, 7 und 9 gelten

1. auch Personen, die berufliche Kenntnisse, Fertigkeiten oder Erfahrungen im Rahmen beruflicher Bildung erwerben,
2. nicht Personen, die geringfügig beschäftigt sind,
3. für Gesellschafter auch die Arbeitnehmer der Gesellschaft.

§ 3 Sonstige Versicherte

¹Versicherungspflichtig sind Personen in der Zeit,
1. für die ihnen Kindererziehungszeiten anzurechnen sind (§ 56),
1a. in der sie eine oder mehrere pflegebedürftige Personen mit mindestens Pflegegrad 2 wenigstens zehn Stunden wöchentlich, verteilt auf regelmäßig mindestens zwei Tage in der Woche, in ihrer häuslichen Umgebung nicht erwerbsmäßig pflegen (nicht erwerbsmäßig tätige Pflegepersonen), wenn der Pflegebedürftige Anspruch auf Leistungen aus der sozialen Pflegeversicherung oder einer privaten Pflege-Pflichtversicherung hat,
2. in der sie aufgrund gesetzlicher Pflicht Wehrdienst oder Zivildienst leisten,
2a. in der sie sich in einem Wehrdienstverhältnis besonderer Art nach § 6 des Einsatz-Weiterverwendungsgesetzes befinden, wenn sich der Einsatzunfall während einer Zeit ereignet hat, in der sie nach Nummer 2 versicherungspflichtig waren; sind zwischen dem Einsatzunfall und der Einstellung in ein Wehrdienstverhältnis besonderer Art nicht mehr als sechs Wochen vergangen, gilt das Wehrdienstverhältnis besonderer Art als mit dem Tag nach Ende einer Versicherungspflicht nach Nummer 2 begonnen,
2b. in der sie als ehemalige Soldaten auf Zeit Übergangsgebührnisse beziehen,
3. für die sie von einem Leistungsträger Krankengeld, Verletztengeld, Versorgungskrankengeld, Übergangsgeld, Arbeitslosengeld oder von der sozialen oder einer privaten Pflegeversicherung Pflegeunterstützungsgeld beziehen, wenn sie im letzten Jahr vor Beginn der Leistung zuletzt versicherungspflichtig waren; der Zeitraum von einem Jahr verlängert sich um Anrechnungszeiten wegen des Bezugs von Arbeitslosengeld II,
3a. für die sie von einem privaten Krankenversicherungsunternehmen, von einem Beihilfeträger des Bundes, von einem sonstigen öffentlich-rechtlichen Träger von Kosten in Krankheitsfällen auf Bundesebene, von dem Träger der Heilfürsorge im Bereich des Bundes, von dem Träger der truppenärztlichen Versorgung oder von einem öffentlich-rechtlichen Träger von Kosten in Krankheitsfällen auf Landesebene, soweit das Landesrecht dies vorsieht, Leistungen für den Ausfall von Arbeitseinkünften im Zusammenhang mit einer nach den §§ 8 und 8a des Transplantationsgesetzes erfolgenden Spende von Organen oder Geweben oder im Zusammenhang mit einer im Sinne von § 9 des Transfusionsgesetzes erfolgenden Spende von Blut zur Separation von Blutstammzellen oder anderen Blutbestandteilen beziehen, wenn sie im letzten Jahr vor Beginn dieser Zahlung zuletzt versicherungspflichtig waren; der Zeitraum von einem Jahr verlängert sich um Anrechnungszeiten wegen des Bezugs von Arbeitslosengeld II,
4. für die sie Vorruhestandsgeld beziehen, wenn sie unmittelbar vor Beginn der Leistung versicherungspflichtig waren.

²Pflegepersonen, die für ihre Tätigkeit von dem oder den Pflegebedürftigen ein Arbeitsentgelt erhalten, das das dem Umfang der jeweiligen Pflegetätigkeit entsprechende Pflegegeld im Sinne des § 37 des Elften Buches nicht übersteigt, gelten als nicht erwerbsmäßig tätig; sie sind insoweit nicht nach § 1 Satz 1 Nr. 1 versicherungspflichtig. ³Nicht erwerbsmäßig tätige Pflegepersonen, die daneben regelmäßig mehr als 30 Stunden wöchentlich beschäftigt oder selbständig tätig sind, sind nicht nach Satz 1 Nr. 1a versicherungspflichtig. ⁴Wehrdienstleistende oder Zivildienstleistende, die für die Zeit ihres Dienstes Arbeitsentgelt weiter erhalten oder Leistungen an Selbständige nach § 6 des Unterhaltssicherungsgesetzes erhalten, sind nicht nach Satz 1 Nr. 2 versicherungspflichtig; die Beschäftigung oder selbständige Tätigkeit gilt in diesen Fällen als nicht unterbrochen.

⁵Trifft eine Versicherungspflicht nach Satz 1 Nr. 3 im Rahmen von Leistungen zur Teilhabe am Arbeitsleben mit einer Versicherungspflicht nach § 1 Satz 1 Nr. 2 oder 3 zusammen, geht die Versicherungspflicht vor, nach der die höheren Beiträge zu zahlen sind. ⁶Die Versicherungspflicht nach Satz 1 Nr. 3 und 4 erstreckt sich auch auf Personen, die ihren gewöhnlichen Aufenthalt im Ausland haben.

§ 4 Versicherungspflicht auf Antrag

(1) ¹Auf Antrag versicherungspflichtig sind folgende Personen, wenn die Versicherung von einer Stelle beantragt wird, die ihren Sitz im Inland hat:
1. Entwicklungshelfer im Sinne des Entwicklungshelfer-Gesetzes, die Entwicklungsdienst oder Vorbereitungsdienst leisten,
2. Angehörige eines Mitgliedstaates der Europäischen Union, Angehörige eines Vertragsstaates des Abkommens über den Europäischen Wirtschaftsraum oder Staatsangehörige der Schweiz, die für eine begrenzte Zeit im Ausland beschäftigt sind,
3. sekundierte Personen nach dem Sekundierungsgesetz.

²Auf Antrag ihres Arbeitgebers versicherungspflichtig sind auch Angehörige eines Mitgliedstaates der Europäischen Union, Angehörige eines Vertragsstaates des Abkommens über den Europäischen Wirtschaftsraum oder Staatsangehörige der Schweiz, die im Ausland bei einer amtlichen Vertretung des Bundes oder der Länder oder bei einem Leiter, Mitglied oder Bediensteten einer amtlichen Vertretung des Bundes oder der Länder beschäftigt sind. ³Personen, denen für die Zeit des Dienstes oder der Beschäftigung im Ausland Versorgungsanwartschaften gewährleistet sind, gelten im Rahmen der Nachversicherung auch ohne Antrag als versicherungspflichtig.

(2) Auf Antrag versicherungspflichtig sind Personen, die nicht nur vorübergehend selbständig tätig sind, wenn sie die Versicherungspflicht innerhalb von fünf Jahren nach der Aufnahme der selbständigen Tätigkeit oder dem Ende einer Versicherungspflicht aufgrund dieser Tätigkeit beantragen.

(3) ¹Auf Antrag versicherungspflichtig sind Personen, die
1. eine der in § 3 Satz 1 Nr. 3 genannten Sozialleistungen oder Leistungen für den Ausfall von Arbeitseinkünften nach § 3 Satz 1 Nummer 3a beziehen und nicht nach diesen Vorschriften versicherungspflichtig sind,
2. nur deshalb keinen Anspruch auf Krankengeld haben, weil sie nicht in der gesetzlichen Krankenversicherung versichert sind oder in der gesetzlichen Krankenversicherung ohne Anspruch auf Krankengeld versichert sind, für die Zeit der Arbeitsunfähigkeit oder der Ausführung von Leistungen zur medizinischen Rehabilitation oder zur Teilhabe am Arbeitsleben, wenn sie im letzten Jahr vor Beginn der Arbeitsunfähigkeit oder der Ausführung von Leistungen zur medizinischen Rehabilitation oder zur Teilhabe am Arbeitsleben zuletzt versicherungspflichtig waren, längstens jedoch für 18 Monate.

²Dies gilt auch für Personen, die ihren gewöhnlichen Aufenthalt im Ausland haben.

(3a) ¹Die Vorschriften über die Versicherungsfreiheit und die Befreiung von der Versicherungspflicht gelten auch für die Versicherungspflicht auf Antrag nach Absatz 3. ²Bezieht sich die Versicherungsfreiheit oder die Befreiung von der Versicherungspflicht auf jede Beschäftigung oder selbständige Tätigkeit, kann ein Antrag nach Absatz 3 nicht gestellt werden. ³Bezieht sich die Versicherungsfreiheit oder die Befreiung von der Versicherungspflicht auf eine bestimmte Beschäftigung oder bestimmte selbständige Tätigkeit, kann ein Antrag nach Absatz 3 nicht gestellt werden, wenn die Versicherungsfreiheit oder die Befreiung von der Versicherungspflicht auf der Zugehörigkeit zu einem anderweitigen Alterssicherungssystem, insbesondere einem abgeschlossenen Lebensversicherungsvertrag oder der Mitgliedschaft in einer öffentlich-rechtlichen Versicherungseinrichtung oder Versorgungseinrichtung einer Berufsgruppe (§ 6 Abs. 1 Satz 1 Nr. 1), beruht und die Zeit des Bezugs der jeweiligen Sozialleistung in dem anderweitigen Alterssicherungssystem abgesichert ist oder abgesichert werden kann.

(4) ¹Die Versicherungspflicht beginnt
1. in den Fällen der Absätze 1 und 2 mit dem Tag, an dem erstmals die Voraussetzungen nach den Absätzen 1 und 2 vorliegen, wenn sie innerhalb von drei Monaten danach beantragt wird, sonst mit dem Tag, der dem Eingang des Antrags folgt,
2. in den Fällen des Absatzes 3 Satz 1 Nr. 1 mit Beginn der Leistung und in den Fällen des Absatzes 3 Satz 1 Nr. 2 mit Beginn der Arbeitsunfähigkeit oder Rehabilitation, wenn der Antrag innerhalb von drei Monaten danach gestellt wird, andernfalls mit dem Tag, der dem Eingang des Antrags folgt, frühestens jedoch mit dem Ende der Versicherungspflicht aufgrund einer vorausgehenden versicherungspflichtigen Beschäftigung oder Tätigkeit.

²Sie endet mit Ablauf des Tages, an dem die Voraussetzungen weggefallen sind.

§ 5 Versicherungsfreiheit

(1) ¹Versicherungsfrei sind
1. Beamte und Richter auf Lebenszeit, auf Zeit oder auf Probe, Berufssoldaten und Soldaten auf Zeit sowie Beamte auf Widerruf im Vorbereitungsdienst,
2. sonstige Beschäftigte von Körperschaften, Anstalten oder Stiftungen des öffentlichen Rechts, deren Verbänden einschließlich der Spitzenverbände oder ihrer Arbeitsgemeinschaften, wenn ihnen nach beamtenrechtlichen Vorschriften oder Grundsätzen Anwartschaft auf Versorgung bei verminderter Erwerbsfähigkeit und im Alter sowie auf Hinterbliebenenversorgung gewährleistet und die Erfüllung der Gewährleistung gesichert ist,
3. Beschäftigte im Sinne von Nummer 2, wenn ihnen nach kirchenrechtlichen Regelungen eine Anwartschaft im Sinne von Nummer 2 gewährleistet und die Erfüllung der Gewährleistung gesichert ist, sowie satzungsmäßige Mitglieder geistlicher Genossenschaften, Diakonissen und Angehörige ähnlicher Gemeinschaften, wenn ihnen nach den Regeln der Gemeinschaft Anwartschaft auf die in der Gemeinschaft übliche Versorgung bei verminderter Erwerbsfähigkeit und im Alter gewährleistet und die Erfüllung der Gewährleistung gesichert ist,

in dieser Beschäftigung und in weiteren Beschäftigungen, auf die die Gewährleistung einer Versorgungsanwartschaft erstreckt wird. ²Für Personen nach Satz 1 Nr. 2 gilt dies nur, wenn sie
1. nach beamtenrechtlichen Vorschriften oder Grundsätzen Anspruch auf Vergütung und bei Krankheit auf Fortzahlung der Bezüge haben oder

2. nach beamtenrechtlichen Vorschriften oder Grundsätzen bei Krankheit Anspruch auf Beihilfe oder Heilfürsorge haben oder
3. innerhalb von zwei Jahren nach Beginn des Beschäftigungsverhältnisses in ein Rechtsverhältnis nach Nummer 1 berufen werden sollen oder
4. in einem öffentlich-rechtlichen Ausbildungsverhältnis stehen.

³Über das Vorliegen der Voraussetzungen nach Satz 1 Nr. 2 und 3 sowie nach Satz 2 und die Erstreckung der Gewährleistung auf weitere Beschäftigungen entscheidet für Beschäftigte beim Bund und bei Dienstherren oder anderen Arbeitgebern, die der Aufsicht des Bundes unterstehen, das zuständige Bundesministerium, im Übrigen die oberste Verwaltungsbehörde des Landes, in dem die Arbeitgeber, Genossenschaften oder Gemeinschaften ihren Sitz haben. ⁴Die Gewährleistung von Anwartschaften begründet die Versicherungsfreiheit von Beginn des Monats an, in dem die Zusicherung der Anwartschaften vertraglich erfolgt.

(2) ¹Versicherungsfrei sind Personen, die eine
1. Beschäftigung nach § 8 Absatz 1 Nummer 2 oder § 8a in Verbindung mit § 8 Absatz 1 Nummer 2 des Vierten Buches oder
2. geringfügige selbständige Tätigkeit nach § 8 Absatz 3 in Verbindung mit § 8 Absatz 1 oder nach § 8 Absatz 3 in Verbindung mit den §§ 8a und 8 Absatz 1 des Vierten Buches

ausüben, in dieser Beschäftigung oder selbständigen Tätigkeit. ²§ 8 Absatz 2 des Vierten Buches ist mit der Maßgabe anzuwenden, dass eine Zusammenrechnung mit einer nicht geringfügigen selbständigen Tätigkeit nur erfolgt, wenn diese versicherungspflichtig ist. ³Satz 1 Nummer 1 gilt nicht für Personen, die im Rahmen betrieblicher Berufsbildung beschäftigt sind.

(3) Versicherungsfrei sind Personen, die während der Dauer eines Studiums als ordentliche Studierende einer Fachschule oder Hochschule ein Praktikum ableisten, das in ihrer Studienordnung oder Prüfungsordnung vorgeschrieben ist.

(4) ¹Versicherungsfrei sind Personen, die
1. nach Ablauf des Monats, in dem die Regelaltersgrenze erreicht wurde, eine Vollrente wegen Alters beziehen,
2. nach beamtenrechtlichen Vorschriften oder Grundsätzen oder entsprechenden kirchenrechtlichen Regelungen oder nach den Regelungen einer berufsständischen Versorgungseinrichtung eine Versorgung nach Erreichen einer Altersgrenze beziehen oder die in der Gemeinschaft übliche Versorgung im Alter nach Absatz 1 Satz 1 Nr. 3 erhalten oder
3. bis zum Erreichen der Regelaltersgrenze nicht versichert waren oder nach Erreichen der Regelaltersgrenze eine Beitragserstattung aus ihrer Versicherung erhalten haben.

²Satz 1 gilt nicht für Beschäftigte in einer Beschäftigung, in der sie durch schriftliche Erklärung gegenüber dem Arbeitgeber auf die Versicherungsfreiheit verzichten. ³Der Verzicht kann nur mit Wirkung für die Zukunft erklärt werden und ist für die Dauer der Beschäftigung bindend. ⁴Die Sätze 2 und 3 gelten entsprechend für selbständig Tätige, die den Verzicht gegenüber dem zuständigen Träger der Rentenversicherung erklären.

§ 6 Befreiung von der Versicherungspflicht

(1) ¹Von der Versicherungspflicht werden befreit
1. Beschäftigte und selbständig Tätige für die Beschäftigung oder selbständige Tätigkeit, wegen der sie aufgrund einer durch Gesetz angeordneten oder auf Gesetz beruhenden Verpflichtung Mitglied einer öffentlich-rechtlichen Versicherungseinrichtung oder Versorgungseinrichtung ihrer Berufsgruppe (berufsständische Versorgungseinrichtung) und zugleich kraft gesetzlicher Verpflichtung Mitglied einer berufsständischen Kammer sind, wenn
    a) am jeweiligen Ort der Beschäftigung oder selbständigen Tätigkeit für ihre Berufsgruppe bereits vor dem 1. Januar 1995 eine gesetzliche Verpflichtung zur Mitgliedschaft in der berufsständischen Kammer bestanden hat,
    b) für sie nach näherer Maßgabe der Satzung einkommensbezogene Beiträge unter Berücksichtigung der Beitragsbemessungsgrenze zur berufsständischen Versorgungseinrichtung zu zahlen sind und
    c) aufgrund dieser Beiträge Leistungen für den Fall verminderter Erwerbsfähigkeit und des Alters sowie für Hinterbliebene erbracht und angepasst werden, wobei auch die finanzielle Lage der berufsständischen Versorgungseinrichtung zu berücksichtigen ist,
2. Lehrer oder Erzieher, die an nichtöffentlichen Schulen beschäftigt sind, wenn ihnen nach beamtenrechtlichen Grundsätzen oder entsprechenden kirchenrechtlichen Regelungen Anwartschaft auf Versorgung bei verminderter Erwerbsfähigkeit und im Alter sowie auf Hinterbliebenenversorgung gewährleistet und die Erfüllung der Gewährleistung gesichert ist und wenn diese Personen die Voraussetzungen nach § 5 Abs. 1 Satz 2 Nr. 1 und 2 erfüllen,

3. nichtdeutsche Besatzungsmitglieder deutscher Seeschiffe, die ihren Wohnsitz oder gewöhnlichen Aufenthalt nicht in einem Mitgliedstaat der Europäischen Union, einem Vertragsstaat des Abkommens über den Europäischen Wirtschaftsraum oder der Schweiz haben,
4. Gewerbetreibende in Handwerksbetrieben, wenn für sie mindestens 18 Jahre lang Pflichtbeiträge gezahlt worden sind.

²Die gesetzliche Verpflichtung für eine Berufsgruppe zur Mitgliedschaft in einer berufsständischen Kammer im Sinne des Satzes 1 Nr. 1 gilt mit dem Tag als entstanden, an dem das die jeweilige Kammerzugehörigkeit begründende Gesetz verkündet worden ist. ³Wird der Kreis der Pflichtmitglieder einer berufsständischen Kammer nach dem 31. Dezember 1994 erweitert, werden diejenigen Pflichtmitglieder des berufsständischen Versorgungswerks nicht nach Satz 1 Nr. 1 befreit, die nur wegen dieser Erweiterung Pflichtmitglieder ihrer Berufskammer geworden sind. ⁴Für die Bestimmung des Tages, an dem die Erweiterung des Kreises der Pflichtmitglieder erfolgt ist, ist Satz 2 entsprechend anzuwenden. ⁵Personen, die nach bereits am 1. Januar 1995 geltenden versorgungsrechtlichen Regelungen verpflichtet sind, für die Zeit der Ableistung eines gesetzlich vorgeschriebenen Vorbereitungs- oder Anwärterdienstes Mitglied einer berufsständischen Versorgungseinrichtung zu sein, werden auch nach Satz 1 Nr. 1 von der Versicherungspflicht befreit, wenn eine gesetzliche Verpflichtung zur Mitgliedschaft in einer berufsständischen Kammer für die Zeit der Ableistung des Vorbereitungs- oder Anwärterdienstes nicht besteht. ⁶Satz 1 Nr. 1 gilt nicht für die in Satz 1 Nr. 4 genannten Personen.

(1a) ¹Personen, die nach § 2 Satz 1 Nr. 9 versicherungspflichtig sind, werden von der Versicherungspflicht befreit
1. für einen Zeitraum von drei Jahren nach erstmaliger Aufnahme einer selbständigen Tätigkeit, die die Merkmale des § 2 Satz 1 Nr. 9 erfüllt,
2. nach Vollendung des 58. Lebensjahres, wenn sie nach einer zuvor ausgeübten selbständigen Tätigkeit erstmals nach § 2 Satz 1 Nr. 9 versicherungspflichtig werden.

²Satz 1 Nr. 1 gilt entsprechend für die Aufnahme einer zweiten selbständigen Tätigkeit, die die Merkmale des § 2 Satz 1 Nr. 9 erfüllt. ³Eine Aufnahme einer selbständigen Tätigkeit liegt nicht vor, wenn eine bestehende selbständige Existenz lediglich umbenannt oder deren Geschäftszweck gegenüber der vorangegangenen nicht wesentlich verändert wurde.

(1b) ¹Personen, die eine geringfügige Beschäftigung nach § 8 Absatz 1 Nummer 1 oder § 8a in Verbindung mit § 8 Absatz 1 Nummer 1 des Vierten Buches ausüben, werden auf Antrag von der Versicherungspflicht befreit. ²Der schriftliche Befreiungsantrag ist dem Arbeitgeber zu übergeben. ³§ 8 Absatz 2 des Vierten Buches ist mit der Maßgabe anzuwenden, dass eine Zusammenrechnung mit einer nicht geringfügigen Beschäftigung nur erfolgt, wenn diese versicherungspflichtig ist. ⁴Der Antrag kann bei mehreren geringfügigen Beschäftigungen nur einheitlich gestellt werden und ist für die Dauer der Beschäftigungen bindend. ⁵Satz 1 gilt nicht für Personen, die im Rahmen betrieblicher Berufsbildung, nach dem Jugendfreiwilligendienstegesetz, nach dem Bundesfreiwilligendienstgesetz oder nach § 1 Satz 1 Nummer 2 bis 4 beschäftigt sind oder von der Möglichkeit einer stufenweisen Wiederaufnahme einer nicht geringfügigen Tätigkeit (§ 74 des Fünften Buches) Gebrauch machen.

(2) ¹Die Befreiung erfolgt auf Antrag des Versicherten, in den Fällen des Absatzes 1 Nr. 2 und 3 auf Antrag des Arbeitgebers. ²In den Fällen des Absatzes 1 Satz 1 Nummer 1 hat der Versicherte den Antrag elektronisch über die zuständige berufsständische Versorgungseinrichtung zu stellen. ³Diese leitet den Antrag durch Datenübertragung an den Träger der Rentenversicherung zusammen mit den Bestätigungen über das Vorliegen einer Pflichtmitgliedschaft in einer berufsständischen Versorgungseinrichtung, über das Bestehen einer Pflichtmitgliedschaft in der berufsständischen Kammer und über die Pflicht zur Zahlung einkommensbezogener Beiträge zur Entscheidung unverzüglich weiter. ⁴Der Träger der Rentenversicherung teilt seine Entscheidung dem Antragsteller in Textform und der den Antrag weiterleitenden berufsständischen Versorgungseinrichtung elektronisch mit. ⁵Der Eingang des Antrags bei der berufsständischen Versorgungseinrichtung ist für die Wahrung der in Absatz 4 bestimmten Frist maßgeblich. ⁶Der Datenaustausch erfolgt über die Annahmestelle der berufsständischen Versorgungseinrichtungen und die Datenstelle der Rentenversicherung. ⁷Die technische Ausgestaltung des Verfahrens regeln die Deutsche Rentenversicherung Bund und die Arbeitsgemeinschaft berufsständischer Versorgungseinrichtungen e. V. in gemeinsamen Grundsätzen, die vom Bundesministerium für Arbeit und Soziales zu genehmigen sind.

(3) ¹Über die Befreiung entscheidet der Träger der Rentenversicherung. ²Abweichend von Satz 1 entscheidet in den Fällen des Absatzes 1 Satz 1 Nummer 1 und 2 die Deutsche Rentenversicherung Bund, nachdem das Vorliegen der Voraussetzungen bestätigt worden ist
1. in den Fällen des Absatzes 1 Satz 1 Nummer 1 von der für die berufsständische Versorgungseinrichtung zuständigen obersten Verwaltungsbehörde und
2. in den Fällen des Absatzes 1 Satz 1 Nummer 2 von der obersten Verwaltungsbehörde desjenigen Landes, in dem der Arbeitgeber seinen Sitz hat.

³In den Fällen des Absatzes 1b gilt die Befreiung als erteilt, wenn die nach § 28i Satz 5 des Vierten Buches zuständige Einzugsstelle nicht innerhalb eines Monats nach Eingang der Meldung des Arbeitgebers nach § 28a des Vierten

Buches dem Befreiungsantrag des Beschäftigten widerspricht. ⁴Die Vorschriften des Zehnten Buches über die Bestandskraft von Verwaltungsakten und über das Rechtsbehelfsverfahren gelten entsprechend.

(4) ¹Die Befreiung wirkt vom Vorliegen der Befreiungsvoraussetzungen an, wenn sie innerhalb von drei Monaten beantragt wird, sonst vom Eingang des Antrags an. ²In den Fällen des Absatzes 1b wirkt die Befreiung bei Vorliegen der Befreiungsvoraussetzungen nach Eingang der Meldung des Arbeitgebers nach § 28a des Vierten Buches bei der zuständigen Einzugsstelle rückwirkend vom Beginn des Monats, in dem der Antrag des Beschäftigten dem Arbeitgeber zugegangen ist, wenn der Arbeitgeber den Befreiungsantrag der Einzugsstelle mit der ersten folgenden Entgeltabrechnung, spätestens aber innerhalb von sechs Wochen nach Zugang, gemeldet und die Einzugsstelle innerhalb eines Monats nach Eingang der Meldung des Arbeitgebers nicht widersprochen hat. ³Erfolgt die Meldung des Arbeitgebers später, wirkt die Befreiung vom Beginn des auf den Ablauf der Widerspruchsfrist nach Absatz 3 folgenden Monats. ⁴In den Fällen, in denen bei einer Mehrfachbeschäftigung die Befreiungsvoraussetzungen vorliegen, hat die Einzugsstelle die weiteren Arbeitgeber über den Zeitpunkt der Wirkung der Befreiung unverzüglich durch eine Meldung zu unterrichten.

(5) ¹Die Befreiung ist auf die jeweilige Beschäftigung oder selbständige Tätigkeit beschränkt. ²Sie erstreckt sich in den Fällen des Absatzes 1 Nr. 1 und 2 auch auf eine andere versicherungspflichtige Tätigkeit, wenn diese infolge ihrer Eigenart oder vertraglich im Voraus zeitlich begrenzt ist und der Versorgungsträger für die Zeit der Tätigkeit den Erwerb einkommensbezogener Versorgungsanwartschaften gewährleistet.

Zweiter Abschnitt
Freiwillige Versicherung

§ 7 Freiwillige Versicherung

(1) ¹Personen, die nicht versicherungspflichtig sind, können sich für Zeiten von der Vollendung des 16. Lebensjahres an freiwillig versichern. ²Dies gilt auch für Deutsche, die ihren gewöhnlichen Aufenthalt im Ausland haben.

(2) Nach bindender Bewilligung einer Vollrente wegen Alters oder für Zeiten des Bezugs einer solchen Rente ist eine freiwillige Versicherung nicht zulässig, wenn der Monat abgelaufen ist, in dem die Regelaltersgrenze erreicht wurde.

Dritter Abschnitt
Nachversicherung, Versorgungsausgleich und Rentensplitting

§ 8 Nachversicherung, Versorgungsausgleich und Rentensplitting

(1) ¹Versichert sind auch Personen,
1. die nachversichert sind oder
2. für die aufgrund eines Versorgungsausgleichs oder eines Rentensplittings Rentenanwartschaften übertragen oder begründet sind.

²Nachversicherte stehen den Personen gleich, die versicherungspflichtig sind.

(2) ¹Nachversichert werden Personen, die als
1. Beamte oder Richter auf Lebenszeit, auf Zeit oder auf Probe, Berufssoldaten und Soldaten auf Zeit sowie Beamte auf Widerruf im Vorbereitungsdienst,
2. sonstige Beschäftigte von Körperschaften, Anstalten oder Stiftungen des öffentlichen Rechts, deren Verbänden einschließlich der Spitzenverbände oder ihrer Arbeitsgemeinschaften,
3. satzungsmäßige Mitglieder geistlicher Genossenschaften, Diakonissen oder Angehörige ähnlicher Gemeinschaften oder
4. Lehrer oder Erzieher an nichtöffentlichen Schulen oder Anstalten

versicherungsfrei waren oder von der Versicherungspflicht befreit worden sind, wenn sie ohne Anspruch oder Anwartschaft auf Versorgung aus der Beschäftigung ausgeschieden sind oder ihren Anspruch auf Versorgung verloren haben und Gründe für einen Aufschub der Beitragszahlung (§ 184 Abs. 2) nicht gegeben sind. ²Die Nachversicherung erstreckt sich auf den Zeitraum, in dem die Versicherungsfreiheit oder die Befreiung von der Versicherungspflicht vorgelegen hat (Nachversicherungszeitraum). ³Bei einem Ausscheiden durch Tod erfolgt eine Nachversicherung nur, wenn ein Anspruch auf Hinterbliebenenrente geltend gemacht werden kann.

Zweites Kapitel
Leistungen

Erster Abschnitt
Leistungen zur Teilhabe

Erster Unterabschnitt
Voraussetzungen für die Leistungen

§ 9 Aufgabe der Leistungen zur Teilhabe

(1) ¹Die Träger der Rentenversicherung erbringen Leistungen zur Prävention, Leistungen zur medizinischen Rehabilitation, Leistungen zur Teilhabe am Arbeitsleben, Leistungen zur Nachsorge sowie ergänzende Leistungen, um
1. den Auswirkungen einer Krankheit oder einer körperlichen, geistigen oder seelischen Behinderung auf die Erwerbsfähigkeit der Versicherten vorzubeugen, entgegenzuwirken oder sie zu überwinden und
2. dadurch Beeinträchtigungen der Erwerbsfähigkeit der Versicherten oder ihr vorzeitiges Ausscheiden aus dem Erwerbsleben zu verhindern oder sie möglichst dauerhaft in das Erwerbsleben wiedereinzugliedern.

²Die Leistungen zur Prävention haben Vorrang vor den Leistungen zur Teilhabe. ³Die Leistungen zur Teilhabe haben Vorrang vor Rentenleistungen, die bei erfolgreichen Leistungen zur Teilhabe nicht oder voraussichtlich erst zu einem späteren Zeitpunkt zu erbringen sind.

(2) Die Leistungen nach Absatz 1 sind zu erbringen, wenn die persönlichen und versicherungsrechtlichen Voraussetzungen dafür erfüllt sind.

§ 10 Persönliche Voraussetzungen

(1) Für Leistungen zur Teilhabe haben Versicherte die persönlichen Voraussetzungen erfüllt,
1. deren Erwerbsfähigkeit wegen Krankheit oder körperlicher, geistiger oder seelischer Behinderung erheblich gefährdet oder gemindert ist und
2. bei denen voraussichtlich
   a) bei erheblicher Gefährdung der Erwerbsfähigkeit eine Minderung der Erwerbsfähigkeit durch Leistungen zur medizinischen Rehabilitation oder zur Teilhabe am Arbeitsleben abgewendet werden kann,
   b) bei geminderter Erwerbsfähigkeit diese durch Leistungen zur medizinischen Rehabilitation oder zur Teilhabe am Arbeitsleben wesentlich gebessert oder wiederhergestellt oder hierdurch deren wesentliche Verschlechterung abgewendet werden kann,
   c) bei teilweiser Erwerbsminderung ohne Aussicht auf eine wesentliche Besserung der Erwerbsfähigkeit durch Leistungen zur Teilhabe am Arbeitsleben
      aa) der bisherige Arbeitsplatz erhalten werden kann oder
      bb) ein anderer in Aussicht stehender Arbeitsplatz erlangt werden kann, wenn die Erhaltung des bisherigen Arbeitsplatzes nach Feststellung des Trägers der Rentenversicherung nicht möglich ist.

(2) Für Leistungen zur Teilhabe haben auch Versicherte die persönlichen Voraussetzungen erfüllt,
1. die im Bergbau vermindert berufsfähig sind und bei denen voraussichtlich durch die Leistungen die Erwerbsfähigkeit wesentlich gebessert oder wiederhergestellt werden kann oder
2. bei denen der Eintritt von im Bergbau verminderter Berufsfähigkeit droht und bei denen voraussichtlich durch die Leistungen der Eintritt der im Bergbau verminderten Berufsfähigkeit abgewendet werden kann.

(3) Für die Leistungen nach den §§ 14, 15a und 17 haben die Versicherten oder die Kinder die persönlichen Voraussetzungen bei Vorliegen der dortigen Anspruchsvoraussetzungen erfüllt.

§ 11 Versicherungsrechtliche Voraussetzungen

(1) Für Leistungen zur Teilhabe haben Versicherte die versicherungsrechtlichen Voraussetzungen erfüllt, die bei Antragstellung
1. die Wartezeit von 15 Jahren erfüllt haben oder
2. eine Rente wegen verminderter Erwerbsfähigkeit beziehen.

(2) ¹Für die Leistungen zur Prävention und zur medizinischen Rehabilitation haben Versicherte die versicherungsrechtlichen Voraussetzungen auch erfüllt, die
1. in den letzten zwei Jahren vor der Antragstellung sechs Kalendermonate mit Pflichtbeiträgen für eine versicherte Beschäftigung oder Tätigkeit haben,
2. innerhalb von zwei Jahren nach Beendigung einer Ausbildung eine versicherte Beschäftigung oder selbständige Tätigkeit aufgenommen und bis zum Antrag ausgeübt haben oder nach einer solchen Beschäftigung oder Tätigkeit bis zum Antrag arbeitsunfähig oder arbeitslos gewesen sind oder
3. vermindert erwerbsfähig sind oder bei denen dies in absehbarer Zeit zu erwarten ist, wenn sie die allgemeine Wartezeit erfüllt haben.

²§ 55 Abs. 2 ist entsprechend anzuwenden. ³Der Zeitraum von zwei Jahren nach Nummer 1 verlängert sich um Anrechnungszeiten wegen des Bezugs von Arbeitslosengeld II. ⁴Für die Leistungen nach § 15a an Kinder von Versicherten sind die versicherungsrechtlichen Voraussetzungen erfüllt, wenn der Versicherte die allgemeine Wartezeit oder die in Satz 1 oder in Absatz 1 genannten versicherungsrechtlichen Voraussetzungen erfüllt hat.
(2a) Leistungen zur Teilhabe am Arbeitsleben werden an Versicherte auch erbracht,
1. wenn ohne diese Leistungen Rente wegen verminderter Erwerbsfähigkeit zu leisten wäre oder
2. wenn sie für eine voraussichtlich erfolgreiche Rehabilitation unmittelbar im Anschluss an Leistungen zur medizinischen Rehabilitation der Träger der Rentenversicherung erforderlich sind.
(3) ¹Die versicherungsrechtlichen Voraussetzungen haben auch überlebende Ehegatten erfüllt, die Anspruch auf große Witwenrente oder große Witwerrente wegen verminderter Erwerbsfähigkeit haben. ²Sie gelten für die Vorschriften dieses Abschnitts als Versicherte.

§ 12 Ausschluss von Leistungen

(1) Leistungen zur Teilhabe werden nicht für Versicherte erbracht, die
1. wegen eines Arbeitsunfalls, einer Berufskrankheit, einer Schädigung im Sinne des sozialen Entschädigungsrechts oder wegen eines Einsatzunfalls, der Ansprüche nach dem Einsatz-Weiterverwendungsgesetz begründet, gleichartige Leistungen eines anderen Rehabilitationsträgers oder Leistungen zur Eingliederung nach dem Einsatz-Weiterverwendungsgesetz erhalten können,
2. eine Rente wegen Alters von wenigstens zwei Dritteln der Vollrente beziehen oder beantragt haben,
3. eine Beschäftigung ausüben, aus der ihnen nach beamtenrechtlichen oder entsprechenden Vorschriften Anwartschaft auf Versorgung gewährleistet ist,
4. als Bezieher einer Versorgung wegen Erreichens einer Altersgrenze versicherungsfrei sind,
4a. eine Leistung beziehen, die regelmäßig bis zum Beginn einer Rente wegen Alters gezahlt wird, oder
5. sich in Untersuchungshaft oder im Vollzug einer Freiheitsstrafe oder freiheitsentziehenden Maßregel der Besserung und Sicherung befinden oder einstweilig nach § 126a Abs. 1 der Strafprozessordnung untergebracht sind. Dies gilt nicht für Versicherte im erleichterten Strafvollzug bei Leistungen zur Teilhabe am Arbeitsleben.
(2) ¹Leistungen zur medizinischen Rehabilitation werden nicht vor Ablauf von vier Jahren nach Durchführung solcher oder ähnlicher Leistungen zur Rehabilitation erbracht, deren Kosten aufgrund öffentlich-rechtlicher Vorschriften getragen oder bezuschusst worden sind. ²Dies gilt nicht, wenn vorzeitige Leistungen aus gesundheitlichen Gründen dringend erforderlich sind.

Zweiter Unterabschnitt
Umfang der Leistungen

Erster Titel
Allgemeines

§ 13 Leistungsumfang

(1) ¹Der Träger der Rentenversicherung bestimmt im Einzelfall unter Beachtung des Wunsch- und Wahlrechts des Versicherten im Sinne des § 8 des Neunten Buches und der Grundsätze der Wirtschaftlichkeit und Sparsamkeit Art, Dauer, Umfang, Beginn und Durchführung dieser Leistungen sowie die Rehabilitationseinrichtung nach pflichtgemäßem Ermessen. ²Die Leistungen werden auf Antrag durch ein Persönliches Budget erbracht; § 29 des Neunten Buches gilt entsprechend.
(2) Der Träger der Rentenversicherung erbringt nicht
1. Leistungen zur medizinischen Rehabilitation in der Phase akuter Behandlungsbedürftigkeit einer Krankheit, es sei denn, die Behandlungsbedürftigkeit tritt während der Ausführung von Leistungen zur medizinischen Rehabilitation ein,
2. Leistungen zur medizinischen Rehabilitation anstelle einer sonst erforderlichen Krankenhausbehandlung,
3. Leistungen zur medizinischen Rehabilitation, die dem allgemein anerkannten Stand medizinischer Erkenntnisse nicht entsprechen.
(3) ¹Der Träger der Rentenversicherung erbringt nach Absatz 2 Nr. 1 im Benehmen mit dem Träger der Krankenversicherung für diesen Krankenbehandlung und Leistungen bei Schwangerschaft und Mutterschaft. ²Der Träger der Rentenversicherung kann von dem Träger der Krankenversicherung Erstattung der hierauf entfallenden Aufwendungen verlangen.
(4) Die Träger der Rentenversicherung vereinbaren mit den Spitzenverbänden der Krankenkassen gemeinsam und einheitlich im Benehmen mit dem Bundesministerium für Arbeit und Soziales Näheres zur Durchführung von Absatz 2 Nr. 1 und 2.

Zweiter Titel
Leistungen zur Prävention, zur medizinischen Rehabilitation, zur Teilhabe am Arbeitsleben und zur Nachsorge

§ 14 Leistungen zur Prävention

(1) ¹Die Träger der Rentenversicherung erbringen medizinische Leistungen zur Sicherung der Erwerbsfähigkeit an Versicherte, die erste gesundheitliche Beeinträchtigungen aufweisen, die die ausgeübte Beschäftigung gefährden. ²Wird ein Anspruch auf Leistungen zur medizinischen Rehabilitation nach § 15 Absatz 1 in Verbindung mit § 10 Absatz 1 abgelehnt, hat der Träger der Rentenversicherung über die Leistungen zur Prävention zu beraten. ³Die Leistungen können zeitlich begrenzt werden.

(2) ¹Um eine einheitliche Rechtsanwendung durch alle Träger der Rentenversicherung sicherzustellen, erlässt die Deutsche Rentenversicherung Bund bis zum 1. Juli 2018 im Benehmen mit dem Bundesministerium für Arbeit und Soziales eine gemeinsame Richtlinie der Träger der Rentenversicherung, die insbesondere die Ziele, die persönlichen Voraussetzungen sowie Art und Umfang der medizinischen Leistungen näher ausführt. ²Die Deutsche Rentenversicherung Bund hat die Richtlinie im Bundesanzeiger zu veröffentlichen. ³Die Richtlinie ist regelmäßig an den medizinischen Fortschritt und die gewonnenen Erfahrungen im Benehmen mit dem Bundesministerium für Arbeit und Soziales anzupassen.

(3) ¹Die Träger der Rentenversicherung beteiligen sich mit den Leistungen nach Absatz 1 an der nationalen Präventionsstrategie nach den §§ 20d bis 20g des Fünften Buches. ²Sie wirken darauf hin, dass die Einführung einer freiwilligen, individuellen, berufsbezogenen Gesundheitsvorsorge für Versicherte ab Vollendung des 45. Lebensjahres trägerübergreifend in Modellprojekten erprobt wird.

§ 15 Leistungen zur medizinischen Rehabilitation

(1) ¹Die Träger der Rentenversicherung erbringen im Rahmen von Leistungen zur medizinischen Rehabilitation Leistungen nach den §§ 42 bis 47a des Neunten Buches, ausgenommen Leistungen nach § 42 Abs. 2 Nr. 2 und § 46 des Neunten Buches. ²Zahnärztliche Behandlung einschließlich der Versorgung mit Zahnersatz wird nur erbracht, wenn sie unmittelbar und gezielt zur wesentlichen Besserung oder Wiederherstellung der Erwerbsfähigkeit, insbesondere zur Ausübung des bisherigen Berufs, erforderlich und soweit sie nicht als Leistung der Krankenversicherung oder als Hilfe nach dem Fünften Kapitel des Zwölften Buches zu erbringen ist.

(2) ¹Leistungen zur medizinischen Rehabilitation nach den §§ 15, 15a und 31 Absatz 1 Nummer 2, die nach Art und Schwere der Erkrankung erforderlich sind, werden durch Rehabilitationseinrichtungen erbracht, die unter ständiger ärztlicher Verantwortung und Mitwirkung von besonders geschultem Personal entweder vom Träger der Rentenversicherung selbst oder von anderen betrieben werden und nach Absatz 4 zugelassen sind oder als zugelassen gelten (zugelassene Rehabilitationseinrichtungen). ²Die Rehabilitationseinrichtung braucht nicht unter ständiger ärztlicher Verantwortung zu stehen, wenn die Art der Behandlung dies nicht erfordert. ³Leistungen einschließlich der erforderlichen Unterkunft und Verpflegung sollen für längstens drei Wochen erbracht werden. ⁴Sie können für einen längeren Zeitraum erbracht werden, wenn dies erforderlich ist, um das Rehabilitationsziel zu erreichen.

(3) ¹Rehabilitationseinrichtungen haben einen Anspruch auf Zulassung, wenn sie
1. fachlich geeignet sind,
2. sich verpflichten, an den externen Qualitätssicherungsverfahren der Deutschen Rentenversicherung Bund oder einem anderen von der Deutschen Rentenversicherung Bund anerkannten Verfahren teilzunehmen,
3. sich verpflichten, das Vergütungssystem der Deutschen Rentenversicherung Bund anzuerkennen,
4. den elektronischen Datenaustausch mit den Trägern der Rentenversicherung sicherstellen und
5. die datenschutzrechtlichen Regelungen beachten und umsetzen, insbesondere den besonderen Anforderungen an den Sozialdatenschutz Rechnung tragen.

²Fachlich geeignet sind Rehabilitationseinrichtungen, die zur Durchführung der Leistungen zur medizinischen Rehabilitation die personellen, strukturellen und qualitativen Anforderungen erfüllen. ³Dabei sollen die Empfehlungen nach § 37 Absatz 1 des Neunten Buches beachtet werden. ⁴Zur Ermittlung und Bemessung einer leistungsgerechten Vergütung der Leistungen hat die Deutsche Rentenversicherung Bund ein transparentes, nachvollziehbares und diskriminierungsfreies Vergütungssystem bis zum 31. Dezember 2025 zu entwickeln, wissenschaftlich zu begleiten und zu evaluieren. ⁵Dabei hat sie tariflich vereinbarte Vergütungen sowie entsprechende Vergütungen nach kirchlichen Arbeitsrechtsregelungen zu beachten.

(4) ¹Mit der Zulassungsentscheidung wird die Rehabilitationseinrichtung für die Dauer der Zulassung zur Erbringung von Leistungen zur medizinischen Rehabilitation zugelassen. ²Für Rehabilitationseinrichtungen, die vom Träger der Rentenversicherung selbst betrieben werden oder zukünftig vom Träger der Rentenversicherung selbst betrieben werden, gilt die Zulassung als erteilt.

(5) ¹Der federführende Träger der Rentenversicherung entscheidet über die Zulassung von Rehabilitationseinrichtungen auf deren Antrag. ²Federführend ist der Träger der Rentenversicherung, der durch die beteiligten Träger der Rentenversicherung vereinbart wird. ³Er steuert den Prozess der Zulassung in allen Verfahrensschritten und trifft mit Wirkung für alle Träger der Rentenversicherung Entscheidungen. ⁴Die Entscheidung zur Zulassung ist im Amtsblatt

der Europäischen Union zu veröffentlichen. ⁵Die Zulassungsentscheidung bleibt wirksam, bis sie durch eine neue Zulassungsentscheidung abgelöst oder widerrufen wird. ⁶Die Zulassungsentscheidung nach Absatz 4 Satz 1 oder die fiktive Zulassung nach Absatz 4 Satz 2 kann jeweils widerrufen werden, wenn die Rehabilitationseinrichtung die Anforderungen nach Absatz 3 Satz 1 nicht mehr erfüllt. ⁷Widerspruch und Klage gegen den Widerruf der Zulassungsentscheidung haben keine aufschiebende Wirkung.

(6) ¹Die Inanspruchnahme einer zugelassenen Rehabilitationseinrichtung, in der die Leistungen zur medizinischen Rehabilitation entsprechend ihrer Form auch einschließlich der erforderlichen Unterkunft und Verpflegung erbracht werden, erfolgt durch einen Vertrag. ²Der federführende Träger der Rentenversicherung schließt mit Wirkung für alle Träger der Rentenversicherung den Vertrag mit der zugelassenen Rehabilitationseinrichtung ab. ³Der Vertrag begründet keinen Anspruch auf Inanspruchnahme durch den Träger der Rentenversicherung.

(6a) ¹Der Versicherte kann dem zuständigen Träger der Rentenversicherung Rehabilitationseinrichtungen vorschlagen. ²Der zuständige Träger der Rentenversicherung prüft, ob die vom Versicherten vorgeschlagenen Rehabilitationseinrichtungen die Leistung in der nachweislich besten Qualität erbringen. ³Erfüllen die vom Versicherten vorgeschlagenen Rehabilitationseinrichtungen die objektiven sozialmedizinischen Kriterien für die Bestimmung einer Rehabilitationseinrichtung, weist der zuständige Träger der Rentenversicherung dem Versicherten eine Rehabilitationseinrichtung zu. ⁴Liegt ein Vorschlag des Versicherten nach Satz 1 nicht vor oder erfüllen die vom Versicherten vorgeschlagenen Rehabilitationseinrichtungen die objektiven sozialmedizinischen Kriterien für die Bestimmung einer Rehabilitationseinrichtung nicht, hat der zuständige Träger der Rentenversicherung dem Versicherten unter Darlegung der ergebnisrelevanten objektiven Kriterien Rehabilitationseinrichtungen vorzuschlagen. ⁵Der Versicherte ist berechtigt, unter den von dem zuständigen Träger der Rentenversicherung vorgeschlagenen Rehabilitationseinrichtungen innerhalb von 14 Tagen auszuwählen.

(7) Die Deutsche Rentenversicherung Bund ist verpflichtet, die Daten der externen Qualitätssicherung zu veröffentlichen und den Trägern der Rentenversicherung als Grundlage für die Inanspruchnahme einer Rehabilitationseinrichtung sowie den Versicherten in einer wahrnehmbaren Form zugänglich zu machen.

(8) ¹Die Rehabilitationseinrichtung hat gegen den jeweiligen Träger der Rentenversicherung einen Anspruch auf Vergütung nach Absatz 9 Satz 1 Nummer 2 der gegenüber dem Versicherten erbrachten Leistungen. ²Der federführende Träger der Rentenversicherung vereinbart mit der Rehabilitationseinrichtung den Vergütungssatz; dabei sind insbesondere zu beachten:
1. leistungsspezifische Besonderheiten, Innovationen, neue Konzepte, Methoden,
2. der regionale Faktor und
3. tariflich vereinbarte Vergütungen sowie entsprechende Vergütungen nach kirchlichen Arbeitsrechtsregelungen.

(9) ¹Die Deutsche Rentenversicherung Bund hat in Wahrnehmung der ihr nach § 138 Absatz 1 Satz 2 Nummer 4a zugewiesenen Aufgaben für alle Rehabilitationseinrichtungen, die entweder vom Träger der Rentenversicherung selbst oder von anderen betrieben werden, folgende verbindliche Entscheidungen herbeizuführen:
1. zur näheren inhaltlichen Ausgestaltung der Anforderungen nach Absatz 3 für die Zulassung einer Rehabilitationseinrichtung für die Erbringung von Leistungen zur medizinischen Rehabilitation,
2. zu einem verbindlichen, transparenten, nachvollziehbaren und diskriminierungsfreien Vergütungssystem für alle zugelassenen Rehabilitationseinrichtungen nach Absatz 3; dabei sind insbesondere zu berücksichtigen:
   a) die Indikation,
   b) die Form der Leistungserbringung,
   c) spezifische konzeptuelle Aspekte und besondere medizinische Bedarfe,
   d) ein geeignetes Konzept der Bewertungsrelationen zur Gewichtung der Rehabilitationsleistungen und
   e) eine geeignete Datengrundlage für die Kalkulation der Bewertungsrelationen,
3. zu den objektiven sozialmedizinischen Kriterien, die für die Bestimmung einer Rehabilitationseinrichtung im Rahmen einer Inanspruchnahme nach Absatz 6 maßgebend sind, um die Leistung für den Versicherten in der nachweislich besten Qualität zu erbringen; dabei sind insbesondere zu berücksichtigen:
   a) die Indikation,
   b) die Nebenindikation,
   c) die unabdingbaren Sonderanforderungen,
   d) die Qualität der Rehabilitationseinrichtung,
   e) die Entfernung zum Wohnort und
   f) die Wartezeit bis zur Aufnahme;
   das Wunsch- und Wahlrecht der Versicherten nach § 8 des Neunten Buches sowie der Grundsatz der Wirtschaftlichkeit und Sparsamkeit sind zu berücksichtigen,
4. zum näheren Inhalt und Umfang der Daten der externen Qualitätssicherung bei den zugelassenen Rehabilitationseinrichtungen nach Absatz 7 und deren Form der Veröffentlichung; dabei sollen die Empfehlungen nach § 37 Absatz 1 des Neunten Buches beachtet werden.

²Die verbindlichen Entscheidungen zu Satz 1 Nummer 1 bis 4 erfolgen bis zum 30. Juni 2023. ³Die für die Wahrnehmung der Interessen der Rehabilitationseinrichtungen maßgeblichen Vereinigungen der Rehabilitationseinrichtungen und die für die Wahrnehmung der Interessen der Rehabilitandinnen und Rehabilitanden maßgeblichen Verbände erhalten die Gelegenheit zur Stellungnahme. ⁴Die Stellungnahmen sind bei der Beschlussfassung durch eine geeignete Organisationsform mit dem Ziel einzubeziehen, eine konsensuale Regelung zu erreichen.
(10) Das Bundesministerium für Arbeit und Soziales untersucht die Wirksamkeit der Regelungen nach den Absätzen 3 bis 9 ab dem 1. Januar 2026.

§ 15a Leistungen zur Kinderrehabilitation

(1) ¹Die Träger der Rentenversicherung erbringen Leistungen zur medizinischen Rehabilitation für
1. Kinder von Versicherten,
2. Kinder von Beziehern einer Rente wegen Alters oder verminderter Erwerbsfähigkeit und
3. Kinder, die eine Waisenrente beziehen.

²Voraussetzung ist, dass hierdurch voraussichtlich eine erhebliche Gefährdung der Gesundheit beseitigt oder die insbesondere durch chronische Erkrankungen beeinträchtigte Gesundheit wesentlich gebessert oder wiederhergestellt werden kann und dies Einfluss auf die spätere Erwerbsfähigkeit haben kann.
(2) ¹Kinder haben Anspruch auf Mitaufnahme
1. einer Begleitperson, wenn diese für die Durchführung oder den Erfolg der Leistung zur Kinderrehabilitation notwendig ist und
2. der Familienangehörigen, wenn die Einbeziehung der Familie in den Rehabilitationsprozess notwendig ist.

²Leistungen zur Nachsorge nach § 17 sind zu erbringen, wenn sie zur Sicherung des Rehabilitationserfolges erforderlich sind.
(3) ¹Als Kinder werden auch Kinder im Sinne des § 48 Absatz 3 berücksichtigt. ²Für die Dauer des Anspruchs gilt § 48 Absatz 4 und 5 entsprechend.
(4) ¹Die Leistungen einschließlich der erforderlichen Unterkunft und Verpflegung werden in der Regel für mindestens vier Wochen erbracht. ²§ 12 Absatz 2 Satz 1 findet keine Anwendung.
(5) ¹Um eine einheitliche Rechtsanwendung durch alle Träger der Rentenversicherung sicherzustellen, erlässt die Deutsche Rentenversicherung Bund bis zum 1. Juli 2018 im Benehmen mit dem Bundesministerium für Arbeit und Soziales eine gemeinsame Richtlinie der Träger der Rentenversicherung, die insbesondere die Ziele, die persönlichen Voraussetzungen sowie Art und Umfang der Leistungen näher ausführt. ²Die Deutsche Rentenversicherung Bund hat die Richtlinie im Bundesanzeiger zu veröffentlichen. ³Die Richtlinie ist regelmäßig an den medizinischen Fortschritt und die gewonnenen Erfahrungen der Träger der Rentenversicherung im Benehmen mit dem Bundesministerium für Arbeit und Soziales anzupassen.

§ 16 Leistungen zur Teilhabe am Arbeitsleben

Die Träger der gesetzlichen Rentenversicherung erbringen die Leistungen zur Teilhabe am Arbeitsleben nach den §§ 49 bis 54 des Neunten Buches, im Eingangsverfahren und im Berufsbildungsbereich der Werkstätten für behinderte Menschen nach § 57 des Neunten Buches, entsprechende Leistungen bei anderen Leistungsanbietern nach § 60 des Neunten Buches sowie das Budget für Ausbildung nach § 61a des Neunten Buches. Das Budget für Ausbildung wird nur für die Erstausbildung erbracht; ein Anspruch auf Übergangsgeld nach § 20 besteht während der Erbringung des Budgets für Ausbildung nicht. § 61a Absatz 5 des Neunten Buches findet keine Anwendung.

§ 17 Leistungen zur Nachsorge

(1) ¹Die Träger der Rentenversicherung erbringen im Anschluss an eine von ihnen erbrachte Leistung zur Teilhabe nachgehende Leistungen, wenn diese erforderlich sind, um den Erfolg der vorangegangenen Leistung zur Teilhabe zu sichern (Leistungen zur Nachsorge). ²Die Leistungen zur Nachsorge können zeitlich begrenzt werden.
(2) ¹Um eine einheitliche Rechtsanwendung durch alle Träger der Rentenversicherung sicherzustellen, erlässt die Deutsche Rentenversicherung Bund bis zum 1. Juli 2018 im Benehmen mit dem Bundesministerium für Arbeit und Soziales eine gemeinsame Richtlinie der Träger der Rentenversicherung, die insbesondere die Ziele, die persönlichen Voraussetzungen sowie Art und Umfang der Leistungen näher ausführt. ²Die Deutsche Rentenversicherung Bund hat die Richtlinie im Bundesanzeiger zu veröffentlichen. ³Die Richtlinie ist regelmäßig an den medizinischen Fortschritt und die gewonnenen Erfahrungen im Benehmen mit dem Bundesministerium für Arbeit und Soziales anzupassen.

§§ 18 und 19 (weggefallen)

Dritter Titel
Übergangsgeld

§ 20 Anspruch

(1) Anspruch auf Übergangsgeld haben Versicherte, die

1. von einem Träger der Rentenversicherung Leistungen zur Prävention, Leistungen zur medizinischen Rehabilitation, Leistungen zur Teilhabe am Arbeitsleben, Leistungen zur Nachsorge oder sonstige Leistungen zur Teilhabe erhalten, sofern die Leistungen nicht dazu geeignet sind, neben einer Beschäftigung oder selbständigen Tätigkeit erbracht zu werden,
2. (weggefallen)
3. bei Leistungen zur Prävention, Leistungen zur medizinischen Rehabilitation, Leistungen zur Nachsorge oder sonstigen Leistungen zur Teilhabe unmittelbar vor Beginn der Arbeitsunfähigkeit oder, wenn sie nicht arbeitsunfähig sind, unmittelbar vor Beginn der Leistungen
    a) Arbeitsentgelt oder Arbeitseinkommen erzielt und im Bemessungszeitraum Beiträge zur Rentenversicherung gezahlt haben oder
    b) Krankengeld, Verletztengeld, Versorgungskrankengeld, Übergangsgeld, Kurzarbeitergeld, Arbeitslosengeld, Arbeitslosengeld II oder Mutterschaftsgeld bezogen haben und für die von dem der Sozialleistung zugrundeliegenden Arbeitsentgelt oder Arbeitseinkommen oder im Falle des Bezugs von Arbeitslosengeld II zuvor aus Arbeitsentgelt oder Arbeitseinkommen Beiträge zur Rentenversicherung gezahlt worden sind.

(2) Versicherte, die Anspruch auf Arbeitslosengeld nach dem Dritten Buch oder Anspruch auf Arbeitslosengeld II nach dem Zweiten Buch haben, haben abweichend von Absatz 1 Nummer 1 Anspruch auf Übergangsgeld, wenn sie wegen der Inanspruchnahme der Leistungen zur Teilhabe keine ganztägige Erwerbstätigkeit ausüben können.
(3) Versicherte, die Anspruch auf Krankengeld nach § 44 des Fünften Buches haben und ambulante Leistungen zur Prävention und Nachsorge in einem zeitlich geringen Umfang erhalten, haben abweichend von Absatz 1 Nummer 1 ab Inkrafttreten der Vereinbarung nach Absatz 4 nur Anspruch auf Übergangsgeld, sofern die Vereinbarung dies vorsieht.
(4) ¹Die Deutsche Rentenversicherung Bund und der Spitzenverband Bund der Krankenkassen vereinbaren im Benehmen mit dem Bundesministerium für Arbeit und Soziales und dem Bundesministerium für Gesundheit bis zum 31. Dezember 2017, unter welchen Voraussetzungen Versicherte nach Absatz 3 einen Anspruch auf Übergangsgeld haben. ²Unzuständig geleistete Zahlungen von Entgeltersatzleistungen sind vom zuständigen Träger der Leistung zu erstatten.

§ 21 Höhe und Berechnung

(1) Höhe und Berechnung des Übergangsgeldes bestimmen sich nach Teil 1 Kapitel 11 des Neunten Buches, soweit die Absätze 2 bis 4 nichts Abweichendes bestimmen.
(2) Die Berechnungsgrundlage für das Übergangsgeld wird für Versicherte, die Arbeitseinkommen erzielt haben, und für freiwillig Versicherte, die Arbeitsentgelt erzielt haben, aus 80 vom Hundert des Einkommens ermittelt, das den vor Beginn der Leistungen für das letzte Kalenderjahr (Bemessungszeitraum) gezahlten Beiträgen zugrunde liegt.
(3) § 69 des Neunten Buches wird mit der Maßgabe angewendet, dass Versicherte unmittelbar vor dem Bezug der dort genannten Leistungen Pflichtbeiträge geleistet haben.
(4) ¹Versicherte, die unmittelbar vor Beginn der Arbeitsunfähigkeit oder, wenn sie nicht arbeitsunfähig sind, unmittelbar vor Beginn der medizinischen Leistungen Arbeitslosengeld bezogen und die zuvor Pflichtbeiträge gezahlt haben, erhalten Übergangsgeld bei medizinischen Leistungen in Höhe des bei Krankheit zu erbringenden Krankengeldes (§ 47b des Fünften Buches); Versicherte, die unmittelbar vor Beginn der Arbeitsunfähigkeit oder, wenn sie nicht arbeitsunfähig sind, unmittelbar vor Beginn der medizinischen Leistungen Arbeitslosengeld II bezogen und die zuvor Pflichtbeiträge gezahlt haben, erhalten Übergangsgeld bei medizinischen Leistungen in Höhe des Betrages des Arbeitslosengeldes II. ²Dies gilt nicht für Empfänger der Leistung,
a) die Arbeitslosengeld II nur darlehensweise oder
b) die nur Leistungen nach § 24 Absatz 3 Satz 1 des Zweiten Buches beziehen, oder
c) die auf Grund von § 2 Abs. 1a des Bundesausbildungsförderungsgesetzes keinen Anspruch auf Ausbildungsförderung haben oder
d) deren Bedarf sich nach § 12 Absatz 1 Nummer 1 des Bundesausbildungsförderungsgesetzes, nach § 62 Absatz 1 oder § 124 Absatz 1 Nummer 1 des Dritten Buches bemisst oder
e) die Arbeitslosengeld II als ergänzende Leistungen zum Einkommen erhalten.
(5) Für Versicherte, die im Bemessungszeitraum eine Bergmannsprämie bezogen haben, wird die Berechnungsgrundlage um einen Betrag in Höhe der gezahlten Bergmannsprämie erhöht.

§§ 22 bis 27 (weggefallen)

Vierter Titel
Ergänzende Leistungen

§ 28 Ergänzende Leistungen

(1) Die Leistungen zur Teilhabe werden außer durch das Übergangsgeld ergänzt durch die Leistungen nach § 64 Absatz 1 Nummer 2 bis 6 und Absatz 2 sowie nach den §§ 73 und 74 des Neunten Buches.

(2) ¹Für ambulante Leistungen zur Prävention und Nachsorge gilt Absatz 1 mit der Maßgabe, dass die Leistungen nach den §§ 73 und 74 des Neunten Buches im Einzelfall bewilligt werden können, wenn sie zur Durchführung der Leistungen notwendig sind. ²Fahrkosten nach § 73 Absatz 4 des Neunten Buches können pauschaliert bewilligt werden.

§§ 29 und 30 (weggefallen)

Fünfter Titel
Sonstige Leistungen

§ 31 Sonstige Leistungen

(1) Als sonstige Leistungen zur Teilhabe können erbracht werden:
1. Leistungen zur Eingliederung von Versicherten in das Erwerbsleben, die von den Leistungen nach den §§ 14, 15, 15a, 16 und 17 sowie den ergänzenden Leistungen nach § 64 des Neunten Buches nicht umfasst sind,
2. Leistungen zur onkologischen Nachsorge für Versicherte, Bezieher einer Rente und ihre jeweiligen Angehörigen sowie
3. Zuwendungen für Einrichtungen, die auf dem Gebiet der Rehabilitation forschen oder die Rehabilitation fördern.

(2) ¹Die Leistungen nach Absatz 1 Nummer 1 setzen voraus, dass die persönlichen und versicherungsrechtlichen Voraussetzungen erfüllt sind. ²Die Leistungen für Versicherten nach Absatz 1 Nummer 2 setzen voraus, dass die versicherungsrechtlichen Voraussetzungen erfüllt sind. ³Die Deutsche Rentenversicherung Bund kann im Benehmen mit dem Bundesministerium für Arbeit und Soziales Richtlinien erlassen, die insbesondere die Ziele sowie Art und Umfang der Leistungen näher ausführen.

Sechster Titel
Zuzahlung bei Leistungen zur medizinischen Rehabilitation und bei sonstigen Leistungen

§ 32 Zuzahlung bei Leistungen zur medizinischen Rehabilitation und bei sonstigen Leistungen

(1) ¹Versicherte, die das 18. Lebensjahr vollendet haben und Leistungen zur medizinischen Rehabilitation nach § 15 einschließlich der erforderlichen Unterkunft und Verpflegung in Anspruch nehmen, zahlen für jeden Kalendertag dieser Leistungen den sich nach § 40 Abs. 5 des Fünften Buches ergebenden Betrag. ²Die Zuzahlung ist für längstens 14 Tage und in Höhe des sich nach § 40 Abs. 6 des Fünften Buches ergebenden Betrags zu leisten, wenn der unmittelbare Anschluss der stationären Heilbehandlung an eine Krankenhausbehandlung medizinisch notwendig ist (Anschlussrehabilitation); als unmittelbar gilt auch, wenn die Maßnahme innerhalb von 14 Tagen beginnt, es sei denn, die Einhaltung dieser Frist ist aus zwingenden tatsächlichen oder medizinischen Gründen nicht möglich. ³Hierbei ist eine innerhalb eines Kalenderjahres an einen Träger der gesetzlichen Krankenversicherung geleistete Zuzahlung anzurechnen.
(2) Absatz 1 gilt auch für Versicherte oder Bezieher einer Rente, die das 18. Lebensjahr vollendet haben und für sich, ihre Ehegatten oder Lebenspartner sonstige Leistungen einschließlich der erforderlichen Unterkunft und Verpflegung in Anspruch nehmen.
(3) Bezieht ein Versicherter Übergangsgeld, das nach § 66 Absatz 1 des Neunten Buches begrenzt ist, hat er für die Zeit des Bezugs von Übergangsgeld eine Zuzahlung nicht zu leisten.
(4) Der Träger der Rentenversicherung bestimmt, unter welchen Voraussetzungen von der Zuzahlung nach Absatz 1 oder 2 abgesehen werden kann, wenn sie den Versicherten oder den Rentner unzumutbar belasten würde.
(5) Die Zuzahlung steht der Annahme einer vollen Übernahme der Aufwendungen für die Leistungen zur Teilhabe im Sinne arbeitsrechtlicher Vorschriften nicht entgegen.

Zweiter Abschnitt
Renten

Erster Unterabschnitt
Rentenarten und Voraussetzungen für einen Rentenanspruch

§ 33 Rentenarten

(1) Renten werden geleistet wegen Alters, wegen verminderter Erwerbsfähigkeit oder wegen Todes.
(2) Renten wegen Alters sind
1. Regelaltersrente,
2. Altersrente für langjährig Versicherte,
3. Altersrente für schwerbehinderte Menschen,
3a. Altersrente für besonders langjährig Versicherte,
4. Altersrente für langjährig unter Tage beschäftigte Bergleute

sowie nach den Vorschriften des Fünften Kapitels
5. Altersrente wegen Arbeitslosigkeit oder nach Altersteilzeitarbeit,
6. Altersrente für Frauen.

(3) Renten wegen verminderter Erwerbsfähigkeit sind
1. Rente wegen teilweiser Erwerbsminderung,
2. Rente wegen voller Erwerbsminderung,
3. Rente für Bergleute.

(4) Renten wegen Todes sind
1. kleine Witwenrente oder Witwerrente,
2. große Witwenrente oder Witwerrente,
3. Erziehungsrente,
4. Waisenrente.

(5) Renten nach den Vorschriften des Fünften Kapitels sind auch die Knappschaftsausgleichsleistung, Rente wegen teilweiser Erwerbsminderung bei Berufsunfähigkeit und Witwenrente und Witwerrente an vor dem 1. Juli 1977 geschiedene Ehegatten.

§ 34 Voraussetzungen für einen Rentenanspruch und Hinzuverdienstgrenze

(1) Versicherte und ihre Hinterbliebenen haben Anspruch auf Rente, wenn die für die jeweilige Rente erforderliche Mindestversicherungszeit (Wartezeit) erfüllt ist und die jeweiligen besonderen versicherungsrechtlichen und persönlichen Voraussetzungen vorliegen.

(2) Anspruch auf eine Rente wegen Alters als Vollrente besteht vor Erreichen der Regelaltersgrenze nur, wenn die kalenderjährliche Hinzuverdienstgrenze von 6300 Euro nicht überschritten wird.

(3) ^{1}Wird die Hinzuverdienstgrenze überschritten, besteht ein Anspruch auf Teilrente. ^{2}Die Teilrente wird berechnet, indem ein Zwölftel des die Hinzuverdienstgrenze übersteigenden Betrages zu 40 Prozent von der Vollrente abgezogen wird. ^{3}Überschreitet der sich dabei ergebende Rentenbetrag zusammen mit einem Zwölftel des kalenderjährlichen Hinzuverdienstes den Hinzuverdienstdeckel nach Absatz 3a, wird der überschreitende Betrag von dem sich nach Satz 2 ergebenden Rentenbetrag abgezogen. ^{4}Der Rentenanspruch besteht nicht, wenn der von der Rente abzuziehende Hinzuverdienst den Betrag der Vollrente erreicht.

(3a) ^{1}Der Hinzuverdienstdeckel wird berechnet, indem die monatliche Bezugsgröße mit den Entgeltpunkten (§ 66 Absatz 1 Nummer 1 bis 3) des Kalenderjahres mit den höchsten Entgeltpunkten aus den letzten 15 Kalenderjahren vor Beginn der ersten Rente wegen Alters vervielfältigt wird. ^{2}Er beträgt mindestens die Summe aus einem Zwölftel von 6300 Euro und dem Monatsbetrag der Vollrente. ^{3}Der Hinzuverdienstdeckel wird jährlich zum 1. Juli neu berechnet.

(3b) ^{1}Als Hinzuverdienst sind Arbeitsentgelt, Arbeitseinkommen und vergleichbares Einkommen zu berücksichtigen. ^{2}Diese Einkünfte sind zusammenzurechnen. ^{3}Nicht als Hinzuverdienst gilt das Entgelt, das
1. eine Pflegeperson von der pflegebedürftigen Person erhält, wenn es das dem Umfang der Pflegetätigkeit entsprechende Pflegegeld im Sinne des § 37 des Elften Buches nicht übersteigt, oder
2. ein behinderter Mensch von dem Träger einer in § 1 Satz 1 Nummer 2 genannten Einrichtung erhält.

(3c) ^{1}Als Hinzuverdienst ist der voraussichtliche kalenderjährliche Hinzuverdienst zu berücksichtigen. ^{2}Dieser ist jeweils vom 1. Juli an neu zu bestimmen, wenn sich dadurch eine Änderung ergibt, die den Rentenanspruch betrifft. ^{3}Satz 2 gilt nicht in einem Kalenderjahr, in dem erstmals Hinzuverdienst oder nach Absatz 3e Hinzuverdienst in geänderter Höhe berücksichtigt wurde.

(3d) ^{1}Von dem Kalenderjahr an, das dem folgt, in dem erstmals Hinzuverdienst berücksichtigt wurde, ist jeweils zum 1. Juli für das vorige Kalenderjahr der tatsächliche Hinzuverdienst statt des bisher berücksichtigten Hinzuverdienstes zu berücksichtigen, wenn sich dadurch rückwirkend eine Änderung ergibt, die den Rentenanspruch betrifft. ^{2}In dem Kalenderjahr, in dem die Regelaltersgrenze erreicht wird, ist dies abweichend von Satz 1 nach Ablauf des Monats durchzuführen, in dem die Regelaltersgrenze erreicht wurde; dabei ist der tatsächliche Hinzuverdienst bis zum Ablauf des Monats des Erreichens der Regelaltersgrenze zu berücksichtigen. ^{3}Kann der tatsächliche Hinzuverdienst noch nicht nachgewiesen werden, ist er zu berücksichtigen, sobald der Nachweis vorliegt.

(3e) ^{1}Änderungen des nach Absatz 3c berücksichtigten Hinzuverdienstes sind auf Antrag zu berücksichtigen, wenn der voraussichtliche kalenderjährliche Hinzuverdienst um mindestens 10 Prozent vom bisher berücksichtigten Hinzuverdienst abweicht und sich dadurch eine Änderung ergibt, die den Rentenanspruch betrifft. ^{2}Eine Änderung im Sinne von Satz 1 ist auch der Hinzutritt oder der Wegfall von Hinzuverdienst. ^{3}Ein Hinzutritt von Hinzuverdienst oder ein höherer als der bisher berücksichtigte Hinzuverdienst wird dabei mit Wirkung für die Zukunft berücksichtigt.

(3f) ^{1}Ergibt sich nach den Absätzen 3c bis 3e eine Änderung, die den Rentenanspruch betrifft, sind die bisherigen Bescheide von dem sich nach diesen Absätzen ergebenden Zeitpunkt an aufzuheben. ^{2}Soweit Bescheide aufgehoben wurden, sind bereits erbrachte Leistungen zu erstatten; § 50 Absatz 3 und 4 des Zehnten Buches bleibt unberührt. ^{3}Nicht anzuwenden sind die Vorschriften zur Anhörung Beteiligter (§ 24 des Zehnten Buches), zur Rücknahme eines

rechtswidrigen begünstigenden Verwaltungsaktes (§ 45 des Zehnten Buches) und zur Aufhebung eines Verwaltungsaktes mit Dauerwirkung bei Änderung der Verhältnisse (§ 48 des Zehnten Buches).
(3g) ¹Ein nach Absatz 3f Satz 2 zu erstattender Betrag in Höhe von bis zu 200 Euro ist von der laufenden Rente bis zu deren Hälfte einzubehalten, wenn das Einverständnis dazu vorliegt. ²Der Aufhebungsbescheid ist mit dem Hinweis zu versehen, dass das Einverständnis jederzeit durch schriftliche Erklärung mit Wirkung für die Zukunft widerrufen werden kann.
(4) Nach bindender Bewilligung einer Rente wegen Alters oder für Zeiten des Bezugs einer solchen Rente ist der Wechsel in eine
1. Rente wegen verminderter Erwerbsfähigkeit,
2. Erziehungsrente oder
3. andere Rente wegen Alters
ausgeschlossen.

Zweiter Unterabschnitt
Anspruchsvoraussetzungen für einzelne Renten

Erster Titel
Renten wegen Alters

§ 35 Regelaltersrente
¹Versicherte haben Anspruch auf Regelaltersrente, wenn sie
1. die Regelaltersgrenze erreicht und
2. die allgemeine Wartezeit erfüllt
haben. ²Die Regelaltersgrenze wird mit Vollendung des 67. Lebensjahres erreicht.

§ 36 Altersrente für langjährig Versicherte
¹Versicherte haben Anspruch auf Altersrente für langjährig Versicherte, wenn sie
1. das 67. Lebensjahr vollendet und
2. die Wartezeit von 35 Jahren erfüllt
haben. ²Die vorzeitige Inanspruchnahme dieser Altersrente ist nach Vollendung des 63. Lebensjahres möglich.

§ 37 Altersrente für schwerbehinderte Menschen
¹Versicherte haben Anspruch auf Altersrente für schwerbehinderte Menschen, wenn sie
1. das 65. Lebensjahr vollendet haben,
2. bei Beginn der Altersrente als schwerbehinderte Menschen (§ 2 Abs. 2 Neuntes Buch) anerkannt sind und
3. die Wartezeit von 35 Jahren erfüllt haben.
²Die vorzeitige Inanspruchnahme dieser Altersrente ist nach Vollendung des 62. Lebensjahres möglich.

§ 38 Altersrente für besonders langjährig Versicherte
Versicherte haben Anspruch auf Altersrente für besonders langjährig Versicherte, wenn sie
1. das 65. Lebensjahr vollendet und
2. die Wartezeit von 45 Jahren erfüllt
haben.

§ 39 (weggefallen)

§ 40 Altersrente für langjährig unter Tage beschäftigte Bergleute
Versicherte haben Anspruch auf Altersrente für langjährig unter Tage beschäftigte Bergleute, wenn sie
1. das 62. Lebensjahr vollendet und
2. die Wartezeit von 25 Jahren erfüllt
haben.

§ 41 Altersrente und Kündigungsschutz
¹Der Anspruch des Versicherten auf eine Rente wegen Alters ist nicht als ein Grund anzusehen, der die Kündigung eines Arbeitsverhältnisses durch den Arbeitgeber nach dem Kündigungsschutzgesetz bedingen kann. ²Eine Vereinbarung, die die Beendigung des Arbeitsverhältnisses eines Arbeitnehmers ohne Kündigung zu einem Zeitpunkt vorsieht, zu dem der Arbeitnehmer vor Erreichen der Regelaltersgrenze eine Rente wegen Alters beantragen kann, gilt dem Arbeitnehmer gegenüber als auf das Erreichen der Regelaltersgrenze abgeschlossen, es sei denn, dass die Vereinbarung innerhalb der letzten drei Jahre vor diesem Zeitpunkt abgeschlossen oder von dem Arbeitnehmer innerhalb der letzten drei Jahre vor diesem Zeitpunkt bestätigt worden ist. ³Sieht eine Vereinbarung die Beendigung des Arbeitsverhältnisses mit dem Erreichen der Regelaltersgrenze vor, können die Arbeitsvertragsparteien durch

Vereinbarung während des Arbeitsverhältnisses den Beendigungszeitpunkt, gegebenenfalls auch mehrfach, hinausschieben.

§ 42 Vollrente und Teilrente

(1) Versicherte können eine Rente wegen Alters in voller Höhe (Vollrente) oder als Teilrente in Anspruch nehmen.
(2) [1]Eine unabhängig vom Hinzuverdienst gewählte Teilrente beträgt mindestens 10 Prozent der Vollrente. [2]Sie kann höchstens in der Höhe in Anspruch genommen werden, die sich nach Anwendung von § 34 Absatz 3 ergibt.
(3) [1]Versicherte, die wegen der beabsichtigten Inanspruchnahme einer Teilrente ihre Arbeitsleistung einschränken wollen, können von ihrem Arbeitgeber verlangen, dass er mit ihnen die Möglichkeiten einer solchen Einschränkung erörtert. [2]Macht der Versicherte hierzu für seinen Arbeitsbereich Vorschläge, hat der Arbeitgeber zu diesen Vorschlägen Stellung zu nehmen.

Zweiter Titel
Renten wegen verminderter Erwerbsfähigkeit

§ 43 Rente wegen Erwerbsminderung

(1) [1]Versicherte haben bis zum Erreichen der Regelaltersgrenze Anspruch auf Rente wegen teilweiser Erwerbsminderung, wenn sie
1. teilweise erwerbsgemindert sind,
2. in den letzten fünf Jahren vor Eintritt der Erwerbsminderung drei Jahre Pflichtbeiträge für eine versicherte Beschäftigung oder Tätigkeit haben und
3. vor Eintritt der Erwerbsminderung die allgemeine Wartezeit erfüllt haben.

[2]Teilweise erwerbsgemindert sind Versicherte, die wegen Krankheit oder Behinderung auf nicht absehbare Zeit außerstande sind, unter den üblichen Bedingungen des allgemeinen Arbeitsmarktes mindestens sechs Stunden täglich erwerbstätig zu sein.
(2) [1]Versicherte haben bis zum Erreichen der Regelaltersgrenze Anspruch auf Rente wegen voller Erwerbsminderung, wenn sie
1. voll erwerbsgemindert sind,
2. in den letzten fünf Jahren vor Eintritt der Erwerbsminderung drei Jahre Pflichtbeiträge für eine versicherte Beschäftigung oder Tätigkeit haben und
3. vor Eintritt der Erwerbsminderung die allgemeine Wartezeit erfüllt haben.

[2]Voll erwerbsgemindert sind Versicherte, die wegen Krankheit oder Behinderung auf nicht absehbare Zeit außerstande sind, unter den üblichen Bedingungen des allgemeinen Arbeitsmarktes mindestens drei Stunden täglich erwerbstätig zu sein. [3]Voll erwerbsgemindert sind auch
1. Versicherte nach § 1 Satz 1 Nr. 2, die wegen Art oder Schwere der Behinderung nicht auf dem allgemeinen Arbeitsmarkt tätig sein können und
2. Versicherte, die bereits vor Erfüllung der allgemeinen Wartezeit voll erwerbsgemindert waren, in der Zeit einer nicht erfolgreichen Eingliederung in den allgemeinen Arbeitsmarkt.

(3) Erwerbsgemindert ist nicht, wer unter den üblichen Bedingungen des allgemeinen Arbeitsmarktes mindestens sechs Stunden täglich erwerbstätig sein kann; dabei ist die jeweilige Arbeitsmarktlage nicht zu berücksichtigen.
(4) Der Zeitraum von fünf Jahren vor Eintritt der Erwerbsminderung verlängert sich um folgende Zeiten, die nicht mit Pflichtbeiträgen für eine versicherte Beschäftigung oder Tätigkeit belegt sind:
1. Anrechnungszeiten und Zeiten des Bezugs einer Rente wegen verminderter Erwerbsfähigkeit,
2. Berücksichtigungszeiten,
3. Zeiten, die nur deshalb keine Anrechnungszeiten sind, weil durch sie eine versicherte Beschäftigung oder selbständige Tätigkeit nicht unterbrochen ist, wenn in den letzten sechs Kalendermonaten vor Beginn dieser Zeiten wenigstens ein Pflichtbeitrag für eine versicherte Beschäftigung oder Tätigkeit oder eine Zeit nach Nummer 1 oder 2 liegt,
4. Zeiten einer schulischen Ausbildung nach Vollendung des 17. Lebensjahres bis zu sieben Jahren, gemindert um Anrechnungszeiten wegen schulischer Ausbildung.

(5) Eine Pflichtbeitragszeit von drei Jahren für eine versicherte Beschäftigung oder Tätigkeit ist nicht erforderlich, wenn die Erwerbsminderung aufgrund eines Tatbestandes eingetreten ist, durch den die allgemeine Wartezeit vorzeitig erfüllt ist.
(6) Versicherte, die bereits vor Erfüllung der allgemeinen Wartezeit voll erwerbsgemindert waren und seitdem ununterbrochen voll erwerbsgemindert sind, haben Anspruch auf Rente wegen voller Erwerbsminderung, wenn sie die Wartezeit von 20 Jahren erfüllt haben.

§ 44 (weggefallen)

§ 45 Rente für Bergleute

(1) Versicherte haben bis zum Erreichen der Regelaltersgrenze Anspruch auf Rente für Bergleute, wenn sie
1. im Bergbau vermindert berufsfähig sind,
2. in den letzten fünf Jahren vor Eintritt der im Bergbau verminderten Berufsfähigkeit drei Jahre knappschaftliche Pflichtbeitragszeiten haben und
3. vor Eintritt der im Bergbau verminderten Berufsfähigkeit die allgemeine Wartezeit in der knappschaftlichen Rentenversicherung erfüllt haben.

(2) ¹Im Bergbau vermindert berufsfähig sind Versicherte, die wegen Krankheit oder Behinderung nicht imstande sind,
1. die von ihnen bisher ausgeübte knappschaftliche Beschäftigung und
2. eine andere wirtschaftlich im Wesentlichen gleichwertige knappschaftliche Beschäftigung, die von Personen mit ähnlicher Ausbildung sowie gleichwertigen Kenntnissen und Fähigkeiten ausgeübt wird,

auszuüben. ²Die jeweilige Arbeitsmarktlage ist nicht zu berücksichtigen. ³Nicht im Bergbau vermindert berufsfähig sind Versicherte, die eine im Sinne des Satzes 1 Nr. 2 wirtschaftlich und qualitativ gleichwertige Beschäftigung oder selbständige Tätigkeit außerhalb des Bergbaus ausüben.

(3) Versicherte haben bis zum Erreichen der Regelaltersgrenze auch Anspruch auf Rente für Bergleute, wenn sie
1. das 50. Lebensjahr vollendet haben,
2. im Vergleich zu der von ihnen bisher ausgeübten knappschaftlichen Beschäftigung eine wirtschaftlich gleichwertige Beschäftigung oder selbständige Tätigkeit nicht mehr ausüben und
3. die Wartezeit von 25 Jahren erfüllt haben.

(4) § 43 Abs. 4 und 5 ist anzuwenden.

Dritter Titel
Renten wegen Todes

§ 46 Witwenrente und Witwerrente

(1) ¹Witwen oder Witwer, die nicht wieder geheiratet haben, haben nach dem Tod des versicherten Ehegatten Anspruch auf kleine Witwenrente oder kleine Witwerrente, wenn der versicherte Ehegatte die allgemeine Wartezeit erfüllt hat. ²Der Anspruch besteht längstens für 24 Kalendermonate nach Ablauf des Monats, in dem der Versicherte verstorben ist.

(2) ¹Witwen oder Witwer, die nicht wieder geheiratet haben, haben nach dem Tode des versicherten Ehegatten, der die allgemeine Wartezeit erfüllt hat, Anspruch auf große Witwenrente oder große Witwerrente, wenn sie
1. ein eigenes Kind oder ein Kind des versicherten Ehegatten, das das 18. Lebensjahr noch nicht vollendet hat, erziehen,
2. das 47. Lebensjahr vollendet haben oder
3. erwerbsgemindert sind.

²Als Kinder werden auch berücksichtigt
1. Stiefkinder und Pflegekinder (§ 56 Abs. 2 Nr. 1 und 2 Erstes Buch), die in den Haushalt der Witwe oder des Witwers aufgenommen sind,
2. Enkel und Geschwister, die in den Haushalt der Witwe oder des Witwers aufgenommen sind oder von diesen überwiegend unterhalten werden.

³Der Erziehung steht die in häuslicher Gemeinschaft ausgeübte Sorge für ein eigenes Kind oder ein Kind des versicherten Ehegatten, das wegen körperlicher, geistiger oder seelischer Behinderung außerstande ist, sich selbst zu unterhalten, auch nach dessen vollendetem 18. Lebensjahr gleich.

(2a) Witwen oder Witwer haben keinen Anspruch auf Witwenrente oder Witwerrente, wenn die Ehe nicht mindestens ein Jahr gedauert hat, es sei denn, dass nach den besonderen Umständen des Falles die Annahme nicht gerechtfertigt ist, dass es der alleinige oder überwiegende Zweck der Heirat war, einen Anspruch auf Hinterbliebenenversorgung zu begründen.

(2b) ¹Ein Anspruch auf Witwenrente oder Witwerrente besteht auch nicht von dem Kalendermonat an, zu dessen Beginn das Rentensplitting durchgeführt ist. ²Der Rentenbescheid über die Bewilligung der Witwenrente oder Witwerrente ist mit Wirkung von diesem Zeitpunkt an aufzuheben; die §§ 24 und 48 des Zehnten Buches sind nicht anzuwenden.

(3) Überlebende Ehegatten, die wieder geheiratet haben, haben unter den sonstigen Voraussetzungen der Absätze 1 bis 2b Anspruch auf kleine oder große Witwenrente oder Witwerrente, wenn die erneute Ehe aufgelöst oder für nichtig erklärt ist (Witwenrente oder Witwerrente nach dem vorletzten Ehegatten).

(4) ¹Für einen Anspruch auf Witwenrente oder Witwerrente gelten als Heirat auch die Begründung einer Lebenspartnerschaft, als Ehe auch eine Lebenspartnerschaft, als Witwe und Witwer auch ein überlebender Lebenspartner und

als Ehegatte auch ein Lebenspartner. ²Der Auflösung oder Nichtigkeit einer erneuten Ehe entspricht die Aufhebung oder Auflösung einer erneuten Lebenspartnerschaft.

§ 47 Erziehungsrente

(1) Versicherte haben bis zum Erreichen der Regelaltersgrenze Anspruch auf Erziehungsrente, wenn
1. ihre Ehe nach dem 30. Juni 1977 geschieden und ihr geschiedener Ehegatte gestorben ist,
2. sie ein eigenes Kind oder ein Kind des geschiedenen Ehegatten erziehen (§ 46 Abs. 2),
3. sie nicht wieder geheiratet haben und
4. sie bis zum Tode des geschiedenen Ehegatten die allgemeine Wartezeit erfüllt haben.

(2) Geschiedenen Ehegatten stehen Ehegatten gleich, deren Ehe für nichtig erklärt oder aufgehoben ist.

(3) Anspruch auf Erziehungsrente besteht bis zum Erreichen der Regelaltersgrenze auch für verwitwete Ehegatten, für die ein Rentensplitting durchgeführt wurde, wenn
1. sie ein eigenes Kind oder ein Kind des verstorbenen Ehegatten erziehen (§ 46 Abs. 2),
2. sie nicht wieder geheiratet haben und
3. sie bis zum Tod des Ehegatten die allgemeine Wartezeit erfüllt haben.

(4) Für einen Anspruch auf Erziehungsrente gelten als Scheidung einer Ehe auch die Aufhebung einer Lebenspartnerschaft, als geschiedener Ehegatte auch der frühere Lebenspartner, als Heirat auch die Begründung einer Lebenspartnerschaft, als verwitweter Ehegatte auch ein überlebender Lebenspartner und als Ehegatte auch der Lebenspartner.

§ 48 Waisenrente

(1) Kinder haben nach dem Tode eines Elternteils Anspruch auf Halbwaisenrente, wenn
1. sie noch einen Elternteil haben, der unbeschadet der wirtschaftlichen Verhältnisse unterhaltspflichtig ist, und
2. der verstorbene Elternteil die allgemeine Wartezeit erfüllt hat.

(2) Kinder haben nach dem Tode eines Elternteils Anspruch auf Vollwaisenrente, wenn
1. sie einen Elternteil nicht mehr haben, der unbeschadet der wirtschaftlichen Verhältnisse unterhaltspflichtig war, und
2. der verstorbene Elternteil die allgemeine Wartezeit erfüllt hat.

(3) Als Kinder werden auch berücksichtigt:
1. Stiefkinder und Pflegekinder (§ 56 Abs. 2 Nr. 1 und 2 Erstes Buch), die in den Haushalt des Verstorbenen aufgenommen waren,
2. Enkel und Geschwister, die in den Haushalt des Verstorbenen aufgenommen waren oder von ihm überwiegend unterhalten wurden.

(4) ¹Der Anspruch auf Halb- oder Vollwaisenrente besteht längstens
1. bis zur Vollendung des 18. Lebensjahres oder
2. bis zur Vollendung des 27. Lebensjahres, wenn die Waise
   a) sich in Schulausbildung oder Berufsausbildung befindet oder
   b) sich in einer Übergangszeit von höchstens vier Kalendermonaten befindet, die zwischen zwei Ausbildungsabschnitten oder zwischen einem Ausbildungsabschnitt und der Ableistung des gesetzlichen Wehr- oder Zivildienstes oder der Ableistung eines freiwilligen Dienstes im Sinne des Buchstabens c liegt, oder
   c) einen freiwilligen Dienst im Sinne des § 32 Absatz 4 Satz 1 Nummer 2 Buchstabe d des Einkommensteuergesetzes leistet oder
   d) wegen körperlicher, geistiger oder seelischer Behinderung außerstande ist, sich selbst zu unterhalten.

²Eine Schulausbildung oder Berufsausbildung im Sinne des Satzes 1 liegt nur vor, wenn die Ausbildung einen tatsächlichen zeitlichen Aufwand von wöchentlich mehr als 20 Stunden erfordert. ³Der tatsächliche zeitliche Aufwand ist ohne Bedeutung für Zeiten, in denen das Ausbildungsverhältnis trotz einer Erkrankung fortbesteht und damit gerechnet werden kann, dass die Ausbildung fortgesetzt wird. ⁴Das gilt auch für die Dauer der Schutzfristen nach dem Mutterschutzgesetz.

(5) ¹In den Fällen des Absatzes 4 Nr. 2 Buchstabe a erhöht sich die für den Anspruch auf Waisenrente maßgebende Altersbegrenzung bei Unterbrechung oder Verzögerung der Schulausbildung oder Berufsausbildung durch den gesetzlichen Wehrdienst, Zivildienst oder einen gleichgestellten Dienst um die Zeit dieser Dienstleistung, höchstens um einen der Dauer des gesetzlichen Grundwehrdienstes oder Zivildienstes entsprechenden Zeitraum. ²Die Ableistung eines freiwilligen Dienstes im Sinne von Absatz 4 Nr. 2 Buchstabe c ist kein gleichgestellter Dienst im Sinne von Satz 1.

(6) Der Anspruch auf Waisenrente endet nicht dadurch, dass die Waise als Kind angenommen wird.

§ 49 Renten wegen Todes bei Verschollenheit

¹Sind Ehegatten, geschiedene Ehegatten oder Elternteile verschollen, gelten sie als verstorben, wenn die Umstände ihren Tod wahrscheinlich machen und seit einem Jahr Nachrichten über ihr Leben nicht eingegangen sind. ²Der Träger

der Rentenversicherung kann von den Berechtigten die Versicherung an Eides statt verlangen, dass ihnen weitere als die angezeigten Nachrichten über den Verschollenen nicht bekannt sind. ³Der Träger der Rentenversicherung ist berechtigt, für die Rentenleistung den nach den Umständen mutmaßlichen Todestag festzustellen. ⁴Dieser bleibt auch bei gerichtlicher Feststellung oder Beurkundung eines abweichenden Todesdatums maßgeblich.

Vierter Titel
Wartezeiterfüllung

§ 50 Wartezeiten

(1) ¹Die Erfüllung der allgemeinen Wartezeit von fünf Jahren ist Voraussetzung für einen Anspruch auf
1. Regelaltersrente,
2. Rente wegen verminderter Erwerbsfähigkeit und
3. Rente wegen Todes.

²Die allgemeine Wartezeit gilt als erfüllt für einen Anspruch auf
1. Regelaltersrente, wenn der Versicherte bis zum Erreichen der Regelaltersgrenze eine Rente wegen verminderter Erwerbsfähigkeit oder eine Erziehungsrente bezogen hat,
2. Hinterbliebenenrente, wenn der verstorbene Versicherte bis zum Tod eine Rente bezogen hat.

(2) Die Erfüllung der Wartezeit von 20 Jahren ist Voraussetzung für einen Anspruch auf Rente wegen voller Erwerbsminderung an Versicherte, die die allgemeine Wartezeit vor Eintritt der vollen Erwerbsminderung nicht erfüllt haben.

(3) Die Erfüllung der Wartezeit von 25 Jahren ist Voraussetzung für einen Anspruch auf
1. Altersrente für langjährig unter Tage beschäftigte Bergleute und
2. Rente für Bergleute vom 50. Lebensjahr an.

(4) Die Erfüllung der Wartezeit von 35 Jahren ist Voraussetzung für einen Anspruch auf
1. Altersrente für langjährig Versicherte und
2. Altersrente für schwerbehinderte Menschen.

(5) Die Erfüllung der Wartezeit von 45 Jahren ist Voraussetzung für einen Anspruch auf Altersrente für besonders langjährig Versicherte.

§ 51 Anrechenbare Zeiten

(1) Auf die allgemeine Wartezeit und auf die Wartezeiten von 15 und 20 Jahren werden Kalendermonate mit Beitragszeiten angerechnet.

(2) ¹Auf die Wartezeit von 25 Jahren werden Kalendermonate mit Beitragszeiten aufgrund einer Beschäftigung mit ständigen Arbeiten unter Tage angerechnet. ²Kalendermonate nach § 52 werden nicht angerechnet.

(3) Auf die Wartezeit von 35 Jahren werden alle Kalendermonate mit rentenrechtlichen Zeiten angerechnet.

(3a) ¹Auf die Wartezeit von 45 Jahren werden Kalendermonate angerechnet mit
1. Pflichtbeiträgen für eine versicherte Beschäftigung oder Tätigkeit,
2. Berücksichtigungszeiten,
3. Zeiten des Bezugs von
    a) Entgeltersatzleistungen der Arbeitsförderung,
    b) Leistungen bei Krankheit und
    c) Übergangsgeld,
   soweit sie Pflichtbeitragszeiten oder Anrechnungszeiten sind; dabei werden Zeiten nach Buchstabe a in den letzten zwei Jahren vor Rentenbeginn nicht berücksichtigt, es sei denn, der Bezug von Entgeltersatzleistungen der Arbeitsförderung ist durch eine Insolvenz oder vollständige Geschäftsaufgabe des Arbeitgebers bedingt, und
4. freiwilligen Beiträgen, wenn mindestens 18 Jahre mit Zeiten nach Nummer 1 vorhanden sind; dabei werden Zeiten freiwilliger Beitragszahlung in den letzten zwei Jahren vor Rentenbeginn nicht berücksichtigt, wenn gleichzeitig Anrechnungszeiten wegen Arbeitslosigkeit vorliegen.

²Kalendermonate, die durch Versorgungsausgleich oder Rentensplitting ermittelt werden, werden nicht angerechnet.

(4) Auf die Wartezeiten werden auch Kalendermonate mit Ersatzzeiten (Fünftes Kapitel) angerechnet; auf die Wartezeit von 25 Jahren jedoch nur, wenn sie der knappschaftlichen Rentenversicherung zuzuordnen sind.

§ 52 Wartezeiterfüllung durch Versorgungsausgleich, Rentensplitting und Zuschläge an Entgeltpunkten für Arbeitsentgelt aus geringfügiger Beschäftigung

(1) ¹Ist ein Versorgungsausgleich in der gesetzlichen Rentenversicherung allein zugunsten von Versicherten durchgeführt, wird auf die Wartezeit die volle Anzahl an Monaten angerechnet, die sich ergibt, wenn die Entgeltpunkte für übertragene oder begründete Rentenanwartschaften durch die Zahl 0,0313 geteilt werden. ²Ist ein Versorgungsausgleich sowohl zugunsten als auch zu Lasten von Versicherten durchgeführt und ergibt sich hieraus nach Verrechnung ein Zuwachs an Entgeltpunkten, wird auf die Wartezeit die volle Anzahl an Monaten angerechnet, die sich ergibt,

wenn die Entgeltpunkte aus dem Zuwachs durch die Zahl 0,0313 geteilt werden. ³Ein Versorgungsausgleich ist durchgeführt, wenn die Entscheidung des Familiengerichts wirksam ist. ⁴Ergeht eine Entscheidung zur Abänderung des Wertausgleichs nach der Scheidung, entfällt eine bereits von der ausgleichsberechtigten Person erfüllte Wartezeit nicht. ⁵Die Anrechnung erfolgt nur insoweit, als die in die Ehezeit oder Lebenspartnerschaftszeit fallenden Kalendermonate nicht bereits auf die Wartezeit anzurechnen sind.

(1a) ¹Ist ein Rentensplitting durchgeführt, wird dem Ehegatten oder Lebenspartner, der einen Splittingzuwachs erhalten hat, auf die Wartezeit die volle Anzahl an Monaten angerechnet, die sich ergibt, wenn die Entgeltpunkte aus dem Splittingzuwachs durch die Zahl 0,0313 geteilt werden. ²Die Anrechnung erfolgt nur insoweit, als die in die Splittingzeit fallenden Kalendermonate nicht bereits auf die Wartezeit anzurechnen sind.

(2) ¹Sind Zuschläge an Entgeltpunkten für Arbeitsentgelt aus geringfügiger Beschäftigung, für die Beschäftigte nach § 6 Absatz 1b von der Versicherungspflicht befreit sind, ermittelt, wird auf die Wartezeit die volle Anzahl an Monaten angerechnet, die sich ergibt, wenn die Zuschläge an Entgeltpunkten durch die Zahl 0,0313 geteilt werden. ²Zuschläge an Entgeltpunkten aus einer geringfügigen Beschäftigung, die in Kalendermonaten ausgeübt wurde, die bereits auf die Wartezeit anzurechnen sind, bleiben unberücksichtigt. ³Wartezeitmonate für in die Ehezeit, Lebenspartnerschaftszeit oder Splittingzeit fallende Kalendermonate einer geringfügigen Beschäftigung sind vor Anwendung von Absatz 1 oder 1a gesondert zu ermitteln.

§ 53 Vorzeitige Wartezeiterfüllung

(1) ¹Die allgemeine Wartezeit ist vorzeitig erfüllt, wenn Versicherte
1. wegen eines Arbeitsunfalls oder einer Berufskrankheit,
2. wegen einer Wehrdienstbeschädigung nach dem Soldatenversorgungsgesetz als Wehrdienstleistende oder Soldaten auf Zeit,
3. wegen einer Zivildienstbeschädigung nach dem Zivildienstgesetz als Zivildienstleistende oder
4. wegen eines Gewahrsams (§ 1 Häftlingshilfegesetz)

vermindert erwerbsfähig geworden oder gestorben sind. ²Satz 1 Nr. 1 findet nur Anwendung für Versicherte, die bei Eintritt des Arbeitsunfalls oder der Berufskrankheit versicherungspflichtig waren oder in den letzten zwei Jahren davor mindestens ein Jahr Pflichtbeiträge für eine versicherte Beschäftigung oder Tätigkeit haben. ³Die Sätze 1 und 2 finden für die Rente für Bergleute nur Anwendung, wenn der Versicherte vor Eintritt der im Bergbau verminderten Berufsfähigkeit zuletzt in der knappschaftlichen Rentenversicherung versichert war.

(2) ¹Die allgemeine Wartezeit ist auch vorzeitig erfüllt, wenn Versicherte vor Ablauf von sechs Jahren nach Beendigung einer Ausbildung voll erwerbsgemindert geworden oder gestorben sind und in den letzten zwei Jahren vorher mindestens ein Jahr Pflichtbeiträge für eine versicherte Beschäftigung oder Tätigkeit haben. ²Der Zeitraum von zwei Jahren vor Eintritt der vollen Erwerbsminderung oder des Todes verlängert sich um Zeiten einer schulischen Ausbildung nach Vollendung des 17. Lebensjahres bis zu sieben Jahren.

(3) Pflichtbeiträge für eine versicherte Beschäftigung oder Tätigkeit im Sinne der Absätze 1 und 2 liegen auch vor, wenn
1. freiwillige Beiträge gezahlt worden sind, die als Pflichtbeiträge gelten, oder
2. Pflichtbeiträge aus den in § 3 oder 4 genannten Gründen gezahlt worden sind oder als gezahlt gelten oder
3. für Anrechnungszeiten Beiträge gezahlt worden sind, die ein Leistungsträger mitgetragen hat.

Fünfter Titel
Rentenrechtliche Zeiten

§ 54 Begriffsbestimmungen

(1) Rentenrechtliche Zeiten sind
1. Beitragszeiten,
   a) als Zeiten mit vollwertigen Beiträgen,
   b) als beitragsgeminderte Zeiten,
2. beitragsfreie Zeiten und
3. Berücksichtigungszeiten.

(2) Zeiten mit vollwertigen Beiträgen sind Kalendermonate, die mit Beiträgen belegt und nicht beitragsgeminderte Zeiten sind.

(3) ¹Beitragsgeminderte Zeiten sind Kalendermonate, die sowohl mit Beitragszeiten als auch Anrechnungszeiten, einer Zurechnungszeit oder Ersatzzeiten (Fünftes Kapitel) belegt sind. ²Als beitragsgeminderte Zeiten gelten Kalendermonate mit Pflichtbeiträgen für eine Berufsausbildung (Zeiten einer beruflichen Ausbildung).

(4) Beitragsfreie Zeiten sind Kalendermonate, die mit Anrechnungszeiten, mit einer Zurechnungszeit oder mit Ersatzzeiten belegt sind, wenn für sie nicht auch Beiträge gezahlt worden sind.

§ 55 Beitragszeiten

(1) ¹Beitragszeiten sind Zeiten, für die nach Bundesrecht Pflichtbeiträge (Pflichtbeitragszeiten) oder freiwillige Beiträge gezahlt worden sind. ²Pflichtbeitragszeiten sind auch Zeiten, für die Pflichtbeiträge nach besonderen Vorschriften als gezahlt gelten. ³Als Beitragszeiten gelten auch Zeiten, für die Entgeltpunkte gutgeschrieben worden sind, weil gleichzeitig Berücksichtigungszeiten wegen Kindererziehung oder Zeiten der Pflege eines pflegebedürftigen Kindes für mehrere Kinder vorliegen.

(2) Soweit ein Anspruch auf Rente eine bestimmte Anzahl an Pflichtbeiträgen für eine versicherte Beschäftigung oder Tätigkeit voraussetzt, zählen hierzu auch
1. freiwillige Beiträge, die als Pflichtbeiträge gelten, oder
2. Pflichtbeiträge, für die aus den in § 3 oder § 4 genannten Gründen Beiträge gezahlt worden sind oder als gezahlt gelten, oder
3. Beiträge für Anrechnungszeiten, die ein Leistungsträger mitgetragen hat.

§ 56 Kindererziehungszeiten

(1) ¹Kindererziehungszeiten sind Zeiten der Erziehung eines Kindes in dessen ersten drei Lebensjahren. ²Für einen Elternteil (§ 56 Abs. 1 Satz 1 Nr. 3 und Abs. 3 Nr. 2 und 3 Erstes Buch) wird eine Kindererziehungszeit angerechnet, wenn
1. die Erziehungszeit diesem Elternteil zuzuordnen ist,
2. die Erziehung im Gebiet der Bundesrepublik Deutschland erfolgt ist oder einer solchen gleichsteht und
3. der Elternteil nicht von der Anrechnung ausgeschlossen ist.

(2) ¹Eine Erziehungszeit ist dem Elternteil zuzuordnen, der sein Kind erzogen hat. ²Haben mehrere Elternteile das Kind gemeinsam erzogen, wird die Erziehungszeit einem Elternteil zugeordnet. ³Haben die Eltern ihr Kind gemeinsam erzogen, können sie durch eine übereinstimmende Erklärung bestimmen, welchem Elternteil sie zuzuordnen ist. ⁴Die Zuordnung kann auf einen Teil der Erziehungszeit beschränkt werden. ⁵Die übereinstimmende Erklärung der Eltern ist mit Wirkung für künftige Kalendermonate abzugeben. ⁶Die Zuordnung kann rückwirkend für bis zu zwei Kalendermonate vor Abgabe der Erklärung erfolgen, es sei denn, für einen Elternteil ist unter Berücksichtigung dieser Zeiten eine Leistung bindend festgestellt, ein Versorgungsausgleich oder ein Rentensplitting durchgeführt. ⁷Für die Abgabe der Erklärung gilt § 16 des Ersten Buches über die Antragstellung entsprechend. ⁸Haben die Eltern eine übereinstimmende Erklärung nicht abgegeben, wird die Erziehungszeit dem Elternteil zugeordnet, der das Kind überwiegend erzogen hat. ⁹Liegt eine überwiegende Erziehung durch einen Elternteil nicht vor, erfolgt die Zuordnung zur Mutter, bei gleichgeschlechtlichen Elternteilen zum Elternteil nach den §§ 1591 oder 1592 des Bürgerlichen Gesetzbuchs, oder wenn es einen solchen nicht gibt, zu demjenigen Elternteil, der seine Elternstellung zuerst erlangt hat. ¹⁰Ist eine Zuordnung nach den Sätzen 8 und 9 nicht möglich, werden die Erziehungszeiten zu gleichen Teilen im kalendermonatlichen Wechsel zwischen den Elternteilen aufgeteilt, wobei der erste Kalendermonat dem älteren Elternteil zuzuordnen ist.

(3) ¹Eine Erziehung ist im Gebiet der Bundesrepublik Deutschland erfolgt, wenn der erziehende Elternteil sich mit dem Kind dort gewöhnlich aufgehalten hat. ²Einer Erziehung im Gebiet der Bundesrepublik Deutschland steht gleich, wenn der erziehende Elternteil sich mit seinem Kind im Ausland gewöhnlich aufgehalten hat und während der Erziehung oder unmittelbar vor der Geburt des Kindes wegen einer dort ausgeübten Beschäftigung oder selbständigen Tätigkeit Pflichtbeitragszeiten hat. ³Dies gilt bei einem gemeinsamen Aufenthalt von Ehegatten oder Lebenspartnern im Ausland auch, wenn der Ehegatte oder Lebenspartner des erziehenden Elternteils solche Pflichtbeitragszeiten hat oder nur deshalb nicht hat, weil er zu den in § 5 Abs. 1 und 4 genannten Personen gehörte oder von der Versicherungspflicht befreit war.

(4) Elternteile sind von der Anrechnung ausgeschlossen, wenn sie
1. während der Erziehungszeit oder unmittelbar vor der Geburt des Kindes eine Beschäftigung oder selbständige Tätigkeit im Gebiet der Bundesrepublik Deutschland ausgeübt haben, die aufgrund
   a) einer zeitlich begrenzten Entsendung in dieses Gebiet (§ 5 Viertes Buch) oder
   b) einer Regelung des zwischen- oder überstaatlichen Rechts oder einer für Bedienstete internationaler Organisationen getroffenen Regelung (§ 6 Viertes Buch)
   den Vorschriften über die Versicherungspflicht nicht unterliegt,
2. während der Erziehungszeit zu den in § 5 Absatz 4 genannten Personen gehören oder
3. während der Erziehungszeit Anwartschaften auf Versorgung im Alter aufgrund der Erziehung erworben haben, wenn diese nach den für sie geltenden besonderen Versorgungsregelungen systembezogen annähernd gleichwertig berücksichtigt wird wie die Kindererziehung nach diesem Buch; als in diesem Sinne systembezogen annähernd gleichwertig gilt eine Versorgung nach beamtenrechtlichen Vorschriften oder Grundsätzen oder entsprechenden kirchenrechtlichen Regelungen.

(5) ¹Die Kindererziehungszeit beginnt nach Ablauf des Monats der Geburt und endet nach 36 Kalendermonaten. ²Wird während dieses Zeitraums vom erziehenden Elternteil ein weiteres Kind erzogen, für das ihm eine Kindererziehungszeit anzurechnen ist, wird die Kindererziehungszeit für dieses und jedes weitere Kind um die Anzahl an Kalendermonaten der gleichzeitigen Erziehung verlängert.

§ 57 Berücksichtigungszeiten

¹Die Zeit der Erziehung eines Kindes bis zu dessen vollendetem zehnten Lebensjahr ist bei einem Elternteil eine Berücksichtigungszeit, soweit die Voraussetzungen für die Anrechnung einer Kindererziehungszeit auch in dieser Zeit vorliegen. ²Dies gilt für Zeiten einer mehr als geringfügig ausgeübten selbständigen Tätigkeit nur, soweit diese Zeiten auch Pflichtbeitragszeiten sind.

§ 58 Anrechnungszeiten

(1) ¹Anrechnungszeiten sind Zeiten, in denen Versicherte
1. wegen Krankheit arbeitsunfähig gewesen sind oder Leistungen zur medizinischen Rehabilitation oder zur Teilhabe am Arbeitsleben erhalten haben,
1a. nach dem vollendeten 17. und vor dem vollendeten 25. Lebensjahr mindestens einen Kalendermonat krank gewesen sind, soweit die Zeiten nicht mit anderen rentenrechtlichen Zeiten belegt sind,
2. wegen Schwangerschaft oder Mutterschaft während der Schutzfristen nach dem Mutterschutzgesetz eine versicherte Beschäftigung oder selbständige Tätigkeit nicht ausgeübt haben,
3. wegen Arbeitslosigkeit bei einer deutschen Agentur für Arbeit oder einem zugelassenen kommunalen Träger nach § 6a des Zweiten Buches als Arbeitsuchende gemeldet waren und eine öffentlich-rechtliche Leistung bezogen oder nur wegen des zu berücksichtigenden Einkommens oder Vermögens nicht bezogen haben,
3a. nach dem vollendeten 17. Lebensjahr mindestens einen Kalendermonat bei einer deutschen Agentur für Arbeit oder einem zugelassenen kommunalen Träger nach § 6a des Zweiten Buches als Ausbildungsuchende gemeldet waren, soweit die Zeiten nicht mit anderen rentenrechtlichen Zeiten belegt sind,
4. nach dem vollendeten 17. Lebensjahr eine Schule, Fachschule oder Hochschule besucht oder an einer berufsvorbereitenden Bildungsmaßnahme im Sinne des Rechts der Arbeitsförderung teilgenommen haben (Zeiten einer schulischen Ausbildung), insgesamt jedoch höchstens bis zu acht Jahren, oder
5. eine Rente bezogen haben, soweit diese Zeiten auch als Zurechnungszeit in der Rente berücksichtigt waren, und die vor dem Beginn dieser Rente liegende Zurechnungszeit,
6. nach dem 31. Dezember 2010 Arbeitslosengeld II bezogen haben; dies gilt nicht für Empfänger der Leistung,
    a) die Arbeitslosengeld II nur darlehensweise oder
    b) nur Leistungen nach § 24 Absatz 3 Satz 1 des Zweiten Buches bezogen haben.

²Zeiten, in denen Versicherte nach Vollendung des 25. Lebensjahres wegen des Bezugs von Sozialleistungen versicherungspflichtig waren, sind nicht Anrechnungszeiten nach Satz 1 Nummer 1 und 3. ³Nach Vollendung des 25. Lebensjahres schließen Anrechnungszeiten wegen des Bezugs von Arbeitslosengeld II Anrechnungszeiten wegen Arbeitslosigkeit aus.

(2) ¹Anrechnungszeiten nach Absatz 1 Satz 1 Nr. 1 und 2 bis 3a liegen nur vor, wenn dadurch eine versicherte Beschäftigung oder selbständige Tätigkeit oder ein versicherter Wehrdienst oder Zivildienst oder ein versichertes Wehrdienstverhältnis besonderer Art nach § 6 des Einsatz-Weiterverwendungsgesetzes unterbrochen ist; dies gilt nicht für Zeiten nach Vollendung des 17. und vor Vollendung des 25. Lebensjahres. ²Eine selbständige Tätigkeit ist nur dann unterbrochen, wenn sie ohne die Mitarbeit des Versicherten nicht weiter ausgeübt werden kann.

(3) Anrechnungszeiten wegen Arbeitsunfähigkeit oder der Ausführung der Leistungen zur medizinischen Rehabilitation oder zur Teilhabe am Arbeitsleben liegen bei Versicherten, die nach § 4 Abs. 3 Satz 1 Nr. 2 versicherungspflichtig werden konnten, erst nach Ablauf der auf Antrag begründeten Versicherungspflicht vor.

(4) Anrechnungszeiten liegen bei Beziehern von Arbeitslosengeld oder Übergangsgeld nicht vor, wenn die Bundesagentur für Arbeit für sie Beiträge an eine Versicherungseinrichtung oder Versorgungseinrichtung, an ein Versicherungsunternehmen oder an sie selbst gezahlt haben.

(4a) Zeiten der schulischen Ausbildung neben einer versicherten Beschäftigung oder Tätigkeit sind nur Anrechnungszeiten wegen schulischer Ausbildung, wenn der Zeitaufwand für die schulische Ausbildung unter Berücksichtigung des Zeitaufwands für die Beschäftigung oder Tätigkeit überwiegt.

(5) Anrechnungszeiten sind nicht für die Zeit der Leistung einer Rente wegen Alters zu berücksichtigen.

§ 59 Zurechnungszeit

(1) Zurechnungszeit ist die Zeit, die bei einer Rente wegen Erwerbsminderung oder einer Rente wegen Todes hinzugerechnet wird, wenn die versicherte Person das 67. Lebensjahr noch nicht vollendet hat.

(2) ¹Die Zurechnungszeit beginnt
1. bei einer Rente wegen Erwerbsminderung mit dem Eintritt der hierfür maßgebenden Erwerbsminderung,

2. bei einer Rente wegen voller Erwerbsminderung, auf die erst nach Erfüllung einer Wartezeit von 20 Jahren ein Anspruch besteht, mit Beginn dieser Rente,
3. bei einer Witwenrente, Witwerrente oder Waisenrente mit dem Tod der versicherten Person und
4. bei einer Erziehungsrente mit Beginn dieser Rente.

²Die Zurechnungszeit endet mit Vollendung des 67. Lebensjahres.

(3) Hat die verstorbene versicherte Person eine Altersrente bezogen, ist bei einer nachfolgenden Hinterbliebenenrente eine Zurechnungszeit nicht zu berücksichtigen.

§ 60 Zuordnung beitragsfreier Zeiten zur knappschaftlichen Rentenversicherung

(1) Anrechnungszeiten und eine Zurechnungszeit werden der knappschaftlichen Rentenversicherung zugeordnet, wenn vor dieser Zeit der letzte Pflichtbeitrag zur knappschaftlichen Rentenversicherung gezahlt worden ist.

(2) Anrechnungszeiten wegen einer schulischen Ausbildung werden der knappschaftlichen Rentenversicherung auch dann zugeordnet, wenn während oder nach dieser Zeit die Versicherung beginnt und der erste Pflichtbeitrag zur knappschaftlichen Rentenversicherung gezahlt worden ist.

§ 61 Ständige Arbeiten unter Tage

(1) Ständige Arbeiten unter Tage sind solche Arbeiten nach dem 31. Dezember 1967, die nach ihrer Natur ausschließlich unter Tage ausgeübt werden.

(2) Den ständigen Arbeiten unter Tage werden gleichgestellt:
1. Arbeiten, die nach dem Tätigkeitsbereich der Versicherten sowohl unter Tage als auch über Tage ausgeübt werden, wenn sie während eines Kalendermonats in mindestens 18 Schichten überwiegend unter Tage ausgeübt worden sind; Schichten, die in einem Kalendermonat wegen eines auf einen Arbeitstag fallenden Feiertags ausfallen, gelten als überwiegend unter Tage verfahrene Schichten,
2. Arbeiten als Mitglieder der für den Einsatz unter Tage bestimmten Grubenwehr, mit Ausnahme als Gerätewarte, für die Dauer der Zugehörigkeit,
3. Arbeiten als Mitglieder des Betriebsrats, wenn die Versicherten bisher ständige Arbeiten unter Tage oder nach Nummer 1 oder 2 gleichgestellte Arbeiten ausgeübt haben und im Anschluss daran wegen der Betriebsratstätigkeit von diesen Arbeiten freigestellt worden sind.

(3) Als überwiegend unter Tage verfahren gelten auch Schichten, die in einem Kalendermonat wegen
1. krankheitsbedingter Arbeitsunfähigkeit,
2. bezahlten Urlaubs oder
3. Inanspruchnahme einer Leistung zur medizinischen Rehabilitation oder zur Teilhabe am Arbeitsleben oder einer Vorsorgekur

ausfallen, wenn in diesem Kalendermonat aufgrund von ständigen Arbeiten unter Tage oder gleichgestellten Arbeiten Beiträge gezahlt worden sind und die Versicherten in den drei vorausgegangenen Kalendermonaten mindestens einen Kalendermonat ständige Arbeiten unter Tage oder gleichgestellte Arbeiten ausgeübt haben.

§ 62 Schadenersatz bei rentenrechtlichen Zeiten

Durch die Berücksichtigung rentenrechtlicher Zeiten wird ein Anspruch auf Schadenersatz wegen verminderter Erwerbsfähigkeit nicht ausgeschlossen oder gemindert.

Dritter Unterabschnitt
Rentenhöhe und Rentenanpassung

Erster Titel
Grundsätze

§ 63 Grundsätze

(1) Die Höhe einer Rente richtet sich vor allem nach der Höhe der während des Versicherungslebens durch Beiträge versicherten Arbeitsentgelte und Arbeitseinkommen.

(2) ¹Das in den einzelnen Kalenderjahren durch Beiträge versicherte Arbeitsentgelt und Arbeitseinkommen wird in Entgeltpunkte umgerechnet. ²Die Versicherung eines Arbeitsentgelts oder Arbeitseinkommens in Höhe des Durchschnittsentgelts eines Kalenderjahres (Anlage 1) ergibt einen vollen Entgeltpunkt.

(3) Für beitragsfreie Zeiten werden Entgeltpunkte angerechnet, deren Höhe von der Höhe der in der übrigen Zeit versicherten Arbeitsentgelte und Arbeitseinkommen abhängig ist.

(4) Das Sicherungsziel der jeweiligen Rentenart im Verhältnis zu einer Altersrente wird durch den Rentenartfaktor bestimmt.

(5) Vorteile und Nachteile einer unterschiedlichen Rentenbezugsdauer werden durch einen Zugangsfaktor vermieden.

(6) Der Monatsbetrag einer Rente ergibt sich, indem die unter Berücksichtigung des Zugangsfaktors ermittelten persönlichen Entgeltpunkte mit dem Rentenartfaktor und dem aktuellen Rentenwert vervielfältigt werden.

(7) Der aktuelle Rentenwert wird entsprechend der Entwicklung des Durchschnittsentgelts unter Berücksichtigung der Veränderung des Beitragssatzes zur allgemeinen Rentenversicherung jährlich angepasst.

Zweiter Titel
Berechnung und Anpassung der Renten

§ 64 Rentenformel für Monatsbetrag der Rente

Der Monatsbetrag der Rente ergibt sich, wenn
1. die unter Berücksichtigung des Zugangsfaktors ermittelten persönlichen Entgeltpunkte,
2. der Rentenartfaktor und
3. der aktuelle Rentenwert

mit ihrem Wert bei Rentenbeginn miteinander vervielfältigt werden.

§ 65 Anpassung der Renten

Zum 1. Juli eines jeden Jahres werden die Renten angepasst, indem der bisherige aktuelle Rentenwert durch den neuen aktuellen Rentenwert ersetzt wird.

§ 66 Persönliche Entgeltpunkte

(1) Die persönlichen Entgeltpunkte für die Ermittlung des Monatsbetrags der Rente ergeben sich, indem die Summe aller Entgeltpunkte für
1. Beitragszeiten,
2. beitragsfreie Zeiten,
3. Zuschläge für beitragsgeminderte Zeiten,
4. Zuschläge oder Abschläge aus einem durchgeführten Versorgungsausgleich oder Rentensplitting,
5. Zuschläge aus Zahlung von Beiträgen bei vorzeitiger Inanspruchnahme einer Rente wegen Alters oder bei Abfindungen von Anwartschaften auf betriebliche Altersversorgung oder von Anrechten bei der Versorgungsausgleichskasse,
6. Zuschläge an Entgeltpunkten für Arbeitsentgelt aus geringfügiger Beschäftigung,
7. Arbeitsentgelt aus nach § 23b Abs. 2 Satz 1 bis 4 des Vierten Buches aufgelösten Wertguthaben,
8. Zuschläge an Entgeltpunkten aus Beiträgen nach Beginn einer Rente wegen Alters,
9. Zuschläge an Entgeltpunkten für Zeiten einer besonderen Auslandsverwendung,
10. Zuschläge an Entgeltpunkten für nachversicherte Soldaten auf Zeit und
11. Zuschläge an Entgeltpunkten für langjährige Versicherung

mit dem Zugangsfaktor vervielfältigt und bei Witwenrenten und Witwerrenten sowie bei Waisenrenten um einen Zuschlag erhöht wird. Persönliche Entgeltpunkte nach Satz 1 Nummer 11 sind für die Anwendung von § 97a von den übrigen persönlichen Entgeltpunkten getrennt zu ermitteln, indem der Zuschlag an Entgeltpunkten für langjährige Versicherung mit dem Zugangsfaktor vervielfältigt wird.

(2) Grundlage für die Ermittlung der persönlichen Entgeltpunkte sind die Entgeltpunkte
1. des Versicherten bei einer Rente wegen Alters, wegen verminderter Erwerbsfähigkeit und bei einer Erziehungsrente,
2. des verstorbenen Versicherten bei einer Witwenrente, Witwerrente und Halbwaisenrente,
3. der zwei verstorbenen Versicherten mit den höchsten Renten bei einer Vollwaisenrente.

(3) ¹Bei einer unabhängig vom Hinzuverdienst gewählten Teilrente (§ 42 Absatz 2) ergeben sich die in Anspruch genommenen Entgeltpunkte aus der Summe aller Entgeltpunkte entsprechend dem Verhältnis der Teilrente zu der Vollrente. ²Bei einer vom Hinzuverdienst abhängigen Teilrente (§ 34 Absatz 3) ergeben sich die jeweils in Anspruch genommenen Entgeltpunkte aus dem Monatsbetrag der Rente nach Anrechnung des Hinzuverdienstes im Wege einer Rückrechnung unter Berücksichtigung des maßgeblichen aktuellen Rentenwerts, des Rentenartfaktors und des jeweiligen Zugangsfaktors.

(3a) ¹Zuschläge an Entgeltpunkten aus Beiträgen nach Beginn einer Rente wegen Alters werden mit Ablauf des Kalendermonats des Erreichens der Regelaltersgrenze und anschließend jährlich zum 1. Juli berücksichtigt. ²Dabei sind für die jährliche Berücksichtigung zum 1. Juli die für das vergangene Kalenderjahr ermittelten Zuschläge maßgebend.

(4) Bei einer nur teilweise zu leistenden Rente wegen verminderter Erwerbsfähigkeit ergeben sich die jeweils in Anspruch genommenen Entgeltpunkte aus dem Monatsbetrag der Rente nach Anrechnung des Hinzuverdienstes im Wege einer Rückrechnung unter Berücksichtigung des maßgeblichen aktuellen Rentenwerts, des Rentenartfaktors und des jeweiligen Zugangsfaktors.

§ 67 Rentenartfaktor

Der Rentenartfaktor beträgt für persönliche Entgeltpunkte bei

1. Renten wegen Alters 1,0
2. Renten wegen teilweiser Erwerbsminderung 0,5
3. Renten wegen voller Erwerbsminderung 1,0
4. Erziehungsrenten 1,0
5. kleinen Witwenrenten und kleinen Witwerrenten bis zum Ende des dritten Kalendermonats nach Ablauf des Monats, in dem der Ehegatte verstorben ist, 1,0
anschließend 0,25
6. großen Witwenrenten und großen Witwerrenten bis zum Ende des dritten Kalendermonats nach Ablauf des Monats, in dem der Ehegatte verstorben ist, 1,0
anschließend 0,55
7. Halbwaisenrenten 0,1
8. Vollwaisenrenten 0,2.

§ 68 Aktueller Rentenwert

(1) [1]Der aktuelle Rentenwert ist der Betrag, der einer monatlichen Rente wegen Alters der allgemeinen Rentenversicherung entspricht, wenn für ein Kalenderjahr Beiträge aufgrund des Durchschnittsentgelts gezahlt worden sind. [2]Am 30. Juni 2005 beträgt der aktuelle Rentenwert 26,13 Euro. [3]Er verändert sich zum 1. Juli eines jeden Jahres, indem der bisherige aktuelle Rentenwert mit den Faktoren für die Veränderung
1. der Bruttolöhne und -gehälter je Arbeitnehmer,
2. des Beitragssatzes zur allgemeinen Rentenversicherung und
3. dem Nachhaltigkeitsfaktor

vervielfältigt wird.

(2) [1]Bruttolöhne und -gehälter je Arbeitnehmer sind die durch das Statistische Bundesamt ermittelten Bruttolöhne und -gehälter je Arbeitnehmer ohne Personen in Arbeitsgelegenheiten mit Entschädigungen für Mehraufwendungen jeweils nach der Systematik der Volkswirtschaftlichen Gesamtrechnungen. [2]Der Faktor für die Veränderung der Bruttolöhne und -gehälter je Arbeitnehmer wird ermittelt, indem deren Wert für das vergangene Kalenderjahr durch den Wert für das vorvergangene Kalenderjahr geteilt wird. [3]Dabei wird der Wert für das vorvergangene Kalenderjahr an die Entwicklung der Einnahmen der gesetzlichen Rentenversicherung angepasst, indem er mit dem Faktor vervielfältigt wird, der sich aus dem Verhältnis der Veränderung der Bruttolöhne und -gehälter je Arbeitnehmer im vorvergangenen Kalenderjahr gegenüber dem dritten zurückliegenden Kalenderjahr und der Veränderung der aus der Versichertenstatistik der Deutschen Rentenversicherung Bund ermittelten beitragspflichtigen Bruttolöhne und -gehälter je Arbeitnehmer ohne Beamte einschließlich der Bezieher von Arbeitslosengeld im vorvergangenen Kalenderjahr gegenüber dem dritten zurückliegenden Kalenderjahr ergibt.

(3) [1]Der Faktor, der sich aus der Veränderung des Beitragssatzes zur allgemeinen Rentenversicherung ergibt, wird ermittelt, indem
1. der durchschnittliche Beitragssatz in der allgemeinen Rentenversicherung des vergangenen Kalenderjahres von der Differenz aus 100 vom Hundert und dem Altersvorsorgeanteil für das Jahr 2012 subtrahiert wird,
2. der durchschnittliche Beitragssatz in der allgemeinen Rentenversicherung für das vorvergangene Kalenderjahr von der Differenz aus 100 vom Hundert und dem Altersvorsorgeanteil für das Jahr 2012 subtrahiert wird,

und anschließend der nach Nummer 1 ermittelte Wert durch den nach Nummer 2 ermittelten Wert geteilt wird. [2]Altersvorsorgeanteil für das Jahr 2012 ist der Wert, der im Fünften Kapitel für das Jahr 2012 als Altersvorsorgeanteil bestimmt worden ist.

(4) [1]Der Nachhaltigkeitsfaktor wird ermittelt, indem der um die Veränderung des Rentnerquotienten im vergangenen Kalenderjahr gegenüber dem vorvergangenen Kalenderjahr verminderte Wert eins mit einem Parameter α vervielfältigt und um den Wert eins erhöht wird. [2]Der Rentnerquotient wird ermittelt, indem die Anzahl der Äquivalenzrentner durch die Anzahl der Äquivalenzbeitragszahler dividiert wird. [3]Die Anzahl der Äquivalenzrentner wird ermittelt, indem das aus den Rechnungsergebnissen auf 1000 Euro genau bestimmte Gesamtvolumen der Renten abzüglich erstatteter Aufwendungen für Renten und Rententeile eines Kalenderjahres durch eine Regelaltersrente desselben Kalenderjahres aus der allgemeinen Rentenversicherung mit 45 Entgeltpunkten dividiert wird. [4]Die Anzahl der Äquivalenzbeitragszahler wird ermittelt, indem das aus den Rechnungsergebnissen auf 1000 Euro genau bestimmte Gesamtvolumen der Beiträge aller in der allgemeinen Rentenversicherung versicherungspflichtig Beschäftigten, der geringfügig Beschäftigten (§ 8 Viertes Buch) und der Bezieher von Arbeitslosengeld eines Kalenderjahres durch den auf das Durchschnittsentgelt nach Anlage 1 entfallenden Beitrag der allgemeinen Rentenversicherung desselben Kalenderjahres dividiert wird. [5]Die jeweilige Anzahl der Äquivalenzrentner und der Äquivalenzbeitragszahler ist auf 1000 Personen genau zu berechnen. [6]Der Parameter α beträgt 0,25.

(5) Der nach den Absätzen 1 bis 4 anstelle des bisherigen aktuellen Rentenwerts zu bestimmende neue aktuelle Rentenwert wird nach folgender Formel ermittelt:

$$AR_t = AR_{t-1} \times (BE_{t-1}/BE_{t-2}) \times ([100 - AVA_{2012} - RVB_{t-1}]/[100 - AVA_{2012} - RVB_{t-2}]) \times ([1 - [RQ_{t-1}/RQ_{t-2}]] \times \alpha + 1)$$

Dabei sind:

AR_t = zu bestimmender aktueller Rentenwert ab dem 1. Juli,

AR_{t-1} = bisheriger aktueller Rentenwert,

BE_{t-1} = Bruttolöhne und -gehälter je Arbeitnehmer im vergangenen Kalenderjahr,

BE_{t-2} = Bruttolöhne und -gehälter je Arbeitnehmer im vorvergangenen Kalenderjahr unter Berücksichtigung der Veränderung der beitragspflichtigen Bruttolöhne und -gehälter je Arbeitnehmer ohne Beamte einschließlich der Bezieher von Arbeitslosengeld,

AVA_{2012} = Altersvorsorgeanteil für das Jahr 2012 in Höhe von 4 vom Hundert,

RVB_{t-1} = durchschnittlicher Beitragssatz in der allgemeinen Rentenversicherung im vergangenen Kalenderjahr,

RVB_{t-2} = durchschnittlicher Beitragssatz in der allgemeinen Rentenversicherung im vorvergangenen Kalenderjahr,

RQ_{t-1} = Rentnerquotient im vergangenen Kalenderjahr,

RQ_{t-2} = Rentnerquotient im vorvergangenen Kalenderjahr.

(6) (weggefallen)

(7) ¹Bei der Bestimmung des neuen aktuellen Rentenwerts werden für die Bruttolöhne und -gehälter je Arbeitnehmer nach Absatz 2 Satz 2 die dem Statistischen Bundesamt zu Beginn des Kalenderjahres vorliegenden Daten für das vergangene und das vorvergangene Kalenderjahr zugrunde gelegt. ²Bei der Ermittlung des Faktors nach Absatz 2 Satz 3 werden für die Veränderung der Bruttolöhne und -gehälter je Arbeitnehmer für das vorvergangene und das dritte zurückliegende Kalenderjahr die bei der Bestimmung des bisherigen aktuellen Rentenwerts verwendeten Daten zu den Bruttolöhnen und -gehältern je Arbeitnehmer zugrunde gelegt. ³Für die Bestimmung der beitragspflichtigen Bruttolöhne und -gehälter je Arbeitnehmer ohne Beamte einschließlich der Bezieher von Arbeitslosengeld nach Absatz 2 Satz 3 sind die der Deutschen Rentenversicherung Bund vorliegenden Daten aus der Versichertenstatistik zu verwenden. ⁴Dabei sind für das vorvergangene Kalenderjahr die zu Beginn des Kalenderjahres vorliegenden Daten zu den beitragspflichtigen Bruttolöhnen und -gehältern je Arbeitnehmer ohne Beamte einschließlich der Bezieher von Arbeitslosengeld und für das dritte zurückliegende Kalenderjahr die bei der Bestimmung des bisherigen aktuellen Rentenwerts verwendeten Daten zur beitragspflichtigen Bruttolohn- und -gehaltssumme je durchschnittlich beschäftigten Arbeitnehmer ohne Beamte einschließlich der Bezieher von Arbeitslosengeld zugrunde zu legen. ⁵Bei der Ermittlung des Rentnerquotienten für das vergangene Kalenderjahr sind die der Deutschen Rentenversicherung Bund im ersten Vierteljahr des Kalenderjahres vorliegenden Daten und für das vorvergangene Kalenderjahr die bei der Bestimmung des bisherigen aktuellen Rentenwerts verwendeten Daten zugrunde zu legen.

§ 68a Schutzklausel

(1) ¹Abweichend von § 68 vermindert sich der bisherige aktuelle Rentenwert nicht, wenn der nach § 68 berechnete aktuelle Rentenwert geringer ist als der bisherige aktuelle Rentenwert. ²Die unterbliebene Minderungswirkung (Ausgleichsbedarf) wird mit Erhöhungen des aktuellen Rentenwerts verrechnet. ³Die Verrechnung darf nicht zu einer Minderung des bisherigen aktuellen Rentenwerts führen.

(2) ¹In den Jahren, in denen Absatz 1 Satz 1 anzuwenden ist, wird der Ausgleichsbedarf ermittelt, indem der nach § 68 berechnete aktuelle Rentenwert durch den bisherigen aktuellen Rentenwert geteilt wird (Ausgleichsfaktor). ²Der Wert des Ausgleichsbedarfs verändert sich, indem der im Vorjahr bestimmte Wert mit dem Ausgleichsfaktor des laufenden Jahres vervielfältigt wird.

(3) ¹Ist der nach § 68 berechnete aktuelle Rentenwert höher als der bisherige aktuelle Rentenwert und ist der im Vorjahr bestimmte Wert des Ausgleichsbedarfs kleiner als 1,0000, wird der neue aktuelle Rentenwert abweichend von § 68 ermittelt, indem der bisherige aktuelle Rentenwert mit dem hälftigen Anpassungsfaktor vervielfältigt wird. ²Der hälftige Anpassungsfaktor wird ermittelt, indem der nach § 68 berechnete aktuelle Rentenwert durch den bisherigen aktuellen Rentenwert geteilt wird (Anpassungsfaktor) und dieser Anpassungsfaktor um 1 vermindert, durch 2 geteilt und um 1 erhöht wird. ³Der Wert des Ausgleichsbedarfs verändert sich, indem der im Vorjahr bestimmte Wert mit dem hälftigen Anpassungsfaktor vervielfältigt wird. ⁴Übersteigt der Ausgleichsbedarf nach Anwendung von Satz 3 den Wert 1,0000, wird der bisherige aktuelle Rentenwert abweichend von Satz 1 mit dem Faktor vervielfältigt, der sich ergibt, wenn der Anpassungsfaktor mit dem im Vorjahr bestimmten Wert des Ausgleichsbedarfs vervielfältigt wird; der Wert des Ausgleichsbedarfs beträgt dann 1,0000.

(4) Sind weder Absatz 1 noch Absatz 3 anzuwenden, bleibt der Wert des Ausgleichsbedarfs unverändert.

§ 69 Verordnungsermächtigung

(1) Die Bundesregierung hat durch Rechtsverordnung mit Zustimmung des Bundesrates den zum 1. Juli eines Jahres maßgebenden aktuellen Rentenwert und den Ausgleichsbedarf bis zum 30. Juni des jeweiligen Jahres zu bestimmen.

(2) ¹Die Bundesregierung hat durch Rechtsverordnung mit Zustimmung des Bundesrates zum Ende eines jeden Jahres

1. für das vergangene Kalenderjahr das auf volle Euro gerundete Durchschnittsentgelt in Anlage 1 entsprechend der Entwicklung der Bruttolöhne und -gehälter je Arbeitnehmer (§ 68 Abs. 2 Satz 1),
2. für das folgende Kalenderjahr das auf volle Euro gerundete vorläufige Durchschnittsentgelt, das sich ergibt, wenn das Durchschnittsentgelt für das vergangene Kalenderjahr um das Doppelte des Vomhundertsatzes verändert wird, um den sich das Durchschnittsentgelt des vergangenen Kalenderjahres gegenüber dem Durchschnittsentgelt des vorvergangenen Kalenderjahres verändert hat,

zu bestimmen. ²Die Bestimmung soll bis zum 31. Dezember des jeweiligen Jahres erfolgen.

Anm. d. Hrsg.: Nach der RentenwertbestimmungsVO 2021 (BGBl. I S. 1254) beträgt der aktuelle Rentenwert ab 1.7.2021 34,19 Euro (West) bzw. 33,47 Euro (Ost).

Dritter Titel
Ermittlung der persönlichen Entgeltpunkte

§ 70 Entgeltpunkte für Beitragszeiten

(1) ¹Für Beitragszeiten werden Entgeltpunkte ermittelt, indem die Beitragsbemessungsgrundlage durch das Durchschnittsentgelt (Anlage 1) für dasselbe Kalenderjahr geteilt wird. ²Für das Kalenderjahr des Rentenbeginns und für das davor liegende Kalenderjahr wird als Durchschnittsentgelt der Betrag zugrunde gelegt, der für diese Kalenderjahre vorläufig bestimmt ist.

(1a) Abweichend von Absatz 1 Satz 1 werden Entgeltpunkte für Beitragszeiten aus einer Beschäftigung im Übergangsbereich (§ 20 Absatz 2 des Vierten Buches) ab dem 1. Juli 2019 aus dem Arbeitsentgelt ermittelt.

(2) ¹Kindererziehungszeiten erhalten für jeden Kalendermonat 0,0833 Entgeltpunkte (Entgeltpunkte für Kindererziehungszeiten). ²Entgeltpunkte für Kindererziehungszeiten sind auch Entgeltpunkte, die für Kindererziehungszeiten mit sonstigen Beitragszeiten ermittelt werden, indem die Entgeltpunkte für sonstige Beitragszeiten um 0,0833 erhöht werden, höchstens um die Entgeltpunkte bis zum Erreichen der jeweiligen Höchstwerte nach Anlage 2b.

(3) ¹Aus der Zahlung von Beiträgen für Arbeitsentgelt aus nach § 23b Abs. 2 Satz 1 bis 4 des Vierten Buches aufgelösten Wertguthaben werden zusätzliche Entgeltpunkte ermittelt, indem dieses Arbeitsentgelt durch das vorläufige Durchschnittsentgelt (Anlage 1) für das Kalenderjahr geteilt wird, dem das Arbeitsentgelt zugeordnet ist. ²Die so ermittelten Entgeltpunkte gelten als Entgeltpunkte für Zeiten mit vollwertigen Pflichtbeiträgen nach dem 31. Dezember 1991.

(3a) ¹Sind mindestens 25 Jahre mit rentenrechtlichen Zeiten vorhanden, werden für nach dem Jahr 1991 liegende Kalendermonate mit Berücksichtigungszeiten wegen Kindererziehung oder mit Zeiten der nicht erwerbsmäßigen Pflege eines pflegebedürftigen Kindes bis zur Vollendung des 18. Lebensjahres Entgeltpunkte zusätzlich ermittelt oder gutgeschrieben. ²Diese betragen für jeden Kalendermonat

a) mit Pflichtbeiträgen die Hälfte der hierfür ermittelten Entgeltpunkte, höchstens 0,0278 an zusätzlichen Entgeltpunkten,
b) in dem für den Versicherten Berücksichtigungszeiten wegen Kindererziehung oder Zeiten der Pflege eines pflegebedürftigen Kindes für ein Kind mit entsprechenden Zeiten für ein anderes Kind zusammentreffen, 0,0278 an gutgeschriebenen Entgeltpunkten, abzüglich des Wertes der zusätzlichen Entgeltpunkte nach Buchstabe a.

³Die Summe der zusätzlich ermittelten und gutgeschriebenen Entgeltpunkte ist zusammen mit den für Beitragszeiten und Kindererziehungszeiten ermittelten Entgeltpunkten auf einen Wert von höchstens 0,0833 Entgeltpunkte begrenzt.

(4) ¹Ist für eine Rente wegen Alters die voraussichtliche beitragspflichtige Einnahme für den verbleibenden Zeitraum bis zum Beginn der Rente wegen Alters vom Rentenversicherungsträger errechnet worden (§ 194 Absatz 1 Satz 6, Abs. 2 Satz 2), sind für diese Rente Entgeltpunkte daraus wie aus der Beitragsbemessungsgrundlage zu ermitteln. ²Weicht die tatsächlich erzielte beitragspflichtige Einnahme von der durch den Rentenversicherungsträger errechneten voraussichtlichen beitragspflichtigen Einnahme ab, bleibt sie für diese Rente außer Betracht. ³Bei einer Beschäftigung im Übergangsbereich (§ 20 Absatz 2 des Vierten Buches) ab dem 1. Juli 2019 treten an die Stelle der voraussichtlichen beitragspflichtigen Einnahme nach Satz 1 das voraussichtliche Arbeitsentgelt und an die Stelle der tatsächlich erzielten beitragspflichtigen Einnahme nach Satz 2 das tatsächlich erzielte Arbeitsentgelt.

(5) Für Zeiten, für die Beiträge aufgrund der Vorschriften des Vierten Kapitels über die Nachzahlung gezahlt worden sind, werden Entgeltpunkte ermittelt, indem die Beitragsbemessungsgrundlage durch das Durchschnittsentgelt des Jahres geteilt wird, in dem die Beiträge gezahlt worden sind.

§ 71 Entgeltpunkte für beitragsfreie und beitragsgeminderte Zeiten (Gesamtleistungsbewertung)

(1) ¹Beitragsfreie Zeiten erhalten den Durchschnittswert an Entgeltpunkten, der sich aus der Gesamtleistung an Beiträgen im belegungsfähigen Zeitraum ergibt. ²Dabei erhalten sie den höheren Durchschnittswert aus der Grundbewertung aus allen Beiträgen oder der Vergleichsbewertung aus ausschließlich vollwertigen Beiträgen.

(2) ¹Für beitragsgeminderte Zeiten ist die Summe der Entgeltpunkte um einen Zuschlag so zu erhöhen, dass mindestens der Wert erreicht wird, den diese Zeiten jeweils als beitragsfreie Anrechnungszeiten wegen Krankheit und Arbeitslosigkeit, wegen einer schulischen Ausbildung und als Zeiten wegen einer beruflichen Ausbildung oder als sonstige beitragsfreie Zeiten hätten. ²Die zusätzlichen Entgeltpunkte werden den jeweiligen Kalendermonaten mit beitragsgeminderten Zeiten zu gleichen Teilen zugeordnet.

(3) ¹Für die Gesamtleistungsbewertung werden jedem Kalendermonat
1. an Berücksichtigungszeit die Entgeltpunkte zugeordnet, die sich ergeben würden, wenn diese Kalendermonate Kindererziehungszeiten wären,
2. mit Zeiten einer beruflichen Ausbildung mindestens 0,0833 Entgeltpunkte zugrunde gelegt und diese Kalendermonate insoweit nicht als beitragsgeminderte Zeiten berücksichtigt.

²Bei der Anwendung von Satz 1 Nr. 2 gelten die ersten 36 Kalendermonate mit Pflichtbeiträgen für Zeiten einer versicherten Beschäftigung oder selbständigen Tätigkeit bis zur Vollendung des 25. Lebensjahres stets als Zeiten einer beruflichen Ausbildung. ³Eine Zuordnung an Entgeltpunkten für Berücksichtigungszeiten mit Berücksichtigungszeiten unterbleibt in dem Umfang, in dem bereits nach § 70 Abs. 3a Entgeltpunkte zusätzlich ermittelt oder gutgeschrieben worden sind. ⁴Satz 1 Nr. 2 gilt nicht für Kalendermonate mit Zeiten der beruflichen Ausbildung, für die bereits Entgeltpunkte nach Satz 1 Nr. 1 zugeordnet werden.

(4) Soweit beitragsfreie Zeiten mit Zeiten zusammentreffen, die bei einer Versorgung aus einem
1. öffentlich-rechtlichen Dienstverhältnis oder
2. Arbeitsverhältnis mit Anspruch auf Versorgung nach beamtenrechtlichen Vorschriften oder Grundsätzen oder entsprechenden kirchenrechtlichen Regelungen

ruhegehaltfähig sind oder bei Eintritt des Versorgungsfalls als ruhegehaltfähig anerkannt werden, bleiben sie bei der Gesamtleistungsbewertung unberücksichtigt.

§72 Grundbewertung

(1) Bei der Grundbewertung werden für jeden Kalendermonat Entgeltpunkte in der Höhe zugrunde gelegt, die sich ergibt, wenn die Summe der Entgeltpunkte für Beitragszeiten und Berücksichtigungszeiten durch die Anzahl der belegungsfähigen Monate geteilt wird.

(2) ¹Der belegungsfähige Gesamtzeitraum umfasst die Zeit vom vollendeten 17. Lebensjahr bis zum
1. Kalendermonat vor Beginn der zu berechnenden Rente bei einer Rente wegen Alters, bei einer Rente wegen voller Erwerbsminderung, auf die erst nach Erfüllung einer Wartezeit von 20 Jahren ein Anspruch besteht, oder bei einer Erziehungsrente,
2. Eintritt der maßgebenden Minderung der Erwerbsfähigkeit bei einer Rente wegen verminderter Erwerbsfähigkeit,
3. Tod des Versicherten bei einer Hinterbliebenenrente.

²Der belegungsfähige Gesamtzeitraum verlängert sich um Kalendermonate mit rentenrechtlichen Zeiten vor Vollendung des 17. Lebensjahres.

(3) Nicht belegungsfähig sind Kalendermonate mit
1. beitragsfreien Zeiten, die nicht auch Berücksichtigungszeiten sind, und
2. Zeiten, in denen eine Rente aus eigener Versicherung bezogen worden ist, die nicht auch Beitragszeiten oder Berücksichtigungszeiten sind.

§73 Vergleichsbewertung

¹Bei der Vergleichsbewertung werden für jeden Kalendermonat Entgeltpunkte in der Höhe zugrunde gelegt, die sich ergibt, wenn die Summe der Entgeltpunkte aus der Grundbewertung ohne Entgeltpunkte für
1. beitragsgeminderte Zeiten,
2. Berücksichtigungszeiten, die auch beitragsfreie Zeiten sind, und
3. Beitragszeiten oder Berücksichtigungszeiten, in denen eine Rente aus eigener Versicherung bezogen worden ist, durch die Anzahl der belegungsfähigen Monate geteilt wird; bei Renten wegen verminderter Erwerbsfähigkeit werden außerdem Entgeltpunkte für die letzten vier Jahre bis zum Eintritt der hierfür maßgebenden Minderung der Erwerbsfähigkeit nicht berücksichtigt, wenn sich dadurch ein höherer Wert aus der Vergleichsbewertung ergibt. ²Dabei sind von den belegungsfähigen Monaten aus der Grundbewertung die bei der Vergleichsbewertung außer Betracht gebliebenen Kalendermonate mit Entgeltpunkten abzusetzen.

§74 Begrenzte Gesamtleistungsbewertung

¹Der sich aus der Gesamtleistungsbewertung ergebende Wert wird für jeden Kalendermonat mit Zeiten einer beruflichen Ausbildung, Fachschulausbildung oder der Teilnahme an einer berufsvorbereitenden Bildungsmaßnahme auf 75 vom Hundert begrenzt. ²Der so begrenzte Gesamtleistungswert darf für einen Kalendermonat 0,0625 Entgeltpunkte nicht übersteigen. ³Zeiten einer beruflichen Ausbildung, Fachschulausbildung oder der Teilnahme an einer

berufsvorbereitenden Bildungsmaßnahme werden insgesamt für höchstens drei Jahre bewertet, vorrangig die beitragsfreien Zeiten der Fachschulausbildung und der Teilnahme an einer berufsvorbereitenden Bildungsmaßnahme.
⁴Zeiten einer Schul- oder Hochschulausbildung und Kalendermonate, die nur deshalb Anrechnungszeiten sind, weil
1. Arbeitslosigkeit nach dem 30. Juni 1978 vorgelegen hat, für die Arbeitslosengeld oder Arbeitslosengeld II nicht oder Arbeitslosengeld II nur darlehensweise gezahlt worden ist oder nur Leistungen nach § 24 Absatz 3 Satz 1 des Zweiten Buches erbracht worden sind,
1a. Arbeitslosengeld II bezogen worden ist,
2. Krankheit nach dem 31. Dezember 1983 vorgelegen hat und nicht Beiträge gezahlt worden sind,
3. Ausbildungssuche vorgelegen hat,
werden nicht bewertet.

§ 75 Entgeltpunkte für Zeiten nach Rentenbeginn

(1) Für Zeiten nach Beginn der zu berechnenden Rente werden Entgeltpunkte nur für eine Zurechnungszeit und für Zuschläge an Entgeltpunkten aus Beiträgen nach Beginn einer Rente wegen Alters ermittelt.
(2) ¹Bei Renten wegen verminderter Erwerbsfähigkeit werden für
1. Beitragszeiten und Anrechnungszeiten, die nach Eintritt der hierfür maßgebenden Minderung der Erwerbsfähigkeit liegen,
2. freiwillige Beiträge, die nach Eintritt der hierfür maßgebenden Minderung der Erwerbsfähigkeit gezahlt worden sind,
Entgeltpunkte nicht ermittelt. ²Dies gilt nicht für
1. eine Rente wegen voller Erwerbsminderung, auf die erst nach Erfüllung einer Wartezeit von 20 Jahren ein Anspruch besteht,
2. freiwillige Beiträge nach Satz 1 Nr. 2, wenn die Minderung der Erwerbsfähigkeit während eines Beitragsverfahrens oder eines Verfahrens über einen Rentenanspruch eingetreten ist.
(3) Für eine Rente wegen voller Erwerbsminderung werden auf Antrag Entgeltpunkte auch für Beitragszeiten und Anrechnungszeiten nach Eintritt der vollen Erwerbsminderung ermittelt, wenn diese Beitragszeiten 20 Jahre umfassen.
(4) Für eine Rente wegen Alters besteht Anspruch auf Ermittlung von Entgeltpunkten auch für Pflichtbeiträge nach § 119 des Zehnten Buches, wenn diese nach dem Beginn der Rente aufgrund eines Schadensereignisses vor Rentenbeginn gezahlt worden sind; § 34 Abs. 4 Nr. 3 gilt nicht.

§ 76 Zuschläge oder Abschläge beim Versorgungsausgleich

(1) Ein zugunsten oder zulasten von Versicherten durchgeführter Versorgungsausgleich wird durch einen Zuschlag oder Abschlag an Entgeltpunkten berücksichtigt.
(2) ¹Die Übertragung oder Begründung von Rentenanwartschaften zugunsten von Versicherten führt zu einem Zuschlag an Entgeltpunkten. ²Der Begründung von Rentenanwartschaften stehen gleich
1. die Wiederauffüllung geminderter Rentenanwartschaften (§ 187 Abs. 1 Nr. 1),
2. die Abwendung einer Kürzung der Versorgungsbezüge, wenn später eine Nachversicherung durchgeführt worden ist (§ 183 Abs. 1).
(3) Die Übertragung von Rentenanwartschaften zu Lasten von Versicherten führt zu einem Abschlag an Entgeltpunkten.
(4) ¹Die Entgeltpunkte werden in der Weise ermittelt, dass der Monatsbetrag der Rentenanwartschaften durch den aktuellen Rentenwert mit seinem Wert bei Ende der Ehezeit oder Lebenspartnerschaftszeit geteilt wird. ²Entgeltpunkte aus einer Begründung durch externe Teilung nach § 14 des Versorgungsausgleichsgesetzes werden ermittelt, indem der vom Familiengericht nach § 222 Abs. 3 des Gesetzes über das Verfahren in Familiensachen und in den Angelegenheiten der freiwilligen Gerichtsbarkeit festgesetzte Kapitalbetrag mit dem zum Ende der Ehezeit maßgebenden Umrechnungsfaktor für die Ermittlung von Entgeltpunkten im Rahmen des Versorgungsausgleichs vervielfältigt wird. ³An die Stelle des Endes der Ehezeit oder Lebenspartnerschaftszeit tritt in Fällen, in denen der Versorgungsausgleich nicht Folgesache im Sinne von § 137 Abs. 2 Satz 1 Nr. 1 des Gesetzes über das Verfahren in Familiensachen und in den Angelegenheiten der freiwilligen Gerichtsbarkeit ist oder im Abänderungsverfahren der Eingang des Antrags auf Durchführung oder Abänderung des Versorgungsausgleichs beim Familiengericht, in Fällen der Aussetzung des Verfahrens über den Versorgungsausgleich der Zeitpunkt der Wiederaufnahme des Verfahrens über den Versorgungsausgleich. ⁴Ist nach der Entscheidung des Familiengerichts der Kapitalbetrag zu verzinsen, tritt an die Stelle der in den Sätzen 2 und 3 genannten Umrechnungszeitpunkte der Zeitpunkt, bis zu dem nach der Entscheidung des Familiengerichts Zinsen zu berechnen sind.
(5) Ein Zuschlag an Entgeltpunkten, die sich aus der Zahlung von Beiträgen zur Begründung einer Rentenanwartschaft oder zur Wiederauffüllung einer geminderten Rentenanwartschaft ergeben, erfolgt nur, wenn die Beiträge bis zu einem Zeitpunkt gezahlt worden sind, bis zu dem Entgeltpunkte für freiwillig gezahlte Beiträge zu ermitteln sind.

(6) Der Zuschlag an Entgeltpunkten entfällt zu gleichen Teilen auf die in der Ehezeit oder Lebenspartnerschaftszeit liegenden Kalendermonate, der Abschlag zu gleichen Teilen auf die in der Ehezeit oder Lebenspartnerschaftszeit liegenden Kalendermonate mit Beitragszeiten und beitragsfreien Zeiten.

(7) Ist eine Rente um einen Zuschlag oder Abschlag aus einem durchgeführten Versorgungsausgleich zu verändern, ist von der Summe der bisher der Rente zugrunde liegenden Entgeltpunkte auszugehen.

§ 76a Zuschläge an Entgeltpunkten aus Zahlung von Beiträgen bei vorzeitiger Inanspruchnahme einer Rente wegen Alters oder bei Abfindungen einer Anwartschaft auf betriebliche Altersversorgung oder von Anrechten bei der Versorgungsausgleichskasse

(1) Entgeltpunkte aus der Zahlung von Beiträgen bei vorzeitiger Inanspruchnahme einer Rente wegen Alters werden ermittelt, indem gezahlte Beiträge mit dem im Zeitpunkt der Zahlung maßgebenden Umrechnungsfaktor für die Ermittlung von Entgeltpunkten im Rahmen des Versorgungsausgleichs vervielfältigt werden.

(2) Entgeltpunkte aus der Zahlung von Beiträgen bei Abfindungen von Anwartschaften auf betriebliche Altersversorgung oder von Anrechten bei der Versorgungsausgleichskasse werden ermittelt, indem aus dem Abfindungsbetrag gezahlte Beiträge mit dem zum Zeitpunkt der Zahlung maßgebenden Umrechnungsfaktor für die Ermittlung von Entgeltpunkten im Rahmen des Versorgungsausgleichs vervielfältigt werden.

(3) Ein Zuschlag aus der Zahlung solcher Beiträge erfolgt nur, wenn sie bis zu einem Zeitpunkt gezahlt worden sind, bis zu dem Entgeltpunkte für freiwillig gezahlte Beiträge zu ermitteln sind.

§ 76b Zuschläge an Entgeltpunkten für Arbeitsentgelt aus geringfügiger Beschäftigung

(1) Für Arbeitsentgelt aus geringfügiger Beschäftigung, für die Beschäftigte nach § 6 Absatz 1b von der Versicherungspflicht befreit sind, und für das der Arbeitgeber einen Beitragsanteil getragen hat, werden Zuschläge an Entgeltpunkten ermittelt.

(2) ¹Die Zuschläge an Entgeltpunkten werden ermittelt, indem das Arbeitsentgelt, das beitragspflichtig wäre, wenn die Beschäftigung versicherungspflichtig wäre, durch das Durchschnittsentgelt (Anlage 1) für dasselbe Kalenderjahr geteilt und mit dem Verhältnis vervielfältigt wird, das dem vom Arbeitgeber gezahlten Beitragsanteil und dem Beitrag entspricht, der zu zahlen wäre, wenn das Arbeitsentgelt beitragspflichtig wäre. ²Für das Kalenderjahr des Rentenbeginns und für das davor liegende Kalenderjahr wird als Durchschnittsentgelt der Betrag zugrunde gelegt, der für diese Kalenderjahre vorläufig bestimmt ist.

(3) Für den Zuschlag an Entgeltpunkten gelten die §§ 75 und 124 entsprechend.

(4) Absatz 1 gilt nicht für Beschäftigte, die versicherungsfrei sind wegen
1. des Bezugs einer Vollrente wegen Alters nach Erreichen der Regelaltersgrenze,
2. des Bezugs einer Versorgung,
3. des Erreichens der Regelaltersgrenze oder
4. einer Beitragserstattung.

§ 76c Zuschläge oder Abschläge bei Rentensplitting

(1) Ein durchgeführtes Rentensplitting wird beim Versicherten durch Zuschläge oder Abschläge an Entgeltpunkten berücksichtigt.

(2) Zuschläge an Entgeltpunkten aus einem durchgeführten Rentensplitting entfallen zu gleichen Teilen auf die in der Splittingzeit liegenden Kalendermonate, Abschläge zu gleichen Teilen auf die in der Splittingzeit liegenden Kalendermonate mit Beitragszeiten und beitragsfreien Zeiten.

(3) Ist eine Rente um Zuschläge oder Abschläge aus einem durchgeführten Rentensplitting zu verändern, ist von der Summe der bisher der Rente zugrunde liegenden Entgeltpunkte auszugehen.

§ 76d Zuschläge an Entgeltpunkten aus Beiträgen nach Beginn einer Rente wegen Alters

Für die Ermittlung von Zuschlägen an Entgeltpunkten aus Beiträgen nach Beginn einer Rente wegen Alters gelten die Regelungen zur Ermittlung von Entgeltpunkten für Beitragszeiten oder von Zuschlägen für Arbeitsentgelt aus geringfügiger Beschäftigung entsprechend.

§ 76e Zuschläge an Entgeltpunkten für Zeiten einer besonderen Auslandsverwendung

(1) Für Zeiten einer besonderen Auslandsverwendung nach § 63c Absatz 1 des Soldatenversorgungsgesetzes oder § 31a Absatz 1 des Beamtenversorgungsgesetzes ab dem 13. Dezember 2011 werden Zuschläge an Entgeltpunkten ermittelt, wenn während dieser Zeiten Pflichtbeitragszeiten vorliegen und nach dem 30. November 2002 insgesamt mindestens 180 Tage an Zeiten einer besonderen Auslandsverwendung vorliegen, die jeweils ununterbrochen mindestens 30 Tage gedauert haben.

(2) Die Zuschläge an Entgeltpunkten betragen für jeden Kalendermonat der besonderen Auslandsverwendung 0,18 Entgeltpunkte, wenn diese Zeiten jeweils ununterbrochen mindestens 30 Tage gedauert haben; für jeden Teilzeitraum wird der entsprechende Anteil zugrunde gelegt.

§ 76f Zuschläge an Entgeltpunkten für nachversicherte Soldaten auf Zeit

Für die Ermittlung von Zuschlägen an Entgeltpunkten aus Beiträgen für beitragspflichtige Einnahmen von nachversicherten Soldaten auf Zeit, die über dem Betrag der Beitragsbemessungsgrenze liegen, gelten die Regelungen zur Ermittlung von Entgeltpunkten für Beitragszeiten entsprechend.

§ 76g Zuschlag an Entgeltpunkten für langjährige Versicherung

(1) Ein Zuschlag an Entgeltpunkten wird ermittelt, wenn mindestens 33 Jahre mit Grundrentenzeiten vorhanden sind und sich aus den Kalendermonaten mit Grundrentenbewertungszeiten ein Durchschnittswert an Entgeltpunkten ergibt, der unter dem nach Absatz 4 maßgebenden Höchstwert liegt.
(2) ¹Grundrentenzeiten sind Kalendermonate mit anrechenbaren Zeiten nach § 51 Absatz 3a Satz 1 Nummer 1 bis 3; § 55 Absatz 2 gilt entsprechend. ²Grundrentenzeiten sind auch Kalendermonate mit Ersatzzeiten. ³Abweichend von Satz 1 sind Kalendermonate mit Pflichtbeitragszeiten oder Anrechnungszeiten wegen des Bezugs von Arbeitslosengeld keine Grundrentenzeiten.
(3) ¹Grundrentenbewertungszeiten sind Kalendermonate mit Zeiten nach Absatz 2, wenn auf diese Zeiten Entgeltpunkte entfallen, die für den Kalendermonat mindestens 0,025 Entgeltpunkte betragen. ²Berücksichtigt werden für die Grundrentenbewertungszeiten auch Zuschläge an Entgeltpunkten nach den §§ 76e und 76f.
(4) ¹Der Zuschlag an Entgeltpunkten wird ermittelt aus dem Durchschnittswert an Entgeltpunkten aus allen Kalendermonaten mit Grundrentenbewertungszeiten und umfasst zunächst diesen Durchschnittswert. ²Übersteigt das Zweifache dieses Durchschnittswertes den jeweils maßgeblichen Höchstwert an Entgeltpunkten nach den Sätzen 3 bis 5, wird der Zuschlag aus dem Differenzbetrag zwischen dem jeweiligen Höchstwert und dem Durchschnittswert nach Satz 1 ermittelt. ³Der Höchstwert beträgt 0,0334 Entgeltpunkte, wenn 33 Jahre mit Grundrentenzeiten vorliegen. ⁴Liegen mehr als 33, aber weniger als 35 Jahre mit Grundrentenzeiten vor, wird der Höchstwert nach Satz 3 je zusätzlichen Kalendermonat mit Grundrentenzeiten um 0,001389 Entgeltpunkte erhöht; das Ergebnis ist auf vier Dezimalstellen zu runden. ⁵Liegen mindestens 35 Jahre mit Grundrentenzeiten vor, beträgt der Höchstwert 0,0667 Entgeltpunkte. ⁶Zur Berechnung der Höhe des Zuschlags an Entgeltpunkten wird der nach den Sätzen 1 bis 5 ermittelte Entgeltpunktewert mit dem Faktor 0,875 und anschließend mit der Anzahl der Kalendermonate mit Grundrentenbewertungszeiten, höchstens jedoch mit 420 Kalendermonaten, vervielfältigt.
(5) Der Zuschlag an Entgeltpunkten wird den Kalendermonaten mit Grundrentenbewertungszeiten zu gleichen Teilen zugeordnet; dabei werden Kalendermonaten mit Entgeltpunkten (Ost) Zuschläge an Entgeltpunkten (Ost) zugeordnet.

§ 77 Zugangsfaktor

(1) Der Zugangsfaktor richtet sich nach dem Alter der Versicherten bei Rentenbeginn oder bei Tod und bestimmt, in welchem Umfang Entgeltpunkte bei der Ermittlung des Monatsbetrags der Rente als persönliche Entgeltpunkte zu berücksichtigen sind.
(2) ¹Der Zugangsfaktor ist für Entgeltpunkte, die noch nicht Grundlage von persönlichen Entgeltpunkten einer Rente waren,
1. bei Renten wegen Alters, die mit Ablauf des Kalendermonats des Erreichens der Regelaltersgrenze oder eines für den Versicherten maßgebenden niedrigeren Rentenalters beginnen, 1,0,
2. bei Renten wegen Alters, die
   a) vorzeitig in Anspruch genommen werden, für jeden Kalendermonat um 0,003 niedriger als 1,0 und
   b) nach Erreichen der Regelaltersgrenze trotz erfüllter Wartezeit nicht in Anspruch genommen werden, für jeden Kalendermonat um 0,005 höher als 1,0,
3. bei Renten wegen verminderter Erwerbsfähigkeit und bei Erziehungsrenten für jeden Kalendermonat, für den eine Rente vor Ablauf des Kalendermonats der Vollendung des 65. Lebensjahres in Anspruch genommen wird, um 0,003 niedriger als 1,0,
4. bei Hinterbliebenenrenten für jeden Kalendermonat,
   a) der sich vom Ablauf des Monats, in dem der Versicherte verstorben ist, bis zum Ablauf des Kalendermonats der Vollendung des 65. Lebensjahres des Versicherten ergibt, um 0,003 niedriger als 1,0 und
   b) für den Versicherte trotz erfüllter Wartezeit eine Rente wegen Alters nach Erreichen der Regelaltersgrenze nicht in Anspruch genommen haben, um 0,005 höher als 1,0.

²Beginnt eine Rente wegen verminderter Erwerbsfähigkeit oder eine Erziehungsrente vor Vollendung des 62. Lebensjahres oder ist bei Hinterbliebenenrenten der Versicherte vor Vollendung des 62. Lebensjahres verstorben, ist die Vollendung des 62. Lebensjahres für die Bestimmung des Zugangsfaktors maßgebend. ³Die Zeit des Bezugs einer Rente vor Vollendung des 62. Lebensjahres des Versicherten gilt nicht als Zeit einer vorzeitigen Inanspruchnahme. ⁴Dem Beginn und der vorzeitigen oder späteren Inanspruchnahme einer Rente wegen Alters stehen für die Ermittlung des Zugangsfaktors für Zuschläge an Entgeltpunkten aus Beiträgen nach Beginn einer Rente wegen Alters die Zeitpunkte nach § 66 Absatz 3a Satz 1 gleich, zu denen die Zuschläge berücksichtigt werden.

(3) ¹Für diejenigen Entgeltpunkte, die bereits Grundlage von persönlichen Entgeltpunkten einer früheren Rente waren, bleibt der frühere Zugangsfaktor maßgebend. ²Dies gilt nicht für die Hälfte der Entgeltpunkte, die Grundlage einer Rente wegen teilweiser Erwerbsminderung waren. ³Der Zugangsfaktor wird für Entgeltpunkte, die Versicherte bei
1. einer Rente wegen Alters nicht mehr vorzeitig in Anspruch genommen haben, um 0,003 oder
2. einer Rente wegen verminderter Erwerbsfähigkeit oder einer Erziehungsrente mit einem Zugangsfaktor kleiner als 1,0 nach Ablauf des Kalendermonats der Vollendung des 62. Lebensjahres bis zum Ende des Kalendermonats der Vollendung des 65. Lebensjahres nicht in Anspruch genommen haben, um 0,003,
3. einer Rente nach Erreichen der Regelaltersgrenze nicht in Anspruch genommen haben, um 0,005 je Kalendermonat erhöht.

(4) Bei Renten wegen verminderter Erwerbsfähigkeit und bei Hinterbliebenenrenten, deren Berechnung 40 Jahre mit den in § 51 Abs. 3a und 4 und mit den in § 52 Abs. 2 genannten Zeiten zugrunde liegen, sind die Absätze 2 und 3 mit der Maßgabe anzuwenden, dass an die Stelle der Vollendung des 65. Lebensjahres die Vollendung des 63. Lebensjahres und an die Stelle der Vollendung des 62. Lebensjahres die Vollendung des 60. Lebensjahres tritt.

(5) Die Absätze 1 bis 4 gelten entsprechend für die Ermittlung des Zugangsfaktors für die nach § 66 Absatz 1 Satz 2 gesondert zu bestimmenden persönlichen Entgeltpunkte aus dem Zuschlag an Entgeltpunkten für langjährige Versicherung.

§ 78 Zuschlag bei Waisenrenten

(1) ¹Der Zuschlag an persönlichen Entgeltpunkten bei Waisenrenten richtet sich nach der Anzahl an Kalendermonaten mit rentenrechtlichen Zeiten und dem Zugangsfaktor des verstorbenen Versicherten. ²Dabei wird der Zuschlag für jeden Kalendermonat mit Beitragszeiten in vollem Umfang berücksichtigt. ³Für jeden Kalendermonat mit sonstigen rentenrechtlichen Zeiten wird der Zuschlag in dem Verhältnis berücksichtigt, in dem die Anzahl der Kalendermonate mit Beitragszeiten und Berücksichtigungszeiten zur Anzahl der für die Grundbewertung belegungsfähigen Monate steht.

(2) Bei einer Halbwaisenrente sind der Ermittlung des Zuschlags für jeden Kalendermonat 0,0833 Entgeltpunkte zugrunde zu legen.

(3) ¹Bei einer Vollwaisenrente sind der Ermittlung des Zuschlags für jeden Kalendermonat des verstorbenen Versicherten mit der höchsten Rente 0,075 Entgeltpunkte zugrunde zu legen. ²Auf den Zuschlag werden die persönlichen Entgeltpunkte des verstorbenen Versicherten mit der zweithöchsten Rente angerechnet.

§ 78a Zuschlag bei Witwenrenten und Witwerrenten

(1) ¹Der Zuschlag an persönlichen Entgeltpunkten bei Witwenrenten und Witwerrenten richtet sich nach der Dauer der Erziehung von Kindern bis zur Vollendung ihres dritten Lebensjahres. ²Die Dauer ergibt sich aus der Summe der Anzahl an Kalendermonaten mit Berücksichtigungszeiten wegen Kindererziehung, die der Witwe oder dem Witwer zugeordnet worden sind, beginnend nach Ablauf des Monats der Geburt, bei Geburten am Ersten eines Monats jedoch vom Monat der Geburt an. ³Für die ersten 36 Kalendermonate sind jeweils 0,1010 Entgeltpunkte, für jeden weiteren Kalendermonat 0,0505 Entgeltpunkte zugrunde zu legen. ⁴Witwenrenten und Witwerrenten werden nicht um einen Zuschlag erhöht, solange der Rentenartfaktor mindestens 1,0 beträgt.

(1a) Absatz 1 gilt entsprechend, soweit Berücksichtigungszeiten nur deshalb nicht angerechnet werden, weil
1. die Voraussetzungen des § 56 Absatz 4 vorliegen,
2. die Voraussetzung nach § 56 Absatz 3 oder § 57 Satz 2 nicht erfüllt wird oder
3. sie auf Grund einer Beitragserstattung nach § 210 untergegangen sind.

(2) ¹Sterben Versicherte vor der Vollendung des dritten Lebensjahres des Kindes, wird mindestens der Zeitraum zugrunde gelegt, der zum Zeitpunkt des Todes an der Vollendung des dritten Lebensjahres des Kindes fehlt. ²Sterben Versicherte vor der Geburt des Kindes, werden 36 Kalendermonate zugrunde gelegt, wenn das Kind innerhalb von 300 Tagen nach dem Tod geboren wird. ³Wird das Kind nach Ablauf dieser Frist geboren, erfolgt der Zuschlag mit Beginn des Monats, der auf den letzten Monat der zu berücksichtigenden Kindererziehung folgt.

(3) Absatz 1 gilt nicht, wenn eine Leistung, die dem Zuschlag gleichwertig ist, nach beamtenrechtlichen Vorschriften oder Grundsätzen oder nach entsprechenden kirchenrechtlichen Regelungen erbracht wird.

Vierter Titel
Knappschaftliche Besonderheiten

§ 79 Grundsatz

Für die Berechnung von Renten mit Zeiten in der knappschaftlichen Rentenversicherung sind die vorangehenden Vorschriften über die Rentenhöhe und die Rentenanpassung anzuwenden, soweit nicht im Folgenden etwas anderes bestimmt ist.

60 SGB VI §§ 80–84

§ 80 Monatsbetrag der Rente
Liegen der Rente persönliche Entgeltpunkte sowohl der knappschaftlichen Rentenversicherung als auch der allgemeinen Rentenversicherung zugrunde, sind aus den persönlichen Entgeltpunkten der knappschaftlichen Rentenversicherung und denen der allgemeinen Rentenversicherung Monatsteilbeträge zu ermitteln, deren Summe den Monatsbetrag der Rente ergibt.

§ 81 Persönliche Entgeltpunkte
(1) Zur Summe aller Entgeltpunkte der knappschaftlichen Rentenversicherung gehören auch Entgeltpunkte aus dem Leistungszuschlag.
(2) Grundlage für die Ermittlung des Monatsbetrags einer Rente für Bergleute sind nur die persönlichen Entgeltpunkte, die auf die knappschaftliche Rentenversicherung entfallen.

§ 82 Rentenartfaktor
^{1}Der Rentenartfaktor beträgt für persönliche Entgeltpunkte in der knappschaftlichen Rentenversicherung bei
1. Renten wegen Alters 1,3333
2. Renten wegen teilweiser Erwerbsminderung
   a) solange eine in der knappschaftlichen Rentenversicherung versicherte Beschäftigung ausgeübt wird 0,6
   b) in den übrigen Fällen 0,9
3. Renten wegen voller Erwerbsminderung 1,3333
4. Renten für Bergleute 0,5333
5. Erziehungsrenten 1,3333
6. kleinen Witwenrenten und kleinen Witwerrenten bis zum Ablauf des dritten Kalendermonats nach Ablauf des Monats, in dem der Ehegatte verstorben ist, 1,3333
   anschließend 0,3333
7. großen Witwenrenten und großen Witwerrenten bis zum Ablauf des dritten Kalendermonats nach Ablauf des Monats, in dem der Ehegatte verstorben ist, 1,3333
   anschließend 0,7333
8. Halbwaisenrenten 0,1333
9. Vollwaisenrenten 0,2667.

^{2}Der Rentenartfaktor beträgt abweichend von Satz 1 für persönliche Entgeltpunkte aus zusätzlichen Entgeltpunkten für ständige Arbeiten unter Tage bei
1. Renten wegen teilweiser Erwerbsminderung 1,3333
2. Renten für Bergleute 1,3333
3. kleinen Witwenrenten und kleinen Witwerrenten bis zum Ablauf des dritten Kalendermonats nach Ablauf des Monats, in dem der Ehegatte verstorben ist, 1,3333
   anschließend 0,7333.

§ 83 Entgeltpunkte für Beitragszeiten
(1) ^{1}Kindererziehungszeiten erhalten für jeden Kalendermonat 0,0625 Entgeltpunkte (Entgeltpunkte für Kindererziehungszeiten). ^{2}Entgeltpunkte für Kindererziehungszeiten sind auch Entgeltpunkte, die für Kindererziehungszeiten mit sonstigen Beitragszeiten der knappschaftlichen Rentenversicherung ermittelt werden, indem die Entgeltpunkte für diese sonstigen Beitragszeiten um 0,0625 erhöht werden, höchstens aber um drei Viertel des Unterschiedsbetrags. ^{3}Der Unterschiedsbetrag ergibt sich, indem die ermittelten Entgeltpunkte für sonstige Beitragszeiten um 0,0833, höchstens aber auf den jeweiligen Höchstbetrag nach Anlage 2b für die knappschaftliche Rentenversicherung erhöht und um die ermittelten Entgeltpunkte für sonstige Beitragszeiten gemindert werden. ^{4}Kindererziehungszeiten in der knappschaftlichen Rentenversicherung werden bei Anwendung des § 70 Abs. 3a wie Kindererziehungszeiten in der allgemeinen Rentenversicherung bewertet.
(2) ^{1}Für Zeiten nach dem 31. Dezember 1971, in denen Versicherte eine Bergmannsprämie bezogen haben, wird die Beitragsbemessungsgrundlage, aus der die Entgeltpunkte ermittelt werden, bis zur Beitragsbemessungsgrenze um einen Betrag in Höhe der gezahlten Bergmannsprämie erhöht. ^{2}Dies gilt nicht für die Berechnung einer Rente für Bergleute.

§ 84 Entgeltpunkte für beitragsfreie und beitragsgeminderte Zeiten (Gesamtleistungsbewertung)
(1) Für die Gesamtleistungsbewertung werden jedem Kalendermonat mit Beitragszeiten der knappschaftlichen Rentenversicherung, der gleichzeitig Kindererziehungszeit ist, die um ein Drittel erhöhten Entgeltpunkte für Kindererziehungszeiten zugeordnet.
(2) Bei Kalendermonaten mit Beitragszeiten der allgemeinen Rentenversicherung, die beitragsgeminderte Zeiten sind, weil sie auch mit Anrechnungszeiten oder einer Zurechnungszeit belegt sind, die der knappschaftlichen Ren-

tenversicherung zugeordnet sind, werden für die Ermittlung des Wertes für beitragsgeminderte Zeiten die Entgeltpunkte für diese Beitragszeiten zuvor mit 0,75 vervielfältigt.

(3) Bei Kalendermonaten mit Beitragszeiten der knappschaftlichen Rentenversicherung, die beitragsgeminderte Zeiten sind, weil sie auch mit Anrechnungszeiten oder einer Zurechnungszeit belegt sind, die der allgemeinen Rentenversicherung zugeordnet sind, werden für die Ermittlung des Wertes für beitragsgeminderte Zeiten die ohne Anwendung des Absatzes 1 ermittelten Entgeltpunkte für diese Beitragszeiten zuvor mit 1,3333 vervielfältigt.

§ 85 Entgeltpunkte für ständige Arbeiten unter Tage (Leistungszuschlag)

(1) [1]Versicherte erhalten nach sechs Jahren ständiger Arbeiten unter Tage für jedes volle Jahr mit solchen Arbeiten

vom sechsten bis zum zehnten Jahr 0,125

vom elften bis zum zwanzigsten Jahr 0,25

für jedes weitere Jahr 0,375

zusätzliche Entgeltpunkte. [2]Dies gilt nicht für Zeiten, in denen eine Rente wegen Erwerbsminderung bezogen worden ist.

(2) Die zusätzlichen Entgeltpunkte werden den Kalendermonaten mit ständigen Arbeiten unter Tage zu gleichen Teilen zugeordnet.

§ 86 (weggefallen)

§ 86a Zugangsfaktor

[1]Bei Renten für Bergleute ist als niedrigstes Lebensalter für die Bestimmung des Zugangsfaktors (§ 77) die Vollendung des 64. Lebensjahres zugrunde zu legen. [2]§ 77 Abs. 3 Satz 2 ist bei Renten für Bergleute mit der Maßgabe anzuwenden, dass an die Stelle der Hälfte der Entgeltpunkte drei Fünftel der Entgeltpunkte treten. [3]§ 77 Abs. 4 ist bei Renten für Bergleute mit der Maßgabe anzuwenden, dass als niedrigstes Lebensalter für die Bestimmung des Zugangsfaktors die Vollendung des 62. Lebensjahres zugrunde zu legen ist.

§ 87 Zuschlag bei Waisenrenten

(1) Bei der Ermittlung des Zuschlags bei Waisenrenten mit Entgeltpunkten der knappschaftlichen Rentenversicherung sind für jeden Kalendermonat mit Beitragszeiten des verstorbenen Versicherten

1. bei einer Halbwaisenrente 0,0625 Entgeltpunkte,
2. bei einer Vollwaisenrente 0,0563 Entgeltpunkte

zugrunde zu legen.

(2) Sind persönliche Entgeltpunkte der allgemeinen Rentenversicherung auf den Zuschlag für eine Vollwaisenrente mit Entgeltpunkten der knappschaftlichen Rentenversicherung anzurechnen, sind sie zuvor mit 0,75 zu vervielfältigen.

(3) Sind persönliche Entgeltpunkte der knappschaftlichen Rentenversicherung auf den Zuschlag für eine Vollwaisenrente mit Entgeltpunkten der allgemeinen Rentenversicherung anzurechnen, sind sie zuvor mit 1,3333 zu vervielfältigen.

Fünfter Titel
Ermittlung des Monatsbetrags der Rente in Sonderfällen

§ 88 Persönliche Entgeltpunkte bei Folgerenten

(1) [1]Hat ein Versicherter eine Rente wegen Alters bezogen, werden ihm für eine spätere Rente mindestens die bisherigen persönlichen Entgeltpunkte zugrunde gelegt. [2]Hat ein Versicherter eine Rente wegen verminderter Erwerbsfähigkeit oder eine Erziehungsrente bezogen und beginnt spätestens innerhalb von 24 Kalendermonaten nach Ende des Bezugs dieser Rente erneut eine Rente, werden ihm für diese Rente mindestens die bisherigen persönlichen Entgeltpunkte zugrunde gelegt. [3]Satz 2 gilt bei Renten für Bergleute nur, wenn ihnen eine Rente für Bergleute vorausgegangen ist.

(2) [1]Hat der verstorbene Versicherte eine Rente aus eigener Versicherung bezogen und beginnt spätestens innerhalb von 24 Kalendermonaten nach Ende des Bezugs dieser Rente eine Hinterbliebenenrente, werden ihr mindestens die bisherigen persönlichen Entgeltpunkte des verstorbenen Versicherten zugrunde gelegt. [2]Haben eine Witwe, ein Witwer oder eine Waise eine Hinterbliebenenrente bezogen und beginnt spätestens innerhalb von 24 Kalendermonaten nach Ende des Bezugs dieser Rente erneut eine solche Rente, werden ihr mindestens die bisherigen persönlichen Entgeltpunkte zugrunde gelegt.

(3) Haben Beiträge nach Beginn einer Rente wegen Alters noch nicht zu Zuschlägen an Entgeltpunkten geführt, werden bei der Folgerente zusätzlich zu den bisherigen persönlichen Entgeltpunkten auch persönliche Entgeltpunkte aus Zuschlägen an Entgeltpunkten aus Beiträgen nach Beginn der Rente wegen Alters zugrunde gelegt.

(4) Wird die Rente unter Anwendung der Absätze 1 bis 3 berechnet, entfällt auf den Zuschlag an Entgeltpunkten für langjährige Versicherung der Anteil an persönlichen Entgeltpunkten, der in der Rente enthalten war, aus der sich der Besitzschutz an persönlichen Entgeltpunkten ergab.

§ 88a Höchstbetrag bei Witwenrenten und Witwerrenten

¹Der Monatsbetrag einer Witwenrente oder Witwerrente darf den Monatsbetrag der Rente wegen voller Erwerbsminderung oder die Vollrente wegen Alters des Verstorbenen nicht überschreiten. ²Anderenfalls ist der Zuschlag an persönlichen Entgeltpunkten bei Witwenrenten und Witwerrenten entsprechend zu verringern.

Vierter Unterabschnitt
Zusammentreffen von Renten und von Einkommen

§ 89 Mehrere Rentenansprüche

(1) ¹Bestehen für denselben Zeitraum Ansprüche auf mehrere Renten aus eigener Versicherung, wird nur die höchste Rente geleistet. ²Bei gleich hohen Renten ist folgende Rangfolge maßgebend:
1. Regelaltersrente,
2. Altersrente für langjährig Versicherte,
3. Altersrente für schwerbehinderte Menschen,
3a. Altersrente für besonders langjährig Versicherte,
4. Altersrente wegen Arbeitslosigkeit oder nach Altersteilzeitarbeit (Fünftes Kapitel),
5. Altersrente für Frauen (Fünftes Kapitel),
6. Altersrente für langjährig unter Tage beschäftigte Bergleute,
7. Rente wegen voller Erwerbsminderung,
8. (weggefallen)
9. Erziehungsrente,
10. (weggefallen)
11. Rente wegen teilweiser Erwerbsminderung,
12. Rente für Bergleute.

³Ist eine Rente gezahlt worden und wird für denselben Zeitraum eine höhere oder ranghöhere Rente bewilligt, ist der Bescheid über die niedrigere oder rangniedrigere Rente vom Beginn der laufenden Zahlung der höheren oder ranghöheren Rente an aufzuheben. ⁴Nicht anzuwenden sind die Vorschriften zur Anhörung Beteiligter (§ 24 des Zehnten Buches), zur Rücknahme eines rechtswidrigen begünstigenden Verwaltungsaktes (§ 45 des Zehnten Buches) und zur Aufhebung eines Verwaltungsaktes mit Dauerwirkung bei Änderung der Verhältnisse (§ 48 des Zehnten Buches). ⁵Für den Zeitraum des Zusammentreffens der Rentenansprüche bis zum Beginn der laufenden Zahlung nach Satz 3 gilt der Anspruch auf die höhere oder ranghöhere Rente nach Berücksichtigung von Erstattungsansprüchen anderer Leistungsträger bis zur Höhe der gezahlten niedrigeren oder rangniedrigeren Rente als erfüllt. ⁶Ein unter Berücksichtigung von Erstattungsansprüchen anderer Leistungsträger verbleibender Nachzahlungsbetrag aus der höheren oder ranghöheren Rente ist nur auszuzahlen, soweit er die niedrigere oder rangniedrigere Rente übersteigt. ⁷Übersteigen die vom Rentenversicherungsträger anderen Leistungsträgern zu erstattenden Beträge zusammen mit der niedrigeren oder rangniedrigeren Rente den Betrag der höheren oder ranghöheren Rente, wird der übersteigende Betrag nicht von den Versicherten zurückgefordert.

(2) ¹Für den Zeitraum, für den Anspruch auf große Witwenrente oder große Witwerrente besteht, wird eine kleine Witwenrente oder eine kleine Witwerrente nicht geleistet. ²Absatz 1 Satz 3 bis 7 gilt entsprechend.

(3) ¹Besteht für denselben Zeitraum Anspruch auf mehrere Waisenrenten, wird nur die höchste Waisenrente geleistet. ²Bei gleich hohen Waisenrenten wird nur die zuerst beantragte Rente geleistet. ³Absatz 1 Satz 3 bis 7 gilt entsprechend.

§ 90 Witwenrente und Witwerrente nach dem vorletzten Ehegatten und Ansprüche infolge Auflösung der letzten Ehe

(1) Auf eine Witwenrente oder Witwerrente nach dem vorletzten Ehegatten werden für denselben Zeitraum bestehende Ansprüche auf Witwenrente oder Witwerrente, auf Versorgung, auf Unterhalt oder auf sonstige Renten nach dem letzten Ehegatten angerechnet; dabei werden die Vorschriften über die Einkommensanrechnung auf Renten wegen Todes nicht berücksichtigt.

(2) ¹Wurde bei der Wiederheirat eine Rentenabfindung geleistet und besteht nach Auflösung oder Nichtigerklärung der erneuten Ehe Anspruch auf Witwenrente oder Witwerrente nach dem vorletzten Ehegatten, wird für jeden Kalendermonat, der auf die Zeit nach Auflösung oder Nichtigerklärung der erneuten Ehe bis zum Ablauf des 24. Kalendermonats nach Ablauf des Monats der Wiederheirat entfällt, von dieser Rente ein Vierundzwanzigstel der Rentenabfindung in angemessenen Teilbeträgen einbehalten. ²Wurde die Rentenabfindung nach kleiner Witwenrente oder kleiner Witwerrente in verminderter Höhe geleistet, vermindert sich der Zeitraum des Einbehalts um die Kalendermonate, für die eine kleine Witwenrente oder kleine Witwerrente geleistet wurde. ³Als Teiler zur Ermittlung der Höhe des Einbehalts ist dabei die Anzahl an Kalendermonaten maßgebend, für die die Abfindung geleistet wurde. ⁴Wird die Rente verspätet beantragt, mindert sich die einzubehaltende Rentenabfindung um den Betrag, der dem

Berechtigten bei frühestmöglicher Antragstellung an Witwenrente oder Witwerrente nach dem vorletzten Ehegatten zugestanden hätte.

(3) Als Witwenrente oder Witwerrente nach dem vorletzten Ehegatten gelten auch eine Witwenrente oder Witwerrente nach dem vorletzten Lebenspartner, als letzter Ehegatte auch der letzte Lebenspartner, als Wiederheirat auch die erstmalige oder erneute Begründung einer Lebenspartnerschaft und als erneute Ehe auch die erstmalige oder erneute Lebenspartnerschaft.

§ 91 Aufteilung von Witwenrenten und Witwerrenten auf mehrere Berechtigte

¹Besteht für denselben Zeitraum aus den Rentenanwartschaften eines Versicherten Anspruch auf Witwenrente oder Witwerrente für mehrere Berechtigte, erhält jeder Berechtigte den Teil der Witwenrente oder Witwerrente, der dem Verhältnis der Dauer seiner Ehe mit dem Versicherten zu der Dauer der Ehen des Versicherten mit allen Berechtigten entspricht. ²Dies gilt nicht für Witwen oder Witwer, solange der Rentenartfaktor der Witwenrente oder Witwerrente mindestens 1,0 beträgt. ³Ergibt sich aus der Anwendung des Rechts eines anderen Staates, dass mehrere Berechtigte vorhanden sind, erfolgt die Aufteilung nach § 34 Abs. 2 des Ersten Buches.

§ 92 Waisenrente und andere Leistungen an Waisen

¹Besteht für denselben Zeitraum Anspruch auf Waisenrente aus der Rentenanwartschaft eines verstorbenen Elternteils und auf eine Leistung an Waisen, weil ein anderer verstorbener Elternteil oder bei einer Vollwaisenrente der Elternteil mit der zweithöchsten Rente zu den in § 5 Abs. 1 oder § 6 Abs. 1 Satz 1 Nr. 1 und 2 genannten Personen gehörte, wird der Zuschlag zur Waisenrente nur insoweit gezahlt, als er diese Leistung übersteigt. ²Änderungen der Höhe der anrechenbaren Leistung an Waisen aufgrund einer regelmäßigen Anpassung sind erst zum Zeitpunkt der Anpassung der Waisenrente zu berücksichtigen.

§ 93 Rente und Leistungen aus der Unfallversicherung

(1) Besteht für denselben Zeitraum Anspruch
1. auf eine Rente aus eigener Versicherung und auf eine Verletztenrente aus der Unfallversicherung oder
2. auf eine Hinterbliebenenrente und eine entsprechende Hinterbliebenenrente aus der Unfallversicherung,

wird die Rente insoweit nicht geleistet, als die Summe der zusammentreffenden Rentenbeträge vor Einkommensanrechnung nach § 97 dieses Buches und nach § 65 Absatz 3 und 4 des Siebten Buches den jeweiligen Grenzbetrag übersteigt.

(2) Bei der Ermittlung der Summe der zusammentreffenden Rentenbeträge bleiben unberücksichtigt
1. bei dem Monatsteilbetrag der Rente, der auf persönlichen Entgeltpunkten der knappschaftlichen Rentenversicherung beruht,
    a) der auf den Leistungszuschlag für ständige Arbeiten unter Tage entfallende Anteil und
    b) 15 vom Hundert des verbleibenden Anteils,
2. bei der Verletztenrente aus der Unfallversicherung
    a) ein verletzungsbedingte Mehraufwendungen und den immateriellen Schaden ausgleichender Betrag nach den Absätzen 2a und 2b, und
    b) je 16,67 Prozent des aktuellen Rentenwerts für jeden Prozentpunkt der Minderung der Erwerbsfähigkeit, wenn diese mindestens 60 Prozent beträgt und die Rente aufgrund einer entschädigungspflichtigen Berufskrankheit nach den Nummern 4101, 4102 oder 4111 der Anlage zur Berufskrankheiten-Verordnung vom 31. Oktober 1997 geleistet wird.

(2a) ¹Der die verletzungsbedingten Mehraufwendungen und den immateriellen Schaden ausgleichende Betrag beträgt bei einer Minderung der Erwerbsfähigkeit von
1. 10 Prozent das 1,51fache,
2. 20 Prozent das 3,01fache,
3. 30 Prozent das 4,52fache,
4. 40 Prozent das 6,20fache,
5. 50 Prozent das 8,32fache,
6. 60 Prozent das 10,51fache,
7. 70 Prozent das 14,58fache,
8. 80 Prozent das 17,63fache,
9. 90 Prozent das 21,19fache,
10. 100 Prozent das 23,72fache

des aktuellen Rentenwerts. ²Liegt der Wert der Minderung der Erwerbsfähigkeit zwischen vollen 10 Prozent, gilt der Faktor für die nächsthöheren 10 Prozent.

(2b) ¹Bei einer Minderung der Erwerbsfähigkeit von mindestens 50 Prozent erhöht sich der Betrag nach Absatz 2a zum Ersten des Monats, in dem das 65. Lebensjahr vollendet wird, bei Geburten am Ersten eines Monats jedoch vom Monat der Geburt an. ²Die Erhöhung beträgt bei einer Minderung der Erwerbsfähigkeit

1. von 50 und 60 Prozent das 0,92fache,
2. von 70 und 80 Prozent das 1,16fache,
3. von mindestens 90 Prozent das 1,40fache

des aktuellen Rentenwerts. ³Liegt der Wert der Minderung der Erwerbsfähigkeit zwischen vollen 10 Prozent, gilt der Faktor für die nächsthöheren 10 Prozent.

(3) ¹Der Grenzbetrag beträgt 70 vom Hundert eines Zwölftels des Jahresarbeitsverdienstes, der der Berechnung der Rente aus der Unfallversicherung zugrunde liegt, vervielfältigt mit dem jeweiligen Rentenartfaktor für persönliche Entgeltpunkte der allgemeinen Rentenversicherung; bei einer Rente für Bergleute beträgt der Faktor 0,4. ²Mindestgrenzbetrag ist der Monatsbetrag der Rente ohne die Beträge nach Absatz 2 Nr. 1.

(4) ¹Die Absätze 1 bis 3 werden auch angewendet,
1. soweit an die Stelle der Rente aus der Unfallversicherung eine Abfindung getreten ist,
2. soweit die Rente aus der Unfallversicherung für die Dauer einer Heimpflege gekürzt worden ist,
3. wenn nach § 10 Abs. 1 des Entwicklungshelfer-Gesetzes eine Leistung erbracht wird, die einer Rente aus der Unfallversicherung vergleichbar ist,
4. wenn von einem Träger mit Sitz im Ausland eine Rente wegen eines Arbeitsunfalls oder einer Berufskrankheit geleistet wird, die einer Rente aus der Unfallversicherung nach diesem Gesetzbuch vergleichbar ist.

²Die Abfindung tritt für den Zeitraum, für den sie bestimmt ist, an die Stelle der Rente. ³Im Fall des Satzes 1 Nr. 4 wird als Jahresarbeitsverdienst der 18fache Monatsbetrag der Rente wegen Arbeitsunfalls oder Berufskrankheit zugrunde gelegt. ⁴Wird die Rente für eine Minderung der Erwerbsfähigkeit von weniger als 100 vom Hundert geleistet, ist von dem Rentenbetrag auszugehen, der sich für eine Minderung der Erwerbsfähigkeit von 100 vom Hundert ergeben würde.

(5) ¹Die Absätze 1 bis 4 werden nicht angewendet, wenn die Rente aus der Unfallversicherung
1. für einen Versicherungsfall geleistet wird, der sich nach Rentenbeginn oder nach Eintritt der für die Rente maßgebenden Minderung der Erwerbsfähigkeit ereignet hat, oder
2. ausschließlich nach dem Arbeitseinkommen des Unternehmers oder seines Ehegatten oder Lebenspartners oder nach einem festen Betrag, der für den Unternehmer oder seinen Ehegatten oder Lebenspartner bestimmt ist, berechnet wird.

²Als Zeitpunkt des Versicherungsfalls gilt bei Berufskrankheit der letzte Tag, an dem der Versicherte versicherte Tätigkeiten verrichtet hat, die ihrer Art nach geeignet waren, die Berufskrankheit zu verursachen. ³Satz 1 Nr. 1 gilt nicht für Hinterbliebenenrenten.

§§ 94 und 95 (weggefallen)

§ 96 Nachversicherte Versorgungsbezieher

Nachversicherten, die ihren Anspruch auf Versorgung ganz und auf Dauer verloren haben, wird die Rente oder die höhere Rente für den Zeitraum nicht geleistet, für den Versorgungsbezüge zu leisten sind.

§ 96a Rente wegen verminderter Erwerbsfähigkeit und Hinzuverdienst

(1) Eine Rente wegen verminderter Erwerbsfähigkeit wird nur in voller Höhe geleistet, wenn die kalenderjährliche Hinzuverdienstgrenze nach Absatz 1c nicht überschritten wird.

(1a) ¹Wird die Hinzuverdienstgrenze überschritten, wird die Rente nur teilweise geleistet. ²Die teilweise zu leistende Rente wird berechnet, indem ein Zwölftel des die Hinzuverdienstgrenze übersteigenden Betrages zu 40 Prozent von der Rente in voller Höhe abgezogen wird. ³Überschreitet der sich dabei ergebende Rentenbetrag zusammen mit einem Zwölftel des kalenderjährlichen Hinzuverdienstes den Hinzuverdienstdeckel nach Absatz 1b, wird der überschreitende Betrag von dem sich nach Satz 2 ergebenden Rentenbetrag abgezogen. ⁴Die Rente wird nicht geleistet, wenn der von der Rente abzuziehende Hinzuverdienst den Betrag der Rente in voller Höhe erreicht.

(1b) ¹Der Hinzuverdienstdeckel wird berechnet, indem die monatliche Bezugsgröße mit den Entgeltpunkten (§ 66 Absatz 1 Nummer 1 bis 3) des Kalenderjahres mit den höchsten Entgeltpunkten aus den letzten 15 Kalenderjahren vor Eintritt der Erwerbsminderung vervielfältigt wird. ²Er beträgt mindestens
1. bei einer Rente wegen teilweiser Erwerbsminderung die Summe aus einem Zwölftel des nach Absatz 1c Satz 1 Nummer 1 berechneten Betrags und dem Monatsbetrag der Rente in voller Höhe,
2. bei einer Rente wegen voller Erwerbsminderung die Summe aus einem Zwölftel von 6300 Euro und dem Monatsbetrag der Rente in voller Höhe,
3. bei einer Rente für Bergleute die Summe aus einem Zwölftel des nach Absatz 1c Satz 1 Nummer 3 berechneten Betrags und dem Monatsbetrag der Rente in voller Höhe.

³Der Hinzuverdienstdeckel wird jährlich zum 1. Juli neu berechnet. ⁴Bei einer Rente für Bergleute tritt an die Stelle des Eintritts der Erwerbsminderung der Eintritt der im Bergbau verminderten Berufsfähigkeit oder die Erfüllung der Voraussetzungen nach § 45 Absatz 3.

(1c) ¹Die Hinzuverdienstgrenze beträgt
1. bei einer Rente wegen teilweiser Erwerbsminderung das 0,81fache der jährlichen Bezugsgröße, vervielfältigt mit den Entgeltpunkten (§ 66 Absatz 1 Nummer 1 bis 3) des Kalenderjahres mit den höchsten Entgeltpunkten aus den letzten 15 Kalenderjahren vor Eintritt der Erwerbsminderung, mindestens jedoch mit 0,5 Entgeltpunkten,
2. bei einer Rente wegen voller Erwerbsminderung in voller Höhe 6300 Euro,
3. bei einer Rente für Bergleute das 0,89fache der jährlichen Bezugsgröße, vervielfältigt mit den Entgeltpunkten (§ 66 Absatz 1 Nummer 1 bis 3) des Kalenderjahres mit den höchsten Entgeltpunkten aus den letzten 15 Kalenderjahren vor Eintritt der im Bergbau verminderten Berufsfähigkeit oder der Erfüllung der Voraussetzungen nach § 45 Absatz 3, mindestens jedoch mit 0,5 Entgeltpunkten.

²Die nach Satz 1 Nummer 1 und 3 ermittelten Hinzuverdienstgrenzen werden jährlich zum 1. Juli neu berechnet.
(2) ¹Als Hinzuverdienst sind Arbeitsentgelt, Arbeitseinkommen und vergleichbares Einkommen zu berücksichtigen. ²Diese Einkünfte sind zusammenzurechnen. ³Nicht als Hinzuverdienst gilt das Entgelt,
1. das eine Pflegeperson von der pflegebedürftigen Person erhält, wenn es das dem Umfang der Pflegetätigkeit entsprechende Pflegegeld im Sinne des § 37 des Elften Buches nicht übersteigt, oder
2. das ein behinderter Mensch von dem Träger einer in § 1 Satz 1 Nummer 2 genannten Einrichtung erhält.

(3) ¹Bei einer Rente wegen teilweiser Erwerbsminderung oder einer Rente für Bergleute sind zusätzlich zu dem Hinzuverdienst nach Absatz 2 Satz 1 als Hinzuverdienst zu berücksichtigen:
1. Krankengeld,
    a) das aufgrund einer Arbeitsunfähigkeit geleistet wird, die nach dem Beginn der Rente eingetreten ist, oder
    b) das aufgrund einer stationären Behandlung geleistet wird, die nach dem Beginn der Rente begonnen worden ist,
2. Versorgungskrankengeld,
    a) das aufgrund einer Arbeitsunfähigkeit geleistet wird, die nach dem Beginn der Rente eingetreten ist, oder
    b) das während einer stationären Behandlungsmaßnahme geleistet wird, wenn diesem ein nach Beginn der Rente erzieltes Arbeitsentgelt oder Arbeitseinkommen zugrunde liegt,
3. Übergangsgeld,
    a) dem ein nach Beginn der Rente erzieltes Arbeitsentgelt oder Arbeitseinkommen zugrunde liegt oder
    b) das aus der gesetzlichen Unfallversicherung geleistet wird und
4. die weiteren in § 18a Absatz 3 Satz 1 Nummer 1 des Vierten Buches genannten Sozialleistungen.

²Bei einer Rente wegen voller Erwerbsminderung sind zusätzlich zu dem Hinzuverdienst nach Absatz 2 Satz 1 als Hinzuverdienst zu berücksichtigen:
1. Verletztengeld und
2. Übergangsgeld aus der gesetzlichen Unfallversicherung.

³Als Hinzuverdienst ist das der Sozialleistung zugrunde liegende Arbeitsentgelt oder Arbeitseinkommen zu berücksichtigen. ⁴Die Sätze 1 und 2 sind auch für eine Sozialleistung anzuwenden, die aus Gründen ruht, die nicht im Rentenbezug liegen.
(4) Absatz 3 wird auch für vergleichbare Leistungen einer Stelle mit Sitz im Ausland angewendet.
(5) § 34 Absatz 3c bis 3g gilt sinngemäß.

§ 97 Einkommensanrechnung auf Renten wegen Todes

(1) ¹Einkommen (§ 18a des Vierten Buches) von Berechtigten, das mit einer Witwenrente, Witwerrente oder Erziehungsrente zusammentrifft, wird hierauf angerechnet. ²Dies gilt nicht bei Witwenrenten oder Witwerrenten, solange deren Rentenartfaktor mindestens 1,0 beträgt.
(2) ¹Anrechenbar ist das Einkommen, das monatlich das 26,4fache des aktuellen Rentenwerts übersteigt. ²Das nicht anrechenbare Einkommen erhöht sich um das 5,6fache des aktuellen Rentenwerts für jedes Kind des Berechtigten, das Anspruch auf Waisenrente hat oder nur deshalb nicht hat, weil es nicht ein Kind des Verstorbenen ist. ³Von dem danach verbleibenden anrechenbaren Einkommen werden 40 vom Hundert angerechnet. ⁴Führt das Einkommen auch zur Kürzung oder zum Wegfall einer vergleichbaren Rente in einem Mitgliedstaat der Europäischen Union, einem Vertragsstaat des Abkommens über den Europäischen Wirtschaftsraum oder der Schweiz, ist der anrechenbare Betrag mit dem Teil zu berücksichtigen, der dem Verhältnis entspricht, in dem die Entgeltpunkte für Zeiten im Inland zu den Entgeltpunkten für alle in einem Mitgliedstaat der Europäischen Union, einem Vertragsstaat des Abkommens über den Europäischen Wirtschaftsraum und der Schweiz zurückgelegten Zeiten stehen.
(3) ¹Für die Einkommensanrechnung ist bei Anspruch auf mehrere Renten folgende Rangfolge maßgebend:
1. (weggefallen)
2. Witwenrente oder Witwerrente,
3. Witwenrente oder Witwerrente nach dem vorletzten Ehegatten.

60 SGB VI § 97a

²Die Einkommensanrechnung auf eine Hinterbliebenenrente aus der Unfallversicherung hat Vorrang vor der Einkommensanrechnung auf eine entsprechende Rente wegen Todes. ³Das auf eine Hinterbliebenenrente anzurechnende Einkommen mindert sich um den Betrag, der bereits zu einer Einkommensanrechnung auf eine vorrangige Hinterbliebenenrente geführt hat.
(4) Trifft eine Erziehungsrente mit einer Hinterbliebenenrente zusammen, ist der Einkommensanrechnung auf die Hinterbliebenenrente das Einkommen zugrunde zu legen, das sich nach Durchführung der Einkommensanrechnung auf die Erziehungsrente ergibt.

§ 97a Einkommensanrechnung beim Zuschlag an Entgeltpunkten für langjährige Versicherung

(1) Auf den Rentenanteil aus dem Zuschlag an Entgeltpunkten für langjährige Versicherung wird Einkommen des Berechtigten und seines Ehegatten angerechnet.
(2) ¹Als Einkommen zu berücksichtigen sind
1. das zu versteuernde Einkommen nach § 2 Absatz 5 des Einkommensteuergesetzes,
2. der steuerfreie Teil von Renten nach § 22 Nummer 1 Satz 3 Buchstabe a Doppelbuchstabe aa Satz 4 des Einkommensteuergesetzes sowie der nach § 19 Absatz 2 und § 22 Nummer 4 Satz 4 Buchstabe b des Einkommensteuergesetzes steuerfreie Betrag von Versorgungsbezügen und
3. die versteuerten Einkünfte aus Kapitalvermögen nach § 20 des Einkommensteuergesetzes, soweit diese nicht bereits in dem Einkommen nach Nummer 1 enthalten sind; im Falle der Kapitalerträge nach § 20 Absatz 1 Nummer 6 Satz 1 bis 3 des Einkommensteuergesetzes gilt als Einkommen ein Zehntel des Ertrags, längstens jedoch für zehn Jahre.

²Als Einkommen nach Satz 1 Nummer 1 und 2 sind grundsätzlich die von den Trägern der Rentenversicherung nach § 151b automatisiert abzurufenden, bei den Finanzbehörden jeweils bis zum 30. September für das vorvergangene Kalenderjahr vorliegenden Festsetzungsdaten zugrunde zu legen. ³Liegen für das vorvergangene Kalenderjahr keine Festsetzungsdaten nach Satz 1 Nummer 1 vor, sind die Festsetzungsdaten nach Satz 1 Nummer 1 und 2 des vorvorvergangenen Kalenderjahres maßgeblich. ⁴Liegen keine Festsetzungsdaten des vorvorvergangenen Kalenderjahres nach Satz 1 Nummer 1 vor, sind
1. die jeweils in entsprechender Anwendung von § 18b Absatz 5 Satz 1 Nummer 3, 6 und 8 des Vierten Buches gekürzten Renten nach § 22 Nummer 1 Satz 3 Buchstabe a Doppelbuchstabe aa Satzteil vor Satz 2 des Einkommensteuergesetzes,
2. die jeweils in entsprechender Anwendung von § 18b Absatz 5 Satz 1 Nummer 4 des Vierten Buches gekürzten Versorgungsbezüge nach § 19 Absatz 2 Satz 2 und nach § 22 Nummer 4 Satzteil vor Satz 2 des Einkommensteuergesetzes,
3. die in entsprechender Anwendung von § 18b Absatz 5 Satz 1 Nummer 5 des Vierten Buches gekürzten Leistungen nach § 22 Nummer 5 Satzteil vor Satz 2 sowie Satz 2 und 3 des Einkommensteuergesetzes sowie
4. das Einkommen nach Satz 1 Nummer 3

des vorvergangenen Kalenderjahres zu berücksichtigen. ⁵Bei Anwendung von Satz 4 ist für Hinterbliebenenleistungen für die Bestimmung des maßgeblichen Kürzungsbetrages auf den Beginn der Leistung abzustellen, von der die Hinterbliebenenleistung abgeleitet wurde. ⁶Die Träger der Rentenversicherung sind an die übermittelten Festsetzungsdaten gebunden. ⁷Von dem Einkommen nach Satz 1 Nummer 1 und 2 sowie den Renten nach den Sätzen 4 und 5 ist der darin enthaltene Rentenanteil, der auf dem Zuschlag an Entgeltpunkten für langjährige Versicherung beruht, abzuziehen.
(3) ¹Als monatliches Einkommen gilt ein Zwölftel des Einkommens, das nach Absatz 2 zu berücksichtigen ist. ²Für Berechtigte mit Wohnsitz oder gewöhnlichem Aufenthalt im Inland, die vergleichbare ausländische Einkommen haben, gilt Absatz 2 sinngemäß. ³Berechtigte und deren Ehegatten mit Wohnsitz oder gewöhnlichem Aufenthalt im Ausland haben vergleichbare ausländische Einkommen durch geeignete Unterlagen gegenüber dem Träger der Rentenversicherung nachzuweisen; bei fehlendem Nachweis ist kein Rentenanteil aus dem Zuschlag an Entgeltpunkten für langjährige Versicherung zu zahlen.
(4) ¹Anrechenbar ist dasjenige Einkommen des Berechtigten und seines Ehegatten, das monatlich die in den Sätzen 2 bis 4 genannten, jeweils auf einen vollen Eurobetrag aufgerundeten Beträge übersteigt. ²Übersteigt das anrechenbare Einkommen des Berechtigten monatlich das 36,56fache des aktuellen Rentenwertes, werden 60 vom Hundert angerechnet, solange das anrechenbare Einkommen nicht mehr als das 46,78fache des aktuellen Rentenwertes beträgt. ³Übersteigt das anrechenbare Einkommen des Berechtigten das 46,78fache des aktuellen Rentenwertes, wird das diesen Betrag übersteigende anrechenbare Einkommen in voller Höhe angerechnet; Satz 2 bleibt unberührt. ⁴Ist neben dem Einkommen des Berechtigten auch Einkommen seines Ehegatten zu berücksichtigen, sind die Sätze 2 und 3 mit der Maßgabe anzuwenden, dass anstelle des 36,56fachen des aktuellen Rentenwertes das 57,03fache des aktuellen Rentenwertes und anstelle des 46,78fachen des aktuellen Rentenwertes das 67,27fache des aktuellen

Rentenwertes tritt. ⁵Änderungen der Höhe der Beträge nach den Sätzen 2 bis 4 werden mit Beginn des Kalendermonats wirksam, zu dessen Beginn Einkommensänderungen nach Absatz 5 zu berücksichtigen sind.

(5) ¹Einkommen nach Absatz 2 ist auch dann abschließend zu berücksichtigen, wenn die Einkommensteuer vorläufig oder unter Vorbehalt der Nachprüfung festgesetzt oder die Entscheidung der Finanzbehörde angefochten wurde, es sei denn, die Vollziehung des Einkommensteuerbescheides wurde ausgesetzt. ²Einkommensänderungen, die dem Träger der Rentenversicherung jeweils bis zum 31. Oktober vorliegen, sind vom darauffolgenden 1. Januar an zu berücksichtigen; Absatz 6 bleibt unberührt.

(6) ¹Die jährliche Einkommensanrechnung ist zunächst nur unter Berücksichtigung von Einkommen nach Absatz 2 Satz 1 Nummer 1 und 2 durchzuführen. ²Ist ein Rentenanteil aus dem Zuschlag an Entgeltpunkten für langjährige Versicherung zu leisten, haben der Berechtigte und sein Ehegatte über Einkommen nach Absatz 2 Satz 1 Nummer 3 innerhalb von drei Monaten nach Bekanntgabe des Bescheides über den Rentenanteil aus dem Zuschlag an Entgeltpunkten für langjährige Versicherung dem Träger der Rentenversicherung mitzuteilen, wenn solches Einkommen in dem nach Absatz 2 Satz 3 und 4 maßgeblichen Kalenderjahr erzielt wurde und dessen Höhe nachzuweisen. ³Der Berechtigte ist auf die Überprüfungsrechte nach § 151c hinzuweisen. ⁴Erfolgt keine Mitteilung nach Satz 2, gilt Einkommen nach Absatz 2 Satz 1 Nummer 3 als nicht erzielt. ⁵Teilen der Berechtigte und sein Ehegatte Einkommen nach Absatz 2 Satz 1 Nummer 3 mit und ergibt sich nach erneuter Einkommensprüfung ein veränderter Rentenanteil aus dem Zuschlag an Entgeltpunkten für langjährige Versicherung, ist der Bescheid mit Wirkung für die Zukunft aufzuheben. ⁶Im Fall einer zu Unrecht unterbliebenen oder unrichtigen Auskunft ist der Bescheid vom Beginn des Zeitraumes der Anrechnung von Einkommen nach Satz 1 aufzuheben. ⁷Soweit Bescheide aufgehoben wurden, sind zu viel erbrachte Leistungen zu erstatten; § 50 Absatz 2a bis 5 des Zehnten Buches bleibt unberührt. ⁸Nicht anzuwenden ist die Vorschrift zur Anhörung Beteiligter (§ 24 des Zehnten Buches).

(7) ¹Ist in einer Rente ein Zuschlag an Entgeltpunkten für langjährige Versicherung enthalten, sind auf den hierauf beruhenden Rentenanteil die Regelungen zu Renten und Hinzuverdienst sowie zur Einkommensanrechnung auf Renten wegen Todes nicht anzuwenden. ²Auf diesen Rentenanteil finden ausschließlich die Absätze 1 bis 6 Anwendung.

§ 98 Reihenfolge bei der Anwendung von Berechnungsvorschriften

¹Für die Berechnung einer Rente, deren Leistung sich aufgrund eines Versorgungsausgleichs, eines Rentensplittings, eines Aufenthalts von Berechtigten im Ausland oder aufgrund eines Zusammentreffens mit Renten oder mit sonstigem Einkommen erhöht, mindert oder entfällt, sind, soweit nichts anderes bestimmt ist, die entsprechenden Vorschriften in folgender Reihenfolge anzuwenden:

1. Versorgungsausgleich und Rentensplitting,
2. Leistungen an Berechtigte im Ausland,
3. Aufteilung von Witwenrenten oder Witwerrenten auf mehrere Berechtigte,
4. Waisenrente und andere Leistungen an Waisen,
4a. Einkommensanrechnung beim Zuschlag an Entgeltpunkten für langjährige Versicherung,
5. Rente und Leistungen aus der Unfallversicherung,
6. Witwenrente und Witwerrente nach dem vorletzten Ehegatten und Ansprüche infolge Auflösung der letzten Ehe,
7. (weggefallen)
7a. Renten wegen verminderter Erwerbsfähigkeit und Hinzuverdienst,
8. Einkommensanrechnung auf Renten wegen Todes,
9. mehrere Rentenansprüche.

²Einkommen, das bei der Berechnung einer Rente aufgrund einer Regelung über das Zusammentreffen von Renten und Einkommen bereits berücksichtigt wurde, wird bei der Berechnung dieser Rente aufgrund einer weiteren solchen Regelung nicht nochmals berücksichtigt.

Fünfter Unterabschnitt
Beginn, Änderung und Ende von Renten

§ 99 Beginn

(1) ¹Eine Rente aus eigener Versicherung wird von dem Kalendermonat an geleistet, zu dessen Beginn die Anspruchsvoraussetzungen für die Rente erfüllt sind, wenn die Rente bis zum Ende des dritten Kalendermonats nach Ablauf des Monats beantragt wird, in dem die Anspruchsvoraussetzungen erfüllt sind. ²Bei späterer Antragstellung wird eine Rente aus eigener Versicherung von dem Kalendermonat an geleistet, in dem die Rente beantragt wird.

(2) ¹Eine Hinterbliebenenrente wird von dem Kalendermonat an geleistet, zu dessen Beginn die Anspruchsvoraussetzungen für die Rente erfüllt sind. ²Sie wird bereits vom Todestag an geleistet, wenn an den Versicherten eine Rente im Sterbemonat nicht zu leisten ist. ³Eine Hinterbliebenenrente wird nicht für mehr als zwölf Kalendermonate vor dem Monat, in dem die Rente beantragt wird, geleistet.

§ 100 Änderung und Ende

(1) ¹Ändern sich aus tatsächlichen oder rechtlichen Gründen die Voraussetzungen für die Höhe einer Rente nach ihrem Beginn, wird die Rente in neuer Höhe von dem Kalendermonat an geleistet, zu dessen Beginn die Änderung wirksam ist. ²Satz 1 gilt nicht beim Zusammentreffen von Renten und Einkommen mit Ausnahme von § 96a.
(2) (weggefallen)
(3) ¹Fallen aus tatsächlichen oder rechtlichen Gründen die Anspruchsvoraussetzungen für eine Rente weg, endet die Rentenzahlung mit dem Beginn des Kalendermonats, zu dessen Beginn der Wegfall wirksam ist. ²Entfällt ein Anspruch auf Rente, weil sich die Erwerbsfähigkeit der Berechtigten nach einer Leistung zur medizinischen Rehabilitation oder zur Teilhabe am Arbeitsleben gebessert hat, endet die Rentenzahlung erst mit Beginn des vierten Kalendermonats nach der Besserung der Erwerbsfähigkeit. ³Die Rentenzahlung nach Satz 2 endet mit Beginn eines dem vierten Kalendermonat vorangehenden Monats, wenn zu dessen Beginn eine Beschäftigung oder selbständige Tätigkeit ausgeübt wird, die mehr als geringfügig ist.
(4) Liegen die in § 44 Abs. 1 Satz 1 des Zehnten Buches genannten Voraussetzungen für die Rücknahme eines rechtswidrigen nicht begünstigenden Verwaltungsaktes vor, weil er auf einer Rechtsnorm beruht, die nach Erlass des Verwaltungsaktes für nichtig oder für unvereinbar mit dem Grundgesetz erklärt oder in ständiger Rechtsprechung anders als durch den Rentenversicherungsträger ausgelegt worden ist, so ist der Verwaltungsakt, wenn er unanfechtbar geworden ist, nur mit Wirkung für die Zeit ab dem Beginn des Kalendermonats nach Wirksamwerden der Entscheidung des Bundesverfassungsgerichts oder dem Bestehen der ständigen Rechtsprechung zurückzunehmen.

§ 101 Beginn und Änderung in Sonderfällen

(1) Befristete Renten wegen verminderter Erwerbsfähigkeit werden nicht vor Beginn des siebten Kalendermonats nach dem Eintritt der Minderung der Erwerbsfähigkeit geleistet.
(1a) ¹Befristete Renten wegen voller Erwerbsminderung, auf die Anspruch unabhängig von der jeweiligen Arbeitsmarktlage besteht, werden vor Beginn des siebten Kalendermonats nach dem Eintritt der Minderung der Erwerbsfähigkeit geleistet, wenn
1. entweder
   a) die Feststellung der verminderten Erwerbsfähigkeit durch den Träger der Rentenversicherung zur Folge hat, dass ein Anspruch auf Arbeitslosengeld entfällt, oder
   b) nach Feststellung der verminderten Erwerbsfähigkeit durch den Träger der Rentenversicherung ein Anspruch auf Krankengeld nach § 48 des Fünften Buches oder auf Krankentageld von einem privaten Krankenversicherungsunternehmen endet und
2. der siebte Kalendermonat nach dem Eintritt der Minderung der Erwerbsfähigkeit noch nicht erreicht ist.

²In diesen Fällen werden die Renten von dem Tag an geleistet, der auf den Tag folgt, an dem der Anspruch auf Arbeitslosengeld, Krankengeld oder Krankentageld endet.
(2) Befristete große Witwenrenten oder befristete große Witwerrenten wegen Minderung der Erwerbsfähigkeit werden nicht vor Beginn des siebten Kalendermonats nach dem Eintritt der Minderung der Erwerbsfähigkeit geleistet.
(3) ¹Ist nach Beginn der Rente ein Versorgungsausgleich durchgeführt, wird die Rente der leistungsberechtigten Person von dem Kalendermonat an um Zuschläge oder Abschläge an Entgeltpunkten verändert, zu dessen Beginn der Versorgungsausgleich durchgeführt ist. ²Der Rentenbescheid ist mit Wirkung von diesem Zeitpunkt an aufzuheben; die §§ 24 und 48 des Zehnten Buches sind nicht anzuwenden. ³Bei einer rechtskräftigen Abänderung des Versorgungsausgleichs gelten die Sätze 1 und 2 mit der Maßgabe, dass auf den Zeitpunkt nach § 226 Abs. 4 des Gesetzes über das Verfahren in Familiensachen und in den Angelegenheiten der freiwilligen Gerichtsbarkeit abzustellen ist. ⁴§ 30 des Versorgungsausgleichsgesetzes bleibt unberührt.
(3a) ¹Hat das Familiengericht über eine Abänderung der Anpassung nach § 33 des Versorgungsausgleichsgesetzes rechtskräftig entschieden und mindert sich der Anpassungsbetrag, ist dieser in der Rente der leistungsberechtigten Person von dem Zeitpunkt an zu berücksichtigen, der sich aus § 34 Abs. 3 des Versorgungsausgleichsgesetzes ergibt. ²Der Rentenbescheid ist mit Wirkung von diesem Zeitpunkt an aufzuheben; die §§ 24 und 48 des Zehnten Buches sind nicht anzuwenden.
(3b) ¹Der Rentenbescheid der leistungsberechtigten Person ist aufzuheben
1. in den Fällen des § 33 Abs. 1 des Versorgungsausgleichsgesetzes mit Wirkung vom Zeitpunkt
   a) des Beginns einer Leistung an die ausgleichsberechtigte Person aus einem von ihr im Versorgungsausgleich erworbenen Anrecht (§ 33 Abs. 1 des Versorgungsausgleichsgesetzes),
   b) des Beginns einer Leistung an die ausgleichspflichtige Person aus einem von ihr im Versorgungsausgleich erworbenen Anrecht (§ 33 Abs. 3 des Versorgungsausgleichsgesetzes) oder
   c) der vollständigen Einstellung der Unterhaltszahlungen der ausgleichspflichtigen Person (§ 34 Abs. 5 des Versorgungsausgleichsgesetzes),

2. in den Fällen des § 35 Abs. 1 des Versorgungsausgleichsgesetzes mit Wirkung vom Zeitpunkt des Beginns einer Leistung an die ausgleichspflichtige Person aus einem von ihr im Versorgungsausgleich erworbenen Anrecht (§ 36 Abs. 4 des Versorgungsausgleichsgesetzes) und
3. in den Fällen des § 37 Abs. 3 des Versorgungsausgleichsgesetzes mit Wirkung vom Zeitpunkt der Aufhebung der Kürzung des Anrechts (§ 37 Abs. 1 des Versorgungsausgleichsgesetzes).

²Die §§ 24 und 48 des Zehnten Buches sind nicht anzuwenden.

(4) ¹Ist nach Beginn der Rente ein Rentensplitting durchgeführt, wird die Rente von dem Kalendermonat an um Zuschläge oder Abschläge an Entgeltpunkten verändert, zu dessen Beginn das Rentensplitting durchgeführt ist. ²Der Rentenbescheid ist mit Wirkung von diesem Zeitpunkt an aufzuheben; die §§ 24 und 48 des Zehnten Buches sind nicht anzuwenden. ³Entsprechendes gilt bei einer Abänderung des Rentensplittings.

(5) ¹Ist nach Beginn einer Waisenrente ein Rentensplitting durchgeführt, durch das die Waise nicht begünstigt ist, wird die Rente erst zu dem Zeitpunkt vom Abschläge oder Zuschläge an Entgeltpunkten verändert, zu dem eine Rente aus der Versicherung des überlebenden Ehegatten oder Lebenspartners, der durch das Rentensplitting begünstigt ist, beginnt. ²Der Rentenbescheid der Waise ist mit Wirkung von diesem Zeitpunkt an aufzuheben; die §§ 24 und 48 des Zehnten Buches sind nicht anzuwenden. ³Entsprechendes gilt bei einer Abänderung des Rentensplittings.

§ 102 Befristung und Tod

(1) ¹Sind Renten befristet, enden sie mit Ablauf der Frist. ²Dies schließt eine vorherige Änderung oder ein Ende der Rente aus anderen Gründen nicht aus. ³Renten dürfen nur auf das Ende eines Kalendermonats befristet werden.

(2) ¹Renten wegen verminderter Erwerbsfähigkeit und große Witwenrenten oder große Witwerrenten wegen Minderung der Erwerbsfähigkeit werden auf Zeit geleistet. ²Die Befristung erfolgt für längstens drei Jahre nach Rentenbeginn. ³Sie kann verlängert werden; dabei verbleibt es bei dem ursprünglichen Rentenbeginn. ⁴Verlängerungen erfolgen für längstens drei Jahre nach dem Ablauf der vorherigen Frist. ⁵Renten, auf die ein Anspruch unabhängig von der jeweiligen Arbeitsmarktlage besteht, werden unbefristet geleistet, wenn unwahrscheinlich ist, dass die Minderung der Erwerbsfähigkeit behoben werden kann; hiervon ist nach einer Gesamtdauer der Befristung von neun Jahren auszugehen. ⁶Wird unmittelbar im Anschluss an eine auf Zeit geleistete Rente diese Rente unbefristet geleistet, verbleibt es bei dem ursprünglichen Rentenbeginn.

(2a) Werden Leistungen zur medizinischen Rehabilitation oder zur Teilhabe am Arbeitsleben erbracht, ohne dass zum Zeitpunkt der Bewilligung feststeht, wann die Leistung enden wird, kann bestimmt werden, dass Renten wegen verminderter Erwerbsfähigkeit oder große Witwenrenten oder große Witwerrenten wegen Minderung der Erwerbsfähigkeit mit Ablauf des Kalendermonats enden, in dem die Leistung zur medizinischen Rehabilitation oder zur Teilhabe am Arbeitsleben beendet wird.

(3) ¹Große Witwenrenten oder große Witwerrenten wegen Kindererziehung und Erziehungsrenten werden auf das Ende des Kalendermonats befristet, in dem die Kindererziehung voraussichtlich endet. ²Die Befristung kann verlängert werden; dabei verbleibt es bei dem ursprünglichen Rentenbeginn.

(4) ¹Waisenrenten werden auf das Ende des Kalendermonats befristet, in dem voraussichtlich der Anspruch auf die Waisenrente entfällt. ²Die Befristung kann verlängert werden; dabei verbleibt es bei dem ursprünglichen Rentenbeginn.

(5) Renten werden bis zum Ende des Kalendermonats geleistet, in dem die Berechtigten gestorben sind.

(6) ¹Renten an Verschollene werden längstens bis zum Ende des Monats geleistet, in dem sie nach Feststellung des Rentenversicherungsträgers als verstorben gelten; § 49 gilt entsprechend. ²Widerspruch und Anfechtungsklage gegen die Feststellung des Rentenversicherungsträgers haben keine aufschiebende Wirkung. ³Kehren Verschollene zurück, lebt der Anspruch auf die Rente wieder auf; die für den Zeitraum des Wiederauflebens geleisteten Renten wegen Todes an Hinterbliebene sind auf die Nachzahlung anzurechnen.

Sechster Unterabschnitt
Ausschluss und Minderung von Renten

§ 103 Absichtliche Minderung der Erwerbsfähigkeit

Anspruch auf Rente wegen verminderter Erwerbsfähigkeit, Altersrente für schwerbehinderte Menschen oder große Witwenrente oder große Witwerrente besteht nicht für Personen, die die für die Rentenleistung erforderliche gesundheitliche Beeinträchtigung absichtlich herbeigeführt haben.

§ 104 Minderung der Erwerbsfähigkeit bei einer Straftat

(1) ¹Renten wegen verminderter Erwerbsfähigkeit, Altersrenten für schwerbehinderte Menschen oder große Witwenrenten oder große Witwerrenten können ganz oder teilweise versagt werden, wenn die Berechtigten sich die für die Rentenleistung erforderliche gesundheitliche Beeinträchtigung bei einer Handlung zugezogen haben, die nach strafgerichtlichem Urteil ein Verbrechen oder vorsätzliches Vergehen ist. ²Dies gilt auch, wenn aus einem in der

Person der Berechtigten liegenden Grunde ein strafgerichtliches Urteil nicht ergeht. ³Zuwiderhandlungen gegen Bergverordnungen oder bergbehördliche Anordnungen gelten nicht als Vergehen im Sinne des Satzes 1.
(2) ¹Soweit die Rente versagt wird, kann sie an unterhaltsberechtigte Ehegatten, Lebenspartner und Kinder geleistet werden. ²Die Vorschriften der §§ 48 und 49 des Ersten Buches über die Auszahlung der Rente an Dritte werden entsprechend angewendet.

§ 105 Tötung eines Angehörigen

Anspruch auf Rente wegen Todes und auf Versichertenrente, soweit der Anspruch auf dem Rentensplitting beruht, besteht nicht für die Personen, die den Tod vorsätzlich herbeigeführt haben.

Dritter Abschnitt
Zusatzleistungen

§ 106 Zuschuss zur Krankenversicherung

(1) ¹Rentenbezieher, die freiwillig in der gesetzlichen Krankenversicherung oder bei einem Krankenversicherungsunternehmen, das der deutschen Aufsicht unterliegt, versichert sind, erhalten zu ihrer Rente einen Zuschuss zu den Aufwendungen für die Krankenversicherung. ²Dies gilt nicht, wenn sie gleichzeitig in einer in- oder ausländischen gesetzlichen Krankenversicherung pflichtversichert sind.
(2) ¹Für Rentenbezieher, die freiwillig in der gesetzlichen Krankenversicherung versichert sind, wird der monatliche Zuschuss in Höhe des halben Betrages geleistet, der sich aus der Anwendung des allgemeinen Beitragssatzes der gesetzlichen Krankenversicherung zuzüglich des kassenindividuellen Zusatzbeitragssatzes nach § 242 des Fünften Buches auf den Zahlbetrag der Rente ergibt. ²§ 247 Satz 3 des Fünften Buches ist entsprechend anzuwenden.
(3) ¹Für Rentenbezieher, die bei einem Krankenversicherungsunternehmen versichert sind, das der deutschen Aufsicht unterliegt, wird der monatliche Zuschuss in Höhe des halben Betrages geleistet, der sich aus der Anwendung des allgemeinen Beitragssatzes der gesetzlichen Krankenversicherung zuzüglich des durchschnittlichen Zusatzbeitragssatzes nach § 242a des Fünften Buches auf den Zahlbetrag der Rente ergibt. ²Der monatliche Zuschuss wird auf die Hälfte der tatsächlichen Aufwendungen für die Krankenversicherung begrenzt. ³Beziehen Rentner mehrere Renten, wird ein begrenzter Zuschuss von den Rentenversicherungsträgern anteilig nach dem Verhältnis der Höhen der Renten geleistet. ⁴Er kann auch in einer Summe zu einer dieser Renten geleistet werden.
(4) Rentenbezieher, die freiwillig in der gesetzlichen Krankenversicherung und bei einem Krankenversicherungsunternehmen versichert sind, das der deutschen Aufsicht unterliegt, erhalten zu ihrer Rente ausschließlich einen Zuschuss nach Absatz 2.

§ 107 Rentenabfindung

(1) ¹Witwenrenten oder Witwerrenten werden bei der ersten Wiederheirat der Berechtigten mit dem 24fachen Monatsbetrag abgefunden. ²Für die Ermittlung anderer Witwenrenten oder Witwerrenten aus derselben Rentenanwartschaft wird bis zum Ablauf des 24. Kalendermonats nach Ablauf des Kalendermonats der Wiederheirat unterstellt, dass ein Anspruch auf Witwenrente oder Witwerrente besteht. ³Bei kleinen Witwenrenten oder kleinen Witwerrenten vermindert sich das 24fache des abzufindenden Monatsbetrages um die Anzahl an Kalendermonaten, für die eine kleine Witwenrente oder kleine Witwerrente geleistet wurde. ⁴Entsprechend vermindert sich die Anzahl an Kalendermonaten nach Satz 2.
(2) ¹Monatsbetrag ist der Durchschnitt der für die letzten zwölf Kalendermonate geleisteten Witwenrente oder Witwerrente. ²Bei Wiederheirat vor Ablauf des 15. Kalendermonats nach dem Tod des Versicherten ist Monatsbetrag der Durchschnittsbetrag der Witwenrente oder Witwerrente, die nach Ablauf des dritten auf den Sterbemonat folgenden Kalendermonats zu leisten war. ³Bei Wiederheirat vor Ablauf dieses Kalendermonats ist Monatsbetrag der Betrag der Witwenrente oder Witwerrente, der für den vierten auf den Sterbemonat folgenden Kalendermonat zu leisten wäre.
(3) Für eine Rentenabfindung gelten als erste Wiederheirat auch die erste Wiederbegründung einer Lebenspartnerschaft, die erste Heirat nach einer Lebenspartnerschaft sowie die erste Begründung einer Lebenspartnerschaft nach einer Ehe.

§ 108 Beginn, Änderung und Ende von Zusatzleistungen

(1) Für laufende Zusatzleistungen sind die Vorschriften über Beginn, Änderung und Ende von Renten entsprechend anzuwenden.
(2) ¹Sind die Anspruchsvoraussetzungen für den Zuschuss zu den Aufwendungen für die freiwillige gesetzliche Krankenversicherung entfallen, weil die Krankenkasse rückwirkend eine Pflichtmitgliedschaft in der gesetzlichen Krankenversicherung festgestellt hat, ist der Bescheid über die Bewilligung des Zuschusses vom Beginn der Pflichtmitgliedschaft an aufzuheben. ²Dies gilt nicht für Zeiten, für die freiwillige Beiträge gezahlt wurden, die wegen § 27 Absatz 2 des Vierten Buches nicht erstattet werden. ³Nicht anzuwenden sind die Vorschriften zur Anhörung

Beteiligter (§ 24 des Zehnten Buches), die Vorschriften zur Rücknahme eines rechtswidrigen begünstigenden Verwaltungsaktes (§ 45 des Zehnten Buches) und die Vorschriften zur Aufhebung eines Verwaltungsaktes mit Dauerwirkung bei Änderung der Verhältnisse (§ 48 des Zehnten Buches). Widerspruch und Anfechtungsklage gegen eine Entscheidung über die Aufhebung eines Bescheides nach Satz 1 und die Erstattung der erbrachten Leistungen nach § 50 Absatz 1 des Zehnten Buches haben keine aufschiebende Wirkung.

Vierter Abschnitt
Serviceleistungen

§ 109 Renteninformation und Rentenauskunft

(1) ¹Versicherte, die das 27. Lebensjahr vollendet haben, erhalten jährlich eine schriftliche oder elektronische Renteninformation. ²Nach Vollendung des 55. Lebensjahres wird diese alle drei Jahre durch eine Rentenauskunft ersetzt. ³Besteht ein berechtigtes Interesse, kann die Rentenauskunft auch jüngeren Versicherten erteilt werden oder in kürzeren Abständen erfolgen. ⁴Der Versand von Renteninformation und Rentenauskunft endet, sobald eine Rente aus eigener Versicherung gezahlt wird, spätestens, wenn die Regelaltersgrenze erreicht ist. ⁵Auf Antrag erhalten Bezieher einer Erziehungs- oder Erwerbsminderungsrente eine unverbindliche Auskunft über die voraussichtliche Höhe einer späteren Altersrente.

(2) ¹Die Renteninformation und die Rentenauskunft sind mit dem Hinweis zu versehen, dass sie auf der Grundlage des geltenden Rechts und der im Versicherungskonto gespeicherten rentenrechtlichen Zeiten erstellt sind und damit unter dem Vorbehalt künftiger Rechtsänderungen sowie der Richtigkeit und Vollständigkeit der im Versicherungskonto gespeicherten rentenrechtlichen Zeiten stehen. ²Mit dem Versand der zuletzt vor Vollendung des 50. Lebensjahres zu erteilenden Renteninformation ist darauf hinzuweisen, dass eine Rentenauskunft auch vor Vollendung des 55. Lebensjahres erteilt werden kann und dass eine Rentenauskunft auf Antrag auch die Höhe der Beitragszahlung zum Ausgleich einer Rentenminderung bei vorzeitiger Inanspruchnahme einer Rente wegen Alters enthält.

(3) Die Renteninformation hat insbesondere zu enthalten:
1. Angaben über die Grundlage der Rentenberechnung,
2. Angaben über die Höhe einer Rente wegen verminderter Erwerbsfähigkeit, die zu zahlen wäre, würde der Leistungsfall der vollen Erwerbsminderung vorliegen,
3. eine Prognose über die Höhe der zu erwartenden Regelaltersrente,
4. Informationen über die Auswirkungen künftiger Rentenanpassungen,
5. eine Übersicht über die Höhe der Beiträge, die für Beitragszeiten vom Versicherten, dem Arbeitgeber oder von öffentlichen Kassen gezahlt worden sind.

(4) Die Rentenauskunft hat insbesondere zu enthalten:
1. eine Übersicht über die im Versicherungskonto gespeicherten rentenrechtlichen Zeiten,
2. eine Darstellung über die Ermittlung der persönlichen Entgeltpunkte mit der Angabe ihres derzeitigen Wertes und dem Hinweis, dass sich die Berechnung der Entgeltpunkte aus beitragsfreien und beitragsgeminderten Zeiten nach der weiteren Versicherungsbiografie richtet,
3. Angaben über die Höhe der Rente, die auf der Grundlage des geltenden Rechts und der im Versicherungskonto gespeicherten rentenrechtlichen Zeiten ohne den Erwerb weiterer Beitragszeiten
   a) bei verminderter Erwerbsfähigkeit als Rente wegen voller Erwerbsminderung,
   b) bei Tod als Witwen- oder Witwerrente,
   c) nach Erreichen der Regelaltersgrenze als Regelaltersrente
   zu zahlen wäre,
4. eine Prognose über die Höhe der zu erwartenden Regelaltersrente,
5. allgemeine Hinweise
   a) zur Erfüllung der persönlichen und versicherungsrechtlichen Voraussetzungen für einen Rentenanspruch,
   b) zum Ausgleich von Abschlägen bei vorzeitiger Inanspruchnahme einer Altersrente,
   c) zu den Auswirkungen der Inanspruchnahme einer Teilrente und zu den Folgen für den Hinzuverdienst,
6. Hinweise
   a) zu den Auswirkungen der vorzeitigen Inanspruchnahme einer Rente wegen Alters,
   b) zu den Auswirkungen eines Hinausschiebens des Rentenbeginns über die Regelaltersgrenze.

(5) ¹Auf Antrag erhalten Versicherte Auskunft über die Höhe ihrer auf die Ehezeit oder Lebenspartnerschaftszeit entfallenden Rentenanwartschaft. ²Diese Auskunft erhält auf Antrag auch der Ehegatte oder geschiedene Ehegatte oder der Lebenspartner oder frühere Lebenspartner eines Versicherten, wenn der Träger der Rentenversicherung diese Auskunft nach § 74 Absatz 1 Satz 1 Nummer 2 Buchstabe b des Zehnten Buches erteilen darf, weil der Versicherte seine Auskunftspflicht gegenüber dem Ehegatten oder Lebenspartner nicht oder nicht vollständig erfüllt hat. ³Die nach Satz 2 erteilte Auskunft wird auch dem Versicherten mitgeteilt. ⁴Ferner enthält die Rentenauskunft auf Antrag

die Höhe der Beitragszahlung, die zum Ausgleich einer Rentenminderung bei vorzeitiger Inanspruchnahme einer Rente wegen Alters erforderlich ist, und Angaben über die ihr zugrunde liegende Altersrente. ⁵Diese Auskunft unterbleibt, wenn die Erfüllung der versicherungsrechtlichen Voraussetzungen für eine vorzeitige Rente wegen Alters offensichtlich ausgeschlossen ist.

(6) Für die Auskunft an das Familiengericht nach § 220 Abs. 4 des Gesetzes über das Verfahren in Familiensachen und in den Angelegenheiten der freiwilligen Gerichtsbarkeit ergeben sich die nach § 39 des Versorgungsausgleichsgesetzes zu ermittelnden Entgeltpunkte aus der Berechnung einer Vollrente wegen Erreichens der Regelaltersgrenze.

§ 109a Hilfen in Angelegenheiten der Grundsicherung

(1) ¹Die Träger der Rentenversicherung informieren und beraten Personen, die
1. die Regelaltersgrenze erreicht haben oder
2. das 18. Lebensjahr vollendet haben, unabhängig von der jeweiligen Arbeitsmarktlage voll erwerbsgemindert im Sinne des § 43 Abs. 2 sind und bei denen es unwahrscheinlich ist, dass die volle Erwerbsminderung behoben werden kann,

über die Leistungsvoraussetzungen nach dem Vierten Kapitel des Zwölften Buches, soweit die genannten Personen rentenberechtigt sind. ²Personen nach Satz 1, die nicht rentenberechtigt sind, werden auf Anfrage beraten und informiert. ³Liegt eine Rente unter dem 27 fachen des aktuellen Rentenwertes, ist der Information zusätzlich ein Antragsformular beizufügen. ⁴Es ist darauf hinzuweisen, dass der Antrag auf Leistungen der Grundsicherung im Alter und bei Erwerbsminderung nach dem Vierten Kapitel des Zwölften Buches auch bei dem zuständigen Träger der Rentenversicherung gestellt werden kann, der den Antrag an den zuständigen Träger der Sozialhilfe weiterleitet. ⁵Darüber hinaus sind die Träger der Rentenversicherung verpflichtet, mit den zuständigen Trägern der Sozialhilfe zur Zielerreichung der Grundsicherung im Alter und bei Erwerbsminderung nach dem Vierten Kapitel des Zwölften Buches zusammenzuarbeiten. ⁶Eine Verpflichtung nach Satz 1 besteht nicht, wenn eine Inanspruchnahme von Leistungen der genannten Art wegen der Höhe der gezahlten Rente sowie der im Rentenverfahren zu ermittelnden weiteren Einkünfte nicht in Betracht kommt.

(2) ¹Die Träger der Rentenversicherung prüfen und entscheiden auf ein Ersuchen nach § 45 des Zwölften Buches durch den zuständigen Träger der Sozialhilfe, ob Personen, die das 18. Lebensjahr vollendet haben, unabhängig von der jeweiligen Arbeitsmarktlage voll erwerbsgemindert im Sinne des § 43 Abs. 2 sind und es unwahrscheinlich ist, dass die volle Erwerbsminderung behoben werden kann. ²Ergibt die Prüfung, dass keine volle Erwerbsminderung vorliegt, ist ergänzend eine gutachterliche Stellungnahme abzugeben, ob hilfebedürftige Personen, die das 15. Lebensjahr vollendet haben, erwerbsfähig im Sinne des § 8 des Zweiten Buches sind.

(3) ¹Die Träger der Rentenversicherung geben nach § 44a Absatz 1 Satz 5 des Zweiten Buches eine gutachterliche Stellungnahme ab, ob hilfebedürftige Personen, die das 15. Lebensjahr vollendet haben, erwerbsfähig im Sinne des § 8 des Zweiten Buches sind. ²Ergibt die gutachterliche Stellungnahme, dass Personen, die das 18. Lebensjahr vollendet haben, unabhängig von der jeweiligen Arbeitsmarktlage voll erwerbsgemindert im Sinne des § 43 Absatz 2 Satz 2 sind, ist ergänzend zu prüfen, ob es unwahrscheinlich ist, dass die volle Erwerbsminderung behoben werden kann.

(4) Zuständig für die Prüfung und Entscheidung nach Absatz 2 und die Erstellung der gutachterlichen Stellungnahme nach Absatz 3 ist
1. bei Versicherten der Träger der Rentenversicherung, der für die Erbringung von Leistungen an den Versicherten zuständig ist,
2. bei sonstigen Personen der Regionalträger, der für den Sitz des Trägers der Sozialhilfe oder der Agentur für Arbeit örtlich zuständig ist.

(5) Die kommunalen Spitzenverbände, die Bundesagentur für Arbeit und die Deutsche Rentenversicherung Bund können Vereinbarungen über das Verfahren nach den Absätzen 2 und 3 schließen.

Fünfter Abschnitt
Leistungen an Berechtigte im Ausland

§ 110 Grundsatz

(1) Berechtigte, die sich nur vorübergehend im Ausland aufhalten, erhalten für diese Zeit Leistungen wie Berechtigte, die ihren gewöhnlichen Aufenthalt im Inland haben.

(2) Berechtigte, die ihren gewöhnlichen Aufenthalt im Ausland haben, erhalten diese Leistungen, soweit nicht die folgenden Vorschriften über Leistungen an Berechtigte im Ausland etwas anderes bestimmen.

(3) Die Vorschriften dieses Abschnitts sind nur anzuwenden, soweit nicht nach über- oder zwischenstaatlichem Recht etwas anderes bestimmt ist.

§ 111 Rehabilitationsleistungen und Krankenversicherungszuschuss

(1) Berechtigte erhalten die Leistungen zur medizinischen Rehabilitation oder zur Teilhabe am Arbeitsleben nur, wenn für sie für den Kalendermonat, in dem der Antrag gestellt ist, Pflichtbeiträge gezahlt oder nur deshalb nicht

gezahlt worden sind, weil sie im Anschluss an eine versicherte Beschäftigung oder selbständige Tätigkeit arbeitsunfähig waren.
(2) Berechtigte erhalten keinen Zuschuss zu den Aufwendungen für die Krankenversicherung.

§ 112 Renten bei verminderter Erwerbsfähigkeit
¹Berechtigte erhalten wegen verminderter Erwerbsfähigkeit eine Rente nur, wenn der Anspruch unabhängig von der jeweiligen Arbeitsmarktlage besteht. ²Für eine Rente für Bergleute ist zusätzlich erforderlich, dass die Berechtigten auf diese Rente bereits für die Zeit, in der sie ihren gewöhnlichen Aufenthalt noch im Inland gehabt haben, einen Anspruch hatten.

§ 113 Höhe der Rente
(1) ¹Die persönlichen Entgeltpunkte von Berechtigten werden ermittelt aus
1. Entgeltpunkten für Bundesgebiets-Beitragszeiten,
2. dem Leistungszuschlag für Bundesgebiets-Beitragszeiten,
3. Zuschlägen an Entgeltpunkten aus einem durchgeführten Versorgungsausgleich oder Rentensplitting,
4. Abschlägen an Entgeltpunkten aus einem durchgeführten Versorgungsausgleich oder Rentensplitting, soweit sie auf Bundesgebiets-Beitragszeiten entfallen,
5. Zuschlägen aus Zahlung von Beiträgen bei vorzeitiger Inanspruchnahme einer Rente wegen Alters oder bei Abfindungen von Anwartschaften auf betriebliche Altersversorgung oder von Anrechten bei der Versorgungsausgleichskasse,
6. Zuschlägen an Entgeltpunkten für Arbeitsentgelt aus geringfügiger Beschäftigung,
7. zusätzlichen Entgeltpunkten für Arbeitsentgelt aus nach § 23b Abs. 2 Satz 1 bis 4 des Vierten Buches aufgelösten Wertguthaben,
8. Zuschlägen an Entgeltpunkten bei Witwenrenten und Witwerrenten,
9. Zuschlägen an Entgeltpunkten aus Beiträgen nach Beginn einer Rente wegen Alters,
10. Zuschlägen an Entgeltpunkten für Zeiten einer besonderen Auslandsverwendung,
11. Zuschlägen an Entgeltpunkten für nachversicherte Soldaten auf Zeit und
12. Zuschlägen an Entgeltpunkten für langjährige Versicherung.

²Bundesgebiets-Beitragszeiten sind Beitragszeiten, für die Beiträge nach Bundesrecht nach dem 8. Mai 1945 gezahlt worden sind, und die diesen im Fünften Kapitel gleichgestellten Beitragszeiten.
(2) Der Zuschlag an persönlichen Entgeltpunkten bei Waisenrenten von Berechtigten wird allein aus Bundesgebiets-Beitragszeiten ermittelt.

§ 114 Besonderheiten
(1) ¹Die persönlichen Entgeltpunkte von Berechtigten werden zusätzlich ermittelt aus
1. Entgeltpunkten für beitragsfreie Zeiten,
2. dem Zuschlag an Entgeltpunkten für beitragsgeminderte Zeiten und
3. Abschlägen an Entgeltpunkten aus einem durchgeführten Versorgungsausgleich oder Rentensplitting, soweit sie auf beitragsfreie Zeiten oder einen Zuschlag an Entgeltpunkten für beitragsgeminderte Zeiten entfallen.

²Die nach Satz 1 ermittelten Entgeltpunkte werden dabei in dem Verhältnis berücksichtigt, in dem die Entgeltpunkte für Bundesgebiets-Beitragszeiten und die nach § 272 Abs. 1 Nr. 1 sowie § 272 Abs. 3 Satz 1 ermittelten Entgeltpunkte zu allen Entgeltpunkten für Beitragszeiten einschließlich Beschäftigungszeiten nach dem Fremdrentengesetz stehen.
(2) Der Zuschlag an persönlichen Entgeltpunkten bei Waisenrenten von Berechtigten wird zusätzlich aus
1. beitragsfreien Zeiten in dem sich nach Absatz 1 Satz 2 ergebenden Verhältnis und
2. Berücksichtigungszeiten im Inland
ermittelt.

Sechster Abschnitt
Durchführung

Erster Unterabschnitt
Beginn und Abschluss des Verfahrens

§ 115 Beginn
(1) ¹Das Verfahren beginnt mit dem Antrag, wenn nicht etwas anderes bestimmt ist. ²Eines Antrags bedarf es nicht, wenn eine Rente wegen der Änderung der tatsächlichen oder rechtlichen Verhältnisse in niedrigerer als der bisherigen Höhe zu leisten ist.
(2) Anträge von Witwen oder Witwern auf Zahlung eines Vorschusses auf der Grundlage der für den Sterbemonat an den verstorbenen Ehegatten geleisteten Rente gelten als Anträge auf Leistung einer Witwenrente oder Witwerrente.

(3) ¹Haben Versicherte bis zum Erreichen der Regelaltersgrenze eine Rente wegen verminderter Erwerbsfähigkeit oder eine Erziehungsrente bezogen, ist anschließend eine Regelaltersrente zu leisten, wenn sie nicht etwas anderes bestimmen. ²Haben Witwen oder Witwer bis zum Erreichen der Altersgrenze für eine große Witwenrente oder große Witwerrente eine kleine Witwenrente oder kleine Witwerrente bezogen, ist anschließend eine große Witwenrente oder große Witwerrente zu leisten.
(4) ¹Leistungen zur Teilhabe können auch von Amts wegen erbracht werden, wenn die Versicherten zustimmen. ²Die Zustimmung gilt als Antrag auf Leistungen zur Teilhabe.
(5) Rentenauskünfte werden auch von Amts wegen erteilt.
(6) ¹Die Träger der Rentenversicherung sollen die Berechtigten in geeigneten Fällen darauf hinweisen, dass sie eine Leistung erhalten können, wenn sie diese beantragen. ²In Richtlinien der Deutschen Rentenversicherung Bund kann bestimmt werden, unter welchen Voraussetzungen solche Hinweise erfolgen sollen.

§ 116 Besonderheiten bei Leistungen zur Teilhabe

(1) (weggefallen)
(2) Der Antrag auf Leistungen zur medizinischen Rehabilitation oder zur Teilhabe am Arbeitsleben gilt als Antrag auf Rente, wenn Versicherte vermindert erwerbsfähig sind und
1. ein Erfolg von Leistungen zur medizinischen Rehabilitation oder zur Teilhabe am Arbeitsleben nicht zu erwarten ist oder
2. Leistungen zur medizinischen Rehabilitation oder zur Teilhabe am Arbeitsleben nicht erfolgreich gewesen sind, weil sie die verminderte Erwerbsfähigkeit nicht verhindert haben.
(3) ¹Ist Übergangsgeld gezahlt worden und wird nachträglich für denselben Zeitraum der Anspruch auf eine Rente wegen verminderter Erwerbsfähigkeit festgestellt, gilt dieser Anspruch bis zur Höhe des gezahlten Übergangsgeldes als erfüllt. ²Übersteigt das Übergangsgeld den Betrag der Rente, kann der übersteigende Betrag nicht zurückgefordert werden.

§ 117 Abschluss

Die Entscheidung über einen Anspruch auf Leistung bedarf der Schriftform.

§ 117a Besonderheiten beim Zuschlag an Entgeltpunkten für langjährige Versicherung

Über den Anspruch auf Rente kann hinsichtlich der Rentenhöhe auch unter Außerachtlassung des Zuschlags an Entgeltpunkten für langjährige Versicherung entschieden werden.

Zweiter Unterabschnitt
Auszahlung und Anpassung

§ 118 Fälligkeit und Auszahlung

(1) ¹Laufende Geldleistungen mit Ausnahme des Übergangsgeldes werden am Ende des Monats fällig, zu dessen Beginn die Anspruchsvoraussetzungen erfüllt sind; sie werden am letzten Bankarbeitstag dieses Monats ausgezahlt. ²Bei Zahlung auf ein Konto im Inland ist die Gutschrift der laufenden Geldleistung, auch wenn sie nachträglich erfolgt, so vorzunehmen, dass die Wertstellung des eingehenden Überweisungsbetrages auf dem Empfängerkonto unter dem Datum des Tages erfolgt, an dem der Betrag dem Geldinstitut zur Verfügung gestellt worden ist. ³Für die rechtzeitige Auszahlung im Sinne von Satz 1 genügt es, wenn nach dem gewöhnlichen Verlauf die Wertstellung des Betrages der laufenden Geldleistung unter dem Datum des letzten Bankarbeitstages erfolgen kann.
(2) Laufende Geldleistungen, die bei Auszahlungen
1. im Inland das aktuellen Rentenwert,
2. im Ausland das Dreifache des aktuellen Rentenwerts
nicht übersteigen, können für einen angemessenen Zeitraum im Voraus ausgezahlt werden.
(2a) Nachzahlungsbeträge, die ein Zehntel des aktuellen Rentenwerts nicht übersteigen, sollen nicht ausgezahlt werden.
(2b) In Fällen des § 47 Absatz 1 Satz 3 des Ersten Buches erfolgt eine kostenfreie Übermittlung von Geldleistungen an den Wohnsitz oder an den gewöhnlichen Aufenthalt spätestens ab dem zweiten Monat, der auf den Monat folgt, in dem der Nachweis erbracht worden ist.
(3) ¹Geldleistungen, die für die Zeit nach dem Tod des Berechtigten auf ein Konto bei einem Geldinstitut, für das die Verordnung (EU) Nr. 260/2012 des Europäischen Parlaments und des Rates vom 14. März 2012 zur Festlegung der technischen Vorschriften und der Geschäftsanforderungen für Überweisungen und Lastschriften in Euro und zur Änderung der Verordnung (EG) Nr. 924/2009 (ABl. L 94 vom 30. 3. 2012, S. 22) gilt, überwiesen wurden, gelten als unter Vorbehalt erbracht. ²Das Geldinstitut hat sie der überweisenden Stelle oder dem Träger der Rentenversicherung zurückzuüberweisen, wenn diese sie als zu Unrecht erbracht zurückfordern. ³Eine Verpflichtung zur Rücküberweisung besteht nicht, soweit über den entsprechenden Betrag bei Eingang der Rückforderung bereits anderweitig verfügt

wurde, es sei denn, dass die Rücküberweisung aus einem Guthaben erfolgen kann. ⁴Das Geldinstitut darf den überwiesenen Betrag nicht zur Befriedigung eigener Forderungen verwenden.

(4) ¹Soweit Geldleistungen für die Zeit nach dem Tod des Berechtigten zu Unrecht erbracht worden sind, sind sowohl die Personen, die die Geldleistungen unmittelbar in Empfang genommen haben oder an die der entsprechende Betrag durch Dauerauftrag, Lastschrifteinzug oder sonstiges bankübliches Zahlungsgeschäft auf ein Konto weitergeleitet wurde (Empfänger), als auch die Personen, die als Verfügungsberechtigte über den entsprechenden Betrag ein bankübliches Zahlungsgeschäft zu Lasten des Kontos vorgenommen oder zugelassen haben (Verfügende), dem Träger der Rentenversicherung zur Erstattung des entsprechenden Betrages verpflichtet. ²Der Träger der Rentenversicherung hat Erstattungsansprüche durch Verwaltungsakt geltend zu machen. ³Ein Geldinstitut, das eine Rücküberweisung mit dem Hinweis abgelehnt hat, dass über den entsprechenden Betrag bereits anderweitig verfügt wurde, hat der überweisenden Stelle oder dem Träger der Rentenversicherung auf Verlangen Name und Anschrift des Empfängers oder Verfügenden und etwaiger neuer Kontoinhaber zu benennen. ⁴Ein Anspruch gegen die Erben nach § 50 des Zehnten Buches bleibt unberührt.

(4a) ¹Die Ansprüche nach den Absätzen 3 und 4 verjähren in vier Jahren nach Ablauf des Kalenderjahres, in dem der Träger der Rentenversicherung Kenntnis von der Überzahlung und in den Fällen des Absatzes 4 zusätzlich Kenntnis von dem Erstattungspflichtigen erlangt hat. ²Für die Hemmung, die Ablaufhemmung, den Neubeginn und die Wirkung der Verjährung gelten die Vorschriften des Bürgerlichen Gesetzbuchs sinngemäß.

(5) Sind laufende Geldleistungen, die nach Absatz 1 auszuzahlen und in dem Monat fällig geworden sind, in dem der Berechtigte verstorben ist, auf das bisherige Empfängerkonto bei einem Geldinstitut überwiesen worden, ist der Anspruch der Erben gegenüber dem Träger der Rentenversicherung erfüllt.

§ 118a Anpassungsmitteilung
Rentenbezieher erhalten eine Anpassungsmitteilung, wenn sich die Höhe des aktuellen Rentenwerts verändert.

Fünfter Unterabschnitt
Berechnungsgrundsätze

§ 122 Berechnung von Zeiten
(1) Ein Kalendermonat, der nur zum Teil mit rentenrechtlichen Zeiten belegt ist, zählt als voller Monat.
(2) ¹Ein Zeitraum, der in Jahren bestimmt ist, umfasst für jedes zu berücksichtigende Jahr zwölf Monate. ²Ist für den Beginn oder das Ende eines Zeitraums ein bestimmtes Ereignis maßgebend, wird auch der Kalendermonat, in das Ereignis fällt, berücksichtigt.
(3) Sind Zeiten bis zu einer Höchstdauer zu berücksichtigen, werden die am weitesten zurückliegenden Kalendermonate zunächst berücksichtigt.

Drittes Kapitel
Organisation, Datenschutz und Datensicherheit

Zweiter Abschnitt
Datenschutz und Datensicherheit

§ 151a Antragstellung im automatisierten Verfahren beim Versicherungsamt
(1) Für die Aufnahme von Leistungsanträgen bei dem Versicherungsamt oder der Gemeindebehörde und die Übermittlung der Anträge an den Träger der Rentenversicherung kann ein automatisiertes Verfahren eingerichtet werden, das es dem Versicherungsamt oder der Gemeindebehörde ermöglicht, die für das automatisierte Verfahren erforderlichen Daten der Versicherten aus der Stammsatzdatei der Datenstelle der Rentenversicherung (§ 150 Abs. 2) und dem Versicherungskonto (§ 149 Abs. 1) abzurufen, wenn die Versicherten oder anderen Leistungsberechtigten ihren Wohnsitz oder gewöhnlichen Aufenthalt, ihren Beschäftigungsort oder Tätigkeitsort im Bezirk des Versicherungsamtes oder in der Gemeinde haben.

(2) ¹Aus der Stammsatzdatei dürfen nur die in § 150 Abs. 2 Nr. 1 bis 4 genannten Daten und die Angabe des aktuell kontoführenden Rentenversicherungsträgers abgerufen werden. ²Aus dem Versicherungskonto dürfen nur folgende Daten abgerufen werden:
1. Datum des letzten Zuzugs aus dem Ausland unter Angabe des Staates,
2. Datum der letzten Kontoklärung,
3. Anschrift,
4. Datum des Eintritts in die Versicherung,
5. Lücken im Versicherungsverlauf, an deren Klärung der Versicherte noch nicht mitgewirkt hat,
6. Kindererziehungszeiten und Berücksichtigungszeiten,
7. Berufsausbildungszeiten,

8. Wartezeitauskunft zu der beantragten Rente einschließlich der Wartezeiterfüllung nach § 52,
9. die zuständigen Einzugsstellen mit Angabe des jeweiligen Zeitraums.

(3) ¹Die Deutsche Rentenversicherung Bund erstellt im Einvernehmen mit dem Bundesamt für Sicherheit in der Informationstechnik ein Sicherheitskonzept für die Einrichtung des automatisierten Verfahrens, das insbesondere die nach den Artikeln 24, 25 und 32 der Verordnung (EU) 2016/679 des Europäischen Parlaments und des Rates vom 27. April 2016 zum Schutz natürlicher Personen bei der Verarbeitung personenbezogener Daten, zum freien Datenverkehr und zur Aufhebung der Richtlinie 95/46/EG (Datenschutz-Grundverordnung) (ABl. L 119 vom 4. 5. 2016, S. 1; L 314 vom 22. 11. 2016, S. 72; L 127 vom 23. 5. 2018, S. 2) in der jeweils geltenden Fassung erforderlichen technischen und organisatorischen Maßnahmen enthalten muss. ²Wenn sicherheitserhebliche Änderungen am automatisierten Verfahren vorgenommen werden oder das Sicherheitskonzept aus einem sonstigen Grund nicht geeignet ist, die Datensicherheit zu gewährleisten, spätestens jedoch alle vier Jahre, ist das Sicherheitskonzept im Einvernehmen mit dem Bundesamt für Sicherheit in der Informationstechnik zu aktualisieren. ³Zur Herstellung des Einvernehmens prüft das Bundesamt für Sicherheit in der Informationstechnik das Sicherheitskonzept. ⁴Einrichtung des Verfahrens und die Anwendung des aktualisierten Sicherheitskonzeptes nach Satz 2 bedürfen der vorherigen Zustimmung der Aufsichtsbehörden der Stellen, die Daten nach Absatz 1 zum automatisierten Abruf bereitstellen. ⁵Die Zustimmung ist unter Vorlage des Sicherheitskonzeptes und Beifügung der Erklärung des Bundesamtes für Sicherheit in der Informationstechnik über die Herstellung des Einvernehmens zu beantragen. ⁶Die Zustimmung gilt als erteilt, wenn die Aufsichtsbehörde nicht innerhalb einer Frist von drei Monaten nach Vorlage des Antrags eine andere Entscheidung trifft. ⁷Die Aufsichtsbehörde kann den Betrieb des Verfahrens untersagen, wenn eine Aktualisierung des Sicherheitskonzeptes nach Satz 2 nicht erfolgt.

§ 151b Automatisiertes Abrufverfahren beim Zuschlag an Entgeltpunkten für langjährige Versicherung

(1) ¹Zur Ermittlung und Prüfung der Anrechnung des Einkommens nach § 97a erfolgt der dafür notwendige Datenaustausch zwischen den Trägern der Rentenversicherung und den zuständigen Finanzbehörden in einem automatisierten Abrufverfahren. ²Die Anfrage der Träger der Rentenversicherung und die Antwort der zuständigen Finanzbehörde sind nach amtlich vorgeschriebenem Datensatz durch Datenfernübertragung über die Datenstelle der Rentenversicherung und über eine Koordinierende Stelle für den Abruf steuerlicher Daten bei der Deutschen Rentenversicherung Bund zu übermitteln. ³§ 30 der Abgabenordnung steht dem Abrufverfahren nicht entgegen. ⁴§ 93c der Abgabenordnung ist für das Verfahren nicht anzuwenden.

(2) ¹Die Träger der Rentenversicherung sind berechtigt, die nach § 22a Absatz 2 des Einkommensteuergesetzes erhobene steuerliche Identifikationsnummer nach § 139b der Abgabenordnung des Berechtigten für die Ermittlung des Einkommens nach § 97a zu nutzen. ²Das Bundeszentralamt für Steuern hat den Trägern der Rentenversicherung auf deren Anfrage die steuerliche Identifikationsnummer des Ehegatten des Berechtigten aus den nach § 39e Absatz 2 Satz 1 Nummer 2 des Einkommensteuergesetzes gespeicherten Daten sowie dessen Geburtsdatum aus den nach § 139b der Abgabenordnung gespeicherten Daten über die Koordinierende Stelle zu übermitteln; die erhobenen Daten dürfen nur für die Ermittlung des Einkommens nach § 97a genutzt werden.

(3) ¹Die Träger der Rentenversicherung erheben die nach § 97a Absatz 2 Satz 1 Nummer 1 und 2 erforderlichen und bei den Finanzbehörden vorhandenen Daten bei den zuständigen Finanzbehörden unter Angabe der steuerlichen Identifikationsnummer des Berechtigten sowie seines Ehegatten. ²Werden von der zuständigen Finanzbehörde keine Daten nach § 97a Absatz 2 Satz 1 Nummer 1 und Satz 4 Nummer 1 und 3 übermittelt, können die Träger der Rentenversicherung unter Angabe der steuerlichen Identifikationsnummer des Berechtigten sowie seines Ehegatten die für die Berücksichtigung nach § 97a Absatz 2 Satz 4 erforderliche Übermittlung vorhandener Rentenbezugsmitteilungen nach § 22a Absatz 1 des Einkommensteuergesetzes bei der zentralen Stelle im Sinne des § 81 des Einkommensteuergesetzes anfordern.

(4) Für das automatisierte Abrufverfahren nach den Absätzen 1 bis 3 gilt § 79 Absatz 1, 2 bis 4 des Zehnten Buches entsprechend mit der Maßgabe, dass es einer Genehmigung nach § 79 Absatz 1 des Zehnten Buches nicht bedarf.

(5) ¹Das Bundesministerium für Arbeit und Soziales bestimmt im Einvernehmen mit dem Bundesministerium der Finanzen den Inhalt und Aufbau der für die Durchführung des automatisierten Datenabrufs zu übermittelnden Datensätze. ²Das Bundesministerium für Arbeit und Soziales kann im Einvernehmen mit dem Bundesministerium der Finanzen durch Rechtsverordnung mit Zustimmung des Bundesrates das Nähere bestimmen, insbesondere über
1. die Einrichtung und
2. das Verfahren des automatisierten Abrufs.

§ 151c Auskunftsrechte zur Überprüfung von Einkünften aus Kapitalvermögen beim Zuschlag an Entgeltpunkten für langjährige Versicherung

(1) ¹Die Träger der Rentenversicherung können für Berechtigte, bei denen nach Prüfung des Einkommens nach § 97a ein Rentenanteil aus dem Zuschlag an Entgeltpunkten für langjährige Versicherung geleistet wird, und für deren Ehegatten im Wege des automatisierten Datenabgleichs bei einer durch Zufallsauswahl gewonnenen hinreichenden

Anzahl von Fällen das Bundeszentralamt für Steuern nach § 93 Absatz 8 Satz 1 Nummer 1 Buchstabe g der Abgabenordnung ersuchen, bei Kreditinstituten die in § 93b Absatz 1 und 1a der Abgabenordnung bezeichneten Daten für den Berechtigten und dessen Ehegatten abzurufen. ²§ 93 Absatz 8a bis 10 und § 93b Absatz 2 bis 4 der Abgabenordnung gelten entsprechend. ³Ein Abruf nach Satz 1 ist frühestens nach Ablauf der in § 97a Absatz 6 Satz 2 genannten Auskunftsfrist zulässig. ⁴Die Träger der Rentenversicherung dürfen für einen Abruf nach Satz 1 Name, Vornamen, Geburtsdatum und Anschrift des Berechtigten und seines Ehegatten an das Bundeszentralamt für Steuern übermitteln. ⁵Das Bundeszentralamt für Steuern darf die ihm nach Satz 4 vom Träger der Rentenversicherung übermittelten Daten nur zur Durchführung des Abrufs nach Satz 1 und zum Zweck der Datenschutzkontrolle verwenden. ⁶Die Träger der Rentenversicherung dürfen die vom Bundeszentralamt für Steuern erhobenen Daten nur für die Ermittlung des Einkommens nach § 97a nutzen. ⁷Für das Verfahren nach diesem Absatz gilt § 79 Absatz 1, 2 bis 4 des Zehnten Buches entsprechend mit der Maßgabe, dass es einer Genehmigung nach § 79 Absatz 1 des Zehnten Buches nicht bedarf.

(2) ¹Die Träger der Rentenversicherung sind berechtigt, bei jedem im Verfahren nach Absatz 1 Satz 1 ermittelten Kreditinstitut die Höhe aller bei ihm in dem maßgeblichen Kalenderjahr erzielten, versteuerten Einkünfte aus Kapitalvermögen nach § 20 des Einkommensteuergesetzes von Berechtigten und deren Ehegatten zu erheben, sofern deren Kenntnis für die Einkommensprüfung nach § 97a zur Gewährung eines Zuschlags an Entgeltpunkten für langjährige Versicherung erforderlich ist. ²Die Träger der Rentenversicherung dürfen hierzu Name, Vornamen, Geburtsdatum und Anschrift des Berechtigten und seines Ehegatten an das betroffene Kreditinstitut übermitteln. ³Das nach Satz 1 um Auskunft ersuchte Kreditinstitut ist verpflichtet, die ihm bekannten, in Satz 1 bezeichneten Daten an den um Auskunft ersuchenden Träger der Rentenversicherung zu übermitteln. ⁴Der Berechtigte und sein Ehegatte sind über die Durchführung der Datenerhebung und deren Ergebnis zu informieren.

Viertes Kapitel
Finanzierung

Zweiter Abschnitt
Beiträge und Verfahren

Erster Unterabschnitt
Beiträge

Erster Titel
Allgemeines

§ 157 Grundsatz

Die Beiträge werden nach einem Vomhundertsatz (Beitragssatz) von der Beitragsbemessungsgrundlage erhoben, die nur bis zur jeweiligen Beitragsbemessungsgrenze berücksichtigt wird.

§ 158 Beitragssätze

(1) ¹Der Beitragssatz in der allgemeinen Rentenversicherung ist vom 1. Januar eines Jahres an zu verändern, wenn am 31. Dezember dieses Jahres bei Beibehaltung des bisherigen Beitragssatzes die Mittel der Nachhaltigkeitsrücklage
1. das 0,2fache der durchschnittlichen Ausgaben zu eigenen Lasten der Träger der allgemeinen Rentenversicherung für einen Kalendermonat (Mindestrücklage) voraussichtlich unterschreiten oder
2. das 1,5fache der in Nummer 1 genannten Ausgaben für einen Kalendermonat (Höchstnachhaltigkeitsrücklage) voraussichtlich übersteigen.

²Ausgaben zu eigenen Lasten sind alle Ausgaben nach Abzug des Bundeszuschusses nach § 213 Abs. 2, der Erstattungen und der empfangenen Ausgleichszahlungen.

(2) ¹Der Beitragssatz ist so neu festzusetzen, dass die voraussichtlichen Beitragseinnahmen unter Berücksichtigung der voraussichtlichen Entwicklung der Bruttolöhne und -gehälter je Arbeitnehmer (§ 68 Abs. 2 Satz 1) und der Zahl der Pflichtversicherten zusammen mit den Zuschüssen des Bundes und den sonstigen Einnahmen unter Berücksichtigung von Entnahmen aus der Nachhaltigkeitsrücklage ausreichen, um die voraussichtlichen Ausgaben in dem auf die Festsetzung folgenden Kalenderjahr zu decken und sicherzustellen, dass die Mittel der Nachhaltigkeitsrücklage am Ende dieses Kalenderjahres
1. im Falle von Absatz 1 Nr. 1 dem Betrag der Mindestrücklage oder
2. im Falle von Absatz 1 Nr. 2 dem Betrag der Höchstnachhaltigkeitsrücklage
voraussichtlich entsprechen. ²Der Beitragssatz ist auf eine Dezimalstelle aufzurunden.

(3) Der Beitragssatz in der knappschaftlichen Rentenversicherung wird jeweils in dem Verhältnis verändert, in dem er sich in der allgemeinen Rentenversicherung ändert; der Beitragssatz ist nur für das jeweilige Kalenderjahr auf eine Dezimalstelle aufzurunden.

(4) Wird der Beitragssatz in der allgemeinen Rentenversicherung vom 1. Januar des Jahres an nicht verändert, macht das Bundesministerium für Arbeit und Soziales im Bundesgesetzblatt das Weitergelten der Beitragssätze bekannt.

§ 159 Beitragsbemessungsgrenzen

¹Die Beitragsbemessungsgrenzen in der allgemeinen Rentenversicherung sowie in der knappschaftlichen Rentenversicherung ändern sich zum 1. Januar eines jeden Jahres in dem Verhältnis, in dem die Bruttolöhne und -gehälter je Arbeitnehmer (§ 68 Abs. 2 Satz 1) im vergangenen zu den entsprechenden Bruttolöhnen und -gehältern im vorvergangenen Kalenderjahr stehen. ²Die veränderten Beträge werden nur für das Kalenderjahr, für das die Beitragsbemessungsgrenze bestimmt wird, auf das nächsthöhere Vielfache von 600 aufgerundet.

§ 160 Verordnungsermächtigung

Die Bundesregierung hat durch Rechtsverordnung mit Zustimmung des Bundesrates
1. die Beitragssätze in der Rentenversicherung,
2. in Ergänzung der Anlage 2 die Beitragsbemessungsgrenzen

festzusetzen.

> **Anm. d. Hrsg.:** Gemäß der Bekanntmachung der Beitragssätze in der allgemeinen Rentenversicherung und der knappschaftlichen Rentenversicherung für das Jahr 2021 durch das Bundesministerium für Arbeit und Soziales vom 9. Dezember 2020 beträgt der Beitragssatz in der allgemeinen Rentenversicherung für das Jahr 2021 18,6 Prozent und in der knappschaftlichen Rentenversicherung 24,7 Prozent.

Zweiter Titel
Beitragsbemessungsgrundlagen

§ 161 Grundsatz

(1) Beitragsbemessungsgrundlage für Versicherungspflichtige sind die beitragspflichtigen Einnahmen.

(2) Beitragsbemessungsgrundlage für freiwillig Versicherte ist jeder Betrag zwischen der Mindestbeitragsbemessungsgrundlage (§ 167) und der Beitragsbemessungsgrenze.

§ 162 Beitragspflichtige Einnahmen Beschäftigter

¹Beitragspflichtige Einnahmen sind
1. bei Personen, die gegen Arbeitsentgelt beschäftigt werden, das Arbeitsentgelt aus der versicherungspflichtigen Beschäftigung, jedoch bei Personen, die zu ihrer Berufsausbildung beschäftigt werden, mindestens 1 vom Hundert der Bezugsgröße,
2. bei behinderten Menschen das Arbeitsentgelt, mindestens 80 vom Hundert der Bezugsgröße,
2a. bei behinderten Menschen, die im Anschluss an eine Beschäftigung in einer nach dem Neunten Buch anerkannten Werkstatt für behinderte Menschen oder nach einer Beschäftigung bei einem anderen Leistungsanbieter nach § 60 des Neunten Buches in einem Inklusionsbetrieb (§ 215 des Neunten Buches) beschäftigt sind, das Arbeitsentgelt, mindestens 80 vom Hundert der Bezugsgröße,
3. bei Personen, die für eine Erwerbstätigkeit befähigt werden sollen oder im Rahmen einer Unterstützten Beschäftigung nach § 55 des Neunten Buches individuell betrieblich qualifiziert werden, ein Arbeitsentgelt in Höhe von 20 vom Hundert der monatlichen Bezugsgröße,
4. bei Mitgliedern geistlicher Genossenschaften, Diakonissen und Angehörigen ähnlicher Gemeinschaften die Geld- und Sachbezüge, die sie persönlich erhalten, jedoch bei Mitgliedern, denen nach Beendigung ihrer Ausbildung eine Anwartschaft auf die in der Gemeinschaft übliche Versorgung nicht gewährleistet oder für die die Gewährleistung nicht gesichert ist (§ 5 Abs. 1 Satz 1 Nr. 3), mindestens 40 vom Hundert der Bezugsgröße,
5. bei Personen, deren Beschäftigung nach dem Einkommensteuerrecht als selbständige Tätigkeit bewertet wird, ein Einkommen in Höhe der Bezugsgröße, bei Nachweis eines niedrigeren oder höheren Einkommens jedoch dieses Einkommen, mindestens jedoch monatlich 450 Euro. ²§ 165 Abs. 1 Satz 2 bis 10 gilt entsprechend.

§ 163 Sonderregelung für beitragspflichtige Einnahmen Beschäftigter

(1) ¹Für unständig Beschäftigte ist als beitragspflichtige Einnahmen ohne Rücksicht auf die Beschäftigungsdauer das innerhalb eines Kalendermonats erzielte Arbeitsentgelt bis zur Höhe der monatlichen Beitragsbemessungsgrenze zugrunde zu legen. ²Unständig ist die Beschäftigung, die auf weniger als eine Woche entweder nach der Natur der Sache befristet zu sein pflegt oder im Voraus durch den Arbeitsvertrag befristet ist. ³Bestanden innerhalb eines Kalendermonats mehrere unständige Beschäftigungen und übersteigt das Arbeitsentgelt insgesamt die monatliche Beitragsbemessungsgrenze, sind bei der Berechnung der Beiträge die einzelnen Arbeitsentgelte anteilmäßig nur zu berücksichtigen, soweit der Gesamtbetrag die monatliche Beitragsbemessungsgrenze nicht übersteigt. ⁴Soweit Versicherte oder Arbeitgeber dies beantragen, verteilt die zuständige Einzugsstelle die Beiträge nach den zu berücksichtigenden Arbeitsentgelten aus unständigen Beschäftigungen.

(2) ¹Für Seeleute gilt als beitragspflichtige Einnahme der Betrag, der nach dem Recht der gesetzlichen Unfallversicherung für die Beitragsberechnung maßgebend ist. ²§ 215 Abs. 4 des Siebten Buches gilt entsprechend.
(3) ¹Bei Arbeitnehmern, die ehrenamtlich tätig sind und deren Arbeitsentgelt infolge der ehrenamtlichen Tätigkeit gemindert wird, gilt auch der Betrag zwischen dem tatsächlich erzielten Arbeitsentgelt und dem Arbeitsentgelt, das ohne die ehrenamtliche Tätigkeit erzielt worden wäre, höchstens bis zur Beitragsbemessungsgrenze als Arbeitsentgelt (Unterschiedsbetrag), wenn der Arbeitnehmer dies beim Arbeitgeber beantragt. ²Satz 1 gilt nur für ehrenamtliche Tätigkeiten für Körperschaften, Anstalten oder Stiftungen des öffentlichen Rechts, deren Verbände einschließlich der Spitzenverbände oder ihrer Arbeitsgemeinschaften, Parteien, Gewerkschaften sowie Körperschaften, Personenvereinigungen und Vermögensmassen, die wegen des ausschließlichen und unmittelbaren Dienstes für gemeinnützige, mildtätige oder kirchliche Zwecke von der Körperschaftsteuer befreit sind. ³Der Antrag kann nur für laufende und künftige Lohn- und Gehaltsabrechnungszeiträume gestellt werden.
(4) ¹Bei Versicherten, die eine versicherungspflichtige ehrenamtliche Tätigkeit aufnehmen und für das vergangene Kalenderjahr freiwillige Beiträge gezahlt haben, gilt jeder Betrag zwischen dem Arbeitsentgelt und der Beitragsbemessungsgrenze als Arbeitsentgelt (Unterschiedsbetrag), wenn die Versicherten dies beim Arbeitgeber beantragen. ²Satz 1 gilt nur für versicherungspflichtige ehrenamtliche Tätigkeiten für Körperschaften des öffentlichen Rechts. ³Der Antrag kann nur für laufende und künftige Lohn- und Gehaltsabrechnungszeiträume gestellt werden.
(5) ¹Bei Arbeitnehmern, die nach dem Altersteilzeitgesetz Aufstockungsbeträge zum Arbeitsentgelt erhalten, gilt auch mindestens ein Betrag in Höhe von 80 vom Hundert des Regelarbeitsentgelts für die Altersteilzeitarbeit, begrenzt auf den Unterschiedsbetrag zwischen 90 vom Hundert der monatlichen Beitragsbemessungsgrenze und dem Regelarbeitsentgelt, höchstens jedoch bis zur Beitragsbemessungsgrenze, als beitragspflichtige Einnahme. ²Für Personen, die nach § 3 Satz 1 Nr. 3 für die Zeit des Bezugs von Krankengeld, Versorgungskrankengeld, Verletztengeld oder Übergangsgeld versichert sind, und für Personen, die für die Zeit der Arbeitsunfähigkeit oder der Ausführung von Leistungen zur Teilhabe, in der sie Krankentagegeld von einem privaten Krankenversicherungsunternehmen erhalten, nach § 4 Abs. 3 Satz 1 Nr. 2 versichert sind, gilt Satz 1 entsprechend.
(6) Soweit Kurzarbeitergeld geleistet wird, gilt als beitragspflichtige Einnahmen 80 vom Hundert des Unterschiedsbetrages zwischen dem Soll-Entgelt und dem Ist-Entgelt nach § 106 des Dritten Buches.
(7) (weggefallen)
(8) Bei Arbeitnehmern, die eine geringfügige Beschäftigung ausüben, ist beitragspflichtige Einnahme das Arbeitsentgelt, mindestens jedoch der Betrag in Höhe von 175 Euro.
(9) (weggefallen)
(10) ¹Bei Arbeitnehmern, die gegen ein monatliches Arbeitsentgelt bis zum oberen Grenzbetrag des Übergangsbereichs (§ 20 Abs. 2 Viertes Buch) mehr als geringfügig beschäftigt sind, ist beitragspflichtige Einnahme der Betrag, der sich aus folgender Formel ergibt:

$$F \times 450 + \left(\left\{\frac{1300}{1300-450}\right\} - \left\{\frac{450}{1300-450}\right\} \times F\right) \times (AE - 450)$$

²Dabei ist AE das Arbeitsentgelt und F der Faktor, der sich ergibt, wenn der Wert 30 vom Hundert durch den Gesamtsozialversicherungsbeitragssatz des Kalenderjahres, in dem der Anspruch auf das Arbeitsentgelt entstanden ist, geteilt wird. ³Der Gesamtsozialversicherungsbeitragssatz eines Kalenderjahres ergibt sich aus der Summe der zum 1. Januar desselben Kalenderjahres geltenden Beitragssätze in der allgemeinen Rentenversicherung, in der gesetzlichen Pflegeversicherung sowie zur Arbeitsförderung und des um den durchschnittlichen Zusatzbeitragssatz erhöhten allgemeinen Beitragssatzes in der gesetzlichen Krankenversicherung. ⁴Für die Zeit vom 1. Juli 2006 bis zum 31. Dezember 2006 beträgt der Faktor F 0,7160. ⁵Der Gesamtsozialversicherungsbeitragssatz und der Faktor F sind vom Bundesministerium für Arbeit und Soziales bis zum 31. Dezember eines Jahres für das folgende Kalenderjahr im Bundesanzeiger bekannt zu geben. ⁶Satz 1 gilt nicht für Personen, die zu ihrer Berufsausbildung beschäftigt sind.

§ 164 (weggefallen)

§ 165 Beitragspflichtige Einnahmen selbständig Tätiger

(1) ¹Beitragspflichtige Einnahmen sind
1. bei selbständig Tätigen ein Arbeitseinkommen in Höhe der Bezugsgröße, bei Nachweis eines niedrigeren oder höheren Arbeitseinkommens jedoch dieses Arbeitseinkommen, mindestens jedoch monatlich 450 Euro,
2. bei Seelotsen das Arbeitseinkommen,
3. bei Künstlern und Publizisten das voraussichtliche Jahresarbeitseinkommen (§ 12 Künstlersozialversicherungsgesetz), mindestens jedoch 3900 Euro, wobei Arbeitseinkommen auch die Vergütung für die Verwertung und Nutzung urheberrechtlich geschützter Werke oder Leistungen sind,
4. bei Hausgewerbetreibenden das Arbeitseinkommen,

5. bei Küstenschiffern und Küstenfischern das in der Unfallversicherung maßgebende beitragspflichtige Arbeitseinkommen.
²Beitragspflichtige Einnahmen sind bei selbständig Tätigen abweichend von Satz 1 Nr. 1 bis zum Ablauf von drei Kalenderjahren nach dem Jahr der Aufnahme der selbständigen Tätigkeit ein Arbeitseinkommen in Höhe von 50 vom Hundert der Bezugsgröße, auf Antrag des Versicherten jedoch ein Arbeitseinkommen in Höhe der Bezugsgröße. ³Für den Nachweis des von der Bezugsgröße abweichenden Arbeitseinkommens nach Satz 1 Nummer 1 sind die sich aus dem letzten Einkommensteuerbescheid für das zeitnaheste Kalenderjahr ergebenden Einkünfte aus der versicherungspflichtigen selbständigen Tätigkeit so lange maßgebend, bis ein neuer Einkommensteuerbescheid vorgelegt wird; wurden diese Einkünfte nicht während des gesamten Kalenderjahres erzielt, sind sie auf ein Jahresarbeitseinkommen hochzurechnen. ⁴Das nach Satz 3 festgestellte Arbeitseinkommen ist mit dem Vomhundertsatz zu vervielfältigen, der sich aus dem Verhältnis des vorläufigen Durchschnittsentgelts (Anlage 1) für das Kalenderjahr, für das das Arbeitseinkommen nachzuweisen ist, zu dem Durchschnittsentgelt (Anlage 1) für das maßgebende Veranlagungsjahr des Einkommensteuerbescheides ergibt. ⁵Übersteigt das nach Satz 4 festgestellte Arbeitseinkommen die Beitragsbemessungsgrenze des nachzuweisenden Kalenderjahres, wird ein Arbeitseinkommen in Höhe der jeweiligen Beitragsbemessungsgrenze so lange zugrunde gelegt, bis sich aus einem neuen Einkommensteuerbescheid niedrigere Einkünfte ergeben. ⁶Der Einkommensteuerbescheid ist dem Träger der Rentenversicherung spätestens zwei Kalendermonate nach seiner Ausfertigung vorzulegen. ⁷Statt des Einkommensteuerbescheides kann auch eine Bescheinigung des Finanzamtes vorgelegt werden, die die für den Nachweis des Arbeitseinkommens erforderlichen Daten des Einkommensteuerbescheides enthält. ⁸Änderungen des Arbeitseinkommens werden vom Ersten des auf die Vorlage des Bescheides oder der Bescheinigung folgenden Kalendermonats, spätestens aber vom Beginn des dritten Kalendermonats nach Ausfertigung des Einkommensteuerbescheides, an berücksichtigt. ⁹Ist eine Veranlagung zur Einkommensteuer aufgrund der versicherungspflichtigen selbständigen Tätigkeit noch nicht erfolgt, ist für das Jahr des Beginns der Versicherungspflicht ein Jahresarbeitseinkommen zugrunde zu legen, das sich aus den vom Versicherten vorzulegenden Unterlagen ergibt. ¹⁰Für die Folgejahre ist Satz 4 sinngemäß anzuwenden.
(1a) ¹Abweichend von Absatz 1 Satz 3 ist auf Antrag des Versicherten vom laufenden Arbeitseinkommen auszugehen, wenn dieses im Durchschnitt voraussichtlich um wenigstens 30 vom Hundert geringer ist als das Arbeitseinkommen nach Absatz 1 Satz 3. ²Das laufende Arbeitseinkommen ist durch entsprechende Unterlagen nachzuweisen. ³Änderungen des Arbeitseinkommens werden vom Ersten des auf die Vorlage der Nachweise folgenden Kalendermonats an berücksichtigt. ⁴Das festgestellte laufende Arbeitseinkommen bleibt so lange maßgebend, bis der Einkommensteuerbescheid über dieses Veranlagungsjahr vorgelegt wird und zu berücksichtigen ist. ⁵Für die Folgejahre ist Absatz 1 Satz 4 sinngemäß anzuwenden. ⁶Die Sätze 1 bis 3 gelten entsprechend für Küstenschiffer und Küstenfischer, wenn das laufende Arbeitseinkommen im Durchschnitt voraussichtlich um wenigstens 30 vom Hundert geringer ist als das Arbeitseinkommen nach Absatz 1 Satz 1 Nummer 5. ⁷Das für Küstenschiffer und Küstenfischer festgestellte laufende Arbeitseinkommen bleibt für ein Jahr maßgebend. ⁸Für die Folgejahre sind die Sätze 6 und 7 erneut anzuwenden.
(1b) Bei Künstlern und Publizisten wird für die Dauer des Bezugs von Elterngeld oder Erziehungsgeld oder für die Zeit, in der Erziehungsgeld nur wegen des zu berücksichtigenden Einkommens nicht bezogen wird, auf Antrag des Versicherten das in diesen Zeiten voraussichtlich erzielte Arbeitseinkommen, wenn es im Durchschnitt monatlich 325 Euro übersteigt, zugrunde gelegt.
(2) Für Hausgewerbetreibende, die ehrenamtlich tätig sind, gelten die Regelungen für Arbeitnehmer, die ehrenamtlich tätig sind, entsprechend.
(3) Bei Selbständigen, die auf Antrag versicherungspflichtig sind, gelten als Arbeitseinkommen im Sinne von § 15 des Vierten Buches auch die Einnahmen, die steuerrechtlich als Einkommen aus abhängiger Beschäftigung behandelt werden.

§ 166 Beitragspflichtige Einnahmen sonstiger Versicherter

(1) Beitragspflichtige Einnahmen sind
1. bei Personen, die als Wehr- oder Zivildienst Leistende versichert sind, 80 Prozent der Bezugsgröße; bei Teilzeitbeschäftigung wird dieser Prozentsatz mit dem Teilzeitanteil vervielfältigt,
1a. bei Personen, die als Wehr- oder Zivildienst Leistende versichert sind und Leistungen nach § 5 oder § 8 Absatz 1 Satz 1 jeweils in Verbindung mit Anlage 1 des Unterhaltssicherungsgesetzes erhalten, das Arbeitsentgelt, das dieser Leistung vor Abzug von Steuern und Beiträgen zugrunde liegt oder läge, mindestens jedoch 80 Prozent der Bezugsgröße; bei Teilzeitbeschäftigung wird dieser Prozentsatz mit dem Teilzeitanteil vervielfältigt,
1b. bei Personen, die in einem Wehrdienstverhältnis besonderer Art nach § 6 des Einsatz-Weiterverwendungsgesetzes versichert sind, die daraus gewährten Dienstbezüge in dem Umfang, in dem sie bei Beschäftigten als Arbeitsentgelt zu berücksichtigen wären,

1c. bei Personen, die als ehemalige Soldaten auf Zeit Übergangsgebührnisse beziehen, die nach § 11 des Soldatenversorgungsgesetzes gewährten Übergangsgebührnisse; liegen weitere Versicherungsverhältnisse vor, ist beitragspflichtige Einnahme höchstens die Differenz aus der Beitragsbemessungsgrenze und den beitragspflichtigen Einnahmen aus den weiteren Versicherungsverhältnissen,
2. bei Personen, die Arbeitslosengeld, Übergangsgeld, Krankengeld, Verletztengeld oder Versorgungskrankengeld beziehen, 80 vom Hundert des der Leistung zugrunde liegenden Arbeitsentgelts oder Arbeitseinkommens, wobei 80 vom Hundert des beitragspflichtigen Arbeitsentgelts aus einem nicht geringfügigen Beschäftigungsverhältnis abzuziehen sind, und bei gleichzeitigem Bezug von Krankengeld neben einer anderen Leistung das dem Krankengeld zugrunde liegende Einkommen nicht zu berücksichtigen ist,
2a. bei Personen, die im Anschluss an den Bezug von Arbeitslosengeld II Übergangsgeld oder Verletztengeld beziehen, monatlich der Betrag von 205 Euro,
2b. bei Personen, die Krankengeld nach § 44a des Fünften Buches beziehen, das der Leistung zugrunde liegende Arbeitsentgelt oder Arbeitseinkommen; wird dieses Krankengeld nach § 47b des Fünften Buches gezahlt, gilt Nummer 2,
2c. bei Personen, die Teilarbeitslosengeld beziehen, 80 vom Hundert des dieser Leistung zugrunde liegenden Arbeitsentgelts,
2d. bei Personen, die von einem privaten Krankenversicherungsunternehmen, von einem Beihilfeträger des Bundes, von einem sonstigen öffentlich-rechtlichen Träger von Kosten in Krankheitsfällen auf Bundesebene, von dem Träger der Heilfürsorge im Bereich des Bundes, von dem Träger der truppenärztlichen Versorgung oder von einem öffentlich-rechtlichen Träger von Kosten in Krankheitsfällen auf Landesebene, soweit Landesrecht dies vorsieht, Leistungen für den Ausfall von Arbeitseinkünften im Zusammenhang mit einer nach den §§ 8 und 8a des Transplantationsgesetzes erfolgenden Spende von Organen oder Geweben oder im Zusammenhang mit einer im Sinne von § 9 des Transfusionsgesetzes erfolgenden Spende von Blut zur Separation von Blutstammzellen oder anderen Blutbestandteilen beziehen, das diesen Leistungen zugrunde liegende Arbeitsentgelt oder Arbeitseinkommen,
2e. bei Personen, die Krankengeld nach § 45 Absatz 1 des Fünften Buches oder Verletztengeld nach § 45 Absatz 4 des Siebten Buches in Verbindung mit § 45 Absatz 1 des Fünften Buches beziehen, 80 vom Hundert des während der Freistellung ausgefallenen, laufenden Arbeitsentgelts oder des der Leistung zugrunde liegenden Arbeitseinkommens,
2f. bei Personen, die Pflegeunterstützungsgeld beziehen, 80 vom Hundert des während der Freistellung ausgefallenen, laufenden Arbeitsentgelts,
3. bei Beziehern von Vorruhestandsgeld das Vorruhestandsgeld,
4. bei Entwicklungshelfern das Arbeitsentgelt oder, wenn dies günstiger ist, der Betrag, der sich ergibt, wenn die Beitragsbemessungsgrenze mit dem Verhältnis vervielfältigt wird, in dem die Summe der Arbeitsentgelte oder Arbeitseinkommen für die letzten drei vor Aufnahme der nach § 4 Abs. 1 versicherungspflichtigen Beschäftigung oder Tätigkeit voll mit Pflichtbeiträgen belegten Kalendermonate zur Summe der Beträge der Beitragsbemessungsgrenzen für diesen Zeitraum steht; der Verhältniswert beträgt mindestens 0,6667,
4a. bei Personen, die für eine begrenzte Zeit im Ausland beschäftigt sind, das Arbeitsentgelt oder sich abweichend vom Arbeitsentgelt nach Nummer 4 ergebende Betrag, wenn dies mit der antragstellenden Stelle vereinbart wird; die Vereinbarung kann nur für laufende und künftige Lohn- und Gehaltsabrechnungszeiträume getroffen werden,
4b. bei sekundierten Personen das Arbeitsentgelt und die Leistungen nach § 9 des Sekundierungsgesetzes; im Übrigen gilt Nummer 4 entsprechend,
4c. bei sonstigen im Ausland beschäftigten Personen, die auf Antrag versicherungspflichtig sind, das Arbeitsentgelt,
5. bei Personen, die für Zeiten der Arbeitsunfähigkeit oder der Ausführung von Leistungen zur Teilhabe ohne Anspruch auf Krankengeld versichert sind, 80 vom Hundert des zuletzt für einen vollen Kalendermonat versicherten Arbeitsentgelts oder Arbeitseinkommens.

(2) ¹Beitragspflichtige Einnahmen sind bei nicht erwerbsmäßig tätigen Pflegepersonen bei Pflege einer
1. pflegebedürftigen Person des Pflegegrades 5 nach § 15 Absatz 3 Satz 4 Nummer 5 des Elften Buches
   a) 100 vom Hundert der Bezugsgröße, wenn die pflegebedürftige Person ausschließlich Pflegegeld nach § 37 des Elften Buches bezieht,
   b) 85 vom Hundert der Bezugsgröße, wenn die pflegebedürftige Person Kombinationsleistungen nach § 38 des Elften Buches bezieht,
   c) 70 vom Hundert der Bezugsgröße, wenn die pflegebedürftige Person ausschließlich Pflegesachleistungen nach § 36 des Elften Buches bezieht,
2. pflegebedürftigen Person des Pflegegrades 4 nach § 15 Absatz 3 Satz 4 Nummer 4 des Elften Buches
   a) 70 vom Hundert der Bezugsgröße, wenn die pflegebedürftige Person ausschließlich Pflegegeld nach § 37 des Elften Buches bezieht,

b) 59,5 vom Hundert der Bezugsgröße, wenn die pflegebedürftige Person Kombinationsleistungen nach § 38 des Elften Buches bezieht,
   c) 49 vom Hundert der Bezugsgröße, wenn die pflegebedürftige Person ausschließlich Pflegesachleistungen nach § 36 des Elften Buches bezieht,
3. pflegebedürftigen Person des Pflegegrades 3 nach § 15 Absatz 3 Satz 4 Nummer 3 des Elften Buches
   a) 43 vom Hundert der Bezugsgröße, wenn die pflegebedürftige Person ausschließlich Pflegegeld nach § 37 des Elften Buches bezieht,
   b) 36,55 vom Hundert der Bezugsgröße, wenn die pflegebedürftige Person Kombinationsleistungen nach § 38 des Elften Buches bezieht,
   c) 30,1 vom Hundert der Bezugsgröße, wenn die pflegebedürftige Person ausschließlich Pflegesachleistungen nach § 36 des Elften Buches bezieht,
4. pflegebedürftigen Person des Pflegegrades 2 nach § 15 Absatz 3 Satz 4 Nummer 2 des Elften Buches
   a) 27 vom Hundert der Bezugsgröße, wenn die pflegebedürftige Person ausschließlich Pflegegeld nach § 37 des Elften Buches bezieht,
   b) 22,95 vom Hundert der Bezugsgröße, wenn die pflegebedürftige Person Kombinationsleistungen nach § 38 des Elften Buches bezieht,
   c) 18,9 vom Hundert der Bezugsgröße, wenn die pflegebedürftige Person ausschließlich Pflegesachleistungen nach § 36 des Elften Buches bezieht.

²Üben mehrere nicht erwerbsmäßig tätige Pflegepersonen die Pflege gemeinsam aus (Mehrfachpflege), sind die beitragspflichtigen Einnahmen nach Satz 1 entsprechend dem nach § 44 Absatz 1 Satz 3 des Elften Buches festgestellten prozentualen Umfang der jeweiligen Pflegetätigkeit im Verhältnis zum Gesamtpflegeaufwand je pflegebedürftiger Person aufzuteilen. ³Werden mehrere Pflegebedürftige gepflegt, ergeben sich die beitragspflichtigen Einnahmen jeweils nach den Sätzen 1 und 2.

§ 167 Freiwillig Versicherte

Die Mindestbeitragsbemessungsgrundlage beträgt für freiwillig Versicherte monatlich 450 Euro.

Dritter Titel
Verteilung der Beitragslast

§ 168 Beitragstragung bei Beschäftigten

(1) Die Beiträge werden getragen
1. bei Personen, die gegen Arbeitsentgelt beschäftigt werden, von den Versicherten und von den Arbeitgebern je zur Hälfte,
1a. bei Arbeitnehmern, die Kurzarbeitergeld beziehen, vom Arbeitgeber,
1b. bei Personen, die gegen Arbeitsentgelt geringfügig versicherungspflichtig beschäftigt werden, von den Arbeitgebern in Höhe des Betrages, der 15 vom Hundert des der Beschäftigung zugrunde liegenden Arbeitsentgelts entspricht, im Übrigen vom Versicherten,
1c. bei Personen, die gegen Arbeitsentgelt in Privathaushalten geringfügig versicherungspflichtig beschäftigt werden, von den Arbeitgebern in Höhe des Betrages, der 5 vom Hundert des der Beschäftigung zugrunde liegenden Arbeitsentgelts entspricht, im Übrigen vom Versicherten,
1d. bei Arbeitnehmern, deren beitragspflichtige Einnahme sich nach § 163 Abs. 10 Satz 1 bestimmt, von den Arbeitgebern in Höhe der Hälfte des Betrages, der sich ergibt, wenn der Beitragssatz auf das der Beschäftigung zugrunde liegende Arbeitsentgelt angewendet wird, im Übrigen vom Versicherten,
2. bei behinderten Menschen von den Trägern der Einrichtung oder dem anderen Leistungsanbieter nach § 60 des Neunten Buches, wenn ein Arbeitsentgelt nicht bezogen wird oder das monatliche Arbeitsentgelt 20 vom Hundert der monatlichen Bezugsgröße nicht übersteigt, sowie für den Betrag zwischen dem monatlichen Arbeitsentgelt und 80 vom Hundert der monatlichen Bezugsgröße, wenn das monatliche Arbeitsentgelt 80 vom Hundert der monatlichen Bezugsgröße nicht übersteigt, im Übrigen von den Versicherten und den Trägern der Einrichtung je zur Hälfte,
2a. bei behinderten Menschen, die im Anschluss an eine Beschäftigung in einer nach dem Neunten Buch anerkannten Werkstatt für behinderte Menschen oder nach einer Beschäftigung bei einem anderen Leistungsanbieter nach § 60 des Neunten Buches in einem Inklusionsbetrieb (§ 215 Neuntes Buch) beschäftigt sind, von den Trägern der Inklusionsbetriebe für den Betrag zwischen dem monatlichen Arbeitsentgelt und 80 vom Hundert der monatlichen Bezugsgröße, wenn das monatliche Arbeitsentgelt 80 vom Hundert der monatlichen Bezugsgröße nicht übersteigt, im Übrigen von den Versicherten und den Trägern der Inklusionsbetriebe je zur Hälfte,
3. bei Personen, die für eine Erwerbstätigkeit befähigt werden sollen, von den Trägern der Einrichtung,

3a. bei behinderten Menschen während der individuellen betrieblichen Qualifizierung im Rahmen der Unterstützten Beschäftigung nach § 55 des Neunten Buches von dem zuständigen Rehabilitationsträger,
4. bei Mitgliedern geistlicher Genossenschaften, Diakonissen und Angehörigen ähnlicher Gemeinschaften von den Genossenschaften oder Gemeinschaften, wenn das monatliche Arbeitsentgelt 40 vom Hundert der monatlichen Bezugsgröße nicht übersteigt, im Übrigen von den Mitgliedern und den Genossenschaften oder Gemeinschaften je zur Hälfte,
5. bei Arbeitnehmern, die ehrenamtlich tätig sind, für den Unterschiedsbetrag von ihnen selbst,
6. bei Arbeitnehmern, die nach dem Altersteilzeitgesetz Aufstockungsbeträge zum Arbeitsentgelt erhalten, für die sich nach § 163 Abs. 5 Satz 1 ergebende beitragspflichtige Einnahme von den Arbeitgebern,
7. bei Arbeitnehmern, die nach dem Altersteilzeitgesetz Aufstockungsbeträge zum Krankengeld, Versorgungskrankengeld, Verletztengeld, Übergangsgeld oder Krankentagegeld erhalten, für die sich nach § 163 Abs. 5 Satz 2 ergebende beitragspflichtige Einnahme
   a) von der Bundesagentur oder, im Fall der Leistungserbringung nach § 10 Abs. 2 Satz 2 des Altersteilzeitgesetzes, von den Arbeitgebern, wenn die Voraussetzungen des § 4 des Altersteilzeitgesetzes vorliegen,
   b) von den Arbeitgebern, wenn die Voraussetzungen des § 4 des Altersteilzeitgesetzes nicht vorliegen.

(2) Wird infolge einmalig gezahlten Arbeitsentgelts die in Absatz 1 Nr. 2 genannte Grenze von 20 vom Hundert der monatlichen Bezugsgröße überschritten, tragen die Versicherten und die Arbeitgeber die Beiträge von dem diese Grenze übersteigenden Teil des Arbeitsentgelts jeweils zur Hälfte; im Übrigen tragen die Arbeitgeber den Beitrag allein.

(3) Personen, die in der knappschaftlichen Rentenversicherung versichert sind, tragen die Beiträge in Höhe des Vomhundertsatzes, den sie zu tragen hätten, wenn sie in der allgemeinen Rentenversicherung versichert wären; im Übrigen tragen die Arbeitgeber die Beiträge.

§ 169 Beitragstragung bei selbständig Tätigen

Die Beiträge werden getragen
1. bei selbständig Tätigen von ihnen selbst,
2. bei Künstlern und Publizisten von der Künstlersozialkasse,
3. bei Hausgewerbetreibenden von den Versicherten und den Arbeitgebern je zur Hälfte,
4. bei Hausgewerbetreibenden, die ehrenamtlich tätig sind, für den Unterschiedsbetrag von ihnen selbst.

§ 170 Beitragstragung bei sonstigen Versicherten

(1) Die Beiträge werden getragen
1. bei Wehr- oder Zivildienst Leistenden, ehemaligen Soldaten auf Zeit während des Bezugs von Übergangsgebührnissen nach § 11 des Soldatenversorgungsgesetzes, Personen in einem Wehrdienstverhältnis besonderer Art nach § 6 des Einsatz-Weiterverwendungsgesetzes und für Kindererziehungszeiten vom Bund,
2. bei Personen, die
   a) Krankengeld oder Verletztengeld beziehen, von den Beziehern der Leistung und den Leistungsträgern je zur Hälfte, soweit sie auf die Leistung entfallen und diese Leistungen nicht in Höhe der Leistungen der Bundesagentur für Arbeit zu zahlen sind, im Übrigen vom Leistungsträger; die Beiträge werden auch dann von den Leistungsträgern getragen, wenn die Bezieher der Leistung zur Berufsausbildung beschäftigt sind und das der Leistung zugrunde liegende Arbeitsentgelt auf den Monat bezogen 450 Euro nicht übersteigt,
   b) Versorgungskrankengeld, Übergangsgeld oder Arbeitslosengeld beziehen, von den Leistungsträgern,
   c) Krankengeld nach § 44a des Fünften Buches beziehen, vom Leistungsträger,
   d) für Personen, die Leistungen für den Ausfall von Arbeitseinkünften im Zusammenhang mit einer nach den §§ 8 und 8a des Transplantationsgesetzes erfolgenden Spende von Organen oder Geweben oder im Zusammenhang mit einer im Sinne von § 9 des Transfusionsgesetzes erfolgenden Spende von Blut zur Separation von Blutstammzellen oder anderen Blutbestandteilen erhalten, von der Stelle, die die Leistung erbringt; wird die Leistung von mehreren Stellen erbracht, sind die Beiträge entsprechend anteilig zu tragen,
   e) Pflegeunterstützungsgeld beziehen, von den Beziehern der Leistung zur Hälfte, soweit sie auf die Leistung entfallen, im Übrigen
      aa) von der Pflegekasse, wenn der Pflegebedürftige in der sozialen Pflegeversicherung versichert ist,
      bb) von dem privaten Versicherungsunternehmen, wenn der Pflegebedürftige in der sozialen Pflegeversicherung versicherungsfrei ist,
      cc) von der Festsetzungsstelle für die Beihilfe oder dem Dienstherrn und der Pflegekasse oder dem privaten Versicherungsunternehmen anteilig, wenn der Pflegebedürftige Anspruch auf Beihilfe oder Heilfürsorge hat und in der sozialen Pflegeversicherung oder bei einem privaten Versicherungsunternehmen versichert ist; ist ein Träger der Rentenversicherung Festsetzungsstelle für die Beihilfe, gelten die Beiträge insoweit als gezahlt; dies gilt auch im Verhältnis der Rentenversicherungsträger untereinander;

die Beiträge werden von den Stellen, die die Leistung zu erbringen haben, allein getragen, wenn die Bezieher der Leistung zur Berufsausbildung beschäftigt sind und das der Leistung zugrunde liegende Arbeitsentgelt auf den Monat bezogen 450 Euro nicht übersteigt; Doppelbuchstabe cc gilt entsprechend,
3. bei Bezug von Vorruhestandsgeld von den Beziehern und den zur Zahlung des Vorruhestandsgeldes Verpflichteten je zur Hälfte,
4. bei Entwicklungshelfern, bei Personen, die für eine begrenzte Zeit im Ausland beschäftigt sind, bei sekundierten Personen oder bei sonstigen im Ausland beschäftigten Personen von den antragstellenden Stellen,
5. bei Zeiten der Arbeitsunfähigkeit oder der Ausführung von Leistungen zur Teilhabe ohne Anspruch auf Krankengeld von den Versicherten selbst,
6. bei nicht erwerbsmäßig tätigen Pflegepersonen, die einen
    a) in der sozialen Pflegeversicherung versicherten Pflegebedürftigen pflegen, von der Pflegekasse,
    b) in der sozialen Pflegeversicherung versicherungsfreien Pflegebedürftigen pflegen, von dem privaten Versicherungsunternehmen,
    c) Pflegebedürftigen pflegen, der wegen Pflegebedürftigkeit Beihilfeleistungen oder Leistungen der Heilfürsorge und Leistungen einer Pflegekasse oder eines privaten Versicherungsunternehmens erhält, von der Festsetzungsstelle für die Beihilfe oder vom Dienstherrn und der Pflegekasse oder dem privaten Versicherungsunternehmen anteilig; ist ein Träger der Rentenversicherung Festsetzungsstelle für die Beihilfe, gelten die Beiträge insoweit als gezahlt; dies gilt auch im Verhältnis der Rentenversicherungsträger untereinander.

(2) ¹Bezieher von Krankengeld, Pflegeunterstützungsgeld oder Verletztengeld, die in der knappschaftlichen Rentenversicherung versichert sind, tragen die Beiträge in Höhe des Vomhundertsatzes, den sie zu tragen hätten, wenn sie in der allgemeinen Rentenversicherung versichert wären; im Übrigen tragen die Beiträge die Leistungsträger. ²Satz 1 gilt entsprechend für Bezieher von Vorruhestandsgeld, die in der knappschaftlichen Rentenversicherung versichert sind.

§ 171 Freiwillig Versicherte
Freiwillig Versicherte tragen ihre Beiträge selbst.

§ 172 Arbeitgeberanteil bei Versicherungsfreiheit und Befreiung von der Versicherungspflicht
(1) ¹Für Beschäftigte, die versicherungsfrei sind wegen
1. des Bezugs einer Vollrente wegen Alters nach Ablauf des Monats, in dem die Regelaltersgrenze erreicht wurde,
2. des Bezugs einer Versorgung,
3. des Erreichens der Regelaltersgrenze oder
4. einer Beitragserstattung,

tragen die Arbeitgeber die Hälfte des Beitrags, der zu zahlen wäre, wenn die Beschäftigten versicherungspflichtig wären; in der knappschaftlichen Rentenversicherung ist statt der Hälfte des Beitrags der auf die Arbeitgeber entfallende Beitragsanteil zu zahlen. ²Satz 1 findet keine Anwendung auf versicherungsfrei geringfügig Beschäftigte und Beschäftigte nach § 1 Satz 1 Nr. 2.

(2) (weggefallen)

(3) ¹Für Beschäftigte nach § 8 Abs. 1 Nr. 1 des Vierten Buches, die in dieser Beschäftigung nach § 6 Absatz 1b oder nach anderen Vorschriften von der Versicherungspflicht befreit sind oder die nach § 5 Abs. 4 versicherungsfrei sind, tragen die Arbeitgeber einen Beitragsanteil in Höhe von 15 vom Hundert des Arbeitsentgelts, das beitragspflichtig wäre, wenn die Beschäftigten versicherungspflichtig wären. ²Dies gilt nicht für Personen, die während der Dauer eines Studiums als ordentliche Studierende einer Fachschule oder Hochschule ein Praktikum ableisten, das nicht in ihrer Studienordnung oder Prüfungsordnung vorgeschrieben ist.

(3a) Für Beschäftigte in Privathaushalten nach § 8a Satz 1 des Vierten Buches, die in dieser Beschäftigung nach § 6 Absatz 1b oder nach anderen Vorschriften von der Versicherungspflicht befreit sind oder die nach § 5 Abs. 4 versicherungsfrei sind, tragen die Arbeitgeber einen Beitragsanteil in Höhe von 5 vom Hundert des Arbeitsentgelts, das beitragspflichtig wäre, wenn die Beschäftigten versicherungspflichtig wären.

(4) Für den Beitragsanteil des Arbeitgebers gelten die Vorschriften des Dritten Abschnitts des Vierten Buches sowie die Bußgeldvorschriften des § 111 Abs. 1 Nr. 2 bis 4, 8 und Abs. 2 und 4 des Vierten Buches entsprechend.

§ 172a Beitragszuschüsse des Arbeitgebers für Mitglieder berufsständischer Versorgungseinrichtungen
Für Beschäftigte, die nach § 6 Absatz 1 Satz 1 Nummer 1 von der Versicherungspflicht befreit sind, zahlen die Arbeitgeber einen Zuschuss in Höhe der Hälfte des Beitrags zu einer berufsständischen Versorgungseinrichtung, höchstens aber die Hälfte des Beitrags, der zu zahlen wäre, wenn die Beschäftigten nicht von der Versicherungspflicht in der gesetzlichen Rentenversicherung befreit worden wären.

Vierter Titel
Zahlung der Beiträge

§ 173 Grundsatz

Die Beiträge sind, soweit nicht etwas anderes bestimmt ist, von denjenigen, die sie zu tragen haben (Beitragsschuldner), unmittelbar an die Träger der Rentenversicherung zu zahlen.

§ 174 Beitragszahlung aus dem Arbeitsentgelt und Arbeitseinkommen

(1) Für die Zahlung der Beiträge von Versicherungspflichtigen aus Arbeitsentgelt und von Hausgewerbetreibenden gelten die Vorschriften über den Gesamtsozialversicherungsbeitrag (§§ 28d bis 28n und 28r Viertes Buch).
(2) Für die Beitragszahlung
1. aus dem Arbeitseinkommen von Seelotsen,
2. aus Vorruhestandsgeld,
3. aus der maßgebenden beitragspflichtigen Einnahme für Entwicklungshelfer, für Personen, die für eine begrenzte Zeit im Ausland beschäftigt sind, für sekundierte Personen oder für die sonstigen im Ausland beschäftigten Personen

gilt Absatz 1 entsprechend.
(3) Für die Beitragszahlung nach Absatz 2 gelten als Arbeitgeber
1. die Lotsenbrüderschaften,
2. die zur Zahlung des Vorruhestandsgeldes Verpflichteten,
3. die antragstellenden Stellen.

§ 175 Beitragszahlung bei Künstlern und Publizisten

(1) Die Künstlersozialkasse zahlt für nachgewiesene Zeiten des Bezugs von Krankengeld, Verletztengeld, Versorgungskrankengeld, Übergangsgeld oder Mutterschaftsgeld sowie für nachgewiesene Anrechnungszeiten von Künstlern und Publizisten keine Beiträge.
(2) Die Künstlersozialkasse ist zur Zahlung eines Beitrags für Künstler und Publizisten nur insoweit verpflichtet, als diese ihren Beitragsanteil zur Rentenversicherung nach dem Künstlersozialversicherungsgesetz an die Künstlersozialkasse gezahlt haben.

§ 176 Beitragszahlung und Abrechnung bei Bezug von Sozialleistungen, bei Leistungen im Eingangsverfahren und im Berufsbildungsbereich anerkannter Werkstätten für behinderte Menschen

(1) [1]Soweit Personen, die Krankengeld, Pflegeunterstützungsgeld oder Verletztengeld beziehen, an den Beiträgen zur Rentenversicherung beteiligt sind, zahlen die Leistungsträger die Beiträge an die Träger der Rentenversicherung. [2]Als Leistungsträger gelten bei Bezug von Pflegeunterstützungsgeld auch private Versicherungsunternehmen, Festsetzungsstellen für die Beihilfe und Dienstherren. [3]Für den Beitragsabzug gilt § 28g Satz 1 des Vierten Buches entsprechend.
(2) [1]Das Nähere über Zahlung und Abrechnung der Beiträge für Bezieher von Sozialleistungen können die Leistungsträger und die Deutsche Rentenversicherung Bund durch Vereinbarung regeln. [2]Bei Bezug von Pflegeunterstützungsgeld gilt § 176a entsprechend.
(3) [1]Ist ein Träger der Rentenversicherung Träger der Rehabilitation, gelten die Beiträge als gezahlt. [2]Satz 1 gilt entsprechend bei Leistungen im Eingangsverfahren und im Berufsbildungsbereich anerkannter Werkstätten für behinderte Menschen oder entsprechenden Leistungen bei einem anderen Leistungsanbieter nach § 60 des Neunten Buches.

§ 176a Beitragszahlung und Abrechnung bei Pflegepersonen

Das Nähere über Zahlung und Abrechnung der Beiträge für nicht erwerbsmäßig tätige Pflegepersonen können die Spitzenverbände der Pflegekassen, der Verband der privaten Krankenversicherung e. V., die Festsetzungsstellen für die Beihilfe und die Deutsche Rentenversicherung Bund durch Vereinbarung regeln.

§ 176b Beitragszahlung und Abrechnung für Bezieher von Übergangsgebührnissen

Das Nähere über Zahlung und Abrechnung der Beiträge für ehemalige Soldaten auf Zeit bei Bezug von Übergangsgebührnissen können das Bundesministerium der Verteidigung oder die von ihm bestimmte Stelle und die Deutsche Rentenversicherung Bund durch Vereinbarung regeln. Die Vereinbarung bedarf der Zustimmung des Bundesministeriums für Arbeit und Soziales.

§ 177 Beitragszahlung für Kindererziehungszeiten

(1) Die Beiträge für Kindererziehungszeiten werden vom Bund gezahlt.
(2) [1]Der Bund zahlt zur pauschalen Abgeltung für die Beitragszahlung für Kindererziehungszeiten an die allgemeine Rentenversicherung für das Jahr 2000 einen Betrag in Höhe von 22,4 Milliarden Deutsche Mark. [2]Dieser Betrag verändert sich im jeweils folgenden Kalenderjahr in dem Verhältnis, in dem

1. die Bruttolöhne und -gehälter je Arbeitnehmer (§ 68 Abs. 2 Satz 1) im vergangenen Kalenderjahr zu den entsprechenden Bruttolöhnen und -gehältern im vorvergangenen Kalenderjahr stehen,
2. bei Veränderungen des Beitragssatzes der Beitragssatz des Jahres, für das er bestimmt wird, zum Beitragssatz des laufenden Kalenderjahres steht,
3. die Anzahl der unter Dreijährigen im vorvergangenen Kalenderjahr zur entsprechenden Anzahl der unter Dreijährigen in dem dem vorvergangenen vorausgehenden Kalenderjahr steht.

(3) ¹Bei der Bestimmung der Bruttolöhne und -gehälter je Arbeitnehmer sind für das vergangene Kalenderjahr und für das vorvergangene Kalenderjahr die Daten zugrunde zu legen, die dem Statistischen Bundesamt zu Beginn des Kalenderjahres, in dem die Bestimmung erfolgt, vorliegen. ²Bei der Anzahl der unter Dreijährigen in einem Kalenderjahr sind die für das jeweilige Kalenderjahr zum Jahresende vorliegenden Daten des Statistischen Bundesamtes zugrunde zu legen.

(4) ¹Die Beitragszahlung des Bundes erfolgt in zwölf gleichen Monatsraten. ²Die Festsetzung und Auszahlung der Monatsraten sowie die Abrechnung führt das Bundesamt für Soziale Sicherung entsprechend den haushaltsrechtlichen Vorschriften durch.

§ 178 Verordnungsermächtigung

(1) Das Bundesministerium für Arbeit und Soziales wird ermächtigt, im Einvernehmen mit dem Bundesministerium der Verteidigung, dem Bundesministerium für Familie, Senioren, Frauen und Jugend und dem Bundesministerium der Finanzen durch Rechtsverordnung mit Zustimmung des Bundesrates
1. eine pauschale Berechnung der Beiträge für Wehrdienstleistende und Zivildienstleistende sowie die Berechnung der Beiträge für Personen in einem Wehrdienstverhältnis besonderer Art nach § 6 des Einsatz-Weiterverwendungsgesetzes,
2. die Verteilung des Gesamtbetrags auf die Träger der Rentenversicherung und
3. die Zahlungsweise sowie das Verfahren
zu bestimmen.

(2) Das Bundesministerium für Arbeit und Soziales wird ermächtigt, durch Rechtsverordnung mit Zustimmung des Bundesrates Berechnungs- und Zahlungsweise sowie das Verfahren für die Zahlung der Beiträge außerhalb der Vorschriften über den Einzug des Gesamtsozialversicherungsbeitrags und für die Zahlungsweise von Pflichtbeiträgen und von freiwilligen Beiträgen bei Aufenthalt im Ausland zu bestimmen.

(3) Das Bundesministerium für Arbeit und Soziales macht im Einvernehmen mit dem Bundesministerium der Finanzen den Betrag, der vom Bund für Kindererziehungszeiten an die allgemeine Rentenversicherung pauschal zu zahlen ist, im Bundesanzeiger bekannt.

Fünfter Titel
Erstattungen

§ 179 Erstattung von Aufwendungen

(1) ¹Für behinderte Menschen nach § 1 Satz 1 Nummer 2 Buchstabe a, die im Arbeitsbereich einer anerkannten Werkstatt für behinderte Menschen oder bei einem anderen Leistungsanbieter nach § 60 des Neunten Buches tätig sind, erstattet der Bund den Trägern der Einrichtung oder dem anderen Anbieter nach § 60 des Neunten Buches die Beiträge, die auf den Betrag zwischen dem tatsächlich erzielten monatlichen Arbeitsentgelt und 80 Prozent der monatlichen Bezugsgröße entfallen, wenn das tatsächlich erzielte monatliche Arbeitsentgelt 80 Prozent der monatlichen Bezugsgröße nicht übersteigt; der Bund erstattet den Trägern der Einrichtung oder dem anderen Leistungsanbieter nach § 60 des Neunten Buches ferner die Beiträge für behinderte Menschen im Eingangsverfahren und im Berufsbildungsbereich einer anerkannten Werkstatt für behinderte Menschen oder in einer entsprechenden Bildungsmaßnahme bei einem anderen Leistungsanbieter nach § 60 des Neunten Buches, soweit Satz 2 nichts anderes bestimmt. ²Im Übrigen erstatten die Kostenträger den Trägern der Einrichtung oder dem anderen Leistungsanbieter nach § 60 des Neunten Buches die von diesen getragenen Beiträge für behinderte Menschen; das gilt auch, wenn sie im Eingangsverfahren oder im Berufsbildungsbereich anerkannter Werkstätten für behinderte Menschen oder in einer entsprechenden Bildungsmaßnahme bei einem anderen Leistungsanbieter nach § 60 des Neunten Buches tätig sind, soweit die Bundesagentur für Arbeit, die Träger der Unfallversicherung oder die Träger der Rentenversicherung zuständige Kostenträger sind. ³Für behinderte Menschen, die im Anschluss an eine Beschäftigung in einer nach dem Neunten Buch anerkannten Werkstatt für behinderte Menschen oder im Anschluss an eine Beschäftigung bei einem anderen Leistungsanbieter nach § 60 des Neunten Buches in einem Inklusionsbetrieb (§ 215 des Neunten Buches) beschäftigt sind, gilt Satz 1 entsprechend. ⁴Die zuständigen Stellen, die Erstattungen des Bundes nach Satz 1 oder 3 durchführen, können auch nach erfolgter Erstattung bei den davon umfassten Einrichtungen, anderen Leistungsanbietern nach § 60 des Neunten Buches, Inklusionsbetrieben oder bei deren Trägern die Voraussetzungen der Erstattung prüfen. ⁵Soweit es im Einzelfall erforderlich ist, haben die von der Erstattung umfassten Einrichtungen, anderen

Leistungsanbietern nach § 60 des Neunten Buches, Inklusionsbetriebe oder deren Träger den zuständigen Stellen auf Verlangen über alle Tatsachen Auskunft zu erteilen, die für die Prüfung der Voraussetzungen der Erstattung erforderlich sind. ⁶Sie haben auf Verlangen die Geschäftsbücher, Listen oder andere Unterlagen, aus denen die Angaben über die der Erstattung zu Grunde liegende Beschäftigung hervorgehen, während der Betriebszeit nach ihrer Wahl entweder in ihren eigenen Geschäftsräumen oder denen der zuständigen Stelle zur Einsicht vorzulegen. ⁷Das Wahlrecht nach Satz 6 entfällt, wenn besondere Gründe eine Prüfung in den Geschäftsräumen der Einrichtungen, anderen Leistungsanbietern nach § 60 des Neunten Buches, Inklusionsbetriebe oder deren Trägern gerechtfertigt erscheinen lassen.

(1a) ¹Ein auf anderen gesetzlichen Vorschriften beruhender Anspruch auf Ersatz eines Schadens geht auf den Bund über, soweit dieser auf Grund des Schadensereignisses Erstattungsleistungen nach Absatz 1 Satz 1 und 3 erbracht hat. ²Die nach Landesrecht für die Erstattung von Aufwendungen für die gesetzliche Rentenversicherung der in Werkstätten oder bei einem anderen Leistungsanbieter nach § 60 des Neunten Buches beschäftigten behinderten Menschen zuständige Stelle macht den nach Satz 1 übergegangenen Anspruch geltend. ³§ 116 Abs. 2 bis 7, 9 und die §§ 117 und 118 des Zehnten Buches gelten entsprechend. ⁴Werden Beiträge nach Absatz 1 Satz 2 erstattet, gelten die Sätze 1 und 3 entsprechend mit der Maßgabe, dass der Anspruch auf den Kostenträger übergeht. ⁵Der Kostenträger erfragt, ob ein Schadensereignis vorliegt und übermittelt diese Antwort an die Stelle, die den Anspruch auf Ersatz von Beiträgen zur Rentenversicherung geltend macht.

(2) ¹Bei den nach § 4 Absatz 1 versicherten Personen sind unbeschadet der Regelung über die Beitragstragung Vereinbarungen zulässig, wonach Versicherte den antragstellenden Stellen die Beiträge ganz oder teilweise zu erstatten haben. ²Besteht eine Pflicht zur Antragstellung nach § 11 des Entwicklungshelfer-Gesetzes, so ist eine Vereinbarung zulässig, soweit die Entwicklungshelfer von einer Stelle im Sinne des § 5 Abs. 2 des Entwicklungshelfer-Gesetzes Zuwendungen erhalten, die zur Abdeckung von Risiken bestimmt sind, die von der Rentenversicherung abgesichert werden.

Siebter Titel
Zahlung von Beiträgen in besonderen Fällen

§ 187 Zahlung von Beiträgen und Ermittlung von Entgeltpunkten aus Beiträgen beim Versorgungsausgleich

(1) Im Rahmen des Versorgungsausgleichs können Beiträge gezahlt werden, um
1. Rentenanwartschaften, die um einen Abschlag an Entgeltpunkten gemindert worden sind, ganz oder teilweise wieder aufzufüllen,
2. Rentenanwartschaften zu begründen aufgrund
   a) einer Entscheidung des Familiengerichts zum Ausgleich von Anrechten durch externe Teilung (§ 15 des Versorgungsausgleichsgesetzes),
   b) einer wirksamen Vereinbarung nach § 6 des Versorgungsausgleichsgesetzes oder
   c) einer Abfindung nach § 23 des Versorgungsausgleichsgesetzes,
3. die Erstattungspflicht für die Begründung von Rentenanwartschaften zugunsten des Ausgleichsberechtigten abzulösen (§ 225 Abs. 2).

(2) ¹Für die Zahlung der Beiträge werden die Rentenanwartschaften in Entgeltpunkte umgerechnet. ²Die Entgeltpunkte werden in der Weise ermittelt, dass der Monatsbetrag der Rentenanwartschaften durch den aktuellen Rentenwert mit seinem Wert bei Ende der Ehezeit oder Lebenspartnerschaftszeit geteilt wird. ³Der Monatsbetrag der Rentenanwartschaften der knappschaftlichen Rentenversicherung wird durch das 1,3333fache des aktuellen Rentenwerts geteilt.

(3) ¹Für je einen Entgeltpunkt ist der Betrag zu zahlen, der sich ergibt, wenn der zum Zeitpunkt der Beitragszahlung geltende Beitragssatz auf das für das Kalenderjahr der Beitragszahlung bestimmte vorläufige Durchschnittsentgelt angewendet wird. ²Der Zahlbetrag wird nach den Rechengrößen zur Durchführung des Versorgungsausgleichs ermittelt, die das Bundesministerium für Arbeit und Soziales im Bundesgesetzblatt bekannt macht. ³Die Rechengrößen enthalten Faktoren zur Umrechnung von Entgeltpunkten in Beiträge und umgekehrt sowie zur Umrechnung von Kapitalwerten in Entgeltpunkte; dabei können Rundungsvorschriften der Berechnungsgrundsätze unberücksichtigt bleiben, um genauere Ergebnisse zu erzielen.

(3a) Entgeltpunkte aus der Zahlung von Beiträgen nach Absatz 1 Nr. 1 oder Nr. 2 Buchstabe b oder c werden ermittelt, indem die Beiträge mit dem zum Zeitpunkt der Zahlung maßgebenden Faktor nach Absatz 3 vervielfältigt werden.

(4) Nach bindender Bewilligung einer Vollrente wegen Alters ist eine Beitragszahlung zur Wiederauffüllung oder Begründung von Rentenanwartschaften nicht zulässig, wenn der Monat abgelaufen ist, in dem die Regelaltersgrenze erreicht wurde.

(5) ¹Die Beiträge nach Absatz 1 Nr. 1 gelten als zum Zeitpunkt des Endes der Ehezeit oder Lebenspartnerschaftszeit gezahlt, wenn sie von ausgleichspflichtigen Personen, die ihren gewöhnlichen Aufenthalt

1. im Inland haben, bis zum Ende des dritten Kalendermonats,
2. im Ausland haben, bis zum Ende des sechsten Kalendermonats

nach Zugang der Mitteilung über die Rechtskraft der Entscheidung des Familiengerichts gezahlt werden. ²Ist der Versorgungsausgleich nicht Folgesache im Sinne von § 137 Abs. 2 Nr. 1 des Gesetzes über das Verfahren in Familiensachen und in den Angelegenheiten der freiwilligen Gerichtsbarkeit, tritt an die Stelle des Zeitpunkts des Endes der Ehezeit oder Lebenspartnerschaftszeit der Eingang des Antrags auf Durchführung des Versorgungsausgleichs beim Familiengericht. ³Im Abänderungsverfahren tritt an die Stelle des Zeitpunkts des Endes der Ehezeit oder Lebenspartnerschaftszeit oder des in Satz 2 genannten Zeitpunkts der Eingang des Abänderungsantrags beim Familiengericht. ⁴Hat das Familiengericht das Verfahren über den Versorgungsausgleich ausgesetzt, tritt für die Beitragshöhe an die Stelle des Zeitpunkts des Endes der Ehezeit oder Lebenspartnerschaftszeit oder des in Satz 2 oder 3 genannten Zeitpunkts der Zeitpunkt der Wiederaufnahme des Verfahrens über den Versorgungsausgleich.

(6) ¹Die Beiträge nach Absatz 1 Nr. 2 Buchstabe b gelten zu dem Zeitpunkt als gezahlt, zu dem die Vereinbarung nach § 6 des Versorgungsausgleichsgesetzes geschlossen worden ist, wenn sie bis zum Ende des dritten Kalendermonats nach Zugang der Mitteilung über die Rechtskraft der Entscheidung des Familiengerichts gezahlt werden. ²An die Stelle der Frist von drei Kalendermonaten tritt die Frist von sechs Kalendermonaten, wenn die ausgleichspflichtige Person ihren gewöhnlichen Aufenthalt im Ausland hat. ³Liegt der sich aus Satz 1 ergebende Zeitpunkt

1. vor dem Ende der Ehezeit oder der Lebenspartnerschaftszeit, tritt an die Stelle des Zeitpunkts nach Satz 1 das Ende der Ehezeit oder Lebenspartnerschaftszeit;
2. in den Fällen, in denen der Versorgungsausgleich nicht Folgesache im Sinne des § 137 Abs. 2 Satz 1 Nr. 1 des Gesetzes über das Verfahren in Familiensachen und in den Angelegenheiten der freiwilligen Gerichtsbarkeit ist, vor dem Eingang des Antrags auf Durchführung des Versorgungsausgleichs beim Familiengericht, tritt an die Stelle des Zeitpunkts nach Satz 1 der Eingang des Antrags auf Durchführung des Versorgungsausgleichs beim Familiengericht;
3. vor dem Eingang des Abänderungsantrags beim Familiengericht, tritt an die Stelle des Zeitpunkts nach Satz 1 der Eingang des Abänderungsantrags beim Familiengericht;
4. in den Fällen, in denen das Familiengericht den Versorgungsausgleich ausgesetzt hat, vor dem Zeitpunkt der Wiederaufnahme des Verfahrens über den Versorgungsausgleich, tritt für die Beitragshöhe an die Stelle des Zeitpunkts nach Satz 1 der Zeitpunkt der Wiederaufnahme des Verfahrens über den Versorgungsausgleich.

⁴Ist eine Verzinsung der Beiträge vereinbart worden, tritt an die Stelle der in den Sätzen 1 bis 3 genannten Zeitpunkte für die Beitragshöhe der Zeitpunkt, bis zu dem Zinsen zu berechnen sind.

(7) Sind Beiträge nach Absatz 1 Nr. 1 gezahlt worden und ergeht eine Entscheidung zur Abänderung des Wertausgleichs nach der Scheidung, sind im Umfang der Abänderung zuviel gezahlte Beiträge unter Anrechnung der gewährten Leistungen zurückzuzahlen.

§ 187a Zahlung von Beiträgen bei vorzeitiger Inanspruchnahme einer Rente wegen Alters

(1) ¹Bis zum Erreichen der Regelaltersgrenze können Rentenminderungen, die durch die vorzeitige Inanspruchnahme einer Rente wegen Alters entstehen, durch Zahlung von Beiträgen ausgeglichen werden. ²Die Berechtigung zu dieser Ausgleichszahlung setzt voraus, dass Versicherte zuvor im Rahmen der Auskunft über die Höhe der Beitragszahlung zum Ausgleich einer Rentenminderung bei vorzeitiger Inanspruchnahme einer Rente wegen Alters (§ 109 Absatz 5 Satz 4) erklärt haben, eine solche Rente in Anspruch nehmen zu wollen. ³Eine Ausgleichszahlung auf Grundlage einer entsprechenden Auskunft ist ab dem Zeitpunkt nicht mehr zulässig, ab dem Versicherte die Rente wegen Alters, für die die Auskunft erteilt worden ist, nicht beansprucht haben oder ab dem eine Rente wegen Alters ohne Rentenminderungen bezogen werden kann.

(1a) ¹Grundlage für die Ausgleichszahlung ist die Auskunft nach § 109 Absatz 5 Satz 4. ²Ein berechtigtes Interesse im Sinne des § 109 Absatz 1 Satz 3 für diese Auskunft liegt nach Vollendung des 50. Lebensjahres vor.

(2) ¹Beiträge können bis zu der Höhe gezahlt werden, die sich nach der Auskunft über die Höhe der zum Ausgleich einer Rentenminderung bei vorzeitiger Inanspruchnahme einer Rente wegen Alters als erforderliche Beitragszahlung bei höchstmöglicher Minderung an persönlichen Entgeltpunkten durch eine vorzeitige Inanspruchnahme einer Rente wegen Alters ergibt. ²Diese Minderung wird auf der Grundlage der Summe aller Entgeltpunkte ermittelt, die mit einem Zugangsfaktor zu vervielfältigen ist und die sich bei Berechnung einer Altersrente unter Zugrundelegung des beabsichtigten Rentenbeginns ergeben würde. ³Dabei ist für jeden Kalendermonat an bisher nicht bescheinigten künftigen rentenrechtlichen Zeiten bis zum beabsichtigten Rentenbeginn von einer Beitragszahlung nach einem vom Arbeitgeber zu bescheinigenden Arbeitsentgelt auszugehen. ⁴Der Bescheinigung ist das gegenwärtige beitragspflichtige Arbeitsentgelt aufgrund der bisherigen Beschäftigung und der bisherigen Arbeitszeit zugrunde zu legen. ⁵Soweit eine Vorausbescheinigung nicht vorliegt, ist von den durchschnittlichen monatlichen Entgeltpunkten der Beitragszeiten des Kalenderjahres auszugehen, für das zuletzt Entgeltpunkte ermittelt werden können.

(3) ¹Für je einen geminderten persönlichen Entgeltpunkt ist der Betrag zu zahlen, der sich ergibt, wenn der zur Wiederauffüllung einer im Rahmen des Versorgungsausgleichs geminderten Rentenanwartschaft für einen Entgeltpunkt zu zahlende Betrag durch den jeweiligen Zugangsfaktor geteilt wird. ²Teilzahlungen sind zulässig. ³Eine Erstattung gezahlter Beiträge erfolgt nicht.

§ 187b Zahlung von Beiträgen bei Abfindungen von Anwartschaften auf betriebliche Altersversorgung oder von Anrechten bei der Versorgungsausgleichskasse

(1) Versicherte, die bei Beendigung eines Arbeitsverhältnisses nach Maßgabe des Gesetzes zur Verbesserung der betrieblichen Altersversorgung eine Abfindung für eine unverfallbare Anwartschaft auf betriebliche Altersversorgung erhalten haben, können innerhalb eines Jahres nach Zahlung der Abfindung Beiträge zur allgemeinen Rentenversicherung bis zur Höhe der geleisteten Abfindung zahlen.

(1a) Absatz 1 gilt entsprechend für die Abfindung von Anrechten, die bei der Versorgungsausgleichskasse begründet wurden.

(2) Nach bindender Bewilligung einer Vollrente wegen Alters ist eine Beitragszahlung nicht zulässig, wenn der Monat abgelaufen ist, in dem die Regelaltersgrenze erreicht wurde.

Zweiter Unterabschnitt
Verfahren

Fünfter Titel
Beitragserstattung und Beitragsüberwachung

§ 210 Beitragserstattung

(1) ¹Beiträge werden auf Antrag erstattet
1. Versicherten, die nicht versicherungspflichtig sind und nicht das Recht zur freiwilligen Versicherung haben,
2. Versicherten, die die Regelaltersgrenze erreicht und die allgemeine Wartezeit nicht erfüllt haben,
3. Witwen, Witwern, überlebenden Lebenspartnern oder Waisen, wenn wegen nicht erfüllter allgemeiner Wartezeit ein Anspruch auf Rente wegen Todes nicht besteht, Halbwaisen aber nur, wenn eine Witwe, ein Witwer oder ein überlebender Lebenspartner nicht vorhanden ist. ²Mehreren Waisen steht der Erstattungsbetrag zu gleichen Teilen zu.

(1a) ¹Beiträge werden auf Antrag auch Versicherten erstattet, die versicherungsfrei oder von der Versicherungspflicht befreit sind, wenn sie die allgemeine Wartezeit nicht erfüllt haben. ²Dies gilt nicht für Personen, die wegen Geringfügigkeit einer Beschäftigung oder selbständigen Tätigkeit versicherungsfrei oder von der Versicherungspflicht befreit sind. ³Beiträge werden nicht erstattet,
1. wenn während einer Versicherungsfreiheit oder Befreiung von der Versicherungspflicht von dem Recht der freiwilligen Versicherung nach § 7 Gebrauch gemacht wurde oder
2. solange Versicherte als Beamte oder Richter auf Zeit oder auf Probe, Soldaten auf Zeit, Beamte auf Widerruf im Vorbereitungsdienst versicherungsfrei oder nur befristet von der Versicherungspflicht befreit sind.

⁴Eine freiwillige Beitragszahlung während einer Versicherungsfreiheit oder Befreiung von der Versicherungspflicht im Sinne des Satzes 3 Nummer 2 ist für eine Beitragserstattung nach Satz 1 unbeachtlich.

(2) Beiträge werden nur erstattet, wenn seit dem Ausscheiden aus der Versicherungspflicht 24 Kalendermonate abgelaufen sind und nicht erneut Versicherungspflicht eingetreten ist.

(3) ¹Beiträge werden in der Höhe erstattet, in der die Versicherten sie getragen haben. ²War mit den Versicherten ein Nettoarbeitsentgelt vereinbart, wird der von den Arbeitgebern getragene Beitragsanteil der Arbeitnehmer erstattet. ³Beiträge aufgrund einer Beschäftigung nach § 20 Abs. 2 des Vierten Buches, einer selbständigen Tätigkeit oder freiwillige Beiträge werden zur Hälfte erstattet. ⁴Beiträge der Höherversicherung werden in voller Höhe erstattet. ⁵Erstattet werden nur Beiträge, die im Bundesgebiet für Zeiten nach dem 20. Juli 1948, im Land Berlin für Zeiten nach dem 24. Juni 1948 und im Saarland für Zeiten nach dem 19. November 1947 gezahlt worden sind. ⁶Beiträge im Beitrittsgebiet werden nur erstattet, wenn sie für Zeiten nach dem 30. Juni 1990 gezahlt worden sind.

(4) ¹Ist zugunsten oder zulasten der Versicherten ein Versorgungsausgleich durchgeführt, wird der zu erstattende Betrag um die Hälfte des Betrages erhöht oder gemindert, der bei Ende der Ehezeit oder Lebenspartnerschaftszeit als Beitrag für den Zuschlag oder den zum Zeitpunkt der Beitragserstattung noch bestehenden Abschlag zu zahlen gewesen wäre. ²Dies gilt beim Rentensplitting entsprechend.

(5) Haben Versicherte eine Sach- oder Geldleistung aus der Versicherung in Anspruch genommen, können sie nur die Erstattung der später gezahlten Beiträge verlangen.

(6) ¹Der Antrag auf Erstattung nach Absatz 1 kann nicht auf einzelne Beitragszeiten oder Teile der Beiträge beschränkt werden. ²Mit der Erstattung wird das bisherige Versicherungsverhältnis aufgelöst. ³Ansprüche aus den bis zur Erstattung zurückgelegten rentenrechtlichen Zeiten bestehen nicht mehr.

Fünftes Kapitel
Sonderregelungen

Erster Abschnitt
Ergänzungen für Sonderfälle

Dritter Unterabschnitt
Teilhabe

§ 234 Übergangsgeldanspruch und -berechnung bei Arbeitslosenhilfe

(1) Bei Leistungen zur medizinischen Rehabilitation oder sonstigen Leistungen zur Teilhabe haben Versicherte auch nach dem 31. Dezember 2004 Anspruch auf Übergangsgeld, die unmittelbar vor Beginn der Arbeitsunfähigkeit oder wenn sie nicht arbeitsunfähig waren, unmittelbar vor Beginn der Leistungen Arbeitslosenhilfe bezogen haben, und für die von dem der Arbeitslosenhilfe zugrunde liegenden Arbeitsentgelt oder Arbeitseinkommen Beiträge zur Rentenversicherung gezahlt worden sind.

(2) Für Anspruchsberechtigte nach Absatz 1 ist für die Berechnung des Übergangsgeldes § 21 Abs. 4 in Verbindung mit § 47b des Fünften Buches jeweils in der am 31. Dezember 2004 geltenden Fassung anzuwenden.

§ 234a Übergangsgeldanspruch und -berechnung bei Unterhaltsgeldbezug

(1) Bei Leistungen zur medizinischen Rehabilitation oder sonstigen Leistungen zur Teilhabe haben Versicherte, die unmittelbar vor Beginn der Arbeitsunfähigkeit oder, wenn sie nicht arbeitsunfähig waren, unmittelbar vor Beginn der Leistungen Unterhaltsgeld bezogen haben, und für die von dem dem Unterhaltsgeld zugrunde liegenden Arbeitsentgelt oder Arbeitseinkommen Beiträge zur Rentenversicherung gezahlt worden sind, auch nach dem 31. Dezember 2004 Anspruch auf Übergangsgeld.

(2) Für Anspruchsberechtigte nach Absatz 1 ist für die Berechnung des Übergangsgeldes § 21 Abs. 4 dieses Buches in Verbindung mit § 47b des Fünften Buches jeweils in der am 30. Juni 2004 geltenden Fassung anzuwenden.

Vierter Unterabschnitt
Anspruchsvoraussetzungen für einzelne Renten

§ 235 Regelaltersrente

(1) ¹Versicherte, die vor dem 1. Januar 1964 geboren sind, haben Anspruch auf Regelaltersrente, wenn sie
1. die Regelaltersgrenze erreicht und
2. die allgemeine Wartezeit erfüllt

haben. ²Die Regelaltersgrenze wird frühestens mit Vollendung des 65. Lebensjahres erreicht.

(2) ¹Versicherte, die vor dem 1. Januar 1947 geboren sind, erreichen die Regelaltersgrenze mit Vollendung des 65. Lebensjahres. ²Für Versicherte, die nach dem 31. Dezember 1946 geboren sind, wird die Regelaltersgrenze wie folgt angehoben:

Versicherte Geburtsjahr	Anhebung um Monate	auf Alter Jahr	auf Alter Monat
1947	1	65	1
1948	2	65	2
1949	3	65	3
1950	4	65	4
1951	5	65	5
1952	6	65	6
1953	7	65	7
1954	8	65	8
1955	9	65	9
1956	10	65	10
1957	11	65	11
1958	12	66	0
1959	14	66	2
1960	16	66	4
1961	18	66	6
1962	20	66	8
1963	22	66	10

³Für Versicherte, die
1. vor dem 1. Januar 1955 geboren sind und vor dem 1. Januar 2007 Altersteilzeitarbeit im Sinne der §§ 2 und 3 Abs. 1 Nr. 1 des Altersteilzeitgesetzes vereinbart haben oder
2. Anpassungsgeld für entlassene Arbeitnehmer des Bergbaus bezogen haben,

wird die Regelaltersgrenze nicht angehoben.

§ 236 Altersrente für langjährig Versicherte

(1) ¹Versicherte, die vor dem 1. Januar 1964 geboren sind, haben frühestens Anspruch auf Altersrente für langjährig Versicherte, wenn sie
1. das 65. Lebensjahr vollendet und
2. die Wartezeit von 35 Jahren erfüllt

haben. ²Die vorzeitige Inanspruchnahme dieser Altersrente ist nach Vollendung des 63. Lebensjahres möglich.

(2) ¹Versicherte, die vor dem 1. Januar 1949 geboren sind, haben Anspruch auf diese Altersrente nach Vollendung des 65. Lebensjahres. ²Für Versicherte, die nach dem 31. Dezember 1948 geboren sind, wird die Altersgrenze von 65 Jahren wie folgt angehoben:

Versicherte Geburtsjahr Geburtsmonat	Anhebung um Monate	auf Alter	
		Jahr	Monat
1949			
Januar	1	65	1
Februar	2	65	2
März – Dezember	3	65	3
1950	4	65	4
1951	5	65	5
1952	6	65	6
1953	7	65	7
1954	8	65	8
1955	9	65	9
1956	10	65	10
1957	11	65	11
1958	12	66	0
1959	14	66	2
1960	16	66	4
1961	18	66	6
1962	20	66	8
1963	22	66	10.

³Für Versicherte, die
1. vor dem 1. Januar 1955 geboren sind und vor dem 1. Januar 2007 Altersteilzeitarbeit im Sinne der §§ 2 und 3 Abs. 1 Nr. 1 des Altersteilzeitgesetzes vereinbart haben oder
2. Anpassungsgeld für entlassene Arbeitnehmer des Bergbaus bezogen haben,

wird die Altersgrenze von 65 Jahren nicht angehoben.

(3) Für Versicherte, die
1. nach dem 31. Dezember 1947 geboren sind und
2. entweder
    a) vor dem 1. Januar 1955 geboren sind und vor dem 1. Januar 2007 Altersteilzeitarbeit im Sinne der §§ 2 und 3 Abs. 1 Nr. 1 des Altersteilzeitgesetzes vereinbart haben
    oder
    b) Anpassungsgeld für entlassene Arbeitnehmer des Bergbaus bezogen haben,

bestimmt sich die Altersgrenze für die vorzeitige Inanspruchnahme wie folgt:

60 SGB VI § 236a

Versicherte Geburtsjahr Geburtsmonat	Vorzeitige Inanspruchnahme möglich ab Alter	
	Jahr	Monat
1948		
Januar – Februar	62	11
März – April	62	10
Mai – Juni	62	9
Juli – August	62	8
September – Oktober	62	7
November – Dezember	62	6
1949		
Januar – Februar	62	5
März – April	62	4
Mai – Juni	62	3
Juli – August	62	2
September – Oktober	62	1
November – Dezember	62	0
1950 – 1963	62	0.

§ 236a Altersrente für schwerbehinderte Menschen

(1) [1]Versicherte, die vor dem 1. Januar 1964 geboren sind, haben frühestens Anspruch auf Altersrente für schwerbehinderte Menschen, wenn sie
1. das 63. Lebensjahr vollendet haben,
2. bei Beginn der Altersrente als schwerbehinderte Menschen (§ 2 Abs. 2 Neuntes Buch) anerkannt sind und
3. die Wartezeit von 35 Jahren erfüllt haben.

[2]Die vorzeitige Inanspruchnahme dieser Altersrente ist frühestens nach Vollendung des 60. Lebensjahres möglich.

(2) [1]Versicherte, die vor dem 1. Januar 1952 geboren sind, haben Anspruch auf diese Altersrente nach Vollendung des 63. Lebensjahres; für sie ist die vorzeitige Inanspruchnahme nach Vollendung des 60. Lebensjahres möglich. [2]Für Versicherte, die nach dem 31. Dezember 1951 geboren sind, werden die Altersgrenze von 63 Jahren und die Altersgrenze für die vorzeitige Inanspruchnahme wie folgt angehoben:

Versicherte Geburtsjahr Geburtsmonat	Anhebung um	auf Alter	plus	vorzeitige Inanspruchnahme möglich ab Alter	plus
1952	Monate	Jahr	Monat	Jahr	Monat
Januar	1	63	1	60	1
Februar	2	63	2	60	2
März	3	63	3	60	3
April	4	63	4	60	4
Mai	5	63	5	60	5
Juni – Dezember	6	63	6	60	6
1953	7	63	7	60	7
1954	8	63	8	60	8
1955	9	63	9	60	9
1956	10	63	10	60	10
1957	11	63	11	60	11
1958	12	64	0	61	0
1959	14	64	2	61	2
1960	16	64	4	61	4
1961	18	64	6	61	6

Versicherte Geburtsjahr Geburtsmonat	Anhebung um	auf Alter	plus	vorzeitige Inanspruchnahme möglich ab Alter	plus
1962	20	64	8	61	8
1963	22	64	10	61	10.

³Für Versicherte, die
1. am 1. Januar 2007 als schwerbehinderte Menschen (§ 2 Abs. 2 Neuntes Buch) anerkannt waren und
2. entweder
   a) vor dem 1. Januar 1955 geboren sind und vor dem 1. Januar 2007 Altersteilzeitarbeit im Sinne der §§ 2 und 3 Abs. 1 Nr. 1 des Altersteilzeitgesetzes vereinbart haben
   oder
   b) Anpassungsgeld für entlassene Arbeitnehmer des Bergbaus bezogen haben,
werden die Altersgrenzen nicht angehoben.
(3) Versicherte, die vor dem 1. Januar 1951 geboren sind, haben unter den Voraussetzungen nach Absatz 1 Satz 1 Nr. 1 und 3 auch Anspruch auf diese Altersrente, wenn sie bei Beginn der Altersrente berufsunfähig oder erwerbsunfähig nach dem am 31. Dezember 2000 geltenden Recht sind.
(4) Versicherte, die vor dem 17. November 1950 geboren sind und am 16. November 2000 schwerbehindert (§ 2 Abs. 2 Neuntes Buch), berufsunfähig oder erwerbsunfähig nach dem am 31. Dezember 2000 geltenden Recht waren, haben Anspruch auf diese Altersrente, wenn sie
1. das 60. Lebensjahr vollendet haben,
2. bei Beginn der Altersrente
   a) als schwerbehinderte Menschen (§ 2 Abs. 2 Neuntes Buch) anerkannt oder
   b) berufsunfähig oder erwerbsunfähig nach dem am 31. Dezember 2000 geltenden Recht sind und
3. die Wartezeit von 35 Jahren erfüllt haben.

§ 236b Altersrente für besonders langjährig Versicherte

(1) Versicherte, die vor dem 1. Januar 1964 geboren sind, haben frühestens Anspruch auf Altersrente für besonders langjährig Versicherte, wenn sie
1. das 63. Lebensjahr vollendet und
2. die Wartezeit von 45 Jahren erfüllt
haben.
(2) ¹Versicherte, die vor dem 1. Januar 1953 geboren sind, haben Anspruch auf diese Altersrente nach Vollendung des 63. Lebensjahres. ²Für Versicherte, die nach dem 31. Dezember 1952 geboren sind, wird die Altersgrenze von 63 Jahren wie folgt angehoben:

Versicherte Geburtsjahr	Anhebung um Monate	auf Alter	
		Jahr	Monat
1953	2	63	2
1954	4	63	4
1955	6	63	6
1956	8	63	8
1957	10	63	10
1958	12	64	0
1959	14	64	2
1960	16	64	4
1961	18	64	6
1962	20	64	8
1963	22	64	10

§ 237 Altersrente wegen Arbeitslosigkeit oder nach Altersteilzeitarbeit

(1) Versicherte haben Anspruch auf Altersrente, wenn sie
1. vor dem 1. Januar 1952 geboren sind,
2. das 60. Lebensjahr vollendet haben,
3. entweder

a) bei Beginn der Rente arbeitslos sind und nach Vollendung eines Lebensalters von 58 Jahren und 6 Monaten insgesamt 52 Wochen arbeitslos waren oder Anpassungsgeld für entlassene Arbeitnehmer des Bergbaus bezogen haben oder
b) die Arbeitszeit aufgrund von Altersteilzeitarbeit im Sinne der §§ 2 und 3 Abs. 1 Nr. 1 des Altersteilzeitgesetzes für mindestens 24 Kalendermonate vermindert haben,
4. in den letzten zehn Jahren vor Beginn der Rente acht Jahre Pflichtbeiträge für eine versicherte Beschäftigung oder Tätigkeit haben, wobei sich der Zeitraum von zehn Jahren um Anrechnungszeiten, Berücksichtigungszeiten und Zeiten des Bezugs einer Rente aus eigener Versicherung, die nicht auch Pflichtbeitragszeiten aufgrund einer versicherten Beschäftigung oder Tätigkeit sind, verlängert, und
5. die Wartezeit von 15 Jahren erfüllt haben.

(2) ¹Anspruch auf diese Altersrente haben auch Versicherte, die
1. während der Arbeitslosigkeit von 52 Wochen nur deshalb der Arbeitsvermittlung nicht zur Verfügung standen, weil sie nicht arbeitsbereit waren und nicht alle Möglichkeiten nutzten und nutzen wollten, um ihre Beschäftigungslosigkeit zu beenden,
2. nur deswegen nicht 52 Wochen arbeitslos waren, weil sie im Rahmen einer Arbeitsgelegenheit mit Entschädigung für Mehraufwendungen nach dem Zweiten Buch eine Tätigkeit von 15 Stunden wöchentlich oder mehr ausgeübt haben, oder
3. während der 52 Wochen und zu Beginn der Rente nur deswegen nicht als Arbeitslose galten, weil sie erwerbsfähige Leistungsberechtigte waren, die nach Vollendung des 58. Lebensjahres mindestens für die Dauer von zwölf Monaten Leistungen der Grundsicherung für Arbeitsuchende bezogen haben, ohne dass ihnen eine sozialversicherungspflichtige Beschäftigung angeboten worden ist.

²Der Zeitraum von zehn Jahren, in dem acht Jahre Pflichtbeiträge für eine versicherte Beschäftigung oder Tätigkeit vorhanden sein müssen, verlängert sich auch um
1. Arbeitslosigkeitszeiten nach Satz 1,
2. Ersatzzeiten,

soweit diese Zeiten nicht auch Pflichtbeiträge für eine versicherte Beschäftigung oder Tätigkeit sind. ³Vom 1. Januar 2008 an werden Arbeitslosigkeitszeiten nach Satz 1 Nr. 1 nur berücksichtigt, wenn die Arbeitslosigkeit vor dem 1. Januar 2008 begonnen hat und die Versicherten vor dem 2. Januar 1950 geboren sind.

(3) ¹Die Altersgrenze von 60 Jahren wird bei Altersrenten wegen Arbeitslosigkeit oder nach Altersteilzeitarbeit für Versicherte, die nach dem 31. Dezember 1936 geboren sind, angehoben. ²Die vorzeitige Inanspruchnahme einer solchen Altersrente ist möglich. ³Die Anhebung der Altersgrenzen und die Möglichkeit der vorzeitigen Inanspruchnahme der Altersrenten bestimmen sich nach Anlage 19.

(4) ¹Die Altersgrenze von 60 Jahren bei der Altersrente wegen Arbeitslosigkeit oder nach Altersteilzeitarbeit wird für Versicherte, die
1. bis zum 14. Februar 1941 geboren sind und
    a) am 14. Februar 1996 arbeitslos waren oder Anpassungsgeld für entlassene Arbeitnehmer des Bergbaus bezogen haben oder
    b) deren Arbeitsverhältnis aufgrund einer Kündigung oder Vereinbarung, die vor dem 14. Februar 1996 erfolgt ist, nach dem 13. Februar 1996 beendet worden ist,
2. bis zum 14. Februar 1944 geboren sind und aufgrund einer Maßnahme nach Artikel 56 § 2 Buchstabe b des Vertrages über die Gründung der Europäischen Gemeinschaft für Kohle und Stahl (EGKS-V), die vor dem 14. Februar 1996 genehmigt worden ist, aus einem Betrieb der Montanindustrie ausgeschieden sind oder
3. vor dem 1. Januar 1942 geboren sind und 45 Jahre mit Pflichtbeiträgen für eine versicherte Beschäftigung oder Tätigkeit haben, wobei § 55 Abs. 2 nicht für Zeiten anzuwenden sind, in denen Versicherte wegen des Bezugs von Arbeitslosengeld, Arbeitslosenhilfe oder Arbeitslosengeld II versicherungspflichtig waren;

wie folgt angehoben:

Versicherte Geburtsjahr Geburtsmonat	Anhebung um	auf Alter	plus	vorzeitige Inanspruchnahme möglich ab Alter	plus
	Monate	Jahr	Monat	Jahr	Monat
vor 1941	0	60	0	60	0
1941	Monate	Jahr	Monat	Jahr	Monat
Januar–April	1	60	1	60	0
Mai–August	2	60	2	60	0
September–Dezember	3	60	3	60	0
1942	Monate	Jahr	Monat	Jahr	Monat
Januar–April	4	60	4	60	0
Mai–August	5	60	5	60	0
September–Dezember	6	60	6	60	0
1943	Monate	Jahr	Monat	Jahr	Monat
Januar–April	7	60	7	60	0
Mai–August	8	60	8	60	0
September–Dezember	9	60	9	60	0
1944	Monate	Jahr	Monat	Jahr	Monat
Januar–Februar	10	60	10	60	0

[2]Einer vor dem 14. Februar 1996 abgeschlossenen Vereinbarung über die Beendigung des Arbeitsverhältnisses steht eine vor diesem Tag vereinbarte Befristung des Arbeitsverhältnisses oder Bewilligung einer befristeten arbeitsmarktpolitischen Maßnahme gleich. [3]Ein bestehender Vertrauensschutz wird insbesondere durch die spätere Aufnahme eines Arbeitsverhältnisses oder den Eintritt in eine neue arbeitsmarktpolitische Maßnahme nicht berührt.
(5) [1]Die Altersgrenze von 60 Jahren für die vorzeitige Inanspruchnahme wird für Versicherte,
1. die am 1. Januar 2004 arbeitslos waren,
2. deren Arbeitsverhältnis aufgrund einer Kündigung oder Vereinbarung, die vor dem 1. Januar 2004 erfolgt ist, nach dem 31. Dezember 2003 beendet worden ist,
3. deren letztes Arbeitsverhältnis vor dem 1. Januar 2004 beendet worden ist und die am 1. Januar 2004 beschäftigungslos im Sinne des § 138 Abs. 1 Nr. 1 des Dritten Buches waren,
4. die vor dem 1. Januar 2004 Altersteilzeitarbeit im Sinne der §§ 2 und 3 Abs. 1 Nr. 1 des Altersteilzeitgesetzes vereinbart haben oder
5. die Anpassungsgeld für entlassene Arbeitnehmer des Bergbaus bezogen haben,
nicht angehoben. [2]Einer vor dem 1. Januar 2004 abgeschlossenen Vereinbarung über die Beendigung des Arbeitsverhältnisses steht eine vor diesem Tag vereinbarte Befristung des Arbeitsverhältnisses oder Bewilligung einer befristeten arbeitsmarktpolitischen Maßnahme gleich. [3]Ein bestehender Vertrauensschutz wird insbesondere durch die spätere Aufnahme eines Arbeitsverhältnisses oder den Eintritt in eine neue arbeitsmarktpolitische Maßnahme nicht berührt.

§ 237a Altersrente für Frauen

(1) Versicherte Frauen haben Anspruch auf Altersrente, wenn sie
1. vor dem 1. Januar 1952 geboren sind,
2. das 60. Lebensjahr vollendet,
3. nach Vollendung des 40. Lebensjahres mehr als zehn Jahre Pflichtbeiträge für eine versicherte Beschäftigung oder Tätigkeit und
4. die Wartezeit von 15 Jahren erfüllt
haben.
(2) [1]Die Altersgrenze von 60 Jahren wird bei Altersrenten für Frauen für Versicherte, die nach dem 31. Dezember 1939 geboren sind, angehoben. [2]Die vorzeitige Inanspruchnahme einer solchen Altersrente ist möglich. [3]Die Anhebung der Altersgrenzen und die Möglichkeit der vorzeitigen Inanspruchnahme bestimmen sich nach Anlage 20.
(3) [1]Die Altersgrenze von 60 Jahren bei der Altersrente für Frauen wird für Frauen, die
1. bis zum 7. Mai 1941 geboren sind und
   a) am 7. Mai 1996 arbeitslos waren, Anpassungsgeld für entlassene Arbeitnehmer des Bergbaus, Vorruhestandsgeld oder Überbrückungsgeld der Seemannskasse bezogen haben oder

b) deren Arbeitsverhältnis aufgrund einer Kündigung oder Vereinbarung, die vor dem 7. Mai 1996 erfolgt ist, nach dem 6. Mai 1996 beendet worden ist,
2. bis zum 7. Mai 1944 geboren sind und aufgrund einer Maßnahme nach Artikel 56 § 2 Buchstabe b des Vertrages über die Gründung der Europäischen Gemeinschaft für Kohle und Stahl (EGKS-V), die vor dem 7. Mai 1996 genehmigt worden ist, aus einem Betrieb der Montanindustrie ausgeschieden sind oder
3. vor dem 1. Januar 1942 geboren sind und 45 Jahre mit Pflichtbeiträgen für eine versicherte Beschäftigung oder Tätigkeit haben, wobei § 55 Abs. 2 nicht für Zeiten anzuwenden ist, in denen Versicherte wegen des Bezugs von Arbeitslosengeld oder Arbeitslosenhilfe versicherungspflichtig waren,

wie folgt angehoben:

Versicherte Geburtsjahr Geburtsmonat	Anhebung um	auf Alter	plus	vorzeitige Inanspruchnahme möglich ab Alter	plus
	Monate	Jahr	Monat	Jahr	Monat
vor 1941	0	60	0	60	0
1941	Monate	Jahr	Monat	Jahr	Monat
Januar–April	1	60	1	60	0
Mai–August	2	60	2	60	0
September–Dezember	3	60	3	60	0
1942	Monate	Jahr	Monat	Jahr	Monat
Januar–April	4	60	4	60	0
Mai–August	5	60	5	60	0
September–Dezember	6	60	6	60	0
1943	Monate	Jahr	Monat	Jahr	Monat
Januar–April	7	60	7	60	0
Mai–August	8	60	8	60	0
September–Dezember	9	60	9	60	0
1944	Monate	Jahr	Monat	Jahr	Monat
Januar–April	10	60	10	60	0
Mai	11	60	11	60	0

[2]Einer vor dem 7. Mai 1996 abgeschlossenen Vereinbarung über die Beendigung des Arbeitsverhältnisses steht eine vor diesem Tag vereinbarte Befristung des Arbeitsverhältnisses oder Bewilligung einer befristeten arbeitsmarktpolitischen Maßnahme gleich. [3]Ein bestehender Vertrauensschutz wird insbesondere durch die spätere Aufnahme eines Arbeitsverhältnisses oder den Eintritt in eine neue arbeitsmarkpolitische Maßnahme nicht berührt.

§ 238 Altersrente für langjährig unter Tage beschäftigte Bergleute

(1) Versicherte, die vor dem 1. Januar 1964 geboren sind, haben frühestens Anspruch auf Altersrente für langjährig unter Tage beschäftigte Bergleute, wenn sie
1. das 60. Lebensjahr vollendet und
2. die Wartezeit von 25 Jahren erfüllt

haben.

(2) [1]Versicherte, die vor dem 1. Januar 1952 geboren sind, haben Anspruch auf diese Altersrente nach Vollendung des 60. Lebensjahres. [2]Für Versicherte, die nach dem 31. Dezember 1951 geboren sind, wird die Altersgrenze von 60 Jahren wie folgt angehoben:

Versicherte Geburtsjahr Geburtsmonat	Anhebung um	auf Alter	plus
1952	Monate	Jahr	Monat
Januar	1	60	1
Februar	2	60	2
März	3	60	3
April	4	60	4
Mai	5	60	5
Juni – Dezember	6	60	6
1953	7	60	7
1954	8	60	8
1955	9	60	9
1956	10	60	10
1957	11	60	11
1958	12	61	0
1959	14	61	2
1960	16	61	4
1961	18	61	6
1962	20	61	8
1963	22	61	10

[3]Für Versicherte, die Anpassungsgeld für entlassene Arbeitnehmer des Bergbaus oder Knappschaftsausgleichsleistung bezogen haben, wird die Altersgrenze von 60 Jahren nicht angehoben.
(3) (weggefallen)
(4) Die Wartezeit für die Altersrente für langjährig unter Tage beschäftigte Bergleute ist auch erfüllt, wenn die Versicherten 25 Jahre mit knappschaftlichen Beitragszeiten allein oder zusammen mit der knappschaftlichen Rentenversicherung zugeordneten Ersatzzeiten haben und
a) 15 Jahre mit Hauerarbeiten (Anlage 9) beschäftigt waren oder
b) die erforderlichen 25 Jahre mit Beitragszeiten aufgrund einer Beschäftigung mit ständigen Arbeiten unter Tage allein oder zusammen mit der knappschaftlichen Rentenversicherung zugeordneten Ersatzzeiten erfüllen, wenn darauf
  aa) für je zwei volle Kalendermonate mit Hauerarbeiten je drei Kalendermonate und
  bb) für je drei volle Kalendermonate, in denen die Versicherten vor dem 1. Januar 1968 unter Tage mit anderen als Hauerarbeiten beschäftigt waren, je zwei Kalendermonate oder
  cc) die vor dem 1. Januar 1968 verrichteten Arbeiten unter Tage bei Versicherten, die vor dem 1. Januar 1968 Hauerarbeiten verrichtet haben und diese wegen im Bergbau verminderter Berufsfähigkeit aufgeben mussten,
  angerechnet werden.

§ 239 Knappschaftsausgleichsleistung

(1) [1]Versicherte haben Anspruch auf Knappschaftsausgleichsleistung, wenn sie
1. nach Vollendung des 55. Lebensjahres aus einem knappschaftlichen Betrieb ausscheiden, nach dem 31. Dezember 1971 ihre bisherige Beschäftigung unter Tage infolge im Bergbau verminderter Berufsfähigkeit wechseln mussten und die Wartezeit von 25 Jahren mit Beitragszeiten aufgrund einer Beschäftigung mit ständigen Arbeiten unter Tage erfüllt haben,
2. aus Gründen, die nicht in ihrer Person liegen, nach Vollendung des 55. Lebensjahres oder nach Vollendung des 50. Lebensjahres, wenn sie bis zur Vollendung des 55. Lebensjahres Anpassungsgeld für entlassene Arbeitnehmer des Bergbaus bezogen haben, aus einem knappschaftlichen Betrieb ausscheiden und die Wartezeit von 25 Jahren
   a) mit Beitragszeiten aufgrund einer Beschäftigung unter Tage erfüllt haben oder
   b) mit Beitragszeiten erfüllt haben, eine Beschäftigung unter Tage ausgeübt haben und diese Beschäftigung wegen Krankheit oder körperlicher, geistiger oder seelischer Behinderung aufgeben mussten oder

3. nach Vollendung des 55. Lebensjahres aus einem knappschaftlichen Betrieb ausscheiden und die Wartezeit von 25 Jahren mit knappschaftlichen Beitragszeiten erfüllt haben und
   a) vor dem 1. Januar 1972 15 Jahre mit Hauerarbeiten (Anlage 9) beschäftigt waren, wobei der knappschaftlichen Rentenversicherung zugeordnete Ersatzzeiten infolge einer Einschränkung oder Entziehung der Freiheit oder infolge Verfolgungsmaßnahmen angerechnet werden, oder
   b) vor dem 1. Januar 1972 Hauerarbeiten infolge im Bergbau verminderter Berufsfähigkeit aufgeben mussten und 25 Jahre mit ständigen Arbeiten unter Tage oder mit Arbeiten unter Tage vor dem 1. Januar 1968 beschäftigt waren oder
   c) mindestens fünf Jahre mit Hauerarbeiten beschäftigt waren und insgesamt 25 Jahre mit ständigen Arbeiten unter Tage oder mit Hauerarbeiten beschäftigt waren, wobei auf diese 25 Jahre für je zwei volle Kalendermonate mit Hauerarbeiten je drei Kalendermonate angerechnet werden.

²Dem Bezug von Anpassungsgeld für entlassene Arbeitnehmer des Bergbaus nach Nummer 2 steht der Bezug der Bergmannsvollrente für längstens fünf Jahre gleich.

(2) Auf die Wartezeit nach Absatz 1 werden angerechnet
1. Zeiten, in denen Versicherte vor dem 1. Januar 1968 unter Tage beschäftigt waren,
2. Anrechnungszeiten wegen Bezugs von Anpassungsgeld für entlassene Arbeitnehmer des Bergbaus auf die Wartezeit nach Absatz 1 Nr. 2 und 3, auf die Wartezeit nach Absatz 1 Nr. 2 Buchstabe a jedoch nur, wenn zuletzt eine Beschäftigung unter Tage ausgeübt worden ist,
3. Ersatzzeiten, die der knappschaftlichen Rentenversicherung zugeordnet sind, auf die Wartezeit nach Absatz 1 Nr. 2 Buchstabe b und Nr. 3 Buchstabe a.

(3) ¹Für die Feststellung und Zahlung der Knappschaftsausgleichsleistung werden die Vorschriften für die Rente wegen voller Erwerbsminderung mit Ausnahme von §§ 59 und 85 angewendet. ²Der Zugangsfaktor beträgt 1,0. ³Grundlage für die Ermittlung des Monatsbetrags der Knappschaftsausgleichsleistung sind nur die persönlichen Entgeltpunkte, die auf die knappschaftliche Rentenversicherung entfallen. ⁴An die Stelle des Zeitpunkts nach § 99 Abs. 1 tritt der Beginn des Kalendermonats, der dem Monat folgt, in dem die knappschaftliche Beschäftigung endete. ⁵Neben der Knappschaftsausgleichsleistung wird eine Rente aus eigener Versicherung nicht geleistet. ⁶Anspruch auf eine Knappschaftsausgleichsleistung besteht nur, wenn die kalenderjährliche Hinzuverdienstgrenze von 6300 Euro nicht überschritten wird.

§ 240 Rente wegen teilweiser Erwerbsminderung bei Berufsunfähigkeit

(1) Anspruch auf Rente wegen teilweiser Erwerbsminderung haben bei Erfüllung der sonstigen Voraussetzungen bis zum Erreichen der Regelaltersgrenze auch Versicherte, die
1. vor dem 2. Januar 1961 geboren und
2. berufsunfähig
sind.

(2) ¹Berufsunfähig sind Versicherte, deren Erwerbsfähigkeit wegen Krankheit oder Behinderung im Vergleich zur Erwerbsfähigkeit von körperlich, geistig und seelisch gesunden Versicherten mit ähnlicher Ausbildung und gleichwertigen Kenntnissen und Fähigkeiten auf weniger als sechs Stunden gesunken ist. ²Der Kreis der Tätigkeiten, nach denen die Erwerbsfähigkeit von Versicherten zu beurteilen ist, umfasst alle Tätigkeiten, die ihren Kräften und Fähigkeiten entsprechen und ihnen unter Berücksichtigung der Dauer und des Umfangs ihrer Ausbildung sowie ihres bisherigen Berufs und der besonderen Anforderungen ihrer bisherigen Berufstätigkeit zugemutet werden können. ³Zumutbar ist stets eine Tätigkeit, für die der Versicherten durch Leistungen zur Teilhabe am Arbeitsleben mit Erfolg ausgebildet oder umgeschult worden sind. ⁴Berufsunfähig ist nicht, wer eine zumutbare Tätigkeit mindestens sechs Stunden täglich ausüben kann; dabei ist die jeweilige Arbeitsmarktlage nicht zu berücksichtigen.

§ 241 Rente wegen Erwerbsminderung

(1) Der Zeitraum von fünf Jahren vor Eintritt der Erwerbsminderung oder Berufsunfähigkeit (§ 240), in dem Versicherte für einen Anspruch auf Rente wegen Erwerbsminderung drei Jahre Pflichtbeiträge für eine versicherte Beschäftigung oder Tätigkeit haben müssen, verlängert sich auch um Ersatzzeiten.

(2) ¹Pflichtbeiträge für eine versicherte Beschäftigung oder Tätigkeit vor Eintritt der Erwerbsminderung oder Berufsunfähigkeit (§ 240) sind für Versicherte nicht erforderlich, die vor dem 1. Januar 1984 die allgemeine Wartezeit erfüllt haben, wenn jeder Kalendermonat vom 1. Januar 1984 bis zum Kalendermonat vor Eintritt der Erwerbsminderung oder Berufsunfähigkeit (§ 240) mit
1. Beitragszeiten,
2. beitragsfreien Zeiten,
3. Zeiten, die nur deshalb nicht beitragsfreie Zeiten sind, weil durch sie eine versicherte Beschäftigung oder selbständige Tätigkeit nicht unterbrochen ist, wenn in den letzten sechs Kalendermonaten vor Beginn dieser Zeiten wenigstens ein Pflichtbeitrag, eine beitragsfreie Zeit oder eine Zeit nach Nummer 4, 5 oder 6 liegt,

4. Berücksichtigungszeiten,
5. Zeiten des Bezugs einer Rente wegen verminderter Erwerbsfähigkeit oder
6. Zeiten des gewöhnlichen Aufenthalts im Beitrittsgebiet vor dem 1. Januar 1992

(Anwartschaftserhaltungszeiten) belegt ist oder wenn die Erwerbsminderung oder Berufsunfähigkeit (§ 240) vor dem 1. Januar 1984 eingetreten ist. ²Für Kalendermonate, für die eine Beitragszahlung noch zulässig ist, ist eine Belegung mit Anwartschaftserhaltungszeiten nicht erforderlich.

§ 242 Rente für Bergleute

(1) Der Zeitraum von fünf Jahren vor Eintritt der im Bergbau verminderten Berufsfähigkeit, in dem Versicherte für einen Anspruch auf Rente wegen im Bergbau verminderter Berufsfähigkeit drei Jahre Pflichtbeiträge für eine knappschaftlich versicherte Beschäftigung oder Tätigkeit haben müssen, verlängert sich auch um Ersatzzeiten.
(2) ¹Pflichtbeiträge für eine knappschaftlich versicherte Beschäftigung oder Tätigkeit vor Eintritt der im Bergbau verminderten Berufsfähigkeit sind für Versicherte nicht erforderlich, die vor dem 1. Januar 1984 die allgemeine Wartezeit erfüllt haben, wenn jeder Kalendermonat vom 1. Januar 1984 bis zum Kalendermonat vor Eintritt der im Bergbau verminderten Berufsfähigkeit mit Anwartschaftserhaltungszeiten belegt ist oder wenn die im Bergbau verminderte Berufsfähigkeit vor dem 1. Januar 1984 eingetreten ist. ²Für Kalendermonate, die für eine Beitragszahlung noch zulässig ist, ist eine Belegung mit Anwartschaftserhaltungszeiten nicht erforderlich.
(3) Die Wartezeit für die Rente für Bergleute wegen Vollendung des 50. Lebensjahres ist auch erfüllt, wenn die Versicherten 25 Jahre mit knappschaftlichen Beitragszeiten allein oder zusammen mit der knappschaftlichen Rentenversicherung zugeordneten Ersatzzeiten haben und
a) 15 Jahre mit Hauerarbeiten (Anlage 9) beschäftigt waren oder
b) die erforderlichen 25 Jahre mit Beitragszeiten aufgrund einer Beschäftigung mit ständigen Arbeiten unter Tage allein oder zusammen mit der knappschaftlichen Rentenversicherung zugeordneten Ersatzzeiten erfüllen, wenn darauf
   aa) für je zwei volle Kalendermonate mit Hauerarbeiten je drei Kalendermonate und
   bb) für je drei volle Kalendermonate, in denen Versicherte vor dem 1. Januar 1968 unter Tage mit anderen als Hauerarbeiten beschäftigt waren, je zwei Kalendermonate oder
   cc) die vor dem 1. Januar 1968 verrichteten Arbeiten unter Tage bei Versicherten, die vor dem 1. Januar 1968 Hauerarbeiten verrichtet haben und diese wegen im Bergbau verminderter Berufsfähigkeit aufgeben mussten,
angerechnet werden.

§ 242a Witwenrente und Witwerrente

(1) ¹Anspruch auf kleine Witwenrente oder kleine Witwerrente besteht ohne Beschränkung auf 24 Kalendermonate, wenn der Ehegatte vor dem 1. Januar 2002 verstorben ist. ²Dies gilt auch, wenn mindestens ein Ehegatte vor dem 2. Januar 1962 geboren ist und die Ehe vor dem 1. Januar 2002 geschlossen wurde.
(2) Anspruch auf große Witwenrente oder große Witwerrente haben bei Erfüllung der sonstigen Voraussetzungen auch Witwen oder Witwer, die
1. vor dem 2. Januar 1961 geboren und berufsunfähig (§ 240 Abs. 2) sind oder
2. am 31. Dezember 2000 bereits berufsunfähig oder erwerbsunfähig waren und dies ununterbrochen sind.
(3) Anspruch auf Witwenrente oder Witwerrente haben bei Erfüllung der sonstigen Voraussetzungen auch Witwen oder Witwer, die nicht mindestens ein Jahr verheiratet waren, wenn die Ehe vor dem 1. Januar 2002 geschlossen wurde.
(4) Anspruch auf große Witwenrente oder große Witwerrente besteht ab Vollendung des 45. Lebensjahres, wenn die sonstigen Voraussetzungen erfüllt sind und der Versicherte vor dem 1. Januar 2012 verstorben ist.
(5) Die Altersgrenze von 45 Jahren für die große Witwenrente oder große Witwerrente wird, wenn der Versicherte nach dem 31. Dezember 2011 verstorben ist, wie folgt angehoben:

Todesjahr des Versicherten	Anhebung um Monate	auf Alter	
		Jahr	Monat
2012	1	45	1
2013	2	45	2
2014	3	45	3
2015	4	45	4
2016	5	45	5
2017	6	45	6
2018	7	45	7

Todesjahr des Versicherten	Anhebung um Monate	auf Alter	
		Jahr	Monat
2019	8	45	8
2020	9	45	9
2021	10	45	10
2022	11	45	11
2023	12	46	0
2024	14	46	2
2025	16	46	4
2026	18	46	6
2027	20	46	8
2028	22	46	10
ab 2029	24	47	0.

§ 243 Witwenrente und Witwerrente an vor dem 1. Juli 1977 geschiedene Ehegatten

(1) Anspruch auf kleine Witwenrente oder kleine Witwerrente besteht ohne Beschränkung auf 24 Kalendermonate auch für geschiedene Ehegatten,
1. deren Ehe vor dem 1. Juli 1977 geschieden ist,
2. die weder wieder geheiratet noch eine Lebenspartnerschaft begründet haben und
3. die im letzten Jahr vor dem Tod des geschiedenen Ehegatten (Versicherter) Unterhalt von diesem erhalten haben oder im letzten wirtschaftlichen Dauerzustand vor dessen Tod einen Anspruch hierauf hatten,

wenn der Versicherte die allgemeine Wartezeit erfüllt hat und nach dem 30. April 1942 gestorben ist.

(2) Anspruch auf große Witwenrente oder große Witwerrente besteht auch für geschiedene Ehegatten,
1. deren Ehe vor dem 1. Juli 1977 geschieden ist,
2. die weder wieder geheiratet noch eine Lebenspartnerschaft begründet haben und
3. die im letzten Jahr vor dem Tod des Versicherten Unterhalt von diesem erhalten haben oder im letzten wirtschaftlichen Dauerzustand vor dessen Tod einen Anspruch hierauf hatten und
4. die entweder
   a) ein eigenes Kind oder ein Kind des Versicherten erziehen (§ 46 Abs. 2),
   b) das 45. Lebensjahr vollendet haben,
   c) erwerbsgemindert sind,
   d) vor dem 2. Januar 1961 geboren und berufsunfähig (§ 240 Abs. 2) sind oder
   e) am 31. Dezember 2000 bereits berufsunfähig oder erwerbsunfähig waren und dies ununterbrochen sind,

wenn der Versicherte die allgemeine Wartezeit erfüllt hat und nach dem 30. April 1942 gestorben ist.

(3) ¹Anspruch auf große Witwenrente oder große Witwerrente besteht auch ohne Vorliegen der in Absatz 2 Nr. 3 genannten Unterhaltsvoraussetzungen für geschiedene Ehegatten, die
1. einen Unterhaltsanspruch nach Absatz 2 Nr. 3 wegen eines Arbeitsentgelts oder Arbeitseinkommens aus eigener Beschäftigung oder selbständiger Tätigkeit oder entsprechender Ersatzleistungen oder wegen des Gesamteinkommens des Versicherten nicht hatten und
2. zum Zeitpunkt der Scheidung entweder
   a) ein eigenes Kind oder ein Kind des Versicherten erzogen haben (§ 46 Abs. 2) oder
   b) das 45. Lebensjahr vollendet hatten und
3. entweder
   a) ein eigenes Kind oder ein Kind des Versicherten erziehen (§ 46 Abs. 2),
   b) erwerbsgemindert sind,
   c) vor dem 2. Januar 1961 geboren und berufsunfähig (§ 240 Abs. 2) sind,
   d) am 31. Dezember 2000 bereits berufsunfähig oder erwerbsunfähig waren und dies ununterbrochen sind oder
   e) das 60. Lebensjahr vollendet haben,

wenn auch vor Anwendung der Vorschriften über die Einkommensanrechnung auf Renten wegen Todes weder ein Anspruch auf Hinterbliebenenrente für eine Witwe oder einen Witwer noch für einen überlebenden Lebenspartner des Versicherten aus dessen Rentenanwartschaften besteht. ²Wenn der Versicherte nach dem 31. Dezember 2011 verstorben ist, wird die Altersgrenze von 60 Jahren wie folgt angehoben:

Todesjahr des Versicherten	Anhebung um Monate	auf Alter	
		Jahr	Monat
2012	1	60	1
2013	2	60	2
2014	3	60	3
2015	4	60	4
2016	5	60	5
2017	6	60	6
2018	7	60	7
2019	8	60	8
2020	9	60	9
2021	10	60	10
2022	11	60	11
2023	12	61	0
2024	14	61	2
2025	16	61	4
2026	18	61	6
2027	20	61	8
2028	22	61	10
ab 2029	24	62	0.

(4) Anspruch auf kleine oder große Witwenrente oder Witwerrente nach dem vorletzten Ehegatten besteht unter den sonstigen Voraussetzungen der Absätze 1 bis 3 auch für geschiedene Ehegatten, die wieder geheiratet haben, wenn die erneute Ehe aufgelöst oder für nichtig erklärt ist oder wenn eine Lebenspartnerschaft begründet und diese wieder aufgehoben oder aufgelöst ist.
(5) Geschiedenen Ehegatten stehen Ehegatten gleich, deren Ehe für nichtig erklärt oder aufgehoben ist.

§ 243a Rente wegen Todes an vor dem 1. Juli 1977 geschiedene Ehegatten im Beitrittsgebiet
[1]Bestimmt sich der Unterhaltsanspruch des geschiedenen Ehegatten nach dem Recht, das im Beitrittsgebiet gegolten hat, ist § 243 nicht anzuwenden. [2]In diesen Fällen besteht Anspruch auf Erziehungsrente bei Erfüllung der sonstigen Voraussetzungen auch, wenn die Ehe vor dem 1. Juli 1977 geschieden ist.

§ 243b Wartezeit
Die Erfüllung der Wartezeit von 15 Jahren ist Voraussetzung für einen Anspruch auf
1. Altersrente wegen Arbeitslosigkeit oder nach Altersteilzeitarbeit und
2. Altersrente für Frauen.

§ 244 Anrechenbare Zeiten
(1) Sind auf die Wartezeit von 35 Jahren eine pauschale Anrechnungszeit und Berücksichtigungszeiten wegen Kindererziehung anzurechnen, die vor dem Ende der Gesamtzeit für die Ermittlung der pauschalen Anrechnungszeit liegen, darf die Anzahl an Monaten mit solchen Zeiten nicht die Gesamtlücke für die Ermittlung der pauschalen Anrechnungszeit überschreiten.
(2) Auf die Wartezeit von 15 Jahren werden Kalendermonate mit Beitragszeiten und Ersatzzeiten angerechnet.
(3) [1]Auf die Wartezeit von 45 Jahren werden Zeiten des Bezugs von Arbeitslosenhilfe und Arbeitslosengeld II nicht angerechnet. [2]Zeiten vor dem 1. Januar 2001, für die der Bezug von Leistungen nach § 51 Absatz 3a Nummer 3 Buchstabe a mit Ausnahme der Arbeitslosenhilfe oder nach Buchstabe b glaubhaft gemacht ist, werden auf die Wartezeit von 45 Jahren angerechnet. [3]Als Mittel der Glaubhaftmachung können auch Versicherungen an Eides statt zugelassen werden. [4]Der Träger der Rentenversicherung ist für die Abnahme eidesstattlicher Versicherungen zuständig.
(4) Auf die Wartezeit von 25 Jahren werden bei der Altersrente für langjährig unter Tage beschäftigte Bergleute auch Anrechnungszeiten wegen des Bezugs von Anpassungsgeld für entlassene Arbeitnehmer des Bergbaus angerechnet, wenn zuletzt vor Beginn dieser Leistung eine Beschäftigung unter Tage ausgeübt worden ist.
(5) [1]Grundrentenzeiten nach § 76g Absatz 2 sind auch Kalendermonate mit Zeiten vor dem 1. Januar 1984, für die der Bezug von Leistungen nach § 51 Absatz 3a Nummer 3 Buchstabe b glaubhaft gemacht ist. [2]Absatz 3 Satz 3 und 4 gilt entsprechend. [3]Zeiten des Bezugs von Arbeitslosenhilfe und Arbeitslosengeld II sind keine Grundrentenzeiten.

§ 244a Wartezeiterfüllung durch Zuschläge an Entgeltpunkten für Arbeitsentgelt aus geringfügiger versicherungsfreier Beschäftigung

¹Sind Zuschläge an Entgeltpunkten für Arbeitsentgelt aus geringfügiger versicherungsfreier Beschäftigung nach § 264b ermittelt, wird auf die Wartezeit die volle Anzahl an Monaten angerechnet, die sich ergibt, wenn die Zuschläge an Entgeltpunkten durch die Zahl 0,0313 geteilt werden. ²Zuschläge an Entgeltpunkten aus einer geringfügigen versicherungsfreien Beschäftigung, die in Kalendermonaten ausgeübt wurde, die bereits auf die Wartezeit anzurechnen sind, bleiben unberücksichtigt. ³Wartezeitmonate für in die Ehezeit, Lebenspartnerschaftszeit oder Splittingzeit fallende Kalendermonate einer geringfügigen versicherungsfreien Beschäftigung sind vor Anwendung von § 52 Absatz 1 oder 1a gesondert zu ermitteln.

§ 245 Vorzeitige Wartezeiterfüllung

(1) Die Vorschrift über die vorzeitige Wartezeiterfüllung findet nur Anwendung, wenn Versicherte nach dem 31. Dezember 1972 vermindert erwerbsfähig geworden oder gestorben sind.
(2) Sind Versicherte vor dem 1. Januar 1992 vermindert erwerbsfähig geworden oder gestorben, ist die allgemeine Wartezeit auch vorzeitig erfüllt, wenn sie
1. nach dem 30. April 1942 wegen eines Arbeitsunfalls oder einer Berufskrankheit,
2. nach dem 31. Dezember 1956 wegen einer Wehrdienstbeschädigung nach dem Soldatenversorgungsgesetz als Wehrdienstleistender oder als Soldat auf Zeit oder wegen einer Zivildienstbeschädigung nach dem Zivildienstgesetz als Zivildienstleistender,
3. während eines aufgrund gesetzlicher Dienstpflicht oder Wehrpflicht oder während eines Krieges geleisteten militärischen oder militärähnlichen Dienstes (§§ 2 und 3 Bundesversorgungsgesetz),
4. nach dem 31. Dezember 1956 wegen eines Dienstes nach Nummer 3 oder während oder wegen einer anschließenden Kriegsgefangenschaft,
5. wegen unmittelbarer Kriegseinwirkung (§ 5 Bundesversorgungsgesetz),
6. nach dem 29. Januar 1933 wegen Verfolgungsmaßnahmen als Verfolgter des Nationalsozialismus (§§ 1 und 2 Bundesentschädigungsgesetz),
7. nach dem 31. Dezember 1956 während oder wegen eines Gewahrsams (§ 1 Häftlingshilfegesetz),
8. nach dem 31. Dezember 1956 während oder wegen Internierung oder Verschleppung (§ 250 Abs. 1 Nr. 2) oder
9. nach dem 30. Juni 1944 wegen Vertreibung oder Flucht als Vertriebener (§§ 1 bis 5 Bundesvertriebenengesetz),

vermindert erwerbsfähig geworden oder gestorben sind.
(3) Sind Versicherte vor dem 1. Januar 1992 und nach dem 31. Dezember 1972 erwerbsunfähig geworden oder gestorben, ist die allgemeine Wartezeit auch vorzeitig erfüllt, wenn sie
1. wegen eines Unfalls und vor Ablauf von sechs Jahren nach Beendigung einer Ausbildung erwerbsunfähig geworden oder gestorben sind und
2. in den zwei Jahren vor Eintritt der Erwerbsunfähigkeit oder des Todes mindestens sechs Kalendermonate mit Pflichtbeiträgen für eine versicherte Beschäftigung oder Tätigkeit haben.

§ 245a Wartezeiterfüllung bei früherem Anspruch auf Hinterbliebenenrente im Beitrittsgebiet

Die allgemeine Wartezeit gilt für einen Anspruch auf Hinterbliebenenrente als erfüllt, wenn der Berechtigte bereits vor dem 1. Januar 1992 einen Anspruch auf Hinterbliebenenrente nach den Vorschriften des Beitrittsgebiets gehabt hat.

§ 246 Beitragsgeminderte Zeiten

¹Zeiten, für die für Arbeiter in der Zeit vom 1. Oktober 1921 und für Angestellte in der Zeit vom 1. August 1921 bis zum 31. Dezember 1923 Beiträge gezahlt worden sind, sind beitragsgeminderte Zeiten. ²Bei Beginn einer Rente vor dem 1. Januar 2009 gelten die ersten 36 Kalendermonate mit Pflichtbeiträgen für Zeiten einer versicherten Beschäftigung oder selbständigen Tätigkeit bis zur Vollendung des 25. Lebensjahres stets als Zeiten einer beruflichen Ausbildung. ³Auf die ersten 36 Kalendermonate werden Anrechnungszeiten wegen einer Lehre angerechnet.

§ 247 Beitragszeiten

(1) ¹Beitragszeiten sind auch Zeiten, für die in der Zeit vom 1. Januar 1984 bis zum 31. Dezember 1991 für Anrechnungszeiten Beiträge gezahlt worden sind, die der Versicherte ganz oder teilweise getragen hat. ²Die Zeiten sind Pflichtbeitragszeiten, wenn ein Leistungsträger die Beiträge mitgetragen hat.
(2) Pflichtbeitragszeiten aufgrund einer versicherten Beschäftigung sind auch Zeiten, für die die Bundesagentur für Arbeit in der Zeit vom 1. Juli 1978 bis zum 31. Dezember 1982 oder ein anderer Leistungsträger in der Zeit vom 1. Oktober 1974 bis zum 31. Dezember 1983 wegen des Bezugs von Sozialleistungen Pflichtbeiträge gezahlt hat.
(2a) Pflichtbeitragszeiten aufgrund einer versicherten Beschäftigung sind auch Zeiten, in denen in der Zeit vom 1. Juni 1945 bis 30. Juni 1965 Personen als Lehrling oder sonst zu ihrer Berufsausbildung beschäftigt waren und grund-

sätzlich Versicherungspflicht bestand, eine Zahlung von Pflichtbeiträgen für diese Zeiten jedoch nicht erfolgte (Zeiten einer beruflichen Ausbildung).
(3) ¹Beitragszeiten sind auch Zeiten, für die nach den Reichsversicherungsgesetzen Pflichtbeiträge (Pflichtbeitragszeiten) oder freiwillige Beiträge gezahlt worden sind. ²Zeiten vor dem 1. Januar 1924 sind jedoch nur Beitragszeiten, wenn
1. in der Zeit vom 1. Januar 1924 bis zum 30. November 1948 mindestens ein Beitrag für diese Zeit gezahlt worden ist,
2. nach dem 30. November 1948 bis zum Ablauf von drei Jahren nach dem Ende einer Ersatzzeit mindestens ein Beitrag gezahlt worden ist oder
3. mindestens die Wartezeit von 15 Jahren erfüllt ist.

§ 248 Beitragszeiten im Beitrittsgebiet und im Saarland

(1) Pflichtbeitragszeiten sind auch Zeiten, in denen Personen aufgrund gesetzlicher Pflicht nach dem 8. Mai 1945 mehr als drei Tage Wehrdienst oder Zivildienst im Beitrittsgebiet geleistet haben.
(2) Für Versicherte, die bereits vor Erfüllung der allgemeinen Wartezeit voll erwerbsgemindert waren und seitdem ununterbrochen voll erwerbsgemindert sind, gelten Zeiten des gewöhnlichen Aufenthalts im Beitrittsgebiet nach Vollendung des 16. Lebensjahres und nach Eintritt der vollen Erwerbsminderung in der Zeit vom 1. Juli 1975 bis zum 31. Dezember 1991 als Pflichtbeitragszeiten.
(3) ¹Den Beitragszeiten nach Bundesrecht stehen Zeiten nach dem 8. Mai 1945 gleich, für die Beiträge zu einem System der gesetzlichen Rentenversicherung nach vor dem Inkrafttreten von Bundesrecht geltenden Rechtsvorschriften gezahlt worden sind; dies gilt entsprechend für Beitragszeiten im Saarland bis zum 31. Dezember 1956. ²Beitragszeiten im Beitrittsgebiet sind nicht
1. Zeiten der Schul-, Fach- oder Hochschulausbildung,
2. Zeiten einer Beschäftigung oder selbständigen Tätigkeit neben dem Bezug einer Altersrente oder einer Versorgung wegen Alters,
3. Zeiten der freiwilligen Versicherung vor dem 1. Januar 1991 nach der Verordnung über die freiwillige und zusätzliche Versicherung in der Sozialversicherung vom 28. Januar 1947, in denen Beiträge nicht mindestens in der in Anlage 11 genannten Höhe gezahlt worden sind.
(4) ¹Die Beitragszeiten werden abweichend von den Vorschriften des Dritten Kapitels der knappschaftlichen Rentenversicherung zugeordnet, wenn für die versicherte Beschäftigung Beiträge nach einem Beitragssatz für bergbaulich Versicherte gezahlt worden sind. ²Zeiten der Versicherungspflicht von selbständig Tätigen im Beitrittsgebiet werden der allgemeinen Rentenversicherung zugeordnet.

§ 249 Beitragszeiten wegen Kindererziehung

(1) Die Kindererziehungszeit für ein vor dem 1. Januar 1992 geborenes Kind endet 30 Kalendermonate nach Ablauf des Monats der Geburt.
(2) ¹Bei der Anrechnung einer Kindererziehungszeit steht der Erziehung im Inland die Erziehung im jeweiligen Geltungsbereich der Reichsversicherungsgesetze gleich. ²Dies gilt nicht, wenn Beitragszeiten während desselben Zeitraums aufgrund einer Versicherungslastregelung mit einem anderen Staat nicht in die Versicherungslast der Bundesrepublik Deutschland fallen würden.
(3) (weggefallen)
(4) Ein Elternteil ist von der Anrechnung einer Kindererziehungszeit ausgeschlossen, wenn er vor dem 1. Januar 1921 geboren ist.
(5) Für die Feststellung der Tatsachen, die für die Anrechnung von Kindererziehungszeiten vor dem 1. Januar 1986 erheblich sind, genügt es, wenn sie glaubhaft gemacht werden.
(6) Ist die Mutter vor dem 1. Januar 1986 gestorben, wird die Kindererziehungszeit insgesamt dem Vater zugeordnet.
(7) ¹Bei Folgerenten, die die Voraussetzungen nach § 88 Absatz 1 oder 2 erfüllen und für die ein Zuschlag an persönlichen Entgeltpunkten nach § 307d Absatz 1 Satz 1 zu berücksichtigen ist, endet die Kindererziehungszeit für ein vor dem 1. Januar 1992 geborenes Kind zwölf Kalendermonate nach Ablauf des Monats der Geburt. ²Die Kindererziehungszeit endet 24 Kalendermonate nach Ablauf des Monats der Geburt, wenn ausschließlich ein Zuschlag an persönlichen Entgeltpunkten nach § 307d Absatz 1 Satz 3 oder ein Zuschlag an persönlichen Entgeltpunkten nach § 307d Absatz 1a zu berücksichtigen ist. ³Eine Kindererziehungszeit wird für den maßgeblichen Zeitraum, für den ein Zuschlag an persönlichen Entgeltpunkten nach § 307d Absatz 5 berücksichtigt wurde, nicht angerechnet.
(8) ¹Die Anrechnung einer Kindererziehungszeit nach Absatz 1 ist ausgeschlossen
1. ab dem 13. bis zum 24. Kalendermonat nach Ablauf des Monats der Geburt, wenn für die versicherte Person für dasselbe Kind ein Zuschlag an persönlichen Entgeltpunkten nach § 307d Absatz 1 Satz 1 zu berücksichtigen ist,

2. ab dem 25. bis zum 30. Kalendermonat nach Ablauf des Monats der Geburt, wenn für die versicherte Person für dasselbe Kind ein Zuschlag an persönlichen Entgeltpunkten nach § 307d Absatz 1 Satz 3 oder nach § 307d Absatz 1a zu berücksichtigen ist.

²Satz 1 gilt entsprechend, wenn für andere Versicherte oder Hinterbliebene für dasselbe Kind ein Zuschlag an persönlichen Entgeltpunkten für den maßgeblichen Zeitraum zu berücksichtigen ist oder zu berücksichtigen war.

§ 249a Beitragszeiten wegen Kindererziehung im Beitrittsgebiet
(1) Elternteile, die am 18. Mai 1990 ihren gewöhnlichen Aufenthalt im Beitrittsgebiet hatten, sind von der Anrechnung einer Kindererziehungszeit ausgeschlossen, wenn sie vor dem 1. Januar 1927 geboren sind.
(2) Ist ein Elternteil bis zum 31. Dezember 1996 gestorben, wird die Kindererziehungszeit im Beitrittsgebiet vor dem 1. Januar 1992 insgesamt der Mutter zugeordnet, es sei denn, es wurde eine wirksame Erklärung zugunsten des Vaters abgegeben.

§ 249b Berücksichtigungszeiten wegen Pflege
Berücksichtigungszeiten sind auf Antrag auch Zeiten der nicht erwerbsmäßigen Pflege eines Pflegebedürftigen in der Zeit vom 1. Januar 1992 bis zum 31. März 1995, solange die Pflegeperson
1. wegen der Pflege berechtigt war, Beiträge zu zahlen oder die Umwandlung von freiwilligen Beiträgen in Pflichtbeiträge zu beantragen, und
2. nicht zu den in § 56 Abs. 4 genannten Personen gehört, die von der Anrechnung einer Kindererziehungszeit ausgeschlossen sind.

Die Zeit der Pflegetätigkeit wird von der Aufnahme der Pflegetätigkeit an als Berücksichtigungszeit angerechnet, wenn der Antrag bis zum Ablauf von drei Kalendermonaten nach Aufnahme der Pflegetätigkeit gestellt wird.

§ 250 Ersatzzeiten
(1) Ersatzzeiten sind Zeiten vor dem 1. Januar 1992, in denen Versicherungspflicht nicht bestanden hat und Versicherte nach vollendetem 14. Lebensjahr
1. militärischen oder militärähnlichen Dienst im Sinne der §§ 2 und 3 des Bundesversorgungsgesetzes aufgrund gesetzlicher Dienstpflicht oder Wehrpflicht oder während eines Krieges geleistet haben oder aufgrund dieses Dienstes kriegsgefangen gewesen sind oder deutschen Minenräumdienst nach dem 8. Mai 1945 geleistet haben oder im Anschluss an solche Zeiten wegen Krankheit arbeitsunfähig oder unverschuldet arbeitslos gewesen sind,
2. interniert oder verschleppt oder im Anschluss an solche Zeiten wegen Krankheit arbeitsunfähig oder unverschuldet arbeitslos gewesen sind, wenn sie als Deutsche wegen ihrer Volks- oder Staatsangehörigkeit oder in ursächlichem Zusammenhang mit den Kriegsereignissen außerhalb des Gebietes der Bundesrepublik Deutschland interniert oder in ein ausländisches Staatsgebiet verschleppt waren, nach dem 8. Mai 1945 entlassen wurden und innerhalb von zwei Monaten nach der Entlassung im Gebiet der Bundesrepublik Deutschland ständigen Aufenthalt genommen haben, wobei in die Frist von zwei Monaten Zeiten einer unverschuldeten Verzögerung der Rückkehr nicht eingerechnet werden,
3. während oder nach dem Ende eines Krieges, ohne Kriegsteilnehmer zu sein, durch feindliche Maßnahmen bis zum 30. Juni 1945 an der Rückkehr aus Gebieten außerhalb des jeweiligen Geltungsbereichs der Reichsversicherungsgesetze oder danach aus Gebieten außerhalb des Geltungsbereichs dieser Gesetze, soweit es sich nicht um das Beitrittsgebiet handelt, verhindert gewesen oder dort festgehalten worden sind,
4. in ihrer Freiheit eingeschränkt gewesen oder ihnen die Freiheit entzogen worden ist (§§ 43 und 47 Bundesentschädigungsgesetz) oder im Anschluss an solche Zeiten wegen Krankheit arbeitsunfähig oder unverschuldet arbeitslos gewesen sind oder infolge Verfolgungsmaßnahmen
   a) arbeitslos gewesen sind, auch wenn sie der Arbeitsvermittlung nicht zur Verfügung gestanden haben, längstens aber die Zeit bis zum 31. Dezember 1946, oder
   b) bis zum 30. Juni 1945 ihren Aufenthalt in Gebieten außerhalb des jeweiligen Geltungsbereichs der Reichsversicherungsgesetze oder danach in Gebieten außerhalb des Geltungsbereichs der Reichsversicherungsgesetze nach dem Stand vom 30. Juni 1945 genommen oder einen solchen beibehalten haben, längstens aber die Zeit bis zum 31. Dezember 1949,
   wenn sie zum Personenkreis des § 1 des Bundesentschädigungsgesetzes gehören (Verfolgungszeit),
5. in Gewahrsam genommen worden sind oder im Anschluss daran wegen Krankheit arbeitsunfähig oder unverschuldet arbeitslos gewesen sind, wenn sie zum Personenkreis des § 1 des Häftlingshilfegesetzes gehören oder nur deshalb nicht gehören, weil sie vor dem 3. Oktober 1990 ihren gewöhnlichen Aufenthalt im Beitrittsgebiet genommen haben, oder
5a. im Beitrittsgebiet in der Zeit vom 8. Mai 1945 bis zum 30. Juni 1990 einen Freiheitsentzug erlitten haben, soweit eine auf Rehabilitierung oder Kassation erkennende Entscheidung ergangen ist, oder im Anschluss an solche Zeiten wegen Krankheit arbeitsunfähig oder unverschuldet arbeitslos gewesen sind,

6. vertrieben, umgesiedelt oder ausgesiedelt worden oder auf der Flucht oder im Anschluss an solche Zeiten wegen Krankheit arbeitsunfähig oder unverschuldet arbeitslos gewesen sind, mindestens aber die Zeit vom 1. Januar 1945 bis zum 31. Dezember 1946, wenn sie zum Personenkreis der §§ 1 bis 4 des Bundesvertriebenengesetzes gehören.

(2) Ersatzzeiten sind nicht Zeiten,
1. für die eine Nachversicherung durchgeführt oder nur wegen eines fehlenden Antrags nicht durchgeführt worden ist,
2. in denen außerhalb des Gebietes der Bundesrepublik Deutschland ohne das Beitrittsgebiet eine Rente wegen Alters oder anstelle einer solchen eine andere Leistung bezogen worden ist,
3. in denen nach dem 31. Dezember 1956 die Voraussetzungen nach Absatz 1 Nr. 2, 3 und 5 vorliegen und Versicherte eine Beschäftigung oder selbständige Tätigkeit auch aus anderen als den dort genannten Gründen nicht ausgeübt haben.

§ 251 Ersatzzeiten bei Handwerkern

(1) Ersatzzeiten werden bei versicherungspflichtigen Handwerkern, die in diesen Zeiten in die Handwerksrolle eingetragen waren, berücksichtigt, wenn für diese Zeiten Beiträge nicht gezahlt worden sind.

(2) Zeiten, in denen in die Handwerksrolle eingetragene versicherungspflichtige Handwerker im Anschluss an eine Ersatzzeit arbeitsunfähig krank gewesen sind, sind nur dann Ersatzzeiten, wenn sie in ihrem Betrieb mit Ausnahme von Lehrlingen und des Ehegatten oder eines Verwandten ersten Grades, für Zeiten vor dem 1. Mai 1985 mit Ausnahme eines Lehrlings, des Ehegatten oder eines Verwandten ersten Grades, Personen nicht beschäftigt haben, die wegen dieser Beschäftigung versicherungspflichtig waren.

(3) Eine auf eine Ersatzzeit folgende Zeit der unverschuldeten Arbeitslosigkeit vor dem 1. Juli 1969 ist bei Handwerkern nur dann eine Ersatzzeit, wenn und solange sie in der Handwerksrolle gelöscht waren.

§ 252 Anrechnungszeiten

(1) Anrechnungszeiten sind auch Zeiten, in denen Versicherte
1. Anpassungsgeld für entlassene Arbeitnehmer des Bergbaus bezogen haben,
1a. Anpassungsgeld bezogen haben, weil sie als Arbeitnehmerinnen oder Arbeitnehmer der Braunkohleanlagen und -tagebaue sowie der Steinkohleanlagen aus den in § 57 des Kohleverstromungsbeendigungsgesetzes genannten Gründen ihren Arbeitsplatz verloren haben,
2. nach dem 31. Dezember 1991 eine Knappschaftsausgleichsleistung bezogen haben,
3. nach dem vollendeten 17. Lebensjahr als Lehrling nicht versicherungspflichtig oder versicherungsfrei waren und die Lehrzeit abgeschlossen haben, längstens bis zum 28. Februar 1957, im Saarland bis zum 31. August 1957,
4. vor dem vollendeten 55. Lebensjahr eine Rente wegen Berufsunfähigkeit oder Erwerbsunfähigkeit oder eine Erziehungsrente bezogen haben, in der eine Zurechnungszeit nicht enthalten war,
5. vor dem vollendeten 55. Lebensjahr eine Invalidenrente, ein Ruhegeld oder eine Knappschaftsvollrente bezogen haben, wenn diese Leistung vor dem 1. Januar 1957 weggefallen ist,
6. Schlechtwettergeld bezogen haben, wenn dadurch eine versicherte Beschäftigung oder selbständige Tätigkeit unterbrochen worden ist, längstens bis zum 31. Dezember 1978.

(2) Anrechnungszeiten sind auch Zeiten, für die
1. die Bundesagentur für Arbeit in der Zeit vom 1. Januar 1983,
2. ein anderer Leistungsträger in der Zeit vom 1. Januar 1984

bis zum 31. Dezember 1997 wegen des Bezugs von Sozialleistungen Pflichtbeiträge oder Beiträge für Anrechnungszeiten gezahlt hat.

(3) Anrechnungszeiten wegen Arbeitsunfähigkeit oder Leistungen zur medizinischen Rehabilitation oder zur Teilhabe am Arbeitsleben liegen in der Zeit vom 1. Januar 1984 bis zum 31. Dezember 1997 bei Versicherten, die
1. nicht in der gesetzlichen Krankenversicherung versichert waren oder
2. in der gesetzlichen Krankenversicherung ohne Anspruch auf Krankengeld versichert waren,

nur vor, wenn für diese Zeiten, längstens jedoch für 18 Kalendermonate, Beiträge nach mindestens 70 vom Hundert, für die Zeit vom 1. Januar 1995 an 80 vom Hundert des zuletzt für einen vollen Kalendermonat versicherten Arbeitsentgelts oder Arbeitseinkommens gezahlt worden sind.

(4) (weggefallen)

(5) Zeiten einer Arbeitslosigkeit vor dem 1. Juli 1969 sind bei Handwerkern nur dann Anrechnungszeiten, wenn und solange sie in der Handwerksrolle gelöscht waren.

(6) ¹Bei selbständig Tätigen, die auf Antrag versicherungspflichtig waren, und bei Handwerkern sind Zeiten vor dem 1. Januar 1992, in denen sie
1. wegen Krankheit arbeitsunfähig gewesen sind oder Leistungen zur medizinischen Rehabilitation oder zur Teilhabe am Arbeitsleben erhalten haben,

2. wegen Schwangerschaft oder Mutterschaft während der Schutzfristen nach dem Mutterschutzgesetz eine versicherte selbständige Tätigkeit nicht ausgeübt haben,

nur dann Anrechnungszeiten, wenn sie in ihrem Betrieb mit Ausnahme eines Lehrlings, des Ehegatten oder eines Verwandten ersten Grades Personen nicht beschäftigt haben, die wegen dieser Beschäftigung versicherungspflichtig waren. ²Anrechnungszeiten nach dem 30. April 1985 liegen auch vor, wenn die Versicherten mit Ausnahme von Lehrlingen und des Ehegatten oder eines Verwandten ersten Grades Personen nicht beschäftigt haben, die wegen dieser Beschäftigung versicherungspflichtig waren.

(7) ¹Zeiten, in denen Versicherte
1. vor dem 1. Januar 1984 arbeitsunfähig geworden sind oder Leistungen zur medizinischen Rehabilitation oder zur Teilhabe am Arbeitsleben erhalten haben,
2. vor dem 1. Januar 1979 Schlechtwettergeld bezogen haben,
3. wegen Arbeitslosigkeit bei einer deutschen Agentur für Arbeit als Arbeitsuchende gemeldet waren und
   a) vor dem 1. Juli 1978 eine öffentlich-rechtliche Leistung bezogen haben oder
   b) vor dem 1. Januar 1992 eine öffentlich-rechtliche Leistung nur wegen des zu berücksichtigenden Einkommens oder Vermögens nicht bezogen haben,

werden nur berücksichtigt, wenn sie mindestens einen Kalendermonat andauerten. ²Folgen mehrere Zeiten unmittelbar aufeinander, werden sie zusammengerechnet.

(8) ¹Anrechnungszeiten sind auch Zeiten nach dem 30. April 2003, in denen Versicherte
1. nach Vollendung des 58. Lebensjahres wegen Arbeitslosigkeit bei einer deutschen Agentur für Arbeit gemeldet waren,
2. der Arbeitsvermittlung nur deshalb nicht zur Verfügung standen, weil sie nicht arbeitsbereit waren und nicht alle Möglichkeiten nutzten und nutzen wollten, um ihre Beschäftigungslosigkeit zu beenden, und
3. eine öffentlich-rechtliche Leistung nur wegen des zu berücksichtigenden Einkommens oder Vermögens nicht bezogen haben.

²Für Zeiten nach Satz 1 gelten die Vorschriften über Anrechnungszeiten wegen Arbeitslosigkeit. ³Zeiten nach Satz 1 werden nach dem 31. Dezember 2007 nur dann als Anrechnungszeiten berücksichtigt, wenn die Arbeitslosigkeit vor dem 1. Januar 2008 begonnen hat und der Versicherte vor dem 2. Januar 1950 geboren ist.

(9) Anrechnungszeiten liegen bei Beziehern von Arbeitslosenhilfe, Unterhaltsgeld und Arbeitslosengeld II nicht vor, wenn die Bundesagentur für Arbeit oder in den Fällen des § 6a des Zweiten Buches die zugelassenen kommunalen Träger für sie Beiträge an eine Versicherungseinrichtung oder Versorgungseinrichtung, an ein Versicherungsunternehmen oder an sie selbst gezahlt haben.

(10) Anrechnungszeiten liegen nicht vor bei Beziehern von Arbeitslosengeld II, die in der Zeit vom 1. Januar 2011 bis zum 31. Dezember 2012 versicherungspflichtig beschäftigt oder versicherungspflichtig selbständig tätig gewesen sind oder eine Leistung bezogen haben, wegen der sie nach § 3 Satz 1 Nummer 3 versicherungspflichtig gewesen sind.

§ 252a Anrechnungszeiten im Beitrittsgebiet

(1) ¹Anrechnungszeiten im Beitrittsgebiet sind auch Zeiten nach dem 8. Mai 1945, in denen Versicherte
1. wegen Schwangerschaft oder Mutterschaft während der jeweiligen Schutzfristen eine versicherte Beschäftigung oder selbständige Tätigkeit nicht ausgeübt haben,
2. vor dem 1. Januar 1992
   a) Lohnersatzleistungen nach dem Recht der Arbeitsförderung,
   b) Vorruhestandsgeld, Übergangsrente, Invalidenrente bei Erreichen besonderer Altersgrenzen, befristete erweiterte Versorgung oder
   c) Unterstützung während der Zeit der Arbeitsvermittlung
   bezogen haben,
3. vor dem 1. März 1990 arbeitslos waren oder
4. vor dem vollendeten 55. Lebensjahr Invalidenrente, Bergmannsinvalidenrente, Versorgung wegen voller Berufsunfähigkeit oder Teilberufsunfähigkeit, Unfallrente aufgrund eines Körperschadens von 66 2/3 vom Hundert, Kriegsbeschädigtenrente aus dem Beitrittsgebiet, entsprechende Renten aus einem Sonderversorgungssystem oder eine berufsbezogene Zuwendung an Ballettmitglieder in staatlichen Einrichtungen bezogen haben.

²Anrechnungszeiten nach Satz 1 Nr. 1 liegen vor Vollendung des 17. und nach Vollendung des 25. Lebensjahres nur vor, wenn dadurch eine versicherte Beschäftigung oder selbständige Tätigkeit unterbrochen ist. ³Für Zeiten nach Satz 1 Nr. 2 und 3 gelten die Vorschriften über Anrechnungszeiten wegen Arbeitslosigkeit. ⁴Zeiten des Fernstudiums oder des Abendunterrichts in der Zeit vor dem 1. Juli 1990 sind nicht Anrechnungszeiten wegen schulischer Ausbildung, wenn das Fernstudium oder der Abendunterricht neben einer versicherungspflichtigen Beschäftigung oder Tätigkeit ausgeübt worden ist.

(2) ¹Anstelle von Anrechnungszeiten wegen Krankheit, Schwangerschaft oder Mutterschaft vor dem 1. Juli 1990 werden pauschal Anrechnungszeiten für Ausfalltage ermittelt, wenn im Ausweis für Arbeit und Sozialversicherung Arbeitsausfalltage als Summe eingetragen sind. ²Dazu ist die im Ausweis eingetragene Anzahl der Arbeitsausfalltage mit der Zahl 7 zu vervielfältigen, durch die Zahl 5 zu teilen und dem Ende der für das jeweilige Kalenderjahr bescheinigten Beschäftigung oder selbständigen Tätigkeit als Anrechnungszeit lückenlos zuzuordnen, wobei Zeiten vor dem 1. Januar 1984 nur berücksichtigt werden, wenn nach der Zuordnung mindestens ein Kalendermonat belegt ist. ³Insoweit ersetzen sie die für diese Zeit bescheinigten Pflichtbeitragszeiten; dies gilt nicht für die Feststellung von Pflichtbeitragszeiten für einen Anspruch auf Rente.

§ 253 Pauschale Anrechnungszeit

(1) ¹Anrechnungszeit für die Zeit vor dem 1. Januar 1957 ist mindestens die volle Anzahl an Monaten, die sich ergibt, wenn

1. der Zeitraum vom Kalendermonat, für den der erste Pflichtbeitrag gezahlt ist, spätestens vom Kalendermonat, in den der Tag nach der Vollendung des 17. Lebensjahres des Versicherten fällt, bis zum Kalendermonat, für den der letzte Pflichtbeitrag vor dem 1. Januar 1957 gezahlt worden ist, ermittelt wird (Gesamtzeit),
2. die Gesamtzeit um die auf sie entfallenden mit Beiträgen und Ersatzzeiten belegten Kalendermonate zur Ermittlung der verbleibenden Zeit gemindert wird (Gesamtlücke) und
3. die Gesamtlücke, höchstens jedoch ein nach unten gerundetes volles Viertel der auf die Gesamtzeit entfallenden Beitragszeiten und Ersatzzeiten, mit dem Verhältnis vervielfältigt wird, in dem die Summe der auf die Gesamtzeit entfallenden mit Beitragszeiten und Ersatzzeiten belegten Kalendermonate zu der Gesamtzeit steht.

²Dabei werden Zeiten, für die eine Nachversicherung nur wegen eines fehlenden Antrags nicht durchgeführt worden ist, wie Beitragszeiten berücksichtigt.

(2) Der Anteil der pauschalen Anrechnungszeiten, der auf einen Zeitabschnitt entfällt, ist die volle Anzahl an Monaten, die sich ergibt, wenn die pauschale Anrechnungszeit mit der für ihre Ermittlung maßgebenden verbleibenden Zeit in diesem Zeitabschnitt (Teillücke) vervielfältigt und durch die Gesamtlücke geteilt wird.

§ 253a Zurechnungszeit

(1) Beginnt eine Rente wegen verminderter Erwerbsfähigkeit oder eine Erziehungsrente im Jahr 2018 oder ist bei einer Hinterbliebenenrente die versicherte Person im Jahr 2018 verstorben, endet die Zurechnungszeit mit Vollendung des 62. Lebensjahres und drei Monaten.

(2) Beginnt eine Rente wegen verminderter Erwerbsfähigkeit oder eine Erziehungsrente im Jahr 2019 oder ist bei einer Hinterbliebenenrente die versicherte Person im Jahr 2019 verstorben, endet die Zurechnungszeit mit Vollendung des 65. Lebensjahres und acht Monaten.

(3) Beginnt eine Rente wegen verminderter Erwerbsfähigkeit oder eine Erziehungsrente nach dem 31. Dezember 2019 und vor dem 1. Januar 2031 oder ist bei einer Hinterbliebenenrente die versicherte Person nach dem 31. Dezember 2019 und vor dem 1. Januar 2031 verstorben, wird das Ende der Zurechnungszeit wie folgt angehoben:

Bei Beginn der Rente oder bei Tod der Versicherten im Jahr	Anhebung um Monate	auf Alter	
		Jahre	Monate
2020	1	65	9
2021	2	65	10
2022	3	65	11
2023	4	66	0
2024	5	66	1
2025	6	66	2
2026	7	66	3
2027	8	66	4
2028	10	66	6
2029	12	66	8
2030	14	66	10

(4) Die Zurechnungszeit endet spätestens mit dem Erreichen der Regelaltersgrenze nach § 235 Absatz 2 Satz 2 und 3.

(5) Hatte die verstorbene versicherte Person zum Zeitpunkt des Todes Anspruch auf eine Rente wegen verminderter Erwerbsfähigkeit, ist bei einer nachfolgenden Hinterbliebenenrente eine Zurechnungszeit nur insoweit zu berücksichtigen, wie sie in der vorangegangenen Rente wegen verminderter Erwerbsfähigkeit angerechnet wurde.

§ 254 Zuordnung beitragsfreier Zeiten zur knappschaftlichen Rentenversicherung

(1) Ersatzzeiten werden der knappschaftlichen Rentenversicherung zugeordnet, wenn vor dieser Zeit der letzte Pflichtbeitrag zur knappschaftlichen Rentenversicherung gezahlt worden ist.

(2) Ersatzzeiten und Anrechnungszeiten wegen einer Lehre werden der knappschaftlichen Rentenversicherung auch dann zugeordnet, wenn nach dieser Zeit die Versicherung beginnt und der erste Pflichtbeitrag zur knappschaftlichen Rentenversicherung gezahlt worden ist.

(3) [1]Anrechnungszeiten wegen des Bezugs von Anpassungsgeld und von Knappschaftsausgleichsleistung sind Zeiten der knappschaftlichen Rentenversicherung. [2]Dies gilt für Anrechnungszeiten wegen des Bezugs von Anpassungsgeld nur, wenn zuletzt vor Beginn dieser Leistung eine in der knappschaftlichen Rentenversicherung versicherte Beschäftigung ausgeübt worden ist.

(4) Die pauschale Anrechnungszeit wird der knappschaftlichen Rentenversicherung in dem Verhältnis zugeordnet, in dem die knappschaftlichen Beitragszeiten und die der knappschaftlichen Rentenversicherung zugeordneten Ersatzzeiten bis zur letzten Pflichtbeitragszeit vor dem 1. Januar 1957 zu allen diesen Beitragszeiten und Ersatzzeiten stehen.

§ 254a Ständige Arbeiten unter Tage im Beitrittsgebiet

Im Beitrittsgebiet vor dem 1. Januar 1992 überwiegend unter Tage ausgeübte Tätigkeiten sind ständige Arbeiten unter Tage.

Fünfter Unterabschnitt
Rentenhöhe und Rentenanpassung

§ 254b Rentenformel für Monatsbetrag der Rente

(1) Bis zum 30. Juni 2024 werden persönliche Entgeltpunkte (Ost) und ein aktueller Rentenwert (Ost) für die Ermittlung des Monatsbetrags der Rente aus Zeiten außerhalb der Bundesrepublik Deutschland ohne das Beitrittsgebiet gebildet, die an die Stelle der persönlichen Entgeltpunkte und des aktuellen Rentenwerts treten.

(2) Liegen der Rente auch persönliche Entgeltpunkte zugrunde, die mit dem aktuellen Rentenwert zu vervielfältigen sind, sind Monatsteilbeträge zu ermitteln, deren Summe den Monatsbetrag der Rente ergibt.

§ 254c Anpassung der Renten

[1]Renten, denen ein aktueller Rentenwert (Ost) zugrunde liegt, werden angepasst, indem der bisherige aktuelle Rentenwert (Ost) durch den neuen aktuellen Rentenwert (Ost) ersetzt wird. [2]Rentenbezieher erhalten eine Anpassungsmitteilung, wenn sich die Höhe des aktuellen Rentenwerts (Ost) verändert.

§ 254d Entgeltpunkte (Ost)

(1) An die Stelle der ermittelten Entgeltpunkte treten Entgeltpunkte (Ost) für
1. Zeiten mit Beiträgen für eine Beschäftigung oder selbständige Tätigkeit,
2. Pflichtbeitragszeiten aufgrund der gesetzlichen Pflicht zur Leistung von Wehrdienst oder Zivildienst oder aufgrund eines Wehrdienstverhältnisses besonderer Art nach § 6 des Einsatz-Weiterverwendungsgesetzes oder aufgrund Bezugs von Sozialleistungen, mit Ausnahme des Bezugs von Arbeitslosengeld II,
3. Zeiten der Erziehung eines Kindes,
4. Zeiten mit freiwilligen Beiträgen vor dem 1. Januar 1992 oder danach bis zum 31. März 1999 zur Aufrechterhaltung des Anspruchs auf Rente wegen verminderter Erwerbsfähigkeit (§ 279b) bei gewöhnlichem Aufenthalt,
4a. Zeiten der nicht erwerbsmäßigen Pflege,
4b. zusätzliche Entgeltpunkte für Arbeitsentgelt aus nach § 23b Abs. 2 Satz 1 bis 4 des Vierten Buches aufgelösten Wertguthaben auf Grund einer Arbeitsleistung

im Beitrittsgebiet und
5. Zeiten mit Beiträgen für eine Beschäftigung oder selbständige Tätigkeit,
6. Zeiten der Erziehung eines Kindes,
7. Zeiten mit freiwilligen Beiträgen bei gewöhnlichem Aufenthalt

im jeweiligen Geltungsbereich der Reichsversicherungsgesetze außerhalb der Bundesrepublik Deutschland (Reichsgebiets-Beitragszeiten).

(2) [1]Absatz 1 findet keine Anwendung auf Zeiten vor dem 19. Mai 1990
1. von Versicherten, die ihren gewöhnlichen Aufenthalt am 18. Mai 1990 oder, falls sie verstorben sind, zuletzt vor dem 19. Mai 1990
    a) im Gebiet der Bundesrepublik Deutschland ohne das Beitrittsgebiet hatten oder
    b) im Ausland hatten und unmittelbar vor Beginn des Auslandsaufenthalts ihren gewöhnlichen Aufenthalt im Gebiet der Bundesrepublik Deutschland ohne das Beitrittsgebiet hatten,
2. mit Beiträgen aufgrund einer Beschäftigung bei einem Unternehmen im Beitrittsgebiet, für das Arbeitsentgelte in Deutsche Mark gezahlt worden sind.

²Satz 1 gilt nicht für Zeiten, die von der Wirkung einer Beitragserstattung nach § 286d Abs. 2 nicht erfasst werden. (3) Für Zeiten mit Beiträgen für eine Beschäftigung oder selbständige Tätigkeit und für Zeiten der Erziehung eines Kindes vor dem 1. Februar 1949 in Berlin gelten ermittelte Entgeltpunkte nicht als Entgeltpunkte (Ost).

§ 255 Rentenartfaktor

(1) Der Rentenartfaktor beträgt für persönliche Entgeltpunkte bei großen Witwenrenten und großen Witwerrenten nach dem Ende des dritten Kalendermonats nach Ablauf des Monats, in dem der Ehegatte verstorben ist, 0,6, wenn der Ehegatte vor dem 1. Januar 2002 verstorben ist oder die Ehe vor diesem Tag geschlossen wurde und mindestens ein Ehegatte vor dem 2. Januar 1962 geboren ist.
(2) Witwenrenten und Witwerrenten aus der Rentenanwartschaft eines vor dem 1. Juli 1977 geschiedenen Ehegatten werden von Beginn an mit dem Rentenartfaktor ermittelt, der für Witwenrenten und Witwerrenten nach dem Ende des dritten Kalendermonats nach Ablauf des Monats, in dem der Ehegatte verstorben ist, maßgebend ist.

§ 255a Bestimmung des aktuellen Rentenwerts (Ost) für die Zeit vom 1. Juli 2018 bis zum 1. Juli 2023

(1) Der aktuelle Rentenwert (Ost) beträgt zum
1. Juli 2018 95,8 Prozent des aktuellen Rentenwerts,
1. Juli 2019 96,5 Prozent des aktuellen Rentenwerts,
1. Juli 2020 97,2 Prozent des aktuellen Rentenwerts,
1. Juli 2021 97,9 Prozent des aktuellen Rentenwerts,
1. Juli 2022 98,6 Prozent des aktuellen Rentenwerts,
1. Juli 2023 99,3 Prozent des aktuellen Rentenwerts.
(2) ¹Für die Zeit vom 1. Juli 2018 bis zum 1. Juli 2023 ist ein Vergleichswert zu dem nach Absatz 1 berechneten aktuellen Rentenwert (Ost) zu ermitteln. ²Der Vergleichswert wird zum 1. Juli eines jeden Jahres ausgehend von seinem Vorjahreswert nach dem für die Veränderung des aktuellen Rentenwerts geltenden Verfahren nach den §§ 68 und 255d ermittelt. ³Für die Ermittlung des Vergleichswerts zum 1. Juli 2018 gilt der am 30. Juni 2018 geltende aktuelle Rentenwert (Ost) als Vorjahreswert. ⁴Abweichend von § 68 sind für die Ermittlung des Vergleichswerts jeweils die für das Beitrittsgebiet ermittelten Bruttolöhne und -gehälter je Arbeitnehmer (§ 68 Absatz 2 Satz 1) maßgebend. ⁵Ferner ist § 68 Absatz 2 Satz 3 mit der Maßgabe anzuwenden, dass die für das Beitrittsgebiet ermittelten beitragspflichtigen Bruttolöhne und -gehälter je Arbeitnehmer ohne Beamte einschließlich der Bezieher von Arbeitslosengeld zugrunde zu legen sind. ⁶Übersteigt der Vergleichswert den nach Absatz 1 berechneten aktuellen Rentenwert (Ost), ist der Vergleichswert als aktueller Rentenwert (Ost) zum 1. Juli festzusetzen. ⁷Der festzusetzende aktuelle Rentenwert (Ost) ist mindestens um den Prozentsatz anzupassen, um den der aktuelle Rentenwert angepasst wird und darf den zum 1. Juli festzusetzenden aktuellen Rentenwert nicht übersteigen.

§ 255b Verordnungsermächtigung

(1) Die Bundesregierung wird ermächtigt, durch Rechtsverordnung mit Zustimmung des Bundesrates den zum 1. Juli eines Jahres maßgebenden aktuellen Rentenwert (Ost) bis zum 30. Juni des jeweiligen Jahres zu bestimmen.
(2) ¹Die Bundesregierung wird ermächtigt, durch Rechtsverordnung mit Zustimmung des Bundesrates zum Ende eines jeden Kalenderjahres
1. für das vergangene Kalenderjahr den Wert der Anlage 10,
2. für das folgende Kalenderjahr den vorläufigen Wert der Anlage 10
als das Vielfache des Durchschnittsentgelts der Anlage 1 zum Durchschnittsentgelt im Beitrittsgebiet zu bestimmen. ²Die Werte nach Satz 1 sind letztmals für das Jahr 2018 zu bestimmen.

§ 255c Anwendung des aktuellen Rentenwerts zum 1. Juli 2024

¹Zum 1. Juli 2024 tritt der aktuelle Rentenwert an die Stelle des aktuellen Rentenwerts (Ost) und die hiervon betroffenen Renten sind insoweit anzupassen. ²Hierüber erhalten die Rentnerinnen und Rentner eine Anpassungsmitteilung.

§ 255d Bestimmung des aktuellen Rentenwerts für die Zeit vom 1. Juli 2018 bis zum 1. Juli 2026

(1) ¹Für die Bestimmung des aktuellen Rentenwerts für die Zeit vom 1. Juli 2018 bis zum 1. Juli 2019 wird abweichend von § 68 Absatz 4 die Anzahl der Äquivalenzbeitragszahler für das Bundesgebiet ohne das Beitrittsgebiet und das Beitrittsgebiet für die Jahre 2016 bis 2018 getrennt berechnet. ²Für die weitere Berechnung nach § 68 Absatz 4 werden die jeweiligen Ergebnisse anschließend addiert. ³Für die Berechnung sind die Werte für das Gesamtvolumen der Beiträge aller in der allgemeinen Rentenversicherung versicherungspflichtig Beschäftigten, der geringfügig Beschäftigten (§ 8 des Vierten Buches) und der Bezieher von Arbeitslosengeld eines Kalenderjahres und das Durchschnittsentgelt nach Anlage 1 für das Bundesgebiet ohne das Beitrittsgebiet und für das Beitrittsgebiet getrennt zu ermitteln und der Berechnung zugrunde zu legen. ⁴Für das Beitrittsgebiet ist dabei als Durchschnittsentgelt für das jeweilige Kalenderjahr der Wert der Anlage 1 dividiert durch den Wert der Anlage 10 zu berücksichtigen.

(2) Für die Bestimmung des aktuellen Rentenwerts zum 1. Juli 2020 wird die Anzahl der Äquivalenzbeitragszahler für das Jahr 2018 abweichend von § 68 Absatz 7 nach § 68 Absatz 4 neu ermittelt.
(3) ¹Für die Bestimmung des aktuellen Rentenwerts für die Zeit vom 1. Juli 2018 bis zum 1. Juli 2025 wird abweichend von § 68 Absatz 4 die Anzahl der Äquivalenzrentner für das Bundesgebiet ohne das Beitrittsgebiet und das Beitrittsgebiet für die Jahre 2016 bis 2024 getrennt berechnet. ²Für die weitere Berechnung nach § 68 Absatz 4 werden die jeweiligen Ergebnisse anschließend addiert. ³Für die Berechnung sind die Werte für das Gesamtvolumen der Renten abzüglich erstatteter Aufwendungen für Renten und Rententeile eines Kalenderjahres und eine Regelaltersrente mit 45 Entgeltpunkten für das Bundesgebiet ohne das Beitrittsgebiet und für das Beitrittsgebiet getrennt zu ermitteln und der Berechnung zugrunde zu legen. ⁴Für das Beitrittsgebiet ist dabei bei der Berechnung der Regelaltersrente mit 45 Entgeltpunkten der aktuelle Rentenwert (Ost) zugrunde zu legen.
(4) Für die Bestimmung des aktuellen Rentenwerts zum 1 Juli 2025 sind abweichend von § 68 Absatz 7 die folgenden Daten zugrunde zu legen:
1. die dem Statistischen Bundesamt zu Beginn des Jahres 2025 für die Jahre 2022 und 2023 vorliegenden Daten zu den gesamtdeutschen Bruttolöhnen und -gehältern je Arbeitnehmer (§ 68 Absatz 2 Satz 1) und
2. die der Deutschen Rentenversicherung Bund zu Beginn des Jahres 2025 für das Jahr 2022 vorliegenden Daten zu den gesamtdeutschen beitragspflichtigen Bruttolöhnen und -gehältern je Arbeitnehmer ohne Beamte einschließlich der Bezieher von Arbeitslosengeld.
(5) Für die Bestimmung des aktuellen Rentenwerts zum 1. Juli 2026 wird abweichend von § 68 Absatz 4 als Anzahl an Äquivalenzrentnern für das Jahr 2024 der errechnete Wert aus der Rentenwertbestimmungsverordnung 2025 zugrunde gelegt, der sich aus der Summe der Anzahl der Äquivalenzrentner für das Jahr 2024 für das Bundesgebiet ohne das Beitrittsgebiet und der Anzahl der Äquivalenzrentner für das Jahr 2024 für das Beitrittsgebiet ergibt.

§ 255e Niveauschutzklausel für die Zeit vom 1. Juli 2019 bis zum 1. Juli 2025

Wird in der Zeit vom 1. Juli 2019 bis zum 1. Juli 2025 mit dem nach § 68 ermittelten aktuellen Rentenwert das Sicherungsniveau vor Steuern nach § 154 Absatz 3a des laufenden Jahres in Höhe von 48 Prozent unterschritten, ist der aktuelle Rentenwert so anzuheben, dass das Sicherungsniveau vor Steuern mindestens 48 Prozent beträgt.

§ 255f Verordnungsermächtigung

Die Bundesregierung hat durch Rechtsverordnung mit Zustimmung des Bundesrates zum 1. Juli eines Jahres das Sicherungsniveau vor Steuern des jeweiligen Jahres zu bestimmen.

§ 255g Ausgleichsbedarf bis zum 30. Juni 2026

Der Ausgleichsbedarf beträgt in der Zeit bis zum 30. Juni 2026 1,0000. Eine Berechnung des Ausgleichsbedarfs nach § 68a erfolgt in dieser Zeit nicht.

§ 256 Entgeltpunkte für Beitragszeiten

(1) Für Pflichtbeitragszeiten aufgrund einer Beschäftigung in der Zeit vom 1. Juni 1945 bis 30. Juni 1965 (§ 247 Abs. 2a) werden für jeden Kalendermonat 0,025 Entgeltpunkte zugrunde gelegt.
(2) Für Zeiten vor dem 1. Januar 1992, für die für Anrechnungszeiten Beiträge gezahlt worden sind, die Versicherte ganz oder teilweise getragen haben, ist Beitragsbemessungsgrundlage der Betrag, der sich ergibt, wenn das 100fache des gezahlten Beitrags durch den für die jeweilige Zeit maßgebenden Beitragssatz geteilt wird.
(3) ¹Für Zeiten vom 1. Januar 1982 bis zum 31. Dezember 1991, für die Pflichtbeiträge gezahlt worden sind für Personen, die aufgrund gesetzlicher Pflicht mehr als drei Tage Wehrdienst oder Zivildienst geleistet haben, werden für jedes volle Kalenderjahr 0,75 Entgeltpunkte, für die Zeit vom 1. Mai 1961 bis zum 31. Dezember 1981 1,0 Entgeltpunkte, für jeden Teilzeitraum der entsprechende Anteil zugrunde gelegt. ²Satz 1 ist für Zeiten vom 1. Januar 1990 bis zum 31. Dezember 1991 nicht anzuwenden, wenn die Pflichtbeiträge bei einer Verdienstausfallentschädigung aus dem Arbeitsentgelt berechnet worden sind. ³Für Zeiten vor dem 1. Mai 1961 gilt Satz 1 mit der Maßgabe, dass auf Antrag 0,75 Entgeltpunkte zugrunde gelegt werden.
(4) Für Zeiten vor dem 1. Januar 1992, für die Pflichtbeiträge für behinderte Menschen in geschützten Einrichtungen gezahlt worden sind, werden auf Antrag für jedes volle Kalenderjahr mindestens 0,75 Entgeltpunkte, für jeden Teilzeitraum der entsprechende Anteil zugrunde gelegt.
(5) ¹Für Zeiten, für die Beiträge nach Lohn-, Beitrags- oder Gehaltsklassen gezahlt worden sind, werden die Entgeltpunkte der Anlage 3 zugrunde gelegt, wenn die Beiträge nach dem vor dem 1. März 1957 geltenden Recht gezahlt worden sind. ²Sind die Beiträge nach dem in der Zeit vom 1. März 1957 bis zum 31. Dezember 1976 geltenden Recht gezahlt worden, werden für jeden Kalendermonat Entgeltpunkte aus der in Anlage 4 angegebenen Beitragsbemessungsgrundlage ermittelt.
(6) ¹Für Zeiten vor dem 1. Januar 1957, für die Beiträge aufgrund von Vorschriften außerhalb des Vierten Kapitels nachgezahlt worden sind, werden Entgeltpunkte ermittelt, indem die Beitragsbemessungsgrundlage durch das Durchschnittsentgelt des Jahres 1957 in Höhe von 5043 Deutsche Mark geteilt wird. ²Für Zeiten, für die Beiträge

nachgezahlt worden sind, ausgenommen die Zeiten, für die Beiträge wegen Heiratserstattung nachgezahlt worden sind, werden Entgeltpunkte ermittelt, indem die Beitragsbemessungsgrundlage durch das Durchschnittsentgelt des Jahres geteilt wird, in dem die Beiträge gezahlt worden sind.
(7) Für Beiträge, die für Arbeiter in der Zeit vom 1. Oktober 1921 und für Angestellte in der Zeit vom 1. August 1921 bis zum 31. Dezember 1923 gezahlt worden sind, werden für jeden Kalendermonat 0,0625 Entgeltpunkte zugrunde gelegt.

§ 256a Entgeltpunkte für Beitragszeiten im Beitrittsgebiet

(1) ^{1}Für Beitragszeiten im Beitrittsgebiet nach dem 8. Mai 1945 und vor dem 1. Januar 2025 werden Entgeltpunkte ermittelt, indem der mit den Werten der Anlage 10 vervielfältigte Verdienst (Beitragsbemessungsgrundlage) durch das Durchschnittsentgelt für dasselbe Kalenderjahr geteilt wird. ^{2}Bei Rentenbeginn im Jahr 2019 ist der Verdienst des Jahres 2018 mit dem Wert der Anlage 10 zu vervielfältigen, der für dieses Kalenderjahr vorläufig bestimmt ist. ^{3}Die Sätze 1 und 2 sind nicht anzuwenden für Beitragszeiten auf Grund des Bezugs von Arbeitslosengeld II.
(1a) ^{1}Arbeitsentgelt aus nach § 23b Abs. 2 Satz 1 bis 4 des Vierten Buches aufgelösten Wertguthaben, das durch Arbeitsleistung im Beitrittsgebiet erzielt wurde, wird mit dem Wert der Anlage 10 für das Kalenderjahr vervielfältigt, dem das Arbeitsentgelt zugeordnet ist. ^{2}Bei Zuordnung des Arbeitsentgelts für Zeiten bis zum 31. Dezember 2018 ist Satz 1 mit der Maßgabe anzuwenden, dass die vorläufigen Werte der Anlage 10 für das jeweilige Kalenderjahr zu verwenden sind.
(2) ^{1}Als Verdienst zählen der tatsächlich erzielte Arbeitsverdienst und die tatsächlich erzielten Einkünfte, für die jeweils Pflichtbeiträge gezahlt worden sind, sowie der Verdienst, für den Beiträge zur Freiwilligen Zusatzrentenversicherung oder freiwillige Beiträge zur Rentenversicherung für Zeiten vor dem 1. Januar 1992 oder danach bis zum 31. März 1999 zur Aufrechterhaltung des Anspruchs auf Rente wegen verminderter Erwerbsfähigkeit (§ 279b) gezahlt worden sind. ^{2}Für Zeiten der Beschäftigung bei der Deutschen Reichsbahn oder bei der Deutschen Post vor dem 1. Januar 1974 gelten für den oberhalb der im Beitrittsgebiet geltenden Beitragsbemessungsgrenzen nachgewiesenen Arbeitsverdienst Beiträge zur Freiwilligen Zusatzrentenversicherung als gezahlt. ^{3}Für Zeiten der Beschäftigung bei der Deutschen Reichsbahn oder bei der Deutschen Post vom 1. Januar 1974 bis 30. Juni 1990 gelten für den oberhalb der im Beitrittsgebiet geltenden Beitragsbemessungsgrenzen nachgewiesenen Arbeitsverdienst, höchstens bis zu 650 Mark monatlich, Beiträge zur Freiwilligen Zusatzrentenversicherung als gezahlt, wenn ein Beschäftigungsverhältnis bei der Deutschen Reichsbahn oder bei der Deutschen Post am 1. Januar 1974 bereits zehn Jahre ununterbrochen bestanden hat. ^{4}Für freiwillige Beiträge nach der Verordnung über die freiwillige und zusätzliche Versicherung in der Sozialversicherung vom 28. Januar 1947 gelten die in Anlage 11 genannten Beträge, für freiwillige Beiträge nach der Verordnung über die freiwillige Versicherung auf Zusatzrente bei der Sozialversicherung vom 15. März 1968 (GBl. II Nr. 29 S. 154) gilt das Zehnfache der gezahlten Beiträge als Verdienst. ^{5}Als Verdienst zählt bei einer Beschäftigung im Übergangsbereich (§ 20 Absatz 2 des Vierten Buches) ab dem 1. Juli 2019 im Beitrittsgebiet das Arbeitsentgelt.
(3) ^{1}Als Verdienst zählen auch die nachgewiesenen beitragspflichtigen Arbeitsverdienste und Einkünfte vor dem 1. Juli 1990, für die wegen der im Beitrittsgebiet jeweils geltenden Beitragsbemessungsgrenzen oder wegen in einem Sonderversorgungssystem erworbener Anwartschaften Pflichtbeiträge oder Beiträge zur Freiwilligen Zusatzrentenversicherung nicht gezahlt werden konnten. ^{2}Für Versicherte, die berechtigt waren, der Freiwilligen Zusatzrentenversicherung beizutreten, gilt dies für Beträge oberhalb der jeweiligen Beitragsbemessungsgrenzen zur Freiwilligen Zusatzrentenversicherung nur, wenn die zulässigen Höchstbeiträge zur Freiwilligen Zusatzrentenversicherung gezahlt worden sind. ^{3}Werden beitragspflichtige Arbeitsverdienste oder Einkünfte, für die nach den im Beitrittsgebiet jeweils geltenden Vorschriften Pflichtbeiträge oder Beiträge zur Freiwilligen Zusatzrentenversicherung nicht gezahlt werden konnten, glaubhaft gemacht, werden diese Arbeitsverdienste oder Einkünfte zu fünf Sechsteln berücksichtigt. ^{4}Als Mittel der Glaubhaftmachung können auch Versicherungen an Eides statt zugelassen werden. ^{5}Der Träger der Rentenversicherung ist für die Abnahme eidesstattlicher Versicherungen zuständig.
(3a) ^{1}Als Verdienst zählen für Zeiten vor dem 1. Juli 1990, in denen Versicherte ihren gewöhnlichen Aufenthalt im Gebiet der Bundesrepublik Deutschland ohne das Beitrittsgebiet hatten und Beiträge zu einem System der gesetzlichen Rentenversicherung des Beitrittsgebiets gezahlt worden sind, die Werte der Anlagen 1 bis 16 zum Fremdrentengesetz. ^{2}Für jeden Teilzeitraum wird der entsprechende Anteil zugrunde gelegt. ^{3}Dabei zählen Kalendermonate, die zum Teil mit Anrechnungszeiten wegen Krankheit oder für Ausfalltage belegt sind, als Zeiten mit vollwertigen Beiträgen. ^{4}Für eine Teilzeitbeschäftigung nach dem 31. Dezember 1949 werden zur Ermittlung der Entgeltpunkte die Beiträge berücksichtigt, die dem Verhältnis der Teilzeitbeschäftigung zu einer Vollzeitbeschäftigung entsprechen. ^{5}Für Pflichtbeitragszeiten für eine Berufsausbildung werden für jeden Kalendermonat 0,025 Entgeltpunkte zugrunde gelegt. ^{6}Für glaubhaft gemachte Beitragszeiten werden fünf Sechstel der Entgeltpunkte zugrunde gelegt.
(4) Für Zeiten vor dem 1. Januar 1992, in denen Personen aufgrund gesetzlicher Pflicht mehr als drei Tage Wehrdienst oder Zivildienst im Beitrittsgebiet geleistet haben, werden für jedes volle Kalenderjahr 0,75 Entgeltpunkte, für jeden Teilzeitraum der entsprechende Anteil zugrunde gelegt.

(5) Für Pflichtbeitragszeiten bei Erwerbsunfähigkeit vor dem 1. Januar 1992 werden für jedes volle Kalenderjahr mindestens 0,75 Entgeltpunkte, für jeden Teilzeitraum der entsprechende Anteil zugrunde gelegt.

§ 256b Entgeltpunkte für glaubhaft gemachte Beitragszeiten

(1) ¹Für glaubhaft gemachte Pflichtbeitragszeiten nach dem 31. Dezember 1949 werden zur Ermittlung von Entgeltpunkten als Beitragsbemessungsgrundlage für ein Kalenderjahr einer Vollzeitbeschäftigung die Durchschnittsverdienste berücksichtigt, die sich
1. nach Einstufung der Beschäftigung in eine der in Anlage 13 genannten Qualifikationsgruppen und
2. nach Zuordnung der Beschäftigung zu einem der in Anlage 14 genannten Bereiche

für dieses Kalenderjahr ergeben, höchstens jedoch fünf Sechstel der jeweiligen Beitragsbemessungsgrenze; für jeden Teilzeitraum wird der entsprechende Anteil zugrunde gelegt. ²Für glaubhaft gemachte Pflichtbeitragszeiten nach Einführung des Euro werden als Beitragsbemessungsgrundlage Durchschnittsverdienste in Höhe des Betrages in Euro berücksichtigt, der zur selben Anzahl an Entgeltpunkten führt, wie er sich für das Kalenderjahr vor Einführung des Euro nach Satz 1 ergeben hätte. ³Für eine Teilzeitbeschäftigung werden die Beträge berücksichtigt, die dem Verhältnis der Teilzeitbeschäftigung zu einer Vollzeitbeschäftigung entsprechen. ⁴Die Bestimmung des maßgeblichen Bereichs richtet sich danach, welchem Bereich der Betrieb, in dem der Versicherte seine Beschäftigung ausgeübt hat, zuzuordnen ist. ⁵War der Betrieb Teil einer größeren Unternehmenseinheit, ist für die Bestimmung des Bereichs diese maßgeblich. ⁶Kommen nach dem Ergebnis der Ermittlungen mehrere Bereiche in Betracht, ist von ihnen der Bereich mit den niedrigsten Durchschnittsverdiensten des jeweiligen Jahres maßgeblich. ⁷Ist eine Zuordnung zu einem oder zu einem von mehreren Bereichen nicht möglich, erfolgt die Zuordnung zu dem Bereich mit den für das jeweilige Jahr niedrigsten Durchschnittsverdiensten. ⁸Die Sätze 6 und 7 gelten entsprechend für die Zuordnung zu einer Qualifikationsgruppe. ⁹Für Zeiten vor dem 1. Januar 1950 und für Zeiten im Gebiet der Bundesrepublik Deutschland ohne das Beitrittsgebiet vor dem 1. Januar 1991 werden Entgeltpunkte aus fünf Sechsteln der sich aufgrund der Anlagen 1 bis 16 zum Fremdrentengesetz ergebenden Werte ermittelt, es sei denn, die Höhe der Arbeitsentgelte ist bekannt oder kann auf sonstige Weise festgestellt werden.

(2) Für glaubhaft gemachte Pflichtbeitragszeiten für eine Berufsausbildung werden für jeden Kalendermonat 0,0208, mindestens jedoch die nach Absatz 1 ermittelten Entgeltpunkte zugrunde gelegt.

(3) Für glaubhaft gemachte Beitragszeiten mit freiwilligen Beiträgen werden für Zeiten bis zum 28. Februar 1957 die Entgeltpunkte der Anlage 15 zugrunde gelegt, für Zeiten danach für jeden Kalendermonat die Entgeltpunkte, die sich aus fünf Sechsteln der Mindestbeitragsbemessungsgrundlage für freiwillige Beiträge ergeben.

(4) ¹Für glaubhaft gemachte Pflichtbeitragszeiten im Beitrittsgebiet für die Zeit vom 1. März 1971 bis zum 30. Juni 1990 gilt Absatz 1 nur soweit, wie glaubhaft gemacht ist, dass Beiträge zur freiwilligen Zusatzrentenversicherung gezahlt worden sind. ²Kann eine solche Beitragszahlung nicht glaubhaft gemacht werden, ist als Beitragsbemessungsgrundlage für ein Kalenderjahr höchstens ein Verdienst nach Anlage 16 zu berücksichtigen.

(5) Die Absätze 1 bis 4 sind für selbständig Tätige entsprechend anzuwenden.

§ 256c Entgeltpunkte für nachgewiesene Beitragszeiten ohne Beitragsbemessungsgrundlage

(1) ¹Für Zeiten vor dem 1. Januar 1991, für die eine Pflichtbeitragszahlung nachgewiesen ist, werden, wenn die Höhe der Beitragsbemessungsgrundlage nicht bekannt ist oder nicht auf sonstige Weise festgestellt werden kann, zur Ermittlung von Entgeltpunkten als Beitragsbemessungsgrundlage für ein Kalenderjahr einer Vollzeitbeschäftigung die sich nach den folgenden Absätzen ergebenden Beträge zugrunde gelegt. ²Für jeden Teilzeitraum wird der entsprechende Anteil zugrunde gelegt. ³Für eine Teilzeitbeschäftigung nach dem 31. Dezember 1949 werden die Werte berücksichtigt, die dem Verhältnis der Teilzeitbeschäftigung zu einer Vollzeitbeschäftigung entsprechen.

(2) Für Zeiten im Gebiet der Bundesrepublik Deutschland ohne das Beitrittsgebiet und für Zeiten im Beitrittsgebiet vor dem 1. Januar 1950 sind die Beträge maßgebend, die sich aufgrund der Anlagen 1 bis 16 zum Fremdrentengesetz für dieses Kalenderjahr ergeben.

(3) ¹Für Zeiten im Beitrittsgebiet nach dem 31. Dezember 1949 sind die um ein Fünftel erhöhten Beträge maßgebend, die sich
a) nach Einstufung der Beschäftigung in eine der in Anlage 13 genannten Qualifikationsgruppen und
b) nach Zuordnung der Beschäftigung zu einem der in Anlage 14 genannten Bereiche

für dieses Kalenderjahr ergeben. ²§ 256b Abs. 1 Satz 4 bis 8 ist anzuwenden. ³Für Pflichtbeitragszeiten für die Zeit vom 1. März 1971 bis zum 30. Juni 1990 gilt dies nur so weit, wie glaubhaft gemacht ist, dass Beiträge zur Freiwilligen Zusatzrentenversicherung gezahlt worden sind. ⁴Kann eine solche Beitragszahlung nicht glaubhaft gemacht werden, ist als Beitragsbemessungsgrundlage für ein Kalenderjahr höchstens ein um ein Fünftel erhöhter Verdienst nach Anlage 16 zu berücksichtigen.

(4) Die Absätze 1 bis 3 sind nicht anzuwenden, wenn für Zeiten vor dem 1. Juli 1990 im Beitrittsgebiet beitragspflichtige Arbeitsverdienste und Einkünfte glaubhaft gemacht werden, für die wegen der im Beitrittsgebiet jeweils

geltenden Beitragsbemessungsgrenzen oder wegen in einem Sonderversorgungssystem erworbener Anwartschaften Pflichtbeiträge oder Beiträge zur Freiwilligen Zusatzrentenversicherung nicht gezahlt werden konnten.
(5) Die Absätze 1 bis 4 sind für selbständig Tätige entsprechend anzuwenden.

§ 257 Entgeltpunkte für Berliner Beitragszeiten

(1) ¹Für Zeiten, für die Beiträge zur
1. einheitlichen Sozialversicherung der Versicherungsanstalt Berlin in der Zeit vom 1. Juli 1945 bis zum 31. Januar 1949,
2. einheitlichen Sozial- oder Rentenversicherung der Versicherungsanstalt Berlin (West) in der Zeit vom 1. Februar 1949 bis zum 31. März 1952 oder
3. Rentenversicherung der Landesversicherungsanstalt Berlin vom 1. April 1952 bis zum 31. August 1952

gezahlt worden sind, werden Entgeltpunkte ermittelt, indem die Beitragsbemessungsgrundlage durch das Durchschnittsentgelt für dasselbe Kalenderjahr geteilt wird. ²Die Beitragsbemessungsgrundlage beträgt
1. für die Zeit vom 1. Juli 1945 bis zum 31. März 1946 das Fünffache der gezahlten Beiträge,
2. für die Zeit vom 1. April 1946 bis zum 31. Dezember 1950 das Fünffache der gezahlten Beiträge, höchstens jedoch 7200 Reichsmark oder Deutsche Mark für ein Kalenderjahr.

(2) Für Zeiten, für die freiwillige Beiträge oder Beiträge nach Beitragsklassen gezahlt worden sind, werden die Entgeltpunkte der Anlage 5 zugrunde gelegt.

§ 258 Entgeltpunkte für saarländische Beitragszeiten

(1) Für Zeiten vom 20. November 1947 bis zum 5. Juli 1959, für die Beiträge in Franken gezahlt worden sind, werden Entgeltpunkte ermittelt, indem das mit den Werten der Anlage 6 vervielfältigte Arbeitsentgelt (Beitragsbemessungsgrundlage) durch das Durchschnittsentgelt für dasselbe Kalenderjahr geteilt wird.
(2) ¹Für die für Zeiten vom 31. Dezember 1923 bis zum 3. März 1935 zur Rentenversicherung der Arbeiter und für Zeiten vom 1. Januar 1924 bis zum 28. Februar 1935 zur Rentenversicherung der Angestellten nach Lohn-, Beitrags- oder Gehaltsklassen in Franken gezahlten und nach der Verordnung über die Überleitung der Sozialversicherung des Saarlandes in der im Bundesgesetzblatt Teil III, Gliederungsnummer 826-4, veröffentlichten bereinigten Fassung umgestellten Beiträge werden die Entgeltpunkte der danach maßgebenden Lohn-, Beitrags- oder Gehaltsklasse der Anlage 3 zugrunde gelegt. ²Für die für Zeiten vor dem 1. März 1935 zur knappschaftlichen Pensionsversicherung gezahlten Einheitsbeiträge werden die aufgrund des § 26 der Verordnung über die Überleitung der Sozialversicherung des Saarlandes ergangenen satzungsrechtlichen Bestimmungen angewendet und Entgeltpunkte der danach maßgebenden Lohn-, Beitrags- oder Gehaltsklasse der Anlage 3 zugrunde gelegt. ³Für Zeiten, für die Beiträge vom 20. November 1947 bis zum 31. August 1957 zur Rentenversicherung der Arbeiter und vom 1. Dezember 1947 bis zum 31. August 1957 zur Rentenversicherung der Angestellten nach Lohn-, Beitrags- oder Gehaltsklassen in Franken oder vom 1. Januar 1954 bis zum 31. März 1963 zur saarländischen Altersversorgung der Landwirte und mithelfenden Familienangehörigen gezahlt worden sind, werden die Entgeltpunkte der Anlage 7 zugrunde gelegt.
(3) Wird nachgewiesen, dass das Arbeitsentgelt in Franken in der Zeit vom 20. November 1947 bis zum 31. August 1957 höher war als der Betrag, nach dem Beiträge gezahlt worden sind, wird als Beitragsbemessungsgrundlage das tatsächliche Arbeitsentgelt zugrunde gelegt.
(4) Wird glaubhaft gemacht, dass das Arbeitsentgelt in Franken in der Zeit vom 1. Januar 1948 bis zum 31. August 1957 in der Rentenversicherung der Angestellten oder in der Zeit vom 1. Januar 1949 bis zum 31. August 1957 in der Rentenversicherung der Arbeiter höher war als der Betrag, nach dem Beiträge gezahlt worden sind, wird als Beitragsbemessungsgrundlage das um 10 vom Hundert erhöhte nachgewiesene Arbeitsentgelt zugrunde gelegt.

§ 259 Entgeltpunkte für Beitragszeiten mit Sachbezug

¹Wird glaubhaft gemacht, dass Versicherte vor dem 1. Januar 1957 während mindestens fünf Jahren, für die Pflichtbeiträge aufgrund einer versicherten Beschäftigung in der Rentenversicherung der Arbeiter und der Angestellten gezahlt worden sind, neben Barbezügen in wesentlichem Umfang Sachbezüge erhalten haben, werden für jeden Kalendermonat solcher Zeiten mindestens Entgeltpunkte aufgrund der Beitragsbemessungsgrundlage oder der Lohn-, Gehalts- oder Beitragsklassen der Anlage 8, für jeden Teilzeitraum der entsprechende Anteil zugrunde gelegt. ²Dies gilt nicht für Zeiten der Ausbildung als Lehrling oder Anlernling. ³Als Mittel der Glaubhaftmachung können auch Versicherungen an Eides statt zugelassen werden. ⁴Der Träger der Rentenversicherung ist für die Abnahme eidesstattlicher Versicherungen zuständig.

§ 259a Besonderheiten für Versicherte der Geburtsjahrgänge vor 1937

(1) ¹Für Versicherte, die vor dem 1. Januar 1937 geboren sind und die ihren gewöhnlichen Aufenthalt am 18. Mai 1990 oder, falls sie verstorben sind, zuletzt vor dem 19. Mai 1990
1. im Gebiet der Bundesrepublik Deutschland ohne das Beitrittsgebiet hatten oder

2. im Ausland hatten und unmittelbar vor Beginn des Auslandsaufenthalts ihren gewöhnlichen Aufenthalt im Gebiet der Bundesrepublik Deutschland ohne das Beitrittsgebiet hatten,

werden für Pflichtbeitragszeiten vor dem 19. Mai 1990 anstelle der nach den §§ 256a bis 256c zu ermittelnden Werte Entgeltpunkte aufgrund der Anlagen 1 bis 16 zum Fremdrentengesetz ermittelt; für jeden Teilzeitraum wird der entsprechende Anteil zugrunde gelegt. ²Dabei zählen Kalendermonate, die zum Teil mit Anrechnungszeiten wegen Krankheit oder für Ausfalltage belegt sind, als Zeiten mit vollwertigen Beiträgen. ³Für eine Teilzeitbeschäftigung nach dem 31. Dezember 1949 werden zur Ermittlung der Entgeltpunkte die Beträge berücksichtigt, die dem Verhältnis der Teilzeitbeschäftigung zu einer Vollzeitbeschäftigung entsprechen. ⁴Für Pflichtbeitragszeiten für eine Berufsausbildung werden für jeden Kalendermonat 0,025 Entgeltpunkte zugrunde gelegt. ⁵Für Zeiten, in denen Personen vor dem 19. Mai 1990 aufgrund gesetzlicher Pflicht mehr als drei Tage Wehrdienst oder Zivildienst im Beitrittsgebiet geleistet haben, werden die Entgeltpunkte nach § 256 Abs. 3 zugrunde gelegt. ⁶Für Zeiten mit freiwilligen Beiträgen bis zum 28. Februar 1957 werden Entgeltpunkte aus der jeweils niedrigsten Beitragsklasse für freiwillige Beiträge, für Zeiten danach aus einem Bruttoarbeitsentgelt ermittelt, das für einen Kalendermonat der Mindestbeitragsbemessungsgrundlage entspricht; dabei ist von den Werten im Gebiet der Bundesrepublik Deutschland ohne das Beitrittsgebiet auszugehen. ⁷Für glaubhaft gemachte Beitragszeiten werden fünf Sechstel der Entgeltpunkte zugrunde gelegt.

(2) Absatz 1 gilt nicht für Zeiten, die von der Wirkung einer Beitragserstattung nach § 286d Abs. 2 nicht erfasst werden.

§ 259b Besonderheiten bei Zugehörigkeit zu einem Zusatz- oder Sonderversorgungssystem

(1) ¹Für Zeiten der Zugehörigkeit zu einem Zusatz- oder Sonderversorgungssystem im Sinne des Anspruchs- und Anwartschaftsüberführungsgesetzes (AAÜG) vom 25. Juli 1991 (BGBl. I S. 1677) wird bei der Ermittlung der Entgeltpunkte der Verdienst nach dem AAÜG zugrunde gelegt. ²§ 259a ist nicht anzuwenden.

(2) Als Zeiten der Zugehörigkeit zu einem Versorgungssystem gelten auch Zeiten, die vor Einführung eines Versorgungssystems in der Sozialpflichtversicherung oder in der freiwilligen Zusatzrentenversicherung zurückgelegt worden sind, wenn diese Zeiten, hätte das Versorgungssystem bereits bestanden, in dem Versorgungssystem zurückgelegt worden wären.

§ 260 Beitragsbemessungsgrenzen

¹Für Zeiten, für die Beiträge aufgrund einer Beschäftigung oder selbständigen Tätigkeit in den dem Deutschen Reich eingegliederten Gebieten gezahlt worden sind, werden mindestens die im übrigen Deutschen Reich geltenden Beitragsbemessungsgrenzen angewendet. ²Für Beitragszeiten im Beitrittsgebiet und im Saarland werden die im Bundesgebiet geltenden Beitragsbemessungsgrenzen angewendet. ³Sind vor dem 1. Januar 1984 liegende Arbeitsausfalltage nicht als Anrechnungszeiten zu berücksichtigen, werden diese Arbeitsausfalltage bei der Bestimmung der Beitragsbemessungsgrenze als Beitragszeiten berücksichtigt.

§ 261 Beitragszeiten ohne Entgeltpunkte

Entgeltpunkte werden nicht ermittelt für
1. Pflichtbeiträge zur Rentenversicherung der Arbeiter für Zeiten vor dem 1. Januar 1957, soweit für dieselbe Zeit und Beschäftigung auch Pflichtbeiträge zur Rentenversicherung der Angestellten oder zur knappschaftlichen Rentenversicherung gezahlt worden sind,
2. Pflichtbeiträge zur Rentenversicherung der Arbeiter oder zur Rentenversicherung der Angestellten für Zeiten vor dem 1. Januar 1943, soweit für dieselbe Zeit und Beschäftigung auch Pflichtbeiträge zur knappschaftlichen Pensionsversicherung der Arbeiter oder der Angestellten gezahlt worden sind.

§ 262 Mindestentgeltpunkte bei geringem Arbeitsentgelt

(1) ¹Sind mindestens 35 Jahre mit rentenrechtlichen Zeiten vorhanden und ergibt sich aus den Kalendermonaten mit vollwertigen Pflichtbeiträgen ein Durchschnittswert von weniger als 0,0625 Entgeltpunkten, wird die Summe der Entgeltpunkte für Beitragszeiten erhöht. ²Die zusätzlichen Entgeltpunkte sind so zu bemessen, dass sich für die Kalendermonate mit vollwertigen Pflichtbeiträgen vor dem 1. Januar 1992 ein Durchschnittswert in Höhe des 1,5fachen des tatsächlichen Durchschnittswerts, höchstens aber in Höhe von 0,0625 Entgeltpunkten ergibt.

(2) Die zusätzlichen Entgeltpunkte werden den Kalendermonaten mit vollwertigen Pflichtbeiträgen vor dem 1. Januar 1992 zu gleichen Teilen zugeordnet; dabei werden Kalendermonaten mit Entgeltpunkten (Ost) zusätzliche Entgeltpunkte (Ost) zugeordnet.

(3) Bei Anwendung der Absätze 1 und 2 gelten Pflichtbeiträge für Zeiten, in denen eine Rente aus eigener Versicherung bezogen worden ist, nicht als vollwertige Pflichtbeiträge.

§ 263 Gesamtleistungsbewertung für beitragsfreie und beitragsgeminderte Zeiten

(1) ¹Bei der Gesamtleistungsbewertung für beitragsfreie und beitragsgeminderte Zeiten werden Berücksichtigungszeiten wegen Kindererziehung, die in der Gesamtlücke für die Ermittlung der pauschalen Anrechnungszeit liegen, höchstens mit der Anzahl an Monaten berücksichtigt, die zusammen mit der Anzahl an Monaten mit pauschaler Anrechnungszeit die Anzahl an Monaten der Gesamtlücke ergibt. ²Für die Gesamtleistungsbewertung werden jedem Kalendermonat an Berücksichtigungszeit wegen Pflege 0,0625 Entgeltpunkte zugeordnet, es sei denn, dass er als Beitragszeit bereits einen höheren Wert hat.

(2) (weggefallen)

(2a) ¹Der sich aus der Gesamtleistungsbewertung ergebende Wert wird für jeden Kalendermonat mit Anrechnungszeiten wegen Krankheit und Arbeitslosigkeit auf 80 vom Hundert begrenzt. ²Kalendermonate, die nur deshalb Anrechnungszeiten sind, weil Arbeitslosigkeit vor dem 1. März 1990 im Beitrittsgebiet, jedoch nicht vor dem 1. Juli 1978, vorgelegen hat, werden nicht bewertet. ³Kalendermonate, die nur deshalb Anrechnungszeiten sind, weil Arbeitslosigkeit nach dem 30. Juni 1978 vorgelegen hat, für die vor dem 1. Januar 2005 aber keine Arbeitslosenhilfe gezahlt worden ist, werden nicht bewertet.

(3) ¹Der sich aus der Gesamtleistungsbewertung ergebende Wert wird für jeden Kalendermonat mit Anrechnungszeiten wegen einer Schul- oder Hochschulausbildung auf 75 vom Hundert begrenzt. ²Der so begrenzte Gesamtleistungswert darf für einen Kalendermonat 0,0625 Entgeltpunkte nicht übersteigen. ³Zeiten einer Schul- oder Hochschulausbildung werden insgesamt für höchstens drei Jahre bewertet; auf die drei Jahre werden Zeiten einer Fachschulausbildung oder der Teilnahme an einer berufsvorbereitenden Bildungsmaßnahme angerechnet. ⁴Bei der begrenzten Gesamtleistungsbewertung für die Zeiten der Schul- oder Hochschulausbildung treten an die Stelle

bei Beginn der Rente im		der Werte	
		75 vom Hundert	0,0625 Entgeltpunkte
Jahr	Monat	die Werte	
2005	Januar	75,00	0,0625
	Februar	73,44	0,0612
	März	71,88	0,0599
	April	70,31	0,0586
	Mai	68,75	0,0573
	Juni	67,19	0,0560
	Juli	65,63	0,0547
	August	64,06	0,0534
	September	62,50	0,0521
	Oktober	60,94	0,0508
	November	59,38	0,0495
	Dezember	57,81	0,0482
2006	Januar	56,25	0,0469
	Februar	54,69	0,0456
	März	53,13	0,0443
	April	51,56	0,0430
	Mai	50,00	0,0417
	Juni	48,44	0,0404
	Juli	46,88	0,0391
	August	45,31	0,0378
	September	43,75	0,0365
	Oktober	42,19	0,0352
	November	40,63	0,0339
	Dezember	39,06	0,0326
2007	Januar	37,50	0,0313
	Februar	35,94	0,0299
	März	34,38	0,0286
	April	32,81	0,0273

bei Beginn der Rente im		der Werte	
		75 vom Hundert	0,0625 Entgeltpunkte
Jahr	Monat	die Werte	
	Mai	31,25	0,0260
	Juni	29,69	0,0247
	Juli	28,13	0,0234
	August	26,56	0,0221
	September	25,00	0,0208
	Oktober	23,44	0,0195
	November	21,88	0,0182
	Dezember	20,31	0,0169
2008	Januar	18,75	0,0156
	Februar	17,19	0,0143
	März	15,63	0,0130
	April	14,06	0,0117
	Mai	12,50	0,0104
	Juni	10,94	0,0091
	Juli	9,38	0,0078
	August	7,81	0,0065
	September	6,25	0,0052
	Oktober	4,69	0,0039
	November	3,13	0,0026
	Dezember	1,56	0,0013
2009	Januar	0,00	0,0000

(4) ¹Die Summe der Entgeltpunkte für Anrechnungszeiten, die vor dem 1. Januar 1957 liegen, muss mindestens den Wert erreichen, der sich für eine pauschale Anrechnungszeit ergeben würde. ²Die zusätzlichen Entgeltpunkte entfallen zu gleichen Teilen auf die begrenzt zu bewertenden Anrechnungszeiten vor dem 1. Januar 1957.
(5) Die Summe der Entgeltpunkte für Kalendermonate, die als Zeiten einer beruflichen Ausbildung gelten (§ 246 Satz 2), ist um einen Zuschlag so zu erhöhen, dass mindestens der Wert erreicht wird, den diese Zeiten als Zeiten einer Schul- oder Hochschulausbildung nach Absatz 3 hätten.
(6) Zeiten beruflicher Ausbildung, die für sich alleine oder bei Zusammenrechnung mit Anrechnungszeiten wegen einer schulischen Ausbildung bis zu drei Jahren, insgesamt drei Jahre überschreiten, sind um einen Zuschlag so zu erhöhen, dass mindestens der Wert erreicht wird, den diese Zeiten nach Absatz 3 hätten.
(7) ¹Für glaubhaft gemachte Zeiten beruflicher Ausbildung sind höchstens fünf Sechstel der im Rahmen der Gesamtleistungsbewertung ermittelten Entgeltpunkte zu berücksichtigen. ²Dies gilt auch für die in den Absätzen 5 und 6 genannten Zeiten.

§ 263a Gesamtleistungsbewertung für beitragsfreie und beitragsgeminderte Zeiten mit Entgeltpunkten (Ost)
¹Nach der Gesamtleistungsbewertung ermittelte Entgeltpunkte für beitragsfreie Zeiten und der Zuschlag an Entgeltpunkten für beitragsgeminderte Zeiten werden in dem Verhältnis als Entgeltpunkte (Ost) berücksichtigt, in dem die für die Ermittlung des Gesamtleistungswerts zugrunde gelegten Entgeltpunkte (Ost) zu allen zugrunde gelegten Entgeltpunkten stehen. ²Dabei ist für Entgeltpunkte für Berücksichtigungszeiten § 254d entsprechend anzuwenden.

§ 264 Zuschläge oder Abschläge bei Versorgungsausgleich
¹Sind für Rentenanwartschaften Werteinheiten ermittelt worden, ergeben je 100 Werteinheiten einen Entgeltpunkt.
²Werteinheiten der knappschaftlichen Rentenversicherung sind zuvor mit der allgemeinen Bemessungsgrundlage der knappschaftlichen Rentenversicherung für das Jahr 1991 zu vervielfältigen und durch die allgemeine Bemessungsgrundlage der Rentenversicherung der Arbeiter und der Angestellten für dasselbe Jahr zu teilen.

§ 264a Zuschläge oder Abschläge bei Versorgungsausgleich im Beitrittsgebiet
(1) Ein zugunsten oder zulasten von Versicherten durchgeführter Versorgungsausgleich wird durch einen Zuschlag oder Abschlag an Entgeltpunkten (Ost) berücksichtigt, soweit Entgeltpunkte (Ost) übertragen wurden oder das

Familiengericht die Umrechnung des Monatsbetrags der begründeten Rentenanwartschaften in Entgeltpunkte (Ost) nach § 16 Abs. 3 des Versorgungsausgleichsgesetzes angeordnet hat.
(2) Die Entgeltpunkte (Ost) werden in der Weise ermittelt, dass der Monatsbetrag der Rentenanwartschaften durch den aktuellen Rentenwert (Ost) mit seinem Wert bei Ende der Ehezeit oder Lebenspartnerschaftszeit geteilt wird.
(3) Die Entgeltpunkte (Ost) treten bei der Anwendung der Vorschriften über den Versorgungsausgleich an die Stelle von Entgeltpunkten.

§ 264b Zuschläge an Entgeltpunkten für Arbeitsentgelt aus geringfügiger versicherungsfreier Beschäftigung
[1]Für Arbeitsentgelt aus geringfügiger Beschäftigung, in der Beschäftigte nach § 230 Absatz 8 versicherungsfrei sind und für das der Arbeitgeber einen Beitragsanteil getragen hat, werden Zuschläge an Entgeltpunkten ermittelt. [2]Zuschläge an Entgeltpunkten sind auch zu ermitteln, wenn ein Arbeitgeber einen Beitragsanteil für Arbeitsentgelt aus einer vor dem 1. Januar 2013 ausgeübten geringfügigen versicherungsfreien Beschäftigung getragen hat. [3]Für die Ermittlung der Zuschläge an Entgeltpunkten nach Satz 1 und 2 gilt § 76b Absatz 2 bis 4 entsprechend.

§ 264c Zuschlag bei Hinterbliebenenrenten
(1) [1]Der Zuschlag bei Witwenrenten und Witwerrenten besteht aus persönlichen Entgeltpunkten (Ost), wenn den Zeiten der Kindererziehung ausschließlich Entgeltpunkte (Ost) zugrunde liegen. [2]Der Zuschlag bei Waisenrenten besteht aus persönlichen Entgeltpunkten (Ost), wenn der Rente des verstorbenen Versicherten ausschließlich Entgeltpunkte (Ost) zugrunde liegen.
(2) Die Witwenrente oder Witwerrente erhöht sich nicht um einen Zuschlag an persönlichen Entgeltpunkten, wenn der Ehegatte vor dem 1. Januar 2002 verstorben ist oder die Ehe vor diesem Zeitpunkt geschlossen wurde und mindestens ein Ehegatte vor dem 2. Januar 1962 geboren ist.

§ 264d Zugangsfaktor
[1]Beginnt eine Rente wegen verminderter Erwerbsfähigkeit vor dem 1. Januar 2024 oder ist bei einer Rente wegen Todes der Versicherte vor dem 1. Januar 2024 verstorben, ist bei der Ermittlung des Zugangsfaktors anstelle der Vollendung des 65. Lebensjahres und des 62. Lebensjahres jeweils das in der nachfolgenden Tabelle aufgeführte Lebensalter maßgebend:

Bei Beginn der Rente oder bei Tod des Versicherten im		tritt an die Stelle des Lebensalters			
		65 Jahre		62 Jahre	
		das Lebensalter		das Lebensalter	
Jahr	Monat	Jahre	Monate	Jahre	Monate
vor 2012		63	0	60	0
2012	Januar	63	1	60	1
2012	Februar	63	2	60	2
2012	März	63	3	60	3
2012	April	63	4	60	4
2012	Mai	63	5	60	5
2012	Juni – Dezember	63	6	60	6
2013		63	7	60	7
2014		63	8	60	8
2015		63	9	60	9
2016		63	10	60	10
2017		63	11	60	11
2018		64	0	61	0
2019		64	2	61	2
2020		64	4	61	4
2021		64	6	61	6
2022		64	8	61	8
2023		64	10	61	10

[2]§ 77 Abs. 4 ist mit der Maßgabe anzuwenden, dass an die Stelle von 40 Jahren 35 Jahre treten.

§ 265 Knappschaftliche Besonderheiten

(1) Für Beiträge zur knappschaftlichen Rentenversicherung, die für Arbeiter in der Zeit vom 1. Oktober 1921 und für Angestellte in der Zeit vom 1. August 1921 bis zum 31. Dezember 1923 gezahlt worden sind, werden für jeden Kalendermonat 0,0625 Entgeltpunkte zugrunde gelegt.

(2) Für Zeiten, in denen Versicherte eine Bergmannsprämie vor dem 1. Januar 1992 bezogen haben, wird die der Ermittlung von Entgeltpunkten zugrunde zu legende Beitragsbemessungsgrundlage für jedes volle Kalenderjahr des Bezugs der Bergmannsprämie um das 200fache der Bergmannsprämie und für jeden Kalendermonat um ein Zwölftel dieses Jahresbetrags erhöht.

(3) Bei Kalendermonaten mit Beitragszeiten der Rentenversicherung der Arbeiter und der Angestellten, die beitragsgeminderte Zeiten sind, weil sie auch mit Ersatzzeiten belegt sind, die der knappschaftlichen Rentenversicherung zugeordnet sind, werden für die Ermittlung des Wertes für beitragsgeminderte Zeiten die Entgeltpunkte für diese Beitragszeiten zuvor mit 0,75 vervielfältigt.

(4) Bei Kalendermonaten mit Beitragszeiten der knappschaftlichen Rentenversicherung, die beitragsgeminderte Zeiten sind, weil sie auch mit Ersatzzeiten belegt sind, die der Rentenversicherung der Arbeiter und der Angestellten zugeordnet sind, werden für die Ermittlung des Wertes für beitragsgeminderte Zeiten die ohne Anwendung des § 84 Abs. 1 ermittelten Entgeltpunkte für diese Beitragszeiten zuvor mit 1,3333 vervielfältigt.

(5) Für die Ermittlung der zusätzlichen Entgeltpunkte des Leistungszuschlags für ständige Arbeiten unter Tage werden auch Zeiten berücksichtigt, in denen Versicherte vor dem 1. Januar 1968 unter Tage beschäftigt waren, wobei für je drei volle Kalendermonate mit anderen als Hauerarbeiten je zwei Kalendermonate angerechnet werden.

(6) § 85 Abs. 1 Satz 1 gilt nicht für Zeiten, in denen eine Rente wegen Berufsunfähigkeit oder wegen Erwerbsunfähigkeit bezogen worden ist.

(7) Der Rentenartfaktor beträgt für persönliche Entgeltpunkte bei großen Witwenrenten und großen Witwerrenten in der knappschaftlichen Rentenversicherung nach dem Ende des dritten Kalendermonats nach Ablauf des Monats, in dem der Ehegatte verstorben ist, 0,8, wenn der Ehegatte vor dem 1. Januar 2002 verstorben ist oder die Ehe vor diesem Tag geschlossen wurde und mindestens ein Ehegatte vor dem 2. Januar 1962 geboren ist.

(8) [1]Beginnt eine Rente für Bergleute vor dem 1. Januar 2024 ist bei der Ermittlung des Zugangsfaktors abhängig vom Rentenbeginn anstelle der Vollendung des 64. Lebensjahres die Vollendung des nachstehend angegebenen Lebensalters maßgebend:

Bei Beginn der Rente im		tritt an die Stelle des Lebensalters	
		64 Jahre	
		das Lebensalter	
Jahr	Monat	Jahre	Monate
2012	Januar	62	1
2012	Februar	62	2
2012	März	62	3
2012	April	62	4
2012	Mai	62	5
2012	Juni – Dezember	62	6
2013		62	7
2014		62	8
2015		62	9
2016		62	10
2017		62	11
2018		63	0
2019		63	2
2020		63	4
2021		63	6
2022		63	8
2023		63	10

[2]§ 86a ist mit der Maßgabe anzuwenden, dass an die Stelle von 40 Jahren 35 Jahre treten.

§ 265a Knappschaftliche Besonderheiten bei rentenrechtlichen Zeiten im Beitrittsgebiet

Entgeltpunkte aus dem Leistungszuschlag werden in dem Verhältnis als Entgeltpunkte (Ost) berücksichtigt, in dem die Kalendermonate mit ständigen Arbeiten unter Tage, die gleichzeitig Beitragszeiten mit Entgeltpunkten (Ost) sind, zu allen Kalendermonaten mit ständigen Arbeiten unter Tage stehen.

Sechster Unterabschnitt
Zusammentreffen von Renten und von Einkommen

§ 266 Erhöhung des Grenzbetrags

Bestand am 31. Dezember 1991 Anspruch auf eine Rente nach den Vorschriften im Gebiet der Bundesrepublik Deutschland ohne das Beitrittsgebiet und auf eine Rente aus der Unfallversicherung, ist Grenzbetrag für diese und eine sich unmittelbar anschließende Rente mindestens der sich nach den §§ 311 und 312 ergebende, um die Beträge nach § 93 Abs. 2 Nr. 1 Buchstabe b und Nr. 2 Buchstabe a geminderte Betrag.

§ 267 Rente und Leistungen aus der Unfallversicherung

Bei der Ermittlung der Summe der zusammentreffenden Rentenbeträge bleibt bei der Rente aus der Unfallversicherung auch die Kinderzulage unberücksichtigt.

Siebter Unterabschnitt
Beginn von Witwenrenten und Witwerrenten an vor dem 1. Juli 1977 geschiedene Ehegatten und Änderung von Renten beim Versorgungsausgleich

§ 268 Beginn von Witwenrenten und Witwerrenten an vor dem 1. Juli 1977 geschiedene Ehegatten

Witwenrenten und Witwerrenten aus der Rentenanwartschaft eines vor dem 1. Juli 1977 geschiedenen Ehegatten werden vor Ablauf des Kalendermonats an geleistet, in dem die Rente beantragt wird.

§ 268a Änderung von Renten beim Versorgungsausgleich

(1) § 101 Abs. 3 Satz 4 in der am 31. August 2009 geltenden Fassung gilt nicht in den Fällen, in denen vor dem 30. März 2005 die zunächst nicht auf Grund des Versorgungsausgleichs gekürzte Rente begonnen hat und die Entscheidung des Familiengerichts über den Versorgungsausgleich wirksam geworden ist.
(2) § 101 Abs. 3 in der bis zum 31. August 2009 geltenden Fassung ist weiterhin anzuwenden, wenn vor dem 1. September 2009 das Verfahren über den Versorgungsausgleich eingeleitet worden ist und die auf Grund des Versorgungsausgleichs zu kürzende Rente begonnen hat.

Achter Unterabschnitt
Zusatzleistungen

§ 269 Steigerungsbeträge

(1) ¹Für Beiträge der Höherversicherung und für Beiträge nach § 248 Abs. 3 Satz 2 Nr. 3 werden zusätzlich zum Monatsbetrag einer Rente Steigerungsbeträge geleistet. ²Diese betragen bei einer Rente aus eigener Versicherung bei Zahlung des Beitrags im Alter

bis zu 30 Jahren 1,6667 vom Hundert,

von 31 bis 35 Jahren 1,5 vom Hundert,

von 36 bis 40 Jahren 1,3333 vom Hundert,

von 41 bis 45 Jahren 1,1667 vom Hundert,

von 46 bis 50 Jahren 1,0 vom Hundert,

von 51 bis 55 Jahren 0,9167 vom Hundert,

von 56 und mehr Jahren 0,8333 vom Hundert

des Nennwerts des Beitrags, bei einer Hinterbliebenenrente vervielfältigt mit dem für die Rente maßgebenden Rentenartfaktor der allgemeinen Rentenversicherung. ³Das Alter des Versicherten bestimmt sich nach dem Unterschied zwischen dem Kalenderjahr der Beitragszahlung und dem Geburtsjahr des Versicherten. ⁴Für Beiträge, die für Arbeiter in der Zeit vom 1. Oktober 1921 und für Angestellte in der Zeit vom 1. August 1921 bis zum 31. Dezember 1923 gezahlt worden sind, werden Steigerungsbeträge nicht geleistet.
(2) ¹Werden auf eine Witwenrente oder Witwerrente nach dem vorletzten Ehegatten Ansprüche infolge Auflösung der letzten Ehe angerechnet, werden hierauf auch die zu einer Witwenrente oder Witwerrente nach dem letzten Ehegatten geleisteten Steigerungsbeträge aus Beiträgen der Höherversicherung angerechnet. ²Werden zu einer Witwenrente oder Witwerrente nach dem vorletzten Ehegatten Steigerungsbeträge aus Beiträgen der Höherversicherung gezahlt, werden hierauf auch Ansprüche infolge Auflösung der letzten Ehe angerechnet, soweit sie noch nicht auf die Witwenrente oder Witwerrente nach dem vorletzten Ehegatten angerechnet worden sind.

60 SGB VI §§ 269a–272a

(3) Werden Witwenrenten oder Witwerrenten auf mehrere Berechtigte aufgeteilt, werden im gleichen Verhältnis auch hierzu gezahlte Steigerungsbeträge aus Beiträgen der Höherversicherung aufgeteilt.

(4) Werden Witwenrenten oder Witwerrenten bei Wiederheirat des Berechtigten abgefunden, werden auch die hierzu gezahlten Steigerungsbeträge aus Beiträgen der Höherversicherung abgefunden.

§ 269a (weggefallen)

§ 269b Rentenabfindung bei Wiederheirat von Witwen und Witwern

¹Die Rentenabfindung bei Wiederheirat von Witwen und Witwern erfolgt ohne Anrechnung der bereits geleisteten kleinen Witwenrente oder kleinen Witwerrente, wenn der vorletzte Ehegatte vor dem 1. Januar 2002 verstorben ist. ²Dies gilt auch, wenn mindestens ein Ehegatte in der vorletzten Ehe vor dem 2. Januar 1962 geboren ist und diese Ehe vor dem 1. Januar 2002 geschlossen wurde.

§ 270 (weggefallen)

§ 270a (weggefallen)

Neunter Unterabschnitt
Leistungen an Berechtigte im Ausland und Auszahlung

§ 270b Rente wegen teilweiser Erwerbsminderung bei Berufsunfähigkeit

Berechtigte erhalten eine Rente wegen teilweiser Erwerbsminderung bei Berufsunfähigkeit (§ 240) nur, wenn sie auf diese Rente bereits für die Zeit, in der sie ihren gewöhnlichen Aufenthalt noch im Inland gehabt haben, einen Anspruch hatten.

§ 271 Höhe der Rente

¹Bundesgebiets-Beitragszeiten sind auch Zeiten, für die nach den vor dem 9. Mai 1945 geltenden Reichsversicherungsgesetzen
1. Pflichtbeiträge für eine Beschäftigung oder selbständige Tätigkeit im Inland oder
2. freiwillige Beiträge für die Zeit des gewöhnlichen Aufenthalts im Inland oder außerhalb des jeweiligen Geltungsbereichs der Reichsversicherungsgesetze

gezahlt worden sind. ²Kindererziehungszeiten sind Bundesgebiets-Beitragszeiten, wenn die Erziehung des Kindes im Gebiet der Bundesrepublik Deutschland erfolgt ist.

§ 272 Besonderheiten

(1) Die persönlichen Entgeltpunkte von Berechtigten die vor dem 19. Mai 1950 geboren sind und vor dem 19. Mai 1990 ihren gewöhnlichen Aufenthalt im Ausland genommen haben, werden zusätzlich ermittelt aus
1. Entgeltpunkten für Beitragszeiten nach dem Fremdrentengesetz, begrenzt auf die Höhe der Entgeltpunkte für Bundesgebiets-Beitragszeiten,
2. dem Leistungszuschlag für Beitragszeiten nach dem Fremdrentengesetz, begrenzt auf die Höhe des Leistungszuschlags für Bundesgebiets-Beitragszeiten,
3. dem Abschlag an Entgeltpunkten aus einem durchgeführten Versorgungsausgleich oder Rentensplitting, der auf Beitragszeiten nach dem Fremdrentengesetz entfällt, in dem Verhältnis, in dem die nach Nummer 1 begrenzten Entgeltpunkte für Beitragszeiten nach dem Fremdrentengesetz zu allen Entgeltpunkten für diese Zeiten stehen und
4. dem Zuschlag an persönlichen Entgeltpunkten bei Waisenrenten aus Beitragszeiten nach dem Fremdrentengesetz in dem sich nach Nummer 3 ergebenden Verhältnis.

(2) Entgeltpunkte für Beitragszeiten nach dem Fremdrentengesetz, die nach Absatz 1 aufgrund von Entgeltpunkten (Ost) zusätzlich zu berücksichtigen sind, gelten als Entgeltpunkte (Ost).

(3) ¹Zu den Entgeltpunkten von Berechtigten im Sinne von Absatz 1, die auf die Höhe der Entgeltpunkte für Bundesgebiets-Beitragszeiten begrenzt zu berücksichtigen sind, gehören auch Reichsgebiets-Beitragszeiten. ²Bei der Ermittlung von Entgeltpunkten aus einem Leistungszuschlag, aus einem Abschlag aus einem durchgeführten Versorgungsausgleich oder Rentensplitting und für den Zuschlag bei einer Waisenrente sind Reichsgebiets-Beitragszeiten wie Beitragszeiten nach dem Fremdrentengesetz zu berücksichtigen.

§ 272a Fälligkeit und Auszahlung laufender Geldleistungen bei Beginn vor dem 1. April 2004

(1) ¹Bei Beginn laufender Geldleistungen mit Ausnahme des Übergangsgeldes vor dem 1. April 2004 werden diese zu Beginn des Monats fällig, zu dessen Beginn die Anspruchsvoraussetzungen erfüllt sind; sie werden am letzten Bankarbeitstag des Monats ausgezahlt, der dem Monat der Fälligkeit vorausgeht. ²§ 118 Abs. 1 Satz 2 und 3 gilt entsprechend.

(2) Absatz 1 gilt auch für aufgrund des § 89 zu zahlende Renten, für Regelaltersrenten, die im Anschluss an eine Erziehungsrente oder Rente wegen verminderter Erwerbsfähigkeit zu zahlen sind, und für Renten wegen Todes, die

im Anschluss an eine Rente des verstorbenen Versicherten zu zahlen sind, wenn aus einem Versicherungskonto bei ununterbrochen anerkannten Rentenansprüchen der erstmalige Rentenbeginn vor dem 1. April 2004 liegt.

Elfter Unterabschnitt
Finanzierung

Dritter Titel
Verfahren

§ 281c Meldepflichten im Beitrittsgebiet

¹Eine Meldung nach § 28a Abs. 1 bis 3 des Vierten Buches haben für im Beitrittsgebiet mitarbeitende Ehegatten die selbständig Tätigen zu erstatten. ²§ 28a Abs. 5 sowie die §§ 28b und 28c des Vierten Buches gelten entsprechend.

§ 282 Nachzahlung nach Erreichen der Regelaltersgrenze

(1) ¹Vor dem 1. Januar 1955 geborene Elternteile, denen Kindererziehungszeiten anzurechnen sind oder die von § 286g Satz 1 Nummer 1 erfasst werden und die bis zum Erreichen der Regelaltersgrenze die allgemeine Wartezeit nicht erfüllt haben, können auf Antrag freiwillige Beiträge für so viele Monate nachzahlen, wie zur Erfüllung der allgemeinen Wartezeit noch erforderlich sind. ²Beiträge können nur für Zeiten nachgezahlt werden, die noch nicht mit Beiträgen belegt sind.
(2) ¹Versicherte, die bis zum Erreichen der Regelaltersgrenze die allgemeine Wartezeit nicht erfüllt haben und am 10. August 2010 aufgrund des § 7 Absatz 2 und des § 232 Absatz 1 in der bis zum 10. August 2010 geltenden Fassung nicht das Recht zur freiwilligen Versicherung hatten, können auf Antrag freiwillige Beiträge für so viele Monate nachzahlen, wie zur Erfüllung der allgemeinen Wartezeit noch erforderlich sind. ²Beiträge können nur für Zeiten nachgezahlt werden, die noch nicht mit Beiträgen belegt sind. ³Der Antrag kann nur bis zum 31. Dezember 2015 gestellt werden.
(3) ¹Versicherte, die
1. nach § 1 Absatz 4 des Streitkräftepersonalstruktur-Anpassungsgesetzes oder nach § 3 Absatz 2 des Bundeswehrbeamtinnen- und Bundeswehrbeamten-Ausgliederungsgesetzes beurlaubt worden sind und
2. bis zum Erreichen der Regelaltersgrenze die allgemeine Wartezeit nicht erfüllt haben,

können, wenn zwischen der Beurlaubung und der maßgebenden gesetzlichen oder besonderen Altersgrenze weniger als 60 Kalendermonate liegen, auf Antrag freiwillige Beiträge für so viele Monate nachzahlen, wie zur Erfüllung der allgemeinen Wartezeit noch erforderlich sind. ²Beiträge können nur für Zeiten nachgezahlt werden, die noch nicht mit Beiträgen belegt sind.

§ 283 (weggefallen)

§ 284 Nachzahlung für Vertriebene, Flüchtlinge und Evakuierte

¹Personen im Sinne der §§ 1 bis 4 des Bundesvertriebenengesetzes und des § 1 des Bundesevakuiertengesetzes, die
1. vor der Vertreibung, der Flucht oder der Evakuierung selbständig tätig waren und
2. binnen drei Jahren nach der Vertreibung, der Flucht oder der Evakuierung oder nach Beendigung einer Ersatzzeit wegen Vertreibung, Umsiedlung, Aussiedlung oder Flucht einen Pflichtbeitrag gezahlt haben,

können auf Antrag freiwillige Beiträge für Zeiten vor Erreichen der Regelaltersgrenze bis zur Vollendung des 16. Lebensjahres, längstens aber bis zum 1. Januar 1924 zurück, nachzahlen, sofern diese Zeiten nicht bereits mit Beiträgen belegt sind. ²Nach bindender Bewilligung einer Vollrente wegen Alters ist eine Nachzahlung nicht zulässig, wenn der Monat abgelaufen ist, in dem die Regelaltersgrenze erreicht wurde.

Vierter Titel
Berechnungsgrundlagen

§ 287 Beitragssatzgarantie bis 2025

(1) ¹Überschreitet der Beitragssatz in der allgemeinen Rentenversicherung bis zum Jahr 2025 nach § 158 20 Prozent, ist dieser abweichend von § 158 auf höchstens 20 Prozent festzusetzen. ²Der Beitragssatz in der allgemeinen Rentenversicherung ist bis zum Jahr 2025 abweichend von § 158 auf mindestens 18,6 Prozent festzusetzen. ³Der Beitragssatz beträgt für das Jahr 2019 in der allgemeinen Rentenversicherung 18,6 Prozent und in der knappschaftlichen Rentenversicherung 24,7 Prozent.
(2) ¹Wenn bis zum Jahr 2025 mit einem Beitragssatz in der allgemeinen Rentenversicherung von 20 Prozent die Mittel der Nachhaltigkeitsrücklage am Ende des Kalenderjahres, für welches der Beitragssatz zu bestimmen ist, den Wert der Mindestrücklage nach § 158 Absatz 1 Satz 1 Nummer 1 unter Berücksichtigung der Sonderzahlungen nach § 287a voraussichtlich unterschreiten, ist der zusätzliche Bundeszuschuss nach § 213 Absatz 3 für das betreffende Jahr so zu erhöhen, dass die Mittel der Nachhaltigkeitsrücklage den Wert der Mindestrücklage voraussichtlich erreichen. ²Der

zusätzliche Bundeszuschuss ohne den Betrag nach Satz 1 ist der Ausgangsbetrag für die Festsetzung des zusätzlichen Bundeszuschusses für das folgende Kalenderjahr nach § 213 Absatz 3.
(3) Im Übrigen werden bis zum Jahr 2025 bei der Festsetzung des Beitragssatzes in der allgemeinen Rentenversicherung nach § 158 Absatz 1 und 2 die nach § 287a geleisteten Sonderzahlungen des Bundes nicht berücksichtigt.

§ 287a Sonderzahlungen des Bundes in den Jahren 2022 bis 2025
¹Der Bund zahlt zusätzlich zu den Zuschüssen des Bundes nach den §§ 213 und 287e in den Kalenderjahren 2022 bis 2025 jeweils 500 Millionen Euro an die allgemeine Rentenversicherung. ²Die Beträge für die Kalenderjahre 2023 bis 2025 sind nach § 213 Absatz 2 Satz 1 bis 3 zu verändern. ³§ 213 Absatz 6 ist entsprechend anzuwenden.

Zwölfter Unterabschnitt
Leistungen für Kindererziehung an Mütter der Geburtsjahrgänge vor 1921

§ 294 Anspruchsvoraussetzungen
(1) ¹Eine Mutter, die vor dem 1. Januar 1921 geboren ist, erhält für jedes Kind, das sie im Gebiet der Bundesrepublik Deutschland lebend geboren hat, eine Leistung für Kindererziehung. ²Die Geburt im Gebiet der Bundesrepublik Deutschland steht die Geburt im jeweiligen Geltungsbereich der Reichsversicherungsgesetze gleich.
(2) Einer Geburt in den in Absatz 1 genannten Gebieten steht die Geburt außerhalb dieser Gebiete gleich, wenn die Mutter im Zeitpunkt der Geburt des Kindes ihren gewöhnlichen Aufenthalt
1. in diesen Gebieten hatte,
2. zwar außerhalb dieser Gebiete hatte, aber im Zeitpunkt der Geburt des Kindes oder unmittelbar vorher entweder sie selbst oder ihr Ehemann, mit dem sie sich zusammen dort aufgehalten hat, wegen einer dort ausgeübten Beschäftigung oder Tätigkeit Pflichtbeitragszeiten hat oder nur deshalb nicht hat, weil sie selbst oder ihr Ehemann versicherungsfrei oder von der Versicherung befreit war, oder
3. bei Geburten bis zum 31. Dezember 1949 zwar außerhalb dieser Gebiete hatte, aber der gewöhnliche Aufenthalt in den in Absatz 1 genannten Gebieten aus Verfolgungsgründen im Sinne des § 1 des Bundesentschädigungsgesetzes aufgegeben worden ist; dies gilt auch, wenn bei Ehegatten der gemeinsame gewöhnliche Aufenthalt in den in Absatz 1 genannten Gebieten aufgegeben worden ist und nur beim Ehemann Verfolgungsgründe vorgelegen haben.

(3) Absatz 1 Satz 2 gilt nicht, wenn Beitragszeiten zum Zeitpunkt der Geburt aufgrund einer Versicherungslastregelung mit einem anderen Staat nicht in die Versicherungslast der Bundesrepublik Deutschland fallen würden.
(4) Einer Geburt in den in Absatz 1 genannten Gebieten steht bei einer Mutter, die
1. zu den in § 1 des Fremdrentengesetzes genannten Personen gehört oder
2. ihren gewöhnlichen Aufenthalt vor dem 1. September 1939 aus einem Gebiet, in dem Beiträge an einen nichtdeutschen Träger der gesetzlichen Rentenversicherung bei Eintritt des Versicherungsfalls wie nach den Vorschriften der Reichsversicherungsgesetze entrichtete Beiträge zu behandeln waren, in eines der in Absatz 1 genannten Gebiete verlegt hat,

die Geburt in den jeweiligen Herkunftsgebieten gleich.
(5) Eine Mutter, die ihren gewöhnlichen Aufenthalt im Ausland hat, erhält eine Leistung für Kindererziehung nur, wenn sie zu den in den §§ 18 und 19 des Gesetzes zur Regelung der Wiedergutmachung nationalsozialistischen Unrechts in der Sozialversicherung genannten Personen gehört.

§ 294a Besonderheiten für das Beitrittsgebiet
¹Hatte eine Mutter am 18. Mai 1990 ihren gewöhnlichen Aufenthalt im Beitrittsgebiet und bestand für sie am 31. Dezember 1991 ein Anspruch auf eine Altersrente oder Invalidenrente aufgrund des im Beitrittsgebiet geltenden Rechts, ist § 294 nicht anzuwenden. ²Bestand ein Anspruch auf eine solche Rente nicht, besteht Anspruch auf die Leistung für Kindererziehung bei Erfüllung der sonstigen Voraussetzungen auch, wenn die Mutter vor dem 1. Januar 1927 geboren ist.

§ 295 Höhe der Leistung
Monatliche Höhe der Leistung für Kindererziehung ist das 2,5-Fache des für die Berechnung von Renten jeweils maßgebenden aktuellen Rentenwerts.

§ 295a Höhe der Leistung im Beitrittsgebiet
¹Monatliche Höhe der Leistung für Kindererziehung für Geburten im Beitrittsgebiet ist das 2,5-Fache des für die Berechnung von Renten jeweils maßgebenden aktuellen Rentenwerts (Ost). ²Dies gilt nicht für Mütter, die ihren gewöhnlichen Aufenthalt am 18. Mai 1990 entweder
1. im Gebiet der Bundesrepublik Deutschland ohne das Beitrittsgebiet oder
2. im Ausland hatten und unmittelbar vor Beginn des Auslandsaufenthalts ihren gewöhnlichen Aufenthalt im Gebiet der Bundesrepublik Deutschland ohne das Beitrittsgebiet

hatten.

§ 296 Beginn und Ende
(1) Eine Leistung für Kindererziehung wird von dem Kalendermonat an gezahlt, zu dessen Beginn die Anspruchsvoraussetzungen erfüllt sind.
(2) Die Leistung wird monatlich im Voraus gezahlt.
(3) Fallen aus tatsächlichen oder rechtlichen Gründen die Anspruchsvoraussetzungen für die Leistung weg, endet sie mit dem Kalendermonat, zu dessen Beginn der Wegfall wirksam ist.
(4) Die Leistung wird bis zum Ende des Kalendermonats gezahlt, in dem die Berechtigte gestorben ist.

§ 297 Zuständigkeit
(1) [1]Zuständig für die Leistung für Kindererziehung ist der Versicherungsträger, der der Mutter eine Versichertenrente zahlt. [2]Bezieht eine Mutter nur Hinterbliebenenrente, ist der Versicherungsträger zuständig, der die Hinterbliebenenrente aus der Versicherung des zuletzt verstorbenen Versicherten zahlt. [3]In den übrigen Fällen ist die Deutsche Rentenversicherung Bund zuständig. [4]Wird für Dezember 1991 eine Leistung für Kindererziehung gezahlt, bleibt der zahlende Versicherungsträger zuständig.
(2) [1]Die Leistung für Kindererziehung wird als Zuschlag zur Rente gezahlt, wenn die Mutter eine Rente bezieht, es sei denn, dass die Rente in vollem Umfang übertragen, verpfändet oder gepfändet ist. [2]Bezieht die Mutter mehrere Renten, wird die Leistung für Kindererziehung als Zuschlag zu der Rente gezahlt, für die die Zuständigkeit nach Absatz 1 maßgebend ist.
(3) In den Fällen des § 104 Abs. 1 Satz 4 des Zehnten Buches ist der Zahlungsempfänger verpflichtet, die Leistung für Kindererziehung an die Mutter weiterzuleiten.

§ 298 Durchführung
(1) [1]Die Mutter hat das Jahr ihrer Geburt, ihren Familiennamen (jetziger und früherer Name mit Namensbestandteilen), ihren Vornamen sowie den Vornamen, das Geburtsdatum und den Geburtsort ihres Kindes nachzuweisen. [2]Für die übrigen anspruchsbegründenden Tatsachen genügt es, wenn sie glaubhaft gemacht werden.
(2) [1]Den Nachweis über den Vornamen, das Geburtsdatum und den Geburtsort ihres Kindes hat die Mutter durch Vorlage einer Personenstandsurkunde oder einer sonstigen öffentlichen Urkunde zu führen. [2]Eine Glaubhaftmachung dieser Tatsachen genügt, wenn die Mutter
1. erklärt, dass sie eine solche Urkunde nicht hat und auch in der Familie nicht beschaffen kann,
2. glaubhaft macht, dass die Anforderung einer Geburtsurkunde bei der für die Führung des Geburtseintrags zuständigen deutschen Stelle erfolglos geblieben ist, wobei die Anforderung auch als erfolglos anzusehen ist, wenn die zuständige Stelle mitteilt, dass für die Erteilung einer Geburtsurkunde der Geburtseintrag erneuert werden müsste, und
3. eine von dem für ihren Wohnort zuständigen Standesamt auszustellende Bescheinigung vorlegt, aus der sich ergibt, dass er ein die Geburt ihres Kindes ausweisendes Personenstandsregister nicht führt und nach seiner Kenntnis bei dem Standesamt I in Berlin ein urkundlicher Nachweis über die Geburt ihres Kindes oder eine Mitteilung hierüber nicht vorliegt.

[3]Als Mittel der Glaubhaftmachung können auch Versicherungen an Eides statt zugelassen werden.

Sechstes Kapitel
Bußgeldvorschriften

§ 321 Zusammenarbeit zur Verfolgung und Ahndung von Ordnungswidrigkeiten
[1]Zur Verfolgung und Ahndung von Ordnungswidrigkeiten arbeiten die Rentenversicherungsträger im Rahmen der Prüfung bei den Arbeitgebern nach § 28p des Vierten Buches insbesondere mit der Bundesagentur für Arbeit, den Krankenkassen, den Behörden der Zollverwaltung, den in § 71 des Aufenthaltsgesetzes genannten Behörden, den Finanzbehörden, den nach Landesrecht für die Verfolgung und Ahndung von Ordnungswidrigkeiten nach dem Schwarzarbeitsbekämpfungsgesetz zuständigen Behörden, den Trägern der Sozialhilfe, den Unfallversicherungsträgern und den für den Arbeitsschutz zuständigen Landesbehörden zusammen, wenn sich im Einzelfall konkrete Anhaltspunkte für
1. Verstöße gegen das Schwarzarbeitsbekämpfungsgesetz,
2. eine Beschäftigung oder Tätigkeit von Ausländern ohne den erforderlichen Aufenthaltstitel nach § 4 Abs. 3 des Aufenthaltsgesetzes, eine Aufenthaltsgestattung oder eine Duldung, die zur Ausübung der Beschäftigung berechtigen, oder eine Genehmigung nach § 284 Abs. 1 des Dritten Buches,
3. Verstöße gegen die Mitwirkungspflicht nach § 60 Abs. 1 Satz 1 Nr. 2 des Ersten Buches gegenüber einer Dienststelle der Bundesagentur für Arbeit, einem Träger der gesetzlichen Kranken-, Pflege- oder Unfallversi-

cherung oder einem Träger der Sozialhilfe oder gegen die Meldepflicht nach § 8a des Asylbewerberleistungsgesetzes,
4. Verstöße gegen das Arbeitnehmerüberlassungsgesetz,
5. Verstöße gegen die Bestimmungen des Vierten, Fünften und Siebten Buches sowie dieses Buches über die Verpflichtung zur Zahlung von Sozialversicherungsbeiträgen, soweit sie im Zusammenhang mit den in den Nummern 1 bis 4 genannten Verstößen stehen,
6. Verstöße gegen die Steuergesetze,
7. Verstöße gegen das Aufenthaltsgesetz

ergeben. ²Sie unterrichten die für die Verfolgung und Ahndung zuständigen Behörden, die Träger der Sozialhilfe sowie die Behörden nach § 71 des Aufenthaltsgesetzes. ³Die Unterrichtung kann auch Angaben über die Tatsachen enthalten, die für die Abgabe der Meldungen des Arbeitgebers und die Einziehung der Beiträge zur Sozialversicherung erforderlich sind.

Sozialgesetzbuch (SGB) Siebtes Buch (VII)
– Gesetzliche Unfallversicherung –
(SGB VII)

Vom 7. August 1996 (BGBl. I S. 1254)

Zuletzt geändert durch
Betriebsrätemodernisierungsgesetz
vom 14. Juni 2021 (BGBl. I S. 1762)

– Auszug –*)

Inhaltsübersicht

Erstes Kapitel
Aufgaben, versicherter Personenkreis, Versicherungsfall

Erster Abschnitt
Aufgaben der Unfallversicherung

§ 1	Prävention, Rehabilitation, Entschädigung

Zweiter Abschnitt
Versicherter Personenkreis

§ 2	Versicherung kraft Gesetzes
§ 3	Versicherung kraft Satzung
§ 4	Versicherungsfreiheit
§ 5	Versicherungsbefreiung
§ 6	Freiwillige Versicherung

Dritter Abschnitt
Versicherungsfall

§ 7	Begriff
§ 8	Arbeitsunfall
§ 9	Berufskrankheit
§ 10	Erweiterung in der See- und Binnenschifffahrt
§ 11	Mittelbare Folgen eines Versicherungsfalls
§ 12	Versicherungsfall einer Leibesfrucht
§ 12a	Gesundheitsschaden im Zusammenhang mit der Spende von Blut oder körpereigenen Organen, Organteilen oder Gewebe
§ 13	Sachschäden bei Hilfeleistungen

Zweites Kapitel
Prävention

§ 14	Grundsatz
§ 15	Unfallverhütungsvorschriften
§ 16	Geltung bei Zuständigkeit anderer Unfallversicherungsträger und für ausländische Unternehmen
§ 17	Überwachung und Beratung
§ 18	Aufsichtspersonen
§ 19	Befugnisse der Aufsichtspersonen
§ 20	Zusammenarbeit mit Dritten
§ 21	Verantwortung des Unternehmers, Mitwirkung der Versicherten
§ 22	Sicherheitsbeauftragte
§ 23	Aus- und Fortbildung
§ 24	Überbetrieblicher arbeitsmedizinischer und sicherheitstechnischer Dienst
§ 25	Bericht gegenüber dem Bundestag

Drittes Kapitel
Leistungen nach Eintritt eines Versicherungsfalls

Erster Abschnitt
Heilbehandlung, Leistungen zur Teilhabe am Arbeitsleben, Leistungen zur Sozialen Teilhabe und ergänzende Leistungen, Pflege, Geldleistungen

Erster Unterabschnitt
Anspruch und Leistungsarten

§ 26	Grundsatz

Zweiter Unterabschnitt
Heilbehandlung

§ 27	Umfang der Heilbehandlung
§ 28	Ärztliche und zahnärztliche Behandlung
§ 29	Arznei- und Verbandmittel
§ 30	Heilmittel
§ 31	Hilfsmittel
§ 32	Häusliche Krankenpflege
§ 33	Behandlung in Krankenhäusern und Rehabilitationseinrichtungen
§ 34	Durchführung der Heilbehandlung

Dritter Unterabschnitt
Leistungen zur Teilhabe am Arbeitsleben

§ 35	Leistungen zur Teilhabe am Arbeitsleben
§ 36	(weggefallen)
§ 37	(weggefallen)
§ 38	(weggefallen)

Vierter Unterabschnitt
Leistungen zur Sozialen Teilhabe und ergänzende Leistungen

§ 39	Leistungen zur Sozialen Teilhabe und ergänzende Leistungen
§ 40	Kraftfahrzeughilfe
§ 41	Wohnungshilfe

---

*) Abgedruckt sind nur die für Sozialberufe wichtigen Bestimmungen. Das Inhaltsverzeichnis benennt den kompletten Inhalt des Gesetzes.

§ 42 Haushaltshilfe und Kinderbetreuungskosten
§ 43 Reisekosten

Fünfter Unterabschnitt
Leistungen bei Pflegebedürftigkeit
§ 44 Pflege

Sechster Unterabschnitt
Geldleistungen während der Heilbehandlung und der Leistungen zur Teilhabe am Arbeitsleben
§ 45 Voraussetzungen für das Verletztengeld
§ 46 Beginn und Ende des Verletztengeldes
§ 47 Höhe des Verletztengeldes
§ 47a Beitragszahlung der Unfallversicherungsträger an berufsständische Versorgungseinrichtungen und private Krankenversicherungen
§ 48 Verletztengeld bei Wiedererkrankung
§ 49 Übergangsgeld
§ 50 Höhe und Berechnung des Übergangsgeldes
§ 51 (weggefallen)
§ 52 Anrechnung von Einkommen auf Verletzten- und Übergangsgeld

Siebter Unterabschnitt
Besondere Vorschriften für die Versicherten in der Seefahrt
§ 53 Vorrang der medizinischen Betreuung durch die Reeder

Achter Unterabschnitt
Besondere Vorschriften für die Versicherten der landwirtschaftlichen Unfallversicherung
§ 54 Betriebs- und Haushaltshilfe
§ 55 Art und Form der Betriebs- und Haushaltshilfe
§ 55a Sonstige Ansprüche, Verletztengeld

Zweiter Abschnitt
Renten, Beihilfen, Abfindungen

Erster Unterabschnitt
Renten an Versicherte
§ 56 Voraussetzungen und Höhe des Rentenanspruchs
§ 57 Erhöhung der Rente bei Schwerverletzten
§ 58 Erhöhung der Rente bei Arbeitslosigkeit
§ 59 Höchstbetrag bei mehreren Renten
§ 60 Minderung bei Heimpflege
§ 61 Renten für Beamte und Berufssoldaten
§ 62 Rente als vorläufige Entschädigung

Zweiter Unterabschnitt
Leistungen an Hinterbliebene
§ 63 Leistungen bei Tod
§ 64 Sterbegeld und Erstattung von Überführungskosten
§ 65 Witwen- und Witwerrente
§ 66 Witwen- und Witwerrente an frühere Ehegatten; mehrere Berechtigte
§ 67 Voraussetzungen der Waisenrente
§ 68 Höhe der Waisenrente
§ 69 Rente an Verwandte der aufsteigenden Linie
§ 70 Höchstbetrag der Hinterbliebenenrenten
§ 71 Witwen-, Witwer- und Waisenbeihilfe

Dritter Unterabschnitt
Beginn, Änderung und Ende von Renten
§ 72 Beginn von Renten
§ 73 Änderungen und Ende von Renten
§ 74 Ausnahmeregelungen für die Änderung von Renten

Vierter Unterabschnitt
Abfindung
§ 75 Abfindung mit einer Gesamtvergütung
§ 76 Abfindung bei Minderung der Erwerbsfähigkeit unter 40 vom Hundert
§ 77 Wiederaufleben der abgefundenen Rente
§ 78 Abfindung bei Minderung der Erwerbsfähigkeit ab 40 vom Hundert
§ 79 Umfang der Abfindung
§ 80 Abfindung bei Wiederheirat

Fünfter Unterabschnitt
Vorschriften für die Versicherten der landwirtschaftlichen Unfallversicherung
§ 80a Voraussetzungen für den Rentenanspruch, Wartezeit

Dritter Abschnitt
Jahresarbeitsverdienst

Erster Unterabschnitt
Allgemeines
§ 81 Jahresarbeitsverdienst als Berechnungsgrundlage

Zweiter Unterabschnitt
Erstmalige Festsetzung
§ 82 Regelberechnung
§ 83 Jahresarbeitsverdienst kraft Satzung
§ 84 Jahresarbeitsverdienst bei Berufskrankheiten
§ 85 Mindest- und Höchstjahresarbeitsverdienst
§ 86 (weggefallen)
§ 87 Jahresarbeitsverdienst nach billigem Ermessen
§ 88 Erhöhung des Jahresarbeitsverdienstes für Hinterbliebene
§ 89 Berücksichtigung von Anpassungen

Dritter Unterabschnitt
Neufestsetzung
§ 90 Neufestsetzung nach Altersstufen
§ 91 Neufestsetzung nach Schul- oder Berufsausbildung

Vierter Unterabschnitt
Besondere Vorschriften für die bei der Berufsgenossenschaft Verkehrswirtschaft Post-Logistik Telekommunikation versicherten Seeleute und ihre Hinterbliebenen

§ 92 Jahresarbeitsverdienst für Seeleute

Fünfter Unterabschnitt
Besondere Vorschriften für die Versicherten der landwirtschaftlichen Unfallversicherung und ihre Hinterbliebenen

§ 93 Jahresarbeitsverdienst für landwirtschaftliche Unternehmer, ihre Ehegatten und Familienangehörigen

Vierter Abschnitt
Mehrleistungen

§ 94 Mehrleistungen

Fünfter Abschnitt
Gemeinsame Vorschriften für Leistungen

§ 95 Anpassung von Geldleistungen
§ 96 Fälligkeit, Auszahlung und Berechnungsgrundsätze
§ 97 Leistungen ins Ausland
§ 98 Anrechnung anderer Leistungen
§ 99 Wahrnehmung von Aufgaben durch die Deutsche Post AG
§ 100 Verordnungsermächtigung
§ 101 Ausschluß oder Minderung von Leistungen
§ 102 Schriftform
§ 103 Zwischennachricht, Unfalluntersuchung

Viertes Kapitel
Haftung von Unternehmern, Unternehmensangehörigen und anderen Personen

Erster Abschnitt
Beschränkung der Haftung gegenüber Versicherten, ihren Angehörigen und Hinterbliebenen

§ 104 Beschränkung der Haftung der Unternehmer
§ 105 Beschränkung der Haftung anderer im Betrieb tätiger Personen
§ 106 Beschränkung der Haftung anderer Personen
§ 107 Besonderheiten in der Seefahrt
§ 108 Bindung der Gerichte
§ 109 Feststellungsberechtigung von in der Haftung beschränkten Personen

Zweiter Abschnitt
Haftung gegenüber den Sozialversicherungsträgern

§ 110 Haftung gegenüber den Sozialversicherungsträgern
§ 111 Haftung des Unternehmens
§ 112 Bindung der Gerichte
§ 113 Verjährung

Fünftes Kapitel
Organisation

Erster Abschnitt
Unfallversicherungsträger

§ 114 Unfallversicherungsträger
§ 115 Prävention bei der Unfallversicherung Bund und Bahn
§ 116 Unfallversicherungsträger im Landesbereich
§ 117 Unfallversicherungsträger im kommunalen Bereich
§ 118 Vereinigung von Berufsgenossenschaften
§§ 119 und 119a (weggefallen)
§ 120 Bundes- und Landesgarantie

Zweiter Abschnitt
Zuständigkeit

Erster Unterabschnitt
Zuständigkeit der gewerblichen Berufsgenossenschaften

§ 121 Zuständigkeit der gewerblichen Berufsgenossenschaften
§ 122 Sachliche und örtliche Zuständigkeit

Zweiter Unterabschnitt
Zuständigkeit der landwirtschaftlichen Berufsgenossenschaft

§ 123 Zuständigkeit der landwirtschaftlichen Berufsgenossenschaft
§ 124 Bestandteile des landwirtschaftlichen Unternehmens

Dritter Unterabschnitt
Zuständigkeit der Unfallversicherungsträger der öffentlichen Hand

§ 125 Zuständigkeit der Unfallversicherung Bund und Bahn
§ 126 (weggefallen)
§ 127 (weggefallen)
§ 128 Zuständigkeit der Unfallversicherungsträger im Landesbereich
§ 129 Zuständigkeit der Unfallversicherungsträger im kommunalen Bereich
§ 129a Zuständigkeit bei gemeinsamer Beteiligung von Bund, Ländern, Gemeinden oder Gemeindeverbänden an Unternehmen

Vierter Unterabschnitt
Gemeinsame Vorschriften über die Zuständigkeit

§ 130 Örtliche Zuständigkeit
§ 131 Zuständigkeit für Hilfs- und Nebenunternehmen
§ 132 Zuständigkeit für Unfallversicherungsträger
§ 133 Zuständigkeit für Versicherte
§ 134 Zuständigkeit bei Berufskrankheiten
§ 135 Versicherung nach mehreren Vorschriften

61 SGB VII

§ 136 Bescheid über die Zuständigkeit, Begriff des Unternehmers
§ 137 Wirkung von Zuständigkeitsänderungen
§ 138 Unterrichtung der Versicherten
§ 139 Vorläufige Zuständigkeit
§ 139a Deutsche Verbindungsstelle Unfallversicherung – Ausland

Dritter Abschnitt
Weitere Versicherungseinrichtungen

§ 140 Haftpflicht- und Auslandsversicherung
§ 141 Träger der Versicherungseinrichtungen, Aufsicht
§ 142 Gemeinsame Einrichtungen
§ 143 (weggefallen)

Vierter Abschnitt
Dienstrecht

§ 144 Dienstordnung
§ 145 Regelungen in der Dienstordnung
§ 146 Verletzung der Dienstordnung
§ 147 Aufstellung und Änderung der Dienstordnung
§ 147a Dienstbezüge der Geschäftsführer der gewerblichen Berufsgenossenschaften und der Sozialversicherung für Landwirtschaft, Forsten und Gartenbau
§ 148 Dienstrechtliche Vorschriften der Unfallversicherung Bund und Bahn
§ 149 (weggefallen)

Sechstes Kapitel
Aufbringung der Mittel

Erster Abschnitt
Allgemeine Vorschriften

Erster Unterabschnitt
Beitragspflicht

§ 150 Beitragspflichtige
§ 151 Beitragserhebung bei überbetrieblichen arbeitsmedizinischen und sicherheitstechnischen Diensten

Zweiter Unterabschnitt
Beitragshöhe

§ 152 Umlage
§ 153 Berechnungsgrundlagen
§ 154 Berechnungsgrundlagen in besonderen Fällen
§ 155 Beiträge nach der Zahl der Versicherten
§ 156 Beiträge nach einem auf Arbeitsstunden aufgeteilten Arbeitsentgelt
§ 157 Gefahrtarif
§ 158 Genehmigung
§ 159 Veranlagung der Unternehmen zu den Gefahrklassen
§ 160 Änderung der Veranlagung
§ 161 Mindestbeitrag

§ 162 Zuschläge, Nachlässe, Prämien
§ 163 Beitragszuschüsse für Küstenfischer

Dritter Unterabschnitt
Vorschüsse und Sicherheitsleistungen

§ 164 Beitragsvorschüsse und Sicherheitsleistungen

Vierter Unterabschnitt
Umlageverfahren

§ 165 Nachweise
§ 166 Auskunftspflicht der Unternehmer und Beitragsüberwachung
§ 167 Beitragsberechnung
§ 168 Beitragsbescheid
§ 169 (weggefallen)
§ 170 Beitragszahlung an einen anderen Unfallversicherungsträger

Fünfter Unterabschnitt
Betriebsmittel, Rücklage und Verwaltungsvermögen

§ 171 Mittel der Unfallversicherungsträger
§ 172 Betriebsmittel
§ 172a Rücklage
§ 172b Verwaltungsvermögen
§ 172c Altersrückstellungen

Sechster Unterabschnitt
Zusammenlegung und Teilung der Last, Teilung der Entschädigungslast bei Berufskrankheiten, Erstattungsansprüche der landwirtschaftlichen Berufsgenossenschaft

§ 173 Zusammenlegung und Teilung der Last
§ 174 Teilung der Entschädigungslast bei Berufskrankheiten
§ 175 Erstattungsansprüche der landwirtschaftlichen Berufsgenossenschaft

Siebter Unterabschnitt
Lastenverteilung zwischen den gewerblichen Berufsgenossenschaften

§ 176 Grundsatz
§ 177 Begriffsbestimmungen
§ 178 Gemeinsame Tragung der Rentenlasten
§ 179 Sonderregelung bei außergewöhnlicher Belastung
§ 180 Freibeträge, Unternehmen ohne Gewinnerzielungsabsicht
§ 181 Durchführung des Ausgleichs

Zweiter Abschnitt
Besondere Vorschriften für die landwirtschaftliche Unfallversicherung

§ 182 Berechnungsgrundlagen
§ 183 Umlageverfahren
§ 183a Rechenschaft über die Verwendung der Mittel
§ 184 Rücklage

Dritter Abschnitt
Besondere Vorschriften für die Unfallversicherungsträger der öffentlichen Hand

§ 185 Gemeindeunfallversicherungsverbände, Unfallkassen der Länder und Gemeinden, gemeinsame Unfallkassen, Feuerwehr-Unfallkassen
§ 186 Aufwendungen der Unfallversicherung Bund und Bahn

Vierter Abschnitt
Gemeinsame Vorschriften

Erster Unterabschnitt
Gemeinsame Vorschriften

§ 187 Berechnungsgrundsätze

Zweiter Unterabschnitt
Reduzierung der Kosten für Verwaltung und Verfahren

§ 187a Reduzierung der Kosten für Verwaltung und Verfahren in der landwirtschaftlichen Unfallversicherung

Siebtes Kapitel
Zusammenarbeit der Unfallversicherungsträger mit anderen Leistungsträgern und ihre Beziehungen zu Dritten

Erster Abschnitt
Zusammenarbeit der Unfallversicherungsträger mit anderen Leistungsträgern

§ 188 Auskunftspflicht der Krankenkassen
§ 189 Beauftragung einer Krankenkasse
§ 190 Pflicht der Unfallversicherungsträger zur Benachrichtigung der Rentenversicherungsträger beim Zusammentreffen von Renten

Zweiter Abschnitt
Beziehungen der Unfallversicherungsträger zu Dritten

§ 191 Unterstützungspflicht der Unternehmer
§ 192 Mitteilungs- und Auskunftspflichten von Unternehmern und Bauherren
§ 193 Pflicht zur Anzeige eines Versicherungsfalls durch die Unternehmer
§ 194 Meldepflicht der Eigentümer von Seeschiffen
§ 195 Unterstützungs- und Mitteilungspflichten von Kammern und der für die Erteilung einer Gewerbe- oder Bauerlaubnis zuständigen Behörden
§ 196 Mitteilungspflichten der Schiffsvermessungs- und -registerbehörden
§ 197 Übermittlungspflicht weiterer Behörden
§ 198 Auskunftspflicht der Grundstückseigentümer

Achtes Kapitel
Datenschutz

Erster Abschnitt
Grundsätze

§ 199 Verarbeitung von Daten durch die Unfallversicherungsträger
§ 200 Einschränkung der Übermittlungsbefugnis

Zweiter Abschnitt
Datenverarbeitung durch Ärzte

§ 201 Erhebung, Speicherung und Übermittlung von Daten durch Ärzte und Psychotherapeuten
§ 202 Anzeigepflicht von Ärzten bei Berufskrankheiten
§ 203 Auskunftspflicht von Ärzten

Dritter Abschnitt
Dateisysteme

§ 204 Errichtung eines Dateisystems für mehrere Unfallversicherungsträger
§ 205 (weggefallen)

Vierter Abschnitt
Sonstige Vorschriften

§ 206 Verarbeitung von Daten für die Forschung zur Bekämpfung von Berufskrankheiten
§ 207 Verarbeitung von Daten zur Verhütung von Versicherungsfällen und arbeitsbedingten Gesundheitsgefahren
§ 208 Auskünfte der Deutschen Post AG

Neuntes Kapitel
Bußgeldvorschriften

§ 209 Bußgeldvorschriften
§ 210 Zuständige Verwaltungsbehörde
§ 211 Zusammenarbeit bei der Verfolgung und Ahndung von Ordnungswidrigkeiten

Zehntes Kapitel
Übergangsrecht

§ 212 Grundsatz
§ 213 Versicherungsschutz
§ 214 Geltung auch für frühere Versicherungsfälle
§ 215 Sondervorschriften für Versicherungsfälle in dem in Artikel 3 des Einigungsvertrages genannten Gebiet
§ 216 Bezugsgröße (Ost) und aktueller Rentenwert (Ost)
§ 217 Bestandsschutz
§ 218 (weggefallen)
§ 218a Leistungen an Hinterbliebene
§ 218b Rückwirkende Anerkennung von Berufskrankheiten
§ 218c Auszahlung laufender Geldleistungen bei Beginn vor dem 1. April 2004
§ 218d Besondere Zuständigkeiten

§ 218e Übergangsregelungen aus Anlass des Übergangs der Beitragsüberwachung auf die Träger der Deutschen Rentenversicherung
§ 218f Evaluation
§ 218g Übergangsregelungen bei epidemischer Lage von nationaler Tragweite
§ 219 (weggefallen)
§ 219a Altersrückstellungen
§ 220 Ausgleich unter den gewerblichen Berufsgenossenschaften
§ 221 Besondere Vorschriften für die landwirtschaftliche Unfallversicherung
§ 221a (weggefallen)
§ 221b Übergangszeit und Beitragsangleichung in der landwirtschaftlichen Unfallversicherung

Elftes Kapitel
Übergangsvorschriften zur Neuorganisation der gesetzlichen Unfallversicherung
§ 222 Neuorganisation der gewerblichen Berufsgenossenschaften
§ 223 Neuorganisation der landesunmittelbaren Unfallversicherungsträger der öffentlichen Hand
§ 224 Umstellung der Mitgliedsnummer auf die Unternehmernummer

Anlage 1
(zu § 114)

Erstes Kapitel
Aufgaben, versicherter Personenkreis, Versicherungsfall

Erster Abschnitt
Aufgaben der Unfallversicherung

§ 1 Prävention, Rehabilitation, Entschädigung

Aufgabe der Unfallversicherung ist es, nach Maßgabe der Vorschriften dieses Buches
1. mit allen geeigneten Mitteln Arbeitsunfälle und Berufskrankheiten sowie arbeitsbedingte Gesundheitsgefahren zu verhüten,
2. nach Eintritt von Arbeitsunfällen oder Berufskrankheiten die Gesundheit und die Leistungsfähigkeit der Versicherten mit allen geeigneten Mitteln wiederherzustellen und sie oder ihre Hinterbliebenen durch Geldleistungen zu entschädigen.

Zweiter Abschnitt
Versicherter Personenkreis

§ 2 Versicherung kraft Gesetzes

(1) Kraft Gesetzes sind versichert
1. Beschäftigte,
2. Lernende während der beruflichen Aus- und Fortbildung in Betriebsstätten, Lehrwerkstätten, Schulungskursen und ähnlichen Einrichtungen,
3. Personen, die sich Untersuchungen, Prüfungen oder ähnlichen Maßnahmen unterziehen, die aufgrund von Rechtsvorschriften zur Aufnahme einer versicherten Tätigkeit oder infolge einer abgeschlossenen versicherten Tätigkeit erforderlich sind, soweit diese Maßnahmen vom Unternehmen oder einer Behörde veranlaßt worden sind,
4. behinderte Menschen, die in anerkannten Werkstätten für behinderte Menschen, bei einem anderen Leistungsanbieter nach § 60 des Neunten Buches oder in Blindenwerkstätten im Sinne des § 226 des Neunten Buches oder für diese Einrichtungen in Heimarbeit tätig sind,
5. Personen, die
    a) Unternehmer eines landwirtschaftlichen Unternehmens sind und ihre im Unternehmen mitarbeitenden Ehegatten oder Lebenspartner,
    b) im landwirtschaftlichen Unternehmen nicht nur vorübergehend mitarbeitende Familienangehörige sind,
    c) in landwirtschaftlichen Unternehmen in der Rechtsform von Kapital- oder Personenhandelsgesellschaften regelmäßig wie Unternehmer selbständig tätig sind,
    d) ehrenamtlich in Unternehmen tätig sind, die unmittelbar der Sicherung, Überwachung oder Förderung der Landwirtschaft überwiegend dienen,
    e) ehrenamtlich in den Berufsverbänden der Landwirtschaft tätig sind, wenn für das Unternehmen die landwirtschaftliche Berufsgenossenschaft zuständig ist,

6. Hausgewerbetreibende und Zwischenmeister sowie ihre mitarbeitenden Ehegatten oder Lebenspartner,
7. selbständig tätige Küstenschiffer und Küstenfischer, die zur Besatzung ihres Fahrzeugs gehören oder als Küstenfischer ohne Fahrzeug fischen und regelmäßig nicht mehr als vier Arbeitnehmer beschäftigen, sowie ihre mitarbeitenden Ehegatten oder Lebenspartner,
8. a) Kinder während des Besuchs von Tageseinrichtungen, deren Träger für den Betrieb der Einrichtungen der Erlaubnis nach § 45 des Achten Buches oder einer Erlaubnis aufgrund einer entsprechenden landesrechtlichen Regelung bedürfen, während der Betreuung durch geeignete Tagespflegepersonen im Sinne von § 23 des Achten Buches sowie während der Teilnahme an vorschulischen Sprachförderungskursen, wenn die Teilnahme auf Grund landesrechtlicher Regelungen erfolgt,
   b) Schüler während des Besuchs von allgemein oder berufsbildenden Schulen und während der Teilnahme an unmittelbar vor oder nach dem Unterricht von der Schule oder im Zusammenwirken mit ihr durchgeführten Betreuungsmaßnahmen,
   c) Studierende während der Aus- und Fortbildung an Hochschulen,
9. Personen, die selbständig oder unentgeltlich, insbesondere ehrenamtlich im Gesundheitswesen oder in der Wohlfahrtspflege tätig sind,
10. Personen, die
    a) für Körperschaften, Anstalten oder Stiftungen des öffentlichen Rechts oder deren Verbände oder Arbeitsgemeinschaften, für die in den Nummern 2 und 8 genannten Einrichtungen oder für privatrechtliche Organisationen im Auftrag oder mit ausdrücklicher Einwilligung, in besonderen Fällen mit schriftlicher Genehmigung von Gebietskörperschaften ehrenamtlich tätig sind oder an Ausbildungsveranstaltungen für diese Tätigkeit teilnehmen,
    b) für öffentlich-rechtliche Religionsgemeinschaften und deren Einrichtungen oder für privatrechtliche Organisationen im Auftrag oder mit ausdrücklicher Einwilligung, in besonderen Fällen mit schriftlicher Genehmigung von öffentlich-rechtlichen Religionsgemeinschaften ehrenamtlich tätig sind oder an Ausbildungsveranstaltungen für diese Tätigkeit teilnehmen,
11. Personen, die
    a) von einer Körperschaft, Anstalt oder Stiftung des öffentlichen Rechts zur Unterstützung einer Diensthandlung herangezogen werden,
    b) von einer dazu berechtigten öffentlichen Stelle als Zeugen zur Beweiserhebung herangezogen werden,
12. Personen, die in Unternehmen zur Hilfe bei Unglücksfällen oder im Zivilschutz unentgeltlich, insbesondere ehrenamtlich tätig sind oder an Ausbildungsveranstaltungen dieser Unternehmen einschließlich der satzungsmäßigen Veranstaltungen, die der Nachwuchsförderung dienen, teilnehmen,
13. Personen, die
    a) bei Unglücksfällen oder gemeiner Gefahr oder Not Hilfe leisten oder einen anderen aus erheblicher gegenwärtiger Gefahr für seine Gesundheit retten,
    b) Blut oder körpereigene Organe, Organteile oder Gewebe spenden oder bei denen Voruntersuchungen oder Nachsorgemaßnahmen anlässlich der Spende vorgenommen werden,
    c) sich bei der Verfolgung oder Festnahme einer Person, die einer Straftat verdächtig ist oder zum Schutz eines widerrechtlich Angegriffenen persönlich einsetzen,
    d) Tätigkeiten als Notärztin oder Notarzt im Rettungsdienst ausüben, wenn diese Tätigkeiten neben
       aa) einer Beschäftigung mit einem Umfang von regelmäßig mindestens 15 Stunden wöchentlich außerhalb des Rettungsdienstes oder
       bb) einer Tätigkeit als zugelassener Vertragsarzt oder als Arzt in privater Niederlassung
       ausgeübt werden,
14. Personen, die
    a) nach den Vorschriften des Zweiten oder des Dritten Buches der Meldepflicht unterliegen, wenn sie einer besonderen, an sie im Einzelfall gerichteten Aufforderung der Bundesagentur für Arbeit, des nach § 6 Absatz 1 Satz 1 Nummer 2 des Zweiten Buches zuständigen Trägers oder eines nach § 6a des Zweiten Buches zugelassenen kommunalen Trägers nachkommen, diese oder eine andere Stelle aufzusuchen,
    b) an einer Maßnahme teilnehmen, wenn die Person selbst oder die Maßnahme über die Bundesagentur für Arbeit, einen nach § 6 Absatz 1 Satz 1 Nummer 2 des Zweiten Buches zuständigen Träger oder einen nach § 6a des Zweiten Buches zugelassenen kommunalen Träger gefördert wird,
15. Personen, die
    a) auf Kosten einer Krankenkasse oder eines Trägers der gesetzlichen Rentenversicherung oder der landwirtschaftlichen Alterskasse stationäre oder teilstationäre Behandlung oder stationäre, teilstationäre oder ambulante Leistungen zur medizinischen Rehabilitation erhalten,

b) zur Vorbereitung von Leistungen zur Teilhabe am Arbeitsleben auf Aufforderung eines Trägers der gesetzlichen Rentenversicherung oder der Bundesagentur für Arbeit einen dieser Träger oder eine andere Stelle aufsuchen,
c) auf Kosten eines Unfallversicherungsträgers an vorbeugenden Maßnahmen nach § 3 der Berufskrankheiten-Verordnung teilnehmen,
d) auf Kosten eines Trägers der gesetzlichen Rentenversicherung, der landwirtschaftlichen Alterskasse oder eines Trägers der gesetzlichen Unfallversicherung an Präventionsmaßnahmen teilnehmen,
16. Personen, die bei der Schaffung öffentlich geförderten Wohnraums im Sinne des Zweiten Wohnungsbaugesetzes oder im Rahmen der sozialen Wohnraumförderung bei der Schaffung von Wohnraum im Sinne des § 16 Abs. 1 Nr. 1 bis 3 des Wohnraumförderungsgesetzes oder entsprechender landesrechtlicher Regelungen im Rahmen der Selbsthilfe tätig sind,
17. Pflegepersonen im Sinne des § 19 Satz 1 und 2 des Elften Buches bei der Pflege eines Pflegebedürftigen mit mindestens Pflegegrad 2 im Sinne der §§ 14 und 15 Absatz 3 des Elften Buches; die versicherte Tätigkeit umfasst pflegerische Maßnahmen in den in § 14 Absatz 2 des Elften Buches genannten Bereichen sowie Hilfen bei der Haushaltsführung nach § 18 Absatz 5a Satz 3 Nummer 2 des Elften Buches.

(1a) ¹Versichert sind auch Personen, die nach Erfüllung der Schulpflicht auf der Grundlage einer schriftlichen Vereinbarung im Dienst eines geeigneten Trägers im Umfang von durchschnittlich mindestens acht Wochenstunden und für die Dauer von mindestens sechs Monaten als Freiwillige einen Freiwilligendienst aller Generationen unentgeltlich leisten. ²Als Träger des Freiwilligendienstes aller Generationen geeignet sind inländische juristische Personen des öffentlichen Rechts oder unter § 5 Abs. 1 Nr. 9 des Körperschaftsteuergesetzes fallende Einrichtungen zur Förderung gemeinnütziger, mildtätiger oder kirchlicher Zwecke (§§ 52 bis 54 der Abgabenordnung), wenn sie die Haftpflichtversicherung und eine kontinuierliche Begleitung der Freiwilligen und deren Fort- und Weiterbildung im Umfang von durchschnittlich mindestens 60 Stunden je Jahr sicherstellen. ³Die Träger haben fortlaufende Aufzeichnungen zu führen über die bei ihnen nach Satz 1 tätigen Personen, die Art und den Umfang der Tätigkeiten und die Einsatzorte. ⁴Die Aufzeichnungen sind mindestens fünf Jahre lang aufzubewahren.

(2) ¹Ferner sind Personen versichert, die wie nach Absatz 1 Nr. 1 Versicherte tätig werden. ²Satz 1 gilt auch für Personen, die während einer aufgrund eines Gesetzes angeordneten Freiheitsentziehung oder aufgrund einer strafrichterlichen, staatsanwaltlichen oder jugendbehördlichen Anordnung wie Beschäftigte tätig werden.

(3) ¹Absatz 1 Nr. 1 gilt auch für
1. Personen, die im Ausland bei einer amtlichen Vertretung des Bundes oder der Länder oder bei deren Leitern, Mitgliedern oder Bediensteten beschäftigt und in der gesetzlichen Rentenversicherung nach § 4 Absatz 1 Satz 2 des Sechsten Buches pflichtversichert sind,
2. Personen, die
   a) im Sinne des Entwicklungshelfer-Gesetzes Entwicklungsdienst oder Vorbereitungsdienst leisten,
   b) einen entwicklungspolitischen Freiwilligendienst „weltwärts" im Sinne der Richtlinie des Bundesministeriums für wirtschaftliche Zusammenarbeit und Entwicklung vom 1. August 2007 (BAnz. 2008 S. 1297) leisten,
   c) einen Internationalen Jugendfreiwilligendienst im Sinne der Richtlinie Internationaler Jugendfreiwilligendienst des Bundesministeriums für Familie, Senioren, Frauen und Jugend vom 20. Dezember 2010 (GMBl S. 1778) leisten,
3. Personen, die
   a) eine Tätigkeit bei einer zwischenstaatlichen oder überstaatlichen Organisation ausüben und deren Beschäftigungsverhältnis im öffentlichen Dienst während dieser Zeit ruht,
   b) als Lehrkräfte vom Auswärtigen Amt durch das Bundesverwaltungsamt an Schulen im Ausland vermittelt worden sind oder
   c) für ihre Tätigkeit bei internationalen Einsätzen zur zivilen Krisenprävention als Sekundierte nach dem Sekundierungsgesetz abgesichert werden.

²Die Versicherung nach Satz 1 Nummer 3 Buchstabe a und c erstreckt sich auch auf Unfälle oder Krankheiten, die infolge einer Verschleppung oder einer Gefangenschaft eintreten oder darauf beruhen, dass der Versicherte aus sonstigen mit seiner Tätigkeit zusammenhängenden Gründen, die er nicht zu vertreten hat, dem Einflussbereich seines Arbeitgebers oder der für die Durchführung seines Einsatzes verantwortlichen Einrichtung entzogen ist. ³Gleiches gilt, wenn Unfälle oder Krankheiten auf gesundheitsschädigende oder sonst vom Inland wesentlich abweichende Verhältnisse bei der Tätigkeit oder dem Einsatz im Ausland zurückzuführen sind. ⁴Soweit die Absätze 1 bis 2 weder eine Beschäftigung noch eine selbständige Tätigkeit voraussetzen, gelten sie abweichend von § 3 Nr. 2 des Vierten Buches für alle Personen, die die in diesen Absätzen genannten Tätigkeiten im Inland ausüben; § 4 des Vierten Buches gilt entsprechend. ⁵Absatz 1 Nr. 13 gilt auch für

Personen, die im Ausland tätig werden, wenn sie im Inland ihren Wohnsitz oder gewöhnlichen Aufenthalt haben.
(4) Familienangehörige im Sinne des Absatzes 1 Nr. 5 Buchstabe b sind
1. Verwandte bis zum dritten Grade,
2. Verschwägerte bis zum zweiten Grade,
3. Pflegekinder (§ 56 Abs. 2 Nr. 2 des Ersten Buches)
der Unternehmer, ihrer Ehegatten oder ihrer Lebenspartner.

§ 3 Versicherung kraft Satzung

(1) Die Satzung kann bestimmen, daß und unter welchen Voraussetzungen sich die Versicherung erstreckt auf
1. Unternehmer und ihre im Unternehmen mitarbeitenden Ehegatten oder Lebenspartner,
2. Personen, die sich auf der Unternehmensstätte aufhalten; § 2 Abs. 3 Satz 2 erster Halbsatz gilt entsprechend,
3. Personen, die
   a) im Ausland bei einer staatlichen deutschen Einrichtung beschäftigt werden,
   b) im Ausland von einer staatlichen deutschen Einrichtung anderen Staaten zur Arbeitsleistung zur Verfügung gestellt werden;
   Versicherungsschutz besteht nur, soweit die Personen nach dem Recht des Beschäftigungsstaates nicht unfallversichert sind,
4. ehrenamtlich Tätige und bürgerschaftlich Engagierte,
5. Kinder und Jugendliche während der Teilnahme an Sprachförderungskursen, wenn die Teilnahme auf Grund landesrechtlicher Regelungen erfolgt.
(2) Absatz 1 gilt nicht für
1. Haushaltsführende,
2. Unternehmer von nicht gewerbsmäßig betriebenen Binnenfischereien oder Imkereien und ihre im Unternehmen mitarbeitenden Ehegatten oder Lebenspartner,
3. Personen, die aufgrund einer vom Fischerei- oder Jagdausübungsberechtigten erteilten Erlaubnis als Fischerei- oder Jagdgast fischen oder jagen,
4. Reeder, die nicht zur Besatzung des Fahrzeugs gehören, und ihre im Unternehmen mitarbeitenden Ehegatten oder Lebenspartner.

§ 4 Versicherungsfreiheit

(1) Versicherungsfrei sind
1. Personen, soweit für sie beamtenrechtliche Unfallfürsorgevorschriften oder entsprechende Grundsätze gelten; ausgenommen sind Ehrenbeamte und ehrenamtliche Richter,
2. Personen, soweit für sie das Bundesversorgungsgesetz oder Gesetze, die eine entsprechende Anwendung des Bundesversorgungsgesetzes vorsehen, gelten, es sei denn, daß
   a) der Versicherungsfall zugleich die Folge einer Schädigung im Sinne dieser Gesetze ist oder
   b) es sich um eine Schädigung im Sinne des § 5 Abs. 1 Buchstabe e des Bundesversorgungsgesetzes handelt,
3. satzungsmäßige Mitglieder geistlicher Genossenschaften, Diakonissen und Angehörige ähnlicher Gemeinschaften, wenn ihnen nach den Regeln der Gemeinschaft Anwartschaft auf die in der Gemeinschaft übliche Versorgung gewährleistet und die Erfüllung der Gewährleistung gesichert ist.
(2) Von der Versicherung nach § 2 Abs. 1 Nr. 5 sind frei
1. Personen, die aufgrund einer vom Fischerei- oder Jagdausübungsberechtigten erteilten Erlaubnis als Fischerei- oder Jagdgast fischen oder jagen,
2. Unternehmer von Binnenfischereien, Imkereien und Unternehmen nach § 123 Abs. 1 Nr. 2, wenn diese Unternehmen nicht gewerbsmäßig betrieben werden und nicht Neben- oder Hilfsunternehmen eines anderen landwirtschaftlichen Unternehmens sind, sowie ihre im Unternehmen mitarbeitenden Ehegatten oder Lebenspartner; das gleiche gilt für Personen, die in diesen Unternehmen als Verwandte oder Verschwägerte bis zum zweiten Grad oder als Pflegekind der Unternehmer, ihrer Ehegatten oder Lebenspartner unentgeltlich tätig sind. Ein Unternehmen der Imkerei gilt als nicht gewerbsmäßig betrieben, wenn nicht mehr als 25 Bienenvölker gehalten werden.
(3) Von der Versicherung nach § 2 Abs. 1 Nr. 9 sind frei selbständig tätige Ärzte, Zahnärzte, Tierärzte, Psychotherapeuten, Psychologische Psychotherapeuten, Kinder- und Jugendlichenpsychotherapeuten, Heilpraktiker und Apotheker.

(4) Von der Versicherung nach § 2 Abs. 2 ist frei, wer in einem Haushalt als Verwandter oder Verschwägerter bis zum zweiten Grad oder als Pflegekind der Haushaltsführenden, der Ehegatten oder der Lebenspartner unentgeltlich tätig ist, es sei denn, er ist in einem in § 124 Nr. 1 genannten Haushalt tätig.
(5) Von der Versicherung nach § 2 Abs. 2 sind frei Personen, die als Familienangehörige (§ 2 Abs. 4) der Unternehmer, ihrer Ehegatten oder Lebenspartner in einem Unternehmen nach § 123 Abs. 1 Nr. 1 bis 5 unentgeltlich tätig sind, wenn sie die Voraussetzungen für den Anspruch auf eine Rente wegen Alters nach dem Recht der gesetzlichen Rentenversicherung einschließlich der Alterssicherung der Landwirte erfüllen und die Rente beantragt haben.

§ 5 Versicherungsbefreiung

[1]Von der Versicherung nach § 2 Abs. 1 Nr. 5 werden auf Antrag Unternehmer landwirtschaftlicher Unternehmen im Sinne des § 123 Abs. 1 Nr. 1 bis zu einer Größe von 0,25 Hektar und ihre Ehegatten oder Lebenspartner unwiderruflich befreit; dies gilt nicht für Spezialkulturen. [2]Das Nähere bestimmt die Satzung.

§ 6 Freiwillige Versicherung

(1) [1]Auf schriftlichen oder elektronischen Antrag können sich versichern
1. Unternehmer und ihre im Unternehmen mitarbeitenden Ehegatten oder Lebenspartner; ausgenommen sind Haushaltsführende, Unternehmer von nicht gewerbsmäßig betriebenen Binnenfischereien, von nicht gewerbsmäßig betriebenen Unternehmen nach § 123 Abs. 1 Nr. 2 und ihre Ehegatten oder Lebenspartner sowie Fischerei- und Jagdgäste,
2. Personen, die in Kapital- oder Personenhandelsgesellschaften regelmäßig wie Unternehmer selbstständig tätig sind,
3. gewählte oder beauftragte Ehrenamtsträger in gemeinnützigen Organisationen,
4. Personen, die in Verbandsgremien und Kommissionen für Arbeitgeberorganisationen und Gewerkschaften sowie anderen selbständigen Arbeitnehmervereinigungen mit sozial- oder berufspolitischer Zielsetzung (sonstige Arbeitnehmervereinigungen) ehrenamtlich tätig sind oder an Ausbildungsveranstaltungen für diese Tätigkeit teilnehmen,
5. Personen, die ehrenamtlich für Parteien im Sinne des Parteiengesetzes tätig sind oder an Ausbildungsveranstaltungen für diese Tätigkeit teilnehmen.

[2]In den Fällen des Satzes 1 Nummer 3 kann auch die Organisation, für die die Ehrenamtsträger tätig sind, oder ein Verband, in dem die Organisation Mitglied ist, den Antrag stellen; eine namentliche Bezeichnung der Versicherten ist in diesen Fällen nicht erforderlich. [3]In den Fällen des Satzes 1 Nummer 4 und 5 gilt Satz 2 entsprechend.
(2) [1]Die Versicherung beginnt mit dem Tag, der dem Eingang des Antrags folgt. [2]Die Versicherung erlischt, wenn der Beitrag oder Beitragsvorschuß binnen zwei Monaten nach Fälligkeit nicht gezahlt worden ist. [3]Eine Neuanmeldung bleibt so lange unwirksam, bis der rückständige Beitrag oder Beitragsvorschuß entrichtet worden ist.

Dritter Abschnitt
Versicherungsfall

§ 7 Begriff

(1) Versicherungsfälle sind Arbeitsunfälle und Berufskrankheiten.
(2) Verbotswidriges Handeln schließt einen Versicherungsfall nicht aus.

§ 8 Arbeitsunfall

(1) [1]Arbeitsunfälle sind Unfälle von Versicherten infolge einer den Versicherungsschutz nach § 2, 3 oder 6 begründenden Tätigkeit (versicherte Tätigkeit). [2]Unfälle sind zeitlich begrenzte, von außen auf den Körper einwirkende Ereignisse, die zu einem Gesundheitsschaden oder zum Tod führen. [3]Wird die versicherte Tätigkeit im Haushalt der Versicherten oder an einem anderen Ort ausgeübt, besteht Versicherungsschutz in gleichem Umfang wie bei Ausübung der Tätigkeit auf der Unternehmensstätte.
(2) Versicherte Tätigkeiten sind auch
1. das Zurücklegen des mit der versicherten Tätigkeit zusammenhängenden unmittelbaren Weges nach und von dem Ort der Tätigkeit,
2. das Zurücklegen des von einem unmittelbaren Weg nach und von dem Ort der Tätigkeit abweichenden Weges, um

a) Kinder von Versicherten (§ 56 des Ersten Buches), die mit ihnen in einem gemeinsamen Haushalt leben, wegen ihrer, ihrer Ehegatten oder ihrer Lebenspartner beruflichen Tätigkeit fremder Obhut anzuvertrauen oder
b) mit anderen Berufstätigen oder Versicherten gemeinsam ein Fahrzeug zu benutzen,
2a. das Zurücklegen des unmittelbaren Weges nach und von dem Ort, an dem Kinder von Versicherten nach Nummer 2 Buchstabe a fremder Obhut anvertraut werden, wenn die versicherte Tätigkeit an dem Ort des gemeinsamen Haushalts ausgeübt wird,
3. das Zurücklegen des von einem unmittelbaren Weg nach und von dem Ort der Tätigkeit abweichenden Weges der Kinder von Personen (§ 56 des Ersten Buches), die mit ihnen in einem gemeinsamen Haushalt leben, wenn die Abweichung darauf beruht, daß die Kinder wegen der beruflichen Tätigkeit dieser Personen oder deren Ehegatten oder deren Lebenspartner fremder Obhut anvertraut werden,
4. das Zurücklegen des mit der versicherten Tätigkeit zusammenhängenden Weges von und nach der ständigen Familienwohnung, wenn die Versicherten wegen der Entfernung ihrer Familienwohnung von dem Ort der Tätigkeit an diesem oder in dessen Nähe eine Unterkunft haben,
5. das mit einer versicherten Tätigkeit zusammenhängende Verwahren, Befördern, Instandhalten und Erneuern eines Arbeitsgeräts oder einer Schutzausrüstung sowie deren Erstbeschaffung, wenn diese auf Veranlassung der Unternehmer erfolgt.
(3) Als Gesundheitsschaden gilt auch die Beschädigung oder der Verlust eines Hilfsmittels.

§ 9 Berufskrankheit

(1) ¹Berufskrankheiten sind Krankheiten, die die Bundesregierung durch Rechtsverordnung mit Zustimmung des Bundesrates als Berufskrankheiten bezeichnet und die Versicherte infolge einer den Versicherungsschutz nach § 2, 3 oder 6 begründenden Tätigkeit erleiden. ²Die Bundesregierung wird ermächtigt, in der Rechtsverordnung solche Krankheiten als Berufskrankheiten zu bezeichnen, die nach den Erkenntnissen der medizinischen Wissenschaft durch besondere Einwirkungen verursacht sind, denen bestimmte Personengruppen durch ihre versicherte Tätigkeit in erheblich höherem Grade als die übrige Bevölkerung ausgesetzt sind; sie kann dabei bestimmen, daß die Krankheiten nur dann Berufskrankheiten sind, wenn sie durch Tätigkeiten in bestimmten Gefährdungsbereichen verursacht worden sind. ³In der Rechtsverordnung kann ferner bestimmt werden, inwieweit Versicherte in Unternehmen der Seefahrt auch in der Zeit gegen Berufskrankheiten versichert sind, in der sie an Land beurlaubt sind.
(1a) ¹Beim Bundesministerium für Arbeit und Soziales wird ein Ärztlicher Sachverständigenbeirat Berufskrankheiten gebildet. ²Der Sachverständigenbeirat ist ein wissenschaftliches Gremium, das das Bundesministerium bei der Prüfung der medizinischen Erkenntnisse zur Bezeichnung neuer und zur Erarbeitung wissenschaftlicher Stellungnahmen zu bestehenden Berufskrankheiten unterstützt. ³Bei der Bundesanstalt für Arbeitsschutz und Arbeitsmedizin wird eine Geschäftsstelle eingerichtet, die den Sachverständigenbeirat bei der Erfüllung seiner Arbeit organisatorisch und wissenschaftlich, insbesondere durch die Erstellung systematischer Reviews, unterstützt. ⁴Das Nähere über die Stellung und die Organisation des Sachverständigenbeirats und der Geschäftsstelle regelt die Bundesregierung in der Rechtsverordnung nach Absatz 1.
(2) Die Unfallversicherungsträger haben eine Krankheit, die nicht in der Rechtsverordnung bezeichnet ist oder bei der die dort bestimmten Voraussetzungen nicht vorliegen, wie eine Berufskrankheit als Versicherungsfall anzuerkennen, sofern im Zeitpunkt der Entscheidung nach neuen Erkenntnissen der medizinischen Wissenschaft die Voraussetzungen für eine Bezeichnung nach Absatz 1 Satz 2 erfüllt sind.
(2a) Krankheiten, die bei Versicherten vor der Bezeichnung als Berufskrankheiten bereits entstanden waren, sind rückwirkend frühestens anzuerkennen
1. in den Fällen des Absatzes 1 als Berufskrankheit zu dem Zeitpunkt, in dem die Bezeichnung in Kraft getreten ist,
2. in den Fällen des Absatzes 2 wie eine Berufskrankheit zu dem Zeitpunkt, in dem die neuen Erkenntnisse der medizinischen Wissenschaft vorgelegen haben; hat der Ärztliche Sachverständigenbeirat Berufskrankheiten eine Empfehlung für die Bezeichnung einer neuen Berufskrankheit beschlossen, ist für die Anerkennung maßgebend der Tag der Beschlussfassung.
(3) Erkranken Versicherte, die infolge der besonderen Bedingungen ihrer versicherten Tätigkeit in erhöhtem Maße der Gefahr der Erkrankung an einer in der Rechtsverordnung nach Absatz 1 genannten Berufskrankheit ausgesetzt waren, an einer solchen Krankheit und können Anhaltspunkte für eine Verursachung außerhalb der versicherten Tätigkeit nicht festgestellt werden, wird vermutet, daß diese infolge der versicherten Tätigkeit verursacht worden ist.
(3a) ¹Der Unfallversicherungsträger erhebt alle Beweise, die zur Ermittlung des Sachverhalts erforderlich sind. ²Dabei hat er neben den in § 21 Absatz 1 Satz 1 des Zehnten Buches genannten Beweismitteln auch Er-

kenntnisse zu berücksichtigen, die er oder ein anderer Unfallversicherungsträger an vergleichbaren Arbeitsplätzen oder zu vergleichbaren Tätigkeiten gewonnen hat. ³Dies gilt insbesondere in den Fällen, in denen die Ermittlungen zu den Einwirkungen während der versicherten Tätigkeit dadurch erschwert sind, dass der Arbeitsplatz des Versicherten nicht mehr oder nur in veränderter Gestaltung vorhanden ist. ⁴Die Unfallversicherungsträger sollen zur Erfüllung der Aufgaben nach den Sätzen 2 und 3 einzeln oder gemeinsam tätigkeitsbezogene Expositionskataster erstellen. ⁵Grundlage für diese Kataster können die Ergebnisse aus systematischen Erhebungen, aus Ermittlungen in Einzelfällen sowie aus Forschungsvorhaben sein. ⁶Die Unfallversicherungsträger können außerdem Erhebungen an vergleichbaren Arbeitsplätzen durchführen.

(4) ¹Besteht für Versicherte, bei denen eine Berufskrankheit anerkannt wurde, die Gefahr, dass bei der Fortsetzung der versicherten Tätigkeit die Krankheit wiederauflebt oder sich verschlimmert und lässt sich diese Gefahr nicht durch andere geeignete Mittel beseitigen, haben die Unfallversicherungsträger darauf hinzuwirken, dass die Versicherten die gefährdende Tätigkeit unterlassen. ²Die Versicherten sind von den Unfallversicherungsträgern über die mit der Tätigkeit verbundenen Gefahren und mögliche Schutzmaßnahmen umfassend aufzuklären. ³Zur Verhütung einer Gefahr nach Satz 1 sind die Versicherten verpflichtet, an individualpräventiven Maßnahmen der Unfallversicherungsträger teilzunehmen und an Maßnahmen zur Verhaltensprävention mitzuwirken; die §§ 60 bis 65a des Ersten Buches gelten entsprechend. ⁴Pflichten der Unternehmer und Versicherten nach dem Zweiten Kapitel und nach arbeitsschutzrechtlichen Vorschriften bleiben hiervon unberührt. ⁵Kommen Versicherte ihrer Teilnahme- oder Mitwirkungspflicht nach Satz 3 nicht nach, können die Unfallversicherungsträger Leistungen zur Teilhabe am Arbeitsleben oder die Leistung einer danach erstmals festzusetzenden Rente wegen Minderung der Erwerbsfähigkeit oder den Anteil einer Rente, der auf eine danach eingetretene wesentliche Änderung im Sinne des § 73 Absatz 3 zurückgeht, bis zur Nachholung der Teilnahme oder Mitwirkung ganz oder teilweise versagen. ⁶Dies setzt voraus, dass infolge der fehlenden Teilnahme oder Mitwirkung der Versicherten die Teilhabeleistungen erforderlich geworden sind oder die Erwerbsminderung oder die wesentliche Änderung eingetreten ist; § 66 Absatz 3 und § 67 des Ersten Buches gelten entsprechend.

(5) Soweit Vorschriften über Leistungen auf den Zeitpunkt des Versicherungsfalls abstellen, ist bei Berufskrankheiten auf den Beginn der Arbeitsunfähigkeit oder der Behandlungsbedürftigkeit oder, wenn dies für den Versicherten günstiger ist, auf den Beginn der rentenberechtigenden Minderung der Erwerbsfähigkeit abzustellen.

(6) Die Bundesregierung regelt durch Rechtsverordnung mit Zustimmung des Bundesrates
1. Voraussetzungen, Art und Umfang von Leistungen zur Verhütung des Entstehens, der Verschlimmerung oder des Wiederauflebens von Berufskrankheiten,
2. die Mitwirkung der für den medizinischen Arbeitsschutz zuständigen Stellen bei der Feststellung von Berufskrankheiten sowie von Krankheiten, die nach Absatz 2 wie Berufskrankheiten zu entschädigen sind; dabei kann bestimmt werden, daß die für den medizinischen Arbeitsschutz zuständigen Stellen berechtigt sind, Zusammenhangsgutachten zu erstellen sowie zur Vorbereitung ihrer Gutachten Versicherte zu untersuchen oder auf Kosten der Unfallversicherungsträger andere Ärzte mit der Vornahme der Untersuchungen zu beauftragen,
3. die von den Unfallversicherungsträgern für die Tätigkeit der Stellen nach Nummer 2 zu entrichtenden Gebühren; diese Gebühren richten sich nach dem für die Begutachtung erforderlichen Aufwand und den dadurch entstehenden Kosten.

(7) Die Unfallversicherungsträger haben die für den medizinischen Arbeitsschutz zuständige Stelle über den Ausgang des Berufskrankheitenverfahrens zu unterrichten, soweit ihre Entscheidung von der gutachterlichen Stellungnahme der zuständigen Stelle abweicht.

(8) ¹Die Unfallversicherungsträger wirken bei der Gewinnung neuer medizinisch-wissenschaftlicher Erkenntnisse insbesondere zur Fortentwicklung des Berufskrankheitenrechts mit; sie sollen durch eigene Forschung oder durch Beteiligung an fremden Forschungsvorhaben dazu beitragen, den Ursachenzusammenhang zwischen Erkrankungshäufigkeiten in einer bestimmten Personengruppe und gesundheitsschädlichen Einwirkungen im Zusammenhang mit der versicherten Tätigkeit aufzuklären. ²Die Verbände der Unfallversicherungsträger veröffentlichen jährlich einen gemeinsamen Bericht über ihre Forschungsaktivitäten und die Forschungsaktivitäten der Träger der gesetzlichen Unfallversicherung. ³Der Bericht erstreckt sich auf die Themen der Forschungsvorhaben, die Höhe der aufgewendeten Mittel sowie die Zuwendungsempfänger und Forschungsnehmer externer Projekte.

(9) ¹Die für den medizinischen Arbeitsschutz zuständigen Stellen dürfen zur Feststellung von Berufskrankheiten sowie von Krankheiten, die nach Absatz 2 wie Berufskrankheiten zu entschädigen sind, Daten verarbeiten sowie zur Vorbereitung von Gutachten Versicherte untersuchen, soweit dies im Rahmen ihrer Mitwirkung nach Absatz 6 Nr. 2 erforderlich ist; sie dürfen diese Daten insbesondere an den zuständigen Unfall-

versicherungsträger übermitteln. ²Die erhobenen Daten dürfen auch zur Verhütung von Arbeitsunfällen, Berufskrankheiten und arbeitsbedingten Gesundheitsgefahren gespeichert, verändert, genutzt, übermittelt oder in der Verarbeitung eingeschränkt werden. ³Soweit die in Satz 1 genannten Stellen andere Ärzte mit der Vornahme von Untersuchungen beauftragen, ist die Übermittlung von Daten zwischen diesen Stellen und den beauftragten Ärzten zulässig, soweit dies im Rahmen des Untersuchungsauftrages erforderlich ist.

§ 10 Erweiterung in der See- und Binnenschifffahrt

(1) In der See- und Binnenschifffahrt sind Versicherungsfälle auch Unfälle infolge
1. von Elementarereignissen,
2. der einem Hafen oder dem Liegeplatz eines Fahrzeugs eigentümlichen Gefahren,
3. der Beförderung von Land zum Fahrzeug oder vom Fahrzeug zum Land.

(2) In Unternehmen der Seefahrt gilt als versicherte Tätigkeit auch die freie Rückbeförderung nach dem Seearbeitsgesetz oder tariflichen Vorschriften.

§ 11 Mittelbare Folgen eines Versicherungsfalls

(1) Folgen eines Versicherungsfalls sind auch Gesundheitsschäden oder der Tod von Versicherten infolge
1. der Durchführung einer Heilbehandlung, von Leistungen zur Teilhabe am Arbeitsleben oder einer Maßnahme nach § 3 der Berufskrankheiten-Verordnung,
2. der Wiederherstellung oder Erneuerung eines Hilfsmittels,
3. der zur Aufklärung des Sachverhalts eines Versicherungsfalls angeordneten Untersuchung einschließlich der dazu notwendigen Wege.

(2) ¹Absatz 1 gilt entsprechend, wenn die Versicherten auf Aufforderung des Unfallversicherungsträgers diesen oder eine von ihm bezeichnete Stelle zur Vorbereitung von Maßnahmen der Heilbehandlung, der Leistungen zur Teilhabe am Arbeitsleben oder von Maßnahmen nach § 3 der Berufskrankheiten-Verordnung aufsuchen. ²Der Aufforderung durch den Unfallversicherungsträger nach Satz 1 steht eine Aufforderung durch eine mit der Durchführung der genannten Maßnahmen beauftragte Stelle gleich.

§ 12 Versicherungsfall einer Leibesfrucht

¹Versicherungsfall ist auch der Gesundheitsschaden einer Leibesfrucht infolge eines Versicherungsfalls der Mutter während der Schwangerschaft; die Leibesfrucht steht insoweit einem Versicherten gleich. ²Bei einer Berufskrankheit als Versicherungsfall genügt, daß der Gesundheitsschaden der Leibesfrucht durch besondere Einwirkungen verursacht worden ist, die generell geeignet sind, eine Berufskrankheit der Mutter zu verursachen.

§ 12a Gesundheitsschaden im Zusammenhang mit der Spende von Blut oder körpereigenen Organen, Organteilen oder Gewebe

(1) ¹Als Versicherungsfall im Sinne des § 7 Absatz 1 gilt bei Versicherten nach § 2 Absatz 1 Nummer 13 Buchstabe b auch der Gesundheitsschaden, der über die durch die Blut-, Organ-, Organteil- oder Gewebeentnahme regelmäßig entstehenden Beeinträchtigungen hinausgeht und in ursächlichem Zusammenhang mit der Spende steht. ²Werden dadurch Nachbehandlungen erforderlich oder treten Spätschäden auf, die als Aus- oder Nachwirkungen der Spende oder des aus der Spende resultierenden erhöhten Gesundheitsrisikos anzusehen sind, wird vermutet, dass diese hierdurch verursacht worden sind. ³Dies gilt nicht, wenn offenkundig ist, dass der Gesundheitsschaden nicht im ursächlichen Zusammenhang mit der Spende steht; eine Obduktion zum Zwecke einer solchen Feststellung darf nicht gefordert werden.

(2) ¹Absatz 1 gilt auch bei Gesundheitsschäden im Zusammenhang mit den für die Spende von Blut oder körpereigenen Organen, Organteilen oder Gewebe erforderlichen Voruntersuchungen sowie Nachsorgemaßnahmen. ²Satz 1 findet auch Anwendung, wenn es nach der Voruntersuchung nicht zur Spende kommt.

§ 13 Sachschäden bei Hilfeleistungen

¹Den nach § 2 Abs. 1 Nr. 11 Buchstabe a, Nr. 12 und Nr. 13 Buchstabe a und c Versicherten sind auf Antrag Schäden, die infolge einer der dort genannten Tätigkeiten an in ihrem Besitz befindlichen Sachen entstanden sind, sowie die Aufwendungen zu ersetzen, die sie den Umständen nach für erforderlich halten durften, soweit kein anderweitiger öffentlich-rechtlicher Ersatzanspruch besteht. ²Versicherten nach § 2 Abs. 1 Nr. 12 steht ein Ersatz von Sachschäden nur dann zu, wenn der Einsatz der infolge der versicherten Tätigkeit beschädigten Sache im Interesse des Hilfsunternehmens erfolgte, für das die Tätigkeit erbracht wurde. ³Die Sätze 1 und 2 finden keine Anwendung bei Teilnahme an Ausbildungsveranstaltungen nach § 2 Abs. 1 Nr. 12 sowie bei Versicherungsfällen nach § 8 Abs. 2. ⁴§ 116 des Zehnten Buches gilt entsprechend.

Zweites Kapitel
Prävention

§ 14 Grundsatz

(1) ¹Die Unfallversicherungsträger haben mit allen geeigneten Mitteln für die Verhütung von Arbeitsunfällen, Berufskrankheiten und arbeitsbedingten Gesundheitsgefahren und für eine wirksame Erste Hilfe zu sorgen. ²Sie sollen dabei auch den Ursachen von arbeitsbedingten Gefahren für Leben und Gesundheit nachgehen.
(2) Bei der Verhütung arbeitsbedingter Gesundheitsgefahren arbeiten die Unfallversicherungsträger mit den Krankenkassen zusammen.
(3) Die Unfallversicherungsträger nehmen an der Entwicklung, Umsetzung und Fortschreibung der gemeinsamen deutschen Arbeitsschutzstrategie gemäß den Bestimmungen des Fünften Abschnitts des Arbeitsschutzgesetzes und der nationalen Präventionsstrategie nach §§ 20d bis 20f des Fünften Buches teil.
(4) ¹Die Deutsche Gesetzliche Unfallversicherung e. V. unterstützt die Unfallversicherungsträger bei der Erfüllung ihrer Präventionsaufgaben nach Absatz 1. ²Sie nimmt insbesondere folgende Aufgaben wahr:
1. Koordinierung, Durchführung und Förderung gemeinsamer Maßnahmen sowie der Forschung auf dem Gebiet der Prävention von Arbeitsunfällen, Berufskrankheiten und arbeitsbedingten Gesundheitsgefahren,
2. Klärung von grundsätzlichen Fach- und Rechtsfragen zur Sicherung der einheitlichen Rechtsanwendung in der Prävention.

§ 15 Unfallverhütungsvorschriften

(1) ¹Die Unfallversicherungsträger können unter Mitwirkung der Deutschen Gesetzlichen Unfallversicherung e. V. als autonomes Recht Unfallverhütungsvorschriften über Maßnahmen zur Verhütung von Arbeitsunfällen, Berufskrankheiten und arbeitsbedingten Gesundheitsgefahren oder für eine wirksame Erste Hilfe erlassen, soweit dies zur Prävention geeignet und erforderlich ist und staatliche Arbeitsschutzvorschriften hierüber keine Regelung treffen; in diesem Rahmen können Unfallverhütungsvorschriften erlassen werden über
1. Einrichtungen, Anordnungen und Maßnahmen, welche die Unternehmer zur Verhütung von Arbeitsunfällen, Berufskrankheiten und arbeitsbedingten Gesundheitsgefahren zu treffen haben, sowie die Form der Übertragung dieser Aufgaben auf andere Personen,
2. das Verhalten der Versicherten zur Verhütung von Arbeitsunfällen, Berufskrankheiten und arbeitsbedingten Gesundheitsgefahren,
3. vom Unternehmer zu veranlassende arbeitsmedizinische Untersuchungen und sonstige arbeitsmedizinische Maßnahmen vor, während und nach der Verrichtung von Arbeiten, die für Versicherte oder für Dritte mit arbeitsbedingten Gefahren für Leben und Gesundheit verbunden sind,
4. Voraussetzungen, die der Arzt, der mit Untersuchungen oder Maßnahmen nach Nummer 3 beauftragt ist, zu erfüllen hat, sofern die ärztliche Untersuchung nicht durch eine staatliche Rechtsvorschrift vorgesehen ist,
5. die Sicherstellung einer wirksamen Ersten Hilfe durch den Unternehmer,
6. die Maßnahmen, die der Unternehmer zur Erfüllung der sich aus dem Gesetz über Betriebsärzte, Sicherheitsingenieure und andere Fachkräfte für Arbeitssicherheit ergebenden Pflichten zu treffen hat,
7. die Zahl der Sicherheitsbeauftragten, die nach § 22 unter Berücksichtigung der in den Unternehmen für Leben und Gesundheit der Versicherten bestehenden arbeitsbedingten Gefahren und der Zahl der Beschäftigten zu bestellen sind.

²In der Unfallverhütungsvorschrift nach Satz 1 Nr. 3 kann bestimmt werden, daß arbeitsmedizinische Vorsorgeuntersuchungen auch durch den Unfallversicherungsträger veranlaßt werden können. ³Die Deutsche Gesetzliche Unfallversicherung e. V. wirkt beim Erlass von Unfallverhütungsvorschriften auf Rechtseinheitlichkeit hin.
(1a) In der landwirtschaftlichen Unfallversicherung ist Absatz 1 mit der Maßgabe anzuwenden, dass Unfallverhütungsvorschriften von der landwirtschaftlichen Berufsgenossenschaft erlassen werden.
(2) ¹Soweit die Unfallversicherungsträger Vorschriften nach Absatz 1 Satz 1 Nr. 3 erlassen, können sie zu den dort genannten Zwecken auch die Verarbeitung von folgenden Daten über die untersuchten Personen durch den Unternehmer vorsehen:
1. Vor- und Familienname, Geburtsdatum sowie Geschlecht,
2. Wohnanschrift,
3. Tag der Einstellung und des Ausscheidens,
4. Ordnungsnummer,
5. zuständige Krankenkasse,
6. Art der vom Arbeitsplatz ausgehenden Gefährdungen,

7. Art der Tätigkeit mit Angabe des Beginns und des Endes der Tätigkeit,
8. Angaben über Art und Zeiten früherer Tätigkeiten, bei denen eine Gefährdung bestand, soweit dies bekannt ist,
9. Datum und Ergebnis der ärztlichen Vorsorgeuntersuchungen; die Übermittlung von Diagnosedaten an den Unternehmer ist nicht zulässig,
10. Datum der nächsten regelmäßigen Nachuntersuchung,
11. Name und Anschrift des untersuchenden Arztes.

²Soweit die Unfallversicherungsträger Vorschriften nach Absatz 1 Satz 2 erlassen, gelten Satz 1 sowie § 24 Abs. 1 Satz 3 und 4 entsprechend.
(3) Absatz 1 Satz 1 Nr. 1 bis 5 gilt nicht für die unter bergbehördlicher Aufsicht stehenden Unternehmen.
(4) ¹Die Vorschriften nach Absatz 1 bedürfen der Genehmigung durch das Bundesministerium für Arbeit und Soziales. ²Die Entscheidung hierüber wird im Benehmen mit den zuständigen obersten Verwaltungsbehörden der Länder getroffen. ³Soweit die Vorschriften von einem Unfallversicherungsträger erlassen werden, welcher der Aufsicht eines Landes untersteht, entscheidet die zuständige oberste Landesbehörde über die Genehmigung im Benehmen mit dem Bundesministerium für Arbeit und Soziales. ⁴Die Genehmigung ist zu erteilen, wenn die Vorschriften sich im Rahmen der Ermächtigung nach Absatz 1 halten und ordnungsgemäß von der Vertreterversammlung beschlossen worden sind. ⁵Die Erfüllung der Genehmigungsvoraussetzungen nach Satz 4 ist im Antrag auf Erteilung der Genehmigung darzulegen. ⁶Dabei hat der Unfallversicherungsträger insbesondere anzugeben, dass
1. eine Regelung der in den Vorschriften vorgesehenen Maßnahmen in staatlichen Arbeitsschutzvorschriften nicht zweckmäßig ist,
2. das mit den Vorschriften angestrebte Präventionsziel ausnahmsweise nicht durch Regeln erreicht wird, die von einem gemäß § 18 Abs. 2 Nr. 5 des Arbeitsschutzgesetzes eingerichteten Ausschuss ermittelt werden, und
3. die nach Nummer 1 und 2 erforderlichen Feststellungen in einem besonderen Verfahren unter Beteiligung von Arbeitsschutzbehörden des Bundes und der Länder getroffen worden sind.

⁷Für die Angabe nach Satz 6 reicht bei Unfallverhütungsvorschriften nach Absatz 1 Satz 1 Nr. 6 ein Hinweis darauf aus, dass das Bundesministerium für Arbeit und Soziales von der Ermächtigung zum Erlass einer Rechtsverordnung nach § 14 des Gesetzes über Betriebsärzte, Sicherheitsingenieure und andere Fachkräfte für Arbeitssicherheit keinen Gebrauch macht.
(5) Die Unternehmer sind über die Vorschriften nach Absatz 1 zu unterrichten und zur Unterrichtung der Versicherten verpflichtet.

§ 16 Geltung bei Zuständigkeit anderer Unfallversicherungsträger und für ausländische Unternehmen

(1) Die Unfallverhütungsvorschriften eines Unfallversicherungsträgers gelten auch, soweit in dem oder für das Unternehmen Versicherte tätig werden, für die ein anderer Unfallversicherungsträger zuständig ist.
(2) Die Unfallverhütungsvorschriften eines Unfallversicherungsträgers gelten auch für Unternehmer und Beschäftigte von ausländischen Unternehmen, die eine Tätigkeit im Inland ausüben, ohne einem Unfallversicherungsträger anzugehören.

§ 17 Überwachung und Beratung

(1) Die Unfallversicherungsträger haben die Durchführung der Maßnahmen zur Verhütung von Arbeitsunfällen, Berufskrankheiten, arbeitsbedingten Gesundheitsgefahren und für eine wirksame Erste Hilfe in den Unternehmen zu überwachen sowie die Unternehmer und die Versicherten zu beraten.
(2) ¹Soweit in einem Unternehmen Versicherte tätig sind, für die ein anderer Unfallversicherungsträger zuständig ist, kann auch dieser die Durchführung der Maßnahmen zur Verhütung von Arbeitsunfällen, Berufskrankheiten, arbeitsbedingten Gesundheitsgefahren und für eine wirksame Erste Hilfe überwachen. ²Beide Unfallversicherungsträger sollen, wenn nicht sachliche Gründe entgegenstehen, die Überwachung und Beratung abstimmen und sich mit deren Wahrnehmung auf einen Unfallversicherungsträger verständigen.
(3) Erwachsen dem Unfallversicherungsträger durch Pflichtversäumnis eines Unternehmers bare Auslagen für die Überwachung seines Unternehmens, so kann der Vorstand dem Unternehmer diese Kosten auferlegen.

§ 18 Aufsichtspersonen

(1) Die Unfallversicherungsträger sind verpflichtet, Aufsichtspersonen in der für eine wirksame Überwachung und Beratung gemäß § 17 erforderlichen Zahl zu beschäftigen.
(2) ¹Als Aufsichtsperson darf nur beschäftigt werden, wer seine Befähigung für diese Tätigkeit durch eine Prüfung nachgewiesen hat. ²Die Unfallversicherungsträger erlassen Prüfungsordnungen. ³Die Prüfungsordnungen bedürfen der Genehmigung durch die Aufsichtsbehörde.

§ 19 Befugnisse der Aufsichtspersonen

(1) ¹Die Aufsichtspersonen können im Einzelfall anordnen, welche Maßnahmen Unternehmerinnen und Unternehmer oder Versicherte zu treffen haben
1. zur Erfüllung ihrer Pflichten aufgrund der Unfallverhütungsvorschriften nach § 15,
2. zur Abwendung besonderer Unfall- und Gesundheitsgefahren.

²Die Aufsichtspersonen sind berechtigt, bei Gefahr im Verzug sofort vollziehbare Anordnungen zur Abwendung von arbeitsbedingten Gefahren für Leben und Gesundheit zu treffen. ³Anordnungen nach den Sätzen 1 und 2 können auch gegenüber Unternehmerinnen und Unternehmern sowie gegenüber Beschäftigten von ausländischen Unternehmen getroffen werden, die eine Tätigkeit im Inland ausüben, ohne einem Unfallversicherungsträger anzugehören.

(2) ¹Zur Überwachung der Maßnahmen zur Verhütung von Arbeitsunfällen, Berufskrankheiten, arbeitsbedingten Gesundheitsgefahren und für eine wirksame Erste Hilfe sind die Aufsichtspersonen insbesondere befugt,
1. zu den Betriebs- und Geschäftszeiten Grundstücke und Betriebsstätten zu betreten, zu besichtigen und zu prüfen,
2. von dem Unternehmer die zur Durchführung ihrer Überwachungsaufgabe erforderlichen Auskünfte zu verlangen,
3. geschäftliche und betriebliche Unterlagen des Unternehmers einzusehen, soweit es die Durchführung ihrer Überwachungsaufgabe erfordert,
4. Arbeitsmittel und persönliche Schutzausrüstungen sowie ihre bestimmungsgemäße Verwendung zu prüfen,
5. Arbeitsverfahren und Arbeitsabläufe zu untersuchen und insbesondere das Vorhandensein und die Konzentration gefährlicher Stoffe und Zubereitungen zu ermitteln oder, soweit die Aufsichtspersonen und der Unternehmer die erforderlichen Feststellungen nicht treffen können, auf Kosten des Unternehmers ermitteln zulassen,
6. gegen Empfangsbescheinigung Proben nach ihrer Wahl zu fordern oder zu entnehmen; soweit der Unternehmer nicht ausdrücklich darauf verzichtet, ist ein Teil der Proben amtlich verschlossen oder versiegelt zurückzulassen,
7. zu untersuchen, ob und auf welche betriebliche Ursachen ein Unfall, eine Erkrankung oder ein Schadensfall zurückzuführen ist,
8. die Begleitung durch den Unternehmer oder eine von ihm beauftragte Person zu verlangen.

²Der Unternehmer hat die Maßnahmen nach Satz 1 Nr. 1 und 3 bis 7 zu dulden. ³Zur Verhütung dringender Gefahren können die Maßnahmen nach Satz 1 auch in Wohnräumen und zu jeder Tages- und Nachtzeit getroffen werden. ⁴Das Grundrecht der Unverletzlichkeit der Wohnung (Artikel 13 des Grundgesetzes) wird insoweit eingeschränkt. ⁵Die Eigentümer und Besitzer der Grundstücke, auf denen der Unternehmer tätig ist, haben das Betreten der Grundstücke zu gestatten.

(3) ¹Der Unternehmer hat die Aufsichtsperson zu unterstützen, soweit dies zur Erfüllung ihrer Aufgaben erforderlich ist. ²Auskünfte auf Fragen, deren Beantwortung den Unternehmer selbst oder einen seiner in § 383 Abs. 1 Nr. 1 bis 3 der Zivilprozeßordnung bezeichneten Angehörigen der Gefahr der Verfolgung wegen einer Straftat oder Ordnungswidrigkeit aussetzen würde, können verweigert werden.

§ 20 Zusammenarbeit mit Dritten

(1) ¹Die Unfallversicherungsträger und die für den Arbeitsschutz zuständigen Behörden wirken bei der Beratung und Überwachung der Unternehmen auf der Grundlage einer gemeinsamen Beratungs- und Überwachungsstrategie gemäß § 20a Abs. 2 Nr. 4 des Arbeitsschutzgesetzes eng zusammen und stellen den Erfahrungsaustausch sicher. ²Die gemeinsame Beratungs- und Überwachungsstrategie umfasst die Abstimmung allgemeiner Grundsätze zur methodischen Vorgehensweise bei
1. der Beratung und Überwachung der Betriebe,
2. der Festlegung inhaltlicher Beratungs- und Überwachungsschwerpunkte, aufeinander abgestimmter oder gemeinsamer Schwerpunktaktionen und Arbeitsprogramme und
3. der Förderung eines Daten- und sonstigen Informationsaustausches, insbesondere über Betriebsbesichtigungen und deren wesentliche Ergebnisse.

(2) ¹Zur Förderung der Zusammenarbeit nach Absatz 1 wird für den Bereich eines oder mehrerer Länder eine gemeinsame landesbezogene Stelle bei einem Unfallversicherungsträger oder einem Landesverband mit Sitz im jeweiligen örtlichen Zuständigkeitsbereich eingerichtet. ²Die Deutsche Gesetzliche Unfallversicherung e. V. koordiniert die organisatorisch und verfahrensmäßig notwendigen Festlegungen für die Bildung, Mandatierung und Tätigkeit der gemeinsamen landesbezogenen Stellen. ³Die gemeinsame landesbezogene Stelle

hat die Aufgabe, mit Wirkung für die von ihr vertretenen Unfallversicherungsträger mit den für den Arbeitsschutz zuständigen Behörden Vereinbarungen über
1. die zur Umsetzung der gemeinsamen Beratungs- und Überwachungsstrategie notwendigen Maßnahmen,
2. gemeinsame Arbeitsprogramme, insbesondere zur Umsetzung der Eckpunkte im Sinne des § 20a Abs. 2 Nr. 2 des Arbeitsschutzgesetzes,

abzuschließen und deren Zielerreichung mit den von der Nationalen Arbeitsschutzkonferenz nach § 20a Abs. 2 Nr. 3 des Arbeitsschutzgesetzes bestimmten Kennziffern zu evaluieren. [4]Die landwirtschaftliche Berufsgenossenschaft wirkt an der Tätigkeit der gemeinsamen landesbezogenen Stelle mit.

(3) [1]Durch allgemeine Verwaltungsvorschriften, die der Zustimmung des Bundesrates bedürfen, wird geregelt das Zusammenwirken
1. der Unfallversicherungsträger mit den Betriebsräten oder Personalräten,
2. der Unfallversicherungsträger einschließlich der gemeinsamen landesbezogenen Stellen nach Absatz 2 mit den für den Arbeitsschutz zuständigen Landesbehörden,
3. der Unfallversicherungsträger mit den für die Bergaufsicht zuständigen Behörden.

[2]Die Verwaltungsvorschriften nach Satz 1 Nr. 1 werden vom Bundesministerium für Arbeit und Soziales im Einvernehmen mit dem Bundesministerium des Innern, für Bau und Heimat, die Verwaltungsvorschriften nach Satz 1 Nr. 2 und 3 werden von der Bundesregierung erlassen. [3]Die Verwaltungsvorschriften nach Satz 1 Nr. 2 werden erst erlassen, wenn innerhalb einer vom Bundesministerium für Arbeit und Soziales gesetzten angemessenen Frist nicht für jedes Land eine Vereinbarung nach Absatz 2 Satz 3 abgeschlossen oder eine unzureichend gewordene Vereinbarung nicht geändert worden ist.

§ 21 Verantwortung des Unternehmers, Mitwirkung der Versicherten

(1) Der Unternehmer ist für die Durchführung der Maßnahmen zur Verhütung von Arbeitsunfällen und Berufskrankheiten, für die Verhütung von arbeitsbedingten Gesundheitsgefahren sowie für eine wirksame Erste Hilfe verantwortlich.

(2) [1]Ist bei einer Schule der Unternehmer nicht Schulhoheitsträger, ist auch der Schulhoheitsträger in seinem Zuständigkeitsbereich für die Durchführung der in Absatz 1 genannten Maßnahmen verantwortlich. [2]Der Schulhoheitsträger ist verpflichtet, im Benehmen mit dem für die Versicherten nach § 2 Abs. 1 Nr. 8 Buchstabe b zuständigen Unfallversicherungsträger Regelungen über die Durchführung der in Absatz 1 genannten Maßnahmen im inneren Schulbereich zu treffen.

(3) Die Versicherten haben nach ihren Möglichkeiten alle Maßnahmen zur Verhütung von Arbeitsunfällen, Berufskrankheiten und arbeitsbedingten Gesundheitsgefahren sowie für eine wirksame Erste Hilfe zu unterstützen und die entsprechenden Anweisungen des Unternehmers zu befolgen.

§ 22 Sicherheitsbeauftragte

(1) [1]In Unternehmen mit regelmäßig mehr als 20 Beschäftigten hat der Unternehmer unter Beteiligung des Betriebsrates oder Personalrates Sicherheitsbeauftragte unter Berücksichtigung der im Unternehmen für die Beschäftigten bestehenden Unfall- und Gesundheitsgefahren und der Zahl der Beschäftigten zu bestellen. [2]Als Beschäftigte gelten auch die nach § 2 Abs. 1 Nr. 2, 8 und 12 Versicherten. [3]In Unternehmen mit besonderen Gefahren für Leben und Gesundheit kann der Unfallversicherungsträger anordnen, daß Sicherheitsbeauftragte auch dann zu bestellen sind, wenn die Mindestbeschäftigtenzahl nach Satz 1 nicht erreicht wird. [4]Für Unternehmen mit geringen Gefahren für Leben und Gesundheit kann der Unfallversicherungsträger die Zahl 20 in seiner Unfallverhütungsvorschrift erhöhen.

(2) Die Sicherheitsbeauftragten haben den Unternehmer bei der Durchführung der Maßnahmen zur Verhütung von Arbeitsunfällen und Berufskrankheiten zu unterstützen, insbesondere sich von dem Vorhandensein und der ordnungsgemäßen Benutzung der vorgeschriebenen Schutzeinrichtungen und persönlichen Schutzausrüstungen zu überzeugen und auf Unfall- und Gesundheitsgefahren für die Versicherten aufmerksam zu machen.

(3) Die Sicherheitsbeauftragten dürfen wegen der Erfüllung der ihnen übertragenen Aufgaben nicht benachteiligt werden.

§ 23 Aus- und Fortbildung

(1) [1]Die Unfallversicherungsträger haben für die erforderliche Aus- und Fortbildung der Personen in den Unternehmen zu sorgen, die mit der Durchführung der Maßnahmen zur Verhütung von Arbeitsunfällen, Berufskrankheiten und arbeitsbedingten Gesundheitsgefahren sowie mit der Ersten Hilfe betraut sind. [2]Für nach dem Gesetz über Betriebsärzte, Sicherheitsingenieure und andere Fachkräfte für Arbeitssicherheit zu verpflichtende Betriebsärzte und Fachkräfte für Arbeitssicherheit, die nicht dem Unternehmen angehören, können die Unfallversicherungsträger entsprechende Maßnahmen durchführen. [3]Die Unfallversicherungsträger haben Unternehmer und Versicherte zur Teilnahme an Aus- und Fortbildungslehrgängen anzuhalten.

(2) ¹Die Unfallversicherungsträger haben die unmittelbaren Kosten ihrer Aus- und Fortbildungsmaßnahmen sowie die erforderlichen Fahr-, Verpflegungs- und Unterbringungskosten zu tragen. ²Bei Aus- und Fortbildungsmaßnahmen für Ersthelfer, die von Dritten durchgeführt werden, haben die Unfallversicherungsträger nur die Lehrgangsgebühren zu tragen.
(3) Für die Arbeitszeit, die wegen der Teilnahme an einem Lehrgang ausgefallen ist, besteht gegen den Unternehmer ein Anspruch auf Fortzahlung des Arbeitsentgelts.
(4) Bei der Ausbildung von Sicherheitsbeauftragten und Fachkräften für Arbeitssicherheit sind die für den Arbeitsschutz zuständigen Landesbehörden zu beteiligen.

§ 24 Überbetrieblicher arbeitsmedizinischer und sicherheitstechnischer Dienst

(1) ¹Unfallversicherungsträger können überbetriebliche arbeitsmedizinische und sicherheitstechnische Dienste einrichten; das Nähere bestimmt die Satzung. ²Die von den Diensten gespeicherten Daten dürfen nur mit Einwilligung des Betroffenen an die Unfallversicherungsträger übermittelt werden; § 203 bleibt unberührt. ³Die Dienste sind organisatorisch, räumlich und personell von den übrigen Organisationseinheiten der Unfallversicherungsträger zu trennen. ⁴Zugang zu den Daten dürfen nur Beschäftigte der Dienste haben.
(2) ¹In der Satzung nach Absatz 1 kann auch bestimmt werden, daß die Unternehmer verpflichtet sind, sich einem überbetrieblichen arbeitsmedizinischen und sicherheitstechnischen Dienst anzuschließen, wenn sie innerhalb einer vom Unfallversicherungsträger gesetzten angemessenen Frist keine oder nicht in ausreichendem Umfang Betriebsärzte und Fachkräfte für Arbeitssicherheit bestellen. ²Unternehmer sind von der Anschlußpflicht zu befreien, wenn sie nachweisen, daß sie ihre Pflicht nach dem Gesetz über Betriebsärzte, Sicherheitsingenieure und andere Fachkräfte für Arbeitssicherheit erfüllt haben.

§ 25 Bericht gegenüber dem Bundestag

(1) ¹Die Bundesregierung hat dem Deutschen Bundestag und dem Bundesrat alljährlich bis zum 31. Dezember des auf das Berichtsjahr folgenden Jahres einen statistischen Bericht über den Stand von Sicherheit und Gesundheit bei der Arbeit und über das Unfall- und Berufskrankheitengeschehen in der Bundesrepublik Deutschland zu erstatten, der die Berichte der Unfallversicherungsträger und die Jahresberichte der für den Arbeitsschutz zuständigen Landesbehörden zusammenfaßt. ²Alle vier Jahre hat der Bericht einen umfassenden Überblick über die Entwicklung der Arbeitsunfälle und Berufskrankheiten, ihre Kosten und die Maßnahmen zur Sicherheit und Gesundheit bei der Arbeit zu enthalten.
(2) ¹Die Unfallversicherungsträger haben dem Bundesministerium für Arbeit und Soziales alljährlich bis zum 31. Juli des auf das Berichtsjahr folgenden Jahres über die Durchführung der Maßnahmen zur Sicherheit und Gesundheit bei der Arbeit sowie über das Unfall- und Berufskrankheitengeschehen zu berichten. ²Landesunmittelbare Versicherungsträger reichen die Berichte über die für sie zuständigen obersten Verwaltungsbehörden der Länder ein.

Drittes Kapitel
Leistungen nach Eintritt eines Versicherungsfalls

Erster Abschnitt
Heilbehandlung, Leistungen zur Teilhabe am Arbeitsleben, Leistungen zur Sozialen Teilhabe und ergänzende Leistungen, Pflege, Geldleistungen

Erster Unterabschnitt
Anspruch und Leistungsarten

§ 26 Grundsatz

(1) ¹Versicherte haben nach Maßgabe der folgenden Vorschriften und unter Beachtung des Neunten Buches Anspruch auf Heilbehandlung einschließlich Leistungen zur medizinischen Rehabilitation, auf Leistungen zur Teilhabe am Arbeitsleben und zur Sozialen Teilhabe, auf ergänzende Leistungen, auf Leistungen bei Pflegebedürftigkeit sowie auf Geldleistungen. ²Die Leistungen werden auf Antrag durch ein Persönliches Budget nach § 29 des Neunten Buches erbracht; dies gilt im Rahmen des Anspruchs auf Heilbehandlung nur für die Leistungen zur medizinischen Rehabilitation.
(2) Der Unfallversicherungsträger hat mit allen geeigneten Mitteln möglichst frühzeitig
1. den durch den Versicherungsfall verursachten Gesundheitsschaden zu beseitigen oder zu bessern, seine Verschlimmerung zu verhüten und seine Folgen zu mildern,
2. den Versicherten einen ihren Neigungen und Fähigkeiten entsprechenden Platz im Arbeitsleben zu sichern,

3. Hilfen zur Bewältigung der Anforderungen des täglichen Lebens und zur Teilhabe am Leben in der Gemeinschaft sowie zur Führung eines möglichst selbständigen Lebens unter Berücksichtigung von Art und Schwere des Gesundheitsschadens bereitzustellen,
4. ergänzende Leistungen zur Heilbehandlung und zu Leistungen zur Teilhabe am Arbeitsleben und zur Sozialen Teilhabe zu erbringen,
5. Leistungen bei Pflegebedürftigkeit zu erbringen.

(3) Die Leistungen zur Heilbehandlung und zur Rehabilitation haben Vorrang vor Rentenleistungen.

(4) ¹Qualität und Wirksamkeit der Leistungen zur Heilbehandlung und Teilhabe haben dem allgemein anerkannten Stand der medizinischen Erkenntnisse zu entsprechen und den medizinischen Fortschritt zu berücksichtigen. ²Sie werden als Dienst- und Sachleistungen zur Verfügung gestellt, soweit dieses oder das Neunte Buch keine Abweichungen vorsehen.

(5) ¹Die Unfallversicherungsträger bestimmen im Einzelfall Art, Umfang und Durchführung der Heilbehandlung und der Leistungen zur Teilhabe sowie die Einrichtungen, die diese Leistungen erbringen, nach pflichtgemäßem Ermessen. ²Dabei prüfen sie auch, welche Leistungen geeignet und zumutbar sind, Pflegebedürftigkeit zu vermeiden, zu überwinden, zu mindern oder ihre Verschlimmerung zu verhüten.

Zweiter Unterabschnitt
Heilbehandlung

§ 27 Umfang der Heilbehandlung

(1) Die Heilbehandlung umfaßt insbesondere
1. Erstversorgung,
2. ärztliche Behandlung,
3. zahnärztliche Behandlung einschließlich der Versorgung mit Zahnersatz,
4. Versorgung mit Arznei-, Verband-, Heil- und Hilfsmitteln,
5. häusliche Krankenpflege,
6. Behandlung in Krankenhäusern und Rehabilitationseinrichtungen,
7. Leistungen zur medizinischen Rehabilitation nach § 42 Abs. 2 Nr. 1 und 3 bis 7 und Abs. 3 des Neunten Buches.

(2) In den Fällen des § 8 Abs. 3 wird ein beschädigtes oder verlorengegangenes Hilfsmittel wiederhergestellt oder erneuert.

(3) Während einer aufgrund eines Gesetzes angeordneten Freiheitsentziehung wird Heilbehandlung erbracht, soweit Belange des Vollzugs nicht entgegenstehen.

§ 28 Ärztliche und zahnärztliche Behandlung

(1) ¹Die ärztliche und zahnärztliche Behandlung wird von Ärzten oder Zahnärzten erbracht. ²Sind Hilfeleistungen anderer Personen erforderlich, dürfen sie nur erbracht werden, wenn sie vom Arzt oder Zahnarzt angeordnet und von ihm verantwortet werden.

(2) Die ärztliche Behandlung umfaßt die Tätigkeit der Ärzte, die nach den Regeln der ärztlichen Kunst erforderlich und zweckmäßig ist.

(3) Die zahnärztliche Behandlung umfaßt die Tätigkeit der Zahnärzte, die nach den Regeln der zahnärztlichen Kunst erforderlich und zweckmäßig ist.

(4) ¹Bei Versicherungsfällen, für die wegen ihrer Art oder Schwere besondere unfallmedizinische Behandlung angezeigt ist, wird diese erbracht. ²Die freie Arztwahl kann insoweit eingeschränkt werden.

§ 29 Arznei- und Verbandmittel

(1) ¹Arznei- und Verbandmittel sind alle ärztlich verordneten, zur ärztlichen und zahnärztlichen Behandlung erforderlichen Mittel. ²Ist das Ziel der Heilbehandlung mit Arznei- und Verbandmitteln zu erreichen, für die Festbeträge im Sinne des § 35 oder § 35a des Fünften Buches festgesetzt sind, trägt der Unfallversicherungsträger die Kosten bis zur Höhe dieser Beträge. ³Verordnet der Arzt in diesen Fällen ein Arznei- oder Verbandmittel, dessen Preis den Festbetrag überschreitet, hat der Arzt die Versicherten auf die sich aus seiner Verordnung ergebende Übernahme der Mehrkosten hinzuweisen.

(2) ¹Die Rabattregelungen der §§ 130 und 130a des Fünften Buches gelten entsprechend. ²Die Erstattungsbeträge nach § 130b des Fünften Buches gelten auch für die Abrechnung mit den Trägern der gesetzlichen Unfallversicherung.

§ 30 Heilmittel

¹Heilmittel sind alle ärztlich verordneten Dienstleistungen, die einem Heilzweck dienen oder einen Heilerfolg sichern und nur von entsprechend ausgebildeten Personen erbracht werden dürfen. ²Hierzu gehören insbesondere Maßnahmen der physikalischen Therapie sowie der Sprach- und Beschäftigungstherapie.

§ 31 Hilfsmittel

(1) ¹Hilfsmittel sind alle ärztlich verordneten Sachen, die den Erfolg der Heilbehandlung sichern oder die Folgen von Gesundheitsschäden mildern oder ausgleichen. ²Dazu gehören insbesondere Körperersatzstücke, orthopädische und andere Hilfsmittel einschließlich der notwendigen Änderung, Instandsetzung und Ersatzbeschaffung sowie der Ausbildung im Gebrauch der Hilfsmittel. ³Soweit für Hilfsmittel Festbeträge im Sinne des § 36 des Fünften Buches festgesetzt sind, gilt § 29 Abs. 1 Satz 2 und 3 entsprechend.

(2) ¹Die Bundesregierung wird ermächtigt, durch Rechtsverordnung mit Zustimmung des Bundesrates die Ausstattung mit Körperersatzstücken, orthopädischen und anderen Hilfsmitteln zu regeln sowie bei bestimmten Gesundheitsschäden eine Entschädigung für Kleider- und Wäscheverschleiß vorzuschreiben. ²Das Nähere regeln die Verbände der Unfallversicherungsträger durch gemeinsame Richtlinien.

§ 32 Häusliche Krankenpflege

(1) Versicherte erhalten in ihrem Haushalt oder ihrer Familie neben der ärztlichen Behandlung häusliche Krankenpflege durch geeignete Pflegekräfte, wenn Krankenhausbehandlung geboten, aber nicht ausführbar ist oder wenn sie durch die häusliche Krankenpflege vermieden oder verkürzt werden kann und das Ziel der Heilbehandlung nicht gefährdet wird.

(2) Die häusliche Krankenpflege umfaßt die im Einzelfall aufgrund ärztlicher Verordnung erforderliche Grund- und Behandlungspflege sowie hauswirtschaftliche Versorgung.

(3) ¹Ein Anspruch auf häusliche Krankenpflege besteht nur, soweit es einer im Haushalt des Versicherten lebenden Person nicht zuzumuten ist, Krankenpflege zu erbringen. ²Kann eine Pflegekraft nicht gestellt werden oder besteht Grund, von einer Gestellung abzusehen, sind die Kosten für eine selbstbeschaffte Pflegekraft in angemessener Höhe zu erstatten.

(4) Das Nähere regeln die Verbände der Unfallversicherungsträger durch gemeinsame Richtlinien.

§ 33 Behandlung in Krankenhäusern und Rehabilitationseinrichtungen

(1) ¹Stationäre Behandlung in einem Krankenhaus oder in einer Rehabilitationseinrichtung wird erbracht, wenn die Aufnahme erforderlich ist, weil das Behandlungsziel anders nicht erreicht werden kann. ²Sie wird voll- oder teilstationär erbracht. ³Sie umfaßt im Rahmen des Versorgungsauftrags des Krankenhauses oder der Rehabilitationseinrichtung alle Leistungen, die im Einzelfall für die medizinische Versorgung der Versicherten notwendig sind, insbesondere ärztliche Behandlung, Krankenpflege, Versorgung mit Arznei-, Verband-, Heil- und Hilfsmitteln, Unterkunft und Verpflegung.

(2) Krankenhäuser und Rehabilitationseinrichtungen im Sinne des Absatzes 1 sind die Einrichtungen nach § 107 des Fünften Buches.

(3) Bei Gesundheitsschäden, für die wegen ihrer Art oder Schwere besondere unfallmedizinische stationäre Behandlung angezeigt ist, wird diese in besonderen Einrichtungen erbracht.

§ 34 Durchführung der Heilbehandlung

(1) ¹Die Unfallversicherungsträger haben alle Maßnahmen zu treffen, durch die eine möglichst frühzeitig nach dem Versicherungsfall einsetzende und sachgemäße Heilbehandlung und, soweit erforderlich, besondere unfallmedizinische oder Berufskrankheiten-Behandlung gewährleistet wird. ²Sie können zu diesem Zweck die von den Ärzten und Krankenhäusern zu erfüllenden Voraussetzungen im Hinblick auf die fachliche Befähigung, die sachliche und personelle Ausstattung sowie die zu übernehmenden Pflichten festlegen. ³Sie können daneben nach Art und Schwere des Gesundheitsschadens besondere Verfahren für die Heilbehandlung vorsehen.

(2) Die Unfallversicherungsträger haben an der Durchführung der besonderen unfallmedizinischen Behandlung die Ärzte und Krankenhäuser zu beteiligen, die den nach Absatz 1 Satz 2 festgelegten Anforderungen entsprechen.

(3) ¹Die Verbände der Unfallversicherungsträger sowie die Kassenärztliche Bundesvereinigung und die Kassenzahnärztliche Bundesvereinigung (Kassenärztliche Bundesvereinigungen) schließen unter Berücksichtigung der von den Unfallversicherungsträgern gemäß Absatz 1 Satz 2 und 3 getroffenen Festlegungen mit Wirkung für ihre Mitglieder Verträge über die Durchführung der Heilbehandlung, die Vergütung der Ärzte und Zahnärzte sowie die Art und Weise der Abrechnung. ²Dem oder der Bundesbeauftragten für den Datenschutz

und die Informationsfreiheit ist rechtzeitig vor Abschluß Gelegenheit zur Stellungnahme zu geben, sofern in den Verträgen die Verarbeitung von personenbezogenen Daten geregelt werden soll.
(4) Die Kassenärztlichen Bundesvereinigungen haben gegenüber den Unfallversicherungsträgern und deren Verbänden die Gewähr dafür zu übernehmen, daß die Durchführung der Heilbehandlung den gesetzlichen und vertraglichen Erfordernissen entspricht.
(5) ¹Kommt ein Vertrag nach Absatz 3 ganz oder teilweise nicht zustande, setzt ein Schiedsamt mit der Mehrheit seiner Mitglieder innerhalb von drei Monaten den Vertragsinhalt fest. ²Wird ein Vertrag gekündigt, ist dies dem zuständigen Schiedsamt mitzuteilen. ³Kommt bis zum Ablauf eines Vertrags ein neuer Vertrag nicht zustande, setzt ein Schiedsamt mit der Mehrheit seiner Mitglieder innerhalb von drei Monaten nach Vertragsablauf den neuen Inhalt fest. ⁴In diesem Fall gelten die Bestimmungen des bisherigen Vertrags bis zur Entscheidung des Schiedsamts vorläufig weiter.
(6) ¹Die Verbände der Unfallversicherungsträger und die Kassenärztlichen Bundesvereinigungen bilden je ein Schiedsamt für die medizinische und zahnmedizinische Versorgung. ²Das Schiedsamt besteht aus drei Vertretern der Kassenärztlichen Bundesvereinigungen und drei Vertretern der Verbände der Unfallversicherungsträger sowie einem unparteiischen Vorsitzenden und zwei weiteren unparteiischen Mitgliedern. ³§ 89 Absatz 6 des Fünften Buches sowie die aufgrund des § 89 Absatz 11 des Fünften Buches erlassenen Rechtsverordnungen gelten entsprechend.
(7) Die Aufsicht über die Geschäftsführung der Schiedsämter nach Absatz 6 führt das Bundesministerium für Arbeit und Soziales.
(8) ¹Die Beziehungen zwischen den Unfallversicherungsträgern und anderen als den in Absatz 3 genannten Stellen, die Heilbehandlung durchführen oder an ihrer Durchführung beteiligt sind, werden durch Verträge geregelt. ²Soweit die Stellen Leistungen zur medizinischen Rehabilitation ausführen oder an ihrer Ausführung beteiligt sind, werden die Beziehungen durch Verträge nach § 38 des Neunten Buches geregelt.

Dritter Unterabschnitt
Leistungen zur Teilhabe am Arbeitsleben

§ 35 Leistungen zur Teilhabe am Arbeitsleben

(1) ¹Die Unfallversicherungsträger erbringen die Leistungen zur Teilhabe am Arbeitsleben nach den §§ 49 bis 55 des Neunten Buches, in Werkstätten für behinderte Menschen nach den §§ 57 und 58 des Neunten Buches, bei anderen Leistungsanbietern nach § 60 des Neunten Buches, als Budget für Arbeit nach § 61 des Neunten Buches sowie als Budget für Ausbildung nach § 61a des Neunten Buches. ²Das Budget für Ausbildung wird nur für die Erstausbildung erbracht. ³Ein Anspruch auf Übergangsgeld nach § 49 besteht während der Erbringung des Budgets für Ausbildung nicht.
(2) Die Leistungen zur Teilhabe am Arbeitsleben umfassen auch Hilfen zu einer angemessenen Schulbildung einschließlich der Vorbereitung hierzu oder zur Entwicklung der geistigen und körperlichen Fähigkeiten vor Beginn der Schulpflicht.
(3) Ist eine von Versicherten angestrebte höherwertige Tätigkeit nach ihrer Leistungsfähigkeit und unter Berücksichtigung ihrer Eignung, Neigung und bisherigen Tätigkeit nicht angemessen, kann eine Maßnahme zur Teilhabe am Arbeitsleben bis zur Höhe des Aufwandes gefördert werden, der bei einer angemessenen Maßnahme entstehen würde.
(4) Während einer auf Grund eines Gesetzes angeordneten Freiheitsentziehung werden Leistungen zur Teilhabe am Arbeitsleben erbracht, soweit Belange des Vollzugs nicht entgegenstehen.

§ 36 (weggefallen)

§ 37 (weggefallen)

§ 38 (weggefallen)

Vierter Unterabschnitt
Leistungen zur Sozialen Teilhabe und ergänzende Leistungen

§ 39 Leistungen zur Sozialen Teilhabe und ergänzende Leistungen

(1) Neben den in den § 64 Abs. 1 Nr. 2 bis 6 und Abs. 2 sowie in den §§ 73 und 74 des Neunten Buches genannten Leistungen umfassen die Leistungen zur Sozialen Teilhabe und die ergänzenden Leistungen
1. Kraftfahrzeughilfe,
2. sonstige Leistungen zur Erreichung und zur Sicherstellung des Erfolges der Leistungen zur medizinischen Rehabilitation und zur Teilhabe.

(2) Zum Ausgleich besonderer Härten kann den Versicherten oder deren Angehörigen eine besondere Unterstützung gewährt werden.

§ 40 Kraftfahrzeughilfe

(1) Kraftfahrzeughilfe wird erbracht, wenn die Versicherten infolge Art oder Schwere des Gesundheitsschadens nicht nur vorübergehend auf die Benutzung eines Kraftfahrzeugs angewiesen sind, um die Teilhabe am Arbeitsleben oder am Leben in der Gemeinschaft zu ermöglichen.
(2) Die Kraftfahrzeughilfe umfaßt Leistungen zur Beschaffung eines Kraftfahrzeugs, für eine behinderungsbedingte Zusatzausstattung und zur Erlangung einer Fahrerlaubnis.
(3) ¹Für die Kraftfahrzeughilfe gilt die Verordnung über Kraftfahrzeughilfe zur beruflichen Rehabilitation vom 28. September 1987 (BGBl. I S. 2251), geändert durch Verordnung vom 30. September 1991 (BGBl. I S. 1950), in der jeweils geltenden Fassung. ²Diese Verordnung ist bei der Kraftfahrzeughilfe zur Teilhabe am Leben in der Gemeinschaft entsprechend anzuwenden.
(4) Der Unfallversicherungsträger kann im Einzelfall zur Vermeidung einer wirtschaftlichen Notlage auch einen Zuschuß zahlen, der über demjenigen liegt, der in den §§ 6 und 8 der Verordnung nach Absatz 3 vorgesehen ist.
(5) Das Nähere regeln die Verbände der Unfallversicherungsträger durch gemeinsame Richtlinien.

§ 41 Wohnungshilfe

(1) Wohnungshilfe wird erbracht, wenn infolge Art oder Schwere des Gesundheitsschadens nicht nur vorübergehend die behindertengerechte Anpassung vorhandenen oder die Bereitstellung behindertengerechten Wohnraums erforderlich ist.
(2) Wohnungshilfe wird ferner erbracht, wenn sie zur Sicherung der beruflichen Eingliederung erforderlich ist.
(3) Die Wohnungshilfe umfaßt auch Umzugskosten sowie Kosten für die Bereitstellung von Wohnraum für eine Pflegekraft.
(4) Das Nähere regeln die Verbände der Unfallversicherungsträger durch gemeinsame Richtlinien.

§ 42 Haushaltshilfe und Kinderbetreuungskosten

Haushaltshilfe und Leistungen zur Kinderbetreuung nach § 74 Abs. 1 bis 3 des Neunten Buches werden auch bei Leistungen zur Sozialen Teilhabe erbracht.

§ 43 Reisekosten

(1) ¹Die im Zusammenhang mit der Ausführung von Leistungen zur medizinischen Rehabilitation oder zur Teilhabe am Arbeitsleben erforderlichen Reisekosten werden nach § 73 des Neunten Buches übernommen. ²Im Übrigen werden Reisekosten zur Ausführung der Heilbehandlung nach den Absätzen 2 bis 5 übernommen.
(2) Zu den Reisekosten gehören
1. Fahr- und Transportkosten,
2. Verpflegungs- und Übernachtungskosten,
3. Kosten des Gepäcktransports,
4. Wegstreckenentschädigung

für die Versicherten und für eine wegen des Gesundheitsschadens erforderliche Begleitperson.
(3) Reisekosten werden im Regelfall für zwei Familienheimfahrten im Monat oder anstelle von Familienheimfahrten für zwei Fahrten eines Angehörigen zum Aufenthaltsort des Versicherten übernommen.
(4) Entgangener Arbeitsverdienst einer Begleitperson wird ersetzt, wenn der Ersatz in einem angemessenen Verhältnis zu den sonst für eine Pflegekraft entstehenden Kosten steht.
(5) Das Nähere regeln die Verbände der Unfallversicherungsträger durch gemeinsame Richtlinien.

Fünfter Unterabschnitt
Leistungen bei Pflegebedürftigkeit

§ 44 Pflege

(1) Solange Versicherte infolge des Versicherungsfalls so hilflos sind, daß sie für die gewöhnlichen und regelmäßig wiederkehrenden Verrichtungen im Ablauf des täglichen Lebens in erheblichem Umfang der Hilfe bedürfen, wird Pflegegeld gezahlt, eine Pflegekraft gestellt oder Heimpflege gewährt.
(2) ¹Das Pflegegeld ist unter Berücksichtigung der Art oder Schwere des Gesundheitsschadens sowie des Umfangs der erforderlichen Hilfe nach einem Monatsbetrag zwischen 300 Euro und 1199 Euro (Beträge am 1. Juli 2008) festzusetzen. ²Diese Beträge werden jeweils zum gleichen Zeitpunkt, zu dem die Renten der gesetzlichen Rentenversicherung angepasst werden, entsprechend dem Faktor angepasst, der für die Anpas-

sung der vom Jahresarbeitsverdienst abhängigen Geldleistungen maßgebend ist. ³Übersteigen die Aufwendungen für eine Pflegekraft das Pflegegeld, kann es angemessen erhöht werden.

(3) ¹Während einer stationären Behandlung oder der Unterbringung der Versicherten in einer Einrichtung der Teilhabe am Arbeitsleben oder einer Werkstatt für behinderte Menschen wird das Pflegegeld bis zum Ende des ersten auf die Aufnahme folgenden Kalendermonats weitergezahlt und mit dem ersten Tag des Entlassungsmonats wieder aufgenommen. ²Das Pflegegeld kann in den Fällen des Satzes 1 ganz oder teilweise weitergezahlt werden, wenn das Ruhen eine weitere Versorgung der Versicherten gefährden würde.

(4) Mit der Anpassung der Renten wird das Pflegegeld entsprechend dem Faktor angepaßt, der für die Anpassung der vom Jahresarbeitsverdienst abhängigen Geldleistungen maßgeblich ist.

(5) ¹Auf Antrag der Versicherten kann statt des Pflegegeldes eine Pflegekraft gestellt (Hauspflege) oder die erforderliche Hilfe mit Unterkunft und Verpflegung in einer geeigneten Einrichtung (Heimpflege) erbracht werden. ²Absatz 3 Satz 2 gilt entsprechend.

(6) Die Bundesregierung setzt mit Zustimmung des Bundesrates die neuen Mindest- und Höchstbeträge nach Absatz 2 und den Anpassungsfaktor nach Absatz 4 in der Rechtsverordnung über die Bestimmung des für die Rentenanpassung in der gesetzlichen Rentenversicherung maßgebenden aktuellen Rentenwertes fest.

Sechster Unterabschnitt
Geldleistungen während der Heilbehandlung und der Leistungen zur Teilhabe am Arbeitsleben

§ 45 Voraussetzungen für das Verletztengeld

(1) Verletztengeld wird erbracht, wenn Versicherte
1. infolge des Versicherungsfalls arbeitsunfähig sind oder wegen einer Maßnahme der Heilbehandlung eine ganztägige Erwerbstätigkeit nicht ausüben können und
2. unmittelbar vor Beginn der Arbeitsunfähigkeit oder der Heilbehandlung Anspruch auf Arbeitsentgelt, Arbeitseinkommen, Krankengeld, Pflegeunterstützungsgeld, Verletztengeld, Versorgungskrankengeld, Übergangsgeld, Unterhaltsgeld, Kurzarbeitergeld, Arbeitslosengeld, nicht nur darlehensweise gewährtes Arbeitslosengeld II oder nicht nur Leistungen für Erstausstattungen für Bekleidung bei Schwangerschaft und Geburt nach dem Zweiten Buch oder Mutterschaftsgeld hatten.

(2) ¹Verletztengeld wird auch erbracht, wenn
1. Leistungen zur Teilhabe am Arbeitsleben erforderlich sind,
2. diese Maßnahmen sich aus Gründen, die die Versicherten nicht zu vertreten haben, nicht unmittelbar an die Heilbehandlung anschließen,
3. die Versicherten ihre bisherige berufliche Tätigkeit nicht wieder aufnehmen können oder ihnen eine andere zumutbare Tätigkeit nicht vermittelt werden kann oder sie diese aus wichtigem Grund nicht ausüben können oder
4. die Voraussetzungen des Absatzes 1 Nr. 2 erfüllt sind.

²Das Verletztengeld wird bis zum Beginn der Leistungen zur Teilhabe am Arbeitsleben erbracht. ³Die Sätze 1 und 2 gelten entsprechend für die Zeit bis zum Beginn und während der Durchführung einer Maßnahme der Berufsfindung und Arbeitserprobung.

(3) Werden in einer Einrichtung Maßnahmen der Heilbehandlung und gleichzeitig Leistungen zur Teilhabe am Arbeitsleben für Versicherte erbracht, erhalten Versicherte Verletztengeld, wenn sie arbeitsunfähig sind oder wegen der Maßnahmen eine ganztägige Erwerbstätigkeit nicht ausüben können und die Voraussetzungen des Absatzes 1 Nr. 2 erfüllt sind.

(4) ¹Im Fall der Beaufsichtigung, Betreuung oder Pflege eines durch einen Versicherungsfall verletzten Kindes gilt § 45 des Fünften Buches entsprechend mit der Maßgabe, dass
1. das Verletztengeld 100 Prozent des ausgefallenen Nettoarbeitsentgelts beträgt und
2. das Arbeitsentgelt bis zu einem Betrag in Höhe des 450. Teils des Höchstjahresarbeitsverdienstes zu berücksichtigen ist.

²Erfolgt die Berechnung des Verletztengeldes aus Arbeitseinkommen, beträgt dies 80 Prozent des erzielten regelmäßigen Arbeitseinkommens bis zu einem Betrag in Höhe des 450. Teils des Höchstjahresarbeitsverdienstes.

§ 46 Beginn und Ende des Verletztengeldes

(1) Verletztengeld wird von dem Tag an gezahlt, ab dem die Arbeitsunfähigkeit ärztlich festgestellt wird, oder mit dem Tag des Beginns einer Heilbehandlungsmaßnahme, die den Versicherten an der Ausübung einer ganztägigen Erwerbstätigkeit hindert.

(2) ¹Die Satzung kann bestimmen, daß für Unternehmer, ihre Ehegatten oder ihre Lebenspartner und für den Unternehmern nach § 6 Abs. 1 Nr. 2 Gleichgestellte Verletztengeld längstens für die Dauer der ersten 13 Wochen nach dem sich aus Absatz 1 ergebenden Zeitpunkt ganz oder teilweise nicht gezahlt wird. ²Satz 1 gilt nicht für Versicherte, die bei einer Krankenkasse mit Anspruch auf Krankengeld versichert sind.
(3) ¹Das Verletztengeld endet
1. mit dem letzten Tag der Arbeitsunfähigkeit oder der Hinderung an einer ganztägigen Erwerbstätigkeit durch eine Heilbehandlungsmaßnahme,
2. mit dem Tag, der dem Tag vorausgeht, an dem ein Anspruch auf Übergangsgeld entsteht.
²Wenn mit dem Wiedereintritt der Arbeitsfähigkeit nicht zu rechnen ist und Leistungen zur Teilhabe am Arbeitsleben nicht zu erbringen sind, endet das Verletztengeld
1. mit dem Tag, an dem die Heilbehandlung so weit abgeschlossen ist, daß die Versicherten eine zumutbare, zur Verfügung stehende Berufs- oder Erwerbstätigkeit aufnehmen können,
2. mit Beginn der in § 50 Abs. 1 Satz 1 des Fünften Buches genannten Leistungen, es sei denn, daß diese Leistungen mit dem Versicherungsfall im Zusammenhang stehen,
3. im übrigen mit Ablauf der 78. Woche, gerechnet vom Tag des Beginns der Arbeitsunfähigkeit an, jedoch nicht vor dem Ende der stationären Behandlung.

§ 47 Höhe des Verletztengeldes

(1) ¹Versicherte, die Arbeitsentgelt oder Arbeitseinkommen erzielt haben, erhalten Verletztengeld entsprechend § 47 Abs. 1 und 2 des Fünften Buches mit der Maßgabe, daß
1. das Regelentgelt aus dem Gesamtbetrag des regelmäßigen Arbeitsentgelts und des Arbeitseinkommens zu berechnen und bis zu einem Betrag in Höhe des 360. Teils des Höchstjahresarbeitsverdienstes zu berücksichtigen ist,
2. das Verletztengeld 80 vom Hundert des Regelentgelts beträgt und das bei Anwendung des § 47 Abs. 1 und 2 des Fünften Buches berechnete Nettoarbeitsentgelt nicht übersteigt.
²Arbeitseinkommen ist bei der Ermittlung des Regelentgelts mit dem 360. Teil des im Kalenderjahr vor Beginn der Arbeitsunfähigkeit oder der Maßnahmen der Heilbehandlung erzielten Arbeitseinkommens zugrunde zu legen. ³Die Satzung hat bei nicht kontinuierlicher Arbeitsverrichtung und -vergütung abweichende Bestimmungen zur Zahlung und Berechnung des Verletztengeldes vorzusehen, die sicherstellen, daß das Verletztengeld seine Entgeltersatzfunktion erfüllt.
(1a) ¹Für Ansprüche auf Verletztengeld, die vor dem 1. Januar 2001 entstanden sind, ist § 47 Abs. 1 und 2 des Fünften Buches in der vor dem 22. Juni 2000 jeweils geltenden Fassung für Zeiten nach dem 31. Dezember 1996 mit der Maßgabe entsprechend anzuwenden, dass sich das Regelentgelt um 10 vom Hundert, höchstens aber bis zu einem Betrag in Höhe des dreihundertsechzigsten Teils des Höchstjahresarbeitsverdienstes erhöht. ²Das regelmäßige Nettoarbeitsentgelt ist um denselben Vomhundertsatz zu erhöhen. ³Satz 1 und 2 gilt für Ansprüche, über die vor dem 22. Juni 2000 bereits unanfechtbar entschieden war, nur für Zeiten vom 22. Juni 2000 an bis zum Ende der Leistungsdauer. ⁴Entscheidungen über die Ansprüche, die vor dem 22. Juni 2000 unanfechtbar geworden sind, sind nicht nach § 44 Abs. 1 des Zehnten Buches zurückzunehmen.
(2) ¹Versicherte, die Arbeitslosengeld, Unterhaltsgeld oder Kurzarbeitergeld bezogen haben, erhalten Verletztengeld in Höhe des Krankengeldes nach § 47b des Fünften Buches. ²Versicherte, die nicht nur darlehensweise gewährtes Arbeitslosengeld II oder nicht nur Leistungen für Erstausstattungen für Bekleidung bei Schwangerschaft und Geburt nach dem Zweiten Buch bezogen haben, erhalten Verletztengeld in Höhe des Betrages des Arbeitslosengeldes II.
(3) Versicherte, die als Entwicklungshelfer Unterhaltsleistungen nach § 4 Abs. 1 Nr. 1 des Entwicklungshelfer-Gesetzes bezogen haben, erhalten Verletztengeld in Höhe dieses Betrages.
(4) Bei Versicherten, die unmittelbar vor dem Versicherungsfall Krankengeld, Pflegeunterstützungsgeld, Verletztengeld, Versorgungskrankengeld oder Übergangsgeld bezogen haben, wird bei der Berechnung des Verletztengeldes von dem bisher zugrunde gelegten Regelentgelt ausgegangen.
(5) ¹Abweichend von Absatz 1 erhalten Versicherte, die den Versicherungsfall infolge einer Tätigkeit als Unternehmer, mitarbeitende Ehegatten oder Lebenspartner oder den Unternehmern nach § 6 Abs. 1 Nr. 2 Gleichgestellte erlitten haben, Verletztengeld je Kalendertag in Höhe des 450. Teils des Jahresarbeitsverdienstes. ²Ist das Verletztengeld für einen ganzen Kalendermonat zu zahlen, ist dieser mit 30 Tagen anzusetzen.
(6) Hat sich der Versicherungsfall während einer aufgrund eines Gesetzes angeordneten Freiheitsentziehung ereignet, gilt für die Berechnung des Verletztengeldes Absatz 1 entsprechend; nach der Entlassung erhalten die Versicherten Verletztengeld je Kalendertag in Höhe des 450. Teils des Jahresarbeitsverdienstes, wenn dies für die Versicherten günstiger ist.
(7) (weggefallen)

(8) Die Regelungen der §§ 90 und 91 über die Neufestsetzung des Jahresarbeitsverdienstes nach Altersstufen oder nach der Schul- oder Berufsausbildung gelten für das Verletztengeld entsprechend.

§ 47a Beitragszahlung der Unfallversicherungsträger an berufsständische Versorgungseinrichtungen und private Krankenversicherungen

(1) Für Bezieher von Verletztengeld, die wegen einer Pflichtmitgliedschaft in einer berufsständischen Versorgungseinrichtung von der Versicherungspflicht in der gesetzlichen Rentenversicherung befreit sind, gilt § 47a Absatz 1 des Fünftes Buches entsprechend.
(2) Die Unfallversicherungsträger haben der zuständigen berufsständischen Versorgungseinrichtung den Beginn und das Ende der Beitragszahlung sowie die Höhe der der Beitragsberechnung zugrunde liegenden beitragspflichtigen Einnahmen und den zu zahlenden Beitrag für den Versicherten zu übermitteln. Das Nähere zum Verfahren regeln die Deutsche Gesetzliche Unfallversicherung e. V., die Sozialversicherung für Landwirtschaft, Forsten und Gartenbau und die Arbeitsgemeinschaft berufsständischer Versorgungseinrichtungen bis zum 31. Dezember 2017 in gemeinsamen Grundsätzen.
(3) Bezieher von Verletztengeld, die nach § 257 Absatz 2 des Fünften Buches und § 61 Absatz 2 des Elften Buches als Beschäftigte Anspruch auf einen Zuschuss zu dem Krankenversicherungsbeitrag und Pflegeversicherungsbeitrag hatten, die an ein privates Krankenversicherungsunternehmen zu zahlen sind, erhalten einen Zuschuss zu ihrem Krankenversicherungsbeitrag und Pflegeversicherungsbeitrag. Als Zuschuss ist der Betrag zu zahlen, der als Beitrag bei Krankenversicherungspflicht oder Pflegeversicherungspflicht zu zahlen wäre, höchstens jedoch der Betrag, der an das private Versicherungsunternehmen zu zahlen ist.

§ 48 Verletztengeld bei Wiedererkrankung

Im Fall der Wiedererkrankung an den Folgen des Versicherungsfalls gelten die §§ 45 bis 47 mit der Maßgabe entsprechend, daß anstelle des Zeitpunkts der ersten Arbeitsunfähigkeit auf den der Wiedererkrankung abgestellt wird.

§ 49 Übergangsgeld

Übergangsgeld wird erbracht, wenn Versicherte infolge des Versicherungsfalls Leistungen zur Teilhabe am Arbeitsleben erhalten.

§ 50 Höhe und Berechnung des Übergangsgeldes

Höhe und Berechnung des Übergangsgeldes bestimmen sich nach den §§ 66 bis 71 des Neunten Buches, soweit dieses Buch nichts Abweichendes bestimmt; im Übrigen gelten die Vorschriften für das Verletztengeld entsprechend.

§ 51 (weggefallen)

§ 52 Anrechnung von Einkommen auf Verletzten- und Übergangsgeld

Auf das Verletzten- und Übergangsgeld werden von dem gleichzeitig erzielten Einkommen angerechnet
1. beitragspflichtiges Arbeitsentgelt oder Arbeitseinkommen, das bei Arbeitnehmern um die gesetzlichen Abzüge und bei sonstigen Versicherten um 20 vom Hundert vermindert ist; dies gilt nicht für einmalig gezahltes Arbeitsentgelt,
2. Mutterschaftsgeld, Versorgungskrankengeld, Unterhaltsgeld, Kurzarbeitergeld, Arbeitslosengeld, nicht nur darlehensweise gewährtes Arbeitslosengeld II; dies gilt auch, wenn Ansprüche auf Leistungen nach dem Dritten Buch wegen einer Sperrzeit ruhen oder der Auszahlungsanspruch auf Arbeitslosengeld II gemindert ist.

Siebter Unterabschnitt
Besondere Vorschriften für die Versicherten in der Seefahrt

§ 53 Vorrang der medizinischen Betreuung durch die Reeder

(1) ¹Der Anspruch von Versicherten in der Seefahrt auf Leistungen nach diesem Abschnitt ruht, soweit und solange die Reeder ihre Verpflichtung zur medizinischen Betreuung nach dem Seearbeitsgesetz erfüllen. ²Kommen die Reeder der Verpflichtung nicht nach, kann der Unfallversicherungsträger von den Reedern die Erstattung in Höhe der von ihm erbrachten Leistungen verlangen.
(2) Endet die Verpflichtung der Reeder zur medizinischen Betreuung, haben sie hinsichtlich der Folgen des Versicherungsfalls die medizinische Betreuung auf Kosten des Unfallversicherungsträgers fortzusetzen, soweit dieser sie dazu beauftragt.

Achter Unterabschnitt
Besondere Vorschriften für die Versicherten der landwirtschaftlichen Unfallversicherung

§ 54 Betriebs- und Haushaltshilfe

(1) ¹Betriebshilfe erhalten landwirtschaftliche Unternehmer mit einem Unternehmen im Sinne des § 1 Abs. 2 des Gesetzes über die Alterssicherung der Landwirte während einer stationären Behandlung, wenn ihnen wegen dieser Behandlung die Weiterführung des Unternehmens nicht möglich ist und in dem Unternehmen Arbeitnehmer und mitarbeitende Familienangehörige nicht ständig beschäftigt werden. ²Betriebshilfe wird für längstens drei Monate erbracht.
(2) ¹Haushaltshilfe erhalten landwirtschaftliche Unternehmer mit einem Unternehmen im Sinne des § 1 Abs. 2 des Gesetzes über die Alterssicherung der Landwirte, ihre im Unternehmen mitarbeitenden Ehegatten oder mitarbeitenden Lebenspartner während einer stationären Behandlung, wenn den Unternehmern, ihren Ehegatten oder Lebenspartnern wegen dieser Behandlung die Weiterführung des Haushalts nicht möglich und diese auf andere Weise nicht sicherzustellen ist. ²Absatz 1 Satz 2 gilt entsprechend.
(3) Die Satzung kann bestimmen,
1. daß die Betriebshilfe auch an den mitarbeitenden Ehegatten oder Lebenspartner eines landwirtschaftlichen Unternehmers erbracht wird,
2. unter welchen Voraussetzungen und für wie lange Betriebs- und Haushaltshilfe den landwirtschaftlichen Unternehmern und ihren Ehegatten oder Lebenspartnern auch während einer nicht stationären Heilbehandlung erbracht wird,
3. unter welchen Voraussetzungen Betriebs- und Haushaltshilfe auch an landwirtschaftliche Unternehmer, deren Unternehmen nicht die Voraussetzungen des § 1 Absatz 5 das Gesetzes über die Alterssicherung der Landwirte erfüllen, und an ihre Ehegatten oder Lebenspartner erbracht wird,
4. daß die Betriebs- und Haushaltshilfe auch erbracht wird, wenn in dem Unternehmen Arbeitnehmer oder mitarbeitende Familienangehörige ständig beschäftigt werden,
5. unter welchen Voraussetzungen die Betriebs- und Haushaltshilfe länger als drei Monate erbracht wird,
6. von welchem Tag der Heilbehandlung an die Betriebs- oder Haushaltshilfe erbracht wird.

(4) ¹Leistungen nach den Absätzen 1 bis 3 müssen wirksam und wirtschaftlich sein; sie dürfen das Maß des Notwendigen nicht übersteigen. ²Leistungen, die diese Voraussetzungen nicht erfüllen, können nicht beansprucht und dürfen von der landwirtschaftlichen Berufsgenossenschaft nicht bewilligt werden.

§ 55 Art und Form der Betriebs- und Haushaltshilfe

(1) ¹Bei Vorliegen der Voraussetzungen des § 54 wird Betriebs- und Haushaltshilfe in Form der Gestellung einer Ersatzkraft oder durch Erstattung der Kosten für eine selbst beschaffte betriebsfremde Ersatzkraft in angemessener Höhe gewährt. ²Die Satzung kann die Erstattungsfähigkeit der Kosten für selbst beschaffte Ersatzkräfte begrenzen. ³Für Verwandte und Verschwägerte bis zum zweiten Grad werden Kosten nicht erstattet; die Berufsgenossenschaft kann jedoch die erforderlichen Fahrkosten und den Verdienstausfall erstatten, wenn die Erstattung in einem angemessenen Verhältnis zu den sonst für eine Ersatzkraft entstehenden Kosten steht.
(2) ¹Die Versicherten haben sich angemessen an den entstehenden Aufwendungen für die Betriebs- und Haushaltshilfe zu beteiligen (Selbstbeteiligung); die Selbstbeteiligung beträgt für jeden Tag der Leistungsgewährung mindestens 10 Euro. ²Das Nähere zur Selbstbeteiligung bestimmt die Satzung.

§ 55a Sonstige Ansprüche, Verletztengeld

(1) Für regelmäßig wie landwirtschaftliche Unternehmer selbständig Tätige, die kraft Gesetzes versichert sind, gelten die §§ 54 und 55 entsprechend.
(2) Versicherte, die die Voraussetzungen nach § 54 Abs. 1 bis 3 erfüllen, ohne eine Leistung nach § 55 in Anspruch zu nehmen, erhalten auf Antrag Verletztengeld, wenn dies im Einzelfall unter Berücksichtigung der Besonderheiten landwirtschaftlicher Betriebe und Haushalte sachgerecht ist.
(3) ¹Für die Höhe des Verletztengeldes gilt in den Fällen des Absatzes 2 sowie bei den im Unternehmen mitarbeitenden Familienangehörigen, soweit diese nicht nach § 2 Abs. 1 Nr. 1 versichert sind, § 13 Abs. 1 des Zweiten Gesetzes über die Krankenversicherung der Landwirte entsprechend. ²Die Satzung bestimmt, unter welchen Voraussetzungen die in Satz 1 genannten Personen auf Antrag mit einem zusätzlichen Verletztengeld versichert werden. ³Abweichend von § 46 Abs. 3 Satz 2 Nr. 3 endet das Verletztengeld vor Ablauf der 78. Woche mit dem Tage, an dem abzusehen ist, dass mit dem Wiedereintritt der Arbeitsfähigkeit nicht zu rechnen ist und Leistungen zur Teilhabe am Arbeitsleben nicht zu erbringen sind, jedoch nicht vor Ende der stationären Behandlung.

Zweiter Abschnitt
Renten, Beihilfen, Abfindungen

Erster Unterabschnitt
Renten an Versicherte

§ 56 Voraussetzungen und Höhe des Rentenanspruchs

(1) ¹Versicherte, deren Erwerbsfähigkeit infolge eines Versicherungsfalls über die 26. Woche nach dem Versicherungsfall hinaus um wenigstens 20 vom Hundert gemindert ist, haben Anspruch auf eine Rente. ²Ist die Erwerbsfähigkeit infolge mehrerer Versicherungsfälle gemindert und erreichen die Vomhundertsätze zusammen wenigstens die Zahl 20, besteht für jeden, auch für einen früheren Versicherungsfall, Anspruch auf Rente. ³Die Folgen eines Versicherungsfalls sind nur zu berücksichtigen, wenn sie die Erwerbsfähigkeit um wenigstens 10 vom Hundert mindern. ⁴Den Versicherungsfällen stehen gleich Unfälle oder Entschädigungsfälle nach den Beamtengesetzen, dem Bundesversorgungsgesetz, dem Soldatenversorgungsgesetz, dem Gesetz über den zivilen Ersatzdienst, dem Gesetz über die Abgeltung von Besatzungsschäden, dem Häftlingshilfegesetz und den entsprechenden Gesetzen, die Entschädigung für Unfälle oder Beschädigungen gewähren.

(2) ¹Die Minderung der Erwerbsfähigkeit richtet sich nach dem Umfang der sich aus der Beeinträchtigung des körperlichen und geistigen Leistungsvermögens ergebenden verminderten Arbeitsmöglichkeiten auf dem gesamten Gebiet des Erwerbslebens. ²Bei jugendlichen Versicherten wird die Minderung der Erwerbsfähigkeit nach den Auswirkungen bemessen, die sich bei Erwachsenen mit gleichem Gesundheitsschaden ergeben würden. ³Bei der Bemessung der Minderung der Erwerbsfähigkeit werden Nachteile berücksichtigt, die die Versicherten dadurch erleiden, daß sie bestimmte von ihnen erworbene besondere berufliche Kenntnisse und Erfahrungen infolge des Versicherungsfalls nicht mehr oder nur noch in vermindertem Umfang nutzen können, soweit solche Nachteile nicht durch sonstige Fähigkeiten, deren Nutzung ihnen zugemutet werden kann, ausgeglichen werden.

(3) ¹Bei Verlust der Erwerbsfähigkeit wird Vollrente geleistet; sie beträgt zwei Drittel des Jahresarbeitsverdienstes. ²Bei einer Minderung der Erwerbsfähigkeit wird Teilrente geleistet; sie wird in der Höhe des Vomhundertsatzes der Vollrente festgesetzt, der dem Grad der Minderung der Erwerbsfähigkeit entspricht.

§ 57 Erhöhung der Rente bei Schwerverletzten

Können Versicherte mit Anspruch auf eine Rente nach einer Minderung der Erwerbsfähigkeit von 50 vom Hundert oder mehr oder auf mehrere Renten, deren Vomhundertsätze zusammen wenigstens die Zahl 50 erreichen (Schwerverletzte), infolge des Versicherungsfalls einer Erwerbstätigkeit nicht mehr nachgehen und haben sie keinen Anspruch auf Rente aus der gesetzlichen Rentenversicherung, erhöht sich die Rente um 10 vom Hundert.

§ 58 Erhöhung der Rente bei Arbeitslosigkeit

¹Solange Versicherte infolge des Versicherungsfalls ohne Anspruch auf Arbeitsentgelt oder Arbeitseinkommen sind und die Rente zusammen mit dem Arbeitslosengeld oder dem Arbeitslosengeld II nicht den sich aus § 66 Abs. 1 des Neunten Buches ergebenden Betrag des Übergangsgeldes erreicht, wird die Rente längstens für zwei Jahre nach ihrem Beginn um den Unterschiedsbetrag erhöht. ²Der Unterschiedsbetrag wird bei dem Arbeitslosengeld II nicht als Einkommen berücksichtigt. ³Satz 1 gilt nicht, solange Versicherte Anspruch auf weiteres Erwerbsersatzeinkommen (§ 18a Abs. 3 des Vierten Buches) haben, das zusammen mit der Rente das Übergangsgeld erreicht. ⁴Wird Arbeitslosengeld II nur darlehensweise gewährt oder erhält der Versicherte nur Leistungen nach § 24 Absatz 3 Satz 1 des Zweiten Buches, finden die Sätze 1 und 2 keine Anwendung.

§ 59 Höchstbetrag bei mehreren Renten

(1) ¹Beziehen Versicherte mehrere Renten, so dürfen diese ohne die Erhöhung für Schwerverletzte zusammen zwei Drittel des höchsten der Jahresarbeitsverdienste nicht übersteigen, die diesen Renten zugrunde liegen. ²Soweit die Renten den Höchstbetrag übersteigen, werden sie verhältnismäßig gekürzt.

(2) Haben Versicherte eine Rentenabfindung erhalten, wird bei der Feststellung des Höchstbetrages nach Absatz 1 die der Abfindung zugrunde gelegte Rente so berücksichtigt, wie sie ohne die Abfindung noch zu zahlen wäre.

§ 60 Minderung bei Heimpflege

Für die Dauer einer Heimpflege von mehr als einem Kalendermonat kann der Unfallversicherungsträger die Rente um höchstens die Hälfte mindern, soweit dies nach den persönlichen Bedürfnissen und Verhältnissen der Versicherten angemessen ist.

§ 61 Renten für Beamte und Berufssoldaten

(1) ¹Die Renten von Beamten, die nach § 82 Abs. 4 berechnet werden, werden nur insoweit gezahlt, als sie die Dienst- oder Versorgungsbezüge übersteigen; den Beamten verbleibt die Rente jedoch mindestens in Höhe des Betrages, der bei Vorliegen eines Dienstunfalls als Unfallausgleich zu gewähren wäre. ²Endet das Dienstverhältnis wegen Dienstunfähigkeit infolge des Versicherungsfalls, wird Vollrente insoweit gezahlt, als sie zusammen mit den Versorgungsbezügen aus dem Dienstverhältnis die Versorgungsbezüge, auf die der Beamte bei Vorliegen eines Dienstunfalls Anspruch hätte, nicht übersteigt. ³Die Höhe dieser Versorgungsbezüge stellt die Dienstbehörde fest. ⁴Für die Hinterbliebenen gilt dies entsprechend.
(2) ¹Absatz 1 gilt für die Berufssoldaten entsprechend. ²Anstelle des Unfallausgleichs wird der Ausgleich nach § 85 des Soldatenversorgungsgesetzes gezahlt.

§ 62 Rente als vorläufige Entschädigung

(1) ¹Während der ersten drei Jahre nach dem Versicherungsfall soll der Unfallversicherungsträger die Rente als vorläufige Entschädigung festsetzen, wenn der Umfang der Minderung der Erwerbsfähigkeit noch nicht abschließend festgestellt werden kann. ²Innerhalb dieses Zeitraums kann der Vomhundertsatz der Minderung der Erwerbsfähigkeit jederzeit ohne Rücksicht auf die Dauer der Veränderung neu festgestellt werden.
(2) ¹Spätestens mit Ablauf von drei Jahren nach dem Versicherungsfall wird die vorläufige Entschädigung als Rente auf unbestimmte Zeit geleistet. ²Bei der erstmaligen Feststellung der Rente nach der vorläufigen Entschädigung kann der Vomhundertsatz der Minderung der Erwerbsfähigkeit abweichend von der vorläufigen Entschädigung festgestellt werden, auch wenn sich die Verhältnisse nicht geändert haben.

Zweiter Unterabschnitt
Leistungen an Hinterbliebene

§ 63 Leistungen bei Tod

(1) ¹Hinterbliebene haben Anspruch auf
1. Sterbegeld,
2. Erstattung der Kosten der Überführung an den Ort der Bestattung,
3. Hinterbliebenenrenten,
4. Beihilfe.

²Der Anspruch auf Leistungen nach Satz 1 Nr. 1 bis 3 besteht nur, wenn der Tod infolge eines Versicherungsfalls eingetreten ist.
(1a) Die Vorschriften dieses Unterabschnitts über Hinterbliebenenleistungen an Witwen und Witwer gelten auch für Hinterbliebenenleistungen an Lebenspartner.
(2) ¹Dem Tod infolge eines Versicherungsfalls steht der Tod von Versicherten gleich, deren Erwerbsfähigkeit durch die Folgen einer Berufskrankheit nach den Nummern 4101 bis 4104 der Anlage 1 der Berufskrankheiten-Verordnung vom 20. Juni 1968 (BGBl. I S. 721) in der Fassung der Zweiten Verordnung zur Änderung der Berufskrankheiten-Verordnung vom 18. Dezember 1992 (BGBl. I S. 2343) um 50 vom Hundert oder mehr gemindert war. ²Dies gilt nicht, wenn offenkundig ist, daß der Tod mit der Berufskrankheit nicht in ursächlichem Zusammenhang steht; eine Obduktion zum Zwecke einer solchen Feststellung darf nicht gefordert werden.
(3) Ist ein Versicherter getötet worden, so kann der Unfallversicherungsträger die Entnahme einer Blutprobe zur Feststellung von Tatsachen anordnen, die für die Entschädigungspflicht von Bedeutung sind.
(4) ¹Sind Versicherte im Zusammenhang mit der versicherten Tätigkeit verschollen, gelten sie als infolge eines Versicherungsfalls verstorben, wenn die Umstände ihren Tod wahrscheinlich machen und seit einem Jahr Nachrichten über ihr Leben nicht eingegangen sind. ²Der Unfallversicherungsträger kann von den Hinterbliebenen die Versicherung an Eides Statt verlangen, daß ihnen weitere als die angezeigten Nachrichten über die Verschollenen nicht bekannt sind. ³Der Unfallversicherungsträger ist berechtigt, für die Leistungen den nach den Umständen mutmaßlichen Todestag festzustellen. ⁴Bei Versicherten in der Seeschiffahrt wird spätestens der dem Ablauf des Heuerverhältnisses folgende Tag als Todestag festgesetzt.

§ 64 Sterbegeld und Erstattung von Überführungskosten

(1) Witwen, Witwer, Kinder, Stiefkinder, Pflegekinder, Enkel, Geschwister, frühere Ehegatten und Verwandte der aufsteigenden Linie der Versicherten erhalten Sterbegeld in Höhe eines Siebtels der im Zeitpunkt des Todes geltenden Bezugsgröße.
(2) Kosten der Überführung an den Ort der Bestattung werden erstattet, wenn der Tod nicht am Ort der ständigen Familienwohnung der Versicherten eingetreten ist und die Versicherten sich dort aus Gründen

aufgehalten haben, die im Zusammenhang mit der versicherten Tätigkeit oder mit den Folgen des Versicherungsfalls stehen.
(3) Das Sterbegeld und die Überführungskosten werden an denjenigen Berechtigten gezahlt, der die Bestattungs- und Überführungskosten trägt.
(4) Ist ein Anspruchsberechtigter nach Absatz 1 nicht vorhanden, werden die Bestattungskosten bis zur Höhe des Sterbegeldes nach Absatz 1 an denjenigen gezahlt, der diese Kosten trägt.

§ 65 Witwen- und Witwerrente

(1) ¹Witwen oder Witwer von Versicherten erhalten eine Witwen- oder Witwerrente, solange sie nicht wieder geheiratet haben. ²Der Anspruch auf eine Rente nach Absatz 2 Nr. 2 besteht längstens für 24 Kalendermonate nach Ablauf des Monats, in dem der Ehegatte verstorben ist.
(2) Die Rente beträgt
1. zwei Drittel des Jahresarbeitsverdienstes bis zum Ablauf des dritten Kalendermonats nach Ablauf des Monats, in dem der Ehegatte verstorben ist,
2. 30 vom Hundert des Jahresarbeitsverdienstes nach Ablauf des dritten Kalendermonats,
3. 40 vom Hundert des Jahresarbeitsverdienstes nach Ablauf des dritten Kalendermonats,
   a) solange Witwen oder Witwer ein waisenrentenberechtigtes Kind erziehen oder für ein Kind sorgen, das wegen körperlicher, geistiger oder seelischer Behinderung Anspruch auf Waisenrente hat oder nur deswegen nicht hat, weil das 27. Lebensjahr vollendet wurde,
   b) wenn Witwen oder Witwer das 47. Lebensjahr vollendet haben oder
   c) solange Witwen oder Witwer erwerbsgemindert berufs- oder erwerbsunfähig im Sinne des Sechsten Buches sind; Entscheidungen des Trägers der Rentenversicherung über Erwerbsminderung, Berufs- oder Erwerbsunfähigkeit sind für den Unfallversicherungsträger bindend.
(3) ¹Einkommen (§§ 18a bis 18e des Vierten Buches) von Witwen oder Witwern, das mit einer Witwenrente oder Witwerrente nach Absatz 2 Nr. 2 und 3 zusammentrifft, wird hierauf angerechnet. ²Anrechenbar ist das Einkommen, das monatlich das 26,4fache des aktuellen Rentenwerts der gesetzlichen Rentenversicherung übersteigt. ³Das nicht anrechenbare Einkommen erhöht sich um das 5,6fache des aktuellen Rentenwerts für jedes waisenrentenberechtigte Kind von Witwen oder Witwern. ⁴Von dem danach verbleibenden anrechenbaren Einkommen werden 40 vom Hundert angerechnet.
(4) ¹Für die Einkommensanrechnung ist bei Anspruch auf mehrere Renten folgende Rangfolge maßgebend:
1. (weggefallen)
2. Witwenrente oder Witwerrente,
3. Witwenrente oder Witwerrente nach dem vorletzten Ehegatten.
²Das auf eine Rente anrechenbare Einkommen mindert sich um den Betrag, der bereits zu einer Einkommensanrechnung auf eine vorrangige Rente geführt hat.
(5) ¹Witwenrente oder Witwerrente wird auf Antrag auch an überlebende Ehegatten gezahlt, die wieder geheiratet haben, wenn die erneute Ehe aufgelöst oder für nichtig erklärt ist und sie im Zeitpunkt der Wiederheirat Anspruch auf eine solche Rente hatten. ²Auf eine solche Witwenrente oder Witwerrente nach dem vorletzten Ehegatten werden für denselben Zeitraum bestehende Ansprüche auf Witwenrente oder Witwerrente, auf Versorgung, auf Unterhalt oder auf sonstige Rente nach dem letzten Ehegatten angerechnet, es sei denn, daß die Ansprüche nicht zu verwirklichen sind; dabei werden die Vorschriften über die Einkommensanrechnung auf Renten wegen Todes nicht berücksichtigt.
(6) Witwen oder Witwer haben keinen Anspruch, wenn die Ehe erst nach dem Versicherungsfall geschlossen worden ist und der Tod innerhalb des ersten Jahres dieser Ehe eingetreten ist, es sei denn, daß nach den besonderen Umständen des Einzelfalls die Annahme nicht gerechtfertigt ist, daß es der alleinige oder überwiegende Zweck der Heirat war, einen Anspruch auf Hinterbliebenenversorgung zu begründen.

§ 66 Witwen- und Witwerrente an frühere Ehegatten; mehrere Berechtigte

(1) ¹Frühere Ehegatten von Versicherten, deren Ehe mit ihnen geschieden, für nichtig erklärt oder aufgehoben ist, erhalten auf Antrag eine Rente entsprechend § 65, wenn die Versicherten ihnen während des letzten Jahres vor ihrem Tod Unterhalt geleistet haben oder den früheren Ehegatten im letzten wirtschaftlichen Dauerzustand vor dem Tod der Versicherten ein Anspruch auf Unterhalt zustand; § 65 Abs. 2 Nr. 1 findet keine Anwendung. ²Beruhte der Unterhaltsanspruch auf § 1572, 1573, 1575 oder 1576 des Bürgerlichen Gesetzbuchs, wird die Rente gezahlt, solange der frühere Ehegatte ohne den Versicherungsfall unterhaltsberechtigt gewesen wäre.
(2) Sind mehrere Berechtigte nach Absatz 1 oder nach Absatz 1 und § 65 vorhanden, erhält jeder von ihnen den Teil der für ihn nach § 65 Abs. 2 zu berechnenden Rente, der im Verhältnis zu den anderen Berechtigten der Dauer seiner Ehe mit dem Verletzten entspricht; anschließend ist § 65 Abs. 3 entsprechend anzuwenden.

(3) Renten nach Absatz 1 und § 65 sind gemäß Absatz 2 zu mindern, wenn nach Feststellung der Rente einem weiteren früheren Ehegatten Rente zu zahlen ist.

§ 67 Voraussetzungen der Waisenrente

(1) Kinder von verstorbenen Versicherten erhalten eine
1. Halbwaisenrente, wenn sie noch einen Elternteil haben,
2. Vollwaisenrente, wenn sie keine Eltern mehr haben.

(2) Als Kinder werden auch berücksichtigt
1. Stiefkinder und Pflegekinder (§ 56 Abs. 2 Nr. 1 und 2 des Ersten Buches), die in den Haushalt der Versicherten aufgenommen waren,
2. Enkel und Geschwister, die in den Haushalt der Versicherten aufgenommen waren oder von ihnen überwiegend unterhalten wurden.

(3) ¹Halb- oder Vollwaisenrente wird gezahlt
1. bis zur Vollendung des 18. Lebensjahres,
2. bis zur Vollendung des 27. Lebensjahres, wenn die Waise
   a) sich in Schulausbildung oder Berufsausbildung befindet oder
   b) sich in einer Übergangszeit von höchstens vier Kalendermonaten befindet, die zwischen zwei Ausbildungsabschnitten oder zwischen einem Ausbildungsabschnitt und der Ableistung des gesetzlichen Wehr- oder Zivildienstes oder der Ableistung eines freiwilligen Dienstes im Sinne des Buchstabens c liegt, oder
   c) einen freiwilligen Dienst im Sinne des § 32 Absatz 4 Satz 1 Nummer 2 Buchstabe d des Einkommensteuergesetzes leistet oder
   d) wegen körperlicher, geistiger oder seelischer Behinderung außerstande ist, sich selbst zu unterhalten.

²Eine Schulausbildung oder Berufsausbildung im Sinne des Satzes 1 liegt nur vor, wenn die Ausbildung einen tatsächlichen zeitlichen Aufwand von wöchentlich mehr als 20 Stunden erfordert. ³Der tatsächliche zeitliche Aufwand ist ohne Bedeutung für Zeiten, in denen das Ausbildungsverhältnis trotz einer Erkrankung fortbesteht und damit gerechnet werden kann, dass die Ausbildung fortgesetzt wird. ⁴Das gilt auch für die Dauer der Schutzfristen nach dem Mutterschutzgesetz.

(4) ¹In den Fällen des Absatzes 3 Nr. 2 Buchstabe a erhöht sich die maßgebende Altersgrenze bei Unterbrechung oder Verzögerung der Schulausbildung oder Berufsausbildung durch den gesetzlichen Wehrdienst, Zivildienst oder einen gleichgestellten Dienst um die Zeit dieser Dienstleistung, höchstens um einen der Dauer des gesetzlichen Grundwehrdienstes oder Zivildienstes entsprechenden Zeitraum. ²Die Ableistung eines Dienstes im Sinne von Absatz 3 Nr. 2 Buchstabe c ist kein gleichgestellter Dienst im Sinne von Satz 1.

(5) Der Anspruch auf Waisenrente endet nicht dadurch, daß die Waise als Kind angenommen wird.

§ 68 Höhe der Waisenrente

(1) Die Rente beträgt
1. 20 vom Hundert des Jahresarbeitsverdienstes für eine Halbwaise,
2. 30 vom Hundert des Jahresarbeitsverdienstes für eine Vollwaise

(2) (weggefallen)

(3) Liegen bei einem Kind die Voraussetzungen für mehrere Waisenrenten aus der Unfallversicherung vor, wird nur die höchste Rente gezahlt und bei Renten gleicher Höhe diejenige, die wegen des frühesten Versicherungsfalls zu zahlen ist.

§ 69 Rente an Verwandte der aufsteigenden Linie

(1) Verwandte der aufsteigenden Linie, Stief- oder Pflegeeltern der Verstorbenen, die von den Verstorbenen zur Zeit des Todes aus deren Arbeitsentgelt oder Arbeitseinkommen wesentlich unterhalten worden sind oder ohne den Versicherungsfall wesentlich unterhalten worden wären, erhalten eine Rente, solange sie ohne den Versicherungsfall gegen die Verstorbenen einen Anspruch auf Unterhalt wegen Unterhaltsbedürftigkeit hätten geltend machen können.

(2) ¹Sind aus der aufsteigenden Linie Verwandte verschiedenen Grades vorhanden, gehen die näheren den entfernteren vor. ²Den Eltern stehen Stief- oder Pflegeeltern gleich.

(3) Liegen bei einem Elternteil oder bei einem Elternpaar die Voraussetzungen für mehrere Elternrenten aus der Unfallversicherung vor, wird nur die höchste Rente gezahlt und bei Renten gleicher Höhe diejenige, die wegen des frühesten Versicherungsfalls zu zahlen ist.

(4) Die Rente beträgt
1. 20 vom Hundert des Jahresarbeitsverdienstes für einen Elternteil,
2. 30 vom Hundert des Jahresarbeitsverdienstes für ein Elternpaar.

(5) Stirbt bei Empfängern einer Rente für ein Elternpaar ein Ehegatte, wird dem überlebenden Ehegatten anstelle der Rente für einen Elternteil die für den Sterbemonat zustehende Elternrente für ein Elternpaar für die folgenden drei Kalendermonate weitergezahlt.

§ 70 Höchstbetrag der Hinterbliebenenrenten

(1) [1]Die Renten der Hinterbliebenen dürfen zusammen 80 vom Hundert des Jahresarbeitsverdienstes nicht übersteigen, sonst werden sie gekürzt, und zwar bei Witwen und Witwern, früheren Ehegatten und Waisen nach dem Verhältnis ihrer Höhe. [2]Bei Anwendung von Satz 1 wird von der nach § 65 Abs. 2 Nr. 2 und 3 oder § 68 Abs. 1 berechneten Rente ausgegangen; anschließend wird § 65 Abs. 3 angewendet. [3]§ 65 Abs. 2 Nr. 1 bleibt unberührt. [4]Verwandte der aufsteigenden Linie, Stief- oder Pflegeeltern sowie Pflegekinder haben nur Anspruch, soweit Witwen und Witwer, frühere Ehegatten oder Waisen den Höchstbetrag nicht ausschöpfen.
(2) Sind für die Hinterbliebenen 80 vom Hundert des Jahresarbeitsverdienstes festgestellt und tritt später ein neuer Berechtigter hinzu, werden die Hinterbliebenenrenten nach Absatz 1 neu berechnet.
(3) Beim Wegfall einer Hinterbliebenenrente erhöhen sich die Renten der übrigen bis zum zulässigen Höchstbetrag.

§ 71 Witwen-, Witwer- und Waisenbeihilfe

(1) [1]Witwen oder Witwer von Versicherten erhalten eine einmalige Beihilfe von 40 vom Hundert des Jahresarbeitsverdienstes, wenn
1. ein Anspruch auf Hinterbliebenenrente nicht besteht, weil der Tod der Versicherten nicht Folge eines Versicherungsfalls war, und
2. die Versicherten zur Zeit ihres Todes Anspruch auf eine Rente nach einer Minderung der Erwerbsfähigkeit von 50 vom Hundert oder mehr oder auf mehrere Renten hatten, deren Vomhundertsätze zusammen mindestens die Zahl 50 erreichen; soweit Renten abgefunden wurden, wird von dem Vomhundertsatz der abgefundenen Rente ausgegangen.
[2]§ 65 Abs. 6 gilt entsprechend.
(2) [1]Beim Zusammentreffen mehrerer Renten oder Abfindungen wird die Beihilfe nach dem höchsten Jahresarbeitsverdienst berechnet, der den Renten oder Abfindungen zugrunde lag. [2]Die Beihilfe zahlt der Unfallversicherungsträger, der die danach berechnete Leistung erbracht hat, bei gleich hohen Jahresarbeitsverdiensten derjenige, der für den frühesten Versicherungsfall zuständig ist.
(3) [1]Für Vollwaisen, die bei Tod der Versicherten infolge eines Versicherungsfalls Anspruch auf Waisenrente hätten, gelten die Absätze 1 und 2 entsprechend, wenn sie zur Zeit des Todes der Versicherten mit ihnen in häuslicher Gemeinschaft gelebt haben und von ihnen überwiegend unterhalten worden sind. [2]Sind mehrere Waisen vorhanden, wird die Waisenbeihilfe gleichmäßig verteilt.
(4) [1]Haben Versicherte länger als zehn Jahre eine Rente nach einer Minderung der Erwerbsfähigkeit von 80 vom Hundert oder mehr bezogen und sind sie nicht an den Folgen eines Versicherungsfalls gestorben, kann anstelle der Beihilfe nach Absatz 1 oder 3 den Berechtigten eine laufende Beihilfe bis zur Höhe einer Hinterbliebenenrente gezahlt werden, wenn die Versicherten infolge des Versicherungsfalls gehindert waren, eine entsprechende Erwerbstätigkeit auszuüben, und wenn dadurch die Versorgung der Hinterbliebenen um mindestens 10 vom Hundert gemindert ist. [2]Auf die laufende Beihilfe finden im übrigen die Vorschriften für Hinterbliebenenrenten Anwendung.

Dritter Unterabschnitt
Beginn, Änderung und Ende von Renten

§ 72 Beginn von Renten

(1) Renten an Versicherte werden von dem Tag an gezahlt, der auf den Tag folgt, an dem
1. der Anspruch auf Verletztengeld endet,
2. der Versicherungsfall eingetreten ist, wenn kein Anspruch auf Verletztengeld entstanden ist.
(2) [1]Renten an Hinterbliebene werden vom Todestag an gezahlt. [2]Hinterbliebenenrenten, die auf Antrag geleistet werden, werden vom Beginn des Monats an gezahlt, der der Antragstellung folgt.
(3) [1]Die Satzung kann bestimmen, daß für Unternehmer, ihre im Unternehmen mitarbeitenden Ehegatten oder mitarbeitenden Lebenspartner und für den Unternehmern im Versicherungsschutz Gleichgestellte Rente für die ersten 13 Wochen nach dem sich aus § 46 Abs. 1 ergebenden Zeitpunkt ganz oder teilweise nicht gezahlt wird. [2]Die Rente beginnt spätestens am Tag nach Ablauf der 13. Woche, sofern Verletztengeld nicht zu zahlen ist.

§ 73 Änderungen und Ende von Renten

(1) Ändern sich aus tatsächlichen oder rechtlichen Gründen die Voraussetzungen für die Höhe einer Rente nach ihrer Feststellung, wird die Rente in neuer Höhe nach Ablauf des Monats geleistet, in dem die Änderung wirksam geworden ist.

(2) ¹Fallen aus tatsächlichen oder rechtlichen Gründen die Anspruchsvoraussetzungen für eine Rente weg, wird die Rente bis zum Ende des Monats geleistet, in dem der Wegfall wirksam geworden ist. ²Satz 1 gilt entsprechend, wenn festgestellt wird, daß Versicherte, die als verschollen gelten, noch leben.

(3) Bei der Feststellung der Minderung der Erwerbsfähigkeit ist eine Änderung im Sinne des § 48 Abs. 1 des Zehnten Buches nur wesentlich, wenn sie mehr als 5 vom Hundert beträgt; bei Renten auf unbestimmte Zeit muß die Veränderung der Minderung der Erwerbsfähigkeit länger als drei Monate andauern.

(4) ¹Sind Renten befristet, enden sie mit Ablauf der Frist. ²Das schließt eine vorherige Änderung oder ein Ende der Rente aus anderen Gründen nicht aus. ³Renten dürfen nur auf das Ende eines Kalendermonats befristet werden.

(5) ¹Witwen- und Witwerrenten nach § 65 Abs. 2 Nr. 3 Buchstabe a wegen Kindererziehung werden auf das Ende des Kalendermonats befristet, in dem die Kindererziehung voraussichtlich endet. ²Waisenrenten werden auf das Ende des Kalendermonats befristet, in dem voraussichtlich der Anspruch auf die Waisenrente entfällt. ³Die Befristung kann wiederholt werden.

(6) Renten werden bis zum Ende des Kalendermonats geleistet, in dem die Berechtigten gestorben sind.

§ 74 Ausnahmeregelungen für die Änderung von Renten

(1) ¹Der Anspruch auf eine Rente, die auf unbestimmte Zeit geleistet wird, kann aufgrund einer Änderung der Minderung der Erwerbsfähigkeit zuungunsten der Versicherten nur in Abständen von mindestens einem Jahr geändert werden. ²Das Jahr beginnt mit dem Zeitpunkt, von dem an die vorläufige Entschädigung Rente auf unbestimmte Zeit geworden oder die letzte Rentenfeststellung bekanntgegeben worden ist.

(2) Renten dürfen nicht für die Zeit neu festgestellt werden, in der Verletztengeld zu zahlen ist oder ein Anspruch auf Verletztengeld wegen des Bezugs von Einkommen oder des Erhalts von Betriebs- und Haushaltshilfe oder wegen der Erfüllung der Voraussetzungen für den Erhalt von Betriebs- und Haushaltshilfe nicht besteht.

Vierter Unterabschnitt
Abfindung

§ 75 Abfindung mit einer Gesamtvergütung

¹Ist nach allgemeinen Erfahrungen unter Berücksichtigung der besonderen Verhältnisse des Einzelfalles zu erwarten, daß nur eine Rente in Form der vorläufigen Entschädigung zu zahlen ist, kann der Unfallversicherungsträger die Versicherten nach Abschluß der Heilbehandlung mit einer Gesamtvergütung in Höhe des voraussichtlichen Rentenaufwandes abfinden. ²Nach Ablauf des Zeitraumes, für den die Gesamtvergütung bestimmt war, wird auf Antrag Rente als vorläufige Entschädigung oder Rente auf unbestimmte Zeit gezahlt, wenn die Voraussetzungen hierfür vorliegen.

§ 76 Abfindung bei Minderung der Erwerbsfähigkeit unter 40 vom Hundert

(1) ¹Versicherte, die Anspruch auf eine Rente wegen einer Minderung der Erwerbsfähigkeit von weniger als 40 vom Hundert haben, können auf ihren Antrag mit einem dem Kapitalwert der Rente entsprechenden Betrag abgefunden werden. ²Versicherte, die Anspruch auf mehrere Renten aus der Unfallversicherung haben, deren Vomhundertsätze zusammen die Zahl 40 nicht erreichen, können auf ihren Antrag mit einem Betrag abgefunden werden, der dem Kapitalwert einer oder mehrerer dieser Renten entspricht. ³Die Bundesregierung bestimmt durch Rechtsverordnung mit Zustimmung des Bundesrates die Berechnung des Kapitalwertes.

(2) Eine Abfindung darf nur bewilligt werden, wenn nicht zu erwarten ist, daß die Minderung der Erwerbsfähigkeit wesentlich sinkt.

(3) Tritt nach der Abfindung eine wesentliche Verschlimmerung der Folgen des Versicherungsfalls (§ 73 Abs. 3) ein, wird insoweit Rente gezahlt.

§ 77 Wiederaufleben der abgefundenen Rente

(1) Werden Versicherte nach einer Abfindung Schwerverletzte, lebt auf Antrag der Anspruch auf Rente in vollem Umfang wieder auf.

(2) ¹Die Abfindungssumme wird auf die Rente angerechnet, soweit sie die Summe der Rentenbeträge übersteigt, die den Versicherten während des Abfindungszeitraumes zugestanden hätten. ²Die Anrechnung hat so zu erfolgen, daß den Versicherten monatlich mindestens die halbe Rente verbleibt.

§ 78 Abfindung bei Minderung der Erwerbsfähigkeit ab 40 vom Hundert

(1) ¹Versicherte, die Anspruch auf eine Rente wegen einer Minderung der Erwerbsfähigkeit von 40 vom Hundert oder mehr haben, können auf ihren Antrag durch einen Geldbetrag abgefunden werden. ²Das gleiche gilt für Versicherte, die Anspruch auf mehrere Renten haben, deren Vomhundertsätze zusammen die Zahl 40 erreichen oder übersteigen.
(2) Eine Abfindung kann nur bewilligt werden, wenn
1. die Versicherten das 18. Lebensjahr vollendet haben und
2. nicht zu erwarten ist, daß innerhalb des Abfindungszeitraumes die Minderung der Erwerbsfähigkeit wesentlich sinkt.

§ 79 Umfang der Abfindung

¹Eine Rente kann in den Fällen einer Abfindung bei einer Minderung der Erwerbsfähigkeit ab 40 vom Hundert bis zur Hälfte für einen Zeitraum von zehn Jahren abgefunden werden. ²Als Abfindungssumme wird das Neunfache des der Abfindung zugrundeliegenden Jahresbetrages der Rente gezahlt. ³Der Anspruch auf den Teil der Rente, an dessen Stelle die Abfindung tritt, erlischt mit Ablauf des Monats der Auszahlung für zehn Jahre.

§ 80 Abfindung bei Wiederheirat

(1) ¹Eine Witwenrente oder Witwerrente wird bei der ersten Wiederheirat der Berechtigten mit dem 24fachen Monatsbetrag abgefunden. ²In diesem Fall werden Witwenrenten und Witwerrenten an frühere Ehegatten, die auf demselben Versicherungsfall beruhen, erst nach Ablauf von 24 Monaten neu festgesetzt. ³Bei einer Rente nach § 65 Abs. 2 Nr. 2 vermindert sich das 24fache des abzufindenden Monatsbetrages um die Anzahl an Kalendermonaten, für die die Rente geleistet wurde. ⁴Entsprechend vermindert sich die Anzahl an Kalendermonaten nach Satz 2.
(2) ¹Monatsbetrag ist der Durchschnitt der für die letzten zwölf Kalendermonate geleisteten Witwenrente oder Witwerrente. ²Bei Wiederheirat vor Ablauf des 15. Kalendermonats nach dem Tode des Versicherten ist Monatsbetrag der Durchschnittsbetrag der Witwenrente oder Witwerrente, die nach Ablauf des dritten auf den Sterbemonat folgenden Kalendermonats zu leisten war. ³Bei Wiederheirat vor Ablauf dieses Kalendermonats ist Monatsbetrag der Betrag der Witwenrente oder Witwerrente, der für den vierten auf den Sterbemonat folgenden Kalendermonat zu leisten wäre.
(3) ¹Wurde bei der Wiederheirat eine Rentenabfindung gezahlt und besteht nach Auflösung oder Nichtigerklärung der erneuten Ehe Anspruch auf Witwenrente oder Witwerrente nach dem vorletzten Ehegatten, wird für jeden Kalendermonat, der auf die Zeit nach Auflösung oder Nichtigerklärung der erneuten Ehe bis zum Ablauf des 24. Kalendermonats nach Ablauf des Monats der Wiederheirat entfällt, von dieser Rente ein Vierundzwanzigstel der Rentenabfindung in angemessenen Teilbeträgen einbehalten. ²Bei verspäteter Antragstellung mindert sich die einzubehaltende Rentenabfindung um den Betrag, der den Berechtigten bei frühestmöglicher Antragstellung an Witwenrente oder Witwerrente nach dem vorletzten Ehegatten zugestanden hätte.
(4) Die Absätze 1 bis 3 gelten entsprechend für die Bezieher einer Witwen- und Witwerrente an frühere Ehegatten.
(5) Die Absätze 1 bis 4 gelten entsprechend für die Bezieher einer Witwen- oder Witwerrente an Lebenspartner.

Vierter Abschnitt
Mehrleistungen

§ 94 Mehrleistungen

(1) ¹Die Satzung kann Mehrleistungen bestimmen für
1. Personen, die für ein in § 2 Abs. 1 Nr. 9 oder 12 genanntes Unternehmen unentgeltlich, insbesondere ehrenamtlich tätig sind,
2. Personen, die nach § 2 Abs. 1 Nr. 10, 11 oder 13 oder Abs. 3 Nr. 2 versichert sind,
3. Personen, die nach § 2 Abs. 1 Nr. 1 oder § 2 Absatz 3 Satz 1 Nummer 3 Buchstabe a versichert sind, wenn diese an einer besonderen Auslandsverwendung im Sinne des § 31a des Beamtenversorgungsgesetzes oder des § 63c des Soldatenversorgungsgesetzes, die nach § 2 Absatz 3 Satz 1 Nummer 3 Buchstabe c versichert sind teilnehmen.

²Dabei können die Art der versicherten Tätigkeit, insbesondere ihre Gefährlichkeit, sowie Art und Schwere des Gesundheitsschadens berücksichtigt werden.
(2) Die Mehrleistungen zu Renten dürfen zusammen mit
1. Renten an Versicherte ohne die Zulage für Schwerverletzte 85 vom Hundert,
2. Renten an Hinterbliebene 80 vom Hundert
des Höchstjahresarbeitsverdienstes nicht überschreiten.

(2a) ¹Für die in Absatz 1 Satz 1 Nummer 3 genannten Personen kann die Satzung die Höhe des Jahresarbeitsverdienstes bis zur Höhe des Eineinhalbfachen des Jahresarbeitsverdienstes bestimmen, der nach dem Dritten Abschnitt des Dritten Kapitels maßgebend ist. ²Absatz 2 ist in diesen Fällen nicht anzuwenden.
(3) Die Mehrleistungen werden auf Geldleistungen, deren Höhe vom Einkommen abhängt, nicht angerechnet.

Fünfter Abschnitt
Gemeinsame Vorschriften für Leistungen

§ 95 Anpassung von Geldleistungen

(1) ¹Jeweils zum gleichen Zeitpunkt, zu dem die Renten der gesetzlichen Rentenversicherung angepasst werden, werden die vom Jahresarbeitsverdienst abhängigen Geldleistungen, mit Ausnahme des Verletzten- und Übergangsgeldes, für Versicherungsfälle, die im vergangenen Kalenderjahr oder früher eingetreten sind, entsprechend dem Vomhundertsatz angepaßt, um den sich die Renten aus der gesetzlichen Rentenversicherung verändern. ²Die Bundesregierung hat mit Zustimmung des Bundesrates in der Rechtsverordnung über die Bestimmung des für die Rentenanpassung in der gesetzlichen Rentenversicherung maßgebenden aktuellen Rentenwerts den Anpassungsfaktor entsprechend dem Vomhundertsatz nach Satz 1 zu bestimmen.
(2) ¹Die Geldleistungen werden in der Weise angepaßt, daß sie nach einem mit dem Anpassungsfaktor vervielfältigten Jahresarbeitsverdienst berechnet werden. ²Die Vorschrift über den Höchstjahresarbeitsverdienst gilt mit der Maßgabe, daß an die Stelle des Zeitpunkts des Versicherungsfalls der Zeitpunkt der Anpassung tritt. ³Wird bei einer Neufestsetzung des Jahresarbeitsverdienstes nach voraussichtlicher Schul- oder Berufsausbildung oder nach bestimmten Altersstufen auf eine für diese Zeitpunkte maßgebende Berechnungsgrundlage abgestellt, gilt als Eintritt des Versicherungsfalls im Sinne des Absatzes 1 Satz 1 der Tag, an dem die Voraussetzungen für die Neufestsetzung eingetreten sind.

§ 96 Fälligkeit, Auszahlung und Berechnungsgrundsätze

(1) ¹Laufende Geldleistungen mit Ausnahme des Verletzten- und Übergangsgeldes werden am Ende des Monats fällig, zu dessen Beginn die Anspruchsvoraussetzungen erfüllt sind; sie werden am letzten Bankarbeitstag dieses Monats ausgezahlt. ²Bei Zahlung auf ein Konto ist die Gutschrift der laufenden Geldleistung, auch wenn sie nachträglich erfolgt, so vorzunehmen, dass die Wertstellung des eingehenden Überweisungsbetrages auf dem Empfängerkonto unter dem Datum des Tages erfolgt, an dem der Betrag dem Geldinstitut zur Verfügung gestellt worden ist. ³Für die rechtzeitige Auszahlung im Sinne von Satz 1 genügt es, wenn nach dem gewöhnlichen Verlauf die Wertstellung des Betrages der laufenden Geldleistung unter dem Datum des letzten Bankarbeitstages erfolgen kann.
(2) Laufende Geldleistungen können mit Zustimmung der Berechtigten für einen angemessenen Zeitraum im voraus ausgezahlt werden.
(2a) In Fällen des § 47 Absatz 1 Satz 3 des Ersten Buches erfolgt eine kostenfreie Übermittlung von Geldleistungen an den Wohnsitz oder gewöhnlichen Aufenthalt spätestens ab dem zweiten Monat, der auf den Monat folgt, in dem der Nachweis erbracht worden ist.
(3) ¹Geldleistungen, die für die Zeit nach dem Tod des Berechtigten auf ein Konto bei einem Geldinstitut, für das die Verordnung (EU) Nr. 260/2012 des Europäischen Parlaments und des Rates vom 14. März 2012 zur Festlegung der technischen Vorschriften und der Geschäftsanforderungen für Überweisungen und Lastschriften in Euro und zur Änderung der Verordnung (EG) Nr. 924/2009 (ABl. L 94 vom 30. 3. 2012, S. 22) gilt, überwiesen wurden, gelten als unter Vorbehalt erbracht. ²Das Geldinstitut hat sie der überweisenden Stelle oder dem Unfallversicherungsträger zurückzuüberweisen, wenn diese sie als zu Unrecht erbracht zurückfordern. ³Eine Verpflichtung zur Rücküberweisung besteht nicht, soweit über den entsprechenden Betrag bei Eingang der Rückforderung bereits anderweitig verfügt wurde, es sei denn, daß die Rücküberweisung aus einem Guthaben erfolgen kann. ⁴Das Geldinstitut darf den überwiesenen Betrag nicht zur Befriedigung eigener Forderungen verwenden.
(4) ¹Soweit Geldleistungen für die Zeit nach dem Tod des Berechtigten zu Unrecht erbracht worden sind, sind sowohl die Personen, die die Geldleistungen unmittelbar in Empfang genommen haben oder an die der entsprechende Betrag durch Dauerauftrag, Lastschrifteinzug oder sonstiges bankübliches Zahlungsgeschäft auf ein Konto weitergeleitet wurde (Empfänger), als auch die Personen, die als Verfügungsberechtigte über den entsprechenden Betrag ein bankübliches Zahlungsgeschäft zu Lasten des Kontos vorgenommen oder zugelassen haben (Verfügende), dem Träger der Unfallversicherung zur Erstattung des entsprechenden Betrages verpflichtet. ²Der Träger der Unfallversicherung hat Erstattungsansprüche durch Verwaltungsakt geltend zu machen. ³Ein Geldinstitut, das eine Rücküberweisung mit dem Hinweis abgelehnt hat, dass über den entsprechenden Betrag bereits anderweitig verfügt wurde, hat der überweisenden Stelle oder dem Träger der

Unfallversicherung auf Verlangen Name und Anschrift des Empfängers oder Verfügenden und etwaiger neuer Kontoinhaber zu benennen. ⁴Ein Anspruch gegen die Erben nach § 50 des Zehnten Buches bleibt unberührt.
(4a) ¹Die Ansprüche nach den Absätzen 3 und 4 verjähren in vier Jahren nach Ablauf des Kalenderjahres, in dem der erstattungsberechtigte Träger der Unfallversicherung Kenntnis von der Überzahlung und in den Fällen des Absatzes 4 zusätzlich von dem Erstattungspflichtigen erlangt hat. ²Für die Hemmung, die Ablaufhemmung, den Neubeginn und die Wirkung der Verjährung gelten die Vorschriften des Bürgerlichen Gesetzbuchs sinngemäß.
(5) Die Berechnungsgrundsätze des § 187 gelten mit der Maßgabe, daß bei der anteiligen Ermittlung einer Monatsrente der Kalendermonat mit der Zahl seiner tatsächlichen Tage anzusetzen ist.
(6) Sind laufende Geldleistungen, die nach Absatz 1 auszuzahlen und in dem Monat fällig geworden sind, in dem der Berechtigte verstorben ist, auf das bisherige Empfängerkonto bei einem Geldinstitut überwiesen worden, ist der Anspruch der Erben gegenüber dem Träger der Unfallversicherung erfüllt.

§ 97 Leistungen ins Ausland
Berechtigte, die ihren gewöhnlichen Aufenthalt im Ausland haben, erhalten nach diesem Buch
1. Geldleistungen,
2. für alle sonstigen zu erbringenden Leistungen eine angemessene Erstattung entstandener Kosten einschließlich der Kosten für eine Pflegekraft oder für Heimpflege.

§ 98 Anrechnung anderer Leistungen
(1) Auf Geldleistungen nach diesem Buch werden Geldleistungen eines ausländischen Trägers der Sozialversicherung oder einer ausländischen staatlichen Stelle, die ihrer Art nach den Leistungen nach diesem Buch vergleichbar sind, angerechnet.
(2) Entsteht der Anspruch auf eine Geldleistung nach diesem Buch wegen eines Anspruchs auf eine Leistung nach den Vorschriften des Sechsten Buches ganz oder teilweise nicht, gilt dies auch hinsichtlich vergleichbarer Leistungen, die von einem ausländischen Träger gezahlt werden.
(3) ¹Auf Geldleistungen, die nach § 2 Abs. 3 Satz 1 Nr. 3 und § 3 Abs. 1 Nr. 3 versicherten Personen wegen eines Körper-, Sach- oder Vermögensschadens nach diesem Buch erbracht werden, sind gleichartige Geldleistungen anzurechnen, die wegen desselben Schadens von Dritten gezahlt werden. ²Geldleistungen auf Grund privater Versicherungsverhältnisse, die allein auf Beiträgen von Versicherten beruhen, werden nicht angerechnet.

§ 99 Wahrnehmung von Aufgaben durch die Deutsche Post AG
(1) ¹Die Unfallversicherungsträger zahlen die laufenden Geldleistungen mit Ausnahme des Verletzten- und Übergangsgeldes in der Regel durch die Deutsche Post AG aus. ²Die Unfallversicherungsträger können die laufenden Geldleistungen auch an das vom Berechtigten angegebene Geldinstitut überweisen. ³Im übrigen können die Unfallversicherungsträger Geldleistungen durch die Deutsche Post AG auszahlen lassen.
(2) ¹Soweit die Deutsche Post AG laufende Geldleistungen für die Unfallversicherungsträger auszahlt, führt sie auch Arbeiten zur Anpassung der Leistungen durch. ²Die Anpassungsmitteilungen ergehen im Namen des Unfallversicherungsträgers.
(3) ¹Die Auszahlung und die Durchführung der Anpassung von Geldleistungen durch die Deutsche Post AG umfassen auch die Wahrnehmung der damit im Zusammenhang stehenden Aufgaben der Unfallversicherungsträger, insbesondere die Erstellung statistischen Materials und dessen Übermittlung an das Bundesministerium für Arbeit und Soziales und die Verbände der Unfallversicherungsträger. ²Die Deutsche Post AG kann entsprechende Aufgaben auch zugunsten der Unfallversicherungsträger wahrnehmen, die die laufenden Geldleistungen nicht durch sie auszahlen.
(4) ¹Die Unfallversicherungsträger werden von ihrer Verantwortung gegenüber den Berechtigten nicht entbunden. ²Die Berechtigten sollen Änderungen in den tatsächlichen oder rechtlichen Verhältnissen, die für die Auszahlung oder die Durchführung der Anpassung der von der Deutschen Post AG gezahlten Geldleistungen erheblich sind, unmittelbar der Deutschen Post AG mitteilen.
(5) Zur Auszahlung der Geldleistungen erhält die Deutsche Post AG von den Unfallversicherungsträgern monatlich rechtzeitig angemessene Vorschüsse.
(6) Die Deutsche Post AG erhält für ihre Tätigkeit von den Unfallversicherungsträgern eine angemessene Vergütung und auf die Vergütung monatlich rechtzeitig angemessene Vorschüsse.

§ 100 Verordnungsermächtigung
Das Bundesministerium für Arbeit und Soziales wird ermächtigt, durch Rechtsverordnung mit Zustimmung des Bundesrates

1. den Inhalt der von der Deutschen Post AG wahrzunehmenden Aufgaben der Unfallversicherungsträger näher zu bestimmen und die Rechte und Pflichten der Beteiligten festzulegen, insbesondere die Überwachung der Zahlungsvoraussetzungen durch die Auswertung der Sterbefallmitteilungen der Meldebehörden nach § 101a des Zehnten Buches und durch die Einholung von Lebensbescheinigungen im Rahmen des § 60 Abs. 1 und des § 65 Abs. 1 Nr. 3 des Ersten Buches,
2. die Höhe und Fälligkeit der Vorschüsse, die die Deutsche Post AG von den Unfallversicherungsträgern erhält, näher zu bestimmen,
3. das Verfahren zur Bestimmung der Höhe sowie die Fälligkeit der Vergütung und der Vorschüsse, die die Deutsche Post AG von den Unfallversicherungsträgern erhält, näher zu bestimmen.

§ 101 Ausschluß oder Minderung von Leistungen

(1) Personen, die den Tod von Versicherten vorsätzlich herbeigeführt haben, haben keinen Anspruch auf Leistungen.
(2) ¹Leistungen können ganz oder teilweise versagt oder entzogen werden, wenn der Versicherungsfall bei einer von Versicherten begangenen Handlung eingetreten ist, die nach rechtskräftigem strafgerichtlichen Urteil ein Verbrechen oder vorsätzliches Vergehen ist. ²Zuwiderhandlungen gegen Bergverordnungen oder bergbehördliche Anordnungen gelten nicht als Vergehen im Sinne des Satzes 1. ³Soweit die Leistung versagt wird, kann sie an unterhaltsberechtigte Ehegatten oder Lebenspartner und Kinder geleistet werden.

§ 102 Schriftform

In den Fällen des § 36a Abs. 1 Satz 1 Nr. 2 des Vierten Buches wird die Entscheidung über einen Anspruch auf eine Leistung schriftlich erlassen.

§ 103 Zwischennachricht, Unfalluntersuchung

(1) Kann der Unfallversicherungsträger in den Fällen des § 36a Abs. 1 Satz 1 des Vierten Buches innerhalb von sechs Monaten ein Verfahren nicht abschließen, hat er den Versicherten nach Ablauf dieser Zeit und danach in Abständen von sechs Monaten über den Stand des Verfahrens schriftlich oder elektronisch zu unterrichten.
(2) ¹Der Versicherte ist berechtigt, an der Untersuchung eines Versicherungsfalls, die am Arbeitsplatz oder am Unfallort durchgeführt wird, teilzunehmen. ²Hinterbliebene, die aufgrund des Versicherungsfalls Ansprüche haben können, können an der Untersuchung teilnehmen, wenn sie dies verlangen.

Viertes Kapitel
Haftung von Unternehmern, Unternehmensangehörigen und anderen Personen

Erster Abschnitt
Beschränkung der Haftung gegenüber Versicherten, ihren Angehörigen und Hinterbliebenen

§ 104 Beschränkung der Haftung der Unternehmer

(1) ¹Unternehmer sind den Versicherten, die für ihre Unternehmen tätig sind oder zu ihren Unternehmen in einer sonstigen die Versicherung begründenden Beziehung stehen, sowie deren Angehörigen und Hinterbliebenen nach anderen gesetzlichen Vorschriften zum Ersatz des Personenschadens, den ein Versicherungsfall verursacht hat, nur verpflichtet, wenn sie den Versicherungsfall vorsätzlich oder auf einem nach § 8 Abs. 2 Nr. 1 bis 4 versicherten Weg herbeigeführt haben. ²Ein Forderungsübergang nach § 116 des Zehnten Buches findet nicht statt.
(2) Absatz 1 gilt entsprechend für Personen, die als Leibesfrucht durch einen Versicherungsfall im Sinne des § 12 geschädigt worden sind.
(3) Die nach Absatz 1 oder 2 verbleibenden Ersatzansprüche vermindern sich um die Leistungen, die Berechtigte nach Gesetz oder Satzung infolge des Versicherungsfalls erhalten.

§ 105 Beschränkung der Haftung anderer im Betrieb tätiger Personen

(1) ¹Personen, die durch eine betriebliche Tätigkeit einen Versicherungsfall von Versicherten desselben Betriebs verursachen, sind diesen sowie deren Angehörigen und Hinterbliebenen nach anderen gesetzlichen Vorschriften zum Ersatz des Personenschadens nur verpflichtet, wenn sie den Versicherungsfall vorsätzlich oder auf einem nach § 8 Abs. 2 Nr. 1 bis 4 versicherten Weg herbeigeführt haben. ²Satz 1 gilt entsprechend bei der Schädigung von Personen, die für denselben Betrieb tätig und nach § 4 Abs. 1 Nr. 1 versicherungsfrei sind. ³§ 104 Abs. 1 Satz 2, Abs. 2 und 3 gilt entsprechend.
(2) ¹Absatz 1 gilt entsprechend, wenn nicht versicherte Unternehmer geschädigt worden sind. ²Soweit nach Satz 1 eine Haftung ausgeschlossen ist, werden die Unternehmer wie Versicherte, die einen Versicherungsfall erlitten haben, behandelt, es sei denn, eine Ersatzpflicht des Schädigers gegenüber dem Unternehmer ist zivilrechtlich ausgeschlossen. ³Für die Berechnung von Geldleistungen gilt der Mindestjahresarbeitsverdienst als Jahresarbeitsverdienst. ⁴Geldleistungen werden jedoch nur bis zur Höhe eines zivilrechtlichen Schadenersatzanspruchs erbracht.

§ 106 Beschränkung der Haftung anderer Personen

(1) In den in § 2 Abs. 1 Nr. 2, 3 und 8 genannten Unternehmen gelten die §§ 104 und 105 entsprechend für die Ersatzpflicht
1. der in § 2 Abs. 1 Nr. 2, 3 und 8 genannten Versicherten untereinander,
2. der in § 2 Abs. 1 Nr. 2, 3 und 8 genannten Versicherten gegenüber den Betriebsangehörigen desselben Unternehmens,
3. der Betriebsangehörigen desselben Unternehmens gegenüber den in § 2 Abs. 1 Nr. 2, 3 und 8 genannten Versicherten.

(2) Im Fall des § 2 Abs. 1 Nr. 17 gelten die §§ 104 und 105 entsprechend für die Ersatzpflicht
1. der Pflegebedürftigen gegenüber den Pflegepersonen,
2. der Pflegepersonen gegenüber den Pflegebedürftigen,
3. der Pflegepersonen desselben Pflegebedürftigen untereinander.

(3) Wirken Unternehmen zur Hilfe bei Unglücksfällen oder Unternehmen des Zivilschutzes zusammen oder verrichten Versicherte mehrerer Unternehmen vorübergehend betriebliche Tätigkeiten auf einer gemeinsamen Betriebsstätte, gelten die §§ 104 und 105 für die Ersatzpflicht der für die beteiligten Unternehmen Tätigen untereinander.

(4) Die §§ 104 und 105 gelten ferner für die Ersatzpflicht von Betriebsangehörigen gegenüber den nach § 3 Abs. 1 Nr. 2 Versicherten.

Zweiter Abschnitt
Haftung gegenüber den Sozialversicherungsträgern

§ 110 Haftung gegenüber den Sozialversicherungsträgern

(1) [1]Haben Personen, deren Haftung nach den §§ 104 bis 107 beschränkt ist, den Versicherungsfall vorsätzlich oder grob fahrlässig herbeigeführt, haften sie den Sozialversicherungsträgern für die infolge des Versicherungsfalls entstandenen Aufwendungen, jedoch nur bis zur Höhe des zivilrechtlichen Schadenersatzanspruchs. [2]Statt der Rente kann der Kapitalwert gefordert werden. [3]Das Verschulden braucht sich nur auf das den Versicherungsfall verursachende Handeln oder Unterlassen zu beziehen.

(1a) [1]Unternehmer, die Schwarzarbeit nach § 1 des Schwarzarbeitsbekämpfungsgesetzes erbringen und dadurch bewirken, dass Beiträge nach dem Sechsten Kapitel nicht, nicht in der richtigen Höhe oder nicht rechtzeitig entrichtet werden, erstatten den Unfallversicherungsträgern die Aufwendungen, die diesen infolge von Versicherungsfällen bei Ausführung der Schwarzarbeit entstanden sind. [2]Eine nicht ordnungsgemäße Beitragsentrichtung wird vermutet, wenn die Unternehmer die Personen, bei denen die Versicherungsfälle eingetreten sind, nicht nach § 28a des Vierten Buches bei der Einzugsstelle oder der Datenstelle der Rentenversicherung angemeldet hatten.

(2) Die Sozialversicherungsträger können nach billigem Ermessen, insbesondere unter Berücksichtigung der wirtschaftlichen Verhältnisse des Schuldners, auf den Ersatzanspruch ganz oder teilweise verzichten.

Fünftes Kapitel
Organisation

Erster Abschnitt
Unfallversicherungsträger

§ 114 Unfallversicherungsträger

(1) [1]Träger der gesetzlichen Unfallversicherung (Unfallversicherungsträger) sind
1. die in der Anlage 1 aufgeführten gewerblichen Berufsgenossenschaften,
2. die Sozialversicherung für Landwirtschaft, Forsten und Gartenbau; bei Durchführung der Aufgaben nach diesem Gesetz und in sonstigen Angelegenheiten der landwirtschaftlichen Unfallversicherung führt sie die Bezeichnung landwirtschaftliche Berufsgenossenschaft,
3. die Unfallversicherung Bund und Bahn,
4. die Unfallkassen der Länder,
5. die Gemeindeunfallversicherungsverbände und Unfallkassen der Gemeinden,
6. die Feuerwehr-Unfallkassen,
7. die gemeinsamen Unfallkassen für den Landes- und den kommunalen Bereich.

[2]Die landwirtschaftliche Berufsgenossenschaft nimmt in der landwirtschaftlichen Unfallversicherung Verbandsaufgaben wahr.

61 SGB VII §§ 199–209

(2) ¹Soweit dieses Gesetz die Unfallversicherungsträger ermächtigt, Satzungen zu erlassen, bedürfen diese der Genehmigung der Aufsichtsbehörde. ²Ergibt sich nachträglich, daß eine Satzung nicht hätte genehmigt werden dürfen, kann die Aufsichtsbehörde anordnen, daß der Unfallversicherungsträger innerhalb einer bestimmten Frist die erforderliche Änderung vornimmt. ³Kommt der Unfallversicherungsträger der Anordnung nicht innerhalb dieser Frist nach, kann die Aufsichtsbehörde die erforderliche Änderung anstelle des Unfallversicherungsträgers selbst vornehmen.

(3) Für die Unfallversicherung Bund und Bahn gilt Absatz 2 mit der Maßgabe, dass bei der Genehmigung folgender Satzungen das Einvernehmen mit dem Bundesministerium für Arbeit und Soziales und dem Bundesministerium der Finanzen erforderlich ist:
1. Satzungen über die Erstreckung des Versicherungsschutzes auf Personen nach § 3 Abs. 1 Nr. 2 und 3,
2. Satzungen über die Obergrenze des Jahresarbeitsverdienstes (§ 85 Abs. 2),
3. Satzungen über Mehrleistungen (§ 94) und
4. Satzungen über die Aufwendungen der Unfallversicherung Bund und Bahn (§ 186).

Achtes Kapitel
Datenschutz

Erster Abschnitt
Grundsätze

§ 199 Verarbeitung von Daten durch die Unfallversicherungsträger

(1) ¹Die Unfallversicherungsträger dürfen Sozialdaten nur erheben und speichern, soweit dies zur Erfüllung ihrer gesetzlich vorgeschriebenen oder zugelassenen Aufgaben erforderlich ist. ²Ihre Aufgaben sind
1. die Feststellung der Zuständigkeit und des Versicherungsstatus,
2. die Erbringung der Leistungen nach dem Dritten Kapitel einschließlich Überprüfung der Leistungsvoraussetzungen und Abrechnung der Leistungen,
3. die Berechnung, Festsetzung und Erhebung von Beitragsberechnungsgrundlagen und Beiträgen nach dem Sechsten Kapitel,
4. die Durchführung von Erstattungs- und Ersatzansprüchen,
5. die Verhütung von Versicherungsfällen, die Abwendung von arbeitsbedingten Gesundheitsgefahren sowie die Vorsorge für eine wirksame Erste Hilfe nach dem Zweiten Kapitel,
6. die Erforschung von Risiken und Gesundheitsgefahren für die Versicherten.

(2) ¹Die Sozialdaten dürfen nur für Aufgaben nach Absatz 1 in dem jeweils erforderlichen Umfang verändert, genutzt, übermittelt oder in der Verarbeitung eingeschränkt werden. ²Eine Verarbeitung für andere Zwecke ist nur zulässig, soweit dies durch Rechtsvorschriften des Sozialgesetzbuches angeordnet oder erlaubt ist.

(3) Bei der Feststellung des Versicherungsfalls soll der Unfallversicherungsträger Auskünfte über Erkrankungen und frühere Erkrankungen des Betroffenen von anderen Stellen oder Personen erst einholen, wenn hinreichende Anhaltspunkte für den ursächlichen Zusammenhang zwischen der versicherten Tätigkeit und dem schädigenden Ereignis oder der schädigenden Einwirkung vorliegen.

Dritter Abschnitt
Dateisysteme

§ 205 (weggefallen)

Neuntes Kapitel
Bußgeldvorschriften

§ 209 Bußgeldvorschriften

(1) ¹Ordnungswidrig handelt, wer vorsätzlich oder fahrlässig
1. einer Unfallverhütungsvorschrift nach § 15 Abs. 1 oder 2 zuwiderhandelt, soweit sie für einen bestimmten Tatbestand auf diese Bußgeldvorschrift verweist,
2. einer vollziehbaren Anordnung nach § 19 Abs. 1 zuwiderhandelt
3. entgegen § 19 Abs. 2 Satz 2 eine Maßnahme nicht duldet,
4. entgegen § 138 die Versicherten nicht unterrichtet,
5. entgegen
    a) § 165 Absatz 1 Satz 1, auch in Verbindung mit einer Satzung nach § 165 Absatz 1 Satz 2 oder Satz 3 dieses Buches, jeweils in Verbindung mit § 34 Absatz 1 Satz 1 des Vierten Buches, oder
    b) § 194

eine Meldung nicht, nicht richtig, nicht vollständig oder nicht rechtzeitig macht,
6. entgegen § 165 Absatz 2 Satz 1 in Verbindung mit einer Satzung nach § 34 Absatz 1 Satz 1 des Vierten Buches einen dort genannten Nachweis nicht, nicht richtig, nicht vollständig oder nicht rechtzeitig einreicht,
7. entgegen § 165 Abs. 4 eine Aufzeichnung nicht führt oder nicht oder nicht mindestens fünf Jahre aufbewahrt,
7a. entgegen § 183 Absatz 6 Satz 1 in Verbindung mit einer Satzung nach § 34 Absatz 1 Satz 1 des Vierten Buches eine Auskunft nicht, nicht richtig, nicht vollständig oder nicht rechtzeitig gibt,
8. entgegen § 192 Abs. 1 Nr. 1 bis 3 oder Abs. 4 Satz 1 eine Mitteilung nicht, nicht richtig, nicht vollständig oder nicht rechtzeitig macht,
9. entgegen § 193 Abs. 1 Satz 1, auch in Verbindung mit Satz 2, Abs. 2, 3 Satz 2, Abs. 4 oder 6 eine Anzeige nicht, nicht richtig oder nicht rechtzeitig erstattet,
10. entgegen § 193 Abs. 9 einen Unfall nicht in das Schiffstagebuch einträgt, nicht darstellt oder nicht in einer besonderen Niederschrift nachweist oder
11. entgegen § 198 oder 203 Abs. 1 Satz 1 eine Auskunft nicht, nicht richtig, nicht vollständig oder nicht rechtzeitig erteilt.

²In den Fällen der Nummer 5, die sich auf geringfügige Beschäftigungen in Privathaushalten im Sinne von § 8a des Vierten Buches beziehen, findet § 266a Abs. 2 des Strafgesetzbuches keine Anwendung.
(2) Ordnungswidrig handelt, wer als Unternehmer Versicherten Beiträge ganz oder zum Teil auf das Arbeitsentgelt anrechnet.
(3) Die Ordnungswidrigkeit kann in den Fällen des Absatzes 1 Nr. 1 bis 3 mit einer Geldbuße bis zu zehntausend Euro, in den Fällen des Absatzes 2 mit einer Geldbuße bis zu fünftausend Euro, in den übrigen Fällen mit einer Geldbuße bis zu zweitausendfünfhundert Euro geahndet werden.

§ 210 Zuständige Verwaltungsbehörde
Verwaltungsbehörde im Sinne des § 36 Abs. 1 Nr. 1 des Gesetzes über Ordnungswidrigkeiten ist der Unfallversicherungsträger.

§ 211 Zusammenarbeit bei der Verfolgung und Ahndung von Ordnungswidrigkeiten
¹Zur Verfolgung und Ahndung von Ordnungswidrigkeiten arbeiten die Unfallversicherungsträger insbesondere mit den Behörden der Zollverwaltung, der Bundesagentur für Arbeit, den nach § 6 Abs. 1 Satz 1 Nr. 2 des Zweiten Buches zuständigen Trägern oder den nach § 6a des Zweiten Buches zugelassenen kommunalen Trägern, den Krankenkassen als Einzugsstellen für die Sozialversicherungsbeiträge, den in § 71 des Aufenthaltsgesetzes genannten Behörden, den Finanzbehörden, den nach Landesrecht für die Verfolgung und Ahndung von Ordnungswidrigkeiten nach dem Schwarzarbeitsbekämpfungsgesetz zuständigen Behörden, den Trägern der Sozialhilfe und den für den Arbeitsschutz zuständigen Landesbehörden zusammen, wenn sich im Einzelfall konkrete Anhaltspunkte für
1. Verstöße gegen das Schwarzarbeitsbekämpfungsgesetz,
2. eine Beschäftigung oder Tätigkeit von Ausländern ohne erforderlichen Aufenthaltstitel nach § 4 Abs. 3 des Aufenthaltsgesetzes, eine Aufenthaltsgestattung oder eine Duldung, die zur Ausübung der Beschäftigung berechtigen, oder eine Genehmigung nach § 284 Abs. 1 des Dritten Buches,
3. Verstöße gegen die Mitwirkungspflicht nach § 60 Abs. 1 Satz 1 Nr. 2 des Ersten Buches gegenüber einer Dienststelle der Bundesagentur für Arbeit, einem Träger der gesetzlichen Kranken-, Pflege- oder Rentenversicherung, einem nach § 6 Abs. 1 Satz 1 Nr. 2 des Zweiten Buches zuständigen Träger oder einem nach § 6a des Zweiten Buches zugelassenen kommunalen Träger oder einem Träger der Sozialhilfe oder gegen die Meldepflicht nach § 8a des Asylbewerberleistungsgesetzes,
4. Verstöße gegen das Arbeitnehmerüberlassungsgesetz,
5. Verstöße gegen die Bestimmungen des Vierten und Fünften Buches sowie dieses Buches über die Verpflichtung zur Zahlung von Sozialversicherungsbeiträgen, soweit sie im Zusammenhang mit den in den Nummern 1 bis 4 genannten Verstößen stehen,
6. Verstöße gegen die Steuergesetze,
7. Verstöße gegen das Aufenthaltsgesetz

ergeben. ²Sie unterrichten die für die Verfolgung und Ahndung zuständigen Behörden, die Träger der Sozialhilfe sowie die Behörden nach § 71 des Aufenthaltsgesetzes. ³Die Unterrichtung kann auch Angaben über die Tatsachen, die für die Einziehung der Beiträge zur Unfallversicherung erforderlich sind, enthalten. ⁴Medizinische und psychologische Daten, die über einen Versicherten erhoben worden sind, dürfen die Unfallversicherungsträger nicht übermitteln.

Gesetz über die Entschädigung für Opfer von Gewalttaten (Opferentschädigungsgesetz – OEG)

in der Fassung der Bekanntmachung
vom 7. Januar 1985 (BGBl. I S. 1)

Zuletzt geändert durch
Teilhabestärkungsgesetz
vom 2. Juni 2021 (BGBl. I S. 1387)

Inhaltsübersicht

§ 1	Anspruch auf Versorgung	§ 8	(Änderung der Reichsversicherungsordnung)
§ 2	Versagungsgründe		
§ 3	Zusammentreffen von Ansprüchen	§ 9	(Änderung des Pflichtversicherungsgesetzes)
§ 3a	Leistungen bei Gewalttaten im Ausland		
§ 4	Kostenträger	§ 10	Übergangsvorschriften
§ 5	Übergang gesetzlicher Schadensersatzansprüche	§ 10a	Härteregelung
		§ 10b	(weggefallen)
§ 6	Zuständigkeit und Verfahren	§ 10c	Übergangsregelung
§ 6a	Zuständigkeiten des Bundesministeriums für Arbeit und Soziales	§ 10d	Übergangsvorschrift
§ 7	Rechtsweg	§ 11	(Inkrafttreten)

§ 1 Anspruch auf Versorgung

(1) Wer im Geltungsbereich dieses Gesetzes oder auf einem deutschen Schiff oder Luftfahrzeug infolge eines vorsätzlichen, rechtswidrigen tätlichen Angriffs gegen seine oder eine andere Person oder durch dessen rechtmäßige Abwehr eine gesundheitliche Schädigung erlitten hat, erhält wegen der gesundheitlichen und wirtschaftlichen Folgen auf Antrag Versorgung in entsprechender Anwendung der Vorschriften des Bundesversorgungsgesetzes. Die Anwendung dieser Vorschrift wird nicht dadurch ausgeschlossen, daß der Angreifer in der irrtümlichen Annahme von Voraussetzungen eines Rechtfertigungsgrundes gehandelt hat.

(2) Einem tätlichen Angriff im Sinne des Absatzes 1 stehen gleich
1. die vorsätzliche Beibringung von Gift,
2. die wenigstens fahrlässige Herbeiführung einer Gefahr für Leib und Leben eines anderen durch ein mit gemeingefährlichen Mitteln begangenes Verbrechen.

(3) Einer Schädigung im Sinne des Absatzes 1 stehen Schädigungen gleich, die durch einen Unfall unter den Voraussetzungen des § 1 Abs. 2 Buchstabe e oder f des Bundesversorgungsgesetzes herbeigeführt worden sind; Buchstabe e gilt auch für einen Unfall, den der Geschädigte bei der unverzüglichen Erstattung der Strafanzeige erleidet.

(4) Ausländerinnen und Ausländer haben dieselben Ansprüche wie Deutsche.

(5) Die Hinterbliebenen eines Geschädigten erhalten auf Antrag Versorgung in entsprechender Anwendung der Vorschriften des Bundesversorgungsgesetzes. Partner einer eheähnlichen Gemeinschaft erhalten Leistungen in entsprechender Anwendung der §§ 40, 40a und 41 des Bundesversorgungsgesetzes, sofern ein Partner an den Schädigungsfolgen verstorben ist und der andere unter Verzicht auf eine Erwerbstätigkeit die Betreuung eines gemeinschaftlichen Kindes ausübt; dieser Anspruch ist auf die ersten drei Lebensjahre des Kindes beschränkt.

(6) Einer Schädigung im Sinne des Absatzes 1 stehen Schädigungen gleich, die ein Berechtigter oder Leistungsempfänger nach Absatz 1 oder 5 in Verbindung mit § 10 Abs. 4 oder 5 des Bundesversorgungsgesetzes, eine Pflegeperson oder eine Begleitperson bei einer notwendigen Begleitung des Geschädigten durch einen Unfall unter den Voraussetzungen des § 8a des Bundesversorgungsgesetzes erleidet.

(7) Einer gesundheitlichen Schädigung im Sinne des Absatzes 1 steht die Beschädigung eines am Körper getragenen Hilfsmittels, einer Brille, von Kontaktlinsen oder von Zahnersatz gleich.

(8) Wird ein tätlicher Angriff im Sinne des Absatzes 1 durch den Gebrauch eines Kraftfahrzeugs oder eines Anhängers verübt, werden Leistungen nach diesem Gesetz erbracht.

(9) § 1 Abs. 3, die §§ 64 bis 64d, 64f sowie 89 des Bundesversorgungsgesetzes sind mit der Maßgabe anzuwenden, daß an die Stelle der Zustimmung des Bundesministeriums für Arbeit und Soziales die Zustimmung der für die Kriegsopferversorgung zuständigen obersten Landesbehörde tritt, sofern ein

Land Kostenträger ist (§ 4). Dabei sind die für deutsche Staatsangehörige geltenden Vorschriften auch für von diesem Gesetz erfaßte Ausländer.
(10) § 20 des Bundesversorgungsgesetzes ist mit den Maßgaben anzuwenden, daß an die Stelle der in Absatz 1 Satz 3 genannten Zahl die Zahl der rentenberechtigten Beschädigten und Hinterbliebenen nach diesem Gesetz im Vergleich zur Zahl des Vorjahres tritt, daß in Absatz 1 Satz 4 an die Stelle der dort genannten Ausgaben der Krankenkassen je Mitglied und Rentner einschließlich Familienangehörige die bundesweiten Ausgaben je Mitglied treten, daß Absatz 2 Satz 1 für die oberste Landesbehörde, die für die Kriegsopferversorgung zuständig ist, oder die von ihr bestimmte Stelle gilt und daß in Absatz 3 an die Stelle der in Satz 1 genannten Zahl die Zahl 1, 3 tritt und die Sätze 2 bis 4 nicht gelten.
(11) Im Rahmen der Heilbehandlung sind auch heilpädagogische Behandlung, heilgymnastische und bewegungstherapeutische Übungen zu gewähren, wenn diese bei der Heilbehandlung notwendig sind.

§ 2 Versagungsgründe

(1) Leistungen sind zu versagen, wenn der Geschädigte die Schädigung verursacht hat oder wenn es aus sonstigen, insbesondere in dem eigenen Verhalten des Anspruchstellers liegenden Gründen unbillig wäre, Entschädigung zu gewähren. Leistungen sind auch zu versagen, wenn der Geschädigte oder Antragsteller
1. an politischen Auseinandersetzungen in seinem Heimatstaat aktiv beteiligt ist oder war und die Schädigung darauf beruht oder
2. an kriegerischen Auseinandersetzungen in seinem Heimatstaat aktiv beteiligt ist oder war und Anhaltspunkte dafür vorhanden sind, daß die Schädigung hiermit in Zusammenhang steht, es sei denn, er weist nach, daß dies nicht der Fall ist oder
3. in die organisierte Kriminalität verwickelt ist oder war oder einer Organisation, die Gewalttaten begeht, angehört oder angehört hat, es sei denn, er weist nach, daß die Schädigung hiermit nicht in Zusammenhang steht.
(2) Leistungen können versagt werden, wenn der Geschädigte es unterlassen hat, das ihm Mögliche zur Aufklärung des Sachverhalts und zur Verfolgung des Täters beizutragen, insbesondere unverzüglich Anzeige bei einer für die Strafverfolgung zuständigen Behörde zu erstatten.

§ 3 Zusammentreffen von Ansprüchen

(1) Treffen Ansprüche aus diesem Gesetz mit Ansprüchen aus § 1 des Bundesversorgungsgesetzes oder aus anderen Gesetzen zusammen, die eine entsprechende Anwendung des Bundesversorgungsgesetzes vorsehen, ist unter Berücksichtigung des durch die gesamten Schädigungsfolgen bedingten Grades der Schädigungsfolgen eine einheitliche Rente festzusetzen.
(2) Die Ansprüche nach diesem Gesetz entfallen, soweit auf Grund der Schädigung Ansprüche nach dem Bundesversorgungsgesetz oder nach einem Gesetz, welches eine entsprechende Anwendung des Bundesversorgungsgesetzes vorsieht, bestehen.
(3) Trifft ein Versorgungsanspruch nach diesem Gesetz mit einem Schadensersatzanspruch auf Grund fahrlässiger Amtspflichtverletzung zusammen, so wird der Anspruch nach § 839 Abs. 1 des Bürgerlichen Gesetzbuchs nicht dadurch ausgeschlossen, daß die Voraussetzungen des § 1 vorliegen.
(4) Bei Schäden nach diesem Gesetz gilt § 4 Abs. 1 Nr. 2 des Siebten Buches Sozialgesetzbuch nicht.

§ 3a Leistungen bei Gewalttaten im Ausland

(1) Erleiden Deutsche oder Ausländer nach § 1 Absatz 4 im Ausland infolge einer Gewalttat nach § 1 Absatz 1 oder 2 eine gesundheitliche Schädigung im Sinne von § 1 Absatz 1, erhalten sie wegen der gesundheitlichen und wirtschaftlichen Folgen auf Antrag einen Ausgleich nach Absatz 2, wenn sie
1. ihren gewöhnlichen und rechtmäßigen Aufenthalt im Geltungsbereich dieses Gesetzes haben und
2. sich zum Tatzeitpunkt für einen vorübergehenden Zeitraum von längstens sechs Monaten außerhalb des Geltungsbereichs dieses Gesetzes aufgehalten haben. •
(2) Geschädigte erhalten die auf Grund der Schädigungsfolgen notwendigen Maßnahmen der Heilbehandlung und der medizinischen Rehabilitation einschließlich psychotherapeutischer Angebote. Darüber hinaus erhalten Geschädigte

ab einem Grad der Schädigungsfolgen (GdS) von 10 bis zu
einem GdS von 20   eine Einmalzahlung von 800 Euro,
bei einem GdS von 30 und 40   eine Einmalzahlung von 1 600 Euro,
bei einem GdS von 50 und 60   eine Einmalzahlung von 5 800 Euro,
bei einem GdS von 70 bis 90   eine Einmalzahlung von 10 200 Euro und
bei einem GdS von 100   eine Einmalzahlung von 16 500 Euro.

Bei Verlust mehrerer Gliedmaßen, bei Verlust von Gliedmaßen in Kombination mit einer Schädigung von Sinnesorganen oder in Kombination mit einer Hirnschädigung oder bei schweren Verbrennungen beträgt die Einmalzahlung 28 500 Euro. Ist die Gliedmaße noch vorhanden aber nicht funktionsfähig, ist dies nur dann wie ein Verlust der Gliedmaße zu bewerten, wenn sich ausschließlich aus der Funktionsunfähigkeit mindestens ein GdS ergibt, der auch bei Verlust der gleichen Gliedmaße bestehen würde.

(3) Ist eine Person, bei der die Voraussetzungen nach Absatz 1 vorliegen, an den Folgen der Schädigung gestorben, erhalten Hinterbliebene im Sinne von § 38 des Bundesversorgungsgesetzes mit Ausnahme der Verwandten der aufsteigenden Linie sowie Betreuungsunterhaltsberechtigte eine Einmalzahlung. Diese beträgt bei Vollwaisen 2600 Euro, bei Halbwaisen 1400 Euro und ansonsten 5000 Euro. Darüber hinaus haben Hinterbliebene einschließlich der Eltern, deren minderjährige Kinder an den Folgen einer Gewalttat im Ausland verstorben sind, Anspruch auf die notwendigen psychotherapeutischen Maßnahmen. Zu den Überführungs- und Beerdigungskosten wird ein Zuschuss bis zu 1700 Euro gewährt, soweit nicht Dritte die Kosten übernehmen.

(4) Leistungsansprüche aus anderen öffentlichen oder privaten Sicherungs- oder Versorgungssystemen sind auf die Leistungen nach den Absätzen 2 und 3 anzurechnen. Hierzu können auch Leistungsansprüche aus Sicherungs- oder Versorgungssystemen des Staates zählen, in dem sich die Gewalttat ereignet hat. Handelt es sich bei der anzurechnenden Leistung um eine laufende Rentenzahlung, so ist der Anrechnung ein Betrag zugrunde zu legen, der der Höhe des zum Zeitpunkt der Antragstellung nach § 1 erworbenen Anspruchs auf eine Kapitalabfindung entspricht.

(5) Von Ansprüchen nach Absatz 2 sind Geschädigte ausgeschlossen, die es grob fahrlässig unterlassen haben, einen nach den Umständen des Einzelfalles gebotenen Versicherungsschutz zu begründen. Ansprüche nach Absatz 2 sind außerdem ausgeschlossen, wenn bei der geschädigten Person ein Versagungsgrund nach § 2 Absatz 1 Satz 1 oder Absatz 2 vorliegt.

(6) Hinterbliebene sind von Ansprüchen nach Absatz 3 ausgeschlossen, wenn ein Ausschlussgrund nach Absatz 5 in ihrer Person oder bei der getöteten Person vorliegt.

§ 4 Kostenträger

(1) Zur Gewährung der Versorgung ist das Land verpflichtet, in dem die berechtigte Person ihren Wohnsitz, bei Fehlen eines Wohnsitzes ihren gewöhnlichen Aufenthalt hat, soweit die Absätze 2 bis 8 in Verbindung mit § 6 Absatz 1 nichts Abweichendes regeln.

(2) Für die Entscheidung über einen bis einschließlich 19. Dezember 2019 gestellten und nicht bestandskräftig beschiedenen Antrag auf Leistungen nach § 1 ist bis zum 30. Juni 2020 dasjenige Land zuständig und zur Gewährung der Versorgung verpflichtet, in dem die Schädigung eingetreten ist. Ab dem 1. Juli 2020 ist für die Entscheidung dasjenige Land zuständig und zur Gewährung der Versorgung verpflichtet, in dem die berechtigte Person ihren Wohnsitz, bei Fehlen eines Wohnsitzes ihren gewöhnlichen Aufenthalt hat.

(3) Für eine berechtigte Person, die am 19. Dezember 2019 bereits Leistungen nach § 1 erhält, und in den Fällen nach Absatz 2 Satz 1, in denen Leistungen nach § 1 gewährt werden, ist bis zum 31. Dezember 2020 das Land zur Gewährung der Versorgung verpflichtet, in dem die Schädigung eingetreten ist; dies gilt auch, wenn Anträge auf zusätzliche Leistungen gestellt werden. Ab dem 1. Januar 2021 ist dasjenige Land zur Gewährung der Versorgung verpflichtet, in dem die leistungsberechtigte Person im Sinne des Satzes 1 ihren Wohnsitz, bei Fehlen eines Wohnsitzes ihren gewöhnlichen Aufenthalt hat.

(4) Sind in den Fällen des Absatzes 2 Satz 1 und des Absatzes 3 Satz 1 Feststellungen zu dem Ort der Schädigung nicht möglich, so ist das Land zur Gewährung der Versorgung verpflichtet, in dem der Geschädigte zur Tatzeit seinen Wohnsitz oder gewöhnlichen Aufenthalt hatte.

(5) Haben berechtigte Personen ihren Wohnsitz oder gewöhnlichen Aufenthalt außerhalb des Geltungsbereiches dieses Gesetzes, ist das Land zur Gewährung der Versorgung verpflichtet, in dem die Schädigung eingetreten ist. Abweichend von Satz 1 bleibt das nach den Absätzen 1 bis 4 bestimmte Land zur Gewährung der Versorgung verpflichtet, wenn der Wohnsitz, bei Fehlen eines Wohnsitzes der gewöhnliche Aufenthalt nach der Schädigung ins Ausland verlegt wird.

(6) Wenn der Geschädigte zur Tatzeit seinen Wohnsitz oder gewöhnlichen Aufenthalt nicht im Geltungsbereich dieses Gesetzes hatte und eine Feststellung, in welchem Land die Schädigung eingetreten ist, nicht möglich ist, trägt der Bund die Kosten der Versorgung. Das Gleiche gilt, wenn die Schädigung auf einem deutschen Schiff, einem deutschen Luftfahrzeug oder an einem Ort im Ausland eingetreten ist.

(7) Der Bund trägt vierzig vom Hundert der Ausgaben, die den Ländern durch Geldleistungen nach diesem Gesetz entstehen. Zu den Geldleistungen gehören nicht solche Geldbeträge, die zur Abgeltung oder an Stelle einer Sachleistung gezahlt werden. Zur Vereinfachung der Abrechnung erstattet der Bund

den Ländern in einem pauschalierten Verfahren jeweils 22 Prozent der ihnen nach Absatz 1 entstandenen Ausgaben. Der Bund überprüft in einem Abstand von fünf Jahren, erstmals im Jahr 2014, die Voraussetzungen für die in Satz 3 genannte Quote.
(8) In den Fällen des § 3 Abs. 1 sind die Kosten, die durch das Hinzutreten der weiteren Schädigung verursacht werden, von dem Leistungsträger zu übernehmen, der für die Versorgung wegen der weiteren Schädigung zuständig ist.

§5 Übergang gesetzlicher Schadensersatzansprüche

Ist ein Land Kostenträger (§ 4), so gilt § 81a des Bundesversorgungsgesetzes mit der Maßgabe, daß der gegen Dritte bestehende gesetzliche Schadensersatzanspruch auf das zur Gewährung der Leistungen nach diesem Gesetz verpflichtete Land übergeht und der Übergang des Anspruchs insbesondere dann nicht geltend gemacht werden kann, wenn die Schadensersatzleistungen der Schädigerin oder des Schädigers oder eines Dritten nicht ausreichen, um den gesamten Schaden zu ersetzen; in diesen Fällen sind die Schadensersatzansprüche der oder des Berechtigten vorrangig gegenüber den Ansprüchen des Kostenträgers.

§6 Zuständigkeit und Verfahren

(1) Die Versorgung nach diesem Gesetz obliegt den für die Durchführung des Bundesversorgungsgesetzes zuständigen Behörden. Ist der Bund Kostenträger, so sind zuständig
1. wenn der Geschädigte seinen Wohnsitz oder gewöhnlichen Aufenthalt in einem Land hat, die Behörden dieses Landes; es finden die Übergangsregelungen gemäß § 4 Absatz 2 und 3 beschränkt auf die Zuständigkeit der Behörde entsprechend Anwendung, davon ausgenommen sind Versorgungen bei Schädigungen an einem Ort im Ausland,
2. wenn der Geschädigte seinen Wohnsitz oder gewöhnlichen Aufenthalt außerhalb des Geltungsbereiches dieses Gesetzes hat, die Behörden des Landes, das die Versorgung von Kriegsopfern in dem Wohnsitz- oder Aufenthaltsland durchführt.

Abweichend von Satz 2 Nummer 2 sind, wenn die Schädigung auf einem deutschen Schiff oder Luftfahrzeug eingetreten ist, die Behörden des Landes zuständig, in dem das Schiff in das Schiffsregister eingetragen ist oder in dem der Halter des Luftfahrzeugs seinen Sitz oder Wohnsitz hat.
(2) Die örtliche Zuständigkeit der Behörden bestimmt die Landesregierung durch Rechtsverordnung.
(3) Das Gesetz über das Verwaltungsverfahren der Kriegsopferversorgung, mit Ausnahme der §§ 3 bis 5, sowie die Vorschriften des Sozialgerichtsgesetzes über das Vorverfahren sind anzuwenden.
(4) Absatz 3 gilt nicht, soweit die Versorgung in der Gewährung von Leistungen besteht, die den Leistungen der Kriegsopferfürsorge nach den §§ 25 bis 27h des Bundesversorgungsgesetzes entsprechen.

§6a Zuständigkeiten des Bundesministeriums für Arbeit und Soziales

(1) Das Bundesministerium für Arbeit und Soziales nimmt die Aufgaben der zentralen Behörde im Sinne des Artikels 12 Satz 2 des Europäischen Übereinkommens vom 24. November 1983 über die Entschädigung für Opfer von Gewalttaten (BGBl. 1996 II S. 1120) wahr.
(2) Das Bundesministerium für Arbeit und Soziales nimmt ferner die Aufgaben der Unterstützungsbehörde im Sinne des Artikels 3 Abs. 1 und der zentralen Kontaktstelle im Sinne des Artikels 16 der Richtlinie 2004/80/EG des Rates vom 29. April 2004 zur Entschädigung der Opfer von Straftaten (ABl. EU Nr. L 261 S. 15) wahr.

§7 Rechtsweg

(1) Für öffentlich-rechtliche Streitigkeiten in Angelegenheiten dieses Gesetzes ist, mit Ausnahme der Fälle des Absatzes 2, der Rechtsweg zu den Gerichten der Sozialgerichtsbarkeit gegeben. Soweit das Sozialgerichtsgesetz besondere Vorschriften für die Kriegsopferversorgung enthält, gelten diese auch für Streitigkeiten nach Satz 1.
(2) Soweit die Versorgung in der Gewährung von Leistungen besteht, die den Leistungen der Kriegsopferfürsorge nach den §§ 25 bis 27h des Bundesversorgungsgesetzes entsprechen, ist der Verwaltungsrechtsweg gegeben.

§8 (Änderung der Reichsversicherungsordnung)

§9 (Änderung des Pflichtversicherungsgesetzes)

§ 10 Übergangsvorschriften

Dieses Gesetz gilt für Ansprüche aus Taten, die nach seinem Inkrafttreten begangen worden sind. Darüber hinaus gelten die §§ 1 bis 7 mit Ausnahme des § 3a für Ansprüche aus Taten, die in der Zeit vom 23. Mai 1949 bis 15. Mai 1976 begangen worden sind, nach Maßgabe der §§ 10a und 10c. In dem in Artikel 3 des Einigungsvertrages genannten Gebiet gilt dieses Gesetz für Ansprüche aus Taten, die nach dem 2. Oktober 1990 begangen worden sind. Darüber hinaus gelten die §§ 1 bis 7 mit Ausnahme des § 3a für Ansprüche aus Taten, die in dem in Satz 4 genannten Gebiet in der Zeit vom 7. Oktober 1949 bis zum 2. Oktober 1990 begangen worden sind, nach Maßgabe der §§ 10a und 10c. In den Fällen des § 3a gilt dieses Gesetz erst für Ansprüche aus Taten, die nach dem 30. Juni 2009 begangen worden sind.

§ 10a Härteregelung

(1) Personen, die in der Zeit vom 23. Mai 1949 bis 15. Mai 1976 geschädigt worden sind, erhalten auf Antrag Versorgung, solange sie
1. allein infolge dieser Schädigung schwerbeschädigt sind und
2. bedürftig sind und
3. im Geltungsbereich dieses Gesetzes ihren Wohnsitz oder gewöhnlichen Aufenthalt haben.

Versorgung nach Maßgabe des Satzes 1 erhalten auch Personen, die in dem in Artikel 3 des Einigungsvertrages genannten Gebiet ihren Wohnsitz oder gewöhnlichen Aufenthalt haben oder zum Zeitpunkt der Schädigung hatten, wenn die Schädigung in der Zeit vom 7. Oktober 1949 bis zum 2. Oktober 1990 in dem vorgenannten Gebiet eingetreten ist. § 31 Abs. 4 Satz 2 erster Halbsatz des Bundesversorgungsgesetzes gilt.
(2) Bedürftig ist ein Anspruchsteller, wenn sein Einkommen im Sinne des § 33 des Bundesversorgungsgesetzes den Betrag, von dem an die nach der Anrechnungsverordnung (§ 33 Abs. 6 Bundesversorgungsgesetz) zu berechnenden Leistungen nicht mehr zustehen, zuzüglich des Betrages der jeweiligen Grundrente, der Schwerstbeschädigtenzulage sowie der Pflegezulage nicht übersteigt.
(3) Übersteigt das Einkommen den Betrag, von dem an die vom Einkommen beeinflußten Versorgungsleistungen nicht mehr zustehen, so sind die Versorgungsbezüge in der Reihenfolge Grundrente, Schwerstbeschädigtenzulage und Pflegezulage um den übersteigenden Betrag zu mindern. Bei der Berechnung des übersteigenden Betrages sind die Einkünfte aus gegenwärtiger Erwerbstätigkeit vor den übrigen Einkünften zu berücksichtigen. § 33 Abs. 4, § 33a Abs. 2 und § 33b Abs. 6 des Bundesversorgungsgesetzes gelten nicht.
(4) Die Hinterbliebenen eines Geschädigten erhalten auf Antrag Versorgung in entsprechender Anwendung der §§ 38 bis 52 des Bundesversorgungsgesetzes, solange sie bedürftig sind und im Geltungsbereich dieses Gesetzes ihren Wohnsitz oder ständigen Aufenthalt haben. Die Absätze 2 und 3 gelten entsprechend. Unabhängig vom Zeitpunkt des Todes des Beschädigten sind für die Witwenbeihilfe die Anspruchsvoraussetzungen des § 48 Abs. 1 Satz 1, 5 und 6 des Bundesversorgungsgesetzes in der im Zeitpunkt der Antragstellung geltenden Fassung maßgebend.
(5) Die Versorgung umfaßt alle nach dem Bundesversorgungsgesetz vorgesehenen Leistungen mit Ausnahme von Berufsschadens- und Schadensausgleich.

§ 10b (weggefallen)

§ 10c Übergangsregelung

Neue Ansprüche, die sich auf Grund einer Änderung dieses Gesetzes ergeben, werden nur auf Antrag festgestellt. Wird der Antrag binnen eines Jahres nach Verkündung des Änderungsgesetzes gestellt, so beginnt die Zahlung mit dem Zeitpunkt des Inkrafttretens, frühestens jedoch mit dem Monat, in dem die Voraussetzungen erfüllt sind.

§ 10d Übergangsvorschrift

(1) Am 1. Januar 1998 noch nicht gezahlte Erstattungen von Aufwendungen für Leistungen, die vor dem 1. Januar 1998 erbracht worden sind, werden nach den bis dahin geltenden Erstattungsregelungen abgerechnet.
(2) Für das Jahr 1998 wird der Pauschalbetrag wie folgt ermittelt: Aus der Summe der Erstattungen des Landes an die Krankenkassen nach diesem Gesetz in den Jahren 1995 bis 1997, abzüglich der Erstattungen für Leistungen bei Pflegebedürftigkeit nach § 11 Abs. 4 und § 12 Abs. 5 des Bundesversorgungsgesetzes in der bis zum 31. März 1995 geltenden Fassung und abzüglich der Erstattungen nach § 19 Abs. 4 des Bundesversorgungsgesetzes in der bis zum 31. Dezember 1993 geltenden Fassung, wird der Jahresdurchschnitt ermittelt.

§ 11 (Inkrafttreten)

Bürgerliches Gesetzbuch (BGB)

in der Fassung der Bekanntmachung
vom 2. Januar 2002 (BGBl. I S. 42, S. 2909, 2003 S. 738)

Zuletzt geändert durch
Gesetz zur Regelung des Verkaufs von Sachen mit digitalen Elementen und anderer Aspekte des Kaufvertrags vom 25. Juni 2021 (BGBl. I S. 2133)

– Auszug –

Inhaltsübersicht

Buch 1
Allgemeiner Teil

Abschnitt 1
Personen

Titel 1
Natürliche Personen, Verbraucher, Unternehmer

§ 1	Beginn der Rechtsfähigkeit
§ 2	Eintritt der Volljährigkeit
§§ 3 bis 6	(weggefallen)
§ 7	Wohnsitz; Begründung und Aufhebung
§ 8	Wohnsitz nicht voll Geschäftsfähiger
§ 9	Wohnsitz eines Soldaten
§ 10	(weggefallen)
§ 11	Wohnsitz des Kindes
§ 12	Namensrecht
§ 13	Verbraucher
§ 14	Unternehmer
§§ 15 bis 20	(weggefallen)

Titel 2
Juristische Personen

Untertitel 1
Vereine

Kapitel 1
Allgemeine Vorschriften

§ 21	Nicht wirtschaftlicher Verein
§ 22	Wirtschaftlicher Verein
§ 23	(weggefallen)
§ 24	Sitz
§ 25	Verfassung
§ 26	Vorstand und Vertretung
§ 27	Bestellung und Geschäftsführung des Vorstands
§ 28	Beschlussfassung des Vorstands
§ 29	Notbestellung durch Amtsgericht
§ 30	Besondere Vertreter
§ 31	Haftung des Vereins für Organe
§ 31a	Haftung von Organmitgliedern und besonderen Vertretern
§ 31b	Haftung von Vereinsmitgliedern
§ 32	Mitgliederversammlung; Beschlussfassung
§ 33	Satzungsänderung
§ 34	Ausschluss vom Stimmrecht
§ 35	Sonderrechte
§ 36	Berufung der Mitgliederversammlung
§ 37	Berufung auf Verlangen einer Minderheit
§ 38	Mitgliedschaft
§ 39	Austritt aus dem Verein
§ 40	Nachgiebige Vorschriften
§ 41	Auflösung des Vereins
§ 42	Insolvenz
§ 43	Entziehung der Rechtsfähigkeit
§ 44	Zuständigkeit und Verfahren
§ 45	Anfall des Vereinsvermögens
§ 46	Anfall an den Fiskus
§ 47	Liquidation
§ 48	Liquidatoren
§ 49	Aufgaben der Liquidatoren
§ 50	Bekanntmachung des Vereins in Liquidation
§ 50a	Bekanntmachungsblatt
§ 51	Sperrjahr
§ 52	Sicherung für Gläubiger
§ 53	Schadensersatzpflicht der Liquidatoren
§ 54	Nicht rechtsfähige Vereine

Kapitel 2
Eingetragene Vereine

§ 55	Zuständigkeit für die Registereintragung
§ 55a	Elektronisches Vereinsregister
§ 56	Mindestmitgliederzahl des Vereins
§ 57	Mindesterfordernisse an die Vereinssatzung
§ 58	Sollinhalt der Vereinssatzung
§ 59	Anmeldung zur Eintragung
§ 60	Zurückweisung der Anmeldung
§§ 61 bis 63	(weggefallen)
§ 64	Inhalt der Vereinsregistereintragung
§ 65	Namenszusatz
§ 66	Bekanntmachung der Eintragung und Aufbewahrung von Dokumenten
§ 67	Änderung des Vorstands
§ 68	Vertrauensschutz durch Vereinsregister
§ 69	Nachweis des Vereinsvorstands
§ 70	Vertrauensschutz bei Eintragungen zur Vertretungsmacht
§ 71	Änderungen der Satzung
§ 72	Bescheinigung der Mitgliederzahl
§ 73	Unterschreiten der Mindestmitgliederzahl
§ 74	Auflösung
§ 75	Eintragungen bei Insolvenz
§ 76	Eintragungen bei Liquidation

§ 77	Anmeldepflichtige und Form der Anmeldungen
§ 78	Festsetzung von Zwangsgeld
§ 79	Einsicht in das Vereinsregister
§ 79a	Anwendung der Verordnung (EU) 2016/679 im Registerverfahren

Untertitel 2
Stiftungen

§ 80	Entstehung einer rechtsfähigen Stiftung
§ 81	Stiftungsgeschäft
§ 82	Übertragungspflicht des Stifters
§ 83	Stiftung von Todes wegen
§ 84	Anerkennung nach Tod des Stifters
§ 85	Stiftungsverfassung
§ 86	Anwendung des Vereinsrechts
§ 87	Zweckänderung; Aufhebung
§ 88	Vermögensanfall

Untertitel 3
Juristische Personen des öffentlichen Rechts

§ 89	Haftung für Organe; Insolvenz

Abschnitt 2
Sachen und Tiere

§ 90	Begriff der Sache
§ 90a	Tiere
§ 91	Vertretbare Sachen
§ 92	Verbrauchbare Sachen
§ 93	Wesentliche Bestandteile einer Sache
§ 94	Wesentliche Bestandteile eines Grundstücks oder Gebäudes
§ 95	Nur vorübergehender Zweck
§ 96	Rechte als Bestandteile eines Grundstücks
§ 97	Zubehör
§ 98	Gewerbliches und landwirtschaftliches Inventar
§ 99	Früchte
§ 100	Nutzungen
§ 101	Verteilung der Früchte
§ 102	Ersatz der Gewinnungskosten
§ 103	Verteilung der Lasten

Abschnitt 3
Rechtsgeschäfte

Titel 1
Geschäftsfähigkeit

§ 104	Geschäftsunfähigkeit
§ 105	Nichtigkeit der Willenserklärung
§ 105a	Geschäfte des täglichen Lebens
§ 106	Beschränkte Geschäftsfähigkeit Minderjähriger
§ 107	Einwilligung des gesetzlichen Vertreters
§ 108	Vertragsschluss ohne Einwilligung
§ 109	Widerrufsrecht des anderen Teils
§ 110	Bewirken der Leistung mit eigenen Mitteln
§ 111	Einseitige Rechtsgeschäfte
§ 112	Selbständiger Betrieb eines Erwerbsgeschäfts
§ 113	Dienst- oder Arbeitsverhältnis
§§ 114 und 115	(weggefallen)

Titel 2
Willenserklärung

§ 116	Geheimer Vorbehalt
§ 117	Scheingeschäft
§ 118	Mangel der Ernstlichkeit
§ 119	Anfechtbarkeit wegen Irrtums
§ 120	Anfechtbarkeit wegen falscher Übermittlung
§ 121	Anfechtungsfrist
§ 122	Schadensersatzpflicht des Anfechtenden
§ 123	Anfechtbarkeit wegen Täuschung oder Drohung
§ 124	Anfechtungsfrist
§ 125	Nichtigkeit wegen Formmangels
§ 126	Schriftform
§ 126a	Elektronische Form
§ 126b	Textform
§ 127	Vereinbarte Form
§ 127a	Gerichtlicher Vergleich
§ 128	Notarielle Beurkundung
§ 129	Öffentliche Beglaubigung
§ 130	Wirksamwerden der Willenserklärung gegenüber Abwesenden
§ 131	Wirksamwerden gegenüber nicht voll Geschäftsfähigen
§ 132	Ersatz des Zugehens durch Zustellung
§ 133	Auslegung einer Willenserklärung
§ 134	Gesetzliches Verbot
§ 135	Gesetzliches Veräußerungsverbot
§ 136	Behördliches Veräußerungsverbot
§ 137	Rechtsgeschäftliches Verfügungsverbot
§ 138	Sittenwidriges Rechtsgeschäft; Wucher
§ 139	Teilnichtigkeit
§ 140	Umdeutung
§ 141	Bestätigung des nichtigen Rechtsgeschäfts
§ 142	Wirkung der Anfechtung
§ 143	Anfechtungserklärung
§ 144	Bestätigung des anfechtbaren Rechtsgeschäfts

Titel 3
Vertrag

§ 145	Bindung an den Antrag
§ 146	Erlöschen des Antrags
§ 147	Annahmefrist
§ 148	Bestimmung einer Annahmefrist
§ 149	Verspätet zugegangene Annahmeerklärung
§ 150	Verspätete und abändernde Annahme
§ 151	Annahme ohne Erklärung gegenüber dem Antragenden
§ 152	Annahme bei notarieller Beurkundung
§ 153	Tod oder Geschäftsunfähigkeit des Antragenden
§ 154	Offener Einigungsmangel; fehlende Beurkundung
§ 155	Versteckter Einigungsmangel
§ 156	Vertragsschluss bei Versteigerung
§ 157	Auslegung von Verträgen

Titel 4
Bedingung und Zeitbestimmung
§ 158 Aufschiebende und auflösende Bedingung
§ 159 Rückbeziehung
§ 160 Haftung während der Schwebezeit
§ 161 Unwirksamkeit von Verfügungen während der Schwebezeit
§ 162 Verhinderung oder Herbeiführung des Bedingungseintritts
§ 163 Zeitbestimmung

Titel 5
Vertretung und Vollmacht
§ 164 Wirkung der Erklärung des Vertreters
§ 165 Beschränkt geschäftsfähiger Vertreter
§ 166 Willensmängel; Wissenszurechnung
§ 167 Erteilung der Vollmacht
§ 168 Erlöschen der Vollmacht
§ 169 Vollmacht des Beauftragten und des geschäftsführenden Gesellschafters
§ 170 Wirkungsdauer der Vollmacht
§ 171 Wirkungsdauer bei Kundgebung
§ 172 Vollmachtsurkunde
§ 173 Wirkungsdauer bei Kenntnis und fahrlässiger Unkenntnis
§ 174 Einseitiges Rechtsgeschäft eines Bevollmächtigten
§ 175 Rückgabe der Vollmachtsurkunde
§ 176 Kraftloserklärung der Vollmachtsurkunde
§ 177 Vertragsschluss durch Vertreter ohne Vertretungsmacht
§ 178 Widerrufsrecht des anderen Teils
§ 179 Haftung des Vertreters ohne Vertretungsmacht
§ 180 Einseitiges Rechtsgeschäft
§ 181 Insichgeschäft

Titel 6
Einwilligung und Genehmigung
§ 182 Zustimmung
§ 183 Widerruflichkeit der Einwilligung
§ 184 Rückwirkung der Genehmigung
§ 185 Verfügung eines Nichtberechtigten

Abschnitt 4
Fristen, Termine
§ 186 Geltungsbereich
§ 187 Fristbeginn
§ 188 Fristende
§ 189 Berechnung einzelner Fristen
§ 190 Fristverlängerung
§ 191 Berechnung von Zeiträumen
§ 192 Anfang, Mitte, Ende des Monats
§ 193 Sonn- und Feiertag; Sonnabend

Abschnitt 5
Verjährung

Titel 1
Gegenstand und Dauer der Verjährung
§ 194 Gegenstand der Verjährung
§ 195 Regelmäßige Verjährungsfrist
§ 196 Verjährungsfrist bei Rechten an einem Grundstück
§ 197 Dreißigjährige Verjährungsfrist
§ 198 Verjährung bei Rechtsnachfolge
§ 199 Beginn der regelmäßigen Verjährungsfrist und Verjährungshöchstfristen
§ 200 Beginn anderer Verjährungsfristen
§ 201 Beginn der Verjährungsfrist von festgestellten Ansprüchen
§ 202 Unzulässigkeit von Vereinbarungen über die Verjährung

Titel 2
Hemmung, Ablaufhemmung und Neubeginn der Verjährung
§ 203 Hemmung der Verjährung bei Verhandlungen
§ 204 Hemmung der Verjährung durch Rechtsverfolgung
§ 205 Hemmung der Verjährung bei Leistungsverweigerungsrecht
§ 206 Hemmung der Verjährung bei höherer Gewalt
§ 207 Hemmung der Verjährung aus familiären und ähnlichen Gründen
§ 208 Hemmung der Verjährung bei Ansprüchen wegen Verletzung der sexuellen Selbstbestimmung
§ 209 Wirkung der Hemmung
§ 210 Ablaufhemmung bei nicht voll Geschäftsfähigen
§ 211 Ablaufhemmung in Nachlassfällen
§ 212 Neubeginn der Verjährung
§ 213 Hemmung, Ablaufhemmung und erneuter Beginn der Verjährung bei anderen Ansprüchen

Titel 3
Rechtsfolgen der Verjährung
§ 214 Wirkung der Verjährung
§ 215 Aufrechnung und Zurückbehaltungsrecht nach Eintritt der Verjährung
§ 216 Wirkung der Verjährung bei gesicherten Ansprüchen
§ 217 Verjährung von Nebenleistungen
§ 218 Unwirksamkeit des Rücktritts
§§ 219 bis 225 (weggefallen)

Abschnitt 6
Ausübung der Rechte, Selbstverteidigung, Selbsthilfe
§ 226 Schikaneverbot
§ 227 Notwehr
§ 228 Notstand
§ 229 Selbsthilfe

§ 230 Grenzen der Selbsthilfe
§ 231 Irrtümliche Selbsthilfe

Abschnitt 7
Sicherheitsleistung

§ 232 Arten
§ 233 Wirkung der Hinterlegung
§ 234 Geeignete Wertpapiere
§ 235 Umtauschrecht
§ 236 Buchforderungen
§ 237 Bewegliche Sachen
§ 238 Hypotheken, Grund- und Rentenschulden
§ 239 Bürge
§ 240 Ergänzungspflicht

Buch 2
Recht der Schuldverhältnisse

Abschnitt 1
Inhalt der Schuldverhältnisse

Titel 1
Verpflichtung zur Leistung

§ 241 Pflichten aus dem Schuldverhältnis
§ 241a Unbestellte Leistungen
§ 242 Leistung nach Treu und Glauben
§ 243 Gattungsschuld
§ 244 Fremdwährungsschuld
§ 245 Geldsortenschuld
§ 246 Gesetzlicher Zinssatz
§ 247 Basiszinssatz
§ 248 Zinseszinsen
§ 249 Art und Umfang des Schadensersatzes
§ 250 Schadensersatz in Geld nach Fristsetzung
§ 251 Schadensersatz in Geld ohne Fristsetzung
§ 252 Entgangener Gewinn
§ 253 Immaterieller Schaden
§ 254 Mitverschulden
§ 255 Abtretung der Ersatzansprüche
§ 256 Verzinsung von Aufwendungen
§ 257 Befreiungsanspruch
§ 258 Wegnahmerecht
§ 259 Umfang der Rechenschaftspflicht
§ 260 Pflichten bei Herausgabe oder Auskunft über Inbegriff von Gegenständen
§ 261 Änderung der eidesstattlichen Versicherung; Kosten
§ 262 Wahlschuld; Wahlrecht
§ 263 Ausübung des Wahlrechts; Wirkung
§ 264 Verzug des Wahlberechtigten
§ 265 Unmöglichkeit bei Wahlschuld
§ 266 Teilleistungen
§ 267 Leistung durch Dritte
§ 268 Ablösungsrecht des Dritten
§ 269 Leistungsort
§ 270 Zahlungsort
§ 270a Vereinbarungen über Entgelte für die Nutzung bargeldloser Zahlungsmittel
§ 271 Leistungszeit
§ 271a Vereinbarungen über Zahlungs-, Überprüfungs- oder Abnahmefristen
§ 272 Zwischenzinsen
§ 273 Zurückbehaltungsrecht
§ 274 Wirkungen des Zurückbehaltungsrechts
§ 275 Ausschluss der Leistungspflicht
§ 276 Verantwortlichkeit des Schuldners
§ 277 Sorgfalt in eigenen Angelegenheiten
§ 278 Verantwortlichkeit des Schuldners für Dritte
§ 279 (weggefallen)
§ 280 Schadensersatz wegen Pflichtverletzung
§ 281 Schadensersatz statt der Leistung wegen nicht oder nicht wie geschuldet erbrachter Leistung
§ 282 Schadensersatz statt der Leistung wegen Verletzung einer Pflicht nach § 241 Abs. 2
§ 283 Schadensersatz statt der Leistung bei Ausschluss der Leistungspflicht
§ 284 Ersatz vergeblicher Aufwendungen
§ 285 Herausgabe des Ersatzes
§ 286 Verzug des Schuldners
§ 287 Verantwortlichkeit während des Verzugs
§ 288 Verzugszinsen und sonstiger Verzugsschaden
§ 289 Zinseszinsverbot
§ 290 Verzinsung des Wertersatzes
§ 291 Prozesszinsen
§ 292 Haftung bei Herausgabepflicht

Titel 2
Verzug des Gläubigers

§ 293 Annahmeverzug
§ 294 Tatsächliches Angebot
§ 295 Wörtliches Angebot
§ 296 Entbehrlichkeit des Angebots
§ 297 Unvermögen des Schuldners
§ 298 Zug-um-Zug-Leistungen
§ 299 Vorübergehende Annahmeverhinderung
§ 300 Wirkungen des Gläubigerverzugs
§ 301 Wegfall der Verzinsung
§ 302 Nutzungen
§ 303 Recht zur Besitzaufgabe
§ 304 Ersatz von Mehraufwendungen

Abschnitt 2
Gestaltung rechtsgeschäftlicher Schuldverhältnisse durch Allgemeine Geschäftsbedingungen

§ 305 Einbeziehung Allgemeiner Geschäftsbedingungen in den Vertrag
§ 305a Einbeziehung in besonderen Fällen
§ 305b Vorrang der Individualabrede
§ 305c Überraschende und mehrdeutige Klauseln
§ 306 Rechtsfolgen bei Nichteinbeziehung und Unwirksamkeit
§ 306a Umgehungsverbot
§ 307 Inhaltskontrolle
§ 308 Klauselverbote mit Wertungsmöglichkeit
§ 309 Klauselverbote ohne Wertungsmöglichkeit
§ 310 Anwendungsbereich

Abschnitt 3
Schuldverhältnisse aus Verträgen

Titel 1
Begründung, Inhalt und Beendigung

Untertitel 1
Begründung

§ 311 Rechtsgeschäftliche und rechtsgeschäftsähnliche Schuldverhältnisse
§ 311a Leistungshindernis bei Vertragsschluss
§ 311b Verträge über Grundstücke, das Vermögen und den Nachlass
§ 311c Erstreckung auf Zubehör

Untertitel 2
Grundsätze bei Verbraucherverträgen und besondere Vertriebsformen

Kapitel 1
Anwendungsbereich und Grundsätze bei Verbraucherverträgen

§ 312 Anwendungsbereich
§ 312a Allgemeine Pflichten und Grundsätze bei Verbraucherverträgen; Grenzen der Vereinbarung von Entgelten

Kapitel 2
Außerhalb von Geschäftsräumen geschlossene Verträge und Fernabsatzverträge

§ 312b Außerhalb von Geschäftsräumen geschlossene Verträge
§ 312c Fernabsatzverträge
§ 312d Informationspflichten
§ 312e Verletzung von Informationspflichten über Kosten
§ 312f Abschriften und Bestätigungen
§ 312g Widerrufsrecht
§ 312h Kündigung und Vollmacht zur Kündigung

Kapitel 3
Verträge im elektronischen Geschäftsverkehr

§ 312i Allgemeine Pflichten im elektronischen Geschäftsverkehr
§ 312j Besondere Pflichten im elektronischen Geschäftsverkehr gegenüber Verbrauchern

Kapitel 4
Abweichende Vereinbarungen und Beweislast

§ 312k Abweichende Vereinbarungen und Beweislast

Untertitel 3
Anpassung und Beendigung von Verträgen

§ 313 Störung der Geschäftsgrundlage
§ 314 Kündigung von Dauerschuldverhältnissen aus wichtigem Grund

Untertitel 4
Einseitige Leistungsbestimmungsrechte

§ 315 Bestimmung der Leistung durch eine Partei
§ 316 Bestimmung der Gegenleistung
§ 317 Bestimmung der Leistung durch einen Dritten
§ 318 Anfechtung der Bestimmung
§ 319 Unwirksamkeit der Bestimmung; Ersetzung

Titel 2
Gegenseitiger Vertrag

§ 320 Einrede des nicht erfüllten Vertrags
§ 321 Unsicherheitseinrede
§ 322 Verurteilung zur Leistung Zug-um-Zug
§ 323 Rücktritt wegen nicht oder nicht vertragsgemäß erbrachter Leistung
§ 324 Rücktritt wegen Verletzung einer Pflicht nach § 241 Abs. 2
§ 325 Schadensersatz und Rücktritt
§ 326 Befreiung von der Gegenleistung und Rücktritt beim Ausschluss der Leistungspflicht

Titel 2a
Verträge über digitale Produkte

Untertitel 1
Verbraucherverträge über digitale Produkte

§ 327 Anwendungsbereich
§ 327a Anwendung auf Paketverträge und Verträge über Sachen mit digitalen Elementen
§ 327b Bereitstellung digitaler Produkte
§ 327c Rechte bei unterbliebener Bereitstellung
§ 327d Vertragsmäßigkeit digitaler Produkte
§ 327e Produktmangel
§ 327f Aktualisierungen
§ 327g Rechtsmangel
§ 327h Abweichende Vereinbarungen über Produktmerkmale
§ 327i Rechte des Verbrauchers bei Mängeln
§ 327j Verjährung
§ 327k Beweislastumkehr
§ 327l Nacherfüllung
§ 327m Vertragsbeendigung und Schadensersatz
§ 327n Minderung
§ 327o Erklärung und Rechtsfolgen der Vertragsbeendigung
§ 327p Weitere Nutzung nach Vertragsbeendigung
§ 327q Vertragsrechtliche Folgen datenschutzrechtlicher Erklärungen des Verbrauchers
§ 327r Änderungen an digitalen Produkten
§ 327s Abweichende Vereinbarungen

Untertitel 2
Besondere Bestimmungen für Verträge über digitale Produkte zwischen Unternehmern

§ 327t Anwendungsbereich
§ 327u Rückgriff des Unternehmers

Titel 3
Versprechen der Leistung an einen Dritten

§ 328 Vertrag zugunsten Dritter
§ 329 Auslegungsregel bei Erfüllungsübernahme
§ 330 Auslegungsregel bei Leibrentenvertrag
§ 331 Leistung nach Todesfall

§	
§ 332	Änderung durch Verfügung von Todes wegen bei Vorbehalt
§ 333	Zurückweisung des Rechts durch den Dritten
§ 334	Einwendungen des Schuldners gegenüber dem Dritten
§ 335	Forderungsrecht des Versprechensempfängers

Titel 4
Draufgabe, Vertragsstrafe

§	
§ 336	Auslegung der Draufgabe
§ 337	Anrechnung oder Rückgabe der Draufgabe
§ 338	Draufgabe bei zu vertretender Unmöglichkeit der Leistung
§ 339	Verwirkung der Vertragsstrafe
§ 340	Strafversprechen für Nichterfüllung
§ 341	Strafversprechen für nicht gehörige Erfüllung
§ 342	Andere als Geldstrafe
§ 343	Herabsetzung der Strafe
§ 344	Unwirksames Strafversprechen
§ 345	Beweislast

Titel 5
Rücktritt; Widerrufsrecht bei Verbraucherverträgen

Untertitel 1
Rücktritt

§	
§ 346	Wirkungen des Rücktritts
§ 347	Nutzungen und Verwendungen nach Rücktritt
§ 348	Erfüllung Zug-um-Zug
§ 349	Erklärung des Rücktritts
§ 350	Erlöschen des Rücktrittsrechts nach Fristsetzung
§ 351	Unteilbarkeit des Rücktrittsrechts
§ 352	Aufrechnung nach Nichterfüllung
§ 353	Rücktritt gegen Reugeld
§ 354	Verwirkungsklausel

Untertitel 2
Widerrufsrecht bei Verbraucherverträgen

§	
§ 355	Widerrufsrecht bei Verbraucherverträgen
§ 356	Widerrufsrecht bei außerhalb von Geschäftsräumen geschlossenen Verträgen und Fernabsatzverträgen
§ 356a	Widerrufsrecht bei Teilzeit-Wohnrechteverträgen, Verträgen über ein langfristiges Urlaubsprodukt, bei Vermittlungsverträgen und Tauschsystemverträgen
§ 356b	Widerrufsrecht bei Verbraucherdarlehensverträgen
§ 356c	Widerrufsrecht bei Ratenlieferungsverträgen
§ 356d	Widerrufsrecht des Verbrauchers bei unentgeltlichen Darlehensverträgen und unentgeltlichen Finanzierungshilfen
§ 356e	Widerrufsrecht bei Verbraucherbauverträgen
§ 357	Rechtsfolgen des Widerrufs von außerhalb von Geschäftsräumen geschlossenen Verträgen und Fernabsatzverträgen mit Ausnahme von Verträgen über Finanzdienstleistungen
§ 357a	Rechtsfolgen des Widerrufs von Verträgen über Finanzdienstleistungen
§ 357b	Rechtsfolgen des Widerrufs von Teilzeit-Wohnrechteverträgen, Verträgen über ein langfristiges Urlaubsprodukt, Vermittlungsverträgen und Tauschsystemverträgen
§ 357c	Rechtsfolgen des Widerrufs von weder im Fernabsatz noch außerhalb von Geschäftsräumen geschlossenen Ratenlieferungsverträgen
§ 357d	Rechtsfolgen des Widerrufs bei Verbraucherbauverträgen
§ 358	Mit dem widerrufenen Vertrag verbundener Vertrag
§ 359	Einwendungen bei verbundenen Verträgen
§ 360	Zusammenhängende Verträge
§ 361	Weitere Ansprüche, abweichende Vereinbarungen und Beweislast

Abschnitt 4
Erlöschen der Schuldverhältnisse

Titel 1
Erfüllung

§	
§ 362	Erlöschen durch Leistung
§ 363	Beweislast bei Annahme als Erfüllung
§ 364	Annahme an Erfüllungs statt
§ 365	Gewährleistung bei Hingabe an Erfüllungs statt
§ 366	Anrechnung der Leistung auf mehrere Forderungen
§ 367	Anrechnung auf Zinsen und Kosten
§ 368	Quittung
§ 369	Kosten der Quittung
§ 370	Leistung an den Überbringer der Quittung
§ 371	Rückgabe des Schuldscheins

Titel 2
Hinterlegung

§	
§ 372	Voraussetzungen
§ 373	Zug-um-Zug-Leistung
§ 374	Hinterlegungsort; Anzeigepflicht
§ 375	Rückwirkung bei Postübersendung
§ 376	Rücknahmerecht
§ 377	Unpfändbarkeit des Rücknahmerechts
§ 378	Wirkung der Hinterlegung bei ausgeschlossener Rücknahme
§ 379	Wirkung der Hinterlegung bei nicht ausgeschlossener Rücknahme
§ 380	Nachweis der Empfangsberechtigung
§ 381	Kosten der Hinterlegung
§ 382	Erlöschen des Gläubigerrechts

§ 383	Versteigerung hinterlegungsunfähiger Sachen
§ 384	Androhung der Versteigerung
§ 385	Freihändiger Verkauf
§ 386	Kosten der Versteigerung

Titel 3
Aufrechnung

§ 387	Voraussetzungen
§ 388	Erklärung der Aufrechnung
§ 389	Wirkung der Aufrechnung
§ 390	Keine Aufrechnung mit einredebehafteter Forderung
§ 391	Aufrechnung bei Verschiedenheit der Leistungsorte
§ 392	Aufrechnung gegen beschlagnahmte Forderung
§ 393	Keine Aufrechnung gegen Forderung aus unerlaubter Handlung
§ 394	Keine Aufrechnung gegen unpfändbare Forderung
§ 395	Aufrechnung gegen Forderungen öffentlich-rechtlicher Körperschaften
§ 396	Mehrheit von Forderungen

Titel 4
Erlass

| § 397 | Erlassvertrag, negatives Schuldanerkenntnis |

Abschnitt 5
Übertragung einer Forderung

§ 398	Abtretung
§ 399	Ausschluss der Abtretung bei Inhaltsänderung oder Vereinbarung
§ 400	Ausschluss bei unpfändbaren Forderungen
§ 401	Übergang der Neben- und Vorzugsrechte
§ 402	Auskunftspflicht; Urkundenauslieferung
§ 403	Pflicht zur Beurkundung
§ 404	Einwendungen des Schuldners
§ 405	Abtretung unter Urkundenvorlegung
§ 406	Aufrechnung gegenüber dem neuen Gläubiger
§ 407	Rechtshandlungen gegenüber dem bisherigen Gläubiger
§ 408	Mehrfache Abtretung
§ 409	Abtretungsanzeige
§ 410	Aushändigung der Abtretungsurkunde
§ 411	Gehaltsabtretung
§ 412	Gesetzlicher Forderungsübergang
§ 413	Übertragung anderer Rechte

Abschnitt 6
Schuldübernahme

§ 414	Vertrag zwischen Gläubiger und Übernehmer
§ 415	Vertrag zwischen Schuldner und Übernehmer
§ 416	Übernahme einer Hypothekenschuld
§ 417	Einwendungen des Übernehmers

| § 418 | Erlöschen von Sicherungs- und Vorzugsrechten |
| § 419 | (weggefallen) |

Abschnitt 7
Mehrheit von Schuldnern und Gläubigern

§ 420	Teilbare Leistung
§ 421	Gesamtschuldner
§ 422	Wirkung der Erfüllung
§ 423	Wirkung des Erlasses
§ 424	Wirkung des Gläubigerverzugs
§ 425	Wirkung anderer Tatsachen
§ 426	Ausgleichungspflicht, Forderungsübergang
§ 427	Gemeinschaftliche vertragliche Verpflichtung
§ 428	Gesamtgläubiger
§ 429	Wirkung von Veränderungen
§ 430	Ausgleichungspflicht der Gesamtgläubiger
§ 431	Mehrere Schuldner einer unteilbaren Leistung
§ 432	Mehrere Gläubiger einer unteilbaren Leistung

Abschnitt 8
Einzelne Schuldverhältnisse

Titel 1
Kauf, Tausch

Untertitel 1
Allgemeine Vorschriften

§ 433	Vertragstypische Pflichten beim Kaufvertrag
§ 434	Sachmangel
§ 435	Rechtsmangel
§ 436	Öffentliche Lasten von Grundstücken
§ 437	Rechte des Käufers bei Mängeln
§ 438	Verjährung der Mängelansprüche
§ 439	Nacherfüllung
§ 440	Besondere Bestimmungen für Rücktritt und Schadensersatz
§ 441	Minderung
§ 442	Kenntnis des Käufers
§ 443	Garantie
§ 444	Haftungsausschluss
§ 445	Haftungsbegrenzung bei öffentlichen Versteigerungen
§ 445a	Rückgriff des Verkäufers
§ 445b	Verjährung von Rückgriffsansprüchen
§ 445c	Rückgriff bei Verträgen über digitale Produkte
§ 446	Gefahr- und Lastenübergang
§ 447	Gefahrübergang beim Versendungskauf
§ 448	Kosten der Übergabe und vergleichbare Kosten
§ 449	Eigentumsvorbehalt
§ 450	Ausgeschlossene Käufer bei bestimmten Verkäufen
§ 451	Kauf durch ausgeschlossenen Käufer
§ 452	Schiffskauf

§ 453 Rechtskauf; Verbrauchervertrag über den Kauf digitaler Inhalte

Untertitel 2
Besondere Arten des Kaufs

Kapitel 1
Kauf auf Probe

§ 454 Zustandekommen des Kaufvertrags
§ 455 Billigungsfrist

Kapitel 2
Wiederkauf

§ 456 Zustandekommen des Wiederkaufs
§ 457 Haftung des Wiederverkäufers
§ 458 Beseitigung von Rechten Dritter
§ 459 Ersatz von Verwendungen
§ 460 Wiederkauf zum Schätzungswert
§ 461 Mehrere Wiederkaufsberechtigte
§ 462 Ausschlussfrist

Kapitel 3
Vorkauf

§ 463 Voraussetzungen der Ausübung
§ 464 Ausübung des Vorkaufsrechts
§ 465 Unwirksame Vereinbarungen
§ 466 Nebenleistungen
§ 467 Gesamtpreis
§ 468 Stundung des Kaufpreises
§ 469 Mitteilungspflicht, Ausübungsfrist
§ 470 Verkauf an gesetzlichen Erben
§ 471 Verkauf bei Zwangsvollstreckung oder Insolvenz
§ 472 Mehrere Vorkaufsberechtigte
§ 473 Unübertragbarkeit

Untertitel 3
Verbrauchsgüterkauf

§ 474 Verbrauchsgüterkauf
§ 475 Anwendbare Vorschriften
§ 475a Verbrauchsgüterkaufvertrag über digitale Produkte
§ 475b Sachmangel einer Ware mit digitalen Elementen
§ 475c Sachmangel einer Ware mit digitalen Elementen bei dauerhafter Bereitstellung der digitalen Elemente
§ 475d Sonderbestimmungen für Rücktritt und Schadensersatz
§ 475e Sonderbestimmungen für die Verjährung
§ 476 Abweichende Vereinbarungen
§ 477 Beweislastumkehr
§ 478 Sonderbestimmungen für den Rückgriff des Unternehmers
§ 479 Sonderbestimmungen für Garantien

Untertitel 4
Tausch

§ 480 Tausch

Titel 2
Teilzeit-Wohnrechteverträge, Verträge über langfristige Urlaubsprodukte, Vermittlungsverträge und Tauschsystemverträge

§ 481 Teilzeit-Wohnrechtevertrag
§ 481a Vertrag über ein langfristiges Urlaubsprodukt
§ 481b Vermittlungsvertrag, Tauschsystemvertrag
§ 482 Vorvertragliche Informationen, Werbung und Verbot des Verkaufs als Geldanlage
§ 482a Widerrufsbelehrung
§ 483 Sprache des Vertrags und der vorvertraglichen Informationen
§ 484 Form und Inhalt des Vertrags
§ 485 Widerrufsrecht
§ 486 Anzahlungsverbot
§ 486a Besondere Vorschriften für Verträge über langfristige Urlaubsprodukte
§ 487 Abweichende Vereinbarungen

Titel 3
Darlehensvertrag; Finanzierungshilfen und Ratenlieferungsverträge zwischen einem Unternehmer und einem Verbraucher

Untertitel 1
Darlehensvertrag

Kapitel 1
Allgemeine Vorschriften

§ 488 Vertragstypische Pflichten beim Darlehensvertrag
§ 489 Ordentliches Kündigungsrecht des Darlehensnehmers
§ 490 Außerordentliches Kündigungsrecht

Kapitel 2
Besondere Vorschriften für Verbraucherdarlehensverträge

§ 491 Verbraucherdarlehensvertrag
§ 491a Vorvertragliche Informationspflichten bei Verbraucherdarlehensverträgen
§ 492 Schriftform, Vertragsinhalt
§ 492a Kopplungsgeschäfte bei Immobiliar-Verbraucherdarlehensverträgen
§ 492b Zulässige Kopplungsgeschäfte
§ 493 Informationen während des Vertragsverhältnisses
§ 494 Rechtsfolgen von Formmängeln
§ 495 Widerrufsrecht; Bedenkzeit
§ 496 Einwendungsverzicht, Wechsel- und Scheckverbot
§ 497 Verzug des Darlehensnehmers
§ 498 Gesamtfälligstellung bei Teilzahlungsdarlehen
§ 499 Kündigungsrecht des Darlehensgebers; Leistungsverweigerung
§ 500 Kündigungsrecht des Darlehensnehmers; vorzeitige Rückzahlung
§ 501 Kostenermäßigung bei vorzeitiger Rückzahlung und bei Kündigung

§ 502	Vorfälligkeitsentschädigung	§ 522	Keine Verzugszinsen
§ 503	Umwandlung bei Immobiliar-Verbraucherdarlehen in Fremdwährung	§ 523	Haftung für Rechtsmängel
		§ 524	Haftung für Sachmängel
		§ 525	Schenkung unter Auflage
§ 504	Eingeräumte Überziehungsmöglichkeit	§ 526	Verweigerung der Vollziehung der Auflage
§ 504a	Beratungspflicht bei Inanspruchnahme der Überziehungsmöglichkeit	§ 527	Nichtvollziehung der Auflage
		§ 528	Rückforderung wegen Verarmung des Schenkers
§ 505	Geduldete Überziehung		
§ 505a	Pflicht zur Kreditwürdigkeitsprüfung bei Verbraucherdarlehensverträgen	§ 529	Ausschluss des Rückforderungsanspruchs
		§ 530	Widerruf der Schenkung
§ 505b	Grundlage der Kreditwürdigkeitsprüfung bei Verbraucherdarlehensverträgen	§ 531	Widerrufserklärung
		§ 532	Ausschluss des Widerrufs
§ 505c	Weitere Pflichten bei grundpfandrechtlich oder durch Reallast besicherten Immobiliar-Verbraucherdarlehensverträgen	§ 533	Verzicht auf Widerrufsrecht
		§ 534	Pflicht- und Anstandsschenkungen

Titel 5
Mietvertrag, Pachtvertrag

Untertitel 1
Allgemeine Vorschriften für Mietverhältnisse

§ 505d	Verstoß gegen die Pflicht zur Kreditwürdigkeitsprüfung	§ 535	Inhalt und Hauptpflichten des Mietvertrags
§ 505e	Verordnungsermächtigung	§ 536	Mietminderung bei Sach- und Rechtsmängeln

Untertitel 2
Finanzierungshilfen zwischen einem Unternehmer und einem Verbraucher

		§ 536a	Schadens- und Aufwendungsersatzanspruch des Mieters wegen eines Mangels
§ 506	Zahlungsaufschub, sonstige Finanzierungshilfe	§ 536b	Kenntnis des Mieters vom Mangel bei Vertragsschluss oder Annahme
§ 507	Teilzahlungsgeschäfte	§ 536c	Während der Mietzeit auftretende Mängel; Mängelanzeige durch den Mieter
§ 508	Rücktritt bei Teilzahlungsgeschäften		
§ 509	(weggefallen)	§ 536d	Vertraglicher Ausschluss von Rechten des Mieters wegen eines Mangels

Untertitel 3
Ratenlieferungsverträge zwischen einem Unternehmer und einem Verbraucher

		§ 537	Entrichtung der Miete bei persönlicher Verhinderung des Mieters
§ 510	Ratenlieferungsverträge	§ 538	Abnutzung der Mietsache durch vertragsgemäßen Gebrauch

Untertitel 4
Beratungsleistungen bei Immobiliar-Verbraucherdarlehensverträgen

		§ 539	Ersatz sonstiger Aufwendungen und Wegnahmerecht des Mieters
§ 511	Beratungsleistungen bei Immobiliar-Verbraucherdarlehensverträgen	§ 540	Gebrauchsüberlassung an Dritte
		§ 541	Unterlassungsklage bei vertragswidrigem Gebrauch

Untertitel 5
Unabdingbarkeit, Anwendung auf Existenzgründer

		§ 542	Ende des Mietverhältnisses
§ 512	Abweichende Vereinbarungen	§ 543	Außerordentliche fristlose Kündigung aus wichtigem Grund
§ 513	Anwendung auf Existenzgründer		
		§ 544	Vertrag über mehr als 30 Jahre

Untertitel 6
Unentgeltliche Darlehensverträge und unentgeltliche Finanzierungshilfen zwischen einem Unternehmer und einem Verbraucher

		§ 545	Stillschweigende Verlängerung des Mietverhältnisses
		§ 546	Rückgabepflicht des Mieters
§ 514	Unentgeltliche Darlehensverträge	§ 546a	Entschädigung des Vermieters bei verspäteter Rückgabe
§ 515	Unentgeltliche Finanzierungshilfen		
		§ 547	Erstattung von im Voraus entrichteter Miete

Titel 4
Schenkung

		§ 548	Verjährung der Ersatzansprüche und des Wegnahmerechts
§ 516	Begriff der Schenkung		
§ 516a	Verbrauchervertrag über die Schenkung digitaler Produkte	§ 548a	Miete digitaler Produkte
§ 517	Unterlassen eines Vermögenserwerbs		
§ 518	Form des Schenkungsversprechens		
§ 519	Einrede des Notbedarfs		
§ 520	Erlöschen eines Rentenversprechens		
§ 521	Haftung des Schenkers		

70 BGB

Untertitel 2
Mietverhältnisse über Wohnraum

Kapitel 1
Allgemeine Vorschriften

§	
§ 549	Auf Wohnraummietverhältnisse anwendbare Vorschriften
§ 550	Form des Mietvertrags
§ 551	Begrenzung und Anlage von Mietsicherheiten
§ 552	Abwendung des Wegnahmerechts des Mieters
§ 553	Gestattung der Gebrauchsüberlassung an Dritte
§ 554	Barrierereduzierung, E-Mobilität und Einbruchsschutz
§ 555	Unwirksamkeit einer Vertragsstrafe

Kapitel 1a
Erhaltungs- und Modernisierungsmaßnahmen

§	
§ 555a	Erhaltungsmaßnahmen
§ 555b	Modernisierungsmaßnahmen
§ 555c	Ankündigung von Modernisierungsmaßnahmen
§ 555d	Duldung von Modernisierungsmaßnahmen, Ausschlussfrist
§ 555e	Sonderkündigungsrecht des Mieters bei Modernisierungsmaßnahmen
§ 555f	Vereinbarungen über Erhaltungs- oder Modernisierungsmaßnahmen

Kapitel 2
Die Miete

Unterkapitel 1
Vereinbarungen über die Miete

§	
§ 556	Vereinbarungen über Betriebskosten
§ 556a	Abrechnungsmaßstab für Betriebskosten
§ 556b	Fälligkeit der Miete, Aufrechnungs- und Zurückbehaltungsrecht
§ 556c	Kosten der Wärmelieferung als Betriebskosten, Verordnungsermächtigung

Unterkapitel 1a
Vereinbarungen über die Miethöhe bei Mietbeginn in Gebieten mit angespannten Wohnungsmärkten

§	
§ 556d	Zulässige Miethöhe bei Mietbeginn; Verordnungsermächtigung
§ 556e	Berücksichtigung der Vormiete oder einer durchgeführten Modernisierung
§ 556f	Ausnahmen
§ 556g	Rechtsfolgen; Auskunft über die Miete

Unterkapitel 2
Regelungen über die Miethöhe

§	
§ 557	Mieterhöhungen nach Vereinbarung oder Gesetz
§ 557a	Staffelmiete
§ 557b	Indexmiete
§ 558	Mieterhöhung bis zur ortsüblichen Vergleichsmiete
§ 558a	Form und Begründung der Mieterhöhung
§ 558b	Zustimmung zur Mieterhöhung
§ 558c	Mietspiegel
§ 558d	Qualifizierter Mietspiegel
§ 558e	Mietdatenbank
§ 559	Mieterhöhung nach Modernisierungsmaßnahmen
§ 559a	Anrechnung von Drittmitteln
§ 559b	Geltendmachung der Erhöhung, Wirkung der Erhöhungserklärung
§ 559c	Vereinfachtes Verfahren
§ 559d	Pflichtverletzungen bei Ankündigung oder Durchführung einer baulichen Veränderung
§ 560	Veränderungen von Betriebskosten
§ 561	Sonderkündigungsrecht des Mieters nach Mieterhöhung

Kapitel 3
Pfandrecht des Vermieters

§	
§ 562	Umfang des Vermieterpfandrechts
§ 562a	Erlöschen des Vermieterpfandrechts
§ 562b	Selbsthilferecht, Herausgabeanspruch
§ 562c	Abwendung des Pfandrechts durch Sicherheitsleistung
§ 562d	Pfändung durch Dritte

Kapitel 4
Wechsel der Vertragsparteien

§	
§ 563	Eintrittsrecht bei Tod des Mieters
§ 563a	Fortsetzung mit überlebenden Mietern
§ 563b	Haftung bei Eintritt oder Fortsetzung
§ 564	Fortsetzung des Mietverhältnisses mit dem Erben, außerordentliche Kündigung
§ 565	Gewerbliche Weitervermietung
§ 566	Kauf bricht nicht Miete
§ 566a	Mietsicherheit
§ 566b	Vorausverfügung über die Miete
§ 566c	Vereinbarung zwischen Mieter und Vermieter über die Miete
§ 566d	Aufrechnung durch den Mieter
§ 566e	Mitteilung des Eigentumsübergangs durch den Vermieter
§ 567	Belastung des Wohnraums durch den Vermieter
§ 567a	Veräußerung oder Belastung vor der Überlassung des Wohnraums
§ 567b	Weiterveräußerung oder Belastung durch Erwerber

Kapitel 5
Beendigung des Mietverhältnisses

Unterkapitel 1
Allgemeine Vorschriften

§	
§ 568	Form und Inhalt der Kündigung
§ 569	Außerordentliche fristlose Kündigung aus wichtigem Grund
§ 570	Ausschluss des Zurückbehaltungsrechts
§ 571	Weiterer Schadensersatz bei verspäteter Rückgabe von Wohnraum

§ 572	Vereinbartes Rücktrittsrecht; Mietverhältnis unter auflösender Bedingung
§ 584a	Ausschluss bestimmter mietrechtlicher Kündigungsrechte
§ 584b	Verspätete Rückgabe

Unterkapitel 2
Mietverhältnisse auf unbestimmte Zeit

§ 573	Ordentliche Kündigung des Vermieters
§ 573a	Erleichterte Kündigung des Vermieters
§ 573b	Teilkündigung des Vermieters
§ 573c	Fristen der ordentlichen Kündigung
§ 573d	Außerordentliche Kündigung mit gesetzlicher Frist
§ 574	Widerspruch des Mieters gegen die Kündigung
§ 574a	Fortsetzung des Mietverhältnisses nach Widerspruch
§ 574b	Form und Frist des Widerspruchs
§ 574c	Weitere Fortsetzung des Mietverhältnisses bei unvorhergesehenen Umständen

Unterkapitel 3
Mietverhältnisse auf bestimmte Zeit

| § 575 | Zeitmietvertrag |
| § 575a | Außerordentliche Kündigung mit gesetzlicher Frist |

Unterkapitel 4
Werkwohnungen

§ 576	Fristen der ordentlichen Kündigung bei Werkmietwohnungen
§ 576a	Besonderheiten des Widerspruchsrechts bei Werkmietwohnungen
§ 576b	Entsprechende Geltung des Mietrechts bei Werkdienstwohnungen

Kapitel 6
Besonderheiten bei der Bildung von Wohnungseigentum an vermieteten Wohnungen

| § 577 | Vorkaufsrecht des Mieters |
| § 577a | Kündigungsbeschränkung bei Wohnungsumwandlung |

Untertitel 3
Mietverhältnisse über andere Sachen und digitale Produkte

§ 578	Mietverhältnisse über Grundstücke und Räume
§ 578a	Mietverhältnisse über eingetragene Schiffe
§ 578b	Verträge über die Miete digitaler Produkte
§ 579	Fälligkeit der Miete
§ 580	Außerordentliche Kündigung bei Tod des Mieters
§ 580a	Kündigungsfristen

Untertitel 4
Pachtvertrag

§ 581	Vertragstypische Pflichten beim Pachtvertrag
§ 582	Erhaltung des Inventars
§ 582a	Inventarübernahme zum Schätzwert
§ 583	Pächterpfandrecht am Inventar
§ 583a	Verfügungsbeschränkungen bei Inventar
§ 584	Kündigungsfrist

Untertitel 5
Landpachtvertrag

§ 585	Begriff des Landpachtvertrags
§ 585a	Form des Landpachtvertrags
§ 585b	Beschreibung der Pachtsache
§ 586	Vertragstypische Pflichten beim Landpachtvertrag
§ 586a	Lasten der Pachtsache
§ 587	Fälligkeit der Pacht; Entrichtung der Pacht bei persönlicher Verhinderung des Pächters
§ 588	Maßnahmen zur Erhaltung oder Verbesserung
§ 589	Nutzungsüberlassung an Dritte
§ 590	Änderung der landwirtschaftlichen Bestimmung oder der bisherigen Nutzung
§ 590a	Vertragswidriger Gebrauch
§ 590b	Notwendige Verwendungen
§ 591	Wertverbessernde Verwendungen
§ 591a	Wegnahme von Einrichtungen
§ 591b	Verjährung von Ersatzansprüchen
§ 592	Verpächterpfandrecht
§ 593	Änderung von Landpachtverträgen
§ 593a	Betriebsübergabe
§ 593b	Veräußerung oder Belastung des verpachteten Grundstücks
§ 594	Ende und Verlängerung des Pachtverhältnisses
§ 594a	Kündigungsfristen
§ 594b	Vertrag über mehr als 30 Jahre
§ 594c	Kündigung bei Berufsunfähigkeit des Pächters
§ 594d	Tod des Pächters
§ 594e	Außerordentliche fristlose Kündigung aus wichtigem Grund
§ 594f	Schriftform der Kündigung
§ 595	Fortsetzung des Pachtverhältnisses
§ 595a	Vorzeitige Kündigung von Landpachtverträgen
§ 596	Rückgabe der Pachtsache
§ 596a	Ersatzpflicht bei vorzeitigem Pachtende
§ 596b	Rücklassungspflicht
§ 597	Verspätete Rückgabe

Titel 6
Leihe

§ 598	Vertragstypische Pflichten bei der Leihe
§ 599	Haftung des Verleihers
§ 600	Mängelhaftung
§ 601	Verwendungsersatz
§ 602	Abnutzung der Sache
§ 603	Vertragsmäßiger Gebrauch
§ 604	Rückgabepflicht
§ 605	Kündigungsrecht
§ 606	Kurze Verjährung

70 BGB

Titel 7
Sachdarlehensvertrag

§ 607	Vertragstypische Pflichten beim Sachdarlehensvertrag
§ 608	Kündigung
§ 609	Entgelt
§ 610	(weggefallen)

Titel 8
Dienstvertrag und ähnliche Verträge

Untertitel 1
Dienstvertrag

§ 611	Vertragstypische Pflichten beim Dienstvertrag
§ 611a	Arbeitsvertrag
§ 612	Vergütung
§ 612a	Maßregelungsverbot
§ 613	Unübertragbarkeit
§ 613a	Rechte und Pflichten bei Betriebsübergang
§ 614	Fälligkeit der Vergütung
§ 615	Vergütung bei Annahmeverzug und bei Betriebsrisiko
§ 616	Vorübergehende Verhinderung
§ 617	Pflicht zur Krankenfürsorge
§ 618	Pflicht zu Schutzmaßnahmen
§ 619	Unabdingbarkeit der Fürsorgepflichten
§ 619a	Beweislast bei Haftung des Arbeitnehmers
§ 620	Beendigung des Dienstverhältnisses
§ 621	Kündigungsfristen bei Dienstverhältnissen
§ 622	Kündigungsfristen bei Arbeitsverhältnissen
§ 623	Schriftform der Kündigung
§ 624	Kündigungsfrist bei Verträgen über mehr als fünf Jahre
§ 625	Stillschweigende Verlängerung
§ 626	Fristlose Kündigung aus wichtigem Grund
§ 627	Fristlose Kündigung bei Vertrauensstellung
§ 628	Teilvergütung und Schadensersatz bei fristloser Kündigung
§ 629	Freizeit zur Stellungssuche
§ 630	Pflicht zur Zeugniserteilung

Untertitel 2
Behandlungsvertrag

§ 630a	Vertragstypische Pflichten beim Behandlungsvertrag
§ 630b	Anwendbare Vorschriften
§ 630c	Mitwirkung der Vertragsparteien; Informationspflichten
§ 630d	Einwilligung
§ 630e	Aufklärungspflichten
§ 630f	Dokumentation der Behandlung
§ 630g	Einsichtnahme in die Patientenakte
§ 630h	Beweislast bei Haftung für Behandlungs- und Aufklärungsfehler

Titel 9
Werkvertrag und ähnliche Verträge

Untertitel 1
Werkvertragsrecht

Kapitel 1
Allgemeine Vorschriften

§ 631	Vertragstypische Pflichten beim Werkvertrag
§ 632	Vergütung
§ 632a	Abschlagszahlungen
§ 633	Sach- und Rechtsmangel
§ 634	Rechte des Bestellers bei Mängeln
§ 634a	Verjährung der Mängelansprüche
§ 635	Nacherfüllung
§ 636	Besondere Bestimmungen für Rücktritt und Schadensersatz
§ 637	Selbstvornahme
§ 638	Minderung
§ 639	Haftungsausschluss
§ 640	Abnahme
§ 641	Fälligkeit der Vergütung
§ 642	Mitwirkung des Bestellers
§ 643	Kündigung bei unterlassener Mitwirkung
§ 644	Gefahrtragung
§ 645	Verantwortlichkeit des Bestellers
§ 646	Vollendung statt Abnahme
§ 647	Unternehmerpfandrecht
§ 647a	Sicherungshypothek des Inhabers einer Schiffswerft
§ 648	Kündigungsrecht des Bestellers
§ 648a	Kündigung aus wichtigem Grund
§ 649	Kostenanschlag
§ 650	Werklieferungsvertrag; Verbrauchervertrag über die Herstellung digitaler Produkte

Kapitel 2
Bauvertrag

§ 650a	Bauvertrag
§ 650b	Änderung des Vertrags; Anordnungsrecht des Bestellers
§ 650c	Vergütungsanpassung bei Anordnungen nach § 650b Absatz 2
§ 650d	Einstweilige Verfügung
§ 650e	Sicherungshypothek des Bauunternehmers
§ 650f	Bauhandwerkersicherung
§ 650g	Zustandsfeststellung bei Verweigerung der Abnahme; Schlussrechnung
§ 650h	Schriftform der Kündigung

Kapitel 3
Verbraucherbauvertrag

§ 650i	Verbraucherbauvertrag
§ 650j	Baubeschreibung
§ 650k	Inhalt des Vertrags
§ 650l	Widerrufsrecht
§ 650m	Abschlagszahlungen; Absicherung des Vergütungsanspruchs
§ 650n	Erstellung und Herausgabe von Unterlagen

Kapitel 4
Unabdingbarkeit

§ 650o Abweichende Vereinbarungen

Untertitel 2
Architektenvertrag und Ingenieurvertrag

§ 650p Vertragstypische Pflichten aus Architekten- und Ingenieurverträgen
§ 650q Anwendbare Vorschriften
§ 650r Sonderkündigungsrecht
§ 650s Teilabnahme
§ 650t Gesamtschuldnerische Haftung mit dem bauausführenden Unternehmer

Untertitel 3
Bauträgervertrag

§ 650u Bauträgervertrag; anwendbare Vorschriften
§ 650v Abschlagszahlungen
§ 651 (weggefallen)

Untertitel 4
Pauschalreisevertrag, Reisevermittlung und Vermittlung verbundener Reiseleistungen

§ 651a Vertragstypische Pflichten beim Pauschalreisevertrag
§ 651b Abgrenzung zur Vermittlung
§ 651c Verbundene Online-Buchungsverfahren
§ 651d Informationspflichten; Vertragsinhalt
§ 651e Vertragsübertragung
§ 651f Änderungsvorbehalte; Preissenkung
§ 651g Erhebliche Vertragsänderungen
§ 651h Rücktritt vor Reisebeginn
§ 651i Rechte des Reisenden bei Reisemängeln
§ 651j Verjährung
§ 651k Abhilfe
§ 651l Kündigung
§ 651m Minderung
§ 651n Schadensersatz
§ 651o Mängelanzeige durch den Reisenden
§ 651p Zulässige Haftungsbeschränkung; Anrechnung
§ 651q Beistandspflicht des Reiseveranstalters
§ 651r Insolvenzsicherung; Sicherungsschein
§ 651s Insolvenzsicherung der im Europäischen Wirtschaftsraum niedergelassenen Reiseveranstalter
§ 651t Rückbeförderung; Vorauszahlungen
§ 651u Gastschulaufenthalte
§ 651v Reisevermittlung
§ 651w Vermittlung verbundener Reiseleistungen
§ 651x Haftung für Buchungsfehler
§ 651y Abweichende Vereinbarungen

Titel 10
Maklervertrag

Untertitel 1
Allgemeine Vorschriften

§ 652 Entstehung des Lohnanspruchs
§ 653 Maklerlohn
§ 654 Verwirkung des Lohnanspruchs
§ 655 Herabsetzung des Maklerlohns

Untertitel 2
Vermittlung von Verbraucherdarlehensverträgen und entgeltlichen Finanzierungshilfen

§ 655a Darlehensvermittlungsvertrag
§ 655b Schriftform bei einem Vertrag mit einem Verbraucher
§ 655c Vergütung
§ 655d Nebenentgelte
§ 655e Abweichende Vereinbarungen, Anwendung auf Existenzgründer

Untertitel 3
Ehevermittlung

§ 656 Heiratsvermittlung

Untertitel 4
Vermittlung von Kaufverträgen über Wohnungen und Einfamilienhäuser

§ 656a Textform
§ 656b Persönlicher Anwendungsbereich der §§ 656c und 656d
§ 656c Lohnanspruch bei Tätigkeit für beide Parteien
§ 656d Vereinbarungen über die Maklerkosten

Titel 11
Auslobung

§ 657 Bindendes Versprechen
§ 658 Widerruf
§ 659 Mehrfache Vornahme
§ 660 Mitwirkung mehrerer
§ 661 Preisausschreiben
§ 661a Gewinnzusagen

Titel 12
Auftrag, Geschäftsbesorgungsvertrag und Zahlungsdienste

Untertitel 1
Auftrag

§ 662 Vertragstypische Pflichten beim Auftrag
§ 663 Anzeigepflicht bei Ablehnung
§ 664 Unübertragbarkeit; Haftung für Gehilfen
§ 665 Abweichung von Weisungen
§ 666 Auskunfts- und Rechenschaftspflicht
§ 667 Herausgabepflicht
§ 668 Verzinsung des verwendeten Geldes
§ 669 Vorschusspflicht
§ 670 Ersatz von Aufwendungen
§ 671 Widerruf; Kündigung
§ 672 Tod oder Geschäftsunfähigkeit des Auftraggebers
§ 673 Tod des Beauftragten
§ 674 Fiktion des Fortbestehens

Untertitel 2
Geschäftsbesorgungsvertrag

§ 675 Entgeltliche Geschäftsbesorgung
§ 675a Informationspflichten

70 BGB

§ 675b Aufträge zur Übertragung von Wertpapieren in Systemen

Untertitel 3
Zahlungsdienste

Kapitel 1
Allgemeine Vorschriften

§ 675c Zahlungsdienste und E-Geld
§ 675d Unterrichtung bei Zahlungsdiensten
§ 675e Abweichende Vereinbarungen

Kapitel 2
Zahlungsdienstevertrag

§ 675f Zahlungsdienstevertrag
§ 675g Änderung des Zahlungsdiensterahmenvertrags
§ 675h Ordentliche Kündigung eines Zahlungsdiensterahmenvertrags
§ 675i Ausnahmen für Kleinbetragsinstrumente und E-Geld

Kapitel 3
Erbringung und Nutzung von Zahlungsdiensten

Unterkapitel 1
Autorisierung von Zahlungsvorgängen; Zahlungsinstrumente; Verweigerung des Zugangs zum Zahlungskonto

§ 675j Zustimmung und Widerruf der Zustimmung
§ 675k Begrenzung der Nutzung eines Zahlungsinstruments; Verweigerung des Zugangs zum Zahlungskonto
§ 675l Pflichten des Zahlungsdienstnutzers in Bezug auf Zahlungsinstrumente
§ 675m Pflichten des Zahlungsdienstleisters in Bezug auf Zahlungsinstrumente; Risiko der Versendung

Unterkapitel 2
Ausführung von Zahlungsvorgängen

§ 675n Zugang von Zahlungsaufträgen
§ 675o Ablehnung von Zahlungsaufträgen
§ 675p Unwiderruflichkeit eines Zahlungsauftrags
§ 675q Entgelte bei Zahlungsvorgängen
§ 675r Ausführung eines Zahlungsvorgangs anhand von Kundenkennungen
§ 675s Ausführungsfrist für Zahlungsvorgänge
§ 675t Wertstellungsdatum und Verfügbarkeit von Geldbeträgen; Sperrung eines verfügbaren Geldbetrags

Unterkapitel 3
Haftung

§ 675u Haftung des Zahlungsdienstleisters für nicht autorisierte Zahlungsvorgänge
§ 675v Haftung des Zahlers bei missbräuchlicher Nutzung eines Zahlungsinstruments
§ 675w Nachweis der Authentifizierung
§ 675x Erstattungsanspruch bei einem vom oder über den Zahlungsempfänger ausgelösten autorisierten Zahlungsvorgang

§ 675y Haftung der Zahlungsdienstleister bei nicht erfolgter, fehlerhafter oder verspäteter Ausführung eines Zahlungsauftrags; Nachforschungspflicht
§ 675z Sonstige Ansprüche bei nicht erfolgter, fehlerhafter oder verspäteter Ausführung eines Zahlungsauftrags oder bei einem nicht autorisierten Zahlungsvorgang
§ 676 Nachweis der Ausführung von Zahlungsvorgängen
§ 676a Ausgleichsanspruch
§ 676b Anzeige nicht autorisierter oder fehlerhaft ausgeführter Zahlungsvorgänge
§ 676c Haftungsausschluss

Titel 13
Geschäftsführung ohne Auftrag

§ 677 Pflichten des Geschäftsführers
§ 678 Geschäftsführung gegen den Willen des Geschäftsherrn
§ 679 Unbeachtlichkeit des entgegenstehenden Willens des Geschäftsherrn
§ 680 Geschäftsführung zur Gefahrenabwehr
§ 681 Nebenpflichten des Geschäftsführers
§ 682 Fehlende Geschäftsfähigkeit des Geschäftsführers
§ 683 Ersatz von Aufwendungen
§ 684 Herausgabe der Bereicherung
§ 685 Schenkungsabsicht
§ 686 Irrtum über Person des Geschäftsherrn
§ 687 Unechte Geschäftsführung

Titel 14
Verwahrung

§ 688 Vertragstypische Pflichten bei der Verwahrung
§ 689 Vergütung
§ 690 Haftung bei unentgeltlicher Verwahrung
§ 691 Hinterlegung bei Dritten
§ 692 Änderung der Aufbewahrung
§ 693 Ersatz von Aufwendungen
§ 694 Schadensersatzpflicht des Hinterlegers
§ 695 Rückforderungsrecht des Hinterlegers
§ 696 Rücknahmeanspruch des Verwahrers
§ 697 Rückgabeort
§ 698 Verzinsung des verwendeten Geldes
§ 699 Fälligkeit der Vergütung
§ 700 Unregelmäßiger Verwahrungsvertrag

Titel 15
Einbringung von Sachen bei Gastwirten

§ 701 Haftung des Gastwirts
§ 702 Beschränkung der Haftung; Wertsachen
§ 702a Erlass der Haftung
§ 703 Erlöschen des Schadensersatzanspruchs
§ 704 Pfandrecht des Gastwirts

Titel 16
Gesellschaft

§ 705	Inhalt des Gesellschaftsvertrags
§ 706	Beiträge der Gesellschafter
§ 707	Erhöhung des vereinbarten Beitrags
§ 708	Haftung der Gesellschafter
§ 709	Gemeinschaftliche Geschäftsführung
§ 710	Übertragung der Geschäftsführung
§ 711	Widerspruchsrecht
§ 712	Entziehung und Kündigung der Geschäftsführung
§ 713	Rechte und Pflichten der geschäftsführenden Gesellschafter
§ 714	Vertretungsmacht
§ 715	Entziehung der Vertretungsmacht
§ 716	Kontrollrecht der Gesellschafter
§ 717	Nichtübertragbarkeit der Gesellschafterrechte
§ 718	Gesellschaftsvermögen
§ 719	Gesamthänderische Bindung
§ 720	Schutz des gutgläubigen Schuldners
§ 721	Gewinn- und Verlustverteilung
§ 722	Anteile am Gewinn und Verlust
§ 723	Kündigung durch Gesellschafter
§ 724	Kündigung bei Gesellschaft auf Lebenszeit oder fortgesetzter Gesellschaft
§ 725	Kündigung durch Pfändungspfandgläubiger
§ 726	Auflösung wegen Erreichens oder Unmöglichwerdens des Zweckes
§ 727	Auflösung durch Tod eines Gesellschafters
§ 728	Auflösung durch Insolvenz der Gesellschaft oder eines Gesellschafters
§ 729	Fortdauer der Geschäftsführungsbefugnis
§ 730	Auseinandersetzung; Geschäftsführung
§ 731	Verfahren bei Auseinandersetzung
§ 732	Rückgabe von Gegenständen
§ 733	Berichtigung der Gesellschaftsschulden; Erstattung der Einlagen
§ 734	Verteilung des Überschusses
§ 735	Nachschusspflicht bei Verlust
§ 736	Ausscheiden eines Gesellschafters, Nachhaftung
§ 737	Ausschluss eines Gesellschafters
§ 738	Auseinandersetzung beim Ausscheiden
§ 739	Haftung für Fehlbetrag
§ 740	Beteiligung am Ergebnis schwebender Geschäfte

Titel 17
Gemeinschaft

§ 741	Gemeinschaft nach Bruchteilen
§ 742	Gleiche Anteile
§ 743	Früchteanteil; Gebrauchsbefugnis
§ 744	Gemeinschaftliche Verwaltung
§ 745	Verwaltung und Benutzung durch Beschluss
§ 746	Wirkung gegen Sondernachfolger
§ 747	Verfügung über Anteil und gemeinschaftliche Gegenstände
§ 748	Lasten- und Kostentragung
§ 749	Aufhebungsanspruch
§ 750	Ausschluss der Aufhebung im Todesfall
§ 751	Ausschluss der Aufhebung und Sondernachfolger
§ 752	Teilung in Natur
§ 753	Teilung durch Verkauf
§ 754	Verkauf gemeinschaftlicher Forderungen
§ 755	Berichtigung einer Gesamtschuld
§ 756	Berichtigung einer Teilhaberschuld
§ 757	Gewährleistung bei Zuteilung an einen Teilhaber
§ 758	Unverjährbarkeit des Aufhebungsanspruchs

Titel 18
Leibrente

§ 759	Dauer und Betrag der Rente
§ 760	Vorauszahlung
§ 761	Form des Leibrentenversprechens

Titel 19
Unvollkommene Verbindlichkeiten

§ 762	Spiel, Wette
§ 763	Lotterie- und Ausspielvertrag
§ 764	(weggefallen)

Titel 20
Bürgschaft

§ 765	Vertragstypische Pflichten bei der Bürgschaft
§ 766	Schriftform der Bürgschaftserklärung
§ 767	Umfang der Bürgschaftsschuld
§ 768	Einreden des Bürgen
§ 769	Mitbürgschaft
§ 770	Einreden der Anfechtbarkeit und der Aufrechenbarkeit
§ 771	Einrede der Vorausklage
§ 772	Vollstreckungs- und Verwertungspflicht des Gläubigers
§ 773	Ausschluss der Einrede der Vorausklage
§ 774	Gesetzlicher Forderungsübergang
§ 775	Anspruch des Bürgen auf Befreiung
§ 776	Aufgabe einer Sicherheit
§ 777	Bürgschaft auf Zeit
§ 778	Kreditauftrag

Titel 21
Vergleich

§ 779	Begriff des Vergleichs, Irrtum über die Vergleichsgrundlage

Titel 22
Schuldversprechen, Schuldanerkenntnis

§ 780	Schuldversprechen
§ 781	Schuldanerkenntnis
§ 782	Formfreiheit bei Vergleich

Titel 23
Anweisung

§ 783	Rechte aus der Anweisung

§	
§ 784	Annahme der Anweisung
§ 785	Aushändigung der Anweisung
§ 786	(weggefallen)
§ 787	Anweisung auf Schuld
§ 788	Valutaverhältnis
§ 789	Anzeigepflicht des Anweisungsempfängers
§ 790	Widerruf der Anweisung
§ 791	Tod oder Geschäftsunfähigkeit eines Beteiligten
§ 792	Übertragung der Anweisung

Titel 24
Schuldverschreibung auf den Inhaber

§	
§ 793	Rechte aus der Schuldverschreibung auf den Inhaber
§ 794	Haftung des Ausstellers
§ 795	(weggefallen)
§ 796	Einwendungen des Ausstellers
§ 797	Leistungspflicht nur gegen Aushändigung
§ 798	Ersatzurkunde
§ 799	Kraftloserklärung
§ 800	Wirkung der Kraftloserklärung
§ 801	Erlöschen; Verjährung
§ 802	Zahlungssperre
§ 803	Zinsscheine
§ 804	Verlust von Zins- oder ähnlichen Scheinen
§ 805	Neue Zins- und Rentenscheine
§ 806	Umschreibung auf den Namen
§ 807	Inhaberkarten und -marken
§ 808	Namenspapiere mit Inhaberklausel

Titel 25
Vorlegung von Sachen

§	
§ 809	Besichtigung einer Sache
§ 810	Einsicht in Urkunden
§ 811	Vorlegungsort, Gefahr und Kosten

Titel 26
Ungerechtfertigte Bereicherung

§	
§ 812	Herausgabeanspruch
§ 813	Erfüllung trotz Einrede
§ 814	Kenntnis der Nichtschuld
§ 815	Nichteintritt des Erfolgs
§ 816	Verfügung eines Nichtberechtigten
§ 817	Verstoß gegen Gesetz oder gute Sitten
§ 818	Umfang des Bereicherungsanspruchs
§ 819	Verschärfte Haftung bei Kenntnis und bei Gesetzes- oder Sittenverstoß
§ 820	Verschärfte Haftung bei ungewissem Erfolgseintritt
§ 821	Einrede der Bereicherung
§ 822	Herausgabepflicht Dritter

Titel 27
Unerlaubte Handlungen

§	
§ 823	Schadensersatzpflicht
§ 824	Kreditgefährdung
§ 825	Bestimmung zu sexuellen Handlungen
§ 826	Sittenwidrige vorsätzliche Schädigung
§ 827	Ausschluss und Minderung der Verantwortlichkeit
§ 828	Minderjährige
§ 829	Ersatzpflicht aus Billigkeitsgründen
§ 830	Mittäter und Beteiligte
§ 831	Haftung für den Verrichtungsgehilfen
§ 832	Haftung des Aufsichtspflichtigen
§ 833	Haftung des Tierhalters
§ 834	Haftung des Tieraufsehers
§ 835	(weggefallen)
§ 836	Haftung des Grundstücksbesitzers
§ 837	Haftung des Gebäudebesitzers
§ 838	Haftung des Gebäudeunterhaltungspflichtigen
§ 839	Haftung bei Amtspflichtverletzung
§ 839a	Haftung des gerichtlichen Sachverständigen
§ 840	Haftung mehrerer
§ 841	Ausgleichung bei Beamtenhaftung
§ 842	Umfang der Ersatzpflicht bei Verletzung einer Person
§ 843	Geldrente oder Kapitalabfindung
§ 844	Ersatzansprüche Dritter bei Tötung
§ 845	Ersatzansprüche wegen entgangener Dienste
§ 846	Mitverschulden des Verletzten
§ 847	(weggefallen)
§ 848	Haftung für Zufall bei Entziehung einer Sache
§ 849	Verzinsung der Ersatzsumme
§ 850	Ersatz von Verwendungen
§ 851	Ersatzleistung an Nichtberechtigten
§ 852	Herausgabeanspruch nach Eintritt der Verjährung
§ 853	Arglisteinrede

Buch 3
Sachenrecht

Abschnitt 1
Besitz

§	
§ 854	Erwerb des Besitzes
§ 855	Besitzdiener
§ 856	Beendigung des Besitzes
§ 857	Vererblichkeit
§ 858	Verbotene Eigenmacht
§ 859	Selbsthilfe des Besitzers
§ 860	Selbsthilfe des Besitzdieners
§ 861	Anspruch wegen Besitzentziehung
§ 862	Anspruch wegen Besitzstörung
§ 863	Einwendungen des Entziehers oder Störers
§ 864	Erlöschen der Besitzansprüche
§ 865	Teilbesitz
§ 866	Mitbesitz
§ 867	Verfolgungsrecht des Besitzers
§ 868	Mittelbarer Besitz
§ 869	Ansprüche des mittelbaren Besitzers
§ 870	Übertragung des mittelbaren Besitzes
§ 871	Mehrstufiger mittelbarer Besitz
§ 872	Eigenbesitz

Abschnitt 2
Allgemeine Vorschriften über Rechte an Grundstücken

§	
§ 873	Erwerb durch Einigung und Eintragung
§ 874	Bezugnahme auf die Eintragungsbewilligung
§ 875	Aufhebung eines Rechts
§ 876	Aufhebung eines belasteten Rechts
§ 877	Rechtsänderungen
§ 878	Nachträgliche Verfügungsbeschränkungen
§ 879	Rangverhältnis mehrerer Rechte
§ 880	Rangänderung
§ 881	Rangvorbehalt
§ 882	Höchstbetrag des Wertersatzes
§ 883	Voraussetzungen und Wirkung der Vormerkung
§ 884	Wirkung gegenüber Erben
§ 885	Voraussetzung für die Eintragung der Vormerkung
§ 886	Beseitigungsanspruch
§ 887	Aufgebot des Vormerkungsgläubigers
§ 888	Anspruch des Vormerkungsberechtigten auf Zustimmung
§ 889	Ausschluss der Konsolidation bei dinglichen Rechten
§ 890	Vereinigung von Grundstücken; Zuschreibung
§ 891	Gesetzliche Vermutung
§ 892	Öffentlicher Glaube des Grundbuchs
§ 893	Rechtsgeschäft mit dem Eingetragenen
§ 894	Berichtigung des Grundbuchs
§ 895	Voreintragung des Verpflichteten
§ 896	Vorlegung des Briefes
§ 897	Kosten der Berichtigung
§ 898	Unverjährbarkeit der Berichtigungsansprüche
§ 899	Eintragung eines Widerspruchs
§ 899a	Maßgaben für die Gesellschaft bürgerlichen Rechts
§ 900	Buchersitzung
§ 901	Erlöschen nicht eingetragener Rechte
§ 902	Unverjährbarkeit eingetragener Rechte

Abschnitt 3
Eigentum

Titel 1
Inhalt des Eigentums

§	
§ 903	Befugnisse des Eigentümers
§ 904	Notstand
§ 905	Begrenzung des Eigentums
§ 906	Zuführung unwägbarer Stoffe
§ 907	Gefahr drohende Anlagen
§ 908	Drohender Gebäudeeinsturz
§ 909	Vertiefung
§ 910	Überhang
§ 911	Überfall
§ 912	Überbau; Duldungspflicht
§ 913	Zahlung der Überbaurente
§ 914	Rang, Eintragung und Erlöschen der Rente
§ 915	Abkauf
§ 916	Beeinträchtigung von Erbbaurecht oder Dienstbarkeit
§ 917	Notweg
§ 918	Ausschluss des Notwegrechts
§ 919	Grenzabmarkung
§ 920	Grenzverwirrung
§ 921	Gemeinschaftliche Benutzung von Grenzanlagen
§ 922	Art der Benutzung und Unterhaltung
§ 923	Grenzbaum
§ 924	Unverjährbarkeit nachbarrechtlicher Ansprüche

Titel 2
Erwerb und Verlust des Eigentums an Grundstücken

§	
§ 925	Auflassung
§ 925a	Urkunde über Grundgeschäft
§ 926	Zubehör des Grundstücks
§ 927	Aufgebotsverfahren
§ 928	Aufgabe des Eigentums, Aneignung des Fiskus

Titel 3
Erwerb und Verlust des Eigentums an beweglichen Sachen

Untertitel 1
Übertragung

§	
§ 929	Einigung und Übergabe
§ 929a	Einigung bei nicht eingetragenem Seeschiff
§ 930	Besitzkonstitut
§ 931	Abtretung des Herausgabeanspruchs
§ 932	Gutgläubiger Erwerb vom Nichtberechtigten
§ 932a	Gutgläubiger Erwerb nicht eingetragener Seeschiffe
§ 933	Gutgläubiger Erwerb bei Besitzkonstitut
§ 934	Gutgläubiger Erwerb bei Abtretung des Herausgabeanspruchs
§ 935	Kein gutgläubiger Erwerb von abhanden gekommenen Sachen
§ 936	Erlöschen von Rechten Dritter

Untertitel 2
Ersitzung

§	
§ 937	Voraussetzungen, Ausschluss bei Kenntnis
§ 938	Vermutung des Eigenbesitzes
§ 939	Hemmung der Ersitzung
§ 940	Unterbrechung durch Besitzverlust
§ 941	Unterbrechung durch Vollstreckungshandlung
§ 942	Wirkung der Unterbrechung
§ 943	Ersitzung bei Rechtsnachfolge
§ 944	Erbschaftsbesitzer
§ 945	Erlöschen von Rechten Dritter

Untertitel 3
Verbindung, Vermischung, Verarbeitung

§	
§ 946	Verbindung mit einem Grundstück

§	
§ 947	Verbindung mit beweglichen Sachen
§ 948	Vermischung
§ 949	Erlöschen von Rechten Dritter
§ 950	Verarbeitung
§ 951	Entschädigung für Rechtsverlust
§ 952	Eigentum an Schuldurkunden

Untertitel 4
Erwerb von Erzeugnissen und sonstigen Bestandteilen einer Sache

§ 953	Eigentum an getrennten Erzeugnissen und Bestandteilen
§ 954	Erwerb durch dinglich Berechtigten
§ 955	Erwerb durch gutgläubigen Eigenbesitzer
§ 956	Erwerb durch persönlich Berechtigten
§ 957	Gestattung durch den Nichtberechtigten

Untertitel 5
Aneignung

§ 958	Eigentumserwerb an beweglichen herrenlosen Sachen
§ 959	Aufgabe des Eigentums
§ 960	Wilde Tiere
§ 961	Eigentumsverlust bei Bienenschwärmen
§ 962	Verfolgungsrecht des Eigentümers
§ 963	Vereinigung von Bienenschwärmen
§ 964	Vermischung von Bienenschwärmen

Untertitel 6
Fund

§ 965	Anzeigepflicht des Finders
§ 966	Verwahrungspflicht
§ 967	Ablieferungspflicht
§ 968	Umfang der Haftung
§ 969	Herausgabe an den Verlierer
§ 970	Ersatz von Aufwendungen
§ 971	Finderlohn
§ 972	Zurückbehaltungsrecht des Finders
§ 973	Eigentumserwerb des Finders
§ 974	Eigentumserwerb nach Verschweigung
§ 975	Rechte des Finders nach Ablieferung
§ 976	Eigentumserwerb der Gemeinde
§ 977	Bereicherungsanspruch
§ 978	Fund in öffentlicher Behörde oder Verkehrsanstalt
§ 979	Verwertung; Verordnungsermächtigung
§ 980	Öffentliche Bekanntmachung des Fundes
§ 981	Empfang des Versteigerungserlöses
§ 982	Ausführungsvorschriften
§ 983	Unanbringbare Sachen bei Behörden
§ 984	Schatzfund

Titel 4
Ansprüche aus dem Eigentum

§ 985	Herausgabeanspruch
§ 986	Einwendungen des Besitzers
§ 987	Nutzungen nach Rechtshängigkeit
§ 988	Nutzungen des unentgeltlichen Besitzers
§ 989	Schadensersatz nach Rechtshängigkeit
§ 990	Haftung des Besitzers bei Kenntnis
§ 991	Haftung des Besitzmittlers
§ 992	Haftung des deliktischen Besitzers
§ 993	Haftung des redlichen Besitzers
§ 994	Notwendige Verwendungen
§ 995	Lasten
§ 996	Nützliche Verwendungen
§ 997	Wegnahmerecht
§ 998	Bestellungskosten bei landwirtschaftlichem Grundstück
§ 999	Ersatz von Verwendungen des Rechtsvorgängers
§ 1000	Zurückbehaltungsrecht des Besitzers
§ 1001	Klage auf Verwendungsersatz
§ 1002	Erlöschen des Verwendungsanspruchs
§ 1003	Befriedigungsrecht des Besitzers
§ 1004	Beseitigungs- und Unterlassungsanspruch
§ 1005	Verfolgungsrecht
§ 1006	Eigentumsvermutung für Besitzer
§ 1007	Ansprüche des früheren Besitzers, Ausschluss bei Kenntnis

Titel 5
Miteigentum

§ 1008	Miteigentum nach Bruchteilen
§ 1009	Belastung zugunsten eines Miteigentümers
§ 1010	Sondernachfolger eines Miteigentümers
§ 1011	Ansprüche aus dem Miteigentum
§§ 1012 bis 1017 (weggefallen)	

Abschnitt 4
Dienstbarkeiten

Titel 1
Grunddienstbarkeiten

§ 1018	Gesetzlicher Inhalt der Grunddienstbarkeit
§ 1019	Vorteil des herrschenden Grundstücks
§ 1020	Schonende Ausübung
§ 1021	Vereinbarte Unterhaltungspflicht
§ 1022	Anlagen auf baulichen Anlagen
§ 1023	Verlegung der Ausübung
§ 1024	Zusammentreffen mehrerer Nutzungsrechte
§ 1025	Teilung des herrschenden Grundstücks
§ 1026	Teilung des dienenden Grundstücks
§ 1027	Beeinträchtigung der Grunddienstbarkeit
§ 1028	Verjährung
§ 1029	Besitzschutz des Rechtsbesitzers

Titel 2
Nießbrauch

Untertitel 1
Nießbrauch an Sachen

§ 1030	Gesetzlicher Inhalt des Nießbrauchs an Sachen
§ 1031	Erstreckung auf Zubehör
§ 1032	Bestellung an beweglichen Sachen
§ 1033	Erwerb durch Ersitzung
§ 1034	Feststellung des Zustands
§ 1035	Nießbrauch an Inbegriff von Sachen; Verzeichnis

§	
§ 1036	Besitzrecht; Ausübung des Nießbrauchs
§ 1037	Umgestaltung
§ 1038	Wirtschaftsplan für Wald und Bergwerk
§ 1039	Übermäßige Fruchtziehung
§ 1040	Schatz
§ 1041	Erhaltung der Sache
§ 1042	Anzeigepflicht des Nießbrauchers
§ 1043	Ausbesserung oder Erneuerung
§ 1044	Duldung von Ausbesserungen
§ 1045	Versicherungspflicht des Nießbrauchers
§ 1046	Nießbrauch an der Versicherungsforderung
§ 1047	Lastentragung
§ 1048	Nießbrauch an Grundstück mit Inventar
§ 1049	Ersatz von Verwendungen
§ 1050	Abnutzung
§ 1051	Sicherheitsleistung
§ 1052	Gerichtliche Verwaltung mangels Sicherheitsleistung
§ 1053	Unterlassungsklage bei unbefugtem Gebrauch
§ 1054	Gerichtliche Verwaltung wegen Pflichtverletzung
§ 1055	Rückgabepflicht des Nießbrauchers
§ 1056	Miet- und Pachtverhältnisse bei Beendigung des Nießbrauchs
§ 1057	Verjährung der Ersatzansprüche
§ 1058	Besteller als Eigentümer
§ 1059	Unübertragbarkeit; Überlassung der Ausübung
§ 1059a	Übertragbarkeit bei juristischer Person oder rechtsfähiger Personengesellschaft
§ 1059b	Unpfändbarkeit
§ 1059c	Übergang oder Übertragung des Nießbrauchs
§ 1059d	Miet- und Pachtverhältnisse bei Übertragung des Nießbrauchs
§ 1059e	Anspruch auf Einräumung des Nießbrauchs
§ 1060	Zusammentreffen mehrerer Nutzungsrechte
§ 1061	Tod des Nießbrauchers
§ 1062	Erstreckung der Aufhebung auf das Zubehör
§ 1063	Zusammentreffen mit dem Eigentum
§ 1064	Aufhebung des Nießbrauchs an beweglichen Sachen
§ 1065	Beeinträchtigung des Nießbrauchsrechts
§ 1066	Nießbrauch am Anteil eines Miteigentümers
§ 1067	Nießbrauch an verbrauchbaren Sachen

Untertitel 2
Nießbrauch an Rechten

§	
§ 1068	Gesetzlicher Inhalt des Nießbrauchs an Rechten
§ 1069	Bestellung
§ 1070	Nießbrauch an Recht auf Leistung
§ 1071	Aufhebung oder Änderung des belasteten Rechts
§ 1072	Beendigung des Nießbrauchs
§ 1073	Nießbrauch an einer Leibrente
§ 1074	Nießbrauch an einer Forderung; Kündigung und Einziehung
§ 1075	Wirkung der Leistung
§ 1076	Nießbrauch an verzinslicher Forderung
§ 1077	Kündigung und Zahlung
§ 1078	Mitwirkung zur Einziehung
§ 1079	Anlegung des Kapitals
§ 1080	Nießbrauch an Grund- oder Rentenschuld
§ 1081	Nießbrauch an Inhaber- oder Orderpapieren
§ 1082	Hinterlegung
§ 1083	Mitwirkung zur Einziehung
§ 1084	Verbrauchbare Sachen

Untertitel 3
Nießbrauch an einem Vermögen

§	
§ 1085	Bestellung des Nießbrauchs an einem Vermögen
§ 1086	Rechte der Gläubiger des Bestellers
§ 1087	Verhältnis zwischen Nießbraucher und Besteller
§ 1088	Haftung des Nießbrauchers
§ 1089	Nießbrauch an einer Erbschaft

Titel 3
Beschränkte persönliche Dienstbarkeiten

§	
§ 1090	Gesetzlicher Inhalt der beschränkten persönlichen Dienstbarkeit
§ 1091	Umfang
§ 1092	Unübertragbarkeit; Überlassung der Ausübung
§ 1093	Wohnungsrecht

Abschnitt 5
Vorkaufsrecht

§	
§ 1094	Gesetzlicher Inhalt des dinglichen Vorkaufsrechts
§ 1095	Belastung eines Bruchteils
§ 1096	Erstreckung auf Zubehör
§ 1097	Bestellung für einen oder mehrere Verkaufsfälle
§ 1098	Wirkung des Vorkaufsrechts
§ 1099	Mitteilungen
§ 1100	Rechte des Käufers
§ 1101	Befreiung des Berechtigten
§ 1102	Befreiung des Käufers
§ 1103	Subjektiv-dingliches und subjektiv-persönliches Vorkaufsrecht
§ 1104	Ausschluss unbekannter Berechtigter

Abschnitt 6
Reallasten

§	
§ 1105	Gesetzlicher Inhalt der Reallast
§ 1106	Belastung eines Bruchteils
§ 1107	Einzelleistungen
§ 1108	Persönliche Haftung des Eigentümers
§ 1109	Teilung des herrschenden Grundstücks
§ 1110	Subjektiv-dingliche Reallast
§ 1111	Subjektiv-persönliche Reallast
§ 1112	Ausschluss unbekannter Berechtigter

Abschnitt 7
Hypothek, Grundschuld, Rentenschuld

Titel 1
Hypothek

§ 1113	Gesetzlicher Inhalt der Hypothek
§ 1114	Belastung eines Bruchteils
§ 1115	Eintragung der Hypothek
§ 1116	Brief- und Buchhypothek
§ 1117	Erwerb der Briefhypothek
§ 1118	Haftung für Nebenforderungen
§ 1119	Erweiterung der Haftung für Zinsen
§ 1120	Erstreckung auf Erzeugnisse, Bestandteile und Zubehör
§ 1121	Enthaftung durch Veräußerung und Entfernung
§ 1122	Enthaftung ohne Veräußerung
§ 1123	Erstreckung auf Miet- oder Pachtforderung
§ 1124	Vorausverfügung über Miete oder Pacht
§ 1125	Aufrechnung gegen Miete oder Pacht
§ 1126	Erstreckung auf wiederkehrende Leistungen
§ 1127	Erstreckung auf die Versicherungsforderung
§ 1128	Gebäudeversicherung
§ 1129	Sonstige Schadensversicherung
§ 1130	Wiederherstellungsklausel
§ 1131	Zuschreibung eines Grundstücks
§ 1132	Gesamthypothek
§ 1133	Gefährdung der Sicherheit der Hypothek
§ 1134	Unterlassungsklage
§ 1135	Verschlechterung des Zubehörs
§ 1136	Rechtsgeschäftliche Verfügungsbeschränkung
§ 1137	Einreden des Eigentümers
§ 1138	Öffentlicher Glaube des Grundbuchs
§ 1139	Widerspruch bei Darlehensbuchhypothek
§ 1140	Hypothekenbrief und Unrichtigkeit des Grundbuchs
§ 1141	Kündigung der Hypothek
§ 1142	Befriedigungsrecht des Eigentümers
§ 1143	Übergang der Forderung
§ 1144	Aushändigung der Urkunden
§ 1145	Teilweise Befriedigung
§ 1146	Verzugszinsen
§ 1147	Befriedigung durch Zwangsvollstreckung
§ 1148	Eigentumsfiktion
§ 1149	Unzulässige Befriedigungsabreden
§ 1150	Ablösungsrecht Dritter
§ 1151	Rangänderung bei Teilhypotheken
§ 1152	Teilhypothekenbrief
§ 1153	Übertragung von Hypothek und Forderung
§ 1154	Abtretung der Forderung
§ 1155	Öffentlicher Glaube beglaubigter Abtretungserklärungen
§ 1156	Rechtsverhältnis zwischen Eigentümer und neuem Gläubiger
§ 1157	Fortbestehen der Einreden gegen die Hypothek
§ 1158	Künftige Nebenleistungen
§ 1159	Rückständige Nebenleistungen
§ 1160	Geltendmachung der Briefhypothek
§ 1161	Geltendmachung der Forderung
§ 1162	Aufgebot des Hypothekenbriefs
§ 1163	Eigentümerhypothek
§ 1164	Übergang der Hypothek auf den Schuldner
§ 1165	Freiwerden des Schuldners
§ 1166	Benachrichtigung des Schuldners
§ 1167	Aushändigung der Berichtigungsurkunden
§ 1168	Verzicht auf die Hypothek
§ 1169	Rechtszerstörende Einrede
§ 1170	Ausschluss unbekannter Gläubiger
§ 1171	Ausschluss durch Hinterlegung
§ 1172	Eigentümergesamthypothek
§ 1173	Befriedigung durch einen der Eigentümer
§ 1174	Befriedigung durch den persönlichen Schuldner
§ 1175	Verzicht auf die Gesamthypothek
§ 1176	Eigentümerteilhypothek; Kollisionsklausel
§ 1177	Eigentümergrundschuld, Eigentümerhypothek
§ 1178	Hypothek für Nebenleistungen und Kosten
§ 1179	Löschungsvormerkung
§ 1179a	Löschungsanspruch bei fremden Rechten
§ 1179b	Löschungsanspruch bei eigenem Recht
§ 1180	Auswechslung der Forderung
§ 1181	Erlöschen durch Befriedigung aus dem Grundstück
§ 1182	Übergang bei Befriedigung aus der Gesamthypothek
§ 1183	Aufhebung der Hypothek
§ 1184	Sicherungshypothek
§ 1185	Buchhypothek; unanwendbare Vorschriften
§ 1186	Zulässige Umwandlungen
§ 1187	Sicherungshypothek für Inhaber- und Orderpapiere
§ 1188	Sondervorschrift für Schuldverschreibungen auf den Inhaber
§ 1189	Bestellung eines Grundbuchvertreters
§ 1190	Höchstbetragshypothek

Titel 2
Grundschuld, Rentenschuld

Untertitel 1
Grundschuld

§ 1191	Gesetzlicher Inhalt der Grundschuld
§ 1192	Anwendbare Vorschriften
§ 1193	Kündigung
§ 1194	Zahlungsort
§ 1195	Inhabergrundschuld
§ 1196	Eigentümergrundschuld
§ 1197	Abweichungen von der Fremdgrundschuld
§ 1198	Zulässige Umwandlungen

Untertitel 2
Rentenschuld

§ 1199	Gesetzlicher Inhalt der Rentenschuld

§ 1200	Anwendbare Vorschriften		§ 1245	Abweichende Vereinbarungen
§ 1201	Ablösungsrecht		§ 1246	Abweichung aus Billigkeitsgründen
§ 1202	Kündigung		§ 1247	Erlös aus dem Pfande
§ 1203	Zulässige Umwandlungen		§ 1248	Eigentumsvermutung
			§ 1249	Ablösungsrecht
			§ 1250	Übertragung der Forderung

Abschnitt 8
Pfandrecht an beweglichen Sachen und an Rechten

Titel 1
Pfandrecht an beweglichen Sachen

§ 1204	Gesetzlicher Inhalt des Pfandrechts an beweglichen Sachen		§ 1251	Wirkung des Pfandrechtsübergangs
			§ 1252	Erlöschen mit der Forderung
			§ 1253	Erlöschen durch Rückgabe
§ 1205	Bestellung		§ 1254	Anspruch auf Rückgabe
§ 1206	Übergabeersatz durch Einräumung des Mitbesitzes		§ 1255	Aufhebung des Pfandrechts
			§ 1256	Zusammentreffen von Pfandrecht und Eigentum
§ 1207	Verpfändung durch Nichtberechtigten		§ 1257	Gesetzliches Pfandrecht
§ 1208	Gutgläubiger Erwerb des Vorrangs		§ 1258	Pfandrecht am Anteil eines Miteigentümers
§ 1209	Rang des Pfandrechts		§ 1259	Verwertung des gewerblichen Pfandes
§ 1210	Umfang der Haftung des Pfandes		§§ 1260 bis 1272 (weggefallen)

Titel 2
Pfandrecht an Rechten

§ 1211	Einreden des Verpfänders		§ 1273	Gesetzlicher Inhalt des Pfandrechts an Rechten
§ 1212	Erstreckung auf getrennte Erzeugnisse		§ 1274	Bestellung
§ 1213	Nutzungspfand		§ 1275	Pfandrecht an Recht auf Leistung
§ 1214	Pflichten des nutzungsberechtigten Pfandgläubigers		§ 1276	Aufhebung oder Änderung des verpfändeten Rechts
§ 1215	Verwahrungspflicht		§ 1277	Befriedigung durch Zwangsvollstreckung
§ 1216	Ersatz von Verwendungen		§ 1278	Erlöschen durch Rückgabe
§ 1217	Rechtsverletzung durch den Pfandgläubiger		§ 1279	Pfandrecht an einer Forderung
§ 1218	Rechte des Verpfänders bei drohendem Verderb		§ 1280	Anzeige an den Schuldner
			§ 1281	Leistung vor Fälligkeit
§ 1219	Rechte des Pfandgläubigers bei drohendem Verderb		§ 1282	Leistung nach Fälligkeit
			§ 1283	Kündigung
§ 1220	Androhung der Versteigerung		§ 1284	Abweichende Vereinbarungen
§ 1221	Freihändiger Verkauf		§ 1285	Mitwirkung zur Einziehung
§ 1222	Pfandrecht an mehreren Sachen		§ 1286	Kündigungspflicht bei Gefährdung
§ 1223	Rückgabepflicht; Einlösungsrecht		§ 1287	Wirkung der Leistung
§ 1224	Befriedigung durch Hinterlegung oder Aufrechnung		§ 1288	Anlegung eingezogenen Geldes
			§ 1289	Erstreckung auf die Zinsen
§ 1225	Forderungsübergang auf den Verpfänder		§ 1290	Einziehung bei mehrfacher Verpfändung
§ 1226	Verjährung der Ersatzansprüche		§ 1291	Pfandrecht an Grund- oder Rentenschuld
§ 1227	Schutz des Pfandrechts		§ 1292	Verpfändung von Orderpapieren
§ 1228	Befriedigung durch Pfandverkauf		§ 1293	Pfandrecht an Inhaberpapieren
§ 1229	Verbot der Verfallvereinbarung		§ 1294	Einziehung und Kündigung
§ 1230	Auswahl unter mehreren Pfändern		§ 1295	Freihändiger Verkauf von Orderpapieren
§ 1231	Herausgabe des Pfandes zum Verkauf		§ 1296	Erstreckung auf Zinsscheine
§ 1232	Nachstehende Pfandgläubiger			
§ 1233	Ausführung des Verkaufs			

Buch 4
Familienrecht

Abschnitt 1
Bürgerliche Ehe

Titel 1
Verlöbnis

§ 1234	Verkaufsandrohung; Wartefrist			
§ 1235	Öffentliche Versteigerung			
§ 1236	Versteigerungsort			
§ 1237	Öffentliche Bekanntmachung			
§ 1238	Verkaufsbedingungen			
§ 1239	Mitbieten durch Gläubiger und Eigentümer		§ 1297	Kein Antrag auf Eingehung der Ehe, Nichtigkeit eines Strafversprechens
§ 1240	Gold- und Silbersachen			
§ 1241	Benachrichtigung des Eigentümers		§ 1298	Ersatzpflicht bei Rücktritt
§ 1242	Wirkungen der rechtmäßigen Veräußerung		§ 1299	Rücktritt aus Verschulden des anderen Teils
§ 1243	Rechtswidrige Veräußerung		§ 1300	(weggefallen)
§ 1244	Gutgläubiger Erwerb			

70 BGB

§ 1301 · Rückgabe der Geschenke
§ 1302 Verjährung

Titel 2
Eingehung der Ehe

Untertitel 1
Ehefähigkeit

§ 1303 Ehemündigkeit
§ 1304 Geschäftsunfähigkeit
§ 1305 (weggefallen)

Untertitel 2
Eheverbote

§ 1306 Bestehende Ehe oder Lebenspartnerschaft
§ 1307 Verwandtschaft
§ 1308 Annahme als Kind

Untertitel 3
Ehefähigkeitszeugnis

§ 1309 Ehefähigkeitszeugnis für Ausländer

Untertitel 4
Eheschließung

§ 1310 Zuständigkeit des Standesbeamten, Heilung fehlerhafter Ehen
§ 1311 Persönliche Erklärung
§ 1312 Trauung

Titel 3
Aufhebung der Ehe

§ 1313 Aufhebung durch richterliche Entscheidung
§ 1314 Aufhebungsgründe
§ 1315 Ausschluss der Aufhebung
§ 1316 Antragsberechtigung
§ 1317 Antragsfrist
§ 1318 Folgen der Aufhebung

Titel 4
Wiederverheiratung nach Todeserklärung

§ 1319 Aufhebung der bisherigen Ehe
§ 1320 Aufhebung der neuen Ehe
§§ 1321 bis 1352 (weggefallen)

Titel 5
Wirkungen der Ehe im Allgemeinen

§ 1353 Eheliche Lebensgemeinschaft
§ 1354 (weggefallen)
§ 1355 Ehename
§ 1356 Haushaltsführung, Erwerbstätigkeit
§ 1357 Geschäfte zur Deckung des Lebensbedarfs
§ 1358 (weggefallen)
§ 1359 Umfang der Sorgfaltspflicht
§ 1360 Verpflichtung zum Familienunterhalt
§ 1360a Umfang der Unterhaltspflicht
§ 1360b Zuvielleistung
§ 1361 Unterhalt bei Getrenntleben
§ 1361a Verteilung der Haushaltsgegenstände bei Getrenntleben
§ 1361b Ehewohnung bei Getrenntleben
§ 1362 Eigentumsvermutung

Titel 6
Eheliches Güterrecht

Untertitel 1
Gesetzliches Güterrecht

§ 1363 Zugewinngemeinschaft
§ 1364 Vermögensverwaltung
§ 1365 Verfügung über Vermögen im Ganzen
§ 1366 Genehmigung von Verträgen
§ 1367 Einseitige Rechtsgeschäfte
§ 1368 Geltendmachung der Unwirksamkeit
§ 1369 Verfügungen über Haushaltsgegenstände
§ 1370 (weggefallen)
§ 1371 Zugewinnausgleich im Todesfall
§ 1372 Zugewinnausgleich in anderen Fällen
§ 1373 Zugewinn
§ 1374 Anfangsvermögen
§ 1375 Endvermögen
§ 1376 Wertermittlung des Anfangs- und Endvermögens
§ 1377 Verzeichnis des Anfangsvermögens
§ 1378 Ausgleichsforderung
§ 1379 Auskunftspflicht
§ 1380 Anrechnung von Vorausempfängen
§ 1381 Leistungsverweigerung wegen grober Unbilligkeit
§ 1382 Stundung
§ 1383 Übertragung von Vermögensgegenständen
§ 1384 Berechnungszeitpunkt des Zugewinns und Höhe der Ausgleichsforderung bei Scheidung
§ 1385 Vorzeitiger Zugewinnausgleich des ausgleichsberechtigten Ehegatten bei vorzeitiger Aufhebung der Zugewinngemeinschaft
§ 1386 Vorzeitige Aufhebung der Zugewinngemeinschaft
§ 1387 Berechnungszeitpunkt des Zugewinns und Höhe der Ausgleichsforderung bei vorzeitigem Ausgleich oder vorzeitiger Aufhebung
§ 1388 Eintritt der Gütertrennung
§ 1389 (weggefallen)
§ 1390 Ansprüche des Ausgleichsberechtigten gegen Dritte
§§ 1391 bis 1407 (weggefallen)

Untertitel 2
Vertragliches Güterrecht

Kapitel 1
Allgemeine Vorschriften

§ 1408 Ehevertrag, Vertragsfreiheit
§ 1409 Beschränkung der Vertragsfreiheit
§ 1410 Form
§ 1411 Eheverträge Betreuter
§ 1412 Wirkung gegenüber Dritten
§ 1413 Widerruf der Überlassung der Vermögensverwaltung

Kapitel 2
Gütertrennung

§ 1414 Eintritt der Gütertrennung

Kapitel 3
Gütergemeinschaft

Unterkapitel 1
Allgemeine Vorschriften

§	
§ 1415	Vereinbarung durch Ehevertrag
§ 1416	Gesamtgut
§ 1417	Sondergut
§ 1418	Vorbehaltsgut
§ 1419	Gesamthandsgemeinschaft
§ 1420	Verwendung zum Unterhalt
§ 1421	Verwaltung des Gesamtguts

Unterkapitel 2
Verwaltung des Gesamtguts durch einen Ehegatten

§	
§ 1422	Inhalt des Verwaltungsrechts
§ 1423	Verfügung über das Gesamtgut im Ganzen
§ 1424	Verfügung über Grundstücke, Schiffe oder Schiffsbauwerke
§ 1425	Schenkungen
§ 1426	Ersetzung der Zustimmung des anderen Ehegatten
§ 1427	Rechtsfolgen fehlender Einwilligung
§ 1428	Verfügungen ohne Zustimmung
§ 1429	Notverwaltungsrecht
§ 1430	Ersetzung der Zustimmung des Verwalters
§ 1431	Selbständiges Erwerbsgeschäft
§ 1432	Annahme einer Erbschaft; Ablehnung von Vertragsantrag oder Schenkung
§ 1433	Fortsetzung eines Rechtsstreits
§ 1434	Ungerechtfertigte Bereicherung des Gesamtguts
§ 1435	Pflichten des Verwalters
§ 1436	Verwalter unter Betreuung
§ 1437	Gesamtgutsverbindlichkeiten; persönliche Haftung
§ 1438	Haftung des Gesamtguts
§ 1439	Keine Haftung bei Erwerb einer Erbschaft
§ 1440	Haftung für Vorbehalts- oder Sondergut
§ 1441	Haftung im Innenverhältnis
§ 1442	Verbindlichkeiten des Sondergutes und eines Erwerbsgeschäfts
§ 1443	Prozesskosten
§ 1444	Kosten der Ausstattung eines Kindes
§ 1445	Ausgleichung zwischen Vorbehalts-, Sonder- und Gesamtgut
§ 1446	Fälligkeit des Ausgleichsanspruchs
§ 1447	Aufhebungsantrag des nicht verwaltenden Ehegatten
§ 1448	Aufhebungsantrag des Verwalters
§ 1449	Wirkung der richterlichen Aufhebungsentscheidung

Unterkapitel 3
Gemeinschaftliche Verwaltung des Gesamtguts durch die Ehegatten

§	
§ 1450	Gemeinschaftliche Verwaltung durch die Ehegatten
§ 1451	Mitwirkungspflicht beider Ehegatten
§ 1452	Ersetzung der Zustimmung
§ 1453	Verfügung ohne Einwilligung
§ 1454	Notverwaltungsrecht
§ 1455	Verwaltungshandlungen ohne Mitwirkung des anderen Ehegatten
§ 1456	Selbständiges Erwerbsgeschäft
§ 1457	Ungerechtfertigte Bereicherung des Gesamtguts
§ 1458	(weggefallen)
§ 1459	Gesamtgutsverbindlichkeiten; persönliche Haftung
§ 1460	Haftung des Gesamtguts
§ 1461	Keine Haftung bei Erwerb einer Erbschaft
§ 1462	Haftung für Vorbehalts- oder Sondergut
§ 1463	Haftung im Innenverhältnis
§ 1464	Verbindlichkeiten des Sondergutes und eines Erwerbsgeschäfts
§ 1465	Prozesskosten
§ 1466	Kosten der Ausstattung eines nicht gemeinschaftlichen Kindes
§ 1467	Ausgleichung zwischen Vorbehalts-, Sonder- und Gesamtgut
§ 1468	Fälligkeit des Ausgleichsanspruchs
§ 1469	Aufhebungsantrag
§ 1470	Wirkung der richterlichen Aufhebungsentscheidung

Unterkapitel 4
Auseinandersetzung des Gesamtguts

§	
§ 1471	Beginn der Auseinandersetzung
§ 1472	Gemeinschaftliche Verwaltung des Gesamtguts
§ 1473	Unmittelbare Ersetzung
§ 1474	Durchführung der Auseinandersetzung
§ 1475	Berichtigung der Gesamtgutsverbindlichkeiten
§ 1476	Teilung des Überschusses
§ 1477	Durchführung der Teilung
§ 1478	Auseinandersetzung nach Scheidung
§ 1479	Auseinandersetzung nach richerlicher Aufhebungsentscheidung
§ 1480	Haftung nach der Teilung gegenüber Dritten
§ 1481	Haftung der Ehegatten untereinander
§ 1482	Eheauflösung durch Tod

Unterkapitel 5
Fortgesetzte Gütergemeinschaft

§	
§ 1483	Eintritt der fortgesetzten Gütergemeinschaft
§ 1484	Ablehnung der fortgesetzten Gütergemeinschaft
§ 1485	Gesamtgut
§ 1486	Vorbehaltsgut; Sondergut

§ 1487	Rechtsstellung des Ehegatten und der Abkömmlinge	§ 1563	Registereinsicht; Anwendung der Verordnung (EU) 2016/679 im Registerverfahren
§ 1488	Gesamtgutsverbindlichkeiten		
§ 1489	Persönliche Haftung für die Gesamtgutsverbindlichkeiten		

Titel 7
Scheidung der Ehe

§ 1490	Tod eines Abkömmlings
§ 1491	Verzicht eines Abkömmlings

Untertitel 1
Scheidungsgründe

§ 1492	Aufhebung durch den überlebenden Ehegatten	§ 1564	Scheidung durch richterliche Entscheidung
		§ 1565	Scheitern der Ehe
§ 1493	Wiederverheiratung oder Begründung einer Lebenspartnerschaft des überlebenden Ehegatten	§ 1566	Vermutung für das Scheitern
		§ 1567	Getrenntleben
		§ 1568	Härteklausel
§ 1494	Tod des überlebenden Ehegatten		
§ 1495	Aufhebungsantrag eines Abkömmlings		

Untertitel 1a
Behandlung der Ehewohnung und der Haushaltsgegenstände anlässlich der Scheidung

§ 1496	Wirkung der richterlichen Aufhebungsentscheidung	§ 1568a	Ehewohnung
		§ 1568b	Haushaltsgegenstände
§ 1497	Rechtsverhältnis bis zur Auseinandersetzung		
§ 1498	Durchführung der Auseinandersetzung		

Untertitel 2
Unterhalt des geschiedenen Ehegatten

§ 1499	Verbindlichkeiten zu Lasten des überlebenden Ehegatten	*Kapitel 1* **Grundsatz**	
§ 1500	Verbindlichkeiten zu Lasten der Abkömmlinge	§ 1569	Grundsatz der Eigenverantwortung

Kapitel 2
Unterhaltsberechtigung

§ 1501	Anrechnung von Abfindungen		
§ 1502	Übernahmerecht des überlebenden Ehegatten		
§ 1503	Teilung unter den Abkömmlingen	§ 1570	Unterhalt wegen Betreuung eines Kindes
§ 1504	Haftungsausgleich unter Abkömmlingen	§ 1571	Unterhalt wegen Alters
§ 1505	Ergänzung des Anteils des Abkömmlings	§ 1572	Unterhalt wegen Krankheit oder Gebrechen
§ 1506	Anteilsunwürdigkeit	§ 1573	Unterhalt wegen Erwerbslosigkeit und Aufstockungsunterhalt
§ 1507	Zeugnis über Fortsetzung der Gütergemeinschaft	§ 1574	Angemessene Erwerbstätigkeit
§ 1508	(weggefallen)	§ 1575	Ausbildung, Fortbildung oder Umschulung
§ 1509	Ausschließung der fortgesetzten Gütergemeinschaft durch letztwillige Verfügung	§ 1576	Unterhalt aus Billigkeitsgründen
		§ 1577	Bedürftigkeit
§ 1510	Wirkung der Ausschließung	§ 1578	Maß des Unterhalts
§ 1511	Ausschließung eines Abkömmlings	§ 1578a	Deckungsvermutung bei schadensbedingten Mehraufwendungen
§ 1512	Herabsetzung des Anteils		
§ 1513	Entziehung des Anteils	§ 1578b	Herabsetzung und zeitliche Begrenzung des Unterhalts wegen Unbilligkeit
§ 1514	Zuwendung des entzogenen Betrags		
§ 1515	Übernahmerecht eines Abkömmlings und des Ehegatten	§ 1579	Beschränkung oder Versagung des Unterhalts wegen grober Unbilligkeit
§ 1516	Zustimmung des anderen Ehegatten	§ 1580	Auskunftspflicht
§ 1517	Verzicht eines Abkömmlings auf seinen Anteil	*Kapitel 3* **Leistungsfähigkeit und Rangfolge**	
§ 1518	Zwingendes Recht	§ 1581	Leistungsfähigkeit

Kapitel 4
Wahl-Zugewinngemeinschaft

		§ 1582	Rang des geschiedenen Ehegatten bei mehreren Unterhaltsberechtigten
§ 1519	Vereinbarung durch Ehevertrag	§ 1583	Einfluss des Güterstands
§§ 1520 bis 1557	(weggefallen)	§ 1584	Rangverhältnisse mehrerer Unterhaltsverpflichteter

Untertitel 3
Güterrechtsregister

Kapitel 4
Gestaltung des Unterhaltsanspruchs

§ 1558	Zuständiges Registergericht	§ 1585	Art der Unterhaltsgewährung
§ 1559	Verlegung des gewöhnlichen Aufenthalts	§ 1585a	Sicherheitsleistung
§ 1560	Antrag auf Eintragung	§ 1585b	Unterhalt für die Vergangenheit
§ 1561	Antragserfordernisse	§ 1585c	Vereinbarungen über den Unterhalt
§ 1562	Öffentliche Bekanntmachung		

Kapitel 5
Ende des Unterhaltsanspruchs
§ 1586 Wiederverheiratung, Begründung einer Lebenspartnerschaft oder Tod des Berechtigten
§ 1586a Wiederaufleben des Unterhaltsanspruchs
§ 1586b Kein Erlöschen bei Tod des Verpflichteten

Untertitel 3
Versorgungsausgleich
§ 1587 Verweis auf das Versorgungsausgleichsgesetz

Titel 8
Kirchliche Verpflichtungen
§ 1588

Abschnitt 2
Verwandtschaft

Titel 1
Allgemeine Vorschriften
§ 1589 Verwandtschaft
§ 1590 Schwägerschaft

Titel 2
Abstammung
§ 1591 Mutterschaft
§ 1592 Vaterschaft
§ 1593 Vaterschaft bei Auflösung der Ehe durch Tod
§ 1594 Anerkennung der Vaterschaft
§ 1595 Zustimmungsbedürftigkeit der Anerkennung
§ 1596 Anerkennung und Zustimmung bei fehlender oder beschränkter Geschäftsfähigkeit
§ 1597 Formerfordernisse; Widerruf
§ 1597a Verbot der missbräuchlichen Anerkennung der Vaterschaft
§ 1598 Unwirksamkeit von Anerkennung, Zustimmung und Widerruf
§ 1598a Anspruch auf Einwilligung in eine genetische Untersuchung zur Klärung der leiblichen Abstammung
§ 1599 Nichtbestehen der Vaterschaft
§ 1600 Anfechtungsberechtigte
§ 1600a Persönliche Anfechtung; Anfechtung bei fehlender oder beschränkter Geschäftsfähigkeit
§ 1600b Anfechtungsfristen
§ 1600c Vaterschaftsvermutung im Anfechtungsverfahren
§ 1600d Gerichtliche Feststellung der Vaterschaft

Titel 3
Unterhaltspflicht

Untertitel 1
Allgemeine Vorschriften
§ 1601 Unterhaltsverpflichtete
§ 1602 Bedürftigkeit
§ 1603 Leistungsfähigkeit
§ 1604 Einfluss des Güterstands
§ 1605 Auskunftspflicht
§ 1606 Rangverhältnisse mehrerer Pflichtiger
§ 1607 Ersatzhaftung und gesetzlicher Forderungsübergang
§ 1608 Haftung des Ehegatten oder Lebenspartners
§ 1609 Rangfolge mehrerer Unterhaltsberechtigter
§ 1610 Maß des Unterhalts
§ 1610a Deckungsvermutung bei schadensbedingten Mehraufwendungen
§ 1611 Beschränkung oder Wegfall der Verpflichtung
§ 1612 Art der Unterhaltsgewährung
§ 1612a Mindestunterhalt minderjähriger Kinder; Verordnungsermächtigung
§ 1612b Deckung des Barbedarfs durch Kindergeld
§ 1612c Anrechnung anderer kindbezogener Leistungen
§ 1613 Unterhalt für die Vergangenheit
§ 1614 Verzicht auf den Unterhaltsanspruch; Vorausleistung
§ 1615 Erlöschen des Unterhaltsanspruchs

Untertitel 2
Besondere Vorschriften für das Kind und seine nicht miteinander verheirateten Eltern
§ 1615a Anwendbare Vorschriften
§§ 1615b bis 1615k (weggefallen)
§ 1615l Unterhaltsanspruch von Mutter und Vater aus Anlass der Geburt
§ 1615m Beerdigungskosten für die Mutter
§ 1615n Kein Erlöschen bei Tod des Vaters oder Totgeburt

Titel 4
Rechtsverhältnis zwischen den Eltern und dem Kind im Allgemeinen
§ 1616 Geburtsname bei Eltern mit Ehenamen
§ 1617 Geburtsname bei Eltern ohne Ehenamen und gemeinsamer Sorge
§ 1617a Geburtsname bei Eltern ohne Ehenamen und Alleinsorge
§ 1617b Name bei nachträglicher gemeinsamer Sorge oder Scheinvaterschaft
§ 1617c Name bei Namensänderung der Eltern
§ 1618 Einbenennung
§ 1618a Pflicht zu Beistand und Rücksicht
§ 1619 Dienstleistungen in Haus und Geschäft
§ 1620 Aufwendungen des Kindes für den elterlichen Haushalt
§§ 1621 bis 1623 (weggefallen)
§ 1624 Ausstattung aus dem Elternvermögen
§ 1625 Ausstattung aus dem Kindesvermögen

Titel 5
Elterliche Sorge
§ 1626 Elterliche Sorge, Grundsätze
§ 1626a Elterliche Sorge nicht miteinander verheirateter Eltern; Sorgeerklärungen
§ 1626b Besondere Wirksamkeitsvoraussetzungen der Sorgeerklärung

§ 1626c	Persönliche Abgabe; beschränkt geschäftsfähiger Elternteil		§ 1675	Wirkung des Ruhens
			§ 1676	(weggefallen)
§ 1626d	Form; Mitteilungspflicht		§ 1677	Beendigung der Sorge durch Todeserklärung
§ 1626e	Unwirksamkeit		§ 1678	Folgen der tatsächlichen Verhinderung oder des Ruhens für den anderen Elternteil
§ 1627	Ausübung der elterlichen Sorge			
§ 1628	Gerichtliche Entscheidung bei Meinungsverschiedenheiten der Eltern		§ 1679	(weggefallen)
			§ 1680	Tod eines Elternteils oder Entziehung des Sorgerechts
§ 1629	Vertretung des Kindes			
§ 1629a	Beschränkung der Minderjährigenhaftung		§ 1681	Todeserklärung eines Elternteils
§ 1630	Elterliche Sorge bei Pflegerbestellung oder Familienpflege		§ 1682	Verbleibensanordnung zugunsten von Bezugspersonen
			§ 1683	(weggefallen)
§ 1631	Inhalt und Grenzen der Personensorge		§ 1684	Umgang des Kindes mit den Eltern
§ 1631a	Ausbildung und Beruf		§ 1685	Umgang des Kindes mit anderen Bezugspersonen
§ 1631b	Freiheitsentziehende Unterbringung und freiheitsentziehende Maßnahmen			
			§ 1686	Auskunft über die persönlichen Verhältnisse des Kindes
§ 1631c	Verbot der Sterilisation			
§ 1631d	Beschneidung des männlichen Kindes		§ 1686a	Rechte des leiblichen, nicht rechtlichen Vaters
§ 1631e	Behandlung von Kindern mit Varianten der Geschlechtsentwicklung			
			§ 1687	Ausübung der gemeinsamen Sorge bei Getrenntleben
§ 1632	Herausgabe des Kindes; Bestimmung des Umgangs; Verbleibensanordnung bei Familienpflege			
			§ 1687a	Entscheidungsbefugnisse des nicht sorgeberechtigten Elternteils
§§ 1633 bis 1637 (weggefallen)			§ 1687b	Sorgerechtliche Befugnisse des Ehegatten
§ 1638	Beschränkung der Vermögenssorge		§ 1688	Entscheidungsbefugnisse der Pflegeperson
§ 1639	Anordnungen des Erblassers oder Zuwendenden		§§ 1689 bis 1692 (weggefallen)	
			§ 1693	Gerichtliche Maßnahmen bei Verhinderung der Eltern
§ 1640	Vermögensverzeichnis			
§ 1641	Schenkungsverbot		§§ 1694 und 1695 (weggefallen)	
§ 1642	Anlegung von Geld		§ 1696	Abänderung gerichtlicher Entscheidungen und gerichtlich gebilligter Vergleiche
§ 1643	Genehmigungspflichtige Rechtsgeschäfte			
§ 1644	Überlassung von Vermögensgegenständen an das Kind		§ 1697	(weggefallen)
			§ 1697a	Kindeswohlprinzip
§ 1645	Neues Erwerbsgeschäft		§ 1698	Herausgabe des Kindesvermögens; Rechnungslegung
§ 1646	Erwerb mit Mitteln des Kindes			
§ 1647	(weggefallen)		§ 1698a	Fortführung der Geschäfte in Unkenntnis der Beendigung der elterlichen Sorge
§ 1648	Ersatz von Aufwendungen			
§ 1649	Verwendung der Einkünfte des Kindesvermögens		§ 1698b	Fortführung dringender Geschäfte nach Tod des Kindes
§§ 1650 bis 1663 (weggefallen)			§§ 1699 bis 1711 (weggefallen)	
§ 1664	Beschränkte Haftung der Eltern			
§ 1665	(weggefallen)			
§ 1666	Gerichtliche Maßnahmen bei Gefährdung des Kindeswohls			

Titel 6
Beistandschaft

§ 1712	Beistandschaft des Jugendamts; Aufgaben
§ 1666a	Grundsatz der Verhältnismäßigkeit; Vorrang öffentlicher Hilfen
§ 1713	Antragsberechtigte
§ 1714	Eintritt der Beistandschaft
§ 1667	Gerichtliche Maßnahmen bei Gefährdung des Kindesvermögens
§ 1715	Beendigung der Beistandschaft
§ 1716	Wirkungen der Beistandschaft
§§ 1668 bis 1670 (weggefallen)	
§ 1717	Erfordernis des gewöhnlichen Aufenthalts im Inland
§ 1671	Übertragung der Alleinsorge bei Getrenntleben der Eltern
§§ 1718 bis 1740 (weggefallen)	
§ 1672	(weggefallen)
§ 1673	Ruhen der elterlichen Sorge bei rechtlichem Hindernis

Titel 7
Annahme als Kind

Untertitel 1
Annahme Minderjähriger

§ 1674	Ruhen der elterlichen Sorge bei tatsächlichem Hindernis
§ 1741	Zulässigkeit der Annahme
§ 1674a	Ruhen der elterlichen Sorge der Mutter für ein vertraulich geborenes Kind
§ 1742	Annahme nur als gemeinschaftliches Kind

§	
§ 1743	Mindestalter
§ 1744	Probezeit
§ 1745	Verbot der Annahme
§ 1746	Einwilligung des Kindes
§ 1747	Einwilligung der Eltern des Kindes
§ 1748	Ersetzung der Einwilligung eines Elternteils
§ 1749	Einwilligung des Ehegatten
§ 1750	Einwilligungserklärung
§ 1751	Wirkung der elterlichen Einwilligung, Verpflichtung zum Unterhalt
§ 1752	Beschluss des Familiengerichts, Antrag
§ 1753	Annahme nach dem Tode
§ 1754	Wirkung der Annahme
§ 1755	Erlöschen von Verwandtschaftsverhältnissen
§ 1756	Bestehenbleiben von Verwandtschaftsverhältnissen
§ 1757	Name des Kindes
§ 1758	Offenbarungs- und Ausforschungsverbot
§ 1759	Aufhebung des Annahmeverhältnisses
§ 1760	Aufhebung wegen fehlender Erklärungen
§ 1761	Aufhebungshindernisse
§ 1762	Antragsberechtigung; Antragsfrist, Form
§ 1763	Aufhebung von Amts wegen
§ 1764	Wirkung der Aufhebung
§ 1765	Name des Kindes nach der Aufhebung
§ 1766	Ehe zwischen Annehmendem und Kind
§ 1766a	Annahme von Kindern des nichtehelichen Partners

Untertitel 2
Annahme Volljähriger

§	
§ 1767	Zulässigkeit der Annahme, anzuwendende Vorschriften
§ 1768	Antrag
§ 1769	Verbot der Annahme
§ 1770	Wirkung der Annahme
§ 1771	Aufhebung des Annahmeverhältnisses
§ 1772	Annahme mit den Wirkungen der Minderjährigenannahme

Abschnitt 3
Vormundschaft, Rechtliche Betreuung, Pflegschaft
Titel 1
Vormundschaft
Untertitel 1
Begründung der Vormundschaft

§	
§ 1773	Voraussetzungen
§ 1774	Anordnung von Amts wegen
§ 1775	Mehrere Vormünder
§ 1776	Benennungsrecht der Eltern
§ 1777	Voraussetzungen des Benennungsrechts
§ 1778	Übergehen des benannten Vormunds
§ 1779	Auswahl durch das Familiengericht
§ 1780	Unfähigkeit zur Vormundschaft
§ 1781	Untauglichkeit zur Vormundschaft
§ 1782	Ausschluss durch die Eltern
§ 1783	(weggefallen)
§ 1784	Beamter oder Religionsdiener als Vormund
§ 1785	Übernahmepflicht
§ 1786	Ablehnungsrecht
§ 1787	Folgen der unbegründeten Ablehnung
§ 1788	Zwangsgeld
§ 1789	Bestellung durch das Familiengericht
§ 1790	Bestellung unter Vorbehalt
§ 1791	Bestallungsurkunde
§ 1791a	Vereinsvormundschaft
§ 1791b	Bestellte Amtsvormundschaft des Jugendamts
§ 1791c	Gesetzliche Amtsvormundschaft des Jugendamts
§ 1792	Gegenvormund

Untertitel 2
Führung der Vormundschaft

§	
§ 1793	Aufgaben des Vormunds, Haftung des Mündels
§ 1794	Beschränkung durch Pflegschaft
§ 1795	Ausschluss der Vertretungsmacht
§ 1796	Entziehung der Vertretungsmacht
§ 1797	Mehrere Vormünder
§ 1798	Meinungsverschiedenheiten
§ 1799	Pflichten und Rechte des Gegenvormunds
§ 1800	Umfang der Personensorge
§ 1801	Religiöse Erziehung
§ 1802	Vermögensverzeichnis
§ 1803	Vermögensverwaltung bei Erbschaft oder Schenkung
§ 1804	Schenkungen des Vormunds
§ 1805	Verwendung für den Vormund
§ 1806	Anlegung von Mündelgeld
§ 1807	Art der Anlegung
§ 1808	(weggefallen)
§ 1809	Anlegung mit Sperrvermerk
§ 1810	Mitwirkung von Gegenvormund oder Familiengericht
§ 1811	Andere Anlegung
§ 1812	Verfügungen über Forderungen und Wertpapiere
§ 1813	Genehmigungsfreie Geschäfte
§ 1814	Hinterlegung von Inhaberpapieren
§ 1815	Umschreibung und Umwandlung von Inhaberpapieren
§ 1816	Sperrung bei Buchforderungen
§ 1817	Befreiung
§ 1818	Anordnung der Hinterlegung
§ 1819	Genehmigung bei Hinterlegung
§ 1820	Genehmigung nach Umschreibung und Umwandlung
§ 1821	Genehmigung für Geschäfte über Grundstücke, Schiffe oder Schiffsbauwerke
§ 1822	Genehmigung für sonstige Geschäfte
§ 1823	Genehmigung bei einem Erwerbsgeschäft des Mündels
§ 1824	Genehmigung für die Überlassung von Gegenständen an den Mündel

§	Titel
§ 1825	Allgemeine Ermächtigung
§ 1826	Anhörung des Gegenvormunds vor Erteilung der Genehmigung
§ 1827	(weggefallen)
§ 1828	Erklärung der Genehmigung
§ 1829	Nachträgliche Genehmigung
§ 1830	Widerrufsrecht des Geschäftspartners
§ 1831	Einseitiges Rechtsgeschäft ohne Genehmigung
§ 1832	Genehmigung des Gegenvormunds
§ 1833	Haftung des Vormunds
§ 1834	Verzinsungspflicht
§ 1835	Aufwendungsersatz
§ 1835a	Aufwandsentschädigung
§ 1836	Vergütung des Vormunds
§ 1836a	(weggefallen)
§ 1836b	(weggefallen)
§ 1836c	Einzusetzende Mittel des Mündels
§ 1836d	Mittellosigkeit des Mündels
§ 1836e	Gesetzlicher Forderungsübergang

Untertitel 3
Fürsorge und Aufsicht des Familiengerichts

§	Titel
§ 1837	Beratung und Aufsicht
§ 1838	(weggefallen)
§ 1839	Bereithaltung von Verfügungsgeld
§ 1840	Bericht und Rechnungslegung
§ 1841	Inhalt der Rechnungslegung
§ 1842	Mitwirkung des Gegenvormunds
§ 1843	Prüfung durch das Familiengericht
§ 1844	(weggefallen)
§ 1845	(weggefallen)
§ 1846	Einstweilige Maßregeln des Familiengerichts
§ 1847	Anhörung der Angehörigen
§ 1848	(weggefallen)

Untertitel 4
Mitwirkung des Jugendamts

§§ 1849 und 1850 (weggefallen)
§ 1851 Mitteilungspflichten

Untertitel 5
Befreite Vormundschaft

§ 1852	Befreiung durch den Vater
§ 1853	Befreiung von Hinterlegung und Sperrung
§ 1854	Befreiung von der Rechnungslegungspflicht
§ 1855	Befreiung durch die Mutter
§ 1856	Voraussetzungen der Befreiung
§ 1857	Aufhebung der Befreiung durch das Familiengericht
§ 1857a	Befreiung des Jugendamts und des Vereins

§§ 1858 bis 1881 (weggefallen)

Untertitel 6
Beendigung der Vormundschaft

§ 1882	Wegfall der Voraussetzungen
§ 1883	(weggefallen)
§ 1884	Verschollenheit und Todeserklärung des Mündels
§ 1885	(weggefallen)
§ 1886	Entlassung des Einzelvormunds
§ 1887	Entlassung des Jugendamts oder Vereins
§ 1888	Entlassung von Beamten und Religionsdienern
§ 1889	Entlassung auf eigenen Antrag
§ 1890	Vermögensherausgabe und Rechnungslegung
§ 1891	Mitwirkung des Gegenvormunds
§ 1892	Rechnungsprüfung und -anerkennung
§ 1893	Fortführung der Geschäfte nach Beendigung der Vormundschaft, Rückgabe von Urkunden
§ 1894	Anzeige bei Tod des Vormunds
§ 1895	Amtsende des Gegenvormunds

Titel 2
Rechtliche Betreuung

§ 1896	Voraussetzungen
§ 1897	Bestellung einer natürlichen Person
§ 1898	Übernahmepflicht
§ 1899	Mehrere Betreuer
§ 1900	Betreuung durch Verein oder Behörde
§ 1901	Umfang der Betreuung, Pflichten des Betreuers
§ 1901a	Patientenverfügung
§ 1901b	Gespräch zur Feststellung des Patientenwillens
§ 1901c	Schriftliche Betreuungswünsche, Vorsorgevollmacht
§ 1902	Vertretung des Betreuten
§ 1903	Einwilligungsvorbehalt
§ 1904	Genehmigung des Betreuungsgerichts bei ärztlichen Maßnahmen
§ 1905	Sterilisation
§ 1906	Genehmigung des Betreuungsgerichts bei freiheitsentziehender Unterbringung und bei freiheitsentziehenden Maßnahmen
§ 1906a	Genehmigung des Betreuungsgerichts bei ärztlichen Zwangsmaßnahmen
§ 1907	Genehmigung des Betreuungsgerichts bei der Aufgabe der Mietwohnung
§ 1908	Genehmigung des Betreuungsgerichts bei der Ausstattung
§ 1908a	Vorsorgliche Betreuerbestellung und Anordnung des Einwilligungsvorbehalts für Minderjährige
§ 1908b	Entlassung des Betreuers
§ 1908c	Bestellung eines neuen Betreuers
§ 1908d	Aufhebung oder Änderung von Betreuung und Einwilligungsvorbehalt
§ 1908e	(weggefallen)
§ 1908f	Anerkennung als Betreuungsverein
§ 1908g	Behördenbetreuer
§ 1908h	(weggefallen)
§ 1908i	Entsprechend anwendbare Vorschriften

Titel 3
Pflegschaft

§ 1909	Ergänzungspflegschaft
§ 1910	(weggefallen)
§ 1911	Abwesenheitspflegschaft
§ 1912	Pflegschaft für eine Leibesfrucht
§ 1913	Pflegschaft für unbekannte Beteiligte
§ 1914	Pflegschaft für gesammeltes Vermögen
§ 1915	Anwendung des Vormundschaftsrechts
§ 1916	Berufung als Ergänzungspfleger
§ 1917	Ernennung des Ergänzungspflegers durch Erblasser und Dritte
§ 1918	Ende der Pflegschaft kraft Gesetzes
§ 1919	Aufhebung der Pflegschaft bei Wegfall des Grundes
§ 1920	(weggefallen)
§ 1921	Aufhebung der Abwesenheitspflegschaft

Buch 5
Erbrecht

Abschnitt 1
Erbfolge

§ 1922	Gesamtrechtsnachfolge
§ 1923	Erbfähigkeit
§ 1924	Gesetzliche Erben erster Ordnung
§ 1925	Gesetzliche Erben zweiter Ordnung
§ 1926	Gesetzliche Erben dritter Ordnung
§ 1927	Mehrere Erbteile bei mehrfacher Verwandtschaft
§ 1928	Gesetzliche Erben vierter Ordnung
§ 1929	Fernere Ordnungen
§ 1930	Rangfolge der Ordnungen
§ 1931	Gesetzliches Erbrecht des Ehegatten
§ 1932	Voraus des Ehegatten
§ 1933	Ausschluss des Ehegattenerbrechts
§ 1934	Erbrecht des verwandten Ehegatten
§ 1935	Folgen der Erbteilserhöhung
§ 1936	Gesetzliches Erbrecht des Staates
§ 1937	Erbeinsetzung durch letztwillige Verfügung
§ 1938	Enterbung ohne Erbeinsetzung
§ 1939	Vermächtnis
§ 1940	Auflage
§ 1941	Erbvertrag

Abschnitt 2
Rechtliche Stellung des Erben

Titel 1
Annahme und Ausschlagung der Erbschaft, Fürsorge des Nachlassgerichts

§ 1942	Anfall und Ausschlagung der Erbschaft
§ 1943	Annahme und Ausschlagung der Erbschaft
§ 1944	Ausschlagungsfrist
§ 1945	Form der Ausschlagung
§ 1946	Zeitpunkt für Annahme oder Ausschlagung
§ 1947	Bedingung und Zeitbestimmung
§ 1948	Mehrere Berufungsgründe
§ 1949	Irrtum über den Berufungsgrund
§ 1950	Teilannahme; Teilausschlagung
§ 1951	Mehrere Erbteile
§ 1952	Vererblichkeit des Ausschlagungsrechts
§ 1953	Wirkung der Ausschlagung
§ 1954	Anfechtungsfrist
§ 1955	Form der Anfechtung
§ 1956	Anfechtung der Fristversäumung
§ 1957	Wirkung der Anfechtung
§ 1958	Gerichtliche Geltendmachung von Ansprüchen gegen den Erben
§ 1959	Geschäftsführung vor der Ausschlagung
§ 1960	Sicherung des Nachlasses; Nachlasspfleger
§ 1961	Nachlasspflegschaft auf Antrag
§ 1962	Zuständigkeit des Nachlassgerichts
§ 1963	Unterhalt der werdenden Mutter eines Erben
§ 1964	Erbvermutung für den Fiskus durch Feststellung
§ 1965	Öffentliche Aufforderung zur Anmeldung der Erbrechte
§ 1966	Rechtsstellung des Fiskus vor Feststellung

Titel 2
Haftung des Erben für die Nachlassverbindlichkeiten

Untertitel 1
Nachlassverbindlichkeiten

§ 1967	Erbenhaftung, Nachlassverbindlichkeiten
§ 1968	Beerdigungskosten
§ 1969	Dreißigster

Untertitel 2
Aufgebot der Nachlassgläubiger

§ 1970	Anmeldung der Forderungen
§ 1971	Nicht betroffene Gläubiger
§ 1972	Nicht betroffene Rechte
§ 1973	Ausschluss von Nachlassgläubigern
§ 1974	Verschweigungseinrede

Untertitel 3
Beschränkung der Haftung des Erben

§ 1975	Nachlassverwaltung; Nachlassinsolvenz
§ 1976	Wirkung auf durch Vereinigung erloschene Rechtsverhältnisse
§ 1977	Wirkung auf eine Aufrechnung
§ 1978	Verantwortlichkeit des Erben für bisherige Verwaltung, Aufwendungsersatz
§ 1979	Berichtigung von Nachlassverbindlichkeiten
§ 1980	Antrag auf Eröffnung des Nachlassinsolvenzverfahrens
§ 1981	Anordnung der Nachlassverwaltung
§ 1982	Ablehnung der Anordnung der Nachlassverwaltung mangels Masse
§ 1983	Bekanntmachung
§ 1984	Wirkung der Anordnung
§ 1985	Pflichten und Haftung des Nachlassverwalters
§ 1986	Herausgabe des Nachlasses
§ 1987	Vergütung des Nachlassverwalters
§ 1988	Ende und Aufhebung der Nachlassverwaltung

§ 1989	Erschöpfungseinrede des Erben		§ 2029	Haftung bei Einzelansprüchen des Erben
§ 1990	Dürftigkeitseinrede des Erben		§ 2030	Rechtsstellung des Erbschaftserwerbers
§ 1991	Folgen der Dürftigkeitseinrede		§ 2031	Herausgabeanspruch des für tot Erklärten
§ 1992	Überschuldung durch Vermächtnisse und Auflagen			

**Titel 4
Mehrheit von Erben**

Untertitel 4
Inventarerrichtung, unbeschränkte Haftung des Erben

Untertitel 1
Rechtsverhältnis der Erben untereinander

§ 1993	Inventarerrichtung		§ 2032	Erbengemeinschaft
§ 1994	Inventarfrist		§ 2033	Verfügungsrecht des Miterben
§ 1995	Dauer der Frist		§ 2034	Vorkaufsrecht gegenüber dem Verkäufer
§ 1996	Bestimmung einer neuen Frist		§ 2035	Vorkaufsrecht gegenüber dem Käufer
§ 1997	Hemmung des Fristablaufs		§ 2036	Haftung des Erbteilkäufers
§ 1998	Tod des Erben vor Fristablauf		§ 2037	Weiterveräußerung des Erbteils
§ 1999	Mitteilung an das Gericht		§ 2038	Gemeinschaftliche Verwaltung des Nachlasses
§ 2000	Unwirksamkeit der Fristbestimmung		§ 2039	Nachlassforderungen
§ 2001	Inhalt des Inventars		§ 2040	Verfügung über Nachlassgegenstände, Aufrechnung
§ 2002	Aufnahme des Inventars durch den Erben		§ 2041	Unmittelbare Ersetzung
§ 2003	Amtliche Aufnahme des Inventars		§ 2042	Auseinandersetzung
§ 2004	Bezugnahme auf ein vorhandenes Inventar		§ 2043	Aufschub der Auseinandersetzung
§ 2005	Unbeschränkte Haftung des Erben bei Unrichtigkeit des Inventars		§ 2044	Ausschluss der Auseinandersetzung
			§ 2045	Aufschub der Auseinandersetzung
§ 2006	Eidesstattliche Versicherung		§ 2046	Berichtigung der Nachlassverbindlichkeiten
§ 2007	Haftung bei mehreren Erbteilen		§ 2047	Verteilung des Überschusses
§ 2008	Inventar für eine zum Gesamtgut gehörende Erbschaft		§ 2048	Teilungsanordnungen des Erblassers
			§ 2049	Übernahme eines Landguts
§ 2009	Wirkung der Inventarerrichtung		§ 2050	Ausgleichungspflicht für Abkömmlinge als gesetzliche Erben
§ 2010	Einsicht des Inventars			
§ 2011	Keine Inventarfrist für den Fiskus als Erben		§ 2051	Ausgleichungspflicht bei Wegfall eines Abkömmlings
§ 2012	Keine Inventarfrist für den Nachlasspfleger und Nachlassverwalter		§ 2052	Ausgleichungspflicht für Abkömmlinge als gewillkürte Erben
§ 2013	Folgen der unbeschränkten Haftung des Erben		§ 2053	Zuwendung an entfernteren oder angenommenen Abkömmling

Untertitel 5
Aufschiebende Einreden

§ 2014	Dreimonatseinrede		§ 2054	Zuwendung aus dem Gesamtgut
§ 2015	Einrede des Aufgebotsverfahrens		§ 2055	Durchführung der Ausgleichung
§ 2016	Ausschluss der Einreden bei unbeschränkter Erbenhaftung		§ 2056	Mehrempfang
			§ 2057	Auskunftspflicht
§ 2017	Fristbeginn bei Nachlasspflegschaft		§ 2057a	Ausgleichungspflicht bei besonderen Leistungen eines Abkömmlings

Titel 3
Erbschaftsanspruch

Untertitel 2
Rechtsverhältnis zwischen den Erben und den Nachlassgläubigern

§ 2018	Herausgabepflicht des Erbschaftsbesitzers		§ 2058	Gesamtschuldnerische Haftung
§ 2019	Unmittelbare Ersetzung		§ 2059	Haftung bis zur Teilung
§ 2020	Nutzungen und Früchte		§ 2060	Haftung nach der Teilung
§ 2021	Herausgabepflicht nach Bereicherungsgrundsätzen		§ 2061	Aufgebot der Nachlassgläubiger
			§ 2062	Antrag auf Nachlassverwaltung
§ 2022	Ersatz von Verwendungen und Aufwendungen		§ 2063	Errichtung eines Inventars, Haftungsbeschränkung
§ 2023	Haftung bei Rechtshängigkeit, Nutzungen und Verwendungen			

Abschnitt 3
Testament

§ 2024	Haftung bei Kenntnis
§ 2025	Haftung bei unerlaubter Handlung
§ 2026	Keine Berufung auf Ersitzung

Titel 1
Allgemeine Vorschriften

§ 2027	Auskunftspflicht des Erbschaftsbesitzers			
§ 2028	Auskunftspflicht des Hausgenossen		§ 2064	Persönliche Errichtung

§	
§ 2065	Bestimmung durch Dritte
§ 2066	Gesetzliche Erben des Erblassers
§ 2067	Verwandte des Erblassers
§ 2068	Kinder des Erblassers
§ 2069	Abkömmlinge des Erblassers
§ 2070	Abkömmlinge eines Dritten
§ 2071	Personengruppe
§ 2072	Die Armen
§ 2073	Mehrdeutige Bezeichnung
§ 2074	Aufschiebende Bedingung
§ 2075	Auflösende Bedingung
§ 2076	Bedingung zum Vorteil eines Dritten
§ 2077	Unwirksamkeit letztwilliger Verfügungen bei Auflösung der Ehe oder Verlobung
§ 2078	Anfechtung wegen Irrtums oder Drohung
§ 2079	Anfechtung wegen Übergehung eines Pflichtteilsberechtigten
§ 2080	Anfechtungsberechtigte
§ 2081	Anfechtungserklärung
§ 2082	Anfechtungsfrist
§ 2083	Anfechtbarkeitseinrede
§ 2084	Auslegung zugunsten der Wirksamkeit
§ 2085	Teilweise Unwirksamkeit
§ 2086	Ergänzungsvorbehalt

Titel 2
Erbeinsetzung

§	
§ 2087	Zuwendung des Vermögens, eines Bruchteils oder einzelner Gegenstände
§ 2088	Einsetzung auf Bruchteile
§ 2089	Erhöhung der Bruchteile
§ 2090	Minderung der Bruchteile
§ 2091	Unbestimmte Bruchteile
§ 2092	Teilweise Einsetzung auf Bruchteile
§ 2093	Gemeinschaftlicher Erbteil
§ 2094	Anwachsung
§ 2095	Angewachsener Erbteil
§ 2096	Ersatzerbe
§ 2097	Auslegungsregel bei Ersatzerben
§ 2098	Wechselseitige Einsetzung als Ersatzerben
§ 2099	Ersatzerbe und Anwachsung

Titel 3
Einsetzung eines Nacherben

§	
§ 2100	Nacherbe
§ 2101	Noch nicht gezeugter Nacherbe
§ 2102	Nacherbe und Ersatzerbe
§ 2103	Anordnung der Herausgabe der Erbschaft
§ 2104	Gesetzliche Erben als Nacherben
§ 2105	Gesetzliche Erben als Vorerben
§ 2106	Eintritt der Nacherbfolge
§ 2107	Kinderloser Vorerbe
§ 2108	Erbfähigkeit; Vererblichkeit des Nacherbrechts
§ 2109	Unwirksamwerden der Nacherbschaft
§ 2110	Umfang des Nacherbrechts
§ 2111	Unmittelbare Ersetzung
§ 2112	Verfügungsrecht des Vorerben
§ 2113	Verfügungen über Grundstücke, Schiffe und Schiffsbauwerke; Schenkungen
§ 2114	Verfügungen über Hypothekenforderungen, Grund- und Rentenschulden
§ 2115	Zwangsvollstreckungsverfügungen gegen Vorerben
§ 2116	Hinterlegung von Wertpapieren
§ 2117	Umschreibung; Umwandlung
§ 2118	Sperrvermerk im Schuldbuch
§ 2119	Anlegung von Geld
§ 2120	Einwilligungspflicht des Nacherben
§ 2121	Verzeichnis der Erbschaftsgegenstände
§ 2122	Feststellung des Zustands der Erbschaft
§ 2123	Wirtschaftsplan
§ 2124	Erhaltungskosten
§ 2125	Verwendungen; Wegnahmerecht
§ 2126	Außerordentliche Lasten
§ 2127	Auskunftsrecht des Nacherben
§ 2128	Sicherheitsleistung
§ 2129	Wirkung einer Entziehung der Verwaltung
§ 2130	Herausgabepflicht nach dem Eintritt der Nacherbfolge, Rechenschaftspflicht
§ 2131	Umfang der Sorgfaltspflicht
§ 2132	Keine Haftung für gewöhnliche Abnutzung
§ 2133	Ordnungswidrige oder übermäßige Fruchtziehung
§ 2134	Eigennützige Verwendung
§ 2135	Miet- und Pachtverhältnis bei der Nacherbfolge
§ 2136	Befreiung des Vorerben
§ 2137	Auslegungsregel für die Befreiung
§ 2138	Beschränkte Herausgabepflicht
§ 2139	Wirkung des Eintritts der Nacherbfolge
§ 2140	Verfügungen des Vorerben nach Eintritt der Nacherbfolge
§ 2141	Unterhalt der werdenden Mutter eines Nacherben
§ 2142	Ausschlagung der Nacherbschaft
§ 2143	Wiederaufleben erloschener Rechtsverhältnisse
§ 2144	Haftung des Nacherben für Nachlassverbindlichkeiten
§ 2145	Haftung des Vorerben für Nachlassverbindlichkeiten
§ 2146	Anzeigepflicht des Vorerben gegenüber Nachlassgläubigern

Titel 4
Vermächtnis

§	
§ 2147	Beschwerter
§ 2148	Mehrere Beschwerte
§ 2149	Vermächtnis an die gesetzlichen Erben
§ 2150	Vorausvermächtnis
§ 2151	Bestimmungsrecht des Beschwerten oder eines Dritten bei mehreren Bedachten
§ 2152	Wahlweise Bedachte
§ 2153	Bestimmung der Anteile

70 BGB

§	
§ 2154	Wahlvermächtnis
§ 2155	Gattungsvermächtnis
§ 2156	Zweckvermächtnis
§ 2157	Gemeinschaftliches Vermächtnis
§ 2158	Anwachsung
§ 2159	Selbständigkeit der Anwachsung
§ 2160	Vorversterben des Bedachten
§ 2161	Wegfall des Beschwerten
§ 2162	Dreißigjährige Frist für aufgeschobenes Vermächtnis
§ 2163	Ausnahmen von der dreißigjährigen Frist
§ 2164	Erstreckung auf Zubehör und Ersatzansprüche
§ 2165	Belastungen
§ 2166	Belastung mit einer Hypothek
§ 2167	Belastung mit einer Gesamthypothek
§ 2168	Belastung mit einer Gesamtgrundschuld
§ 2168a	Anwendung auf Schiffe, Schiffsbauwerke und Schiffshypotheken
§ 2169	Vermächtnis fremder Gegenstände
§ 2170	Verschaffungsvermächtnis
§ 2171	Unmöglichkeit, gesetzliches Verbot
§ 2172	Verbindung, Vermischung, Vermengung der vermachten Sache
§ 2173	Forderungsvermächtnis
§ 2174	Vermächtnisanspruch
§ 2175	Wiederaufleben erloschener Rechtsverhältnisse
§ 2176	Anfall des Vermächtnisses
§ 2177	Anfall bei einer Bedingung oder Befristung
§ 2178	Anfall bei einem noch nicht gezeugten oder bestimmten Bedachten
§ 2179	Schwebezeit
§ 2180	Annahme und Ausschlagung
§ 2181	Fälligkeit bei Beliebigkeit
§ 2182	Haftung für Rechtsmängel
§ 2183	Haftung für Sachmängel
§ 2184	Früchte; Nutzungen
§ 2185	Ersatz von Verwendungen und Aufwendungen
§ 2186	Fälligkeit des Untervermächtnisses oder einer Auflage
§ 2187	Haftung des Hauptvermächtnisnehmers
§ 2188	Kürzung der Beschwerungen
§ 2189	Anordnung eines Vorrangs
§ 2190	Ersatzvermächtnisnehmer
§ 2191	Nachvermächtnisnehmer

Titel 5
Auflage

§	
§ 2192	Anzuwendende Vorschriften
§ 2193	Bestimmung des Begünstigten, Vollziehungsfrist
§ 2194	Anspruch auf Vollziehung
§ 2195	Verhältnis von Auflage und Zuwendung
§ 2196	Unmöglichkeit der Vollziehung

Titel 6
Testamentsvollstrecker

§	
§ 2197	Ernennung des Testamentsvollstreckers
§ 2198	Bestimmung des Testamentsvollstreckers durch einen Dritten
§ 2199	Ernennung eines Mitvollstreckers oder Nachfolgers
§ 2200	Ernennung durch das Nachlassgericht
§ 2201	Unwirksamkeit der Ernennung
§ 2202	Annahme und Ablehnung des Amts
§ 2203	Aufgabe des Testamentsvollstreckers
§ 2204	Auseinandersetzung unter Miterben
§ 2205	Verwaltung des Nachlasses, Verfügungsbefugnis
§ 2206	Eingehung von Verbindlichkeiten
§ 2207	Erweiterte Verpflichtungsbefugnis
§ 2208	Beschränkung der Rechte des Testamentsvollstreckers, Ausführung durch den Erben
§ 2209	Dauervollstreckung
§ 2210	Dreißigjährige Frist für die Dauervollstreckung
§ 2211	Verfügungsbeschränkung des Erben
§ 2212	Gerichtliche Geltendmachung von der Testamentsvollstreckung unterliegenden Rechten
§ 2213	Gerichtliche Geltendmachung von Ansprüchen gegen den Nachlass
§ 2214	Gläubiger des Erben
§ 2215	Nachlassverzeichnis
§ 2216	Ordnungsmäßige Verwaltung des Nachlasses, Befolgung von Anordnungen
§ 2217	Überlassung von Nachlassgegenständen
§ 2218	Rechtsverhältnis zum Erben; Rechnungslegung
§ 2219	Haftung des Testamentsvollstreckers
§ 2220	Zwingendes Recht
§ 2221	Vergütung des Testamentsvollstreckers
§ 2222	Nacherbenvollstrecker
§ 2223	Vermächtnisvollstrecker
§ 2224	Mehrere Testamentsvollstrecker
§ 2225	Erlöschen des Amts des Testamentsvollstreckers
§ 2226	Kündigung durch den Testamentsvollstrecker
§ 2227	Entlassung des Testamentsvollstreckers
§ 2228	Akteneinsicht

Titel 7
Errichtung und Aufhebung eines Testaments

§	
§ 2229	Testierfähigkeit Minderjähriger, Testierunfähigkeit
§ 2230	(weggefallen)
§ 2231	Ordentliche Testamente
§ 2232	Öffentliches Testament
§ 2233	Sonderfälle
§§ 2234 bis 2246	(weggefallen)
§ 2247	Eigenhändiges Testament

§ 2248	Verwahrung des eigenhändigen Testaments	§ 2295	Rücktritt bei Aufhebung der Gegenverpflichtung
§ 2249	Nottestament vor dem Bürgermeister	§ 2296	Vertretung, Form des Rücktritts
§ 2250	Nottestament vor drei Zeugen	§ 2297	Rücktritt durch Testament
§ 2251	Nottestament auf See	§ 2298	Gegenseitiger Erbvertrag
§ 2252	Gültigkeitsdauer der Nottestamente	§ 2299	Einseitige Verfügungen
§ 2253	Widerruf eines Testaments	§ 2300	Anwendung der §§ 2259 und 2263; Rücknahme aus der amtlichen oder notariellen Verwahrung
§ 2254	Widerruf durch Testament		
§ 2255	Widerruf durch Vernichtung oder Veränderungen		
§ 2256	Widerruf durch Rücknahme des Testaments aus der amtlichen Verwahrung	§ 2301	Schenkungsversprechen von Todes wegen
		§ 2302	Unbeschränkbare Testierfreiheit
§ 2257	Widerruf des Widerrufs		
§ 2258	Widerruf durch ein späteres Testament		**Abschnitt 5**
§ 2259	Ablieferungspflicht		**Pflichtteil**
§§ 2260 bis 2262 (weggefallen)		§ 2303	Pflichtteilsberechtigte; Höhe des Pflichtteils
§ 2263	Nichtigkeit eines Eröffnungsverbots	§ 2304	Auslegungsregel
§ 2264	(weggefallen)	§ 2305	Zusatzpflichtteil
		§ 2306	Beschränkungen und Beschwerungen
	Titel 8	§ 2307	Zuwendung eines Vermächtnisses
	Gemeinschaftliches Testament	§ 2308	Anfechtung der Ausschlagung
§ 2265	Errichtung durch Ehegatten	§ 2309	Pflichtteilsrecht der Eltern und entfernteren Abkömmlinge
§ 2266	Gemeinschaftliches Nottestament		
§ 2267	Gemeinschaftliches eigenhändiges Testament	§ 2310	Feststellung des Erbteils für die Berechnung des Pflichtteils
§ 2268	Wirkung der Ehenichtigkeit oder -auflösung	§ 2311	Wert des Nachlasses
§ 2269	Gegenseitige Einsetzung	§ 2312	Wert eines Landguts
§ 2270	Wechselbezügliche Verfügungen	§ 2313	Ansatz bedingter, ungewisser oder unsicherer Rechte, Feststellungspflicht des Erben
§ 2271	Widerruf wechselbezüglicher Verfügungen		
§ 2272	Rücknahme aus amtlicher Verwahrung	§ 2314	Auskunftspflicht des Erben
§ 2273	(weggefallen)	§ 2315	Anrechnung von Zuwendungen auf den Pflichtteil
	Abschnitt 4		
	Erbvertrag	§ 2316	Ausgleichungspflicht
§ 2274	Persönlicher Abschluss	§ 2317	Entstehung und Übertragbarkeit des Pflichtteilsanspruchs
§ 2275	Voraussetzungen		
§ 2276	Form	§ 2318	Pflichtteilslast bei Vermächtnissen und Auflagen
§ 2277	(weggefallen)		
§ 2278	Zulässige vertragsmäßige Verfügungen	§ 2319	Pflichtteilsberechtigter Miterbe
§ 2279	Vertragsmäßige Zuwendungen und Auflagen; Anwendung von § 2077	§ 2320	Pflichtteilslast des an die Stelle des Pflichtteilsberechtigten getretenen Erben
§ 2280	Anwendung von § 2269	§ 2321	Pflichtteilslast bei Vermächtnisausschlagung
§ 2281	Anfechtung durch den Erblasser	§ 2322	Kürzung von Vermächtnissen und Auflagen
§ 2282	Vertretung, Form der Anfechtung	§ 2323	Nicht pflichtteilsbelasteter Erbe
§ 2283	Anfechtungsfrist	§ 2324	Abweichende Anordnungen des Erblassers hinsichtlich der Pflichtteilslast
§ 2284	Bestätigung		
§ 2285	Anfechtung durch Dritte	§ 2325	Pflichtteilsergänzungsanspruch bei Schenkungen
§ 2286	Verfügungen unter Lebenden		
§ 2287	Den Vertragserben beeinträchtigende Schenkungen	§ 2326	Ergänzung über die Hälfte des gesetzlichen Erbteils
§ 2288	Beeinträchtigung des Vermächtnisnehmers	§ 2327	Beschenkter Pflichtteilsberechtigter
§ 2289	Wirkung des Erbvertrags auf letztwillige Verfügungen; Anwendung von § 2338	§ 2328	Selbst pflichtteilsberechtigter Erbe
		§ 2329	Anspruch gegen den Beschenkten
§ 2290	Aufhebung durch Vertrag	§ 2330	Anstandsschenkungen
§ 2291	Aufhebung durch Testament	§ 2331	Zuwendungen aus dem Gesamtgut
§ 2292	Aufhebung durch gemeinschaftliches Testament	§ 2331a	Stundung
		§ 2332	Verjährung
§ 2293	Rücktritt bei Vorbehalt	§ 2333	Entziehung des Pflichtteils
§ 2294	Rücktritt bei Verfehlungen des Bedachten	§ 2334	(weggefallen)

§ 2335	(weggefallen)	§ 2363	Herausgabeanspruch des Nacherben und des Testamentsvollstreckers
§ 2336	Form, Beweislast, Unwirksamwerden	§ 2364	(weggefallen)
§ 2337	Verzeihung	§ 2365	Vermutung der Richtigkeit des Erbscheins
§ 2338	Pflichtteilsbeschränkung	§ 2366	Öffentlicher Glaube des Erbscheins

Abschnitt 6
Erbunwürdigkeit

		§ 2367	Leistung an Erbscheinserben
§ 2339	Gründe für Erbunwürdigkeit	§ 2368	Testamentsvollstreckerzeugnis
§ 2340	Geltendmachung der Erbunwürdigkeit durch Anfechtung	§ 2369	(weggefallen)
		§ 2370	Öffentlicher Glaube bei Todeserklärung
§ 2341	Anfechtungsberechtigte		
§ 2342	Anfechtungsklage		
§ 2343	Verzeihung		

Abschnitt 9
Erbschaftskauf

§ 2344	Wirkung der Erbunwürdigerklärung	§ 2371	Form
§ 2345	Vermächtnisunwürdigkeit; Pflichtteilsunwürdigkeit	§ 2372	Dem Käufer zustehende Vorteile
		§ 2373	Dem Verkäufer verbleibende Teile

Abschnitt 7
Erbverzicht

		§ 2374	Herausgabepflicht
		§ 2375	Ersatzpflicht
§ 2346	Wirkung des Erbverzichts, Beschränkungsmöglichkeit	§ 2376	Haftung des Verkäufers
		§ 2377	Wiederaufleben erloschener Rechtsverhältnisse
§ 2347	Persönliche Anforderungen, Vertretung		
§ 2348	Form	§ 2378	Nachlassverbindlichkeiten
§ 2349	Erstreckung auf Abkömmlinge	§ 2379	Nutzungen und Lasten vor Verkauf
§ 2350	Verzicht zugunsten eines anderen	§ 2380	Gefahrübergang, Nutzungen und Lasten nach Verkauf
§ 2351	Aufhebung des Erbverzichts		
§ 2352	Verzicht auf Zuwendungen	§ 2381	Ersatz von Verwendungen und Aufwendungen

Abschnitt 8
Erbschein

		§ 2382	Haftung des Käufers gegenüber Nachlassgläubigern
§ 2353	Zuständigkeit des Nachlassgerichts, Antrag		
§§ 2354 bis 2360 (weggefallen)		§ 2383	Umfang der Haftung des Käufers
§ 2361	Einziehung oder Kraftloserklärung des unrichtigen Erbscheins	§ 2384	Anzeigepflicht des Verkäufers gegenüber Nachlassgläubigern, Einsichtsrecht
§ 2362	Herausgabe- und Auskunftsanspruch des wirklichen Erben	§ 2385	Anwendung auf ähnliche Verträge

Buch 1
Allgemeiner Teil

Abschnitt 1
Personen

Titel 1
Natürliche Personen, Verbraucher, Unternehmer

§ 1 Beginn der Rechtsfähigkeit
Die Rechtsfähigkeit des Menschen beginnt mit der Vollendung der Geburt.

§ 2 Eintritt der Volljährigkeit
Die Volljährigkeit tritt mit der Vollendung des 18. Lebensjahres ein.

§§ 3 bis 6 (weggefallen)

§ 7 Wohnsitz; Begründung und Aufhebung
(1) Wer sich an einem Orte ständig niederlässt, begründet an diesem Orte seinen Wohnsitz.
(2) Der Wohnsitz kann gleichzeitig an mehreren Orten bestehen.
(3) Der Wohnsitz wird aufgehoben, wenn die Niederlassung mit dem Willen aufgehoben wird, sie aufzugeben.

§ 8 Wohnsitz nicht voll Geschäftsfähiger
Wer geschäftsunfähig oder in der Geschäftsfähigkeit beschränkt ist, kann ohne den Willen seines gesetzlichen Vertreters einen Wohnsitz weder begründen noch aufheben.

§ 9 Wohnsitz eines Soldaten

(1) Ein Soldat hat seinen Wohnsitz am Standort. Als Wohnsitz eines Soldaten, der im Inland keinen Standort hat, gilt der letzte inländische Standort.
(2) Diese Vorschriften finden keine Anwendung auf Soldaten, die nur auf Grund der Wehrpflicht Wehrdienst leisten oder die nicht selbständig einen Wohnsitz begründen können.

§ 10 (weggefallen)

§ 11 Wohnsitz des Kindes

Ein minderjähriges Kind teilt den Wohnsitz der Eltern; es teilt nicht den Wohnsitz eines Elternteils, dem das Recht fehlt, für die Person des Kindes zu sorgen. Steht keinem Elternteil das Recht zu, für die Person des Kindes zu sorgen, so teilt das Kind den Wohnsitz desjenigen, dem dieses Recht zusteht. Das Kind behält den Wohnsitz, bis es ihn rechtsgültig aufhebt.

§ 12 Namensrecht

Wird das Recht zum Gebrauch eines Namens dem Berechtigten von einem anderen bestritten oder wird das Interesse des Berechtigten dadurch verletzt, dass ein anderer unbefugt den gleichen Namen gebraucht, so kann der Berechtigte von dem anderen Beseitigung der Beeinträchtigung verlangen. Sind weitere Beeinträchtigungen zu besorgen, so kann er auf Unterlassung klagen.

§ 13 Verbraucher

Verbraucher ist jede natürliche Person, die ein Rechtsgeschäft zu Zwecken abschließt, die überwiegend weder ihrer gewerblichen noch ihrer selbständigen beruflichen Tätigkeit zugerechnet werden können.

§ 14 Unternehmer

(1) Unternehmer ist eine natürliche oder juristische Person oder eine rechtsfähige Personengesellschaft, die bei Abschluss eines Rechtsgeschäfts in Ausübung ihrer gewerblichen oder selbständigen beruflichen Tätigkeit handelt.
(2) Eine rechtsfähige Personengesellschaft ist eine Personengesellschaft, die mit der Fähigkeit ausgestattet ist, Rechte zu erwerben und Verbindlichkeiten einzugehen.

§§ 15 bis 20 (weggefallen)

Titel 2
Juristische Personen

Untertitel 1
Vereine

Kapitel 1
Allgemeine Vorschriften

§ 21 Nicht wirtschaftlicher Verein

Ein Verein, dessen Zweck nicht auf einen wirtschaftlichen Geschäftsbetrieb gerichtet ist, erlangt Rechtsfähigkeit durch Eintragung in das Vereinsregister des zuständigen Amtsgerichts.

§ 22 Wirtschaftlicher Verein

Ein Verein, dessen Zweck auf einen wirtschaftlichen Geschäftsbetrieb gerichtet ist, erlangt in Ermangelung besonderer bundesgesetzlicher Vorschriften Rechtsfähigkeit durch staatliche Verleihung. Die Verleihung steht dem Land zu, in dessen Gebiete der Verein seinen Sitz hat.

§ 23 (weggefallen)

§ 24 Sitz

Als Sitz eines Vereins gilt, wenn nicht ein anderes bestimmt ist, der Ort, an welchem die Verwaltung geführt wird.

§ 25 Verfassung

Die Verfassung eines rechtsfähigen Vereins wird, soweit sie nicht auf den nachfolgenden Vorschriften beruht, durch die Vereinssatzung bestimmt.

§ 26 Vorstand und Vertretung

(1) Der Verein muss einen Vorstand haben. Der Vorstand vertritt den Verein gerichtlich und außergerichtlich; er hat die Stellung eines gesetzlichen Vertreters. Der Umfang der Vertretungsmacht kann durch die Satzung mit Wirkung gegen Dritte beschränkt werden.
(2) Besteht der Vorstand aus mehreren Personen, so wird der Verein durch die Mehrheit der Vorstandsmitglieder vertreten. Ist eine Willenserklärung gegenüber einem Verein abzugeben, so genügt die Abgabe gegenüber einem Mitglied des Vorstands.

70 BGB §§ 27–32

§ 27 Bestellung und Geschäftsführung des Vorstands
(1) Die Bestellung des Vorstands erfolgt durch Beschluss der Mitgliederversammlung.
(2) Die Bestellung ist jederzeit widerruflich, unbeschadet des Anspruchs auf die vertragsmäßige Vergütung. Die Widerruflichkeit kann durch die Satzung auf den Fall beschränkt werden, dass ein wichtiger Grund für den Widerruf vorliegt; ein solcher Grund ist insbesondere grobe Pflichtverletzung oder Unfähigkeit zur ordnungsmäßigen Geschäftsführung.
(3) Auf die Geschäftsführung des Vorstands finden die für den Auftrag geltenden Vorschriften der §§ 664 bis 670 entsprechende Anwendung. Die Mitglieder des Vorstands sind unentgeltlich tätig.

§ 28 Beschlussfassung des Vorstands
Bei einem Vorstand, der aus mehreren Personen besteht, erfolgt die Beschlussfassung nach den für die Beschlüsse der Mitglieder des Vereins geltenden Vorschriften der §§ 32 und 34.

§ 29 Notbestellung durch Amtsgericht
Soweit die erforderlichen Mitglieder des Vorstands fehlen, sind sie in dringenden Fällen für die Zeit bis zur Behebung des Mangels auf Antrag eines Beteiligten von dem Amtsgericht zu bestellen, das für den Bezirk, in dem der Verein seinen Sitz hat, das Vereinsregister führt.

§ 30 Besondere Vertreter
Durch die Satzung kann bestimmt werden, dass neben dem Vorstand für gewisse Geschäfte besondere Vertreter zu bestellen sind. Die Vertretungsmacht eines solchen Vertreters erstreckt sich im Zweifel auf alle Rechtsgeschäfte, die der ihm zugewiesene Geschäftskreis gewöhnlich mit sich bringt.

§ 31 Haftung des Vereins für Organe
Der Verein ist für den Schaden verantwortlich, den der Vorstand, ein Mitglied des Vorstands oder ein anderer verfassungsmäßig berufener Vertreter durch eine in Ausführung der ihm zustehenden Verrichtungen begangene, zum Schadensersatz verpflichtende Handlung einem Dritten zufügt.

§ 31a Haftung von Organmitgliedern und besonderen Vertretern
(1) Sind Organmitglieder oder besondere Vertreter unentgeltlich tätig oder erhalten sie für ihre Tätigkeit eine Vergütung, die 840 Euro jährlich nicht übersteigt, haften sie dem Verein für einen bei der Wahrnehmung ihrer Pflichten verursachten Schaden nur bei Vorliegen von Vorsatz oder grober Fahrlässigkeit. Satz 1 gilt auch für die Haftung gegenüber den Mitgliedern des Vereins. Ist streitig, ob ein Organmitglied oder ein besonderer Vertreter einen Schaden vorsätzlich oder grob fahrlässig verursacht hat, trägt der Verein oder das Vereinsmitglied die Beweislast.
(2) Sind Organmitglieder oder besondere Vertreter nach Absatz 1 Satz 1 einem anderen zum Ersatz eines Schadens verpflichtet, den sie bei der Wahrnehmung ihrer Pflichten verursacht haben, so können sie von dem Verein die Befreiung von der Verbindlichkeit verlangen. Satz 1 gilt nicht, wenn der Schaden vorsätzlich oder grob fahrlässig verursacht wurde.

§ 31b Haftung von Vereinsmitgliedern
(1) Sind Vereinsmitglieder unentgeltlich für den Verein tätig oder erhalten sie für ihre Tätigkeit eine Vergütung, die 840 Euro jährlich nicht übersteigt, haften sie dem Verein für einen Schaden, den sie bei der Wahrnehmung der ihnen übertragenen satzungsgemäßen Vereinsaufgaben verursachen, nur bei Vorliegen von Vorsatz oder grober Fahrlässigkeit. § 31a Absatz 1 Satz 3 ist entsprechend anzuwenden.
(2) Sind Vereinsmitglieder nach Absatz 1 Satz 1 einem anderen zum Ersatz eines Schadens verpflichtet, den sie bei der Wahrnehmung der ihnen übertragenen satzungsgemäßen Vereinsaufgaben verursacht haben, so können sie von dem Verein die Befreiung von der Verbindlichkeit verlangen. Satz 1 gilt nicht, wenn die Vereinsmitglieder den Schaden vorsätzlich oder grob fahrlässig verursacht haben.

§ 32 Mitgliederversammlung; Beschlussfassung
(1) Die Angelegenheiten des Vereins werden, soweit sie nicht von dem Vorstand oder einem anderen Vereinsorgan zu besorgen sind, durch Beschlussfassung in einer Versammlung der Mitglieder geordnet. Zur Gültigkeit des Beschlusses ist erforderlich, dass der Gegenstand bei der Berufung[1] bezeichnet wird. Bei der Beschlussfassung entscheidet die Mehrheit der abgegebenen Stimmen.
(2) Auch ohne Versammlung der Mitglieder ist ein Beschluss gültig, wenn alle Mitglieder ihre Zustimmung zu dem Beschluss schriftlich erklären.

§ 33 Satzungsänderung

(1) Zu einem Beschluss, der eine Änderung der Satzung enthält, ist eine Mehrheit von drei Vierteln der abgegebenen Stimmen erforderlich. Zur Änderung des Zweckes des Vereins ist die Zustimmung aller Mitglieder erforderlich; die Zustimmung der nicht erschienenen Mitglieder muss schriftlich erfolgen.
(2) Beruht die Rechtsfähigkeit des Vereins auf Verleihung, so ist zu jeder Änderung der Satzung die Genehmigung der zuständigen Behörde erforderlich.

§ 34 Ausschluss vom Stimmrecht

Ein Mitglied ist nicht stimmberechtigt, wenn die Beschlussfassung die Vornahme eines Rechtsgeschäfts mit ihm oder die Einleitung oder Erledigung eines Rechtsstreits zwischen ihm und dem Verein betrifft.

§ 35 Sonderrechte

Sonderrechte eines Mitglieds können nicht ohne dessen Zustimmung durch Beschluss der Mitgliederversammlung beeinträchtigt werden.

§ 36 Berufung der Mitgliederversammlung

Die Mitgliederversammlung ist in den durch die Satzung bestimmten Fällen sowie dann zu berufen, wenn das Interesse des Vereins es erfordert.

§ 37 Berufung auf Verlangen einer Minderheit

(1) Die Mitgliederversammlung ist zu berufen, wenn der durch die Satzung bestimmte Teil oder in Ermangelung einer Bestimmung der zehnte Teil der Mitglieder die Berufung schriftlich unter Angabe des Zweckes und der Gründe verlangt.
(2) Wird dem Verlangen nicht entsprochen, so kann das Amtsgericht die Mitglieder, die das Verlangen gestellt haben, zur Berufung der Versammlung ermächtigen; es kann Anordnungen über die Führung des Vorsitzes in der Versammlung treffen. Zuständig ist das Amtsgericht, das für den Bezirk, in dem der Verein seinen Sitz hat, das Vereinsregister führt. Auf die Ermächtigung muss bei der Berufung der Versammlung Bezug genommen werden.

§ 38 Mitgliedschaft

Die Mitgliedschaft ist nicht übertragbar und nicht vererblich. Die Ausübung der Mitgliedschaftsrechte kann nicht einem anderen überlassen werden.

§ 39 Austritt aus dem Verein

(1) Die Mitglieder sind zum Austritt aus dem Verein berechtigt.
(2) Durch die Satzung kann bestimmt werden, dass der Austritt nur am Schluss eines Geschäftsjahrs oder erst nach dem Ablauf einer Kündigungsfrist zulässig ist; die Kündigungsfrist kann höchstens zwei Jahre betragen.

§ 40 Nachgiebige Vorschriften

Die Vorschriften des § 26 Absatz 2 Satz 1, des § 27 Absatz 1 und 3, der §§ 28, 31a Abs. 1 Satz 2 sowie der §§ 32, 33 und 38 finden insoweit keine Anwendung als die Satzung ein anderes bestimmt. Von § 34 kann auch für die Beschlussfassung des Vorstands durch die Satzung nicht abgewichen werden.

§ 41 Auflösung des Vereins

Der Verein kann durch Beschluss der Mitgliederversammlung aufgelöst werden. Zu dem Beschluss ist eine Mehrheit von drei Vierteln der abgegebenen Stimmen erforderlich, wenn nicht die Satzung ein anderes bestimmt.

§ 42 Insolvenz

(1) Der Verein wird durch die Eröffnung des Insolvenzverfahrens und mit Rechtskraft des Beschlusses, durch den die Eröffnung des Insolvenzverfahrens mangels Masse abgewiesen worden ist, aufgelöst. Wird das Verfahren auf Antrag des Schuldners eingestellt oder nach der Bestätigung eines Insolvenzplans, der den Fortbestand des Vereins vorsieht, aufgehoben, so kann die Mitgliederversammlung die Fortsetzung des Vereins beschließen. Durch die Satzung kann bestimmt werden, dass der Verein im Falle der Eröffnung des Insolvenzverfahrens als nicht rechtsfähiger Verein fortbesteht; auch in diesem Falle kann unter den Voraussetzungen des Satzes 2 die Fortsetzung als rechtsfähiger Verein beschlossen werden.
(2) Der Vorstand hat im Falle der Zahlungsunfähigkeit oder der Überschuldung die Eröffnung des Insolvenzverfahrens zu beantragen. Wird die Stellung des Antrags verzögert, so sind die Vorstandsmitglieder, denen ein Verschulden zur Last fällt, den Gläubigern für den daraus entstehenden Schaden verantwortlich; sie haften als Gesamtschuldner.

§ 43 Entziehung der Rechtsfähigkeit

Einem Verein, dessen Rechtsfähigkeit auf Verleihung beruht, kann die Rechtsfähigkeit entzogen werden, wenn er einen anderen als den in der Satzung bestimmten Zweck verfolgt.

§ 44 Zuständigkeit und Verfahren
Die Zuständigkeit und das Verfahren für die Entziehung der Rechtsfähigkeit nach § 43 bestimmen sich nach dem Recht des Landes, in dem der Verein seinen Sitz hat.

§ 45 Anfall des Vereinsvermögens
(1) Mit der Auflösung des Vereins oder der Entziehung der Rechtsfähigkeit fällt das Vermögen an die in der Satzung bestimmten Personen.
(2) Durch die Satzung kann vorgeschrieben werden, dass die Anfallberechtigten durch Beschluss der Mitgliederversammlung oder eines anderen Vereinsorgans bestimmt werden. Ist der Zweck des Vereins nicht auf einen wirtschaftlichen Geschäftsbetrieb gerichtet, so kann die Mitgliederversammlung auch ohne eine solche Vorschrift das Vermögen einer öffentlichen Stiftung oder Anstalt zuweisen.
(3) Fehlt es an einer Bestimmung der Anfallberechtigten, so fällt das Vermögen, wenn der Verein nach der Satzung ausschließlich den Interessen seiner Mitglieder diente, an die zur Zeit der Auflösung oder der Entziehung der Rechtsfähigkeit vorhandenen Mitglieder zu gleichen Teilen, anderenfalls an den Fiskus des Landes, in dessen Gebiet der Verein seinen Sitz hatte.

§ 46 Anfall an den Fiskus
Fällt das Vereinsvermögen an den Fiskus, so finden die Vorschriften über eine dem Fiskus als gesetzlichem Erben anfallende Erbschaft entsprechende Anwendung. Der Fiskus hat das Vermögen tunlichst in einer den Zwecken des Vereins entsprechenden Weise zu verwenden.

§ 47 Liquidation
Fällt das Vereinsvermögen nicht an den Fiskus, so muss eine Liquidation stattfinden, sofern nicht über das Vermögen des Vereins das Insolvenzverfahren eröffnet ist.

§ 48 Liquidatoren
(1) Die Liquidation erfolgt durch den Vorstand. Zu Liquidatoren können auch andere Personen bestellt werden; für die Bestellung sind die für die Bestellung des Vorstands geltenden Vorschriften maßgebend.
(2) Die Liquidatoren haben die rechtliche Stellung des Vorstands, soweit sich nicht aus dem Zwecke der Liquidation ein anderes ergibt.
(3) Sind mehrere Liquidatoren vorhanden, so sind sie nur gemeinschaftlich zur Vertretung befugt und können Beschlüsse nur einstimmig fassen, sofern nicht ein anderes bestimmt ist.

§ 49 Aufgaben der Liquidatoren
(1) Die Liquidatoren haben die laufenden Geschäfte zu beendigen, die Forderungen einzuziehen, das übrige Vermögen in Geld umzusetzen, die Gläubiger zu befriedigen und den Überschuss den Anfallberechtigten auszuantworten. Zur Beendigung schwebender Geschäfte können die Liquidatoren auch neue Geschäfte eingehen. Die Einziehung der Forderungen sowie die Umsetzung des übrigen Vermögens in Geld darf unterbleiben, soweit diese Maßregeln nicht zur Befriedigung der Gläubiger oder zur Verteilung des Überschusses unter die Anfallberechtigten erforderlich sind.
(2) Der Verein gilt bis zur Beendigung der Liquidation als fortbestehend, soweit der Zweck der Liquidation es erfordert.

§ 50 Bekanntmachung des Vereins in Liquidation
(1) Die Auflösung des Vereins oder die Entziehung der Rechtsfähigkeit ist durch die Liquidatoren öffentlich bekannt zu machen. In der Bekanntmachung sind die Gläubiger zur Anmeldung ihrer Ansprüche aufzufordern. Die Bekanntmachung erfolgt durch das in der Satzung für Veröffentlichungen bestimmte Blatt. Die Bekanntmachung gilt mit dem Ablauf des zweiten Tages nach der Einrückung oder der ersten Einrückung als bewirkt.
(2) Bekannte Gläubiger sind durch besondere Mitteilung zur Anmeldung aufzufordern.

§ 50a Bekanntmachungsblatt
Hat ein Verein in der Satzung kein Blatt für Bekanntmachungen bestimmt oder hat das bestimmte Bekanntmachungsblatt sein Erscheinen eingestellt, sind Bekanntmachungen des Vereins in dem Blatt zu veröffentlichen, welches für Bekanntmachungen des Amtsgerichts bestimmt ist, in dessen Bezirk der Verein seinen Sitz hat.

§ 51 Sperrjahr
Das Vermögen darf den Anfallberechtigten nicht vor dem Ablauf eines Jahres nach der Bekanntmachung der Auflösung des Vereins oder der Entziehung der Rechtsfähigkeit ausgeantwortet werden.

§ 52 Sicherung für Gläubiger
(1) Meldet sich ein bekannter Gläubiger nicht, so ist der geschuldete Betrag, wenn die Berechtigung zur Hinterlegung vorhanden ist, für den Gläubiger zu hinterlegen.

(2) Ist die Berichtigung einer Verbindlichkeit zur Zeit nicht ausführbar oder ist eine Verbindlichkeit streitig, so darf das Vermögen den Anfallberechtigten nur ausgeantwortet werden, wenn dem Gläubiger Sicherheit geleistet ist.

§ 53 Schadensersatzpflicht der Liquidatoren
Liquidatoren, welche die ihnen nach dem § 42 Abs. 2 und den §§ 50, 51 und 52 obliegenden Verpflichtungen verletzen oder vor der Befriedigung der Gläubiger Vermögen den Anfallberechtigten ausantworten, sind, wenn ihnen ein Verschulden zur Last fällt, den Gläubigern für den daraus entstehenden Schaden verantwortlich; sie haften als Gesamtschuldner.

§ 54 Nicht rechtsfähige Vereine
Auf Vereine, die nicht rechtsfähig sind, finden die Vorschriften über die Gesellschaft Anwendung. Aus einem Rechtsgeschäft, das im Namen eines solchen Vereins einem Dritten gegenüber vorgenommen wird, haftet der Handelnde persönlich; handeln mehrere, so haften sie als Gesamtschuldner.

Kapitel 2
Eingetragene Vereine

§ 55 Zuständigkeit für die Registereintragung
Die Eintragung eines Vereins der in § 21 bezeichneten Art in das Vereinsregister hat bei dem Amtsgericht zu geschehen, in dessen Bezirk der Verein seinen Sitz hat.

§ 55a Elektronisches Vereinsregister
(1) Die Landesregierungen können durch Rechtsverordnung bestimmen, dass und in welchem Umfang das Vereinsregister in maschineller Form als automatisierte Datei geführt wird. Hierbei muss gewährleistet sein, dass
1. die Grundsätze einer ordnungsgemäßen Datenverarbeitung eingehalten, insbesondere Vorkehrungen gegen einen Datenverlust getroffen sowie die erforderlichen Kopien der Datenbestände mindestens tagesaktuell gehalten und die originären Datenbestände sowie deren Kopien sicher aufbewahrt werden,
2. die vorzunehmenden Eintragungen alsbald in einen Datenspeicher aufgenommen und auf Dauer inhaltlich unverändert in lesbarer Form wiedergegeben werden können und
3. die nach den Artikeln 24, 25 und 32 der Verordnung (EU) 2016/679 erforderlichen Anforderungen erfüllt sind.

Die Landesregierungen können durch Rechtsverordnung die Ermächtigung nach Satz 1 auf die Landesjustizverwaltungen übertragen.
(2) Das maschinell geführte Vereinsregister tritt für eine Seite des Registers an die Stelle des bisherigen Registers, sobald die Eintragungen dieser Seite in den für die Vereinsregistereintragungen bestimmten Datenspeicher aufgenommen und als Vereinsregister freigegeben worden sind. Die entsprechenden Seiten des bisherigen Vereinsregisters sind mit einem Schließungsvermerk zu versehen.
(3) Eine Eintragung wird wirksam, sobald sie in den für die Registereintragungen bestimmten Datenspeicher aufgenommen ist und auf Dauer inhaltlich unverändert in lesbarer Form wiedergegeben werden kann. Durch eine Bestätigungsanzeige oder in anderer geeigneter Weise ist zu überprüfen, ob diese Voraussetzungen eingetreten sind. Jede Eintragung soll den Tag angeben, an dem sie wirksam geworden ist.

§ 56 Mindestmitgliederzahl des Vereins
Die Eintragung soll nur erfolgen, wenn die Zahl der Mitglieder mindestens sieben beträgt.

§ 57 Mindesterfordernisse an die Vereinssatzung
(1) Die Satzung muss den Zweck, den Namen und den Sitz des Vereins enthalten und ergeben, dass der Verein eingetragen werden soll.
(2) Der Name soll sich von den Namen der an demselben Orte oder in derselben Gemeinde bestehenden eingetragenen Vereine deutlich unterscheiden.

§ 58 Sollinhalt der Vereinssatzung
Die Satzung soll Bestimmungen enthalten:
1. über den Eintritt und Austritt der Mitglieder,
2. darüber, ob und welche Beiträge von den Mitgliedern zu leisten sind,
3. über die Bildung des Vorstands,
4. über die Voraussetzungen unter denen die Mitgliederversammlung zu berufen ist, über die Form der Berufung und über die Beurkundung der Beschlüsse.

§ 59 Anmeldung zur Eintragung
(1) Der Vorstand hat den Verein zur Eintragung anzumelden.
(2) Der Anmeldung sind Abschriften der Satzung und der Urkunden über die Bestellung des Vorstands beizufügen.

(3) Die Satzung soll von mindestens sieben Mitgliedern unterzeichnet sein und die Angabe des Tages der Errichtung enthalten.

§ 60 Zurückweisung der Anmeldung
Die Anmeldung ist, wenn den Erfordernissen der §§ 56 bis 59 nicht genügt ist, von dem Amtsgericht unter Angabe der Gründe zurückzuweisen.

§§ 61 bis 63 (weggefallen)

§ 64 Inhalt der Vereinsregistereintragung
Bei der Eintragung sind der Name und der Sitz des Vereins, der Tag der Errichtung der Satzung, die Mitglieder des Vorstands und ihre Vertretungsmacht anzugeben.

§ 65 Namenszusatz
Mit der Eintragung erhält der Name des Vereins den Zusatz „eingetragener Verein".

§ 66 Bekanntmachung der Eintragung und Aufbewahrung von Dokumenten
(1) Das Amtsgericht hat die Eintragung des Vereins in das Vereinsregister durch Veröffentlichung in dem von der Landesjustizverwaltung bestimmten elektronischen Informations- und Kommunikationssystem bekannt zu machen.
(2) Die mit der Anmeldung eingereichten Dokumente werden vom Amtsgericht aufbewahrt.

§ 67 Änderung des Vorstands
(1) Jede Änderung des Vorstands ist von dem Vorstand zur Eintragung anzumelden. Der Anmeldung ist eine Abschrift der Urkunde über die Änderung beizufügen.
(2) Die Eintragung gerichtlich bestellter Vorstandsmitglieder erfolgt von Amts wegen.

§ 68 Vertrauensschutz durch Vereinsregister
Wird zwischen den bisherigen Mitgliedern des Vorstands und einem Dritten ein Rechtsgeschäft vorgenommen, so kann die Änderung des Vorstands dem Dritten nur entgegengesetzt werden, wenn sie zur Zeit der Vornahme des Rechtsgeschäfts im Vereinsregister eingetragen oder dem Dritten bekannt ist. Ist die Änderung eingetragen, so braucht der Dritte sie nicht gegen sich gelten zu lassen, wenn er sie nicht kennt, seine Unkenntnis auch nicht auf Fahrlässigkeit beruht.

§ 69 Nachweis des Vereinsvorstands
Der Nachweis, dass der Vorstand aus den im Register eingetragenen Personen besteht, wird Behörden gegenüber durch ein Zeugnis des Amtsgerichts über die Eintragung geführt.

§ 70 Vertrauensschutz bei Eintragungen zur Vertretungsmacht
Die Vorschriften des § 68 gelten auch für Bestimmungen, die den Umfang der Vertretungsmacht des Vorstands beschränken oder die Vertretungsmacht des Vorstands abweichend von der Vorschrift des § 26 Absatz 2 Satz 1 regeln.

§ 71 Änderungen der Satzung
(1) Änderungen der Satzung bedürfen zu ihrer Wirksamkeit der Eintragung in das Vereinsregister. Die Änderung ist von dem Vorstand zur Eintragung anzumelden. Der Anmeldung sind eine Abschrift des die Änderung enthaltenden Beschlusses und der Wortlaut der Satzung beizufügen. In dem Wortlaut der Satzung müssen die geänderten Bestimmungen mit dem Beschluss über die Satzungsänderung, die unveränderten Bestimmungen mit dem zuletzt eingereichten vollständigen Wortlaut der Satzung und, wenn die Satzung geändert worden ist, ohne dass ein vollständiger Wortlaut der Satzung eingereicht wurde, auch mit den zuvor eingetragenen Änderungen übereinstimmen.
(2) Die Vorschriften der §§ 60, 64 und des § 66 Abs. 2 finden entsprechende Anwendung.

§ 72 Bescheinigung der Mitgliederzahl
Der Vorstand hat dem Amtsgericht auf dessen Verlangen jederzeit eine schriftliche Bescheinigung über die Zahl der Vereinsmitglieder einzureichen.

§ 73 Unterschreiten der Mindestmitgliederzahl
Sinkt die Zahl der Vereinsmitglieder unter drei herab, so hat das Amtsgericht auf Antrag des Vorstands und, wenn der Antrag nicht binnen drei Monaten gestellt wird, von Amts wegen nach Anhörung des Vorstands dem Verein die Rechtsfähigkeit zu entziehen.

§ 74 Auflösung
(1) Die Auflösung des Vereins sowie die Entziehung der Rechtsfähigkeit ist in das Vereinsregister einzutragen.

(2) Wird der Verein durch Beschluss der Mitgliederversammlung oder durch den Ablauf der für die Dauer des Vereins bestimmten Zeit aufgelöst, so hat der Vorstand die Auflösung zur Eintragung anzumelden. Der Anmeldung ist im ersteren Falle eine Abschrift des Auflösungsbeschlusses beizufügen.

§ 75 Eintragungen bei Insolvenz

(1) Die Eröffnung des Insolvenzverfahrens und der Beschluss, durch den die Eröffnung des Insolvenzverfahrens mangels Masse rechtskräftig abgewiesen worden ist, sowie die Auflösung des Vereins nach § 42 Absatz 2 Satz 1 sind von Amts wegen einzutragen. Von Amts wegen sind auch einzutragen
1. die Aufhebung des Eröffnungsbeschlusses,
2. die Bestellung eines vorläufigen Insolvenzverwalters, wenn zusätzlich dem Schuldner ein allgemeines Verfügungsverbot auferlegt oder angeordnet wird, dass Verfügungen des Schuldners nur mit Zustimmung des vorläufigen Insolvenzverwalters wirksam sind, und die Aufhebung einer derartigen Sicherungsmaßnahme,
3. die Anordnung der Eigenverwaltung durch den Schuldner und deren Aufhebung sowie die Anordnung der Zustimmungsbedürftigkeit bestimmter Rechtsgeschäfte des Schuldners,
4. die Einstellung und die Aufhebung des Verfahrens und
5. die Überwachung der Erfüllung eines Insolvenzplans und die Aufhebung der Überwachung.

(2) Wird der Verein durch Beschluss der Mitgliederversammlung nach § 42 Absatz 1 Satz 2 fortgesetzt, so hat der Vorstand die Fortsetzung zur Eintragung anzumelden. Der Anmeldung ist eine Abschrift des Beschlusses beizufügen.

§ 76 Eintragungen bei Liquidation

(1) Bei der Liquidation des Vereins sind die Liquidatoren und ihre Vertretungsmacht in das Vereinsregister einzutragen. Das Gleiche gilt für die Beendigung des Vereins nach der Liquidation.

(2) Die Anmeldung der Liquidatoren hat durch den Vorstand zu erfolgen. Bei der Anmeldung ist der Umfang der Vertretungsmacht der Liquidatoren anzugeben. Änderungen der Liquidatoren oder ihrer Vertretungsmacht sowie die Beendigung des Vereins sind von den Liquidatoren anzumelden. Der Anmeldung der durch Beschluss der Mitgliederversammlung bestellten Liquidatoren ist eine Abschrift des Bestellungsbeschlusses, der Anmeldung der Vertretungsmacht, die abweichend von § 48 Absatz 3 bestimmt wurde, ist eine Abschrift der diese Bestimmung enthaltenden Urkunde beizufügen.

(3) Die Eintragung gerichtlich bestellter Liquidatoren geschieht von Amts wegen.

§ 77 Anmeldepflichtige und Form der Anmeldungen

Die Anmeldungen zum Vereinsregister sind von Mitgliedern des Vorstands sowie von den Liquidatoren, die insoweit zur Vertretung des Vereins berechtigt sind, mittels öffentlich beglaubigter Erklärung abzugeben. Die Erklärung kann in Urschrift oder in öffentlich beglaubigter Abschrift beim Gericht eingereicht werden.

§ 78 Festsetzung von Zwangsgeld

(1) Das Amtsgericht kann die Mitglieder des Vorstands zur Befolgung der Vorschriften des § 67 Abs. 1, des § 71 Abs. 1, des § 72, des § 74 Abs. 2, des § 75 Absatz 2 und des § 76 durch Festsetzung von Zwangsgeld anhalten.
(2) In gleicher Weise können die Liquidatoren zur Befolgung der Vorschriften des § 76 angehalten werden.

§ 79 Einsicht in das Vereinsregister

(1) Die Einsicht des Vereinsregisters sowie der von dem Verein bei dem Amtsgericht eingereichten Dokumente ist jedem gestattet. Von den Eintragungen kann eine Abschrift verlangt werden; die Abschrift ist auf Verlangen zu beglaubigen. Wird das Vereinsregister maschinell geführt, tritt an die Stelle der Abschrift ein Ausdruck, an die der beglaubigten Abschrift ein amtlicher Ausdruck.

(2) Die Einrichtung eines automatisierten Verfahrens, das die Übermittlung von Daten aus maschinell geführten Vereinsregistern durch Abruf ermöglicht, ist zulässig, wenn sichergestellt ist, dass
1. der Abruf von Daten die zulässige Einsicht nach Absatz 1 nicht überschreitet und
2. die Zulässigkeit der Abrufe auf der Grundlage einer Protokollierung kontrolliert werden kann.

Die Länder können für das Verfahren ein länderübergreifendes elektronisches Informations- und Kommunikationssystem bestimmen.

(3) Der Nutzer ist darauf hinzuweisen, dass er die übermittelten Daten nur zu Informationszwecken verwenden darf. Die zuständige Stelle hat (z. B. durch Stichproben) zu prüfen, ob sich Anhaltspunkte dafür ergeben, dass die nach Satz 1 zulässige Einsicht überschritten oder übermittelte Daten missbraucht werden.

(4) Die zuständige Stelle kann einen Nutzer, der die Funktionsfähigkeit der Abrufeinrichtung gefährdet, die nach Absatz 3 Satz 1 zulässige Einsicht überschreitet oder übermittelte Daten missbraucht, von der Teilnahme am automatisierten Abrufverfahren ausschließen; dasselbe gilt bei drohender Überschreitung oder drohendem Missbrauch.

(5) Zuständige Stelle ist die Landesjustizverwaltung. Örtlich zuständig ist die Landesjustizverwaltung, in deren Zuständigkeitsbereich das betreffende Amtsgericht liegt. Die Zuständigkeit kann durch Rechtsverordnung der Landesregierung abweichend geregelt werden. Sie kann diese Ermächtigung durch Rechtsverordnung auf die Landesjustizverwaltung übertragen. Die Länder können auch die Übertragung der Zuständigkeit auf die zuständige Stelle eines anderen Landes vereinbaren.

§ 79a Anwendung der Verordnung (EU) 2016/679 im Registerverfahren

(1) Die Rechte nach Artikel 15 der Verordnung (EU) 2016/679 des Europäischen Parlaments und des Rates vom 27. April 2016 zum Schutz natürlicher Personen bei der Verarbeitung personenbezogener Daten, zum freien Datenverkehr und zur Aufhebung der Richtlinie 95/46/EG (Datenschutz-Grundverordnung) (ABl. L 119 vom 4. 5. 2016, S. 1; L 314 vom 22. 11. 2016, S. 72; L 127 vom 23. 5. 2018, S. 2) werden nach § 79 und den dazu erlassenen Vorschriften der Vereinsregisterverordnung durch Einsicht in das Register oder den Abruf von Registerdaten über das länderübergreifende Informations- und Kommunikationssystem gewährt. Das Registergericht ist nicht verpflichtet, Personen, deren personenbezogene Daten im Vereinsregister oder in den Registerakten gespeichert sind, über die Offenlegung dieser Daten an Dritte Auskunft zu erteilen.

(2) Das Recht auf Berichtigung nach Artikel 16 der Verordnung (EU) 2016/679 kann für personenbezogene Daten, die im Vereinsregister oder in den Registerakten gespeichert sind, nur unter den Voraussetzungen und in dem Verfahren ausgeübt werden, die im Gesetz über das Verfahren in Familiensachen und in den Angelegenheiten der freiwilligen Gerichtsbarkeit sowie der Vereinsregisterverordnung für eine Löschung oder Berichtigung von Eintragungen geregelt sind.

(3) Das Widerspruchsrecht nach Artikel 21 der Verordnung (EU) 2016/679 ist auf personenbezogene Daten, die im Vereinsregister und in den Registerakten gespeichert sind, nicht anzuwenden.

Untertitel 2
Stiftungen

§ 80 Entstehung einer rechtsfähigen Stiftung

(1) Zur Entstehung einer rechtsfähigen Stiftung sind das Stiftungsgeschäft und die Anerkennung durch die zuständige Behörde des Landes erforderlich, in dem die Stiftung ihren Sitz haben soll.

(2) Die Stiftung ist als rechtsfähig anzuerkennen, wenn das Stiftungsgeschäft den Anforderungen des § 81 Abs. 1 genügt, die dauernde und nachhaltige Erfüllung des Stiftungszwecks gesichert erscheint und der Stiftungszweck das Gemeinwohl nicht gefährdet. Bei einer Stiftung, die für eine bestimmte Zeit errichtet und deren Vermögen für die Zweckverfolgung verbraucht werden soll (Verbrauchsstiftung), erscheint die dauernde Erfüllung des Stiftungszwecks gesichert, wenn die Stiftung für einen im Stiftungsgeschäft festgelegten Zeitraum bestehen soll, der mindestens zehn Jahre umfasst.

(3) Vorschriften der Landesgesetze über kirchliche Stiftungen bleiben unberührt. Das gilt entsprechend für Stiftungen, die nach den Landesgesetzen kirchlichen Stiftungen gleichgestellt sind.

§ 81 Stiftungsgeschäft

(1) Das Stiftungsgeschäft unter Lebenden bedarf der schriftlichen Form. Es muss die verbindliche Erklärung des Stifters enthalten, ein Vermögen zur Erfüllung eines von ihm vorgegebenen Zweckes zu widmen, das auch zum Verbrauch bestimmt werden kann. Durch das Stiftungsgeschäft muss die Stiftung eine Satzung erhalten mit Regelungen über
1. den Namen der Stiftung,
2. den Sitz der Stiftung,
3. den Zweck der Stiftung,
4. das Vermögen der Stiftung,
5. die Bildung des Vorstands der Stiftung.

Genügt das Stiftungsgeschäft den Erfordernissen des Satzes 3 nicht und ist der Stifter verstorben, findet § 83 Satz 2 bis 4 entsprechende Anwendung.

(2) Bis zur Anerkennung der Stiftung als rechtsfähig ist der Stifter zum Widerruf des Stiftungsgeschäfts berechtigt. Ist die Anerkennung bei der zuständigen Behörde beantragt, so kann der Widerruf nur dieser gegenüber erklärt werden. Der Erbe des Stifters ist zum Widerruf nicht berechtigt, wenn der Stifter den Antrag bei der zuständigen Behörde gestellt oder im Falle der notariellen Beurkundung des Stiftungsgeschäfts den Notar bei oder nach der Beurkundung mit der Antragstellung betraut hat.

§ 82 Übertragungspflicht des Stifters

Wird die Stiftung als rechtsfähig anerkannt, so ist der Stifter verpflichtet, das in dem Stiftungsgeschäft zugesicherte Vermögen auf die Stiftung zu übertragen. Rechte, zu deren Übertragung der Abtretungsvertrag genügt, gehen mit der Anerkennung auf die Stiftung über, sofern nicht aus dem Stiftungsgeschäft sich ein anderer Wille des Stifters ergibt.

§ 83 Stiftung von Todes wegen
Besteht das Stiftungsgeschäft in einer Verfügung von Todes wegen, so hat das Nachlassgericht dies der zuständigen Behörde zur Anerkennung mitzuteilen, sofern sie nicht von den Erben oder dem Testamentsvollstrecker beantragt wird. Genügt das Stiftungsgeschäft nicht den Erfordernissen des § 81 Abs. 1 Satz 3, wird der Stiftung durch die zuständige Behörde vor der Anerkennung eine Satzung gegeben oder eine unvollständige Satzung ergänzt; dabei soll der Wille des Stifters berücksichtigt werden. Als Sitz der Stiftung gilt, wenn nicht ein anderes bestimmt ist, der Ort, an welchem die Verwaltung geführt wird. Im Zweifel gilt der letzte Wohnsitz des Stifters im Inland als Sitz.

§ 84 Anerkennung nach Tod des Stifters
Wird die Stiftung erst nach dem Tode des Stifters als rechtsfähig anerkannt, so gilt sie für die Zuwendungen des Stifters als schon vor dessen Tode entstanden.

§ 85 Stiftungsverfassung
Die Verfassung einer Stiftung wird, soweit sie nicht auf Bundes- oder Landesgesetz beruht, durch das Stiftungsgeschäft bestimmt.

§ 86 Anwendung des Vereinsrechts
Die Vorschriften der §§ 26 und 27 Absatz 3 und der §§ 28 bis 31a und 42 finden auf Stiftungen entsprechende Anwendung, die Vorschriften des § 26 Absatz 2 Satz 1, des § 27 Absatz 3 und des § 28 jedoch nur insoweit, als sich nicht aus der Verfassung, insbesondere daraus, dass die Verwaltung der Stiftung von einer öffentlichen Behörde geführt wird, ein anderes ergibt. Die Vorschriften des § 26 Abs. 2 Satz 2 und des § 29 finden auf Stiftungen, deren Verwaltung von einer öffentlichen Behörde geführt wird, keine Anwendung.

§ 87 Zweckänderung; Aufhebung
(1) Ist die Erfüllung des Stiftungszwecks unmöglich geworden oder gefährdet sie das Gemeinwohl, so kann die zuständige Behörde der Stiftung eine andere Zweckbestimmung geben oder sie aufheben.
(2) Bei der Umwandlung des Zweckes soll der Wille des Stifters berücksichtigt werden, insbesondere soll dafür gesorgt werden, dass die Erträge des Stiftungsvermögens dem Personenkreis, dem sie zustatten kommen sollten, im Sinne des Stifters erhalten bleiben.
(3) Vor der Umwandlung des Zweckes und der Änderung der Verfassung soll der Vorstand der Stiftung gehört werden.

§ 88 Vermögensanfall
Mit dem Erlöschen der Stiftung fällt das Vermögen an die in der Verfassung bestimmten Personen. Fehlt es an einer Bestimmung der Anfallberechtigten, so fällt das Vermögen an den Fiskus des Landes, in dem die Stiftung ihren Sitz hatte, oder an einen anderen nach dem Recht dieses Landes bestimmten Anfallberechtigten. Die Vorschriften der §§ 46 bis 53 finden entsprechende Anwendung.

Untertitel 3
Juristische Personen des öffentlichen Rechts

§ 89 Haftung für Organe; Insolvenz
(1) Die Vorschrift des § 31 findet auf den Fiskus sowie auf die Körperschaften, Stiftungen und Anstalten des öffentlichen Rechts entsprechende Anwendung.
(2) Das Gleiche gilt, soweit bei Körperschaften, Stiftungen und Anstalten des öffentlichen Rechts das Insolvenzverfahren zulässig ist, von der Vorschrift des § 42 Abs. 2.

Abschnitt 2
Sachen und Tiere

§ 90 Begriff der Sache
Sachen im Sinne des Gesetzes sind nur körperliche Gegenstände.

§ 90a Tiere
Tiere sind keine Sachen. Sie werden durch besondere Gesetze geschützt. Auf sie sind die für Sachen geltenden Vorschriften entsprechend anzuwenden, soweit nicht etwas anderes bestimmt ist.

Abschnitt 3
Rechtsgeschäfte
Titel 1
Geschäftsfähigkeit

§ 104 Geschäftsunfähigkeit

Geschäftsunfähig ist:
1. wer nicht das siebente Lebensjahr vollendet hat,
2. wer sich in einem die freie Willensbestimmung ausschließenden Zustand krankhafter Störung der Geistestätigkeit befindet, sofern nicht der Zustand seiner Natur nach ein vorübergehender ist.

§ 105 Nichtigkeit der Willenserklärung

(1) Die Willenserklärung eines Geschäftsunfähigen ist nichtig.
(2) Nichtig ist auch eine Willenserklärung, die im Zustand der Bewusstlosigkeit oder vorübergehender Störung der Geistestätigkeit abgegeben wird.

§ 105a Geschäfte des täglichen Lebens

Tätigt ein volljähriger Geschäftsunfähiger ein Geschäft des täglichen Lebens, das mit geringwertigen Mitteln bewirkt werden kann, so gilt der von ihm geschlossene Vertrag in Ansehung von Leistung und, soweit vereinbart, Gegenleistung als wirksam, sobald Leistung und Gegenleistung bewirkt sind. Satz 1 gilt nicht bei einer erheblichen Gefahr für die Person oder das Vermögen des Geschäftsunfähigen.

§ 106 Beschränkte Geschäftsfähigkeit Minderjähriger

Ein Minderjähriger, der das siebente Lebensjahr vollendet hat, ist nach Maßgabe der §§ 107 bis 113 in der Geschäftsfähigkeit beschränkt.

§ 107 Einwilligung des gesetzlichen Vertreters

Der Minderjährige bedarf zu einer Willenserklärung, durch die er nicht lediglich einen rechtlichen Vorteil erlangt, der Einwilligung seines gesetzlichen Vertreters.

§ 108 Vertragsschluss ohne Einwilligung

(1) Schließt der Minderjährige einen Vertrag ohne die erforderliche Einwilligung des gesetzlichen Vertreters, so hängt die Wirksamkeit des Vertrags von der Genehmigung des Vertreters ab.
(2) Fordert der andere Teil den Vertreter zur Erklärung über die Genehmigung auf, so kann die Erklärung nur ihm gegenüber erfolgen; eine vor der Aufforderung dem Minderjährigen gegenüber erklärte Genehmigung oder Verweigerung der Genehmigung wird unwirksam. Die Genehmigung kann nur bis zum Ablauf von zwei Wochen nach dem Empfang der Aufforderung erklärt werden; wird sie nicht erklärt, so gilt sie als verweigert.
(3) Ist der Minderjährige unbeschränkt geschäftsfähig geworden, so tritt seine Genehmigung an die Stelle der Genehmigung des Vertreters.

§ 109 Widerrufsrecht des anderen Teils

(1) Bis zur Genehmigung des Vertrags ist der andere Teil zum Widerruf berechtigt. Der Widerruf kann auch dem Minderjährigen gegenüber erklärt werden.
(2) Hat der andere Teil die Minderjährigkeit gekannt, so kann er nur widerrufen, wenn der Minderjährige der Wahrheit zuwider die Einwilligung des Vertreters behauptet hat; er kann auch in diesem Falle nicht widerrufen, wenn ihm das Fehlen der Einwilligung bei dem Abschluss des Vertrags bekannt war.

§ 110 Bewirken der Leistung mit eigenen Mitteln

Ein von dem Minderjährigen ohne Zustimmung des gesetzlichen Vertreters geschlossener Vertrag gilt als von Anfang an wirksam, wenn der Minderjährige die vertragsmäßige Leistung mit Mitteln bewirkt, die ihm zu diesem Zweck oder zu freier Verfügung von dem Vertreter oder mit dessen Zustimmung von einem Dritten überlassen worden sind.

§ 111 Einseitige Rechtsgeschäfte

Ein einseitiges Rechtsgeschäft, das der Minderjährige ohne die erforderliche Einwilligung des gesetzlichen Vertreters vornimmt, ist unwirksam. Nimmt der Minderjährige mit dieser Einwilligung ein solches Rechtsgeschäft einem anderen gegenüber vor, so ist das Rechtsgeschäft unwirksam, wenn der Minderjährige die Einwilligung nicht in schriftlicher Form vorlegt und der andere das Rechtsgeschäft aus diesem Grunde unverzüglich zurückweist. Die Zurückweisung ist ausgeschlossen, wenn der Vertreter den anderen von der Einwilligung in Kenntnis gesetzt hatte.

§ 112 Selbständiger Betrieb eines Erwerbsgeschäfts

(1) Ermächtigt der gesetzliche Vertreter mit Genehmigung des Familiengerichts den Minderjährigen zum selbständigen Betrieb eines Erwerbsgeschäfts, so ist der Minderjährige für solche Rechtsgeschäfte unbeschränkt ge-

schäftsfähig, welche der Geschäftsbetrieb mit sich bringt. Ausgenommen sind Rechtsgeschäfte, zu denen der Vertreter der Genehmigung des Familiengerichts bedarf.
(2) Die Ermächtigung kann von dem Vertreter nur mit Genehmigung des Familiengerichts zurückgenommen werden.

§ 113 Dienst- oder Arbeitsverhältnis
(1) Ermächtigt der gesetzliche Vertreter den Minderjährigen, in Dienst oder in Arbeit zu treten, so ist der Minderjährige für solche Rechtsgeschäfte unbeschränkt geschäftsfähig, welche die Eingehung oder Aufhebung eines Dienst- oder Arbeitsverhältnisses der gestatteten Art oder die Erfüllung der sich aus einem solchen Verhältnis ergebenden Verpflichtungen betreffen. Ausgenommen sind Verträge, zu denen der Vertreter der Genehmigung des Familiengerichts bedarf.
(2) Die Ermächtigung kann von dem Vertreter zurückgenommen oder eingeschränkt werden.
(3) Ist der gesetzliche Vertreter ein Vormund, so kann die Ermächtigung, wenn sie von ihm verweigert wird, auf Antrag des Minderjährigen durch das Familiengericht ersetzt werden. Das Familiengericht hat die Ermächtigung zu ersetzen, wenn sie im Interesse des Mündels liegt.
(4) Die für einen einzelnen Fall erteilte Ermächtigung gilt im Zweifel als allgemeine Ermächtigung zur Eingehung von Verhältnissen derselben Art.

§§ 114 und 115 (weggefallen)

Titel 2
Willenserklärung

§ 116 Geheimer Vorbehalt
Eine Willenserklärung ist nicht deshalb nichtig, weil sich der Erklärende insgeheim vorbehält, das Erklärte nicht zu wollen. Die Erklärung ist nichtig, wenn sie einem anderen gegenüber abzugeben ist und dieser den Vorbehalt kennt.

§ 117 Scheingeschäft
(1) Wird eine Willenserklärung, die einem anderen gegenüber abzugeben ist, mit dessen Einverständnisse nur zum Schein abgegeben, so ist sie nichtig.
(2) Wird durch ein Scheingeschäft ein anderes Rechtsgeschäft verdeckt, so finden die für das verdeckte Rechtsgeschäft geltenden Vorschriften Anwendung.

§ 118 Mangel der Ernstlichkeit
Eine nicht ernstlich gemeinte Willenserklärung, die in der Erwartung abgegeben wird, der Mangel der Ernstlichkeit werde nicht verkannt werden, ist nichtig.

§ 119 Anfechtbarkeit wegen Irrtums
(1) Wer bei der Abgabe einer Willenserklärung über deren Inhalt im Irrtum war oder eine Erklärung dieses Inhalts überhaupt nicht abgeben wollte, kann die Erklärung anfechten, wenn anzunehmen ist, dass er sie bei Kenntnis der Sachlage und bei verständiger Würdigung des Falles nicht abgegeben haben würde.
(2) Als Irrtum über den Inhalt der Erklärung gilt auch der Irrtum über solche Eigenschaften der Person oder der Sache, die im Verkehr als wesentlich angesehen werden.

§ 120 Anfechtbarkeit wegen falscher Übermittlung
Eine Willenserklärung, welche durch die zur Übermittlung verwendete Person oder Einrichtung unrichtig übermittelt worden ist, kann unter der gleichen Voraussetzung angefochten werden wie nach § 119 eine irrtümlich abgegebene Willenserklärung.

§ 121 Anfechtungsfrist
(1) Die Anfechtung muss in den Fällen der §§ 119, 120 ohne schuldhaftes Zögern (unverzüglich) erfolgen, nachdem der Anfechtungsberechtigte von dem Anfechtungsgrund Kenntnis erlangt hat. Die einem Abwesenden gegenüber erfolgte Anfechtung gilt als rechtzeitig erfolgt, wenn die Anfechtungserklärung unverzüglich abgesendet worden ist.
(2) Die Anfechtung ist ausgeschlossen, wenn seit der Abgabe der Willenserklärung zehn Jahre verstrichen sind.

§ 122 Schadensersatzpflicht des Anfechtenden
(1) Ist eine Willenserklärung nach § 118 nichtig oder auf Grund der §§ 119, 120 angefochten, so hat der Erklärende, wenn die Erklärung einem anderen gegenüber abzugeben war, diesem, andernfalls jedem Dritten den Schaden zu ersetzen, den der andere oder der Dritte dadurch erleidet, dass er auf die Gültigkeit der Erklärung vertraut, jedoch nicht über den Betrag des Interesses hinaus, welches der andere oder der Dritte an der Gültigkeit der Erklärung hat.

(2) Die Schadensersatzpflicht tritt nicht ein, wenn der Beschädigte den Grund der Nichtigkeit oder der Anfechtbarkeit kannte oder infolge von Fahrlässigkeit nicht kannte (kennen musste).

§ 123 Anfechtbarkeit wegen Täuschung oder Drohung

(1) Wer zur Abgabe einer Willenserklärung durch arglistige Täuschung oder widerrechtlich durch Drohung bestimmt worden ist, kann die Erklärung anfechten.
(2) Hat ein Dritter die Täuschung verübt, so ist eine Erklärung, die einem anderen gegenüber abzugeben war, nur dann anfechtbar, wenn dieser die Täuschung kannte oder kennen musste. Soweit ein anderer als derjenige, welchem gegenüber die Erklärung abzugeben war, aus der Erklärung unmittelbar ein Recht erworben hat, ist die Erklärung ihm gegenüber anfechtbar, wenn er die Täuschung kannte oder kennen musste.

§ 124 Anfechtungsfrist

(1) Die Anfechtung einer nach § 123 anfechtbaren Willenserklärung kann nur binnen Jahresfrist erfolgen.
(2) Die Frist beginnt im Falle der arglistigen Täuschung mit dem Zeitpunkt, in welchem der Anfechtungsberechtigte die Täuschung entdeckt, im Falle der Drohung mit dem Zeitpunkt, in welchem die Zwangslage aufhört. Auf den Lauf der Frist finden die für die Verjährung geltenden Vorschriften der §§ 206, 210 und 211 entsprechende Anwendung.
(3) Die Anfechtung ist ausgeschlossen, wenn seit der Abgabe der Willenserklärung zehn Jahre verstrichen sind.

§ 125 Nichtigkeit wegen Formmangels

Ein Rechtsgeschäft, welches der durch Gesetz vorgeschriebenen Form ermangelt, ist nichtig. Der Mangel der durch Rechtsgeschäft bestimmten Form hat im Zweifel gleichfalls Nichtigkeit zur Folge.

§ 126 Schriftform

(1) Ist durch Gesetz schriftliche Form vorgeschrieben, so muss die Urkunde von dem Aussteller eigenhändig durch Namensunterschrift oder mittels notariell beglaubigten Handzeichens unterzeichnet werden.
(2) Bei einem Vertrag muss die Unterzeichnung der Parteien auf derselben Urkunde erfolgen. Werden über den Vertrag mehrere gleichlautende Urkunden aufgenommen, so genügt es, wenn jede Partei die für die andere Partei bestimmte Urkunde unterzeichnet.
(3) Die schriftliche Form kann durch die elektronische Form ersetzt werden, wenn sich nicht aus dem Gesetz ein anderes ergibt.
(4) Die schriftliche Form wird durch die notarielle Beurkundung ersetzt.

§ 126a Elektronische Form

(1) Soll die gesetzlich vorgeschriebene schriftliche Form durch die elektronische Form ersetzt werden, so muss der Aussteller der Erklärung dieser seinen Namen hinzufügen und das elektronische Dokument mit einer qualifizierten elektronischen Signatur versehen.
(2) Bei einem Vertrag müssen die Parteien jeweils ein gleichlautendes Dokument in der in Absatz 1 bezeichneten Weise elektronisch signieren.

§ 126b Textform

Ist durch Gesetz Textform vorgeschrieben, so muss eine lesbare Erklärung, in der die Person des Erklärenden genannt ist, auf einem dauerhaften Datenträger abgegeben werden. Ein dauerhafter Datenträger ist jedes Medium, das
1. es dem Empfänger ermöglicht, eine auf dem Datenträger befindliche, an ihn persönlich gerichtete Erklärung so aufzubewahren oder zu speichern, dass sie ihm während eines für ihren Zweck angemessenen Zeitraums zugänglich ist, und
2. geeignet ist, die Erklärung unverändert wiederzugeben.

§ 127 Vereinbarte Form

(1) Die Vorschriften des § 126, des § 126a oder des § 126b gelten im Zweifel auch für die durch Rechtsgeschäft bestimmte Form.
(2) Zur Wahrung der durch Rechtsgeschäft bestimmten schriftlichen Form genügt, soweit nicht ein anderer Wille anzunehmen ist, die telekommunikative Übermittlung und bei einem Vertrag der Briefwechsel. Wird eine solche Form gewählt, so kann nachträglich eine dem § 126 entsprechende Beurkundung verlangt werden.
(3) Zur Wahrung der durch Rechtsgeschäft bestimmten elektronischen Form genügt, soweit nicht ein anderer Wille anzunehmen ist, auch eine andere als die in § 126a bestimmte elektronische Signatur und bei einem Vertrag der Austausch von Angebots- und Annahmeerklärung, die jeweils mit einer elektronischen Signatur versehen sind. Wird eine solche Form gewählt, so kann nachträglich eine dem § 126a entsprechende elektronische Signierung oder, wenn diese einer der Parteien nicht möglich ist, eine dem § 126 entsprechende Beurkundung verlangt werden.

§ 127a Gerichtlicher Vergleich
Die notarielle Beurkundung wird bei einem gerichtlichen Vergleich durch die Aufnahme der Erklärungen in ein nach den Vorschriften der Zivilprozessordnung errichtetes Protokoll ersetzt.

§ 128 Notarielle Beurkundung
Ist durch Gesetz notarielle Beurkundung eines Vertrags vorgeschrieben, so genügt es, wenn zunächst der Antrag und sodann die Annahme des Antrags von einem Notar beurkundet wird.

§ 129 Öffentliche Beglaubigung
(1) Ist durch Gesetz für eine Erklärung öffentliche Beglaubigung vorgeschrieben, so muss die Erklärung schriftlich abgefasst und die Unterschrift des Erklärenden von einem Notar beglaubigt werden. Wird die Erklärung von dem Aussteller mittels Handzeichens unterzeichnet, so ist die im § 126 Abs. 1 vorgeschriebene Beglaubigung des Handzeichens erforderlich und genügend.
(2) Die öffentliche Beglaubigung wird durch die notarielle Beurkundung der Erklärung ersetzt.

§ 130 Wirksamwerden der Willenserklärung gegenüber Abwesenden
(1) Eine Willenserklärung, die einem anderen gegenüber abzugeben ist, wird, wenn sie in dessen Abwesenheit abgegeben wird, in dem Zeitpunkt wirksam, in welchem sie ihm zugeht. Sie wird nicht wirksam, wenn dem anderen vorher oder gleichzeitig ein Widerruf zugeht.
(2) Auf die Wirksamkeit der Willenserklärung ist es ohne Einfluss, wenn der Erklärende nach der Abgabe stirbt oder geschäftsunfähig wird.
(3) Diese Vorschriften finden auch dann Anwendung, wenn die Willenserklärung einer Behörde gegenüber abzugeben ist.

§ 131 Wirksamwerden gegenüber nicht voll Geschäftsfähigen
(1) Wird die Willenserklärung einem Geschäftsunfähigen gegenüber abgegeben, so wird sie nicht wirksam, bevor sie dem gesetzlichen Vertreter zugeht.
(2) Das Gleiche gilt, wenn die Willenserklärung einer in der Geschäftsfähigkeit beschränkten Person gegenüber abgegeben wird. Bringt die Erklärung jedoch der in der Geschäftsfähigkeit beschränkten Person lediglich einen rechtlichen Vorteil oder hat der gesetzliche Vertreter seine Einwilligung erteilt, so wird die Erklärung in dem Zeitpunkt wirksam, in welchem sie ihr zugeht.

§ 132 Ersatz des Zugehens durch Zustellung
(1) Eine Willenserklärung gilt auch dann als zugegangen, wenn sie durch Vermittlung eines Gerichtsvollziehers zugestellt worden ist. Die Zustellung erfolgt nach den Vorschriften der Zivilprozessordnung.
(2) Befindet sich der Erklärende über die Person desjenigen, welchem gegenüber die Erklärung abzugeben ist, in einer nicht auf Fahrlässigkeit beruhenden Unkenntnis oder ist der Aufenthalt dieser Person unbekannt, so kann die Zustellung nach den für die öffentliche Zustellung geltenden Vorschriften der Zivilprozessordnung erfolgen. Zuständig für die Bewilligung ist im ersteren Falle das Amtsgericht, in dessen Bezirk der Erklärende seinen Wohnsitz oder in Ermangelung eines inländischen Wohnsitzes seinen Aufenthalt hat, im letzteren Falle das Amtsgericht, in dessen Bezirk die Person, welcher zuzustellen ist, den letzten Wohnsitz oder in Ermangelung eines inländischen Wohnsitzes den letzten Aufenthalt hatte.

§ 133 Auslegung einer Willenserklärung
Bei der Auslegung einer Willenserklärung ist der wirkliche Wille zu erforschen und nicht an dem buchstäblichen Sinne des Ausdrucks zu haften.

§ 134 Gesetzliches Verbot
Ein Rechtsgeschäft, das gegen ein gesetzliches Verbot verstößt, ist nichtig, wenn sich nicht aus dem Gesetz ein anderes ergibt.

§ 135 Gesetzliches Veräußerungsverbot
(1) Verstößt die Verfügung über einen Gegenstand gegen ein gesetzliches Veräußerungsverbot, das nur den Schutz bestimmter Personen bezweckt, so ist sie nur diesen Personen gegenüber unwirksam. Der rechtsgeschäftlichen Verfügung steht eine Verfügung gleich, die im Wege der Zwangsvollstreckung oder der Arrestvollziehung erfolgt.
(2) Die Vorschriften zugunsten derjenigen, welche Rechte von einem Nichtberechtigten herleiten, finden entsprechende Anwendung.

§ 136 Behördliches Veräußerungsverbot
Ein Veräußerungsverbot, das von einem Gericht oder von einer anderen Behörde innerhalb ihrer Zuständigkeit erlassen wird, steht einem gesetzlichen Veräußerungsverbot der im § 135 bezeichneten Art gleich.

§ 137 Rechtsgeschäftliches Verfügungsverbot
Die Befugnis zur Verfügung über ein veräußerliches Recht kann nicht durch Rechtsgeschäft ausgeschlossen oder beschränkt werden. Die Wirksamkeit einer Verpflichtung, über ein solches Recht nicht zu verfügen, wird durch diese Vorschrift nicht berührt.

§ 138 Sittenwidriges Rechtsgeschäft; Wucher
(1) Ein Rechtsgeschäft, das gegen die guten Sitten verstößt, ist nichtig.
(2) Nichtig ist insbesondere ein Rechtsgeschäft, durch das jemand unter Ausbeutung der Zwangslage, der Unerfahrenheit, des Mangels an Urteilsvermögen oder der erheblichen Willensschwäche eines anderen sich oder einem Dritten für eine Leistung Vermögensvorteile versprechen oder gewähren lässt, die in einem auffälligen Missverhältnis zu der Leistung stehen.

§ 139 Teilnichtigkeit
Ist ein Teil eines Rechtsgeschäfts nichtig, so ist das ganze Rechtsgeschäft nichtig, wenn nicht anzunehmen ist, dass es auch ohne den nichtigen Teil vorgenommen sein würde.

§ 140 Umdeutung
Entspricht ein nichtiges Rechtsgeschäft den Erfordernissen eines anderen Rechtsgeschäfts, so gilt das letztere, wenn anzunehmen ist, dass dessen Geltung bei Kenntnis der Nichtigkeit gewollt sein würde.

§ 141 Bestätigung des nichtigen Rechtsgeschäfts
(1) Wird ein nichtiges Rechtsgeschäft von demjenigen, welcher es vorgenommen hat, bestätigt, so ist die Bestätigung als erneute Vornahme zu beurteilen.
(2) Wird ein nichtiger Vertrag von den Parteien bestätigt, so sind diese im Zweifel verpflichtet, einander zu gewähren, was sie haben würden, wenn der Vertrag von Anfang an gültig gewesen wäre.

§ 142 Wirkung der Anfechtung
(1) Wird ein anfechtbares Rechtsgeschäft angefochten, so ist es als von Anfang an nichtig anzusehen.
(2) Wer die Anfechtbarkeit kannte oder kennen musste, wird, wenn die Anfechtung erfolgt, so behandelt, wie wenn er die Nichtigkeit des Rechtsgeschäfts gekannt hätte oder hätte kennen müssen.

§ 143 Anfechtungserklärung
(1) Die Anfechtung erfolgt durch Erklärung gegenüber dem Anfechtungsgegner.
(2) Anfechtungsgegner ist bei einem Vertrag der andere Teil, im Falle des § 123 Abs. 2 Satz 2 derjenige, welcher aus dem Vertrag unmittelbar ein Recht erworben hat.
(3) Bei einem einseitigen Rechtsgeschäft, das einem anderen gegenüber vorzunehmen war, ist der andere der Anfechtungsgegner. Das Gleiche gilt bei einem Rechtsgeschäft, das einem anderen oder einer Behörde gegenüber vorzunehmen war, auch dann, wenn das Rechtsgeschäft der Behörde gegenüber vorgenommen worden ist.
(4) Bei einem einseitigen Rechtsgeschäft anderer Art ist Anfechtungsgegner jeder, der auf Grund des Rechtsgeschäfts unmittelbar einen rechtlichen Vorteil erlangt hat. Die Anfechtung kann jedoch, wenn die Willenserklärung einer Behörde gegenüber abzugeben war, durch Erklärung gegenüber der Behörde erfolgen; die Behörde soll die Anfechtung demjenigen mitteilen, welcher durch das Rechtsgeschäft unmittelbar betroffen worden ist.

§ 144 Bestätigung des anfechtbaren Rechtsgeschäfts
(1) Die Anfechtung ist ausgeschlossen, wenn das anfechtbare Rechtsgeschäft von dem Anfechtungsberechtigten bestätigt wird.
(2) Die Bestätigung bedarf nicht der für das Rechtsgeschäft bestimmten Form.

Titel 3
Vertrag

§ 145 Bindung an den Antrag
Wer einem anderen die Schließung eines Vertrags anträgt, ist an den Antrag gebunden, es sei denn, dass er die Gebundenheit ausgeschlossen hat.

§ 146 Erlöschen des Antrags
Der Antrag erlischt, wenn er dem Antragenden gegenüber abgelehnt oder wenn er nicht diesem gegenüber nach den §§ 147 bis 149 rechtzeitig angenommen wird.

§ 147 Annahmefrist
(1) Der einem Anwesenden gemachte Antrag kann nur sofort angenommen werden. Dies gilt auch von einem mittels Fernsprechers oder einer sonstigen technischen Einrichtung von Person zu Person gemachten Antrag.

(2) Der einem Abwesenden gemachte Antrag kann nur bis zu dem Zeitpunkt angenommen werden, in welchem der Antragende den Eingang der Antwort unter regelmäßigen Umständen erwarten darf.

§ 148 Bestimmung einer Annahmefrist
Hat der Antragende für die Annahme des Antrags eine Frist bestimmt, so kann die Annahme nur innerhalb der Frist erfolgen.

§ 149 Verspätet zugegangene Annahmeerklärung
Ist eine dem Antragenden verspätet zugegangene Annahmeerklärung dergestalt abgesendet worden, dass sie bei regelmäßiger Beförderung ihm rechtzeitig zugegangen sein würde, und musste der Antragende dies erkennen, so hat er die Verspätung dem Annehmenden unverzüglich nach dem Empfang der Erklärung anzuzeigen, sofern es nicht schon vorher geschehen ist. Verzögert er die Absendung der Anzeige, so gilt die Annahme als nicht verspätet.

§ 150 Verspätete und abändernde Annahme
(1) Die verspätete Annahme eines Antrags gilt als neuer Antrag.
(2) Eine Annahme unter Erweiterungen, Einschränkungen oder sonstigen Änderungen gilt als Ablehnung verbunden mit einem neuen Antrag.

§ 151 Annahme ohne Erklärung gegenüber dem Antragenden
Der Vertrag kommt durch die Annahme des Antrags zustande, ohne dass die Annahme dem Antragenden gegenüber erklärt zu werden braucht, wenn eine solche Erklärung nach der Verkehrssitte nicht zu erwarten ist oder der Antragende auf sie verzichtet hat. Der Zeitpunkt, in welchem der Antrag erlischt, bestimmt sich nach dem aus dem Antrag oder den Umständen zu entnehmenden Willen des Antragenden.

§ 152 Annahme bei notarieller Beurkundung
Wird ein Vertrag notariell beurkundet, ohne dass beide Teile gleichzeitig anwesend sind, so kommt der Vertrag mit der nach § 128 erfolgten Beurkundung der Annahme zustande, wenn nicht ein anderes bestimmt ist. Die Vorschrift des § 151 Satz 2 findet Anwendung.

§ 153 Tod oder Geschäftsunfähigkeit des Antragenden
Das Zustandekommen des Vertrags wird nicht dadurch gehindert, dass der Antragende vor der Annahme stirbt oder geschäftsunfähig wird, es sei denn, dass ein anderer Wille des Antragenden anzunehmen ist.

§ 154 Offener Einigungsmangel; fehlende Beurkundung
(1) Solange nicht die Parteien sich über alle Punkte eines Vertrags geeinigt haben, über die nach der Erklärung auch nur einer Partei eine Vereinbarung getroffen werden soll, ist im Zweifel der Vertrag nicht geschlossen. Die Verständigung über einzelne Punkte ist auch dann nicht bindend, wenn eine Aufzeichnung stattgefunden hat.
(2) Ist eine Beurkundung des beabsichtigten Vertrags verabredet worden, so ist im Zweifel der Vertrag nicht geschlossen, bis die Beurkundung erfolgt ist.

§ 155 Versteckter Einigungsmangel
Haben sich die Parteien bei einem Vertrag, den sie als geschlossen ansehen, über einen Punkt, über den eine Vereinbarung getroffen werden sollte, in Wirklichkeit nicht geeinigt, so gilt das Vereinbarte, sofern anzunehmen ist, dass der Vertrag auch ohne eine Bestimmung über diesen Punkt geschlossen sein würde.

§ 156 Vertragsschluss bei Versteigerung
Bei einer Versteigerung kommt der Vertrag erst durch den Zuschlag zustande. Ein Gebot erlischt, wenn ein Übergebot abgegeben oder die Versteigerung ohne Erteilung des Zuschlags geschlossen wird.

§ 157 Auslegung von Verträgen
Verträge sind so auszulegen, wie Treu und Glauben mit Rücksicht auf die Verkehrssitte es erfordern.

Titel 4
Bedingung und Zeitbestimmung

§ 158 Aufschiebende und auflösende Bedingung
(1) Wird ein Rechtsgeschäft unter einer aufschiebenden Bedingung vorgenommen, so tritt die von der Bedingung abhängig gemachte Wirkung mit dem Eintritt der Bedingung ein.
(2) Wird ein Rechtsgeschäft unter einer auflösenden Bedingung vorgenommen, so endigt mit dem Eintritt der Bedingung die Wirkung des Rechtsgeschäfts; mit diesem Zeitpunkt tritt der frühere Rechtszustand wieder ein.

§ 159 Rückbeziehung
Sollen nach dem Inhalt des Rechtsgeschäfts die an den Eintritt der Bedingung geknüpften Folgen auf einen früheren Zeitpunkt zurückbezogen werden, so sind im Falle des Eintritts der Bedingung die Beteiligten verpflichtet, einander zu gewähren, was sie haben würden, wenn die Folgen in dem früheren Zeitpunkt eingetreten wären.

§ 160 Haftung während der Schwebezeit

(1) Wer unter einer aufschiebenden Bedingung berechtigt ist, kann im Falle des Eintritts der Bedingung Schadensersatz von dem anderen Teil verlangen, wenn dieser während der Schwebezeit das von der Bedingung abhängige Recht durch sein Verschulden vereitelt oder beeinträchtigt.
(2) Den gleichen Anspruch hat unter denselben Voraussetzungen bei einem unter einer auflösenden Bedingung vorgenommenen Rechtsgeschäft derjenige, zu dessen Gunsten der frühere Rechtszustand wieder eintritt.

§ 161 Unwirksamkeit von Verfügungen während der Schwebezeit

(1) Hat jemand unter einer aufschiebenden Bedingung über einen Gegenstand verfügt, so ist jede weitere Verfügung, die er während der Schwebezeit über den Gegenstand trifft, im Falle des Eintritts der Bedingung insoweit unwirksam, als sie die von der Bedingung abhängige Wirkung vereiteln oder beeinträchtigen würde. Einer solchen Verfügung steht eine Verfügung gleich, die während der Schwebezeit im Wege der Zwangsvollstreckung oder der Arrestvollziehung oder durch den Insolvenzverwalter erfolgt.
(2) Dasselbe gilt bei einer auflösenden Bedingung von den Verfügungen desjenigen, dessen Recht mit dem Eintritt der Bedingung endigt.
(3) Die Vorschriften zugunsten derjenigen, welche Rechte von einem Nichtberechtigten herleiten, finden entsprechende Anwendung.

§ 162 Verhinderung oder Herbeiführung des Bedingungseintritts

(1) Wird der Eintritt der Bedingung von der Partei, zu deren Nachteil er gereichen würde, wider Treu und Glauben verhindert, so gilt die Bedingung als eingetreten.
(2) Wird der Eintritt der Bedingung von der Partei, zu deren Vorteil er gereicht, wider Treu und Glauben herbeigeführt, so gilt der Eintritt als nicht erfolgt.

§ 163 Zeitbestimmung

Ist für die Wirkung eines Rechtsgeschäfts bei dessen Vornahme ein Anfangs- oder ein Endtermin bestimmt worden, so finden im ersteren Falle die für die aufschiebende, im letzteren Falle die für die auflösende Bedingung geltenden Vorschriften der §§ 158, 160, 161 entsprechende Anwendung.

Titel 5
Vertretung und Vollmacht

§ 164 Wirkung der Erklärung des Vertreters

(1) Eine Willenserklärung, die jemand innerhalb der ihm zustehenden Vertretungsmacht im Namen des Vertretenen abgibt, wirkt unmittelbar für und gegen den Vertretenen. Es macht keinen Unterschied, ob die Erklärung ausdrücklich im Namen des Vertretenen erfolgt oder ob die Umstände ergeben, dass sie in dessen Namen erfolgen soll.
(2) Tritt der Wille, in fremdem Namen zu handeln, nicht erkennbar hervor, so kommt der Mangel des Willens, im eigenen Namen zu handeln, nicht in Betracht.
(3) Die Vorschriften des Absatzes 1 finden entsprechende Anwendung, wenn eine gegenüber einem anderen abzugebende Willenserklärung dessen Vertreter gegenüber erfolgt.

§ 165 Beschränkt geschäftsfähiger Vertreter

Die Wirksamkeit einer von oder gegenüber einem Vertreter abgegebenen Willenserklärung wird nicht dadurch beeinträchtigt, dass der Vertreter in der Geschäftsfähigkeit beschränkt ist.

§ 166 Willensmängel; Wissenszurechnung

(1) Soweit die rechtlichen Folgen einer Willenserklärung durch Willensmängel oder durch die Kenntnis oder das Kennenmüssen gewisser Umstände beeinflusst werden, kommt nicht die Person des Vertretenen, sondern die des Vertreters in Betracht.
(2) Hat im Falle einer durch Rechtsgeschäft erteilten Vertretungsmacht (Vollmacht) der Vertreter nach bestimmten Weisungen des Vollmachtgebers gehandelt, so kann sich dieser in Ansehung solcher Umstände, die er selbst kannte, nicht auf die Unkenntnis des Vertreters berufen. Dasselbe gilt von Umständen, die der Vollmachtgeber kennen musste, sofern das Kennenmüssen der Kenntnis gleichsteht.

§ 167 Erteilung der Vollmacht

(1) Die Erteilung der Vollmacht erfolgt durch Erklärung gegenüber dem zu Bevollmächtigenden oder dem Dritten, dem gegenüber die Vertretung stattfinden soll.
(2) Die Erklärung bedarf nicht der Form, welche für das Rechtsgeschäft bestimmt ist, auf das sich die Vollmacht bezieht.

§ 168 Erlöschen der Vollmacht
Das Erlöschen der Vollmacht bestimmt sich nach dem ihrer Erteilung zugrunde liegenden Rechtsverhältnis. Die Vollmacht ist auch bei dem Fortbestehen des Rechtsverhältnisses widerruflich, sofern sich nicht aus diesem ein anderes ergibt. Auf die Erklärung des Widerrufs findet die Vorschrift des § 167 Abs. 1 entsprechende Anwendung.

§ 169 Vollmacht des Beauftragten und des geschäftsführenden Gesellschafters
Soweit nach den §§ 674, 729 die erloschene Vollmacht eines Beauftragten oder eines geschäftsführenden Gesellschafters als fortbestehend gilt, wirkt sie nicht zugunsten eines Dritten, der bei der Vornahme eines Rechtsgeschäfts das Erlöschen kennt oder kennen muss.

§ 170 Wirkungsdauer der Vollmacht
Wird die Vollmacht durch Erklärung gegenüber einem Dritten erteilt, so bleibt sie diesem gegenüber in Kraft, bis ihm das Erlöschen von dem Vollmachtgeber angezeigt wird.

§ 171 Wirkungsdauer bei Kundgebung
(1) Hat jemand durch besondere Mitteilung an einen Dritten oder durch öffentliche Bekanntmachung kundgegeben, dass er einen anderen bevollmächtigt habe, so ist dieser auf Grund der Kundgebung im ersteren Falle dem Dritten gegenüber, im letzteren Falle jedem Dritten gegenüber zur Vertretung befugt.
(2) Die Vertretungsmacht bleibt bestehen, bis die Kundgebung in derselben Weise, wie sie erfolgt ist, widerrufen wird.

§ 172 Vollmachtsurkunde
(1) Der besonderen Mitteilung einer Bevollmächtigung durch den Vollmachtgeber steht es gleich, wenn dieser dem Vertreter eine Vollmachtsurkunde ausgehändigt hat und der Vertreter sie dem Dritten vorlegt.
(2) Die Vertretungsmacht bleibt bestehen, bis die Vollmachtsurkunde dem Vollmachtgeber zurückgegeben oder für kraftlos erklärt wird.

§ 173 Wirkungsdauer bei Kenntnis und fahrlässiger Unkenntnis
Die Vorschriften des § 170, des § 171 Abs. 2 und des § 172 Abs. 2 finden keine Anwendung, wenn der Dritte das Erlöschen der Vertretungsmacht bei der Vornahme des Rechtsgeschäfts kennt oder kennen muss.

§ 174 Einseitiges Rechtsgeschäft eines Bevollmächtigten
Ein einseitiges Rechtsgeschäft, das ein Bevollmächtigter einem anderen gegenüber vornimmt, ist unwirksam, wenn der Bevollmächtigte eine Vollmachtsurkunde nicht vorlegt und der andere das Rechtsgeschäft aus diesem Grunde unverzüglich zurückweist. Die Zurückweisung ist ausgeschlossen, wenn der Vollmachtgeber den anderen von der Bevollmächtigung in Kenntnis gesetzt hatte.

§ 175 Rückgabe der Vollmachtsurkunde
Nach dem Erlöschen der Vollmacht hat der Bevollmächtigte die Vollmachtsurkunde dem Vollmachtgeber zurückzugeben; ein Zurückbehaltungsrecht steht ihm nicht zu.

§ 176 Kraftloserklärung der Vollmachtsurkunde
(1) Der Vollmachtgeber kann die Vollmachtsurkunde durch eine öffentliche Bekanntmachung für kraftlos erklären; die Kraftloserklärung muss nach den für die öffentliche Zustellung einer Ladung geltenden Vorschriften der Zivilprozessordnung veröffentlicht werden. Mit dem Ablauf eines Monats nach der letzten Einrückung in die öffentlichen Blätter wird die Kraftloserklärung wirksam.
(2) Zuständig für die Bewilligung der Veröffentlichung ist sowohl das Amtsgericht, in dessen Bezirk der Vollmachtgeber seinen allgemeinen Gerichtsstand hat, als das Amtsgericht, welches für die Klage auf Rückgabe der Urkunde, abgesehen von dem Wert des Streitgegenstands, zuständig sein würde.
(3) Die Kraftloserklärung ist unwirksam, wenn der Vollmachtgeber die Vollmacht nicht widerrufen kann.

§ 177 Vertragsschluss durch Vertreter ohne Vertretungsmacht
(1) Schließt jemand ohne Vertretungsmacht im Namen eines anderen einen Vertrag, so hängt die Wirksamkeit des Vertrags für und gegen den Vertretenen von dessen Genehmigung ab.
(2) Fordert der andere Teil den Vertretenen zur Erklärung über die Genehmigung auf, so kann die Erklärung nur ihm gegenüber erfolgen; eine vor der Aufforderung dem Vertreter gegenüber erklärte Genehmigung oder Verweigerung der Genehmigung wird unwirksam. Die Genehmigung kann nur bis zum Ablauf von zwei Wochen nach dem Empfang der Aufforderung erklärt werden; wird sie nicht erklärt, so gilt sie als verweigert.

§ 178 Widerrufsrecht des anderen Teils
Bis zur Genehmigung des Vertrags ist der andere Teil zum Widerruf berechtigt, es sei denn, dass er den Mangel der Vertretungsmacht bei dem Abschluss des Vertrags gekannt hat. Der Widerruf kann auch dem Vertreter gegenüber erklärt werden.

§ 179 Haftung des Vertreters ohne Vertretungsmacht

(1) Wer als Vertreter einen Vertrag geschlossen hat, ist, sofern er nicht seine Vertretungsmacht nachweist, dem anderen Teil nach dessen Wahl zur Erfüllung oder zum Schadensersatz verpflichtet, wenn der Vertretene die Genehmigung des Vertrags verweigert.

(2) Hat der Vertreter den Mangel der Vertretungsmacht nicht gekannt, so ist er nur zum Ersatz desjenigen Schadens verpflichtet, welchen der andere Teil dadurch erleidet, dass er auf die Vertretungsmacht vertraut, jedoch nicht über den Betrag des Interesses hinaus, welches der andere Teil an der Wirksamkeit des Vertrags hat.

(3) Der Vertreter haftet nicht, wenn der andere Teil den Mangel der Vertretungsmacht kannte oder kennen musste. Der Vertreter haftet auch dann nicht, wenn er in der Geschäftsfähigkeit beschränkt war, es sei denn, dass er mit Zustimmung seines gesetzlichen Vertreters gehandelt hat.

§ 180 Einseitiges Rechtsgeschäft

Bei einem einseitigen Rechtsgeschäft ist Vertretung ohne Vertretungsmacht unzulässig. Hat jedoch derjenige, welchem gegenüber ein solches Rechtsgeschäft vorzunehmen war, die von dem Vertreter behauptete Vertretungsmacht bei der Vornahme des Rechtsgeschäfts nicht beanstandet oder ist er damit einverstanden gewesen, dass der Vertreter ohne Vertretungsmacht handele, so finden die Vorschriften über Verträge entsprechende Anwendung. Das Gleiche gilt, wenn ein einseitiges Rechtsgeschäft gegenüber einem Vertreter ohne Vertretungsmacht mit dessen Einverständnis vorgenommen wird.

§ 181 Insichgeschäft

Ein Vertreter kann, soweit nicht ein anderes ihm gestattet ist, im Namen des Vertretenen mit sich im eigenen Namen oder als Vertreter eines Dritten ein Rechtsgeschäft nicht vornehmen, es sei denn, dass das Rechtsgeschäft ausschließlich in der Erfüllung einer Verbindlichkeit besteht.

Titel 6
Einwilligung und Genehmigung

§ 182 Zustimmung

(1) Hängt die Wirksamkeit eines Vertrags oder eines einseitigen Rechtsgeschäfts, das einem anderen gegenüber vorzunehmen ist, von der Zustimmung eines Dritten ab, so kann die Erteilung sowie die Verweigerung der Zustimmung sowohl dem einen als dem anderen Teil gegenüber erklärt werden.

(2) Die Zustimmung bedarf nicht der für das Rechtsgeschäft bestimmten Form.

(3) Wird ein einseitiges Rechtsgeschäft, dessen Wirksamkeit von der Zustimmung eines Dritten abhängt, mit Einwilligung des Dritten vorgenommen, so finden die Vorschriften des § 111 Satz 2, 3 entsprechende Anwendung.

§ 183 Widerruflichkeit der Einwilligung

Die vorherige Zustimmung (Einwilligung) ist bis zur Vornahme des Rechtsgeschäfts widerruflich, soweit nicht aus dem ihrer Erteilung zugrunde liegenden Rechtsverhältnis sich ein anderes ergibt. Der Widerruf kann sowohl dem einen als dem anderen Teil gegenüber erklärt werden.

§ 184 Rückwirkung der Genehmigung

(1) Die nachträgliche Zustimmung (Genehmigung) wirkt auf den Zeitpunkt der Vornahme des Rechtsgeschäfts zurück, soweit nicht ein anderes bestimmt ist.

(2) Durch die Rückwirkung werden Verfügungen nicht unwirksam, die vor der Genehmigung über den Gegenstand des Rechtsgeschäfts von dem Genehmigenden getroffen worden oder im Wege der Zwangsvollstreckung oder der Arrestvollziehung oder durch den Insolvenzverwalter erfolgt sind.

§ 185 Verfügung eines Nichtberechtigten

(1) Eine Verfügung, die ein Nichtberechtigter über einen Gegenstand trifft, ist wirksam, wenn sie mit Einwilligung des Berechtigten erfolgt.

(2) Die Verfügung wird wirksam, wenn der Berechtigte sie genehmigt oder wenn der Verfügende den Gegenstand erwirbt oder wenn er von dem Berechtigten beerbt wird und dieser für die Nachlassverbindlichkeiten unbeschränkt haftet. In den beiden letzteren Fällen wird, wenn über den Gegenstand mehrere miteinander nicht in Einklang stehende Verfügungen getroffen worden sind, nur die frühere Verfügung wirksam.

Abschnitt 4
Fristen, Termine

§ 186 Geltungsbereich

Für die in Gesetzen, gerichtlichen Verfügungen und Rechtsgeschäften enthaltenen Frist- und Terminbestimmungen gelten die Auslegungsvorschriften der §§ 187 bis 193.

§ 187 Fristbeginn

(1) Ist für den Anfang einer Frist ein Ereignis oder ein in den Lauf eines Tages fallender Zeitpunkt maßgebend, so wird bei der Berechnung der Frist der Tag nicht mitgerechnet, in welchen das Ereignis oder der Zeitpunkt fällt.
(2) Ist der Beginn eines Tages der für den Anfang einer Frist maßgebende Zeitpunkt, so wird dieser Tag bei der Berechnung der Frist mitgerechnet. Das Gleiche gilt von dem Tage der Geburt bei der Berechnung des Lebensalters.

§ 188 Fristende

(1) Eine nach Tagen bestimmte Frist endigt mit dem Ablauf des letzten Tages der Frist.
(2) Eine Frist, die nach Wochen, nach Monaten oder nach einem mehrere Monate umfassenden Zeitraum – Jahr, halbes Jahr, Vierteljahr – bestimmt ist, endigt im Falle des § 187 Abs. 1 mit dem Ablauf desjenigen Tages der letzten Woche oder des letzten Monats, welcher durch seine Benennung oder seine Zahl dem Tage entspricht, in den das Ereignis oder der Zeitpunkt fällt, im Falle des § 187 Abs. 2 mit dem Ablauf desjenigen Tages der letzten Woche oder des letzten Monats, welcher dem Tage vorhergeht, der durch seine Benennung oder seine Zahl dem Anfangstag der Frist entspricht.
(3) Fehlt bei einer nach Monaten bestimmten Frist in dem letzten Monat der für ihren Ablauf maßgebende Tag, so endigt die Frist mit dem Ablauf des letzten Tages dieses Monats.

§ 189 Berechnung einzelner Fristen

(1) Unter einem halben Jahr wird eine Frist von sechs Monaten, unter einem Vierteljahre eine Frist von drei Monaten, unter einem halben Monat eine Frist von 15 Tagen verstanden.
(2) Ist eine Frist auf einen oder mehrere ganze Monate und einen halben Monat gestellt, so sind die 15 Tage zuletzt zu zählen.

§ 190 Fristverlängerung

Im Falle der Verlängerung einer Frist wird die neue Frist von dem Ablauf der vorigen Frist an berechnet.

§ 191 Berechnung von Zeiträumen

Ist ein Zeitraum nach Monaten oder nach Jahren in dem Sinne bestimmt, dass er nicht zusammenhängend zu verlaufen braucht, so wird der Monat zu 30, das Jahr zu 365 Tagen gerechnet.

§ 192 Anfang, Mitte, Ende des Monats

Unter Anfang des Monats wird der erste, unter Mitte des Monats der 15., unter Ende des Monats der letzte Tag des Monats verstanden.

§ 193 Sonn- und Feiertag; Sonnabend

Ist an einem bestimmten Tage oder innerhalb einer Frist eine Willenserklärung abzugeben oder eine Leistung zu bewirken und fällt der bestimmte Tag oder der letzte Tag der Frist auf einen Sonntag, einen am Erklärungs- oder Leistungsort staatlich anerkannten allgemeinen Feiertag oder einen Sonnabend, so tritt an die Stelle eines solchen Tages der nächste Werktag.

Abschnitt 5
Verjährung
Titel 1
Gegenstand und Dauer der Verjährung

§ 194 Gegenstand der Verjährung

(1) Das Recht, von einem anderen ein Tun oder Unterlassen zu verlangen (Anspruch), unterliegt der Verjährung.
(2) Ansprüche aus einem familienrechtlichen Verhältnis unterliegen der Verjährung nicht, soweit sie auf die Herstellung des dem Verhältnis entsprechenden Zustands für die Zukunft oder auf die Einwilligung in eine genetische Untersuchung zur Klärung der leiblichen Abstammung gerichtet sind.

§ 195 Regelmäßige Verjährungsfrist

Die regelmäßige Verjährungsfrist beträgt drei Jahre.

§ 196 Verjährungsfrist bei Rechten an einem Grundstück

Ansprüche auf Übertragung des Eigentums an einem Grundstück sowie auf Begründung, Übertragung oder Aufhebung eines Rechts an einem Grundstück oder auf Änderung des Inhalts eines solchen Rechts sowie die Ansprüche auf die Gegenleistung verjähren in zehn Jahren.

§ 197 Dreißigjährige Verjährungsfrist

(1) In 30 Jahren verjähren, soweit nicht ein anderes bestimmt ist,
1. Schadensersatzansprüche, die auf der vorsätzlichen Verletzung des Lebens, des Körpers, der Gesundheit, der Freiheit oder der sexuellen Selbstbestimmung beruhen,

2. Herausgabeansprüche aus Eigentum, anderen dinglichen Rechten, den §§ 2018, 2130 und 2362 sowie die Ansprüche, die der Geltendmachung der Herausgabeansprüche dienen,
3. rechtskräftig festgestellte Ansprüche,
4. Ansprüche aus vollstreckbaren Vergleichen oder vollstreckbaren Urkunden,
5. Ansprüche, die durch die im Insolvenzverfahren erfolgte Feststellung vollstreckbar geworden sind, und
6. Ansprüche auf Erstattung der Kosten der Zwangsvollstreckung.
(2) Soweit Ansprüche nach Absatz 1 Nr. 3 bis 5 künftig fällig werdende regelmäßig wiederkehrende Leistungen zum Inhalt haben, tritt an die Stelle der Verjährungsfrist von 30 Jahren die regelmäßige Verjährungsfrist.

§ 198 Verjährung bei Rechtsnachfolge
Gelangt eine Sache, hinsichtlich derer ein dinglicher Anspruch besteht, durch Rechtsnachfolge in den Besitz eines Dritten, so kommt die während des Besitzes des Rechtsvorgängers verstrichene Verjährungszeit dem Rechtsnachfolger zugute.

§ 199 Beginn der regelmäßigen Verjährungsfrist und Verjährungshöchstfristen
(1) Die regelmäßige Verjährungsfrist beginnt, soweit nicht ein anderer Verjährungsbeginn bestimmt ist, mit dem Schluss des Jahres, in dem
1. der Anspruch entstanden ist und
2. der Gläubiger von den den Anspruch begründenden Umständen und der Person des Schuldners Kenntnis erlangt oder ohne grobe Fahrlässigkeit erlangen müsste.

(2) Schadensersatzansprüche, die auf der Verletzung des Lebens, des Körpers, der Gesundheit oder der Freiheit beruhen, verjähren ohne Rücksicht auf ihre Entstehung und die Kenntnis oder grob fahrlässige Unkenntnis in 30 Jahren von der Begehung der Handlung, der Pflichtverletzung oder dem sonstigen, den Schaden auslösenden Ereignis an.
(3) Sonstige Schadensersatzansprüche verjähren
1. ohne Rücksicht auf die Kenntnis oder grob fahrlässige Unkenntnis in zehn Jahren von ihrer Entstehung an und
2. ohne Rücksicht auf ihre Entstehung und die Kenntnis oder grob fahrlässige Unkenntnis in 30 Jahren von der Begehung der Handlung, der Pflichtverletzung oder dem sonstigen, den Schaden auslösenden Ereignis an.

Maßgeblich ist die früher endende Frist.
(3a) Ansprüche, die auf einem Erbfall beruhen oder deren Geltendmachung die Kenntnis einer Verfügung von Todes wegen voraussetzt, verjähren ohne Rücksicht auf die Kenntnis oder grob fahrlässige Unkenntnis in 30 Jahren von der Entstehung des Anspruchs an.
(4) Andere Ansprüche als die nach den Absätzen 2 bis 3a verjähren ohne Rücksicht auf die Kenntnis oder grob fahrlässige Unkenntnis in zehn Jahren von ihrer Entstehung an.
(5) Geht der Anspruch auf ein Unterlassen, so tritt an die Stelle der Entstehung die Zuwiderhandlung.

§ 200 Beginn anderer Verjährungsfristen
Die Verjährungsfrist von Ansprüchen, die nicht der regelmäßigen Verjährungsfrist unterliegen, beginnt mit der Entstehung des Anspruchs, soweit nicht ein anderer Verjährungsbeginn bestimmt ist. § 199 Abs. 5 findet entsprechende Anwendung.

§ 201 Beginn der Verjährungsfrist von festgestellten Ansprüchen
Die Verjährung von Ansprüchen der in § 197 Abs. 1 Nr. 3 bis 6 bezeichneten Art beginnt mit der Rechtskraft der Entscheidung, der Errichtung des vollstreckbaren Titels oder der Feststellung im Insolvenzverfahren, nicht jedoch vor der Entstehung des Anspruchs. § 199 Abs. 5 findet entsprechende Anwendung.

§ 202 Unzulässigkeit von Vereinbarungen über die Verjährung
(1) Die Verjährung kann bei Haftung wegen Vorsatzes nicht im Voraus durch Rechtsgeschäft erleichtert werden.
(2) Die Verjährung kann durch Rechtsgeschäft nicht über eine Verjährungsfrist von 30 Jahren ab dem gesetzlichen Verjährungsbeginn hinaus erschwert werden.

Titel 2
Hemmung, Ablaufhemmung und Neubeginn der Verjährung

§ 203 Hemmung der Verjährung bei Verhandlungen
Schweben zwischen dem Schuldner und dem Gläubiger Verhandlungen über den Anspruch oder die den Anspruch begründenden Umstände, so ist die Verjährung gehemmt, bis der eine oder der andere Teil die Fortsetzung der Verhandlungen verweigert. Die Verjährung tritt frühestens drei Monate nach dem Ende der Hemmung ein.

§ 204 Hemmung der Verjährung durch Rechtsverfolgung
(1) Die Verjährung wird gehemmt durch

1. die Erhebung der Klage auf Leistung oder auf Feststellung des Anspruchs, auf Erteilung der Vollstreckungsklausel oder auf Erlass des Vollstreckungsurteils,
1a. die Erhebung einer Musterfeststellungsklage für einen Anspruch, den ein Gläubiger zu dem zu der Klage geführten Klageregister wirksam angemeldet hat, wenn dem angemeldeten Anspruch derselbe Lebenssachverhalt zugrunde liegt wie den Feststellungszielen der Musterfeststellungsklage,
2. die Zustellung des Antrags im vereinfachten Verfahren über den Unterhalt Minderjähriger,
3. die Zustellung des Mahnbescheids im Mahnverfahren oder des Europäischen Zahlungsbefehls im Europäischen Mahnverfahren nach der Verordnung (EG) Nr. 1896/2006 des Europäischen Parlaments und des Rates vom 12. Dezember 2006 zur Einführung eines Europäischen Mahnverfahrens (ABl. EU Nr. L 399 S. 1),
4. die Veranlassung der Bekanntgabe eines Antrags, mit dem der Anspruch geltend gemacht wird, bei einer
   a) staatlichen oder staatlich anerkannten Streitbeilegungsstelle oder
   b) anderen Streitbeilegungsstelle, wenn das Verfahren im Einvernehmen mit dem Antragsgegner betrieben wird;
   die Verjährung wird schon durch den Eingang des Antrags bei der Streitbeilegungsstelle gehemmt, wenn der Antrag demnächst bekannt gegeben wird,
5. die Geltendmachung der Aufrechnung des Anspruchs im Prozess,
6. die Zustellung der Streitverkündung,
6a. die Zustellung der Anmeldung zu einem Musterverfahren für darin bezeichnete Ansprüche, soweit diesen der gleiche Lebenssachverhalt zugrunde liegt wie den Feststellungszielen des Musterverfahrens und wenn innerhalb von drei Monaten nach dem rechtskräftigen Ende des Musterverfahrens die Klage auf Leistungen oder Feststellung der in der Anmeldung bezeichneten Ansprüche erhoben wird,
7. die Zustellung des Antrags auf Durchführung eines selbständigen Beweisverfahrens,
8. den Beginn eines vereinbarten Begutachtungsverfahrens,
9. die Zustellung des Antrags auf Erlass eines Arrests, einer einstweiligen Verfügung oder einer einstweiligen Anordnung, oder, wenn der Antrag nicht zugestellt wird, dessen Einreichung, wenn der Arrestbefehl, die einstweilige Verfügung oder die einstweilige Anordnung innerhalb eines Monats seit Verkündung oder Zustellung an den Gläubiger dem Schuldner zugestellt wird,
10. die Anmeldung des Anspruchs im Insolvenzverfahren oder im Schifffahrtsrechtlichen Verteilungsverfahren,
10a. die Anordnung einer Vollstreckungssperre nach dem Unternehmensstabilisierungs- und -restrukturierungsgesetz, durch die der Gläubiger an der Einleitung der Zwangsvollstreckung wegen des Anspruchs gehindert ist,
11. den Beginn des schiedsrichterlichen Verfahrens,
12. die Einreichung des Antrags bei einer Behörde, wenn die Zulässigkeit der Klage von der Vorentscheidung dieser Behörde abhängt und innerhalb von drei Monaten nach Erledigung des Gesuchs die Klage erhoben wird; dies gilt entsprechend für bei einem Gericht oder bei einer in Nummer 4 bezeichneten Streitbeilegungsstelle zu stellende Anträge, deren Zulässigkeit von der Vorentscheidung einer Behörde abhängt,
13. die Einreichung des Antrags bei dem höheren Gericht, wenn dieses das zuständige Gericht zu bestimmen hat und innerhalb von drei Monaten nach Erledigung des Gesuchs die Klage erhoben oder der Antrag, für den die Gerichtsstandsbestimmung zu erfolgen hat, gestellt wird, und
14. die Veranlassung der Bekanntgabe des erstmaligen Antrags auf Gewährung von Prozesskostenhilfe oder Verfahrenskostenhilfe; wird die Bekanntgabe demnächst nach der Einreichung des Antrags veranlasst, so tritt die Hemmung der Verjährung bereits mit der Einreichung ein.

(2) Die Hemmung nach Absatz 1 endet sechs Monate nach der rechtskräftigen Entscheidung oder anderweitigen Beendigung des eingeleiteten Verfahrens. Die Hemmung nach Absatz 1 Nummer 1a endet auch sechs Monate nach der Rücknahme der Anmeldung zum Klageregister. Gerät das Verfahren dadurch in Stillstand, dass die Parteien es nicht betreiben, so tritt an die Stelle der Beendigung des Verfahrens die letzte Verfahrenshandlung der Parteien, des Gerichts oder der sonst mit dem Verfahren befassten Stelle. Die Hemmung beginnt erneut, wenn eine der Parteien das Verfahren weiter betreibt.

(3) Auf die Frist nach Absatz 1 Nr. 6a, 9, 12 und 13 finden die §§ 206, 210 und 211 entsprechende Anwendung.

§ 205 Hemmung der Verjährung bei Leistungsverweigerungsrecht
Die Verjährung ist gehemmt, solange der Schuldner auf Grund einer Vereinbarung mit dem Gläubiger vorübergehend zur Verweigerung der Leistung berechtigt ist.

§ 206 Hemmung der Verjährung bei höherer Gewalt
Die Verjährung ist gehemmt, solange der Gläubiger innerhalb der letzten sechs Monate der Verjährungsfrist durch höhere Gewalt an der Rechtsverfolgung gehindert ist.

§ 207 Hemmung der Verjährung aus familiären und ähnlichen Gründen

(1) Die Verjährung von Ansprüchen zwischen Ehegatten ist gehemmt, solange die Ehe besteht. Das Gleiche gilt für Ansprüche zwischen
1. Lebenspartnern, solange die Lebenspartnerschaft besteht,
2. dem Kind und
   a) seinen Eltern oder
   b) dem Ehegatten oder Lebenspartner eines Elternteils
   bis zur Vollendung des 21. Lebensjahres des Kindes,
3. dem Vormund und dem Mündel während der Dauer des Vormundschaftsverhältnisses,
4. dem Betreuten und dem Betreuer während der Dauer des Betreuungsverhältnisses und
5. dem Pflegling und dem Pfleger während der Dauer der Pflegschaft.

Die Verjährung von Ansprüchen des Kindes gegen den Beistand ist während der Dauer der Beistandschaft gehemmt.

(2) § 208 bleibt unberührt.

§ 208 Hemmung der Verjährung bei Ansprüchen wegen Verletzung der sexuellen Selbstbestimmung

Die Verjährung von Ansprüchen wegen Verletzung der sexuellen Selbstbestimmung ist bis zur Vollendung des 21. Lebensjahrs des Gläubigers gehemmt. Lebt der Gläubiger von Ansprüchen wegen Verletzung der sexuellen Selbstbestimmung bei Beginn der Verjährung mit dem Schuldner in häuslicher Gemeinschaft, so ist die Verjährung auch bis zur Beendigung der häuslichen Gemeinschaft gehemmt.

§ 209 Wirkung der Hemmung

Der Zeitraum, während dessen die Verjährung gehemmt ist, wird in die Verjährungsfrist nicht eingerechnet.

§ 210 Ablaufhemmung bei nicht voll Geschäftsfähigen

(1) Ist eine geschäftsunfähige oder in der Geschäftsfähigkeit beschränkte Person ohne gesetzlichen Vertreter, so tritt eine für oder gegen sie laufende Verjährung nicht vor dem Ablauf von sechs Monaten nach dem Zeitpunkt ein, in dem die Person unbeschränkt geschäftsfähig oder der Mangel der Vertretung behoben wird. Ist die Verjährungsfrist kürzer als sechs Monate, so tritt der für die Verjährung bestimmte Zeitraum an die Stelle der sechs Monate.

(2) Absatz 1 findet keine Anwendung, soweit eine in der Geschäftsfähigkeit beschränkte Person prozessfähig ist.

§ 211 Ablaufhemmung in Nachlassfällen

Die Verjährung eines Anspruchs, der zu einem Nachlass gehört oder sich gegen einen Nachlass richtet, tritt nicht vor dem Ablauf von sechs Monaten nach dem Zeitpunkt ein, in dem die Erbschaft von dem Erben angenommen oder das Insolvenzverfahren über den Nachlass eröffnet wird oder von dem an der Anspruch von einem oder gegen einen Vertreter geltend gemacht werden kann. Ist die Verjährungsfrist kürzer als sechs Monate, so tritt der für die Verjährung bestimmte Zeitraum an die Stelle der sechs Monate.

§ 212 Neubeginn der Verjährung

(1) Die Verjährung beginnt erneut, wenn
1. der Schuldner dem Gläubiger gegenüber den Anspruch durch Abschlagszahlung, Zinszahlung, Sicherheitsleistung oder in anderer Weise anerkennt oder
2. eine gerichtliche oder behördliche Vollstreckungshandlung vorgenommen oder beantragt wird.

(2) Der erneute Beginn der Verjährung infolge einer Vollstreckungshandlung gilt als nicht eingetreten, wenn die Vollstreckungshandlung auf Antrag des Gläubigers oder wegen Mangels der gesetzlichen Voraussetzungen aufgehoben wird.

(3) Der erneute Beginn der Verjährung durch den Antrag auf Vornahme einer Vollstreckungshandlung gilt als nicht eingetreten, wenn dem Antrag nicht stattgegeben oder der Antrag vor der Vollstreckungshandlung zurückgenommen oder die erwirkte Vollstreckungshandlung nach Absatz 2 aufgehoben wird.

§ 213 Hemmung, Ablaufhemmung und erneuter Beginn der Verjährung bei anderen Ansprüchen

Die Hemmung, die Ablaufhemmung und der erneute Beginn der Verjährung gelten auch für Ansprüche, die aus demselben Grunde wahlweise neben dem Anspruch oder an seiner Stelle gegeben sind.

Titel 3
Rechtsfolgen der Verjährung

§ 214 Wirkung der Verjährung

(1) Nach Eintritt der Verjährung ist der Schuldner berechtigt, die Leistung zu verweigern.

(2) Das zur Befriedigung eines verjährten Anspruchs Geleistete kann nicht zurückgefordert werden, auch wenn in Unkenntnis der Verjährung geleistet worden ist. Das Gleiche gilt von einem vertragsmäßigen Anerkenntnis sowie einer Sicherheitsleistung des Schuldners.

§ 215 Aufrechnung und Zurückbehaltungsrecht nach Eintritt der Verjährung

Die Verjährung schließt die Aufrechnung und die Geltendmachung eines Zurückbehaltungsrechts nicht aus, wenn der Anspruch in dem Zeitpunkt noch nicht verjährt war, in dem erstmals aufgerechnet oder die Leistung verweigert werden konnte.

§ 216 Wirkung der Verjährung bei gesicherten Ansprüchen

(1) Die Verjährung eines Anspruchs, für den eine Hypothek, eine Schiffshypothek oder ein Pfandrecht besteht, hindert den Gläubiger nicht, seine Befriedigung aus dem belasteten Gegenstand zu suchen.
(2) Ist zur Sicherung eines Anspruchs ein Recht verschafft worden, so kann die Rückübertragung nicht auf Grund der Verjährung des Anspruchs gefordert werden. Ist das Eigentum vorbehalten, so kann der Rücktritt vom Vertrag auch erfolgen, wenn der gesicherte Anspruch verjährt ist.
(3) Die Absätze 1 und 2 finden keine Anwendung auf die Verjährung von Ansprüchen auf Zinsen und andere wiederkehrende Leistungen.

§ 217 Verjährung von Nebenleistungen

Mit dem Hauptanspruch verjährt der Anspruch auf die von ihm abhängenden Nebenleistungen, auch wenn die für diesen Anspruch geltende besondere Verjährung noch nicht eingetreten ist.

§ 218 Unwirksamkeit des Rücktritts

(1) Der Rücktritt wegen nicht oder nicht vertragsgemäß erbrachter Leistung ist unwirksam, wenn der Anspruch auf die Leistung oder der Nacherfüllungsanspruch verjährt ist und der Schuldner sich hierauf beruft. Dies gilt auch, wenn der Schuldner nach § 275 Absatz 1 bis 3, § 439 Absatz 4 oder § 635 Absatz 3 nicht zu leisten braucht und der Anspruch auf die Leistung oder der Nacherfüllungsanspruch verjährt wäre. § 216 Abs. 2 Satz 2 bleibt unberührt.
(2) § 214 Abs. 2 findet entsprechende Anwendung.

§§ 219 bis 225 (weggefallen)

Abschnitt 6
Ausübung der Rechte, Selbstverteidigung, Selbsthilfe

§ 226 Schikaneverbot

Die Ausübung eines Rechts ist unzulässig, wenn sie nur den Zweck haben kann, einem anderen Schaden zuzufügen.

§ 227 Notwehr

(1) Eine durch Notwehr gebotene Handlung ist nicht widerrechtlich.
(2) Notwehr ist diejenige Verteidigung, welche erforderlich ist, um einen gegenwärtigen rechtswidrigen Angriff von sich oder einem anderen abzuwenden.

§ 228 Notstand

Wer eine fremde Sache beschädigt oder zerstört, um eine durch sie drohende Gefahr von sich oder einem anderen abzuwenden, handelt nicht widerrechtlich, wenn die Beschädigung oder die Zerstörung zur Abwendung der Gefahr erforderlich ist und der Schaden nicht außer Verhältnis zu der Gefahr steht. Hat der Handelnde die Gefahr verschuldet, so ist er zum Schadensersatz verpflichtet.

§ 229 Selbsthilfe

Wer zum Zwecke der Selbsthilfe eine Sache wegnimmt, zerstört oder beschädigt oder wer zum Zwecke der Selbsthilfe einen Verpflichteten, welcher der Flucht verdächtig ist, festnimmt oder den Widerstand des Verpflichteten gegen eine Handlung, die dieser zu dulden verpflichtet ist, beseitigt, handelt nicht widerrechtlich, wenn obrigkeitliche Hilfe nicht rechtzeitig zu erlangen ist und ohne sofortiges Eingreifen die Gefahr besteht, dass die Verwirklichung des Anspruchs vereitelt oder wesentlich erschwert werde.

§ 230 Grenzen der Selbsthilfe

(1) Die Selbsthilfe darf nicht weitergehen, als zur Abwendung der Gefahr erforderlich ist.
(2) Im Falle der Wegnahme von Sachen ist, sofern nicht Zwangsvollstreckung erwirkt wird, der dingliche Arrest zu beantragen.
(3) Im Falle der Festnahme des Verpflichteten ist, sofern er nicht wieder in Freiheit gesetzt wird, der persönliche Sicherheitsarrest bei dem Amtsgericht zu beantragen, in dessen Bezirk die Festnahme erfolgt ist; der Verpflichtete ist unverzüglich dem Gericht vorzuführen.

(4) Wird der Arrestantrag verzögert oder abgelehnt, so hat die Rückgabe der weggenommenen Sachen und die Freilassung des Festgenommenen unverzüglich zu erfolgen.

§ 231 Irrtümliche Selbsthilfe
Wer eine der in § 229 bezeichneten Handlungen in der irrigen Annahme vornimmt, dass die für den Ausschluss der Widerrechtlichkeit erforderlichen Voraussetzungen vorhanden seien, ist dem anderen Teil zum Schadensersatz verpflichtet, auch wenn der Irrtum nicht auf Fahrlässigkeit beruht.

Buch 2
Recht der Schuldverhältnisse

Abschnitt 1
Inhalt der Schuldverhältnisse

Titel 1
Verpflichtung zur Leistung

§ 241 Pflichten aus dem Schuldverhältnis
(1) Kraft des Schuldverhältnisses ist der Gläubiger berechtigt, von dem Schuldner eine Leistung zu fordern. Die Leistung kann auch in einem Unterlassen bestehen.
(2) Das Schuldverhältnis kann nach seinem Inhalt jeden Teil zur Rücksicht auf die Rechte, Rechtsgüter und Interessen des anderen Teils verpflichten.

§ 241a Unbestellte Leistungen
(1) Durch die Lieferung beweglicher Sachen, die nicht auf Grund von Zwangsvollstreckungsmaßnahmen oder anderen gerichtlichen Maßnahmen verkauft werden (Waren), oder durch die Erbringung sonstiger Leistungen durch einen Unternehmer an den Verbraucher wird ein Anspruch gegen den Verbraucher nicht begründet, wenn der Verbraucher die Waren oder sonstigen Leistungen nicht bestellt hat.
(2) Gesetzliche Ansprüche sind nicht ausgeschlossen, wenn die Leistung nicht für den Empfänger bestimmt war oder in der irrigen Vorstellung einer Bestellung erfolgte und der Empfänger dies erkannt hat oder bei Anwendung der im Verkehr erforderlichen Sorgfalt hätte erkennen können.
(3) Von den Regelungen dieser Vorschrift darf nicht zum Nachteil des Verbrauchers abgewichen werden. Die Regelungen finden auch Anwendung, wenn sie durch anderweitige Gestaltungen umgangen werden.

§ 242 Leistung nach Treu und Glauben
Der Schuldner ist verpflichtet, die Leistung so zu bewirken, wie Treu und Glauben mit Rücksicht auf die Verkehrssitte es erfordern.

§ 243 Gattungsschuld
(1) Wer eine nur der Gattung nach bestimmte Sache schuldet, hat eine Sache von mittlerer Art und Güte zu leisten.
(2) Hat der Schuldner das zur Leistung einer solchen Sache seinerseits Erforderliche getan, so beschränkt sich das Schuldverhältnis auf diese Sache.

§ 244 Fremdwährungsschuld
(1) Ist eine in einer anderen Währung als Euro ausgedrückte Geldschuld im Inland zu zahlen, so kann die Zahlung in Euro erfolgen, es sei denn, dass Zahlung in der anderen Währung ausdrücklich vereinbart ist.
(2) Die Umrechnung erfolgt nach dem Kurswert, der zur Zeit der Zahlung für den Zahlungsort maßgebend ist.

§ 245 Geldsortenschuld
Ist eine Geldschuld in einer bestimmten Münzsorte zu zahlen, die sich zur Zeit der Zahlung nicht mehr im Umlauf befindet, so ist die Zahlung so zu leisten, wie wenn die Münzsorte nicht bestimmt wäre.

§ 246 Gesetzlicher Zinssatz
Ist eine Schuld nach Gesetz oder Rechtsgeschäft zu verzinsen, so sind vier vom Hundert für das Jahr zu entrichten, sofern nicht ein anderes bestimmt ist.

§ 247 Basiszinssatz
(1) Der Basiszinssatz beträgt 3,62 Prozent. Er verändert sich zum 1. Januar und 1. Juli eines jeden Jahres um die Prozentpunkte, um welche die Bezugsgröße seit der letzten Veränderung des Basiszinssatzes gestiegen oder gefallen ist. Bezugsgröße ist der Zinssatz für die jüngste Hauptrefinanzierungsoperation der Europäischen Zentralbank vor dem ersten Kalendertag des betreffenden Halbjahrs.
(2) Die Deutsche Bundesbank gibt den geltenden Basiszinssatz unverzüglich nach den in Absatz 1 Satz 2 genannten Zeitpunkten im Bundesanzeiger bekannt.

§ 248 Zinseszinsen

(1) Eine im Voraus getroffene Vereinbarung, dass fällige Zinsen wieder Zinsen tragen sollen, ist nichtig.
(2) Sparkassen, Kreditanstalten und Inhaber von Bankgeschäften können im Voraus vereinbaren, dass nicht erhobene Zinsen von Einlagen als neue verzinsliche Einlagen gelten sollen. Kreditanstalten, die berechtigt sind, für den Betrag der von ihnen gewährten Darlehen verzinsliche Schuldverschreibungen auf den Inhaber auszugeben, können sich bei solchen Darlehen die Verzinsung rückständiger Zinsen im Voraus versprechen lassen.

§ 249 Art und Umfang des Schadensersatzes

(1) Wer zum Schadensersatz verpflichtet ist, hat den Zustand herzustellen, der bestehen würde, wenn der zum Ersatz verpflichtende Umstand nicht eingetreten wäre.
(2) Ist wegen Verletzung einer Person oder wegen Beschädigung einer Sache Schadensersatz zu leisten, so kann der Gläubiger statt der Herstellung den dazu erforderlichen Geldbetrag verlangen. Bei der Beschädigung einer Sache schließt der nach Satz 1 erforderliche Geldbetrag die Umsatzsteuer nur mit ein, wenn und soweit sie tatsächlich angefallen ist.

§ 250 Schadensersatz in Geld nach Fristsetzung

Der Gläubiger kann dem Ersatzpflichtigen zur Herstellung eine angemessene Frist mit der Erklärung bestimmen, dass er die Herstellung nach dem Ablauf der Frist ablehne. Nach dem Ablauf der Frist kann der Gläubiger den Ersatz in Geld verlangen, wenn nicht die Herstellung rechtzeitig erfolgt; der Anspruch auf die Herstellung ist ausgeschlossen.

§ 251 Schadensersatz in Geld ohne Fristsetzung

(1) Soweit die Herstellung nicht möglich oder zur Entschädigung des Gläubigers nicht genügend ist, hat der Ersatzpflichtige den Gläubiger in Geld zu entschädigen.
(2) Der Ersatzpflichtige kann den Gläubiger in Geld entschädigen, wenn die Herstellung nur mit unverhältnismäßigen Aufwendungen möglich ist. Die aus der Heilbehandlung eines verletzten Tieres entstandenen Aufwendungen sind nicht bereits dann unverhältnismäßig, wenn sie dessen Wert erheblich übersteigen.

§ 252 Entgangener Gewinn

Der zu ersetzende Schaden umfasst auch den entgangenen Gewinn. Als entgangen gilt der Gewinn, welcher nach dem gewöhnlichen Lauf der Dinge oder nach den besonderen Umständen, insbesondere nach den getroffenen Anstalten und Vorkehrungen, mit Wahrscheinlichkeit erwartet werden konnte.

§ 253 Immaterieller Schaden

(1) Wegen eines Schadens, der nicht Vermögensschaden ist, kann Entschädigung in Geld nur in den durch das Gesetz bestimmten Fällen gefordert werden.
(2) Ist wegen einer Verletzung des Körpers, der Gesundheit, der Freiheit oder der sexuellen Selbstbestimmung Schadensersatz zu leisten, kann auch wegen des Schadens, der nicht Vermögensschaden ist, eine billige Entschädigung in Geld gefordert werden.

§ 254 Mitverschulden

(1) Hat bei der Entstehung des Schadens ein Verschulden des Beschädigten mitgewirkt, so hängt die Verpflichtung zum Ersatz sowie der Umfang des zu leistenden Ersatzes von den Umständen, insbesondere davon ab, inwieweit der Schaden vorwiegend von dem einen oder dem anderen Teil verursacht worden ist.
(2) Dies gilt auch dann, wenn sich das Verschulden des Beschädigten darauf beschränkt, dass er unterlassen hat, den Schuldner auf die Gefahr eines ungewöhnlich hohen Schadens aufmerksam zu machen, die der Schuldner weder kannte noch kennen musste, oder dass er unterlassen hat, den Schaden abzuwenden oder zu mindern. Die Vorschrift des § 278 findet entsprechende Anwendung.

§ 255 Abtretung der Ersatzansprüche

Wer für den Verlust einer Sache oder eines Rechts Schadensersatz zu leisten hat, ist zum Ersatz nur gegen Abtretung der Ansprüche verpflichtet, die dem Ersatzberechtigten auf Grund des Eigentums an der Sache oder auf Grund des Rechts gegen Dritte zustehen.

§ 256 Verzinsung von Aufwendungen

Wer zum Ersatz von Aufwendungen verpflichtet ist, hat den aufgewendeten Betrag oder, wenn andere Gegenstände als Geld aufgewendet worden sind, den als Ersatz ihres Wertes zu zahlenden Betrag von der Zeit der Aufwendung an zu verzinsen. Sind Aufwendungen auf einen Gegenstand gemacht worden, der dem Ersatzpflichtigen herauszugeben ist, so sind Zinsen für die Zeit, für welche dem Ersatzberechtigten die Nutzungen oder die Früchte des Gegenstands ohne Vergütung verbleiben, nicht zu entrichten.

§ 257 Befreiungsanspruch

Wer berechtigt ist, Ersatz für Aufwendungen zu verlangen, die er für einen bestimmten Zweck macht, kann, wenn er für diesen Zweck eine Verbindlichkeit eingeht, Befreiung von der Verbindlichkeit verlangen. Ist die Verbindlichkeit noch nicht fällig, so kann ihm der Ersatzpflichtige, statt ihn zu befreien, Sicherheit leisten.

§ 258 Wegnahmerecht

Wer berechtigt ist, von einer Sache, die er einem anderen herauszugeben hat, eine Einrichtung wegzunehmen, hat im Falle der Wegnahme die Sache auf seine Kosten in den vorigen Stand zu setzen. Erlangt der andere den Besitz der Sache, so ist er verpflichtet, die Wegnahme der Einrichtung zu gestatten; er kann die Gestattung verweigern, bis ihm für den mit der Wegnahme verbundenen Schaden Sicherheit geleistet wird.

§ 259 Umfang der Rechenschaftspflicht

(1) Wer verpflichtet ist, über eine mit Einnahmen oder Ausgaben verbundene Verwaltung Rechenschaft abzulegen, hat dem Berechtigten eine die geordnete Zusammenstellung der Einnahmen oder der Ausgaben enthaltende Rechnung mitzuteilen, und, soweit Belege erteilt zu werden pflegen, Belege vorzulegen.

(2) Besteht Grund zu der Annahme, dass die in der Rechnung enthaltenen Angaben über die Einnahmen nicht mit der erforderlichen Sorgfalt gemacht worden sind, so hat der Verpflichtete auf Verlangen zu Protokoll an Eides statt zu versichern, dass er nach bestem Wissen die Einnahmen so vollständig angegeben habe, als er dazu imstande sei.

(3) In Angelegenheiten von geringer Bedeutung besteht eine Verpflichtung zur Abgabe der eidesstattlichen Versicherung nicht.

§ 260 Pflichten bei Herausgabe oder Auskunft über Inbegriff von Gegenständen

(1) Wer verpflichtet ist, einen Inbegriff von Gegenständen herauszugeben oder über den Bestand eines solchen Inbegriffs Auskunft zu erteilen, hat dem Berechtigten ein Verzeichnis des Bestandes vorzulegen.

(2) Besteht Grund zu der Annahme, dass das Verzeichnis nicht mit der erforderlichen Sorgfalt aufgestellt worden ist, so hat der Verpflichtete auf Verlangen zu Protokoll an Eides statt zu versichern, dass er nach bestem Wissen den Bestand so vollständig angegeben habe, als er dazu imstande sei.

(3) Die Vorschrift des § 259 Abs. 3 findet Anwendung.

§ 261 Änderung der eidesstattlichen Versicherung; Kosten

(1) Das Gericht kann eine den Umständen entsprechende Änderung der eidesstattlichen Versicherung beschließen.

(2) Die Kosten der Abnahme der eidesstattlichen Versicherung hat derjenige zu tragen, welcher die Abgabe der Versicherung verlangt.

§ 262 Wahlschuld; Wahlrecht

Werden mehrere Leistungen in der Weise geschuldet, dass nur die eine oder die andere zu bewirken ist, so steht das Wahlrecht im Zweifel dem Schuldner zu.

§ 263 Ausübung des Wahlrechts; Wirkung

(1) Die Wahl erfolgt durch Erklärung gegenüber dem anderen Teil.

(2) Die gewählte Leistung gilt als die von Anfang an allein geschuldete.

§ 264 Verzug des Wahlberechtigten

(1) Nimmt der wahlberechtigte Schuldner die Wahl nicht vor dem Beginn der Zwangsvollstreckung vor, so kann der Gläubiger die Zwangsvollstreckung nach seiner Wahl auf die eine oder auf die andere Leistung richten; der Schuldner kann sich jedoch, solange nicht der Gläubiger die gewählte Leistung ganz oder zum Teil empfangen hat, durch eine der übrigen Leistungen von seiner Verbindlichkeit befreien.

(2) Ist der wahlberechtigte Gläubiger im Verzug, so kann der Schuldner ihn unter Bestimmung einer angemessenen Frist zur Vornahme der Wahl auffordern. Mit dem Ablauf der Frist geht das Wahlrecht auf den Schuldner über, wenn nicht der Gläubiger rechtzeitig die Wahl vornimmt.

§ 265 Unmöglichkeit bei Wahlschuld

Ist eine der Leistungen von Anfang an unmöglich oder wird sie später unmöglich, so beschränkt sich das Schuldverhältnis auf die übrigen Leistungen. Die Beschränkung tritt nicht ein, wenn die Leistung infolge eines Umstands unmöglich wird, den der nicht wahlberechtigte Teil zu vertreten hat.

§ 266 Teilleistungen

Der Schuldner ist zu Teilleistungen nicht berechtigt.

§ 267 Leistung durch Dritte

(1) Hat der Schuldner nicht in Person zu leisten, so kann auch ein Dritter die Leistung bewirken. Die Einwilligung des Schuldners ist nicht erforderlich.

(2) Der Gläubiger kann die Leistung ablehnen, wenn der Schuldner widerspricht.

§ 268 Ablösungsrecht des Dritten
(1) Betreibt der Gläubiger die Zwangsvollstreckung in einen dem Schuldner gehörenden Gegenstand, so ist jeder, der Gefahr läuft, durch die Zwangsvollstreckung ein Recht an dem Gegenstand zu verlieren, berechtigt, den Gläubiger zu befriedigen. Das gleiche Recht steht dem Besitzer einer Sache zu, wenn er Gefahr läuft, durch die Zwangsvollstreckung den Besitz zu verlieren.
(2) Die Befriedigung kann auch durch Hinterlegung oder durch Aufrechnung erfolgen.
(3) Soweit der Dritte den Gläubiger befriedigt, geht die Forderung auf ihn über. Der Übergang kann nicht zum Nachteil des Gläubigers geltend gemacht werden.

§ 269 Leistungsort
(1) Ist ein Ort für die Leistung weder bestimmt noch aus den Umständen, insbesondere aus der Natur des Schuldverhältnisses, zu entnehmen, so hat die Leistung an dem Ort zu erfolgen, an welchem der Schuldner zur Zeit der Entstehung des Schuldverhältnisses seinen Wohnsitz hatte.
(2) Ist die Verbindlichkeit im Gewerbebetrieb des Schuldners entstanden, so tritt, wenn der Schuldner seine gewerbliche Niederlassung an einem anderen Ort hatte, der Ort der Niederlassung an die Stelle des Wohnsitzes.
(3) Aus dem Umstand allein, dass der Schuldner die Kosten der Versendung übernommen hat, ist nicht zu entnehmen, dass der Ort, nach welchem die Versendung zu erfolgen hat, der Leistungsort sein soll.

§ 270 Zahlungsort
(1) Geld hat der Schuldner im Zweifel auf seine Gefahr und seine Kosten dem Gläubiger an dessen Wohnsitz zu übermitteln.
(2) Ist die Forderung im Gewerbebetrieb des Gläubigers entstanden, so tritt, wenn der Gläubiger seine gewerbliche Niederlassung an einem anderen Ort hat, der Ort der Niederlassung an die Stelle des Wohnsitzes.
(3) Erhöhen sich infolge einer nach der Entstehung des Schuldverhältnisses eintretenden Änderung des Wohnsitzes oder der gewerblichen Niederlassung des Gläubigers die Kosten oder die Gefahr der Übermittlung, so hat der Gläubiger im ersteren Falle die Mehrkosten, im letzteren Falle die Gefahr zu tragen.
(4) Die Vorschriften über den Leistungsort bleiben unberührt.

§ 270a Vereinbarungen über Entgelte für die Nutzung bargeldloser Zahlungsmittel
Eine Vereinbarung, durch die der Schuldner verpflichtet wird, ein Entgelt für die Nutzung einer SEPA-Basislastschrift, einer SEPA-Firmenlastschrift, einer SEPA-Überweisung oder einer Zahlungskarte zu entrichten, ist unwirksam. Satz 1 gilt für die Nutzung von Zahlungskarten nur bei Zahlungsvorgängen mit Verbrauchern, wenn auf diese Kapitel II der Verordnung (EU) 2015/751 des Europäischen Parlaments und des Rates vom 29. April 2015 über Interbankenentgelte für kartengebundene Zahlungsvorgänge (ABl. L 123 vom 19. 5. 2015, S. 1) anwendbar ist.

§ 271 Leistungszeit
(1) Ist eine Zeit für die Leistung weder bestimmt noch aus den Umständen zu entnehmen, so kann der Gläubiger die Leistung sofort verlangen, der Schuldner sie sofort bewirken.
(2) Ist eine Zeit bestimmt, so ist im Zweifel anzunehmen, dass der Gläubiger die Leistung nicht vor dieser Zeit verlangen, der Schuldner aber sie vorher bewirken kann.

§ 271a Vereinbarungen über Zahlungs-, Überprüfungs- oder Abnahmefristen
(1) Eine Vereinbarung, nach der der Gläubiger die Erfüllung einer Entgeltforderung erst nach mehr als 60 Tagen nach Empfang der Gegenleistung verlangen kann, ist nur wirksam, wenn sie ausdrücklich getroffen und im Hinblick auf die Belange des Gläubigers nicht grob unbillig ist. Geht dem Schuldner nach Empfang der Gegenleistung eine Rechnung oder gleichwertige Zahlungsaufstellung zu, tritt der Zeitpunkt des Zugangs dieser Rechnung oder Zahlungsaufstellung an die Stelle des in Satz 1 genannten Zeitpunkts des Empfangs der Gegenleistung. Es wird bis zum Beweis eines anderen Zeitpunkts vermutet, dass der Zeitpunkt des Zugangs der Rechnung oder Zahlungsaufstellung auf den Zeitpunkt des Empfangs der Gegenleistung fällt; hat der Gläubiger einen späteren Zeitpunkt benannt, so tritt dieser an die Stelle des Zeitpunkts des Empfangs der Gegenleistung.
(2) Ist der Schuldner ein öffentlicher Auftraggeber im Sinne von § 99 Nummer 1 bis 3 des Gesetzes gegen Wettbewerbsbeschränkungen, so ist abweichend von Absatz 1
1. eine Vereinbarung, nach der der Gläubiger die Erfüllung einer Entgeltforderung erst nach mehr als 30 Tagen nach Empfang der Gegenleistung verlangen kann, nur wirksam, wenn die Vereinbarung ausdrücklich getroffen und aufgrund der besonderen Natur oder der Merkmale des Schuldverhältnisses sachlich gerechtfertigt ist;
2. eine Vereinbarung, nach der der Gläubiger die Erfüllung einer Entgeltforderung erst nach mehr als 60 Tagen nach Empfang der Gegenleistung verlangen kann, unwirksam.

Absatz 1 Satz 2 und 3 ist entsprechend anzuwenden.

(3) Ist eine Entgeltforderung erst nach Überprüfung oder Abnahme der Gegenleistung zu erfüllen, so ist eine Vereinbarung, nach der die Zeit für die Überprüfung oder Abnahme der Gegenleistung mehr als 30 Tage nach Empfang der Gegenleistung beträgt, nur wirksam, wenn sie ausdrücklich getroffen und im Hinblick auf die Belange des Gläubigers nicht grob unbillig ist.
(4) Ist eine Vereinbarung nach den Absätzen 1 bis 3 unwirksam, bleibt der Vertrag im Übrigen wirksam.
(5) Die Absätze 1 bis 3 sind nicht anzuwenden auf
1. die Vereinbarung von Abschlagszahlungen und sonstigen Ratenzahlungen sowie
2. ein Schuldverhältnis, aus dem ein Verbraucher die Erfüllung der Entgeltforderung schuldet.
(6) Die Absätze 1 bis 3 lassen sonstige Vorschriften, aus denen sich Beschränkungen für Vereinbarungen über Zahlungs-, Überprüfungs- oder Abnahmefristen ergeben, unberührt.

§ 272 Zwischenzinsen
Bezahlt der Schuldner eine unverzinsliche Schuld vor der Fälligkeit, so ist er zu einem Abzug wegen der Zwischenzinsen nicht berechtigt.

§ 273 Zurückbehaltungsrecht
(1) Hat der Schuldner aus demselben rechtlichen Verhältnis, auf dem seine Verpflichtung beruht, einen fälligen Anspruch gegen den Gläubiger, so kann er, sofern nicht aus dem Schuldverhältnis sich ein anderes ergibt, die geschuldete Leistung verweigern, bis die ihm gebührende Leistung bewirkt wird (Zurückbehaltungsrecht).
(2) Wer zur Herausgabe eines Gegenstands verpflichtet ist, hat das gleiche Recht, wenn ihm ein fälliger Anspruch wegen Verwendungen auf den Gegenstand oder wegen eines ihm durch diesen verursachten Schadens zusteht, es sei denn, dass er den Gegenstand durch eine vorsätzlich begangene unerlaubte Handlung erlangt hat.
(3) Der Gläubiger kann die Ausübung des Zurückbehaltungsrechts durch Sicherheitsleistung abwenden. Die Sicherheitsleistung durch Bürgen ist ausgeschlossen.

§ 274 Wirkungen des Zurückbehaltungsrechts
(1) Gegenüber der Klage des Gläubigers hat die Geltendmachung des Zurückhaltungsrechts nur die Wirkung, dass der Schuldner zur Leistung gegen Empfang der ihm gebührenden Leistung (Erfüllung Zug um Zug) zu verurteilen ist.
(2) Auf Grund einer solchen Verurteilung kann der Gläubiger seinen Anspruch ohne Bewirkung der ihm obliegenden Leistung im Wege der Zwangsvollstreckung verfolgen, wenn der Schuldner im Verzug der Annahme ist.

§ 275 Ausschluss der Leistungspflicht
(1) Der Anspruch auf Leistung ist ausgeschlossen, soweit diese für den Schuldner oder für jedermann unmöglich ist.
(2) Der Schuldner kann die Leistung verweigern, soweit diese einen Aufwand erfordert, der unter Beachtung des Inhalts des Schuldverhältnisses und des Gebote von Treu und Glauben in einem groben Missverhältnis zu dem Leistungsinteresse des Gläubigers steht. Bei der Bestimmung der dem Schuldner zuzumutenden Anstrengungen ist auch zu berücksichtigen, ob der Schuldner das Leistungshindernis zu vertreten hat.
(3) Der Schuldner kann die Leistung ferner verweigern, wenn er die Leistung persönlich zu erbringen hat und sie ihm unter Abwägung des seiner Leistung entgegenstehenden Hindernisses mit dem Leistungsinteresse des Gläubigers nicht zugemutet werden kann.
(4) Die Rechte des Gläubigers bestimmen sich nach den §§ 280, 283 bis 285, 311a und 326.

§ 276 Verantwortlichkeit des Schuldners
(1) Der Schuldner hat Vorsatz und Fahrlässigkeit zu vertreten, wenn eine strengere oder mildere Haftung weder bestimmt noch aus dem sonstigen Inhalt des Schuldverhältnisses, insbesondere aus der Übernahme einer Garantie oder eines Beschaffungsrisiko zu entnehmen ist. Die Vorschriften der §§ 827 und 828 finden entsprechende Anwendung.
(2) Fahrlässig handelt, wer die im Verkehr erforderliche Sorgfalt außer Acht lässt.
(3) Die Haftung wegen Vorsatzes kann dem Schuldner nicht im Voraus erlassen werden.

§ 277 Sorgfalt in eigenen Angelegenheiten
Wer nur für diejenige Sorgfalt einzustehen hat, welche er in eigenen Angelegenheiten anzuwenden pflegt, ist von der Haftung wegen grober Fahrlässigkeit nicht befreit.

§ 278 Verantwortlichkeit des Schuldners für Dritte
Der Schuldner hat ein Verschulden seines gesetzlichen Vertreters und der Personen, deren er sich zur Erfüllung seiner Verbindlichkeit bedient, in gleichem Umfang zu vertreten wie eigenes Verschulden. Die Vorschrift des § 276 Abs. 3 findet keine Anwendung.

§ 279 (weggefallen)

§ 280 Schadensersatz wegen Pflichtverletzung

(1) Verletzt der Schuldner eine Pflicht aus dem Schuldverhältnis, so kann der Gläubiger Ersatz des hierdurch entstehenden Schadens verlangen. Dies gilt nicht, wenn der Schuldner die Pflichtverletzung nicht zu vertreten hat.
(2) Schadensersatz wegen Verzögerung der Leistung kann der Gläubiger nur unter der zusätzlichen Voraussetzung des § 286 verlangen.
(3) Schadensersatz statt der Leistung kann der Gläubiger nur unter den zusätzlichen Voraussetzungen des § 281, des § 282 oder des § 283 verlangen.

§ 281 Schadensersatz statt der Leistung wegen nicht oder nicht wie geschuldet erbrachter Leistung

(1) Soweit der Schuldner die fällige Leistung nicht oder nicht wie geschuldet erbringt, kann der Gläubiger unter den Voraussetzungen des § 280 Abs. 1 Schadensersatz statt der Leistung verlangen, wenn er dem Schuldner erfolglos eine angemessene Frist zur Leistung oder Nacherfüllung bestimmt hat. Hat der Schuldner eine Teilleistung bewirkt, so kann der Gläubiger Schadensersatz statt der ganzen Leistung nur verlangen, wenn er an der Teilleistung kein Interesse hat. Hat der Schuldner die Leistung nicht wie geschuldet bewirkt, so kann der Gläubiger Schadensersatz statt der ganzen Leistung nicht verlangen, wenn die Pflichtverletzung unerheblich ist.
(2) Die Fristsetzung ist entbehrlich, wenn der Schuldner die Leistung ernsthaft und endgültig verweigert oder wenn besondere Umstände vorliegen, die unter Abwägung der beiderseitigen Interessen die sofortige Geltendmachung des Schadensersatzanspruchs rechtfertigen.
(3) Kommt nach der Art der Pflichtverletzung eine Fristsetzung nicht in Betracht, so tritt an deren Stelle eine Abmahnung.
(4) Der Anspruch auf die Leistung ist ausgeschlossen, sobald der Gläubiger statt der Leistung Schadensersatz verlangt hat.
(5) Verlangt der Gläubiger Schadensersatz statt der ganzen Leistung, so ist der Schuldner zur Rückforderung des Geleisteten nach den §§ 346 bis 348 berechtigt.

§ 282 Schadensersatz statt der Leistung wegen Verletzung einer Pflicht nach § 241 Abs. 2

Verletzt der Schuldner eine Pflicht nach § 241 Abs. 2, kann der Gläubiger unter den Voraussetzungen des § 280 Abs. 1 Schadensersatz statt der Leistung verlangen, wenn ihm die Leistung durch den Schuldner nicht mehr zuzumuten ist.

§ 283 Schadensersatz statt der Leistung bei Ausschluss der Leistungspflicht

Braucht der Schuldner nach § 275 Abs. 1 bis 3 nicht zu leisten, kann der Gläubiger unter den Voraussetzungen des § 280 Abs. 1 Schadensersatz statt der Leistung verlangen. § 281 Abs. 1 Satz 2 und 3 und Abs. 5 findet entsprechende Anwendung.

§ 284 Ersatz vergeblicher Aufwendungen

Anstelle des Schadensersatzes statt der Leistung kann der Gläubiger Ersatz der Aufwendungen verlangen, die er im Vertrauen auf den Erhalt der Leistung gemacht hat und billigerweise machen durfte, es sei denn, deren Zweck wäre auch ohne die Pflichtverletzung des Schuldners nicht erreicht worden.

§ 285 Herausgabe des Ersatzes

(1) Erlangt der Schuldner infolge des Umstands, auf Grund dessen er die Leistung nach § 275 Abs. 1 bis 3 nicht zu erbringen braucht, für den geschuldeten Gegenstand einen Ersatz oder einen Ersatzanspruch, so kann der Gläubiger Herausgabe des als Ersatz Empfangenen oder Abtretung des Ersatzanspruchs verlangen.
(2) Kann der Gläubiger statt der Leistung Schadensersatz verlangen, so mindert sich dieser, wenn er von dem in Absatz 1 bestimmten Recht Gebrauch macht, um den Wert des erlangten Ersatzes oder Ersatzanspruchs.

§ 286 Verzug des Schuldners

(1) Leistet der Schuldner auf eine Mahnung des Gläubigers nicht, die nach dem Eintritt der Fälligkeit erfolgt, so kommt er durch die Mahnung in Verzug. Der Mahnung stehen die Erhebung der Klage auf die Leistung sowie die Zustellung eines Mahnbescheids im Mahnverfahren gleich.
(2) Der Mahnung bedarf es nicht, wenn
1. für die Leistung eine Zeit nach dem Kalender bestimmt ist,
2. der Leistung ein Ereignis vorauszugehen hat und eine angemessene Zeit für die Leistung in der Weise bestimmt ist, dass sie sich von dem Ereignis an nach dem Kalender berechnen lässt,
3. der Schuldner die Leistung ernsthaft und endgültig verweigert,
4. aus besonderen Gründen unter Abwägung der beiderseitigen Interessen der sofortige Eintritt des Verzugs gerechtfertigt ist.

(3) Der Schuldner einer Entgeltforderung kommt spätestens in Verzug, wenn er nicht innerhalb von 30 Tagen nach Fälligkeit und Zugang einer Rechnung oder gleichwertigen Zahlungsaufstellung leistet; dies gilt gegenüber einem

Schuldner, der Verbraucher ist, nur, wenn auf diese Folgen in der Rechnung oder Zahlungsaufstellung besonders hingewiesen worden ist. Wenn der Zeitpunkt des Zugangs der Rechnung oder Zahlungsaufstellung unsicher ist, kommt der Schuldner, der nicht Verbraucher ist, spätestens 30 Tage nach Fälligkeit und Empfang der Gegenleistung in Verzug.
(4) Der Schuldner kommt nicht in Verzug, solange die Leistung infolge eines Umstands unterbleibt, den er nicht zu vertreten hat.
(5) Für eine von den Absätzen 1 bis 3 abweichende Vereinbarung über den Eintritt des Verzugs gilt § 271a Absatz 1 bis 5 entsprechend.

§ 287 Verantwortlichkeit während des Verzugs
Der Schuldner hat während des Verzugs jede Fahrlässigkeit zu vertreten. Er haftet wegen der Leistung auch für Zufall, es sei denn, dass der Schaden auch bei rechtzeitiger Leistung eingetreten sein würde.

§ 288 Verzugszinsen und sonstiger Verzugsschaden
(1) Eine Geldschuld ist während des Verzugs zu verzinsen. Der Verzugszins beträgt für das Jahr fünf Prozentpunkte über dem Basiszinssatz.
(2) Bei Rechtsgeschäften, an denen ein Verbraucher nicht beteiligt ist, beträgt der Zinssatz für Entgeltforderungen neun Prozentpunkte über dem Basiszinssatz.
(3) Der Gläubiger kann aus einem anderen Rechtsgrund höhere Zinsen verlangen.
(4) Die Geltendmachung eines weiteren Schadens ist nicht ausgeschlossen.
(5) Der Gläubiger einer Entgeltforderung hat bei Verzug des Schuldners, wenn dieser kein Verbraucher ist, außerdem einen Anspruch auf Zahlung einer Pauschale in Höhe von 40 Euro. Dies gilt auch, wenn es sich bei der Entgeltforderung um eine Abschlagszahlung oder sonstige Ratenzahlung handelt. Die Pauschale nach Satz 1 ist auf einen geschuldeten Schadensersatz anzurechnen, soweit der Schaden in Kosten der Rechtsverfolgung begründet ist.
(6) Eine im Voraus getroffene Vereinbarung, die den Anspruch des Gläubigers einer Entgeltforderung auf Verzugszinsen ausschließt, ist unwirksam. Gleiches gilt für eine Vereinbarung, die diesen Anspruch beschränkt oder den Anspruch des Gläubigers einer Entgeltforderung auf die Pauschale nach Absatz 5 oder auf Ersatz des Schadens, der in Kosten der Rechtsverfolgung begründet ist, ausschließt oder beschränkt, wenn sie im Hinblick auf die Belange des Gläubigers grob unbillig ist. Eine Vereinbarung über den Ausschluss der Pauschale nach Absatz 5 oder des Ersatzes des Schadens, der in Kosten der Rechtsverfolgung begründet ist, ist im Zweifel als grob unbillig anzusehen. Die Sätze 1 bis 3 sind nicht anzuwenden, wenn sich der Anspruch gegen einen Verbraucher richtet.

§ 289 Zinseszinsverbot
Von Zinsen sind Verzugszinsen nicht zu entrichten. Das Recht des Gläubigers auf Ersatz des durch den Verzug entstehenden Schadens bleibt unberührt.

§ 290 Verzinsung des Wertersatzes
Ist der Schuldner zum Ersatz des Wertes eines Gegenstands verpflichtet, der während des Verzugs untergegangen ist oder aus einem während des Verzugs eingetretenen Grund nicht herausgegeben werden kann, so kann der Gläubiger Zinsen des zu erstattenden Betrags von dem Zeitpunkt an verlangen, welcher der Bestimmung des Wertes zugrunde gelegt wird. Das Gleiche gilt, wenn der Schuldner zum Ersatz der Minderung des Wertes eines während des Verzugs verschlechterten Gegenstands verpflichtet ist.

§ 291 Prozesszinsen
Eine Geldschuld hat der Schuldner von dem Eintritt der Rechtshängigkeit an zu verzinsen, auch wenn er nicht im Verzug ist; wird die Schuld erst später fällig, so ist sie von der Fälligkeit an zu verzinsen. Die Vorschriften des § 288 Abs. 1 Satz 2, Abs. 2, Abs. 3 und des § 289 Satz 1 finden entsprechende Anwendung.

§ 292 Haftung bei Herausgabepflicht
(1) Hat der Schuldner einen bestimmten Gegenstand herauszugeben, so bestimmt sich von dem Eintritt der Rechtshängigkeit an der Anspruch des Gläubigers auf Schadensersatz wegen Verschlechterung, Untergangs oder einer aus einem anderen Grunde eintretenden Unmöglichkeit der Herausgabe nach den Vorschriften, welche für das Verhältnis zwischen dem Eigentümer und dem Besitzer von dem Eintritt der Rechtshängigkeit des Eigentumsanspruchs an gelten, soweit nicht aus dem Schuldverhältnis oder dem Verzug des Schuldners sich zugunsten des Gläubigers ein anderes ergibt.
(2) Das Gleiche gilt von dem Anspruch des Gläubigers auf Herausgabe oder Vergütung von Nutzungen und von dem Anspruch des Schuldners auf Ersatz von Verwendungen.

Titel 2
Verzug des Gläubigers

§ 293 Annahmeverzug
Der Gläubiger kommt in Verzug, wenn er die ihm angebotene Leistung nicht annimmt.

§ 294 Tatsächliches Angebot
Die Leistung muss dem Gläubiger so, wie sie zu bewirken ist, tatsächlich angeboten werden.

§ 295 Wörtliches Angebot
Ein wörtliches Angebot des Schuldners genügt, wenn der Gläubiger ihm erklärt hat, dass er die Leistung nicht annehmen werde, oder wenn zur Bewirkung der Leistung eine Handlung des Gläubigers erforderlich ist, insbesondere wenn der Gläubiger die geschuldete Sache abzuholen hat. Dem Angebot der Leistung steht die Aufforderung an den Gläubiger gleich, die erforderliche Handlung vorzunehmen.

§ 296 Entbehrlichkeit des Angebots
Ist für die von dem Gläubiger vorzunehmende Handlung eine Zeit nach dem Kalender bestimmt, so bedarf es des Angebots nur, wenn der Gläubiger die Handlung rechtzeitig vornimmt. Das Gleiche gilt, wenn der Handlung ein Ereignis vorauszugehen hat und eine angemessene Zeit für die Handlung in der Weise bestimmt ist, dass sie sich von dem Ereignis an nach dem Kalender berechnen lässt.

§ 297 Unvermögen des Schuldners
Der Gläubiger kommt nicht in Verzug, wenn der Schuldner zur Zeit des Angebots oder im Falle des § 296 zu der für die Handlung des Gläubigers bestimmten Zeit außerstande ist, die Leistung zu bewirken.

§ 298 Zug-um-Zug-Leistungen
Ist der Schuldner nur gegen eine Leistung des Gläubigers zu leisten verpflichtet, so kommt der Gläubiger in Verzug, wenn er zwar die angebotene Leistung anzunehmen bereit ist, die verlangte Gegenleistung aber nicht anbietet.

§ 299 Vorübergehende Annahmeverhinderung
Ist die Leistungszeit nicht bestimmt oder ist der Schuldner berechtigt, vor der bestimmten Zeit zu leisten, so kommt der Gläubiger nicht dadurch in Verzug, dass er vorübergehend an der Annahme der angebotenen Leistung verhindert ist, es sei denn, dass der Schuldner ihm die Leistung eine angemessene Zeit vorher angekündigt hat.

§ 300 Wirkungen des Gläubigerverzugs
(1) Der Schuldner hat während des Verzugs des Gläubigers nur Vorsatz und grobe Fahrlässigkeit zu vertreten.
(2) Wird eine nur der Gattung nach bestimmte Sache geschuldet, so geht die Gefahr mit dem Zeitpunkt auf den Gläubiger über, in welchem er dadurch in Verzug kommt, dass er die angebotene Sache nicht annimmt.

§ 301 Wegfall der Verzinsung
Von einer verzinslichen Geldschuld hat der Schuldner während des Verzugs des Gläubigers Zinsen nicht zu entrichten.

§ 302 Nutzungen
Hat der Schuldner die Nutzungen eines Gegenstands herauszugeben oder zu ersetzen, so beschränkt sich seine Verpflichtung während des Verzugs des Gläubigers auf die Nutzungen, welche er zieht.

§ 303 Recht zur Besitzaufgabe
Ist der Schuldner zur Herausgabe eines Grundstücks oder eines eingetragenen Schiffs oder Schiffsbauwerks verpflichtet, so kann er nach dem Eintritt des Verzugs des Gläubigers den Besitz aufgeben. Das Aufgeben muss dem Gläubiger vorher angedroht werden, es sei denn, dass die Androhung untunlich ist.

§ 304 Ersatz von Mehraufwendungen
Der Schuldner kann im Falle des Verzugs des Gläubigers Ersatz der Mehraufwendungen verlangen, die er für das erfolglose Angebot sowie für die Aufbewahrung und Erhaltung des geschuldeten Gegenstands machen musste.

Abschnitt 2
Gestaltung rechtsgeschäftlicher Schuldverhältnisse durch Allgemeine Geschäftsbedingungen

§ 305 Einbeziehung Allgemeiner Geschäftsbedingungen in den Vertrag
(1) Allgemeine Geschäftsbedingungen sind alle für eine Vielzahl von Verträgen vorformulierten Vertragsbedingungen, die eine Vertragspartei (Verwender) der anderen Vertragspartei bei Abschluss eines Vertrags stellt. Gleichgültig ist, ob die Bestimmungen einen äußerlich gesonderten Bestandteil des Vertrags bilden oder in die Vertragsurkunde selbst aufgenommen werden, welchen Umfang sie haben, in welcher Schriftart sie verfasst sind

und welche Form der Vertrag hat. Allgemeine Geschäftsbedingungen liegen nicht vor, soweit die Vertragsbedingungen zwischen den Vertragsparteien im Einzelnen ausgehandelt sind.

(2) Allgemeine Geschäftsbedingungen werden nur dann Bestandteil eines Vertrags, wenn der Verwender bei Vertragsschluss
1. die andere Vertragspartei ausdrücklich oder, wenn ein ausdrücklicher Hinweis wegen der Art des Vertragsschlusses nur unter unverhältnismäßigen Schwierigkeiten möglich ist, durch deutlich sichtbaren Aushang am Ort des Vertragsschlusses auf sie hinweist und
2. der anderen Vertragspartei die Möglichkeit verschafft, in zumutbarer Weise, die auch eine für den Verwender erkennbare körperliche Behinderung der anderen Vertragspartei angemessen berücksichtigt, von ihrem Inhalt Kenntnis zu nehmen,

und wenn die andere Vertragspartei mit ihrer Geltung einverstanden ist.

(3) Die Vertragsparteien können für eine bestimmte Art von Rechtsgeschäften die Geltung bestimmter Allgemeiner Geschäftsbedingungen unter Beachtung der in Absatz 2 bezeichneten Erfordernisse im Voraus vereinbaren.

§ 305a Einbeziehung in besonderen Fällen

Auch ohne Einhaltung der in § 305 Abs. 2 Nr. 1 und 2 bezeichneten Erfordernisse werden einbezogen, wenn die andere Vertragspartei mit ihrer Geltung einverstanden ist,
1. die mit Genehmigung der zuständigen Verkehrsbehörde oder auf Grund von internationalen Übereinkommen erlassenen Tarife und Ausführungsbestimmungen der Eisenbahnen und die nach Maßgabe des Personenbeförderungsgesetzes genehmigten Beförderungsbedingungen der Straßenbahnen, Obusse und Kraftfahrzeuge im Linienverkehr in den Beförderungsvertrag,
2. die im Amtsblatt der Bundesnetzagentur für Elektrizität, Gas, Telekommunikation, Post und Eisenbahnen veröffentlichten und in den Geschäftsstellen des Verwenders bereitgehaltenen Allgemeinen Geschäftsbedingungen
   a) in Beförderungsverträge, die außerhalb von Geschäftsräumen durch den Einwurf von Postsendungen in Briefkästen abgeschlossen werden,
   b) in Verträge über Telekommunikations-, Informations- und andere Dienstleistungen, die unmittelbar durch Einsatz von Fernkommunikationsmitteln und während der Erbringung einer Telekommunikationsdienstleistung in einem Mal erbracht werden, wenn die Allgemeinen Geschäftsbedingungen der anderen Vertragspartei nur unter unverhältnismäßigen Schwierigkeiten vor dem Vertragsschluss zugänglich gemacht werden können.

§ 305b Vorrang der Individualabrede

Individuelle Vertragsabreden haben Vorrang vor Allgemeinen Geschäftsbedingungen.

§ 305c Überraschende und mehrdeutige Klauseln

(1) Bestimmungen in Allgemeinen Geschäftsbedingungen, die nach den Umständen, insbesondere nach dem äußeren Erscheinungsbild des Vertrags, so ungewöhnlich sind, dass der Vertragspartner des Verwenders mit ihnen nicht zu rechnen braucht, werden nicht Vertragsbestandteil.

(2) Zweifel bei der Auslegung Allgemeiner Geschäftsbedingungen gehen zu Lasten des Verwenders.

§ 306 Rechtsfolgen bei Nichteinbeziehung und Unwirksamkeit

(1) Sind Allgemeine Geschäftsbedingungen ganz oder teilweise nicht Vertragsbestandteil geworden oder unwirksam, so bleibt der Vertrag im Übrigen wirksam.

(2) Soweit die Bestimmungen nicht Vertragsbestandteil geworden oder unwirksam sind, richtet sich der Inhalt des Vertrags nach den gesetzlichen Vorschriften.

(3) Der Vertrag ist unwirksam, wenn das Festhalten an ihm auch unter Berücksichtigung der nach Absatz 2 vorgesehenen Änderung eine unzumutbare Härte für eine Vertragspartei darstellen würde.

§ 306a Umgehungsverbot

Die Vorschriften dieses Abschnitts finden auch Anwendung, wenn sie durch anderweitige Gestaltungen umgangen werden.

§ 307 Inhaltskontrolle

(1) Bestimmungen in Allgemeinen Geschäftsbedingungen sind unwirksam, wenn sie den Vertragspartner des Verwenders entgegen den Geboten von Treu und Glauben unangemessen benachteiligen. Eine unangemessene Benachteiligung kann sich auch daraus ergeben, dass die Bestimmung nicht klar und verständlich ist.

(2) Eine unangemessene Benachteiligung ist im Zweifel anzunehmen, wenn eine Bestimmung
1. mit wesentlichen Grundgedanken der gesetzlichen Regelung, von der abgewichen wird, nicht zu vereinbaren ist oder

2. wesentliche Rechte oder Pflichten, die sich aus der Natur des Vertrags ergeben, so einschränkt, dass die Erreichung des Vertragszwecks gefährdet ist.

(3) Die Absätze 1 und 2 sowie die §§ 308 und 309 gelten nur für Bestimmungen in Allgemeinen Geschäftsbedingungen, durch die von Rechtsvorschriften abweichende oder diese ergänzende Regelungen vereinbart werden. Andere Bestimmungen können nach Absatz 1 Satz 2 in Verbindung mit Absatz 1 Satz 1 unwirksam sein.

§ 308 Klauselverbote mit Wertungsmöglichkeit

In Allgemeinen Geschäftsbedingungen ist insbesondere unwirksam
1. (Annahme- und Leistungsfrist)
    eine Bestimmung, durch die sich der Verwender unangemessen lange oder nicht hinreichend bestimmte Fristen für die Annahme oder Ablehnung eines Angebots oder die Erbringung einer Leistung vorbehält; ausgenommen hiervon ist der Vorbehalt, erst nach Ablauf der Widerrufsfrist nach § 355 Absatz 1 und 2 zu leisten;
1a. (Zahlungsfrist)
    eine Bestimmung, durch die sich der Verwender eine unangemessen lange Zeit für die Erfüllung einer Entgeltforderung des Vertragspartners vorbehält; ist der Verwender kein Verbraucher, ist im Zweifel anzunehmen, dass eine Zeit von mehr als 30 Tagen nach Empfang der Gegenleistung oder, wenn dem Schuldner nach Empfang der Gegenleistung eine Rechnung oder gleichwertige Zahlungsaufstellung zugeht, von mehr als 30 Tagen nach Zugang dieser Rechnung oder Zahlungsaufstellung unangemessen lang ist;
1b. (Überprüfungs- und Abnahmefrist)
    eine Bestimmung, durch die sich der Verwender vorbehält, eine Entgeltforderung des Vertragspartners erst nach unangemessen langer Zeit für die Überprüfung oder Abnahme der Gegenleistung zu erfüllen; ist der Verwender kein Verbraucher, ist im Zweifel anzunehmen, dass eine Zeit von mehr als 15 Tagen nach Empfang der Gegenleistung unangemessen lang ist;
2. (Nachfrist)
    eine Bestimmung, durch die sich der Verwender für die von ihm zu bewirkende Leistung abweichend von Rechtsvorschriften eine unangemessen lange oder nicht hinreichend bestimmte Nachfrist vorbehält;
3. (Rücktrittsvorbehalt)
    die Vereinbarung eines Rechts des Verwenders, sich ohne sachlich gerechtfertigten und im Vertrag angegebenen Grund von seiner Leistungspflicht zu lösen; dies gilt nicht für Dauerschuldverhältnisse;
4. (Änderungsvorbehalt)
    die Vereinbarung eines Rechts des Verwenders, die versprochene Leistung zu ändern oder von ihr abzuweichen, wenn nicht die Vereinbarung der Änderung oder Abweichung unter Berücksichtigung der Interessen des Verwenders für den anderen Vertragsteil zumutbar ist;
5. (Fingierte Erklärungen)
    eine Bestimmung, wonach eine Erklärung des Vertragspartners des Verwenders bei Vornahme oder Unterlassung einer bestimmten Handlung als von ihm abgegeben oder nicht abgegeben gilt, es sei denn, dass
    a) dem Vertragspartner eine angemessene Frist zur Abgabe einer ausdrücklichen Erklärung eingeräumt ist und
    b) der Verwender sich verpflichtet, den Vertragspartner bei Beginn der Frist auf die vorgesehene Bedeutung seines Verhaltens besonders hinzuweisen;
6. (Fiktion des Zugangs)
    eine Bestimmung, die vorsieht, dass eine Erklärung des Verwenders von besonderer Bedeutung dem anderen Vertragsteil als zugegangen gilt;
7. (Abwicklung von Verträgen)
    eine Bestimmung, nach der der Verwender für den Fall, dass eine Vertragspartei vom Vertrag zurücktritt oder den Vertrag kündigt,
    a) eine unangemessen hohe Vergütung für die Nutzung oder den Gebrauch einer Sache oder eines Rechts oder für erbrachte Leistungen oder
    b) einen unangemessen hohen Ersatz von Aufwendungen verlangen kann;
8. (Nichtverfügbarkeit der Leistung)
    die nach Nummer 3 zulässige Vereinbarung eines Vorbehalts des Verwenders, sich von der Verpflichtung zur Erfüllung des Vertrags bei Nichtverfügbarkeit der Leistung zu lösen, wenn sich der Verwender nicht verpflichtet,
    a) den Vertragspartner unverzüglich über die Nichtverfügbarkeit zu informieren und
    b) Gegenleistungen des Vertragspartners unverzüglich zu erstatten.

§ 309 Klauselverbote ohne Wertungsmöglichkeit

Auch soweit eine Abweichung von den gesetzlichen Vorschriften zulässig ist, ist in Allgemeinen Geschäftsbedingungen unwirksam

1. (Kurzfristige Preiserhöhungen)
   eine Bestimmung, welche die Erhöhung des Entgelts für Waren oder Leistungen vorsieht, die innerhalb von vier Monaten nach Vertragsschluss geliefert oder erbracht werden sollen; dies gilt nicht bei Waren oder Leistungen, die im Rahmen von Dauerschuldverhältnissen geliefert oder erbracht werden;
2. (Leistungsverweigerungsrechte)
   eine Bestimmung, durch die
   a) das Leistungsverweigerungsrecht, das dem Vertragspartner des Verwenders nach § 320 zusteht, ausgeschlossen oder eingeschränkt wird oder
   b) ein dem Vertragspartner des Verwenders zustehendes Zurückbehaltungsrecht, soweit es auf demselben Vertragsverhältnis beruht, ausgeschlossen oder eingeschränkt, insbesondere von der Anerkennung von Mängeln durch den Verwender abhängig gemacht wird;
3. (Aufrechnungsverbot)
   eine Bestimmung, durch die dem Vertragspartner des Verwenders die Befugnis genommen wird, mit einer unbestrittenen oder rechtskräftig festgestellten Forderung aufzurechnen;
4. (Mahnung, Fristsetzung)
   eine Bestimmung, durch die der Verwender von der gesetzlichen Obliegenheit freigestellt wird, den anderen Vertragsteil zu mahnen oder ihm eine Frist für die Leistung oder Nacherfüllung zu setzen;
5. (Pauschalierung von Schadensersatzansprüchen)
   die Vereinbarung eines pauschalierten Anspruchs des Verwenders auf Schadensersatz oder Ersatz einer Wertminderung, wenn
   a) die Pauschale den in den geregelten Fällen nach dem gewöhnlichen Lauf der Dinge zu erwartenden Schaden oder die gewöhnlich eintretende Wertminderung übersteigt oder
   b) dem anderen Vertragsteil nicht ausdrücklich der Nachweis gestattet wird, ein Schaden oder eine Wertminderung sei überhaupt nicht entstanden oder wesentlich niedriger als die Pauschale;
6. (Vertragsstrafe)
   eine Bestimmung, durch die dem Verwender für den Fall der Nichtabnahme oder verspäteten Abnahme der Leistung, des Zahlungsverzugs oder für den Fall, dass der andere Vertragsteil sich vom Vertrag löst, Zahlung einer Vertragsstrafe versprochen wird;
7. (Haftungsausschluss bei Verletzung von Leben, Körper, Gesundheit und bei grobem Verschulden)
   a) (Verletzung von Leben, Körper, Gesundheit)
      ein Ausschluss oder eine Begrenzung der Haftung für Schäden aus der Verletzung des Lebens, des Körpers oder der Gesundheit, die auf einer fahrlässigen Pflichtverletzung des Verwenders oder einer vorsätzlichen oder fahrlässigen Pflichtverletzung eines gesetzlichen Vertreters oder Erfüllungsgehilfen des Verwenders beruhen;
   b) (Grobes Verschulden)
      ein Ausschluss oder eine Begrenzung der Haftung für sonstige Schäden, die auf einer grob fahrlässigen Pflichtverletzung des Verwenders oder auf einer vorsätzlichen oder grob fahrlässigen Pflichtverletzung eines gesetzlichen Vertreters oder Erfüllungsgehilfen des Verwenders beruhen;
   die Buchstaben a und b gelten nicht für Haftungsbeschränkungen in den nach Maßgabe des Personenbeförderungsgesetzes genehmigten Beförderungsbedingungen und Tarifvorschriften der Straßenbahnen, Obusse und Kraftfahrzeuge im Linienverkehr, soweit sie nicht zum Nachteil des Fahrgasts von der Verordnung über die Allgemeinen Beförderungsbedingungen für den Straßenbahn- und Obusverkehr sowie den Linienverkehr mit Kraftfahrzeugen vom 27. Februar 1970 abweichen; Buchstabe b gilt nicht für Haftungsbeschränkungen für staatlich genehmigte Lotterie- oder Ausspielverträge;
8. (Sonstige Haftungsausschlüsse bei Pflichtverletzung)
   a) (Ausschluss des Rechts, sich vom Vertrag zu lösen)
      eine Bestimmung, die bei einer vom Verwender zu vertretenden, nicht in einem Mangel der Kaufsache oder des Werkes bestehenden Pflichtverletzung das Recht des anderen Vertragsteils, sich vom Vertrag zu lösen, ausschließt oder einschränkt; dies gilt nicht für die in der Nummer 7 bezeichneten Beförderungsbedingungen und Tarifvorschriften unter den dort genannten Voraussetzungen;
   b) (Mängel)
      eine Bestimmung, durch die bei Verträgen über Lieferungen neu hergestellter Sachen und über Werkleistungen

aa) (Ausschluss und Verweisung auf Dritte)
die Ansprüche gegen den Verwender wegen eines Mangels insgesamt oder bezüglich einzelner Teile ausgeschlossen, auf die Einräumung von Ansprüchen gegen Dritte beschränkt oder von der vorherigen gerichtlichen Inanspruchnahme Dritter abhängig gemacht werden;
bb) (Beschränkung auf Nacherfüllung)
die Ansprüche gegen den Verwender insgesamt oder bezüglich einzelner Teile auf ein Recht auf Nacherfüllung beschränkt werden, sofern dem anderen Vertragsteil nicht ausdrücklich das Recht vorbehalten wird, bei Fehlschlagen der Nacherfüllung zu mindern oder, wenn nicht eine Bauleistung Gegenstand der Mängelhaftung ist, nach seiner Wahl vom Vertrag zurückzutreten;
cc) (Aufwendungen bei Nacherfüllung)
die Verpflichtung des Verwenders ausgeschlossen oder beschränkt wird, die zum Zweck der Nacherfüllung erforderlichen Aufwendungen nach § 439 Absatz 2 und 3 oder § 635 Absatz 2 zu tragen oder zu ersetzen;
dd) (Vorenthalten der Nacherfüllung)
der Verwender die Nacherfüllung von der vorherigen Zahlung des vollständigen Entgelts oder eines unter Berücksichtigung des Mangels unverhältnismäßig hohen Teils des Entgelts abhängig macht;
ee) (Ausschlussfrist für Mängelanzeige)
der Verwender dem anderen Vertragsteil für die Anzeige nicht offensichtlicher Mängel eine Ausschlussfrist setzt, die kürzer ist als die nach dem Doppelbuchstaben ff zulässige Frist;
ff) (Erleichterung der Verjährung)
die Verjährung von Ansprüchen gegen den Verwender wegen eines Mangels in den Fällen des § 438 Abs. 1 Nr. 2 und des § 634a Abs. 1 Nr. 2 erleichtert oder in den sonstigen Fällen eine weniger als ein Jahr betragende Verjährungsfrist ab dem gesetzlichen Verjährungsbeginn erreicht wird;
9. (Laufzeit bei Dauerschuldverhältnissen)
bei einem Vertragsverhältnis, das die regelmäßige Lieferung von Waren oder die regelmäßige Erbringung von Dienst- oder Werkleistungen durch den Verwender zum Gegenstand hat,
a) eine den anderen Vertragsteil länger als zwei Jahre bindende Laufzeit des Vertrags,
b) eine den anderen Vertragsteil bindende stillschweigende Verlängerung des Vertragsverhältnisses um jeweils mehr als ein Jahr oder
c) zu Lasten des anderen Vertragsteils eine längere Kündigungsfrist als drei Monate vor Ablauf der zunächst vorgesehenen oder stillschweigend verlängerten Vertragsdauer;
dies gilt nicht für Verträge über die Lieferung als zusammengehörig verkaufter Sachen sowie für Versicherungsverträge.
10. (Wechsel des Vertragspartners)
eine Bestimmung, wonach bei Kauf-, Darlehens-, Dienst- oder Werkverträgen ein Dritter anstelle des Verwenders in die sich aus dem Vertrag ergebenden Rechte und Pflichten eintritt oder eintreten kann, es sei denn, in der Bestimmung wird
a) der Dritte namentlich bezeichnet oder
b) dem anderen Vertragsteil das Recht eingeräumt, sich vom Vertrag zu lösen;
11. (Haftung des Abschlussvertreters)
eine Bestimmung, durch die der Verwender einem Vertreter, der den Vertrag für den anderen Vertragsteil abschließt,
a) ohne hierauf gerichtete ausdrückliche und gesonderte Erklärung eine eigene Haftung oder Einstandspflicht oder
b) im Falle vollmachtloser Vertretung eine über § 179 hinausgehende Haftung
auferlegt;
12. (Beweislast)
eine Bestimmung, durch die der Verwender die Beweislast zum Nachteil des anderen Vertragsteils ändert, insbesondere indem er
a) diesem die Beweislast für Umstände auferlegt, die im Verantwortungsbereich des Verwenders liegen, oder
b) den anderen Vertragsteil bestimmte Tatsachen bestätigen lässt;
Buchstabe b gilt nicht für Empfangsbekenntnisse, die gesondert unterschrieben oder mit einer gesonderten qualifizierten elektronischen Signatur versehen sind;
13. (Form von Anzeigen und Erklärungen)
eine Bestimmung, durch die Anzeigen oder Erklärungen, die dem Verwender oder einem Dritten gegenüber abzugeben sind, gebunden werden

a) an eine strengere Form als die schriftliche Form in einem Vertrag, für den durch Gesetz notarielle Beurkundung vorgeschrieben ist oder
b) an eine strengere Form als die Textform in anderen als den in Buchstabe a genannten Verträgen oder
c) an besondere Zugangserfordernisse;
14. (Klageverzicht)
eine Bestimmung, wonach der andere Vertragsteil seine Ansprüche gegen den Verwender gerichtlich nur geltend machen darf, nachdem er eine gütliche Einigung in einem Verfahren zur außergerichtlichen Streitbeilegung versucht hat;
15. (Abschlagszahlungen und Sicherheitsleistung)
eine Bestimmung, nach der der Verwender bei einem Werkvertrag
a) für Teilleistungen Abschlagszahlungen vom anderen Vertragsteil verlangen kann, die wesentlich höher sind als die nach § 632a Absatz 1 und § 650m Absatz 1 zu leistenden Abschlagszahlungen, oder
b) die Sicherheitsleistung nach § 650m Absatz 2 nicht oder nur in geringerer Höhe leisten muss.

§ 310 Anwendungsbereich

(1) § 305 Absatz 2 und 3, § 308 Nummer 1, 2 bis 8 und § 309 finden keine Anwendung auf Allgemeine Geschäftsbedingungen, die gegenüber einem Unternehmer, einer juristischen Person des öffentlichen Rechts oder einem öffentlich-rechtlichen Sondervermögen verwendet werden. § 307 Abs. 1 und 2 findet in den Fällen des Satzes 1 auch insoweit Anwendung, als dies zur Unwirksamkeit von in § 308 Nummer 1, 2 bis 8 und § 309 genannten Vertragsbestimmungen führt; auf die im Handelsverkehr geltenden Gewohnheiten und Gebräuche ist angemessen Rücksicht zu nehmen. In den Fällen des Satzes 1 finden § 307 Absatz 1 und 2 sowie § 308 Nummer 1a und 1b auf Verträge, in die die Vergabe- und Vertragsordnung für Bauleistungen Teil B (VOB/B) in der jeweils zum Zeitpunkt des Vertragsschlusses geltenden Fassung ohne inhaltliche Abweichungen insgesamt einbezogen ist, in Bezug auf eine Inhaltskontrolle einzelner Bestimmungen keine Anwendung.
(2) Die §§ 308 und 309 finden keine Anwendung auf Verträge der Elektrizitäts-, Gas-, Fernwärme- und Wasserversorgungsunternehmen über die Versorgung von Sonderabnehmern mit elektrischer Energie, Gas, Fernwärme und Wasser aus dem Versorgungsnetz, soweit die Versorgungsbedingungen nicht zum Nachteil der Abnehmer von Verordnungen über Allgemeine Bedingungen für die Versorgung von Tarifkunden mit elektrischer Energie, Gas, Fernwärme und Wasser abweichen. Satz 1 gilt entsprechend für Verträge über die Entsorgung von Abwasser.
(3) Bei Verträgen zwischen einem Unternehmer und einem Verbraucher (Verbraucherverträge) finden die Vorschriften dieses Abschnitts mit folgenden Maßgaben Anwendung:
1. Allgemeine Geschäftsbedingungen gelten als vom Unternehmer gestellt, es sei denn, dass sie durch den Verbraucher in den Vertrag eingeführt wurden;
2. § 305c Abs. 2 und die §§ 306 und 307 bis 309 dieses Gesetzes sowie Artikel 46b des Einführungsgesetzes zum Bürgerlichen Gesetzbuche finden auf vorformulierte Vertragsbedingungen auch dann Anwendung, wenn diese nur zur einmaligen Verwendung bestimmt sind und soweit der Verbraucher auf Grund der Vorformulierung auf ihren Inhalt keinen Einfluss nehmen konnte;
3. bei der Beurteilung der unangemessenen Benachteiligung nach § 307 Abs. 1 und 2 sind auch die den Vertragsschluss begleitenden Umstände zu berücksichtigen.
(4) Dieser Abschnitt findet keine Anwendung bei Verträgen auf dem Gebiet des Erb-, Familien- und Gesellschaftsrechts sowie auf Tarifverträge, Betriebs- und Dienstvereinbarungen. Bei der Anwendung auf Arbeitsverträge sind die im Arbeitsrecht geltenden Besonderheiten angemessen zu berücksichtigen; § 305 Abs. 2 und 3 ist nicht anzuwenden. Tarifverträge, Betriebs- und Dienstvereinbarungen stehen Rechtsvorschriften im Sinne von § 307 Abs. 3 gleich.

Abschnitt 3
Schuldverhältnisse aus Verträgen

Titel 1
Begründung, Inhalt und Beendigung

Untertitel 1
Begründung

§ 311 Rechtsgeschäftliche und rechtsgeschäftsähnliche Schuldverhältnisse

(1) Zur Begründung eines Schuldverhältnisses durch Rechtsgeschäft sowie zur Änderung des Inhalts eines Schuldverhältnisses ist ein Vertrag zwischen den Beteiligten erforderlich, soweit nicht das Gesetz ein anderes vorschreibt.
(2) Ein Schuldverhältnis mit Pflichten nach § 241 Abs. 2 entsteht auch durch
1. die Aufnahme von Vertragsverhandlungen,

2. die Anbahnung eines Vertrags, bei welcher der eine Teil im Hinblick auf eine etwaige rechtsgeschäftliche Beziehung dem anderen Teil die Möglichkeit zur Einwirkung auf seine Rechte, Rechtsgüter und Interessen gewährt oder ihm diese anvertraut, oder
3. ähnliche geschäftliche Kontakte.
(3) Ein Schuldverhältnis mit Pflichten nach § 241 Abs. 2 kann auch zu Personen entstehen, die nicht selbst Vertragspartei werden sollen. Ein solches Schuldverhältnis entsteht insbesondere, wenn der Dritte in besonderem Maße Vertrauen für sich in Anspruch nimmt und dadurch die Vertragsverhandlungen oder den Vertragsschluss erheblich beeinflusst.

§ 311a Leistungshindernis bei Vertragsschluss

(1) Der Wirksamkeit eines Vertrags steht es nicht entgegen, dass der Schuldner nach § 275 Abs. 1 bis 3 nicht zu leisten braucht und das Leistungshindernis schon bei Vertragsschluss vorliegt.
(2) Der Gläubiger kann nach seiner Wahl Schadensersatz statt der Leistung oder Ersatz seiner Aufwendungen in dem in § 284 bestimmten Umfang verlangen. Dies gilt nicht, wenn der Schuldner das Leistungshindernis bei Vertragsschluss nicht kannte und seine Unkenntnis auch nicht zu vertreten hat. § 281 Abs. 1 Satz 2 und 3 und Abs. 5 findet entsprechende Anwendung.

§ 311b Verträge über Grundstücke, das Vermögen und den Nachlass

(1) Ein Vertrag, durch den sich der eine Teil verpflichtet, das Eigentum an einem Grundstück zu übertragen oder zu erwerben, bedarf der notariellen Beurkundung. Ein ohne Beachtung dieser Form geschlossener Vertrag wird seinem ganzen Inhalt nach gültig, wenn die Auflassung und die Eintragung in das Grundbuch erfolgen.
(2) Ein Vertrag, durch den sich der eine Teil verpflichtet, sein künftiges Vermögen oder einen Bruchteil seines künftigen Vermögens zu übertragen oder mit einem Nießbrauch zu belasten, ist nichtig.
(3) Ein Vertrag, durch den sich der eine Teil verpflichtet, sein gegenwärtiges Vermögen oder einen Bruchteil seines gegenwärtigen Vermögens zu übertragen oder mit einem Nießbrauch zu belasten, bedarf der notariellen Beurkundung.
(4) Ein Vertrag über den Nachlass eines noch lebenden Dritten ist nichtig. Das Gleiche gilt von einem Vertrag über den Pflichtteil oder ein Vermächtnis aus dem Nachlass eines noch lebenden Dritten.
(5) Absatz 4 gilt nicht für einen Vertrag, der unter künftigen gesetzlichen Erben über den gesetzlichen Erbteil oder den Pflichtteil eines von ihnen geschlossen wird. Ein solcher Vertrag bedarf der notariellen Beurkundung.

§ 311c Erstreckung auf Zubehör

Verpflichtet sich jemand zur Veräußerung oder Belastung einer Sache, so erstreckt sich diese Verpflichtung im Zweifel auch auf das Zubehör der Sache.

Untertitel 2
Grundsätze bei Verbraucherverträgen und besondere Vertriebsformen

Kapitel 1
Anwendungsbereich und Grundsätze bei Verbraucherverträgen

§ 312 Anwendungsbereich

(1) Die Vorschriften der Kapitel 1 und 2 dieses Untertitels sind auf Verbraucherverträge anzuwenden, bei denen sich der Verbraucher zu der Zahlung eines Preises verpflichtet.
(1a) Die Vorschriften der Kapitel 1 und 2 dieses Untertitels sind auch auf Verbraucherverträge anzuwenden, bei denen der Verbraucher dem Unternehmer personenbezogene Daten bereitstellt oder sich hierzu verpflichtet. Dies gilt nicht, wenn der Unternehmer die vom Verbraucher bereitgestellten personenbezogenen Daten ausschließlich verarbeitet, um seine Leistungspflicht oder an ihn gestellte rechtliche Anforderungen zu erfüllen, und sie zu keinem anderen Zweck verarbeitet.
(2) Von den Vorschriften der Kapitel 1 und 2 dieses Untertitels ist nur § 312a Absatz 1, 3, 4 und 6 auf folgende Verträge anzuwenden:
1. notariell beurkundete Verträge
    a) über Finanzdienstleistungen, die außerhalb von Geschäftsräumen geschlossen werden;
    b) die keine Verträge über Finanzdienstleistungen sind; für Verträge, für die das Gesetz die notarielle Beurkundung des Vertrags oder einer Vertragserklärung nicht vorschreibt, gilt dies nur, wenn der Notar darüber belehrt, dass die Informationspflichten nach § 312d Absatz 1 und das Widerrufsrecht nach § 312g Absatz 1 entfallen;
2. Verträge über die Begründung, den Erwerb oder die Übertragung von Eigentum oder anderen Rechten an Grundstücken,
3. Verbraucherbauverträge nach § 650i Absatz 1,

4. (weggefallen),
5. Verträge über die Beförderung von Personen,
6. Verträge über Teilzeit-Wohnrechte, langfristige Urlaubsprodukte, Vermittlungen und Tauschsysteme nach den §§ 481 bis 481b,
7. Behandlungsverträge nach § 630a,
8. Verträge über die Lieferung von Lebensmitteln, Getränken oder sonstigen Haushaltsgegenständen des täglichen Bedarfs, die am Wohnsitz, am Aufenthaltsort oder am Arbeitsplatz eines Verbrauchers von einem Unternehmer im Rahmen häufiger und regelmäßiger Fahrten geliefert werden,
9. Verträge, die unter Verwendung von Warenautomaten und automatisierten Geschäftsräumen geschlossen werden,
10. Verträge, die mit Betreibern von Telekommunikationsmitteln mit Hilfe öffentlicher Münz- und Kartentelefone zu deren Nutzung geschlossen werden,
11. Verträge zur Nutzung einer einzelnen von einem Verbraucher hergestellten Telefon-, Internet- oder Telefaxverbindung,
12. außerhalb von Geschäftsräumen geschlossene Verträge, bei denen die Leistung bei Abschluss der Verhandlungen sofort erbracht und bezahlt wird und das vom Verbraucher zu zahlende Entgelt 40 Euro nicht überschreitet, und
13. Verträge über den Verkauf beweglicher Sachen auf Grund von Zwangsvollstreckungsmaßnahmen oder anderen gerichtlichen Maßnahmen.

(3) Auf Verträge über soziale Dienstleistungen, wie Kinderbetreuung oder Unterstützung von dauerhaft oder vorübergehend hilfsbedürftigen Familien oder Personen, einschließlich Langzeitpflege, sind von den Vorschriften der Kapitel 1 und 2 dieses Untertitels nur folgende anzuwenden:
1. die Definitionen der außerhalb von Geschäftsräumen geschlossenen Verträge und der Fernabsatzverträge nach den §§ 312b und 312c,
2. § 312a Absatz 2 über die Pflicht zur Offenlegung bei Telefonanrufen,
3. § 312a Absatz 3 über die Wirksamkeit der Vereinbarung, die auf eine über das vereinbarte Entgelt für die Hauptleistung hinausgehende Zahlung gerichtet ist,
4. § 312a Absatz 4 über die Wirksamkeit der Vereinbarung eines Entgelts für die Nutzung von Zahlungsmitteln,
5. § 312a Absatz 6,
6. § 312d Absatz 1 in Verbindung mit Artikel 246a § 1 Absatz 2 und 3 des Einführungsgesetzes zum Bürgerlichen Gesetzbuche über die Pflicht zur Information über das Widerrufsrecht und
7. § 312g über das Widerrufsrecht.

(4) Auf Verträge über die Vermietung von Wohnraum sind von den Vorschriften der Kapitel 1 und 2 dieses Untertitels nur die in Absatz 3 Nummer 1 bis 7 genannten Bestimmungen anzuwenden. Die in Absatz 3 Nummer 1, 6 und 7 genannten Bestimmungen sind jedoch nicht auf die Begründung eines Mietverhältnisses über Wohnraum anzuwenden, wenn der Mieter die Wohnung zuvor besichtigt hat.

(5) Bei Vertragsverhältnissen über Bankdienstleistungen sowie Dienstleistungen im Zusammenhang mit einer Kreditgewährung, Versicherung, Altersversorgung von Einzelpersonen, Geldanlage oder Zahlung (Finanzdienstleistungen), die eine erstmalige Vereinbarung mit daran anschließenden aufeinanderfolgenden Vorgängen oder eine daran anschließende Reihe getrennter, in einem zeitlichen Zusammenhang stehender Vorgänge gleicher Art umfassen, sind die Vorschriften der Kapitel 1 und 2 dieses Untertitels nur auf die erste Vereinbarung anzuwenden. § 312a Absatz 1, 3, 4 und 6 ist daneben auf jeden Vorgang anzuwenden. Wenn die in Satz 1 genannten Vorgänge ohne eine solche Vereinbarung aufeinanderfolgen, gelten die Vorschriften über Informationspflichten des Unternehmers nur für den ersten Vorgang. Findet jedoch länger als ein Jahr kein Vorgang der gleichen Art mehr statt, so gilt der nächste Vorgang als der erste Vorgang einer neuen Reihe im Sinne von Satz 3.

(6) Von den Vorschriften der Kapitel 1 und 2 dieses Untertitels ist auf Verträge über Versicherungen sowie auf Verträge über deren Vermittlung nur § 312a Absatz 3, 4 und 6 anzuwenden.

(7) Auf Pauschalreiseverträge nach den §§ 651a und 651c sind von den Vorschriften dieses Untertitels nur § 312a Absatz 3 bis 6, die §§ 312i, 312j Absatz 2 bis 5 und § 312k anzuwenden; diese Vorschriften finden auch Anwendung, wenn der Reisende kein Verbraucher ist. Ist der Reisende ein Verbraucher, ist auf Pauschalreiseverträge nach § 651a, die außerhalb von Geschäftsräumen geschlossen worden sind, auch § 312g Absatz 1 anzuwenden, es sei denn, die mündlichen Verhandlungen, auf denen der Vertragsschluss beruht, sind auf vorhergehende Bestellung des Verbrauchers geführt worden.

§ 312a Allgemeine Pflichten und Grundsätze bei Verbraucherverträgen; Grenzen der Vereinbarung von Entgelten

(1) Ruft der Unternehmer oder eine Person, die in seinem Namen oder Auftrag handelt, den Verbraucher an, um mit diesem einen Vertrag zu schließen, hat der Anrufer zu Beginn des Gesprächs seine Identität und gegebenenfalls die Identität der Person, für die er anruft, sowie den geschäftlichen Zweck des Anrufs offenzulegen.

(2) Der Unternehmer ist verpflichtet, den Verbraucher nach Maßgabe des Artikels 246 des Einführungsgesetzes zum Bürgerlichen Gesetzbuche zu informieren. Der Unternehmer kann von dem Verbraucher Fracht-, Liefer- oder Versandkosten und sonstige Kosten nur verlangen, soweit er den Verbraucher über diese Kosten entsprechend den Anforderungen aus Artikel 246 Absatz 1 Nummer 3 des Einführungsgesetzes zum Bürgerlichen Gesetzbuche informiert hat. Die Sätze 1 und 2 sind weder auf außerhalb von Geschäftsräumen geschlossene Verträge noch auf Fernabsatzverträge noch auf Verträge über Finanzdienstleistungen anzuwenden.
(3) Eine Vereinbarung, die auf eine über das vereinbarte Entgelt für die Hauptleistung hinausgehende Zahlung des Verbrauchers gerichtet ist, kann ein Unternehmer mit einem Verbraucher nur ausdrücklich treffen. Schließen der Unternehmer und der Verbraucher einen Vertrag im elektronischen Geschäftsverkehr, wird eine solche Vereinbarung nur Vertragsbestandteil, wenn der Unternehmer die Vereinbarung nicht durch eine Voreinstellung herbeiführt.
(4) Eine Vereinbarung, durch die ein Verbraucher verpflichtet wird, ein Entgelt dafür zu zahlen, dass er für die Erfüllung seiner vertraglichen Pflichten ein bestimmtes Zahlungsmittel nutzt, ist unwirksam, wenn
1. für den Verbraucher keine gängige und zumutbare unentgeltliche Zahlungsmöglichkeit besteht oder
2. das vereinbarte Entgelt über die Kosten hinausgeht, die dem Unternehmer durch die Nutzung des Zahlungsmittels entstehen.
(5) Eine Vereinbarung, durch die ein Verbraucher verpflichtet wird, ein Entgelt dafür zu zahlen, dass der Verbraucher den Unternehmer wegen Fragen oder Erklärungen zu einem zwischen ihnen geschlossenen Vertrag über eine Rufnummer anruft, die der Unternehmer für solche Zwecke bereithält, ist unwirksam, wenn das vereinbarte Entgelt das Entgelt für die bloße Nutzung des Telekommunikationsdienstes übersteigt. Ist eine Vereinbarung nach Satz 1 unwirksam, ist der Verbraucher auch gegenüber dem Anbieter des Telekommunikationsdienstes nicht verpflichtet, ein Entgelt für den Anruf zu zahlen. Der Anbieter des Telekommunikationsdienstes ist berechtigt, das Entgelt für die bloße Nutzung des Telekommunikationsdienstes von dem Unternehmer zu verlangen, der die unwirksame Vereinbarung mit dem Verbraucher geschlossen hat.
(6) Ist eine Vereinbarung nach den Absätzen 3 bis 5 nicht Vertragsbestandteil geworden oder ist sie unwirksam, bleibt der Vertrag im Übrigen wirksam.

Kapitel 2
Außerhalb von Geschäftsräumen geschlossene Verträge und Fernabsatzverträge
§ 312b Außerhalb von Geschäftsräumen geschlossene Verträge
(1) Außerhalb von Geschäftsräumen geschlossene Verträge sind Verträge,
1. die bei gleichzeitiger körperlicher Anwesenheit des Verbrauchers und des Unternehmers an einem Ort geschlossen werden, der kein Geschäftsraum des Unternehmers ist,
2. für die der Verbraucher unter den in Nummer 1 genannten Umständen ein Angebot abgegeben hat,
3. die in den Geschäftsräumen des Unternehmers oder durch Fernkommunikationsmittel geschlossen werden, bei denen der Verbraucher jedoch unmittelbar zuvor außerhalb der Geschäftsräume des Unternehmers bei gleichzeitiger körperlicher Anwesenheit des Verbrauchers und des Unternehmers persönlich und individuell angesprochen wurde, oder
4. die auf einem Ausflug geschlossen werden, der von dem Unternehmer oder mit seiner Hilfe organisiert wurde, um beim Verbraucher für den Verkauf von Waren oder die Erbringung von Dienstleistungen zu werben und mit ihm entsprechende Verträge abzuschließen.

Dem Unternehmer stehen Personen gleich, die in seinem Namen oder Auftrag handeln.
(2) Geschäftsräume im Sinne des Absatzes 1 sind unbewegliche Gewerberäume, in denen der Unternehmer seine Tätigkeit dauerhaft ausübt, und bewegliche Gewerberäume, in denen der Unternehmer seine Tätigkeit für gewöhnlich ausübt. Gewerberäume, in denen die Person, die im Namen oder Auftrag des Unternehmers handelt, ihre Tätigkeit dauerhaft oder für gewöhnlich ausübt, stehen Räumen des Unternehmers gleich.

§ 312c Fernabsatzverträge
(1) Fernabsatzverträge sind Verträge, bei denen der Unternehmer oder eine in seinem Namen oder Auftrag handelnde Person und der Verbraucher für die Vertragsverhandlungen und den Vertragsschluss ausschließlich Fernkommunikationsmittel verwenden, es sei denn, dass der Vertragsschluss nicht im Rahmen eines für den Fernabsatz organisierten Vertriebs- oder Dienstleistungssystems erfolgt.
(2) Fernkommunikationsmittel im Sinne dieses Gesetzes sind alle Kommunikationsmittel, die zur Anbahnung oder zum Abschluss eines Vertrags eingesetzt werden können, ohne dass die Vertragsparteien gleichzeitig körperlich anwesend sind, wie Briefe, Kataloge, Telefonanrufe, Telekopien, E-Mails, über den Mobilfunkdienst versendete Nachrichten (SMS) sowie Rundfunk und Telemedien.

70 BGB §§ 312d–312g

§ 312d Informationspflichten

(1) Bei außerhalb von Geschäftsräumen geschlossenen Verträgen und bei Fernabsatzverträgen ist der Unternehmer verpflichtet, den Verbraucher nach Maßgabe des Artikels 246a des Einführungsgesetzes zum Bürgerlichen Gesetzbuche zu informieren. Die in Erfüllung dieser Pflicht gemachten Angaben des Unternehmers werden Inhalt des Vertrags, es sei denn, die Vertragsparteien haben ausdrücklich etwas anderes vereinbart.
(2) Bei außerhalb von Geschäftsräumen geschlossenen Verträgen und bei Fernabsatzverträgen über Finanzdienstleistungen ist der Unternehmer abweichend von Absatz 1 verpflichtet, den Verbraucher nach Maßgabe des Artikels 246b des Einführungsgesetzes zum Bürgerlichen Gesetzbuche zu informieren.

§ 312e Verletzung von Informationspflichten über Kosten

Der Unternehmer kann von dem Verbraucher Fracht-, Liefer- oder Versandkosten und sonstige Kosten nur verlangen, soweit er den Verbraucher über diese Kosten entsprechend den Anforderungen aus § 312d Absatz 1 in Verbindung mit Artikel 246a § 1 Absatz 1 Satz 1 Nummer 4 des Einführungsgesetzes zum Bürgerlichen Gesetzbuche informiert hat.

§ 312f Abschriften und Bestätigungen

(1) Bei außerhalb von Geschäftsräumen geschlossenen Verträgen ist der Unternehmer verpflichtet, dem Verbraucher alsbald auf Papier zur Verfügung zu stellen
1. eine Abschrift eines Vertragsdokuments, das von den Vertragsschließenden so unterzeichnet wurde, dass ihre Identität erkennbar ist, oder
2. eine Bestätigung des Vertrags, in der der Vertragsinhalt wiedergegeben ist.

Wenn der Verbraucher zustimmt, kann für die Abschrift oder die Bestätigung des Vertrags auch ein anderer dauerhafter Datenträger verwendet werden. Die Bestätigung nach Satz 1 muss die in Artikel 246a des Einführungsgesetzes zum Bürgerlichen Gesetzbuche genannten Angaben nur enthalten, wenn der Unternehmer dem Verbraucher diese Informationen nicht bereits vor Vertragsschluss in Erfüllung seiner Informationspflichten nach § 312d Absatz 1 auf einem dauerhaften Datenträger zur Verfügung gestellt hat.
(2) Bei Fernabsatzverträgen ist der Unternehmer verpflichtet, dem Verbraucher eine Bestätigung des Vertrags, in der der Vertragsinhalt wiedergegeben ist, innerhalb einer angemessenen Frist nach Vertragsschluss, spätestens jedoch bei der Lieferung der Ware oder bevor mit der Ausführung der Dienstleistung begonnen wird, auf einem dauerhaften Datenträger zur Verfügung zu stellen. Die Bestätigung nach Satz 1 muss die in Artikel 246a des Einführungsgesetzes zum Bürgerlichen Gesetzbuche genannten Angaben enthalten, es sei denn, der Unternehmer hat dem Verbraucher diese Informationen bereits vor Vertragsschluss in Erfüllung seiner Informationspflichten nach § 312d Absatz 1 auf einem dauerhaften Datenträger zur Verfügung gestellt.
(3) Bei Verträgen über digitale Inhalte (§ 327 Absatz 2 Satz 1), die nicht auf einem körperlichen Datenträger bereitgestellt werden, ist auf der Abschrift oder in der Bestätigung des Vertrags nach den Absätzen 1 und 2 gegebenenfalls auch festzuhalten, dass der Verbraucher vor Ausführung des Vertrags
1. ausdrücklich zugestimmt hat, dass der Unternehmer mit der Ausführung des Vertrags vor Ablauf der Widerrufsfrist beginnt, und
2. seine Kenntnis davon bestätigt hat, dass er durch seine Zustimmung mit Beginn der Ausführung des Vertrags sein Widerrufsrecht verliert.

(4) Diese Vorschrift ist nicht anwendbar auf Verträge über Finanzdienstleistungen.

§ 312g Widerrufsrecht

(1) Dem Verbraucher steht bei außerhalb von Geschäftsräumen geschlossenen Verträgen und bei Fernabsatzverträgen ein Widerrufsrecht gemäß § 355 zu.
(2) Das Widerrufsrecht besteht, soweit die Parteien nichts anderes vereinbart haben, nicht bei folgenden Verträgen:
1. Verträge zur Lieferung von Waren, die nicht vorgefertigt sind und für deren Herstellung eine individuelle Auswahl oder Bestimmung durch den Verbraucher maßgeblich ist oder die eindeutig auf die persönlichen Bedürfnisse des Verbrauchers zugeschnitten sind,
2. Verträge zur Lieferung von Waren, die schnell verderben können oder deren Verfallsdatum schnell überschritten würde,
3. Verträge zur Lieferung versiegelter Waren, die aus Gründen des Gesundheitsschutzes oder der Hygiene nicht zur Rückgabe geeignet sind, wenn ihre Versiegelung nach der Lieferung entfernt wurde,
4. Verträge zur Lieferung von Waren, wenn diese nach der Lieferung auf Grund ihrer Beschaffenheit untrennbar mit anderen Gütern vermischt wurden,
5. Verträge zur Lieferung alkoholischer Getränke, deren Preis bei Vertragsschluss vereinbart wurde, die aber frühestens 30 Tage nach Vertragsschluss geliefert werden können und deren aktueller Wert von Schwankungen auf dem Markt abhängt, auf die der Unternehmer keinen Einfluss hat,

6. Verträge zur Lieferung von Ton- oder Videoaufnahmen oder Computersoftware in einer versiegelten Packung, wenn die Versiegelung nach der Lieferung entfernt wurde,
7. Verträge zur Lieferung von Zeitungen, Zeitschriften oder Illustrierten mit Ausnahme von Abonnement-Verträgen,
8. Verträge zur Lieferung von Waren oder zur Erbringung von Dienstleistungen, einschließlich Finanzdienstleistungen, deren Preis von Schwankungen auf dem Finanzmarkt abhängt, auf die der Unternehmer keinen Einfluss hat und die innerhalb der Widerrufsfrist auftreten können, insbesondere Dienstleistungen im Zusammenhang mit Aktien, mit Anteilen an offenen Investmentvermögen im Sinne von § 1 Absatz 4 des Kapitalanlagegesetzbuchs und mit anderen handelbaren Wertpapieren, Devisen, Derivaten oder Geldmarktinstrumenten,
9. Verträge zur Erbringung von Dienstleistungen in den Bereichen Beherbergung zu anderen Zwecken als zu Wohnzwecken, Beförderung von Waren, Kraftfahrzeugvermietung, Lieferung von Speisen und Getränken sowie zur Erbringung weiterer Dienstleistungen im Zusammenhang mit Freizeitbetätigungen, wenn der Vertrag für die Erbringung einen spezifischen Termin oder Zeitraum vorsieht,
10. Verträge, die im Rahmen einer Vermarktungsform geschlossen werden, bei der der Unternehmer Verbrauchern, die persönlich anwesend sind oder denen diese Möglichkeit gewährt wird, Waren oder Dienstleistungen anbietet, und zwar in einem vom Versteigerer durchgeführten, auf konkurrierenden Geboten basierenden transparenten Verfahren, bei dem der Bieter, der den Zuschlag erhalten hat, zum Erwerb der Waren oder Dienstleistungen verpflichtet ist (öffentlich zugängliche Versteigerung),
11. Verträge, bei denen der Verbraucher den Unternehmer ausdrücklich aufgefordert hat, ihn aufzusuchen, um dringende Reparatur- oder Instandhaltungsarbeiten vorzunehmen; dies gilt nicht hinsichtlich weiterer bei dem Besuch erbrachter Dienstleistungen, die der Verbraucher nicht ausdrücklich verlangt hat, oder hinsichtlich solcher bei dem Besuch gelieferter Waren, die bei der Instandhaltung oder Reparatur nicht unbedingt als Ersatzteile benötigt werden,
12. Verträge zur Erbringung von Wett- und Lotteriedienstleistungen, es sei denn, dass der Verbraucher seine Vertragserklärung telefonisch abgegeben hat oder der Vertrag außerhalb von Geschäftsräumen geschlossen wurde, und
13. notariell beurkundete Verträge; dies gilt für Fernabsatzverträge über Finanzdienstleistungen nur, wenn der Notar bestätigt, dass die Rechte des Verbrauchers aus § 312d Absatz 2 gewahrt sind.

(3) Das Widerrufsrecht besteht ferner nicht bei Verträgen, bei denen dem Verbraucher bereits auf Grund der §§ 495, 506 bis 513 ein Widerrufsrecht nach § 355 zusteht, und nicht bei außerhalb von Geschäftsräumen geschlossenen Verträgen, bei denen dem Verbraucher bereits nach § 305 Absatz 1 bis 6 des Kapitalanlagegesetzbuchs ein Widerrufsrecht zusteht.

§ 312h Kündigung und Vollmacht zur Kündigung

Wird zwischen einem Unternehmer und einem Verbraucher nach diesem Untertitel ein Dauerschuldverhältnis begründet, das ein zwischen dem Verbraucher und einem anderen Unternehmer bestehendes Dauerschuldverhältnis ersetzen soll, und wird anlässlich der Begründung des Dauerschuldverhältnisses von dem Verbraucher
1. die Kündigung des bestehenden Dauerschuldverhältnisses erklärt und der Unternehmer oder ein von ihm beauftragter Dritter zur Übermittlung der Kündigung an den bisherigen Vertragspartner des Verbrauchers beauftragt oder
2. der Unternehmer oder ein von ihm beauftragter Dritter zur Erklärung der Kündigung gegenüber dem bisherigen Vertragspartner des Verbrauchers bevollmächtigt,

bedarf die Kündigung des Verbrauchers oder die Vollmacht zur Kündigung der Textform.

Kapitel 3
Verträge im elektronischen Geschäftsverkehr

§ 312i Allgemeine Pflichten im elektronischen Geschäftsverkehr

(1) Bedient sich ein Unternehmer zum Zwecke des Abschlusses eines Vertrags über die Lieferung von Waren oder über die Erbringung von Dienstleistungen der Telemedien (Vertrag im elektronischen Geschäftsverkehr), hat er dem Kunden
1. angemessene, wirksame und zugängliche technische Mittel zur Verfügung zu stellen, mit deren Hilfe der Kunde Eingabefehler vor Abgabe seiner Bestellung erkennen und berichtigen kann,
2. die in Artikel 246c des Einführungsgesetzes zum Bürgerlichen Gesetzbuche bestimmten Informationen rechtzeitig vor Abgabe von dessen Bestellung klar und verständlich mitzuteilen,
3. den Zugang von dessen Bestellung unverzüglich auf elektronischem Wege zu bestätigen und

4. die Möglichkeit zu verschaffen, die Vertragsbestimmungen einschließlich der Allgemeinen Geschäftsbedingungen bei Vertragsschluss abzurufen und in wiedergabefähiger Form zu speichern.
Bestellung und Empfangsbestätigung im Sinne von Satz 1 Nummer 3 gelten als zugegangen, wenn die Parteien, für die sie bestimmt sind, sie unter gewöhnlichen Umständen abrufen können.
(2) Absatz 1 Satz 1 Nummer 1 bis 3 ist nicht anzuwenden, wenn der Vertrag ausschließlich durch individuelle Kommunikation geschlossen wird. Absatz 1 Satz 1 Nummer 1 bis 3 und Satz 2 ist nicht anzuwenden, wenn zwischen Vertragsparteien, die nicht Verbraucher sind, etwas anderes vereinbart wird.
(3) Weitergehende Informationspflichten auf Grund anderer Vorschriften bleiben unberührt.

§ 312j Besondere Pflichten im elektronischen Geschäftsverkehr gegenüber Verbrauchern

(1) Auf Webseiten für den elektronischen Geschäftsverkehr mit Verbrauchern hat der Unternehmer zusätzlich zu den Angaben nach § 312i Absatz 1 spätestens bei Beginn des Bestellvorgangs klar und deutlich anzugeben, ob Lieferbeschränkungen bestehen und welche Zahlungsmittel akzeptiert werden.
(2) Bei einem Verbrauchervertrag im elektronischen Geschäftsverkehr, der eine entgeltliche Leistung des Unternehmers zum Gegenstand hat, muss der Unternehmer dem Verbraucher die Informationen gemäß Artikel 246a § 1 Absatz 1 Satz 1 Nummer 1, 4, 5, 11 und 12 des Einführungsgesetzes zum Bürgerlichen Gesetzbuche, unmittelbar bevor der Verbraucher seine Bestellung abgibt, klar und verständlich in hervorgehobener Weise zur Verfügung stellen.
(3) Der Unternehmer hat die Bestellsituation bei einem Vertrag nach Absatz 2 so zu gestalten, dass der Verbraucher mit seiner Bestellung ausdrücklich bestätigt, dass er sich zu einer Zahlung verpflichtet. Erfolgt die Bestellung über eine Schaltfläche, ist die Pflicht des Unternehmers aus Satz 1 nur erfüllt, wenn diese Schaltfläche gut lesbar mit nichts anderem als den Wörtern „zahlungspflichtig bestellen" oder mit einer entsprechenden eindeutigen Formulierung beschriftet ist.
(4) Ein Vertrag nach Absatz 2 kommt nur zustande, wenn der Unternehmer seine Pflicht aus Absatz 3 erfüllt.
(5) Die Absätze 2 bis 4 sind nicht anzuwenden, wenn der Vertrag ausschließlich durch individuelle Kommunikation geschlossen wird. Die Pflichten aus den Absätzen 1 und 2 gelten weder für Webseiten, die Finanzdienstleistungen betreffen, noch für Verträge über Finanzdienstleistungen.

Kapitel 4
Abweichende Vereinbarungen und Beweislast

§ 312k Abweichende Vereinbarungen und Beweislast

(1) Von den Vorschriften dieses Untertitels darf, soweit nichts anderes bestimmt ist, nicht zum Nachteil des Verbrauchers oder Kunden abgewichen werden. Die Vorschriften dieses Untertitels finden, soweit nichts anderes bestimmt ist, auch Anwendung, wenn sie durch anderweitige Gestaltungen umgangen werden.
(2) Der Unternehmer trägt gegenüber dem Verbraucher die Beweislast für die Erfüllung der in diesem Untertitel geregelten Informationspflichten.

Untertitel 3
Anpassung und Beendigung von Verträgen

§ 313 Störung der Geschäftsgrundlage

(1) Haben sich Umstände, die zur Grundlage des Vertrags geworden sind, nach Vertragsschluss schwerwiegend verändert und hätten die Parteien den Vertrag nicht oder mit anderem Inhalt geschlossen, wenn sie diese Veränderung vorausgesehen hätten, so kann Anpassung des Vertrags verlangt werden, soweit einem Teil unter Berücksichtigung aller Umstände des Einzelfalls, insbesondere der vertraglichen oder gesetzlichen Risikoverteilung, das Festhalten am unveränderten Vertrag nicht zugemutet werden kann.
(2) Einer Veränderung der Umstände steht es gleich, wenn wesentliche Vorstellungen, die zur Grundlage des Vertrags geworden sind, sich als falsch herausstellen.
(3) Ist eine Anpassung des Vertrags nicht möglich oder einem Teil nicht zumutbar, so kann der benachteiligte Teil vom Vertrag zurücktreten. An die Stelle des Rücktrittsrechts tritt für Dauerschuldverhältnisse das Recht zur Kündigung.

§ 314 Kündigung von Dauerschuldverhältnissen aus wichtigem Grund

(1) Dauerschuldverhältnisse kann jeder Vertragsteil aus wichtigem Grund ohne Einhaltung einer Kündigungsfrist kündigen. Ein wichtiger Grund liegt vor, wenn dem kündigenden Teil unter Berücksichtigung aller Umstände des Einzelfalls und unter Abwägung der beiderseitigen Interessen die Fortsetzung des Vertragsverhältnisses bis zur vereinbarten Beendigung oder bis zum Ablauf einer Kündigungsfrist nicht zugemutet werden kann.

(2) Besteht der wichtige Grund in der Verletzung einer Pflicht aus dem Vertrag, ist die Kündigung erst nach erfolglosem Ablauf einer zur Abhilfe bestimmten Frist oder nach erfolgloser Abmahnung zulässig. Für die Entbehrlichkeit der Bestimmung einer Frist zur Abhilfe und für die Entbehrlichkeit einer Abmahnung findet § 323 Absatz 2 Nummer 1 und 2 entsprechende Anwendung. Die Bestimmung einer Frist zur Abhilfe und eine Abmahnung sind auch entbehrlich, wenn besondere Umstände vorliegen, die unter Abwägung der beiderseitigen Interessen die sofortige Kündigung rechtfertigen.
(3) Der Berechtigte kann nur innerhalb einer angemessenen Frist kündigen, nachdem er vom Kündigungsgrund Kenntnis erlangt hat.
(4) Die Berechtigung, Schadensersatz zu verlangen, wird durch die Kündigung nicht ausgeschlossen.

Titel 2
Gegenseitiger Vertrag

§ 320 Einrede des nicht erfüllten Vertrags

(1) Wer aus einem gegenseitigen Vertrag verpflichtet ist, kann die ihm obliegende Leistung bis zur Bewirkung der Gegenleistung verweigern, es sei denn, dass er vorzuleisten verpflichtet ist. Hat die Leistung an mehrere zu erfolgen, so kann dem Einzelnen der ihm gebührende Teil bis zur Bewirkung der ganzen Gegenleistung verweigert werden. Die Vorschrift des § 273 Abs. 3 findet keine Anwendung.
(2) Ist von der einen Seite teilweise geleistet worden, so kann die Gegenleistung insoweit nicht verweigert werden, als die Verweigerung nach den Umständen, insbesondere wegen verhältnismäßiger Geringfügigkeit des rückständigen Teils, gegen Treu und Glauben verstoßen würde.

§ 321 Unsicherheitseinrede

(1) Wer aus einem gegenseitigen Vertrag vorzuleisten verpflichten ist, kann die ihm obliegende Leistung verweigern, wenn nach Abschluss des Vertrags erkennbar wird, dass sein Anspruch auf die Gegenleistung durch mangelnde Leistungsfähigkeit des anderen Teils gefährdet wird. Das Leistungsverweigerungsrecht entfällt, wenn die Gegenleistung bewirkt oder Sicherheit für sie geleistet wird.
(2) Der Vorleistungspflichtige kann eine angemessene Frist bestimmen, in welcher der andere Teil Zug um Zug gegen die Leistung nach seiner Wahl die Gegenleistung zu bewirken oder Sicherheit zu leisten hat. Nach erfolglosem Ablauf der Frist kann der Vorleistungspflichtige vom Vertrag zurücktreten. § 323 findet entsprechende Anwendung.

§ 322 Verurteilung zur Leistung Zug-um-Zug

(1) Erhebt aus einem gegenseitigen Vertrag der eine Teil Klage auf die ihm geschuldete Leistung, so hat die Geltendmachung des dem anderen Teil zustehenden Rechts, die Leistung bis zur Bewirkung der Gegenleistung zu verweigern, nur die Wirkung, dass der andere Teil zur Erfüllung Zug um Zug zu verurteilen ist.
(2) Hat der klagende Teil vorzuleisten, so kann er, wenn der andere Teil im Verzug der Annahme ist, auf Leistung nach Empfang der Gegenleistung klagen.
(3) Auf die Zwangsvollstreckung findet die Vorschrift des § 274 Abs. 2 Anwendung.

§ 323 Rücktritt wegen nicht oder nicht vertragsgemäß erbrachter Leistung

(1) Erbringt bei einem gegenseitigen Vertrag der Schuldner eine fällige Leistung nicht oder nicht vertragsgemäß, so kann der Gläubiger, wenn er dem Schuldner erfolglos eine angemessene Frist zur Leistung oder Nacherfüllung bestimmt hat, vom Vertrag zurücktreten.
(2) Die Fristsetzung ist entbehrlich, wenn
1. der Schuldner die Leistung ernsthaft und endgültig verweigert,
2. der Schuldner die Leistung bis zu einem im Vertrag bestimmten Termin oder innerhalb einer im Vertrag bestimmten Frist nicht bewirkt, obwohl die termin- oder fristgerechte Leistung nach einer Mitteilung des Gläubigers an den Schuldner vor Vertragsschluss oder auf Grund anderer den Vertragsabschluss begleitenden Umstände für den Gläubiger wesentlich ist, oder
3. im Falle einer nicht vertragsgemäß erbrachten Leistung besondere Umstände vorliegen, die unter Abwägung der beiderseitigen Interessen den sofortigen Rücktritt rechtfertigen.

(3) Kommt nach der Art der Pflichtverletzung eine Fristsetzung nicht in Betracht, so tritt an deren Stelle eine Abmahnung.
(4) Der Gläubiger kann bereits vor dem Eintritt der Fälligkeit der Leistung zurücktreten, wenn offensichtlich ist, dass die Voraussetzungen des Rücktritts eintreten werden.
(5) Hat der Schuldner eine Teilleistung bewirkt, so kann der Gläubiger vom ganzen Vertrag nur zurücktreten, wenn er an der Teilleistung kein Interesse hat. Hat der Schuldner die Leistung nicht vertragsgemäß bewirkt, so kann der Gläubiger vom Vertrag nicht zurücktreten, wenn die Pflichtverletzung unerheblich ist.

(6) Der Rücktritt ist ausgeschlossen, wenn der Gläubiger für den Umstand, der ihn zum Rücktritt berechtigen würde, allein oder weit überwiegend verantwortlich ist oder wenn der vom Schuldner nicht zu vertretende Umstand zu einer Zeit eintritt, zu welcher der Gläubiger im Verzug der Annahme ist.

§ 324 Rücktritt wegen Verletzung einer Pflicht nach § 241 Abs. 2
Verletzt der Schuldner bei einem gegenseitigen Vertrag eine Pflicht nach § 241 Abs. 2, so kann der Gläubiger zurücktreten, wenn ihm ein Festhalten am Vertrag nicht mehr zuzumuten ist.

§ 325 Schadensersatz und Rücktritt
Das Recht, bei einem gegenseitigen Vertrag Schadensersatz zu verlangen, wird durch den Rücktritt nicht ausgeschlossen.

§ 326 Befreiung von der Gegenleistung und Rücktritt beim Ausschluss der Leistungspflicht
(1) Braucht der Schuldner nach § 275 Abs. 1 bis 3 nicht zu leisten, entfällt der Anspruch auf die Gegenleistung; bei einer Teilleistung findet § 441 Abs. 3 entsprechende Anwendung. Satz 1 gilt nicht, wenn der Schuldner im Falle der nicht vertragsgemäßen Leistung die Nacherfüllung nach § 275 Abs. 1 bis 3 nicht zu erbringen braucht.
(2) Ist der Gläubiger für den Umstand, auf Grund dessen der Schuldner nach § 275 Abs. 1 bis 3 nicht zu leisten braucht, allein oder weit überwiegend verantwortlich oder tritt dieser vom Schuldner nicht zu vertretende Umstand zu einer Zeit ein, zu welcher der Gläubiger im Verzug der Annahme ist, so behält der Schuldner den Anspruch auf die Gegenleistung. Er muss sich jedoch dasjenige anrechnen lassen, was er infolge der Befreiung von der Leistung erspart oder durch anderweitige Verwendung seiner Arbeitskraft erwirbt oder zu erwerben böswillig unterlässt.
(3) Verlangt der Gläubiger nach § 285 Herausgabe des für den geschuldeten Gegenstand erlangten Ersatzes oder Abtretung des Ersatzanspruchs, so bleibt er zur Gegenleistung verpflichtet. Diese mindert sich jedoch nach Maßgabe des § 441 Abs. 3 insoweit, als der Wert des Ersatzes oder des Ersatzanspruchs hinter dem Wert der geschuldeten Leistung zurückbleibt.
(4) Soweit die nach dieser Vorschrift nicht geschuldete Gegenleistung bewirkt ist, kann das Geleistete nach den §§ 346 bis 348 zurückgefordert werden.
(5) Braucht der Schuldner nach § 275 Abs. 1 bis 3 nicht zu leisten, kann der Gläubiger zurücktreten; auf den Rücktritt findet § 323 mit der Maßgabe entsprechende Anwendung, dass die Fristsetzung entbehrlich ist.

Titel 2a
Verträge über digitale Produkte

Untertitel 1
Verbraucherverträge über digitale Produkte

§ 327 Anwendungsbereich
(1) Die Vorschriften dieses Untertitels sind auf Verbraucherverträge anzuwenden, welche die Bereitstellung digitaler Inhalte oder digitaler Dienstleistungen (digitale Produkte) durch den Unternehmer gegen Zahlung eines Preises zum Gegenstand haben. Preis im Sinne dieses Untertitels ist auch eine digitale Darstellung eines Werts.
(2) Digitale Inhalte sind Daten, die in digitaler Form erstellt und bereitgestellt werden. Digitale Dienstleistungen sind Dienstleistungen, die dem Verbraucher
1. die Erstellung, die Verarbeitung oder die Speicherung von Daten in digitaler Form oder den Zugang zu solchen Daten ermöglichen, oder
2. die gemeinsame Nutzung der vom Verbraucher oder von anderen Nutzern der entsprechenden Dienstleistung in digitaler Form hochgeladenen oder erstellten Daten oder sonstige Interaktionen mit diesen Daten ermöglichen.
(3) Die Vorschriften dieses Untertitels sind auch auf Verbraucherverträge über die Bereitstellung digitaler Produkte anzuwenden, bei denen der Verbraucher dem Unternehmer personenbezogene Daten bereitstellt oder sich zu deren Bereitstellung verpflichtet, es sei denn, die Voraussetzungen des § 312 Absatz 1a Satz 2 liegen vor.
(4) Die Vorschriften dieses Untertitels sind auch auf Verbraucherverträge anzuwenden, die digitale Produkte zum Gegenstand haben, welche nach den Spezifikationen des Verbrauchers entwickelt werden.
(5) Die Vorschriften dieses Untertitels sind mit Ausnahme der §§ 327b und 327c auch auf Verbraucherverträge anzuwenden, welche die Bereitstellung von körperlichen Datenträgern, die ausschließlich als Träger digitaler Inhalte dienen, zum Gegenstand haben.
(6) Die Vorschriften dieses Untertitels sind nicht anzuwenden auf:
1. Verträge über andere Dienstleistungen als digitale Dienstleistungen, unabhängig davon, ob der Unternehmer digitale Formen oder Mittel einsetzt, um das Ergebnis der Dienstleistung zu generieren oder es dem Verbraucher zu liefern oder zu übermitteln,

2. Verträge über Telekommunikationsdienste im Sinne des § 3 Nummer 61 des Telekommunikationsgesetzes vom 23. Juni 2021 (BGBl. I S. 1858) mit Ausnahme von nummernunabhängigen interpersonellen Telekommunikationsdiensten im Sinne des § 3 Nummer 40 des Telekommunikationsgesetzes,
3. Behandlungsverträge nach § 630a,
4. Verträge über Glücksspieldienstleistungen, die einen geldwerten Einsatz erfordern und unter Zuhilfenahme elektronischer oder anderer Kommunikationstechnologien auf individuellen Abruf eines Empfängers erbracht werden,
5. Verträge über Finanzdienstleistungen,
6. Verträge über die Bereitstellung von Software, für die der Verbraucher keinen Preis zahlt und die der Unternehmer im Rahmen einer freien und quelloffenen Lizenz anbietet, sofern die vom Verbraucher bereitgestellten personenbezogenen Daten durch den Unternehmer ausschließlich zur Verbesserung der Sicherheit, der Kompatibilität oder der Interoperabilität der vom Unternehmer angebotenen Software verarbeitet werden,
7. Verträge über die Bereitstellung digitaler Inhalte, wenn die digitalen Inhalte der Öffentlichkeit auf eine andere Weise als durch Signalübermittlung als Teil einer Darbietung oder Veranstaltung zugänglich gemacht werden,
8. Verträge über die Bereitstellung von Informationen im Sinne des Informationsweiterverwendungsgesetzes vom 13. Dezember 2006 (BGBl. I S. 2913), das durch Artikel 1 des Gesetzes vom 8. Juli 2015 (BGBl. I S. 1162) geändert worden ist.

§ 327a Anwendung auf Paketverträge und Verträge über Sachen mit digitalen Elementen

(1) Die Vorschriften dieses Untertitels sind auch auf Verbraucherverträge anzuwenden, die in einem Vertrag zwischen denselben Vertragsparteien neben der Bereitstellung digitaler Produkte die Bereitstellung anderer Sachen oder die Bereitstellung anderer Dienstleistungen zum Gegenstand haben (Paketvertrag). Soweit nachfolgend nicht anders bestimmt, sind die Vorschriften dieses Untertitels jedoch nur auf diejenigen Bestandteile des Paketvertrags anzuwenden, welche die digitalen Produkte betreffen.
(2) Die Vorschriften dieses Untertitels sind auch auf Verbraucherverträge über Sachen anzuwenden, die digitale Produkte enthalten oder mit ihnen verbunden sind. Soweit nachfolgend nicht anders bestimmt, sind die Vorschriften dieses Untertitels jedoch nur auf diejenigen Bestandteile des Vertrags anzuwenden, welche die digitalen Produkte betreffen.
(3) Absatz 2 gilt nicht für Kaufverträge über Waren, die in einer Weise digitale Produkte enthalten oder mit ihnen verbunden sind, dass die Waren ihre Funktionen ohne diese digitalen Produkte nicht erfüllen können (Waren mit digitalen Elementen). Beim Kauf einer Ware mit digitalen Elementen ist im Zweifel anzunehmen, dass die Verpflichtung des Verkäufers die Bereitstellung der digitalen Inhalte oder digitalen Dienstleistungen umfasst.

§ 327b Bereitstellung digitaler Produkte

(1) Ist der Unternehmer durch einen Verbrauchervertrag gemäß § 327 oder § 327a dazu verpflichtet, dem Verbraucher ein digitales Produkt bereitzustellen, so gelten für die Bestimmung der Leistungszeit sowie für die Art und Weise der Bereitstellung durch den Unternehmer die nachfolgenden Vorschriften.
(2) Sofern die Vertragsparteien keine Zeit für die Bereitstellung des digitalen Produkts nach Absatz 1 vereinbart haben, kann der Verbraucher die Bereitstellung unverzüglich nach Vertragsschluss verlangen, der Unternehmer sie sofort bewirken.
(3) Ein digitaler Inhalt ist bereitgestellt, sobald der digitale Inhalt oder die geeigneten Mittel für den Zugang zu diesem oder das Herunterladen des digitalen Inhalts dem Verbraucher unmittelbar oder mittels einer von ihm hierzu bestimmten Einrichtung zur Verfügung gestellt oder zugänglich gemacht worden ist.
(4) Eine digitale Dienstleistung ist bereitgestellt, sobald die digitale Dienstleistung dem Verbraucher unmittelbar oder mittels einer von ihm hierzu bestimmten Einrichtung zugänglich gemacht worden ist.
(5) Wenn der Unternehmer durch den Vertrag zu einer Reihe einzelner Bereitstellungen verpflichtet ist, gelten die Absätze 2 bis 4 für jede einzelne Bereitstellung innerhalb der Reihe.
(6) Die Beweislast für die nach den Absätzen 1 bis 4 erfolgte Bereitstellung trifft abweichend von § 363 den Unternehmer.

§ 327c Rechte bei unterbliebener Bereitstellung

(1) Kommt der Unternehmer seiner fälligen Verpflichtung zur Bereitstellung des digitalen Produkts auf Aufforderung des Verbrauchers nicht unverzüglich nach, so kann der Verbraucher den Vertrag beenden. Nach einer Aufforderung gemäß Satz 1 kann eine andere Zeit für die Bereitstellung nur ausdrücklich vereinbart werden.
(2) Liegen die Voraussetzungen für eine Beendigung des Vertrags nach Absatz 1 Satz 1 vor, so kann der Verbraucher nach den §§ 280 und 281 Absatz 1 Satz 1 Schadensersatz oder nach § 284 Ersatz vergeblicher Aufwendungen verlangen, wenn die Voraussetzungen dieser Vorschriften vorliegen. § 281 Absatz 1 Satz 1 ist mit der Maßgabe

anzuwenden, dass an die Stelle der Bestimmung einer angemessenen Frist die Aufforderung nach Absatz 1 Satz 1 tritt. Ansprüche des Verbrauchers auf Schadensersatz nach den §§ 283 und 311a Absatz 2 bleiben unberührt.
(3) Die Aufforderung nach Absatz 1 Satz 1 und Absatz 2 Satz 2 ist entbehrlich, wenn
1. der Unternehmer die Bereitstellung verweigert,
2. es nach den Umständen eindeutig zu erkennen ist, dass der Unternehmer das digitale Produkt nicht bereitstellen wird, oder
3. der Unternehmer die Bereitstellung bis zu einem bestimmten Termin oder innerhalb einer bestimmten Frist nicht bewirkt, obwohl vereinbart war oder es sich für den Unternehmer aus eindeutig erkennbaren, den Vertragsabschluss begleitenden Umständen ergeben konnte, dass die termin- oder fristgerechte Bereitstellung für den Verbraucher wesentlich ist.
In den Fällen des Satzes 1 ist die Mahnung gemäß § 286 stets entbehrlich.
(4) Für die Beendigung des Vertrags nach Absatz 1 Satz 1 und deren Rechtsfolgen sind die §§ 327o und 327p entsprechend anzuwenden. Das Gleiche gilt für den Fall, dass der Verbraucher in den Fällen des Absatzes 2 Schadensersatz statt der ganzen Leistung verlangt. § 325 gilt entsprechend.
(5) § 218 ist auf die Vertragsbeendigung nach Absatz 1 Satz 1 entsprechend anzuwenden.
(6) Sofern der Verbraucher den Vertrag nach Absatz 1 Satz 1 beenden kann, kann er sich im Hinblick auf alle Bestandteile des Paketvertrags vom Vertrag lösen, wenn er an dem anderen Teil des Paketvertrags ohne das nicht bereitgestellte digitale Produkt kein Interesse hat. Satz 1 ist nicht auf Paketverträge anzuwenden, bei denen der andere Bestandteil ein Telekommunikationsdienst im Sinne des § 3 Nummer 61 des Telekommunikationsgesetzes ist.
(7) Sofern der Verbraucher den Vertrag nach Absatz 1 Satz 1 beenden kann, kann er sich im Hinblick auf alle Bestandteile eines Vertrags nach § 327a Absatz 2 vom Vertrag lösen, wenn aufgrund des nicht bereitgestellten digitalen Produkts sich die Sache nicht zur gewöhnlichen Verwendung eignet.

§ 327d Vertragsmäßigkeit digitaler Produkte
Ist der Unternehmer durch einen Verbrauchervertrag gemäß § 327 oder § 327a zur Bereitstellung eines digitalen Produkts verpflichtet, so hat er das digitale Produkt frei von Produkt- und Rechtsmängeln im Sinne der §§ 327e bis 327g bereitzustellen.

§ 327e Produktmangel
(1) Das digitale Produkt ist frei von Produktmängeln, wenn es zur maßgeblichen Zeit nach den Vorschriften dieses Untertitels den subjektiven Anforderungen, den objektiven Anforderungen und den Anforderungen an die Integration entspricht. Soweit nachfolgend nicht anders bestimmt, ist die maßgebliche Zeit der Zeitpunkt der Bereitstellung nach § 327b. Wenn der Unternehmer durch den Vertrag zu einer fortlaufenden Bereitstellung über einen Zeitraum (dauerhafte Bereitstellung) verpflichtet ist, ist der maßgebliche Zeitraum der gesamte vereinbarte Zeitraum der Bereitstellung (Bereitstellungszeitraum).
(2) Das digitale Produkt entspricht den subjektiven Anforderungen, wenn
1. das digitale Produkt
   a) die vereinbarte Beschaffenheit hat, einschließlich der Anforderungen an seine Menge, seine Funktionalität, seine Kompatibilität und seine Interoperabilität,
   b) sich für die nach dem Vertrag vorausgesetzte Verwendung eignet,
2. es wie im Vertrag vereinbart mit Zubehör, Anleitungen und Kundendienst bereitgestellt wird und
3. die im Vertrag vereinbarten Aktualisierungen während des nach dem Vertrag maßgeblichen Zeitraums bereitgestellt werden.
Funktionalität ist die Fähigkeit eines digitalen Produkts, seine Funktionen seinem Zweck entsprechend zu erfüllen. Kompatibilität ist die Fähigkeit eines digitalen Produkts, mit Hardware oder Software zu funktionieren, mit der digitale Produkte derselben Art in der Regel genutzt werden, ohne dass sie konvertiert werden müssen. Interoperabilität ist die Fähigkeit eines digitalen Produkts, mit anderer Hardware oder Software als derjenigen, mit der digitale Produkte derselben Art in der Regel genutzt werden, zu funktionieren.
(3) Das digitale Produkt entspricht den objektiven Anforderungen, wenn
1. es sich für die gewöhnliche Verwendung eignet,
2. es eine Beschaffenheit, einschließlich der Menge, der Funktionalität, der Kompatibilität, der Zugänglichkeit, der Kontinuität und der Sicherheit aufweist, die bei digitalen Produkten derselben Art üblich ist und die der Verbraucher unter Berücksichtigung der Art des digitalen Produkts erwarten kann,
3. es der Beschaffenheit einer Testversion oder Voranzeige entspricht, die der Unternehmer dem Verbraucher vor Vertragsschluss zur Verfügung gestellt hat,
4. es mit dem Zubehör und den Anleitungen bereitgestellt wird, deren Erhalt der Verbraucher erwarten kann,

5. dem Verbraucher gemäß § 327f Aktualisierungen bereitgestellt werden und der Verbraucher über diese Aktualisierungen informiert wird und
6. sofern die Parteien nichts anderes vereinbart haben, es in der zum Zeitpunkt des Vertragsschlusses neuesten verfügbaren Version bereitgestellt wird.

Zu der üblichen Beschaffenheit nach Satz 1 Nummer 2 gehören auch Anforderungen, die der Verbraucher nach vom Unternehmer oder einer anderen Person in vorhergehenden Gliedern der Vertriebskette selbst oder in deren Auftrag vorgenommenen öffentlichen Äußerungen, die insbesondere in der Werbung oder auf dem Etikett abgegeben wurden, erwarten kann. Das gilt nicht, wenn der Unternehmer die Äußerung nicht kannte und auch nicht kennen konnte, wenn die Äußerung im Zeitpunkt des Vertragsschlusses in derselben oder in gleichwertiger Weise berichtigt war oder wenn die Äußerung die Entscheidung, das digitale Produkt zu erwerben, nicht beeinflussen konnte.

(4) Soweit eine Integration durchzuführen ist, entspricht das digitale Produkt den Anforderungen an die Integration, wenn die Integration
1. sachgemäß durchgeführt worden ist oder
2. zwar unsachgemäß durchgeführt worden ist, dies jedoch weder auf einer unsachgemäßen Integration durch den Unternehmer noch auf einem Mangel in der vom Unternehmer bereitgestellten Anleitung beruht.

Integration ist die Verbindung und die Einbindung eines digitalen Produkts mit den oder in die Komponenten der digitalen Umgebung des Verbrauchers, damit das digitale Produkt gemäß den Anforderungen nach den Vorschriften dieses Untertitels genutzt werden kann. Digitale Umgebung sind Hardware, Software oder Netzverbindungen aller Art, die vom Verbraucher für den Zugang zu einem digitalen Produkt oder die Nutzung eines digitalen Produkts verwendet werden.

(5) Einem Produktmangel steht es gleich, wenn der Unternehmer ein anderes digitales Produkt als das vertraglich geschuldete digitale Produkt bereitstellt.

§ 327f Aktualisierungen

(1) Der Unternehmer hat sicherzustellen, dass dem Verbraucher während des maßgeblichen Zeitraums Aktualisierungen, die für den Erhalt der Vertragsmäßigkeit des digitalen Produkts erforderlich sind, bereitgestellt werden und der Verbraucher über diese Aktualisierungen informiert wird. Zu den erforderlichen Aktualisierungen gehören auch Sicherheitsaktualisierungen. Der maßgebliche Zeitraum nach Satz 1 ist
1. bei einem Vertrag über die dauerhafte Bereitstellung eines digitalen Produkts der Bereitstellungszeitraum,
2. in allen anderen Fällen der Zeitraum, den der Verbraucher aufgrund der Art und des Zwecks des digitalen Produkts und unter Berücksichtigung der Umstände und der Art des Vertrags erwarten kann.

(2) Unterlässt es der Verbraucher, eine Aktualisierung, die ihm gemäß Absatz 1 bereitgestellt worden ist, innerhalb einer angemessenen Frist zu installieren, so haftet der Unternehmer nicht für einen Produktmangel, der allein auf das Fehlen dieser Aktualisierung zurückzuführen ist, sofern
1. der Unternehmer den Verbraucher über die Verfügbarkeit der Aktualisierung und die Folgen einer unterlassenen Installation informiert hat und
2. die Tatsache, dass der Verbraucher die Aktualisierung nicht oder unsachgemäß installiert hat, nicht auf eine dem Verbraucher bereitgestellte mangelhafte Installationsanleitung zurückzuführen ist.

§ 327g Rechtsmangel

Das digitale Produkt ist frei von Rechtsmängeln, wenn der Verbraucher es gemäß den subjektiven oder objektiven Anforderungen nach § 327e Absatz 2 und 3 nutzen kann, ohne Rechte Dritter zu verletzen.

§ 327h Abweichende Vereinbarungen über Produktmerkmale

Von den objektiven Anforderungen nach § 327e Absatz 3 Satz 1 Nummer 1 bis 5 und Satz 2, § 327f Absatz 1 und § 327g kann nur abgewichen werden, wenn der Verbraucher vor Abgabe seiner Vertragserklärung eigens davon in Kenntnis gesetzt wurde, dass ein bestimmtes Merkmal des digitalen Produkts von diesen objektiven Anforderungen abweicht, und diese Abweichung im Vertrag ausdrücklich und gesondert vereinbart wurde.

§ 327i Rechte des Verbrauchers bei Mängeln

Ist das digitale Produkt mangelhaft, kann der Verbraucher, wenn die Voraussetzungen der folgenden Vorschriften vorliegen,
1. nach § 327l Nacherfüllung verlangen,
2. nach § 327m Absatz 1, 2, 4 und 5 den Vertrag beenden oder nach § 327n den Preis mindern und
3. nach § 280 Absatz 1 oder § 327m Absatz 3 Schadensersatz oder nach § 284 Ersatz vergeblicher Aufwendungen verlangen.

§ 327j Verjährung

(1) Die in § 327i Nummer 1 und 3 bezeichneten Ansprüche verjähren in zwei Jahren. Die Verjährung beginnt mit der Bereitstellung.
(2) Im Fall der dauerhaften Bereitstellung verjähren die Ansprüche nicht vor Ablauf von zwölf Monaten nach dem Ende des Bereitstellungszeitraums.
(3) Ansprüche wegen einer Verletzung der Aktualisierungspflicht verjähren nicht vor Ablauf von zwölf Monaten nach dem Ende des für die Aktualisierungspflicht maßgeblichen Zeitraums.
(4) Hat sich ein Mangel innerhalb der Verjährungsfrist gezeigt, so tritt die Verjährung nicht vor dem Ablauf von vier Monaten nach dem Zeitpunkt ein, in dem sich der Mangel erstmals gezeigt hat.
(5) Für die in § 327i Nummer 2 bezeichneten Rechte gilt § 218 entsprechend.

§ 327k Beweislastumkehr

(1) Zeigt sich bei einem digitalen Produkt innerhalb eines Jahres seit seiner Bereitstellung ein von den Anforderungen nach § 327e oder § 327g abweichender Zustand, so wird vermutet, dass das digitale Produkt bereits bei Bereitstellung mangelhaft war.
(2) Zeigt sich bei einem dauerhaft bereitgestellten digitalen Produkt während der Dauer der Bereitstellung ein von den Anforderungen nach § 327e oder § 327g abweichender Zustand, so wird vermutet, dass das digitale Produkt während der bisherigen Dauer der Bereitstellung mangelhaft war.
(3) Die Vermutungen nach den Absätzen 1 und 2 gelten vorbehaltlich des Absatzes 4 nicht, wenn
1. die digitale Umgebung des Verbrauchers mit den technischen Anforderungen des digitalen Produkts zur maßgeblichen Zeit nicht kompatibel war oder
2. der Unternehmer nicht feststellen kann, ob die Voraussetzungen der Nummer 1 vorlagen, weil der Verbraucher eine hierfür notwendige und ihm mögliche Mitwirkungshandlung nicht vornimmt und der Unternehmer zur Feststellung ein technisches Mittel einsetzen wollte, das für den Verbraucher den geringsten Eingriff darstellt.
(4) Absatz 3 ist nur anzuwenden, wenn der Unternehmer den Verbraucher vor Vertragsschluss klar und verständlich informiert hat über
1. die technischen Anforderungen des digitalen Produkts an die digitale Umgebung im Fall des Absatzes 3 Nummer 1 oder
2. die Obliegenheit des Verbrauchers nach Absatz 3 Nummer 2.

§ 327l Nacherfüllung

(1) Verlangt der Verbraucher vom Unternehmer Nacherfüllung, so hat dieser den vertragsgemäßen Zustand herzustellen und die zum Zwecke der Nacherfüllung erforderlichen Aufwendungen zu tragen. Der Unternehmer hat die Nacherfüllung innerhalb einer angemessenen Frist ab dem Zeitpunkt, zu dem der Verbraucher ihn über den Mangel informiert hat, und ohne erhebliche Unannehmlichkeiten für den Verbraucher durchzuführen.
(2) Der Anspruch nach Absatz 1 ist ausgeschlossen, wenn die Nacherfüllung unmöglich oder für den Unternehmer nur mit unverhältnismäßigen Kosten möglich ist. Dabei sind insbesondere der Wert des digitalen Produkts in mangelfreiem Zustand sowie die Bedeutung des Mangels zu berücksichtigen. § 275 Absatz 2 und 3 findet keine Anwendung.

§ 327m Vertragsbeendigung und Schadensersatz

(1) Ist das digitale Produkt mangelhaft, so kann der Verbraucher den Vertrag gemäß § 327o beenden, wenn
1. der Nacherfüllungsanspruch gemäß § 327l Absatz 2 ausgeschlossen ist,
2. der Nacherfüllungsanspruch des Verbrauchers nicht gemäß § 327l Absatz 1 erfüllt wurde,
3. sich trotz der vom Unternehmer versuchten Nacherfüllung ein Mangel zeigt,
4. der Mangel derart schwerwiegend ist, dass die sofortige Vertragsbeendigung gerechtfertigt ist,
5. der Unternehmer die gemäß § 327l Absatz 1 Satz 2 ordnungsgemäße Nacherfüllung verweigert hat, oder
6. es nach den Umständen offensichtlich ist, dass der Unternehmer nicht gemäß § 327l Absatz 1 Satz 2 ordnungsgemäß nacherfüllen wird.
(2) Eine Beendigung des Vertrags nach Absatz 1 ist ausgeschlossen, wenn der Mangel unerheblich ist. Dies gilt nicht für Verbraucherverträge im Sinne des § 327 Absatz 3.
(3) In den Fällen des Absatzes 1 Nummer 1 bis 6 kann der Verbraucher unter den Voraussetzungen des § 280 Absatz 1 Schadensersatz statt der Leistung verlangen. § 281 Absatz 1 Satz 3 und Absatz 4 sind entsprechend anzuwenden. Verlangt der Verbraucher Schadensersatz statt der ganzen Leistung, so ist der Unternehmer zur Rückforderung des Geleisteten nach den §§ 327o und 327p berechtigt. § 325 gilt entsprechend.
(4) Sofern der Verbraucher den Vertrag nach Absatz 1 beenden kann, kann er sich im Hinblick auf alle Bestandteile des Paketvertrags vom Vertrag lösen, wenn er an dem anderen Teil des Paketvertrags ohne das mangelhafte digitale

Produkt kein Interesse hat. Satz 1 ist nicht auf Paketverträge anzuwenden, bei denen der andere Bestandteil ein Telekommunikationsdienst im Sinne des § 3 Nummer 61 des Telekommunikationsgesetzes ist.
(5) Sofern der Verbraucher den Vertrag nach Absatz 1 beenden kann, kann er sich im Hinblick auf alle Bestandteile eines Vertrags nach § 327a Absatz 2 vom Vertrag lösen, wenn aufgrund des Mangels des digitalen Produkts sich die Sache nicht zur gewöhnlichen Verwendung eignet.

§ 327n Minderung

(1) Statt den Vertrag nach § 327m Absatz 1 zu beenden, kann der Verbraucher den Preis durch Erklärung gegenüber dem Unternehmer mindern. Der Ausschlussgrund des § 327m Absatz 2 Satz 1 findet keine Anwendung. § 327o Absatz 1 ist entsprechend anzuwenden.
(2) Bei der Minderung ist der Preis in dem Verhältnis herabzusetzen, in welchem zum Zeitpunkt der Bereitstellung der Wert des digitalen Produkts in mangelfreiem Zustand zu dem wirklichen Wert gestanden haben würde. Bei Verträgen über die dauerhafte Bereitstellung eines digitalen Produkts ist der Preis unter entsprechender Anwendung des Satzes 1 nur anteilig für die Dauer der Mangelhaftigkeit herabzusetzen.
(3) Die Minderung ist, soweit erforderlich, durch Schätzung zu ermitteln.
(4) Hat der Verbraucher mehr als den geminderten Preis gezahlt, so hat der Unternehmer den Mehrbetrag zu erstatten. Der Mehrbetrag ist unverzüglich, auf jeden Fall aber innerhalb von 14 Tagen zu erstatten. Die Frist beginnt mit dem Zugang der Minderungserklärung beim Unternehmer. Für die Erstattung muss der Unternehmer dasselbe Zahlungsmittel verwenden, das der Verbraucher bei der Zahlung verwendet hat, es sei denn, es wurde ausdrücklich etwas anderes vereinbart und dem Verbraucher entstehen durch die Verwendung eines anderen Zahlungsmittels keine Kosten. Der Unternehmer kann vom Verbraucher keinen Ersatz für die Kosten verlangen, die ihm für die Erstattung des Mehrbetrags entstehen.

§ 327o Erklärung und Rechtsfolgen der Vertragsbeendigung

(1) Die Beendigung des Vertrags erfolgt durch Erklärung gegenüber dem Unternehmer, in welcher der Entschluss des Verbrauchers zur Beendigung zum Ausdruck kommt. § 351 ist entsprechend anzuwenden.
(2) Im Fall der Vertragsbeendigung hat der Unternehmer dem Verbraucher die Zahlungen zu erstatten, die der Verbraucher zur Erfüllung des Vertrags geleistet hat. Für Leistungen, die der Unternehmer aufgrund der Vertragsbeendigung nicht mehr zu erbringen hat, erlischt sein Anspruch auf Zahlung des vereinbarten Preises.
(3) Abweichend von Absatz 2 Satz 2 erlischt bei Verträgen über die dauerhafte Bereitstellung eines digitalen Produkts der Anspruch des Unternehmers auch für bereits erbrachte Leistungen, jedoch nur für denjenigen Teil des Bereitstellungszeitraums, in dem das digitale Produkt mangelhaft war. Der gezahlte Preis für den Zeitraum, für den der Anspruch nach Satz 1 entfallen ist, ist dem Verbraucher zu erstatten.
(4) Für die Erstattungen nach den Absätzen 2 und 3 ist § 327n Absatz 4 Satz 2 bis 5 entsprechend anzuwenden.
(5) Der Verbraucher ist verpflichtet, einen vom Unternehmer bereitgestellten körperlichen Datenträger an diesen unverzüglich zurückzusenden, wenn der Unternehmer dies spätestens 14 Tage nach Vertragsbeendigung verlangt. Der Unternehmer trägt die Kosten der Rücksendung. § 348 ist entsprechend anzuwenden.

§ 327p Weitere Nutzung nach Vertragsbeendigung

(1) Der Verbraucher darf das digitale Produkt nach Vertragsbeendigung weder weiter nutzen noch Dritten zur Verfügung stellen. Der Unternehmer ist berechtigt, die weitere Nutzung durch den Verbraucher zu unterbinden. Absatz 3 bleibt hiervon unberührt.
(2) Der Unternehmer darf die Inhalte, die nicht personenbezogene Daten sind und die der Verbraucher bei der Nutzung des vom Unternehmer bereitgestellten digitalen Produkts bereitgestellt oder erstellt hat, nach der Vertragsbeendigung nicht weiter nutzen. Dies gilt nicht, wenn die Inhalte
1. außerhalb des Kontextes des vom Unternehmer bereitgestellten digitalen Produkts keinen Nutzen haben,
2. ausschließlich mit der Nutzung des vom Unternehmer bereitgestellten digitalen Produkts durch den Verbraucher zusammenhängen,
3. vom Unternehmer mit anderen Daten aggregiert wurden und nicht oder nur mit unverhältnismäßigem Aufwand disaggregiert werden können oder
4. vom Verbraucher gemeinsam mit anderen erzeugt wurden, sofern andere Verbraucher die Inhalte weiterhin nutzen können.

(3) Der Unternehmer hat dem Verbraucher auf dessen Verlangen die Inhalte gemäß Absatz 2 Satz 1 bereitzustellen. Dies gilt nicht für Inhalte nach Absatz 2 Satz 2 Nummer 1 bis 3. Die Inhalte müssen dem Verbraucher unentgeltlich, ohne Behinderung durch den Unternehmer, innerhalb einer angemessenen Frist und in einem gängigen und maschinenlesbaren Format bereitgestellt werden.

§ 327q Vertragsrechtliche Folgen datenschutzrechtlicher Erklärungen des Verbrauchers

(1) Die Ausübung von datenschutzrechtlichen Betroffenenrechten und die Abgabe datenschutzrechtlicher Erklärungen des Verbrauchers nach Vertragsschluss lassen die Wirksamkeit des Vertrags unberührt.
(2) Widerruft der Verbraucher eine von ihm erteilte datenschutzrechtliche Einwilligung oder widerspricht er einer weiteren Verarbeitung seiner personenbezogenen Daten, so kann der Unternehmer einen Vertrag, der ihn zu einer Reihe einzelner Bereitstellungen digitaler Produkte oder zur dauerhaften Bereitstellung eines digitalen Produkts verpflichtet, ohne Einhaltung einer Kündigungsfrist kündigen, wenn ihm unter Berücksichtigung des weiterhin zulässigen Umfangs der Datenverarbeitung und unter Abwägung der beiderseitigen Interessen die Fortsetzung des Vertragsverhältnisses bis zum vereinbarten Vertragsende oder bis zum Ablauf einer gesetzlichen oder vertraglichen Kündigungsfrist nicht zugemutet werden kann.
(3) Ersatzansprüche des Unternehmers gegen den Verbraucher wegen einer durch die Ausübung von Datenschutzrechten oder die Abgabe datenschutzrechtlicher Erklärungen bewirkten Einschränkung der zulässigen Datenverarbeitung sind ausgeschlossen.

§ 327r Änderungen an digitalen Produkten

(1) Bei einer dauerhaften Bereitstellung darf der Unternehmer Änderungen des digitalen Produkts, die über das zur Aufrechterhaltung der Vertragsmäßigkeit nach § 327e Absatz 2 und 3 und § 327f erforderliche Maß hinausgehen, nur vornehmen, wenn
1. der Vertrag diese Möglichkeit vorsieht und einen triftigen Grund dafür enthält,
2. dem Verbraucher durch die Änderung keine zusätzlichen Kosten entstehen und
3. der Verbraucher klar und verständlich über die Änderung informiert wird.

(2) Eine Änderung des digitalen Produkts, welche die Zugriffsmöglichkeit des Verbrauchers auf das digitale Produkt oder welche die Nutzbarkeit des digitalen Produkts für den Verbraucher beeinträchtigt, darf der Unternehmer nur vornehmen, wenn er den Verbraucher darüber hinaus innerhalb einer angemessenen Frist vor dem Zeitpunkt der Änderung mittels eines dauerhaften Datenträgers informiert. Die Information muss Angaben enthalten über:
1. Merkmale und Zeitpunkt der Änderung sowie
2. die Rechte des Verbrauchers nach den Absätzen 3 und 4.

Satz 1 gilt nicht, wenn die Beeinträchtigung der Zugriffsmöglichkeit oder der Nutzbarkeit nur unerheblich ist.
(3) Beeinträchtigt eine Änderung des digitalen Produkts die Zugriffsmöglichkeit oder die Nutzbarkeit im Sinne des Absatzes 2 Satz 1, so kann der Verbraucher den Vertrag innerhalb von 30 Tagen unentgeltlich beenden. Die Frist beginnt mit dem Zugang der Information nach Absatz 2 zu laufen. Erfolgt die Änderung nach dem Zugang der Information, so tritt an die Stelle des Zeitpunkts des Zugangs der Information der Zeitpunkt der Änderung.
(4) Die Beendigung des Vertrags nach Absatz 3 Satz 1 ist ausgeschlossen, wenn
1. die Beeinträchtigung der Zugriffsmöglichkeit oder der Nutzbarkeit nur unerheblich ist oder
2. dem Verbraucher die Zugriffsmöglichkeit auf das unveränderte digitale Produkt und die Nutzbarkeit des unveränderten digitalen Produkts ohne zusätzliche Kosten erhalten bleiben.

(5) Für die Beendigung des Vertrags nach Absatz 3 Satz 1 und deren Rechtsfolgen sind die §§ 327o und 327p entsprechend anzuwenden.
(6) Die Absätze 1 bis 5 sind auf Paketverträge, bei denen der andere Bestandteil des Paketvertrags die Bereitstellung eines Internetzugangsdienstes oder eines öffentlich zugänglichen nummerngebundenen interpersonellen Telekommunikationsdienstes im Rahmen eines Paketvertrags im Sinne des § 66 Absatz 1 des Telekommunikationsgesetzes zum Gegenstand hat, nicht anzuwenden.

§ 327s Abweichende Vereinbarungen

(1) Auf eine Vereinbarung mit dem Verbraucher, die zum Nachteil des Verbrauchers von den Vorschriften dieses Untertitels abweicht, kann der Unternehmer sich nicht berufen, es sei denn, die Vereinbarung wurde erst nach der Mitteilung des Verbrauchers gegenüber dem Unternehmer über die unterbliebene Bereitstellung oder über den Mangel des digitalen Produkts getroffen.
(2) Auf eine Vereinbarung mit dem Verbraucher über eine Änderung des digitalen Produkts, die zum Nachteil des Verbrauchers von den Vorschriften dieses Untertitels abweicht, kann der Unternehmer sich nicht berufen, es sei denn, sie wurde nach der Information des Verbrauchers über die Änderung des digitalen Produkts gemäß § 327r getroffen.
(3) Die Vorschriften dieses Untertitels sind auch anzuwenden, wenn sie durch anderweitige Gestaltungen umgangen werden.
(4) Die Absätze 1 und 2 gelten nicht für den Ausschluss oder die Beschränkung des Anspruchs auf Schadensersatz.
(5) § 327h bleibt unberührt.

Untertitel 2
Besondere Bestimmungen für Verträge über digitale Produkte zwischen Unternehmern

§ 327t Anwendungsbereich

Auf Verträge zwischen Unternehmern, die der Bereitstellung digitaler Produkte gemäß der nach den §§ 327 und 327a vom Anwendungsbereich des Untertitels 1 erfassten Verbraucherverträge dienen, sind ergänzend die Vorschriften dieses Untertitels anzuwenden.

§ 327u Rückgriff des Unternehmers

(1) Der Unternehmer kann von dem Unternehmer, der sich ihm gegenüber zur Bereitstellung eines digitalen Produkts verpflichtet hat (Vertriebspartner), Ersatz der Aufwendungen verlangen, die ihm im Verhältnis zu einem Verbraucher wegen einer durch den Vertriebspartner verursachten unterbliebenen Bereitstellung des vom Vertriebspartner bereitzustellenden digitalen Produkts aufgrund der Ausübung des Rechts des Verbrauchers nach § 327c Absatz 1 Satz 1 entstanden sind. Das Gleiche gilt für die nach § 327l Absatz 1 vom Unternehmer zu tragenden Aufwendungen, wenn der vom Verbraucher gegenüber dem Unternehmer geltend gemachte Mangel bereits bei der Bereitstellung durch den Vertriebspartner vorhanden war oder in einer durch den Vertriebspartner verursachten Verletzung der Aktualisierungspflicht des Unternehmers nach § 327f Absatz 1 besteht.
(2) Die Aufwendungsersatzansprüche nach Absatz 1 verjähren in sechs Monaten. Die Verjährung beginnt
1. im Fall des Absatzes 1 Satz 1 mit dem Zeitpunkt, zu dem der Verbraucher sein Recht ausgeübt hat,
2. im Fall des Absatzes 1 Satz 2 mit dem Zeitpunkt, zu dem der Unternehmer die Ansprüche des Verbrauchers nach § 327l Absatz 1 erfüllt hat.

(3) § 327k Absatz 1 und 2 ist mit der Maßgabe entsprechend anzuwenden, dass die Frist mit der Bereitstellung an den Verbraucher beginnt.
(4) Der Vertriebspartner kann sich nicht auf eine Vereinbarung berufen, die er vor Geltendmachung der in Absatz 1 bezeichneten Aufwendungsersatzansprüche mit dem Unternehmer getroffen hat und die zum Nachteil des Unternehmers von den Absätzen 1 bis 3 abweicht. Satz 1 ist auch anzuwenden, wenn die Absätze 1 bis 3 durch anderweitige Gestaltungen umgangen werden.
(5) § 377 des Handelsgesetzbuchs bleibt unberührt.
(6) Die vorstehenden Absätze sind auf die Ansprüche des Vertriebspartners und der übrigen Vertragspartner in der Vertriebskette gegen die jeweiligen zur Bereitstellung verpflichteten Vertragspartner entsprechend anzuwenden, wenn die Schuldner Unternehmer sind.

Titel 3
Versprechen der Leistung an einen Dritten

§ 328 Vertrag zugunsten Dritter

(1) Durch Vertrag kann eine Leistung an einen Dritten mit der Wirkung bedungen werden, dass der Dritte unmittelbar das Recht erwirbt, die Leistung zu fordern.
(2) In Ermangelung einer besonderen Bestimmung ist aus den Umständen, insbesondere aus dem Zwecke des Vertrags, zu entnehmen, ob der Dritte das Recht erwerben, ob das Recht des Dritten sofort oder nur unter gewissen Voraussetzungen entstehen und ob den Vertragschließenden die Befugnis vorbehalten sein soll, das Recht des Dritten ohne dessen Zustimmung aufzuheben oder zu ändern.

§ 329 Auslegungsregel bei Erfüllungsübernahme

Verpflichtet sich in einem Vertrag der eine Teil zur Befriedigung eines Gläubigers des anderen Teils, ohne die Schuld zu übernehmen, so ist im Zweifel nicht anzunehmen, dass der Gläubiger unmittelbar das Recht erwerben soll, die Befriedigung von ihm zu fordern.

§ 330 Auslegungsregel bei Leibrentenvertrag

Wird in einem Leibrentenvertrag die Zahlung der Leibrente an einen Dritten vereinbart, ist im Zweifel anzunehmen, dass der Dritte unmittelbar das Recht erwerben soll, die Leistung zu fordern. Das Gleiche gilt, wenn bei einer unentgeltlichen Zuwendung dem Bedachten eine Leistung an einen Dritten auferlegt oder bei einer Vermögens- oder Gutsübernahme von dem Übernehmer eine Leistung an einen Dritten zum Zwecke der Abfindung versprochen wird.

§ 331 Leistung nach Todesfall

(1) Soll die Leistung an den Dritten nach dem Tode desjenigen erfolgen, welchem sie versprochen wird, so erwirbt der Dritte das Recht auf die Leistung im Zweifel mit dem Tode des Versprechensempfängers.
(2) Stirbt der Versprechensempfänger vor der Geburt des Dritten, so kann das Versprechen, an den Dritten zu leisten, nur dann noch aufgehoben oder geändert werden, wenn die Befugnis dazu vorbehalten worden ist.

§ 332 Änderung durch Verfügung von Todes wegen bei Vorbehalt
Hat sich der Versprechensempfänger die Befugnis vorbehalten, ohne Zustimmung des Versprechenden an die Stelle des in dem Vertrag bezeichneten Dritten einen anderen zu setzen, so kann dies im Zweifel auch in einer Verfügung von Todes wegen geschehen.

§ 333 Zurückweisung des Rechts durch den Dritten
Weist der Dritte das aus dem Vertrag erworbene Recht dem Versprechenden gegenüber zurück, so gilt das Recht als nicht erworben.

§ 334 Einwendungen des Schuldners gegenüber dem Dritten
Einwendungen aus dem Vertrag stehen dem Versprechenden auch gegenüber dem Dritten zu.

§ 335 Forderungsrecht des Versprechensempfängers
Der Versprechensempfänger kann, sofern nicht ein anderer Wille der Vertragschließenden anzunehmen ist, die Leistung an den Dritten auch dann fordern, wenn diesem das Recht auf die Leistung zusteht.

Titel 4
Draufgabe, Vertragsstrafe

§ 336 Auslegung der Draufgabe
(1) Wird bei der Eingehung eines Vertrags etwas als Draufgabe gegeben, so gilt dies als Zeichen des Abschlusses des Vertrags.
(2) Die Draufgabe gilt im Zweifel nicht als Reugeld.

§ 337 Anrechnung oder Rückgabe der Draufgabe
(1) Die Draufgabe ist im Zweifel auf die von dem Geber geschuldete Leistung anzurechnen oder, wenn dies nicht geschehen kann, bei der Erfüllung des Vertrags zurückzugeben.
(2) Wird der Vertrag wieder aufgehoben, so ist die Draufgabe zurückzugeben.

§ 338 Draufgabe bei zu vertretender Unmöglichkeit der Leistung
Wird die von dem Geber geschuldete Leistung infolge eines Umstands, den er zu vertreten hat, unmöglich oder verschuldet der Geber die Wiederaufhebung des Vertrags, so ist der Empfänger berechtigt, die Draufgabe zu behalten. Verlangt der Empfänger Schadensersatz wegen Nichterfüllung, so ist die Draufgabe im Zweifel anzurechnen oder, wenn dies nicht geschehen kann, bei der Leistung des Schadensersatzes zurückzugeben.

§ 339 Verwirkung der Vertragsstrafe
Verspricht der Schuldner dem Gläubiger für den Fall, dass er seine Verbindlichkeit nicht oder nicht in gehöriger Weise erfüllt, die Zahlung einer Geldsumme als Strafe, so ist die Strafe verwirkt, wenn er in Verzug kommt. Besteht die geschuldete Leistung in einem Unterlassen, so tritt die Verwirkung mit der Zuwiderhandlung ein.

§ 340 Strafversprechen für Nichterfüllung
(1) Hat der Schuldner die Strafe für den Fall versprochen, dass er seine Verbindlichkeit nicht erfüllt, so kann der Gläubiger die verwirkte Strafe statt der Erfüllung verlangen. Erklärt der Gläubiger dem Schuldner, dass er die Strafe verlange, so ist der Anspruch auf Erfüllung ausgeschlossen.
(2) Steht dem Gläubiger ein Anspruch auf Schadensersatz wegen Nichterfüllung zu, so kann er die verwirkte Strafe als Mindestbetrag des Schadens verlangen. Die Geltendmachung eines weiteren Schadens ist nicht ausgeschlossen.

§ 341 Strafversprechen für nicht gehörige Erfüllung
(1) Hat der Schuldner die Strafe für den Fall versprochen, dass er seine Verbindlichkeit nicht in gehöriger Weise, insbesondere nicht zu der bestimmten Zeit, erfüllt, so kann der Gläubiger die verwirkte Strafe neben der Erfüllung verlangen.
(2) Steht dem Gläubiger ein Anspruch auf Schadensersatz wegen der nicht gehörigen Erfüllung zu, so findet die Vorschrift des § 340 Abs. 2 Anwendung.
(3) Nimmt der Gläubiger die Erfüllung an, so kann er die Strafe nur verlangen, wenn er sich das Recht dazu bei der Annahme vorbehält.

§ 342 Andere als Geldstrafe
Wird als Strafe eine andere Leistung als die Zahlung einer Geldsumme versprochen, so finden die Vorschriften der §§ 339 bis 341 Anwendung; der Anspruch auf Schadensersatz ist ausgeschlossen, wenn der Gläubiger die Strafe verlangt.

§ 343 Herabsetzung der Strafe

(1) Ist eine verwirkte Strafe unverhältnismäßig hoch, so kann sie auf Antrag des Schuldners durch Urteil auf den angemessenen Betrag herabgesetzt werden. Bei der Beurteilung der Angemessenheit ist jedes berechtigte Interesse des Gläubigers, nicht bloß das Vermögensinteresse, in Betracht zu ziehen. Nach der Entrichtung der Strafe ist die Herabsetzung ausgeschlossen.

(2) Das Gleiche gilt auch außer in den Fällen der §§ 339, 342, wenn jemand eine Strafe für den Fall verspricht, dass er eine Handlung vornimmt oder unterlässt.

§ 344 Unwirksames Strafversprechen

Erklärt das Gesetz das Versprechen einer Leistung für unwirksam, so ist auch die für den Fall der Nichterfüllung des Versprechens getroffene Vereinbarung einer Strafe unwirksam, selbst wenn die Parteien die Unwirksamkeit des Versprechens gekannt haben.

§ 345 Beweislast

Bestreitet der Schuldner die Verwirkung der Strafe, weil er seine Verbindlichkeit erfüllt habe, so hat er die Erfüllung zu beweisen, sofern nicht die geschuldete Leistung in einem Unterlassen besteht.

Titel 5
Rücktritt; Widerrufsrecht bei Verbraucherverträgen

Untertitel 1
Rücktritt

§ 346 Wirkungen des Rücktritts

(1) Hat sich eine Vertragspartei vertraglich den Rücktritt vorbehalten oder steht ihr ein gesetzliches Rücktrittsrecht zu, so sind im Falle des Rücktritts die empfangenen Leistungen zurückzugewähren und die gezogenen Nutzungen herauszugeben.

(2) Statt der Rückgewähr oder Herausgabe hat der Schuldner Wertersatz zu leisten, soweit
1. die Rückgewähr oder die Herausgabe nach der Natur des Erlangten ausgeschlossen ist,
2. er den empfangenen Gegenstand verbraucht, veräußert, belastet, verarbeitet oder umgestaltet hat,
3. der empfangene Gegenstand sich verschlechtert hat oder untergegangen ist; jedoch bleibt die durch die bestimmungsgemäße Ingebrauchnahme entstandene Verschlechterung außer Betracht.

Ist im Vertrag eine Gegenleistung bestimmt, ist sie bei der Berechnung des Wertersatzes zugrunde zu legen; ist Wertersatz für den Gebrauchsvorteil eines Darlehens zu leisten, kann nachgewiesen werden, dass der Wert des Gebrauchsvorteils niedriger war.

(3) Die Pflicht zum Wertersatz entfällt,
1. wenn sich der zum Rücktritt berechtigende Mangel erst während der Verarbeitung oder Umgestaltung des Gegenstandes gezeigt hat,
2. soweit der Gläubiger die Verschlechterung oder den Untergang zu vertreten hat oder der Schaden bei ihm gleichfalls eingetreten wäre,
3. wenn im Falle eines gesetzlichen Rücktrittsrechts die Verschlechterung oder der Untergang beim Berechtigten eingetreten ist, obwohl dieser diejenige Sorgfalt beobachtet hat, die er in eigenen Angelegenheiten anzuwenden pflegt.

Eine verbleibende Bereicherung ist herauszugeben.

(4) Der Gläubiger kann wegen Verletzung einer Pflicht aus Absatz 1 nach Maßgabe der §§ 280 bis 283 Schadensersatz verlangen.

§ 347 Nutzungen und Verwendungen nach Rücktritt

(1) Zieht der Schuldner Nutzungen entgegen den Regeln einer ordnungsmäßigen Wirtschaft nicht, obwohl ihm das möglich gewesen wäre, so ist er dem Gläubiger zum Wertersatz verpflichtet. Im Falle eines gesetzlichen Rücktrittsrechts hat der Berechtigte hinsichtlich der Nutzungen nur für diejenige Sorgfalt einzustehen, die er in eigenen Angelegenheiten anzuwenden pflegt.

(2) Gibt der Schuldner den Gegenstand zurück, leistet er Wertersatz oder ist seine Wertersatzpflicht gemäß § 346 Abs. 3 Nr. 1 oder 2 ausgeschlossen, so sind ihm notwendige Verwendungen zu ersetzen. Andere Aufwendungen sind zu ersetzen, soweit der Gläubiger durch diese bereichert wird.

§ 348 Erfüllung Zug-um-Zug

Die sich aus dem Rücktritt ergebenden Verpflichtungen der Parteien sind Zug um Zug zu erfüllen. Die Vorschriften der §§ 320, 322 finden entsprechende Anwendung.

§ 349 Erklärung des Rücktritts
Der Rücktritt erfolgt durch Erklärung gegenüber dem anderen Teil.

§ 350 Erlöschen des Rücktrittsrechts nach Fristsetzung
Ist für die Ausübung des vertraglichen Rücktrittsrechts eine Frist nicht vereinbart, so kann dem Berechtigten von dem anderen Teil für die Ausübung eine angemessene Frist bestimmt werden. Das Rücktrittsrecht erlischt, wenn nicht der Rücktritt vor dem Ablauf der Frist erklärt wird.

§ 351 Unteilbarkeit des Rücktrittsrechts
Sind bei einem Vertrag auf der einen oder der anderen Seite mehrere beteiligt, so kann das Rücktrittsrecht nur von allen und gegen alle ausgeübt werden. Erlischt das Rücktrittsrecht für einen der Berechtigten, so erlischt es auch für die übrigen.

§ 352 Aufrechnung nach Nichterfüllung
Der Rücktritt wegen Nichterfüllung einer Verbindlichkeit wird unwirksam, wenn der Schuldner sich von der Verbindlichkeit durch Aufrechnung befreien konnte und unverzüglich nach dem Rücktritt die Aufrechnung erklärt.

§ 353 Rücktritt gegen Reugeld
Ist der Rücktritt gegen Zahlung eines Reugelds vorbehalten, so ist der Rücktritt unwirksam, wenn das Reugeld nicht vor oder bei der Erklärung entrichtet wird und der andere Teil aus diesem Grunde die Erklärung unverzüglich zurückweist. Die Erklärung ist jedoch wirksam, wenn das Reugeld unverzüglich nach der Zurückweisung entrichtet wird.

§ 354 Verwirkungsklausel
Ist ein Vertrag mit dem Vorbehalt geschlossen, dass der Schuldner seiner Rechte aus dem Vertrag verlustig sein soll, wenn er seine Verbindlichkeit nicht erfüllt, so ist der Gläubiger bei dem Eintritt dieses Falles zum Rücktritt von dem Vertrag berechtigt.

Untertitel 2
Widerrufsrecht bei Verbraucherverträgen

§ 355 Widerrufsrecht bei Verbraucherverträgen
(1) Wird einem Verbraucher durch Gesetz ein Widerrufsrecht nach dieser Vorschrift eingeräumt, so sind der Verbraucher und der Unternehmer an ihre auf den Abschluss des Vertrags gerichteten Willenserklärungen nicht mehr gebunden, wenn der Verbraucher seine Willenserklärung fristgerecht widerrufen hat. Der Widerruf erfolgt durch Erklärung gegenüber dem Unternehmer. Aus der Erklärung muss der Entschluss des Verbrauchers zum Widerruf des Vertrags eindeutig hervorgehen. Der Widerruf muss keine Begründung enthalten. Zur Fristwahrung genügt die rechtzeitige Absendung des Widerrufs.
(2) Die Widerrufsfrist beträgt 14 Tage. Sie beginnt mit Vertragsschluss, soweit nichts anderes bestimmt ist.
(3) Im Falle des Widerrufs sind die empfangenen Leistungen unverzüglich zurückzugewähren. Bestimmt das Gesetz eine Höchstfrist für die Rückgewähr, so beginnt diese für den Unternehmer mit dem Zugang und für den Verbraucher mit der Abgabe der Widerrufserklärung. Ein Verbraucher wahrt diese Frist durch die rechtzeitige Absendung der Waren. Der Unternehmer trägt bei Widerruf die Gefahr der Rücksendung der Waren.

§ 356 Widerrufsrecht bei außerhalb von Geschäftsräumen geschlossenen Verträgen und Fernabsatzverträgen
(1) Der Unternehmer kann dem Verbraucher die Möglichkeit einräumen, das Muster-Widerrufsformular nach Anlage 2 zu Artikel 246a § 1 Absatz 2 Satz 1 Nummer 1 des Einführungsgesetzes zum Bürgerlichen Gesetzbuche oder eine andere eindeutige Widerrufserklärung auf der Webseite des Unternehmers auszufüllen und zu übermitteln. Macht der Verbraucher von dieser Möglichkeit Gebrauch, muss der Unternehmer dem Verbraucher den Zugang des Widerrufs unverzüglich auf einem dauerhaften Datenträger bestätigen.
(2) Die Widerrufsfrist beginnt
1. bei einem Verbrauchsgüterkauf,
    a) der nicht unter die Buchstaben b bis d fällt, sobald der Verbraucher oder ein von ihm benannter Dritter, der nicht Frachtführer ist, die Waren erhalten hat,
    b) bei dem der Verbraucher mehrere Waren im Rahmen einer einheitlichen Bestellung bestellt hat und die Waren getrennt geliefert werden, sobald der Verbraucher oder ein von ihm benannter Dritter, der nicht Frachtführer ist, die letzte Ware erhalten hat,
    c) bei dem die Ware in mehreren Teilsendungen oder Stücken geliefert wird, sobald der Verbraucher oder ein vom Verbraucher benannter Dritter, der nicht Frachtführer ist, die letzte Teilsendung oder das letzte Stück erhalten hat,

d) der auf die regelmäßige Lieferung von Waren über einen festgelegten Zeitraum gerichtet ist, sobald der Verbraucher oder ein von ihm benannter Dritter, der nicht Frachtführer ist, die erste Ware erhalten hat,
2. bei einem Vertrag, der die nicht in einem begrenzten Volumen oder in einer bestimmten Menge angebotene Lieferung von Wasser, Gas oder Strom, die Lieferung von Fernwärme oder die Lieferung von nicht auf einem körperlichen Datenträger befindlichen digitalen Inhalten zum Gegenstand hat, mit Vertragsschluss.

(3) Die Widerrufsfrist beginnt nicht, bevor der Unternehmer den Verbraucher entsprechend den Anforderungen des Artikels 246a § 1 Absatz 2 Satz 1 Nummer 1 oder des Artikels 246b § 2 Absatz 1 des Einführungsgesetzes zum Bürgerlichen Gesetzbuche unterrichtet hat. Das Widerrufsrecht erlischt spätestens zwölf Monate und 14 Tage nach dem in Absatz 2 oder § 355 Absatz 2 Satz 2 genannten Zeitpunkt. Satz 2 ist auf Verträge über Finanzdienstleistungen nicht anwendbar.

(4) Das Widerrufsrecht erlischt bei einem Vertrag zur Erbringung von Dienstleistungen auch dann, wenn der Unternehmer die Dienstleistung vollständig erbracht hat und mit der Ausführung der Dienstleistung erst begonnen hat, nachdem der Verbraucher dazu seine ausdrückliche Zustimmung gegeben hat und gleichzeitig seine Kenntnis davon bestätigt hat, dass er sein Widerrufsrecht bei vollständiger Vertragserfüllung durch den Unternehmer verliert. Bei einem außerhalb von Geschäftsräumen geschlossenen Vertrag muss die Zustimmung des Verbrauchers auf einem dauerhaften Datenträger übermittelt werden. Bei einem Vertrag über die Erbringung von Finanzdienstleistungen erlischt das Widerrufsrecht abweichend von Satz 1, wenn der Vertrag von beiden Seiten auf ausdrücklichen Wunsch des Verbrauchers vollständig erfüllt ist, bevor der Verbraucher sein Widerrufsrecht ausübt.

(5) Das Widerrufsrecht erlischt bei einem Vertrag über die Lieferung von nicht auf einem körperlichen Datenträger befindlichen digitalen Inhalten auch dann, wenn der Unternehmer mit der Ausführung des Vertrags begonnen hat, nachdem der Verbraucher
1. ausdrücklich zugestimmt hat, dass der Unternehmer mit der Ausführung des Vertrags vor Ablauf der Widerrufsfrist beginnt, und
2. seine Kenntnis davon bestätigt hat, dass er durch seine Zustimmung mit Beginn der Ausführung des Vertrags sein Widerrufsrecht verliert.

§ 356a Widerrufsrecht bei Teilzeit-Wohnrechteverträgen, Verträgen über ein langfristiges Urlaubsprodukt, bei Vermittlungsverträgen und Tauschsystemverträgen

(1) Der Widerruf ist in Textform zu erklären.

(2) Die Widerrufsfrist beginnt mit dem Zeitpunkt des Vertragsschlusses oder des Abschlusses eines Vorvertrags. Erhält der Verbraucher die Vertragsurkunde oder die Abschrift des Vertrags erst nach Vertragsschluss, beginnt die Widerrufsfrist mit dem Zeitpunkt des Erhalts.

(3) Sind dem Verbraucher die in § 482 Absatz 1 bezeichneten vorvertraglichen Informationen oder das in Artikel 242 § 1 Absatz 2 des Einführungsgesetzes zum Bürgerlichen Gesetzbuche bezeichnete Formblatt vor Vertragsschluss nicht, nicht vollständig oder nicht in der in § 483 Absatz 1 vorgeschriebenen Sprache überlassen worden, so beginnt die Widerrufsfrist abweichend von Absatz 2 erst mit dem vollständigen Erhalt der vorvertraglichen Informationen und des Formblatts in der vorgeschriebenen Sprache. Das Widerrufsrecht erlischt spätestens drei Monate und 14 Tage nach dem in Absatz 2 genannten Zeitpunkt.

(4) Ist dem Verbraucher die in § 482a bezeichnete Widerrufsbelehrung vor Vertragsschluss nicht, nicht vollständig oder nicht in der in § 483 Absatz 1 vorgeschriebenen Sprache überlassen worden, so beginnt die Widerrufsfrist abweichend von Absatz 2 erst mit dem vollständigen Erhalt der Widerrufsbelehrung in der vorgeschriebenen Sprache. Das Widerrufsrecht erlischt gegebenenfalls abweichend von Absatz 3 Satz 2 spätestens zwölf Monate und 14 Tage nach dem in Absatz 2 genannten Zeitpunkt.

(5) Hat der Verbraucher einen Teilzeit-Wohnrechtevertrag und einen Tauschsystemvertrag abgeschlossen und sind ihm diese Verträge zum gleichen Zeitpunkt angeboten worden, so beginnt die Widerrufsfrist für beide Verträge mit dem nach Absatz 2 für den Teilzeit-Wohnrechtevertrag geltenden Zeitpunkt. Die Absätze 3 und 4 gelten entsprechend.

§ 356b Widerrufsrecht bei Verbraucherdarlehensverträgen

(1) Die Widerrufsfrist beginnt auch nicht, bevor der Darlehensgeber dem Darlehensnehmer eine für diesen bestimmte Vertragsurkunde, den schriftlichen Antrag des Darlehensnehmers oder eine Abschrift der Vertragsurkunde oder seines Antrags zur Verfügung gestellt hat.

(2) Enthält bei einem Allgemein-Verbraucherdarlehensvertrag die dem Darlehensnehmer nach Absatz 1 zur Verfügung gestellte Urkunde die Pflichtangaben nach § 492 Absatz 2 nicht, beginnt die Frist erst mit Nachholung dieser Angaben gemäß § 492 Absatz 6. Enthält bei einem Immobiliar-Verbraucherdarlehensvertrag die dem Darlehensnehmer nach Absatz 1 zur Verfügung gestellte Urkunde die Pflichtangaben zum Widerrufsrecht nach § 492 Absatz 2 in Verbindung mit Artikel 247 § 6 Absatz 2 des Einführungsgesetzes zum Bürgerlichen Gesetzbuche nicht, beginnt die Frist erst mit Nachholung dieser Angaben gemäß § 492 Absatz 6. In den Fällen der Sätze 1 und 2 beträgt die

Widerrufsfrist einen Monat. Das Widerrufsrecht bei einem Immobiliar-Verbraucherdarlehensvertrag erlischt spätestens zwölf Monate und 14 Tage nach dem Vertragsschluss oder nach dem in Absatz 1 genannten Zeitpunkt, wenn dieser nach dem Vertragsschluss liegt.
(3) Die Widerrufsfrist beginnt im Falle des § 494 Absatz 7 bei einem Allgemein-Verbraucherdarlehensvertrag erst, wenn der Darlehensnehmer die dort bezeichnete Abschrift des Vertrags erhalten hat.

§ 356c Widerrufsrecht bei Ratenlieferungsverträgen
(1) Bei einem Ratenlieferungsvertrag, der weder im Fernabsatz noch außerhalb von Geschäftsräumen geschlossen wird, beginnt die Widerrufsfrist nicht, bevor der Unternehmer den Verbraucher gemäß Artikel 246 Absatz 3 des Einführungsgesetzes zum Bürgerlichen Gesetzbuche über sein Widerrufsrecht unterrichtet hat.
(2) § 356 Absatz 1 gilt entsprechend. Das Widerrufsrecht erlischt spätestens zwölf Monate und 14 Tage nach dem in § 355 Absatz 2 Satz 2 genannten Zeitpunkt.

§ 356d Widerrufsrecht des Verbrauchers bei unentgeltlichen Darlehensverträgen und unentgeltlichen Finanzierungshilfen
Bei einem Vertrag, durch den ein Unternehmer einem Verbraucher ein unentgeltliches Darlehen oder eine unentgeltliche Finanzierungshilfe gewährt, beginnt die Widerrufsfrist abweichend von § 355 Absatz 2 Satz 2 nicht, bevor der Unternehmer den Verbraucher entsprechend den Anforderungen des § 514 Absatz 2 Satz 3 über dessen Widerrufsrecht unterrichtet hat. Das Widerrufsrecht erlischt spätestens zwölf Monate und 14 Tage nach dem Vertragsschluss oder nach dem in Satz 1 genannten Zeitpunkt, wenn dieser nach dem Vertragsschluss liegt.

§ 356e Widerrufsrecht bei Verbraucherbauverträgen
Bei einem Verbraucherbauvertrag (§ 650i Absatz 1) beginnt die Widerrufsfrist nicht, bevor der Unternehmer den Verbraucher gemäß Artikel 249 § 3 des Einführungsgesetzes zum Bürgerlichen Gesetzbuche über sein Widerrufsrecht belehrt hat. Das Widerrufsrecht erlischt spätestens zwölf Monate und 14 Tage nach dem in § 355 Absatz 2 Satz 2 genannten Zeitpunkt.

§ 357 Rechtsfolgen des Widerrufs von außerhalb von Geschäftsräumen geschlossenen Verträgen und Fernabsatzverträgen mit Ausnahme von Verträgen über Finanzdienstleistungen
(1) Die empfangenen Leistungen sind spätestens nach 14 Tagen zurückzugewähren.
(2) Der Unternehmer muss auch etwaige Zahlungen des Verbrauchers für die Lieferung zurückgewähren. Dies gilt nicht, soweit dem Verbraucher zusätzliche Kosten entstanden sind, weil er sich für eine andere Art der Lieferung als die vom Unternehmer angebotene günstigste Standardlieferung entschieden hat.
(3) Für die Rückzahlung muss der Unternehmer dasselbe Zahlungsmittel verwenden, das der Verbraucher bei der Zahlung verwendet hat. Satz 1 gilt nicht, wenn ausdrücklich etwas anderes vereinbart worden ist und dem Verbraucher dadurch keine Kosten entstehen.
(4) Bei einem Verbrauchsgüterkauf kann der Unternehmer die Rückzahlung verweigern, bis er die Waren zurückerhalten hat oder der Verbraucher den Nachweis erbracht hat, dass er die Waren abgesandt hat. Dies gilt nicht, wenn der Unternehmer angeboten hat, die Waren abzuholen.
(5) Der Verbraucher ist nicht verpflichtet, die empfangenen Waren zurückzusenden, wenn der Unternehmer angeboten hat, die Waren abzuholen.
(6) Der Verbraucher trägt die unmittelbaren Kosten der Rücksendung der Waren, wenn der Unternehmer den Verbraucher nach Artikel 246a § 1 Absatz 2 Satz 1 Nummer 2 des Einführungsgesetzes zum Bürgerlichen Gesetzbuche von dieser Pflicht unterrichtet hat. Satz 1 gilt nicht, wenn der Unternehmer sich bereit erklärt hat, diese Kosten zu tragen. Bei außerhalb von Geschäftsräumen geschlossenen Verträgen, bei denen die Waren zum Zeitpunkt des Vertragsschlusses zur Wohnung des Verbrauchers geliefert worden sind, ist der Unternehmer verpflichtet, die Waren auf eigene Kosten abzuholen, wenn die Waren so beschaffen sind, dass sie nicht per Post zurückgesandt werden können.
(7) Der Verbraucher hat Wertersatz für einen Wertverlust der Ware zu leisten, wenn
1. der Wertverlust auf einen Umgang mit den Waren zurückzuführen ist, der zur Prüfung der Beschaffenheit, der Eigenschaften und der Funktionsweise der Waren nicht notwendig war, und
2. der Unternehmer den Verbraucher nach Artikel 246a § 1 Absatz 2 Satz 1 Nummer 1 des Einführungsgesetzes zum Bürgerlichen Gesetzbuche über sein Widerrufsrecht unterrichtet hat.

(8) Widerruft der Verbraucher einen Vertrag über die Erbringung von Dienstleistungen oder über die Lieferung von Wasser, Gas oder Strom in nicht bestimmten Mengen oder nicht begrenztem Volumen oder über die Lieferung von Fernwärme, so schuldet der Verbraucher dem Unternehmer Wertersatz für die bis zum Widerruf erbrachte Leistung, wenn er den Unternehmer von dem Unternehmer ausdrücklich verlangt hat, dass dieser mit der Leistung vor Ablauf der Widerrufsfrist beginnt. Der Anspruch aus Satz 1 besteht nur, wenn der Unternehmer den Verbraucher nach Artikel 246a § 1 Absatz 2 Satz 1 Nummer 1 und 3 des Einführungsgesetzes zum Bürgerlichen Gesetzbuche ord-

nungsgemäß informiert hat. Bei außerhalb von Geschäftsräumen geschlossenen Verträgen besteht der Anspruch nach Satz 1 nur dann, wenn der Verbraucher sein Verlangen nach Satz 1 auf einem dauerhaften Datenträger übermittelt hat. Bei der Berechnung des Wertersatzes ist der vereinbarte Gesamtpreis zu Grunde zu legen. Ist der vereinbarte Gesamtpreis unverhältnismäßig hoch, ist der Wertersatz auf der Grundlage des Marktwerts der erbrachten Leistung zu berechnen.

(9) Widerruft der Verbraucher einen Vertrag über die Lieferung von nicht auf einem körperlichen Datenträger befindlichen digitalen Inhalten, so hat er keinen Wertersatz zu leisten.

§ 357a Rechtsfolgen des Widerrufs von Verträgen über Finanzdienstleistungen

(1) Die empfangenen Leistungen sind spätestens nach 30 Tagen zurückzugewähren.

(2) Im Falle des Widerrufs von außerhalb von Geschäftsräumen geschlossenen Verträgen oder Fernabsatzverträgen über Finanzdienstleistungen ist der Verbraucher zur Zahlung von Wertersatz für die vom Unternehmer bis zum Widerruf erbrachte Dienstleistung verpflichtet, wenn er
1. vor Abgabe seiner Vertragserklärung auf diese Rechtsfolge hingewiesen worden ist und
2. ausdrücklich zugestimmt hat, dass der Unternehmer vor Ende der Widerrufsfrist mit der Ausführung der Dienstleistung beginnt.

Im Falle des Widerrufs von Verträgen über eine entgeltliche Finanzierungshilfe, die von der Ausnahme des § 506 Absatz 4 erfasst sind, gilt auch § 357 Absatz 5 bis 8 entsprechend. Ist Gegenstand des Vertrags über die entgeltliche Finanzierungshilfe die Lieferung von nicht auf einem körperlichen Datenträger befindlichen digitalen Inhalten, hat der Verbraucher Wertersatz für die bis zum Widerruf gelieferten digitalen Inhalte zu leisten, wenn er
1. vor Abgabe seiner Vertragserklärung auf diese Rechtsfolge hingewiesen worden ist und
2. ausdrücklich zugestimmt hat, dass der Unternehmer vor Ende der Widerrufsfrist mit der Lieferung der digitalen Inhalte beginnt.

Ist im Vertrag eine Gegenleistung bestimmt, ist sie bei der Berechnung des Wertersatzes zu Grunde zu legen. Ist der vereinbarte Gesamtpreis unverhältnismäßig hoch, ist der Wertersatz auf der Grundlage des Marktwerts der erbrachten Leistung zu berechnen.

(3) Im Falle des Widerrufs von Verbraucherdarlehensverträgen hat der Darlehensnehmer für den Zeitraum zwischen der Auszahlung und der Rückzahlung des Darlehens den vereinbarten Sollzins zu entrichten. Bei einem Immobiliar-Verbraucherdarlehen kann nachgewiesen werden, dass der Wert des Gebrauchsvorteils niedriger war als der vereinbarte Sollzins. In diesem Fall ist nur der niedrigere Betrag geschuldet. Im Falle des Widerrufs von Verträgen über eine entgeltliche Finanzierungshilfe, die nicht von der Ausnahme des § 506 Absatz 4 erfasst sind, gilt auch Absatz 2 entsprechend mit der Maßgabe, dass an die Stelle der Unterrichtung über das Widerrufsrecht die Pflichtangaben nach Artikel 247 § 12 Absatz 1 in Verbindung mit § 6 Absatz 2 des Einführungsgesetzes zum Bürgerlichen Gesetzbuche, die das Widerrufsrecht betreffen, treten. Darüber hinaus hat der Darlehensnehmer dem Darlehensgeber nur die Aufwendungen zu ersetzen, die der Darlehensgeber gegenüber öffentlichen Stellen erbracht hat und nicht zurückverlangen kann.

§ 357b Rechtsfolgen des Widerrufs von Teilzeit-Wohnrechteverträgen, Verträgen über ein langfristiges Urlaubsprodukt, Vermittlungsverträgen und Tauschsystemverträgen

(1) Der Verbraucher hat im Falle des Widerrufs keine Kosten zu tragen. Die Kosten des Vertrags, seiner Durchführung und seiner Rückabwicklung hat der Unternehmer dem Verbraucher zu erstatten. Eine Vergütung für geleistete Dienste sowie für die Überlassung von Wohngebäuden zur Nutzung ist ausgeschlossen.

(2) Der Verbraucher hat für einen Wertverlust der Unterkunft im Sinne des § 481 nur Wertersatz zu leisten, soweit der Wertverlust auf einer nicht bestimmungsgemäßen Nutzung der Unterkunft beruht.

§ 357c Rechtsfolgen des Widerrufs von weder im Fernabsatz noch außerhalb von Geschäftsräumen geschlossenen Ratenlieferungsverträgen

Für die Rückgewähr der empfangenen Leistungen gilt § 357 Absatz 1 bis 5 entsprechend. Der Verbraucher trägt die unmittelbaren Kosten der Rücksendung der empfangenen Sachen, es sei denn, der Unternehmer hat sich bereit erklärt, diese Kosten zu tragen. § 357 Absatz 7 ist mit der Maßgabe entsprechend anzuwenden, dass an die Stelle der Unterrichtung nach Artikel 246a § 1 Absatz 2 Satz 1 Nummer 1 des Einführungsgesetzes zum Bürgerlichen Gesetzbuche die Unterrichtung nach Artikel 246 Absatz 3 des Einführungsgesetzes zum Bürgerlichen Gesetzbuche tritt.

§ 357d Rechtsfolgen des Widerrufs bei Verbraucherbauverträgen

Ist die Rückgewähr der bis zum Widerruf erbrachten Leistung ihrer Natur nach ausgeschlossen, schuldet der Verbraucher dem Unternehmer Wertersatz. Bei der Berechnung des Wertersatzes ist die vereinbarte Vergütung zugrunde zu legen. Ist die vereinbarte Vergütung unverhältnismäßig hoch, ist der Wertersatz auf der Grundlage des Marktwertes der erbrachten Leistung zu berechnen.

§ 358 Mit dem widerrufenen Vertrag verbundener Vertrag

(1) Hat der Verbraucher seine auf den Abschluss eines Vertrags über die Lieferung einer Ware oder die Erbringung einer anderen Leistung durch einen Unternehmer gerichtete Willenserklärung wirksam widerrufen, so ist er auch an seine auf den Abschluss eines mit diesem Vertrag verbundenen Darlehensvertrags gerichtete Willenserklärung nicht mehr gebunden.

(2) Hat der Verbraucher seine auf den Abschluss eines Darlehensvertrags gerichtete Willenserklärung auf Grund des § 495 Absatz 1 oder des § 514 Absatz 2 Satz 1 wirksam widerrufen, so ist er auch nicht mehr an diejenige Willenserklärung gebunden, die auf den Abschluss eines mit diesem Darlehensvertrag verbundenen Vertrags über die Lieferung einer Ware oder die Erbringung einer anderen Leistung gerichtet ist.

(3) Ein Vertrag über die Lieferung einer Ware oder über die Erbringung einer anderen Leistung und ein Darlehensvertrag nach den Absätzen 1 oder 2 sind verbunden, wenn das Darlehen ganz oder teilweise der Finanzierung des anderen Vertrags dient und beide Verträge eine wirtschaftliche Einheit bilden. Eine wirtschaftliche Einheit ist insbesondere anzunehmen, wenn der Unternehmer selbst die Gegenleistung des Verbrauchers finanziert, oder im Falle der Finanzierung durch einen Dritten, wenn sich der Darlehensgeber bei der Vorbereitung oder dem Abschluss des Darlehensvertrags der Mitwirkung des Unternehmers bedient. Bei einem finanzierten Erwerb eines Grundstücks oder eines grundstücksgleichen Rechts ist eine wirtschaftliche Einheit nur anzunehmen, wenn der Darlehensgeber selbst dem Verbraucher das Grundstück oder das grundstücksgleiche Recht verschafft oder wenn er über die Zurverfügungstellung von Darlehen hinaus den Erwerb des Grundstücks oder grundstücksgleichen Rechts durch Zusammenwirken mit dem Unternehmer fördert, indem er sich dessen Veräußerungsinteressen ganz oder teilweise zu Eigen macht, bei der Planung, Werbung oder Durchführung des Projekts Funktionen des Veräußerers übernimmt oder den Veräußerer einseitig begünstigt.

(4) Auf die Rückabwicklung des verbundenen Vertrags sind unabhängig von der Vertriebsform § 355 Absatz 3 und, je nach Art des verbundenen Vertrags, die §§ 357 bis 357b entsprechend anzuwenden. Ist der verbundene Vertrag ein Vertrag über die Lieferung von nicht auf einem körperlichen Datenträger befindlichen digitalen Inhalten und hat der Unternehmer dem Verbraucher eine Abschrift oder Bestätigung des Vertrags nach § 312f zur Verfügung gestellt, hat der Verbraucher abweichend von § 357 Absatz 9 unter den Voraussetzungen des § 356 Absatz 5 zweiter und dritter Halbsatz Wertersatz für die bis zum Widerruf gelieferten digitalen Inhalte zu leisten. Ist der verbundene Vertrag ein im Fernabsatz oder außerhalb von Geschäftsräumen geschlossener Ratenlieferungsvertrag, ist neben § 355 Absatz 3 auch § 357 entsprechend anzuwenden; im Übrigen gelten für verbundene Ratenlieferungsverträge § 355 Absatz 3 und § 357c entsprechend. Im Falle des Absatzes 1 sind jedoch Ansprüche auf Zahlung von Zinsen und Kosten aus der Rückabwicklung des Darlehensvertrags gegen den Verbraucher ausgeschlossen. Der Darlehensgeber tritt im Verhältnis zum Verbraucher hinsichtlich der Rechtsfolgen des Widerrufs in die Rechte und Pflichten des Unternehmers aus dem verbundenen Vertrag ein, wenn das Darlehen dem Unternehmer bei Wirksamwerden des Widerrufs bereits zugeflossen ist.

(5) Die Absätze 2 und 4 sind nicht anzuwenden auf Darlehensverträge, die der Finanzierung des Erwerbs von Finanzinstrumenten dienen.

§ 359 Einwendungen bei verbundenen Verträgen

(1) Der Verbraucher kann die Rückzahlung des Darlehens verweigern, soweit Einwendungen aus dem verbundenen Vertrag ihm gegenüber dem Unternehmer, mit dem er den verbundenen Vertrag geschlossen hat, zur Verweigerung seiner Leistung berechtigen würden. Dies gilt nicht bei Einwendungen, die auf einer Vertragsänderung beruhen, welche zwischen diesem Unternehmer und dem Verbraucher nach Abschluss des Darlehensvertrags vereinbart wurde. Kann der Verbraucher Nacherfüllung verlangen, so kann er die Rückzahlung des Darlehens erst verweigern, wenn die Nacherfüllung fehlgeschlagen ist.

(2) Absatz 1 ist nicht anzuwenden auf Darlehensverträge, die der Finanzierung des Erwerbs von Finanzinstrumenten dienen, oder wenn das finanzierte Entgelt weniger als 200 Euro beträgt.

§ 360 Zusammenhängende Verträge

(1) Hat der Verbraucher seine auf den Abschluss eines Vertrags gerichtete Willenserklärung wirksam widerrufen und liegen die Voraussetzungen für einen verbundenen Vertrag nicht vor, so ist er auch an seine auf den Abschluss eines damit zusammenhängenden Vertrags gerichtete Willenserklärung nicht mehr gebunden. Auf die Rückabwicklung des zusammenhängenden Vertrags ist § 358 Absatz 4 Satz 1 bis 3 entsprechend anzuwenden. Widerruft der Verbraucher einen Teilzeit-Wohnrechtevertrag oder einen Vertrag über ein langfristiges Urlaubsprodukt, hat er auch für den zusammenhängenden Vertrag keine Kosten zu tragen; § 357b Absatz 1 Satz 2 und 3 gilt entsprechend.

(2) Ein zusammenhängender Vertrag liegt vor, wenn er in einem Bezug zu dem widerrufenen Vertrag aufweist und eine Leistung betrifft, die von dem Unternehmer des widerrufenen Vertrags oder einem Dritten auf der Grundlage einer Vereinbarung zwischen dem Dritten und dem Unternehmer des widerrufenen Vertrags erbracht wird. Ein Darlehensvertrag ist auch dann ein zusammenhängender Vertrag, wenn das Darlehen, das ein Unternehmer einem

Verbraucher gewährt, ausschließlich der Finanzierung des widerrufenen Vertrags dient und die Leistung des Unternehmers aus dem widerrufenen Vertrag in dem Darlehensvertrag genau angegeben ist.

§ 361 Weitere Ansprüche, abweichende Vereinbarungen und Beweislast

(1) Über die Vorschriften dieses Untertitels hinaus bestehen keine weiteren Ansprüche gegen den Verbraucher infolge des Widerrufs.

(2) Von den Vorschriften dieses Untertitels darf, soweit nicht ein anderes bestimmt ist, nicht zum Nachteil des Verbrauchers abgewichen werden. Die Vorschriften dieses Untertitels finden, soweit nichts anderes bestimmt ist, auch Anwendung, wenn sie durch anderweitige Gestaltungen umgangen werden.

(3) Ist der Beginn der Widerrufsfrist streitig, so trifft die Beweislast den Unternehmer.

Abschnitt 4
Erlöschen der Schuldverhältnisse

Titel 1
Erfüllung

§ 362 Erlöschen durch Leistung

(1) Das Schuldverhältnis erlischt, wenn die geschuldete Leistung an den Gläubiger bewirkt wird.

(2) Wird an einen Dritten zum Zwecke der Erfüllung geleistet, so finden die Vorschriften des § 185 Anwendung.

Titel 3
Aufrechnung

§ 387 Voraussetzungen

Schulden zwei Personen einander Leistungen, die ihrem Gegenstand nach gleichartig sind, so kann jeder Teil seine Forderung gegen die Forderung des anderen Teils aufrechnen, sobald er die ihm gebührende Leistung fordern und die ihm obliegende Leistung bewirken kann.

§ 388 Erklärung der Aufrechnung

Die Aufrechnung erfolgt durch Erklärung gegenüber dem anderen Teile. Die Erklärung ist unwirksam, wenn sie unter einer Bedingung oder einer Zeitbestimmung abgegeben wird.

Abschnitt 7
Mehrheit von Schuldnern und Gläubigern

§ 420 Teilbare Leistung

Schulden mehrere eine teilbare Leistung oder haben mehrere eine teilbare Leistung zu fordern, so ist im Zweifel jeder Schuldner nur zu einem gleichen Anteil verpflichtet, jeder Gläubiger nur zu einem gleichen Anteil berechtigt.

§ 421 Gesamtschuldner

Schulden mehrere eine Leistung in der Weise, dass jeder die ganze Leistung zu bewirken verpflichtet, der Gläubiger aber die Leistung nur einmal zu fordern berechtigt ist (Gesamtschuldner), so kann der Gläubiger die Leistung nach seinem Belieben von jedem der Schuldner ganz oder zu einem Teil fordern. Bis zur Bewirkung der ganzen Leistung bleiben sämtliche Schuldner verpflichtet.

§ 422 Wirkung der Erfüllung

(1) Die Erfüllung durch einen Gesamtschuldner wirkt auch für die übrigen Schuldner. Das Gleiche gilt von der Leistung an Erfüllungs statt, der Hinterlegung und der Aufrechnung.

(2) Eine Forderung, die einem Gesamtschuldner zusteht, kann nicht von den übrigen Schuldnern aufgerechnet werden.

§ 423 Wirkung des Erlasses

Ein zwischen dem Gläubiger und einem Gesamtschuldner vereinbarter Erlass wirkt auch für die übrigen Schuldner, wenn die Vertragschließenden das ganze Schuldverhältnis aufheben wollten.

§ 424 Wirkung des Gläubigerverzugs

Der Verzug des Gläubigers gegenüber einem Gesamtschuldner wirkt auch für die übrigen Schuldner.

§ 425 Wirkung anderer Tatsachen

(1) Andere als die in den §§ 422 bis 424 bezeichneten Tatsachen wirken, soweit sich nicht aus dem Schuldverhältnis ein anderes ergibt, nur für und gegen den Gesamtschuldner, in dessen Person sie eintreten.

(2) Dies gilt insbesondere von der Kündigung, dem Verzug, dem Verschulden, von der Unmöglichkeit der Leistung in der Person eines Gesamtschuldners, von der Verjährung, deren Neubeginn, Hemmung und Ablaufhemmung, von der Vereinigung der Forderung mit der Schuld und von dem rechtskräftigen Urteil.

§ 426 Ausgleichungspflicht, Forderungsübergang

(1) Die Gesamtschuldner sind im Verhältnis zueinander zu gleichen Anteilen verpflichtet, soweit nicht ein anderes bestimmt ist. Kann von einem Gesamtschuldner der auf ihn entfallende Beitrag nicht erlangt werden, so ist der Ausfall von den übrigen zur Ausgleichung verpflichteten Schuldnern zu tragen.
(2) Soweit ein Gesamtschuldner den Gläubiger befriedigt und von den übrigen Schuldnern Ausgleichung verlangen kann, geht die Forderung des Gläubigers gegen die übrigen Schuldner auf ihn über. Der Übergang kann nicht zum Nachteil des Gläubigers geltend gemacht werden.

§ 427 Gemeinschaftliche vertragliche Verpflichtung

Verpflichten sich mehrere durch Vertrag gemeinschaftlich zu einer teilbaren Leistung, so haften sie im Zweifel als Gesamtschuldner.

§ 428 Gesamtgläubiger

Sind mehrere eine Leistung in der Weise zu fordern berechtigt, dass jeder die ganze Leistung fordern kann, der Schuldner aber die Leistung nur einmal zu bewirken verpflichtet ist (Gesamtgläubiger), so kann der Schuldner nach seinem Belieben an jeden der Gläubiger leisten. Dies gilt auch dann, wenn einer der Gläubiger bereits Klage auf die Leistung erhoben hat.

§ 429 Wirkung von Veränderungen

(1) Der Verzug eines Gesamtgläubigers wirkt auch gegen die übrigen Gläubiger.
(2) Vereinigen sich Forderung und Schuld in der Person eines Gesamtgläubigers, so erlöschen die Rechte der übrigen Gläubiger gegen den Schuldner.
(3) Im Übrigen finden die Vorschriften der §§ 422, 423, 425 entsprechende Anwendung. Insbesondere bleiben, wenn ein Gesamtgläubiger seine Forderung auf einen anderen überträgt, die Rechte der übrigen Gläubiger unberührt.

§ 430 Ausgleichungspflicht der Gesamtgläubiger

Die Gesamtgläubiger sind im Verhältnis zueinander zu gleichen Anteilen berechtigt, soweit nicht ein anderes bestimmt ist.

§ 431 Mehrere Schuldner einer unteilbaren Leistung

Schulden mehrere eine unteilbare Leistung, so haften sie als Gesamtschuldner.

§ 432 Mehrere Gläubiger einer unteilbaren Leistung

(1) Haben mehrere eine unteilbare Leistung zu fordern, so kann, sofern sie nicht Gesamtgläubiger sind, der Schuldner nur an alle gemeinschaftlich leisten und jeder Gläubiger nur die Leistung an alle fordern. Jeder Gläubiger kann verlangen, dass der Schuldner die geschuldete Sache für alle Gläubiger hinterlegt oder, wenn sie sich nicht zur Hinterlegung eignet, an einen gerichtlich zu bestellenden Verwahrer abliefert.
(2) Im Übrigen wirkt eine Tatsache, die nur in der Person eines der Gläubiger eintritt, nicht für und gegen die übrigen Gläubiger.

Abschnitt 8
Einzelne Schuldverhältnisse

Titel 1
Kauf, Tausch

Untertitel 1
Allgemeine Vorschriften

§ 433 Vertragstypische Pflichten beim Kaufvertrag

(1) Durch den Kaufvertrag wird der Verkäufer einer Sache verpflichtet, dem Käufer die Sache zu übergeben und das Eigentum an der Sache zu verschaffen. Der Verkäufer hat dem Käufer die Sache frei von Sach- und Rechtsmängeln zu verschaffen.
(2) Der Käufer ist verpflichtet, dem Verkäufer den vereinbarten Kaufpreis zu zahlen und die gekaufte Sache abzunehmen.

§ 434 Sachmangel

(1) Die Sache ist frei von Sachmängeln, wenn sie bei Gefahrübergang den subjektiven Anforderungen, den objektiven Anforderungen und den Montageanforderungen dieser Vorschrift entspricht.

(2) Die Sache entspricht den subjektiven Anforderungen, wenn sie
1. die vereinbarte Beschaffenheit hat,
2. sich für die nach dem Vertrag vorausgesetzte Verwendung eignet und
3. mit dem vereinbarten Zubehör und den vereinbarten Anleitungen, einschließlich Montage- und Installationsanleitungen, übergeben wird.

Zu der Beschaffenheit nach Satz 1 Nummer 1 gehören Art, Menge, Qualität, Funktionalität, Kompatibilität, Interoperabilität und sonstige Merkmale der Sache, für die die Parteien Anforderungen vereinbart haben.

(3) Soweit nicht wirksam etwas anderes vereinbart wurde, entspricht die Sache den objektiven Anforderungen, wenn sie
1. sich für die gewöhnliche Verwendung eignet,
2. eine Beschaffenheit aufweist, die bei Sachen derselben Art üblich ist und die der Käufer erwarten kann unter Berücksichtigung
   a) der Art der Sache und
   b) der öffentlichen Äußerungen, die von dem Verkäufer oder einem anderen Glied der Vertragskette oder in deren Auftrag, insbesondere in der Werbung oder auf dem Etikett, abgegeben wurden,
3. der Beschaffenheit einer Probe oder eines Musters entspricht, die oder das der Verkäufer dem Käufer vor Vertragsschluss zur Verfügung gestellt hat, und
4. mit dem Zubehör einschließlich der Verpackung, der Montage- oder Installationsanleitung sowie anderen Anleitungen übergeben wird, deren Erhalt der Käufer erwarten kann.

Zu der üblichen Beschaffenheit nach Satz 1 Nummer 2 gehören Menge, Qualität und sonstige Merkmale der Sache, einschließlich ihrer Haltbarkeit, Funktionalität, Kompatibilität und Sicherheit. Der Verkäufer ist durch die in Satz 1 Nummer 2 Buchstabe b genannten öffentlichen Äußerungen nicht gebunden, wenn er sie nicht kannte und auch nicht kennen konnte, wenn die Äußerung im Zeitpunkt des Vertragsschlusses in derselben oder in gleichwertiger Weise berichtigt war oder wenn die Äußerung die Kaufentscheidung nicht beeinflussen konnte.

(4) Soweit eine Montage durchzuführen ist, entspricht die Sache den Montageanforderungen, wenn die Montage
1. sachgemäß durchgeführt worden ist oder
2. zwar unsachgemäß durchgeführt worden ist, dies jedoch weder auf einer unsachgemäßen Montage durch den Verkäufer noch auf einem Mangel in der vom Verkäufer übergebenen Anleitung beruht.

(5) Einem Sachmangel steht es gleich, wenn der Verkäufer eine andere Sache als die vertraglich geschuldete Sache liefert.

§ 435 Rechtsmangel

Die Sache ist frei von Rechtsmängeln, wenn Dritte in Bezug auf die Sache keine oder nur die im Kaufvertrag übernommenen Rechte gegen den Käufer geltend machen können. Einem Rechtsmangel steht es gleich, wenn im Grundbuch ein Recht eingetragen ist, das nicht besteht.

§ 436 Öffentliche Lasten von Grundstücken

(1) Soweit nicht anders vereinbart, ist der Verkäufer eines Grundstücks verpflichtet, Erschließungsbeiträge und sonstige Anliegerbeiträge für die Maßnahmen zu tragen, die bis zum Tage des Vertragsschlusses bautechnisch begonnen sind, unabhängig vom Zeitpunkt des Entstehens der Beitragsschuld.

(2) Der Verkäufer eines Grundstücks haftet nicht für die Freiheit des Grundstücks von anderen öffentlichen Abgaben und von anderen öffentlichen Lasten, die zur Eintragung in das Grundbuch nicht geeignet sind.

§ 437 Rechte des Käufers bei Mängeln

Ist die Sache mangelhaft, kann der Käufer, wenn die Voraussetzungen der folgenden Vorschriften vorliegen und soweit nicht ein anderes bestimmt ist,
1. nach § 439 Nacherfüllung verlangen,
2. nach den §§ 440, 323 und 326 Abs. 5 von dem Vertrag zurücktreten oder nach § 441 den Kaufpreis mindern und
3. nach den §§ 440, 280, 281, 283 und 311a Schadensersatz oder nach § 284 Ersatz vergeblicher Aufwendungen verlangen.

§ 438 Verjährung der Mängelansprüche

(1) Die in § 437 Nr. 1 und 3 bezeichneten Ansprüche verjähren
1. in 30 Jahren, wenn der Mangel
   a) in einem dinglichen Recht eines Dritten, auf Grund dessen Herausgabe der Kaufsache verlangt werden kann, oder
   b) in einem sonstigen Recht, das im Grundbuch eingetragen ist, besteht,
2. in fünf Jahren

a) bei einem Bauwerk und
b) bei einer Sache, die entsprechend ihrer üblichen Verwendungsweise für ein Bauwerk verwendet worden ist und dessen Mangelhaftigkeit verursacht hat, und
3. im Übrigen in zwei Jahren.
(2) Die Verjährung beginnt bei Grundstücken mit der Übergabe, im Übrigen mit der Ablieferung der Sache.
(3) Abweichend von Absatz 1 Nr. 2 und 3 und Absatz 2 verjähren die Ansprüche in der regelmäßigen Verjährungsfrist, wenn der Verkäufer den Mangel arglistig verschwiegen hat. Im Falle des Absatzes 1 Nr. 2 tritt die Verjährung jedoch nicht vor Ablauf der dort bestimmten Frist ein.
(4) Für das in § 437 bezeichnete Rücktrittsrecht gilt § 218. Der Käufer kann trotz einer Unwirksamkeit des Rücktritts nach § 218 Abs. 1 die Zahlung des Kaufpreises insoweit verweigern, als er auf Grund des Rücktritts dazu berechtigt sein würde. Macht er von diesem Recht Gebrauch, kann der Verkäufer vom Vertrag zurücktreten.
(5) Auf das in § 437 bezeichnete Minderungsrecht finden § 218 und Absatz 4 Satz 2 entsprechende Anwendung.

§ 439 Nacherfüllung

(1) Der Käufer kann als Nacherfüllung nach seiner Wahl die Beseitigung des Mangels oder die Lieferung einer mangelfreien Sache verlangen.
(2) Der Verkäufer hat die zum Zwecke der Nacherfüllung erforderlichen Aufwendungen, insbesondere Transport-, Wege-, Arbeits- und Materialkosten zu tragen.
(3) Hat der Käufer die mangelhafte Sache gemäß ihrer Art und ihrem Verwendungszweck in eine andere Sache eingebaut oder an eine andere Sache angebracht, bevor der Mangel offenbar wurde, ist der Verkäufer im Rahmen der Nacherfüllung verpflichtet, dem Käufer die erforderlichen Aufwendungen für das Entfernen der mangelhaften und den Einbau oder das Anbringen der nachgebesserten oder gelieferten mangelfreien Sache zu ersetzen.
(4) Der Verkäufer kann die vom Käufer gewählte Art der Nacherfüllung unbeschadet des § 275 Abs. 2 und 3 verweigern, wenn sie nur mit unverhältnismäßigen Kosten möglich ist. Dabei sind insbesondere der Wert der Sache in mangelfreiem Zustand, die Bedeutung des Mangels und die Frage zu berücksichtigen, ob auf die andere Art der Nacherfüllung ohne erhebliche Nachteile für den Käufer zurückgegriffen werden könnte. Der Anspruch des Käufers beschränkt sich in diesem Fall auf die andere Art der Nacherfüllung; das Recht des Verkäufers, auch diese unter den Voraussetzungen des Satzes 1 zu verweigern, bleibt unberührt.
(5) Der Käufer hat dem Verkäufer die Sache zum Zweck der Nacherfüllung zur Verfügung zu stellen.
(6) Liefert der Verkäufer zum Zwecke der Nacherfüllung eine mangelfreie Sache, so kann er vom Käufer Rückgewähr der mangelhaften Sache nach Maßgabe der §§ 346 bis 348 verlangen. Der Verkäufer hat die ersetzte Sache auf seine Kosten zurückzunehmen.

§ 440 Besondere Bestimmungen für Rücktritt und Schadensersatz

Außer in den Fällen des § 281 Absatz 2 und des § 323 Absatz 2 bedarf es der Fristsetzung auch dann nicht, wenn der Verkäufer beide Arten der Nacherfüllung gemäß § 439 Absatz 4 verweigert oder wenn die dem Käufer zustehende Art der Nacherfüllung fehlgeschlagen oder ihm unzumutbar ist. Eine Nachbesserung gilt nach dem erfolglosen zweiten Versuch als fehlgeschlagen, wenn sich nicht insbesondere aus der Art der Sache oder des Mangels oder den sonstigen Umständen etwas anderes ergibt.

§ 441 Minderung

(1) Statt zurückzutreten, kann der Käufer den Kaufpreis durch Erklärung gegenüber dem Verkäufer mindern. Der Ausschlussgrund des § 323 Abs. 5 Satz 2 findet keine Anwendung.
(2) Sind auf der Seite des Käufers oder auf der Seite des Verkäufers mehrere beteiligt, so kann die Minderung nur von allen oder gegen alle erklärt werden.
(3) Bei der Minderung ist der Kaufpreis in dem Verhältnis herabzusetzen, in welchem zur Zeit des Vertragsschlusses der Wert der Sache in mangelfreiem Zustand zu dem wirklichen Wert gestanden haben würde. Die Minderung ist, soweit erforderlich, durch Schätzung zu ermitteln.
(4) Hat der Käufer mehr als den geminderten Kaufpreis gezahlt, so ist der Mehrbetrag vom Verkäufer zu erstatten. § 346 Abs. 1 und § 347 Abs. 1 finden entsprechende Anwendung.

§ 442 Kenntnis des Käufers

(1) Die Rechte des Käufers wegen eines Mangels sind ausgeschlossen, wenn er bei Vertragsschluss den Mangel kennt. Ist dem Käufer ein Mangel infolge grober Fahrlässigkeit unbekannt geblieben, kann der Käufer Rechte wegen dieses Mangels nur geltend machen, wenn der Verkäufer den Mangel arglistig verschwiegen oder eine Garantie für die Beschaffenheit der Sache übernommen hat.
(2) Ein im Grundbuch eingetragenes Recht hat der Verkäufer zu beseitigen, auch wenn es der Käufer kennt.

§ 443 Garantie

(1) Geht der Verkäufer, der Hersteller oder ein sonstiger Dritter in einer Erklärung oder einschlägigen Werbung, die vor oder bei Abschluss des Kaufvertrags verfügbar war, zusätzlich zu der gesetzlichen Mängelhaftung insbesondere die Verpflichtung ein, den Kaufpreis zu erstatten, die Sache auszutauschen, nachzubessern oder in ihrem Zusammenhang Dienstleistungen zu erbringen, falls die Sache nicht diejenige Beschaffenheit aufweist oder andere als die Mängelfreiheit betreffende Anforderungen nicht erfüllt, die in der Erklärung oder einschlägigen Werbung beschrieben sind (Garantie), stehen dem Käufer im Garantiefall unbeschadet der gesetzlichen Ansprüche die Rechte aus der Garantie gegenüber demjenigen zu, der die Garantie gegeben hat (Garantiegeber).

(2) Soweit der Garantiegeber eine Garantie dafür übernommen hat, dass die Sache für eine bestimmte Dauer eine bestimmte Beschaffenheit behält (Haltbarkeitsgarantie), wird vermutet, dass ein während ihrer Geltungsdauer auftretender Sachmangel die Rechte aus der Garantie begründet.

§ 444 Haftungsausschluss

Auf eine Vereinbarung, durch welche die Rechte des Käufers wegen eines Mangels ausgeschlossen oder beschränkt werden, kann sich der Verkäufer nicht berufen, soweit er den Mangel arglistig verschwiegen oder eine Garantie für die Beschaffenheit der Sache übernommen hat.

§ 445 Haftungsbegrenzung bei öffentlichen Versteigerungen

Wird eine Sache auf Grund eines Pfandrechts in einer öffentlichen Versteigerung unter der Bezeichnung als Pfand verkauft, so stehen dem Käufer Rechte wegen eines Mangels nur zu, wenn der Verkäufer den Mangel arglistig verschwiegen oder eine Garantie für die Beschaffenheit der Sache übernommen hat.

§ 445a Rückgriff des Verkäufers

(1) Der Verkäufer kann beim Verkauf einer neu hergestellten Sache von dem Verkäufer, der ihm die Sache verkauft hatte (Lieferant), Ersatz der Aufwendungen verlangen, die er im Verhältnis zum Käufer nach § 439 Absatz 2, 3 und 6 Satz 2 sowie nach § 475 Absatz 4 zu tragen hatte, wenn der vom Käufer geltend gemachte Mangel bereits beim Übergang der Gefahr auf den Verkäufer vorhanden war oder auf einer Verletzung der Aktualisierungspflicht gemäß § 475b Absatz 4 beruht.

(2) Für die in § 437 bezeichneten Rechte des Verkäufers gegen seinen Lieferanten bedarf es wegen des vom Käufer geltend gemachten Mangels der sonst erforderlichen Fristsetzung nicht, wenn der Verkäufer die verkaufte neu hergestellte Sache als Folge ihrer Mangelhaftigkeit zurücknehmen musste oder der Käufer den Kaufpreis gemindert hat.

(3) Die Absätze 1 und 2 finden auf die Ansprüche des Lieferanten und der übrigen Käufer in der Lieferkette gegen die jeweiligen Verkäufer entsprechende Anwendung, wenn die Schuldner Unternehmer sind.

(4) § 377 des Handelsgesetzbuchs bleibt unberührt.

§ 445b Verjährung von Rückgriffsansprüchen

(1) Die in § 445a Absatz 1 bestimmten Aufwendungsersatzansprüche verjähren in zwei Jahren ab Ablieferung der Sache.

(2) Die Verjährung der in den §§ 437 und 445a Absatz 1 bestimmten Ansprüche des Verkäufers gegen seinen Lieferanten wegen des Mangels einer verkauften neu hergestellten Sache tritt frühestens zwei Monate nach dem Zeitpunkt ein, in dem der Verkäufer die Ansprüche des Käufers erfüllt hat.

(3) Die Absätze 1 und 2 finden auf die Ansprüche des Lieferanten und der übrigen Käufer in der Lieferkette gegen die jeweiligen Verkäufer entsprechende Anwendung, wenn die Schuldner Unternehmer sind.

§ 445c Rückgriff bei Verträgen über digitale Produkte

Ist der letzte Vertrag in der Lieferkette ein Verbrauchervertrag über die Bereitstellung digitaler Produkte nach den §§ 327 und 327a, so sind die §§ 445a, 445b und 478 nicht anzuwenden. An die Stelle der nach Satz 1 nicht anzuwendenden Vorschriften treten die Vorschriften des Abschnitts 3 Titel 2a Untertitel 2.

§ 446 Gefahr- und Lastenübergang

Mit der Übergabe der verkauften Sache geht die Gefahr des zufälligen Untergangs und der zufälligen Verschlechterung auf den Käufer über. Von der Übergabe an gebühren dem Käufer die Nutzungen und trägt er die Lasten der Sache. Der Übergabe steht es gleich, wenn der Käufer im Verzug der Annahme ist.

§ 447 Gefahrübergang beim Versendungskauf

(1) Versendet der Verkäufer auf Verlangen des Käufers die verkaufte Sache nach einem anderen Ort als dem Erfüllungsort, so geht die Gefahr auf den Käufer über, sobald der Verkäufer die Sache dem Spediteur, dem Frachtführer oder der sonst zur Ausführung der Versendung bestimmten Person oder Anstalt ausgeliefert hat.

(2) Hat der Käufer eine besondere Anweisung über die Art der Versendung erteilt und weicht der Verkäufer ohne dringenden Grund von der Anweisung ab, so ist der Verkäufer dem Käufer für den daraus entstehenden Schaden verantwortlich.

§ 448 Kosten der Übergabe und vergleichbare Kosten

(1) Der Verkäufer trägt die Kosten der Übergabe der Sache, der Käufer die Kosten der Abnahme und der Versendung der Sache nach einem anderen Ort als dem Erfüllungsort.
(2) Der Käufer eines Grundstücks trägt die Kosten der Beurkundung des Kaufvertrags und der Auflassung, der Eintragung ins Grundbuch und der zu der Eintragung erforderlichen Erklärungen.

§ 449 Eigentumsvorbehalt

(1) Hat sich der Verkäufer einer beweglichen Sache das Eigentum bis zur Zahlung des Kaufpreises vorbehalten, so ist im Zweifel anzunehmen, dass das Eigentum unter der aufschiebenden Bedingung vollständiger Zahlung des Kaufpreises übertragen wird (Eigentumsvorbehalt).
(2) Auf Grund des Eigentumsvorbehalts kann der Verkäufer die Sache nur herausverlangen, wenn er vom Vertrag zurückgetreten ist.
(3) Die Vereinbarung eines Eigentumsvorbehalts ist nichtig, soweit der Eigentumsübergang davon abhängig gemacht wird, dass der Käufer Forderungen eines Dritten, insbesondere eines mit dem Verkäufer verbundenen Unternehmens, erfüllt.

§ 450 Ausgeschlossene Käufer bei bestimmten Verkäufen

(1) Bei einem Verkauf im Wege der Zwangsvollstreckung dürfen der mit der Vornahme oder Leitung des Verkaufs Beauftragte und die von ihm zugezogenen Gehilfen einschließlich des Protokollführers den zu verkaufenden Gegenstand weder für sich persönlich oder durch einen anderen noch als Vertreter eines anderen kaufen.
(2) Absatz 1 gilt auch bei einem Verkauf außerhalb der Zwangsvollstreckung, wenn der Auftrag zu dem Verkauf auf Grund einer gesetzlichen Vorschrift erteilt worden ist, die den Auftraggeber ermächtigt, den Gegenstand für Rechnung eines anderen verkaufen zu lassen, insbesondere in den Fällen des Pfandverkaufs und des in den §§ 383 und 385 zugelassenen Verkaufs, sowie bei einem Verkauf aus einer Insolvenzmasse.

§ 451 Kauf durch ausgeschlossenen Käufer

(1) Die Wirksamkeit eines dem § 450 zuwider erfolgten Kaufs und der Übertragung des gekauften Gegenstandes hängt von der Zustimmung der bei dem Verkauf als Schuldner, Eigentümer oder Gläubiger Beteiligten ab. Fordert der Käufer einen Beteiligten zur Erklärung über die Genehmigung auf, so findet § 177 Abs. 2 entsprechende Anwendung.
(2) Wird infolge der Verweigerung der Genehmigung ein neuer Verkauf vorgenommen, so hat der frühere Käufer für die Kosten des neuen Verkaufs sowie für einen Mindererlös aufzukommen.

§ 452 Schiffskauf

Die Vorschriften dieses Untertitels über den Kauf von Grundstücken finden auf den Kauf von eingetragenen Schiffen und Schiffsbauwerken entsprechende Anwendung.

§ 453 Rechtskauf; Verbrauchervertrag über den Kauf digitaler Inhalte

(1) Die Vorschriften über den Kauf von Sachen finden auf den Kauf von Rechten und sonstigen Gegenständen entsprechende Anwendung. Auf einen Verbrauchervertrag über den Verkauf digitaler Inhalte durch einen Unternehmer sind die folgenden Vorschriften nicht anzuwenden:
1. § 433 Absatz 1 Satz 1 und § 475 Absatz 1 über die Übergabe der Kaufsache und die Leistungszeit sowie
2. § 433 Absatz 1 Satz 2, die §§ 434 bis 442, 475 Absatz 3 Satz 1, Absatz 4 bis 6 und die §§ 476 und 477 über die Rechte bei Mängeln.

An die Stelle der nach Satz 1 nicht anzuwendenden Vorschriften treten die Vorschriften des Abschnitts 3 Titel 2a Untertitel 1.
(2) Der Verkäufer trägt die Kosten der Begründung und Übertragung des Rechts.
(3) Ist ein Recht verkauft, das zum Besitz einer Sache berechtigt, so ist der Verkäufer verpflichtet, dem Käufer die Sache frei von Sach- und Rechtsmängeln zu übergeben.

Untertitel 3
Verbrauchsgüterkauf

§ 474 Verbrauchsgüterkauf

(1) Verbrauchsgüterkäufe sind Verträge, durch die ein Verbraucher von einem Unternehmer eine Ware (§ 241a Absatz 1) kauft. Um einen Verbrauchsgüterkauf handelt es sich auch bei einem Vertrag, der neben dem Verkauf einer Ware die Erbringung einer Dienstleistung durch den Unternehmer zum Gegenstand hat.

(2) Für den Verbrauchsgüterkauf gelten ergänzend die folgenden Vorschriften dieses Untertitels. Für gebrauchte Waren, die in einer öffentlich zugänglichen Versteigerung (§ 312g Absatz 2 Nummer 10) verkauft werden, gilt dies nicht, wenn dem Verbraucher klare und umfassende Informationen darüber, dass die Vorschriften dieses Untertitels nicht gelten, leicht verfügbar gemacht wurden.

§ 475 Anwendbare Vorschriften

(1) Ist eine Zeit für die nach § 433 zu erbringenden Leistungen weder bestimmt noch aus den Umständen zu entnehmen, so kann der Gläubiger diese Leistungen abweichend von § 271 Absatz 1 nur unverzüglich verlangen. Der Unternehmer muss die Ware in diesem Fall spätestens 30 Tage nach Vertragsschluss übergeben. Die Vertragsparteien können die Leistungen sofort bewirken.

(2) § 447 Absatz 1 gilt mit der Maßgabe, dass die Gefahr des zufälligen Untergangs und der zufälligen Verschlechterung nur dann auf den Käufer übergeht, wenn der Käufer den Spediteur, den Frachtführer oder die sonst zur Ausführung der Versendung bestimmte Person oder Anstalt mit der Ausführung beauftragt hat und der Unternehmer dem Käufer diese Person oder Anstalt nicht zuvor benannt hat.

(3) § 439 Absatz 6 ist mit der Maßgabe anzuwenden, dass Nutzungen nicht herauszugeben oder durch ihren Wert zu ersetzen sind. Die §§ 442, 445 und 447 Absatz 2 sind nicht anzuwenden.

(4) Der Verbraucher kann von dem Unternehmer für Aufwendungen, die ihm im Rahmen der Nacherfüllung gemäß § 439 Absatz 2 und 3 entstehen und die vom Unternehmer zu tragen sind, Vorschuss verlangen.

(5) Der Unternehmer hat die Nacherfüllung innerhalb einer angemessenen Frist ab dem Zeitpunkt, zu dem der Verbraucher ihn über den Mangel unterrichtet hat, und ohne erhebliche Unannehmlichkeiten für den Verbraucher durchzuführen, wobei die Art der Ware sowie der Zweck, für den der Verbraucher die Ware benötigt, zu berücksichtigen sind.

(6) Im Fall des Rücktritts oder des Schadensersatzes statt der ganzen Leistung wegen eines Mangels der Ware ist § 346 mit der Maßgabe anzuwenden, dass der Unternehmer die Kosten der Rückgabe der Ware trägt. § 348 ist mit der Maßgabe anzuwenden, dass der Nachweis des Verbrauchers über die Rücksendung der Rückgewähr der Ware gleichsteht.

§ 475a Verbrauchsgüterkaufvertrag über digitale Produkte

(1) Auf einen Verbrauchsgüterkaufvertrag, welcher einen körperlichen Datenträger zum Gegenstand hat, der ausschließlich als Träger digitaler Inhalte dient, sind § 433 Absatz 1 Satz 2, die §§ 434 bis 442, 475 Absatz 3 Satz 1, Absatz 4 bis 6, die §§ 475b bis 475e und die §§ 476 und 477 über die Rechte bei Mängeln nicht anzuwenden. An die Stelle der nach Satz 1 nicht anzuwendenden Vorschriften treten die Vorschriften des Abschnitts 3 Titel 2a Untertitel 1.

(2) Auf einen Verbrauchsgüterkaufvertrag über eine Ware, die in einer Weise digitale Produkte enthält oder mit digitalen Produkten verbunden ist, dass die Ware ihre Funktionen auch ohne diese digitalen Produkte erfüllen kann, sind im Hinblick auf diejenigen Bestandteile des Vertrags, welche die digitalen Produkte betreffen, die folgenden Vorschriften nicht anzuwenden:
1. § 433 Absatz 1 Satz 1 und § 475 Absatz 1 über die Übergabe der Kaufsache und die Leistungszeit sowie
2. § 433 Absatz 1 Satz 2, die §§ 434 bis 442, 475 Absatz 3 Satz 1, Absatz 4 bis 6, die §§ 475b bis 475e und die §§ 476 und 477 über die Rechte bei Mängeln.

An die Stelle der nach Satz 1 nicht anzuwendenden Vorschriften treten die Vorschriften des Abschnitts 3 Titel 2a Untertitel 1.

§ 475b Sachmangel einer Ware mit digitalen Elementen

(1) Für den Kauf einer Ware mit digitalen Elementen (§ 327a Absatz 3 Satz 1), bei dem sich der Unternehmer verpflichtet, dass er oder ein Dritter die digitalen Elemente bereitstellt, gelten ergänzend die Regelungen dieser Vorschrift. Hinsichtlich der Frage, ob die Verpflichtung des Unternehmers die Bereitstellung der digitalen Inhalte oder digitalen Dienstleistungen umfasst, gilt § 327a Absatz 3 Satz 2.

(2) Eine Ware mit digitalen Elementen ist frei von Sachmängeln, wenn sie bei Gefahrübergang und in Bezug auf eine Aktualisierungspflicht auch während des Zeitraums nach Absatz 3 Nummer 2 und Absatz 4 Nummer 2 den subjektiven Anforderungen, den objektiven Anforderungen, den Montageanforderungen und den Installationsanforderungen entspricht.

(3) Eine Ware mit digitalen Elementen entspricht den subjektiven Anforderungen, wenn
1. sie den Anforderungen des § 434 Absatz 2 entspricht und
2. für die digitalen Elemente die im Kaufvertrag vereinbarten Aktualisierungen während des nach dem Vertrag maßgeblichen Zeitraums bereitgestellt werden.

(4) Eine Ware mit digitalen Elementen entspricht den objektiven Anforderungen, wenn
1. sie den Anforderungen des § 434 Absatz 3 entspricht und

2. dem Verbraucher während des Zeitraums, den er aufgrund der Art und des Zwecks der Ware und ihrer digitalen Elemente sowie unter Berücksichtigung der Umstände und der Art des Vertrags erwarten kann, Aktualisierungen bereitgestellt werden, die für den Erhalt der Vertragsmäßigkeit der Ware erforderlich sind, und der Verbraucher über diese Aktualisierungen informiert wird.

(5) Unterlässt es der Verbraucher, eine Aktualisierung, die ihm gemäß Absatz 4 bereitgestellt worden ist, innerhalb einer angemessenen Frist zu installieren, so haftet der Unternehmer nicht für einen Sachmangel, der allein auf das Fehlen dieser Aktualisierung zurückzuführen ist, wenn

1. der Unternehmer den Verbraucher über die Verfügbarkeit der Aktualisierung und die Folgen einer unterlassenen Installation informiert hat oder
2. die Tatsache, dass der Verbraucher die Aktualisierung nicht oder unsachgemäß installiert hat, nicht auf eine dem Verbraucher bereitgestellte mangelhafte Installationsanleitung zurückzuführen ist.

(6) Soweit eine Montage oder eine Installation durchzuführen ist, entspricht eine Ware mit digitalen Elementen

1. den Montageanforderungen, wenn sie den Anforderungen des § 434 Absatz 4 entspricht, und
2. den Installationsanforderungen, wenn die Installation
   a) der digitalen Elemente sachgemäß durchgeführt worden ist oder
   b) zwar unsachgemäß durchgeführt worden ist, dies jedoch weder auf einer unsachgemäßen Installation durch den Unternehmer noch auf einem Mangel der Anleitung beruht, die der Unternehmer oder derjenige übergeben hat, der die digitalen Elemente bereitgestellt hat.

§ 475c Sachmangel einer Ware mit digitalen Elementen bei dauerhafter Bereitstellung der digitalen Elemente

(1) Ist beim Kauf einer Ware mit digitalen Elementen eine dauerhafte Bereitstellung für die digitalen Elemente vereinbart, so gelten ergänzend die Regelungen dieser Vorschrift. Haben die Parteien nicht bestimmt, wie lange die Bereitstellung andauern soll, so ist § 475b Absatz 4 Nummer 2 entsprechend anzuwenden.

(2) Der Unternehmer haftet über die §§ 434 und 475b hinaus auch dafür, dass die digitalen Elemente während des Bereitstellungszeitraums, mindestens aber für einen Zeitraum von zwei Jahren ab der Ablieferung der Ware, den Anforderungen des § 475b Absatz 2 entsprechen.

§ 475d Sonderbestimmungen für Rücktritt und Schadensersatz

(1) Für einen Rücktritt wegen eines Mangels der Ware bedarf es der in § 323 Absatz 1 bestimmten Fristsetzung zur Nacherfüllung abweichend von § 323 Absatz 2 und § 440 nicht, wenn

1. der Unternehmer die Nacherfüllung trotz Ablaufs einer angemessenen Frist ab dem Zeitpunkt, zu dem der Verbraucher ihn über den Mangel unterrichtet hat, nicht vorgenommen hat,
2. sich trotz der vom Unternehmer versuchten Nacherfüllung ein Mangel zeigt,
3. der Mangel derart schwerwiegend ist, dass der sofortige Rücktritt gerechtfertigt ist,
4. der Unternehmer die gemäß § 439 Absatz 1 oder 2 oder § 475 Absatz 5 ordnungsgemäße Nacherfüllung verweigert hat oder
5. es nach den Umständen offensichtlich ist, dass der Unternehmer nicht gemäß § 439 Absatz 1 oder 2 oder § 475 Absatz 5 ordnungsgemäß nacherfüllen wird.

(2) Für einen Anspruch auf Schadensersatz wegen eines Mangels der Ware bedarf es der in § 281 Absatz 1 bestimmten Fristsetzung in den in Absatz 1 bestimmten Fällen nicht. § 281 Absatz 2 und § 440 sind nicht anzuwenden.

§ 475e Sonderbestimmungen für die Verjährung

(1) Im Fall der dauerhaften Bereitstellung digitaler Elemente nach § 475c Absatz 1 Satz 1 verjähren Ansprüche wegen eines Mangels an den digitalen Elementen nicht vor dem Ablauf von zwölf Monaten nach dem Ende des Bereitstellungszeitraums.

(2) Ansprüche wegen einer Verletzung der Aktualisierungspflicht nach § 475b Absatz 3 oder 4 verjähren nicht vor dem Ablauf von zwölf Monaten nach dem Ende des Zeitraums der Aktualisierungspflicht.

(3) Hat sich ein Mangel innerhalb der Verjährungsfrist gezeigt, so tritt die Verjährung nicht vor dem Ablauf von vier Monaten nach dem Zeitpunkt ein, in dem sich der Mangel erstmals gezeigt hat.

(4) Hat der Verbraucher zur Nacherfüllung oder zur Erfüllung von Ansprüchen aus einer Garantie die Ware dem Unternehmer oder auf Veranlassung des Unternehmers einem Dritten übergeben, so tritt die Verjährung von Ansprüchen wegen des geltend gemachten Mangels nicht vor dem Ablauf von zwei Monaten nach dem Zeitpunkt ein, in dem die nachgebesserte oder ersetzte Ware dem Verbraucher übergeben wurde.

§ 476 Abweichende Vereinbarungen

(1) Auf eine vor Mitteilung eines Mangels an den Unternehmer getroffene Vereinbarung, die zum Nachteil des Verbrauchers von den §§ 433 bis 435, 437, 439 bis 441 und 443 sowie von den Vorschriften dieses Untertitels

abweicht, kann der Unternehmer sich nicht berufen. Von den Anforderungen nach § 434 Absatz 3 oder § 475b Absatz 4 kann vor Mitteilung eines Mangels an den Unternehmer durch Vertrag abgewichen werden, wenn
1. der Verbraucher vor der Abgabe seiner Vertragserklärung eigens davon in Kenntnis gesetzt wurde, dass ein bestimmtes Merkmal der Ware von den objektiven Anforderungen abweicht, und
2. die Abweichung im Sinne der Nummer 1 im Vertrag ausdrücklich und gesondert vereinbart wurde.
(2) Die Verjährung der in § 437 bezeichneten Ansprüche kann vor Mitteilung eines Mangels an den Unternehmer nicht durch Rechtsgeschäft erleichtert werden, wenn die Vereinbarung zu einer Verjährungsfrist ab dem gesetzlichen Verjährungsbeginn von weniger als zwei Jahren, bei gebrauchten Waren von weniger als einem Jahr führt. Die Vereinbarung ist nur wirksam, wenn
1. der Verbraucher vor der Abgabe seiner Vertragserklärung von der Verkürzung der Verjährungsfrist eigens in Kenntnis gesetzt wurde und
2. die Verkürzung der Verjährungsfrist im Vertrag ausdrücklich und gesondert vereinbart wurde.
(3) Die Absätze 1 und 2 gelten unbeschadet der §§ 307 bis 309 nicht für den Ausschluss oder die Beschränkung des Anspruchs auf Schadensersatz.
(4) Die Regelungen der Absätze 1 und 2 sind auch anzuwenden, wenn sie durch anderweitige Gestaltungen umgangen werden.

§ 477 Beweislastumkehr

(1) Zeigt sich innerhalb eines Jahres seit Gefahrübergang ein von den Anforderungen nach § 434 oder § 475b abweichender Zustand der Ware, so wird vermutet, dass die Ware bereits bei Gefahrübergang mangelhaft war, es sei denn, diese Vermutung ist mit der Art der Ware oder des mangelhaften Zustands unvereinbar. Beim Kauf eines lebenden Tieres gilt diese Vermutung für einen Zeitraum von sechs Monaten seit Gefahrübergang.
(2) Ist bei Waren mit digitalen Elementen die dauerhafte Bereitstellung der digitalen Elemente im Kaufvertrag vereinbart und zeigt sich ein von den vertraglichen Anforderungen nach § 434 oder § 475b abweichender Zustand der digitalen Elemente während der Dauer der Bereitstellung oder innerhalb eines Zeitraums von zwei Jahren seit Gefahrübergang, so wird vermutet, dass die digitalen Elemente während der bisherigen Dauer der Bereitstellung mangelhaft waren.

§ 478 Sonderbestimmungen für den Rückgriff des Unternehmers

(1) Ist der letzte Vertrag in der Lieferkette ein Verbrauchsgüterkauf (§ 474), findet § 477 in den Fällen des § 445a Absatz 1 und 2 mit der Maßgabe Anwendung, dass die Frist mit dem Übergang der Gefahr auf den Verbraucher beginnt.
(2) Auf eine vor Mitteilung eines Mangels an den Lieferanten getroffene Vereinbarung, die zum Nachteil des Unternehmers von Absatz 1 sowie von den §§ 433 bis 435, 437, 439 bis 443, 445a Absatz 1 und 2 sowie den §§ 445b, 475b und 475c abweicht, kann sich der Lieferant nicht berufen, wenn dem Rückgriffsgläubiger kein gleichwertiger Ausgleich eingeräumt wird. Satz 1 gilt unbeschadet des § 307 nicht für den Ausschluss oder die Beschränkung des Anspruchs auf Schadensersatz. Die in Satz 1 bezeichneten Vorschriften finden auch Anwendung, wenn sie durch anderweitige Gestaltungen umgangen werden.
(3) Die Absätze 1 und 2 finden auf die Ansprüche des Lieferanten und der übrigen Käufer in der Lieferkette gegen die jeweiligen Verkäufer entsprechende Anwendung, wenn die Schuldner Unternehmer sind.

§ 479 Sonderbestimmungen für Garantien

(1) Eine Garantieerklärung (§ 443) muss einfach und verständlich abgefasst sein. Sie muss Folgendes enthalten:
1. den Hinweis auf die gesetzlichen Rechte des Verbrauchers bei Mängeln, darauf, dass die Inanspruchnahme dieser Rechte unentgeltlich ist sowie darauf, dass diese Rechte durch die Garantie nicht eingeschränkt werden,
2. den Namen und die Anschrift des Garantiegebers,
3. das vom Verbraucher einzuhaltende Verfahren für die Geltendmachung der Garantie,
4. die Nennung der Ware, auf die sich die Garantie bezieht, und
5. die Bestimmungen der Garantie, insbesondere die Dauer und den räumlichen Geltungsbereich des Garantieschutzes.

(2) Die Garantieerklärung ist dem Verbraucher spätestens zum Zeitpunkt der Lieferung der Ware auf einem dauerhaften Datenträger zur Verfügung zu stellen.
(3) Hat der Hersteller gegenüber dem Verbraucher eine Haltbarkeitsgarantie übernommen, so hat der Verbraucher gegen den Hersteller während des Zeitraums der Garantie mindestens einen Anspruch auf Nacherfüllung gemäß § 439 Absatz 2, 3, 5 und 6 Satz 2 und § 475 Absatz 3 Satz 1 und Absatz 5.
(4) Die Wirksamkeit der Garantieverpflichtung wird nicht dadurch berührt, dass eine der vorstehenden Anforderungen nicht erfüllt wird.

Untertitel 4
Tausch

§ 480 Tausch
Auf den Tausch finden die Vorschriften über den Kauf entsprechende Anwendung.

Titel 3
Darlehensvertrag; Finanzierungshilfen und Ratenlieferungsverträge zwischen einem Unternehmer und einem Verbraucher

Untertitel 1
Darlehensvertrag

Kapitel 2
Besondere Vorschriften für Verbraucherdarlehensverträge

§ 493 Informationen während des Vertragsverhältnisses

(1) Ist in einem Verbraucherdarlehensvertrag der Sollzinssatz gebunden und endet die Sollzinsbindung vor der für die Rückzahlung bestimmten Zeit, unterrichtet der Darlehensgeber den Darlehensnehmer spätestens drei Monate vor Ende der Sollzinsbindung darüber, ob er zu einer neuen Sollzinsbindungsabrede bereit ist. Erklärt sich der Darlehensgeber hierzu bereit, muss die Unterrichtung den zum Zeitpunkt der Unterrichtung vom Darlehensgeber angebotenen Sollzinssatz enthalten.

(2) Der Darlehensgeber unterrichtet den Darlehensnehmer spätestens drei Monate vor Beendigung eines Verbraucherdarlehensvertrags darüber, ob er zur Fortführung des Darlehensverhältnisses bereit ist. Erklärt sich der Darlehensgeber zur Fortführung bereit, muss die Unterrichtung die zum Zeitpunkt der Unterrichtung gültigen Pflichtangaben gemäß § 491a Abs. 1 enthalten.

(3) Die Anpassung des Sollzinssatzes eines Verbraucherdarlehensvertrags mit veränderlichem Sollzinssatz wird erst wirksam, nachdem der Darlehensgeber den Darlehensnehmer über die Einzelheiten unterrichtet hat, die sich aus Artikel 247 § 15 des Einführungsgesetzes zum Bürgerlichen Gesetzbuche ergeben. Abweichende Vereinbarungen über die Wirksamkeit sind im Rahmen des Artikels 247 § 15 Absatz 2 und 3 des Einführungsgesetzes zum Bürgerlichen Gesetzbuche zulässig.

(4) Bei einem Vertrag über ein Immobiliar-Verbraucherdarlehen in Fremdwährung gemäß § 503 Absatz 1 Satz 1, auch in Verbindung mit Satz 3, hat der Darlehensgeber den Darlehensnehmer unverzüglich zu informieren, wenn der Wert des noch zu zahlenden Restbetrags oder der Wert der regelmäßigen Raten in der Landeswährung des Darlehensnehmers um mehr als 20 Prozent gegenüber dem Wert steigt, der bei Zugrundelegung des Wechselkurses bei Vertragsabschluss gegeben wäre. Die Information
1. ist auf einem dauerhaften Datenträger zu übermitteln,
2. hat die Angabe über die Veränderung des Restbetrags in der Landeswährung des Darlehensnehmers zu enthalten,
3. hat den Hinweis auf die Möglichkeit einer Währungsumstellung aufgrund des § 503 und die hierfür geltenden Bedingungen und gegebenenfalls die Erläuterung weiterer Möglichkeiten zur Begrenzung des Wechselkursrisikos zu enthalten und
4. ist so lange in regelmäßigen Abständen zu erteilen, bis die Differenz von 20 Prozent wieder unterschritten wird.

Die Sätze 1 und 2 sind entsprechend anzuwenden, wenn ein Immobiliar-Verbraucherdarlehensvertrag in der Währung des Mitgliedstaats der Europäischen Union, in dem der Darlehensnehmer bei Vertragsschluss seinen Wohnsitz hat, geschlossen wurde und der Darlehensnehmer zum Zeitpunkt der maßgeblichen Kreditwürdigkeitsprüfung in einer anderen Währung überwiegend sein Einkommen bezieht oder Vermögenswerte hält, aus denen das Darlehen zurückgezahlt werden soll.

(5) Wenn der Darlehensnehmer eines Immobiliar-Verbraucherdarlehensvertrags dem Darlehensgeber mitteilt, dass er eine vorzeitige Rückzahlung des Darlehens beabsichtigt, ist der Darlehensgeber verpflichtet, ihm unverzüglich die für die Prüfung dieser Möglichkeit erforderlichen Informationen auf einem dauerhaften Datenträger zu übermitteln. Diese Informationen müssen insbesondere folgende Angaben enthalten:
1. Auskunft über die Zulässigkeit der vorzeitigen Rückzahlung,
2. im Fall der Zulässigkeit die Höhe des zurückzuzahlenden Betrags und
3. gegebenenfalls die Höhe einer Vorfälligkeitsentschädigung.

Soweit sich die Informationen auf Annahmen stützen, müssen diese nachvollziehbar und sachlich gerechtfertigt sein und als solche dem Darlehensnehmer gegenüber offengelegt werden.

(6) Wurden Forderungen aus dem Darlehensvertrag abgetreten, treffen die Pflichten aus den Absätzen 1 bis 5 auch den neuen Gläubiger, wenn nicht der bisherige Darlehensgeber mit dem neuen Gläubiger vereinbart hat, dass im Verhältnis zum Darlehensnehmer weiterhin allein der bisherige Darlehensgeber auftritt.

§ 499 Kündigungsrecht des Darlehensgebers; Leistungsverweigerung

(1) In einem Allgemein-Verbraucherdarlehensvertrag ist eine Vereinbarung über ein Kündigungsrecht des Darlehensgebers unwirksam, wenn eine bestimmte Vertragslaufzeit vereinbart wurde oder die Kündigungsfrist zwei Monate unterschreitet.

(2) Der Darlehensgeber ist bei entsprechender Vereinbarung berechtigt, die Auszahlung eines Allgemein-Verbraucherdarlehens, bei dem eine Zeit für die Rückzahlung nicht bestimmt ist, aus einem sachlichen Grund zu verweigern. Beabsichtigt der Darlehensgeber dieses Recht auszuüben, hat er dies dem Darlehensnehmer unverzüglich mitzuteilen und ihn über die Gründe möglichst vor, spätestens jedoch unverzüglich nach der Rechtsausübung zu unterrichten. Die Unterrichtung über die Gründe unterbleibt, soweit hierdurch die öffentliche Sicherheit oder Ordnung gefährdet würde.

(3) Der Darlehensgeber kann einen Verbraucherdarlehensvertrag nicht allein deshalb kündigen, auf andere Weise beenden oder seine Änderung verlangen, weil die vom Darlehensnehmer vor Vertragsschluss gemachten Angaben unvollständig waren oder weil die Kreditwürdigkeitsprüfung des Darlehensnehmers nicht ordnungsgemäß durchgeführt wurde. Satz 1 findet keine Anwendung, soweit der Mangel der Kreditwürdigkeitsprüfung darauf beruht, dass der Darlehensnehmer dem Darlehensgeber für die Kreditwürdigkeitsprüfung relevante Informationen wissentlich vorenthalten oder diese gefälscht hat.

§ 500 Kündigungsrecht des Darlehensnehmers; vorzeitige Rückzahlung

(1) Der Darlehensnehmer kann einen Allgemein-Verbraucherdarlehensvertrag, bei dem eine Zeit für die Rückzahlung nicht bestimmt ist, ganz oder teilweise kündigen, ohne eine Frist einzuhalten. Eine Vereinbarung über eine Kündigungsfrist von mehr als einem Monat ist unwirksam.

(2) Der Darlehensnehmer kann seine Verbindlichkeiten aus einem Verbraucherdarlehensvertrag jederzeit ganz oder teilweise vorzeitig erfüllen. Abweichend von Satz 1 kann der Darlehensnehmer eines Immobiliar-Verbraucherdarlehensvertrags, für den ein gebundener Sollzinssatz vereinbart wurde, seine Verbindlichkeiten im Zeitraum der Sollzinsbindung nur dann ganz oder teilweise vorzeitig erfüllen, wenn hierfür ein berechtigtes Interesse des Darlehensnehmers besteht.

§ 501 Kostenermäßigung bei vorzeitiger Rückzahlung und bei Kündigung

(1) Soweit der Darlehensnehmer seine Verbindlichkeiten aus einem Verbraucherdarlehensvertrag nach § 500 Absatz 2 vorzeitig erfüllt, ermäßigen sich die Gesamtkosten des Kredits um die Zinsen und die Kosten entsprechend der verbleibenden Laufzeit des Vertrags.

(2) Soweit die Restschuld eines Verbraucherdarlehens vor der vereinbarten Zeit durch Kündigung fällig wird, ermäßigen sich die Gesamtkosten des Kredits um die Zinsen und die sonstigen laufzeitabhängigen Kosten, die bei gestaffelter Berechnung auf die Zeit nach der Fälligkeit entfallen.

§ 502 Vorfälligkeitsentschädigung

(1) Der Darlehensgeber kann im Fall der vorzeitigen Rückzahlung eine angemessene Vorfälligkeitsentschädigung für den unmittelbar mit der vorzeitigen Rückzahlung zusammenhängenden Schaden verlangen, wenn der Darlehensnehmer zum Zeitpunkt der Rückzahlung Zinsen zu einem gebundenen Sollzinssatz schuldet. Bei Allgemein-Verbraucherdarlehensverträgen gilt Satz 1 nur, wenn der gebundene Sollzinssatz bei Vertragsabschluss vereinbart wurde.

(2) Der Anspruch auf Vorfälligkeitsentschädigung ist ausgeschlossen, wenn
1. die Rückzahlung aus den Mitteln einer Versicherung bewirkt wird, die auf Grund einer entsprechenden Verpflichtung im Darlehensvertrag abgeschlossen wurde, um die Rückzahlung zu sichern, oder
2. im Vertrag die Angaben über die Laufzeit des Vertrags, das Kündigungsrecht des Darlehensnehmers oder die Berechnung der Vorfälligkeitsentschädigung unzureichend sind.

(3) Bei Allgemein-Verbraucherdarlehensverträgen darf die Vorfälligkeitsentschädigung folgende Beträge jeweils nicht überschreiten:
1. 1 Prozent des vorzeitig zurückgezahlten Betrags oder, wenn der Zeitraum zwischen der vorzeitigen und der vereinbarten Rückzahlung ein Jahr nicht überschreitet, 0,5 Prozent des vorzeitig zurückgezahlten Betrags,
2. den Betrag der Sollzinsen, den der Darlehensnehmer in dem Zeitraum zwischen der vorzeitigen und der vereinbarten Rückzahlung entrichtet hätte.

§ 503 Umwandlung bei Immobiliar-Verbraucherdarlehen in Fremdwährung

(1) Bei einem nicht auf die Währung des Mitgliedstaats der Europäischen Union, in dem der Darlehensnehmer bei Vertragsschluss seinen Wohnsitz hat (Landeswährung des Darlehensnehmers), geschlossenen Immobiliar-Verbraucherdarlehensvertrag (Immobiliar-Verbraucherdarlehensvertrag in Fremdwährung) kann der Darlehensnehmer die Umwandlung des Darlehens in die Landeswährung des Darlehensnehmers verlangen. Das Recht auf Umwandlung besteht dann, wenn der Wert des ausstehenden Restbetrags oder der Wert der regelmäßigen Raten in

der Landeswährung des Darlehensnehmers auf Grund der Änderung des Wechselkurses um mehr als 20 Prozent über dem Wert liegt, der bei Zugrundelegung des Wechselkurses bei Vertragsabschluss gegeben wäre. Im Darlehensvertrag kann abweichend von Satz 1 vereinbart werden, dass die Landeswährung des Darlehensnehmers ausschließlich oder ergänzend die Währung ist, in der er zum Zeitpunkt der maßgeblichen Kreditwürdigkeitsprüfung überwiegend sein Einkommen bezieht oder Vermögenswerte hält, aus denen das Darlehen zurückgezahlt werden soll.

(2) Die Umstellung des Darlehens hat zu dem Wechselkurs zu erfolgen, der dem am Tag des Antrags auf Umstellung geltenden Marktwechselkurs entspricht. Satz 1 gilt nur, wenn im Darlehensvertrag nicht etwas anderes vereinbart wurde.

§ 504 Eingeräumte Überziehungsmöglichkeit

(1) Ist ein Verbraucherdarlehen in der Weise gewährt, dass der Darlehensgeber in einem Vertragsverhältnis über ein laufendes Konto dem Darlehensnehmer das Recht einräumt, sein Konto in bestimmter Höhe zu überziehen (Überziehungsmöglichkeit), hat der Darlehensgeber den Darlehensnehmer in regelmäßigen Zeitabständen über die Angaben zu unterrichten, die sich aus Artikel 247 § 16 des Einführungsgesetzes zum Bürgerlichen Gesetzbuche ergeben. Ein Anspruch auf Vorfälligkeitsentschädigung aus § 502 ist ausgeschlossen. § 493 Abs. 3 ist nur bei einer Erhöhung des Sollzinssatzes anzuwenden und gilt entsprechend bei einer Erhöhung der vereinbarten sonstigen Kosten. § 499 Abs. 1 ist nicht anzuwenden.

(2) Ist in einer Überziehungsmöglichkeit in Form des Allgemein-Verbraucherdarlehensvertrags vereinbart, dass nach der Auszahlung die Laufzeit höchstens drei Monate beträgt oder der Darlehensgeber kündigen kann, ohne eine Frist einzuhalten, sind § 491a Abs. 3, die §§ 495, 499 Abs. 2 und § 500 Abs. 1 Satz 2 nicht anzuwenden. § 492 Abs. 1 ist nicht anzuwenden, wenn außer dem Sollzinsen keine weiteren laufenden Kosten vereinbart sind, die Sollzinsen nicht in kürzeren Zeiträumen als drei Monaten fällig werden und der Darlehensgeber dem Darlehensnehmer den Vertragsinhalt spätestens unverzüglich nach Vertragsabschluss auf einem dauerhaften Datenträger mitteilt.

§ 504a Beratungspflicht bei Inanspruchnahme der Überziehungsmöglichkeit

(1) Der Darlehensgeber hat dem Darlehensnehmer eine Beratung gemäß Absatz 2 anzubieten, wenn der Darlehensnehmer eine ihm eingeräumte Überziehungsmöglichkeit ununterbrochen über einen Zeitraum von sechs Monaten und durchschnittlich in Höhe eines Betrags in Anspruch genommen hat, der 75 Prozent des vereinbarten Höchstbetrags übersteigt. Wenn der Rechnungsabschluss für das laufende Konto vierteljährlich erfolgt, ist der maßgebliche Zeitpunkt für das Vorliegen der Voraussetzungen nach Satz 1 der jeweilige Rechnungsabschluss. Das Beratungsangebot ist dem Darlehensnehmer in Textform auf dem Kommunikationsweg zu unterbreiten, der für den Kontakt mit dem Darlehensnehmer üblicherweise genutzt wird. Das Beratungsangebot ist zu dokumentieren.

(2) Nimmt der Darlehensnehmer das Angebot an, ist eine Beratung zu möglichen kostengünstigeren Alternativen zur Inanspruchnahme der Überziehungsmöglichkeit und zu möglichen Konsequenzen einer weiteren Überziehung des laufenden Kontos durchzuführen sowie gegebenenfalls auf geeignete Beratungseinrichtungen hinzuweisen. Die Beratung hat in Form eines persönlichen Gesprächs zu erfolgen. Für dieses können auch Fernkommunikationsmittel genutzt werden. Der Ort und die Zeit des Beratungsgesprächs sind zu dokumentieren.

(3) Nimmt der Darlehensnehmer das Beratungsangebot nicht an oder wird ein Vertrag über ein geeignetes kostengünstigeres Finanzprodukt nicht geschlossen, hat der Darlehensgeber das Beratungsangebot bei erneutem Vorliegen der Voraussetzungen nach Absatz 1 zu wiederholen. Dies gilt nicht, wenn der Darlehensnehmer ausdrücklich erklärt, keine weiteren entsprechenden Beratungsangebote erhalten zu wollen.

§ 505 Geduldete Überziehung

(1) Vereinbart ein Unternehmer in einem Vertrag mit einem Verbraucher über ein laufendes Konto ohne eingeräumte Überziehungsmöglichkeit ein Entgelt für den Fall, dass er eine Überziehung des Kontos duldet, müssen in diesem Vertrag die Angaben nach Artikel 247 § 17 Abs. 1 des Einführungsgesetzes zum Bürgerlichen Gesetzbuche auf einem dauerhaften Datenträger enthalten sein und dem Verbraucher in regelmäßigen Zeitabständen auf einem dauerhaften Datenträger mitgeteilt werden. Satz 1 gilt entsprechend, wenn ein Darlehensgeber mit einem Darlehensnehmer in einem Vertrag über ein laufendes Konto mit eingeräumter Überziehungsmöglichkeit ein Entgelt für den Fall vereinbart, dass er eine Überziehung des Kontos über die vertraglich bestimmte Höhe hinaus duldet.

(2) Kommt es im Fall des Absatzes 1 zu einer erheblichen Überziehung von mehr als einem Monat, unterrichtet der Darlehensgeber den Darlehensnehmer unverzüglich auf einem dauerhaften Datenträger über die sich aus Artikel 247 § 17 Abs. 2 des Einführungsgesetzes zum Bürgerlichen Gesetzbuche ergebenden Einzelheiten. Wenn es im Fall des Absatzes 1 zu einer ununterbrochenen Überziehung von mehr als drei Monaten gekommen ist und der durchschnittliche Überziehungsbetrag die Hälfte des durchschnittlichen monatlichen Geldeingangs innerhalb der letzten drei Monate auf diesem Konto übersteigt, so gilt § 504a entsprechend. Wenn der Rechnungsabschluss für das

laufende Konto vierteljährlich erfolgt, ist der maßgebliche Zeitpunkt für das Vorliegen der Voraussetzungen nach Satz 1 der jeweilige Rechnungsabschluss.
(3) Verstößt der Unternehmer gegen Absatz 1 oder Absatz 2, kann der Darlehensgeber über die Rückzahlung des Darlehens hinaus Kosten und Zinsen nicht verlangen.
(4) Die §§ 491a bis 496 und 499 bis 502 sind auf Allgemein-Verbraucherdarlehensverträge, die unter den in Absatz 1 genannten Voraussetzungen zustande kommen, nicht anzuwenden.

§ 505a Pflicht zur Kreditwürdigkeitsprüfung bei Verbraucherdarlehensverträgen

(1) Der Darlehensgeber hat vor dem Abschluss eines Verbraucherdarlehensvertrags die Kreditwürdigkeit des Darlehensnehmers zu prüfen. Der Darlehensgeber darf den Verbraucherdarlehensvertrag nur abschließen, wenn aus der Kreditwürdigkeitsprüfung hervorgeht, dass bei einem Allgemein-Verbraucherdarlehensvertrag keine erheblichen Zweifel daran bestehen und dass es bei einem Immobiliar-Verbraucherdarlehensvertrag wahrscheinlich ist, dass der Darlehensnehmer seinen Verpflichtungen, die im Zusammenhang mit dem Darlehensvertrag stehen, vertragsgemäß nachkommen wird.
(2) Wird der Nettodarlehensbetrag nach Abschluss des Darlehensvertrags deutlich erhöht, so ist die Kreditwürdigkeit auf aktualisierter Grundlage neu zu prüfen, es sei denn, der Erhöhungsbetrag des Nettodarlehens wurde bereits in die ursprüngliche Kreditwürdigkeitsprüfung einbezogen.
(3) Bei Immobiliar-Verbraucherdarlehensverträgen, die
1. im Anschluss an einen zwischen den Vertragsparteien abgeschlossenen Darlehensvertrag ein neues Kapitalnutzungsrecht zur Erreichung des von dem Darlehensnehmer mit dem vorangegangenen Darlehensvertrag verfolgten Zweckes einräumen oder
2. einen anderen Darlehensvertrag zwischen den Vertragsparteien zur Vermeidung von Kündigungen wegen Zahlungsverzugs des Darlehensnehmers oder zur Vermeidung von Zwangsvollstreckungsmaßnahmen gegen den Darlehensnehmer ersetzen oder ergänzen,

bedarf es einer erneuten Kreditwürdigkeitsprüfung nur unter den Voraussetzungen des Absatzes 2. Ist danach keine Kreditwürdigkeitsprüfung erforderlich, darf der Darlehensgeber den neuen Immobiliar-Verbraucherdarlehensvertrag nicht abschließen, wenn ihm bereits bekannt ist, dass der Darlehensnehmer seinen Verpflichtungen, die im Zusammenhang mit diesem Darlehensvertrag stehen, dauerhaft nicht nachkommen kann. Bei Verstößen gilt § 505d entsprechend.

§ 505b Grundlage der Kreditwürdigkeitsprüfung bei Verbraucherdarlehensverträgen

(1) Bei Allgemein-Verbraucherdarlehensverträgen können Grundlage für die Kreditwürdigkeitsprüfung Auskünfte des Darlehensnehmers und erforderlichenfalls Auskünfte von Stellen sein, die geschäftsmäßig personenbezogene Daten, die zur Bewertung der Kreditwürdigkeit von Verbrauchern genutzt werden dürfen, zum Zweck der Übermittlung erheben, speichern, verändern oder nutzen.
(2) Bei Immobiliar-Verbraucherdarlehensverträgen hat der Darlehensgeber die Kreditwürdigkeit des Darlehensnehmers auf der Grundlage notwendiger, ausreichender und angemessener Informationen zu Einkommen, Ausgaben sowie anderen finanziellen und wirtschaftlichen Umständen des Darlehensnehmers eingehend zu prüfen. Dabei hat der Darlehensgeber die Faktoren angemessen zu berücksichtigen, die für die Einschätzung relevant sind, ob der Darlehensnehmer seinen Verpflichtungen aus dem Darlehensvertrag voraussichtlich nachkommen kann. Die Kreditwürdigkeitsprüfung darf sich nicht hauptsächlich darauf stützen, dass der Wert der Wohnimmobilie den Darlehensbetrag übersteigt, oder auf die Annahme, dass der Wert der Wohnimmobilie zunimmt, es sei denn, der Darlehensvertrag dient zum Bau oder zur Renovierung der Wohnimmobilie.
(3) Der Darlehensgeber ermittelt die gemäß Absatz 2 erforderlichen Informationen aus einschlägigen internen oder externen Quellen, wozu auch Auskünfte des Darlehensnehmers gehören. Der Darlehensgeber berücksichtigt auch die Auskünfte, die einem Darlehensvermittler erteilt wurden. Der Darlehensgeber ist verpflichtet, die Informationen in angemessener Weise zu überprüfen, soweit erforderlich auch durch Einsichtnahme in unabhängig nachprüfbare Unterlagen.
(4) Bei Immobiliar-Verbraucherdarlehensverträgen ist der Darlehensgeber verpflichtet, die Verfahren und Angaben, auf die sich die Kreditwürdigkeitsprüfung stützt, festzulegen, zu dokumentieren und die Dokumentation aufzubewahren.
(5) Die Bestimmungen zum Schutz personenbezogener Daten bleiben unberührt.

§ 505c Weitere Pflichten bei grundpfandrechtlich oder durch Reallast besicherten Immobiliar-Verbraucherdarlehensverträgen

Darlehensgeber, die grundpfandrechtlich oder durch Reallast besicherte Immobiliar-Verbraucherdarlehen vergeben, haben
1. bei der Bewertung von Wohnimmobilien zuverlässige Standards anzuwenden und

2. sicherzustellen, dass interne und externe Gutachter, die Immobilienbewertungen für sie vornehmen, fachlich kompetent und so unabhängig vom Darlehensvergabeprozess sind, dass sie eine objektive Bewertung vornehmen können, und
3. Bewertungen für Immobilien, die als Sicherheit für Immobiliar-Verbraucherdarlehen dienen, auf einem dauerhaften Datenträger zu dokumentieren und aufzubewahren.

§ 505d Verstoß gegen die Pflicht zur Kreditwürdigkeitsprüfung

(1) Hat der Darlehensgeber gegen die Pflicht zur Kreditwürdigkeitsprüfung verstoßen, so ermäßigt sich
1. ein im Darlehensvertrag vereinbarter gebundener Sollzins auf den marktüblichen Zinssatz am Kapitalmarkt für Anlagen in Hypothekenpfandbriefe und öffentliche Pfandbriefe, deren Laufzeit derjenigen der Sollzinsbindung entspricht und
2. ein im Darlehensvertrag vereinbarter veränderlicher Sollzins auf den marktüblichen Zinssatz, zu dem europäische Banken einander Anleihen in Euro mit einer Laufzeit von drei Monaten gewähren.

Maßgeblicher Zeitpunkt für die Bestimmung des marktüblichen Zinssatzes gemäß Satz 1 ist der Zeitpunkt des Vertragsschlusses sowie gegebenenfalls jeweils der Zeitpunkt vertraglich vereinbarter Zinsanpassungen. Der Darlehensnehmer kann den Darlehensvertrag jederzeit fristlos kündigen; ein Anspruch auf eine Vorfälligkeitsentschädigung besteht nicht. Der Darlehensgeber stellt dem Darlehensnehmer eine Abschrift des Vertrags zur Verfügung, in der die Vertragsänderungen berücksichtigt sind, die sich aus den Sätzen 1 bis 3 ergeben. Die Sätze 1 bis 4 finden keine Anwendung, wenn bei einer ordnungsgemäßen Kreditwürdigkeitsprüfung der Darlehensvertrag hätte geschlossen werden dürfen.

(2) Kann der Darlehensnehmer Pflichten, die im Zusammenhang mit dem Darlehensvertrag stehen, nicht vertragsgemäß erfüllen, so kann der Darlehensgeber keine Ansprüche wegen Pflichtverletzung geltend machen, wenn die Pflichtverletzung auf einem Umstand beruht, der bei ordnungsgemäßer Kreditwürdigkeitsprüfung dazu geführt hätte, dass der Darlehensvertrag nicht hätte geschlossen werden dürfen.

(3) Die Absätze 1 und 2 finden keine Anwendung, soweit der Mangel der Kreditwürdigkeitsprüfung darauf beruht, dass der Darlehensnehmer dem Darlehensgeber vorsätzlich oder grob fahrlässig Informationen im Sinne des § 505b Absatz 1 bis 3 unrichtig erteilt oder vorenthalten hat.

§ 505e Verordnungsermächtigung

Das Bundesministerium der Finanzen und das Bundesministerium der Justiz und für Verbraucherschutz werden ermächtigt, durch gemeinsame Rechtsverordnung ohne Zustimmung des Bundesrates Leitlinien zu den Kriterien und Methoden der Kreditwürdigkeitsprüfung bei Immobiliar-Verbraucherdarlehensverträgen nach den §§ 505a und 505b Absatz 2 bis 4 festzulegen. Durch die Rechtsverordnung können insbesondere Leitlinien festgelegt werden
1. zu den Faktoren, die für die Einschätzung relevant sind, ob der Darlehensnehmer seinen Verpflichtungen aus dem Darlehensvertrag voraussichtlich nachkommen kann,
2. zu den anzuwendenden Verfahren und der Erhebung und Prüfung von Informationen.

Untertitel 2
Finanzierungshilfen zwischen einem Unternehmer und einem Verbraucher

§ 506 Zahlungsaufschub, sonstige Finanzierungshilfe

(1) Die für Allgemein-Verbraucherdarlehensverträge geltenden Vorschriften der §§ 358 bis 360 und 491a bis 502 sowie 505a bis 505e sind mit Ausnahme des § 492 Abs. 4 und vorbehaltlich der Absätze 3 und 4 auf Verträge entsprechend anzuwenden, durch die ein Unternehmer einem Verbraucher einen entgeltlichen Zahlungsaufschub oder eine sonstige entgeltliche Finanzierungshilfe gewährt. Bezieht sich der entgeltliche Zahlungsaufschub oder die sonstige entgeltliche Finanzierungshilfe auf den Erwerb oder die Erhaltung des Eigentumsrechts an Grundstücken, an bestehenden oder zu errichtenden Gebäuden oder auf den Erwerb oder die Erhaltung von grundstücksgleichen Rechten oder ist der Anspruch des Unternehmers durch ein Grundpfandrecht oder eine Reallast besichert, so sind die für Immobiliar-Verbraucherdarlehensverträge geltenden, in Satz 1 genannten Vorschriften sowie § 503 entsprechend anwendbar. Ein unentgeltlicher Zahlungsaufschub gilt als entgeltlicher Zahlungsaufschub gemäß Satz 2, wenn er davon abhängig gemacht wird, dass die Forderung durch ein Grundpfandrecht oder eine Reallast besichert wird.

(2) Verträge zwischen einem Unternehmer und einem Verbraucher über die entgeltliche Nutzung eines Gegenstandes gelten als entgeltliche Finanzierungshilfe, wenn vereinbart ist, dass
1. der Verbraucher zum Erwerb des Gegenstandes verpflichtet ist,
2. der Unternehmer vom Verbraucher den Erwerb des Gegenstandes verlangen kann oder
3. der Verbraucher bei Beendigung des Vertrags für einen bestimmten Wert des Gegenstandes einzustehen hat.

Auf Verträge gemäß Satz 1 Nummer 3 sind § 500 Absatz 2, § 501 Absatz 1 und § 502 nicht anzuwenden.

(3) Für Verträge, die die Lieferung einer bestimmten Sache oder die Erbringung einer bestimmten anderen Leistung gegen Teilzahlungen zum Gegenstand haben (Teilzahlungsgeschäfte), gelten vorbehaltlich des Absatzes 4 zusätzlich die in den §§ 507 und 508 geregelten Besonderheiten.

(4) Die Vorschriften dieses Untertitels sind in dem in § 491 Absatz 2 Satz 2 Nummer 1 bis 5, Absatz 3 Satz 2 und Absatz 4 bestimmten Umfang nicht anzuwenden. Soweit nach der Vertragsart ein Nettodarlehensbetrag (§ 491 Absatz 2 Satz 2 Nummer 1) nicht vorhanden ist, tritt an seine Stelle der Barzahlungspreis oder, wenn der Unternehmer den Gegenstand für den Verbraucher erworben hat, der Anschaffungspreis.

§ 507 Teilzahlungsgeschäfte

(1) § 494 Abs. 1 bis 3 und 6 Satz 2 zweiter Halbsatz ist auf Teilzahlungsgeschäfte nicht anzuwenden. Gibt der Verbraucher sein Angebot zum Vertragsabschluss im Fernabsatz auf Grund eines Verkaufsprospekts oder eines vergleichbaren elektronischen Mediums ab, aus dem der Barzahlungspreis, der Sollzinssatz, der effektive Jahreszins, ein Tilgungsplan anhand beispielhafter Gesamtbeträge sowie die zu stellenden Sicherheiten und Versicherungen ersichtlich sind, ist auch § 492 Abs. 1 nicht anzuwenden, wenn der Unternehmer dem Verbraucher den Vertragsinhalt spätestens unverzüglich nach Vertragsabschluss auf einem dauerhaften Datenträger mitteilt.

(2) Das Teilzahlungsgeschäft ist nichtig, wenn die vorgeschriebene Schriftform des § 492 Abs. 1 nicht eingehalten ist oder im Vertrag eine der in Artikel 247 §§ 6, 12 und 13 des Einführungsgesetzes zum Bürgerlichen Gesetzbuche vorgeschriebenen Angaben fehlt. Ungeachtet eines Mangels nach Satz 1 wird das Teilzahlungsgeschäft gültig, wenn dem Verbraucher die Sache übergeben oder die Leistung erbracht wird. Jedoch ist der Barzahlungspreis höchstens mit dem gesetzlichen Zinssatz zu verzinsen, wenn die Angabe des Gesamtbetrags oder des effektiven Jahreszinses fehlt. Ist ein Barzahlungspreis nicht genannt, so gilt im Zweifel der Marktpreis als Barzahlungspreis. Ist der effektive Jahreszins zu niedrig angegeben, so vermindert sich der Gesamtbetrag um den Prozentsatz, um den der effektive Jahreszins zu niedrig angegeben ist.

(3) Abweichend von den §§ 491a und 492 Abs. 2 dieses Gesetzes und von Artikel 247 §§ 3, 6 und 12 des Einführungsgesetzes zum Bürgerlichen Gesetzbuche müssen in der vorvertraglichen Information und im Vertrag der Barzahlungspreis und der effektive Jahreszins nicht angegeben werden, wenn der Unternehmer nur gegen Teilzahlungen Sachen liefert oder Leistungen erbringt. Im Fall des § 501 ist der Berechnung der Kostenermäßigung der gesetzliche Zinssatz (§ 246) zugrunde zu legen. Ein Anspruch auf Vorfälligkeitsentschädigung ist ausgeschlossen.

§ 508 Rücktritt bei Teilzahlungsgeschäften

Der Unternehmer kann von einem Teilzahlungsgeschäft wegen Zahlungsverzugs des Verbrauchers nur unter den in § 498 Absatz 1 Satz 1 bezeichneten Voraussetzungen zurücktreten. Dem Nennbetrag entspricht der Gesamtbetrag. Der Verbraucher hat dem Unternehmer auch die infolge des Vertrags gemachten Aufwendungen zu ersetzen. Bei der Bemessung der Vergütung von Nutzungen einer zurückzugewährenden Sache ist auf die inzwischen eingetretene Wertminderung Rücksicht zu nehmen. Nimmt der Unternehmer die auf Grund des Teilzahlungsgeschäfts gelieferte Sache wieder an sich, gilt dies als Ausübung des Rücktrittsrechts, es sei denn, der Unternehmer einigt sich mit dem Verbraucher, diesem den gewöhnlichen Verkaufswert der Sache im Zeitpunkt der Wegnahme zu vergüten. Satz 5 gilt entsprechend, wenn ein Vertrag über die Lieferung einer Sache mit einem Verbraucherdarlehensvertrag verbunden ist (§ 358 Abs. 3) und wenn der Darlehensgeber die Sache an sich nimmt; im Fall des Rücktritts bestimmt sich das Rechtsverhältnis zwischen dem Darlehensgeber und dem Verbraucher nach den Sätzen 3 und 4.

§ 509 (weggefallen)

Untertitel 3
Ratenlieferungsverträge zwischen einem Unternehmer und einem Verbraucher

§ 510 Ratenlieferungsverträge

(1) Der Vertrag zwischen einem Verbraucher und einem Unternehmer bedarf der schriftlichen Form, wenn der Vertrag
1. die Lieferung mehrerer als zusammengehörend verkaufter Sachen in Teilleistungen zum Gegenstand hat und das Entgelt für die Gesamtheit der Sachen in Teilzahlungen zu entrichten ist,
2. die regelmäßige Lieferung von Sachen gleicher Art zum Gegenstand hat oder
3. die Verpflichtung zum wiederkehrenden Erwerb oder Bezug von Sachen zum Gegenstand hat.

Dies gilt nicht, wenn dem Verbraucher die Möglichkeit verschafft wird, die Vertragsbestimmungen einschließlich der Allgemeinen Geschäftsbedingungen bei Vertragsschluss abzurufen und in wiedergabefähiger Form zu speichern. Der Unternehmer hat dem Verbraucher den Vertragsinhalt in Textform mitzuteilen.

(2) Dem Verbraucher steht vorbehaltlich des Absatzes 3 bei Verträgen nach Absatz 1, die weder im Fernabsatz noch außerhalb von Geschäftsräumen geschlossen werden, ein Widerrufsrecht nach § 355 zu.

70 BGB §§ 511–515

(3) Das Widerrufsrecht nach Absatz 2 gilt nicht in dem in § 491 Absatz 2 Satz 2 Nummer 1 bis 5, Absatz 3 Satz 2 und Absatz 4 bestimmten Umfang. Dem in § 491 Absatz 2 Satz 2 Nummer 1 genannten Nettodarlehensbetrag entspricht die Summe aller vom Verbraucher bis zum frühestmöglichen Kündigungszeitpunkt zu entrichtenden Teilzahlungen.

Untertitel 4
Beratungsleistungen bei Immobiliar-Verbraucherdarlehensverträgen

§ 511 Beratungsleistungen bei Immobiliar-Verbraucherdarlehensverträgen

(1) Bevor der Darlehensgeber dem Darlehensnehmer individuelle Empfehlungen zu einem oder mehreren Geschäften erteilt, die im Zusammenhang mit einem Immobiliar-Verbraucherdarlehensvertrag stehen (Beratungsleistungen), hat er den Darlehensnehmer über die sich aus Artikel 247 § 18 des Einführungsgesetzes zum Bürgerlichen Gesetzbuche ergebenden Einzelheiten in der dort vorgesehenen Form zu informieren.

(2) Vor Erbringung der Beratungsleistung hat sich der Darlehensgeber über den Bedarf, die persönliche und finanzielle Situation sowie über die Präferenzen und Ziele des Darlehensnehmers zu informieren, soweit dies für eine passende Empfehlung eines Darlehensvertrags erforderlich ist. Auf Grundlage dieser aktuellen Informationen und unter Zugrundelegung realistischer Annahmen hinsichtlich der Risiken, die für den Darlehensnehmer während der Laufzeit des Darlehensvertrags zu erwarten sind, hat der Darlehensgeber eine ausreichende Zahl an Darlehensverträgen zumindest aus seiner Produktpalette auf ihre Geeignetheit zu prüfen.

(3) Der Darlehensgeber hat dem Darlehensnehmer auf Grund der Prüfung gemäß Absatz 2 ein geeignetes oder mehrere geeignete Produkte zu empfehlen oder ihn darauf hinzuweisen, dass er kein Produkt empfehlen kann. Die Empfehlung oder der Hinweis ist dem Darlehensnehmer auf einem dauerhaften Datenträger zur Verfügung zu stellen.

Untertitel 5
Unabdingbarkeit, Anwendung auf Existenzgründer

§ 512 Abweichende Vereinbarungen

Von den Vorschriften der §§ 491 bis 511, 514 und 515 darf, soweit nicht ein anderes bestimmt ist, nicht zum Nachteil des Verbrauchers abgewichen werden. Diese Vorschriften finden auch Anwendung, wenn sie durch anderweitige Gestaltungen umgangen werden.

§ 513 Anwendung auf Existenzgründer

Die §§ 491 bis 512 gelten auch für natürliche Personen, die sich ein Darlehen, einen Zahlungsaufschub oder eine sonstige Finanzierungshilfe für die Aufnahme einer gewerblichen oder selbständigen beruflichen Tätigkeit gewähren lassen oder zu diesem Zweck einen Ratenlieferungsvertrag schließen, es sei denn, der Nettodarlehensbetrag oder Barzahlungspreis übersteigt 75 000 Euro oder die Verordnung (EU) 2020/1503 des Europäischen Parlaments und des Rates vom 7. Oktober 2020 über Europäische Schwarmfinanzierungsdienstleister für Unternehmen und zur Änderung der Verordnung (EU) 2017/1129 und der Richtlinie (EU) 2019/1937 (ABl. L 347 vom 20. 10. 2020, S. 1) ist anwendbar.

Untertitel 6
Unentgeltliche Darlehensverträge und unentgeltliche Finanzierungshilfen zwischen einem Unternehmer und einem Verbraucher

§ 514 Unentgeltliche Darlehensverträge

(1) § 497 Absatz 1 und 3 sowie § 498 und die §§ 505a bis 505c sowie 505d Absatz 2 und 3 sowie § 505e sind entsprechend auf Verträge anzuwenden, durch die ein Unternehmer einem Verbraucher ein unentgeltliches Darlehen gewährt. Dies gilt nicht in dem in § 491 Absatz 2 Satz 2 Nummer 1 bestimmten Umfang.

(2) Bei unentgeltlichen Darlehensverträgen gemäß Absatz 1 steht dem Verbraucher ein Widerrufsrecht nach § 355 zu. Dies gilt nicht, wenn bereits ein Widerrufsrecht nach § 312g Absatz 1 besteht, und nicht bei Verträgen, die § 495 Absatz 2 Nummer 1 entsprechen. Der Unternehmer hat den Verbraucher rechtzeitig vor der Abgabe von dessen Willenserklärung gemäß Artikel 246 Absatz 3 des Einführungsgesetzes zum Bürgerlichen Gesetzbuche über sein Widerrufsrecht zu unterrichten. Der Unternehmer kann diese Pflicht dadurch erfüllen, dass er dem Verbraucher das in der Anlage 9 zum Einführungsgesetz zum Bürgerlichen Gesetzbuche vorgesehene Muster für die Widerrufsbelehrung ordnungsgemäß ausgefüllt in Textform übermittelt.

§ 515 Unentgeltliche Finanzierungshilfen

§ 514 sowie die §§ 358 bis 360 gelten entsprechend, wenn ein Unternehmer einem Verbraucher einen unentgeltlichen Zahlungsaufschub oder eine sonstige unentgeltliche Finanzierungshilfe gewährt.

Titel 4
Schenkung

§ 516 Begriff der Schenkung

(1) Eine Zuwendung, durch die jemand aus seinem Vermögen einen anderen bereichert, ist Schenkung, wenn beide Teile darüber einig sind, dass die Zuwendung unentgeltlich erfolgt.
(2) Ist die Zuwendung ohne den Willen des anderen erfolgt, so kann ihn der Zuwendende unter Bestimmung einer angemessenen Frist zur Erklärung über die Annahme auffordern. Nach dem Ablaufe der Frist gilt die Schenkung als angenommen, wenn nicht der andere sie vorher abgelehnt hat. Im Falle der Ablehnung kann die Herausgabe des Zugewendeten nach den Vorschriften über die Herausgabe einer ungerechtfertigten Bereicherung gefordert werden.

§ 516a Verbrauchervertrag über die Schenkung digitaler Produkte

(1) Auf einen Verbrauchervertrag, bei dem der Unternehmer dem Verbraucher
1. digitale Produkte oder
2. einen körperlichen Datenträger, der ausschließlich als Träger digitaler Inhalte dient,

schenkt, und der Verbraucher dem Unternehmer personenbezogene Daten nach Maßgabe des § 327 Absatz 3 bereitstellt oder sich hierzu verpflichtet, sind die §§ 523 und 524 über die Haftung des Schenkers für Rechts- oder Sachmängel nicht anzuwenden. An die Stelle der nach Satz 1 nicht anzuwendenden Vorschriften treten die Vorschriften des Abschnitts 3 Titel 2a.
(2) Für einen Verbrauchervertrag, bei dem der Unternehmer dem Verbraucher eine Sache schenkt, die digitale Produkte enthält oder mit digitalen Produkten verbunden ist, gilt der Anwendungsausschluss nach Absatz 1 entsprechend für diejenigen Bestandteile des Vertrags, welche die digitalen Produkte betreffen.

§ 517 Unterlassen eines Vermögenserwerbs

Eine Schenkung liegt nicht vor, wenn jemand zum Vorteil eines anderen einen Vermögenserwerb unterlässt oder auf ein angefallenes, noch nicht endgültig erworbenes Recht verzichtet oder eine Erbschaft oder ein Vermächtnis ausschlägt.

§ 518 Form des Schenkungsversprechens

(1) Zur Gültigkeit eines Vertrags, durch den eine Leistung schenkweise versprochen wird, ist die notarielle Beurkundung des Versprechens erforderlich. Das Gleiche gilt, wenn ein Schuldversprechen oder ein Schuldanerkenntnis der in den §§ 780, 781 bezeichneten Art schenkweise erteilt wird, von dem Versprechen oder der Anerkennungserklärung.
(2) Der Mangel der Form wird durch die Bewirkung der versprochenen Leistung geheilt.

§ 519 Einrede des Notbedarfs

(1) Der Schenker ist berechtigt, die Erfüllung eines schenkweise erteilten Versprechens zu verweigern, soweit er bei Berücksichtigung seiner sonstigen Verpflichtungen außerstande ist, das Versprechen zu erfüllen, ohne dass sein angemessener Unterhalt oder die Erfüllung der ihm kraft Gesetzes obliegenden Unterhaltspflichten gefährdet wird.
(2) Treffen die Ansprüche mehrerer Beschenkten zusammen, so geht der früher entstandene Anspruch vor.

§ 520 Erlöschen eines Rentenversprechens

Verspricht der Schenker eine in wiederkehrenden Leistungen bestehende Unterstützung, so erlischt die Verbindlichkeit mit seinem Tode, sofern nicht aus dem Versprechen sich ein anderes ergibt.

§ 521 Haftung des Schenkers

Der Schenker hat nur Vorsatz und grobe Fahrlässigkeit zu vertreten.

§ 522 Keine Verzugszinsen

Zur Entrichtung von Verzugszinsen ist der Schenker nicht verpflichtet.

§ 523 Haftung für Rechtsmängel

(1) Verschweigt der Schenker arglistig einen Mangel im Rechte, so ist er verpflichtet, dem Beschenkten den daraus entstehenden Schaden zu ersetzen.
(2) Hatte der Schenker die Leistung eines Gegenstandes versprochen, den er erst erwerben sollte, so kann der Beschenkte wegen eines Mangels im Recht Schadensersatz wegen Nichterfüllung verlangen, wenn der Mangel dem Schenker bei dem Erwerb der Sache bekannt gewesen oder infolge grober Fahrlässigkeit unbekannt geblieben ist. Die für die Haftung des Verkäufers für Rechtsmängel geltenden Vorschriften des § 433 Abs. 1 und der §§ 435, 436, 444, 452, 453 finden entsprechende Anwendung.

§ 524 Haftung für Sachmängel

(1) Verschweigt der Schenker arglistig einen Fehler der verschenkten Sache, so ist er verpflichtet, dem Beschenkten den daraus entstehenden Schaden zu ersetzen.

(2) Hatte der Schenker die Leistung einer nur der Gattung nach bestimmten Sache versprochen, die er erst erwerben sollte, so kann der Beschenkte, wenn die geleistete Sache fehlerhaft und der Mangel dem Schenker bei dem Erwerb der Sache bekannt gewesen oder infolge grober Fahrlässigkeit unbekannt geblieben ist, verlangen, dass ihm anstelle der fehlerhaften Sache eine fehlerfreie geliefert wird. Hat der Schenker den Fehler arglistig verschwiegen, so kann der Beschenkte statt der Lieferung einer fehlerfreien Sache Schadensersatz wegen Nichterfüllung verlangen. Auf diese Ansprüche finden die für die Gewährleistung wegen Fehler einer verkauften Sache geltenden Vorschriften entsprechende Anwendung.

§ 525 Schenkung unter Auflage

(1) Wer eine Schenkung unter einer Auflage macht, kann die Vollziehung der Auflage verlangen, wenn er seinerseits geleistet hat.
(2) Liegt die Vollziehung der Auflage im öffentlichen Interesse, so kann nach dem Tod des Schenkers auch die zuständige Behörde die Vollziehung verlangen.

§ 526 Verweigerung der Vollziehung der Auflage

Soweit infolge eines Mangels im Recht oder eines Mangels der verschenkten Sache der Wert der Zuwendung die Höhe der zur Vollziehung der Auflage erforderlichen Aufwendungen nicht erreicht, ist der Beschenkte berechtigt, die Vollziehung der Auflage zu verweigern, bis der durch den Mangel entstandene Fehlbetrag ausgeglichen wird. Vollzieht der Beschenkte die Auflage ohne Kenntnis des Mangels, so kann er von dem Schenker Ersatz der durch die Vollziehung verursachten Aufwendungen insoweit verlangen, als sie infolge des Mangels den Wert der Zuwendung übersteigen.

§ 527 Nichtvollziehung der Auflage

(1) Unterbleibt die Vollziehung der Auflage, so kann der Schenker die Herausgabe des Geschenkes unter den für das Rücktrittsrecht bei gegenseitigen Verträgen bestimmten Voraussetzungen nach den Vorschriften über die Herausgabe einer ungerechtfertigten Bereicherung insoweit fordern, als das Geschenk zur Vollziehung der Auflage hätte verwendet werden müssen.
(2) Der Anspruch ist ausgeschlossen, wenn ein Dritter berechtigt ist, die Vollziehung der Auflage zu verlangen.

§ 528 Rückforderung wegen Verarmung des Schenkers

(1) Soweit der Schenker nach der Vollziehung der Schenkung außerstande ist, seinen angemessenen Unterhalt zu bestreiten und die ihm seinen Verwandten, seinem Ehegatten, seinem Lebenspartner oder seinem früheren Ehegatten oder Lebenspartner gegenüber gesetzlich obliegende Unterhaltspflicht zu erfüllen, kann er von dem Beschenkten die Herausgabe des Geschenkes nach den Vorschriften über die Herausgabe einer ungerechtfertigten Bereicherung fordern. Der Beschenkte kann die Herausgabe durch Zahlung des für den Unterhalt erforderlichen Betrags abwenden. Auf die Verpflichtung des Beschenkten findet die Vorschrift des § 760 sowie die für die Unterhaltspflicht der Verwandten geltende Vorschrift des § 1613 und im Falle des Todes des Schenkers auch die Vorschrift des § 1615 entsprechende Anwendung.
(2) Unter mehreren Beschenkten haftet der früher Beschenkte nur insoweit, als der später Beschenkte nicht verpflichtet ist.

§ 529 Ausschluss des Rückforderungsanspruchs

(1) Der Anspruch auf Herausgabe des Geschenkes ist ausgeschlossen, wenn der Schenker seine Bedürftigkeit vorsätzlich oder durch grobe Fahrlässigkeit herbeigeführt hat oder wenn zurzeit des Eintritts seiner Bedürftigkeit seit der Leistung des geschenkten Gegenstandes zehn Jahre verstrichen sind.
(2) Das Gleiche gilt, soweit der Beschenkte bei Berücksichtigung seiner sonstigen Verpflichtungen außerstande ist, das Geschenk herauszugeben, ohne dass sein standesmäßiger Unterhalt oder die Erfüllung der ihm kraft Gesetzes obliegenden Unterhaltspflichten gefährdet wird.

§ 530 Widerruf der Schenkung

(1) Eine Schenkung kann widerrufen werden, wenn sich der Beschenkte durch eine schwere Verfehlung gegen den Schenker oder einen nahen Angehörigen des Schenkers groben Undanks schuldig macht.
(2) Dem Erben des Schenkers steht das Recht des Widerrufs nur zu, wenn der Beschenkte vorsätzlich und widerrechtlich den Schenker getötet oder am Widerruf gehindert hat.

§ 531 Widerrufserklärung

(1) Der Widerruf erfolgt durch Erklärung gegenüber dem Beschenkten.
(2) Ist die Schenkung widerrufen, so kann die Herausgabe des Geschenks nach den Vorschriften über die Herausgabe einer ungerechtfertigten Bereicherung gefordert werden.

§ 532 Ausschluss des Widerrufs
Der Widerruf ist ausgeschlossen, wenn der Schenker dem Beschenkten verziehen hat oder wenn seit dem Zeitpunkt, in welchem der Widerrufsberechtigte von dem Eintritt der Voraussetzungen seines Rechts Kenntnis erlangt hat, ein Jahr verstrichen ist. Nach dem Tode des Beschenkten ist der Widerruf nicht mehr zulässig.

§ 533 Verzicht auf Widerrufsrecht
Auf das Widerrufsrecht kann erst verzichtet werden, wenn der Undank dem Widerrufsberechtigten bekannt geworden ist.

§ 534 Pflicht- und Anstandsschenkungen
Schenkungen, durch die einer sittlichen Pflicht oder einer auf den Anstand zu nehmenden Rücksicht entsprochen wird, unterliegen nicht der Rückforderung und dem Widerruf.

Titel 5
Mietvertrag, Pachtvertrag

Untertitel 1
Allgemeine Vorschriften für Mietverhältnisse

§ 535 Inhalt und Hauptpflichten des Mietvertrags
(1) Durch den Mietvertrag wird der Vermieter verpflichtet, dem Mieter den Gebrauch der Mietsache während der Mietzeit zu gewähren. Der Vermieter hat die Mietsache dem Mieter in einem zum vertragsgemäßen Gebrauch geeigneten Zustand zu überlassen und sie während der Mietzeit in diesem Zustand zu erhalten. Er hat die auf der Mietsache ruhenden Lasten zu tragen.
(2) Der Mieter ist verpflichtet, dem Vermieter die vereinbarte Miete zu entrichten.

§ 536 Mietminderung bei Sach- und Rechtsmängeln
(1) Hat die Mietsache zur Zeit der Überlassung an den Mieter einen Mangel, der ihre Tauglichkeit zum vertragsgemäßen Gebrauch aufhebt, oder entsteht während der Mietzeit ein solcher Mangel, so ist der Mieter für die Zeit, in der die Tauglichkeit aufgehoben ist, von der Entrichtung der Miete befreit. Für die Zeit, während der die Tauglichkeit gemindert ist, hat er nur eine angemessen herabgesetzte Miete zu entrichten. Eine unerhebliche Minderung der Tauglichkeit bleibt außer Betracht.
(1a) Für die Dauer von drei Monaten bleibt eine Minderung der Tauglichkeit außer Betracht, soweit diese auf Grund einer Maßnahme eintritt, die einer energetischen Modernisierung nach § 555b Nummer 1 dient.
(2) Absatz 1 Satz 1 und 2 gilt auch, wenn eine zugesicherte Eigenschaft fehlt oder später wegfällt.
(3) Wird dem Mieter der vertragsgemäße Gebrauch der Mietsache durch das Recht eines Dritten ganz oder zum Teil entzogen, so gelten die Absätze 1 und 2 entsprechend.
(4) Bei einem Mietverhältnis über Wohnraum ist eine zum Nachteil des Mieters abweichende Vereinbarung unwirksam.

§ 536a Schadens- und Aufwendungsersatzanspruch des Mieters wegen eines Mangels
(1) Ist ein Mangel im Sinne des § 536 bei Vertragsschluss vorhanden oder entsteht ein solcher Mangel später wegen eines Umstands, den der Vermieter zu vertreten hat, oder kommt der Vermieter mit der Beseitigung eines Mangels in Verzug, so kann der Mieter unbeschadet der Rechte aus § 536 Schadensersatz verlangen.
(2) Der Mieter kann den Mangel selbst beseitigen und Ersatz der erforderlichen Aufwendungen verlangen, wenn
1. der Vermieter mit der Beseitigung des Mangels in Verzug ist oder
2. die umgehende Beseitigung des Mangels zur Erhaltung oder Wiederherstellung des Bestands der Mietsache notwendig ist.

§ 536b Kenntnis des Mieters vom Mangel bei Vertragsschluss oder Annahme
Kennt der Mieter bei Vertragsschluss den Mangel der Mietsache, so stehen ihm die Rechte aus den §§ 536 und 536a nicht zu. Ist ihm der Mangel infolge grober Fahrlässigkeit unbekannt geblieben, so stehen ihm diese Rechte nur zu, wenn der Vermieter den Mangel arglistig verschwiegen hat. Nimmt der Mieter eine mangelhafte Sache an, obwohl er den Mangel kennt, so kann er die Rechte aus den §§ 536 und 536a nur geltend machen, wenn er sich seine Rechte bei der Annahme vorbehält.

§ 536c Während der Mietzeit auftretende Mängel; Mängelanzeige durch den Mieter
(1) Zeigt sich im Laufe der Mietzeit ein Mangel der Mietsache oder wird eine Maßnahme zum Schutz der Mietsache gegen eine nicht vorhergesehene Gefahr erforderlich, so hat der Mieter dies dem Vermieter unverzüglich anzuzeigen. Das Gleiche gilt, wenn ein Dritter sich ein Recht an der Sache anmaßt.

(2) Unterlässt der Mieter die Anzeige, so ist er dem Vermieter zum Ersatz des daraus entstehenden Schadens verpflichtet. Soweit der Vermieter infolge der Unterlassung der Anzeige nicht Abhilfe schaffen konnte, ist der Mieter nicht berechtigt,
1. die in § 536 bestimmten Rechte geltend zu machen,
2. nach § 536a Abs. 1 Schadensersatz zu verlangen oder
3. ohne Bestimmung einer angemessenen Frist zur Abhilfe nach § 543 Abs. 3 Satz 1 zu kündigen.

§ 536d Vertraglicher Ausschluss von Rechten des Mieters wegen eines Mangels
Auf eine Vereinbarung, durch die die Rechte des Mieters wegen eines Mangels der Mietsache ausgeschlossen oder beschränkt werden, kann sich der Vermieter nicht berufen, wenn er den Mangel arglistig verschwiegen hat.

§ 537 Entrichtung der Miete bei persönlicher Verhinderung des Mieters
(1) Der Mieter wird von der Entrichtung der Miete nicht dadurch befreit, dass er durch einen in seiner Person liegenden Grund an der Ausübung seines Gebrauchsrechts gehindert wird. Der Vermieter muss sich jedoch den Wert der ersparten Aufwendungen sowie derjenigen Vorteile anrechnen lassen, die er aus einer anderweitigen Verwertung des Gebrauchs erlangt.
(2) Solange der Vermieter infolge der Überlassung des Gebrauchs an einen Dritten außerstande ist, dem Mieter den Gebrauch zu gewähren, ist der Mieter zur Entrichtung der Miete nicht verpflichtet.

§ 538 Abnutzung der Mietsache durch vertragsgemäßen Gebrauch
Veränderungen oder Verschlechterungen der Mietsache, die durch den vertragsgemäßen Gebrauch herbeigeführt werden, hat der Mieter nicht zu vertreten.

§ 539 Ersatz sonstiger Aufwendungen und Wegnahmerecht des Mieters
(1) Der Mieter kann vom Vermieter Aufwendungen auf die Mietsache, die der Vermieter ihm nicht nach § 536a Abs. 2 zu ersetzen hat, nach den Vorschriften über die Geschäftsführung ohne Auftrag ersetzt verlangen.
(2) Der Mieter ist berechtigt, eine Einrichtung wegzunehmen, mit der er die Mietsache versehen hat.

§ 540 Gebrauchsüberlassung an Dritte
(1) Der Mieter ist ohne die Erlaubnis des Vermieters nicht berechtigt, den Gebrauch der Mietsache einem Dritten zu überlassen, insbesondere sie weiter zu vermieten. Verweigert der Vermieter die Erlaubnis, so kann der Mieter das Mietverhältnis außerordentlich mit der gesetzlichen Frist kündigen, sofern nicht in der Person des Dritten ein wichtiger Grund vorliegt.
(2) Überlässt der Mieter den Gebrauch einem Dritten, so hat er ein dem Dritten bei dem Gebrauch zur Last fallendes Verschulden zu vertreten, auch wenn der Vermieter die Erlaubnis zur Überlassung erteilt hat.

§ 541 Unterlassungsklage bei vertragswidrigem Gebrauch
Setzt der Mieter einen vertragswidrigen Gebrauch der Mietsache trotz einer Abmahnung des Vermieters fort, so kann dieser auf Unterlassung klagen.

§ 542 Ende des Mietverhältnisses
(1) Ist die Mietzeit nicht bestimmt, so kann jede Vertragspartei das Mietverhältnis nach den gesetzlichen Vorschriften kündigen.
(2) Ein Mietverhältnis, das auf bestimmte Zeit eingegangen ist, endet mit dem Ablauf dieser Zeit, sofern es nicht
1. in den gesetzlich zugelassenen Fällen außerordentlich gekündigt oder
2. verlängert wird.

§ 543 Außerordentliche fristlose Kündigung aus wichtigem Grund
(1) Jede Vertragspartei kann das Mietverhältnis aus wichtigem Grund außerordentlich fristlos kündigen. Ein wichtiger Grund liegt vor, wenn dem Kündigenden unter Berücksichtigung aller Umstände des Einzelfalls, insbesondere eines Verschuldens der Vertragsparteien, und unter Abwägung der beiderseitigen Interessen die Fortsetzung des Mietverhältnisses bis zum Ablauf der Kündigungsfrist oder bis zur sonstigen Beendigung des Mietverhältnisses nicht zugemutet werden kann.
(2) Ein wichtiger Grund liegt insbesondere vor, wenn
1. dem Mieter der vertragsgemäße Gebrauch der Mietsache ganz oder zum Teil nicht rechtzeitig gewährt oder wieder entzogen wird,
2. der Mieter die Rechte des Vermieters dadurch in erheblichem Maße verletzt, dass er die Mietsache durch Vernachlässigung der ihm obliegenden Sorgfalt erheblich gefährdet oder sie unbefugt einem Dritten überlässt oder
3. der Mieter

a) für zwei aufeinander folgende Termine mit der Entrichtung der Miete oder eines nicht unerheblichen Teils der Miete in Verzug ist oder

b) in einem Zeitraum, der sich über mehr als zwei Termine erstreckt, mit der Entrichtung der Miete in Höhe eines Betrages in Verzug ist, der die Miete für zwei Monate erreicht.

Im Falle des Satzes 1 Nr. 3 ist die Kündigung ausgeschlossen, wenn der Vermieter vorher befriedigt wird. Sie wird unwirksam, wenn sich der Mieter von seiner Schuld durch Aufrechnung befreien konnte und unverzüglich nach der Kündigung die Aufrechnung erklärt.

(3) Besteht der wichtige Grund in der Verletzung einer Pflicht aus dem Mietvertrag, so ist die Kündigung erst nach erfolglosem Ablauf einer zur Abhilfe bestimmten angemessenen Frist oder nach erfolgloser Abmahnung zulässig. Dies gilt nicht, wenn

1. eine Frist oder Abmahnung offensichtlich keinen Erfolg verspricht,
2. die sofortige Kündigung aus besonderen Gründen unter Abwägung der beiderseitigen Interessen gerechtfertigt ist oder
3. der Mieter mit der Entrichtung der Miete im Sinne des Absatzes 2 Nr. 3 in Verzug ist.

(4) Auf das dem Mieter nach Absatz 2 Nr. 1 zustehende Kündigungsrecht sind die §§ 536b und 536d entsprechend anzuwenden. Ist streitig, ob der Vermieter den Gebrauch der Mietsache rechtzeitig gewährt oder die Abhilfe vor Ablauf der hierzu bestimmten Frist bewirkt hat, so trifft ihn die Beweislast.

§544 Vertrag über mehr als 30 Jahre

Wird ein Mietvertrag für eine längere Zeit als 30 Jahre geschlossen, so kann jede Vertragspartei nach Ablauf von 30 Jahren nach Überlassung der Mietsache das Mietverhältnis außerordentlich mit der gesetzlichen Frist kündigen. Die Kündigung ist unzulässig, wenn der Vertrag für die Lebenszeit des Vermieters oder des Mieters geschlossen worden ist.

§545 Stillschweigende Verlängerung des Mietverhältnisses

Setzt der Mieter nach Ablauf der Mietzeit den Gebrauch der Mietsache fort, so verlängert sich das Mietverhältnis auf unbestimmte Zeit, sofern nicht eine Vertragspartei ihren entgegenstehenden Willen innerhalb von zwei Wochen dem anderen Teil erklärt. Die Frist beginnt

1. für den Mieter mit der Fortsetzung des Gebrauchs,
2. für den Vermieter mit dem Zeitpunkt, in dem er von der Fortsetzung Kenntnis erhält.

§546 Rückgabepflicht des Mieters

(1) Der Mieter ist verpflichtet, die Mietsache nach Beendigung des Mietverhältnisses zurückzugeben.

(2) Hat der Mieter den Gebrauch der Mietsache einem Dritten überlassen, so kann der Vermieter die Sache nach Beendigung des Mietverhältnisses auch von dem Dritten zurückfordern.

§546a Entschädigung des Vermieters bei verspäteter Rückgabe

(1) Gibt der Mieter die Mietsache nach Beendigung des Mietverhältnisses nicht zurück, so kann der Vermieter für die Dauer der Vorenthaltung als Entschädigung die vereinbarte Miete oder die Miete verlangen, die für vergleichbare Sachen ortsüblich ist.

(2) Die Geltendmachung eines weiteren Schadens ist nicht ausgeschlossen.

§547 Erstattung von im Voraus entrichteter Miete

(1) Ist die Miete für die Zeit nach Beendigung des Mietverhältnisses im Voraus entrichtet worden, so hat der Vermieter sie zurückzuerstatten und ab Empfang zu verzinsen. Hat der Vermieter die Beendigung des Mietverhältnisses nicht zu vertreten, so hat er das Erlangte nach den Vorschriften über die Herausgabe einer ungerechtfertigten Bereicherung zurückzuerstatten.

(2) Bei einem Mietverhältnis über Wohnraum ist eine zum Nachteil des Mieters abweichende Vereinbarung unwirksam.

§548 Verjährung der Ersatzansprüche und des Wegnahmerechts

(1) Die Ersatzansprüche des Vermieters wegen Veränderungen oder Verschlechterungen der Mietsache verjähren in sechs Monaten. Die Verjährung beginnt mit dem Zeitpunkt, in dem er die Mietsache zurückerhält. Mit der Verjährung des Anspruchs des Vermieters auf Rückgabe der Mietsache verjähren auch seine Ersatzansprüche.

(2) Ansprüche des Mieters auf Ersatz von Aufwendungen oder auf Gestattung der Wegnahme einer Einrichtung verjähren in sechs Monaten nach der Beendigung des Mietverhältnisses.

§548a Miete digitaler Produkte

Die Vorschriften über die Miete von Sachen sind auf die Miete digitaler Produkte entsprechend anzuwenden.

Untertitel 2
Mietverhältnisse über Wohnraum

Kapitel 1
Allgemeine Vorschriften

§ 549 Auf Wohnraummietverhältnisse anwendbare Vorschriften

(1) Für Mietverhältnisse über Wohnraum gelten die §§ 535 bis 548, soweit sich nicht aus den §§ 549 bis 577a etwas anderes ergibt.

(2) Die Vorschriften über die Miethöhe bei Mietbeginn in Gebieten mit angespannten Wohnungsmärkten (§§ 556d bis 556g), über die Mieterhöhung (§§ 557 bis 561) und über den Mieterschutz bei Beendigung des Mietverhältnisses sowie bei der Begründung von Wohnungseigentum (§ 568 Abs. 2, §§ 573, 573a, 573d Abs. 1, §§ 574 bis 575, 575a Abs. 1 und §§ 577, 577a) gelten nicht für Mietverhältnisse über
1. Wohnraum, der nur zum vorübergehenden Gebrauch vermietet ist,
2. Wohnraum, der Teil der vom Vermieter selbst bewohnten Wohnung ist und den der Vermieter überwiegend mit Einrichtungsgegenständen auszustatten hat, sofern der Wohnraum dem Mieter nicht zum dauernden Gebrauch mit seiner Familie oder mit Personen überlassen ist, mit denen er einen auf Dauer angelegten gemeinsamen Haushalt führt,
3. Wohnraum, den eine juristische Person des öffentlichen Rechts oder ein anerkannter privater Träger der Wohlfahrtspflege angemietet hat, um ihn Personen mit dringendem Wohnungsbedarf zu überlassen, wenn sie den Mieter bei Vertragsschluss auf die Zweckbestimmung des Wohnraums und die Ausnahme von den genannten Vorschriften hingewiesen hat.

(3) Für Wohnraum in einem Studenten- oder Jugendwohnheim gelten die §§ 556d bis 561 sowie die §§ 573, 573a, 573d Abs. 1 und §§ 575, 575a Abs. 1, §§ 577, 577a nicht.

§ 550 Form des Mietvertrags

Wird der Mietvertrag für längere Zeit als ein Jahr nicht in schriftlicher Form geschlossen, so gilt er für unbestimmte Zeit. Die Kündigung ist jedoch frühestens zum Ablauf eines Jahres nach Überlassung des Wohnraums zulässig.

§ 551 Begrenzung und Anlage von Mietsicherheiten

(1) Hat der Mieter dem Vermieter für die Erfüllung seiner Pflichten Sicherheit zu leisten, so darf diese vorbehaltlich des Absatzes 3 Satz 4 höchstens das Dreifache der auf einen Monat entfallenden Miete ohne die als Pauschale oder als Vorauszahlung ausgewiesenen Betriebskosten betragen.

(2) Ist als Sicherheit eine Geldsumme bereitzustellen, so ist der Mieter zu drei gleichen monatlichen Teilzahlungen berechtigt. Die erste Teilzahlung ist zu Beginn des Mietverhältnisses fällig. Die weiteren Teilzahlungen werden zusammen mit den unmittelbar folgenden Mietzahlungen fällig.

(3) Der Vermieter hat eine ihm als Sicherheit überlassene Geldsumme bei einem Kreditinstitut zu dem für Spareinlagen mit dreimonatiger Kündigungsfrist üblichen Zinssatz anzulegen. Die Vertragsparteien können eine andere Anlageform vereinbaren. In beiden Fällen muss die Anlage vom Vermögen des Vermieters getrennt erfolgen und stehen die Erträge dem Mieter zu. Sie erhöhen die Sicherheit. Bei Wohnraum in einem Studenten- oder Jugendwohnheim besteht für den Vermieter keine Pflicht, die Sicherheitsleistung zu verzinsen.

(4) Eine zum Nachteil des Mieters abweichende Vereinbarung ist unwirksam.

§ 552 Abwendung des Wegnahmerechts des Mieters

(1) Der Vermieter kann die Ausübung des Wegnahmerechts (§ 539 Abs. 2) durch Zahlung einer angemessenen Entschädigung abwenden, wenn nicht der Mieter ein berechtigtes Interesse an der Wegnahme hat.

(2) Eine Vereinbarung, durch die das Wegnahmerecht ausgeschlossen wird, ist nur wirksam, wenn ein angemessener Ausgleich vorgesehen ist.

§ 553 Gestattung der Gebrauchsüberlassung an Dritte

(1) Entsteht für den Mieter nach Abschluss des Mietvertrags ein berechtigtes Interesse, einen Teil des Wohnraums einem Dritten zum Gebrauch zu überlassen, so kann er von dem Vermieter die Erlaubnis hierzu verlangen. Dies gilt nicht, wenn in der Person des Dritten ein wichtiger Grund vorliegt, der Wohnraum übermäßig belegt würde oder dem Vermieter die Überlassung aus sonstigen Gründen nicht zugemutet werden kann.

(2) Ist dem Vermieter die Überlassung nur bei einer angemessenen Erhöhung der Miete zuzumuten, so kann er die Erlaubnis davon abhängig machen, dass der Mieter sich mit einer solchen Erhöhung einverstanden erklärt.

(3) Eine zum Nachteil des Mieters abweichende Vereinbarung ist unwirksam.

§ 554 Barrierereduzierung, E-Mobilität und Einbruchsschutz

(1) Der Mieter kann verlangen, dass ihm der Vermieter bauliche Veränderungen der Mietsache erlaubt, die dem Gebrauch durch Menschen mit Behinderungen, dem Laden elektrisch betriebener Fahrzeuge oder dem Ein-

bruchsschutz dienen. Der Anspruch besteht nicht, wenn die bauliche Veränderung dem Vermieter auch unter Würdigung der Interessen des Mieters nicht zugemutet werden kann. Der Mieter kann sich im Zusammenhang mit der baulichen Veränderung zur Leistung einer besonderen Sicherheit verpflichten; § 551 Absatz 3 gilt entsprechend.
(2) Eine zum Nachteil des Mieters abweichende Vereinbarung ist unwirksam.

§ 555 Unwirksamkeit einer Vertragsstrafe
Eine Vereinbarung, durch die sich der Vermieter eine Vertragsstrafe vom Mieter versprechen lässt, ist unwirksam.

Kapitel 1a
Erhaltungs- und Modernisierungsmaßnahmen

§ 555a Erhaltungsmaßnahmen
(1) Der Mieter hat Maßnahmen zu dulden, die zur Instandhaltung oder Instandsetzung der Mietsache erforderlich sind (Erhaltungsmaßnahmen).
(2) Erhaltungsmaßnahmen sind dem Mieter rechtzeitig anzukündigen, es sei denn, sie sind nur mit einer unerheblichen Einwirkung auf die Mietsache verbunden oder ihre sofortige Durchführung ist zwingend erforderlich.
(3) Aufwendungen, die der Mieter infolge einer Erhaltungsmaßnahme machen muss, hat der Vermieter in angemessenem Umfang zu ersetzen. Auf Verlangen hat er Vorschuss zu leisten.
(4) Eine zum Nachteil des Mieters von Absatz 2 oder 3 abweichende Vereinbarung ist unwirksam.

§ 555b Modernisierungsmaßnahmen
Modernisierungsmaßnahmen sind bauliche Veränderungen,
1. durch die in Bezug auf die Mietsache Endenergie nachhaltig eingespart wird (energetische Modernisierung),
2. durch die nicht erneuerbare Primärenergie nachhaltig eingespart oder das Klima nachhaltig geschützt wird, sofern nicht bereits eine energetische Modernisierung nach Nummer 1 vorliegt,
3. durch die der Wasserverbrauch nachhaltig reduziert wird,
4. durch die der Gebrauchswert der Mietsache nachhaltig erhöht wird,
4a. durch die die Mietsache erstmalig mittels Glasfaser an ein öffentliches Netz mit sehr hoher Kapazität im Sinne des § 3 Nummer 33 des Telekommunikationsgesetzes angeschlossen wird,
5. durch die die allgemeinen Wohnverhältnisse auf Dauer verbessert werden,
6. die auf Grund von Umständen durchgeführt werden, die der Vermieter nicht zu vertreten hat, und die keine Erhaltungsmaßnahmen nach § 555a sind, oder
7. durch die neuer Wohnraum geschaffen wird.

§ 555c Ankündigung von Modernisierungsmaßnahmen
(1) Der Vermieter hat dem Mieter eine Modernisierungsmaßnahme spätestens drei Monate vor ihrem Beginn in Textform anzukündigen (Modernisierungsankündigung). Die Modernisierungsankündigung muss Angaben enthalten über:
1. die Art und den voraussichtlichen Umfang der Modernisierungsmaßnahme in wesentlichen Zügen,
2. den voraussichtlichen Beginn und die voraussichtliche Dauer der Modernisierungsmaßnahme,
3. den Betrag der zu erwartenden Mieterhöhung, sofern eine Erhöhung nach § 559 oder § 559c verlangt werden soll, sowie die voraussichtlichen künftigen Betriebskosten.
(2) Der Vermieter soll den Mieter in der Modernisierungsankündigung auf die Form und die Frist des Härteeinwands nach § 555d Absatz 3 Satz 1 hinweisen.
(3) In der Modernisierungsankündigung für eine Modernisierungsmaßnahme nach § 555b Nummer 1 und 2 kann der Vermieter insbesondere hinsichtlich der energetischen Qualität von Bauteilen auf allgemein anerkannte Pauschalwerte Bezug nehmen.
(4) Die Absätze 1 bis 3 gelten nicht für Modernisierungsmaßnahmen, die nur mit einer unerheblichen Einwirkung auf die Mietsache verbunden sind und nur zu einer unerheblichen Mieterhöhung führen.
(5) Eine zum Nachteil des Mieters abweichende Vereinbarung ist unwirksam.

§ 555d Duldung von Modernisierungsmaßnahmen, Ausschlussfrist
(1) Der Mieter hat eine Modernisierungsmaßnahme zu dulden.
(2) Eine Duldungspflicht nach Absatz 1 besteht nicht, wenn die Modernisierungsmaßnahme für den Mieter, seine Familie oder einen Angehörigen seines Haushalts eine Härte bedeuten würde, die auch unter Würdigung der berechtigten Interessen sowohl des Vermieters als auch anderer Mieter in dem Gebäude sowie von Belangen der Energieeinsparung und des Klimaschutzes nicht zu rechtfertigen ist. Die zu erwartende Mieterhöhung sowie die voraussichtlichen künftigen Betriebskosten bleiben bei der Abwägung im Rahmen der Duldungspflicht außer Betracht; sie sind nur nach § 559 Absatz 4 und 5 bei einer Mieterhöhung zu berücksichtigen.

70 BGB §§ 555e–556

(3) Der Mieter hat dem Vermieter Umstände, die eine Härte im Hinblick auf die Duldung oder die Mieterhöhung begründen, bis zum Ablauf des Monats, der auf den Zugang der Modernisierungsankündigung folgt, in Textform mitzuteilen. Der Lauf der Frist beginnt nur, wenn die Modernisierungsankündigung den Vorschriften des § 555c entspricht.
(4) Nach Ablauf der Frist sind Umstände, die eine Härte im Hinblick auf die Duldung oder die Mieterhöhung begründen, noch zu berücksichtigen, wenn der Mieter ohne Verschulden an der Einhaltung der Frist gehindert war und er dem Vermieter die Umstände sowie die Gründe der Verzögerung unverzüglich in Textform mitteilt. Umstände, die eine Härte im Hinblick auf die Mieterhöhung begründen, sind nur zu berücksichtigen, wenn sie spätestens bis zum Beginn der Modernisierungsmaßnahme mitgeteilt werden.
(5) Hat der Vermieter in der Modernisierungsankündigung nicht auf die Form und die Frist des Härteeinwands hingewiesen (§ 555c Absatz 2), so bedarf die Mitteilung des Mieters nach Absatz 3 Satz 1 nicht der dort bestimmten Form und Frist. Absatz 4 Satz 2 gilt entsprechend.
(6) § 555a Absatz 3 gilt entsprechend.
(7) Eine zum Nachteil des Mieters abweichende Vereinbarung ist unwirksam.

§ 555e Sonderkündigungsrecht des Mieters bei Modernisierungsmaßnahmen
(1) Nach Zugang der Modernisierungsankündigung kann der Mieter das Mietverhältnis außerordentlich zum Ablauf des übernächsten Monats kündigen. Die Kündigung muss bis zum Ablauf des Monats erfolgen, der auf den Zugang der Modernisierungsankündigung folgt.
(2) § 555c Absatz 4 gilt entsprechend.
(3) Eine zum Nachteil des Mieters abweichende Vereinbarung ist unwirksam.

§ 555f Vereinbarungen über Erhaltungs- oder Modernisierungsmaßnahmen
Die Vertragsparteien können nach Abschluss des Mietvertrags aus Anlass von Erhaltungs- oder Modernisierungsmaßnahmen Vereinbarungen treffen, insbesondere über die
1. zeitliche und technische Durchführung der Maßnahmen,
2. Gewährleistungsrechte und Aufwendungsersatzansprüche des Mieters,
3. künftige Höhe der Miete.

Kapitel 2
Die Miete

Unterkapitel 1
Vereinbarungen über die Miete

§ 556 Vereinbarungen über Betriebskosten
(1) Die Vertragsparteien können vereinbaren, dass der Mieter Betriebskosten trägt. Betriebskosten sind die Kosten, die dem Eigentümer oder Erbbauberechtigten durch das Eigentum oder das Erbbaurecht am Grundstück oder durch den bestimmungsmäßigen Gebrauch des Gebäudes, der Nebengebäude, Anlagen, Einrichtungen und des Grundstücks laufend entstehen. Für die Aufstellung der Betriebskosten gilt die Betriebskostenverordnung vom 25. November 2003 (BGBl. I S. 2346, 2347) fort. Die Bundesregierung wird ermächtigt, durch Rechtsverordnung ohne Zustimmung des Bundesrates Vorschriften über die Aufstellung der Betriebskosten zu erlassen.
(2) Die Vertragsparteien können vorbehaltlich anderweitiger Vorschriften vereinbaren, dass Betriebskosten als Pauschale oder als Vorauszahlung ausgewiesen werden. Vorauszahlungen für Betriebskosten dürfen nur in angemessener Höhe vereinbart werden.
(3) Über die Vorauszahlungen für Betriebskosten ist jährlich abzurechnen; dabei ist der Grundsatz der Wirtschaftlichkeit zu beachten. Die Abrechnung ist dem Mieter spätestens bis zum Ablauf des zwölften Monats nach Ende des Abrechnungszeitraums mitzuteilen. Nach Ablauf dieser Frist ist die Geltendmachung einer Nachforderung durch den Vermieter ausgeschlossen, es sei denn, der Vermieter hat die verspätete Geltendmachung nicht zu vertreten. Der Vermieter ist zu Teilabrechnungen nicht verpflichtet. Einwendungen gegen die Abrechnung hat der Mieter dem Vermieter spätestens bis zum Ablauf des zwölften Monats nach Zugang der Abrechnung mitzuteilen. Nach Ablauf dieser Frist kann der Mieter Einwendungen nicht mehr geltend machen, es sei denn, der Mieter hat die verspätete Geltendmachung nicht zu vertreten.
(3a) Ein Glasfaserbereitstellungsentgelt nach § 72 Absatz 1 des Telekommunikationsgesetzes hat der Mieter nur bei wirtschaftlicher Umsetzung der Maßnahme zu tragen. Handelt es sich um eine aufwändige Maßnahme im Sinne von § 72 Absatz 2 Satz 4 des Telekommunikationsgesetzes, hat der Mieter die Kosten nur dann zu tragen, wenn der Vermieter vor Vereinbarung der Glasfaserbereitstellung soweit möglich drei Angebote eingeholt und das wirtschaftlichste ausgewählt hat.
(4) Eine zum Nachteil des Mieters von Absatz 1, Absatz 2 Satz 2, Absatz 3 oder Absatz 3a abweichende Vereinbarung ist unwirksam.

§ 556a Abrechnungsmaßstab für Betriebskosten

(1) Haben die Vertragsparteien nichts anderes vereinbart, sind die Betriebskosten vorbehaltlich anderweitiger Vorschriften nach dem Anteil der Wohnfläche umzulegen. Betriebskosten, die von einem erfassten Verbrauch oder einer erfassten Verursachung durch die Mieter abhängen, sind nach einem Maßstab umzulegen, der dem unterschiedlichen Verbrauch oder der unterschiedlichen Verursachung Rechnung trägt.

(2) Haben die Vertragsparteien etwas anderes vereinbart, kann der Vermieter durch Erklärung in Textform bestimmen, dass die Betriebskosten zukünftig abweichend von der getroffenen Vereinbarung ganz oder teilweise nach einem Maßstab umgelegt werden dürfen, der dem erfassten unterschiedlichen Verbrauch oder der erfassten unterschiedlichen Verursachung Rechnung trägt. Die Erklärung ist nur vor Beginn eines Abrechnungszeitraums zulässig. Sind die Kosten bislang in der Miete enthalten, so ist diese entsprechend herabzusetzen.

(3) Ist Wohnungseigentum vermietet und haben die Vertragsparteien nichts anderes vereinbart, sind die Betriebskosten abweichend von Absatz 1 nach dem für die Verteilung zwischen den Wohnungseigentümern jeweils geltenden Maßstab umzulegen. Widerspricht der Maßstab billigem Ermessen, ist nach Absatz 1 umzulegen.

(4) Eine zum Nachteil des Mieters von Absatz 2 abweichende Vereinbarung ist unwirksam.

§ 556b Fälligkeit der Miete, Aufrechnungs- und Zurückbehaltungsrecht

(1) Die Miete ist zu Beginn, spätestens bis zum dritten Werktag der einzelnen Zeitabschnitte zu entrichten, nach denen sie bemessen ist.

(2) Der Mieter kann entgegen einer vertraglichen Bestimmung gegen eine Mietforderung mit einer Forderung auf Grund der §§ 536a, 539 oder aus ungerechtfertigter Bereicherung wegen zu viel gezahlter Miete aufrechnen oder wegen einer solchen Forderung ein Zurückbehaltungsrecht ausüben, wenn er seine Absicht dem Vermieter mindestens einen Monat vor der Fälligkeit der Miete in Textform angezeigt hat. Eine zum Nachteil des Mieters abweichende Vereinbarung ist unwirksam.

§ 556c Kosten der Wärmelieferung als Betriebskosten, Verordnungsermächtigung

(1) Hat der Mieter die Betriebskosten für Wärme oder Warmwasser zu tragen und stellt der Vermieter die Versorgung von der Eigenversorgung auf die eigenständig gewerbliche Lieferung durch einen Wärmelieferanten (Wärmelieferung) um, so hat der Mieter die Kosten der Wärmelieferung als Betriebskosten zu tragen, wenn
1. die Wärme mit verbesserter Effizienz entweder aus einer vom Wärmelieferanten errichteten neuen Anlage oder aus einem Wärmenetz geliefert wird und
2. die Kosten der Wärmelieferung die Betriebskosten für die bisherige Eigenversorgung mit Wärme oder Warmwasser nicht übersteigen.

Beträgt der Jahresnutzungsgrad der bestehenden Anlage vor der Umstellung mindestens 80 Prozent, kann sich der Wärmelieferant anstelle der Maßnahmen nach Nummer 1 auf die Verbesserung der Betriebsführung der Anlage beschränken.

(2) Der Vermieter hat die Umstellung spätestens drei Monate zuvor in Textform anzukündigen (Umstellungsankündigung).

(3) Die Bundesregierung wird ermächtigt, durch Rechtsverordnung ohne Zustimmung des Bundesrates Vorschriften für Wärmelieferverträge, die bei einer Umstellung nach Absatz 1 geschlossen werden, sowie für die Anforderungen nach den Absätzen 1 und 2 zu erlassen. Hierbei sind die Belange von Vermietern, Mietern und Wärmelieferanten angemessen zu berücksichtigen.

(4) Eine zum Nachteil des Mieters abweichende Vereinbarung ist unwirksam.

Unterkapitel 1a
Vereinbarungen über die Miethöhe bei Mietbeginn in Gebieten mit angespannten Wohnungsmärkten

§ 556d Zulässige Miethöhe bei Mietbeginn; Verordnungsermächtigung

(1) Wird ein Mietvertrag über Wohnraum abgeschlossen, der in einem durch Rechtsverordnung nach Absatz 2 bestimmten Gebiet mit einem angespannten Wohnungsmarkt liegt, so darf die Miete zu Beginn des Mietverhältnisses die ortsübliche Vergleichsmiete (§ 558 Absatz 2) höchstens um 10 Prozent übersteigen.

(2) Die Landesregierungen werden ermächtigt, Gebiete mit angespannten Wohnungsmärkten durch Rechtsverordnung für die Dauer von jeweils höchstens fünf Jahren zu bestimmen. Gebiete mit angespannten Wohnungsmärkten liegen vor, wenn die ausreichende Versorgung der Bevölkerung mit Mietwohnungen in einer Gemeinde oder einem Teil der Gemeinde zu angemessenen Bedingungen besonders gefährdet ist. Dies kann insbesondere dann der Fall sein, wenn
1. die Mieten deutlich stärker steigen als im bundesweiten Durchschnitt,
2. die durchschnittliche Mietbelastung der Haushalte den bundesweiten Durchschnitt deutlich übersteigt,

3. die Wohnbevölkerung wächst, ohne dass durch Neubautätigkeit insoweit erforderlicher Wohnraum geschaffen wird, oder
4. geringer Leerstand bei großer Nachfrage besteht.

Eine Rechtsverordnung nach Satz 1 muss spätestens mit Ablauf des 31. Dezember 2025 außer Kraft treten. Sie muss begründet werden. Aus der Begründung muss sich ergeben, auf Grund welcher Tatsachen ein Gebiet mit einem angespannten Wohnungsmarkt im Einzelfall vorliegt. Ferner muss sich aus der Begründung ergeben, welche Maßnahmen die Landesregierung in' dem nach Satz 1 durch die Rechtsverordnung jeweils bestimmten Gebiet und Zeitraum ergreifen wird, um Abhilfe zu schaffen.

§ 556e Berücksichtigung der Vormiete oder einer durchgeführten Modernisierung

(1) Ist die Miete, die der vorherige Mieter zuletzt schuldete (Vormiete), höher als die nach § 556d Absatz 1 zulässige Miete, so darf eine Miete bis zur Höhe der Vormiete vereinbart werden. Bei der Ermittlung der Vormiete unberücksichtigt bleiben Mietminderungen sowie solche Mieterhöhungen, die mit dem vorherigen Mieter innerhalb des letzten Jahres vor Beendigung des Mietverhältnisses vereinbart worden sind.

(2) Hat der Vermieter in den letzten drei Jahren vor Beginn des Mietverhältnisses Modernisierungsmaßnahmen im Sinne des § 555b durchgeführt, so darf die nach § 556d Absatz 1 zulässige Miete um den Betrag überschritten werden, der sich bei einer Mieterhöhung nach § 559 Absatz 1 bis 3a und § 559a Absatz 1 bis 4 ergäbe. Bei der Berechnung nach Satz 1 ist von der ortsüblichen Vergleichsmiete (§ 558 Absatz 2) auszugehen, die bei Beginn des Mietverhältnisses ohne Berücksichtigung der Modernisierung anzusetzen wäre.

§ 556f Ausnahmen

§ 556d ist nicht anzuwenden auf eine Wohnung, die nach dem 1. Oktober 2014 erstmals genutzt und vermietet wird. Die §§ 556d und 556e sind nicht anzuwenden auf die erste Vermietung nach umfassender Modernisierung.

§ 556g Rechtsfolgen; Auskunft über die Miete

(1) Eine zum Nachteil des Mieters von den Vorschriften dieses Unterkapitels abweichende Vereinbarung ist unwirksam. Für Vereinbarungen über die Miethöhe bei Mietbeginn gilt dies nur, soweit die zulässige Miete überschritten wird. Der Vermieter hat dem Mieter zu viel gezahlte Miete nach den Vorschriften über die Herausgabe einer ungerechtfertigten Bereicherung herauszugeben. Die §§ 814 und 817 Satz 2 sind nicht anzuwenden.

(1a) Soweit die Zulässigkeit der Miete auf § 556e oder § 556f beruht, ist der Vermieter verpflichtet, dem Mieter vor dessen Abgabe der Vertragserklärung über Folgendes unaufgefordert Auskunft zu erteilen:
1. im Fall des § 556e Absatz 1 darüber, wie hoch die Vormiete war,
2. im Fall des § 556e Absatz 2 darüber, dass in den letzten drei Jahren vor Beginn des Mietverhältnisses Modernisierungsmaßnahmen durchgeführt wurden,
3. im Fall des § 556f Satz 1 darüber, dass die Wohnung nach dem 1. Oktober 2014 erstmals genutzt und vermietet wurde,
4. im Fall des § 556f Satz 2 darüber, dass es sich um die erste Vermietung nach umfassender Modernisierung handelt.

Soweit der Vermieter die Auskunft nicht erteilt hat, kann er sich nicht auf eine nach § 556e oder § 556f zulässige Miete berufen. Hat der Vermieter die Auskunft nicht erteilt und hat er diese in der vorgeschriebenen Form nachgeholt, kann er sich erst zwei Jahre nach Nachholung der Auskunft auf eine nach § 556e oder § 556f zulässige Miete berufen. Hat der Vermieter die Auskunft nicht in der vorgeschriebenen Form erteilt, so kann er sich auf eine nach § 556e oder § 556f zulässige Miete erst dann berufen, wenn er die Auskunft in der vorgeschriebenen Form nachgeholt hat.

(2) Der Mieter kann von dem Vermieter eine nach den §§ 556d und 556e nicht geschuldete Miete nur zurückverlangen, wenn er einen Verstoß gegen die Vorschriften dieses Unterkapitels gerügt hat. Hat der Vermieter eine Auskunft nach Absatz 1a Satz 1 erteilt, so muss die Rüge sich auf diese Auskunft beziehen. Rügt der Mieter den Verstoß mehr als 30 Monate nach Beginn des Mietverhältnisses oder war das Mietverhältnis bei Zugang der Rüge bereits beendet, kann er nur die nach Zugang der Rüge fällig gewordene Miete zurückverlangen.

(3) Der Vermieter ist auf Verlangen des Mieters verpflichtet, Auskunft über diejenigen Tatsachen zu erteilen, die für die Zulässigkeit der vereinbarten Miete nach den Vorschriften dieses Unterkapitels maßgeblich sind, soweit diese Tatsachen nicht allgemein zugänglich sind und der Vermieter hierüber unschwer Auskunft geben kann. Für die Auskunft über Modernisierungsmaßnahmen (§ 556e Absatz 2) gilt § 559b Absatz 1 Satz 2 und 3 entsprechend.

(4) Sämtliche Erklärungen nach den Absätzen 1a bis 3 bedürfen der Textform.

Unterkapitel 2
Regelungen über die Miethöhe

§ 557 Mieterhöhungen nach Vereinbarung oder Gesetz

(1) Während des Mietverhältnisses können die Parteien eine Erhöhung der Miete vereinbaren.
(2) Künftige Änderungen der Miethöhe können die Vertragsparteien als Staffelmiete nach § 557a oder als Indexmiete nach § 557b vereinbaren.
(3) Im Übrigen kann der Vermieter Mieterhöhungen nur nach Maßgabe der §§ 558 bis 560 verlangen, soweit nicht eine Erhöhung durch Vereinbarung ausgeschlossen ist oder sich der Ausschluss aus den Umständen ergibt.
(4) Eine zum Nachteil des Mieters abweichende Vereinbarung ist unwirksam.

§ 557a Staffelmiete

(1) Die Miete kann für bestimmte Zeiträume in unterschiedlicher Höhe schriftlich vereinbart werden; in der Vereinbarung ist die jeweilige Miete oder die jeweilige Erhöhung in einem Geldbetrag auszuweisen (Staffelmiete).
(2) Die Miete muss jeweils mindestens ein Jahr unverändert bleiben. Während der Laufzeit einer Staffelmiete ist eine Erhöhung nach den §§ 558 bis 559b ausgeschlossen.
(3) Das Kündigungsrecht des Mieters kann für höchstens vier Jahre seit Abschluss der Staffelmietvereinbarung ausgeschlossen werden. Die Kündigung ist frühestens zum Ablauf dieses Zeitraums zulässig.
(4) Die §§ 556d bis 556g sind auf jede Mietstaffel anzuwenden. Maßgeblich für die Berechnung der nach § 556d Absatz 1 zulässigen Höhe der zweiten und aller weiteren Mietstaffeln ist statt des Beginns des Mietverhältnisses der Zeitpunkt, zu dem die erste Miete der jeweiligen Mietstaffel fällig wird. Die in einer vorangegangenen Mietstaffel wirksam begründete Miethöhe bleibt erhalten.
(5) Eine zum Nachteil des Mieters abweichende Vereinbarung ist unwirksam.

§ 557b Indexmiete

(1) Die Vertragsparteien können schriftlich vereinbaren, dass die Miete durch den vom Statistischen Bundesamt ermittelten Preisindex für die Lebenshaltung aller privaten Haushalte in Deutschland bestimmt wird (Indexmiete).
(2) Während der Geltung einer Indexmiete muss die Miete, von Erhöhungen nach den §§ 559 bis 560 abgesehen, jeweils mindestens ein Jahr unverändert bleiben. Eine Erhöhung nach § 559 kann nur verlangt werden, soweit der Vermieter bauliche Maßnahmen auf Grund von Umständen durchgeführt hat, die er nicht zu vertreten hat. Eine Erhöhung nach § 558 ist ausgeschlossen.
(3) Eine Änderung der Miete nach Absatz 1 muss durch Erklärung in Textform geltend gemacht werden. Dabei sind die eingetretene Änderung des Preisindexes sowie die jeweilige Miete oder die Erhöhung in einem Geldbetrag anzugeben. Die geänderte Miete ist mit Beginn des übernächsten Monats nach dem Zugang der Erklärung zu entrichten.
(4) Die §§ 556d bis 556g sind nur auf die Ausgangsmiete einer Indexmietvereinbarung anzuwenden.
(5) Eine zum Nachteil des Mieters abweichende Vereinbarung ist unwirksam.

§ 558 Mieterhöhung bis zur ortsüblichen Vergleichsmiete

(1) Der Vermieter kann die Zustimmung zu einer Erhöhung der Miete bis zur ortsüblichen Vergleichsmiete verlangen, wenn die Miete in dem Zeitpunkt, zu dem die Erhöhung eintreten soll, seit 15 Monaten unverändert ist. Das Mieterhöhungsverlangen kann frühestens ein Jahr nach der letzten Mieterhöhung geltend gemacht werden. Erhöhungen nach den §§ 559 bis 560 werden nicht berücksichtigt.
(2) Die ortsübliche Vergleichsmiete wird gebildet aus den üblichen Entgelten, die in der Gemeinde oder einer vergleichbaren Gemeinde für Wohnraum vergleichbarer Art, Größe, Ausstattung, Beschaffenheit und Lage einschließlich der energetischen Ausstattung und Beschaffenheit in den letzten sechs Jahren vereinbart oder, von Erhöhungen nach § 560 abgesehen, geändert worden sind. Ausgenommen ist Wohnraum, bei dem die Miethöhe durch Gesetz oder im Zusammenhang mit einer Förderzusage festgelegt worden ist.
(3) Bei Erhöhungen nach Absatz 1 darf sich die Miete innerhalb von drei Jahren, von Erhöhungen nach den §§ 559 bis 560 abgesehen, nicht um mehr als 20 vom Hundert erhöhen (Kappungsgrenze). Der Prozentsatz nach Satz 1 beträgt 15 vom Hundert, wenn die ausreichende Versorgung der Bevölkerung mit Mietwohnungen zu angemessenen Bedingungen in einer Gemeinde oder einem Teil einer Gemeinde besonders gefährdet ist und diese Gebiete nach Satz 3 bestimmt sind. Die Landesregierungen werden ermächtigt, diese Gebiete durch Rechtsverordnung für die Dauer von jeweils höchstens fünf Jahren zu bestimmen.
(4) Die Kappungsgrenze gilt nicht,
1. wenn eine Verpflichtung des Mieters zur Ausgleichszahlung nach den Vorschriften über den Abbau der Fehlsubventionierung im Wohnungswesen wegen des Wegfalls der öffentlichen Bindung erloschen ist und
2. soweit die Erhöhung den Betrag der zuletzt zu entrichtenden Ausgleichszahlung nicht übersteigt.

70 BGB §§ 558a–558d

Der Vermieter kann vom Mieter frühestens vier Monate vor dem Wegfall der öffentlichen Bindung verlangen, ihm innerhalb eines Monats über die Verpflichtung zur Ausgleichszahlung und über deren Höhe Auskunft zu erteilen. Satz 1 gilt entsprechend, wenn die Verpflichtung des Mieters zur Leistung einer Ausgleichszahlung nach den §§ 34 bis 37 des Wohnraumförderungsgesetzes und den hierzu ergangenen landesrechtlichen Vorschriften wegen Wegfalls der Mietbindung erloschen ist.
(5) Von dem Jahresbetrag, der sich bei einer Erhöhung auf die ortsübliche Vergleichsmiete ergäbe, sind Drittmittel im Sinne des § 559a abzuziehen, im Falle des § 559a Absatz 1 mit 8 Prozent des Zuschusses.
(6) Eine zum Nachteil des Mieters abweichende Vereinbarung ist unwirksam.

§ 558a Form und Begründung der Mieterhöhung

(1) Das Mieterhöhungsverlangen nach § 558 ist dem Mieter in Textform zu erklären und zu begründen.
(2) Zur Begründung kann insbesondere Bezug genommen werden auf
1. einen Mietspiegel (§§ 558c, 558d),
2. eine Auskunft aus einer Mietdatenbank (§ 558e),
3. ein mit Gründen versehenes Gutachten eines öffentlich bestellten und vereidigten Sachverständigen,
4. entsprechende Entgelte für einzelne vergleichbare Wohnungen; hierbei genügt die Benennung von drei Wohnungen.

(3) Enthält ein qualifizierter Mietspiegel (§ 558d Abs. 1), bei dem die Vorschrift des § 558d Abs. 2 eingehalten ist, Angaben für die Wohnung, so hat der Vermieter in seinem Mieterhöhungsverlangen diese Angaben auch dann mitzuteilen, wenn er die Mieterhöhung auf ein anderes Begründungsmittel nach Absatz 2 stützt.
(4) Bei der Bezugnahme auf einen Mietspiegel, der Spannen enthält, reicht es aus, wenn die verlangte Miete innerhalb der Spanne liegt. Ist in dem Zeitpunkt, in dem der Vermieter seine Erklärung abgibt, kein Mietspiegel vorhanden, bei dem § 558c Abs. 3 oder § 558d Abs. 2 eingehalten ist, so kann auch ein anderer, insbesondere ein veralteter Mietspiegel oder ein Mietspiegel einer vergleichbaren Gemeinde verwendet werden.
(5) Eine zum Nachteil des Mieters abweichende Vereinbarung ist unwirksam.

§ 558b Zustimmung zur Mieterhöhung

(1) Soweit der Mieter der Mieterhöhung zustimmt, schuldet er die erhöhte Miete mit Beginn des dritten Kalendermonats nach dem Zugang des Erhöhungsverlangens.
(2) Soweit der Mieter der Mieterhöhung nicht bis zum Ablauf des zweiten Kalendermonats nach dem Zugang des Verlangens zustimmt, kann der Vermieter auf Erteilung der Zustimmung klagen. Die Klage muss innerhalb von drei weiteren Monaten erhoben werden.
(3) Ist der Klage ein Erhöhungsverlangen vorausgegangen, das den Anforderungen des § 558a nicht entspricht, so kann es der Vermieter im Rechtsstreit nachholen oder die Mängel des Erhöhungsverlangens beheben. Dem Mieter steht auch in diesem Fall die Zustimmungsfrist nach Absatz 2 Satz 1 zu.
(4) Eine zum Nachteil des Mieters abweichende Vereinbarung ist unwirksam.

§ 558c Mietspiegel

(1) Ein Mietspiegel ist eine Übersicht über die ortsübliche Vergleichsmiete, soweit die Übersicht von der Gemeinde oder von Interessenvertretern der Vermieter und der Mieter gemeinsam erstellt oder anerkannt worden ist.
(2) Mietspiegel können für das Gebiet einer Gemeinde oder mehrerer Gemeinden oder für Teile von Gemeinden erstellt werden.
(3) Mietspiegel sollen im Abstand von zwei Jahren der Marktentwicklung angepasst werden.
(4) Gemeinden sollen Mietspiegel erstellen, wenn hierfür ein Bedürfnis besteht und dies mit einem vertretbaren Aufwand möglich ist. Die Mietspiegel und ihre Änderungen sollen veröffentlicht werden.
(5) Die Bundesregierung wird ermächtigt, durch Rechtsverordnung mit Zustimmung des Bundesrates Vorschriften über den näheren Inhalt und das Verfahren zur Aufstellung und Anpassung von Mietspiegeln zu erlassen.

§ 558d Qualifizierter Mietspiegel

(1) Ein qualifizierter Mietspiegel ist ein Mietspiegel, der nach anerkannten wissenschaftlichen Grundsätzen erstellt und von der Gemeinde oder von Interessenvertretern der Vermieter und der Mieter anerkannt worden ist.
(2) Der qualifizierte Mietspiegel ist im Abstand von zwei Jahren der Marktentwicklung anzupassen. Dabei kann eine Stichprobe oder die Entwicklung des vom Statistischen Bundesamt ermittelten Preisindexes für die Lebenshaltung aller privaten Haushalte in Deutschland zugrunde gelegt werden. Nach vier Jahren ist der qualifizierte Mietspiegel neu zu erstellen.
(3) Ist die Vorschrift des Absatzes 2 eingehalten, so wird vermutet, dass die im qualifizierten Mietspiegel bezeichneten Entgelte die ortsübliche Vergleichsmiete wiedergeben.

§ 558e Mietdatenbank

Eine Mietdatenbank ist eine zur Ermittlung der ortsüblichen Vergleichsmiete fortlaufend geführte Sammlung von Mieten, die von der Gemeinde oder von Interessenvertretern der Vermieter und der Mieter gemeinsam geführt oder anerkannt wird und aus der Auskünfte gegeben werden, die für einzelne Wohnungen einen Schluss auf die ortsübliche Vergleichsmiete zulassen.

§ 559 Mieterhöhung nach Modernisierungsmaßnahmen

(1) Hat der Vermieter Modernisierungsmaßnahmen im Sinne des § 555b Nummer 1, 3, 4, 5 oder 6 durchgeführt, so kann er die jährliche Miete um 8 Prozent der für die Wohnung aufgewendeten Kosten erhöhen. Im Fall des § 555b Nummer 4a ist die Erhöhung nur zulässig, wenn der Mieter seinen Anbieter von öffentlich zugänglichen Telekommunikationsdiensten über den errichteten Anschluss frei wählen kann und der Vermieter kein Bereitstellungsentgelt gemäß § 72 des Telekommunikationsgesetzes als Betriebskosten umlegt oder umgelegt hat.

(2) Kosten, die für Erhaltungsmaßnahmen erforderlich gewesen wären, gehören nicht zu den aufgewendeten Kosten nach Absatz 1; sie sind, soweit erforderlich, durch Schätzung zu ermitteln.

(3) Werden Modernisierungsmaßnahmen für mehrere Wohnungen durchgeführt, so sind die Kosten angemessen auf die einzelnen Wohnungen aufzuteilen.

(3a) Bei Erhöhungen der jährlichen Miete nach Absatz 1 darf sich die monatliche Miete innerhalb von sechs Jahren, von Erhöhungen nach § 558 oder § 560 abgesehen, nicht um mehr als 3 Euro je Quadratmeter Wohnfläche erhöhen. Beträgt die monatliche Miete vor der Mieterhöhung weniger als 7 Euro pro Quadratmeter Wohnfläche, so darf sie sich abweichend von Satz 1 nicht um mehr als 2 Euro je Quadratmeter Wohnfläche erhöhen.

(4) Die Mieterhöhung ist ausgeschlossen, soweit sie auch unter Berücksichtigung der voraussichtlichen künftigen Betriebskosten für den Mieter eine Härte bedeuten würde, die auch unter Würdigung der berechtigten Interessen des Vermieters nicht zu rechtfertigen ist. Eine Abwägung nach Satz 1 findet nicht statt, wenn
1. die Mietsache lediglich in einen Zustand versetzt wurde, der allgemein üblich ist, oder
2. die Modernisierungsmaßnahme auf Grund von Umständen durchgeführt wurde, die der Vermieter nicht zu vertreten hatte.

(5) Umstände, die eine Härte nach Absatz 4 Satz 1 begründen, sind nur zu berücksichtigen, wenn sie nach § 555d Absatz 3 bis 5 rechtzeitig mitgeteilt worden sind. Die Bestimmungen über die Ausschlussfrist nach Satz 1 sind nicht anzuwenden, wenn die tatsächliche Mieterhöhung die angekündigte um mehr als 10 Prozent übersteigt.

(6) Eine zum Nachteil des Mieters abweichende Vereinbarung ist unwirksam.

§ 559a Anrechnung von Drittmitteln

(1) Kosten, die vom Mieter oder für diesen von einem Dritten übernommen oder die mit Zuschüssen aus öffentlichen Haushalten gedeckt werden, gehören nicht zu den aufgewendeten Kosten im Sinne des § 559.

(2) Werden die Kosten für die Modernisierungsmaßnahmen ganz oder teilweise durch zinsverbilligte oder zinslose Darlehen aus öffentlichen Haushalten gedeckt, so verringert sich der Erhöhungsbetrag nach § 559 um den Jahresbetrag der Zinsermäßigung. Dieser wird errechnet aus dem Unterschied zwischen dem ermäßigten Zinssatz und dem marktüblichen Zinssatz für den Ursprungsbetrag des Darlehens. Maßgebend ist der marktübliche Zinssatz für erstrangige Hypotheken zum Zeitpunkt der Beendigung der Modernisierungsmaßnahmen. Werden Zuschüsse oder Darlehen zur Deckung von laufenden Aufwendungen gewährt, so verringert sich der Erhöhungsbetrag um den Jahresbetrag des Zuschusses oder Darlehens.

(3) Ein Mieterdarlehen, eine Mietvorauszahlung oder eine von einem Dritten für den Mieter erbrachte Leistung für die Modernisierungsmaßnahmen stehen einem Darlehen aus öffentlichen Haushalten gleich. Mittel der Finanzierungsinstitute des Bundes oder eines Landes gelten als Mittel aus öffentlichen Haushalten.

(4) Kann nicht festgestellt werden, in welcher Höhe Zuschüsse oder Darlehen für die einzelnen Wohnungen gewährt worden sind, so sind sie nach dem Verhältnis der für die einzelnen Wohnungen aufgewendeten Kosten aufzuteilen.

(5) Eine zum Nachteil des Mieters abweichende Vereinbarung ist unwirksam.

§ 559b Geltendmachung der Erhöhung, Wirkung der Erhöhungserklärung

(1) Die Mieterhöhung nach § 559 ist dem Mieter in Textform zu erklären. Die Erklärung ist nur wirksam, wenn in ihr die Erhöhung auf Grund der entstandenen Kosten berechnet und entsprechend den Voraussetzungen der §§ 559 und 559a erläutert wird. § 555c Absatz 3 gilt entsprechend.

(2) Der Mieter schuldet die erhöhte Miete mit Beginn des dritten Monats nach dem Zugang der Erklärung. Die Frist verlängert sich um sechs Monate, wenn
1. der Vermieter dem Mieter die Modernisierungsmaßnahme nicht nach den Vorschriften des § 555c Absatz 1 und 3 bis 5 angekündigt hat oder
2. die tatsächliche Mieterhöhung die angekündigte um mehr als 10 Prozent übersteigt.

(3) Eine zum Nachteil des Mieters abweichende Vereinbarung ist unwirksam.

§ 559c Vereinfachtes Verfahren

(1) Übersteigen die für die Modernisierungsmaßnahme geltend gemachten Kosten für die Wohnung vor Abzug der Pauschale nach Satz 2 10 000 Euro nicht, so kann der Vermieter die Mieterhöhung nach einem vereinfachten Verfahren berechnen. Als Kosten, die für Erhaltungsmaßnahmen erforderlich gewesen wären (§ 559 Absatz 2), werden pauschal 30 Prozent der nach Satz 1 geltend gemachten Kosten abgezogen. § 559 Absatz 4 und § 559a Absatz 2 Satz 1 bis 3 finden keine Anwendung.
(2) Hat der Vermieter die Miete in den letzten fünf Jahren bereits nach Absatz 1 oder nach § 559 erhöht, so mindern sich die Kosten, die nach Absatz 1 Satz 1 für die weitere Modernisierungsmaßnahme geltend gemacht werden können, um die Kosten, die in diesen früheren Verfahren für Modernisierungsmaßnahmen geltend gemacht wurden.
(3) § 559b gilt für das vereinfachte Verfahren entsprechend. Der Vermieter muss in der Mieterhöhungserklärung angeben, dass er die Mieterhöhung nach dem vereinfachten Verfahren berechnet hat.
(4) Hat der Vermieter eine Mieterhöhung im vereinfachten Verfahren geltend gemacht, so kann er innerhalb von fünf Jahren nach Zugang der Mieterhöhungserklärung beim Mieter keine Mieterhöhungen nach § 559 geltend machen. Dies gilt nicht,
1. soweit der Vermieter in diesem Zeitraum Modernisierungsmaßnahmen auf Grund einer gesetzlichen Verpflichtung durchzuführen hat und er diese Verpflichtung bei Geltendmachung der Mieterhöhung im vereinfachten Verfahren nicht kannte oder kennen musste,
2. sofern eine Modernisierungsmaßnahme auf Grund eines Beschlusses von Wohnungseigentümern durchgeführt wird, der frühestens zwei Jahre nach Zugang der Mieterhöhungserklärung beim Mieter gefasst wurde.
(5) Für die Modernisierungsankündigung, die zu einer Mieterhöhung nach dem vereinfachten Verfahren führen soll, gilt § 555c mit den Maßgaben, dass
1. der Vermieter in der Modernisierungsankündigung angeben muss, dass er von dem vereinfachten Verfahren Gebrauch macht,
2. es der Angabe der voraussichtlichen künftigen Betriebskosten nach § 555c Absatz 1 Satz 2 Nummer 3 nicht bedarf.

§ 559d Pflichtverletzungen bei Ankündigung oder Durchführung einer baulichen Veränderung

Es wird vermutet, dass der Vermieter seine Pflichten aus dem Schuldverhältnis verletzt hat, wenn
1. mit der baulichen Veränderung nicht innerhalb von zwölf Monaten nach deren angekündigtem Beginn oder, wenn Angaben hierzu nicht erfolgt sind, nach Zugang der Ankündigung der baulichen Veränderung begonnen wird,
2. in der Ankündigung nach § 555c Absatz 1 ein Betrag für die zu erwartende Mieterhöhung angegeben wird, durch den die monatliche Miete mindestens verdoppelt würde,
3. die bauliche Veränderung in einer Weise durchgeführt wird, die geeignet ist, zu erheblichen, objektiv nicht notwendigen Belastungen des Mieters zu führen, oder
4. die Arbeiten nach Beginn der baulichen Veränderung mehr als zwölf Monate ruhen.

Diese Vermutung gilt nicht, wenn der Vermieter darlegt, dass für das Verhalten im Einzelfall ein nachvollziehbarer objektiver Grund vorliegt.

§ 560 Veränderungen von Betriebskosten

(1) Bei einer Betriebskostenpauschale ist der Vermieter berechtigt, Erhöhungen der Betriebskosten durch Erklärung in Textform anteilig auf den Mieter umzulegen, soweit dies im Mietvertrag vereinbart ist. Die Erklärung ist nur wirksam, wenn in ihr der Grund für die Umlage bezeichnet und erläutert wird.
(2) Der Mieter schuldet den auf ihn entfallenden Teil der Umlage mit Beginn des auf die Erklärung folgenden übernächsten Monats. Soweit die Erklärung darauf beruht, dass sich die Betriebskosten rückwirkend erhöht haben, wirkt sie auf den Zeitpunkt der Erhöhung der Betriebskosten, höchstens jedoch auf den Beginn des der Erklärung vorausgehenden Kalenderjahres zurück, sofern der Vermieter die Erklärung innerhalb von drei Monaten nach Kenntnis von der Erhöhung abgibt.
(3) Ermäßigen sich die Betriebskosten, so ist eine Betriebskostenpauschale vom Zeitpunkt der Ermäßigung an entsprechend herabzusetzen. Die Ermäßigung ist dem Mieter unverzüglich mitzuteilen.
(4) Sind Betriebskostenvorauszahlungen vereinbart worden, so kann jede Vertragspartei nach einer Abrechnung durch Erklärung in Textform eine Anpassung auf eine angemessene Höhe vornehmen.
(5) Bei Veränderungen von Betriebskosten ist der Grundsatz der Wirtschaftlichkeit zu beachten.
(6) Eine zum Nachteil des Mieters abweichende Vereinbarung ist unwirksam.

§ 561 Sonderkündigungsrecht des Mieters nach Mieterhöhung

(1) Macht der Vermieter eine Mieterhöhung nach § 558 oder § 559 geltend, so kann der Mieter bis zum Ablauf des zweiten Monats nach dem Zugang der Erklärung des Vermieters das Mietverhältnis außerordentlich zum Ablauf des übernächsten Monats kündigen. Kündigt der Mieter, so tritt die Mieterhöhung nicht ein.
(2) Eine zum Nachteil des Mieters abweichende Vereinbarung ist unwirksam.

Kapitel 3
Pfandrecht des Vermieters

§ 562 Umfang des Vermieterpfandrechts

(1) Der Vermieter hat für seine Forderungen aus dem Mietverhältnis ein Pfandrecht an den eingebrachten Sachen des Mieters. Es erstreckt sich nicht auf die Sachen, die der Pfändung nicht unterliegen.
(2) Für künftige Entschädigungsforderungen und für die Miete für eine spätere Zeit als das laufende und das folgende Mietjahr kann das Pfandrecht nicht geltend gemacht werden.

§ 562a Erlöschen des Vermieterpfandrechts

Das Pfandrecht des Vermieters erlischt mit der Entfernung der Sachen von dem Grundstück, außer wenn diese ohne Wissen oder unter Widerspruch des Vermieters erfolgt. Der Vermieter kann nicht widersprechen, wenn sie den gewöhnlichen Lebensverhältnissen entspricht oder wenn die zurückbleibenden Sachen zur Sicherung des Vermieters offenbar ausreichen.

§ 562b Selbsthilferecht, Herausgabeanspruch

(1) Der Vermieter darf die Entfernung der Sachen, die seinem Pfandrecht unterliegen, auch ohne Anrufen des Gerichts verhindern, soweit er berechtigt ist, der Entfernung zu widersprechen. Wenn der Mieter auszieht, darf der Vermieter diese Sachen in seinen Besitz nehmen.
(2) Sind die Sachen ohne Wissen oder unter Widerspruch des Vermieters entfernt worden, so kann er die Herausgabe zum Zwecke der Zurückschaffung auf das Grundstück und, wenn der Mieter ausgezogen ist, die Überlassung des Besitzes verlangen. Das Pfandrecht erlischt mit dem Ablauf eines Monats, nachdem der Vermieter von der Entfernung der Sachen Kenntnis erlangt hat, wenn er diesen Anspruch nicht vorher gerichtlich geltend gemacht hat.

§ 562c Abwendung des Pfandrechts durch Sicherheitsleistung

Der Mieter kann die Geltendmachung des Pfandrechts des Vermieters durch Sicherheitsleistung abwenden. Er kann jede einzelne Sache dadurch von dem Pfandrecht befreien, dass er in Höhe ihres Wertes Sicherheit leistet.

§ 562d Pfändung durch Dritte

Wird eine Sache, die dem Pfandrecht des Vermieters unterliegt, für einen anderen Gläubiger gepfändet, so kann diesem gegenüber das Pfandrecht nicht wegen der Miete für eine frühere Zeit als das letzte Jahr vor der Pfändung geltend gemacht werden.

Kapitel 4
Wechsel der Vertragsparteien

§ 563 Eintrittsrecht bei Tod des Mieters

(1) Der Ehegatte oder Lebenspartner, der mit dem Mieter einen gemeinsamen Haushalt führt, tritt mit dem Tod des Mieters in das Mietverhältnis ein.
(2) Leben in dem gemeinsamen Haushalt Kinder des Mieters, treten diese mit dem Tod des Mieters in das Mietverhältnis ein, wenn nicht der Ehegatte oder Lebenspartner eintritt. Andere Familienangehörige, die mit dem Mieter einen gemeinsamen Haushalt führen, treten mit dem Tod des Mieters in das Mietverhältnis ein, wenn nicht der Ehegatte oder der Lebenspartner eintritt. Dasselbe gilt für Personen, die mit dem Mieter einen auf Dauer angelegten gemeinsamen Haushalt führen.
(3) Erklären eingetretene Personen im Sinne des Absatzes 1 oder 2 innerhalb eines Monats, nachdem sie vom Tod des Mieters Kenntnis erlangt haben, dem Vermieter, dass sie das Mietverhältnis nicht fortsetzen wollen, gilt der Eintritt als nicht erfolgt. Für geschäftsunfähige oder in der Geschäftsfähigkeit beschränkte Personen gilt § 210 entsprechend. Sind mehrere Personen in das Mietverhältnis eingetreten, so kann jeder die Erklärung für sich abgeben.
(4) Der Vermieter kann das Mietverhältnis innerhalb eines Monats, nachdem er von dem endgültigen Eintritt in das Mietverhältnis Kenntnis erlangt hat, außerordentlich mit der gesetzlichen Frist kündigen, wenn in der Person des Eingetretenen ein wichtiger Grund vorliegt.
(5) Eine abweichende Vereinbarung zum Nachteil des Mieters oder solcher Personen, die nach Absatz 1 oder 2 eintrittsberechtigt sind, ist unwirksam.

§ 563a Fortsetzung mit überlebenden Mietern

(1) Sind mehrere Personen im Sinne des § 563 gemeinsam Mieter, so wird das Mietverhältnis beim Tod eines Mieters mit den überlebenden Mietern fortgesetzt.
(2) Die überlebenden Mieter können das Mietverhältnis innerhalb eines Monats, nachdem sie vom Tod des Mieters Kenntnis erlangt haben, außerordentlich mit der gesetzlichen Frist kündigen.
(3) Eine abweichende Vereinbarung zum Nachteil der Mieter ist unwirksam.

§ 563b Haftung bei Eintritt oder Fortsetzung

(1) Die Personen, die nach § 563 in das Mietverhältnis eingetreten sind oder mit denen es nach § 563a fortgesetzt wird, haften neben dem Erben für die bis zum Tod des Mieters entstandenen Verbindlichkeiten als Gesamtschuldner. Im Verhältnis zu diesen Personen haftet der Erbe allein, soweit nichts anderes bestimmt ist.
(2) Hat der Mieter die Miete für einen nach seinem Tod liegenden Zeitraum im Voraus entrichtet, sind die Personen, die nach § 563 in das Mietverhältnis eingetreten sind oder mit denen es nach § 563a fortgesetzt wird, verpflichtet, dem Erben dasjenige herauszugeben, was sie infolge der Vorausentrichtung der Miete ersparen oder erlangen.
(3) Der Vermieter kann, falls der verstorbene Mieter keine Sicherheit geleistet hat, von den Personen, die nach § 563 in das Mietverhältnis eingetreten sind oder mit denen es nach § 563a fortgesetzt wird, nach Maßgabe des § 551 eine Sicherheitsleistung verlangen.

§ 564 Fortsetzung des Mietverhältnisses mit dem Erben, außerordentliche Kündigung

Treten beim Tod des Mieters keine Personen im Sinne des § 563 in das Mietverhältnis ein oder wird es nicht mit ihnen nach § 563a fortgesetzt, so wird es mit dem Erben fortgesetzt. In diesem Fall ist sowohl der Erbe als auch der Vermieter berechtigt, das Mietverhältnis innerhalb eines Monats außerordentlich mit der gesetzlichen Frist zu kündigen, nachdem sie vom Tod des Mieters und davon Kenntnis erlangt haben, dass ein Eintritt in das Mietverhältnis oder dessen Fortsetzung nicht erfolgt ist.

§ 565 Gewerbliche Weitervermietung

(1) Soll der Mieter nach dem Mietvertrag den gemieteten Wohnraum gewerblich einem Dritten zu Wohnzwecken weitervermieten, so tritt der Vermieter bei der Beendigung des Mietverhältnisses in die Rechte und Pflichten aus dem Mietverhältnis zwischen dem Mieter und dem Dritten ein. Schließt der Vermieter erneut einen Mietvertrag zur gewerblichen Weitervermietung ab, so tritt der Mieter anstelle der bisherigen Vertragspartei in die Rechte und Pflichten aus dem Mietverhältnis mit dem Dritten ein.
(2) Die §§ 566a bis 566e gelten entsprechend.
(3) Eine zum Nachteil des Dritten abweichende Vereinbarung ist unwirksam.

§ 566 Kauf bricht nicht Miete

(1) Wird der vermietete Wohnraum nach der Überlassung an den Mieter von dem Vermieter an einen Dritten veräußert, so tritt der Erwerber anstelle des Vermieters in die sich während der Dauer seines Eigentums aus dem Mietverhältnis ergebenden Rechte und Pflichten ein.
(2) Erfüllt der Erwerber die Pflichten nicht, so haftet der Vermieter für den von dem Erwerber zu ersetzenden Schaden wie ein Bürge, der auf die Einrede der Vorausklage verzichtet hat. Erlangt der Mieter von dem Übergang des Eigentums durch Mitteilung des Vermieters Kenntnis, so wird der Vermieter von der Haftung befreit, wenn nicht der Mieter das Mietverhältnis zum ersten Termin kündigt, zu dem die Kündigung zulässig ist.

§ 566a Mietsicherheit

Hat der Mieter des veräußerten Wohnraums dem Vermieter für die Erfüllung seiner Pflichten Sicherheit geleistet, so tritt der Erwerber in die dadurch begründeten Rechte und Pflichten ein. Kann bei Beendigung des Mietverhältnisses der Mieter die Sicherheit von dem Erwerber nicht erlangen, so ist der Vermieter weiterhin zur Rückgewähr verpflichtet.

§ 566b Vorausverfügung über die Miete

(1) Hat der Vermieter vor dem Übergang des Eigentums über die Miete verfügt, die auf die Zeit der Berechtigung des Erwerbers entfällt, so ist die Verfügung wirksam, soweit sie sich auf die Miete für den zur Zeit des Eigentumsübergangs laufenden Kalendermonat bezieht. Geht das Eigentum nach dem 15. Tag des Monats über, so ist die Verfügung auch wirksam, soweit sie sich auf die Miete für den folgenden Kalendermonat bezieht.
(2) Eine Verfügung über die Miete für eine spätere Zeit muss der Erwerber gegen sich gelten lassen, wenn er sie zur Zeit des Übergangs des Eigentums kennt.

§ 566c Vereinbarung zwischen Mieter und Vermieter über die Miete

Ein Rechtsgeschäft, das zwischen dem Mieter und dem Vermieter über die Mietforderung vorgenommen wird, insbesondere die Entrichtung der Miete, ist dem Erwerber gegenüber wirksam, soweit es sich nicht auf die Miete für eine spätere Zeit als den Kalendermonat bezieht, in welchem der Mieter von dem Übergang des Eigentums Kenntnis erlangt. Erlangt der Mieter die Kenntnis nach dem 15. Tag des Monats, so ist das Rechtsgeschäft auch wirksam, soweit es sich auf die Miete für den folgenden Kalendermonat bezieht. Ein Rechtsgeschäft, das nach dem Übergang des Eigentums vorgenommen wird, ist jedoch unwirksam, wenn der Mieter bei der Vornahme des Rechtsgeschäfts von dem Übergang des Eigentums Kenntnis hat.

§ 566d Aufrechnung durch den Mieter

Soweit die Entrichtung der Miete an den Vermieter nach § 566c dem Erwerber gegenüber wirksam ist, kann der Mieter gegen die Mietforderung des Erwerbers eine ihm gegen den Vermieter zustehende Forderung aufrechnen. Die Aufrechnung ist ausgeschlossen, wenn der Mieter die Gegenforderung erworben hat, nachdem er von dem Übergang des Eigentums Kenntnis erlangt hat, oder wenn die Gegenforderung erst nach der Erlangung der Kenntnis und später als die Miete fällig geworden ist.

§ 566e Mitteilung des Eigentumsübergangs durch den Vermieter

(1) Teilt der Vermieter dem Mieter mit, dass er das Eigentum an dem vermieteten Wohnraum auf einen Dritten übertragen hat, so muss er in Ansehung der Mietforderung dem Mieter gegenüber die mitgeteilte Übertragung gegen sich gelten lassen, auch wenn sie nicht erfolgt oder nicht wirksam ist.

(2) Die Mitteilung kann nur mit Zustimmung desjenigen zurückgenommen werden, der als der neue Eigentümer bezeichnet worden ist.

§ 567 Belastung des Wohnraums durch den Vermieter

Wird der vermietete Wohnraum nach der Überlassung an den Mieter von dem Vermieter mit dem Recht eines Dritten belastet, so sind die §§ 566 bis 566e entsprechend anzuwenden, wenn durch die Ausübung des Rechts dem Mieter der vertragsgemäße Gebrauch entzogen wird. Wird der Mieter durch die Ausübung des Rechts in dem vertragsgemäßen Gebrauch beschränkt, so ist der Dritte dem Mieter gegenüber verpflichtet, die Ausübung zu unterlassen, soweit sie den vertragsgemäßen Gebrauch beeinträchtigen würde.

§ 567a Veräußerung oder Belastung vor der Überlassung des Wohnraums

Hat vor der Überlassung des vermieteten Wohnraums an den Mieter der Vermieter den Wohnraum an einen Dritten veräußert oder mit einem Recht belastet, durch dessen Ausübung der vertragsgemäße Gebrauch dem Mieter entzogen oder beschränkt wird, so gilt das Gleiche wie in den Fällen des § 566 Abs. 1 und des § 567, wenn der Erwerber dem Vermieter gegenüber die Erfüllung der sich aus dem Mietverhältnis ergebenden Pflichten übernommen hat.

§ 567b Weiterveräußerung oder Belastung durch Erwerber

Wird der vermietete Wohnraum von dem Erwerber weiterveräußert oder belastet, so sind § 566 Abs. 1 und die §§ 566a bis 567a entsprechend anzuwenden. Erfüllt der neue Erwerber die sich aus dem Mietverhältnis ergebenden Pflichten nicht, so haftet der Vermieter dem Mieter nach § 566 Abs. 2.

Kapitel 5
Beendigung des Mietverhältnisses

Unterkapitel 1
Allgemeine Vorschriften

§ 568 Form und Inhalt der Kündigung

(1) Die Kündigung des Mietverhältnisses bedarf der schriftlichen Form.

(2) Der Vermieter soll den Mieter auf die Möglichkeit, die Form und die Frist des Widerspruchs nach den §§ 574 bis 574b rechtzeitig hinweisen.

§ 569 Außerordentliche fristlose Kündigung aus wichtigem Grund

(1) Ein wichtiger Grund im Sinne des § 543 Abs. 1 liegt für den Mieter auch vor, wenn der gemietete Wohnraum so beschaffen ist, dass seine Benutzung mit einer erheblichen Gefährdung der Gesundheit verbunden ist. Dies gilt auch, wenn der Mieter die Gefahr bringende Beschaffenheit bei Vertragsschluss gekannt oder darauf verzichtet hat, die ihm wegen dieser Beschaffenheit zustehenden Rechte geltend zu machen.

(2) Ein wichtiger Grund im Sinne des § 543 Abs. 1 liegt ferner vor, wenn eine Vertragspartei den Hausfrieden nachhaltig stört, so dass dem Kündigenden unter Berücksichtigung aller Umstände des Einzelfalls, insbesondere eines Verschuldens der Vertragsparteien, und unter Abwägung der beiderseitigen Interessen die Fortsetzung des Mietverhältnisses bis zum Ablauf der Kündigungsfrist oder bis zur sonstigen Beendigung des Mietverhältnisses nicht zugemutet werden kann.

(2a) Ein wichtiger Grund im Sinne des § 543 Absatz 1 liegt ferner vor, wenn der Mieter mit einer Sicherheitsleistung nach § 551 in Höhe eines Betrages im Verzug ist, der der zweifachen Monatsmiete entspricht. Die als Pauschale oder als Vorauszahlung ausgewiesenen Betriebskosten sind bei der Berechnung der Monatsmiete nicht zu berücksichtigen. Einer Abhilfefrist oder einer Abmahnung nach § 543 Absatz 3 Satz 1 bedarf es nicht. Absatz 3 Nummer 2 Satz 1 sowie § 543 Absatz 2 Satz 2 sind entsprechend anzuwenden.

(3) Ergänzend zu § 543 Abs. 2 Satz 1 Nr. 3 gilt:

1. Im Falle des § 543 Abs. 2 Satz 1 Nr. 3 Buchstabe a ist der rückständige Teil der Miete nur dann als nicht unerheblich anzusehen, wenn er die Miete für einen Monat übersteigt. Dies gilt nicht, wenn der Wohnraum nur zum vorübergehenden Gebrauch vermietet ist.
2. Die Kündigung wird auch dann unwirksam, wenn der Vermieter spätestens bis zum Ablauf von zwei Monaten nach Eintritt der Rechtshängigkeit des Räumungsanspruchs hinsichtlich der fälligen Miete und der fälligen Entschädigung nach § 546a Abs. 1 befriedigt wird oder sich eine öffentliche Stelle zur Befriedigung verpflichtet. Dies gilt nicht, wenn der Kündigung vor nicht länger als zwei Jahren bereits eine nach Satz 1 unwirksam gewordene Kündigung vorausgegangen ist.
3. Ist der Mieter rechtskräftig zur Zahlung einer erhöhten Miete nach den §§ 558 bis 560 verurteilt worden, so kann der Vermieter das Mietverhältnis wegen Zahlungsverzugs des Mieters nicht vor Ablauf von zwei Monaten nach rechtskräftiger Verurteilung kündigen, wenn nicht die Voraussetzungen der außerordentlichen fristlosen Kündigung schon wegen der bisher geschuldeten Miete erfüllt sind.

(4) Der zur Kündigung führende wichtige Grund ist in dem Kündigungsschreiben anzugeben.

(5) Eine Vereinbarung, die zum Nachteil des Mieters von den Absätzen 1 bis 3 dieser Vorschrift oder von § 543 abweicht, ist unwirksam. Ferner ist eine Vereinbarung unwirksam, nach der der Vermieter berechtigt sein soll, aus anderen als den im Gesetz zugelassenen Gründen außerordentlich fristlos zu kündigen.

§ 570 Ausschluss des Zurückbehaltungsrechts

Dem Mieter steht kein Zurückbehaltungsrecht gegen den Rückgabeanspruch des Vermieters zu.

§ 571 Weiterer Schadensersatz bei verspäteter Rückgabe von Wohnraum

(1) Gibt der Mieter den gemieteten Wohnraum nach Beendigung des Mietverhältnisses nicht zurück, so kann der Vermieter einen weiteren Schaden im Sinne des § 546a Abs. 2 nur geltend machen, wenn die Rückgabe infolge von Umständen unterblieben ist, die der Mieter zu vertreten hat. Der Schaden ist nur insoweit zu ersetzen, als die Billigkeit eine Schadloshaltung erfordert. Dies gilt nicht, wenn der Mieter gekündigt hat.

(2) Wird dem Mieter nach § 721 oder § 794a der Zivilprozessordnung eine Räumungsfrist gewährt, so ist er für die Zeit von der Beendigung des Mietverhältnisses bis zum Ablauf der Räumungsfrist zum Ersatz eines weiteren Schadens nicht verpflichtet.

(3) Eine zum Nachteil des Mieters abweichende Vereinbarung ist unwirksam.

§ 572 Vereinbartes Rücktrittsrecht; Mietverhältnis unter auflösender Bedingung

(1) Auf eine Vereinbarung, nach der der Vermieter berechtigt sein soll, nach Überlassung des Wohnraums an den Mieter vom Vertrag zurückzutreten, kann der Vermieter sich nicht berufen.

(2) Ferner kann der Vermieter sich nicht auf eine Vereinbarung berufen, nach der das Mietverhältnis zum Nachteil des Mieters auflösend bedingt ist.

Unterkapitel 2
Mietverhältnisse auf unbestimmte Zeit

§ 573 Ordentliche Kündigung des Vermieters

(1) Der Vermieter kann nur kündigen, wenn er ein berechtigtes Interesse an der Beendigung des Mietverhältnisses hat. Die Kündigung zum Zwecke der Mieterhöhung ist ausgeschlossen.

(2) Ein berechtigtes Interesse des Vermieters an der Beendigung des Mietverhältnisses liegt insbesondere vor, wenn
1. der Mieter seine vertraglichen Pflichten schuldhaft nicht unerheblich verletzt hat,
2. der Vermieter die Räume als Wohnung für sich, seine Familienangehörigen oder Angehörige seines Haushalts benötigt oder
3. der Vermieter durch die Fortsetzung des Mietverhältnisses an einer angemessenen wirtschaftlichen Verwertung des Grundstücks gehindert und dadurch erhebliche Nachteile erleiden würde; die Möglichkeit, durch eine anderweitige Vermietung als Wohnraum eine höhere Miete zu erzielen, bleibt außer Betracht; der Vermieter kann sich auch nicht darauf berufen, dass er die Mieträume im Zusammenhang mit einer beabsichtigten oder nach Überlassung an den Mieter erfolgten Begründung von Wohnungseigentum veräußern will.

(3) Die Gründe für ein berechtigtes Interesse des Vermieters sind in dem Kündigungsschreiben anzugeben. Andere Gründe werden nur berücksichtigt, soweit sie nachträglich entstanden sind.

(4) Eine zum Nachteil des Mieters abweichende Vereinbarung ist unwirksam.

§ 573a Erleichterte Kündigung des Vermieters

(1) Ein Mietverhältnis über eine Wohnung in einem vom Vermieter selbst bewohnten Gebäude mit nicht mehr als zwei Wohnungen kann der Vermieter auch kündigen, ohne dass es eines berechtigten Interesses im Sinne des § 573 bedarf. Die Kündigungsfrist verlängert sich in diesem Fall um drei Monate.

(2) Absatz 1 gilt entsprechend für Wohnraum innerhalb der vom Vermieter selbst bewohnten Wohnung, sofern der Wohnraum nicht nach § 549 Abs. 2 Nr. 2 vom Mieterschutz ausgenommen ist.
(3) In dem Kündigungsschreiben ist anzugeben, dass die Kündigung auf die Voraussetzungen des Absatzes 1 oder 2 gestützt wird.
(4) Eine zum Nachteil des Mieters abweichende Vereinbarung ist unwirksam.

§ 573b Teilkündigung des Vermieters
(1) Der Vermieter kann nicht zum Wohnen bestimmte Nebenräume oder Teile eines Grundstücks ohne ein berechtigtes Interesse im Sinne des § 573 kündigen, wenn er die Kündigung auf diese Räume oder Grundstücksteile beschränkt und sie dazu verwenden will,
1. Wohnraum zum Zwecke der Vermietung zu schaffen oder
2. den neu zu schaffenden und den vorhandenen Wohnraum mit Nebenräumen oder Grundstücksteilen auszustatten.

(2) Die Kündigung ist spätestens am dritten Werktag eines Kalendermonats zum Ablauf des übernächsten Monats zulässig.
(3) Verzögert sich der Beginn der Bauarbeiten, so kann der Mieter eine Verlängerung des Mietverhältnisses um einen entsprechenden Zeitraum verlangen.
(4) Der Mieter kann eine angemessene Senkung der Miete verlangen.
(5) Eine zum Nachteil des Mieters abweichende Vereinbarung ist unwirksam.

§ 573c Fristen der ordentlichen Kündigung
(1) Die Kündigung ist spätestens am dritten Werktag eines Kalendermonats zum Ablauf des übernächsten Monats zulässig. Die Kündigungsfrist für den Vermieter verlängert sich nach fünf und acht Jahren seit der Überlassung des Wohnraums um jeweils drei Monate.
(2) Bei Wohnraum, der nur zum vorübergehenden Gebrauch vermietet worden ist, kann eine kürzere Kündigungsfrist vereinbart werden.
(3) Bei Wohnraum nach § 549 Abs. 2 Nr. 2 ist die Kündigung spätestens am 15. eines Monats zum Ablauf dieses Monats zulässig.
(4) Eine zum Nachteil des Mieters von Absatz 1 oder 3 abweichende Vereinbarung ist unwirksam.

§ 573d Außerordentliche Kündigung mit gesetzlicher Frist
(1) Kann ein Mietverhältnis außerordentlich mit der gesetzlichen Frist gekündigt werden, so gelten mit Ausnahme der Kündigung gegenüber Erben des Mieters nach § 564 die §§ 573 und 573a entsprechend.
(2) Die Kündigung ist spätestens am dritten Werktag eines Kalendermonats zum Ablauf des übernächsten Monats zulässig, bei Wohnraum nach § 549 Abs. 2 Nr. 2 spätestens am 15. eines Monats zum Ablauf dieses Monats (gesetzliche Frist). § 573a Abs. 1 Satz 2 findet keine Anwendung.
(3) Eine zum Nachteil des Mieters abweichende Vereinbarung ist unwirksam.

§ 574 Widerspruch des Mieters gegen die Kündigung
(1) Der Mieter kann der Kündigung des Vermieters widersprechen und von ihm die Fortsetzung des Mietverhältnisses verlangen, wenn die Beendigung des Mietverhältnisses für den Mieter, seine Familie oder einen anderen Angehörigen seines Haushalts eine Härte bedeuten würde, die auch unter Würdigung der berechtigten Interessen des Vermieters nicht zu rechtfertigen ist. Dies gilt nicht, wenn ein Grund vorliegt, der den Vermieter zur außerordentlichen fristlosen Kündigung berechtigt.
(2) Eine Härte liegt auch vor, wenn angemessener Ersatzwohnraum zu zumutbaren Bedingungen nicht beschafft werden kann.
(3) Bei der Würdigung der berechtigten Interessen des Vermieters werden nur die in dem Kündigungsschreiben nach § 573 Abs. 3 angegebenen Gründe berücksichtigt, außer wenn die Gründe nachträglich entstanden sind.
(4) Eine zum Nachteil des Mieters abweichende Vereinbarung ist unwirksam.

§ 574a Fortsetzung des Mietverhältnisses nach Widerspruch
(1) Im Falle des § 574 kann der Mieter verlangen, dass das Mietverhältnis so lange fortgesetzt wird, wie dies unter Berücksichtigung aller Umstände angemessen ist. Ist dem Vermieter nicht zuzumuten, das Mietverhältnis zu den bisherigen Vertragsbedingungen fortzusetzen, so kann der Mieter nur verlangen, dass es unter einer angemessenen Änderung der Bedingungen fortgesetzt wird.
(2) Kommt keine Einigung zustande, so werden die Fortsetzung des Mietverhältnisses, dessen Dauer sowie die Bedingungen, zu denen es fortgesetzt wird, durch Urteil bestimmt. Ist ungewiss, wann voraussichtlich die Umstände wegfallen, auf Grund derer die Beendigung des Mietverhältnisses eine Härte bedeutet, so kann bestimmt werden, dass das Mietverhältnis auf unbestimmte Zeit fortgesetzt wird.

(3) Eine zum Nachteil des Mieters abweichende Vereinbarung ist unwirksam.

§ 574b Form und Frist des Widerspruchs

(1) Der Widerspruch des Mieters gegen die Kündigung ist schriftlich zu erklären. Auf Verlangen des Vermieters soll der Mieter über die Gründe des Widerspruchs unverzüglich Auskunft erteilen.
(2) Der Vermieter kann die Fortsetzung des Mietverhältnisses ablehnen, wenn der Mieter ihm den Widerspruch nicht spätestens zwei Monate vor der Beendigung des Mietverhältnisses erklärt hat. Hat der Vermieter nicht rechtzeitig vor Ablauf der Widerspruchsfrist auf die Möglichkeit des Widerspruchs sowie auf dessen Form und Frist hingewiesen, so kann der Mieter den Widerspruch noch im ersten Termin des Räumungsrechtsstreits erklären.
(3) Eine zum Nachteil des Mieters abweichende Vereinbarung ist unwirksam.

§ 574c Weitere Fortsetzung des Mietverhältnisses bei unvorhergesehenen Umständen

(1) Ist auf Grund der §§ 574 bis 574b durch Einigung oder Urteil bestimmt worden, dass das Mietverhältnis auf bestimmte Zeit fortgesetzt wird, so kann der Mieter dessen weitere Fortsetzung nur verlangen, wenn dies durch eine wesentliche Änderung der Umstände gerechtfertigt ist oder wenn Umstände nicht eingetreten sind, deren vorgesehener Eintritt für die Zeitdauer der Fortsetzung bestimmend gewesen war.
(2) Kündigt der Vermieter ein Mietverhältnis, dessen Fortsetzung auf unbestimmte Zeit durch Urteil bestimmt worden ist, so kann der Mieter der Kündigung widersprechen und vom Vermieter verlangen, das Mietverhältnis auf unbestimmte Zeit fortzusetzen. Haben sich die Umstände verändert, die für die Fortsetzung bestimmend gewesen waren, so kann der Mieter eine Fortsetzung des Mietverhältnisses nur nach § 574 verlangen; unerhebliche Veränderungen bleiben außer Betracht.
(3) Eine zum Nachteil des Mieters abweichende Vereinbarung ist unwirksam.

Unterkapitel 3
Mietverhältnisse auf bestimmte Zeit

§ 575 Zeitmietvertrag

(1) Ein Mietverhältnis kann auf bestimmte Zeit eingegangen werden, wenn der Vermieter nach Ablauf der Mietzeit
1. die Räume als Wohnung für sich, seine Familienangehörigen oder Angehörige seines Haushalts nutzen will,
2. in zulässiger Weise die Räume beseitigen oder so wesentlich verändern oder instand setzen will, dass die Maßnahmen durch eine Fortsetzung des Mietverhältnisses erheblich erschwert würden, oder
3. die Räume an einen zur Dienstleistung Verpflichteten vermieten will

und er dem Mieter den Grund der Befristung bei Vertragsschluss schriftlich mitteilt. Anderenfalls gilt das Mietverhältnis als auf unbestimmte Zeit abgeschlossen.
(2) Der Mieter kann vom Vermieter frühestens vier Monate vor Ablauf der Befristung verlangen, dass dieser ihm binnen eines Monats mitteilt, ob der Befristungsgrund noch besteht. Erfolgt die Mitteilung später, so kann der Mieter die Verlängerung des Mietverhältnisses um den Zeitraum der Verspätung verlangen.
(3) Tritt der Grund der Befristung erst später ein, so kann der Mieter eine Verlängerung des Mietverhältnisses um einen entsprechenden Zeitraum verlangen. Entfällt der Grund, so kann der Mieter eine Verlängerung auf unbestimmte Zeit verlangen. Die Beweislast für den Eintritt des Befristungsgrundes und die Dauer der Verzögerung trifft den Vermieter.
(4) Eine zum Nachteil des Mieters abweichende Vereinbarung ist unwirksam.

§ 575a Außerordentliche Kündigung mit gesetzlicher Frist

(1) Kann ein Mietverhältnis, das auf bestimmte Zeit eingegangen ist, außerordentlich mit der gesetzlichen Frist gekündigt werden, so gelten mit Ausnahme der Kündigung gegenüber Erben des Mieters nach § 564 die §§ 573 und 573a entsprechend.
(2) Die §§ 574 bis 574c gelten entsprechend mit der Maßgabe, dass die Fortsetzung des Mietverhältnisses höchstens bis zum vertraglich bestimmten Zeitpunkt der Beendigung verlangt werden kann.
(3) Die Kündigung ist spätestens am dritten Werktag eines Kalendermonats zum Ablauf des übernächsten Monats zulässig, bei Wohnraum nach § 549 Abs. 2 Nr. 2 spätestens am 15. eines Monats zum Ablauf dieses Monats (gesetzliche Frist). § 573a Abs. 1 Satz 2 findet keine Anwendung.
(4) Eine zum Nachteil des Mieters abweichende Vereinbarung ist unwirksam.

Unterkapitel 4
Werkwohnungen

§ 576 Fristen der ordentlichen Kündigung bei Werkmietwohnungen

(1) Ist Wohnraum mit Rücksicht auf das Bestehen eines Dienstverhältnisses vermietet, so kann der Vermieter nach Beendigung des Dienstverhältnisses abweichend von § 573c Abs. 1 Satz 2 mit folgenden Fristen kündigen:

1. bei Wohnraum, der dem Mieter weniger als zehn Jahre überlassen war, spätestens am dritten Werktag eines Kalendermonats zum Ablauf des übernächsten Monats, wenn der Wohnraum für einen anderen zur Dienstleistung Verpflichteten benötigt wird;
2. spätestens am dritten Werktag eines Kalendermonats zum Ablauf dieses Monats, wenn das Dienstverhältnis seiner Art nach die Überlassung von Wohnraum erfordert hat, der in unmittelbarer Beziehung oder Nähe zur Arbeitsstätte steht, und der Wohnraum aus dem gleichen Grund für einen anderen zur Dienstleistung Verpflichteten benötigt wird.

(2) Eine zum Nachteil des Mieters abweichende Vereinbarung ist unwirksam.

§ 576a Besonderheiten des Widerspruchsrechts bei Werkmietwohnungen

(1) Bei der Anwendung der §§ 574 bis 574c auf Werkmietwohnungen sind auch die Belange des Dienstberechtigten zu berücksichtigen.
(2) Die §§ 574 bis 574c gelten nicht, wenn
1. der Vermieter nach § 576 Abs. 1 Nr. 2 gekündigt hat;
2. der Mieter das Dienstverhältnis gelöst hat, ohne dass ihm von dem Dienstberechtigten gesetzlich begründeter Anlass dazu gegeben war, oder der Mieter durch sein Verhalten dem Dienstberechtigten gesetzlich begründeten Anlass zur Auflösung des Dienstverhältnisses gegeben hat.

(3) Eine zum Nachteil des Mieters abweichende Vereinbarung ist unwirksam.

§ 576b Entsprechende Geltung des Mietrechts bei Werkdienstwohnungen

(1) Ist Wohnraum im Rahmen eines Dienstverhältnisses überlassen, so gelten für die Beendigung des Rechtsverhältnisses hinsichtlich des Wohnraums die Vorschriften über Mietverhältnisse entsprechend, wenn der zur Dienstleistung Verpflichtete den Wohnraum überwiegend mit Einrichtungsgegenständen ausgestattet hat oder in dem Wohnraum mit seiner Familie oder Personen lebt, mit denen er einen auf Dauer angelegten gemeinsamen Haushalt führt.
(2) Eine zum Nachteil des Mieters abweichende Vereinbarung ist unwirksam.

Kapitel 6
Besonderheiten bei der Bildung von Wohnungseigentum an vermieteten Wohnungen

§ 577 Vorkaufsrecht des Mieters

(1) Werden vermietete Wohnräume, an denen nach der Überlassung an den Mieter Wohnungseigentum begründet worden ist oder begründet werden soll, an einen Dritten verkauft, so ist der Mieter zum Vorkauf berechtigt. Dies gilt nicht, wenn der Vermieter die Wohnräume an einen Familienangehörigen oder an einen Angehörigen seines Haushalts verkauft. Soweit sich nicht aus den nachfolgenden Absätzen etwas anderes ergibt, finden auf das Vorkaufsrecht die Vorschriften über den Vorkauf Anwendung.
(2) Die Mitteilung des Verkäufers oder des Dritten über den Inhalt des Kaufvertrags ist mit einer Unterrichtung des Mieters über sein Vorkaufsrecht zu verbinden.
(3) Die Ausübung des Vorkaufsrechts erfolgt durch schriftliche Erklärung des Mieters gegenüber dem Verkäufer.
(4) Stirbt der Mieter, so geht das Vorkaufsrecht auf diejenigen über, die in das Mietverhältnis nach § 563 Abs. 1 oder 2 eintreten.
(5) Eine zum Nachteil des Mieters abweichende Vereinbarung ist unwirksam.

§ 577a Kündigungsbeschränkung bei Wohnungsumwandlung

(1) Ist an vermieteten Wohnräumen nach der Überlassung an den Mieter Wohnungseigentum begründet und das Wohnungseigentum veräußert worden, so kann sich ein Erwerber auf berechtigte Interessen im Sinne des § 573 Abs. 2 Nr. 2 oder 3 erst nach Ablauf von drei Jahren seit der Veräußerung berufen.
(1a) Die Kündigungsbeschränkung nach Absatz 1 gilt entsprechend, wenn vermieteter Wohnraum nach der Überlassung an den Mieter
1. an eine Personengesellschaft oder an mehrere Erwerber veräußert worden ist oder
2. zu Gunsten einer Personengesellschaft oder mehrerer Erwerber mit einem Recht belastet worden ist, durch dessen Ausübung dem Mieter der vertragsgemäße Gebrauch entzogen wird.

Satz 1 ist nicht anzuwenden, wenn die Gesellschafter oder Erwerber derselben Familie oder demselben Haushalt angehören oder vor Überlassung des Wohnraums an den Mieter Wohnungseigentum begründet worden ist.
(2) Die Frist nach Absatz 1 oder nach Absatz 1a beträgt bis zu zehn Jahre, wenn die ausreichende Versorgung der Bevölkerung mit Mietwohnungen zu angemessenen Bedingungen in einer Gemeinde oder einem Teil einer Gemeinde besonders gefährdet ist und diese Gebiete nach Satz 2 bestimmt sind. Die Landesregierungen werden ermächtigt, diese Gebiete und die Frist nach Satz 1 durch Rechtsverordnung für die Dauer von jeweils höchstens zehn Jahren zu bestimmen.

(2a) Wird nach einer Veräußerung oder Belastung im Sinne des Absatzes 1a Wohnungseigentum begründet, so beginnt die Frist, innerhalb der eine Kündigung nach § 573 Absatz 2 Nummer 2 oder 3 ausgeschlossen ist, bereits mit der Veräußerung oder Belastung nach Absatz 1a.
(3) Eine zum Nachteil des Mieters abweichende Vereinbarung ist unwirksam.

Untertitel 3
Mietverhältnisse über andere Sachen und digitale Produkte

§ 578 Mietverhältnisse über Grundstücke und Räume
(1) Auf Mietverhältnisse über Grundstücke sind die Vorschriften der §§ 550, 554, 562 bis 562d, 566 bis 567b sowie 570 entsprechend anzuwenden.
(2) Auf Mietverhältnisse über Räume, die keine Wohnräume sind, sind die in Absatz 1 genannten Vorschriften sowie § 552 Abs. 1, § 555a Absatz 1 bis 3, §§ 555b, 555c Absatz 1 bis 4, § 555d Absatz 1 bis 6, § 555e Absatz 1 und 2, § 555f und § 569 Abs. 2 entsprechend anzuwenden. § 556c Absatz 1 und 2 sowie die auf Grund des § 556c Absatz 3 erlassene Rechtsverordnung sind entsprechend anzuwenden, abweichende Vereinbarungen sind zulässig. Sind die Räume zum Aufenthalt von Menschen bestimmt, so gilt außerdem § 569 Abs. 1 entsprechend.
(3) Auf Verträge über die Anmietung von Räumen durch eine juristische Person des öffentlichen Rechts oder einen anerkannten privaten Träger der Wohlfahrtspflege, die geschlossen werden, um die Räume Personen mit dringendem Wohnungsbedarf zum Wohnen zu überlassen, sind die in den Absätzen 1 und 2 genannten Vorschriften sowie die §§ 557, 557a Absatz 1 bis 3 und 5, § 557b Absatz 1 bis 3 und 5, die §§ 558 bis 559d, 561, 568 Absatz 1, § 569 Absatz 3 bis 5, die §§ 573 bis 573d, 575, 575a Absatz 1, 3 und 4, die §§ 577 und 577a entsprechend anzuwenden. Solche Verträge können zusätzlich zu den in § 575 Absatz 1 Satz 1 genannten Gründen auch dann auf bestimmte Zeit geschlossen werden, wenn der Vermieter die Räume nach Ablauf der Mietzeit für ihm obliegende oder ihm übertragene öffentliche Aufgaben nutzen will.

§ 578a Mietverhältnisse über eingetragene Schiffe
(1) Die Vorschriften der §§ 566, 566a, 566e bis 567b gelten im Falle der Veräußerung oder Belastung eines im Schiffsregister eingetragenen Schiffs entsprechend.
(2) Eine Verfügung, die der Vermieter vor dem Übergang des Eigentums über die Miete getroffen hat, die auf die Zeit der Berechtigung des Erwerbers entfällt, ist dem Erwerber gegenüber wirksam. Das Gleiche gilt für ein Rechtsgeschäft, das zwischen dem Mieter und dem Vermieter über die Mietforderung vorgenommen wird, insbesondere die Entrichtung der Miete; ein Rechtsgeschäft, das nach dem Übergang des Eigentums vorgenommen wird, ist jedoch unwirksam, wenn der Mieter bei der Vornahme des Rechtsgeschäfts von dem Übergang des Eigentums Kenntnis hat. § 566d gilt entsprechend.

§ 578b Verträge über die Miete digitaler Produkte
(1) Auf einen Verbrauchervertrag, bei dem der Unternehmer sich verpflichtet, dem Verbraucher digitale Produkte zu vermieten, sind die folgenden Vorschriften nicht anzuwenden:
1. § 535 Absatz 1 Satz 2 und die §§ 536 bis 536d über die Rechte bei Mängeln und
2. § 543 Absatz 2 Satz 1 Nummer 1 und Absatz 4 über die Rechte bei unterbliebener Bereitstellung.
An die Stelle der nach Satz 1 nicht anzuwendenden Vorschriften treten die Vorschriften des Abschnitts 3 Titel 2a. Der Anwendungsausschluss nach Satz 1 Nummer 2 gilt nicht, wenn der Vertrag die Bereitstellung eines körperlichen Datenträgers zum Gegenstand hat, der ausschließlich als Träger digitaler Inhalte dient.
(2) Wenn der Verbraucher einen Verbrauchervertrag nach Absatz 1 wegen unterbliebener Bereitstellung (§ 327c), Mangelhaftigkeit (§ 327m) oder Änderung (§ 327r Absatz 3 und 4) des digitalen Produkts beendet, sind die §§ 546 bis 548 nicht anzuwenden. An die Stelle der nach Satz 1 nicht anzuwendenden Vorschriften treten die Vorschriften des Abschnitts 3 Titel 2a.
(3) Für einen Verbrauchervertrag, bei dem der Unternehmer sich verpflichtet, dem Verbraucher eine Sache zu vermieten, die ein digitales Produkt enthält oder mit ihm verbunden ist, gelten die Anwendungsausschlüsse nach den Absätzen 1 und 2 entsprechend für diejenigen Bestandteile des Vertrags, die das digitale Produkt betreffen.
(4) Auf einen Vertrag zwischen Unternehmern, der der Bereitstellung digitaler Produkte gemäß eines Verbrauchervertrags nach Absatz 1 oder Absatz 3 dient, ist § 536a Absatz 2 über den Anspruch des Unternehmers gegen den Vertriebspartner auf Ersatz von denjenigen Aufwendungen nicht anzuwenden, die er im Verhältnis zum Verbraucher nach § 327l zu tragen hatte. An die Stelle des nach Satz 1 nicht anzuwendenden § 536a Absatz 2 treten die Vorschriften des Abschnitts 3 Titel 2a Untertitel 2.

§ 579 Fälligkeit der Miete
(1) Die Miete für ein Grundstück und für bewegliche Sachen ist am Ende der Mietzeit zu entrichten. Ist die Miete nach Zeitabschnitten bemessen, so ist sie nach Ablauf der einzelnen Zeitabschnitte zu entrichten. Die Miete für ein

Grundstück ist, sofern sie nicht nach kürzeren Zeitabschnitten bemessen ist, jeweils nach Ablauf eines Kalendervierteljahrs am ersten Werktag des folgenden Monats zu entrichten.
(2) Für Mietverhältnisse über Räume gilt § 556b Abs. 1 entsprechend.

§ 580 Außerordentliche Kündigung bei Tod des Mieters
Stirbt der Mieter, so ist sowohl der Erbe als auch der Vermieter berechtigt, das Mietverhältnis innerhalb eines Monats, nachdem sie vom Tod des Mieters Kenntnis erlangt haben, außerordentlich mit der gesetzlichen Frist zu kündigen.

§ 580a Kündigungsfristen
(1) Bei einem Mietverhältnis über Grundstücke, über Räume, die keine Geschäftsräume sind, ist die ordentliche Kündigung zulässig,
1. wenn die Miete nach Tagen bemessen ist, an jedem Tag zum Ablauf des folgenden Tages;
2. wenn die Miete nach Wochen bemessen ist, spätestens am ersten Werktag einer Woche zum Ablauf des folgenden Sonnabends;
3. wenn die Miete nach Monaten oder längeren Zeitabschnitten bemessen ist, spätestens am dritten Werktag eines Kalendermonats zum Ablauf des übernächsten Monats, bei einem Mietverhältnis über gewerblich genutzte unbebaute Grundstücke jedoch nur zum Ablauf eines Kalendervierteljahrs.

(2) Bei einem Mietverhältnis über Geschäftsräume ist die ordentliche Kündigung spätestens am dritten Werktag eines Kalendervierteljahres zum Ablauf des nächsten Kalendervierteljahrs zulässig.
(3) Bei einem Mietverhältnis über bewegliche Sachen oder digitale Produkte ist die ordentliche Kündigung zulässig,
1. wenn die Miete nach Tagen bemessen ist, an jedem Tag zum Ablauf des folgenden Tages;
2. wenn die Miete nach längeren Zeitabschnitten bemessen ist, spätestens am dritten Tag vor dem Tag, mit dessen Ablauf das Mietverhältnis enden soll.

Die Vorschriften über die Beendigung von Verbraucherverträgen über digitale Produkte bleiben unberührt.
(4) Absatz 1 Nr. 3, Absatz 2 und 3 Nr. 2 sind auch anzuwenden, wenn ein Mietverhältnis außerordentlich mit der gesetzlichen Frist gekündigt werden kann.

Untertitel 4
Pachtvertrag

§ 581 Vertragstypische Pflichten beim Pachtvertrag
(1) Durch den Pachtvertrag wird der Verpächter verpflichtet, dem Pächter den Gebrauch des verpachteten Gegenstandes und den Genuss der Früchte, soweit sie nach den Regeln einer ordnungsmäßigen Wirtschaft als Ertrag anzusehen sind, während der Pachtzeit zu gewähren. Der Pächter ist verpflichtet, dem Verpächter die vereinbarte Pacht zu entrichten.
(2) Auf den Pachtvertrag mit Ausnahme des Landpachtvertrags sind, soweit sich nicht aus den §§ 582 bis 584b etwas anderes ergibt, die Vorschriften über den Mietvertrag entsprechend anzuwenden.

Titel 6
Leihe

§ 598 Vertragstypische Pflichten bei der Leihe
Durch den Leihvertrag wird der Verleiher einer Sache verpflichtet, dem Entleiher den Gebrauch der Sache unentgeltlich zu gestatten.

Titel 8
Dienstvertrag und ähnliche Verträge

Untertitel 1
Dienstvertrag

§ 611 Vertragstypische Pflichten beim Dienstvertrag
(1) Durch den Dienstvertrag wird derjenige, welcher Dienste zusagt, zur Leistung der versprochenen Dienste, der andere Teil zur Gewährung der vereinbarten Vergütung verpflichtet.
(2) Gegenstand des Dienstvertrags können Dienste jeder Art sein.

§ 611a Arbeitsvertrag
(1) Durch den Arbeitsvertrag wird der Arbeitnehmer im Dienste eines anderen zur Leistung weisungsgebundener, fremdbestimmter Arbeit in persönlicher Abhängigkeit verpflichtet. Das Weisungsrecht kann Inhalt, Durchführung, Zeit und Ort der Tätigkeit betreffen. Weisungsgebunden ist, wer nicht im Wesentlichen frei seine Tätigkeit gestalten

70 BGB §§ 612-615

und seine Arbeitszeit bestimmen kann. Der Grad der persönlichen Abhängigkeit hängt dabei auch von der Eigenart der jeweiligen Tätigkeit ab. Für die Feststellung, ob ein Arbeitsvertrag vorliegt, ist eine Gesamtbetrachtung aller Umstände vorzunehmen. Zeigt die tatsächliche Durchführung des Vertragsverhältnisses, dass es sich um ein Arbeitsverhältnis handelt, kommt es auf die Bezeichnung im Vertrag nicht an.
(2) Der Arbeitgeber ist zur Zahlung der vereinbarten Vergütung verpflichtet.

§612 Vergütung
(1) Eine Vergütung gilt als stillschweigend vereinbart, wenn die Dienstleistung den Umständen nach nur gegen eine Vergütung zu erwarten ist.
(2) Ist die Höhe der Vergütung nicht bestimmt, so ist bei dem Bestehen einer Taxe die taxmäßige Vergütung, in Ermangelung einer Taxe die übliche Vergütung als vereinbart anzusehen.

§612a Maßregelungsverbot
Der Arbeitgeber darf einen Arbeitnehmer bei einer Vereinbarung oder einer Maßnahme nicht benachteiligen, weil der Arbeitnehmer in zulässiger Weise seine Rechte ausübt.

§613 Unübertragbarkeit
Der zur Dienstleistung Verpflichtete hat die Dienste im Zweifel in Person zu leisten. Der Anspruch auf die Dienste ist im Zweifel nicht übertragbar.

§613a Rechte und Pflichten bei Betriebsübergang
(1) Geht ein Betrieb oder ein Betriebsteil durch Rechtsgeschäft auf einen anderen Inhaber über, so tritt dieser in die Rechte und Pflichten aus den im Zeitpunkt des Übergangs bestehenden Arbeitsverhältnissen ein. Sind diese Rechte und Pflichten durch Rechtsnormen eines Tarifvertrags oder durch eine Betriebsvereinbarung geregelt, so werden sie Inhalt des Arbeitsverhältnisses zwischen dem neuen Inhaber und dem Arbeitnehmer und dürfen nicht vor Ablauf eines Jahres nach dem Zeitpunkt des Übergangs zum Nachteil des Arbeitnehmers geändert werden. Satz 2 gilt nicht, wenn die Rechte und Pflichten bei dem neuen Inhaber durch Rechtsnormen eines anderen Tarifvertrags oder durch eine andere Betriebsvereinbarung geregelt werden. Vor Ablauf der Frist nach Satz 2 können die Rechte und Pflichten geändert werden, wenn der Tarifvertrag oder die Betriebsvereinbarung nicht mehr gilt oder bei fehlender beiderseitiger Tarifgebundenheit im Geltungsbereich eines anderen Tarifvertrags dessen Anwendung zwischen dem neuen Inhaber und dem Arbeitnehmer vereinbart wird.
(2) Der bisherige Arbeitgeber haftet neben dem neuen Inhaber für Verpflichtungen nach Absatz 1, soweit sie vor dem Zeitpunkt des Übergangs entstanden sind und vor Ablauf von einem Jahr nach diesem Zeitpunkt fällig werden, als Gesamtschuldner. Werden solche Verpflichtungen nach dem Zeitpunkt des Übergangs fällig, so haftet der bisherige Arbeitgeber für sie jedoch nur in dem Umfang, der dem im Zeitpunkt des Übergangs abgelaufenen Teil ihres Bemessungszeitraums entspricht.
(3) Absatz 2 gilt nicht, wenn eine juristische Person oder eine Personenhandelsgesellschaft durch Umwandlung erlischt.
(4) Die Kündigung des Arbeitsverhältnisses eines Arbeitnehmers durch den bisherigen Arbeitgeber oder durch den neuen Inhaber wegen des Übergangs eines Betriebs oder eines Betriebsteils ist unwirksam. Das Recht zur Kündigung des Arbeitsverhältnisses aus anderen Gründen bleibt unberührt.
(5) Der bisherige Arbeitgeber oder der neue Inhaber hat die von einem Übergang betroffenen Arbeitnehmer vor dem Übergang in Textform zu unterrichten über:
1. den Zeitpunkt oder den geplanten Zeitpunkt des Übergangs,
2. den Grund für den Übergang,
3. die rechtlichen, wirtschaftlichen und sozialen Folgen des Übergangs für die Arbeitnehmer und
4. die hinsichtlich der Arbeitnehmer in Aussicht genommenen Maßnahmen.
(6) Der Arbeitnehmer kann dem Übergang des Arbeitsverhältnisses innerhalb eines Monats nach Zugang der Unterrichtung nach Absatz 5 schriftlich widersprechen. Der Widerspruch kann gegenüber dem bisherigen Arbeitgeber oder dem neuen Inhaber erklärt werden.

§614 Fälligkeit der Vergütung
Die Vergütung ist nach der Leistung der Dienste zu entrichten. Ist die Vergütung nach Zeitabschnitten bemessen, so ist sie nach dem Ablaufe der einzelnen Zeitabschnitte zu entrichten.

§615 Vergütung bei Annahmeverzug und bei Betriebsrisiko
Kommt der Dienstberechtigte mit der Annahme der Dienste in Verzug, so kann der Verpflichtete für die infolge des Verzugs nicht geleisteten Dienste die vereinbarte Vergütung verlangen, ohne zur Nachleistung verpflichtet zu sein. Er muss sich jedoch den Wert desjenigen anrechnen lassen, was er infolge des Unterbleibens der Dienstleistung

erspart oder durch anderweitige Verwendung seiner Dienste erwirbt oder zu erwerben böswillig unterlässt. Die Sätze 1 und 2 gelten entsprechend in den Fällen, in denen der Arbeitgeber das Risiko des Arbeitsausfalls trägt.

§ 616 Vorübergehende Verhinderung

Der zur Dienstleistung Verpflichtete wird des Anspruchs auf die Vergütung nicht dadurch verlustig, dass er für eine verhältnismäßig nicht erhebliche Zeit durch einen in seiner Person liegenden Grund ohne sein Verschulden an der Dienstleistung verhindert wird. Er muss sich jedoch den Betrag anrechnen lassen, welcher ihm für die Zeit der Verhinderung aus einer auf Grund gesetzlicher Verpflichtung bestehenden Kranken- oder Unfallversicherung zukommt.

§ 617 Pflicht zur Krankenfürsorge

(1) Ist bei einem dauernden Dienstverhältnis, welches die Erwerbstätigkeit des Verpflichteten vollständig oder hauptsächlich in Anspruch nimmt, der Verpflichtete in die häusliche Gemeinschaft aufgenommen, so hat der Dienstberechtigte ihm im Falle der Erkrankung die erforderliche Verpflegung und ärztliche Behandlung bis zur Dauer von sechs Wochen, jedoch nicht über die Beendigung des Dienstverhältnisses hinaus, zu gewähren, sofern nicht die Erkrankung von dem Verpflichteten vorsätzlich oder durch grobe Fahrlässigkeit herbeigeführt worden ist. Die Verpflegung und ärztliche Behandlung kann durch Aufnahme des Verpflichteten in eine Krankenanstalt gewährt werden. Die Kosten können auf die für die Zeit der Erkrankung geschuldete Vergütung angerechnet werden. Wird das Dienstverhältnis wegen der Erkrankung von dem Dienstberechtigten nach § 626 gekündigt, so bleibt die dadurch herbeigeführte Beendigung des Dienstverhältnisses außer Betracht.
(2) Die Verpflichtung des Dienstberechtigten tritt nicht ein, wenn für die Verpflegung und ärztliche Behandlung durch eine Versicherung oder durch eine Einrichtung der öffentlichen Krankenpflege Vorsorge getroffen ist.

§ 618 Pflicht zu Schutzmaßnahmen

(1) Der Dienstberechtigte hat Räume, Vorrichtungen oder Gerätschaften, die er zur Verrichtung der Dienste zu beschaffen hat, so einzurichten und zu unterhalten und Dienstleistungen, die unter seiner Anordnung oder seiner Leitung vorzunehmen sind, so zu regeln, dass der Verpflichtete gegen Gefahr für Leben und Gesundheit soweit geschützt ist, als die Natur der Dienstleistung es gestattet.
(2) Ist der Verpflichtete in die häusliche Gemeinschaft aufgenommen, so hat der Dienstberechtigte in Ansehung des Wohn- und Schlafraums, der Verpflegung sowie der Arbeits- und Erholungszeit diejenigen Einrichtungen und Anordnungen zu treffen, welche mit Rücksicht auf die Gesundheit, die Sittlichkeit und die Religion des Verpflichteten erforderlich sind.
(3) Erfüllt der Dienstberechtigte die ihm in Ansehung des Lebens und der Gesundheit des Verpflichteten obliegenden Verpflichtungen nicht, so finden auf seine Verpflichtung zum Schadensersatz die für unerlaubte Handlungen geltenden Vorschriften der §§ 842 bis 846 entsprechende Anwendung.

§ 619 Unabdingbarkeit der Fürsorgepflichten

Die dem Dienstberechtigten nach den §§ 617, 618 obliegenden Verpflichtungen können nicht im Voraus durch Vertrag aufgehoben oder beschränkt werden.

§ 619a Beweislast bei Haftung des Arbeitnehmers

Abweichend von § 280 Abs. 1 hat der Arbeitnehmer dem Arbeitgeber Ersatz für den aus der Verletzung einer Pflicht aus dem Arbeitsverhältnis entstehenden Schaden nur zu leisten, wenn er die Pflichtverletzung zu vertreten hat.

§ 620 Beendigung des Dienstverhältnisses

(1) Das Dienstverhältnis endigt mit dem Ablauf der Zeit, für die es eingegangen ist.
(2) Ist die Dauer des Dienstverhältnisses weder bestimmt noch aus der Beschaffenheit oder dem Zwecke der Dienste zu entnehmen, so kann jeder Teil das Dienstverhältnis nach Maßgabe der §§ 621 bis 623 kündigen.
(3) Für Arbeitsverträge, die auf bestimmte Zeit abgeschlossen werden, gilt das Teilzeit- und Befristungsgesetz.
(4) Ein Verbrauchervertrag über eine digitale Dienstleistung kann auch nach Maßgabe der §§ 327c, 327m und 327r Absatz 3 und 4 beendet werden.

§ 621 Kündigungsfristen bei Dienstverhältnissen

Bei einem Dienstverhältnis, das kein Arbeitsverhältnis im Sinne des § 622 ist, ist die Kündigung zulässig,
1. wenn die Vergütung nach Tagen bemessen ist, an jedem Tag für den Ablauf des folgenden Tages;
2. wenn die Vergütung nach Wochen bemessen ist, spätestens am ersten Werktag einer Woche für den Ablauf des folgenden Sonnabends;
3. wenn die Vergütung nach Monaten bemessen ist, spätestens am 15. eines Monats für den Schluss des Kalendermonats;
4. wenn die Vergütung nach Vierteljahren oder längeren Zeitabschnitten bemessen ist, unter Einhaltung einer Kündigungsfrist von sechs Wochen für den Schluss eines Kalendervierteljahrs;

5. wenn die Vergütung nicht nach Zeitabschnitten bemessen ist, jederzeit; bei einem die Erwerbstätigkeit des Verpflichteten vollständig oder hauptsächlich in Anspruch nehmenden Dienstverhältnis ist jedoch eine Kündigungsfrist von zwei Wochen einzuhalten.

§ 622 Kündigungsfristen bei Arbeitsverhältnissen

(1) Das Arbeitsverhältnis eines Arbeiters oder eines Angestellten (Arbeitnehmer) kann mit einer Frist von vier Wochen zum Fünfzehnten oder zum Ende eines Kalendermonats gekündigt werden.
(2) Für eine Kündigung durch den Arbeitgeber beträgt die Kündigungsfrist, wenn das Arbeitsverhältnis in dem Betrieb oder Unternehmen
1. zwei Jahre bestanden hat, einen Monat zum Ende eines Kalendermonats,
2. fünf Jahre bestanden hat, zwei Monate zum Ende eines Kalendermonats,
3. acht Jahre bestanden hat, drei Monate zum Ende eines Kalendermonats,
4. zehn Jahre bestanden hat, vier Monate zum Ende eines Kalendermonats,
5. zwölf Jahre bestanden hat, fünf Monate zum Ende eines Kalendermonats,
6. 15 Jahre bestanden hat, sechs Monate zum Ende eines Kalendermonats,
7. 20 Jahre bestanden hat, sieben Monate zum Ende eines Kalendermonats.
(3) Während einer vereinbarten Probezeit, längstens für die Dauer von sechs Monaten, kann das Arbeitsverhältnis mit einer Frist von zwei Wochen gekündigt werden.
(4) Von den Absätzen 1 bis 3 abweichende Regelungen können durch Tarifvertrag vereinbart werden. Im Geltungsbereich eines solchen Tarifvertrags gelten die abweichenden tarifvertraglichen Bestimmungen zwischen nicht tarifgebundenen Arbeitgebern und Arbeitnehmern, wenn ihre Anwendung zwischen ihnen vereinbart ist.
(5) Einzelvertraglich kann eine kürzere als die in Absatz 1 genannte Kündigungsfrist nur vereinbart werden,
1. wenn ein Arbeitnehmer zur vorübergehenden Aushilfe eingestellt ist; dies gilt nicht, wenn das Arbeitsverhältnis über die Zeit von drei Monaten hinaus fortgesetzt wird;
2. wenn der Arbeitgeber in der Regel nicht mehr als 20 Arbeitnehmer ausschließlich der zu ihrer Berufsbildung Beschäftigten beschäftigt und die Kündigungsfrist vier Wochen nicht unterschreitet. Bei der Feststellung der Zahl der beschäftigten Arbeitnehmer sind teilzeitbeschäftigte Arbeitnehmer mit einer regelmäßigen wöchentlichen Arbeitszeit von nicht mehr als 20 Stunden mit 0,5 und nicht mehr als 30 Stunden mit 0,75 zu berücksichtigen.

Die einzelvertragliche Vereinbarung längerer als der in den Absätzen 1 bis 3 genannten Kündigungsfristen bleibt hiervon unberührt.
(6) Für die Kündigung des Arbeitsverhältnisses durch den Arbeitnehmer darf keine längere Frist vereinbart werden als für die Kündigung durch den Arbeitgeber.

§ 623 Schriftform der Kündigung

Die Beendigung von Arbeitsverhältnissen durch Kündigung oder Auflösungsvertrag bedürfen zu ihrer Wirksamkeit der Schriftform; die elektronische Form ist ausgeschlossen.

§ 624 Kündigungsfrist bei Verträgen über mehr als fünf Jahre

Ist das Dienstverhältnis für die Lebenszeit einer Person oder für längere Zeit als fünf Jahre eingegangen, so kann es von dem Verpflichteten nach dem Ablauf von fünf Jahren gekündigt werden. Die Kündigungsfrist beträgt sechs Monate.

§ 625 Stillschweigende Verlängerung

Wird das Dienstverhältnis nach dem Ablauf der Dienstzeit von dem Verpflichteten mit Wissen des anderen Teiles fortgesetzt, so gilt es als auf unbestimmte Zeit verlängert, sofern nicht der andere Teil unverzüglich widerspricht.

§ 626 Fristlose Kündigung aus wichtigem Grund

(1) Das Dienstverhältnis kann von jedem Vertragsteil aus wichtigem Grund ohne Einhaltung einer Kündigungsfrist gekündigt werden, wenn Tatsachen vorliegen, auf Grund derer dem Kündigenden unter Berücksichtigung aller Umstände des Einzelfalles und unter Abwägung der Interessen beider Vertragsteile die Fortsetzung des Dienstverhältnisses bis zum Ablauf der Kündigungsfrist oder bis zu der vereinbarten Beendigung des Dienstverhältnisses nicht zugemutet werden kann.
(2) Die Kündigung kann nur innerhalb von zwei Wochen erfolgen. Die Frist beginnt mit dem Zeitpunkt, in dem der Kündigungsberechtigte von den für die Kündigung maßgebenden Tatsachen Kenntnis erlangt. Der Kündigende muss dem anderen Teil auf Verlangen den Kündigungsgrund unverzüglich schriftlich mitteilen.

§ 627 Fristlose Kündigung bei Vertrauensstellung

(1) Bei einem Dienstverhältnis, das kein Arbeitsverhältnis im Sinne des § 622 ist, ist die Kündigung auch ohne die im § 626 bezeichnete Voraussetzung zulässig, wenn der zur Dienstleistung Verpflichtete, ohne in einem dauernden

Dienstverhältnis mit festen Bezügen zu stehen, Dienste höherer Art zu leisten hat, die auf Grund besonderen Vertrauens übertragen zu werden pflegen.

(2) Der Verpflichtete darf nur in der Art kündigen, dass sich der Dienstberechtigte die Dienste anderweit beschaffen kann, es sei denn, dass ein wichtiger Grund für die unzeitige Kündigung vorliegt. Kündigt er ohne solchen Grund zur Unzeit, so hat er dem Dienstberechtigten den daraus entstehenden Schaden zu ersetzen.

§ 628 Teilvergütung und Schadensersatz bei fristloser Kündigung

(1) Wird nach dem Beginn der Dienstleistung das Dienstverhältnis auf Grund des § 626 oder des § 627 gekündigt, so kann der Verpflichtete einen seinen bisherigen Leistungen entsprechenden Teil der Vergütung verlangen. Kündigt er, ohne durch vertragswidriges Verhalten des anderen Teiles dazu veranlasst zu sein, oder veranlasst er durch sein vertragswidriges Verhalten die Kündigung des anderen Teils, so steht ihm ein Anspruch auf die Vergütung insoweit nicht zu, als seine bisherigen Leistungen infolge der Kündigung für den anderen Teil kein Interesse haben. Ist die Vergütung für eine spätere Zeit im Voraus entrichtet, so hat der Verpflichtete sie nach Maßgabe des § 346 oder, wenn die Kündigung wegen eines Umstands erfolgt, den er nicht zu vertreten hat, nach den Vorschriften über die Herausgabe einer ungerechtfertigten Bereicherung zurückzuerstatten.

(2) Wird die Kündigung durch vertragswidriges Verhalten des anderen Teiles veranlasst, so ist dieser zum Ersatz des durch die Aufhebung des Dienstverhältnisses entstehenden Schadens verpflichtet.

§ 629 Freizeit zur Stellungssuche

Nach der Kündigung eines dauernden Dienstverhältnisses hat der Dienstberechtigte dem Verpflichteten auf Verlangen angemessene Zeit zum Aufsuchen eines anderen Dienstverhältnisses zu gewähren.

§ 630 Pflicht zur Zeugniserteilung

Bei der Beendigung eines dauernden Dienstverhältnisses kann der Verpflichtete von dem anderen Teil ein schriftliches Zeugnis über das Dienstverhältnis und dessen Dauer fordern. Das Zeugnis ist auf Verlangen auf die Leistungen und die Führung im Dienst zu erstrecken. Die Erteilung des Zeugnisses in elektronischer Form ist ausgeschlossen. Wenn der Verpflichtete ein Arbeitnehmer ist, findet § 109 der Gewerbeordnung Anwendung.

Untertitel 2
Behandlungsvertrag

§ 630a Vertragstypische Pflichten beim Behandlungsvertrag

(1) Durch den Behandlungsvertrag wird derjenige, welcher die medizinische Behandlung eines Patienten zusagt (Behandelnder), zur Leistung der versprochenen Behandlung, der andere Teil (Patient) zur Gewährung der vereinbarten Vergütung verpflichtet, soweit nicht ein Dritter zur Zahlung verpflichtet ist.

(2) Die Behandlung hat nach den zum Zeitpunkt der Behandlung bestehenden, allgemein anerkannten fachlichen Standards zu erfolgen, soweit nicht etwas anderes vereinbart ist.

§ 630b Anwendbare Vorschriften

Auf das Behandlungsverhältnis sind die Vorschriften über das Dienstverhältnis, das kein Arbeitsverhältnis im Sinne des § 622 ist, anzuwenden, soweit nicht in diesem Untertitel etwas anderes bestimmt ist.

§ 630c Mitwirkung der Vertragsparteien; Informationspflichten

(1) Behandelnder und Patient sollen zur Durchführung der Behandlung zusammenwirken.

(2) Der Behandelnde ist verpflichtet, dem Patienten in verständlicher Weise zu Beginn der Behandlung und, soweit erforderlich, in deren Verlauf sämtliche für die Behandlung wesentlichen Umstände zu erläutern, insbesondere die Diagnose, die voraussichtliche gesundheitliche Entwicklung, die Therapie und die zu und nach der Therapie zu ergreifenden Maßnahmen. Sind für den Behandelnden Umstände erkennbar, die die Annahme eines Behandlungsfehlers begründen, hat er den Patienten über diese auf Nachfrage oder zur Abwendung gesundheitlicher Gefahren zu informieren. Ist dem Behandelnden oder einem seiner in § 52 Absatz 2 der Strafprozessordnung bezeichneten Angehörigen ein Behandlungsfehler unterlaufen, darf die Information nach Satz 2 zu Beweiszwecken in einem gegen den Behandelnden oder gegen seinen Angehörigen geführten Straf- oder Bußgeldverfahren nur mit Zustimmung des Behandelnden verwendet werden.

(3) Weiß der Behandelnde, dass eine vollständige Übernahme der Behandlungskosten durch einen Dritten nicht gesichert ist oder ergeben sich nach den Umständen hierfür hinreichende Anhaltspunkte, muss er den Patienten vor Beginn der Behandlung über die voraussichtlichen Kosten der Behandlung in Textform informieren. Weitergehende Formanforderungen aus anderen Vorschriften bleiben unberührt.

(4) Der Information des Patienten bedarf es nicht, soweit diese ausnahmsweise aufgrund besonderer Umstände entbehrlich ist, insbesondere wenn die Behandlung unaufschiebbar ist oder der Patient auf die Information ausdrücklich verzichtet hat.

§ 630d Einwilligung

(1) Vor Durchführung einer medizinischen Maßnahme, insbesondere eines Eingriffs in den Körper oder die Gesundheit, ist der Behandelnde verpflichtet, die Einwilligung des Patienten einzuholen. Ist der Patient einwilligungsunfähig, ist die Einwilligung eines hierzu Berechtigten einzuholen, soweit nicht eine Patientenverfügung nach § 1901a Absatz 1 Satz 1 die Maßnahme gestattet oder untersagt. Weitergehende Anforderungen an die Einwilligung aus anderen Vorschriften bleiben unberührt. Kann eine Einwilligung für eine unaufschiebbare Maßnahme nicht rechtzeitig eingeholt werden, darf sie ohne Einwilligung durchgeführt werden, wenn sie dem mutmaßlichen Willen des Patienten entspricht.

(2) Die Wirksamkeit der Einwilligung setzt voraus, dass der Patient oder im Fall des Absatzes 1 Satz 2 der zur Einwilligung Berechtigte vor der Einwilligung nach Maßgabe von § 630e Absatz 1 bis 4 aufgeklärt worden ist.

(3) Die Einwilligung kann jederzeit und ohne Angabe von Gründen formlos widerrufen werden.

§ 630e Aufklärungspflichten

(1) Der Behandelnde ist verpflichtet, den Patienten über sämtliche für die Einwilligung wesentlichen Umstände aufzuklären. Dazu gehören insbesondere Art, Umfang, Durchführung, zu erwartende Folgen und Risiken der Maßnahme sowie ihre Notwendigkeit, Dringlichkeit, Eignung und Erfolgsaussichten im Hinblick auf die Diagnose oder die Therapie. Bei der Aufklärung ist auch auf Alternativen zur Maßnahme hinzuweisen, wenn mehrere medizinisch gleichermaßen indizierte und übliche Methoden zu wesentlich unterschiedlichen Belastungen, Risiken oder Heilungschancen führen können.

(2) Die Aufklärung muss
1. mündlich durch den Behandelnden oder durch eine Person erfolgen, die über die zur Durchführung der Maßnahme notwendige Ausbildung verfügt; ergänzend kann auch auf Unterlagen Bezug genommen werden, die der Patient in Textform erhält,
2. so rechtzeitig erfolgen, dass der Patient seine Entscheidung über die Einwilligung wohlüberlegt treffen kann,
3. für den Patienten verständlich sein.

Dem Patienten sind Abschriften von Unterlagen, die er im Zusammenhang mit der Aufklärung oder Einwilligung unterzeichnet hat, auszuhändigen.

(3) Der Aufklärung des Patienten bedarf es nicht, soweit diese ausnahmsweise aufgrund besonderer Umstände entbehrlich ist, insbesondere wenn die Maßnahme unaufschiebbar ist oder der Patient auf die Aufklärung ausdrücklich verzichtet hat.

(4) Ist nach § 630d Absatz 1 Satz 2 die Einwilligung eines hierzu Berechtigten einzuholen, ist dieser nach Maßgabe der Absätze 1 bis 3 aufzuklären.

(5) Im Fall des § 630d Absatz 1 Satz 2 sind die wesentlichen Umstände nach Absatz 1 auch dem Patienten entsprechend seinem Verständnis zu erläutern, soweit dieser aufgrund seines Entwicklungsstandes und seiner Verständnismöglichkeiten in der Lage ist, die Erläuterung aufzunehmen, und soweit dies seinem Wohl nicht zuwiderläuft. Absatz 3 gilt entsprechend.

§ 630f Dokumentation der Behandlung

(1) Der Behandelnde ist verpflichtet, zum Zweck der Dokumentation in unmittelbarem zeitlichen Zusammenhang mit der Behandlung eine Patientenakte in Papierform oder elektronisch zu führen. Berichtigungen und Änderungen von Eintragungen in der Patientenakte sind nur zulässig, wenn neben dem ursprünglichen Inhalt erkennbar bleibt, wann sie vorgenommen worden sind. Dies ist auch für elektronisch geführte Patientenakten sicherzustellen.

(2) Der Behandelnde ist verpflichtet, in der Patientenakte sämtliche aus fachlicher Sicht für die derzeitige und künftige Behandlung wesentlichen Maßnahmen und deren Ergebnisse aufzuzeichnen, insbesondere die Anamnese, Diagnosen, Untersuchungen, Untersuchungsergebnisse, Befunde, Therapien und ihre Wirkungen, Eingriffe und ihre Wirkungen, Einwilligungen und Aufklärungen. Arztbriefe sind in die Patientenakte aufzunehmen.

(3) Der Behandelnde hat die Patientenakte für die Dauer von zehn Jahren nach Abschluss der Behandlung aufzubewahren, soweit nicht nach anderen Vorschriften andere Aufbewahrungsfristen bestehen.

§ 630g Einsichtnahme in die Patientenakte

(1) Dem Patienten ist auf Verlangen unverzüglich Einsicht in die vollständige, ihn betreffende Patientenakte zu gewähren, soweit der Einsichtnahme nicht erhebliche therapeutische Gründe oder sonstige erhebliche Rechte Dritter entgegenstehen. Die Ablehnung der Einsichtnahme ist zu begründen. § 811 ist entsprechend anzuwenden.

(2) Der Patient kann auch elektronische Abschriften von der Patientenakte verlangen. Er hat dem Behandelnden die entstandenen Kosten zu erstatten.

(3) Im Fall des Todes des Patienten stehen die Rechte aus den Absätzen 1 und 2 zur Wahrnehmung der vermögensrechtlichen Interessen seinen Erben zu. Gleiches gilt für die nächsten Angehörigen des Patienten, soweit sie

immaterielle Interessen geltend machen. Die Rechte sind ausgeschlossen, soweit der Einsichtnahme der ausdrückliche oder mutmaßliche Wille des Patienten entgegensteht.

§ 630h Beweislast bei Haftung für Behandlungs- und Aufklärungsfehler

(1) Ein Fehler des Behandelnden wird vermutet, wenn sich ein allgemeines Behandlungsrisiko verwirklicht hat, das für den Behandelnden voll beherrschbar war und das zur Verletzung des Lebens, des Körpers oder der Gesundheit des Patienten geführt hat.
(2) Der Behandelnde hat zu beweisen, dass er eine Einwilligung gemäß § 630d eingeholt und entsprechend den Anforderungen des § 630e aufgeklärt hat. Genügt die Aufklärung nicht den Anforderungen des § 630e, kann der Behandelnde sich darauf berufen, dass der Patient auch im Fall einer ordnungsgemäßen Aufklärung in die Maßnahme eingewilligt hätte.
(3) Hat der Behandelnde eine medizinisch gebotene wesentliche Maßnahme und ihr Ergebnis entgegen § 630f Absatz 1 oder Absatz 2 nicht in der Patientenakte aufgezeichnet oder hat er die Patientenakte entgegen § 630f Absatz 3 nicht aufbewahrt, wird vermutet, dass er diese Maßnahme nicht getroffen hat.
(4) War ein Behandelnder für die von ihm vorgenommene Behandlung nicht befähigt, wird vermutet, dass die mangelnde Befähigung für den Eintritt der Verletzung des Lebens, des Körpers oder der Gesundheit ursächlich war.
(5) Liegt ein grober Behandlungsfehler vor und ist dieser grundsätzlich geeignet, eine Verletzung des Lebens, des Körpers oder der Gesundheit der tatsächlich eingetretenen Art herbeizuführen, wird vermutet, dass der Behandlungsfehler für diese Verletzung ursächlich war. Dies gilt auch dann, wenn es der Behandelnde unterlassen hat, einen medizinisch gebotenen Befund rechtzeitig zu erheben oder zu sichern, soweit der Befund mit hinreichender Wahrscheinlichkeit ein Ergebnis erbracht hätte, das Anlass zu weiteren Maßnahmen gegeben hätte, und wenn das Unterlassen solcher Maßnahmen grob fehlerhaft gewesen wäre.

Titel 9
Werkvertrag und ähnliche Verträge

Untertitel 1
Werkvertragsrecht

Kapitel 1
Allgemeine Vorschriften

§ 631 Vertragstypische Pflichten beim Werkvertrag

(1) Durch den Werkvertrag wird der Unternehmer zur Herstellung des versprochenen Werkes, der Besteller zur Entrichtung der vereinbarten Vergütung verpflichtet.
(2) Gegenstand des Werkvertrags kann sowohl die Herstellung oder Veränderung einer Sache als auch ein anderer durch Arbeit oder Dienstleistung herbeizuführender Erfolg sein.

§ 632 Vergütung

(1) Eine Vergütung gilt als stillschweigend vereinbart, wenn die Herstellung des Werkes den Umständen nach nur gegen eine Vergütung zu erwarten ist.
(2) Ist die Höhe der Vergütung nicht bestimmt, so ist bei dem Bestehen einer Taxe die taxmäßige Vergütung, in Ermangelung einer Taxe die übliche Vergütung als vereinbart anzusehen.
(3) Ein Kostenanschlag ist im Zweifel nicht zu vergüten.

§ 632a Abschlagszahlungen

(1) Der Unternehmer kann von dem Besteller eine Abschlagszahlung in Höhe des Wertes der von ihm erbrachten und nach dem Vertrag geschuldeten Leistungen verlangen. Sind die erbrachten Leistungen nicht vertragsgemäß, kann der Besteller die Zahlung eines angemessenen Teils des Abschlags verweigern. Die Beweislast für die vertragsgemäße Leistung verbleibt bis zur Abnahme beim Unternehmer. § 641 Abs. 3 gilt entsprechend. Die Leistungen sind durch eine Aufstellung nachzuweisen, die eine rasche und sichere Beurteilung der Leistungen ermöglichen muss. Die Sätze 1 bis 5 gelten auch für erforderliche Stoffe oder Bauteile, die angeliefert oder eigens angefertigt und bereitgestellt sind, wenn dem Besteller nach seiner Wahl Eigentum an den Stoffen oder Bauteilen übertragen oder entsprechende Sicherheit hierfür geleistet wird.
(2) Die Sicherheit nach Absatz 1 Satz 6 kann auch durch eine Garantie oder ein sonstiges Zahlungsversprechen eines im Geltungsbereich dieses Gesetzes zum Geschäftsbetrieb befugten Kreditinstituts oder Kreditversicherers geleistet werden.

§ 633 Sach- und Rechtsmangel

(1) Der Unternehmer hat dem Besteller das Werk frei von Sach- und Rechtsmängeln zu verschaffen.
(2) Das Werk ist frei von Sachmängeln, wenn es die vereinbarte Beschaffenheit hat. Soweit die Beschaffenheit nicht vereinbart ist, ist das Werk frei von Sachmängeln,

70 BGB §§ 634–638

1. wenn es sich für die nach dem Vertrag vorausgesetzte, sonst
2. für die gewöhnliche Verwendung eignet und eine Beschaffenheit aufweist, die bei Werken der gleichen Art üblich ist und die der Besteller nach der Art des Werkes erwarten kann.

Einem Sachmangel steht es gleich, wenn der Unternehmer ein anderes als das bestellte Werk oder das Werk in zu geringer Menge herstellt.

(3) Das Werk ist frei von Rechtsmängeln, wenn Dritte in Bezug auf das Werk keine oder nur die im Vertrag übernommenen Rechte gegen den Besteller geltend machen können.

§ 634 Rechte des Bestellers bei Mängeln

Ist das Werk mangelhaft, kann der Besteller, wenn die Voraussetzungen der folgenden Vorschriften vorliegen und soweit nicht ein anderes bestimmt ist,
1. nach § 635 Nacherfüllung verlangen,
2. nach § 637 den Mangel selbst beseitigen und Ersatz der erforderlichen Aufwendungen verlangen,
3. nach den §§ 636, 323 und 326 Abs. 5 von dem Vertrag zurücktreten oder nach § 638 die Vergütung mindern und
4. nach den §§ 636, 280, 281, 283 und 311a Schadensersatz oder nach § 284 Ersatz vergeblicher Aufwendungen verlangen.

§ 634a Verjährung der Mängelansprüche

(1) Die in § 634 Nr. 1, 2 und 4 bezeichneten Ansprüche verjähren
1. vorbehaltlich der Nummer 2 in zwei Jahren bei einem Werk, dessen Erfolg in der Herstellung, Wartung oder Veränderung einer Sache oder in der Erbringung von Planungs- oder Überwachungsleistungen hierfür besteht,
2. in fünf Jahren bei einem Bauwerk und einem Werk, dessen Erfolg in der Erbringung von Planungs- oder Überwachungsleistungen hierfür besteht, und
3. im Übrigen in der regelmäßigen Verjährungsfrist.

(2) Die Verjährung beginnt in den Fällen des Absatzes 1 Nr. 1 und 2 mit der Abnahme.

(3) Abweichend von Absatz 1 Nr. 1 und 2 und Absatz 2 verjähren die Ansprüche in der regelmäßigen Verjährungsfrist, wenn der Unternehmer den Mangel arglistig verschwiegen hat. Im Fall des Absatzes 1 Nr. 2 tritt die Verjährung jedoch nicht vor Ablauf der dort bestimmten Frist ein.

(4) Für das in § 634 bezeichnete Rücktrittsrecht gilt § 218. Der Besteller kann trotz einer Unwirksamkeit des Rücktritts nach § 218 Abs. 1 die Zahlung der Vergütung insoweit verweigern, als er auf Grund des Rücktritts dazu berechtigt sein würde. Macht er von diesem Recht Gebrauch, kann der Unternehmer vom Vertrag zurücktreten.

(5) Auf das in § 634 bezeichnete Minderungsrecht finden § 218 und Absatz 4 Satz 2 entsprechende Anwendung.

§ 635 Nacherfüllung

(1) Verlangt der Besteller Nacherfüllung, so kann der Unternehmer nach seiner Wahl den Mangel beseitigen oder ein neues Werk herstellen.

(2) Der Unternehmer hat die zum Zwecke der Nacherfüllung erforderlichen Aufwendungen, insbesondere Transport-, Wege-, Arbeits- und Materialkosten zu tragen.

(3) Der Unternehmer kann die Nacherfüllung unbeschadet des § 275 Abs. 2 und 3 verweigern, wenn sie nur mit unverhältnismäßigen Kosten möglich ist.

(4) Stellt der Unternehmer ein neues Werk her, so kann er vom Besteller Rückgewähr des mangelhaften Werkes nach Maßgabe der §§ 346 bis 348 verlangen.

§ 636 Besondere Bestimmungen für Rücktritt und Schadensersatz

Außer in den Fällen der §§ 281 Abs. 2 und 323 Abs. 2 bedarf es der Fristsetzung auch dann nicht, wenn der Unternehmer die Nacherfüllung gemäß § 635 Abs. 3 verweigert oder wenn die Nacherfüllung fehlgeschlagen oder dem Besteller unzumutbar ist.

§ 637 Selbstvornahme

(1) Der Besteller kann wegen eines Mangels des Werkes nach erfolglosem Ablauf einer von ihm zur Nacherfüllung bestimmten angemessenen Frist den Mangel selbst beseitigen und Ersatz der erforderlichen Aufwendungen verlangen, wenn nicht der Unternehmer die Nacherfüllung zu Recht verweigert.

(2) § 323 Abs. 2 findet entsprechende Anwendung. Der Bestimmung einer Frist bedarf es auch dann nicht, wenn die Nacherfüllung fehlgeschlagen oder dem Besteller unzumutbar ist.

(3) Der Besteller kann von dem Unternehmer für die zur Beseitigung des Mangels erforderlichen Aufwendungen Vorschuss verlangen.

§ 638 Minderung

(1) Statt zurückzutreten, kann der Besteller die Vergütung durch Erklärung gegenüber dem Unternehmer mindern. Der Ausschlussgrund des § 323 Abs. 5 Satz 2 findet keine Anwendung.

(2) Sind auf der Seite des Bestellers oder auf der Seite des Unternehmers mehrere beteiligt, so kann die Minderung nur von allen oder gegen alle erklärt werden.
(3) Bei der Minderung ist die Vergütung in dem Verhältnis herabzusetzen, in welchem zur Zeit des Vertragsschlusses der Wert des Werkes in mangelfreiem Zustand zu dem wirklichen Wert gestanden haben würde. Die Minderung ist, soweit erforderlich, durch Schätzung zu ermitteln.
(4) Hat der Besteller mehr als die geminderte Vergütung gezahlt, so ist der Mehrbetrag vom Unternehmer zu erstatten. § 346 Abs. 1 und § 347 Abs. 1 finden entsprechende Anwendung.

§ 639 Haftungsausschluss

Auf eine Vereinbarung, durch welche die Rechte des Bestellers wegen eines Mangels ausgeschlossen oder beschränkt werden, kann sich der Unternehmer nicht berufen, soweit er den Mangel arglistig verschwiegen oder eine Garantie für die Beschaffenheit des Werkes übernommen hat.

§ 640 Abnahme

(1) Der Besteller ist verpflichtet, das vertragsmäßig hergestellte Werk abzunehmen, sofern nicht nach der Beschaffenheit des Werkes die Abnahme ausgeschlossen ist. Wegen unwesentlicher Mängel kann die Abnahme nicht verweigert werden.
(2) Als abgenommen gilt ein Werk auch, wenn der Unternehmer dem Besteller nach Fertigstellung des Werks eine angemessene Frist zur Abnahme gesetzt hat und der Besteller die Abnahme nicht innerhalb dieser Frist unter Angabe mindestens eines Mangels verweigert hat. Ist der Besteller ein Verbraucher, so treten die Rechtsfolgen des Satzes 1 nur dann ein, wenn der Unternehmer den Besteller zusammen mit der Aufforderung zur Abnahme auf die Folgen einer nicht erklärten oder ohne Angabe von Mängeln verweigerten Abnahme hingewiesen hat; der Hinweis muss in Textform erfolgen.
(3) Nimmt der Besteller ein mangelhaftes Werk gemäß Absatz 1 Satz 1 ab, obschon er den Mangel kennt, so stehen ihm die in § 634 Nr. 1 bis 3 bezeichneten Rechte nur zu, wenn er sich seine Rechte wegen des Mangels bei der Abnahme vorbehält.

§ 641 Fälligkeit der Vergütung

(1) Die Vergütung ist bei der Abnahme des Werkes zu entrichten. Ist das Werk in Teilen abzunehmen und die Vergütung für die einzelnen Teile bestimmt, so ist die Vergütung für jeden Teil bei dessen Abnahme zu entrichten.
(2) Die Vergütung des Unternehmers für ein Werk, dessen Herstellung der Besteller einem Dritten versprochen hat, wird spätestens fällig,
1. soweit der Besteller von dem Dritten für das versprochene Werk wegen dessen Herstellung seine Vergütung oder Teile davon erhalten hat,
2. soweit das Werk des Bestellers von dem Dritten abgenommen worden ist oder als abgenommen gilt oder
3. wenn der Unternehmer dem Besteller erfolglos eine angemessene Frist zur Auskunft über die in den Nummern 1 und 2 bezeichneten Umstände bestimmt hat.
Hat der Besteller dem Dritten wegen möglicher Mängel des Werks Sicherheit geleistet, gilt Satz 1 nur, wenn der Unternehmer dem Besteller entsprechende Sicherheit leistet.
(3) Kann der Besteller die Beseitigung eines Mangels verlangen, so kann er nach der Fälligkeit die Zahlung eines angemessenen Teils der Vergütung verweigern; angemessen ist in der Regel das Doppelte der für die Beseitigung des Mangels erforderlichen Kosten.
(4) Eine in Geld festgesetzte Vergütung hat der Besteller von der Abnahme des Werkes an zu verzinsen, sofern nicht die Vergütung gestundet ist.

§ 642 Mitwirkung des Bestellers

(1) Ist bei der Herstellung des Werkes eine Handlung des Bestellers erforderlich, so kann der Unternehmer, wenn der Besteller durch das Unterlassen der Handlung in Verzug der Annahme kommt, eine angemessene Entschädigung verlangen.
(2) Die Höhe der Entschädigung bestimmt sich einerseits nach der Dauer des Verzugs und der Höhe der vereinbarten Vergütung, andererseits nach demjenigen, was der Unternehmer infolge des Verzugs an Aufwendungen erspart oder durch anderweitige Verwendung seiner Arbeitskraft erwerben kann.

§ 643 Kündigung bei unterlassener Mitwirkung

Der Unternehmer ist im Falle des § 642 berechtigt, dem Besteller zur Nachholung der Handlung eine angemessene Frist mit der Erklärung zu bestimmen, dass er den Vertrag kündige, wenn die Handlung nicht bis zum Ablauf der Frist vorgenommen werde. Der Vertrag gilt als aufgehoben, wenn nicht die Nachholung bis zum Ablauf der Frist erfolgt.

§644 Gefahrtragung

(1) Der Unternehmer trägt die Gefahr bis zur Abnahme des Werkes. Kommt der Besteller in Verzug der Annahme, so geht die Gefahr auf ihn über. Für den zufälligen Untergang und eine zufällige Verschlechterung des von dem Besteller gelieferten Stoffes ist der Unternehmer nicht verantwortlich.

(2) Versendet der Unternehmer das Werk auf Verlangen des Bestellers nach einem anderen Ort als dem Erfüllungsort, so finden die für den Kauf geltenden Vorschriften des § 447 entsprechende Anwendung.

§645 Verantwortlichkeit des Bestellers

(1) Ist das Werk vor der Abnahme infolge eines Mangels des von dem Besteller gelieferten Stoffes oder infolge einer von dem Besteller für die Ausführung erteilten Anweisung untergegangen, verschlechtert oder unausführbar geworden, ohne dass ein Umstand mitgewirkt hat, den der Unternehmer zu vertreten hat, so kann der Unternehmer einen der geleisteten Arbeit entsprechenden Teil der Vergütung und Ersatz der in der Vergütung nicht inbegriffenen Auslagen verlangen. Das Gleiche gilt, wenn der Vertrag in Gemäßheit des § 643 aufgehoben wird.

(2) Eine weitergehende Haftung des Bestellers wegen Verschuldens bleibt unberührt.

§646 Vollendung statt Abnahme

Ist nach der Beschaffenheit des Werkes die Abnahme ausgeschlossen, so tritt in den Fällen des § 634a Abs. 2 und des §§ 641, 644 und 645 an die Stelle der Abnahme die Vollendung des Werkes.

§647 Unternehmerpfandrecht

Der Unternehmer hat für seine Forderungen aus dem Vertrag ein Pfandrecht an den von ihm hergestellten oder ausgebesserten beweglichen Sachen des Bestellers, wenn sie bei der Herstellung oder zum Zwecke der Ausbesserung in seinen Besitz gelangt sind.

§647a Sicherungshypothek des Inhabers einer Schiffswerft

Der Inhaber einer Schiffswerft kann für seine Forderungen aus dem Bau oder der Ausbesserung eines Schiffes die Einräumung einer Schiffshypothek an dem Schiffsbauwerk oder dem Schiff des Bestellers verlangen. Ist das Werk noch nicht vollendet, so kann er die Einräumung der Schiffshypothek für einen der geleisteten Arbeit entsprechenden Teil der Vergütung und für die in der Vergütung nicht inbegriffenen Auslagen verlangen. § 647 findet keine Anwendung.

§648 Kündigungsrecht des Bestellers

Der Besteller kann bis zur Vollendung des Werkes jederzeit den Vertrag kündigen. Kündigt der Besteller, so ist der Unternehmer berechtigt, die vereinbarte Vergütung zu verlangen; er muss sich jedoch dasjenige anrechnen lassen, was er infolge der Aufhebung des Vertrags an Aufwendungen erspart oder durch anderweitige Verwendung seiner Arbeitskraft erwirbt oder zu erwerben böswillig unterlässt. Es wird vermutet, dass danach dem Unternehmer 5 vom Hundert der auf den noch nicht erbrachten Teil der Werkleistung entfallenden vereinbarten Vergütung zustehen.

§648a Kündigung aus wichtigem Grund

(1) Beide Vertragsparteien können den Vertrag aus wichtigem Grund ohne Einhaltung einer Kündigungsfrist kündigen. Ein wichtiger Grund liegt vor, wenn dem kündigenden Teil unter Berücksichtigung aller Umstände des Einzelfalls und unter Abwägung der beiderseitigen Interessen die Fortsetzung des Vertragsverhältnisses bis zur Fertigstellung des Werks nicht zugemutet werden kann.

(2) Eine Teilkündigung ist möglich; sie muss sich auf einen abgrenzbaren Teil des geschuldeten Werks beziehen.

(3) § 314 Absatz 2 und 3 gilt entsprechend.

(4) Nach der Kündigung kann jede Vertragspartei von der anderen verlangen, dass sie an einer gemeinsamen Feststellung des Leistungsstandes mitwirkt. Verweigert eine Vertragspartei die Mitwirkung oder bleibt sie einem vereinbarten oder einem von der anderen Vertragspartei innerhalb einer angemessenen Frist bestimmten Termin zur Leistungsstandfeststellung fern, trifft sie die Beweislast für den Leistungsstand zum Zeitpunkt der Kündigung. Dies gilt nicht, wenn die Vertragspartei infolge eines Umstands fernbleibt, den sie nicht zu vertreten hat und den sie der anderen Vertragspartei unverzüglich mitgeteilt hat.

(5) Kündigt eine Vertragspartei aus wichtigem Grund, ist der Unternehmer nur berechtigt, die Vergütung zu verlangen, die auf den bis zur Kündigung erbrachten Teil des Werks entfällt.

(6) Die Berechtigung, Schadensersatz zu verlangen, wird durch die Kündigung nicht ausgeschlossen.

§649 Kostenanschlag

(1) Ist dem Vertrag ein Kostenanschlag zugrunde gelegt worden, ohne dass der Unternehmer die Gewähr für die Richtigkeit des Anschlags übernommen hat, und ergibt sich, dass das Werk nicht ohne eine wesentliche Überschreitung des Anschlags ausführbar ist, so steht dem Unternehmer, wenn der Besteller den Vertrag aus diesem Grund kündigt, nur der im § 645 Abs. 1 bestimmte Anspruch zu.

(2) Ist eine solche Überschreitung des Anschlags zu erwarten, so hat der Unternehmer dem Besteller unverzüglich Anzeige zu machen.

§ 650 Werklieferungsvertrag; Verbrauchervertrag über die Herstellung digitaler Produkte

(1) Auf einen Vertrag, der die Lieferung herzustellender oder zu erzeugender beweglicher Sachen zum Gegenstand hat, finden die Vorschriften über den Kauf Anwendung. § 442 Abs. 1 Satz 1 findet bei diesen Verträgen auch Anwendung, wenn der Mangel auf den vom Besteller gelieferten Stoff zurückzuführen ist. Soweit es sich bei den herzustellenden oder zu erzeugenden beweglichen Sachen um nicht vertretbare Sachen handelt, sind auch die §§ 642, 643, 645, 648 und 649 mit der Maßgabe anzuwenden, dass an die Stelle der Abnahme der nach den §§ 446 und 447 maßgebliche Zeitpunkt tritt.

(2) Auf einen Verbrauchervertrag, bei dem der Unternehmer sich verpflichtet,
1. digitale Inhalte herzustellen,
2. einen Erfolg durch eine digitale Dienstleistung herbeizuführen oder
3. einen körperlichen Datenträger herzustellen, der ausschließlich als Träger digitaler Inhalte dient,

sind die §§ 633 bis 639 über die Rechte bei Mängeln sowie § 640 über die Abnahme nicht anzuwenden. An die Stelle der nach Satz 1 nicht anzuwendenden Vorschriften treten die Vorschriften des Abschnitts 3 Titel 2a. Die §§ 641, 644 und 645 sind mit der Maßgabe anzuwenden, dass an die Stelle der Abnahme die Bereitstellung des digitalen Produkts (§ 327b Absatz 3 bis 5) tritt.

(3) Auf einen Verbrauchervertrag, bei dem der Unternehmer sich verpflichtet, einen herzustellenden körperlichen Datenträger zu liefern, der ausschließlich als Träger digitaler Inhalte dient, sind abweichend von Absatz 1 Satz 1 und 2 § 433 Absatz 1 Satz 2, die §§ 434 bis 442, 475 Absatz 3 Satz 1, Absatz 4 bis 6 und die §§ 476 und 477 über die Rechte bei Mängeln nicht anzuwenden. An die Stelle der nach Satz 1 nicht anzuwendenden Vorschriften treten die Vorschriften des Abschnitts 3 Titel 2a.

(4) Für einen Verbrauchervertrag, bei dem der Unternehmer sich verpflichtet, eine Sache herzustellen, die ein digitales Produkt enthält oder mit digitalen Produkten verbunden ist, gilt der Anwendungsausschluss nach Absatz 2 entsprechend für diejenigen Bestandteile des Vertrags, welche die digitalen Produkte betreffen. Für einen Verbrauchervertrag, bei dem der Unternehmer sich verpflichtet, eine herzustellende Sache zu liefern, die ein digitales Produkt enthält oder mit digitalen Produkten verbunden ist, gilt der Anwendungsausschluss nach Absatz 3 entsprechend für diejenigen Bestandteile des Vertrags, welche die digitalen Produkte betreffen.

Untertitel 4
Pauschalreisevertrag, Reisevermittlung und Vermittlung verbundener Reiseleistungen

§ 651a Vertragstypische Pflichten beim Pauschalreisevertrag

(1) Durch den Pauschalreisevertrag wird der Unternehmer (Reiseveranstalter) verpflichtet, dem Reisenden eine Pauschalreise zu verschaffen. Der Reisende ist verpflichtet, dem Reiseveranstalter den vereinbarten Reisepreis zu zahlen.

(2) Eine Pauschalreise ist eine Gesamtheit von mindestens zwei verschiedenen Arten von Reiseleistungen für den Zweck derselben Reise. Eine Pauschalreise liegt auch dann vor, wenn
1. die von dem Vertrag umfassten Reiseleistungen auf Wunsch des Reisenden oder entsprechend seiner Auswahl zusammengestellt wurden oder
2. der Reiseveranstalter dem Reisenden in dem Vertrag das Recht einräumt, die Auswahl der Reiseleistungen aus seinem Angebot nach Vertragsschluss zu treffen.

(3) Reiseleistungen im Sinne dieses Gesetzes sind
1. die Beförderung von Personen,
2. die Beherbergung, außer wenn sie Wohnzwecken dient,
3. die Vermietung
    a) von vierrädrigen Kraftfahrzeugen gemäß § 3 Absatz 1 der EG-Fahrzeuggenehmigungsverordnung vom 3. Februar 2011 (BGBl. I S. 126), die zuletzt durch Artikel 7 der Verordnung vom 23. März 2017 (BGBl. I S. 522) geändert worden ist, und
    b) von Krafträdern der Fahrerlaubnisklasse A gemäß § 6 Absatz 1 der Fahrerlaubnis-Verordnung vom 13. Dezember 2010 (BGBl. I S. 1980), die zuletzt durch Artikel 4 der Verordnung vom 18. Mai 2017 (BGBl. I S. 1282) geändert worden ist,
4. jede touristische Leistung, die nicht Reiseleistung im Sinne der Nummern 1 bis 3 ist.

Nicht als Reiseleistungen nach Satz 1 gelten Reiseleistungen, die wesensmäßig Bestandteil einer anderen Reiseleistung sind.

(4) Keine Pauschalreise liegt vor, wenn nur eine Art von Reiseleistung im Sinne des Absatzes 3 Satz 1 Nummer 1 bis 3 mit einer oder mehreren touristischen Leistungen im Sinne des Absatzes 3 Satz 1 Nummer 4 zusammengestellt wird und die touristischen Leistungen
1. keinen erheblichen Anteil am Gesamtwert der Zusammenstellung ausmachen und weder ein wesentliches Merkmal der Zusammenstellung darstellen noch als solches beworben werden oder
2. erst nach Beginn der Erbringung einer Reiseleistung im Sinne des Absatzes 3 Satz 1 Nummer 1 bis 3 ausgewählt und vereinbart werden.

Touristische Leistungen machen im Sinne des Satzes 1 Nummer 1 keinen erheblichen Anteil am Gesamtwert der Zusammenstellung aus, wenn auf sie weniger als 25 Prozent des Gesamtwertes entfallen.
(5) Die Vorschriften über Pauschalreiseverträge gelten nicht für Verträge über Reisen, die
1. nur gelegentlich, nicht zum Zwecke der Gewinnerzielung und nur einem begrenzten Personenkreis angeboten werden,
2. weniger als 24 Stunden dauern und keine Übernachtung umfassen (Tagesreisen) und deren Reisepreis 500 Euro nicht übersteigt oder
3. auf der Grundlage eines Rahmenvertrags für die Organisation von Geschäftsreisen mit einem Reisenden, der Unternehmer ist, für dessen unternehmerische Zwecke geschlossen werden.

§ 651b Abgrenzung zur Vermittlung

(1) Unbeschadet der §§ 651v und 651w gelten für die Vermittlung von Reiseleistungen die allgemeinen Vorschriften. Ein Unternehmer kann sich jedoch nicht darauf berufen, nur Verträge mit den Personen zu vermitteln, welche alle oder einzelne Reiseleistungen ausführen sollen (Leistungserbringer), wenn dem Reisenden mindestens zwei verschiedene Arten von Reiseleistungen für den Zweck derselben Reise erbracht werden sollen und
1. der Reisende die Reiseleistungen in einer einzigen Vertriebsstelle des Unternehmers im Rahmen desselben Buchungsvorgangs auswählt, bevor er sich zur Zahlung verpflichtet,
2. der Unternehmer die Reiseleistungen zu einem Gesamtpreis anbietet oder zu verschaffen verspricht oder in Rechnung stellt oder
3. der Unternehmer die Reiseleistungen unter der Bezeichnung „Pauschalreise" oder unter einer ähnlichen Bezeichnung bewirbt oder auf diese Weise zu verschaffen verspricht.

In diesen Fällen ist der Unternehmer Reiseveranstalter. Der Buchungsvorgang im Sinne des Satzes 2 Nummer 1 beginnt noch nicht, wenn der Reisende hinsichtlich seines Reisewunsches befragt wird und zu Reiseangeboten lediglich beraten wird.
(2) Vertriebsstellen im Sinne dieses Gesetzes sind
1. unbewegliche und bewegliche Gewerberäume,
2. Webseiten für den elektronischen Geschäftsverkehr und ähnliche Online-Verkaufsplattformen,
3. Telefondienste.

Wird bei mehreren Webseiten und ähnlichen Online-Verkaufsplattformen nach Satz 1 Nummer 2 der Anschein eines einheitlichen Auftritts begründet, handelt es sich um eine Vertriebsstelle.

§ 651c Verbundene Online-Buchungsverfahren

(1) Ein Unternehmer, der mittels eines Online-Buchungsverfahrens mit dem Reisenden einen Vertrag über eine Reiseleistung geschlossen hat oder ihm auf demselben Weg einen solchen Vertrag vermittelt hat, ist als Reiseveranstalter anzusehen, wenn
1. er dem Reisenden für den Zweck derselben Reise mindestens einen Vertrag über eine andere Art von Reiseleistung vermittelt, indem er den Zugriff auf das Online-Buchungsverfahren eines anderen Unternehmers ermöglicht,
2. er den Namen, die Zahlungsdaten und die E-Mail-Adresse des Reisenden an den anderen Unternehmer übermittelt und
3. der weitere Vertrag spätestens 24 Stunden nach der Bestätigung des Vertragsschlusses über die erste Reiseleistung geschlossen wird.

(2) Kommen nach Absatz 1 ein Vertrag über eine andere Art von Reiseleistung oder mehrere Verträge über mindestens eine andere Art von Reiseleistung zustande, gelten vorbehaltlich des § 651a Absatz 4 die vom Reisenden geschlossenen Verträge zusammen als ein Pauschalreisevertrag im Sinne des § 651a Absatz 1.
(3) § 651a Absatz 5 Nummer 2 ist unabhängig von der Höhe des Reisepreises anzuwenden.

§ 651d Informationspflichten; Vertragsinhalt

(1) Der Reiseveranstalter ist verpflichtet, den Reisenden, bevor dieser seine Vertragserklärung abgibt, nach Maßgabe des Artikels 250 §§ 1 bis 3 des Einführungsgesetzes zum Bürgerlichen Gesetzbuche zu informieren. Er erfüllt damit zugleich die Verpflichtungen des Reisevermittlers aus § 651v Absatz 1 Satz 1.

(2) Dem Reisenden fallen zusätzliche Gebühren, Entgelte und sonstige Kosten nur dann zur Last, wenn er über diese vor Abgabe seiner Vertragserklärung gemäß Artikel 250 § 3 Nummer 3 des Einführungsgesetzes zum Bürgerlichen Gesetzbuche informiert worden ist.

(3) Die gemäß Artikel 250 § 3 Nummer 1, 3 bis 5 und 7 des Einführungsgesetzes zum Bürgerlichen Gesetzbuche gemachten Angaben werden Inhalt des Vertrags, es sei denn, die Vertragsparteien haben ausdrücklich etwas anderes vereinbart. Der Reiseveranstalter hat dem Reisenden bei oder unverzüglich nach Vertragsschluss nach Maßgabe des Artikels 250 § 6 des Einführungsgesetzes zum Bürgerlichen Gesetzbuche eine Abschrift oder Bestätigung des Vertrags zur Verfügung zu stellen. Er hat dem Reisenden rechtzeitig vor Reisebeginn gemäß Artikel 250 § 7 des Einführungsgesetzes zum Bürgerlichen Gesetzbuche die notwendigen Reiseunterlagen zu übermitteln.

(4) Der Reiseveranstalter trägt gegenüber dem Reisenden die Beweislast für die Erfüllung seiner Informationspflichten.

(5) Bei Pauschalreiseverträgen nach § 651c gelten für den als Reiseveranstalter anzusehenden Unternehmer sowie für jeden anderen Unternehmer, dem nach § 651c Absatz 1 Nummer 2 Daten übermittelt werden, die besonderen Vorschriften des Artikels 250 §§ 4 und 8 des Einführungsgesetzes zum Bürgerlichen Gesetzbuche. Im Übrigen bleiben die vorstehenden Absätze unberührt.

§ 651e Vertragsübertragung

(1) Der Reisende kann innerhalb einer angemessenen Frist vor Reisebeginn auf einem dauerhaften Datenträger erklären, dass statt seiner ein Dritter in die Rechte und Pflichten aus dem Pauschalreisevertrag eintritt. Die Erklärung ist in jedem Fall rechtzeitig, wenn sie dem Reiseveranstalter nicht später als sieben Tage vor Reisebeginn zugeht.

(2) Der Reiseveranstalter kann dem Eintritt des Dritten widersprechen, wenn dieser die vertraglichen Reiseerfordernisse nicht erfüllt.

(3) Tritt ein Dritter in den Vertrag ein, haften er und der Reisende dem Reiseveranstalter als Gesamtschuldner für den Reisepreis und die durch den Eintritt des Dritten entstehenden Mehrkosten. Der Reiseveranstalter darf eine Erstattung von Mehrkosten nur fordern, wenn und soweit diese angemessen und ihm tatsächlich entstanden sind.

(4) Der Reiseveranstalter hat dem Reisenden einen Nachweis darüber zu erteilen, in welcher Höhe durch den Eintritt des Dritten Mehrkosten entstanden sind.

§ 651f Änderungsvorbehalte; Preissenkung

(1) Der Reiseveranstalter kann den Reisepreis einseitig nur erhöhen, wenn
1. der Vertrag diese Möglichkeit vorsieht und zudem einen Hinweis auf die Verpflichtung des Reiseveranstalters zur Senkung des Reisepreises nach Absatz 4 Satz 1 sowie die Angabe enthält, wie Änderungen des Reisepreises zu berechnen sind, und
2. die Erhöhung des Reisepreises sich unmittelbar ergibt aus einer nach Vertragsschluss erfolgten
   a) Erhöhung des Preises für die Beförderung von Personen aufgrund höherer Kosten für Treibstoff oder andere Energieträger,
   b) Erhöhung der Steuern und sonstigen Abgaben für vereinbarte Reiseleistungen, wie Touristenabgaben, Hafen- oder Flughafengebühren, oder
   c) Änderung der für die betreffende Pauschalreise geltenden Wechselkurse.

Der Reiseveranstalter hat den Reisenden auf einem dauerhaften Datenträger klar und verständlich über die Preiserhöhung und deren Gründe zu unterrichten und hierbei die Berechnung der Preiserhöhung mitzuteilen. Eine Preiserhöhung ist nur wirksam, wenn sie diesen Anforderungen entspricht und die Unterrichtung des Reisenden nicht später als 20 Tage vor Reisebeginn erfolgt.

(2) Andere Vertragsbedingungen als den Reisepreis kann der Reiseveranstalter einseitig nur ändern, wenn dies im Vertrag vorgesehen und die Änderung unerheblich ist. Der Reiseveranstalter hat den Reisenden auf einem dauerhaften Datenträger klar, verständlich und in hervorgehobener Weise über die Änderung zu unterrichten. Eine Änderung ist nur wirksam, wenn sie diesen Anforderungen entspricht und vor Reisebeginn erklärt wird.

(3) § 308 Nummer 4 und § 309 Nummer 1 sind auf Änderungsvorbehalte nach den Absätzen 1 und 2, die durch vorformulierte Vertragsbedingungen vereinbart werden, nicht anzuwenden.

(4) Sieht der Vertrag die Möglichkeit einer Erhöhung des Reisepreises vor, kann der Reisende eine Senkung des Reisepreises verlangen, wenn und soweit sich die in Absatz 1 Satz 1 Nummer 2 genannten Preise, Abgaben oder Wechselkurse nach Vertragsschluss und vor Reisebeginn geändert haben und dies zu niedrigeren Kosten für den Reiseveranstalter führt. Hat der Reisende mehr als den hiernach geschuldeten Betrag gezahlt, ist der Mehrbetrag vom Reiseveranstalter zu erstatten. Der Reiseveranstalter darf von dem zu erstattenden Mehrbetrag die ihm tatsächlich entstandenen Verwaltungsausgaben abziehen. Er hat dem Reisenden auf dessen Verlangen nachzuweisen, in welcher Höhe Verwaltungsausgaben entstanden sind.

§ 651g Erhebliche Vertragsänderungen

(1) Übersteigt die im Vertrag nach § 651f Absatz 1 vorbehaltene Preiserhöhung 8 Prozent des Reisepreises, kann der Reiseveranstalter sie nicht einseitig vornehmen. Er kann dem Reisenden jedoch eine entsprechende Preiserhöhung anbieten und verlangen, dass der Reisende innerhalb einer vom Reiseveranstalter bestimmten Frist, die angemessen sein muss,
1. das Angebot zur Preiserhöhung annimmt oder
2. seinen Rücktritt vom Vertrag erklärt.

Satz 2 gilt für andere Vertragsänderungen als Preiserhöhungen entsprechend, wenn der Reiseveranstalter die Pauschalreise aus einem nach Vertragsschluss eingetretenen Umstand nur unter erheblicher Änderung einer der wesentlichen Eigenschaften der Reiseleistungen (Artikel 250 § 3 Nummer 1 des Einführungsgesetzes zum Bürgerlichen Gesetzbuche) oder nur unter Abweichung von besonderen Vorgaben des Reisenden, die Inhalt des Vertrags geworden sind, verschaffen kann. Das Angebot zu einer Preiserhöhung kann nicht später als 20 Tage vor Reisebeginn, das Angebot zu sonstigen Vertragsänderungen nicht nach Reisebeginn unterbreitet werden.

(2) Der Reiseveranstalter kann dem Reisenden in einem Angebot zu einer Preiserhöhung oder sonstigen Vertragsänderung nach Absatz 1 wahlweise auch die Teilnahme an einer anderen Pauschalreise (Ersatzreise) anbieten. Der Reiseveranstalter hat den Reisenden nach Maßgabe des Artikels 250 § 10 des Einführungsgesetzes zum Bürgerlichen Gesetzbuche zu informieren. Nach dem Ablauf der vom Reiseveranstalter bestimmten Frist gilt das Angebot zur Preiserhöhung oder sonstigen Vertragsänderung als angenommen.

(3) Tritt der Reisende vom Vertrag zurück, findet § 651h Absatz 1 Satz 2 und Absatz 5 entsprechende Anwendung; Ansprüche des Reisenden nach § 651i Absatz 3 Nummer 7 bleiben unberührt. Nimmt er das Angebot zur Vertragsänderung oder zur Teilnahme an einer Ersatzreise an und ist die Pauschalreise im Vergleich zur ursprünglich geschuldeten nicht von mindestens gleichwertiger Beschaffenheit, gilt § 651m entsprechend; ist sie von gleichwertiger Beschaffenheit, aber für den Reiseveranstalter mit geringeren Kosten verbunden, ist im Hinblick auf den Unterschiedsbetrag § 651m Absatz 2 entsprechend anzuwenden.

§ 651h Rücktritt vor Reisebeginn

(1) Vor Reisebeginn kann der Reisende jederzeit vom Vertrag zurücktreten. Tritt der Reisende vom Vertrag zurück, verliert der Reiseveranstalter den Anspruch auf den vereinbarten Reisepreis. Der Reiseveranstalter kann jedoch eine angemessene Entschädigung verlangen.

(2) Im Vertrag können, auch durch vorformulierte Vertragsbedingungen, angemessene Entschädigungspauschalen festgelegt werden, die sich nach Folgendem bemessen:
1. Zeitraum zwischen der Rücktrittserklärung und dem Reisebeginn,
2. zu erwartende Ersparnis von Aufwendungen des Reiseveranstalters und
3. zu erwartender Erwerb durch anderweitige Verwendung der Reiseleistungen.

Werden im Vertrag keine Entschädigungspauschalen festgelegt, bestimmt sich die Höhe der Entschädigung nach dem Reisepreis abzüglich des Werts der vom Reiseveranstalter ersparten Aufwendungen sowie abzüglich dessen, was er durch anderweitige Verwendung der Reiseleistungen erwirbt. Der Reiseveranstalter ist auf Verlangen des Reisenden verpflichtet, die Höhe der Entschädigung zu begründen.

(3) Abweichend von Absatz 1 Satz 3 kann der Reiseveranstalter keine Entschädigung verlangen, wenn am Bestimmungsort oder in dessen unmittelbarer Nähe unvermeidbare, außergewöhnliche Umstände auftreten, die die Durchführung der Pauschalreise oder die Beförderung von Personen an den Bestimmungsort erheblich beeinträchtigen. Umstände sind unvermeidbar und außergewöhnlich im Sinne dieses Untertitels, wenn sie nicht der Kontrolle der Partei unterliegen, die sich hierauf beruft, und sich ihre Folgen auch dann nicht hätten vermeiden lassen, wenn alle zumutbaren Vorkehrungen getroffen worden wären.

(4) Der Reiseveranstalter kann vor Reisebeginn in den folgenden Fällen vom Vertrag zurücktreten:
1. für die Pauschalreise haben sich weniger Personen als die im Vertrag angegebene Mindestteilnehmerzahl angemeldet; in diesem Fall hat der Reiseveranstalter den Rücktritt innerhalb der im Vertrag bestimmten Frist zu erklären, jedoch spätestens
    a) 20 Tage vor Reisebeginn bei einer Reisedauer von mehr als sechs Tagen,
    b) sieben Tage vor Reisebeginn bei einer Reisedauer von mindestens zwei und höchstens sechs Tagen,
    c) 48 Stunden vor Reisebeginn bei einer Reisedauer von weniger als zwei Tagen;
2. der Reiseveranstalter ist aufgrund unvermeidbarer, außergewöhnlicher Umstände an der Erfüllung des Vertrags gehindert; in diesem Fall hat er den Rücktritt unverzüglich nach Kenntnis von dem Rücktrittsgrund zu erklären.

Tritt der Reiseveranstalter vom Vertrag zurück, verliert er den Anspruch auf den vereinbarten Reisepreis.

(5) Wenn der Reiseveranstalter infolge eines Rücktritts zur Rückerstattung des Reisepreises verpflichtet ist, hat er unverzüglich, auf jeden Fall aber innerhalb von 14 Tagen nach dem Rücktritt zu leisten.

§ 651i Rechte des Reisenden bei Reisemängeln

(1) Der Reiseveranstalter hat dem Reisenden die Pauschalreise frei von Reisemängeln zu verschaffen.

(2) Die Pauschalreise ist frei von Reisemängeln, wenn sie die vereinbarte Beschaffenheit hat. Soweit die Beschaffenheit nicht vereinbart ist, ist die Pauschalreise frei von Reisemängeln,
1. wenn sie sich für den nach dem Vertrag vorausgesetzten Nutzen eignet, ansonsten
2. wenn sie sich für den gewöhnlichen Nutzen eignet und eine Beschaffenheit aufweist, die bei Pauschalreisen der gleichen Art üblich ist und die der Reisende nach der Art der Pauschalreise erwarten kann.

Ein Reisemangel liegt auch vor, wenn der Reiseveranstalter Reiseleistungen nicht oder mit unangemessener Verspätung verschafft.

(3) Ist die Pauschalreise mangelhaft, kann der Reisende, wenn die Voraussetzungen der folgenden Vorschriften vorliegen und soweit nichts anderes bestimmt ist,
1. nach § 651k Absatz 1 Abhilfe verlangen,
2. nach § 651k Absatz 2 selbst Abhilfe schaffen und Ersatz der erforderlichen Aufwendungen verlangen,
3. nach § 651k Absatz 3 Abhilfe durch andere Reiseleistungen (Ersatzleistungen) verlangen,
4. nach § 651k Absatz 4 und 5 Kostentragung für eine notwendige Beherbergung verlangen,
5. den Vertrag nach § 651l kündigen,
6. die sich aus einer Minderung des Reisepreises (§ 651m) ergebenden Rechte geltend machen und
7. nach § 651n Schadensersatz oder nach § 284 Ersatz vergeblicher Aufwendungen verlangen.

§ 651j Verjährung

Die in § 651i Absatz 3 bezeichneten Ansprüche des Reisenden verjähren in zwei Jahren. Die Verjährungsfrist beginnt mit dem Tag, an dem die Pauschalreise dem Vertrag nach enden sollte.

§ 651k Abhilfe

(1) Verlangt der Reisende Abhilfe, hat der Reiseveranstalter den Reisemangel zu beseitigen. Er kann die Abhilfe nur verweigern, wenn sie
1. unmöglich ist oder
2. unter Berücksichtigung des Ausmaßes des Reisemangels und des Werts der betroffenen Reiseleistung mit unverhältnismäßigen Kosten verbunden ist.

(2) Leistet der Reiseveranstalter vorbehaltlich der Ausnahmen des Absatzes 1 Satz 2 nicht innerhalb einer vom Reisenden bestimmten angemessenen Frist Abhilfe, kann der Reisende selbst Abhilfe schaffen und Ersatz der erforderlichen Aufwendungen verlangen. Der Bestimmung einer Frist bedarf es nicht, wenn die Abhilfe vom Reiseveranstalter verweigert wird oder wenn sofortige Abhilfe notwendig ist.

(3) Kann der Reiseveranstalter die Beseitigung des Reisemangels nach Absatz 1 Satz 2 verweigern und betrifft der Reisemangel einen erheblichen Teil der Reiseleistungen, hat der Reiseveranstalter Abhilfe durch angemessene Ersatzleistungen anzubieten. Haben die Ersatzleistungen zur Folge, dass die Pauschalreise im Vergleich zur ursprünglich geschuldeten nicht von mindestens gleichwertiger Beschaffenheit ist, hat der Reiseveranstalter dem Reisenden eine angemessene Herabsetzung des Reisepreises zu gewähren; die Angemessenheit richtet sich nach § 651m Absatz 1 Satz 2. Sind die Ersatzleistungen nicht mit den im Vertrag vereinbarten Leistungen vergleichbar oder ist die vom Reiseveranstalter angebotene Herabsetzung des Reisepreises nicht angemessen, kann der Reisende die Ersatzleistungen ablehnen. In diesem Fall oder wenn der Reiseveranstalter außerstande ist, Ersatzleistungen anzubieten, ist § 651l Absatz 2 und 3 mit der Maßgabe anzuwenden, dass es auf eine Kündigung des Reisenden nicht ankommt.

(4) Ist die Beförderung des Reisenden an den Ort der Abreise oder an einen anderen Ort, auf den sich die Parteien geeinigt haben (Rückbeförderung), vom Vertrag umfasst und aufgrund unvermeidbarer, außergewöhnlicher Umstände nicht möglich, hat der Reiseveranstalter die Kosten für eine notwendige Beherbergung des Reisenden für einen höchstens drei Nächte umfassenden Zeitraum zu tragen, und zwar möglichst in einer Unterkunft, die der im Vertrag vereinbarten gleichwertig ist.

(5) Der Reiseveranstalter kann sich auf die Begrenzung des Zeitraums auf höchstens drei Nächte gemäß Absatz 4 in folgenden Fällen nicht berufen:
1. der Leistungserbringer hat nach unmittelbar anwendbaren Regelungen der Europäischen Union dem Reisenden die Beherbergung für einen längeren Zeitraum anzubieten oder die Kosten hierfür zu tragen,
2. der Reisende gehört zu einem der folgenden Personenkreise und der Reiseveranstalter wurde mindestens 48 Stunden vor Reisebeginn von den besonderen Bedürfnissen des Reisenden in Kenntnis gesetzt:
   a) Personen mit eingeschränkter Mobilität im Sinne des Artikels 2 Buchstabe a der Verordnung (EG) Nr. 1107/2006 des Europäischen Parlaments und des Rates vom 5. Juli 2006 über die Rechte von behinderten Flugreisenden und Flugreisenden mit eingeschränkter Mobilität (ABl. L 204 vom 26. 7. 2006, S. 1; L 26 vom 26. 1. 2013, S. 34) und deren Begleitpersonen,

b) Schwangere,
c) unbegleitete Minderjährige,
d) Personen, die besondere medizinische Betreuung benötigen.

§ 651l Kündigung

(1) Wird die Pauschalreise durch den Reisemangel erheblich beeinträchtigt, kann der Reisende den Vertrag kündigen. Die Kündigung ist erst zulässig, wenn der Reiseveranstalter eine ihm vom Reisenden bestimmte angemessene Frist hat verstreichen lassen, ohne Abhilfe zu leisten; § 651k Absatz 2 Satz 2 gilt entsprechend.

(2) Wird der Vertrag gekündigt, so behält der Reiseveranstalter hinsichtlich der erbrachten und nach Absatz 3 zur Beendigung der Pauschalreise noch zu erbringenden Reiseleistungen den Anspruch auf den vereinbarten Reisepreis; Ansprüche des Reisenden nach § 651i Absatz 3 Nummer 6 und 7 bleiben unberührt. Hinsichtlich der nicht mehr zu erbringenden Reiseleistungen entfällt der Anspruch des Reiseveranstalters auf den vereinbarten Reisepreis; insoweit bereits geleistete Zahlungen sind dem Reisenden vom Reiseveranstalter zu erstatten.

(3) Der Reiseveranstalter ist verpflichtet, die infolge der Aufhebung des Vertrags notwendigen Maßnahmen zu treffen, insbesondere, falls der Vertrag die Beförderung des Reisenden umfasste, unverzüglich für dessen Rückbeförderung zu sorgen; das hierfür eingesetzte Beförderungsmittel muss dem im Vertrag vereinbarten gleichwertig sein. Die Mehrkosten für die Rückbeförderung fallen dem Reiseveranstalter zur Last.

§ 651m Minderung

(1) Für die Dauer des Reisemangels mindert sich der Reisepreis. Bei der Minderung ist der Reisepreis in dem Verhältnis herabzusetzen, in welchem zur Zeit des Vertragsschlusses der Wert der Pauschalreise in mangelfreiem Zustand zu dem wirklichen Wert gestanden haben würde. Die Minderung ist, soweit erforderlich, durch Schätzung zu ermitteln.

(2) Hat der Reisende mehr als den geminderten Reisepreis gezahlt, so ist der Mehrbetrag vom Reiseveranstalter zu erstatten. § 346 Absatz 1 und § 347 Absatz 1 finden entsprechende Anwendung.

§ 651n Schadensersatz

(1) Der Reisende kann unbeschadet der Minderung oder der Kündigung Schadensersatz verlangen, es sei denn, der Reisemangel
1. ist vom Reisenden verschuldet,
2. ist von einem Dritten verschuldet, der weder Leistungserbringer ist noch in anderer Weise an der Erbringung der von dem Pauschalreisevertrag umfassten Reiseleistungen beteiligt ist, und war für den Reiseveranstalter nicht vorhersehbar oder nicht vermeidbar oder
3. wurde durch unvermeidbare, außergewöhnliche Umstände verursacht.

(2) Wird die Pauschalreise vereitelt oder erheblich beeinträchtigt, kann der Reisende auch wegen nutzlos aufgewendeter Urlaubszeit eine angemessene Entschädigung in Geld verlangen.

(3) Wenn der Reiseveranstalter zum Schadensersatz verpflichtet ist, hat er unverzüglich zu leisten.

§ 651o Mängelanzeige durch den Reisenden

(1) Der Reisende hat dem Reiseveranstalter einen Reisemangel unverzüglich anzuzeigen.

(2) Soweit der Reiseveranstalter infolge einer schuldhaften Unterlassung der Anzeige nach Absatz 1 nicht Abhilfe schaffen konnte, ist der Reisende nicht berechtigt,
1. die in § 651m bestimmten Rechte geltend zu machen oder
2. nach § 651n Schadensersatz zu verlangen.

§ 651p Zulässige Haftungsbeschränkung; Anrechnung

(1) Der Reiseveranstalter kann durch Vereinbarung mit dem Reisenden seine Haftung für solche Schäden auf den dreifachen Reisepreis beschränken, die
1. keine Körperschäden sind und
2. nicht schuldhaft herbeigeführt werden.

(2) Gelten für eine Reiseleistung internationale Übereinkünfte oder auf solchen beruhende gesetzliche Vorschriften, nach denen ein Anspruch auf Schadensersatz gegen den Leistungserbringer nur unter bestimmten Voraussetzungen oder Beschränkungen entsteht oder geltend gemacht werden kann oder unter bestimmten Voraussetzungen ausgeschlossen ist, so kann sich auch der Reiseveranstalter gegenüber dem Reisenden hierauf berufen.

(3) Hat der Reisende gegen den Reiseveranstalter Anspruch auf Schadensersatz oder auf Erstattung eines infolge einer Minderung zu viel gezahlten Betrages, so muss sich der Reisende den Betrag anrechnen lassen, den er aufgrund desselben Ereignisses als Entschädigung oder als Erstattung infolge einer Minderung nach Maßgabe internationaler Übereinkünfte oder von auf solchen beruhenden gesetzlichen Vorschriften erhalten hat oder nach Maßgabe

1. der Verordnung (EG) Nr. 261/2004 des Europäischen Parlaments und des Rates vom 11. Februar 2004 über eine gemeinsame Regelung für Ausgleichs- und Unterstützungsleistungen für Fluggäste im Fall der Nichtbeförderung und bei Annullierung oder großer Verspätung von Flügen und zur Aufhebung der Verordnung (EWG) Nr. 295/91 (ABl. L 46 vom 17. 2. 2004, S. 1),
2. der Verordnung (EG) Nr. 1371/2007 des Europäischen Parlaments und des Rates vom 23. Oktober 2007 über die Rechte und Pflichten der Fahrgäste im Eisenbahnverkehr (ABl. L 315 vom 3. 12. 2007, S. 14),
3. der Verordnung (EG) Nr. 392/2009 des Europäischen Parlaments und des Rates vom 23. April 2009 über die Unfallhaftung von Beförderern von Reisenden auf See (ABl. L 131 vom 28. 5. 2009, S. 24),
4. der Verordnung (EU) Nr. 1177/2010 des Europäischen Parlaments und des Rates vom 24. November 2010 über die Fahrgastrechte im See- und Binnenschiffsverkehr und zur Änderung der Verordnung (EG) Nr. 2006/2004 (ABl. L 334 vom 17. 12. 2010, S. 1) oder
5. der Verordnung (EU) Nr. 181/2011 des Europäischen Parlaments und des Rates vom 16. Februar 2011 über die Fahrgastrechte im Kraftomnibusverkehr und zur Änderung der Verordnung (EG) Nr. 2006/2004 (ABl. L 55 vom 28. 2. 2011, S. 1).

Hat der Reisende vom Reiseveranstalter bereits Schadensersatz erhalten oder ist ihm infolge einer Minderung vom Reiseveranstalter bereits ein Betrag erstattet worden, so muss er sich den erhaltenen Betrag auf dasjenige anrechnen lassen, was ihm aufgrund desselben Ereignisses als Entschädigung oder als Erstattung infolge einer Minderung nach Maßgabe internationaler Übereinkünfte oder von auf solchen beruhenden gesetzlichen Vorschriften oder nach Maßgabe der in Satz 1 genannten Verordnungen geschuldet ist.

§ 651q Beistandspflicht des Reiseveranstalters

(1) Befindet sich der Reisende im Fall des § 651k Absatz 4 oder aus anderen Gründen in Schwierigkeiten, hat der Reiseveranstalter ihm unverzüglich in angemessener Weise Beistand zu gewähren, insbesondere durch
1. Bereitstellung geeigneter Informationen über Gesundheitsdienste, Behörden vor Ort und konsularische Unterstützung,
2. Unterstützung bei der Herstellung von Fernkommunikationsverbindungen und
3. Unterstützung bei der Suche nach anderen Reisemöglichkeiten; § 651k Absatz 3 bleibt unberührt.

(2) Hat der Reisende die den Beistand erfordernden Umstände schuldhaft selbst herbeigeführt, kann der Reiseveranstalter Ersatz seiner Aufwendungen verlangen, wenn und soweit diese angemessen und ihm tatsächlich entstanden sind.

§ 651r Insolvenzsicherung; Sicherungsschein

(1) Der Reiseveranstalter hat sicherzustellen, dass dem Reisenden der gezahlte Reisepreis erstattet wird, soweit im Fall der Zahlungsunfähigkeit des Reiseveranstalters
1. Reiseleistungen ausfallen oder
2. der Reisende im Hinblick auf erbrachte Reiseleistungen Zahlungsaufforderungen von Leistungserbringern nachkommt, deren Entgeltforderungen der Reiseveranstalter nicht erfüllt hat.

Umfasst der Vertrag auch die Beförderung des Reisenden, hat der Reiseveranstalter zudem die vereinbarte Rückbeförderung und die Beherbergung des Reisenden bis zum Zeitpunkt der Rückbeförderung sicherzustellen. Der Zahlungsunfähigkeit des Reiseveranstalters stehen die Eröffnung des Insolvenzverfahrens über sein Vermögen und die Abweisung eines Eröffnungsantrags mangels Masse gleich.

(2) Die Verpflichtungen nach Absatz 1 kann der Reiseveranstalter vorbehaltlich des Satzes 2 ab dem 1. November 2021 nur durch einen Absicherungsvertrag mit einem nach dem Reisesicherungsfondsgesetz zum Geschäftsbetrieb befugten Reisesicherungsfonds erfüllen. Reiseveranstalter, die im letzten abgeschlossenen Geschäftsjahr einen Umsatz im Sinne des § 1 Nummer 2 Buchstabe a des Reisesicherungsfondsgesetzes von weniger als 10 Millionen Euro erzielt haben, können im jeweils darauffolgenden Geschäftsjahr die Verpflichtungen nach Absatz 1 auch erfüllen
1. durch eine Versicherung bei einem im Geltungsbereich dieses Gesetzes zum Geschäftsbetrieb befugten Versicherungsunternehmen oder
2. durch ein Zahlungsversprechen eines im Geltungsbereich dieses Gesetzes zum Geschäftsbetrieb befugten Kreditinstituts.

Der Reiseveranstalter muss die Verpflichtungen nach Absatz 1 ohne Rücksicht auf den Wohnsitz des Reisenden, den Ort der Abreise und den Ort des Vertragsschlusses erfüllen.

(3) Der Reisesicherungsfonds, der Versicherer oder das Kreditinstitut (Absicherer) kann dem Reisenden die Fortsetzung der Pauschalreise anbieten. Verlangt der Reisende eine Erstattung nach Absatz 1, hat der Absicherer diesen Anspruch unverzüglich zu erfüllen. Versicherer und Kreditinstitute können ihre aus Verträgen nach Absatz 2 Satz 2 Nummer 1 und 2 folgende Einstandspflicht für jede Insolvenz eines Reiseveranstalters, der im letzten abgeschlossenen Geschäftsjahr einen Umsatz im Sinne des § 1 Nummer 2 Buchstabe a des Reisesicherungsfondsge-

setzes von weniger als 3 Millionen Euro erzielt hat, auf 1 Million Euro begrenzen. Übersteigen in diesem Fall die zu erbringenden Leistungen den vereinbarten Höchstbetrag, so verringern sich die einzelnen Leistungsansprüche der Reisenden in dem Verhältnis, in dem ihr Gesamtbetrag zum Höchstbetrag steht.
(4) Zur Erfüllung seiner Verpflichtungen nach Absatz 1 hat der Reiseveranstalter dem Reisenden einen unmittelbaren Anspruch gegen den Absicherer zu verschaffen und durch eine von diesem oder auf dessen Veranlassung gemäß Artikel 252 des Einführungsgesetzes zum Bürgerlichen Gesetzbuche ausgestellte Bestätigung (Sicherungsschein) nachzuweisen. Der im Vertrag gemäß Artikel 250 § 6 Absatz 2 Nummer 3 des Einführungsgesetzes zum Bürgerlichen Gesetzbuche genannte Absicherer kann sich gegenüber dem Reisenden weder auf Einwendungen aus dem Absicherungsvertrag berufen noch auf dessen Beendigung, wenn die Beendigung nach Abschluss des Pauschalreisevertrags erfolgt ist. In den Fällen des Satzes 2 geht der Anspruch des Reisenden gegen den Reiseveranstalter auf den Absicherer über, soweit dieser den Reisenden befriedigt.

§ 651s Insolvenzsicherung der im Europäischen Wirtschaftsraum niedergelassenen Reiseveranstalter

Hat der Reiseveranstalter im Zeitpunkt des Vertragsschlusses seine Niederlassung im Sinne des § 4 Absatz 3 der Gewerbeordnung in einem anderen Mitgliedstaat der Europäischen Union oder in einem sonstigen Vertragsstaat des Abkommens über den Europäischen Wirtschaftsraum, so genügt er seiner Verpflichtung zur Insolvenzsicherung auch dann, wenn er dem Reisenden Sicherheit in Übereinstimmung mit den Vorschriften dieses anderen Staates zur Umsetzung des Artikels 17 der Richtlinie (EU) 2015/2302 des Europäischen Parlaments und des Rates vom 25. November 2015 über Pauschalreisen und verbundene Reiseleistungen, zur Änderung der Verordnung (EG) Nr. 2006/2004 und der Richtlinie 2011/83/EU des Europäischen Parlaments und des Rates sowie zur Aufhebung der Richtlinie 90/314/EWG des Rates (ABl. L 326 vom 11. 12. 2015, S. 1) leistet.

§ 651t Rückbeförderung; Vorauszahlungen

Der Reiseveranstalter darf eine Rückbeförderung des Reisenden nur vereinbaren und Zahlungen des Reisenden auf den Reisepreis vor Beendigung der Pauschalreise nur fordern oder annehmen, wenn
1. ein wirksamer Absicherungsvertrag besteht oder, in den Fällen des § 651s, der Reiseveranstalter nach § 651s Sicherheit leistet und
2. dem Reisenden klar, verständlich und in hervorgehobener Weise Name und Kontaktdaten des Absicherers oder, in den Fällen des § 651s, Name und Kontaktdaten der Einrichtung, die den Insolvenzschutz bietet, sowie gegebenenfalls der Name und die Kontaktdaten der von dem betreffenden Staat benannten zuständigen Behörde zur Verfügung gestellt wurden.

§ 651u Gastschulaufenthalte

(1) Für einen Vertrag, der einen mindestens drei Monate andauernden und mit dem geregelten Besuch einer Schule verbundenen Aufenthalt des Gastschülers bei einer Gastfamilie in einem anderen Staat (Aufnahmeland) zum Gegenstand hat, gelten § 651a Absatz 1, 2 und 5, die §§ 651b, 651d Absatz 1 bis 4 und die §§ 651e bis 651t entsprechend sowie die nachfolgenden Absätze. Für einen Vertrag, der einen kürzeren Gastschulaufenthalt (Satz 1) oder einen mit der geregelten Durchführung eines Praktikums verbundenen Aufenthalt bei einer Gastfamilie im Aufnahmeland zum Gegenstand hat, gelten diese Vorschriften nur, wenn dies vereinbart ist.
(2) Der Anbieter des Gastschulaufenthalts ist als Reiseveranstalter bei Mitwirkung des Gastschülers verpflichtet,
1. für eine nach den Verhältnissen des Aufnahmelands angemessene Unterkunft, Beaufsichtigung und Betreuung des Gastschülers in einer Gastfamilie zu sorgen und
2. die Voraussetzungen für einen geregelten Schulbesuch des Gastschülers im Aufnahmeland zu schaffen.
(3) Tritt der Reisende vor Reisebeginn vom Vertrag zurück, findet § 651h Absatz 1 Satz 3, Absatz 2 nur Anwendung, wenn der Reiseveranstalter den Reisenden auf den Aufenthalt angemessen vorbereitet und spätestens zwei Wochen vor Antritt der Reise jedenfalls über Folgendes informiert hat:
1. Name und Anschrift der für den Gastschüler nach Ankunft bestimmten Gastfamilie und
2. Name und Erreichbarkeit eines Ansprechpartners im Aufnahmeland, bei dem auch Abhilfe verlangt werden kann.
(4) Der Reisende kann den Vertrag bis zur Beendigung der Reise jederzeit kündigen. Kündigt der Reisende, ist der Reiseveranstalter berechtigt, den vereinbarten Reisepreis abzüglich der ersparten Aufwendungen zu verlangen. Der Reiseveranstalter ist verpflichtet, die infolge der Kündigung notwendigen Maßnahmen zu treffen, insbesondere, falls der Vertrag die Beförderung des Gastschülers umfasste, für dessen Rückbeförderung zu sorgen. Die Mehrkosten fallen dem Reisenden zur Last. Die vorstehenden Sätze gelten nicht, wenn der Reisende nach § 651l kündigen kann.

§ 651v Reisevermittlung

(1) Ein Unternehmer, der einem Reisenden einen Pauschalreisevertrag vermittelt (Reisevermittler), ist verpflichtet, den Reisenden nach Maßgabe des Artikels 250 §§ 1 bis 3 des Einführungsgesetzes zum Bürgerlichen Gesetzbuche

zu informieren. Er erfüllt damit zugleich die Verpflichtungen des Reiseveranstalters aus § 651d Absatz 1 Satz 1. Der Reisevermittler trägt gegenüber dem Reisenden die Beweislast für die Erfüllung seiner Informationspflichten.
(2) Für die Annahme von Zahlungen auf den Reisepreis durch den Reisevermittler gilt § 651t Nummer 2 entsprechend. Ein Reisevermittler gilt als vom Reiseveranstalter zur Annahme von Zahlungen auf den Reisepreis ermächtigt, wenn er dem Reisenden eine den Anforderungen des Artikels 250 § 6 des Einführungsgesetzes zum Bürgerlichen Gesetzbuche entsprechende Abschrift oder Bestätigung des Vertrags zur Verfügung stellt oder sonstige dem Reiseveranstalter zuzurechnende Umstände ergeben, dass er von diesem damit betraut ist, Pauschalreiseverträge für ihn zu vermitteln. Dies gilt nicht, wenn die Annahme von Zahlungen durch den Reisevermittler in hervorgehobener Form gegenüber dem Reisenden ausgeschlossen ist.
(3) Hat der Reiseveranstalter im Zeitpunkt des Vertragsschlusses seinen Sitz nicht in einem Mitgliedstaat der Europäischen Union oder einem anderen Vertragsstaat des Abkommens über den Europäischen Wirtschaftsraum, treffen den Reisevermittler die sich aus den §§ 651i bis 651t ergebenden Pflichten des Reiseveranstalters, es sei denn, der Reisevermittler weist nach, dass der Reiseveranstalter seine Pflichten nach diesen Vorschriften erfüllt.
(4) Der Reisevermittler gilt als vom Reiseveranstalter bevollmächtigt, Mängelanzeigen sowie andere Erklärungen des Reisenden bezüglich der Erbringung der Reiseleistungen entgegenzunehmen. Der Reisevermittler hat den Reiseveranstalter unverzüglich von solchen Erklärungen des Reisenden in Kenntnis zu setzen.

§ 651w Vermittlung verbundener Reiseleistungen

(1) Ein Unternehmer ist Vermittler verbundener Reiseleistungen, wenn er für den Zweck derselben Reise, die keine Pauschalreise ist,
1. dem Reisenden anlässlich eines einzigen Besuchs in seiner Vertriebsstelle oder eines einzigen Kontakts mit seiner Vertriebsstelle Verträge mit anderen Unternehmern über mindestens zwei verschiedene Arten von Reiseleistungen vermittelt und der Reisende diese Leistungen getrennt auswählt und
   a) getrennt bezahlt oder
   b) sich bezüglich jeder Leistung getrennt zur Zahlung verpflichtet oder
2. dem Reisenden, mit dem er einen Vertrag über eine Reiseleistung geschlossen hat oder dem er einen solchen Vertrag vermittelt hat, in gezielter Weise mindestens einen Vertrag mit einem anderen Unternehmer über eine andere Art von Reiseleistung vermittelt und der weitere Vertrag spätestens 24 Stunden nach der Bestätigung des Vertragsschlusses über die erste Reiseleistung geschlossen wird.

Eine Vermittlung in gezielter Weise im Sinne des Satzes 1 Nummer 2 liegt insbesondere dann nicht vor, wenn der Unternehmer den Reisenden lediglich mit einem anderen Unternehmer in Kontakt bringt. Im Übrigen findet auf Satz 1 § 651a Absatz 4 Satz 1 Nummer 1, Satz 2 und Absatz 5 Nummer 1 und 3 entsprechende Anwendung. § 651a Absatz 5 Nummer 2 ist unabhängig von der Höhe des Reisepreises entsprechend anzuwenden.
(2) Der Vermittler verbundener Reiseleistungen ist verpflichtet, den Reisenden nach Maßgabe des Artikels 251 des Einführungsgesetzes zum Bürgerlichen Gesetzbuche zu informieren.
(3) Nimmt der Vermittler verbundener Reiseleistungen Zahlungen des Reisenden auf Vergütungen für Reiseleistungen entgegen, hat er sicherzustellen, dass diese dem Reisenden erstattet werden, soweit Reiseleistungen von dem Vermittler verbundener Reiseleistungen selbst zu erbringen sind oder Entgeltforderungen anderer Unternehmer im Sinne des Absatzes 1 Satz 1 noch zu erfüllen sind und im Fall der Zahlungsunfähigkeit des Vermittlers verbundener Reiseleistungen
1. Reiseleistungen ausfallen oder
2. der Reisende im Hinblick auf erbrachte Reiseleistungen Zahlungsaufforderungen nicht befriedigter anderer Unternehmer im Sinne des Absatzes 1 Satz 1 nachkommt.

Hat sich der Vermittler verbundener Reiseleistungen selbst zur Beförderung des Reisenden verpflichtet, hat er zudem die vereinbarte Rückbeförderung und die Beherbergung bis zum Zeitpunkt der Rückbeförderung sicherzustellen. Der Zahlungsunfähigkeit stehen die Eröffnung des Insolvenzverfahrens über das Vermögen des Vermittlers verbundener Reiseleistungen und die Abweisung eines Eröffnungsantrags mangels Masse gleich. § 651r Absatz 2 bis 4 sowie die §§ 651s und 651t sind entsprechend anzuwenden.
(4) Erfüllt der Vermittler verbundener Reiseleistungen seine Pflichten aus den Absätzen 2 und 3 nicht, finden auf das Rechtsverhältnis zwischen ihm und dem Reisenden § 312 Absatz 7 Satz 2 sowie die §§ 651e, 651h bis 651q und 651v Absatz 4 entsprechende Anwendung.
(5) Kommen infolge der Vermittlung nach Absatz 1 ein oder mehrere Verträge über Reiseleistungen mit dem Reisenden zustande, hat der jeweilige andere Unternehmer den Vermittler verbundener Reiseleistungen über den Umstand des Vertragsschlusses zu unterrichten. Die Pflicht nach Satz 1 besteht nicht, wenn der Vermittler verbundener Reiseleistungen den Vertrag als Vertreter des anderen Unternehmers geschlossen hat.

§ 651x Haftung für Buchungsfehler

Der Reisende hat Anspruch auf Ersatz des Schadens,

1. der ihm durch einen technischen Fehler im Buchungssystem des Reiseveranstalters, Reisevermittlers, Vermittlers verbundener Reiseleistungen oder eines Leistungserbringers entsteht, es sei denn, der jeweilige Unternehmer hat den technischen Fehler nicht zu vertreten,
2. den einer der in Nummer 1 genannten Unternehmer durch einen Fehler während des Buchungsvorgangs verursacht hat, es sei denn, der Fehler ist vom Reisenden verschuldet oder wurde durch unvermeidbare, außergewöhnliche Umstände verursacht.

§ 651y Abweichende Vereinbarungen
Von den Vorschriften dieses Untertitels darf, soweit nichts anderes bestimmt ist, nicht zum Nachteil des Reisenden abgewichen werden. Die Vorschriften dieses Untertitels finden, soweit nichts anderes bestimmt ist, auch Anwendung, wenn sie durch anderweitige Gestaltungen umgangen werden.

Titel 10
Maklervertrag

Untertitel 1
Allgemeine Vorschriften

§ 652 Entstehung des Lohnanspruchs
(1) Wer für den Nachweis der Gelegenheit zum Abschluss eines Vertrags oder für die Vermittlung eines Vertrags einen Maklerlohn verspricht, ist zur Entrichtung des Lohnes nur verpflichtet, wenn der Vertrag infolge des Nachweises oder infolge der Vermittlung des Maklers zustande kommt. Wird der Vertrag unter einer aufschiebenden Bedingung geschlossen, so kann der Maklerlohn erst verlangt werden, wenn die Bedingung eintritt.
(2) Aufwendungen sind dem Makler nur zu ersetzen, wenn es vereinbart ist. Dies gilt auch dann, wenn ein Vertrag nicht zustande kommt.

§ 653 Maklerlohn
(1) Ein Maklerlohn gilt als stillschweigend vereinbart, wenn die dem Makler übertragene Leistung den Umständen nach nur gegen eine Vergütung zu erwarten ist.
(2) Ist die Höhe der Vergütung nicht bestimmt, so ist bei dem Bestehen einer Taxe der taxmäßige Lohn, in Ermangelung einer Taxe der übliche Lohn als vereinbart anzusehen.

§ 654 Verwirkung des Lohnanspruchs
Der Anspruch auf den Maklerlohn und den Ersatz von Aufwendungen ist ausgeschlossen, wenn der Makler dem Inhalt des Vertrags zuwider auch für den anderen Teil tätig gewesen ist.

§ 655 Herabsetzung des Maklerlohns
Ist für den Nachweis der Gelegenheit zum Abschluss eines Dienstvertrags oder für die Vermittlung eines solchen Vertrags ein unverhältnismäßig hoher Maklerlohn vereinbart worden, so kann er auf Antrag des Schuldners durch Urteil auf den angemessenen Betrag herabgesetzt werden. Nach der Entrichtung des Lohnes ist die Herabsetzung ausgeschlossen.

Untertitel 2
Vermittlung von Verbraucherdarlehensverträgen und entgeltlichen Finanzierungshilfen

§ 655a Darlehensvermittlungsvertrag
(1) Für einen Vertrag, nach dem es ein Unternehmer unternimmt, einem Verbraucher
1. gegen von einem Verbraucher oder einem Dritten zu leistende Vergütung einen Verbraucherdarlehensvertrag oder eine entgeltliche Finanzierungshilfe zu vermitteln,
2. die Gelegenheit zum Abschluss eines Vertrags nach Nummer 1 nachzuweisen oder
3. auf andere Weise beim Abschluss eines Vertrags nach Nummer 1 behilflich zu sein,
gelten vorbehaltlich des Satzes 2 die folgenden Vorschriften dieses Untertitels. Bei entgeltlichen Finanzierungshilfen, die den Ausnahmen des § 491 Absatz 2 Satz 2 Nummer 1 bis 5 und Absatz 3 Satz 2 entsprechen, gelten die Vorschriften dieses Untertitels nicht.
(2) Der Darlehensvermittler ist verpflichtet, den Verbraucher nach Maßgabe des Artikels 247 § 13 Absatz 2 und § 13b Absatz 1 des Einführungsgesetzes zum Bürgerlichen Gesetzbuche zu informieren. Der Darlehensvermittler ist gegenüber dem Verbraucher zusätzlich wie ein Darlehensgeber gemäß § 491a verpflichtet. Satz 2 gilt nicht für Warenlieferanten oder Dienstleistungserbringer, die in lediglich untergeordneter Funktion als Darlehensvermittler von Allgemein-Verbraucherdarlehen oder von entsprechenden entgeltlichen Finanzierungshilfen tätig werden, etwa indem sie als Nebenleistung den Abschluss eines verbundenen Verbraucherdarlehensvertrags vermitteln.

(3) Bietet der Darlehensvermittler im Zusammenhang mit der Vermittlung eines Immobiliar-Verbraucherdarlehensvertrags oder entsprechender entgeltlicher Finanzierungshilfen Beratungsleistungen gemäß § 511 Absatz 1 an, so gilt § 511 entsprechend. § 511 Absatz 2 Satz 2 gilt entsprechend mit der Maßgabe, dass der Darlehensvermittler eine ausreichende Zahl von am Markt verfügbaren Darlehensverträgen zu prüfen hat. Ist der Darlehensvermittler nur im Namen und unter der unbeschränkten und vorbehaltlosen Verantwortung nur eines Darlehensgebers oder einer begrenzten Zahl von Darlehensgebern tätig, die am Markt keine Mehrheit darstellt, so braucht der Darlehensvermittler abweichend von Satz 2 nur Darlehensverträge aus der Produktpalette dieser Darlehensgeber zu berücksichtigen.

§ 655b Schriftform bei einem Vertrag mit einem Verbraucher

(1) Der Darlehensvermittlungsvertrag mit einem Verbraucher bedarf der schriftlichen Form. Der Vertrag darf nicht mit dem Antrag auf Hingabe des Darlehens verbunden werden. Der Darlehensvermittler hat dem Verbraucher den Vertragsinhalt in Textform mitzuteilen.
(2) Ein Darlehensvermittlungsvertrag mit einem Verbraucher, der den Anforderungen des Absatzes 1 Satz 1 und 2 nicht genügt oder vor dessen Abschluss die Pflichten aus Artikel 247 § 13 Abs. 2 sowie § 13b Absatz 1 und 3 des Einführungsgesetzes zum Bürgerlichen Gesetzbuche nicht erfüllt worden sind, ist nichtig.

§ 655c Vergütung

Der Verbraucher ist zur Zahlung der Vergütung für die Tätigkeiten nach § 655a Absatz 1 nur verpflichtet, wenn infolge der Vermittlung, des Nachweises oder auf Grund der sonstigen Tätigkeit des Darlehensvermittlers das Darlehen an den Verbraucher geleistet wird und ein Widerruf des Verbrauchers nach § 355 nicht mehr möglich ist. Soweit der Verbraucherdarlehensvertrag mit Wissen des Darlehensvermittlers der vorzeitigen Ablösung eines anderen Darlehens (Umschuldung) dient, entsteht ein Anspruch auf die Vergütung nur, wenn sich der effektive Jahreszins nicht erhöht; bei der Berechnung des effektiven Jahreszinses für das abzulösende Darlehen bleiben etwaige Vermittlungskosten außer Betracht.

§ 655d Nebenentgelte

Der Darlehensvermittler darf für Leistungen, die mit der Vermittlung des Verbraucherdarlehensvertrags oder dem Nachweis der Gelegenheit zum Abschluss eines Verbraucherdarlehensvertrags zusammenhängen, außer der Vergütung nach § 655c Satz 1 sowie eines gegebenenfalls vereinbarten Entgelts für Beratungsleistungen ein Entgelt nicht vereinbaren. Jedoch kann vereinbart werden, dass dem Darlehensvermittler entstandene, erforderliche Auslagen zu erstatten sind. Dieser Anspruch darf die Höhe oder die Höchstbeträge, die der Darlehensvermittler dem Verbraucher gemäß Artikel 247 § 13 Absatz 2 Satz 1 Nummer 4 des Einführungsgesetzes zum Bürgerlichen Gesetzbuche mitgeteilt hat, nicht übersteigen.

§ 655e Abweichende Vereinbarungen, Anwendung auf Existenzgründer

(1) Von den Vorschriften dieses Untertitels darf nicht zum Nachteil des Verbrauchers abgewichen werden. Die Vorschriften dieses Untertitels finden auch Anwendung, wenn sie durch anderweitige Gestaltungen umgangen werden.
(2) Existenzgründer im Sinne des § 513 stehen Verbrauchern in diesem Untertitel gleich.

Untertitel 3
Ehevermittlung

§ 656 Heiratsvermittlung

(1) Durch das Versprechen eines Lohnes für den Nachweis der Gelegenheit zur Eingehung einer Ehe oder für die Vermittlung des Zustandekommens einer Ehe wird eine Verbindlichkeit nicht begründet. Das auf Grund des Versprechens Geleistete kann nicht deshalb zurückgefordert werden, weil eine Verbindlichkeit nicht bestanden hat.
(2) Diese Vorschriften gelten auch für eine Vereinbarung, durch die der andere Teil zum Zwecke der Erfüllung des Versprechens dem Makler gegenüber eine Verbindlichkeit eingeht, insbesondere für ein Schuldanerkenntnis.

Untertitel 4
Vermittlung von Kaufverträgen über Wohnungen und Einfamilienhäuser

§ 656a Textform

Ein Maklervertrag, der den Nachweis der Gelegenheit zum Abschluss eines Kaufvertrags über eine Wohnung oder ein Einfamilienhaus oder die Vermittlung eines solchen Vertrags zum Gegenstand hat, bedarf der Textform.

§ 656b Persönlicher Anwendungsbereich der §§ 656c und 656d

Die §§ 656c und 656d gelten nur, wenn der Käufer ein Verbraucher ist.

§ 656c Lohnanspruch bei Tätigkeit für beide Parteien

(1) Lässt sich der Makler von beiden Parteien des Kaufvertrags über eine Wohnung oder ein Einfamilienhaus einen Maklerlohn versprechen, so kann dies nur in der Weise erfolgen, dass sich die Parteien in gleicher Höhe verpflichten. Vereinbart der Makler mit einer Partei des Kaufvertrags, dass er für diese unentgeltlich tätig wird, kann er sich auch von der anderen Partei keinen Maklerlohn versprechen lassen. Ein Erlass wirkt auch zugunsten des jeweils anderen Vertragspartners des Maklers. Von Satz 3 kann durch Vertrag nicht abgewichen werden.
(2) Ein Maklervertrag, der von Absatz 1 Satz 1 und 2 abweicht, ist unwirksam. § 654 bleibt unberührt.

§ 656d Vereinbarungen über die Maklerkosten

(1) Hat nur eine Partei des Kaufvertrags über eine Wohnung oder ein Einfamilienhaus einen Maklervertrag abgeschlossen, ist eine Vereinbarung, die die andere Partei zur Zahlung oder Erstattung von Maklerlohn verpflichtet, nur wirksam, wenn die Partei, die den Maklervertrag abgeschlossen hat, zur Zahlung des Maklerlohns mindestens in gleicher Höhe verpflichtet bleibt. Der Anspruch gegen die andere Partei wird erst fällig, wenn die Partei, die den Maklervertrag abgeschlossen hat, ihrer Verpflichtung zur Zahlung des Maklerlohns nachgekommen ist und sie oder der Makler einen Nachweis hierüber erbringt.
(2) § 656c Absatz 1 Satz 3 und 4 gilt entsprechend.

Titel 11
Auslobung

§ 657 Bindendes Versprechen

Wer durch öffentliche Bekanntmachung eine Belohnung für die Vornahme einer Handlung, insbesondere für die Herbeiführung eines Erfolges, aussetzt, ist verpflichtet, die Belohnung demjenigen zu entrichten, welcher die Handlung vorgenommen hat, auch wenn dieser nicht mit Rücksicht auf die Auslobung gehandelt hat.

§ 658 Widerruf

(1) Die Auslobung kann bis zur Vornahme der Handlung widerrufen werden. Der Widerruf ist nur wirksam, wenn er in derselben Weise wie die Auslobung bekannt gemacht wird oder wenn er durch besondere Mitteilung erfolgt.
(2) Auf die Widerruflichkeit kann in der Auslobung verzichtet werden; ein Verzicht liegt im Zweifel in der Bestimmung einer Frist für die Vornahme der Handlung.

§ 659 Mehrfache Vornahme

(1) Ist die Handlung, für welche die Belohnung ausgesetzt ist, mehrmals vorgenommen worden, so gebührt die Belohnung demjenigen, welcher die Handlung zuerst vorgenommen hat.
(2) Ist die Handlung von mehreren gleichzeitig vorgenommen worden, so gebührt jedem ein gleicher Teil der Belohnung. Lässt sich die Belohnung wegen ihrer Beschaffenheit nicht teilen oder soll nach dem Inhalt der Auslobung nur einer die Belohnung erhalten, so entscheidet das Los.

§ 660 Mitwirkung mehrerer

(1) Haben mehrere zu dem Erfolg mitgewirkt, für den die Belohnung ausgesetzt ist, so hat der Auslobende die Belohnung unter Berücksichtigung des Anteils eines jeden an dem Erfolg nach billigem Ermessen unter sie zu verteilen. Die Verteilung ist nicht verbindlich, wenn sie offenbar unbillig ist; sie erfolgt in einem solchen Fall durch Urteil.
(2) Wird die Verteilung des Auslobenden von einem der Beteiligten nicht als verbindlich anerkannt, so ist der Auslobende berechtigt, die Erfüllung zu verweigern, bis die Beteiligten den Streit über ihre Berechtigung unter sich ausgetragen haben; jeder von ihnen kann verlangen, dass die Belohnung für alle hinterlegt wird.
(3) Die Vorschrift des § 659 Abs. 2 Satz 2 findet Anwendung.

§ 661 Preisausschreiben

(1) Eine Auslobung, die eine Preisbewerbung zum Gegenstand hat, ist nur gültig, wenn in der Bekanntmachung eine Frist für die Bewerbung bestimmt wird.
(2) Die Entscheidung darüber, ob eine innerhalb der Frist erfolgte Bewerbung der Auslobung entspricht oder welche von mehreren Bewerbungen den Vorzug verdient, ist durch die in der Auslobung bezeichnete Person, in Ermangelung einer solchen durch den Auslobenden zu treffen. Die Entscheidung ist für die Beteiligten verbindlich.
(3) Bei Bewerbungen von gleicher Würdigkeit findet auf die Zuerteilung des Preises die Vorschrift des § 659 Abs. 2 Anwendung.
(4) Die Übertragung des Eigentums an dem Werk kann der Auslobende nur verlangen, wenn er in der Auslobung bestimmt hat, dass die Übertragung erfolgen soll.

§661a Gewinnzusagen
Ein Unternehmer, der Gewinnzusagen oder vergleichbare Mitteilungen an Verbraucher sendet und durch die Gestaltung dieser Zusendungen den Eindruck erweckt, dass der Verbraucher einen Preis gewonnen hat, hat dem Verbraucher diesen Preis zu leisten.

Titel 12
Auftrag, Geschäftsbesorgungsvertrag und Zahlungsdienste
Untertitel 1
Auftrag

§662 Vertragstypische Pflichten beim Auftrag
Durch die Annahme eines Auftrags verpflichtet sich der Beauftragte, ein ihm von dem Auftraggeber übertragenes Geschäft für diesen unentgeltlich zu besorgen.

§663 Anzeigepflicht bei Ablehnung
Wer zur Besorgung gewisser Geschäfte öffentlich bestellt ist oder sich öffentlich erboten hat, ist, wenn er einen auf solche Geschäfte gerichteten Auftrag nicht annimmt, verpflichtet, die Ablehnung dem Auftraggeber unverzüglich anzuzeigen. Das Gleiche gilt, wenn sich jemand dem Auftraggeber gegenüber zur Besorgung gewisser Geschäfte erboten hat.

§664 Unübertragbarkeit; Haftung für Gehilfen
(1) Der Beauftragte darf im Zweifel die Ausführung des Auftrags nicht einem Dritten übertragen. Ist die Übertragung gestattet, so hat er nur ein ihm bei der Übertragung zur Last fallendes Verschulden zu vertreten. Für das Verschulden eines Gehilfen ist er nach § 278 verantwortlich.
(2) Der Anspruch auf Ausführung des Auftrags ist im Zweifel nicht übertragbar.

§665 Abweichung von Weisungen
Der Beauftragte ist berechtigt, von den Weisungen des Auftraggebers abzuweichen, wenn er den Umständen nach annehmen darf, dass der Auftraggeber bei Kenntnis der Sachlage die Abweichung billigen würde. Der Beauftragte hat vor der Abweichung dem Auftraggeber Anzeige zu machen und dessen Entschließung abzuwarten, wenn nicht mit dem Aufschub Gefahr verbunden ist.

§666 Auskunfts- und Rechenschaftspflicht
Der Beauftragte ist verpflichtet, dem Auftraggeber die erforderlichen Nachrichten zu geben, auf Verlangen über den Stand des Geschäfts Auskunft zu erteilen und nach der Ausführung des Auftrags Rechenschaft abzulegen.

§667 Herausgabepflicht
Der Beauftragte ist verpflichtet, dem Auftraggeber alles, was er zur Ausführung des Auftrags erhält und was er aus der Geschäftsbesorgung erlangt, herauszugeben.

§668 Verzinsung des verwendeten Geldes
Verwendet der Beauftragte Geld für sich, das er dem Auftraggeber herauszugeben oder für ihn zu verwenden hat, so ist er verpflichtet, es von der Zeit der Verwendung an zu verzinsen.

§669 Vorschusspflicht
Für die zur Ausführung des Auftrags erforderlichen Aufwendungen hat der Auftraggeber dem Beauftragten auf Verlangen Vorschuss zu leisten.

§670 Ersatz von Aufwendungen
Macht der Beauftragte zum Zwecke der Ausführung des Auftrags Aufwendungen, die er den Umständen nach für erforderlich halten darf, so ist der Auftraggeber zum Ersatz verpflichtet.

§671 Widerruf; Kündigung
(1) Der Auftrag kann von dem Auftraggeber jederzeit widerrufen, von dem Beauftragten jederzeit gekündigt werden.
(2) Der Beauftragte darf nur in der Art kündigen, dass der Auftraggeber für die Besorgung des Geschäfts anderweit Fürsorge treffen kann, es sei denn, dass ein wichtiger Grund für die unzeitige Kündigung vorliegt. Kündigt er ohne solchen Grund zur Unzeit, so hat er dem Auftraggeber den daraus entstehenden Schaden zu ersetzen.
(3) Liegt ein wichtiger Grund vor, so ist der Beauftragte zur Kündigung auch dann berechtigt, wenn er auf das Kündigungsrecht verzichtet hat.

§672 Tod oder Geschäftsunfähigkeit des Auftraggebers
Der Auftrag erlischt im Zweifel nicht durch den Tod oder den Eintritt der Geschäftsunfähigkeit des Auftraggebers. Erlischt der Auftrag, so hat der Beauftragte, wenn mit dem Aufschub Gefahr verbunden ist, die Besorgung des

70 BGB §§ 673-719

übertragenen Geschäfts fortzusetzen, bis der Erbe oder der gesetzliche Vertreter des Auftraggebers anderweit Fürsorge treffen kann; der Auftrag gilt insoweit als fortbestehend.

§ 673 Tod des Beauftragten
Der Auftrag erlischt im Zweifel durch den Tod des Beauftragten. Erlischt der Auftrag, so hat der Erbe des Beauftragten den Tod dem Auftraggeber unverzüglich anzuzeigen und, wenn mit dem Aufschube Gefahr verbunden ist, die Besorgung des übertragenden Geschäfts fortzusetzen, bis der Auftraggeber anderweit Fürsorge treffen kann; der Auftrag gilt insoweit als fortbestehend.

§ 674 Fiktion des Fortbestehens
Erlischt der Auftrag in anderer Weise als durch Widerruf, so gilt er zugunsten des Beauftragten gleichwohl als fortbestehend, bis der Beauftragte von dem Erlöschen Kenntnis erlangt oder das Erlöschen kennen muss.

Untertitel 2
Geschäftsbesorgungsvertrag

§ 675 Entgeltliche Geschäftsbesorgung
(1) Auf einen Dienstvertrag oder einen Werkvertrag, der eine Geschäftsbesorgung zum Gegenstand hat, finden, soweit in diesem Untertitel nichts Abweichendes bestimmt wird, die Vorschriften der §§ 663, 665 bis 670, 672 bis 674 und, wenn dem Verpflichteten das Recht zusteht, ohne Einhaltung einer Kündigungsfrist zu kündigen, auch die Vorschrift des § 671 Abs. 2 entsprechende Anwendung.
(2) Wer einem anderen einen Rat oder eine Empfehlung erteilt, ist, unbeschadet der sich aus einem Vertragsverhältnis, einer unerlaubten Handlung oder einer sonstigen gesetzlichen Bestimmung ergebenden Verantwortlichkeit, zum Ersatz des aus der Befolgung des Rates oder der Empfehlung entstehenden Schadens nicht verpflichtet.
(3) Ein Vertrag, durch den sich der eine Teil verpflichtet, die Anmeldung oder Registrierung des anderen Teils zur Teilnahme an Gewinnspielen zu bewirken, die von einem Dritten durchgeführt werden, bedarf der Textform.

Titel 13
Geschäftsführung ohne Auftrag

§ 677 Pflichten des Geschäftsführers
Wer ein Geschäft für einen anderen besorgt, ohne von ihm beauftragt oder ihm gegenüber sonst dazu berechtigt zu sein, hat das Geschäft so zu führen, wie das Interesse des Geschäftsherrn mit Rücksicht auf dessen wirklichen oder mutmaßlichen Willen es erfordert.

Titel 14
Verwahrung

§ 688 Vertragstypische Pflichten bei der Verwahrung
Durch den Verwahrungsvertrag wird der Verwahrer verpflichtet, eine ihm von dem Hinterleger übergebene bewegliche Sache aufzubewahren.

Titel 16
Gesellschaft

§ 705 Inhalt des Gesellschaftsvertrags
Durch den Gesellschaftsvertrag verpflichten sich die Gesellschafter gegenseitig, die Erreichung eines gemeinsamen Zweckes in der durch den Vertrag bestimmten Weise zu fördern, insbesondere die vereinbarten Beiträge zu leisten.

§ 714 Vertretungsmacht
Soweit einem Gesellschafter nach dem Gesellschaftsvertrag die Befugnis zur Geschäftsführung zusteht, ist er im Zweifel auch ermächtigt, die anderen Gesellschafter Dritten gegenüber zu vertreten.

§ 718 Gesellschaftsvermögen
(1) Die Beiträge der Gesellschafter und die durch die Geschäftsführung für die Gesellschaft erworbenen Gegenstände werden gemeinschaftliches Vermögen der Gesellschafter (Gesellschaftsvermögen).
(2) Zu dem Gesellschaftsvermögen gehört auch, was auf Grund eines zu dem Gesellschaftsvermögen gehörenden Rechts oder als Ersatz für die Zerstörung, Beschädigung oder Entziehung eines zu dem Gesellschaftsvermögen gehörenden Gegenstands erworben wird.

§ 719 Gesamthänderische Bindung
(1) Ein Gesellschafter kann nicht über seinen Anteil an dem Gesellschaftsvermögen und an den einzelnen dazu gehörenden Gegenständen verfügen; er ist nicht berechtigt, Teilung zu verlangen.
(2) Gegen eine Forderung, die zum Gesellschaftsvermögen gehört, kann der Schuldner nicht eine ihm gegen einen einzelnen Gesellschafter zustehende Forderung aufrechnen.

Titel 17
Gemeinschaft

§ 741 Gemeinschaft nach Bruchteilen

Steht ein Recht mehreren gemeinschaftlich zu, so finden, sofern sich nicht aus dem Gesetz ein anderes ergibt, die Vorschriften der §§ 742 bis 758 Anwendung (Gemeinschaft nach Bruchteilen).

Titel 19
Unvollkommene Verbindlichkeiten

§ 762 Spiel, Wette

(1) Durch Spiel oder durch Wette wird eine Verbindlichkeit nicht begründet. Das auf Grund des Spieles oder der Wette Geleistete kann nicht deshalb zurückgefordert werden, weil eine Verbindlichkeit nicht bestanden hat.
(2) Diese Vorschriften gelten auch für eine Vereinbarung, durch die der verlierende Teil zum Zwecke der Erfüllung einer Spiel- oder einer Wettschuld dem gewinnenden Teil gegenüber eine Verbindlichkeit eingeht, insbesondere für ein Schuldanerkenntnis.

§ 763 Lotterie- und Ausspielvertrag

Ein Lotterievertrag oder ein Ausspielvertrag ist verbindlich, wenn die Lotterie oder die Ausspielung staatlich genehmigt ist. Anderenfalls findet die Vorschrift des § 762 Anwendung.

§ 764 (weggefallen)

Titel 20
Bürgschaft

§ 765 Vertragstypische Pflichten bei der Bürgschaft

(1) Durch den Bürgschaftsvertrag verpflichtet sich der Bürge gegenüber dem Gläubiger eines Dritten, für die Erfüllung der Verbindlichkeit des Dritten einzustehen.
(2) Die Bürgschaft kann auch für eine künftige oder eine bedingte Verbindlichkeit übernommen werden.

§ 766 Schriftform der Bürgschaftserklärung

Zur Gültigkeit des Bürgschaftsvertrags ist schriftliche Erteilung der Bürgschaftserklärung erforderlich. Die Erteilung der Bürgschaftserklärung in elektronischer Form ist ausgeschlossen. Soweit der Bürge die Hauptverbindlichkeit erfüllt, wird der Mangel der Form geheilt.

§ 767 Umfang der Bürgschaftsschuld

(1) Für die Verpflichtung des Bürgen ist der jeweilige Bestand der Hauptverbindlichkeit maßgebend. Dies gilt insbesondere auch, wenn die Hauptverbindlichkeit durch Verschulden oder Verzug des Hauptschuldners geändert wird. Durch ein Rechtsgeschäft, das der Hauptschuldner nach der Übernahme der Bürgschaft vornimmt, wird die Verpflichtung des Bürgen nicht erweitert.
(2) Der Bürge haftet für die dem Gläubiger von dem Hauptschuldner zu ersetzenden Kosten der Kündigung und der Rechtsverfolgung.

§ 768 Einreden des Bürgen

(1) Der Bürge kann die dem Hauptschuldner zustehenden Einreden geltend machen. Stirbt der Hauptschuldner, so kann sich der Bürge nicht darauf berufen, dass der Erbe für die Verbindlichkeit nur beschränkt haftet.
(2) Der Bürge verliert eine Einrede nicht dadurch, dass der Hauptschuldner auf sie verzichtet.

§ 769 Mitbürgschaft

Verbürgen sich mehrere für dieselbe Verbindlichkeit, so haften sie als Gesamtschuldner, auch wenn sie die Bürgschaft nicht gemeinschaftlich übernehmen.

§ 770 Einreden der Anfechtbarkeit und der Aufrechenbarkeit

(1) Der Bürge kann die Befriedigung des Gläubigers verweigern, solange dem Hauptschuldner das Recht zusteht, das seiner Verbindlichkeit zugrunde liegende Rechtsgeschäft anzufechten.
(2) Die gleiche Befugnis hat der Bürge, solange sich der Gläubiger durch Aufrechnung gegen eine fällige Forderung des Hauptschuldners befriedigen kann.

§ 771 Einrede der Vorausklage

Der Bürge kann die Befriedigung des Gläubigers verweigern, solange nicht der Gläubiger eine Zwangsvollstreckung gegen den Hauptschuldner ohne Erfolg versucht hat (Einrede der Vorausklage). Erhebt der Bürge die Einrede der Vorausklage, ist die Verjährung des Anspruchs des Gläubigers gegen den Bürgen gehemmt, bis der Gläubiger eine Zwangsvollstreckung gegen den Hauptschuldner ohne Erfolg versucht hat.

§ 772 Vollstreckungs- und Verwertungspflicht des Gläubigers

(1) Besteht die Bürgschaft für eine Geldforderung, so muss die Zwangsvollstreckung in die beweglichen Sachen des Hauptschuldners an seinem Wohnsitz und, wenn der Hauptschuldner an einem anderen Orte eine gewerbliche Niederlassung hat, auch an diesem Orte, in Ermangelung eines Wohnsitzes und einer gewerblichen Niederlassung an seinem Aufenthaltsort versucht werden.
(2) Steht dem Gläubiger ein Pfandrecht oder ein Zurückbehaltungsrecht an einer beweglichen Sache des Hauptschuldners zu, so muss er auch aus dieser Sache Befriedigung suchen. Steht dem Gläubiger ein solches Recht an der Sache auch für eine andere Forderung zu, so gilt dies nur, wenn beide Forderungen durch den Wert der Sache gedeckt werden.

§ 773 Ausschluss der Einrede der Vorausklage

(1) Die Einrede der Vorausklage ist ausgeschlossen:
1. wenn der Bürge auf die Einrede verzichtet, insbesondere wenn er sich als Selbstschuldner verbürgt hat,
2. wenn die Rechtsverfolgung gegen den Hauptschuldner infolge einer nach der Übernahme der Bürgschaft eingetretenen Änderung des Wohnsitzes, der gewerblichen Niederlassung oder des Aufenthaltsorts des Hauptschuldners wesentlich erschwert ist,
3. wenn über das Vermögen des Hauptschuldners das Insolvenzverfahren eröffnet ist,
4. wenn anzunehmen ist, dass die Zwangsvollstreckung in das Vermögen des Hauptschuldners nicht zur Befriedigung des Gläubigers führen wird.

(2) In den Fällen der Nummern 3, 4 ist die Einrede insoweit zulässig, als sich der Gläubiger aus einer beweglichen Sache des Hauptschuldners befriedigen kann, an der er ein Pfandrecht oder ein Zurückbehaltungsrecht hat; die Vorschrift des § 772 Abs. 2 Satz 2 findet Anwendung.

§ 774 Gesetzlicher Forderungsübergang

(1) Soweit der Bürge den Gläubiger befriedigt, geht die Forderung des Gläubigers gegen den Hauptschuldner auf ihn über. Der Übergang kann nicht zum Nachteil des Gläubigers geltend gemacht werden. Einwendungen des Hauptschuldners aus einem zwischen ihm und dem Bürgen bestehenden Rechtsverhältnis bleiben unberührt.
(2) Mitbürgen haften einander nur nach § 426.

§ 775 Anspruch des Bürgen auf Befreiung

(1) Hat sich der Bürge im Auftrag des Hauptschuldners verbürgt oder stehen ihm nach den Vorschriften über die Geschäftsführung ohne Auftrag wegen der Übernahme der Bürgschaft die Rechte eines Beauftragten gegen den Hauptschuldner zu, so kann er von diesem Befreiung von der Bürgschaft verlangen:
1. wenn sich die Vermögensverhältnisse des Hauptschuldners wesentlich verschlechtert haben,
2. wenn die Rechtsverfolgung gegen den Hauptschuldner infolge einer nach der Übernahme der Bürgschaft eingetretenen Änderung des Wohnsitzes, der gewerblichen Niederlassung oder des Aufenthaltsorts des Hauptschuldners wesentlich erschwert ist,
3. wenn der Hauptschuldner mit der Erfüllung seiner Verbindlichkeit im Verzug ist,
4. wenn der Gläubiger gegen den Bürgen ein vollstreckbares Urteil auf Erfüllung erwirkt hat.

(2) Ist die Hauptverbindlichkeit noch nicht fällig, so kann der Hauptschuldner dem Bürgen, statt ihn zu befreien, Sicherheit leisten.

§ 776 Aufgabe einer Sicherheit

Gibt der Gläubiger ein mit der Forderung verbundenes Vorzugsrecht, eine für sie bestehende Hypothek oder Schiffshypothek, ein für sie bestehendes Pfandrecht oder das Recht gegen einen Mitbürgen auf, so wird der Bürge insoweit frei, als er aus dem aufgegebenen Recht nach § 774 hätte Ersatz erlangen können. Dies gilt auch dann, wenn das aufgegebene Recht erst nach der Übernahme der Bürgschaft entstanden ist.

§ 777 Bürgschaft auf Zeit

(1) Hat sich der Bürge für eine bestehende Verbindlichkeit auf bestimmte Zeit verbürgt, so wird er nach dem Ablauf der bestimmten Zeit frei, wenn nicht der Gläubiger die Einziehung der Forderung unverzüglich nach Maßgabe des § 772 betreibt, das Verfahren ohne wesentliche Verzögerung fortsetzt und unverzüglich nach der Beendigung des Verfahrens dem Bürgen anzeigt, dass er ihn in Anspruch nehme. Steht dem Bürgen die Einrede der Vorausklage nicht zu, so wird er nach dem Ablaufe der bestimmten Zeit frei, wenn nicht der Gläubiger ihm unverzüglich diese Anzeige macht.
(2) Erfolgt die Anzeige rechtzeitig, so beschränkt sich die Haftung des Bürgen im Falle des Absatzes 1 Satz 1 auf den Umfang, den die Hauptverbindlichkeit zur Zeit der Beendigung des Verfahrens hat, im Falle des Absatzes 1 Satz 2 auf den Umfang, den die Hauptverbindlichkeit bei dem Ablauf der bestimmten Zeit hat.

§ 778 Kreditauftrag

Wer einen anderen beauftragt, im eigenen Namen und auf eigene Rechnung einem Dritten ein Darlehen oder eine Finanzierungshilfe zu gewähren, haftet dem Beauftragten für die aus dem Darlehen oder der Finanzierungshilfe entstehende Verbindlichkeit des Dritten als Bürge.

Titel 21
Vergleich

§ 779 Begriff des Vergleichs, Irrtum über die Vergleichsgrundlage

(1) Ein Vertrag, durch den der Streit oder die Ungewissheit der Parteien über ein Rechtsverhältnis im Wege gegenseitigen Nachgebens beseitigt wird (Vergleich), ist unwirksam, wenn der nach dem Inhalt des Vertrags als feststehend zugrunde gelegte Sachverhalt der Wirklichkeit nicht entspricht und der Streit oder die Ungewissheit bei Kenntnis der Sachlage nicht entstanden sein würde.

(2) Der Ungewissheit über ein Rechtsverhältnis steht es gleich, wenn die Verwirklichung eines Anspruchs unsicher ist.

Titel 22
Schuldversprechen, Schuldanerkenntnis

§ 780 Schuldversprechen

Zur Gültigkeit eines Vertrags, durch den eine Leistung in der Weise versprochen wird, dass das Versprechen die Verpflichtung selbständig begründen soll (Schuldversprechen), ist, soweit nicht eine andere Form vorgeschrieben ist, schriftliche Erteilung des Versprechens erforderlich. Die Erteilung des Versprechens in elektronischer Form ist ausgeschlossen.

§ 781 Schuldanerkenntnis

Zur Gültigkeit eines Vertrags, durch den das Bestehen eines Schuldverhältnisses anerkannt wird (Schuldanerkenntnis), ist schriftliche Erteilung der Anerkennungserklärung erforderlich. Die Erteilung der Anerkennungserklärung in elektronischer Form ist ausgeschlossen. Ist für die Begründung des Schuldverhältnisses, dessen Bestehen anerkannt wird, eine andere Form vorgeschrieben, so bedarf der Anerkennungsvertrag dieser Form.

§ 782 Formfreiheit bei Vergleich

Wird ein Schuldversprechen oder ein Schuldanerkenntnis auf Grund einer Abrechnung oder im Wege des Vergleichs erteilt, so ist die Beobachtung der in den §§ 780, 781 vorgeschriebenen schriftlichen Form nicht erforderlich.

Titel 26
Ungerechtfertigte Bereicherung

§ 812 Herausgabeanspruch

(1) Wer durch die Leistung eines anderen oder in sonstiger Weise auf dessen Kosten etwas ohne rechtlichen Grund erlangt, ist ihm zur Herausgabe verpflichtet. Diese Verpflichtung besteht auch dann, wenn der rechtliche Grund später wegfällt oder der mit einer Leistung nach dem Inhalt des Rechtsgeschäfts bezweckte Erfolg nicht eintritt.

(2) Als Leistung gilt auch die durch Vertrag erfolgte Anerkennung des Bestehens oder des Nichtbestehens eines Schuldverhältnisses.

§ 813 Erfüllung trotz Einrede

(1) Das zum Zwecke der Erfüllung einer Verbindlichkeit Geleistete kann auch dann zurückgefordert werden, wenn dem Anspruch eine Einrede entgegenstand, durch welche die Geltendmachung des Anspruchs dauernd ausgeschlossen wurde. Die Vorschrift des § 214 Abs. 2 bleibt unberührt.

(2) Wird eine betagte Verbindlichkeit vorzeitig erfüllt, so ist die Rückforderung ausgeschlossen; die Erstattung von Zwischenzinsen kann nicht verlangt werden.

§ 814 Kenntnis der Nichtschuld

Das zum Zwecke der Erfüllung einer Verbindlichkeit Geleistete kann nicht zurückgefordert werden, wenn der Leistende gewusst hat, dass er zur Leistung nicht verpflichtet war, oder wenn die Leistung einer sittlichen Pflicht oder einer auf den Anstand zu nehmenden Rücksicht entsprach.

§ 815 Nichteintritt des Erfolgs

Die Rückforderung wegen Nichteintritts des mit einer Leistung bezweckten Erfolgs ist ausgeschlossen, wenn der Eintritt des Erfolgs von Anfang an unmöglich war und der Leistende dies gewusst hat oder wenn der Leistende den Eintritt des Erfolgs wider Treu und Glauben verhindert hat.

§ 816 Verfügung eines Nichtberechtigten

(1) Trifft ein Nichtberechtigter über einen Gegenstand eine Verfügung, die dem Berechtigten gegenüber wirksam ist, so ist er dem Berechtigten zur Herausgabe des durch die Verfügung Erlangten verpflichtet. Erfolgt die Verfügung unentgeltlich, so trifft die gleiche Verpflichtung denjenigen, welcher auf Grund der Verfügung unmittelbar einen rechtlichen Vorteil erlangt.
(2) Wird an einen Nichtberechtigten eine Leistung bewirkt, die dem Berechtigten gegenüber wirksam ist, so ist der Nichtberechtigte dem Berechtigten zur Herausgabe des Geleisteten verpflichtet.

§ 817 Verstoß gegen Gesetz oder gute Sitten

War der Zweck einer Leistung in der Art bestimmt, dass der Empfänger durch die Annahme gegen ein gesetzliches Verbot oder gegen die guten Sitten verstoßen hat, so ist der Empfänger zur Herausgabe verpflichtet. Die Rückforderung ist ausgeschlossen, wenn dem Leistenden gleichfalls ein solcher Verstoß zur Last fällt, es sei denn, dass die Leistung in der Eingehung einer Verbindlichkeit bestand; das zur Erfüllung einer solchen Verbindlichkeit Geleistete kann nicht zurückgefordert werden.

§ 818 Umfang des Bereicherungsanspruchs

(1) Die Verpflichtung zur Herausgabe erstreckt sich auf die gezogenen Nutzungen sowie auf dasjenige, was der Empfänger auf Grund eines erlangten Rechts oder als Ersatz für die Zerstörung, Beschädigung oder Entziehung des erlangten Gegenstands erwirbt.
(2) Ist die Herausgabe wegen der Beschaffenheit des Erlangten nicht möglich oder ist der Empfänger aus einem anderen Grunde zur Herausgabe außerstande, so hat er den Wert zu ersetzen.
(3) Die Verpflichtung zur Herausgabe oder zum Ersatze des Wertes ist ausgeschlossen, soweit der Empfänger nicht mehr bereichert ist.
(4) Von dem Eintritt der Rechtshängigkeit an haftet der Empfänger nach den allgemeinen Vorschriften.

§ 819 Verschärfte Haftung bei Kenntnis und bei Gesetzes- oder Sittenverstoß

(1) Kennt der Empfänger den Mangel des rechtlichen Grundes bei dem Empfang oder erfährt er ihn später, so ist er von dem Empfang oder der Erlangung der Kenntnis an zur Herausgabe verpflichtet, wie wenn der Anspruch auf Herausgabe zu dieser Zeit rechtshängig geworden wäre.
(2) Verstößt der Empfänger durch die Annahme der Leistung gegen ein gesetzliches Verbot oder gegen die guten Sitten, so ist er von dem Empfang der Leistung an in der gleichen Weise verpflichtet.

§ 820 Verschärfte Haftung bei ungewissem Erfolgseintritt

(1) War mit der Leistung ein Erfolg bezweckt, dessen Eintritt nach dem Inhalt des Rechtsgeschäfts als ungewiss angesehen wurde, so ist der Empfänger, falls der Erfolg nicht eintritt, zur Herausgabe so verpflichtet, wie wenn der Anspruch auf Herausgabe zur Zeit des Empfangs rechtshängig geworden wäre. Das Gleiche gilt, wenn die Leistung aus einem Rechtsgrund, dessen Wegfall nach dem Inhalte des Rechtsgeschäfts als möglich angesehen wurde, erfolgt ist und der Rechtsgrund wegfällt.
(2) Zinsen hat der Empfänger erst von dem Zeitpunkt an zu entrichten, in welchem er erfährt, dass der Erfolg nicht eingetreten oder dass der Rechtsgrund weggefallen ist; zur Herausgabe von Nutzungen ist er insoweit nicht verpflichtet, als er zu dieser Zeit nicht mehr bereichert ist.

§ 821 Einrede der Bereicherung

Wer ohne rechtlichen Grund eine Verbindlichkeit eingeht, kann die Erfüllung auch dann verweigern, wenn der Anspruch auf Befreiung von der Verbindlichkeit verjährt ist.

§ 822 Herausgabepflicht Dritter

Wendet der Empfänger das Erlangte unentgeltlich einem Dritten zu, so ist, soweit infolgedessen die Verpflichtung des Empfängers zur Herausgabe der Bereicherung ausgeschlossen ist, der Dritte zur Herausgabe verpflichtet, wie wenn er die Zuwendung von dem Gläubiger ohne rechtlichen Grund erhalten hätte.

Titel 27
Unerlaubte Handlungen

§ 823 Schadensersatzpflicht

(1) Wer vorsätzlich oder fahrlässig das Leben, den Körper, die Gesundheit, die Freiheit, das Eigentum oder ein sonstiges Recht eines anderen widerrechtlich verletzt, ist dem anderen zum Ersatz des daraus entstehenden Schadens verpflichtet.
(2) Die gleiche Verpflichtung trifft denjenigen, welcher gegen ein den Schutz eines anderen bezweckendes Gesetz verstößt. Ist nach dem Inhalt des Gesetzes ein Verstoß gegen dieses auch ohne Verschulden möglich, so tritt die Ersatzpflicht nur im Falle des Verschuldens ein.

§ 824 Kreditgefährdung

(1) Wer der Wahrheit zuwider eine Tatsache behauptet oder verbreitet, die geeignet ist, den Kredit eines anderen zu gefährden oder sonstige Nachteile für dessen Erwerb oder Fortkommen herbeizuführen, hat dem anderen den daraus entstehenden Schaden auch dann zu ersetzen, wenn er die Unwahrheit zwar nicht kennt, aber kennen muss.
(2) Durch eine Mitteilung, deren Unwahrheit dem Mitteilenden unbekannt ist, wird dieser nicht zum Schadensersatz verpflichtet, wenn er oder der Empfänger der Mitteilung an ihr ein berechtigtes Interesse hat.

§ 825 Bestimmung zu sexuellen Handlungen

Wer einen anderen durch Hinterlist, Drohung oder Missbrauch eines Abhängigkeitverhältnisses zur Vornahme oder Duldung sexueller Handlungen bestimmt, ist ihm zum Ersatz des daraus entstehenden Schadens verpflichtet.

§ 826 Sittenwidrige vorsätzliche Schädigung

Wer in einer gegen die guten Sitten verstoßenden Weise einem anderen vorsätzlich Schaden zufügt, ist dem anderen zum Ersatz des Schadens verpflichtet.

§ 827 Ausschluss und Minderung der Verantwortlichkeit

Wer im Zustande der Bewusstlosigkeit oder in einem die freie Willensbestimmung ausschließenden Zustande krankhafter Störung der Geistestätigkeit einem anderen Schaden zufügt, ist für den Schaden nicht verantwortlich. Hat er sich durch geistige Getränke oder ähnliche Mittel in einen vorübergehenden Zustand dieser Art versetzt, so ist er für einen Schaden, den er in diesem Zustand widerrechtlich verursacht, in gleicher Weise verantwortlich, wie wenn ihm Fahrlässigkeit zur Last fiele; die Verantwortlichkeit tritt nicht ein, wenn er ohne Verschulden in den Zustand geraten ist.

§ 828 Minderjährige

(1) Wer nicht das siebente Lebensjahr vollendet hat, ist für einen Schaden, den er einem anderen zufügt, nicht verantwortlich.
(2) Wer das siebente, aber nicht das zehnte Lebensjahr vollendet hat, ist für den Schaden, den er bei einem Unfall mit einem Kraftfahrzeug, einer Schienenbahn oder einer Schwebebahn einem anderen zufügt, nicht verantwortlich. Dies gilt nicht, wenn er die Verletzung vorsätzlich herbeigeführt hat.
(3) Wer das 18. Lebensjahr noch nicht vollendet hat, ist, sofern seine Verantwortlichkeit nicht nach Absatz 1 oder 2 ausgeschlossen ist, für den Schaden, den er einem anderen zufügt, nicht verantwortlich, wenn er bei der Begehung der schädigenden Handlung nicht die zur Erkenntnis der Verantwortlichkeit erforderliche Einsicht hat.

§ 829 Ersatzpflicht aus Billigkeitsgründen

Wer in einem der in den §§ 823 bis 826 bezeichneten Fälle für einen von ihm verursachten Schaden auf Grund der §§ 827, 828 nicht verantwortlich ist, hat gleichwohl, sofern der Ersatz des Schadens nicht von einem aufsichtspflichtigen Dritten erlangt werden kann, den Schaden insoweit zu ersetzen, als die Billigkeit nach den Umständen, insbesondere nach den Verhältnissen der Beteiligten, eine Schadloshaltung erfordert und ihm nicht die Mittel entzogen werden, deren er zum angemessenen Unterhalte sowie zur Erfüllung seiner gesetzlichen Unterhaltspflichten bedarf.

§ 830 Mittäter und Beteiligte

(1) Haben mehrere durch eine gemeinschaftlich begangene unerlaubte Handlung einen Schaden verursacht, so ist jeder für den Schaden verantwortlich. Das Gleiche gilt, wenn sich nicht ermitteln lässt, wer von mehreren Beteiligten den Schaden durch seine Handlung verursacht hat.
(2) Anstifter und Gehilfen stehen Mittätern gleich.

§ 831 Haftung für den Verrichtungsgehilfen

(1) Wer einen anderen zu einer Verrichtung bestellt, ist zum Ersatz des Schadens verpflichtet, den der andere in Ausführung der Verrichtung einem Dritten widerrechtlich zufügt. Die Ersatzpflicht tritt nicht ein, wenn der Geschäftsherr bei der Auswahl der bestellten Person und, sofern er Vorrichtungen oder Gerätschaften zu beschaffen oder die Ausführung der Verrichtung zu leiten hat, bei der Beschaffung oder der Leitung die im Verkehr erforderliche Sorgfalt beobachtet oder wenn der Schaden auch bei Anwendung dieser Sorgfalt entstanden sein würde.
(2) Die gleiche Verantwortlichkeit trifft denjenigen, welcher für den Geschäftsherrn die Besorgung eines der im Absatz 1 Satz 2 bezeichneten Geschäfte durch Vertrag übernimmt.

§ 832 Haftung des Aufsichtspflichtigen

(1) Wer kraft Gesetzes zur Führung der Aufsicht über eine Person verpflichtet ist, die wegen Minderjährigkeit oder wegen ihres geistigen oder körperlichen Zustands der Beaufsichtigung bedarf, ist zum Ersatz des Schadens verpflichtet, den diese Person einem Dritten widerrechtlich zufügt. Die Ersatzpflicht tritt nicht ein, wenn er seiner Aufsichtspflicht genügt oder wenn der Schaden auch bei gehöriger Aufsichtsführung entstanden sein würde.
(2) Die gleiche Verantwortlichkeit trifft denjenigen, welcher die Führung der Aufsicht durch Vertrag übernimmt.

§ 833 Haftung des Tierhalters

Wird durch ein Tier ein Mensch getötet oder der Körper oder die Gesundheit eines Menschen verletzt oder eine Sache beschädigt, so ist derjenige, welcher das Tier hält, verpflichtet, dem Verletzten den daraus entstehenden Schaden zu ersetzen. Die Ersatzpflicht tritt nicht ein, wenn der Schaden durch ein Haustier verursacht wird, das dem Beruf, der Erwerbstätigkeit oder dem Unterhalte des Tierhalters zu dienen bestimmt ist, und entweder der Tierhalter bei der Beaufsichtigung des Tieres die im Verkehr erforderliche Sorgfalt beobachtet oder der Schaden auch bei Anwendung dieser Sorgfalt entstanden sein würde.

§ 834 Haftung des Tieraufsehers

Wer für denjenigen, welcher ein Tier hält, die Führung der Aufsicht über das Tier durch Vertrag übernimmt, ist für den Schaden verantwortlich, den das Tier einem Dritten in der im § 833 bezeichneten Weise zufügt. Die Verantwortlichkeit tritt nicht ein, wenn er bei der Führung der Aufsicht die im Verkehr erforderliche Sorgfalt beobachtet oder wenn der Schaden auch bei Anwendung dieser Sorgfalt entstanden sein würde.

§ 835 (weggefallen)

§ 836 Haftung des Grundstücksbesitzers

(1) Wird durch den Einsturz eines Gebäudes oder eines anderen mit einem Grundstück verbundenen Werkes oder durch die Ablösung von Teilen des Gebäudes oder des Werkes ein Mensch getötet, der Körper oder die Gesundheit eines Menschen verletzt oder eine Sache beschädigt, so ist der Besitzer des Grundstücks, sofern der Einsturz oder die Ablösung die Folge fehlerhafter Errichtung oder mangelhafter Unterhaltung ist, verpflichtet, dem Verletzten den daraus entstehenden Schaden zu ersetzen. Die Ersatzpflicht tritt nicht ein, wenn der Besitzer zum Zwecke der Abwendung der Gefahr die im Verkehr erforderliche Sorgfalt beobachtet hat.
(2) Ein früherer Besitzer des Grundstücks ist für den Schaden verantwortlich, wenn der Einsturz oder die Ablösung innerhalb eines Jahres nach der Beendigung seines Besitzes eintritt, es sei denn, dass er während seines Besitzes die im Verkehr erforderliche Sorgfalt beobachtet hat oder ein späterer Besitzer durch Beobachtung dieser Sorgfalt die Gefahr hätte abwenden können.
(3) Besitzer im Sinne dieser Vorschriften ist der Eigenbesitzer.

§ 837 Haftung des Gebäudebesitzers

Besitzt jemand auf einem fremden Grundstück in Ausübung eines Rechts ein Gebäude oder ein anderes Werk, so trifft ihn anstelle des Besitzers des Grundstücks die im § 836 bestimmte Verantwortlichkeit.

§ 838 Haftung des Gebäudeunterhaltungspflichtigen

Wer die Unterhaltung eines Gebäudes oder eines mit einem Grundstück verbundenen Werkes für den Besitzer übernimmt oder das Gebäude oder das Werk vermöge eines ihm zustehenden Nutzungsrechts zu unterhalten hat, ist für den durch den Einsturz oder die Ablösung von Teilen verursachten Schaden in gleicher Weise verantwortlich wie der Besitzer.

§ 839 Haftung bei Amtspflichtverletzung

(1) Verletzt ein Beamter vorsätzlich oder fahrlässig die ihm einem Dritten gegenüber obliegende Amtspflicht, so hat er dem Dritten den daraus entstehenden Schaden zu ersetzen. Fällt dem Beamten nur Fahrlässigkeit zur Last, so kann er nur dann in Anspruch genommen werden, wenn der Verletzte nicht auf andere Weise Ersatz zu erlangen vermag.
(2) Verletzt ein Beamter bei dem Urteil in einer Rechtssache seine Amtspflicht, so ist er für den daraus entstehenden Schaden nur dann verantwortlich, wenn die Pflichtverletzung in einer Straftat besteht. Auf eine pflichtwidrige Verweigerung oder Verzögerung der Ausübung des Amtes findet diese Vorschrift keine Anwendung.
(3) Die Ersatzpflicht tritt nicht ein, wenn der Verletzte vorsätzlich oder fahrlässig unterlassen hat, den Schaden durch Gebrauch eines Rechtsmittels abzuwenden.

§ 839a Haftung des gerichtlichen Sachverständigen

(1) Erstattet ein vom Gericht ernannter Sachverständiger vorsätzlich oder grob fahrlässig ein unrichtiges Gutachten, so ist er zum Ersatz des Schadens verpflichtet, der einem Verfahrensbeteiligten durch eine gerichtliche Entscheidung entsteht, die auf diesem Gutachten beruht.
(2) § 839 Abs. 3 ist entsprechend anzuwenden.

§ 840 Haftung mehrerer

(1) Sind für den aus einer unerlaubten Handlung entstehenden Schaden mehrere nebeneinander verantwortlich, so haften sie als Gesamtschuldner.

(2) Ist neben demjenigen, welcher nach den §§ 831, 832 zum Ersatz des von einem anderen verursachten Schadens verpflichtet ist, auch der andere für den Schaden verantwortlich, so ist in ihrem Verhältnis zueinander der andere allein, im Falle des § 829 der Aufsichtspflichtige allein verpflichtet.

(3) Ist neben demjenigen, welcher nach den §§ 833 bis 838 zum Ersatz des Schadens verpflichtet ist, ein Dritter für den Schaden verantwortlich, so ist in ihrem Verhältnis zueinander der Dritte allein verpflichtet.

§ 841 Ausgleichung bei Beamtenhaftung

Ist ein Beamter, der vermöge seiner Amtspflicht einen anderen zur Geschäftsführung für einen Dritten zu bestellen oder eine solche Geschäftsführung zu beaufsichtigen oder durch Genehmigung von Rechtsgeschäften bei ihr mitzuwirken hat, wegen Verletzung dieser Pflichten neben dem anderen für den von diesem verursachten Schaden verantwortlich, so ist in ihrem Verhältnis zueinander der andere allein verpflichtet.

§ 842 Umfang der Ersatzpflicht bei Verletzung einer Person

Die Verpflichtung zum Schadensersatz wegen einer gegen die Person gerichteten unerlaubten Handlung erstreckt sich auf die Nachteile, welche die Handlung für den Erwerb oder das Fortkommen des Verletzten herbeiführt.

§ 843 Geldrente oder Kapitalabfindung

(1) Wird infolge einer Verletzung des Körpers oder der Gesundheit die Erwerbsfähigkeit des Verletzten aufgehoben oder gemindert oder tritt eine Vermehrung seiner Bedürfnisse ein, so ist dem Verletzten durch Entrichtung einer Geldrente Schadensersatz zu leisten.

(2) Auf die Rente finden die Vorschriften des § 760 Anwendung. Ob, in welcher Art und für welchen Betrag der Ersatzpflichtige Sicherheit zu leisten hat, bestimmt sich nach den Umständen.

(3) Statt der Rente kann der Verletzte eine Abfindung in Kapital verlangen, wenn ein wichtiger Grund vorliegt.

(4) Der Anspruch wird nicht dadurch ausgeschlossen, dass ein anderer dem Verletzten Unterhalt zu gewähren hat.

§ 844 Ersatzansprüche Dritter bei Tötung

(1) Im Falle der Tötung hat der Ersatzpflichtige die Kosten der Beerdigung demjenigen zu ersetzen, welchem die Verpflichtung obliegt, diese Kosten zu tragen.

(2) Stand der Getötete zur Zeit der Verletzung zu einem Dritten in einem Verhältnis, vermöge dessen er diesem gegenüber kraft Gesetzes unterhaltspflichtig war oder unterhaltspflichtig werden konnte, und ist dem Dritten infolge der Tötung das Recht auf den Unterhalt entzogen, so hat der Ersatzpflichtige dem Dritten durch Entrichtung einer Geldrente insoweit Schadensersatz zu leisten, als der Getötete während der mutmaßlichen Dauer seines Lebens zur Gewährung des Unterhalts verpflichtet gewesen sein würde; die Vorschrift des § 843 Abs. 2 bis 4 findet entsprechende Anwendung. Die Ersatzpflicht tritt auch dann ein, wenn der Dritte zur Zeit der Verletzung gezeugt, aber noch nicht geboren war.

(3) Der Ersatzpflichtige hat dem Hinterbliebenen, der zur Zeit der Verletzung zu dem Getöteten in einem besonderen persönlichen Näheverhältnis stand, für das dem Hinterbliebenen zugefügte seelische Leid eine angemessene Entschädigung in Geld zu leisten. Ein besonderes persönliches Näheverhältnis wird vermutet, wenn der Hinterbliebene der Ehegatte, der Lebenspartner, ein Elternteil oder ein Kind des Getöteten war.

§ 845 Ersatzansprüche wegen entgangener Dienste

Im Falle der Tötung, der Verletzung des Körpers oder der Gesundheit sowie im Falle der Freiheitsentziehung hat der Ersatzpflichtige, wenn der Verletzte kraft Gesetzes einem Dritten zur Leistung von Diensten in dessen Hauswesen oder Gewerbe verpflichtet war, dem Dritten für die entgehenden Dienste durch Entrichtung einer Geldrente Ersatz zu leisten. Die Vorschrift des § 843 Abs. 2 bis 4 findet entsprechende Anwendung.

§ 846 Mitverschulden des Verletzten

Hat in den Fällen der §§ 844, 845 bei der Entstehung des Schadens, den der Dritte erleidet, ein Verschulden des Verletzten mitgewirkt, so findet auf den Anspruch des Dritten die Vorschrift des § 254 Anwendung.

§ 847 (weggefallen)

§ 848 Haftung für Zufall bei Entziehung einer Sache

Wer zur Rückgabe einer Sache verpflichtet ist, die er einem anderen durch eine unerlaubte Handlung entzogen hat, ist auch für den zufälligen Untergang, eine aus einem anderen Grunde eintretende zufällige Unmöglichkeit der Herausgabe oder eine zufällige Verschlechterung der Sache verantwortlich, es sei denn, dass der Untergang, die anderweitige Unmöglichkeit der Herausgabe oder die Verschlechterung auch ohne die Entziehung eingetreten sein würde.

§ 849 Verzinsung der Ersatzsumme

Ist wegen der Entziehung einer Sache der Wert oder wegen der Beschädigung einer Sache die Wertminderung zu ersetzen, so kann der Verletzte Zinsen des zu ersetzenden Betrags von dem Zeitpunkt an verlangen, welcher der Bestimmung des Wertes zugrunde gelegt wird.

§ 850 Ersatz von Verwendungen
Macht der zur Herausgabe einer entzogenen Sache Verpflichtete Verwendungen auf die Sache, so stehen ihm dem Verletzten gegenüber die Rechte zu, die der Besitzer dem Eigentümer gegenüber wegen Verwendungen hat.

§ 851 Ersatzleistung an Nichtberechtigten
Leistet der wegen der Entziehung oder Beschädigung einer beweglichen Sache zum Schadensersatz Verpflichtete den Ersatz an denjenigen, in dessen Besitz sich die Sache zur Zeit der Entziehung oder der Beschädigung befunden hat, so wird er durch die Leistung auch dann befreit, wenn ein Dritter Eigentümer der Sache war oder ein sonstiges Recht an der Sache hatte, es sei denn, dass ihm das Recht des Dritten bekannt oder infolge grober Fahrlässigkeit unbekannt ist.

§ 852 Herausgabeanspruch nach Eintritt der Verjährung
Hat der Ersatzpflichtige durch eine unerlaubte Handlung auf Kosten des Verletzten etwas erlangt, so ist er auch nach Eintritt der Verjährung des Anspruchs auf Ersatz des aus einer unerlaubten Handlung entstandenen Schadens zur Herausgabe nach den Vorschriften über die Herausgabe einer ungerechtfertigten Bereicherung verpflichtet. Dieser Anspruch verjährt in zehn Jahren von seiner Entstehung an, ohne Rücksicht auf die Entstehung in 30 Jahren von der Begehung der Verletzungshandlung oder dem sonstigen, den Schaden auslösenden Ereignis an.

§ 853 Arglisteinrede
Erlangt jemand durch eine von ihm begangene unerlaubte Handlung eine Forderung gegen den Verletzten, so kann der Verletzte die Erfüllung auch dann verweigern, wenn der Anspruch auf Aufhebung der Forderung verjährt ist.

Buch 3
Sachenrecht

Abschnitt 1
Besitz

§ 854 Erwerb des Besitzes
(1) Der Besitz einer Sache wird durch die Erlangung der tatsächlichen Gewalt über die Sache erworben.
(2) Die Einigung des bisherigen Besitzers und des Erwerbers genügt zum Erwerb, wenn der Erwerber in der Lage ist, die Gewalt über die Sache auszuüben.

§ 855 Besitzdiener
Übt jemand die tatsächliche Gewalt über eine Sache für einen anderen in dessen Haushalt oder Erwerbsgeschäft oder in einem ähnlichen Verhältnis aus, vermöge dessen er den sich auf die Sache beziehenden Weisungen des anderen Folge zu leisten hat, so ist nur der andere Besitzer.

§ 856 Beendigung des Besitzes
(1) Der Besitz wird dadurch beendigt, dass der Besitzer die tatsächliche Gewalt über die Sache aufgibt oder in anderer Weise verliert.
(2) Durch eine ihrer Natur nach vorübergehende Verhinderung in der Ausübung der Gewalt wird der Besitz nicht beendigt.

§ 857 Vererblichkeit
Der Besitz geht auf den Erben über.

§ 858 Verbotene Eigenmacht
(1) Wer dem Besitzer ohne dessen Willen den Besitz entzieht oder ihn im Besitz stört, handelt, sofern nicht das Gesetz die Entziehung oder die Störung gestattet, widerrechtlich (verbotene Eigenmacht).
(2) Der durch verbotene Eigenmacht erlangte Besitz ist fehlerhaft. Die Fehlerhaftigkeit muss der Nachfolger im Besitz gegen sich gelten lassen, wenn er Erbe des Besitzers ist oder die Fehlerhaftigkeit des Besitzes seines Vorgängers bei dem Erwerb kennt.

§ 859 Selbsthilfe des Besitzers
(1) Der Besitzer darf sich verbotener Eigenmacht mit Gewalt erwehren.
(2) Wird eine bewegliche Sache dem Besitzer mittels verbotener Eigenmacht weggenommen, so darf er sie dem auf frischer Tat betroffenen oder verfolgten Täter mit Gewalt wieder abnehmen.
(3) Wird dem Besitzer eines Grundstücks der Besitz durch verbotene Eigenmacht entzogen, so darf er sofort nach der Entziehung sich des Besitzes durch Entsetzung des Täters wieder bemächtigen.
(4) Die gleichen Rechte stehen dem Besitzer gegen denjenigen zu, welcher nach § 858 Abs. 2 die Fehlerhaftigkeit des Besitzes gegen sich gelten lassen muss.

§ 860 Selbsthilfe des Besitzdieners
Zur Ausübung der dem Besitzer nach § 859 zustehenden Rechte ist auch derjenige befugt, welcher die tatsächliche Gewalt nach § 855 für den Besitzer ausübt.

§ 861 Anspruch wegen Besitzentziehung
(1) Wird der Besitz durch verbotene Eigenmacht dem Besitzer entzogen, so kann dieser die Wiedereinräumung des Besitzes von demjenigen verlangen, welcher ihm gegenüber fehlerhaft besitzt.
(2) Der Anspruch ist ausgeschlossen, wenn der entzogene Besitz dem gegenwärtigen Besitzer oder dessen Rechtsvorgänger gegenüber fehlerhaft war und in dem letzten Jahre vor der Entziehung erlangt worden ist.

§ 862 Anspruch wegen Besitzstörung
(1) Wird der Besitzer durch verbotene Eigenmacht im Besitz gestört, so kann er von dem Störer die Beseitigung der Störung verlangen. Sind weitere Störungen zu besorgen, so kann der Besitzer auf Unterlassung klagen.
(2) Der Anspruch ist ausgeschlossen, wenn der Besitzer dem Störer oder dessen Rechtsvorgänger gegenüber fehlerhaft besitzt und der Besitz in dem letzten Jahre vor der Störung erlangt worden ist.

§ 863 Einwendungen des Entziehers oder Störers
Gegenüber den in den §§ 861, 862 bestimmten Ansprüchen kann ein Recht zum Besitz oder zur Vornahme der störenden Handlung nur zur Begründung der Behauptung geltend gemacht werden, dass die Entziehung oder die Störung des Besitzes nicht verbotene Eigenmacht sei.

§ 864 Erlöschen der Besitzansprüche
(1) Ein nach den §§ 861, 862 begründeter Anspruch erlischt mit dem Ablauf eines Jahres nach der Verübung der verbotenen Eigenmacht, wenn nicht vorher der Anspruch im Wege der Klage geltend gemacht wird.
(2) Das Erlöschen tritt auch dann ein, wenn nach der Verübung der verbotenen Eigenmacht durch rechtskräftiges Urteil festgestellt wird, dass dem Täter ein Recht an der Sache zusteht, vermöge dessen er die Herstellung eines seiner Handlungsweise entsprechenden Besitzstands verlangen kann.

§ 865 Teilbesitz
Die Vorschriften der §§ 858 bis 864 gelten auch zugunsten desjenigen, welcher nur einen Teil einer Sache, insbesondere abgesonderte Wohnräume oder andere Räume, besitzt.

§ 866 Mitbesitz
Besitzen mehrere eine Sache gemeinschaftlich, so findet in ihrem Verhältnisse zueinander ein Besitzschutz insoweit nicht statt, als es sich um die Grenzen des den Einzelnen zustehenden Gebrauchs handelt.

§ 867 Verfolgungsrecht des Besitzers
Ist eine Sache aus der Gewalt des Besitzers auf ein im Besitz eines anderen befindliches Grundstück gelangt, so hat ihm der Besitzer des Grundstücks die Aufsuchung und die Wegschaffung zu gestatten, sofern nicht die Sache inzwischen in Besitz genommen worden ist. Der Besitzer des Grundstücks kann Ersatz des durch die Aufsuchung und die Wegschaffung entstehenden Schadens verlangen. Er kann, wenn die Entstehung eines Schadens zu besorgen ist, die Gestattung verweigern, bis ihm Sicherheit geleistet wird; die Verweigerung ist unzulässig, wenn mit dem Aufschub Gefahr verbunden ist.

§ 868 Mittelbarer Besitz
Besitzt jemand eine Sache als Nießbraucher, Pfandgläubiger, Pächter, Mieter, Verwahrer oder in einem ähnlichen Verhältnis, vermöge dessen er einem anderen gegenüber auf Zeit zum Besitze berechtigt oder verpflichtet ist, so ist auch der andere Besitzer (mittelbarer Besitzer).

§ 869 Ansprüche des mittelbaren Besitzers
Wird gegen den Besitzer verbotene Eigenmacht verübt, so stehen die in den §§ 861, 862 bestimmten Ansprüche auch dem mittelbaren Besitzer zu. Im Falle der Entziehung des Besitzes ist der mittelbare Besitzer berechtigt, die Wiedereinräumung des Besitzes an den bisherigen Besitzer zu verlangen; kann oder will dieser den Besitz nicht wieder übernehmen, so kann der mittelbare Besitzer verlangen, dass ihm selbst der Besitz eingeräumt wird. Unter der gleichen Voraussetzung kann er im Falle des § 867 verlangen, dass ihm die Aufsuchung und Wegschaffung der Sache gestattet wird.

§ 870 Übertragung des mittelbaren Besitzes
Der mittelbare Besitz kann dadurch auf einen anderen übertragen werden, dass diesem der Anspruch auf Herausgabe der Sache abgetreten wird.

70 BGB §§ 871-907

§ 871 Mehrstufiger mittelbarer Besitz
Steht der mittelbare Besitzer zu einem Dritten in einem Verhältnis der in § 868 bezeichneten Art, so ist auch der Dritte mittelbarer Besitzer.

§ 872 Eigenbesitz
Wer eine Sache als ihm gehörend besitzt, ist Eigenbesitzer.

Abschnitt 2
Allgemeine Vorschriften über Rechte an Grundstücken

§ 873 Erwerb durch Einigung und Eintragung
(1) Zur Übertragung des Eigentums an einem Grundstück, zur Belastung eines Grundstücks mit einem Recht sowie zur Übertragung oder Belastung eines solchen Rechts ist die Einigung des Berechtigten und des anderen Teils über den Eintritt der Rechtsänderung und die Eintragung der Rechtsänderung in das Grundbuch erforderlich, soweit nicht das Gesetz ein anderes vorschreibt.
(2) Vor der Eintragung sind die Beteiligten an die Einigung nur gebunden, wenn die Erklärungen notariell beurkundet oder vor dem Grundbuchamt abgegeben oder bei diesem eingereicht sind oder wenn der Berechtigte dem anderen Teil eine den Vorschriften der Grundbuchordnung entsprechende Eintragungsbewilligung ausgehändigt hat.

Abschnitt 3
Eigentum

Titel 1
Inhalt des Eigentums

§ 903 Befugnisse des Eigentümers
Der Eigentümer einer Sache kann, soweit nicht das Gesetz oder Rechte Dritter entgegenstehen, mit der Sache nach Belieben verfahren und andere von jeder Einwirkung ausschließen. Der Eigentümer eines Tieres hat bei der Ausübung seiner Befugnisse die besonderen Vorschriften zum Schutz der Tiere zu beachten.

§ 904 Notstand
Der Eigentümer einer Sache ist nicht berechtigt, die Einwirkung eines anderen auf die Sache zu verbieten, wenn die Einwirkung zur Abwendung einer gegenwärtigen Gefahr notwendig und der drohende Schaden gegenüber dem aus der Einwirkung dem Eigentümer entstehenden Schaden unverhältnismäßig groß ist. Der Eigentümer kann Ersatz des ihm entstehenden Schadens verlangen.

§ 905 Begrenzung des Eigentums
Das Recht des Eigentümers eines Grundstücks erstreckt sich auf den Raum über der Oberfläche und auf den Erdkörper unter der Oberfläche. Der Eigentümer kann jedoch Einwirkungen nicht verbieten, die in solcher Höhe oder Tiefe vorgenommen werden, dass er an der Ausschließung kein Interesse hat.

§ 906 Zuführung unwägbarer Stoffe
(1) Der Eigentümer eines Grundstücks kann die Zuführung von Gasen, Dämpfen, Gerüchen, Rauch, Ruß, Wärme, Geräusch, Erschütterungen und ähnliche von einem anderen Grundstück ausgehende Einwirkungen insoweit nicht verbieten, als die Einwirkung die Benutzung seines Grundstücks nicht oder nur unwesentlich beeinträchtigt. Eine unwesentliche Beeinträchtigung liegt in der Regel vor, wenn die in Gesetzen oder Rechtsverordnungen festgelegten Grenz- oder Richtwerte von den nach diesen Vorschriften ermittelten und bewerteten Einwirkungen nicht überschritten werden. Gleiches gilt für Werte in allgemeinen Verwaltungsvorschriften, die nach § 48 des Bundes-Immissionsschutzgesetzes erlassen worden sind und den Stand der Technik wiedergeben.
(2) Das Gleiche gilt insoweit, als eine wesentliche Beeinträchtigung durch eine ortsübliche Benutzung des anderen Grundstücks herbeigeführt wird und nicht durch Maßnahmen verhindert werden kann, die Benutzern dieser Art wirtschaftlich zumutbar sind. Hat der Eigentümer hiernach eine Einwirkung zu dulden, so kann er von dem Benutzer des anderen Grundstücks einen angemessenen Ausgleich in Geld verlangen, wenn die Einwirkung eine ortsübliche Benutzung seines Grundstücks oder dessen Ertrag über das zumutbare Maß hinaus beeinträchtigt.
(3) Die Zuführung durch eine besondere Leitung ist unzulässig.

§ 907 Gefahr drohende Anlagen
(1) Der Eigentümer eines Grundstücks kann verlangen, dass auf den Nachbargrundstücken nicht Anlagen hergestellt oder gehalten werden, von denen mit Sicherheit vorauszusehen ist, dass ihr Bestand oder ihre Benutzung eine unzulässige Einwirkung auf sein Grundstück zur Folge hat. Genügt eine Anlage den landesgesetzlichen Vor-

schriften, die einen bestimmten Abstand von der Grenze oder sonstige Schutzmaßregeln vorschreiben, so kann die Beseitigung der Anlage erst verlangt werden, wenn die unzulässige Einwirkung tatsächlich hervortritt.
(2) Bäume und Sträucher gehören nicht zu den Anlagen im Sinne dieser Vorschriften.

§ 908 Drohender Gebäudeeinsturz
Droht einem Grundstück die Gefahr, dass es durch den Einsturz eines Gebäudes oder eines anderen Werkes, das mit einem Nachbargrundstück verbunden ist, oder durch die Ablösung von Teilen des Gebäudes oder des Werkes beschädigt wird, so kann der Eigentümer von demjenigen, welcher nach dem § 836 Abs. 1 oder den §§ 837, 838 für den eintretenden Schaden verantwortlich sein würde, verlangen, dass er die zur Abwendung der Gefahr erforderliche Vorkehrung trifft.

§ 909 Vertiefung
Ein Grundstück darf nicht in der Weise vertieft werden, dass der Boden des Nachbargrundstücks die erforderliche Stütze verliert, es sei denn, dass für eine genügende anderweitige Befestigung gesorgt ist.

§ 910 Überhang
(1) Der Eigentümer eines Grundstücks kann Wurzeln eines Baumes oder eines Strauches, die von einem Nachbargrundstück eingedrungen sind, abschneiden und behalten. Das Gleiche gilt von herüberragenden Zweigen, wenn der Eigentümer dem Besitzer des Nachbargrundstücks eine angemessene Frist zur Beseitigung bestimmt hat und die Beseitigung nicht innerhalb der Frist erfolgt.
(2) Dem Eigentümer steht dieses Recht nicht zu, wenn die Wurzeln oder die Zweige die Benutzung des Grundstücks nicht beeinträchtigen.

§ 911 Überfall
Früchte, die von einem Baume oder einem Strauche auf ein Nachbargrundstück hinüberfallen, gelten als Früchte dieses Grundstücks. Diese Vorschrift findet keine Anwendung, wenn das Nachbargrundstück dem öffentlichen Gebrauch dient.

Titel 2
Erwerb und Verlust des Eigentums an Grundstücken

§ 925 Auflassung
(1) Die zur Übertragung des Eigentums an einem Grundstück nach § 873 erforderliche Einigung des Veräußerers und des Erwerbers (Auflassung) muss bei gleichzeitiger Anwesenheit beider Teile vor einer zuständigen Stelle erklärt werden. Zur Entgegennahme der Auflassung ist, unbeschadet der Zuständigkeit weiterer Stellen, jeder Notar zuständig. Eine Auflassung kann auch in einem gerichtlichen Vergleich oder in einem rechtskräftig bestätigten Insolvenzplan oder Restrukturierungsplan erklärt werden.
(2) Eine Auflassung, die unter einer Bedingung oder einer Zeitbestimmung erfolgt, ist unwirksam.

Titel 3
Erwerb und Verlust des Eigentums an beweglichen Sachen

Untertitel 1
Übertragung

§ 929 Einigung und Übergabe
Zur Übertragung des Eigentums an einer beweglichen Sache ist erforderlich, dass der Eigentümer die Sache dem Erwerber übergibt und beide darüber einig sind, dass das Eigentum übergehen soll. Ist der Erwerber im Besitze der Sache, so genügt die Einigung über den Übergang des Eigentums.

§ 932 Gutgläubiger Erwerb vom Nichtberechtigten
(1) Durch eine nach § 929 erfolgte Veräußerung wird der Erwerber auch dann Eigentümer, wenn die Sache nicht dem Veräußerer gehört, es sei denn, dass er zu der Zeit, zu der er nach diesen Vorschriften das Eigentum erwerben würde, nicht in gutem Glauben ist. In dem Falle des § 929 Satz 2 gilt dies jedoch nur dann, wenn der Erwerber den Besitz von dem Veräußerer erlangt hatte.
(2) Der Erwerber ist nicht in gutem Glauben, wenn ihm bekannt oder infolge grober Fahrlässigkeit unbekannt ist, dass die Sache nicht dem Veräußerer gehört.

§ 935 Kein gutgläubiger Erwerb von abhanden gekommenen Sachen
(1) Der Erwerb des Eigentums auf Grund der §§ 932 bis 934 tritt nicht ein, wenn die Sache dem Eigentümer gestohlen worden, verloren gegangen oder sonst abhanden gekommen war. Das Gleiche gilt, falls der Eigentümer nur mittelbarer Besitzer war, dann, wenn die Sache dem Besitzer abhanden gekommen war.

(2) Diese Vorschriften finden keine Anwendung auf Geld oder Inhaberpapiere sowie auf Sachen, die im Wege öffentlicher Versteigerungen oder in einer Versteigerung nach § 979 Absatz 1a veräußert werden.

Untertitel 2
Ersitzung

§ 937 Voraussetzungen, Ausschluss bei Kenntnis
(1) Wer eine bewegliche Sache zehn Jahre im Eigenbesitz hat, erwirbt das Eigentum (Ersitzung).
(2) Die Ersitzung ist ausgeschlossen, wenn der Erwerber bei dem Erwerb des Eigenbesitzes nicht in gutem Glauben ist oder wenn er später erfährt, dass ihm das Eigentum nicht zusteht.

Untertitel 6
Fund

§ 965 Anzeigepflicht des Finders
(1) Wer eine verlorene Sache findet und an sich nimmt, hat dem Verlierer oder dem Eigentümer oder einem sonstigen Empfangsberechtigten unverzüglich Anzeige zu machen.
(2) Kennt der Finder die Empfangsberechtigten nicht oder ist ihm ihr Aufenthalt unbekannt, so hat er den Fund und die Umstände, welche für die Ermittelung der Empfangsberechtigten erheblich sein können, unverzüglich der zuständigen Behörde anzuzeigen. Ist die Sache nicht mehr als 10 Euro wert, so bedarf es der Anzeige nicht.

§ 966 Verwahrungspflicht
(1) Der Finder ist zur Verwahrung der Sache verpflichtet.
(2) Ist der Verderb der Sache zu besorgen oder ist die Aufbewahrung mit unverhältnismäßigen Kosten verbunden, so hat der Finder die Sache öffentlich versteigern zu lassen. Vor der Versteigerung ist der zuständigen Behörde Anzeige zu machen. Der Erlös tritt an die Stelle der Sache.

§ 967 Ablieferungspflicht
Der Finder ist berechtigt und auf Anordnung der zuständigen Behörde verpflichtet, die Sache oder den Versteigerungserlös an die zuständige Behörde abzuliefern.

§ 968 Umfang der Haftung
Der Finder hat nur Vorsatz und grobe Fahrlässigkeit zu vertreten.

§ 969 Herausgabe an den Verlierer
Der Finder wird durch die Herausgabe der Sache an den Verlierer auch den sonstigen Empfangsberechtigten gegenüber befreit.

§ 970 Ersatz von Aufwendungen
Macht der Finder zum Zwecke der Verwahrung oder Erhaltung der Sache oder zum Zwecke der Ermittlung eines Empfangsberechtigten Aufwendungen, die er den Umständen nach für erforderlich halten darf, so kann er von dem Empfangsberechtigten Ersatz verlangen.

§ 971 Finderlohn
(1) Der Finder kann von dem Empfangsberechtigten einen Finderlohn verlangen. Der Finderlohn beträgt von dem Werte der Sache bis zu 500 Euro fünf vom Hundert, von dem Mehrwert drei vom Hundert, bei Tieren drei vom Hundert. Hat die Sache nur für den Empfangsberechtigten einen Wert, so ist der Finderlohn nach billigem Ermessen zu bestimmen.
(2) Der Anspruch ist ausgeschlossen, wenn der Finder die Anzeigepflicht verletzt oder den Fund auf Nachfrage verheimlicht.

§ 972 Zurückbehaltungsrecht des Finders
Auf die in den §§ 970, 971 bestimmten Ansprüche finden die für die Ansprüche des Besitzers gegen den Eigentümer wegen Verwendungen geltenden Vorschriften der §§ 1000 bis 1002 entsprechende Anwendung.

§ 973 Eigentumserwerb des Finders
(1) Mit dem Ablauf von sechs Monaten nach der Anzeige des Fundes bei der zuständigen Behörde erwirbt der Finder das Eigentum an der Sache, es sei denn, dass vorher ein Empfangsberechtigter dem Finder bekannt geworden ist oder sein Recht bei der zuständigen Behörde angemeldet hat. Mit dem Erwerb des Eigentums erlöschen die sonstigen Rechte an der Sache.
(2) Ist die Sache nicht mehr als zehn Euro wert, so beginnt die sechsmonatige Frist mit dem Fund. Der Finder erwirbt das Eigentum nicht, wenn er den Fund auf Nachfrage verheimlicht. Die Anmeldung eines Rechts bei der zuständigen Behörde steht dem Erwerb des Eigentums nicht entgegen.

§ 974 Eigentumserwerb nach Verschweigung

Sind vor dem Ablauf der sechsmonatigen Frist Empfangsberechtigte dem Finder bekannt geworden oder haben sie bei einer Sache, die mehr als zehn Euro wert ist, ihre Rechte bei der zuständigen Behörde rechtzeitig angemeldet, so kann der Finder die Empfangsberechtigten nach der Vorschrift des § 1003 zur Erklärung über die ihm nach den §§ 970 bis 972 zustehenden Ansprüche auffordern. Mit dem Ablauf der für die Erklärung bestimmten Frist erwirbt der Finder das Eigentum und erlöschen die sonstigen Rechte an der Sache, wenn nicht die Empfangsberechtigten sich rechtzeitig zu der Befriedigung der Ansprüche bereit erklären.

§ 975 Rechte des Finders nach Ablieferung

Durch die Ablieferung der Sache oder des Versteigerungserlöses an die zuständige Behörde werden die Rechte des Finders nicht berührt. Lässt die zuständige Behörde die Sache versteigern, so tritt der Erlös an die Stelle der Sache. Die zuständige Behörde darf die Sache oder den Erlös nur mit Zustimmung des Finders einem Empfangsberechtigten herausgeben.

§ 976 Eigentumserwerb der Gemeinde

(1) Verzichtet der Finder der zuständigen Behörde gegenüber auf das Recht zum Erwerb des Eigentums an der Sache, so geht sein Recht auf die Gemeinde des Fundorts über.
(2) Hat der Finder nach der Ablieferung der Sache oder des Versteigerungserlöses an die zuständige Behörde auf Grund der Vorschriften der §§ 973, 974 das Eigentum erworben, so geht es auf die Gemeinde des Fundorts über, wenn nicht der Finder vor dem Ablauf einer ihm von der zuständigen Behörde bestimmten Frist die Herausgabe verlangt.

§ 977 Bereicherungsanspruch

Wer infolge der Vorschriften der §§ 973, 974, 976 einen Rechtsverlust erleidet, kann in den Fällen der §§ 973, 974 von dem Finder, in den Fällen des § 976 von der Gemeinde des Fundorts die Herausgabe des durch die Rechtsänderung Erlangten nach den Vorschriften über die Herausgabe einer ungerechtfertigten Bereicherung fordern. Der Anspruch erlischt mit dem Ablauf von drei Jahren nach dem Übergang des Eigentums auf den Finder oder die Gemeinde, wenn nicht die gerichtliche Geltendmachung vorher erfolgt.

§ 978 Fund in öffentlicher Behörde oder Verkehrsanstalt

(1) Wer eine Sache in den Geschäftsräumen oder den Beförderungsmitteln einer öffentlichen Behörde oder einer dem öffentlichen Verkehr dienenden Verkehrsanstalt findet und an sich nimmt, hat die Sache unverzüglich an die Behörde oder die Verkehrsanstalt oder an einen ihrer Angestellten abzuliefern. Die Vorschriften der §§ 965 bis 967 und 969 bis 977 finden keine Anwendung.
(2) Ist die Sache nicht weniger als 50 Euro wert, so kann der Finder von dem Empfangsberechtigten einen Finderlohn verlangen. Der Finderlohn besteht in der Hälfte des Betrages, der sich bei Anwendung des § 971 Abs. 1 Satz 2, 3 ergeben würde. Der Anspruch ist ausgeschlossen, wenn der Finder Bediensteter der Behörde oder der Verkehrsanstalt ist oder der Finder die Ablieferungspflicht verletzt. Die für die Ansprüche des Besitzers gegen den Eigentümer wegen Verwendungen geltende Vorschrift des § 1001 findet auf den Finderlohnanspruch entsprechende Anwendung. Besteht ein Anspruch auf Finderlohn, so hat die Behörde oder die Verkehrsanstalt dem Finder die Herausgabe der Sache an einen Empfangsberechtigten anzuzeigen.
(3) Fällt der Versteigerungserlös oder gefundenes Geld an den nach § 981 Abs. 1 Berechtigten, so besteht ein Anspruch auf Finderlohn nach Absatz 2 Satz 1 bis 3 gegen diesen. Der Anspruch erlischt mit dem Ablauf von drei Jahren nach seiner Entstehung gegen den in Satz 1 bezeichneten Berechtigten.

§ 979 Verwertung; Verordnungsermächtigung

(1) Die Behörde oder die Verkehrsanstalt kann die an sie abgelieferte Sache öffentlich versteigern lassen. Die öffentlichen Behörden und die Verkehrsanstalten des Reichs, der Bundesstaaten und der Gemeinden können die Versteigerung durch einen ihrer Beamten vornehmen lassen.
(1a) Die Versteigerung kann nach Maßgabe der nachfolgenden Vorschriften auch als allgemein zugängliche Versteigerung im Internet erfolgen.
(1b) Die Bundesregierung wird ermächtigt, durch Rechtsverordnung ohne Zustimmung des Bundesrates für ihren Bereich Versteigerungsplattformen zur Versteigerung von Fundsachen zu bestimmen; sie kann diese Ermächtigung durch Rechtsverordnung auf die fachlich zuständigen obersten Bundesbehörden übertragen. Die Landesregierungen werden ermächtigt, durch Rechtsverordnung für ihren Bereich entsprechende Regelungen zu treffen; sie können die Ermächtigung auf die fachlich zuständigen obersten Landesbehörden übertragen. Die Länder können Versteigerungsplattformen bestimmen, die sie länderübergreifend nutzen. Sie können eine Übertragung von Abwicklungsaufgaben auf die zuständige Stelle eines anderen Landes vereinbaren.
(2) Der Erlös tritt an die Stelle der Sache.

§ 980 Öffentliche Bekanntmachung des Fundes
(1) Die Versteigerung ist erst zulässig, nachdem die Empfangsberechtigten in einer öffentlichen Bekanntmachung des Fundes zur Anmeldung ihrer Rechte unter Bestimmung einer Frist aufgefordert worden sind und die Frist verstrichen ist; sie ist unzulässig, wenn eine Anmeldung rechtzeitig erfolgt ist.
(2) Die Bekanntmachung ist nicht erforderlich, wenn der Verderb der Sache zu besorgen oder die Aufbewahrung mit unverhältnismäßigen Kosten verbunden ist.

§ 981 Empfang des Versteigerungserlöses
(1) Sind seit dem Ablauf der in der öffentlichen Bekanntmachung bestimmten Frist drei Jahre verstrichen, so fällt der Versteigerungserlös, wenn nicht ein Empfangsberechtigter sein Recht angemeldet hat, bei Reichsbehörden und Reichsanstalten an den Reichsfiskus, bei Landesbehörden und Landesanstalten an den Fiskus des Bundesstaats, bei Gemeindebehörden und Gemeindeanstalten an die Gemeinde, bei Verkehrsanstalten, die von einer Privatperson betrieben werden, an diese.
(2) Ist die Versteigerung ohne die öffentliche Bekanntmachung erfolgt, so beginnt die dreijährige Frist erst, nachdem die Empfangsberechtigten in einer öffentlichen Bekanntmachung des Fundes zur Anmeldung ihrer Rechte aufgefordert worden sind. Das Gleiche gilt, wenn gefundenes Geld abgeliefert worden ist.
(3) Die Kosten werden von dem herauszugebenden Betrag abgezogen.

§ 982 Ausführungsvorschriften
Die in den §§ 980, 981 vorgeschriebene Bekanntmachung erfolgt bei Reichsbehörden und Reichsanstalten nach den von dem Bundesrat, in den übrigen Fällen nach den von der Zentralbehörde des Bundesstaats erlassenen Vorschriften.

§ 983 Unanbringbare Sachen bei Behörden
Ist eine öffentliche Behörde im Besitz einer Sache, zu deren Herausgabe sie verpflichtet ist, ohne dass die Verpflichtung auf Vertrag beruht, so finden, wenn der Behörde der Empfangsberechtigte oder dessen Aufenthalt unbekannt ist, die Vorschriften der §§ 979 bis 982 entsprechende Anwendung.

§ 984 Schatzfund
Wird eine Sache, die so lange verborgen gelegen hat, dass der Eigentümer nicht mehr zu ermitteln ist (Schatz), entdeckt und infolge der Entdeckung in Besitz genommen, so wird das Eigentum zur Hälfte von dem Entdecker, zur Hälfte von dem Eigentümer der Sache erworben, in welcher der Schatz verborgen war.

Titel 4
Ansprüche aus dem Eigentum

§ 985 Herausgabeanspruch
Der Eigentümer kann von dem Besitzer die Herausgabe der Sache verlangen.

§ 986 Einwendungen des Besitzers
(1) Der Besitzer kann die Herausgabe der Sache verweigern, wenn er oder der mittelbare Besitzer, von dem er sein Recht zum Besitz ableitet, dem Eigentümer gegenüber zum Besitz berechtigt ist. Ist der mittelbare Besitzer dem Eigentümer gegenüber zur Überlassung des Besitzes an den Besitzer nicht befugt, so kann der Eigentümer von dem Besitzer die Herausgabe der Sache an den mittelbaren Besitzer oder, wenn dieser den Besitz nicht wieder übernehmen kann oder will, an sich selbst verlangen.
(2) Der Besitzer einer Sache, die nach § 931 durch Abtretung des Anspruchs auf Herausgabe veräußert worden ist, kann dem neuen Eigentümer die Einwendungen entgegensetzen, welche ihm gegen den abgetretenen Anspruch zustehen.

§ 1004 Beseitigungs- und Unterlassungsanspruch
(1) Wird das Eigentum in anderer Weise als durch Entziehung oder Vorenthaltung des Besitzes beeinträchtigt, so kann der Eigentümer von dem Störer die Beseitigung der Beeinträchtigung verlangen. Sind weitere Beeinträchtigungen zu besorgen, so kann der Eigentümer auf Unterlassung klagen.
(2) Der Anspruch ist ausgeschlossen, wenn der Eigentümer zur Duldung verpflichtet ist.

Buch 4
Familienrecht

Abschnitt 1
Bürgerliche Ehe

Titel 1
Verlöbnis

§ 1297 Kein Antrag auf Eingehung der Ehe, Nichtigkeit eines Strafversprechens
(1) Aus einem Verlöbnis kann kein Antrag auf Eingehung der Ehe gestellt werden.
(2) Das Versprechen einer Strafe für den Fall, dass die Eingehung der Ehe unterbleibt, ist nichtig.

§ 1298 Ersatzpflicht bei Rücktritt
(1) Tritt ein Verlobter von dem Verlöbnis zurück, so hat er dem anderen Verlobten und dessen Eltern sowie dritten Personen, welche anstelle der Eltern gehandelt haben, den Schaden zu ersetzen, der daraus entstanden ist, dass sie in Erwartung der Ehe Aufwendungen gemacht haben oder Verbindlichkeiten eingegangen sind. Dem anderen Verlobten hat er auch den Schaden zu ersetzen, den dieser dadurch erleidet, dass er in Erwartung der Ehe sonstige sein Vermögen oder seine Erwerbsstellung berührende Maßnahmen getroffen hat.
(2) Der Schaden ist nur insoweit zu ersetzen, als die Aufwendungen, die Eingehung der Verbindlichkeiten und die sonstigen Maßnahmen den Umständen nach angemessen waren.
(3) Die Ersatzpflicht tritt nicht ein, wenn ein wichtiger Grund für den Rücktritt vorliegt.

§ 1299 Rücktritt aus Verschulden des anderen Teils
Veranlasst ein Verlobter den Rücktritt des anderen durch ein Verschulden, das einen wichtigen Grund für den Rücktritt bildet, so ist er nach Maßgabe des § 1298 Abs. 1, 2 zum Schadensersatz verpflichtet.

§ 1300 (weggefallen)

§ 1301 Rückgabe der Geschenke
Unterbleibt die Eheschließung, so kann jeder Verlobte von dem anderen die Herausgabe desjenigen, was er ihm geschenkt oder zum Zeichen des Verlöbnisses gegeben hat, nach den Vorschriften über die Herausgabe einer ungerechtfertigten Bereicherung fordern. Im Zweifel ist anzunehmen, dass die Rückforderung ausgeschlossen sein soll, wenn das Verlöbnis durch den Tod eines der Verlobten aufgelöst wird.

§ 1302 Verjährung
Die Verjährungsfrist der in den §§ 1298 bis 1301 bestimmten Ansprüche beginnt mit der Auflösung des Verlöbnisses.

Titel 2
Eingehung der Ehe

Untertitel 1
Ehefähigkeit

§ 1303 Ehemündigkeit
Eine Ehe darf nicht vor Eintritt der Volljährigkeit eingegangen werden. Mit einer Person, die das 16. Lebensjahr nicht vollendet hat, kann eine Ehe nicht wirksam eingegangen werden.

§ 1304 Geschäftsunfähigkeit
Wer geschäftsunfähig ist, kann eine Ehe nicht eingehen.

§ 1305 (weggefallen)

Untertitel 2
Eheverbote

§ 1306 Bestehende Ehe oder Lebenspartnerschaft
Eine Ehe darf nicht geschlossen werden, wenn zwischen einer der Personen, die die Ehe miteinander eingehen wollen, und einer dritten Person eine Ehe oder eine Lebenspartnerschaft besteht.

§ 1307 Verwandtschaft
Eine Ehe darf nicht geschlossen werden zwischen Verwandten in gerader Linie sowie zwischen vollbürtigen und halbbürtigen Geschwistern. Dies gilt auch, wenn das Verwandtschaftsverhältnis durch Annahme als Kind erloschen ist.

§ 1308 Annahme als Kind

(1) Eine Ehe soll nicht geschlossen werden zwischen Personen, deren Verwandtschaft im Sinne des § 1307 durch Annahme als Kind begründet worden ist. Dies gilt nicht, wenn das Annahmeverhältnis aufgelöst worden ist.

(2) Das Familiengericht kann auf Antrag von dieser Vorschrift Befreiung erteilen, wenn zwischen dem Antragsteller und seinem künftigen Ehegatten durch die Annahme als Kind eine Verwandtschaft in der Seitenlinie begründet worden ist. Die Befreiung soll versagt werden, wenn wichtige Gründe der Eingehung der Ehe entgegenstehen.

Untertitel 3
Ehefähigkeitszeugnis

§ 1309 Ehefähigkeitszeugnis für Ausländer

(1) Wer hinsichtlich der Voraussetzungen der Eheschließung vorbehaltlich des Artikels 13 Abs. 2 des Einführungsgesetzes zum Bürgerlichen Gesetzbuche ausländischem Recht unterliegt, soll eine Ehe nicht eingehen, bevor er ein Zeugnis der inneren Behörde seines Heimatstaats darüber beigebracht hat, dass der Eheschließung nach dem Recht dieses Staates kein Ehehindernis entgegensteht. Als Zeugnis der inneren Behörde gilt auch eine Urkunde im Sinne von Artikel 3 Nummer 1 Buchstabe e der Verordnung (EU) 2016/1191 des Europäischen Parlaments und des Rates vom 6. Juli 2016 zur Förderung der Freizügigkeit von Bürgern durch die Vereinfachung der Anforderungen an die Vorlage bestimmter öffentlicher Urkunden innerhalb der Europäischen Union und zur Änderung der Verordnung (EU) Nr. 1024/2012 (ABl. L 200 vom 26. 7. 2016, S. 1) sowie eine Bescheinigung, die von einer anderen Stelle nach Maßgabe eines mit dem Heimatstaat des Betroffenen geschlossenen Vertrags erteilt ist. Das Zeugnis verliert seine Kraft, wenn die Ehe nicht binnen sechs Monaten seit der Ausstellung geschlossen wird; ist in dem Zeugnis eine kürzere Geltungsdauer angegeben, ist diese maßgebend.

(2) Von dem Erfordernis nach Absatz 1 Satz 1 kann der Präsident des Oberlandesgerichts, in dessen Bezirk das Standesamt, bei dem die Eheschließung angemeldet worden ist, seinen Sitz hat, Befreiung erteilen. Die Befreiung soll nur Staatenlosen mit gewöhnlichem Aufenthalt im Ausland und Angehörigen solcher Staaten erteilt werden, deren Behörden keine Ehefähigkeitszeugnisse im Sinne des Absatzes 1 ausstellen. In besonderen Fällen darf sie auch Angehörigen anderer Staaten erteilt werden. Die Befreiung gilt nur für die Dauer von sechs Monaten.

Untertitel 4
Eheschließung

§ 1310 Zuständigkeit des Standesbeamten, Heilung fehlerhafter Ehen

(1) Die Ehe wird nur dadurch geschlossen, dass die Eheschließenden vor dem Standesbeamten erklären, die Ehe miteinander eingehen zu wollen. Der Standesbeamte darf seine Mitwirkung an der Eheschließung nicht verweigern, wenn die Voraussetzungen der Eheschließung vorliegen. Der Standesbeamte muss seine Mitwirkung verweigern, wenn
1. offenkundig ist, dass die Ehe nach § 1314 Absatz 2 aufhebbar wäre, oder
2. nach Artikel 13 Absatz 3 des Einführungsgesetzes zum Bürgerlichen Gesetzbuche die beabsichtigte Ehe unwirksam wäre oder die Aufhebung der Ehe in Betracht kommt.

(2) Als Standesbeamter gilt auch, wer, ohne Standesbeamter zu sein, das Amt eines Standesbeamten öffentlich ausgeübt und die Ehe in das Eheregister eingetragen hat.

(3) Eine Ehe gilt auch dann als geschlossen, wenn die Ehegatten erklärt haben, die Ehe miteinander eingehen zu wollen, und
1. der Standesbeamte die Ehe in das Eheregister eingetragen hat,
2. der Standesbeamte im Zusammenhang mit der Beurkundung der Geburt eines gemeinsamen Kindes der Ehegatten einen Hinweis auf die Eheschließung in das Geburtenregister eingetragen hat oder
3. der Standesbeamte von den Ehegatten eine familienrechtliche Erklärung, die zu ihrer Wirksamkeit eine bestehende Ehe voraussetzt, entgegengenommen hat und den Ehegatten hierüber eine in Rechtsvorschriften vorgesehene Bescheinigung erteilt worden ist

und die Ehegatten seitdem zehn Jahre oder bis zum Tode eines der Ehegatten, mindestens jedoch fünf Jahre, als Ehegatten miteinander gelebt haben.

§ 1311 Persönliche Erklärung

Die Eheschließenden müssen die Erklärungen nach § 1310 Abs. 1 persönlich und bei gleichzeitiger Anwesenheit abgeben. Die Erklärungen können nicht unter einer Bedingung oder Zeitbestimmung abgegeben werden.

§ 1312 Trauung

Der Standesbeamte soll bei der Eheschließung die Eheschließenden einzeln befragen, ob sie die Ehe miteinander eingehen wollen, und, nachdem die Eheschließenden diese Frage bejaht haben, aussprechen, dass sie nunmehr kraft Gesetzes rechtmäßig verbundene Eheleute sind. Die Eheschließung kann in Gegenwart von einem oder zwei Zeugen erfolgen, sofern die Eheschließenden dies wünschen.

Titel 3
Aufhebung der Ehe

§ 1313 Aufhebung durch richterliche Entscheidung
Eine Ehe kann nur durch richterliche Entscheidung auf Antrag aufgehoben werden. Die Ehe ist mit der Rechtskraft der Entscheidung aufgelöst. Die Voraussetzungen, unter denen die Aufhebung begehrt werden kann, ergeben sich aus den folgenden Vorschriften.

§ 1314 Aufhebungsgründe
(1) Eine Ehe kann aufgehoben werden, wenn sie
1. entgegen § 1303 Satz 1 mit einem Minderjährigen geschlossen worden ist, der im Zeitpunkt der Eheschließung das 16. Lebensjahr vollendet hatte, oder
2. entgegen den §§ 1304, 1306, 1307, 1311 geschlossen worden ist.

(2) Eine Ehe kann ferner aufgehoben werden, wenn
1. ein Ehegatte sich bei der Eheschließung im Zustand der Bewusstlosigkeit oder vorübergehender Störung der Geistestätigkeit befand;
2. ein Ehegatte bei der Eheschließung nicht gewusst hat, dass es sich um eine Eheschließung handelt;
3. ein Ehegatte zur Eingehung der Ehe durch arglistige Täuschung über solche Umstände bestimmt worden ist, die ihn bei Kenntnis der Sachlage und bei richtiger Würdigung des Wesens der Ehe von der Eingehung der Ehe abgehalten hätten; dies gilt nicht, wenn die Täuschung Vermögensverhältnisse betrifft oder von einem Dritten ohne Wissen des anderen Ehegatten verübt worden ist;
4. ein Ehegatte zur Eingehung der Ehe widerrechtlich durch Drohung bestimmt worden ist;
5. beide Ehegatten sich bei der Eheschließung darüber einig waren, dass sie keine Verpflichtung gemäß § 1353 Abs. 1 begründen wollen.

§ 1315 Ausschluss der Aufhebung
(1) Eine Aufhebung der Ehe ist ausgeschlossen
1. bei Verstoß gegen § 1303 Satz 1, wenn
   a) der minderjährige Ehegatte, nachdem er volljährig geworden ist, zu erkennen gegeben hat, dass er die Ehe fortsetzen will (Bestätigung), oder
   b) auf Grund außergewöhnlicher Umstände die Aufhebung der Ehe eine so schwere Härte für den minderjährigen Ehegatten darstellen würde, dass die Aufrechterhaltung der Ehe ausnahmsweise geboten erscheint;
2. bei Verstoß gegen § 1304, wenn der Ehegatte nach Wegfall der Geschäftsunfähigkeit zu erkennen gegeben hat, dass er die Ehe fortsetzen will (Bestätigung);
3. im Falle des § 1314 Abs. 2 Nr. 1, wenn der Ehegatte nach Wegfall der Bewusstlosigkeit oder der Störung der Geistestätigkeit zu erkennen gegeben hat, dass er die Ehe fortsetzen will (Bestätigung);
4. in den Fällen des § 1314 Abs. 2 Nr. 2 bis 4, wenn der Ehegatte nach Entdeckung des Irrtums oder der Täuschung oder nach Aufhören der Zwangslage zu erkennen gegeben hat, dass er die Ehe fortsetzen will (Bestätigung);
5. in den Fällen des § 1314 Abs. 2 Nr. 5, wenn die Ehegatten nach der Eheschließung als Ehegatten miteinander gelebt haben.

Die Bestätigung eines Geschäftsunfähigen ist unwirksam.

(2) Eine Aufhebung der Ehe ist ferner ausgeschlossen
1. bei Verstoß gegen § 1306, wenn vor der Schließung der neuen Ehe die Scheidung oder Aufhebung der früheren Ehe oder die Aufhebung der Lebenspartnerschaft ausgesprochen ist und dieser Ausspruch nach der Schließung der neuen Ehe rechtskräftig wird;
2. bei Verstoß gegen § 1311, wenn die Ehegatten nach der Eheschließung fünf Jahre oder, falls einer von ihnen vorher verstorben ist, bis zu dessen Tode, jedoch mindestens drei Jahre als Ehegatten miteinander gelebt haben, es sei denn, dass bei Ablauf der fünf Jahre oder zur Zeit des Todes die Aufhebung beantragt ist.

§ 1316 Antragsberechtigung
(1) Antragsberechtigt
1. sind bei Verstoß gegen § 1303 Satz 1, die §§ 1304, 1306, 1307, 1311 sowie in den Fällen des § 1314 Abs. 2 Nr. 1 und 5 jeder Ehegatte, die zuständige Verwaltungsbehörde und in den Fällen des § 1306 auch die dritte Person. Die zuständige Verwaltungsbehörde wird durch Rechtsverordnung der Landesregierungen bestimmt. Die Landesregierungen können die Ermächtigung nach Satz 2 durch Rechtsverordnung auf die zuständigen obersten Landesbehörden übertragen;
2. ist in den Fällen des § 1314 Abs. 2 Nr. 2 bis 4 der dort genannte Ehegatte.

(2) Der Antrag kann für einen geschäftsunfähigen Ehegatten nur von seinem gesetzlichen Vertreter gestellt werden. Bei einem Verstoß gegen § 1303 Satz 1 kann ein minderjähriger Ehegatte den Antrag nur selbst stellen; er bedarf dazu nicht der Zustimmung seines gesetzlichen Vertreters.
(3) Bei Verstoß gegen die §§ 1304, 1306, 1307 sowie in den Fällen des § 1314 Abs. 2 Nr. 1 und 5 soll die zuständige Verwaltungsbehörde den Antrag stellen, wenn nicht die Aufhebung der Ehe für einen Ehegatten oder für die aus der Ehe hervorgegangenen Kinder eine so schwere Härte darstellen würde, dass die Aufrechterhaltung der Ehe ausnahmsweise geboten erscheint. Bei einem Verstoß gegen § 1303 Satz 1 muss die zuständige Behörde den Antrag stellen, es sei denn, der minderjährige Ehegatte ist zwischenzeitlich volljährig geworden und hat zu erkennen gegeben, dass er die Ehe fortsetzen will.

§ 1317 Antragsfrist

(1) Der Antrag kann in den Fällen des § 1314 Absatz 2 Nummer 2 und 3 nur binnen eines Jahres, im Falle des § 1314 Absatz 2 Nummer 4 nur binnen drei Jahren gestellt werden. Die Frist beginnt mit der Entdeckung des Irrtums oder der Täuschung oder mit dem Aufhören der Zwangslage; für den gesetzlichen Vertreter eines geschäftsunfähigen Ehegatten beginnt die Frist jedoch nicht vor dem Zeitpunkt, in welchem ihm die den Fristbeginn begründenden Umstände bekannt werden. Auf den Lauf der Frist sind die §§ 206, 210 Abs. 1 Satz 1 entsprechend anzuwenden.
(2) Hat der gesetzliche Vertreter eines geschäftsunfähigen Ehegatten den Antrag nicht rechtzeitig gestellt, so kann der Ehegatte selbst innerhalb von sechs Monaten nach dem Wegfall der Geschäftsunfähigkeit den Antrag stellen.
(3) Ist die Ehe bereits aufgelöst, so kann der Antrag nicht mehr gestellt werden.

§ 1318 Folgen der Aufhebung

(1) Die Folgen der Aufhebung einer Ehe bestimmen sich nur in den nachfolgend genannten Fällen nach den Vorschriften über die Scheidung.
(2) Die §§ 1569 bis 1586b finden entsprechende Anwendung
1. zugunsten eines Ehegatten, der bei Verstoß gegen die §§ 1303, 1304, 1306, 1307 oder § 1311 oder in den Fällen des § 1314 Abs. 2 Nr. 1 oder 2 die Aufhebbarkeit der Ehe bei der Eheschließung nicht gekannt hat oder der in den Fällen des § 1314 Abs. 2 Nr. 3 oder 4 von dem anderen Ehegatten oder mit dessen Wissen getäuscht oder bedroht worden ist;
2. zugunsten beider Ehegatten bei Verstoß gegen die §§ 1306, 1307 oder § 1311, wenn beide Ehegatten die Aufhebbarkeit kannten; dies gilt nicht bei Verstoß gegen § 1306, soweit der Anspruch eines Ehegatten auf Unterhalt einen entsprechenden Anspruch der dritten Person beeinträchtigen würde.
Die Vorschriften über den Unterhalt wegen der Pflege oder Erziehung eines gemeinschaftlichen Kindes finden auch insoweit entsprechende Anwendung, als eine Versagung des Unterhalts im Hinblick auf die Belange des Kindes grob unbillig wäre.
(3) Die §§ 1363 bis 1390 und 1587 finden entsprechende Anwendung, soweit dies nicht im Hinblick auf die Umstände bei der Eheschließung oder bei Verstoß gegen § 1306 im Hinblick auf die Belange der dritten Person grob unbillig wäre.
(4) Die §§ 1568a und 1568b finden entsprechende Anwendung; dabei sind die Umstände bei der Eheschließung und bei Verstoß gegen § 1306 die Belange der dritten Person besonders zu berücksichtigen.
(5) § 1931 findet zugunsten eines Ehegatten, der bei Verstoß gegen die §§ 1304, 1306, 1307 oder § 1311 oder im Falle des § 1314 Abs. 2 Nr. 1 die Aufhebbarkeit der Ehe bei der Eheschließung gekannt hat, keine Anwendung.

Titel 4
Wiederverheiratung nach Todeserklärung

§ 1319 Aufhebung der bisherigen Ehe

(1) Geht ein Ehegatte, nachdem der andere Ehegatte für tot erklärt worden ist, eine neue Ehe ein, so kann, wenn der für tot erklärte Ehegatte noch lebt, die neue Ehe nur dann wegen Verstoßes gegen § 1306 aufgehoben werden, wenn beide Ehegatten bei der Eheschließung wussten, dass der für tot erklärte Ehegatte im Zeitpunkt der Todeserklärung noch lebte.
(2) Mit der Schließung der neuen Ehe wird die frühere Ehe aufgelöst, es sei denn, dass beide Ehegatten der neuen Ehe bei der Eheschließung wussten, dass der für tot erklärte Ehegatte im Zeitpunkt der Todeserklärung noch lebte. Sie bleibt auch dann aufgelöst, wenn die Todeserklärung aufgehoben wird.

§ 1320 Aufhebung der neuen Ehe

(1) Lebt der für tot erklärte Ehegatte noch, so kann unbeschadet des § 1319 sein früherer Ehegatte die Aufhebung der neuen Ehe begehren, es sei denn, dass er bei der Eheschließung wusste, dass der für tot erklärte Ehegatte zum Zeitpunkt der Todeserklärung noch gelebt hat. Die Aufhebung kann nur binnen eines Jahres begehrt werden. Die

Frist beginnt mit dem Zeitpunkt, in dem der Ehegatte aus der früheren Ehe Kenntnis davon erlangt hat, dass der für tot erklärte Ehegatte noch lebt. § 1317 Abs. 1 Satz 3, Abs. 2 gilt entsprechend.
(2) Für die Folgen der Aufhebung gilt § 1318 entsprechend.

§§ 1321 bis 1352 (weggefallen)

Titel 5
Wirkungen der Ehe im Allgemeinen

§ 1353 Eheliche Lebensgemeinschaft
(1) Die Ehe wird von zwei Personen verschiedenen oder gleichen Geschlechts auf Lebenszeit geschlossen. Die Ehegatten sind einander zur ehelichen Lebensgemeinschaft verpflichtet; sie tragen füreinander Verantwortung.
(2) Ein Ehegatte ist nicht verpflichtet, dem Verlangen des anderen Ehegatten nach Herstellung der Gemeinschaft Folge zu leisten, wenn sich das Verlangen als Missbrauch seines Rechts darstellt oder wenn die Ehe gescheitert ist.

§ 1354 (weggefallen)

§ 1355 Ehename
(1) Die Ehegatten sollen einen gemeinsamen Familiennamen (Ehenamen) bestimmen. Die Ehegatten führen den von ihnen bestimmten Ehenamen. Bestimmen die Ehegatten keinen Ehenamen, so führen sie ihren zur Zeit der Eheschließung geführten Namen auch nach der Eheschließung.
(2) Zum Ehenamen können die Ehegatten durch Erklärung gegenüber dem Standesamt den Geburtsnamen oder den zur Zeit der Erklärung über die Bestimmung des Ehenamens geführten Namen eines Ehegatten bestimmen.
(3) Die Erklärung über die Bestimmung des Ehenamens soll bei der Eheschließung erfolgen. Wird die Erklärung später abgegeben, so muss sie öffentlich beglaubigt werden.
(4) Ein Ehegatte, dessen Name nicht Ehename wird, kann durch Erklärung gegenüber dem Standesamt dem Ehenamen seinen Geburtsnamen oder den zur Zeit der Erklärung über die Bestimmung des Ehenamens geführten Namen voranstellen oder anfügen. Dies gilt nicht, wenn der Ehename aus mehreren Namen besteht. Besteht der Name eines Ehegatten aus mehreren Namen, so kann nur einer dieser Namen hinzugefügt werden. Die Erklärung kann gegenüber dem Standesamt widerrufen werden; in diesem Falle ist eine erneute Erklärung nach Satz 1 nicht zulässig. Die Erklärung, wenn sie nicht bei der Eheschließung gegenüber einem deutschen Standesamt abgegeben wird, und der Widerruf müssen öffentlich beglaubigt werden.
(5) Der verwitwete oder geschiedene Ehegatte behält den Ehenamen. Er kann durch Erklärung gegenüber dem Standesamt seinen Geburtsnamen oder den Namen wieder annehmen, den er bis zur Bestimmung des Ehenamens geführt hat, oder dem Ehenamen seinen Geburtsnamen oder den zur Zeit der Bestimmung des Ehenamens geführten Namen voranstellen oder anfügen. Absatz 4 gilt entsprechend.
(6) Geburtsname ist der Name, der in die Geburtsurkunde eines Ehegatten zum Zeitpunkt der Erklärung gegenüber dem Standesamt einzutragen ist.

§ 1356 Haushaltsführung, Erwerbstätigkeit
(1) Die Ehegatten regeln die Haushaltsführung im gegenseitigen Einvernehmen. Ist die Haushaltsführung einem der Ehegatten überlassen, so leitet dieser den Haushalt in eigener Verantwortung.
(2) Beide Ehegatten sind berechtigt, erwerbstätig zu sein. Bei der Wahl und Ausübung einer Erwerbstätigkeit haben sie auf die Belange des anderen Ehegatten und der Familie die gebotene Rücksicht zu nehmen.

§ 1357 Geschäfte zur Deckung des Lebensbedarfs
(1) Jeder Ehegatte ist berechtigt, Geschäfte zur angemessenen Deckung des Lebensbedarfs der Familie mit Wirkung auch für den anderen Ehegatten zu besorgen. Durch solche Geschäfte werden beide Ehegatten berechtigt und verpflichtet, es sei denn, dass sich aus den Umständen etwas anderes ergibt.
(2) Ein Ehegatte kann die Berechtigung des anderen Ehegatten, Geschäfte mit Wirkung für ihn zu besorgen, beschränken oder ausschließen; besteht für die Beschränkung oder Ausschließung kein ausreichender Grund, so hat das Familiengericht sie auf Antrag aufzuheben. Dritten gegenüber wirkt die Beschränkung oder Ausschließung nur nach Maßgabe des § 1412.
(3) Absatz 1 gilt nicht, wenn die Ehegatten getrennt leben.

§ 1358 (weggefallen)

§ 1359 Umfang der Sorgfaltspflicht
Die Ehegatten haben bei der Erfüllung der sich aus dem ehelichen Verhältnis ergebenden Verpflichtungen einander nur für diejenige Sorgfalt einzustehen, welche sie in eigenen Angelegenheiten anzuwenden pflegen.

§ 1360 Verpflichtung zum Familienunterhalt

Die Ehegatten sind einander verpflichtet, durch ihre Arbeit und mit ihrem Vermögen die Familie angemessen zu unterhalten. Ist einem Ehegatten die Haushaltsführung überlassen, so erfüllt er seine Verpflichtung, durch Arbeit zum Unterhalt der Familie beizutragen, in der Regel durch die Führung des Haushalts.

§ 1360a Umfang der Unterhaltspflicht

(1) Der angemessene Unterhalt der Familie umfasst alles, was nach den Verhältnissen der Ehegatten erforderlich ist, um die Kosten des Haushalts zu bestreiten und die persönlichen Bedürfnisse der Ehegatten und den Lebensbedarf der gemeinsamen unterhaltsberechtigten Kinder zu befriedigen.
(2) Der Unterhalt ist in der Weise zu leisten, die durch die eheliche Lebensgemeinschaft geboten ist. Die Ehegatten sind einander verpflichtet, die zum gemeinsamen Unterhalt der Familie erforderlichen Mittel für einen angemessenen Zeitraum im Voraus zur Verfügung zu stellen.
(3) Die für die Unterhaltspflicht der Verwandten geltenden Vorschriften der §§ 1613 bis 1615 sind entsprechend anzuwenden.
(4) Ist ein Ehegatte nicht in der Lage, die Kosten eines Rechtsstreits zu tragen, der eine persönliche Angelegenheit betrifft, so ist der andere Ehegatte verpflichtet, ihm diese Kosten vorzuschießen, soweit dies der Billigkeit entspricht. Das Gleiche gilt für die Kosten der Verteidigung in einem Strafverfahren, das gegen einen Ehegatten gerichtet ist.

§ 1360b Zuvielleistung

Leistet ein Ehegatte zum Unterhalt der Familie einen höheren Beitrag als ihm obliegt, so ist im Zweifel anzunehmen, dass er nicht beabsichtigt, von dem anderen Ehegatten Ersatz zu verlangen.

§ 1361 Unterhalt bei Getrenntleben

(1) Leben die Ehegatten getrennt, so kann ein Ehegatte von dem anderen den nach den Lebensverhältnissen und den Erwerbs- und Vermögensverhältnissen der Ehegatten angemessenen Unterhalt verlangen; für Aufwendungen infolge eines Körper- oder Gesundheitsschadens gilt § 1610a. Ist zwischen den getrennt lebenden Ehegatten ein Scheidungsverfahren rechtshängig, so gehören zum Unterhalt vom Eintritt der Rechtshängigkeit an auch die Kosten einer angemessenen Versicherung für den Fall des Alters sowie der verminderten Erwerbsfähigkeit.
(2) Der nicht erwerbstätige Ehegatte kann nur dann darauf verwiesen werden, seinen Unterhalt durch eine Erwerbstätigkeit selbst zu verdienen, wenn dies von ihm nach seinen persönlichen Verhältnissen, insbesondere wegen einer früheren Erwerbstätigkeit unter Berücksichtigung der Dauer der Ehe, und nach den wirtschaftlichen Verhältnissen beider Ehegatten erwartet werden kann.
(3) Die Vorschrift des § 1579 Nr. 2 bis 8 über die Beschränkung oder Versagung des Unterhalts wegen grober Unbilligkeit ist entsprechend anzuwenden.
(4) Der laufende Unterhalt ist durch Zahlung einer Geldrente zu gewähren. Die Rente ist monatlich im Voraus zu zahlen. Der Verpflichtete schuldet den vollen Monatsbetrag auch dann, wenn der Berechtigte im Laufe des Monats stirbt. § 1360a Abs. 3, 4 und die §§ 1360b, 1605 sind entsprechend anzuwenden.

§ 1361a Verteilung der Haushaltsgegenstände bei Getrenntleben

(1) Leben die Ehegatten getrennt, so kann jeder von ihnen die ihm gehörenden Haushaltsgegenstände von dem anderen Ehegatten herausverlangen. Er ist jedoch verpflichtet, sie dem anderen Ehegatten zum Gebrauch zu überlassen, soweit dieser sie zur Führung eines abgesonderten Haushalts benötigt und die Überlassung nach den Umständen des Falles der Billigkeit entspricht.
(2) Haushaltsgegenstände, die den Ehegatten gemeinsam gehören, werden zwischen ihnen nach den Grundsätzen der Billigkeit verteilt.
(3) Können sich die Ehegatten nicht einigen, so entscheidet das zuständige Gericht. Dieses kann eine angemessene Vergütung für die Benutzung der Haushaltsgegenstände festsetzen.
(4) Die Eigentumsverhältnisse bleiben unberührt, sofern die Ehegatten nichts anderes vereinbaren.

§ 1361b Ehewohnung bei Getrenntleben

(1) Leben die Ehegatten voneinander getrennt oder will einer von ihnen getrennt leben, so kann ein Ehegatte verlangen, dass ihm der andere die Ehewohnung oder einen Teil zur alleinigen Benutzung überlässt, soweit dies auch unter Berücksichtigung der Belange des anderen Ehegatten notwendig ist, um eine unbillige Härte zu vermeiden. Eine unbillige Härte kann auch dann gegeben sein, wenn das Wohl von im Haushalt lebenden Kindern beeinträchtigt ist. Steht einem Ehegatten allein oder gemeinsam mit einem Dritten das Eigentum, das Erbbaurecht oder der Nießbrauch an dem Grundstück zu, auf dem sich die Ehewohnung befindet, so ist dies besonders zu berücksichtigen; Entsprechendes gilt für das Wohnungseigentum, das Dauerwohnrecht und das dingliche Wohnrecht.

(2) Hat der Ehegatte, gegen den sich der Antrag richtet, den anderen Ehegatten widerrechtlich und vorsätzlich am Körper, an der Gesundheit, der Freiheit oder der sexuellen Selbstbestimmung verletzt oder mit einer solchen Verletzung oder der Verletzung des Lebens widerrechtlich gedroht, ist in der Regel die gesamte Wohnung zur alleinigen Benutzung zu überlassen. Der Anspruch auf Wohnungsüberlassung ist nur dann ausgeschlossen, wenn keine weiteren Verletzungen und widerrechtlichen Drohungen zu besorgen sind, es sei denn, dass dem verletzten Ehegatten das weitere Zusammenleben mit dem anderen wegen der Schwere der Tat nicht zuzumuten ist.
(3) Wurde einem Ehegatten die Ehewohnung ganz oder zum Teil überlassen, so hat der andere alles zu unterlassen, was geeignet ist, die Ausübung dieses Nutzungsrechts zu erschweren oder zu vereiteln. Er kann von dem nutzungsberechtigten Ehegatten eine Vergütung für die Nutzung verlangen, soweit dies der Billigkeit entspricht.
(4) Ist nach der Trennung der Ehegatten im Sinne des § 1567 Abs. 1 ein Ehegatte aus der Ehewohnung ausgezogen und hat er binnen sechs Monaten nach seinem Auszug eine ernstliche Rückkehrabsicht dem anderen Ehegatten gegenüber nicht bekundet, so wird unwiderleglich vermutet, dass er dem in der Ehewohnung verbliebenen Ehegatten das alleinige Nutzungsrecht überlassen hat.

§ 1362 Eigentumsvermutung
(1) Zugunsten der Gläubiger eines der Ehegatten wird vermutet, dass die im Besitz eines oder beider Ehegatten befindlichen beweglichen Sachen dem Schuldner gehören. Diese Vermutung gilt nicht, wenn die Ehegatten getrennt leben und sich die Sachen im Besitz des Ehegatten befinden, der nicht Schuldner ist. Inhaberpapiere und Orderpapiere, die mit Blankoindossament versehen sind, stehen den beweglichen Sachen gleich.
(2) Für die ausschließlich zum persönlichen Gebrauch eines Ehegatten bestimmten Sachen wird im Verhältnis der Ehegatten zueinander und zu den Gläubigern vermutet, dass sie dem Ehegatten gehören, für dessen Gebrauch sie bestimmt sind.

Titel 6
Eheliches Güterrecht

Untertitel 1
Gesetzliches Güterrecht

§ 1363 Zugewinngemeinschaft
(1) Die Eheleute leben im Güterstand der Zugewinngemeinschaft, wenn sie nicht durch Ehevertrag etwas anderes vereinbaren.
(2) Das jeweilige Vermögen der Ehegatten wird nicht deren gemeinschaftliches Vermögen; dies gilt auch für Vermögen, das ein Ehegatte nach der Eheschließung erwirbt. Der Zugewinn, den die Ehegatten in der Ehe erzielen, wird jedoch ausgeglichen, wenn die Zugewinngemeinschaft endet.

§ 1364 Vermögensverwaltung
Jeder Ehegatte verwaltet sein Vermögen selbständig; er ist jedoch in der Verwaltung seines Vermögens nach Maßgabe der folgenden Vorschriften beschränkt.

§ 1365 Verfügung über Vermögen im Ganzen
(1) Ein Ehegatte kann sich nur mit Einwilligung des anderen Ehegatten verpflichten, über sein Vermögen im Ganzen zu verfügen. Hat er sich ohne Zustimmung des anderen Ehegatten verpflichtet, so kann er die Verpflichtung nur erfüllen, wenn der andere Ehegatte einwilligt.
(2) Entspricht das Rechtsgeschäft den Grundsätzen einer ordnungsmäßigen Verwaltung, so kann das Familiengericht auf Antrag des Ehegatten die Zustimmung des anderen Ehegatten ersetzen, wenn dieser sie ohne ausreichenden Grund verweigert oder durch Krankheit oder Abwesenheit an der Abgabe einer Erklärung verhindert und mit dem Aufschub Gefahr verbunden ist.

§ 1366 Genehmigung von Verträgen
(1) Ein Vertrag, den ein Ehegatte ohne die erforderliche Einwilligung des anderen Ehegatten schließt, ist wirksam, wenn dieser ihn genehmigt.
(2) Bis zur Genehmigung kann der Dritte den Vertrag widerrufen. Hat er gewusst, dass der vertragsschließende Ehegatte verheiratet ist, so kann er nur widerrufen, wenn der Ehegatte wahrheitswidrig behauptet hat, der andere Ehegatte habe eingewilligt; er kann auch in diesem Fall nicht widerrufen, wenn ihm beim Abschluss des Vertrags bekannt war, dass der andere Ehegatte nicht eingewilligt hatte.
(3) Fordert der Dritte den Ehegatten auf, die erforderliche Genehmigung des anderen Ehegatten zu beschaffen, so kann dieser sich nur dem Dritten gegenüber über die Genehmigung erklären; hat er sich bereits vor der Aufforderung seinem Ehegatten gegenüber erklärt, so wird die Erklärung unwirksam. Die Genehmigung kann nur innerhalb von zwei Wochen seit dem Empfang der Aufforderung erklärt werden; wird sie nicht erklärt, so gilt sie als

verweigert. Ersetzt das Familiengericht die Genehmigung, so ist sein Beschluss nur wirksam, wenn der Ehegatte ihn dem Dritten innerhalb der zweiwöchigen Frist mitteilt; andernfalls gilt die Genehmigung als verweigert.
(4) Wird die Genehmigung verweigert, so ist der Vertrag unwirksam.

§ 1367 Einseitige Rechtsgeschäfte
Ein einseitiges Rechtsgeschäft, das ohne die erforderliche Einwilligung vorgenommen wird, ist unwirksam.

§ 1368 Geltendmachung der Unwirksamkeit
Verfügt ein Ehegatte ohne die erforderliche Zustimmung des anderen Ehegatten über sein Vermögen, so ist auch der andere Ehegatte berechtigt, die sich aus der Unwirksamkeit der Verfügung ergebenden Rechte gegen den Dritten gerichtlich geltend zu machen.

§ 1369 Verfügungen über Haushaltsgegenstände
(1) Ein Ehegatte kann über ihm gehörende Gegenstände des ehelichen Haushalts nur verfügen und sich zu einer solchen Verfügung auch nur verpflichten, wenn der andere Ehegatte einwilligt.
(2) Das Familiengericht kann auf Antrag des Ehegatten die Zustimmung des anderen Ehegatten ersetzen, wenn dieser sie ohne ausreichenden Grund verweigert oder durch Krankheit oder Abwesenheit verhindert ist, eine Erklärung abzugeben.
(3) Die Vorschriften der §§ 1366 bis 1368 gelten entsprechend.

§ 1370 (weggefallen)

§ 1371 Zugewinnausgleich im Todesfall
(1) Wird der Güterstand durch den Tod eines Ehegatten beendet, so wird der Ausgleich des Zugewinns dadurch verwirklicht, dass sich der gesetzliche Erbteil des überlebenden Ehegatten um ein Viertel der Erbschaft erhöht; hierbei ist unerheblich, ob die Ehegatten im einzelnen Falle einen Zugewinn erzielt haben.
(2) Wird der überlebende Ehegatte nicht Erbe und steht ihm auch kein Vermächtnis zu, so kann er Ausgleich des Zugewinns nach den Vorschriften der §§ 1373 bis 1383, 1390 verlangen; der Pflichtteil des überlebenden Ehegatten oder eines anderen Pflichtteilsberechtigten bestimmt sich in diesem Falle nach dem nicht erhöhten gesetzlichen Erbteil des Ehegatten.
(3) Schlägt der überlebende Ehegatte die Erbschaft aus, so kann er neben dem Ausgleich des Zugewinns den Pflichtteil auch dann verlangen, wenn dieser ihm nach den erbrechtlichen Bestimmungen nicht zustünde; dies gilt nicht, wenn er durch Vertrag mit seinem Ehegatten auf sein gesetzliches Erbrecht oder sein Pflichtteilsrecht verzichtet hat.
(4) Sind erbberechtigte Abkömmlinge des verstorbenen Ehegatten, welche nicht aus der durch den Tod dieses Ehegatten aufgelösten Ehe stammen, vorhanden, so ist der überlebende Ehegatte verpflichtet, diesen Abkömmlingen, wenn und soweit sie dessen bedürfen, die Mittel zu einer angemessenen Ausbildung aus dem nach Absatz 1 zusätzlich gewährten Viertel zu gewähren.

§ 1372 Zugewinnausgleich in anderen Fällen
Wird der Güterstand auf andere Weise als durch den Tod eines Ehegatten beendet, so wird der Zugewinn nach den Vorschriften der §§ 1373 bis 1390 ausgeglichen.

§ 1373 Zugewinn
Zugewinn ist der Betrag, um den das Endvermögen eines Ehegatten das Anfangsvermögen übersteigt.

§ 1374 Anfangsvermögen
(1) Anfangsvermögen ist das Vermögen, das einem Ehegatten nach Abzug der Verbindlichkeiten beim Eintritt des Güterstands gehört.
(2) Vermögen, das ein Ehegatte nach Eintritt des Güterstands von Todes wegen oder mit Rücksicht auf ein künftiges Erbrecht, durch Schenkung oder als Ausstattung erwirbt, wird nach Abzug der Verbindlichkeiten dem Anfangsvermögen hinzugerechnet, soweit es nicht den Umständen nach zu den Einkünften zu rechnen ist.
(3) Verbindlichkeiten sind über die Höhe des Vermögens hinaus abzuziehen.

§ 1375 Endvermögen
(1) Endvermögen ist das Vermögen, das einem Ehegatten nach Abzug der Verbindlichkeiten bei der Beendigung des Güterstands gehört. Verbindlichkeiten sind über die Höhe des Vermögens hinaus abzuziehen.
(2) Dem Endvermögen eines Ehegatten wird der Betrag hinzugerechnet, um den dieses Vermögen dadurch vermindert ist, dass ein Ehegatte nach Eintritt des Güterstands
1. unentgeltliche Zuwendungen gemacht hat, durch die er nicht einer sittlichen Pflicht oder einer auf den Anstand zu nehmenden Rücksicht entsprochen hat,
2. Vermögen verschwendet hat oder
3. Handlungen in der Absicht vorgenommen hat, den anderen Ehegatten zu benachteiligen.

Ist das Endvermögen eines Ehegatten geringer als das Vermögen, das er in der Auskunft zum Trennungszeitpunkt angegeben hat, so hat dieser Ehegatte darzulegen und zu beweisen, dass die Vermögensminderung nicht auf Handlungen im Sinne des Satzes 1 Nummer 1 bis 3 zurückzuführen ist.
(3) Der Betrag der Vermögensminderung wird dem Endvermögen nicht hinzugerechnet, wenn sie mindestens zehn Jahre vor Beendigung des Güterstands eingetreten ist oder wenn der andere Ehegatte mit der unentgeltlichen Zuwendung oder der Verschwendung einverstanden gewesen ist.

§ 1376 Wertermittlung des Anfangs- und Endvermögens

(1) Der Berechnung des Anfangsvermögens wird der Wert zugrunde gelegt, den das beim Eintritt des Güterstands vorhandene Vermögen in diesem Zeitpunkt, das dem Anfangsvermögen hinzuzurechnende Vermögen im Zeitpunkt des Erwerbs hatte.
(2) Der Berechnung des Endvermögens wird der Wert zugrunde gelegt, den das bei Beendigung des Güterstands vorhandene Vermögen in diesem Zeitpunkt, eine dem Endvermögen hinzuzurechnende Vermögensminderung in dem Zeitpunkt hatte, in dem sie eingetreten ist.
(3) Die vorstehenden Vorschriften gelten entsprechend für die Bewertung von Verbindlichkeiten.
(4) Ein land- oder forstwirtschaftlicher Betrieb, der bei der Berechnung des Anfangsvermögens und des Endvermögens zu berücksichtigen ist, ist mit dem Ertragswert anzusetzen, wenn der Eigentümer nach § 1378 Abs. 1 in Anspruch genommen wird und eine Weiterführung oder Wiederaufnahme des Betriebs durch den Eigentümer oder einen Abkömmling erwartet werden kann; die Vorschrift des § 2049 Abs. 2 ist anzuwenden.

§ 1377 Verzeichnis des Anfangsvermögens

(1) Haben die Ehegatten den Bestand und den Wert des einem Ehegatten gehörenden Anfangsvermögens und der diesem Vermögen hinzuzurechnenden Gegenstände gemeinsam in einem Verzeichnis festgestellt, so wird im Verhältnis der Ehegatten zueinander vermutet, dass das Verzeichnis richtig ist.
(2) Jeder Ehegatte kann verlangen, dass der andere Ehegatte bei der Aufnahme des Verzeichnisses mitwirkt. Auf die Aufnahme des Verzeichnisses sind die für den Nießbrauch geltenden Vorschriften des § 1035 anzuwenden. Jeder Ehegatte kann den Wert der Vermögensgegenstände und der Verbindlichkeiten auf seine Kosten durch Sachverständige feststellen lassen.
(3) Soweit kein Verzeichnis aufgenommen ist, wird vermutet, dass das Endvermögen eines Ehegatten seinen Zugewinn darstellt.

§ 1378 Ausgleichsforderung

(1) Übersteigt der Zugewinn des einen Ehegatten den Zugewinn des anderen, so steht die Hälfte des Überschusses dem anderen Ehegatten als Ausgleichsforderung zu.
(2) Die Höhe der Ausgleichsforderung wird durch den Wert des Vermögens begrenzt, das nach Abzug der Verbindlichkeiten bei Beendigung des Güterstands vorhanden ist. Die sich nach Satz 1 ergebende Begrenzung der Ausgleichsforderung erhöht sich in den Fällen des § 1375 Absatz 2 Satz 1 um den dem Endvermögen hinzuzurechnenden Betrag.
(3) Die Ausgleichsforderung entsteht mit der Beendigung des Güterstands und ist von diesem Zeitpunkt an vererblich und übertragbar. Eine Vereinbarung, die die Ehegatten während eines Verfahrens, das auf die Auflösung der Ehe gerichtet ist, für den Fall der Auflösung der Ehe über den Ausgleich des Zugewinns treffen, bedarf der notariellen Beurkundung; § 127a findet auch auf eine Vereinbarung Anwendung, die in einem Verfahren in Ehesachen vor dem Prozessgericht protokolliert wird. Im Übrigen kann sich kein Ehegatte vor der Beendigung des Güterstands verpflichten, über die Ausgleichsforderung zu verfügen.

§ 1379 Auskunftspflicht

(1) Ist der Güterstand beendet oder hat ein Ehegatte die Scheidung, die Aufhebung der Ehe, den vorzeitigen Ausgleich des Zugewinns bei vorzeitiger Aufhebung der Zugewinngemeinschaft oder die vorzeitige Aufhebung der Zugewinngemeinschaft beantragt, kann jeder Ehegatte von dem anderen Ehegatten
1. Auskunft über das Vermögen zum Zeitpunkt der Trennung verlangen;
2. Auskunft über das Vermögen verlangen, soweit es für die Berechnung des Anfangs- und Endvermögens maßgeblich ist.

Auf Anforderung sind Belege vorzulegen. Jeder Ehegatte kann verlangen, dass er bei der Aufnahme des ihm nach § 260 vorzulegenden Verzeichnisses zugezogen und dass der Wert der Vermögensgegenstände und der Verbindlichkeiten ermittelt wird. Er kann auch verlangen, dass das Verzeichnis auf seine Kosten durch die zuständige Behörde oder durch einen zuständigen Beamten oder Notar aufgenommen wird.
(2) Leben die Ehegatten getrennt, kann jeder Ehegatte von dem anderen Ehegatten Auskunft über das Vermögen zum Zeitpunkt der Trennung verlangen. Absatz 1 Satz 2 bis 4 gilt entsprechend.

§ 1380 Anrechnung von Vorausempfängen

(1) Auf die Ausgleichsforderung eines Ehegatten wird angerechnet, was ihm von dem anderen Ehegatten durch Rechtsgeschäft unter Lebenden mit der Bestimmung zugewendet ist, dass es auf die Ausgleichsforderung angerechnet werden soll. Im Zweifel ist anzunehmen, dass Zuwendungen angerechnet werden sollen, wenn ihr Wert den Wert von Gelegenheitsgeschenken übersteigt, die nach den Lebensverhältnissen der Ehegatten üblich sind.

(2) Der Wert der Zuwendung wird bei der Berechnung der Ausgleichsforderung dem Zugewinn des Ehegatten hinzugerechnet, der die Zuwendung gemacht hat. Der Wert bestimmt sich nach dem Zeitpunkt der Zuwendung.

§ 1381 Leistungsverweigerung wegen grober Unbilligkeit

(1) Der Schuldner kann die Erfüllung der Ausgleichsforderung verweigern, soweit der Ausgleich des Zugewinns nach den Umständen des Falles grob unbillig wäre.

(2) Grobe Unbilligkeit kann insbesondere dann vorliegen, wenn der Ehegatte, der den geringeren Zugewinn erzielt hat, längere Zeit hindurch die wirtschaftlichen Verpflichtungen, die sich aus dem ehelichen Verhältnis ergeben, schuldhaft nicht erfüllt hat.

§ 1382 Stundung

(1) Das Familiengericht stundet auf Antrag eine Ausgleichsforderung, soweit sie vom Schuldner nicht bestritten wird, wenn die sofortige Zahlung auch unter Berücksichtigung der Interessen des Gläubigers zur Unzeit erfolgen würde. Die sofortige Zahlung würde auch dann zur Unzeit erfolgen, wenn sie die Wohnverhältnisse oder sonstigen Lebensverhältnisse gemeinschaftlicher Kinder nachhaltig verschlechtern würde.

(2) Eine gestundete Forderung hat der Schuldner zu verzinsen.

(3) Das Familiengericht kann auf Antrag anordnen, dass der Schuldner für eine gestundete Forderung Sicherheit zu leisten hat.

(4) Über Höhe und Fälligkeit der Zinsen und über Art und Umfang der Sicherheitsleistung entscheidet das Familiengericht nach billigem Ermessen.

(5) Soweit über die Ausgleichsforderung ein Rechtsstreit anhängig wird, kann der Schuldner einen Antrag auf Stundung nur in diesem Verfahren stellen.

(6) Das Familiengericht kann eine rechtskräftige Entscheidung auf Antrag aufheben oder ändern, wenn sich die Verhältnisse nach der Entscheidung wesentlich geändert haben.

§ 1383 Übertragung von Vermögensgegenständen

(1) Das Familiengericht kann auf Antrag des Gläubigers anordnen, dass der Schuldner bestimmte Gegenstände seines Vermögens dem Gläubiger unter Anrechnung auf die Ausgleichsforderung zu übertragen hat, wenn dies erforderlich ist, um eine grobe Unbilligkeit für den Gläubiger zu vermeiden, und wenn dies dem Schuldner zugemutet werden kann; in der Entscheidung ist der Betrag festzusetzen, der auf die Ausgleichsforderung angerechnet wird.

(2) Der Gläubiger muss die Gegenstände, deren Übertragung er begehrt, in dem Antrag bezeichnen.

(3) § 1382 Abs. 5 gilt entsprechend.

§ 1384 Berechnungszeitpunkt des Zugewinns und Höhe der Ausgleichsforderung bei Scheidung

Wird die Ehe geschieden, so tritt für die Berechnung des Zugewinns und für die Höhe der Ausgleichsforderung an die Stelle der Beendigung des Güterstandes der Zeitpunkt der Rechtshängigkeit des Scheidungsantrags.

§ 1385 Vorzeitiger Zugewinnausgleich des ausgleichsberechtigten Ehegatten bei vorzeitiger Aufhebung der Zugewinngemeinschaft

Der ausgleichsberechtigte Ehegatte kann vorzeitigen Ausgleich des Zugewinns bei vorzeitiger Aufhebung der Zugewinngemeinschaft verlangen, wenn

1. die Ehegatten seit mindestens drei Jahren getrennt leben,
2. Handlungen der in § 1365 oder § 1375 Absatz 2 bezeichneten Art zu befürchten sind und dadurch eine erhebliche Gefährdung der Erfüllung der Ausgleichsforderung zu besorgen ist,
3. der andere Ehegatte längere Zeit hindurch die wirtschaftlichen Verpflichtungen, die sich aus dem ehelichen Verhältnis ergeben, schuldhaft nicht erfüllt hat und anzunehmen ist, dass er sie auch in Zukunft nicht erfüllen wird, oder
4. der andere Ehegatte sich ohne ausreichenden Grund beharrlich weigert oder sich ohne ausreichenden Grund bis zur Stellung des Antrags auf Auskunft beharrlich geweigert hat, ihn über den Bestand seines Vermögens zu unterrichten.

§ 1386 Vorzeitige Aufhebung der Zugewinngemeinschaft

Jeder Ehegatte kann unter entsprechender Anwendung des § 1385 die vorzeitige Aufhebung der Zugewinngemeinschaft verlangen.

§ 1387 Berechnungszeitpunkt des Zugewinns und Höhe der Ausgleichsforderung bei vorzeitigem Ausgleich oder vorzeitiger Aufhebung

In den Fällen der §§ 1385 und 1386 tritt für die Berechnung des Zugewinns und für die Höhe der Ausgleichsforderung an die Stelle der Beendigung des Güterstands der Zeitpunkt, in dem die entsprechenden Anträge gestellt sind.

§ 1388 Eintritt der Gütertrennung

Mit der Rechtskraft der Entscheidung, die die Zugewinngemeinschaft vorzeitig aufhebt, tritt Gütertrennung ein.

§ 1389 (weggefallen)

§ 1390 Ansprüche des Ausgleichsberechtigten gegen Dritte

(1) Der ausgleichsberechtigte Ehegatte kann von einem Dritten Ersatz des Wertes einer unentgeltlichen Zuwendung des ausgleichspflichtigen Ehegatten an den Dritten verlangen, wenn
1. der ausgleichspflichtige Ehegatte die unentgeltliche Zuwendung an den Dritten in der Absicht gemacht hat, den ausgleichsberechtigten Ehegatten zu benachteiligen und
2. die Höhe der Ausgleichsforderung den Wert des nach Abzug der Verbindlichkeiten bei Beendigung des Güterstands vorhandenen Vermögens des ausgleichspflichtigen Ehegatten übersteigt.

Der Ersatz des Wertes des Erlangten erfolgt nach den Vorschriften über die Herausgabe einer ungerechtfertigten Bereicherung. Der Dritte kann die Zahlung durch Herausgabe des Erlangten abwenden. Der ausgleichspflichtige Ehegatte und der Dritte haften als Gesamtschuldner.

(2) Das Gleiche gilt für andere Rechtshandlungen, wenn die Absicht, den Ehegatten zu benachteiligen, dem Dritten bekannt war.

(3) Die Verjährungsfrist des Anspruchs beginnt mit der Beendigung des Güterstands. Endet der Güterstand durch den Tod eines Ehegatten, so wird die Verjährung nicht dadurch gehemmt, dass der Anspruch erst geltend gemacht werden kann, wenn der Ehegatte die Erbschaft oder ein Vermächtnis ausgeschlagen hat.

§§ 1391 bis 1407 (weggefallen)

Untertitel 2
Vertragliches Güterrecht

Kapitel 1
Allgemeine Vorschriften

§ 1408 Ehevertrag, Vertragsfreiheit

(1) Die Ehegatten können ihre güterrechtlichen Verhältnisse durch Vertrag (Ehevertrag) regeln, insbesondere auch nach der Eingehung der Ehe den Güterstand aufheben oder ändern.

(2) Schließen die Ehegatten in einem Ehevertrag Vereinbarungen über den Versorgungsausgleich, so sind insoweit die §§ 6 und 8 des Versorgungsausgleichsgesetzes anzuwenden.

§ 1409 Beschränkung der Vertragsfreiheit

Der Güterstand kann nicht durch Verweisung auf nicht mehr geltendes oder ausländisches Recht bestimmt werden.

§ 1410 Form

Der Ehevertrag muss bei gleichzeitiger Anwesenheit beider Teile zur Niederschrift eines Notars geschlossen werden.

§ 1411 Eheverträge Betreuter

(1) Ein Betreuter kann einen Ehevertrag nur mit Zustimmung seines Betreuers schließen, soweit für diese Angelegenheit ein Einwilligungsvorbehalt angeordnet ist. Die Zustimmung des Betreuers bedarf der Genehmigung des Betreuungsgerichts, wenn der Ausgleich des Zugewinns ausgeschlossen oder eingeschränkt oder wenn Gütergemeinschaft vereinbart oder aufgehoben wird. Für einen geschäftsfähigen Betreuten kann der Betreuer keinen Ehevertrag schließen.

(2) Für einen geschäftsunfähigen Ehegatten schließt der Betreuer den Ehevertrag; Gütergemeinschaft kann er nicht vereinbaren oder aufheben. Der Betreuer kann den Ehevertrag nur mit Genehmigung des Betreuungsgerichts schließen.

§ 1412 Wirkung gegenüber Dritten

(1) Haben die Ehegatten den gesetzlichen Güterstand ausgeschlossen oder geändert, so können sie hieraus einem Dritten gegenüber Einwendungen gegen ein Rechtsgeschäft, das zwischen einem von ihnen und dem Dritten vorgenommen worden ist, nur herleiten, wenn der Ehevertrag im Güterrechtsregister des zuständigen Amtsgerichts eingetragen oder dem Dritten bekannt war, als das Rechtsgeschäft vorgenommen wurde; Einwendungen gegen ein

rechtskräftiges Urteil, das zwischen einem der Ehegatten und dem Dritten ergangen ist, sind nur zulässig, wenn der Ehevertrag eingetragen oder dem Dritten bekannt war, als der Rechtsstreit anhängig wurde.
(2) Das Gleiche gilt, wenn die Ehegatten eine im Güterrechtsregister eingetragene Regelung der güterrechtlichen Verhältnisse durch Ehevertrag aufheben oder ändern.

§ 1413 Widerruf der Überlassung der Vermögensverwaltung
Überlässt ein Ehegatte sein Vermögen der Verwaltung des anderen Ehegatten, so kann das Recht, die Überlassung jederzeit zu widerrufen, nur durch Ehevertrag ausgeschlossen oder eingeschränkt werden; ein Widerruf aus wichtigem Grunde bleibt gleichwohl zulässig.

Kapitel 2
Gütertrennung

§ 1414 Eintritt der Gütertrennung
Schließen die Ehegatten den gesetzlichen Güterstand aus oder heben sie ihn auf, so tritt Gütertrennung ein, falls sich nicht aus dem Ehevertrag etwas anderes ergibt. Das Gleiche gilt, wenn der Ausgleich des Zugewinns ausgeschlossen oder die Gütergemeinschaft aufgehoben wird.

Titel 7
Scheidung der Ehe

Untertitel 1
Scheidungsgründe

§ 1564 Scheidung durch richterliche Entscheidung
Eine Ehe kann nur durch richterliche Entscheidung auf Antrag eines oder beider Ehegatten geschieden werden. Die Ehe ist mit der Rechtskraft der Entscheidung aufgelöst. Die Voraussetzungen, unter denen die Scheidung begehrt werden kann, ergeben sich aus den folgenden Vorschriften.

§ 1565 Scheitern der Ehe
(1) Eine Ehe kann geschieden werden, wenn sie gescheitert ist. Die Ehe ist gescheitert, wenn die Lebensgemeinschaft der Ehegatten nicht mehr besteht und nicht erwartet werden kann, dass die Ehegatten sie wiederherstellen.
(2) Leben die Ehegatten noch nicht ein Jahr getrennt, so kann die Ehe nur geschieden werden, wenn die Fortsetzung der Ehe für den Antragsteller aus Gründen, die in der Person des anderen Ehegatten liegen, eine unzumutbare Härte darstellen würde.

§ 1566 Vermutung für das Scheitern
(1) Es wird unwiderlegbar vermutet, dass die Ehe gescheitert ist, wenn die Ehegatten seit einem Jahr getrennt leben und beide Ehegatten die Scheidung beantragen oder der Antragsgegner der Scheidung zustimmt.
(2) Es wird unwiderlegbar vermutet, dass die Ehe gescheitert ist, wenn die Ehegatten seit drei Jahren getrennt leben.

§ 1567 Getrenntleben
(1) Die Ehegatten leben getrennt, wenn zwischen ihnen keine häusliche Gemeinschaft besteht und ein Ehegatte sie erkennbar nicht herstellen will, weil er die eheliche Lebensgemeinschaft ablehnt. Die häusliche Gemeinschaft besteht auch dann nicht mehr, wenn die Ehegatten innerhalb der ehelichen Wohnung getrennt leben.
(2) Ein Zusammenleben über kürzere Zeit, das der Versöhnung der Ehegatten dienen soll, unterbricht oder hemmt die in § 1566 bestimmten Fristen nicht.

§ 1568 Härteklausel
(1) Die Ehe soll nicht geschieden werden, obwohl sie gescheitert ist, wenn und solange die Aufrechterhaltung der Ehe im Interesse der aus der Ehe hervorgegangenen minderjährigen Kinder aus besonderen Gründen ausnahmsweise notwendig ist oder wenn und solange die Scheidung für den Antragsgegner, der sie ablehnt, auf Grund außergewöhnlicher Umstände eine so schwere Härte darstellen würde, dass die Aufrechterhaltung der Ehe auch unter Berücksichtigung der Belange des Antragstellers ausnahmsweise geboten erscheint.
(2) (weggefallen)

Untertitel 1a
Behandlung der Ehewohnung und der Haushaltsgegenstände anlässlich der Scheidung

§ 1568a Ehewohnung
(1) Ein Ehegatte kann verlangen, dass ihm der andere Ehegatte anlässlich der Scheidung die Ehewohnung überlässt, wenn er auf deren Nutzung unter Berücksichtigung des Wohls der im Haushalt lebenden Kinder und der Lebens-

verhältnisse der Ehegatten in stärkerem Maße angewiesen ist als der andere Ehegatte oder die Überlassung aus anderen Gründen der Billigkeit entspricht.
(2) Ist einer der Ehegatten allein oder gemeinsam mit einem Dritten Eigentümer des Grundstücks, auf dem sich die Ehewohnung befindet, oder steht einem Ehegatten allein oder gemeinsam mit einem Dritten ein Nießbrauch, das Erbbaurecht oder ein dingliches Wohnrecht an dem Grundstück zu, so kann der andere Ehegatte die Überlassung nur verlangen, wenn dies notwendig ist, um eine unbillige Härte zu vermeiden. Entsprechendes gilt für das Wohnungseigentum und das Dauerwohnrecht.
(3) Der Ehegatte, dem die Wohnung überlassen wird, tritt
1. zum Zeitpunkt des Zugangs der Mitteilung der Ehegatten über die Überlassung an den Vermieter oder
2. mit Rechtskraft der Endentscheidung im Wohnungszuweisungsverfahren
an Stelle des zur Überlassung verpflichteten Ehegatten in ein von diesem eingegangenes Mietverhältnis ein oder setzt ein von beiden eingegangenes Mietverhältnis allein fort. § 563 Absatz 4 gilt entsprechend.
(4) Ein Ehegatte kann die Begründung eines Mietverhältnisses über eine Wohnung, die die Ehegatten auf Grund eines Dienst- oder Arbeitsverhältnisses innehaben, das zwischen einem von ihnen und einem Dritten besteht, nur verlangen, wenn der Dritte einverstanden oder dies notwendig ist, um eine schwere Härte zu vermeiden.
(5) Besteht kein Mietverhältnis über die Ehewohnung, so kann sowohl der Ehegatte, der Anspruch auf deren Überlassung hat, als auch die zur Vermietung berechtigte Person die Begründung eines Mietverhältnisses zu ortsüblichen Bedingungen verlangen. Unter den Voraussetzungen des § 575 Absatz 1 oder wenn die Begründung eines unbefristeten Mietverhältnisses unter Würdigung der berechtigten Interessen des Vermieters unbillig ist, kann der Vermieter eine angemessene Befristung des Mietverhältnisses verlangen. Kommt eine Einigung über die Höhe der Miete nicht zustande, kann der Vermieter eine angemessene Miete, im Zweifel die ortsübliche Vergleichsmiete, verlangen.
(6) In den Fällen der Absätze 3 und 5 erlischt der Anspruch auf Eintritt in ein Mietverhältnis oder auf seine Begründung ein Jahr nach Rechtskraft der Endentscheidung in der Scheidungssache, wenn er nicht vorher rechtshängig gemacht worden ist.

§ 1568b Haushaltsgegenstände
(1) Jeder Ehegatte kann verlangen, dass ihm der andere Ehegatte anlässlich der Scheidung die im gemeinsamen Eigentum stehenden Haushaltsgegenstände überlässt und übereignet, wenn er auf deren Nutzung unter Berücksichtigung des Wohls der im Haushalt lebenden Kinder und der Lebensverhältnisse der Ehegatten in stärkerem Maße angewiesen ist als der andere Ehegatte oder dies aus anderen Gründen der Billigkeit entspricht.
(2) Haushaltsgegenstände, die während der Ehe für den gemeinsamen Haushalt angeschafft wurden, gelten für die Verteilung als gemeinsames Eigentum der Ehegatten, es sei denn, das Alleineigentum eines Ehegatten steht fest.
(3) Der Ehegatte, der sein Eigentum nach Absatz 1 überträgt, kann eine angemessene Ausgleichszahlung verlangen.

Untertitel 2
Unterhalt des geschiedenen Ehegatten
Kapitel 1
Grundsatz

§ 1569 Grundsatz der Eigenverantwortung
Nach der Scheidung obliegt es jedem Ehegatten, selbst für seinen Unterhalt zu sorgen. Ist er dazu außerstande, hat er gegen den anderen Ehegatten einen Anspruch auf Unterhalt nur nach den folgenden Vorschriften.

Kapitel 2
Unterhaltsberechtigung

§ 1570 Unterhalt wegen Betreuung eines Kindes
(1) Ein geschiedener Ehegatte kann von dem anderen wegen der Pflege oder Erziehung eines gemeinschaftlichen Kindes für mindestens drei Jahre nach der Geburt Unterhalt verlangen. Die Dauer des Unterhaltsanspruchs verlängert sich, solange und soweit dies der Billigkeit entspricht. Dabei sind die Belange des Kindes und die bestehenden Möglichkeiten der Kinderbetreuung zu berücksichtigen.
(2) Die Dauer des Unterhaltsanspruchs verlängert sich darüber hinaus, wenn dies unter Berücksichtigung der Gestaltung von Kinderbetreuung und Erwerbstätigkeit in der Ehe sowie der Dauer der Ehe der Billigkeit entspricht.

§ 1571 Unterhalt wegen Alters
Ein geschiedener Ehegatte kann von dem anderen Unterhalt verlangen, soweit von ihm im Zeitpunkt
1. der Scheidung,
2. der Beendigung der Pflege oder Erziehung eines gemeinschaftlichen Kindes oder
3. des Wegfalls der Voraussetzungen für einen Unterhaltsanspruch nach den §§ 1572 und 1573
wegen seines Alters eine Erwerbstätigkeit nicht mehr erwartet werden kann.

§ 1572 Unterhalt wegen Krankheit oder Gebrechen

Ein geschiedener Ehegatte kann von dem anderen Unterhalt verlangen, solange und soweit von ihm vom Zeitpunkt
1. der Scheidung,
2. der Beendigung der Pflege oder Erziehung eines gemeinschaftlichen Kindes,
3. der Beendigung der Ausbildung, Fortbildung oder Umschulung oder
4. des Wegfalls der Voraussetzungen für einen Unterhaltsanspruch nach § 1573

an wegen Krankheit oder anderer Gebrechen oder Schwäche seiner körperlichen oder geistigen Kräfte eine Erwerbstätigkeit nicht erwartet werden kann.

§ 1573 Unterhalt wegen Erwerbslosigkeit und Aufstockungsunterhalt

(1) Soweit ein geschiedener Ehegatte keinen Unterhaltsanspruch nach den §§ 1570 bis 1572 hat, kann er gleichwohl Unterhalt verlangen, solange und soweit er nach der Scheidung keine angemessene Erwerbstätigkeit zu finden vermag.

(2) Reichen die Einkünfte aus einer angemessenen Erwerbstätigkeit zum vollen Unterhalt (§ 1578) nicht aus, kann er, soweit er nicht bereits einen Unterhaltsanspruch nach den §§ 1570 bis 1572 hat, den Unterschiedsbetrag zwischen den Einkünften und dem vollen Unterhalt verlangen.

(3) Absätze 1 und 2 gelten entsprechend, wenn Unterhalt nach den §§ 1570 bis 1572, 1575 zu gewähren war, die Voraussetzungen dieser Vorschriften aber entfallen sind.

(4) Der geschiedene Ehegatte kann auch dann Unterhalt verlangen, wenn die Einkünfte aus einer angemessenen Erwerbstätigkeit wegfallen, weil es ihm trotz seiner Bemühungen nicht gelungen war, den Unterhalt durch die Erwerbstätigkeit nach der Scheidung nachhaltig zu sichern. War es ihm gelungen, den Unterhalt teilweise nachhaltig zu sichern, so kann er den Unterschiedsbetrag zwischen dem nachhaltig gesicherten und dem vollen Unterhalt verlangen.

§ 1574 Angemessene Erwerbstätigkeit

(1) Dem geschiedenen Ehegatten obliegt es, eine angemessene Erwerbstätigkeit auszuüben.

(2) Angemessen ist eine Erwerbstätigkeit, die der Ausbildung, den Fähigkeiten, einer früheren Erwerbstätigkeit, dem Lebensalter und dem Gesundheitszustand des geschiedenen Ehegatten entspricht, soweit eine solche Tätigkeit nicht nach den ehelichen Lebensverhältnissen unbillig wäre. Bei den ehelichen Lebensverhältnissen sind insbesondere die Dauer der Ehe sowie die Dauer der Pflege oder Erziehung eines gemeinschaftlichen Kindes zu berücksichtigen.

(3) Soweit es zur Aufnahme einer angemessenen Erwerbstätigkeit erforderlich ist, obliegt es dem geschiedenen Ehegatten, sich ausbilden, fortbilden oder umschulen zu lassen, wenn ein erfolgreicher Abschluss der Ausbildung zu erwarten ist.

§ 1575 Ausbildung, Fortbildung oder Umschulung

(1) Ein geschiedener Ehegatte, der in Erwartung der Ehe oder während der Ehe eine Schul- oder Berufsausbildung nicht aufgenommen oder abgebrochen hat, kann von dem anderen Ehegatten Unterhalt verlangen, wenn er diese oder eine entsprechende Ausbildung sobald wie möglich aufnimmt, um eine angemessene Erwerbstätigkeit, die den Unterhalt nachhaltig sichert, zu erlangen und der erfolgreiche Abschluss der Ausbildung zu erwarten ist. Der Anspruch besteht längstens für die Zeit, in der eine solche Ausbildung im Allgemeinen abgeschlossen wird; dabei sind ehebedingte Verzögerungen der Ausbildung zu berücksichtigen.

(2) Entsprechendes gilt, wenn sich der geschiedene Ehegatte fortbilden oder umschulen lässt, um Nachteile auszugleichen, die durch die Ehe eingetreten sind.

(3) Verlangt der geschiedene Ehegatte nach Beendigung der Ausbildung, Fortbildung oder Umschulung Unterhalt nach § 1573, so bleibt bei der Bestimmung der ihm angemessenen Erwerbstätigkeit (§ 1574 Abs. 2) der erreichte höhere Ausbildungsstand außer Betracht.

§ 1576 Unterhalt aus Billigkeitsgründen

Ein geschiedener Ehegatte kann von dem anderen Unterhalt verlangen, soweit und solange von ihm aus sonstigen schwerwiegenden Gründen eine Erwerbstätigkeit nicht erwartet werden kann und die Versagung von Unterhalt unter Berücksichtigung der Belange beider Ehegatten grob unbillig wäre. Schwerwiegende Gründe dürfen nicht allein deswegen berücksichtigt werden, weil sie zum Scheitern der Ehe geführt haben.

§ 1577 Bedürftigkeit

(1) Der geschiedene Ehegatte kann den Unterhalt nach den §§ 1570 bis 1573, 1575 und 1576 nicht verlangen, solange und soweit er sich aus seinen Einkünften und seinem Vermögen selbst unterhalten kann.

(2) Einkünfte sind nicht anzurechnen, soweit der Verpflichtete nicht den vollen Unterhalt (§§ 1578 und 1578b) leistet. Einkünfte, die den vollen Unterhalt übersteigen, sind insoweit anzurechnen, als dies unter Berücksichtigung der beiderseitigen wirtschaftlichen Verhältnisse der Billigkeit entspricht.
(3) Den Stamm des Vermögens braucht der Berechtigte nicht zu verwerten, soweit die Verwertung unwirtschaftlich oder unter Berücksichtigung der beiderseitigen wirtschaftlichen Verhältnisse unbillig wäre.
(4) War zum Zeitpunkt der Ehescheidung zu erwarten, dass der Unterhalt des Berechtigten aus seinem Vermögen nachhaltig gesichert sein würde, fällt das Vermögen aber später weg, so besteht kein Anspruch auf Unterhalt. Dies gilt nicht, wenn im Zeitpunkt des Vermögenswegfalls von dem Ehegatten wegen der Pflege oder Erziehung eines gemeinschaftlichen Kindes eine Erwerbstätigkeit nicht erwartet werden kann.

§ 1578 Maß des Unterhalts

(1) Das Maß des Unterhalts bestimmt sich nach den ehelichen Lebensverhältnissen. Der Unterhalt umfasst den gesamten Lebensbedarf.
(2) Zum Lebensbedarf gehören auch die Kosten einer angemessenen Versicherung für den Fall der Krankheit und der Pflegebedürftigkeit sowie die Kosten einer Schul- oder Berufsausbildung, einer Fortbildung oder einer Umschulung nach den §§ 1574, 1575.
(3) Hat der geschiedene Ehegatte einen Unterhaltsanspruch nach den §§ 1570 bis 1573 oder § 1576, so gehören zum Lebensbedarf auch die Kosten einer angemessenen Versicherung für den Fall des Alters sowie der verminderten Erwerbsfähigkeit.

§ 1578a Deckungsvermutung bei schadensbedingten Mehraufwendungen

Für Aufwendungen infolge eines Körper- oder Gesundheitsschadens gilt § 1610a.

§ 1578b Herabsetzung und zeitliche Begrenzung des Unterhalts wegen Unbilligkeit

(1) Der Unterhaltsanspruch des geschiedenen Ehegatten ist auf den angemessenen Lebensbedarf herabzusetzen, wenn eine an den ehelichen Lebensverhältnissen orientierte Bemessung des Unterhaltsanspruchs auch unter Wahrung der Belange eines dem Berechtigten zur Pflege oder Erziehung anvertrauten gemeinschaftlichen Kindes unbillig wäre. Dabei ist insbesondere zu berücksichtigen, inwieweit durch die Ehe Nachteile im Hinblick auf die Möglichkeit eingetreten sind, für den eigenen Unterhalt zu sorgen, oder eine Herabsetzung des Unterhaltsanspruchs unter Berücksichtigung der Dauer der Ehe unbillig wäre. Nachteile im Sinne des Satzes 2 können sich vor allem aus der Dauer der Pflege oder Erziehung eines gemeinschaftlichen Kindes sowie aus der Gestaltung von Haushaltsführung und Erwerbstätigkeit während der Ehe ergeben.
(2) Der Unterhaltsanspruch des geschiedenen Ehegatten ist zeitlich zu begrenzen, wenn ein zeitlich unbegrenzter Unterhaltsanspruch auch unter Wahrung der Belange eines dem Berechtigten zur Pflege oder Erziehung anvertrauten gemeinschaftlichen Kindes unbillig wäre. Absatz 1 Satz 2 und 3 gilt entsprechend.
(3) Herabsetzung und zeitliche Begrenzung des Unterhaltsanspruchs können miteinander verbunden werden.

§ 1579 Beschränkung oder Versagung des Unterhalts wegen grober Unbilligkeit

Ein Unterhaltsanspruch ist zu versagen, herabzusetzen oder zeitlich zu begrenzen, soweit die Inanspruchnahme des Verpflichteten auch unter Wahrung der Belange eines dem Berechtigten zur Pflege oder Erziehung anvertrauten gemeinschaftlichen Kindes grob unbillig wäre, weil
1. die Ehe von kurzer Dauer war; dabei ist die Zeit zu berücksichtigen, in welcher der Berechtigte wegen der Pflege oder Erziehung eines gemeinschaftlichen Kindes nach § 1570 Unterhalt verlangen kann,
2. der Berechtigte in einer verfestigten Lebensgemeinschaft lebt,
3. der Berechtigte sich eines Verbrechens oder eines schweren vorsätzlichen Vergehens gegen den Verpflichteten oder einen nahen Angehörigen des Verpflichteten schuldig gemacht hat,
4. der Berechtigte seine Bedürftigkeit mutwillig herbeigeführt hat,
5. der Berechtigte sich über schwerwiegende Vermögensinteressen des Verpflichteten mutwillig hinweggesetzt hat,
6. der Berechtigte vor der Trennung längere Zeit hindurch seine Pflicht, zum Familienunterhalt beizutragen, gröblich verletzt hat,
7. dem Berechtigten ein offensichtlich schwerwiegendes, eindeutig bei ihm liegendes Fehlverhalten gegen den Verpflichteten zur Last fällt oder
8. ein anderer Grund vorliegt, der ebenso schwer wiegt wie die in den Nummern 1 bis 7 aufgeführten Gründe.

§ 1580 Auskunftspflicht

Die geschiedenen Ehegatten sind einander verpflichtet, auf Verlangen über ihre Einkünfte und ihr Vermögen Auskunft zu erteilen. § 1605 ist entsprechend anzuwenden.

Kapitel 3
Leistungsfähigkeit und Rangfolge

§ 1581 Leistungsfähigkeit
Ist der Verpflichtete nach seinen Erwerbs- und Vermögensverhältnissen unter Berücksichtigung seiner sonstigen Verpflichtungen außerstande, ohne Gefährdung des eigenen angemessenen Unterhalts dem Berechtigten Unterhalt zu gewähren, so braucht er nur insoweit Unterhalt leisten, als es mit Rücksicht auf die Bedürfnisse und die Erwerbs- und Vermögensverhältnisse der geschiedenen Ehegatten der Billigkeit entspricht. Den Stamm des Vermögens braucht er nicht zu verwerten, soweit die Verwertung unwirtschaftlich oder unter Berücksichtigung der beiderseitigen wirtschaftlichen Verhältnisse unbillig wäre.

§ 1582 Rang des geschiedenen Ehegatten bei mehreren Unterhaltsberechtigten
Sind mehrere Unterhaltsberechtigte vorhanden, richtet sich der Rang des geschiedenen Ehegatten nach § 1609.

§ 1583 Einfluss des Güterstands
Lebt der Verpflichtete im Falle der Wiederheirat mit seinem neuen Ehegatten im Güterstand der Gütergemeinschaft, so ist § 1604 entsprechend anzuwenden.

§ 1584 Rangverhältnisse mehrerer Unterhaltsverpflichteter
Der unterhaltspflichtige geschiedene Ehegatte haftet vor den Verwandten des Berechtigten. Soweit jedoch der Verpflichtete nicht leistungsfähig ist, haften die Verwandten vor dem geschiedenen Ehegatten. § 1607 Abs. 2 und 4 gilt entsprechend.

Kapitel 4
Gestaltung des Unterhaltsanspruchs

§ 1585 Art der Unterhaltsgewährung
(1) Der laufende Unterhalt ist durch Zahlung einer Geldrente zu gewähren. Die Rente ist monatlich im Voraus zu entrichten. Der Verpflichtete schuldet den vollen Monatsbetrag auch dann, wenn der Unterhaltsanspruch im Laufe des Monats durch Wiederheirat oder Tod des Berechtigten erlischt.
(2) Statt der Rente kann der Berechtigte eine Abfindung in Kapital verlangen, wenn ein wichtiger Grund vorliegt und der Verpflichtete dadurch nicht unbillig belastet wird.

§ 1585a Sicherheitsleistung
(1) Der Verpflichtete hat auf Verlangen Sicherheit zu leisten. Die Verpflichtung, Sicherheit zu leisten, entfällt, wenn kein Grund zu der Annahme besteht, dass die Unterhaltsleistung gefährdet ist oder wenn der Verpflichtete durch die Sicherheitsleistung unbillig belastet würde. Der Betrag, für den Sicherheit zu leisten ist, soll den einfachen Jahresbetrag der Unterhaltsrente nicht übersteigen, sofern nicht nach den besonderen Umständen des Falles eine höhere Sicherheitsleistung angemessen erscheint.
(2) Die Art der Sicherheitsleistung bestimmt sich nach den Umständen; die Beschränkung des § 232 gilt nicht.

§ 1585b Unterhalt für die Vergangenheit
(1) Wegen eines Sonderbedarfs (§ 1613 Abs. 2) kann der Berechtigte Unterhalt für die Vergangenheit verlangen.
(2) Im Übrigen kann der Berechtigte für die Vergangenheit Erfüllung oder Schadensersatz wegen Nichterfüllung nur entsprechend § 1613 Abs. 1 fordern.
(3) Für eine mehr als ein Jahr vor der Rechtshängigkeit liegende Zeit kann Erfüllung oder Schadensersatz wegen Nichterfüllung nur verlangt werden, wenn anzunehmen ist, dass der Verpflichtete sich der Leistung absichtlich entzogen hat.

§ 1585c Vereinbarungen über den Unterhalt
Die Ehegatten können über die Unterhaltspflicht für die Zeit nach der Scheidung Vereinbarungen treffen. Eine Vereinbarung, die vor der Rechtskraft der Scheidung getroffen wird, bedarf der notariellen Beurkundung. § 127a findet auch auf eine Vereinbarung Anwendung, die in einem Verfahren in Ehesachen vor dem Prozessgericht protokolliert wird.

Kapitel 5
Ende des Unterhaltsanspruchs

§ 1586 Wiederverheiratung, Begründung einer Lebenspartnerschaft oder Tod des Berechtigten
(1) Der Unterhaltsanspruch erlischt mit der Wiederheirat, der Begründung einer Lebenspartnerschaft oder dem Tode des Berechtigten.

(2) Ansprüche auf Erfüllung oder Schadensersatz wegen Nichterfüllung für die Vergangenheit bleiben bestehen. Das Gleiche gilt für den Anspruch auf den zur Zeit der Wiederheirat, der Begründung einer Lebenspartnerschaft oder des Todes fälligen Monatsbetrag.

§ 1586a Wiederaufleben des Unterhaltsanspruchs
(1) Geht ein geschiedener Ehegatte eine neue Ehe oder Lebenspartnerschaft ein und wird die Ehe oder Lebenspartnerschaft wieder aufgelöst, so kann er von dem früheren Ehegatten Unterhalt nach § 1570 verlangen, wenn er ein Kind aus der früheren Ehe oder Lebenspartnerschaft zu pflegen oder zu erziehen hat.
(2) Der Ehegatte der später aufgelösten Ehe haftet vor dem Ehegatten der früher aufgelösten Ehe. Satz 1 findet auf Lebenspartnerschaften entsprechende Anwendung.

§ 1586b Kein Erlöschen bei Tod des Verpflichteten
(1) Mit dem Tode des Verpflichteten geht die Unterhaltspflicht auf die Erben als Nachlassverbindlichkeit über. Die Beschränkungen nach § 1581 fallen weg. Der Erbe haftet jedoch nicht über einen Betrag hinaus, der dem Pflichtteil entspricht, welcher dem Berechtigten zustände, wenn die Ehe nicht geschieden worden wäre.
(2) Für die Berechnung des Pflichtteils bleiben Besonderheiten auf Grund des Güterstands, in dem die geschiedenen Ehegatten gelebt haben, außer Betracht.

Untertitel 3
Versorgungsausgleich

§ 1587 Verweis auf das Versorgungsausgleichsgesetz
Nach Maßgabe des Versorgungsausgleichsgesetzes findet zwischen den geschiedenen Ehegatten ein Ausgleich von im In- oder Ausland bestehenden Anrechten statt, insbesondere aus der gesetzlichen Rentenversicherung, aus anderen Regelsicherungssystemen wie der Beamtenversorgung oder der berufsständischen Versorgung, aus der betrieblichen Altersversorgung oder aus der privaten Alters- und Invaliditätsvorsorge.

Titel 8
Kirchliche Verpflichtungen

§ 1588
Die kirchlichen Verpflichtungen in Ansehung der Ehe werden durch die Vorschriften dieses Abschnitts nicht berührt.

Abschnitt 2
Verwandtschaft

Titel 1
Allgemeine Vorschriften

§ 1589 Verwandtschaft
Personen, deren eine von der anderen abstammt, sind in gerader Linie verwandt. Personen, die nicht in gerader Linie verwandt sind, aber von derselben dritten Person abstammen, sind in der Seitenlinie verwandt. Der Grad der Verwandtschaft bestimmt sich nach der Zahl der sie vermittelnden Geburten.

§ 1590 Schwägerschaft
(1) Die Verwandten eines Ehegatten sind mit dem anderen Ehegatten verschwägert. Die Linie und der Grad der Schwägerschaft bestimmen sich nach der Linie und dem Grade der sie vermittelnden Verwandtschaft.
(2) Die Schwägerschaft dauert fort, auch wenn die Ehe, durch die sie begründet wurde, aufgelöst ist.

Titel 2
Abstammung

§ 1591 Mutterschaft
Mutter eines Kindes ist die Frau, die es geboren hat.

§ 1592 Vaterschaft
Vater eines Kindes ist der Mann,
1. der zum Zeitpunkt der Geburt mit der Mutter des Kindes verheiratet ist,
2. der die Vaterschaft anerkannt hat oder
3. dessen Vaterschaft nach § 1600d oder § 182 Abs. 1 des Gesetzes über das Verfahren in Familiensachen und in den Angelegenheiten der freiwilligen Gerichtsbarkeit gerichtlich festgestellt ist.

§ 1593 Vaterschaft bei Auflösung der Ehe durch Tod

§ 1592 Nr. 1 gilt entsprechend, wenn die Ehe durch Tod aufgelöst wurde und innerhalb von 300 Tagen nach der Auflösung ein Kind geboren wird. Steht fest, dass das Kind mehr als 300 Tage vor seiner Geburt empfangen wurde, so ist dieser Zeitraum maßgebend. Wird von einer Frau, die eine weitere Ehe geschlossen hat, ein Kind geboren, das sowohl nach den Sätzen 1 und 2 Kind des früheren Ehemanns als auch nach § 1592 Nr. 1 Kind des neuen Ehemanns wäre, so ist es nur als Kind des neuen Ehemanns anzusehen. Wird die Vaterschaft angefochten und wird rechtskräftig festgestellt, dass der neue Ehemann nicht Vater des Kindes ist, so ist es Kind des früheren Ehemanns.

§ 1594 Anerkennung der Vaterschaft

(1) Die Rechtswirkungen der Anerkennung können, soweit sich nicht aus dem Gesetz anderes ergibt, erst von dem Zeitpunkt an geltend gemacht werden, zu dem die Anerkennung wirksam wird.
(2) Eine Anerkennung der Vaterschaft ist nicht wirksam, solange die Vaterschaft eines anderen Mannes besteht.
(3) Eine Anerkennung unter einer Bedingung oder Zeitbestimmung ist unwirksam.
(4) Die Anerkennung ist schon vor der Geburt des Kindes zulässig.

§ 1595 Zustimmungsbedürftigkeit der Anerkennung

(1) Die Anerkennung bedarf der Zustimmung der Mutter.
(2) Die Anerkennung bedarf auch der Zustimmung des Kindes, wenn der Mutter insoweit die elterliche Sorge nicht zusteht.
(3) Für die Zustimmung gilt § 1594 Abs. 3 und 4 entsprechend.

§ 1596 Anerkennung und Zustimmung bei fehlender oder beschränkter Geschäftsfähigkeit

(1) Wer in der Geschäftsfähigkeit beschränkt ist, kann nur selbst anerkennen. Die Zustimmung des gesetzlichen Vertreters ist erforderlich. Für einen Geschäftsunfähigen kann der gesetzliche Vertreter mit Genehmigung des Familiengerichts anerkennen; ist der gesetzliche Vertreter ein Betreuer, ist die Genehmigung des Betreuungsgerichts erforderlich. Für die Zustimmung der Mutter gelten die Sätze 1 bis 3 entsprechend.
(2) Für ein Kind, das geschäftsunfähig oder noch nicht 14 Jahre alt ist, kann nur der gesetzliche Vertreter der Anerkennung zustimmen. Im Übrigen kann ein Kind, das in der Geschäftsfähigkeit beschränkt ist, nur selbst zustimmen; es bedarf hierzu der Zustimmung des gesetzlichen Vertreters.
(3) Ein geschäftsfähiger Betreuter kann nur selbst anerkennen oder zustimmen; § 1903 bleibt unberührt.
(4) Anerkennung und Zustimmung können nicht durch einen Bevollmächtigten erklärt werden.

§ 1597 Formerfordernisse; Widerruf

(1) Anerkennung und Zustimmung müssen öffentlich beurkundet werden.
(2) Beglaubigte Abschriften der Anerkennung und aller Erklärungen, die für die Wirksamkeit der Anerkennung bedeutsam sind, sind dem Vater, der Mutter und dem Kind sowie dem Standesamt zu übersenden.
(3) Der Mann kann die Anerkennung widerrufen, wenn sie ein Jahr nach der Beurkundung noch nicht wirksam geworden ist. Für den Widerruf gelten die Absätze 1 und 2 sowie § 1594 Abs. 3 und § 1596 Abs. 1, 3 und 4 entsprechend.

§ 1597a Verbot der missbräuchlichen Anerkennung der Vaterschaft

(1) Die Vaterschaft darf nicht gezielt gerade zu dem Zweck anerkannt werden, die rechtlichen Voraussetzungen für die erlaubte Einreise oder den erlaubten Aufenthalt des Kindes, des Anerkennenden oder der Mutter zu schaffen, auch nicht, um die rechtlichen Voraussetzungen für die erlaubte Einreise oder den erlaubten Aufenthalt des Kindes durch den Erwerb der deutschen Staatsangehörigkeit des Kindes nach § 4 Absatz 1 oder Absatz 3 Satz 1 des Staatsangehörigkeitsgesetzes zu schaffen (missbräuchliche Anerkennung der Vaterschaft).
(2) Bestehen konkrete Anhaltspunkte für eine missbräuchliche Anerkennung der Vaterschaft, hat die beurkundende Behörde oder die Urkundsperson dies der nach § 85a des Aufenthaltsgesetzes zuständigen Behörde nach Anhörung des Anerkennenden und der Mutter mitzuteilen und die Beurkundung auszusetzen. Ein Anzeichen für das Vorliegen konkreter Anhaltspunkte ist insbesondere:
1. das Bestehen einer vollziehbaren Ausreisepflicht des Anerkennenden oder der Mutter oder des Kindes,
2. wenn der Anerkennende oder die Mutter oder das Kind einen Asylantrag gestellt hat und die Staatsangehörigkeit eines sicheren Herkunftsstaates nach § 29a des Asylgesetzes besitzt,
3. das Fehlen von persönlichen Beziehungen zwischen dem Anerkennenden und der Mutter oder dem Kind,
4. der Verdacht, dass der Anerkennende bereits mehrfach die Vaterschaft von Kindern verschiedener ausländischer Mütter anerkannt hat und jeweils die rechtlichen Voraussetzungen für die erlaubte Einreise oder den erlaubten Aufenthalt des Kindes oder der Mutter durch die Anerkennung geschaffen hat, auch wenn das Kind durch die Anerkennung die deutsche Staatsangehörigkeit erworben hat, oder

5. der Verdacht, dass dem Anerkennenden oder der Mutter ein Vermögensvorteil für die Anerkennung der Vaterschaft oder die Zustimmung hierzu gewährt oder versprochen worden ist.

Die beurkundende Behörde oder die Urkundsperson hat die Aussetzung dem Anerkennenden, der Mutter und dem Standesamt mitzuteilen. Hat die nach § 85a des Aufenthaltsgesetzes zuständige Behörde gemäß § 85a Absatz 1 des Aufenthaltsgesetzes das Vorliegen einer missbräuchlichen Anerkennung der Vaterschaft festgestellt und ist diese Entscheidung unanfechtbar, so ist die Beurkundung abzulehnen.

(3) Solange die Beurkundung gemäß Absatz 2 Satz 1 ausgesetzt ist, kann die Anerkennung auch nicht wirksam von einer anderen beurkundenden Behörde oder Urkundsperson beurkundet werden. Das Gleiche gilt, wenn die Voraussetzungen des Absatzes 2 Satz 4 vorliegen.

(4) Für die Zustimmung der Mutter nach § 1595 Absatz 1 gelten die Absätze 1 bis 3 entsprechend.

(5) Eine Anerkennung der Vaterschaft kann nicht missbräuchlich sein, wenn der Anerkennende der leibliche Vater des anzuerkennenden Kindes ist.

§ 1598 Unwirksamkeit von Anerkennung, Zustimmung und Widerruf

(1) Anerkennung, Zustimmung und Widerruf sind nur unwirksam, wenn sie den Erfordernissen nach § 1594 Absatz 2 bis 4 und der §§ 1595 bis 1597 nicht genügen. Anerkennung und Zustimmung sind auch im Fall des § 1597a Absatz 3 und im Fall des § 1597a Absatz 4 in Verbindung mit Absatz 3 unwirksam.

(2) Sind seit der Eintragung in ein deutsches Personenstandsregister fünf Jahre verstrichen, so ist die Anerkennung wirksam, auch wenn sie den Erfordernissen der vorstehenden Vorschriften nicht genügt.

§ 1598a Anspruch auf Einwilligung in eine genetische Untersuchung zur Klärung der leiblichen Abstammung

(1) Zur Klärung der leiblichen Abstammung des Kindes können
1. der Vater jeweils von Mutter und Kind,
2. die Mutter jeweils von Vater und Kind und
3. das Kind jeweils von beiden Elternteilen

verlangen, dass diese in eine genetische Abstammungsuntersuchung einwilligen und die Entnahme einer für die Untersuchung geeigneten genetischen Probe dulden. Die Probe muss nach den anerkannten Grundsätzen der Wissenschaft entnommen werden.

(2) Auf Antrag eines Klärungsberechtigten hat das Familiengericht eine nicht erteilte Einwilligung zu ersetzen und die Duldung einer Probeentnahme anzuordnen.

(3) Das Gericht setzt das Verfahren aus, wenn und solange die Klärung der leiblichen Abstammung eine erhebliche Beeinträchtigung des Wohls des minderjährigen Kindes begründen würde, die auch unter Berücksichtigung der Belange des Klärungsberechtigten für das Kind unzumutbar wäre.

(4) Wer in eine genetische Abstammungsuntersuchung eingewilligt und eine genetische Probe abgegeben hat, kann von dem Klärungsberechtigten, der eine Abstammungsuntersuchung hat durchführen lassen, Einsicht in das Abstammungsgutachten oder Aushändigung einer Abschrift verlangen. Über Streitigkeiten aus dem Anspruch nach Satz 1 entscheidet das Familiengericht.

§ 1599 Nichtbestehen der Vaterschaft

(1) § 1592 Nr. 1 und 2 und § 1593 gelten nicht, wenn auf Grund einer Anfechtung rechtskräftig festgestellt ist, dass der Mann nicht der Vater des Kindes ist.

(2) § 1592 Nr. 1 und § 1593 gelten auch nicht, wenn das Kind nach Anhängigkeit eines Scheidungsantrags geboren wird und ein Dritter spätestens bis zum Ablauf eines Jahres nach Rechtskraft des dem Scheidungsantrag stattgebenden Beschlusses die Vaterschaft anerkennt; § 1594 Abs. 2 ist nicht anzuwenden. Neben den nach den §§ 1595 und 1596 notwendigen Erklärungen bedarf die Anerkennung der Zustimmung des Mannes, der im Zeitpunkt der Geburt mit der Mutter des Kindes verheiratet ist; für diese Zustimmung gelten § 1594 Abs. 3 und 4, § 1596 Abs. 1 Satz 1 bis 3, Abs. 3 und 4, § 1597 Abs. 1 und 2 und § 1598 Abs. 1 entsprechend. Die Anerkennung wird frühestens mit Rechtskraft des dem Scheidungsantrag stattgebenden Beschlusses wirksam.

§ 1600 Anfechtungsberechtigte

(1) Berechtigt, die Vaterschaft anzufechten, sind:
1. der Mann, dessen Vaterschaft nach § 1592 Nr. 1 und 2, § 1593 besteht,
2. der Mann, der an Eides statt versichert, der Mutter des Kindes während der Empfängniszeit beigewohnt zu haben,
3. die Mutter und
4. das Kind.

(2) Die Anfechtung nach Absatz 1 Nr. 2 setzt voraus, dass zwischen dem Kind und seinem Vater im Sinne von Absatz 1 Nr. 1 keine sozial-familiäre Beziehung besteht oder im Zeitpunkt seines Todes bestanden hat und dass der Anfechtende leiblicher Vater des Kindes ist.
(3) Eine sozial-familiäre Beziehung nach Absatz 2 besteht, wenn der Vater im Sinne von Absatz 1 Nr. 1 zum maßgeblichen Zeitpunkt für das Kind tatsächliche Verantwortung trägt oder getragen hat. Eine Übernahme tatsächlicher Verantwortung liegt in der Regel vor, wenn der Vater im Sinne von Absatz 1 Nr. 1 mit der Mutter des Kindes verheiratet ist oder mit dem Kind längere Zeit in häuslicher Gemeinschaft zusammengelebt hat.
(4) Ist das Kind mit Einwilligung des Mannes und der Mutter durch künstliche Befruchtung mittels Samenspende eines Dritten gezeugt worden, so ist die Anfechtung der Vaterschaft durch den Mann oder die Mutter ausgeschlossen.

§ 1600a Persönliche Anfechtung; Anfechtung bei fehlender oder beschränkter Geschäftsfähigkeit

(1) Die Anfechtung kann nicht durch einen Bevollmächtigten erfolgen.
(2) Die Anfechtungsberechtigten im Sinne von § 1600 Abs. 1 Nr. 1 bis 3 können die Vaterschaft nur selbst anfechten. Dies gilt auch, wenn sie in der Geschäftsfähigkeit beschränkt sind; sie bedürfen hierzu nicht der Zustimmung ihres gesetzlichen Vertreters. Sind sie geschäftsunfähig, so kann nur ihr gesetzlicher Vertreter anfechten.
(3) Für ein geschäftsunfähiges oder in der Geschäftsfähigkeit beschränktes Kind kann nur der gesetzliche Vertreter anfechten.
(4) Die Anfechtung durch den gesetzlichen Vertreter ist nur zulässig, wenn sie dem Wohl des Vertretenen dient.
(5) Ein geschäftsfähiger Betreuter kann die Vaterschaft nur selbst anfechten.

§ 1600b Anfechtungsfristen

(1) Die Vaterschaft kann binnen zwei Jahren gerichtlich angefochten werden. Die Frist beginnt mit dem Zeitpunkt, in dem der Berechtigte von den Umständen erfährt, die gegen die Vaterschaft sprechen; das Vorliegen einer sozialfamiliären Beziehung im Sinne des § 1600 Abs. 2 erste Alternative hindert den Lauf der Frist nicht.
(2) Die Frist beginnt nicht vor der Geburt des Kindes und nicht, bevor die Anerkennung wirksam geworden ist. In den Fällen des § 1593 Satz 4 beginnt die Frist nicht vor der Rechtskraft der Entscheidung, durch die festgestellt wird, dass der neue Ehemann der Mutter nicht der Vater des Kindes ist.
(3) Hat der gesetzliche Vertreter eines minderjährigen Kindes die Vaterschaft nicht rechtzeitig angefochten, so kann das Kind nach dem Eintritt der Volljährigkeit selbst anfechten. In diesem Falle beginnt die Frist nicht vor Eintritt der Volljährigkeit und nicht vor dem Zeitpunkt, in dem das Kind von den Umständen erfährt, die gegen die Vaterschaft sprechen.
(4) Hat der gesetzliche Vertreter eines Geschäftsunfähigen die Vaterschaft nicht rechtzeitig angefochten, so kann der Anfechtungsberechtigte nach dem Wegfall der Geschäftsunfähigkeit selbst anfechten. Absatz 3 Satz 2 gilt entsprechend.
(5) Die Frist wird durch die Einleitung eines Verfahrens nach § 1598a Abs. 2 gehemmt; § 204 Abs. 2 gilt entsprechend. Die Frist ist auch gehemmt, solange der Anfechtungsberechtigte widerrechtlich durch Drohung an der Anfechtung gehindert wird. Im Übrigen sind § 204 Absatz 1 Nummer 4, 8, 13, 14 und Absatz 2 sowie die §§ 206 und 210 entsprechend anzuwenden.
(6) Erlangt das Kind Kenntnis von Umständen, auf Grund derer die Folgen der Vaterschaft für es unzumutbar werden, so beginnt für das Kind mit diesem Zeitpunkt die Frist des Absatzes 1 Satz 1 erneut.

§ 1600c Vaterschaftsvermutung im Anfechtungsverfahren

(1) In dem Verfahren auf Anfechtung der Vaterschaft wird vermutet, dass das Kind von dem Mann abstammt, dessen Vaterschaft nach § 1592 Nr. 1 und 2, § 1593 besteht.
(2) Die Vermutung nach Absatz 1 gilt nicht, wenn der Mann, der die Vaterschaft anerkannt hat, die Vaterschaft anficht und seine Anerkennung unter einem Willensmangel nach § 119 Abs. 1, § 123 leidet; in diesem Falle ist § 1600d Abs. 2 und 3 entsprechend anzuwenden.

§ 1600d Gerichtliche Feststellung der Vaterschaft

(1) Besteht keine Vaterschaft nach § 1592 Nr. 1 und 2, § 1593, so ist die Vaterschaft gerichtlich festzustellen.
(2) Im Verfahren auf gerichtliche Feststellung der Vaterschaft wird als Vater vermutet, wer der Mutter während der Empfängniszeit beigewohnt hat. Die Vermutung gilt nicht, wenn schwerwiegende Zweifel an der Vaterschaft bestehen.
(3) Als Empfängniszeit gilt die Zeit von dem 300. bis zu dem 181. Tage vor der Geburt des Kindes, mit Einschluss sowohl des 300. als auch des 181. Tages. Steht fest, dass das Kind außerhalb des Zeitraums des Satzes 1 empfangen worden ist, so gilt dieser abweichende Zeitraum als Empfängniszeit.
(4) Ist das Kind durch eine ärztlich unterstützte künstliche Befruchtung in einer Einrichtung der medizinischen Versorgung im Sinne von § 1a Nummer 9 des Transplantationsgesetzes unter heterologer Verwendung von Samen

gezeugt worden, der vom Spender einer Entnahmeeinrichtung im Sinne von § 2 Absatz 1 Satz 1 des Samenspenderregistergesetzes zur Verfügung gestellt wurde, so kann der Samenspender nicht als Vater dieses Kindes festgestellt werden.

(5) Die Rechtswirkungen der Vaterschaft können, soweit sich nicht aus dem Gesetz anderes ergibt, erst vom Zeitpunkt ihrer Feststellung an geltend gemacht werden.

Titel 3
Unterhaltspflicht

Untertitel 1
Allgemeine Vorschriften

§ 1601 Unterhaltsverpflichtete

Verwandte in gerader Linie sind verpflichtet, einander Unterhalt zu gewähren.

§ 1602 Bedürftigkeit

(1) Unterhaltsberechtigt ist nur, wer außerstande ist, sich selbst zu unterhalten.
(2) Ein minderjähriges Kind kann von seinen Eltern, auch wenn es Vermögen hat, die Gewährung des Unterhalts insoweit verlangen, als die Einkünfte seines Vermögens und der Ertrag seiner Arbeit zum Unterhalt nicht ausreichen.

§ 1603 Leistungsfähigkeit

(1) Unterhaltspflichtig ist nicht, wer bei Berücksichtigung seiner sonstigen Verpflichtungen außerstande ist, ohne Gefährdung seines angemessenen Unterhalts den Unterhalt zu gewähren.
(2) Befinden sich Eltern in dieser Lage, so sind sie ihren minderjährigen Kindern gegenüber verpflichtet, alle verfügbaren Mittel zu ihrem und der Kinder Unterhalte gleichmäßig zu verwenden. Den minderjährigen Kindern stehen volljährige unverheiratete Kinder bis zur Vollendung des 21. Lebensjahrs gleich, solange sie im Haushalt der Eltern oder eines Elternteils leben und sich in der allgemeinen Schulausbildung befinden. Diese Verpflichtung tritt nicht ein, wenn ein anderer unterhaltspflichtiger Verwandter vorhanden ist; sie tritt auch nicht ein gegenüber einem Kind, dessen Unterhalt aus dem Stamme seines Vermögens bestritten werden kann.

§ 1604 Einfluss des Güterstands

Lebt der Unterhaltspflichtige in Gütergemeinschaft, bestimmt sich seine Unterhaltspflicht Verwandten gegenüber so, als ob das Gesamtgut ihm gehörte. Haben beide in Gütergemeinschaft lebende Personen bedürftige Verwandte, ist der Unterhalt aus dem Gesamtgut so zu gewähren, als ob die Bedürftigen zu beiden Unterhaltspflichtigen in dem Verwandtschaftsverhältnis stünden, auf dem die Unterhaltspflicht des Verpflichteten beruht.

§ 1605 Auskunftspflicht

(1) Verwandte in gerader Linie sind einander verpflichtet, auf Verlangen über ihre Einkünfte und ihr Vermögen Auskunft zu erteilen, soweit dies zur Feststellung eines Unterhaltsanspruchs oder einer Unterhaltsverpflichtung erforderlich ist. Über die Höhe der Einkünfte sind auf Verlangen Belege, insbesondere Bescheinigungen des Arbeitgebers, vorzulegen. Die §§ 260, 261 sind entsprechend anzuwenden.
(2) Vor Ablauf von zwei Jahren kann Auskunft erneut nur verlangt werden, wenn glaubhaft gemacht wird, dass der zur Auskunft Verpflichtete später wesentlich höhere Einkünfte oder weiteres Vermögen erworben hat.

§ 1606 Rangverhältnisse mehrerer Pflichtiger

(1) Die Abkömmlinge sind vor den Verwandten der aufsteigenden Linie unterhaltspflichtig.
(2) Unter den Abkömmlingen und unter den Verwandten der aufsteigenden Linie haften die näheren vor den entfernteren.
(3) Mehrere gleich nahe Verwandte haften anteilig nach ihren Erwerbs- und Vermögensverhältnissen. Der Elternteil, der ein minderjähriges Kind betreut, erfüllt seine Verpflichtung, zum Unterhalt des Kindes beizutragen, in der Regel durch die Pflege und die Erziehung des Kindes.

§ 1607 Ersatzhaftung und gesetzlicher Forderungsübergang

(1) Soweit ein Verwandter auf Grund des § 1603 nicht unterhaltspflichtig ist, hat der nach ihm haftende Verwandte den Unterhalt zu gewähren.
(2) Das Gleiche gilt, wenn die Rechtsverfolgung gegen einen Verwandten im Inland ausgeschlossen oder erheblich erschwert ist. Der Anspruch gegen einen solchen Verwandten geht, soweit ein anderer nach Absatz 1 verpflichteter Verwandter den Unterhalt gewährt, auf diesen über.
(3) Der Unterhaltsanspruch eines Kindes gegen einen Elternteil geht, soweit unter den Voraussetzungen des Absatzes 2 Satz 1 anstelle des Elternteils ein anderer, nicht unterhaltspflichtiger Verwandter oder der Ehegatte des

anderen Elternteils Unterhalt leistet, auf diesen über. Satz 1 gilt entsprechend, wenn dem Kind ein Dritter als Vater Unterhalt gewährt.
(4) Der Übergang des Unterhaltsanspruchs kann nicht zum Nachteil des Unterhaltsberechtigten geltend gemacht werden.

§ 1608 Haftung des Ehegatten oder Lebenspartners
Der Ehegatte des Bedürftigen haftet vor dessen Verwandten. Soweit jedoch der Ehegatte bei Berücksichtigung seiner sonstigen Verpflichtungen außerstande ist, ohne Gefährdung seines angemessenen Unterhalts den Unterhalt zu gewähren, haften die Verwandten vor dem Ehegatten. § 1607 Abs. 2 und 4 gilt entsprechend. Der Lebenspartner des Bedürftigen haftet in gleicher Weise wie ein Ehegatte.

§ 1609 Rangfolge mehrerer Unterhaltsberechtigter
Sind mehrere Unterhaltsberechtigte vorhanden und ist der Unterhaltspflichtige außerstande, allen Unterhalt zu gewähren, gilt folgende Rangfolge:
1. minderjährige Kinder und Kinder im Sinne des § 1603 Abs. 2 Satz 2,
2. Elternteile, die wegen der Betreuung eines Kindes unterhaltsberechtigt sind oder im Fall einer Scheidung wären, sowie Ehegatten und geschiedene Ehegatten bei einer Ehe von langer Dauer; bei der Feststellung einer Ehe von langer Dauer sind auch Nachteile im Sinne des § 1578b Abs. 1 Satz 2 und 3 zu berücksichtigen,
3. Ehegatten und geschiedene Ehegatten, die nicht unter Nummer 2 fallen,
4. Kinder, die nicht unter Nummer 1 fallen,
5. Enkelkinder und weitere Abkömmlinge,
6. Eltern,
7. weitere Verwandte der aufsteigenden Linie; unter ihnen gehen die Näheren den Entfernteren vor.

§ 1610 Maß des Unterhalts
(1) Das Maß des zu gewährenden Unterhalts bestimmt sich nach der Lebensstellung des Bedürftigen (angemessener Unterhalt).
(2) Der Unterhalt umfasst den gesamten Lebensbedarf einschließlich der Kosten einer angemessenen Vorbildung zu einem Beruf, bei einer der Erziehung bedürftigen Person auch die Kosten der Erziehung.

§ 1610a Deckungsvermutung bei schadensbedingten Mehraufwendungen
Werden für Aufwendungen infolge eines Körper- oder Gesundheitsschadens Sozialleistungen in Anspruch genommen, wird bei der Feststellung eines Unterhaltsanspruchs vermutet, dass die Kosten der Aufwendungen nicht geringer sind als die Höhe dieser Sozialleistungen.

§ 1611 Beschränkung oder Wegfall der Verpflichtung
(1) Ist der Unterhaltsberechtigte durch sein sittliches Verschulden bedürftig geworden, hat er seine eigene Unterhaltspflicht gegenüber dem Unterhaltspflichtigen gröblich vernachlässigt oder sich vorsätzlich einer schweren Verfehlung gegen den Unterhaltspflichtigen oder einen nahen Angehörigen des Unterhaltspflichtigen schuldig gemacht, so braucht der Verpflichtete nur einen Beitrag zum Unterhalt in der Höhe zu leisten, die der Billigkeit entspricht. Die Verpflichtung fällt ganz weg, wenn die Inanspruchnahme des Verpflichteten grob unbillig wäre.
(2) Die Vorschriften des Absatzes 1 sind auf die Unterhaltspflicht von Eltern gegenüber ihren minderjährigen Kindern nicht anzuwenden.
(3) Der Bedürftige kann wegen einer nach diesen Vorschriften eintretenden Beschränkung seines Anspruchs nicht andere Unterhaltspflichtige in Anspruch nehmen.

§ 1612 Art der Unterhaltsgewährung
(1) Der Unterhalt ist durch Entrichtung einer Geldrente zu gewähren. Der Verpflichtete kann verlangen, dass ihm die Gewährung des Unterhalts in anderer Art gestattet wird, wenn besondere Gründe es rechtfertigen.
(2) Haben Eltern einem unverheirateten Kind Unterhalt zu gewähren, können sie bestimmen, in welcher Art und für welche Zeit im Voraus der Unterhalt gewährt werden soll, sofern auf die Belange des Kindes die gebotene Rücksicht genommen wird. Ist das Kind minderjährig, kann ein Elternteil, dem die Sorge für die Person des Kindes nicht zusteht, eine Bestimmung nur für die Zeit treffen, in der das Kind in seinen Haushalt aufgenommen ist.
(3) Eine Geldrente ist monatlich im Voraus zu zahlen. Der Verpflichtete schuldet den vollen Monatsbetrag auch dann, wenn der Berechtigte im Laufe des Monats stirbt.

§ 1612a Mindestunterhalt minderjähriger Kinder; Verordnungsermächtigung
(1) Ein minderjähriges Kind kann von einem Elternteil, mit dem es nicht in einem Haushalt lebt, den Unterhalt als Prozentsatz des jeweiligen Mindestunterhalts verlangen. Der Mindestunterhalt richtet sich nach dem steuerfrei zu stellenden sächlichen Existenzminimum des minderjährigen Kindes. Er beträgt monatlich entsprechend dem Alter des Kindes

1. für die Zeit bis zur Vollendung des sechsten Lebensjahrs (erste Altersstufe) 87 Prozent,
2. für die Zeit vom siebten bis zur Vollendung des zwölften Lebensjahrs (zweite Altersstufe) 100 Prozent und
3. für die Zeit vom 13. Lebensjahr an (dritte Altersstufe) 117 Prozent

des steuerfrei zu stellenden sächlichen Existenzminimums des minderjährigen Kindes.
(2) Der Prozentsatz ist auf eine Dezimalstelle zu begrenzen; jede weitere sich ergebende Dezimalstelle wird nicht berücksichtigt. Der sich bei der Berechnung des Unterhalts ergebende Betrag ist auf volle Euro aufzurunden.
(3) Der Unterhalt einer höheren Altersstufe ist ab dem Beginn des Monats maßgebend, in dem das Kind das betreffende Lebensjahr vollendet.
(4) Das Bundesministerium der Justiz und für Verbraucherschutz hat den Mindestunterhalt erstmals zum 1. Januar 2016 und dann alle zwei Jahre durch Rechtsverordnung, die nicht der Zustimmung des Bundesrates bedarf, festzulegen.

Anm. d. Hrsg.: Der Mindestunterhalt minderjähriger Kinder gemäß § 1612a Absatz 1 des Bürgerlichen Gesetzbuchs beträgt ab 1. Januar 2021 monatlich
1. in der ersten Altersstufe (bis zur Vollendung des sechsten Lebensjahres) 393 Euro,
2. in der zweiten Altersstufe (bis zur Vollendung des zwölften Lebensjahres) 451,
3. in der dritten Altersstufe (vom 13. Lebensjahr bis zur Volljährigkeit) 528 Euro.

§ 1612b Deckung des Barbedarfs durch Kindergeld
(1) Das auf das Kind entfallende Kindergeld ist zur Deckung seines Barbedarfs zu verwenden:
1. zur Hälfte, wenn ein Elternteil seine Unterhaltspflicht durch Betreuung des Kindes erfüllt (§ 1606 Abs. 3 Satz 2);
2. in allen anderen Fällen in voller Höhe.

In diesem Umfang mindert es den Barbedarf des Kindes.
(2) Ist das Kindergeld wegen der Berücksichtigung eines nicht gemeinschaftlichen Kindes erhöht, ist es im Umfang der Erhöhung nicht bedarfsmindernd zu berücksichtigen.

§ 1612c Anrechnung anderer kindbezogener Leistungen
§ 1612b gilt entsprechend für regelmäßig wiederkehrende kindbezogene Leistungen, soweit sie den Anspruch auf Kindergeld ausschließen.

§ 1613 Unterhalt für die Vergangenheit
(1) Für die Vergangenheit kann der Berechtigte Erfüllung oder Schadensersatz wegen Nichterfüllung nur von dem Zeitpunkt an fordern, zu welchem der Verpflichtete zum Zwecke der Geltendmachung des Unterhaltsanspruchs aufgefordert worden ist, über seine Einkünfte und sein Vermögen Auskunft zu erteilen, zu welchem der Verpflichtete in Verzug gekommen oder der Unterhaltsanspruch rechtshängig geworden ist. Der Unterhalt wird ab dem Ersten des Monats, in dem die bezeichneten Ereignisse fallen, geschuldet, wenn der Unterhaltsanspruch dem Grunde nach zu diesem Zeitpunkt bestanden hat.
(2) Der Berechtigte kann für die Vergangenheit ohne die Einschränkung des Absatzes 1 Erfüllung verlangen
1. wegen eines unregelmäßigen außergewöhnlich hohen Bedarfs (Sonderbedarf); nach Ablauf eines Jahres seit seiner Entstehung kann dieser Anspruch nur geltend gemacht werden, wenn vorher der Verpflichtete in Verzug gekommen oder der Anspruch rechtshängig geworden ist;
2. für den Zeitraum, in dem er
    a) aus rechtlichen Gründen oder
    b) aus tatsächlichen Gründen, die in den Verantwortungsbereich des Unterhaltspflichtigen fallen,
    an der Geltendmachung des Unterhaltsanspruchs gehindert war.

(3) In den Fällen des Absatzes 2 Nr. 2 kann Erfüllung nicht, nur in Teilbeträgen oder erst zu einem späteren Zeitpunkt verlangt werden, soweit die volle oder die sofortige Erfüllung für den Verpflichteten eine unbillige Härte bedeuten würde. Dies gilt auch, soweit ein Dritter vom Verpflichteten Ersatz verlangt, weil er anstelle des Verpflichteten Unterhalt gewährt hat.

§ 1614 Verzicht auf den Unterhaltsanspruch; Vorausleistung
(1) Für die Zukunft kann auf den Unterhalt nicht verzichtet werden.
(2) Durch eine Vorausleistung wird der Verpflichtete bei erneuter Bedürftigkeit des Berechtigten nur für den im § 760 Abs. 2 bestimmten Zeitabschnitt oder, wenn er selbst den Zeitabschnitt zu bestimmen hatte, für einen den Umständen nach angemessenen Zeitabschnitt befreit.

§ 1615 Erlöschen des Unterhaltsanspruchs
(1) Der Unterhaltsanspruch erlischt mit dem Tode des Berechtigten oder des Verpflichteten, soweit er nicht auf Erfüllung oder Schadensersatz wegen Nichterfüllung für die Vergangenheit oder auf solche im Voraus zu bewirkende Leistungen gerichtet ist, die zur Zeit des Todes des Berechtigten oder des Verpflichteten fällig sind.

(2) Im Falle des Todes des Berechtigten hat der Verpflichtete die Kosten der Beerdigung zu tragen, soweit ihre Bezahlung nicht von den Erben zu erlangen ist.

Untertitel 2
Besondere Vorschriften für das Kind und seine nicht miteinander verheirateten Eltern

§ 1615a Anwendbare Vorschriften

Besteht für ein Kind keine Vaterschaft nach § 1592 Nr. 1, § 1593 und haben die Eltern das Kind auch nicht während ihrer Ehe gezeugt oder nach seiner Geburt die Ehe miteinander geschlossen, gelten die allgemeinen Vorschriften, soweit sich nicht anderes aus den folgenden Vorschriften ergibt.

§§ 1615b bis 1615k (weggefallen)

§ 1615l Unterhaltsanspruch von Mutter und Vater aus Anlass der Geburt

(1) Der Vater hat der Mutter für die Dauer von sechs Wochen vor und acht Wochen nach der Geburt des Kindes Unterhalt zu gewähren. Dies gilt auch hinsichtlich der Kosten, die infolge der Schwangerschaft oder der Entbindung außerhalb dieses Zeitraums entstehen.
(2) Soweit die Mutter einer Erwerbstätigkeit nicht nachgeht, weil sie infolge der Schwangerschaft oder einer durch die Schwangerschaft oder die Entbindung verursachten Krankheit dazu außerstande ist, ist der Vater verpflichtet, ihr über die in Absatz 1 Satz 1 bezeichnete Zeit hinaus Unterhalt zu gewähren. Das Gleiche gilt, soweit von der Mutter wegen der Pflege oder Erziehung des Kindes eine Erwerbstätigkeit nicht erwartet werden kann. Die Unterhaltspflicht beginnt frühestens vier Monate vor der Geburt und besteht für mindestens drei Jahre nach der Geburt. Sie verlängert sich, solange und soweit dies der Billigkeit entspricht. Dabei sind insbesondere die Belange des Kindes und die bestehenden Möglichkeiten der Kinderbetreuung zu berücksichtigen.
(3) Die Vorschriften über die Unterhaltspflicht zwischen Verwandten sind entsprechend anzuwenden. Die Verpflichtung des Vaters geht der Verpflichtung der Verwandten der Mutter vor. § 1613 Abs. 2 gilt entsprechend. Der Anspruch erlischt nicht mit dem Tode des Vaters.
(4) Wenn der Vater das Kind betreut, steht ihm der Anspruch nach Absatz 2 Satz 2 gegen die Mutter zu. In diesem Falle gilt Absatz 3 entsprechend.

§ 1615m Beerdigungskosten für die Mutter

Stirbt die Mutter infolge der Schwangerschaft oder der Entbindung, so hat der Vater die Kosten der Beerdigung zu tragen, soweit ihre Bezahlung nicht von dem Erben der Mutter zu erlangen ist.

§ 1615n Kein Erlöschen bei Tod des Vaters oder Totgeburt

Die Ansprüche nach den §§ 1615l, 1615m bestehen auch dann, wenn der Vater vor der Geburt des Kindes gestorben oder wenn das Kind tot geboren ist. Bei einer Fehlgeburt gelten die Vorschriften der §§ 1615l, 1615m sinngemäß.

Titel 4
Rechtsverhältnis zwischen den Eltern und dem Kind im Allgemeinen

§ 1616 Geburtsname bei Eltern mit Ehenamen

Das Kind erhält den Ehenamen seiner Eltern als Geburtsnamen.

§ 1617 Geburtsname bei Eltern ohne Ehenamen und gemeinsamer Sorge

(1) Führen die Eltern keinen Ehenamen und steht ihnen die Sorge gemeinsam zu, so bestimmen sie durch Erklärung gegenüber dem Standesamt den Namen, den der Vater oder die Mutter zur Zeit der Erklärung führt, zum Geburtsnamen des Kindes. Eine nach der Beurkundung der Geburt abgegebene Erklärung muss öffentlich beglaubigt werden. Die Bestimmung der Eltern gilt auch für ihre weiteren Kinder.
(2) Treffen die Eltern binnen eines Monats nach der Geburt des Kindes keine Bestimmung, überträgt das Familiengericht das Bestimmungsrecht einem Elternteil. Absatz 1 gilt entsprechend. Das Gericht kann dem Elternteil für die Ausübung des Bestimmungsrechts eine Frist setzen. Ist nach Ablauf der Frist das Bestimmungsrecht nicht ausgeübt worden, so erhält das Kind den Namen des Elternteils, dem das Bestimmungsrecht übertragen ist.
(3) Ist ein Kind nicht im Inland geboren, so überträgt das Gericht einem Elternteil das Bestimmungsrecht nach Absatz 2 nur dann, wenn ein Elternteil oder das Kind dies beantragt oder die Eintragung des Namens des Kindes in ein deutsches Personenstandsregister oder in ein amtliches deutsches Identitätspapier erforderlich wird.

§ 1617a Geburtsname bei Eltern ohne Ehenamen und Alleinsorge

(1) Führen die Eltern keinen Ehenamen und steht die elterliche Sorge nur einem Elternteil zu, so erhält das Kind den Namen, den dieser Elternteil im Zeitpunkt der Geburt des Kindes führt.
(2) Der Elternteil, dem die elterliche Sorge für ein Kind allein zusteht, kann dem Kind durch Erklärung gegenüber dem Standesamt den Namen des anderen Elternteils erteilen. Die Erteilung des Namens bedarf der Einwilligung des

anderen Elternteils und, wenn das Kind das fünfte Lebensjahr vollendet hat, auch der Einwilligung des Kindes. Die Erklärungen müssen öffentlich beglaubigt werden. Für die Einwilligung des Kindes gilt § 1617c Abs. 1 entsprechend.

§ 1617b Name bei nachträglicher gemeinsamer Sorge oder Scheinvaterschaft

(1) Wird eine gemeinsame Sorge der Eltern erst begründet, wenn das Kind bereits einen Namen führt, so kann der Name des Kindes binnen drei Monaten nach der Begründung der gemeinsamen Sorge neu bestimmt werden. Die Frist endet, wenn ein Elternteil bei Begründung der gemeinsamen Sorge seinen gewöhnlichen Aufenthalt nicht im Inland hat, nicht vor Ablauf eines Monats nach Rückkehr in das Inland. Hat das Kind das fünfte Lebensjahr vollendet, so ist die Bestimmung nur wirksam, wenn es sich der Bestimmung anschließt. § 1617 Abs. 1 und § 1617c Abs. 1 Satz 2 und 3 und Abs. 3 gelten entsprechend.

(2) Wird rechtskräftig festgestellt, dass ein Mann, dessen Familienname Geburtsname des Kindes geworden ist, nicht der Vater des Kindes ist, so erhält das Kind auf seinen Antrag oder, wenn das Kind das fünfte Lebensjahr noch nicht vollendet hat, auch auf Antrag des Mannes den Namen, den die Mutter im Zeitpunkt der Geburt des Kindes führt, als Geburtsnamen. Der Antrag erfolgt durch Erklärung gegenüber dem Standesamt, die öffentlich beglaubigt werden muss. Für den Antrag des Kindes gilt § 1617c Abs. 1 Satz 2 und 3 entsprechend.

§ 1617c Name bei Namensänderung der Eltern

(1) Bestimmen die Eltern einen Ehenamen oder Lebenspartnerschaftsnamen, nachdem das Kind das fünfte Lebensjahr vollendet hat, so erstreckt sich der Ehename oder Lebenspartnerschaftsname auf den Geburtsnamen des Kindes nur dann, wenn es sich der Namensgebung anschließt. Ein in der Geschäftsfähigkeit beschränktes Kind, welches das 14. Lebensjahr vollendet hat, kann die Erklärung nur selbst abgeben; es bedarf hierzu der Zustimmung seines gesetzlichen Vertreters. Die Erklärung ist gegenüber dem Standesamt abzugeben; sie muss öffentlich beglaubigt werden.

(2) Absatz 1 gilt entsprechend,
1. wenn sich der Ehename oder Lebenspartnerschaftsname, der Geburtsname eines Kindes geworden ist, ändert oder
2. wenn sich in den Fällen der §§ 1617, 1617a und 1617b der Familienname eines Elternteils, der Geburtsname des Kindes geworden ist, auf andere Weise als durch Eheschließung oder Begründung einer Lebenspartnerschaft ändert.

(3) Eine Änderung des Geburtsnamens erstreckt sich auf den Ehenamen oder den Lebenspartnerschaftsnamen des Kindes nur dann, wenn sich auch der Ehegatte oder der Lebenspartner der Namensänderung anschließt; Absatz 1 Satz 3 gilt entsprechend.

§ 1618 Einbenennung

Der Elternteil, dem die elterliche Sorge für ein Kind allein oder gemeinsam mit dem anderen Elternteil zusteht, und sein Ehegatte, der nicht Elternteil des Kindes ist, können dem Kind, das sie in ihren gemeinsamen Haushalt aufgenommen haben, durch Erklärung gegenüber dem Standesamt ihren Ehenamen erteilen. Sie können diesen Namen auch dem von dem Kind zur Zeit der Erklärung geführten Namen voranstellen oder anfügen; ein bereits zuvor nach Halbsatz 1 vorangestellter oder angefügter Ehename entfällt. Die Erteilung, Voranstellung oder Anfügung des Namens bedarf der Einwilligung des anderen Elternteils, wenn ihm die elterliche Sorge gemeinsam mit dem den Namen erteilenden Elternteil zusteht oder das Kind seinen Namen führt, und, wenn das Kind das fünfte Lebensjahr vollendet hat, auch der Einwilligung des Kindes. Das Familiengericht kann die Einwilligung des anderen Elternteils ersetzen, wenn die Erteilung, Voranstellung oder Anfügung des Namens zum Wohl des Kindes erforderlich ist. Die Erklärungen müssen öffentlich beglaubigt werden. § 1617c gilt entsprechend.

§ 1618a Pflicht zu Beistand und Rücksicht

Eltern und Kinder sind einander Beistand und Rücksicht schuldig.

§ 1619 Dienstleistungen in Haus und Geschäft

Das Kind ist, solange es dem elterlichen Hausstand angehört und von den Eltern erzogen oder unterhalten wird, verpflichtet, in einer seinen Kräften und seiner Lebensstellung entsprechenden Weise den Eltern in ihrem Hauswesen und Geschäfte Dienste zu leisten.

§ 1620 Aufwendungen des Kindes für den elterlichen Haushalt

Macht ein dem elterlichen Hausstand angehörendes volljähriges Kind zur Bestreitung der Kosten des Haushalts aus seinem Vermögen eine Aufwendung oder überlässt es den Eltern zu diesem Zwecke etwas aus seinem Vermögen, so ist im Zweifel anzunehmen, dass die Absicht fehlt, Ersatz zu verlangen.

§§ 1621 bis 1623 (weggefallen)

§ 1624 Ausstattung aus dem Elternvermögen

(1) Was einem Kind mit Rücksicht auf seine Verheiratung, auf seine Begründung einer Lebenspartnerschaft oder auf die Erlangung einer selbständigen Lebensstellung zur Begründung oder zur Erhaltung der Wirtschaft oder der Lebensstellung von dem Vater oder der Mutter zugewendet wird (Ausstattung), gilt, auch wenn eine Verpflichtung nicht besteht, nur insoweit als Schenkung, als die Ausstattung das den Umständen, insbesondere den Vermögensverhältnissen des Vaters oder der Mutter, entsprechende Maß übersteigt.

(2) Die Verpflichtung des Ausstattenden zur Gewährleistung wegen eines Mangels im Rechte oder wegen eines Fehlers der Sache bestimmt sich, auch soweit die Ausstattung nicht als Schenkung gilt, nach den für die Gewährleistungspflicht des Schenkers geltenden Vorschriften.

§ 1625 Ausstattung aus dem Kindesvermögen

Gewährt der Vater einem Kind, dessen Vermögen kraft elterlicher Sorge, Vormundschaft oder Betreuung seiner Verwaltung unterliegt, eine Ausstattung, so ist im Zweifel anzunehmen, dass er sie aus diesem Vermögen gewährt. Diese Vorschrift findet auf die Mutter entsprechende Anwendung.

Titel 5
Elterliche Sorge

§ 1626 Elterliche Sorge, Grundsätze

(1) Die Eltern haben die Pflicht und das Recht, für das minderjährige Kind zu sorgen (elterliche Sorge). Die elterliche Sorge umfasst die Sorge für die Person des Kindes (Personensorge) und das Vermögen des Kindes (Vermögenssorge).

(2) Bei der Pflege und Erziehung berücksichtigen die Eltern die wachsende Fähigkeit und das wachsende Bedürfnis des Kindes zu selbständigem verantwortungsbewußtem Handeln. Sie besprechen mit dem Kind, soweit es nach dessen Entwicklungsstand angezeigt ist, Fragen der elterlichen Sorge und streben Einvernehmen an.

(3) Zum Wohl des Kindes gehört in der Regel der Umgang mit beiden Elternteilen. Gleiches gilt für den Umgang mit anderen Personen, zu denen das Kind Bindungen besitzt, wenn ihre Aufrechterhaltung für seine Entwicklung förderlich ist.

§ 1626a Elterliche Sorge nicht miteinander verheirateter Eltern; Sorgeerklärungen

(1) Sind die Eltern bei der Geburt des Kindes nicht miteinander verheiratet, so steht ihnen die elterliche Sorge gemeinsam zu,
1. wenn sie erklären, dass sie die Sorge gemeinsam übernehmen wollen (Sorgeerklärungen),
2. wenn sie einander heiraten oder
3. soweit ihnen das Familiengericht die elterliche Sorge gemeinsam überträgt.

(2) Das Familiengericht überträgt gemäß Absatz 1 Nummer 3 auf Antrag eines Elternteils die elterliche Sorge oder einen Teil der elterlichen Sorge beiden Eltern gemeinsam, wenn die Übertragung dem Kindeswohl nicht widerspricht. Trägt der andere Elternteil keine Gründe vor, die der Übertragung der gemeinsamen elterlichen Sorge entgegenstehen können, und sind solche Gründe auch sonst nicht ersichtlich, wird vermutet, dass die gemeinsame elterliche Sorge dem Kindeswohl nicht widerspricht.

(3) Im Übrigen hat die Mutter die elterliche Sorge.

§ 1626b Besondere Wirksamkeitsvoraussetzungen der Sorgeerklärung

(1) Eine Sorgeerklärung unter einer Bedingung oder einer Zeitbestimmung ist unwirksam.

(2) Die Sorgeerklärung kann schon vor der Geburt des Kindes abgegeben werden.

(3) Eine Sorgeerklärung ist unwirksam, soweit eine gerichtliche Entscheidung über die elterliche Sorge nach den § 1626a Absatz 1 Nummer 3 oder § 1671 getroffen oder eine solche Entscheidung nach § 1696 Absatz 1 Satz 1 geändert wurde.

§ 1626c Persönliche Abgabe; beschränkt geschäftsfähiger Elternteil

(1) Die Eltern können die Sorgeerklärungen nur selbst abgeben.

(2) Die Sorgeerklärung eines beschränkt geschäftsfähigen Elternteils bedarf der Zustimmung seines gesetzlichen Vertreters. Die Zustimmung kann nur von diesem selbst abgegeben werden; § 1626b Abs. 1 und 2 gilt entsprechend. Das Familiengericht hat die Zustimmung auf Antrag des beschränkt geschäftsfähigen Elternteils zu ersetzen, wenn die Sorgeerklärung dem Wohl dieses Elternteils nicht widerspricht.

§ 1626d Form; Mitteilungspflicht

(1) Sorgeerklärungen und Zustimmungen müssen öffentlich beurkundet werden.

(2) Die beurkundende Stelle teilt die Abgabe von Sorgeerklärungen und Zustimmungen unter Angabe des Geburtsdatums und des Geburtsorts des Kindes sowie des Namens, den das Kind zur Zeit der Beurkundung seiner

Geburt geführt hat, dem nach § 87c Abs. 6 Satz 2 des Achten Buches Sozialgesetzbuch zuständigen Jugendamt zu den in § 58a des Achten Buches Sozialgesetzbuch genannten Zwecken unverzüglich mit.

§ 1626e Unwirksamkeit
Sorgeerklärungen und Zustimmungen sind nur unwirksam, wenn sie den Erfordernissen der vorstehenden Vorschriften nicht genügen.

§ 1627 Ausübung der elterlichen Sorge
Die Eltern haben die elterliche Sorge in eigener Verantwortung und in gegenseitigem Einvernehmen zum Wohl des Kindes auszuüben. Bei Meinungsverschiedenheiten müssen sie versuchen, sich zu einigen.

§ 1628 Gerichtliche Entscheidung bei Meinungsverschiedenheiten der Eltern
Können sich die Eltern in einer einzelnen Angelegenheit oder in einer bestimmten Art von Angelegenheiten der elterlichen Sorge, deren Regelung für das Kind von erheblicher Bedeutung ist, nicht einigen, so kann das Familiengericht auf Antrag eines Elternteils die Entscheidung einem Elternteil übertragen. Die Übertragung kann mit Beschränkungen oder mit Auflagen verbunden werden.

§ 1629 Vertretung des Kindes
(1) Die elterliche Sorge umfasst die Vertretung des Kindes. Die Eltern vertreten das Kind gemeinschaftlich; ist eine Willenserklärung gegenüber dem Kind abzugeben, so genügt die Abgabe gegenüber einem Elternteil. Ein Elternteil vertritt das Kind allein, soweit er die elterliche Sorge allein ausübt oder ihm die Entscheidung nach § 1628 übertragen ist. Bei Gefahr im Verzug ist jeder Elternteil dazu berechtigt, alle Rechtshandlungen vorzunehmen, die zum Wohl des Kindes notwendig sind; der andere Elternteil ist unverzüglich zu unterrichten.
(2) Der Vater und die Mutter können das Kind insoweit nicht vertreten, als nach § 1795 ein Vormund von der Vertretung des Kindes ausgeschlossen ist. Steht die elterliche Sorge für ein Kind den Eltern gemeinsam zu, so kann der Elternteil, in dessen Obhut sich das Kind befindet, Unterhaltsansprüche des Kindes gegen den anderen Elternteil geltend machen. Das Familiengericht kann dem Vater und der Mutter nach § 1796 die Vertretung entziehen; dies gilt nicht für die Feststellung der Vaterschaft.
(2a) Der Vater und die Mutter können das Kind in einem gerichtlichen Verfahren nach § 1598a Abs. 2 nicht vertreten.
(3) Sind die Eltern des Kindes miteinander verheiratet oder besteht zwischen ihnen eine Lebenspartnerschaft, so kann ein Elternteil Unterhaltsansprüche des Kindes gegen den anderen Elternteil nur im eigenen Namen geltend machen, solange
1. die Eltern getrennt leben oder
2. eine Ehesache oder eine Lebenspartnerschaftssache im Sinne von § 269 Absatz 1 Nummer 1 oder 2 des Gesetzes über das Verfahren in Familiensachen und in den Angelegenheiten der freiwilligen Gerichtsbarkeit zwischen ihnen anhängig ist.
Eine von einem Elternteil erwirkte gerichtliche Entscheidung und ein zwischen den Eltern geschlossener gerichtlicher Vergleich wirken auch für und gegen das Kind.

§ 1629a Beschränkung der Minderjährigenhaftung
(1) Die Haftung für Verbindlichkeiten, die die Eltern im Rahmen ihrer gesetzlichen Vertretungsmacht oder sonstige vertretungsberechtigte Personen im Rahmen ihrer Vertretungsmacht durch Rechtsgeschäft oder eine sonstige Handlung mit Wirkung für das Kind begründet haben, oder die auf Grund eines während der Minderjährigkeit erfolgten Erwerbs von Todes wegen entstanden sind, beschränkt sich auf den Bestand des bei Eintritt der Volljährigkeit vorhandenen Vermögens des Kindes; dasselbe gilt für Verbindlichkeiten aus Rechtsgeschäften, die der Minderjährige gemäß §§ 107, 108 oder § 111 mit Zustimmung seiner Eltern vorgenommen hat oder für Verbindlichkeiten aus Rechtsgeschäften, zu denen die Eltern die Genehmigung des Familiengerichts erhalten haben. Beruft sich der volljährig Gewordene auf die Beschränkung der Haftung, so finden die für die Haftung des Erben geltenden Vorschriften der §§ 1990, 1991 entsprechende Anwendung.
(2) Absatz 1 gilt nicht für Verbindlichkeiten aus dem selbständigen Betrieb eines Erwerbsgeschäfts, soweit der Minderjährige hierzu nach § 112 ermächtigt war, und für Verbindlichkeiten aus Rechtsgeschäften, die allein der Befriedigung seiner persönlichen Bedürfnisse dienten.
(3) Die Rechte der Gläubiger gegen Mitschuldner und Mithaftende sowie deren Rechte aus einer für die Forderung bestellten Sicherheit oder aus einer deren Bestellung sichernden Vormerkung werden von Absatz 1 nicht berührt.
(4) Hat das volljährig gewordene Mitglied einer Erbengemeinschaft oder Gesellschaft nicht binnen drei Monaten nach Eintritt der Volljährigkeit die Auseinandersetzung des Nachlasses verlangt oder die Kündigung der Gesellschaft erklärt, ist im Zweifel anzunehmen, dass die aus einem solchen Verhältnis herrührende Verbindlichkeit nach dem Eintritt der Volljährigkeit entstanden ist; Entsprechendes gilt für den volljährig gewordenen Inhaber eines

Handelsgeschäfts, der dieses nicht binnen drei Monaten nach Eintritt der Volljährigkeit einstellt. Unter den in Satz 1 bezeichneten Voraussetzungen wird ferner vermutet, dass das gegenwärtige Vermögen des volljährig Gewordenen bereits bei Eintritt der Volljährigkeit vorhanden war.

§ 1630 Elterliche Sorge bei Pflegerbestellung oder Familienpflege
(1) Die elterliche Sorge erstreckt sich nicht auf Angelegenheiten des Kindes, für die ein Pfleger bestellt ist.
(2) Steht die Personensorge oder die Vermögenssorge einem Pfleger zu, so entscheidet das Familiengericht, falls sich die Eltern und der Pfleger in einer Angelegenheit nicht einigen können, die sowohl die Person als auch das Vermögen des Kindes betrifft.
(3) Geben die Eltern das Kind für längere Zeit in Familienpflege, so kann das Familiengericht auf Antrag der Eltern oder der Pflegeperson Angelegenheiten der elterlichen Sorge auf die Pflegeperson übertragen. Für die Übertragung auf Antrag der Pflegeperson ist die Zustimmung der Eltern erforderlich. Im Umfang der Übertragung hat die Pflegeperson die Rechte und Pflichten eines Pflegers.

§ 1631 Inhalt und Grenzen der Personensorge
(1) Die Personensorge umfasst insbesondere die Pflicht und das Recht, das Kind zu pflegen, zu erziehen, zu beaufsichtigen und seinen Aufenthalt zu bestimmen.
(2) Kinder haben ein Recht auf gewaltfreie Erziehung. Körperliche Bestrafungen, seelische Verletzungen und andere entwürdigende Maßnahmen sind unzulässig.
(3) Das Familiengericht hat die Eltern auf Antrag bei der Ausübung der Personensorge in geeigneten Fällen zu unterstützen.

§ 1631a Ausbildung und Beruf
In Angelegenheiten der Ausbildung und des Berufs nehmen die Eltern insbesondere auf Eignung und Neigung des Kindes Rücksicht. Bestehen Zweifel, so soll der Rat eines Lehrers oder einer anderen geeigneten Person eingeholt werden.

§ 1631b Freiheitsentziehende Unterbringung und freiheitsentziehende Maßnahmen
(1) Eine Unterbringung des Kindes, die mit Freiheitsentziehung verbunden ist, bedarf der Genehmigung des Familiengerichts. Die Unterbringung ist zulässig, solange sie zum Wohl des Kindes, insbesondere zur Abwendung einer erheblichen Selbst- oder Fremdgefährdung, erforderlich ist und der Gefahr nicht auf andere Weise, auch nicht durch andere öffentliche Hilfen, begegnet werden kann. Ohne die Genehmigung ist die Unterbringung nur zulässig, solange mit dem Aufschub Gefahr verbunden ist; die Genehmigung ist unverzüglich nachzuholen.
(2) Die Genehmigung des Familiengerichts ist auch erforderlich, wenn dem Kind, das sich in einem Krankenhaus, einem Heim oder einer sonstigen Einrichtung aufhält, durch mechanische Vorrichtungen, Medikamente oder auf andere Weise über einen längeren Zeitraum oder regelmäßig in nicht altersgerechter Weise die Freiheit entzogen werden soll. Absatz 1 Satz 2 und 3 gilt entsprechend.

§ 1631c Verbot der Sterilisation
Die Eltern können nicht in eine Sterilisation des Kindes einwilligen. Auch das Kind selbst kann nicht in die Sterilisation einwilligen. § 1909 findet keine Anwendung.

§ 1631d Beschneidung des männlichen Kindes
(1) Die Personensorge umfasst auch das Recht, in eine medizinisch nicht erforderliche Beschneidung des nicht einsichts- und urteilsfähigen männlichen Kindes einzuwilligen, wenn diese nach den Regeln der ärztlichen Kunst durchgeführt werden soll. Dies gilt nicht, wenn durch die Beschneidung auch unter Berücksichtigung ihres Zwecks das Kindeswohl gefährdet wird.
(2) In den ersten sechs Monaten nach der Geburt des Kindes dürfen auch von einer Religionsgesellschaft dazu vorgesehene Personen Beschneidungen gemäß Absatz 1 durchführen, wenn sie dafür besonders ausgebildet und, ohne Arzt zu sein, für die Durchführung der Beschneidung vergleichbar befähigt sind.

§ 1631e Behandlung von Kindern mit Varianten der Geschlechtsentwicklung
(1) Die Personensorge umfasst nicht das Recht, in eine Behandlung eines nicht einwilligungsfähigen Kindes mit einer Variante der Geschlechtsentwicklung einzuwilligen oder selbst diese Behandlung durchzuführen, die, ohne dass ein weiterer Grund für die Behandlung hinzutritt, allein in der Absicht erfolgt, das körperliche Erscheinungsbild des Kindes an das des männlichen oder des weiblichen Geschlechts anzugleichen.
(2) In operative Eingriffe an den inneren oder äußeren Geschlechtsmerkmalen des nicht einwilligungsfähigen Kindes mit einer Variante der Geschlechtsentwicklung, die eine Angleichung des körperlichen Erscheinungsbilds des Kindes an das des männlichen oder des weiblichen Geschlechts zur Folge haben könnten und für die nicht bereits nach Absatz 1 die Einwilligungsbefugnis fehlt, können die Eltern nur einwilligen, wenn der Eingriff nicht bis zu einer selbstbestimmten Entscheidung des Kindes aufgeschoben werden kann. § 1909 ist nicht anzuwenden.

(3) Die Einwilligung nach Absatz 2 Satz 1 bedarf der Genehmigung des Familiengerichts, es sei denn, der operative Eingriff ist zur Abwehr einer Gefahr für das Leben oder für die Gesundheit des Kindes erforderlich und kann nicht bis zur Erteilung der Genehmigung aufgeschoben werden. Die Genehmigung ist auf Antrag der Eltern zu erteilen, wenn der geplante Eingriff dem Wohl des Kindes am besten entspricht. Legen die Eltern dem Familiengericht eine den Eingriff befürwortende Stellungnahme einer interdisziplinären Kommission nach Absatz 4 vor, wird vermutet, dass der geplante Eingriff dem Wohl des Kindes am besten entspricht.
(4) Einer interdisziplinären Kommission sollen zumindest die folgenden Personen angehören:
1. der das Kind Behandelnde gemäß § 630a,
2. mindestens eine weitere ärztliche Person,
3. eine Person, die über eine psychologische, kinder- und jugendlichenpsychotherapeutische oder kinder- und jugendpsychiatrische Berufsqualifikation verfügt, und
4. eine in Ethik aus-, weiter- oder fortgebildete Person.

Die ärztlichen Kommissionsmitglieder müssen unterschiedliche kinderheilkundliche Spezialisierungen aufweisen. Unter ihnen muss ein Facharzt für Kinder- und Jugendmedizin mit dem Schwerpunkt Kinderendokrinologie und -diabetologie sein. Ein Kommissionsmitglied nach Satz 1 Nummer 2 darf nicht in der Einrichtung der medizinischen Versorgung beschäftigt sein, in der der operative Eingriff durchgeführt werden soll. Sämtliche Kommissionsmitglieder müssen Erfahrung im Umgang mit Kindern mit Varianten der Geschlechtsentwicklung haben. Auf Wunsch der Eltern soll die Kommission eine Beratungsperson mit einer Variante der Geschlechtsentwicklung beteiligen.
(5) Die den operativen Eingriff nach Absatz 2 Satz 1 befürwortende Stellungnahme der interdisziplinären Kommission hat insbesondere folgende Angaben zu enthalten:
1. die Bezeichnung der Mitglieder der Kommission und Informationen zu ihrer Befähigung,
2. das Alter des Kindes und ob und welche Variante der Geschlechtsentwicklung es aufweist,
3. die Bezeichnung des geplanten Eingriffs und welche Indikation für diesen besteht,
4. warum die Kommission den Eingriff unter Berücksichtigung des Kindeswohls befürwortet und ob er aus ihrer Sicht dem Wohl des Kindes am besten entspricht, insbesondere welche Risiken mit diesem Eingriff, mit einer anderen Behandlung oder mit dem Verzicht auf einen Eingriff bis zu einer selbstbestimmten Entscheidung des Kindes verbunden sind,
5. ob und durch welche Kommissionsmitglieder ein Gespräch mit den Eltern und dem Kind geführt wurde und ob und durch welche Kommissionsmitglieder die Eltern und das Kind zum Umgang mit dieser Variante der Geschlechtsentwicklung aufgeklärt und beraten wurden,
6. ob eine Beratung der Eltern und des Kindes durch eine Beratungsperson mit einer Variante der Geschlechtsentwicklung stattgefunden hat,
7. inwieweit das Kind in der Lage ist, sich eine Meinung zu bilden und zu äußern und ob der geplante Eingriff seinem Willen entspricht, sowie
8. ob die nach Absatz 4 Satz 6 beteiligte Beratungsperson mit einer Variante der Geschlechtsentwicklung die befürwortende Stellungnahme mitträgt.

Die Stellungnahme muss von allen Mitgliedern der interdisziplinären Kommission unterschrieben sein.
(6) Der Behandelnde gemäß § 630a hat, wenn eine Behandlung an den inneren oder äußeren Geschlechtsmerkmalen erfolgt ist, die Patientenakte bis zu dem Tag aufzubewahren, an dem die behandelte Person ihr 48. Lebensjahr vollendet.

§ 1632 Herausgabe des Kindes; Bestimmung des Umgangs; Verbleibensanordnung bei Familienpflege

(1) Die Personensorge umfasst das Recht, die Herausgabe des Kindes von jedem zu verlangen, der es den Eltern oder einem Elternteil widerrechtlich vorenthält.
(2) Die Personensorge umfasst ferner das Recht, den Umgang des Kindes auch mit Wirkung für und gegen Dritte zu bestimmen.
(3) Über Streitigkeiten, die eine Angelegenheit nach Absatz 1 oder 2 betreffen, entscheidet das Familiengericht auf Antrag eines Elternteils.
(4) Lebt das Kind seit längerer Zeit in Familienpflege und wollen die Eltern das Kind von der Pflegeperson wegnehmen, so kann das Familiengericht von Amts wegen oder auf Antrag der Pflegeperson anordnen, dass das Kind bei der Pflegeperson verbleibt, wenn und solange das Kindeswohl durch die Wegnahme gefährdet würde. Das Familiengericht kann in Verfahren nach Satz 1 von Amts wegen oder auf Antrag der Pflegeperson zusätzlich anordnen, dass der Verbleib bei der Pflegeperson auf Dauer ist, wenn
1. sich innerhalb eines im Hinblick auf die Entwicklung des Kindes vertretbaren Zeitraums trotz angebotener geeigneter Beratungs- und Unterstützungsmaßnahmen die Erziehungsverhältnisse bei den Eltern nicht nach-

haltig verbessert haben und eine derartige Verbesserung mit hoher Wahrscheinlichkeit auch zukünftig nicht zu erwarten ist und
2. die Anordnung zum Wohl des Kindes erforderlich ist.

§§ 1633 bis 1637 (weggefallen)

§ 1638 Beschränkung der Vermögenssorge

(1) Die Vermögenssorge erstreckt sich nicht auf das Vermögen, welches das Kind von Todes wegen erwirbt oder welches ihm unter Lebenden unentgeltlich zugewendet wird, wenn der Erblasser durch letztwillige Verfügung, der Zuwendende bei der Zuwendung bestimmt hat, dass die Eltern das Vermögen nicht verwalten sollen.

(2) Was das Kind auf Grund eines zu einem solchen Vermögen gehörenden Rechts oder als Ersatz für die Zerstörung, Beschädigung oder Entziehung eines zu dem Vermögen gehörenden Gegenstands oder durch ein Rechtsgeschäft erwirbt, das sich auf das Vermögen bezieht, können die Eltern gleichfalls nicht verwalten.

(3) Ist durch letztwillige Verfügung oder bei der Zuwendung bestimmt, dass ein Elternteil das Vermögen nicht verwalten soll, so verwaltet es der andere Elternteil. Insoweit vertritt dieser das Kind.

§ 1639 Anordnungen des Erblassers oder Zuwendenden

(1) Was das Kind von Todes wegen erwirbt oder was ihm unter Lebenden unentgeltlich zugewendet wird, haben die Eltern nach den Anordnungen zu verwalten, die durch letztwillige Verfügung oder bei der Zuwendung getroffen worden sind.

(2) Die Eltern dürfen von den Anordnungen insoweit abweichen, als es nach § 1803 Abs. 2, 3 einem Vormund gestattet ist.

§ 1640 Vermögensverzeichnis

(1) Die Eltern haben das ihrer Verwaltung unterliegende Vermögen, welches das Kind von Todes wegen erwirbt, zu verzeichnen, das Verzeichnis mit der Versicherung der Richtigkeit und Vollständigkeit zu versehen und dem Familiengericht einzureichen. Gleiches gilt für Vermögen, welches das Kind sonst anlässlich eines Sterbefalls erwirbt, sowie für Abfindungen, die anstelle von Unterhalt gewährt werden, und unentgeltliche Zuwendungen. Bei Haushaltsgegenständen genügt die Angabe des Gesamtwerts.

(2) Absatz 1 gilt nicht,
1. wenn der Wert eines Vermögenserwerbs 15 000 Euro nicht übersteigt oder
2. soweit der Erblasser durch letztwillige Verfügung oder der Zuwendende bei der Zuwendung eine abweichende Anordnung getroffen hat.

(3) Reichen die Eltern entgegen Absatz 1, 2 ein Verzeichnis nicht ein oder ist das eingereichte Verzeichnis ungenügend, so kann das Familiengericht anordnen, dass das Verzeichnis durch eine zuständige Behörde oder einen zuständigen Beamten oder Notar aufgenommen wird.

§ 1641 Schenkungsverbot

Die Eltern können nicht in Vertretung des Kindes Schenkungen machen. Ausgenommen sind Schenkungen, durch die einer sittlichen Pflicht oder einer auf den Anstand zu nehmenden Rücksicht entsprochen wird.

§ 1642 Anlegung von Geld

Die Eltern haben das ihrer Verwaltung unterliegende Geld des Kindes nach den Grundsätzen einer wirtschaftlichen Vermögensverwaltung anzulegen, soweit es nicht zur Bestreitung von Ausgaben bereitzuhalten ist.

§ 1643 Genehmigungspflichtige Rechtsgeschäfte

(1) Zu Rechtsgeschäften für das Kind bedürfen die Eltern der Genehmigung des Familiengerichts in den Fällen, in denen nach § 1821 und nach § 1822 Nr. 1, 3, 5, 8 bis 11 ein Vormund der Genehmigung bedarf.

(2) Das Gleiche gilt für die Ausschlagung einer Erbschaft oder eines Vermächtnisses sowie für den Verzicht auf einen Pflichtteil. Tritt der Anfall an das Kind erst infolge der Ausschlagung eines Elternteils ein, der das Kind allein oder gemeinsam mit dem anderen Elternteil vertritt, so ist die Genehmigung nur erforderlich, wenn dieser neben dem Kind berufen war.

(3) Die Vorschriften der §§ 1825, 1828 bis 1831 sind entsprechend anzuwenden.

§ 1644 Überlassung von Vermögensgegenständen an das Kind

Die Eltern können Gegenstände, die sie nur mit Genehmigung des Familiengerichts veräußern dürfen, dem Kind nicht ohne diese Genehmigung zur Erfüllung eines von dem Kind geschlossenen Vertrags oder zu freier Verfügung überlassen.

§ 1645 Neues Erwerbsgeschäft

Die Eltern sollen nicht ohne Genehmigung des Familiengerichts ein neues Erwerbsgeschäft im Namen des Kindes beginnen.

§ 1646 Erwerb mit Mitteln des Kindes

(1) Erwerben die Eltern mit Mitteln des Kindes bewegliche Sachen, so geht mit dem Erwerb das Eigentum auf das Kind über, es sei denn, dass die Eltern nicht für Rechnung des Kindes erwerben wollen. Dies gilt insbesondere auch von Inhaberpapieren und von Orderpapieren, die mit Blankoindossament versehen sind.

(2) Die Vorschriften des Absatzes 1 sind entsprechend anzuwenden, wenn die Eltern mit Mitteln des Kindes ein Recht an Sachen der bezeichneten Art oder ein anderes Recht erwerben, zu dessen Übertragung der Abtretungsvertrag genügt.

§ 1647 (weggefallen)

§ 1648 Ersatz von Aufwendungen

Machen die Eltern bei der Ausübung der Personensorge oder der Vermögenssorge Aufwendungen, die sie den Umständen nach für erforderlich halten dürfen, so können sie von dem Kind Ersatz verlangen, sofern nicht die Aufwendungen ihnen selbst zur Last fallen.

§ 1649 Verwendung der Einkünfte des Kindesvermögens

(1) Die Einkünfte des Kindesvermögens, die zur ordnungsmäßigen Verwaltung des Vermögens nicht benötigt werden, sind für den Unterhalt des Kindes zu verwenden. Soweit die Vermögenseinkünfte nicht ausreichen, können die Einkünfte verwendet werden, die das Kind durch seine Arbeit oder durch den ihm nach § 112 gestatteten selbständigen Betrieb eines Erwerbsgeschäfts erwirbt.

(2) Die Eltern können die Einkünfte des Vermögens, die zur ordnungsmäßigen Verwaltung des Vermögens und für den Unterhalt des Kindes nicht benötigt werden, für ihren eigenen Unterhalt und für den Unterhalt der minderjährigen Geschwister des Kindes verwenden, soweit dies unter Berücksichtigung der Vermögens- und Erwerbsverhältnisse der Beteiligten der Billigkeit entspricht.

§§ 1650 bis 1663 (weggefallen)

§ 1664 Beschränkte Haftung der Eltern

(1) Die Eltern haben bei der Ausübung der elterlichen Sorge dem Kinde gegenüber nur für die Sorgfalt einzustehen, die sie in eigenen Angelegenheiten anzuwenden pflegen.

(2) Sind für einen Schaden beide Eltern verantwortlich, so haften sie als Gesamtschuldner.

§ 1665 (weggefallen)

§ 1666 Gerichtliche Maßnahmen bei Gefährdung des Kindeswohls

(1) Wird das körperliche, geistige oder seelische Wohl des Kindes oder sein Vermögen gefährdet und sind die Eltern nicht gewillt oder nicht in der Lage, die Gefahr abzuwenden, so hat das Familiengericht die Maßnahmen zu treffen, die zur Abwendung der Gefahr erforderlich sind.

(2) In der Regel ist anzunehmen, dass das Vermögen des Kindes gefährdet ist, wenn der Inhaber der Vermögenssorge seine Unterhaltspflicht gegenüber dem Kind oder seine mit der Vermögenssorge verbundenen Pflichten verletzt oder Anordnungen des Gerichts, die sich auf die Vermögenssorge beziehen, nicht befolgt.

(3) Zu den gerichtlichen Maßnahmen nach Absatz 1 gehören insbesondere
1. Gebote, öffentliche Hilfen wie zum Beispiel Leistungen der Kinder- und Jugendhilfe und der Gesundheitsfürsorge in Anspruch zu nehmen,
2. Gebote, für die Einhaltung der Schulpflicht zu sorgen,
3. Verbote, vorübergehend oder auf unbestimmte Zeit die Familienwohnung oder eine andere Wohnung zu nutzen, sich in einem bestimmten Umkreis der Wohnung aufzuhalten oder zu bestimmende andere Orte aufzusuchen, an denen sich das Kind regelmäßig aufhält,
4. Verbote, Verbindung zum Kind aufzunehmen oder ein Zusammentreffen mit dem Kind herbeizuführen,
5. die Ersetzung von Erklärungen des Inhabers der elterlichen Sorge,
6. die teilweise oder vollständige Entziehung der elterlichen Sorge.

(4) In Angelegenheiten der Personensorge kann das Gericht auch Maßnahmen mit Wirkung gegen einen Dritten treffen.

§ 1666a Grundsatz der Verhältnismäßigkeit; Vorrang öffentlicher Hilfen

(1) Maßnahmen, mit denen eine Trennung des Kindes von der elterlichen Familie verbunden ist, sind nur zulässig, wenn der Gefahr nicht auf andere Weise, auch nicht durch öffentliche Hilfen, begegnet werden kann. Dies gilt auch, wenn einem Elternteil vorübergehend oder auf unbestimmte Zeit die Nutzung der Familienwohnung untersagt werden soll. Wird einem Elternteil oder einem Dritten die Nutzung der vom Kind mitbewohnten oder einer anderen Wohnung untersagt, ist bei der Bemessung der Dauer der Maßnahme auch zu berücksichtigen, ob diesem das Eigentum, das Erbbaurecht oder der Nießbrauch an dem Grundstück zusteht, auf dem sich die Wohnung befindet;

Entsprechendes gilt für das Wohnungseigentum, das Dauerwohnrecht, das dingliche Wohnrecht oder wenn der Elternteil oder Dritte Mieter der Wohnung ist.
(2) Die gesamte Personensorge darf nur entzogen werden, wenn andere Maßnahmen erfolglos geblieben sind oder wenn anzunehmen ist, dass sie zur Abwendung der Gefahr nicht ausreichen.

§ 1667 Gerichtliche Maßnahmen bei Gefährdung des Kindesvermögens

(1) Das Familiengericht kann anordnen, dass die Eltern ein Verzeichnis des Vermögens des Kindes einreichen und über die Verwaltung Rechnung legen. Die Eltern haben das Verzeichnis mit der Versicherung der Richtigkeit und Vollständigkeit zu versehen. Ist das eingereichte Verzeichnis ungenügend, so kann das Familiengericht anordnen, dass das Verzeichnis durch eine zuständige Behörde oder durch einen zuständigen Beamten oder Notar aufgenommen wird.
(2) Das Familiengericht kann anordnen, dass das Geld des Kindes in bestimmter Weise anzulegen und dass zur Abhebung seine Genehmigung erforderlich ist. Gehören Wertpapiere, Kostbarkeiten oder Schuldbuchforderungen gegen den Bund oder ein Land zum Vermögen des Kindes, so kann das Familiengericht dem Elternteil, der das Kind vertritt, die gleichen Verpflichtungen auferlegen, die nach §§ 1814 bis 1816, 1818 einem Vormund obliegen; die §§ 1819, 1820 sind entsprechend anzuwenden.
(3) Das Familiengericht kann dem Elternteil, der das Vermögen des Kindes gefährdet, Sicherheitsleistung für das seiner Verwaltung unterliegende Vermögen auferlegen. Die Art und den Umfang der Sicherheitsleistung bestimmt das Familiengericht nach seinem Ermessen. Bei der Bestellung und Aufhebung der Sicherheit wird die Mitwirkung des Kindes durch die Anordnung des Familiengerichts ersetzt. Die Sicherheitsleistung darf nur dadurch erzwungen werden, dass die Vermögenssorge gemäß § 1666 Abs. 1 ganz oder teilweise entzogen wird.
(4) Die Kosten der angeordneten Maßnahmen trägt der Elternteil, der sie veranlasst hat.

§§ 1668 bis 1670 (weggefallen)

§ 1671 Übertragung der Alleinsorge bei Getrenntleben der Eltern

(1) Leben Eltern nicht nur vorübergehend getrennt und steht ihnen die elterliche Sorge gemeinsam zu, so kann jeder Elternteil beantragen, dass ihm das Familiengericht die elterliche Sorge oder einen Teil der elterlichen Sorge allein überträgt. Dem Antrag ist stattzugeben, soweit
1. der andere Elternteil zustimmt, es sei denn, das Kind hat das 14. Lebensjahr vollendet und widerspricht der Übertragung, oder
2. zu erwarten ist, dass die Aufhebung der gemeinsamen Sorge und die Übertragung auf den Antragsteller dem Wohl des Kindes am besten entspricht.

(2) Leben Eltern nicht nur vorübergehend getrennt und steht die elterliche Sorge nach § 1626a Absatz 3 der Mutter zu, so kann der Vater beantragen, dass ihm das Familiengericht die elterliche Sorge oder einen Teil der elterlichen Sorge allein überträgt. Dem Antrag ist stattzugeben, soweit
1. die Mutter zustimmt, es sei denn, die Übertragung widerspricht dem Wohl des Kindes oder das Kind hat das 14. Lebensjahr vollendet und widerspricht der Übertragung, oder
2. eine gemeinsame Sorge nicht in Betracht kommt und zu erwarten ist, dass die Übertragung auf den Vater dem Wohl des Kindes am besten entspricht.

(3) Ruht die elterliche Sorge der Mutter nach § 1751 Absatz 1 Satz 1, so gilt der Antrag des Vaters auf Übertragung der gemeinsamen elterlichen Sorge nach § 1626a Absatz 2 als Antrag nach Absatz 2. Dem Antrag ist stattzugeben, soweit die Übertragung der elterlichen Sorge auf den Vater dem Wohl des Kindes nicht widerspricht.
(4) Den Anträgen nach den Absätzen 1 und 2 ist nicht stattzugeben, soweit die elterliche Sorge auf Grund anderer Vorschriften abweichend geregelt werden muss.

§ 1672 (weggefallen)

§ 1673 Ruhen der elterlichen Sorge bei rechtlichem Hindernis

(1) Die elterliche Sorge eines Elternteils ruht, wenn er geschäftsunfähig ist.
(2) Das Gleiche gilt, wenn er in der Geschäftsfähigkeit beschränkt ist. Die Personensorge für das Kind steht ihm neben dem gesetzlichen Vertreter des Kindes zu; zur Vertretung des Kindes ist er nicht berechtigt. Bei einer Meinungsverschiedenheit geht die Meinung des minderjährigen Elternteils vor, wenn der gesetzliche Vertreter des Kindes ein Vormund oder Pfleger ist; andernfalls gelten § 1627 Satz 2 und § 1628.

§ 1674 Ruhen der elterlichen Sorge bei tatsächlichem Hindernis

(1) Die elterliche Sorge eines Elternteils ruht, wenn das Familiengericht feststellt, dass er auf längere Zeit die elterliche Sorge tatsächlich nicht ausüben kann.
(2) Die elterliche Sorge lebt wieder auf, wenn das Familiengericht feststellt, dass der Grund des Ruhens nicht mehr besteht.

§ 1674a Ruhen der elterlichen Sorge der Mutter für ein vertraulich geborenes Kind
Die elterliche Sorge der Mutter für ein nach § 25 Absatz 1 des Schwangerschaftskonfliktgesetzes vertraulich geborenes Kind ruht. Ihre elterliche Sorge lebt wieder auf, wenn das Familiengericht feststellt, dass sie ihm gegenüber die für den Geburtseintrag ihres Kindes erforderlichen Angaben gemacht hat.

§ 1675 Wirkung des Ruhens
Solange die elterliche Sorge ruht, ist ein Elternteil nicht berechtigt, sie auszuüben.

§ 1676 (weggefallen)

§ 1677 Beendigung der Sorge durch Todeserklärung
Die elterliche Sorge eines Elternteils endet, wenn er für tot erklärt oder seine Todeszeit nach den Vorschriften des Verschollenheitsgesetzes festgestellt wird, mit dem Zeitpunkt, der als Zeitpunkt des Todes gilt.

§ 1678 Folgen der tatsächlichen Verhinderung oder des Ruhens für den anderen Elternteil
(1) Ist ein Elternteil tatsächlich verhindert, die elterliche Sorge auszuüben, oder ruht seine elterliche Sorge, so übt der andere Teil die elterliche Sorge allein aus; dies gilt nicht, wenn die elterliche Sorge dem Elternteil nach § 1626a Absatz 3 oder § 1671 allein zustand.
(2) Ruht die elterliche Sorge des Elternteils, dem sie gemäß § 1626a Absatz 3 oder § 1671 allein zustand, und besteht keine Aussicht, dass der Grund des Ruhens wegfallen werde, so hat das Familiengericht die elterliche Sorge dem anderen Elternteil zu übertragen, wenn dies dem Wohl des Kindes nicht widerspricht.

§ 1679 (weggefallen)

§ 1680 Tod eines Elternteils oder Entziehung des Sorgerechts
(1) Stand die elterliche Sorge den Eltern gemeinsam zu und ist ein Elternteil gestorben, so steht die elterliche Sorge dem überlebenden Elternteil zu.
(2) Ist ein Elternteil, dem die elterliche Sorge gemäß § 1626a Absatz 3 oder § 1671 allein zustand, gestorben, so hat das Familiengericht die elterliche Sorge dem überlebenden Elternteil zu übertragen, wenn dies dem Wohl des Kindes nicht widerspricht.
(3) Die Absätze 1 und 2 gelten entsprechend, soweit einem Elternteil die elterliche Sorge entzogen wird.

§ 1681 Todeserklärung eines Elternteils
(1) § 1680 Abs. 1 und 2 gilt entsprechend, wenn die elterliche Sorge eines Elternteils endet, weil er für tot erklärt oder seine Todeszeit nach den Vorschriften des Verschollenheitsgesetzes festgestellt worden ist.
(2) Lebt dieser Elternteil noch, so hat ihm das Familiengericht auf Antrag die elterliche Sorge in dem Umfang zu übertragen, in dem sie ihm vor dem nach § 1677 maßgebenden Zeitpunkt zustand, wenn dies dem Wohl des Kindes nicht widerspricht.

§ 1682 Verbleibensanordnung zugunsten von Bezugspersonen
Hat das Kind seit längerer Zeit in einem Haushalt mit einem Elternteil und dessen Ehegatten gelebt und will der andere Elternteil, der nach den §§ 1678, 1680, 1681 den Aufenthalt des Kindes nunmehr allein bestimmen kann, das Kind von dem Ehegatten wegnehmen, so kann das Familiengericht von Amts wegen oder auf Antrag des Ehegatten anordnen, dass das Kind bei dem Ehegatten verbleibt, wenn und solange das Kindeswohl durch die Wegnahme gefährdet würde. Satz 1 gilt entsprechend, wenn das Kind seit längerer Zeit in einem Haushalt mit einem Elternteil und dessen Lebenspartner oder einer nach § 1685 Abs. 1 umgangsberechtigten volljährigen Person gelebt hat.

§ 1683 (weggefallen)

§ 1684 Umgang des Kindes mit den Eltern
(1) Das Kind hat das Recht auf Umgang mit jedem Elternteil; jeder Elternteil ist zum Umgang mit dem Kind verpflichtet und berechtigt.
(2) Die Eltern haben alles zu unterlassen, was das Verhältnis des Kindes zum jeweils anderen Elternteil beeinträchtigt oder die Erziehung erschwert. Entsprechendes gilt, wenn sich das Kind in der Obhut einer anderen Person befindet.
(3) Das Familiengericht kann über den Umfang des Umgangsrechts entscheiden und seine Ausübung, auch gegenüber Dritten, näher regeln. Es kann die Beteiligten durch Anordnungen zur Erfüllung der in Absatz 2 geregelten Pflicht anhalten. Wird die Pflicht nach Absatz 2 dauerhaft oder wiederholt erheblich verletzt, kann das Familiengericht auch eine Pflegschaft für die Durchführung des Umgangs anordnen (Umgangspflegschaft). Die Umgangspflegschaft umfasst das Recht, die Herausgabe des Kindes zur Durchführung des Umgangs zu verlangen und für die Dauer des Umgangs dessen Aufenthalt zu bestimmen. Die Anordnung ist zu befristen. Für den Ersatz von Aufwendungen und die Vergütung des Umgangspflegers gilt § 277 des Gesetzes über das Verfahren in Familiensachen und in den Angelegenheiten der freiwilligen Gerichtsbarkeit entsprechend.

(4) Das Familiengericht kann das Umgangsrecht oder den Vollzug früherer Entscheidungen über das Umgangsrecht einschränken oder ausschließen, soweit dies zum Wohl des Kindes erforderlich ist. Eine Entscheidung, die das Umgangsrecht oder seinen Vollzug für längere Zeit oder auf Dauer einschränkt oder ausschließt, kann nur ergehen, wenn andernfalls das Wohl des Kindes gefährdet wäre. Das Familiengericht kann insbesondere anordnen, dass der Umgang nur stattfinden darf, wenn ein mitwirkungsbereiter Dritter anwesend ist. Dritter kann auch ein Träger der Jugendhilfe oder ein Verein sein; dieser bestimmt dann jeweils, welche Einzelperson die Aufgabe wahrnimmt.

§ 1685 Umgang des Kindes mit anderen Bezugspersonen

(1) Großeltern und Geschwister haben ein Recht auf Umgang mit dem Kind, wenn dieser dem Wohl des Kindes dient.
(2) Gleiches gilt für enge Bezugspersonen des Kindes, wenn diese für das Kind tatsächliche Verantwortung tragen oder getragen haben (sozial-familiäre Beziehung). Eine Übernahme tatsächlicher Verantwortung ist in der Regel anzunehmen, wenn die Person mit dem Kind längere Zeit in häuslicher Gemeinschaft zusammengelebt hat.
(3) § 1684 Abs. 2 bis 4 gilt entsprechend. Eine Umgangspflegschaft nach § 1684 Abs. 3 Satz 3 bis 5 kann das Familiengericht nur anordnen, wenn die Voraussetzungen des § 1666 Abs. 1 erfüllt sind.

§ 1686 Auskunft über die persönlichen Verhältnisse des Kindes

Jeder Elternteil kann vom anderen Elternteil bei berechtigtem Interesse Auskunft über die persönlichen Verhältnisse des Kindes verlangen, soweit dies dem Wohl des Kindes nicht widerspricht.

§ 1686a Rechte des leiblichen, nicht rechtlichen Vaters

(1) Solange die Vaterschaft eines anderen Mannes besteht, hat der leibliche Vater, der ernsthaftes Interesse an dem Kind gezeigt hat,
1. ein Recht auf Umgang mit dem Kind, wenn der Umgang dem Kindeswohl dient, und
2. ein Recht auf Auskunft von jedem Elternteil über die persönlichen Verhältnisse des Kindes, soweit er ein berechtigtes Interesse hat und dies dem Wohl des Kindes nicht widerspricht.
(2) Hinsichtlich des Rechts auf Umgang mit dem Kind nach Absatz 1 Nummer 1 gilt § 1684 Absatz 2 bis 4 entsprechend. Eine Umgangspflegschaft nach § 1684 Absatz 3 Satz 3 bis 5 kann das Familiengericht nur anordnen, wenn die Voraussetzungen des § 1666 Absatz 1 erfüllt sind.

§ 1687 Ausübung der gemeinsamen Sorge bei Getrenntleben

(1) Leben Eltern, denen die elterliche Sorge gemeinsam zusteht, nicht nur vorübergehend getrennt, so ist bei Entscheidungen in Angelegenheiten, deren Regelung für das Kind von erheblicher Bedeutung ist, ihr gegenseitiges Einvernehmen erforderlich. Der Elternteil, bei dem sich das Kind mit Einwilligung des anderen Elternteils oder auf Grund einer gerichtlichen Entscheidung gewöhnlich aufhält, hat die Befugnis zur alleinigen Entscheidung in Angelegenheiten des täglichen Lebens. Entscheidungen in Angelegenheiten des täglichen Lebens sind in der Regel solche, die häufig vorkommen und die keine schwer abzuändernden Auswirkungen auf die Entwicklung des Kindes haben. Solange sich das Kind mit Einwilligung dieses Elternteils oder auf Grund einer gerichtlichen Entscheidung bei dem anderen Elternteil aufhält, hat dieser die Befugnis zur alleinigen Entscheidung in Angelegenheiten der tatsächlichen Betreuung. § 1629 Abs. 1 Satz 4 und § 1684 Abs. 2 Satz 1 gelten entsprechend.
(2) Das Familiengericht kann die Befugnisse nach Absatz 1 Satz 2 und 4 einschränken oder ausschließen, wenn dies zum Wohl des Kindes erforderlich ist.

§ 1687a Entscheidungsbefugnisse des nicht sorgeberechtigten Elternteils

Für jeden Elternteil, der nicht Inhaber der elterlichen Sorge ist und bei dem sich das Kind mit Einwilligung des anderen Elternteils oder eines sonstigen Inhabers der Sorge oder auf Grund einer gerichtlichen Entscheidung aufhält, gilt § 1687 Abs. 1 Satz 4 und 5 und Abs. 2 entsprechend.

§ 1687b Sorgerechtliche Befugnisse des Ehegatten

(1) Der Ehegatte eines allein sorgeberechtigten Elternteils, der nicht Elternteil des Kindes ist, hat im Einvernehmen mit dem sorgeberechtigten Elternteil die Befugnis zur Mitentscheidung in Angelegenheiten des täglichen Lebens des Kindes. § 1629 Abs. 2 Satz 1 gilt entsprechend.
(2) Bei Gefahr im Verzug ist der Ehegatte dazu berechtigt, alle Rechtshandlungen vorzunehmen, die zum Wohl des Kindes notwendig sind; der sorgeberechtigte Elternteil ist unverzüglich zu unterrichten.
(3) Das Familiengericht kann die Befugnisse nach Absatz 1 einschränken oder ausschließen, wenn dies zum Wohl des Kindes erforderlich ist.
(4) Die Befugnisse nach Absatz 1 bestehen nicht, wenn die Ehegatten nicht nur vorübergehend getrennt leben.

§ 1688 Entscheidungsbefugnisse der Pflegeperson

(1) Lebt ein Kind für längere Zeit in Familienpflege, so ist die Pflegeperson berechtigt, in Angelegenheiten des täglichen Lebens zu entscheiden sowie den Inhaber der elterlichen Sorge in solchen Angelegenheiten zu vertreten.

Sie ist befugt, den Arbeitsverdienst des Kindes zu verwalten sowie Unterhalts-, Versicherungs-, Versorgungs- und sonstige Sozialleistungen für das Kind geltend zu machen und zu verwalten. § 1629 Abs. 1 Satz 4 gilt entsprechend.
(2) Der Pflegeperson steht eine Person gleich, die im Rahmen der Hilfe nach den §§ 34, 35 und 35a Absatz 2 Nummer 3 und 4 des Achten Buches Sozialgesetzbuch die Erziehung und Betreuung eines Kindes übernommen hat.
(3) Die Absätze 1 und 2 gelten nicht, wenn der Inhaber der elterlichen Sorge etwas anderes erklärt. Das Familiengericht kann die Befugnisse nach den Absätzen 1 und 2 einschränken oder ausschließen, wenn dies zum Wohl des Kindes erforderlich ist.
(4) Für eine Person, bei der sich das Kind auf Grund einer gerichtlichen Entscheidung nach § 1632 Abs. 4 oder § 1682 aufhält, gelten die Absätze 1 und 3 mit der Maßgabe, dass die genannten Befugnisse nur das Familiengericht einschränken oder ausschließen kann.

§§ 1689 bis 1692 (weggefallen)

§ 1693 Gerichtliche Maßnahmen bei Verhinderung der Eltern
Sind die Eltern verhindert, die elterliche Sorge auszuüben, so hat das Familiengericht die im Interesse des Kindes erforderlichen Maßregeln zu treffen.

§§ 1694 und 1695 (weggefallen)

§ 1696 Abänderung gerichtlicher Entscheidungen und gerichtlich gebilligter Vergleiche
(1) Eine Entscheidung zum Sorge- oder Umgangsrecht oder ein gerichtlich gebilligter Vergleich ist zu ändern, wenn dies aus triftigen, das Wohl des Kindes nachhaltig berührenden Gründen angezeigt ist. Entscheidungen nach § 1626a Absatz 2 können gemäß § 1671 Absatz 1 geändert werden; § 1671 Absatz 4 gilt entsprechend. § 1678 Absatz 2, § 1680 Absatz 2 sowie § 1681 Absatz 1 und 2 bleiben unberührt.
(2) Eine Maßnahme nach den §§ 1666 bis 1667 oder einer anderen Vorschrift des Bürgerlichen Gesetzbuchs, die nur ergriffen werden darf, wenn dies zur Abwendung einer Kindeswohlgefährdung oder zum Wohl des Kindes erforderlich ist (kindesschutzrechtliche Maßnahme), ist aufzuheben, wenn eine Gefahr für das Wohl des Kindes nicht mehr besteht oder die Erforderlichkeit der Maßnahme entfallen ist.
(3) Eine Anordnung nach § 1632 Absatz 4 ist auf Antrag der Eltern aufzuheben, wenn die Wegnahme des Kindes von der Pflegeperson das Kindeswohl nicht gefährdet.

§ 1697 (weggefallen)

§ 1697a Kindeswohlprinzip
(1) Soweit nicht anderes bestimmt ist, trifft das Gericht in Verfahren über die in diesem Titel geregelten Angelegenheiten diejenige Entscheidung, die unter Berücksichtigung der tatsächlichen Gegebenheiten und Möglichkeiten sowie der berechtigten Interessen der Beteiligten dem Wohl des Kindes am besten entspricht.
(2) Lebt das Kind in Familienpflege, so hat das Gericht, soweit nichts anderes bestimmt ist, in Verfahren über die in diesem Titel geregelten Angelegenheiten auch zu berücksichtigen, ob und inwieweit sich innerhalb eines im Hinblick auf die Entwicklung des Kindes vertretbaren Zeitraums die Erziehungsverhältnisse bei den Eltern derart verbessert haben, dass diese das Kind selbst erziehen können. Liegen die Voraussetzungen des § 1632 Absatz 4 Satz 2 Nummer 1 vor, so hat das Gericht bei seiner Entscheidung auch das Bedürfnis des Kindes nach kontinuierlichen und stabilen Lebensverhältnissen zu berücksichtigen. Die Sätze 1 und 2 gelten entsprechend, wenn das Kind im Rahmen einer Hilfe nach § 34 oder 35a Absatz 2 Nummer 4 des Achten Buches Sozialgesetzbuch erzogen und betreut wird.

§ 1698 Herausgabe des Kindesvermögens; Rechnungslegung
(1) Endet oder ruht die elterliche Sorge der Eltern oder hört aus einem anderen Grunde ihre Vermögenssorge auf, so haben sie dem Kind das Vermögen herauszugeben und auf Verlangen über die Verwaltung Rechenschaft abzulegen.
(2) Über die Nutzungen des Kindesvermögens brauchen die Eltern nur insoweit Rechenschaft ablegen, als Grund zu der Annahme besteht, dass sie die Nutzungen entgegen der Vorschrift des § 1649 verwendet haben.

§ 1698a Fortführung der Geschäfte in Unkenntnis der Beendigung der elterlichen Sorge
(1) Die Eltern dürfen die mit der Personensorge und mit der Vermögenssorge für das Kind verbundenen Geschäfte fortführen, bis sie von der Beendigung der elterlichen Sorge Kenntnis erlangen oder sie kennen müssen. Ein Dritter kann sich auf diese Befugnis nicht berufen, wenn er bei der Vornahme eines Rechtsgeschäfts die Beendigung kennt oder kennen muss.
(2) Diese Vorschriften sind entsprechend anzuwenden, wenn die elterliche Sorge ruht.

§ 1698b Fortführung dringender Geschäfte nach Tod des Kindes
Endet die elterliche Sorge durch den Tod des Kindes, so haben die Eltern die Geschäfte, die nicht ohne Gefahr aufgeschoben werden können, zu besorgen, bis der Erbe anderweit Fürsorge treffen kann.

§§ 1699 bis 1711 (weggefallen)

Titel 6
Beistandschaft

§ 1712 Beistandschaft des Jugendamts; Aufgaben
(1) Auf schriftlichen Antrag eines Elternteils wird das Jugendamt Beistand des Kindes für folgende Aufgaben:
1. die Feststellung der Vaterschaft,
2. die Geltendmachung von Unterhaltsansprüchen sowie die Verfügung über diese Ansprüche; ist das Kind bei einem Dritten entgeltlich in Pflege, so ist der Beistand berechtigt, aus dem vom Unterhaltspflichtigen Geleisteten den Dritten zu befriedigen.

(2) Der Antrag kann auf einzelne der in Absatz 1 bezeichneten Aufgaben beschränkt werden.

§ 1713 Antragsberechtigte
(1) Den Antrag kann ein Elternteil stellen, dem für den Aufgabenkreis der beantragten Beistandschaft die alleinige elterliche Sorge zusteht oder zustünde, wenn das Kind bereits geboren wäre. Steht die elterliche Sorge für das Kind den Eltern gemeinsam zu, kann der Antrag von dem Elternteil gestellt werden, in dessen Obhut sich das Kind befindet. Der Antrag kann auch von einem nach § 1776 berufenen Vormund gestellt werden. Er kann nicht durch einen Vertreter gestellt werden.

(2) Vor der Geburt des Kindes kann die werdende Mutter den Antrag auch dann stellen, wenn das Kind, sofern es bereits geboren wäre, unter Vormundschaft stünde. Ist die werdende Mutter in der Geschäftsfähigkeit beschränkt, so kann sie den Antrag nur selbst stellen; sie bedarf hierzu nicht der Zustimmung ihres gesetzlichen Vertreters. Für eine geschäftsunfähige werdende Mutter kann nur ihr gesetzlicher Vertreter den Antrag stellen.

§ 1714 Eintritt der Beistandschaft
Die Beistandschaft tritt ein, sobald der Antrag dem Jugendamt zugeht. Dies gilt auch, wenn der Antrag vor der Geburt des Kindes gestellt wird.

§ 1715 Beendigung der Beistandschaft
(1) Die Beistandschaft endet, wenn der Antragsteller dies schriftlich verlangt. § 1712 Abs. 2 und § 1714 gelten entsprechend.

(2) Die Beistandschaft endet auch, sobald der Antragsteller keine der in § 1713 genannten Voraussetzungen mehr erfüllt.

§ 1716 Wirkungen der Beistandschaft
Durch die Beistandschaft wird die elterliche Sorge nicht eingeschränkt. Im Übrigen gelten die Vorschriften über die Pflegschaft mit Ausnahme derjenigen über die Aufsicht des Familiengerichts und die Rechnungslegung sinngemäß; die §§ 1791, 1791c Abs. 3 sind nicht anzuwenden.

§ 1717 Erfordernis des gewöhnlichen Aufenthalts im Inland
Die Beistandschaft tritt nur ein, wenn das Kind seinen gewöhnlichen Aufenthalt im Inland hat; sie endet, wenn das Kind seinen gewöhnlichen Aufenthalt im Ausland begründet. Dies gilt für die Beistandschaft vor der Geburt des Kindes entsprechend.

§§ 1718 bis 1740 (weggefallen)

Titel 7
Annahme als Kind

Untertitel 1
Annahme Minderjähriger

§ 1741 Zulässigkeit der Annahme
(1) Die Annahme als Kind ist zulässig, wenn sie dem Wohl des Kindes dient und zu erwarten ist, dass zwischen dem Annehmenden und dem Kind ein Eltern-Kind-Verhältnis entsteht. Wer an einer gesetzes- oder sittenwidrigen Vermittlung oder Verbringung eines Kindes zum Zwecke der Annahme mitgewirkt oder einen Dritten hiermit beauftragt oder hierfür belohnt hat, soll ein Kind nur dann annehmen, wenn dies zum Wohl des Kindes erforderlich ist.

(2) Wer nicht verheiratet ist, kann ein Kind nur allein annehmen. Ein Ehepaar kann ein Kind nur gemeinschaftlich annehmen. Ein Ehegatte kann ein Kind seines Ehegatten allein annehmen. Er kann ein Kind auch dann allein annehmen, wenn der andere Ehegatte das Kind nicht annehmen kann, weil er geschäftsunfähig ist oder das 21. Lebensjahr noch nicht vollendet hat.

§ 1742 Annahme nur als gemeinschaftliches Kind
Ein angenommenes Kind kann, solange das Annahmeverhältnis besteht, bei Lebzeiten eines Annehmenden nur von dessen Ehegatten angenommen werden.

§ 1743 Mindestalter
Der Annehmende muss das 25., in den Fällen des § 1741 Abs. 2 Satz 3 das 21. Lebensjahr vollendet haben. In den Fällen des § 1741 Abs. 2 Satz 2 muss ein Ehegatte das 25. Lebensjahr, der andere Ehegatte das 21. Lebensjahr vollendet haben.

§ 1744 Probezeit
Die Annahme soll in der Regel erst ausgesprochen werden, wenn der Annehmende das Kind eine angemessene Zeit in Pflege gehabt hat.

§ 1745 Verbot der Annahme
Die Annahme darf nicht ausgesprochen werden, wenn ihr überwiegende Interessen der Kinder des Annehmenden oder des Anzunehmenden entgegenstehen oder wenn zu befürchten ist, dass Interessen des Anzunehmenden durch Kinder des Annehmenden gefährdet werden. Vermögensrechtliche Interessen sollen nicht ausschlaggebend sein.

§ 1746 Einwilligung des Kindes
(1) Zur Annahme ist die Einwilligung des Kindes erforderlich. Für ein Kind, das geschäftsunfähig oder noch nicht 14 Jahre alt ist, kann nur sein gesetzlicher Vertreter die Einwilligung erteilen. Im Übrigen kann das Kind die Einwilligung nur selbst erteilen; es bedarf hierzu der Zustimmung seines gesetzlichen Vertreters.
(2) Hat das Kind das 14. Lebensjahr vollendet und ist es nicht geschäftsunfähig, so kann es die Einwilligung bis zum Wirksamwerden des Ausspruchs der Annahme gegenüber dem Familiengericht widerrufen. Der Widerruf bedarf der öffentlichen Beurkundung. Eine Zustimmung des gesetzlichen Vertreters ist nicht erforderlich.
(3) Verweigert der Vormund oder Pfleger die Einwilligung oder Zustimmung ohne triftigen Grund, so kann das Familiengericht sie ersetzen; einer Erklärung nach Absatz 1 durch die Eltern bedarf es nicht, soweit diese nach den §§ 1747, 1750 unwiderruflich in die Annahme eingewilligt haben oder ihre Einwilligung nach § 1748 durch das Familiengericht ersetzt worden ist.

§ 1747 Einwilligung der Eltern des Kindes
(1) Zur Annahme eines Kindes ist die Einwilligung der Eltern erforderlich. Sofern kein anderer Mann nach § 1592 als Vater anzusehen ist, gilt im Sinne des Satzes 1 und des § 1748 Abs. 4 als Vater, wer die Voraussetzung des § 1600d Abs. 2 Satz 1 glaubhaft macht.
(2) Die Einwilligung kann erst erteilt werden, wenn das Kind acht Wochen alt ist. Sie ist auch dann wirksam, wenn der Einwilligende die schon feststehenden Annehmenden nicht kennt.
(3) Steht nicht miteinander verheirateten Eltern die elterliche Sorge nicht gemeinsam zu, so
1. kann die Einwilligung des Vaters bereits vor der Geburt erteilt werden;
2. kann der Vater durch öffentlich beurkundete Erklärung darauf verzichten, die Übertragung der Sorge nach § 1626a Absatz 2 und § 1671 Absatz 2 zu beantragen; § 1750 gilt sinngemäß mit Ausnahme von Absatz 1 Satz 2 und Absatz 4 Satz 1;
3. darf, wenn der Vater die Übertragung der Sorge nach § 1626a Absatz 2 oder § 1671 Absatz 2 beantragt hat, eine Annahme erst ausgesprochen werden, nachdem über den Antrag des Vaters entschieden worden ist.
(4) Die Einwilligung eines Elternteils ist nicht erforderlich, wenn er zur Abgabe einer Erklärung dauernd außerstande oder sein Aufenthalt dauernd unbekannt ist. Der Aufenthalt der Mutter eines gemäß § 25 Absatz 1 des Schwangerschaftskonfliktgesetzes vertraulich geborenen Kindes gilt als dauernd unbekannt, bis sie gegenüber dem Familiengericht die für den Geburtseintrag ihres Kindes erforderlichen Angaben macht.

§ 1748 Ersetzung der Einwilligung eines Elternteils
(1) Das Familiengericht hat auf Antrag des Kindes die Einwilligung eines Elternteils zu ersetzen, wenn dieser seine Pflichten gegenüber dem Kind anhaltend gröblich verletzt hat oder durch sein Verhalten gezeigt hat, dass ihm das Kind gleichgültig ist, und wenn das Unterbleiben der Annahme dem Kind zu unverhältnismäßigem Nachteil gereichen würde. Die Einwilligung kann auch ersetzt werden, wenn die Pflichtverletzung zwar nicht anhaltend, aber besonders schwer ist und das Kind voraussichtlich dauernd nicht mehr der Obhut des Elternteils anvertraut werden kann.
(2) Wegen Gleichgültigkeit, die nicht zugleich eine anhaltende gröbliche Pflichtverletzung ist, darf die Einwilligung nicht ersetzt werden, bevor der Elternteil vom Jugendamt über die Möglichkeit ihrer Ersetzung belehrt und nach Maßgabe des § 51 Abs. 2 des Achten Buches Sozialgesetzbuch beraten worden ist und seit der Belehrung wenigstens drei Monate verstrichen sind; in der Belehrung ist auf die Frist hinzuweisen. Der Belehrung bedarf es nicht, wenn der Elternteil seinen Aufenthaltsort ohne Hinterlassung seiner neuen Anschrift gewechselt hat und der Aufenthaltsort vom Jugendamt während eines Zeitraums von drei Monaten trotz angemessener Nachforschungen nicht ermittelt werden konnte; in diesem Falle beginnt die Frist mit der ersten auf die Belehrung und Beratung oder

auf die Ermittlung des Aufenthaltsorts gerichteten Handlung des Jugendamts. Die Fristen laufen frühestens fünf Monate nach der Geburt des Kindes ab.

(3) Die Einwilligung eines Elternteils kann ferner ersetzt werden, wenn er wegen einer besonders schweren psychischen Krankheit oder einer besonders schweren geistigen oder seelischen Behinderung zur Pflege und Erziehung des Kindes dauernd unfähig ist und wenn das Kind bei Unterbleiben der Annahme nicht in einer Familie aufwachsen könnte und dadurch in seiner Entwicklung schwer gefährdet wäre.

(4) In den Fällen des § 1626a Absatz 3 hat das Familiengericht die Einwilligung des Vaters zu ersetzen, wenn das Unterbleiben der Annahme dem Kind zu unverhältnismäßigem Nachteil gereichen würde.

§ 1749 Einwilligung des Ehegatten

(1) Zur Annahme eines Kindes durch einen Ehegatten allein ist die Einwilligung des anderen Ehegatten erforderlich. Das Familiengericht kann auf Antrag des Annehmenden die Einwilligung ersetzen. Die Einwilligung darf nicht ersetzt werden, wenn berechtigte Interessen des anderen Ehegatten und der Familie der Annahme entgegenstehen.

(2) Die Einwilligung des Ehegatten ist nicht erforderlich, wenn er zur Abgabe der Erklärung dauernd außerstande oder sein Aufenthalt dauernd unbekannt ist.

§ 1750 Einwilligungserklärung

(1) Die Einwilligung nach §§ 1746, 1747 und 1749 ist dem Familiengericht gegenüber zu erklären. Die Erklärung bedarf der notariellen Beurkundung. Die Einwilligung wird in dem Zeitpunkt wirksam, in dem sie dem Familiengericht zugeht.

(2) Die Einwilligung kann nicht unter einer Bedingung oder einer Zeitbestimmung erteilt werden. Sie ist unwiderruflich; die Vorschrift des § 1746 Abs. 2 bleibt unberührt.

(3) Die Einwilligung kann nicht durch einen Vertreter erteilt werden. Ist der Einwilligende in der Geschäftsfähigkeit beschränkt, so bedarf seine Einwilligung nicht der Zustimmung seines gesetzlichen Vertreters. Die Vorschriften des § 1746 Abs. 1 Satz 2, 3 bleiben unberührt.

(4) Die Einwilligung verliert ihre Kraft, wenn der Antrag zurückgenommen oder die Annahme versagt wird. Die Einwilligung eines Elternteils verliert ferner ihre Kraft, wenn das Kind nicht innerhalb von drei Jahren seit dem Wirksamwerden der Einwilligung angenommen wird.

§ 1751 Wirkung der elterlichen Einwilligung, Verpflichtung zum Unterhalt

(1) Mit der Einwilligung eines Elternteils in die Annahme ruht die elterliche Sorge dieses Elternteils; die Befugnis zum persönlichen Umgang mit dem Kind darf nicht ausgeübt werden. Das Jugendamt wird Vormund; dies gilt nicht, wenn der andere Elternteil die elterliche Sorge allein ausübt oder wenn bereits ein Vormund bestellt ist. Eine bestehende Pflegschaft bleibt unberührt. Für den Annehmenden gilt während der Zeit der Adoptionspflege § 1688 Abs. 1 und 3 entsprechend.

(2) Absatz 1 ist nicht anzuwenden auf einen Ehegatten, dessen Kind vom anderen Ehegatten angenommen wird.

(3) Hat die Einwilligung eines Elternteils ihre Kraft verloren, so hat das Familiengericht die elterliche Sorge dem Elternteil zu übertragen, wenn und soweit dies dem Wohl des Kindes nicht widerspricht.

(4) Der Annehmende ist dem Kind vor den Verwandten des Kindes zur Gewährung des Unterhalts verpflichtet, sobald die Eltern des Kindes die erforderliche Einwilligung erteilt haben und das Kind in die Obhut des Annehmenden mit dem Ziel der Annahme aufgenommen ist. Will ein Ehegatte ein Kind seines Ehegatten annehmen, so sind die Ehegatten dem Kind vor den anderen Verwandten des Kindes zur Gewährung des Unterhalts verpflichtet, sobald die erforderliche Einwilligung der Eltern des Kindes erteilt und das Kind in die Obhut der Ehegatten aufgenommen ist.

§ 1752 Beschluss des Familiengerichts, Antrag

(1) Die Annahme als Kind wird auf Antrag des Annehmenden vom Familiengericht ausgesprochen.

(2) Der Antrag kann nicht unter einer Bedingung oder einer Zeitbestimmung oder durch einen Vertreter gestellt werden. Er bedarf der notariellen Beurkundung.

§ 1753 Annahme nach dem Tode

(1) Der Ausspruch der Annahme kann nicht nach dem Tode des Kindes erfolgen.

(2) Nach dem Tode des Annehmenden ist der Ausspruch nur zulässig, wenn der Annehmende den Antrag beim Familiengericht eingereicht oder bei oder nach der notariellen Beurkundung des Antrags den Notar damit betraut hat, den Antrag einzureichen.

(3) Wird die Annahme nach dem Tode des Annehmenden ausgesprochen, so hat sie die gleiche Wirkung, wie wenn sie vor dem Tode erfolgt wäre.

§ 1754 Wirkung der Annahme

(1) Nimmt ein Ehepaar ein Kind an oder nimmt ein Ehegatte ein Kind des anderen Ehegatten an, so erlangt das Kind die rechtliche Stellung eines gemeinschaftlichen Kindes der Ehegatten.
(2) In den anderen Fällen erlangt das Kind die rechtliche Stellung eines Kindes des Annehmenden.
(3) Die elterliche Sorge steht in den Fällen des Absatzes 1 den Ehegatten gemeinsam, in den Fällen des Absatzes 2 dem Annehmenden zu.

§ 1755 Erlöschen von Verwandtschaftsverhältnissen

(1) Mit der Annahme erlöschen das Verwandtschaftsverhältnis des Kindes und seiner Abkömmlinge zu den bisherigen Verwandten und die sich aus ihm ergebenden Rechte und Pflichten. Ansprüche des Kindes, die bis zur Annahme entstanden sind, insbesondere auf Renten, Waisengeld und andere entsprechende wiederkehrende Leistungen, werden durch die Annahme nicht berührt; dies gilt nicht für Unterhaltsansprüche.
(2) Nimmt ein Ehegatte das Kind seines Ehegatten an, so tritt das Erlöschen nur im Verhältnis zu dem anderen Elternteil und dessen Verwandten ein.

§ 1756 Bestehenbleiben von Verwandtschaftsverhältnissen

(1) Sind die Annehmenden mit dem Kind im zweiten oder dritten Grad verwandt oder verschwägert, so erlöschen nur das Verwandtschaftsverhältnis des Kindes und seiner Abkömmlinge zu den Eltern des Kindes und die sich aus ihm ergebenden Rechte und Pflichten.
(2) Nimmt ein Ehegatte das Kind seines Ehegatten an, so erlischt das Verwandtschaftsverhältnis nicht im Verhältnis zu den Verwandten des anderen Elternteils, wenn dieser die elterliche Sorge hatte und verstorben ist.

§ 1757 Name des Kindes

(1) Das Kind erhält als Geburtsnamen den Familiennamen des Annehmenden. Als Familienname gilt nicht der dem Ehenamen oder dem Lebenspartnerschaftsnamen hinzugefügte Name (§ 1355 Abs. 4; § 3 Abs. 2 des Lebenspartnerschaftsgesetzes).
(2) Nimmt ein Ehepaar ein Kind an oder nimmt ein Ehegatte ein Kind des anderen Ehegatten an und führen die Ehegatten keinen Ehenamen, so bestimmen sie den Geburtsnamen des Kindes vor dem Ausspruch der Annahme durch Erklärung gegenüber dem Familiengericht; § 1617 Abs. 1 gilt entsprechend. Hat das Kind das fünfte Lebensjahr vollendet, so ist die Bestimmung nur wirksam, wenn es sich der Bestimmung vor dem Ausspruch der Annahme durch Erklärung gegenüber dem Familiengericht anschließt; § 1617c Abs. 1 Satz 2 gilt entsprechend.
(3) Das Familiengericht kann auf Antrag des Annehmenden mit Einwilligung des Kindes mit dem Ausspruch der Annahme
1. Vornamen des Kindes ändern oder ihm einen oder mehrere neue Vornamen beigeben, wenn dies dem Wohl des Kindes entspricht;
2. dem neuen Familiennamen des Kindes den bisherigen Familiennamen voranstellen oder anfügen, wenn dies aus schwerwiegenden Gründen zum Wohl des Kindes erforderlich ist.
§ 1746 Abs. 1 Satz 2, 3, Abs. 3 erster Halbsatz ist entsprechend anzuwenden.

§ 1758 Offenbarungs- und Ausforschungsverbot

(1) Tatsachen, die geeignet sind, die Annahme und ihre Umstände aufzudecken, dürfen ohne Zustimmung des Annehmenden und des Kindes nicht offenbart oder ausgeforscht werden, es sei denn, dass besondere Gründe des öffentlichen Interesses dies erfordern.
(2) Absatz 1 gilt sinngemäß, wenn die nach § 1747 erforderliche Einwilligung erteilt ist. Das Familiengericht kann anordnen, dass die Wirkungen des Absatzes 1 eintreten, wenn ein Antrag auf Ersetzung der Einwilligung eines Elternteils gestellt worden ist.

§ 1759 Aufhebung des Annahmeverhältnisses

Das Annahmeverhältnis kann nur in den Fällen der §§ 1760, 1763 aufgehoben werden.

§ 1760 Aufhebung wegen fehlender Erklärungen

(1) Das Annahmeverhältnis kann auf Antrag vom Familiengericht aufgehoben werden, wenn es ohne Antrag des Annehmenden, ohne die Einwilligung des Kindes oder ohne die erforderliche Einwilligung eines Elternteils begründet worden ist.
(2) Der Antrag oder eine Einwilligung ist nur dann unwirksam, wenn der Erklärende
a) zur Zeit der Erklärung sich im Zustand der Bewusstlosigkeit oder vorübergehenden Störung der Geistestätigkeit befand, wenn der Antragsteller geschäftsunfähig war oder das geschäftsunfähige oder noch nicht 14 Jahre alte Kind die Einwilligung selbst erteilt hat,
b) nicht gewusst hat, dass es sich um eine Annahme als Kind handelt, oder wenn er dies zwar gewusst hat, aber einen Annahmeantrag nicht hat stellen oder eine Einwilligung zur Annahme nicht hat abgeben wollen oder

wenn sich der Annehmende in der Person des anzunehmenden Kindes oder wenn sich das anzunehmende Kind in der Person des Annehmenden geirrt hat,
c) durch arglistige Täuschung über wesentliche Umstände zur Erklärung bestimmt worden ist,
d) widerrechtlich durch Drohung zur Erklärung bestimmt worden ist,
e) die Einwilligung vor Ablauf der in § 1747 Abs. 2 Satz 1 bestimmten Frist erteilt hat.

(3) Die Aufhebung ist ausgeschlossen, wenn der Erklärende nach Wegfall der Geschäftsunfähigkeit, der Bewusstlosigkeit, der Störung der Geistestätigkeit, der durch die Drohung bestimmten Zwangslage, nach der Entdeckung des Irrtums oder nach Ablauf der in § 1747 Abs. 2 Satz 1 bestimmten Frist den Antrag oder die Einwilligung nachgeholt oder sonst zu erkennen gegeben hat, dass das Annahmeverhältnis aufrechterhalten werden soll. Die Vorschriften des § 1746 Abs. 1 Satz 2, 3 und des § 1750 Abs. 3 Satz 1, 2 sind entsprechend anzuwenden.

(4) Die Aufhebung wegen arglistiger Täuschung über wesentliche Umstände ist ferner ausgeschlossen, wenn über Vermögensverhältnisse des Annehmenden oder des Kindes getäuscht worden ist oder wenn die Täuschung ohne Wissen eines Antrags- oder Einwilligungsberechtigten von jemand verübt worden ist, der weder antrags- noch einwilligungsberechtigt noch zur Vermittlung der Annahme befugt war.

(5) Ist beim Ausspruch der Annahme zu Unrecht angenommen worden, dass ein Elternteil zur Abgabe der Erklärung dauernd außerstande oder sein Aufenthalt dauernd unbekannt sei, so ist die Aufhebung ausgeschlossen, wenn der Elternteil die Einwilligung nachgeholt oder sonst zu erkennen gegeben hat, dass das Annahmeverhältnis aufrechterhalten werden soll. Die Vorschrift des § 1750 Abs. 3 Satz 1, 2 ist entsprechend anzuwenden.

§ 1761 Aufhebungshindernisse

(1) Das Annahmeverhältnis kann nicht aufgehoben werden, weil eine erforderliche Einwilligung nicht eingeholt worden oder nach § 1760 Abs. 2 unwirksam ist, wenn die Voraussetzungen für die Ersetzung der Einwilligung beim Ausspruch der Annahme vorgelegen haben oder wenn sie zum Zeitpunkt der Entscheidung über den Aufhebungsantrag vorliegen; dabei ist es unschädlich, wenn eine Belehrung oder Beratung nach § 1748 Abs. 2 nicht erfolgt ist.

(2) Das Annahmeverhältnis darf nicht aufgehoben werden, wenn dadurch das Wohl des Kindes erheblich gefährdet würde, es sei denn, dass überwiegende Interessen des Annehmenden die Aufhebung erfordern.

§ 1762 Antragsberechtigung; Antragsfrist, Form

(1) Antragsberechtigt ist nur derjenige, ohne dessen Antrag oder Einwilligung das Kind angenommen worden ist. Für ein Kind, das geschäftsunfähig oder noch nicht 14 Jahre alt ist, und für den Annehmenden, der geschäftsunfähig ist, können die gesetzlichen Vertreter den Antrag stellen. Im Übrigen kann der Antrag nicht durch einen Vertreter gestellt werden. Ist der Antragsberechtigte in der Geschäftsfähigkeit beschränkt, so ist die Zustimmung des gesetzlichen Vertreters nicht erforderlich.

(2) Der Antrag kann nur innerhalb eines Jahres gestellt werden, wenn seit der Annahme noch keine drei Jahre verstrichen sind. Die Frist beginnt
a) in den Fällen des § 1760 Abs. 2 Buchstabe a mit dem Zeitpunkt, in dem der Erklärende zumindest die beschränkte Geschäftsfähigkeit erlangt hat oder in dem dem gesetzlichen Vertreter des geschäftsunfähigen Annehmenden oder des noch nicht 14 Jahre alten oder geschäftsunfähigen Kindes die Erklärung bekannt wird;
b) in den Fällen des § 1760 Abs. 2 Buchstaben b, c mit dem Zeitpunkt, in dem der Erklärende den Irrtum oder die Täuschung entdeckt;
c) in dem Falle des § 1760 Abs. 2 Buchstabe d mit dem Zeitpunkt, in dem die Zwangslage aufhört;
d) in dem Falle des § 1760 Abs. 2 Buchstabe e nach Ablauf der in § 1747 Abs. 2 Satz 1 bestimmten Frist;
e) in den Fällen des § 1760 Abs. 5 mit dem Zeitpunkt, in dem dem Elternteil bekannt wird, dass die Annahme ohne seine Einwilligung erfolgt ist. Die für die Verjährung geltenden Vorschriften der §§ 206, 210 sind entsprechend anzuwenden.

(3) Der Antrag bedarf der notariellen Beurkundung.

§ 1763 Aufhebung von Amts wegen

(1) Während der Minderjährigkeit des Kindes kann das Familiengericht das Annahmeverhältnis von Amts wegen aufheben, wenn dies aus schwerwiegenden Gründen zum Wohl des Kindes erforderlich ist.

(2) Ist das Kind von einem Ehepaar angenommen, so kann auch das zwischen dem Kind und einem Ehegatten bestehende Annahmeverhältnis aufgehoben werden.

(3) Das Annahmeverhältnis darf nur aufgehoben werden,
a) wenn in dem Falle des Absatzes 2 der andere Ehegatte oder wenn ein leiblicher Elternteil bereit ist, die Pflege und Erziehung des Kindes zu übernehmen, und wenn die Ausübung der elterlichen Sorge durch ihn dem Wohl des Kindes nicht widersprechen würde oder
b) wenn die Aufhebung eine erneute Annahme des Kindes ermöglichen soll.

§ 1764 Wirkung der Aufhebung

(1) Die Aufhebung wirkt nur für die Zukunft. Hebt das Familiengericht das Annahmeverhältnis nach dem Tode des Annehmenden auf dessen Antrag oder nach dem Tode des Kindes auf dessen Antrag auf, so hat dies die gleiche Wirkung, wie wenn das Annahmeverhältnis vor dem Tode aufgehoben worden wäre.
(2) Mit der Aufhebung der Annahme als Kind erlöschen das durch die Annahme begründete Verwandtschaftsverhältnis des Kindes und seiner Abkömmlinge zu den bisherigen Verwandten und die sich aus ihm ergebenden Rechte und Pflichten.
(3) Gleichzeitig leben das Verwandtschaftsverhältnis des Kindes und seiner Abkömmlinge zu den leiblichen Verwandten des Kindes und die sich aus ihm ergebenden Rechte und Pflichten, mit Ausnahme der elterlichen Sorge, wieder auf.
(4) Das Familiengericht hat den leiblichen Eltern die elterliche Sorge zurückzuübertragen, wenn und soweit dies dem Wohl des Kindes nicht widerspricht; andernfalls bestellt es einen Vormund oder Pfleger.
(5) Besteht das Annahmeverhältnis zu einem Ehepaar und erfolgt die Aufhebung nur im Verhältnis zu einem Ehegatten, so treten die Wirkungen des Absatzes 2 nur zwischen dem Kind und seinen Abkömmlingen und diesem Ehegatten und dessen Verwandten ein; die Wirkungen des Absatzes 3 treten nicht ein.

§ 1765 Name des Kindes nach der Aufhebung

(1) Mit der Aufhebung der Annahme als Kind verliert das Kind das Recht, den Familiennamen des Annehmenden als Geburtsnamen zu führen. Satz 1 ist in den Fällen des § 1754 Abs. 1 nicht anzuwenden, wenn das Kind einen Geburtsnamen nach § 1757 Abs. 1 führt und das Annahmeverhältnis zu einem Ehegatten allein aufgehoben wird. Ist der Geburtsname zum Ehenamen oder Lebenspartnerschaftsnamen des Kindes geworden, so bleibt dieser unberührt.
(2) Auf Antrag des Kindes kann das Familiengericht mit der Aufhebung anordnen, dass das Kind den Familiennamen behält, den es durch die Annahme erworben hat, wenn das Kind ein berechtigtes Interesse an der Führung dieses Namens hat. § 1746 Abs. 1 Satz 2, 3 ist entsprechend anzuwenden.
(3) Ist der durch die Annahme erworbene Name zum Ehenamen oder Lebenspartnerschaftsnamen geworden, so hat das Familiengericht auf gemeinsamen Antrag der Ehegatten oder Lebenspartner mit der Aufhebung anzuordnen, dass die Ehegatten oder Lebenspartner als Ehenamen oder Lebenspartnerschaftsnamen den Geburtsnamen führen, den das Kind vor der Annahme geführt hat.

§ 1766 Ehe zwischen Annehmendem und Kind

Schließt ein Annehmender mit dem Angenommenen oder einem seiner Abkömmlinge den eherechtlichen Vorschriften zuwider die Ehe, so wird mit der Eheschließung das durch die Annahme zwischen ihnen begründete Rechtsverhältnis aufgehoben. §§ 1764, 1765 sind nicht anzuwenden.

§ 1766a Annahme von Kindern des nichtehelichen Partners

(1) Für zwei Personen, die in einer verfestigten Lebensgemeinschaft in einem gemeinsamen Haushalt leben, gelten die Vorschriften dieses Untertitels über die Annahme eines Kindes des anderen Ehegatten entsprechend.
(2) Eine verfestigte Lebensgemeinschaft im Sinne des Absatzes 1 liegt in der Regel vor, wenn die Personen
1. seit mindestens vier Jahren oder
2. als Eltern eines gemeinschaftlichen Kindes mit diesem
eheähnlich zusammenleben. Sie liegt in der Regel nicht vor, wenn ein Partner mit einem Dritten verheiratet ist.
(3) Ist der Annehmende mit einem Dritten verheiratet, so kann er das Kind seines Partners nur allein annehmen. Die Einwilligung des Dritten in die Annahme ist erforderlich. § 1749 Absatz 1 Satz 2 und 3 und Absatz 2 gilt entsprechend.

Untertitel 2
Annahme Volljähriger

§ 1767 Zulässigkeit der Annahme, anzuwendende Vorschriften

(1) Ein Volljähriger kann als Kind angenommen werden, wenn die Annahme sittlich gerechtfertigt ist; dies ist insbesondere anzunehmen, wenn zwischen dem Annehmenden und dem Anzunehmenden ein Eltern-Kind-Verhältnis bereits entstanden ist.
(2) Für die Annahme Volljähriger gelten die Vorschriften über die Annahme Minderjähriger sinngemäß, soweit sich aus den folgenden Vorschriften nichts anderes ergibt. Zur Annahme eines Verheirateten oder einer Person, die eine Lebenspartnerschaft führt, ist die Einwilligung seines Ehegatten oder ihres Lebenspartners erforderlich. Die Änderung des Geburtsnamens erstreckt sich auf den Ehe- oder Lebenspartnerschaftsnamen des Angenommenen nur dann, wenn sich auch der Ehegatte oder Lebenspartner der Namensänderung vor dem Ausspruch der Annahme durch Erklärung gegenüber dem Familiengericht anschließt; die Erklärung muss öffentlich beglaubigt werden.

§ 1768 Antrag
(1) Die Annahme eines Volljährigen wird auf Antrag des Annehmenden und des Anzunehmenden vom Familiengericht ausgesprochen. §§ 1742, 1744, 1745, 1746 Abs. 1, 2, § 1747 sind nicht anzuwenden.
(2) Für einen Anzunehmenden, der geschäftsunfähig ist, kann der Antrag nur von seinem gesetzlichen Vertreter gestellt werden.

§ 1769 Verbot der Annahme
Die Annahme eines Volljährigen darf nicht ausgesprochen werden, wenn ihr überwiegende Interessen der Kinder des Annehmenden oder des Anzunehmenden entgegenstehen.

§ 1770 Wirkung der Annahme
(1) Die Wirkungen der Annahme eines Volljährigen erstrecken sich nicht auf die Verwandten des Annehmenden. Der Ehegatte oder Lebenspartner des Annehmenden wird nicht mit dem Angenommen, dessen Ehegatte oder Lebenspartner wird nicht mit dem Annehmenden verschwägert.
(2) Die Rechte und Pflichten aus dem Verwandtschaftsverhältnis des Angenommenen und seiner Abkömmlinge zu ihren Verwandten werden durch die Annahme nicht berührt, soweit das Gesetz nichts anderes vorschreibt.
(3) Der Annehmende ist dem Angenommenen und dessen Abkömmlingen vor den leiblichen Verwandten des Angenommenen zur Gewährung des Unterhalts verpflichtet.

§ 1771 Aufhebung des Annahmeverhältnisses
Das Familiengericht kann das Annahmeverhältnis, das zu einem Volljährigen begründet worden ist, auf Antrag des Annehmenden und des Angenommenen aufheben, wenn ein wichtiger Grund vorliegt. Im Übrigen kann das Annahmeverhältnis nur in sinngemäßer Anwendung der Vorschrift des § 1760 Abs. 1 bis 5 aufgehoben werden. An die Stelle der Einwilligung des Kindes tritt der Antrag des Anzunehmenden.

§ 1772 Annahme mit den Wirkungen der Minderjährigenannahme
(1) Das Familiengericht kann beim Ausspruch der Annahme eines Volljährigen auf Antrag des Annehmenden und des Anzunehmenden bestimmen, dass sich die Wirkungen der Annahme nach den Vorschriften über die Annahme eines Minderjährigen oder eines verwandten Minderjährigen richten (§§ 1754 bis 1756), wenn
a) ein minderjähriger Bruder oder eine minderjährige Schwester des Anzunehmenden von dem Annehmenden als Kind angenommen worden ist oder gleichzeitig angenommen wird oder
b) der Anzunehmende bereits als Minderjähriger in die Familie des Annehmenden aufgenommen worden ist oder
c) der Annehmende das Kind seines Ehegatten annimmt oder
d) der Anzunehmende in dem Zeitpunkt, in dem der Antrag auf Annahme bei dem Familiengericht eingereicht wird, noch nicht volljährig ist.
Eine solche Bestimmung darf nicht getroffen werden, wenn ihr überwiegende Interessen der Eltern des Anzunehmenden entgegenstehen.
(2) Das Annahmeverhältnis kann in den Fällen des Absatzes 1 nur in sinngemäßer Anwendung der Vorschriften des § 1760 Abs. 1 bis 5 aufgehoben werden. An die Stelle der Einwilligung des Kindes tritt der Antrag des Anzunehmenden.

Abschnitt 3
Vormundschaft, Rechtliche Betreuung, Pflegschaft

Titel 1
Vormundschaft

Untertitel 1
Begründung der Vormundschaft

§ 1773 Voraussetzungen
(1) Ein Minderjähriger erhält einen Vormund, wenn er nicht unter elterlicher Sorge steht oder wenn die Eltern weder in den die Person noch in den das Vermögen betreffenden Angelegenheiten zur Vertretung des Minderjährigen berechtigt sind.
(2) Ein Minderjähriger erhält einen Vormund auch dann, wenn sein Familienstand nicht zu ermitteln ist.

§ 1774 Anordnung von Amts wegen
Das Familiengericht hat die Vormundschaft von Amts wegen anzuordnen. Ist anzunehmen, dass ein Kind mit seiner Geburt eines Vormunds bedarf, so kann schon vor der Geburt des Kindes ein Vormund bestellt werden; die Bestellung wird mit der Geburt des Kindes wirksam.

§ 1775 Mehrere Vormünder

Das Familiengericht kann ein Ehepaar gemeinschaftlich zu Vormündern bestellen. Im Übrigen soll das Familiengericht, sofern nicht besondere Gründe für die Bestellung mehrerer Vormünder vorliegen, für den Mündel und, wenn Geschwister zu bevormunden sind, für alle Mündel nur einen Vormund bestellen.

§ 1776 Benennungsrecht der Eltern

(1) Als Vormund ist berufen, wer von den Eltern des Mündels als Vormund benannt ist.
(2) Haben der Vater und die Mutter verschiedene Personen benannt, so gilt die Benennung durch den zuletzt verstorbenen Elternteil.

§ 1777 Voraussetzungen des Benennungsrechts

(1) Die Eltern können einen Vormund nur benennen, wenn ihnen zur Zeit ihres Todes die Sorge für die Person und das Vermögen des Kindes zusteht.
(2) Der Vater kann für ein Kind, das erst nach seinem Tode geboren wird, einen Vormund benennen, wenn er dazu berechtigt sein würde, falls das Kind vor seinem Tode geboren wäre.
(3) Der Vormund wird durch letztwillige Verfügung benannt.

§ 1778 Übergehen des benannten Vormunds

(1) Wer nach § 1776 als Vormund berufen ist, darf ohne seine Zustimmung nur übergangen werden,
1. wenn er nach den §§ 1780 bis 1784 nicht zum Vormund bestellt werden kann oder soll,
2. wenn er an der Übernahme der Vormundschaft verhindert ist,
3. wenn er die Übernahme verzögert,
4. wenn seine Bestellung das Wohl des Mündels gefährden würde,
5. wenn der Mündel, der das 14. Lebensjahr vollendet hat, der Bestellung widerspricht, es sei denn, der Mündel ist geschäftsunfähig.

(2) Ist der Berufene nur vorübergehend verhindert, so hat ihn das Familiengericht nach dem Wegfall des Hindernisses auf seinen Antrag anstelle des bisherigen Vormunds zum Vormund zu bestellen.
(3) Neben dem Berufenen darf nur mit dessen Zustimmung ein Mitvormund bestellt werden.

§ 1779 Auswahl durch das Familiengericht

(1) Ist die Vormundschaft nicht einem nach § 1776 Berufenen zu übertragen, so hat das Familiengericht nach Anhörung des Jugendamts den Vormund auszuwählen.
(2) Das Familiengericht soll eine Person auswählen, die nach ihren persönlichen Verhältnissen und ihrer Vermögenslage sowie nach den sonstigen Umständen zur Führung der Vormundschaft geeignet ist. Bei der Auswahl unter mehreren geeigneten Personen sind der mutmaßliche Wille der Eltern, die persönlichen Bindungen des Mündels, die Verwandtschaft oder Schwägerschaft mit dem Mündel sowie das religiöse Bekenntnis des Mündels zu berücksichtigen.
(3) Das Familiengericht soll bei der Auswahl des Vormunds Verwandte oder Verschwägerte des Mündels hören, wenn dies ohne erhebliche Verzögerung und ohne unverhältnismäßige Kosten geschehen kann. Die Verwandten und Verschwägerten können von dem Mündel Ersatz ihrer Auslagen verlangen; der Betrag der Auslagen wird von dem Familiengericht festgesetzt.

§ 1780 Unfähigkeit zur Vormundschaft

Zum Vormund kann nicht bestellt werden, wer geschäftsunfähig ist.

§ 1781 Untauglichkeit zur Vormundschaft

Zum Vormund soll nicht bestellt werden:
1. wer minderjährig ist,
2. derjenige, für den ein Betreuer bestellt ist.

§ 1782 Ausschluss durch die Eltern

(1) Zum Vormund soll nicht bestellt werden, wer durch Anordnung der Eltern des Mündels von der Vormundschaft ausgeschlossen ist. Haben die Eltern einander widersprechende Anordnungen getroffen, so gilt die Anordnung des zuletzt verstorbenen Elternteils.
(2) Auf die Ausschließung ist die Vorschrift des § 1777 anzuwenden.

§ 1783 (weggefallen)

§ 1784 Beamter oder Religionsdiener als Vormund

(1) Ein Beamter oder Religionsdiener, der nach den Landesgesetzen einer besonderen Erlaubnis zur Übernahme einer Vormundschaft bedarf, soll nicht ohne die vorgeschriebene Erlaubnis zum Vormund bestellt werden.
(2) Diese Erlaubnis darf nur versagt werden, wenn ein wichtiger dienstlicher Grund vorliegt.

§ 1785 Übernahmepflicht
Jeder Deutsche hat die Vormundschaft, für die er von dem Familiengericht ausgewählt wird, zu übernehmen, sofern nicht seiner Bestellung zum Vormund einer der in den §§ 1780 bis 1784 bestimmten Gründe entgegensteht.

§ 1786 Ablehnungsrecht
(1) Die Übernahme der Vormundschaft kann ablehnen:
1. ein Elternteil, welcher zwei oder mehr noch nicht schulpflichtige Kinder überwiegend betreut oder glaubhaft macht, dass die ihm obliegende Fürsorge für die Familie die Ausübung des Amts dauernd besonders erschwert,
2. wer das 60. Lebensjahr vollendet hat,
3. wem die Sorge für die Person oder das Vermögen von mehr als drei minderjährigen Kindern zusteht,
4. wer durch Krankheit oder durch Gebrechen verhindert ist, die Vormundschaft ordnungsmäßig zu führen,
5. wer wegen Entfernung seines Wohnsitzes von dem Sitz des Familiengerichts die Vormundschaft nicht ohne besondere Belästigung führen kann,
6. (weggefallen)
7. wer mit einem anderen zur gemeinschaftlichen Führung der Vormundschaft bestellt werden soll,
8. wer mehr als eine Vormundschaft, Betreuung oder Pflegschaft führt; die Vormundschaft oder Pflegschaft über mehrere Geschwister gilt nur als eine; die Führung von zwei Gegenvormundschaften steht der Führung einer Vormundschaft gleich.

(2) Das Ablehnungsrecht erlischt, wenn es nicht vor der Bestellung bei dem Familiengericht geltend gemacht wird.

§ 1787 Folgen der unbegründeten Ablehnung
(1) Wer die Übernahme der Vormundschaft ohne Grund ablehnt, ist, wenn ihm ein Verschulden zur Last fällt, für den Schaden verantwortlich, der dem Mündel dadurch entsteht, dass sich die Bestellung des Vormunds verzögert.

(2) Erklärt das Familiengericht die Ablehnung für unbegründet, so hat der Ablehnende, unbeschadet der ihm zustehenden Rechtsmittel, die Vormundschaft auf Erfordern des Familiengerichts vorläufig zu übernehmen.

§ 1788 Zwangsgeld
(1) Das Familiengericht kann den zum Vormund Ausgewählten durch Festsetzung von Zwangsgeld zur Übernahme der Vormundschaft anhalten.

(2) Die Zwangsgelder dürfen nur in Zwischenräumen von mindestens einer Woche festgesetzt werden. Mehr als drei Zwangsgelder dürfen nicht festgesetzt werden.

§ 1789 Bestellung durch das Familiengericht
Der Vormund wird von dem Familiengericht durch Verpflichtung zu treuer und gewissenhafter Führung der Vormundschaft bestellt. Die Verpflichtung soll mittels Handschlags an Eides statt erfolgen.

§ 1790 Bestellung unter Vorbehalt
Bei der Bestellung des Vormunds kann die Entlassung für den Fall vorbehalten werden, dass ein bestimmtes Ereignis eintritt oder nicht eintritt.

§ 1791 Bestallungsurkunde
(1) Der Vormund erhält eine Bestallung.

(2) Die Bestallung soll enthalten den Namen und die Zeit der Geburt des Mündels, die Namen des Vormunds, des Gegenvormunds und der Mitvormünder sowie im Falle der Teilung der Vormundschaft die Art der Teilung.

§ 1791a Vereinsvormundschaft
(1) Ein rechtsfähiger Verein kann zum Vormund bestellt werden, wenn er vom Landesjugendamt hierzu für geeignet erklärt worden ist. Der Verein darf nur zum Vormund bestellt werden, wenn eine als ehrenamtlicher Einzelvormund geeignete Person nicht vorhanden ist oder wenn er nach § 1776 als Vormund berufen ist; die Bestellung bedarf der Einwilligung des Vereins.

(2) Die Bestellung erfolgt durch Beschluss des Familiengerichts; die §§ 1789, 1791 sind nicht anzuwenden.

(3) Der Verein bedient sich bei der Führung der Vormundschaft einzelner seiner Mitglieder oder Mitarbeiter; eine Person, die den Mündel in einem Heim des Vereins als Erzieher betreut, darf die Aufgaben des Vormunds nicht ausüben. Für ein Verschulden des Mitglieds oder des Mitarbeiters ist der Verein dem Mündel in gleicher Weise verantwortlich wie für ein Verschulden eines verfassungsmäßig berufenen Vertreters.

(4) Will das Familiengericht neben dem Verein einen Mitvormund oder will es einen Gegenvormund bestellen, so soll es vor der Entscheidung den Verein hören.

§ 1791b Bestellte Amtsvormundschaft des Jugendamts

(1) Ist eine als ehrenamtlicher Einzelvormund geeignete Person nicht vorhanden, so kann auch das Jugendamt zum Vormund bestellt werden. Das Jugendamt kann von den Eltern des Mündels weder benannt noch ausgeschlossen werden.
(2) Die Bestellung erfolgt durch Beschluss des Familiengerichts; die §§ 1789, 1791 sind nicht anzuwenden.

§ 1791c Gesetzliche Amtsvormundschaft des Jugendamts

(1) Mit der Geburt eines Kindes, dessen Eltern nicht miteinander verheiratet sind und das eines Vormunds bedarf, wird das Jugendamt Vormund, wenn das Kind seinen gewöhnlichen Aufenthalt im Geltungsbereich dieses Gesetzes hat; dies gilt nicht, wenn bereits vor der Geburt des Kindes ein Vormund bestellt ist. Wurde die Vaterschaft nach § 1592 Nr. 1 oder 2 durch Anfechtung beseitigt und bedarf das Kind eines Vormunds, so wird das Jugendamt in dem Zeitpunkt Vormund, in dem die Entscheidung rechtskräftig wird.
(2) War das Jugendamt Pfleger eines Kindes, dessen Eltern nicht miteinander verheiratet sind, endet die Pflegschaft kraft Gesetzes und bedarf das Kind eines Vormunds, so wird das Jugendamt Vormund, das bisher Pfleger war.
(3) Das Familiengericht hat dem Jugendamt unverzüglich eine Bescheinigung über den Eintritt der Vormundschaft zu erteilen; § 1791 ist nicht anzuwenden.

§ 1792 Gegenvormund

(1) Neben dem Vormund kann ein Gegenvormund bestellt werden. Ist das Jugendamt Vormund, so kann kein Gegenvormund bestellt werden; das Jugendamt kann Gegenvormund sein.
(2) Ein Gegenvormund soll bestellt werden, wenn mit der Vormundschaft eine Vermögensverwaltung verbunden ist, es sei denn, dass die Verwaltung nicht erheblich oder dass die Vormundschaft von mehreren Vormündern gemeinschaftlich zu führen ist.
(3) Ist die Vormundschaft von mehreren Vormündern nicht gemeinschaftlich zu führen, so kann der eine Vormund zum Gegenvormund des anderen bestellt werden.
(4) Auf die Berufung und Bestellung des Gegenvormunds sind die für die Begründung der Vormundschaft geltenden Vorschriften anzuwenden.

Untertitel 2
Führung der Vormundschaft

§ 1793 Aufgaben des Vormunds, Haftung des Mündels

(1) Der Vormund hat das Recht und die Pflicht, für die Person und das Vermögen des Mündels zu sorgen, insbesondere den Mündel zu vertreten. § 1626 Abs. 2 gilt entsprechend. Ist der Mündel auf längere Dauer in den Haushalt des Vormunds aufgenommen, so gelten auch die §§ 1618a, 1619, 1664 entsprechend.
(1a) Der Vormund hat mit dem Mündel persönlichen Kontakt zu halten. Er soll den Mündel in der Regel einmal im Monat in dessen üblichen Umgebung aufsuchen, es sei denn, im Einzelfall sind kürzere oder längere Besuchsabstände oder ein anderer Ort geboten.
(2) Für Verbindlichkeiten, die im Rahmen der Vertretungsmacht nach Absatz 1 gegenüber dem Mündel begründet werden, haftet das Mündel entsprechend § 1629a.

§ 1794 Beschränkung durch Pflegschaft

Das Recht und die Pflicht des Vormunds, für die Person und das Vermögen des Mündels zu sorgen, erstreckt sich nicht auf Angelegenheiten des Mündels, für die ein Pfleger bestellt ist.

§ 1795 Ausschluss der Vertretungsmacht

(1) Der Vormund kann den Mündel nicht vertreten:
1. bei einem Rechtsgeschäft zwischen seinem Ehegatten, seinem Lebenspartner oder einem seiner Verwandten in gerader Linie einerseits und dem Mündel andererseits, es sei denn, dass das Rechtsgeschäft ausschließlich in der Erfüllung einer Verbindlichkeit besteht,
2. bei einem Rechtsgeschäft, das die Übertragung oder Belastung einer durch Pfandrecht, Hypothek, Schiffshypothek oder Bürgschaft gesicherten Forderung des Mündels gegen den Vormund oder die Aufhebung oder Minderung dieser Sicherheit zum Gegenstand hat oder die Verpflichtung des Mündels zu einer solchen Übertragung, Belastung, Aufhebung oder Minderung begründet,
3. bei einem Rechtsstreit zwischen den in Nummer 1 bezeichneten Personen sowie bei einem Rechtsstreit über eine Angelegenheit der in Nummer 2 bezeichneten Art.

(2) Die Vorschrift des § 181 bleibt unberührt.

§ 1796 Entziehung der Vertretungsmacht

(1) Das Familiengericht kann dem Vormund die Vertretung für einzelne Angelegenheiten oder für einen bestimmten Kreis von Angelegenheiten entziehen.

(2) Die Entziehung soll nur erfolgen, wenn das Interesse des Mündels zu dem Interesse des Vormunds oder eines von diesem vertretenen Dritten oder einer der im § 1795 Nr. 1 bezeichneten Personen in erheblichem Gegensatz steht.

§ 1797 Mehrere Vormünder

(1) Mehrere Vormünder führen die Vormundschaft gemeinschaftlich. Bei einer Meinungsverschiedenheit entscheidet das Familiengericht, sofern nicht bei der Bestellung ein anderes bestimmt wird.

(2) Das Familiengericht kann die Führung der Vormundschaft unter mehrere Vormünder nach bestimmten Wirkungskreisen verteilen. Innerhalb des ihm überwiesenen Wirkungskreises führt jeder Vormund die Vormundschaft selbständig.

(3) Bestimmungen, die der Vater oder die Mutter für die Entscheidung von Meinungsverschiedenheiten zwischen den von ihnen benannten Vormündern und für die Verteilung der Geschäfte unter diese nach Maßgabe des § 1777 getroffen hat, sind von dem Familiengericht zu befolgen, sofern nicht ihre Befolgung das Interesse des Mündels gefährden würde.

§ 1798 Meinungsverschiedenheiten

Steht die Sorge für die Person und die Sorge für das Vermögen des Mündels verschiedenen Vormündern zu, so entscheidet bei einer Meinungsverschiedenheit über die Vornahme einer sowohl die Person als das Vermögen des Mündels betreffenden Handlung das Familiengericht.

§ 1799 Pflichten und Rechte des Gegenvormunds

(1) Der Gegenvormund hat darauf zu achten, dass der Vormund die Vormundschaft pflichtmäßig führt. Er hat dem Familiengericht Pflichtwidrigkeiten des Vormunds sowie jeden Fall unverzüglich anzuzeigen, in welchem das Familiengericht zum Einschreiten berufen ist, insbesondere den Tod des Vormunds oder den Eintritt eines anderen Umstands, infolge dessen das Amt des Vormunds endigt oder die Entlassung des Vormunds erforderlich wird.

(2) Der Vormund hat dem Gegenvormund auf Verlangen über die Führung der Vormundschaft Auskunft zu erteilen und die Einsicht der sich auf die Vormundschaft beziehenden Papiere zu gestatten.

§ 1800 Umfang der Personensorge

Das Recht und die Pflicht des Vormunds, für die Person des Mündels zu sorgen, bestimmen sich nach §§ 1631 bis 1632 Absatz 4 Satz 1. Der Vormund hat die Pflege und Erziehung des Mündels persönlich zu fördern und zu gewährleisten.

§ 1801 Religiöse Erziehung

(1) Die Sorge für die religiöse Erziehung des Mündels kann dem Einzelvormund von dem Familiengericht entzogen werden, wenn der Vormund nicht dem Bekenntnis angehört, in dem der Mündel zu erziehen ist.

(2) Hat das Jugendamt oder ein Verein als Vormund über die Unterbringung des Mündels zu entscheiden, so ist hierbei auf das religiöse Bekenntnis oder die Weltanschauung des Mündels und seiner Familie Rücksicht zu nehmen.

§ 1802 Vermögensverzeichnis

(1) Der Vormund hat das Vermögen, das bei der Anordnung der Vormundschaft vorhanden ist oder später dem Mündel zufällt, zu verzeichnen und das Verzeichnis, nachdem er es mit der Versicherung der Richtigkeit und Vollständigkeit versehen hat, dem Familiengericht einzureichen. Ist ein Gegenvormund vorhanden, so hat ihn der Vormund bei der Aufnahme des Verzeichnisses zuzuziehen; das Verzeichnis ist auch von dem Gegenvormund mit der Versicherung der Richtigkeit und Vollständigkeit zu versehen.

(2) Der Vormund kann sich bei der Aufnahme des Verzeichnisses der Hilfe eines Beamten, eines Notars oder eines anderen Sachverständigen bedienen.

(3) Ist das eingereichte Verzeichnis ungenügend, so kann das Familiengericht anordnen, dass das Verzeichnis durch eine zuständige Behörde oder durch einen zuständigen Beamten oder Notar aufgenommen wird.

§ 1803 Vermögensverwaltung bei Erbschaft oder Schenkung

(1) Was der Mündel von Todes wegen erwirbt oder was ihm unter Lebenden von einem Dritten unentgeltlich zugewendet wird, hat der Vormund nach den Anordnungen des Erblassers oder des Dritten zu verwalten, wenn die Anordnungen von dem Erblasser durch letztwillige Verfügung, von dem Dritten bei der Zuwendung getroffen worden sind.

(2) Der Vormund darf mit Genehmigung des Familiengerichts von den Anordnungen abweichen, wenn ihre Befolgung das Interesse des Mündels gefährden würde.

(3) Zu einer Abweichung von den Anordnungen, die ein Dritter bei einer Zuwendung unter Lebenden getroffen hat, ist, solange er lebt, seine Zustimmung erforderlich und genügend. Die Zustimmung des Dritten kann durch das Familiengericht ersetzt werden, wenn der Dritte zur Abgabe einer Erklärung dauernd außerstande oder sein Aufenthalt dauernd unbekannt ist.

§ 1804 Schenkungen des Vormunds
Der Vormund kann nicht in Vertretung des Mündels Schenkungen machen. Ausgenommen sind Schenkungen, durch die einer sittlichen Pflicht oder einer auf den Anstand zu nehmenden Rücksicht entsprochen wird.

§ 1805 Verwendung für den Vormund
Der Vormund darf Vermögen des Mündels weder für sich noch für den Gegenvormund verwenden. Ist das Jugendamt Vormund oder Gegenvormund, so ist die Anlegung von Mündelgeld gemäß § 1807 auch bei der Körperschaft zulässig, bei der das Jugendamt errichtet ist.

§ 1806 Anlegung von Mündelgeld
Der Vormund hat das zum Vermögen des Mündels gehörende Geld verzinslich anzulegen, soweit es nicht zur Bestreitung von Ausgaben bereitzuhalten ist.

§ 1807 Art der Anlegung
(1) Die im § 1806 vorgeschriebene Anlegung von Mündelgeld soll nur erfolgen:
1. in Forderungen, für die eine sichere Hypothek an einem inländischen Grundstück besteht, oder in sicheren Grundschulden oder Rentenschulden an inländischen Grundstücken;
2. in verbrieften Forderungen gegen den Bund oder ein Land sowie in Forderungen, die in das Bundesschuldbuch oder Landesschuldbuch eines Landes eingetragen sind;
3. in verbrieften Forderungen, deren Verzinsung vom Bund oder einem Land gewährleistet ist;
4. in Wertpapieren, insbesondere Pfandbriefen, sowie in verbrieften Forderungen jeder Art gegen eine inländische kommunale Körperschaft oder die Kreditanstalt einer solchen Körperschaft, sofern die Wertpapiere oder die Forderungen von der Bundesregierung mit Zustimmung des Bundesrates zur Anlegung von Mündelgeld für geeignet erklärt sind;
5. bei einer inländischen öffentlichen Sparkasse, wenn sie von der zuständigen Behörde des Landes, in welchem sie ihren Sitz hat, zur Anlegung von Mündelgeld für geeignet erklärt ist, oder bei einem anderen Kreditinstitut, das einer für die Anlage ausreichenden Sicherungseinrichtung angehört.

(2) Die Landesgesetze können für die innerhalb ihres Geltungsbereichs belegenen Grundstücke die Grundsätze bestimmen, nach denen die Sicherheit einer Hypothek, einer Grundschuld oder einer Rentenschuld festzustellen ist.

§ 1808 (weggefallen)

§ 1809 Anlegung mit Sperrvermerk
Der Vormund soll Mündelgeld nach § 1807 Abs. 1 Nr. 5 nur mit der Bestimmung anlegen, dass zur Erhebung des Geldes die Genehmigung des Gegenvormunds oder des Familiengerichts erforderlich ist.

§ 1810 Mitwirkung von Gegenvormund oder Familiengericht
Der Vormund soll die in den §§ 1806, 1807 vorgeschriebene Anlegung nur mit Genehmigung des Gegenvormunds bewirken; die Genehmigung des Gegenvormunds wird durch die Genehmigung des Familiengerichts ersetzt. Ist ein Gegenvormund nicht vorhanden, so soll die Anlegung nur mit Genehmigung des Familiengerichts erfolgen, sofern nicht die Vormundschaft von mehreren Vormündern gemeinschaftlich geführt wird.

§ 1811 Andere Anlegung
Das Familiengericht kann dem Vormund eine andere Anlegung als die in dem § 1807 vorgeschriebene gestatten. Die Erlaubnis soll nur verweigert werden, wenn die beabsichtigte Art der Anlegung nach Lage des Falles den Grundsätzen einer wirtschaftlichen Vermögensverwaltung zuwiderlaufen würde.

§ 1812 Verfügungen über Forderungen und Wertpapiere
(1) Der Vormund kann über eine Forderung oder über ein anderes Recht, kraft dessen der Mündel eine Leistung verlangen kann, sowie über ein Wertpapier des Mündels nur mit Genehmigung des Gegenvormunds verfügen, sofern nicht nach den §§ 1819 bis 1822 die Genehmigung des Familiengerichts erforderlich ist. Das Gleiche gilt von der Eingehung der Verpflichtung zu einer solchen Verfügung.

(2) Die Genehmigung des Gegenvormunds wird durch die Genehmigung des Familiengerichts ersetzt.

(3) Ist ein Gegenvormund nicht vorhanden, so tritt an die Stelle der Genehmigung des Gegenvormunds die Genehmigung des Familiengerichts, sofern nicht die Vormundschaft von mehreren Vormündern gemeinschaftlich geführt wird.

§ 1813 Genehmigungsfreie Geschäfte

(1) Der Vormund bedarf nicht der Genehmigung des Gegenvormunds zur Annahme einer geschuldeten Leistung:
1. wenn der Gegenstand der Leistung nicht in Geld oder Wertpapieren besteht,
2. wenn der Anspruch nicht mehr als 3000 Euro beträgt,
3. wenn der Anspruch das Guthaben auf einem Giro- oder Kontokorrentkonto zum Gegenstand hat oder Geld zurückgezahlt wird, das der Vormund angelegt hat,
4. wenn der Anspruch zu den Nutzungen des Mündelvermögens gehört,
5. wenn der Anspruch auf Erstattung von Kosten der Kündigung oder der Rechtsverfolgung oder auf sonstige Nebenleistungen gerichtet ist.

(2) Die Befreiung nach Absatz 1 Nr. 2, 3 erstreckt sich nicht auf die Erhebung von Geld, bei dessen Anlegung ein anderes bestimmt worden ist. Die Befreiung nach Absatz 1 Nr. 3 gilt auch nicht für die Erhebung von Geld, das nach § 1807 Abs. 1 Nr. 1 bis 4 angelegt ist.

§ 1814 Hinterlegung von Inhaberpapieren

Der Vormund hat die zu dem Vermögen des Mündels gehörenden Inhaberpapiere nebst den Erneuerungsscheinen bei einer Hinterlegungsstelle oder bei einem der in § 1807 Abs. 1 Nr. 5 genannten Kreditinstitute mit der Bestimmung zu hinterlegen, dass die Herausgabe der Papiere nur mit Genehmigung des Familiengerichts verlangt werden kann. Die Hinterlegung von Inhaberpapieren, die nach § 92 zu den verbrauchbaren Sachen gehören, sowie von Zins-, Renten- oder Gewinnanteilscheinen ist nicht erforderlich. Den Inhaberpapieren stehen Orderpapiere gleich, die mit Blankoindossament versehen sind.

§ 1815 Umschreibung und Umwandlung von Inhaberpapieren

(1) Der Vormund kann die Inhaberpapiere, statt sie nach § 1814 zu hinterlegen, auf den Namen des Mündels mit der Bestimmung umschreiben lassen, dass er über sie nur mit Genehmigung des Familiengerichts verfügen kann. Sind die Papiere vom Bund oder von einem Land ausgestellt, so kann er sie mit der gleichen Bestimmung in Schuldbuchforderungen gegen den Bund oder das Land umwandeln lassen.

(2) Sind Inhaberpapiere zu hinterlegen, die in Schuldbuchforderungen gegen den Bund oder ein Land umgewandelt werden können, so kann das Familiengericht anordnen, dass sie nach Absatz 1 in Schuldbuchforderungen umgewandelt werden.

§ 1816 Sperrung bei Buchforderungen

Gehören Schuldbuchforderungen gegen den Bund oder ein Land bei der Anordnung der Vormundschaft zu dem Vermögen des Mündels oder erwirbt der Mündel später solche Forderungen, so hat der Vormund in das Schuldbuch den Vermerk eintragen zu lassen, dass er über die Forderungen nur mit Genehmigung des Familiengerichts verfügen kann.

§ 1817 Befreiung

(1) Das Familiengericht kann den Vormund auf dessen Antrag von den ihm nach den §§ 1806 bis 1816 obliegenden Verpflichtungen entbinden, soweit
1. der Umfang der Vermögensverwaltung dies rechtfertigt und
2. eine Gefährdung des Vermögens nicht zu besorgen ist.

Die Voraussetzungen der Nummer 1 liegen im Regelfall vor, wenn der Wert des Vermögens ohne Berücksichtigung von Grundbesitz 6000 Euro nicht übersteigt.

(2) Das Familiengericht kann aus besonderen Gründen den Vormund von den ihm nach den §§ 1814, 1816 obliegenden Verpflichtungen auch dann entbinden, wenn die Voraussetzungen des Absatzes 1 Nr. 1 nicht vorliegen.

§ 1818 Anordnung der Hinterlegung

Das Familiengericht kann aus besonderen Gründen anordnen, dass der Vormund auch solche zu dem Vermögen des Mündels gehörende Wertpapiere, zu deren Hinterlegung er nach § 1814 nicht verpflichtet ist, sowie Kostbarkeiten des Mündels in der in § 1814 bezeichneten Weise zu hinterlegen hat; auf Antrag des Vormunds kann die Hinterlegung von Zins-, Renten- und Gewinnanteilscheinen angeordnet werden, auch wenn ein besonderer Grund nicht vorliegt.

§ 1819 Genehmigung bei Hinterlegung

Solange die nach § 1814 oder nach § 1818 hinterlegten Wertpapiere oder Kostbarkeiten nicht zurückgenommen sind, bedarf der Vormund zu einer Verfügung über sie und, wenn Hypotheken-, Grundschuld- oder Rentenschuldbriefe hinterlegt sind, zu einer Verfügung über die Hypothekenforderung, die Grundschuld oder die Rentenschuld der Genehmigung des Familiengerichts. Das Gleiche gilt von der Eingehung der Verpflichtung zu einer solchen Verfügung.

§ 1820 Genehmigung nach Umschreibung und Umwandlung

(1) Sind Inhaberpapiere nach § 1815 auf den Namen des Mündels umgeschrieben oder in Schuldbuchforderungen umgewandelt, so bedarf der Vormund auch zur Eingehung der Verpflichtung zu einer Verfügung über die sich aus der Umschreibung oder der Umwandlung ergebenden Stammforderungen der Genehmigung des Familiengerichts.
(2) Das Gleiche gilt, wenn bei einer Schuldbuchforderung des Mündels der im § 1816 bezeichnete Vermerk eingetragen ist.

§ 1821 Genehmigung für Geschäfte über Grundstücke, Schiffe oder Schiffsbauwerke

(1) Der Vormund bedarf der Genehmigung des Familiengerichts:
1. zur Verfügung über ein Grundstück oder über ein Recht an einem Grundstück;
2. zur Verfügung über eine Forderung, die auf Übertragung des Eigentums an einem Grundstück oder auf Begründung oder Übertragung eines Rechts an einem Grundstück oder auf Befreiung eines Grundstücks von einem solchen Recht gerichtet ist;
3. zur Verfügung über ein eingetragenes Schiff oder Schiffsbauwerk oder über eine Forderung, die auf Übertragung des Eigentums an einem eingetragenen Schiff oder Schiffsbauwerk gerichtet ist;
4. zur Eingehung einer Verpflichtung zu einer der in den Nummern 1 bis 3 bezeichneten Verfügungen;
5. zu einem Vertrag, der auf den entgeltlichen Erwerb eines Grundstücks, eines eingetragenen Schiffs oder Schiffsbauwerks oder eines Rechts an einem Grundstück gerichtet ist.

(2) Zu den Rechten an einem Grundstück im Sinne dieser Vorschriften gehören nicht Hypotheken, Grundschulden und Rentenschulden.

§ 1822 Genehmigung für sonstige Geschäfte

Der Vormund bedarf der Genehmigung des Familiengerichts:
1. zu einem Rechtsgeschäft, durch das der Mündel zu einer Verfügung über sein Vermögen im Ganzen oder über eine ihm angefallene Erbschaft oder über seinen künftigen gesetzlichen Erbteil oder seinen künftigen Pflichtteil verpflichtet wird, sowie zu einer Verfügung über den Anteil des Mündels an einer Erbschaft,
2. zur Ausschlagung einer Erbschaft oder eines Vermächtnisses, zum Verzicht auf einen Pflichtteil sowie zu einem Erbteilungsvertrag,
3. zu einem Vertrag, der auf den entgeltlichen Erwerb oder die Veräußerung eines Erwerbsgeschäfts gerichtet ist, sowie zu einem Gesellschaftsvertrag, der zum Betrieb eines Erwerbsgeschäfts eingegangen wird,
4. zu einem Pachtvertrag über ein Landgut oder einen gewerblichen Betrieb,
5. zu einem Miet- oder Pachtvertrag oder einem anderen Vertrag, durch den der Mündel zu wiederkehrenden Leistungen verpflichtet wird, wenn das Vertragsverhältnis länger als ein Jahr nach dem Eintritt der Volljährigkeit des Mündels fortdauern soll,
6. zu einem Lehrvertrag, der für längere Zeit als ein Jahr geschlossen wird,
7. zu einem auf die Eingehung eines Dienst- oder Arbeitsverhältnisses gerichteten Vertrag, wenn der Mündel zu persönlichen Leistungen für längere Zeit als ein Jahr verpflichtet werden soll,
8. zur Aufnahme von Geld auf den Kredit des Mündels,
9. zur Ausstellung einer Schuldverschreibung auf den Inhaber oder zur Eingehung einer Verbindlichkeit aus einem Wechsel oder einem anderen Papiere, das durch Indossament übertragen werden kann,
10. zur Übernahme einer fremden Verbindlichkeit, insbesondere zur Eingehung einer Bürgschaft,
11. zur Erteilung einer Prokura,
12. zu einem Vergleich oder einem Schiedsvertrag, es sei denn, dass der Gegenstand des Streites oder der Ungewissheit in Geld schätzbar ist und den Wert von 3000 Euro nicht übersteigt oder der Vergleich einem schriftlichen oder protokollierten gerichtlichen Vergleichsvorschlag entspricht,
13. zu einem Rechtsgeschäft, durch das die für eine Forderung des Mündels bestehende Sicherheit aufgehoben oder gemindert oder die Verpflichtung dazu begründet wird.

§ 1823 Genehmigung bei einem Erwerbsgeschäft des Mündels

Der Vormund soll nicht ohne Genehmigung des Familiengerichts ein neues Erwerbsgeschäft im Namen des Mündels beginnen oder ein bestehendes Erwerbsgeschäft des Mündels auflösen.

§ 1824 Genehmigung für die Überlassung von Gegenständen an den Mündel

Der Vormund kann Gegenstände, zu deren Veräußerung die Genehmigung des Gegenvormunds oder des Familiengerichts erforderlich ist, dem Mündel nicht ohne diese Genehmigung zur Erfüllung eines von diesem geschlossenen Vertrags oder zu freier Verfügung überlassen.

§ 1825 Allgemeine Ermächtigung

(1) Das Familiengericht kann dem Vormund zu Rechtsgeschäften, zu denen nach § 1812 die Genehmigung des Gegenvormunds erforderlich ist, sowie zu den in § 1822 Nr. 8 bis 10 bezeichneten Rechtsgeschäften eine allgemeine Ermächtigung erteilen.

(2) Die Ermächtigung soll nur erteilt werden, wenn sie zum Zwecke der Vermögensverwaltung, insbesondere zum Betrieb eines Erwerbsgeschäfts, erforderlich ist.

§ 1826 Anhörung des Gegenvormunds vor Erteilung der Genehmigung

Das Familiengericht soll vor der Entscheidung über die zu einer Handlung des Vormunds erforderliche Genehmigung den Gegenvormund hören, sofern ein solcher vorhanden und die Anhörung tunlich ist.

§ 1827 (weggefallen)

§ 1828 Erklärung der Genehmigung

Das Familiengericht kann die Genehmigung zu einem Rechtsgeschäft nur dem Vormund gegenüber erklären.

§ 1829 Nachträgliche Genehmigung

(1) Schließt der Vormund einen Vertrag ohne die erforderliche Genehmigung des Familiengerichts, so hängt die Wirksamkeit des Vertrags von der nachträglichen Genehmigung des Familiengerichts ab. Die Genehmigung sowie deren Verweigerung wird dem anderen Teil gegenüber erst wirksam, wenn sie ihm durch den Vormund mitgeteilt wird.

(2) Fordert der andere Teil den Vormund zur Mitteilung darüber auf, ob die Genehmigung erteilt sei, so kann die Mitteilung der Genehmigung nur bis zum Ablauf von vier Wochen nach dem Empfang der Aufforderung erfolgen; erfolgt sie nicht, so gilt die Genehmigung als verweigert.

(3) Ist der Mündel volljährig geworden, so tritt seine Genehmigung an die Stelle der Genehmigung des Familiengerichts.

§ 1830 Widerrufsrecht des Geschäftspartners

Hat der Vormund dem anderen Teil gegenüber der Wahrheit zuwider die Genehmigung des Familiengerichts behauptet, so ist der andere Teil bis zur Mitteilung der nachträglichen Genehmigung des Familiengerichts zum Widerruf berechtigt, es sei denn, dass ihm das Fehlen der Genehmigung bei dem Abschluss des Vertrags bekannt war.

§ 1831 Einseitiges Rechtsgeschäft ohne Genehmigung

Ein einseitiges Rechtsgeschäft, das der Vormund ohne die erforderliche Genehmigung des Familiengerichts vornimmt, ist unwirksam. Nimmt der Vormund mit dieser Genehmigung ein solches Rechtsgeschäft einem anderen gegenüber vor, so ist das Rechtsgeschäft unwirksam, wenn der Vormund die Genehmigung nicht vorlegt und der andere das Rechtsgeschäft aus diesem Grunde unverzüglich zurückweist.

§ 1832 Genehmigung des Gegenvormunds

Soweit der Vormund zu einem Rechtsgeschäfte der Genehmigung des Gegenvormunds bedarf, finden die Vorschriften der §§ 1828 bis 1831 entsprechende Anwendung; abweichend von § 1829 Abs. 2 beträgt die Frist für die Mitteilung der Genehmigung des Gegenvormunds zwei Wochen.

§ 1833 Haftung des Vormunds

(1) Der Vormund ist dem Mündel für den aus einer Pflichtverletzung entstehenden Schaden verantwortlich, wenn ihm ein Verschulden zur Last fällt. Das Gleiche gilt von dem Gegenvormund.

(2) Sind für den Schaden mehrere nebeneinander verantwortlich, so haften sie als Gesamtschuldner. Ist neben dem Vormund für den von diesem verursachten Schaden der Gegenvormund oder ein Mitvormund nur wegen Verletzung seiner Aufsichtspflicht verantwortlich, so ist in ihrem Verhältnisse zueinander der Vormund allein verpflichtet.

§ 1834 Verzinsungspflicht

Verwendet der Vormund Geld des Mündels für sich, so hat er es von der Zeit der Verwendung an zu verzinsen.

§ 1835 Aufwendungsersatz

(1) Macht der Vormund zum Zwecke der Führung der Vormundschaft Aufwendungen, so kann er nach den für den Auftrag geltenden Vorschriften der §§ 669, 670 von dem Mündel Vorschuss oder Ersatz verlangen; für den Ersatz von Fahrtkosten gilt die in § 5 des Justizvergütungs- und -entschädigungsgesetzes für Sachverständige getroffene Regelung entsprechend. Das gleiche Recht steht dem Gegenvormund zu. Ersatzansprüche erlöschen, wenn sie nicht binnen 15 Monaten nach ihrer Entstehung gerichtlich geltend gemacht werden; die Geltendmachung des Anspruchs beim Familiengericht gilt dabei auch als Geltendmachung gegenüber dem Mündel.

(1a) Das Familiengericht kann eine von Absatz 1 Satz 3 abweichende Frist von mindestens zwei Monaten bestimmen. In der Fristbestimmung ist über die Folgen der Versäumung der Frist zu belehren. Die Frist kann auf Antrag vom Familiengericht verlängert werden. Der Anspruch erlischt, soweit er nicht innerhalb der Frist beziffert wird.

(2) Aufwendungen sind auch die Kosten einer angemessenen Versicherung gegen Schäden, die dem Mündel durch den Vormund oder Gegenvormund zugefügt werden können oder die dem Vormund oder Gegenvormund dadurch entstehen können, dass er einem Dritten zum Ersatz eines durch die Führung der Vormundschaft verursachten Schadens verpflichtet ist; dies gilt nicht für die Kosten der Haftpflichtversicherung des Halters eines Kraftfahrzeugs. Satz 1 ist nicht anzuwenden, wenn der Vormund oder Gegenvormund eine Vergütung nach § 1836 Abs. 1 Satz 2 in Verbindung mit dem Vormünder- und Betreuervergütungsgesetz erhält.

(3) Als Aufwendungen gelten auch solche Dienste des Vormunds oder des Gegenvormunds, die zu seinem Gewerbe oder seinem Beruf gehören.

(4) Ist der Mündel mittellos, so kann der Vormund Vorschuss und Ersatz aus der Staatskasse verlangen. Absatz 1 Satz 3 und Absatz 1a gelten entsprechend.

(5) Das Jugendamt oder ein Verein kann als Vormund oder Gegenvormund für Aufwendungen keinen Vorschuss und Ersatz nur insoweit verlangen, als das einzusetzende Einkommen und Vermögen des Mündels ausreicht. Allgemeine Verwaltungskosten einschließlich der Kosten nach Absatz 2 werden nicht ersetzt.

§ 1835a Aufwandsentschädigung

(1) Zur Abgeltung seines Anspruchs auf Aufwendungsersatz kann der Vormund als Aufwandsentschädigung für jede Vormundschaft, für die ihm keine Vergütung zusteht, einen Geldbetrag verlangen, der für ein Jahr dem Sechzehnfachen dessen entspricht, was einem Zeugen als Höchstbetrag der Entschädigung für eine Stunde versäumter Arbeitszeit (§ 22 des Justizvergütungs- und -entschädigungsgesetzes) gewährt werden kann (Aufwandsentschädigung). Hat der Vormund für solche Aufwendungen bereits Vorschuss oder Ersatz erhalten, so verringert sich die Aufwandsentschädigung entsprechend.

(2) Die Aufwandsentschädigung ist jährlich zu zahlen, erstmals ein Jahr nach Bestellung des Vormunds.

(3) Ist der Mündel mittellos, so kann der Vormund die Aufwandsentschädigung aus der Staatskasse verlangen; Unterhaltsansprüche des Mündels gegen den Vormund sind insoweit bei der Bestimmung des Einkommens nach § 1836 Nr. 1 nicht zu berücksichtigen.

(4) Der Anspruch auf Aufwandsentschädigung erlischt, wenn er nicht binnen drei Monaten nach Ablauf des Jahres, in dem der Anspruch entsteht, geltend gemacht wird; die Geltendmachung des Anspruchs beim Familiengericht gilt auch als Geltendmachung gegenüber dem Mündel.

(5) Dem Jugendamt oder einem Verein kann keine Aufwandsentschädigung gewährt werden.

§ 1836 Vergütung des Vormunds

(1) Die Vormundschaft wird unentgeltlich geführt. Sie wird ausnahmsweise entgeltlich geführt, wenn das Gericht bei der Bestellung des Vormunds feststellt, dass der Vormund die Vormundschaft berufsmäßig führt. Das Nähere regelt das Vormünder- und Betreuervergütungsgesetz.

(2) Trifft das Gericht keine Feststellung nach Absatz 1 Satz 2, so kann es dem Vormund und aus besonderen Gründen auch dem Gegenvormund gleichwohl eine angemessene Vergütung bewilligen, soweit der Umfang oder die Schwierigkeit der vormundschaftlichen Geschäfte dies rechtfertigen; dies gilt nicht, wenn der Mündel mittellos ist.

(3) Dem Jugendamt oder einem Verein kann keine Vergütung bewilligt werden.

§ 1836a (weggefallen)

§ 1836b (weggefallen)

§ 1836c Einzusetzende Mittel des Mündels

Der Mündel hat einzusetzen:
1. nach Maßgabe des § 87 des Zwölften Buches Sozialgesetzbuch sein Einkommen, soweit es zusammen mit dem Einkommen seines nicht getrennt lebenden Ehegatten oder Lebenspartners die nach den §§ 82, 85 Abs. 1 und § 86 des Zwölften Buches Sozialgesetzbuch maßgebende Einkommensgrenze für die Hilfe nach dem Fünften bis Neunten Kapitel des Zwölften Buches Sozialgesetzbuch übersteigt. Wird im Einzelfall der Einsatz eines Teils des Einkommens zur Deckung eines bestimmten Bedarfs im Rahmen der Hilfe nach dem Fünften bis Neunten Kapitel des Zwölften Buches Sozialgesetzbuch zugemutet oder verlangt, darf dieser Teil des Einkommens bei der Prüfung, inwieweit der Einsatz des Einkommens zur Deckung der Kosten der Vormundschaft einzusetzen ist, nicht mehr berücksichtigt werden. Als Einkommen gelten auch Unterhaltsansprüche sowie die wegen Entziehung einer solchen Forderung zu entrichtenden Renten;
2. sein Vermögen nach Maßgabe des § 90 des Zwölften Buches Sozialgesetzbuch.

§ 1836d Mittellosigkeit des Mündels
Der Mündel gilt als mittellos, wenn er den Aufwendungsersatz oder die Vergütung aus seinem einzusetzenden Einkommen oder Vermögen
1. nicht oder nur zum Teil oder nur in Raten oder
2. nur im Wege gerichtlicher Geltendmachung von Unterhaltsansprüchen

aufbringen kann.

§ 1836e Gesetzlicher Forderungsübergang
(1) Soweit die Staatskasse den Vormund oder Gegenvormund befriedigt, gehen Ansprüche des Vormundes oder Gegenvormunds gegen den Mündel auf die Staatskasse über. Nach dem Tode des Mündels haftet sein Erbe nur mit dem Wert des im Zeitpunkt des Erbfalls vorhandenen Nachlasses; § 102 Abs. 3 und 4 des Zwölften Buches Sozialgesetzbuch gilt entsprechend, § 1836c findet auf den Erben keine Anwendung.
(2) Soweit Ansprüche gemäß § 1836c Nr. 1 Satz 3 einzusetzen sind, findet zugunsten der Staatskasse § 850b der Zivilprozessordnung keine Anwendung.

Untertitel 3
Fürsorge und Aufsicht des Familiengerichts

§ 1837 Beratung und Aufsicht
(1) Das Familiengericht berät die Vormünder. Es wirkt dabei mit, sie in ihre Aufgaben einzuführen.
(2) Das Familiengericht hat über die gesamte Tätigkeit des Vormunds und des Gegenvormunds die Aufsicht zu führen und gegen Pflichtwidrigkeiten durch geeignete Gebote und Verbote einzuschreiten. Es hat insbesondere die Einhaltung der erforderlichen persönlichen Kontakte des Vormunds zu dem Mündel zu beaufsichtigen. Es kann dem Vormund und dem Gegenvormund aufgeben, eine Versicherung gegen Schäden, die sie dem Mündel zufügen können, einzugehen.
(3) Das Familiengericht kann den Vormund und den Gegenvormund zur Befolgung seiner Anordnungen durch Festsetzung von Zwangsgeld anhalten. Gegen das Jugendamt oder einen Verein wird kein Zwangsgeld festgesetzt.
(4) §§ 1666, 1666a und 1696 gelten entsprechend.

§ 1838 (weggefallen)

§ 1839 Bereithaltung von Verfügungsgeld
(1) Geld des Betreuten, das der Betreuer für dessen Ausgaben benötigt (Verfügungsgeld), hat er auf einem Girokonto des Betreuten bei einem Kreditinstitut bereitzuhalten. Ausgenommen ist Bargeld im Sinne von § 1840 Absatz 2.
(2) Absatz 1 steht einer Bereithaltung von Verfügungsgeld auf einem gesonderten zur verzinslichen Anlage geeigneten Konto des Betreuten im Sinne von § 1841 Absatz 2 nicht entgegen.

§ 1840 Bericht und Rechnungslegung
(1) Der Vormund hat über die persönlichen Verhältnisse des Mündels dem Familiengericht mindestens einmal jährlich zu berichten. Der Bericht hat auch Angaben zu den persönlichen Kontakten des Vormunds zu dem Mündel zu enthalten.
(2) Der Vormund hat über seine Vermögensverwaltung dem Familiengericht Rechnung zu legen.
(3) Die Rechnung ist jährlich zu legen. Das Rechnungsjahr wird von dem Familiengericht bestimmt.
(4) Ist die Verwaltung von geringem Umfang, so kann das Familiengericht, nachdem die Rechnung für das erste Jahr gelegt worden ist, anordnen, dass die Rechnung für längere, höchstens dreijährige Zeitabschnitte zu legen ist.

§ 1841 Inhalt der Rechnungslegung
(1) Die Rechnung soll eine geordnete Zusammenstellung der Einnahmen und Ausgaben enthalten, über den Ab- und Zugang des Vermögens Auskunft geben und, soweit Belege erteilt zu werden pflegen, mit Belegen versehen sein.
(2) Wird ein Erwerbsgeschäft mit kaufmännischer Buchführung betrieben, so genügt als Rechnung ein aus den Büchern gezogener Jahresabschluss. Das Familiengericht kann jedoch die Vorlegung der Bücher und sonstigen Belege verlangen.

§ 1842 Mitwirkung des Gegenvormunds
Ist ein Gegenvormund vorhanden oder zu bestellen, so hat ihm der Vormund die Rechnung unter Nachweisung des Vermögensbestands vorzulegen. Der Gegenvormund hat die Rechnung mit den Bemerkungen zu versehen, zu denen die Prüfung ihm Anlass gibt.

§ 1843 Prüfung durch das Familiengericht
(1) Das Familiengericht hat die Rechnung rechnungsmäßig und sachlich zu prüfen und soweit erforderlich, ihre Berichtigung und Ergänzung herbeizuführen.
(2) Ansprüche, die zwischen dem Vormund und dem Mündel streitig bleiben, können schon vor der Beendigung des Vormundschaftsverhältnisses im Rechtsweg geltend gemacht werden.

§ 1844 (weggefallen)

§ 1845 (weggefallen)

§ 1846 Einstweilige Maßregeln des Familiengerichts
Ist ein Vormund noch nicht bestellt oder ist der Vormund an der Erfüllung seiner Pflichten verhindert, so hat das Familiengericht die im Interesse des Betroffenen erforderlichen Maßregeln zu treffen.

§ 1847 Anhörung der Angehörigen
Das Familiengericht soll in wichtigen Angelegenheiten Verwandte oder Verschwägerte des Mündels hören, wenn dies ohne erhebliche Verzögerung und ohne unverhältnismäßige Kosten geschehen kann. § 1779 Abs. 3 Satz 2 gilt entsprechend.

§ 1848 (weggefallen)

Untertitel 4
Mitwirkung des Jugendamts

§§ 1849 und 1850 (weggefallen)

§ 1851 Mitteilungspflichten
(1) Das Familiengericht hat dem Jugendamt die Anordnung der Vormundschaft unter Bezeichnung des Vormunds und des Gegenvormunds sowie einen Wechsel in der Person und die Beendigung der Vormundschaft mitzuteilen.
(2) Wird der gewöhnliche Aufenthalt eines Mündels in den Bezirk eines anderen Jugendamts verlegt, so hat der Vormund dem Jugendamt des bisherigen gewöhnlichen Aufenthalts und dieses dem Jugendamt des neuen gewöhnlichen Aufenthalts die Verlegung mitzuteilen.
(3) Ist ein Verein Vormund, so sind die Absätze 1 und 2 nicht anzuwenden.

Untertitel 5
Befreite Vormundschaft

§ 1852 Befreiung durch den Vater
(1) Der Vater kann, wenn er einen Vormund benennt, die Bestellung eines Gegenvormunds ausschließen.
(2) Der Vater kann anordnen, dass der von ihm benannte Vormund bei der Anlegung von Geld den in den §§ 1809, 1810 bestimmten Beschränkungen nicht unterliegen und zu den im § 1812 bezeichneten Rechtsgeschäften der Genehmigung des Gegenvormunds oder des Familiengerichts nicht bedürfen soll. Diese Anordnungen sind als getroffen anzusehen, wenn der Vater die Bestellung eines Gegenvormunds ausgeschlossen hat.

§ 1853 Befreiung von Hinterlegung und Sperrung
Der Vater kann den von ihm benannten Vormund von der Verpflichtung entbinden, Inhaber- und Orderpapiere zu hinterlegen und den im § 1816 bezeichneten Vermerk in das Bundesschuldbuch oder das Schuldbuch eines Landes eintragen zu lassen.

§ 1854 Befreiung von der Rechnungslegungspflicht
(1) Der Vater kann den von ihm benannten Vormund von der Verpflichtung entbinden, während der Dauer seines Amtes Rechnung zu legen.
(2) Der Vormund hat in einem solchen Falle nach dem Ablauf von je zwei Jahren eine Übersicht über den Bestand des seiner Verwaltung unterliegenden Vermögens dem Familiengericht einzureichen. Das Familiengericht kann anordnen, dass die Übersicht in längeren, höchstens fünfjährigen Zwischenräumen einzureichen ist.
(3) Ist ein Gegenvormund vorhanden oder zu bestellen, so hat ihm der Vormund die Übersicht unter Nachweisung des Vermögensbestands vorzulegen. Der Gegenvormund hat die Übersicht mit den Bemerkungen zu versehen, zu denen die Prüfung ihm Anlass gibt.

§ 1855 Befreiung durch die Mutter
Benennt die Mutter einen Vormund, so kann sie die gleichen Anordnungen treffen wie nach den §§ 1852 bis 1854 der Vater.

§ 1856 Voraussetzungen der Befreiung
Auf die nach den §§ 1852 bis 1855 zulässigen Anordnungen sind die Vorschriften des § 1777 anzuwenden. Haben die Eltern denselben Vormund benannt, aber einander widersprechende Anordnungen getroffen, so gelten die Anordnungen des zuletzt verstorbenen Elternteils.

§ 1857 Aufhebung der Befreiung durch das Familiengericht
Die Anordnungen des Vaters oder der Mutter können von dem Familiengericht außer Kraft gesetzt werden, wenn ihre Befolgung das Interesse des Mündels gefährden würde.

§ 1857a Befreiung des Jugendamts und des Vereins
Dem Jugendamt und einem Verein als Vormund stehen die nach § 1852 Abs. 2, §§ 1853, 1854 zulässigen Befreiungen zu.

§§ 1858 bis 1881 (weggefallen)

Untertitel 6
Beendigung der Vormundschaft

§ 1882 Wegfall der Voraussetzungen
Die Vormundschaft endigt mit dem Wegfall der in § 1773 für die Begründung der Vormundschaft bestimmten Voraussetzungen.

§ 1883 (weggefallen)

§ 1884 Verschollenheit und Todeserklärung des Mündels
(1) Ist der Mündel verschollen, so endigt die Vormundschaft erst mit der Aufhebung durch das Familiengericht. Das Familiengericht hat die Vormundschaft aufzuheben, wenn ihm der Tod des Mündels bekannt wird.
(2) Wird der Mündel für tot erklärt oder wird seine Todeszeit nach den Vorschriften des Verschollenheitsgesetzes festgestellt, so endigt die Vormundschaft mit der Rechtskraft des Beschlusses über die Todeserklärung oder die Feststellung der Todeszeit.

§ 1885 (weggefallen)

§ 1886 Entlassung des Einzelvormunds
Das Familiengericht hat den Einzelvormund zu entlassen, wenn die Fortführung des Amts, insbesondere wegen pflichtwidrigen Verhaltens des Vormunds, das Interesse des Mündels gefährden würde oder wenn in der Person des Vormunds einer der in § 1781 bestimmten Gründe vorliegt.

§ 1887 Entlassung des Jugendamts oder Vereins
(1) Das Familiengericht hat das Jugendamt oder den Verein als Vormund zu entlassen und einen anderen Vormund zu bestellen, wenn dies dem Wohl des Mündels dient und eine andere als Vormund geeignete Person vorhanden ist.
(2) Die Entscheidung ergeht von Amts wegen oder auf Antrag. Zum Antrag ist berechtigt der Mündel, der das 14. Lebensjahr vollendet hat, sowie jeder, der ein berechtigtes Interesse des Mündels geltend macht. Das Jugendamt oder der Verein sollen den Antrag stellen, sobald sie erfahren, dass die Voraussetzungen des Absatzes 1 vorliegen.
(3) Das Familiengericht soll vor seiner Entscheidung auch das Jugendamt oder den Verein hören.

§ 1888 Entlassung von Beamten und Religionsdienern
Ist ein Beamter oder ein Religionsdiener zum Vormund bestellt, so hat ihn das Familiengericht zu entlassen, wenn die Erlaubnis, die nach den Landesgesetzen zur Übernahme der Vormundschaft oder zur Fortführung der vor dem Eintritt in das Amts- oder Dienstverhältnis übernommenen Vormundschaft erforderlich ist, versagt oder zurückgenommen wird oder wenn die nach den Landesgesetzen zulässige Untersagung der Fortführung der Vormundschaft erfolgt.

§ 1889 Entlassung auf eigenen Antrag
(1) Das Familiengericht hat den Einzelvormund auf seinen Antrag zu entlassen, wenn ein wichtiger Grund vorliegt; ein wichtiger Grund ist insbesondere der Eintritt eines Umstands, der den Vormund nach § 1786 Abs. 1 Nr. 2 bis 7 berechtigen würde, die Übernahme der Vormundschaft abzulehnen.
(2) Das Familiengericht hat das Jugendamt oder den Verein als Vormund auf seinen Antrag zu entlassen, wenn eine andere als Vormund geeignete Person vorhanden ist und das Wohl des Mündels dieser Maßnahme nicht entgegensteht. Ein Verein ist auf seinen Antrag ferner zu entlassen, wenn ein wichtiger Grund vorliegt.

§ 1890 Vermögensherausgabe und Rechnungslegung
Der Vormund hat nach der Beendigung seines Amts dem Mündel das verwaltete Vermögen herauszugeben und über die Verwaltung Rechenschaft abzulegen. Soweit er dem Familiengericht Rechnung gelegt hat, genügt die Bezugnahme auf diese Rechnung.

§ 1891 Mitwirkung des Gegenvormunds

(1) Ist ein Gegenvormund vorhanden, so hat ihm der Vormund die Rechnung vorzulegen. Der Gegenvormund hat die Rechnung mit den Bemerkungen zu versehen, zu denen die Prüfung ihm Anlass gibt.
(2) Der Gegenvormund hat über die Führung der Gegenvormundschaft und, soweit er dazu imstande ist, über das von dem Vormund verwaltete Vermögen auf Verlangen Auskunft zu erteilen.

§ 1892 Rechnungsprüfung und -anerkennung

(1) Der Vormund hat die Rechnung, nachdem er sie dem Gegenvormund vorgelegt hat, dem Familiengericht einzureichen.
(2) Das Familiengericht hat die Rechnung rechnungsmäßig und sachlich zu prüfen und deren Abnahme durch Verhandlung mit den Beteiligten unter Zuziehung des Gegenvormunds zu vermitteln. Soweit die Rechnung als richtig anerkannt wird, hat das Familiengericht das Anerkenntnis zu beurkunden.

§ 1893 Fortführung der Geschäfte nach Beendigung der Vormundschaft, Rückgabe von Urkunden

(1) Im Falle der Beendigung der Vormundschaft oder des vormundschaftlichen Amts finden die Vorschriften der §§ 1698a, 1698b entsprechende Anwendung.
(2) Der Vormund hat nach Beendigung seines Amts die Bestallung dem Familiengericht zurückzugeben. In den Fällen der §§ 1791a, 1791b ist der Beschluss des Familiengerichts, im Falle des § 1791c die Bescheinigung über den Eintritt der Vormundschaft zurückzugeben.

§ 1894 Anzeige bei Tod des Vormunds

(1) Den Tod des Vormunds hat dessen Erbe dem Familiengericht unverzüglich anzuzeigen.
(2) Den Tod des Gegenvormunds oder eines Mitvormunds hat der Vormund unverzüglich anzuzeigen.

§ 1895 Amtsende des Gegenvormunds

Die Vorschriften der §§ 1886 bis 1889, 1893, 1894 finden auf den Gegenvormund entsprechende Anwendung.

Titel 2
Rechtliche Betreuung

§ 1896 Voraussetzungen

(1) Kann ein Volljähriger auf Grund einer psychischen Krankheit oder einer körperlichen, geistigen oder seelischen Behinderung seine Angelegenheiten ganz oder teilweise nicht besorgen, so bestellt das Betreuungsgericht auf seinen Antrag oder von Amts wegen für ihn einen Betreuer. Den Antrag kann auch ein Geschäftsunfähiger stellen. Soweit der Volljährige auf Grund einer körperlichen Behinderung seine Angelegenheiten nicht besorgen kann, darf der Betreuer nur auf Antrag des Volljährigen bestellt werden, es sei denn, dass dieser seinen Willen nicht kundtun kann.
(1a) Gegen den freien Willen des Volljährigen darf ein Betreuer nicht bestellt werden.
(2) Ein Betreuer darf nur für Aufgabenkreise bestellt werden, in denen die Betreuung erforderlich ist. Die Betreuung ist nicht erforderlich, soweit die Angelegenheiten des Volljährigen durch einen Bevollmächtigten, der nicht zu den in § 1897 Abs. 3 bezeichneten Personen gehört, oder durch andere Hilfen, bei denen kein gesetzlicher Vertreter bestellt wird, ebenso gut wie durch einen Betreuer besorgt werden können.
(3) Als Aufgabenkreis kann auch die Geltendmachung von Rechten des Betreuten gegenüber seinem Bevollmächtigten bestimmt werden.
(4) Die Entscheidung über den Fernmeldeverkehr des Betreuten und über die Entgegennahme, das Öffnen und das Anhalten seiner Post werden vom Aufgabenkreis des Betreuers nur dann erfasst, wenn das Gericht dies ausdrücklich angeordnet hat.

§ 1897 Bestellung einer natürlichen Person

(1) Zum Betreuer bestellt das Betreuungsgericht eine natürliche Person, die geeignet ist, in dem gerichtlich bestimmten Aufgabenkreis die Angelegenheiten des Betreuten rechtlich zu besorgen und ihn in dem hierfür erforderlichen Umfang persönlich zu betreuen.
(2) Der Mitarbeiter eines nach § 1908f anerkannten Betreuungsvereins, der dort ausschließlich oder teilweise als Betreuer tätig ist (Vereinsbetreuer), darf nur mit Einwilligung des Vereins bestellt werden. Entsprechendes gilt für den Mitarbeiter einer in Betreuungsangelegenheiten zuständigen Behörde, der dort ausschließlich oder teilweise als Betreuer tätig ist (Behördenbetreuer).
(3) Wer zu einer Anstalt, einem Heim oder einer sonstigen Einrichtung, in welcher der Volljährige untergebracht ist oder wohnt, in einem Abhängigkeitsverhältnis oder in einer anderen engen Beziehung steht, darf nicht zum Betreuer bestellt werden.

(4) Schlägt der Volljährige eine Person vor, die zum Betreuer bestellt werden kann, so ist diesem Vorschlag zu entsprechen, wenn es dem Wohl des Volljährigen nicht zuwiderläuft. Schlägt er vor, eine bestimmte Person nicht zu bestellen, so soll hierauf Rücksicht genommen werden. Die Sätze 1 und 2 gelten auch für Vorschläge, die der Volljährige vor dem Betreuungsverfahren gemacht hat, es sei denn, dass er an diesen Vorschlägen erkennbar nicht festhalten will.
(5) Schlägt der Volljährige niemanden vor, der zum Betreuer bestellt werden kann, so ist bei der Auswahl des Betreuers auf die verwandtschaftlichen und sonstigen persönlichen Bindungen des Volljährigen, insbesondere auf die Bindungen zu Eltern, zu Kindern, zum Ehegatten und zum Lebenspartner, sowie auf die Gefahr von Interessenkonflikten Rücksicht zu nehmen.
(6) Wer Betreuungen im Rahmen seiner Berufsausübung führt, soll nur dann zum Betreuer bestellt werden, wenn keine andere geeignete Person zur Verfügung steht, die zur ehrenamtlichen Führung der Betreuung bereit ist. Werden dem Betreuer Umstände bekannt, aus denen sich ergibt, dass der Volljährige durch eine oder mehrere andere geeignete Personen außerhalb einer Berufsausübung betreut werden kann, so hat er dies dem Gericht mitzuteilen.
(7) Wird eine Person unter den Voraussetzungen des Absatzes 6 Satz 1 erstmals in dem Bezirk des Betreuungsgerichts zum Betreuer bestellt, soll das Gericht zuvor die zuständige Behörde zur Eignung des ausgewählten Betreuers und zu den nach § 1 Abs. 1 Satz 1 zweite Alternative des Vormünder- und Betreuervergütungsgesetzes zu treffenden Feststellungen anhören. Die zuständige Behörde soll die Person auffordern, ein Führungszeugnis und eine Auskunft aus dem Schuldnerverzeichnis vorzulegen.
(8) Wird eine Person unter den Voraussetzungen des Absatzes 6 Satz 1 bestellt, hat sie sich über Zahl und Umfang der von ihr berufsmäßig geführten Betreuungen zu erklären.

§ 1898 Übernahmepflicht

(1) Der vom Betreuungsgericht Ausgewählte ist verpflichtet, die Betreuung zu übernehmen, wenn er zur Betreuung geeignet ist und ihm die Übernahme unter Berücksichtigung seiner familiären, beruflichen und sonstigen Verhältnisse zugemutet werden kann.
(2) Der Ausgewählte darf erst dann zum Betreuer bestellt werden, wenn er sich zur Übernahme der Betreuung bereit erklärt hat.

§ 1899 Mehrere Betreuer

(1) Das Betreuungsgericht kann mehrere Betreuer bestellen, wenn die Angelegenheiten des Betreuten hierdurch besser besorgt werden können. In diesem Falle bestimmt es, welcher Betreuer mit welchem Aufgabenkreis betraut wird. Mehrere Betreuer, die eine Vergütung erhalten, werden außer in den in den Absätzen 2 und 4 sowie § 1908i Abs. 1 Satz 1 in Verbindung mit § 1792 geregelten Fällen nicht bestellt.
(2) Für die Entscheidung über die Einwilligung in eine Sterilisation des Betreuten ist stets ein besonderer Betreuer zu bestellen.
(3) Soweit mehrere Betreuer mit demselben Aufgabenkreis betraut werden, können sie die Angelegenheiten des Betreuten nur gemeinsam besorgen, es sei denn, dass das Gericht etwas anderes bestimmt hat oder mit dem Aufschub Gefahr verbunden ist.
(4) Das Gericht kann mehrere Betreuer auch in der Weise bestellen, dass eine die Angelegenheiten des Betreuten nur zu besorgen hat, soweit der andere verhindert ist.

§ 1900 Betreuung durch Verein oder Behörde

(1) Kann der Volljährige durch eine oder mehrere natürliche Personen nicht hinreichend betreut werden, so bestellt das Betreuungsgericht einen anerkannten Betreuungsverein zum Betreuer. Die Bestellung bedarf der Einwilligung des Vereins.
(2) Der Verein überträgt die Wahrnehmung der Betreuung einzelnen Personen. Vorschlägen des Volljährigen hat er hierbei zu entsprechen, soweit nicht wichtige Gründe entgegenstehen. Der Verein teilt dem Gericht alsbald mit, wem er die Wahrnehmung der Betreuung übertragen hat.
(3) Werden dem Verein Umstände bekannt, aus denen sich ergibt, dass der Volljährige durch eine oder mehrere natürliche Personen hinreichend betreut werden kann, so hat er dies dem Gericht mitzuteilen.
(4) Kann der Volljährige durch eine oder mehrere natürliche Personen oder durch einen Verein nicht hinreichend betreut werden, so bestellt das Gericht die zuständige Behörde zum Betreuer. Die Absätze 2 und 3 gelten entsprechend.
(5) Vereinen oder Behörden darf die Entscheidung über die Einwilligung in eine Sterilisation des Betreuten nicht übertragen werden.

§ 1901 Umfang der Betreuung, Pflichten des Betreuers

(1) Die Betreuung umfasst alle Tätigkeiten, die erforderlich sind, um die Angelegenheiten des Betreuten nach Maßgabe der folgenden Vorschriften rechtlich zu besorgen.

(2) Der Betreuer hat die Angelegenheiten des Betreuten so zu besorgen, wie es dessen Wohl entspricht. Zum Wohl des Betreuten gehört auch die Möglichkeit, im Rahmen seiner Fähigkeiten sein Leben nach seinen eigenen Wünschen und Vorstellungen zu gestalten.

(3) Der Betreuer hat Wünschen des Betreuten zu entsprechen, soweit dies dessen Wohl nicht zuwiderläuft und dem Betreuer zuzumuten ist. Dies gilt auch für Wünsche, die der Betreute vor der Bestellung des Betreuers geäußert hat, es sei denn, dass er an diesen Wünschen erkennbar nicht festhalten will. Ehe der Betreuer wichtige Angelegenheiten erledigt, bespricht er sie mit dem Betreuten, sofern dies dessen Wohl nicht zuwiderläuft.

(4) Innerhalb seines Aufgabenkreises hat der Betreuer dazu beizutragen, dass Möglichkeiten genutzt werden, die Krankheit oder Behinderung des Betreuten zu beseitigen, zu bessern, ihre Verschlimmerung zu verhüten oder ihre Folgen zu mildern. Wird die Betreuung berufsmäßig geführt, hat der Betreuer in geeigneten Fällen auf Anordnung des Gerichts zu Beginn der Betreuung einen Betreuungsplan zu erstellen. In dem Betreuungsplan sind die Ziele der Betreuung und die zu ihrer Erreichung zu ergreifenden Maßnahmen darzustellen.

(5) Werden dem Betreuer Umstände bekannt, die eine Aufhebung der Betreuung ermöglichen, so hat er dies dem Betreuungsgericht mitzuteilen. Gleiches gilt für Umstände, die eine Einschränkung des Aufgabenkreises ermöglichen oder dessen Erweiterung, die Bestellung eines weiteren Betreuers oder die Anordnung eines Einwilligungsvorbehalts (§ 1903) erfordern.

§ 1901a Patientenverfügung

(1) Hat ein einwilligungsfähiger Volljähriger für den Fall seiner Einwilligungsunfähigkeit schriftlich festgelegt, ob er in bestimmte, zum Zeitpunkt der Festlegung noch nicht unmittelbar bevorstehende Untersuchungen seines Gesundheitszustands, Heilbehandlungen oder ärztliche Eingriffe einwilligt oder sie untersagt (Patientenverfügung), prüft der Betreuer, ob diese Festlegungen auf die aktuelle Lebens- und Behandlungssituation zutreffen. Ist dies der Fall, hat der Betreuer dem Willen des Betreuten Ausdruck und Geltung zu verschaffen. Eine Patientenverfügung kann jederzeit formlos widerrufen werden.

(2) Liegt keine Patientenverfügung vor oder treffen die Festlegungen einer Patientenverfügung nicht auf die aktuelle Lebens- und Behandlungssituation zu, hat der Betreuer die Behandlungswünsche oder den mutmaßlichen Willen des Betreuten festzustellen und auf dieser Grundlage zu entscheiden, ob er in eine ärztliche Maßnahme nach Absatz 1 einwilligt oder sie untersagt. Der mutmaßliche Wille ist aufgrund konkreter Anhaltspunkte zu ermitteln. Zu berücksichtigen sind insbesondere frühere mündliche oder schriftliche Äußerungen, ethische oder religiöse Überzeugungen und sonstige persönliche Wertvorstellungen des Betreuten.

(3) Die Absätze 1 und 2 gelten unabhängig von Art und Stadium einer Erkrankung des Betreuten.

(4) Der Betreuer soll den Betreuten in geeigneten Fällen auf die Möglichkeit einer Patientenverfügung hinweisen und ihn auf dessen Wunsch bei der Errichtung einer Patientenverfügung unterstützen.

(5) Niemand kann zur Errichtung einer Patientenverfügung verpflichtet werden. Die Errichtung oder Vorlage einer Patientenverfügung darf nicht zur Bedingung eines Vertragsschlusses gemacht werden.

(6) Die Absätze 1 bis 3 gelten für Bevollmächtigte entsprechend.

§ 1901b Gespräch zur Feststellung des Patientenwillens

(1) Der behandelnde Arzt prüft, welche ärztliche Maßnahme im Hinblick auf den Gesamtzustand und die Prognose des Patienten indiziert ist. Er und der Betreuer erörtern diese Maßnahme unter Berücksichtigung des Patientenwillens als Grundlage für die nach § 1901a zu treffende Entscheidung.

(2) Bei der Feststellung des Patientenwillens nach § 1901a Absatz 1 oder der Behandlungswünsche oder des mutmaßlichen Willens nach § 1901a Absatz 2 soll nahen Angehörigen und sonstigen Vertrauenspersonen des Betreuten Gelegenheit zur Äußerung gegeben werden, sofern dies ohne erhebliche Verzögerung möglich ist.

(3) Die Absätze 1 und 2 gelten für Bevollmächtigte entsprechend.

§ 1901c Schriftliche Betreuungswünsche, Vorsorgevollmacht

Wer ein Schriftstück besitzt, in dem jemand für den Fall seiner Betreuung Vorschläge zur Auswahl des Betreuers oder Wünsche zur Wahrnehmung der Betreuung geäußert hat, hat es unverzüglich an das Betreuungsgericht abzuliefern, nachdem er von der Einleitung eines Verfahrens über die Bestellung eines Betreuers Kenntnis erlangt hat. Ebenso hat der Besitzer das Betreuungsgericht über Schriftstücke, in denen der Betroffene eine andere Person mit der Wahrnehmung seiner Angelegenheiten bevollmächtigt hat, zu unterrichten. Das Betreuungsgericht kann die Vorlage einer Abschrift verlangen.

§ 1902 Vertretung des Betreuten

In seinem Aufgabenkreis vertritt der Betreuer den Betreuten gerichtlich und außergerichtlich.

§ 1903 Einwilligungsvorbehalt

(1) Soweit dies zur Abwendung einer erheblichen Gefahr für die Person oder das Vermögen des Betreuten erforderlich ist, ordnet das Betreuungsgericht an, dass der Betreute zu einer Willenserklärung, die den Aufgabenkreis des Betreuers betrifft, dessen Einwilligung bedarf (Einwilligungsvorbehalt). Die §§ 108 bis 113, 131 Abs. 2 und § 210 gelten entsprechend.
(2) Ein Einwilligungsvorbehalt kann sich nicht erstrecken
1. auf Willenserklärungen, die auf Eingehung einer Ehe oder Begründung einer Lebenspartnerschaft gerichtet sind,
2. auf Verfügungen von Todes wegen,
3. auf die Anfechtung eines Erbvertrags,
4. auf die Aufhebung eines Erbvertrags durch Vertrag und
5. auf Willenserklärungen, zu denen ein beschränkt Geschäftsfähiger nach den Vorschriften der Bücher 4 und 5 nicht der Zustimmung seines gesetzlichen Vertreters bedarf.
(3) Ist ein Einwilligungsvorbehalt angeordnet, so bedarf der Betreute dennoch nicht der Einwilligung seines Betreuers, wenn die Willenserklärung dem Betreuten lediglich einen rechtlichen Vorteil bringt. Soweit das Gericht nichts anderes anordnet, gilt dies auch, wenn die Willenserklärung eine geringfügige Angelegenheit des täglichen Lebens betrifft.
(4) § 1901 Abs. 5 gilt entsprechend.

§ 1904 Genehmigung des Betreuungsgerichts bei ärztlichen Maßnahmen

(1) Die Einwilligung des Betreuers in eine Untersuchung des Gesundheitszustands, eine Heilbehandlung oder einen ärztlichen Eingriff bedarf der Genehmigung des Betreuungsgerichts, wenn die begründete Gefahr besteht, dass der Betreute auf Grund der Maßnahme stirbt oder einen schweren und länger dauernden gesundheitlichen Schaden erleidet. Ohne die Genehmigung darf die Maßnahme nur durchgeführt werden, wenn mit dem Aufschub Gefahr verbunden ist.
(2) Die Nichteinwilligung oder der Widerruf der Einwilligung des Betreuers in eine Untersuchung des Gesundheitszustands, eine Heilbehandlung oder einen ärztlichen Eingriff bedarf der Genehmigung des Betreuungsgerichts, wenn die Maßnahme medizinisch angezeigt ist und die begründete Gefahr besteht, dass der Betreute auf Grund des Unterbleibens oder des Abbruchs der Maßnahme stirbt oder einen schweren und länger dauernden gesundheitlichen Schaden erleidet.
(3) Die Genehmigung nach den Absätzen 1 und 2 ist zu erteilen, wenn die Einwilligung, die Nichteinwilligung oder der Widerruf der Einwilligung dem Willen des Betreuten entspricht.
(4) Eine Genehmigung nach den Absätzen 1 und 2 ist nicht erforderlich, wenn zwischen Betreuer und behandelndem Arzt Einvernehmen darüber besteht, dass die Erteilung, die Nichterteilung oder der Widerruf der Einwilligung dem nach § 1901a festgestellten Willen des Betreuten entspricht.
(5) Die Absätze 1 bis 4 gelten auch für einen Bevollmächtigten. Er kann in eine der in Absatz 1 Satz 1 oder Absatz 2 genannten Maßnahmen nur einwilligen, nicht einwilligen oder die Einwilligung widerrufen, wenn die Vollmacht diese Maßnahmen ausdrücklich umfasst und schriftlich erteilt ist.

§ 1905 Sterilisation

(1) Besteht der ärztliche Eingriff in einer Sterilisation des Betreuten, in die dieser nicht einwilligen kann, so kann der Betreuer nur einwilligen, wenn
1. die Sterilisation dem Willen des Betreuten nicht widerspricht,
2. der Betreute auf Dauer einwilligungsunfähig bleiben wird,
3. anzunehmen ist, dass es ohne die Sterilisation zu einer Schwangerschaft kommen würde,
4. infolge dieser Schwangerschaft eine Gefahr für das Leben oder die Gefahr einer schwerwiegenden Beeinträchtigung des körperlichen oder seelischen Gesundheitszustands der Schwangeren zu erwarten wäre, die nicht auf zumutbare Weise abgewendet werden könnte, und
5. die Schwangerschaft nicht durch andere zumutbare Mittel verhindert werden kann.
Als schwerwiegende Gefahr für den seelischen Gesundheitszustand der Schwangeren gilt auch die Gefahr eines schweren und nachhaltigen Leides, das ihr drohen würde, weil betreuungsgerichtliche Maßnahmen, die mit ihrer Trennung vom Kind verbunden wären (§§ 1666, 1666a), gegen sie ergriffen werden müssten.
(2) Die Einwilligung bedarf der Genehmigung des Betreuungsgerichts. Die Sterilisation darf erst zwei Wochen nach Wirksamkeit der Genehmigung durchgeführt werden. Bei der Sterilisation ist stets der Methode der Vorzug zu geben, die eine Refertilisierung zulässt.

§ 1906 Genehmigung des Betreuungsgerichts bei freiheitsentziehender Unterbringung und bei freiheitsentziehenden Maßnahmen

(1) Eine Unterbringung des Betreuten durch den Betreuer, die mit Freiheitsentziehung verbunden ist, ist nur zulässig, solange sie zum Wohl des Betreuten erforderlich ist, weil
1. auf Grund einer psychischen Krankheit oder geistigen oder seelischen Behinderung des Betreuten die Gefahr besteht, dass er sich selbst tötet oder erheblichen gesundheitlichen Schaden zufügt, oder
2. zur Abwendung eines drohenden erheblichen gesundheitlichen Schadens eine Untersuchung des Gesundheitszustands, eine Heilbehandlung oder ein ärztlicher Eingriff notwendig ist, die Maßnahme ohne die Unterbringung des Betreuten nicht durchgeführt werden kann und der Betreute auf Grund einer psychischen Krankheit oder geistigen oder seelischen Behinderung die Notwendigkeit der Unterbringung nicht erkennen oder nicht nach dieser Einsicht handeln kann.

(2) Die Unterbringung ist nur mit Genehmigung des Betreuungsgerichts zulässig. Ohne die Genehmigung ist die Unterbringung nur zulässig, wenn mit dem Aufschub Gefahr verbunden ist; die Genehmigung ist unverzüglich nachzuholen.

(3) Der Betreuer hat die Unterbringung zu beenden, wenn ihre Voraussetzungen weggefallen sind. Er hat die Beendigung der Unterbringung dem Betreuungsgericht unverzüglich anzuzeigen.

(4) Die Absätze 1 bis 3 gelten entsprechend, wenn dem Betreuten, der sich in einem Krankenhaus, einem Heim oder einer sonstigen Einrichtung aufhält, durch mechanische Vorrichtungen, Medikamente oder auf andere Weise über einen längeren Zeitraum oder regelmäßig die Freiheit entzogen werden soll.

(5) Die Unterbringung durch einen Bevollmächtigten und die Einwilligung eines Bevollmächtigten in Maßnahmen nach Absatz 4 setzen voraus, dass die Vollmacht schriftlich erteilt ist und die in den Absätzen 1 und 4 genannten Maßnahmen ausdrücklich umfasst. Im Übrigen gelten die Absätze 1 bis 4 entsprechend.

§ 1906a Genehmigung des Betreuungsgerichts bei ärztlichen Zwangsmaßnahmen

(1) Widerspricht eine Untersuchung des Gesundheitszustands, eine Heilbehandlung oder ein ärztlicher Eingriff dem natürlichen Willen des Betreuten (ärztliche Zwangsmaßnahme), so kann der Betreuer in die ärztliche Zwangsmaßnahme nur einwilligen, wenn
1. die ärztliche Zwangsmaßnahme zum Wohl des Betreuten notwendig ist, um einen drohenden erheblichen gesundheitlichen Schaden abzuwenden,
2. der Betreute auf Grund einer psychischen Krankheit oder einer geistigen oder seelischen Behinderung die Notwendigkeit der ärztlichen Maßnahme nicht erkennen oder nicht nach dieser Einsicht handeln kann,
3. die ärztliche Zwangsmaßnahme dem nach § 1901a zu beachtenden Willen des Betreuten entspricht,
4. zuvor ernsthaft, mit dem nötigen Zeitaufwand und ohne Ausübung unzulässigen Drucks versucht wurde, den Betreuten von der Notwendigkeit der ärztlichen Maßnahme zu überzeugen,
5. der drohende erhebliche gesundheitliche Schaden durch keine andere den Betreuten weniger belastende Maßnahme abgewendet werden kann,
6. der zu erwartende Nutzen der ärztlichen Zwangsmaßnahme die zu erwartenden Beeinträchtigungen deutlich überwiegt und
7. die ärztliche Zwangsmaßnahme im Rahmen eines stationären Aufenthalts in einem Krankenhaus, in dem die gebotene medizinische Versorgung des Betreuten einschließlich einer erforderlichen Nachbehandlung sichergestellt ist, durchgeführt wird.

§ 1846 ist nur anwendbar, wenn der Betreuer an der Erfüllung seiner Pflichten verhindert ist.

(2) Die Einwilligung in die ärztliche Zwangsmaßnahme bedarf der Genehmigung des Betreuungsgerichts.

(3) Der Betreuer hat die Einwilligung in die ärztliche Zwangsmaßnahme zu widerrufen, wenn ihre Voraussetzungen weggefallen sind. Er hat den Widerruf dem Betreuungsgericht unverzüglich anzuzeigen.

(4) Kommt eine ärztliche Zwangsmaßnahme in Betracht, so gilt für die Verbringung des Betreuten gegen seinen natürlichen Willen zu einem stationären Aufenthalt in ein Krankenhaus § 1906 Absatz 1 Nummer 2, Absatz 2 und 3 Satz 1 entsprechend.

(5) Die Einwilligung eines Bevollmächtigten in eine ärztliche Zwangsmaßnahme und die Einwilligung in eine Maßnahme nach Absatz 4 setzen voraus, dass die Vollmacht schriftlich erteilt ist und die Einwilligung in diese Maßnahmen ausdrücklich umfasst. Im Übrigen gelten die Absätze 1 bis 3 entsprechend.

§ 1907 Genehmigung des Betreuungsgerichts bei der Aufgabe der Mietwohnung

(1) Zur Kündigung eines Mietverhältnisses über Wohnraum, den der Betreute gemietet hat, bedarf der Betreuer der Genehmigung des Betreuungsgerichts. Gleiches gilt für eine Willenserklärung, die auf die Aufhebung eines solchen Mietverhältnisses gerichtet ist.

(2) Treten andere Umstände ein, auf Grund derer die Beendigung des Mietverhältnisses in Betracht kommt, so hat der Betreuer dies dem Betreuungsgericht unverzüglich mitzuteilen, wenn sein Aufgabenkreis das Mietverhältnis

oder die Aufenthaltsbestimmung umfasst. Will der Betreuer Wohnraum des Betreuten auf andere Weise als durch Kündigung oder Aufhebung eines Mietverhältnisses aufgeben, so hat er dies gleichfalls unverzüglich mitzuteilen.
(3) Zu einem Miet- oder Pachtvertrag oder zu einem anderen Vertrag, durch den der Betreute zu wiederkehrenden Leistungen verpflichtet wird, bedarf der Betreuer der Genehmigung des Betreuungsgerichts, wenn das Vertragsverhältnis länger als vier Jahre dauern oder vom Betreuer Wohnraum vermietet werden soll.

§ 1908 Genehmigung des Betreuungsgerichts bei der Ausstattung
Der Betreuer kann eine Ausstattung aus dem Vermögen des Betreuten nur mit Genehmigung des Betreuungsgerichts versprechen oder gewähren.

§ 1908a Vorsorgliche Betreuerbestellung und Anordnung des Einwilligungsvorbehalts für Minderjährige
Maßnahmen nach den §§ 1896, 1903 können auch für einen Minderjährigen, der das 17. Lebensjahr vollendet hat, getroffen werden, wenn anzunehmen ist, dass sie bei Eintritt der Volljährigkeit erforderlich werden. Die Maßnahmen werden erst mit dem Eintritt der Volljährigkeit wirksam.

§ 1908b Entlassung des Betreuers
(1) Das Betreuungsgericht hat den Betreuer zu entlassen, wenn seine Eignung, die Angelegenheiten des Betreuten zu besorgen, nicht mehr gewährleistet ist oder ein anderer wichtiger Grund für die Entlassung vorliegt. Ein wichtiger Grund liegt auch vor, wenn der Betreuer eine erforderliche Abrechnung vorsätzlich falsch erteilt oder den erforderlichen persönlichen Kontakt zum Betreuten nicht gehalten hat. Das Gericht soll den nach § 1897 Abs. 6 bestellten Betreuer entlassen, wenn der Betreute durch eine oder mehrere andere Personen außerhalb einer Berufsausübung betreut werden kann.
(2) Der Betreuer kann seine Entlassung verlangen, wenn nach seiner Bestellung Umstände eintreten, auf Grund derer ihm die Betreuung nicht mehr zugemutet werden kann.
(3) Das Gericht kann den Betreuer entlassen, wenn der Betreute eine gleich geeignete Person, die zur Übernahme bereit ist, als neuen Betreuer vorschlägt.
(4) Der Vereinsbetreuer ist auch zu entlassen, wenn der Verein dies beantragt. Ist die Entlassung nicht zum Wohl des Betreuten erforderlich, so kann das Betreuungsgericht stattdessen mit Einverständnis des Betreuers aussprechen, dass dieser die Betreuung künftig als Privatperson weiterführt. Die Sätze 1 und 2 gelten für den Behördenbetreuer entsprechend.
(5) Der Verein oder die Behörde ist zu entlassen, sobald der Betreute durch eine oder mehrere natürliche Personen hinreichend betreut werden kann.

§ 1908c Bestellung eines neuen Betreuers
Stirbt der Betreuer oder wird er entlassen, so ist ein neuer Betreuer zu bestellen.

§ 1908d Aufhebung oder Änderung von Betreuung und Einwilligungsvorbehalt
(1) Die Betreuung ist aufzuheben, wenn ihre Voraussetzungen wegfallen. Fallen diese Voraussetzungen nur für einen Teil der Aufgaben des Betreuers weg, so ist dessen Aufgabenkreis einzuschränken.
(2) Ist der Betreuer auf Antrag des Betreuten bestellt, so ist die Betreuung auf dessen Antrag aufzuheben, es sei denn, dass eine Betreuung von Amts wegen erforderlich ist. Den Antrag kann auch ein Geschäftsunfähiger stellen. Die Sätze 1 und 2 gelten für die Einschränkung des Aufgabenkreises entsprechend.
(3) Der Aufgabenkreis des Betreuers ist zu erweitern, wenn dies erforderlich wird. Die Vorschriften über die Bestellung des Betreuers gelten hierfür entsprechend.
(4) Für den Einwilligungsvorbehalt gelten die Absätze 1 und 3 entsprechend.

§ 1908e (weggefallen)

§ 1908f Anerkennung als Betreuungsverein
(1) Ein rechtsfähiger Verein kann als Betreuungsverein anerkannt werden, wenn er gewährleistet, dass er
1. eine ausreichende Zahl geeigneter Mitarbeiter hat und diese beaufsichtigen, weiterbilden und gegen Schäden, die diese anderen im Rahmen ihrer Tätigkeit zufügen können, angemessen versichern wird,
2. sich planmäßig um die Gewinnung ehrenamtlicher Betreuer bemüht, diese in ihre Aufgaben einführt, sie fortbildet und sie sowie Bevollmächtigte bei der Wahrnehmung ihrer Aufgaben berät und unterstützt,
2a. planmäßig über Vorsorgevollmachten und Betreuungsverfügungen informiert,
3. einen Erfahrungsaustausch zwischen den Mitarbeitern ermöglicht.

(2) Die Anerkennung gilt für das jeweilige Land; sie kann auf einzelne Landesteile beschränkt werden. Sie ist widerruflich und kann unter Auflagen erteilt werden.
(3) Das Nähere regelt das Landesrecht. Es kann auch weitere Voraussetzungen für die Anerkennung vorsehen.
(4) Die anerkannten Betreuungsvereine können im Einzelfall Personen bei der Errichtung einer Vorsorgevollmacht beraten.

§ 1908g Behördenbetreuer

(1) Gegen einen Behördenbetreuer wird kein Zwangsgeld nach § 1837 Abs. 3 Satz 1 festgesetzt.
(2) Der Behördenbetreuer kann Geld des Betreuten gemäß § 1807 auch bei der Körperschaft anlegen, bei der er tätig ist.

§ 1908h (weggefallen)

§ 1908i Entsprechend anwendbare Vorschriften

(1) Im Übrigen sind auf die Betreuung § 1632 Abs. 1 bis 3, §§ 1784, 1787 Abs. 1, § 1791a Abs. 3 Satz 1 zweiter Halbsatz und Satz 2, §§ 1792, 1795 bis 1797 Abs. 1 Satz 2, §§ 1798, 1799, 1802, 1803, 1805 bis 1821, 1822 Nr. 1 bis 4, 6 bis 13, §§ 1823 bis 1826, 1828 bis 1836, 1836c bis 1836e, 1837 Abs. 1 bis 3, §§ 1839 bis 1843, 1846, 1857a, 1888, 1890 bis 1895 sinngemäß anzuwenden. Durch Landesrecht kann bestimmt werden, dass Vorschriften, welche die Aufsicht des Betreuungsgerichts in vermögensrechtlicher Hinsicht sowie beim Abschluss von Lehr- und Arbeitsverträgen betreffen, gegenüber der zuständigen Behörde außer Anwendung bleiben.
(2) § 1804 ist sinngemäß anzuwenden, jedoch kann der Betreuer in Vertretung des Betreuten Gelegenheitsgeschenke auch dann machen, wenn dies dem Wunsch des Betreuten entspricht und nach seinen Lebensverhältnissen üblich ist. § 1857a ist auf die Betreuung durch den Vater, die Mutter, den Ehegatten, den Lebenspartner oder einen Abkömmling des Betreuten sowie auf den Vereinsbetreuer und den Behördenbetreuer sinngemäß anzuwenden, soweit das Betreuungsgericht nichts anderes anordnet.

Titel 3
Pflegschaft

§ 1909 Ergänzungspflegschaft

(1) Wer unter elterlicher Sorge oder unter Vormundschaft steht, erhält für Angelegenheiten, an deren Besorgung die Eltern oder der Vormund verhindert sind, einen Pfleger. Er erhält insbesondere einen Pfleger zur Verwaltung des Vermögens, das er von Todes wegen erwirbt oder das ihm unter Lebenden unentgeltlich zugewendet wird, wenn der Erblasser durch letztwillige Verfügung, der Zuwendende bei der Zuwendung bestimmt hat, dass die Eltern oder der Vormund das Vermögen nicht verwalten sollen.
(2) Wird eine Pflegschaft erforderlich, so haben die Eltern oder der Vormund dies dem Familiengericht unverzüglich anzuzeigen.
(3) Die Pflegschaft ist auch dann anzuordnen, wenn die Voraussetzungen für die Anordnung einer Vormundschaft vorliegen, ein Vormund aber noch nicht bestellt ist.

§ 1910 (weggefallen)

§ 1911 Abwesenheitspflegschaft

(1) Ein abwesender Volljähriger, dessen Aufenthalt unbekannt ist, erhält für seine Vermögensangelegenheiten, soweit sie der Fürsorge bedürfen, einen Abwesenheitspfleger. Ein solcher Pfleger ist ihm insbesondere auch dann zu bestellen, wenn er durch Erteilung eines Auftrags oder einer Vollmacht Fürsorge getroffen hat, aber Umstände eingetreten sind, die zum Widerruf des Auftrags oder der Vollmacht Anlass geben.
(2) Das Gleiche gilt von einem Abwesenden, dessen Aufenthalt bekannt ist, der aber an der Rückkehr und der Besorgung seiner Vermögensangelegenheiten verhindert ist.

§ 1912 Pflegschaft für eine Leibesfrucht

(1) Eine Leibesfrucht erhält zur Wahrung ihrer künftigen Rechte, soweit diese einer Fürsorge bedürfen, einen Pfleger.
(2) Die Fürsorge steht jedoch den Eltern insoweit zu, als ihnen die elterliche Sorge zustünde, wenn das Kind bereits geboren wäre.

§ 1913 Pflegschaft für unbekannte Beteiligte

Ist unbekannt oder ungewiss, wer bei einer Angelegenheit der Beteiligte ist, so kann dem Beteiligten für diese Angelegenheit, soweit eine Fürsorge erforderlich ist, ein Pfleger bestellt werden. Insbesondere kann einem Nacherben, der noch nicht gezeugt ist oder dessen Persönlichkeit erst durch ein künftiges Ereignis bestimmt wird, für die Zeit bis zum Eintritt der Nacherbfolge ein Pfleger bestellt werden.

§ 1914 Pflegschaft für gesammeltes Vermögen

Ist durch öffentliche Sammlung Vermögen für einen vorübergehenden Zweck zusammengebracht worden, so kann zum Zwecke der Verwaltung und Verwendung des Vermögens ein Pfleger bestellt werden, wenn die zu der Verwaltung und Verwendung berufenen Personen weggefallen sind.

§ 1915 Anwendung des Vormundschaftsrechts

(1) Auf die Pflegschaft finden die für die Vormundschaft geltenden Vorschriften entsprechende Anwendung, soweit sich nicht aus dem Gesetz ein anderes ergibt. Abweichend von § 3 Abs. 1 bis 3 des Vormünder- und Betreuervergütungsgesetzes bestimmt sich die Höhe einer nach § 1836 Abs. 1 zu bewilligenden Vergütung nach den für die Führung der Pflegschaftsgeschäfte nutzbaren Fachkenntnissen des Pflegers sowie nach dem Umfang und der Schwierigkeit der Pflegschaftsgeschäfte, sofern der Pflegling nicht mittellos ist. An die Stelle des Familiengerichts tritt das Betreuungsgericht; dies gilt nicht bei der Pflegschaft für Minderjährige oder für eine Leibesfrucht.
(2) Die Bestellung eines Gegenvormunds ist nicht erforderlich.
(3) § 1793 Abs. 2 findet auf die Pflegschaft für Volljährige keine Anwendung.

§ 1916 Berufung als Ergänzungspfleger

Für die nach § 1909 anzuordnende Pflegschaft gelten die Vorschriften über die Berufung zur Vormundschaft nicht.

§ 1917 Ernennung des Ergänzungspflegers durch Erblasser und Dritte

(1) Wird die Anordnung einer Pflegschaft nach § 1909 Abs. 1 Satz 2 erforderlich, so ist als Pfleger berufen, wer durch letztwillige Verfügung oder bei der Zuwendung benannt worden ist; die Vorschrift des § 1778 ist entsprechend anzuwenden.
(2) Für den benannten Pfleger können durch letztwillige Verfügung oder bei der Zuwendung die in den §§ 1852 bis 1854 bezeichneten Befreiungen angeordnet werden. Das Familiengericht kann die Anordnungen außer Kraft setzen, wenn sie das Interesse des Pfleglings gefährden.
(3) Zu einer Abweichung von den Anordnungen des Zuwendenden ist, solange er lebt, seine Zustimmung erforderlich und genügend. Ist er zur Abgabe einer Erklärung dauernd außerstande oder ist sein Aufenthalt dauernd unbekannt, so kann das Familiengericht die Zustimmung ersetzen.

§ 1918 Ende der Pflegschaft kraft Gesetzes

(1) Die Pflegschaft für eine unter elterlicher Sorge oder unter Vormundschaft stehende Person endigt mit der Beendigung der elterlichen Sorge oder der Vormundschaft.
(2) Die Pflegschaft für eine Leibesfrucht endigt mit der Geburt des Kindes.
(3) Die Pflegschaft zur Besorgung einer einzelnen Angelegenheit endigt mit deren Erledigung.

§ 1919 Aufhebung der Pflegschaft bei Wegfall des Grundes

Die Pflegschaft ist aufzuheben, wenn der Grund für die Anordnung der Pflegschaft weggefallen ist.

§ 1920 (weggefallen)

§ 1921 Aufhebung der Abwesenheitspflegschaft

(1) Die Pflegschaft für einen Abwesenden ist aufzuheben, wenn der Abwesende an der Besorgung seiner Vermögensangelegenheiten nicht mehr verhindert ist.
(2) Stirbt der Anwesende, so endigt die Pflegschaft erst mit der Aufhebung durch das Betreuungsgericht. Das Betreuungsgericht hat die Pflegschaft aufzuheben, wenn ihm der Tod des Abwesenden bekannt wird.
(3) Wird der Abwesende für tot erklärt oder wird seine Todeszeit nach den Vorschriften des Verschollenheitsgesetzes festgestellt, so endigt die Pflegschaft mit der Rechtskraft des Beschlusses über die Todeserklärung oder die Feststellung der Todeszeit.

Buch 5
Erbrecht

Abschnitt 1
Erbfolge

§ 1922 Gesamtrechtsnachfolge

(1) Mit dem Tode einer Person (Erbfall) geht deren Vermögen (Erbschaft) als Ganzes auf eine oder mehrere andere Personen (Erben) über.
(2) Auf den Anteil eines Miterben (Erbteil) finden die sich auf die Erbschaft beziehenden Vorschriften Anwendung.

§ 1923 Erbfähigkeit

(1) Erbe kann nur werden, wer zur Zeit des Erbfalls lebt.
(2) Wer zur Zeit des Erbfalls noch nicht lebte, aber bereits gezeugt war, gilt als vor dem Erbfall geboren.

§ 1924 Gesetzliche Erben erster Ordnung

(1) Gesetzliche Erben der ersten Ordnung sind die Abkömmlinge des Erblassers.
(2) Ein zur Zeit des Erbfalls lebender Abkömmling schließt die durch ihn mit dem Erblasser verwandten Abkömmlinge von der Erbfolge aus.

(3) An die Stelle eines zur Zeit des Erbfalls nicht mehr lebenden Abkömmlings treten die durch ihn mit dem Erblasser verwandten Abkömmlinge (Erbfolge nach Stämmen).
(4) Kinder erben zu gleichen Teilen.

§ 1925 Gesetzliche Erben zweiter Ordnung
(1) Gesetzliche Erben der zweiten Ordnung sind die Eltern des Erblassers und deren Abkömmlinge.
(2) Leben zur Zeit des Erbfalls die Eltern, so erben sie allein und zu gleichen Teilen.
(3) Lebt zur Zeit des Erbfalls der Vater oder die Mutter nicht mehr, so treten an die Stelle des Verstorbenen dessen Abkömmlinge nach den für die Beerbung in der ersten Ordnung geltenden Vorschriften. Sind Abkömmlinge nicht vorhanden, so erbt der überlebende Teil allein.
(4) In den Fällen des § 1756 sind das angenommene Kind und die Abkömmlinge der leiblichen Eltern oder des anderen Elternteils des Kindes im Verhältnis zueinander nicht Erben der zweiten Ordnung.

§ 1926 Gesetzliche Erben dritter Ordnung
(1) Gesetzliche Erben der dritten Ordnung sind die Großeltern des Erblassers und deren Abkömmlinge.
(2) Leben zur Zeit des Erbfalls die Großeltern, so erben sie allein und zu gleichen Teilen.
(3) Lebt zur Zeit des Erbfalls von einem Großelternpaar der Großvater oder die Großmutter nicht mehr, so treten an die Stelle des Verstorbenen dessen Abkömmlinge. Sind Abkömmlinge nicht vorhanden, so fällt der Anteil des Verstorbenen dem anderen Teil des Großelternpaars und, wenn dieser nicht mehr lebt, dessen Abkömmlingen zu.
(4) Lebt zur Zeit des Erbfalls ein Großelternpaar nicht mehr und sind Abkömmlinge der Verstorbenen nicht vorhanden, so erben die anderen Großeltern oder ihre Abkömmlinge allein.
(5) Soweit Abkömmlinge an die Stelle ihrer Eltern oder ihrer Voreltern treten, finden die für die Beerbung in der ersten Ordnung geltenden Vorschriften Anwendung.

§ 1927 Mehrere Erbteile bei mehrfacher Verwandtschaft
Wer in der ersten, der zweiten oder der dritten Ordnung verschiedenen Stämmen angehört, erhält den in jedem dieser Stämme ihm zufallenden Anteil. Jeder Anteil gilt als besonderer Erbteil.

§ 1928 Gesetzliche Erben vierter Ordnung
(1) Gesetzliche Erben der vierten Ordnung sind die Urgroßeltern des Erblassers und deren Abkömmlinge.
(2) Leben zur Zeit des Erbfalls Urgroßeltern, so erben sie allein; mehrere erben zu gleichen Teilen, ohne Unterschied, ob sie derselben Linie oder verschiedenen Linien angehören.
(3) Leben zur Zeit des Erbfalls Urgroßeltern nicht mehr, so erbt von ihren Abkömmlingen derjenige, welcher mit dem Erblasser dem Grade nach am nächsten verwandt ist; mehrere gleich nahe Verwandte erben zu gleichen Teilen.

§ 1929 Fernere Ordnungen
(1) Gesetzliche Erben der fünften Ordnung und der ferneren Ordnungen sind die entfernteren Voreltern des Erblassers und deren Abkömmlinge.
(2) Die Vorschriften des § 1928 Abs. 2, 3 finden entsprechende Anwendung.

§ 1930 Rangfolge der Ordnungen
Ein Verwandter ist nicht zur Erbfolge berufen, solange ein Verwandter einer vorhergehenden Ordnung vorhanden ist.

§ 1931 Gesetzliches Erbrecht des Ehegatten
(1) Der überlebende Ehegatte des Erblassers ist neben Verwandten der ersten Ordnung zu einem Viertel, neben Verwandten der zweiten Ordnung oder neben Großeltern zur Hälfte der Erbschaft als gesetzlicher Erbe berufen. Treffen mit Großeltern Abkömmlinge von Großeltern zusammen, so erhält der Ehegatte auch von der anderen Hälfte den Anteil, der nach § 1926 den Abkömmlingen zufallen würde.
(2) Sind weder Verwandte der ersten oder der zweiten Ordnung noch Großeltern vorhanden, so erhält der überlebende Ehegatte die ganze Erbschaft.
(3) Die Vorschrift des § 1371 bleibt unberührt.
(4) Bestand beim Erbfall Gütertrennung und sind als gesetzliche Erben neben dem überlebenden Ehegatten ein oder zwei Kinder des Erblassers berufen, so erben der überlebende Ehegatte und jedes Kind zu gleichen Teilen; § 1924 Abs. 3 gilt auch in diesem Falle.

§ 1932 Voraus des Ehegatten
(1) Ist der überlebende Ehegatte neben Verwandten der zweiten Ordnung oder neben Großeltern gesetzlicher Erbe, so gebühren ihm außer dem Erbteil die zum ehelichen Haushalt gehörenden Gegenstände, soweit sie nicht Zubehör eines Grundstücks sind, und die Hochzeitsgeschenke als Voraus. Ist der überlebende Ehegatte neben Verwandten

der ersten Ordnung gesetzlicher Erbe, so gebühren ihm diese Gegenstände, soweit er sie zur Führung eines angemessenen Haushalts benötigt.
(2) Auf den Voraus sind die für Vermächtnisse geltenden Vorschriften anzuwenden.

§ 1933 Ausschluss des Ehegattenerbrechts
Das Erbrecht des überlebenden Ehegatten sowie das Recht auf den Voraus ist ausgeschlossen, wenn zur Zeit des Todes des Erblassers die Voraussetzungen für die Scheidung der Ehe gegeben waren und der Erblasser die Scheidung beantragt oder ihr zugestimmt hatte. Das Gleiche gilt, wenn der Erblasser berechtigt war, die Aufhebung der Ehe zu beantragen, und den Antrag gestellt hatte. In diesen Fällen ist der Ehegatte nach Maßgabe der §§ 1569 bis 1586b unterhaltsberechtigt.

§ 1934 Erbrecht des verwandten Ehegatten
Gehört der überlebende Ehegatte zu den erbberechtigten Verwandten, so erbt er zugleich als Verwandter. Der Erbteil, der ihm auf Grund der Verwandtschaft zufällt, gilt als besonderer Erbteil.

§ 1935 Folgen der Erbteilserhöhung
Fällt ein gesetzlicher Erbe vor oder nach dem Erbfall weg und erhöht sich infolgedessen der Erbteil eines anderen gesetzlichen Erben, so gilt der Teil, um welchen sich der Erbteil erhöht, in Ansehung der Vermächtnisse und Auflagen, mit denen dieser Erbe oder der wegfallende Erbe beschwert ist, sowie in Ansehung der Ausgleichungspflicht als besonderer Erbteil.

§ 1936 Gesetzliches Erbrecht des Staates
Ist zur Zeit des Erbfalls kein Verwandter, Ehegatte oder Lebenspartner des Erblassers vorhanden, erbt das Land, in dem der Erblasser zur Zeit des Erbfalls seinen letzten Wohnsitz oder, wenn ein solcher nicht feststellbar ist, seinen gewöhnlichen Aufenthalt hatte. Im Übrigen erbt der Bund.

§ 1937 Erbeinsetzung durch letztwillige Verfügung
Der Erblasser kann durch einseitige Verfügung von Todes wegen (Testament, letztwillige Verfügung) den Erben bestimmen.

§ 1938 Enterbung ohne Erbeinsetzung
Der Erblasser kann durch Testament einen Verwandten, den Ehegatten oder den Lebenspartner von der gesetzlichen Erbfolge ausschließen, ohne einen Erben einzusetzen.

§ 1939 Vermächtnis
Der Erblasser kann durch Testament einem anderen, ohne ihn als Erben einzusetzen, einen Vermögensvorteil zuwenden (Vermächtnis).

§ 1940 Auflage
Der Erblasser kann durch Testament den Erben oder einen Vermächtnisnehmer zu einer Leistung verpflichten, ohne einem anderen ein Recht auf die Leistung zuzuwenden (Auflage).

§ 1941 Erbvertrag
(1) Der Erblasser kann durch Vertrag einen Erben einsetzen, Vermächtnisse und Auflagen anordnen sowie das anzuwendende Erbrecht wählen (Erbvertrag).
(2) Als Erbe (Vertragserbe) oder als Vermächtnisnehmer kann sowohl der andere Vertragschließende als ein Dritter bedacht werden.

Abschnitt 2
Rechtliche Stellung des Erben
Titel 1
Annahme und Ausschlagung der Erbschaft, Fürsorge des Nachlassgerichts

§ 1942 Anfall und Ausschlagung der Erbschaft
(1) Die Erbschaft geht auf den berufenen Erben unbeschadet des Rechts über, sie auszuschlagen (Anfall der Erbschaft).
(2) Der Fiskus kann die ihm als gesetzlichem Erben angefallene Erbschaft nicht ausschlagen.

§ 1943 Annahme und Ausschlagung der Erbschaft
Der Erbe kann die Erbschaft nicht mehr ausschlagen, wenn er sie angenommen hat oder wenn die für die Ausschlagung vorgeschriebene Frist verstrichen ist; mit dem Ablauf der Frist gilt die Erbschaft als angenommen.

§ 1944 Ausschlagungsfrist
(1) Die Ausschlagung kann nur binnen sechs Wochen erfolgen.

(2) Die Frist beginnt mit dem Zeitpunkt, in welchem der Erbe von dem Anfall und dem Grunde der Berufung Kenntnis erlangt. Ist der Erbe durch Verfügung von Todes wegen berufen, beginnt die Frist nicht vor Bekanntgabe der Verfügung von Todes wegen durch das Nachlassgericht. Auf den Lauf der Frist finden die für die Verjährung geltenden Vorschriften der §§ 206, 210 entsprechende Anwendung.
(3) Die Frist beträgt sechs Monate, wenn der Erblasser seinen letzten Wohnsitz nur im Ausland gehabt hat oder wenn sich der Erbe bei dem Beginn der Frist im Ausland aufhält.

§ 1945 Form der Ausschlagung
(1) Die Ausschlagung erfolgt durch Erklärung gegenüber dem Nachlassgericht; die Erklärung ist zur Niederschrift des Nachlassgerichts oder in öffentlich beglaubigter Form abzugeben.
(2) Die Niederschrift des Nachlassgerichts wird nach den Vorschriften des Beurkundungsgesetzes errichtet.
(3) Ein Bevollmächtigter bedarf einer öffentlich beglaubigten Vollmacht. Die Vollmacht muss der Erklärung beigefügt oder innerhalb der Ausschlagungsfrist nachgebracht werden.

§ 1946 Zeitpunkt für Annahme oder Ausschlagung
Der Erbe kann die Erbschaft annehmen oder ausschlagen, sobald der Erbfall eingetreten ist.

§ 1947 Bedingung und Zeitbestimmung
Die Annahme und die Ausschlagung können nicht unter einer Bedingung oder einer Zeitbestimmung erfolgen.

§ 1948 Mehrere Berufungsgründe
(1) Wer durch Verfügung von Todes wegen als Erbe berufen ist, kann, wenn er ohne die Verfügung als gesetzlicher Erbe berufen sein würde, die Erbschaft als eingesetzter Erbe ausschlagen und als gesetzlicher Erbe annehmen.
(2) Wer durch Testament und durch Erbvertrag als Erbe berufen ist, kann die Erbschaft aus dem einen Berufungsgrund annehmen und aus dem anderen ausschlagen.

§ 1949 Irrtum über den Berufungsgrund
(1) Die Annahme gilt als nicht erfolgt, wenn der Erbe über den Berufungsgrund im Irrtum war.
(2) Die Ausschlagung erstreckt sich im Zweifel auf alle Berufungsgründe, die dem Erben zur Zeit der Erklärung bekannt sind.

§ 1950 Teilannahme; Teilausschlagung
Die Annahme und die Ausschlagung können nicht auf einen Teil der Erbschaft beschränkt werden. Die Annahme oder Ausschlagung eines Teils ist unwirksam.

§ 1951 Mehrere Erbteile
(1) Wer zu mehreren Erbteilen berufen ist, kann, wenn die Berufung auf verschiedenen Gründen beruht, den einen Erbteil annehmen und den anderen ausschlagen.
(2) Beruht die Berufung auf demselben Grund, so gilt die Annahme oder Ausschlagung des einen Erbteils auch für den anderen, selbst wenn der andere erst später anfällt. Die Berufung beruht auf demselben Grund auch dann, wenn sie in verschiedenen Testamenten oder vertragsmäßig in verschiedenen zwischen denselben Personen geschlossenen Erbverträgen angeordnet ist.
(3) Setzt der Erblasser einen Erben auf mehrere Erbteile ein, so kann er ihm durch Verfügung von Todes wegen gestatten, den einen Erbteil anzunehmen und den anderen auszuschlagen.

§ 1952 Vererblichkeit des Ausschlagungsrechts
(1) Das Recht des Erben, die Erbschaft auszuschlagen, ist vererblich.
(2) Stirbt der Erbe vor dem Ablauf der Ausschlagungsfrist, so endigt die Frist nicht vor dem Ablauf der für die Erbschaft des Erben vorgeschriebenen Ausschlagungsfrist.
(3) Von mehreren Erben des Erben kann jeder den seinem Erbteil entsprechenden Teil der Erbschaft ausschlagen.

§ 1953 Wirkung der Ausschlagung
(1) Wird die Erbschaft ausgeschlagen, so gilt der Anfall an den Ausschlagenden als nicht erfolgt.
(2) Die Erbschaft fällt demjenigen an, welcher berufen sein würde, wenn der Ausschlagende zur Zeit des Erbfalls nicht gelebt hätte; der Anfall gilt als mit dem Erbfall erfolgt.
(3) Das Nachlassgericht soll die Ausschlagung demjenigen mitteilen, welchem die Erbschaft infolge der Ausschlagung angefallen ist. Es hat die Einsicht der Erklärung jedem zu gestatten, der ein rechtliches Interesse glaubhaft macht.

§ 1954 Anfechtungsfrist
(1) Ist die Annahme oder die Ausschlagung anfechtbar, so kann die Anfechtung nur binnen sechs Wochen erfolgen.

(2) Die Frist beginnt im Falle der Anfechtbarkeit wegen Drohung mit dem Zeitpunkt, in welchem die Zwangslage aufhört, in den übrigen Fällen mit dem Zeitpunkt, in welchem der Anfechtungsberechtigte von dem Anfechtungsgrund Kenntnis erlangt. Auf den Lauf der Frist finden die für die Verjährung geltenden Vorschriften der §§ 206, 210, 211 entsprechende Anwendung.
(3) Die Frist beträgt sechs Monate, wenn der Erblasser seinen letzten Wohnsitz nur im Ausland gehabt hat oder wenn sich der Erbe bei dem Beginn der Frist im Ausland aufhält.
(4) Die Anfechtung ist ausgeschlossen, wenn seit der Annahme oder der Ausschlagung 30 Jahre verstrichen sind.

§ 1955 Form der Anfechtung
Die Anfechtung der Annahme oder der Ausschlagung erfolgt durch Erklärung gegenüber dem Nachlassgericht. Für die Erklärung gelten die Vorschriften des § 1945.

§ 1956 Anfechtung der Fristversäumung
Die Versäumung der Ausschlagungsfrist kann in gleicher Weise wie die Annahme angefochten werden.

§ 1957 Wirkung der Anfechtung
(1) Die Anfechtung der Annahme gilt als Ausschlagung, die Anfechtung der Ausschlagung gilt als Annahme.
(2) Das Nachlassgericht soll die Anfechtung der Ausschlagung demjenigen mitteilen, welchem die Erbschaft infolge der Ausschlagung angefallen war. Die Vorschrift des § 1953 Abs. 3 Satz 2 findet Anwendung.

§ 1958 Gerichtliche Geltendmachung von Ansprüchen gegen den Erben
Vor der Annahme der Erbschaft kann ein Anspruch, der sich gegen den Nachlass richtet, nicht gegen den Erben gerichtlich geltend gemacht werden.

§ 1959 Geschäftsführung vor der Ausschlagung
(1) Besorgt der Erbe vor der Ausschlagung erbschaftliche Geschäfte, so ist er demjenigen gegenüber, welcher Erbe wird, wie ein Geschäftsführer ohne Auftrag berechtigt und verpflichtet.
(2) Verfügt der Erbe vor der Ausschlagung über einen Nachlassgegenstand, so wird die Wirksamkeit der Verfügung durch die Ausschlagung nicht berührt, wenn die Verfügung nicht ohne Nachteil für den Nachlass verschoben werden konnte.
(3) Ein Rechtsgeschäft, das gegenüber dem Erben als solchem vorgenommen werden muss, bleibt, wenn es vor der Ausschlagung dem Ausschlagenden gegenüber vorgenommen wird, auch nach der Ausschlagung wirksam.

§ 1960 Sicherung des Nachlasses; Nachlasspfleger
(1) Bis zur Annahme der Erbschaft hat das Nachlassgericht für die Sicherung des Nachlasses zu sorgen, soweit ein Bedürfnis besteht. Das Gleiche gilt, wenn der Erbe unbekannt oder wenn ungewiss ist, ob er die Erbschaft angenommen hat.
(2) Das Nachlassgericht kann insbesondere die Anlegung von Siegeln, die Hinterlegung von Geld, Wertpapieren und Kostbarkeiten sowie die Aufnahme eines Nachlassverzeichnisses anordnen und für denjenigen, welcher Erbe wird, einen Pfleger (Nachlasspfleger) bestellen.
(3) Die Vorschrift des § 1958 findet auf den Nachlasspfleger keine Anwendung.

Titel 2
Haftung des Erben für die Nachlassverbindlichkeiten

Untertitel 1
Nachlassverbindlichkeiten

§ 1967 Erbenhaftung, Nachlassverbindlichkeiten
(1) Der Erbe haftet für die Nachlassverbindlichkeiten.
(2) Zu den Nachlassverbindlichkeiten gehören außer den vom Erblasser herrührenden Schulden die den Erben als solchen treffenden Verbindlichkeiten, insbesondere die Verbindlichkeiten aus Pflichtteilsrechten, Vermächtnissen und Auflagen.

Untertitel 3
Beschränkung der Haftung des Erben

§ 1975 Nachlassverwaltung; Nachlassinsolvenz
Die Haftung des Erben für die Nachlassverbindlichkeiten beschränkt sich auf den Nachlass, wenn eine Nachlasspflegschaft zum Zwecke der Befriedigung der Nachlassgläubiger (Nachlassverwaltung) angeordnet oder das Nachlassinsolvenzverfahren eröffnet ist.

Titel 3
Erbschaftsanspruch

§ 2018 Herausgabepflicht des Erbschaftsbesitzers

Der Erbe kann von jedem, der auf Grund eines ihm in Wirklichkeit nicht zustehenden Erbrechts etwas aus der Erbschaft erlangt hat (Erbschaftsbesitzer), die Herausgabe des Erlangten verlangen.

Titel 4
Mehrheit von Erben

Untertitel 1
Rechtsverhältnis der Erben untereinander

§ 2032 Erbengemeinschaft

(1) Hinterlässt der Erblasser mehrere Erben, so wird der Nachlass gemeinschaftliches Vermögen der Erben.
(2) Bis zur Auseinandersetzung gelten die Vorschriften der §§ 2033 bis 2041.

Abschnitt 3
Testament

Titel 1
Allgemeine Vorschriften

§ 2064 Persönliche Errichtung

Der Erblasser kann ein Testament nur persönlich errichten.

§ 2065 Bestimmung durch Dritte

(1) Der Erblasser kann eine letztwillige Verfügung nicht in der Weise treffen, dass ein anderer zu bestimmen hat, ob sie gelten oder nicht gelten soll.
(2) Der Erblasser kann die Bestimmung der Person, die eine Zuwendung erhalten soll, sowie die Bestimmung des Gegenstands der Zuwendung nicht einem anderen überlassen.

§ 2066 Gesetzliche Erben des Erblassers

Hat der Erblasser seine gesetzlichen Erben ohne nähere Bestimmung bedacht, so sind diejenigen, welche zur Zeit des Erbfalls seine gesetzlichen Erben sein würden, nach dem Verhältnis ihrer gesetzlichen Erbteile bedacht. Ist die Zuwendung unter einer aufschiebenden Bedingung oder unter Bestimmung eines Anfangstermins gemacht und tritt die Bedingung oder der Termin erst nach dem Erbfall ein, so sind im Zweifel diejenigen als bedacht anzusehen, welche die gesetzlichen Erben sein würden, wenn der Erblasser zur Zeit des Eintritts der Bedingung oder des Termins gestorben wäre.

§ 2067 Verwandte des Erblassers

Hat der Erblasser seine Verwandten oder seine nächsten Verwandten ohne nähere Bestimmung bedacht, so sind im Zweifel diejenigen Verwandten, welche zur Zeit des Erbfalls seine gesetzlichen Erben sein würden, als nach dem Verhältnis ihrer gesetzlichen Erbteile bedacht anzusehen. Die Vorschrift des § 2066 Satz 2 findet Anwendung.

§ 2068 Kinder des Erblassers

Hat der Erblasser seine Kinder ohne nähere Bestimmung bedacht und ist ein Kind vor der Errichtung des Testaments mit Hinterlassung von Abkömmlingen gestorben, so ist im Zweifel anzunehmen, dass die Abkömmlinge insoweit bedacht sind, als sie bei der gesetzlichen Erbfolge an die Stelle des Kindes treten würden.

§ 2069 Abkömmlinge des Erblassers

Hat der Erblasser einen seiner Abkömmlinge bedacht und fällt dieser nach der Errichtung des Testaments weg, so ist im Zweifel anzunehmen, dass dessen Abkömmlinge insoweit bedacht sind, als sie bei der gesetzlichen Erbfolge an dessen Stelle treten würden.

§ 2070 Abkömmlinge eines Dritten

Hat der Erblasser die Abkömmlinge eines Dritten ohne nähere Bestimmung bedacht, so ist im Zweifel anzunehmen, dass diejenigen Abkömmlinge nicht bedacht sind, welche zur Zeit des Erbfalls oder, wenn die Zuwendung unter einer aufschiebenden Bedingung oder unter Bestimmung eines Anfangstermins gemacht ist und die Bedingung oder der Termin erst nach dem Erbfall eintritt, zur Zeit des Eintritts der Bedingung oder des Termins noch nicht gezeugt sind.

§ 2071 Personengruppe

Hat der Erblasser ohne nähere Bestimmung eine Klasse von Personen oder Personen bedacht, die zu ihm in einem Dienst- oder Geschäftsverhältnis stehen, so ist im Zweifel anzunehmen, dass diejenigen bedacht sind, welche zur Zeit des Erbfalls der bezeichneten Klasse angehören oder in dem bezeichneten Verhältnis stehen.

§ 2072 Die Armen
Hat der Erblasser die Armen ohne nähere Bestimmung bedacht, so ist im Zweifel anzunehmen, dass die öffentliche Armenkasse der Gemeinde, in deren Bezirk er seinen letzten Wohnsitz gehabt hat, unter der Auflage bedacht ist, das Zugewendete unter Arme zu verteilen.

§ 2073 Mehrdeutige Bezeichnung
Hat der Erblasser den Bedachten in einer Weise bezeichnet, die auf mehrere Personen passt, und lässt sich nicht ermitteln, wer von ihnen bedacht werden sollte, so gelten sie als zu gleichen Teilen bedacht.

§ 2074 Aufschiebende Bedingung
Hat der Erblasser eine letztwillige Zuwendung unter einer aufschiebenden Bedingung gemacht, so ist im Zweifel anzunehmen, dass die Zuwendung nur gelten soll, wenn der Bedachte den Eintritt der Bedingung erlebt.

§ 2075 Auflösende Bedingung
Hat der Erblasser eine letztwillige Zuwendung unter der Bedingung gemacht, dass der Bedachte während eines Zeitraums von unbestimmter Dauer etwas unterlässt oder fortgesetzt tut, so ist, wenn das Unterlassen oder das Tun lediglich in der Willkür des Bedachten liegt, im Zweifel anzunehmen, dass die Zuwendung von der auflösenden Bedingung abhängig sein soll, dass der Bedachte die Handlung vornimmt oder das Tun unterlässt.

§ 2076 Bedingung zum Vorteil eines Dritten
Bezweckt die Bedingung, unter der eine letztwillige Zuwendung gemacht ist, den Vorteil eines Dritten, so gilt sie im Zweifel als eingetreten, wenn der Dritte die zum Eintritt der Bedingung erforderliche Mitwirkung verweigert.

§ 2077 Unwirksamkeit letztwilliger Verfügungen bei Auflösung der Ehe oder Verlobung
(1) Eine letztwillige Verfügung, durch die der Erblasser seinen Ehegatten bedacht hat, ist unwirksam, wenn die Ehe vor dem Tode des Erblassers aufgelöst worden ist. Der Auflösung der Ehe steht es gleich, wenn zur Zeit des Todes des Erblassers die Voraussetzungen für die Scheidung der Ehe gegeben waren und der Erblasser die Scheidung beantragt oder ihr zugestimmt hatte. Das Gleiche gilt, wenn der Erblasser zur Zeit seines Todes berechtigt war, die Aufhebung der Ehe zu beantragen, und den Antrag gestellt hatte.
(2) Eine letztwillige Verfügung, durch die der Erblasser seinen Verlobten bedacht hat, ist unwirksam, wenn das Verlöbnis vor dem Tode des Erblassers aufgelöst worden ist.
(3) Die Verfügung ist nicht unwirksam, wenn anzunehmen ist, dass der Erblasser sie auch für einen solchen Fall getroffen haben würde.

§ 2078 Anfechtung wegen Irrtums oder Drohung
(1) Eine letztwillige Verfügung kann angefochten werden, soweit der Erblasser über den Inhalt seiner Erklärung im Irrtum war oder eine Erklärung dieses Inhalts überhaupt nicht abgeben wollte und anzunehmen ist, dass er die Erklärung bei Kenntnis der Sachlage nicht abgegeben haben würde.
(2) Das Gleiche gilt, soweit der Erblasser zu der Verfügung durch die irrige Annahme oder Erwartung des Eintritts oder Nichteintritts eines Umstands oder widerrechtlich durch Drohung bestimmt worden ist.
(3) Die Vorschrift des § 122 findet keine Anwendung.

§ 2079 Anfechtung wegen Übergehung eines Pflichtteilsberechtigten
Eine letztwillige Verfügung kann angefochten werden, wenn der Erblasser einen zur Zeit des Erbfalls vorhandenen Pflichtteilsberechtigten übergangen hat, dessen Vorhandensein ihm bei der Errichtung der Verfügung nicht bekannt war oder der erst nach der Errichtung geboren oder pflichtteilsberechtigt geworden ist. Die Anfechtung ist ausgeschlossen, soweit anzunehmen ist, dass der Erblasser auch bei Kenntnis der Sachlage die Verfügung getroffen haben würde.

§ 2080 Anfechtungsberechtigte
(1) Zur Anfechtung ist derjenige berechtigt, welchem die Aufhebung der letztwilligen Verfügung unmittelbar zustatten kommen würde.
(2) Bezieht sich in den Fällen des § 2078 der Irrtum nur auf eine bestimmte Person und ist diese anfechtungsberechtigt oder würde sie anfechtungsberechtigt sein, wenn sie zur Zeit des Erbfalls gelebt hätte, so ist ein anderer zur Anfechtung nicht berechtigt.
(3) Im Falle des § 2079 steht das Anfechtungsrecht nur dem Pflichtteilsberechtigten zu.

§ 2081 Anfechtungserklärung
(1) Die Anfechtung einer letztwilligen Verfügung, durch die ein Erbe eingesetzt, ein gesetzlicher Erbe von der Erbfolge ausgeschlossen, ein Testamentsvollstrecker ernannt oder eine Verfügung solcher Art aufgehoben wird, erfolgt durch Erklärung gegenüber dem Nachlassgericht.

(2) Das Nachlassgericht soll die Anfechtungserklärung demjenigen mitteilen, welchem die angefochtene Verfügung unmittelbar zustatten kommt. Es hat die Einsicht der Erklärung jedem zu gestatten, der ein rechtliches Interesse glaubhaft macht.
(3) Die Vorschrift des Absatzes 1 gilt auch für die Anfechtung einer letztwilligen Verfügung, durch die ein Recht für einen anderen nicht begründet wird, insbesondere für die Anfechtung einer Auflage.

§ 2082 Anfechtungsfrist
(1) Die Anfechtung kann nur binnen Jahresfrist erfolgen.
(2) Die Frist beginnt mit dem Zeitpunkt, in welchem der Anfechtungsberechtigte von dem Anfechtungsgrund Kenntnis erlangt. Auf den Lauf der Frist finden die für die Verjährung geltenden Vorschriften der §§ 206, 210, 211 entsprechende Anwendung.
(3) Die Anfechtung ist ausgeschlossen, wenn seit dem Erbfall 30 Jahre verstrichen sind.

§ 2083 Anfechtbarkeitseinrede
Ist eine letztwillige Verfügung, durch die eine Verpflichtung zu einer Leistung begründet wird, anfechtbar, so kann der Beschwerte die Leistung verweigern, auch wenn die Anfechtung nach § 2082 ausgeschlossen ist.

§ 2084 Auslegung zugunsten der Wirksamkeit
Lässt der Inhalt einer letztwilligen Verfügung verschiedene Auslegungen zu, so ist im Zweifel diejenige Auslegung vorzuziehen, bei welcher die Verfügung Erfolg haben kann.

§ 2085 Teilweise Unwirksamkeit
Die Unwirksamkeit einer von mehreren in einem Testament enthaltenen Verfügungen hat die Unwirksamkeit der übrigen Verfügungen nur zur Folge, wenn anzunehmen ist, dass der Erblasser diese ohne die unwirksame Verfügung nicht getroffen haben würde.

§ 2086 Ergänzungsvorbehalt
Ist einer letztwilligen Verfügung der Vorbehalt einer Ergänzung beigefügt, die Ergänzung aber unterblieben, so ist die Verfügung wirksam, sofern nicht anzunehmen ist, dass die Wirksamkeit von der Ergänzung abhängig sein sollte.

Titel 2
Erbeinsetzung

§ 2096 Ersatzerbe
Der Erblasser kann für den Fall, dass ein Erbe vor oder nach dem Eintritt des Erbfalls wegfällt, einen anderen als Erben einsetzen (Ersatzerbe).

Titel 3
Einsetzung eines Nacherben

§ 2100 Nacherbe
Der Erblasser kann einen Erben in der Weise einsetzen, dass dieser erst Erbe wird, nachdem zunächst ein anderer Erbe geworden ist (Nacherbe).

Titel 4
Vermächtnis

§ 2147 Beschwerter
Mit einem Vermächtnis kann der Erbe oder ein Vermächtnisnehmer beschwert werden. Soweit nicht der Erblasser ein anderes bestimmt hat, ist der Erbe beschwert.

Titel 5
Auflage

§ 2192 Anzuwendende Vorschriften
Auf eine Auflage finden die für letztwillige Zuwendungen geltenden Vorschriften der §§ 2065, 2147, 2148, 2154 bis 2156, 2161, 2171, 2181 entsprechende Anwendung.

Titel 6
Testamentsvollstrecker

§ 2197 Ernennung des Testamentsvollstreckers
(1) Der Erblasser kann durch Testament einen oder mehrere Testamentsvollstrecker ernennen.

(2) Der Erblasser kann für den Fall, dass der ernannte Testamentsvollstrecker vor oder nach der Annahme des Amts wegfällt, einen anderen Testamentsvollstrecker ernennen.

Titel 7
Errichtung und Aufhebung eines Testaments

§ 2229 Testierfähigkeit Minderjähriger, Testierunfähigkeit

(1) Ein Minderjähriger kann ein Testament erst errichten, wenn er das 16. Lebensjahr vollendet hat.
(2) Der Minderjährige bedarf zur Errichtung eines Testaments nicht der Zustimmung seines gesetzlichen Vertreters.
(3) (weggefallen)
(4) Wer wegen krankhafter Störung der Geistestätigkeit, wegen Geistesschwäche oder wegen Bewusstseinsstörung nicht in der Lage ist, die Bedeutung einer von ihm abgegebenen Willenserklärung einzusehen und nach dieser Einsicht zu handeln, kann ein Testament nicht errichten.

§ 2230 (weggefallen)

§ 2231 Ordentliche Testamente

Ein Testament kann in ordentlicher Form errichtet werden
1. zur Niederschrift eines Notars,
2. durch eine vom Erblasser nach § 2247 abgegebene Erklärung.

§ 2232 Öffentliches Testament

Zur Niederschrift eines Notars wird ein Testament errichtet, indem der Erblasser dem Notar seinen letzten Willen erklärt oder ihm eine Schrift mit der Erklärung übergibt, dass die Schrift seinen letzten Willen enthalte. Der Erblasser kann die Schrift offen oder verschlossen übergeben; sie braucht nicht von ihm geschrieben zu sein.

§ 2233 Sonderfälle

(1) Ist der Erblasser minderjährig, so kann er das Testament nur durch eine Erklärung gegenüber dem Notar oder durch Übergabe einer offenen Schrift errichten.
(2) Ist der Erblasser nach seinen Angaben oder nach der Überzeugung des Notars nicht im Stande, Geschriebenes zu lesen, so kann er das Testament nur durch eine Erklärung gegenüber dem Notar errichten.

§§ 2234 bis 2246 (weggefallen)

§ 2247 Eigenhändiges Testament

(1) Der Erblasser kann ein Testament durch eine eigenhändig geschriebene und unterschriebene Erklärung errichten.
(2) Der Erblasser soll in der Erklärung angeben, zu welcher Zeit (Tag, Monat und Jahr) und an welchem Ort er sie niedergeschrieben hat.
(3) Die Unterschrift soll den Vornamen und den Familiennamen des Erblassers enthalten. Unterschreibt der Erblasser in anderer Weise und reicht diese Unterzeichnung zur Feststellung der Urheberschaft des Erblassers und der Ernstlichkeit seiner Erklärung aus, so steht eine solche Unterzeichnung der Gültigkeit des Testaments nicht entgegen.
(4) Wer minderjährig ist oder Geschriebenes nicht zu lesen vermag, kann ein Testament nicht nach obigen Vorschriften errichten.
(5) Enthält ein nach Absatz 1 errichtetes Testament keine Angabe über die Zeit der Errichtung und ergeben sich hieraus Zweifel über seine Gültigkeit, so ist das Testament nur dann als gültig anzusehen, wenn sich die notwendigen Feststellungen über die Zeit der Errichtung anderweit treffen lassen. Dasselbe gilt entsprechend für ein Testament, das keine Angabe über den Ort der Errichtung enthält.

Titel 8
Gemeinschaftliches Testament

§ 2265 Errichtung durch Ehegatten

Ein gemeinschaftliches Testament kann nur von Ehegatten errichtet werden.

§ 2266 Gemeinschaftliches Nottestament

Ein gemeinschaftliches Testament kann nach den §§ 2249, 2250 auch dann errichtet werden, wenn die dort vorgesehenen Voraussetzungen nur bei einem der Ehegatten vorliegen.

§ 2267 Gemeinschaftliches eigenhändiges Testament

Zur Errichtung eines gemeinschaftlichen Testaments nach § 2247 genügt es, wenn einer der Ehegatten das Testament in der dort vorgeschriebenen Form errichtet und der andere Ehegatte die gemeinschaftliche Erklärung eigenhändig mitunterzeichnet. Der mitunterzeichnende Ehegatte soll hierbei angeben, zu welcher Zeit (Tag, Monat und Jahr) und an welchem Ort er seine Unterschrift beigefügt hat.

§ 2268 Wirkung der Ehenichtigkeit oder -auflösung
(1) Ein gemeinschaftliches Testament ist in den Fällen des § 2077 seinem ganzen Inhalt nach unwirksam.
(2) Wird die Ehe vor dem Tode eines der Ehegatten aufgelöst oder liegen die Voraussetzungen des § 2077 Abs. 1 Satz 2 oder 3 vor, so bleiben die Verfügungen insoweit wirksam, als anzunehmen ist, dass sie auch für diesen Fall getroffen sein würden.

§ 2269 Gegenseitige Einsetzung
(1) Haben die Ehegatten in einem gemeinschaftlichen Testamente, durch das sie sich gegenseitig als Erben einsetzen, bestimmt, dass nach dem Tode des Überlebenden der beiderseitige Nachlass an einen Dritten fallen soll, so ist im Zweifel anzunehmen, dass der Dritte für den gesamten Nachlass als Erbe des zuletzt versterbenden Ehegatten eingesetzt ist.
(2) Haben die Ehegatten in einem solchen Testament ein Vermächtnis angeordnet, das nach dem Tode des Überlebenden erfüllt werden soll, so ist im Zweifel anzunehmen, dass das Vermächtnis dem Bedachten erst mit dem Tode des Überlebenden anfallen soll.

§ 2270 Wechselbezügliche Verfügungen
(1) Haben die Ehegatten in einem gemeinschaftlichen Testament Verfügungen getroffen, von denen anzunehmen ist, dass die Verfügung des einen nicht ohne die Verfügung des anderen getroffen sein würde, so hat die Nichtigkeit oder der Widerruf der einen Verfügung die Unwirksamkeit der anderen zur Folge.
(2) Ein solches Verhältnis der Verfügungen zueinander ist im Zweifel anzunehmen, wenn sich die Ehgatten gegenseitig bedenken oder wenn dem einen Ehegatten von dem anderen eine Zuwendung gemacht und für den Fall des Überlebens des Bedachten eine Verfügung zugunsten einer Person getroffen wird, die mit dem anderen Ehegatten verwandt ist oder ihm sonst nahe steht.
(3) Auf andere Verfügungen als Erbeinsetzungen, Vermächtnisse, Auflagen und die Wahl des anzuwendenden Erbrechts findet Absatz 1 keine Anwendung.

§ 2271 Widerruf wechselbezüglicher Verfügungen
(1) Der Widerruf einer Verfügung, die mit einer Verfügung des anderen Ehegatten in dem im § 2270 bezeichneten Verhältnis steht, erfolgt bei Lebzeiten der Ehegatten nach den für den Rücktritt von einem Erbvertrag geltenden Vorschriften des § 2296. Durch eine neue Verfügung von Todes wegen kann ein Ehegatte bei Lebzeiten des anderen seine Verfügung nicht einseitig aufheben.
(2) Das Recht zum Widerruf erlischt mit dem Tode des anderen Ehegatten; der Überlebende kann jedoch seine Verfügung aufheben, wenn er das ihm Zugewendete ausschlägt. Auch nach der Annahme der Zuwendung ist der Überlebende zur Aufhebung nach Maßgabe des § 2294 und des § 2336 berechtigt.
(3) Ist ein pflichtteilsberechtigter Abkömmling der Ehegatten oder eines der Ehegatten bedacht, so findet die Vorschrift des § 2289 Abs. 2 entsprechende Anwendung.

§ 2272 Rücknahme aus amtlicher Verwahrung
Ein gemeinschaftliches Testament kann nach § 2256 nur von beiden Ehegatten zurückgenommen werden.

§ 2273 (weggefallen)

Abschnitt 4
Erbvertrag

§ 2274 Persönlicher Abschluss
Der Erblasser kann einen Erbvertrag nur persönlich schließen.

§ 2275 Voraussetzungen
Einen Erbvertrag kann als Erblasser nur schließen, wer unbeschränkt geschäftsfähig ist.

§ 2276 Form
(1) Ein Erbvertrag kann nur zur Niederschrift eines Notars bei gleichzeitiger Anwesenheit beider Teile geschlossen werden. Die Vorschriften der § 2231 Nr. 1 und der §§ 2232, 2233 sind anzuwenden; was nach diesen Vorschriften für den Erblasser gilt, gilt für jeden der Vertragschließenden.
(2) Für einen Erbvertrag zwischen Ehegatten oder zwischen Verlobten, der mit einem Ehevertrag in derselben Urkunde verbunden wird, genügt die für den Ehevertrag vorgeschriebene Form.

§ 2277 (weggefallen)

§ 2278 Zulässige vertragsmäßige Verfügungen
(1) In einem Erbvertrag kann jeder der Vertragschließenden vertragsmäßige Verfügungen von Todes wegen treffen.
(2) Andere Verfügungen als Erbeinsetzungen, Vermächtnisse, Auflagen und die Wahl des anzuwendenden Erbrechts können vertragsmäßig nicht getroffen werden.

§ 2279 Vertragsmäßige Zuwendungen und Auflagen; Anwendung von § 2077
(1) Auf vertragsmäßige Zuwendungen und Auflagen finden die für letztwillige Zuwendungen und Auflagen geltenden Vorschriften entsprechende Anwendung.
(2) Die Vorschrift des § 2077 gilt für einen Erbvertrag zwischen Ehegatten, Lebenspartnern oder Verlobten auch insoweit, als ein Dritter bedacht ist.

§ 2280 Anwendung von § 2269
Haben Ehegatten oder Lebenspartner in einem Erbvertrag, durch den sie sich gegenseitig als Erben einsetzen, bestimmt, dass nach dem Tode des Überlebenden der beiderseitige Nachlass an einen Dritten fallen soll, oder ein Vermächtnis angeordnet, das nach dem Tode des Überlebenden zu erfüllen ist, so findet die Vorschrift des § 2269 entsprechende Anwendung.

§ 2281 Anfechtung durch den Erblasser
(1) Der Erbvertrag kann auf Grund der §§ 2078, 2079 auch von dem Erblasser angefochten werden; zur Anfechtung auf Grund des § 2079 ist erforderlich, dass der Pflichtteilsberechtigte zur Zeit der Anfechtung vorhanden ist.
(2) Soll nach dem Tode des anderen Vertragschließenden eine zugunsten eines Dritten getroffene Verfügung von dem Erblasser angefochten werden, so ist die Anfechtung dem Nachlassgericht gegenüber zu erklären. Das Nachlassgericht soll die Erklärung dem Dritten mitteilen.

§ 2282 Vertretung, Form der Anfechtung
(1) Die Anfechtung kann nicht durch einen Vertreter des Erblassers erfolgen.
(2) Für einen geschäftsunfähigen Erblasser kann sein Betreuer den Erbvertrag anfechten; die Genehmigung des Betreuungsgerichts ist erforderlich.
(3) Die Anfechtungserklärung bedarf der notariellen Beurkundung.

§ 2283 Anfechtungsfrist
(1) Die Anfechtung durch den Erblasser kann nur binnen Jahresfrist erfolgen.
(2) Die Frist beginnt im Falle der Anfechtbarkeit wegen Drohung mit dem Zeitpunkt, in welchem die Zwangslage aufhört, in den übrigen Fällen mit dem Zeitpunkt, in welchem der Erblasser von dem Anfechtungsgrund Kenntnis erlangt. Auf den Lauf der Frist finden die für die Verjährung geltenden Vorschriften der §§ 206, 210 entsprechende Anwendung.
(3) Hat im Falle des § 2282 Abs. 2 der gesetzliche Vertreter den Erbvertrag nicht rechtzeitig angefochten, so kann nach dem Wegfall der Geschäftsunfähigkeit der Erblasser selbst den Erbvertrag in gleicher Weise anfechten, wie wenn er ohne gesetzlichen Vertreter gewesen wäre.

§ 2284 Bestätigung
Die Bestätigung eines anfechtbaren Erbvertrags kann nur durch den Erblasser persönlich erfolgen.

§ 2285 Anfechtung durch Dritte
Die in § 2080 bezeichneten Personen können den Erbvertrag auf Grund der §§ 2078, 2079 nicht mehr anfechten, wenn das Anfechtungsrecht des Erblassers zur Zeit des Erbfalls erloschen ist.

§ 2286 Verfügungen unter Lebenden
Durch den Erbvertrag wird das Recht des Erblassers, über sein Vermögen durch Rechtsgeschäft unter Lebenden zu verfügen, nicht beschränkt.

§ 2287 Den Vertragserben beeinträchtigende Schenkungen
(1) Hat der Erblasser in der Absicht, den Vertragserben zu beeinträchtigen, eine Schenkung gemacht, so kann der Vertragserbe, nachdem ihm die Erbschaft angefallen ist, von dem Beschenkten die Herausgabe des Geschenks nach den Vorschriften über die Herausgabe einer ungerechtfertigten Bereicherung fordern.
(2) Die Verjährungsfrist des Anspruchs beginnt mit dem Erbfall.

§ 2288 Beeinträchtigung des Vermächtnisnehmers
(1) Hat der Erblasser den Gegenstand eines vertragsmäßig angeordneten Vermächtnisses in der Absicht, den Bedachten zu beeinträchtigen, zerstört, beiseite geschafft oder beschädigt, so tritt, soweit der Erbe dadurch außerstande gesetzt ist, die Leistung zu bewirken, an die Stelle des Gegenstands der Wert.

(2) Hat der Erblasser den Gegenstand in der Absicht, den Bedachten zu beeinträchtigen, veräußert oder belastet, so ist der Erbe verpflichtet, dem Bedachten den Gegenstand zu verschaffen oder die Belastung zu beseitigen; auf diese Verpflichtung findet die Vorschrift des § 2170 Abs. 2 entsprechende Anwendung. Ist die Veräußerung oder die Belastung schenkweise erfolgt, so steht dem Bedachten, soweit er Ersatz nicht von dem Erben erlangen kann, der in § 2287 bestimmte Anspruch gegen den Beschenkten zu.

§ 2289 Wirkung des Erbvertrags auf letztwillige Verfügungen; Anwendung von § 2338

(1) Durch den Erbvertrag wird eine frühere letztwillige Verfügung des Erblassers aufgehoben, soweit sie das Recht des vertragsmäßig Bedachten beeinträchtigen würde. In dem gleichen Umfang ist eine spätere Verfügung von Todes wegen unwirksam, unbeschadet der Vorschrift des § 2297.

(2) Ist der Bedachte ein pflichtteilsberechtigter Abkömmling des Erblassers, so kann der Erblasser durch eine spätere letztwillige Verfügung die nach § 2338 zulässigen Anordnungen treffen.

§ 2290 Aufhebung durch Vertrag

(1) Ein Erbvertrag sowie eine einzelne vertragsmäßige Verfügung kann durch Vertrag von den Personen aufgehoben werden, die den Erbvertrag geschlossen haben. Nach dem Tode einer dieser Personen kann die Aufhebung nicht mehr erfolgen.

(2) Der Erblasser kann den Vertrag nur persönlich schließen.

(3) Ist für den anderen Teil ein Betreuer bestellt und wird die Aufhebung vom Aufgabenkreis des Betreuers erfasst, ist die Genehmigung des Betreuungsgerichts erforderlich.

(4) Der Vertrag bedarf der in § 2276 für den Erbvertrag vorgeschriebenen Form.

§ 2291 Aufhebung durch Testament

(1) Eine vertragsmäßige Verfügung, durch die ein Vermächtnis oder eine Auflage angeordnet sowie eine Rechtswahl getroffen ist, kann von dem Erblasser durch Testament aufgehoben werden. Zur Wirksamkeit der Aufhebung ist die Zustimmung des anderen Vertragschließenden erforderlich; die Vorschrift des § 2290 Abs. 3 findet Anwendung.

(2) Die Zustimmungserklärung bedarf der notariellen Beurkundung; die Zustimmung ist unwiderruflich.

§ 2292 Aufhebung durch gemeinschaftliches Testament

Ein zwischen Ehegatten oder Lebenspartnern geschlossener Erbvertrag kann auch durch ein gemeinschaftliches Testament der Ehegatten oder Lebenspartner aufgehoben werden; die Vorschrift des § 2290 Abs. 3 findet Anwendung.

§ 2293 Rücktritt bei Vorbehalt

Der Erblasser kann von dem Erbvertrag zurücktreten, wenn er sich den Rücktritt im Vertrag vorbehalten hat.

§ 2294 Rücktritt bei Verfehlungen des Bedachten

Der Erblasser kann von einer vertragsmäßigen Verfügung zurücktreten, wenn sich der Bedachte einer Verfehlung schuldig macht, die den Erblasser zur Entziehung des Pflichtteils berechtigt oder, falls der Bedachte nicht zu den Pflichtteilsberechtigten gehört, zu der Entziehung berechtigen würde, wenn der Bedachte ein Abkömmling des Erblassers wäre.

§ 2295 Rücktritt bei Aufhebung der Gegenverpflichtung

Der Erblasser kann von einer vertragsmäßigen Verfügung zurücktreten, wenn die Verfügung mit Rücksicht auf eine rechtsgeschäftliche Verpflichtung des Bedachten, dem Erblasser für dessen Lebenszeit wiederkehrende Leistungen zu entrichten, insbesondere Unterhalt zu gewähren, getroffen ist und die Verpflichtung vor dem Tode des Erblassers aufgehoben wird.

§ 2296 Vertretung, Form des Rücktritts

(1) Der Rücktritt kann nicht durch einen Vertreter erfolgen.

(2) Der Rücktritt erfolgt durch Erklärung gegenüber dem anderen Vertragschließenden. Die Erklärung bedarf der notariellen Beurkundung.

§ 2297 Rücktritt durch Testament

Soweit der Erblasser zum Rücktritt berechtigt ist, kann er nach dem Tode des anderen Vertragschließenden die vertragsmäßige Verfügung durch Testament aufheben. In den Fällen des § 2294 findet die Vorschrift des § 2336 Abs. 2 und 3 entsprechende Anwendung.

§ 2298 Gegenseitiger Erbvertrag

(1) Sind in einem Erbvertrag von beiden Teilen vertragsmäßige Verfügungen getroffen, so hat die Nichtigkeit einer dieser Verfügungen die Unwirksamkeit des ganzen Vertrags zur Folge.

(2) Ist in einem solchen Vertrag der Rücktritt vorbehalten, so wird durch den Rücktritt eines der Vertragschließenden der ganze Vertrag aufgehoben. Das Rücktrittsrecht erlischt mit dem Tode des anderen Vertragschließenden. Der Überlebende kann jedoch, wenn er das ihm durch den Vertrag Zugewendete ausschlägt, seine Verfügung durch Testament aufheben.
(3) Die Vorschriften des Absatzes 1 und des Absatzes 2 Sätze 1 und 2 finden keine Anwendung, wenn ein anderer Wille der Vertragschließenden anzunehmen ist.

§ 2299 Einseitige Verfügungen
(1) Jeder der Vertragschließenden kann in dem Erbvertrag einseitig jede Verfügung treffen, die durch Testament getroffen werden kann.
(2) Für eine Verfügung dieser Art gilt das Gleiche, wie wenn sie durch Testament getroffen worden wäre. Die Verfügung kann auch in einem Vertrag aufgehoben werden, durch den eine vertragsmäßige Verfügung aufgehoben wird.
(3) Wird der Erbvertrag durch Ausübung des Rücktrittsrechts oder durch Vertrag aufgehoben, so tritt die Verfügung außer Kraft, sofern nicht ein anderer Wille des Erblassers anzunehmen ist.

§ 2300 Anwendung der §§ 2259 und 2263; Rücknahme aus der amtlichen oder notariellen Verwahrung
(1) Die §§ 2259 und 2263 sind auf den Erbvertrag entsprechend anzuwenden.
(2) Ein Erbvertrag, der nur Verfügungen von Todes wegen enthält, kann aus der amtlichen oder notariellen Verwahrung zurückgenommen und den Vertragsschließenden zurückgegeben werden. Die Rückgabe kann nur an alle Vertragsschließenden gemeinschaftlich erfolgen; die Vorschrift des § 2290 Abs. 1 Satz 2, Abs. 2 und 3 findet Anwendung. Wird ein Erbvertrag nach den Sätzen 1 und 2 zurückgenommen, gilt § 2256 Abs. 1 entsprechend.

§ 2301 Schenkungsversprechen von Todes wegen
(1) Auf ein Schenkungsversprechen, welches unter der Bedingung erteilt wird, dass der Beschenkte den Schenker überlebt, finden die Vorschriften über Verfügungen von Todes wegen Anwendung. Das Gleiche gilt für ein schenkweise unter dieser Bedingung erteiltes Schuldversprechen oder Schuldanerkenntnis der in den §§ 780, 781 bezeichneten Art.
(2) Vollzieht der Schenker die Schenkung durch Leistung des zugewendeten Gegenstands, so finden die Vorschriften über Schenkungen unter Lebenden Anwendung.

§ 2302 Unbeschränkbare Testierfreiheit
Ein Vertrag, durch den sich jemand verpflichtet, eine Verfügung von Todes wegen zu errichten oder nicht zu errichten, aufzuheben oder nicht aufzuheben, ist nichtig.

Abschnitt 5
Pflichtteil

§ 2303 Pflichtteilsberechtigte; Höhe des Pflichtteils
(1) Ist ein Abkömmling des Erblassers durch Verfügung von Todes wegen von der Erbfolge ausgeschlossen, so kann er von dem Erben den Pflichtteil verlangen. Der Pflichtteil besteht in der Hälfte des Wertes des gesetzlichen Erbteils.
(2) Das gleiche Recht steht den Eltern und dem Ehegatten des Erblassers zu, wenn sie durch Verfügung von Todes wegen von der Erbfolge ausgeschlossen sind. Die Vorschrift des § 1371 bleibt unberührt.

§ 2304 Auslegungsregel
Die Zuwendung des Pflichtteils ist im Zweifel nicht als Erbeinsetzung anzusehen.

§ 2305 Zusatzpflichtteil
Ist einem Pflichtteilsberechtigten ein Erbteil hinterlassen, der geringer ist als die Hälfte des gesetzlichen Erbteils, so kann der Pflichtteilsberechtigte von den Miterben als Pflichtteil den Wert des an der Hälfte fehlenden Teils verlangen. Bei der Berechnung des Wertes bleiben Beschränkungen und Beschwerungen der in § 2306 bezeichneten Art außer Betracht.

§ 2306 Beschränkungen und Beschwerungen
(1) Ist ein als Erbe berufener Pflichtteilsberechtigter durch die Einsetzung eines Nacherben, die Ernennung eines Testamentsvollstreckers oder eine Teilungsanordnung beschränkt, oder ist er mit einem Vermächtnis oder einer Auflage beschwert, so kann er den Pflichtteil verlangen, wenn er den Erbteil ausschlägt; die Ausschlagungsfrist beginnt erst, wenn der Pflichtteilsberechtigte von der Beschränkung oder der Beschwerung Kenntnis erlangt.
(2) Einer Beschränkung der Erbeinsetzung steht es gleich, wenn der Pflichtteilsberechtigte als Nacherbe eingesetzt ist.

§ 2307 Zuwendung eines Vermächtnisses

(1) Ist ein Pflichtteilsberechtigter mit einem Vermächtnis bedacht, so kann er den Pflichtteil verlangen, wenn er das Vermächtnis ausschlägt. Schlägt er nicht aus, so steht ihm ein Recht auf den Pflichtteil nicht zu, soweit der Wert des Vermächtnisses reicht; bei der Berechnung des Wertes bleiben Beschränkungen und Beschwerungen der in § 2306 bezeichneten Art außer Betracht.

(2) Der mit dem Vermächtnis beschwerte Erbe kann den Pflichtteilsberechtigten unter Bestimmung einer angemessenen Frist zur Erklärung über die Annahme des Vermächtnisses auffordern. Mit dem Ablauf der Frist gilt das Vermächtnis als ausgeschlagen, wenn nicht vorher die Annahme erklärt wird.

§ 2308 Anfechtung der Ausschlagung

(1) Hat ein Pflichtteilsberechtigter, der als Erbe oder als Vermächtnisnehmer in der in § 2306 bezeichneten Art beschränkt oder beschwert ist, die Erbschaft oder das Vermächtnis ausgeschlagen, so kann er die Ausschlagung anfechten, wenn die Beschränkung oder die Beschwerung zur Zeit der Ausschlagung weggefallen und der Wegfall ihm nicht bekannt war.

(2) Auf die Anfechtung der Ausschlagung eines Vermächtnisses finden die für die Anfechtung der Ausschlagung einer Erbschaft geltenden Vorschriften entsprechende Anwendung. Die Anfechtung erfolgt durch Erklärung gegenüber dem Beschwerten.

§ 2309 Pflichtteilsrecht der Eltern und entfernteren Abkömmlinge

Entferntere Abkömmlinge und die Eltern des Erblassers sind insoweit nicht pflichtteilsberechtigt, als ein Abkömmling, der sie im Falle der gesetzlichen Erbfolge ausschließen würde, den Pflichtteil verlangen kann oder das ihm Hinterlassene annimmt.

§ 2310 Feststellung des Erbteils für die Berechnung des Pflichtteils

Bei der Feststellung des für die Berechnung des Pflichtteils maßgebenden Erbteils werden diejenigen mitgezählt, welche durch letztwillige Verfügung von der Erbfolge ausgeschlossen sind oder die Erbschaft ausgeschlagen haben oder für erbunwürdig erklärt sind. Wer durch Erbverzicht von der gesetzlichen Erbfolge ausgeschlossen ist, wird nicht mitgezählt.

§ 2311 Wert des Nachlasses

(1) Der Berechnung des Pflichtteils wird der Bestand und der Wert des Nachlasses zur Zeit des Erbfalls zugrunde gelegt. Bei der Berechnung des Pflichtteils eines Abkömmlings und der Eltern des Erblassers bleibt der dem überlebenden Ehegatten gebührende Voraus außer Ansatz.

(2) Der Wert ist, soweit erforderlich, durch Schätzung zu ermitteln. Eine vom Erblasser getroffene Wertbestimmung ist nicht maßgebend.

§ 2312 Wert eines Landguts

(1) Hat der Erblasser angeordnet oder ist nach § 2049 anzunehmen, dass einer von mehreren Erben das Recht haben soll, ein zum Nachlass gehörendes Landgut zu dem Ertragswert zu übernehmen, so ist, wenn von dem Recht Gebrauch gemacht wird, der Ertragswert auch für die Berechnung des Pflichtteils maßgebend. Hat der Erblasser einen anderen Übernahmepreis bestimmt, so ist dieser maßgebend, wenn er den Ertragswert erreicht und den Schätzungswert nicht übersteigt.

(2) Hinterlässt der Erblasser nur einen Erben, so kann er anordnen, dass der Berechnung des Pflichtteils der Ertragswert oder ein nach Absatz 1 Satz 2 bestimmter Wert zugrunde gelegt werden soll.

(3) Diese Vorschriften finden nur Anwendung, wenn der Erbe, der das Landgut erwirbt, zu den in § 2303 bezeichneten pflichtteilsberechtigten Personen gehört.

§ 2313 Ansatz bedingter, ungewisser oder unsicherer Rechte, Feststellungspflicht des Erben

(1) Bei der Feststellung des Wertes des Nachlasses bleiben Rechte und Verbindlichkeiten, die von einer aufschiebenden Bedingung abhängig sind, außer Ansatz. Rechte und Verbindlichkeiten, die von einer auflösenden Bedingung abhängig sind, kommen als unbedingte in Ansatz. Tritt die Bedingung ein, so hat die der veränderten Rechtslage entsprechende Ausgleichung zu erfolgen.

(2) Für ungewisse oder unsichere Rechte sowie für zweifelhafte Verbindlichkeiten gilt das Gleiche wie für Rechte und Verbindlichkeiten, die von einer aufschiebenden Bedingung abhängig sind. Der Erbe ist dem Pflichtteilsberechtigten gegenüber verpflichtet, für die Feststellung eines ungewissen und für die Verfolgung eines unsicheren Rechts zu sorgen, soweit es einer ordnungsgemäßen Verwaltung entspricht.

§ 2314 Auskunftspflicht des Erben

(1) Ist der Pflichtteilsberechtigte nicht Erbe, so hat ihm der Erbe auf Verlangen über den Bestand des Nachlasses Auskunft zu erteilen. Der Pflichtteilsberechtigte kann verlangen, dass er bei der Aufnahme des ihm nach § 260 vorzulegenden Verzeichnisses der Nachlassgegenstände zugezogen und dass der Wert der Nachlassgegenstände

ermittelt wird. Er kann auch verlangen, dass das Verzeichnis durch die zuständige Behörde oder durch einen zuständigen Beamten oder Notar aufgenommen wird.
(2) Die Kosten fallen dem Nachlass zur Last.

§ 2315 Anrechnung von Zuwendungen auf den Pflichtteil

(1) Der Pflichtteilsberechtigte hat sich auf den Pflichtteil anrechnen zu lassen, was ihm von dem Erblasser durch Rechtsgeschäft unter Lebenden mit der Bestimmung zugewendet worden ist, dass es auf den Pflichtteil angerechnet werden soll.
(2) Der Wert der Zuwendung wird bei der Bestimmung des Pflichtteils dem Nachlass hinzugerechnet. Der Wert bestimmt sich nach der Zeit, zu welcher die Zuwendung erfolgt ist.
(3) Ist der Pflichtteilsberechtigte ein Abkömmling des Erblassers, so findet die Vorschrift des § 2051 Abs. 1 entsprechende Anwendung.

§ 2316 Ausgleichungspflicht

(1) Der Pflichtteil eines Abkömmlings bestimmt sich, wenn mehrere Abkömmlinge vorhanden sind und unter ihnen im Falle der gesetzlichen Erbfolge eine Zuwendung des Erblassers oder Leistungen der in § 2057a bezeichneten Art zur Ausgleichung zu bringen sein würden, nach demjenigen, was auf den gesetzlichen Erbteil unter Berücksichtigung der Ausgleichungspflichten bei der Teilung entfallen würde. Ein Abkömmling, der durch Erbverzicht von der gesetzlichen Erbfolge ausgeschlossen ist, bleibt bei der Berechnung außer Betracht.
(2) Ist der Pflichtteilsberechtigte Erbe und beträgt der Pflichtteil nach Absatz 1 mehr als der Wert des hinterlassenen Erbteils, so kann der Pflichtteilsberechtigte von den Miterben den Mehrbetrag als Pflichtteil verlangen, auch wenn der hinterlassene Erbteil die Hälfte des gesetzlichen Erbteils erreicht oder übersteigt.
(3) Eine Zuwendung der in § 2050 Abs. 1 bezeichneten Art kann der Erblasser nicht zum Nachteil eines Pflichtteilsberechtigten von der Berücksichtigung ausschließen.
(4) Ist eine nach Absatz 1 zu berücksichtigende Zuwendung zugleich nach § 2315 auf den Pflichtteil anzurechnen, so kommt sie auf diesen nur mit der Hälfte des Wertes zur Anrechnung.

§ 2317 Entstehung und Übertragbarkeit des Pflichtteilsanspruchs

(1) Der Anspruch auf den Pflichtteil entsteht mit dem Erbfall.
(2) Der Anspruch ist vererblich und übertragbar.

§ 2318 Pflichtteilslast bei Vermächtnissen und Auflagen

(1) Der Erbe kann die Erfüllung eines ihm auferlegten Vermächtnisses soweit verweigern, dass die Pflichtteilslast von ihm und dem Vermächtnisnehmer verhältnismäßig getragen wird. Das Gleiche gilt von einer Auflage.
(2) Einem pflichtteilsberechtigten Vermächtnisnehmer gegenüber ist die Kürzung nur soweit zulässig, dass ihm der Pflichtteil verbleibt.
(3) Ist der Erbe selbst pflichtteilsberechtigt, so kann er wegen der Pflichtteilslast das Vermächtnis und die Auflage soweit kürzen, dass ihm sein eigener Pflichtteil verbleibt.

§ 2319 Pflichtteilsberechtigter Miterbe

Ist einer von mehreren Erben selbst pflichtteilsberechtigt, so kann er nach der Teilung die Befriedigung eines anderen Pflichtteilsberechtigten soweit verweigern, dass ihm sein eigener Pflichtteil verbleibt. Für den Ausfall haften die übrigen Erben.

§ 2320 Pflichtteilslast des an die Stelle des Pflichtteilsberechtigten getretenen Erben

(1) Wer anstelle des Pflichtteilsberechtigten gesetzlicher Erbe wird, hat im Verhältnis zu Miterben die Pflichtteilslast und, wenn der Pflichtteilsberechtigte ein ihm zugewendetes Vermächtnis annimmt, das Vermächtnis in Höhe des erlangten Vorteils zu tragen.
(2) Das Gleiche gilt im Zweifel von demjenigen, welchem der Erblasser den Erbteil des Pflichtteilsberechtigten durch Verfügung von Todes wegen zugewendet hat.

§ 2321 Pflichtteilslast bei Vermächtnisausschlagung

Schlägt der Pflichtteilsberechtigte ein ihm zugewendetes Vermächtnis aus, so hat im Verhältnis der Erben und der Vermächtnisnehmer zueinander derjenige, welchem die Ausschlagung zustatten kommt, die Pflichtteilslast in Höhe des erlangten Vorteils zu tragen.

§ 2322 Kürzung von Vermächtnissen und Auflagen

Ist eine von dem Pflichtteilsberechtigten ausgeschlagene Erbschaft oder ein von ihm ausgeschlagenes Vermächtnis mit einem Vermächtnis oder einer Auflage beschwert, so kann derjenige, welchem die Ausschlagung zustatten kommt, das Vermächtnis oder die Auflage soweit kürzen, dass ihm der zur Deckung der Pflichtteilslast erforderliche Betrag verbleibt.

§ 2323 Nicht pflichtteilsbelasteter Erbe

Der Erbe kann die Erfüllung eines Vermächtnisses oder einer Auflage auf Grund des § 2318 Abs. 1 insoweit nicht verweigern, als er die Pflichtteilslast nach den §§ 2320 bis 2322 nicht zu tragen hat.

§ 2324 Abweichende Anordnungen des Erblassers hinsichtlich der Pflichtteilslast

Der Erblasser kann durch Verfügung von Todes wegen die Pflichtteilslast im Verhältnis der Erben zueinander einzelnen Erben auferlegen und von den Vorschriften des § 2318 Abs. 1 und der §§ 2320 bis 2323 abweichende Anordnungen treffen.

§ 2325 Pflichtteilsergänzungsanspruch bei Schenkungen

(1) Hat der Erblasser einem Dritten eine Schenkung gemacht, so kann der Pflichtteilsberechtigte als Ergänzung des Pflichtteils den Betrag verlangen, um den sich der Pflichtteil erhöht, wenn der verschenkte Gegenstand dem Nachlass hinzugerechnet wird.
(2) Eine verbrauchbare Sache kommt mit dem Werte in Ansatz, den sie zur Zeit der Schenkung hatte. Ein anderer Gegenstand kommt mit dem Werte in Ansatz, den er zur Zeit des Erbfalls hat; hatte er zur Zeit der Schenkung einen geringeren Wert, so wird nur dieser in Ansatz gebracht.
(3) Die Schenkung wird innerhalb des ersten Jahres vor dem Erbfall in vollem Umfang, innerhalb jedes weiteren Jahres vor dem Erbfall um jeweils ein Zehntel weniger berücksichtigt. Sind zehn Jahre seit der Leistung des verschenkten Gegenstandes verstrichen, bleibt die Schenkung unberücksichtigt. Ist die Schenkung an den Ehegatten erfolgt, so beginnt die Frist nicht vor der Auflösung der Ehe.

§ 2326 Ergänzung über die Hälfte des gesetzlichen Erbteils

Der Pflichtteilsberechtigte kann die Ergänzung des Pflichtteils auch dann verlangen, wenn ihm die Hälfte des gesetzlichen Erbteils hinterlassen ist. Ist dem Pflichtteilsberechtigten mehr als die Hälfte hinterlassen, so ist der Anspruch ausgeschlossen, soweit der Wert des mehr Hinterlassenen reicht.

§ 2327 Beschenkter Pflichtteilsberechtigter

(1) Hat der Pflichtteilsberechtigte selbst ein Geschenk von dem Erblasser erhalten, so ist das Geschenk in gleicher Weise wie das dem Dritten gemachte Geschenk dem Nachlass hinzuzurechnen und zugleich dem Pflichtteilsberechtigten auf die Ergänzung anzurechnen. Ein nach § 2315 anzurechnendes Geschenk ist auf den Gesamtbetrag des Pflichtteils und der Ergänzung anzurechnen.
(2) Ist der Pflichtteilsberechtigte ein Abkömmling des Erblassers, so findet die Vorschrift des § 2051 Abs. 1 entsprechende Anwendung.

§ 2328 Selbst pflichtteilsberechtigter Erbe

Ist der Erbe selbst pflichtteilsberechtigt, so kann er die Ergänzung des Pflichtteils soweit verweigern, dass ihm sein eigener Pflichtteil mit Einschluss dessen verbleibt, was ihm zur Ergänzung des Pflichtteils gebühren würde.

§ 2329 Anspruch gegen den Beschenkten

(1) Soweit der Erbe zur Ergänzung des Pflichtteils nicht verpflichtet ist, kann der Pflichtteilsberechtigte von dem Beschenkten die Herausgabe des Geschenks zum Zwecke der Befriedigung wegen des fehlenden Betrags nach den Vorschriften über die Herausgabe einer ungerechtfertigten Bereicherung fordern. Ist der Pflichtteilsberechtigte der alleinige Erbe, so steht ihm das gleiche Recht zu.
(2) Der Beschenkte kann die Herausgabe durch Zahlung des fehlenden Betrags abwenden.
(3) Unter mehreren Beschenkten haftet der frühere Beschenkte nur insoweit, als der später Beschenkte nicht verpflichtet ist.

§ 2330 Anstandsschenkungen

Die Vorschriften der §§ 2325 bis 2329 finden keine Anwendung auf Schenkungen, durch die einer sittlichen Pflicht oder einer auf den Anstand zu nehmenden Rücksicht entsprochen wird.

§ 2331 Zuwendungen aus dem Gesamtgut

(1) Eine Zuwendung, die aus dem Gesamtgut der Gütergemeinschaft erfolgt, gilt als von jedem der Ehegatten zur Hälfte gemacht. Die Zuwendung gilt jedoch, wenn sie an einen Abkömmling, der nur von einem der Ehegatten abstammt, oder an eine Person, von der nur einer der Ehegatten abstammt, erfolgt, oder wenn einer der Ehegatten wegen der Zuwendung zu dem Gesamtgut Ersatz zu leisten hat, als von diesem Ehegatten gemacht.
(2) Diese Vorschriften sind auf eine Zuwendung aus dem Gesamtgut der fortgesetzten Gütergemeinschaft entsprechend anzuwenden.

§ 2331a Stundung

(1) Der Erbe kann Stundung des Pflichtteils verlangen, wenn die sofortige Erfüllung des gesamten Anspruchs für den Erben wegen der Art der Nachlassgegenstände eine unbillige Härte wäre, insbesondere wenn sie ihn zur

Aufgabe des Familienheims oder zur Veräußerung eines Wirtschaftsguts zwingen würde, das für den Erben und seine Familie die wirtschaftliche Lebensgrundlage bildet. Die Interessen des Pflichtteilsberechtigten sind angemessen zu berücksichtigen.
(2) Für die Entscheidung über eine Stundung ist, wenn der Anspruch nicht bestritten wird, das Nachlassgericht zuständig. § 1382 Abs. 2 bis 6 gilt entsprechend; an die Stelle des Familiengerichts tritt das Nachlassgericht.

§ 2332 Verjährung
(1) Die Verjährungsfrist des dem Pflichtteilsberechtigten nach § 2329 gegen den Beschenkten zustehenden Anspruchs beginnt mit dem Erbfall.
(2) Die Verjährung des Pflichtteilsanspruchs und des Anspruchs nach § 2329 wird nicht dadurch gehemmt, dass die Ansprüche erst nach der Ausschlagung der Erbschaft oder eines Vermächtnisses geltend gemacht werden können.

§ 2333 Entziehung des Pflichtteils
(1) Der Erblasser kann einem Abkömmling den Pflichtteil entziehen, wenn der Abkömmling
1. dem Erblasser, dem Ehegatten des Erblassers, einem anderen Abkömmling oder einer dem Erblasser ähnlich nahe stehenden Person nach dem Leben trachtet,
2. sich eines Verbrechens oder eines schweren vorsätzlichen Vergehens gegen eine der in Nummer 1 bezeichneten Personen schuldig macht,
3. die ihm dem Erblasser gegenüber gesetzlich obliegende Unterhaltspflicht böswillig verletzt oder
4. wegen einer vorsätzlichen Straftat zu einer Freiheitsstrafe von mindestens einem Jahr ohne Bewährung rechtskräftig verurteilt wird und die Teilhabe des Abkömmlings am Nachlass deshalb für den Erblasser unzumutbar ist. Gleiches gilt, wenn die Unterbringung des Abkömmlings in einem psychiatrischen Krankenhaus oder in einer Entziehungsanstalt wegen einer ähnlich schwerwiegenden vorsätzlichen Tat rechtskräftig angeordnet wird.
(2) Absatz 1 gilt entsprechend für die Entziehung des Eltern- oder Ehegattenpflichtteils.

§ 2334 (weggefallen)

§ 2335 (weggefallen)

Abschnitt 6
Erbunwürdigkeit

§ 2339 Gründe für Erbunwürdigkeit
(1) Erbunwürdig ist:
1. wer den Erblasser vorsätzlich und widerrechtlich getötet oder zu töten versucht oder in einen Zustand versetzt hat, infolge dessen der Erblasser bis zu seinem Tode unfähig war, eine Verfügung von Todes wegen zu errichten oder aufzuheben,
2. wer den Erblasser vorsätzlich und widerrechtlich verhindert hat, eine Verfügung von Todes wegen zu errichten oder aufzuheben,
3. wer den Erblasser durch arglistige Täuschung oder widerrechtlich durch Drohung bestimmt hat, eine Verfügung von Todes wegen zu errichten oder aufzuheben,
4. wer sich in Ansehung einer Verfügung des Erblassers von Todes wegen einer Straftat nach den §§ 267, 271 bis 274 des Strafgesetzbuchs schuldig gemacht hat.
(2) Die Erbunwürdigkeit tritt in den Fällen des Absatzes 1 Nr. 3, 4 nicht ein, wenn vor dem Eintritt des Erbfalls die Verfügung, zu deren Errichtung der Erblasser bestimmt oder in Ansehung deren die Straftat begangen worden ist, unwirksam geworden ist, oder die Verfügung, zu deren Aufhebung er bestimmt worden ist, unwirksam geworden sein würde.

§ 2340 Geltendmachung der Erbunwürdigkeit durch Anfechtung
(1) Die Erbunwürdigkeit wird durch Anfechtung des Erbschaftserwerbs geltend gemacht.
(2) Die Anfechtung ist erst nach dem Anfall der Erbschaft zulässig. Einem Nacherben gegenüber kann die Anfechtung erfolgen, sobald die Erbschaft dem Vorerben angefallen ist.
(3) Die Anfechtung kann nur innerhalb der in § 2082 bestimmten Fristen erfolgen.

Abschnitt 7
Erbverzicht

§ 2346 Wirkung des Erbverzichts, Beschränkungsmöglichkeit

(1) Verwandte sowie der Ehegatte des Erblassers können durch Vertrag mit dem Erblasser auf ihr gesetzliches Erbrecht verzichten. Der Verzichtende ist von der gesetzlichen Erbfolge ausgeschlossen, wie wenn er zur Zeit des Erbfalls nicht mehr lebte; er hat kein Pflichtteilsrecht.

(2) Der Verzicht kann auf das Pflichtteilsrecht beschränkt werden.

Abschnitt 8
Erbschein

§ 2353 Zuständigkeit des Nachlassgerichts, Antrag

Das Nachlassgericht hat dem Erben auf Antrag ein Zeugnis über sein Erbrecht und, wenn er nur zu einem Teil der Erbschaft berufen ist, über die Größe des Erbteils zu erteilen (Erbschein).

Allgemeines Gleichbehandlungsgesetz (AGG)

Vom 14. August 2006 (BGBl. I S. 1897)

Zuletzt geändert durch
SEPA-Begleitgesetz
vom 3. April 2013 (BGBl. I S. 610)

Inhaltsübersicht

Abschnitt 1
Allgemeiner Teil
§ 1 Ziel des Gesetzes
§ 2 Anwendungsbereich
§ 3 Begriffsbestimmungen
§ 4 Unterschiedliche Behandlung wegen mehrerer Gründe
§ 5 Positive Maßnahmen

Abschnitt 2
Schutz der Beschäftigten vor Benachteiligung
Unterabschnitt 1
Verbot der Benachteiligung
§ 6 Persönlicher Anwendungsbereich
§ 7 Benachteiligungsverbot
§ 8 Zulässige unterschiedliche Behandlung wegen beruflicher Anforderungen
§ 9 Zulässige unterschiedliche Behandlung wegen der Religion oder Weltanschauung
§ 10 Zulässige unterschiedliche Behandlung wegen des Alters

Unterabschnitt 2
Organisationspflichten des Arbeitgebers
§ 11 Ausschreibung
§ 12 Maßnahmen und Pflichten des Arbeitgebers

Unterabschnitt 3
Rechte der Beschäftigten
§ 13 Beschwerderecht
§ 14 Leistungsverweigerungsrecht
§ 15 Entschädigung und Schadensersatz
§ 16 Maßregelungsverbot

Unterabschnitt 4
Ergänzende Vorschriften
§ 17 Soziale Verantwortung der Beteiligten
§ 18 Mitgliedschaft in Vereinigungen

Abschnitt 3
Schutz vor Benachteiligung im Zivilrechtsverkehr
§ 19 Zivilrechtliches Benachteiligungsverbot
§ 20 Zulässige unterschiedliche Behandlung
§ 21 Ansprüche

Abschnitt 4
Rechtsschutz
§ 22 Beweislast
§ 23 Unterstützung durch Antidiskriminierungsverbände

Abschnitt 5
Sonderregelungen für öffentlich-rechtliche Dienstverhältnisse
§ 24 Sonderregelung für öffentlich-rechtliche Dienstverhältnisse

Abschnitt 6
Antidiskriminierungsstelle
§ 25 Antidiskriminierungsstelle des Bundes
§ 26 Rechtsstellung der Leitung der Antidiskriminierungsstelle des Bundes
§ 27 Aufgaben
§ 28 Befugnisse
§ 29 Zusammenarbeit mit Nichtregierungsorganisationen und anderen Einrichtungen
§ 30 Beirat

Abschnitt 7
Schlussvorschriften
§ 31 Unabdingbarkeit
§ 32 Schlussbestimmungen
§ 33 Übergangsbestimmungen

Abschnitt 1
Allgemeiner Teil

§ 1 Ziel des Gesetzes

Ziel des Gesetzes ist, Benachteiligungen aus Gründen der Rasse oder wegen der ethnischen Herkunft, des Geschlechts, der Religion oder Weltanschauung, einer Behinderung, des Alters oder der sexuellen Identität zu verhindern oder zu beseitigen.

§ 2 Anwendungsbereich

(1) Benachteiligungen aus einem in § 1 genannten Grund sind nach Maßgabe dieses Gesetzes unzulässig in Bezug auf:
1. die Bedingungen, einschließlich Auswahlkriterien und Einstellungsbedingungen, für den Zugang zu unselbstständiger und selbstständiger Erwerbstätigkeit, unabhängig von Tätigkeitsfeld und beruflicher Position, sowie für den beruflichen Aufstieg,
2. die Beschäftigungs- und Arbeitsbedingungen einschließlich Arbeitsentgelt und Entlassungsbedingungen, insbesondere in individual- und kollektivrechtlichen Vereinbarungen und Maßnahmen bei der Durchführung und Beendigung eines Beschäftigungsverhältnisses sowie beim beruflichen Aufstieg,
3. den Zugang zu allen Formen und allen Ebenen der Berufsberatung, der Berufsbildung einschließlich der Berufsausbildung, der beruflichen Weiterbildung und der Umschulung sowie der praktischen Berufserfahrung,
4. die Mitgliedschaft und Mitwirkung in einer Beschäftigten- oder Arbeitgebervereinigung oder einer Vereinigung, deren Mitglieder einer bestimmten Berufsgruppe angehören, einschließlich der Inanspruchnahme der Leistungen solcher Vereinigungen,
5. den Sozialschutz, einschließlich der sozialen Sicherheit und der Gesundheitsdienste,
6. die sozialen Vergünstigungen,
7. die Bildung,
8. den Zugang zu und die Versorgung mit Gütern und Dienstleistungen, die der Öffentlichkeit zur Verfügung stehen, einschließlich von Wohnraum.

(2) [1]Für Leistungen nach dem Sozialgesetzbuch gelten § 33c des Ersten Buches Sozialgesetzbuch und § 19a des Vierten Buches Sozialgesetzbuch. [2]Für die betriebliche Altersvorsorge gilt das Betriebsrentengesetz.

(3) [1]Die Geltung sonstiger Benachteiligungsverbote oder Gebote der Gleichbehandlung wird durch dieses Gesetz nicht berührt. [2]Dies gilt auch für öffentlich-rechtliche Vorschriften, die dem Schutz bestimmter Personengruppen dienen.

(4) Für Kündigungen gelten ausschließlich die Bestimmungen zum allgemeinen und besonderen Kündigungsschutz.

§ 3 Begriffsbestimmungen

(1) [1]Eine unmittelbare Benachteiligung liegt vor, wenn eine Person wegen eines in § 1 genannten Grundes eine weniger günstige Behandlung erfährt, als eine andere Person in einer vergleichbaren Situation erfährt, erfahren hat oder erfahren würde. [2]Eine unmittelbare Benachteiligung wegen des Geschlechts liegt in Bezug auf § 2 Abs. 1 Nr. 1 bis 4 auch im Falle einer ungünstigeren Behandlung einer Frau wegen Schwangerschaft oder Mutterschaft vor.

(2) Eine mittelbare Benachteiligung liegt vor, wenn dem Anschein nach neutrale Vorschriften, Kriterien oder Verfahren Personen wegen eines in § 1 genannten Grundes gegenüber anderen Personen in besonderer Weise benachteiligen können, es sei denn, die betreffenden Vorschriften, Kriterien oder Verfahren sind durch ein rechtmäßiges Ziel sachlich gerechtfertigt und die Mittel sind zur Erreichung dieses Ziels angemessen und erforderlich.

(3) Eine Belästigung ist eine Benachteiligung, wenn unerwünschte Verhaltensweisen, die mit einem in § 1 genannten Grund in Zusammenhang stehen, bezwecken oder bewirken, dass die Würde der betreffenden Person verletzt und ein von Einschüchterungen, Anfeindungen, Erniedrigungen, Entwürdigungen oder Beleidigungen gekennzeichnetes Umfeld geschaffen wird.

(4) Eine sexuelle Belästigung ist eine Benachteiligung in Bezug auf § 2 Abs. 1 Nr. 1 bis 4, wenn ein unerwünschtes, sexuell bestimmtes Verhalten, wozu auch unerwünschte sexuelle Handlungen und Aufforderungen zu diesen, sexuell bestimmte körperliche Berührungen, Bemerkungen sexuellen Inhalts sowie unerwünschtes Zeigen und sichtbares Anbringen von pornographischen Darstellungen gehören, bezweckt oder bewirkt, dass die Würde der betreffenden Person verletzt wird, insbesondere wenn ein von Einschüchterungen, Anfeindungen, Erniedrigungen, Entwürdigungen oder Beleidigungen gekennzeichnetes Umfeld geschaffen wird.

(5) [1]Die Anweisung zur Benachteiligung einer Person aus einem in § 1 genannten Grund gilt als Benachteiligung. [2]Eine solche Anweisung liegt in Bezug auf § 2 Abs. 1 Nr. 1 bis 4 insbesondere vor, wenn jemand eine Person zu einem Verhalten bestimmt, das einen Beschäftigten oder eine Beschäftigte wegen eines in § 1 genannten Grundes benachteiligt oder benachteiligen kann.

§ 4 Unterschiedliche Behandlung wegen mehrerer Gründe
Erfolgt eine unterschiedliche Behandlung wegen mehrerer der in § 1 genannten Gründe, so kann diese unterschiedliche Behandlung nach den §§ 8 bis 10 und 20 nur gerechtfertigt werden, wenn sich die Rechtfertigung auf alle diese Gründe erstreckt, derentwegen die unterschiedliche Behandlung erfolgt.

§ 5 Positive Maßnahmen
Ungeachtet der in den §§ 8 bis 10 sowie in § 20 benannten Gründe ist eine unterschiedliche Behandlung auch zulässig, wenn durch geeignete und angemessene Maßnahmen bestehende Nachteile wegen eines in § 1 genannten Grundes verhindert oder ausgeglichen werden sollen.

Abschnitt 2
Schutz der Beschäftigten vor Benachteiligung

Unterabschnitt 1
Verbot der Benachteiligung

§ 6 Persönlicher Anwendungsbereich
(1) ¹Beschäftigte im Sinne dieses Gesetzes sind
1. Arbeitnehmerinnen und Arbeitnehmer,
2. die zu ihrer Berufsbildung Beschäftigten,
3. Personen, die wegen ihrer wirtschaftlichen Unselbstständigkeit als arbeitnehmerähnliche Personen anzusehen sind; zu diesen gehören auch die in Heimarbeit Beschäftigten und die ihnen Gleichgestellten.

²Als Beschäftigte gelten auch die Bewerberinnen und Bewerber für ein Beschäftigungsverhältnis sowie die Personen, deren Beschäftigungsverhältnis beendet ist.
(2) ¹Arbeitgeber (Arbeitgeber und Arbeitgeberinnen) im Sinne dieses Abschnitts sind natürliche und juristische Personen sowie rechtsfähige Personengesellschaften, die Personen nach Absatz 1 beschäftigen. ²Werden Beschäftigte einem Dritten zur Arbeitsleistung überlassen, so gilt auch dieser als Arbeitgeber im Sinne dieses Abschnitts. ³Für die in Heimarbeit Beschäftigten und die ihnen Gleichgestellten tritt an die Stelle des Arbeitgebers der Auftraggeber oder Zwischenmeister.
(3) Soweit es die Bedingungen für den Zugang zur Erwerbstätigkeit sowie den beruflichen Aufstieg betrifft, gelten die Vorschriften dieses Abschnitts für Selbstständige und Organmitglieder, insbesondere Geschäftsführer oder Geschäftsführerinnen und Vorstände, entsprechend.

§ 7 Benachteiligungsverbot
(1) Beschäftigte dürfen nicht wegen eines in § 1 genannten Grundes benachteiligt werden; dies gilt auch, wenn die Person, die die Benachteiligung begeht, das Vorliegen eines in § 1 genannten Grundes bei der Benachteiligung nur annimmt.
(2) Bestimmungen in Vereinbarungen, die gegen das Benachteiligungsverbot des Absatzes 1 verstoßen, sind unwirksam.
(3) Eine Benachteiligung nach Absatz 1 durch Arbeitgeber oder Beschäftigte ist eine Verletzung vertraglicher Pflichten.

§ 8 Zulässige unterschiedliche Behandlung wegen beruflicher Anforderungen
(1) Eine unterschiedliche Behandlung wegen eines in § 1 genannten Grundes ist zulässig, wenn dieser Grund wegen der Art der auszuübenden Tätigkeit oder der Bedingungen ihrer Ausübung eine wesentliche und entscheidende berufliche Anforderung darstellt, sofern der Zweck rechtmäßig und die Anforderung angemessen ist.
(2) Die Vereinbarung einer geringeren Vergütung für gleiche oder gleichwertige Arbeit wegen eines in § 1 genannten Grundes wird nicht dadurch gerechtfertigt, dass wegen eines in § 1 genannten Grundes besondere Schutzvorschriften gelten.

§ 9 Zulässige unterschiedliche Behandlung wegen der Religion oder Weltanschauung
(1) Ungeachtet des § 8 ist eine unterschiedliche Behandlung wegen der Religion oder der Weltanschauung bei der Beschäftigung durch Religionsgemeinschaften, die ihnen zugeordneten Einrichtungen ohne Rücksicht auf ihre Rechtsform oder durch Vereinigungen, die sich die gemeinschaftliche Pflege einer Religion oder Weltanschauung zur Aufgabe machen, auch zulässig, wenn eine bestimmte Religion oder Weltanschauung unter Beachtung des Selbstverständnisses der jeweiligen Religionsgemeinschaft

oder Vereinigung im Hinblick auf ihr Selbstbestimmungsrecht oder nach der Art der Tätigkeit eine gerechtfertigte berufliche Anforderung darstellt.
(2) Das Verbot unterschiedlicher Behandlung wegen der Religion oder der Weltanschauung berührt nicht das Recht der in Absatz 1 genannten Religionsgemeinschaften, der ihnen zugeordneten Einrichtungen ohne Rücksicht auf ihre Rechtsform oder der Vereinigungen, die sich die gemeinschaftliche Pflege einer Religion oder Weltanschauung zur Aufgabe machen, von ihren Beschäftigten ein loyales und aufrichtiges Verhalten im Sinne ihres jeweiligen Selbstverständnisses verlangen zu können.

§ 10 Zulässige unterschiedliche Behandlung wegen des Alters
[1]Ungeachtet des § 8 ist eine unterschiedliche Behandlung wegen des Alters auch zulässig, wenn sie objektiv und angemessen und durch ein legitimes Ziel gerechtfertigt ist. [2]Die Mittel zur Erreichung dieses Ziels müssen angemessen und erforderlich sein. [3]Derartige unterschiedliche Behandlungen können insbesondere Folgendes einschließen:
1. die Festlegung besonderer Bedingungen für den Zugang zur Beschäftigung und zur beruflichen Bildung sowie besonderer Beschäftigungs- und Arbeitsbedingungen, einschließlich der Bedingungen für Entlohnung und Beendigung des Beschäftigungsverhältnisses, um die berufliche Eingliederung von Jugendlichen, älteren Beschäftigten und Personen mit Fürsorgepflichten zu fördern oder ihren Schutz sicherzustellen,
2. die Festlegung von Mindestanforderungen an das Alter, die Berufserfahrung oder das Dienstalter für den Zugang zur Beschäftigung oder für bestimmte mit der Beschäftigung verbundene Vorteile,
3. die Festsetzung eines Höchstalters für die Einstellung auf Grund der spezifischen Ausbildungsanforderungen eines bestimmten Arbeitsplatzes oder auf Grund der Notwendigkeit einer angemessenen Beschäftigungszeit vor dem Eintritt in den Ruhestand,
4. die Festsetzung von Altersgrenzen bei den betrieblichen Systemen der sozialen Sicherheit als Voraussetzung für die Mitgliedschaft oder den Bezug von Altersrente oder von Leistungen bei Invalidität einschließlich der Festsetzung unterschiedlicher Altersgrenzen im Rahmen dieser Systeme für bestimmte Beschäftigte oder Gruppen von Beschäftigten und die Verwendung von Alterskriterien im Rahmen dieser Systeme für versicherungsmathematische Berechnungen,
5. eine Vereinbarung, die die Beendigung des Beschäftigungsverhältnisses ohne Kündigung zu einem Zeitpunkt vorsieht, zu dem der oder die Beschäftigte eine Rente wegen Alters beantragen kann; § 41 des Sechsten Buches Sozialgesetzbuch bleibt unberührt,
6. Differenzierungen von Leistungen in Sozialplänen im Sinne des Betriebsverfassungsgesetzes, wenn die Parteien eine nach Alter oder Betriebszugehörigkeit gestaffelte Abfindungsregelung geschaffen haben, in der die wesentlich vom Alter abhängenden Chancen auf dem Arbeitsmarkt durch eine verhältnismäßig starke Betonung des Lebensalters erkennbar berücksichtigt worden sind, oder Beschäftigte von den Leistungen des Sozialplans ausgeschlossen haben, die wirtschaftlich abgesichert sind, weil sie, gegebenenfalls nach Bezug von Arbeitslosengeld, rentenberechtigt sind.

Unterabschnitt 2
Organisationspflichten des Arbeitgebers

§ 11 Ausschreibung
Ein Arbeitsplatz darf nicht unter Verstoß gegen § 7 Abs. 1 ausgeschrieben werden.

§ 12 Maßnahmen und Pflichten des Arbeitgebers
(1) [1]Der Arbeitgeber ist verpflichtet, die erforderlichen Maßnahmen zum Schutz vor Benachteiligungen wegen eines in § 1 genannten Grundes zu treffen. [2]Dieser Schutz umfasst auch vorbeugende Maßnahmen.
(2) [1]Der Arbeitgeber soll in geeigneter Art und Weise, insbesondere im Rahmen der beruflichen Aus- und Fortbildung, auf die Unzulässigkeit solcher Benachteiligungen hinweisen und darauf hinwirken, dass diese unterbleiben. [2]Hat der Arbeitgeber seine Beschäftigten in geeigneter Weise zum Zwecke der Verhinderung von Benachteiligung geschult, gilt dies als Erfüllung seiner Pflichten nach Absatz 1.
(3) Verstoßen Beschäftigte gegen das Benachteiligungsverbot des § 7 Abs. 1, so hat der Arbeitgeber die im Einzelfall geeigneten, erforderlichen und angemessenen Maßnahmen zur Unterbindung der Benachteiligung wie Abmahnung, Umsetzung, Versetzung oder Kündigung zu ergreifen.

(4) Werden Beschäftigte bei der Ausübung ihrer Tätigkeit durch Dritte nach § 7 Abs. 1 benachteiligt, so hat der Arbeitgeber die im Einzelfall geeigneten, erforderlichen und angemessenen Maßnahmen zum Schutz der Beschäftigten zu ergreifen.
(5) ¹Dieses Gesetz und § 61b des Arbeitsgerichtsgesetzes sowie Informationen über die für die Behandlung von Beschwerden nach § 13 zuständigen Stellen sind im Betrieb oder in der Dienststelle bekannt zu machen. ²Die Bekanntmachung kann durch Aushang oder Auslegung an geeigneter Stelle oder den Einsatz der im Betrieb oder der Dienststelle üblichen Informations- und Kommunikationstechnik erfolgen.

Unterabschnitt 3
Rechte der Beschäftigten

§ 13 Beschwerderecht
(1) ¹Die Beschäftigten haben das Recht, sich bei den zuständigen Stellen des Betriebs, des Unternehmens oder der Dienststelle zu beschweren, wenn sie sich im Zusammenhang mit ihrem Beschäftigungsverhältnis vom Arbeitgeber, von Vorgesetzten, anderen Beschäftigten oder Dritten wegen eines in § 1 genannten Grundes benachteiligt fühlen. ²Die Beschwerde ist zu prüfen und das Ergebnis der oder dem beschwerdeführenden Beschäftigten mitzuteilen.
(2) Die Rechte der Arbeitnehmervertretungen bleiben unberührt.

§ 14 Leistungsverweigerungsrecht
¹Ergreift der Arbeitgeber keine oder offensichtlich ungeeignete Maßnahmen zur Unterbindung einer Belästigung oder sexuellen Belästigung am Arbeitsplatz, sind die betroffenen Beschäftigten berechtigt, ihre Tätigkeit ohne Verlust des Arbeitsentgelts einzustellen, soweit dies zu ihrem Schutz erforderlich ist. ²§ 273 des Bürgerlichen Gesetzbuchs bleibt unberührt.

§ 15 Entschädigung und Schadensersatz
(1) ¹Bei einem Verstoß gegen das Benachteiligungsverbot ist der Arbeitgeber verpflichtet, den hierdurch entstandenen Schaden zu ersetzen. ²Dies gilt nicht, wenn der Arbeitgeber die Pflichtverletzung nicht zu vertreten hat.
(2) ¹Wegen eines Schadens, der nicht Vermögensschaden ist, kann der oder die Beschäftigte eine angemessene Entschädigung in Geld verlangen. ²Die Entschädigung darf bei einer Nichteinstellung drei Monatsgehälter nicht übersteigen, wenn der oder die Beschäftigte auch bei benachteiligungsfreier Auswahl nicht eingestellt worden wäre.
(3) Der Arbeitgeber ist bei der Anwendung kollektiv-rechtlicher Vereinbarungen nur dann zur Entschädigung verpflichtet, wenn er vorsätzlich oder grob fahrlässig handelt.
(4) ¹Ein Anspruch nach Absatz 1 oder 2 muss innerhalb einer Frist von zwei Monaten schriftlich geltend gemacht werden, es sei denn, die Tarifvertragsparteien haben etwas anderes vereinbart. ²Die Frist beginnt im Falle einer Bewerbung oder eines beruflichen Aufstiegs mit dem Zugang der Ablehnung und in den sonstigen Fällen einer Benachteiligung zu dem Zeitpunkt, in dem der oder die Beschäftigte von der Benachteiligung Kenntnis erlangt.
(5) Im Übrigen bleiben Ansprüche gegen den Arbeitgeber, die sich aus anderen Rechtsvorschriften ergeben, unberührt.
(6) Ein Verstoß des Arbeitgebers gegen das Benachteiligungsverbot des § 7 Abs. 1 begründet keinen Anspruch auf Begründung eines Beschäftigungsverhältnisses, Berufsausbildungsverhältnisses oder einen beruflichen Aufstieg, es sei denn, ein solcher ergibt sich aus einem anderen Rechtsgrund.

§ 16 Maßregelungsverbot
(1) ¹Der Arbeitgeber darf Beschäftigte nicht wegen der Inanspruchnahme von Rechten nach diesem Abschnitt oder wegen der Weigerung, eine gegen diesen Abschnitt verstoßende Anweisung auszuführen, benachteiligen. ²Gleiches gilt für Personen, die den Beschäftigten hierbei unterstützen oder als Zeuginnen oder Zeugen aussagen.
(2) ¹Die Zurückweisung oder Duldung benachteiligender Verhaltensweisen durch betroffene Beschäftigte darf nicht als Grundlage für eine Entscheidung herangezogen werden, die diese Beschäftigten berührt. ²Absatz 1 Satz 2 gilt entsprechend.
(3) § 22 gilt entsprechend.

Unterabschnitt 4
Ergänzende Vorschriften

§ 17 Soziale Verantwortung der Beteiligten

(1) Tarifvertragsparteien, Arbeitgeber, Beschäftigte und deren Vertretungen sind aufgefordert, im Rahmen ihrer Aufgaben und Handlungsmöglichkeiten an der Verwirklichung des in § 1 genannten Ziels mitzuwirken.
(2) ¹In Betrieben, in denen die Voraussetzungen des § 1 Abs. 1 Satz 1 des Betriebsverfassungsgesetzes vorliegen, können bei einem groben Verstoß des Arbeitgebers gegen Vorschriften aus diesem Abschnitt der Betriebsrat oder eine im Betrieb vertretene Gewerkschaft unter der Voraussetzung des § 23 Abs. 3 Satz 1 des Betriebsverfassungsgesetzes die dort genannten Rechte gerichtlich geltend machen; § 23 Abs. 3 Satz 2 bis 5 des Betriebsverfassungsgesetzes gilt entsprechend. ²Mit dem Antrag dürfen nicht Ansprüche des Benachteiligten geltend gemacht werden.

§ 18 Mitgliedschaft in Vereinigungen

(1) Die Vorschriften dieses Abschnitts gelten entsprechend für die Mitgliedschaft oder die Mitwirkung in einer
1. Tarifvertragspartei,
2. Vereinigung, deren Mitglieder einer bestimmten Berufsgruppe angehören oder die eine überragende Machtstellung im wirtschaftlichen oder sozialen Bereich innehat, wenn ein grundlegendes Interesse am Erwerb der Mitgliedschaft besteht,
sowie deren jeweiligen Zusammenschlüssen.
(2) Wenn die Ablehnung einen Verstoß gegen das Benachteiligungsverbot des § 7 Abs. 1 darstellt, besteht ein Anspruch auf Mitgliedschaft oder Mitwirkung in den in Absatz 1 genannten Vereinigungen.

Abschnitt 3
Schutz vor Benachteiligung im Zivilrechtsverkehr

§ 19 Zivilrechtliches Benachteiligungsverbot

(1) Eine Benachteiligung aus Gründen der Rasse oder wegen der ethnischen Herkunft, wegen des Geschlechts, der Religion, einer Behinderung, des Alters oder der sexuellen Identität bei der Begründung, Durchführung und Beendigung zivilrechtlicher Schuldverhältnisse, die
1. typischerweise ohne Ansehen der Person zu vergleichbaren Bedingungen in einer Vielzahl von Fällen zustande kommen (Massengeschäfte) oder bei denen das Ansehen der Person nach der Art des Schuldverhältnisses eine nachrangige Bedeutung hat und die zu vergleichbaren Bedingungen in einer Vielzahl von Fällen zustande kommen oder
2. eine privatrechtliche Versicherung zum Gegenstand haben,
ist unzulässig.
(2) Eine Benachteiligung aus Gründen der Rasse oder wegen der ethnischen Herkunft ist darüber hinaus auch bei der Begründung, Durchführung und Beendigung sonstiger zivilrechtlicher Schuldverhältnisse im Sinne des § 2 Abs. 1 Nr. 5 bis 8 unzulässig.
(3) Bei der Vermietung von Wohnraum ist eine unterschiedliche Behandlung im Hinblick auf die Schaffung und Erhaltung sozial stabiler Bewohnerstrukturen und ausgewogener Siedlungsstrukturen sowie ausgeglichener wirtschaftlicher, sozialer und kultureller Verhältnisse zulässig.
(4) Die Vorschriften dieses Abschnitts finden keine Anwendung auf familien- und erbrechtliche Schuldverhältnisse.
(5) ¹Die Vorschriften dieses Abschnitts finden keine Anwendung auf zivilrechtliche Schuldverhältnisse, bei denen ein besonderes Nähe- oder Vertrauensverhältnis der Parteien oder ihrer Angehörigen begründet wird. ²Bei Mietverhältnissen kann dies insbesondere der Fall sein, wenn die Parteien oder ihre Angehörigen Wohnraum auf demselben Grundstück nutzen. ³Die Vermietung von Wohnraum zum nicht nur vorübergehenden Gebrauch ist in der Regel kein Geschäft im Sinne des Absatzes 1 Nr. 1, wenn der Vermieter insgesamt nicht mehr als 50 Wohnungen vermietet.

§ 20 Zulässige unterschiedliche Behandlung

(1) ¹Eine Verletzung des Benachteiligungsverbots ist nicht gegeben, wenn für eine unterschiedliche Behandlung wegen der Religion, einer Behinderung, des Alters, der sexuellen Identität oder des Geschlechts ein sachlicher Grund vorliegt. ²Das kann insbesondere der Fall sein, wenn die unterschiedliche Behandlung

1. der Vermeidung von Gefahren, der Verhütung von Schäden oder anderen Zwecken vergleichbarer Art dient,
2. dem Bedürfnis nach Schutz der Intimsphäre oder der persönlichen Sicherheit Rechnung trägt,
3. besondere Vorteile gewährt und ein Interesse an der Durchsetzung der Gleichbehandlung fehlt,
4. an die Religion eines Menschen anknüpft und im Hinblick auf die Ausübung der Religionsfreiheit oder auf das Selbstbestimmungsrecht der Religionsgemeinschaften, der ihnen zugeordneten Einrichtungen ohne Rücksicht auf ihre Rechtsform sowie der Vereinigungen, die sich die gemeinschaftliche Pflege einer Religion zur Aufgabe machen, unter Beachtung des jeweiligen Selbstverständnisses gerechtfertigt ist.

(2) ¹Kosten im Zusammenhang mit Schwangerschaft und Mutterschaft dürfen auf keinen Fall zu unterschiedlichen Prämien oder Leistungen führen. ²Eine unterschiedliche Behandlung wegen der Religion, einer Behinderung, des Alters oder der sexuellen Identität ist im Falle des § 19 Abs. 1 Nr. 2 nur zulässig, wenn diese auf anerkannten Prinzipien risikoadäquater Kalkulation beruht, insbesondere auf einer versicherungsmathematisch ermittelten Risikobewertung unter Heranziehung statistischer Erhebungen.

§21 Ansprüche

(1) ¹Der Benachteiligte kann bei einem Verstoß gegen das Benachteiligungsverbot unbeschadet weiterer Ansprüche die Beseitigung der Beeinträchtigung verlangen. ²Sind weitere Beeinträchtigungen zu besorgen, so kann er auf Unterlassung klagen.
(2) ¹Bei einer Verletzung des Benachteiligungsverbots ist der Benachteiligende verpflichtet, den hierdurch entstandenen Schaden zu ersetzen. ²Dies gilt nicht, wenn der Benachteiligende die Pflichtverletzung nicht zu vertreten hat. ³Wegen eines Schadens, der nicht Vermögensschaden ist, kann der Benachteiligte eine angemessene Entschädigung in Geld verlangen.
(3) Ansprüche aus unerlaubter Handlung bleiben unberührt.
(4) Auf eine Vereinbarung, die von dem Benachteiligungsverbot abweicht, kann sich der Benachteiligende nicht berufen.
(5) ¹Ein Anspruch nach den Absätzen 1 und 2 muss innerhalb einer Frist von zwei Monaten geltend gemacht werden. ²Nach Ablauf der Frist kann der Anspruch nur geltend gemacht werden, wenn der Benachteiligte ohne Verschulden an der Einhaltung der Frist verhindert war.

Abschnitt 4
Rechtsschutz

§22 Beweislast

Wenn im Streitfall die eine Partei Indizien beweist, die eine Benachteiligung wegen eines in § 1 genannten Grundes vermuten lassen, trägt die andere Partei die Beweislast dafür, dass kein Verstoß gegen die Bestimmungen zum Schutz vor Benachteiligung vorgelegen hat.

§23 Unterstützung durch Antidiskriminierungsverbände

(1) ¹Antidiskriminierungsverbände sind Personenzusammenschlüsse, die nicht gewerbsmäßig und nicht nur vorübergehend entsprechend ihrer Satzung die besonderen Interessen von benachteiligten Personen oder Personengruppen nach Maßgabe von § 1 wahrnehmen. ²Die Befugnisse nach den Absätzen 2 bis 4 stehen ihnen zu, wenn sie mindestens 75 Mitglieder haben oder einen Zusammenschluss aus mindestens sieben Verbänden bilden.
(2) ¹Antidiskriminierungsverbände sind befugt, im Rahmen ihres Satzungszwecks in gerichtlichen Verfahren als Beistände Benachteiligter in der Verhandlung aufzutreten. ²Im Übrigen bleiben die Vorschriften der Verfahrensordnungen, insbesondere diejenigen, nach denen Beiständen weiterer Vortrag untersagt werden kann, unberührt.
(3) Antidiskriminierungsverbänden ist im Rahmen ihres Satzungszwecks die Besorgung von Rechtsangelegenheiten Benachteiligter gestattet.
(4) Besondere Klagerechte und Vertretungsbefugnisse von Verbänden zu Gunsten von behinderten Menschen bleiben unberührt.

Abschnitt 5
Sonderregelungen für öffentlich-rechtliche Dienstverhältnisse

§ 24 Sonderregelung für öffentlich-rechtliche Dienstverhältnisse
Die Vorschriften dieses Gesetzes gelten unter Berücksichtigung ihrer besonderen Rechtsstellung entsprechend für
1. Beamtinnen und Beamte des Bundes, der Länder, der Gemeinden, der Gemeindeverbände sowie der sonstigen der Aufsicht des Bundes oder eines Landes unterstehenden Körperschaften, Anstalten und Stiftungen des öffentlichen Rechts,
2. Richterinnen und Richter des Bundes und der Länder,
3. Zivildienstleistende sowie anerkannte Kriegsdienstverweigerer, soweit ihre Heranziehung zum Zivildienst betroffen ist.

Abschnitt 6
Antidiskriminierungsstelle

§ 25 Antidiskriminierungsstelle des Bundes
(1) Beim Bundesministerium für Familie, Senioren, Frauen und Jugend wird unbeschadet der Zuständigkeit der Beauftragten des Deutschen Bundestages oder der Bundesregierung die Stelle des Bundes zum Schutz vor Benachteiligungen wegen eines in § 1 genannten Grundes (Antidiskriminierungsstelle des Bundes) errichtet.
(2) [1]Der Antidiskriminierungsstelle des Bundes ist die für die Erfüllung ihrer Aufgaben notwendige Personal- und Sachausstattung zur Verfügung zu stellen. [2]Sie ist im Einzelplan des Bundesministeriums für Familie, Senioren, Frauen und Jugend in einem eigenen Kapitel auszuweisen.

§ 26 Rechtsstellung der Leitung der Antidiskriminierungsstelle des Bundes
(1) [1]Die Bundesministerin oder der Bundesminister für Familie, Senioren, Frauen und Jugend ernennt auf Vorschlag der Bundesregierung eine Person zur Leitung der Antidiskriminierungsstelle des Bundes. [2]Sie steht nach Maßgabe dieses Gesetzes in einem öffentlich-rechtlichen Amtsverhältnis zum Bund. [3]Sie ist in Ausübung ihres Amtes unabhängig und nur dem Gesetz unterworfen.
(2) Das Amtsverhältnis beginnt mit der Aushändigung der Urkunde über die Ernennung durch die Bundesministerin oder den Bundesminister für Familie, Senioren, Frauen und Jugend.
(3) [1]Das Amtsverhältnis endet außer durch Tod
1. mit dem Zusammentreten eines neuen Bundestages,
2. durch Ablauf der Amtszeit mit Erreichen der Altersgrenze nach § 51 Abs. 1 und 2 des Bundesbeamtengesetzes,
3. mit der Entlassung.

[2]Die Bundesministerin oder der Bundesminister für Familie, Senioren, Frauen und Jugend entlässt die Leiterin oder den Leiter der Antidiskriminierungsstelle des Bundes auf deren Verlangen oder wenn Gründe vorliegen, die bei einer Richterin oder einem Richter auf Lebenszeit die Entlassung aus dem Dienst rechtfertigen. [3]Im Falle der Beendigung des Amtsverhältnisses erhält die Leiterin oder der Leiter der Antidiskriminierungsstelle des Bundes eine von der Bundesministerin oder dem Bundesminister für Familie, Senioren, Frauen und Jugend vollzogene Urkunde. [4]Die Entlassung wird mit der Aushändigung der Urkunde wirksam.
(4) [1]Das Rechtsverhältnis der Leitung der Antidiskriminierungsstelle des Bundes gegenüber dem Bund wird durch Vertrag mit dem Bundesministerium für Familie, Senioren, Frauen und Jugend geregelt. [2]Der Vertrag bedarf der Zustimmung der Bundesregierung.
(5) [1]Wird eine Bundesbeamtin oder ein Bundesbeamter zur Leitung der Antidiskriminierungsstelle des Bundes bestellt, scheidet er oder sie mit Beginn des Amtsverhältnisses aus dem bisherigen Amt aus. [2]Für die Dauer des Amtsverhältnisses ruhen die aus dem Beamtenverhältnis begründeten Rechte und Pflichten mit Ausnahme der Pflicht zur Amtsverschwiegenheit und des Verbots der Annahme von Belohnungen oder Geschenken. [3]Bei unfallverletzten Beamtinnen oder Beamten bleiben die gesetzlichen Ansprüche auf das Heilverfahren und einen Unfallausgleich unberührt.

§ 27 Aufgaben
(1) Wer der Ansicht ist, wegen eines in § 1 genannten Grundes benachteiligt worden zu sein, kann sich an die Antidiskriminierungsstelle des Bundes wenden.

(2) ¹Die Antidiskriminierungsstelle des Bundes unterstützt auf unabhängige Weise Personen, die sich nach Absatz 1 an sie wenden, bei der Durchsetzung ihrer Rechte zum Schutz vor Benachteiligungen. ²Hierbei kann sie insbesondere
1. über Ansprüche und die Möglichkeiten des rechtlichen Vorgehens im Rahmen gesetzlicher Regelungen zum Schutz vor Benachteiligungen informieren,
2. Beratung durch andere Stellen vermitteln,
3. eine gütliche Beilegung zwischen den Beteiligten anstreben.

³Soweit Beauftragte des Deutschen Bundestages oder der Bundesregierung zuständig sind, leitet die Antidiskriminierungsstelle des Bundes die Anliegen der in Absatz 1 genannten Personen mit deren Einverständnis unverzüglich an diese weiter.

(3) Die Antidiskriminierungsstelle des Bundes nimmt auf unabhängige Weise folgende Aufgaben wahr, soweit nicht die Zuständigkeit der Beauftragten der Bundesregierung oder des Deutschen Bundestages berührt ist:
1. Öffentlichkeitsarbeit,
2. Maßnahmen zur Verhinderung von Benachteiligungen aus den in § 1 genannten Gründen,
3. Durchführung wissenschaftlicher Untersuchungen zu diesen Benachteiligungen.

(4) ¹Die Antidiskriminierungsstelle des Bundes und die in ihrem Zuständigkeitsbereich betroffenen Beauftragten der Bundesregierung und des Deutschen Bundestages legen gemeinsam dem Deutschen Bundestag alle vier Jahre Berichte über Benachteiligungen aus den in § 1 genannten Gründen vor und geben Empfehlungen zur Beseitigung und Vermeidung dieser Benachteiligungen. ²Sie können gemeinsam wissenschaftliche Untersuchungen zu Benachteiligungen durchführen.

(5) Die Antidiskriminierungsstelle des Bundes und die in ihrem Zuständigkeitsbereich betroffenen Beauftragten der Bundesregierung und des Deutschen Bundestages sollen bei Benachteiligungen aus mehreren der in § 1 genannten Gründe zusammenarbeiten.

§ 28 Befugnisse

(1) Die Antidiskriminierungsstelle des Bundes kann in Fällen des § 27 Abs. 2 Satz 2 Nr. 3 Beteiligte um Stellungnahmen ersuchen, soweit die Person, die sich nach § 27 Abs. 1 an sie gewandt hat, hierzu ihr Einverständnis erklärt.

(2) ¹Alle Bundesbehörden und sonstigen öffentlichen Stellen im Bereich des Bundes sind verpflichtet, die Antidiskriminierungsstelle des Bundes bei der Erfüllung ihrer Aufgaben zu unterstützen, insbesondere die erforderlichen Auskünfte zu erteilen. ²Die Bestimmungen zum Schutz personenbezogener Daten bleiben unberührt.

§ 29 Zusammenarbeit mit Nichtregierungsorganisationen und anderen Einrichtungen

Die Antidiskriminierungsstelle des Bundes soll bei ihrer Tätigkeit Nichtregierungsorganisationen sowie Einrichtungen, die auf europäischer, Bundes-, Landes- oder regionaler Ebene zum Schutz vor Benachteiligungen wegen eines in § 1 genannten Grundes tätig sind, in geeigneter Form einbeziehen.

§ 30 Beirat

(1) ¹Zur Förderung des Dialogs mit gesellschaftlichen Gruppen und Organisationen, die sich den Schutz vor Benachteiligungen wegen eines in § 1 genannten Grundes zum Ziel gesetzt haben, wird der Antidiskriminierungsstelle des Bundes ein Beirat beigeordnet. ²Der Beirat berät die Antidiskriminierungsstelle des Bundes bei der Vorlage von Berichten und Empfehlungen an den Deutschen Bundestag nach § 27 Abs. 4 und kann hierzu sowie zu wissenschaftlichen Untersuchungen nach § 27 Abs. 3 Nr. 3 eigene Vorschläge unterbreiten.

(2) ¹Das Bundesministerium für Familie, Senioren, Frauen und Jugend beruft im Einvernehmen mit der Leitung der Antidiskriminierungsstelle des Bundes sowie den entsprechend zuständigen Beauftragten der Bundesregierung oder des Deutschen Bundestages die Mitglieder dieses Beirats und für jedes Mitglied eine Stellvertretung. ²In den Beirat sollen Vertreterinnen und Vertreter gesellschaftlicher Gruppen und Organisationen sowie Expertinnen und Experten in Benachteiligungsfragen berufen werden. ³Die Gesamtzahl der Mitglieder des Beirats soll 16 Personen nicht überschreiten. ⁴Der Beirat soll zu gleichen Teilen mit Frauen und Männern besetzt sein.

(3) Der Beirat gibt sich eine Geschäftsordnung, die der Zustimmung des Bundesministeriums für Familie, Senioren, Frauen und Jugend bedarf.

(4) ¹Die Mitglieder des Beirats üben die Tätigkeit nach diesem Gesetz ehrenamtlich aus. ²Sie haben Anspruch auf Aufwandsentschädigung sowie Reisekostenvergütung, Tagegelder und Übernachtungsgelder. ³Näheres regelt die Geschäftsordnung.

Abschnitt 7
Schlussvorschriften

§ 31 Unabdingbarkeit
Von den Vorschriften dieses Gesetzes kann nicht zu Ungunsten der geschützten Personen abgewichen werden.

§ 32 Schlussbestimmung
Soweit in diesem Gesetz nicht Abweichendes bestimmt ist, gelten die allgemeinen Bestimmungen.

§ 33 Übergangsbestimmungen
(1) Bei Benachteiligungen nach den §§ 611a, 611b und 612 Abs. 3 des Bürgerlichen Gesetzbuchs oder sexuellen Belästigungen nach dem Beschäftigtenschutzgesetz ist das vor dem 18. August 2006 maßgebliche Recht anzuwenden.
(2) ^{1}Bei Benachteiligungen aus Gründen der Rasse oder wegen der ethnischen Herkunft sind die §§ 19 bis 21 nicht auf Schuldverhältnisse anzuwenden, die vor dem 18. August 2006 begründet worden sind. ^{2}Satz 1 gilt nicht für spätere Änderungen von Dauerschuldverhältnissen.
(3) ^{1}Bei Benachteiligungen wegen des Geschlechts, der Religion, einer Behinderung, des Alters oder der sexuellen Identität sind die §§ 19 bis 21 nicht auf Schuldverhältnisse anzuwenden, die vor dem 1. Dezember 2006 begründet worden sind. ^{2}Satz 1 gilt nicht für spätere Änderungen von Dauerschuldverhältnissen.
(4) ^{1}Auf Schuldverhältnisse, die eine privatrechtliche Versicherung zum Gegenstand haben, ist § 19 Abs. 1 nicht anzuwenden, wenn diese vor dem 22. Dezember 2007 begründet worden sind. ^{2}Satz 1 gilt nicht für spätere Änderungen solcher Schuldverhältnisse.
(5) ^{1}Bei Versicherungsverhältnissen, die vor dem 21. Dezember 2012 begründet werden, ist eine unterschiedliche Behandlung wegen des Geschlechts im Falle des § 19 Absatz 1 Nummer 2 bei den Prämien oder Leistungen nur zulässig, wenn dessen Berücksichtigung bei einer auf relevanten und genauen versicherungsmathematischen und statistischen Daten beruhenden Risikobewertung ein bestimmender Faktor ist. ^{2}Kosten im Zusammenhang mit Schwangerschaft und Mutterschaft dürfen auf keinen Fall zu unterschiedlichen Prämien oder Leistungen führen.

80 EGBGB

Einführungsgesetz zum Bürgerlichen Gesetzbuche (EGBGB)

in der Fassung der Bekanntmachung
vom 21. September 1994 (BGBl. I S. 2494, 1997 S. 1061)

Zuletzt geändert durch
Gesetz zur Regelung des Verkaufs von Sachen mit digitalen Elementen und anderer Aspekte des Kaufvertrags
vom 25. Juni 2021 (BGBl. I S. 2133)

– Auszug –*)

Inhaltsübersicht

Erster Teil
Allgemeine Vorschriften

Erstes Kapitel
Inkrafttreten. Vorbehalt für Landesrecht. Gesetzesbegriff

Artikel 1 (Inkrafttreten, Vorbehalt für Landesrecht)
Artikel 2 (Gesetzesbegriff)

Zweites Kapitel
Internationales Privatrecht

Erster Abschnitt
Allgemeine Vorschriften

Artikel 3 Anwendungsbereich; Verhältnis zu Regelungen der Europäischen Union und zu völkerrechtlichen Vereinbarungen
Artikel 4 Verweisung
Artikel 5 Personalstatut
Artikel 6 Öffentliche Ordnung [ordre public]

Zweiter Abschnitt
Recht der natürlichen Personen und der Rechtsgeschäfte

Artikel 7 Rechtsfähigkeit und Geschäftsfähigkeit
Artikel 8 Gewillkürte Stellvertretung
Artikel 9 Todeserklärung
Artikel 10 Name
Artikel 11 Form von Rechtsgeschäften
Artikel 12 Schutz des anderen Vertragsteils

Dritter Abschnitt
Familienrecht

Artikel 13 Eheschließung
Artikel 14 Allgemeine Ehewirkungen
Artikel 15 und 16 (weggefallen)
Artikel 17 Sonderregelungen zur Scheidung
Artikel 17a Ehewohnung
Artikel 17b Eingetragene Lebenspartnerschaft und gleichgeschlechtliche Ehe
Artikel 18 (weggefallen)
Artikel 19 Abstammung
Artikel 20 Anfechtung der Abstammung
Artikel 21 Wirkungen des Eltern-Kind-Verhältnisses
Artikel 22 Annahme als Kind

Artikel 23 Zustimmung
Artikel 24 Vormundschaft, Betreuung und Pflegschaft

Vierter Abschnitt
Erbrecht

Artikel 25 Rechtsnachfolge von Todes wegen
Artikel 26 Form von Verfügungen von Todes wegen

Fünfter Abschnitt
Außervertragliche Schuldverhältnisse

Artikel 27 bis 37 (weggefallen)
Artikel 38 Ungerechtfertigte Bereicherung
Artikel 39 Geschäftsführung ohne Auftrag
Artikel 40 Unerlaubte Handlung
Artikel 41 Wesentlich engere Verbindung
Artikel 42 Rechtswahl

Sechster Abschnitt
Sachenrecht

Artikel 43 Rechte an einer Sache
Artikel 44 Von Grundstücken ausgehende Einwirkungen
Artikel 45 Transportmittel
Artikel 46 Wesentlich engere Verbindung

Siebter Abschnitt
Besondere Vorschriften zur Durchführung und Umsetzung international-privatrechtlicher Regelungen der Europäischen Union

Erster Unterabschnitt
Durchführung der Verordnung (EG) Nr. 864/2007

Artikel 46a Umweltschädigungen

Zweiter Unterabschnitt
Umsetzung international-privatrechtlicher Regelungen im Verbraucherschutz

Artikel 46b Verbraucherschutz für besondere Gebiete
Artikel 46c Pauschalreisen und verbundene Reiseleistungen

Dritter Unterabschnitt
Durchführung der Verordnung (EG) Nr. 593/2008

Artikel 46d Pflichtversicherungsverträge

---

*) Abgedruckt sind nur die für Sozialberufe wichtigen Bestimmungen.

EGBGB 80

Vierter Unterabschnitt
Durchführung der Verordnung (EU) Nr. 1259/2010
Artikel 46e   Rechtswahl

Drittes Kapitel
Angleichung; Wahl eines in einem anderen Mitgliedstaat der Europäischen Union erworbenen Namens
Artikel 47   Vor- und Familiennamen
Artikel 48   Wahl eines in einem anderen Mitgliedstaat der Europäischen Union erworbenen Namens
Artikel 49   (Änderung anderer Vorschriften)

Zweiter Teil
Verhältnis des Bürgerlichen Gesetzbuchs zu den Reichsgesetzen
Artikel 50   (Grundsatz)
Artikel 51   (Verwandtschaft. Schwägerschaft)
Artikel 52   (Rechte Dritter bei Enteignung)
Artikel 53   (Grundstücke und Grundpfandrechte)
Artikel 53a   (Schiffe und Schiffsbauwerke)
Artikel 54   (gegenstandslos)

Dritter Teil
Verhältnis des Bürgerlichen Gesetzbuches zu den Landesgesetzen
Artikel 55   (Grundsatz)
Artikel 56   (Staatsverträge)
Artikel 57 und 58 (gegenstandslos)
Artikel 59   (Familienfideikommisse)
Artikel 60   (Landesgesetzliche Beschränkungen)
Artikel 61   (Unzulässige Veräußerung)
Artikel 62   (Rentengüter)
Artikel 63   (Erbpachtrecht)
Artikel 64   (Anerbenrecht)
Artikel 65   (weggefallen)
Artikel 66   (Deich- und Sielrecht)
Artikel 67   (Bergrecht)
Artikel 68   (Abbaurecht)
Artikel 69   (Fischerei)
Artikel 70 bis 72 (weggefallen)
Artikel 73   (Regalien)
Artikel 74   (Gewerberechte)
Artikel 75   (gegenstandslos)
Artikel 76   (Verlagsrecht)
Artikel 77   (Haftung für Beamte)
Artikel 78   (Haftung der Beamten für Gehilfen)
Artikel 79   (Haftung der Grundstückschätzer)
Artikel 80   (Ansprüche der Beamten; Pfründen)
Artikel 81   (Übertragbarkeit der Gehaltsansprüche)
Artikel 82   (Rechtsfähige Vereine)
Artikel 83   (Waldgenossenschaften)
Artikel 84   (gegenstandslos)
Artikel 85   (Vermögen aufgelöster Vereine)
Artikel 86   (Erwerb von Rechten durch Ausländer und ausländische juristische Personen)
Artikel 87 und 88 (weggefallen)
Artikel 89   (Privatpfändung)
Artikel 90   (Sicherheitsleistung nach öffentlichem Recht)
Artikel 91   (Sicherungshypothek)
Artikel 92   (weggefallen)
Artikel 93   (Räumungsfristen)
Artikel 94   (Pfandleiher)
Artikel 95   (gegenstandslos)
Artikel 96   (Altenteilsverträge)
Artikel 97   (Staatsschuld)
Artikel 98   (Rückzahlung von Staatsschulden)
Artikel 99   (Sparkassen)
Artikel 100   (Schuldverschreibungen)
Artikel 101   (Umschreibung auf den Namen)
Artikel 102   (Kraftloserklärung von Sparbüchern usw.)
Artikel 103   (gegenstandslos)
Artikel 104   (Rückerstattung öffentlicher Abgaben)
Artikel 105   (Haftung gefährlicher Betriebe)
Artikel 106   (Benutzung öffentlicher Grundstücke)
Artikel 107   (Strafgesetz zum Schutze von Grundstücken)
Artikel 108   (Aufruhrschäden)
Artikel 109   (Enteignung)
Artikel 110   (Wiederherstellung zerstörter Gebäude)
Artikel 111   (Beschränkung des Eigentums)
Artikel 112   (Bahneinheit)
Artikel 113   (Flurbereinigung usw.)
Artikel 114   (Öffentliche Ablösungsrenten)
Artikel 115   (Dienstbarkeiten, Reallasten)
Artikel 116   (Überbau- und Notwegrente)
Artikel 117   (Belastungsbeschränkungen)
Artikel 118   (Verbesserungsdarlehen)
Artikel 119   (Verfügungen über Grundstücke)
Artikel 120   (Unschädlichkeitszeugnis)
Artikel 121   (Öffentliche Reallasten)
Artikel 122   (Obstbäume)
Artikel 123   (Notweg)
Artikel 124   (Nachbarrecht)
Artikel 125   (Verkehrsunternehmungen)
Artikel 126   (Übereignung öffentlicher Grundstücke)
Artikel 127   (Übereignung buchungsfreier Grundstücke)
Artikel 128   (Dienstbarkeit an buchungsfreiem Grundstück)
Artikel 129   (Aneignung von Grundstücken)
Artikel 130   (Aneignung von Tauben)
Artikel 131   (Gemeinschaftsverhältnis an Grundstück)
Artikel 132   (Kirchen- und Schulbaulast)
Artikel 133   (Kirchenstühle, Grabstätte)
Artikel 134 bis 136 (weggefallen)
Artikel 137   (Ertragswert eines Landgutes)
Artikel 138   (Erbrecht von Körperschaften statt Fiskus)
Artikel 139   (Unterstützungsempfänger)
Artikel 140   (Nachlassverzeichnis und -sicherung)
Artikel 141 und 142 (weggefallen)
Artikel 143   (Auflassung im Versteigerungstermin)
Artikel 144   (Verein für Beistandschaften)
Artikel 145 und 146 (weggefallen)

80 EGBGB

Artikel 147 (Betreuungsgericht und Nachlassgericht)
Artikel 148 bis 151 (weggefallen)
Artikel 152 (Rechtshängigkeit)

Vierter Teil
Übergangsvorschriften

Artikel 153 bis 156 (gegenstandslos)
Artikel 157 (Erwählter Wohnsitz)
Artikel 158 bis 162 (gegenstandslos)
Artikel 163 (Juristische Personen)
Artikel 164 (Realgemeinden)
Artikel 165 (Bayerische Vereine)
Artikel 166 (Sächsische Personenvereine)
Artikel 167 (Kreditanstalten)
Artikel 168 (Verfügungsbeschränkungen)
Artikel 169 (Verjährung)
Artikel 170 (Schuldverhältnisse)
Artikel 171 (Miet-, Pacht- oder Dienstverhältnisse)
Artikel 172 (Miet- und Pachtverhältnisse)
Artikel 173 (Gemeinschaft nach Bruchteilen)
Artikel 174 (Inhaberschuldverschreibungen)
Artikel 175 (Zins-, Renten- und Gewinnanteilscheine)
Artikel 176 (Außerkurssetzung von Schuldverschreibungen)
Artikel 177 (Hinkende Inhaberpapiere)
Artikel 178 (Übergangsregelung)
Artikel 179 (Eingetragene Ansprüche)
Artikel 180 (Besitz)
Artikel 181 (Eigentum)
Artikel 182 (Stockwerkseigentum)
Artikel 183 (Waldgrundstück)
Artikel 184 (Beschränkte dingliche Rechte)
Artikel 185 (Ersitzung)
Artikel 186 (Anlegung des Grundbuchs)
Artikel 187 (Altrechtliche Grunddienstbarkeiten)
Artikel 188 (Pfand-, Miet- und Pachtrechte)
Artikel 189 (Erwerb und Verlust von Grundstücksrechten)
Artikel 190 (Aneignungsrecht des Fiskus)
Artikel 191 (Besitzschutz für Dienstbarkeiten)
Artikel 192 (Überleitung von Pfandrechten)
Artikel 193 (Umdeutung von Pfandrechten)
Artikel 194 (Löschung von Pfandrechten)
Artikel 195 (Grundschulden)
Artikel 196 (Grundstücksgleiche Nutzungsrechte)
Artikel 197 (Bäuerliches Nutzungsrecht)
Artikel 198 (Gültigkeit der Ehe)
Artikel 199 (Persönliche Wirkungen der Ehe)
Artikel 200 (Eheliches Güterrecht)
Artikel 201 (Ehescheidung)
Artikel 202 (Trennung von Tisch und Bett)
Artikel 203 (Eltern und Kinder)
Artikel 204 bis 206 (gegenstandslos)
Artikel 207 (Kinder aus ungültigen Ehen)
Artikel 208 (Nichteheliche Kinder)
Artikel 209 (Legitimation, Adoption)
Artikel 210 (Vormundschaft, Pflegschaft)

Artikel 211 (gegenstandslos)
Artikel 212 (Mündelsichere Wertpapiere)
Artikel 213 (Erbrechtliche Verhältnisse)
Artikel 214 (Verfügung von Todes wegen)
Artikel 215 (Testierfähigkeit)
Artikel 216 (gegenstandslos)
Artikel 217 (Erbverzichtsvertrag)
Artikel 218 (Änderung der Landesgesetze)

Fünfter Teil
Übergangsvorschriften aus Anlaß jüngerer Änderungen des Bürgerlichen Gesetzbuchs und dieses Einführungsgesetzes

Artikel 219 Übergangsvorschrift zum Gesetz vom 8. November 1985 zur Neuordnung des landwirtschaftlichen Pachtrechts
Artikel 220 Übergangsvorschrift zum Gesetz vom 25. Juli 1986 zur Neuregelung des Internationalen Privatrechts
Artikel 221 Übergangsvorschrift zum Gesetz vom 26. Juni 1990 zur Änderung des Arbeitsgerichtsgesetzes und anderer arbeitsrechtlicher Vorschriften
Artikel 222 Übergangsvorschrift zum Kündigungsfristengesetz vom 7. Oktober 1993
Artikel 223 Übergangsvorschrift zum Beistandschaftsgesetz vom 4. Dezember 1997
Artikel 223a Übergangsvorschrift aus Anlaß der Aufhebung von § 419 des Bürgerlichen Gesetzbuchs

Artikel 224
Übergangsvorschrift zum Kindschaftsrechtsreformgesetz vom 16. Dezember 1997

§ 1 Abstammung
§ 2 Elterliche Sorge
§ 3 Name des Kindes
Artikel 225 Überleitungsvorschrift zum Wohnraummodernisierungssicherungsgesetz
Artikel 226 Überleitungsvorschrift zum Gesetz vom 4. Mai 1998 zur Neuordnung des Eheschließungsrechts
Artikel 227 Übergangsvorschrift zum Gesetz zur erbrechtlichen Gleichstellung nichtehelicher Kinder vom 16. Dezember 1997
Artikel 228 Übergangsvorschrift zum Überweisungsgesetz

Artikel 229
Weitere Überleitungsvorschriften

§ 1 Überleitungsvorschrift zum Gesetz zur Beschleunigung fälliger Zahlungen
§ 2 Übergangsvorschriften zum Gesetz vom 27. Juni 2000
§ 3 Übergangsvorschriften zum Gesetz zur Neugliederung, Vereinfachung und Reform des Mietrechts vom 19. Juni 2001
§ 4 Übergangsvorschrift zum Zweiten Gesetz zur Änderung reiserechtlicher Vorschriften

§ 5 Allgemeine Überleitungsvorschrift zum Gesetz zur Modernisierung des Schuldrechts vom 26. November 2001
§ 6 Überleitungsvorschrift zum Verjährungsrecht nach dem Gesetz zur Modernisierung des Schuldrechts vom 26. November 2001
§ 7 Überleitungsvorschrift zu Zinsvorschriften nach dem Gesetz zur Modernisierung des Schuldrechts vom 26. November 2001
§ 8 Übergangsvorschriften zum Zweiten Gesetz zur Änderung schadensersatzrechtlicher Vorschriften vom 19. Juli 2002
§ 9 Überleitungsvorschrift zum OLG-Vertretungsänderungsgesetz vom 23. Juli 2002
§ 10 Überleitungsvorschrift zum Gesetz zur Änderung der Vorschriften über die Anfechtung der Vaterschaft und das Umgangsrecht von Bezugspersonen des Kindes, zur Registrierung von Vorsorgeverfügungen und zur Einführung von Vordrucken für die Vergütung von Berufsbetreuern vom 23. April 2004
§ 11 Überleitungsvorschrift zu dem Gesetz zur Änderung der Vorschriften über Fernabsatzverträge bei Finanzdienstleistungen vom 2. Dezember 2004
§ 12 Überleitungsvorschrift zum Gesetz zur Anpassung von Verjährungsvorschriften an das Gesetz zur Modernisierung des Schuldrechts
§ 13 (weggefallen)
§ 14 Übergangsvorschrift zum Zweiten Betreuungsrechtsänderungsgesetz vom 21. April 2005
§ 15 Übergangsvorschrift zum Minderjährigenhaftungsbeschränkungsgesetz
§ 16 (weggefallen)
§ 17 Übergangsvorschrift zum Gesetz zur Klärung der Vaterschaft unabhängig vom Anfechtungsverfahren
§ 18 Übergangsvorschrift zum Risikobegrenzungsgesetz
§ 19 Überleitungsvorschrift zum Forderungssicherungsgesetz
§ 20 Übergangsvorschrift zum Gesetz zur Änderung des Zugewinnausgleichs- und Vormundschaftsrechts vom 6. Juli 2009
§ 21 Übergangsvorschrift für die Gesellschaft bürgerlichen Rechts im Grundbuchverfahren
§ 22 Übergangsvorschrift zum Gesetz zur Umsetzung der Verbraucherkreditrichtlinie, des zivilrechtlichen Teils der Zahlungsdiensterichtlinie sowie zur Neuordnung der Vorschriften über das Widerrufs- und Rückgaberecht vom 29. Juli 2009
§ 23 Überleitungsvorschrift zum Gesetz zur Änderung des Erb- und Verjährungsrechts
§ 24 Übergangsvorschrift zu dem Gesetz zur Erleichterung elektronischer Anmeldungen zum Vereinsregister und anderer vereinsrechtlicher Änderungen
§ 25 Übergangsvorschriften zum Gesetz zur Modernisierung der Regelungen über Teilzeit-Wohnrechteverträge, Verträge über langfristige Urlaubsprodukte sowie Vermittlungsverträge und Tauschsystemverträge
§ 26 Überleitungsvorschrift zum Gesetz zur Bekämpfung der Zwangsheirat und zum besseren Schutz der Opfer von Zwangsheirat sowie zur Änderung weiterer aufenthalts- und asylrechtlicher Vorschriften
§ 27 Übergangsvorschrift zum Gesetz zur Anpassung der Vorschriften über den Wertersatz bei Widerruf von Fernabsatzverträgen und über verbundene Verträge vom 27. Juli 2011
§ 28 Übergangsvorschrift zum Gesetz zur Anpassung der Vorschriften des Internationalen Privatrechts an die Verordnung (EU) Nr. 1259/2010 und zur Änderung anderer Vorschriften des Internationalen Privatrechts vom 23. Januar 2013
§ 29 Übergangsvorschriften zum Mietrechtsänderungsgesetz vom 11. März 2013
§ 30 Überleitungsvorschrift zum Gesetz zur Reform der elterlichen Sorge nicht miteinander verheirateter Eltern
§ 31 Überleitungsvorschrift zur Änderung der Verjährungsvorschriften des Bürgerlichen Gesetzbuchs durch das Gesetz zur Stärkung der Rechte von Opfern sexuellen Missbrauchs
§ 32 Übergangsvorschrift zum Gesetz zur Umsetzung der Verbraucherrechterichtlinie und zur Änderung des Gesetzes zur Regelung der Wohnungsvermittlung
§ 33 Überleitungsvorschrift zu dem Gesetz gegen unseriöse Geschäftspraktiken
§ 34 Überleitungsvorschrift zum Gesetz zur Bekämpfung von Zahlungsverzug im Geschäftsverkehr
§ 35 Übergangsvorschriften zum Mietrechtsnovellierungsgesetz vom 21. April 2015
§ 36 Überleitungsvorschrift zum Gesetz zum Internationalen Erbrecht und zur Änderung von Vorschriften zum Erbschein sowie zur Änderung sonstiger Vorschriften vom 29. Juni 2015
§ 37 Überleitungsvorschrift zum Gesetz zur Verbesserung der zivilrechtlichen Durchsetzung von verbraucherschützenden Vorschriften des Datenschutzrechts
§ 38 Übergangsvorschrift zum Gesetz zur Umsetzung der Wohnimmobilienkreditrichtlinie und zur Änderung handelsrechtlicher Vorschriften
§ 39 Übergangsvorschrift zum Gesetz zur Reform des Bauvertragsrechts, zur Änderung der kaufrechtlichen Mängelhaftung, zur Stärkung des zivilprozessualen Rechtsschutzes und zum maschinellen Siegel im Grundbuch- und Schiffsregisterverfahren
§ 40 Übergangsvorschrift zum Finanzaufsichtsrechtergänzungsgesetz
§ 41 Übergangsvorschrift zum Gesetz zur Änderung von Vorschriften im Bereich des Internationalen Privat- und Zivilverfahrensrechts vom 11. Juni 2017

§ 42 Übergangsvorschrift zum Dritten Gesetz zur Änderung reiserechtlicher Vorschriften
§ 43 Überleitungsvorschrift zum Gesetz zur Einführung eines Anspruchs auf Hinterbliebenengeld
§ 44 Überleitungsvorschrift zum Gesetz zur Bekämpfung von Kinderehen
§ 45 Übergangsvorschriften zum Gesetz zur Umsetzung der Zweiten Zahlungsdiensterichtlinie vom 17. Juli 2017
§ 46 Überleitungsvorschrift zum Gesetz zur Regelung des Rechts auf Kenntnis der Abstammung bei heterologer Verwendung von Samen
§ 47 Übergangsvorschrift zum Gesetz zum Internationalen Güterrecht und zur Änderung von Vorschriften des Internationalen Privatrechts vom 17. Dezember 2018
§ 48 Überleitungsvorschrift zum Gesetz zur Umsetzung des Gesetzes zur Einführung des Rechts auf Eheschließung für Personen gleichen Geschlechts
§ 49 Übergangsvorschriften zum Mietrechtsanpassungsgesetz vom 18. Dezember 2018
§ 50 Übergangsvorschriften zum Gesetz zur Verlängerung des Betrachtungszeitraums für die ortsübliche Vergleichsmiete
§ 51 Übergangsvorschriften zum Gesetz zur Verlängerung und Verbesserung der Regelungen über die zulässige Miethöhe bei Mietbeginn
§ 52 Überleitungsvorschrift zum Gesetz zur Umsetzung der Entscheidung des Bundesverfassungsgerichts vom 26. März 2019 zum Ausschluss der Stiefkindadoption in nichtehelichen Familien
§ 53 Übergangsvorschrift zum Gesetz über die Maklerkosten bei der Vermittlung von Kaufverträgen über Wohnungen und Einfamilienhäuser
§ 54 (hier nicht aufgenommen)
§ 55 Übergangsvorschrift zum Gesetz zum Schutz von Kindern mit Varianten der Geschlechtsentwicklung
§ 56 Überleitungsvorschrift zum Gesetz über die Insolvenzsicherung durch Reisesicherungsfonds und zur Änderung reiserechtlicher Vorschriften
§ 57 Übergangsvorschrift zum Gesetz zur Umsetzung der Richtlinie über bestimmte vertragsrechtliche Aspekte der Bereitstellung digitaler Inhalte und digitaler Dienstleistungen
§ 58 Übergangsvorschrift zum Gesetz zur Regelung des Verkaufs von Sachen mit digitalen Elementen und anderer Aspekte des Kaufvertrags

Sechster Teil
Inkrafttreten und Übergangsrecht aus Anlaß der Einführung des Bürgerlichen Gesetzbuchs und dieses Einführungsgesetzes in dem in Artikel 3 des Einigungsvertrages genannten Gebiet
Artikel 230   Inkrafttreten

Artikel 231
Erstes Buch. Allgemeiner Teil des Bürgerlichen Gesetzbuchs
§ 1   (weggefallen)
§ 2   Vereine
§ 3   Stiftungen
§ 4   Haftung juristischer Personen für ihre Organe
§ 5   Sachen
§ 6   Verjährung
§ 7   Beurkundungen und Beglaubigungen
§ 8   Vollmachtsurkunden staatlicher Organe, Falschbezeichnung von Kommunen
§ 9   Heilung unwirksamer Vermögensübertragungen
§ 10 Übergang volkseigener Forderungen, Grundpfandrechte und Verbindlichkeiten auf Kreditinstitute

Artikel 232
Zweites Buch. Recht der Schuldverhältnisse
§ 1   Allgemeine Bestimmungen für Schuldverhältnisse
§ 1a Überlassungsverträge
§ 2   Mietverträge
§ 3   Pachtverträge
§ 4   Nutzung von Bodenflächen zur Erholung
§ 4a Vertrags-Moratorium
§ 5   Arbeitsverhältnisse
§ 6   Verträge über wiederkehrende Dienstleistungen
§ 7   Kontoverträge und Sparkontoverträge
§ 8   Kreditverträge
§ 9   Bruchteilsgemeinschaften
§ 10 Unerlaubte Handlungen

Artikel 233
Drittes Buch. Sachenrecht
Erster Abschnitt
Allgemeine Vorschriften
§ 1   Besitz
§ 2   Inhalt des Eigentums
§ 2a Moratorium
§ 2b Gebäudeeigentum ohne dingliches Nutzungsrecht
§ 2c Grundbucheintragung
§ 3   Inhalt und Rang beschränkter dinglicher Rechte
§ 4   Sondervorschriften für dingliche Nutzungsrechte und Gebäudeeigentum
§ 5   Mitbenutzungsrechte
§ 6   Hypotheken
§ 7   Am Tag des Wirksamwerdens des Beitritts schwebende Rechtsänderungen
§ 8   Rechtsverhältnisse nach § 459 des Zivilgesetzbuchs
§ 9   Rangbestimmung
§ 10 Vertretungsbefugnis für Personenzusammenschlüsse alten Rechts

Zweiter Abschnitt
Abwicklung der Bodenreform
§ 11 Grundsatz
§ 12 Berechtigter
§ 13 Verfügungen des Eigentümers
§ 13a Vormerkung zugunsten des Fiskus
§ 14 Verjährung

§ 15 Verbindlichkeiten
§ 16 Verhältnis zu anderen Vorschriften, Übergangsvorschriften

Artikel 234
Viertes Buch. Familienrecht
§ 1 Grundsatz
§ 2 Verlöbnis
§ 3 (weggefallen)
§ 4 Eheliches Güterrecht
§ 4a Gemeinschaftliches Eigentum
§ 5 Unterhalt des geschiedenen Ehegatten
§ 6 Versorgungsausgleich
§ 7 Abstammung
§§ 8 und 9 (weggefallen)
§ 10 Rechtsverhältnis zwischen den Eltern und dem Kind im allgemeinen
§ 11 (weggefallen)
§ 12 Legitimation nichtehelicher Kinder
§ 13 Annahme als Kind
§ 14 Vormundschaft
§ 15 Pflegschaft

Artikel 235
Fünftes Buch. Erbrecht
§ 1 Erbrechtliche Verhältnisse
§ 2 Verfügungen von Todes wegen

Artikel 236
Einführungsgesetz: Internationales Privatrecht
§ 1 Abgeschlossene Vorgänge
§ 2 Wirkungen familienrechtlicher Rechtsverhältnisse
§ 3 Güterstand

Artikel 237
Bestandsschutz, Ausschlußfrist
§ 1 Bestandsschutz
§ 2 Ausschlußfrist

Siebter Teil
Durchführung des Bürgerlichen Gesetzbuchs, Verordnungsermächtigungen, Länderöffnungsklauseln, Informationspflichten
Artikel 238 (weggefallen)
Artikel 239 Länderöffnungsklausel

Artikel 240
Vertragsrechtliche Regelungen aus Anlass der COVID-19-Pandemie
§ 1 Moratorium
§ 2 Beschränkung der Kündigung von Miet- und Pachtverhältnissen
§ 3 Regelungen zum Darlehensrecht
§ 4 Verordnungsermächtigung
§ 5 Gutschein für Freizeitveranstaltungen und Freizeiteinrichtungen
§ 6 Reisegutschein; Verordnungsermächtigung
§ 7 Störung der Geschäftsgrundlage von Miet- und Pachtverträgen

Artikel 241 (weggefallen)

Artikel 242
Informationspflichten bei Teilzeit-Wohnrechteverträgen, Verträgen über langfristige Urlaubsprodukte, Vermittlungsverträgen sowie Tauschsystemverträgen
§ 1 Vorvertragliche und vertragliche Pflichtangaben
§ 2 Informationen über das Widerrufsrecht
Artikel 243 Ver- und Entsorgungsbedingungen
Artikel 244 Abschlagszahlungen beim Hausbau
Artikel 245 (weggefallen)
Artikel 246 Informationspflichten beim Verbrauchervertrag

Artikel 246a
Informationspflichten bei außerhalb von Geschäftsräumen geschlossenen Verträgen und Fernabsatzverträgen mit Ausnahme von Verträgen über Finanzdienstleistungen
§ 1 Informationspflichten
§ 2 Erleichterte Informationspflichten bei Reparatur- und Instandhaltungsarbeiten
§ 3 Erleichterte Informationspflichten bei begrenzter Darstellungsmöglichkeit
§ 4 Formale Anforderungen an die Erfüllung der Informationspflichten

Artikel 246b
Informationspflichten bei außerhalb von Geschäftsräumen geschlossenen Verträgen und Fernabsatzverträgen über Finanzdienstleistungen
§ 1 Informationspflichten
§ 2 Weitere Informationspflichten
Artikel 246c Informationspflichten bei Verträgen im elektronischen Geschäftsverkehr

Artikel 247
Informationspflichten bei Verbraucherdarlehensverträgen, entgeltlichen Finanzierungshilfen und Darlehensvermittlungsverträgen
§ 1 Vorvertragliche Informationen bei Immobiliar-Verbraucherdarlehensverträgen
§ 2 Form, Zeitpunkt und Muster der vorvertraglichen Informationen bei Allgemein-Verbraucherdarlehensverträgen
§ 3 Inhalt der vorvertraglichen Information bei Allgemein-Verbraucherdarlehensverträgen
§ 4 Weitere Angaben bei der vorvertraglichen Information bei Allgemein-Verbraucherdarlehensverträgen
§ 5 Information bei besonderen Kommunikationsmitteln
§ 6 Vertragsinhalt
§ 7 Weitere Angaben im Vertrag
§ 8 Verträge mit Zusatzleistungen
§ 9 (weggefallen)
§ 10 Abweichende Mitteilungspflichten bei Überziehungsmöglichkeiten gemäß § 504 Abs. 2 des Bürgerlichen Gesetzbuchs

80 EGBGB

§ 11 Abweichende Mitteilungspflichten bei Allgemein-Verbraucherdarlehensverträgen zur Umschuldung gemäß § 495 Absatz 2 Nummer 1 des Bürgerlichen Gesetzbuchs
§ 12 Verbundene Verträge und entgeltliche Finanzierungshilfen
§ 13 Darlehensvermittler bei Verbraucherdarlehensverträgen
§ 13a Besondere Regelungen für Darlehensvermittler bei Allgemein-Verbraucherdarlehensverträgen
§ 13b Besondere Regelungen für Darlehensvermittler bei Immobiliar-Verbraucherdarlehensverträgen
§ 14 Tilgungsplan
§ 15 Unterrichtungen bei Zinsanpassungen
§ 16 Unterrichtung bei Überziehungsmöglichkeiten
§ 17 Angaben bei geduldeten Überziehungen
§ 18 Vorvertragliche Informationen bei Beratungsleistungen für Immobiliar-Verbraucherdarlehensverträge

Artikel 247a
Allgemeine Informationspflichten bei Verbraucherdarlehensverträgen, Verträgen über entgeltliche Finanzierungshilfen und deren Vermittlung

§ 1 Allgemeine Informationspflichten bei Immobiliar-Verbraucherdarlehensverträgen und entsprechenden Finanzierungshilfen
§ 2 Allgemeine Informationspflichten bei Überziehungsmöglichkeiten und Entgeltvereinbarungen für die Duldung einer Überziehung

Artikel 248
Informationspflichten bei der Erbringung von Zahlungsdienstleistungen

Abschnitt 1
Allgemeine Vorschriften

§ 1 Konkurrierende Informationspflichten
§ 2 Allgemeine Form

Abschnitt 2
Zahlungsdiensterahmenverträge

§ 3 Besondere Form
§ 4 Vorvertragliche Informationen
§ 5 Zugang zu Vertragsbedingungen und vorvertraglichen Informationen während der Vertragslaufzeit
§ 6 Informationen vor Ausführung einzelner Zahlungsvorgänge
§ 7 Informationen an den Zahler bei einzelnen Zahlungsvorgängen
§ 8 Informationen an den Zahlungsempfänger bei einzelnen Zahlungsvorgängen
§ 9 Sonstige Informationen während des Vertragsverhältnisses
§ 10 Abweichende Vereinbarungen
§ 11 Ausnahmen für Kleinbetragsinstrumente und E-Geld

Abschnitt 3
Einzelzahlungsverträge

§ 12 Besondere Form
§ 13 Vorvertragliche Informationen
§ 13a Informationen an den Zahler und den Zahlungsempfänger nach Auslösung des Zahlungsauftrags über einen Zahlungsauslösedienstleister
§ 14 Informationen an den Zahler nach Zugang des Zahlungsauftrags
§ 15 Informationen an den Zahlungsempfänger nach Ausführung des Zahlungsvorgangs
§ 16 Informationen bei Einzelzahlung mittels rahmenvertraglich geregelten Zahlungsinstruments

Abschnitt 4
Informationspflichten von Zahlungsempfängern, Bargeldabhebungsdienstleistern und Dritten

§ 17 Informationspflichten des Zahlungsempfängers
§ 17a Informationspflichten des Bargeldabhebungsdienstleisters
§ 18 Informationspflichten Dritter
§ 19 Abweichende Vereinbarungen

Artikel 249
Informationspflichten bei Verbraucherbauverträgen

§ 1 Informationspflichten bei Verbraucherbauverträgen
§ 2 Inhalt der Baubeschreibung
§ 3 Widerrufsbelehrung

Artikel 250
Informationspflichten bei Pauschalreiseverträgen

§ 1 Form und Zeitpunkt der vorvertraglichen Unterrichtung
§ 2 Formblatt für die vorvertragliche Unterrichtung
§ 3 Weitere Angaben bei der vorvertraglichen Unterrichtung
§ 4 Vorvertragliche Unterrichtung in den Fällen des § 651c des Bürgerlichen Gesetzbuchs
§ 5 Gestaltung des Vertrags
§ 6 Abschrift oder Bestätigung des Vertrags
§ 7 Reiseunterlagen, Unterrichtung vor Reisebeginn
§ 8 Mitteilungspflichten anderer Unternehmer und Information des Reisenden nach Vertragsschluss in den Fällen des § 651c des Bürgerlichen Gesetzbuchs
§ 9 Weitere Informationspflichten bei Verträgen über Gastschulaufenthalte
§ 10 Unterrichtung bei erheblichen Vertragsänderungen

Artikel 251
Informationspflichten bei Vermittlung verbundener Reiseleistungen

§ 1 Form und Zeitpunkt der Unterrichtung
§ 2 Formblatt für die Unterrichtung des Reisenden

Artikel 252 Sicherungsschein; Mitteilungspflicht des Absicherers

Artikel 253
Zentrale Kontaktstelle

§ 1 Zentrale Kontaktstelle; Informationen über die Insolvenzsicherung

§ 2 Ausgehende Ersuchen
§ 3 Eingehende Ersuchen

Anlage 1
(zu Artikel 246a § 1 Absatz 2 Satz 2) Muster für die Widerrufsbelehrung bei außerhalb von Geschäftsräumen geschlossenen Verträgen und bei Fernabsatzverträgen mit Ausnahme von Verträgen über Finanzdienstleistungen

Anlage 2
(zu Artikel 246a § 1 Absatz 2 Satz 1 Nummer 1 und § 2 Absatz 2 Nummer 2) Muster für das Widerrufsformular

Anlage 3
(zu Artikel 246b § 2 Absatz 3 Satz 1) Muster für die Widerrufsbelehrung bei außerhalb von Geschäftsräumen geschlossenen Verträgen und bei Fernabsatzverträgen über Finanzdienstleistungen

Anlage 3a bis 18
(hier nicht aufgenommen)

Erster Teil
Allgemeine Vorschriften

Zweites Kapitel
Internationales Privatrecht

Erster Abschnitt
Allgemeine Vorschriften

Artikel 3 Anwendungsbereich; Verhältnis zu Regelungen der Europäischen Union und zu völkerrechtlichen Vereinbarungen

Soweit nicht
1. unmittelbar anwendbare Regelungen der Europäischen Union in ihrer jeweils geltenden Fassung, insbesondere
    a) die Verordnung (EG) Nr. 864/2007 des Europäischen Parlaments und des Rates vom 11. Juli 2007 über das auf außervertragliche Schuldverhältnisse anzuwendende Recht (Rom II),
    b) die Verordnung (EG) Nr. 593/2008 des Europäischen Parlaments und des Rates vom 17. Juni 2008 über das auf vertragliche Schuldverhältnisse anzuwendende Recht (Rom I),
    c) Artikel 15 der Verordnung (EG) Nr. 4/2009 des Rates vom 18. Dezember 2008 über die Zuständigkeit, das anwendbare Recht, die Anerkennung und Vollstreckung von Entscheidungen und die Zusammenarbeit in Unterhaltssachen in Verbindung mit dem Haager Protokoll vom 23. November 2007 über das auf Unterhaltspflichten anzuwendende Recht,
    d) die Verordnung (EU) Nr. 1259/2010 des Rates vom 20. Dezember 2010 zur Durchführung einer Verstärkten Zusammenarbeit im Bereich des auf die Ehescheidung und Trennung ohne Auflösung des Ehebandes anzuwendenden Rechts,
    e) die Verordnung (EU) Nr. 650/2012 des Europäischen Parlaments und des Rates vom 4. Juli 2012 über die Zuständigkeit, das anzuwendende Recht, die Anerkennung und Vollstreckung von Entscheidungen und die Annahme und Vollstreckung öffentlicher Urkunden in Erbsachen sowie zur Einführung eines Europäischen Nachlasszeugnisses,
    f) die Verordnung (EU) 2016/1103 des Rates vom 24. Juni 2016 zur Durchführung einer Verstärkten Zusammenarbeit im Bereich der Zuständigkeit, des anzuwendenden Rechts und der Anerkennung und Vollstreckung von Entscheidungen in Fragen des ehelichen Güterstands sowie
    g) die Verordnung (EU) 2016/1104 des Rates vom 24. Juni 2016 zur Durchführung der Verstärkten Zusammenarbeit im Bereich der Zuständigkeit, des anzuwendenden Rechts und der Anerkennung und Vollstreckung von Entscheidungen in Fragen güterrechtlicher Wirkungen eingetragener Partnerschaften oder
2. Regelungen in völkerrechtlichen Vereinbarungen, soweit sie unmittelbar anwendbares innerstaatliches Recht geworden sind,

maßgeblich sind, bestimmt sich das anzuwendende Recht bei Sachverhalten mit einer Verbindung zu einem ausländischen Staat nach den Vorschriften dieses Kapitels (Internationales Privatrecht).

Artikel 4 Verweisung

(1) Wird auf das Recht eines anderen Staates verwiesen, so ist auch dessen Internationales Privatrecht anzuwenden, sofern dies nicht dem Sinn der Verweisung widerspricht. Verweist das Recht des anderen Staates auf deutsches Recht zurück, so sind die deutschen Sachvorschriften anzuwenden.
(2) Verweisungen auf Sachvorschriften beziehen sich auf die Rechtsnormen der maßgebenden Rechtsordnung unter Ausschluss derjenigen des Internationalen Privatrechts. Soweit die Parteien das Recht eines Staates wählen können, können sie nur auf die Sachvorschriften verweisen.

(3) Wird auf das Recht eines Staates mit mehreren Teilrechtsordnungen verwiesen, ohne die maßgebende zu bezeichnen, so bestimmt das Recht dieses Staates, welche Teilrechtsordnung anzuwenden ist. Fehlt eine solche Regelung, so ist die Teilrechtsordnung anzuwenden, mit welcher der Sachverhalt am engsten verbunden ist.

Artikel 5 Personalstatut

(1) Wird auf das Recht des Staates verwiesen, dem eine Person angehört, und gehört sie mehreren Staaten an, so ist das Recht desjenigen dieser Staaten anzuwenden, mit dem die Person am engsten verbunden ist, insbesondere durch ihren gewöhnlichen Aufenthalt oder durch den Verlauf ihres Lebens. Ist die Person auch Deutscher, so geht diese Rechtsstellung vor.
(2) Ist eine Person staatenlos oder kann ihre Staatsangehörigkeit nicht festgestellt werden, so ist das Recht des Staates anzuwenden, in dem sie ihren gewöhnlichen Aufenthalt oder, mangels eines solchen, ihren Aufenthalt hat.
(3) Wird auf das Recht des Staates verwiesen, in dem eine Person ihren Aufenthalt oder ihren gewöhnlichen Aufenthalt hat, und ändert eine nicht voll geschäftsfähige Person den Aufenthalt ohne den Willen des gesetzlichen Vertreters, so führt diese Änderung allein nicht zur Anwendung eines anderen Rechts.

Artikel 6 Öffentliche Ordnung [ordre public]

Eine Rechtsnorm eines anderen Staates ist nicht anzuwenden, wenn ihre Anwendung zu einem Ergebnis führt, das mit wesentlichen Grundsätzen des deutschen Rechts offensichtlich unvereinbar ist. Sie ist insbesondere nicht anzuwenden, wenn die Anwendung mit den Grundrechten unvereinbar ist.

Zweiter Abschnitt
Recht der natürlichen Personen und der Rechtsgeschäfte

Artikel 7 Rechtsfähigkeit und Geschäftsfähigkeit

(1) Die Rechtsfähigkeit und die Geschäftsfähigkeit einer Person unterliegen dem Recht des Staates, dem die Person angehört. Dies gilt auch, soweit die Geschäftsfähigkeit durch Eheschließung erweitert wird.
(2) Eine einmal erlangte Rechtsfähigkeit oder Geschäftsfähigkeit wird durch Erwerb oder Verlust der Rechtsstellung als Deutscher nicht beeinträchtigt.

Artikel 8 Gewillkürte Stellvertretung

(1) Auf die gewillkürte Stellvertretung ist das vom Vollmachtgeber vor der Ausübung der Vollmacht gewählte Recht anzuwenden, wenn die Rechtswahl dem Dritten und dem Bevollmächtigten bekannt ist. Der Vollmachtgeber, der Bevollmächtigte und der Dritte können das anzuwendende Recht jederzeit wählen. Die Wahl nach Satz 2 geht derjenigen nach Satz 1 vor.
(2) Ist keine Rechtswahl nach Absatz 1 getroffen worden und handelt der Bevollmächtigte in Ausübung seiner unternehmerischen Tätigkeit, so sind die Sachvorschriften des Staates anzuwenden, in dem der Bevollmächtigte im Zeitpunkt der Ausübung der Vollmacht seinen gewöhnlichen Aufenthalt hat, es sei denn, dieser Ort ist für den Dritten nicht erkennbar.
(3) Ist keine Rechtswahl nach Absatz 1 getroffen worden und handelt der Bevollmächtigte als Arbeitnehmer des Vollmachtgebers, so sind die Sachvorschriften des Staates anzuwenden, in dem der Vollmachtgeber im Zeitpunkt der Ausübung der Vollmacht seinen gewöhnlichen Aufenthalt hat, es sei denn, dieser Ort ist für den Dritten nicht erkennbar.
(4) Ist keine Rechtswahl nach Absatz 1 getroffen worden und handelt der Bevollmächtigte weder in Ausübung seiner unternehmerischen Tätigkeit noch als Arbeitnehmer des Vollmachtgebers, so sind im Falle einer auf Dauer angelegten Vollmacht die Sachvorschriften des Staates anzuwenden, in dem der Bevollmächtigte von der Vollmacht gewöhnlich Gebrauch macht, es sei denn, dieser Ort ist für den Dritten nicht erkennbar.
(5) Ergibt sich das anzuwendende Recht nicht aus den Absätzen 1 bis 4, so sind die Sachvorschriften des Staates anzuwenden, in dem der Bevollmächtigte von seiner Vollmacht im Einzelfall Gebrauch macht (Gebrauchsort). Mussten der Dritte und der Bevollmächtigte wissen, dass von der Vollmacht nur in einem bestimmten Staat Gebrauch gemacht werden sollte, so sind die Sachvorschriften dieses Staates anzuwenden. Ist der Gebrauchsort für den Dritten nicht erkennbar, so sind die Sachvorschriften des Staates anzuwenden, in dem der Vollmachtgeber im Zeitpunkt der Ausübung der Vollmacht seinen gewöhnlichen Aufenthalt hat.
(6) Auf die gewillkürte Stellvertretung bei Verfügungen über Grundstücke oder Rechte an Grundstücken ist das nach Artikel 43 Absatz 1 und Artikel 46 zu bestimmende Recht anzuwenden.
(7) Dieser Artikel findet keine Anwendung auf die gewillkürte Stellvertretung bei Börsengeschäften und Versteigerungen.
(8) Auf die Bestimmung des gewöhnlichen Aufenthalts im Sinne dieses Artikels ist Artikel 19 Absatz 1 und 2 erste Alternative der Verordnung (EG) Nr. 593/2008 mit der Maßgabe anzuwenden, dass an die Stelle des Vertragsschlusses

die Ausübung der Vollmacht tritt. Artikel 19 Absatz 2 erste Alternative der Verordnung (EG) Nr. 593/2008 ist nicht anzuwenden, wenn der nach dieser Vorschrift maßgebende Ort für den Dritten nicht erkennbar ist.

Artikel 9 Todeserklärung

Die Todeserklärung, die Feststellung des Todes und des Todeszeitpunkts sowie Lebens- und Todesvermutungen unterliegen dem Recht des Staates, dem der Verschollene in dem letzten Zeitpunkt angehörte, in dem er nach den vorhandenen Nachrichten noch gelebt hat. War der Verschollene in diesem Zeitpunkt Angehöriger eines fremden Staates, so kann er nach deutschem Recht für tot erklärt werden, wenn hierfür ein berechtigtes Interesse besteht.

Artikel 10 Name

(1) Der Name einer Person unterliegt dem Recht des Staates, dem die Person angehört.
(2) Ehegatten können bei oder nach der Eheschließung gegenüber dem Standesamt ihren künftig zu führenden Namen wählen
1. nach dem Recht eines Staates, dem einer der Ehegatten angehört, ungeachtet des Artikels 5 Abs. 1, oder
2. nach deutschem Recht, wenn einer von ihnen seinen gewöhnlichen Aufenthalt im Inland hat.

Nach der Eheschließung abgegebene Erklärungen müssen öffentlich beglaubigt werden. Für die Auswirkungen der Wahl auf den Namen eines Kindes ist § 1617c des Bürgerlichen Gesetzbuchs sinngemäß anzuwenden.
(3) Der Inhaber der Sorge kann gegenüber dem Standesamt bestimmen, daß ein Kind den Familiennamen erhalten soll
1. nach dem Recht eines Staates, dem ein Elternteil angehört, ungeachtet des Artikels 5 Abs. 1,
2. nach deutschem Recht, wenn ein Elternteil seinen gewöhnlichen Aufenthalt im Inland hat, oder
3. nach dem Recht des Staates, dem ein den Namen Erteilender angehört.

Nach der Beurkundung der Geburt abgegebene Erklärungen müssen öffentlich beglaubigt werden.

Artikel 11 Form von Rechtsgeschäften

(1) Ein Rechtsgeschäft ist formgültig, wenn es die Formerfordernisse des Rechts, das auf das seinen Gegenstand bildende Rechtsverhältnis anzuwenden ist, oder des Rechts des Staates erfüllt, in dem es vorgenommen wird.
(2) Wird ein Vertrag zwischen Personen geschlossen, die sich in verschiedenen Staaten befinden, so ist er formgültig, wenn er die Formerfordernisse des Rechts, das auf das seinen Gegenstand bildende Rechtsverhältnis anzuwenden ist, oder des Rechts eines dieser Staaten erfüllt.
(3) Wird der Vertrag durch einen Vertreter geschlossen, so ist bei Anwendung der Absätze 1 und 2 der Staat maßgebend, in dem sich der Vertreter befindet.
(4) Ein Rechtsgeschäft, durch das ein Recht an einer Sache begründet oder über ein solches Recht verfügt wird, ist nur formgültig, wenn es die Formerfordernisse des Rechts erfüllt, das auf das seinen Gegenstand bildende Rechtsverhältnis anzuwenden ist.

Artikel 12 Schutz des anderen Vertragsteils

Wird ein Vertrag zwischen Personen geschlossen, die sich in demselben Staat befinden, so kann sich eine natürliche Person, die nach den Sachvorschriften des Rechts dieses Staates rechts-, geschäfts- und handlungsfähig wäre, nur dann auf ihre aus den Sachvorschriften des Rechts eines anderen Staates abgeleitete Rechts-, Geschäfts- und Handlungsunfähigkeit berufen, wenn der andere Vertragsteil bei Vertragsabschluß diese Rechts-, Geschäfts- und Handlungsunfähigkeit kannte oder kennen mußte. Dies gilt nicht für familienrechtliche und erbrechtliche Rechtsgeschäfte sowie für Verfügungen über ein in einem anderen Staat belegenes Grundstück.

Dritter Abschnitt
Familienrecht

Artikel 13 Eheschließung

(1) Die Voraussetzungen der Eheschließung unterliegen für jeden Verlobten dem Recht des Staates, dem er angehört.
(2) Fehlt danach eine Voraussetzung, so ist insoweit deutsches Recht anzuwenden, wenn
1. ein Verlobter seinen gewöhnlichen Aufenthalt im Inland hat oder Deutscher ist,
2. die Verlobten die zumutbaren Schritte zur Erfüllung der Voraussetzungen unternommen haben und
3. es mit der Eheschließungsfreiheit unvereinbar ist, die Eheschließung zu versagen; insbesondere steht die frühere Ehe eines Verlobten nicht entgegen, wenn ihr Bestand durch eine hier erlassene oder anerkannte Entscheidung beseitigt oder der Ehegatte des Verlobten für tot erklärt ist.

(3) Unterliegt die Ehemündigkeit eines Verlobten nach Absatz 1 ausländischem Recht, ist die Ehe nach deutschem Recht
1. unwirksam, wenn der Verlobte im Zeitpunkt der Eheschließung das 16. Lebensjahr nicht vollendet hatte, und
2. aufhebbar, wenn der Verlobte im Zeitpunkt der Eheschließung das 16., aber nicht das 18. Lebensjahr vollendet hatte.

(4) Eine Ehe kann im Inland nur in der hier vorgeschriebenen Form geschlossen werden. Eine Ehe zwischen Verlobten, von denen keiner Deutscher ist, kann jedoch vor einer von der Regierung des Staates, dem einer der Verlobten angehört, ordnungsgemäß ermächtigten Person in der nach dem Recht dieses Staates vorgeschriebenen Form geschlossen werden; eine beglaubigte Abschrift der Eintragung der so geschlossenen Ehe in das Standesregister, das von der dazu ordnungsgemäß ermächtigten Person geführt wird, erbringt vollen Beweis der Eheschließung.

Artikel 14 Allgemeine Ehewirkungen

(1) Soweit allgemeine Ehewirkungen nicht in den Anwendungsbereich der Verordnung (EU) 2016/1103 fallen, unterliegen sie dem von den Ehegatten gewählten Recht. Wählbar sind
1. das Recht des Staates, in dem beide Ehegatten im Zeitpunkt der Rechtswahl ihren gewöhnlichen Aufenthalt haben,
2. das Recht des Staates, in dem beide Ehegatten ihren gewöhnlichen Aufenthalt während der Ehe zuletzt hatten, wenn einer von ihnen im Zeitpunkt der Rechtswahl dort noch seinen gewöhnlichen Aufenthalt hat, oder
3. ungeachtet des Artikels 5 Absatz 1 das Recht des Staates, dem ein Ehegatte im Zeitpunkt der Rechtswahl angehört.

Die Rechtswahl muss notariell beurkundet werden. Wird sie nicht im Inland vorgenommen, so genügt es, wenn sie den Formerfordernissen für einen Ehevertrag nach dem gewählten Recht oder am Ort der Rechtswahl entspricht.
(2) Sofern die Ehegatten keine Rechtswahl getroffen haben, gilt
1. das Recht des Staates, in dem beide Ehegatten ihren gewöhnlichen Aufenthalt haben, sonst
2. das Recht des Staates, in dem beide Ehegatten ihren gewöhnlichen Aufenthalt während der Ehe zuletzt hatten, wenn einer von ihnen dort noch seinen gewöhnlichen Aufenthalt hat, sonst
3. das Recht des Staates, dem beide Ehegatten angehören, sonst
4. das Recht des Staates, mit dem die Ehegatten auf andere Weise gemeinsam am engsten verbunden sind.

Artikel 15 und 16 (weggefallen)

Artikel 17 Sonderregelungen zur Scheidung

(1) Soweit vermögensrechtliche Scheidungsfolgen nicht in den Anwendungsbereich der Verordnung (EU) 2016/1103 oder der Verordnung (EG) Nr. 4/2009 fallen oder von anderen Vorschriften dieses Abschnitts erfasst sind, unterliegen sie dem nach der Verordnung (EU) Nr. 1259/2010 auf die Scheidung anzuwendenden Recht.
(2) Auf Scheidungen, die nicht in den Anwendungsbereich der Verordnung (EU) Nr. 1259/2010 fallen, finden die Vorschriften des Kapitels II dieser Verordnung mit folgenden Maßgaben entsprechende Anwendung:
1. Artikel 5 Absatz 1 Buchstabe d der Verordnung (EU) Nr. 1259/2010 ist nicht anzuwenden;
2. in Artikel 5 Absatz 2, Artikel 6 Absatz 2 und Artikel 8 Buchstabe a bis c der Verordnung (EU) Nr. 1259/2010 ist statt auf den Zeitpunkt der Anrufung des Gerichts auf den Zeitpunkt der Einleitung des Scheidungsverfahrens abzustellen;
3. abweichend von Artikel 5 Absatz 3 der Verordnung (EU) Nr. 1259/2010 können die Ehegatten die Rechtswahl auch noch im Laufe des Verfahrens in der durch Artikel 7 dieser Verordnung bestimmten Form vornehmen, wenn das gewählte Recht dies vorsieht;
4. im Fall des Artikels 8 Buchstabe d der Verordnung (EU) Nr. 1259/2010 ist statt des Rechts des angerufenen Gerichts das Recht desjenigen Staates anzuwenden, mit dem die Ehegatten im Zeitpunkt der Einleitung des Scheidungsverfahrens auf andere Weise gemeinsam am engsten verbunden sind, und
5. statt der Artikel 10 und 12 der Verordnung (EU) Nr. 1259/2010 findet Artikel 6 Anwendung.

(3) Eine Ehe kann im Inland nur durch ein Gericht geschieden werden.
(4) Der Versorgungsausgleich unterliegt dem nach der Verordnung (EU) Nr. 1259/2010 auf die Scheidung anzuwendenden Recht; er ist nur durchzuführen, wenn danach deutsches Recht anzuwenden ist und ihn das Recht eines der Staaten kennt, denen die Ehegatten im Zeitpunkt des Eintritts der Rechtshängigkeit des Scheidungsantrags angehören. Im Übrigen ist der Versorgungsausgleich auf Antrag eines Ehegatten nach deutschem Recht durchzuführen, wenn einer der Ehegatten in der Ehezeit ein Anrecht bei einem inländischen Versorgungsträger erworben hat, soweit die Durchführung des Versorgungsausgleichs insbesondere im Hinblick auf die beiderseitigen wirtschaftlichen Verhältnisse während der gesamten Ehezeit der Billigkeit nicht widerspricht.

Artikel 17a Ehewohnung

Betretungs-, Näherungs- und Kontaktverbote, die mit einer im Inland belegenen Ehewohnung zusammenhängen, unterliegen den deutschen Sachvorschriften.

Artikel 17b Eingetragene Lebenspartnerschaft und gleichgeschlechtliche Ehe

(1) Die Begründung, die Auflösung und die nicht in den Anwendungsbereich der Verordnung (EU) 2016/1104 fallenden allgemeinen Wirkungen einer eingetragenen Lebenspartnerschaft unterliegen den Sachvorschriften des

Register führenden Staates. Der Versorgungsausgleich unterliegt dem nach Satz 1 anzuwendenden Recht; er ist nur durchzuführen, wenn danach deutsches Recht anzuwenden ist und das Recht eines der Staaten, denen die Lebenspartner im Zeitpunkt der Rechtshängigkeit des Antrags auf Aufhebung der Lebenspartnerschaft angehören, einen Versorgungsausgleich zwischen Lebenspartnern kennt. Im Übrigen ist der Versorgungsausgleich auf Antrag eines Lebenspartners nach deutschem Recht durchzuführen, wenn einer der Lebenspartner während der Zeit der Lebenspartnerschaft ein Anrecht bei einem inländischen Versorgungsträger erworben hat, soweit die Durchführung des Versorgungsausgleichs insbesondere im Hinblick auf die beiderseitigen wirtschaftlichen Verhältnisse während der gesamten Zeit der Lebenspartnerschaft der Billigkeit nicht widerspricht.
(2) Artikel 10 Abs. 2 und Artikel 17a gelten entsprechend.
(3) Bestehen zwischen denselben Personen eingetragene Lebenspartnerschaften in verschiedenen Staaten, so ist die zuletzt begründete Lebenspartnerschaft vom Zeitpunkt ihrer Begründung an für die in Absatz 1 umschriebenen Wirkungen und Folgen maßgebend.
(4) Gehören die Ehegatten demselben Geschlecht an oder gehört zumindest ein Ehegatte weder dem weiblichen noch dem männlichen Geschlecht an, so gelten die Absätze 1 bis 3 mit der Maßgabe entsprechend, dass sich das auf die Ehescheidung und auf die Trennung ohne Auflösung des Ehebandes anzuwendende Recht nach der Verordnung (EU) Nr. 1259/2010 richtet. Die güterrechtlichen Wirkungen unterliegen dem nach der Verordnung (EU) 2016/1103 anzuwendenden Recht.
(5) Für die in Absatz 4 genannten Ehen gelten Artikel 13 Absatz 3, Artikel 17 Absatz 1 bis 3, Artikel 19 Absatz 1 Satz 3, Artikel 22 Absatz 3 Satz 1 sowie Artikel 46e entsprechend. Die Ehegatten können für die allgemeinen Ehewirkungen eine Rechtswahl gemäß Artikel 14 treffen.

Artikel 18 (weggefallen)

Artikel 19 Abstammung

(1) Die Abstammung eines Kindes unterliegt dem Recht des Staates, in dem das Kind seinen gewöhnlichen Aufenthalt hat. Sie kann im Verhältnis zu jedem Elternteil auch nach dem Recht des Staates bestimmt werden, dem dieser Elternteil angehört. Ist die Mutter verheiratet, so kann die Abstammung ferner nach dem Recht bestimmt werden, dem die allgemeinen Wirkungen ihrer Ehe bei der Geburt nach Artikel 14 Absatz 2 unterliegen; ist die Ehe vorher durch Tod aufgelöst worden, so ist der Zeitpunkt der Auflösung maßgebend.
(2) Sind die Eltern nicht miteinander verheiratet, so unterliegen Verpflichtungen des Vaters gegenüber der Mutter auf Grund der Schwangerschaft dem Recht des Staates, in dem die Mutter ihren gewöhnlichen Aufenthalt hat.

Artikel 20 Anfechtung der Abstammung

Die Abstammung kann nach jedem Recht angefochten werden, aus dem sich ihre Voraussetzungen ergeben. Das Kind kann die Abstammung in jedem Fall nach dem Recht des Staates anfechten, in dem es seinen gewöhnlichen Aufenthalt hat.

Artikel 21 Wirkungen des Eltern-Kind-Verhältnisses

Das Rechtsverhältnis zwischen einem Kind und seinen Eltern unterliegt dem Recht des Staates, in dem das Kind seinen gewöhnlichen Aufenthalt hat.

Artikel 22 Annahme als Kind

(1) Die Annahme als Kind im Inland unterliegt dem deutschen Recht. Im Übrigen unterliegt sie dem Recht des Staates, in dem der Anzunehmende zum Zeitpunkt der Annahme seinen gewöhnlichen Aufenthalt hat.
(2) Die Folgen der Annahme in Bezug auf das Verwandtschaftsverhältnis zwischen dem Kind und dem Annehmenden sowie den Personen, zu denen das Kind in einem familienrechtlichen Verhältnis steht, unterliegen dem nach Absatz 1 anzuwendenden Recht.
(3) In Ansehung der Rechtsnachfolge von Todes wegen nach dem Annehmenden, dessen Ehegatten, Lebenspartner oder Verwandten steht der Angenommene ungeachtet des nach den Absätzen 1 und 2 anzuwendenden Rechts einem nach den deutschen Sachvorschriften angenommenen Kind gleich, wenn der Erblasser dies in der Form einer Verfügung von Todes wegen angeordnet hat und die Rechtsnachfolge deutschem Recht unterliegt. Satz 1 gilt entsprechend, wenn die Annahme auf einer ausländischen Entscheidung beruht. Die Sätze 1 und 2 finden keine Anwendung, wenn der Angenommene im Zeitpunkt der Annahme das achtzehnte Lebensjahr vollendet hatte.

Artikel 23 Zustimmung

Die Erforderlichkeit und die Erteilung der Zustimmung des Kindes und einer Person, zu der das Kind in einem familienrechtlichen Verhältnis steht, zu einer Abstammungserklärung oder einer Namenserteilung unterliegen zusätzlich dem Recht des Staates, dem das Kind angehört. Soweit es zum Wohl des Kindes erforderlich ist, ist statt dessen das deutsche Recht anzuwenden.

80 EGBGB Art. 24-246a

Artikel 24 Vormundschaft, Betreuung und Pflegschaft

(1) Die Entstehung, die Änderung und das Ende der Vormundschaft, Betreuung und Pflegschaft sowie der Inhalt der gesetzlichen Vormundschaft und Pflegschaft unterliegen dem Recht des Staates, dem der Mündel, Betreute oder Pflegling angehört. Für einen Angehörigen eines fremden Staates, der seinen gewöhnlichen Aufenthalt oder, mangels eines solchen, seinen Aufenthalt im Inland hat, kann ein Betreuer nach deutschem Recht bestellt werden.

(2) Ist eine Pflegschaft erforderlich, weil nicht feststeht, wer an einer Angelegenheit beteiligt ist, oder weil ein Beteiligter sich in einem anderen Staat befindet, so ist das Recht anzuwenden, das für die Angelegenheit maßgebend ist.

(3) Vorläufige Maßregeln sowie der Inhalt der Betreuung und der angeordneten Vormundschaft und Pflegschaft unterliegen dem Recht des anordnenden Staates.

Vierter Abschnitt
Erbrecht

Artikel 25 Rechtsnachfolge von Todes wegen

Soweit die Rechtsnachfolge von Todes wegen nicht in den Anwendungsbereich der Verordnung (EU) Nr. 650/2012 fällt, gelten die Vorschriften des Kapitels III dieser Verordnung entsprechend.

Artikel 26 Form von Verfügungen von Todes wegen

(1) In Ausführung des Artikels 3 des Haager Übereinkommens vom 5. Oktober 1961 über das auf die Form letztwilliger Verfügungen anzuwendende Recht (BGBl. 1965 II S. 1144, 1145) ist eine letztwillige Verfügung, auch wenn sie von mehreren Personen in derselben Urkunde errichtet wird oder durch sie eine frühere letztwillige Verfügung widerrufen wird, hinsichtlich ihrer Form gültig, wenn sie den Formerfordernissen des Rechts entspricht, das auf die Rechtsnachfolge von Todes wegen anzuwenden ist oder im Zeitpunkt der Verfügung anzuwenden wäre. Die weiteren Vorschriften des Haager Übereinkommens bleiben unberührt.

(2) Für die Form anderer Verfügungen von Todes wegen ist Artikel 27 der Verordnung (EU) Nr. 650/2012 maßgeblich.

Dritter Teil
Verhältnis des Bürgerlichen Gesetzbuches zu den Landesgesetzen

Artikel 144 (Verein für Beistandschaften)

Die Landesgesetze können bestimmen, daß das Jugendamt die Beistandschaft mit Zustimmung des Elternteils auf einen rechtsfähigen Verein übertragen kann, dem dazu eine Erlaubnis nach § 54 des Achten Buches Sozialgesetzbuch erteilt worden ist.

Siebter Teil
Durchführung des Bürgerlichen Gesetzbuchs, Verordnungsermächtigungen, Länderöffnungsklauseln, Informationspflichten

Artikel 246a
Informationspflichten bei außerhalb von Geschäftsräumen geschlossenen Verträgen und Fernabsatzverträgen mit Ausnahme von Verträgen über Finanzdienstleistungen

§ 1 Informationspflichten

(1) Der Unternehmer ist nach § 312d Absatz 1 des Bürgerlichen Gesetzbuchs verpflichtet, dem Verbraucher folgende Informationen zur Verfügung zu stellen:
1. die wesentlichen Eigenschaften der Waren oder Dienstleistungen in dem für das Kommunikationsmittel und für die Waren und Dienstleistungen angemessenen Umfang,
2. seine Identität, beispielsweise seinen Handelsnamen sowie die Anschrift des Ortes, an dem er niedergelassen ist, seine Telefonnummer und gegebenenfalls seine Telefaxnummer und E-Mail-Adresse sowie gegebenenfalls die Anschrift und die Identität des Unternehmers, in dessen Auftrag er handelt,
3. zusätzlich zu den Angaben gemäß Nummer 2 die Geschäftsanschrift des Unternehmers und gegebenenfalls die Anschrift des Unternehmers, in dessen Auftrag er handelt, an die sich der Verbraucher mit jeder Beschwerde wenden kann, falls diese Anschrift von der Anschrift unter Nummer 2 abweicht,
4. den Gesamtpreis der Waren oder Dienstleistungen einschließlich aller Steuern und Abgaben, oder in den Fällen, in denen der Preis auf Grund der Beschaffenheit der Waren oder Dienstleistungen vernünftigerweise nicht im Voraus berechnet werden kann, die Art der Preisberechnung sowie gegebenenfalls alle zusätzlichen Fracht-, Liefer- oder Versandkosten und alle sonstigen Kosten, oder in den Fällen, in denen diese Kosten vernünftigerweise nicht im Voraus berechnet werden können, die Tatsache, dass solche zusätzlichen Kosten anfallen können,

5. im Falle eines unbefristeten Vertrags oder eines Abonnement-Vertrags den Gesamtpreis; dieser umfasst die pro Abrechnungszeitraum anfallenden Gesamtkosten und, wenn für einen solchen Vertrag Festbeträge in Rechnung gestellt werden, ebenfalls die monatlichen Gesamtkosten; wenn die Gesamtkosten vernünftigerweise nicht im Voraus berechnet werden können, ist die Art der Preisberechnung anzugeben,
6. die Kosten für den Einsatz des für den Vertragsabschluss genutzten Fernkommunikationsmittels, sofern dem Verbraucher Kosten berechnet werden, die über die Kosten für die bloße Nutzung des Fernkommunikationsmittels hinausgehen,
7. die Zahlungs-, Liefer- und Leistungsbedingungen, den Termin, bis zu dem der Unternehmer die Waren liefern oder die Dienstleistung erbringen muss, und gegebenenfalls das Verfahren des Unternehmers zum Umgang mit Beschwerden,
8. das Bestehen eines gesetzlichen Mängelhaftungsrechts für die Waren,
9. gegebenenfalls das Bestehen und die Bedingungen von Kundendienst, Kundendienstleistungen und Garantien,
10. gegebenenfalls bestehende einschlägige Verhaltenskodizes gemäß Artikel 2 Buchstabe f der Richtlinie 2005/29/EG des Europäischen Parlaments und des Rates vom 11. Mai 2005 über unlautere Geschäftspraktiken im binnenmarktinternen Geschäftsverkehr zwischen Unternehmen und Verbrauchern und zur Änderung der Richtlinie 84/450/EWG des Rates, der Richtlinien 97/7/EG, 98/27/EG und 2002/65/EG des Europäischen Parlaments und des Rates sowie der Verordnung (EG) Nr. 2006/2004 des Europäischen Parlaments und des Rates (ABl. L 149 vom 11. 6. 2005, S. 22) und wie Exemplare davon erhalten werden können,
11. gegebenenfalls die Laufzeit des Vertrags oder die Bedingungen der Kündigung unbefristeter Verträge oder sich automatisch verlängernder Verträge,
12. gegebenenfalls die Mindestdauer der Verpflichtungen, die der Verbraucher mit dem Vertrag eingeht,
13. gegebenenfalls die Tatsache, dass der Unternehmer vom Verbraucher die Stellung einer Kaution oder die Leistung anderer finanzieller Sicherheiten verlangen kann, sowie deren Bedingungen,
14. gegebenenfalls die Funktionsweise digitaler Inhalte, einschließlich anwendbarer technischer Schutzmaßnahmen für solche Inhalte,
15. gegebenenfalls, soweit wesentlich, Beschränkungen der Interoperabilität und der Kompatibilität digitaler Inhalte mit Hard- und Software, soweit diese Beschränkungen dem Unternehmer bekannt sind oder bekannt sein müssen, und
16. gegebenenfalls, dass der Verbraucher ein außergerichtliches Beschwerde- und Rechtsbehelfsverfahren, dem der Unternehmer unterworfen ist, nutzen kann, und dessen Zugangsvoraussetzungen.

Wird der Vertrag im Rahmen einer öffentlich zugänglichen Versteigerung geschlossen, können anstelle der Angaben nach Satz 1 Nummer 2 und 3 die entsprechenden Angaben des Versteigerers zur Verfügung gestellt werden.

(2) Steht dem Verbraucher ein Widerrufsrecht nach § 312g Absatz 1 des Bürgerlichen Gesetzbuchs zu, ist der Unternehmer verpflichtet, den Verbraucher zu informieren

1. über die Bedingungen, die Fristen und das Verfahren für die Ausübung des Widerrufsrechts nach § 355 Absatz 1 des Bürgerlichen Gesetzbuchs sowie das Muster-Widerrufsformular in der Anlage 2,
2. gegebenenfalls darüber, dass der Verbraucher im Widerrufsfall die Kosten für die Rücksendung der Waren zu tragen hat, und bei Fernabsatzverträgen zusätzlich über die Kosten für die Rücksendung der Waren, wenn die Waren auf Grund ihrer Beschaffenheit nicht auf dem normalen Postweg zurückgesendet werden können, und
3. darüber, dass der Verbraucher dem Unternehmer bei einem Vertrag über die Erbringung von Dienstleistungen oder über die nicht in einem bestimmten Volumen oder in einer bestimmten Menge vereinbarte Lieferung von Wasser, Gas, Strom oder die Lieferung von Fernwärme einen angemessenen Betrag nach § 357 Absatz 8 des Bürgerlichen Gesetzbuchs für die vom Unternehmer erbrachte Leistung schuldet, wenn der Verbraucher das Widerrufsrecht ausübt, nachdem er auf Aufforderung des Unternehmers von diesem ausdrücklich den Beginn der Leistung vor Ablauf der Widerrufsfrist verlangt hat.

Der Unternehmer kann diese Informationspflichten dadurch erfüllen, dass er das in der Anlage 1 vorgesehene Muster für die Widerrufsbelehrung zutreffend ausgefüllt in Textform übermittelt.

(3) Der Unternehmer hat den Verbraucher auch zu informieren, wenn

1. dem Verbraucher nach § 312g Absatz 2 Nummer 1, 2, 5 und 7 bis 13 des Bürgerlichen Gesetzbuchs ein Widerrufsrecht nicht zusteht, dass der Verbraucher seine Willenserklärung nicht widerrufen kann, oder
2. das Widerrufsrecht des Verbrauchers nach § 312g Absatz 2 Nummer 3, 4 und 6 sowie § 356 Absatz 4 und 5 des Bürgerlichen Gesetzbuchs vorzeitig erlöschen kann, über die Umstände, unter denen der Verbraucher ein zunächst bestehendes Widerrufsrecht verliert.

§ 2 Erleichterte Informationspflichten bei Reparatur- und Instandhaltungsarbeiten

(1) Hat der Verbraucher bei einem Vertrag über Reparatur- und Instandhaltungsarbeiten, der außerhalb von Geschäftsräumen geschlossen wird, bei dem die beiderseitigen Leistungen sofort erfüllt werden und die vom Verbrau-

cher zu leistende Vergütung 200 Euro nicht übersteigt, ausdrücklich die Dienste des Unternehmers angefordert, muss der Unternehmer dem Verbraucher lediglich folgende Informationen zur Verfügung stellen:
1. die Angaben nach § 1 Absatz 1 Satz 1 Nummer 2 und
2. den Preis oder die Art der Preisberechnung zusammen mit einem Kostenvoranschlag über die Gesamtkosten.

(2) Ferner hat der Unternehmer dem Verbraucher folgende Informationen zur Verfügung zu stellen:
1. die wesentlichen Eigenschaften der Waren oder Dienstleistungen in dem für das Kommunikationsmittel und die Waren oder Dienstleistungen angemessenen Umfang,
2. gegebenenfalls die Bedingungen, die Fristen und das Verfahren für die Ausübung des Widerrufsrechts sowie das Muster-Widerrufsformular in der Anlage 2 und
3. gegebenenfalls die Information, dass der Verbraucher seine Willenserklärung nicht widerrufen kann, oder die Umstände, unter denen der Verbraucher ein zunächst bestehendes Widerrufsrecht vorzeitig verliert.

(3) Eine vom Unternehmer zur Verfügung gestellte Abschrift oder Bestätigung des Vertrags nach § 312f Absatz 1 des Bürgerlichen Gesetzbuchs muss alle nach § 1 zu erteilenden Informationen enthalten.

§ 3 Erleichterte Informationspflichten bei begrenzter Darstellungsmöglichkeit

Soll ein Fernabsatzvertrag mittels eines Fernkommunikationsmittels geschlossen werden, das nur begrenzten Raum oder begrenzte Zeit für die dem Verbraucher zu erteilenden Informationen bietet, ist der Unternehmer verpflichtet, dem Verbraucher mittels dieses Fernkommunikationsmittels zumindest folgende Informationen zur Verfügung zu stellen:
1. die wesentlichen Eigenschaften der Waren oder Dienstleistungen,
2. die Identität des Unternehmers,
3. den Gesamtpreis oder in den Fällen, in denen der Preis auf Grund der Beschaffenheit der Waren oder Dienstleistungen vernünftigerweise nicht im Voraus berechnet werden kann, die Art der Preisberechnung,
4. gegebenenfalls das Bestehen eines Widerrufsrechts und
5. gegebenenfalls die Vertragslaufzeit und die Bedingungen für die Kündigung eines Dauerschuldverhältnisses.

Die weiteren Angaben nach § 1 hat der Unternehmer dem Verbraucher in geeigneter Weise unter Beachtung von § 4 Absatz 3 zugänglich zu machen.

§ 4 Formale Anforderungen an die Erfüllung der Informationspflichten

(1) Der Unternehmer muss dem Verbraucher die Informationen nach den §§ 1 bis 3 vor Abgabe von dessen Vertragserklärung in klarer und verständlicher Weise zur Verfügung stellen.

(2) Bei einem außerhalb von Geschäftsräumen geschlossenen Vertrag muss der Unternehmer die Informationen auf Papier oder, wenn der Verbraucher zustimmt, auf einem anderen dauerhaften Datenträger zur Verfügung stellen. Die Informationen müssen lesbar sein. Die Person des erklärenden Unternehmers muss genannt sein. Der Unternehmer kann die Informationen nach § 2 Absatz 2 in anderer Form zur Verfügung stellen, wenn sich der Verbraucher hiermit ausdrücklich einverstanden erklärt hat.

(3) Bei einem Fernabsatzvertrag muss der Unternehmer dem Verbraucher die Informationen in einer den benutzten Fernkommunikationsmitteln angepassten Weise zur Verfügung stellen. Soweit die Informationen auf einem dauerhaften Datenträger zur Verfügung gestellt werden, müssen sie lesbar sein, und die Person des erklärenden Unternehmers muss genannt sein. Abweichend von Satz 1 kann der Unternehmer dem Verbraucher die in § 3 Satz 2 genannten Informationen in geeigneter Weise zugänglich machen.

Anlage 1
(zu Artikel 246a § 1 Absatz 2 Satz 2)

Muster für die Widerrufsbelehrung bei außerhalb von Geschäftsräumen geschlossenen Verträgen und bei Fernabsatzverträgen mit Ausnahme von Verträgen über Finanzdienstleistungen

---

Widerrufsbelehrung
Widerrufsrecht

Sie haben das Recht, binnen vierzehn Tagen ohne Angabe von Gründen diesen Vertrag zu widerrufen.

Die Widerrufsfrist beträgt vierzehn Tage ab dem Tag **(1)**.

Um Ihr Widerrufsrecht auszuüben, müssen Sie uns ((2)) mittels einer eindeutigen Erklärung (z. B. ein mit der Post versandter Brief, Telefax oder E-Mail) über Ihren Entschluss, diesen Vertrag zu widerrufen, informieren. Sie können dafür das beigefügte Muster-Widerrufsformular verwenden, das jedoch nicht vorgeschrieben ist.(3)

Zur Wahrung der Widerrufsfrist reicht es aus, dass Sie die Mitteilung über die Ausübung des Widerrufsrechts vor Ablauf der Widerrufsfrist absenden.

Folgen des Widerrufs

Wenn Sie diesen Vertrag widerrufen, haben wir Ihnen alle Zahlungen, die wir von Ihnen erhalten haben, einschließlich der Lieferkosten (mit Ausnahme der zusätzlichen Kosten, die sich daraus ergeben, dass Sie eine andere Art der Lieferung als die von uns angebotene, günstigste Standardlieferung gewählt haben), unverzüglich und spätestens binnen vierzehn Tagen ab dem Tag zurückzuzahlen, an dem die Mitteilung über Ihren Widerruf dieses Vertrags bei uns eingegangen ist. Für diese Rückzahlung verwenden wir dasselbe Zahlungsmittel, das Sie bei der ursprünglichen Transaktion eingesetzt haben, es sei denn, mit Ihnen wurde ausdrücklich etwas anderes vereinbart; in keinem Fall werden Ihnen wegen dieser Rückzahlung Entgelte berechnet.(4)

(5)

(6)

Gestaltungshinweise:

(1) Fügen Sie einen der folgenden in Anführungszeichen gesetzten Textbausteine ein:
   a) im Falle eines Dienstleistungsvertrags oder eines Vertrags über die Lieferung von Wasser, Gas oder Strom, wenn sie nicht in einem begrenzten Volumen oder in einer bestimmten Menge zum Verkauf angeboten werden, von Fernwärme oder von digitalen Inhalten, die nicht auf einem körperlichen Datenträger geliefert werden: „des Vertragsabschlusses.";
   b) im Falle eines Kaufvertrags: „„ an dem Sie oder ein von Ihnen benannter Dritter, der nicht der Beförderer ist, die Waren in Besitz genommen haben bzw. hat.";
   c) im Falle eines Vertrags über mehrere Waren, die der Verbraucher im Rahmen einer einheitlichen Bestellung bestellt hat und die getrennt geliefert werden: „„ an dem Sie oder ein von Ihnen benannter Dritter, der nicht der Beförderer ist, die letzte Ware in Besitz genommen haben bzw. hat.";
   d) im Falle eines Vertrags über die Lieferung einer Ware in mehreren Teilsendungen oder Stücken: „„ an dem Sie oder ein von Ihnen benannter Dritter, der nicht der Beförderer ist, die letzte Teilsendung oder das letzte Stück in Besitz genommen haben bzw. hat.";
   e) im Falle eines Vertrags zur regelmäßigen Lieferung von Waren über einen festgelegten Zeitraum hinweg: „„ an dem Sie oder ein von Ihnen benannter Dritter, der nicht der Beförderer ist, die erste Ware in Besitz genommen haben bzw. hat."

(2) Fügen Sie Ihren Namen, Ihre Anschrift und, soweit verfügbar, Ihre Telefonnummer, Telefaxnummer und E-Mail-Adresse ein.

(3) Wenn Sie dem Verbraucher die Wahl einräumen, die Information über seinen Widerruf des Vertrags auf Ihrer Webseite elektronisch auszufüllen und zu übermitteln, fügen Sie Folgendes ein: „Sie können das Muster-Widerrufsformular oder eine andere eindeutige Erklärung auch auf unserer Webseite [Internet-Adresse einfügen] elektronisch ausfüllen und übermitteln. Machen Sie von dieser Möglichkeit Gebrauch, so werden wir Ihnen unverzüglich (z. B. per E-Mail) eine Bestätigung über den Eingang eines solchen Widerrufs übermitteln."

(4) Im Falle von Kaufverträgen, in denen Sie nicht angeboten haben, im Falle des Widerrufs die Waren selbst abzuholen, fügen Sie Folgendes ein: „Wir können die Rückzahlung verweigern, bis wir die Waren wieder zurückerhalten haben oder bis Sie den Nachweis erbracht haben, dass Sie die Waren zurückgesandt haben, je nachdem, welches der frühere Zeitpunkt ist."
(5) Wenn der Verbraucher Waren im Zusammenhang mit dem Vertrag erhalten hat:
Fügen Sie ein:
- „Wir holen die Waren ab." oder
- „Sie haben die Waren unverzüglich und in jedem Fall spätestens binnen vierzehn Tagen ab dem Tag, an dem Sie uns über den Widerruf dieses Vertrags unterrichten, an . . . uns oder an [hier sind gegebenenfalls der Name und die Anschrift der von Ihnen zur Entgegennahme der Waren ermächtigten Person einzufügen] zurückzusenden oder zu übergeben. Die Frist ist gewahrt, wenn Sie die Waren vor Ablauf der Frist von vierzehn Tagen absenden."

fügen Sie ein:
- „Wir tragen die Kosten der Rücksendung der Waren.";
- „Sie tragen die unmittelbaren Kosten der Rücksendung der Waren.";
- Wenn Sie bei einem Fernabsatzvertrag nicht anbieten, die Kosten der Rücksendung der Waren zu tragen, und die Waren aufgrund ihrer Beschaffenheit nicht normal mit der Post zurückgesandt werden können: „Sie tragen die unmittelbaren Kosten der Rücksendung der Waren in Höhe von . . . EUR [Betrag einfügen].", oder, wenn die Kosten vernünftigerweise nicht im Voraus berechnet werden können: „Sie tragen die unmittelbaren Kosten der Rücksendung der Waren. Die Kosten werden auf höchstens etwa . . . EUR [Betrag einfügen] geschätzt."
oder
- Wenn die Waren bei einem außerhalb von Geschäftsräumen geschlossenen Vertrag aufgrund ihrer Beschaffenheit nicht normal mit der Post zurückgesandt werden können und zum Zeitpunkt des Vertragsschlusses zur Wohnung des Verbrauchers geliefert worden sind: „Wir holen die Waren auf unsere Kosten ab." und

fügen Sie ein: „Sie müssen für einen etwaigen Wertverlust der Waren nur aufkommen, wenn dieser Wertverlust auf einen zur Prüfung der Beschaffenheit, Eigenschaften und Funktionsweise der Waren nicht notwendigen Umgang mit ihnen zurückzuführen ist."
(6) Im Falle eines Vertrags zur Erbringung von Dienstleistungen oder der Lieferung von Wasser, Gas oder Strom, wenn sie nicht in einem begrenzten Volumen oder in einer bestimmten Menge zum Verkauf angeboten werden, oder von Fernwärme fügen Sie Folgendes ein: „Haben Sie verlangt, dass die Dienstleistungen oder Lieferung von Wasser/Gas/Strom/Fernwärme [Unzutreffendes streichen] während der Widerrufsfrist beginnen soll, so haben Sie uns einen angemessenen Betrag zu zahlen, der dem Anteil der bis zu dem Zeitpunkt, zu dem Sie uns von der Ausübung des Widerrufsrechts hinsichtlich dieses Vertrags unterrichten, bereits erbrachten Dienstleistungen im Vergleich zum Gesamtumfang der im Vertrag vorgesehenen Dienstleistungen entspricht."

Anlage 2
(zu Artikel 246a § 1 Absatz 2 Satz 1 Nummer 1 und § 2 Absatz 2 Nummer 2)

Muster für das Widerrufsformular

Muster-Widerrufsformular

(Wenn Sie den Vertrag widerrufen wollen, dann füllen Sie bitte dieses Formular aus und senden Sie es zurück.)
- An [hier ist der Name, die Anschrift und gegebenenfalls die Telefaxnummer und E-Mail-Adresse des Unternehmers durch den Unternehmer einzufügen]:
- Hiermit widerrufe(n) ich/wir (*) den von mir/uns (*) abgeschlossenen Vertrag über den Kauf der folgenden Waren (*)/die Erbringung der folgenden Dienstleistung (*)
- Bestellt am (*)/erhalten am (*)
- Name des/der Verbraucher(s)
- Anschrift des/der Verbraucher(s)
- Unterschrift des/der Verbraucher(s) (nur bei Mitteilung auf Papier)
- Datum

(*) Unzutreffendes streichen.

Anlage 3
(zu Artikel 246b § 2 Absatz 3 Satz 1)

Muster für die Widerrufsbelehrung bei im Fernabsatz und außerhalb von Geschäftsräumen geschlossenen Verträgen über Finanzdienstleistungen mit Ausnahme von Verträgen über die Erbringung von Zahlungsdiensten und Immobiliarförderdarlehensverträgen

---

Widerrufsbelehrung

Abschnitt 1 WiderrufsrechtSie können Ihre Vertragserklärung innerhalb von 14 Tagen ohne Angabe von Gründen mittels einer eindeutigen Erklärung widerrufen. Die Frist beginnt nach Abschluss des Vertrags und nachdem Sie die Vertragsbestimmungen einschließlich der Allgemeinen Geschäftsbedingungen sowie alle nachstehend unter Abschnitt 2 aufgeführten Informationen auf einem dauerhaften Datenträger (z. B. Brief, Telefax, E-Mail) erhalten haben. Zur Wahrung der Widerrufsfrist genügt die rechtzeitige Absendung des Widerrufs, wenn die Erklärung auf einem dauerhaften Datenträger erfolgt. Der Widerruf ist zu richten an: [1]
Abschnitt 2 Für den Beginn der Widerrufsfrist erforderliche Informationen[2]

Die Informationen im Sinne des Abschnitts 1 Satz 2 umfassen folgende Angaben:
1. die Identität des Unternehmers; anzugeben ist auch das öffentliche Unternehmensregister, bei dem der Rechtsträger eingetragen ist, und die zugehörige Registernummer oder gleichwertige Kennung;
2. die Hauptgeschäftstätigkeit des Unternehmers und die für seine Zulassung zuständige Aufsichtsbehörde;
3. *die Identität des Vertreters des Unternehmers in dem Mitgliedstaat der Europäischen Union, in dem der Verbraucher seinen Wohnsitz hat, wenn es einen solchen Vertreter gibt, oder einer anderen gewerblich tätigen Person als dem Unternehmer, wenn der Verbraucher mit dieser Person geschäftlich zu tun hat, und die Eigenschaft, in der diese Person gegenüber dem Verbraucher tätig wird;*
4. zur Anschrift
    a) die ladungsfähige Anschrift des Unternehmers und jede andere Anschrift, die für die Geschäftsbeziehung zwischen dem Unternehmer und dem Verbraucher maßgeblich ist, bei juristischen Personen, Personenvereinigungen oder Personengruppen auch den Namen des Vertretungsberechtigten;
    b) *jede andere Anschrift, die für die Geschäftsbeziehung zwischen dem Verbraucher und einem Vertreter des Unternehmers oder einer anderen gewerblich tätigen Person als dem Unternehmer, wenn der Verbraucher mit dieser Person geschäftlich zu tun hat, maßgeblich ist, bei juristischen Personen, Personenvereinigungen oder Personengruppen auch den Namen des Vertretungsberechtigten;*
5. die wesentlichen Merkmale der Finanzdienstleistung sowie Informationen darüber, wie der Vertrag zustande kommt;

6. den Gesamtpreis der Finanzdienstleistung einschließlich aller damit verbundenen Preisbestandteile sowie alle über den Unternehmer abgeführten Steuern oder, wenn kein genauer Preis angegeben werden kann, seine Berechnungsgrundlage, die dem Verbraucher eine Überprüfung des Preises ermöglicht;
7. *gegebenenfalls zusätzlich anfallende Kosten sowie einen Hinweis auf mögliche weitere Steuern oder Kosten, die nicht über den Unternehmer abgeführt oder von ihm in Rechnung gestellt werden;*
8. den Hinweis, dass sich die Finanzdienstleistung auf Finanzinstrumente bezieht, die wegen ihrer spezifischen Merkmale oder der durchzuführenden Vorgänge mit speziellen Risiken behaftet sind oder deren Preis Schwankungen auf dem Finanzmarkt unterliegt, auf die der Unternehmer keinen Einfluss hat, und dass in der Vergangenheit erwirtschaftete Erträge kein Indikator für künftige Erträge sind;
9. *eine Befristung der Gültigkeitsdauer der zur Verfügung gestellten Informationen, beispielsweise die Gültigkeitsdauer befristeter Angebote, insbesondere hinsichtlich des Preises;*
10. Einzelheiten hinsichtlich der Zahlung und der Erfüllung;
11. *alle spezifischen zusätzlichen Kosten, die der Verbraucher für die Benutzung des Fernkommunikationsmittels zu tragen hat, wenn solche zusätzlichen Kosten durch den Unternehmer in Rechnung gestellt werden;*
12. das Bestehen oder Nichtbestehen eines Widerrufsrechts sowie die Bedingungen, Einzelheiten der Ausübung, insbesondere Name und Anschrift desjenigen, gegenüber dem der Widerruf zu erklären ist, und die Rechtsfolgen des Widerrufs einschließlich Informationen über den Betrag, den der Verbraucher im Fall des Widerrufs für die erbrachte Leistung zu zahlen hat, sofern er zur Zahlung von Wertersatz verpflichtet ist (zugrunde liegende Vorschrift: § 357a des Bürgerlichen Gesetzbuchs);
13. *die Mindestlaufzeit des Vertrags, wenn dieser eine dauernde oder regelmäßig wiederkehrende Leistung zum Inhalt hat;*
14. *die vertraglichen Kündigungsbedingungen einschließlich etwaiger Vertragsstrafen;*
15. die Mitgliedstaaten der Europäischen Union, deren Recht der Unternehmer der Aufnahme von Beziehungen zum Verbraucher vor Abschluss des Vertrags zugrunde legt;
16. *eine Vertragsklausel über das auf den Vertrag anwendbare Recht oder über das zuständige Gericht;*
17. die Sprachen, in denen die Vertragsbedingungen und die in dieser Widerrufsbelehrung genannten Vorabinformationen mitgeteilt werden, sowie die Sprachen, in denen sich der Unternehmer verpflichtet, mit Zustimmung des Verbrauchers die Kommunikation während der Laufzeit dieses Vertrags zu führen;
18. den Hinweis, ob der Verbraucher ein außergerichtliches Beschwerde- und Rechtsbehelfsverfahren, dem der Unternehmer unterworfen ist, nutzen kann, und gegebenenfalls dessen Zugangsvoraussetzungen;
19. *das Bestehen eines Garantiefonds oder anderer Entschädigungsregelungen, die weder unter die gemäß der Richtlinie 2014/49/EU des Europäischen Parlaments und des Rates vom 16. April 2014 über Einlagensicherungssysteme (ABl. L 173 vom 12. 6. 2014, S. 149; L 212 vom 18. 7. 2014, S. 47; L 309 vom 30. 10. 2014, S. 37) geschaffenen Einlagensicherungssysteme noch unter die gemäß der Richtlinie 97/9/EG des Europäischen Parlaments und des Rates vom 3. März 1997 über Systeme für die Entschädigung der Anleger (ABl. L 84 vom 26. 3. 1997, S. 22) geschaffenen Anlegerentschädigungssysteme fallen.*

Abschnitt 3 WiderrufsfolgenIm Fall eines wirksamen Widerrufs sind die beiderseits empfangenen Leistungen zurückzugewähren. [3] Sie sind zur Zahlung von Wertersatz für die bis zum Widerruf erbrachte Dienstleistung verpflichtet, wenn Sie vor Abgabe Ihrer Vertragserklärung auf diese Rechtsfolge hingewiesen wurden und ausdrücklich zugestimmt haben, dass vor dem Ende der Widerrufsfrist mit der Ausführung der Gegenleistung begonnen werden kann. Besteht eine Verpflichtung zur Zahlung von Wertersatz, kann dies dazu führen, dass Sie die vertraglichen Zahlungsverpflichtungen für den Zeitraum bis zum Widerruf dennoch erfüllen müssen. Ihr Widerrufsrecht erlischt vorzeitig, wenn der Vertrag von beiden Seiten auf Ihren ausdrücklichen Wunsch vollständig erfüllt ist, bevor Sie Ihr Widerrufsrecht ausgeübt haben. Verpflichtungen zur Erstattung von Zahlungen müssen innerhalb von 30 Tagen erfüllt werden. Diese Frist beginnt für Sie mit der Absendung Ihrer Widerrufserklärung, für uns mit deren Empfang.

[4]

[5]

[6]

[7]

[8]

(Ort), (Datum), (Unterschrift des Verbrauchers) [9]

Anlage 3 EGBGB 80

Gestaltungshinweise:

[1] Einsetzen: Namen/Firma und ladungsfähige Anschrift des Widerrufsadressaten. Zusätzlich können angegeben werden: Telefaxnummer, E-Mail-Adresse und/oder, wenn der Verbraucher eine Bestätigung seiner Widerrufserklärung an den Unternehmer erhält, auch eine Internetadresse.

[2] Die unter den **Nummern 3, 4 Buchstabe b, den Nummern 7, 8, 9, 11, 13, 14, 16 und 19 aufgelisteten und kursiv gedruckten Informationen** sind nur dann in die Widerrufsbelehrung aufzunehmen, **wenn sie für den vorliegenden Vertrag einschlägig sind.** Der Kursivdruck ist dabei zu entfernen. Eine Information ist auch dann vollständig aufzunehmen, wenn sie nur teilweise einschlägig ist, beispielsweise, wenn bei Nummer 7 nur zusätzliche Kosten, nicht aber weitere Steuern, die nicht über den Unternehmer abgeführt werden oder von ihm in Rechnung gestellt werden, anfallen. Werden Informationen gemäß der vorstehenden Vorgabe nicht aufgenommen, so ist die fortlaufende Nummerierung entsprechend anzupassen (wird beispielsweise Nummer 8 nicht übernommen, so wird Nummer 9 zu Nummer 8 etc.). Wird bei Nummer 4 Buchstabe b nicht übernommen, so entfällt bei Buchstabe a im Text der Buchstabe „a)" sowie die Überschrift „zur Anschrift". Die letzte in der Widerrufsbelehrung aufgenommene Information soll mit dem Satzzeichen „." abschließen.

[3] Bei der Vereinbarung eines Entgelts für die Duldung einer Überziehung im Sinne des § 505 des Bürgerlichen Gesetzbuchs (BGB) ist hier Folgendes einzufügen:

„Überziehen Sie Ihr Konto ohne eingeräumte Überziehungsmöglichkeit oder überschreiten Sie die Ihnen eingeräumte Überziehungsmöglichkeit, können wir von Ihnen über die Rückzahlung des Betrags der Überziehung oder Überschreitung hinaus weder Kosten noch Zinsen verlangen, wenn wir Sie nicht ordnungsgemäß über die Bedingungen und Folgen der Überziehung oder Überschreitung (z. B. anwendbarer Sollzinssatz, Kosten) informiert haben."

[4] Bei einem Vertrag über eine entgeltliche Finanzierungshilfe, der von der Ausnahme des § 506 Absatz 4 BGB erfasst ist, gilt Folgendes:

a) Ist Vertragsgegenstand die Überlassung einer Sache mit Ausnahme der Lieferung von Wasser, Gas oder Strom, die nicht in einem begrenzten Volumen oder in einer bestimmten Menge zum Verkauf angeboten werden, so sind hier die konkreten Hinweise entsprechend Gestaltungshinweis [5] Buchstabe a bis c der Anlage 1 des Einführungsgesetzes zum Bürgerlichen Gesetzbuche (EGBGB) zu geben.

b) Ist Vertragsgegenstand die Erbringung einer Dienstleistung, die nicht in der Überlassung einer Sache gemäß Buchstabe a oder in einer Finanzdienstleistung besteht, oder die Lieferung von Wasser, Gas oder Strom, wenn sie nicht in einem begrenzten Volumen oder in einer bestimmten Menge zum Verkauf angeboten werden, oder die Lieferung von Fernwärme, so sind hier die konkreten Hinweise entsprechend Gestaltungshinweis [6] der Anlage 1 des EGBGB zu geben.

c) Ist Vertragsgegenstand die Lieferung von nicht auf einem körperlichen Datenträger befindlichen digitalen Inhalten, so ist hier folgender Hinweis zu geben:

„Sie sind zur Zahlung von Wertersatz für die bis zum Widerruf gelieferten digitalen Inhalte verpflichtet, wenn Sie vor Abgabe Ihrer Vertragserklärung auf diese Rechtsfolge hingewiesen wurden und ausdrücklich zugestimmt haben, dass wir vor dem Ende der Widerrufsfrist mit der Lieferung der digitalen Inhalte beginnen."

[5] Bei Anwendung der Gestaltungshinweise [6] oder [7] ist hier folgende Unterüberschrift einzufügen:

„Besondere Hinweise".

[6] Wenn ein verbundenes Geschäft (§ 358 BGB) vorliegt, ist für finanzierte Geschäfte der nachfolgende Hinweis einzufügen:

„Wenn Sie diesen Vertrag durch ein Darlehen finanzieren und ihn später widerrufen, sind Sie auch an den Darlehensvertrag nicht mehr gebunden, sofern beide Verträge eine wirtschaftliche Einheit bilden. Dies ist insbesondere dann anzunehmen, wenn wir gleichzeitig Ihr Darlehensgeber sind oder wenn sich Ihr Darlehensgeber im Hinblick auf die Finanzierung unserer Mitwirkung bedient. Wenn uns das Darlehen bei Wirksamwerden des Widerrufs oder bei der Rückgabe der Ware bereits zugeflossen ist, tritt Ihr Darlehensgeber im Verhältnis zu Ihnen hinsichtlich der Rechtsfolgen des Widerrufs oder der Rückgabe in unsere Rechte und Pflichten aus dem finanzierten Vertrag ein. Letzteres gilt nicht, wenn der finanzierte Vertrag den Erwerb von Finanzinstrumenten (z. B. von Wertpapieren, Devisen oder Derivaten) zum Gegenstand hat. Wollen Sie eine vertragliche Bindung so weitgehend wie möglich vermeiden, machen Sie von Ihrem Widerrufsrecht Gebrauch und widerrufen Sie zudem den Darlehensvertrag, wenn Ihnen auch dafür ein Widerrufsrecht zusteht."

Bei einem finanzierten Erwerb eines Grundstücks oder eines grundstücksgleichen Rechts ist Satz 2 des vorstehenden Hinweises wie folgt zu ändern:

„Dies ist nur anzunehmen, wenn die Vertragspartner in beiden Verträgen identisch sind oder wenn der Darlehensgeber über die Zurverfügungstellung von Darlehen hinaus Ihr Grundstücksgeschäft durch Zusammenwirken mit dem Veräußerer fördert, indem er sich dessen Veräußerungsinteressen ganz oder teilweise zu eigen macht, bei der Planung, Werbung oder Durchführung des Projekts Funktionen des Veräußerers übernimmt oder den Veräußerer einseitig begünstigt."

[7] Wenn ein zusammenhängender Vertrag (§ 360 BGB) vorliegt, ist der nachfolgende Hinweis einzufügen:

„Bei Widerruf dieses Vertrags sind Sie auch an einen mit diesem Vertrag zusammenhängenden Vertrag nicht mehr gebunden, wenn der zusammenhängende Vertrag eine Leistung betrifft, die von uns oder einem Dritten auf der Grundlage einer Vereinbarung zwischen uns und dem Dritten erbracht wird."

[8] Wird für einen Vertrag belehrt, der von einem anderen Vertrag über die Erbringung von Zahlungsdiensten betrifft, für den in Anlage 3a und/oder in Anlage 3b des EGBGB ein Muster für eine Widerrufsbelehrung zur Verfügung gestellt wird, so sind die jeweils zutreffenden Ergänzungen aus dem Muster für die Widerrufsbelehrung zu kombinieren. Soweit zu kombinierende Ergänzungen identisch sind, sind Wiederholungen des Wortlauts nicht erforderlich.

[9] Ort, Datum und Unterschriftsleiste können entfallen. In diesem Fall sind diese Angaben entweder durch die Wörter „Ende der Widerrufsbelehrung" oder durch die Wörter „,(einsetzen: Firma des Unternehmers)" zu ersetzen.

Gesetz zum zivilrechtlichen Schutz vor Gewalttaten und Nachstellungen (Gewaltschutzgesetz – GewSchG)

Vom 11. Dezember 2001 (BGBl. I S. 3513)

Zuletzt geändert durch
Gesetz zur Fortentwicklung der Strafprozessordnung und zur Änderung weiterer Vorschriften vom 25. Juni 2021 (BGBl. I S. 2099)

Inhaltsübersicht

§ 1 Gerichtliche Maßnahmen zum Schutz vor Gewalt und Nachstellungen
§ 2 Überlassung einer gemeinsam genutzten Wohnung
§ 3 Geltungsbereich, Konkurrenzen
§ 4 Strafvorschriften

§ 1 Gerichtliche Maßnahmen zum Schutz vor Gewalt und Nachstellungen

(1) Hat eine Person vorsätzlich den Körper, die Gesundheit, die Freiheit oder die sexuelle Selbstbestimmung einer anderen Person widerrechtlich verletzt, hat das Gericht auf Antrag der verletzten Person die zur Abwendung weiterer Verletzungen erforderlichen Maßnahmen zu treffen. Die Anordnungen sollen befristet werden; die Frist kann verlängert werden. Das Gericht kann insbesondere anordnen, dass der Täter es unterlässt,
1. die Wohnung der verletzten Person zu betreten,
2. sich in einem bestimmten Umkreis der Wohnung der verletzten Person aufzuhalten,
3. zu bestimmende andere Orte aufzusuchen, an denen sich die verletzte Person regelmäßig aufhält,
4. Verbindung zur verletzten Person, auch unter Verwendung von Fernkommunikationsmitteln, aufzunehmen,
5. Zusammentreffen mit der verletzten Person herbeizuführen,

soweit dies nicht zur Wahrnehmung berechtigter Interessen erforderlich ist.
(2) Absatz 1 gilt entsprechend, wenn
1. eine Person einer anderen mit einer Verletzung des Lebens, des Körpers, der Gesundheit, der Freiheit oder der sexuellen Selbstbestimmung widerrechtlich gedroht hat oder
2. eine Person widerrechtlich und vorsätzlich
   a) in die Wohnung einer anderen Person oder deren befriedetes Besitztum eindringt oder
   b) eine andere Person dadurch unzumutbar belästigt, dass sie ihr gegen den ausdrücklich erklärten Willen wiederholt nachstellt oder sie unter Verwendung von Fernkommunikationsmitteln verfolgt.

Im Falle des Satzes 1 Nr. 2 Buchstabe b liegt eine unzumutbare Belästigung nicht vor, wenn die Handlung der Wahrnehmung berechtigter Interessen dient.
(3) In den Fällen des Absatzes 1 Satz 1 oder des Absatzes 2 kann das Gericht die Maßnahmen nach Absatz 1 auch dann anordnen, wenn eine Person die Tat in einem die freie Willensbestimmung ausschließenden Zustand krankhafter Störung der Geistestätigkeit begangen hat, in den sie sich durch geistige Getränke oder ähnliche Mittel vorübergehend versetzt hat.

§ 2 Überlassung einer gemeinsam genutzten Wohnung

(1) Hat die verletzte Person zum Zeitpunkt einer Tat nach § 1 Abs. 1 Satz 1, auch in Verbindung mit Abs. 3, mit dem Täter einen auf Dauer angelegten gemeinsamen Haushalt geführt, so kann sie von diesem verlangen, ihr die gemeinsam genutzte Wohnung zur alleinigen Benutzung zu überlassen.
(2) Die Dauer der Überlassung der Wohnung ist zu befristen, wenn der verletzten Person mit dem Täter das Eigentum, das Erbbaurecht oder der Nießbrauch an dem Grundstück, auf dem sich die Wohnung befindet, zusteht oder die verletzte Person mit dem Täter die Wohnung gemietet hat. Steht dem Täter allein oder gemeinsam mit einem Dritten das Eigentum, das Erbbaurecht oder der Nießbrauch an dem Grundstück zu, auf dem sich die Wohnung befindet, oder hat er die Wohnung allein oder gemeinsam mit einem Dritten gemietet, so hat das Gericht die Wohnungsüberlassung an die verletzte Person auf die Dauer von höchstens sechs Monaten zu befristen. Konnte die verletzte Person innerhalb der vom Gericht nach Satz 2 bestimmten Frist anderen angemessenen Wohnraum zu zumutbaren Bedingungen nicht beschaffen, so kann das Gericht die Frist um höchstens weitere sechs Monate verlängern, es sei denn,

überwiegende Belange des Täters oder des Dritten stehen entgegen. Die Sätze 1 bis 3 gelten entsprechend für das Wohnungseigentum, das Dauerwohnrecht und das dingliche Wohnrecht.
(3) Der Anspruch nach Absatz 1 ist ausgeschlossen,
1. wenn weitere Verletzungen nicht zu besorgen sind, es sei denn, dass der verletzten Person das weitere Zusammenleben mit dem Täter wegen der Schwere der Tat nicht zuzumuten ist oder
2. wenn die verletzte Person nicht innerhalb von drei Monaten nach der Tat die Überlassung der Wohnung schriftlich vom Täter verlangt oder
3. soweit der Überlassung der Wohnung an die verletzte Person besonders schwerwiegende Belange des Täters entgegenstehen.
(4) Ist der verletzten Person die Wohnung zur Benutzung überlassen worden, so hat der Täter alles zu unterlassen, was geeignet ist, die Ausübung dieses Nutzungsrechts zu erschweren oder zu vereiteln.
(5) Der Täter kann von der verletzten Person eine Vergütung für die Nutzung verlangen, soweit dies der Billigkeit entspricht.
(6) Hat die bedrohte Person zum Zeitpunkt einer Drohung nach § 1 Abs. 2 Satz 1 Nr. 1, auch in Verbindung mit Abs. 3, einen auf Dauer angelegten gemeinsamen Haushalt mit dem Täter geführt, kann sie die Überlassung der gemeinsam genutzten Wohnung verlangen, wenn dies erforderlich ist, um eine unbillige Härte zu vermeiden. Eine unbillige Härte kann auch dann gegeben sein, wenn das Wohl von im Haushalt lebenden Kindern beeinträchtigt ist. Im Übrigen gelten die Absätze 2 bis 5 entsprechend.

§ 3 Geltungsbereich, Konkurrenzen

(1) Steht die verletzte oder bedrohte Person im Zeitpunkt einer Tat nach § 1 Abs. 1 oder Abs. 2 Satz 1 unter elterlicher Sorge, Vormundschaft oder unter Pflegschaft, so treten im Verhältnis zu den Eltern und zu sorgeberechtigten Personen an die Stelle von §§ 1 und 2 die für das Sorgerechts-, Vormundschafts- oder Pflegschaftsverhältnis maßgebenden Vorschriften.
(2) Weitergehende Ansprüche der verletzten Person werden durch dieses Gesetz nicht berührt.

§ 4 Strafvorschriften

Mit Freiheitsstrafe bis zu einem Jahr oder mit Geldstrafe wird bestraft, wer einer bestimmten vollstreckbaren
1. Anordnung nach § 1 Absatz 1 Satz 1 oder 3, jeweils auch in Verbindung mit Absatz 2 Satz 1, zuwiderhandelt oder
2. Verpflichtung aus einem Vergleich zuwiderhandelt, soweit der Vergleich nach § 214a Satz 1 des Gesetzes über das Verfahren in Familiensachen und in den Angelegenheiten der freiwilligen Gerichtsbarkeit in Verbindung mit § 1 Absatz 1 Satz 1 oder 3 dieses Gesetzes, jeweils auch in Verbindung mit § 1 Absatz 2 Satz 1 dieses Gesetzes, bestätigt worden ist.

Die Strafbarkeit nach anderen Vorschriften bleibt unberührt.

Gesetz zur Einrichtung und zum Betrieb eines bundesweiten Hilfetelefons „Gewalt gegen Frauen" (Hilfetelefongesetz – HilfetelefonG)

Vom 7. März 2012 (BGBl. I S. 448)

Zuletzt geändert durch
Zweites Datenschutz-Anpassungs- und Umsetzungsgesetz EU
vom 20. November 2019 (BGBl. I S. 1626)

Inhaltsübersicht

§ 1 Einrichtung
§ 2 Aufgaben
§ 3 Adressatenkreis
§ 4 Anforderungen an die Hilfeleistung
§ 5 Anforderungen an die Erreichbarkeit
§ 6 Öffentlichkeitsarbeit
§ 7 Sachstandsbericht; Evaluation
§ 8 Inkrafttreten

Der Bundestag hat das folgende Gesetz beschlossen:

§ 1 Einrichtung

Der Bund richtet beim Bundesamt für Familie und zivilgesellschaftliche Aufgaben ein bundesweites zentrales Hilfetelefon „Gewalt gegen Frauen" ein. Das Hilfetelefon untersteht der Fachaufsicht des Bundesministeriums für Familie, Senioren, Frauen und Jugend.

§ 2 Aufgaben

(1) Mit dem Hilfetelefon werden kostenlos Erstberatung und Informationen zu Hilfemöglichkeiten bei allen Formen von Gewalt gegen Frauen angeboten.
(2) Personen, die sich an das Hilfetelefon wenden, werden bei Bedarf über andere Einrichtungen und Dienste in ihrer Region informiert, die beraten, unterstützen und, falls erforderlich, eingreifen; auf Wunsch werden sie an diese weitervermittelt. Damit das Hilfetelefon seine Lotsenfunktion wahrnehmen kann, richtet das Bundesamt für Familie und zivilgesellschaftliche Aufgaben eine Datenbank mit den Kontaktdaten und Erreichbarkeiten dieser Einrichtungen und Dienste ein und hält sie auf aktuellem Stand.

§ 3 Adressatenkreis

Die Angebote des Hilfetelefons wenden sich insbesondere an:
1. Frauen, die von Gewalt betroffen sind,
2. Personen aus dem sozialen Umfeld von Frauen, die von Gewalt betroffen sind, und
3. Personen, die bei ihrer beruflichen oder ehrenamtlichen Tätigkeit mit der Beratung und Unterstützung oder Intervention bei Gewalt gegen Frauen konfrontiert sind.

§ 4 Anforderungen an die Hilfeleistung

(1) Erstberatung, Information und Weitervermittlung erfolgen durch qualifizierte weibliche Fachkräfte.
(2) Die Hilfeleistung erfolgt anonym und vertraulich unter Beachtung datenschutzrechtlicher Anforderungen. Anrufe beim Hilfetelefon werden nicht in Einzelverbindungsnachweisen ausgewiesen.
(3) Personenbezogene Daten werden nur für die in § 2 Absatz 1 und 2 Satz 1 genannten Zwecke und nur mit Einwilligung der betroffenen Person verarbeitet. Die gespeicherten Daten werden gelöscht, sobald sie für die Erfüllung des Zwecks der Speicherung nicht mehr erforderlich sind.
(4) Die Angebote des Hilfetelefons sind barrierefrei und mehrsprachig. Das Bundesministerium für Familie, Senioren, Frauen und Jugend legt diesbezüglich die nähere Ausgestaltung fest.

§ 5 Anforderungen an die Erreichbarkeit

(1) Das Hilfetelefon ist 24 Stunden täglich unter einer entgeltfreien Rufnummer erreichbar.
(2) Die Angebote des Hilfetelefons werden zusätzlich über andere Wege der elektronischen Kommunikation bereitgestellt.
(3) Das Bundesamt für Familie und zivilgesellschaftliche Aufgaben stellt sicher, dass die Angebote des Hilfetelefons ohne unzumutbare Wartezeiten in Anspruch genommen werden können.

§ 6 Öffentlichkeitsarbeit

Das Bundesamt für Familie und zivilgesellschaftliche Aufgaben stellt sicher, dass das Hilfetelefon durch Öffentlichkeitsarbeit bundesweit bekannt gemacht und kontinuierlich bekannt gehalten wird.

§ 7 Sachstandsbericht; Evaluation

(1) Das Bundesamt für Familie und zivilgesellschaftliche Aufgaben veröffentlicht jährlich einen Sachstandsbericht zur Inanspruchnahme des Hilfetelefons und zu den erbrachten Leistungen. Der Sachstandsbericht dient auch dazu, die Angebote des Hilfetelefons bedarfsgerecht anzupassen.

(2) Das Bundesministerium für Familie, Senioren, Frauen und Jugend evaluiert erstmals fünf Jahre nach Freischaltung des Hilfetelefons dessen Wirksamkeit.

§ 8 Inkrafttreten

Dieses Gesetz tritt am Tag nach der Verkündung in Kraft.

83 DüssTab
Düsseldorfer Tabelle[1])
Vom 1. Januar 2021

A. Kindesunterhalt

Nettoeinkommen des/der Barunterhaltspflichtigen (Anm. 3, 4)	Altersstufen in Jahren (§ 1612a Abs. 1 BGB)			Prozentsatz	Bedarfskontrollbetrag (Anm. 6)
	0–5	6–11	12–17	ab 18	
Alle Beträge in Euro					
1. bis 1900	393	451	528	564	100	960/1160
2. 1901–2300	413	474	555	593	105	1400
3. 2301–2700	433	497	581	621	110	1500
4. 2701–3100	452	519	608	649	115	1600
5. 3101–3500	472	542	634	677	120	1700
6. 3501–3900	504	578	676	722	128	1800
7. 3901–4300	535	614	719	768	136	1900
8. 4301–4700	566	650	761	813	144	2000
9. 4701–5100	598	686	803	858	152	2100
10. 5101–5500	629	722	845	903	160	2200
ab 5501	Auf den Beschluss des Bundesgerichtshofs vom 16. 09. 2020 – XII ZB 499/19 – wird hingewiesen.					

Anmerkungen:

1. Die Tabelle hat keine Gesetzeskraft, sondern stellt eine Richtlinie dar. Sie weist den monatlichen Unterhaltsbedarf aus, bezogen auf zwei Unterhaltsberechtigte, ohne Rücksicht auf den Rang. Der Bedarf ist nicht identisch mit dem Zahlbetrag; dieser ergibt sich unter Berücksichtigung der nachfolgenden Anmerkungen.
Bei einer größeren/geringeren Anzahl Unterhaltsberechtigter können **Ab- oder Zuschläge** durch Einstufung in niedrigere/höhere Gruppen angemessen sein. Anmerkung 6 ist zu beachten. Zur Deckung des notwendigen Mindestbedarfs aller Beteiligten – einschließlich des Ehegatten – ist gegebenenfalls eine Herabstufung bis in die unterste Tabellengruppe vorzunehmen. Reicht das verfügbare Einkommen auch dann nicht aus, setzt sich der Vorrang der Kinder im Sinne von Anm. 5 Abs. 1 durch. Gegebenenfalls erfolgt zwischen den erstrangigen Unterhaltsberechtigten eine Mangelberechnung nach Abschnitt C.
2. Die Richtsätze der 1. Einkommensgruppe entsprechen dem Mindestbedarf **gemäß der Dritten Verordnung zur Änderung der Mindestunterhaltsverordnung vom 03. 11. 2020 (BGBl. 2020 I S. 2344)**. Der Prozentsatz drückt die Steigerung des Richtsatzes der jeweiligen Einkommensgruppe gegenüber dem Mindestbedarf (= 1. Einkommensgruppe) aus. Die durch Multiplikation des gerundeten Mindestbedarfs mit dem Prozentsatz errechneten Beträge sind entsprechend § 1612a Absatz 2 Satz 2 BGB aufgerundet.
Bei volljährigen Kindern, die noch im Haushalt der Eltern oder eines Elternteils wohnen, bemisst sich der Unterhalt nach der 4. Altersstufe der Tabelle.
3. **Berufsbedingte Aufwendungen**, die sich von den privaten Lebenshaltungskosten nach objektiven Merkmalen eindeutig abgrenzen lassen, sind vom Einkommen abzuziehen, wobei bei entsprechenden Anhaltspunkten eine Pauschale von 5 % des Nettoeinkommens – mindestens 50 EUR, bei geringfügiger Teilzeitarbeit auch weniger, und höchstens 150 EUR monatlich – geschätzt werden

---

[1]) Die neue Tabelle nebst Anmerkungen beruht auf Koordinierungsgesprächen, die unter Beteiligung aller Oberlandesgerichte und der Unterhaltskommission des Deutschen Familiengerichtstages e. V. stattgefunden haben.

kann. Bei Geltendmachung die Pauschale übersteigender Aufwendungen sind diese insgesamt nachzuweisen.
4. Berücksichtigungsfähige **Schulden** sind in der Regel vom Einkommen abzuziehen.
5. Der **notwendige Eigenbedarf (Selbstbehalt)**
   - gegenüber minderjährigen unverheirateten Kindern,
   - gegenüber volljährigen unverheirateten Kindern bis zur Vollendung des 21. Lebensjahres, die im Haushalt der Eltern oder eines Elternteils leben und sich in der allgemeinen Schulausbildung befinden,

   beträgt beim nicht erwerbstätigen Unterhaltspflichtigen monatlich 960 EUR, beim erwerbstätigen Unterhaltspflichtigen monatlich 1160 EUR. Hierin sind bis 430 EUR für Unterkunft einschließlich umlagefähiger Nebenkosten und Heizung (Warmmiete) enthalten. Der Selbstbehalt soll erhöht werden, wenn die Wohnkosten (Warmmiete) den ausgewiesenen Betrag überschreiten und nicht unangemessen sind.

   Der **angemessene Eigenbedarf**, insbesondere gegenüber anderen volljährigen Kindern, beträgt in der Regel mindestens monatlich 1400 EUR. Darin ist eine Warmmiete bis 550 EUR enthalten.
6. Der **Bedarfskontrollbetrag** des Unterhaltspflichtigen ab Gruppe 2 ist nicht identisch mit dem Eigenbedarf. Er soll eine ausgewogene Verteilung des Einkommens zwischen dem Unterhaltspflichtigen und den unterhaltsberechtigten Kindern gewährleisten. Wird er unter Berücksichtigung anderer Unterhaltspflichten unterschritten, ist der Tabellenbetrag der nächst niedrigeren Gruppe, deren Bedarfskontrollbetrag nicht unterschritten wird, anzusetzen.
7. Der angemessene Gesamtunterhaltsbedarf eines **Studierenden,** der nicht bei seinen Eltern oder einem Elternteil wohnt, beträgt in der Regel monatlich 860 EUR. Hierin sind bis 375 EUR für Unterkunft einschließlich umlagefähiger Nebenkosten und Heizung (Warmmiete) enthalten. Dieser Bedarfssatz kann auch für ein Kind mit eigenem Haushalt angesetzt werden.
8. Die **Ausbildungsvergütung** eines in der Berufsausbildung stehenden Kindes, das im Haushalt der Eltern oder eines Elternteils wohnt, ist vor ihrer Anrechnung in der Regel um einen ausbildungsbedingten Mehrbedarf von monatlich 100 EUR zu kürzen.
9. In den Bedarfsbeträgen (Anmerkungen 1 und 7) sind keine **Beiträge zur Kranken- und Pflegeversicherung sowie Studiengebühren** enthalten.
10. Das auf das jeweilige Kind entfallende **Kindergeld** ist nach § 1612b BGB auf den Tabellenunterhalt (Bedarf) anzurechnen.

B. Ehegattenunterhalt

I. **Monatliche Unterhaltsrichtsätze des berechtigten Ehegatten ohne unterhaltsberechtigte Kinder (§§ 1361, 1569, 1578, 1581 BGB):**
   1. gegen einen **erwerbstätigen Unterhaltspflichtigen:**
      a) wenn der Berechtigte kein Einkommen hat: 3/7 des anrechenbaren Erwerbseinkommens zuzüglich 1/2 der anrechenbaren sonstigen Einkünfte des Pflichtigen, nach oben begrenzt durch den vollen Unterhalt, gemessen an den zu berücksichtigenden ehelichen Verhältnissen;
      b) wenn der Berechtigte ebenfalls Einkommen hat: 3/7 der Differenz zwischen den anrechenbaren Erwerbseinkommen der Ehegatten, insgesamt begrenzt durch den vollen ehelichen Bedarf; für sonstige anrechenbare Einkünfte gilt der Halbteilungsgrundsatz;
      c) wenn der Berechtigte erwerbstätig ist, obwohl ihn keine Erwerbsobliegenheit trifft: gemäß § 1577 Abs. 2 BGB;
   2. gegen einen **nicht erwerbstätigen Unterhaltspflichtigen** (z. B. Rentner): wie zu 1 a, b oder c, jedoch 50 %.

II. **Fortgeltung früheren Rechts:**
   1. Monatliche Unterhaltsrichtsätze des nach dem Ehegesetz berechtigten Ehegatten **ohne unterhaltsberechtigte Kinder:**
      a) §§ 58, 59 EheG: in der Regel wie I,
      b) § 60 EheG: in der Regel 1/2 des Unterhalts zu I,
      c) § 61 EheG: nach Billigkeit bis zu den Sätzen I.

2. Bei Ehegatten, die vor dem 03. 10. 1990 in der früheren DDR geschieden worden sind, ist das DDR-FGB in Verbindung mit dem Einigungsvertrag zu berücksichtigen (Art. 234 § 5 EGBGB).

III. **Monatliche Unterhaltsrichtsätze des berechtigten Ehegatten, wenn die ehelichen Lebensverhältnisse durch Unterhaltspflichten gegenüber Kindern geprägt werden:**
Wie zu I. bzw. II. 1, jedoch wird grundsätzlich der Kindesunterhalt (Zahlbetrag; vgl. Anm. C und Anhang) vorab vom Nettoeinkommen abgezogen.

IV. **Monatlicher Eigenbedarf (Selbstbehalt) gegenüber dem getrennt lebenden und dem geschiedenen Berechtigten:**
a) falls erwerbstätig 1280 EUR
b) falls nicht erwerbstätig 1180 EUR
Hierin sind bis 490 EUR für Unterkunft einschließlich umlagefähiger Nebenkosten und Heizung (Warmmiete) enthalten.

V. **Existenzminimum des unterhaltsberechtigten Ehegatten einschließlich des trennungsbedingten Mehrbedarfs in der Regel:**
1. falls erwerbstätig: 1160 EUR
2. falls nicht erwerbstätig: 960 EUR

VI. 1. Monatlicher notwendiger Eigenbedarf des von dem Unterhaltspflichtigen getrennt lebenden oder geschiedenen Ehegatten:
a) gegenüber einem nachrangigen geschiedenen Ehegatten
    aa) falls erwerbstätig: 1280 EUR
    bb) falls nicht erwerbstätig: 1180 EUR
b) gegenüber nicht privilegierten volljährigen Kindern 1400 EUR

2. Monatlicher notwendiger Eigenbedarf des Ehegatten, der in einem gemeinsamen Haushalt mit dem Unterhaltspflichtigen lebt:
a) gegenüber einem nachrangigen geschiedenen Ehegatten
    aa) falls erwerbstätig: 1024 EUR
    bb) falls nicht erwerbstätig: 944 EUR
b) gegenüber nicht privilegierten volljährigen Kindern 1120 EUR

Anmerkung zu I–III:
Hinsichtlich **berufsbedingter Aufwendungen** und **berücksichtigungsfähiger Schulden** gelten Anmerkungen A. 3 und 4 – auch für den erwerbstätigen Unterhaltsberechtigten – entsprechend. Diejenigen berufsbedingten Aufwendungen, die sich nicht nach objektiven Merkmalen eindeutig von den privaten Lebenshaltungskosten abgrenzen lassen, sind pauschal im Erwerbstätigenbonus von 1/7 enthalten.

C. Mangelfälle

Reicht das Einkommen zur Deckung des Bedarfs des Unterhaltspflichtigen und der gleichrangigen Unterhaltsberechtigten nicht aus (sog. Mangelfälle), ist die nach Abzug des notwendigen Eigenbedarfs (Selbstbehalts) des Unterhaltspflichtigen verbleibende Verteilungsmasse auf die Unterhaltsberechtigten im Verhältnis ihrer jeweiligen Einsatzbeträge gleichmäßig zu verteilen.
Der Einsatzbetrag für den **Kindesunterhalt** entspricht dem Zahlbetrag des Unterhaltspflichtigen. Dies ist der nach Anrechnung des Kindergeldes oder von Einkünften auf den Unterhaltsbedarf verbleibende Restbedarf.
Beispiel: Bereinigtes Nettoeinkommen des Unterhaltspflichtigen (M): 1350 EUR. Unterhalt für drei unterhaltsberechtigte Kinder im Alter von 18 Jahren (K1), 7 Jahren (K2) und 5 Jahren (K3), Schüler, die bei der nicht unterhaltsberechtigten, den Kindern nicht barunterhaltspflichtigen Ehefrau und Mutter (F) leben. F bezieht das Kindergeld.

Notwendiger Eigenbedarf des M: 1160 EUR
Verteilungsmasse:
    1350 EUR – 1160 EUR =   190 EUR
Summe der Einsatzbeträge der Unterhaltsberechtigten:
345 EUR (564 – 219) (K 1)
+ 341,50 EUR (451 – 109,5) (K 2)
+ 280,50 EUR (393 – 112,50) (K 3)
= 967 EUR

Unterhalt:
K 1: 345,00 × 190 : 967   =   **67,79 EUR**
K 2: 341,50 × 190 : 967   =   **67,10 EUR**
K 3: 280,50 × 190 : 967   =   **55,11 EUR**

D. Verwandtenunterhalt und Unterhalt nach § 1615l BGB

I. **Angemessener Selbstbehalt gegenüber den Eltern:** Dem Unterhaltspflichtigen ist der angemessene Eigenbedarf zu belassen. Bei dessen Bemessung sind Zweck und Rechtsgedanken des Gesetzes zur Entlastung unterhaltspflichtiger Angehöriger in der Sozialhilfe und in der Eingliederungshilfe (Angehörigenentlastungsgesetz) vom 10. Dezember 2019 (BGBl I S. 2135) zu beachten.

II. **Bedarf der Mutter und des Vaters eines nichtehelichen Kindes (§ 1615l BGB):** nach der Lebensstellung des betreuenden Elternteils, in der Regel mindestens 960 EUR.

Angemessener Selbstbehalt gegenüber der Mutter und dem Vater eines nichtehelichen Kindes (§§ 1615l, 1603 Abs. 1 BGB):

a) falls erwerbstätig   1280 EUR
b) falls nicht erwerbstätig   1180 EUR

Hierin sind bis 490 EUR für Unterkunft einschließlich umlagefähiger Nebenkosten und Heizung (Warmmiete) enthalten.

E. Übergangsregelung

Umrechnung dynamischer Titel über Kindesunterhalt nach § 36 Nr. 3 EGZPO: Ist Kindesunterhalt als Prozentsatz des jeweiligen Regelbetrages zu leisten, bleibt der Titel bestehen. **Eine Abänderung ist nicht erforderlich.** An die Stelle des bisherigen Prozentsatzes vom Regelbetrag tritt ein neuer Prozentsatz vom Mindestunterhalt (Stand: 01. 01. 2008). Dieser ist für die jeweils maßgebliche Altersstufe gesondert zu bestimmen und auf eine Stelle nach dem Komma zu begrenzen (§ 36 Nr. 3 EGZPO). Der Prozentsatz wird auf der Grundlage der zum 01. 01. 2008 bestehenden Verhältnisse einmalig berechnet, und bleibt auch bei späterem Wechsel in eine andere Altersstufe unverändert (BGH Urteil vom 18. 04. 2012 – XII ZR 66/10 – FamRZ 2012, 1048). Der Bedarf ergibt sich aus der Multiplikation des neuen Prozentsatzes mit dem Mindestunterhalt der jeweiligen Altersstufe und ist auf volle Euro aufzurunden (§ 1612a Abs. 2 Satz 2 BGB). Der Zahlbetrag ergibt sich aus dem um das jeweils anteilige Kindergeld verminderten bzw. erhöhten Bedarf.

Wegen der sich nach § 36 Nr. 3 EGZPO ergebenden vier Fallgestaltungen wird auf die Beispielsberechnungen der Düsseldorfer Tabelle Stand 01. 01. 2017 verwiesen.

83 DüssTab

Anhang:

Tabelle Zahlbeträge

Die folgenden Tabellen enthalten die sich nach Abzug des jeweiligen Kindergeldanteils (hälftiges Kindergeld bei Minderjährigen, volles Kindergeld bei Volljährigen) ergebenden Zahlbeträge. Ab dem 1. Januar 2021 beträgt das Kindergeld für das erste und zweite Kind 219 EUR, für das dritte Kind 225 EUR und das vierte und jedes weitere Kind jeweils 250 EUR.

1. und 2. Kind		0–5	6–11	12–17	ab 18	%
1.	bis 1900	283,50	341,50	418,50	345	100
2.	1901–2300	303,50	364,50	445,50	374	105
3.	2301–2700	323,50	387,50	471,50	402	110
4.	2701–3100	342,50	409,50	498,50	430	115
5.	3101–3500	362,50	432,50	524,50	458	120
6.	3501–3900	394,50	468,50	566,50	503	128
7.	3901–4300	425,50	504,50	609,50	549	136
8.	4301–4700	456,50	540,50	651,50	594	144
9.	4701–5100	488,50	576,50	693,50	639	152
10.	5101–5500	519,50	612,50	735,50	684	160

3. Kind		0–5	6–11	12–17	ab 18	%
1.	bis 1900	280,50	338,50	415,50	339	100
2.	1901–2300	300,50	361,50	442,50	368	105
3.	2301–2700	320,50	384,50	468,50	396	110
4.	2701–3100	339,50	406,50	495,50	424	115
5.	3101–3500	359,50	429,50	521,50	452	120
6.	3501–3900	391,50	465,50	563,50	497	128
7.	3901–4300	422,50	501,50	606,50	543	136
8.	4301–4700	453,50	537,50	648,50	588	144
9.	4701–5100	485,50	573,50	690,50	633	152
10.	5101–5500	516,50	609,50	732,50	678	160

Ab 4. Kind		0–5	6–11	12–17	ab 18	%
1.	bis 1900	268	326	403	314	100
2.	1901–2300	288	349	430	343	105
3.	2301–2700	308	372	456	371	110
4.	2701–3100	327	394	483	399	115
5.	3101–3500	347	417	509	427	120
6.	3501–3900	379	453	551	472	128
7.	3901–4300	410	489	594	518	136
8.	4301–4700	441	525	636	563	144
9.	4701–5100	473	561	678	608	152
10.	5101–5500	504	597	720	653	160

Gesetz zur Sicherung des Unterhalts von Kindern alleinstehender Mütter und Väter durch Unterhaltsvorschüsse oder -ausfallleistungen (Unterhaltsvorschussgesetz)

in der Fassung der Bekanntmachung
vom 17. Juli 2007 (BGBl. I S. 1446)

Zuletzt geändert durch
Gesetz zur weiteren steuerlichen Förderung der Elektromobilität und zur Änderung weiterer steuerlicher Vorschriften
vom 12. Dezember 2019 (BGBl. I S. 2451)

Inhaltsübersicht

§ 1	Berechtigte	§ 7a	Übergegangene Ansprüche des Berechtigten bei Leistungsunfähigkeit
§ 2	Umfang der Unterhaltsleistung		
§ 3	(weggefallen)	§ 8	Aufbringung der Mittel
§ 4	Beschränkte Rückwirkung	§ 9	Verfahren und Zahlungsweise
§ 5	Ersatz- und Rückzahlungspflicht	§ 10	Bußgeldvorschriften
§ 6	Auskunfts- und Anzeigepflicht	§ 11	Übergangsvorschrift
§ 7	Übergang von Ansprüchen des Berechtigten	§ 11a	Anwendungsvorschrift
		§ 12	Bericht

§ 1 Berechtigte

(1) Anspruch auf Unterhaltsvorschuss oder -ausfallleistung nach diesem Gesetz (Unterhaltsleistung) hat, wer
1. das zwölfte Lebensjahr noch nicht vollendet hat,
2. im Geltungsbereich dieses Gesetzes bei einem seiner Elternteile lebt, der ledig, verwitwet oder geschieden ist oder von seinem Ehegatten oder Lebenspartner dauernd getrennt lebt, und
3. nicht oder nicht regelmäßig
   a) Unterhalt von dem anderen Elternteil oder,
   b) wenn dieser oder ein Stiefelternteil gestorben ist, Waisenbezüge
   mindestens in der in § 2 Abs. 1 und 2 bezeichneten Höhe erhält.

(1a) Über Absatz 1 Nummer 1 hinaus besteht Anspruch auf Unterhaltsleistung bis zur Vollendung des 18. Lebensjahres des Kindes, wenn
1. das Kind keine Leistungen nach dem Zweiten Buch Sozialgesetzbuch bezieht oder durch die Unterhaltsleistung die Hilfebedürftigkeit des Kindes nach § 9 des Zweiten Buches Sozialgesetzbuch vermieden werden kann oder
2. der Elternteil nach Absatz 1 Nummer 2 mit Ausnahme des Kindergeldes über Einkommen im Sinne des § 11 Absatz 1 Satz 1 des Zweiten Buches Sozialgesetzbuch in Höhe von mindestens 600 Euro verfügt, wobei Beträge nach § 11b des Zweiten Buches Sozialgesetzbuch nicht abzusetzen sind.

Für die Feststellung der Vermeidung der Hilfebedürftigkeit und der Höhe des Einkommens nach Satz 1 ist der für den Monat der Vollendung des zwölften Lebensjahres, bei späterer Antragstellung für diesen Monat und bei Überprüfung zu einem späteren Zeitpunkt der für diesen Monat zuletzt bekanntgegebene Bescheid des Jobcenters zugrunde zu legen. Die jeweilige Feststellung wirkt für die Zeit von dem jeweiligen Monat bis einschließlich des Monats der nächsten Überprüfung.

(2) Ein Elternteil, bei dem das Kind lebt, gilt als dauernd getrennt lebend im Sinne des Absatzes 1 Nr. 2, wenn im Verhältnis zum Ehegatten oder Lebenspartner ein Getrenntleben im Sinne des § 1567 des Bürgerlichen Gesetzbuchs vorliegt oder wenn sein Ehegatte oder Lebenspartner wegen Krankheit oder Behinderung oder auf Grund gerichtlicher Anordnung für voraussichtlich wenigstens sechs Monate in einer Anstalt untergebracht ist.

(2a) Ein nicht freizügigkeitsberechtigter Ausländer hat einen Anspruch nach Absatz 1 oder Absatz 1a nur, wenn er oder sein Elternteil nach Absatz 1 Nummer 2
1. eine Niederlassungserlaubnis oder eine Erlaubnis zum Daueraufenthalt-EU besitzt,

2. eine Blaue Karte EU, eine ICT-Karte, eine Mobiler-ICT-Karte oder eine Aufenthaltserlaubnis besitzt, die für einen Zeitraum von mindestens sechs Monaten zur Ausübung einer Erwerbstätigkeit berechtigen oder berechtigt haben oder diese erlauben, es sei denn, die Aufenthaltserlaubnis wurde
   a) nach § 16e des Aufenthaltsgesetzes zu Ausbildungszwecken, nach § 19c Absatz 1 des Aufenthaltsgesetzes zum Zweck der Beschäftigung als Au-Pair oder zum Zweck der Saisonbeschäftigung, nach § 19e des Aufenthaltsgesetzes zum Zweck der Teilnahme an einem Europäischen Freiwilligendienst oder nach § 20 Absatz 1 und 2 des Aufenthaltsgesetzes zur Arbeitsplatzsuche erteilt,
   b) nach § 16b des Aufenthaltsgesetzes zum Zweck eines Studiums, nach § 16d des Aufenthaltsgesetzes für Maßnahmen zur Anerkennung ausländischer Berufsqualifikationen oder nach § 20 Absatz 3 des Aufenthaltsgesetzes zur Arbeitsplatzsuche erteilt und er ist weder erwerbstätig noch nimmt er Elternzeit nach § 15 des Bundeselterngeld- und Elternzeitgesetzes oder laufende Geldleistungen nach dem Dritten Buch Sozialgesetzbuch in Anspruch,
   c) nach § 23 Absatz 1 des Aufenthaltsgesetzes wegen eines Krieges in seinem Heimatland oder nach den §§ 23a, 24 oder § 25 Absatz 3 bis 5 des Aufenthaltsgesetzes erteilt,
3. eine in Nummer 2 Buchstabe c genannte Aufenthaltserlaubnis besitzt und im Bundesgebiet berechtigt erwerbstätig ist oder Elternzeit nach § 15 des Bundeselterngeld- und Elternzeitgesetzes oder laufende Geldleistungen nach dem Dritten Buch Sozialgesetzbuch in Anspruch nimmt,
4. eine in Nummer 2 Buchstabe c genannte Aufenthaltserlaubnis besitzt und sich seit mindestens 15 Monaten erlaubt, gestattet oder geduldet im Bundesgebiet aufhält oder
5. eine Beschäftigungsduldung gemäß § 60d in Verbindung mit § 60a Absatz 2 Satz 3 des Aufenthaltsgesetzes besitzt.

Abweichend von Satz 1 Nummer 3 erste Alternative ist ein minderjähriger nicht freizügigkeitsberechtigter Ausländer unabhängig von einer Erwerbstätigkeit anspruchsberechtigt.

(3) Anspruch auf Unterhaltsleistung nach diesem Gesetz besteht nicht, wenn der in Absatz 1 Nr. 2 bezeichnete Elternteil mit dem anderen Elternteil zusammenlebt oder sich weigert, die Auskünfte, die zur Durchführung dieses Gesetzes erforderlich sind, zu erteilen oder bei der Feststellung der Vaterschaft oder des Aufenthalts des anderen Elternteils mitzuwirken.

(4) Anspruch auf Unterhaltsleistung nach diesem Gesetz besteht nicht für Monate, für die der andere Elternteil seine Unterhaltspflicht gegenüber dem Berechtigten durch Vorausleistung erfüllt hat. Soweit der Bedarf eines Kindes durch Leistungen nach dem Achten Buch Sozialgesetzbuch gedeckt ist, besteht kein Anspruch auf Unterhaltsleistung nach diesem Gesetz.

§ 2 Umfang der Unterhaltsleistung

(1) Die Unterhaltsleistung wird monatlich in Höhe des sich nach § 1612a Absatz 1 Satz 3 Nummer 1, 2 oder 3 des Bürgerlichen Gesetzbuchs ergebenden monatlichen Mindestunterhalts gezahlt. § 1612a Abs. 2 Satz 2 des Bürgerlichen Gesetzbuchs gilt entsprechend. Liegen die Voraussetzungen des § 1 nur für den Teil eines Monats vor, wird die Unterhaltsleistung anteilig gezahlt.

(2) Wenn der Elternteil, bei dem der Berechtigte lebt, für den Berechtigten Anspruch auf volles Kindergeld nach dem Einkommensteuergesetz oder nach dem Bundeskindergeldgesetz in der jeweils geltenden Fassung oder auf eine der in § 65 Abs. 1 des Einkommensteuergesetzes oder § 4 Abs. 1 des Bundeskindergeldgesetzes bezeichneten Leistungen hat, mindert sich die Unterhaltsleistung um das für ein erstes Kind zu zahlende Kindergeld nach § 66 des Einkommensteuergesetzes oder § 6 des Bundeskindergeldgesetzes. Dasselbe gilt, wenn ein Dritter mit Ausnahme des anderen Elternteils diesen Anspruch hat.

(3) Auf die nach den Absätzen 1 und 2 ergebende Unterhaltsleistung werden folgende in demselben Monat erzielte Einkünfte des Berechtigten angerechnet:
1. Unterhaltszahlungen des Elternteils, bei dem der Berechtigte nicht lebt,
2. Waisenbezüge einschließlich entsprechender Schadenersatzleistungen, die wegen des Todes des in Nummer 1 bezeichneten Elternteils oder eines Stiefelternteils gezahlt werden.

(4) Für Berechtigte, die keine allgemeinbildende Schule mehr besuchen, mindert sich die nach den Absätzen 1 bis 3 ergebende Unterhaltsleistung, soweit ihre in demselben Monat erzielten Einkünfte des Vermögens und der Ertrag ihrer zumutbaren Arbeit zum Unterhalt ausreichen. Als Ertrag der zumutbaren Arbeit des Berechtigten aus nichtselbstständiger Arbeit gelten die Einnahmen in Geld entsprechend der für die maßgeblichen Monate erstellten Lohn- und Gehaltsbescheinigungen des Arbeitgebers abzüglich eines Zwölftels des Arbeitnehmer-Pauschbetrags; bei Auszubildenden sind zusätzlich pauschal 100 Euro als ausbildungsbedingter Aufwand abzuziehen. Einkünfte und Erträge nach den Sätzen 1 und 2 sind nur zur Hälfte zu berücksichtigen.

§ 3 (weggefallen)

§ 4 Beschränkte Rückwirkung

Die Unterhaltsleistung wird rückwirkend längstens für den letzten Monat vor dem Monat gezahlt, in dem der Antrag hierauf bei der zuständigen Stelle oder bei einer der in § 16 Abs. 2 Satz 1 des Ersten Buches Sozialgesetzbuch bezeichneten Stellen eingegangen ist; dies gilt nicht, soweit es an zumutbaren Bemühungen des Berechtigten gefehlt hat, den in § 1 Abs. 1 Nr. 3 bezeichneten Elternteil zu Unterhaltszahlungen zu veranlassen.

§ 5 Ersatz- und Rückzahlungspflicht

(1) Haben die Voraussetzungen für die Zahlung der Unterhaltsleistung in dem Kalendermonat, für den sie gezahlt worden ist, nicht oder nicht durchgehend vorgelegen, so hat der Elternteil, bei dem der Berechtigte lebt, oder der gesetzliche Vertreter des Berechtigten den geleisteten Betrag insoweit zu ersetzen, als er
1. die Zahlung der Unterhaltsleistung dadurch herbeigeführt hat, dass er vorsätzlich oder fahrlässig falsche oder unvollständige Angaben gemacht oder eine Anzeige nach § 6 unterlassen hat, oder
2. gewusst oder infolge Fahrlässigkeit nicht gewusst hat, dass die Voraussetzungen für die Zahlung der Unterhaltsleistung nicht erfüllt waren.

(2) Haben die Voraussetzungen für die Zahlung der Unterhaltsleistung in dem Kalendermonat, für den sie gezahlt worden ist, nicht vorgelegen, weil der Berechtigte nach Stellung des Antrages auf Unterhaltsleistungen Einkommen im Sinne des § 2 Absatz 3 oder Einkünfte und Erträge im Sinne des § 2 Absatz 4 erzielt hat, die bei der Bewilligung der Unterhaltsleistung nicht berücksichtigt worden sind, so hat der Berechtigte insoweit den geleisteten Betrag zurückzuzahlen.

§ 6 Auskunfts- und Anzeigepflicht

(1) Der Elternteil, bei dem der Berechtigte nicht lebt, ist verpflichtet, der zuständigen Stelle auf Verlangen die Auskünfte zu erteilen, die zur Durchführung dieses Gesetzes erforderlich sind. Der Elternteil muss insbesondere darlegen, dass er seiner aufgrund der Minderjährigkeit des Berechtigten erhöhten Leistungsverpflichtung vollständig nachkommt.

(2) Der Arbeitgeber des in Absatz 1 bezeichneten Elternteils ist verpflichtet, der zuständigen Stelle auf Verlangen über die Art und Dauer der Beschäftigung, die Arbeitsstätte und den Arbeitsverdienst des in Absatz 1 bezeichneten Elternteils Auskunft zu geben, soweit die Durchführung dieses Gesetzes es erfordert. Versicherungsunternehmen sind auf Verlangen der zuständigen Stellen zu Auskünften über den Wohnort und über die Höhe von Einkünften des in Absatz 1 bezeichneten Elternteils verpflichtet, soweit die Durchführung dieses Gesetzes es erfordert.

(3) Die nach den Absätzen 1 und 2 zur Erteilung einer Auskunft Verpflichteten können die Auskunft auf solche Fragen verweigern, deren Beantwortung sie selbst oder einen der in § 383 Abs. 1 Nr. 1 bis 3 der Zivilprozessordnung bezeichneten Angehörigen der Gefahr strafgerichtlicher Verfolgung oder eines Verfahrens nach dem Gesetz über Ordnungswidrigkeiten aussetzen würde.

(4) Der Elternteil, bei dem der Berechtigte lebt, und der gesetzliche Vertreter des Berechtigten sind verpflichtet, der zuständigen Stelle die Änderungen in den Verhältnissen, die für die Leistung erheblich sind oder über die im Zusammenhang mit der Leistung Erklärungen abgegeben worden sind, unverzüglich mitzuteilen.

(5) Die nach § 69 des Zehnten Buches Sozialgesetzbuch zur Auskunft befugten Sozialleistungsträger und anderen Stellen sowie die Finanzämter sind verpflichtet, der zuständigen Stelle auf Verlangen Auskünfte über den Wohnort, den Arbeitgeber und die Höhe der Einkünfte des in Absatz 1 bezeichneten Elternteils zu erteilen, soweit die Durchführung dieses Gesetzes es erfordert.

(6) Die zuständigen Stellen dürfen das Bundeszentralamt für Steuern ersuchen, bei den Kreditinstituten die in § 93b Absatz 1 der Abgabenordnung bezeichneten Daten abzurufen, soweit die Durchführung dieses § 7 dies erfordert und ein vorheriges Auskunftsersuchen an den in Absatz 1 bezeichneten Elternteil nicht zum Ziel geführt hat oder keinen Erfolg verspricht (§ 93 Absatz 8 Satz 2 der Abgabenordnung).

(7) Die zuständige Stelle ist auf Antrag des Elternteils, bei dem der Berechtigte lebt, nach Maßgabe des § 74 Absatz 1 Satz 1 Nummer 2 Buchstabe a des Zehnten Buches Sozialgesetzbuch verpflichtet, ihm die in den Absätzen 1, 2 und 6 genannten Auskünfte zu übermitteln.

§ 7 Übergang von Ansprüchen des Berechtigten

(1) Hat der Berechtigte für die Zeit, für die ihm die Unterhaltsleistung nach diesem Gesetz gezahlt wird, einen Unterhaltsanspruch gegen den Elternteil, bei dem er nicht lebt, oder einen Anspruch auf eine

sonstige Leistung, die bei rechtzeitiger Gewährung nach § 2 Abs. 3 als Einkommen anzurechnen wäre, so geht dieser Anspruch in Höhe der Unterhaltsleistung nach diesem Gesetz zusammen mit dem unterhaltsrechtlichen Auskunftsanspruch auf das Land über. Satz 1 gilt nicht, soweit ein Erstattungsanspruch nach den §§ 102 bis 105 des Zehnten Buches Sozialgesetzbuch besteht.
(2) Für die Vergangenheit kann der in Absatz 1 bezeichnete Elternteil nur von dem Zeitpunkt an in Anspruch genommen werden, in dem
1. die Voraussetzungen des § 1613 des Bürgerlichen Gesetzbuchs vorgelegen haben oder
2. der in Absatz 1 bezeichnete Elternteil von dem Antrag auf Unterhaltsleistung Kenntnis erhalten hat und er darüber belehrt worden ist, dass er für den geleisteten Unterhalt nach diesem Gesetz in Anspruch genommen werden kann.
(3) Ansprüche nach Absatz 1 sind rechtzeitig und vollständig nach den Bestimmungen des Haushaltsrechts durchzusetzen. Der Übergang eines Unterhaltsanspruchs kann nicht zum Nachteil des Unterhaltsberechtigten geltend gemacht werden, soweit dieser für eine spätere Zeit, für die er keine Unterhaltsleistung nach diesem Gesetz erhalten hat oder erhält, Unterhalt von dem Unterhaltspflichtigen verlangt.
(4) Wenn die Unterhaltsleistung voraussichtlich auf längere Zeit gewährt werden muss, kann das Land auch einen Unterhaltsanspruch für die Zukunft in Höhe der bewilligten Unterhaltsleistung gerichtlich geltend machen. Der Unterhalt kann als veränderlicher Mindestunterhalt entsprechend § 1612a Absatz 1 Satz 1 des Bürgerlichen Gesetzbuchs beantragt werden. Das Land kann den auf ihn übergegangenen Unterhaltsanspruch im Einvernehmen mit dem Unterhaltsleistungsempfänger auf diesen zur gerichtlichen Geltendmachung rückübertragen und sich den geltend gemachten Unterhaltsanspruch abtreten lassen. Kosten, mit denen der Unterhaltsleistungsempfänger dadurch selbst belastet wird, sind zu übernehmen.
(5) Betreibt das Land die Zwangsvollstreckung aus einem Vollstreckungsbescheid, ist zum Nachweis des nach Absatz 1 übergegangenen Unterhaltsanspruchs dem Vollstreckungsantrag der Bescheid gemäß § 9 Absatz 2 beizufügen.

§ 7a Übergegangene Ansprüche des Berechtigten bei Leistungsunfähigkeit
Solange der Elternteil, bei dem der Berechtigte nicht lebt, Leistungen nach dem Zweiten Buch Sozialgesetzbuch bezieht und über kein eigenes Einkommen im Sinne von § 11 Absatz 1 Satz 1 des Zweiten Buches Sozialgesetzbuch verfügt, wird der nach § 7 übergegangene Unterhaltsanspruch nicht verfolgt.

§ 8 Aufbringung der Mittel
(1) Geldleistungen, die nach dem Gesetz zu zahlen sind, werden zu 40 Prozent vom Bund, im Übrigen von den Ländern getragen. Eine angemessene Aufteilung der nicht vom Bund zu zahlenden Geldleistungen auf Länder und Gemeinden liegt in der Befugnis der Länder.
(2) Die nach § 7 eingezogenen Beträge führen die Länder zu 40 Prozent an den Bund ab.

§ 9 Verfahren und Zahlungsweise
(1) Über die Zahlung der Unterhaltsleistung wird auf schriftlichen Antrag des Elternteils, bei dem der Berechtigte lebt, oder des gesetzlichen Vertreters des Berechtigten entschieden. Der Antrag soll an die durch Landesrecht bestimmte Stelle, in deren Bezirk der Berechtigte seinen Wohnsitz hat, gerichtet werden.
(2) Die Entscheidung ist dem Antragsteller schriftlich oder elektronisch mitzuteilen. In dem Bescheid sind die nach § 2 Absatz 2 bis 4 angerechneten Beträge anzugeben.
(3) Die Unterhaltsleistung ist monatlich im Voraus zu zahlen. Auszuzahlende Beträge sind auf volle Euro aufzurunden. Beträge unter 5 Euro werden nicht geleistet.

§ 10 Bußgeldvorschriften
(1) Ordnungswidrig handelt, wer vorsätzlich oder fahrlässig
1. entgegen § 6 Abs. 1 oder 2 auf Verlangen eine Auskunft nicht, nicht richtig, nicht vollständig oder nicht innerhalb der von der zuständigen Stelle gesetzten Frist erteilt oder
2. entgegen § 6 Abs. 4 eine Änderung in den dort bezeichneten Verhältnissen nicht richtig, nicht vollständig oder nicht unverzüglich mitteilt.
(2) Die Ordnungswidrigkeit kann mit einer Geldbuße geahndet werden.
(3) Verwaltungsbehörde im Sinne des § 36 Abs. 1 Nr. 1 des Gesetzes über Ordnungswidrigkeiten ist die durch Landesrecht bestimmte Stelle.

§ 11 Übergangsvorschrift

(1) § 1 Abs. 2a in der am 19. Dezember 2006 geltenden Fassung ist in Fällen, in denen die Entscheidung über den Anspruch auf Unterhaltsvorschuss für Monate in dem Zeitraum zwischen dem 1. Januar 1994 und dem 18. Dezember 2006 noch nicht bestandskräftig geworden ist, anzuwenden, wenn dies für den Antragsteller günstiger ist. In diesem Fall werden die Aufenthaltsgenehmigungen nach dem Ausländergesetz den Aufenthaltstiteln nach dem Aufenthaltsgesetz entsprechend den Fortgeltungsregelungen in § 101 des Aufenthaltsgesetzes gleichgestellt.

(2) § 1 Absatz 2a Satz 1 Nummer 1 bis 4 in der Fassung des Artikels 38 des Gesetzes vom 12. Dezember 2019 (BGBl. I S. 2451) ist für Entscheidungen anzuwenden, die Zeiträume betreffen, die nach dem 29. Februar 2020 beginnen. § 1 Absatz 2a Satz 1 Nummer 5 in der Fassung des Artikels 38 des Gesetzes vom 12. Dezember 2019 (BGBl. I S. 2451) ist für Entscheidungen anzuwenden, die Zeiträume betreffen, die nach dem 31. Dezember 2019 beginnen.

§ 11a Anwendungsvorschrift

Im Sinne dieses Gesetzes beträgt für die Zeit vom 1. Januar 2015 bis zum 30. Juni 2015 die Unterhaltsleistung nach § 2 Absatz 1 Satz 1 monatlich 317 Euro für ein Kind, das das sechste Lebensjahr noch nicht vollendet hat, und monatlich 364 Euro für ein Kind, das das zwölfte Lebensjahr noch nicht vollendet hat. Für die Zeit vom 1. Juli 2015 bis zum 31. Dezember 2015 beträgt die Unterhaltsleistung nach § 2 Absatz 1 Satz 1 monatlich 328 Euro für ein Kind, das das sechste Lebensjahr noch nicht vollendet hat, und monatlich 376 Euro für ein Kind, das das zwölfte Lebensjahr noch nicht vollendet hat. Bis zum 31. Dezember 2015 gilt als für ein erstes Kind zu zahlendes Kindergeld im Sinne von § 2 Absatz 2 Satz 1 ein Betrag in Höhe von monatlich 184 Euro.

§ 12 Bericht

Die Bundesregierung legt dem Deutschen Bundestag bis zum 31. Juli 2018 einen Bericht über die Wirkung der Reform, die am 1. Juli 2017 in Kraft getreten ist, vor. Der Bericht darf keine personenbezogenen Daten enthalten.

Gesetz über die Vermittlung und Begleitung der Adoption und über das Verbot der Vermittlung von Ersatzmüttern (Adoptionsvermittlungsgesetz – AdVermiG)

in der Fassung der Bekanntmachung vom 21. Juni 2021 (BGBl. I S. 2010)

Inhaltsübersicht

Erster Abschnitt
Adoptionsvermittlung und Begleitung
§ 1 Adoptionsvermittlung
§ 2 Adoptionsvermittlungsstellen
§ 2a Internationales Adoptionsverfahren; Vermittlungsgebot
§ 2b Unbegleitete Auslandsadoption
§ 2c Grundsätze der internationalen Adoptionsvermittlung
§ 2d Bescheinigung über ein internationales Vermittlungsverfahren
§ 3 Persönliche und fachliche Eignung der Mitarbeiter
§ 4 Anerkennung als Adoptionsvermittlungsstelle
§ 4a Verfahren bei der Schließung einer Adoptionsvermittlungsstelle
§ 5 Vermittlungsverbote
§ 6 Adoptionsanzeigen
§ 7 Anspruch auf Durchführung der Eignungsprüfung bei der Adoption eines Kindes im Inland; Umfang der Prüfung
§ 7a Sachdienliche Ermittlungen bei der Adoption eines Kindes im Inland
§ 7b Anspruch auf Durchführung der Eignungsprüfung bei der Adoption eines Kindes aus dem Ausland
§ 7c Länderspezifische Eignungsprüfung bei der Adoption eines Kindes aus dem Ausland
§ 7d Bescheinigung für im Ausland lebende Adoptionsbewerber
§ 7e Mitwirkungspflicht der Adoptionsbewerber
§ 8 Beginn der Adoptionspflege
§ 8a Informationsaustausch oder Kontakt vor und nach der Adoption
§ 8b Anspruch der abgebenden Eltern auf allgemeine Informationen über das Kind und seine Lebenssituation nach der Adoption
§ 9 Anspruch auf Adoptionsbegleitung
§ 9a Verpflichtende Beratung bei Stiefkindadoption
§ 9b Örtliche Adoptionsvermittlungsstelle; Pflichtaufgaben
§ 9c Vermittlungsakten
§ 9d Durchführungsbestimmungen
§ 9e Datenschutz
§ 10 Unterrichtung der zentralen Adoptionsstelle des Landesjugendamtes
§ 11 Aufgaben der zentralen Adoptionsstelle des Landesjugendamtes
§ 12 (weggefallen)
§ 13 Ausstattung der zentralen Adoptionsstelle des Landesjugendamtes

Zweiter Abschnitt
Ersatzmutterschaft
§ 13a Ersatzmutter
§ 13b Ersatzmuttervermittlung
§ 13c Verbot der Ersatzmuttervermittlung
§ 13d Anzeigenverbot

Dritter Abschnitt
Straf- und Bußgeldvorschriften
§ 14 Bußgeldvorschriften
§ 14a (weggefallen)
§ 14b Strafvorschriften gegen Ersatzmuttervermittlung

Vierter Abschnitt
Übergangs- und Schlussvorschriften
§ 15 Anzuwendendes Recht
§ 16 Bericht

Erster Abschnitt
Adoptionsvermittlung und Begleitung

§ 1 Adoptionsvermittlung

Adoptionsvermittlung ist das Zusammenführen von Kindern unter 18 Jahren und Personen, die ein Kind adoptieren wollen (Adoptionsbewerber), mit dem Ziel der Adoption. Adoptionsvermittlung ist auch der Nachweis der Gelegenheit, ein Kind zu adoptieren oder adoptieren zu lassen, und zwar auch dann, wenn das Kind noch nicht geboren oder noch nicht gezeugt ist. Die Ersatzmuttervermittlung gilt nicht als Adoptionsvermittlung.

§ 2 Adoptionsvermittlungsstellen

(1) Die Adoptionsvermittlung ist Aufgabe des Jugendamtes und des Landesjugendamtes. Das Jugendamt darf die Adoptionsvermittlung nur durchführen, wenn es eine Adoptionsvermittlungsstelle eingerichtet hat; das Landesjugendamt hat eine zentrale Adoptionsstelle einzurichten.
(2) Jugendämter benachbarter Gemeinden oder Kreise können mit Zustimmung der zentralen Adoptionsstelle des Landesjugendamtes eine gemeinsame Adoptionsvermittlungsstelle errichten. Landesjugendämter können eine gemeinsame zentrale Adoptionsstelle bilden. In den Ländern Berlin, Hamburg und Saarland können dem jeweiligen Landesjugendamt die Aufgaben der Adoptionsvermittlungsstelle des Jugendamtes übertragen werden.
(3) Zur Adoptionsvermittlung im Inland sind auch die örtlichen und zentralen Stellen befugt:
1. der Diakonie Deutschland,
2. des Deutschen Caritasverbandes,
3. der Arbeiterwohlfahrt,
4. der Fachverbände, die den in den Nummern 1 bis 3 genannten Verbänden angeschlossen sind, sowie
5. sonstiger Organisationen mit Sitz im Inland.
Die in Satz 1 genannten Stellen müssen von der zentralen Adoptionsstelle des Landesjugendamtes als Adoptionsvermittlungsstelle anerkannt worden sein.
(4) Die Adoptionsvermittlungsstellen der Jugendämter und die zentralen Adoptionsstellen der Landesjugendämter arbeiten im Rahmen ihrer Vermittlungstätigkeit und der Begleitung nach § 9 mit den in Absatz 3 und in § 2a Absatz 4 Nummer 2 genannten Adoptionsvermittlungsstellen partnerschaftlich zusammen.
(5) Die Adoptionsvermittlungsstelle (§ 2 Absatz 1 und 3, § 2a Absatz 4) arbeitet übergreifend mit anderen Fachdiensten und Einrichtungen zusammen.

§ 2a Internationales Adoptionsverfahren; Vermittlungsgebot

(1) Ein internationales Adoptionsverfahren ist ein Adoptionsverfahren, bei dem ein Kind mit gewöhnlichem Aufenthalt im Ausland ins Inland gebracht worden ist, gebracht wird oder gebracht werden soll, entweder nach seiner Adoption im Heimatstaat durch Annehmende mit gewöhnlichem Aufenthalt im Inland oder im Hinblick auf eine Adoption im Inland oder im Heimatstaat. Satz 1 gilt auch, wenn die Annehmenden ihren gewöhnlichen Aufenthalt im Inland haben und das Kind innerhalb von zwei Jahren vor Stellung des Antrags auf Adoption im Inland oder im Heimatstaat ins Inland gebracht worden ist. Die Sätze 1 und 2 gelten entsprechend, wenn ein Kind mit gewöhnlichem Aufenthalt im Inland durch Annehmende mit gewöhnlichem Aufenthalt im Ausland ins Ausland gebracht worden ist, gebracht wird oder gebracht werden soll.
(2) In den Fällen des Absatzes 1 Satz 1 und 2 hat eine Vermittlung durch die Adoptionsvermittlungsstelle gemäß Absatz 4 stattzufinden, in den Fällen des Absatzes 1 Satz 3 durch die Adoptionsvermittlungsstelle gemäß Absatz 4 Nummer 1.
(3) Im Anwendungsbereich des Haager Übereinkommens vom 29. Mai 1993 über den Schutz von Kindern und die Zusammenarbeit auf dem Gebiet der internationalen Adoption (BGBl. 2001 II S. 1034) (Adoptionsübereinkommen) gelten ergänzend die Bestimmungen des Adoptionsübereinkommens-Ausführungsgesetzes vom 5. November 2001 (BGBl. I S. 2950) in der jeweils geltenden Fassung.
(4) Zur internationalen Adoptionsvermittlung sind befugt:
1. die zentrale Adoptionsstelle des Landesjugendamtes;
2. eine anerkannte Auslandsvermittlungsstelle nach § 4 Absatz 2 im Rahmen der ihr erteilten Zulassung;
(5) Zur Koordination der internationalen Adoptionsvermittlung arbeiten die in Absatz 4 genannten Stellen mit dem Bundesamt für Justiz als Bundeszentralstelle für Auslandsadoption (Bundeszentralstelle) zusammen. Die Bundeszentralstelle kann hierzu mit allen zuständigen Stellen im In- und Ausland unmittelbar verkehren.
(6) Die in Absatz 4 genannten Stellen haben der Bundeszentralstelle
1. zu jedem Vermittlungsfall im Sinne des Absatzes 1 von der ersten Beteiligung einer ausländischen Stelle an die jeweils verfügbaren personenbezogenen Daten (Name, Geschlecht, Geburtsdatum, Geburtsort, Staatsangehörigkeit, Familienstand und Wohnsitz oder gewöhnlicher Aufenthalt) des Kindes, seiner Eltern und der Adoptionsbewerber sowie zum Stand des Vermittlungsverfahrens zu übermitteln,
2. jährlich zusammenfassend über Umfang, Verlauf und Ergebnisse ihrer Arbeit auf dem Gebiet der internationalen Adoptionsvermittlung zu berichten und

3. auf deren Ersuchen über einzelne Vermittlungsfälle im Sinne des Absatzes 1 Auskunft zu geben, soweit dies zur Erfüllung der Aufgaben nach Absatz 5 und nach § 2 Absatz 2 Satz 1 des Adoptionsübereinkommens-Ausführungsgesetzes vom 5. November 2001 (BGBl. I S. 2950) in der jeweils geltenden Fassung erforderlich ist.

Die Übermittlungspflicht nach Satz 1 Nummer 1 beschränkt sich auf eine Übermittlung über den Abschluss des Vermittlungsverfahrens, sofern dieses nicht das Verhältnis zu anderen Vertragsstaaten des Adoptionsübereinkommens betrifft.

(7) Die Bundeszentralstelle speichert die nach Absatz 6 Satz 1 Nummer 1 übermittelten Daten in einem zentralen Dateisystem. Die Übermittlung der Daten ist zu protokollieren. Die Daten zu einem einzelnen Vermittlungsfall sind 100 Jahre, gerechnet vom Geburtsdatum des vermittelten Kindes an, aufzubewahren und anschließend zu löschen.

§ 2b Unbegleitete Auslandsadoption

Ein internationales Adoptionsverfahren ist untersagt, wenn es ohne die Vermittlung durch eine Adoptionsvermittlungsstelle (§ 2a Absatz 4) durchgeführt werden soll.

§ 2c Grundsätze der internationalen Adoptionsvermittlung

(1) Bei der internationalen Adoptionsvermittlung (§ 2a Absatz 1 Satz 1 und 2 und Absatz 2) hat die Adoptionsvermittlungsstelle (§ 9b und § 2 Absatz 3) die allgemeine Eignung der Adoptionsbewerber nach den §§ 7 und 7b und die Adoptionsvermittlungsstelle (§ 2a Absatz 4) die länderspezifische Eignung der Adoptionsbewerber nach § 7c zu prüfen.

(2) Die Adoptionsvermittlungsstelle (§ 2a Absatz 4) hat sich zu vergewissern, dass im Heimatstaat des Kindes eine für die Adoptionsvermittlung zuständige und zur Zusammenarbeit bereite Fachstelle (Fachstelle des Heimatstaats) besteht und die Adoption gesetzlich zugelassen ist.

(3) Die Adoptionsvermittlungsstelle (§ 2a Absatz 4) hat sich bei der Prüfung des Kindervorschlags der Fachstelle des Heimatstaats zu vergewissern, dass
1. die Adoption dem Kindeswohl dient,
2. das Kind adoptiert werden kann und dass keine Anhaltspunkte dafür vorliegen, dass eine geeignete Unterbringung des Kindes im Heimatstaat nach Prüfung durch die Fachstelle des Heimatstaats möglich ist,
3. die Eltern oder andere Personen, Behörden und Institutionen, deren Zustimmung zur Adoption erforderlich ist, über die Wirkungen der Adoption aufgeklärt wurden und freiwillig und in der gesetzlich vorgeschriebenen Form der Adoption des Kindes zugestimmt haben und die Eltern ihre Zustimmung nicht widerrufen haben,
4. unter Berücksichtigung des Alters und der Reife des Kindes das Kind über die Wirkungen der Adoption aufgeklärt wurde, seine Wünsche berücksichtigt wurden und das Kind freiwillig und in der gesetzlich vorgeschriebenen Form der Adoption zugestimmt hat und
5. keine Anhaltspunkte dafür vorliegen, dass die Zustimmung zur Adoption weder der Eltern noch des Kindes durch eine Geldzahlung oder eine andere Gegenleistung herbeigeführt wurde.

Die Adoptionsvermittlungsstelle hat den Kindervorschlag der Fachstelle des Heimatstaats daraufhin zu prüfen, ob die Adoptionsbewerber geeignet sind, für das Kind zu sorgen. In den Fällen des § 2a Absatz 1 Satz 3 gilt Absatz 3 Satz 1 und 2 entsprechend. Das Ergebnis der Prüfung nach den Sätzen 1 und 2 ist zu den Akten zu nehmen.

(4) Die Adoptionsvermittlungsstelle (§ 2a Absatz 4) kann den Vermittlungsvorschlag der Fachstelle des Heimatstaats nur billigen, wenn das Ergebnis der Eignungsprüfung, der länderspezifischen Eignungsprüfung sowie der Prüfung nach Absatz 3 Satz 4 positiv festgestellt ist.

(5) Hat die Adoptionsvermittlungsstelle (§ 2a Absatz 4) den Vermittlungsvorschlag der Fachstelle des Heimatstaats gebilligt, so eröffnet sie den Adoptionsbewerbern den Vermittlungsvorschlag und berät sie über dessen Annahme. Nehmen die Adoptionsbewerber den Vermittlungsvorschlag an, so gibt die Adoptionsvermittlungsstelle eine Erklärung ab, dass sie der Fortsetzung des Adoptionsverfahrens zustimmt.

(6) Die Adoptionsvermittlungsstelle (§ 2a Absatz 4 Nummer 2) leitet die Erklärung nach Absatz 5 Satz 2 an die zentralen Adoptionsstellen des Landesjugendamtes nach § 11 Absatz 2 weiter. Die Adoptionsvermittlungsstelle (§ 2a Absatz 4) leitet die Erklärung nach Absatz 5 Satz 2 an die Fachstelle des Heimatstaats weiter.

§ 2d Bescheinigung über ein internationales Vermittlungsverfahren

(1) In einem internationalen Adoptionsverfahren hat die Adoptionsvermittlungsstelle (§ 2a Absatz 4), die die internationale Adoption vermittelt hat, den Annehmenden eine Bescheinigung darüber auszustellen, dass eine Vermittlung nach § 2a Absatz 2 stattgefunden hat, wenn
1. die Erklärung nach § 2c Absatz 5 Satz 2 vorliegt und an die Fachstelle des Heimatstaats weitergeleitet worden ist und
2. die Annehmenden einen Antrag auf Anerkennung nach § 1 Absatz 2 des Adoptionswirkungsgesetzes gestellt haben.

(2) Die Bescheinigung hat das Datum der Erklärung nach § 2c Absatz 5 Satz 2 und Angaben zur Einhaltung der Grundsätze des § 2c Absatz 1 bis 3 zu beinhalten. Die Bescheinigung ist zur Vorlage an deutsche Behörden bestimmt, die die Wirksamkeit einer Auslandsadoption vor der Entscheidung über deren Anerkennung im Inland gemäß § 7 des Adoptionswirkungsgesetzes zu beurteilen haben.

(3) Die Geltungsdauer der Bescheinigung beträgt zwei Jahre. Sie ist auf Antrag der Annehmenden um ein Jahr zu verlängern. Die Geltung der Bescheinigung erlischt, wenn eine Entscheidung über die Anerkennung der Auslandsadoption ergangen ist.

§ 3 Persönliche und fachliche Eignung der Mitarbeiter

(1) Mit der Adoptionsvermittlung dürfen nur Fachkräfte betraut werden, die dazu auf Grund ihrer Persönlichkeit, ihrer Ausbildung und ihrer beruflichen Erfahrung geeignet sind. Die gleichen Anforderungen gelten für Personen, die den mit der Adoptionsvermittlung betrauten Beschäftigten fachliche Weisungen erteilen können. Beschäftigte, die nicht unmittelbar mit Vermittlungsaufgaben betraut sind, müssen die Anforderungen erfüllen, die der ihnen übertragenen Verantwortung entsprechen.

(2) Die Adoptionsvermittlungsstellen (§ 2 Absatz 1 und 3) sind mit mindestens zwei Vollzeitfachkräften oder einer entsprechenden Zahl von Teilzeitfachkräften zu besetzen; diese Fachkräfte dürfen nicht überwiegend mit vermittlungsfremden Aufgaben befasst sein. Die zentrale Adoptionsstelle des Landesjugendamtes kann Ausnahmen von Satz 1 zulassen.

§ 4 Anerkennung als Adoptionsvermittlungsstelle

(1) Die Anerkennung als Adoptionsvermittlungsstelle im Sinne des § 2 Absatz 3 erfolgt durch die zentrale Adoptionsstelle des Landesjugendamtes, in deren Bereich die Adoptionsvermittlungsstelle ihren Sitz hat, und kann erteilt werden, wenn der Nachweis erbracht wird, dass die Stelle
1. die Voraussetzungen des § 3 erfüllt,
2. insbesondere nach ihrer Arbeitsweise und nach der Finanzlage ihres Rechtsträgers die ordnungsgemäße Erfüllung ihrer Aufgaben erwarten lässt und
3. von einer juristischen Person oder Personenvereinigung unterhalten wird, die steuerbegünstigte Zwecke im Sinne der §§ 51 bis 68 der Abgabenordnung verfolgt.

Die Adoptionsvermittlung darf nicht Gegenstand eines steuerpflichtigen wirtschaftlichen Geschäftsbetriebs sein.

(2) Zur Ausübung der internationalen Adoptionsvermittlung bedarf eine Adoptionsvermittlungsstelle im Sinne des § 2 Absatz 3 der besonderen Zulassung durch die zentrale Adoptionsstelle des Landesjugendamtes, in deren Bereich die Adoptionsvermittlungsstelle ihren Sitz hat. Die Zulassung wird für die Vermittlung von Kindern aus einem oder mehreren bestimmten ausländischen Staaten (Heimatstaaten) erteilt. Die Zulassung berechtigt dazu, die Bezeichnung „anerkannte Auslandsvermittlungsstelle" zu führen; ohne die Zulassung darf diese Bezeichnung nicht geführt werden. Die Zulassung kann erteilt werden, wenn der Nachweis erbracht wird, dass die Stelle die Anerkennungsvoraussetzungen nach Absatz 1 in dem für die Arbeit auf dem Gebiet der internationalen Adoption erforderlichen besonderen Maße erfüllt; sie ist zu versagen, wenn ihr überwiegende Belange der Zusammenarbeit mit dem betreffenden Heimatstaat entgegenstehen. Die zentrale Adoptionsstelle des Landesjugendamtes und die Bundeszentralstelle unterrichten einander über Erkenntnisse, die die in Absatz 1 genannten Verhältnisse der anerkannten Auslandsvermittlungsstelle betreffen.

(3) Die Anerkennung nach Absatz 1 oder die Zulassung nach Absatz 2 sind zurückzunehmen, wenn die Voraussetzungen für ihre Erteilung nicht vorgelegen haben. Sie sind zu widerrufen, wenn die Voraussetzungen nachträglich weggefallen sind. Nebenbestimmungen zu einer Anerkennung oder Zulassung sowie die Folgen des Verstoßes gegen eine Auflage unterliegen den allgemeinen Vorschriften.

(4) Zur Prüfung, ob die Voraussetzungen nach Absatz 1 oder Absatz 2 Satz 3 weiterhin vorliegen, ist die zentrale Adoptionsstelle des Landesjugendamtes berechtigt, sich über die Arbeit der Adoptionsvermittlungsstelle im Allgemeinen und im Einzelfall, über die persönliche und fachliche Eignung ihrer

Leiter und Mitarbeiter sowie über die rechtlichen und organisatorischen Verhältnisse und die Finanzlage ihres Rechtsträgers zu unterrichten. Soweit es zu diesem Zweck erforderlich ist,
1. kann die zentrale Adoptionsstelle des Landesjugendamtes Auskünfte, Einsicht in Unterlagen sowie die Vorlage von Nachweisen verlangen;
2. dürfen die mit der Prüfung beauftragten Bediensteten Grundstücke und Geschäftsräume innerhalb der üblichen Geschäftszeiten betreten; das Grundrecht der Unverletzlichkeit der Wohnung (Artikel 13 des Grundgesetzes) wird insoweit eingeschränkt.

Die Adoptionsvermittlungsstelle (§ 2 Absatz 3, § 2a Absatz 4 Nummer 2) informiert die zentrale Adoptionsstelle des Landesjugendamtes, in deren Bereich die Adoptionsvermittlungsstelle ihren Sitz hat, unverzüglich, sobald ihr Anhaltspunkte dafür vorliegen, dass sie nicht mehr in der Lage sein wird, ihre Aufgaben ordnungsgemäß zu erfüllen. Dies ist insbesondere dann anzunehmen, wenn sie die Voraussetzungen des § 3 und des Absatzes 1 Satz 1 Nummer 2 nicht mehr erfüllt.

(5) Widerspruch und Anfechtungsklage gegen Verfügungen der zentralen Adoptionsstelle des Landesjugendamtes haben keine aufschiebende Wirkung.

§ 4a Verfahren bei der Schließung einer Adoptionsvermittlungsstelle

(1) Steht fest, dass die Adoptionsvermittlungsstelle (§ 2 Absatz 3, § 2a Absatz 4 Nummer 2) geschlossen wird, hat sie die zentrale Adoptionsstelle des Landesjugendamtes, in deren Bereich die Adoptionsvermittlungsstelle ihren Sitz hat, sowie die Adoptionsbewerber und die Annehmenden, die von ihr begleitet werden, unverzüglich über die bevorstehende Schließung zu informieren. Sie hat darüber hinaus die Adoptionsbewerber und die Annehmenden über die Folgen der Schließung zu informieren, insbesondere über die Möglichkeit der Fortsetzung des Vermittlungsverfahrens und über die Aktenaufbewahrung. Die Sätze 1 und 2 gelten entsprechend, wenn die Adoptionsvermittlungsstelle (§ 2a Absatz 4 Nummer 2) ihre Zulassung in einem Heimatstaat dauerhaft verliert.

(2) Wird die Adoptionsvermittlungsstelle (§ 2 Absatz 3, § 2a Absatz 4 Nummer 2) geschlossen, übergibt sie die Aufzeichnungen und Unterlagen über jeden einzelnen Vermittlungsfall (Vermittlungsakten) der abgeschlossenen und der laufenden Vermittlungsverfahren unverzüglich an die zentrale Adoptionsstelle des Landesjugendamtes, in deren Bereich sie ihren Sitz hatte. Wenn bei der Schließung der Adoptionsvermittlungsstelle (§ 2 Absatz 3, § 2a Absatz 4 Nummer 2) bereits feststeht, welche Adoptionsvermittlungsstelle (§ 9b, § 2 Absatz 3, § 2a Absatz 4) ein laufendes Vermittlungsverfahren fortsetzt, übergibt die schließende Adoptionsvermittlungsstelle die Vermittlungsakten unverzüglich an diese Adoptionsvermittlungsstelle.

(3) Sind nach Schließung der Adoptionsvermittlungsstelle (§ 2a Absatz 4 Nummer 2) noch Berichte über die Entwicklung des Kindes (§ 9 Absatz 4 Satz 1) zu fertigen, so sind die Vermittlungsakten unverzüglich an die örtliche Adoptionsvermittlungsstelle (§ 9b) zu übergeben, die sodann die Berichte fertigt. Die örtliche Adoptionsvermittlungsstelle übersendet die Berichte an die zentrale Adoptionsstelle des Landesjugendamtes, in deren Bereich die Annehmenden ihren gewöhnlichen Aufenthalt haben, zur weiteren Übermittlung nach § 9 Absatz 4 Satz 1 Nummer 2. Nach der Fertigung des letzten Berichts sind die Vermittlungsakten der zentralen Adoptionsstelle des Landesjugendamtes, in deren Bereich die geschlossene Adoptionsvermittlungsstelle ihren Sitz hatte, zur Aufbewahrung nach § 9c Absatz 1 zu übergeben.

§ 5 Vermittlungsverbote

(1) Die Adoptionsvermittlung ist nur den nach § 2 Absatz 1 befugten Jugendämtern und Landesjugendämtern und den nach § 2 Absatz 3 berechtigten Stellen gestattet; anderen ist die Adoptionsvermittlung untersagt.

(2) Es ist untersagt, Schwangere, die ihren Wohnsitz oder gewöhnlichen Aufenthalt im Geltungsbereich dieses Gesetzes haben, gewerbs- oder geschäftsmäßig durch Gewähren oder Verschaffen von Gelegenheit zur Entbindung außerhalb des Geltungsbereichs dieses Gesetzes
1. zu bestimmen, dort ihr Kind zur Adoption wegzugeben,
2. ihnen zu einer solchen Weggabe Hilfe zu leisten.

(3) Es ist untersagt, Vermittlungstätigkeiten auszuüben, die zum Ziel haben, dass ein Dritter ein Kind auf Dauer bei sich aufnimmt, insbesondere dadurch, dass ein Mann die Vaterschaft für ein Kind, das er nicht gezeugt hat, anerkennt. Vermittlungsbefugnisse, die sich aus anderen Rechtsvorschriften ergeben, bleiben unberührt.

§ 6 Adoptionsanzeigen

(1) Es ist untersagt, Kinder zur Adoption oder Adoptionsbewerber durch öffentliche Erklärungen, insbesondere durch Zeitungsanzeigen und Zeitungsberichte, zu suchen oder anzubieten. § 5 bleibt unberührt.
(2) Die Veröffentlichung der in Absatz 1 bezeichneten Erklärung unter Angabe eines Kennzeichens ist untersagt.
(3) Absatz 1 Satz 1 gilt entsprechend für öffentliche Erklärungen, die sich auf Vermittlungstätigkeiten nach § 5 Absatz 3 Satz 1 beziehen.
(4) Die Absätze 1 bis 3 gelten auch, wenn das Kind noch nicht geboren oder noch nicht gezeugt ist, es sei denn, dass sich die Erklärung auf eine Ersatzmutterschaft bezieht.

§ 7 Anspruch auf Durchführung der Eignungsprüfung bei der Adoption eines Kindes im Inland; Umfang der Prüfung

(1) Auf Antrag der Adoptionsbewerber führt die Adoptionsvermittlungsstelle (§ 2 Absatz 1) eine Prüfung der allgemeinen Eignung der Adoptionsbewerber (Eignungsprüfung) zur Adoption eines Kindes mit gewöhnlichem Aufenthalt im Inland durch. Zur Eignungsprüfung sind auch die Adoptionsvermittlungsstellen nach § 2 Absatz 3 berechtigt.
(2) Die Eignungsprüfung umfasst insbesondere:
1. die persönlichen und familiären Umstände der Adoptionsbewerber,
2. den Gesundheitszustand der Adoptionsbewerber,
3. das soziale Umfeld der Adoptionsbewerber,
4. die Beweggründe der Adoptionsbewerber für die Adoption sowie
5. die Eigenschaften der Kinder, für die zu sorgen die Adoptionsbewerber fähig und bereit sind.
(3) Die Adoptionsvermittlungsstelle (§ 2 Absatz 1 und 3) verfasst über das Ergebnis ihrer Eignungsprüfung einen Bericht. Das Ergebnis der Eignungsprüfung ist den Adoptionsbewerbern mitzuteilen. Der Bericht, der die Eignung positiv feststellt, darf den Adoptionsbewerbern nicht ausgehändigt werden.

§ 7a Sachdienliche Ermittlungen bei der Adoption eines Kindes im Inland

(1) Wird der Adoptionsvermittlungsstelle (§ 2 Absatz 1 und 3) bekannt, dass für ein Kind die Adoptionsvermittlung in Betracht kommt, so führt sie zur Vorbereitung der Adoptionsvermittlung unverzüglich die sachdienlichen Ermittlungen bei den Adoptionsbewerbern, bei dem Kind und seiner Familie durch. Dabei ist insbesondere zu prüfen, ob die Adoptionsbewerber unter Berücksichtigung der Persönlichkeit des Kindes und seiner besonderen Bedürfnisse für die Adoption des Kindes geeignet sind.
(2) Mit den sachdienlichen Ermittlungen bei den Adoptionsbewerbern und bei der Familie des Kindes soll schon vor der Geburt des Kindes begonnen werden, wenn zu erwarten ist, dass die Einwilligung in die Adoption des Kindes erteilt wird.
(3) Auf Ersuchen einer Adoptionsvermittlungsstelle (§ 2 Absatz 1 und 3) übernimmt die örtliche Adoptionsvermittlungsstelle (§ 9b), in deren Bereich die Adoptionsbewerber ihren gewöhnlichen Aufenthalt haben, die sachdienlichen Ermittlungen bei den Adoptionsbewerbern.
(4) Das Ergebnis der sachdienlichen Ermittlungen ist den jeweils Betroffenen mitzuteilen.

§ 7b Anspruch auf Durchführung der Eignungsprüfung bei der Adoption eines Kindes aus dem Ausland

(1) Auf Antrag der Adoptionsbewerber erfolgt eine Eignungsprüfung der Adoptionsbewerber zur Adoption eines Kindes mit gewöhnlichem Aufenthalt im Ausland durch eine örtliche Adoptionsvermittlungsstelle nach § 9b. Zur Eignungsprüfung sind auch die Adoptionsvermittlungsstellen nach § 2 Absatz 3 berechtigt.
(2) Die Adoptionsvermittlungsstelle (§ 9b, § 2 Absatz 3) verfasst über das Ergebnis ihrer Eignungsprüfung einen Bericht, den sie einer von den Adoptionsbewerbern benannten Adoptionsvermittlungsstelle (§ 2a Absatz 4) zuleitet. § 7 Absatz 3 Satz 2 und 3 ist anzuwenden.
(3) Erfolgt die Eignungsprüfung durch eine Adoptionsvermittlungsstelle nach § 2 Absatz 3, so darf diese Adoptionsvermittlungsstelle nicht zugleich die von den Adoptionsbewerbern benannte Adoptionsvermittlungsstelle nach § 2a Absatz 4 Nummer 2 sein.

§ 7c Länderspezifische Eignungsprüfung bei der Adoption eines Kindes aus dem Ausland

(1) Ist das Ergebnis der Eignungsprüfung positiv festgestellt, prüft die von den Adoptionsbewerbern benannte Adoptionsvermittlungsstelle (§ 2a Absatz 4) die länderspezifische Eignung der Adoptionsbewerber.

(2) Die länderspezifische Eignungsprüfung umfasst insbesondere:
1. das Wissen und die Auseinandersetzung der Adoptionsbewerber mit der Kultur und der sozialen Situation im Heimatstaat des Kindes,
2. die Bereitschaft der Adoptionsbewerber, die Herkunft des Kindes in das zukünftige Familienleben zu integrieren, sowie
3. die Bereitschaft der Adoptionsbewerber, sich auf die besonderen Bedürfnisse des Kindes auf Grund seiner Herkunft und auf Grund des Wechsels des Kulturkreises einzulassen.

Hält die von den Adoptionsbewerbern benannte Adoptionsvermittlungsstelle (§ 2a Absatz 4) die länderspezifische Eignung der Adoptionsbewerber für gegeben, so ergänzt sie den Bericht zur Eignungsprüfung um das Ergebnis ihrer länderspezifischen Eignungsprüfung. Das Ergebnis der länderspezifischen Eignungsprüfung ist den Adoptionsbewerbern mitzuteilen. Der Bericht, der die Eignung positiv feststellt, darf den Adoptionsbewerbern nicht ausgehändigt werden.

(3) Ist das Ergebnis der Eignungsprüfung und der länderspezifischen Eignungsprüfung positiv festgestellt, so leitet die von den Adoptionsbewerbern benannte Adoptionsvermittlungsstelle (§ 2a Absatz 4) den Bericht über das Ergebnis der Fachstelle des Heimatstaats des Kindes zu.

§ 7d Bescheinigung für im Ausland lebende Adoptionsbewerber

(1) Auf Antrag deutscher Adoptionsbewerber mit gewöhnlichem Aufenthalt im Ausland prüft die Bundeszentralstelle, ob die Adoptionsbewerber nach den deutschen Sachvorschriften die rechtliche Befähigung zur Adoption eines Kindes besitzen.
(2) Stellt die Bundeszentralstelle die rechtliche Befähigung positiv fest, so stellt sie den Adoptionsbewerbern eine Bescheinigung über diese Feststellung aus.
(3) Die Prüfung und die Bescheinigung erstrecken sich weder auf die Gesundheit der Adoptionsbewerber noch auf deren Eignung nach den §§ 7b und 7c zur Adoption eines Kindes; hierauf ist in der Bescheinigung hinzuweisen.

§ 7e Mitwirkungspflicht der Adoptionsbewerber

Den Adoptionsbewerbern obliegt es, die erforderlichen Angaben zu machen und geeignete Nachweise zu erbringen für:
1. die Eignungsprüfung (§ 7 und § 7b Absatz 1 und 2),
2. die sachdienlichen Ermittlungen (§ 7a Absatz 1 und 2),
3. die länderspezifische Eignungsprüfung (§ 7c Absatz 1 und 2),
4. die Prüfung nach § 7d Absatz 1.

Die Vorschriften des Dritten Abschnitts des Dritten Titels des Ersten Buches Sozialgesetzbuch gelten entsprechend.

§ 8 Beginn der Adoptionspflege

Das Kind darf erst dann zur Eingewöhnung bei den Adoptionsbewerbern in Pflege gegeben werden (Adoptionspflege), wenn feststeht, dass die Adoptionsbewerber für die Annahme des Kindes geeignet sind.

§ 8a Informationsaustausch oder Kontakt vor und nach der Adoption

(1) Die Adoptionsvermittlungsstelle (§ 2 Absatz 1 und 3) soll vor Beginn der Adoptionspflege sowohl mit den Adoptionsbewerbern als auch mit den Eltern erörtern, ob ein Informationsaustausch oder Kontakt zum Wohl des Kindes zwischen den Adoptionsbewerbern und dem Kind auf der einen Seite und den Eltern auf der anderen Seite zukünftig stattfinden kann und wie der Informationsaustausch oder Kontakt gestaltet werden kann. Die Adoptionsvermittlungsstelle nimmt das Ergebnis der Erörterungen zu den Akten.
(2) Mit dem Einverständnis der abgebenden Eltern und der Annehmenden soll die Adoptionsvermittlungsstelle (§ 2 Absatz 1 und 3) nach der Adoption die Erörterungen gemäß Absatz 1 Satz 1 in angemessenen Zeitabständen wiederholen. Dies gilt, bis das Kind das 16. Lebensjahr vollendet hat. Das Ergebnis jeder Erörterung ist zu den Akten zu nehmen. Das Einverständnis soll vor dem Beschluss, spätestens muss es nach dem Beschluss, durch den das Familiengericht die Adoption ausspricht, eingeholt werden. Das Einverständnis kann jederzeit widerrufen werden.
(3) Das Kind ist bei den Erörterungen nach den Absätzen 1 und 2 entsprechend seinem Entwicklungsstand zu beteiligen und sein Interesse ist entsprechend zu berücksichtigen.

(4) Wird das Ergebnis der Erörterung zum Informationsaustausch oder Kontakt nicht umgesetzt oder besteht Uneinigkeit über die Umsetzung des Ergebnisses, so hat die Adoptionsvermittlungsstelle (§ 2 Absatz 1 und 3) im Rahmen der bestehenden Möglichkeiten auf eine Lösung hinzuwirken.

§ 8b Anspruch der abgebenden Eltern auf allgemeine Informationen über das Kind und seine Lebenssituation nach der Adoption

(1) Die abgebenden Eltern haben gegen die Adoptionsvermittlungsstelle (§ 2 Absatz 1 und 3) einen Anspruch auf Zugang zu allgemeinen Informationen über das Kind und seine Lebenssituation, die der Adoptionsvermittlungsstelle von den Annehmenden zum Zweck der Weitergabe an die abgebenden Eltern freiwillig und unter Wahrung des Persönlichkeitsrechts des Kindes zur Verfügung gestellt wurden. Die Adoptionsvermittlungsstelle gewährt den abgebenden Eltern den Zugang zu diesen Informationen, soweit dies dem Kindeswohl nicht widerspricht.

(2) Mit dem Einverständnis der Annehmenden soll die Adoptionsvermittlungsstelle (§ 2 Absatz 1 und 3) darauf hinwirken, dass ihr die Annehmenden allgemeine Informationen nach Absatz 1 in regelmäßigen Abständen bis zur Vollendung des 16. Lebensjahres des Kindes schriftlich zukommen lassen, soweit dies dem Wohl des Kindes nicht widerspricht. Das Kind ist entsprechend seinem Entwicklungsstand zu beteiligen. Das Einverständnis soll vor dem Beschluss, spätestens muss es nach dem Beschluss, durch den das Familiengericht die Adoption ausspricht, eingeholt werden. Das Einverständnis kann jederzeit widerrufen werden.

§ 9 Anspruch auf Adoptionsbegleitung

(1) Die Adoptionsvermittlungsstelle (§ 2 Absatz 1, § 2a Absatz 4 Nummer 1) hat vor und während der Adoptionsvermittlung sowie während der Adoptionspflege die Adoptionsbewerber, die Eltern und das Kind zu begleiten. Zur Adoptionsbegleitung sind auch die Adoptionsvermittlungsstellen nach § 2 Absatz 3 und § 2a Absatz 4 Nummer 2 berechtigt. Die Adoptionsbegleitung umfasst insbesondere:
1. die allgemeine Beratung der Adoptionsbewerber, der Eltern und des Kindes zu Fragen im Zusammenhang mit der Adoption und die bedarfsgerechte Unterstützung,
2. die Information über die Voraussetzungen und den Ablauf des Adoptionsverfahrens sowie über die Rechtsfolgen der Adoption,
3. die Information für die abgebenden Eltern über unterstützende Maßnahmen im Rahmen der Kinder- und Jugendhilfe als Alternative zur Adoption sowie die Unterstützung der abgebenden Eltern bei der Bewältigung sozialer und psychischer Auswirkungen im Zusammenhang mit der bevorstehenden oder bereits erfolgten Einwilligung in die Adoption des Kindes,
4. die Information über die Rechte des Kindes, in der die Bedeutung der Kenntnis der Herkunft des Kindes für seine Entwicklung hervorzuheben ist,
5. das Hinwirken darauf, dass die Adoptionsbewerber das Kind von Beginn an entsprechend seinem Alter und seiner Reife über seine Herkunft aufklären,
6. die Information über die Möglichkeiten und Gestaltung von Informationsaustausch oder Kontakt zwischen den Adoptionsbewerbern und dem Kind auf der einen Seite und den Eltern auf der anderen Seite nach Maßgabe der §§ 8a und 8b,
7. die Erörterung der Gestaltung eines Informationsaustauschs oder von Kontakten zwischen den Adoptionsbewerbern und dem Kind auf der einen Seite und den Eltern auf der anderen Seite nach Maßgabe des § 8a sowie
8. die Information über das Recht zur Akteneinsicht nach § 9c Absatz 2 und die Information zu Möglichkeiten der Suche nach der Herkunft des Kindes.

(2) Nach dem Beschluss, durch das Familiengericht die Adoption ausspricht, haben das Kind, die Annehmenden und die abgebenden Eltern einen Anspruch auf nachgehende Adoptionsbegleitung durch die Adoptionsvermittlungsstelle (§ 2 Absatz 1, § 2a Absatz 4 Nummer 1). Zur nachgehenden Adoptionsbegleitung sind auch die Adoptionsvermittlungsstellen nach § 2 Absatz 3 und § 2a Absatz 4 Nummer 2 berechtigt. Die nachgehende Adoptionsbegleitung umfasst insbesondere:
1. die bedarfsgerechte Beratung und Unterstützung des Kindes, der Annehmenden und der abgebenden Eltern,
2. die Förderung und die Begleitung eines Informationsaustauschs oder von Kontakten zwischen den Annehmenden und dem Kind auf der einen Seite und den abgebenden Eltern auf der anderen Seite nach Maßgabe der §§ 8a und 8b,
3. die Unterstützung der abgebenden Eltern bei der Bewältigung sozialer und psychischer Auswirkungen auf Grund der Entscheidung zur Einwilligung in die Adoption des Kindes, insbesondere

indem die Adoptionsvermittlungsstelle den abgebenden Eltern Hilfen durch andere Fachdienste aufzeigt,
4. die Unterstützung der Annehmenden bei der altersentsprechenden Aufklärung des Kindes über seine Herkunft sowie
5. die Begleitung des Kindes bei der Suche nach der Herkunft, einschließlich der Begleitung des vertraulich geborenen Kindes bei der Einsichtnahme in den Herkunftsnachweis nach § 31 Absatz 1 des Schwangerschaftskonfliktgesetzes.

(3) Die Adoptionsvermittlungsstelle (§ 2 Absatz 1 und 3, § 2a Absatz 4) hat bei Bedarf und mit Einverständnis der zu Beratenden im Rahmen der Adoptionsbegleitung nach den Absätzen 1 und 2 Hilfen und Unterstützungsangebote durch andere Fachdienste aufzuzeigen. Sie hat auf Wunsch der zu Beratenden den Kontakt zu diesen Fachdiensten herzustellen.

(4) Soweit es zur Erfüllung der Adoptionsvoraussetzungen, die von einem Heimatstaat aufgestellt werden, erforderlich ist, können die Adoptionsbewerber und die Adoptionsvermittlungsstelle (§ 2a Absatz 4) schriftlich vereinbaren, dass die Adoptionsvermittlungsstelle
1. während eines in der Vereinbarung festzulegenden Zeitraums nach der Adoption die Entwicklung des Kindes beobachtet und
2. der zuständigen Stelle im Heimatstaat über die Entwicklung berichtet.

Mit Zustimmung einer anderen Adoptionsvermittlungsstelle (§ 2 Absatz 1 und 3, § 2a Absatz 4) kann vereinbart werden, dass diese Stelle die Aufgabe nach Satz 1 Nummer 1 wahrnimmt und die Ergebnisse an die in Satz 1 genannte Adoptionsvermittlungsstelle weiterleitet. Im Fall der Schließung einer Adoptionsvermittlungsstelle (§ 2a Absatz 4 Nummer 2) gilt § 4a Absatz 3.

§ 9a Verpflichtende Beratung bei Stiefkindadoption

(1) Nimmt ein Ehegatte ein Kind seines Ehegatten allein an, so müssen sich vor Abgabe ihrer notwendigen Erklärungen und Anträge zur Adoption von der Adoptionsvermittlungsstelle (§ 2 Absatz 1 und 3) nach § 9 Absatz 1 beraten lassen:
1. die Eltern des anzunehmenden Kindes,
2. der Annehmende und
3. das Kind gemäß § 8 des Achten Buches Sozialgesetzbuch.

(2) Die Adoptionsvermittlungsstelle hat über die Beratung eine Bescheinigung auszustellen.
(3) Die Beratung eines Elternteils ist nicht erforderlich, wenn
1. er zur Abgabe einer Erklärung dauernd außerstande ist,
2. sein Aufenthalt dauernd unbekannt ist,
3. seine Einwilligung nach § 1748 des Bürgerlichen Gesetzbuchs ersetzt wird oder
4. es sich um den abgebenden Elternteil handelt und dieser seinen gewöhnlichen Aufenthalt im Ausland hat.

(4) Die Beratungspflicht nach Absatz 1 besteht nicht, wenn der annehmende Elternteil zum Zeitpunkt der Geburt des Kindes mit dem Elternteil des Kindes verheiratet ist. Die Beratungspflicht des annehmenden und des verbleibenden Elternteils bleibt bestehen, wenn das Kind im Ausland geboren wurde und der abgebende Elternteil seinen gewöhnlichen Aufenthalt im Ausland hat.

(5) In den Fällen des § 1766a des Bürgerlichen Gesetzbuchs gelten die Absätze 1 bis 4 entsprechend.

§ 9b Örtliche Adoptionsvermittlungsstelle; Pflichtaufgaben

Die Jugendämter haben die Wahrnehmung der Aufgaben nach den §§ 7, 7a, 7b, 8a, 8b, 9 und 9a für ihren jeweiligen Bereich sicherzustellen. Für die Adoptionsbewerber und die Annehmenden richtet sich die örtliche Zuständigkeit nach ihrem gewöhnlichen Aufenthalt.

§ 9c Vermittlungsakten

(1) Vermittlungsakten sind, gerechnet vom Geburtsdatum des Kindes an, 100 Jahre lang aufzubewahren.
(2) Soweit die Vermittlungsakten die Herkunft und die Lebensgeschichte des Kindes betreffen oder ein sonstiges berechtigtes Interesse besteht, ist dem gesetzlichen Vertreter des Kindes und, wenn das Kind das 16. Lebensjahr vollendet hat, auch diesem selbst auf Antrag unter Anleitung durch eine Fachkraft Einsicht zu gewähren. Die Einsichtnahme ist zu versagen, soweit überwiegende Belange einer betroffenen Person entgegenstehen.
(3) Die Adoptionsvermittlungsstelle (§ 2 Absatz 1 und 3, § 2a Absatz 4) hat die Annehmenden auf das Akteneinsichtsrecht des Kindes nach Absatz 2 Satz 1 hinzuweisen, sobald das Kind das 16. Lebensjahr vollendet hat.

§ 9d Durchführungsbestimmungen

(1) Das Bundesministerium für Familie, Senioren, Frauen und Jugend wird ermächtigt, im Einvernehmen mit dem Bundesministerium der Justiz und für Verbraucherschutz durch Rechtsverordnung mit Zustimmung des Bundesrates das Nähere über die Anerkennung und Beaufsichtigung von Adoptionsvermittlungsstellen nach § 2 Absatz 3 und den §§ 3 und 4, die Zusammenarbeit auf dem Gebiet der internationalen Adoptionsvermittlung nach § 2a Absatz 5 und 6, die sachdienlichen Ermittlungen nach § 7a, die Eignungsprüfung nach den §§ 7, 7b und 7c, die Bescheinigung nach § 7d, die Adoptionsbegleitung nach § 9 und die Gewährung von Akteneinsicht nach § 9c sowie über die von den Adoptionsvermittlungsstellen dabei zu beachtenden Grundsätze zu regeln. Durch Rechtsverordnung nach Satz 1 können insbesondere geregelt werden:
1. Zeitpunkt, Gliederung und Form der Meldungen nach § 2a Absatz 6 Satz 1 Nummer 1 und 2 sowie Satz 2;
2. Anforderungen an die persönliche und fachliche Eignung des Personals einer Adoptionsvermittlungsstelle (§ 3, § 4 Absatz 1 Satz 1 Nummer 1);
3. Anforderungen an die Arbeitsweise und die Finanzlage des Rechtsträgers einer Adoptionsvermittlungsstelle (§ 4 Absatz 1 Satz 1 Nummer 2);
4. besondere Anforderungen für die Zulassung zur internationalen Adoptionsvermittlung (§ 4 Absatz 2);
5. Antragstellung und vorzulegende Nachweise im Verfahren nach § 7d;
6. Zeitpunkt und Form der Unterrichtung der Annehmenden über das Leistungsangebot der Adoptionsbegleitung nach § 9 Absatz 1 und 2;
7. das Verfahren bei der Schließung einer Adoptionsvermittlungsstelle nach § 4a.

(2) Durch Rechtsverordnung nach Absatz 1 Satz 1 kann ferner vorgesehen werden, dass die Träger der staatlichen Adoptionsvermittlungsstellen von den Adoptionsbewerbern für eine Eignungsprüfung nach den §§ 7, 7b und 7c oder für eine internationale Adoptionsvermittlung Gebühren sowie Auslagen für die Beschaffung von Urkunden, für Übersetzungen und für die Vergütung von Sachverständigen erheben. Die Gebührentatbestände und die Gebührenhöhe sind dabei zu bestimmen; für den einzelnen Vermittlungsfall darf die Gebührensumme 2500 Euro nicht überschreiten. Solange das Bundesministerium für Familie, Senioren, Frauen und Jugend von der Ermächtigung nach Absatz 1 Satz 1 in Verbindung mit Satz 1 keinen Gebrauch gemacht hat, kann diese durch die Landesregierungen ausgeübt werden; die Landesregierungen können diese Ermächtigung durch Rechtsverordnung auf oberste Landesbehörden übertragen.

§ 9e Datenschutz

(1) Für die Verarbeitung personenbezogener Daten gilt das Zweite Kapitel des Zehnten Buches Sozialgesetzbuch mit der Maßgabe, dass Daten, die für die Adoptionsvermittlung und für andere Zwecke dieses Gesetzes erhoben worden sind, nur für folgende Zwecke verarbeitet werden dürfen:
1. für die Adoptionsvermittlung oder Adoptionsbegleitung,
2. für die Anerkennung, Zulassung oder Beaufsichtigung von Adoptionsvermittlungsstellen,
3. für die Überwachung von Vermittlungsverboten,
4. für die Verfolgung von Verbrechen oder anderen Straftaten von erheblicher Bedeutung,
5. für die internationale Zusammenarbeit auf diesen Gebieten oder
6. für die Durchführung bestimmter wissenschaftlicher Vorhaben zur Erforschung möglicher politisch motivierter Adoptionsvermittlung in der DDR.

In den Fällen des Satzes 1 Nummer 6 dürfen die betroffenen Personen nicht kontaktiert werden. Die Vorschriften über die internationale Rechtshilfe bleiben unberührt.

(2) Die Bundeszentralstelle übermittelt den zuständigen Stellen auf deren Ersuchen die zu den in Absatz 1 genannten Zwecken erforderlichen personenbezogenen Daten. In dem Ersuchen ist anzugeben, zu welchem Zweck die Daten benötigt werden.

(3) Die ersuchende Stelle trägt die Verantwortung für die Zulässigkeit der Übermittlung. Die Bundeszentralstelle prüft nur, ob das Übermittlungsersuchen im Rahmen der Aufgaben der ersuchenden Stelle liegt, es sei denn, dass ein besonderer Anlass zur Prüfung der Zulässigkeit der Übermittlung besteht.

(4) Bei der Übermittlung an eine ausländische Stelle oder an eine inländische nicht öffentliche Stelle weist die Bundeszentralstelle darauf hin, dass die Daten nur für den Zweck verarbeitet werden dürfen, zu dem sie übermittelt werden.

§ 10 Unterrichtung der zentralen Adoptionsstelle des Landesjugendamtes
(1) Die Adoptionsvermittlungsstelle hat die zentrale Adoptionsstelle des Landesjugendamtes zu unterrichten, wenn ein Kind nicht innerhalb von drei Monaten nach Abschluss der bei ihm durchgeführten Ermittlungen Adoptionsbewerbern mit dem Ziel der Adoption in Pflege gegeben werden kann. Die Unterrichtung ist nicht erforderlich, wenn bei Fristablauf sichergestellt ist, dass das Kind in Adoptionspflege gegeben wird.
(2) Absatz 1 gilt entsprechend, wenn Adoptionsbewerber, bei denen Ermittlungen durchgeführt wurden, bereit und geeignet sind, ein schwer vermittelbares Kind aufzunehmen, sofern die Adoptionsbewerber der Unterrichtung der zentralen Adoptionsstelle zustimmen.
(3) In den Fällen des Absatzes 1 Satz 1 sucht die Adoptionsvermittlungsstelle und die zentrale Adoptionsstelle nach geeigneten Adoptionsbewerbern. Sie unterrichten sich gegenseitig vom jeweiligen Stand ihrer Bemühungen. Im Einzelfall kann die zentrale Adoptionsstelle die Vermittlung eines Kindes selbst übernehmen.

§ 11 Aufgaben der zentralen Adoptionsstelle des Landesjugendamtes
(1) Die zentrale Adoptionsstelle des Landesjugendamtes unterstützt die Adoptionsvermittlungsstelle bei ihrer Arbeit, insbesondere durch fachliche Beratung,
1. wenn ein Kind schwer zu vermitteln ist,
2. wenn ein Adoptionsbewerber oder das Kind eine ausländische Staatsangehörigkeit besitzt oder staatenlos ist,
3. wenn ein Adoptionsbewerber oder das Kind seinen Wohnsitz oder gewöhnlichen Aufenthalt außerhalb des Geltungsbereichs dieses Gesetzes hat,
4. in sonstigen schwierigen Einzelfällen.

(2) Die Adoptionsvermittlungsstelle (§ 2 Absatz 1 und 3, § 2a Absatz 4 Nummer 2) hat in den Fällen des Absatzes 1 Nummer 2 und 3 die zentrale Adoptionsstelle des Landesjugendamtes, in deren Bereich die Adoptionsvermittlungsstelle ihren Sitz hat, und die zentrale Adoptionsstelle des Landesjugendamtes, in deren Bereich die Annehmenden ihren gewöhnlichen Aufenthalt haben, ab Beginn der sachdienlichen Ermittlungen nach § 7a zu beteiligen. Unterlagen der in den Artikeln 15 und 16 des Adoptionsübereinkommens genannten Art sind den in Satz 1 genannten zentralen Adoptionsstellen zur Prüfung vorzulegen.

§ 12 (weggefallen)

§ 13 Ausstattung der zentralen Adoptionsstelle des Landesjugendamtes
Zur Erfüllung ihrer Aufgaben sollen der zentralen Adoptionsstelle mindestens ein Kinderarzt oder Kinderpsychiater, ein Psychologe mit Erfahrungen auf dem Gebiet der Kinderpsychologie und ein Jurist sowie Sozialpädagogen oder Sozialarbeiter mit mehrjähriger Berufserfahrung zur Verfügung stehen.

Zweiter Abschnitt
Ersatzmutterschaft

§ 13a Ersatzmutter
Ersatzmutter ist eine Frau, die auf Grund einer Vereinbarung bereit ist,
1. sich einer künstlichen oder natürlichen Befruchtung zu unterziehen oder
2. einen nicht von ihr stammenden Embryo auf sich übertragen zu lassen oder sonst auszutragen

und das Kind nach der Geburt Dritten zur Adoption oder zur sonstigen Aufnahme auf Dauer zu überlassen.

§ 13b Ersatzmuttervermittlung
Ersatzmuttervermittlung ist das Zusammenführen von Personen, die das aus einer Ersatzmutterschaft entstandene Kind annehmen oder in sonstiger Weise auf Dauer bei sich aufnehmen wollen (Bestelleltern), mit einer Frau, die zur Übernahme einer Ersatzmutterschaft bereit ist. Ersatzmuttervermittlung ist auch der Nachweis der Gelegenheit zu einer in § 13a bezeichneten Vereinbarung.

§ 13c Verbot der Ersatzmuttervermittlung
Die Ersatzmuttervermittlung ist untersagt.

§ 13d Anzeigenverbot

Es ist untersagt, Ersatzmütter oder Bestelleltern durch öffentliche Erklärungen, insbesondere durch Zeitungsanzeigen oder Zeitungsberichte, zu suchen oder anzubieten.

Dritter Abschnitt
Straf- und Bußgeldvorschriften

§ 14 Bußgeldvorschriften

(1) Ordnungswidrig handelt, wer
1. entgegen § 5 Absatz 1 oder 3 Satz 1 eine Vermittlungstätigkeit ausübt oder
2. entgegen § 6 Absatz 1 Satz 1, auch in Verbindung mit Absatz 2 oder 3, oder § 13d durch öffentliche Erklärungen
   a) Kinder zur Adoption oder Adoptionsbewerber,
   b) Kinder oder Dritte zu den in § 5 Absatz 3 Satz 1 genannten Zwecken oder
   c) Ersatzmütter oder Bestelleltern
   sucht oder anbietet.

(2) Ordnungswidrig handelt auch, wer
1. entgegen § 5 Absatz 1 oder 3 Satz 1 eine Vermittlungstätigkeit ausübt und dadurch bewirkt, dass das Kind in den Geltungsbereich dieses Gesetzes oder aus dem Geltungsbereich dieses Gesetzes verbracht wird, oder
2. gewerbs- oder geschäftsmäßig
   a) entgegen § 5 Absatz 2 Nummer 1 eine Schwangere zu der Weggabe ihres Kindes bestimmt oder
   b) entgegen § 5 Absatz 2 Nummer 2 einer Schwangeren zu der Weggabe ihres Kindes Hilfe leistet.

(3) Die Ordnungswidrigkeit kann in den Fällen des Absatzes 1 mit einer Geldbuße bis zu fünftausend Euro, in den Fällen des Absatzes 2 mit einer Geldbuße bis zu dreißigtausend Euro geahndet werden.

§ 14a (weggefallen)

§ 14b Strafvorschriften gegen Ersatzmuttervermittlung

(1) Wer entgegen § 13c Ersatzmuttervermittlung betreibt, wird mit Freiheitsstrafe bis zu einem Jahr oder mit Geldstrafe bestraft.

(2) Wer für eine Ersatzmuttervermittlung einen Vermögensvorteil erhält oder sich versprechen lässt, wird mit Freiheitsstrafe bis zu zwei Jahren oder Geldstrafe bestraft. Handelt der Täter gewerbs- oder geschäftsmäßig, so ist die Strafe Freiheitsstrafe bis zu drei Jahren oder Geldstrafe.

(3) In den Fällen der Absätze 1 und 2 werden die Ersatzmutter und die Bestelleltern nicht bestraft.

Vierter Abschnitt
Übergangs- und Schlussvorschriften

§ 15 Anzuwendendes Recht

Vom Zeitpunkt des Inkrafttretens einer Änderung dieses Gesetzes an richtet sich die weitere Durchführung einer vor dem Inkrafttreten der Änderung begonnenen Vermittlung, soweit nicht anders bestimmt, nach den geänderten Vorschriften.

§ 16 Bericht

Die Bundesregierung legt dem Deutschen Bundestag bis zum 30. September 2026 einen Bericht über die Auswirkungen der §§ 2a, 2b, 2c, 2d, 8a, 8b und 9a sowie über die gegebenenfalls notwendigen Anpassungen dieser Vorschriften vor. Der Bericht darf keine personenbezogenen Daten enthalten.

86 RelKErzG §§ 1-5

Gesetz über die religiöse Kindererziehung
Vom 15. Juli 1921 (RGBl. S. 939)

Zuletzt geändert durch
FGG-Reformgesetz
vom 17. Dezember 2008 (BGBl. I S. 2586)

Inhaltsverzeichnis

§ 1 (Freie Einigung der Eltern)	§ 7 (Zuständigkeit des Familiengerichts)
§ 2 (Fehlende Einigung; Änderungen)	§ 8 (Aufgehobene Vorschriften)
§ 3 (Vormund; Pfleger)	§§ 9 und 10 (gegenstandslos)
§ 4 (Verträge)	§ 11 (Inkrafttreten)
§ 5 (Entscheidungsrecht Jugendlicher)	
§ 6 (Weltanschauung)	

§ 1 (Freie Einigung der Eltern)
Über die religiöse Erziehung eines Kindes bestimmt die freie Einigung der Eltern, soweit ihnen das Recht und die Pflicht zusteht, für die Person des Kindes zu sorgen. Die Einigung ist jederzeit widerruflich und wird durch den Tod eines Ehegatten gelöst.

§ 2 (Fehlende Einigung; Änderungen)
(1) Besteht eine solche Einigung nicht oder nicht mehr, so gelten auch für die religiöse Erziehung die Vorschriften des Bürgerlichen Gesetzbuchs über das Recht und die Pflicht, für die Person des Kindes zu sorgen.
(2) Es kann jedoch während bestehender Ehe von keinem Elternteil ohne die Zustimmung des anderen bestimmt werden, daß das Kind in einem anderen als dem zur Zeit der Eheschließung gemeinsamen Bekenntnis oder in einem anderen Bekenntnis als bisher erzogen, oder daß ein Kind vom Religionsunterricht abgemeldet werden soll.
(3) Wird die Zustimmung nicht erteilt, so kann die Vermittlung oder Entscheidung des Familiengerichts beantragt werden. Für die Entscheidung sind, auch soweit ein Mißbrauch im Sinne des § 1666 des Bürgerlichen Gesetzbuchs nicht vorliegt, die Zwecke der Erziehung maßgebend. Vor der Entscheidung sind die Ehegatten sowie erforderlichenfalls Verwandte, Verschwägerte und die Lehrer des Kindes zu hören, wenn es ohne erhebliche Verzögerung oder unverhältnismäßige Kosten geschehen kann. Der § 1779 Abs. 3 Satz 2 des Bürgerlichen Gesetzbuchs findet entsprechende Anwendung. Das Kind ist zu hören, wenn es das zehnte Lebensjahr vollendet hat.

§ 3 (Vormund; Pfleger)
(1) Steht dem Vater oder der Mutter das Recht und die Pflicht, für die Person des Kindes zu sorgen, neben einem dem Kinde bestellten Vormund oder Pfleger zu, so geht bei einer Meinungsverschiedenheit über die Bestimmung des religiösen Bekenntnisses, in dem das Kind erzogen werden soll, die Meinung des Vaters oder der Mutter vor, es sei denn, daß dem Vater oder der Mutter das Recht der religiösen Erziehung auf Grund des § 1666 des Bürgerlichen Gesetzbuchs entzogen ist.
(2) Steht die Sorge für die Person eines Kindes einem Vormund oder Pfleger allein zu, so hat dieser auch über die religiöse Erziehung des Kindes zu bestimmen. Er bedarf dazu der Genehmigung des Familiengerichts. Vor der Genehmigung sind die Eltern sowie erforderlichenfalls Verwandte, Verschwägerte und die Lehrer des Kindes zu hören, wenn es ohne erhebliche Verzögerung oder unverhältnismäßige Kosten geschehen kann. Der § 1779 Abs. 2 Satz 4 des Bürgerlichen Gesetzbuchs findet entsprechende Anwendung. Auch ist das Kind zu hören, wenn es das zehnte Lebensjahr vollendet hat. Weder der Vormund noch der Pfleger können eine schon erfolgte Bestimmung über die religiöse Erziehung ändern.

§ 4 (Verträge)
Verträge über die religiöse Erziehung eines Kindes sind ohne bürgerliche Wirkung.

§ 5 (Entscheidungsrecht Jugendlicher)
Nach der Vollendung des 14. Lebensjahres steht dem Kinde die Entscheidung darüber zu, zu welchem religiösen Bekenntnis es sich halten will. Hat das Kind das zwölfte Lebensjahr vollendet, so kann es nicht gegen seinen Willen in einem anderen Bekenntnis als bisher erzogen werden.

§ 6 (Weltanschauung)
Die vorstehenden Bestimmungen finden auf die Erziehung der Kinder in einer nicht bekenntnismäßigen Weltanschauung entsprechende Anwendung.

§ 7 (Zuständigkeit des Familiengerichts)
Für Streitigkeiten aus diesem Gesetz ist das Familiengericht zuständig. Ein Einschreiten von Amts wegen findet dabei nicht statt, es sei denn, daß die Voraussetzungen des § 1666 des Bürgerlichen Gesetzbuchs vorliegen.

§ 8 (Aufgehobene Vorschriften)

§§ 9 und 10 (gegenstandslos)

§ 11 (Inkrafttreten)
Das Gesetz tritt am 1. Januar 1922 in Kraft.

Gesetz zur Regelung der Rechtsverhältnisse der Prostituierten (Prostitutionsgesetz – ProstG)

Vom 20. Dezember 2001 (BGBl. I S. 3983)

Zuletzt geändert durch
Gesetz zur Regulierung des Prostitutionsgewerbes sowie zum Schutz von in der Prostitution tätigen Personen
vom 21. Oktober 2016 (BGBl. I S. 2372)

Inhaltsverzeichnis

§ 1 (Anspruch auf Entgelt)
§ 2 (Geltendmachung)
§ 3 (Weisungen, Sozialversicherungsrecht)

§ 1 (Anspruch auf Entgelt)

Sind sexuelle Handlungen gegen ein vorher vereinbartes Entgelt vorgenommen worden, so begründet diese Vereinbarung eine rechtswirksame Forderung. Das Gleiche gilt, wenn sich eine Person, insbesondere im Rahmen eines Beschäftigungsverhältnisses, für die Erbringung derartiger Handlungen gegen ein vorher vereinbartes Entgelt für eine bestimmte Zeitdauer bereithält.

§ 2 (Geltendmachung)

Die Forderung kann nicht abgetreten und nur im eigenen Namen geltend gemacht werden. Gegen eine Forderung gemäß § 1 Satz 1 kann nur die vollständige, gegen eine Forderung nach § 1 Satz 2 auch die teilweise Nichterfüllung, soweit sie die vereinbarte Zeitdauer betrifft, eingewendet werden. Mit Ausnahme des Erfüllungseinwandes gemäß des § 362 des Bürgerlichen Gesetzbuchs und der Einrede der Verjährung sind weitere Einwendungen und Einreden ausgeschlossen.

§ 3 (Weisungen, Sozialversicherungsrecht)

(1) Weisungen, die das Ob, die Art oder das Ausmaß der Erbringung sexueller Dienstleistungen vorschreiben, sind unzulässig.
(2) Bei Prostituierten steht das eingeschränkte Weisungsrecht im Rahmen einer abhängigen Tätigkeit nicht der Annahme einer Beschäftigung im Sinne des Sozialversicherungsrechts entgegen.

Gesetz zur Vermeidung und Bewältigung von Schwangerschaftskonflikten (Schwangerschaftskonfliktgesetz – SchKG)

Vom 27. Juli 1992 (BGBl. I S. 1398)

Zuletzt geändert durch
MDK-Reformgesetz
vom 14. Dezember 2019 (BGBl. I S. 2789)

Inhaltsübersicht

Abschnitt 1
Aufklärung, Verhütung, Familienplanung und Beratung

§ 1   Aufklärung
§ 2   Beratung
§ 2a Aufklärung und Beratung in besonderen Fällen
§ 3   Beratungsstellen
§ 4   Öffentliche Förderung der Beratungsstellen

Abschnitt 2
Schwangerschaftskonfliktberatung

§ 5   Inhalt der Schwangerschaftskonfliktberatung
§ 6   Durchführung der Schwangerschaftskonfliktberatung
§ 7   Beratungsbescheinigung
§ 8   Schwangerschaftskonfliktberatungsstellen
§ 9   Anerkennung von Schwangerschaftskonfliktberatungsstellen
§ 10 Berichtspflicht und Überprüfung der Schwangerschaftskonfliktberatungsstellen
§ 11 Übergangsregelung

Abschnitt 3
Vornahme von Schwangerschaftsabbrüchen

§ 12 Weigerung
§ 13 Einrichtung zur Vornahme von Schwangerschaftsabbrüchen
§ 13a Informationen über einen Schwangerschaftsabbruch
§ 14 Bußgeldvorschriften

Abschnitt 4
Bundesstatistik über Schwangerschaftsabbrüche

§ 15 Anordnung als Bundesstatistik
§ 16 Erhebungsmerkmale, Berichtszeit und Periodizität
§ 17 Hilfsmerkmale
§ 18 Auskunftspflicht

Abschnitt 5
Hilfe für Frauen bei Schwangerschaftsabbrüchen in besonderen Fällen

§ 19 Berechtigte
§ 20 Leistungen
§ 21 Durchführung, Zuständigkeit, Verfahren
§ 22 Kostenerstattung
§ 23 Rechtsweg
§ 24 Anpassung

Abschnitt 6
Vertrauliche Geburt

§ 25 Beratung zur vertraulichen Geburt
§ 26 Das Verfahren der vertraulichen Geburt
§ 27 Umgang mit dem Herkunftsnachweis
§ 28 Beratungsstellen zur Betreuung der vertraulichen Geburt
§ 29 Beratung in Einrichtungen der Geburtshilfe oder bei Hausgeburten
§ 30 Beratung nach der Geburt des Kindes
§ 31 Einsichtsrecht des Kindes in den Herkunftsnachweis
§ 32 Familiengerichtliches Verfahren
§ 33 Dokumentations- und Berichtspflicht
§ 34 Kostenübernahme

Abschnitt 1
Aufklärung, Verhütung, Familienplanung und Beratung

§ 1 Aufklärung

(1) Die für gesundheitliche Aufklärung und Gesundheitserziehung zuständige Bundeszentrale für gesundheitliche Aufklärung erstellt unter Beteiligung der Länder und in Zusammenarbeit mit Vertretern der Familienberatungseinrichtungen aller Träger zum Zwecke der gesundheitlichen Vorsorge und der Vermeidung und Lösung von Schwangerschaftskonflikten Konzepte zur Sexualaufklärung, jeweils abgestimmt auf die verschiedenen Alters- und Personengruppen.

(1a) Die Bundeszentrale für gesundheitliche Aufklärung erstellt entsprechend Absatz 1 Informationsmaterial zum Leben mit einem geistig oder körperlich behinderten Kind und dem Leben von Menschen mit einer geistigen oder körperlichen Behinderung. Das Informationsmaterial enthält den Hinweis auf den Rechtsanspruch auf psychosoziale Beratung nach § 2 und auf Kontaktadressen von Selbsthilfegruppen, Beratungsstellen sowie Behindertenverbände und Verbände von Eltern behinderter Kinder. Die Ärztin oder der Arzt händigt der Schwangeren das Informationsmaterial im Rahmen der Beratung nach § 2a Absatz 1 aus.

(2) Die Bundeszentrale für gesundheitliche Aufklärung verbreitet zu den in Absatz 1 genannten Zwecken die bundeseinheitlichen Aufklärungsmaterialien, in denen Verhütungsmethoden und Verhütungsmittel umfassend dargestellt werden.

(3) Die Aufklärungsmaterialien werden unentgeltlich an Einzelpersonen auf Aufforderung, ferner als Lehr- oder Informationsmaterialien an schulische und berufsbildende Einrichtungen, an Beratungsstellen, an Frauenärztinnen und Frauenärzte, Ärztinnen und Ärzte sowie medizinische Einrichtungen, die pränataldiagnostische Maßnahmen durchführen, Humangenetikerinnen und Humangenetiker, Hebammen sowie an alle Institutionen der Jugend- und Bildungsarbeit abgegeben.

(4) Der Bund macht die Hilfen für Schwangere und Mütter bekannt; dazu gehört auch der Anspruch auf anonyme Beratung nach § 2 Absatz 1 und auf die vertrauliche Geburt. Die Informationen über die vertrauliche Geburt beinhalten auch die Erklärung, wie eine Frau ihre Rechte gegenüber ihrem Kind nach einer vertraulichen Geburt unter Aufgabe ihrer Anonymität und wie sie schutzwürdige Belange gegen die spätere Offenlegung ihrer Personenstandsdaten geltend machen kann. Der Bund fördert durch geeignete Maßnahmen das Verständnis für Eltern, die ihr Kind zur Adoption freigeben.

(5) Der Bund stellt durch einen bundesweiten zentralen Notruf sicher, dass Schwangere in Konfliktlagen, die ihre Schwangerschaft verheimlichen, jederzeit und unverzüglich an eine Beratungsstelle nach den §§ 3 und 8 vermittelt werden. Er macht den Notruf bundesweit bekannt und betreibt kontinuierlich Öffentlichkeitsarbeit für den Notruf.

§ 2 Beratung

(1) Jede Frau und jeder Mann hat das Recht, sich zu den in § 1 Abs. 1 genannten Zwecken in Fragen der Sexualaufklärung, Verhütung und Familienplanung sowie in allen eine Schwangerschaft unmittelbar oder mittelbar berührenden Fragen von einer hierfür vorgesehenen Beratungsstelle auf Wunsch anonym informieren und beraten zu lassen.

(2) Der Anspruch auf Beratung umfaßt Informationen über
1. Sexualaufklärung, Verhütung und Familienplanung,
2. bestehende familienfördernde Leistungen und Hilfen für Kinder und Familien, einschließlich der besonderen Rechte im Arbeitsleben,
3. Vorsorgeuntersuchungen bei Schwangerschaft und die Kosten der Entbindung,
4. soziale und wirtschaftliche Hilfen für Schwangere, insbesondere finanzielle Leistungen sowie Hilfen bei der Suche nach Wohnung, Arbeits- oder Ausbildungsplatz oder deren Erhalt,
5. die Hilfsmöglichkeiten für behinderte Menschen und ihre Familien, die vor und nach der Geburt eines in seiner körperlichen, geistigen oder seelischen Gesundheit geschädigten Kindes zur Verfügung stehen,
6. die Methoden zur Durchführung eines Schwangerschaftsabbruchs, die physischen und psychischen Folgen eines Abbruchs und die damit verbundenen Risiken,
7. Lösungsmöglichkeiten für psychosoziale Konflikte im Zusammenhang mit einer Schwangerschaft,
8. die rechtlichen und psychologischen Gesichtspunkte im Zusammenhang mit einer Adoption.

Die Schwangere ist darüber hinaus bei der Geltendmachung von Ansprüchen sowie bei der Wohnungssuche, bei der Suche nach einer Betreuungsmöglichkeit für das Kind und bei der Fortsetzung ihrer Ausbildung zu unterstützen. Auf Wunsch der Schwangeren sind Dritte zur Beratung hinzuzuziehen.

(3) Zum Anspruch auf Beratung gehört auch die Nachbetreuung nach einem Schwangerschaftsabbruch oder nach der Geburt des Kindes.

(4) Einer Schwangeren, die ihre Identität nicht preisgeben und die ihr Kind nach der Geburt abgeben möchte, ist ein ausführliches ergebnisoffenes Beratungsgespräch zur Bewältigung der psychosozialen Konfliktlage anzubieten. Inhalt des Beratungsgesprächs sind:
1. geeignete Hilfsangebote zur Bewältigung der Situation und zur Entscheidungsfindung sowie
2. Wege, die der Schwangeren die Aufgabe der Anonymität oder ein Leben mit dem Kind ermöglichen.

§ 2a Aufklärung und Beratung in besonderen Fällen

(1) Sprechen nach den Ergebnissen von pränataldiagnostischen Maßnahmen dringende Gründe für die Annahme, dass die körperliche oder geistige Gesundheit des Kindes geschädigt ist, so hat die Ärztin oder

der Arzt, die oder der der Schwangeren die Diagnose mitteilt, über die medizinischen und psychosozialen Aspekte, die sich aus dem Befund ergeben, unter Hinzuziehung von Ärztinnen oder Ärzten, die mit dieser Gesundheitsschädigung bei geborenen Kindern Erfahrung haben, zu beraten. Die Beratung erfolgt in allgemein verständlicher Form und ergebnisoffen. Sie umfasst die eingehende Erörterung der möglichen medizinischen, psychischen und sozialen Fragen sowie der Möglichkeiten zur Unterstützung bei physischen und psychischen Belastungen. Die Ärztin oder der Arzt hat über den Anspruch auf weitere und vertiefende psychosoziale Beratung nach § 2 zu informieren und im Einvernehmen mit der Schwangeren Kontakte zu Beratungsstellen nach § 3 und zu Selbsthilfegruppen oder Behindertenverbänden zu vermitteln.

(2) Die Ärztin oder der Arzt, die oder der gemäß § 218b Absatz 1 des Strafgesetzbuchs die schriftliche Feststellung über die Voraussetzungen des § 218a Absatz 2 des Strafgesetzbuchs zu treffen hat, hat vor der schriftlichen Feststellung gemäß § 218b Absatz 1 des Strafgesetzbuchs die Schwangere über die medizinischen und psychischen Aspekte eines Schwangerschaftsabbruchs zu beraten, über den Anspruch auf weitere und vertiefende psychosoziale Beratung nach § 2 zu informieren und im Einvernehmen mit der Schwangeren Kontakte zu Beratungsstellen nach § 3 zu vermitteln, soweit dies nicht auf Grund des Absatzes 1 bereits geschehen ist. Die schriftliche Feststellung darf nicht vor Ablauf von drei Tagen nach der Mitteilung der Diagnose gemäß Absatz 1 Satz 1 oder nach der Beratung gemäß Satz 1 vorgenommen werden. Dies gilt nicht, wenn die Schwangerschaft abgebrochen werden muss, um eine gegenwärtige erhebliche Gefahr für Leib oder Leben der Schwangeren abzuwenden.

(3) Die Ärztin oder der Arzt, die oder der die schriftliche Feststellung der Indikation zu treffen hat, hat bei der schriftlichen Feststellung eine schriftliche Bestätigung der Schwangeren über die Beratung und Vermittlung nach den Absätzen 1 und 2 oder über den Verzicht darauf einzuholen, nicht aber vor Ablauf der Bedenkzeit nach Absatz 2 Satz 2.

§ 3 Beratungsstellen

Die Länder stellen ein ausreichendes Angebot wohnortnaher Beratungsstellen für die Beratung nach § 2 sicher. Dabei werden auch Beratungsstellen freier Träger gefördert. Die Ratsuchenden sollen zwischen Beratungsstellen unterschiedlicher weltanschaulicher Ausrichtung auswählen können.

§ 4 Öffentliche Förderung der Beratungsstellen

(1) Die Länder tragen dafür Sorge, daß den Beratungsstellen nach den §§ 3 und 8 für je 40 000 Einwohner mindestens eine Beraterin oder ein Berater vollzeitbeschäftigt oder eine entsprechende Zahl von Teilzeitbeschäftigten zur Verfügung steht. Von diesem Schlüssel soll dann abgewichen werden, wenn die Tätigkeit der Beratungsstellen mit dem vorgesehenen Personal auf Dauer nicht ordnungsgemäß durchgeführt werden kann. Dabei ist auch zu berücksichtigen, daß Schwangere in angemessener Entfernung von ihrem Wohnort eine Beratungsstelle aufsuchen können.

(2) Zur Information über die Leistungsangebote im örtlichen Einzugsbereich und zur Sicherstellung einer umfassenden Beratung wirken die Beratungsstellen in den Netzwerken nach § 3 des Gesetzes zur Kooperation und Information im Kinderschutz mit.

(3) Die zur Sicherstellung eines ausreichenden Angebotes nach den §§ 3 und 8 erforderlichen Beratungsstellen haben Anspruch auf eine angemessene öffentliche Förderung der Personal- und Sachkosten.

(4) Näheres regelt das Landesrecht.

Abschnitt 2
Schwangerschaftskonfliktberatung

§ 5 Inhalt der Schwangerschaftskonfliktberatung

(1) Die nach § 219 des Strafgesetzbuches notwendige Beratung ist ergebnisoffen zu führen. Sie geht von der Verantwortung der Frau aus. Die Beratung soll ermutigen und Verständnis wecken, nicht belehren oder bevormunden. Die Schwangerschaftskonfliktberatung dient dem Schutz des ungeborenen Lebens.

(2) Die Beratung umfaßt:
1. das Eintreten in eine Konfliktberatung; dazu wird erwartet, daß die schwangere Frau der sie beratenden Person die Gründe mitteilt, derentwegen sie einen Abbruch der Schwangerschaft erwägt; der Beratungscharakter schließt aus, daß die Gesprächs- und Mitwirkungsbereitschaft der schwangeren Frau erzwungen wird;
2. jede nach Sachlage erforderliche medizinische, soziale und juristische Information, die Darlegung der Rechtsansprüche von Mutter und Kind und der möglichen praktischen Hilfen, insbesondere solcher, die die Fortsetzung der Schwangerschaft und die Lage von Mutter und Kind erleichtern;

3. das Angebot, die schwangere Frau bei der Geltendmachung von Ansprüchen, bei der Wohnungssuche, bei der Suche nach einer Betreuungsmöglichkeit für das Kind und bei der Fortsetzung ihrer Ausbildung zu unterstützen, sowie das Angebot einer Nachbetreuung.

Die Beratung unterrichtet auf Wunsch der Schwangeren auch über Möglichkeiten, ungewollte Schwangerschaften zu vermeiden.

§ 6 Durchführung der Schwangerschaftskonfliktberatung

(1) Eine ratsuchende Schwangere ist unverzüglich zu beraten.
(2) Die Schwangere kann auf ihren Wunsch gegenüber der sie beratenden Person anonym bleiben.
(3) Soweit erforderlich, sind zur Beratung im Einvernehmen mit der Schwangeren
1. andere, insbesondere ärztlich, fachärztlich, psychologisch, sozialpädagogisch, sozialarbeiterisch oder juristisch ausgebildete Fachkräfte,
2. Fachkräfte mit besonderer Erfahrung in der Frühförderung behinderter Kinder und
3. andere Personen, insbesondere der Erzeuger sowie nahe Angehörige,

hinzuzuziehen.
(4) Die Beratung ist für die Schwangere und die nach Absatz 3 Nr. 3 hinzugezogenen Personen unentgeltlich.

§ 7 Beratungsbescheinigung

(1) Die Beratungsstelle hat nach Abschluß der Beratung der Schwangeren eine mit Namen und Datum versehene Bescheinigung darüber auszustellen, daß eine Beratung nach den §§ 5 und 6 stattgefunden hat.
(2) Hält die beratende Person nach dem Beratungsgespräch eine Fortsetzung dieses Gesprächs für notwendig, soll diese unverzüglich erfolgen.
(3) Die Ausstellung einer Beratungsbescheinigung darf nicht verweigert werden, wenn durch eine Fortsetzung des Beratungsgesprächs die Beachtung der in § 218a Abs. 1 des Strafgesetzbuches vorgesehenen Fristen unmöglich werden könnte.

§ 8 Schwangerschaftskonfliktberatungsstellen

Für die Beratung nach den §§ 5 und 6 haben die Länder ein ausreichendes plurales Angebot wohnortnaher Beratungsstellen sicherzustellen. Diese Beratungsstellen bedürfen besonderer staatlicher Anerkennung nach § 9. Als Beratungsstellen können auch Einrichtungen freier Träger sowie Ärztinnen und Ärzte anerkannt werden.

§ 9 Anerkennung von Schwangerschaftskonfliktberatungsstellen

Eine Beratungsstelle darf nur anerkannt werden, wenn sie die Gewähr für eine fachgerechte Schwangerschaftskonfliktberatung nach § 5 bietet und zur Durchführung der Schwangerschaftskonfliktberatung nach § 6 in der Lage ist, insbesondere
1. über hinreichend persönlich und fachlich qualifiziertes und der Zahl nach ausreichendes Personal verfügt,
2. sicherstellt, daß zur Durchführung der Beratung erforderlichenfalls kurzfristig eine ärztlich, fachärztlich, psychologisch, sozialpädagogisch, sozialarbeiterisch oder juristisch ausgebildete Fachkraft hinzugezogen werden kann,
3. mit allen Stellen zusammenarbeitet, die öffentliche und private Hilfen für Mutter und Kind gewähren, und
4. mit keiner Einrichtung, in der Schwangerschaftsabbrüche vorgenommen werden, derart organisatorisch oder durch wirtschaftliche Interessen verbunden ist, daß hiernach ein materielles Interesse der Beratungseinrichtung an der Durchführung von Schwangerschaftsabbrüchen nicht auszuschließen ist.

§ 10 Berichtspflicht und Überprüfung der Schwangerschaftskonfliktberatungsstellen

(1) Die Beratungsstellen sind verpflichtet, die ihrer Beratungstätigkeit zugrundeliegenden Maßstäbe und die dabei gesammelten Erfahrungen jährlich in einem schriftlichen Bericht niederzulegen.
(2) Als Grundlage für den schriftlichen Bericht nach Absatz 1 hat die beratende Person über jedes Beratungsgespräch eine Aufzeichnung zu fertigen. Diese darf keine Rückschlüsse auf die Identität der Schwangeren und der zum Beratungsgespräch hinzugezogenen weiteren Personen ermöglichen. Sie hält den wesentlichen Inhalt der Beratung und angebotene Hilfsmaßnahmen fest.
(3) Die zuständige Behörde hat mindestens im Abstand von drei Jahren zu überprüfen, ob die Voraussetzungen für die Anerkennung nach § 9 noch vorliegen. Sie kann sich zu diesem Zweck die Berichte nach Absatz 1 vorlegen lassen und Einsicht in die nach Absatz 2 anzufertigenden Aufzeichnungen nehmen. Liegt eine der Voraussetzungen des § 9 nicht mehr vor, ist die Anerkennung zu widerrufen.

§ 11 Übergangsregelung

Die Anerkennung einer Beratungsstelle auf Grund II.4 der Entscheidungsformel des Urteils des Bundesverfassungsgerichts vom 28. Mai 1993 (BGBl. I S. 820) steht einer Anerkennung auf Grund der §§ 8 und 9 dieses Gesetzes gleich.

Abschnitt 3
Vornahme von Schwangerschaftsabbrüchen

§ 12 Weigerung

(1) Niemand ist verpflichtet, an einem Schwangerschaftsabbruch mitzuwirken.
(2) Absatz 1 gilt nicht, wenn die Mitwirkung notwendig ist, um von der Frau eine anders nicht abwendbare Gefahr des Todes oder einer schweren Gesundheitsschädigung abzuwenden.

§ 13 Einrichtung zur Vornahme von Schwangerschaftsabbrüchen

(1) Ein Schwangerschaftsabbruch darf nur in einer Einrichtung vorgenommen werden, in der auch die notwendige Nachbehandlung gewährleistet ist.
(2) Die Länder stellen ein ausreichendes Angebot ambulanter und stationärer Einrichtungen zur Vornahme von Schwangerschaftsabbrüchen sicher.
(3) Die Bundesärztekammer führt für den Bund eine Liste der Ärztinnen und Ärzte sowie der Krankenhäuser und Einrichtungen, die ihr mitgeteilt haben, dass sie Schwangerschaftsabbrüche unter den Voraussetzungen des § 218a Absatz 1 bis 3 des Strafgesetzbuches durchführen, und darf die zu diesem Zwecke erhobenen personenbezogenen Daten verarbeiten. Die Liste enthält auch Angaben über die jeweils angewendeten Methoden zur Durchführung eines Schwangerschaftsabbruchs, soweit diese mitgeteilt werden. Die Bundesärztekammer aktualisiert die Liste monatlich auf der Grundlage der ihr mitgeteilten Informationen, veröffentlicht sie im Internet und stellt sie der Bundeszentrale für gesundheitliche Aufklärung, dem Bundesamt für Familie und zivilgesellschaftliche Aufgaben und den Ländern zur Verfügung.

§ 13a Informationen über einen Schwangerschaftsabbruch

(1) Die Bundeszentrale für gesundheitliche Aufklärung veröffentlicht die von der Bundesärztekammer nach § 13 Absatz 3 geführte Liste und weitere Informationen über einen Schwangerschaftsabbruch, der unter den Voraussetzungen des § 218a Absatz 1 bis 3 des Strafgesetzbuches vorgenommen wird.
(2) Der bundesweite zentrale Notruf nach § 1 Absatz 5 Satz 1 erteilt Auskunft über die in der Liste nach § 13 Absatz 3 enthaltenen Angaben.

§ 14 Bußgeldvorschriften

(1) Ordnungswidrig handelt, wer
1. entgegen § 2a Absatz 1 oder Absatz 2 keine Beratung der Schwangeren vornimmt;
2. entgegen § 2a Absatz 2 Satz 2 die schriftliche Feststellung ausstellt;
3. entgegen § 13 Absatz 1 einen Schwangerschaftsabbruch vornimmt;
4. seiner Auskunftspflicht nach § 18 Absatz 1 nicht nachkommt.
(2) Die Ordnungswidrigkeit kann mit einer Geldbuße bis zu fünftausend Euro geahndet werden.

Abschnitt 4
Bundesstatistik über Schwangerschaftsabbrüche

§ 15 Anordnung als Bundesstatistik

Über die unter den Voraussetzungen des § 218a Abs. 1 bis 3 des Strafgesetzbuches vorgenommenen Schwangerschaftsabbrüche wird eine Bundesstatistik durchgeführt. Die Statistik wird vom Statistischen Bundesamt erhoben und aufbereitet.

§ 16 Erhebungsmerkmale, Berichtszeit und Periodizität

(1) Die Erhebung wird auf das Kalendervierteljahr bezogen durchgeführt und umfaßt folgende Erhebungsmerkmale:
1. Vornahme von Schwangerschaftsabbrüchen im Berichtszeitraum (auch Fehlanzeige),
2. rechtliche Voraussetzungen des Schwangerschaftsabbruchs (Beratungsregelung oder nach Indikationsstellung),
3. Familienstand und Alter der Schwangeren sowie die Zahl ihrer Kinder,
4. Dauer der abgebrochenen Schwangerschaft,

5. Art des Eingriffs und beobachtete Komplikationen,
6. Bundesland, in dem der Schwangerschaftsabbruch vorgenommen wird, und Bundesland oder Staat im Ausland, in dem die Schwangere wohnt,
7. Vornahme in Arztpraxis oder Krankenhaus und im Falle der Vornahme des Eingriffs im Krankenhaus die Dauer des Krankenhausaufenthaltes.

Der Name der Schwangeren darf dabei nicht angegeben werden.

(2) Die Angaben nach Absatz 1 sowie Fehlanzeigen sind dem Statistischen Bundesamt vierteljährlich zum jeweiligen Quartalsende mitzuteilen.

§ 17 Hilfsmerkmale

Hilfsmerkmale der Erhebung sind:
1. Name und Anschrift der Einrichtung nach § 13 Abs. 1;
2. Telefonnummer der für Rückfragen zur Verfügung stehenden Person.

§ 18 Auskunftspflicht

(1) Für die Erhebung besteht Auskunftspflicht. Auskunftspflichtig sind die Inhaber der Arztpraxen und die Leiter der Krankenhäuser, in denen innerhalb von zwei Jahren vor dem Quartalsende Schwangerschaftsabbrüche durchgeführt wurden.

(2) Die Angabe zu § 17 Nr. 2 ist freiwillig.

(3) Zur Durchführung der Erhebung übermitteln dem Statistischen Bundesamt auf dessen Anforderung
1. die Landesärztekammern die Anschriften der Ärztinnen und Ärzte, in deren Einrichtungen nach ihren Erkenntnissen Schwangerschaftsabbrüche vorgenommen worden sind oder vorgenommen werden sollen,
2. die zuständigen Gesundheitsbehörden die Anschriften der Krankenhäuser, in denen nach ihren Erkenntnissen Schwangerschaftsabbrüche vorgenommen worden sind oder vorgenommen werden sollen.

Abschnitt 5
Hilfe für Frauen bei Schwangerschaftsabbrüchen in besonderen Fällen

§ 19 Berechtigte

(1) Eine Frau hat Anspruch auf Leistungen nach diesem Abschnitt, wenn ihr die Aufbringung der Mittel für den Abbruch einer Schwangerschaft nicht zuzumuten ist und sie ihren Wohnsitz oder gewöhnlichen Aufenthalt im Geltungsbereich dieses Gesetzes hat. Für Frauen, die Anspruch auf Leistungen nach dem Asylbewerberleistungsgesetz haben, gilt § 10a Absatz 3 Satz 4 und 5 des Asylbewerberleistungsgesetzes entsprechend.

(2) Einer Frau ist die Aufbringung der Mittel im Sinne des Absatzes 1 nicht zuzumuten, wenn ihre verfügbaren persönlichen Einkünfte in Geld oder Geldeswert 1001 Euro (Einkommensgrenze) nicht übersteigen und ihr persönlich kein kurzfristig verwertbares Vermögen zur Verfügung steht oder der Einsatz des Vermögens für sie eine unbillige Härte bedeuten würde. Die Einkommensgrenze erhöht sich um jeweils 237 Euro für jedes Kind, dem die Frau unterhaltspflichtig ist, wenn das Kind minderjährig ist und ihrem Haushalt angehört oder wenn es von ihr überwiegend unterhalten wird. Übersteigen die Kosten der Unterkunft für die Frau und die Kinder, für die ihr der Zuschlag nach Satz 2 zusteht, 294 Euro, so erhöht sich die Einkommensgrenze um den Mehrbetrag, höchstens jedoch um 294 Euro.

(3) Die Voraussetzungen des Absatzes 2 gelten als erfüllt,
1. wenn die Frau laufende Hilfe zum Lebensunterhalt nach dem Zwölften Buch Sozialgesetzbuch, Leistungen zur Sicherung des Lebensunterhalts nach dem Zweiten Buch Sozialgesetzbuch, Ausbildungsförderung im Rahmen der Anordnung der Bundesagentur für Arbeit über die individuelle Förderung der beruflichen Ausbildung oder über die Arbeits- und Berufsförderung Behinderter, Leistungen nach dem Asylbewerberleistungsgesetz oder Ausbildungsförderung nach dem Bundesausbildungsförderungsgesetz erhält oder
2. wenn Kosten für die Unterbringung der Frau in einer Anstalt, einem Heim oder in einer gleichartigen Einrichtung von einem Träger der Sozialhilfe oder der Jugendhilfe getragen werden.

Anm. d. Hrsg.: Da sich der aktuelle Rentenwert 2021 nicht verändert hat, bleibt die Bekanntmachung 2020 weiter gültig.
Bekanntmachung über die nach § 19 Absatz 2 in Verbindung mit § 24 des Schwangerschaftskonfliktgesetzes ab dem 1. Juli 2020 geltenden Beträge vom 2. Juni 2020 (BAnz AT 25.06.2020 B4)

Aufgrund des § 24 des Schwangerschaftskonfliktgesetzes, der durch Artikel 36 Nummer 4 des Gesetzes vom 8. Dezember 2010 (BGBl. I S. 1864) eingefügt worden ist, macht das Bundesministerium für Familie, Senioren, Frauen und Jugend die ab dem 1. Juli 2020 geltenden Beträge gemäß § 19 Absatz 2 des Schwangerschaftskonfliktgesetzes wie folgt bekannt:

1. Die Einkommensgrenze nach § 19 Absatz 2 Satz 1 beträgt **1258 Euro**.
2. Der Zuschlag für Kinder nach § 19 Absatz 2 Satz 2 beträgt **298 Euro**.
3. Bei den Kosten der Unterkunft nach § 19 Absatz 2 Satz 3 wird ein 368 Euro übersteigender Mehrbetrag bis zur Höhe von **368 Euro** berücksichtigt.

§ 20 Leistungen

(1) Leistungen sind die in § 24b Absatz 4 des Fünften Buches Sozialgesetzbuch genannten Leistungen, die von der gesetzlichen Krankenversicherung nur bei einem nicht rechtswidrigen Abbruch einer Schwangerschaft getragen werden.
(2) Die Leistungen werden bei einem nicht rechtswidrigen oder unter den Voraussetzungen des § 218a Absatz 1 des Strafgesetzbuches vorgenommenen Abbruch einer Schwangerschaft als Sachleistungen gewährt. Leistungen nach dem Fünften Buch Sozialgesetzbuch gehen Leistungen nach diesem Abschnitt vor.

§ 21 Durchführung, Zuständigkeit, Verfahren

(1) Die Leistungen werden auf Antrag durch die gesetzliche Krankenkasse gewährt, bei der die Frau gesetzlich krankenversichert ist. Besteht keine Versicherung bei einer gesetzlichen Krankenkasse, kann die Frau einen Träger der gesetzlichen Krankenversicherung am Ort ihres Wohnsitzes oder ihres gewöhnlichen Aufenthaltes wählen.
(2) Das Verfahren wird auf Wunsch der Frau schriftlich durchgeführt. Die Krankenkasse stellt, wenn die Voraussetzungen des § 19 vorliegen, unverzüglich eine Bescheinigung über die Kostenübernahme aus. Tatsachen sind glaubhaft zu machen.
(3) Die Berechtigte hat die freie Wahl unter den Ärzten, Ärztinnen und Einrichtungen, die sich zur Vornahme des Eingriffs zu der in Satz 2 genannten Vergütung bereit erklären. Ärzte, Ärztinnen und Einrichtungen haben Anspruch auf die Vergütung, welche die Krankenkasse für ihre Mitglieder bei einem nicht rechtswidrigen Schwangerschaftsabbruch für Leistungen nach § 20 zahlt.
(4) Der Arzt, die Ärztin oder die Einrichtung rechnet Leistungen nach § 20 mit der Krankenkasse ab, die die Bescheinigung nach Absatz 2 Satz 2 ausgestellt hat. Mit der Abrechnung ist zu bestätigen, dass der Abbruch der Schwangerschaft in einer Einrichtung nach § 13 Absatz 1 dieses Gesetzes unter den Voraussetzungen des § 218a Absatz 1, 2 oder 3 des Strafgesetzbuches vorgenommen worden ist.
(5) Im gesamten Verfahren ist das Persönlichkeitsrecht der Frau unter Berücksichtigung der besonderen Situation der Schwangerschaft zu achten. Die beteiligten Stellen sollen zusammenarbeiten und darauf hinwirken, dass sich ihre Tätigkeiten wirksam ergänzen.

§ 22 Kostenerstattung

Die Länder erstatten den gesetzlichen Krankenkassen die ihnen durch diesen Abschnitt entstehenden Kosten. Das Nähere einschließlich des haushaltstechnischen Verfahrens und der Behördenzuständigkeit regeln die Länder.

§ 23 Rechtsweg

Über öffentlich-rechtliche Streitigkeiten in den Angelegenheiten dieses Abschnitts entscheiden die Gerichte der Sozialgerichtsbarkeit.

§ 24 Anpassung

Die in § 19 Absatz 2 genannten Beträge verändern sich um den Vomhundertsatz, um den sich der aktuelle Rentenwert in der gesetzlichen Rentenversicherung verändert; ein nicht auf volle Euro errechneter Betrag ist auf- oder abzurunden. Das Bundesministerium für Familie, Senioren, Frauen und Jugend macht die veränderten Beträge im Bundesanzeiger bekannt.

Abschnitt 6
Vertrauliche Geburt

§ 25 Beratung zur vertraulichen Geburt

(1) Eine nach § 2 Absatz 4 beratene Schwangere, die ihre Identität nicht preisgeben möchte, ist darüber zu informieren, dass eine vertrauliche Geburt möglich ist. Vertrauliche Geburt ist eine Entbindung, bei der die Schwangere ihre Identität nicht offenlegt und stattdessen die Angaben nach § 26 Absatz 2 Satz 2 macht.
(2) Vorrangiges Ziel der Beratung ist es, der Schwangeren eine medizinisch betreute Entbindung zu ermöglichen und Hilfestellung anzubieten, so dass sie sich für ein Leben mit dem Kind entscheiden kann. Die Beratung umfasst insbesondere:

1. die Information über den Ablauf des Verfahrens und die Rechtsfolgen einer vertraulichen Geburt,
2. die Information über die Rechte des Kindes; dabei ist die Bedeutung der Kenntnis der Herkunft von Mutter und Vater für die Entwicklung des Kindes hervorzuheben,
3. die Information über die Rechte des Vaters,
4. die Darstellung des üblichen Verlaufs und Abschlusses eines Adoptionsverfahrens,
5. die Information, wie eine Frau ihre Rechte gegenüber ihrem Kind nach einer vertraulichen Geburt unter Aufgabe ihrer Anonymität geltend machen kann, sowie
6. die Information über das Verfahren nach den §§ 31 und 32.

(3) Durch die Information nach Absatz 2 Satz 2 Nummer 2 und 3 soll die Bereitschaft der Schwangeren gefördert werden, dem Kind möglichst umfassend Informationen über seine Herkunft und die Hintergründe seiner Abgabe mitzuteilen.
(4) Die Beratung und Begleitung soll in Kooperation mit der Adoptionsvermittlungsstelle erfolgen.
(5) Lehnt die Frau eine vertrauliche Geburt ab, so ist sie darüber zu informieren, dass ihr das Angebot der anonymen Beratung und Hilfen jederzeit weiter zur Verfügung steht.

§ 26 Das Verfahren der vertraulichen Geburt

(1) Wünscht die Schwangere eine vertrauliche Geburt, wählt sie
1. einen Vor- und einen Familiennamen, unter dem sie im Verfahren der vertraulichen Geburt handelt (Pseudonym), und
2. je einen oder mehrere weibliche und einen oder mehrere männliche Vornamen für das Kind.

(2) Die Beratungsstelle hat einen Nachweis für die Herkunft des Kindes zu erstellen. Dafür nimmt sie die Vornamen und den Familiennamen der Schwangeren, ihr Geburtsdatum und ihre Anschrift auf und überprüft diese Angaben anhand eines gültigen zur Identitätsfeststellung der Schwangeren geeigneten Ausweises.
(3) Der Herkunftsnachweis ist in einem Umschlag so zu verschließen, dass ein unbemerktes Öffnen verhindert wird. Auf dem Umschlag sind zu vermerken:
1. die Tatsache, dass er einen Herkunftsnachweis enthält,
2. das Pseudonym,
3. der Geburtsort und das Geburtsdatum des Kindes,
4. der Name und die Anschrift der geburtshilflichen Einrichtung oder der zur Leistung von Geburtshilfe berechtigten Person, bei der die Anmeldung nach Absatz 4 erfolgt ist, und
5. die Anschrift der Beratungsstelle.

(4) Mit dem Hinweis, dass es sich um eine vertrauliche Geburt handelt, meldet die Beratungsstelle die Schwangere unter deren Pseudonym in einer geburtshilflichen Einrichtung oder bei einer zur Leistung von Geburtshilfe berechtigten Person zur Entbindung an. Diese Einrichtung oder Person kann die Schwangere frei wählen. Die Beratungsstelle teilt bei der Anmeldung die nach Absatz 1 Nummer 2 gewählten Vornamen für das Kind mit.
(5) Die Beratungsstelle teilt dem am Geburtsort zuständigen Jugendamt folgende Angaben mit:
1. das Pseudonym der Schwangeren,
2. den voraussichtlichen Geburtstermin und
3. die Einrichtung oder die zur Leistung von Geburtshilfe berechtigte Person, bei der die Anmeldung nach Absatz 4 erfolgt ist.

(6) Der Leiter oder die Leiterin der Einrichtung der Geburtshilfe, in der die Schwangere geboren hat, teilt der Beratungsstelle nach Absatz 4 Satz 1 unverzüglich das Geburtsdatum und den Geburtsort des Kindes mit. Das Gleiche gilt bei einer Hausgeburt für die zur Leistung von Geburtshilfe berechtigte Person.
(7) Das Standesamt teilt dem Bundesamt für Familie und zivilgesellschaftliche Aufgaben den beurkundeten Namen des Kindes zusammen mit dem Pseudonym der Mutter mit.
(8) Nachrichten der Frau an das Kind werden von der Beratungsstelle an die Adoptionsvermittlungsstelle weitergeleitet und dort in die entsprechende Vermittlungsakte aufgenommen; bei nicht adoptierten Kindern werden sie an das Bundesamt für Familie und zivilgesellschaftliche Aufgaben weitergeleitet.

§ 27 Umgang mit dem Herkunftsnachweis

(1) Die Beratungsstelle übersendet den Umschlag mit dem Herkunftsnachweis an das Bundesamt für Familie und zivilgesellschaftliche Aufgaben zur sicheren Verwahrung, sobald sie Kenntnis von der Geburt des Kindes erlangt hat.
(2) Das Bundesamt für Familie und zivilgesellschaftliche Aufgaben vermerkt den vom Standesamt nach § 26 Absatz 7 mitgeteilten Namen des Kindes auf dem Umschlag, der seinen Herkunftsnachweis enthält.

§ 28 Beratungsstellen zur Betreuung der vertraulichen Geburt

(1) Beratungsstellen nach den §§ 3 und 8 können die Beratung zur vertraulichen Geburt durchführen, wenn sie die Gewähr für eine ordnungsgemäße Durchführung des Verfahrens der vertraulichen Geburt nach den Bestimmungen dieses Abschnitts bieten sowie über hinreichend persönlich und fachlich qualifizierte Beratungsfachkräfte verfügen.
(2) Um die Beratung zur vertraulichen Geburt wohnortnah durchzuführen, können die Beratungsstellen nach den §§ 3 und 8 eine Beratungsfachkraft nach Absatz 1 hinzuziehen.

§ 29 Beratung in Einrichtungen der Geburtshilfe oder bei Hausgeburten

(1) Der Leiter oder die Leiterin einer Einrichtung der Geburtshilfe, die eine Schwangere ohne Feststellung ihrer Identität zur Entbindung aufnimmt, hat unverzüglich eine Beratungsstelle nach den §§ 3 und 8 im örtlichen Einzugsbereich über die Aufnahme zu informieren. Das Gleiche gilt für eine zur Leistung von Geburtshilfe berechtigte Person bei einer Hausgeburt.
(2) Die unterrichtete Beratungsstelle sorgt dafür, dass der Schwangeren die Beratung zur vertraulichen Geburt und deren Durchführung nach Maßgabe dieses Abschnitts unverzüglich von einer Beratungsfachkraft nach § 28 persönlich angeboten wird. Die Schwangere darf nicht zur Annahme der Beratung gedrängt werden.
(3) Die Verpflichtung nach Absatz 2 besteht auch, wenn die Frau ihr Kind bereits geboren hat.

§ 30 Beratung nach der Geburt des Kindes

(1) Der Mutter ist auch nach der Geburt des Kindes Beratung nach § 2 Absatz 4 und § 25 Absatz 2 und 3 anzubieten. Dies gilt auch dann, wenn kein Herkunftsnachweis erstellt worden ist.
(2) Betrifft die Beratung die Rücknahme des Kindes, soll die Beratungsstelle die Mutter über die Leistungsangebote für Eltern im örtlichen Einzugsbereich informieren. Will die Mutter ihr Kind zurückerhalten, soll die Beratungsstelle darauf hinwirken, dass sie Hilfe in Anspruch nimmt. Die Beratungsstelle bietet der Schwangeren kontinuierlich Hilfestellung zur Lösung ihrer psychosozialen Konfliktlage an.

§ 31 Einsichtsrecht des Kindes in den Herkunftsnachweis

(1) Mit Vollendung des 16. Lebensjahres hat das vertraulich geborene Kind das Recht, den beim Bundesamt für Familie und zivilgesellschaftliche Aufgaben verwahrten Herkunftsnachweis einzusehen oder Kopien zu verlangen (Einsichtsrecht).
(2) Die Mutter kann Belange, die dem Einsichtsrecht entgegenstehen, ab der Vollendung des 15. Lebensjahres des Kindes unter ihrem Pseudonym nach § 26 Absatz 1 Nummer 1 bei einer Beratungsstelle nach den §§ 3 und 8 erklären. Sie hat dabei die Angabe nach § 26 Absatz 3 Satz 2 Nummer 3 zu machen. Die Beratungsstelle zeigt der Mutter Hilfsangebote auf und erörtert mit ihr mögliche Maßnahmen zur Abwehr der befürchteten Gefahren. Sie hat die Mutter darüber zu informieren, dass das Kind sein Einsichtsrecht gerichtlich geltend machen kann.
(3) Bleibt die Mutter bei ihrer Erklärung nach Absatz 2, so hat sie gegenüber der Beratungsstelle eine Person oder Stelle zu benennen, die für den Fall eines familiengerichtlichen Verfahrens die Rechte der Mutter im eigenen Namen geltend macht (Verfahrensstandschafter). Der Verfahrensstandschafter darf die Identität der Mutter nicht ohne deren Einwilligung offenbaren. Die Mutter ist von der Beratungsstelle darüber zu informieren, dass sie dafür zu sorgen hat, dass diese Person oder Stelle zur Übernahme der Verfahrensstandschaft bereit und für das Familiengericht erreichbar ist. Die Beratungsstelle unterrichtet das Bundesamt für Familie und zivilgesellschaftliche Aufgaben unverzüglich über die Erklärung der Mutter und ihre Angaben zur Person oder Stelle.
(4) Das Bundesamt für Familie und zivilgesellschaftliche Aufgaben darf dem Kind bis zum rechtskräftigen Abschluss eines familiengerichtlichen Verfahrens nach § 32 keine Einsicht gewähren, wenn die Mutter eine Erklärung nach Absatz 2 Satz 1 abgegeben und eine Person oder Stelle nach Absatz 3 Satz 1 benannt hat.

§ 32 Familiengerichtliches Verfahren

(1) Verweigert das Bundesamt für Familie und zivilgesellschaftliche Aufgaben dem Kind die Einsicht in seinen Herkunftsnachweis nach § 31 Absatz 4, entscheidet das Familiengericht auf Antrag des Kindes über dessen Einsichtsrecht. Das Familiengericht hat zu prüfen, ob das Interesse der leiblichen Mutter an der weiteren Geheimhaltung ihrer Identität aufgrund der durch die Einsicht befürchteten Gefahren für Leib, Leben, Gesundheit, persönliche Freiheit oder ähnliche schutzwürdige Belange gegenüber dem Interesse des Kindes auf Kenntnis seiner Abstammung überwiegt. Ausschließlich zuständig ist das Familiengericht, in dessen Bezirk das Kind seinen gewöhnlichen Aufenthalt hat. Ist eine Zuständigkeit

eines deutschen Gerichts nach Satz 3 nicht gegeben, ist das Amtsgericht Schöneberg in Berlin ausschließlich zuständig.
(2) In diesem Verfahren gelten die Vorschriften des Ersten Buches des Gesetzes über das Verfahren in Familiensachen und in den Angelegenheiten der freiwilligen Gerichtsbarkeit entsprechend, soweit nachfolgend nichts anderes geregelt ist.
(3) Beteiligte des Verfahrens sind:
1. das Kind,
2. das Bundesamt für Familie und zivilgesellschaftliche Aufgaben,
3. der nach § 31 Absatz 3 Satz 1 benannte Verfahrensstandschafter.
Das Gericht kann die Mutter persönlich anhören. Hört es die Mutter an, so hat die Anhörung in Abwesenheit der übrigen Beteiligten zu erfolgen. Diese sind unter Wahrung der Anonymität der Mutter über das Ergebnis der Anhörung zu unterrichten. Der Beschluss des Familiengerichts wird erst mit Rechtskraft wirksam. Die Entscheidung wirkt auch für und gegen die Mutter. In dem Verfahren werden keine Kosten erhoben. § 174 des Gesetzes über das Verfahren in Familiensachen und in den Angelegenheiten der freiwilligen Gerichtsbarkeit ist entsprechend anzuwenden.
(4) Erklären sich der Verfahrensstandschafter und die Mutter in dem Verfahren binnen einer vom Gericht zu bestimmenden Frist nicht, wird vermutet, dass schutzwürdige Belange der Mutter nach Absatz 1 Satz 2 nicht vorliegen.
(5) Wird der Antrag des Kindes zurückgewiesen, kann das Kind frühestens drei Jahre nach Rechtskraft des Beschlusses erneut einen Antrag beim Familiengericht stellen.

§ 33 Dokumentations- und Berichtspflicht

(1) Die Beratungsstelle fertigt über jedes Beratungsgespräch unter dem Pseudonym der Schwangeren eine Aufzeichnung an, die insbesondere Folgendes dokumentiert:
1. die Unterrichtungen nach § 26 Absatz 4 und 5,
2. die ordnungsgemäße Datenaufnahme nach § 26 Absatz 2 sowie die Versendung des Herkunftsnachweises nach § 27 Absatz 1 und
3. die Fertigung und Versendung einer Nachricht nach § 26 Absatz 8.
Die Anonymität der Schwangeren ist zu wahren.
(2) Die Beratungsstellen sind verpflichtet, auf der Grundlage der Dokumentation die mit der vertraulichen Geburt gesammelten Erfahrungen jährlich in einem schriftlichen Bericht niederzulegen, der über die zuständige Landesbehörde dem Bundesamt für Familie und zivilgesellschaftliche Aufgaben übermittelt wird.

§ 34 Kostenübernahme

(1) Der Bund übernimmt die Kosten, die im Zusammenhang mit der Geburt sowie der Vor- und Nachsorge entstehen. Die Kostenübernahme erfolgt entsprechend der Vergütung für Leistungen der gesetzlichen Krankenversicherung bei Schwangerschaft und Mutterschaft.
(2) Der Träger der Einrichtung, in der die Geburtshilfe stattgefunden hat, die zur Leistung von Geburtshilfe berechtigte Person, die Geburtshilfe geleistet hat, sowie andere beteiligte Leistungserbringer können diese Kosten unmittelbar gegenüber dem Bund geltend machen.
(3) Macht die Mutter nach der Geburt die für den Geburtseintrag erforderlichen Angaben, kann der Bund die nach Absatz 1 übernommenen Kosten von der Krankenversicherung zurückfordern.
(4) Die Aufgaben nach den Absätzen 2 und 3 werden dem Bundesamt für Familie und zivilgesellschaftliche Aufgaben übertragen.
(5) Das Standesamt teilt dem Bundesamt für Familie und zivilgesellschaftliche Aufgaben im Fall des Absatzes 3 Namen und Anschrift der Mutter sowie ihr Pseudonym mit.

Gesetz zur Errichtung einer Stiftung „Mutter und Kind – Schutz des ungeborenen Lebens"

in der Fassung der Bekanntmachung
vom 19. März 1993 (BGBl. I S. 406)

Zuletzt geändert durch
Pfändungsschutzkonto-Fortentwicklungsgesetz
vom 22. November 2020 (BGBl. I S. 2466)

Inhaltsübersicht

§ 1 Errichtung und Sitz
§ 2 Stiftungszweck
§ 3 Zuwendungsempfänger
§ 4 Verwendung der Stiftungsmittel
§ 5 Pfändungsfreiheit, Verhältnis zu anderen Sozialleistungen
§ 6 Stiftungsvermögen
§ 7 Satzung
§ 8 Stiftungsorgane
§ 9 Stiftungsrat
§ 10 Geschäftsführer
§ 11 Kuratorium
§ 12 Aufsicht
§ 13 Inkrafttreten im Beitrittsgebiet
§ 14 (Inkrafttreten)

§ 1 Errichtung und Sitz
(1) Es wird eine rechtsfähige Stiftung des öffentlichen Rechts „Mutter und Kind – Schutz des ungeborenen Lebens" errichtet. Die Stiftung entsteht mit dem Inkrafttreten dieses Gesetzes.
(2) Der Sitz der Stiftung ist Berlin.

§ 2 Stiftungszweck
(1) Zweck der Stiftung ist es, Mittel für ergänzende Hilfen zur Verfügung zu stellen, die werdenden Müttern, die sich wegen einer Notlage an eine Schwangerschaftsberatungsstelle wenden, gewährt oder für die Zeit nach der Geburt zugesagt werden, um ihnen die Fortsetzung der Schwangerschaft zu erleichtern.
(2) Auf Leistungen auf Grund dieses Gesetzes besteht kein Rechtsanspruch.

§ 3 Zuwendungsempfänger
Die Stiftung vergibt die Mittel nach Maßgabe des Satzes 2 an Einrichtungen in den Ländern, die im Rahmen des Stiftungszweckes (§ 2 Abs. 1) landesweit tätig sind und dabei keine hoheitlichen Befugnisse wahrnehmen. Die auf die einzelnen Länder entfallenden Mittel erhält entweder ein Zusammenschluß solcher Einrichtungen aus mehreren Ländern oder eine Einrichtung je Land.

§ 4 Verwendung der Stiftungsmittel
(1) Aus Mitteln der Stiftung können für Aufwendungen, die im Zusammenhang mit der Schwangerschaft und der Geburt sowie der Pflege und Erziehung eines Kleinkindes entstehen, Hilfen gewährt werden, insbesondere für
1. die Erstausstattung des Kindes,
2. die Weiterführung des Haushalts,
3. die Wohnung und Einrichtung,
4. die Betreuung des Kleinkindes.
(2) Leistungen aus Mitteln der Stiftung dürfen nur gewährt oder zugesagt werden, wenn die Hilfe auf andere Weise nicht oder nicht rechtzeitig möglich ist oder nicht ausreicht.
(3) Nähere Einzelheiten regeln die Richtlinien.

§ 5 Pfändungsfreiheit, Verhältnis zu anderen Sozialleistungen
(1) Leistungen, die dem in § 2 Abs. 1 genannten Personenkreis aus Mitteln der Stiftung im Rahmen des Stiftungszweckes gewährt werden, sind nicht pfändbar. Das gleiche gilt für Leistungen, die aus Mitteln anderer Stiftungen des öffentlichen Rechts oder aus Mitteln von Stiftungen, die von einer Körperschaft des öffentlichen Rechts errichtet wurden, zur Erreichung des in § 2 Abs. 1 genannten Zwecks gewährt werden. Wird eine Geldleistung auf das Konto der werdenden Mutter bei einem Geldinstitut überwiesen, gelten die Vorschriften der Zivilprozeßordnung über das Pfändungsschutzkonto.

(2) Leistungen der in Absatz 1 Satz 1 und Satz 2 genannten Art bleiben als Einkommen unberücksichtigt, wenn bei Sozialleistungen auf Grund von Rechtsvorschriften die Gewährung oder die Höhe dieser Leistungen von anderem Einkommen abhängig ist.

§ 6 Stiftungsvermögen

(1) Der Bund stellt der Stiftung jährlich Mittel in Höhe der für diesen Zweck im Haushaltsplan veranschlagten Mittel, mindestens 92 033 000 Euro, für die Erfüllung des Stiftungszweckes zur Verfügung.
(2) Von den ab 1985 der Stiftung zufließenden Bundesmitteln können jährlich bis zu 511 000 Euro zum Aufbau eines Stiftungsvermögens verwendet werden. Bundesmittel, die von der Stiftung bis zum Abschluß eines Haushaltsjahres nicht für die Erfüllung des Stiftungszweckes ausgegeben worden sind, sind zusätzlich für den Aufbau des Stiftungsvermögens zu verwenden.
(3) Die Stiftung ist berechtigt, Zuwendungen von dritter Seite anzunehmen.

§ 7 Satzung

Die Stiftung kann eine Satzung erlassen, die vom Stiftungsrat beschlossen wird.

§ 8 Stiftungsorgane

Organe der Stiftung sind der Stiftungsrat, der Geschäftsführer und das Kuratorium.

§ 9 Stiftungsrat

(1) Der Stiftungsrat besteht aus
1. vier Vertretern des Bundesministeriums für Familie, Senioren, Frauen und Jugend,
2. einem Vertreter des Bundesministeriums der Finanzen,
3. vier Mitgliedern, die vom Bundesministerium für Familie, Senioren, Frauen und Jugend auf Vorschlag der in § 3 genannten Zuwendungsempfänger berufen werden.

(2) Der Stiftungsrat wählt aus den Vertretern des Bundesministeriums für Familie, Senioren, Frauen und Jugend seinen Vorsitzenden und dessen Stellvertreter.
(3) Für jedes Mitglied ist ein Vertreter zu bestellen.
(4) Die Mitglieder des Stiftungsrates nach Absatz 1 Nr. 3 und deren Vertreter werden auf die Dauer von zwei Jahren berufen. Wiederholte Berufung ist zulässig. Scheidet ein Mitglied vorzeitig aus, ist für den Rest seiner Amtszeit ein Nachfolger zu berufen.
(5) Der Stiftungsrat beschließt über alle grundsätzlichen Fragen, die zum Aufgabenbereich der Stiftung gehören, insbesondere über die Feststellung des Haushaltsplans und die Jahresrechnung. Er stellt nach Anhörung der in § 3 genannten Zuwendungsempfänger Richtlinien für die Vergabe und Verwendung der Stiftungsmittel auf und überwacht die Tätigkeit des Geschäftsführers. Er wählt für die Dauer von zwei Jahren zwei Rechnungsprüfer.
(6) Der Stiftungsrat ist beschlußfähig, wenn mehr als die Hälfte seiner Mitglieder anwesend ist.
(7) Der Stiftungsrat faßt seine Beschlüsse mit einfacher Mehrheit; bei Stimmengleichheit entscheidet die Stimme des Vorsitzenden.

§ 10 Geschäftsführer

(1) Der Vorsitzende des Stiftungsrates bestellt einen Geschäftsführer.
(2) Der Geschäftsführer führt die laufenden Geschäfte der Stiftung, insbesondere führt er die Beschlüsse des Stiftungsrates aus. Er ist ferner für die Vergabe der Stiftungsmittel und für die Überwachung ihrer zweckentsprechenden und wirtschaftlichen Verwendung verantwortlich. Er vertritt die Stiftung gerichtlich und außergerichtlich.

§ 11 Kuratorium

(1) Das Kuratorium besteht aus
1. zwei Vertretern der Kirchen,
2. sechs Vertretern der Bundesverbände der Freien Wohlfahrtspflege,
3. je einem Vertreter der Stiftungen in den Ländern, die im Rahmen des Stiftungszweckes (§ 2 Abs. 1) landesweit tätig sind,
4. je einem Vertreter der Kommunalen Spitzenverbände,
5. einem Vertreter der Arbeitsgemeinschaft der Deutschen Familienorganisationen,
6. einem Vertreter des Deutschen Frauenrates,
7. einem Vertreter der Ärzteschaft,
8. bis zu acht weiteren Mitgliedern.

(2) Die Mitglieder des Kuratoriums werden vom Vorsitzenden des Stiftungsrates für die Dauer von vier Jahren berufen. Das Kuratorium wählt aus seiner Mitte den Vorsitzenden.

(3) Das Kuratorium berät den Stiftungsrat bei der Erfüllung seiner Aufgaben.

§ 12 Aufsicht

Die Stiftung untersteht der Rechtsaufsicht des Bundesministeriums für Familie, Senioren, Frauen und Jugend.

§ 13 Inkrafttreten im Beitrittsgebiet

Dieses Gesetz tritt am 1. Januar 1993 in dem in Artikel 3 des Einigungsvertrages genannten Gebiet in Kraft.

§ 14 (Inkrafttreten)

Gesetz zum Elterngeld und zur Elternzeit (Bundeselterngeld- und Elternzeitgesetz – BEEG)

in der Fassung der Bekanntmachung
vom 27. Januar 2015 (BGBl. I S. 33)

Zuletzt geändert durch
Zweites Gesetz zur Änderung des Bundeselterngeld- und Elternzeitgesetzes
vom 15. Februar 2021 (BGBl. I S. 239)

Inhaltsübersicht

Abschnitt 1
Elterngeld

- § 1 Berechtigte
- § 2 Höhe des Elterngeldes
- § 2a Geschwisterbonus und Mehrlingszuschlag
- § 2b Bemessungszeitraum
- § 2c Einkommen aus nichtselbstständiger Erwerbstätigkeit
- § 2d Einkommen aus selbstständiger Erwerbstätigkeit
- § 2e Abzüge für Steuern
- § 2f Abzüge für Sozialabgaben
- § 3 Anrechnung von anderen Einnahmen
- § 4 Bezugsdauer, Anspruchsumfang
- § 4a Berechnung von Basiselterngeld und Elterngeld Plus
- § 4b Partnerschaftsbonus
- § 4c Alleiniger Bezug durch einen Elternteil
- § 4d Weitere Berechtigte

Abschnitt 2
Verfahren und Organisation

- § 5 Zusammentreffen von Ansprüchen
- § 6 Auszahlung
- § 7 Antragstellung
- § 8 Auskunftspflicht, Nebenbestimmungen
- § 9 Einkommens- und Arbeitszeitnachweis, Auskunftspflicht des Arbeitgebers
- § 10 Verhältnis zu anderen Sozialleistungen
- § 11 Unterhaltspflichten
- § 12 Zuständigkeit; Bewirtschaftung der Mittel
- § 13 Rechtsweg
- § 14 Bußgeldvorschriften

Abschnitt 3
Elternzeit für Arbeitnehmerinnen und Arbeitnehmer

- § 15 Anspruch auf Elternzeit
- § 16 Inanspruchnahme der Elternzeit
- § 17 Urlaub
- § 18 Kündigungsschutz
- § 19 Kündigung zum Ende der Elternzeit
- § 20 Zur Berufsbildung Beschäftigte, in Heimarbeit Beschäftigte
- § 21 Befristete Arbeitsverträge

Abschnitt 4
Statistik und Schlussvorschriften

- § 22 Bundesstatistik
- § 23 Auskunftspflicht; Datenübermittlung an das Statistische Bundesamt
- § 24 Übermittlung von Tabellen mit statistischen Ergebnissen durch das Statistische Bundesamt
- § 24a Übermittlung von Einzelangaben durch das Statistische Bundesamt
- § 24b Elektronische Unterstützung bei der Antragstellung
- § 25 Datenübermittlung durch die Standesämter
- § 26 Anwendung der Bücher des Sozialgesetzbuches
- § 27 Sonderregelung aus Anlass der COVID-19-Pandemie
- § 28 Übergangsvorschrift

Abschnitt 1
Elterngeld

§ 1 Berechtigte

(1) ¹Anspruch auf Elterngeld hat, wer
1. einen Wohnsitz oder seinen gewöhnlichen Aufenthalt in Deutschland hat,
2. mit seinem Kind in einem Haushalt lebt,
3. dieses Kind selbst betreut und erzieht und
4. keine oder keine volle Erwerbstätigkeit ausübt.
²Bei Mehrlingsgeburten besteht nur ein Anspruch auf Elterngeld.

(2) ¹Anspruch auf Elterngeld hat auch, wer, ohne eine der Voraussetzungen des Absatzes 1 Satz 1 Nummer 1 zu erfüllen,
1. nach § 4 des Vierten Buches Sozialgesetzbuch dem deutschen Sozialversicherungsrecht unterliegt oder im Rahmen seines in Deutschland bestehenden öffentlich-rechtlichen Dienst- oder Amtsverhältnisses vorübergehend ins Ausland abgeordnet, versetzt oder kommandiert ist,
2. Entwicklungshelfer oder Entwicklungshelferin im Sinne des § 1 des Entwicklungshelfer-Gesetzes ist oder als Missionar oder Missionarin der Missionswerke und -gesellschaften, die Mitglieder oder Vereinbarungspartner des Evangelischen Missionswerkes Hamburg, der Arbeitsgemeinschaft Evangelikaler Missionen e. V. oder der Arbeitsgemeinschaft pfingstlich-charismatischer Missionen sind, tätig ist oder
3. die deutsche Staatsangehörigkeit besitzt und nur vorübergehend bei einer zwischen- oder überstaatlichen Einrichtung tätig ist, insbesondere nach den Entsenderichtlinien des Bundes beurlaubte Beamte und Beamtinnen, oder wer vorübergehend eine nach § 123a des Beamtenrechtsrahmengesetzes oder § 29 des Bundesbeamtengesetzes zugewiesene Tätigkeit im Ausland wahrnimmt.

²Dies gilt auch für mit der nach Satz 1 berechtigten Person in einem Haushalt lebende Ehegatten oder Ehegattinnen.

(3) ¹Anspruch auf Elterngeld hat abweichend von Absatz 1 Satz 1 Nummer 2 auch, wer
1. mit einem Kind in einem Haushalt lebt, das er mit dem Ziel der Annahme als Kind aufgenommen hat,
2. ein Kind des Ehegatten oder der Ehegattin in seinen Haushalt aufgenommen hat oder
3. mit einem Kind in einem Haushalt lebt und die von ihm erklärte Anerkennung der Vaterschaft nach § 1594 Absatz 2 des Bürgerlichen Gesetzbuchs noch nicht wirksam oder über die von ihm beantragte Vaterschaftsfeststellung nach § 1600d des Bürgerlichen Gesetzbuchs noch nicht entschieden ist.

²Für angenommene Kinder und Kinder im Sinne des Satzes 1 Nummer 1 sind die Vorschriften dieses Gesetzes mit der Maßgabe anzuwenden, dass statt des Zeitpunktes der Geburt der Zeitpunkt der Aufnahme des Kindes bei der berechtigten Person maßgeblich ist.

(4) Können die Eltern wegen einer schweren Krankheit, Schwerbehinderung oder Todes der Eltern ihr Kind nicht betreuen, haben Verwandte bis zum dritten Grad und ihre Ehegatten oder Ehegattinnen Anspruch auf Elterngeld, wenn sie die übrigen Voraussetzungen nach Absatz 1 erfüllen und wenn von anderen Berechtigten Elterngeld nicht in Anspruch genommen wird.

(5) Der Anspruch auf Elterngeld bleibt unberührt, wenn die Betreuung und Erziehung des Kindes aus einem wichtigen Grund nicht sofort aufgenommen werden kann oder wenn sie unterbrochen werden muss.

(6) Eine Person ist nicht voll erwerbstätig, wenn ihre Arbeitszeit 32 Wochenstunden im Durchschnitt des Lebensmonats nicht übersteigt, sie eine Beschäftigung zur Berufsbildung ausübt oder sie eine geeignete Tagespflegeperson im Sinne des § 23 des Achten Buches Sozialgesetzbuch ist und nicht mehr als fünf Kinder in Tagespflege betreut.

(7) ¹Ein nicht freizügigkeitsberechtigter Ausländer oder eine nicht freizügigkeitsberechtigte Ausländerin ist nur anspruchsberechtigt, wenn diese Person
1. eine Niederlassungserlaubnis oder eine Erlaubnis zum Daueraufenthalt-EU besitzt,
2. eine Blaue Karte EU, eine ICT-Karte, eine Mobiler-ICT-Karte oder eine Aufenthaltserlaubnis besitzt, die für einen Zeitraum von mindestens sechs Monaten zur Ausübung einer Erwerbstätigkeit berechtigen oder berechtigt haben oder diese erlauben, es sei denn, die Aufenthaltserlaubnis wurde
    a) nach § 16e des Aufenthaltsgesetzes zu Ausbildungszwecken, nach § 19c Absatz 1 des Aufenthaltsgesetzes zum Zweck der Beschäftigung als Au-Pair oder zum Zweck der Saisonbeschäftigung, nach § 19e des Aufenthaltsgesetzes zum Zweck der Teilnahme an einem Europäischen Freiwilligendienst oder nach § 20 Absatz 1 und 2 des Aufenthaltsgesetzes zur Arbeitsplatzsuche erteilt,
    b) nach § 16b des Aufenthaltsgesetzes zum Zweck eines Studiums, nach § 16d des Aufenthaltsgesetzes für Maßnahmen zur Anerkennung ausländischer Berufsqualifikationen oder nach § 20 Absatz 3 des Aufenthaltsgesetzes zur Arbeitsplatzsuche erteilt und er ist weder erwerbstätig noch nimmt er Elternzeit nach § 15 des Bundeselterngeld- und Elternzeitgesetzes oder laufende Geldleistungen nach dem Dritten Buch Sozialgesetzbuch in Anspruch,
    c) nach § 23 Absatz 1 des Aufenthaltsgesetzes wegen eines Krieges in seinem Heimatland oder nach den §§ 23a, 24 oder § 25 Absatz 3 bis 5 des Aufenthaltsgesetzes erteilt,
3. eine in Nummer 2 Buchstabe c genannte Aufenthaltserlaubnis besitzt und im Bundesgebiet berechtigt erwerbstätig ist oder Elternzeit nach § 15 des Bundeselterngeld- und Elternzeitgesetzes oder laufende Geldleistungen nach dem Dritten Buch Sozialgesetzbuch in Anspruch nimmt,

4. eine in Nummer 2 Buchstabe c genannte Aufenthaltserlaubnis besitzt und sich seit mindestens 15 Monaten erlaubt, gestattet oder geduldet im Bundesgebiet aufhält oder
5. eine Beschäftigungsduldung gemäß § 60d in Verbindung mit § 60a Absatz 2 Satz 3 des Aufenthaltsgesetzes besitzt.
²Abweichend von Satz 1 Nummer 3 erste Alternative ist ein minderjähriger nicht freizügigkeitsberechtigter Ausländer oder eine minderjährige nicht freizügigkeitsberechtigte Ausländerin unabhängig von einer Erwerbstätigkeit anspruchsberechtigt.
(8) ¹Ein Anspruch entfällt, wenn die berechtigte Person im letzten abgeschlossenen Veranlagungszeitraum vor der Geburt des Kindes ein zu versteuerndes Einkommen nach § 2 Absatz 5 des Einkommensteuergesetzes in Höhe von mehr als 250 000 Euro erzielt hat. ²Erfüllt auch eine andere Person die Voraussetzungen des Absatzes 1 Satz 1 Nummer 2 oder der Absätze 3 oder 4, entfällt abweichend von Satz 1 der Anspruch, wenn die Summe des zu versteuernden Einkommens beider Personen mehr als 300 000 Euro beträgt.

§ 2 Höhe des Elterngeldes

(1) ¹Elterngeld wird in Höhe von 67 Prozent des Einkommens aus Erwerbstätigkeit vor der Geburt des Kindes gewährt. ²Es wird bis zu einem Höchstbetrag von 1800 Euro monatlich für volle Lebensmonate gezahlt, in denen die berechtigte Person kein Einkommen aus Erwerbstätigkeit hat. ³Das Einkommen aus Erwerbstätigkeit errechnet sich nach Maßgabe der §§ 2c bis 2f aus der um die Abzüge für Steuern und Sozialabgaben verminderten Summe der positiven Einkünfte aus
1. nichtselbständiger Arbeit nach § 2 Absatz 1 Satz 1 Nummer 4 des Einkommensteuergesetzes sowie
2. Land- und Forstwirtschaft, Gewerbebetrieb und selbständiger Arbeit nach § 2 Absatz 1 Satz 1 Nummer 1 bis 3 des Einkommensteuergesetzes,
die im Inland zu versteuern sind und die die berechtigte Person durchschnittlich monatlich im Bemessungszeitraum nach § 2b oder in Lebensmonaten der Bezugszeit nach § 2 Absatz 3 hat.
(2) ¹In den Fällen, in denen das Einkommen aus Erwerbstätigkeit vor der Geburt geringer als 1000 Euro war, erhöht sich der Prozentsatz von 67 Prozent um 0,1 Prozentpunkte für je 2 Euro, um die dieses Einkommen den Betrag von 1000 Euro unterschreitet, auf bis zu 100 Prozent. ²In den Fällen, in denen das Einkommen aus Erwerbstätigkeit vor der Geburt höher als 1200 Euro war, sinkt der Prozentsatz von 67 Prozent um 0,1 Prozentpunkte für je 2 Euro, um die dieses Einkommen den Betrag von 1200 Euro überschreitet, auf bis zu 65 Prozent.
(3) ¹Für Lebensmonate nach der Geburt des Kindes, in denen die berechtigte Person ein Einkommen aus Erwerbstätigkeit hat, das durchschnittlich geringer ist als das Einkommen aus Erwerbstätigkeit vor der Geburt, wird Elterngeld in Höhe des nach den Absätzen 1 oder 2 maßgeblichen Prozentsatzes des Unterschiedsbetrages dieser Einkommen aus Erwerbstätigkeit gezahlt. ²Als Einkommen aus Erwerbstätigkeit vor der Geburt ist dabei höchstens der Betrag von 2770 Euro anzusetzen. ³Der Unterschiedsbetrag nach Satz 1 ist für das Einkommen aus Erwerbstätigkeit in Lebensmonaten, in denen die berechtigte Person Basiselterngeld in Anspruch nimmt, und in Lebensmonaten, in denen sie Elterngeld Plus im Sinne des § 4a Absatz 2 in Anspruch nimmt, getrennt zu berechnen.
(4) ¹Elterngeld wird mindestens in Höhe von 300 Euro gezahlt. ²Dies gilt auch, wenn die berechtigte Person vor der Geburt des Kindes kein Einkommen aus Erwerbstätigkeit hat.

§ 2a Geschwisterbonus und Mehrlingszuschlag

(1) ¹Lebt die berechtigte Person in einem Haushalt mit
1. zwei Kindern, die noch nicht drei Jahre alt sind, oder
2. drei oder mehr Kindern, die noch nicht sechs Jahre alt sind,
wird das Elterngeld um 10 Prozent, mindestens jedoch um 75 Euro erhöht (Geschwisterbonus). ²Zu berücksichtigen sind alle Kinder, für die die berechtigte Person die Voraussetzungen des § 1 Absatz 1 und 3 erfüllt und für die sich das Elterngeld nicht nach Absatz 4 erhöht.
(2) ¹Für angenommene Kinder, die noch nicht 14 Jahre alt sind, gilt als Alter des Kindes der Zeitraum seit der Aufnahme des Kindes in den Haushalt der berechtigten Person. ²Dies gilt auch für Kinder, die die berechtigte Person entsprechend § 1 Absatz 3 Satz 1 Nummer 1 mit dem Ziel der Annahme als Kind in ihren Haushalt aufgenommen hat. ³Für Kinder mit Behinderung im Sinne von § 2 Absatz 1 Satz 1 des Neunten Buches Sozialgesetzbuch liegt die Altersgrenze nach Absatz 1 Satz 1 bei 14 Jahren.
(3) Der Anspruch auf den Geschwisterbonus endet mit Ablauf des Monats, in dem eine der in Absatz 1 genannten Anspruchsvoraussetzungen entfällt.

(4) ¹Bei Mehrlingsgeburten erhöht sich das Elterngeld um je 300 Euro für das zweite und jedes weitere Kind (Mehrlingszuschlag). ²Dies gilt auch, wenn ein Geschwisterbonus nach Absatz 1 gezahlt wird.

§ 2b Bemessungszeitraum

(1) ¹Für die Ermittlung des Einkommens aus nichtselbstständiger Erwerbstätigkeit im Sinne von § 2c vor der Geburt sind die zwölf Kalendermonate vor dem Kalendermonat der Geburt des Kindes maßgeblich. ²Bei der Bestimmung des Bemessungszeitraums nach Satz 1 bleiben Kalendermonate unberücksichtigt, in denen die berechtigte Person
1. im Zeitraum nach § 4 Absatz 1 Satz 2 und 3 und Absatz 5 Satz 3 Nummer 2 Elterngeld für ein älteres Kind bezogen hat,
2. während der Schutzfristen nach § 3 des Mutterschutzgesetzes nicht beschäftigt werden durfte oder Mutterschaftsgeld nach dem Fünften Buch Sozialgesetzbuch oder nach dem Zweiten Gesetz über die Krankenversicherung der Landwirte bezogen hat,
3. eine Krankheit hatte, die maßgeblich durch eine Schwangerschaft bedingt war, oder
4. Wehrdienst nach dem Wehrpflichtgesetz in der bis zum 31. Mai 2011 geltenden Fassung oder nach dem Vierten Abschnitt des Soldatengesetzes oder Zivildienst nach dem Zivildienstgesetz geleistet hat

und in den Fällen der Nummern 3 und 4 dadurch ein geringeres Einkommen aus Erwerbstätigkeit hatte. ³Abweichend von Satz 2 sind Kalendermonate im Sinne des Satzes 2 Nummer 1 bis 4 auf Antrag der berechtigten Person zu berücksichtigen. ⁴Abweichend von Satz 2 bleiben auf Antrag bei der Ermittlung des Einkommens für die Zeit vom 1. März 2020 bis zum Ablauf des 31. Dezember 2021 auch solche Kalendermonate unberücksichtigt, in denen die berechtigte Person aufgrund der COVID-19-Pandemie ein geringeres Einkommen aus Erwerbstätigkeit hatte und dies glaubhaft machen kann. ⁵Satz 2 Nummer 1 gilt in den Fällen des § 27 Absatz 1 Satz 1 mit der Maßgabe, dass auf Antrag auch Kalendermonate mit Elterngeldbezug für ein älteres Kind nach Vollendung von dessen 14. Lebensmonat unberücksichtigt bleiben, soweit der Elterngeldbezug von der Zeit vor Vollendung des 14. Lebensmonats auf danach verschoben wurde.

(2) ¹Für die Ermittlung des Einkommens aus selbstständiger Erwerbstätigkeit im Sinne von § 2d vor der Geburt sind die jeweiligen steuerlichen Gewinnermittlungszeiträume maßgeblich, die dem letzten abgeschlossenen steuerlichen Veranlagungszeitraum vor der Geburt des Kindes zugrunde liegen. ²Haben in einem Gewinnermittlungszeitraum die Voraussetzungen des Absatzes 1 Satz 2 oder Satz 3 vorgelegen, sind auf Antrag die Gewinnermittlungszeiträume maßgeblich, die dem diesen Ereignissen vorangegangenen abgeschlossenen steuerlichen Veranlagungszeitraum zugrunde liegen.

(3) ¹Abweichend von Absatz 1 ist für die Ermittlung des Einkommens aus nichtselbstständiger Erwerbstätigkeit vor der Geburt der letzte abgeschlossene steuerliche Veranlagungszeitraum vor der Geburt maßgeblich, wenn die berechtigte Person in den Zeiträumen nach Absatz 1 oder Absatz 2 Einkommen aus selbstständiger Erwerbstätigkeit hatte. ²Haben im Bemessungszeitraum nach Satz 1 die Voraussetzungen des Absatzes 1 Satz 2 oder Satz 3 vorgelegen, ist Absatz 2 Satz 2 mit der zusätzlichen Maßgabe anzuwenden, dass für die Ermittlung des Einkommens aus nichtselbstständiger Erwerbstätigkeit vor der Geburt der vorangegangene steuerliche Veranlagungszeitraum maßgeblich ist.

(4) ¹Abweichend von Absatz 3 ist auf Antrag der berechtigten Person für die Ermittlung des Einkommens aus nichtselbstständiger Erwerbstätigkeit allein der Bemessungszeitraum nach Absatz 1 maßgeblich, wenn die zu berücksichtigende Summe der Einkünfte aus Land- und Forstwirtschaft, Gewerbebetrieb und selbstständiger Arbeit nach § 2 Absatz 1 Satz 1 Nummer 1 bis 3 des Einkommensteuergesetzes
1. in den jeweiligen steuerlichen Gewinnermittlungszeiträumen, die dem letzten abgeschlossenen steuerlichen Veranlagungszeitraum vor der Geburt des Kindes zugrunde liegen, durchschnittlich weniger als 35 Euro im Kalendermonat betrug und
2. in den jeweiligen steuerlichen Gewinnermittlungszeiträumen, die dem steuerlichen Veranlagungszeitraum der Geburt des Kindes zugrunde liegen, bis einschließlich zum Kalendermonat vor der Geburt des Kindes durchschnittlich weniger als 35 Euro im Kalendermonat betrug.

²Abweichend von § 2 Absatz 1 Satz 3 Nummer 2 ist für die Berechnung des Elterngeldes im Fall des Satzes 1 allein das Einkommen aus nichtselbstständiger Erwerbstätigkeit maßgeblich. ³Die für die Entscheidung über den Antrag notwendige Ermittlung der Höhe der Einkünfte aus Land- und Forstwirtschaft, Gewerbebetrieb und selbstständiger Arbeit erfolgt für die Zeiträume nach Satz 1 Nummer 1 entsprechend § 2d Absatz 2; in Fällen, in denen zum Zeitpunkt der Entscheidung kein Einkommensteuerbescheid vorliegt, und für den Zeitraum nach Satz 1 Nummer 2 erfolgt die Ermittlung der Höhe der

Einkünfte entsprechend § 2d Absatz 3. ⁴Die Entscheidung über den Antrag erfolgt abschließend auf der Grundlage der Höhe der Einkünfte, wie sie sich aus den gemäß Satz 3 vorgelegten Nachweisen ergibt.

§ 2c Einkommen aus nichtselbstständiger Erwerbstätigkeit

(1) ¹Der monatlich durchschnittlich zu berücksichtigende Überschuss der Einnahmen aus nichtselbstständiger Arbeit in Geld oder Geldeswert über ein Zwölftel des Arbeitnehmer-Pauschbetrags, vermindert um die Abzüge für Steuern und Sozialabgaben nach den §§ 2e und 2f, ergibt das Einkommen aus nichtselbstständiger Erwerbstätigkeit. ²Nicht berücksichtigt werden Einnahmen, die im Lohnsteuerabzugsverfahren nach den lohnsteuerlichen Vorgaben als sonstige Bezüge zu behandeln sind. ³Die zeitliche Zuordnung von Einnahmen erfolgt nach den lohnsteuerlichen Vorgaben für das Lohnsteuerabzugsverfahren. ⁴Maßgeblich ist der Arbeitnehmer-Pauschbetrag nach § 9a Satz 1 Nummer 1 Buchstabe a des Einkommensteuergesetzes in der am 1. Januar des Kalenderjahres vor der Geburt des Kindes für dieses Jahr geltenden Fassung.

(2) ¹Grundlage der Ermittlung der Einnahmen sind die Angaben in den für die maßgeblichen Kalendermonate erstellten Lohn- und Gehaltsbescheinigungen des Arbeitgebers. ²Die Richtigkeit und Vollständigkeit der Angaben in den maßgeblichen Lohn- und Gehaltsbescheinigungen wird vermutet.

(3) ¹Grundlage der Ermittlung der nach den §§ 2e und 2f erforderlichen Abzugsmerkmale für Steuern und Sozialabgaben sind die Angaben in der Lohn- und Gehaltsbescheinigung, die für den letzten Kalendermonat im Bemessungszeitraum mit Einnahmen nach Absatz 1 erstellt wurde. ²Soweit sich in den Lohn- und Gehaltsbescheinigungen des Bemessungszeitraums eine Angabe zu einem Abzugsmerkmal geändert hat, ist die von der Angabe nach Satz 1 abweichende Angabe maßgeblich, wenn sie in der überwiegenden Zahl der Kalendermonate des Bemessungszeitraums gegolten hat. ³§ 2c Absatz 2 Satz 2 gilt entsprechend.

§ 2d Einkommen aus selbstständiger Erwerbstätigkeit

(1) Die monatlich durchschnittlich zu berücksichtigende Summe der positiven Einkünfte aus Land- und Forstwirtschaft, Gewerbebetrieb und selbstständiger Arbeit (Gewinneinkünfte), vermindert um die Abzüge für Steuern und Sozialabgaben nach §§ 2e und 2f, ergibt das Einkommen aus selbstständiger Erwerbstätigkeit.

(2) ¹Bei der Ermittlung der im Bemessungszeitraum zu berücksichtigenden Gewinneinkünfte sind die entsprechenden im Einkommensteuerbescheid ausgewiesenen Gewinne anzusetzen. ²Ist kein Einkommensteuerbescheid zu erstellen, werden die Gewinneinkünfte in entsprechender Anwendung des Absatzes 3 ermittelt.

(3) ¹Grundlage der Ermittlung der in den Bezugsmonaten zu berücksichtigenden Gewinneinkünfte ist eine Gewinnermittlung, die mindestens den Anforderungen des § 4 Absatz 3 des Einkommensteuergesetzes entspricht. ²Als Betriebsausgaben sind 25 Prozent der zugrunde gelegten Einnahmen oder auf Antrag die damit zusammenhängenden tatsächlichen Betriebsausgaben anzusetzen.

(4) ¹Soweit nicht in § 2c Absatz 3 etwas anderes bestimmt ist, sind bei der Ermittlung der nach § 2e erforderlichen Abzugsmerkmale für Steuern die Angaben im Einkommensteuerbescheid maßgeblich. ²§ 2c Absatz 3 Satz 2 gilt entsprechend.

(5) Die zeitliche Zuordnung von Einnahmen und Ausgaben erfolgt nach den einkommensteuerrechtlichen Grundsätzen.

§ 2e Abzüge für Steuern

(1) ¹Als Abzüge für Steuern sind Beträge für die Einkommensteuer, den Solidaritätszuschlag und, wenn die berechtigte Person kirchensteuerpflichtig ist, die Kirchensteuer zu berücksichtigen. ²Die Abzüge für Steuern werden einheitlich für Einkommen aus nichtselbstständiger und selbstständiger Erwerbstätigkeit auf Grundlage einer Berechnung anhand des am 1. Januar des Kalenderjahres vor der Geburt des Kindes für dieses Jahr geltenden Programmablaufplans für die maschinelle Berechnung der vom Arbeitslohn einzubehaltenden Lohnsteuer, des Solidaritätszuschlags und der Maßstabsteuer für die Kirchenlohnsteuer im Sinne von § 39b Absatz 6 des Einkommensteuergesetzes nach den Maßgaben der Absätze 2 bis 5 ermittelt.

(2) ¹Bemessungsgrundlage für die Ermittlung der Abzüge für Steuern ist die monatlich durchschnittlich zu berücksichtigende Summe der Einnahmen nach § 2c, soweit sie von der berechtigten Person zu versteuern sind, und der Gewinneinkünfte nach § 2d. ²Bei der Ermittlung der Abzüge für Steuern nach Absatz 1 werden folgende Pauschalen berücksichtigt:

1. der Arbeitnehmer-Pauschbetrag nach § 9a Satz 1 Nummer 1 Buchstabe a des Einkommensteuergesetzes, wenn die berechtigte Person von ihr zu versteuernde Einnahmen hat, die unter § 2c fallen, und
2. eine Vorsorgepauschale
    a) mit den Teilbeträgen nach § 39b Absatz 2 Satz 5 Nummer 3 Buchstabe b und c des Einkommensteuergesetzes, falls die berechtigte Person von ihr zu versteuernde Einnahmen nach § 2c hat, ohne in der gesetzlichen Rentenversicherung oder einer vergleichbaren Einrichtung versicherungspflichtig gewesen zu sein, oder
    b) mit den Teilbeträgen nach § 39b Absatz 2 Satz 5 Nummer 3 Buchstabe a bis c des Einkommensteuergesetzes in allen übrigen Fällen,

wobei die Höhe der Teilbeträge ohne Berücksichtigung der besonderen Regelungen zur Berechnung der Beiträge nach § 55 Absatz 3 und § 58 Absatz 3 des Elften Buches Sozialgesetzbuch bestimmt wird.

(3) [1]Als Abzug für die Einkommensteuer ist der Betrag anzusetzen, der sich unter Berücksichtigung der Steuerklasse und des Faktors nach § 39f des Einkommensteuergesetzes nach § 2c Absatz 3 ergibt; die Steuerklasse VI bleibt unberücksichtigt. [2]War die berechtigte Person im Bemessungszeitraum nach § 2b in keine Steuerklasse eingereiht oder ist ihr nach § 2d zu berücksichtigender Gewinn höher als ihr nach § 2c zu berücksichtigender Überschuss der Einnahmen über ein Zwölftel des Arbeitnehmer-Pauschbetrags, ist als Abzug für die Einkommensteuer der Betrag anzusetzen, der sich unter Berücksichtigung der Steuerklasse IV ohne Berücksichtigung eines Faktors nach § 39f des Einkommensteuergesetzes ergibt.

(4) [1]Als Abzug für den Solidaritätszuschlag ist der Betrag anzusetzen, der sich nach den Maßgaben des Solidaritätszuschlagsgesetzes 1995 für die Einkommensteuer nach Absatz 3 ergibt. [2]Freibeträge für Kinder werden nach den Maßgaben des § 3 Absatz 2a des Solidaritätszuschlagsgesetzes 1995 berücksichtigt.

(5) [1]Als Abzug für die Kirchensteuer ist der Betrag anzusetzen, der sich unter Anwendung eines Kirchensteuersatzes von 8 Prozent für die Einkommensteuer nach Absatz 3 ergibt. [2]Freibeträge für Kinder werden nach den Maßgaben des § 51a Absatz 2a des Einkommensteuergesetzes berücksichtigt.

(6) Vorbehaltlich der Absätze 2 bis 5 werden Freibeträge und Pauschalen nur berücksichtigt, wenn sie ohne weitere Voraussetzung jeder berechtigten Person zustehen.

§ 2f Abzüge für Sozialabgaben

(1) [1]Als Abzüge für Sozialabgaben sind Beträge für die gesetzliche Sozialversicherung oder für eine vergleichbare Einrichtung sowie für die Arbeitsförderung zu berücksichtigen. [2]Die Abzüge für Sozialabgaben werden einheitlich für Einkommen aus nichtselbstständiger und selbstständiger Erwerbstätigkeit anhand folgender Beitragssatzpauschalen ermittelt:
1. 9 Prozent für die Kranken- und Pflegeversicherung, falls die berechtigte Person in der gesetzlichen Krankenversicherung nach § 5 Absatz 1 Nummer 1 bis 12 des Fünften Buches Sozialgesetzbuch versicherungspflichtig gewesen ist,
2. 10 Prozent für die Rentenversicherung, falls die berechtigte Person in der gesetzlichen Rentenversicherung oder einer vergleichbaren Einrichtung versicherungspflichtig gewesen ist, und
3. 2 Prozent für die Arbeitsförderung, falls die berechtigte Person nach dem Dritten Buch Sozialgesetzbuch versicherungspflichtig gewesen ist.

(2) [1]Bemessungsgrundlage für die Ermittlung der Abzüge für Sozialabgaben ist die monatlich durchschnittlich zu berücksichtigende Summe der Einnahmen nach § 2c und der Gewinneinkünfte nach § 2d. [2]Einnahmen aus Beschäftigungen im Sinne des § 8, des § 8a oder des § 20 Absatz 3 Satz 1 des Vierten Buches Sozialgesetzbuch werden nicht berücksichtigt. [3]Für Einnahmen aus Beschäftigungsverhältnissen im Sinne des § 20 Absatz 2 des Vierten Buches Sozialgesetzbuch ist der Betrag anzusetzen, der sich nach § 344 Absatz 4 des Dritten Buches Sozialgesetzbuch für diese Einnahmen ergibt, wobei der Faktor im Sinne des § 163 Absatz 10 Satz 2 des Sechsten Buches Sozialgesetzbuch unter Zugrundelegung der Beitragssatzpauschalen nach Absatz 1 bestimmt wird.

(3) Andere Maßgaben zur Bestimmung der sozialversicherungsrechtlichen Beitragsbemessungsgrundlagen werden nicht berücksichtigt.

§ 3 Anrechnung von anderen Einnahmen

(1) [1]Auf das der berechtigten Person nach § 2 oder nach § 2 in Verbindung mit § 2a zustehende Elterngeld werden folgende Einnahmen angerechnet:
1. Mutterschaftsleistungen

a) in Form des Mutterschaftsgeldes nach dem Fünften Buch Sozialgesetzbuch oder nach dem Zweiten Gesetz über die Krankenversicherung der Landwirte mit Ausnahme des Mutterschaftsgeldes nach § 19 Absatz 2 des Mutterschutzgesetzes oder
b) in Form des Zuschusses zum Mutterschaftsgeld nach § 20 des Mutterschutzgesetzes, die der berechtigten Person für die Zeit ab dem Tag der Geburt des Kindes zustehen,
2. Dienst- und Anwärterbezüge sowie Zuschüsse, die der berechtigten Person nach beamten- oder soldatenrechtlichen Vorschriften für die Zeit eines Beschäftigungsverbots ab dem Tag der Geburt des Kindes zustehen,
3. dem Elterngeld vergleichbare Leistungen, auf die eine nach § 1 berechtigte Person außerhalb Deutschlands oder gegenüber einer über- oder zwischenstaatlichen Einrichtung Anspruch hat,
4. Elterngeld, das der berechtigten Person für ein älteres Kind zusteht, sowie
5. Einnahmen, die der berechtigten Person als Ersatz für Erwerbseinkommen zustehen und
a) die nicht bereits für die Berechnung des Elterngeldes nach § 2 berücksichtigt werden oder
b) bei deren Berechnung das Elterngeld nicht berücksichtigt wird.

²Stehen der berechtigten Person die Einnahmen nur für einen Teil des Lebensmonats des Kindes zu, sind sie nur auf den entsprechenden Teil des Elterngeldes anzurechnen. ³Für jeden Kalendermonat, in dem Einnahmen nach Satz 1 Nummer 4 oder Nummer 5 im Bemessungszeitraum bezogen worden sind, wird der Anrechnungsbetrag um ein Zwölftel gemindert. ⁴Beginnt der Bezug von Einnahmen nach Satz 1 Nummer 5 nach der Geburt des Kindes und berechnen sich die anzurechnenden Einnahmen auf der Grundlage eines Einkommens, das geringer ist als das Einkommen aus Erwerbstätigkeit im Bemessungszeitraum, so ist der Teil des Elterngeldes in Höhe des nach § 2 Absatz 1 oder 2 maßgeblichen Prozentsatzes des Unterschiedsbetrages zwischen dem durchschnittlichen monatlichen Einkommen aus Erwerbstätigkeit im Bemessungszeitraum und dem durchschnittlichen monatlichen Bemessungseinkommen der anzurechnenden Einnahmen von der Anrechnung freigestellt.
(2) ¹Bis zu einem Betrag von 300 Euro ist das Elterngeld von der Anrechnung nach Absatz 1 frei, soweit nicht Einnahmen nach Absatz 1 Satz 1 Nummer 1 bis 3 auf das Elterngeld anzurechnen sind. ²Dieser Betrag erhöht sich bei Mehrlingsgeburten um je 300 Euro für das zweite und jedes weitere Kind.
(3) Solange kein Antrag auf die in Absatz 1 Satz 1 Nummer 3 genannten vergleichbaren Leistungen gestellt wird, ruht der Anspruch auf Elterngeld bis zur möglichen Höhe der vergleichbaren Leistung.

§ 4 Bezugsdauer, Anspruchsumfang

(1) ¹Elterngeld wird als Basiselterngeld oder als Elterngeld Plus gewährt. ²Es kann ab dem Tag der Geburt bezogen werden. ³Basiselterngeld kann bis zur Vollendung des 14. Lebensmonats des Kindes bezogen werden. ⁴Elterngeld Plus kann bis zur Vollendung des 32. Lebensmonats bezogen werden, solange es ab dem 15. Lebensmonat in aufeinander folgenden Lebensmonaten von zumindest einem Elternteil in Anspruch genommen wird. ⁵Für angenommene Kinder und Kinder im Sinne des § 1 Absatz 3 Satz 1 Nummer 1 kann Elterngeld ab Aufnahme bei der berechtigten Person längstens bis zur Vollendung des achten Lebensjahres des Kindes bezogen werden.
(2) ¹Elterngeld wird in Monatsbeträgen für Lebensmonate des Kindes gezahlt. ²Der Anspruch endet mit dem Ablauf des Lebensmonats, in dem eine Anspruchsvoraussetzung entfallen ist. ³Die Eltern können die jeweiligen Monatsbeträge abwechselnd oder gleichzeitig beziehen.
(3) ¹Die Eltern haben gemeinsam Anspruch auf zwölf Monatsbeträge Basiselterngeld. ²Ist das Einkommen aus Erwerbstätigkeit eines Elternteils in zwei Lebensmonaten gemindert, haben die Eltern gemeinsam Anspruch auf zwei weitere Monate Basiselterngeld (Partnermonate). ³Statt für einen Lebensmonat Basiselterngeld zu beanspruchen, kann die berechtigte Person jeweils zwei Lebensmonate Elterngeld Plus beziehen.
(4) ¹Ein Elternteil hat Anspruch auf höchstens zwölf Monatsbeträge Basiselterngeld zuzüglich der höchstens vier zustehenden Monatsbeträge Partnerschaftsbonus nach § 4b. ²Ein Elternteil hat nur Anspruch auf Elterngeld, wenn er es mindestens für zwei Lebensmonate bezieht. ³Lebensmonate des Kindes, in denen einem Elternteil nach § 3 Absatz 1 Satz 1 Nummer 1 bis 3 anzurechnende Leistungen oder nach § 192 Absatz 5 Satz 2 des Versicherungsvertragsgesetzes Versicherungsleistungen zustehen, gelten als Monate, für die dieser Elternteil Basiselterngeld nach § 4a Absatz 1 bezieht.
(5) ¹Abweichend von Absatz 3 Satz 1 beträgt der gemeinsame Anspruch der Eltern auf Basiselterngeld für ein Kind, das
1. mindestens sechs Wochen vor dem voraussichtlichen Tag der Entbindung geboren wurde: 13 Monatsbeträge Basiselterngeld;

2. mindestens acht Wochen vor dem voraussichtlichen Tag der Entbindung geboren wurde: 14 Monatsbeträge Basiselterngeld;
3. mindestens zwölf Wochen vor dem voraussichtlichen Tag der Entbindung geboren wurde: 15 Monatsbeträge Basiselterngeld;
4. mindestens 16 Wochen vor dem voraussichtlichen Tag der Entbindung geboren wurde: 16 Monatsbeträge Basiselterngeld.

²Für die Berechnung des Zeitraums zwischen dem voraussichtlichen Tag der Entbindung und dem tatsächlichen Tag der Geburt ist der voraussichtliche Tag der Entbindung maßgeblich, wie er sich aus dem ärztlichen Zeugnis oder dem Zeugnis einer Hebamme oder eines Entbindungspflegers ergibt.

³Im Fall von
1. Satz 1 Nummer 1
   a) hat ein Elternteil abweichend von Absatz 4 Satz 1 Anspruch auf höchstens 13 Monatsbeträge Basiselterngeld zuzüglich der höchstens vier zustehenden Monatsbeträge Partnerschaftsbonus nach § 4b,
   b) kann Basiselterngeld abweichend von Absatz 1 Satz 3 bis zur Vollendung des 15. Lebensmonats des Kindes bezogen werden und
   c) kann Elterngeld Plus abweichend von Absatz 1 Satz 4 bis zur Vollendung des 32. Lebensmonats des Kindes bezogen werden, solange es ab dem 16. Lebensmonat in aufeinander folgenden Lebensmonaten von zumindest einem Elternteil in Anspruch genommen wird;
2. Satz 1 Nummer 2
   a) hat ein Elternteil abweichend von Absatz 4 Satz 1 Anspruch auf höchstens 14 Monatsbeträge Basiselterngeld zuzüglich der höchstens vier zustehenden Monatsbeträge Partnerschaftsbonus nach § 4b,
   b) kann Basiselterngeld abweichend von Absatz 1 Satz 3 bis zur Vollendung des 16. Lebensmonats des Kindes bezogen werden und
   c) kann Elterngeld Plus abweichend von Absatz 1 Satz 4 bis zur Vollendung des 32. Lebensmonats des Kindes bezogen werden, solange es ab dem 17. Lebensmonat in aufeinander folgenden Lebensmonaten von zumindest einem Elternteil in Anspruch genommen wird;
3. Satz 1 Nummer 3
   a) hat ein Elternteil abweichend von Absatz 4 Satz 1 Anspruch auf höchstens 15 Monatsbeträge Basiselterngeld zuzüglich der höchstens vier zustehenden Monatsbeträge Partnerschaftsbonus nach § 4b,
   b) kann Basiselterngeld abweichend von Absatz 1 Satz 3 bis zur Vollendung des 17. Lebensmonats des Kindes bezogen werden und
   c) kann Elterngeld Plus abweichend von Absatz 1 Satz 4 bis zur Vollendung des 32. Lebensmonats des Kindes bezogen werden, solange es ab dem 18. Lebensmonat in aufeinander folgenden Lebensmonaten von zumindest einem Elternteil in Anspruch genommen wird;
4. Satz 1 Nummer 4
   a) hat ein Elternteil abweichend von Absatz 4 Satz 1 Anspruch auf höchstens 16 Monatsbeträge Basiselterngeld zuzüglich der höchstens vier zustehenden Monatsbeträge Partnerschaftsbonus nach § 4b,
   b) kann Basiselterngeld abweichend von Absatz 1 Satz 3 bis zur Vollendung des 18. Lebensmonats des Kindes bezogen werden und
   c) kann Elterngeld Plus abweichend von Absatz 1 Satz 4 bis zur Vollendung des 32. Lebensmonats des Kindes bezogen werden, solange es ab dem 19. Lebensmonat in aufeinander folgenden Lebensmonaten von zumindest einem Elternteil in Anspruch genommen wird.

§ 4a Berechnung von Basiselterngeld und Elterngeld Plus

(1) Basiselterngeld wird allein nach den Vorgaben der §§ 2 bis 3 ermittelt.
(2) ¹Elterngeld Plus wird nach den Vorgaben der §§ 2 bis 3 und den zusätzlichen Vorgaben der Sätze 2 und 3 ermittelt. ²Das Elterngeld Plus beträgt monatlich höchstens die Hälfte des Basiselterngeldes, das der berechtigten Person zustünde, wenn sie während des Elterngeldbezugs keine Einnahmen im Sinne des § 2 oder des § 3 hätte oder hat. ³Für die Berechnung des Elterngeldes Plus halbieren sich:
1. der Mindestbetrag für das Elterngeld nach § 2 Absatz 4 Satz 1,
2. der Mindestbetrag des Geschwisterbonus nach § 2a Absatz 1 Satz 1,
3. der Mehrlingszuschlag nach § 2a Absatz 4 sowie
4. die von der Anrechnung freigestellten Elterngeldbeträge nach § 3 Absatz 2.

§ 4b Partnerschaftsbonus

(1) Wenn beide Elternteile
1. nicht weniger als 24 und nicht mehr als 32 Wochenstunden im Durchschnitt des Lebensmonats erwerbstätig sind und
2. die Voraussetzungen des § 1 erfüllen,

hat jeder Elternteil für diesen Lebensmonat Anspruch auf einen zusätzlichen Monatsbetrag Elterngeld Plus (Partnerschaftsbonus).
(2) ¹Die Eltern haben je Elternteil Anspruch auf höchstens vier Monatsbeträge Partnerschaftsbonus. ²Sie können den Partnerschaftsbonus nur beziehen, wenn sie ihn jeweils für mindestens zwei Lebensmonate in Anspruch nehmen.
(3) Die Eltern können den Partnerschaftsbonus nur gleichzeitig und in aufeinander folgenden Lebensmonaten beziehen.
(4) Treten während des Bezugs des Partnerschaftsbonus die Voraussetzungen für einen alleinigen Bezug nach § 4c Absatz 1 Nummer 1 bis 3 ein, so kann der Bezug durch einen Elternteil nach § 4c Absatz 2 fortgeführt werden.
(5) Das Erfordernis des Bezugs in aufeinander folgenden Lebensmonaten nach Absatz 3 und § 4 Absatz 1 Satz 4 gilt auch dann als erfüllt, wenn sich während des Bezugs oder nach dem Ende des Bezugs herausstellt, dass die Voraussetzungen für den Partnerschaftsbonus nicht in allen Lebensmonaten, für die der Partnerschaftsbonus beantragt wurde, vorliegen oder vorlagen.

§ 4c Alleiniger Bezug durch einen Elternteil

(1) Ein Elternteil kann abweichend von § 4 Absatz 4 Satz 1 zusätzlich auch das Elterngeld für die Partnermonate nach § 4 Absatz 3 Satz 3 beziehen, wenn das Einkommen aus Erwerbstätigkeit für zwei Lebensmonate gemindert ist und
1. bei diesem Elternteil die Voraussetzungen für den Entlastungsbetrag für Alleinerziehende nach § 24b Absatz 1 und 3 des Einkommensteuergesetzes vorliegen und der andere Elternteil weder mit ihm noch mit dem Kind in einer Wohnung lebt,
2. mit der Betreuung durch den anderen Elternteil eine Gefährdung des Kindeswohls im Sinne von § 1666 Absatz 1 und 2 des Bürgerlichen Gesetzbuchs verbunden wäre oder
3. die Betreuung durch den anderen Elternteil unmöglich ist, insbesondere, weil er wegen einer schweren Krankheit oder einer Schwerbehinderung sein Kind nicht betreuen kann; für die Feststellung der Unmöglichkeit der Betreuung bleiben wirtschaftliche Gründe und Gründe einer Verhinderung wegen anderweitiger Tätigkeiten außer Betracht.

(2) Liegt eine der Voraussetzungen des Absatzes 1 Nummer 1 bis 3 vor, so hat ein Elternteil, der in mindestens zwei bis höchstens vier aufeinander folgenden Lebensmonaten nicht weniger als 24 und nicht mehr als 32 Wochenstunden im Durchschnitt des Lebensmonats erwerbstätig ist, für diese Lebensmonate Anspruch auf zusätzliche Monatsbeträge Elterngeld Plus.

§ 4d Weitere Berechtigte

¹Die §§ 4 bis 4c gelten in den Fällen des § 1 Absatz 3 und 4 entsprechend. ²Der Bezug von Elterngeld durch nicht sorgeberechtigte Elternteile und durch Personen, die nach § 1 Absatz 3 Satz 1 Nummer 2 und 3 Anspruch auf Elterngeld haben, bedarf der Zustimmung des sorgeberechtigten Elternteils.

Abschnitt 2
Verfahren und Organisation

§ 5 Zusammentreffen von Ansprüchen

(1) Erfüllen beide Elternteile die Anspruchsvoraussetzungen, bestimmen sie, wer von ihnen die Monatsbeträge für welche Lebensmonate des Kindes in Anspruch nimmt.
(2) ¹Beanspruchen beide Elternteile zusammen mehr als die ihnen nach § 4 Absatz 3 und § 4b oder nach § 4 Absatz 3 und § 4b in Verbindung mit § 4d zustehenden Monatsbeträge, so besteht der Anspruch eines Elternteils, der nicht über die Hälfte der zustehenden Monatsbeträge hinausgeht, ungekürzt; der Anspruch des anderen Elternteils wird gekürzt auf die vom Gesamtanspruch verbleibenden Monatsbeträge. ²Beansprucht jeder der beiden Elternteile mehr als die Hälfte der ihm zustehenden Monatsbeträge, steht jedem Elternteil die Hälfte des Gesamtanspruchs der Monatsbeträge zu.
(3) ¹Die Absätze 1 und 2 gelten in den Fällen des § 1 Absatz 3 und 4 entsprechend. ²Wird eine Einigung mit einem nicht sorgeberechtigten Elternteil oder einer Person, die nach § 1 Absatz 3 Satz 1 Nummer 2

und 3 Anspruch auf Elterngeld hat, nicht erzielt, so kommt es abweichend von Absatz 2 allein auf die Entscheidung des sorgeberechtigten Elternteils an.

§ 6 Auszahlung

Elterngeld wird im Laufe des Lebensmonats gezahlt, für den es bestimmt ist.

§ 7 Antragstellung

(1) [1]Elterngeld ist schriftlich zu beantragen. [2]Es wird rückwirkend nur für die letzten drei Lebensmonate vor Beginn des Lebensmonats geleistet, in dem der Antrag auf Elterngeld eingegangen ist. [3]Im Antrag ist anzugeben, für welche Lebensmonate Basiselterngeld, für welche Lebensmonate Elterngeld Plus oder für welche Lebensmonate Partnerschaftsbonus beantragt wird.
(2) [1]Die im Antrag getroffenen Entscheidungen können bis zum Ende des Bezugszeitraums geändert werden. [2]Eine Änderung kann rückwirkend nur für die letzten drei Lebensmonate vor Beginn des Lebensmonats verlangt werden, in dem der Änderungsantrag eingegangen ist. [3]Sie ist außer in den Fällen besonderer Härte unzulässig, soweit Monatsbeträge bereits ausgezahlt sind. [4]Abweichend von den Sätzen 2 und 3 kann für einen Lebensmonat, in dem bereits Elterngeld Plus bezogen wurde, nachträglich Basiselterngeld beantragt werden. [5]Im Übrigen finden die für die Antragstellung geltenden Vorschriften auch auf den Änderungsantrag Anwendung.
(3) [1]Der Antrag ist, außer im Fall des § 4c und der Antragstellung durch eine allein sorgeberechtigte Person, zu unterschreiben von der Person, die ihn stellt, und zur Bestätigung der Kenntnisnahme auch von der anderen berechtigten Person. [2]Die andere berechtigte Person kann gleichzeitig
1. einen Antrag auf Elterngeld stellen oder
2. der Behörde anzeigen, wie viele Monatsbeträge sie beansprucht, wenn mit ihrem Anspruch die Höchstgrenzen nach § 4 Absatz 3 in Verbindung mit § 4b überschritten würden.
[3]Liegt der Behörde von der anderen berechtigten Person weder ein Antrag auf Elterngeld noch eine Anzeige nach Satz 2 vor, so werden sämtliche Monatsbeträge der berechtigten Person ausgezahlt, die den Antrag gestellt hat; die andere berechtigte Person kann bei einem späteren Antrag abweichend von § 5 Absatz 2 nur die unter Berücksichtigung von § 4 Absatz 3 in Verbindung mit § 4b vom Gesamtanspruch verbleibenden Monatsbeträge erhalten.

§ 8 Auskunftspflicht, Nebenbestimmungen

(1) Soweit im Antrag auf Elterngeld Angaben zum voraussichtlichen Einkommen aus Erwerbstätigkeit gemacht wurden, ist nach Ablauf des Bezugszeitraums für diese Zeit das tatsächliche Einkommen aus Erwerbstätigkeit nachzuweisen.
(1a) [1]Die Mitwirkungspflichten nach § 60 des Ersten Buches Sozialgesetzbuch gelten
1. im Falle des § 1 Absatz 8 Satz 2 auch für die andere Person im Sinne des § 1 Absatz 8 Satz 2 und
2. im Falle des § 4b oder des § 4b in Verbindung mit § 4d Satz 1 für beide Personen, die den Partnerschaftsbonus beantragt haben.
[2]§ 65 Absatz 1 und 3 des Ersten Buches Sozialgesetzbuch gilt entsprechend.
(2) [1]Elterngeld wird in den Fällen, in denen die berechtigte Person nach ihren Angaben im Antrag im Bezugszeitraum voraussichtlich kein Einkommen aus Erwerbstätigkeit haben wird, unter dem Vorbehalt des Widerrufs für den Fall gezahlt, dass sie entgegen ihren Angaben im Antrag Einkommen aus Erwerbstätigkeit hat. [2]In den Fällen, in denen zum Zeitpunkt der Antragstellung der Steuerbescheid für den letzten abgeschlossenen steuerlichen Veranlagungszeitraum vor der Geburt des Kindes nicht vorliegt und nach den Angaben im Antrag die Beträge nach § 1 Absatz 8 voraussichtlich nicht überschritten werden, wird das Elterngeld unter dem Vorbehalt des Widerrufs für den Fall gezahlt, dass entgegen den Angaben im Antrag die Beträge nach § 1 Absatz 8 überschritten werden.
(3) Das Elterngeld wird bis zum Nachweis der jeweils erforderlichen Angaben vorläufig unter Berücksichtigung der glaubhaft gemachten Angaben gezahlt, wenn
1. zum Zeitpunkt der Antragstellung der Steuerbescheid für den letzten abgeschlossenen Veranlagungszeitraum vor der Geburt des Kindes nicht vorliegt und noch nicht angegeben werden kann, ob die Beträge nach § 1 Absatz 8 überschritten werden,
2. das Einkommen aus Erwerbstätigkeit vor der Geburt nicht ermittelt werden kann oder
3. die berechtigte Person nach den Angaben im Antrag auf Elterngeld im Bezugszeitraum voraussichtlich Einkommen aus Erwerbstätigkeit hat.

§ 9 Einkommens- und Arbeitszeitnachweis, Auskunftspflicht des Arbeitgebers

(1) ¹Soweit es zum Nachweis des Einkommens aus Erwerbstätigkeit oder der wöchentlichen Arbeitszeit erforderlich ist, hat der Arbeitgeber der nach § 12 zuständigen Behörde für bei ihm Beschäftigte das Arbeitsentgelt, die für die Ermittlung der nach den §§ 2e und 2f erforderlichen Abzugsmerkmale für Steuern und Sozialabgaben sowie die Arbeitszeit auf Verlangen zu bescheinigen; das Gleiche gilt für ehemalige Arbeitgeber. ²Für die in Heimarbeit Beschäftigten und die ihnen Gleichgestellten (§ 1 Absatz 1 und 2 des Heimarbeitsgesetzes) tritt an die Stelle des Arbeitgebers der Auftraggeber oder Zwischenmeister.

(2) ¹Für den Nachweis des Einkommens aus Erwerbstätigkeit kann die nach § 12 Absatz 1 zuständige Behörde auch das in § 108a Absatz 1 des Vierten Buches Sozialgesetzbuch vorgesehene Verfahren zur elektronischen Abfrage und Übermittlung von Entgeltbescheinigungsdaten nutzen. ²Sie darf dieses Verfahren nur nutzen, wenn die betroffene Arbeitnehmerin oder der betroffene Arbeitnehmer zuvor in dessen Nutzung eingewilligt hat. ³Wenn der betroffene Arbeitgeber ein systemgeprüftes Entgeltabrechnungsprogramm nutzt, ist er verpflichtet, die jeweiligen Entgeltbescheinigungsdaten mit dem in § 108a Absatz 1 des Vierten Buches Sozialgesetzbuch vorgesehenen Verfahren zu übermitteln.

§ 10 Verhältnis zu anderen Sozialleistungen

(1) Das Elterngeld und vergleichbare Leistungen der Länder sowie die nach § 3 auf die Leistung angerechneten Einnahmen oder Leistungen bleiben bei Sozialleistungen, deren Zahlung von anderen Einkommen abhängig ist, bis zu einer Höhe von insgesamt 300 Euro im Monat als Einkommen unberücksichtigt.

(2) Das Elterngeld und vergleichbare Leistungen der Länder sowie die nach § 3 auf die Leistung angerechneten Einnahmen oder Leistungen dürfen bis zu einer Höhe von insgesamt 300 Euro nicht dafür herangezogen werden, um auf Rechtsvorschriften beruhende Leistungen anderer, auf die kein Anspruch besteht, zu versagen.

(3) Soweit die berechtigte Person Elterngeld Plus bezieht, bleibt das Elterngeld nur bis zur Hälfte des Anrechnungsfreibetrags, der nach Abzug der anderen nach Absatz 1 nicht zu berücksichtigenden Einnahmen für das Elterngeld verbleibt, als Einkommen unberücksichtigt und darf nur bis zu dieser Höhe nicht dafür herangezogen werden, um auf Rechtsvorschriften beruhende Leistungen anderer, auf die kein Anspruch besteht, zu versagen.

(4) Die nach den Absätzen 1 bis 3 nicht zu berücksichtigenden oder nicht heranzuziehenden Beträge vervielfachen sich bei Mehrlingsgeburten mit der Zahl der geborenen Kinder.

(5) ¹Die Absätze 1 bis 4 gelten nicht bei Leistungen nach dem Zweiten Buch Sozialgesetzbuch, dem Zwölften Buch Sozialgesetzbuch, § 6a des Bundeskindergeldgesetzes und dem Asylbewerberleistungsgesetz. ²Bei den in Satz 1 bezeichneten Leistungen bleiben das Elterngeld und vergleichbare Leistungen der Länder sowie die nach § 3 auf das Elterngeld angerechneten Einnahmen in Höhe des nach § 2 Absatz 1 berücksichtigten Einkommens aus Erwerbstätigkeit vor der Geburt bis zu 300 Euro im Monat als Einkommen unberücksichtigt. ³Soweit die berechtigte Person Elterngeld Plus bezieht, verringern sich die Beträge nach Satz 2 um die Hälfte.

(6) Die Absätze 1 bis 4 gelten entsprechend, soweit für eine Sozialleistung ein Kostenbeitrag erhoben werden kann, der einkommensabhängig ist.

§ 11 Unterhaltspflichten

¹Unterhaltsverpflichtungen werden durch die Zahlung des Elterngeldes und vergleichbarer Leistungen der Länder nur insoweit berührt, als die Zahlung 300 Euro monatlich übersteigt. ²Soweit die berechtigte Person Elterngeld Plus bezieht, werden die Unterhaltspflichten insoweit berührt, als die Zahlung 150 Euro übersteigt. ³Die in den Sätzen 1 und 2 genannten Beträge vervielfachen sich bei Mehrlingsgeburten mit der Zahl der geborenen Kinder. ⁴Die Sätze 1 bis 3 gelten nicht in den Fällen des § 1361 Absatz 3, der §§ 1579, 1603 Absatz 2 und des § 1611 Absatz 1 des Bürgerlichen Gesetzbuchs.

§ 12 Zuständigkeit; Bewirtschaftung der Mittel

(1) ¹Die Landesregierungen oder die von ihnen beauftragten Stellen bestimmen die für die Ausführung dieses Gesetzes zuständigen Behörden. ²Zuständig ist die von den Ländern für die Durchführung dieses Gesetzes bestimmte Behörde des Bezirks, in dem das Kind, für das Elterngeld beansprucht wird, zum Zeitpunkt der ersten Antragstellung seinen inländischen Wohnsitz hat. ³Hat das Kind, für das Elterngeld beansprucht wird, in den Fällen des § 1 Absatz 2 zum Zeitpunkt der ersten Antragstellung keinen inländischen Wohnsitz, so ist die von den Ländern für die Durchführung dieses Gesetzes bestimmte Behörde des Bezirks zuständig, in dem die berechtigte Person ihren letzten inländischen Wohnsitz hatte;

hilfsweise ist die Behörde des Bezirks zuständig, in dem der entsendende Dienstherr oder Arbeitgeber der berechtigten Person oder der Arbeitgeber des Ehegatten oder der Ehegattin der berechtigten Person den inländischen Sitz hat.
(2) Den nach Absatz 1 zuständigen Behörden obliegt auch die Beratung zur Elternzeit.

§ 13 Rechtsweg

(1) [1]Über öffentlich-rechtliche Streitigkeiten in Angelegenheiten der §§ 1 bis 12 entscheiden die Gerichte der Sozialgerichtsbarkeit. [2]§ 85 Absatz 2 Nummer 2 des Sozialgerichtsgesetzes gilt mit der Maßgabe, dass die zuständige Stelle nach § 12 bestimmt wird.
(2) Widerspruch und Anfechtungsklage haben keine aufschiebende Wirkung.

§ 14 Bußgeldvorschriften

(1) Ordnungswidrig handelt, wer vorsätzlich oder fahrlässig
1. entgegen § 8 Absatz 1 einen Nachweis nicht, nicht richtig, nicht vollständig oder nicht rechtzeitig erbringt,
2. entgegen § 9 Absatz 1 eine dort genannte Angabe nicht, nicht richtig, nicht vollständig oder nicht rechtzeitig bescheinigt,
3. entgegen § 60 Absatz 1 Satz 1 Nummer 1 des Ersten Buches Sozialgesetzbuch, auch in Verbindung mit § 8 Absatz 1a Satz 1, eine Angabe nicht, nicht richtig, nicht vollständig oder nicht rechtzeitig macht,
4. entgegen § 60 Absatz 1 Satz 1 Nummer 2 des Ersten Buches Sozialgesetzbuch, auch in Verbindung mit § 8 Absatz 1a Satz 1, eine Mitteilung nicht, nicht richtig, nicht vollständig oder nicht rechtzeitig macht oder
5. entgegen § 60 Absatz 1 Satz 1 Nummer 3 des Ersten Buches Sozialgesetzbuch, auch in Verbindung mit § 8 Absatz 1a Satz 1, eine Beweisurkunde nicht, nicht richtig, nicht vollständig oder nicht rechtzeitig vorlegt.

(2) Die Ordnungswidrigkeit kann mit einer Geldbuße von bis zu zweitausend Euro geahndet werden.
(3) Verwaltungsbehörden im Sinne des § 36 Absatz 1 Nummer 1 des Gesetzes über Ordnungswidrigkeiten sind die in § 12 Absatz 1 genannten Behörden.

Abschnitt 3
Elternzeit für Arbeitnehmerinnen und Arbeitnehmer

§ 15 Anspruch auf Elternzeit

(1) [1]Arbeitnehmerinnen und Arbeitnehmer haben Anspruch auf Elternzeit, wenn sie
1. a) mit ihrem Kind,
   b) mit einem Kind, für das sie die Anspruchsvoraussetzungen nach § 1 Absatz 3 oder 4 erfüllen, oder
   c) mit einem Kind, das sie in Vollzeitpflege nach § 33 des Achten Buches Sozialgesetzbuch aufgenommen haben,
   in einem Haushalt leben und
2. dieses Kind selbst betreuen und erziehen.

[2]Nicht sorgeberechtigte Elternteile und Personen, die nach Satz 1 Nummer 1 Buchstabe b und c Elternzeit nehmen können, bedürfen der Zustimmung des sorgeberechtigten Elternteils.
(1a) [1]Anspruch auf Elternzeit haben Arbeitnehmerinnen und Arbeitnehmer auch, wenn sie mit ihrem Enkelkind in einem Haushalt leben und dieses Kind selbst betreuen und erziehen und
1. ein Elternteil des Kindes minderjährig ist oder
2. ein Elternteil des Kindes sich in einer Ausbildung befindet, die vor Vollendung des 18. Lebensjahres begonnen wurde und die Arbeitskraft des Elternteils im Allgemeinen voll in Anspruch nimmt.

[2]Der Anspruch besteht nur für Zeiten, in denen keiner der Elternteile des Kindes selbst Elternzeit beansprucht.
(2) [1]Der Anspruch auf Elternzeit besteht bis zur Vollendung des dritten Lebensjahres eines Kindes. [2]Ein Anteil von bis zu 24 Monaten kann zwischen dem dritten Geburtstag und dem vollendeten achten Lebensjahr des Kindes in Anspruch genommen werden. [3]Die Zeit der Mutterschutzfrist nach § 3 Absatz 2 und 3 des Mutterschutzgesetzes wird für die Elternzeit der Mutter auf die Begrenzung nach den Sätzen 1 und 2 angerechnet. [4]Bei mehreren Kindern besteht der Anspruch auf Elternzeit für jedes Kind, auch wenn sich die Zeiträume im Sinne der Sätze 1 und 2 überschneiden. [5]Bei einem angenommenen Kind und bei einem Kind in Vollzeit- oder Adoptionspflege kann Elternzeit von insgesamt bis zu drei Jahren ab der

Aufnahme bei der berechtigten Person, längstens bis zur Vollendung des achten Lebensjahres des Kindes genommen werden; die Sätze 2 und 4 sind entsprechend anwendbar, soweit sie die zeitliche Aufteilung regeln. ⁶Der Anspruch kann nicht durch Vertrag ausgeschlossen oder beschränkt werden.

(3) ¹Die Elternzeit kann, auch anteilig, von jedem Elternteil allein oder von beiden Elternteilen gemeinsam genommen werden. ²Satz 1 gilt in den Fällen des Absatzes 1 Satz 1 Nummer 1 Buchstabe b und c entsprechend.

(4) ¹Der Arbeitnehmer oder die Arbeitnehmerin darf während der Elternzeit nicht mehr als 32 Wochenstunden im Durchschnitt des Monats erwerbstätig sein. ²Eine im Sinne des § 23 des Achten Buches Sozialgesetzbuch geeignete Tagespflegeperson darf bis zu fünf Kinder in Tagespflege betreuen, auch wenn die wöchentliche Betreuungszeit 32 Stunden übersteigt. ³Teilzeitarbeit bei einem anderen Arbeitgeber oder selbstständige Tätigkeit nach Satz 1 bedürfen der Zustimmung des Arbeitgebers. ⁴Dieser kann sie nur innerhalb von vier Wochen aus dringenden betrieblichen Gründen schriftlich ablehnen.

(5) ¹Der Arbeitnehmer oder die Arbeitnehmerin kann eine Verringerung der Arbeitszeit und ihre Verteilung beantragen. ²Über den Antrag sollen sich der Arbeitgeber und der Arbeitnehmer oder die Arbeitnehmerin innerhalb von vier Wochen einigen. ³Der Antrag kann mit der schriftlichen Mitteilung nach Absatz 7 Satz 1 Nummer 5 verbunden werden. ⁴Unberührt bleibt das Recht, sowohl die vor der Elternzeit bestehende Teilzeitarbeit unverändert während der Elternzeit fortzusetzen, soweit Absatz 4 beachtet ist, als auch nach der Elternzeit zu der Arbeitszeit zurückzukehren, die vor Beginn der Elternzeit vereinbart war.

(6) Der Arbeitnehmer oder die Arbeitnehmerin kann gegenüber dem Arbeitgeber, soweit eine Einigung nach Absatz 5 nicht möglich ist, unter den Voraussetzungen des Absatzes 7 während der Gesamtdauer der Elternzeit zweimal eine Verringerung seiner oder ihrer Arbeitszeit beanspruchen.

(7) ¹Für den Anspruch auf Verringerung der Arbeitszeit gelten folgende Voraussetzungen:
1. Der Arbeitgeber beschäftigt, unabhängig von der Anzahl der Personen in Berufsbildung, in der Regel mehr als 15 Arbeitnehmer und Arbeitnehmerinnen,
2. das Arbeitsverhältnis in demselben Betrieb oder Unternehmen besteht ohne Unterbrechung länger als sechs Monate,
3. die vertraglich vereinbarte regelmäßige Arbeitszeit soll für mindestens zwei Monate auf einen Umfang von nicht weniger als 15 und nicht mehr als 32 Wochenstunden im Durchschnitt des Monats verringert werden,
4. dem Anspruch stehen keine dringenden betrieblichen Gründe entgegen und
5. der Anspruch auf Teilzeit wurde dem Arbeitgeber
    a) für den Zeitraum bis zum vollendeten dritten Lebensjahr des Kindes sieben Wochen und
    b) für den Zeitraum zwischen dem dritten Geburtstag und dem vollendeten achten Lebensjahr des Kindes 13 Wochen
vor Beginn der Teilzeittätigkeit schriftlich mitgeteilt.

²Der Antrag muss den Beginn und den Umfang der verringerten Arbeitszeit enthalten. ³Die gewünschte Verteilung der verringerten Arbeitszeit soll im Antrag angegeben werden. ⁴Falls der Arbeitgeber die beanspruchte Verringerung oder Verteilung der Arbeitszeit ablehnen will, muss er dies innerhalb der in Satz 5 genannten Frist mit schriftlicher Begründung tun. ⁵Hat ein Arbeitgeber die Verringerung der Arbeitszeit
1. in einer Elternzeit zwischen der Geburt und dem vollendeten dritten Lebensjahr des Kindes nicht spätestens vier Wochen nach Zugang des Antrags oder
2. in einer Elternzeit zwischen dem dritten Geburtstag und dem vollendeten achten Lebensjahr des Kindes nicht spätestens acht Wochen nach Zugang des Antrags

schriftlich abgelehnt, gilt die Zustimmung als erteilt und die Verringerung der Arbeitszeit entsprechend den Wünschen der Arbeitnehmerin oder des Arbeitnehmers als festgelegt. ⁶Haben Arbeitgeber und Arbeitnehmerin oder Arbeitnehmer über die Verteilung der Arbeitszeit kein Einvernehmen nach Absatz 5 Satz 2 erzielt und hat der Arbeitgeber nicht innerhalb der in Satz 5 genannten Fristen die gewünschte Verteilung schriftlich abgelehnt, gilt die Verteilung der Arbeitszeit entsprechend den Wünschen der Arbeitnehmerin oder des Arbeitnehmers als festgelegt. ⁷Soweit der Arbeitgeber den Antrag auf Verringerung oder Verteilung der Arbeitszeit rechtzeitig ablehnt, kann die Arbeitnehmerin oder der Arbeitnehmer Klage vor dem Gericht für Arbeitssachen erheben.

§ 16 Inanspruchnahme der Elternzeit

(1) ¹Wer Elternzeit beanspruchen will, muss sie
1. für den Zeitraum bis zum vollendeten dritten Lebensjahr des Kindes spätestens sieben Wochen und

2. für den Zeitraum zwischen dem dritten Geburtstag und dem vollendeten achten Lebensjahr des Kindes spätestens 13 Wochen

vor Beginn der Elternzeit schriftlich vom Arbeitgeber verlangen. ²Verlangt die Arbeitnehmerin oder der Arbeitnehmer Elternzeit nach Satz 1 Nummer 1, muss sie oder er gleichzeitig erklären, für welche Zeiten innerhalb von zwei Jahren Elternzeit genommen werden soll. ³Bei dringenden Gründen ist ausnahmsweise eine angemessene kürzere Frist möglich. ⁴Nimmt die Mutter die Elternzeit im Anschluss an die Mutterschutzfrist, wird die Zeit der Mutterschutzfrist nach § 3 Absatz 2 und 3 des Mutterschutzgesetzes auf den Zeitraum nach Satz 2 angerechnet. ⁵Nimmt die Mutter die Elternzeit im Anschluss an einen auf die Mutterschutzfrist folgenden Erholungsurlaub, werden die Zeit der Mutterschutzfrist nach § 3 Absatz 2 und 3 des Mutterschutzgesetzes und die Zeit des Erholungsurlaubs auf den Zweijahreszeitraum nach Satz 2 angerechnet. ⁶Jeder Elternteil kann seine Elternzeit auf drei Zeitabschnitte verteilen; eine Verteilung auf weitere Zeitabschnitte ist nur mit der Zustimmung des Arbeitgebers möglich. ⁷Der Arbeitgeber kann die Inanspruchnahme eines dritten Abschnitts einer Elternzeit innerhalb von acht Wochen nach Zugang des Antrags aus dringenden betrieblichen Gründen ablehnen, wenn dieser Abschnitt im Zeitraum zwischen dem dritten Geburtstag und dem vollendeten achten Lebensjahr des Kindes liegen soll. ⁸Der Arbeitgeber hat dem Arbeitnehmer oder der Arbeitnehmerin die Elternzeit zu bescheinigen. ⁹Bei einem Arbeitgeberwechsel ist bei der Anmeldung der Elternzeit auf Verlangen des neuen Arbeitgebers eine Bescheinigung des früheren Arbeitgebers über bereits genommene Elternzeit durch die Arbeitnehmerin oder den Arbeitnehmer vorzulegen.

(2) Können Arbeitnehmerinnen aus einem von ihnen nicht zu vertretenden Grund eine sich unmittelbar an die Mutterschutzfrist des § 3 Absatz 2 und 3 des Mutterschutzgesetzes anschließende Elternzeit nicht rechtzeitig verlangen, können sie dies innerhalb einer Woche nach Wegfall des Grundes nachholen.

(3) ¹Die Elternzeit kann vorzeitig beendet oder im Rahmen des § 15 Absatz 2 verlängert werden, wenn der Arbeitgeber zustimmt. ²Die vorzeitige Beendigung wegen der Geburt eines weiteren Kindes oder in Fällen besonderer Härte, insbesondere bei Eintritt einer schweren Krankheit, Schwerbehinderung oder Tod eines Elternteils oder eines Kindes der berechtigten Person oder bei erheblich gefährdeter wirtschaftlicher Existenz der Eltern nach Inanspruchnahme der Elternzeit, kann der Arbeitgeber unbeschadet von Satz 3 nur innerhalb von vier Wochen aus dringenden betrieblichen Gründen schriftlich ablehnen. ³Die Elternzeit kann zur Inanspruchnahme der Schutzfristen des § 3 des Mutterschutzgesetzes auch ohne Zustimmung des Arbeitgebers vorzeitig beendet werden; in diesen Fällen soll die Arbeitnehmerin dem Arbeitgeber die Beendigung der Elternzeit rechtzeitig mitteilen. ⁴Eine Verlängerung der Elternzeit kann verlangt werden, wenn ein vorgesehener Wechsel der Anspruchsberechtigten aus einem wichtigen Grund nicht erfolgen kann.

(4) Stirbt das Kind während der Elternzeit, endet diese spätestens drei Wochen nach dem Tod des Kindes.

(5) Eine Änderung in der Anspruchsberechtigung hat der Arbeitnehmer oder die Arbeitnehmerin dem Arbeitgeber unverzüglich mitzuteilen.

§ 17 Urlaub

(1) ¹Der Arbeitgeber kann den Erholungsurlaub, der dem Arbeitnehmer oder der Arbeitnehmerin für das Urlaubsjahr zusteht, für jeden vollen Kalendermonat der Elternzeit um ein Zwölftel kürzen. ²Dies gilt nicht, wenn der Arbeitnehmer oder die Arbeitnehmerin während der Elternzeit bei seinem oder ihrem Arbeitgeber Teilzeitarbeit leistet.

(2) Hat der Arbeitnehmer oder die Arbeitnehmerin den ihm oder ihr zustehenden Urlaub vor dem Beginn der Elternzeit nicht oder nicht vollständig erhalten, hat der Arbeitgeber den Resturlaub nach der Elternzeit im laufenden oder im nächsten Urlaubsjahr zu gewähren.

(3) Endet das Arbeitsverhältnis während der Elternzeit oder wird es im Anschluss an die Elternzeit nicht fortgesetzt, so hat der Arbeitgeber den noch nicht gewährten Urlaub abzugelten.

(4) Hat der Arbeitnehmer oder die Arbeitnehmerin vor Beginn der Elternzeit mehr Urlaub erhalten, als ihm oder ihr nach Absatz 1 zusteht, kann der Arbeitgeber den Urlaub, der dem Arbeitnehmer oder der Arbeitnehmerin nach dem Ende der Elternzeit zusteht, um die zu viel gewährten Urlaubstage kürzen.

§ 18 Kündigungsschutz

(1) ¹Der Arbeitgeber darf das Arbeitsverhältnis ab dem Zeitpunkt, von dem an Elternzeit verlangt worden ist, nicht kündigen. ²Der Kündigungsschutz nach Satz 1 beginnt
1. frühestens acht Wochen vor Beginn einer Elternzeit bis zum vollendeten dritten Lebensjahr des Kindes und

2. frühestens 14 Wochen vor Beginn einer Elternzeit zwischen dem dritten Geburtstag und dem vollendeten achten Lebensjahr des Kindes.
³Während der Elternzeit darf der Arbeitgeber das Arbeitsverhältnis nicht kündigen. ⁴In besonderen Fällen kann ausnahmsweise eine Kündigung für zulässig erklärt werden. ⁵Die Zulässigkeitserklärung erfolgt durch die für den Arbeitsschutz zuständige oberste Landesbehörde oder die von ihr bestimmte Stelle. ⁶Die Bundesregierung kann mit Zustimmung des Bundesrates allgemeine Verwaltungsvorschriften zur Durchführung des Satzes 4 erlassen.
(2) Absatz 1 gilt entsprechend, wenn Arbeitnehmer oder Arbeitnehmerinnen
1. während der Elternzeit bei demselben Arbeitgeber Teilzeitarbeit leisten oder
2. ohne Elternzeit in Anspruch zu nehmen, Teilzeitarbeit leisten und Anspruch auf Elterngeld nach § 1 während des Zeitraums nach § 4 Absatz 1 Satz 2, 3 und 5 haben.

§ 19 Kündigung zum Ende der Elternzeit
Der Arbeitnehmer oder die Arbeitnehmerin kann das Arbeitsverhältnis zum Ende der Elternzeit nur unter Einhaltung einer Kündigungsfrist von drei Monaten kündigen.

§ 20 Zur Berufsbildung Beschäftigte, in Heimarbeit Beschäftigte
(1) ¹Die zu ihrer Berufsbildung Beschäftigten gelten als Arbeitnehmer und Arbeitnehmerinnen im Sinne dieses Gesetzes. ²Die Elternzeit wird auf die Dauer einer Berufsausbildung nicht angerechnet, es sei denn, dass während der Elternzeit die Berufsausbildung nach § 7a des Berufsbildungsgesetzes oder § 27b der Handwerksordnung in Teilzeit durchgeführt wird. ³§ 15 Absatz 4 Satz 1 bleibt unberührt.
(2) ¹Anspruch auf Elternzeit haben auch die in Heimarbeit Beschäftigten und die ihnen Gleichgestellten (§ 1 Absatz 1 und 2 des Heimarbeitsgesetzes), soweit sie am Stück mitarbeiten. ²Für sie tritt an die Stelle des Arbeitgebers der Auftraggeber oder Zwischenmeister und an die Stelle des Arbeitsverhältnisses das Beschäftigungsverhältnis.

§ 21 Befristete Arbeitsverträge
(1) Ein sachlicher Grund, der die Befristung eines Arbeitsverhältnisses rechtfertigt, liegt vor, wenn ein Arbeitnehmer oder eine Arbeitnehmerin zur Vertretung eines anderen Arbeitnehmers oder einer anderen Arbeitnehmerin für die Dauer eines Beschäftigungsverbotes nach dem Mutterschutzgesetz, einer Elternzeit, einer auf Tarifvertrag, Betriebsvereinbarung oder einzelvertraglichen Vereinbarung beruhenden Arbeitsfreistellung zur Betreuung eines Kindes oder für diese Zeiten zusammen oder für Teile davon eingestellt wird.
(2) Über die Dauer der Vertretung nach Absatz 1 hinaus ist die Befristung für notwendige Zeiten einer Einarbeitung zulässig.
(3) Die Dauer der Befristung des Arbeitsvertrags muss kalendermäßig bestimmt oder bestimmbar oder den in den Absätzen 1 und 2 genannten Zwecken zu entnehmen sein.
(4) ¹Der Arbeitgeber kann den befristeten Arbeitsvertrag unter Einhaltung einer Frist von mindestens drei Wochen, jedoch frühestens zum Ende der Elternzeit, kündigen, wenn die Elternzeit ohne Zustimmung des Arbeitgebers vorzeitig endet und der Arbeitnehmer oder die Arbeitnehmerin die vorzeitige Beendigung der Elternzeit mitgeteilt hat. ²Satz 1 gilt entsprechend, wenn der Arbeitgeber die vorzeitige Beendigung der Elternzeit in den Fällen des § 16 Absatz 3 Satz 2 nicht ablehnen darf.
(5) Das Kündigungsschutzgesetz ist im Falle des Absatzes 4 nicht anzuwenden.
(6) Absatz 4 gilt nicht, soweit seine Anwendung vertraglich ausgeschlossen ist.
(7) ¹Wird im Rahmen arbeitsrechtlicher Gesetze oder Verordnungen auf die Zahl der beschäftigten Arbeitnehmer und Arbeitnehmerinnen abgestellt, so sind bei der Ermittlung dieser Zahl Arbeitnehmer und Arbeitnehmerinnen, die sich in der Elternzeit befinden oder zur Betreuung eines Kindes freigestellt sind, nicht mitzuzählen, solange für sie aufgrund von Absatz 1 ein Vertreter oder eine Vertreterin eingestellt ist. ²Dies gilt nicht, wenn der Vertreter oder die Vertreterin nicht mitzuzählen ist. ³Die Sätze 1 und 2 gelten entsprechend, wenn im Rahmen arbeitsrechtlicher Gesetze oder Verordnungen auf die Zahl der Arbeitsplätze abgestellt wird.

Abschnitt 4
Statistik und Schlussvorschriften

§ 22 Bundesstatistik

(1) ¹Zur Beurteilung der Auswirkungen dieses Gesetzes sowie zu seiner Fortentwicklung sind laufende Erhebungen zum Bezug von Elterngeld als Bundesstatistiken durchzuführen. ²Die Erhebungen erfolgen zentral beim Statistischen Bundesamt.

(2) ¹Die Statistik zum Bezug von Elterngeld erfasst vierteljährlich zum jeweils letzten Tag des aktuellen und der vorangegangenen zwei Kalendermonate für Personen, die in einem dieser Kalendermonate Elterngeld bezogen haben, für jedes den Anspruch auslösende Kind folgende Erhebungsmerkmale:
1. Art der Berechtigung nach § 1,
2. Grundlagen der Berechnung des zustehenden Monatsbetrags nach Art und Höhe (§ 2 Absatz 1, 2, 3 oder 4, § 2a Absatz 1 oder 4, § 2c, die §§ 2d, 2e oder § 2f),
3. Höhe und Art des zustehenden Monatsbetrags (§ 4a Absatz 1 und 2 Satz 1) ohne die Berücksichtigung der Einnahmen nach § 3,
4. Art und Höhe der Einnahmen nach § 3,
5. Inanspruchnahme der als Partnerschaftsbonus gewährten Monatsbeträge nach § 4b Absatz 1 und der weiteren Monatsbeträge Elterngeld Plus nach § 4c Absatz 2,
6. Höhe des monatlichen Auszahlungsbetrags,
7. Geburtstag des Kindes,
8. für die Elterngeld beziehende Person:
    a) Geschlecht, Geburtsjahr und -monat,
    b) Staatsangehörigkeit,
    c) Wohnsitz oder gewöhnlicher Aufenthalt,
    d) Familienstand und unverheiratetes Zusammenleben mit dem anderen Elternteil,
    e) Vorliegen der Voraussetzungen nach § 4c Absatz 1 Nummer 1 und
    f) Anzahl der im Haushalt lebenden Kinder.

²Die Angaben nach den Nummern 2, 3, 5 und 6 sind für jeden Lebensmonat des Kindes bezogen auf den nach § 4 Absatz 1 möglichen Zeitraum des Leistungsbezugs zu melden.

(3) Hilfsmerkmale sind:
1. Name und Anschrift der zuständigen Behörde,
2. Name und Telefonnummer sowie Adresse für elektronische Post der für eventuelle Rückfragen zur Verfügung stehenden Person und
3. Kennnummer des Antragstellers oder der Antragstellerin.

§ 23 Auskunftspflicht; Datenübermittlung an das Statistische Bundesamt

(1) ¹Für die Erhebung nach § 22 besteht Auskunftspflicht. ²Die Angaben nach § 22 Absatz 4 Nummer 2 sind freiwillig. ³Auskunftspflichtig sind die nach § 12 Absatz 1 zuständigen Stellen.

(2) ¹Der Antragsteller oder die Antragstellerin ist gegenüber den nach § 12 Absatz 1 zuständigen Stellen zu den Erhebungsmerkmalen nach § 22 Absatz 2 und 3 auskunftspflichtig. ²Die zuständigen Stellen nach § 12 Absatz 1 dürfen die Angaben nach § 22 Absatz 2 Satz 1 Nummer 8 und Absatz 3 Satz 1 Nummer 4, soweit sie für den Vollzug dieses Gesetzes nicht erforderlich sind, nur durch technische und organisatorische Maßnahmen getrennt von den übrigen Daten nach § 22 Absatz 2 und 3 und nur für die Übermittlung an das Statistische Bundesamt verwenden und haben diese unverzüglich nach Übermittlung an das Statistische Bundesamt zu löschen.

(3) Die in sich schlüssigen Angaben sind als Einzeldatensätze elektronisch bis zum Ablauf von 30 Arbeitstagen nach Ablauf des Berichtszeitraums an das Statistische Bundesamt zu übermitteln.

§ 24 Übermittlung von Tabellen mit statistischen Ergebnissen durch das Statistische Bundesamt

¹Zur Verwendung gegenüber den gesetzgebenden Körperschaften und zu Zwecken der Planung, jedoch nicht zur Regelung von Einzelfällen, übermittelt das Statistische Bundesamt Tabellen mit statistischen Ergebnissen, auch soweit Tabellenfelder nur einen einzigen Fall ausweisen, an die fachlich zuständigen obersten Bundes- oder Landesbehörden. ²Tabellen, deren Tabellenfelder nur einen einzigen Fall ausweisen, dürfen nur dann übermittelt werden, wenn sie nicht differenzierter als auf Regierungsbezirksebene, im Falle der Stadtstaaten auf Bezirksebene, aufbereitet sind.

§ 24a Übermittlung von Einzelangaben durch das Statistische Bundesamt

(1) ¹Zur Abschätzung von Auswirkungen der Änderungen dieses Gesetzes im Rahmen der Zwecke nach § 24 übermittelt das Statistische Bundesamt auf Anforderung des fachlich zuständigen Bundesministeriums diesem oder von ihm beauftragten Forschungseinrichtungen Einzelangaben ab dem Jahr 2007 ohne Hilfsmerkmale mit Ausnahme des Merkmals nach § 22 Absatz 4 Nummer 3 für die Entwicklung und den Betrieb von Mikrosimulationsmodellen. ²Die Einzelangaben dürfen nur im hierfür erforderlichen Umfang und mittels eines sicheren Datentransfers übermittelt werden.

(2) ¹Bei der Verarbeitung der Daten nach Absatz 1 ist das Statistikgeheimnis nach § 16 des Bundesstatistikgesetzes zu wahren. ²Dafür ist die Trennung von statistischen und nichtstatistischen Aufgaben durch Organisation und Verfahren zu gewährleisten. ³Die nach Absatz 1 übermittelten Daten dürfen nur für die Zwecke verwendet werden, für die sie übermittelt wurden. ⁴Die übermittelten Einzeldaten sind nach dem Erreichen des Zweckes zu löschen, zu dem sie übermittelt wurden.

(3) ¹Personen, die Empfängerinnen und Empfänger von Einzelangaben nach Absatz 1 Satz 1 sind, unterliegen der Pflicht zur Geheimhaltung nach § 16 Absatz 1 und 10 des Bundesstatistikgesetzes. ²Personen, die Einzelangaben nach Absatz 1 Satz 1 erhalten sollen, müssen Amtsträger oder für den öffentlichen Dienst besonders Verpflichtete sein. ³Personen, die Einzelangaben erhalten sollen und die nicht Amtsträger oder für den öffentlichen Dienst besonders Verpflichtete sind, sind vor der Übermittlung zur Geheimhaltung zu verpflichten. ⁴§ 1 Absatz 2, 3 und 4 Nummer 2 des Verpflichtungsgesetzes vom 2. März 1974 (BGBl. I S. 469, 547), das durch § 1 Nummer 4 des Gesetzes vom 15. August 1974 (BGBl. I S. 1942) geändert worden ist, gilt in der jeweils geltenden Fassung entsprechend. ⁵Die Empfängerinnen und Empfänger von Einzelangaben dürfen aus ihrer Tätigkeit gewonnene Erkenntnisse nur für die in Absatz 1 genannten Zwecke verwenden.

§ 24b Elektronische Unterstützung bei der Antragstellung

(1) Zur elektronischen Unterstützung bei der Antragstellung kann der Bund ein Internetportal einrichten und betreiben. Das Internetportal ermöglicht das elektronische Ausfüllen der Antragsformulare der Länder sowie die Übermittlung der Daten aus dem Antragsformular an die nach § 12 zuständige Behörde. Zuständig für Einrichtung und Betrieb des Internetportals ist das Bundesministerium für Familie, Senioren, Frauen und Jugend. Die Ausführung dieses Gesetzes durch die nach § 12 zuständigen Behörden bleibt davon unberührt.

(2) Das Bundesministerium für Familie, Senioren, Frauen und Jugend ist für das Internetportal datenschutzrechtlich verantwortlich. Für die elektronische Unterstützung bei der Antragstellung darf das Bundesministerium für Familie, Senioren, Frauen und Jugend die zur Beantragung von Elterngeld erforderlichen personenbezogenen Daten sowie die in § 22 genannten statistischen Erhebungsmerkmale verarbeiten, sofern der Nutzer in die Verarbeitung eingewilligt hat. Die statistischen Erhebungsmerkmale einschließlich der zur Beantragung von Elterngeld erforderlichen personenbezogenen Daten sind nach Beendigung der Nutzung des Internetportals unverzüglich zu löschen.

§ 25 Datenübermittlung durch die Standesämter

Beantragt eine Person Elterngeld, so darf das für die Entgegennahme der Anzeige der Geburt zuständige Standesamt der nach § 12 Absatz 1 zuständigen Behörde die erforderlichen Daten über die Beurkundung der Geburt eines Kindes elektronisch übermitteln, wenn die antragstellende Person zuvor in die elektronische Datenübermittlung eingewilligt hat.

§ 26 Anwendung der Bücher des Sozialgesetzbuches

(1) Soweit dieses Gesetz zum Elterngeld keine ausdrückliche Regelung trifft, ist bei der Ausführung des Ersten, Zweiten und Dritten Abschnitts das Erste Kapitel des Zehnten Buches Sozialgesetzbuch anzuwenden.

(2) § 328 Absatz 3 und § 331 des Dritten Buches Sozialgesetzbuch gelten entsprechend.

§ 27 Sonderregelung aus Anlass der COVID-19-Pandemie

(1) ¹Übt ein Elternteil eine systemrelevante Tätigkeit aus, so kann sein Bezug von Elterngeld auf Antrag für die Zeit vom 1. März 2020 bis 31. Dezember 2020 aufgeschoben werden. ²Der Bezug der verschobenen Lebensmonate ist spätestens bis zum 30. Juni 2021 anzutreten. ³Wird von der Möglichkeit des Aufschubs Gebrauch gemacht, so kann das Basiselterngeld abweichend von § 4 Absatz 1 Satz 2 und 3 auch noch nach Vollendung des 14. Lebensmonats bezogen werden. ⁴In der Zeit vom 1. März 2020 bis 30. Juni 2021 entstehende Lücken im Elterngeldbezug sind abweichend von § 4 Absatz 1 Satz 4 unschädlich.

(2) ¹Für ein Verschieben des Partnerschaftsbonus genügt es, wenn nur ein Elternteil einen systemrelevanten Beruf ausübt. ²Hat der Bezug des Partnerschaftsbonus bereits begonnen, so gelten allein die Bestimmungen des Absatzes 3.
(3) Liegt der Bezug des Partnerschaftsbonus ganz oder teilweise vor dem Ablauf des 31. Dezember 2021 und kann die berechtigte Person die Voraussetzungen des Bezugs aufgrund der COVID-19-Pandemie nicht einhalten, gelten die Angaben zur Höhe des Einkommens und zum Umfang der Arbeitszeit, die bei der Beantragung des Partnerschaftsbonus glaubhaft gemacht worden sind.

§ 28 Übergangsvorschrift

(1) Für die vor dem 1. September 2021 geborenen oder mit dem Ziel der Adoption aufgenommenen Kinder ist dieses Gesetz in der bis zum 31. August 2021 geltenden Fassung weiter anzuwenden.
(1a) Soweit dieses Gesetz Mutterschaftsgeld nach dem Fünften Buch Sozialgesetzbuch oder nach dem Zweiten Gesetz über die Krankenversicherung der Landwirte in Bezug nimmt, gelten die betreffenden Regelungen für Mutterschaftsgeld nach der Reichsversicherungsordnung oder nach dem Gesetz über die Krankenversicherung der Landwirte entsprechend.
(2) Für die dem Erziehungsgeld vergleichbaren Leistungen der Länder sind § 8 Absatz 1 und § 9 des Bundeserziehungsgeldgesetzes in der bis zum 31. Dezember 2006 geltenden Fassung weiter anzuwenden.
(3) ¹§ 1 Absatz 7 Satz 1 Nummer 1 bis 4 in der Fassung des Artikels 36 des Gesetzes vom 12. Dezember 2019 (BGBl. I S. 2451) ist für Entscheidungen anzuwenden, die Zeiträume betreffen, die nach dem 29. Februar 2020 beginnen. ²§ 1 Absatz 7 Satz 1 Nummer 5 in der Fassung des Artikels 36 des Gesetzes vom 12. Dezember 2019 (BGBl. I S. 2451) ist für Entscheidungen anzuwenden, die Zeiträume betreffen, die nach dem 31. Dezember 2019 beginnen.
(4) ¹§ 9 Absatz 2 und § 25 sind auf Kinder anwendbar, die nach dem 31. Dezember 2021 geboren oder nach dem 31. Dezember 2021 mit dem Ziel der Adoption aufgenommen worden sind. ²Zur Erprobung des Verfahrens können diese Regelungen in Pilotprojekten mit Zustimmung des Bundesministeriums für Familie, Senioren, Frauen und Jugend, des Bundesministeriums für Arbeit und Soziales und des Bundesministeriums des Innern, für Bau und Heimat auf Kinder, die vor dem 1. Januar 2022 geboren oder vor dem 1. Januar 2022 zur Adoption aufgenommen worden sind, angewendet werden.

Bundeskindergeldgesetz (BKGG)

in der Fassung der Bekanntmachung
vom 28. Januar 2009 (BGBl. I S. 142, S. 3177)

Zuletzt geändert durch
Kitafinanzhilfenänderungsgesetz
vom 25. Juni 2021 (BGBl. I S. 2020)

Inhaltsübersicht

Erster Abschnitt
Leistungen

§ 1 Anspruchsberechtigte
§ 2 Kinder
§ 3 Zusammentreffen mehrerer Ansprüche
§ 4 Andere Leistungen für Kinder
§ 5 Beginn und Ende des Anspruchs
§ 6 Höhe des Kindergeldes
§ 6a Kinderzuschlag
§ 6b Leistungen für Bildung und Teilhabe
§ 6c Unterhaltspflichten
§ 6d Kinderfreizeitbonus aus Anlass der COVID-19-Pandemie für Familien mit Kinderzuschlag, Wohngeld oder Sozialhilfe

Zweiter Abschnitt
Organisation und Verfahren

§ 7 Zuständigkeit
§ 7a Datenübermittlung
§ 7b Automatisiertes Abrufverfahren
§ 8 Aufbringung der Mittel
§ 9 Antrag
§ 10 Auskunftspflicht
§ 11 Gewährung des Kindergeldes und des Kinderzuschlags
§ 12 Aufrechnung
§ 13 Zuständige Stelle
§ 14 Bescheid
§ 15 Rechtsweg

Dritter Abschnitt
Bußgeldvorschriften

§ 16 Ordnungswidrigkeiten

Vierter Abschnitt
Übergangs- und Schlussvorschriften

§ 17 Recht der Europäischen Gemeinschaft
§ 18 Anwendung des Sozialgesetzbuches
§ 19 Übergangsvorschriften
§ 20 Anwendungsvorschrift
§ 21 Sondervorschrift zur Steuerfreistellung des Existenzminimums eines Kindes in den Veranlagungszeiträumen 1983 bis 1995 durch Kindergeld
§ 22 Bericht der Bundesregierung

Erster Abschnitt
Leistungen

§ 1 Anspruchsberechtigte

(1) Kindergeld nach diesem Gesetz für seine Kinder erhält, wer nach § 1 Absatz 1 und 2 des Einkommensteuergesetzes nicht unbeschränkt steuerpflichtig ist und auch nicht nach § 1 Abs. 3 des Einkommensteuergesetzes als unbeschränkt steuerpflichtig behandelt wird und
1. in einem Versicherungspflichtverhältnis zur Bundesagentur für Arbeit nach dem Dritten Buch Sozialgesetzbuch steht oder versicherungsfrei nach § 28 Absatz 1 Nummer 1 des Dritten Buches Sozialgesetzbuch ist oder
2. als Entwicklungshelfer Unterhaltsleistungen im Sinne des § 4 Absatz 1 Nummer 1 des Entwicklungshelfer-Gesetzes erhält oder als Missionar der Missionswerke und -gesellschaften, die Mitglieder oder Vereinbarungspartner des Evangelischen Missionswerkes Hamburg, der Arbeitsgemeinschaft Evangelikaler Missionen e. V., des Deutschen katholischen Missionsrates oder der Arbeitsgemeinschaft pfingstlich-charismatischer Missionen sind, tätig ist oder
3. eine nach § 123a des Beamtenrechtsrahmengesetzes oder § 29 des Bundesbeamtengesetzes oder § 20 des Beamtenstatusgesetzes bei einer Einrichtung außerhalb Deutschlands zugewiesene Tätigkeit ausübt oder
4. als Ehegatte oder Lebenspartner eines Mitglieds der Truppe oder des zivilen Gefolges eines NATO-Mitgliedstaates die Staatsangehörigkeit eines EU/EWR-Mitgliedstaates besitzt und in Deutschland seinen Wohnsitz oder gewöhnlichen Aufenthalt hat.

(2) ¹Kindergeld für sich selbst erhält, wer
1. in Deutschland einen Wohnsitz oder seinen gewöhnlichen Aufenthalt hat,

2. Vollwaise ist oder den Aufenthalt seiner Eltern nicht kennt und
3. nicht bei einer anderen Person als Kind zu berücksichtigen ist.

²§ 2 Absatz 2 und 3 sowie die §§ 4 und 5 sind entsprechend anzuwenden. ³Im Fall des § 2 Absatz 2 Satz 1 Nummer 3 wird Kindergeld längstens bis zur Vollendung des 25. Lebensjahres gewährt.

(3) ¹Ein nicht freizügigkeitsberechtigter Ausländer erhält Kindergeld nur, wenn er
1. eine Niederlassungserlaubnis oder eine Erlaubnis zum Daueraufenthalt-EU besitzt,
2. eine Blaue Karte EU, eine ICT-Karte, eine Mobiler-ICT-Karte oder eine Aufenthaltserlaubnis besitzt, die für einen Zeitraum von mindestens sechs Monaten zur Ausübung einer Erwerbstätigkeit berechtigen oder berechtigt haben oder diese erlauben, es sei denn, die Aufenthaltserlaubnis wurde
   a) nach § 16e des Aufenthaltsgesetzes zu Ausbildungszwecken, nach § 19c Absatz 1 des Aufenthaltsgesetzes zum Zweck der Beschäftigung als Au-Pair oder zum Zweck der Saisonbeschäftigung, nach § 19e des Aufenthaltsgesetzes zum Zweck der Teilnahme an einem Europäischen Freiwilligendienst oder nach § 20 Absatz 1 und 2 des Aufenthaltsgesetzes zur Arbeitsplatzsuche erteilt,
   b) nach § 16b des Aufenthaltsgesetzes zum Zweck eines Studiums, nach § 16d des Aufenthaltsgesetzes für Maßnahmen zur Anerkennung ausländischer Berufsqualifikationen oder nach § 20 Absatz 3 des Aufenthaltsgesetzes zur Arbeitsplatzsuche erteilt und er ist weder erwerbstätig noch nimmt er Elternzeit nach § 15 des Bundeselterngeld- und Elternzeitgesetzes oder laufende Geldleistungen nach dem Dritten Buch Sozialgesetzbuch in Anspruch,
   c) nach § 23 Absatz 1 des Aufenthaltsgesetzes wegen eines Krieges in seinem Heimatland oder nach den §§ 23a, 24 oder § 25 Absatz 3 bis 5 des Aufenthaltsgesetzes erteilt,
3. eine in Nummer 2 Buchstabe c genannte Aufenthaltserlaubnis besitzt und im Bundesgebiet berechtigt erwerbstätig ist oder Elternzeit nach § 15 des Bundeselterngeld- und Elternzeitgesetzes oder laufende Geldleistungen nach dem Dritten Buch Sozialgesetzbuch in Anspruch nimmt,
4. eine in Nummer 2 Buchstabe c genannte Aufenthaltserlaubnis besitzt und sich seit mindestens 15 Monaten erlaubt, gestattet oder geduldet im Bundesgebiet aufhält oder
5. eine Beschäftigungsduldung gemäß § 60d in Verbindung mit § 60a Absatz 2 Satz 3 des Aufenthaltsgesetzes besitzt.

²Abweichend von Satz 1 Nummer 3 erste Alternative erhält ein minderjähriger nicht freizügigkeitsberechtigter Ausländer unabhängig von einer Erwerbstätigkeit Kindergeld.

§ 2 Kinder

(1) Als Kinder werden auch berücksichtigt
1. vom Berechtigten in seinen Haushalt aufgenommene Kinder seines Ehegatten oder Lebenspartners,
2. Pflegekinder (Personen, mit denen der Berechtigte durch ein familienähnliches, auf Dauer berechnetes Band verbunden ist, sofern er sie nicht zu Erwerbszwecken in seinen Haushalt aufgenommen hat und das Obhuts- und Pflegeverhältnis zu den Eltern nicht mehr besteht),
3. vom Berechtigten in seinen Haushalt aufgenommene Enkel.

(2) ¹Ein Kind, das das 18. Lebensjahr vollendet hat, wird berücksichtigt, wenn es
1. noch nicht das 21. Lebensjahr vollendet hat, nicht in einem Beschäftigungsverhältnis steht und bei einer Agentur für Arbeit im Inland als Arbeitsuchender gemeldet ist oder
2. noch nicht das 25. Lebensjahr vollendet hat und
   a) für einen Beruf ausgebildet wird oder
   b) sich in einer Übergangszeit von höchstens vier Monaten befindet, die zwischen zwei Ausbildungsabschnitten oder zwischen einem Ausbildungsabschnitt und der Ableistung des gesetzlichen Wehr- oder Zivildienstes, einer vom Wehr- oder Zivildienst befreienden Tätigkeit als Entwicklungshelfer oder als Dienstleistender im Ausland nach § 14b des Zivildienstgesetzes oder der Ableistung des freiwilligen Wehrdienstes nach § 58b im Soldatengesetzes oder der Ableistung eines freiwilligen Dienstes im Sinne des Buchstaben d liegt, oder
   c) eine Berufsausbildung mangels Ausbildungsplatzes nicht beginnen oder fortsetzen kann oder
   d) ein freiwilliges soziales Jahr oder ein freiwilliges ökologisches Jahr im Sinne des Jugendfreiwilligendienstegesetzes oder eine Freiwilligenaktivität im Rahmen des Europäischen Solidaritätskorps im Sinne der Verordnung (EU) Nr. 2018/1475 des Europäischen Parlaments und des Rates vom 2. Oktober 2018 zur Festlegung des rechtlichen Rahmens des Europäischen Solidaritätskorps sowie zur Änderung der Verordnung (EU) Nr. 1288/2013 und der Verordnung (EU) Nr. 1293/2013 sowie des Beschlusses Nr. 1313/2013/EU (ABl. L 250 vom 4. 10. 2018, S. 1) oder einen anderen Dienst im Ausland im Sinne von § 5 des Bundesfreiwilligendienstgesetzes oder

einen entwicklungspolitischen Freiwilligendienst „weltwärts" im Sinne der Förderleitlinie des Bundesministeriums für wirtschaftliche Zusammenarbeit und Entwicklung vom 1. Januar 2016 oder einen Freiwilligendienst aller Generationen im Sinne von § 2 Absatz 1a des Siebten Buches Sozialgesetzbuch oder einen Internationalen Jugendfreiwilligendienst im Sinne der Richtlinie des Bundesministeriums für Familie, Senioren, Frauen und Jugend vom 25. Mai 2018 (GMBl S. 545) oder einen Bundesfreiwilligendienst im Sinne des Bundesfreiwilligendienstgesetzes leistet oder

3. wegen körperlicher, geistiger oder seelischer Behinderung außerstande ist, sich selbst zu unterhalten; Voraussetzung ist, dass die Behinderung vor Vollendung des 25. Lebensjahres eingetreten ist.

²Nach Abschluss einer erstmaligen Berufsausbildung oder eines Erststudiums wird ein Kind in den Fällen des Satzes 1 Nummer 2 nur berücksichtigt, wenn das Kind keiner Erwerbstätigkeit nachgeht. ³Eine Erwerbstätigkeit mit bis zu 20 Stunden regelmäßiger wöchentlicher Arbeitszeit, ein Ausbildungsdienstverhältnis oder ein geringfügiges Beschäftigungsverhältnis im Sinne der §§ 8 und 8a des Vierten Buches Sozialgesetzbuch sind unschädlich.

(3) ¹In den Fällen des Absatzes 2 Satz 1 Nummer 1 oder Nummer 2 Buchstabe a und b wird ein Kind, das
1. den gesetzlichen Grundwehrdienst oder Zivildienst geleistet hat oder
2. sich an Stelle des gesetzlichen Grundwehrdienstes freiwillig für die Dauer von nicht mehr als drei Jahren zum Wehrdienst verpflichtet hat oder
3. eine vom gesetzlichen Grundwehrdienst oder Zivildienst befreiende Tätigkeit als Entwicklungshelfer im Sinne des § 1 Absatz 1 des Entwicklungshelfer-Gesetzes ausgeübt hat,

für einen der Dauer dieser Dienste oder der Tätigkeit entsprechenden Zeitraum, höchstens für die Dauer des inländischen gesetzlichen Grundwehrdienstes, bei anerkannten Kriegsdienstverweigerern für die Dauer des inländischen gesetzlichen Zivildienstes über das 21. oder 25. Lebensjahr hinaus berücksichtigt. ²Wird der gesetzliche Grundwehrdienst oder Zivildienst in einem Mitgliedstaat der Europäischen Union oder einem Staat, auf den das Abkommen über den Europäischen Wirtschaftsraum Anwendung findet, geleistet, so ist die Dauer dieses Dienstes maßgebend. ³Absatz 2 Satz 2 und 3 gilt entsprechend.

(4) ¹Kinder, für die einer anderen Person nach dem Einkommensteuergesetz Kindergeld oder ein Kinderfreibetrag zusteht, werden nicht berücksichtigt. ²Dies gilt nicht für Kinder, die in den Haushalt des Anspruchsberechtigten nach § 1 aufgenommen worden sind oder für die dieser die höhere Unterhaltsrente zahlt, wenn sie weder in seinen Haushalt noch in den Haushalt eines nach § 62 des Einkommensteuergesetzes Anspruchsberechtigten aufgenommen sind.

(5) ¹Kinder, die weder einen Wohnsitz noch ihren gewöhnlichen Aufenthalt in Deutschland haben, werden nicht berücksichtigt. ²Dies gilt nicht gegenüber Berechtigten nach § 1 Absatz 1 Nummer 2 und 3, wenn sie die Kinder in ihren Haushalt aufgenommen haben.

(6) Die Bundesregierung wird ermächtigt, durch Rechtsverordnung, die nicht der Zustimmung des Bundesrates bedarf, zu bestimmen, dass einem Berechtigten, der in Deutschland erwerbstätig ist oder sonst seine hauptsächlichen Einkünfte erzielt, für seine in Absatz 5 Satz 1 bezeichneten Kinder Kindergeld ganz oder teilweise zu leisten ist, soweit dies mit Rücksicht auf die durchschnittlichen Lebenshaltungskosten für Kinder in deren Wohnland und auf die dort gewährten dem Kindergeld vergleichbaren Leistungen geboten ist.

§ 3 Zusammentreffen mehrerer Ansprüche

(1) Für jedes Kind werden nur einer Person Kindergeld, Kinderzuschlag und Leistungen für Bildung und Teilhabe gewährt.

(2) ¹Erfüllen für ein Kind mehrere Personen die Anspruchsvoraussetzungen, so werden das Kindergeld, der Kinderzuschlag und die Leistungen für Bildung und Teilhabe derjenigen Person gewährt, die das Kind in ihren Haushalt aufgenommen hat. ²Ist ein Kind in den gemeinsamen Haushalt von Eltern, von einem Elternteil und dessen Ehegatten oder Lebenspartner, von Pflegeeltern oder Großeltern aufgenommen worden, bestimmen diese untereinander den Berechtigten. ³Wird eine Bestimmung nicht getroffen, bestimmt das Familiengericht auf Antrag den Berechtigten. ⁴Antragsberechtigt ist, wer ein berechtigtes Interesse an der Leistung des Kindergeldes hat. ⁵Lebt ein Kind im gemeinsamen Haushalt von Eltern und Großeltern, werden das Kindergeld, der Kinderzuschlag und die Leistungen für Bildung und Teilhabe vorrangig einem Elternteil gewährt; sie werden an einen Großelternteil gewährt, wenn der Elternteil gegenüber der zuständigen Stelle auf seinen Vorrang schriftlich verzichtet hat.

(3) ¹Ist das Kind nicht in den Haushalt einer der Personen aufgenommen, die die Anspruchsvoraussetzungen erfüllen, wird das Kindergeld derjenigen Person gewährt, die dem Kind eine Unterhaltsrente zahlt. ²Zahlen mehrere anspruchsberechtigte Personen dem Kind Unterhaltsrenten, wird das Kindergeld

derjenigen Person gewährt, die dem Kind laufend die höchste Unterhaltsrente zahlt. ³Werden gleich hohe Unterhaltsrenten gezahlt oder zahlt keiner der Berechtigten dem Kind Unterhalt, so bestimmen die Berechtigten untereinander, wer das Kindergeld erhalten soll. ⁴Wird eine Bestimmung nicht getroffen, so gilt Absatz 2 Satz 3 und 4 entsprechend.

§ 4 Andere Leistungen für Kinder

(1) ¹Kindergeld wird nicht für ein Kind gewährt, für das eine der folgenden Leistungen zu zahlen ist oder bei entsprechender Antragstellung zu zahlen wäre:
1. Kinderzulagen aus der gesetzlichen Unfallversicherung oder Kinderzuschüsse aus den gesetzlichen Rentenversicherungen,
2. Leistungen für Kinder, die außerhalb Deutschlands gewährt werden und dem Kindergeld oder einer der unter Nummer 1 genannten Leistungen vergleichbar sind,
3. Leistungen für Kinder, die von einer zwischen- oder überstaatlichen Einrichtung gewährt werden und dem Kindergeld vergleichbar sind.

²Steht ein Berechtigter in einem Versicherungspflichtverhältnis zur Bundesagentur für Arbeit nach dem Dritten Buch Sozialgesetzbuch oder ist er versicherungsfrei nach § 28 Absatz 1 Nummer 1 des Dritten Buches Sozialgesetzbuch oder steht er in Deutschland in einem öffentlich-rechtlichen Dienst- oder Amtsverhältnis, so wird sein Anspruch auf Kindergeld für ein Kind nicht nach Satz 1 Nummer 3 mit Rücksicht darauf ausgeschlossen, dass sein Ehegatte oder Lebenspartner als Beamter, Ruhestandsbeamter oder sonstiger Bediensteter der Europäischen Gemeinschaften für das Kind Anspruch auf Kinderzulage hat.

(2) ¹Ist in den Fällen des Absatzes 1 Satz 1 Nummer 1 der Bruttobetrag der anderen Leistung niedriger als das Kindergeld nach § 6, wird Kindergeld in Höhe des Unterschiedsbetrages gezahlt. ²Ein Unterschiedsbetrag unter 5 Euro wird nicht geleistet.

§ 5 Beginn und Ende des Anspruchs

(1) Das Kindergeld, der Kinderzuschlag und die Leistungen für Bildung und Teilhabe werden vom Beginn des Monats an gewährt, in dem die Anspruchsvoraussetzungen erfüllt sind; sie werden bis zum Ende des Monats gewährt, in dem die Anspruchsvoraussetzungen wegfallen.

(2) Das Kindergeld wird rückwirkend nur für die letzten sechs Monate vor Beginn des Monats gezahlt, in dem der Antrag auf Kindergeld eingegangen ist.

(3) ¹Der Kinderzuschlag wird nicht für Zeiten vor der Antragstellung gewährt. ²§ 28 des Zehnten Buches Sozialgesetzbuch gilt mit der Maßgabe, dass der Antrag unverzüglich nach Ablauf des Monats, in dem die Ablehnung oder Erstattung der anderen Leistungen bindend geworden ist, nachzuholen ist.

§ 6 Höhe des Kindergeldes

(1) Das Kindergeld beträgt monatlich für das erste und zweite Kind jeweils 219 Euro, für das dritte Kind 225 Euro und für das vierte und jedes weitere Kind jeweils 250 Euro.
(2) In den Fällen des § 1 Absatz 2 beträgt das Kindergeld 219 Euro monatlich.
(3) ¹Darüber hinaus wird für jedes Kind, für das für den Monat Mai 2021 ein Anspruch auf Kindergeld besteht, für den Monat Mai 2021 ein Einmalbetrag in Höhe von 150 Euro gezahlt. ²Ein Anspruch in Höhe des Einmalbetrags von 150 Euro für das Kalenderjahr 2021 besteht auch für ein Kind, für das nicht für den Monat Mai 2021, jedoch für mindestens einen anderen Kalendermonat im Kalenderjahr 2021 ein Anspruch auf Kindergeld besteht.

§ 6a Kinderzuschlag

(1) Personen erhalten für in ihrem Haushalt lebende unverheiratete oder nicht verpartnerte Kinder, die noch nicht das 25. Lebensjahr vollendet haben, einen Kinderzuschlag, wenn
1. sie für diese Kinder nach diesem Gesetz oder nach dem X. Abschnitt des Einkommensteuergesetzes Anspruch auf Kindergeld oder Anspruch auf andere Leistungen im Sinne von § 4 haben,
2. sie mit Ausnahme des Wohngeldes, des Kindergeldes und des Kinderzuschlags über Einkommen im Sinne des § 11 Absatz 1 Satz 1 des Zweiten Buches Sozialgesetzbuch in Höhe von mindestens 900 Euro oder, wenn sie alleinerziehend sind, in Höhe von mindestens 600 Euro verfügen, wobei Beträge nach § 11b des Zweiten Buches Sozialgesetzbuch nicht abzusetzen sind, und
3. bei Bezug des Kinderzuschlags keine Hilfebedürftigkeit im Sinne des § 9 des Zweiten Buches Sozialgesetzbuch besteht, wobei die Bedarfe nach § 28 des Zweiten Buches Sozialgesetzbuch außer Betracht bleiben. Bei der Prüfung der Hilfebedürftigkeit ist das für den Antragsmonat bewilligte Wohngeld zu berücksichtigen. Wird kein Wohngeld bezogen und könnte mit Wohngeld und Kin-

derzuschlag Hilfebedürftigkeit vermieden werden, ist bei der Prüfung Wohngeld in der Höhe anzusetzen, in der es voraussichtlich für den Antragsmonat zu bewilligen wäre.
(1a) Ein Anspruch auf Kinderzuschlag besteht abweichend von Absatz 1 Nummer 3, wenn
1. bei Bezug von Kinderzuschlag Hilfebedürftigkeit besteht, der Bedarfsgemeinschaft zur Vermeidung von Hilfebedürftigkeit aber mit ihrem Einkommen, dem Kinderzuschlag und dem Wohngeld höchstens 100 Euro fehlen,
2. sich bei der Ermittlung des Einkommens der Eltern nach § 11b Absatz 2 und 3 des Zweiten Buches Sozialgesetzbuch wegen Einkommen aus Erwerbstätigkeit Absetzbeträge in Höhe von mindestens 100 Euro ergeben und
3. kein Mitglied der Bedarfsgemeinschaft Leistungen nach dem Zweiten oder nach dem Zwölften Buch Sozialgesetzbuch erhält oder beantragt hat.
(2) ¹Der monatliche Höchstbetrag des Kinderzuschlags deckt zusammen mit dem für ein erstes Kind nach § 66 des Einkommensteuergesetzes zu zahlenden Kindergeld ein Zwölftel des steuerfrei zu stellenden sächlichen Existenzminimums eines Kindes für das jeweilige Kalenderjahr mit Ausnahme des Anteils für Bildung und Teilhabe. ²Steht dieses Existenzminimum eines Kindes zu Beginn eines Jahres nicht fest, ist insoweit der für das Jahr geltende Betrag für den Mindestunterhalt eines Kindes in der zweiten Altersstufe nach der Mindestunterhaltsverordnung maßgeblich. ³Als Höchstbetrag des Kinderzuschlags in dem jeweiligen Kalenderjahr gilt der Betrag, der sich zu Beginn des Jahres nach den Sätzen 1 und 2 ergibt, mindestens jedoch ein Betrag in Höhe des Vorjahres.
(3) ¹Ausgehend vom Höchstbetrag mindert sich der jeweilige Kinderzuschlag, wenn das Kind nach den §§ 11 bis 12 des Zweiten Buches Sozialgesetzbuch zu berücksichtigendes Einkommen oder Vermögen hat. ²Bei der Berücksichtigung des Einkommens bleiben das Wohngeld, das Kindergeld und der Kinderzuschlag außer Betracht. ³Der Kinderzuschlag wird um 45 Prozent des zu berücksichtigenden Einkommens des Kindes monatlich gemindert. ⁴Ein Anspruch auf Zahlung des Kinderzuschlags für ein Kind besteht nicht, wenn zumutbare Anstrengungen unterlassen wurden, Ansprüche auf Einkommen des Kindes geltend zu machen. ⁵Bei der Berücksichtigung des Vermögens des Kindes ist der Grundfreibetrag nach § 12 Absatz 2 Satz 1 Nummer 1a des Zweiten Buches Sozialgesetzbuch abzusetzen. ⁶Ist das zu berücksichtigende Vermögen höher als der nach den Sätzen 1 bis 5 verbleibende monatliche Anspruch auf Kinderzuschlag, so dass es den Kinderzuschlag für den ersten Monat des Bewilligungszeitraums vollständig mindert, entfällt der Anspruch auf Kinderzuschlag. ⁷Ist das zu berücksichtigende Vermögen niedriger als der monatliche Anspruch auf Kinderzuschlag, ist der Kinderzuschlag im ersten Monat des Bewilligungszeitraums um einen Betrag in Höhe des zu berücksichtigenden Vermögens zu mindern und ab dem folgenden Monat Kinderzuschlag ohne Minderung wegen des Vermögens zu zahlen.
(4) Die Summe der einzelnen Kinderzuschläge nach den Absätzen 2 und 3 bildet den Gesamtkinderzuschlag.
(5) ¹Der Gesamtkinderzuschlag wird in voller Höhe gewährt, wenn das nach den §§ 11 bis 12 des Zweiten Buches Sozialgesetzbuch mit Ausnahme des Wohngeldes und des Kinderzuschlags zu berücksichtigende Einkommen oder Vermögen der Eltern einen Betrag in Höhe der bei der Berechnung des Arbeitslosengeldes II oder des Sozialgeldes zu berücksichtigenden Bedarfe der Eltern (Gesamtbedarf der Eltern) nicht übersteigt. ²Als Einkommen oder Vermögen der Eltern gilt dabei dasjenige der Mitglieder der Bedarfsgemeinschaft mit Ausnahme des Einkommens oder Vermögens der in dem Haushalt lebenden Kinder. ³Zur Feststellung des Gesamtbedarfs der Eltern sind die Bedarfe für Unterkunft und Heizung in dem Verhältnis aufzuteilen, das sich aus den im 12. Bericht der Bundesregierung über die Höhe des Existenzminimums von Erwachsenen und Kindern festgestellten entsprechenden Bedarfen für Alleinstehende, Ehepaare, Lebenspartnerschaften und Kinder ergibt. ⁴Bei der Berücksichtigung des maßgeblichen Vermögens gilt Absatz 3 Satz 6 und 7 entsprechend.
(6) ¹Der Gesamtkinderzuschlag wird stufenweise gemindert, wenn das zu berücksichtigende Einkommen oder Vermögen der Eltern deren Gesamtbedarf übersteigt. ²Wenn das zu berücksichtigende Einkommen der Eltern nicht nur aus Erwerbseinkünften besteht, ist davon auszugehen, dass die Überschreitung des Gesamtbedarfs der Eltern durch die Erwerbseinkünfte verursacht wird, wenn nicht die Summe der anderen Einkommensteile oder des Vermögens für sich genommen diesen maßgebenden Betrag übersteigt. ³Der Gesamtkinderzuschlag wird um 45 Prozent des Betrags, um den die monatlichen Erwerbseinkünfte den maßgebenden Betrag übersteigen, monatlich gemindert. ⁴Anderes Einkommen oder Vermögen der Eltern mindern den Gesamtkinderzuschlag in voller Höhe.
(7) ¹Über den Gesamtkinderzuschlag ist jeweils für sechs Monate zu entscheiden (Bewilligungszeitraum). ²Der Bewilligungszeitraum beginnt mit dem Monat, in dem der Antrag gestellt wird, jedoch frühestens nach Ende eines laufenden Bewilligungszeitraums. ³Änderungen in den tatsächlichen oder

rechtlichen Verhältnissen während des laufenden Bewilligungszeitraums sind abweichend von § 48 des Zehnten Buches Sozialgesetzbuch nicht zu berücksichtigen, es sei denn, die Zusammensetzung der Bedarfsgemeinschaft oder der Höchstbetrag des Kinderzuschlags ändert sich. ⁴Wird ein neuer Antrag gestellt, unverzüglich nachdem der Verwaltungsakt nach § 48 des Zehnten Buches Sozialgesetzbuch wegen einer Änderung der Bedarfsgemeinschaft aufgehoben worden ist, so beginnt ein neuer Bewilligungszeitraum unmittelbar nach dem Monat, in dem sich die Bedarfsgemeinschaft geändert hat.

(8) ¹Für die Ermittlung des monatlich zu berücksichtigenden Einkommens ist der Durchschnitt des Einkommens aus den sechs Monaten vor Beginn des Bewilligungszeitraums maßgeblich. ²Bei Personen, die den selbst genutzten Wohnraum mieten, sind als monatliche Bedarfe für Unterkunft und Heizung die laufenden Bedarfe für den ersten Monat des Bewilligungszeitraums zugrunde zu legen. ³Bei Personen, die an dem selbst genutzten Wohnraum Eigentum haben, sind als monatliche Bedarfe für Unterkunft und Heizung die Bedarfe aus den durchschnittlichen Monatswerten des Kalenderjahres vor Beginn des Bewilligungszeitraums zugrunde zu legen. ⁴Liegen die entsprechenden Monatswerte für den Wohnraum nicht vor, soll abweichend von Satz 3 ein Durchschnitt aus den letzten vorliegenden Monatswerten für den Wohnraum zugrunde gelegt werden, nicht jedoch aus mehr als zwölf Monatswerten. ⁵Im Übrigen sind die tatsächlichen und rechtlichen Verhältnisse zu Beginn des Bewilligungszeitraums maßgeblich.

§ 6b Leistungen für Bildung und Teilhabe

(1) ¹Personen erhalten Leistungen für Bildung und Teilhabe für ein Kind, wenn sie für dieses Kind nach diesem Gesetz oder nach dem X. Abschnitt des Einkommensteuergesetzes Anspruch auf Kindergeld oder Anspruch auf andere Leistungen im Sinne von § 4 haben und wenn
1. das Kind mit ihnen in einem Haushalt lebt und sie für ein Kind Kinderzuschlag nach § 6a beziehen oder
2. im Falle der Bewilligung von Wohngeld sie und das Kind, für das sie Kindergeld beziehen, zu berücksichtigende Haushaltsmitglieder sind.

²Satz 1 gilt entsprechend, wenn das Kind, nicht jedoch die berechtigte Person zu berücksichtigendes Haushaltsmitglied im Sinne von Satz 1 Nummer 2 ist und die berechtigte Person Leistungen nach dem Zweiten oder Zwölften Buch Sozialgesetzbuch bezieht. ³Wird das Kindergeld nach § 74 Absatz 1 des Einkommensteuergesetzes oder nach § 48 Absatz 1 des Ersten Buches Sozialgesetzbuch ausgezahlt, stehen die Leistungen für Bildung und Teilhabe dem Kind oder der Person zu, die dem Kind Unterhalt gewährt.

(2) ¹Die Leistungen für Bildung und Teilhabe entsprechen den Leistungen zur Deckung der Bedarfe nach § 28 Absatz 2 bis 7 des Zweiten Buches Sozialgesetzbuch. ²§ 28 Absatz 1 Satz 2 des Zweiten Buches Sozialgesetzbuch gilt entsprechend. ³Für die Bemessung der Leistungen für die Schülerbeförderung nach § 28 Absatz 4 des Zweiten Buches Sozialgesetzbuch sind die erforderlichen tatsächlichen Aufwendungen zu berücksichtigen, soweit sie nicht von Dritten übernommen werden. ⁴Die Leistungen nach Satz 1 gelten nicht als Einkommen oder Vermögen im Sinne dieses Gesetzes. ⁵§ 19 Absatz 3 des Zweiten Buches Sozialgesetzbuch findet keine Anwendung.

(2a) Ansprüche auf Leistungen für Bildung und Teilhabe verjähren in zwölf Monaten nach Ablauf des Kalendermonats, in dem sie entstanden sind.

(3) Für die Erbringung der Leistungen für Bildung und Teilhabe gelten die §§ 29, 30 und 40 Absatz 6 des Zweiten Buches Sozialgesetzbuch entsprechend.

§ 6c Unterhaltspflichten

Unterhaltspflichten werden durch den Kinderzuschlag nicht berührt.

§ 6d Kinderfreizeitbonus aus Anlass der COVID-19-Pandemie für Familien mit Kinderzuschlag, Wohngeld oder Sozialhilfe

(1) ¹Personen erhalten eine Einmalzahlung in Höhe von 100 Euro für ein Kind, welches das 18. Lebensjahr noch nicht vollendet hat und für das sie für den Monat August 2021 Kindergeld nach diesem Gesetz oder nach dem X. Abschnitt des Einkommensteuergesetzes oder andere Leistungen im Sinne von § 4 beziehen, wenn
1. sie für dieses Kind für den Monat August 2021 Kinderzuschlag nach § 6a beziehen,
2. sie und dieses Kind oder nur dieses Kind zu berücksichtigende Haushaltsmitglieder im Sinne der §§ 5 und 6 Absatz 1 des Wohngeldgesetzes sind und die Wohngeldbewilligung den Monat August 2021 umfasst oder
3. dieses Kind für den Monat August 2021 Leistungen nach dem Dritten Kapitel des Zwölften Buches Sozialgesetzbuch bezieht.

²Eines gesonderten Antrags bedarf es in den Fällen des Satzes 1 Nummer 1 nicht. ³In den Fällen des Satzes 1 Nummer 2 und 3 bedarf es eines Antrags; § 9 Absatz 1 Satz 2 ist entsprechend anzuwenden.
(2) ¹Die Einmalzahlung nach Absatz 1 Satz 1 ist bei Sozialleistungen, deren Zahlung von anderen Einkommen abhängig ist, nicht als Einkommen zu berücksichtigen. ²Der Anspruch auf die Einmalzahlung nach Absatz 1 Satz 1 ist unpfändbar. ³§ 6c gilt entsprechend.

Zweiter Abschnitt
Organisation und Verfahren

§ 7 Zuständigkeit
(1) Die Bundesagentur für Arbeit (Bundesagentur) führt dieses Gesetz nach fachlichen Weisungen des Bundesministeriums für Familie, Senioren, Frauen und Jugend durch.
(2) Die Bundesagentur führt bei der Durchführung dieses Gesetzes die Bezeichnung „Familienkasse".
(3) Abweichend von Absatz 1 führen die Länder § 6b als eigene Angelegenheit aus.

§7a Datenübermittlung
Die Träger der Leistungen nach § 6b und die Träger der Grundsicherung für Arbeitsuchende teilen sich alle Tatsachen mit, die für die Erbringung und Abrechnung der Leistungen nach § 6b dieses Gesetzes und § 28 des Zweiten Buches Sozialgesetzbuch erforderlich sind.

§7b Automatisiertes Abrufverfahren
Macht das Bundesministerium der Finanzen von seiner Ermächtigung nach § 68 Absatz 6 Satz 2 des Einkommensteuergesetzes Gebrauch und erlässt eine Rechtsverordnung zur Durchführung von automatisierten Abrufen nach § 68 Absatz 6 Satz 1 des Einkommensteuergesetzes, so ist die Rechtsverordnung im Geltungsbereich dieses Gesetzes entsprechend anzuwenden.

§ 8 Aufbringung der Mittel
(1) Die Aufwendungen der Bundesagentur für die Durchführung dieses Gesetzes trägt der Bund.
(2) Der Bund stellt der Bundesagentur nach Bedarf die Mittel bereit, die sie für die Zahlung des Kindergeldes und des Kinderzuschlags benötigt.
(3) ¹Der Bund erstattet die Verwaltungskosten, die der Bundesagentur aus der Durchführung dieses Gesetzes entstehen. ²Näheres wird durch Verwaltungsvereinbarung geregelt.
(4) Abweichend von den Absätzen 1 bis 3 tragen die Länder die Ausgaben für die Leistungen nach § 6b und ihre Durchführung.

§ 9 Antrag
(1) ¹Das Kindergeld und der Kinderzuschlag sind schriftlich zu beantragen. ²Der Antrag soll bei der nach § 13 zuständigen Familienkasse gestellt werden. ³Den Antrag kann außer dem Berechtigten auch stellen, wer ein berechtigtes Interesse an der Leistung des Kindergeldes hat.
(2) ¹Vollendet ein Kind das 18. Lebensjahr, so wird es für den Anspruch auf Kindergeld nur dann weiterhin berücksichtigt, wenn der oder die Berechtigte anzeigt, dass die Voraussetzungen des § 2 Absatz 2 vorliegen. ²Absatz 1 gilt entsprechend.
(3) ¹Die Leistungen für Bildung und Teilhabe sind bei der zuständigen Stelle zu beantragen. ²Absatz 1 Satz 3 gilt entsprechend.

§ 10 Auskunftspflicht
(1) ¹§ 60 Absatz 1 des Ersten Buches Sozialgesetzbuch gilt auch für die bei dem Antragsteller oder Berechtigten berücksichtigten Kinder, für den nicht dauernd getrennt lebenden Ehegatten des Antragstellers oder Berechtigten und für die sonstigen Personen, bei denen die bezeichneten Kinder berücksichtigt werden. ²§ 60 Absatz 4 des Zweiten Buches Sozialgesetzbuch gilt entsprechend.
(2) Soweit es zur Durchführung der §§ 2 und 6a erforderlich ist, hat der jeweilige Arbeitgeber der in diesen Vorschriften bezeichneten Personen auf Verlangen der zuständigen Stelle eine Bescheinigung über den Arbeitslohn, die einbehaltenen Steuern und Sozialabgaben auszustellen.
(3) Die Familienkassen können den nach Absatz 2 Verpflichteten eine angemessene Frist zur Erfüllung der Pflicht setzen.

§ 11 Gewährung des Kindergeldes und des Kinderzuschlags
(1) Das Kindergeld und der Kinderzuschlag werden monatlich gewährt.
(2) Auszuzahlende Beträge sind auf Euro abzurunden, und zwar unter 50 Cent nach unten, sonst nach oben.

(3) § 45 Absatz 3 des Zehnten Buches Sozialgesetzbuch findet keine Anwendung.
(4) Ein rechtswidriger nicht begünstigender Verwaltungsakt ist abweichend von § 44 Absatz 1 des Zehnten Buches Sozialgesetzbuch für die Zukunft zurückzunehmen; er kann ganz oder teilweise auch für die Vergangenheit zurückgenommen werden.
(5) Wird ein Verwaltungsakt über die Bewilligung von Kinderzuschlag aufgehoben, sind bereits erbrachte Leistungen abweichend von § 50 Absatz 1 des Zehnten Buches Sozialgesetzbuch nicht zu erstatten, soweit der Bezug von Kinderzuschlag den Anspruch auf Leistungen nach dem Zweiten Buch Sozialgesetzbuch ausschließt oder mindert.
(6) Entsprechend anwendbar sind die Vorschriften des Dritten Buches Sozialgesetzbuch über
1. die Aufhebung von Verwaltungsakten (§ 330 Absatz 2, 3 Satz 1) sowie
2. die vorläufige Zahlungseinstellung nach § 331 mit der Maßgabe, dass die Familienkasse auch zur teilweisen Zahlungseinstellung berechtigt ist, wenn sie von Tatsachen Kenntnis erhält, die zu einem geringeren Leistungsanspruch führen.

§ 12 Aufrechnung

§ 51 des Ersten Buches Sozialgesetzbuch gilt für die Aufrechnung eines Anspruchs auf Erstattung von Kindergeld und Kinderzuschlag gegen einen späteren Anspruch auf Kindergeld und Kinderzuschlag eines oder einer mit dem Erstattungspflichtigen in Haushaltsgemeinschaft lebenden Berechtigten entsprechend, soweit es sich um laufendes Kindergeld oder laufenden Kinderzuschlag für ein Kind handelt, das bei beiden berücksichtigt werden konnte.

§ 13 Zuständige Stelle

(1) ¹Für die Entgegennahme des Antrages und die Entscheidungen über den Anspruch ist die Familienkasse (§ 7 Absatz 2) zuständig, in deren Bezirk der Berechtigte seinen Wohnsitz hat. ²Hat der Berechtigte keinen Wohnsitz im Geltungsbereich dieses Gesetzes, ist die Familienkasse zuständig, in deren Bezirk er seinen gewöhnlichen Aufenthalt hat. ³Hat der Berechtigte im Geltungsbereich dieses Gesetzes weder einen Wohnsitz noch einen gewöhnlichen Aufenthalt, ist die Familienkasse zuständig, in deren Bezirk er erwerbstätig ist. ⁴In den übrigen Fällen ist die Familienkasse Bayern Nord zuständig.
(2) Die Entscheidungen über den Anspruch trifft die Leitung der Familienkasse.
(3) Der Vorstand der Bundesagentur kann für bestimmte Bezirke oder Gruppen von Berechtigten die Entscheidungen über den Anspruch auf Kindergeld und Kinderzuschlag einheitlich einer anderen Familienkasse übertragen.
(4) Für die Leistungen nach § 6b bestimmen abweichend von den Absätzen 1 und 2 die Landesregierungen oder die von ihnen beauftragten Stellen die für die Durchführung zuständigen Behörden.

§ 14 Bescheid

¹Wird der Antrag auf Kindergeld, Kinderzuschlag oder Leistungen für Bildung und Teilhabe abgelehnt, ist ein Bescheid zu erteilen. ²Das Gleiche gilt, wenn das Kindergeld, Kinderzuschlag oder Leistungen für Bildung und Teilhabe entzogen werden.

§ 15 Rechtsweg

Für Streitigkeiten nach diesem Gesetz sind die Gerichte der Sozialgerichtsbarkeit zuständig.

Dritter Abschnitt
Bußgeldvorschriften

§ 16 Ordnungswidrigkeiten

(1) Ordnungswidrig handelt, wer vorsätzlich oder leichtfertig
1. entgegen § 60 Absatz 1 Satz 1 Nummer 1 oder Nummer 3 des Ersten Buches Sozialgesetzbuch in Verbindung mit § 10 Absatz 1 auf Verlangen nicht die leistungserheblichen Tatsachen angibt oder Beweisurkunden vorlegt,
2. entgegen § 60 Absatz 1 Satz 1 Nummer 2 des Ersten Buches Sozialgesetzbuch eine Änderung in den Verhältnissen, die für einen Anspruch auf Kindergeld, Kinderzuschlag oder Leistungen für Bildung und Teilhabe erheblich ist, nicht, nicht richtig, nicht vollständig oder nicht rechtzeitig mitteilt oder
3. entgegen § 10 Absatz 2 oder Absatz 3 auf Verlangen eine Bescheinigung nicht, nicht richtig, nicht vollständig oder nicht rechtzeitig ausstellt.
(2) Die Ordnungswidrigkeit kann mit einer Geldbuße geahndet werden.
(3) § 66 des Zehnten Buches Sozialgesetzbuch gilt entsprechend.

(4) Verwaltungsbehörden im Sinne des § 36 Absatz 1 Nummer 1 des Gesetzes über Ordnungswidrigkeiten sind die nach § 409 der Abgabenordnung bei Steuerordnungswidrigkeiten wegen des Kindergeldes nach dem X. Abschnitt des Einkommensteuergesetzes zuständigen Verwaltungsbehörden.

Vierter Abschnitt
Übergangs- und Schlussvorschriften

§ 17 Recht der Europäischen Gemeinschaft
¹Soweit in diesem Gesetz Ansprüche Deutschen vorbehalten sind, haben Angehörige der anderen Mitgliedstaaten der Europäischen Union, Flüchtlinge und Staatenlose nach Maßgabe des Vertrages zur Gründung der Europäischen Gemeinschaft und der auf seiner Grundlage erlassenen Verordnungen die gleichen Rechte. ²Auch im Übrigen bleiben die Bestimmungen der genannten Verordnungen unberührt.

§ 18 Anwendung des Sozialgesetzbuches
Soweit dieses Gesetz keine ausdrückliche Regelung trifft, ist bei der Ausführung das Sozialgesetzbuch anzuwenden.

§ 19 Übergangsvorschriften
(1) Ist für die Nachzahlung und Rückforderung von Kindergeld und Zuschlag zum Kindergeld für Berechtigte mit geringem Einkommen der Anspruch eines Jahres vor 1996 maßgeblich, finden die §§ 10, 11 und 11a in der bis zum 31. Dezember 1995 geltenden Fassung Anwendung.
(2) Verfahren, die am 1. Januar 1996 anhängig sind, werden nach den Vorschriften des Sozialgesetzbuches und des Bundeskindergeldgesetzes in der bis zum 31. Dezember 1995 geltenden Fassung zu Ende geführt, soweit in § 78 des Einkommensteuergesetzes nichts anderes bestimmt ist.
(3) Wird Kinderzuschlag vor dem 1. Juli 2019 bewilligt, finden die Regelungen des Bundeskindergeldgesetzes in der bis zum 30. Juni 2019 geltenden Fassung weiter Anwendung, mit Ausnahme der Regelung zum monatlichen Höchstbetrag des Kinderzuschlags nach § 20 Absatz 3.
(4) § 6c lässt Unterhaltsleistungen, die vor dem 30. Juni 2021 fällig geworden sind, unberührt.

§ 20 Anwendungsvorschrift
(1) ¹§ 1 Absatz 3 in der am 19. Dezember 2006 geltenden Fassung ist in Fällen, in denen eine Entscheidung über den Anspruch auf Kindergeld für Monate in dem Zeitraum zwischen dem 1. Januar 1994 und dem 18. Dezember 2006 noch nicht bestandskräftig geworden ist, anzuwenden, wenn dies für den Antragsteller günstiger ist. ²In diesem Fall werden die Aufenthaltsgenehmigungen nach dem Ausländergesetz den Aufenthaltstiteln nach dem Aufenthaltsgesetz entsprechend den Fortgeltungsregelungen in § 101 des Aufenthaltsgesetzes gleichgestellt.
(2) Die Regelung der erweiterten Zugangsmöglichkeit nach § 6a Absatz 1a ist bis zum 31. Dezember 2023 anzuwenden.
(3) Abweichend von § 6a Absatz 2 beträgt für die Zeit vom 1. Juli 2019 bis zum 31. Dezember 2020 der monatliche Höchstbetrag des Kinderzuschlags für jedes zu berücksichtigende Kind 185 Euro.
(4) Wird einer Person Kinderzuschlag für einen nach dem 30. Juni 2019 und vor dem 1. Juli 2021 beginnenden Bewilligungszeitraum bewilligt und wird ihr der Verwaltungsakt erst nach Ablauf des ersten Monats des Bewilligungszeitraums bekannt gegeben, endet dieser Bewilligungszeitraum abweichend von § 6a Absatz 7 Satz 1 am Ende des fünften Monats nach dem Monat der Bekanntgabe des Verwaltungsaktes.
(5) ¹Abweichend von § 6a Absatz 7 Satz 1 wird in Fällen, in denen der höchstmögliche Gesamtkinderzuschlag bezogen wird und der sechsmonatige Bewilligungszeitraum in der Zeit vom 1. April 2020 bis zum 30. September 2020 endet, der Bewilligungszeitraum von Amts wegen einmalig um weitere sechs Monate verlängert. ²Satz 1 gilt entsprechend, wenn der ursprüngliche Bewilligungszeitraum in Anwendung des § 20 Absatz 4 mehr als sechs Monate umfasst.
(6) ¹Abweichend von § 6a Absatz 8 Satz 1 ist für Anträge, die in der Zeit vom 1. April 2020 bis zum 30. September 2020 eingehen, bei der Ermittlung des monatlich zu berücksichtigenden Einkommens der Eltern nur das Einkommen aus dem letzten Monat vor Beginn des Bewilligungszeitraums maßgeblich. ²In diesen Fällen wird abweichend von § 6a Absatz 3 Satz 1 und Absatz 5 Satz 1 Vermögen nach § 12 des Zweiten Buches Sozialgesetzbuch nicht berücksichtigt. ³Satz 2 gilt nicht, wenn das Vermögen erheblich ist; es wird vermutet, dass kein erhebliches Vermögen vorhanden ist, wenn die Antragstellerin oder der Antragsteller dies im Antrag erklärt.

(6a) ¹Abweichend von § 6a Absatz 3 Satz 1 und Absatz 5 Satz 1 wird für Bewilligungszeiträume, die in der Zeit vom 1. Oktober 2020 bis 31. Dezember 2021 beginnen, Vermögen nach § 12 des Zweiten Buches Sozialgesetzbuch nicht berücksichtigt. ²Satz 1 gilt nicht, wenn das Vermögen erheblich ist; es wird vermutet, dass kein erhebliches Vermögen vorhanden ist, wenn die Antragstellerin oder der Antragsteller dies im Antrag erklärt.
(7) ¹In Fällen, in denen der Bewilligungszeitraum vor dem 1. April 2020 begonnen hat, kann im April oder Mai 2020 einmalig während des laufenden Bewilligungszeitraums ein Antrag auf Überprüfung gestellt werden. ²Bei der Überprüfung ist abweichend von § 6a Absatz 8 Satz 1 als monatlich zu berücksichtigendes Einkommen der Eltern nur das Einkommen aus dem Monat vor dem Überprüfungsantrag zugrunde zu legen. ³Im Übrigen sind die bereits für den laufenden Bewilligungszeitraum nach Absatz 8 ermittelten tatsächlichen und rechtlichen Verhältnisse zugrunde zu legen. ⁴Die Voraussetzung nach § 6a Absatz 1 Nummer 3, dass bei Bezug des Kinderzuschlags keine Hilfebedürftigkeit besteht, ist nicht anzuwenden. ⁵Ergibt die Überprüfung einen höheren Kinderzuschlag, wird für die restlichen Monate des Bewilligungszeitraums Kinderzuschlag in der neuen Höhe bewilligt; anderenfalls ist der Antrag abzulehnen. ⁶Ist ein Bewilligungsbescheid für einen Bewilligungszeitraum, der vor dem 1. April 2020 beginnt, noch nicht ergangen, gelten die Sätze 1 bis 5 entsprechend. ⁷In den Fällen nach den Sätzen 1 bis 6 ist die Verlängerungsregelung nach Absatz 5 nicht anzuwenden.
(7a) Bei den Leistungen für Bildung und Teilhabe nach § 6b ist § 68 Absatz 1 des Zweiten Buches Sozialgesetzbuch sowie eine nach dessen Absatz 2 erlassene Rechtsverordnung entsprechend anzuwenden.
(8) ¹§ 1 Absatz 2 Satz 3 und § 2 Absatz 2 und 3 in der Fassung des Artikels 3 des Gesetzes vom 19. Juli 2006 (BGBl. I S. 1652) ist für Kinder, die im Kalenderjahr 2006 das 24. Lebensjahr vollendeten, mit der Maßgabe anzuwenden, dass jeweils an die Stelle der Angabe „25. Lebensjahres" die Angabe „26. Lebensjahres" und an die Stelle der Angabe „25. Lebensjahr" die Angabe „26. Lebensjahr" tritt; für Kinder, die im Kalenderjahr 2006 das 25. oder 26. Lebensjahr vollendeten, sind § 1 Absatz 2 Satz 3 und § 2 Absatz 2 und 3 weiterhin in der bis zum 31. Dezember 2006 geltenden Fassung anzuwenden. ²§ 1 Absatz 2 Satz 3 und § 2 Absatz 2 und 3 in der Fassung des Artikels 3 des Gesetzes vom 19. Juli 2006 (BGBl. I S. 1652) sind erstmals für Kinder anzuwenden, die im Kalenderjahr 2007 wegen einer vor Vollendung des 25. Lebensjahres eingetretenen körperlichen, geistigen oder seelischen Behinderung außerstande sind, sich selbst zu unterhalten; für Kinder, die wegen einer vor dem 1. Januar 2007 in der Zeit ab der Vollendung des 25. Lebensjahres und vor Vollendung des 27. Lebensjahres eingetretenen körperlichen, geistigen oder seelischen Behinderung außerstande sind, sich selbst zu unterhalten, ist § 2 Absatz 2 Satz 1 Nummer 3 weiterhin in der bis zum 31. Dezember 2006 geltenden Fassung anzuwenden. ³§ 2 Absatz 3 Satz 1 in der Fassung des Artikels 3 des Gesetzes vom 19. Juli 2006 (BGBl. I S. 1652) ist für Kinder, die im Kalenderjahr 2006 das 24. Lebensjahr vollendeten, mit der Maßgabe anzuwenden, dass an die Stelle der Angabe „über das 21. oder 25. Lebensjahr hinaus" die Angabe „über das 21. oder 26. Lebensjahr hinaus" tritt; für Kinder, die im Kalenderjahr 2006 das 25., 26. oder 27. Lebensjahr vollendeten, ist § 2 Absatz 3 Satz 1 weiterhin in der bis zum 31. Dezember 2006 geltenden Fassung anzuwenden.
(9) § 2 Absatz 2 Satz 1 Nummer 2 Buchstabe d in der am 31. Juli 2014 geltenden Fassung ist auf Freiwilligendienste im Sinne der Verordnung (EU) Nr. 1288/2013 des Europäischen Parlaments und des Rates vom 11. Dezember 2013 zur Einrichtung von „Erasmus+", dem Programm der Union für allgemeine und berufliche Bildung, Jugend und Sport, und zur Aufhebung der Beschlüsse Nr. 1719/2006/EG, Nr. 1720/2006/EG und Nr. 1298/2008/EG (ABl. L 347 vom 20. 12. 2013, S. 50), die ab dem 1. Januar 2014 begonnen wurden, ab dem 1. Januar 2014 anzuwenden.
(9a) § 2 Absatz 2 Satz 2 in der Fassung des Artikels 13 des Gesetzes vom 16. Juli 2009 (BGBl. I S. 1959) ist ab dem 1. Januar 2010 anzuwenden.
(10) § 2 Absatz 2 Satz 4 in der Fassung des Artikels 2 Absatz 8 des Gesetzes vom 16. Mai 2008 (BGBl. I S. 842) ist erstmals ab dem 1. Januar 2009 anzuwenden.
(11) § 2 Absatz 3 ist letztmals bis zum 31. Dezember 2018 anzuwenden; Voraussetzung ist in diesen Fällen, dass das Kind den Dienst oder die Tätigkeit vor dem 1. Juli 2011 angetreten hat.
(12) § 6 Absatz 3 in der am 1. Januar 2018 geltenden Fassung ist auf Anträge anzuwenden, die nach dem 31. Dezember 2017 eingehen.
(13) § 1 Absatz 3 Satz 1 Nummer 1 bis 4 in der Fassung des Artikels 34 des Gesetzes vom 12. Dezember 2019 (BGBl. I S. 2451) ist für Entscheidungen anzuwenden, die Zeiträume betreffen, die nach dem letzten Tag des sechsten auf die Verkündung des Fachkräfteeinwanderungsgesetzes folgenden Kalendermonats beginnen. § 1 Absatz 3 Satz 1 Nummer 5 in der Fassung des Artikels 34 des Gesetzes vom 12. Dezember 2019 (BGBl. I S. 2451) ist für Entscheidungen anzuwenden, die Zeiträume betreffen, die nach dem 31. Dezember 2019 beginnen.

§ 21 Sondervorschrift zur Steuerfreistellung des Existenzminimums eines Kindes in den Veranlagungszeiträumen 1983 bis 1995 durch Kindergeld

¹In Fällen, in denen die Entscheidung über die Höhe des Kindergeldanspruchs für Monate in dem Zeitraum zwischen dem 1. Januar 1983 und dem 31. Dezember 1995 noch nicht bestandskräftig geworden ist, kommt eine von den §§ 10 und 11 in der jeweils geltenden Fassung abweichende Bewilligung von Kindergeld nur in Betracht, wenn die Einkommensteuer formell bestandskräftig und hinsichtlich der Höhe der Kinderfreibeträge nicht vorläufig festgesetzt sowie das Existenzminimum des Kindes nicht unter der Maßgabe des § 53 des Einkommensteuergesetzes steuerfrei belassen worden ist. ²Dies ist vom Kindergeldberechtigten durch eine Bescheinigung des zuständigen Finanzamtes nachzuweisen. ³Nach Vorlage dieser Bescheinigung hat die Familienkasse den vom Finanzamt ermittelten Unterschiedsbetrag zwischen der festgesetzten Einkommensteuer und der Einkommensteuer, die nach § 53 Satz 6 des Einkommensteuergesetzes festzusetzen gewesen wäre, wenn die Voraussetzungen nach § 53 Satz 1 und 2 des Einkommensteuergesetzes vorgelegen hätten, als zusätzliches Kindergeld zu zahlen.

§ 22 Bericht der Bundesregierung

Die Bundesregierung legt dem Deutschen Bundestag bis zum 31. Juli 2023 einen Bericht über die Auswirkungen des § 6a (Kinderzuschlag) und insbesondere über die Auswirkungen der erweiterten Zugangsmöglichkeit zum Kinderzuschlag nach § 6a Absatz 1a sowie über die gegebenenfalls notwendige Weiterentwicklung dieser Vorschrift vor.

Bundesgesetz über individuelle Förderung der Ausbildung (Bundesausbildungsförderungsgesetz – BAföG)

in der Fassung der Bekanntmachung
vom 7. Dezember 2010 (BGBl. I S. 1952, 2012 S. 197)

Zuletzt geändert durch
Gesetz zur aktuellen Anpassung des Freizügigkeitsgesetzes/EU und weiterer Vorschriften an das Unionsrecht
vom 12. November 2020 (BGBl. I S. 2416)

Inhaltsübersicht

§ 1 Grundsatz

Abschnitt I
Förderungsfähige Ausbildung
§ 2 Ausbildungsstätten
§ 3 Fernunterricht
§ 4 Ausbildung im Inland
§ 5 Ausbildung im Ausland
§ 5a Unberücksichtigte Ausbildungszeiten
§ 6 Förderung der Deutschen im Ausland
§ 7 Erstausbildung; weitere Ausbildung

Abschnitt II
Persönliche Voraussetzungen
§ 8 Staatsangehörigkeit
§ 9 Eignung
§ 10 Alter

Abschnitt III
Leistungen
§ 11 Umfang der Ausbildungsförderung
§ 12 Bedarf für Schüler
§ 13 Bedarf für Studierende
§ 13a Kranken- und Pflegeversicherungszuschlag
§ 14 Bedarf für Praktikanten
§ 14a Zusatzleistungen in Härtefällen
§ 14b Zusatzleistung für Auszubildende mit Kind (Kinderbetreuungszuschlag)
§ 15 Förderungsdauer
§ 15a Förderungshöchstdauer
§ 15b Aufnahme und Beendigung der Ausbildung
§ 16 Förderungsdauer im Ausland
§ 17 Förderungsarten
§ 18 Darlehensbedingungen
§ 18a Einkommensabhängige Rückzahlung
§ 18b Teilerlass des Darlehens
§ 18c Bankdarlehen
§ 18d Kreditanstalt für Wiederaufbau
§ 19 Aufrechnung
§ 20 Rückzahlungspflicht

Abschnitt IV
Einkommensanrechnung
§ 21 Einkommensbegriff
§ 22 Berechnungszeitraum für das Einkommen des Auszubildenden
§ 23 Freibeträge vom Einkommen des Auszubildenden
§ 24 Berechnungszeitraum für das Einkommen der Eltern und des Ehegatten oder Lebenspartners
§ 25 Freibeträge vom Einkommen der Eltern und des Ehegatten oder Lebenspartners

Abschnitt V
Vermögensanrechnung
§ 26 Umfang der Vermögensanrechnung
§ 27 Vermögensbegriff
§ 28 Wertbestimmung des Vermögens
§ 29 Freibeträge vom Vermögen
§ 30 Monatlicher Anrechnungsbetrag
§§ 31 bis 34 (weggefallen)

Abschnitt VI
§ 35 Anpassung der Bedarfssätze und Freibeträge

Abschnitt VII
Vorausleistung und Anspruchsübergang
§ 36 Vorausleistung von Ausbildungsförderung
§ 37 Übergang von Unterhaltsansprüchen
§ 38 Übergang von anderen Ansprüchen

Abschnitt VIII
Organisation
§ 39 Auftragsverwaltung
§ 40 Ämter für Ausbildungsförderung
§ 40a Landesämter für Ausbildungsförderung
§ 41 Aufgaben der Ämter für Ausbildungsförderung
§§ 42 und 43 (weggefallen)
§ 44 Beirat für Ausbildungsförderung

Abschnitt IX
Verfahren
§ 45 Örtliche Zuständigkeit
§ 45a Wechsel in der Zuständigkeit
§ 46 Antrag
§ 47 Auskunftspflichten
§ 47a Ersatzpflicht des Ehegatten oder Lebenspartners und der Eltern
§ 48 Mitwirkung von Ausbildungsstätten
§ 49 Feststellung der Voraussetzungen der Förderung im Ausland
§ 50 Bescheid
§ 51 Zahlweise
§ 52 (weggefallen)
§ 53 Änderung des Bescheides
§ 54 Rechtsweg
§ 55 Statistik

104 BAföG §§ 1-2

Abschnitt X
§ 56 Aufbringung der Mittel

Abschnitt XI
Bußgeldvorschriften, Übergangs- und Schlussvorschriften
§ 57 (weggefallen)
§ 58 Ordnungswidrigkeiten
§ 59 (weggefallen)
§ 60 Opfer politischer Verfolgung durch SED-Unrecht
§§ 61 bis 64 (weggefallen)

§ 65 Weitergeltende Vorschriften
§ 66 (weggefallen)
§ 66a Übergangs- und Anwendungsvorschrift
§ 66b Übergangsvorschrift aus Anlass des Endes des Übergangszeitraums nach dem Abkommen über den Austritt des Vereinigten Königreichs Großbritannien und Nordirland aus der Europäischen Union und der Europäischen Atomgemeinschaft
§ 67 (weggefallen)
§ 68 (Inkrafttreten)

§ 1 Grundsatz

Auf individuelle Ausbildungsförderung besteht für eine der Neigung, Eignung und Leistung entsprechende Ausbildung ein Rechtsanspruch nach Maßgabe dieses Gesetzes, wenn dem Auszubildenden die für seinen Lebensunterhalt und seine Ausbildung erforderlichen Mittel anderweitig nicht zur Verfügung stehen.

Abschnitt I
Förderungsfähige Ausbildung

§ 2 Ausbildungsstätten

(1) Ausbildungsförderung wird geleistet für den Besuch von
1. weiterführenden allgemeinbildenden Schulen und Berufsfachschulen, einschließlich der Klassen aller Formen der beruflichen Grundbildung, ab Klasse 10 sowie von Fach- und Fachoberschulklassen, deren Besuch eine abgeschlossene Berufsausbildung nicht voraussetzt, wenn der Auszubildende die Voraussetzungen des Absatzes 1a erfüllt,
2. Berufsfachschulklassen und Fachschulklassen, deren Besuch eine abgeschlossene Berufsausbildung nicht voraussetzt, sofern sie in einem zumindest zweijährigen Bildungsgang einen berufsqualifizierenden Abschluss vermitteln,
3. Fach- und Fachoberschulklassen, deren Besuch eine abgeschlossene Berufsausbildung voraussetzt,
4. Abendhauptschulen, Berufsaufbauschulen, Abendrealschulen, Abendgymnasien und Kollegs,
5. Höheren Fachschulen sowie von Akademien, die Abschlüsse verleihen, die nicht nach Landesrecht Hochschulabschlüssen gleichgestellt sind,
6. Hochschulen sowie von Akademien, die Abschlüsse verleihen, die nach Landesrecht Hochschulabschlüssen gleichgestellt sind.

Maßgebend für die Zuordnung sind Art und Inhalt der Ausbildung. Ausbildungsförderung wird geleistet, wenn die Ausbildung an einer öffentlichen Einrichtung – mit Ausnahme nichtstaatlicher Hochschulen – oder einer genehmigten Ersatzschule durchgeführt wird.

(1a) Für den Besuch der in Absatz 1 Nummer 1 bezeichneten Ausbildungsstätten wird Ausbildungsförderung nur geleistet, wenn der Auszubildende nicht bei seinen Eltern wohnt und
1. von der Wohnung der Eltern aus eine entsprechende zumutbare Ausbildungsstätte nicht erreichbar ist,
2. einen eigenen Haushalt führt und verheiratet oder in einer Lebenspartnerschaft verbunden ist oder war,
3. einen eigenen Haushalt führt und mit mindestens einem Kind zusammenlebt.

Die Bundesregierung kann durch Rechtsverordnung ohne Zustimmung des Bundesrates bestimmen, dass über Satz 1 hinaus Ausbildungsförderung für den Besuch der in Absatz 1 Nummer 1 bezeichneten Ausbildungsstätten auch in Fällen geleistet wird, in denen die Verweisung des Auszubildenden auf die Wohnung der Eltern aus schwerwiegenden sozialen Gründen unzumutbar ist.

(2) Für den Besuch von Ergänzungsschulen und nichtstaatlichen Hochschulen sowie von nichtstaatlichen Akademien im Sinne des Absatzes 1 Satz 1 Nummer 6 wird Ausbildungsförderung nur geleistet, wenn die zuständige Landesbehörde anerkennt, dass der Besuch der Ausbildungsstätte dem Besuch einer im Absatz 1 bezeichneten Ausbildungsstätte gleichwertig ist. Die Prüfung der Gleichwertigkeit nach Satz 1 erfolgt von Amts wegen im Rahmen des Bewilligungsverfahrens oder auf Antrag der Ausbildungsstätte.

(3) Das Bundesministerium für Bildung und Forschung kann durch Rechtsverordnung ohne Zustimmung des Bundesrates bestimmen, dass Ausbildungsförderung geleistet wird für den Besuch von
1. Ausbildungsstätten, die nicht in den Absätzen 1 und 2 bezeichnet sind,
2. Ausbildungsstätten, an denen Schulversuche durchgeführt werden,

wenn er dem Besuch der in den Absätzen 1 und 2 bezeichneten Ausbildungsstätten gleichwertig ist.

(4) Ausbildungsförderung wird auch für die Teilnahme an einem Praktikum geleistet, das in Zusammenhang mit dem Besuch einer der in den Absätzen 1 und 2 bezeichneten oder nach Absatz 3 bestimmten Ausbildungsstätten gefordert wird und dessen Inhalt in Ausbildungsbestimmungen geregelt ist. Wird das Praktikum in Zusammenhang mit dem Besuch einer in Absatz 1 Nummer 1 bezeichneten Ausbildungsstätte gefordert, wird Ausbildungsförderung nur geleistet, wenn der Auszubildende nicht bei seinen Eltern wohnt.

(5) Ausbildungsförderung wird nur geleistet, wenn der Ausbildungsabschnitt mindestens ein Schul- oder Studienhalbjahr dauert und die Ausbildung die Arbeitskraft des Auszubildenden im allgemeinen voll in Anspruch nimmt. Ausbildungsabschnitt im Sinne dieses Gesetzes ist die Zeit, die an Ausbildungsstätten einer Ausbildungsstättenart einschließlich der im Zusammenhang hiermit geforderten Praktika bis zu einem Abschluss oder Abbruch verbracht wird. Ein Masterstudiengang nach § 7 Absatz 1a gilt im Verhältnis zu dem Studiengang, auf den er aufbaut, in jedem Fall als eigener Ausbildungsabschnitt.

(6) Ausbildungsförderung wird nicht geleistet, wenn der Auszubildende
1. Unterhaltsgeld, Arbeitslosengeld bei beruflicher Weiterbildung nach dem Dritten Buch Sozialgesetzbuch oder Arbeitslosengeld II bei beruflicher Weiterbildung nach dem Zweiten Buch Sozialgesetzbuch erhält,
2. Leistungen von den Begabtenförderungswerken erhält,
3. als Beschäftigter im öffentlichen Dienst Anwärterbezüge oder ähnliche Leistungen aus öffentlichen Mitteln erhält oder
4. als Gefangener Anspruch auf Ausbildungsbeihilfe nach den §§ 44, 176 Absatz 4 des Strafvollzugsgesetzes hat.

§ 3 Fernunterricht

(1) Ausbildungsförderung wird für die Teilnahme an Fernunterrichtslehrgängen geleistet, soweit sie unter denselben Zugangsvoraussetzungen auf denselben Abschluss vorbereiten wie die in § 2 Absatz 1 bezeichneten oder nach § 2 Absatz 3 bestimmten Ausbildungsstätten.

(2) Ausbildungsförderung wird nur für die Teilnahme an Lehrgängen geleistet, die nach § 12 des Fernunterrichtsschutzgesetzes zugelassen sind oder, ohne unter die Bestimmungen des Fernunterrichtsschutzgesetzes zu fallen, von einem öffentlich-rechtlichen Träger veranstaltet werden.

(3) Ausbildungsförderung wird nur geleistet, wenn
1. der Auszubildende in den sechs Monaten vor Beginn des Bewilligungszeitraumes erfolgreich an dem Lehrgang teilgenommen hat und er die Vorbereitung auf den Ausbildungsabschluss in längstens zwölf Monaten beenden kann,
2. die Teilnahme an dem Lehrgang die Arbeitskraft des Auszubildenden voll in Anspruch nimmt und diese Zeit zumindest drei aufeinanderfolgende Kalendermonate dauert.

Das ist durch eine Bescheinigung des Fernlehrinstituts nachzuweisen.

(4) Die zuständige Landesbehörde entscheidet, den Auszubildenden welcher Ausbildungsstättenart die Teilnehmer an dem jeweiligen Fernunterrichtslehrgang gleichzustellen sind. Auszubildende, die an Lehrgängen teilnehmen, die
1. auf den Hauptschulabschluss vorbereiten, werden nach Vollendung des 17. Lebensjahres den Schülern von Abendhauptschulen,
2. auf den Realschulabschluss vorbereiten, werden nach Vollendung des 18. Lebensjahres den Schülern von Abendrealschulen,
3. auf die Fachhochschulreife vorbereiten, werden nach Vollendung des 19. Lebensjahres den Schülern von Fachoberschulklassen, deren Besuch eine abgeschlossene Berufsausbildung voraussetzt,
4. auf die allgemeine oder eine fachgebundene Hochschulreife vorbereiten, werden nach Vollendung des 21. Lebensjahres den Schülern von Abendgymnasien

gleichgestellt.

(5) § 2 Absatz 4 und 6 ist entsprechend anzuwenden.

§ 4 Ausbildung im Inland

Ausbildungsförderung wird vorbehaltlich der §§ 5 und 6 für die Ausbildung im Inland geleistet.

§ 5 Ausbildung im Ausland

(1) Der ständige Wohnsitz im Sinne dieses Gesetzes ist an dem Ort begründet, der nicht nur vorübergehend Mittelpunkt der Lebensbeziehungen ist, ohne dass es auf den Willen zur ständigen Niederlassung ankommt; wer sich lediglich zum Zwecke der Ausbildung an einem Ort aufhält, hat dort nicht seinen ständigen Wohnsitz begründet.

(2) Auszubildenden, die ihren ständigen Wohnsitz im Inland haben, wird Ausbildungsförderung geleistet für den Besuch einer im Ausland gelegenen Ausbildungsstätte, wenn
1. er der Ausbildung nach dem Ausbildungsstand förderlich ist und außer bei Schulen mit gymnasialer Oberstufe und bei Fachoberschulen zumindest ein Teil dieser Ausbildung auf die vorgeschriebene oder übliche Ausbildungszeit angerechnet werden kann oder

2. im Rahmen der grenzüberschreitenden Zusammenarbeit einer deutschen und mindestens einer ausländischen Ausbildungsstätte die aufeinander aufbauenden Lehrveranstaltungen einer einheitlichen Ausbildung abwechselnd von den beteiligten deutschen und ausländischen Ausbildungsstätten angeboten werden oder
3. eine Ausbildung an einer Ausbildungsstätte in einem Mitgliedstaat der Europäischen Union oder in der Schweiz aufgenommen oder fortgesetzt wird.

Die Ausbildung muss mindestens sechs Monate oder ein Semester dauern; findet sie im Rahmen einer mit der besuchten Ausbildungsstätte vereinbarten Kooperation statt, muss sie mindestens zwölf Wochen dauern. Satz 1 ist auf die in § 8 Absatz 1 Nummer 1 bis 5 bezeichneten Auszubildenden auch dann anzuwenden, wenn sie ihren ständigen Wohnsitz nicht im Inland haben, aber nach den besonderen Umständen des Einzelfalls ihre hinreichende Verbundenheit zum Inland anderweitig nachweisen. Satz 1 Nummer 3 gilt für die in § 8 Absatz 1 Nummer 6 und 7, Absatz 2 und 3 bezeichneten Auszubildenden nur, wenn sie die Zugangsvoraussetzungen für die geförderte Ausbildung im Inland erworben haben oder eine Aufenthaltserlaubnis nach § 25 Absatz 1 und 2 des Aufenthaltsgesetzes besitzen.

(3) (weggefallen)

(4) Absatz 2 Nummer 1 und 2 gilt nur für den Besuch von Ausbildungsstätten, der dem Besuch von folgenden im Inland gelegenen Ausbildungsstätten nach § 2 gleichwertig ist:
1. Schulen mit gymnasialer Oberstufe ab Klasse 11,
2. Schulen mit gymnasialer Oberstufe ab Klasse 10, soweit die Hochschulzugangsberechtigung nach 12 Schuljahren erworben werden kann,
3. Berufsfachschulen,
4. Fach- und Fachoberschulklassen,
5. Höheren Fachschulen, Akademien oder Hochschulen;

Absatz 2 Nummer 3 gilt nur für den Besuch von Ausbildungsstätten, der dem Besuch der Ausbildungsstätten in den Nummern 3 bis 5 gleichwertig ist, wobei die Fachoberschulklassen ausgenommen sind. Die Prüfung der Gleichwertigkeit erfolgt von Amts wegen im Rahmen des Bewilligungsverfahrens.

(5) Wird im Zusammenhang mit dem Besuch einer im Inland gelegenen Berufsfachschule, einer Fachschulklasse, einer Höheren Fachschule, Akademie oder Hochschule oder mit dem nach Absatz 2 Satz 1 Nummer 3 geförderten Besuch einer in einem Mitgliedstaat der Europäischen Union gelegenen vergleichbaren Ausbildungsstätte ein Praktikum gefordert, so wird für die Teilnahme an einem Praktikum im Ausland Ausbildungsförderung nur geleistet, wenn die Ausbildungsstätte oder die zuständige Prüfungsstelle anerkannt, das diese fachpraktische Ausbildung den Anforderungen der Prüfungsordnung an die Praktikantenstelle genügt. Das Praktikum im Ausland muss der Ausbildung nach dem Ausbildungsstand förderlich sein und mindestens zwölf Wochen dauern.

§ 5a Unberücksichtigte Ausbildungszeiten

Bei der Leistung von Ausbildungsförderung für eine Ausbildung im Inland bleibt die Zeit einer Ausbildung, die der Auszubildende im Ausland durchgeführt hat, längstens jedoch bis zu einem Jahr, unberücksichtigt. Wenn während einer Ausbildung, die im Inland begonnen wurde und nach § 5 Absatz 2 Nummer 1 im Ausland fortgesetzt wird, die Förderungshöchstdauer erreicht würde, verlängert sich diese um die im Ausland verbrachte Ausbildungszeit, höchstens jedoch um ein Jahr. Insgesamt bleibt nach den Sätzen 1 und 2 höchstens ein Jahr unberücksichtigt; dies gilt auch bei mehrfachem Wechsel zwischen In- und Ausland. Die Sätze 1 und 2 gelten nicht, wenn der Auslandsaufenthalt in Ausbildungsbestimmungen als ein notwendig im Ausland durchzuführender Teil der Ausbildung vorgeschrieben ist.

§ 6 Förderung der Deutschen im Ausland

Deutschen im Sinne des Grundgesetzes, die ihren ständigen Wohnsitz in einem ausländischen Staat haben und dort oder von dort aus in einem Nachbarstaat eine Ausbildungsstätte besuchen ohne dass ein Anspruch nach § 5 besteht, kann Ausbildungsförderung geleistet werden, wenn die besonderen Umstände des Einzelfalles dies rechtfertigen. Art und Dauer der Leistungen sowie die Anrechnung des Einkommens und Vermögens richten sich nach den besonderen Verhältnissen im Aufenthaltsland. § 9 Absatz 1 und 2 sowie § 48 sind entsprechend, die §§ 36 bis 38 sind nicht anzuwenden.

§ 7 Erstausbildung; weitere Ausbildung

(1) Ausbildungsförderung wird für die weiterführende allgemeinbildende und zumindest für drei Schul- oder Studienjahre berufsbildender Ausbildung im Sinne der §§ 2 und 3 bis zu einem daran anschließenden berufsqualifizierenden Abschluss geleistet, längstens bis zum Erwerb eines Hochschulabschlusses oder eines damit gleichgestellten Abschlusses. Berufsqualifizierend ist eine Ausbildung auch dann, wenn er im Ausland erworben wurde und dort zur Berufsausübung befähigt. Satz 2 ist nicht anzuwenden, wenn der Auszubildende eine im Inland begonnene Ausbildung fortsetzt, nachdem er im Zusammenhang mit einer nach

§ 5 Absatz 2 Nummer 1 und 2 dem Grunde nach förderungsfähigen Ausbildung einen berufsqualifizierenden Abschluss erworben hat.
(1a) Für einen Master- oder Magisterstudiengang oder für einen postgradualen Diplomstudiengang sowie jeweils für vergleichbare Studiengänge in Mitgliedstaaten der Europäischen Union und der Schweiz wird Ausbildungsförderung geleistet, wenn
1. er auf einem Bachelor- oder Bakkalaureusabschluss aufbaut oder im Rahmen einer Ausbildung nach § 5 Absatz 2 Nummer 1 oder Nummer 3 erfolgt und auf einem noch nicht abgeschlossenen einstufigen Inlandsstudium aufbaut, das von der aufnehmenden Hochschule oder der aufnehmenden Akademie im Sinne des § 2 Absatz 1 Satz 1 Nummer 6 als einem Bachelorabschluss entsprechend anerkannt wird, und
2. der Auszubildende bislang ausschließlich einen Bachelor- oder Bakkalaureusstudiengang abgeschlossen oder im Sinne der Nummer 1 eine Anerkennung des bisherigen Studiums als einem solchen Abschluss entsprechend erreicht hat.

Für nach Satz 1 förderungsfähige Ausbildungen findet Absatz 3 Satz 1 Nummer 1 keine Anwendung. Auszubildenden, die von der Ausbildungsstätte auf Grund vorläufiger Zulassung für einen nach Satz 1 förderungsfähigen Studiengang eingeschrieben worden sind, wird Ausbildungsförderung unter dem Vorbehalt der Rückforderung bis zu einer endgültigen Entscheidung über die Zulassung geleistet, längstens jedoch für zwölf Monate.
(1b) Für einen Studiengang, der ganz oder teilweise mit einer staatlichen Prüfung abschließt (Staatsexamensstudiengang), wird Ausbildungsförderung auch geleistet, nachdem Auszubildende einen Bachelor- oder Bakkalaureusstudiengang abgeschlossen haben. Voraussetzung der Leistung ist, dass der Studiengang durch Studien- oder Prüfungsordnung in der Weise vollständig in den Staatsexamensstudiengang integriert ist, dass innerhalb der Regelstudienzeit des Bachelor- oder Bakkalaureusstudiengangs auch sämtliche Ausbildungs- und Prüfungsleistungen zu erbringen sind, die für den Staatsexamensstudiengang in der Studien- oder Prüfungsordnung für denselben Zeitraum vorgesehen sind.
(2) Für eine einzige weitere Ausbildung wird Ausbildungsförderung längstens bis zu einem berufsqualifizierenden Abschluss geleistet,
1. (weggefallen)
2. wenn sie eine Hochschulausbildung oder eine dieser nach Landesrecht gleichgestellte Ausbildung insoweit ergänzt, als dies für die Aufnahme des angestrebten Berufs rechtlich erforderlich ist,
3. wenn im Zusammenhang mit der vorhergehenden Ausbildung der Zugang zu ihr eröffnet worden ist, sie in sich selbständig ist und in derselben Richtung fachlich weiterführt,
4. wenn der Auszubildende
    a) eine Fachoberschulklasse, deren Besuch eine abgeschlossene Berufsausbildung voraussetzt, eine Abendhauptschule, eine Berufsaufbauschule, eine Abendrealschule, ein Abendgymnasium oder ein Kolleg besucht oder
    b) die Zugangsvoraussetzungen für die zu fördernde weitere Ausbildung an einer in Buchstabe a genannten Ausbildungsstätte, durch eine Nichtschülerprüfung oder durch eine Zugangsprüfung zu einer Hochschule oder zu einer Akademie im Sinne des § 2 Absatz 1 Satz 1 Nummer 6 erworben hat oder
5. wenn der Auszubildende als erste berufsbildende eine zumindest dreijährige Ausbildung an einer Berufsfachschule oder in einer Fachschulklasse, deren Besuch eine abgeschlossene Berufsausbildung nicht voraussetzt, abgeschlossen hat.

Im Übrigen wird Ausbildungsförderung für eine einzige weitere Ausbildung nur geleistet, wenn die besonderen Umstände des Einzelfalles, insbesondere das angestrebte Ausbildungsziel, dies erfordern.
(3) Hat der Auszubildende
1. aus wichtigem Grund oder
2. aus unabweisbarem Grund

die Ausbildung abgebrochen oder die Fachrichtung gewechselt, so wird Ausbildungsförderung für eine andere Ausbildung geleistet; bei Auszubildenden an Höheren Fachschulen, Akademien und Hochschulen gilt Nummer 1 nur bis zum Beginn des vierten Fachsemesters. Ein Auszubildender bricht die Ausbildung ab, wenn er den Besuch von Ausbildungsstätten einer Ausbildungsstättenart einschließlich der im Zusammenhang hiermit geforderten Praktika endgültig aufgibt. Ein Auszubildender wechselt die Fachrichtung, wenn er einen anderen berufsqualifizierenden Abschluss oder ein anderes bestimmtes Ausbildungsziel eines rechtlich geregelten Ausbildungsganges an einer Ausbildungsstätte derselben Ausbildungsstättenart anstrebt. Beim erstmaligen Fachrichtungswechsel oder Abbruch der Ausbildung wird in der Regel vermutet, dass die Voraussetzungen nach Nummer 1 erfüllt sind; bei Auszubildenden an Höheren Fachschulen, Akademien und Hochschulen gilt dies nur, wenn der Wechsel oder Abbruch bis zum Beginn des dritten Fachsemesters erfolgt. Bei der Bestimmung des nach den Sätzen 1 und 4 maßgeblichen Fachsemesters wird die Zahl der Semester abgezogen, die nach Entscheidung der Ausbildungsstätte aus der ursprünglich betriebenen Fachrichtung auf den neuen Studiengang angerechnet werden.

Abschnitt II
Persönliche Voraussetzungen

§ 8 Staatsangehörigkeit

(1) Ausbildungsförderung wird geleistet
1. Deutschen im Sinne des Grundgesetzes,
2. Unionsbürgern, die ein Recht auf Daueraufenthalt im Sinne des Freizügigkeitsgesetzes/EU besitzen sowie anderen Ausländern, die eine Niederlassungserlaubnis oder eine Erlaubnis zum Daueraufenthalt – EU nach dem Aufenthaltsgesetz besitzen,
3. Unionsbürgern, die nach § 2 Absatz 2 des Freizügigkeitsgesetzes/EU als Arbeitnehmer oder Selbständige unionsrechtlich freizügigkeitsberechtigt sind, sowie deren Ehegatten, Lebenspartnern und Kindern, die unter den Voraussetzungen des § 3 Absatz 1 und 3 des Freizügigkeitsgesetzes/EU unionsrechtlich freizügigkeitsberechtigt sind oder denen diese Rechte als Kinder nur deshalb nicht zustehen, weil sie 21 Jahre oder älter sind und von ihren Eltern oder deren Ehegatten oder Lebenspartnern keinen Unterhalt erhalten,
4. Unionsbürgern, die vor dem Beginn der Ausbildung im Inland in einem Beschäftigungsverhältnis gestanden haben, dessen Gegenstand mit der Ausbildung in inhaltlichem Zusammenhang steht,
5. Staatsangehörigen eines anderen Vertragsstaates des Abkommens über den Europäischen Wirtschaftsraum unter den Voraussetzungen der Nummern 2 bis 4,
6. Ausländern, die ihren gewöhnlichen Aufenthalt im Inland haben und die außerhalb des Bundesgebiets als Flüchtlinge im Sinne des Abkommens über die Rechtsstellung der Flüchtlinge vom 28. Juli 1951 (BGBl. 1953 II S. 559) anerkannt und im Gebiet der Bundesrepublik Deutschland nicht nur vorübergehend zum Aufenthalt berechtigt sind,
7. heimatlosen Ausländern im Sinne des Gesetzes über die Rechtsstellung heimatloser Ausländer im Bundesgebiet in der im Bundesgesetzblatt Teil III, Gliederungsnummer 243-1, veröffentlichten bereinigten Fassung, zuletzt geändert durch Artikel 7 des Gesetzes vom 30. Juli 2004 (BGBl. I S. 1950).

(2) Anderen Ausländern wird Ausbildungsförderung geleistet, wenn sie ihren ständigen Wohnsitz im Inland haben und
1. eine Aufenthaltserlaubnis nach den §§ 22, 23 Absatz 1, 2 oder 4, den §§ 23a, 25 Absatz 1 oder 2, den §§ 25a, 25b, 28, 37, 38 Absatz 1 Nummer 2, § 104a oder als Ehegatte oder Lebenspartner oder Kind eines Ausländers mit Niederlassungserlaubnis eine Aufenthaltserlaubnis nach § 30 oder den §§ 32 bis 34 des Aufenthaltsgesetzes besitzen,
2. eine Aufenthaltserlaubnis nach § 25 Absatz 3, Absatz 4 Satz 2 oder Absatz 5, § 31 des Aufenthaltsgesetzes oder als Ehegatte oder Lebenspartner oder Kind eines Ausländers mit Aufenthaltserlaubnis eine Aufenthaltserlaubnis nach § 30, den §§ 32 bis 34 oder nach § 36a des Aufenthaltsgesetzes besitzen und sich seit mindestens 15 Monaten in Deutschland ununterbrochen rechtmäßig, gestattet oder geduldet aufhalten.

(2a) Geduldeten Ausländern (§ 60a des Aufenthaltsgesetzes), die ihren ständigen Wohnsitz im Inland haben, wird Ausbildungsförderung geleistet, wenn sie sich seit mindestens 15 Monaten ununterbrochen rechtmäßig, gestattet oder geduldet im Bundesgebiet aufhalten.

(3) Im Übrigen wird Ausländern Ausbildungsförderung geleistet, wenn
1. sie selbst sich vor Beginn des förderungsfähigen Teils des Ausbildungsabschnitts insgesamt fünf Jahre im Inland aufgehalten haben und rechtmäßig erwerbstätig gewesen sind oder
2. zumindest ein Elternteil während der letzten sechs Jahre vor Beginn des förderungsfähigen Teils des Ausbildungsabschnitts sich insgesamt drei Jahre im Inland aufgehalten hat und rechtmäßig erwerbstätig gewesen ist, im Übrigen von dem Zeitpunkt an, in dem im weiteren Verlauf des Ausbildungsabschnitts diese Voraussetzungen vorgelegen haben. Die Voraussetzungen gelten auch für einen einzigen weiteren Ausbildungsabschnitt als erfüllt, wenn der Auszubildende in dem vorhergehenden Ausbildungsabschnitt die Zugangsvoraussetzungen erworben hat und danach unverzüglich den Ausbildungsabschnitt beginnt. Von dem Erfordernis der Erwerbstätigkeit des Elternteils während der letzten sechs Jahre kann abgesehen werden, wenn sie aus einem von ihm nicht zu vertretenden Grunde nicht ausgeübt worden ist und er im Inland mindestens sechs Monate erwerbstätig gewesen ist.

(4) Auszubildende, die nach Absatz 1 oder 2 als Ehegatten oder Lebenspartner persönlich förderungsberechtigt sind, verlieren den Anspruch auf Ausbildungsförderung nicht dadurch, dass sie dauernd getrennt leben oder die Ehe oder Lebenspartnerschaft aufgelöst worden ist, wenn sie sich weiterhin rechtmäßig in Deutschland aufhalten.

(5) Rechts- und Verwaltungsvorschriften, nach denen anderen Ausländern Ausbildungsförderung zu leisten ist, bleiben unberührt.

§ 9 Eignung

(1) Die Ausbildung wird gefördert, wenn die Leistungen des Auszubildenden erwarten lassen, dass er das angestrebte Ausbildungsziel erreicht.
(2) Dies wird in der Regel angenommen, solange der Auszubildende die Ausbildungsstätte besucht oder an dem Praktikum teilnimmt und bei dem Besuch einer Höheren Fachschule, Akademie oder Hochschule die den jeweiligen Ausbildungs- und Prüfungsordnungen entsprechenden Studienfortschritte erkennen lässt. Hierüber sind die nach § 48 erforderlichen Nachweise zu erbringen.
(3) Bei der Teilnahme an Fernunterrichtslehrgängen wird dies angenommen, wenn der Auszubildende die Bescheinigung nach § 3 Absatz 3 beigebracht hat.

§ 10 Alter

(1) und (2) (weggefallen)
(3) Ausbildungsförderung wird nicht geleistet, wenn der Auszubildende bei Beginn des Ausbildungsabschnitts, für den er Ausbildungsförderung beantragt, das 30. Lebensjahr, bei Studiengängen nach § 7 Absatz 1a das 35. Lebensjahr vollendet hat. Satz 1 gilt nicht, wenn
1. der Auszubildende die Zugangsvoraussetzungen für die zu fördernde Ausbildung an einer in § 7 Absatz 2 Satz 1 Nummer 4 Buchstabe a genannten Ausbildungsstätte, durch eine Nichtschülerprüfung oder durch eine Zugangsprüfung zu einer Hochschule oder zu einer Akademie im Sinne des § 2 Absatz 1 Satz 1 Nummer 6 erworben hat,
1a. der Auszubildende ohne Hochschulzugangsberechtigung auf Grund seiner beruflichen Qualifikation an einer Hochschule oder an einer Akademie im Sinne des § 2 Absatz 1 Satz 1 Nummer 6 eingeschrieben worden ist,
1b. der Auszubildende eine weitere Ausbildung nach § 7 Absatz 2 Nummer 2 oder 3 aufnimmt,
2. (weggefallen)
3. Auszubildende aus persönlichen oder familiären Gründen gehindert waren, den Ausbildungsabschnitt rechtzeitig zu beginnen; dies ist insbesondere der Fall, wenn sie bei Erreichen der Altersgrenzen bis zur Aufnahme der Ausbildung ein eigenes Kind unter 14 Jahren ohne Unterbrechung erziehen und während dieser Zeit bis zu höchstens 30 Wochenstunden im Monatsdurchschnitt erwerbstätig sind; Alleinerziehende dürfen auch mehr als 30 Wochenstunden erwerbstätig sein, um dadurch Unterstützung durch Leistungen der Grundsicherung zu vermeiden, oder
4. der Auszubildende infolge einer einschneidenden Veränderung seiner persönlichen Verhältnisse bedürftig geworden ist und noch keine Ausbildung, die nach diesem Gesetz gefördert werden kann, berufsqualifizierend abgeschlossen hat.
Satz 2 Nummer 1, 1b, 3 und 4 gilt nur, wenn der Auszubildende die Ausbildung unverzüglich nach Erreichen der Zugangsvoraussetzungen, dem Wegfall der Hinderungsgründe oder dem Eintritt einer Bedürftigkeit infolge einschneidender Veränderungen seiner persönlichen Verhältnisse aufnimmt.

Abschnitt III
Leistungen

§ 11 Umfang der Ausbildungsförderung

(1) Ausbildungsförderung wird für den Lebensunterhalt und die Ausbildung geleistet (Bedarf).
(2) Auf den Bedarf sind nach Maßgabe der folgenden Vorschriften Einkommen und Vermögen des Auszubildenden sowie Einkommen seines Ehegatten oder Lebenspartners und seiner Eltern in dieser Reihenfolge anzurechnen; die Anrechnung erfolgt zunächst auf den nach § 17 Absatz 2 Satz 1 als Zuschuss und Darlehen, dann auf den nach § 17 Absatz 3 als Darlehen und anschließend auf den nach § 17 Absatz 1 als Zuschuss zu leistenden Teil des Bedarfs. Als Ehegatte oder Lebenspartner im Sinne dieses Gesetzes gilt der nicht dauernd Getrenntlebende, sofern dieses Gesetz nichts anderes bestimmt.
(2a) Einkommen der Eltern bleibt außer Betracht, wenn ihr Aufenthaltsort nicht bekannt ist oder sie rechtlich oder tatsächlich gehindert sind, im Inland Unterhalt zu leisten.
(3) Einkommen der Eltern bleibt ferner außer Betracht, wenn der Auszubildende
1. ein Abendgymnasium oder Kolleg besucht,
2. bei Beginn des Ausbildungsabschnitts das 30. Lebensjahr vollendet hat,
3. bei Beginn des Ausbildungsabschnitts nach Vollendung des 18. Lebensjahres fünf Jahre erwerbstätig war oder

4. bei Beginn des Ausbildungsabschnitts nach Abschluss einer vorhergehenden, zumindest dreijährigen berufsqualifizierenden Ausbildung drei Jahre oder im Falle einer kürzeren Ausbildung entsprechend länger erwerbstätig war.

Satz 1 Nummer 3 und 4 gilt nur, wenn der Auszubildende in den Jahren seiner Erwerbstätigkeit in der Lage war, sich aus deren Ertrag selbst zu unterhalten.

(4) Ist Einkommen des Ehegatten oder Lebenspartners, der Eltern oder eines Elternteils außer auf den Bedarf des Antragstellers auch auf den anderer Auszubildender anzurechnen, die in einer Ausbildung stehen, die nach diesem Gesetz oder nach § 56 des Dritten Buches Sozialgesetzbuch gefördert werden kann, so wird es zu gleichen Teilen angerechnet. Dabei sind auch die Kinder des Einkommensbeziehers zu berücksichtigen, die Ausbildungsförderung ohne Anrechnung des Einkommens der Eltern erhalten können und nicht ein Abendgymnasium oder Kolleg besuchen oder bei Beginn der Ausbildung das 30. Lebensjahr vollendet haben. Nicht zu berücksichtigen sind Auszubildende, die eine Universität der Bundeswehr oder Verwaltungsfachhochschule besuchen, sofern diese als Beschäftigte im öffentlichen Dienst Anwärterbezüge oder ähnliche Leistungen aus öffentlichen Mitteln erhalten.

§ 12 Bedarf für Schüler

(1) Als monatlicher Bedarf gelten für Schüler
1. von Berufsfachschulen und Fachschulklassen, deren Besuch eine abgeschlossene Berufsausbildung nicht voraussetzt, 247 Euro,
2. von Abendhauptschulen, Berufsaufbauschulen, Abendrealschulen und von Fachoberschulklassen, deren Besuch eine abgeschlossene Berufausbildung voraussetzt, 448 Euro.

(2) Als monatlicher Bedarf gelten, wenn der Auszubildende nicht bei seinen Eltern wohnt, für Schüler
1. von weiterführenden allgemein bildenden Schulen und Berufsfachschulen sowie von Fach- und Fachoberschulklassen, deren Besuch eine abgeschlossene Berufsausbildung nicht voraussetzt, 585 Euro,
2. von Abendhauptschulen, Berufsaufbauschulen, Abendrealschulen und von Fachoberschulklassen, deren Besuch eine abgeschlossene Berufsausbildung voraussetzt, 681 Euro.

(3) (weggefallen)

(3a) Ein Auszubildender wohnt auch dann bei seinen Eltern, wenn der von ihm bewohnte Raum im Eigentum der Eltern steht.

(4) Bei einer Ausbildung im Ausland wird für die Hinreise zum Ausbildungsort sowie für eine Rückreise ein Reisekostenzuschlag geleistet. Der Reisekostenzuschlag beträgt jeweils 250 Euro bei einer Reise innerhalb Europas, sonst jeweils 500 Euro. In besonderen Härtefällen können die notwendigen Aufwendungen für eine weitere Hin- und Rückreise geleistet werden.

§ 13 Bedarf für Studierende

(1) Als monatlicher Bedarf gelten für Auszubildende in
1. Fachschulklassen, deren Besuch eine abgeschlossene Berufsausbildung voraussetzt, Abendgymnasien und Kollegs 398 Euro,
2. Höheren Fachschulen, Akademien und Hochschulen 427 Euro.

(2) Die Bedarfe nach Absatz 1 erhöhen sich für die Unterkunft, wenn der Auszubildende
1. bei seinen Eltern wohnt, um monatlich 56 Euro,
2. nicht bei seinen Eltern wohnt, um monatlich 325 Euro.

(3) (weggefallen)

(3a) Ein Auszubildender wohnt auch dann bei seinen Eltern, wenn der von ihm bewohnte Raum im Eigentum der Eltern steht.

(4) Bei einer Ausbildung im Ausland nach § 5 Absatz 2 wird, soweit die Lebens- und Ausbildungsverhältnisse im Ausbildungsland dies erfordern, bei dem Bedarf ein Zu- oder Abschlag vorgenommen, dessen Höhe die Bundesregierung durch Rechtsverordnung ohne Zustimmung des Bundesrates bestimmt.

§ 13a Kranken- und Pflegeversicherungszuschlag

(1) Für Auszubildende, die in der gesetzlichen Krankenversicherung nach § 5 Absatz 1 Nummer 9 oder 10 des Fünften Buches Sozialgesetzbuch versichert sind, erhöht sich der Bedarf um 84 Euro monatlich für ihren Krankenversicherungsbeitrag. Für ihren Versicherungsbeitrag als Pflichtmitglied in der sozialen Pflegeversicherung nach § 20 Absatz 1 Nummer 9 oder 10 des Elften Buches Sozialgesetzbuch erhöht sich der Bedarf um weitere 25 Euro monatlich. Für Auszubildende, die als freiwilliges Mitglied in der gesetzlichen Krankenversicherung beitragspflichtig versichert sind und deren Kranken- und Pflegeversicherungsbeiträge nach § 240 Absatz 4 Satz 2 des Fünften Buches Sozialgesetzbuch und § 57 Absatz 4 des Elften Buches Sozialgesetzbuch berechnet werden, gelten die Sätze 1 und 2 entsprechend.

(2) Für Auszubildende, die – außer in den Fällen des Absatzes 1 Satz 3 – als freiwilliges Mitglied oder nach § 5 Absatz 1 Nummer 13 des Fünften Buches Sozialgesetzbuch in der gesetzlichen Krankenversicherung beitragspflichtig versichert sind, erhöht sich der Bedarf um die nachgewiesenen Krankenversicherungsbeiträge, höchstens aber um 155 Euro. Für ihren Versicherungsbeitrag als Pflichtmitglied in der sozialen Pflegeversicherung nach § 20 Absatz 1 Nummer 12 oder Absatz 3 des Elften Buches Sozialgesetzbuch – außer in den Fällen des Absatzes 1 Satz 3 – erhöht sich der Bedarf um die nachgewiesenen Pflegeversicherungsbeiträge, höchstens aber um weitere 34 Euro monatlich.
(3) Für Auszubildende, die ausschließlich
1. beitragspflichtig bei einem privaten Krankenversicherungsunternehmen versichert sind, das die in § 257 Absatz 2a Satz 1 des Fünften Buches Sozialgesetzbuch genannten Voraussetzungen erfüllt, und
2. aus dieser Versicherung Leistungen beanspruchen können, die der Art nach den Leistungen des Fünften Buches Sozialgesetzbuch mit Ausnahme des Kranken- und Mutterschaftsgeldes entsprechen,

erhöht sich der Bedarf um 84 Euro monatlich. Sind die in Satz 1 Nummer 2 genannten Leistungen auf einen bestimmten Anteil der erstattungsfähigen Kosten begrenzt, erhöht sich der Bedarf stattdessen um die nachgewiesenen Krankenversicherungsbeiträge, höchstens aber um den in Satz 1 genannten Betrag. Für Auszubildende, die nach § 23 des Elften Buches Sozialgesetzbuch beitragspflichtig bei einem privaten Versicherungsunternehmen versichert sind, das die in § 61 Absatz 5 des Elften Buches Sozialgesetzbuch genannten Voraussetzungen erfüllt, erhöht sich der Bedarf um weitere 25 Euro monatlich. Abweichend von den Sätzen 1 bis 3 gilt für Auszubildende, die die Altersgrenze des § 5 Absatz 1 Nummer 9 oder Nummer 10 des Fünften Buches Sozialgesetzbuch überschreiten, Absatz 2 entsprechend.

§ 14 Bedarf für Praktikanten

Als monatlicher Bedarf für Praktikanten gelten die Beträge, die für Schüler und Studenten der Ausbildungsstätten geleistet werden, mit deren Besuch das Praktikum in Zusammenhang steht. § 13 Absatz 4 ist entsprechend anzuwenden.

§ 14a Zusatzleistungen in Härtefällen

Die Bundesregierung kann durch Rechtsverordnung ohne Zustimmung des Bundesrates bestimmen, dass bei einer Ausbildung im Inland Ausbildungsförderung über die Beträge nach § 12 Absatz 1 und 2, § 13 Absatz 1 und 2 sowie § 13a hinaus geleistet wird zur Deckung besonderer Aufwendungen des Auszubildenden
1. für seine Ausbildung, wenn sie hiermit in unmittelbarem Zusammenhang stehen und soweit dies zur Erreichung des Ausbildungszieles notwendig ist,
2. für seine Unterkunft, soweit dies zur Vermeidung unbilliger Härten erforderlich ist.

In der Rechtsverordnung können insbesondere Regelungen getroffen werden über
1. die Ausbildungsgänge, für die ein zusätzlicher Bedarf gewährt wird,
2. die Arten der Aufwendungen, die allgemein als bedarfserhöhend berücksichtigt werden,
3. die Arten der Lern- und Arbeitsmittel, deren Anschaffungskosten als zusätzlicher Bedarf anzuerkennen sind,
4. die Verteilung des zusätzlichen Bedarfs auf den Ausbildungsabschnitt,
5. die Höhe oder die Höchstbeträge des zusätzlichen Bedarfs und die Höhe einer Selbstbeteiligung.

§ 14b Zusatzleistung für Auszubildende mit Kind (Kinderbetreuungszuschlag)

(1) Für Auszubildende, die mit mindestens einem eigenen Kind, das das 14. Lebensjahr noch nicht vollendet hat, in einem Haushalt leben, erhöht sich der Bedarf um monatlich 150 Euro für jedes dieser Kinder. Der Zuschlag wird für denselben Zeitraum nur einem Elternteil gewährt. Sind beide Elternteile nach diesem Gesetz dem Grunde nach förderungsberechtigt und leben in einem gemeinsamen Haushalt, bestimmen sie untereinander den Berechtigten.
(2) Der Zuschlag nach Absatz 1 bleibt als Einkommen bei Sozialleistungen unberücksichtigt. Für die Ermittlung eines Kostenbeitrags nach § 90 des Achten Buches Sozialgesetzbuch gilt dies jedoch nur, soweit der Kostenbeitrag für eine Kindertagesbetreuung an Wochentagen während der regulären Betreuungszeiten erhoben wird.

§ 15 Förderungsdauer

(1) Ausbildungsförderung wird vom Beginn des Monats an geleistet, in dem die Ausbildung aufgenommen wird, frühestens jedoch vom Beginn des Antragsmonats an.
(2) Ausbildungsförderung wird für die Dauer der Ausbildung – einschließlich der unterrichts- und vorlesungsfreien Zeit – geleistet, bei Studiengängen an Hochschulen und an Akademien im Sinne des § 2 Absatz 1 Satz 1 Nummer 6 jedoch grundsätzlich nur bis zum Ende der Förderungshöchstdauer nach § 15a. Für die Teilnahme an Einrichtungen des Fernunterrichts wird Ausbildungsförderung höchstens für 12 Kalendermonate geleistet.

(2a) Ausbildungsförderung wird auch geleistet, solange die Auszubildenden infolge von Erkrankung oder Schwangerschaft gehindert sind, die Ausbildung durchzuführen, nicht jedoch über das Ende des dritten Kalendermonats hinaus.
(3) Über die Förderungshöchstdauer hinaus wird für eine angemessene Zeit Ausbildungsförderung geleistet, wenn sie
1. aus schwerwiegenden Gründen,
2. infolge der in häuslicher Umgebung erfolgenden Pflege eines oder einer pflegebedürftigen nahen Angehörigen im Sinne des § 7 Absatz 3 des Pflegezeitgesetzes, der oder die nach den §§ 14 und 15 des Elften Buches Sozialgesetzbuch – Soziale Pflegeversicherung – mindestens in Pflegegrad 3 eingeordnet ist,
3. infolge einer Mitwirkung in gesetzlich oder satzungsmäßig vorgesehenen Gremien und Organen
   a) der Hochschulen und der Akademien im Sinne des § 2 Absatz 1 Satz 1 Nummer 6,
   b) der Selbstverwaltung der Studierenden an Ausbildungsstätten im Sinne des Buchstabens a,
   c) der Studentenwerke und
   d) der Länder,
4. infolge des erstmaligen Nichtbestehens der Abschlussprüfung,
5. infolge einer Behinderung, einer Schwangerschaft oder der Pflege und Erziehung eines Kindes bis zu 14 Jahren

überschritten worden ist.
(3a) Auszubildenden an Hochschulen und an Akademien im Sinne des § 2 Absatz 1 Satz 1 Nummer 6, die sich in einem in sich selbständigen Studiengang befinden, wird als Hilfe zum Studienabschluss für höchstens zwölf Monate Ausbildungsförderung auch nach dem Ende der Förderungshöchstdauer oder der Förderungsdauer nach Absatz 3 Nummer 1, 3 oder 5 geleistet, wenn die Auszubildenden spätestens innerhalb von vier Semestern nach diesem Zeitpunkt zur Abschlussprüfung zugelassen worden sind und die Prüfungsstelle bescheinigt, dass sie die Ausbildung innerhalb der Dauer der Hilfe zum Studienabschluss abschließen können. Ist eine Abschlussprüfung nicht vorgesehen, gilt Satz 1 unter der Voraussetzung, dass die Auszubildenden eine Bestätigung der Ausbildungsstätte darüber vorlegen, dass sie die Ausbildung innerhalb der Dauer der Hilfe zum Studienabschluss abschließen können.

§ 15a Förderungshöchstdauer

(1) Die Förderungshöchstdauer entspricht der Regelstudienzeit nach § 10 Absatz 2 des Hochschulrahmengesetzes oder einer vergleichbaren Festsetzung.
(2) Auf die Förderungshöchstdauer sind anzurechnen
1. Zeiten, die der Auszubildende vor Förderungsbeginn in der zu fördernden Ausbildung verbracht hat,
2. Zeiten, die durch die zuständige Stelle auf Grund einer vorangegangenen Ausbildung oder berufspraktischen Tätigkeit oder eines vorangegangenen Praktikums für die zu fördernde Ausbildung anerkannt werden,
3. in Fällen der Förderung eines nach dem 31. Dezember 2007 aufgenommenen Masterstudiengangs nach § 5 Absatz 2 Nummer 1 und 3 Zeiten, die der Auszubildende in einem gemäß § 7 Absatz 1a Nummer 1 als einem Bachelorabschluss entsprechend anerkannten einstufigen Studiengang über das achte Fachsemester hinaus verbracht hat.

Zeiten, in denen der Auszubildende eine Teilzeitausbildung durchgeführt hat, sind in Vollzeitausbildungszeiten umzurechnen. Legt der Auszubildende eine Anerkennungsentscheidung im Sinne des Satzes 1 Nummer 2 nicht vor, setzt das Amt für Ausbildungsförderung die anzurechnenden Zeiten unter Berücksichtigung der jeweiligen Studien- und Prüfungsordnungen sowie der Umstände des Einzelfalles fest. Weicht eine spätere Anerkennungsentscheidung der zuständigen Stelle von der Festsetzung nach Satz 3 ab, so ist sie zu berücksichtigen, wenn der Auszubildende nachweist, dass er den Antrag auf Anerkennung zu dem für ihn frühestmöglichen Zeitpunkt gestellt hat.
(3) Setzt ein Studiengang Sprachkenntnisse über die Sprachen Deutsch, Englisch, Französisch oder Latein hinaus voraus und werden diese Kenntnisse von dem Auszubildenden während des Besuchs der Hochschule erworben, verlängert sich die Förderungshöchstdauer für jede Sprache um ein Semester. Satz 1 gilt für Auszubildende, die die Hochschulzugangsberechtigung vor dem 1. Oktober 2001 in dem in Artikel 3 des Einigungsvertrages genannten Gebiet erworben haben, mit der Maßgabe, dass auch der Erwerb erforderlicher Lateinkenntnisse während des Besuchs der Hochschule zu einer Verlängerung der Förderungshöchstdauer führt.

§ 15b Aufnahme und Beendigung der Ausbildung

(1) Die Ausbildung gilt im Sinne dieses Gesetzes als mit dem Anfang des Monats aufgenommen, in dem Unterricht oder Vorlesungen tatsächlich begonnen werden.

(2) Liegt zwischen dem Ende eines Ausbildungsabschnitts und dem Beginn eines anderen nur ein Monat, so gilt die Ausbildung abweichend von Absatz 1 als bereits zu Beginn dieses Monats aufgenommen. Der Kalendermonat ist in den ersten Bewilligungszeitraum des späteren Ausbildungsabschnitts einzubeziehen.
(2a) Besucht ein Auszubildender zwischen dem Ende einer Ausbildung im Ausland und dem frühestmöglichen Beginn der anschließenden Ausbildung im Inland für längstens vier Monate keine Ausbildungsstätte, so wird ihm längstens für die Dauer der beiden Monate vor Beginn der anschließenden Ausbildung Ausbildungsförderung geleistet. Die beiden Kalendermonate sind in den folgenden Bewilligungszeitraum einzubeziehen.
(3) Die Ausbildung endet mit dem Ablauf des Monats, in dem die Abschlussprüfung des Ausbildungsabschnitts bestanden wurde, oder, wenn eine solche nicht vorgesehen ist, mit dem Ablauf des Monats, in dem der Ausbildungsabschnitt tatsächlich planmäßig geendet hat. Abweichend von Satz 1 ist, sofern ein Prüfungs- oder Abgangszeugnis erteilt wird, das Datum dieses Zeugnisses maßgebend. Eine Hochschulausbildung ist abweichend von den Sätzen 1 und 2 mit Ablauf des Monats beendet, in dem das Gesamtergebnis des erfolgreich abgeschlossenen Ausbildungsabschnitts bekannt gegeben wird, spätestens jedoch mit Ablauf des zweiten Monats nach dem Monat, in dem der letzte Prüfungsteil abgelegt wurde.
(4) Die Ausbildung ist ferner beendet, wenn der Auszubildende die Ausbildung abbricht (§ 7 Absatz 3 Satz 2) und sie nicht an einer Ausbildungsstätte einer anderen Ausbildungsstättenart weiterführt.

§ 16 Förderungsdauer im Ausland

(1) Für eine Ausbildung im Ausland nach § 5 Absatz 2 Nummer 1 oder Absatz 5 wird Ausbildungsförderung längstens für die Dauer eines Jahres geleistet. Innerhalb eines Ausbildungsabschnitts gilt Satz 1 nur für einen einzigen zusammenhängenden Zeitraum, soweit nicht der Besuch von Ausbildungsstätten in mehreren Ländern für die Ausbildung von besonderer Bedeutung ist.
(2) Darüber hinaus kann während drei weiterer Semester Ausbildungsförderung geleistet werden für den Besuch einer Ausbildungsstätte, die den im Inland gelegenen Hochschulen gleichwertig ist, wenn er für die Ausbildung von besonderer Bedeutung ist.
(3) In den Fällen des § 5 Absatz 2 Nummer 2 und 3 wird Ausbildungsförderung ohne die zeitliche Begrenzung der Absätze 1 und 2 geleistet.

§ 17 Förderungsarten

(1) Ausbildungsförderung wird vorbehaltlich der Absätze 2 und 3 als Zuschuss geleistet.
(2) Bei dem Besuch von Höheren Fachschulen, Akademien und Hochschulen sowie bei der Teilnahme an einem Praktikum, das im Zusammenhang mit dem Besuch dieser Ausbildungsstätten steht, wird der monatliche Förderungsbetrag vorbehaltlich des Absatzes 3 zur Hälfte als Darlehen geleistet. Satz 1 gilt nicht
1. für den Zuschlag zum Bedarf nach § 13 Absatz 4 für nachweisbar notwendige Studiengebühren,
2. für die Ausbildungsförderung, die nach § 15 Absatz 3 Nummer 5 über die Förderungshöchstdauer hinaus geleistet wird,
3. für den Kinderbetreuungszuschlag nach § 14b.
(3) Bei dem Besuch von Höheren Fachschulen, Akademien und Hochschulen sowie bei der Teilnahme an einem Praktikum, das im Zusammenhang mit dem Besuch dieser Ausbildungsstätten steht, erhält der Auszubildende Ausbildungsförderung ausschließlich als Darlehen
1. (weggefallen)
2. für eine andere Ausbildung nach § 7 Absatz 3, soweit die Semesterzahl der hierfür maßgeblichen Förderungshöchstdauer, die um die Fachsemester der vorangegangenen, nicht abgeschlossenen Ausbildung zu kürzen ist, überschritten wird,
3. nach Überschreiten der Förderungshöchstdauer in den Fällen des § 15 Absatz 3a.
Nummer 2 gilt nicht, wenn der Auszubildende erstmalig aus wichtigem Grund oder aus unabweisbarem Grund die Ausbildung abgebrochen oder die Fachrichtung gewechselt hat. Satz 1 gilt nicht für den Kinderbetreuungszuschlag nach § 14b und die Ausbildungsförderung, die nach § 15 Absatz 3 Nummer 5 über die Förderungshöchstdauer hinaus geleistet wird.

§ 18 Darlehensbedingungen

(1) Für
1. nach § 17 Absatz 2 Satz 1 geleistete Darlehen gelten die Absätze 2 bis 14 und die §§ 18a und 18b,
2. nach § 17 Absatz 3 Satz 1 geleistete Darlehen gelten die Absätze 2 bis 12, 14 und § 18a.
(2) Die Darlehen sind nicht zu verzinsen. Wenn Darlehensnehmende einen Zahlungstermin um mehr als 45 Tage überschritten haben, ist abweichend von Satz 1 jeweils der gesamte bis zu diesem Zeitpunkt noch nicht getilgte Betrag, höchstens jedoch der nach Maßgabe des Absatzes 13 Satz 1 zu tilgende Rückzahlungsbetrag – vorbehaltlich des Gleichbleibens der Rechtslage – mit 6 vom Hundert für das Jahr zu verzinsen. Für nach § 17

104 BAföG § 18

Absatz 3 Satz 1 geleistete Darlehen gilt die Pflicht zur Verzinsung für den gesamten noch zu tilgenden Rückzahlungsbetrag. Kosten für die Geltendmachung der Darlehensforderung sind durch die Verzinsung nicht abgegolten.

(3) Die Darlehen sind – vorbehaltlich des Gleichbleibens der Rechtslage – in gleichbleibenden monatlichen Raten von mindestens 130 Euro innerhalb von 20 Jahren zurückzuzahlen. Für die Rückzahlung gelten als ein Darlehen jeweils alle nach § 17 Absatz 2 Satz 1 und alle nach § 17 Absatz 3 Satz 1 geleisteten Darlehen. Von der Verpflichtung zur Rückzahlung sind Darlehensnehmende auf Antrag freizustellen, solange sie Leistungen nach diesem Gesetz erhalten.

(4) Für die Tilgung des nach § 17 Absatz 2 Satz 1 geleisteten Darlehens ist die erste Rate
1. bei einer Ausbildung an einer Hochschule oder an einer Akademie im Sinne des § 2 Absatz 1 Satz 1 Nummer 6 fünf Jahre nach dem Ende der Förderungshöchstdauer,
2. bei einer Ausbildung an einer Höheren Fachschule oder an einer Akademie im Sinne des § 2 Absatz 1 Satz 1 Nummer 5 fünf Jahre nach dem Ende der in der Ausbildungs- und Prüfungsordnung vorgesehenen Ausbildungszeit

zu zahlen. Maßgeblich ist jeweils der zuletzt mit Darlehen geförderte Ausbildungs- oder Studiengang. Wurden Darlehensbeträge nach § 17 Absatz 2 Satz 1 in mehreren Ausbildungsabschnitten geleistet, ist jeweils das Ende derjenigen Förderungshöchstdauer oder vorgesehenen Ausbildungszeit maßgeblich, die für den ersten Ausbildungsabschnitt zuletzt gegolten hat.

(5) Wurden ausschließlich nach § 17 Absatz 3 Satz 1 Darlehen geleistet, so ist die erste Rate drei Jahre nach dem Ende der Förderungshöchstdauer oder der vorgesehenen Ausbildungszeit zu zahlen.

(6) Wurden sowohl nach § 17 Absatz 2 Satz 1 als auch nach § 17 Absatz 3 Satz 1 Darlehen geleistet, ist zunächst das nach § 17 Absatz 2 Satz 1 geleistete Darlehen zurückzuzahlen. Die erste Rate des nach § 17 Absatz 3 Satz 1 geleisteten Darlehens ist in diesem Fall in dem Monat zu leisten, der auf die Fälligkeit der letzten Rate des nach § 17 Absatz 2 Satz 1 geleisteten Darlehens folgt.

(7) Nach Aufforderung durch das Bundesverwaltungsamt sind die Raten für jeweils drei aufeinanderfolgende Monate in einer Summe zu entrichten.

(8) Die Zinsen nach Absatz 2 sind sofort fällig.

(9) Nach dem Ende der Förderungshöchstdauer erteilt das Bundesverwaltungsamt den Darlehensnehmenden – unbeschadet der Fälligkeit nach den Absätzen 4 bis 6 – jeweils einen Bescheid, in dem die Höhe der Darlehensschuld und die Förderungshöchstdauer festgestellt werden. Nach Eintritt der Unanfechtbarkeit des Bescheides sind diese Feststellungen nicht mehr zu überprüfen; insbesondere gelten die Vorschriften des § 44 des Zehnten Buches Sozialgesetzbuch nicht. Ist für ein Kalenderjahr ein Betrag geleistet worden, auf das sich die Feststellung der Höhe der Darlehensschuld nach Satz 1 nicht erstreckt, so wird diese insoweit durch einen ergänzenden Bescheid festgestellt; Satz 2 gilt entsprechend.

(10) Die nach § 17 Absatz 2 Satz 1 oder Absatz 3 Satz 1 geleisteten Darlehen können jeweils ganz oder teilweise vorzeitig zurückgezahlt werden. Auf Antrag ist ein Nachlass auf die verbleibende Darlehensschuld zu gewähren.

(11) Mit dem Tod der Darlehensnehmenden erlischt die verbliebene Darlehensschuld einschließlich etwaiger Kosten und Zinsen.

(12) Darlehensnehmenden, die während des Rückzahlungszeitraums nach Absatz 3 Satz 1 ihren Zahlungs- und Mitwirkungspflichten jeweils rechtzeitig und vollständig nachgekommen sind, ist die verbleibende Darlehensschuld zu erlassen. Sind die Voraussetzungen des Satzes 1 nicht erfüllt, ist dies durch Bescheid festzustellen. Auf Antrag kann zur Vermeidung einer unbilligen Härte die verbleibende Darlehensschuld auch dann erlassen werden, wenn im Rückzahlungsverfahren in nur geringfügigem Umfang gegen die Zahlungs- und Mitwirkungspflichten verstoßen wurde. Der Antrag nach Satz 3 ist binnen eines Monats nach Bekanntgabe eines ablehnenden Bescheides nach Satz 2 zu stellen.

(13) Bereits vor Ablauf der nach Absatz 3 je nach Höhe der Darlehensschuld planmäßigen Rückzahlungsdauer ist Darlehensnehmenden, die Tilgungsleistungen in 77 monatlichen Raten in jeweils der nach Absatz 3 geschuldeten Höhe erbracht haben, die noch verbleibende Darlehensschuld zu erlassen. Für Zeiträume, in denen eine Freistellung nach § 18a Absatz 1 mit verminderter Ratenzahlung gewährt wurde, genügen für einen Erlass nach Satz 1 Tilgungsleistungen jeweils in Höhe der vom Bundesverwaltungsamt zugleich festgesetzten verminderten Rückzahlungsraten; Absatz 10 bleibt unberührt.

(14) Das Bundesministerium für Bildung und Forschung kann durch Rechtsverordnung ohne Zustimmung des Bundesrates für die Aufgaben gemäß § 39 Absatz 2 das Nähere bestimmen über
1. den Beginn und das Ende der Verzinsung sowie den Verzicht auf Zinsen aus besonderen Gründen,
2. das Verfahren zur Verwaltung und Einziehung der Darlehen – einschließlich der erforderlichen Nachweise oder der Zulässigkeit des Glaubhaftmachens mittels der Versicherung an Eides statt sowie der Maßnahmen

zur Sicherung der Rückzahlungsansprüche – sowie zur Rückleitung der eingezogenen Beträge an Bund und Länder und
3. die Erhebung von Kostenpauschalen für die Ermittlung der jeweiligen Anschrift der Darlehensnehmenden und für das Mahnverfahren.

§ 18a Einkommensabhängige Rückzahlung

(1) Auf Antrag sind Darlehensnehmende während der Rückzahlungsfrist des § 18 Absatz 3 Satz 1 bis spätestens zu deren Ablauf von der Verpflichtung zur Rückzahlung freizustellen, soweit ihr Einkommen monatlich jeweils den Betrag von 1330 Euro nicht um mindestens 42 Euro übersteigt. Der in Satz 1 bezeichnete Betrag erhöht sich für
1. Ehegattinnen, Ehegatten, Lebenspartnerinnen oder Lebenspartner um 665 Euro,
2. jedes Kind der Darlehensnehmenden um 605 Euro,
wenn sie nicht in einer Ausbildung stehen, die nach diesem Gesetz oder nach § 56 des Dritten Buches Sozialgesetzbuch gefördert werden kann. Die Beträge nach Satz 2 mindern sich um das Einkommen der Ehegattinnen, Ehegatten, Lebenspartnerinnen oder Lebenspartner und Kinder. Als Kinder gelten insoweit außer eigenen Kindern der Darlehensnehmenden die in § 25 Absatz 5 Nummer 1 bis 3 bezeichneten Personen. § 47 Absatz 4 und 5 gilt entsprechend.
(2) Auf besonderen Antrag erhöht sich der in Absatz 1 Satz 1 bezeichnete Betrag
1. bei behinderten Menschen um den Betrag der behinderungsbedingten Aufwendungen entsprechend § 33b des Einkommensteuergesetzes,
2. bei Alleinstehenden um den Betrag der notwendigen Aufwendungen für die Dienstleistungen zur Betreuung eines zum Haushalt gehörenden Kindes, das das 16. Lebensjahr noch nicht vollendet hat, bis zur Höhe von monatlich 175 Euro für das erste und je 85 Euro für jedes weitere Kind.
(3) Auf den Antrag nach Absatz 1 Satz 1 erfolgt die Freistellung vom Beginn des Antragsmonats an in der Regel für ein Jahr, rückwirkend erfolgt sie für längstens vier Monate vor dem Antragsmonat (Freistellungszeitraum). Das im Antragsmonat erzielte Einkommen gilt vorbehaltlich des Absatzes 4 als monatliches Einkommen für alle Monate des Freistellungszeitraums. Die Darlehensnehmenden haben das Vorliegen der Freistellungsvoraussetzungen nachzuweisen, soweit nicht durch Rechtsverordnung auf Grund des § 18 Absatz 14 Nummer 2 etwas Abweichendes geregelt ist. Soweit eine Glaubhaftmachung mittels der Versicherung an Eides statt zugelassen ist, ist das Bundesverwaltungsamt für die Abnahme derselben zuständig.
(4) Ändert sich ein für die Freistellung maßgeblicher Umstand nach der Antragstellung, so wird der Bescheid vom Beginn des Monats an geändert, in dem die Änderung eingetreten ist. Nicht als Änderung im Sinne des Satzes 1 gelten Regelanpassungen gesetzlicher Renten und Versorgungsbezüge.

§ 18b Teilerlass des Darlehens

(1) (weggefallen)
(2) Auszubildenden, die die Abschlussprüfung bis zum 31. Dezember 2012 bestanden haben und nach ihrem Ergebnis zu den ersten 30 vom Hundert aller Prüfungsabsolventen gehören, die diese Prüfung in demselben Kalenderjahr abgeschlossen haben, wird auf Antrag der für diesen Ausbildungsabschnitt geleistete Darlehensbetrag teilweise erlassen. Der Erlass beträgt von dem nach dem 31. Dezember 1983 für diesen Ausbildungsabschnitt geleisteten Darlehensbetrag
1. 25 vom Hundert, wenn innerhalb der Förderungshöchstdauer,
2. 20 vom Hundert, wenn innerhalb von sechs Monaten nach dem Ende der Förderungshöchstdauer,
3. 15 vom Hundert, wenn innerhalb von zwölf Monaten nach dem Ende der Förderungshöchstdauer
die Abschlussprüfung bestanden wurde. Der Antrag ist innerhalb eines Monats nach Bekanntgabe des Bescheids nach § 18 Absatz 9 zu stellen. Abweichend von Satz 1 erhalten Auszubildende, die zu den ersten 30 vom Hundert der Geförderten gehören, unter den dort genannten Voraussetzungen den Erlass
a) in Ausbildungs- und Studiengängen, in denen als Gesamtergebnis der Abschlussprüfung nur das Bestehen festgestellt wird, nach den in dieser Prüfung erbrachten Leistungen,
b) in Ausbildungs- und Studiengängen ohne Abschlussprüfung nach den am Ende der planmäßig abgeschlossenen Ausbildung ausgewiesenen Leistungen; dabei ist eine differenzierte Bewertung über die Zuordnung zu den ersten 30 vom Hundert der Geförderten hinaus nicht erforderlich.
Auszubildende, die ihre Ausbildung an einer im Ausland gelegenen Ausbildungsstätte bestanden haben, erhalten den Teilerlass nicht. Abweichend von Satz 5 wird den Auszubildenden, die eine nach § 5 Absatz 1 oder 3 in der bis zum 31. Dezember 2007 geltenden Fassung des Gesetzes oder eine nach § 6 förderungsfähige Ausbildung vor dem 1. April 2001 aufgenommen haben, die Abschlussprüfung an einer im Ausland gelegenen Ausbildungsstätte bestanden haben und zu den ersten 30 vom Hundert der Geförderten gehören, der Teilerlass

nach Satz 1 gewährt, wenn der Besuch der im Ausland gelegenen Ausbildungsstätte dem einer im Inland gelegenen Höheren Fachschule, Akademie oder Hochschule gleichwertig ist. Die Funktion der Prüfungsstelle nimmt in diesen Fällen das nach § 45 zuständige Amt für Ausbildungsförderung wahr.
(2a) Für Auszubildende an Akademien gilt Absatz 2 mit der Maßgabe, dass der Teilerlass unabhängig vom Zeitpunkt des Bestehens der Abschlussprüfung 20 vom Hundert beträgt.
(3) Beendet der Auszubildende bis zum 31. Dezember 2012 die Ausbildung vier Monate vor dem Ende der Förderungshöchstdauer mit dem Bestehen der Abschlussprüfung oder, wenn eine solche nicht vorgesehen ist, nach den Ausbildungsvorschriften planmäßig, so werden auf seinen Antrag 2560 Euro des Darlehens erlassen. Beträgt der in Satz 1 genannte Zeitraum nur zwei Monate, werden 1025 Euro erlassen. Der Antrag ist innerhalb eines Monats nach Bekanntgabe des Bescheides nach § 18 Absatz 9 zu stellen.
(4) Ist für eine Ausbildung eine Mindestausbildungszeit im Sinne von Absatz 5 festgelegt und liegen zwischen deren Ende und dem Ende der Förderungshöchstdauer weniger als vier Monate, wird auf Antrag der Erlass nach Absatz 3 Satz 1 auch gewährt, wenn die Ausbildung mit Ablauf der Mindestausbildungszeit beendet wurde. Der Erlass nach Absatz 3 Satz 2 wird auf Antrag auch gewährt, wenn die Mindestausbildungszeit um höchstens zwei Monate überschritten wurde. Der Antrag ist innerhalb eines Monats nach Bekanntgabe des Bescheides nach § 18 Absatz 9 zu stellen. Ist der Bescheid vor dem 21. Juni 2011 nicht bestandskräftig oder rechtskräftig geworden, aber vor dem 13. Dezember 2011 bekannt gegeben worden, ist der Antrag bis zum 13. Januar 2012 zu stellen.
(5) Mindestausbildungszeit ist die durch Rechtsvorschrift festgelegte Zeit, vor deren Ablauf die Ausbildung nicht durch Abschlussprüfung oder sonst planmäßig beendet werden kann. Bei Ausbildungen, für die eine Mindeststudienzeit im Sinne von Satz 3 bestimmt ist und zugleich eine Abschlussprüfung vorgeschrieben ist, die insgesamt oder hinsichtlich bestimmter Prüfungsteile erst nach der Mindeststudienzeit begonnen werden darf, gilt die Mindeststudienzeit zuzüglich der Prüfungszeit im Sinne von Satz 4 als Mindestausbildungszeit. Mindeststudienzeit ist die durch Rechtsvorschrift festgelegte Mindestzeit für die reinen Ausbildungsleistungen, einschließlich geforderter Praktika, ohne Abschlussprüfung. Prüfungszeit ist die Zeit, die ab dem frühestmöglichen Beginn der Prüfung oder der bestimmten Prüfungsteile bis zum letzten Prüfungsteil regelmäßig erforderlich ist; wenn die Prüfungszeit nicht durch Rechtsvorschrift festgelegt ist, wird vermutet, dass sie drei Monate beträgt.
(5a) Absatz 4 ist nicht anzuwenden, wenn über die Gewährung eines Teilerlasses nach Absatz 3 vor dem 21. Juni 2011 bestandskräftig oder rechtskräftig entschieden worden ist.
(6) Das Bundesministerium für Bildung und Forschung bestimmt durch Rechtsverordnung ohne Zustimmung des Bundesrates das Nähere über das Verfahren, insbesondere über die Mitwirkung der Prüfungsstellen. Diese sind zur Auskunft und Mitwirkung verpflichtet, soweit dies für die Durchführung dieses Gesetzes erforderlich ist.

§ 18c Bankdarlehen

(1) Bankdarlehen der Kreditanstalt für Wiederaufbau für Förderungsleistungen im Sinne des § 17 Absatz 3 Satz 1 in der am 31. Juli 2019 geltenden Fassung sind nach Maßgabe der Absätze 1a bis 11 zurückzuzahlen.
(1a) Auszubildende und die Kreditanstalt für Wiederaufbau können von den Absätzen 2 bis 11 abweichende Darlehensbedingungen vereinbaren.
(2) Das Bankdarlehen nach Absatz 1 ist von der Auszahlung an zu verzinsen. Bis zum Beginn der Rückzahlung werden die Zinsen gestundet. Die Darlehensschuld erhöht sich jeweils zum 31. März und 30. September um die gestundeten Zinsen.
(3) Als Zinssatz für den jeweiligen Darlehensgesamtbetrag gelten – vorbehaltlich des Gleichbleibens der Rechtslage – ab 1. April und 1. Oktober jeweils für ein halbes Jahr die Euro Interbank Offered Rate-Sätze für die Beschaffung von Sechsmonatsgeld von ersten Adressen in den Teilnehmerstaaten der Europäischen Währungsunion (EURIBOR) mit einer Laufzeit von sechs Monaten zuzüglich eines Aufschlags von 1 vom Hundert. Falls die in Satz 1 genannten Termine nicht auf einen Tag fallen, an dem ein EURIBOR-Satz ermittelt wird, so gilt der nächste festgelegte EURIBOR-Satz.
(4) Vom Beginn der Rückzahlung an ist auf Antrag des Darlehensnehmers ein Festzins für die (Rest-)Laufzeit, längstens jedoch für zehn Jahre zu vereinbaren. Der Antrag kann jeweils zum 1. April und 1. Oktober gestellt werden und muss einen Monat im voraus bei der Kreditanstalt für Wiederaufbau eingegangen sein. Es gilt – vorbehaltlich des Gleichbleibens der Rechtslage – der Zinssatz für Bankschuldverschreibungen mit entsprechender Laufzeit, zuzüglich eines Aufschlags von eins vom Hundert.
(5) § 18 Absatz 3 Satz 3 und Absatz 11 ist entsprechend anzuwenden. Für die Rückzahlung gelten alle nach § 17 Absatz 3 Satz 1 in der am 31. Juli 2019 geltenden Fassung geleisteten Darlehen als ein Darlehen.

(6) Das Bankdarlehen ist einschließlich der Zinsen – vorbehaltlich des Gleichbleibens der Rechtslage – in möglichst gleichbleibenden monatlichen Raten von mindestens 130 Euro innerhalb von 20 Jahren zurückzuzahlen. Die erste Rate ist 18 Monate nach dem Ende des Monats, für den der Auszubildende zuletzt mit Bankdarlehen gefördert worden ist, zu zahlen.

(7) Hat jemand ein in Absatz 1 bezeichnetes Darlehen und ein in § 18 Absatz 1 Nummer 1 bezeichnetes Darlehen erhalten, ist deren Rückzahlung so aufeinander abzustimmen, dass ein in Absatz 1 bezeichnetes Darlehen vor einem in § 18 Absatz 1 Nummer 1 bezeichneten Darlehen und beide Darlehen einschließlich der Zinsen in möglichst gleichbleibenden monatlichen Raten von – vorbehaltlich des Gleichbleibens der Rechtslage – mindestens 130 Euro innerhalb von 22 Jahren zurückzuzahlen sind. Die erste Rate des in § 18 Absatz 1 Nummer 1 bezeichneten Darlehens ist in dem Monat zu leisten, der auf die Fälligkeit der letzten Rate des in Absatz 1 bezeichneten Darlehens folgt. Wird das in Absatz 1 bezeichnete Darlehen vor diesem Zeitpunkt getilgt, ist die erste Rate des in § 18 Absatz 1 Nummer 1 bezeichneten Darlehens am Ende des Monats zu leisten, der auf den Monat der Tilgung folgt. § 18 Absatz 4 bleibt unberührt.

(8) Vor Beginn der Rückzahlung teilt die Kreditanstalt für Wiederaufbau dem Darlehensnehmer – unbeschadet der Fälligkeit nach Absatz 6 – die Höhe der Darlehensschuld und der gestundeten Zinsen, die für ihn geltende Zinsregelung, die Höhe der monatlichen Zahlungsbeträge sowie den Rückzahlungszeitraum mit. Nach Aufforderung durch die Kreditanstalt für Wiederaufbau sind die Raten für jeweils drei aufeinanderfolgende Monate in einer Summe zu entrichten.

(9) Das Darlehen kann jederzeit ganz oder teilweise zurückgezahlt werden.

(10) Auf Verlangen der Kreditanstalt für Wiederaufbau ist ihr die Darlehens- und Zinsschuld eines Darlehensnehmers zu zahlen, von dem eine termingerechte Zahlung nicht zu erwarten ist. Dies ist insbesondere der Fall, wenn
1. der Darlehensnehmer fällige Rückzahlungsraten für sechs aufeinanderfolgende Monate nicht geleistet hat oder für diesen Zeitraum mit einem Betrag in Höhe des Vierfachen der monatlichen Rückzahlungsrate im Rückstand ist,
2. der Darlehensvertrag von der Kreditanstalt für Wiederaufbau entsprechend den gesetzlichen Bestimmungen wirksam gekündigt worden ist,
3. die Rückzahlung des Darlehens infolge der Erwerbs- oder Arbeitsunfähigkeit oder einer Erkrankung des Darlehensnehmers von mehr als einem Jahr Dauer nachhaltig erschwert oder unmöglich geworden ist,
4. der Darlehensnehmer zahlungsunfähig geworden ist oder seit mindestens einem Jahr Hilfe zum Lebensunterhalt nach dem Zwölften Buch Sozialgesetzbuch oder Leistungen zur Sicherung des Lebensunterhalts nach dem Zweiten Buch Sozialgesetzbuch erhält oder
5. der Aufenthalt des Darlehensnehmers seit mehr als sechs Monaten nicht ermittelt werden konnte.

Mit der Zahlung nach Satz 1 geht der Anspruch aus dem Darlehensvertrag auf den Bund über.

(11) Das Bundesministerium für Bildung und Forschung bestimmt durch Rechtsverordnung ohne Zustimmung des Bundesrates das Nähere über die Anpassung der Höhe der Aufschläge nach den Absätzen 3 und 4 an die tatsächlichen Kosten.

§ 18d Kreditanstalt für Wiederaufbau

(1) Die nach § 18c Absatz 10 auf den Bund übergegangenen Darlehensbeträge werden von der Kreditanstalt für Wiederaufbau verwaltet und eingezogen.

(2) Der Kreditanstalt für Wiederaufbau werden erstattet:
1. die Darlehensbeträge, die in entsprechender Anwendung von § 18 Absatz 11 erlöschen, und
2. die Darlehens- und Zinsbeträge nach § 18c Absatz 10 Satz 1.

(3) Verwaltungskosten werden der Kreditanstalt für Wiederaufbau nur für die Verwaltung der nach § 18c Absatz 10 auf den Bund übergegangenen Darlehensbeträge erstattet, soweit die Kosten nicht von den Darlehensnehmern getragen werden.

(4) Die Kreditanstalt für Wiederaufbau übermittelt den Ländern nach Ablauf eines Kalenderjahres eine Aufstellung sowohl über die Höhe der nach Absatz 1 für den Bund eingezogenen Beträge und Zinsen aus den Darlehen, deren Erstattung nach Absatz 2 sie bis zum 31. Dezember 2014 verlangt hat, als auch über deren Aufteilung nach Maßgabe des § 56 Absatz 2a. Sie zahlt zum Ende des jeweiligen Kalenderjahres jedem Land einen Abschlag in Höhe des ihm voraussichtlich zustehenden Betrages, bis zum 30. Juni des folgenden Jahres den Restbetrag.

§ 19 Aufrechnung

Mit einem Anspruch auf Erstattung von Ausbildungsförderung (§ 50 des Zehnten Buches Sozialgesetzbuch und § 20) kann gegen den Anspruch auf Ausbildungsförderung für abgelaufene Monate abweichend von § 51 des Ersten Buches Sozialgesetzbuch in voller Höhe aufgerechnet werden. Ist der Anspruch auf Ausbildungsförderung von einem Auszubildenden an einen Träger der Sozialhilfe zum Ausgleich seiner Aufwendungen abgetreten worden, kann das Amt für Ausbildungsförderung gegenüber dem Träger der Sozialhilfe mit einem Anspruch auf Erstattung von Ausbildungsförderung nicht aufrechnen. Die Sätze 1 und 2 gelten nicht für Bankdarlehen nach § 18c.

§ 20 Rückzahlungspflicht
(1) Haben die Voraussetzungen für die Leistung von Ausbildungsförderung an keinem Tage des Kalendermonats vorgelegen, für den sie gezahlt worden ist, so ist – außer in den Fällen der §§ 44 bis 50 des Zehnten Buches Sozialgesetzbuch – insoweit der Bewilligungsbescheid aufzuheben und der Förderungsbetrag zu erstatten, als
1. (weggefallen)
2. (weggefallen)
3. der Auszubildende Einkommen im Sinne des § 21 erzielt hat, das bei der Bewilligung der Ausbildungsförderung nicht berücksichtigt worden ist, Regelanpassungen gesetzlicher Renten und Versorgungsbezüge bleiben hierbei außer Betracht,
4. Ausbildungsförderung unter dem Vorbehalt der Rückforderung geleistet worden ist.

Die Regelung über die Erstattungspflicht gilt nicht für Bankdarlehen nach § 18c.
(2) Der Förderungsbetrag ist für den Kalendermonat oder den Teil eines Kalendermonats zurückzuzahlen, in dem der Auszubildende die Ausbildung aus einem von ihm zu vertretenden Grund unterbrochen hat. Die Regelung über die Erstattungspflicht gilt nicht für Bankdarlehen nach § 18c.

Abschnitt IV
Einkommensanrechnung

§ 21 Einkommensbegriff
(1) Als Einkommen gilt – vorbehaltlich des Satzes 3, der Absätze 2a, 3 und 4 – die Summe der positiven Einkünfte im Sinne des § 2 Absatz 1 und 2 des Einkommensteuergesetzes. Ein Ausgleich mit Verlusten aus anderen Einkunftsarten und mit Verlusten des zusammenveranlagten Ehegatten oder Lebenspartners ist nicht zulässig. Abgezogen werden können:
1. der Altersentlastungsbetrag (§ 24a des Einkommensteuergesetzes),
2. (weggefallen)
3. die für den Berechnungszeitraum zu leistende Einkommensteuer, Kirchensteuer und Gewerbesteuer,
4. die für den Berechnungszeitraum zu leistenden Pflichtbeiträge zur Sozialversicherung und zur Bundesagentur für Arbeit sowie die geleisteten freiwilligen Aufwendungen zur Sozialversicherung und für eine private Kranken-, Pflege-, Unfall- oder Lebensversicherung in angemessenem Umfang und
5. geförderte Altersvorsorgebeiträge nach § 82 des Einkommensteuergesetzes, soweit sie den Mindesteigenbeitrag nach § 86 des Einkommensteuergesetzes nicht überschreiten.

Leibrenten, einschließlich Unfallrenten, und Versorgungsrenten gelten in vollem Umfang als Einnahmen aus nichtselbständiger Arbeit.
(2) Zur Abgeltung der Abzüge nach Absatz 1 Nummer 4 wird von der – um die Beträge nach Absatz 1 Nummer 1 und Absatz 4 Nummer 4 geminderten – Summe der positiven Einkünfte ein Betrag in Höhe folgender Vomhundertsätze dieses Gesamtbetrages abgesetzt:
1. für rentenversicherungspflichtige Arbeitnehmer und für Auszubildende 21,3 vom Hundert, höchstens jedoch ein Betrag von jährlich 14 600 Euro,
2. für nichtrentenversicherungspflichtige Arbeitnehmer und für Personen im Ruhestandsalter, die einen Anspruch auf Alterssicherung aus einer renten- oder nichtrentenversicherungspflichtigen Beschäftigung oder Tätigkeit haben, 15,5 vom Hundert, höchstens jedoch ein Betrag von jährlich 8500 Euro,
3. für Nichtarbeitnehmer und auf Antrag von der Versicherungspflicht befreite oder wegen geringfügiger Beschäftigung versicherungsfreie Arbeitnehmer 37,7 vom Hundert, höchstens jedoch ein Betrag von jährlich 25 500 Euro,
4. für Personen im Ruhestandsalter, soweit sie nicht erwerbstätig sind, und für sonstige Nichterwerbstätige 15,5 vom Hundert, höchstens jedoch ein Betrag von jährlich 8500 Euro.

Jeder Einkommensbezieher ist nur einer der in den Nummern 1 bis 4 bezeichneten Gruppen zuzuordnen; dies gilt auch, wenn er die Voraussetzungen nur für einen Teil des Berechnungszeitraums erfüllt. Einer Gruppe kann nur zugeordnet werden, wer nicht unter eine in den jeweils vorhergehenden Nummern bezeichnete Gruppe fällt.
(2a) Als Einkommen gelten auch nur ausländischem Steuerrecht unterliegende Einkünfte eines Einkommensbeziehers, der seinen ständigen Wohnsitz im Ausland hat. Von dem Bruttobetrag sind in entsprechender

Anwendung des Einkommensteuergesetzes Beträge entsprechend der jeweiligen Einkunftsart, gegebenenfalls mindestens Beträge in Höhe der Pauschbeträge für Werbungskosten nach § 9a des Einkommensteuergesetzes, abzuziehen. Die so ermittelte Summe der positiven Einkünfte vermindert sich um die gezahlten Steuern und den nach Absatz 2 entsprechend zu bestimmenden Pauschbetrag für die soziale Sicherung.
(3) Als Einkommen gelten ferner in Höhe der tatsächlich geleisteten Beträge
1. Waisenrenten und Waisengelder, die der Antragsteller bezieht,
2. Ausbildungsbeihilfen und gleichartige Leistungen, die nicht nach diesem Gesetz gewährt werden; wenn sie begabungs- und leistungsabhängig nach von dem Geber allgemeingültig erlassenen Richtlinien ohne weitere Konkretisierung des Verwendungszwecks vergeben werden, gilt dies jedoch nur, soweit sie im Berechnungszeitraum einen Gesamtbetrag übersteigen, der einem Monatsdurchschnitt von 300 Euro entspricht; Absatz 4 Nummer 4 bleibt unberührt;
3. (weggefallen)
4. sonstige Einnahmen, die zur Deckung des Lebensbedarfs bestimmt sind, mit Ausnahme der Unterhaltsleistungen der Eltern des Auszubildenden und seines Ehegatten oder Lebenspartners, soweit sie das Bundesministerium für Bildung und Forschung in einer Rechtsverordnung ohne Zustimmung des Bundesrates bezeichnet hat.

Die Erziehungsbeihilfe, die ein Beschädigter für ein Kind erhält (§ 27 des Bundesversorgungsgesetzes), gilt als Einkommen des Kindes.
(4) Nicht als Einkommen gelten
1. Grundrenten und Schwerstbeschädigtenzulage nach dem Bundesversorgungsgesetz und nach den Gesetzen, die das Bundesversorgungsgesetz für anwendbar erklären,
2. ein der Grundrente und der Schwerstbeschädigtenzulage nach dem Bundesversorgungsgesetz entsprechender Betrag, wenn diese Leistungen nach § 65 des Bundesversorgungsgesetzes ruhen,
3. Renten, die den Opfern nationalsozialistischer Verfolgung wegen einer durch die Verfolgung erlittenen Gesundheitsschädigung geleistet werden, bis zur Höhe des Betrages, der in der Kriegsopferversorgung bei gleicher Minderung der Erwerbsfähigkeit als Grundrente und Schwerstbeschädigtenzulage geleistet würde.
4. Einnahmen, deren Zweckbestimmung einer Anrechnung auf den Bedarf entgegensteht; dies gilt insbesondere für Einnahmen, die für einen anderen Zweck als für die Deckung des Bedarfs im Sinne dieses Gesetzes bestimmt sind,
5. zusätzliche Einnahmen aus einer Tätigkeit der Antragstellenden in systemrelevanten Branchen und Berufen, soweit die Tätigkeit zur Bekämpfung der COVID-19-Pandemie und deren sozialen Folgen seit dem 1. März 2020 aufgenommen oder in ihrem arbeitszeitlichen Umfang aufgestockt wurde, für die Dauer dieser Tätigkeit oder Arbeitszeitaufstockung.

§ 22 Berechnungszeitraum für das Einkommen des Auszubildenden

(1) Für die Anrechnung des Einkommens des Auszubildenden sind die Einkommensverhältnisse im Bewilligungszeitraum maßgebend. Sind bei ihrer Ermittlung Pauschbeträge für Werbungskosten nach § 9a des Einkommensteuergesetzes zu berücksichtigen, so ist der Betrag abzuziehen, der sich ergibt, wenn ein Zwölftel des Jahrespauschbetrages mit der Zahl der Kalendermonate des Bewilligungszeitraumes vervielfacht wird.
(2) Auf den Bedarf jedes Kalendermonats des Bewilligungszeitraums wird der Betrag angerechnet, der sich ergibt, wenn das Gesamteinkommen durch die Zahl der Kalendermonate des Bewilligungszeitraums geteilt wird.
(3) Die Absätze 1 und 2 gelten entsprechend für die Berücksichtigung des Einkommens
1. der Kinder nach § 23 Absatz 2,
2. der Kinder, der in § 25 Absatz 5 Nummer 1 bis 3 bezeichneten Personen und der sonstigen Unterhaltsberechtigten nach § 25 Absatz 3.

§ 23 Freibeträge vom Einkommen des Auszubildenden

(1) Vom Einkommen des Auszubildenden bleiben monatlich anrechnungsfrei
1. für den Auszubildenden selbst 290 Euro,
2. für den Ehegatten oder Lebenspartner des Auszubildenden 665 Euro,
3. für jedes Kind des Auszubildenden 605 Euro.

Satz 1 Nummer 2 und 3 findet keine Anwendung auf Ehegatten oder Lebenspartner und Kinder, die in einer Ausbildung stehen, die nach diesem Gesetz oder nach § 56 des Dritten Buches Sozialgesetzbuch gefördert werden kann.
(2) Die Freibeträge nach Absatz 1 Nummer 2 und 3 mindern sich um Einnahmen des Auszubildenden sowie Einkommen des Ehegatten oder Lebenspartners und des Kindes, die dazu bestimmt sind oder üblicher- oder

zumutbarerweise dazu verwendet werden, den Unterhaltsbedarf des Ehegatten oder Lebenspartners und der Kinder des Auszubildenden zu decken.
(3) Die Vergütung aus einem Ausbildungsverhältnis wird abweichend von den Absätzen 1 und 2 voll angerechnet.
(4) Abweichend von Absatz 1 werden
1. von der Waisenrente und dem Waisengeld der Auszubildenden, deren Bedarf sich nach § 12 Absatz 1 Nummer 1 bemisst, monatlich 210 Euro, anderer Auszubildender 150 Euro monatlich nicht angerechnet,
2. Ausbildungsbeihilfen und gleichartige Leistungen aus öffentlichen Mitteln oder von Förderungseinrichtungen, die hierfür öffentliche Mittel erhalten, sowie Förderungsleistungen ausländischer Staaten voll auf den Bedarf angerechnet; zu diesem Zweck werden Ausbildungsbeihilfen und gleichartige Leistungen, die zugleich aus öffentlichen und privaten Mitteln finanziert und dem Empfänger insgesamt als eine Leistung zugewendet werden, als einheitlich aus öffentlichen Mitteln erbracht behandelt. Voll angerechnet wird auch Einkommen, das aus öffentlichen Mitteln zum Zweck der Ausbildung bezogen wird,
3. (weggefallen)
4. Unterhaltsleistungen des geschiedenen oder dauernd getrennt lebenden Ehegatten voll auf den Bedarf angerechnet; dasselbe gilt für Unterhaltsleistungen des Lebenspartners nach Aufhebung der Lebenspartnerschaft oder des dauernd getrennt lebenden Lebenspartners.
(5) Zur Vermeidung unbilliger Härten kann auf besonderen Antrag, der vor dem Ende des Bewilligungszeitraums zu stellen ist, abweichend von den Absätzen 1 und 4 ein weiterer Teil des Einkommens des Auszubildenden anrechnungsfrei gestellt werden, soweit er zur Deckung besonderer Kosten der Ausbildung erforderlich ist, die nicht durch den Bedarfssatz gedeckt sind, höchstens jedoch bis zu einem Betrag von 305 Euro monatlich.

§ 24 Berechnungszeitraum für das Einkommen der Eltern und des Ehegatten oder Lebenspartners

(1) Für die Anrechnung des Einkommens der Eltern und des Ehegatten oder Lebenspartners des Auszubildenden sind die Einkommensverhältnisse im vorletzten Kalenderjahr vor Beginn des Bewilligungszeitraums maßgebend.
(2) Ist der Einkommensbezieher für diesen Zeitraum zur Einkommensteuer zu veranlagen, liegt jedoch der Steuerbescheid dem Amt für Ausbildungsförderung noch nicht vor, so wird unter Berücksichtigung der glaubhaft gemachten Einkommensverhältnisse über den Antrag entschieden. Ausbildungsförderung wird insoweit – außer in den Fällen des § 18c – unter dem Vorbehalt der Rückforderung geleistet. Sobald der Steuerbescheid dem Amt für Ausbildungsförderung vorliegt, wird über den Antrag abschließend entschieden.
(3) Ist das Einkommen im Bewilligungszeitraum voraussichtlich wesentlich niedriger als in dem nach Absatz 1 maßgeblichen Zeitraum, so ist auf besonderen Antrag des Auszubildenden bei der Anrechnung von dem Einkommensverhältnissen im Bewilligungszeitraum auszugehen; nach dessen Ende gestellte Anträge werden nicht berücksichtigt. Der Auszubildende hat das Vorliegen der Voraussetzungen des Satzes 1 glaubhaft zu machen. Ausbildungsförderung wird insoweit – außer in den Fällen des § 18c – unter dem Vorbehalt der Rückforderung geleistet. Sobald sich das Einkommen in dem Bewilligungszeitraum endgültig feststellen lässt, wird über den Antrag abschließend entschieden.
(4) Auf den Bedarf für jeden Kalendermonat des Bewilligungszeitraums ist ein Zwölftel des im Berechnungszeitraum erzielten Jahreseinkommens anzurechnen. Abweichend von Satz 1 ist in den Fällen des Absatzes 3 der Betrag anzurechnen, der sich ergibt, wenn die Summe der Monatseinkommen des Bewilligungszeitraums durch die Zahl der Kalendermonate des Bewilligungszeitraums geteilt wird; als Monatseinkommen gilt ein Zwölftel des jeweiligen Kalenderjahreseinkommens.

§ 25 Freibeträge vom Einkommen der Eltern und des Ehegatten oder Lebenspartners

(1) Es bleiben monatlich anrechnungsfrei
1. vom Einkommen der miteinander verheirateten oder in einer Lebenspartnerschaft verbundenen Eltern, wenn sie nicht dauernd getrennt leben, 2000 Euro,
2. vom Einkommen jedes Elternteils in sonstigen Fällen sowie vom Einkommen des Ehegatten oder Lebenspartners des Auszubildenden je 1330 Euro.
(2) (weggefallen)
(3) Die Freibeträge des Absatzes 1 erhöhen sich
1. für den nicht in Eltern-Kind-Beziehung zum Auszubildenden stehenden Ehegatten oder Lebenspartner des Einkommensbeziehers um 665 Euro,
2. für Kinder des Einkommensbeziehers sowie für weitere dem Einkommensbezieher gegenüber nach dem bürgerlichen Recht Unterhaltsberechtigte um je 605 Euro,
wenn sie nicht in einer Ausbildung stehen, die nach diesem Gesetz oder nach § 56 des Dritten Buches Sozialgesetzbuch gefördert werden kann. Die Freibeträge nach Satz 1 mindern sich um das Einkommen des Ehegatten oder Lebenspartners, des Kindes oder des sonstigen Unterhaltsberechtigten.

(4) Das die Freibeträge nach den Absätzen 1, 3 und 6 übersteigende Einkommen der Eltern und des Ehegatten oder Lebenspartners bleibt anrechnungsfrei
1. zu 50 vom Hundert und
2. zu 5 vom Hundert für jedes Kind, für das ein Freibetrag nach Absatz 3 gewährt wird.

(5) Als Kinder des Einkommensbeziehers gelten außer seinen eigenen Kindern
1. Pflegekinder (Personen, mit denen er durch ein familienähnliches, auf längere Dauer berechnetes Band verbunden ist, sofern er sie in seinen Haushalt aufgenommen hat und das Obhuts- und Pflegeverhältnis zu den Eltern nicht mehr besteht),
2. in seinen Haushalt aufgenommene Kinder seines Ehegatten oder Lebenspartners,
3. in seinen Haushalt aufgenommene Enkel.

(6) Zur Vermeidung unbilliger Härten kann auf besonderen Antrag, der vor dem Ende des Bewilligungszeitraums zu stellen ist, abweichend von den vorstehenden Vorschriften ein weiterer Teil des Einkommens anrechnungsfrei bleiben. Hierunter fallen insbesondere außergewöhnliche Belastungen nach den §§ 33 bis 33b des Einkommensteuergesetzes sowie Aufwendungen für behinderte Personen, denen der Einkommensbezieher nach dem bürgerlichen Recht unterhaltspflichtig ist.

Abschnitt V
Vermögensanrechnung

§ 26 Umfang der Vermögensanrechnung

Vermögen des Auszubildenden wird nach Maßgabe der §§ 27 bis 30 angerechnet.

§ 27 Vermögensbegriff

(1) Als Vermögen gelten alle
1. beweglichen und unbeweglichen Sachen,
2. Forderungen und sonstigen Rechte.

Ausgenommen sind Gegenstände, soweit der Auszubildende sie aus rechtlichen Gründen nicht verwerten kann.

(2) Nicht als Vermögen gelten
1. Rechte auf Versorgungsbezüge, auf Renten und andere wiederkehrende Leistungen,
2. Übergangsbeihilfen nach den §§ 12 und 13 des Soldatenversorgungsgesetzes in der Fassung der Bekanntmachung vom 21. April 1983 (BGBl. I S. 457) sowie die Wiedereingliederungsbeihilfe nach § 4 Absatz 1 Nummer 2 des Entwicklungshelfer-Gesetzes,
3. Nießbrauchsrechte,
4. Haushaltsgegenstände.

§ 28 Wertbestimmung des Vermögens

(1) Der Wert eines Gegenstandes ist zu bestimmen
1. bei Wertpapieren auf die Höhe des Kurswertes,
2. bei sonstigen Gegenständen auf die Höhe des Zeitwertes.

(2) Maßgebend ist der Wert im Zeitpunkt der Antragstellung.

(3) Von dem nach den Absätzen 1 und 2 ermittelten Betrag sind die im Zeitpunkt der Antragstellung bestehenden Schulden und Lasten abzuziehen. Dies gilt nicht für das nach diesem Gesetz erhaltene Darlehen.

(4) Veränderungen zwischen Antragstellung und Ende des Bewilligungszeitraums bleiben unberücksichtigt.

§ 29 Freibeträge vom Vermögen

(1) Von dem Vermögen bleiben anrechnungsfrei
1. für den Auszubildenden selbst 8200 Euro,
2. für den Ehegatten oder Lebenspartner des Auszubildenden 2300 Euro,
3. für jedes Kind des Auszubildenden 2300 Euro.

Maßgebend sind die Verhältnisse im Zeitpunkt der Antragstellung.

(2) (weggefallen)

(3) Zur Vermeidung unbilliger Härten kann ein weiterer Teil des Vermögens anrechnungsfrei bleiben.

§ 30 Monatlicher Anrechnungsbetrag

Auf den monatlichen Bedarf des Auszubildenden ist der Betrag anzurechnen, der sich ergibt, wenn der Betrag des anzurechnenden Vermögens durch die Zahl der Kalendermonate des Bewilligungszeitraums geteilt wird.

§§ 31 bis 34 (weggefallen)

Abschnitt VI

§ 35 Anpassung der Bedarfssätze und Freibeträge

Die Bedarfssätze, Freibeträge sowie die Vomhundertsätze und Höchstbeträge nach § 21 Absatz 2 sind alle zwei Jahre zu überprüfen und durch Gesetz gegebenenfalls neu festzusetzen. Dabei ist der Entwicklung der Einkommensverhältnisse und der Vermögensbildung, den Veränderungen der Lebenshaltungskosten sowie der finanzwirtschaftlichen Entwicklung Rechnung zu tragen. Die Bundesregierung hat hierüber dem Deutschen Bundestag und dem Bundesrat zu berichten. Die im Jahr 2019 anstehende Berichterstattung erfolgt im Jahr 2021.

Abschnitt VII
Vorausleistung und Anspruchsübergang

§ 36 Vorausleistung von Ausbildungsförderung

(1) Macht der Auszubildende glaubhaft, dass seine Eltern den nach den Vorschriften dieses Gesetzes angerechneten Unterhaltsbetrag nicht leisten, und ist die Ausbildung – auch unter Berücksichtigung des Einkommens des Ehegatten oder Lebenspartners im Bewilligungszeitraum – gefährdet, so wird auf Antrag nach Anhörung der Eltern Ausbildungsförderung ohne Anrechnung dieses Betrages geleistet; nach Ende des Bewilligungszeitraums gestellte Anträge werden nicht berücksichtigt.

(2) Absatz 1 ist entsprechend anzuwenden, wenn
1. der Auszubildende glaubhaft macht, dass seine Eltern den Bedarf nach den §§ 12 bis 14b nicht leisten, und die Eltern entgegen § 47 Absatz 4 die für die Anrechnung ihres Einkommens erforderlichen Auskünfte nicht erteilen oder Urkunden nicht vorlegen und darum ihr Einkommen nicht angerechnet werden kann, und wenn
2. Bußgeldfestsetzung oder Einleitung des Verwaltungszwangsverfahrens nicht innerhalb zweier Monate zur Erteilung der erforderlichen Auskünfte geführt haben oder rechtlich unzulässig sind, insbesondere weil die Eltern ihren ständigen Wohnsitz im Ausland haben.

(3) Ausbildungsförderung wird nicht vorausgeleistet, soweit die Eltern bereit sind, Unterhalt entsprechend einer gemäß § 1612 Absatz 2 des Bürgerlichen Gesetzbuches getroffenen Bestimmung zu leisten.

(4) Von der Anhörung der Eltern kann aus wichtigem Grund oder, wenn der Auszubildende in demselben Ausbildungsabschnitt für den vorhergehenden Bewilligungszeitraum Leistungen nach Absatz 1 oder 2 erhalten hat, abgesehen werden.

§ 37 Übergang von Unterhaltsansprüchen

(1) Hat der Auszubildende für die Zeit, für die ihm Ausbildungsförderung gezahlt wird, nach bürgerlichem Recht einen Unterhaltsanspruch gegen seine Eltern, so geht dieser zusammen mit dem unterhaltsrechtlichen Auskunftsanspruch mit der Zahlung bis zur Höhe der geleisteten Aufwendungen auf das Land über, jedoch nur soweit auf den Bedarf des Auszubildenden das Einkommen der Eltern nach diesem Gesetz anzurechnen ist. Die Zahlungen, welche die Eltern auf Grund der Mitteilung über den Anspruchsübergang erbringen, werden entsprechend § 11 Absatz 2 angerechnet. Die Sätze 1 und 2 gelten nicht, soweit der Auszubildende Ausbildungsförderung als Bankdarlehen nach § 18c erhalten hat.

(2) und (3) (weggefallen)

(4) Für die Vergangenheit können die Eltern des Auszubildenden nur von dem Zeitpunkt an in Anspruch genommen werden, in dem
1. die Voraussetzungen des bürgerlichen Rechts vorgelegen haben oder
2. sie bei dem Antrag auf Ausbildungsförderung mitgewirkt haben oder von ihm Kenntnis erhalten haben und darüber belehrt worden sind, unter welchen Voraussetzungen dieses Gesetz eine Inanspruchnahme von Eltern ermöglicht.

(5) (weggefallen)

(6) Der Anspruch ist von der Fälligkeit an mit 6 vom Hundert zu verzinsen. Zinsen werden jedoch erst vom Beginn des Monats an erhoben, der auf die Mitteilung des Amtes für Ausbildungsförderung über den erfolgten Anspruchsübergang folgt.

§ 38 Übergang von anderen Ansprüchen

Hat der Auszubildende für die Zeit, für die ihm Ausbildungsförderung gezahlt wird, gegen eine öffentlich-rechtliche Stelle, die nicht Leistungsträger ist, Anspruch auf Leistung, die auf den Bedarf anzurechnen ist oder eine Leistung nach diesem Gesetz ausschließt, geht dieser mit der Zahlung in Höhe der geleisteten Aufwendungen auf das Land über. Die §§ 104 und 115 des Zehnten Buches Sozialgesetzbuch bleiben unberührt.

Abschnitt VIII
Organisation

§ 39 Auftragsverwaltung

(1) Dieses Gesetz wird vorbehaltlich des Absatzes 2 im Auftrag des Bundes von den Ländern ausgeführt.
(2) Die nach § 18 Absatz 1 geleisteten Darlehen werden durch das Bundesverwaltungsamt verwaltet und eingezogen. Die zuständige Bundeskasse nimmt die Aufgaben der Kasse beim Einzug der Darlehen und deren Anmahnung für das Bundesverwaltungsamt wahr.
(3) Jedes Land bestimmt die zuständigen Behörden für die Entscheidungen nach § 2 Absatz 2 und § 3 Absatz 4 hinsichtlich der Ausbildungsstätten und Fernlehrinstitute, die ihren Sitz in diesem Land haben.
(4) Die Bundesregierung kann durch Allgemeine Verwaltungsvorschrift mit Zustimmung des Bundesrates eine einheitliche maschinelle Berechnung, Rückrechnung und Abrechnung der Leistungen nach diesem Gesetz in Form einer algorithmischen Darstellung materiellrechtlicher Regelungen (Programmablaufplan) regeln.

§ 40 Ämter für Ausbildungsförderung

(1) Die Länder errichten für jeden Kreis und jede kreisfreie Stadt ein Amt für Ausbildungsförderung. Die Länder können für mehrere Kreise oder kreisfreie Städte ein gemeinsames Amt für Ausbildungsförderung errichten. Im Land Berlin können mehrere Ämter für Ausbildungsförderung errichtet werden. In den Ländern Berlin, Bremen und Hamburg kann davon abgesehen werden, Ämter für Ausbildungsförderung zu errichten.
(2) Für Auszubildende, die eine im Inland gelegene Hochschule besuchen, richten die Länder abweichend von Absatz 1 Ämter für Ausbildungsförderung bei staatlichen Hochschulen oder bei Studentenwerken ein; diesen kann auch die Zuständigkeit für andere Auszubildende übertragen werden, die Ausbildungsförderung wie Studierende an Hochschulen erhalten. Die Länder können bestimmen, dass ein bei einer staatlichen Hochschule errichtetes Amt für Ausbildungsförderung ein Studentenwerk zur Durchführung seiner Aufgaben heranzieht. Ein Studentenwerk kann Amt für Ausbildungsförderung nur sein, wenn
1. es eine Anstalt oder Stiftung des öffentlichen Rechts ist und
2. ein Bediensteter die Befähigung zu einem Richteramt nach dem Deutschen Richtergesetz oder für den höheren allgemeinen Verwaltungsdienst hat.

(3) Für Auszubildende, die eine im Ausland gelegene Ausbildungsstätte besuchen, können die Länder abweichend von Absatz 1 Ämter für Ausbildungsförderung bei staatlichen Hochschulen, Studentenwerken oder Landesämtern für Ausbildungsförderung einrichten.

§ 40a Landesämter für Ausbildungsförderung

Die Länder können Landesämter für Ausbildungsförderung errichten. Mehrere Länder können ein gemeinsames Landesamt für Ausbildungsförderung errichten. Im Falle der Errichtung eines Landesamtes für Ausbildungsförderung nach Satz 1 findet § 40 Absatz 2 Satz 3 Nummer 2 keine Anwendung.

§ 41 Aufgaben der Ämter für Ausbildungsförderung

(1) Das Amt für Ausbildungsförderung nimmt die zur Durchführung dieses Gesetzes erforderlichen Aufgaben wahr, soweit sie nicht anderen Stellen übertragen sind. Bei der Bearbeitung der Anträge können zentrale Verwaltungsstellen herangezogen werden.
(2) Es trifft die zur Entscheidung über den Antrag erforderlichen Feststellungen, entscheidet über den Antrag und erlässt den Bescheid hierüber.
(3) Das Amt für Ausbildungsförderung hat die Auszubildenden und ihre Eltern über die individuelle Förderung der Ausbildung nach bundes- und landesrechtlichen Vorschriften zu beraten.
(4) Die Ämter für Ausbildungsförderung dürfen Personen, die Leistungen nach diesem Gesetz beziehen, auch regelmäßig im Wege des automatisierten Datenabgleichs daraufhin überprüfen, ob und welche Daten nach § 45d Absatz 1 des Einkommensteuergesetzes dem Bundeszentralamt für Steuern übermittelt worden sind. Die Ämter für Ausbildungsförderung dürfen zu diesem Zweck Namen, Vornamen, Geburtsdatum und Anschrift der Personen, die Leistungen nach diesem Gesetz beziehen, sowie die Amts- und Förderungsnummer an das Bundeszentralamt für Steuern übermitteln. Die Übermittlung kann auch über eine von der zuständigen Landesbehörde bestimmte zentrale Landesstelle erfolgen. Das Bundeszentralamt für Steuern hat die ihm überlassenen Daten und Datenträger nach Durchführung des Abgleichs unverzüglich zurückzugeben, zu löschen oder zu vernichten. Die Ämter für Ausbildungsförderung dürfen die ihnen übermittelten Daten nur zur Überprüfung nach Satz 1 nutzen. Die übermittelten Daten der Personen, bei denen die Überprüfung zu keinen abweichenden Feststellungen führt, sind unverzüglich zu löschen.

§§ 42 und 43 (weggefallen)

§ 44 Beirat für Ausbildungsförderung

(1) Das Bundesministerium für Bildung und Forschung kann durch Rechtsverordnung ohne Zustimmung des Bundesrates einen Beirat für Ausbildungsförderung bilden, der es bei
1. der Durchführung des Gesetzes,
2. der weiteren Ausgestaltung der gesetzlichen Regelung der individuellen Ausbildungsförderung und
3. der Berücksichtigung neuer Ausbildungsformen
berät.
(2) In den Beirat sind Vertreter der an der Ausführung des Gesetzes beteiligten Landes- und Gemeindebehörden, des Deutschen Studentenwerkes e. V., der Bundesagentur für Arbeit, der Lehrkörper der Ausbildungsstätten, der Auszubildenden, der Elternschaft, der Rechts-, Wirtschafts- oder Sozialwissenschaften, der Arbeitgeber sowie der Arbeitnehmer zu berufen.

Abschnitt IX
Verfahren

§ 45 Örtliche Zuständigkeit

(1) Für die Entscheidung über die Ausbildungsförderung ist das Amt für Ausbildungsförderung zuständig, in dessen Bezirk die Eltern des Auszubildenden oder, wenn nur noch ein Elternteil lebt, dieser den ständigen Wohnsitz haben. Das Amt für Ausbildungsförderung, in dessen Bezirk der Auszubildende seinen ständigen Wohnsitz hat, ist zuständig, wenn
1. der Auszubildende verheiratet oder in einer Lebenspartnerschaft verbunden ist oder war,
2. seine Eltern nicht mehr leben,
3. dem überlebenden Elternteil die elterliche Sorge nicht zusteht oder bei Erreichen der Volljährigkeit des Auszubildenden nicht zustand,
4. nicht beide Elternteile ihren ständigen Wohnsitz in dem Bezirk desselben Amtes für Ausbildungsförderung haben,
5. kein Elternteil einen Wohnsitz im Inland hat,
6. der Auszubildende eine Fachschulklasse besucht, deren Besuch eine abgeschlossene Berufsausbildung voraussetzt,
7. der Auszubildende Ausbildungsförderung für die Teilnahme an Fernunterrichtslehrgängen erhält (§ 3).
Hat in den Fällen des Satzes 2 der Auszubildende im Inland keinen ständigen Wohnsitz, so ist das Amt für Ausbildungsförderung zuständig, in dessen Bezirk die Ausbildungsstätte liegt.
(2) Abweichend von Absatz 1 ist für die Auszubildenden an
1. Abendgymnasien und Kollegs,
2. Höheren Fachschulen und Akademien
das Amt für Ausbildungsförderung zuständig, in dessen Bezirk die Ausbildungsstätte gelegen ist, die der Auszubildende besucht.
(3) Abweichend von den Absätzen 1 und 2 ist das bei einer staatlichen Hochschule errichtete Amt für Ausbildungsförderung für die an dieser Hochschule immatrikulierten Auszubildenden zuständig; diese Zuständigkeit gilt auch für Auszubildende, die im Zusammenhang mit dem Hochschulbesuch ein Vor- oder Nachpraktikum ableisten. Die Länder können bestimmen, dass das an einer staatlichen Hochschule errichtete Amt für Ausbildungsförderung auch zuständig ist für Auszubildende, die an anderen Hochschulen immatrikuliert sind, und andere Auszubildende, die Ausbildungsförderung wie Studierende an Hochschulen erhalten. Ist das Amt für Ausbildungsförderung bei einem Studentenwerk errichtet, so wird dessen örtliche Zuständigkeit durch das Land bestimmt.
(4) Für die Entscheidung über Ausbildungsförderung für eine Ausbildung im Ausland nach § 5 Absatz 2 und 5 sowie § 6 ist ausschließlich das durch das zuständige Land bestimmte Amt für Ausbildungsförderung örtlich zuständig. Das Bundesministerium für Bildung und Forschung bestimmt durch Rechtsverordnung ohne Zustimmung des Bundesrates, welches Land das für alle Auszubildenden, die die in einem anderen Staat gelegenen Ausbildungsstätten besuchen, örtlich zuständige Amt bestimmt.

§ 45a Wechsel in der Zuständigkeit

(1) Wird ein anderes Amt für Ausbildungsförderung zuständig, so tritt dieses Amt für sämtliche Verwaltungshandlungen einschließlich des Vorverfahrens an die Stelle des bisher zuständigen Amtes. § 2 Absatz 2 des Zehnten Buches Sozialgesetzbuch bleibt unberührt.
(2) Hat die örtliche Zuständigkeit gewechselt, muss das bisher zuständige Amt die Leistungen noch solange erbringen, bis sie von dem nunmehr zuständigen Amt fortgesetzt werden.
(3) Sobald ein Amt zuständig ist, das in einem anderen Land liegt, gehen die Ansprüche nach § 50 Absatz 1 des Zehnten Buches Sozialgesetzbuch und § 20 auf dieses Land über.

§ 46 Antrag

(1) Über die Leistung von Ausbildungsförderung sowie über die Höhe der Darlehenssumme nach § 18c wird auf schriftlichen Antrag entschieden. Die Länder sind verpflichtet, bis zum 1. August 2016 eine elektronische Antragstellung zu ermöglichen, die den Vorgaben des § 36a Absatz 2 Satz 4 Nummer 1 oder 2 des Ersten Buches Sozialgesetzbuch entspricht. Der Auszubildende kann die Höhe des Darlehens nach § 18c begrenzen; die Erklärung ist für den Bewilligungszeitraum unwiderruflich.
(2) Der Antrag ist an das örtlich zuständige Amt für Ausbildungsförderung zu richten.
(3) Die zur Feststellung des Anspruchs erforderlichen Tatsachen sind auf den Formblättern anzugeben, die die Bundesregierung durch Allgemeine Verwaltungsvorschrift mit Zustimmung des Bundesrates bestimmt hat.
(4) (weggefallen)
(5) Auf Antrag hat das Amt für Ausbildungsförderung dem Grunde nach vorab zu entscheiden, ob die Förderungsvoraussetzungen für eine nach Fachrichtung und Ausbildungsstätte bestimmt bezeichnete
1. Ausbildung im Ausland nach § 5 Absatz 2 und 5,
2. Ausbildung nach § 7 Absatz 1a,
3. weitere Ausbildung nach § 7 Absatz 2,
4. andere Ausbildung nach § 7 Absatz 3,
5. Ausbildung nach Überschreiten der Altersgrenze nach § 10 Absatz 3
vorliegen. Die Entscheidung nach den Nummern 2 bis 5 ist für den ganzen Ausbildungsabschnitt zu treffen. Das Amt ist an die Entscheidung nicht mehr gebunden, wenn der Auszubildende die Ausbildung nicht binnen eines Jahres nach Antragstellung beginnt.

§ 47 Auskunftspflichten

(1) Ausbildungsstätten, Fernlehrinstitute und Prüfungsstellen sind verpflichtet, die nach § 3 Absatz 3, § 15 Absatz 3a sowie den §§ 48 und 49 erforderlichen Bescheinigungen, Bestätigungen und gutachterlichen Stellungnahmen abzugeben. Das jeweils nach Landesrecht zuständige hauptamtliche Mitglied des Lehrkörpers der Ausbildungsstätte stellt die Eignungsbescheinigung nach § 48 Absatz 1 Nummer 2 aus und legt für den Nachweis nach § 48 Absatz 1 Nummer 3 die zum jeweils maßgeblichen Zeitpunkt übliche Zahl an ECTS-Leistungspunkten fest.
(2) Ausbildungsstätten und Fernlehrinstitute sowie deren Träger sind verpflichtet, den zuständigen Behörden auf Verlangen alle Auskünfte zu erteilen und Urkunden vorzulegen sowie die Besichtigung der Ausbildungsstätte zu gestatten, soweit die Durchführung dieses Gesetzes, insbesondere des § 2 Absatz 2 und des § 3 Absatz 2 es erfordert.
(3) Ist dem Auszubildenden von einer der in § 2 Absatz 1 Nummer 1 bis 4 bezeichneten oder diesen nach § 2 Absatz 3 als gleichwertig bestimmten Ausbildungsstätten für Zwecke dieses Gesetzes bescheinigt worden, dass er sie besucht, so unterrichtet die Ausbildungsstätte das Amt für Ausbildungsförderung unverzüglich, wenn der Auszubildende die Ausbildung abbricht.
(4) § 60 des Ersten Buches Sozialgesetzbuch gilt auch für die Eltern und den Ehegatten oder Lebenspartner, auch den dauernd getrennt lebenden, des Auszubildenden.
(5) Soweit dies zur Durchführung des Gesetzes erforderlich ist, hat
1. der jeweilige Arbeitgeber auf Verlangen dem Auszubildenden, seinen Eltern und seinem Ehegatten oder Lebenspartner sowie dem Amt für Ausbildungsförderung eine Bescheinigung über den Arbeitslohn und den als Lohnsteuerabzugsmerkmal mitgeteilten Freibetrag auszustellen,
2. die jeweilige Zusatzversorgungseinrichtung des öffentlichen Dienstes oder öffentlich-rechtliche Zusatzversorgungseinrichtung dem Amt für Ausbildungsförderung Auskünfte über die von ihr geleistete Alters- und Hinterbliebenenversorgung des Auszubildenden, seiner Eltern und seines Ehegatten oder Lebenspartners zu erteilen.
(6) Das Amt für Ausbildungsförderung kann den in den Absätzen 2, 4 und 5 bezeichneten Institutionen und Personen eine angemessene Frist zur Erteilung von Auskünften und Vorlage von Urkunden setzen.

§ 47a Ersatzpflicht des Ehegatten oder Lebenspartners und der Eltern

Haben der Ehegatte oder Lebenspartner oder die Eltern des Auszubildenden die Leistung von Ausbildungsförderung an den Auszubildenden dadurch herbeigeführt, dass sie vorsätzlich oder fahrlässig falsche oder unvollständige Angaben gemacht oder eine Anzeige nach § 60 Absatz 1 Nummer 2 des Ersten Buches Sozialgesetzbuch unterlassen haben, so haben sie den Betrag, der nach § 17 für den Auszubildenden als Förderungsbetrag zu Unrecht geleistet worden ist, dem Land zu ersetzen. Der Betrag ist vom Zeitpunkt der zu Unrecht erfolgten Leistung an mit 6 vom Hundert für das Jahr zu verzinsen.

§ 48 Mitwirkung von Ausbildungsstätten

(1) Vom fünften Fachsemester an wird Ausbildungsförderung für den Besuch einer Höheren Fachschule, Akademie oder einer Hochschule nur von dem Zeitpunkt an geleistet, in dem der Auszubildende vorgelegt hat
1. ein Zeugnis über eine bestandene Zwischenprüfung, die nach den Ausbildungsbestimmungen erst vom Ende des dritten Fachsemesters an abgeschlossen werden kann und vor dem Ende des vierten Fachsemesters abgeschlossen worden ist,
2. eine nach Beginn des vierten Fachsemesters ausgestellte Bescheinigung der Ausbildungsstätte darüber, dass er die bei geordnetem Verlauf seiner Ausbildung bis zum Ende des jeweils erreichten Fachsemesters üblichen Leistungen erbracht hat, oder
3. einen nach Beginn des vierten Fachsemesters ausgestellten Nachweis über die bis dahin erworbene Anzahl von Leistungspunkten nach dem Europäischen System zur Anrechnung von Studienleistungen (ECTS), wenn die bei geordnetem Verlauf der Ausbildung bis zum Ende des jeweils erreichten Fachsemesters übliche Zahl an ECTS-Leistungspunkten nicht unterschritten wird.

Die Nachweise gelten als zum Ende des vorhergehenden Semesters vorgelegt, wenn sie innerhalb der ersten vier Monate des folgenden Semesters vorgelegt werden und sich aus ihnen ergibt, dass die darin ausgewiesenen Leistungen bereits in dem vorhergehenden Semester erbracht worden sind.

(2) Liegen Tatsachen vor, die voraussichtlich eine spätere Überschreitung der Förderungshöchstdauer nach § 15 Absatz 3 oder eine Verlängerung der Förderungshöchstdauer nach § 15a Absatz 3 rechtfertigen, kann das Amt für Ausbildungsförderung die Vorlage der Bescheinigung zu einem entsprechend späteren Zeitpunkt zulassen.

(3) Während des Besuchs einer Höheren Fachschule, Akademie und Hochschule kann das Amt für Ausbildungsförderung bei begründeten Zweifeln an der Eignung (§ 9) des Auszubildenden für die gewählte Ausbildung eine gutachtliche Stellungnahme der Ausbildungsstätte einholen, die der Auszubildende besucht.

(4) In den Fällen des § 5 Absatz 2 Nummer 2 und 3 sind die Absätze 1 und 2 entsprechend anzuwenden.

(5) In den Fällen des § 7 Absatz 2 Satz 2 und Absatz 3 kann das Amt für Ausbildungsförderung eine gutachtliche Stellungnahme der Ausbildungsstätte einholen.

(6) Das Amt für Ausbildungsförderung kann von der gutachtlichen Stellungnahme nur aus wichtigem Grund abweichen, der dem Auszubildenden schriftlich oder elektronisch mitzuteilen ist.

§ 49 Feststellung der Voraussetzungen der Förderung im Ausland

(1) Der Auszubildende hat auf Verlangen des Amtes für Ausbildungsförderung eine gutachtliche Stellungnahme der Ausbildungsstätte, die er bisher besucht hat, darüber beizubringen, dass
1. die fachlichen Voraussetzungen für eine Ausbildung im Ausland vorliegen (§ 5 Absatz 2 Nummer 1),
2. (weggefallen)
3. der Besuch einer im Ausland gelegenen Hochschule während drei weiterer Semester für die Ausbildung von besonderer Bedeutung ist (§ 16 Absatz 2).

(1a) Der Auszubildende hat eine Bescheinigung der Ausbildungsstätte, die er besuchen will oder besucht hat, oder der zuständigen Prüfungsstelle darüber beizubringen, dass das von ihm beabsichtigte Auslandspraktikum den Erfordernissen des § 5 Absatz 5 entspricht.

(2) § 48 Absatz 6 ist anzuwenden.

§ 50 Bescheid

(1) Die Entscheidung ist dem Antragsteller schriftlich oder elektronisch mitzuteilen (Bescheid). Unter dem Vorbehalt der Rückforderung kann ein Bescheid nur ergehen, soweit dies in diesem Gesetz vorgesehen ist. Ist in einem Bescheid dem Grunde nach über
1. eine Ausbildung nach § 7 Absatz 1a,
2. eine weitere Ausbildung nach § 7 Absatz 2,
3. eine andere Ausbildung nach § 7 Absatz 3 oder
4. eine Ausbildung nach Überschreiten der Altersgrenze nach § 10 Absatz 3
entschieden worden, so gilt diese Entscheidung für den ganzen Ausbildungsabschnitt.

(2) In dem Bescheid sind anzugeben
1. die Höhe und Zusammensetzung des Bedarfs,
2. die Höhe des Einkommens des Auszubildenden, seines Ehegatten oder Lebenspartners und seiner Eltern sowie des Vermögens des Auszubildenden,
3. die Höhe der bei der Ermittlung des Einkommens berücksichtigten Steuern und Abzüge zur Abgeltung der Aufwendungen für die soziale Sicherung,

4. die Höhe der gewährten Freibeträge und des nach § 11 Absatz 4 auf den Bedarf anderer Auszubildender angerechneten Einkommens des Ehegatten oder Lebenspartners und der Eltern,
5. die Höhe der auf den Bedarf angerechneten Beträge vom Einkommen und Vermögen des Auszubildenden sowie vom Einkommen seines Ehegatten oder Lebenspartners und seiner Eltern.

Satz 1 gilt nicht, wenn der Antrag auf Ausbildungsförderung dem Grunde nach abgelehnt wird. Auf Verlangen eines Elternteils oder des Ehegatten oder Lebenspartners, für das Gründe anzugeben sind, entfallen die Angaben über das Einkommen dieser Personen mit Ausnahme des Betrages des angerechneten Einkommens; dies gilt nicht, soweit der Auszubildende im Zusammenhang mit der Geltendmachung seines Anspruchs auf Leistungen nach diesem Gesetz ein besonderes berechtigtes Interesse an der Kenntnis hat. Besucht der Auszubildende eine Hochschule oder eine Akademie im Sinne des § 2 Absatz 1 Satz 1 Nummer 6, so ist in jedem Bescheid das Ende der Förderungshöchstdauer anzugeben.

(3) Über die Ausbildungsförderung wird in der Regel für ein Jahr (Bewilligungszeitraum) entschieden.

(4) Endet ein Bewilligungszeitraum und ist ein neuer Bescheid nicht ergangen, so wird innerhalb desselben Ausbildungsabschnitts Ausbildungsförderung nach Maßgabe des früheren Bewilligungsbescheids unter dem Vorbehalt der Rückforderung geleistet. Dies gilt nur, wenn der neue Antrag im Wesentlichen vollständig zwei Kalendermonate vor Ablauf des Bewilligungszeitraums gestellt war und ihm die erforderlichen Nachweise beigefügt wurden.

§ 51 Zahlweise

(1) Der Förderungsbetrag ist unbar monatlich im Voraus zu zahlen.

(2) Können bei der erstmaligen Antragstellung in einem Ausbildungsabschnitt oder nach einer Unterbrechung der Ausbildung die zur Entscheidung über den Antrag erforderlichen Feststellungen nicht binnen sechs Kalenderwochen getroffen oder Zahlungen nicht binnen zehn Kalenderwochen geleistet werden, so wird für vier Monate Ausbildungsförderung bis zur Höhe von monatlich vier Fünfteln des für die zu fördernde Ausbildung nach § 12 Absatz 1 und 2, § 13 Absatz 1 und 2 sowie nach den §§ 13a und 14b voraussichtlich zustehenden Bedarfs unter dem Vorbehalt der Rückforderung geleistet.

(3) Monatliche Förderungsbeträge, die nicht volle Euro ergeben, sind bei Restbeträgen bis zu 0,49 Euro abzurunden und von 0,50 Euro an aufzurunden.

(4) Nicht geleistet werden monatliche Förderungsbeträge unter 10 Euro.

§ 52 (weggefallen)

§ 53 Änderung des Bescheides

Ändert sich ein für die Leistung der Ausbildungsförderung maßgeblicher Umstand, so wird der Bescheid geändert
1. zugunsten des Auszubildenden vom Beginn des Monats, in dem die Änderung eingetreten ist, rückwirkend jedoch höchstens für drei Monate vor dem Monat, in dem sie dem Amt mitgeteilt wurde,
2. zuungunsten des Auszubildenden vom Beginn des Monats an, der auf den Eintritt der Änderung folgt.

Nicht als Änderung im Sinne des Satzes 1 gelten Regelanpassungen gesetzlicher Renten und Versorgungsbezüge. § 48 des Zehnten Buches Sozialgesetzbuch findet keine Anwendung; Erstattungen richten sich nach § 50 des Zehnten Buches Sozialgesetzbuch. Abweichend von Satz 1 wird der Bescheid vom Beginn des Bewilligungszeitraums an geändert, wenn in den Fällen des § 22 Absatz 1 und des § 24 Absatz 3 eine Änderung des Einkommens oder in den Fällen des § 25 Absatz 6 eine Änderung des Freibetrages eingetreten ist. In den Fällen des § 22 Absatz 3 gilt Satz 1 mit der Maßgabe, dass das Einkommen ab dem Zeitpunkt, ab dem der Bescheid zu ändern ist, durch die Zahl der verbleibenden Kalendermonate des Bewilligungszeitraums geteilt und auf diese angerechnet wird.

§ 54 Rechtsweg

Für öffentlich-rechtliche Streitigkeiten aus diesem Gesetz ist der Verwaltungsrechtsweg gegeben.

§ 55 Statistik

(1) Über die Ausbildungsförderung nach diesem Gesetz wird eine Bundesstatistik durchgeführt.

(2) Die Statistik erfasst jährlich für das vorausgegangene Kalenderjahr für jeden geförderten Auszubildenden folgende Erhebungsmerkmale:
1. von dem Auszubildenden: Geschlecht, Geburtsjahr, Staatsangehörigkeit, Familienstand, Unterhaltsberechtigtenverhältnis der Kinder, Wohnung während der Ausbildung, Art eines berufsqualifizierenden Ausbildungsabschlusses, Ausbildungsstätte nach Art und rechtlicher Stellung, Klasse bzw. (Fach-)Semester, Monat und Jahr des Endes der Förderungshöchstdauer, Höhe und Zusammensetzung des Ein-

kommens nach § 21 und den Freibetrag nach § 23 Absatz 1 Satz 2 sowie, wenn eine Vermögensanrechnung erfolgt, die Höhe des Vermögens nach § 27 und des Härtefreibetrags nach § 29 Absatz 3,
2. von dem Ehegatten oder Lebenspartner des Auszubildenden: Berufstätigkeit oder Art der Ausbildung, Höhe und Zusammensetzung des Einkommens nach § 21 und des Härtefreibetrags nach § 25 Absatz 6, Unterhaltsberechtigtenverhältnis der Kinder und der weiteren nach dem bürgerlichen Recht Unterhaltsberechtigten für die ein Freibetrag nach diesem Gesetz gewährt wird,
3. von den Eltern des Auszubildenden: Familienstand, Bestehen einer Ehe oder Lebenspartnerschaft zwischen den Eltern, Berufstätigkeit, Höhe und Zusammensetzung des Einkommens nach § 21 und des Härtefreibetrags nach § 25 Absatz 6, Unterhaltsberechtigtenverhältnis und Art der Ausbildung der weiteren unterhaltsberechtigten Kinder sowie der nach dem bürgerlichen Recht Unterhaltsberechtigten, für die ein Freibetrag nach diesem Gesetz gewährt wird,
4. Höhe und Zusammensetzung des monatlichen Gesamtbedarfs des Auszubildenden, Kennzeichnung, ob das Einkommen der Eltern bei der Berechnung des Bedarfs außer Betracht zu bleiben hatte, auf den Bedarf anzurechnende Beträge vom Einkommen und Vermögen des Auszubildenden sowie vom Einkommen seines Ehegatten oder Lebenspartners und seiner Eltern, von den Eltern tatsächlich geleistete Unterhaltsbeträge, Monat und Jahr des Beginns und Endes des Bewilligungszeitraums, Monat des Zuständigkeitswechsels im Berichtszeitraum sowie Art und Höhe des Förderungsbetrags, gegliedert nach Monaten.
(3) Hilfsmerkmale sind Name und Anschrift der Ämter für Ausbildungsförderung.
(4) Für die Durchführung der Statistik besteht Auskunftspflicht. Auskunftspflichtig sind die Ämter für Ausbildungsförderung.

Abschnitt X

§ 56 Aufbringung der Mittel

(1) Die für die Ausführung dieses Gesetzes erforderlichen Mittel, einschließlich der Erstattungsbeträge an die Kreditanstalt für Wiederaufbau nach § 18d Absatz 2, trägt der Bund. Die Mittel für die Darlehen nach § 17 Absatz 2 und 3 Satz 1 können von der Kreditanstalt für Wiederaufbau bereitgestellt werden. In diesen Fällen trägt der Bund die der Kreditanstalt für Wiederaufbau entstehenden Aufwendungen für die Bereitstellung der Mittel und das Ausfallrisiko.
(2) Das Bundesverwaltungsamt hat von den ab dem Jahr 2015 eingezogenen Beträgen und Zinsen aus Darlehen nach § 17 Absatz 2 Satz 1 insgesamt 2,058 Milliarden Euro an die Länder abzuführen. Dies hat in jährlichen Raten in Höhe des Betrages zu erfolgen, der für die Kalenderjahre 2012 bis 2014 nach der vor dem 1. Januar 2015 gültigen Fassung dieses Absatzes im Jahresdurchschnitt an die Länder weitergeleitet worden ist, höchstens jedoch in Höhe von jeweils 35 vom Hundert der in einem Kalenderjahr vom Bundesverwaltungsamt insgesamt eingezogenen Beträge und Zinsen. Bleibt in einem Kalenderjahr wegen der vorgesehenen Begrenzung nach Satz 2 ein Differenzbetrag zum maßgeblichen Durchschnittsbetrag der Kalenderjahre 2012 bis 2014 offen, ist die Differenz im jeweils nächsten Kalenderjahr zusätzlich an die Länder abzuführen; für den Betrag, der daneben für dieses jeweils nächste Kalenderjahr abzuführen ist, bleibt Satz 2 unberührt. Das Bundesverwaltungsamt hat den so ermittelten jährlich abzuführenden Gesamtbetrag jeweils in dem Verhältnis an die Länder abzuführen, in dem die in den Jahren 2012 bis 2014 an das Bundesverwaltungsamt gemeldeten Darlehensleistungen der einzelnen Länder zueinander stehen.
(2a) Die Kreditanstalt für Wiederaufbau hat 35 vom Hundert der von ihr nach § 18d Absatz 1 für den Bund eingezogenen Beträge und Zinsen aus Darlehen, die ihr bis zum 31. Dezember 2014 erstattet wurden, in dem Verhältnis an die Länder abzuführen, in dem die auf Bewilligungsbescheide der Ämter aus den Jahren 2012 bis 2014 gezahlten Darlehensbeträge zueinander stehen.
(3) Das Land führt die auf Grund des § 50 des Zehnten Buches Sozialgesetzbuch sowie der §§ 20, 37, 38 und 47a eingezogenen Beträge an den Bund ab.
(4) Im Falle einer vor dem Jahr 2015 geleisteten Förderung nach § 5 Absatz 2 bis 5 erstattet das Land, in dem der Auszubildende seinen ständigen Wohnsitz hat, dem nach der Rechtsverordnung auf Grund des § 45 Absatz 4 Satz 2 zuständigen Land 35 vom Hundert der Ausgaben.

Abschnitt XI
Bußgeldvorschriften, Übergangs- und Schlussvorschriften

§ 57 (weggefallen)

§ 58 Ordnungswidrigkeiten

(1) Ordnungswidrig handelt, wer vorsätzlich oder fahrlässig

1. entgegen § 60 Absatz 1 des Ersten Buches Sozialgesetzbuch, jeweils auch in Verbindung mit § 47 Absatz 4, eine Angabe oder eine Änderungsmitteilung nicht, nicht richtig, nicht vollständig oder nicht rechtzeitig macht oder eine Beweisurkunde nicht, nicht richtig, nicht vollständig oder nicht rechtzeitig vorlegt;
2. entgegen § 47 Absatz 2 oder 5 Nummer 1 eine Auskunft nicht, nicht richtig, nicht vollständig oder nicht rechtzeitig erteilt oder eine Urkunde nicht oder nicht rechtzeitig vorlegt oder nicht oder nicht rechtzeitig ausstellt;
2a. entgegen § 47 Absatz 3 das Amt für Ausbildungsförderung nicht oder nicht rechtzeitig unterrichtet oder
3. einer Rechtsverordnung nach § 18 Absatz 14 Nummer 2 zuwiderhandelt, soweit sie für einen bestimmten Tatbestand auf diese Bußgeldvorschrift verweist.

(2) Die Ordnungswidrigkeit kann mit einer Geldbuße bis zu 2500 Euro geahndet werden.

(3) Verwaltungsbehörde im Sinne des § 36 Absatz 1 Nummer 1 des Gesetzes über Ordnungswidrigkeiten ist in den Fällen des Absatzes 1 Nummer 1, 2 und 2a das Amt für Ausbildungsförderung, in den Fällen des Absatzes 1 Nummer 3 das Bundesverwaltungsamt.

§ 59 (weggefallen)

§ 60 Opfer politischer Verfolgung durch SED-Unrecht

Verfolgten nach § 1 des Beruflichen Rehabilitierungsgesetzes oder verfolgten Schülern nach § 3 des Beruflichen Rehabilitierungsgesetzes wird für Ausbildungsabschnitte, die vor dem 1. Januar 2003 beginnen,
1. Ausbildungsförderung ohne Anwendung der Altersgrenze des § 10 Absatz 3 Satz 1 geleistet, sofern sie eine Bescheinigung nach § 17 oder § 18 des Beruflichen Rehabilitierungsgesetzes erhalten haben; § 10 Absatz 3 Satz 2 Nummer 3 bleibt unberührt,
2. auf Antrag der nach dem 31. Dezember 1990 nach § 17 Absatz 2 geleistete Darlehensbetrag erlassen, sofern in der Bescheinigung nach § 17 des Beruflichen Rehabilitierungsgesetzes eine Verfolgungszeit oder verfolgungsbedingte Unterbrechung der Ausbildung vor dem 3. Oktober 1990 von insgesamt mehr als drei Jahren festgestellt wird; der Antrag ist innerhalb eines Monats nach Bekanntgabe des Bescheides nach § 18 Absatz 9 zu stellen,
3. auf Antrag der nach dem 31. Juli 1996 nach § 17 Absatz 3 in der am 31. Juli 2019 geltenden Fassung geleistete Darlehensbetrag unter den Voraussetzungen der Nummer 2 erlassen; der Antrag ist innerhalb eines Monats nach Erhalt der Mitteilung nach § 18c Absatz 8 an die Kreditanstalt für Wiederaufbau zu richten.

§§ 61 bis 64 (weggefallen)

§ 65 Weitergeltende Vorschriften

(1) Die Vorschriften über die Leistung individueller Förderung der Ausbildung nach
1. dem Bundesversorgungsgesetz,
2. den Gesetzen, die das Bundesversorgungsgesetz für anwendbar erklären,
3. (weggefallen)
4. dem Bundesentschädigungsgesetz sowie
5. dem Häftlingshilfegesetz in der Fassung der Bekanntmachung vom 2. Juni 1993 (BGBl. I S. 838), zuletzt geändert durch Artikel 4 des Gesetzes vom 17. Dezember 1999 (BGBl. I S. 2662).

(2) Die in Absatz 1 bezeichneten Vorschriften haben Vorrang vor diesem Gesetz.

§ 66 (weggefallen)

§ 66a Übergangs- und Anwendungsvorschrift

(1) Für Auszubildende, denen bis zum 31. Juli 2016 nach zuvor bereits erworbenem Hochschulabschluss die Leistung von Ausbildungsförderung nach § 7 Absatz 1 bewilligt wurde, ist diese Vorschrift bis zum Ende des Ausbildungsabschnitts in der bis zum 31. Juli 2016 geltenden Fassung weiter anzuwenden. Für Auszubildende, deren Bewilligungszeitraum vor dem 1. August 2016 begonnen hat, ist § 45 Absatz 1 Satz 2 Nummer 6 bis zum Ende des Ausbildungsabschnitts in der bis zum 31. Juli 2016 geltenden Fassung weiter anzuwenden.

(2) Die §§ 2, 7, 10, 11, 12, 13, 13a, 14b, 15, 17 Absatz 3, die §§ 18c, 21, 23, 25, 41, 47a, 50, 56 und 60 Nummer 3 in der durch Artikel 1 des Gesetzes vom 8. Juli 2019 (BGBl. I S. 1048) geänderten Fassung sind erst ab dem 1. August 2019 anzuwenden, soweit nachstehend nichts anderes bestimmt ist.

(3) § 17 Absatz 2, die §§ 18, 18a, 18b, 18d, 58 und 60 Nummer 2 in der durch Artikel 1 des Gesetzes vom 8. Juli 2019 (BGBl. I S. 1048) geänderten Fassung sind erst ab dem 1. September 2019 anzuwenden, soweit nachstehend nichts anderes bestimmt ist.

104 BAföG §§ 66b–68

(4) Für Bewilligungszeiträume, die vor dem 1. August 2019 begonnen haben, sind die §§ 11, 12, 13, 13a, 14b, 17 Absatz 3, die §§ 18c, 21, 23, 25, 41, 47a, 50, 56 und 60 Nummer 3 in der bis zum 31. Juli 2019 anzuwendenden Fassung vorbehaltlich des Satzes 2 weiter anzuwenden. Ab dem 1. Oktober 2019 sind die §§ 12, 13, 13a, 14b, 21, 23 und 25 in der ab dem 1. August 2019 anzuwendenden Fassung auch für Bewilligungszeiträume anzuwenden, die vor dem 1. August 2019 begonnen haben. Bei der Rückzahlung der Darlehen ist für die Einkommensfreistellung nach § 18a die Regelung des § 21 in der ab dem 1. August 2019 geltenden Fassung abweichend von Satz 1 bereits ab dem 1. September 2019 anzuwenden.
(5) Für Auszubildende, denen für einen vor dem 1. August 2019 begonnenen Ausbildungsabschnitt Förderung geleistet wurde für den Besuch einer staatlichen Akademie, welche Abschlüsse verleiht, die nach Landesrecht Hochschulabschlüssen gleichgestellt sind, sind bis zum Ende dieses Ausbildungsabschnitts § 15 Absatz 2 Satz 1 und § 50 Absatz 2 Satz 4 in der am 31. Juli 2019 geltenden Fassung weiter anzuwenden. § 18 Absatz 4 Satz 1 in der ab dem 1. September 2019 geltenden Fassung gilt für sie mit der Maßgabe, dass ausschließlich die Nummer 2 anzuwenden ist.
(6) Für Darlehensnehmende, denen vor dem 1. September 2019 Förderung nach § 17 Absatz 2 Satz 1 in der am 31. August 2019 anzuwendenden Fassung geleistet wurde, sind diese Regelung, § 18 mit Ausnahme des Absatzes 3 Satz 1 und des Absatzes 5c sowie § 18a Absatz 5, die §§ 18b, 58 Absatz 1 Nummer 3 und § 60 Nummer 2 in der am 31. August 2019 geltenden Fassung weiter anzuwenden; dies gilt auch, soweit die Förderungsleistungen jeweils auch noch über den 31. August 2019 hinaus erbracht werden.
(7) Darlehensnehmende, denen Förderung mit Darlehen nach § 17 in einer vor dem 1. September 2019 geltenden Fassung geleistet wurde, mit Ausnahme von Bankdarlehen nach § 18c, können binnen einer Frist von sechs Monaten nach diesem Datum jeweils durch schriftliche oder elektronische Erklärung gegenüber dem Bundesverwaltungsamt verlangen, dass für die Rückzahlung des gesamten Darlehens § 18 Absatz 12 und § 18a in der am 1. September 2019 anzuwendenden Fassung anzuwenden sind. Für Darlehensnehmende, die dort genannten Rückzahlungszeitraum von 20 Jahren überschritten haben, gilt Satz 1 mit der Maßgabe, dass für den Erlass nach § 18 Absatz 12 Satz 1 in der ab dem 1. September 2019 anzuwendenden Fassung die Voraussetzungen für den gesamten Zeitraum vor Äußerung des Verlangens vorgelegen haben müssen.
(8) Abweichend von § 18 Absatz 3 Satz 1 und § 18c Absatz 6 und 7 beträgt die Rate bis zum 31. März 2020 105 Euro.
(8a) § 21 Absatz 4 Nummer 5 ist ab dem ersten Tag des Monats nicht mehr anzuwenden, der auf den Monat folgt, in dem die Aufhebung der vom Deutschen Bundestag festgestellten epidemischen Lage von nationaler Tragweite infolge der COVID-19-Pandemie nach § 5 Absatz 1 Satz 3 des Infektionsschutzgesetzes bekannt gemacht wird. Der nach Satz 1 maßgebliche Tag ist vom Bundesministerium für Bildung und Forschung im Bundesgesetzblatt bekannt zu machen.
(9) Für Bewilligungszeiträume, die vor dem 1. August 2020 begonnen haben, sind die §§ 12, 13, 14b Absatz 1 Satz 1, die §§ 23, 25 und 29 in der bis zum 31. Juli 2020 anzuwendenden Fassung vorbehaltlich des Satzes 2 weiter anzuwenden. Ab dem 1. Oktober 2020 sind die in Satz 1 genannten Regelungen in der ab dem 1. August 2020 anzuwendenden Fassung auch für Bewilligungszeiträume anzuwenden, die vor dem 1. August 2020 begonnen haben.
(10) Für Bewilligungszeiträume, die vor dem 1. August 2021 begonnen haben, sind die §§ 23 und 25 in der bis zum 31. Juli 2021 anzuwendenden Fassung weiter anzuwenden. Ab dem 1. Oktober 2021 sind die in Satz 1 genannten Regelungen in der ab dem 1. August 2021 anzuwendenden Fassung auch für Bewilligungszeiträume anzuwenden, die vor dem 1. August 2021 begonnen haben.

§ 66b Übergangsvorschrift aus Anlass des Endes des Übergangszeitraums nach dem Abkommen über den Austritt des Vereinigten Königreichs Großbritannien und Nordirland aus der Europäischen Union und der Europäischen Atomgemeinschaft

Auszubildenden, die bis zum Ende des Übergangszeitraums nach Teil Vier des Abkommens über den Austritt des Vereinigten Königreichs Großbritannien und Nordirland aus der Europäischen Union und der Europäischen Atomgemeinschaft vom 24. Januar 2020 (ABl. L 29 vom 31. 1. 2020, S. 7) einen Ausbildungsabschnitt an einer Ausbildungsstätte im Vereinigten Königreich Großbritannien und Nordirland beginnen oder fortsetzen, wird Ausbildungsförderung nach § 5 Absatz 2 Satz 1 Nummer 3 noch bis zum Abschluss oder Abbruch dieses Ausbildungsabschnitts an einer dortigen Ausbildungsstätte nach Maßgabe der im Übrigen unverändert geltenden sonstigen Förderungsvoraussetzungen dieses Gesetzes gewährt.

§ 67 (weggefallen)

§ 68 (Inkrafttreten)

Übereinkommen über die Rechte des Kindes (UN-Kinderrechtskonvention)

Vom 10. Juli 1992 (BGBl. II S. 990)[1])

(Übersetzung)

Inhaltsübersicht

(Präambel)

Teil I

Artikel 1 (Definition Kind)
Artikel 2 (Diskriminierungsverbot)
Artikel 3 (Vorrang des Kindeswohls)
Artikel 4 (Maßnahmen zur Verwirklichung der Kindesrechte)
Artikel 5 (Achtung des Elternrechts)
Artikel 6 (Recht auf Leben)
Artikel 7 (Namensrecht; Recht des Erwerbs einer Staatsangehörigkeit; Recht auf Eltern)
Artikel 8 (Recht auf Identität)
Artikel 9 (Trennung von den Eltern; Persönlicher Umgang)
Artikel 10 (Familienzusammenführung)
Artikel 11 (Rechtswidrige Verbringung ins Ausland)
Artikel 12 (Recht auf Meinungsäußerung)
Artikel 13 (Recht auf Meinungs- und Informationsfreiheit)
Artikel 14 (Recht auf Gedanken-, Gewissens- und Religionsfreiheit)
Artikel 15 (Recht auf Versammlungsfreiheit)
Artikel 16 (Recht auf Schutz der Privatsphäre)
Artikel 17 (Recht auf Zugang zu Medien)
Artikel 18 (Unterstützung der Eltern bei Erziehung und Betreuung)
Artikel 19 (Schutz vor Gewalt, Vernachlässigung, Verwahrlosung)
Artikel 20 (Besonderer Schutz für Kinder, die aus der Familie herausgelöst wurden)
Artikel 21 (Schutz bei Adoption; Internationale Adoption)
Artikel 22 (Flüchtlingskinder)
Artikel 23 (Behinderte Kinder)
Artikel 24 (Recht auf Gesundheitsvorsorge)
Artikel 25 (Recht auf regelmäßige Überprüfung bei Unterbringung)
Artikel 26 (Recht auf Leistungen der Sozialen Sicherheit)
Artikel 27 (Recht auf angemessene Lebensbedingungen; Hilfe bei Geltendmachung von Unterhaltsansprüchen)

Artikel 28 (Recht auf Bildung)
Artikel 29 (Bildungsziele)
Artikel 30 (Minderheitenschutz)
Artikel 31 (Recht auf Ruhe und Freizeit; Recht auf Spiel; Recht auf Teilnahme am kulturellen Leben)
Artikel 32 (Schutz vor wirtschaftlicher Ausbeutung; Kinderarbeitsschutz)
Artikel 33 (Schutz vor Suchtstoffen)
Artikel 34 (Schutz vor sexueller Ausbeutung; Sexueller Mißbrauch)
Artikel 35 (Schutz vor Entführung; Kinderhandel)
Artikel 36 (Schutz vor Ausbeutung)
Artikel 37 (Schutz vor Folter; Todesstrafe; Lebenslange Freiheitsstrafe)
Artikel 38 (Schutz bei bewaffneten Konflikten; Kindersoldaten)
Artikel 39 (Physisch oder psychisch geschädigte Kinder; Förderung der Genesung und Wiedereingliederung)
Artikel 40 (Mindestgarantien im Strafverfahren)
Artikel 41 (Weitergehende Bestimmungen)

Teil II

Artikel 42 (Bekanntmachungsverpflichtung)
Artikel 43 (Ausschuss)
Artikel 44 (Berichtspflicht)
Artikel 45 (Zusammenarbeit mit dem Kinderhilfswerk und anderen Organe der Vereinten Nationen)

Teil III

Artikel 46 (Unterzeichnung)
Artikel 47 (Ratifikation)
Artikel 48 (Beitritt)
Artikel 49 (Inkrafttreten)
Artikel 50 (Änderungsvorschläge)
Artikel 51 (Vorbehalte)
Artikel 52 (Kündigung)
Artikel 53 (Verwahrung des Übereinkommens)
Artikel 54 (Urschrift; Verbindlicher Wortlaut)

---

[1]) Unterzeichnung von der Bundesrepublik Deutschland am 26. Januar 1990; Zustimmung von Bundestag und Bundesrat durch Gesetz vom 17. Februar 1992 (BGBl. II S. 121). Die Ratifikationsurkunde wurde am 6. März 2002 beim Generalsekretär der Vereinten Nationen hinterlegt. Das Übereinkommen ist am 5. April 1992 für Deutschland in Kraft getreten (Bekanntmachung vom 10 Juli 1992, BGBl. II. 990).

110 UN-Kinderrechtskonvention Art. 1

(Präambel)

Die Vertragsstaaten dieses Übereinkommens –

in der Erwägung, dass nach den in der Charta der Vereinten Nationen verkündeten Grundsätzen die Anerkennung der allen Mitgliedern der menschlichen Gesellschaft innewohnenden Würde und der Gleichheit und Unveräußerlichkeit ihrer Rechte die Grundlage von Freiheit, Gerechtigkeit und Frieden in der Welt bildet,

eingedenk dessen, dass die Völker der Vereinten Nationen in der Charta ihren Glauben an die Grundrechte und an Würde und Wert des Menschen bekräftigt und beschlossen haben, den sozialen Fortschritt und bessere Lebensbedingungen in größerer Freiheit zu fördern,

in der Erkenntnis, dass die Vereinten Nationen in der Allgemeinen Erklärung der Menschenrechte und in den Internationalen Menschenrechtspakten verkündet haben und übereingekommen sind, dass jeder Mensch Anspruch hat auf alle darin verkündeten Rechte und Freiheiten ohne Unterscheidung, etwa nach der Rasse, der Hautfarbe, dem Geschlecht, der Sprache, der Religion, der politischen oder sonstigen Anschauung, der nationalen oder sozialen Herkunft, dem Vermögen, der Geburt oder dem sonstigen Status,

unter Hinweis darauf, dass die Vereinten Nationen in der Allgemeinen Erklärung der Menschenrechte verkündet haben, dass Kinder Anspruch auf besondere Fürsorge und Unterstützung haben,

überzeugt, dass der Familie als Grundeinheit der Gesellschaft und natürlicher Umgebung für das Wachsen und Gedeihen aller ihrer Mitglieder, insbesondere der Kinder, der erforderliche Schutz und Beistand gewährt werden sollte, damit sie ihre Aufgaben innerhalb der Gemeinschaft voll erfüllen kann,

in der Erkenntnis, dass das Kind zur vollen und harmonischen Entfaltung seiner Persönlichkeit in einer Familie und umgeben von Glück, Liebe und Verständnis aufwachsen soll,

in der Erwägung, dass das Kind umfassend auf ein individuelles Leben in der Gesellschaft vorbereitet und im Geist der in der Charta der Vereinten Nationen verkündeten Ideale und insbesondere im Geist des Friedens, der Würde, der Toleranz, der Freiheit, der Gleichheit und der Solidarität erzogen werden sollte,

eingedenk dessen, dass die Notwendigkeit, dem Kind besonderen Schutz zu gewähren, in der Genfer Erklärung von 1924 über die Rechte des Kindes und in der von der Generalversammlung am 20. November 1959 angenommenen Erklärung der Rechte des Kindes ausgesprochen und in der Allgemeinen Erklärung der Menschenrechte, im Internationalen Pakt über bürgerliche und politische Rechte (insbesondere in den Artikeln 23 und 24), im Internationalen Pakt über wirtschaftliche, soziale und kulturelle Rechte (insbesondere in Artikel 10) sowie in den Satzungen und den in Betracht kommenden Dokumenten der Sonderorganisationen und anderen internationalen Organisationen, die sich mit dem Wohl des Kindes befassen, anerkannt worden ist,

eingedenk dessen, dass, wie in der Erklärung der Rechte des Kindes ausgeführt ist, „das Kind wegen seiner mangelnden körperlichen und geistigen Reife besonderen Schutzes und besonderer Fürsorge, insbesondere eines angemessenen rechtlichen Schutzes vor und nach der Geburt, bedarf",

unter Hinweis auf die Bestimmungen der Erklärung über die sozialen und rechtlichen Grundsätze für den Schutz und das Wohl von Kindern unter besonderer Berücksichtigung der Aufnahme in eine Pflegefamilie und der Adoption auf nationaler und internationaler Ebene, der Regeln der Vereinten Nationen über die Mindestnormen für die Jugendgerichtsbarkeit (Beijing-Regeln) und der Erklärung über den Schutz von Frauen und Kindern im Ausnahmezustand und bei bewaffneten Konflikten,

in der Erkenntnis, dass es in allen Ländern der Welt Kinder gibt, die in außerordentlich schwierigen Verhältnissen leben, und dass diese Kinder der besonderen Berücksichtigung bedürfen,

unter gebührender Beachtung der Bedeutung der Traditionen und kulturellen Werte jedes Volkes für den Schutz und die harmonische Entwicklung des Kindes,

in Anerkennung der Bedeutung der internationalen Zusammenarbeit für die Verbesserung der Lebensbedingungen der Kinder in allen Ländern, insbesondere den Entwicklungsländern –

haben folgendes vereinbart:

Teil I

Artikel 1 (Definition Kind)

Im Sinne dieses Übereinkommens ist ein Kind jeder Mensch, der das achtzehnte Lebensjahr noch nicht vollendet hat, soweit die Volljährigkeit nach dem auf das Kind anzuwendenden Recht nicht früher eintritt.

Artikel 2 (Diskriminierungsverbot)

(1) Die Vertragsstaaten achten die in diesem Übereinkommen festgelegten Rechte und gewährleisten sie jedem ihrer Hoheitsgewalt unterstehenden Kind ohne jede Diskriminierung unabhängig von der Rasse, der Hautfarbe, dem Geschlecht, der Sprache, der Religion, der politischen oder sonstigen Anschauung, der nationalen, ethnischen oder sozialen Herkunft, des Vermögens, einer Behinderung, der Geburt oder des sonstigen Status des Kindes, seiner Eltern oder seines Vormunds.
(2) Die Vertragsstaaten treffen alle geeigneten Maßnahmen, um sicherzustellen, dass das Kind vor allen Formen der Diskriminierung oder Bestrafung wegen des Status, der Tätigkeiten, der Meinungsäußerungen oder der Weltanschauung seiner Eltern, seines Vormundes oder seiner Familienangehörigen geschützt wird.

Artikel 3 (Vorrang des Kindeswohls)

(1) Bei allen Maßnahmen, die Kinder betreffen, gleichviel ob sie von öffentlichen oder privaten Einrichtungen der sozialen Fürsorge, Gerichten, Verwaltungsbehörden oder Gesetzgebungsorganen getroffen werden, ist das Wohl des Kindes ein Gesichtspunkt, der vorrangig zu berücksichtigen ist.
(2) Die Vertragsstaaten verpflichten sich, dem Kind unter Berücksichtigung der Rechte und Pflichten seiner Eltern, seines Vormunds oder anderer für das Kind gesetzlich verantwortlicher Personen den Schutz und die Fürsorge zu gewährleisten, die zu seinem Wohlergehen notwendig sind; zu diesem Zweck treffen sie alle geeigneten Gesetzgebungs- und Verwaltungsmaßnahmen.
(3) Die Vertragsstaaten stellen sicher, dass die für die Fürsorge für das Kind oder dessen Schutz verantwortlichen Institutionen, Dienste und Einrichtungen den von den zuständigen Behörden festgelegten Normen entsprechen, insbesondere im Bereich der Sicherheit und der Gesundheit sowie hinsichtlich der Zahl und der fachlichen Eignung des Personals und des Bestehens einer ausreichenden Aufsicht.

Artikel 4 (Maßnahmen zur Verwirklichung der Kindesrechte)

Die Vertragsstaaten treffen alle geeigneten Gesetzgebungs-, Verwaltungs- und sonstigen Maßnahmen zur Verwirklichung der in diesem Übereinkommen anerkannten Rechte. Hinsichtlich der wirtschaftlichen, sozialen und kulturellen Rechte treffen die Vertragsstaaten derartige Maßnahmen unter Ausschöpfung ihrer verfügbaren Mittel und erforderlichenfalls im Rahmen der internationalen Zusammenarbeit.

Artikel 5 (Achtung des Elternrechts)

Die Vertragsstaaten achten die Aufgaben, Rechte und Pflichten der Eltern oder gegebenenfalls, soweit nach Ortsbrauch vorgesehen, der Mitglieder der weiteren Familie oder der Gemeinschaft, des Vormunds oder anderer für das Kind gesetzlich verantwortlicher Personen, das Kind bei der Ausübung der in diesem Übereinkommen anerkannten Rechte in einer seiner Entwicklung entsprechenden Weise angemessen zu leiten und zu führen.

Artikel 6 (Recht auf Leben)

(1) Die Vertragsstaaten erkennen an, dass jedes Kind ein angeborenes Recht auf Leben hat.
(2) Die Vertragsstaaten gewährleisten in größtmöglichem Umfang das Überleben und die Entwicklung des Kindes.

Artikel 7 (Namensrecht; Recht des Erwerbs einer Staatsangehörigkeit; Recht auf Eltern)

(1) Das Kind ist unverzüglich nach seiner Geburt in ein Register einzutragen und hat das Recht auf einen Namen von Geburt an, das Recht, eine Staatsangehörigkeit zu erwerben, und soweit möglich das Recht, seine Eltern zu kennen und von ihnen betreut zu werden.
(2) Die Vertragsstaaten stellen die Verwirklichung dieser Rechte im Einklang mit ihrem innerstaatlichen Recht und mit ihren Verpflichtungen aufgrund der einschlägigen internationalen Übereinkünfte in diesem Bereich sicher, insbesondere für den Fall, dass das Kind sonst staatenlos wäre.

Artikel 8 (Recht auf Identität)

(1) Die Vertragsstaaten verpflichten sich, das Recht des Kindes zu achten, seine Identität, einschließlich seiner Staatsangehörigkeit, seines Namens und seiner gesetzlich anerkannten Familienbeziehungen, ohne rechtswidrige Eingriffe zu behalten.
(2) Werden einem Kind widerrechtlich einige oder alle Bestandteile seiner Identität genommen, so gewähren die Vertragsstaaten ihm angemessenen Beistand und Schutz mit dem Ziel, seine Identität so schnell wie möglich wiederherzustellen.

110 UN-Kinderrechtskonvention Art. 9–13

Artikel 9 (Trennung von den Eltern; Persönlicher Umgang)

(1) Die Vertragsstaaten stellen sicher, dass ein Kind nicht gegen den Willen seiner Eltern von diesen getrennt wird, es sei denn, dass die zuständigen Behörden in einer gerichtlich nachprüfbaren Entscheidung nach den anzuwendenden Rechtsvorschriften und Verfahren bestimmen, dass diese Trennung zum Wohl des Kindes notwendig ist. Eine solche Entscheidung kann im Einzelfall notwendig werden, wie etwa wenn das Kind durch die Eltern misshandelt oder vernachlässigt wird oder wenn bei getrennt lebenden Eltern eine Entscheidung über den Aufenthaltsort des Kindes zu treffen ist.

(2) In Verfahren nach Absatz 1 ist allen Beteiligten Gelegenheit zu geben, am Verfahren teilzunehmen und ihre Meinung zu äußern.

(3) Die Vertragsstaaten achten das Recht des Kindes, das von einem oder beiden Elternteilen getrennt ist, regelmäßige persönliche Beziehungen und unmittelbare Kontakte zu beiden Elternteilen zu pflegen, soweit dies nicht dem Wohl des Kindes widerspricht.

(4) Ist die Trennung Folge einer von einem Vertragsstaat eingeleiteten Maßnahme, wie etwa einer Freiheitsentziehung, Freiheitsstrafe, Landesverweisung oder Abschiebung oder des Todes eines oder beider Elternteile oder des Kindes (auch eines Todes, der aus irgendeinem Grund eintritt, während der Betreffende sich in staatlichem Gewahrsam befindet), so erteilt der Vertragsstaat auf Antrag der Eltern dem Kind oder gegebenenfalls einem anderen Familienangehörigen die wesentlichen Auskünfte über den Verbleib des oder der abwesenden Familienangehörigen, sofern dies nicht dem Wohl des Kindes abträglich wäre. Die Vertragsstaaten stellen ferner sicher, dass allein die Stellung eines solchen Antrags keine nachteiligen Folgen für den oder die Betroffenen hat.

Artikel 10 (Familienzusammenführung)

(1) Entsprechend der Verpflichtung der Vertragsstaaten nach Artikel 9 Absatz 1 werden von einem Kind oder seinen Eltern zwecks Familienzusammenführung gestellte Anträge auf Einreise in einen Vertragsstaat oder Ausreise aus einem Vertragsstaat von den Vertragsstaaten wohlwollend, human und beschleunigt bearbeitet. Die Vertragsstaaten stellen ferner sicher, dass die Stellung eines solchen Antrags keine nachteiligen Folgen für die Antragsteller und deren Familienangehörige hat.

(2) Ein Kind, dessen Eltern ihren Aufenthalt in verschiedenen Staaten haben, hat das Recht, regelmäßige persönliche Beziehungen und unmittelbare Kontakte zu beiden Elternteilen zu pflegen, soweit nicht außergewöhnliche Umstände vorliegen. Zu diesem Zweck achten die Vertragsstaaten entsprechend ihrer Verpflichtung nach Artikel 9 Absatz 1 das Recht des Kindes und seiner Eltern, aus jedem Land einschließlich ihres eigenen auszureisen und in ihr eigenes Land einzureisen. Das Recht auf Ausreise aus einem Land unterliegt nur den gesetzlich vorgesehenen Beschränkungen, die zum Schutz der nationalen Sicherheit, der öffentlichen Ordnung (ordre public), der Volksgesundheit, der öffentlichen Sittlichkeit oder der Rechte und Freiheiten anderer notwendig und mit den anderen in diesem Übereinkommen anerkannten Rechten vereinbar sind.

Artikel 11 (Rechtswidrige Verbringung ins Ausland)

(1) Die Vertragsstaaten treffen Maßnahmen, um das rechtswidrige Verbringen von Kindern ins Ausland und ihre rechtswidrige Nichtrückgabe zu bekämpfen.

(2) Zu diesem Zweck fördern die Vertragsstaaten den Abschluss zwei- oder mehrseitiger Übereinkünfte oder den Beitritt zu bestehenden Übereinkünften.

Artikel 12 (Recht auf Meinungsäußerung)

(1) Die Vertragsstaaten sichern dem Kind, das fähig ist, sich eine eigene Meinung zu bilden, das Recht zu, diese Meinung in allen das Kind berührenden Angelegenheiten frei zu äußern, und berücksichtigen die Meinung des Kindes angemessen und entsprechend seinem Alter und seiner Reife.

(2) Zu diesem Zweck wird dem Kind insbesondere Gelegenheit gegeben, in allen das Kind berührenden Gerichts- oder Verwaltungsverfahren entweder unmittelbar oder durch einen Vertreter oder eine geeignete Stelle im Einklang mit den innerstaatlichen Verfahrensvorschriften gehört zu werden.

Artikel 13 (Recht auf Meinungs- und Informationsfreiheit)

(1) Das Kind hat das Recht auf freie Meinungsäußerung; dieses Recht schließt die Freiheit ein, ungeachtet der Staatsgrenzen Informationen und Gedankengut jeder Art in Wort, Schrift oder Druck, durch Kunstwerke oder andere vom Kind gewählte Mittel sich zu beschaffen, zu empfangen und weiterzugeben.

(2) Die Ausübung dieses Rechts kann bestimmten, gesetzlich vorgesehenen Einschränkungen unterworfen werden, die erforderlich sind

a) für die Achtung der Rechte oder des Rufes anderer oder
b) für den Schutz der nationalen Sicherheit, der öffentlichen Ordnung (ordre public), der Volksgesundheit oder der öffentlichen Sittlichkeit.

Artikel 14 (Recht auf Gedanken-, Gewissens- und Religionsfreiheit)

(1) Die Vertragsstaaten achten das Recht des Kindes auf Gedanken-, Gewissens- und Religionsfreiheit.
(2) Die Vertragsstaaten achten die Rechte und Pflichten der Eltern und gegebenenfalls des Vormunds, das Kind bei der Ausübung dieses Rechts in einer seiner Entwicklung entsprechenden Weise zu leiten.
(3) Die Freiheit, seine Religion oder Weltanschauung zu bekunden, darf nur den gesetzlich vorgesehenen Einschränkungen unterworfen werden, die zum Schutz der öffentlichen Sicherheit, Ordnung, Gesundheit oder Sittlichkeit oder der Grundrechte und -freiheiten anderer erforderlich sind.

Artikel 15 (Recht auf Versammlungsfreiheit)

(1) Die Vertragsstaaten erkennen das Recht des Kindes an, sich frei mit anderen zusammenzuschließen und sich friedlich zu versammeln.
(2) Die Ausübung dieses Rechts darf keinen anderen als den gesetzlich vorgesehenen Einschränkungen unterworfen werden, die in einer demokratischen Gesellschaft im Interesse der nationalen oder der öffentlichen Ordnung (ordre public), zum Schutz der Volksgesundheit oder der öffentlichen Sittlichkeit oder zum Schutz der Rechte und Freiheiten anderer notwendig sind.

Artikel 16 (Recht auf Schutz der Privatsphäre)

(1) Kein Kind darf willkürlichen oder rechtswidrigen Eingriffen in sein Privatleben, seine Familie, seine Wohnung oder seinen Schriftverkehr oder rechtswidrigen Beeinträchtigungen seiner Ehre und seines Rufes ausgesetzt werden.
(2) Das Kind hat Anspruch auf rechtlichen Schutz gegen solche Eingriffe oder Beeinträchtigungen.

Artikel 17 (Recht auf Zugang zu Medien)

Die Vertragsstaaten erkennen die wichtige Rolle der Massenmedien an und stellen sicher, dass das Kind Zugang hat zu Informationen und Material aus einer Vielfalt nationaler und internationaler Quellen, insbesondere derjenigen, welche die Förderung seines sozialen, seelischen und sittlichen Wohlergehens sowie seiner körperlichen und geistigen Gesundheit zum Ziel haben. Zu diesem Zweck werden die Vertragsstaaten
a) die Massenmedien ermutigen, Informationen und Material zu verbreiten, die für das Kind von sozialem und kulturellem Nutzen sind und dem Geist des Artikels 29 entsprechen;
b) die internationale Zusammenarbeit bei der Herstellung, beim Austausch und bei der Verbreitung dieser Informationen und dieses Materials aus einer Vielfalt nationaler und internationaler kultureller Quellen fördern;
c) die Herstellung und Verbreitung von Kinderbüchern fördern;
d) die Massenmedien ermutigen, den sprachlichen Bedürfnissen eines Kindes, das einer Minderheit angehört oder Ureinwohner ist, besonders Rechnung zu tragen;
e) die Erarbeitung geeigneter Richtlinien zum Schutz des Kindes vor Informationen und Material, die sein Wohlergehen beeinträchtigen, fördern, wobei die Artikel 13 und 18 zu berücksichtigen sind.

Artikel 18 (Unterstützung der Eltern bei Erziehung und Betreuung)

(1) Die Vertragsstaaten bemühen sich nach besten Kräften, die Anerkennung des Grundsatzes sicherzustellen, dass beide Elternteile gemeinsam für die Erziehung und Entwicklung des Kindes verantwortlich sind. Für die Erziehung und Entwicklung des Kindes sind in erster Linie die Eltern oder gegebenenfalls der Vormund verantwortlich. Dabei ist das Wohl des Kindes ihr Grundanliegen.
(2) Zur Gewährleistung und Förderung der in diesem Übereinkommen festgelegten Rechte unterstützen die Vertragsstaaten die Eltern und den Vormund in angemessener Weise bei der Erfüllung ihrer Aufgabe, das Kind zu erziehen, und sorgen für den Ausbau von Institutionen, Einrichtungen und Diensten für die Betreuung von Kindern.
(3) Die Vertragsstaaten treffen alle geeigneten Maßnahmen, um sicherzustellen, dass Kinder berufstätiger Eltern das Recht haben, die für sie in Betracht kommenden Kinderbetreuungsdienste und -einrichtungen zu nutzen.

Artikel 19 (Schutz vor Gewalt, Vernachlässigung, Verwahrlosung)

(1) Die Vertragsstaaten treffen alle geeigneten Gesetzgebungs-, Verwaltungs-, Sozial- und Bildungsmaßnahmen, um das Kind vor jeder Form körperlicher oder geistiger Gewaltanwendung, Schadenzu-

fügung oder Misshandlung, vor Verwahrlosung oder Vernachlässigung, vor schlechter Behandlung oder Ausbeutung einschließlich des sexuellen Missbrauchs zu schützen, solange es sich in der Obhut der Eltern oder eines Elternteils, eines Vormunds oder anderen gesetzlichen Vertreters oder einer anderen Person befindet, die das Kind betreut.
(2) Diese Schutzmaßnahmen sollen je nach den Gegebenheiten wirksame Verfahren zur Aufstellung von Sozialprogrammen enthalten, die dem Kind und denen, die es betreuen, die erforderliche Unterstützung gewähren und andere Formen der Vorbeugung vorsehen sowie Maßnahmen zur Aufdeckung, Meldung, Weiterverweisung, Untersuchung, Behandlung und Nachbetreuung in den in Absatz 1 beschriebenen Fällen schlechter Behandlung von Kindern und gegebenenfalls für das Einschreiten der Gerichte.

Artikel 20 (Besonderer Schutz für Kinder, die aus der Familie herausgelöst wurden)

(1) Ein Kind, das vorübergehend oder dauernd aus seiner familiären Umgebung herausgelöst wird oder dem der Verbleib in dieser Umgebung im eigenen Interesse nicht gestattet werden kann, hat Anspruch auf den besonderen Schutz und Beistand des Staates.
(2) Die Vertragsstaaten stellen nach Maßgabe ihres innerstaatlichen Rechts andere Formen der Betreuung eines solchen Kindes sicher.
(3) Als andere Form der Betreuung kommt unter anderem die Aufnahme in eine Pflegefamilie, die Kafala nach islamischem Recht, die Adoption oder, falls erforderlich, die Unterbringung in einer geeigneten Kinderbetreuungseinrichtung in Betracht. Bei der Wahl zwischen diesen Lösungen sind die erwünschte Kontinuität in der Erziehung des Kindes sowie die ethnische, religiöse, kulturelle und sprachliche Herkunft des Kindes gebührend zu berücksichtigen.

Artikel 21 (Schutz bei Adoption; Internationale Adoption)

Die Vertragsstaaten, die das System der Adoption anerkennen oder zulassen, gewährleisten, dass dem Wohl des Kindes bei der Adoption die höchste Bedeutung zugemessen wird; die Vertragsstaaten
a) stellen sicher, dass die Adoption eines Kindes nur durch die zuständigen Behörden bewilligt wird, die nach den anzuwendenden Rechtsvorschriften und Verfahren und auf der Grundlage aller verlässlichen einschlägigen Informationen entscheiden, dass die Adoption angesichts des Status des Kindes in Bezug auf Eltern, Verwandte und einen Vormund zulässig ist und dass, soweit dies erforderlich ist, die betroffenen Personen in Kenntnis der Sachlage und auf der Grundlage einer gegebenenfalls erforderlichen Beratung der Adoption zugestimmt haben;
b) erkennen an, dass die internationale Adoption als andere Form der Betreuung angesehen werden kann, wenn das Kind nicht in seinem Heimatland in einer Pflege- oder Adoptionsfamilie untergebracht oder wenn es dort nicht in geeigneter Weise betreut werden kann;
c) stellen sicher, dass das Kind im Fall einer internationalen Adoption in den Genuss der für nationale Adoptionen geltenden Schutzvorschriften und Normen kommt;
d) treffen alle geeigneten Maßnahmen, um sicherzustellen, dass bei internationaler Adoption für die Beteiligten keine unstatthaften Vermögensvorteile entstehen;
e) fördern die Ziele dieses Artikels gegebenenfalls durch den Abschluss zwei- oder mehrseitiger Übereinkünfte und bemühen sich in diesem Rahmen sicherzustellen, dass die Unterbringung des Kindes in einem anderen Land durch die zuständigen Behörden oder Stellen durchgeführt wird.

Artikel 22 (Flüchtlingskinder)

(1) Die Vertragsstaaten treffen geeignete Maßnahmen, um sicherzustellen, dass ein Kind, das die Rechtsstellung eines Flüchtlings begehrt oder nach Maßgabe der anzuwendenden Regeln und Verfahren des Völkerrechts oder des innerstaatlichen Rechts als Flüchtling angesehen wird, angemessenen Schutz und humanitäre Hilfe bei der Wahrnehmung der Rechte erhält, die in diesem Übereinkommen oder in anderen internationalen Übereinkünften über Menschenrechte oder über humanitäre Fragen, denen die genannten Staaten als Vertragsparteien angehören, festgelegt sind, und zwar unabhängig davon, ob sich in Begleitung seiner Eltern oder einer anderen Person befindet oder nicht.
(2) Zu diesem Zweck wirken die Vertragsstaaten in der ihnen angemessen erscheinenden Weise bei allen Bemühungen mit, welche die Vereinten Nationen oder andere zuständige zwischenstaatliche oder nichtstaatlichen Organisationen, die mit den Vereinten Nationen zusammenarbeiten, unternehmen, um ein solches Kind zu schützen, um ihm zu helfen und um die Eltern oder andere Familienangehörige eines Flüchtlingskinds ausfindig zu machen mit dem Ziel, die für eine Familienzusammenführung notwendigen Informationen zu erlangen. Können die Eltern oder andere Familienangehörige nicht ausfindig gemacht werden, so ist dem Kind im Einklang mit den in diesem Übereinkommen enthaltenen Grund-

sätzen derselbe Schutz zu gewähren wie jedem anderen Kind, das aus irgendeinem Grund dauernd oder vorübergehend aus seiner familiären Umgebung herausgelöst ist.

Artikel 23 (Behinderte Kinder)

(1) Die Vertragsstaaten erkennen an, dass ein geistig oder körperlich behindertes Kind ein erfülltes und menschenwürdiges Leben unter Bedingungen führen soll, welche die Würde des Kindes wahren, seine Selbstständigkeit fördern und seine aktive Teilnahme am Leben der Gemeinschaft erleichtern.

(2) Die Vertragsstaaten erkennen das Recht des behinderten Kindes auf besondere Betreuung an und treten dafür ein und stellen sicher, dass dem behinderten Kind und den für seine Betreuung Verantwortlichen im Rahmen der verfügbaren Mittel auf Antrag die Unterstützung zuteil wird, die dem Zustand des Kindes sowie den Lebensumständen der Eltern oder anderer Personen, die das Kind betreuen, angemessen ist.

(3) In Anerkennung der besonderen Bedürfnisse eines behinderten Kindes ist die nach Absatz 2 gewährte Unterstützung soweit irgend möglich und unter Berücksichtigung der finanziellen Mittel der Eltern oder anderer Personen, die das Kind betreuen, unentgeltlich zu leisten und so zu gestalten, dass sichergestellt ist, dass Erziehung, Ausbildung, Gesundheitsdienste, Rehabilitationsdienste, Vorbereitung auf das Berufsleben und Erholungsmöglichkeiten dem behinderten Kind tatsächlich in einer Weise zugänglich sind, die der möglichst vollständigen sozialen Integration und individuellen Entfaltung des Kindes einschließlich seiner kulturellen und geistigen Entwicklung förderlich ist.

(4) Die Vertragsstaaten fördern im Geist der internationalen Zusammenarbeit den Austausch sachdienlicher Informationen im Bereich der Gesundheitsvorsorge und der medizinischen, psychologischen und funktionellen Behandlung behinderter Kinder einschließlich der Verbreitung von Informationen über Methoden der Rehabilitation, der Erziehung und der Berufsausbildung und des Zugangs zu solchen Informationen, um es den Vertragsstaaten zu ermöglichen, in diesen Bereichen ihre Fähigkeiten und ihr Fachwissen zu verbessern und weitere Erfahrungen zu sammeln. Dabei sind die Bedürfnisse der Entwicklungsländer besonders zu berücksichtigen.

Artikel 24 (Recht auf Gesundheitsvorsorge)

(1) Die Vertragsstaaten erkennen das Recht des Kindes auf das erreichbare Höchstmaß an Gesundheit an sowie auf Inanspruchnahme von Einrichtungen zur Behandlung von Krankheiten und zur Wiederherstellung der Gesundheit. Die Vertragsstaaten bemühen sich sicherzustellen, dass keinem Kind das Recht auf Zugang zu derartigen Gesundheitsdiensten vorenthalten wird.

(2) Die Vertragsstaaten bemühen sich, die volle Verwirklichung dieses Rechts sicherzustellen, und treffen insbesondere geeignete Maßnahmen, um

a) die Säuglings- und Kindersterblichkeit zu verringern;
b) sicherzustellen, dass alle Kinder die notwendige ärztliche Hilfe und Gesundheitsfürsorge erhalten, wobei besonderer Nachdruck auf den Ausbau der gesundheitlichen Grundversorgung gelegt wird;
c) Krankheiten sowie Unter- und Fehlernährung auch im Rahmen der gesundheitlichen Grundversorgung zu bekämpfen, unter anderem durch den Einsatz leicht zugänglicher Technik und durch die Bereitstellung ausreichender vollwertiger Nahrungsmittel und sauberen Trinkwassers, wobei die Gefahren und Risiken der Umweltverschmutzung zu berücksichtigen sind;
d) eine angemessene Gesundheitsfürsorge für Mütter vor und nach der Entbindung sicherzustellen;
e) sicherzustellen, dass allen Teilen der Gesellschaft, insbesondere Eltern und Kindern, Grundkenntnisse über die Gesundheit und Ernährung des Kindes, die Vorteile des Stillens, der Hygiene und die Sauberhaltung der Umwelt sowie die Unfallverhütung vermittelt werden, dass sie Zugang zu der entsprechenden Schulung haben und dass sie bei der Anwendung dieser Grundkenntnisse Unterstützung erhalten;
f) die Gesundheitsvorsorge, die Elternberatung sowie die Aufklärung und die Dienste auf dem Gebiet der Familienplanung auszubauen.

(3) Die Vertragsstaaten treffen alle wirksamen und geeigneten Maßnahmen, um überlieferte Bräuche, die für die Gesundheit der Kinder schädlich sind, abzuschaffen.

(4) Die Vertragsstaaten verpflichten sich, die internationale Zusammenarbeit zu unterstützen und zu fördern, um fortschreitend die volle Verwirklichung des in diesem Artikel anerkannten Rechts zu erreichen. Dabei sind die Bedürfnisse der Entwicklungsländer besonders zu berücksichtigen.

Artikel 25 (Recht auf regelmäßige Überprüfung bei Unterbringung)

Die Vertragsstaaten erkennen an, dass ein Kind, das von den zuständigen Behörden wegen einer körperlichen oder geistigen Erkrankung zur Betreuung, zum Schutz der Gesundheit oder zur Behandlung untergebracht worden ist, das Recht hat auf eine regelmäßige Überprüfung der dem Kind gewährten Behandlung sowie aller anderen Umstände, die für seine Unterbringung von Belang sind.

Artikel 26 (Recht auf Leistungen der Sozialen Sicherheit)

(1) Die Vertragsstaaten erkennen das Recht des Kindes auf Leistungen der sozialen Sicherheit einschließlich der Sozialversicherung an und treffen die erforderlichen Maßnahmen, um die volle Verwirklichung dieses Rechts in Übereinstimmung mit dem innerstaatlichen Recht sicherzustellen.
(2) Die Leistungen sollen gegebenenfalls unter Berücksichtigung der wirtschaftlichen Verhältnisse und der sonstigen Umstände des Kindes und der Unterhaltspflichtigen sowie anderer für die Beantragung von Leistungen durch das Kind oder im Namen des Kindes maßgeblicher Gesichtspunkte gewährt werden.

Artikel 27 (Recht auf angemessene Lebensbedingungen; Hilfe bei Geltendmachung von Unterhaltsansprüchen)

(1) Die Vertragsstaaten erkennen das Recht jedes Kindes auf einen seiner körperlichen, geistigen, seelischen, sittlichen und sozialen Entwicklung angemessenen Lebensstandards an.
(2) Es ist in erster Linie Aufgabe der Eltern oder anderer für das Kind verantwortlicher Personen, im Rahmen ihrer Fähigkeiten und finanziellen Möglichkeiten die für die Entwicklung des Kindes notwendigen Lebensbedingungen sicherzustellen.
(3) Die Vertragsstaaten treffen gemäß ihren innerstaatlichen Verhältnissen und im Rahmen ihrer Mittel geeignete Maßnahmen, um den Eltern und anderen für das Kind verantwortlichen Personen bei der Verwirklichung dieses Rechts zu helfen, und sehen bei Bedürftigkeit materielle Hilfs- und Unterstützungsprogramme insbesondere im Hinblick auf Ernährung, Bekleidung und Wohnung vor.
(4) Die Vertragsstaaten treffen alle geeigneten Maßnahmen, um die Geltendmachung von Unterhaltsansprüchen des Kindes gegenüber den Eltern oder anderen finanziell für das Kind verantwortlichen Personen sowohl innerhalb des Vertragsstaats als auch im Ausland sicherzustellen. Insbesondere fördern die Vertragsstaaten, wenn die für das Kind finanziell verantwortliche Person in einem anderen Staat lebt als das Kind, den Beitritt zu internationalen Übereinkünften sowie andere geeignete Regelungen.

Artikel 28 (Recht auf Bildung)

(1) Die Vertragsstaaten erkennen das Recht des Kindes auf Bildung an; um die Verwirklichung dieses Rechts auf der Grundlage der Chancengleichheit fortschreitend zu erreichen, werden sie insbesondere
a) den Besuch der Grundschule für alle zur Pflicht und unentgeltlich machen;
b) die Entwicklung verschiedener Formen der weiterführenden Schulen allgemein bildender und berufsbildender Art fördern, sie allen Kindern verfügbar und zugänglich machen und geeignete Maßnahmen wie die Einführung der Unentgeltlichkeit und die Bereitstellung finanzieller Unterstützung bei Bedürftigkeit treffen;
c) allen entsprechend ihren Fähigkeiten den Zugang zu den Hochschulen mit allen geeigneten Mitteln ermöglichen;
d) Bildungs- und Berufsberatung allen Kindern verfügbar und zugänglich machen;
e) Maßnahmen treffen, die den regelmäßigen Schulbesuch fördern und den Anteil derjenigen, welche die Schule vorzeitig verlassen, verringern.
(2) Die Vertragsstaaten treffen alle geeigneten Maßnahmen, um sicherzustellen, dass die Disziplin in der Schule in einer Weise gewahrt wird, die der Menschenwürde des Kindes entspricht und im Einklang mit diesem Übereinkommen steht.
(3) Die Vertragsstaaten fördern die internationale Zusammenarbeit im Bildungswesen, insbesondere um zur Beseitigung von Unwissenheit und Analphabetentum in der Welt beizutragen und den Zugang zu wissenschaftlichen und technischen Kenntnissen und modernen Unterrichtsmethoden zu erleichtern. Dabei sind die Bedürfnisse der Entwicklungsländer besonders zu berücksichtigen.

Artikel 29 (Bildungsziele)

(1) Die Vertragsstaaten stimmen darin überein, dass die Bildung des Kindes darauf gerichtet sein muss,
a) die Persönlichkeit, die Begabung und die geistigen und körperlichen Fähigkeiten des Kindes voll zur Entfaltung zu bringen;
b) dem Kind Achtung vor den Menschenrechten und Grundfreiheiten und den in der Charta der Vereinten Nationen verankerten Grundsätzen zu vermitteln;
c) dem Kind Achtung vor seinen Eltern, seiner kulturellen Identität, seiner Sprache und seinen kulturellen Werten, den nationalen Werten des Landes, in dem es lebt, und gegebenenfalls des Landes, aus dem es stammt, sowie vor anderen Kulturen als der eigenen zu vermitteln;

d) das Kind auf ein verantwortungsbewusstes Leben in einer freien Gesellschaft im Geist der Verständigung, des Friedens, der Toleranz, der Gleichberechtigung der Geschlechter und der Freundschaft zwischen allen Völkern und ethnischen, nationalen und religiösen Gruppen sowie zu Ureinwohnern vorzubereiten;
e) dem Kind Achtung vor der natürlichen Umwelt zu vermitteln.

(2) Dieser Artikel und Artikel 28 dürfen nicht so ausgelegt werden, dass sie die Freiheit natürlicher oder juristischer Personen beeinträchtigen, Bildungseinrichtungen zu gründen und zu führen, sofern die in Absatz 1 festgelegten Grundsätze beachtet werden und die in solchen Einrichtungen vermittelte Bildung den von dem Staat gegebenenfalls festgelegten Mindestnormen entspricht.

Artikel 30 (Minderheitenschutz)

In Staaten, in denen es ethnische, religiöse oder sprachliche Minderheiten oder Ureinwohner gibt, darf einem Kind, das einer solchen Minderheit angehört oder Ureinwohner ist, nicht das Recht vorenthalten werden, in Gemeinschaft mit anderen Angehörigen seiner Gruppe seine eigene Kultur zu pflegen, sich zu seiner eigenen Religion zu bekennen und sie auszuüben oder seine eigene Sprache zu verwenden.

Artikel 31 (Recht auf Ruhe und Freizeit; Recht auf Spiel; Recht auf Teilnahme am kulturellen Leben)

(1) Die Vertragsstaaten erkennen das Recht des Kindes auf Ruhe und Freizeit an, auf Spiel und altersgemäße aktive Erholung sowie auf freie Teilnahme am kulturellen und künstlerischen Leben.

(2) Die Vertragsstaaten achten und fördern das Recht des Kindes auf volle Beteiligung am kulturellen und künstlerischen Leben und fördern die Bereitstellung geeigneter und gleicher Möglichkeiten für die kulturelle und künstlerische Betätigung sowie für aktive Erholung und Freizeitbeschäftigung.

Artikel 32 (Schutz vor wirtschaftlicher Ausbeutung; Kinderarbeitsschutz)

(1) Die Vertragsstaaten erkennen das Recht des Kindes, vor wirtschaftlicher Ausbeutung geschützt und nicht zu einer Arbeit herangezogen zu werden, die Gefahren mit sich bringen, die Erziehung des Kindes behindern oder die Gesundheit des Kindes oder seine körperliche, geistige, seelische, sittliche oder soziale Entwicklung schädigen könnte.

(2) Die Vertragsstaaten treffen Gesetzgebungs-, Verwaltungs-, Sozial- und Bildungsmaßnahmen, um die Durchführung dieses Artikels sicherzustellen. Zu diesem Zweck und unter Berücksichtigung der einschlägigen Bestimmungen anderer internationaler Übereinkünfte werden die Vertragsstaaten insbesondere

a) ein oder mehrere Mindestalter für die Zulassung zur Arbeit festlegen;
b) eine angemessene Regelung der Arbeitszeit und der Arbeitsbedingungen vorsehen;
c) angemessene Strafen oder andere Sanktionen zur wirksamen Durchsetzung dieses Artikels vorsehen.

Artikel 33 (Schutz vor Suchtstoffen)

Die Vertragsstaaten treffen alle geeigneten Maßnahmen einschließlich Gesetzgebungs-, Verwaltungs-, Sozial- und Bildungsmaßnahmen, um Kinder vor dem unerlaubten Gebrauch von Suchtstoffen und psychotropen Stoffen im Sinne der diesbezüglichen internationalen Übereinkünfte zu schützen und den Einsatz von Kindern bei der unerlaubten Herstellung dieser Stoffe und beim unerlaubten Verkehr mit diesen Stoffen zu verhindern.

Artikel 34 (Schutz vor sexueller Ausbeutung; Sexueller Mißbrauch)

Die Vertragsstaaten verpflichten sich, das Kind vor allen Formen sexueller Ausbeutung und sexuellen Missbrauchs zu schützen. Zu diesem Zweck treffen die Vertragsstaaten insbesondere alle geeigneten innerstaatlichen, zweiseitigen und mehrseitigen Maßnahmen, um zu verhindern, dass Kinder
a) zur Beteiligung an rechtswidrigen sexuellen Handlungen verleitet oder gezwungen werden;
b) für die Prostitution oder andere rechtswidrige sexuelle Praktiken ausgebeutet werden;
c) für pornographische Darbietungen und Darstellungen ausgebeutet werden.

Artikel 35 (Schutz vor Entführung; Kinderhandel)

Die Vertragsstaaten treffen alle geeigneten innerstaatlichen, zweiseitigen und mehrseitigen Maßnahmen, um die Entführung und den Verkauf von Kindern sowie den Handel mit Kindern zu irgendeinem Zweck und in irgendeiner Form zu verhindern.

Artikel 36 (Schutz vor Ausbeutung)
Die Vertragsstaaten schützen das Kind vor allen sonstigen Formen der Ausbeutung, die das Wohl des Kindes in irgendeiner Weise beeinträchtigen.

Artikel 37 (Schutz vor Folter; Todesstrafe; Lebenslange Freiheitsstrafe)
Die Vertragsstaaten stellen sicher,
a) dass kein Kind der Folter oder einer anderen grausamen, unmenschlichen oder erniedrigenden Behandlung oder Strafe unterworfen wird. Für Straftaten, die von Personen vor Vollendung des achtzehnten Lebensjahres begangen worden sind, darf weder die Todesstrafe noch lebenslange Freiheitsstrafe ohne die Möglichkeit vorzeitiger Entlassung verhängt werden;
b) dass keinem Kind die Freiheit rechtswidrig oder willkürlich entzogen wird. Festnahmen, Freiheitsentziehung oder Freiheitsstrafe darf bei einem Kind im Einklang mit dem Gesetz nur als letztes Mittel und für die kürzeste angemessene Zeit angewendet werden;
c) dass jedes Kind, dem die Freiheit entzogen ist, menschlich und mit Achtung vor der dem Menschen innewohnenden Würde und unter Berücksichtigung der Bedürfnisse von Personen seines Alters behandelt wird. Insbesondere ist jedes Kind, dem die Freiheit entzogen ist, von Erwachsenen zu trennen, sofern nicht ein anderes Vorgehen als dem Wohl des Kindes dienlich erachtet wird; jedes Kind hat das Recht, mit seiner Familie durch Briefwechsel und Besuche in Verbindung zu bleiben, sofern nicht außergewöhnliche Umstände vorliegen;
d) dass jedes Kind, dem die Freiheit entzogen ist, das Recht auf umgehenden Zugang zu einem rechtskundigen oder anderen geeigneten Beistand und das Recht hat, die Rechtmäßigkeit der Freiheitsentziehung bei einem Gericht oder einer anderen zuständigen, unabhängigen und unparteiischen Behörde anzufechten, sowie das Recht auf alsbaldige Entscheidung in einem solchen Verfahren.

Artikel 38 (Schutz bei bewaffneten Konflikten; Kindersoldaten)
(1) Die Vertragsstaaten verpflichten sich, die für sie verbindlichen Regeln des in bewaffneten Konflikten anwendbaren humanitären Völkerrechts, die für das Kind Bedeutung haben, zu beachten und für deren Beachtung zu sorgen.
(2) Die Vertragsstaaten treffen alle durchführbaren Maßnahmen, um sicherzustellen, dass Personen, die das fünfzehnte Lebensjahr noch nicht vollendet haben, nicht unmittelbar an Feindseligkeiten teilnehmen.
(3) Die Vertragsstaaten nehmen davon Abstand, Personen, die das fünfzehnte Lebensjahr noch nicht vollendet haben, zu ihren Streitkräften einzuziehen. Werden Personen zu den Streitkräften eingezogen, die zwar das fünfzehnte, nicht aber das achtzehnte Lebensjahr vollendet haben, so bemühen sich die Vertragsstaaten, vorrangig die jeweils ältesten einzuziehen.
(4) Im Einklang mit ihren Verpflichtungen nach dem humanitären Völkerrecht, die Zivilbevölkerung in bewaffneten Konflikten zu schützen, treffen die Vertragsstaaten alle durchführbaren Maßnahmen, um sicherzustellen, dass von einem bewaffneten Konflikt betroffene Kinder geschützt und betreut werden.

Artikel 39 (Physisch oder psychisch geschädigte Kinder; Förderung der Genesung und Wiedereingliederung)
Die Vertragsstaaten treffen alle geeigneten Maßnahmen, um die physische und psychische Genesung und die soziale Wiedereingliederung eines Kindes zu fördern, das Opfer irgendeiner Form von Vernachlässigung, Ausbeutung und Misshandlung, der Folter oder einer anderen Form grausamer, unmenschlicher oder erniedrigender Behandlung oder Strafe oder anderer bewaffneter Konflikte geworden ist. Die Genesung und Wiedereingliederung müssen in einer Umgebung stattfinden, die der Gesundheit, der Selbstachtung und der Würde des Kindes förderlich ist.

Artikel 40 (Mindestgarantien im Strafverfahren)
(1) Die Vertragsstaaten erkennen das Recht jedes Kindes an, das der Verletzung der Strafgesetze verdächtigt, beschuldigt oder überführt wird, in einer Weise behandelt zu werden, die das Gefühl des Kindes für die eigene Würde und den eigenen Wert fördert, seine Achtung vor den Menschenrechten und Grundfreiheiten anderer stärkt und das Alter des Kindes sowie die Notwendigkeit berücksichtigt, seine soziale Wiedereingliederung sowie die Übernahme einer konstruktiven Rolle in der Gesellschaft durch das Kind zu fördern.
(2) Zu diesem Zweck stellen die Vertragsstaaten unter Berücksichtigung der einschlägigen Bestimmungen internationaler Übereinkünfte insbesondere sicher,

a) dass kein Kind wegen Handlungen oder Unterlassungen, die zur Zeit ihrer Begehung nach innerstaatlichem Recht oder Völkerrecht nicht verboten waren, der Verletzung der Strafgesetze verdächtigt, beschuldigt oder überführt wird;
b) dass jedes Kind, das einer Verletzung der Strafgesetze verdächtigt oder beschuldigt wird, Anspruch auf folgende Mindestgarantien hat:
  I) bis zum gesetzlichen Nachweis der Schuld als unschuldig zu gelten,
  II) unverzüglich und unmittelbar über die gegen das Kind erhobenen Beschuldigungen unterrichtet zu werden, gegebenenfalls durch seine Eltern oder seinen Vormund, und einen rechtskundigen oder anderen geeigneten Beistand zur Vorbereitung und Wahrnehmung seiner Verteidigung zu erhalten,
  III) seine Sache unverzüglich durch eine zuständige Behörde oder ein zuständiges Gericht, die unabhängig und unparteiisch sind, in einem fairen Verfahren entsprechend dem Gesetz entscheiden zu lassen, und zwar in Anwesenheit eines rechtskundigen oder anderen geeigneten Beistands sowie – sofern dies nicht insbesondere in Anbetracht des Alters oder der Lage des Kindes als seinem Wohl widersprechend angesehen wird – in Anwesenheit seiner Eltern oder seines Vormunds,
  IV) nicht gezwungen zu werden, als Zeuge auszusagen oder sich schuldig zu bekennen sowie die Belastungszeugen zu befragen oder befragen zu lassen und das Erscheinen und die Vernehmung der Entlastungszeugen unter gleichen Bedingungen zu erwirken,
  V) wenn es einer Verletzung der Strafgesetze überführt ist, diese Entscheidung und alle als Folge davon verhängten Maßnahmen durch eine zuständige übergeordnete Behörde oder ein zuständiges höheres Gericht, die unabhängig und unparteiisch sind, entsprechend dem Gesetz nachprüfen zu lassen,
  VI) die unentgeltliche Hinzuziehung eines Dolmetschers zu verlangen, wenn das Kind die Verhandlungssprache nicht versteht oder spricht,
  VII) sein Privatleben in allen Verfahrensabschnitten voll geachtet zu sehen.
(3) Die Vertragsstaaten bemühen sich, den Erlass von Gesetzen sowie die Schaffung von Verfahren, Behörden und Einrichtungen zu fördern, die besonders für Kinder, die einer Verletzung der Strafgesetze verdächtigt, beschuldigt oder überführt werden, gelten oder zuständig sind; insbesondere
a) legen sie ein Mindestalter fest, das ein Kind erreicht haben muss, um als strafmündig angesehen zu werden,
b) treffen sie, soweit dies angemessen und wünschenswert ist, Maßnahmen, um den Fall ohne ein gerichtliches Verfahren zu regeln, wobei jedoch die Menschenrechte und die Rechtsgarantien uneingeschränkt beachtet werden müssen.
(4) Um sicherzustellen, dass Kinder in einer Weise behandelt werden, die ihrem Wohl dienlich ist und ihren Umständen sowie der Straftat entspricht, muss eine Vielzahl von Vorkehrungen zur Verfügung stehen, wie Anordnungen über Betreuung, Anleitung und Aufsicht, wie Beratung, Entlassung auf Bewährung, Aufnahme in eine Pflegefamilie, Bildungs- und Berufsbildungsprogramme und andere Alternativen zur Heimerziehung.

Artikel 41 (Weitergehende Bestimmungen)
Dieses Übereinkommen lässt zur Verwirklichung der Rechte des Kindes besser geeignete Bestimmungen unberührt, die enthalten sind
a) im Recht eines Vertragsstaats oder
b) in dem für diesen Staat geltenden Völkerrecht.

Teil II

Artikel 42 (Bekanntmachungsverpflichtung)
Die Vertragsstaaten verpflichten sich, die Grundsätze und Bestimmungen dieses Übereinkommens durch geeignete und wirksame Maßnahmen bei Erwachsenen und auch bei Kindern allgemein bekannt zu machen.

Artikel 43 (Ausschuss)
(1) Zur Prüfung der Fortschritte, welche die Vertragsstaaten bei der Erfüllung der in diesem Übereinkommen eingegangenen Verpflichtungen gemacht haben, wird ein Ausschuss für die Rechte des Kindes eingesetzt, der die nachstehend festgelegten Aufgaben wahrnimmt.

(2) Der Ausschuss besteht aus zehn Sachverständigen von hohem sittlichen Ansehen und anerkannter Sachkenntnis auf dem von diesem Übereinkommen erfassten Gebiet. Die Mitglieder des Ausschusses werden von den Vertragsstaaten unter ihren Staatsangehörigen ausgewählt und sind in persönlicher Eigenschaft tätig, wobei auf eine gerechte geographische Verteilung zu achten ist sowie die hauptsächlichen Rechtssysteme zu berücksichtigen sind.
(3) Die Mitglieder des Ausschusses werden in geheimer Wahl aus einer Liste von Personen gewählt, die von den Vertragsstaaten vorgeschlagen worden sind. Jeder Vertragsstaat kann einen seiner eigenen Staatsangehörigen vorschlagen.
(4) Die Wahl des Ausschusses findet zum ersten Mal spätestens sechs Monate nach Inkrafttreten dieses Übereinkommens und danach alle zwei Jahre statt. Spätestens vier Monate vor jeder Wahl fordert der Generalsekretär der Vereinten Nationen die Vertragsstaaten schriftlich auf, ihre Vorschläge innerhalb von zwei Monaten einzureichen. Der Generalsekretär fertigt sodann eine alphabetische Liste aller auf diese Weise vorgeschlagenen Personen an unter Angabe der Vertragsstaaten, die sie vorgeschlagen haben, und übermittelt sie den Vertragsstaaten.
(5) Die Wahlen finden auf vom Generalsekretär am Sitz der Vereinten Nationen einberufenen Tagungen der Vertragsstaaten statt. Auf diesen Tagungen, die beschlussfähig sind, wenn zwei Drittel der Vertragsstaaten vertreten sind, gelten die Kandidaten als in den Ausschuss gewählt, welche die höchste Stimmenzahl und die absolute Stimmenmehrheit der anwesenden und abstimmenden Vertreter der Vertragsstaaten auf sich vereinigen.
(6) Die Ausschussmitglieder werden für vier Jahre gewählt. Auf erneuten Vorschlag können sie wieder gewählt werden. Die Amtszeit von fünf der bei der ersten Wahl gewählten Mitglieder läuft nach zwei Jahren ab; unmittelbar nach der ersten Wahl werden die Namen dieser fünf Mitglieder vom Vorsitzenden der Tagung durch das Los bestimmt.
(7) Wenn ein Ausschussmitglied stirbt oder zurücktritt oder erklärt, dass es aus anderen Gründen die Aufgaben des Ausschusses nicht mehr wahrnehmen kann, ernennt der Vertragsstaat, der das Mitglied vorgeschlagen hat, für die verbleibende Amtszeit mit Zustimmung des Ausschusses einen anderen unter seinen Staatsangehörigen ausgewählten Sachverständigen.
(8) Der Ausschuss gibt sich eine Geschäftsordnung.
(9) Der Ausschuss wählt seinen Vorstand für zwei Jahre.
(10) Die Tagungen des Ausschusses finden in der Regel am Sitz der Vereinten Nationen oder an einem anderen vom Ausschuss bestimmten geeigneten Ort statt. Der Ausschuss tritt in der Regel einmal jährlich zusammen. Die Dauer der Ausschusstagungen wird auf einer Tagung der Vertragsstaaten mit Zustimmung der Generalversammlung festgelegt und wenn nötig geändert.
(11) Der Generalsekretär der Vereinten Nationen stellt dem Ausschuss das Personal und die Einrichtungen zur Verfügung, die dieser zur wirksamen Wahrnehmung seiner Aufgaben nach diesem Übereinkommen benötigt.
(12) Die Mitglieder des nach diesem Übereinkommen eingesetzten Ausschusses erhalten mit Zustimmung der Generalversammlung Bezüge aus Mitteln der Vereinten Nationen zu den von der Generalversammlung zu beschließenden Bedingungen.

Artikel 44 (Berichtspflicht)

(1) Die Vertragsstaaten verpflichten sich, dem Ausschuss über den Generalsekretär der Vereinten Nationen Berichte über die Maßnahmen, die sie zur Verwirklichung der in diesem Übereinkommen anerkannten Rechte getroffen haben, und über die dabei erzielten Fortschritte vorzulegen, und zwar
a) innerhalb von zwei Jahren nach Inkrafttreten des Übereinkommens für den betreffenden Vertragsstaat,
b) danach alle fünf Jahre.
(2) In den nach diesem Artikel erstatteten Berichten ist auf etwa bestehende Umstände und Schwierigkeiten hinzuweisen, welche die Vertragsstaaten daran hindern, die in diesem Übereinkommen vorgesehenen Verpflichtungen voll zu erfüllen. Die Berichte müssen auch ausreichende Angaben enthalten, die dem Ausschuss ein umfassendes Bild von der Durchführung des Übereinkommens in dem betreffenden Land vermitteln.
(3) Ein Vertragsstaat, der dem Ausschuss einen ersten umfassenden Bericht vorgelegt hat, braucht in seinen nach Absatz 1 Buchstabe b vorgelegten späteren Berichten die früher mitgeteilten grundlegenden Angaben nicht zu wiederholen.
(4) Der Ausschuss kann die Vertragsstaaten um weitere Angaben über die Durchführung des Übereinkommens ersuchen.

(5) Der Ausschuss legt der Generalversammlung über den Wirtschafts- und Sozialrat alle zwei Jahre einen Tätigkeitsbericht vor.
(6) Die Vertragsstaaten sorgen für eine weite Verbreitung ihrer Berichte im eigenen Land.

Artikel 45 (Zusammenarbeit mit dem Kinderhilfswerk und anderen Organe der Vereinten Nationen)

Um die wirksame Durchführung dieses Übereinkommens und die internationale Zusammenarbeit auf dem von dem Übereinkommen erfassten Gebiet zu fördern,
a) haben die Sonderorganisationen, das Kinderhilfswerk der Vereinten Nationen und andere Organe der Vereinten Nationen das Recht, bei der Erörterung der Durchführung derjenigen Bestimmungen des Übereinkommens vertreten zu sein, die in ihren Aufgabenbereich fallen. Der Ausschuss kann, wenn er dies für angebracht hält, die Sonderorganisationen, das Kinderhilfswerk der Vereinten Nationen und andere zuständige Stellen einladen, sachkundige Stellungnahmen zur Durchführung des Übereinkommens auf Gebieten abzugeben, die in ihren jeweiligen Aufgabenbereich fallen. Der Ausschuss kann die Sonderorganisationen, das Kinderhilfswerk der Vereinten Nationen einladen, ihm Berichte über die Durchführung des Übereinkommens auf Gebieten vorzulegen, die in ihren Tätigkeitsbereich fallen;
b) übermittelt der Ausschuss, wenn er dies für angebracht hält, den Sonderorganisationen, dem Kinderhilfswerk der Vereinten Nationen und anderen zuständigen Stellen Berichte der Vertragsstaaten, die ein Ersuchen um fachliche Beratung oder Unterstützung oder einen Hinweis enthalten, dass ein diesbezügliches Bedürfnis besteht; etwaige Bemerkungen und Vorschläge des Ausschusses zu diesen Ersuchen oder Hinweisen werden beigefügt;
c) kann der Ausschuss der Generalversammlung empfehlen, den Generalsekretär zu ersuchen, für den Ausschuss Untersuchungen über Fragen im Zusammenhang mit den Rechten des Kindes durchzuführen;
d) kann der Ausschuss aufgrund der Angaben, die er nach den Artikeln 44 und 45 erhalten hat, Vorschläge und allgemeine Empfehlungen unterbreiten. Diese Vorschläge und allgemeinen Empfehlungen werden den betroffenen Vertragsstaaten übermittelt und der Generalversammlung zusammen mit etwaigen Bemerkungen der Vertragsstaaten vorgelegt.

Teil III

Artikel 46 (Unterzeichnung)
Dieses Übereinkommen liegt für alle Staaten zur Unterzeichnung auf.

Artikel 47 (Ratifikation)
Dieses Übereinkommen bedarf der Ratifikation. Die Ratifikationsurkunden werden beim Generalsekretär der Vereinten Nationen hinterlegt.

Artikel 48 (Beitritt)
Dieses Übereinkommen steht allen Staaten zum Beitritt offen. Die Beitrittsurkunden werden beim Generalsekretär der Vereinten Nationen hinterlegt.

Artikel 49 (Inkrafttreten)
(1) Dieses Übereinkommen tritt am dreißigsten Tag nach Hinterlegung der zwanzigsten Ratifikations- und Beitrittsurkunde beim Generalsekretär der Vereinten Nationen in Kraft.
(2) Für jeden Staat, der nach Hinterlegung der zwanzigsten Ratifikations- und Beitrittsurkunde dieses Übereinkommen ratifiziert oder ihm beitritt, tritt es am dreißigsten Tag nach Hinterlegung seiner eigenen Ratifikations- und Beitrittsurkunde in Kraft.

Artikel 50 (Änderungsvorschläge)
(1) Jeder Vertragsstaat kann eine Änderung vorschlagen und sie beim Generalsekretär der Vereinten Nationen einreichen. Der Generalsekretär übermittelt sodann den Änderungsvorschlag den Vertragsstaaten mit der Aufforderung, ihm mitzuteilen, ob sie eine Konferenz der Vertragsstaaten zur Beratung und Abstimmung über den Vorschlag befürworten. Befürwortet innerhalb von vier Monaten nach dem Datum der Übermittlung wenigstens ein Drittel der Vertragsstaaten eine solche Konferenz, so beruft der Generalsekretär die Konferenz unter der Schirmherrschaft der Vereinten Natiônen ein. Jede Änderung,

die von der Mehrheit der auf der Konferenz anwesenden und abstimmenden Vertragsstaaten angenommen wird, wird der Generalversammlung zur Billigung vorgelegt.

(2) Eine nach Absatz 1 angenommene Änderung tritt in Kraft, wenn sie von der Generalversammlung der Vereinten Nationen gebilligt und von einer Zweidrittelmehrheit der Vertragsstaaten angenommen worden ist.

(3) Tritt eine Änderung in Kraft, so ist sie für die Vertragsstaaten, die sie angenommen haben, verbindlich, während für die anderen Vertragsstaaten weiterhin die Bestimmungen dieses Übereinkommens und alle früher von ihnen angenommenen Änderungen gelten.

Artikel 51 (Vorbehalte)

(1) Der Generalsekretär der Vereinten Nationen nimmt den Wortlaut von Vorbehalten, die ein Staat bei der Ratifikation oder beim Beitritt anbringt, entgegen und leitet ihn allen Staaten zu.

(2) Vorbehalte, die mit Ziel und Zweck dieses Übereinkommens unvereinbar sind, sind nicht zulässig.

(3) Vorbehalte können jederzeit durch eine an den Generalsekretär der Vereinten Nationen gerichtete diesbezügliche Notifikation zurückgenommen werden; dieser setzt alle Staaten davon in Kenntnis. Die Notifikation wird mit dem Tag ihres Eingangs beim Generalsekretär wirksam.

Artikel 52 (Kündigung)

Ein Vertragsstaat kann dieses Übereinkommen durch eine an den Generalsekretär der Vereinten Nationen gerichtete schriftliche Notifikation kündigen. Die Kündigung wird ein Jahr nach Eingang der Notifikation beim Generalsekretär wirksam.

Artikel 53 (Verwahrung des Übereinkommens)

Der Generalsekretär der Vereinten Nationen wird zum Verwahrer dieses Übereinkommens bestimmt.

Artikel 54 (Urschrift; Verbindlicher Wortlaut)

Die Urschrift dieses Übereinkommens, dessen arabischer, chinesischer, englischer, französischer, russischer und spanischer Wortlaut gleichermaßen verbindlich ist, wird beim Generalsekretär der Vereinten Nationen hinterlegt.

Zu Urkund dessen haben die unterzeichneten, von ihren Regierungen hierzu gehörig befugten Bevollmächtigten dieses Übereinkommen unterschrieben.

Sozialgesetzbuch (SGB) Achtes Buch (VIII) – Kinder- und Jugendhilfe – (SGB VIII)

in der Fassung der Bekanntmachung
vom 11. September 2012 (BGBl. I S. 2022)[1])

Zuletzt geändert durch
Kinder- und Jugendstärkungsgesetz
vom 3. Juni 2021 (BGBl. I S. 1444)
und
Gesetz zur Bekämpfung sexualisierter Gewalt gegen Kinder
vom 16. Juni 2021 (BGBl. I S. 1810)

Inhaltsübersicht

Erstes Kapitel
Allgemeine Vorschriften

- § 1 Recht auf Erziehung, Elternverantwortung, Jugendhilfe
- § 2 Aufgaben der Jugendhilfe
- § 3 Freie und öffentliche Jugendhilfe
- § 4 Zusammenarbeit der öffentlichen Jugendhilfe mit der freien Jugendhilfe
- § 4a Selbstorganisierte Zusammenschlüsse zur Selbstvertretung
- § 5 Wunsch- und Wahlrecht
- § 6 Geltungsbereich
- § 7 Begriffsbestimmungen
- § 8 Beteiligung von Kindern und Jugendlichen
- § 8a Schutzauftrag bei Kindeswohlgefährdung
- § 8b Fachliche Beratung und Begleitung zum Schutz von Kindern und Jugendlichen
- § 9 Grundrichtung der Erziehung, Gleichberechtigung von jungen Menschen
- § 9a Ombudsstellen
- § 10 Verhältnis zu anderen Leistungen und Verpflichtungen
- § 10a Beratung

Zweites Kapitel
Leistungen der Jugendhilfe

Erster Abschnitt
Jugendarbeit, Jugendsozialarbeit, erzieherischer Kinder- und Jugendschutz

- § 11 Jugendarbeit
- § 12 Förderung der Jugendverbände
- § 13 Jugendsozialarbeit
- § 13a Schulsozialarbeit
- § 14 Erzieherischer Kinder- und Jugendschutz
- § 15 Landesrechtsvorbehalt

Zweiter Abschnitt
Förderung der Erziehung in der Familie

- § 16 Allgemeine Förderung der Erziehung in der Familie
- § 17 Beratung in Fragen der Partnerschaft, Trennung und Scheidung
- § 18 Beratung und Unterstützung bei der Ausübung der Personensorge und des Umgangsrechts
- § 19 Gemeinsame Wohnformen für Mütter/Väter und Kinder
- § 20 Betreuung und Versorgung des Kindes in Notsituationen
- § 21 Unterstützung bei notwendiger Unterbringung zur Erfüllung der Schulpflicht

Dritter Abschnitt
Förderung von Kindern in Tageseinrichtungen und in Kindertagespflege

- § 22 Grundsätze der Förderung
- § 22a Förderung in Tageseinrichtungen
- § 23 Förderung in Kindertagespflege
- § 24 Anspruch auf Förderung in Tageseinrichtungen und in Kindertagespflege
- § 24a (weggefallen)
- § 25 Unterstützung selbst organisierter Förderung von Kindern
- § 26 Landesrechtsvorbehalt

Vierter Abschnitt
Hilfe zur Erziehung, Eingliederungshilfe für seelisch behinderte Kinder und Jugendliche, Hilfe für junge Volljährige

Erster Unterabschnitt
Hilfe zur Erziehung

- § 27 Hilfe zur Erziehung
- § 28 Erziehungsberatung
- § 29 Soziale Gruppenarbeit
- § 30 Erziehungsbeistand, Betreuungshelfer

---

[1]) **Anm. d. Hrsg.:** Die Hinweise auf Redaktionsversehen des Gesetzgebers stammen aus dem von Kunkel/Kepert/Pattar im Nomos Verlag herausgegebenen Lehr- und Praxiskommentar Sozialgesetzbuch VIII – Kinder- und Jugendhilfe, 7. Auflage 2018.
Wegen der Landesrechtsvorbehalte (§§ 15, 26, 49, 89g SGB VIII) müssen ergänzend stets die LandesKJHGe herangezogen werden. Vgl. z. B. R. J. Wabnitz: Hessisches Kinder- und Jugendhilfegesetzbuch, Kommentar, 4. Auflage, Fachhochschulverlag 2021.

111 SGB VIII

§ 31 Sozialpädagogische Familienhilfe
§ 32 Erziehung in einer Tagesgruppe
§ 33 Vollzeitpflege
§ 34 Heimerziehung, sonstige betreute Wohnform
§ 35 Intensive sozialpädagogische Einzelbetreuung

Zweiter Unterabschnitt
Eingliederungshilfe für seelisch behinderte Kinder und Jugendliche

§ 35a Eingliederungshilfe für Kinder und Jugendliche mit seelischer Behinderung oder drohender seelischer Behinderung

Dritter Unterabschnitt
Gemeinsame Vorschriften für die Hilfe zur Erziehung und die Eingliederungshilfe für seelisch behinderte Kinder und Jugendliche

§ 36 Mitwirkung, Hilfeplan
§ 36a Steuerungsverantwortung, Selbstbeschaffung
§ 36b Zusammenarbeit beim Zuständigkeitsübergang
§ 37 Beratung und Unterstützung der Eltern, Zusammenarbeit bei Hilfen außerhalb der eigenen Familie
§ 37a Beratung und Unterstützung der Pflegeperson
§ 37b Sicherung der Rechte von Kindern und Jugendlichen in Familienpflege
§ 37c Ergänzende Bestimmungen zur Hilfeplanung bei Hilfen außerhalb der eigenen Familie
§ 38 Zulässigkeit von Auslandsmaßnahmen
§ 39 Leistungen zum Unterhalt des Kindes oder des Jugendlichen
§ 40 Krankenhilfe

Vierter Unterabschnitt
Hilfe für junge Volljährige

§ 41 Hilfe für junge Volljährige
§ 41a Nachbetreuung

Drittes Kapitel
Andere Aufgaben der Jugendhilfe

Erster Abschnitt
Vorläufige Maßnahmen zum Schutz von Kindern und Jugendlichen

§ 42 Inobhutnahme von Kindern und Jugendlichen
§ 42a Vorläufige Inobhutnahme von ausländischen Kindern und Jugendlichen nach unbegleiteter Einreise
§ 42b Verfahren zur Verteilung unbegleiteter ausländischer Kinder und Jugendlicher
§ 42c Aufnahmequote
§ 42d Übergangsregelung
§ 42e Berichtspflicht
§ 42f Behördliches Verfahren zur Altersfeststellung

Zweiter Abschnitt
Schutz von Kindern und Jugendlichen in Familienpflege und in Einrichtungen

§ 43 Erlaubnis zur Kindertagespflege
§ 44 Erlaubnis zur Vollzeitpflege
§ 45 Erlaubnis für den Betrieb einer Einrichtung
§ 45a Einrichtung
§ 46 Prüfung vor Ort und nach Aktenlage
§ 47 Melde- und Dokumentationspflichten, Aufbewahrung von Unterlagen
§ 48 Tätigkeitsuntersagung
§ 48a Sonstige betreute Wohnform
§ 49 Landesrechtsvorbehalt

Dritter Abschnitt
Mitwirkung in gerichtlichen Verfahren

§ 50 Mitwirkung in Verfahren vor den Familiengerichten
§ 51 Beratung und Belehrung in Verfahren zur Annahme als Kind
§ 52 Mitwirkung in Verfahren nach dem Jugendgerichtsgesetz

Vierter Abschnitt
Beistandschaft, Pflegschaft und Vormundschaft für Kinder und Jugendliche, Auskunft über Nichtabgabe von Sorgeerklärungen

§ 52a Beratung und Unterstützung bei Vaterschaftsfeststellung und Geltendmachung von Unterhaltsansprüchen
§ 53 Beratung und Unterstützung von Pflegern und Vormündern
§ 54 Erlaubnis zur Übernahme von Vereinsvormundschaften
§ 55 Beistandschaft, Amtspflegschaft und Amtsvormundschaft
§ 56 Führung der Beistandschaft, der Amtspflegschaft und der Amtsvormundschaft
§ 57 Mitteilungspflicht des Jugendamts
§ 58 Gegenvormundschaft des Jugendamts
§ 58a Auskunft über Alleinsorge aus dem Sorgeregister

Fünfter Abschnitt
Beurkundung, vollstreckbare Urkunden

§ 59 Beurkundung
§ 60 Vollstreckbare Urkunden

Viertes Kapitel
Schutz von Sozialdaten

§ 61 Anwendungsbereich
§ 62 Datenerhebung
§ 63 Datenspeicherung
§ 64 Datenübermittlung und -nutzung
§ 65 Besonderer Vertrauensschutz in der persönlichen und erzieherischen Hilfe
§ 66 (weggefallen)
§ 67 (weggefallen)
§ 68 Sozialdaten im Bereich der Beistandschaft, Amtspflegschaft und der Amtsvormundschaft

Fünftes Kapitel
Träger der Jugendhilfe, Zusammenarbeit, Gesamtverantwortung

Erster Abschnitt
Träger der öffentlichen Jugendhilfe

§ 69 Träger der öffentlichen Jugendhilfe, Jugendämter, Landesjugendämter
§ 70 Organisation des Jugendamts und des Landesjugendamts
§ 71 Jugendhilfeausschuss, Landesjugendhilfeausschuss
§ 72 Mitarbeiter, Fortbildung
§ 72a Tätigkeitsausschluss einschlägig vorbestrafter Personen

Zweiter Abschnitt
Zusammenarbeit mit der freien Jugendhilfe, ehrenamtliche Tätigkeit

§ 73 Ehrenamtliche Tätigkeit
§ 74 Förderung der freien Jugendhilfe
§ 74a Finanzierung von Tageseinrichtungen für Kinder
§ 75 Anerkennung als Träger der freien Jugendhilfe
§ 76 Beteiligung anerkannter Träger der freien Jugendhilfe an der Wahrnehmung anderer Aufgaben
§ 77 Vereinbarungen über Kostenübernahme und Qualitätsentwicklung bei ambulanten Leistungen
§ 78 Arbeitsgemeinschaften

Dritter Abschnitt
Vereinbarungen über Leistungsangebote, Entgelte und Qualitätsentwicklung

§ 78a Anwendungsbereich
§ 78b Voraussetzungen für die Übernahme des Leistungsentgelts
§ 78c Inhalt der Leistungs- und Entgeltvereinbarungen
§ 78d Vereinbarungszeitraum
§ 78e Örtliche Zuständigkeit für den Abschluss von Vereinbarungen
§ 78f Rahmenverträge
§ 78g Schiedsstelle

Vierter Abschnitt
Gesamtverantwortung, Jugendhilfeplanung

§ 79 Gesamtverantwortung, Grundausstattung
§ 79a Qualitätsentwicklung in der Kinder- und Jugendhilfe
§ 80 Jugendhilfeplanung
§ 81 Strukturelle Zusammenarbeit mit anderen Stellen und öffentlichen Einrichtungen

Sechstes Kapitel
Zentrale Aufgaben

§ 82 Aufgaben der Länder

§ 83 Aufgaben des Bundes, sachverständige Beratung
§ 84 Jugendbericht

Siebtes Kapitel
Zuständigkeit, Kostenerstattung

Erster Abschnitt
Sachliche Zuständigkeit

§ 85 Sachliche Zuständigkeit

Zweiter Abschnitt
Örtliche Zuständigkeit

Erster Unterabschnitt
Örtliche Zuständigkeit für Leistungen

§ 86 Örtliche Zuständigkeit für Leistungen an Kinder, Jugendliche und ihre Eltern
§ 86a Örtliche Zuständigkeit für Leistungen an junge Volljährige
§ 86b Örtliche Zuständigkeit für Leistungen in gemeinsamen Wohnformen für Mütter/Väter und Kinder
§ 86c Fortdauernde Leistungsverpflichtung und Fallübergabe bei Zuständigkeitswechsel
§ 86d Verpflichtung zum vorläufigen Tätigwerden

Zweiter Unterabschnitt
Örtliche Zuständigkeit für andere Aufgaben

§ 87 Örtliche Zuständigkeit für vorläufige Maßnahmen zum Schutz von Kindern und Jugendlichen
§ 87a Örtliche Zuständigkeit für Erlaubnis, Meldepflichten und Untersagung
§ 87b Örtliche Zuständigkeit für die Mitwirkung in gerichtlichen Verfahren
§ 87c Örtliche Zuständigkeit für die Beistandschaft, die Amtspflegschaft, die Amtsvormundschaft und die schriftliche Auskunft nach § 58a
§ 87d Örtliche Zuständigkeit für weitere Aufgaben im Vormundschaftswesen
§ 87e Örtliche Zuständigkeit für Beurkundung und Beglaubigung

Dritter Unterabschnitt
Örtliche Zuständigkeit bei Aufenthalt im Ausland

§ 88 Örtliche Zuständigkeit bei Aufenthalt im Ausland

Vierter Unterabschnitt
Örtliche Zuständigkeit für vorläufige Maßnahmen, Leistungen und die Amtsvormundschaft für unbegleitete ausländische Kinder und Jugendliche

§ 88a Örtliche Zuständigkeit für vorläufige Maßnahmen, Leistungen und die Amtsvormundschaft für unbegleitete ausländische Kinder und Jugendliche

SGB VIII §§ 1-2

Dritter Abschnitt
Kostenerstattung

§ 89 Kostenerstattung bei fehlendem gewöhnlichen Aufenthalt
§ 89a Kostenerstattung bei fortdauernder Vollzeitpflege
§ 89b Kostenerstattung bei vorläufigen Maßnahmen zum Schutz von Kindern und Jugendlichen
§ 89c Kostenerstattung bei fortdauernder oder vorläufiger Leistungsverpflichtung
§ 89d Kostenerstattung bei Gewährung von Jugendhilfe nach der Einreise
§ 89e Schutz der Einrichtungsorte
§ 89f Umfang der Kostenerstattung
§ 89g Landesrechtsvorbehalt
§ 89h Übergangsvorschrift

Achtes Kapitel
Kostenbeteiligung

Erster Abschnitt
Pauschalierte Kostenbeteiligung

§ 90 Pauschalierte Kostenbeteiligung

Zweiter Abschnitt
Kostenbeiträge für stationäre und teilstationäre Leistungen sowie vorläufige Maßnahmen

§ 91 Anwendungsbereich
§ 92 Ausgestaltung der Heranziehung
§ 93 Berechnung des Einkommens
§ 94 Umfang der Heranziehung

Dritter Abschnitt
Überleitung von Ansprüchen

§ 95 Überleitung von Ansprüchen
§ 96 (weggefallen)

Vierter Abschnitt
Ergänzende Vorschriften

§ 97 Feststellung der Sozialleistungen
§ 97a Pflicht zur Auskunft
§ 97b (weggefallen)
§ 97c Erhebung von Gebühren und Auslagen

Neuntes Kapitel
Kinder- und Jugendhilfestatistik

§ 98 Zweck und Umfang der Erhebung
§ 99 Erhebungsmerkmale
§ 100 Hilfsmerkmale
§ 101 Periodizität und Berichtszeitraum
§ 102 Auskunftspflicht
§ 103 Übermittlung

Zehntes Kapitel
Straf- und Bußgeldvorschriften

§ 104 Bußgeldvorschriften
§ 105 Strafvorschriften

Elftes Kapitel
Übergangs- und Schlussvorschriften

§ 106 Einschränkung eines Grundrechts
§ 107 Übergangsregelung

Erstes Kapitel
Allgemeine Vorschriften

§ 1 Recht auf Erziehung, Elternverantwortung, Jugendhilfe
(1) Jeder junge Mensch hat ein Recht auf Förderung seiner Entwicklung und auf Erziehung zu einer selbstbestimmten, eigenverantwortlichen und gemeinschaftsfähigen Persönlichkeit.
(2) ¹Pflege und Erziehung der Kinder sind das natürliche Recht der Eltern und die zuvörderst ihnen obliegende Pflicht. ²Über ihre Betätigung wacht die staatliche Gemeinschaft.
(3) Jugendhilfe soll zur Verwirklichung des Rechts nach Absatz 1 insbesondere
1. junge Menschen in ihrer individuellen und sozialen Entwicklung fördern und dazu beitragen, Benachteiligungen zu vermeiden oder abzubauen,
2. jungen Menschen ermöglichen oder erleichtern, entsprechend ihrem Alter und ihrer individuellen Fähigkeiten in allen sie betreffenden Lebensbereichen selbstbestimmt zu interagieren und damit gleichberechtigt am Leben in der Gesellschaft teilhaben zu können,
3. Eltern und andere Erziehungsberechtigte bei der Erziehung beraten und unterstützen,
4. Kinder und Jugendliche vor Gefahren für ihr Wohl schützen,
5. dazu beitragen, positive Lebensbedingungen für junge Menschen und ihre Familien sowie eine kinder- und familienfreundliche Umwelt zu erhalten oder zu schaffen.

§ 2 Aufgaben der Jugendhilfe
(1) Die Jugendhilfe umfasst Leistungen und andere Aufgaben zugunsten junger Menschen und Familien.
(2) Leistungen der Jugendhilfe sind:
1. Angebote der Jugendarbeit, der Jugendsozialarbeit, der Schulsozialarbeit und des erzieherischen Kinder- und Jugendschutzes (§§ 11 bis 14),
2. Angebote zur Förderung der Erziehung in der Familie (§§ 16 bis 21),
3. Angebote zur Förderung von Kindern in Tageseinrichtungen und in Kindertagespflege (§§ 22 bis 25),
4. Hilfe zur Erziehung und ergänzende Leistungen (§§ 27 bis 35, 36, 37, 39, 40),
5. Hilfe für seelisch behinderte Kinder und Jugendliche und ergänzende Leistungen (§§ 35a bis 37, 39, 40),

6. Hilfe für junge Volljährige und Nachbetreuung (den §§ 41 und 41a).

(3) Andere Aufgaben der Jugendhilfe sind
1. die Inobhutnahme von Kindern und Jugendlichen (§ 42),
2. die vorläufige Inobhutnahme von ausländischen Kindern und Jugendlichen nach unbegleiteter Einreise (§ 42a),
3. die Erteilung, der Widerruf und die Zurücknahme der Pflegeerlaubnis (§§ 43, 44),
4. die Erteilung, der Widerruf und die Zurücknahme der Erlaubnis für den Betrieb einer Einrichtung sowie die Erteilung nachträglicher Auflagen und die damit verbundenen Aufgaben (§§ 45 bis 47, 48a),
5. die Tätigkeitsuntersagung (§§ 48, 48a),
6. die Mitwirkung in Verfahren vor den Familiengerichten (§ 50),
7. die Beratung und Belehrung in Verfahren zur Annahme als Kind (§ 51),
8. die Mitwirkung in Verfahren nach dem Jugendgerichtsgesetz (§ 52),
9. die Beratung und Unterstützung von Müttern bei Vaterschaftsfeststellung und Geltendmachung von Unterhaltsansprüchen sowie von Pflegern und Vormündern (§§ 52a, 53),
10. die Erteilung, der Widerruf und die Zurücknahme der Erlaubnis zur Übernahme von Vereinsvormundschaften (§ 54),
11. Beistandschaft, Amtspflegschaft, Amtsvormundschaft und Gegenvormundschaft des Jugendamts (§§ 55 bis 58),
12. Beurkundung (§ 59),
13. die Aufnahme von vollstreckbaren Urkunden (§ 60).

§ 3 Freie und öffentliche Jugendhilfe

(1) Die Jugendhilfe ist gekennzeichnet durch die Vielfalt von Trägern unterschiedlicher Wertorientierungen und die Vielfalt von Inhalten, Methoden und Arbeitsformen.

(2) ¹Leistungen der Jugendhilfe werden von Trägern der freien Jugendhilfe und von Trägern der öffentlichen Jugendhilfe erbracht. ²Leistungsverpflichtungen, die durch dieses Buch begründet werden, richten sich an die Träger der öffentlichen Jugendhilfe.

(3) ¹Andere Aufgaben der Jugendhilfe werden von Trägern der öffentlichen Jugendhilfe wahrgenommen. ²Soweit dies ausdrücklich bestimmt ist, können Träger der freien Jugendhilfe diese Aufgaben wahrnehmen oder mit ihrer Ausführung betraut werden.

§ 4 Zusammenarbeit der öffentlichen Jugendhilfe mit der freien Jugendhilfe

(1) ¹Die öffentliche Jugendhilfe soll mit der freien Jugendhilfe zum Wohl junger Menschen und ihrer Familien partnerschaftlich zusammenarbeiten. ²Sie hat dabei die Selbständigkeit der freien Jugendhilfe in Zielsetzung und Durchführung ihrer Aufgaben sowie in der Gestaltung ihrer Organisationsstruktur zu achten.

(2) Soweit geeignete Einrichtungen, Dienste und Veranstaltungen von anerkannten Trägern der freien Jugendhilfe betrieben werden oder rechtzeitig geschaffen werden können, soll die öffentliche Jugendhilfe von eigenen Maßnahmen absehen.

(3) Die öffentliche Jugendhilfe soll die freie Jugendhilfe nach Maßgabe dieses Buches fördern und dabei die Beteiligung von Kindern, Jugendlichen und Eltern stärken.

§ 4a Selbstorganisierte Zusammenschlüsse zur Selbstvertretung

(1) ¹Selbstorganisierte Zusammenschlüsse nach diesem Buch sind solche, in denen sich nicht in berufsständische Organisationen der Kinder- und Jugendhilfe eingebundene Personen, insbesondere Leistungsberechtigte und Leistungsempfänger nach diesem Buch sowie ehrenamtlich in der Kinder- und Jugendhilfe tätige Personen, nicht nur vorübergehend mit dem Ziel zusammenschließen, Adressatinnen und Adressaten der Kinder- und Jugendhilfe zu unterstützen, zu begleiten und zu fördern, sowie Selbsthilfekontaktstellen. ²Sie umfassen Selbstvertretungen sowohl innerhalb von Einrichtungen und Institutionen als auch im Rahmen gesellschaftlichen Engagements zur Wahrnehmung eigener Interessen sowie die verschiedenen Formen der Selbsthilfe.

(2) Die öffentliche Jugendhilfe arbeitet mit den selbstorganisierten Zusammenschlüssen zusammen, insbesondere zur Lösung von Problemen im Gemeinwesen oder innerhalb von Einrichtungen zur Beteiligung in diese betreffenden Angelegenheiten, und wirkt auf eine partnerschaftliche Zusammenarbeit mit diesen innerhalb der freien Jugendhilfe hin.

(3) Die öffentliche Jugendhilfe soll die selbstorganisierten Zusammenschlüsse nach Maßgabe dieses Buches anregen und fördern.

§ 5 Wunsch- und Wahlrecht

(1) ¹Die Leistungsberechtigten haben das Recht, zwischen Einrichtungen und Diensten verschiedener Träger zu wählen und Wünsche hinsichtlich der Gestaltung der Hilfe zu äußern. ²Sie sind auf dieses Recht hinzuweisen.

(2) ¹Der Wahl und den Wünschen soll entsprochen werden, sofern dies nicht mit unverhältnismäßigen Mehrkosten verbunden ist. ²Wünscht der Leistungsberechtigte die Erbringung einer in § 78a genannten Leistung in einer Einrichtung, mit deren Träger keine Vereinbarungen nach § 78b bestehen, so soll der Wahl nur entsprochen werden, wenn die Erbringung der Leistung in dieser Einrichtung im Einzelfall oder nach Maßgabe des Hilfeplans (§ 36) geboten ist.

§ 6 Geltungsbereich

(1) ¹Leistungen nach diesem Buch werden jungen Menschen, Müttern, Vätern und Personensorgeberechtigten von Kindern und Jugendlichen gewährt, die ihren tatsächlichen Aufenthalt im Inland haben. ²Für die Erfüllung anderer Aufgaben gilt Satz 1 entsprechend. ³Umgangsberechtigte haben unabhängig von ihrem tatsächlichen Aufenthalt Anspruch auf Beratung und Unterstützung bei der Ausübung des Umgangsrechts, wenn das Kind oder der Jugendliche seinen gewöhnlichen Aufenthalt im Inland hat.
(2) ¹Ausländer können Leistungen nach diesem Buch nur beanspruchen, wenn sie rechtmäßig oder aufgrund einer ausländerrechtlichen Duldung ihren gewöhnlichen Aufenthalt im Inland haben. ²Absatz 1 Satz 2 bleibt unberührt.
(3) Deutschen können Leistungen nach diesem Buch auch gewährt werden, wenn sie ihren Aufenthalt im Ausland haben und soweit sie nicht Hilfe vom Aufenthaltsland erhalten.
(4) Regelungen des über- und zwischenstaatlichen Rechts bleiben unberührt.

§ 7 Begriffsbestimmungen

(1) Im Sinne dieses Buches ist
1. Kind, wer noch nicht 14 Jahre alt ist, soweit nicht die Absätze 2 bis 4 etwas anderes bestimmen,
2. Jugendlicher, wer 14, aber noch nicht 18 Jahre alt ist,
3. junger Volljähriger, wer 18, aber noch nicht 27 Jahre alt ist,
4. junger Mensch, wer noch nicht 27 Jahre alt ist,
5. Personensorgeberechtigter, wem allein oder gemeinsam mit einer anderen Person nach den Vorschriften des Bürgerlichen Gesetzbuchs die Personensorge zusteht,
6. Erziehungsberechtigter, der Personensorgeberechtigte und jede sonstige Person über 18 Jahre, soweit sie aufgrund einer Vereinbarung mit dem Personensorgeberechtigten nicht nur vorübergehend und nicht nur für einzelne Verrichtungen Aufgaben der Personensorge wahrnimmt.

(2) ¹Kinder, Jugendliche, junge Volljährige und junge Menschen mit Behinderungen im Sinne dieses Buches sind Menschen, die körperliche, seelische, geistige oder Sinnesbeeinträchtigungen haben, die sie in Wechselwirkung mit einstellungs- und umweltbedingten Barrieren an der gleichberechtigten Teilhabe an der Gesellschaft mit hoher Wahrscheinlichkeit länger als sechs Monate hindern können. ²Eine Beeinträchtigung nach Satz 1 liegt vor, wenn der Körper- und Gesundheitszustand von dem für das Lebensalter typischen Zustand abweicht. ³Kinder, Jugendliche, junge Volljährige und junge Menschen sind von Behinderung bedroht, wenn eine Beeinträchtigung nach Satz 1 zu erwarten ist.
(3) Kind im Sinne des § 1 Absatz 2 ist, wer noch nicht 18 Jahre alt ist.
(4) Werktage im Sinne der §§ 42a bis 42c sind die Wochentage Montag bis Freitag; ausgenommen sind gesetzliche Feiertage.
(5) Die Bestimmungen dieses Buches, die sich auf die Annahme als Kind beziehen, gelten nur für Personen, die das 18. Lebensjahr noch nicht vollendet haben.

Anm. d. Hrsg.: Das in Absatz 1 Ziffer 6 nach dem Wort „Erziehungsberechtigter" eingefügte Komma ist ein redaktionelles Versehen des Gesetzgebers.

§ 8 Beteiligung von Kindern und Jugendlichen

(1) ¹Kinder und Jugendliche sind entsprechend ihrem Entwicklungsstand an allen sie betreffenden Entscheidungen der öffentlichen Jugendhilfe zu beteiligen. ²Sie sind in geeigneter Weise auf ihre Rechte im Verwaltungsverfahren sowie im Verfahren vor dem Familiengericht und dem Verwaltungsgericht hinzuweisen.
(2) Kinder und Jugendliche haben das Recht, sich in allen Angelegenheiten der Erziehung und Entwicklung an das Jugendamt zu wenden.
(3) ¹Kinder und Jugendliche haben Anspruch auf Beratung ohne Kenntnis des Personensorgeberechtigten, solange durch die Mitteilung an den Personensorgeberechtigten der Beratungszweck vereitelt würde. ²§ 36 des Ersten Buches bleibt unberührt. ³Die Beratung kann auch durch einen Träger der freien Jugendhilfe erbracht werden; § 36a Absatz 2 Satz 1 bis 3 gilt entsprechend.
(4) Beteiligung und Beratung von Kindern und Jugendlichen nach diesem Buch erfolgen in einer für sie verständlichen, nachvollziehbaren und wahrnehmbaren Form.

§ 8a Schutzauftrag bei Kindeswohlgefährdung

(1) ¹Werden dem Jugendamt gewichtige Anhaltspunkte für die Gefährdung des Wohls eines Kindes oder Jugendlichen bekannt, so hat es das Gefährdungsrisiko im Zusammenwirken mehrerer Fachkräfte einzuschätzen. ²Soweit der wirksame Schutz dieses Kindes oder dieses Jugendlichen nicht in Frage gestellt wird, hat das Jugendamt die Erziehungsberechtigten sowie das Kind oder den Jugendlichen in die Gefährdungseinschätzung einzubeziehen und, sofern dies nach fachlicher Einschätzung erforderlich ist,
1. sich dabei einen unmittelbaren Eindruck von dem Kind und von seiner persönlichen Umgebung zu verschaffen sowie
2. Personen, die gemäß § 4 Absatz 3 des Gesetzes zur Kooperation und Information im Kinderschutz dem Jugendamt Daten übermittelt haben, in geeigneter Weise an der Gefährdungseinschätzung zu beteiligen.
³Hält das Jugendamt zur Abwendung der Gefährdung die Gewährung von Hilfen für geeignet und notwendig, so hat es diese den Erziehungsberechtigten anzubieten.
(2) ¹Hält das Jugendamt das Tätigwerden des Familiengerichts für erforderlich, so hat es das Gericht anzurufen; dies gilt auch, wenn die Erziehungsberechtigten nicht bereit oder in der Lage sind, bei der Abschätzung des Gefährdungsrisikos mitzuwirken. ²Besteht eine dringende Gefahr und kann die Entscheidung des Gerichts nicht abgewartet werden, so ist das Jugendamt verpflichtet, das Kind oder den Jugendlichen in Obhut zu nehmen.
(3) ¹Soweit zur Abwendung der Gefährdung das Tätigwerden anderer Leistungsträger, der Einrichtungen der Gesundheitshilfe oder der Polizei notwendig ist, hat das Jugendamt auf die Inanspruchnahme durch die Erziehungsberechtigten hinzuwirken. ²Ist ein sofortiges Tätigwerden erforderlich und wirken die Personensorgeberechtigten oder die Erziehungsberechtigten nicht mit, so schaltet das Jugendamt die anderen zur Abwendung der Gefährdung zuständigen Stellen selbst ein.
(4) ¹In Vereinbarungen mit den Trägern von Einrichtungen und Diensten, die Leistungen nach diesem Buch erbringen, ist sicherzustellen, dass
1. deren Fachkräfte bei Bekanntwerden gewichtiger Anhaltspunkte für die Gefährdung eines von ihnen betreuten Kindes oder Jugendlichen eine Gefährdungseinschätzung vornehmen,
2. bei der Gefährdungseinschätzung eine insoweit erfahrene Fachkraft beratend hinzugezogen wird sowie
3. die Erziehungsberechtigten sowie das Kind oder der Jugendliche in die Gefährdungseinschätzung einbezogen werden, soweit hierdurch der wirksame Schutz des Kindes oder Jugendlichen nicht in Frage gestellt wird.
²In den Vereinbarungen sind die Kriterien für die Qualifikation der beratend hinzuzuziehenden insoweit erfahrenen Fachkraft zu regeln, die insbesondere auch den spezifischen Schutzbedürfnissen von Kindern und Jugendlichen mit Behinderungen Rechnung tragen. ³Daneben ist in die Vereinbarungen insbesondere die Verpflichtung aufzunehmen, dass die Fachkräfte der Träger bei den Erziehungsberechtigten auf die Inanspruchnahme von Hilfen hinwirken, wenn sie diese für erforderlich halten, und das Jugendamt informieren, falls die Gefährdung nicht anders abgewendet werden kann.
(5) ¹In Vereinbarungen mit Kindertagespflegepersonen, die Leistungen nach diesem Buch erbringen, ist sicherzustellen, dass diese bei Bekanntwerden gewichtiger Anhaltspunkte für die Gefährdung eines von ihnen betreuten Kindes eine Gefährdungseinschätzung vornehmen und dabei eine insoweit erfahrene Fachkraft beratend hinzuziehen. ²Die Erziehungsberechtigten sowie das Kind sind in die Gefährdungseinschätzung einzubeziehen, soweit hierdurch der wirksame Schutz des Kindes nicht in Frage gestellt wird. ³Absatz 4 Satz 2 und 3 gilt entsprechend.
(6) ¹Werden einem örtlichen Träger gewichtige Anhaltspunkte für die Gefährdung des Wohls eines Kindes oder eines Jugendlichen bekannt, so sind dem für die Gewährung von Leistungen zuständigen örtlichen Träger die Daten mitzuteilen, deren Kenntnis zur Wahrnehmung des Schutzauftrags bei Kindeswohlgefährdung nach § 8a erforderlich ist. ²Die Mitteilung soll im Rahmen eines Gespräches zwischen den Fachkräften der beiden örtlichen Träger erfolgen, an dem die Personensorgeberechtigten sowie das Kind oder der Jugendliche beteiligt werden sollen, soweit hierdurch der wirksame Schutz des Kindes oder des Jugendlichen nicht in Frage gestellt wird.

Anm. d. Hrsg.: Der am Ende von Absatz 1 vom Gesetzgeber verwendete Begriff „den Erziehungsberechtigten" ist falsch; richtig ist wohl „dem Personenberechtigten".

§ 8b Fachliche Beratung und Begleitung zum Schutz von Kindern und Jugendlichen

(1) Personen, die beruflich in Kontakt mit Kindern oder Jugendlichen stehen, haben bei der Einschätzung einer Kindeswohlgefährdung im Einzelfall gegenüber dem örtlichen Träger der Jugendhilfe Anspruch auf Beratung durch eine insoweit erfahrene Fachkraft.
(2) Träger von Einrichtungen, in denen sich Kinder oder Jugendliche ganztägig oder für einen Teil des Tages aufhalten oder in denen sie Unterkunft erhalten, und die zuständigen Leistungsträger haben gegenüber dem überörtlichen Träger der Jugendhilfe Anspruch auf Beratung bei der Entwicklung und Anwendung fachlicher Handlungsleitlinien

111 SGB VIII §§ 9–10

1. zur Sicherung des Kindeswohls und zum Schutz vor Gewalt sowie
2. zu Verfahren der Beteiligung von Kindern und Jugendlichen an strukturellen Entscheidungen in der Einrichtung sowie zu Beschwerdeverfahren in persönlichen Angelegenheiten.

(3) Bei der fachlichen Beratung nach den Absätzen 1 und 2 wird den spezifischen Schutzbedürfnissen von Kindern und Jugendlichen mit Behinderungen Rechnung getragen.

§ 9 Grundrichtung der Erziehung, Gleichberechtigung von jungen Menschen

Bei der Ausgestaltung der Leistungen und der Erfüllung der Aufgaben sind

1. die von den Personensorgeberechtigten bestimmte Grundrichtung der Erziehung sowie die Rechte der Personensorgeberechtigten und des Kindes oder des Jugendlichen bei der Bestimmung der religiösen Erziehung zu beachten,
2. die wachsende Fähigkeit und das wachsende Bedürfnis des Kindes oder des Jugendlichen zu selbständigem, verantwortungsbewusstem Handeln sowie die jeweiligen besonderen sozialen und kulturellen Bedürfnisse und Eigenarten junger Menschen und ihrer Familien zu berücksichtigen,
3. die unterschiedlichen Lebenslagen von Mädchen, Jungen sowie transidenten, nichtbinären und intergeschlechtlichen jungen Menschen zu berücksichtigen, Benachteiligungen abzubauen und die Gleichberechtigung der Geschlechter zu fördern,
4. die gleichberechtigte Teilhabe von jungen Menschen mit und ohne Behinderungen umzusetzen und vorhandene Barrieren abzubauen.

§ 9a Ombudsstellen

¹In den Ländern wird sichergestellt, dass sich junge Menschen und ihre Familien zur Beratung in sowie Vermittlung und Klärung von Konflikten im Zusammenhang mit Aufgaben der Kinder- und Jugendhilfe nach § 2 und deren Wahrnehmung durch die öffentliche und freie Jugendhilfe an eine Ombudsstelle wenden können. ²Die hierzu dem Bedarf von jungen Menschen und ihren Familien entsprechend errichteten Ombudsstellen arbeiten unabhängig und sind fachlich nicht weisungsgebunden. ³§ 17 Absatz 1 bis 2a des Ersten Buches gilt für die Beratung sowie die Vermittlung und Klärung von Konflikten durch die Ombudsstellen entsprechend. ⁴Das Nähere regelt das Landesrecht.

§ 10 Verhältnis zu anderen Leistungen und Verpflichtungen

(1) ¹Verpflichtungen anderer, insbesondere der Träger anderer Sozialleistungen und der Schulen, werden durch dieses Buch nicht berührt. ²Auf Rechtsvorschriften beruhende Leistungen anderer dürfen nicht deshalb versagt werden, weil nach diesem Buch entsprechende Leistungen vorgesehen sind.

(2) ¹Unterhaltspflichtige Personen werden nach Maßgabe der §§ 90 bis 97b an den Kosten für Leistungen und vorläufige Maßnahmen nach diesem Buch beteiligt. ²Soweit die Zahlung des Kostenbeitrags die Leistungsfähigkeit des Unterhaltspflichtigen mindert oder den Bedarf des jungen Menschen durch Leistungen und vorläufige Maßnahmen nach diesem Buch gedeckt ist, ist dies bei der Berechnung des Unterhalts zu berücksichtigen.

(3) ¹Die Leistungen nach diesem Buch gehen Leistungen nach dem Zweiten Buch vor. ²Abweichend von Satz 1 gehen Leistungen nach § 3 Absatz 2, den §§ 14 bis 16g, § 19 Absatz 2 in Verbindung mit § 28 Absatz 6 des Zweiten Buches sowie Leistungen nach § 6b Absatz 2 des Bundeskindergeldgesetzes in Verbindung mit § 28 Absatz 6 des Zweiten Buches den Leistungen nach diesem Buch vor.

(4) ¹Die Leistungen nach diesem Buch gehen Leistungen nach dem Neunten und Zwölften Buch vor. ²Abweichend von Satz 1 gehen Leistungen nach § 27a Absatz 1 in Verbindung mit § 34 Absatz 6 des Zwölften Buches und Leistungen der Eingliederungshilfe nach dem Neunten Buch für junge Menschen, die körperlich oder geistig behindert oder von einer solchen Behinderung bedroht sind, den Leistungen nach diesem Buch vor. ³Landesrecht kann regeln, dass Leistungen der Frühförderung für Kinder unabhängig von der Art der Behinderung vorrangig von anderen Leistungsträgern gewährt werden.

Anm. d. Hrsg.: § 10 wurde durch Art. 1 Nr. 12 des Kinder- und Jugendstärkungsgesetzes vom 3 Juni 2021 (BGBl. I S. 1444) wie folgt geändert:
a) Absatz 4 wird wie folgt gefasst:
„(4) Die Leistungen nach diesem Buch gehen Leistungen nach dem Neunten Buch vor. Leistungen nach diesem Buch für junge Menschen mit seelischer Behinderung oder einer drohenden seelischen Behinderung werden auch für junge Menschen mit körperlicher oder geistiger Behinderung oder mit einer drohenden körperlichen oder geistigen Behinderung vorrangig vom Träger der öffentlichen Jugendhilfe gewährt. Das Nähere über

1. den leistungsberechtigten Personenkreis,
2. Art und Umfang der Leistung,
3. die Kostenbeteiligung und
4. das Verfahren

bestimmt ein Bundesgesetz auf Grundlage einer prospektiven Gesetzesevaluation."

b) Nach Absatz 4 wird folgender Absatz 5 eingefügt:
„(5) Die Leistungen nach diesem Buch gehen Leistungen nach dem Zwölften Buch vor. Abweichend von Satz 1 gehen Leistungen nach § 27a Absatz 1 in Verbindung mit § 34 Absatz 6 des Zwölften Buches den Leistungen nach diesem Buch vor."
c) Der bisherige Absatz 5 wird Absatz 6.
Diese Änderung tritt am 1. Januar 2028 in Kraft, wenn bis zum 1. Januar 2027 ein Bundesgesetz nach Artikel 1 Nummer 12 § 10 Absatz 4 Satz 3 des oben genannten Änderungsgesetzes verkündet wurde.

§ 10a Beratung

(1) Zur Wahrnehmung ihrer Rechte nach diesem Buch werden junge Menschen, Mütter, Väter, Personensorge- und Erziehungsberechtigte, die leistungsberechtigt sind oder Leistungen nach § 2 Absatz 2 erhalten sollen, in einer für sie verständlichen, nachvollziehbaren und wahrnehmbaren Form, auf ihren Wunsch auch im Beisein einer Person ihres Vertrauens, beraten.
(2) ¹Die Beratung umfasst insbesondere
1. die Familiensituation oder die persönliche Situation des jungen Menschen, Bedarfe, vorhandene Ressourcen sowie mögliche Hilfen,
2. die Leistungen der Kinder- und Jugendhilfe einschließlich des Zugangs zum Leistungssystem,
3. die Leistungen anderer Leistungsträger,
4. mögliche Auswirkungen und Folgen einer Hilfe,
5. die Verwaltungsabläufe,
6. Hinweise auf Leistungsanbieter und andere Hilfemöglichkeiten im Sozialraum und auf Möglichkeiten zur Leistungserbringung,
7. Hinweise auf andere Beratungsangebote im Sozialraum.
²Soweit erforderlich, gehört zur Beratung auch Hilfe bei der Antragstellung, bei der Klärung weiterer zuständiger Leistungsträger, bei der Inanspruchnahme von Leistungen sowie bei der Erfüllung von Mitwirkungspflichten.
(3) Bei minderjährigen Leistungsberechtigten nach § 99 des Neunten Buches nimmt der Träger der öffentlichen Jugendhilfe mit Zustimmung des Personensorgeberechtigten am Gesamtplanverfahren nach § 117 Absatz 6 des Neunten Buches beratend teil.

Zweites Kapitel
Leistungen der Jugendhilfe

Erster Abschnitt
Jugendarbeit, Jugendsozialarbeit, erzieherischer Kinder- und Jugendschutz

§ 11 Jugendarbeit

(1) ¹Jungen Menschen sind die zur Förderung ihrer Entwicklung erforderlichen Angebote der Jugendarbeit zur Verfügung zu stellen. ²Sie sollen an den Interessen junger Menschen anknüpfen und von ihnen mitbestimmt und mitgestaltet werden, sie zur Selbstbestimmung befähigen und zu gesellschaftlicher Mitverantwortung und zu sozialem Engagement anregen und hinführen. ³Dabei sollen die Zugänglichkeit und Nutzbarkeit der Angebote für junge Menschen mit Behinderungen sichergestellt werden.
(2) ¹Jugendarbeit wird angeboten von Verbänden, Gruppen und Initiativen der Jugend, von anderen Trägern der Jugendarbeit und den Trägern der öffentlichen Jugendhilfe. ²Sie umfasst für Mitglieder bestimmte Angebote, die offene Jugendarbeit und gemeinwesenorientierte Angebote.
(3) Zu den Schwerpunkten der Jugendarbeit gehören:
1. außerschulische Jugendbildung mit allgemeiner, politischer, sozialer, gesundheitlicher, kultureller, naturkundlicher und technischer Bildung,
2. Jugendarbeit in Sport, Spiel und Geselligkeit,
3. arbeitswelt-, schul- und familienbezogene Jugendarbeit,
4. internationale Jugendarbeit,
5. Kinder- und Jugenderholung,
6. Jugendberatung.
(4) Angebote der Jugendarbeit können auch Personen, die das 27. Lebensjahr vollendet haben, in angemessenem Umfang einbeziehen.

§ 12 Förderung der Jugendverbände

(1) Die eigenverantwortliche Tätigkeit der Jugendverbände und Jugendgruppen ist unter Wahrung ihres satzungsgemäßen Eigenlebens nach Maßgabe des § 74 zu fördern.
(2) ¹In Jugendverbänden und Jugendgruppen wird Jugendarbeit von jungen Menschen selbst organisiert, gemeinschaftlich gestaltet und mitverantwortet. ²Ihre Arbeit ist auf Dauer angelegt und in der Regel auf die eigenen

Mitglieder ausgerichtet, sie kann sich aber auch an junge Menschen wenden, die nicht Mitglieder sind. ³Durch Jugendverbände und ihre Zusammenschlüsse werden Anliegen und Interessen junger Menschen zum Ausdruck gebracht und vertreten.

§ 13 Jugendsozialarbeit

(1) Jungen Menschen, die zum Ausgleich sozialer Benachteiligungen oder zur Überwindung individueller Beeinträchtigungen in erhöhtem Maße auf Unterstützung angewiesen sind, sollen im Rahmen der Jugendhilfe sozialpädagogische Hilfen angeboten werden, die ihre schulische und berufliche Ausbildung, Eingliederung in die Arbeitswelt und ihre soziale Integration fördern.

(2) Soweit die Ausbildung dieser jungen Menschen nicht durch Maßnahmen und Programme anderer Träger und Organisationen sichergestellt wird, können geeignete sozialpädagogisch begleitete Ausbildungs- und Beschäftigungsmaßnahmen angeboten werden, die den Fähigkeiten und dem Entwicklungsstand dieser jungen Menschen Rechnung tragen.

(3) ¹Jungen Menschen kann während der Teilnahme an schulischen oder beruflichen Bildungsmaßnahmen oder bei der beruflichen Eingliederung Unterkunft in sozialpädagogisch begleiteten Wohnformen angeboten werden. ²In diesen Fällen sollen auch der notwendige Unterhalt des jungen Menschen sichergestellt und Krankenhilfe nach Maßgabe des § 40 geleistet werden.

(4) Die Angebote sollen mit den Maßnahmen der Schulverwaltung, der Bundesagentur für Arbeit, der Jobcenter, der Träger betrieblicher und außerbetrieblicher Ausbildung sowie der Träger von Beschäftigungsangeboten abgestimmt werden.

§ 13a Schulsozialarbeit

¹Schulsozialarbeit umfasst sozialpädagogische Angebote nach diesem Abschnitt, die jungen Menschen am Ort Schule zur Verfügung gestellt werden. ²Die Träger der Schulsozialarbeit arbeiten bei der Erfüllung ihrer Aufgaben mit den Schulen zusammen. ³Das Nähere über Inhalt und Umfang der Aufgaben der Schulsozialarbeit wird durch Landesrecht geregelt. ⁴Dabei kann durch Landesrecht auch bestimmt werden, dass Aufgaben der Schulsozialarbeit durch andere Stellen nach anderen Rechtsvorschriften erbracht werden.

§ 14 Erzieherischer Kinder- und Jugendschutz

(1) Jungen Menschen und Erziehungsberechtigten sollen Angebote des erzieherischen Kinder- und Jugendschutzes gemacht werden.

(2) Die Maßnahmen sollen
1. junge Menschen befähigen, sich vor gefährdenden Einflüssen zu schützen und sie zu Kritikfähigkeit, Entscheidungsfähigkeit und Eigenverantwortlichkeit sowie zur Verantwortung gegenüber ihren Mitmenschen führen,
2. Eltern und andere Erziehungsberechtigte besser befähigen, Kinder und Jugendliche vor gefährdenden Einflüssen zu schützen.

§ 15 Landesrechtsvorbehalt

Das Nähere über Inhalt und Umfang der in diesem Abschnitt geregelten Aufgaben und Leistungen regelt das Landesrecht.

Zweiter Abschnitt
Förderung der Erziehung in der Familie

§ 16 Allgemeine Förderung der Erziehung in der Familie

(1) ¹Müttern, Vätern, anderen Erziehungsberechtigten und jungen Menschen sollen Leistungen der allgemeinen Förderung der Erziehung in der Familie angeboten werden. ²Diese Leistungen sollen Erziehungsberechtigte bei der Wahrnehmung ihrer Erziehungsverantwortung unterstützen und dazu beitragen, dass Familien sich die für ihre jeweilige Erziehungs- und Familiensituation erforderlichen Kenntnisse und Fähigkeiten insbesondere in Fragen von Erziehung, Beziehung und Konfliktbewältigung, von Gesundheit, Bildung, Medienkompetenz, Hauswirtschaft sowie der Vereinbarkeit von Familie und Erwerbstätigkeit aneignen können und in ihren Fähigkeiten zur aktiven Teilhabe und Partizipation gestärkt werden. ³Sie sollen auch Wege aufzeigen, wie Konfliktsituationen in der Familie gewaltfrei gelöst werden können.

(2) ¹Leistungen zur Förderung der Erziehung in der Familie sind insbesondere
1. Angebote der Familienbildung, die auf Bedürfnisse und Interessen sowie auf Erfahrungen von Familien in unterschiedlichen Lebenslagen und Erziehungssituationen eingehen, die Familien in ihrer Gesundheitskompetenz stärken, die Familie zur Mitarbeit in Erziehungseinrichtungen und in Formen der Selbst- und

Nachbarschaftshilfe besser befähigen, zu ihrer Teilhabe beitragen sowie junge Menschen auf Ehe, Partnerschaft und das Zusammenleben mit Kindern vorbereiten,
2. Angebote der Beratung in allgemeinen Fragen der Erziehung und Entwicklung junger Menschen,
3. Angebote der Familienfreizeit und der Familienerholung, insbesondere in belastenden Familiensituationen, die bei Bedarf die erzieherische Betreuung der Kinder einschließen.
²Dabei soll die Entwicklung vernetzter, kooperativer, niedrigschwelliger, partizipativer und sozialraumorientierter Angebotsstrukturen unterstützt werden.
(3) Müttern und Vätern sowie schwangeren Frauen und werdenden Vätern sollen Beratung und Hilfe in Fragen der Partnerschaft und des Aufbaus elterlicher Erziehungs- und Beziehungskompetenzen angeboten werden.
(4) Das Nähere über Inhalt und Umfang der Aufgaben regelt das Landesrecht.

§ 17 Beratung in Fragen der Partnerschaft, Trennung und Scheidung

(1) ¹Mütter und Väter haben im Rahmen der Jugendhilfe Anspruch auf Beratung in Fragen der Partnerschaft, wenn sie für ein Kind oder einen Jugendlichen zu sorgen haben oder tatsächlich sorgen. ²Die Beratung soll helfen,
1. ein partnerschaftliches Zusammenleben in der Familie aufzubauen,
2. Konflikte und Krisen in der Familie zu bewältigen,
3. im Falle der Trennung oder Scheidung die Bedingungen für eine dem Wohl des Kindes oder des Jugendlichen förderliche Wahrnehmung der Elternverantwortung zu schaffen.
(2) Im Fall der Trennung und Scheidung sind Eltern unter angemessener Beteiligung des betroffenen Kindes oder Jugendlichen bei der Entwicklung eines einvernehmlichen Konzepts für die Wahrnehmung der elterlichen Sorge und der elterlichen Verantwortung zu unterstützen; dieses Konzept kann auch als Grundlage für einen Vergleich oder eine gerichtliche Entscheidung im familiengerichtlichen Verfahren dienen.
(3) Die Gerichte teilen die Rechtshängigkeit von Scheidungssachen, wenn gemeinschaftliche minderjährige Kinder vorhanden sind, sowie Namen und Anschriften der beteiligten Eheleute und Kinder dem Jugendamt mit, damit dieses die Eltern über das Leistungsangebot der Jugendhilfe nach Absatz 2 unterrichtet.

§ 18 Beratung und Unterstützung bei der Ausübung der Personensorge und des Umgangsrechts

(1) Mütter und Väter, die allein für ein Kind oder einen Jugendlichen zu sorgen haben oder tatsächlich sorgen, haben Anspruch auf Beratung und Unterstützung
1. bei der Ausübung der Personensorge einschließlich der Geltendmachung von Unterhalts- oder Unterhaltsersatzansprüchen des Kindes oder Jugendlichen,
2. bei der Geltendmachung ihrer Unterhaltsansprüche nach § 1615l des Bürgerlichen Gesetzbuchs.
(2) Mütter und Väter, die mit dem anderen Elternteil nicht verheiratet sind, haben Anspruch auf Beratung über die Abgabe einer Sorgeerklärung und die Möglichkeit der gerichtlichen Übertragung der gemeinsamen elterlichen Sorge.
(3) ¹Kinder und Jugendliche haben Anspruch auf Beratung und Unterstützung bei der Ausübung des Umgangsrechts nach § 1684 Absatz 1 des Bürgerlichen Gesetzbuchs. ²Sie sollen darin unterstützt werden, dass die Personen, die nach Maßgabe der §§ 1684, 1685 und 1686a des Bürgerlichen Gesetzbuchs zum Umgang mit ihnen berechtigt sind, von diesem Recht zu ihrem Wohl Gebrauch machen. ³Eltern, andere Umgangsberechtigte sowie Personen, in deren Obhut sich das Kind befindet, haben Anspruch auf Beratung und Unterstützung bei der Ausübung des Umgangsrechts. ⁴Bei der Befugnis, Auskunft über die persönlichen Verhältnisse des Kindes zu verlangen, bei der Herstellung von Umgangskontakten und bei der Ausführung gerichtlicher oder vereinbarter Umgangsregelungen soll vermittelt und in geeigneten Fällen Hilfestellung geleistet werden.
(4) Ein junger Volljähriger hat bis zur Vollendung des 21. Lebensjahres Anspruch auf Beratung und Unterstützung bei der Geltendmachung von Unterhalts- oder Unterhaltsersatzansprüchen.

§ 19 Gemeinsame Wohnformen für Mütter/Väter und Kinder

(1) ¹Mütter oder Väter, die allein für ein Kind unter sechs Jahren zu sorgen haben oder tatsächlich sorgen, sollen gemeinsam mit dem Kind in einer geeigneten Wohnform betreut werden, wenn und solange sie auf Grund ihrer Persönlichkeitsentwicklung dieser Form der Unterstützung bei der Pflege und Erziehung des Kindes bedürfen. ²Die Betreuung schließt auch ältere Geschwister ein, sofern die Mutter oder der Vater für sie allein zu sorgen hat. ³Die Betreuung umfasst Leistungen, die die Bedürfnisse der Mutter oder des Vaters sowie des Kindes und seiner Geschwister gleichermaßen berücksichtigen. ⁴Eine schwangere Frau kann auch vor der Geburt des Kindes in der Wohnform betreut werden.
(2) ¹Mit Zustimmung des betreuten Elternteils soll auch der andere Elternteil oder eine Person, die für das Kind tatsächlich sorgt, in die Leistung einbezogen werden, wenn und soweit dies dem Leistungszweck dient. ²Abweichend von Absatz 1 Satz 1 kann diese Einbeziehung die gemeinsame Betreuung der in Satz 1 genannten

Personen mit dem Kind in einer geeigneten Wohnform umfassen, wenn und solange dies zur Erreichung des Leistungszwecks erforderlich ist.
(3) Während dieser Zeit soll darauf hingewirkt werden, dass die Mutter oder der Vater eine schulische oder berufliche Ausbildung beginnt oder fortführt oder eine Berufstätigkeit aufnimmt.
(4) Die Leistung soll auch den notwendigen Unterhalt der betreuten Personen sowie die Krankenhilfe nach Maßgabe des § 40 umfassen.

§ 20 Betreuung und Versorgung des Kindes in Notsituationen

(1) Eltern haben einen Anspruch auf Unterstützung bei der Betreuung und Versorgung des im Haushalt lebenden Kindes, wenn
1. ein Elternteil, der für die Betreuung des Kindes überwiegend verantwortlich ist, aus gesundheitlichen oder anderen zwingenden Gründen ausfällt,
2. das Wohl des Kindes nicht anderweitig, insbesondere durch Übernahme der Betreuung durch den anderen Elternteil, gewährleistet werden kann,
3. der familiäre Lebensraum für das Kind erhalten bleiben soll und
4. Angebote der Förderung des Kindes in Tageseinrichtungen oder in Kindertagespflege nicht ausreichen.
(2) ¹Unter der Voraussetzung, dass eine Vereinbarung nach Absatz 3 Satz 2 abgeschlossen wurde, können bei der Betreuung und Versorgung des Kindes auch ehrenamtlich tätige Patinnen und Paten zum Einsatz kommen. ²Die Art und Weise der Unterstützung und der zeitliche Umfang der Betreuung und Versorgung des Kindes sollen sich nach dem Bedarf im Einzelfall richten.
(3) ¹§ 36a Absatz 2 gilt mit der Maßgabe entsprechend, dass die niedrigschwellige unmittelbare Inanspruchnahme insbesondere zugelassen werden soll, wenn die Hilfe von einer Erziehungsberatungsstelle oder anderen Beratungsdiensten und -einrichtungen nach § 28 zusätzlich angeboten oder vermittelt wird. ²In den Vereinbarungen entsprechend § 36a Absatz 2 Satz 2 sollen insbesondere auch die kontinuierliche und flexible Verfügbarkeit der Hilfe sowie die professionelle Anleitung und Begleitung beim Einsatz von ehrenamtlichen Patinnen und Paten sichergestellt werden.

§ 21 Unterstützung bei notwendiger Unterbringung zur Erfüllung der Schulpflicht

¹Können Personensorgeberechtigte wegen des mit ihrer beruflichen Tätigkeit verbundenen ständigen Ortswechsels die Erfüllung der Schulpflicht ihres Kindes oder Jugendlichen nicht sicherstellen und ist deshalb eine anderweitige Unterbringung des Kindes oder des Jugendlichen notwendig, so haben sie Anspruch auf Beratung und Unterstützung. ²In geeigneten Fällen können die Kosten der Unterbringung in einer für das Kind oder den Jugendlichen geeigneten Wohnform einschließlich des notwendigen Unterhalts sowie die Krankenhilfe übernommen werden. ³Die Leistung kann über das schulpflichtige Alter hinaus gewährt werden, sofern eine begonnene Schulausbildung noch nicht abgeschlossen ist, längstens aber bis zur Vollendung des 21. Lebensjahres.

Dritter Abschnitt
Förderung von Kindern in Tageseinrichtungen und in Kindertagespflege

§ 22 Grundsätze der Förderung

(1) ¹Tageseinrichtungen sind Einrichtungen, in denen sich Kinder für einen Teil des Tages oder ganztägig aufhalten und in Gruppen gefördert werden. ²Kindertagespflege wird von einer geeigneten Kindertagespflegeperson in ihrem Haushalt, im Haushalt des Erziehungsberechtigten oder in anderen geeigneten Räumen geleistet. ³Nutzen mehrere Kindertagespflegepersonen Räumlichkeiten gemeinsam, ist die vertragliche und pädagogische Zuordnung jedes einzelnen Kindes zu einer bestimmten Kindertagespflegeperson zu gewährleisten. ⁴Eine gegenseitige kurzzeitige Vertretung der Kindertagespflegepersonen aus einem gewichtigen Grund steht dem nicht entgegen. ⁵Das Nähere über die Abgrenzung von Tageseinrichtungen und Kindertagespflege regelt das Landesrecht.
(2) ¹Tageseinrichtungen für Kinder und Kindertagespflege sollen
1. die Entwicklung des Kindes zu einer selbstbestimmten, eigenverantwortlichen und gemeinschaftsfähigen Persönlichkeit fördern,
2. die Erziehung und Bildung in der Familie unterstützen und ergänzen,
3. den Eltern dabei helfen, Erwerbstätigkeit, Kindererziehung und familiäre Pflege besser miteinander vereinbaren zu können.
²Hierzu sollen sie die Erziehungsberechtigten einbeziehen und mit dem Träger der öffentlichen Jugendhilfe und anderen Personen, Diensten oder Einrichtungen, die bei der Leistungserbringung für das Kind tätig werden, zusammenarbeiten. ³Sofern Kinder mit und ohne Behinderung gemeinsam gefördert werden, arbeiten die Tag-

eseinrichtungen für Kinder und Kindertagespflege und der Träger der öffentlichen Jugendhilfe mit anderen beteiligten Rehabilitationsträgern zusammen.

(3) ¹Der Förderungsauftrag umfasst Erziehung, Bildung und Betreuung des Kindes und bezieht sich auf die soziale, emotionale, körperliche und geistige Entwicklung des Kindes. ²Er schließt die Vermittlung orientierender Werte und Regeln ein. ³Die Förderung soll sich am Alter und Entwicklungsstand, den sprachlichen und sonstigen Fähigkeiten, der Lebenssituation sowie den Interessen und Bedürfnissen des einzelnen Kindes orientieren und seine ethnische Herkunft berücksichtigen.

(4) ¹Für die Erfüllung des Förderungsauftrags nach Absatz 3 sollen geeignete Maßnahmen zur Gewährleistung der Qualität der Förderung von Kindern in Tageseinrichtungen und in der Kindertagespflege weiterentwickelt werden. ²Das Nähere regelt das Landesrecht.

Anm. d. Hrsg.: Zum 1. Januar 2019 wurde Absatz 4 durch das Gesetz zur Weiterentwicklung der Qualität und zur Teilhabe in der Kindertagesbetreuung (Gute-Kita-Gesetz) vom 19. Dezember 2018 (BGBl. I S. 2696) eingefügt. Die hier angesprochenen Maßnahmen basieren auf Handlungsfeldern, die in § 2 des KiTa-Qualitäts- und -Teilhabeverbesserungsgesetzes (siehe Ordnungsnummer 111a) definiert sind.

§ 22a Förderung in Tageseinrichtungen

(1) ¹Die Träger der öffentlichen Jugendhilfe sollen die Qualität der Förderung in ihren Einrichtungen durch geeignete Maßnahmen sicherstellen und weiterentwickeln. ²Dazu gehören die Entwicklung und der Einsatz einer pädagogischen Konzeption als Grundlage für die Erfüllung des Förderungsauftrags sowie der Einsatz von Instrumenten und Verfahren zur Evaluation der Arbeit in den Einrichtungen.

(2) ¹Die Träger der öffentlichen Jugendhilfe sollen sicherstellen, dass die Fachkräfte in ihren Einrichtungen zusammenarbeiten
1. mit den Erziehungsberechtigten und Kindertagespflegepersonen zum Wohl der Kinder und zur Sicherung der Kontinuität des Erziehungsprozesses,
2. mit anderen kinder- und familienbezogenen Institutionen und Initiativen im Gemeinwesen, insbesondere solchen der Familienbildung und -beratung,
3. mit den Schulen, um den Kindern einen guten Übergang in die Schule zu sichern und um die Arbeit mit Schulkindern in Horten und altersgemischten Gruppen zu unterstützen.

²Die Erziehungsberechtigten sind an den Entscheidungen in wesentlichen Angelegenheiten der Erziehung, Bildung und Betreuung zu beteiligen.

(3) ¹Das Angebot soll sich pädagogisch und organisatorisch an den Bedürfnissen der Kinder und ihrer Familien orientieren. ²Werden Einrichtungen in den Ferienzeiten geschlossen, so hat der Träger der öffentlichen Jugendhilfe für die Kinder, die nicht von den Erziehungsberechtigten betreut werden können, eine anderweitige Betreuungsmöglichkeit sicherzustellen.

(4) ¹Kinder mit Behinderungen und Kinder ohne Behinderungen sollen gemeinsam gefördert werden. ²Die besonderen Bedürfnisse von Kindern mit Behinderungen und von Kindern, die von Behinderung bedroht sind, sind zu berücksichtigen.

(5) Die Träger der öffentlichen Jugendhilfe sollen die Realisierung des Förderungsauftrages nach Maßgabe der Absätze 1 bis 4 in den Einrichtungen anderer Träger durch geeignete Maßnahmen sicherstellen.

§ 23 Förderung in Kindertagespflege

(1) Die Förderung in Kindertagespflege nach Maßgabe von § 24 umfasst die Vermittlung des Kindes zu einer geeigneten Kindertagespflegeperson, soweit diese nicht von der erziehungsberechtigten Person nachgewiesen wird, deren fachliche Beratung, Begleitung und weitere Qualifizierung sowie die Gewährung einer laufenden Geldleistung an die Kindertagespflegeperson.

(2) Die laufende Geldleistung nach Absatz 1 umfasst
1. die Erstattung angemessener Kosten, die der Kindertagespflegeperson für den Sachaufwand entstehen,
2. einen Betrag zur Anerkennung ihrer Förderungsleistung nach Maßgabe von Absatz 2a,
3. die Erstattung nachgewiesener Aufwendungen für Beiträge zu einer angemessenen Unfallversicherung sowie die hälftige Erstattung nachgewiesener Aufwendungen zu einer angemessenen Alterssicherung der Kindertagespflegeperson und
4. die hälftige Erstattung nachgewiesener Aufwendungen zu einer angemessenen Kranken- und Pflegeversicherung.

(2a) ¹Die Höhe der laufenden Geldleistung wird von den Trägern der öffentlichen Jugendhilfe festgelegt, soweit Landesrecht nicht etwas anderes bestimmt. ²Der Betrag zur Anerkennung der Förderungsleistung der Kindertagespflegeperson ist leistungsgerecht auszugestalten. ³Dabei sind der zeitliche Umfang der Leistung und die Anzahl sowie der Förderbedarf der betreuten Kinder zu berücksichtigen.

(3) ¹Geeignet im Sinne von Absatz 1 sind Personen, die sich durch ihre Persönlichkeit, Sachkompetenz und Kooperationsbereitschaft mit Erziehungsberechtigten und anderen Kindertagespflegepersonen auszeichnen und über kindgerechte Räumlichkeiten verfügen. ²Sie sollen über vertiefte Kenntnisse hinsichtlich der Anforderungen der Kindertagespflege verfügen, die sie in qualifizierten Lehrgängen erworben oder in anderer Weise nachgewiesen haben.
(4) ¹Erziehungsberechtigte und Kindertagespflegepersonen haben Anspruch auf Beratung in allen Fragen der Kindertagespflege. ²Für Ausfallzeiten einer Kindertagespflegeperson ist rechtzeitig eine andere Betreuungsmöglichkeit für das Kind sicherzustellen. ³Zusammenschlüsse von Kindertagespflegepersonen sollen beraten, unterstützt und gefördert werden.

§ 24 Anspruch auf Förderung in Tageseinrichtungen und in Kindertagespflege

(1) ¹Ein Kind, das das erste Lebensjahr noch nicht vollendet hat, ist in einer Einrichtung oder in Kindertagespflege zu fördern, wenn
1. diese Leistung für seine Entwicklung zu einer selbstbestimmten, eigenverantwortlichen und gemeinschaftsfähigen Persönlichkeit geboten ist oder
2. die Erziehungsberechtigten
    a) einer Erwerbstätigkeit nachgehen, eine Erwerbstätigkeit aufnehmen oder Arbeit suchend sind,
    b) sich in einer beruflichen Bildungsmaßnahme, in der Schulausbildung oder Hochschulausbildung befinden oder
    c) Leistungen zur Eingliederung in Arbeit im Sinne des Zweiten Buches erhalten.

²Lebt das Kind nur mit einem Erziehungsberechtigten zusammen, so tritt diese Person an die Stelle der Erziehungsberechtigten. ³Der Umfang der täglichen Förderung richtet sich nach dem individuellen Bedarf.
(2) ¹Ein Kind, das das erste Lebensjahr vollendet hat, hat bis zur Vollendung des dritten Lebensjahres Anspruch auf frühkindliche Förderung in einer Tageseinrichtung oder in Kindertagespflege. ²Absatz 1 Satz 3 gilt entsprechend.
(3) ¹Ein Kind, das das dritte Lebensjahr vollendet hat, hat bis zum Schuleintritt Anspruch auf Förderung in einer Tageseinrichtung. ²Die Träger der öffentlichen Jugendhilfe haben darauf hinzuwirken, dass für diese Altersgruppe ein bedarfsgerechtes Angebot an Ganztagsplätzen zur Verfügung steht. ³Das Kind kann bei besonderem Bedarf oder ergänzend auch in Kindertagespflege gefördert werden.
(4) ¹Für Kinder im schulpflichtigen Alter ist ein bedarfsgerechtes Angebot in Tageseinrichtungen vorzuhalten. ²Absatz 1 Satz 3 und Absatz 3 Satz 3 gelten entsprechend.
(5) ¹Die Träger der öffentlichen Jugendhilfe oder die von ihnen beauftragten Stellen sind verpflichtet, Eltern oder Elternteile, die Leistungen nach den Absätzen 1 bis 4 in Anspruch nehmen wollen, über das Platzangebot im örtlichen Einzugsbereich und die pädagogische Konzeption der Einrichtungen zu informieren und sie bei der Auswahl zu beraten. ²Landesrecht kann bestimmen, dass die erziehungsberechtigten Personen den zuständigen Träger der öffentlichen Jugendhilfe oder die beauftragte Stelle innerhalb einer bestimmten Frist vor der beabsichtigten Inanspruchnahme der Leistung in Kenntnis setzen.
(6) Weitergehendes Landesrecht bleibt unberührt.

> **Anm. d. Hrsg.:** Am Ende von Absatz 5 heißt es: „... vor der beabsichtigten Inanspruchnahme der Leistung in Kenntnis zu setzen." Hier scheint es sich um ein Redaktionsversehen des Gesetzgebers zu handeln; richtig ist wohl: „von der beabsichtigten Inanspruchnahme ...".

§ 24a (weggefallen)

§ 25 Unterstützung selbst organisierter Förderung von Kindern

Mütter, Väter und andere Erziehungsberechtigte, die die Förderung von Kindern selbst organisieren wollen, sollen beraten und unterstützt werden.

§ 26 Landesrechtsvorbehalt

¹Das Nähere über Inhalt und Umfang der in diesem Abschnitt geregelten Aufgaben und Leistungen regelt das Landesrecht. ²Am 31. Dezember 1990 geltende landesrechtliche Regelungen, die das Kindergartenwesen dem Bildungsbereich zuweisen, bleiben unberührt.

Vierter Abschnitt
Hilfe zur Erziehung, Eingliederungshilfe für seelisch behinderte Kinder und Jugendliche, Hilfe für junge Volljährige

Erster Unterabschnitt
Hilfe zur Erziehung

§ 27 Hilfe zur Erziehung

(1) Ein Personensorgeberechtigter hat bei der Erziehung eines Kindes oder eines Jugendlichen Anspruch auf Hilfe (Hilfe zur Erziehung), wenn eine dem Wohl des Kindes oder des Jugendlichen entsprechende Erziehung nicht gewährleistet ist und die Hilfe für seine Entwicklung geeignet und notwendig ist.
(2) ¹Hilfe zur Erziehung wird insbesondere nach Maßgabe der §§ 28 bis 35 gewährt. ²Art und Umfang der Hilfe richten sich nach dem erzieherischen Bedarf im Einzelfall; dabei soll das engere soziale Umfeld des Kindes oder des Jugendlichen einbezogen werden. ³Unterschiedliche Hilfearten können miteinander kombiniert werden, sofern dies dem erzieherischen Bedarf des Kindes oder Jugendlichen im Einzelfall entspricht.
(2a) Ist eine Erziehung des Kindes oder Jugendlichen außerhalb des Elternhauses erforderlich, so entfällt der Anspruch auf Hilfe zur Erziehung nicht dadurch, dass eine andere unterhaltspflichtige Person bereit ist, diese Aufgabe zu übernehmen; die Gewährung von Hilfe zur Erziehung setzt in diesem Fall voraus, dass diese Person bereit und geeignet ist, den Hilfebedarf in Zusammenarbeit mit dem Träger der öffentlichen Jugendhilfe nach Maßgabe der §§ 36 und 37 zu decken.
(3) ¹Hilfe zur Erziehung umfasst insbesondere die Gewährung pädagogischer und damit verbundener therapeutischer Leistungen. ²Bei Bedarf soll sie Ausbildungs- und Beschäftigungsmaßnahmen im Sinne des § 13 Absatz 2 einschließen und kann mit anderen Leistungen nach diesem Buch kombiniert werden. ³Die in der Schule oder Hochschule wegen des erzieherischen Bedarfs erforderliche Anleitung und Begleitung können als Gruppenangebote an Kinder oder Jugendliche gemeinsam erbracht werden, soweit dies dem Bedarf des Kindes oder Jugendlichen im Einzelfall entspricht.
(4) Wird ein Kind oder eine Jugendliche während ihres Aufenthalts in einer Einrichtung oder einer Pflegefamilie selbst Mutter eines Kindes, so umfasst die Hilfe zur Erziehung auch die Unterstützung bei der Pflege und Erziehung dieses Kindes.

§ 28 Erziehungsberatung

¹Erziehungsberatungsstellen und andere Beratungsdienste und -einrichtungen sollen Kinder, Jugendliche, Eltern und andere Erziehungsberechtigte bei der Klärung und Bewältigung individueller und familienbezogener Probleme und bei der zugrunde liegenden Faktoren, bei der Lösung von Erziehungsfragen sowie bei Trennung und Scheidung unterstützen. ²Dabei sollen Fachkräfte verschiedener Fachrichtungen zusammenwirken, die mit unterschiedlichen methodischen Ansätzen vertraut sind.

§ 29 Soziale Gruppenarbeit

¹Die Teilnahme an sozialer Gruppenarbeit soll älteren Kindern und Jugendlichen bei der Überwindung von Entwicklungsschwierigkeiten und Verhaltensproblemen helfen. ²Soziale Gruppenarbeit soll auf der Grundlage eines gruppenpädagogischen Konzepts die Entwicklung älterer Kinder und Jugendlicher durch soziales Lernen in der Gruppe fördern.

§ 30 Erziehungsbeistand, Betreuungshelfer

Der Erziehungsbeistand und der Betreuungshelfer sollen das Kind oder den Jugendlichen bei der Bewältigung von Entwicklungsproblemen möglichst unter Einbeziehung des sozialen Umfelds unterstützen und unter Erhaltung des Lebensbezugs zur Familie seine Verselbständigung fördern.

§ 31 Sozialpädagogische Familienhilfe

¹Sozialpädagogische Familienhilfe soll durch intensive Betreuung und Begleitung Familien in ihren Erziehungsaufgaben, bei der Bewältigung von Alltagsproblemen, der Lösung von Konflikten und Krisen sowie im Kontakt mit Ämtern und Institutionen unterstützen und Hilfe zur Selbsthilfe geben. ²Sie ist in der Regel auf längere Dauer angelegt und erfordert die Mitarbeit der Familie.

§ 32 Erziehung in einer Tagesgruppe

¹Hilfe zur Erziehung in einer Tagesgruppe soll die Entwicklung des Kindes oder des Jugendlichen durch soziales Lernen in der Gruppe, Begleitung der schulischen Förderung und Elternarbeit unterstützen und dadurch den Verbleib des Kindes oder des Jugendlichen in seiner Familie sichern. ²Die Hilfe kann auch in geeigneten Formen der Familienpflege geleistet werden.

§ 33 Vollzeitpflege
¹Hilfe zur Erziehung in Vollzeitpflege soll entsprechend dem Alter und Entwicklungsstand des Kindes oder des Jugendlichen und seinen persönlichen Bindungen sowie den Möglichkeiten der Verbesserung der Erziehungsbedingungen in der Herkunftsfamilie Kindern und Jugendlichen in einer anderen Familie eine zeitlich befristete Erziehungshilfe oder eine auf Dauer angelegte Lebensform bieten. ²Für besonders entwicklungsbeeinträchtigte Kinder und Jugendliche sind geeignete Formen der Familienpflege zu schaffen und auszubauen.

§ 34 Heimerziehung, sonstige betreute Wohnform
¹Hilfe zur Erziehung in einer Einrichtung über Tag und Nacht (Heimerziehung) oder in einer sonstigen betreuten Wohnform soll Kinder und Jugendliche durch eine Verbindung von Alltagserleben mit pädagogischen und therapeutischen Angeboten in ihrer Entwicklung fördern. ²Sie soll entsprechend dem Alter und Entwicklungsstand des Kindes oder des Jugendlichen sowie den Möglichkeiten der Verbesserung der Erziehungsbedingungen in der Herkunftsfamilie
1. eine Rückkehr in die Familie zu erreichen versuchen oder
2. die Erziehung in einer anderen Familie vorbereiten oder
3. eine auf längere Zeit angelegte Lebensform bieten und auf ein selbständiges Leben vorbereiten.

³Jugendliche sollen in Fragen der Ausbildung und Beschäftigung sowie der allgemeinen Lebensführung beraten und unterstützt werden.

§ 35 Intensive sozialpädagogische Einzelbetreuung
¹Intensive sozialpädagogische Einzelbetreuung soll Jugendlichen gewährt werden, die einer intensiven Unterstützung zur sozialen Integration und zu einer eigenverantwortlichen Lebensführung bedürfen. ²Die Hilfe ist in der Regel auf längere Zeit angelegt und soll den individuellen Bedürfnissen des Jugendlichen Rechnung tragen.

Zweiter Unterabschnitt
Eingliederungshilfe für seelisch behinderte Kinder und Jugendliche

§ 35a Eingliederungshilfe für Kinder und Jugendliche mit seelischer Behinderung oder drohender seelischer Behinderung
(1) ¹Kinder oder Jugendliche haben Anspruch auf Eingliederungshilfe, wenn
1. ihre seelische Gesundheit mit hoher Wahrscheinlichkeit länger als sechs Monate von dem für ihr Lebensalter typischen Zustand abweicht, und
2. daher ihre Teilhabe am Leben in der Gesellschaft beeinträchtigt ist oder eine solche Beeinträchtigung zu erwarten ist.

²Von einer seelischen Behinderung bedroht im Sinne dieser Vorschrift sind Kinder oder Jugendliche, bei denen eine Beeinträchtigung ihrer Teilhabe am Leben in der Gesellschaft nach fachlicher Erkenntnis mit hoher Wahrscheinlichkeit zu erwarten ist. ³§ 27 Absatz 4 gilt entsprechend.

(1a) ¹Hinsichtlich der Abweichung der seelischen Gesundheit nach Absatz 1 Satz 1 Nummer 1 hat der Träger der öffentlichen Jugendhilfe die Stellungnahme
1. eines Arztes für Kinder- und Jugendpsychiatrie und -psychotherapie,
2. eines Kinder- und Jugendlichenpsychotherapeuten, eines Psychotherapeuten mit einer Weiterbildung für die Behandlung von Kindern und Jugendlichen oder
3. eines Arztes oder eines psychologischen Psychotherapeuten, der über besondere Erfahrungen auf dem Gebiet seelischer Störungen bei Kindern und Jugendlichen verfügt,

einzuholen. ²Die Stellungnahme ist auf der Grundlage der Internationalen Klassifikation der Krankheiten in der vom Bundesinstitut für Arzneimittel und Medizinprodukte herausgegebenen deutschen Fassung zu erstellen. ³Dabei ist auch darzulegen, ob die Abweichung Krankheitswert hat oder auf einer Krankheit beruht. ⁴Enthält die Stellungnahme auch Ausführungen zu Absatz 1 Satz 1 Nummer 2, so sollen diese vom Träger der öffentlichen Jugendhilfe im Rahmen seiner Entscheidung angemessen berücksichtigt werden. ⁵Die Hilfe soll nicht von der Person oder dem Dienst oder der Einrichtung, der die Person angehört, die die Stellungnahme abgibt, erbracht werden.

(2) Die Hilfe wird nach dem Bedarf im Einzelfall
1. in ambulanter Form,
2. in Tageseinrichtungen für Kinder oder in anderen teilstationären Einrichtungen,
3. durch geeignete Pflegepersonen und
4. in Einrichtungen über Tag und Nacht sowie sonstigen Wohnformen geleistet.

(3) Aufgabe und Ziele der Hilfe, die Bestimmung des Personenkreises sowie Art und Form der Leistungen richten sich nach Kapitel 6 des Teils 1 des Neunten Buches sowie § 90 und den Kapiteln 3 bis 6 des Teils 2 des Neunten

Buches, soweit diese Bestimmungen auch auf seelisch behinderte oder von einer solchen Behinderung bedrohte Personen Anwendung finden und sich aus diesem Buch nichts anderes ergibt.

(4) ¹Ist gleichzeitig Hilfe zur Erziehung zu leisten, so sollen Einrichtungen, Dienste und Personen in Anspruch genommen werden, die geeignet sind, sowohl die Aufgaben der Eingliederungshilfe zu erfüllen als auch den erzieherischen Bedarf zu decken. ²Sind heilpädagogische Maßnahmen für Kinder, die noch nicht im schulpflichtigen Alter sind, in Tageseinrichtungen für Kinder zu gewähren und lässt der Hilfebedarf es zu, so sollen Einrichtungen in Anspruch genommen werden, in denen behinderte und nicht behinderte Kinder gemeinsam betreut werden.

Dritter Unterabschnitt
Gemeinsame Vorschriften für die Hilfe zur Erziehung und die Eingliederungshilfe für seelisch behinderte Kinder und Jugendliche

§ 36 Mitwirkung, Hilfeplan

(1) ¹Der Personensorgeberechtigte und das Kind oder der Jugendliche sind vor der Entscheidung über die Inanspruchnahme einer Hilfe und vor einer notwendigen Änderung von Art und Umfang der Hilfe zu beraten und auf die möglichen Folgen für die Entwicklung des Kindes oder des Jugendlichen hinzuweisen. ²Es ist sicherzustellen, dass Beratung und Aufklärung nach Satz 1 in einer für den Personensorgeberechtigten und das Kind oder den Jugendlichen verständlichen, nachvollziehbaren und wahrnehmbaren Form erfolgen.

(2) ¹Die Entscheidung über die im Einzelfall angezeigte Hilfeart soll, wenn Hilfe voraussichtlich für längere Zeit zu leisten ist, im Zusammenwirken mehrerer Fachkräfte getroffen werden. ²Als Grundlage für die Ausgestaltung der Hilfe sollen sie zusammen mit dem Personensorgeberechtigten und dem Kind oder dem Jugendlichen einen Hilfeplan aufstellen, der Feststellungen über den Bedarf, die zu gewährende Art der Hilfe sowie die notwendigen Leistungen enthält; sie sollen regelmäßig prüfen, ob die gewählte Hilfeart weiterhin geeignet oder notwendig ist. ³Hat das Kind oder der Jugendliche ein oder mehrere Geschwister, so soll der Geschwisterbeziehung bei der Aufstellung und Überprüfung des Hilfeplans sowie bei der Durchführung der Hilfe Rechnung getragen werden.

(3) ¹Werden bei der Durchführung der Hilfe andere Personen, Dienste oder Einrichtungen tätig, so sind sie oder deren Mitarbeiterinnen und Mitarbeiter an der Aufstellung des Hilfeplans und seiner Überprüfung zu beteiligen. ²Soweit dies zur Feststellung des Bedarfs, der zu gewährenden Art der Hilfe oder der notwendigen Leistungen nach Inhalt, Umfang und Dauer erforderlich ist, sollen öffentliche Stellen, insbesondere andere Sozialleistungsträger, Rehabilitationsträger oder die Schule beteiligt werden. ³Gewährt der Träger der öffentlichen Jugendhilfe Leistungen zur Teilhabe, sind die Vorschriften zum Verfahren bei einer Mehrheit von Rehabilitationsträgern nach dem Neunten Buch zu beachten.

(4) Erscheinen Hilfen nach § 35a erforderlich, so soll bei der Aufstellung und Änderung des Hilfeplans sowie bei der Durchführung der Hilfe die Person, die eine Stellungnahme nach § 35a Abs. 1a abgegeben hat, beteiligt werden.

(5) Soweit dies zur Feststellung des Bedarfs, der zu gewährenden Art der Hilfe oder der notwendigen Leistungen nach Inhalt, Umfang und Dauer erforderlich ist und dadurch der Hilfezweck nicht in Frage gestellt wird, sollen Eltern, die nicht personensorgeberechtigt sind, an der Aufstellung des Hilfeplans und seiner Überprüfung beteiligt werden; die Entscheidung, ob, wie und in welchem Umfang deren Beteiligung erfolgt, soll im Zusammenwirken mehrerer Fachkräfte unter Berücksichtigung der Willensäußerung und der Interessen des Kindes oder Jugendlichen sowie der Willensäußerung des Personensorgeberechtigten getroffen werden.

§ 36a Steuerungsverantwortung, Selbstbeschaffung

(1) ¹Der Träger der öffentlichen Jugendhilfe trägt die Kosten der Hilfe grundsätzlich nur dann, wenn sie auf der Grundlage seiner Entscheidung nach Maßgabe des Hilfeplans unter Beachtung des Wunsch- und Wahlrechts erbracht wird; dies gilt auch in den Fällen, in denen Eltern durch das Familiengericht oder Jugendliche und junge Volljährige durch den Jugendrichter zur Inanspruchnahme von Hilfen verpflichtet werden. ²Die Vorschriften über die Heranziehung zu den Kosten der Hilfe bleiben unberührt.

(2) ¹Abweichend von Absatz 1 soll der Träger der öffentlichen Jugendhilfe die niedrigschwellige unmittelbare Inanspruchnahme von ambulanten Hilfen, insbesondere der Erziehungsberatung nach § 28, zulassen. ²Dazu soll der Träger der öffentlichen Jugendhilfe mit den Leistungserbringern Vereinbarungen schließen, in denen die Voraussetzungen und die Ausgestaltung der Leistungserbringung sowie die Übernahme der Kosten geregelt werden. ³Dabei finden der nach § 80 Absatz 1 Nummer 2 ermittelte Bedarf, die Planungen zur Sicherstellung des bedarfsgerechten Zusammenwirkens der Angebote von Jugendhilfeleistungen in den Lebens- und Wohnbereichen von jungen Menschen und Familien nach § 80 Absatz 2 Nummer 3 sowie die geplanten Maßnahmen zur Qualitätsgewährleistung der Leistungserbringung nach § 80 Absatz 3 Beachtung.

(3) ¹Werden Hilfen abweichend von den Absätzen 1 und 2 vom Leistungsberechtigten selbst beschafft, so ist der Träger der öffentlichen Jugendhilfe zur Übernahme der erforderlichen Aufwendungen nur verpflichtet, wenn
1. der Leistungsberechtigte den Träger der öffentlichen Jugendhilfe vor der Selbstbeschaffung über den Hilfebedarf in Kenntnis gesetzt hat,
2. die Voraussetzungen für die Gewährung der Hilfe vorlagen und
3. die Deckung des Bedarfs
   a) bis zu einer Entscheidung des Trägers der öffentlichen Jugendhilfe über die Gewährung der Leistung oder
   b) bis zu einer Entscheidung über ein Rechtsmittel nach einer zu Unrecht abgelehnten Leistung
   keinen zeitlichen Aufschub geduldet hat.
²War es dem Leistungsberechtigten unmöglich, den Träger der öffentlichen Jugendhilfe rechtzeitig über den Hilfebedarf in Kenntnis zu setzen, so hat er dies unverzüglich nach Wegfall des Hinderungsgrundes nachzuholen.

§ 36b Zusammenarbeit beim Zuständigkeitsübergang

(1) ¹Zur Sicherstellung von Kontinuität und Bedarfsgerechtigkeit der Leistungsgewährung sind von den zuständigen öffentlichen Stellen, insbesondere von Sozialleistungsträgern oder Rehabilitationsträgern rechtzeitig im Rahmen des Hilfeplans Vereinbarungen zur Durchführung des Zuständigkeitsübergangs zu treffen. ²Im Rahmen der Beratungen zum Zuständigkeitsübergang prüfen der Träger der öffentlichen Jugendhilfe und die andere öffentliche Stelle, insbesondere der andere Sozialleistungsträger oder Rehabilitationsträger gemeinsam, welche Leistung nach dem Zuständigkeitsübergang dem Bedarf des jungen Menschen entspricht.
(2) ¹Abweichend von Absatz 1 werden bei einem Zuständigkeitsübergang vom Träger der öffentlichen Jugendhilfe auf einen Träger der Eingliederungshilfe rechtzeitig im Rahmen eines Teilhabeplanverfahrens nach § 19 des Neunten Buches die Voraussetzungen für die Sicherstellung einer nahtlosen und bedarfsgerechten Leistungsgewährung nach dem Zuständigkeitsübergang geklärt. ²Die Teilhabeplanung ist frühzeitig, in der Regel ein Jahr vor dem voraussichtlichen Zuständigkeitswechsel, vom Träger der Jugendhilfe einzuleiten. ³Mit Zustimmung des Leistungsberechtigten oder seines Personensorgeberechtigten ist eine Teilhabeplankonferenz nach § 20 des Neunten Buches durchzuführen. ⁴Stellt der beteiligte Träger der Eingliederungshilfe fest, dass seine Zuständigkeit sowie die Leistungsberechtigung absehbar gegeben sind, soll er entsprechend § 19 Absatz 5 des Neunten Buches die Teilhabeplanung vom Träger der öffentlichen Jugendhilfe übernehmen. ⁵Dies beinhaltet gemäß § 21 des Neunten Buches auch die Durchführung des Verfahrens zur Gesamtplanung nach den §§ 117 bis 122 des Neunten Buches.

§ 37 Beratung und Unterstützung der Eltern, Zusammenarbeit bei Hilfen außerhalb der eigenen Familie

(1) ¹Werden Hilfen nach den §§ 32 bis 34 und 35a Absatz 2 Nummer 3 und 4 gewährt, haben die Eltern einen Anspruch auf Beratung und Unterstützung sowie Förderung der Beziehung zu ihrem Kind. ²Durch Beratung und Unterstützung sollen die Entwicklungs-, Teilhabe- oder Erziehungsbedingungen in der Herkunftsfamilie innerhalb eines im Hinblick auf die Entwicklung des Kindes oder Jugendlichen vertretbaren Zeitraums so weit verbessert werden, dass sie das Kind oder den Jugendlichen wieder selbst erziehen kann. ³Ist eine nachhaltige Verbesserung der Entwicklungs-, Teilhabe- oder Erziehungsbedingungen in der Herkunftsfamilie innerhalb dieses Zeitraums nicht erreichbar, so dienen die Beratung und Unterstützung der Eltern sowie die Förderung ihrer Beziehung zum Kind oder Jugendlichen der Sicherung einer anderen, dem Wohl des Kindes oder Jugendlichen förderlichen und auf Dauer angelegten Lebensperspektive.
(2) ¹Bei den in Absatz 1 Satz 1 genannten Hilfen soll der Träger der öffentlichen Jugendhilfe die Zusammenarbeit der Pflegeperson oder der in der Einrichtung für die Erziehung verantwortlichen Person und der Eltern zum Wohl des Kindes oder Jugendlichen durch geeignete Maßnahmen fördern. ²Der Träger der öffentlichen Jugendhilfe stellt dies durch eine abgestimmte Wahrnehmung der Aufgaben nach Absatz 1 und § 37a sicher.
(3) ¹Sofern der Inhaber der elterlichen Sorge durch eine Erklärung nach § 1688 Absatz 3 Satz 1 des Bürgerlichen Gesetzbuchs die Entscheidungsbefugnisse der Pflegeperson so weit einschränkt, dass die Einschränkung eine dem Wohl des Kindes oder des Jugendlichen förderliche Entwicklung nicht mehr ermöglicht, sollen die Beteiligten das Jugendamt einschalten. ²Auch bei sonstigen Meinungsverschiedenheiten zwischen ihnen sollen die Beteiligten das Jugendamt einschalten.

§ 37a Beratung und Unterstützung der Pflegeperson

¹Die Pflegeperson hat vor der Aufnahme des Kindes oder des Jugendlichen und während der Dauer des Pflegeverhältnisses Anspruch auf Beratung und Unterstützung. ²Dies gilt auch in den Fällen, in denen für das Kind oder den Jugendlichen weder Hilfe zur Erziehung noch Eingliederungshilfe gewährt wird, und in den Fällen, in denen die Pflegeperson nicht der Erlaubnis zur Vollzeitpflege nach § 44 bedarf. ³Lebt das Kind oder der Jugendliche bei einer Pflegeperson außerhalb des Bereichs des zuständigen Trägers der öffentlichen Jugendhilfe,

so sind ortsnahe Beratung und Unterstützung sicherzustellen. ⁴Der zuständige Träger der öffentlichen Jugendhilfe hat die aufgewendeten Kosten einschließlich der Verwaltungskosten auch in den Fällen zu erstatten, in denen die Beratung und Unterstützung im Wege der Amtshilfe geleistet werden. ⁵Zusammenschlüsse von Pflegepersonen sollen beraten, unterstützt und gefördert werden.

§ 37b Sicherung der Rechte von Kindern und Jugendlichen in Familienpflege

(1) ¹Das Jugendamt stellt sicher, dass während der Dauer des Pflegeverhältnisses ein nach Maßgabe fachlicher Handlungsleitlinien gemäß § 79a Satz 2 entwickeltes Konzept zur Sicherung der Rechte des Kindes oder des Jugendlichen und zum Schutz vor Gewalt angewandt wird. ²Hierzu sollen die Pflegeperson sowie das Kind oder der Jugendliche vor der Aufnahme und während der Dauer des Pflegeverhältnisses beraten und an der auf das konkrete Pflegeverhältnis bezogenen Ausgestaltung des Konzepts beteiligt werden.

(2) Das Jugendamt gewährleistet, dass das Kind oder der Jugendliche während der Dauer des Pflegeverhältnisses Möglichkeiten der Beschwerde in persönlichen Angelegenheiten hat und informiert das Kind oder den Jugendlichen hierüber.

(3) ¹Das Jugendamt soll den Erfordernissen des Einzelfalls entsprechend an Ort und Stelle überprüfen, ob eine dem Wohl des Kindes oder des Jugendlichen förderliche Entwicklung bei der Pflegeperson gewährleistet ist. ²Die Pflegeperson hat das Jugendamt über wichtige Ereignisse zu unterrichten, die das Wohl des Kindes oder des Jugendlichen betreffen.

§ 37c Ergänzende Bestimmungen zur Hilfeplanung bei Hilfen außerhalb der eigenen Familie

(1) ¹Bei der Aufstellung und Überprüfung des Hilfeplans nach § 36 Absatz 2 Satz 2 ist bei Hilfen außerhalb der eigenen Familie prozesshaft auch die Perspektive der Hilfe zu klären. ²Der Stand der Perspektivklärung nach Satz 1 ist im Hilfeplan zu dokumentieren.

(2) ¹Maßgeblich bei der Perspektivklärung nach Absatz 1 ist, ob durch Leistungen nach diesem Abschnitt die Entwicklungs-, Teilhabe- oder Erziehungsbedingungen in der Herkunftsfamilie innerhalb eines im Hinblick auf die Entwicklung des Kindes oder Jugendlichen vertretbaren Zeitraums so weit verbessert werden, dass die Herkunftsfamilie das Kind oder den Jugendlichen wieder selbst erziehen, betreuen und fördern kann. ²Ist eine nachhaltige Verbesserung der Entwicklungs-, Teilhabe- oder Erziehungsbedingungen in der Herkunftsfamilie innerhalb eines im Hinblick auf die Entwicklung des Kindes oder Jugendlichen vertretbaren Zeitraums nicht erreichbar, so soll mit den beteiligten Personen eine andere, dem Wohl des Kindes oder Jugendlichen förderliche und auf Dauer angelegte Lebensperspektive erarbeitet werden. ³In diesem Fall ist vor und während der Gewährung der Hilfe insbesondere zu prüfen, ob die Annahme als Kind in Betracht kommt.

(3) ¹Bei der Auswahl der Einrichtung oder der Pflegeperson sind der Personensorgeberechtigte und das Kind oder der Jugendliche oder bei Hilfen nach § 41 der junge Volljährige zu beteiligen. ²Der Wahl und den Wünschen des Leistungsberechtigten ist zu entsprechen, sofern sie nicht mit unverhältnismäßigen Mehrkosten verbunden sind. ³Wünschen die in Satz 1 genannten Personen die Erbringung einer in § 78a genannten Leistung in einer Einrichtung, mit deren Träger keine Vereinbarungen nach § 78b bestehen, so soll der Wahl nur entsprochen werden, wenn die Erbringung der Leistung in dieser Einrichtung nach Maßgabe des Hilfeplans geboten ist. ⁴Bei der Auswahl einer Pflegeperson, die ihren gewöhnlichen Aufenthalt außerhalb des Bereichs des örtlich zuständigen Trägers hat, soll der örtliche Träger der öffentlichen Jugendhilfe beteiligt werden, in dessen Bereich die Pflegeperson ihren gewöhnlichen Aufenthalt hat.

(4) ¹Die Art und Weise der Zusammenarbeit nach § 37 Absatz 2 sowie die damit im Einzelfall verbundenen Ziele sind im Hilfeplan zu dokumentieren. ²Bei Hilfen nach den §§ 33, 35a Absatz 2 Nummer 3 zählen dazu auch der vereinbarte Umfang der Beratung und Unterstützung der Eltern nach § 37 Absatz 1 und der Pflegeperson nach § 37a Absatz 1 sowie die Höhe der laufenden Leistungen zum Unterhalt des Kindes oder Jugendlichen nach § 39. ³Bei Hilfen für junge Volljährige nach § 41 gilt dies entsprechend in Bezug auf den vereinbarten Umfang der Beratung und Unterstützung der Pflegeperson sowie die Höhe der laufenden Leistungen zum Unterhalt. ⁴Eine Abweichung von den im Hilfeplan gemäß den Sätzen 1 bis 3 getroffenen Feststellungen ist nur bei einer Änderung des Hilfebedarfs und entsprechender Änderung des Hilfeplans auch bei einem Wechsel der örtlichen Zuständigkeit zulässig.

§ 38 Zulässigkeit von Auslandsmaßnahmen

(1) ¹Hilfen nach diesem Abschnitt sind in der Regel im Inland zu erbringen. ²Sie dürfen nur dann im Ausland erbracht werden, wenn dies nach Maßgabe der Hilfeplanung zur Erreichung des Hilfezieles im Einzelfall erforderlich ist und die aufenthaltsrechtlichen Vorschriften des aufnehmenden Staates sowie
1. im Anwendungsbereich der Verordnung (EG) Nr. 2201/2003 des Rates vom 27. November 2003 über die Zuständigkeit und die Anerkennung und Vollstreckung von Entscheidungen in Ehesachen und in Verfahren

betreffend die elterliche Verantwortung und zur Aufhebung der Verordnung (EG) Nr. 1347/2000 die Voraussetzungen des Artikels 56 oder
2. im Anwendungsbereich des Haager Übereinkommens vom 19. Oktober 1996 über die Zuständigkeit, das anzuwendende Recht, die Anerkennung, Vollstreckung und Zusammenarbeit auf dem Gebiet der elterlichen Verantwortung und der Maßnahmen zum Schutz von Kindern die Voraussetzungen des Artikels 33 erfüllt sind.

(2) Der Träger der öffentlichen Jugendhilfe soll vor der Entscheidung über die Gewährung einer Hilfe, die ganz oder teilweise im Ausland erbracht wird,
1. zur Feststellung einer seelischen Störung mit Krankheitswert die Stellungnahme einer in § 35a Absatz 1a Satz 1 genannten Person einholen,
2. sicherstellen, dass der Leistungserbringer
   a) über eine Betriebserlaubnis nach § 45 für eine Einrichtung im Inland verfügt, in der Hilfe zur Erziehung erbracht wird,
   b) Gewähr dafür bietet, dass er die Rechtsvorschriften des aufnehmenden Staates einschließlich des Aufenthaltsrechts einhält, insbesondere vor Beginn der Leistungserbringung die in Absatz 1 Satz 2 genannten Maßgaben erfüllt, und mit den Behörden des aufnehmenden Staates sowie den deutschen Vertretungen im Ausland zusammenarbeitet,
   c) mit der Erbringung der Hilfen nur Fachkräfte nach § 72 Absatz 1 betraut,
   d) über die Qualität der Maßnahme eine Vereinbarung abschließt; dabei sind die fachlichen Handlungsleitlinien des überörtlichen Trägers anzuwenden,
   e) Ereignisse oder Entwicklungen, die geeignet sind, das Wohl des Kindes oder Jugendlichen zu beeinträchtigen, dem Träger der öffentlichen Jugendhilfe unverzüglich anzeigt und
3. die Eignung der mit der Leistungserbringung zu betrauenden Einrichtung oder Person an Ort und Stelle überprüfen.

(3) ¹Überprüfung und Fortschreibung des Hilfeplans sollen nach Maßgabe von § 36 Absatz 2 Satz 2 am Ort der Leistungserbringung unter Beteiligung des Kindes oder des Jugendlichen erfolgen. ²Unabhängig von der Überprüfung und Fortschreibung des Hilfeplans nach Satz 1 soll der Träger der öffentlichen Jugendhilfe nach den Erfordernissen im Einzelfall an Ort und Stelle überprüfen, ob die Anforderungen nach Absatz 2 Nummer 2 Buchstabe b und c sowie Nummer 3 weiter erfüllt sind.

(4) Besteht die Erfüllung der Anforderungen nach Absatz 2 Nummer 2 oder die Eignung der mit der Leistungserbringung betrauten Einrichtung oder Person nicht fort, soll die Leistungserbringung im Ausland unverzüglich beendet werden.

(5) ¹Der Träger der öffentlichen Jugendhilfe hat der erlaubniserteilenden Behörde unverzüglich
1. den Beginn und das geplante Ende der Leistungserbringung im Ausland unter Angabe von Namen und Anschrift des Leistungserbringers, des Aufenthaltsorts des Kindes oder Jugendlichen sowie der Namen der mit der Erbringung der Hilfe betrauten Fachkräfte,
2. Änderungen der in Nummer 1 bezeichneten Angaben sowie
3. die bevorstehende Beendigung der Leistungserbringung im Ausland

zu melden sowie
4. einen Nachweis zur Erfüllung der aufenthaltsrechtlichen Vorschriften des aufnehmenden Staates und im Anwendungsbereich
   a) der Verordnung (EG) Nr. 2201/2003 des Rates vom 27. November 2003 über die Zuständigkeit und die Anerkennung und Vollstreckung von Entscheidungen in Ehesachen und in Verfahren betreffend die elterliche Verantwortung und zur Aufhebung der Verordnung (EG) Nr. 1347/2000 zur Erfüllung der Maßgaben des Artikels 56,
   b) des Haager Übereinkommens vom 19. Oktober 1996 über die Zuständigkeit, das anzuwendende Recht, die Anerkennung, Vollstreckung und Zusammenarbeit auf dem Gebiet der elterlichen Verantwortung und der Maßnahmen zum Schutz von Kindern zur Erfüllung der Maßgaben des Artikels 33

zu übermitteln. ²Die erlaubniserteilende Behörde wirkt auf die unverzügliche Beendigung der Leistungserbringung im Ausland hin, wenn sich aus den Angaben nach Satz 1 ergibt, dass die an die Leistungserbringung im Ausland gestellten gesetzlichen Anforderungen nicht erfüllt sind.

§ 39 Leistungen zum Unterhalt des Kindes oder des Jugendlichen

(1) ¹Wird Hilfe nach den §§ 32 bis 35 oder nach § 35a Absatz 2 Nummer 2 bis 4 gewährt, so ist auch der notwendige Unterhalt des Kindes oder Jugendlichen außerhalb des Elternhauses sicherzustellen. ²Er umfasst die Kosten für den Sachaufwand sowie für die Pflege und Erziehung des Kindes oder Jugendlichen.

(2) ¹Der gesamte regelmäßig wiederkehrende Bedarf soll durch laufende Leistungen gedeckt werden. ²Sie umfassen außer im Fall des § 32 und des § 35a Absatz 2 Nummer 2 auch einen angemessenen Barbetrag zur persönlichen Verfügung des Kindes oder des Jugendlichen. ³Die Höhe des Betrages wird in den Fällen der §§ 34, 35, 35a Absatz 2 Nummer 4 von der nach Landesrecht zuständigen Behörde festgesetzt; die Beträge sollen nach Altersgruppen gestaffelt sein. ⁴Die laufenden Leistungen im Rahmen der Hilfe in Vollzeitpflege (§ 33) oder bei einer geeigneten Pflegeperson (§ 35a Absatz 2 Nummer 3) sind nach den Absätzen 4 bis 6 zu bemessen.
(3) Einmalige Beihilfen oder Zuschüsse können insbesondere zur Erstausstattung einer Pflegestelle, bei wichtigen persönlichen Anlässen sowie für Urlaubs- und Ferienreisen des Kindes oder des Jugendlichen gewährt werden.
(4) ¹Die laufenden Leistungen sollen auf der Grundlage der tatsächlichen Kosten gewährt werden, sofern sie einen angemessenen Umfang nicht übersteigen. ²Die laufenden Leistungen umfassen auch die Erstattung nachgewiesener Aufwendungen für Beiträge zu einer Unfallversicherung sowie die hälftige Erstattung nachgewiesener Aufwendungen zu einer angemessenen Alterssicherung der Pflegeperson. ³Sie sollen in einem monatlichen Pauschalbetrag gewährt werden, soweit nicht nach der Besonderheit des Einzelfalls abweichende Leistungen geboten sind. ⁴Ist die Pflegeperson in gerader Linie mit dem Kind oder Jugendlichen verwandt und kann sie diesem unter Berücksichtigung ihrer sonstigen Verpflichtungen und ohne Gefährdung ihres angemessenen Unterhalts Unterhalt gewähren, so kann der Teil des monatlichen Pauschalbetrags, der die Kosten für den Sachaufwand des Kindes oder Jugendlichen betrifft, angemessen gekürzt werden. ⁵Wird ein Kind oder ein Jugendlicher im Bereich eines anderen Jugendamts untergebracht, so soll sich die Höhe des zu gewährenden Pauschalbetrages nach den Verhältnissen richten, die am Ort der Pflegestelle gelten.
(5) ¹Die Pauschalbeträge für laufende Leistungen zum Unterhalt sollen von den nach Landesrecht zuständigen Behörden festgesetzt werden. ²Dabei ist dem altersbedingt unterschiedlichen Unterhaltsbedarf von Kindern und Jugendlichen durch eine Staffelung der Beträge nach Altersgruppen Rechnung zu tragen. ³Das Nähere regelt Landesrecht.
(6) ¹Wird das Kind oder der Jugendliche im Rahmen des Familienleistungsausgleichs nach § 31 des Einkommensteuergesetzes bei der Pflegeperson berücksichtigt, so ist ein Betrag in Höhe der Hälfte des Betrages, der nach § 66 des Einkommensteuergesetzes für ein erstes Kind zu zahlen ist, auf die laufenden Leistungen anzurechnen. ²Ist das Kind oder der Jugendliche nicht das älteste Kind in der Pflegefamilie, so ermäßigt sich der Anrechnungsbetrag für dieses Kind oder diesen Jugendlichen auf ein Viertel des Betrages, der für ein erstes Kind zu zahlen ist.
(7) Wird ein Kind oder eine Jugendliche während ihres Aufenthalts in einer Einrichtung oder einer Pflegefamilie selbst Mutter eines Kindes, so ist auch der notwendige Unterhalt dieses Kindes sicherzustellen.

Anm. d. Hrsg.: Das Ministerium für Kinder, Familie, Flüchtlinge und Integration des Landes Nordrhein-Westfalen hat mit Runderlass vom 9. Februar 2021 (MBl. NRW. S. 57) die „Pauschalbeträge bei Vollzeitpflege und Barbeträge gemäß § 39 SGB VIII – Kinder- und Jugendhilfe" angepasst. Ab 1. Januar 2021 betragen die Kosten der Erziehung
– für Kinder bis zum vollendeten 18. Lebensjahr und für junge Volljährige im Einzelfall 286 €.
Die materiellen Aufwendungen werden differenziert:
– für Kinder bis zum vollendeten 7. Lebensjahr 602 €;
– für Kinder vom vollendeten 7. Lebensjahr bis zum vollendeten 14. Lebensjahr 687 €,
– für Jugendliche ab dem vollendeten 14. Lebensjahr bis zum vollendeten 18. Lebensjahr und junge Volljährige im Einzelfall 837 €.

§ 40 Krankenhilfe
¹Wird Hilfe nach den §§ 33 bis 35 oder nach § 35a Absatz 2 Nummer 3 oder 4 gewährt, so ist auch Krankenhilfe zu leisten; für den Umfang der Hilfe gelten die §§ 47 bis 52 des Zwölften Buches entsprechend. ²Krankenhilfe muss den im Einzelfall notwendigen Bedarf in voller Höhe befriedigen. ³Zuzahlungen und Eigenbeteiligungen sind zu übernehmen. ⁴Das Jugendamt kann in geeigneten Fällen die Beiträge für eine freiwillige Krankenversicherung übernehmen, soweit sie angemessen sind.

Vierter Unterabschnitt
Hilfe für junge Volljährige

§ 41 Hilfe für junge Volljährige
(1) ¹Junge Volljährige erhalten geeignete und notwendige Hilfe nach diesem Abschnitt, wenn und solange ihre Persönlichkeitsentwicklung eine selbstbestimmte, eigenverantwortliche und selbständige Lebensführung nicht gewährleistet. ²Die Hilfe wird in der Regel nur bis zur Vollendung des 21. Lebensjahres gewährt; in begründeten Einzelfällen soll sie für einen begrenzten Zeitraum darüber hinaus fortgesetzt werden. ³Eine Beendigung der Hilfe schließt die erneute Gewährung oder Fortsetzung einer Hilfe nach Maßgabe der Sätze 1 und 2 nicht aus.

111 SGB VIII §§ 41a–42

(2) Für die Ausgestaltung der Hilfe gelten § 27 Absatz 3 und 4 sowie die §§ 28 bis 30, 33 bis 36, 39 und 40 entsprechend mit der Maßgabe, dass an die Stelle des Personensorgeberechtigten oder des Kindes oder des Jugendlichen der junge Volljährige tritt.
(3) Soll eine Hilfe nach dieser Vorschrift nicht fortgesetzt oder beendet werden, prüft der Träger der öffentlichen Jugendhilfe ab einem Jahr vor dem hierfür im Hilfeplan vorgesehenen Zeitpunkt, ob im Hinblick auf den Bedarf des jungen Menschen ein Zuständigkeitsübergang auf andere Sozialleistungsträger in Betracht kommt; § 36b gilt entsprechend.

> **Anm. d. Hrsg.:** Absatz 2 verweist u. a. auf § 36; dies ist wohl ein Redaktionsversehen des Gesetzgebers, gemeint ist § 36a SGB VIII.

§ 41a Nachbetreuung

(1) Junge Volljährige werden innerhalb eines angemessenen Zeitraums nach Beendigung der Hilfe bei der Verselbständigung im notwendigen Umfang und in einer für sie verständlichen, nachvollziehbaren und wahrnehmbaren Form beraten und unterstützt.
(2) ¹Der angemessene Zeitraum sowie der notwendige Umfang der Beratung und Unterstützung nach Beendigung der Hilfe sollen in dem Hilfeplan nach § 36 Absatz 2 Satz 2, der die Beendigung der Hilfe nach § 41 feststellt, dokumentiert und regelmäßig überprüft werden. ²Hierzu soll der Träger der öffentlichen Jugendhilfe in regelmäßigen Abständen Kontakt zu dem jungen Volljährigen aufnehmen.

Drittes Kapitel
Andere Aufgaben der Jugendhilfe

Erster Abschnitt
Vorläufige Maßnahmen zum Schutz von Kindern und Jugendlichen

§ 42 Inobhutnahme von Kindern und Jugendlichen

(1) ¹Das Jugendamt ist berechtigt und verpflichtet, ein Kind oder einen Jugendlichen in seine Obhut zu nehmen, wenn
1. das Kind oder der Jugendliche um Obhut bittet oder
2. eine dringende Gefahr für das Wohl des Kindes oder des Jugendlichen die Inobhutnahme erfordert und
   a) die Personensorgeberechtigten nicht widersprechen oder
   b) eine familiengerichtliche Entscheidung nicht rechtzeitig eingeholt werden kann oder
3. ein ausländisches Kind oder ein ausländischer Jugendlicher unbegleitet nach Deutschland kommt und sich weder Personensorge- noch Erziehungsberechtigte im Inland aufhalten.

²Die Inobhutnahme umfasst die Befugnis, ein Kind oder einen Jugendlichen bei einer geeigneten Person, in einer geeigneten Einrichtung oder in einer sonstigen Wohnform vorläufig unterzubringen; im Fall von Satz 1 Nummer 2 auch ein Kind oder einen Jugendlichen von einer anderen Person wegzunehmen.
(2) ¹Das Jugendamt hat während der Inobhutnahme unverzüglich das Kind oder den Jugendlichen umfassend und in einer verständlichen, nachvollziehbaren und wahrnehmbaren Form über diese Maßnahme aufzuklären, die Situation, die zur Inobhutnahme geführt hat, zusammen mit dem Kind oder dem Jugendlichen zu klären und Möglichkeiten der Hilfe und Unterstützung aufzuzeigen. ²Dem Kind oder dem Jugendlichen ist unverzüglich Gelegenheit zu geben, eine Person seines Vertrauens zu benachrichtigen. ³Das Jugendamt hat während der Inobhutnahme für das Wohl des Kindes oder des Jugendlichen zu sorgen und dabei den notwendigen Unterhalt und die Krankenhilfe sicherzustellen; § 39 Absatz 4 Satz 2 gilt entsprechend. ⁴Das Jugendamt ist während der Inobhutnahme berechtigt, alle Rechtshandlungen vorzunehmen, die zum Wohl des Kindes oder Jugendlichen notwendig sind; der mutmaßliche Wille der Personensorge- oder der Erziehungsberechtigten ist dabei angemessen zu berücksichtigen. ⁵Im Fall des Absatzes 1 Satz 1 Nummer 3 gehört zu den Rechtshandlungen nach Satz 4, zu denen das Jugendamt verpflichtet ist, insbesondere die unverzügliche Stellung eines Asylantrags für das Kind oder den Jugendlichen in Fällen, in denen Tatsachen die Annahme rechtfertigen, dass das Kind oder der Jugendliche internationalen Schutz im Sinne des § 1 Absatz 1 Nummer 2 des Asylgesetzes benötigt; dabei ist das Kind oder der Jugendliche zu beteiligen.
(3) ¹Das Jugendamt hat im Fall des Absatzes 1 Satz 1 Nummer 1 und 2 die Personensorge- oder Erziehungsberechtigten unverzüglich von der Inobhutnahme zu unterrichten, sie in einer verständlichen, nachvollziehbaren und wahrnehmbaren Form umfassend über diese Maßnahme aufzuklären und mit ihnen das Gefährdungsrisiko abzuschätzen. ²Widersprechen die Personensorge- oder Erziehungsberechtigten der Inobhutnahme, so hat das Jugendamt unverzüglich
1. das Kind oder den Jugendlichen den Personensorgeberechtigten zu übergeben, sofern nach der Einschätzung des Jugendamts eine Gefährdung des Kindeswohls nicht besteht oder die Personensorge- oder Erziehungsberechtigten bereit und in der Lage sind, die Gefährdung abzuwenden oder

2. eine Entscheidung des Familiengerichts über die erforderlichen Maßnahmen zum Wohl des Kindes oder des Jugendlichen herbeizuführen.
³Sind die Personensorge- oder Erziehungsberechtigten nicht erreichbar, so gilt Satz 2 Nummer 2 entsprechend. ⁴Im Fall des Absatzes 1 Satz 1 Nummer 3 ist unverzüglich die Bestellung eines Vormunds oder Pflegers zu veranlassen. ⁵Widersprechen die Personensorgeberechtigten der Inobhutnahme nicht, so ist unverzüglich ein Hilfeplanverfahren zur Gewährung einer Hilfe einzuleiten.
(4) Die Inobhutnahme endet mit
1. der Übergabe des Kindes oder Jugendlichen an die Personensorge- oder Erziehungsberechtigten,
2. der Entscheidung über die Gewährung von Hilfen nach dem Sozialgesetzbuch.
(5) ¹Freiheitsentziehende Maßnahmen im Rahmen der Inobhutnahme sind nur zulässig, wenn und soweit sie erforderlich sind, um eine Gefahr für Leib oder Leben des Kindes oder des Jugendlichen oder eine Gefahr für Leib oder Leben Dritter abzuwenden. ²Die Freiheitsentziehung ist ohne gerichtliche Entscheidung spätestens mit Ablauf des Tages nach ihrem Beginn zu beenden.
(6) Ist bei der Inobhutnahme die Anwendung unmittelbaren Zwangs erforderlich, so sind die dazu befugten Stellen hinzuzuziehen.

Anm. d. Hrsg.: In Absatz 1 am Ende wird davon gesprochen, ein Kind oder einen Jugendlichen von einer „anderen Person" wegzunehmen. Aufgrund eines Redaktionsversehens des Gesetzgebers wurde wohl „oder Einrichtung" vergessen. In Absatz 3 spricht der Gesetzgeber von „abzuschätzen". Nach Änderung des § 8a muss es wohl auch hier „einzuschätzen" heißen.

§ 42a Vorläufige Inobhutnahme von ausländischen Kindern und Jugendlichen nach unbegleiteter Einreise

(1) ¹Das Jugendamt ist berechtigt und verpflichtet, ein ausländisches Kind oder einen ausländischen Jugendlichen vorläufig in Obhut zu nehmen, sobald dessen unbegleitete Einreise nach Deutschland festgestellt wird. ²Ein ausländisches Kind oder ein ausländischer Jugendlicher ist grundsätzlich dann als unbegleitet zu betrachten, wenn die Einreise nicht in Begleitung eines Personensorgeberechtigten oder Erziehungsberechtigten erfolgt; dies gilt auch, wenn von dem Kind oder der Jugendliche verheiratet ist. ³§ 42 Absatz 1 Satz 2, Absatz 2 Satz 2 und 3, Absatz 5 sowie 6 gilt entsprechend.
(2) ¹Das Jugendamt hat während der vorläufigen Inobhutnahme zusammen mit dem Kind oder dem Jugendlichen einzuschätzen,
1. ob das Wohl des Kindes oder des Jugendlichen durch die Durchführung des Verteilungsverfahrens gefährdet würde,
2. ob sich eine mit dem Kind oder dem Jugendlichen verwandte Person im Inland oder im Ausland aufhält,
3. ob das Wohl des Kindes oder des Jugendlichen eine gemeinsame Inobhutnahme mit Geschwistern oder anderen unbegleiteten ausländischen Kindern oder Jugendlichen erfordert und
4. ob der Gesundheitszustand des Kindes oder des Jugendlichen die Durchführung des Verteilungsverfahrens innerhalb von 14 Werktagen nach Beginn der vorläufigen Inobhutnahme ausschließt; hierzu soll eine ärztliche Stellungnahme eingeholt werden.

²Auf der Grundlage des Ergebnisses der Einschätzung nach Satz 1 entscheidet das Jugendamt über die Anmeldung des Kindes oder des Jugendlichen zur Verteilung oder den Ausschluss der Verteilung.
(3) ¹Das Jugendamt ist während der vorläufigen Inobhutnahme berechtigt und verpflichtet, alle Rechtshandlungen vorzunehmen, die zum Wohl des Kindes oder des Jugendlichen notwendig sind. ²Dabei ist das Kind oder der Jugendliche zu beteiligen und der mutmaßliche Wille der Personen- oder der Erziehungsberechtigten angemessen zu berücksichtigen.
(3a) Das Jugendamt hat dafür Sorge zu tragen, dass für die in Absatz 1 genannten Kinder oder Jugendlichen unverzüglich erkennungsdienstliche Maßnahmen nach § 49 Absatz 8 und 9 des Aufenthaltsgesetzes durchgeführt werden, wenn Zweifel über die Identität bestehen.
(4) ¹Das Jugendamt hat der nach Landesrecht für die Verteilung von unbegleiteten ausländischen Kindern und Jugendlichen zuständigen Stelle die vorläufige Inobhutnahme des Kindes oder des Jugendlichen innerhalb von sieben Werktagen nach Beginn der Maßnahme zur Erfüllung in § 42b genannten Aufgaben mitzuteilen. ²Zu diesem Zweck sind auch die Ergebnisse der Einschätzung nach Absatz 2 Satz 1 mitzuteilen. ³Die nach Landesrecht zuständige Stelle hat gegenüber dem Bundesverwaltungsamt innerhalb von drei Werktagen das Kind oder den Jugendlichen zur Verteilung anzumelden oder den Ausschluss der Verteilung anzuzeigen.
(5) ¹Soll das Kind oder der Jugendliche im Rahmen eines Verteilungsverfahrens untergebracht werden, so umfasst die vorläufige Inobhutnahme auch die Pflicht,

111 SGB VIII §§ 42b–42c

1. die Begleitung des Kindes oder des Jugendlichen und dessen Übergabe durch eine insofern geeignete Person an das für die Inobhutnahme nach § 42 Absatz 1 Satz 1 Nummer 3 zuständige Jugendamt sicherzustellen sowie
2. dem für die Inobhutnahme nach § 42 Absatz 1 Satz 1 Nummer 3 zuständigen Jugendamt unverzüglich die personenbezogenen Daten zu übermitteln, die zur Wahrnehmung der Aufgaben nach § 42 erforderlich sind.

[2]Hält sich eine mit dem Kind oder dem Jugendlichen verwandte Person im Inland oder im Ausland auf, hat das Jugendamt auf eine Zusammenführung des Kindes oder des Jugendlichen mit dieser Person hinzuwirken, wenn dies dem Kindeswohl entspricht. [3]Das Kind oder der Jugendliche ist an der Übergabe und an der Entscheidung über die Familienzusammenführung angemessen zu beteiligen.

(6) Die vorläufige Inobhutnahme endet mit der Übergabe des Kindes oder des Jugendlichen an die Personensorge- oder Erziehungsberechtigten oder an das aufgrund der Zuweisungsentscheidung der zuständigen Landesbehörde nach § 88a Absatz 2 Satz 1 zuständige Jugendamt oder mit der Anzeige nach Absatz 4 Satz 3 über den Ausschluss des Verteilungsverfahrens nach § 42b Absatz 4.

§ 42b Verfahren zur Verteilung unbegleiteter ausländischer Kinder und Jugendlicher

(1) [1]Das Bundesverwaltungsamt benennt innerhalb von zwei Werktagen nach Anmeldung eines unbegleiteten ausländischen Kindes oder Jugendlichen zur Verteilung durch die zuständige Landesstelle das zu dessen Aufnahme verpflichtete Land. [2]Maßgebend dafür ist die Aufnahmequote nach § 42c.

(2) [1]Im Rahmen der Aufnahmequote nach § 42c soll vorrangig dasjenige Land benannt werden, in dessen Bereich das Jugendamt liegt, das das Kind oder den Jugendlichen nach § 42a vorläufig in Obhut genommen hat. [2]Hat dieses Land die Aufnahmequote nach § 42c bereits erfüllt, soll das nächstgelegene Land benannt werden.

(3) [1]Die nach Landesrecht für die Verteilung von unbegleiteten ausländischen Kindern oder Jugendlichen zuständige Stelle des nach Absatz 1 benannten Landes weist das Kind oder den Jugendlichen innerhalb von zwei Werktagen einem in seinem Bereich gelegenen Jugendamt zur Inobhutnahme nach § 42 Absatz 1 Satz 1 Nummer 3 zu und teilt dies demjenigen Jugendamt mit, welches das Kind oder den Jugendlichen nach § 42a vorläufig in Obhut genommen hat. [2]Maßgeblich für die Zuweisung sind die spezifischen Schutzbedürfnisse und Bedarfe unbegleiteter ausländischer Minderjähriger. [3]Für die Verteilung von unbegleiteten ausländischen Kindern oder Jugendlichen ist das Landesjugendamt zuständig, es sei denn, dass Landesrecht etwas anderes regelt.

(4) Die Durchführung eines Verteilungsverfahrens ist bei einem unbegleiteten ausländischen Kind oder Jugendlichen ausgeschlossen,
1. dadurch dessen Wohl gefährdet würde,
2. dessen Gesundheitszustand die Durchführung eines Verteilungsverfahrens innerhalb von 14 Werktagen nach Beginn der vorläufigen Inobhutnahme gemäß § 42a nicht zulässt,
3. dessen Zusammenführung mit einer verwandten Person kurzfristig erfolgen kann, zum Beispiel aufgrund der Verordnung (EU) Nr. 604/2013 des Europäischen Parlaments und des Rates vom 26. Juni 2013 zur Festlegung der Kriterien und Verfahren zur Bestimmung des Mitgliedstaats, der für die Prüfung eines von einem Drittstaatsangehörigen oder Staatenlosen in einem Mitgliedstaat gestellten Antrags auf internationalen Schutz zuständig ist (ABl. L 180 vom 29. 6. 2013, S. 31), und dies dem Wohl des Kindes entspricht oder
4. die Durchführung des Verteilungsverfahrens nicht innerhalb von einem Monat nach Beginn der vorläufigen Inobhutnahme erfolgt.

(5) [1]Geschwister dürfen nicht getrennt werden, es sei denn, dass das Kindeswohl eine Trennung erfordert. [2]Im Übrigen sollen unbegleitete ausländische Kinder oder Jugendliche im Rahmen der Aufnahmequote nach § 42c nach Durchführung des Verteilungsverfahrens gemeinsam nach § 42 in Obhut genommen werden, wenn das Kindeswohl dies erfordert.

(6) [1]Der örtliche Träger stellt durch werktägliche Mitteilungen sicher, dass die nach Landesrecht für die Verteilung von unbegleiteten ausländischen Kindern und Jugendlichen zuständige Stelle jederzeit über die für die Zuweisung nach Absatz 3 erforderlichen Angaben unterrichtet wird. [2]Die nach Landesrecht für die Verteilung von unbegleiteten ausländischen Kindern oder Jugendlichen zuständige Stelle stellt durch werktägliche Mitteilungen sicher, dass das Bundesverwaltungsamt jederzeit über die Angaben unterrichtet wird, die für die Benennung des zur Aufnahme verpflichteten Landes nach Absatz 1 erforderlich sind.

(7) [1]Gegen Entscheidungen nach dieser Vorschrift findet kein Widerspruch statt. [2]Die Klage gegen Entscheidungen nach dieser Vorschrift hat keine aufschiebende Wirkung.

(8) Das Nähere regelt das Landesrecht.

§ 42c Aufnahmequote

(1) [1]Die Länder können durch Vereinbarung einen Schlüssel als Grundlage für die Benennung des zur Aufnahme verpflichteten Landes nach § 42b Absatz 1 festlegen. [2]Bis zum Zustandekommen dieser Vereinbarung oder bei

deren Wegfall richtet sich die Aufnahmequote für das jeweilige Kalenderjahr nach dem von dem Büro der Gemeinsamen Wissenschaftskonferenz im Bundesanzeiger veröffentlichten Schlüssel, der für das vorangegangene Kalenderjahr entsprechend den Steuereinnahmen und der Bevölkerungszahl der Länder errechnet worden ist (Königsteiner Schlüssel), und nach dem Ausgleich für den Bestand der Anzahl unbegleiteter ausländischer Minderjähriger, denen am 1. November 2015 in den einzelnen Ländern Jugendhilfe gewährt wird. ³Ein Land kann seiner Aufnahmepflicht eine höhere Quote als die Aufnahmequote nach Satz 1 oder 2 zugrunde legen; dies ist gegenüber dem Bundesverwaltungsamt anzuzeigen.

(2) ¹Ist die Durchführung des Verteilungsverfahrens ausgeschlossen, wird die Anzahl der im Land verbleibenden unbegleiteten ausländischen Kinder und Jugendlichen auf die Aufnahmequote nach Absatz 1 angerechnet. ²Gleiches gilt, wenn der örtliche Träger eines anderen Landes die Zuständigkeit für die Inobhutnahme eines unbegleiteten ausländischen Kindes oder Jugendlichen von dem nach § 88a Absatz 2 zuständigen örtlichen Träger übernimmt.

(3) Bis zum 1. Mai 2017 wird die Aufnahmepflicht durch einen Abgleich der aktuellen Anzahl unbegleiteter ausländischer Minderjähriger in den Ländern mit der Aufnahmequote nach Absatz 1 werktäglich ermittelt.

§ 42d Übergangsregelung

(1) Kann ein Land die Anzahl von unbegleiteten ausländischen Kindern oder Jugendlichen, die seiner Aufnahmequote nach § 42c entspricht, nicht aufnehmen, so kann es dies gegenüber dem Bundesverwaltungsamt anzeigen.

(2) In diesem Fall reduziert sich für das Land die Aufnahmequote
1. bis zum 1. Dezember 2015 um zwei Drittel sowie
2. bis zum 1. Januar 2016 um ein Drittel.

(3) ¹Bis zum 31. Dezember 2016 kann die Ausschlussfrist nach § 42b Absatz 4 Nummer 4 um einen Monat verlängert werden, wenn die zuständige Landesstelle gegenüber dem Bundesverwaltungsamt anzeigt, dass die Durchführung des Verteilungsverfahrens in Bezug auf einen unbegleiteten ausländischen Minderjährigen nicht innerhalb dieser Frist erfolgen kann. ²In diesem Fall hat das Jugendamt nach Ablauf eines Monats nach Beginn der vorläufigen Inobhutnahme die Bestellung eines Vormunds oder Pflegers zu veranlassen.

(4) ¹Ab dem 1. August 2016 ist die Geltendmachung des Anspruchs des örtlichen Trägers gegenüber dem nach § 89d Absatz 3 erstattungspflichtigen Land auf Erstattung der Kosten, die vor dem 1. November 2015 entstanden sind, ausgeschlossen. ²Der Erstattungsanspruch des örtlichen Trägers gegenüber dem nach § 89d Absatz 3 erstattungspflichtigen Land verjährt in einem Jahr; im Übrigen gilt § 113 des Zehnten Buches entsprechend.

(5) ¹Die Geltendmachung des Anspruchs des örtlichen Trägers gegenüber dem nach § 89d Absatz 3 erstattungspflichtigen Land auf Erstattung der Kosten, die nach dem 1. November 2015 entstanden sind, ist ausgeschlossen. ²Die Erstattung dieser Kosten richtet sich nach § 89d Absatz 3.

§ 42e Berichtspflicht

Die Bundesregierung hat dem Deutschen Bundestag jährlich einen Bericht über die Situation unbegleiteter ausländischer Minderjähriger in Deutschland vorzulegen.

§ 42f Behördliches Verfahren zur Altersfeststellung

(1) ¹Das Jugendamt hat im Rahmen der vorläufigen Inobhutnahme der ausländischen Person gemäß § 42a deren Minderjährigkeit durch Einsichtnahme in deren Ausweispapiere festzustellen oder hilfsweise mittels einer qualifizierten Inaugenscheinnahme einzuschätzen und festzustellen. ²§ 8 Absatz 1 und § 42 Absatz 2 Satz 2 sind entsprechend anzuwenden.

(2) ¹Auf Antrag des Betroffenen oder seines Vertreters oder von Amts wegen hat das Jugendamt in Zweifelsfällen eine ärztliche Untersuchung zur Altersbestimmung zu veranlassen. ²Ist eine ärztliche Untersuchung durchzuführen, ist die betroffene Person durch das Jugendamt umfassend über die Untersuchungsmethode und über die möglichen Folgen der Altersbestimmung aufzuklären. ³Ist die ärztliche Untersuchung von Amts wegen durchzuführen, ist die betroffene Person zusätzlich über die Folgen einer Weigerung, sich der ärztlichen Untersuchung zu unterziehen, aufzuklären; die Untersuchung darf nur mit Einwilligung der betroffenen Person und ihres Vertreters durchgeführt werden. ⁴Die §§ 60, 62 und 65 bis 67 des Ersten Buches sind entsprechend anzuwenden.

(3) ¹Widerspruch und Klage gegen die Entscheidung des Jugendamts, aufgrund der Altersfeststellung nach dieser Vorschrift die vorläufige Inobhutnahme nach § 42a oder die Inobhutnahme nach § 42 Absatz 1 Satz 1 Nummer 3 abzulehnen oder zu beenden, haben keine aufschiebende Wirkung. ²Landesrecht kann bestimmen, dass gegen diese Entscheidung Klage ohne Nachprüfung in einem Vorverfahren nach § 68 der Verwaltungsgerichtsordnung erhoben werden kann.

Zweiter Abschnitt
Schutz von Kindern und Jugendlichen in Familienpflege und in Einrichtungen

§ 43 Erlaubnis zur Kindertagespflege

(1) Eine Person, die ein Kind oder mehrere Kinder außerhalb des Haushalts des Erziehungsberechtigten während eines Teils des Tages und mehr als 15 Stunden wöchentlich gegen Entgelt länger als drei Monate betreuen will, bedarf der Erlaubnis.
(2) ¹Die Erlaubnis ist zu erteilen, wenn die Person für die Kindertagespflege geeignet ist. ²Geeignet im Sinne des Satzes 1 sind Personen, die
1. sich durch ihre Persönlichkeit, Sachkompetenz und Kooperationsbereitschaft mit Erziehungsberechtigten und anderen Kindertagespflegepersonen auszeichnen und
2. über kindgerechte Räumlichkeiten verfügen.

³Sie sollen über vertiefte Kenntnisse hinsichtlich der Anforderungen der Kindertagespflege verfügen, die sie in qualifizierten Lehrgängen erworben oder in anderer Weise nachgewiesen haben. ⁴§ 72a Absatz 1 und 5 gilt entsprechend.
(3) ¹Die Erlaubnis befugt zur Betreuung von bis zu fünf gleichzeitig anwesenden, fremden Kindern. ²Im Einzelfall kann die Erlaubnis für eine geringere Zahl von Kindern erteilt werden. ³Landesrecht kann bestimmen, dass die Erlaubnis zur Betreuung von mehr als fünf gleichzeitig anwesenden, fremden Kindern erteilt werden kann, wenn die Person über eine pädagogische Ausbildung verfügt; in der Pflegestelle dürfen nicht mehr Kinder betreut werden als in einer vergleichbaren Gruppe einer Tageseinrichtung. ⁴Die Erlaubnis ist auf fünf Jahre befristet. ⁵Sie kann mit einer Nebenbestimmung versehen werden. ⁶Die Kindertagespflegeperson hat den Träger der öffentlichen Jugendhilfe über wichtige Ereignisse zu unterrichten, die für die Betreuung des oder der Kinder bedeutsam sind.
(4) Erziehungsberechtigte und Kindertagespflegepersonen haben Anspruch auf Beratung in allen Fragen der Kindertagespflege einschließlich Fragen zur Sicherung des Kindeswohls und zum Schutz vor Gewalt.
(5) Das Nähere regelt das Landesrecht.

§ 44 Erlaubnis zur Vollzeitpflege

(1) ¹Wer ein Kind oder einen Jugendlichen über Tag und Nacht in seinem Haushalt aufnehmen will (Pflegeperson), bedarf der Erlaubnis. ²Einer Erlaubnis bedarf nicht, wer ein Kind oder einen Jugendlichen
1. im Rahmen von Hilfe zur Erziehung oder von Eingliederungshilfe für seelisch behinderte Kinder und Jugendliche auf Grund einer Vermittlung durch das Jugendamt,
2. als Vormund oder Pfleger im Rahmen seines Wirkungskreises,
3. als Verwandter oder Verschwägerter bis zum dritten Grad,
4. bis zur Dauer von acht Wochen,
5. im Rahmen eines Schüler- oder Jugendaustausches,
6. in Adoptionspflege (§ 1744 des Bürgerlichen Gesetzbuchs)
über Tag und Nacht aufnimmt.
(2) ¹Die Erlaubnis ist zu versagen, wenn das Wohl des Kindes oder des Jugendlichen in der Pflegestelle nicht gewährleistet ist. ²§ 72a Absatz 1 und 5 gilt entsprechend.
(3) ¹Das Jugendamt soll den Erfordernissen des Einzelfalls entsprechend an Ort und Stelle überprüfen, ob die Voraussetzungen für die Erteilung der Erlaubnis weiter bestehen. ²Ist das Wohl des Kindes oder des Jugendlichen in der Pflegestelle gefährdet und ist die Pflegeperson nicht bereit oder in der Lage, die Gefährdung abzuwenden, so ist die Erlaubnis zurückzunehmen oder zu widerrufen.
(4) Wer ein Kind oder einen Jugendlichen in erlaubnispflichtige Familienpflege aufgenommen hat, hat das Jugendamt über wichtige Ereignisse zu unterrichten, die das Wohl des Kindes oder des Jugendlichen betreffen.

§ 45 Erlaubnis für den Betrieb einer Einrichtung

(1) ¹Der Träger einer Einrichtung, nach § 45a bedarf für den Betrieb der Einrichtung der Erlaubnis. ²Einer Erlaubnis bedarf nicht, wer
1. eine Jugendfreizeiteinrichtung, eine Jugendbildungseinrichtung, eine Jugendherberge oder ein Schullandheim betreibt,
2. ein Schülerheim betreibt, das landesgesetzlich der Schulaufsicht untersteht,
3. eine Einrichtung betreibt, die außerhalb der Jugendhilfe liegende Aufgaben für Kinder oder Jugendliche wahrnimmt, wenn für sie eine entsprechende gesetzliche Aufsicht besteht oder im Rahmen des Hotel- und Gaststättengewerbes der Aufnahme von Kindern oder Jugendlichen dient.

(2) ¹Die Erlaubnis ist zu erteilen, wenn das Wohl der Kinder und Jugendlichen in der Einrichtung gewährleistet ist. ²Dies ist in der Regel anzunehmen, wenn

1. der Träger die für den Betrieb der Einrichtung erforderliche Zuverlässigkeit besitzt,
2. die dem Zweck und der Konzeption der Einrichtung entsprechenden räumlichen, fachlichen, wirtschaftlichen und personellen Voraussetzungen für den Betrieb erfüllt sind und durch den Träger gewährleistet werden,
3. die gesellschaftliche und sprachliche Integration und ein gesundheitsförderliches Lebensumfeld in der Einrichtung unterstützt werden sowie die gesundheitliche Vorsorge und die medizinische Betreuung der Kinder und Jugendlichen nicht erschwert werden sowie
4. zur Sicherung der Rechte und des Wohls von Kindern und Jugendlichen in der Einrichtung die Entwicklung, Anwendung und Überprüfung eines Konzepts zum Schutz vor Gewalt, geeignete Verfahren der Selbstvertretung und Beteiligung sowie der Möglichkeit der Beschwerde in persönlichen Angelegenheiten innerhalb und außerhalb der Einrichtung gewährleistet werden.

[3]Die nach Satz 2 Nummer 1 erforderliche Zuverlässigkeit besitzt ein Träger insbesondere dann nicht, wenn er
1. in der Vergangenheit nachhaltig gegen seine Mitwirkungs- und Meldepflichten nach den §§ 46 und 47 verstoßen hat,
2. Personen entgegen eines behördlichen Beschäftigungsverbotes nach § 48 beschäftigt oder
3. wiederholt gegen behördliche Auflagen verstoßen hat.

(3) Zur Prüfung der Voraussetzungen hat der Träger der Einrichtung mit dem Antrag
1. die Konzeption der Einrichtung vorzulegen, die auch Auskunft über Maßnahmen zur Qualitätsentwicklung und -sicherung sowie zur ordnungsgemäßen Buch- und Aktenführung in Bezug auf den Betrieb der Einrichtung gibt, sowie
2. im Hinblick auf die Eignung des Personals nachzuweisen, dass die Vorlage und Prüfung von aufgabenspezifischen Ausbildungsnachweisen sowie von Führungszeugnissen nach § 30 Absatz 5 und § 30a Absatz 1 des Bundeszentralregistergesetzes sichergestellt ist; Führungszeugnisse sind von dem Träger der Einrichtung in regelmäßigen Abständen erneut anzufordern und zu prüfen.

(4) [1]Die Erlaubnis kann mit Nebenbestimmungen versehen werden. [2]Zur Gewährleistung des Wohls der Kinder und der Jugendlichen können nachträgliche Auflagen erteilt werden.

(5) [1]Besteht für eine erlaubnispflichtige Einrichtung eine Aufsicht nach anderen Rechtsvorschriften, so hat die zuständige Behörde ihr Tätigwerden zuvor mit der anderen Behörde abzustimmen. [2]Sie hat den Träger der Einrichtung rechtzeitig auf weitergehende Anforderungen nach anderen Rechtsvorschriften hinzuweisen.

(6) [1]Sind in einer Einrichtung Mängel festgestellt worden, so soll die zuständige Behörde zunächst den Träger der Einrichtung über die Möglichkeiten zur Beseitigung der Mängel beraten. [2]Wenn sich die Beseitigung der Mängel auf Entgelte oder Vergütungen nach § 134 des Neunten Buches oder nach § 76 des Zwölften Buches auswirken kann, so ist der Träger der Eingliederungshilfe oder der Sozialhilfe, mit dem Vereinbarungen nach diesen Vorschriften bestehen, an der Beratung zu beteiligen. [3]Werden festgestellte Mängel nicht behoben, so können dem Träger der Einrichtung Auflagen nach Absatz 4 Satz 2 erteilt werden. [4]Wenn sich eine Auflage auf Entgelte oder Vergütungen nach § 134 des Neunten Buches oder nach § 76 des Zwölften Buches auswirkt, so entscheidet die zuständige Behörde nach Anhörung des Trägers der Eingliederungshilfe oder der Sozialhilfe, mit dem Vereinbarungen nach diesen Vorschriften bestehen, über die Erteilung der Auflage. [5]Die Auflage ist nach Möglichkeit in Übereinstimmung mit den nach § 134 des Neunten Buches oder nach den §§ 75 bis 80 des Zwölften Buches getroffenen Vereinbarungen auszugestalten.

(7) [1]Die Erlaubnis ist aufzuheben, wenn das Wohl der Kinder oder der Jugendlichen in der Einrichtung gefährdet und der Träger nicht bereit oder nicht in der Lage ist, die Gefährdung abzuwenden. [2]Sie kann aufgehoben werden, wenn die Voraussetzungen für eine Erteilung nach Absatz 2 nicht oder nicht mehr vorliegen; Absatz 6 Satz 1 und 3 bleibt unberührt. [3]Die Vorschriften zum Widerruf nach § 47 Absatz 1 Nummer 2 und Absatz 3 des Zehnten Buches bleiben unberührt. [4]Widerspruch und Anfechtungsklage gegen die Rücknahme oder den Widerruf der Erlaubnis haben keine aufschiebende Wirkung.

§ 45a Einrichtung

[1]Eine Einrichtung ist eine auf gewisse Dauer und unter der Verantwortung eines Trägers angelegte förmliche Verbindung ortsgebundener räumlicher, personeller und sachlicher Mittel mit dem Zweck der ganztägigen oder über einen Teil des Tages erfolgenden Betreuung oder Unterkunftsgewährung sowie Beaufsichtigung, Erziehung, Bildung, Ausbildung von Kindern und Jugendlichen außerhalb ihrer Familie. [2]Familienähnliche Betreuungsformen der Unterbringung, bei denen der Bestand der Verbindung nicht unabhängig von bestimmten Kindern und Jugendlichen, den dort tätigen Personen und der Zuordnung bestimmter Kinder und Jugendlicher zu bestimmten dort tätigen Personen ist, sind nur dann Einrichtungen, wenn sie fachlich und organisatorisch in eine betriebserlaubnispflichtige Einrichtung eingebunden sind. [3]Eine fachliche und organisatorische Einbindung der familienähnlichen Betreuungsform liegt insbesondere vor, wenn die betriebserlaubnispflichtige Einrichtung das Kon-

zept, die fachliche Steuerung der Hilfen, die Qualitätssicherung, die Auswahl, Überwachung, Weiterbildung und Vertretung des Personals sowie die Außenvertretung gewährleistet. [4]Landesrecht kann regeln, unter welchen Voraussetzungen auch familienähnliche Betreuungsformen Einrichtungen sind, die nicht fachlich und organisatorisch in eine betriebserlaubnispflichtige Einrichtung eingebunden sind.

§ 46 Prüfung vor Ort und nach Aktenlage

(1) [1]Die zuständige Behörde soll nach den Erfordernissen des Einzelfalls überprüfen, ob die Voraussetzungen für die Erteilung der Erlaubnis weiter bestehen. [2]Häufigkeit, Art und Umfang der Prüfung müssen nach fachlicher Einschätzung im Einzelfall zur Gewährleistung des Schutzes des Wohls der Kinder und Jugendlichen in der Einrichtung geeignet, erforderlich und angemessen sein. [3]Sie soll das Jugendamt und einen zentralen Träger der freien Jugendhilfe, wenn diesem der Träger der Einrichtung angehört, an der Überprüfung beteiligen. [4]Der Träger der Einrichtung hat der zuständigen Behörde insbesondere alle für die Prüfung erforderlichen Unterlagen vorzulegen.

(2) [1]Örtliche Prüfungen können jederzeit unangemeldet erfolgen. [2]Der Träger der Einrichtung soll bei der örtlichen Prüfung mitwirken.

(3) [1]Die von der zuständigen Behörde mit der Überprüfung der Einrichtung beauftragten Personen sind berechtigt, während der Tageszeit
1. die für die Einrichtung benutzten Grundstücke und Räume, soweit diese nicht einem Hausrecht der Bewohner unterliegen, zu betreten und dort Prüfungen und Besichtigungen vorzunehmen sowie
2. mit den Beschäftigten und mit den Kindern und Jugendlichen jeweils Gespräche zu führen, wenn die zuständige Behörde
    a) das Einverständnis der Personensorgeberechtigten zu den Gesprächen eingeholt hat und diesen eine Beteiligung an den Gesprächen ermöglicht sowie
    b) den Kindern und Jugendlichen die Hinzuziehung einer von ihnen benannten Vertrauensperson zu Gesprächen ermöglicht und sie auf dieses Recht hingewiesen hat; der Anspruch des Kindes oder Jugendlichen nach § 8 Absatz 3 bleibt unberührt.

Die genannten Pflichten bestehen jedoch nicht, wenn durch deren Umsetzung die Sicherung der Rechte und der wirksame Schutz der Kinder und Jugendlichen in der Einrichtung in Frage gestellt würden.
[2]Zur Abwehr von Gefahren für das Wohl der Kinder und Jugendlichen können die Grundstücke und Räume auch außerhalb der in Satz 1 genannten Zeit und auch, wenn diese zugleich einem Hausrecht der Bewohner unterliegen, betreten und Gespräche mit den Beschäftigten sowie den Kindern und Jugendlichen nach Maßgabe von Satz 1 geführt werden. [3]Der Träger der Einrichtung hat die Maßnahmen nach den Sätzen 1 und 2 zu dulden.

§ 47 Melde- und Dokumentationspflichten, Aufbewahrung von Unterlagen

(1) [1]Der Träger einer erlaubnispflichtigen Einrichtung hat der zuständigen Behörde unverzüglich
1. die Betriebsaufnahme unter Angabe von Name und Anschrift des Trägers, Art und Standort der Einrichtung, der Zahl der verfügbaren Plätze sowie der Namen und der beruflichen Ausbildung des Leiters und der Betreuungskräfte,
2. Ereignisse oder Entwicklungen, die geeignet sind, das Wohl der Kinder und Jugendlichen zu beeinträchtigen, sowie
3. die bevorstehende Schließung der Einrichtung

anzuzeigen. [2]Änderungen der in Nummer 1 bezeichneten Angaben sowie der Konzeption sind der zuständigen Behörde unverzüglich, die Zahl der belegten Plätze ist jährlich einmal zu melden.

(2) [1]Der Träger einer erlaubnispflichtigen Einrichtung hat den Grundsätzen einer ordnungsgemäßen Buch- und Aktenführung entsprechend Aufzeichnungen über den Betrieb der Einrichtung und deren Ergebnisse anzufertigen sowie eine mindestens fünfjährige Aufbewahrung der einrichtungsbezogenen Aufzeichnungen sicherzustellen. [2]Auf Verlangen der Betriebserlaubnisbehörde hat der Träger der Einrichtung den Nachweis der ordnungsgemäßen Buchführung zu erbringen; dies kann insbesondere durch die Bestätigung eines unabhängigen Steuer-, Wirtschafts- oder Buchprüfers erfolgen. [3]Die Dokumentations- und Aufbewahrungspflicht umfasst auch die Unterlagen zu räumlichen, wirtschaftlichen und personellen Voraussetzungen nach § 45 Absatz 2 Satz 2 Nummer 2 sowie zur Belegung der Einrichtung.

(3) Der Träger der öffentlichen Jugendhilfe, in dessen Zuständigkeitsbereich erlaubnispflichtige Einrichtungen liegen oder der erlaubnispflichtige Einrichtung mit Kindern und Jugendlichen belegt, und die zuständige Behörde haben sich gegenseitig unverzüglich über Ereignisse oder Entwicklungen zu informieren, die geeignet sind, das Wohl der Kinder und Jugendlichen zu beeinträchtigen.

§ 48 Tätigkeitsuntersagung
Die zuständige Behörde kann dem Träger einer erlaubnispflichtigen Einrichtung die weitere Beschäftigung des Leiters, eines Beschäftigten oder sonstigen Mitarbeiters ganz oder für bestimmte Funktionen oder Tätigkeiten untersagen, wenn Tatsachen die Annahme rechtfertigen, dass er die für seine Tätigkeit erforderliche Eignung nicht besitzt.

§ 48a Sonstige betreute Wohnform
(1) Für den Betrieb einer sonstigen Wohnform, in der Kinder oder Jugendliche betreut werden oder Unterkunft erhalten, gelten die §§ 45 bis 48 entsprechend.
(2) Ist die sonstige Wohnform organisatorisch mit einer Einrichtung verbunden, so gilt sie als Teil der Einrichtung.

§ 49 Landesrechtsvorbehalt
Das Nähere über die in diesem Abschnitt geregelten Aufgaben regelt das Landesrecht.

Dritter Abschnitt
Mitwirkung in gerichtlichen Verfahren

§ 50 Mitwirkung in Verfahren vor den Familiengerichten
(1) ¹Das Jugendamt unterstützt das Familiengericht bei allen Maßnahmen, die die Sorge für die Person von Kindern und Jugendlichen betreffen. ²Es hat in folgenden Verfahren nach dem Gesetz über das Verfahren in Familiensachen und in den Angelegenheiten der freiwilligen Gerichtsbarkeit mitzuwirken:
1. Kindschaftssachen (§ 162 des Gesetzes über das Verfahren in Familiensachen und in den Angelegenheiten der freiwilligen Gerichtsbarkeit),
2. Abstammungssachen (§ 176 des Gesetzes über das Verfahren in Familiensachen und in den Angelegenheiten der freiwilligen Gerichtsbarkeit),
3. Adoptionssachen (§ 188 Absatz 2, §§ 189, 194, 195 des Gesetzes über das Verfahren in Familiensachen und in den Angelegenheiten der freiwilligen Gerichtsbarkeit),
4. Ehewohnungssachen (§ 204 Absatz 2, § 205 des Gesetzes über das Verfahren in Familiensachen und in den Angelegenheiten der freiwilligen Gerichtsbarkeit) und
5. Gewaltschutzsachen (§§ 212, 213 des Gesetzes über das Verfahren in Familiensachen und in den Angelegenheiten der freiwilligen Gerichtsbarkeit).

(2) ¹Das Jugendamt unterrichtet insbesondere über angebotene und erbrachte Leistungen, bringt erzieherische und soziale Gesichtspunkte zur Entwicklung des Kindes oder des Jugendlichen ein und weist auf weitere Möglichkeiten der Hilfe hin. ²In Verfahren nach den §§ 1631b, 1632 Absatz 4, den §§ 1666, 1666a und 1682 des Bürgerlichen Gesetzbuchs sowie in Verfahren, die die Abänderung, Verlängerung oder Aufhebung von nach diesen Vorschriften getroffenen Maßnahmen betreffen, legt das Jugendamt dem Familiengericht den Hilfeplan nach § 36 Absatz 2 Satz 2 vor. ³Dieses Dokument beinhaltet ausschließlich das Ergebnis der Bedarfsfeststellung, die vereinbarte Art der Hilfegewährung einschließlich der hiervon umfassten Leistungen sowie das Ergebnis etwaiger Überprüfungen dieser Feststellungen. ⁴In anderen die Person des Kindes betreffenden Kindschaftssachen legt das Jugendamt den Hilfeplan auf Anforderung des Familiengerichts vor. ⁵Das Jugendamt informiert das Familiengericht in dem Termin nach § 155 Absatz 2 des Gesetzes über das Verfahren in Familiensachen und in den Angelegenheiten der freiwilligen Gerichtsbarkeit über den Stand des Beratungsprozesses. ⁶§ 64 Absatz 2 und § 65 Absatz 1 Satz 1 Nummer 1 und 2 bleiben unberührt.

(3) ¹Das Jugendamt, das in Verfahren zur Übertragung der gemeinsamen Sorge nach § 155a Absatz 4 Satz 1 und § 162 des Gesetzes über das Verfahren in Familiensachen und in den Angelegenheiten der freiwilligen Gerichtsbarkeit angehört wird, teilt
1. rechtskräftige gerichtliche Entscheidungen, aufgrund derer die Sorge gemäß § 1626 Absatz 2 Satz 1 des Bürgerlichen Gesetzbuchs den Eltern ganz oder zum Teil gemeinsam übertragen wird oder
2. rechtskräftige gerichtliche Entscheidungen, die die elterliche Sorge ganz oder zum Teil der Mutter entziehen oder auf den Vater allein übertragen,

dem nach § 87c Absatz 6 Satz 2 zuständigen Jugendamt zu den in § 58a genannten Zwecken unverzüglich mit. ²Mitzuteilen sind auch das Geburtsdatum und der Geburtsort des Kindes oder des Jugendlichen sowie der Name, den das Kind oder der Jugendliche zur Zeit der Beurkundung seiner Geburt geführt hat.

§ 51 Beratung und Belehrung in Verfahren zur Annahme als Kind
(1) ¹Das Jugendamt hat im Verfahren zur Ersetzung der Einwilligung eines Elternteils in die Annahme nach § 1748 Absatz 2 Satz 1 des Bürgerlichen Gesetzbuchs den Elternteil über die Möglichkeit der Ersetzung der

Einwilligung zu belehren. ²Es hat ihn darauf hinzuweisen, dass das Familiengericht die Einwilligung erst nach Ablauf von drei Monaten nach der Belehrung ersetzen darf. ³Der Belehrung bedarf es nicht, wenn der Elternteil seinen Aufenthaltsort ohne Hinterlassung seiner neuen Anschrift gewechselt hat und der Aufenthaltsort vom Jugendamt während eines Zeitraums von drei Monaten trotz angemessener Nachforschungen nicht ermittelt werden konnte; in diesem Fall beginnt die Frist mit der ersten auf die Belehrung oder auf die Ermittlung des Aufenthaltsorts gerichteten Handlung des Jugendamts. ⁴Die Fristen laufen frühestens fünf Monate nach der Geburt des Kindes ab.

(2) ¹Das Jugendamt soll den Elternteil mit der Belehrung nach Absatz 1 über Hilfen beraten, die die Erziehung des Kindes in der eigenen Familie ermöglichen könnten. ²Einer Beratung bedarf es insbesondere nicht, wenn das Kind seit längerer Zeit bei den Annehmenden in Familienpflege lebt und bei seiner Herausgabe an den Elternteil eine schwere und nachhaltige Schädigung des körperlichen und seelischen Wohlbefindens des Kindes zu erwarten ist. ³Das Jugendamt hat dem Familiengericht im Verfahren mitzuteilen, welche Leistungen erbracht oder angeboten worden sind oder aus welchem Grund davon abgesehen wurde.

(3) Steht nicht miteinander verheirateten Eltern die elterliche Sorge nicht gemeinsam zu, so hat das Jugendamt den Vater bei der Wahrnehmung seiner Rechte nach § 1747 Absatz 1 und 3 des Bürgerlichen Gesetzbuchs zu beraten.

§ 52 Mitwirkung in Verfahren nach dem Jugendgerichtsgesetz

(1) ¹Das Jugendamt hat nach Maßgabe der §§ 38 und 50 Absatz 3 Satz 2 des Jugendgerichtsgesetzes im Verfahren nach dem Jugendgerichtsgesetz mitzuwirken. ²Dabei soll das Jugendamt auch mit anderen öffentlichen Einrichtungen und sonstigen Stellen, wenn sich deren Tätigkeit auf die Lebenssituation des Jugendlichen oder jungen Volljährigen auswirkt, zusammenarbeiten, soweit dies zur Erfüllung seiner ihm dabei obliegenden Aufgaben erforderlich ist. ³Die behördenübergreifende Zusammenarbeit kann im Rahmen von gemeinsamen Konferenzen oder vergleichbaren gemeinsamen Gremien oder in anderen nach fachlicher Einschätzung geeigneten Formen erfolgen.

(2) ¹Das Jugendamt hat frühzeitig zu prüfen, ob für den Jugendlichen oder den jungen Volljährigen Leistungen der Jugendhilfe oder anderer Sozialleistungsträger in Betracht kommen. ²Ist dies der Fall oder ist eine geeignete Leistung bereits eingeleitet oder gewährt worden, so hat das Jugendamt den Staatsanwalt oder den Richter umgehend davon zu unterrichten, damit geprüft werden kann, ob diese Leistung ein Absehen von der Verfolgung (§ 45 JGG) oder eine Einstellung des Verfahrens (§ 47 JGG) ermöglicht.

(3) Der Mitarbeiter des Jugendamts oder des anerkannten Trägers der freien Jugendhilfe, der nach § 38 Absatz 2 Satz 2 des Jugendgerichtsgesetzes tätig wird, soll den Jugendlichen oder den jungen Volljährigen während des gesamten Verfahrens betreuen.

Vierter Abschnitt
Beistandschaft, Pflegschaft und Vormundschaft für Kinder und Jugendliche, Auskunft über Nichtabgabe von Sorgeerklärungen

§ 52a Beratung und Unterstützung bei Vaterschaftsfeststellung und Geltendmachung von Unterhaltsansprüchen

(1) ¹Das Jugendamt hat unverzüglich nach der Geburt eines Kindes, dessen Eltern nicht miteinander verheiratet sind, der Mutter Beratung und Unterstützung insbesondere bei der Vaterschaftsfeststellung und der Geltendmachung von Unterhaltsansprüchen des Kindes anzubieten. ²Hierbei hat es hinzuweisen auf
1. die Bedeutung der Vaterschaftsfeststellung,
2. die Möglichkeiten, wie die Vaterschaft festgestellt werden kann, insbesondere bei welchen Stellen die Vaterschaft anerkannt werden kann,
3. die Möglichkeit, die Verpflichtung zur Erfüllung von Unterhaltsansprüchen nach § 59 Absatz 1 Satz 1 Nummer 3 beurkunden zu lassen,
4. die Möglichkeit, eine Beistandschaft zu beantragen, sowie auf die Rechtsfolgen einer solchen Beistandschaft,
5. die Möglichkeit der gemeinsamen elterlichen Sorge.

³Das Jugendamt hat der Mutter ein persönliches Gespräch anzubieten. ⁴Das Gespräch soll in der Regel in der persönlichen Umgebung der Mutter stattfinden, wenn diese es wünscht.

(2) Das Angebot nach Absatz 1 kann vor der Geburt des Kindes erfolgen, wenn anzunehmen ist, dass seine Eltern bei der Geburt nicht miteinander verheiratet sein werden.

(3) ¹Wurde eine nach § 1592 Nummer 1 oder 2 des Bürgerlichen Gesetzbuchs bestehende Vaterschaft zu einem Kind oder Jugendlichen durch eine gerichtliche Entscheidung beseitigt, so hat das Gericht dem Jugendamt Mitteilung zu machen. ²Absatz 1 gilt entsprechend.

(4) Das Standesamt hat die Geburt eines Kindes, dessen Eltern nicht miteinander verheiratet sind, unverzüglich dem Jugendamt anzuzeigen.

§ 53 Beratung und Unterstützung von Pflegern und Vormündern

(1) Das Jugendamt hat dem Familiengericht Personen und Vereine vorzuschlagen, die sich im Einzelfall zum Pfleger oder Vormund eignen.
(2) Pfleger und Vormünder haben Anspruch auf regelmäßige und dem jeweiligen erzieherischen Bedarf des Mündels entsprechende Beratung und Unterstützung.
(3) [1]Das Jugendamt hat darauf zu achten, dass die Vormünder und Pfleger für die Person der Mündel, insbesondere ihre Erziehung und Pflege, Sorge tragen. [2]Es hat beratend darauf hinzuwirken, dass festgestellte Mängel im Einvernehmen mit dem Vormund oder dem Pfleger behoben werden. [3]Soweit eine Behebung der Mängel nicht erfolgt, hat es dies dem Familiengericht mitzuteilen. [4]Es hat dem Familiengericht über das persönliche Ergehen und die Entwicklung eines Mündels Auskunft zu erteilen. [5]Erlangt das Jugendamt Kenntnis von der Gefährdung des Vermögens eines Mündels, so hat es dies dem Familiengericht anzuzeigen.
(4) [1]Für die Gegenvormundschaft gelten die Absätze 1 und 2 entsprechend. [2]Ist ein Verein Vormund, so findet Absatz 3 keine Anwendung.

§ 54 Erlaubnis zur Übernahme von Vereinsvormundschaften

(1) [1]Ein rechtsfähiger Verein kann Pflegschaften oder Vormundschaften übernehmen, wenn ihm das Landesjugendamt dazu eine Erlaubnis erteilt hat. [2]Er kann eine Beistandschaft übernehmen, soweit Landesrecht dies vorsieht.
(2) Die Erlaubnis ist zu erteilen, wenn der Verein gewährleistet, dass er
1. eine ausreichende Zahl geeigneter Mitarbeiter hat und diese beaufsichtigen, weiterbilden und gegen Schäden, die diese anderen im Rahmen ihrer Tätigkeit zufügen können, angemessen versichern wird,
2. sich planmäßig um die Gewinnung von Einzelvormündern und Einzelpflegern bemüht und sie in ihre Aufgaben einführt, fortbildet und berät,
3. einen Erfahrungsaustausch zwischen den Mitarbeitern ermöglicht.
(3) [1]Die Erlaubnis gilt für das jeweilige Bundesland, in dem der Verein seinen Sitz hat. [2]Sie kann auf den Bereich eines Landesjugendamts beschränkt werden.
(4) [1]Das Nähere regelt das Landesrecht. [2]Es kann auch weitere Voraussetzungen für die Erteilung der Erlaubnis vorsehen.

§ 55 Beistandschaft, Amtspflegschaft und Amtsvormundschaft

(1) Das Jugendamt wird Beistand, Pfleger oder Vormund in den durch das Bürgerliche Gesetzbuch vorgesehenen Fällen (Beistandschaft, Amtspflegschaft, Amtsvormundschaft).
(2) [1]Das Jugendamt überträgt die Ausübung der Aufgaben des Beistands, des Amtspflegers oder des Amtsvormunds einzelnen seiner Beamten oder Angestellten. [2]Vor der Übertragung der Aufgaben des Amtspflegers oder des Amtsvormunds soll das Jugendamt das Kind oder den Jugendlichen zur Auswahl des Beamten oder Angestellten mündlich anhören, soweit dies nach Alter und Entwicklungsstand des Kindes oder Jugendlichen möglich ist. [3]Eine ausnahmsweise vor der Übertragung unterbliebene Anhörung ist unverzüglich nachzuholen. [4]Ein vollzeitbeschäftigter Beamter oder Angestellter, der nur mit der Führung von Vormundschaften oder Pflegschaften betraut ist, soll höchstens 50 und bei gleichzeitiger Wahrnehmung anderer Aufgaben entsprechend weniger Vormundschaften oder Pflegschaften führen.
(3) [1]Die Übertragung gehört zu den Angelegenheiten der laufenden Verwaltung. [2]In dem durch die Übertragung umschriebenen Rahmen ist der Beamte oder Angestellte gesetzlicher Vertreter des Kindes oder Jugendlichen. [3]Amtspfleger und Amtsvormund haben den persönlichen Kontakt zu diesem zu halten sowie dessen Pflege und Erziehung nach Maßgabe des § 1793 Absatz 1a und § 1800 des Bürgerlichen Gesetzbuchs persönlich zu fördern und zu gewährleisten.

§ 56 Führung der Beistandschaft, der Amtspflegschaft und der Amtsvormundschaft

(1) Auf die Führung der Beistandschaft, der Amtspflegschaft und der Amtsvormundschaft sind die Bestimmungen des Bürgerlichen Gesetzbuchs anzuwenden, soweit dieses Gesetz nicht etwas anderes bestimmt.
(2) [1]Gegenüber dem Jugendamt als Amtsvormund und Amtspfleger werden die Vorschriften des § 1802 Absatz 3 und des § 1818 des Bürgerlichen Gesetzbuchs nicht angewandt. [2]In den Fällen des § 1803 Absatz 2, des § 1811 und des § 1822 Nummer 6 und 7 des Bürgerlichen Gesetzbuchs ist eine Genehmigung des Familiengerichts nicht erforderlich. [3]Landesrecht kann für das Jugendamt als Amtspfleger oder als Amtsvormund weitergehende Ausnahmen von der Anwendung der Bestimmungen des Bürgerlichen Gesetzbuchs über die Vormundschaft über

Minderjährige (§§ 1773 bis 1895) vorsehen, die die Aufsicht des Familiengerichts in vermögensrechtlicher Hinsicht sowie beim Abschluss von Lehr- und Arbeitsverträgen betreffen.

(3) ¹Mündelgeld kann mit Genehmigung des Familiengerichts auf Sammelkonten des Jugendamts bereitgehalten und angelegt werden, wenn es den Interessen des Mündels dient und sofern die sichere Verwaltung, Trennbarkeit und Rechnungslegung des Geldes einschließlich der Zinsen jederzeit gewährleistet ist; Landesrecht kann bestimmen, dass eine Genehmigung des Familiengerichts nicht erforderlich ist. ²Die Anlegung von Mündelgeld gemäß § 1807 des Bürgerlichen Gesetzbuchs ist auch bei der Körperschaft zulässig, die das Jugendamt errichtet hat.

(4) Das Jugendamt hat in der Regel jährlich zu prüfen, ob im Interesse des Kindes oder des Jugendlichen seine Entlassung als Amtspfleger oder Amtsvormund und die Bestellung einer Einzelperson oder eines Vereins angezeigt ist, und dies dem Familiengericht mitzuteilen.

§ 57 Mitteilungspflicht des Jugendamts

Das Jugendamt hat dem Familiengericht unverzüglich den Eintritt einer Vormundschaft mitzuteilen.

§ 58 Gegenvormundschaft des Jugendamts

Für die Tätigkeit des Jugendamts als Gegenvormund gelten die §§ 55 und 56 entsprechend.

§ 58a Auskunft über Alleinsorge aus dem Sorgeregister

(1) ¹Zum Zwecke der Erteilung der schriftlichen Auskunft nach Absatz 2 wird für Kinder nicht miteinander verheirateter Eltern bei dem nach § 87c Absatz 6 Satz 2 zuständigen Jugendamt ein Sorgeregister geführt. ²In das Sorgeregister erfolgt jeweils eine Eintragung, wenn
1. Sorgeerklärungen nach § 1626a Absatz 1 Nummer 1 des Bürgerlichen Gesetzbuchs abgegeben werden,
2. aufgrund einer rechtskräftigen gerichtlichen Entscheidung die elterliche Sorge den Eltern ganz oder zum Teil gemeinsam übertragen worden ist oder
3. die elterliche Sorge aufgrund einer rechtskräftigen gerichtlichen Entscheidung ganz oder zum Teil der Mutter entzogen oder auf den Vater allein übertragen worden ist.

(2) ¹Liegen keine Eintragungen im Sorgeregister vor, so erhält die mit dem Vater des Kindes nicht verheiratete Mutter auf Antrag hierüber eine schriftliche Auskunft von dem nach § 87c Absatz 6 Satz 1 zuständigen Jugendamt. ²Die Mutter hat dafür Geburtsdatum und Geburtsort des Kindes oder des Jugendlichen anzugeben sowie den Namen, den das Kind oder der Jugendliche zur Zeit der Beurkundung seiner Geburt geführt hat. ³Bezieht sich die gerichtliche Entscheidung nach Absatz 1 Satz 2 Nummer 2 oder Nummer 3 nur auf Teile der elterlichen Sorge, so erhält die mit dem Vater des Kindes nicht verheiratete Mutter auf Antrag eine schriftliche Auskunft darüber, dass Eintragungen nur in Bezug auf die durch die Entscheidung betroffenen Teile der elterlichen Sorge vorliegen. ⁴Satz 2 gilt entsprechend.

Fünfter Abschnitt
Beurkundung, vollstreckbare Urkunden

§ 59 Beurkundung

(1) ¹Die Urkundsperson beim Jugendamt ist befugt,
1. die Erklärung, durch die die Vaterschaft anerkannt oder die Anerkennung widerrufen wird, die Zustimmungserklärung der Mutter sowie die etwa erforderliche Zustimmung des Mannes, der im Zeitpunkt der Geburt mit der Mutter verheiratet ist, des Kindes, des Jugendlichen oder eines gesetzlichen Vertreters zu einer solchen Erklärung (Erklärungen über die Anerkennung der Vaterschaft) zu beurkunden,
2. die Erklärung, durch die die Mutterschaft anerkannt wird, sowie die etwa erforderliche Zustimmung des gesetzlichen Vertreters der Mutter zu beurkunden (§ 44 Absatz 2 des Personenstandsgesetzes),
3. die Verpflichtung zur Erfüllung von Unterhaltsansprüchen eines Abkömmlings oder seines gesetzlichen Rechtsnachfolgers zu beurkunden, sofern der Abkömmling zum Zeitpunkt der Beurkundung das 21. Lebensjahr noch nicht vollendet hat,
4. die Verpflichtung zur Erfüllung von Ansprüchen auf Unterhalt (§ 1615l des Bürgerlichen Gesetzbuchs), auch des gesetzlichen Rechtsnachfolgers, zu beurkunden,
5. die Bereiterklärung der Adoptionsbewerber zur Annahme eines ihnen zur internationalen Adoption vorgeschlagenen Kindes (§ 7 Absatz 1 des Adoptionsübereinkommens-Ausführungsgesetzes) zu beurkunden,
6. den Widerruf der Einwilligung des Kindes in die Annahme als Kind (§ 1746 Absatz 2 des Bürgerlichen Gesetzbuchs) zu beurkunden,
7. die Erklärung, durch die der Vater auf die Übertragung der Sorge verzichtet (§ 1747 Absatz 3 Nummer 2 des Bürgerlichen Gesetzbuchs), zu beurkunden,

8. die Sorgeerklärungen (§ 1626a Absatz 1 Nummer 1 des Bürgerlichen Gesetzbuchs) sowie die etwa erforderliche Zustimmung des gesetzlichen Vertreters eines beschränkt geschäftsfähigen Elternteils (§ 1626c Absatz 2 des Bürgerlichen Gesetzbuchs) zu beurkunden,
9. eine Erklärung des auf Unterhalt in Anspruch genommenen Elternteils nach § 252 des Gesetzes über das Verfahren in Familiensachen und in den Angelegenheiten der freiwilligen Gerichtsbarkeit aufzunehmen; § 129a der Zivilprozessordnung gilt entsprechend.
²Die Zuständigkeit der Notare, anderer Urkundspersonen oder sonstiger Stellen für öffentliche Beurkundungen bleibt unberührt.
(2) Die Urkundsperson soll eine Beurkundung nicht vornehmen, wenn ihr in der betreffenden Angelegenheit die Vertretung eines Beteiligten obliegt.
(3) ¹Das Jugendamt hat geeignete Beamte und Angestellte zur Wahrnehmung der Aufgaben nach Absatz 1 zu ermächtigen. ²Die Länder können Näheres hinsichtlich der fachlichen Anforderungen an diese Personen regeln.

§ 60 Vollstreckbare Urkunden

¹Aus Urkunden, die eine Verpflichtung nach § 59 Absatz 1 Satz 1 Nummer 3 oder 4 zum Gegenstand haben und die von einem Beamten oder Angestellten des Jugendamts innerhalb der Grenzen seiner Amtsbefugnisse in der vorgeschriebenen Form aufgenommen worden sind, findet die Zwangsvollstreckung statt, wenn die Erklärung die Zahlung einer bestimmten Geldsumme betrifft und der Schuldner sich in der Urkunde der sofortigen Zwangsvollstreckung unterworfen hat. ²Die Zustellung kann auch dadurch vollzogen werden, dass der Beamte oder Angestellte dem Schuldner eine beglaubigte Abschrift der Urkunde aushändigt; § 173 Satz 2 und 3 der Zivilprozessordnung gilt entsprechend. ³Auf die Zwangsvollstreckung sind die Vorschriften, die für die Zwangsvollstreckung aus gerichtlichen Urkunden nach § 794 Absatz 1 Nummer 5 der Zivilprozessordnung gelten, mit folgenden Maßgaben entsprechend anzuwenden:
1. Die vollstreckbare Ausfertigung sowie die Bestätigungen nach § 1079 der Zivilprozessordnung werden von den Beamten oder Angestellten des Jugendamts erteilt, denen die Beurkundung der Verpflichtungserklärung übertragen ist. Das Gleiche gilt für die Bezifferung einer Verpflichtungserklärung nach § 790 der Zivilprozessordnung.
2. Über Einwendungen, die die Zulässigkeit der Vollstreckungsklausel oder die Zulässigkeit der Bezifferung nach § 790 der Zivilprozessordnung betreffen, über die Erteilung einer weiteren vollstreckbaren Ausfertigung sowie über Anträge nach § 1081 der Zivilprozessordnung entscheidet das für das Jugendamt zuständige Amtsgericht.

Viertes Kapitel
Schutz von Sozialdaten

§ 61 Anwendungsbereich

(1) ¹Für den Schutz von Sozialdaten bei ihrer Verarbeitung in der Jugendhilfe gelten § 35 des Ersten Buches, §§ 67 bis 85a des Zehnten Buches sowie die nachfolgenden Vorschriften. ²Sie gelten für alle Stellen des Trägers der öffentlichen Jugendhilfe, soweit sie Aufgaben nach diesem Buch wahrnehmen. ³Für die Wahrnehmung von Aufgaben nach diesem Buch durch kreisangehörige Gemeinden und Gemeindeverbände, die nicht örtliche Träger sind, gelten die Sätze 1 und 2 entsprechend.
(2) Für den Schutz von Sozialdaten bei ihrer Verarbeitung im Rahmen der Tätigkeit des Jugendamts als Amtspfleger, Amtsvormund, Beistand und Gegenvormund gilt nur § 68.
(3) Werden Einrichtungen und Dienste der Träger der freien Jugendhilfe in Anspruch genommen, so ist sicherzustellen, dass der Schutz der personenbezogenen Daten bei der Verarbeitung in entsprechender Weise gewährleistet ist.

§ 62 Datenerhebung

(1) Sozialdaten dürfen nur erhoben werden, soweit ihre Kenntnis zur Erfüllung der jeweiligen Aufgabe erforderlich ist.
(2) ¹Sozialdaten sind bei der betroffenen Person zu erheben. ²Sie ist über die Rechtsgrundlage der Erhebung sowie die Zweckbestimmungen der Verarbeitung aufzuklären, soweit diese nicht offenkundig sind.
(3) Ohne Mitwirkung der betroffenen Person dürfen Sozialdaten nur erhoben werden, wenn
1. eine gesetzliche Bestimmung dies vorschreibt oder erlaubt oder
2. ihre Erhebung bei der betroffenen Person nicht möglich ist oder die jeweilige Aufgabe ihrer Art nach eine Erhebung bei anderen erfordert, die Kenntnis der Daten aber erforderlich ist für
    a) die Feststellung der Voraussetzungen oder für die Erfüllung einer Leistung nach diesem Buch oder

b) die Feststellung der Voraussetzungen für die Erstattung einer Leistung nach § 50 des Zehnten Buches oder
c) die Wahrnehmung einer Aufgabe nach den §§ 42 bis 48a und nach § 52 oder
d) die Erfüllung des Schutzauftrags bei Kindeswohlgefährdung nach § 8a oder die Gefährdungsabwendung nach § 4 des Gesetzes zur Kooperation und Information im Kinderschutz oder
3. die Erhebung bei der betroffenen Person einen unverhältnismäßigen Aufwand erfordern würde und keine Anhaltspunkte dafür bestehen, daß schutzwürdige Interessen der betroffenen Person beeinträchtigt werden oder
4. die Erhebung bei der betroffenen Person den Zugang zur Hilfe ernsthaft gefährden würde.
(4) ¹Ist die betroffene Person nicht zugleich Leistungsberechtigter oder sonst an der Leistung beteiligt, so dürfen die Daten auch beim Leistungsberechtigten oder einer anderen Person, die sonst an der Leistung beteiligt ist, erhoben werden, wenn die Kenntnis der Daten für die Gewährung einer Leistung nach diesem Buch notwendig ist. ²Satz 1 gilt bei der Erfüllung anderer Aufgaben im Sinne des § 2 Absatz 3 entsprechend.

§ 63 Datenspeicherung

(1) Sozialdaten dürfen gespeichert werden, soweit dies für die Erfüllung der jeweiligen Aufgabe erforderlich ist.
(2) ¹Daten, die zur Erfüllung unterschiedlicher Aufgaben der öffentlichen Jugendhilfe erhoben worden sind, dürfen nur zusammengeführt werden, wenn und solange dies wegen eines unmittelbaren Sachzusammenhangs erforderlich ist. ²Daten, die zu Leistungszwecken im Sinne des § 2 Absatz 2 und Daten, die für andere Aufgaben im Sinne des § 2 Absatz 3 erhoben worden sind, dürfen nur zusammengeführt werden, soweit dies zur Erfüllung der jeweiligen Aufgabe erforderlich ist.

§ 64 Datenübermittlung und -nutzung

(1) Sozialdaten dürfen zu dem Zweck übermittelt oder genutzt werden, zu dem sie erhoben worden sind.
(2) Eine Übermittlung für die Erfüllung von Aufgaben nach § 69 des Zehnten Buches ist abweichend von Absatz 1 nur zulässig, soweit dadurch der Erfolg einer zu gewährenden Leistung nicht in Frage gestellt wird.
(2a) Vor einer Übermittlung an eine Fachkraft, die nicht dem Verantwortlichen angehört, sind die Sozialdaten zu anonymisieren oder zu pseudonymisieren, soweit die Aufgabenerfüllung dies zulässt.
(2b) ¹Abweichend von Absatz 1 dürfen Sozialdaten übermittelt und genutzt werden, soweit dies für die Durchführung bestimmter wissenschaftlicher Vorhaben zur Erforschung möglicher politisch motivierter Adoptionsvermittlung in der DDR erforderlich ist, ohne dass es einer Anonymisierung oder Pseudonymisierung bedarf. ²Die personenbezogenen Daten sind zu anonymisieren, sobald dies nach dem Forschungszweck möglich ist. ³Vom Adoptionsverfahren betroffene Personen dürfen nicht kontaktiert werden.
(3) Sozialdaten dürfen beim Träger der öffentlichen Jugendhilfe zum Zwecke der Planung im Sinne des § 80 gespeichert oder genutzt werden; sie sind unverzüglich zu anonymisieren.
(4) Erhält ein Träger der öffentlichen Jugendhilfe nach Maßgabe des § 4 Absatz 3 des Gesetzes zur Kooperation und Information im Kinderschutz Informationen und Daten, soll er gegenüber der meldenden Person ausschließlich mitteilen, ob sich die von ihr mitgeteilten gewichtigen Anhaltspunkte für die Gefährdung des Wohls des Kindes oder Jugendlichen bestätigt haben und ob das Jugendamt zur Abwendung der Gefährdung tätig geworden ist und noch tätig ist.

§ 65 Besonderer Vertrauensschutz in der persönlichen und erzieherischen Hilfe

(1) ¹Sozialdaten, die dem Mitarbeiter eines Trägers der öffentlichen Jugendhilfe zum Zwecke persönlicher und erzieherischer Hilfe anvertraut worden sind, dürfen von diesem nur weitergegeben oder übermittelt werden
1. mit der Einwilligung dessen, der die Daten anvertraut hat, oder
2. dem Familiengericht zur Erfüllung der Aufgaben nach § 8a Absatz 2, wenn angesichts einer Gefährdung des Wohls eines Kindes oder eines Jugendlichen ohne diese Mitteilung eine für die Gewährung von Leistungen notwendige gerichtliche Entscheidung nicht ermöglicht werden könnte, oder
3. dem Mitarbeiter, der auf Grund eines Wechsels der Fallzuständigkeit im Jugendamt oder eines Wechsels der örtlichen Zuständigkeit für die Gewährung oder Erbringung der Leistung verantwortlich ist, wenn Anhaltspunkte für eine Gefährdung des Kindeswohls gegeben sind und die Daten für eine Abschätzung des Gefährdungsrisikos notwendig sind, oder
4. an die Fachkräfte, die zum Zwecke der Abschätzung des Gefährdungsrisikos nach § 8a hinzugezogen werden; § 64 Absatz 2a bleibt unberührt, oder
5. unter den Voraussetzungen, unter denen eine der in § 203 Absatz 1 oder 4 des Strafgesetzbuches genannten Personen dazu befugt wäre, oder

6. wenn dies für die Durchführung bestimmter wissenschaftlicher Vorhaben zur Erforschung möglicher politisch motivierter Adoptionsvermittlung in der DDR erforderlich ist. Vom Adoptionsverfahren betroffene Personen dürfen nicht kontaktiert werden; § 64 Absatz 2b Satz 1 und 2 gilt entsprechend.
²Der Empfänger darf die Sozialdaten nur zu dem Zweck weitergeben oder übermitteln, zu dem er sie befugt erhalten hat.
(2) § 35 Absatz 3 des Ersten Buches gilt auch, soweit ein behördeninternes Weitergabeverbot nach Absatz 1 besteht.

Anm. d. Hrsg.: In Absatz 1 Ziffer 3 und Ziffer 4 spricht der Gesetzgeber von „Abschätzung". Nach dem BKiSchG muss es „Einschätzung" heißen.

§ 66 (weggefallen)

§ 67 (weggefallen)

§ 68 Sozialdaten im Bereich der Beistandschaft, Amtspflegschaft und der Amtsvormundschaft

(1) ¹Der Beamte oder Angestellte, dem die Ausübung der Beistandschaft, Amtspflegschaft oder Amtsvormundschaft übertragen ist, darf Sozialdaten nur verarbeiten, soweit dies zur Erfüllung seiner Aufgaben erforderlich ist. ²Die Nutzung dieser Sozialdaten zum Zwecke der Aufsicht, Kontrolle oder Rechnungsprüfung durch die dafür zuständigen Stellen sowie die Übermittlung an diese ist im Hinblick auf den Einzelfall zulässig. ³Die Informationspflichten nach Artikel 13 und 14 der Verordnung (EU) 2016/679 des Europäischen Parlaments und des Rates vom 27. April 2016 zum Schutz natürlicher Personen bei der Verarbeitung personenbezogener Daten, zum freien Datenverkehr und zur Aufhebung der Richtlinie 95/46/EG (Datenschutz-Grundverordnung) (ABl. L 119 vom 4. 5. 2016, S. 1; L 314 vom 22. 11. 2016, S. 72; L 127 vom 23. 5. 2018, S. 2) in der jeweils geltenden Fassung bestehen nur, soweit die Erteilung der Informationen
1. mit der Wahrung der Interessen der minderjährigen Person vereinbar ist und
2. nicht die Erfüllung der Aufgaben gefährdet, die in der Zuständigkeit des Beistands, des Amtspflegers oder des Amtsvormundes liegen.
(2) § 84 des Zehnten Buches gilt entsprechend.
(3) ¹Das Recht auf Auskunft der betroffenen Person gemäß Artikel 15 der Verordnung (EU) 2016/679 besteht nicht, soweit die betroffene Person nach Absatz 1 Satz 3 nicht zu informieren ist oder durch die Auskunftserteilung berechtigte Interessen Dritter beeinträchtigt würden. ²Einer Person, die unter Beistandschaft, Amtspflegschaft oder Amtsvormundschaft gestanden und ihr 18. Lebensjahr noch nicht vollendet hat, kann Auskunft erteilt werden, soweit sie die erforderliche Einsichts- und Urteilsfähigkeit besitzt und die Auskunftserteilung nicht nach Satz 1 ausgeschlossen ist. ³Nach Beendigung einer Beistandschaft hat darüber hinaus der Elternteil, der die Beistandschaft beantragt hat, einen Anspruch auf Kenntnis der gespeicherten Daten, solange der junge Mensch minderjährig ist, der Elternteil antragsberechtigt ist und die Auskunftserteilung nicht nach Satz 1 ausgeschlossen ist.
(4) Personen oder Stellen, an die Sozialdaten übermittelt worden sind, dürfen diese nur zu dem Zweck speichern und nutzen, zu dem sie ihnen nach Absatz 1 befugt übermittelt worden sind.
(5) Für die Tätigkeit des Jugendamts als Gegenvormund gelten die Absätze 1 bis 4 entsprechend.

Fünftes Kapitel
Träger der Jugendhilfe, Zusammenarbeit, Gesamtverantwortung

Erster Abschnitt
Träger der öffentlichen Jugendhilfe

§ 69 Träger der öffentlichen Jugendhilfe, Jugendämter, Landesjugendämter

(1) Die Träger der öffentlichen Jugendhilfe werden durch Landesrecht bestimmt.
(2) (weggefallen)
(3) Für die Wahrnehmung der Aufgaben nach diesem Buch errichtet jeder örtliche Träger ein Jugendamt, jeder überörtliche Träger ein Landesjugendamt.
(4) Mehrere örtliche Träger und mehrere überörtliche Träger können, auch wenn sie verschiedenen Ländern angehören, zur Durchführung einzelner Aufgaben gemeinsame Einrichtungen und Dienste errichten.

§ 70 Organisation des Jugendamts und des Landesjugendamts

(1) Die Aufgaben des Jugendamts werden durch den Jugendhilfeausschuss und durch die Verwaltung des Jugendamts wahrgenommen.

(2) Die Geschäfte der laufenden Verwaltung im Bereich der öffentlichen Jugendhilfe werden vom Leiter der Verwaltung der Gebietskörperschaft oder in seinem Auftrag vom Leiter der Verwaltung des Jugendamts im Rahmen der Satzung und der Beschlüsse der Vertretungskörperschaft und des Jugendhilfeausschusses geführt.
(3) [1]Die Aufgaben des Landesjugendamts werden durch den Landesjugendhilfeausschuss und durch die Verwaltung des Landesjugendamts im Rahmen der Satzung und der dem Landesjugendamt zur Verfügung gestellten Mittel wahrgenommen. [2]Die Geschäfte der laufenden Verwaltung werden von dem Leiter der Verwaltung des Landesjugendamts im Rahmen der Satzung und der Beschlüsse des Landesjugendhilfeausschusses geführt.

§ 71 Jugendhilfeausschuss, Landesjugendhilfeausschuss

(1) Dem Jugendhilfeausschuss gehören als stimmberechtigte Mitglieder an
1. mit drei Fünfteln des Anteils der Stimmen Mitglieder der Vertretungskörperschaft des Trägers der öffentlichen Jugendhilfe oder von ihr gewählte Frauen und Männer, die in der Jugendhilfe erfahren sind,
2. mit zwei Fünfteln des Anteils der Stimmen Frauen und Männer, die auf Vorschlag der im Bereich des öffentlichen Trägers wirkenden und anerkannten Träger der freien Jugendhilfe von der Vertretungskörperschaft gewählt werden; Vorschläge der Jugendverbände und der Wohlfahrtsverbände sind angemessen zu berücksichtigen.
(2) Dem Jugendhilfeausschuss sollen als beratende Mitglieder selbstorganisierte Zusammenschlüsse nach § 4a angehören.
(3) Der Jugendhilfeausschuss befasst sich mit allen Angelegenheiten der Jugendhilfe, insbesondere mit
1. der Erörterung aktueller Problemlagen junger Menschen und ihrer Familien sowie mit Anregungen und Vorschlägen für die Weiterentwicklung der Jugendhilfe,
2. der Jugendhilfeplanung und
3. der Förderung der freien Jugendhilfe.
(4) [1]Er hat Beschlussrecht in Angelegenheiten der Jugendhilfe im Rahmen der von der Vertretungskörperschaft bereitgestellten Mittel, der von ihr erlassenen Satzung und der von ihr gefassten Beschlüsse. [2]Er soll vor jeder Beschlussfassung der Vertretungskörperschaft in Fragen der Jugendhilfe und vor der Berufung eines Leiters des Jugendamts gehört werden und hat das Recht, an die Vertretungskörperschaft Anträge zu stellen. [3]Er tritt nach Bedarf zusammen und ist auf Antrag von mindestens einem Fünftel der Stimmberechtigten einzuberufen. [4]Seine Sitzungen sind öffentlich, soweit nicht das Wohl der Allgemeinheit, berechtigte Interessen einzelner Personen oder schutzbedürftiger Gruppen entgegenstehen.
(5) [1]Dem Landesjugendhilfeausschuss gehören mit zwei Fünfteln des Anteils der Stimmen Frauen und Männer an, die auf Vorschlag der im Bereich des Landesjugendamts wirkenden und anerkannten Träger der freien Jugendhilfe von der obersten Landesjugendbehörde zu berufen sind. [2]Die übrigen Mitglieder werden durch Landesrecht bestimmt. [3]Absatz 3 gilt entsprechend.
(6) [1]Das Nähere regelt das Landesrecht. [2]Es regelt die Zugehörigkeit weiterer beratender Mitglieder zum Jugendhilfeausschuss. [3]Es kann bestimmen, dass der Leiter der Verwaltung der Gebietskörperschaft oder der Leiter der Verwaltung des Jugendamts nach Absatz 1 Nummer 1 stimmberechtigt ist.

§ 72 Mitarbeiter, Fortbildung

(1) [1]Die Träger der öffentlichen Jugendhilfe sollen bei den Jugendämtern und Landesjugendämtern hauptberuflich nur Personen beschäftigen, die sich für die jeweilige Aufgabe nach ihrer Persönlichkeit eignen und eine dieser Aufgabe entsprechende Ausbildung erhalten haben (Fachkräfte) oder auf Grund besonderer Erfahrungen in der sozialen Arbeit in der Lage sind, die Aufgabe zu erfüllen. [2]Soweit die jeweilige Aufgabe dies erfordert, sind mit ihrer Wahrnehmung nur Fachkräfte oder Fachkräfte mit entsprechender Zusatzausbildung zu betrauen. [3]Fachkräfte verschiedener Fachrichtungen sollen zusammenwirken, soweit die jeweilige Aufgabe dies erfordert.
(2) Leitende Funktionen des Jugendamts oder des Landesjugendamts sollen in der Regel nur Fachkräften übertragen werden.
(3) Die Träger der öffentlichen Jugendhilfe haben Fortbildung und Praxisberatung der Mitarbeiter des Jugendamts und des Landesjugendamts sicherzustellen.

§ 72a Tätigkeitsausschluss einschlägig vorbestrafter Personen

(1) [1]Die Träger der öffentlichen Jugendhilfe dürfen für die Wahrnehmung der Aufgaben in der Kinder- und Jugendhilfe keine Person beschäftigen oder vermitteln, die rechtskräftig wegen einer Straftat nach den §§ 171, 174 bis 174c, 176 bis 180a, 181a, 182 bis 184g, 184i, 184j, 184k, 184l, 201a Absatz 3, den §§ 225, 232 bis 233a, 234, 235 oder 236 des Strafgesetzbuchs verurteilt worden ist. [2]Zu diesem Zweck sollen sie sich bei der Einstellung oder Vermittlung und in regelmäßigen Abständen von den betroffenen Personen ein Führungszeugnis nach § 30 Absatz 5 und § 30a Absatz 1 des Bundeszentralregistergesetzes vorlegen lassen.

(2) Die Träger der öffentlichen Jugendhilfe sollen durch Vereinbarungen mit den Trägern der freien Jugendhilfe sicherstellen, dass diese keine Person, die wegen einer Straftat nach Absatz 1 Satz 1 rechtskräftig verurteilt worden ist, beschäftigen.

(3) [1]Die Träger der öffentlichen Jugendhilfe sollen sicherstellen, dass unter ihrer Verantwortung keine neben- oder ehrenamtlich tätige Person, die wegen einer Straftat nach Absatz 1 Satz 1 rechtskräftig verurteilt worden ist, in Wahrnehmung von Aufgaben der Kinder- und Jugendhilfe Kinder oder Jugendliche beaufsichtigt, betreut, erzieht oder ausbildet oder einen vergleichbaren Kontakt hat. [2]Hierzu sollen die Träger der öffentlichen Jugendhilfe über die Tätigkeiten entscheiden, die von den in Satz 1 genannten Personen auf Grund von Art, Intensität und Dauer des Kontakts dieser Personen mit Kindern und Jugendlichen nur nach Einsichtnahme in das Führungszeugnis nach Absatz 1 Satz 2 wahrgenommen werden dürfen.

(4) [1]Die Träger der öffentlichen Jugendhilfe sollen durch Vereinbarungen mit den Trägern der freien Jugendhilfe sowie mit Vereinen im Sinne des § 54 sicherstellen, dass unter deren Verantwortung keine neben- oder ehrenamtlich tätige Person, die wegen einer Straftat nach Absatz 1 Satz 1 rechtskräftig verurteilt worden ist, in Wahrnehmung von Aufgaben der Kinder- und Jugendhilfe Kinder oder Jugendliche beaufsichtigt, betreut, erzieht oder ausbildet oder einen vergleichbaren Kontakt hat. [2]Hierzu sollen die Träger der öffentlichen Jugendhilfe mit den Trägern der freien Jugendhilfe Vereinbarungen über die Tätigkeiten schließen, die von den in Satz 1 genannten Personen auf Grund von Art, Intensität und Dauer des Kontakts dieser Personen mit Kindern und Jugendlichen nur nach Einsichtnahme in das Führungszeugnis nach Absatz 1 Satz 2 wahrgenommen werden dürfen.

(5) [1]Die Träger der öffentlichen und freien Jugendhilfe dürfen von den nach den Absätzen 3 und 4 eingesehenen Daten nur folgende Daten erheben und speichern:
1. den Umstand der Einsichtnahme,
2. das Datum des Führungszeugnisses und
3. die Information, ob die das Führungszeugnis betreffende Person wegen einer in Absatz 1 Satz 1 genannten Straftat rechtskräftig verurteilt worden ist.

[2]Die Träger der öffentlichen und freien Jugendhilfe dürfen die gespeicherten Daten nur verarbeiten, soweit dies erforderlich ist, um die Eignung einer Person für die Tätigkeit, die Anlass zu der Einsichtnahme in das Führungszeugnis gewesen ist, zu prüfen. [3]Die Daten sind vor dem Zugriff Unbefugter zu schützen. [4]Sie sind unverzüglich zu löschen, wenn im Anschluss an die Einsichtnahme keine Tätigkeit nach Absatz 3 Satz 2 oder Absatz 4 Satz 2 wahrgenommen wird. [5]Andernfalls sind die Daten spätestens sechs Monate nach Beendigung einer solchen Tätigkeit zu löschen.

Zweiter Abschnitt
Zusammenarbeit mit der freien Jugendhilfe, ehrenamtliche Tätigkeit

§ 73 Ehrenamtliche Tätigkeit

In der Jugendhilfe ehrenamtlich tätige Personen sollen bei ihrer Tätigkeit angeleitet, beraten und unterstützt werden.

§ 74 Förderung der freien Jugendhilfe

(1) [1]Die Träger der öffentlichen Jugendhilfe sollen die freiwillige Tätigkeit auf dem Gebiet der Jugendhilfe anregen; sie sollen sie fördern, wenn der jeweilige Träger
1. die fachlichen Voraussetzungen für die geplante Maßnahme erfüllt und die Beachtung der Grundsätze und Maßstäbe der Qualitätsentwicklung und Qualitätssicherung nach § 79a gewährleistet,
2. die Gewähr für eine zweckentsprechende und wirtschaftliche Verwendung der Mittel bietet,
3. gemeinnützige Ziele verfolgt,
4. eine angemessene Eigenleistung erbringt und
5. die Gewähr für eine den Zielen des Grundgesetzes förderliche Arbeit bietet.

[2]Eine auf Dauer angelegte Förderung setzt in der Regel die Anerkennung als Träger der freien Jugendhilfe nach § 75 voraus.

(2) [1]Soweit von der freien Jugendhilfe Einrichtungen, Dienste und Veranstaltungen geschaffen werden, um die Gewährung von Leistungen nach diesem Buch zu ermöglichen, kann die Förderung von der Bereitschaft abhängig gemacht werden, diese Einrichtungen, Dienste und Veranstaltungen nach Maßgabe der Jugendhilfeplanung und unter Beachtung der in § 9 genannten Grundsätze anzubieten. [2]§ 4 Absatz 1 bleibt unberührt.

(3) [1]Über die Art und Höhe der Förderung entscheidet der Träger der öffentlichen Jugendhilfe im Rahmen der verfügbaren Haushaltsmittel nach pflichtgemäßem Ermessen. [2]Entsprechendes gilt, wenn mehrere Antragsteller die Förderungsvoraussetzungen erfüllen und die von ihnen vorgesehenen Maßnahmen gleich geeignet sind, zur

Befriedigung des Bedarfs jedoch nur eine Maßnahme notwendig ist. ³Bei der Bemessung der Eigenleistung sind die unterschiedliche Finanzkraft und die sonstigen Verhältnisse zu berücksichtigen.
(4) Bei sonst gleich geeigneten Maßnahmen soll solchen der Vorzug gegeben werden, die stärker an den Interessen der Betroffenen orientiert sind und ihre Einflussnahme auf die Ausgestaltung der Maßnahme gewährleisten.
(5) ¹Bei der Förderung gleichartiger Maßnahmen mehrerer Träger sind unter Berücksichtigung ihrer Eigenleistungen gleiche Grundsätze und Maßstäbe anzulegen. ²Werden gleichartige Maßnahmen von der freien und der öffentlichen Jugendhilfe durchgeführt, so sind bei der Förderung die Grundsätze und Maßstäbe anzuwenden, die für die Finanzierung der Maßnahmen der öffentlichen Jugendhilfe gelten.
(6) Die Förderung von anerkannten Trägern der Jugendhilfe soll auch Mittel für die Fortbildung der haupt-, neben- und ehrenamtlichen Mitarbeiter sowie im Bereich der Jugendarbeit Mittel für die Errichtung und Unterhaltung von Jugendfreizeit- und Jugendbildungsstätten einschließen.

§74a Finanzierung von Tageseinrichtungen für Kinder

¹Die Finanzierung von Tageseinrichtungen regelt das Landesrecht. ²Dabei können alle Träger von Einrichtungen, die die rechtlichen und fachlichen Voraussetzungen für den Betrieb der Einrichtung erfüllen, gefördert werden. ³Die Erhebung von Teilnahmebeiträgen nach § 90 bleibt unberührt.

Anm. d. Hrsg.: Der Gesetzgeber spricht in Satz 3 von Erhebung von „Teilnahmebeiträgen". Das ist wohl ein Redaktionsversehen des Gesetzgebers; gemeint ist wohl „Teilnahmebeiträgen oder Kostenbeiträgen".

§75 Anerkennung als Träger der freien Jugendhilfe

(1) Als Träger der freien Jugendhilfe können juristische Personen und Personenvereinigungen anerkannt werden, wenn sie
1. auf dem Gebiet der Jugendhilfe im Sinne des § 1 tätig sind,
2. gemeinnützige Ziele verfolgen,
3. auf Grund der fachlichen und personellen Voraussetzungen erwarten lassen, dass sie einen nicht unwesentlichen Beitrag zur Erfüllung der Aufgaben der Jugendhilfe zu leisten imstande sind, und
4. die Gewähr für eine den Zielen des Grundgesetzes förderliche Arbeit bieten.

(2) Einen Anspruch auf Anerkennung als Träger der freien Jugendhilfe hat unter den Voraussetzungen des Absatzes 1, wer auf dem Gebiet der Jugendhilfe mindestens drei Jahre tätig gewesen ist.
(3) Die Kirchen und Religionsgemeinschaften des öffentlichen Rechts sowie die auf Bundesebene zusammengeschlossenen Verbände der freien Wohlfahrtspflege sind anerkannte Träger der freien Jugendhilfe.

§76 Beteiligung anerkannter Träger der freien Jugendhilfe an der Wahrnehmung anderer Aufgaben

(1) Die Träger der öffentlichen Jugendhilfe können anerkannte Träger der freien Jugendhilfe an der Durchführung ihrer Aufgaben nach den §§ 42, 42a, 43, 50 bis 52a und 53 Absatz 2 bis 4 beteiligen oder ihnen diese Aufgaben zur Ausführung übertragen.
(2) Die Träger der öffentlichen Jugendhilfe bleiben für die Erfüllung der Aufgaben verantwortlich.

§77 Vereinbarungen über Kostenübernahme und Qualitätsentwicklung bei ambulanten Leistungen

(1) ¹Werden Einrichtungen und Dienste der Träger der freien Jugendhilfe in Anspruch genommen, so sind Vereinbarungen über die Höhe der Kosten der Inanspruchnahme sowie über Inhalt, Umfang und Qualität der Leistung, über Grundsätze und Maßstäbe für die Bewertung der Qualität der Leistung und über geeignete Maßnahmen zu ihrer Gewährleistung zwischen der öffentlichen und der freien Jugendhilfe anzustreben. ²Zu den Grundsätzen und Maßstäben für die Bewertung der Qualität der Leistung nach Satz 1 zählen auch Qualitätsmerkmale für die inklusive Ausrichtung der Aufgabenwahrnehmung und die Berücksichtigung der spezifischen Bedürfnisse von jungen Menschen mit Behinderungen. ³Das Nähere regelt das Landesrecht. ⁴Die §§ 78a bis 78g bleiben unberührt.
(2) Wird eine Leistung nach § 37 Absatz 1 oder § 37a erbracht, so ist der Träger der öffentlichen Jugendhilfe zur Übernahme der Kosten der Inanspruchnahme nur verpflichtet, wenn mit den Leistungserbringern Vereinbarungen über Inhalt, Umfang und Qualität der Leistung, über Grundsätze und Maßstäbe für die Bewertung der Qualität der Leistung sowie über geeignete Maßnahmen zu ihrer Gewährleistung geschlossen worden sind; § 78b gilt entsprechend.

§78 Arbeitsgemeinschaften

¹Die Träger der öffentlichen Jugendhilfe sollen die Bildung von Arbeitsgemeinschaften anstreben, in denen neben ihnen die anerkannten Träger der freien Jugendhilfe sowie die Träger geförderter Maßnahmen vertreten sind. ²In den Arbeitsgemeinschaften soll darauf hingewirkt werden, dass die geplanten Maßnahmen aufeinander

abgestimmt werden, sich gegenseitig ergänzen und in den Lebens- und Wohnbereichen von jungen Menschen und Familien ihren Bedürfnissen, Wünschen und Interessen entsprechend zusammenwirken. ³Dabei sollen selbstorganisierte Zusammenschlüsse nach § 4a beteiligt werden.

Dritter Abschnitt
Vereinbarungen über Leistungsangebote, Entgelte und Qualitätsentwicklung

§ 78a Anwendungsbereich

(1) Die Regelungen der §§ 78b bis 78g gelten für die Erbringung von
1. Leistungen für Betreuung und Unterkunft in einer sozialpädagogisch begleiteten Wohnform (§ 13 Absatz 3),
2. Leistungen in gemeinsamen Wohnformen für Mütter/Väter und Kinder (§ 19),
3. Leistungen zur Unterstützung bei notwendiger Unterbringung des Kindes oder Jugendlichen zur Erfüllung der Schulpflicht (§ 21 Satz 2),
4. Hilfe zur Erziehung
   a) in einer Tagesgruppe (§ 32),
   b) in einem Heim oder einer sonstigen betreuten Wohnform (§ 34) sowie
   c) in intensiver sozialpädagogischer Einzelbetreuung (§ 35), sofern sie außerhalb der eigenen Familie erfolgt,
   d) in sonstiger teilstationärer oder stationärer Form (§ 27),
5. Eingliederungshilfe für seelisch behinderte Kinder und Jugendliche in
   a) anderen teilstationären Einrichtungen (§ 35a Absatz 2 Nummer 2 Alternative 2),
   b) Einrichtungen über Tag und Nacht sowie sonstigen Wohnformen (§ 35a Absatz 2 Nummer 4),
6. Hilfe für junge Volljährige (§ 41), sofern diese den in den Nummern 4 und 5 genannten Leistungen entspricht, sowie
7. Leistungen zum Unterhalt (§ 39), sofern diese im Zusammenhang mit Leistungen nach den Nummern 4 bis 6 gewährt werden; § 39 Absatz 2 Satz 3 bleibt unberührt.

(2) Landesrecht kann bestimmen, daß die §§ 78b bis 78g auch für andere Leistungen nach diesem Buch sowie für vorläufige Maßnahmen zum Schutz von Kindern und Jugendlichen (§§ 42, 42a) gelten.

§ 78b Voraussetzungen für die Übernahme des Leistungsentgelts

(1) Wird die Leistung ganz oder teilweise in einer Einrichtung erbracht, so ist der Träger der öffentlichen Jugendhilfe zur Übernahme des Entgelts gegenüber dem Leistungsberechtigten verpflichtet, wenn mit dem Träger der Einrichtung oder seinem Verband Vereinbarungen über
1. Inhalt, Umfang und Qualität der Leistungsangebote (Leistungsvereinbarung),
2. differenzierte Entgelte für die Leistungsangebote und die betriebsnotwendigen Investitionen (Entgeltvereinbarung) und
3. Grundsätze und Maßstäbe für die Bewertung der Qualität der Leistungsangebote sowie über geeignete Maßnahmen zu ihrer Gewährleistung (Qualitätsentwicklungsvereinbarung)
abgeschlossen worden sind; dazu zählen auch die Qualitätsmerkmale nach § 79a Satz 2.
(2) ¹Die Vereinbarungen sind mit den Trägern abzuschließen, die unter Berücksichtigung der Grundsätze der Leistungsfähigkeit, Wirtschaftlichkeit und Sparsamkeit zur Erbringung der Leistung geeignet sind. ²Vereinbarungen über die Erbringung von Auslandsmaßnahmen dürfen nur mit solchen Trägern abgeschlossen werden, die die Maßgaben nach § 38 Absatz 2 Nummer 2 Buchstabe a bis d erfüllen.
(3) Ist eine der Vereinbarungen nach Absatz 1 nicht abgeschlossen, so ist der Träger der öffentlichen Jugendhilfe zur Übernahme des Leistungsentgelts nur verpflichtet, wenn dies insbesondere nach Maßgabe der Hilfeplanung (§ 36) im Einzelfall geboten ist.

§ 78c Inhalt der Leistungs- und Entgeltvereinbarungen

(1) ¹Die Leistungsvereinbarung muss die wesentlichen Leistungsmerkmale, insbesondere
1. Art, Ziel und Qualität des Leistungsangebots,
2. den in der Einrichtung zu betreuenden Personenkreis,
3. die erforderliche sächliche und personelle Ausstattung,
4. die Qualifikation des Personals sowie
5. die betriebsnotwendigen Anlagen der Einrichtung
festlegen. ²In die Vereinbarung ist aufzunehmen, unter welchen Voraussetzungen der Träger der Einrichtung sich zur Erbringung von Leistungen verpflichtet. ³Der Träger muss gewährleisten, dass die Leistungsangebote zur Erbringung von Leistungen nach § 78a Absatz 1 geeignet sowie ausreichend, zweckmäßig und wirtschaftlich sind.

(2) ¹Die Entgelte müssen leistungsgerecht sein. ²Grundlage der Entgeltvereinbarung sind die in der Leistungs- und der Qualitätsentwicklungsvereinbarung festgelegten Leistungs- und Qualitätsmerkmale. ³Eine Erhöhung der Vergütung für Investitionen kann nur dann verlangt werden, wenn der zuständige Träger der öffentlichen Jugendhilfe der Investitionsmaßnahme vorher zugestimmt hat. ⁴Förderungen aus öffentlichen Mitteln sind anzurechnen.

§ 78d Vereinbarungszeitraum

(1) ¹Die Vereinbarungen nach § 78b Absatz 1 sind für einen zukünftigen Zeitraum (Vereinbarungszeitraum) abzuschließen. ²Nachträgliche Ausgleiche sind nicht zulässig.
(2) ¹Die Vereinbarungen treten zu dem darin bestimmten Zeitpunkt in Kraft. ²Wird ein Zeitpunkt nicht bestimmt, so werden die Vereinbarungen mit dem Tage ihres Abschlusses wirksam. ³Eine Vereinbarung, die vor diesen Zeitpunkt zurückwirkt, ist nicht zulässig; dies gilt nicht für Vereinbarungen vor der Schiedsstelle für die Zeit ab Eingang des Antrags bei der Schiedsstelle. ⁴Nach Ablauf des Vereinbarungszeitraums gelten die vereinbarten Vergütungen bis zum Inkrafttreten neuer Vereinbarungen weiter.
(3) ¹Bei unvorhersehbaren wesentlichen Veränderungen der Annahmen, die der Entgeltvereinbarung zugrunde lagen, sind die Entgelte auf Verlangen einer Vertragspartei für den laufenden Vereinbarungszeitraum neu zu verhandeln. ²Die Absätze 1 und 2 gelten entsprechend.
(4) Vereinbarungen über die Erbringung von Leistungen nach § 78a Absatz 1, die vor dem 1. Januar 1999 abgeschlossen worden sind, gelten bis zum Inkrafttreten neuer Vereinbarungen weiter.

§ 78e Örtliche Zuständigkeit für den Abschluss von Vereinbarungen

(1) ¹Soweit Landesrecht nicht etwas anderes bestimmt, ist für den Abschluss von Vereinbarungen nach § 78b Absatz 1 der örtliche Träger der Jugendhilfe zuständig, in dessen Bereich die Einrichtung gelegen ist. ²Die von diesem Träger abgeschlossenen Vereinbarungen sind für alle örtlichen Träger bindend.
(2) Werden in der Einrichtung Leistungen erbracht, für deren Gewährung überwiegend ein anderer örtlicher Träger zuständig ist, so hat der nach Absatz 1 zuständige Träger diesen Träger zu hören.
(3) ¹Die kommunalen Spitzenverbände auf Landesebene und die Verbände der Träger der freien Jugendhilfe sowie die Vereinigungen sonstiger Leistungserbringer im jeweiligen Land können regionale oder landesweite Kommissionen bilden. ²Die Kommissionen können im Auftrag der Mitglieder der in Satz 1 genannten Verbände und Vereinigungen Vereinbarungen nach § 78b Absatz 1 schließen. ³Landesrecht kann die Beteiligung der für die Wahrnehmung der Aufgaben nach § 85 Absatz 2 Nummer 5 und 6 zuständigen Behörde vorsehen.

§ 78f Rahmenverträge

¹Die kommunalen Spitzenverbände auf Landesebene schließen mit den Verbänden der Träger der freien Jugendhilfe und den Vereinigungen sonstiger Leistungserbringer auf Landesebene Rahmenverträge über den Inhalt der Vereinbarungen nach § 78b Absatz 1. ²Die für die Wahrnehmung der Aufgaben nach § 85 Absatz 2 Nummer 5 und 6 zuständigen Behörden sind zu beteiligen.

§ 78g Schiedsstelle

(1) ¹In den Ländern sind Schiedsstellen für Streit- und Konfliktfälle einzurichten. ²Sie sind mit einem unparteiischen Vorsitzenden und mit einer gleichen Zahl von Vertretern der Träger der öffentlichen Jugendhilfe sowie von Vertretern der Träger der Einrichtungen zu besetzen. ³Der Zeitaufwand der Mitglieder ist zu entschädigen, bare Auslagen sind zu erstatten. ⁴Für die Inanspruchnahme der Schiedsstellen können Gebühren erhoben werden.
(2) ¹Kommt eine Vereinbarung nach § 78b Absatz 1 innerhalb von sechs Wochen nicht zustande, nachdem eine Partei schriftlich zu Verhandlungen aufgefordert hat, so entscheidet die Schiedsstelle auf Antrag einer Partei unverzüglich über die Gegenstände, über die keine Einigung erreicht werden konnte. ²Gegen die Entscheidung ist der Rechtsweg zu den Verwaltungsgerichten gegeben. ³Die Klage richtet sich gegen eine der beiden Vertragsparteien, nicht gegen die Schiedsstelle. ⁴Einer Nachprüfung der Entscheidung in einem Vorverfahren bedarf es nicht.
(3) ¹Entscheidungen der Schiedsstelle treten zu dem darin bestimmten Zeitpunkt in Kraft. ²Wird ein Zeitpunkt für das Inkrafttreten nicht bestimmt, so werden die Festsetzungen der Schiedsstelle mit dem Tag wirksam, an dem der Antrag bei der Schiedsstelle eingegangen ist. ³Die Festsetzung einer Vergütung, die vor diesen Zeitpunkt zurückwirkt, ist nicht zulässig. ⁴Im Übrigen gilt § 78d Absatz 2 Satz 4 und Absatz 3 entsprechend.
(4) Die Landesregierungen werden ermächtigt, durch Rechtsverordnung das Nähere zu bestimmen über
1. die Errichtung der Schiedsstellen,
2. die Zahl, die Bestellung, die Amtsdauer und die Amtsführung ihrer Mitglieder,
3. die Erstattung der baren Auslagen und die Entschädigung für ihren Zeitaufwand,

4. die Geschäftsführung, das Verfahren, die Erhebung und die Höhe der Gebühren sowie die Verteilung der Kosten und
5. die Rechtsaufsicht.

Vierter Abschnitt
Gesamtverantwortung, Jugendhilfeplanung

§ 79 Gesamtverantwortung, Grundausstattung

(1) Die Träger der öffentlichen Jugendhilfe haben für die Erfüllung der Aufgaben nach diesem Buch die Gesamtverantwortung einschließlich der Planungsverantwortung.

(2) [1]Die Träger der öffentlichen Jugendhilfe sollen gewährleisten, dass zur Erfüllung der Aufgaben nach diesem Buch
1. die erforderlichen und geeigneten Einrichtungen, Dienste und Veranstaltungen den verschiedenen Grundrichtungen der Erziehung entsprechend rechtzeitig und ausreichend zur Verfügung stehen; hierzu zählen insbesondere auch Pfleger, Vormünder und Pflegepersonen;
2. die nach Nummer 1 vorgehaltenen Einrichtungen, Dienste und Veranstaltungen dem nach § 80 Absatz 1 Nummer 2 ermittelten Bedarf entsprechend zusammenwirken und hierfür verbindliche Strukturen der Zusammenarbeit aufgebaut und weiterentwickelt werden;
3. eine kontinuierliche Qualitätsentwicklung nach Maßgabe von § 79a erfolgt.

[2]Von den für die Jugendhilfe bereitgestellten Mitteln haben sie einen angemessenen Anteil für die Jugendarbeit zu verwenden.

(3) [1]Die Träger der öffentlichen Jugendhilfe haben für eine ausreichende Ausstattung der Jugendämter und der Landesjugendämter einschließlich der Möglichkeit der Nutzung digitaler Geräte zu sorgen; hierzu gehört auch eine dem Bedarf entsprechende Zahl von Fachkräften. [2]Zur Planung und Bereitstellung einer bedarfsgerechten Personalausstattung ist ein Verfahren zur Personalbemessung zu nutzen.

§ 79a Qualitätsentwicklung in der Kinder- und Jugendhilfe

[1]Um die Aufgaben der Kinder- und Jugendhilfe nach § 2 zu erfüllen, haben die Träger der öffentlichen Jugendhilfe Grundsätze und Maßstäbe für die Bewertung der Qualität sowie geeignete Maßnahmen zu ihrer Gewährleistung für
1. die Gewährung und Erbringung von Leistungen,
2. die Erfüllung anderer Aufgaben,
3. den Prozess der Gefährdungseinschätzung nach § 8a,
4. die Zusammenarbeit mit anderen Institutionen

weiterzuentwickeln, anzuwenden und regelmäßig zu überprüfen. [2]Dazu zählen auch Qualitätsmerkmale für die inklusive Ausrichtung der Aufgabenwahrnehmung und die Berücksichtigung der spezifischen Bedürfnisse von jungen Menschen mit Behinderungen sowie die Sicherung der Rechte von Kindern und Jugendlichen in Einrichtungen und in Familienpflege und ihren Schutz vor Gewalt. [3]Die Träger der öffentlichen Jugendhilfe orientieren sich dabei an den fachlichen Empfehlungen der nach § 85 Absatz 2 zuständigen Behörden und an bereits angewandten Grundsätzen und Maßstäben für die Bewertung der Qualität sowie Maßnahmen zu ihrer Gewährleistung.

§ 80 Jugendhilfeplanung

(1) Die Träger der öffentlichen Jugendhilfe haben im Rahmen ihrer Planungsverantwortung
1. den Bestand an Einrichtungen und Diensten festzustellen,
2. den Bedarf unter Berücksichtigung der Wünsche, Bedürfnisse und Interessen der jungen Menschen und der Erziehungsberechtigten für einen mittelfristigen Zeitraum zu ermitteln und
3. die zur Befriedigung des Bedarfs notwendigen Vorhaben rechtzeitig und ausreichend zu planen; dabei ist Vorsorge zu treffen, dass auch ein unvorhergesehener Bedarf befriedigt werden kann.

(2) Einrichtungen und Dienste sollen so geplant werden, dass insbesondere
1. Kontakte in der Familie und im sozialen Umfeld erhalten und gepflegt werden können,
2. ein möglichst wirksames, vielfältiges, inklusives und aufeinander abgestimmtes Angebot von Jugendhilfeleistungen gewährleistet ist,
3. ein dem nach Absatz 1 Nummer 2 ermittelten Bedarf entsprechendes Zusammenwirken der Angebote von Jugendhilfeleistungen in den Lebens- und Wohnbereichen von jungen Menschen und Familien sichergestellt ist,

111 SGB VIII §§ 81–84

4. junge Menschen mit Behinderungen oder von Behinderung bedrohte junge Menschen mit jungen Menschen ohne Behinderung gemeinsam unter Berücksichtigung spezifischer Bedarfslagen gefördert werden können,
5. junge Menschen und Familien in gefährdeten Lebens- und Wohnbereichen besonders gefördert werden,
6. Mütter und Väter Aufgaben in der Familie und Erwerbstätigkeit besser miteinander vereinbaren können.

(3) Die Planung insbesondere von Diensten zur Gewährung niedrigschwelliger ambulanter Hilfen nach Maßgabe von § 36a Absatz 2 umfasst auch Maßnahmen zur Qualitätsgewährleistung der Leistungserbringung.
(4) [1]Die Träger der öffentlichen Jugendhilfe haben die anerkannten Träger der freien Jugendhilfe in allen Phasen ihrer Planung frühzeitig zu beteiligen. [2]Zu diesem Zwecke sind sie vom Jugendhilfeausschuss, soweit sie überörtlich tätig sind, im Rahmen der Jugendhilfeplanung des überörtlichen Trägers vom Landesjugendhilfeausschuss zu hören. [3]Das Nähere regelt das Landesrecht.
(5) Die Träger der öffentlichen Jugendhilfe sollen darauf hinwirken, dass die Jugendhilfeplanung und andere örtliche und überörtliche Planungen aufeinander abgestimmt werden und die Planungen insgesamt den Bedürfnissen und Interessen der jungen Menschen und ihrer Familien Rechnung tragen.

§ 81 Strukturelle Zusammenarbeit mit anderen Stellen und öffentlichen Einrichtungen

Die Träger der öffentlichen Jugendhilfe haben mit anderen Stellen und öffentlichen Einrichtungen, deren Tätigkeit sich auf die Lebenssituation junger Menschen und ihrer Familien auswirkt, insbesondere mit
1. den Trägern von Sozialleistungen nach dem Zweiten, Dritten, Vierten, Fünften, Sechsten und dem Zwölften Buch sowie Trägern von Leistungen nach dem Bundesversorgungsgesetz,
2. Rehabilitationsträger nach § 6 Absatz 1 Nummer 7 des Neunten Buches,
3. den Familien- und Jugendgerichten, den Staatsanwaltschaften sowie den Justizvollzugsbehörden,
4. Schulen und Stellen der Schulverwaltung,
5. Einrichtungen und Stellen des öffentlichen Gesundheitsdienstes und sonstigen Einrichtungen und Diensten des Gesundheitswesens,
6. den Beratungsstellen nach den §§ 3 und 8 des Schwangerschaftskonfliktgesetzes und Suchtberatungsstellen,
7. Einrichtungen und Diensten zum Schutz gegen Gewalt in engen sozialen Beziehungen,
8. den Stellen der Bundesagentur für Arbeit,
9. Einrichtungen und Stellen der beruflichen Aus- und Weiterbildung,
10. den Polizei- und Ordnungsbehörden,
11. der Gewerbeaufsicht,
12. Einrichtungen der Ausbildung für Fachkräfte, der Weiterbildung und der Forschung und
13. Einrichtungen, die auf örtlicher Ebene Familien und den sozialen Zusammenhalt zwischen den Generationen stärken (Mehrgenerationenhäuser),

im Rahmen ihrer Aufgaben und Befugnisse zusammenzuarbeiten.

Sechstes Kapitel
Zentrale Aufgaben

§ 82 Aufgaben der Länder

(1) Die oberste Landesjugendbehörde hat die Tätigkeit der Träger der öffentlichen und der freien Jugendhilfe und die Weiterentwicklung der Jugendhilfe anzuregen und zu fördern.
(2) Die Länder haben auf einen gleichmäßigen Ausbau der Einrichtungen und Angebote hinzuwirken und die Jugendämter und Landesjugendämter bei der Wahrnehmung ihrer Aufgaben zu unterstützen.

§ 83 Aufgaben des Bundes, sachverständige Beratung

(1) [1]Die fachlich zuständige oberste Bundesbehörde soll die Tätigkeit der Jugendhilfe anregen und fördern, soweit sie von überregionaler Bedeutung ist und ihrer Art nach nicht durch ein Land allein wirksam gefördert werden kann. [2]Hierzu gehören auch die überregionalen Tätigkeiten der Jugendorganisationen der politischen Parteien auf dem Gebiet der Jugendarbeit.
(2) [1]Die Bundesregierung wird in grundsätzlichen Fragen der Jugendhilfe von einem Sachverständigengremium (Bundesjugendkuratorium) beraten. [2]Das Nähere regelt die Bundesregierung durch Verwaltungsvorschriften.
(3) Die fachlich zuständige oberste Bundesbehörde hat der Bundeselternvertretung der Kinder in Kindertageseinrichtungen und Kindertagespflege bei wesentlichen die Kindertagesbetreuung betreffenden Fragen die Möglichkeit der Beratung zu geben.

§ 84 Jugendbericht

(1) [1]Die Bundesregierung legt dem Deutschen Bundestag und dem Bundesrat in jeder Legislaturperiode einen Bericht über die Lage junger Menschen und die Bestrebungen und Leistungen der Jugendhilfe vor. [2]Neben der

Bestandsaufnahme und Analyse sollen die Berichte Vorschläge zur Weiterentwicklung der Jugendhilfe enthalten; jeder dritte Bericht soll einen Überblick über die Gesamtsituation der Jugendhilfe vermitteln.
(2) ¹Die Bundesregierung beauftragt mit der Ausarbeitung der Berichte jeweils eine Kommission, der mindestens sieben Sachverständige (Jugendberichtskommission) angehören. ²Die Bundesregierung fügt eine Stellungnahme mit den von ihr für notwendig gehaltenen Folgerungen bei.

Siebtes Kapitel
Zuständigkeit, Kostenerstattung

Erster Abschnitt
Sachliche Zuständigkeit

§ 85 Sachliche Zuständigkeit

(1) Für die Gewährung von Leistungen und die Erfüllung anderer Aufgaben nach diesem Buch ist der örtliche Träger sachlich zuständig, soweit nicht der überörtliche Träger sachlich zuständig ist.
(2) Der überörtliche Träger ist sachlich zuständig für
1. die Beratung der örtlichen Träger und die Entwicklung von Empfehlungen zur Erfüllung der Aufgaben nach diesem Buch,
2. die Förderung der Zusammenarbeit zwischen den örtlichen Trägern und den anerkannten Trägern der freien Jugendhilfe, insbesondere bei der Planung und Sicherstellung eines bedarfsgerechten Angebots an Hilfen zur Erziehung, Eingliederungshilfen für seelisch behinderte Kinder und Jugendliche und Hilfen für junge Volljährige,
3. die Anregung und Förderung von Einrichtungen, Diensten und Veranstaltungen sowie deren Schaffung und Betrieb, soweit sie den örtlichen Bedarf übersteigen; dazu gehören insbesondere Einrichtungen, die eine Schul- oder Berufsausbildung anbieten, sowie Jugendbildungsstätten,
4. die Planung, Anregung, Förderung und Durchführung von Modellvorhaben zur Weiterentwicklung der Jugendhilfe,
5. die Beratung der örtlichen Träger bei der Gewährung von Hilfe nach den §§ 32 bis 35a, insbesondere bei der Auswahl einer Einrichtung oder der Vermittlung einer Pflegeperson in schwierigen Einzelfällen,
6. die Wahrnehmung der Aufgaben zum Schutz von Kindern und Jugendlichen in Einrichtungen (§§ 45 bis 48a),
7. die Beratung der Träger von Einrichtungen während der Planung und Betriebsführung,
8. die Fortbildung von Mitarbeitern in der Jugendhilfe,
9. die Gewährung von Leistungen an Deutsche im Ausland (§ 6 Absatz 3), soweit es sich nicht um die Fortsetzung einer bereits im Inland gewährten Leistung handelt,
10. die Erteilung der Erlaubnis zur Übernahme von Pflegschaften oder Vormundschaften durch einen rechtsfähigen Verein (§ 54).

(3) Für den örtlichen Bereich können die Aufgaben nach Absatz 2 Nummer 3, 4, 7 und 8 auch vom örtlichen Träger wahrgenommen werden.
(4) Unberührt bleiben die am Tage des Inkrafttretens dieses Gesetzes geltenden landesrechtlichen Regelungen, die die in den §§ 45 bis 48a bestimmten Aufgaben einschließlich der damit verbundenen Aufgaben nach Absatz 2 Nummer 2 bis 5 und 7 mittleren Landesbehörden oder, soweit sie sich auf Kindergärten und andere Tageseinrichtungen für Kinder beziehen, unteren Landesbehörden zuweisen.
(5) Ist das Land überörtlicher Träger, so können durch Landesrecht bis zum 30. Juni 1993 einzelne seiner Aufgaben auf andere Körperschaften des öffentlichen Rechts, die nicht Träger der öffentlichen Jugendhilfe sind, übertragen werden.

Zweiter Abschnitt
Örtliche Zuständigkeit

Erster Unterabschnitt
Örtliche Zuständigkeit für Leistungen

§ 86 Örtliche Zuständigkeit für Leistungen an Kinder, Jugendliche und ihre Eltern

(1) ¹Für die Gewährung von Leistungen nach diesem Buch ist der örtliche Träger zuständig, in dessen Bereich die Eltern ihren gewöhnlichen Aufenthalt haben. ²An die Stelle der Eltern tritt die Mutter, wenn und solange die Vaterschaft nicht anerkannt oder gerichtlich festgestellt ist. ³Lebt nur ein Elternteil, so ist dessen gewöhnlicher Aufenthalt maßgebend.
(2) ¹Haben die Elternteile verschiedene gewöhnliche Aufenthalte, so ist der örtliche Träger zuständig, in dessen Bereich der personensorgeberechtigte Elternteil seinen gewöhnlichen Aufenthalt hat; dies gilt auch dann, wenn ihm einzelne Angelegenheiten der Personensorge entzogen sind. ²Steht die Personensorge im Fall des Satzes 1

den Eltern gemeinsam zu, so richtet sich die Zuständigkeit nach dem gewöhnlichen Aufenthalt des Elternteils, bei dem das Kind oder der Jugendliche vor Beginn der Leistung zuletzt seinen gewöhnlichen Aufenthalt hatte. ³Hatte das Kind oder der Jugendliche im Fall des Satzes 2 zuletzt bei beiden Elternteilen seinen gewöhnlichen Aufenthalt, so richtet sich die Zuständigkeit nach dem gewöhnlichen Aufenthalt des Elternteils, bei dem das Kind oder der Jugendliche vor Beginn der Leistung zuletzt seinen tatsächlichen Aufenthalt hatte. ⁴Hatte das Kind oder der Jugendliche im Fall des Satzes 2 während der letzten sechs Monate vor Beginn der Leistung bei keinem Elternteil einen gewöhnlichen Aufenthalt, so ist der örtliche Träger zuständig, in dessen Bereich das Kind oder der Jugendliche vor Beginn der Leistung zuletzt seinen gewöhnlichen Aufenthalt hatte; hatte das Kind oder der Jugendliche während der letzten sechs Monate keinen gewöhnlichen Aufenthalt, so richtet sich die Zuständigkeit nach dem tatsächlichen Aufenthalt des Kindes oder des Jugendlichen vor Beginn der Leistung.
(3) Haben die Elternteile verschiedene gewöhnliche Aufenthalte und steht die Personensorge keinem Elternteil zu, so gilt Absatz 2 Satz 2 und 4 entsprechend.
(4) ¹Haben die Eltern oder der nach den Absätzen 1 bis 3 maßgebliche Elternteil im Inland keinen gewöhnlichen Aufenthalt, oder ist ein gewöhnlicher Aufenthalt nicht feststellbar, oder sind sie verstorben, so richtet sich die Zuständigkeit nach dem gewöhnlichen Aufenthalt des Kindes oder des Jugendlichen vor Beginn der Leistung. ²Hatte das Kind oder der Jugendliche während der letzten sechs Monate vor Beginn der Leistung keinen gewöhnlichen Aufenthalt, so ist der örtliche Träger zuständig, in dessen Bereich sich das Kind oder der Jugendliche vor Beginn der Leistung tatsächlich aufhält.
(5) ¹Begründen die Elternteile nach Beginn der Leistung verschiedene gewöhnliche Aufenthalte, so wird der örtliche Träger zuständig, in dessen Bereich der personensorgeberechtigte Elternteil seinen gewöhnlichen Aufenthalt hat; dies gilt auch dann, wenn ihm einzelne Angelegenheiten der Personensorge entzogen sind. ²Solange in diesen Fällen die Personensorge beiden Elternteilen gemeinsam oder keinem Elternteil zusteht, bleibt die bisherige Zuständigkeit bestehen. ³Absatz 4 gilt entsprechend.
(6) ¹Lebt ein Kind oder ein Jugendlicher zwei Jahre bei einer Pflegeperson und ist sein Verbleib bei dieser Pflegeperson auf Dauer zu erwarten, so ist oder wird abweichend von den Absätzen 1 bis 5 der örtliche Träger zuständig, in dessen Bereich die Pflegeperson ihren gewöhnlichen Aufenthalt hat. ²Er hat die Eltern und, falls den Eltern die Personensorge nicht oder nur teilweise zusteht, den Personensorgeberechtigten über den Wechsel der Zuständigkeit zu unterrichten. ³Endet der Aufenthalt bei der Pflegeperson, so endet die Zuständigkeit nach Satz 1.
(7) ¹Für Leistungen an Kinder oder Jugendliche, die um Asyl nachsuchen oder einen Asylantrag gestellt haben, ist der örtliche Träger zuständig, in dessen Bereich sich die Person vor Beginn der Leistung tatsächlich aufhält; geht der Leistungsgewährung eine Inobhutnahme voraus, so bleibt die nach § 87 begründete Zuständigkeit bestehen. ²Unterliegt die Person einem Verteilungsverfahren, so richtet sich die örtliche Zuständigkeit nach der Zuweisungsentscheidung der zuständigen Landesbehörde; bis zur Zuweisungsentscheidung gilt Satz 1 entsprechend. ³Die nach Satz 1 oder 2 begründete örtliche Zuständigkeit bleibt auch nach Abschluss des Asylverfahrens so lange bestehen, bis die für die Bestimmung der örtlichen Zuständigkeit maßgebliche Person einen gewöhnlichen Aufenthalt im Bereich eines anderen Trägers der öffentlichen Jugendhilfe begründet. ⁴Eine Unterbrechung der Leistung von bis zu drei Monaten bleibt außer Betracht.

§ 86a Örtliche Zuständigkeit für Leistungen an junge Volljährige

(1) Für Leistungen an junge Volljährige ist der örtliche Träger zuständig, in dessen Bereich der junge Volljährige vor Beginn der Leistung seinen gewöhnlichen Aufenthalt hat.
(2) Hält sich der junge Volljährige in einer Einrichtung oder sonstigen Wohnform auf, die der Erziehung, Pflege, Betreuung, Behandlung oder dem Strafvollzug dient, so richtet sich die örtliche Zuständigkeit nach dem gewöhnlichen Aufenthalt vor der Aufnahme in eine Einrichtung oder sonstige Wohnform.
(3) Hat der junge Volljährige keinen gewöhnlichen Aufenthalt, so richtet sich die Zuständigkeit nach seinem tatsächlichen Aufenthalt zu dem in Absatz 1 genannten Zeitpunkt; Absatz 2 bleibt unberührt.
(4) ¹Wird eine Leistung nach § 13 Absatz 3 oder nach § 21 über die Vollendung des 18. Lebensjahres hinaus weitergeführt oder geht der Hilfe für junge Volljährige nach § 41 eine dieser Leistungen, eine Leistung nach § 19 oder eine Hilfe nach den §§ 27 bis 35a voraus, so bleibt der örtliche Träger zuständig, der bis zu diesem Zeitpunkt zuständig war. ²Eine Unterbrechung der Hilfeleistung von bis zu drei Monaten bleibt dabei außer Betracht. ³Die Sätze 1 und 2 gelten entsprechend, wenn eine Hilfe für junge Volljährige nach § 41 beendet war und innerhalb von drei Monaten erneut Hilfe für junge Volljährige nach § 41 erforderlich wird.

§ 86b Örtliche Zuständigkeit für Leistungen in gemeinsamen Wohnformen für Mütter/Väter und Kinder

(1) ¹Für Leistungen in gemeinsamen Wohnformen für Mütter oder Väter und Kinder ist der örtliche Träger zuständig, in dessen Bereich der nach § 19 Leistungsberechtigte vor Beginn der Leistung seinen gewöhnlichen Aufenthalt hat. ²§ 86a Absatz 2 gilt entsprechend.

(2) Hat der Leistungsberechtigte keinen gewöhnlichen Aufenthalt, so richtet sich die Zuständigkeit nach seinem tatsächlichen Aufenthalt zu dem in Absatz 1 genannten Zeitpunkt.
(3) ¹Geht der Leistung Hilfe nach den §§ 27 bis 35a oder eine Leistung nach § 13 Absatz 3, § 21 oder § 41 voraus, so bleibt der örtliche Träger zuständig, der bisher zuständig war. ²Eine Unterbrechung der Hilfeleistung von bis zu drei Monaten bleibt dabei außer Betracht.

§ 86c Fortdauernde Leistungsverpflichtung und Fallübergabe bei Zuständigkeitswechsel

(1) ¹Wechselt die örtliche Zuständigkeit für eine Leistung, so bleibt der bisher zuständige örtliche Träger so lange zur Gewährung der Leistung verpflichtet, bis der nunmehr zuständige örtliche Träger die Leistung fortsetzt. ²Dieser hat dafür Sorge zu tragen, dass der Hilfeprozess und die im Rahmen der Hilfeplanung vereinbarten Hilfeziele durch den Zuständigkeitswechsel nicht gefährdet werden.
(2) ¹Der örtliche Träger, der von den Umständen Kenntnis erhält, die den Wechsel der Zuständigkeit begründen, hat den anderen davon unverzüglich zu unterrichten. ²Der bisher zuständige örtliche Träger hat dem nunmehr zuständigen örtlichen Träger unverzüglich die für die Hilfegewährung sowie den Zuständigkeitswechsel maßgeblichen Sozialdaten zu übermitteln. ³Bei der Fortsetzung von Leistungen, die der Hilfeplanung nach § 36 Absatz 2 unterliegen, ist die Fallverantwortung im Rahmen eines Gespräches zu übergeben. ⁴Die Personensorgeberechtigten und das Kind oder der Jugendliche sowie der junge Volljährige oder der Leistungsberechtigte nach § 19 sind an der Übergabe angemessen zu beteiligen.

§ 86d Verpflichtung zum vorläufigen Tätigwerden

Steht die örtliche Zuständigkeit nicht fest oder wird der zuständige örtliche Träger nicht tätig, so ist der örtliche Träger vorläufig zum Tätigwerden verpflichtet, in dessen Bereich sich das Kind oder der Jugendliche, der junge Volljährige oder bei Leistungen nach § 19 der Leistungsberechtigte vor Beginn der Leistung tatsächlich aufhält.

Zweiter Unterabschnitt
Örtliche Zuständigkeit für andere Aufgaben

§ 87 Örtliche Zuständigkeit für vorläufige Maßnahmen zum Schutz von Kindern und Jugendlichen

¹Für die Inobhutnahme eines Kindes oder eines Jugendlichen (§ 42) ist der örtliche Träger zuständig, in dessen Bereich sich das Kind oder der Jugendliche vor Beginn der Maßnahme tatsächlich aufhält. ²Die örtliche Zuständigkeit für die Inobhutnahme eines unbegleiteten ausländischen Kindes oder Jugendlichen richtet sich nach § 88a Absatz 2.

§ 87a Örtliche Zuständigkeit für Erlaubnis, Meldepflichten und Untersagung

(1) ¹Für die Erteilung der Pflegeerlaubnis nach § 43 sowie für deren Rücknahme und Widerruf ist der örtliche Träger zuständig, in dessen Bereich die Kindertagespflegeperson ihre Tätigkeit ausübt. ²Ist die Kindertagespflegeperson im Zuständigkeitsbereich mehrerer örtlicher Träger tätig, ist der örtliche Träger zuständig, in dessen Bereich die Kindertagespflegeperson ihren gewöhnlichen Aufenthalt hat. ³Für die Erteilung der Pflegeerlaubnis nach § 44 sowie für deren Rücknahme und Widerruf ist der örtliche Träger zuständig, in dessen Bereich die Pflegeperson ihren gewöhnlichen Aufenthalt hat.
(2) Für die Erteilung der Erlaubnis zum Betrieb einer Einrichtung oder einer selbständigen sonstigen Wohnform sowie für die Rücknahme oder den Widerruf dieser Erlaubnis (§ 45 Absatz 1 und 2, § 48a), die örtliche Prüfung (§§ 46, 48a), die Entgegennahme von Meldungen (§ 47 Absatz 1 und 2, § 48a) und die Ausnahme von der Meldepflicht (§ 47 Absatz 3, § 48a) sowie die Untersagung der weiteren Beschäftigung des Leiters oder eines Mitarbeiters (§§ 48, 48a) ist der überörtliche Träger oder die nach Landesrecht bestimmte Behörde zuständig, in dessen oder deren Bereich die Einrichtung oder sonstige Wohnform gelegen ist.
(3) Für die Mitwirkung an der örtlichen Prüfung (§§ 46, 48a) ist der örtliche Träger zuständig, in dessen Bereich die Einrichtung oder die selbständige sonstige Wohnform gelegen ist.

§ 87b Örtliche Zuständigkeit für die Mitwirkung in gerichtlichen Verfahren

(1) ¹Für die Zuständigkeit des Jugendamts zur Mitwirkung in gerichtlichen Verfahren (§§ 50 bis 52) gilt § 86 Absatz 1 bis 4 entsprechend. ²Für die Mitwirkung im Verfahren nach dem Jugendgerichtsgesetz gegen einen jungen Menschen, der zu Beginn des Verfahrens das 18. Lebensjahr vollendet hat, gilt § 86a Absatz 1 und 3 entsprechend.
(2) ¹Die nach Absatz 1 begründete Zuständigkeit bleibt bis zum Abschluss des Verfahrens bestehen. ²Hat ein Jugendlicher oder ein junger Volljähriger in einem Verfahren nach dem Jugendgerichtsgesetz die letzten sechs Monate vor Abschluss des Verfahrens in einer Justizvollzugsanstalt verbracht, so dauert die Zuständigkeit auch nach der Entlassung aus der Anstalt so lange fort, bis der Jugendliche oder junge Volljährige einen neuen

gewöhnlichen Aufenthalt begründet hat, längstens aber bis zum Ablauf von sechs Monaten nach dem Entlassungszeitpunkt.
(3) Steht die örtliche Zuständigkeit nicht fest oder wird der zuständige örtliche Träger nicht tätig, so gilt § 86d entsprechend.

§ 87c Örtliche Zuständigkeit für die Beistandschaft, die Amtspflegschaft, die Amtsvormundschaft und die schriftliche Auskunft nach § 58a

(1) ¹Für die Vormundschaft nach § 1791c des Bürgerlichen Gesetzbuchs ist das Jugendamt zuständig, in dessen Bereich die Mutter ihren gewöhnlichen Aufenthalt hat. ²Wurde die Vaterschaft nach § 1592 Nummer 1 oder 2 des Bürgerlichen Gesetzbuchs durch Anfechtung beseitigt, so ist der gewöhnliche Aufenthalt der Mutter zu dem Zeitpunkt maßgeblich, zu dem die Entscheidung rechtskräftig wird. ³Ist ein gewöhnlicher Aufenthalt der Mutter nicht festzustellen, so richtet sich die örtliche Zuständigkeit nach ihrem tatsächlichen Aufenthalt.
(2) ¹Sobald die Mutter ihren gewöhnlichen Aufenthalt im Bereich eines anderen Jugendamts nimmt, hat das die Amtsvormundschaft führende Jugendamt bei dem Jugendamt des anderen Bereichs die Weiterführung der Amtsvormundschaft zu beantragen; der Antrag kann auch von dem anderen Jugendamt, von jedem Elternteil und von jedem, der ein berechtigtes Interesse des Kindes oder des Jugendlichen geltend macht, bei dem die Amtsvormundschaft führenden Jugendamt gestellt werden. ²Die Vormundschaft geht mit der Erklärung des anderen Jugendamts auf dieses über. ³Das abgebende Jugendamt hat den Übergang dem Familiengericht und jedem Elternteil unverzüglich mitzuteilen. ⁴Gegen die Ablehnung des Antrags kann das Familiengericht angerufen werden.
(3) ¹Für die Pflegschaft oder Vormundschaft, die durch Bestellung des Familiengerichts eintritt, ist das Jugendamt zuständig, in dessen Bereich das Kind oder der Jugendliche seinen gewöhnlichen Aufenthalt hat. ²Hat das Kind oder der Jugendliche keinen gewöhnlichen Aufenthalt, so richtet sich die Zuständigkeit nach seinem tatsächlichen Aufenthalt zum Zeitpunkt der Bestellung. ³Sobald das Kind oder der Jugendliche seinen gewöhnlichen Aufenthalt wechselt oder im Fall des Satzes 2 das Wohl des Kindes oder Jugendlichen es erfordert, hat das Jugendamt beim Familiengericht einen Antrag auf Entlassung zu stellen. ⁴Die Sätze 1 bis 3 gelten für die Gegenvormundschaft des Jugendamts entsprechend.
(4) Für die Vormundschaft, die im Rahmen des Verfahrens zur Annahme als Kind eintritt, ist das Jugendamt zuständig, in dessen Bereich der annehmende Person ihren gewöhnlichen Aufenthalt hat.
(5) ¹Für die Beratung und Unterstützung nach § 52a sowie für die Beistandschaft gilt Absatz 1 Satz 1 und 3 entsprechend. ²Sobald der allein sorgeberechtigte Elternteil seinen gewöhnlichen Aufenthalt im Bereich eines anderen Jugendamts nimmt, hat das die Beistandschaft führende Jugendamt bei dem Jugendamt des anderen Bereichs die Weiterführung der Beistandschaft zu beantragen; Absatz 2 Satz 2 und § 86c gelten entsprechend.
(6) ¹Für die Erteilung der schriftlichen Auskunft nach § 58a Absatz 2 gilt Absatz 1 entsprechend. ²Die Mitteilungen nach § 1626d Absatz 2 des Bürgerlichen Gesetzbuchs, die Mitteilungen nach § 155a Absatz 3 Satz 3 und Absatz 5 Satz 2 des Gesetzes über das Verfahren in Familiensachen und in den Angelegenheiten der freiwilligen Gerichtsbarkeit sowie die Mitteilungen nach § 50 Absatz 3 sind an das für den Geburtsort des Kindes oder des Jugendlichen zuständige Jugendamt zu richten; § 88 Absatz 1 Satz 2 gilt entsprechend. ³Das nach Satz 2 zuständige Jugendamt teilt dem nach Satz 1 zuständigen Jugendamt auf dessen Ersuchen mit, ob ihm Mitteilungen nach § 1626d Absatz 2 des Bürgerlichen Gesetzbuchs, Mitteilungen nach § 155a Absatz 3 Satz 3 oder Absatz 5 Satz 2 des Gesetzes über das Verfahren in Familiensachen und in den Angelegenheiten der freiwilligen Gerichtsbarkeit oder Mitteilungen nach § 50 Absatz 3 vorliegen. ⁴Betrifft die gerichtliche Entscheidung nur Teile der elterlichen Sorge, so enthalten die Mitteilungen auch die Angabe, in welchen Bereichen die elterliche Sorge der Mutter entzogen wurde, den Eltern gemeinsam übertragen wurde oder dem Vater allein übertragen wurde.

Anm. d. Hrsg.: Wohl versehentlich nicht erwähnt in § 87c ist die örtliche Zuständigkeit auch für die Beratung und Unterstützung nach § 52a SGB VIII.

§ 87d Örtliche Zuständigkeit für weitere Aufgaben im Vormundschaftswesen

(1) Für die Wahrnehmung der Aufgaben nach § 53 ist der örtliche Träger zuständig, in dessen Bereich der Pfleger oder Vormund seinen gewöhnlichen Aufenthalt hat.
(2) Für die Erteilung der Erlaubnis zur Übernahme von Pflegschaften oder Vormundschaften durch einen rechtsfähigen Verein (§ 54) ist der überörtliche Träger zuständig, in dessen Bereich der Verein seinen Sitz hat.

§ 87e Örtliche Zuständigkeit für Beurkundung und Beglaubigung

Für Beurkundungen und Beglaubigungen nach § 59 ist die Urkundsperson bei jedem Jugendamt zuständig.

Dritter Unterabschnitt
Örtliche Zuständigkeit bei Aufenthalt im Ausland

§ 88 Örtliche Zuständigkeit bei Aufenthalt im Ausland

(1) ¹Für die Gewährung von Leistungen der Jugendhilfe im Ausland ist der überörtliche Träger zuständig, in dessen Bereich der junge Mensch geboren ist. ²Liegt der Geburtsort im Ausland oder ist er nicht zu ermitteln, so ist das Land Berlin zuständig.

(2) Wurden bereits vor der Ausreise Leistungen der Jugendhilfe gewährt, so bleibt der örtliche Träger zuständig, der bisher tätig geworden ist; eine Unterbrechung der Hilfeleistung von bis zu drei Monaten bleibt dabei außer Betracht.

Vierter Unterabschnitt
Örtliche Zuständigkeit für vorläufige Maßnahmen, Leistungen und die Amtsvormundschaft für unbegleitete ausländische Kinder und Jugendliche

§ 88a Örtliche Zuständigkeit für vorläufige Maßnahmen, Leistungen und die Amtsvormundschaft für unbegleitete ausländische Kinder und Jugendliche

(1) Für die vorläufige Inobhutnahme eines unbegleiteten ausländischen Kindes oder Jugendlichen (§ 42a) ist der örtliche Träger zuständig, in dessen Bereich sich das Kind oder der Jugendliche vor Beginn der Maßnahme tatsächlich aufhält, soweit Landesrecht nichts anderes regelt.

(2) ¹Die örtliche Zuständigkeit für die Inobhutnahme eines unbegleiteten ausländischen Kindes oder Jugendlichen (§ 42) richtet sich nach der Zuweisungsentscheidung gemäß § 42b Absatz 3 Satz 1 der nach Landesrecht für die Verteilung von unbegleiteten ausländischen Kindern oder Jugendlichen zuständigen Stelle. ²Ist die Verteilung nach § 42b Absatz 4 ausgeschlossen, so bleibt die nach Absatz 1 begründete Zuständigkeit bestehen. ³Ein anderer Träger kann aus Gründen des Kindeswohls oder aus sonstigen humanitären Gründen von vergleichbarem Gewicht die örtliche Zuständigkeit von dem zuständigen Träger übernehmen.

(3) ¹Für Leistungen an unbegleitete ausländische Kinder oder Jugendliche ist der örtliche Träger zuständig, in dessen Bereich sich die Person vor Beginn der Leistung tatsächlich aufhält. ²Geht der Leistungsgewährung eine Inobhutnahme voraus, so bleibt die nach Absatz 2 begründete Zuständigkeit bestehen, soweit Landesrecht nichts anderes regelt.

(4) Die örtliche Zuständigkeit für die Vormundschaft oder Pflegschaft, die für unbegleitete ausländische Kinder oder Jugendliche durch Bestellung des Familiengerichts eintritt, richtet sich während
1. der vorläufigen Inobhutnahme (§ 42a) nach Absatz 1,
2. der Inobhutnahme (§ 42) nach Absatz 2 und
3. der Leistungsgewährung nach Absatz 3.

Dritter Abschnitt
Kostenerstattung

§ 89 Kostenerstattung bei fehlendem gewöhnlichen Aufenthalt

Ist für die örtliche Zuständigkeit nach den §§ 86, 86a oder 86b der tatsächliche Aufenthalt maßgeblich, so sind die Kosten, die ein örtlicher Träger aufgewendet hat, von dem überörtlichen Träger zu erstatten, zu dessen Bereich der örtliche Träger gehört.

§ 89a Kostenerstattung bei fortdauernder Vollzeitpflege

(1) ¹Kosten, die ein örtlicher Träger aufgrund einer Zuständigkeit nach § 86 Absatz 6 aufgewendet hat, sind von dem örtlichen Träger zu erstatten, der zuvor zuständig war oder gewesen wäre. ²Die Kostenerstattungspflicht bleibt bestehen, wenn die Pflegeperson ihren gewöhnlichen Aufenthalt ändert oder wenn die Leistung über die Volljährigkeit hinaus nach § 41 fortgesetzt wird.

(2) Hat oder hätte der nach Absatz 1 kostenerstattungspflichtig werdende örtliche Träger während der Gewährung einer Leistung selbst einen Kostenerstattungsanspruch gegen einen anderen örtlichen oder den überörtlichen Träger, so bleibt oder wird abweichend von Absatz 1 dieser Träger dem nunmehr nach § 86 Absatz 6 zuständig gewordenen örtlichen Träger kostenerstattungspflichtig.

(3) Ändert sich während der Gewährung der Leistung nach Absatz 1 der für die örtliche Zuständigkeit nach § 86 Absatz 1 bis 5 maßgebliche gewöhnliche Aufenthalt, so wird der örtliche Träger kostenerstattungspflichtig, der ohne Anwendung des § 86 Absatz 6 örtlich zuständig geworden wäre.

§ 89b Kostenerstattung bei vorläufigen Maßnahmen zum Schutz von Kindern und Jugendlichen

(1) Kosten, die ein örtlicher Träger im Rahmen der Inobhutnahme von Kindern und Jugendlichen (§ 42) aufgewendet hat, sind von dem örtlichen Träger zu erstatten, dessen Zuständigkeit durch den gewöhnlichen Aufenthalt nach § 86 begründet wird.
(2) Ist ein kostenerstattungspflichtiger örtlicher Träger nicht vorhanden, so sind die Kosten von dem überörtlichen Träger zu erstatten, zu dessen Bereich der örtliche Träger gehört.
(3) Eine nach Absatz 1 oder 2 begründete Pflicht zur Kostenerstattung bleibt bestehen, wenn und solange nach der Inobhutnahme Leistungen auf Grund einer Zuständigkeit nach § 86 Absatz 7 Satz 1 Halbsatz 2 gewährt werden.

§ 89c Kostenerstattung bei fortdauernder oder vorläufiger Leistungsverpflichtung

(1) ¹Kosten, die ein örtlicher Träger im Rahmen seiner Verpflichtung nach § 86c aufgewendet hat, sind von dem örtlichen Träger zu erstatten, der nach dem Wechsel der örtlichen Zuständigkeit zuständig geworden ist. ²Kosten, die ein örtlicher Träger im Rahmen seiner Verpflichtung nach § 86d aufgewendet hat, sind von dem örtlichen Träger zu erstatten, dessen Zuständigkeit durch den gewöhnlichen Aufenthalt nach §§ 86, 86a und 86b begründet wird.
(2) Hat der örtliche Träger die Kosten deshalb aufgewendet, weil der zuständige örtliche Träger pflichtwidrig gehandelt hat, so hat dieser zusätzlich einen Betrag in Höhe eines Drittels der Kosten, mindestens jedoch 50 Euro, zu erstatten.
(3) Ist ein kostenerstattungspflichtiger örtlicher Träger nicht vorhanden, so sind die Kosten vom überörtlichen Träger zu erstatten, zu dessen Bereich der örtliche Träger gehört, der nach Absatz 1 tätig geworden ist.

§ 89d Kostenerstattung bei Gewährung von Jugendhilfe nach der Einreise

(1) ¹Kosten, die ein örtlicher Träger aufwendet, sind vom Land zu erstatten, wenn
1. innerhalb eines Monats nach der Einreise eines jungen Menschen oder eines Leistungsberechtigten nach § 19 Jugendhilfe gewährt wird und
2. sich die örtliche Zuständigkeit nach dem tatsächlichen Aufenthalt dieser Person oder nach der Zuweisungsentscheidung der zuständigen Landesbehörde richtet.

²Als Tag der Einreise gilt der Tag des Grenzübertritts, sofern dieser amtlich festgestellt wurde, oder der Tag, an dem der Aufenthalt im Inland erstmals festgestellt wurde, andernfalls der Tag der ersten Vorsprache bei einem Jugendamt. ³Die Erstattungspflicht nach Satz 1 bleibt unberührt, wenn die Person um Asyl nachsucht oder einen Asylantrag stellt.
(2) Ist die Person im Inland geboren, so ist das Land erstattungspflichtig, in dessen Bereich die Person geboren ist.
(3) (weggefallen)
(4) Die Verpflichtung zur Erstattung der aufgewendeten Kosten entfällt, wenn inzwischen für einen zusammenhängenden Zeitraum von drei Monaten Jugendhilfe nicht zu gewähren war.
(5) Kostenerstattungsansprüche nach den Absätzen 1 bis 3 gehen Ansprüchen nach den §§ 89 bis 89c und § 89e vor.

§ 89e Schutz der Einrichtungsorte

(1) ¹Richtet sich die Zuständigkeit nach dem gewöhnlichen Aufenthalt der Eltern, eines Elternteils, des Kindes oder des Jugendlichen und ist dieser in einer Einrichtung, einer anderen Familie oder sonstigen Wohnform begründet worden, die der Erziehung, Pflege, Betreuung, Behandlung oder dem Strafvollzug dient, so ist der örtliche Träger zur Erstattung der Kosten verpflichtet, in dessen Bereich die Person vor der Aufnahme in eine Einrichtung, eine andere Familie oder sonstige Wohnform den gewöhnlichen Aufenthalt hatte. ²Eine nach Satz 1 begründete Erstattungspflicht bleibt bestehen, wenn und solange sich die örtliche Zuständigkeit nach § 86a Absatz 4 und § 86b Absatz 3 richtet.
(2) Ist ein kostenerstattungspflichtiger örtlicher Träger nicht vorhanden, so sind die Kosten von dem überörtlichen Träger zu erstatten, zu dessen Bereich der erstattungsberechtigte örtliche Träger gehört.

§ 89f Umfang der Kostenerstattung

(1) ¹Die aufgewendeten Kosten sind zu erstatten, soweit die Erfüllung der Aufgaben den Vorschriften dieses Buches entspricht. ²Dabei gelten die Grundsätze, die im Bereich des tätig gewordenen örtlichen Trägers zur Zeit des Tätigwerdens angewandt werden.
(2) ¹Kosten unter 1000 Euro werden nur bei vorläufigen Maßnahmen zum Schutz von Kindern und Jugendlichen (§ 89b), bei fortdauernder oder vorläufiger Leistungsverpflichtung (§ 89c) und bei Gewährung von Jugendhilfe nach der Einreise (§ 89d) erstattet. ²Verzugszinsen können nicht verlangt werden.

§ 89g Landesrechtsvorbehalt

Durch Landesrecht können die Aufgaben des Landes und des überörtlichen Trägers nach diesem Abschnitt auf andere Körperschaften des öffentlichen Rechts übertragen werden.

§ 89h Übergangsvorschrift

(1) Für die Erstattung von Kosten für Maßnahmen der Jugendhilfe nach der Einreise gemäß § 89d, die vor dem 1. Juli 1998 begonnen haben, gilt die nachfolgende Übergangsvorschrift.

(2) ¹Kosten, für deren Erstattung das Bundesverwaltungsamt vor dem 1. Juli 1998 einen erstattungspflichtigen überörtlichen Träger bestimmt hat, sind nach den bis zu diesem Zeitpunkt geltenden Vorschriften zu erstatten. ²Erfolgt die Bestimmung nach dem 30. Juni 1998, so sind § 86 Absatz 7, § 89b Absatz 3, die §§ 89d und 89g in der ab dem 1. Juli 1998 geltenden Fassung anzuwenden.

Achtes Kapitel
Kostenbeteiligung

Erster Abschnitt
Pauschalierte Kostenbeteiligung

§ 90 Pauschalierte Kostenbeteiligung

(1) Für die Inanspruchnahme von Angeboten
1. der Jugendarbeit nach § 11,
2. der allgemeinen Förderung der Erziehung in der Familie nach § 16 Absatz 1, Absatz 2 Nummer 1 und 3 und
3. der Förderung von Kindern in Tageseinrichtungen und Kindertagespflege nach den §§ 22 bis 24

können Kostenbeiträge festgesetzt werden.

(2) ¹In den Fällen des Absatzes 1 Nummer 1 und 2 kann der Kostenbeitrag auf Antrag ganz oder teilweise erlassen oder ein Teilnahmebeitrag auf Antrag ganz oder teilweise vom Träger der öffentlichen Jugendhilfe übernommen werden, wenn
1. die Belastung
    a) dem Kind oder dem Jugendlichen und seinen Eltern oder
    b) dem jungen Volljährigen
    nicht zuzumuten ist und
2. die Förderung für die Entwicklung des jungen Menschen erforderlich ist.

²Lebt das Kind oder der Jugendliche nur mit einem Elternteil zusammen, so tritt dieser an die Stelle der Eltern. ³Für die Feststellung der zumutbaren Belastung gelten die §§ 82 bis 85, 87, 88 und 92 Absatz 1 Satz 1 und Absatz 2 des Zwölften Buches entsprechend, soweit nicht Landesrecht eine andere Regelung trifft. ⁴Bei der Einkommensberechnung bleiben das Baukindergeld des Bundes sowie die Eigenheimzulage nach dem Eigenheimzulagengesetz außer Betracht.

(3) ¹Im Fall des Absatzes 1 Nummer 3 sind Kostenbeiträge zu staffeln. ²Als Kriterien für die Staffelung können insbesondere das Einkommen der Eltern, die Anzahl der kindergeldberechtigten Kinder in der Familie und die tägliche Betreuungszeit des Kindes berücksichtigt werden. ³Werden die Kostenbeiträge nach dem Einkommen berechnet, bleibt das Baukindergeld des Bundes außer Betracht. ⁴Darüber hinaus können weitere Kriterien berücksichtigt werden.

(4) ¹Im Fall des Absatzes 1 Nummer 3 wird der Kostenbeitrag auf Antrag erlassen oder auf Antrag ein Teilnahmebeitrag vom Träger der öffentlichen Jugendhilfe übernommen, wenn die Belastung durch Kostenbeiträge den Eltern und dem Kind nicht zuzumuten ist. ²Nicht zuzumuten sind Kostenbeiträge immer dann, wenn Eltern oder Kinder Leistungen zur Sicherung des Lebensunterhalts nach dem Zweiten Buch, Leistungen nach dem dritten und vierten Kapitel des Zwölften Buches oder Leistungen nach den §§ 2 und 3 des Asylbewerberleistungsgesetzes beziehen oder wenn die Eltern des Kindes Kinderzuschlag gemäß § 6a des Bundeskindergeldgesetzes oder Wohngeld nach dem Wohngeldgesetz erhalten. ³Der Träger der öffentlichen Jugendhilfe hat die Eltern über die Möglichkeit einer Antragstellung nach Satz 1 bei unzumutbarer Belastung durch Kostenbeiträge zu beraten. ⁴Absatz 2 Satz 2 bis 4 gilt entsprechend.

Zweiter Abschnitt
Kostenbeiträge für stationäre und teilstationäre Leistungen sowie vorläufige Maßnahmen

§ 91 Anwendungsbereich

(1) Zu folgenden vollstationären Leistungen und vorläufigen Maßnahmen werden Kostenbeiträge erhoben:
1. der Unterkunft junger Menschen in einer sozialpädagogisch begleiteten Wohnform (§ 13 Absatz 3),
2. der Betreuung von Müttern oder Vätern und Kindern in gemeinsamen Wohnformen (§ 19),
3. der Betreuung und Versorgung von Kindern in Notsituationen (§ 20),
4. der Unterstützung bei notwendiger Unterbringung junger Menschen zur Erfüllung der Schulpflicht und zum Abschluss der Schulausbildung (§ 21),

5. der Hilfe zur Erziehung
   a) in Vollzeitpflege (§ 33),
   b) in einem Heim oder einer sonstigen betreuten Wohnform (§ 34),
   c) in intensiver sozialpädagogischer Einzelbetreuung (§ 35), sofern sie außerhalb des Elternhauses erfolgt,
   d) auf der Grundlage von § 27 in stationärer Form,
6. der Eingliederungshilfe für seelisch behinderte Kinder und Jugendliche durch geeignete Pflegepersonen sowie in Einrichtungen über Tag und Nacht und in sonstigen Wohnformen (§ 35a Absatz 2 Nummer 3 und 4),
7. der Inobhutnahme von Kindern und Jugendlichen (§ 42),
8. der Hilfe für junge Volljährige, soweit sie den in den Nummern 5 und 6 genannten Leistungen entspricht (§ 41).

(2) Zu folgenden teilstationären Leistungen werden Kostenbeiträge erhoben:
1. der Betreuung und Versorgung von Kindern in Notsituationen nach § 20,
2. Hilfe zur Erziehung in einer Tagesgruppe nach § 32 und anderen teilstationären Leistungen nach § 27,
3. Eingliederungshilfe für seelisch behinderte Kinder und Jugendliche in Tageseinrichtungen und anderen teilstationären Einrichtungen nach § 35a Absatz 2 Nummer 2 und
4. Hilfe für junge Volljährige, soweit sie den in den Nummern 2 und 3 genannten Leistungen entspricht (§ 41).

(3) Die Kosten umfassen auch die Aufwendungen für den notwendigen Unterhalt und die Krankenhilfe.
(4) Verwaltungskosten bleiben außer Betracht.
(5) Die Träger der öffentlichen Jugendhilfe tragen die Kosten der in den Absätzen 1 und 2 genannten Leistungen unabhängig von der Erhebung eines Kostenbeitrags.

§ 92 Ausgestaltung der Heranziehung

(1) Aus ihrem Einkommen nach Maßgabe der §§ 93 und 94 heranzuziehen sind:
1. Kinder und Jugendliche zu den Kosten der in § 91 Absatz 1 Nummer 1 bis 7 genannten Leistungen und vorläufigen Maßnahmen,
2. junge Volljährige zu den Kosten der in § 91 Absatz 1 Nummer 1, 4 und 8 genannten Leistungen,
3. Leistungsberechtigte nach § 19 zu den Kosten der in § 91 Absatz 1 Nummer 2 genannten Leistungen,
4. Ehegatten und Lebenspartner junger Menschen und Leistungsberechtigter nach § 19 zu den Kosten der in § 91 Absatz 1 und 2 genannten Leistungen und vorläufigen Maßnahmen,
5. Elternteile zu den Kosten der in § 91 Absatz 1 genannten Leistungen und vorläufigen Maßnahmen; leben sie mit dem jungen Menschen zusammen, so werden sie auch zu den Kosten der in § 91 Absatz 2 genannten Leistungen herangezogen.

(1a) Zu den Kosten vollstationärer Leistungen sind volljährige Leistungsberechtigte nach § 19 zusätzlich aus ihrem Vermögen nach Maßgabe der §§ 90 und 91 des Zwölften Buches heranzuziehen.
(2) Die Heranziehung erfolgt durch Erhebung eines Kostenbeitrags, der durch Leistungsbescheid festgesetzt wird; Elternteile werden getrennt herangezogen.
(3) ¹Ein Kostenbeitrag kann bei Eltern, Ehegatten und Lebenspartnern ab dem Zeitpunkt erhoben werden, ab welchem dem Pflichtigen die Gewährung der Leistung mitgeteilt und er über die Folgen für seine Unterhaltspflicht gegenüber dem jungen Menschen aufgeklärt wurde. ²Ohne vorherige Mitteilung kann ein Kostenbeitrag für den Zeitraum erhoben werden, in welchem der Träger der öffentlichen Jugendhilfe aus rechtlichen oder tatsächlichen Gründen, die in den Verantwortungsbereich des Pflichtigen fallen, an der Geltendmachung gehindert war. ³Entfallen diese Gründe, ist der Pflichtige unverzüglich zu unterrichten.
(4) ¹Ein Kostenbeitrag kann nur erhoben werden, soweit Unterhaltsansprüche vorrangig oder gleichrangig Berechtigter nicht geschmälert werden. ²Von der Heranziehung der Eltern ist abzusehen, wenn das Kind, die Jugendliche, die junge Volljährige oder die Leistungsberechtigte nach § 19 schwanger ist oder der junge Mensch oder die nach § 19 leistungsberechtigte Person ein leibliches Kind bis zur Vollendung des sechsten Lebensjahres betreut.
(5) ¹Von der Heranziehung soll im Einzelfall ganz oder teilweise abgesehen werden, wenn sonst Ziel und Zweck der Leistung gefährdet würden oder sich aus der Heranziehung eine besondere Härte ergäbe. ²Von der Heranziehung kann abgesehen werden, wenn anzunehmen ist, dass der damit verbundene Verwaltungsaufwand in keinem angemessenen Verhältnis zu dem Kostenbeitrag stehen wird.

§ 93 Berechnung des Einkommens

(1) ¹Zum Einkommen gehören alle Einkünfte in Geld oder Geldeswert mit Ausnahme der Grundrente nach oder entsprechend dem Bundesversorgungsgesetz sowie der Renten und Beihilfen, die nach dem Bundesentschädigungsgesetz für einen Schaden an Leben sowie an Körper und Gesundheit gewährt werden bis zur Höhe der vergleichbaren Grundrente nach dem Bundesversorgungsgesetz. ²Eine Entschädigung, die nach § 253 Absatz 2

des Bürgerlichen Gesetzbuchs wegen eines Schadens, der nicht Vermögensschaden ist, geleistet wird, ist nicht als Einkommen zu berücksichtigen. ³Geldleistungen, die dem gleichen Zweck wie die jeweilige Leistung der Jugendhilfe dienen, zählen nicht zum Einkommen und sind unabhängig von einem Kostenbeitrag einzusetzen. ⁴Kindergeld und Leistungen, die auf Grund öffentlich-rechtlicher Vorschriften zu einem ausdrücklich genannten Zweck erbracht werden, sind nicht als Einkommen zu berücksichtigen.
(2) Von dem Einkommen sind abzusetzen
1. auf das Einkommen gezahlte Steuern und
2. Pflichtbeiträge zur Sozialversicherung einschließlich der Beiträge zur Arbeitsförderung sowie
3. nach Grund und Höhe angemessene Beiträge zu öffentlichen oder privaten Versicherungen oder ähnlichen Einrichtungen zur Absicherung der Risiken Alter, Krankheit, Pflegebedürftigkeit und Arbeitslosigkeit.
(3) ¹Von dem nach den Absätzen 1 und 2 errechneten Betrag sind Belastungen der kostenbeitragspflichtigen Person abzuziehen. ²Der Abzug erfolgt durch eine Kürzung des nach den Absätzen 1 und 2 errechneten Betrages um pauschal 25 vom Hundert. ³Sind die Belastungen höher als der pauschale Abzug, so können sie abgezogen werden, soweit sie nach Grund und Höhe angemessen sind und die Grundsätze einer wirtschaftlichen Lebensführung nicht verletzen. ⁴In Betracht kommen insbesondere
1. Beiträge zu öffentlichen oder privaten Versicherungen oder ähnlichen Einrichtungen,
2. die mit der Erzielung des Einkommens verbundenen notwendigen Ausgaben,
3. Schuldverpflichtungen.
⁵Die kostenbeitragspflichtige Person muss die Belastungen nachweisen.
(4) ¹Maßgeblich ist das durchschnittliche Monatseinkommen, das die kostenbeitragspflichtige Person in dem Kalenderjahr erzielt hat, welches dem jeweiligen Kalenderjahr der Leistung oder Maßnahme vorangeht. ²Auf Antrag der kostenbeitragspflichtigen Person wird dieses Einkommen nachträglich durch das durchschnittliche Monatseinkommen ersetzt, welches die Person in dem jeweiligen Kalenderjahr der Leistung oder Maßnahme erzielt hat. ³Der Antrag kann innerhalb eines Jahres nach Ablauf dieses Kalenderjahres gestellt werden. ⁴Macht die kostenbeitragspflichtige Person glaubhaft, dass die Heranziehung zu den Kosten aus dem Einkommen nach Satz 1 in einem bestimmten Zeitraum eine besondere Härte für sie ergäbe, wird vorläufig von den glaubhaft gemachten, dem Zeitraum entsprechenden Monatseinkommen ausgegangen; endgültig ist in diesem Fall das nach Ablauf des Kalenderjahres zu ermittelnde durchschnittliche Monatseinkommen dieses Jahres maßgeblich.

§ 94 Umfang der Heranziehung

(1) ¹Die Kostenbeitragspflichtigen sind aus ihrem Einkommen in angemessenem Umfang zu den Kosten heranzuziehen. ²Die Kostenbeiträge dürfen die tatsächlichen Aufwendungen nicht überschreiten. ³Eltern sollen nachrangig zu den jungen Menschen herangezogen werden. ⁴Ehegatten und Lebenspartner sollen nachrangig zu den jungen Menschen, aber vorrangig vor deren Eltern herangezogen werden.
(2) Für die Bestimmung des Umfangs wird bei jedem Elternteil, Ehegatten oder Lebenspartner die Höhe des nach § 93 ermittelten Einkommens und die Anzahl der Personen, die mindestens im gleichen Range wie der untergebrachte junge Mensch oder Leistungsberechtigte nach § 19 unterhaltsberechtigt sind, angemessen zu berücksichtigen.
(3) ¹Werden Leistungen über Tag und Nacht außerhalb des Elternhauses erbracht und bezieht einer der Elternteile Kindergeld für den jungen Menschen, so hat dieser unabhängig von einer Heranziehung nach Absatz 1 Satz 1 und 2 und nach Maßgabe des Absatzes 1 Satz 3 und 4 einen Kostenbeitrag in Höhe des Kindergeldes zu zahlen. ²Zahlt der Elternteil den Kostenbeitrag nach Satz 1 nicht, so sind die Träger der öffentlichen Jugendhilfe insoweit berechtigt, das auf dieses Kind entfallende Kindergeld durch Geltendmachung eines Erstattungsanspruchs nach § 74 Absatz 2 des Einkommensteuergesetzes in Anspruch zu nehmen. ³Bezieht der Elternteil Kindergeld nach § 1 Absatz 1 des Bundeskindergeldgesetzes, gilt Satz 2 entsprechend. ⁴Bezieht der junge Mensch das Kindergeld selbst, gelten die Sätze 1 und 2 entsprechend.
(4) Werden Leistungen über Tag und Nacht erbracht und hält sich der junge Mensch nicht nur im Rahmen von Umgangskontakten bei einem Kostenbeitragspflichtigen auf, so ist die tatsächliche Betreuungsleistung über Tag und Nacht auf den Kostenbeitrag anzurechnen.
(5) Für die Festsetzung der Kostenbeiträge von Eltern, Ehegatten und Lebenspartnern junger Menschen und Leistungsberechtigter nach § 19 werden nach Einkommensgruppen gestaffelte Pauschalbeträge durch Rechtsverordnung des zuständigen Bundesministeriums mit Zustimmung des Bundesrates bestimmt.
(6) ¹Bei vollstationären Leistungen haben junge Menschen und Leistungsberechtigte nach § 19 nach Abzug der in § 93 Absatz 2 genannten Beträge höchstens 25 Prozent ihres Einkommens als Kostenbeitrag einzusetzen. ²Maßgeblich ist das Einkommen des Monats, in dem die Leistung oder die Maßnahme erbracht wird. ³Folgendes Einkommen aus einer Erwerbstätigkeit innerhalb eines Monats bleibt für den Kostenbeitrag unberücksichtigt:
1. Einkommen aus Schülerjobs oder Praktika mit einer Vergütung bis zur Höhe von 150 Euro monatlich,

2. Einkommen aus Ferienjobs,
3. Einkommen aus einer ehrenamtlichen Tätigkeit oder
4. 150 Euro monatlich als Teil einer Ausbildungsvergütung.

Dritter Abschnitt
Überleitung von Ansprüchen

§ 95 Überleitung von Ansprüchen

(1) Hat eine der in § 92 Absatz 1 genannten Personen für die Zeit, für die Jugendhilfe gewährt wird, einen Anspruch gegen einen anderen, der weder Leistungsträger im Sinne des § 12 des Ersten Buches noch Kostenbeitragspflichtiger ist, so kann der Träger der öffentlichen Jugendhilfe durch schriftliche Anzeige an den anderen bewirken, dass dieser Anspruch bis zur Höhe seiner Aufwendungen auf ihn übergeht.
(2) ¹Der Übergang darf nur insoweit bewirkt werden, als bei rechtzeitiger Leistung des anderen entweder Jugendhilfe nicht gewährt worden oder ein Kostenbeitrag zu leisten wäre. ²Der Übergang ist nicht dadurch ausgeschlossen, dass der Anspruch nicht übertragen, verpfändet oder gepfändet werden kann.
(3) Die schriftliche Anzeige bewirkt den Übergang des Anspruchs für die Zeit, für die die Hilfe ohne Unterbrechung gewährt wird; als Unterbrechung gilt ein Zeitraum von mehr als zwei Monaten.
(4) Widerspruch und Anfechtungsklage gegen den Verwaltungsakt, der den Übergang des Anspruchs bewirkt, haben keine aufschiebende Wirkung.

§ 96 (weggefallen)

Vierter Abschnitt
Ergänzende Vorschriften

§ 97 Feststellung der Sozialleistungen

¹Der erstattungsberechtigte Träger der öffentlichen Jugendhilfe kann die Feststellung einer Sozialleistung betreiben sowie Rechtsmittel einlegen. ²Der Ablauf der Fristen, die ohne sein Verschulden verstrichen sind, wirkt nicht gegen ihn. ³Dies gilt nicht für die Verfahrensfristen, soweit der Träger der öffentlichen Jugendhilfe das Verfahren selbst betreibt.

§ 97a Pflicht zur Auskunft

(1) ¹Soweit dies für die Berechnung oder den Erlass eines Kostenbeitrags oder die Übernahme eines Teilnahmebeitrags nach § 90 oder die Ermittlung eines Kostenbeitrags nach den §§ 92 bis 94 erforderlich ist, sind Eltern, Ehegatten und Lebenspartner junger Menschen sowie Leistungsberechtigter nach § 19 verpflichtet, dem örtlichen Träger über ihre Einkommensverhältnisse Auskunft zu geben. ²Junge Volljährige und volljährige Leistungsberechtigte nach § 19 sind verpflichtet, dem örtlichen Träger über ihre Einkommens- und Vermögensverhältnisse Auskunft zu geben. ³Eltern, denen die Sorge für das Vermögen des Kindes oder des Jugendlichen zusteht, sind auch zur Auskunft über dessen Einkommen verpflichtet. ⁴Ist die Sorge über das Vermögen des Kindes oder des Jugendlichen anderen Personen übertragen, so treten diese an die Stelle der Eltern.
(2) ¹Soweit dies für die Berechnung der laufenden Leistung nach § 39 Absatz 6 erforderlich ist, sind Pflegepersonen verpflichtet, dem örtlichen Träger darüber Auskunft zu geben, ob der junge Mensch im Rahmen des Familienleistungsausgleichs nach § 31 des Einkommensteuergesetzes berücksichtigt wird oder berücksichtigt werden könnte und ob er ältestes Kind in der Pflegefamilie ist. ²Pflegepersonen, die mit dem jungen Menschen in gerader Linie verwandt sind, sind verpflichtet, dem örtlichen Träger über ihre Einkommens- und Vermögensverhältnisse Auskunft zu geben.
(3) ¹Die Pflicht zur Auskunft nach den Absätzen 1 und 2 umfasst auch die Verpflichtung, Name und Anschrift des Arbeitgebers zu nennen, über die Art des Beschäftigungsverhältnisses Auskunft zu geben sowie auf Verlangen Beweisurkunden vorzulegen oder ihrer Vorlage zuzustimmen. ²Sofern landesrechtliche Regelungen nach § 90 Absatz 1 Satz 2 bestehen, in denen nach Einkommensgruppen gestaffelte Pauschalbeträge vorgeschrieben oder festgesetzt sind, ist hinsichtlich der Höhe des Einkommens die Auskunftspflicht und die Pflicht zur Vorlage von Beweisurkunden für die Berechnung des Kostenbeitrags nach § 90 Absatz 1 Nummer 3 auf die Angabe der Zugehörigkeit zu einer bestimmten Einkommensgruppe beschränkt.
(4) ¹Kommt eine der nach den Absätzen 1 und 2 zur Auskunft verpflichteten Personen ihrer Pflicht nicht nach oder bestehen tatsächliche Anhaltspunkte für die Unrichtigkeit ihrer Auskunft, so ist der Arbeitgeber dieser Person verpflichtet, dem örtlichen Träger über die Art des Beschäftigungsverhältnisses und den Arbeitsverdienst dieser Person Auskunft zu geben; Absatz 3 Satz 2 gilt entsprechend. ²Der zur Auskunft verpflichteten Person ist

vor einer Nachfrage beim Arbeitgeber eine angemessene Frist zur Erteilung der Auskunft zu setzen. ³Sie ist darauf hinzuweisen, dass nach Fristablauf die erforderlichen Auskünfte beim Arbeitgeber eingeholt werden. (5) ¹Die nach den Absätzen 1 und 2 zur Erteilung einer Auskunft Verpflichteten können die Auskunft verweigern, soweit sie sich selbst oder einen der in § 383 Absatz 1 Nummer 1 bis 3 der Zivilprozessordnung bezeichneten Angehörigen der Gefahr aussetzen würden, wegen einer Straftat oder einer Ordnungswidrigkeit verfolgt zu werden. ²Die Auskunftspflichtigen sind auf ihr Auskunftsverweigerungsrecht hinzuweisen.

§ 97b (weggefallen)

§ 97c Erhebung von Gebühren und Auslagen
Landesrecht kann abweichend von § 64 des Zehnten Buches die Erhebung von Gebühren und Auslagen regeln.

Neuntes Kapitel
Kinder- und Jugendhilfestatistik

§ 98 Zweck und Umfang der Erhebung
(1) Zur Beurteilung der Auswirkungen der Bestimmungen dieses Buches und zu seiner Fortentwicklung sind laufende Erhebungen über
1. Kinder und tätige Personen in Tageseinrichtungen,
2. Kinder und tätige Personen in öffentlich geförderter Kindertagespflege,
3. Personen, die mit öffentlichen Mitteln geförderte Kindertagespflege gemeinsam oder auf Grund einer Erlaubnis nach § 43 Absatz 3 Satz 3 in Pflegestellen durchführen, und die von diesen betreuten Kinder,
4. die Empfänger
    a) der Hilfe zur Erziehung,
    b) der Hilfe für junge Volljährige und
    c) der Eingliederungshilfe für seelisch behinderte Kinder und Jugendliche,
5. Kinder und Jugendliche, zu deren Schutz vorläufige Maßnahmen getroffen worden sind,
6. Kinder und Jugendliche, die als Kind angenommen worden sind,
7. Kinder und Jugendliche, die unter Amtspflegschaft, Amtsvormundschaft oder Beistandschaft des Jugendamts stehen,
8. Kinder und Jugendliche, für die eine Pflegeerlaubnis erteilt worden ist,
9. Maßnahmen des Familiengerichts,
10. Angebote der Jugendarbeit nach § 11 sowie Fortbildungsmaßnahmen für ehrenamtliche Mitarbeiter anerkannter Träger der Jugendhilfe nach § 74 Absatz 6,
11. die Träger der Jugendhilfe, die dort tätigen Personen und deren Einrichtungen mit Ausnahme der Tageseinrichtungen,
12. die Ausgaben und Einnahmen der öffentlichen Jugendhilfe sowie
13. Gefährdungseinschätzungen nach § 8a

als Bundesstatistik durchzuführen.
(2) Zur Verfolgung der gesellschaftlichen Entwicklung im Bereich der elterlichen Sorge sind im Rahmen der Kinder- und Jugendhilfestatistik auch laufende Erhebungen über Sorgeerklärungen durchzuführen.

§ 99 Erhebungsmerkmale
(1) Erhebungsmerkmale bei den Erhebungen über Hilfe zur Erziehung nach den §§ 27 bis 35, Eingliederungshilfe für seelisch behinderte Kinder und Jugendliche nach § 35a und Hilfe für junge Volljährige nach § 41 sind
1. im Hinblick auf die Hilfe
    a) Art des Trägers des Hilfe durchführenden Dienstes oder der Hilfe durchführenden Einrichtung sowie bei Trägern der freien Jugendhilfe deren Verbandszugehörigkeit,
    b) Art der Hilfe,
    c) Ort der Durchführung der Hilfe,
    d) Monat und Jahr des Beginns und Endes sowie Fortdauer der Hilfe,
    e) familienrichterliche Entscheidungen zu Beginn der Hilfe,
    f) Intensität der Hilfe,
    g) Hilfe anregende Institutionen oder Personen,
    h) Gründe für die Hilfegewährung,
    i) Grund für die Beendigung der Hilfe,
    j) vorangegangene Gefährdungseinschätzung nach § 8a Absatz 1,

k) Einleitung der Hilfe im Anschluss an eine vorläufige Maßnahme zum Schutz von Kindern und Jugendlichen im Fall des § 42 Absatz 1 Satz 1,
l) gleichzeitige Inanspruchnahme einer weiteren Hilfe zur Erziehung, Hilfe für junge Volljährige oder Eingliederungshilfe bei einer seelischen Behinderung oder einer drohenden seelischen Behinderung sowie
2. im Hinblick auf junge Menschen
   a) Geschlecht,
   b) Geburtsmonat und Geburtsjahr,
   c) Lebenssituation bei Beginn der Hilfe,
   d) ausländische Herkunft mindestens eines Elternteils,
   e) Deutsch als in der Familie vorrangig gesprochene Sprache,
   f) anschließender Aufenthalt,
   g) nachfolgende Hilfe;
3. bei sozialpädagogischer Familienhilfe nach § 31 und anderen familienorientierten Hilfen nach § 27 zusätzlich zu den unter den Nummern 1 und 2 genannten Merkmalen
   a) Geschlecht, Geburtsmonat und Geburtsjahr der in der Familie lebenden jungen Menschen sowie
   b) Zahl der außerhalb der Familie lebenden Kinder und Jugendlichen;
4. für Hilfen außerhalb des Elternhauses nach § 27 Absatz 1, 3 und 4, den §§ 29 und 30, 32 bis 35a und 41 zusätzlich zu den unter den Nummern 1 und 2 genannten Merkmalen der Schulbesuch sowie das Ausbildungsverhältnis.

(2) Erhebungsmerkmale bei den Erhebungen über vorläufige Maßnahmen zum Schutz von Kindern und Jugendlichen sind Kinder und Jugendliche, zu deren Schutz Maßnahmen nach § 42 oder § 42a getroffen worden sind, gegliedert nach
1. Art der Maßnahme, Art des Trägers der Maßnahme, Form der Unterbringung während der Maßnahme, hinweisgebender Institution oder Person, Zeitpunkt des Beginns und Dauer der Maßnahme, Durchführung aufgrund einer vorangegangenen Gefährdungseinschätzung nach § 8a Absatz 1, Maßnahmeanlass, im Kalenderjahr bereits wiederholt stattfindende Inobhutnahme, Widerspruch der Personensorge- oder Erziehungsberechtigten gegen die Maßnahme, im Fall des Widerspruchs gegen die Maßnahme Herbeiführung einer Entscheidung des Familiengerichts nach § 42 Absatz 3 Satz 2 Nummer 2, Grund für die Beendigung der Maßnahme, anschließendem Aufenthalt, Art der anschließenden Hilfe,
2. bei Kindern und Jugendlichen zusätzlich zu den unter Nummer 1 genannten Merkmalen nach Geschlecht, Altersgruppe zu Beginn der Maßnahme, ausländischer Herkunft mindestens eines Elternteils, Deutsch als in der Familie vorrangig gesprochene Sprache, Art des Aufenthalts vor Beginn der Maßnahme.

(3) Erhebungsmerkmale bei den Erhebungen über die Annahme als Kind sind
1. angenommene Kinder und Jugendliche, gegliedert
   a) nach nationaler Adoption und internationaler Adoption nach § 2a des Adoptionsvermittlungsgesetzes,
   b) nach Geschlecht, Geburtsdatum, Staatsangehörigkeit und Art des Trägers des Adoptionsvermittlungsdienstes, Datum des Adoptionsbeschlusses,
   c) nach Herkunft des angenommenen Kindes, Art der Unterbringung vor der Adoptionspflege, Geschlecht und Familienstand der Eltern oder des sorgeberechtigten Elternteils oder Tod der Eltern zu Beginn der Adoptionspflege sowie Ersetzung der Einwilligung zur Annahme als Kind,
   d) zusätzlich bei nationalen Adoptionen nach Datum des Beginns und Endes der Adoptionspflege und bei Unterbringung vor der Adoptionspflege in Pflegefamilien nach Datum des Beginns und Endes dieser Unterbringung sowie bei Annahme durch die vorherige Pflegefamilie nach Datum des Beginns und Endes dieser Unterbringung,
   e) zusätzlich bei der internationalen Adoption (§ 2a des Adoptionsvermittlungsgesetzes) nach Staatsangehörigkeit vor Ausspruch der Adoption, nach Herkunftsland und gewöhnlichem Aufenthalt vor der Adoption sowie nach Ausspruch der Adoption im Ausland oder Inland,
   f) nach Staatsangehörigkeit, Geschlecht und Familienstand der oder des Annehmenden sowie nach dem Verwandtschaftsverhältnis zu dem Kind,
2. die Zahl der
   a) ausgesprochenen und aufgehobenen Annahmen sowie der abgebrochenen Adoptionspflegen, gegliedert nach Art des Trägers des Adoptionsvermittlungsdienstes,
   b) vorgemerkten Adoptionsbewerber, die zur Annahme als Kind vorgemerkten und in Adoptionspflege untergebrachten Kinder und Jugendlichen zusätzlich nach ihrem Geschlecht, gegliedert nach Art des Trägers des Adoptionsvermittlungsdienstes,

3. bei Anerkennungs- und Wirkungsfeststellung einer ausländischen Adoptionsentscheidung nach § 2 des Adoptionswirkungsgesetzes sowie eines Umwandlungsausspruchs nach § 3 des Adoptionswirkungsgesetzes die Zahl der
   a) eingeleiteten Verfahren nach den §§ 2 und 3 des Adoptionswirkungsgesetzes,
   b) beendeten Verfahren nach den §§ 2 und 3 des Adoptionswirkungsgesetzes, die ausländische Adoptionen nach § 2a des Adoptionsvermittlungsgesetzes zum Gegenstand haben, gegliedert nach
      aa) dem Ergebnis des Verfahrens im Hinblick auf eine erfolgte und nicht erfolgte Vermittlung nach § 2a Absatz 2 des Adoptionsvermittlungsgesetzes,
      bb) dem Vorliegen einer Bescheinigung nach Artikel 23 des Haager Übereinkommens vom 29. Mai 1993 über den Schutz von Kindern und die Zusammenarbeit auf dem Gebiet der internationalen Adoption und
      cc) der Verfahrensdauer.

(4) Erhebungsmerkmal bei den Erhebungen über die Amtspflegschaft und die Amtsvormundschaft sowie die Beistandschaft ist die Zahl der Kinder und Jugendlichen unter
1. gesetzlicher Amtsvormundschaft,
2. bestellter Amtsvormundschaft,
3. bestellter Amtspflegschaft sowie
4. Beistandschaft,

gegliedert nach Geschlecht, Art des Tätigwerdens des Jugendamts sowie nach deutscher und ausländischer Staatsangehörigkeit (Deutsche/Ausländer).

(5) Erhebungsmerkmal bei den Erhebungen über
1. die Pflegeerlaubnis nach § 43 ist die Zahl der Tagespflegepersonen,
2. die Pflegeerlaubnis nach § 44 ist die Zahl der Kinder und Jugendlichen, gegliedert nach Geschlecht und Art der Pflege.

(6) Erhebungsmerkmale bei der Erhebung zum Schutzauftrag bei Kindeswohlgefährdung nach § 8a sind Kinder und Jugendliche, bei denen eine Gefährdungseinschätzung nach Absatz 1 vorgenommen worden ist, gegliedert
1. nach der hinweisgebenden Institution oder Person, der Art der Kindeswohlgefährdung, der Person, von der die Gefährdung ausgeht, dem Ergebnis der Gefährdungseinschätzung sowie wiederholter Meldung zu demselben Kind oder Jugendlichen im jeweiligen Kalenderjahr,
2. bei Kindern und Jugendlichen zusätzlich zu den in Nummer 1 genannten Merkmalen nach Geschlecht, Geburtsmonat, Geburtsjahr, ausländischer Herkunft mindestens eines Elternteils, Deutsch als in der Familie vorrangig gesprochene Sprache, Eingliederungshilfe und Aufenthaltsort des Kindes oder Jugendlichen zum Zeitpunkt der Meldung sowie den Altersgruppen der Eltern und der Inanspruchnahme einer Leistung gemäß den §§ 16 bis 19 sowie 27 bis 35a und der Durchführung einer Maßnahme nach § 42.

(6a) Erhebungsmerkmal bei den Erhebungen über Sorgeerklärungen und die gerichtliche Übertragung der gemeinsamen elterlichen Sorge nach § 1626a Absatz 1 Nummer 3 des Bürgerlichen Gesetzbuchs ist die gemeinsame elterliche Sorge nicht miteinander verheirateter Eltern, gegliedert danach, ob Sorgeerklärungen beider Eltern vorliegen oder den Eltern die elterliche Sorge aufgrund einer gerichtlichen Entscheidung ganz oder zum Teil gemeinsam übertragen worden ist.

(6b) ¹Erhebungsmerkmal bei den Erhebungen über Maßnahmen des Familiengerichts ist die Zahl der Kinder und Jugendlichen, bei denen wegen einer Gefährdung ihres Wohls das familiengerichtliche Verfahren auf Grund einer Anrufung durch das Jugendamt nach § 8a Absatz 2 Satz 1 oder § 42 Absatz 3 Satz 2 Nummer 2 oder auf andere Weise eingeleitet worden ist und
1. den Personensorgeberechtigten auferlegt worden ist, Leistungen nach diesem Buch in Anspruch zu nehmen,
2. andere Gebote oder Verbote gegenüber den Personensorgeberechtigten oder Dritten ausgesprochen worden sind,
3. Erklärungen der Personensorgeberechtigten ersetzt worden sind,
4. die elterliche Sorge ganz oder teilweise entzogen und auf das Jugendamt oder einen Dritten als Vormund oder Pfleger übertragen worden ist,

gegliedert nach Geschlecht, Altersgruppen und zusätzlich bei Nummer 4 nach dem Umfang der übertragenen Angelegenheit. ²Zusätzlich sind die Fälle nach Geschlecht und Altersgruppen zu melden, in denen das Jugendamt insbesondere nach § 8a Absatz 2 Satz 1 oder § 42 Absatz 3 Satz 2 Nummer 2 das Familiengericht anruft, weil es dessen Tätigwerden für erforderlich hält.

(7) Erhebungsmerkmale bei den Erhebungen über Kinder und tätige Personen in Tageseinrichtungen sind
1. die Einrichtungen, gegliedert nach
   a) der Art und Rechtsform des Trägers sowie bei Trägern der freien Jugendhilfe deren Verbandszugehörigkeit sowie besonderen Merkmalen,

b) der Zahl der genehmigten Plätze,
   c) der Art und Anzahl der Gruppen,
   d) die Anzahl der Kinder insgesamt,
   e) Anzahl der Schließtage an regulären Öffnungstagen im vorangegangenen Jahr sowie
   f) Öffnungszeiten,
2. für jede dort tätige Person
   a) Geschlecht und Beschäftigungsumfang,
   b) für das pädagogisch und in der Verwaltung tätige Personal zusätzlich Geburtsmonat und Geburtsjahr, die Art des Berufsausbildungsabschlusses, Stellung im Beruf, Art der Beschäftigung und Arbeitsbereiche einschließlich Gruppenzugehörigkeit, Monat und Jahr des Beginns der Tätigkeit in der derzeitigen Einrichtung,
3. für die dort geförderten Kinder
   a) Geschlecht, Geburtsmonat und Geburtsjahr sowie Schulbesuch,
   b) ausländische Herkunft mindestens eines Elternteils,
   c) Deutsch als in der Familie vorrangig gesprochene Sprache,
   d) Betreuungszeit und Mittagsverpflegung,
   e) Eingliederungshilfe,
   f) Gruppenzugehörigkeit,
   g) Monat und Jahr der Aufnahme in der Tageseinrichtung.

(7a) Erhebungsmerkmale bei den Erhebungen über Kinder in mit öffentlichen Mitteln geförderter Kindertagespflege sowie die die Kindertagespflege durchführenden Personen sind:
1. für jede tätige Person
   a) Geschlecht, Geburtsmonat und Geburtsjahr,
   b) Art und Umfang der Qualifikation, höchster allgemeinbildender Schulabschluss, höchster beruflicher Ausbildungs- und Hochschulabschluss, Anzahl der betreuten Kinder (Betreuungsverhältnisse am Stichtag) insgesamt und nach dem Ort der Betreuung,
2. für die dort geförderten Kinder
   a) Geschlecht, Geburtsmonat und Geburtsjahr sowie Schulbesuch,
   b) ausländische Herkunft mindestens eines Elternteils,
   c) Deutsch als in der Familie vorrangig gesprochene Sprache,
   d) Betreuungszeit und Mittagsverpflegung,
   e) Art und Umfang der öffentlichen Finanzierung und Förderung,
   f) Eingliederungshilfe,
   g) Verwandtschaftsverhältnis zur Pflegeperson,
   h) gleichzeitig bestehende andere Betreuungsarrangements,
   i) Monat und Jahr der Aufnahme in Kindertagespflege.

(7b) Erhebungsmerkmale bei den Erhebungen über Personen, die mit öffentlichen Mitteln geförderte Kindertagespflege gemeinsam oder auf Grund einer Erlaubnis nach § 43 Absatz 3 Satz 3 durchführen und die von diesen betreuten Kinder sind die Zahl der Kindertagespflegepersonen und die Zahl der von diesen betreuten Kinder jeweils gegliedert nach Pflegestellen.

(8) Erhebungsmerkmale bei den Erhebungen über die Angebote der Jugendarbeit nach § 11 sowie bei den Erhebungen über Fortbildungsmaßnahmen für ehrenamtliche Mitarbeiter anerkannter Träger der Jugendhilfe nach § 74 Absatz 6 sind offene und Gruppenangebote sowie Veranstaltungen und Projekte der Jugendarbeit, soweit diese mit öffentlichen Mitteln pauschal oder maßnahmenbezogen gefördert werden oder der Träger eine öffentliche Förderung erhält, gegliedert nach
1. Art, Name und Rechtsform des Trägers,
2. Dauer, Häufigkeit, Durchführungsort und Art des Angebots; zusätzlich bei schulbezogenen Angeboten die Art der kooperierenden Schule,
3. Alter, Geschlecht sowie Art der Beschäftigung und Tätigkeit der bei der Durchführung des Angebots tätigen Personen,
4. Zahl, Geschlecht und Alter der Teilnehmenden sowie der Besucher,
5. Partnerländer und Veranstaltungen im In- oder Ausland bei Veranstaltungen und Projekten der internationalen Jugendarbeit.

(9) Erhebungsmerkmale bei den Erhebungen über die Träger der Jugendhilfe, die dort tätigen Personen und deren Einrichtungen, soweit diese nicht in Absatz 7 erfasst werden, sind
1. die Träger gegliedert nach
   a) Art und Rechtsform des Trägers sowie bei Trägern der freien Jugendhilfe deren Verbandszugehörigkeit,

b) den Betätigungsfeldern nach Aufgabenbereichen,
   c) deren Personalausstattung sowie
   d) Anzahl der Einrichtungen,
2. die Einrichtungen des Trägers mit Betriebserlaubnis nach § 45 und Betreuungsformen nach diesem Gesetz, soweit diese nicht in Absatz 7 erfasst werden, gegliedert nach
   a) Postleitzahl des Standorts,
   b) für jede vorhandene Gruppe und jede sonstige Betreuungsform nach diesem Gesetz, die von der Betriebserlaubnis umfasst ist, Angaben über die Art der Unterbringung oder Betreuung, deren Rechtsgrundlagen, Anzahl der genehmigten und belegten Plätze, Anzahl der Sollstellen des Personals und Hauptstelle der Einrichtung,
3. für jede im Bereich der Jugendhilfe pädagogisch und in der Verwaltung tätige Person des Trägers
   a) Geschlecht, Geburtsmonat und Geburtsjahr,
   b) Art des höchsten Berufsausbildungsabschlusses, Stellung im Beruf, Art der Beschäftigung, Beschäftigungsumfang und Arbeitsbereiche,
   c) Bundesland des überwiegenden Einsatzortes.
(10) Erhebungsmerkmale bei der Erhebung der Ausgaben und Einnahmen der öffentlichen Jugendhilfe sind
1. die Art des Trägers,
2. die Ausgaben für Einzel- und Gruppenhilfen, gegliedert nach Ausgabe- und Hilfeart sowie die Einnahmen nach Einnahmeart,
3. die Ausgaben und Einnahmen für Einrichtungen nach Arten gegliedert nach der Einrichtungsart,
4. die Ausgaben für das Personal, das bei den örtlichen und den überörtlichen Trägern sowie den kreisangehörigen Gemeinden und Gemeindeverbänden, die nicht örtliche Träger sind, Aufgaben der Jugendhilfe wahrnimmt.

§ 100 Hilfsmerkmale

Hilfsmerkmale sind
1. Name und Anschrift des Auskunftspflichtigen,
2. für die Erhebungen nach § 99 die Kenn-Nummer der hilfeleistenden Stelle oder der auskunftsgebenden Einrichtung; soweit die Hilfe nach § 28 gebietsübergreifend erbracht wird, die Kenn-Nummer des Wohnsitzes des Hilfeempfängers,
3. für die Erhebungen nach § 99 Absatz 1, 2, 3 und 6 die Kenn-Nummer der betreffenden Person,
4. Name und Kontaktdaten der für eventuelle Rückfragen zur Verfügung stehenden Person.

§ 101 Periodizität und Berichtszeitraum

(1) ¹Die Erhebungen nach § 99 Absatz 1 bis 5, 6a bis 7b und 10 sind jährlich durchzuführen, die Erhebungen nach § 99 Absatz 3 Nummer 3 erstmalig für das Jahr 2022; die Erhebungen nach § 99 Absatz 1, soweit sie die Eingliederungshilfe für Kinder und Jugendliche mit seelischer Behinderung betreffen, sind 2007 beginnend jährlich durchzuführen. ²Die Erhebung nach § 99 Absatz 6 erfolgt laufend. ³Die übrigen Erhebungen nach § 99 sind alle zwei Jahre durchzuführen, die Erhebungen nach § 99 Absatz 8 erstmalig für das Jahr 2015 und die Erhebungen nach § 99 Absatz 9 erstmalig für das Jahr 2014.
(2) Die Angaben für die Erhebung nach
1. § 99 Absatz 1 sind zu dem Zeitpunkt, zu dem die Hilfe endet, bei fortdauernder Hilfe zum 31. Dezember,
2. bis 5. (weggefallen)
6. § 99 Absatz 2 sind zum Zeitpunkt des Endes einer vorläufigen Maßnahme,
7. § 99 Absatz 3 Nummer 1 sind zum Zeitpunkt der rechtskräftigen gerichtlichen Entscheidung über die Annahme als Kind,
8. § 99 Absatz 3 Nummer 2 Buchstabe a, Nummer 3 und Absatz 6a, 6b und 10 sind für das abgelaufene Kalenderjahr,
9. § 99 Absatz 3 Nummer 2 Buchstabe b und Absatz 4 und 5 sind zum 31. Dezember,
10. § 99 Absatz 7, 7a und 7b sind zum 1. März,
11. § 99 Absatz 6 sind zum Zeitpunkt des Abschlusses der Gefährdungseinschätzung,
12. § 99 Absatz 8 sind für das abgelaufene Kalenderjahr,
13. § 99 Absatz 9 sind zum 15. Dezember.
zu erteilen.

§ 102 Auskunftspflicht

(1) ¹Für die Erhebungen besteht Auskunftspflicht. ²Die Angaben zu § 100 Nummer 4 sind freiwillig.
(2) Auskunftspflichtig sind

111 SGB VIII §§ 103-104

1. die örtlichen Träger der Jugendhilfe für die Erhebungen nach § 99 Absatz 1 bis 10, nach Absatz 8 nur, soweit eigene Angebote gemacht wurden,
2. die überörtlichen Träger der Jugendhilfe für die Erhebungen nach § 99 Absatz 3 und 7 und 8 bis 10, nach Absatz 8 nur, soweit eigene Angebote gemacht wurden,
3. die obersten Landesjugendbehörden für die Erhebungen nach § 99 Absatz 7 und 8 bis 10,
4. die fachlich zuständige oberste Bundesbehörde für die Erhebung nach § 99 Absatz 10,
5. die kreisangehörigen Gemeinden und die Gemeindeverbände, soweit sie Aufgaben der Jugendhilfe wahrnehmen, für die Erhebungen nach § 99 Absatz 7 bis 10,
6. die Träger der freien Jugendhilfe für Erhebungen nach § 99 Absatz 1, soweit sie eine Beratung nach § 28 oder § 41 betreffen, nach § 99 Absatz 8, soweit sie anerkannte Träger der freien Jugendhilfe nach § 75 Absatz 1 oder Absatz 3 sind, und nach § 99 Absatz 3, 7 und 9,
7. Adoptionsvermittlungsstellen nach § 2 Absatz 3 des Adoptionsvermittlungsgesetzes aufgrund ihrer Tätigkeit nach § 1 des Adoptionsvermittlungsgesetzes sowie anerkannte Auslandsvermittlungsstellen nach § 4 Absatz 2 Satz 3 des Adoptionsvermittlungsgesetzes aufgrund ihrer Tätigkeit nach § 2a Absatz 4 Nummer 2 des Adoptionsvermittlungsgesetzes gemäß § 99 Absatz 3 Nummer 1 sowie gemäß § 99 Absatz 3 Nummer 2a für die Zahl der ausgesprochenen Annahmen und gemäß § 99 Absatz 3 Nummer 2b für die Zahl der vorgemerkten Adoptionsbewerber,
8. die Leiter der Einrichtungen, Behörden und Geschäftsstellen in der Jugendhilfe für die Erhebungen nach § 99 Absatz 7.

(3) Zur Durchführung der Erhebungen nach § 99 Absatz 1, 3, 7, 8 und 9 übermitteln die Träger der öffentlichen Jugendhilfe den statistischen Ämtern der Länder auf Anforderung die erforderlichen Anschriften der übrigen Auskunftspflichtigen.

§ 103 Übermittlung

(1) ¹An die fachlich zuständigen obersten Bundes- oder Landesbehörden dürfen für die Verwendung gegenüber den gesetzgebenden Körperschaften und für Zwecke der Planung, jedoch nicht für die Regelung von Einzelfällen, vom Statistischen Bundesamt und den statistischen Ämtern der Länder Tabellen mit statistischen Ergebnissen übermittelt werden, auch soweit Tabellenfelder nur einen einzigen Fall ausweisen. ²Tabellen, deren Tabellenfelder nur einen einzigen Fall ausweisen, dürfen nur dann übermittelt werden, wenn sie nicht differenzierter als auf Regierungsbezirksebene, im Fall der Stadtstaaten auf Bezirksebene, aufbereitet sind.
(2) Für ausschließlich statistische Zwecke dürfen den zur Durchführung statistischer Aufgaben zuständigen Stellen der Gemeinden und Gemeindeverbände für ihren Zuständigkeitsbereich Einzelangaben aus der Erhebung nach § 99 mit Ausnahme der Hilfsmerkmale übermittelt werden, soweit die Voraussetzungen nach § 16 Absatz 5 des Bundesstatistikgesetzes gegeben sind.
(3) Die Ergebnisse der Kinder- und Jugendhilfestatistiken gemäß den §§ 98 und 99 dürfen auf der Ebene der einzelnen Gemeinde oder des einzelnen Jugendamtsbezirkes veröffentlicht werden.
(4) Die statistischen Landesämter übermitteln die erhobenen Einzeldaten auf Anforderung an das Statistische Bundesamt.

Zehntes Kapitel
Straf- und Bußgeldvorschriften

§ 104 Bußgeldvorschriften

(1) Ordnungswidrig handelt, wer
1. ohne Erlaubnis nach § 43 Absatz 1 oder § 44 Absatz 1 Satz 1 ein Kind oder einen Jugendlichen betreut oder ihm Unterkunft gewährt,
2. entgegen § 45 Absatz 1 Satz 1, auch in Verbindung mit § 48a Absatz 1, ohne Erlaubnis eine Einrichtung oder eine sonstige Wohnform betreibt oder
3. entgegen § 47 eine Anzeige nicht, nicht richtig, nicht vollständig oder nicht rechtzeitig erstattet oder eine Meldung nicht, nicht richtig, nicht vollständig oder nicht rechtzeitig macht oder vorsätzlich oder fahrlässig seiner Verpflichtung zur Dokumentation oder Aufbewahrung derselben oder zum Nachweis der ordnungsgemäßen Buchführung auf entsprechendes Verlangen nicht nachkommt oder
4. entgegen § 97a Absatz 4 vorsätzlich oder fahrlässig als Arbeitgeber eine Auskunft nicht, nicht richtig oder nicht vollständig erteilt.

(2) Die Ordnungswidrigkeiten nach Absatz 1 Nummer 1, 3 und 4 können mit einer Geldbuße bis zu fünfhundert Euro, die Ordnungswidrigkeit nach Absatz 1 Nummer 2 kann mit einer Geldbuße bis zu fünfzehntausend Euro geahndet werden.

§ 105 Strafvorschriften
Mit Freiheitsstrafe bis zu einem Jahr oder mit Geldstrafe wird bestraft, wer
1. eine in § 104 Absatz 1 Nummer 1 oder 2 bezeichnete Handlung begeht und dadurch leichtfertig ein Kind oder einen Jugendlichen in seiner körperlichen, geistigen oder sittlichen Entwicklung schwer gefährdet oder
2. eine in § 104 Absatz 1 Nummer 1 oder 2 bezeichnete vorsätzliche Handlung beharrlich wiederholt.

Elftes Kapitel
Übergangs- und Schlussvorschriften

§ 106 Einschränkung eines Grundrechts
Durch § 42 Absatz 5 und § 42a Absatz 1 Satz 2 wird das Grundrecht auf Freiheit der Person (Artikel 2 Absatz 2 Satz 3 des Grundgesetzes) eingeschränkt.

§ 107 Übergangsregelung
(1) ¹Das Bundesministerium für Familie, Senioren, Frauen und Jugend begleitet und untersucht
1. bis zum Inkrafttreten von § 10b am 1. Januar 2024 sowie
2. bis zum Inkrafttreten von § 10 Absatz 4 Satz 1 und 2 am 1. Januar 2028

die Umsetzung der für die Ausführung dieser Regelungen jeweils notwendigen Maßnahmen in den Ländern. ²Bei der Untersuchung nach Satz 1 Nummer 1 werden insbesondere auch die Erfahrungen der örtlichen Träger der öffentlichen Jugendhilfe einbezogen, die bereits vor dem 1. Januar 2024 Verfahrenslotsen entsprechend § 10b einsetzen. ³Bei der Untersuchung nach Satz 1 Nummer 2 findet das Bundesgesetz nach § 10 Absatz 4 Satz 3 ab dem Zeitpunkt seiner Verkündung, die als Bedingung für das Inkrafttreten von § 10 Absatz 4 Satz 1 und 2 spätestens bis zum 1. Januar 2027 erfolgen muss, besondere Berücksichtigung.

(2) ¹Das Bundesministerium für Familie, Senioren, Frauen und Jugend untersucht in den Jahren 2022 bis 2024 die rechtlichen Wirkungen von § 10 Absatz 4 und legt dem Bundestag und dem Bundesrat bis zum 31. Dezember 2024 einen Bericht über das Ergebnis der Untersuchung vor. ²Dabei sollen insbesondere die gesetzlichen Festlegungen des Achten und Neunten Buches
1. zur Bestimmung des leistungsberechtigten Personenkreises,
2. zur Bestimmung von Art und Umfang der Leistungen,
3. zur Ausgestaltung der Kostenbeteiligung bei diesen Leistungen und
4. zur Ausgestaltung des Verfahrens

untersucht werden mit dem Ziel, den leistungsberechtigten Personenkreis, Art und Umfang der Leistungen sowie den Umfang der Kostenbeteiligung für die hierzu Verpflichteten nach dem am 1. Januar 2023 für die Eingliederungshilfe geltenden Recht beizubehalten, insbesondere einerseits keine Verschlechterungen für leistungsberechtigte oder kostenbeitragspflichtige Personen und andererseits keine Ausweitung des Kreises der Leistungsberechtigten sowie des Leistungsumfangs im Vergleich zur Rechtslage am 1. Januar 2023 herbeizuführen, sowie Hinweise auf die zu bestimmenden Inhalte des Bundesgesetzes nach § 10 Absatz 4 Satz 3 zu geben. ³In die Untersuchung werden auch mögliche finanzielle Auswirkungen gesetzlicher Gestaltungsoptionen einbezogen.

(3) Soweit das Bundesministerium für Familie, Senioren, Frauen und Jugend Dritte in die Durchführung der Untersuchungen nach den Absätzen 1 und 2 einbezieht, beteiligt es hierzu vorab die Länder.

(4) Das Bundesministerium für Familie, Senioren, Frauen und Jugend untersucht unter Beteiligung der Länder die Wirkungen dieses Gesetzes im Übrigen einschließlich seiner finanziellen Auswirkungen auf Länder und Kommunen und berichtet dem Deutschen Bundestag und dem Bundesrat über die Ergebnisse dieser Untersuchung.

Gesetz zur Weiterentwicklung der Qualität und zur Verbesserung der Teilhabe in Tageseinrichtungen und in der Kindertagespflege (KiTa-Qualitäts- und -Teilhabeverbesserungsgesetz – KiQuTG)[1])

Vom 19. Dezember 2018 (BGBl. I S. 2696)

Inhaltsverzeichnis

§ 1 Weiterentwicklung der Qualität und Verbesserung der Teilhabe in der Kindertagesbetreuung
§ 2 Maßnahmen zur Weiterentwicklung der Qualität und zur Verbesserung der Teilhabe in der Kindertagesbetreuung
§ 3 Handlungskonzepte und Finanzierungskonzepte der Länder
§ 4 Verträge zwischen Bund und Ländern
§ 5 Geschäftsstelle des Bundes
§ 6 Monitoring und Evaluation

§ 1 Weiterentwicklung der Qualität und Verbesserung der Teilhabe in der Kindertagesbetreuung

(1) Ziel des Gesetzes ist es, die Qualität frühkindlicher Bildung, Erziehung und Betreuung in der Kindertagesbetreuung bundesweit weiterzuentwickeln und die Teilhabe in der Kindertagesbetreuung zu verbessern. Hierdurch soll ein Beitrag zur Herstellung gleichwertiger Lebensverhältnisse für das Aufwachsen von Kindern im Bundesgebiet und zur besseren Vereinbarkeit von Familie und Beruf geleistet werden.

(2) Kindertagesbetreuung im Sinne dieses Gesetzes umfasst die Förderung von Kindern in Tageseinrichtungen und in der Kindertagespflege im Sinne des § 22 Absatz 1 Satz 1 und 2 des Achten Buches Sozialgesetzbuch bis zum Schuleintritt. Maßnahmen nach § 2 dieses Gesetzes sind Maßnahmen, die frühestens ab dem 1. Januar 2019 begonnen werden und
1. Maßnahmen im Sinne von § 22 Absatz 4 des Achten Buches Sozialgesetzbuch sind oder
2. Maßnahmen sind, die über die in § 90 Absatz 3 und 4 des Achten Buches Sozialgesetzbuch in der ab dem 1. August 2019 geltenden Fassung hinausgehen.

(3) Durch die Weiterentwicklung der Qualität frühkindlicher Bildung, Erziehung und Betreuung in der Kindertagesbetreuung nach den Entwicklungsbedarfen der Länder werden bundesweit gleichwertige qualitative Standards angestrebt.

§ 2 Maßnahmen zur Weiterentwicklung der Qualität und zur Verbesserung der Teilhabe in der Kindertagesbetreuung

Maßnahmen zur Weiterentwicklung der Qualität in der Kindertagesbetreuung werden auf folgenden Handlungsfeldern ergriffen:
1. ein bedarfsgerechtes Bildungs-, Erziehungs- und Betreuungsangebot in der Kindertagesbetreuung schaffen, welches insbesondere die Ermöglichung einer inklusiven Förderung aller Kinder sowie die bedarfsgerechte Ausweitung der Öffnungszeiten umfasst,
2. einen guten Fachkraft-Kind-Schlüssel in Tageseinrichtungen sicherstellen,
3. zur Gewinnung und Sicherung qualifizierter Fachkräfte in der Kindertagesbetreuung beitragen,
4. die Leitungen der Tageseinrichtungen stärken,
5. die Gestaltung der in der Kindertagesbetreuung genutzten Räumlichkeiten verbessern,
6. Maßnahmen und ganzheitliche Bildung in den Bereichen kindliche Entwicklung, Gesundheit, Ernährung und Bewegung fördern,
7. die sprachliche Bildung fördern,
8. die Kindertagespflege (§ 22 Absatz 1 Satz 2 des Achten Buches Sozialgesetzbuch) stärken,
9. die Steuerung des Systems der Kindertagesbetreuung im Sinne eines miteinander abgestimmten, kohärenten und zielorientierten Zusammenwirkens des Landes sowie der Träger der öffentlichen und freien Jugendhilfe verbessern oder
10. inhaltliche Herausforderungen in der Kindertagesbetreuung bewältigen, insbesondere die Umsetzung geeigneter Verfahren zur Beteiligung von Kindern sowie zur Sicherstellung des Schutzes der Kinder vor sexualisierter Gewalt, Misshandlung und Vernachlässigung, die Integration von Kindern mit besonderen Bedarfen, die Zusammenarbeit mit Eltern und Familien, die Nutzung der Potentiale des Sozialraums und den Abbau geschlechterspezifischer Stereotype.

---

[1]) **Anm. d. Hrsg.:** Art. 1 des Gesetzes zur Weiterentwicklung der Qualität und zur Teilhabe in der Kindertagesbetreuung (Gute-Kita-Gesetz) vom 19. Dezember 2018 (BGBl. I S: 2696).

Förderfähig sind zusätzlich auch Maßnahmen zur Entlastung der Eltern bei den Gebühren, die über die in § 90 Absatz 3 und 4 des Achten Buches Sozialgesetzbuch in der ab dem 1. August 2019 geltenden Fassung geregelten Maßnahmen hinausgehen, um die Teilhabe an Kinderbetreuungsangeboten zu verbessern. Maßnahmen gemäß § 2 Satz 1 Nummern 1 bis 4 sind von vorrangiger Bedeutung.

§ 3 Handlungskonzepte und Finanzierungskonzepte der Länder

(1) Die Länder analysieren anhand möglichst vergleichbarer Kriterien und Verfahren ihre jeweilige Ausgangslage in Handlungsfeldern nach § 2 Satz 1 und Maßnahmen nach § 2 Satz 2.

(2) Auf der Grundlage der Analyse nach Absatz 1 ermitteln die Länder in ihrem Zuständigkeitsbereich jeweils
1. die Handlungsfelder nach § 2 Satz 1, die Maßnahmen nach § 2 Satz 2 und konkreten Handlungsziele, die sie zur Weiterentwicklung der Qualität und zur Verbesserung der Teilhabe in der Kindertagesbetreuung zusätzlich als erforderlich ansehen sowie
2. Kriterien, anhand derer eine Weiterentwicklung der Qualität und Verbesserung der Teilhabe in der Kindertagesbetreuung fachlich und finanziell nachvollzogen werden kann.

(3) Bei der Analyse der Ausgangslage nach Absatz 1 sowie bei der Ermittlung der Handlungsfelder, Maßnahmen und Handlungsziele nach Absatz 2 sollen insbesondere die örtlichen Träger der öffentlichen Jugendhilfe, die kommunalen Spitzenverbände auf Landesebene, die freien Träger, Sozialpartner sowie Vertreterinnen und Vertreter der Elternschaft in geeigneter Weise beteiligt und wissenschaftliche Standards berücksichtigt werden.

(4) Auf der Grundlage der Analyse der Ausgangssituation nach Absatz 1 und der Ermittlungen nach Absatz 2 stellen die Länder Handlungs- und Finanzierungskonzepte auf, in denen sie anhand der nach Absatz 2 Nummer 2 ermittelten Kriterien darstellen,
1. welche Fortschritte sie bei der Weiterentwicklung der Qualität und Verbesserung der Teilhabe in der Kindertagesbetreuung erzielen wollen, um ihre Handlungsziele zu erreichen,
2. mit welchen fachlichen und finanziellen Maßnahmen sie die in Absatz 4 Nummer 1 genannten Fortschritte erzielen wollen und
3. in welcher zeitlichen Abfolge sie diese Fortschritte erzielen wollen.

§ 4 Verträge zwischen Bund und Ländern

Jedes Land schließt mit der Bundesrepublik Deutschland, vertreten durch das Bundesministerium für Familie, Senioren, Frauen und Jugend, einen Vertrag über die Weiterentwicklung der Qualität in der Kindertagesbetreuung, der als Grundlage für das Monitoring und die Evaluation nach § 6 dient. Dieser Vertrag enthält:
1. das Handlungskonzept des Landes gemäß § 3 Absatz 4,
2. das Finanzierungskonzept des Landes gemäß § 3 Absatz 4,
3. die Verpflichtung des Landes, dem Bundesministerium für Familie, Senioren, Frauen und Jugend jeweils bis zum Ablauf von sechs Monaten nach Abschluss des Haushaltsjahres einen Bericht zu übermitteln, in dem das Land den Fortschritt bei der Weiterentwicklung der Qualität und Verbesserung der Teilhabe in der Kindertagesbetreuung gemäß seinem nach § 3 Absatz 4 aufgestellten Handlungs- und Finanzierungskonzept darlegt (Fortschrittsbericht),
4. die Verpflichtung des Landes, geeignete Maßnahmen zur Qualitätsentwicklung zu treffen, insbesondere Qualitätsmanagementsysteme zu unterstützen,
5. die Verpflichtung des jeweiligen Landes, an dem länderspezifischen sowie länderübergreifenden qualifizierten Monitoring gemäß § 6 Absatz 1 und 2 teilzunehmen, dem Bundesministerium für Familie, Senioren, Frauen und Jugend die für die bundesweite Beobachtung nach § 6 Absatz 2 Satz 2 erforderlichen Daten jährlich bis zum 15. Juli zu übermitteln und die Teilnahme am Monitoring insbesondere für eine prozessorientierte Weiterentwicklung der Qualität der Kindertagesbetreuung zu nutzen,
6. das Nähere zu der Unterstützung durch die Geschäftsstelle gemäß § 5.

§ 5 Geschäftsstelle des Bundes

Der Bund richtet eine Geschäftsstelle beim Bundesministerium für Familie, Senioren, Frauen und Jugend ein, die
1. die Länder unterstützt
    a) bei der Analyse der Ausgangslage nach § 3 Absatz 1, insbesondere im Hinblick auf möglichst vergleichbare Kriterien und Verfahren,
    b) bei der Aufstellung von Handlungskonzepten nach § 3 Absatz 4, einschließlich der hierfür erforderlichen Ermittlungen der Handlungsfelder und Handlungsziele nach § 3 Absatz 2,

c) bei der Erstellung der Fortschrittsberichte nach § 4 Satz 2 Nummer 3, insbesondere als geeignetes Instrument des Monitorings nach § 6 sowie
d) bei der Durchführung öffentlichkeitswirksamer Maßnahmen,
2. den länderübergreifenden Austausch über eine prozessorientierte Weiterentwicklung der Qualität und Verbesserung der Teilhabe in der Kindertagesbetreuung koordiniert, sowie
3. das Monitoring und die Evaluation nach § 6 begleitet.

§ 6 Monitoring und Evaluation

(1) Das Bundesministerium für Familie, Senioren, Frauen und Jugend führt jährlich, erstmals im Jahr 2020 und letztmals im Jahr 2023, ein länderspezifisches sowie länderübergreifendes qualifiziertes Monitoring durch. Das Monitoring ist nach den zehn Handlungsfeldern gemäß § 2 Satz 1 und Maßnahmen gemäß § 2 Satz 2 aufzuschlüsseln.

(2) Das Bundesministerium für Familie, Senioren, Frauen und Jugend veröffentlicht jährlich einen Monitoringbericht. Dieser Monitoringbericht umfasst
1. einen allgemeinen Teil zur bundesweiten Beobachtung der quantitativen und qualitativen Entwicklung des Angebotes früher Bildung, Erziehung und Betreuung für Kinder bis zum Schuleintritt in Tageseinrichtungen und in der Kindertagespflege und
2. die von den Ländern gemäß § 4 Satz 2 Nummer 3 übermittelten Fortschrittsberichte.

(3) Die Bundesregierung evaluiert die Wirksamkeit dieses Gesetzes und berichtet erstmals zwei Jahre nach dem Inkrafttreten dem Deutschen Bundestag über die Ergebnisse der Evaluation. In den Evaluationsbericht fließen die Ergebnisse des Monitorings nach den Absätzen 1 und 2 ein.

§§ 1–4 GaFG **111b**

Gesetz zur Errichtung des Sondervermögens „Ausbau ganztägiger Bildungs- und Betreuungsangebote für Kinder im Grundschulalter" (Ganztagsfinanzierungsgesetz – GaFG)

Vom 9. Dezember 2020 (RGBl. S. 2865)

Inhaltsverzeichnis

§ 1 Errichtung des Sondervermögens
§ 2 Zweck des Sondervermögens
§ 3 Stellung des Sondervermögens im Rechtsverkehr
§ 4 Finanzierung des Sondervermögens und Einsatz der Finanzmittel
§ 5 Rücklagen des Sondervermögens
§ 6 Wirtschaftsplan für das Sondervermögen, Haushaltsrecht
§ 7 Jahresrechnung für das Sondervermögen
§ 8 Verwaltungskosten des Sondervermögens
§ 9 Auflösung des Sondervermögens
§ 10 Inkrafttreten

Anlage (zu § 6 Absatz 1 Satz 1)
(hier nicht aufgenommen)

§ 1 Errichtung des Sondervermögens

Es wird ein Sondervermögen des Bundes mit der Bezeichnung „Ausbau ganztägiger Bildungs- und Betreuungsangebote für Kinder im Grundschulalter" errichtet.

§ 2 Zweck des Sondervermögens

Aus dem Sondervermögen werden den Ländern Finanzhilfen für gesamtstaatlich bedeutsame Investitionen der Länder und Gemeinden (Gemeindeverbände) in den quantitativen und qualitativen investiven Ausbau ganztägiger Bildungs- und Betreuungsangebote zur Umsetzung des Rechtsanspruchs auf Ganztagsbetreuung im Grundschulalter gewährt. Die Finanzhilfen werden durch Finanzhilfegesetz aufgrund von Artikel 104c des Grundgesetzes gewährt.

§ 3 Stellung des Sondervermögens im Rechtsverkehr

(1) Das Sondervermögen ist nicht rechtsfähig. Das Sondervermögen kann jedoch unter seinem Namen im Rechtsverkehr handeln, klagen und verklagt werden. Der allgemeine Gerichtsstand des Sondervermögens ist der Sitz der Bundesregierung.
(2) Das Bundesministerium für Familie, Senioren, Frauen und Jugend und das Bundesministerium für Bildung und Forschung verwalten das Sondervermögen. Sie können sich bei der Verwaltung des Sondervermögens anderer Bundesbehörden oder Dritter bedienen.
(3) Das Sondervermögen ist von dem übrigen Vermögen des Bundes, seinen Rechten und Verbindlichkeiten zu trennen.

§ 4 Finanzierung des Sondervermögens und Einsatz der Finanzmittel

(1) Der Bund stellt dem Sondervermögen die folgenden Beträge zur Verfügung:
1. Basismittel in Höhe von 2 Milliarden Euro, davon
   a) 1 Milliarde Euro im Jahr 2020 und
   b) 1 Milliarde Euro im Jahr 2021,
2. Bonusmittel im Jahr 2020 in Höhe von 750 Millionen Euro und
3. zum 31. Dezember 2020 den nach der Verwaltungsvereinbarung „Finanzhilfen des Bundes für das Investitionsprogramm zum beschleunigten Infrastrukturausbau der Ganztagsbetreuung für Grundschulkinder" mit einem Gesamtvolumen von 750 Millionen Euro bereitgestellten und bis zum 31. Dezember 2020 nicht verausgabten Betrag.

(2) Die Bonusmittel sind für den beschleunigten Ausbau ganztägiger Bildungs- und Betreuungsangebote für Kinder im Grundschulalter zu verwenden. Sie stehen dem Sondervermögen jedoch nur insoweit zur Verfügung, als sie erforderlich sind zur Ausfinanzierung von Ansprüchen von denjenigen Ländern, die Basismittel für Investitionen in den Jahren 2020 und 2021 abgerufen haben. Diese Länder können maximal die gleiche Summe zusätzlich in den späteren Jahren der Laufzeit ab dem Jahr 2022 abrufen. Falls bis zum 31. Dezember 2021 mehr Basismittel abgerufen worden sind, als ab dem 1. Januar 2022 Bonusmittel zur Verfügung stehen, verringert sich der Anspruch auf die Bonusmittel relational mit der Maßgabe, dass jedes Land nur noch einen Anspruch auf Bonusmittel im Umfang desjenigen Prozent-

satzes hat, zu dem es Basismittel von den insgesamt von den Ländern bis zum 31. Dezember 2021 abgerufenen Basismitteln abgerufen hat.
(3) Verbleibt aus dem Betrag nach Absatz 1 Nummer 3 nach dem Ablauf des Förderzeitraums am 31. Dezember 2021 noch ein Restbetrag, so wird er den Bonusmitteln zugeführt.
(4) Bonusmittel, auf die keine Ansprüche mehr geltend gemacht werden können, sind ab dem Jahr 2022 an den Bundeshaushalt abzuführen.

§ 5 Rücklagen des Sondervermögens
Das Sondervermögen kann zur Erfüllung des gesetzlichen Zwecks Rücklagen bilden.

§ 6 Wirtschaftsplan für das Sondervermögen, Haushaltsrecht
(1) Alle Einnahmen und Ausgaben des Sondervermögens werden in einem Wirtschaftsplan veranschlagt, der für das Jahr 2020 Anlage zu diesem Gesetz ist. Der Wirtschaftsplan ist einschließlich der Vorbemerkungen verbindlich. Ab dem Wirtschaftsjahr 2021 wird der Wirtschaftsplan zusammen mit dem Haushaltsgesetz festgestellt und dem Einzelplan 17 als Anlage beigefügt. Der Wirtschaftsplan ist in Einnahmen und Ausgaben auszugleichen. Der dem Sondervermögen zur Verfügung gestellte Betrag verbleibt bis zur Auszahlung unverzinslich im Kassenbereich des Bundes und wird bedarfsgerecht über das Sondervermögen ausgezahlt.
(2) Eine Kreditaufnahme durch das Sondervermögen ist nicht zulässig.

§ 7 Jahresrechnung für das Sondervermögen
Das Bundesministerium für Familie, Senioren, Frauen und Jugend und das Bundesministerium für Bildung und Forschung stellen am Schluss eines jeden Rechnungsjahres die Rechnung über die Einnahmen und Ausgaben des Sondervermögens auf und fügen sie den Übersichten zur Haushaltsrechnung des Bundes bei.

§ 8 Verwaltungskosten des Sondervermögens
Die Kosten für die Verwaltung des Sondervermögens trägt der Bund.

§ 9 Auflösung des Sondervermögens
(1) Das Sondervermögen gilt am 31. Dezember des Jahres, in dem seine Mittel nach § 4 für die Erfüllung seiner gesetzlichen Aufgaben vollständig verbraucht sind, als aufgelöst, spätestens am 31. Dezember 2028.
(2) Ein verbleibendes Vermögen fällt dem Bund zu. Die Einzelheiten der Abwicklung des Sondervermögens nach seiner Auflösung bestimmt die Bundesregierung in einer Rechtsverordnung, die nicht der Zustimmung des Bundesrates bedarf.

§ 10 Inkrafttreten
Dieses Gesetz tritt am Tag nach der Verkündung in Kraft.

Anm. d. Hrsg.: Tag der Verkündung war der 14. Dezember 2020.

Verordnung zur Festsetzung der Kostenbeiträge für Leistungen und vorläufige Maßnahmen in der Kinder- und Jugendhilfe (Kostenbeitragsverordnung – KostenbeitragsV)

Vom 1. Oktober 2005 (BGBl. I S. 2907)

Zuletzt geändert durch
Erste Verordnung zur Änderung der Kostenbeitragsverordnung
vom 5. Dezember 2013 (BGBl. I S. 4040)

Inhaltsübersicht

§ 1 Festsetzung des Kostenbeitrags
§ 2 Wahl der Beitragsstufe bei vollstationären Leistungen
§ 3 Wahl der Beitragsstufe bei teilstationären Leistungen
§ 4 Berücksichtigung weiterer Unterhaltspflichten
§ 5 Behandlung hoher Einkommen
§ 6 Heranziehung der Eltern bei Leistungen für junge Volljährige
§ 7 Einsatz des Kindergelds

Anlage

Auf Grund des § 94 Abs. 5 Satz 1 des Achten Buches Sozialgesetzbuch – Kinder- und Jugendhilfe – in der Fassung der Bekanntmachung vom 8. Dezember 1998 (BGBl. I S. 3546), der durch Artikel 1 Nr. 49 des Gesetzes vom 8. September 2005 (BGBl. I S. 2729) eingefügt worden ist, verordnet das Bundesministerium für Familie, Senioren, Frauen und Jugend:

§ 1 Festsetzung des Kostenbeitrags

(1) Die Höhe des Kostenbeitrags, den Elternteile, Ehegatten oder Lebenspartner junger Menschen zu entrichten haben, richtet sich nach
a) der Einkommensgruppe in Spalte 1 der Anlage, der das nach § 93 des Achten Buches Sozialgesetzbuch zu ermittelnde Einkommen zuzuordnen ist, und
b) der Beitragsstufe in den Spalten 2 bis 5 der Anlage, die nach Maßgabe dieser Verordnung zu ermitteln ist.
(2) Für jede kostenbeitragspflichtige Person wird der jeweilige Kostenbeitrag getrennt ermittelt und erhoben.

§ 2 Wahl der Beitragsstufe bei vollstationären Leistungen

(1) Die Höhe des Beitrags zu den Kosten einer vollstationären Leistung nach § 91 Abs. 1 des Achten Buches Sozialgesetzbuch ergibt sich aus den Beitragsstufen zur jeweiligen Einkommensgruppe in den Spalten 2 bis 4 der Anlage.
(2) Wird die kostenbeitragspflichtige Person zu den Kosten vollstationärer Leistungen für eine Person nach dem Achten Buch Sozialgesetzbuch herangezogen, so ergibt sich die Höhe des Kostenbeitrags aus Spalte 2. Wird sie für mehrere Personen zu den Kosten herangezogen, so ergibt sich die Höhe des Kostenbeitrags für die zweite Person aus Spalte 3, für die dritte Person aus Spalte 4. Ab der vierten vollstationär untergebrachten Person wird nur noch ein Kostenbeitrag nach Maßgabe von § 7 erhoben.

§ 3 Wahl der Beitragsstufe bei teilstationären Leistungen

Die Höhe des Kostenbeitrags für teilstationäre Leistungen nach § 91 Absatz 2 des Achten Buches Sozialgesetzbuch ergibt sich aus der Beitragsstufe zur jeweiligen Einkommensgruppe in der Spalte fünf der Anlage.

§ 4 Berücksichtigung weiterer Unterhaltspflichten

(1) Ist die kostenbeitragspflichtige Person gegenüber anderen Personen nach § 1609 des Bürgerlichen Gesetzbuchs im mindestens gleichen Rang wie dem untergebrachten jungen Menschen oder Leistungsberechtigten nach § 19 des Achten Buches Sozialgesetzbuch zum Unterhalt verpflichtet und lebt sie mit ihnen in einem gemeinsamen Haushalt oder weist sie nach, dass sie ihren Unterhaltspflichten regelmäßig nachkommt, so ist sie
1. bei einer Zuordnung des maßgeblichen Einkommens zu einer der Einkommensgruppen 2 bis 6 je Unterhaltspflicht einer um zwei Stufen niedrigeren Einkommensgruppe zuzuordnen,

2. bei einer Zuordnung des maßgeblichen Einkommens zu einer der Einkommensgruppen 7 bis 18 je Unterhaltspflicht einer um eine Stufe niedrigeren Einkommensgruppe zuzuordnen und zu einem entsprechend niedrigeren Kostenbeitrag heranzuziehen.

(2) Würden die Unterhaltsansprüche vorrangig oder gleichrangig Berechtigter trotz einer niedrigeren Einstufung nach Absatz 1 auf Grund der Höhe des Kostenbeitrags geschmälert, so ist der Kostenbeitrag entsprechend zu reduzieren. Lebt die kostenbeitragspflichtige Person nicht in einem Haushalt mit der Person, gegenüber der sie mindestens im gleichen Rang zum Unterhalt verpflichtet ist, findet eine Reduzierung nur statt, wenn die kostenbeitragspflichtige Person nachweist, dass sie ihren Unterhaltspflichten regelmäßig nachkommt.

§5 Behandlung hoher Einkommen

(1) Liegt das nach § 93 des Achten Buches Sozialgesetzbuch maßgebliche Einkommen eines Elternteils, Ehegatten oder Lebenspartners oberhalb der Einkommensgruppe 27 der Anlage, so ist der Kostenbeitrag nach den folgenden Grundsätzen zu errechnen.

(2) Die Höhe des Kostenbeitrags für vollstationäre Leistungen beträgt
1. 25 Prozent des maßgeblichen Einkommens, wenn der Kostenpflichtige zu den Kosten für eine Person herangezogen wird,
2. zusätzlich 15 Prozent des maßgeblichen Einkommens, wenn der Kostenpflichtige zu den Kosten für eine zweite Person herangezogen wird,
3. zusätzlich 10 Prozent des maßgeblichen Einkommens, wenn der Kostenpflichtige für eine dritte Person herangezogen wird.

Ab der vierten vollstationär untergebrachten Person wird nur noch ein Kostenbeitrag nach Maßgabe von § 7 erhoben. Liegt das nach § 93 des Achten Buches Sozialgesetzbuch maßgebende Einkommen eines Elternteils, Ehegatten oder Lebenspartners oberhalb der Einkommensgruppe 27 der Anlage, so kann eine Heranziehung bis zur vollen Höhe der Kosten für stationäre Leistungen erfolgen.

(3) Die Höhe des Kostenbeitrags für teilstationäre Leistungen beträgt 5 Prozent des maßgeblichen Einkommens.

(4) Die Kostenbeiträge dürfen die Höhe der tatsächlichen Aufwendungen nicht überschreiten.

§6 Heranziehung der Eltern bei Leistungen für junge Volljährige

Bei Leistungen für junge Volljährige ist ein kostenbeitragspflichtiger Elternteil höchstens zu einem Kostenbeitrag auf Grund der Einkommensgruppe 13 heranzuziehen. Der kostenbeitragspflichtige Elternteil ist bei einer Zuordnung des maßgeblichen Einkommens zu der Einkommensgruppe 2 oder 3 der Einkommensgruppe 1 zuzuordnen. Bei einer Zuordnung des maßgeblichen Einkommens zu der Einkommensgruppe 4 ist der kostenpflichtige Elternteil der Einkommensgruppe 2 zuzuordnen. Die Zuordnung nach den Sätzen 1 und 2 erfolgt nach Berücksichtigung der Zuordnung nach § 4 Absatz 1.

§7 Einsatz des Kindergelds

Ein Elternteil hat unabhängig von einer einkommensabhängigen Heranziehung nach den §§ 1 bis 6 einen Kostenbeitrag in Höhe des Kindergeldes zu zahlen, wenn
1. vollstationäre Leistungen erbracht werden,
2. er Kindergeld für den jungen Menschen bezieht und
3. seine Heranziehung nicht nachrangig nach § 94 Absatz 1 Satz 3 und 4 des Achten Buches Sozialgesetzbuch ist.

Anlage KostenbeitragsV 112

Anlage

Maßgebliches Einkommen nach § 93 des Achten Buches Sozialgesetzbuch		Beitragsstufe 1 vollstationär erste Person	Beitragsstufe 2 vollstationär zweite Person	Beitragsstufe 3 vollstationär dritte Person	Beitragsstufe 4 teilstationär
Spalte 1	Spalte 2	Spalte 3	Spalte 4	Spalte 5	Spalte 6
Einkommensgruppe	Euro	Euro	Euro	Euro	Euro
1	bis 1100,99	0	- 0	0	0
2	1101,00 bis 1200,99	50	0	0	40
3	1201,00 bis 1300,99	130	0	0	50
4	1301,00 bis 1450,99	210	30	0	60
5	1451,00 bis 1600,99	259	60	30	70
6	1601,00 bis 1800,99	289	85	40	85
7	1801,00 bis 2000,99	342	105	50	95
8	2001,00 bis 2200,99	378	140	60	105
9	2201,00 bis 2400,99	437	175	80	115
10	2401,00 bis 2700,99	510	220	120	130
11	2701,00 bis 3000,99	570	275	165	145
12	3001,00 bis 3300,99	630	335	210	160
13	3301,00 bis 3600,99	725	410	260	175
14	3601,00 bis 3900,99	825	485	320	190
15	3901,00 bis 4200,99	932	560	380	205
16	4201,00 bis 4600,99	1056	635	440	220
17	4601,00 bis 5000,99	1152	715	500	240
18	5001,00 bis 5500,99	1313	790	555	265
19	5501,00 bis 6000,99	1438	865	605	290
20	6001,00 bis 6500,99	1563	940	658	315
21	6501,00 bis 7000,99	1688	1015	710	340
22	7001,00 bis 7500,99	1813	1090	763	365
23	7501,00 bis 8000,99	1938	1165	815	390
24	8001,00 bis 8500,99	2063	1240	868	415
25	8501,00 bis 9000,99	2188	1315	920	440
26	9001,00 bis 9500,99	2313	1390	973	465
27	9501,00 bis 10 000,99	2438	1465	1025	490

Gesetz zur Kooperation und Information im Kinderschutz (KKG)

Vom 22. Dezember 2011 (BGBl. I S. 2975)

Zuletzt geändert durch
Kinder- und Jugendstärkungsgesetz
vom 3. Juni 2021 (BGBl. I S. 1444)

Inhaltsübersicht

§ 1 Kinderschutz und staatliche Mitverantwortung
§ 2 Information der Eltern über Unterstützungsangebote in Fragen der Kindesentwicklung
§ 3 Rahmenbedingungen für verbindliche Netzwerkstrukturen im Kinderschutz
§ 4 Beratung und Übermittlung von Informationen durch Geheimnisträger bei Kindeswohlgefährdung
§ 5 Mitteilungen an das Jugendamt

§ 1 Kinderschutz und staatliche Mitverantwortung

(1) Ziel des Gesetzes ist es, das Wohl von Kindern und Jugendlichen zu schützen und ihre körperliche, geistige und seelische Entwicklung zu fördern.
(2) Pflege und Erziehung der Kinder und Jugendlichen sind das natürliche Recht der Eltern und die zuvörderst ihnen obliegende Pflicht. Über ihre Betätigung wacht die staatliche Gemeinschaft.
(3) Aufgabe der staatlichen Gemeinschaft ist es, soweit erforderlich, Eltern bei der Wahrnehmung ihres Erziehungsrechts und ihrer Erziehungsverantwortung zu unterstützen, damit
1. sie im Einzelfall dieser Verantwortung besser gerecht werden können,
2. im Einzelfall Risiken für die Entwicklung von Kindern und Jugendlichen frühzeitig erkannt werden und
3. im Einzelfall eine Gefährdung des Wohls eines Kindes oder eines Jugendlichen vermieden oder, falls dies im Einzelfall nicht mehr möglich ist, eine weitere Gefährdung oder Schädigung abgewendet werden kann.
(4) Zu diesem Zweck umfasst die Unterstützung der Eltern bei der Wahrnehmung ihres Erziehungsrechts und ihrer Erziehungsverantwortung durch die staatliche Gemeinschaft insbesondere auch Information, Beratung und Hilfe. Kern ist die Vorhaltung eines möglichst frühzeitigen, koordinierten und multiprofessionellen Angebots im Hinblick auf die Entwicklung von Kindern vor allem in den ersten Lebensjahren für Mütter und Väter sowie schwangere Frauen und werdende Väter (Frühe Hilfen).

§ 2 Information der Eltern über Unterstützungsangebote in Fragen der Kindesentwicklung

(1) Eltern sowie werdende Mütter und Väter sollen über Leistungsangebote im örtlichen Einzugsbereich zur Beratung und Hilfe in Fragen der Schwangerschaft, Geburt und der Entwicklung des Kindes in den ersten Lebensjahren informiert werden.
(2) Zu diesem Zweck sind die nach Landesrecht für die Information der Eltern nach Absatz 1 zuständigen Stellen befugt, den Eltern ein persönliches Gespräch anzubieten. Dieses kann auf Wunsch der Eltern in ihrer Wohnung stattfinden. Sofern Landesrecht keine andere Regelung trifft, bezieht sich die in Satz 1 geregelte Befugnis auf die örtlichen Träger der Jugendhilfe.

§ 3 Rahmenbedingungen für verbindliche Netzwerkstrukturen im Kinderschutz

(1) In den Ländern werden insbesondere im Bereich Früher Hilfen flächendeckend verbindliche Strukturen der Zusammenarbeit der zuständigen Leistungsträger und Institutionen im Kinderschutz mit dem Ziel aufgebaut und weiterentwickelt, sich gegenseitig über das jeweilige Angebots- und Aufgabenspektrum zu informieren, strukturelle Fragen der Angebotsgestaltung und -entwicklung zu klären sowie Verfahren im Kinderschutz aufeinander abzustimmen.
(2) In das Netzwerk sollen insbesondere Einrichtungen und Dienste der öffentlichen und freien Jugendhilfe, Leistungserbringer, mit denen Verträge nach § 125 des Neunten Buches Sozialgesetzbuch bestehen, Gesundheitsämter, Sozialämter, Schulen, Polizei- und Ordnungsbehörden, Agenturen für Arbeit, Krankenhäuser, Sozialpädiatrische Zentren, Frühförderstellen, Beratungsstellen für soziale Problemlagen, Beratungsstellen nach den §§ 3 und 8 des Schwangerschaftskonfliktgesetzes, Einrichtungen

und Dienste zur Müttergenesung sowie zum Schutz gegen Gewalt in engen sozialen Beziehungen, Mehrgenerationenhäuser, Familienbildungsstätten, Familiengerichte und Angehörige der Heilberufe einbezogen werden.
(3) Sofern Landesrecht keine andere Regelung trifft, soll die verbindliche Zusammenarbeit im Kinderschutz als Netzwerk durch den örtlichen Träger der Jugendhilfe organisiert werden. Die Beteiligten sollen die Grundsätze für eine verbindliche Zusammenarbeit in Vereinbarungen festlegen. Auf vorhandene Strukturen soll zurückgegriffen werden.
(4) Dieses Netzwerk soll zur Beförderung Früher Hilfen durch den Einsatz von Familienhebammen gestärkt werden. Das Bundesministerium für Familie, Senioren, Frauen und Jugend unterstützt den Aus- und Aufbau der Netzwerke Früher Hilfen und des Einsatzes von Familienhebammen auch unter Einbeziehung ehrenamtlicher Strukturen durch eine zeitlich auf vier Jahre befristete Bundesinitiative, die im Jahr 2012 mit 30 Millionen Euro, im Jahr 2013 mit 45 Millionen Euro und in den Jahren 2014 und 2015 mit 51 Millionen Euro ausgestattet wird. Nach Ablauf dieser Befristung wird der Bund einen Fonds zur Sicherstellung der Netzwerke Frühe Hilfen und der psychosozialen Unterstützung von Familien einrichten, für den er jährlich 51 Millionen Euro zur Verfügung stellen wird. Die Ausgestaltung der Bundesinitiative und des Fonds wird in Verwaltungsvereinbarungen geregelt, die das Bundesministerium für Familie, Senioren, Frauen und Jugend im Einvernehmen mit dem Bundesministerium der Finanzen mit den Ländern schließt.

§ 4 Beratung und Übermittlung von Informationen durch Geheimnisträger bei Kindeswohlgefährdung

(1) Werden
1. Ärztinnen oder Ärzten, Zahnärztinnen oder Zahnärzten, Hebammen oder Entbindungspflegern oder Angehörigen eines anderen Heilberufes, der für die Berufsausübung oder die Führung der Berufsbezeichnung eine staatlich geregelte Ausbildung erfordert,
2. Berufspsychologinnen oder -psychologen mit staatlich anerkannter wissenschaftlicher Abschlussprüfung,
3. Ehe-, Familien-, Erziehungs- oder Jugendberaterinnen oder -beratern sowie
4. Beraterinnen oder Beratern für Suchtfragen in einer Beratungsstelle, die von einer Behörde oder Körperschaft, Anstalt oder Stiftung des öffentlichen Rechts anerkannt ist,
5. Mitgliedern oder Beauftragten einer anerkannten Beratungsstelle nach den §§ 3 und 8 des Schwangerschaftskonfliktgesetzes,
6. staatlich anerkannten Sozialarbeiterinnen oder -arbeitern oder staatlich anerkannten Sozialpädagoginnen oder -pädagogen oder
7. Lehrerinnen oder Lehrern an öffentlichen und an staatlich anerkannten privaten Schulen

in Ausübung ihrer beruflichen Tätigkeit gewichtige Anhaltspunkte für die Gefährdung des Wohls eines Kindes oder eines Jugendlichen bekannt, so sollen sie mit dem Kind oder Jugendlichen und den Erziehungsberechtigten die Situation erörtern und, soweit erforderlich, bei den Erziehungsberechtigten auf die Inanspruchnahme von Hilfen hinwirken, soweit hierdurch der wirksame Schutz des Kindes oder des Jugendlichen nicht in Frage gestellt wird.
(2) Die Personen nach Absatz 1 haben zur Einschätzung der Kindeswohlgefährdung gegenüber dem Träger der öffentlichen Jugendhilfe Anspruch auf Beratung durch eine insoweit erfahrene Fachkraft. Sie sind zu diesem Zweck befugt, dieser Person die dafür erforderlichen Daten zu übermitteln; vor einer Übermittlung der Daten sind diese zu pseudonymisieren.
(3) Scheidet eine Abwendung der Gefährdung nach Absatz 1 aus oder ist ein Vorgehen nach Absatz 1 erfolglos und halten die in Absatz 1 genannten Personen ein Tätigwerden des Jugendamtes für erforderlich, um eine Gefährdung des Wohls eines Kindes oder eines Jugendlichen abzuwenden, so sind sie befugt, das Jugendamt zu informieren; hierauf sind die Betroffenen vorab hinzuweisen, es sei denn, dass damit der wirksame Schutz des Kindes oder des Jugendlichen in Frage gestellt wird. Zu diesem Zweck sind die Personen nach Satz 1 befugt, dem Jugendamt die erforderlichen Daten mitzuteilen. Die Sätze 1 und 2 gelten für die in Absatz 1 Nummer 1 genannten Personen mit der Maßgabe, dass diese unverzüglich das Jugendamt informieren sollen, wenn nach deren Einschätzung eine dringende Gefahr für das Wohl des Kindes oder des Jugendlichen das Tätigwerden des Jugendamtes erfordert.
(4) Wird das Jugendamt von einer in Absatz 1 genannten Person informiert, soll es dieser Person zeitnah eine Rückmeldung geben, ob es die gewichtigen Anhaltspunkte für die Gefährdung des Wohls des Kindes oder Jugendlichen bestätigt sieht und ob es zum Schutz des Kindes oder Jugendlichen tätig

geworden ist und noch tätig ist. Hierauf sind die Betroffenen vorab hinzuweisen, es sei denn, dass damit der wirksame Schutz des Kindes oder des Jugendlichen in Frage gestellt wird.
(5) Die Absätze 2 und 3 gelten entsprechend für Mitarbeiterinnen und Mitarbeiter von Zollbehörden.
(6) Zur praktischen Erprobung datenschutzrechtskonformer Umsetzungsformen und zur Evaluierung der Auswirkungen auf den Kinderschutz kann Landesrecht die Befugnis zu einem fallbezogenen interkollegialen Austausch von Ärztinnen und Ärzten regeln.

§ 5 Mitteilungen an das Jugendamt
(1) Werden in einem Strafverfahren gewichtige Anhaltspunkte für die Gefährdung des Wohls eines Kindes oder eines Jugendlichen bekannt, informiert die Strafverfolgungsbehörde oder das Gericht unverzüglich den zuständigen örtlichen Träger der öffentlichen Jugendhilfe sowie im Falle seiner Zuständigkeit den überörtlichen Träger der öffentlichen Jugendhilfe und übermittelt die aus ihrer Sicht zur Einschätzung des Gefährdungsrisikos erforderlichen Daten. Die Mitteilung ordnen Richterinnen oder Richter, Staatsanwältinnen oder Staatsanwälte an. § 4 Absatz 2 gilt entsprechend.
(2) Gewichtige Anhaltspunkte für eine Gefährdung können insbesondere dann vorliegen, wenn gegen eine Person, die mit einem Kind oder Jugendlichen in häuslicher Gemeinschaft lebt oder die regelmäßig Umgang mit ihm hat oder haben wird, der Verdacht besteht, eine Straftat nach den §§ 171, 174, 176 bis 180, 182, 184b bis 184e, 225, 232 bis 233a, 234, 235 oder 236 des Strafgesetzbuchs begangen zu haben.

Jugendschutzgesetz (JuSchG)

Vom 23. Juli 2002 (BGBl. I S. 2730, 2003 S. 476)

Zuletzt geändert durch
Zweites Gesetz zur Änderung des Jugendschutzgesetzes
vom 9. April 2021 (BGBl. I S. 742)

Inhaltsübersicht

Abschnitt 1
Allgemeines
§ 1   Begriffsbestimmungen
§ 2   Prüfungs- und Nachweispflicht
§ 3   Bekanntmachung der Vorschriften

Abschnitt 2
Jugendschutz in der Öffentlichkeit
§ 4   Gaststätten
§ 5   Tanzveranstaltungen
§ 6   Spielhallen, Glücksspiele
§ 7   Jugendgefährdende Veranstaltungen und Betriebe
§ 8   Jugendgefährdende Orte
§ 9   Alkoholische Getränke
§ 10 Rauchen in der Öffentlichkeit, Tabakwaren

Abschnitt 3
Jugendschutz im Bereich der Medien
§ 10a Schutzziele des Kinder- und Jugendmedienschutzes
§ 10b Entwicklungsbeeinträchtigende Medien
§ 11 Filmveranstaltungen
§ 12 Bildträger mit Filmen oder Spielen
§ 13 Bildschirmspielgeräte
§ 14 Kennzeichnung von Filmen und Spielprogrammen
§ 14a Kennzeichnung bei Film- und Spielplattformen
§ 15 Jugendgefährdende Medien
§ 16 Landesrecht

Abschnitt 4
Bundeszentrale für Kinder- und Jugendmedienschutz
§ 17 Zuständige Bundesbehörde und Leitung
§ 17a Aufgaben
§ 17b Beirat
§ 18 Liste jugendgefährdender Medien
§ 19 Personelle Besetzung der Prüfstelle für jugendgefährdende Medien
§ 20 Vorschlagsberechtigte Verbände
§ 21 Verfahren der Prüfstelle für jugendgefährdende Medien
§ 22 Aufnahme periodisch erscheinender Medien in die Liste jugendgefährdender Medien
§ 23 Vereinfachtes Verfahren
§ 24 Führung der Liste jugendgefährdender Medien
§ 24a Vorsorgemaßnahmen
§ 24b Überprüfung der Vorsorgemaßnahmen
§ 24c Leitlinie der freiwilligen Selbstkontrolle
§ 24d Inländischer Empfangsbevollmächtigter
§ 25 Rechtsweg

Abschnitt 5
Verordnungsermächtigung
§ 26 Verordnungsermächtigung

Abschnitt 6
Ahndung von Verstößen
§ 27 Strafvorschriften
§ 28 Bußgeldvorschriften

Abschnitt 7
Schlussvorschriften
§ 29 Übergangsvorschriften
§ 29a Weitere Übergangsregelung
§ 29b Bericht und Evaluierung
§ 30 Inkrafttreten, Außerkrafttreten

Der Bundestag hat mit Zustimmung des Bundesrates das folgende Gesetz beschlossen:

Abschnitt 1
Allgemeines

§ 1 Begriffsbestimmungen

(1) Im Sinne dieses Gesetzes
1. sind Kinder Personen, die noch nicht 14 Jahre alt sind,
2. sind Jugendliche Personen, die 14, aber noch nicht 18 Jahre alt sind,
3. ist personensorgeberechtigte Person, wem allein oder gemeinsam mit einer anderen Person nach den Vorschriften des Bürgerlichen Gesetzbuchs die Personensorge zusteht,

4. ist erziehungsbeauftragte Person, jede Person über 18 Jahren, soweit sie auf Dauer oder zeitweise aufgrund einer Vereinbarung mit der personensorgeberechtigten Person Erziehungsaufgaben wahrnimmt oder soweit sie ein Kind oder eine jugendliche Person im Rahmen der Ausbildung oder der Jugendhilfe betreut.
(1a) Medien im Sinne dieses Gesetzes sind Trägermedien und Telemedien.
(2) Trägermedien im Sinne dieses Gesetzes sind Medien mit Texten, Bildern oder Tönen auf gegenständlichen Trägern, die zur Weitergabe geeignet, zur unmittelbaren Wahrnehmung bestimmt oder in einem Vorführ- oder Spielgerät eingebaut sind. Dem gegenständlichen Verbreiten, Überlassen, Anbieten oder Zugänglichmachen von Trägermedien steht das elektronische Verbreiten, Überlassen, Anbieten oder Zugänglichmachen gleich, soweit es sich nicht um Rundfunk im Sinne des § 2 des Rundfunkstaatsvertrages handelt.
(3) Telemedien im Sinne dieses Gesetzes sind Medien, die nach dem Telemediengesetz übermittelt oder zugänglich gemacht werden. Als Übermitteln oder Zugänglichmachen im Sinne von Satz 1 gilt das Bereithalten eigener oder fremder Inhalte.
(4) Versandhandel im Sinne dieses Gesetzes ist jedes entgeltliche Geschäft, das im Wege der Bestellung und Übersendung einer Ware durch Postversand oder elektronischen Versand ohne persönlichen Kontakt zwischen Lieferant und Besteller oder ohne dass durch technische oder sonstige Vorkehrungen sichergestellt ist, dass kein Versand an Kinder und Jugendliche erfolgt, vollzogen wird.
(5) Die Vorschriften der §§ 2 bis 14 dieses Gesetzes gelten nicht für verheiratete Jugendliche.
(6) Diensteanbieter im Sinne dieses Gesetzes sind Diensteanbieter nach dem Telemediengesetz vom 26. Februar 2007 (BGBl. I S. 179) in der jeweils geltenden Fassung.

§ 2 Prüfungs- und Nachweispflicht

(1) Soweit es nach diesem Gesetz auf die Begleitung durch eine erziehungsbeauftragte Person ankommt, haben die in § 1 Abs. 1 Nr. 4 genannten Personen ihre Berechtigung auf Verlangen darzulegen. Veranstalter und Gewerbetreibende haben in Zweifelsfällen die Berechtigung zu überprüfen.
(2) Personen, bei denen nach diesem Gesetz Altersgrenzen zu beachten sind, haben ihr Lebensalter auf Verlangen in geeigneter Weise nachzuweisen. Veranstalter und Gewerbetreibende haben in Zweifelsfällen das Lebensalter zu überprüfen.

§ 3 Bekanntmachung der Vorschriften

(1) Veranstalter und Gewerbetreibende haben die nach den §§ 4 bis 13 für ihre Betriebseinrichtungen und Veranstaltungen geltenden Vorschriften sowie bei öffentlichen Filmveranstaltungen die Alterseinstufung von Filmen oder die Anbieterkennzeichnung nach § 14 Abs. 7 durch deutlich sichtbaren und gut lesbaren Aushang bekannt zu machen.
(2) Zur Bekanntmachung der Alterseinstufung von Filmen und von Spielprogrammen dürfen Veranstalter und Gewerbetreibende nur die in § 14 Abs. 2 genannten Kennzeichnungen verwenden. Wer einen Film für öffentliche Filmveranstaltungen weitergibt, ist verpflichtet, den Veranstalter bei der Weitergabe auf die Alterseinstufung oder die Anbieterkennzeichnung nach § 14 Abs. 7 hinzuweisen. Für Filme und Spielprogramme, die nach § 14 Abs. 2 von der obersten Landesbehörde oder einer Organisation der freiwilligen Selbstkontrolle im Rahmen des Verfahrens nach § 14 Abs. 6 gekennzeichnet sind, darf bei der Ankündigung oder Werbung weder auf jugendbeeinträchtigende Inhalte hingewiesen werden noch darf die Ankündigung oder Werbung in jugendbeeinträchtigender Weise erfolgen.

Abschnitt 2
Jugendschutz in der Öffentlichkeit

§ 4 Gaststätten

(1) Der Aufenthalt in Gaststätten darf Kindern und Jugendlichen unter 16 Jahren nur gestattet werden, wenn eine personensorgeberechtigte oder erziehungsbeauftragte Person sie begleitet oder wenn sie in der Zeit zwischen 5 Uhr und 23 Uhr eine Mahlzeit oder ein Getränk einnehmen. Jugendlichen ab 16 Jahren darf der Aufenthalt in Gaststätten ohne Begleitung einer personensorgeberechtigten oder erziehungsbeauftragten Person in der Zeit von 24 Uhr und 5 Uhr morgens nicht gestattet werden.
(2) Absatz 1 gilt nicht, wenn Kinder oder Jugendliche an einer Veranstaltung eines anerkannten Trägers der Jugendhilfe teilnehmen oder sich auf Reisen befinden.
(3) Der Aufenthalt in Gaststätten, die als Nachtbar oder Nachtclub geführt werden, und in vergleichbaren Vergnügungsbetrieben darf Kindern und Jugendlichen nicht gestattet werden.
(4) Die zuständige Behörde kann Ausnahmen von Absatz 1 genehmigen.

§ 5 Tanzveranstaltungen

(1) Die Anwesenheit bei öffentlichen Tanzveranstaltungen ohne Begleitung einer personensorgeberechtigten oder erziehungsbeauftragten Person darf Kindern und Jugendlichen unter 16 Jahren nicht und Jugendlichen ab 16 Jahren längstens bis 24 Uhr gestattet werden.
(2) Abweichend von Absatz 1 darf die Anwesenheit Kindern bis 22 Uhr und Jugendlichen unter 16 Jahren bis 24 Uhr gestattet werden, wenn die Tanzveranstaltung von einem anerkannten Träger der Jugendhilfe durchgeführt wird oder der künstlerischen Betätigung oder der Brauchtumspflege dient.
(3) Die zuständige Behörde kann Ausnahmen genehmigen.

§ 6 Spielhallen, Glücksspiele

(1) Die Anwesenheit in öffentlichen Spielhallen oder ähnlichen vorwiegend dem Spielbetrieb dienenden Räumen darf Kindern und Jugendlichen nicht gestattet werden.
(2) Die Teilnahme an Spielen mit Gewinnmöglichkeit in der Öffentlichkeit darf Kindern und Jugendlichen nur auf Volksfesten, Schützenfesten, Jahrmärkten, Spezialmärkten oder ähnlichen Veranstaltungen und nur unter der Voraussetzung gestattet werden, dass der Gewinn in Waren von geringem Wert besteht.

§ 7 Jugendgefährdende Veranstaltungen und Betriebe

Geht von einer öffentlichen Veranstaltung oder einem Gewerbebetrieb eine Gefährdung für das körperliche, geistige oder seelische Wohl von Kindern oder Jugendlichen aus, so kann die zuständige Behörde anordnen, dass der Veranstalter oder Gewerbetreibende Kindern und Jugendlichen die Anwesenheit nicht gestatten darf. Die Anordnung kann Altersbegrenzungen, Zeitbegrenzungen oder andere Auflagen enthalten, wenn dadurch die Gefährdung ausgeschlossen oder wesentlich gehindert wird.

§ 8 Jugendgefährdende Orte

Hält sich ein Kind oder eine jugendliche Person an einem Ort auf, an dem ihm oder ihr eine unmittelbare Gefahr für das körperliche, geistige oder seelische Wohl droht, so hat die zuständige Behörde oder Stelle die zur Abwendung der Gefahr erforderlichen Maßnahmen zu treffen. Wenn nötig, hat sie das Kind oder die jugendliche Person
1. zum Verlassen des Ortes anzuhalten,
2. der erziehungsberechtigten Person im Sinne des § 7 Abs. 1 Nr. 6 des Achten Buches Sozialgesetzbuch zuzuführen oder, wenn keine erziehungsberechtigte Person erreichbar ist, in die Obhut des Jugendamtes zu bringen.

In schwierigen Fällen hat die zuständige Behörde oder Stelle das Jugendamt über den jugendgefährdenden Ort zu unterrichten.

§ 9 Alkoholische Getränke

(1) In Gaststätten, Verkaufsstellen oder sonst in der Öffentlichkeit dürfen
1. Bier, Wein, weinähnliche Getränke oder Schaumwein oder Mischungen von Bier, Wein, weinähnlichen Getränken oder Schaumwein mit nichtalkoholischen Getränken an Kinder und Jugendliche unter 16 Jahren,
2. andere alkoholische Getränke oder Lebensmittel, die andere alkoholische Getränke in nicht nur geringfügiger Menge enthalten, an Kinder und Jugendliche

weder abgegeben noch darf ihnen der Verzehr gestattet werden.
(2) Absatz 1 Nummer 1 gilt nicht, wenn Jugendliche von einer personensorgeberechtigten Person begleitet werden.
(3) In der Öffentlichkeit dürfen alkoholische Getränke nicht in Automaten angeboten werden. Dies gilt nicht, wenn ein Automat
1. an einem für Kinder und Jugendliche unzugänglichen Ort aufgestellt ist oder
2. in einem gewerblich genutzten Raum aufgestellt und durch technische Vorrichtungen oder durch ständige Aufsicht sichergestellt ist, dass Kinder und Jugendliche alkoholische Getränke nicht entnehmen können.

§ 20 Nr. 1 des Gaststättengesetzes bleibt unberührt.
(4) Alkoholhaltige Süßgetränke im Sinne des § 1 Abs. 2 und 3 des Alkopopsteuergesetzes dürfen gewerbsmäßig nur mit dem Hinweis „Abgabe an Personen unter 18 Jahren verboten, § 9 Jugendschutzgesetz" in den Verkehr gebracht werden. Dieser Hinweis ist auf der Fertigpackung in der gleichen Schriftart und in der gleichen Größe und Farbe wie die Marken- oder Phantasienamen oder, soweit nicht vorhanden, wie die Verkehrsbezeichnung zu halten und bei Flaschen auf dem Frontetikett anzubringen.

§ 10 Rauchen in der Öffentlichkeit, Tabakwaren

(1) In Gaststätten, Verkaufsstellen oder sonst in der Öffentlichkeit dürfen Tabakwaren und andere nikotinhaltige Erzeugnisse und deren Behältnisse an Kinder oder Jugendliche weder abgegeben noch darf ihnen das Rauchen oder der Konsum nikotinhaltiger Produkte gestattet werden.
(2) In der Öffentlichkeit dürfen Tabakwaren und andere nikotinhaltige Erzeugnisse und deren Behältnisse nicht in Automaten angeboten werden. Dies gilt nicht, wenn ein Automat
1. an einem Kindern und Jugendlichen unzugänglichen Ort aufgestellt ist oder
2. durch technische Vorrichtungen oder durch ständige Aufsicht sichergestellt ist, dass Kinder und Jugendliche Tabakwaren und andere nikotinhaltige Erzeugnisse und deren Behältnisse nicht entnehmen können.

(3) Tabakwaren und andere nikotinhaltige Erzeugnisse und deren Behältnisse dürfen Kindern und Jugendlichen weder im Versandhandel angeboten noch an Kinder und Jugendliche im Wege des Versandhandels abgegeben werden.
(4) Die Absätze 1 bis 3 gelten auch für nikotinfreie Erzeugnisse, wie elektronische Zigaretten oder elektronische Shishas, in denen Flüssigkeit durch ein elektronisches Heizelement verdampft und die entstehenden Aerosole mit dem Mund eingeatmet werden, sowie für deren Behältnisse.

Abschnitt 3
Jugendschutz im Bereich der Medien

§ 10a Schutzziele des Kinder- und Jugendmedienschutzes

Zum Schutz im Bereich der Medien gehören
1. der Schutz vor Medien, die geeignet sind, die Entwicklung von Kindern oder Jugendlichen oder ihre Erziehung zu einer eigenverantwortlichen und gemeinschaftsfähigen Persönlichkeit zu beeinträchtigen (entwicklungsbeeinträchtigende Medien),
2. der Schutz vor Medien, die geeignet sind, die Entwicklung von Kindern oder Jugendlichen oder ihre Erziehung zu einer eigenverantwortlichen und gemeinschaftsfähigen Persönlichkeit zu gefährden (jugendgefährdende Medien),
3. der Schutz der persönlichen Integrität von Kindern und Jugendlichen bei der Mediennutzung und
4. die Förderung von Orientierung für Kinder, Jugendliche, personensorgeberechtigte Personen sowie pädagogische Fachkräfte bei der Mediennutzung und Medienerziehung; die Vorschriften des Achten Buches Sozialgesetzbuch bleiben unberührt.

§ 10b Entwicklungsbeeinträchtigende Medien

(1) Zu den entwicklungsbeeinträchtigenden Medien nach § 10a Nummer 1 zählen insbesondere übermäßig ängstigende, Gewalt befürwortende oder das sozialethische Wertebild beeinträchtigende Medien.
(2) Bei der Beurteilung der Entwicklungsbeeinträchtigung können auch außerhalb der medieninhaltlichen Wirkung liegende Umstände der jeweiligen Nutzung des Mediums berücksichtigt werden, wenn diese auf Dauer angelegter Bestandteil des Mediums sind und eine abweichende Gesamtbeurteilung über eine Kennzeichnung nach § 14 Absatz 2a hinaus rechtfertigen.
(3) Insbesondere sind nach konkreter Gefahrenprognose als erheblich einzustufende Risiken für die persönliche Integrität von Kindern und Jugendlichen, die im Rahmen der Nutzung des Mediums auftreten können, unter Einbeziehung etwaiger Vorsorgemaßnahmen im Sinne des § 24a Absatz 1 und 2 angemessen zu berücksichtigen. Hierzu zählen insbesondere Risiken durch Kommunikations- und Kontaktfunktionen, durch Kauffunktionen, durch glücksspielähnliche Mechanismen, durch Mechanismen zur Förderung eines exzessiven Mediennutzungsverhaltens, durch die Weitergabe von Bestands- und Nutzungsdaten ohne Einwilligung an Dritte sowie durch nicht altersgerechte Kaufappelle insbesondere durch werbende Verweise auf andere Medien.

§ 11 Filmveranstaltungen

(1) Die Anwesenheit bei öffentlichen Filmveranstaltungen darf Kindern und Jugendlichen nur gestattet werden, wenn die Filme von der obersten Landesbehörde oder einer Organisation der freiwilligen Selbstkontrolle im Rahmen des Verfahrens nach § 14 Abs. 6 zur Vorführung vor ihnen freigegeben worden sind oder wenn es sich um Informations-, Instruktions- und Lehrfilme handelt, die vom Anbieter mit „Infoprogramm" oder „Lehrprogramm" gekennzeichnet sind.
(2) Abweichend von Absatz 1 darf die Anwesenheit bei öffentlichen Filmveranstaltungen mit Filmen, die für Kinder und Jugendliche ab zwölf Jahren freigegeben und gekennzeichnet sind, auch Kindern ab sechs

Jahren gestattet werden, wenn sie von einer personensorgeberechtigten oder erziehungsbeauftragten Person begleitet sind.
(3) Unbeschadet der Voraussetzungen des Absatzes 1 darf die Anwesenheit bei öffentlichen Filmveranstaltungen nur mit Begleitung einer personensorgeberechtigten oder erziehungsbeauftragten Person gestattet werden
1. Kindern unter sechs Jahren,
2. Kindern ab sechs Jahren, wenn die Vorführung nach 20 Uhr beendet ist,
3. Jugendlichen unter 16 Jahren, wenn die Vorführung nach 22 Uhr beendet ist,
4. Jugendlichen ab 16 Jahren, wenn die Vorführung nach 24 Uhr beendet ist.
(4) Die Absätze 1 bis 3 gelten für die öffentliche Vorführung von Filmen unabhängig von der Art der Aufzeichnung und Wiedergabe. Sie gelten auch für Werbevorspanne und Beiprogramme. Sie gelten nicht für Filme, die zu nichtgewerblichen Zwecken hergestellt werden, solange die Filme nicht gewerblich genutzt werden.
(5) Werbefilme oder Werbeprogramme, die für alkoholische Getränke werben, dürfen unbeschadet der Voraussetzungen der Absätze 1 bis 4 nur nach 18 Uhr vorgeführt werden.
(6) Werbefilme oder Werbeprogramme, die für Tabakerzeugnisse, elektronische Zigaretten oder Nachfüllbehälter im Sinne des § 1 Absatz 1 Nummer 1 des Tabakerzeugnisgesetzes werben, dürfen nur im Zusammenhang mit Filmen vorgeführt werden, die
1. von der obersten Landesbehörde oder einer Organisation der freiwilligen Selbstkontrolle im Rahmen des Verfahrens nach § 14 Absatz 6 mit „Keine Jugendfreigabe" nach § 14 Absatz 2 gekennzeichnet sind oder
2. nicht nach den Vorschriften dieses Gesetzes gekennzeichnet sind.

§ 12 Bildträger mit Filmen oder Spielen

(1) Zur Weitergabe geeignete, für die Wiedergabe auf oder das Spiel an Bildschirmgeräten mit Filmen oder Spielen programmierte Datenträger (Bildträger) dürfen einem Kind oder einer jugendlichen Person in der Öffentlichkeit nur zugänglich gemacht werden, wenn die Programme von der obersten Landesbehörde oder einer Organisation der freiwilligen Selbstkontrolle im Rahmen des Verfahrens nach § 14 Abs. 6 für ihre Altersstufe freigegeben und gekennzeichnet worden sind oder wenn es sich um Informations-, Instruktions- und Lehrprogramme handelt, die vom Anbieter mit „Infoprogramm" oder „Lehrprogramm" gekennzeichnet sind.
(2) Auf die Kennzeichnungen nach Absatz 1 ist auf dem Bildträger und der Hülle mit einem deutlich sichtbaren Zeichen hinzuweisen. Das Zeichen ist auf der Frontseite der Hülle links unten auf einer Fläche von mindestens 1200 Quadratmillimetern und dem Bildträger auf einer Fläche von mindestens 250 Quadratmillimetern anzubringen. Die oberste Landesbehörde kann
1. Näheres über Inhalt, Größe, Form, Farbe und Anbringung der Zeichen anordnen und
2. Ausnahmen für die Anbringung auf dem Bildträger oder der Hülle genehmigen.
Anbieter von Telemedien, die Filme und Spielprogramme verbreiten, müssen auf eine vorhandene Kennzeichnung in ihrem Angebot deutlich hinweisen.
(3) Bildträger, die nicht oder mit „Keine Jugendfreigabe" nach § 14 Abs. 2 von der obersten Landesbehörde oder einer Organisation der freiwilligen Selbstkontrolle im Rahmen des Verfahrens nach § 14 Abs. 6 oder nach § 14 Abs. 7 gekennzeichnet sind, dürfen
1. einem Kind oder einer jugendlichen Person nicht angeboten, überlassen oder sonst zugänglich gemacht werden,
2. nicht im Einzelhandel außerhalb von Geschäftsräumen, in Kiosken oder anderen Verkaufsstellen, die Kunden nicht zu betreten pflegen, oder im Versandhandel angeboten oder überlassen werden.
(4) Automaten zur Abgabe bespielter Bildträger dürfen
1. auf Kindern oder Jugendlichen zugänglichen öffentlichen Verkehrsflächen,
2. außerhalb von gewerblich oder in sonstiger Weise beruflich oder geschäftlich genutzten Räumen oder
3. in deren unbeaufsichtigten Zugängen, Vorräumen oder Fluren
nur aufgestellt werden, wenn ausschließlich nach § 14 Abs. 2 Nr. 1 bis 4 gekennzeichnete Bildträger angeboten werden und durch technische Vorkehrungen gesichert ist, dass sie von Kindern und Jugendlichen, für deren Altersgruppe ihre Programme nicht nach § 14 Abs. 2 Nr. 1 bis 4 freigegeben sind, nicht bedient werden können.
(5) Bildträger, die Auszüge von Filme und Spielprogrammen enthalten, dürfen abweichend von den Absätzen 1 und 3 im Verbund mit periodischen Druckschriften nur vertrieben werden, wenn sie mit

einem Hinweis des Anbieters versehen sind, der deutlich macht, dass eine Organisation der freiwilligen Selbstkontrolle festgestellt hat, dass diese Auszüge keine Jugendbeeinträchtigungen enthalten. Der Hinweis ist sowohl auf der periodischen Druckschrift als auch auf dem Bildträger vor dem Vertrieb mit einem deutlich sichtbaren Zeichen anzubringen. Absatz 2 Satz 1 bis 3 gilt entsprechend. Die Berechtigung nach Satz 1 kann die oberste Landesbehörde für einzelne Anbieter ausschließen.

§ 13 Bildschirmspielgeräte
(1) Das Spielen an elektronischen Bildschirmspielgeräten ohne Gewinnmöglichkeit, die öffentlich aufgestellt sind, darf Kindern und Jugendlichen ohne Begleitung einer personensorgeberechtigten oder erziehungsbeauftragten Person nur gestattet werden, wenn die Programme von der obersten Landesbehörde oder einer Organisation der freiwilligen Selbstkontrolle im Rahmen des Verfahrens nach § 14 Abs. 6 für ihre Altersstufe freigegeben und gekennzeichnet worden sind oder wenn es sich um Informations-, Instruktions- oder Lehrprogramme handelt, die vom Anbieter mit „Infoprogramm" oder „Lehrprogramm" gekennzeichnet sind.
(2) Elektronische Bildschirmspielgeräte dürfen
1. auf Kindern oder Jugendlichen zugänglichen öffentlichen Verkehrsflächen,
2. außerhalb von gewerblich oder in sonstiger Weise beruflich oder geschäftlich genutzten Räumen oder
3. in deren unbeaufsichtigten Zugängen, Vorräumen oder Fluren
nur aufgestellt werden, wenn ihre Programme für Kinder ab sechs Jahren freigegeben und gekennzeichnet oder nach § 14 Abs. 7 mit „Infoprogramm" oder „Lehrprogramm" gekennzeichnet sind.
(3) Auf das Anbringen der Kennzeichnungen auf Bildschirmspielgeräten findet § 12 Abs. 2 Satz 1 bis 3 entsprechende Anwendung.

§ 14 Kennzeichnung von Filmen und Spielprogrammen
(1) Filme und Spielprogramme dürfen nicht für Kinder und Jugendliche freigegeben werden, wenn sie für Kinder und Jugendliche in der jeweiligen Altersstufe entwicklungsbeeinträchtigend sind.
(2) Die oberste Landesbehörde oder eine Organisation der freiwilligen Selbstkontrolle im Rahmen des Verfahrens nach Absatz 6 kennzeichnet die Filme und Spielprogramme mit
1. „Freigegeben ohne Altersbeschränkung",
2. „Freigegeben ab sechs Jahren",
3. „Freigegeben ab zwölf Jahren",
4. „Freigegeben ab sechzehn Jahren",
5. „Keine Jugendfreigabe".
(2a) Die oberste Landesbehörde oder eine Organisation der freiwilligen Selbstkontrolle soll im Rahmen des Verfahrens nach Absatz 6 über die Altersstufen des Absatzes 2 hinaus Filme und Spielprogramme mit Symbolen und weiteren Mitteln kennzeichnen, mit denen die wesentlichen Gründe für die Altersfreigabe des Mediums und dessen potenzielle Beeinträchtigung der persönlichen Integrität angegeben werden. Die oberste Landesbehörde kann Näheres über die Ausgestaltung und Anbringung der Symbole und weiteren Mittel anordnen.
(3) Hat ein Film oder ein Spielprogramm nach Einschätzung der obersten Landesbehörde oder einer Organisation der freiwilligen Selbstkontrolle im Rahmen des Verfahrens nach Absatz 6 einen der in § 15 Abs. 2 Nr. 1 bis 5 bezeichneten Inhalte oder ist es in die Liste nach § 18 aufgenommen, wird es nicht gekennzeichnet. Die oberste Landesbehörde hat Tatsachen, die auf einen Verstoß gegen § 15 Abs. 1 schließen lassen, der zuständigen Strafverfolgungsbehörde mitzuteilen.
(4) Ist ein Film oder ein Spielprogramm mit einem in die Liste nach § 18 aufgenommenen Medium ganz oder im Wesentlichen inhaltsgleich, ist die Kennzeichnung ausgeschlossen. Über das Vorliegen einer Inhaltsgleichheit entscheidet die Prüfstelle für jugendgefährdende Medien. Satz 1 gilt entsprechend, wenn die Voraussetzungen für eine Aufnahme in die Liste vorliegen. In Zweifelsfällen führt die oberste Landesbehörde oder eine Organisation der freiwilligen Selbstkontrolle im Rahmen des Verfahrens nach Absatz 6 eine Entscheidung der Prüfstelle für jugendgefährdende Medien herbei.
(4a) Absatz 4 gilt nicht für Freigabeentscheidungen nach § 11 Absatz 1.
(5) Die Kennzeichnungen von Filmen gelten auch für die Vorführung in öffentlichen Filmveranstaltungen von inhaltsgleichen Filmen, wenn und soweit die obersten Landesbehörden nicht in der Vereinbarung zum Verfahren nach Absatz 6 etwas Anderes bestimmen. Die Kennzeichnung von Filmen für öffentliche Filmveranstaltungen können auf inhaltsgleiche Filme für Bildträger, Bildschirmspielgeräte und Telemedien übertragen werden; Absatz 4 gilt entsprechend.

(6) Die obersten Landesbehörden können ein gemeinsames Verfahren für die Freigabe und Kennzeichnung der Filme sowie Spielprogramme auf der Grundlage der Ergebnisse der Prüfung durch von Verbänden der Wirtschaft getragene oder unterstützte Organisationen freiwilliger Selbstkontrolle vereinbaren. Im Rahmen dieser Vereinbarung kann bestimmt werden, dass die Freigaben und Kennzeichnungen durch eine Organisation der freiwilligen Selbstkontrolle Freigaben und Kennzeichnungen der obersten Landesbehörden aller Länder sind, soweit nicht eine oberste Landesbehörde für ihren Bereich eine abweichende Entscheidung trifft. Nach den Bestimmungen des Jugendmedienschutz-Staatsvertrages anerkannte Einrichtungen der freiwilligen Selbstkontrolle können nach den Sätzen 1 und 2 eine Vereinbarung mit den obersten Landesbehörden schließen.
(6a) Das gemeinsame Verfahren nach Absatz 6 soll vorsehen, dass von der zentralen Aufsichtsstelle der Länder für den Jugendmedienschutz bestätigte Altersbewertungen nach dem Jugendmedienschutz-Staatsvertrag oder Altersbewertungen der Veranstalter des öffentlich-rechtlichen Rundfunks als Freigaben im Sinne des Absatzes 6 Satz 2 wirken, sofern dies mit der Spruchpraxis der obersten Landesbehörden nicht unvereinbar ist. Die Absätze 3 und 4 bleiben unberührt.
(7) Filme und Spielprogramme zu Informations-, Instruktions- oder Lehrzwecken dürfen vom Anbieter mit „Infoprogramm" oder „Lehrprogramm" nur gekennzeichnet werden, wenn sie offensichtlich nicht die Entwicklung oder Erziehung von Kindern und Jugendlichen beeinträchtigen. Die Absätze 1 bis 5 finden keine Anwendung. Die oberste Landesbehörde kann das Recht zur Anbieterkennzeichnung für einzelne Anbieter oder für besondere Filme und Spielprogramme ausschließen und durch den Anbieter vorgenommene Kennzeichnungen aufheben.
(8) Enthalten Filme, Bildträger oder Bildschirmspielgeräte neben den zu kennzeichnenden Filmen oder Spielprogrammen Titel, Zusätze oder weitere Darstellungen in Texten, Bildern oder Tönen, bei denen in Betracht kommt, dass sie die Entwicklung oder Erziehung von Kindern oder Jugendlichen beeinträchtigen, so sind diese bei der Entscheidung über die Kennzeichnung mit zu berücksichtigen.
(9) Die Absätze 1 bis 6 und 8 gelten für die Kennzeichnung von zur Verbreitung in Telemedien bestimmten und kennzeichnungsfähigen Filmen und Spielprogrammen entsprechend.
(10) Die oberste Landesbehörde kann Näheres über die Ausgestaltung und Anbringung der Kennzeichnung nach § 14a Absatz 1 mit den Einrichtungen der freiwilligen Selbstkontrolle vereinbaren.

§ 14a Kennzeichnung bei Film- und Spielplattformen

(1) Film- und Spielplattformen sind Diensteanbieter, die Filme oder Spielprogramme in einem Gesamtangebot zusammenfassen und mit Gewinnerzielungsabsicht als eigene Inhalte zum individuellen Abruf zu einem von den Nutzerinnen und Nutzern gewählten Zeitpunkt bereithalten. Film- und Spielplattformen nach Satz 1 dürfen einen Film oder ein Spielprogramm nur bereithalten, wenn sie gemäß den Altersstufen des § 14 Absatz 2 mit einer entsprechenden deutlich wahrnehmbaren Kennzeichnung versehen sind, die
1. im Rahmen des Verfahrens des § 14 Absatz 6 oder
2. durch eine nach § 19 des Jugendmedienschutz-Staatsvertrages anerkannte Einrichtung der freiwilligen Selbstkontrolle oder durch einen von einer Einrichtung der freiwilligen Selbstkontrolle zertifizierten Jugendschutzbeauftragten nach § 7 des Jugendmedienschutz-Staatsvertrages oder,
3. wenn keine Kennzeichnung im Sinne der Nummer 1 oder 2 gegeben ist, durch ein von den obersten Landesbehörden anerkanntes automatisiertes Bewertungssystem einer im Rahmen einer Vereinbarung nach § 14 Absatz 6 tätigen Einrichtung der freiwilligen Selbstkontrolle
vorgenommen wurde. Die §§ 10b und 14 Absatz 2a gelten entsprechend.
(2) Der Diensteanbieter ist von der Pflicht nach Absatz 1 Satz 2 befreit, wenn die Film- oder Spielplattform im Inland nachweislich weniger als eine Million Nutzerinnen und Nutzer hat. Die Pflicht besteht zudem bei Filmen und Spielprogrammen nicht, bei denen sichergestellt ist, dass sie ausschließlich Erwachsenen zugänglich gemacht werden.
(3) Die Vorschrift findet auch auf Diensteanbieter Anwendung, deren Sitzland nicht Deutschland ist. Die §§ 2a und 3 des Telemediengesetzes bleiben unberührt.

§ 15 Jugendgefährdende Medien

(1) Medien, deren Aufnahme in die Liste jugendgefährdender Medien nach § 24 Abs. 3 Satz 1 bekannt gemacht ist, dürfen als Trägermedien nicht
1. einem Kind oder einer jugendlichen Person angeboten, überlassen oder sonst zugänglich gemacht werden,

2. an einem Ort, der Kindern und Jugendlichen zugänglich ist oder von ihnen eingesehen werden kann, ausgestellt, angeschlagen, vorgeführt oder sonst zugänglich gemacht werden,
3. im Einzelhandel außerhalb von Geschäftsräumen, in Kiosken oder anderen Verkaufsstellen, die Kunden nicht zu betreten pflegen, im Versandhandel oder in gewerblichen Leihbüchereien oder Lesezirkeln einer anderen Person angeboten oder überlassen werden,
4. im Wege gewerblicher Vermietung oder vergleichbarer gewerblicher Gewährung des Gebrauchs, ausgenommen in Ladengeschäften, die Kindern und Jugendlichen nicht zugänglich sind und von ihnen nicht eingesehen werden können, einer anderen Person angeboten oder überlassen werden,
5. im Wege des Versandhandels eingeführt werden,
6. öffentlich an einem Ort, der Kindern oder Jugendlichen zugänglich ist oder von ihnen eingesehen werden kann, oder durch das Verbreiten von Träger- oder Telemedien außerhalb des Geschäftsverkehrs mit dem einschlägigen Handel angeboten, angekündigt oder angepriesen werden,
7. hergestellt, bezogen, geliefert, vorrätig gehalten oder eingeführt werden, um sie oder aus ihnen gewonnene Stücke im Sinne der Nummern 1 bis 6 zu verwenden oder einer anderen Person eine solche Verwendung zu ermöglichen.

(1a) Medien, deren Aufnahme in die Liste jugendgefährdender Medien nach § 24 Absatz 3 Satz 1 bekannt gemacht ist, dürfen als Telemedien nicht an einem Ort, der Kindern oder Jugendlichen zugänglich ist oder von ihnen eingesehen werden kann, vorgeführt werden.

(2) Den Beschränkungen des Absatzes 1 unterliegen, ohne dass es einer Aufnahme in die Liste und einer Bekanntmachung bedarf, schwer jugendgefährdende Trägermedien, die
1. einen der in § 86, § 130, § 130a, § 131, § 184, § 184a, § 184b oder § 184c des Strafgesetzbuches bezeichneten Inhalte haben,
2. den Krieg verherrlichen,
3. Menschen, die sterben oder schweren körperlichen oder seelischen Leiden ausgesetzt sind oder waren, in einer die Menschenwürde verletzenden Weise darstellen und ein tatsächliches Geschehen wiedergeben, ohne dass ein überwiegendes berechtigtes Interesse gerade an dieser Form der Berichterstattung vorliegt,
3a. besonders realistische, grausame und reißerische Darstellungen selbstzweckhafter Gewalt beinhalten, die das Geschehen beherrschen,
4. Kinder oder Jugendliche in unnatürlicher, geschlechtsbetonter Körperhaltung darstellen oder
5. offensichtlich geeignet sind, die Entwicklung von Kindern oder Jugendlichen oder ihre Erziehung zu einer eigenverantwortlichen und gemeinschaftsfähigen Persönlichkeit schwer zu gefährden.

(3) Den Beschränkungen des Absatzes 1 unterliegen auch, ohne dass es einer Aufnahme in die Liste und einer Bekanntmachung bedarf, Trägermedien, die mit einem Medium, dessen Aufnahme in die Liste bekannt gemacht ist, ganz oder im Wesentlichen inhaltsgleich sind.
(4) Die Liste der jugendgefährdenden Medien darf nicht zum Zweck der geschäftlichen Werbung abgedruckt oder veröffentlicht werden.
(5) Bei geschäftlicher Werbung für Trägermedien darf nicht darauf hingewiesen werden, dass ein Verfahren zur Aufnahme des Mediums oder eines inhaltsgleichen Mediums in die Liste anhängig ist oder gewesen ist.
(6) Soweit die Lieferung erfolgen darf, haben Gewerbetreibende vor Abgabe an den Handel die Händler auf die Vertriebsbeschränkungen des Absatzes 1 Nr. 1 bis 6 hinzuweisen.

§ 16 Landesrecht
Die Länder können im Bereich der Telemedien über dieses Gesetz hinausgehende Regelungen zum Jugendschutz treffen. Die an die Inhalte von Telemedien zu richtenden besonderen Anforderungen ergeben sich aus dem Jugendmedienschutz-Staatsvertrag.

Abschnitt 4
Bundeszentrale für Kinder- und Jugendmedienschutz

§ 17 Zuständige Bundesbehörde und Leitung
(1) Zuständig für die Durchführung der Aufgaben, die nach diesem Gesetz in bundeseigener Verwaltung ausgeführt werden, ist die Bundesprüfstelle für jugendgefährdende Medien als selbstständige Bundesoberbehörde; sie erhält die Bezeichnung „Bundeszentrale für Kinder- und Jugendmedienschutz" (Bundeszentrale) und untersteht dem Bundesministerium für Familie, Senioren, Frauen und Jugend.
(2) Die Bundeszentrale wird von einer Direktorin oder einem Direktor geleitet (Behördenleitung).

§ 17a Aufgaben

(1) Die Bundeszentrale unterhält eine Prüfstelle für jugendgefährdende Medien, die über die Aufnahme von Medien in die Liste jugendgefährdender Medien nach § 18 und über Streichungen aus dieser Liste entscheidet.
(2) Die Bundeszentrale fördert durch geeignete Maßnahmen die Weiterentwicklung des Kinder- und Jugendmedienschutzes. Hierzu gehören insbesondere
1. die Förderung einer gemeinsamen Verantwortungsübernahme von Staat, Wirtschaft und Zivilgesellschaft zur Koordinierung einer Gesamtstrategie zur Verwirklichung der Schutzziele des § 10a,
2. die Nutzbarmachung und Weiterentwicklung der aus der Gesamtheit der Spruchpraxis der Prüfstelle abzuleitenden Erkenntnisse hinsichtlich durch Medien verursachter sozialethischer Desorientierung von Kindern und Jugendlichen, insbesondere durch Orientierungshilfen für Kinder und Jugendliche, personensorgeberechtigte Personen, Fachkräfte und durch Förderung öffentlicher Diskurse sowie
3. ein regelmäßiger Informationsaustausch mit den im Bereich des Kinder- und Jugendmedienschutzes tätigen Institutionen hinsichtlich der jeweiligen Spruchpraxis.
(3) Die Bundeszentrale überprüft die von Diensteanbietern nach § 24a vorzuhaltenden Vorsorgemaßnahmen.
(4) Die Bundeszentrale kann zur Erfüllung ihrer Aufgabe aus Absatz 2 Maßnahmen, die von überregionaler Bedeutung sind, fördern oder selbst durchführen.

§ 17b Beirat

Die Bundeszentrale richtet einen Beirat ein, der sie bei der Erfüllung der Aufgaben nach § 17a Absatz 2 Satz 1 berät. Dem Beirat gehören bis zu zwölf Personen an, die sich in besonderer Weise für die Verwirklichung der Rechte und den Schutz von Kindern und Jugendlichen einsetzen. Vertretungen der Interessen von Kindern und Jugendlichen stehen drei Plätze zu. Hiervon sind zwei Sitze mit Personen zu besetzen, die zum Zeitpunkt ihrer Berufung höchstens 17 Jahre alt sind und von auf Bundesebene tätigen Vertretungen der Interessen von Kindern und Jugendlichen vorgeschlagen wurden. Die Berufung von Beiratsmitgliedern erfolgt durch die Bundeszentrale für eine Dauer von jeweils drei Jahren. Das Nähere regelt eine Geschäftsordnung.

§ 18 Liste jugendgefährdender Medien

(1) Medien, die geeignet sind, die Entwicklung von Kindern oder Jugendlichen oder ihre Erziehung zu einer eigenverantwortlichen und gemeinschaftsfähigen Persönlichkeit zu gefährden, sind von der Bundeszentrale nach Entscheidung der Prüfstelle für jugendgefährdende Medien in eine Liste (Liste jugendgefährdender Medien) aufzunehmen. Dazu zählen vor allem unsittliche, verrohend wirkende, zu Gewalttätigkeit, Verbrechen oder Rassenhass anreizende Medien sowie Medien, in denen
1. Gewalthandlungen wie Mord- und Metzelszenen selbstzweckhaft und detailliert dargestellt werden oder
2. Selbstjustiz als einzig bewährtes Mittel zur Durchsetzung der vermeintlichen Gerechtigkeit nahe gelegt wird.
(2) (weggefallen)
(3) Ein Medium darf nicht in die Liste aufgenommen werden
1. allein wegen seines politischen, sozialen, religiösen oder weltanschaulichen Inhalts,
2. wenn es der Kunst oder der Wissenschaft, der Forschung oder der Lehre dient,
3. wenn es im öffentlichen Interesse liegt, es sei denn, dass die Art der Darstellung zu beanstanden ist.
(4) In Fällen von geringer Bedeutung kann davon abgesehen werden, ein Medium in die Liste aufzunehmen.
(5) Medien sind in die Liste aufzunehmen, wenn ein Gericht in einer rechtskräftigen Entscheidung festgestellt hat, dass das Medium einen der in § 86, § 130, § 130a, § 131, § 184, § 184a, § 184b oder § 184c des Strafgesetzbuches bezeichneten Inhalte hat. § 21 Absatz 5 Nummer 2 bleibt unberührt.
(5a) Erlangt die Prüfstelle für jugendgefährdende Medien davon Kenntnis, dass eine den Listeneintrag auslösende Entscheidung nach Absatz 5 Satz 1 aufgehoben wurde, hat sie unverzüglich von Amts wegen zu prüfen, ob die Voraussetzungen für den Verbleib des Mediums in der Liste weiterhin vorliegen.
(6) Die Prüfstelle für jugendgefährdende Medien schätzt in ihren Entscheidungen ein, ob ein Medium einen der in den §§ 86, 130, 130a, 131, 184, 184a, 184b oder 184c des Strafgesetzbuches genannten Inhalte hat. Im Bejahungsfall hat sie ihre auch insoweit begründete Entscheidung der zuständigen Strafverfolgungsbehörde zuzuleiten.

(7) Medien sind aus der Liste zu streichen, wenn die Voraussetzungen für eine Aufnahme nicht mehr vorliegen. Nach Ablauf von 25 Jahren verliert eine Aufnahme in die Liste ihre Wirkung.
(8) Auf Filme und Spielprogramme, die nach § 14 Abs. 2 Nr. 1 bis 5, auch in Verbindung mit § 14 Absatz 9 gekennzeichnet sind, findet Absatz 1 keine Anwendung. Absatz 1 ist außerdem nicht anzuwenden, wenn die zentrale Aufsichtsstelle der Länder für den Jugendmedienschutz über das Telemedium zuvor eine Entscheidung dahin gehend getroffen hat, dass die Voraussetzungen für die Aufnahme in die Liste jugendgefährdender Medien nach Absatz 1 nicht vorliegen. Hat eine anerkannte Einrichtung der Selbstkontrolle das Telemedium zuvor bewertet, so findet Absatz 1 nur dann Anwendung, wenn die zentrale Aufsichtsstelle der Länder für den Jugendmedienschutz die Voraussetzungen für die Aufnahme in die Liste jugendgefährdender Medien nach Absatz 1 für gegeben hält oder eine Entscheidung der zentralen Aufsichtsstelle der Länder für den Jugendmedienschutz nicht vorliegt.

§ 19 Personelle Besetzung der Prüfstelle für jugendgefährdende Medien
(1) Die Prüfstelle für jugendgefährdende Medien besteht aus
1. der oder dem Vorsitzenden,
2. je einer oder einem von jeder Landesregierung zu ernennenden Beisitzerin oder Beisitzer und
3. weiteren von dem Bundesministerium für Familie, Senioren, Frauen und Jugend zu ernennenden Beisitzerinnen oder Beisitzern.

Die oder der Vorsitzende wird vom Bundesministerium für Familie, Senioren, Frauen und Jugend ernannt. Die Behördenleitung schlägt hierfür eine bei der Bundeszentrale beschäftigte Person vor, die die Befähigung zum Richteramt nach dem Deutschen Richtergesetz besitzt. Die Behördenleitung kann den Vorsitz auch selbst ausüben. Für die Vorsitzende oder den Vorsitzenden und die Beisitzerinnen oder Beisitzer ist mindestens je eine Stellvertreterin oder ein Stellvertreter zu ernennen. Die jeweilige Landesregierung kann ihr Ernennungsrecht nach Satz 1 Nummer 2 auf eine oberste Landesbehörde übertragen.
(2) Die von dem Bundesministerium für Familie, Senioren, Frauen und Jugend zu ernennenden Beisitzerinnen und Beisitzer sind den Kreisen
1. der Kunst,
2. der Literatur,
3. des Buchhandels und der Verlegerschaft,
4. der Anbieter von Bildträgern und von Telemedien,
5. der Träger der freien Jugendhilfe,
6. der Träger der öffentlichen Jugendhilfe,
7. der Lehrerschaft und
8. der Kirchen, der jüdischen Kultusgemeinden und anderer Religionsgemeinschaften, die Körperschaften des öffentlichen Rechts sind,

auf Vorschlag der genannten Gruppen zu entnehmen. Dem Buchhandel und der Verlegerschaft sowie dem Anbieter von Bildträgern und von Telemedien stehen diejenigen Kreise gleich, die eine vergleichbare Tätigkeit bei der Auswertung und beim Vertrieb der Medien unabhängig von der Art der Aufzeichnung oder Wiedergabe ausüben.
(3) Die oder der Vorsitzende und die Beisitzerinnen oder Beisitzer werden auf die Dauer von drei Jahren bestimmt. Sie können von der Stelle, die sie bestimmt hat, vorzeitig abberufen werden, wenn sie der Verpflichtung zur Mitarbeit in der Bundesprüfstelle für jugendgefährdende Medien nicht nachkommen.
(4) Die Mitglieder der Prüfstelle für jugendgefährdende Medien sind bei ihren Entscheidungen an Weisungen nicht gebunden.
(5) Die Prüfstelle für jugendgefährdende Medien entscheidet in der Besetzung von zwölf Mitgliedern, die aus der oder dem Vorsitzenden, drei Beisitzerinnen oder Beisitzern der Länder und je einer Beisitzerin oder einem Beisitzer aus den in Absatz 2 genannten Gruppen bestehen. Erscheinen zur Sitzung einberufene Beisitzerinnen oder Beisitzer oder ihre Stellvertreterinnen oder Stellvertreter nicht, so ist die Prüfstelle für jugendgefährdende Medien auch in einer Besetzung von mindestens neun Mitgliedern beschlussfähig, von denen mindestens zwei den in Absatz 2 Nr. 1 bis 4 genannten Gruppen angehören müssen.
(6) Zur Anordnung der Aufnahme in die Liste bedarf es einer Mehrheit von zwei Dritteln der an der Entscheidung mitwirkenden Mitglieder der Prüfstelle für jugendgefährdende Medien. In der Besetzung des Absatzes 5 Satz 2 ist für die Listenaufnahme eine Mindestzahl von sieben Stimmen erforderlich.

§ 20 Vorschlagsberechtigte Verbände
(1) Das Vorschlagsrecht nach § 19 Abs. 2 wird innerhalb der nachfolgenden Kreise durch folgende Organisationen für je eine Beisitzerin oder einen Beisitzer und eine Stellvertreterin oder einen Stellvertreter ausgeübt:

1. für die Kreise der Kunst durch
   Deutscher Kulturrat,
   Bund Deutscher Kunsterzieher e. V.,
   Künstlergilde e. V.,
   Bund Deutscher Grafik-Designer,
2. für die Kreise der Literatur durch
   Verband deutscher Schriftsteller,
   Freier Deutscher Autorenverband,
   Deutscher Autorenverband e. V.,
   PEN-Zentrum,
3. für die Kreise des Buchhandels und der Verlegerschaft durch
   Börsenverein des Deutschen Buchhandels e. V.,
   Verband Deutscher Bahnhofsbuchhändler,
   Bundesverband Deutscher Buch-, Zeitungs- und Zeitschriftengrossisten e. V.,
   Bundesverband Deutscher Zeitungsverleger e. V.,
   Verband Deutscher Zeitschriftenverleger e. V.,
   Börsenverein des Deutschen Buchhandels e. V. – Verlegerausschuss,
   Arbeitsgemeinschaft der Zeitschriftenverlage (AGZV) im Börsenverein des Deutschen Buchhandels,
4. für die Kreise der Anbieter von Bildträgern und von Telemedien durch
   Bundesverband Video,
   Verband der Unterhaltungssoftware Deutschland e. V.,
   Spitzenorganisation der Filmwirtschaft e. V.,
   Bundesverband Informationswirtschaft, Telekommunikation und neue Medien e. V.,
   Deutscher Multimedia Verband e. V.,
   Electronic Commerce Organisation e. V.,
   Verband der Deutschen Automatenindustrie e. V.,
   IVD Interessengemeinschaft der Videothekare Deutschlands e. V.,
5. für die Kreise der Träger der freien Jugendhilfe durch
   Bundesarbeitsgemeinschaft der Freien Wohlfahrtspflege,
   Deutscher Bundesjugendring,
   Deutsche Sportjugend,
   Bundesarbeitsgemeinschaft Kinder- und Jugendschutz (BAJ) e. V.,
6. für die Kreise der Träger der öffentlichen Jugendhilfe durch
   Deutscher Landkreistag,
   Deutscher Städtetag,
   Deutscher Städte- und Gemeindebund,
7. für die Kreise der Lehrerschaft durch
   Gewerkschaft Erziehung u. Wissenschaft im Deutschen Gewerkschaftsbund,
   Deutscher Lehrerverband,
   Verband Bildung und Erziehung,
   Verein Katholischer deutscher Lehrerinnen und
8. für die Kreise der in § 19 Abs. 2 Nr. 8 genannten Körperschaften des öffentlichen Rechts durch
   Bevollmächtigter des Rates der EKD am Sitz der Bundesrepublik Deutschland,
   Kommissariat der deutschen Bischöfe – Katholisches Büro in Berlin,
   Zentralrat der Juden in Deutschland.

Für jede Organisation, die ihr Vorschlagsrecht ausübt, ist eine Beisitzerin oder ein Beisitzer und eine stellvertretende Beisitzerin oder ein stellvertretender Beisitzer zu ernennen. Reicht eine der in Satz 1 genannten Organisationen mehrere Vorschläge ein, wählt das Bundesministerium für Familie, Senioren, Frauen und Jugend eine Beisitzerin oder einen Beisitzer aus.

(2) Für die in § 19 Abs. 2 genannten Gruppen können Beisitzerinnen oder Beisitzer und stellvertretende Beisitzerinnen und Beisitzer auch durch namentlich nicht bestimmte Organisationen vorgeschlagen werden. Das Bundesministerium für Familie, Senioren, Frauen und Jugend fordert im Januar jedes Jahres im Bundesanzeiger dazu auf, innerhalb von sechs Wochen derartige Vorschläge einzureichen. Aus den fristgerecht eingegangenen Vorschlägen hat es je Gruppe je eine zusätzliche Beisitzerin oder einen zusätzlichen Beisitzer und eine stellvertretende Beisitzerin oder einen stellvertretenden Beisitzer zu ernennen. Vorschläge von Organisationen, die kein eigenes verbandliches Gewicht besitzen oder eine

dauerhafte Tätigkeit nicht erwarten lassen, sind nicht zu berücksichtigen. Zwischen den Vorschlägen mehrerer Interessenten entscheidet das Los, sofern diese sich nicht auf einen Vorschlag einigen; Absatz 1 Satz 3 gilt entsprechend. Sofern es unter Berücksichtigung der Geschäftsbelastung der Bundesprüfstelle für jugendgefährdende Medien erforderlich erscheint und sofern die Vorschläge der innerhalb einer Gruppe namentlich bestimmten Organisationen zahlenmäßig nicht ausreichen, kann das Bundesministerium für Familie, Senioren, Frauen und Jugend auch mehrere Beisitzerinnen oder Beisitzer und stellvertretende Beisitzerinnen oder Beisitzer ernennen; Satz 5 gilt entsprechend.

§ 21 Verfahren der Prüfstelle für jugendgefährdende Medien

(1) Die Prüfstelle für jugendgefährdende Medien wird in der Regel auf Antrag tätig.
(2) Antragsberechtigt sind das Bundesministerium für Familie, Senioren, Frauen und Jugend, die obersten Landesjugendbehörden, die zentrale Aufsichtsstelle der Länder für den Jugendmedienschutz, die Landesjugendämter, die Jugendämter, die anerkannten Einrichtungen der freiwilligen Selbstkontrolle, die aus Mitteln des Bundes, der Länder oder der Landesmedienanstalten geförderten Internet-Beschwerdestellen sowie für den Antrag auf Streichung aus der Liste und für den Antrag auf Feststellung, dass ein Medium nicht mit einem bereits in die Liste aufgenommenen Medium ganz oder im Wesentlichen inhaltsgleich ist, auch die in Absatz 7 genannten Personen.
(3) Kommt eine Listenaufnahme oder eine Streichung aus der Liste offensichtlich nicht in Betracht, so kann die oder der Vorsitzende das Verfahren einstellen.
(4) Die Prüfstelle für jugendgefährdende Medien wird von Amts wegen tätig, wenn eine in Absatz 2 nicht genannte Behörde oder ein anerkannter Träger der freien Jugendhilfe dies anregt und die oder der Vorsitzende der Prüfstelle für jugendgefährdende Medien die Durchführung des Verfahrens im Interesse des Jugendschutzes für geboten hält.
(4a) Anträge und Anregungen, die sich auf Medien beziehen, die bei Kindern und Jugendlichen besonders verbreitet sind oder durch die die Belange des Jugendschutzes in besonderem Maße betroffen scheinen, können vorrangig behandelt werden.
(5) Die Prüfstelle für jugendgefährdende Medien wird auf Veranlassung der oder des Vorsitzenden von Amts wegen tätig,
1. wenn zweifelhaft ist, ob ein Medium mit einem bereits in die Liste aufgenommenen Medium ganz oder im Wesentlichen inhaltsgleich ist,
2. wenn bekannt ist, dass die Voraussetzungen für die Aufnahme eines Mediums in die Liste nach § 18 Abs. 7 Satz 1 nicht mehr vorliegen, oder
3. wenn die Aufnahme in die Liste nach § 18 Abs. 7 Satz 2 wirkungslos wird und weiterhin die Voraussetzungen für die Aufnahme in die Liste vorliegen.
(6) Vor der Entscheidung über die Aufnahme eines Telemediums in die Liste hat die Prüfstelle für jugendgefährdende Medien der zentralen Aufsichtsstelle der Länder für den Jugendmedienschutz Gelegenheit zu geben, zu dem Telemedium unverzüglich Stellung zu nehmen. Stellungnahmen und Anträge der zentralen Stelle der Länder für den Jugendmedienschutz hat die Prüfstelle für jugendgefährdende Medien bei ihren Entscheidungen maßgeblich zu berücksichtigen. Soweit der Prüfstelle für jugendgefährdende Medien eine Stellungnahme der zentralen Aufsichtsstelle der Länder für den Jugendmedienschutz innerhalb von fünf Werktagen nach Aufforderung nicht vorliegt, kann sie ohne diese Stellungnahme entscheiden.
(7) Der Urheberin oder dem Urheber, der Inhaberin oder dem Inhaber der Nutzungsrechte sowie bei Telemedien dem Anbieter ist Gelegenheit zur Stellungnahme zu geben, soweit der Prüfstelle für jugendgefährdende Medien die Anschriften bekannt sind oder die Prüfstelle für jugendgefährdende Medien die Anschriften durch Angaben im Zusammenhang mit dem Medium unter zumutbarem Aufwand aus öffentlich zugänglichen Quellen ermitteln kann.
(8) Die Entscheidungen sind
1. bei Trägermedien der Urheberin oder dem Urheber sowie der Inhaberin oder dem Inhaber der Nutzungsrechte,
2. bei Telemedien der Urheberin oder dem Urheber sowie dem Anbieter und
3. der antragstellenden Behörde
zuzustellen. Sie hat die sich aus der Entscheidung ergebenden Verbreitungs- und Werbebeschränkungen im Einzelnen aufzuführen. Die Begründung ist beizufügen oder innerhalb einer Woche durch Zustellung nachzureichen. Dem Bundesministerium für Familie, Senioren, Frauen und Jugend, den obersten Landesjugendbehörden, der zentralen Aufsichtsstelle der Länder für den Jugendmedienschutz und der das

Verfahren anregenden Behörde oder Einrichtung oder dem das Verfahren nach Absatz 4 anregenden Träger ist die Entscheidung zu übermitteln.
(9) Die Prüfstelle für jugendgefährdende Medien soll mit der zentralen Aufsichtsstelle der Länder für den Jugendmedienschutz zusammenarbeiten und einen regelmäßigen Informationsaustausch pflegen.

§ 22 Aufnahme periodisch erscheinender Medien in die Liste jugendgefährdender Medien
Periodisch erscheinende Medien können auf die Dauer von drei bis zwölf Monaten in die Liste jugendgefährdender Medien aufgenommen werden, wenn innerhalb von zwölf Monaten mehr als zwei ihrer Folgen in die Liste aufgenommen worden sind. Dies gilt nicht für Tageszeitungen und politische Zeitschriften sowie für deren digitale Ausgaben.

§ 23 Vereinfachtes Verfahren
(1) In einem vereinfachten Verfahren kann die Prüfstelle für jugendgefährdende Medien über die Aufnahme von Medien in die Liste jugendgefährdender Medien entscheiden, wenn
1. das Medium offensichtlich geeignet ist, die Entwicklung von Kindern oder Jugendlichen oder ihre Erziehung zu einer eigenverantwortlichen und gemeinschaftsfähigen Persönlichkeit zu gefährden oder
2. bei einem Telemedium auf Antrag oder nach einer Stellungnahme der zentralen Aufsichtsstelle der Länder für den Jugendmedienschutz entschieden wird.

Im vereinfachten Verfahren treffen die oder der Vorsitzende und zwei weitere Mitglieder der Prüfstelle für jugendgefährdende Medien, von denen ein Mitglied einer der in § 19 Absatz 2 Nummer 1 bis 4 genannten Gruppen angehören muss, die Entscheidung. Die Entscheidung kann im vereinfachten Verfahren nur einstimmig getroffen werden. Kommt eine einstimmige Entscheidung nicht zustande, entscheidet die Prüfstelle für jugendgefährdende Medien in voller Besetzung (§ 19 Absatz 5).
(2) Eine Aufnahme in die Liste nach § 22 ist im vereinfachten Verfahren nicht möglich.
(3) Gegen die Entscheidung können die Betroffenen (§ 21 Abs. 7 innerhalb eines Monats nach Zustellung Antrag auf Entscheidung durch die Prüfstelle für jugendgefährdende Medien in voller Besetzung stellen.
(4) Nach Ablauf von zehn Jahren seit Aufnahme eines Mediums in die Liste kann die Prüfstelle für jugendgefährdende Medien die Streichung aus der Liste unter der Voraussetzung des § 21 Abs. 5 Nr. 2 im vereinfachten Verfahren beschließen.
(5) Wenn die Gefahr besteht, dass ein Medium kurzfristig in großem Umfange vertrieben, verbreitet oder zugänglich gemacht wird und die endgültige Listenaufnahme offensichtlich zu erwarten ist, kann die Aufnahme in die Liste im vereinfachten Verfahren vorläufig angeordnet werden. Absatz 2 gilt entsprechend.
(6) Die vorläufige Anordnung ist mit der abschließenden Entscheidung der Prüfstelle für jugendgefährdende Medien, jedoch spätestens nach Ablauf eines Monats, aus der Liste zu streichen. Die Frist des Satzes 1 kann vor ihrem Ablauf um höchstens einen Monat verlängert werden. Absatz 1 gilt entsprechend. Soweit die vorläufige Anordnung im Bundesanzeiger bekannt zu machen ist, gilt dies auch für die Verlängerung.

§ 24 Führung der Liste jugendgefährdender Medien
(1) Die Bundeszentrale führt die Liste jugendgefährdender Medien nach § 17a Absatz 1.
(2) Entscheidungen über die Aufnahme in die Liste oder über Streichungen aus der Liste sind unverzüglich auszuführen. Die Liste ist unverzüglich zu korrigieren, wenn Entscheidungen der Prüfstelle für jugendgefährdende Medien aufgehoben werden oder außer Kraft treten.
(2a) Die Liste jugendgefährdender Medien ist als öffentliche Liste zu führen. Würde die Bekanntmachung eines Mediums in der öffentlichen Liste jedoch der Wahrung des Kinder- und Jugendschutzes schaden, so ist dieses Medium in einem nichtöffentlichen Teil der Liste zu führen. Ein solcher Schaden ist insbesondere dann anzunehmen, wenn eine Bezeichnung des Mediums in der öffentlichen Liste nur in der Weise erfolgen kann, dass durch die Bezeichnung für Kinder und Jugendliche zugleich der unmittelbare Zugang möglich wird.
(3) Wird ein Medium in den öffentlichen Teil der Liste aufgenommen oder aus ihm gestrichen, so ist dies unter Hinweis auf die zugrunde liegende Entscheidung im Bundesanzeiger bekannt zu machen.
(4) Die Bundeszentrale kann die Liste der zentralen Aufsichtsstelle der Länder für den Jugendmedienschutz, den im Bereich der Telemedien anerkannten Einrichtungen der Selbstkontrolle und den aus Mitteln des Bundes, der Länder oder der Landesmedienanstalten geförderten Internet-Beschwerdestellen in geeigneter Form mitteilen, damit der Listeninhalt zum Abgleich von Angeboten in Telemedien mit in die Liste aufgenommenen Medien genutzt werden kann, um Kindern und Jugendlichen möglichst

ungefährdeten Zugang zu Angeboten zu ermöglichen und die Bearbeitung von Hinweisen auf jugendgefährdende Inhalte zu vereinfachen. Die Mitteilung umfasst einen Hinweis auf Einschätzungen nach § 18 Absatz 6.
(5) In Bezug auf die vor Ablauf des 30. April 2021 in die Liste jugendgefährdender Medien aufgenommenen Träger- und Telemedien gelten § 18 Absatz 2 und § 24 Absatz 2 in der bis zu diesem Tag geltenden Fassung fort. Die Trägermedien, deren Aufnahme in die Liste jugendgefährdender Medien bis zum 30. April 2021 bekannt gemacht worden ist, können unter Benennung der Listenteile A oder B in eine gemeinsame Listenstruktur mit der ab diesem Tag zu führenden Liste überführt werden.

§ 24a Vorsorgemaßnahmen

(1) Diensteanbieter, die fremde Informationen für Nutzerinnen und Nutzer mit Gewinnerzielungsabsicht speichern oder bereitstellen, haben unbeschadet des § 7 Absatz 2 und des § 10 des Telemediengesetzes durch angemessene und wirksame strukturelle Vorsorgemaßnahmen dafür Sorge zu tragen, dass die Schutzziele des § 10a Nummer 1 bis 3 gewahrt werden. Die Pflicht nach Satz 1 besteht nicht für Diensteanbieter, deren Angebote sich nicht an Kinder und Jugendliche richten und von diesen üblicherweise nicht genutzt werden sowie für journalistisch-redaktionell gestaltete Angebote, die vom Diensteanbieter selbst verantwortet werden.
(2) Als Vorsorgemaßnahmen kommen insbesondere in Betracht:
1. die Bereitstellung eines Melde- und Abhilfeverfahrens, mit dem Nutzerinnen und Nutzer Beschwerden über
    a) unzulässige Angebote nach § 4 des Jugendmedienschutz-Staatsvertrages oder
    b) entwicklungsbeeinträchtigende Angebote nach § 5 Absatz 1 und 2 des Jugendmedienschutz-Staatsvertrages, die der Diensteanbieter der Allgemeinheit bereitstellt, ohne seiner Verpflichtung aus § 5 Absatz 1 des Jugendmedienschutz-Staatsvertrages durch Maßnahmen nach § 5 Absatz 3 bis 5 des Jugendmedienschutz-Staatsvertrages nachzukommen
    übermitteln können;
2. die Bereitstellung eines Melde- und Abhilfeverfahrens mit einer für Kinder und Jugendliche geeigneten Benutzerführung, im Rahmen dessen insbesondere minderjährige Nutzer und Nutzerinnen Beeinträchtigungen ihrer persönlichen Integrität durch nutzergenerierte Informationen dem Diensteanbieter melden können;
3. die Bereitstellung eines Einstufungssystems für nutzergenerierte audiovisuelle Inhalte, mit dem Nutzerinnen und Nutzer im Zusammenhang mit der Generierung standardmäßig insbesondere dazu aufgefordert werden, die Eignung eines Inhalts entsprechend der Altersstufe „ab 18 Jahren" als nur für Erwachsene zu bewerten;
4. die Bereitstellung technischer Mittel zur Altersverifikation für nutzergenerierte audiovisuelle Inhalte, die die Nutzerin oder der Nutzer im Zusammenhang mit der Generierung entsprechend der Altersstufe „ab 18 Jahren" als nur für Erwachsene geeignet bewertet hat;
5. der leicht auffindbare Hinweis auf anbieterunabhängige Beratungsangebote, Hilfe- und Meldemöglichkeiten;
6. die Bereitstellung technischer Mittel zur Steuerung und Begleitung der Nutzung der Angebote durch personensorgeberechtigte Personen;
7. die Einrichtung von Voreinstellungen, die Nutzungsrisiken für Kinder und Jugendliche unter Berücksichtigung ihres Alters begrenzen, indem insbesondere ohne ausdrückliche anderslautende Einwilligung
    a) Nutzerprofile weder durch Suchdienste aufgefunden werden können noch für nicht angemeldete Personen einsehbar sind,
    b) Standort- und Kontaktdaten und die Kommunikation mit anderen Nutzerinnen und Nutzern nicht veröffentlicht werden,
    c) die Kommunikation mit anderen Nutzerinnen und Nutzern auf einen von den Nutzerinnen und Nutzern vorab selbst gewählten Kreis eingeschränkt ist und
    d) die Nutzung anonym oder unter Pseudonym erfolgt;
8. die Verwendung von Bestimmungen in den Allgemeinen Geschäftsbedingungen, die die für die Nutzung wesentlichen Bestimmungen der Allgemeinen Geschäftsbedingungen in kindgerechter Weise darstellen.
(3) Der Diensteanbieter ist von der Pflicht nach Absatz 1 befreit, wenn das Angebot im Inland nachweislich weniger als eine Million Nutzerinnen und Nutzer hat.

(4) Die Vorschrift findet auch auf Diensteanbieter Anwendung, deren Sitzland nicht Deutschland ist. Die Bestimmungen des Netzwerkdurchsetzungsgesetzes vom 1. September 2017 (BGBl. I S. 3352) in der jeweils geltenden Fassung gehen vor. Weitergehende Anforderungen dieses Gesetzes zur Wahrung der Schutzziele des § 10a Nummer 1 bis 3 bleiben unberührt. Die §§ 2a und 3 des Telemediengesetzes sowie die Bestimmungen der Verordnung (EU) 2016/679 des Europäischen Parlaments und des Rates vom 27. April 2016 zum Schutz natürlicher Personen bei der Verarbeitung personenbezogener Daten, zum freien Datenverkehr und zur Aufhebung der Richtlinie 95/46/EG (Datenschutz-Grundverordnung) (ABl. L 119 vom 4. 5. 2016, S. 1; L 314 vom 22. 11. 2016, S. 72; L 127 vom 23. 5. 2018, S. 2) bleiben unberührt.

§ 24b Überprüfung der Vorsorgemaßnahmen

(1) Die Bundeszentrale überprüft die Umsetzung, die konkrete Ausgestaltung und die Angemessenheit der von Diensteanbietern nach § 24a Absatz 1 zu treffenden Vorsorgemaßnahmen. Das gemeinsame Kompetenzzentrum von Bund und Ländern für den Jugendmedienschutz im Internet „jugendschutz.net" nimmt erste Einschätzungen der von den Diensteanbietern getroffenen Vorsorgemaßnahmen vor. „jugendschutz.net" unterrichtet die Bundeszentrale über seine ersten Einschätzungen nach Satz 2. Im Rahmen der Prüfung nach Satz 1 berücksichtigt die Bundeszentrale die Stellungnahme der zentralen Aufsichtsstelle der Länder für den Jugendmedienschutz.

(2) Der Diensteanbieter kann die Pflicht nach § 24a Absatz 1 erfüllen, indem er in einer Leitlinie Maßnahmen festlegt und umsetzt, welche die Vorsorgemaßnahmen nach § 24a Absatz 1 für seinen Bereich konkretisieren und die Leitlinie

1. mit einer nach den Bestimmungen des Jugendmedienschutz-Staatsvertrages anerkannten Einrichtung der freiwilligen Selbstkontrolle, bei der der Diensteanbieter Mitglied ist, vereinbart wurde,
2. der Bundeszentrale zur Beurteilung der Angemessenheit gemäß § 24a Absatz 1 vorgelegt wurde und
3. nach Bestätigung der Angemessenheit durch die Bundeszentrale veröffentlicht wurde (§ 24c Absatz 2).

(3) Stellt die Bundeszentrale fest, dass ein Diensteanbieter keine oder nur unzureichende Vorsorgemaßnahmen nach § 24a Absatz 1 getroffen hat, gibt sie ihm Gelegenheit, Stellung zu nehmen und berät ihn über die erforderlichen Vorsorgemaßnahmen. Trifft der Diensteanbieter auch nach Abschluss der Beratung die erforderlichen Vorsorgemaßnahmen nicht, fordert die Bundeszentrale den Diensteanbieter unter angemessener Fristsetzung zur Abhilfe auf.

(4) Kommt der Diensteanbieter der Aufforderung nach Absatz 3 Satz 2 innerhalb der gesetzten Frist nicht oder nur unzureichend nach, kann die Bundeszentrale die erforderlichen Vorsorgemaßnahmen nach § 24a Absatz 1 unter erneuter angemessener Fristsetzung selbst anordnen. Vor der Anordnung gibt die Bundeszentrale der zentralen Aufsichtsstelle der Länder für den Jugendmedienschutz Gelegenheit zur Stellungnahme.

(5) Hat eine nach den Bestimmungen des Jugendmedienschutz-Staatsvertrages anerkannte Einrichtung der freiwilligen Selbstkontrolle eine Pflicht des Diensteanbieters gemäß § 24a Absatz 1 ausgeschlossen, ist der Prüfumfang der Bundeszentrale auf die Überschreitung der Grenzen des Beurteilungsspielraums durch die Einrichtung der freiwilligen Selbstkontrolle beschränkt.

§ 24c Leitlinie der freiwilligen Selbstkontrolle

(1) Bei der Erarbeitung einer Leitlinie nach § 24b Absatz 2 sind die Sichtweise von Kindern und Jugendlichen und deren Belange in geeigneter Weise angemessen zu berücksichtigen.

(2) Die vereinbarte Leitlinie ist in deutscher Sprache im Bundesanzeiger, auf der Homepage des Diensteanbieters und der Homepage der Einrichtung der freiwilligen Selbstkontrolle spätestens einen Monat nach Ende des Quartals, in dem die Vereinbarung durch die Bundeszentrale als angemessen beurteilt wurde, zu veröffentlichen. Die auf der Homepage veröffentlichte Leitlinie muss leicht erkennbar, unmittelbar erreichbar und ständig verfügbar sein.

§ 24d Inländischer Empfangsbevollmächtigter

Diensteanbieter im Sinne des § 24a Absatz 1 Satz 1 in Verbindung mit Absatz 4 Satz 1 haben sicherzustellen, dass ein Empfangsbevollmächtigter im Inland benannt ist und auf ihn in ihrem Angebot in leicht erkennbarer und unmittelbar erreichbarer Weise aufmerksam gemacht wird. An diesen Empfangsbevollmächtigten können unter Beachtung des § 24a Absatz 4 Bekanntgaben oder Zustellungen in Verfahren nach § 24b Absatz 3 und 4 bewirkt werden. Das gilt auch für die Bekanntgabe oder die Zustellung von Schriftstücken, die solche Verfahren einleiten oder vorbereiten.

§ 25 Rechtsweg

(1) Für Klagen gegen eine Entscheidung der Prüfstelle für jugendgefährdende Medien, ein Medium in die Liste jugendgefährdender Medien aufzunehmen oder einen Antrag auf Streichung aus der Liste abzulehnen, ist der Verwaltungsrechtsweg gegeben.
(2) Gegen eine Entscheidung der Prüfstelle für jugendgefährdende Medien, ein Medium nicht in die Liste jugendgefährdender Medien aufzunehmen, sowie gegen eine Einstellung des Verfahrens kann die antragstellende Behörde im Verwaltungsrechtsweg Klage erheben.
(3) Die Klage ist gegen den Bund, vertreten durch die Bundeszentrale für Kinder- und Jugendmedienschutz, zu richten.
(4) Die Klage hat keine aufschiebende Wirkung. Vor Erhebung der Klage bedarf es keiner Nachprüfung in einem Vorverfahren, bei einer Entscheidung im vereinfachten Verfahren nach § 23 ist jedoch zunächst eine Entscheidung der Prüfstelle für jugendgefährdende Medien in der Besetzung nach § 19 Abs. 5 herbeizuführen.

Abschnitt 5
Verordnungsermächtigung

§ 26 Verordnungsermächtigung

Die Bundesregierung wird ermächtigt, durch Rechtsverordnung mit Zustimmung des Bundesrates Näheres über den Sitz und das Verfahren der Prüfstelle für jugendgefährdende Medien und die Führung der Liste jugendgefährdender Medien zu regeln.

Abschnitt 6
Ahndung von Verstößen

§ 27 Strafvorschriften

(1) Mit Freiheitsstrafe bis zu einem Jahr oder mit Geldstrafe wird bestraft, wer
1. entgegen § 15 Abs. 1 Nr. 1 bis 5 oder 6, jeweils auch in Verbindung mit Abs. 2, oder entgegen § 15 Absatz 1a ein dort genanntes Medium anbietet, überlässt, zugänglich macht, ausstellt, anschlägt, vorführt, einführt, ankündigt oder anpreist,
2. entgegen § 15 Abs. 1 Nr. 7, auch in Verbindung mit Abs. 2, ein Trägermedium herstellt, bezieht, liefert, vorrätig hält oder einführt,
3. entgegen § 15 Abs. 4 die Liste der jugendgefährdenden Medien abdruckt oder veröffentlicht,
4. entgegen § 15 Abs. 5 bei geschäftlicher Werbung einen dort genannten Hinweis gibt oder
5. einer vollziehbaren Entscheidung nach § 21 Abs. 8 Satz 1 Nr. 1 zuwiderhandelt.
(2) Ebenso wird bestraft, wer als Veranstalter oder Gewerbetreibender
1. eine in § 28 Abs. 1 Nr. 4 bis 18 oder 19 bezeichnete vorsätzliche Handlung begeht und dadurch wenigstens leichtfertig ein Kind oder eine jugendliche Person in der körperlichen, geistigen oder sittlichen Entwicklung schwer gefährdet oder
2. eine in § 28 Abs. 1 Nr. 4 bis 18 oder 19 bezeichnete vorsätzliche Handlung aus Gewinnsucht begeht oder beharrlich wiederholt.
(3) Wird die Tat in den Fällen
1. des Absatzes 1 Nr. 1 oder
2. des Absatzes 1 Nr. 3, 4 oder 5
fahrlässig begangen, so ist die Strafe Freiheitsstrafe bis zu sechs Monaten oder Geldstrafe bis zu hundertachtzig Tagessätzen.
(4) Absatz 1 Nummer 1 und Absatz 3 Nummer 1 sind nicht anzuwenden, wenn eine personensorgeberechtigte Person oder eine Person, die im Einverständnis mit einer personensorgeberechtigten Person handelt, das Medium einem Kind oder einer jugendlichen Person anbietet, überlässt, zugänglich macht oder vorführt. Dies gilt nicht, wenn die personensorgeberechtigte Person durch das Erteilen des Einverständnisses, das Anbieten, Überlassen, Zugänglichmachen oder Vorführen ihre Erziehungspflicht gröblich verletzt.

§ 28 Bußgeldvorschriften

(1) Ordnungswidrig handelt, wer als Veranstalter oder Gewerbertreibender vorsätzlich oder fahrlässig
1. entgegen § 3 Abs. 1 die für seine Betriebseinrichtung oder Veranstaltung geltenden Vorschriften nicht, nicht richtig oder nicht in der vorgeschriebenen Weise bekannt macht,
2. entgegen § 3 Abs. 2 Satz 1 eine Kennzeichnung verwendet,

3. entgegen § 3 Abs. 2 Satz 2 einen Hinweis nicht, nicht richtig oder nicht rechtzeitig gibt,
4. entgegen § 3 Abs. 2 Satz 3 einen Hinweis gibt, einen Film oder ein Spielprogramm ankündigt oder für einen Film oder ein Spielprogramm wirbt,
5. entgegen § 4 Abs. 1 oder 3 einem Kind oder einer jugendlichen Person den Aufenthalt in einer Gaststätte gestattet,
6. entgegen § 5 Abs. 1 einem Kind oder einer jugendlichen Person die Anwesenheit bei einer öffentlichen Tanzveranstaltung gestattet,
7. entgegen § 6 Abs. 1 einem Kind oder einer jugendlichen Person die Anwesenheit in einer öffentlichen Spielhalle oder einem dort genannten Raum gestattet,
8. entgegen § 6 Abs. 2 einem Kind oder einer jugendlichen Person die Teilnahme an einem Spiel mit Gewinnmöglichkeit gestattet,
9. einer vollziehbaren Anordnung nach § 7 Satz 1 zuwiderhandelt,
10. entgegen § 9 Abs. 1 ein alkoholisches Getränk an ein Kind oder eine jugendliche Person abgibt oder ihm oder ihr den Verzehr gestattet,
11. entgegen § 9 Abs. 3 Satz 1 ein alkoholisches Getränk in einem Automaten anbietet,
11a. entgegen § 9 Abs. 4 alkoholhaltige Süßgetränke in den Verkehr bringt,
12. entgegen § 10 Absatz 1, auch in Verbindung mit Absatz 4, ein dort genanntes Produkt an ein Kind oder eine jugendliche Person abgibt oder einem Kind oder einer jugendlichen Person das Rauchen oder den Konsum gestattet,
13. entgegen § 10 Absatz 2 Satz 1 oder Absatz 3, jeweils auch in Verbindung mit Absatz 4, ein dort genanntes Produkt anbietet oder abgibt,
14. entgegen § 11 Abs. 1 oder 3, jeweils auch in Verbindung mit Abs. 4 Satz 2, einem Kind oder einer jugendlichen Person die Anwesenheit bei einer öffentlichen Filmveranstaltung, einem Werbevorspann oder einem Beiprogramm gestattet,
14a. entgegen § 11 Absatz 5 oder 6 einen Werbefilm oder ein Werbeprogramm vorführt,
15. entgegen § 12 Abs. 1 einem Kind oder einer jugendlichen Person einen Bildträger zugänglich macht,
16. entgegen § 12 Abs. 3 Nr. 2 einen Bildträger anbietet oder überlässt,
17. entgegen § 12 Abs. 4 oder § 13 Abs. 2 einen Automaten oder ein Bildschirmspielgerät aufstellt,
18. entgegen § 12 Abs. 5 Satz 1 einen Bildträger vertreibt,
19. entgegen § 13 Abs. 1 einem Kind oder einer jugendlichen Person das Spielen an Bildschirmspielgeräten gestattet,
20. entgegen § 15 Abs. 6 einen Hinweis nicht, nicht richtig oder nicht rechtzeitig gibt.
(2) Ordnungswidrig handelt, wer als Anbieter vorsätzlich oder fahrlässig
1. entgegen § 12 Abs. 2 Satz 1 und 2, auch in Verbindung mit Abs. 5 Satz 3 oder § 13 Abs. 3, einen Hinweis nicht, nicht richtig oder nicht in der vorgeschriebenen Weise gibt,
2. einer vollziehbaren Anordnung nach § 12 Abs. 2 Satz 3 Nr. 1, auch in Verbindung mit Abs. 5 Satz 3 oder § 13 Abs. 3, oder nach § 14 Abs. 7 Satz 3 zuwiderhandelt,
3. entgegen § 12 Abs. 5 Satz 2 einen Hinweis nicht, nicht richtig, nicht in der vorgeschriebenen Weise oder nicht rechtzeitig anbringt oder
4. entgegen § 14 Abs. 7 Satz 1 einen Film oder Spielprogramm mit „Infoprogramm" oder „Lehrprogramm" kennzeichnet.
(3) Ordnungswidrig handelt, wer vorsätzlich oder fahrlässig
1. entgegen § 12 Abs. 2 Satz 4 einen Hinweis nicht, nicht richtig oder nicht in der vorgeschriebenen Weise gibt,
2. entgegen § 14a Absatz 1 Satz 2 einen Film oder ein Spielprogramm bereithält,
3. entgegen § 24 Abs. 5 Satz 2 eine Mitteilung verwendet,
4. einer vollziehbaren Anordnung nach § 24b Absatz 4 Satz 1 zuwiderhandelt oder
5. entgegen § 24d Satz 1 nicht sicherstellt, dass ein Empfangsbevollmächtigter im Inland benannt ist.
(4) Ordnungswidrig handelt, wer als Person über 18 Jahren ein Verhalten eines Kindes oder einer jugendlichen Person herbeiführt oder fördert, das durch ein in Absatz 1 Nr. 5 bis 8, 10, 12, 14 bis 16 oder 19 oder in § 27 Abs. 1 Nr. 1 oder 2 bezeichnetes oder in § 12 Abs. 3 Nr. 1 enthaltenes Verbot oder durch eine vollziehbare Anordnung nach § 7 Satz 1 verhindert werden soll. Hinsichtlich des Verbots in § 12 Abs. 3 Nr. 1 gilt dies nicht für die personensorgeberechtigte Person und für eine Person, die im Einverständnis mit der personensorgeberechtigten Person handelt.
(5) Die Ordnungswidrigkeit kann in den Fällen des Absatzes 3 Nummer 4 mit einer Geldbuße bis zu fünf Millionen Euro und in den übrigen Fällen mit einer Geldbuße bis zu fünfzigtausend Euro geahndet

werden. § 30 Absatz 2 Satz 3 des Gesetzes über Ordnungswidrigkeiten ist für die Fälle des Absatzes 3 Nummer 4 anzuwenden.
(6) In den Fällen des Absatzes 3 Nummer 2, 4 und 5 kann die Ordnungswidrigkeit auch dann geahndet werden, wenn sie nicht im Geltungsbereich dieses Gesetzes begangen wird.
(7) Verwaltungsbehörde im Sinne des § 36 Absatz 1 Nummer 1 des Gesetzes über Ordnungswidrigkeiten ist in den Fällen des Absatzes 3 Nummer 2, 4 und 5 die Bundeszentrale für Kinder- und Jugendmedienschutz.

Abschnitt 7
Schlussvorschriften

§ 29 Übergangsvorschriften
Auf die nach bisherigem Recht mit „Nicht freigegeben unter achtzehn Jahren" gekennzeichneten Filmprogramme für Bildträger findet § 18 Abs. 8 Satz 1 mit der Maßgabe Anwendung, dass an die Stelle der Angabe „§ 14 Abs. 2 Nr. 1 bis 5" die Angabe „§ 14 Abs. 2 Nr. 1 bis 4" tritt.

§ 29a Weitere Übergangsregelung
Beisitzerinnen und Beisitzer der Bundesprüfstelle für jugendgefährdende Medien und ihre Vertreterinnen und Vertreter, die sich am 1. Mai 2021 im Amt befinden, können unabhängig von ihrer bisherigen Mitgliedschaft in der Bundesprüfstelle noch höchstens zweimal als Beisitzerin oder Beisitzer oder als Vertreterin oder Vertreter berufen werden.

§ 29b Bericht und Evaluierung
Dieses Gesetz wird drei Jahre nach Inkrafttreten evaluiert, um zu untersuchen, inwiefern die in § 10a niedergelegten Schutzziele erreicht wurden. Die Bundesregierung unterrichtet den Deutschen Bundestag über das Ergebnis der Evaluation. In der Folge wird alle zwei Jahre dem Beirat Bericht erstattet über die weitere Entwicklung bei dem Erreichen der Schutzziele des § 10a. Alle vier Jahre ist dieser Bericht von der Bundesregierung dem Deutschen Bundestag vorzulegen.

§ 30 Inkrafttreten, Außerkrafttreten
(1) Dieses Gesetz tritt an dem Tag in Kraft, an dem der Staatsvertrag der Länder über den Schutz der Menschenwürde und den Jugendschutz in Rundfunk und Telemedien in Kraft tritt. Gleichzeitig treten das Gesetz zum Schutze der Jugend in der Öffentlichkeit vom 25. Februar 1985 (BGBl. I S. 425), zuletzt geändert durch Artikel 8a des Gesetzes vom 15. Dezember 2001 (BGBl. I S. 3762) und das Gesetz über die Verbreitung jugendgefährdender Schriften und Medieninhalte in der Fassung der Bekanntmachung vom 12. Juli 1985 (BGBl. I S. 1502), zuletzt geändert durch Artikel 8b des Gesetzes vom 15. Dezember 2001 (BGBl. I S. 3762) außer Kraft. Das Bundesministerium für Familie, Senioren, Frauen und Jugend gibt das Datum des Inkrafttretens dieses Gesetzes im Bundesgesetzblatt bekannt.
(2) Abweichend von Absatz 1 Satz 1 treten § 10 Abs. 2 und § 28 Abs. 1 Nr. 13 am 1. Januar 2007 in Kraft.

Staatsvertrag über den Schutz der Menschenwürde und den Jugendschutz in Rundfunk und Telemedien (Jugendmedienschutz-Staatsvertrag – JMStV)

Vom 27. September 2002 (GVBl. 2003 S. 147)

Zuletzt geändert durch
Staatsvertrag zur Modernisierung der Medienordnung in Deutschland[1])

Inhaltsverzeichnis

I. Abschnitt
Allgemeine Vorschriften
§ 1 Zweck des Staatsvertrages
§ 2 Geltungsbereich
§ 3 Begriffsbestimmungen
§ 4 Unzulässige Angebote
§ 5 Entwicklungsbeeinträchtigende Angebote
§ 5a Video-Sharing-Dienste
§ 5b Meldung von Nutzerbeschwerden
§ 5c Ankündigungen und Kennzeichnungspflicht
§ 6 Jugendschutz in der Werbung und im Teleshopping
§ 7 Jugendschutzbeauftragte

II. Abschnitt
Vorschriften für Rundfunk
§ 8 Festlegung der Sendezeit
§ 9 Ausnahmeregelungen
§ 10 (weggefallen)

III. Abschnitt
Vorschriften für Telemedien
§ 11 Jugendschutzprogramme
§ 12 Kennzeichnungspflicht

IV. Abschnitt
Verfahren für Anbieter mit Ausnahme des öffentlich-rechtlichen Rundfunks
§ 13 Anwendungsbereich
§ 14 Kommission für Jugendmedienschutz

§ 15 Mitwirkung der Gremien der Landesmedienanstalten
§ 16 Zuständigkeit der KJM
§ 17 Verfahren der KJM
§ 18 „jugendschutz.net"
§ 19 Einrichtungen der Freiwilligen Selbstkontrolle
§ 19a Zuständigkeit und Verfahren der Einrichtungen der Freiwilligen Selbstkontrolle
§ 19b Aufsicht über Einrichtungen der Freiwilligen Selbstkontrolle

V. Abschnitt
Vollzug für Anbieter mit Ausnahme des öffentlich-rechtlichen Rundfunks
§ 20 Aufsicht
§ 21 Auskunftsansprüche
§ 22 Revision zum Bundesverwaltungsgericht

VI. Abschnitt
Ahndung von Verstößen der Anbieter mit Ausnahme des öffentlich-rechtlichen Rundfunks
§ 23 Strafbestimmung
§ 24 Ordnungswidrigkeiten

VII. Abschnitt
Schlussbestimmungen
§ 25 Übergangsbestimmung
§ 26 Geltungsdauer, Kündigung
§ 27 Notifizierung

I. Abschnitt
Allgemeine Vorschriften

§ 1 Zweck des Staatsvertrages

Zweck des Staatsvertrages ist der einheitliche Schutz der Kinder und Jugendlichen vor Angeboten in elektronischen Informations- und Kommunikationsmedien, die deren Entwicklung oder Erziehung beeinträchtigen oder gefährden, sowie der Schutz vor solchen Angeboten in elektronischen Informations- und Kommunikationsmedien, die die Menschenwürde oder sonstige durch das Strafgesetzbuch geschützte Rechtsgüter verletzen.

§ 2 Geltungsbereich

(1) Dieser Staatsvertrag gilt für Rundfunk und Telemedien im Sinne des Medienstaatsvertrages. Die Vorschriften dieses Staatsvertrages gelten auch für Anbieter, die ihren Sitz nach den Vorschriften des

---

[1]) Anm. d. Hrsg.: Dieser Medienstaatsvertrag ersetzt den bisherigen Rundfunkstaatsvertrag. Er ist seit dem 7. November 2020 in Kraft.

Telemediengesetzes sowie des Medienstaatsvertrages nicht in Deutschland haben, soweit die Angebote zur Nutzung in Deutschland bestimmt sind und unter Beachtung der Vorgaben der Artikel 3 und 4 der Richtlinie 2010/13/EU des Europäischen Parlaments und des Rates vom 10. März 2010 zur Koordinierung bestimmter Rechts- und Verwaltungsvorschriften der Mitgliedstaaten über die Bereitstellung audiovisueller Mediendienste (Richtlinie über audiovisuelle Mediendienste) (ABl. L 95 vom 15.4.2010, S. 1), die durch die Richtlinie 2018/1808/EU (ABl. L 303 vom 28.11.2018, S. 69) geändert wurde, sowie des Artikels 3 der Richtlinie 2000/31/EG des Europäischen Parlaments und des Rates vom 8. Juni 2000 über bestimmte rechtliche Aspekte der Dienste der Informationsgesellschaft, insbesondere des elektronischen Geschäftsverkehrs, im Binnenmarkt (Richtlinie über den elektronischen Geschäftsverkehr) (ABl. L 178 vom 17.7.2000, S. 1). Von der Bestimmung zur Nutzung in Deutschland ist auszugehen, wenn sich die Angebote in der Gesamtschau, insbesondere durch die verwendete Sprache, die angebotenen Inhalte oder Marketingaktivitäten, an Nutzer in Deutschland richten oder in Deutschland einen nicht unwesentlichen Teil ihrer Refinanzierung erzielen.

(2) Das Telemediengesetz und die für Telemedien anwendbaren Bestimmungen des Medienstaatsvertrages bleiben unberührt.

§ 3 Begriffsbestimmungen

Im Sinne dieses Staatsvertrages ist
1. Angebot eine Sendung oder der Inhalt von Telemedien,
2. Anbieter Rundfunkveranstalter oder Anbieter von Telemedien,
3. Kind, wer noch nicht 14 Jahre alt ist,
4. Jugendlicher, wer 14 Jahre, aber noch nicht 18 Jahre alt ist.

§ 4 Unzulässige Angebote

(1) Unbeschadet strafrechtlicher Verantwortlichkeit sind Angebote unzulässig, wenn sie
1. Propagandamittel im Sinne des § 86 des Strafgesetzbuches darstellen, deren Inhalt gegen die freiheitliche demokratische Grundordnung oder den Gedanken der Völkerverständigung gerichtet ist,
2. Kennzeichen verfassungswidriger Organisationen im Sinne des § 86a des Strafgesetzbuches verwenden,
3. zum Hass gegen Teile der Bevölkerung oder gegen eine nationale, rassische, religiöse oder durch ihr Volkstum bestimmte Gruppe aufstacheln, zu Gewalt- oder Willkürmaßnahmen gegen sie auffordern oder die Menschenwürde anderer dadurch angreifen, dass Teile der Bevölkerung oder eine vorbezeichnete Gruppe beschimpft, böswillig verächtlich gemacht oder verleumdet werden,
4. eine unter der Herrschaft des Nationalsozialismus begangene Handlung der in § 6 Abs. 1 des Völkerstrafgesetzbuches bezeichneten Art in einer Weise, die geeignet ist, den öffentlichen Frieden zu stören, leugnen oder verharmlosen, oder den öffentlichen Frieden in einer die Würde der Opfer verletzenden Weise dadurch stören, dass die nationalsozialistische Gewalt- und Willkürherrschaft gebilligt, verherrlicht oder gerechtfertigt wird,
5. grausame oder sonst unmenschliche Gewalttätigkeiten gegen Menschen in einer Art schildern, die eine Verherrlichung oder Verharmlosung solcher Gewalttätigkeiten ausdrückt oder die das Grausame oder Unmenschliche des Vorgangs in einer die Menschenwürde verletzenden Weise darstellt; dies gilt auch bei virtuellen Darstellungen,
6. als Anleitung zu einer in § 126 Abs. 1 des Strafgesetzbuches genannten rechtswidrigen Tat dienen,
7. den Krieg verherrlichen,
8. gegen die Menschenwürde verstoßen, insbesondere durch die Darstellung von Menschen, die sterben oder schweren körperlichen oder seelischen Leiden ausgesetzt sind oder waren, wobei ein tatsächliches Geschehen wiedergegeben wird, ohne dass ein berechtigtes Interesse gerade für diese Form der Darstellung oder Berichterstattung vorliegt; eine Einwilligung ist unbeachtlich,
9. Kinder oder Jugendliche in unnatürlich geschlechtsbetonter Körperhaltung darstellen; dies gilt auch bei virtuellen Darstellungen,
10. kinderpornografisch im Sinne des § 184b Abs. 1 des Strafgesetzbuches oder jugendpornografisch im Sinne des § 184c Abs. 1 des Strafgesetzbuches sind oder pornografisch sind und Gewalttätigkeiten oder sexuelle Handlungen von Menschen mit Tieren zum Gegenstand haben; dies gilt auch bei virtuellen Darstellungen,
11. in den Teilen B und D der Liste nach § 18 des Jugendschutzgesetzes aufgenommen sind oder mit einem dieser Liste aufgenommenen Werk ganz oder im Wesentlichen inhaltsgleich sind.

In den Fällen der Nummern 1 bis 4 und 6 gilt § 86 Abs. 3 des Strafgesetzbuches, im Falle der Nummer 5 § 131 Abs. 2 des Strafgesetzbuches entsprechend.
(2) Unbeschadet strafrechtlicher Verantwortlichkeit sind Angebote ferner unzulässig, wenn sie
1. in sonstiger Weise pornografisch sind,
2. in den Teilen A und C der Liste nach § 18 des Jugendschutzgesetzes aufgenommen sind oder mit einem in dieser Liste aufgenommenen Werk ganz oder im Wesentlichen inhaltsgleich sind, oder
3. offensichtlich geeignet sind, die Entwicklung von Kindern und Jugendlichen oder ihre Erziehung zu einer eigenverantwortlichen und gemeinschaftsfähigen Persönlichkeit unter Berücksichtigung der besonderen Wirkungsform des Verbreitungsmediums schwer zu gefährden.

In Telemedien sind Angebote abweichend von Satz 1 zulässig, wenn von Seiten des Anbieters sichergestellt ist, dass sie nur Erwachsenen zugänglich gemacht werden (geschlossene Benutzergruppe).
(3) Nach Aufnahme eines Angebotes in die Liste nach § 18 des Jugendschutzgesetzes wirken die Verbote nach Absatz 1 und 2 auch nach wesentlichen inhaltlichen Veränderungen bis zu einer Entscheidung durch die Bundesprüfstelle für jugendgefährdende Medien.

§ 5 Entwicklungsbeeinträchtigende Angebote

(1) Sofern Anbieter Angebote, die geeignet sind, die Entwicklung von Kindern oder Jugendlichen zu einer eigenverantwortlichen und gemeinschaftsfähigen Persönlichkeit zu beeinträchtigen, verbreiten oder zugänglich machen, haben sie dafür Sorge zu tragen, dass Kinder oder Jugendliche der betroffenen Altersstufe sie üblicherweise nicht wahrnehmen. Die Altersstufen sind:
1. ab 6 Jahren,
2. ab 12 Jahren,
3. ab 16 Jahren,
4. ab 18 Jahren.
(2) Bei Angeboten wird die Eignung zur Beeinträchtigung der Entwicklung im Sinne von Absatz 1 vermutet, wenn sie nach dem Jugendschutzgesetz für Kinder oder Jugendliche der jeweiligen Altersstufe nicht freigegeben sind. Satz 1 gilt entsprechend für Angebote, die mit dem bewerteten Angebot im Wesentlichen inhaltsgleich sind. Die Kommission für Jugendmedienschutz (KJM) bestätigt auf Antrag die Altersbewertungen, die durch eine anerkannte Einrichtung der Freiwilligen Selbstkontrolle vorgenommen wurden. Für die Prüfung durch die KJM gilt § 20 Abs. 3 Satz 1 und Abs. 5 Satz 2 entsprechend. Von der KJM bestätigte Altersbewertungen von anerkannten Einrichtungen der Freiwilligen Selbstkontrolle sind von den obersten Landesjugendbehörden für die Freigabe und Kennzeichnung inhaltsgleicher oder im Wesentlichen inhaltsgleicher Angebote nach dem Jugendschutzgesetz zu übernehmen.
(3) Der Anbieter kann seiner Pflicht aus Absatz 1 dadurch entsprechen, dass er
1. durch technische oder sonstige Mittel die Wahrnehmung des Angebots durch Kinder oder Jugendliche der betroffenen Altersstufe unmöglich macht oder wesentlich erschwert, oder das Angebot mit einer Alterskennzeichnung versieht, die von geeigneten Jugendschutzprogrammen nach § 11 Abs. 1 und 2 ausgelesen werden kann, oder
2. die Zeit, in der die Angebote verbreitet oder zugänglich gemacht werden, so wählt, dass Kinder oder Jugendliche der betroffenen Altersstufe üblicherweise die Angebote nicht wahrnehmen.

Nicht entwicklungsbeeinträchtigende Angebote können als „ohne Altersbeschränkung" gekennzeichnet und ohne Einschränkungen verbreitet werden.
(4) Ist eine entwicklungsbeeinträchtigende Wirkung im Sinne von Absatz 1 auf Kinder oder Jugendliche anzunehmen, erfüllt der Anbieter seine Verpflichtung nach Absatz 1, wenn das Angebot nur zwischen 23 Uhr und 6 Uhr verbreitet oder zugänglich gemacht wird. Gleiches gilt, wenn eine entwicklungsbeeinträchtigende Wirkung auf Kinder oder Jugendliche unter 16 Jahren anzunehmen ist, wenn das Angebot nur zwischen 22 Uhr und 6 Uhr verbreitet oder zugänglich gemacht wird. Ist eine entwicklungsbeeinträchtigende Wirkung im Sinne von Absatz 1 auf Kinder unter zwölf Jahren anzunehmen, ist bei der Wahl der Sendezeit dem Wohl jüngerer Kinder Rechnung zu tragen.
(5) Ist eine entwicklungsbeeinträchtigende Wirkung im Sinne von Absatz 1 nur auf Kinder unter 14 Jahren anzunehmen, erfüllt der Anbieter von Telemedien seine Verpflichtung nach Absatz 1, wenn das Angebot getrennt von für Kinder bestimmten Angeboten verbreitet wird oder abrufbar ist.
(6) Absatz 1 gilt nicht für Nachrichtensendungen, Sendungen zum politischen Zeitgeschehen im Rundfunk und vergleichbare Angebote bei Telemedien, es sei denn, es besteht kein berechtigtes Interesse an dieser Form der Darstellung oder Berichterstattung.

115 JMStV: Jugendmedienschutz-Staatsvertrag §§ 5a–6

(7) Bei Angeboten, die Inhalte periodischer Druckerzeugnisse in Text und Bild wiedergeben, gelten die Beschränkungen des Absatzes 1 Satz 1 erst dann, wenn die KJM gegenüber dem Anbieter festgestellt hat, dass das Angebot entwicklungsbeeinträchtigend ist.

§ 5a Video-Sharing-Dienste

(1) Unbeschadet der Verpflichtungen nach den §§ 4 und 5 treffen Anbieter von Video-Sharing-Diensten angemessene Maßnahmen, um Kinder und Jugendliche vor entwicklungsbeeinträchtigenden Angeboten zu schützen.
(2) Als Maßnahmen im Sinne des Absatzes 1 kommen insbesondere in Betracht:
1. die Einrichtung und der Betrieb von Systemen zur Altersverifikation,
2. die Einrichtung und der Betrieb von Systemen, durch die Eltern den Zugang zu entwicklungsbeeinträchtigenden Angeboten kontrollieren können.

Anbieter von Video-Sharing-Diensten richten Systeme ein, mit denen Nutzer die von ihnen hochgeladenen Angebote bewerten können und die von den Systemen nach Satz 1 ausgelesen werden können.

§ 5b Meldung von Nutzerbeschwerden

(1) Rechtswidrig im Sinne des § 10a des Telemediengesetzes sind solche Inhalte, die
1. nach § 4 unzulässig sind oder
2. entwicklungsbeeinträchtigende Angebote nach § 5 Abs. 1, 2 und 6 darstellen und die der Anbieter des Video-Sharing-Dienstes der Allgemeinheit bereitstellt, ohne seiner Verpflichtung aus § 5 Abs. 1, 3 bis 5 nachzukommen.

§ 5c Ankündigungen und Kennzeichnungspflicht

(1) Werden Sendungen außerhalb der für sie geltenden Sendezeitbeschränkung angekündigt, dürfen die Inhalte der Ankündigung nicht entwicklungsbeeinträchtigend sein.
(2) Sendungen, für die eine entwicklungsbeeinträchtigende Wirkung auf Kinder oder Jugendliche unter 16 Jahren anzunehmen ist, müssen durch akustische Zeichen angekündigt oder in geeigneter Weise durch optische Mittel als ungeeignet für die entsprechende Altersstufe kenntlich gemacht werden; § 12 bleibt unberührt.

§ 6 Jugendschutz in der Werbung und im Teleshopping

(1) Werbung für indizierte Angebote ist nur unter den Bedingungen zulässig, die auch für die Verbreitung des Angebotes selbst gelten. Gleiches gilt für Werbung für Angebote nach § 4 Abs. 1. Die Liste der jugendgefährdenden Medien (§ 18 des Jugendschutzgesetzes) darf nicht zum Zwecke der Werbung verbreitet oder zugänglich gemacht werden. Bei Werbung darf nicht darauf hingewiesen werden, dass ein Verfahren zur Aufnahme eines Angebotes oder eines inhaltsgleichen Trägermediums in die Liste nach § 18 des Jugendschutzgesetzes anhängig ist oder gewesen ist.
(2) Werbung darf Kinder und Jugendliche weder körperlich noch seelisch beeinträchtigen, darüber hinaus darf sie nicht
1. direkte Aufrufe zum Kaufen oder Mieten von Waren oder Dienstleistungen an Kinder oder Jugendliche enthalten, die deren Unerfahrenheit und Leichtgläubigkeit ausnutzen,
2. Kinder oder Jugendliche unmittelbar auffordern, ihre Eltern oder Dritte zum Kauf der beworbenen Waren oder Dienstleistungen zu bewegen,
3. das besondere Vertrauen ausnutzen, das Kinder und Jugendliche zu Eltern, Lehrern und anderen Personen haben, oder
4. Kinder oder Jugendliche ohne berechtigten Grund in gefährlichen Situationen zeigen.
(3) Werbung, deren Inhalt geeignet ist, die Entwicklung von Kindern oder Jugendlichen zu einer eigenverantwortlichen und gemeinschaftsfähigen Persönlichkeit zu beeinträchtigen, muss getrennt von Angeboten erfolgen, die sich an Kinder oder Jugendliche richten.
(4) Werbung, die sich auch an Kinder oder Jugendliche richtet oder bei der Kinder oder Jugendliche als Darsteller eingesetzt werden, darf nicht den Interessen von Kindern oder Jugendlichen schaden oder deren Unerfahrenheit ausnutzen.
(5) Werbung für alkoholische Getränke darf sich weder an Kinder oder Jugendliche richten noch durch die Art der Darstellung Kinder und Jugendliche besonders ansprechen oder diese beim Alkoholgenuss darstellen.
(6) Teleshopping darf darüber hinaus Kinder oder Jugendliche nicht dazu anhalten, Kauf- oder Miet- bzw. Pachtverträge für Waren oder Dienstleistungen zu schließen.

(7) Die Anbieter treffen geeignete Maßnahmen, um die Einwirkung von im Umfeld von Kindersendungen verbreiteter Werbung für Lebensmittel, die Nährstoffe und Substanzen mit ernährungsbezogener oder physiologischer Wirkung enthalten, insbesondere Fett, Transfettsäuren, Salz, Natrium, Zucker, deren übermäßige Aufnahme im Rahmen der Gesamternährung nicht empfohlen wird, auf Kinder wirkungsvoll zu verringern.

§ 7 Jugendschutzbeauftragte

(1) Wer länderübergreifendes Fernsehen veranstaltet, hat einen Jugendschutzbeauftragten zu bestellen. Gleiches gilt für geschäftsmäßige Anbieter von allgemein zugänglichen Telemedien, die entwicklungsbeeinträchtigende oder jugendgefährdende Inhalte enthalten, sowie für Anbieter von Suchmaschinen. Der Anbieter hat wesentliche Informationen über den Jugendschutzbeauftragten leicht erkennbar, unmittelbar erreichbar und ständig verfügbar zu halten. Sie müssen insbesondere Namen und Daten enthalten, die eine schnelle elektronische Kontaktaufnahme ermöglichen.
(2) Anbieter von Telemedien mit weniger als 50 Mitarbeitern oder nachweislich weniger als zehn Millionen Zugriffen im Monatsdurchschnitt eines Jahres sowie Veranstalter, die nicht bundesweit verbreitetes Fernsehen veranstalten, können auf die Bestellung verzichten, wenn sie sich einer Einrichtung der Freiwilligen Selbstkontrolle anschließen und diese zur Wahrnehmung der Aufgaben des Jugendschutzbeauftragten verpflichten sowie entsprechend Absatz 3 beteiligen und informieren.
(3) Der Jugendschutzbeauftragte ist Ansprechpartner für die Nutzer und berät den Anbieter in Fragen des Jugendschutzes. Er ist vom Anbieter bei Fragen der Herstellung, des Erwerbs, der Planung und der Gestaltung von Angeboten und bei allen Entscheidungen zur Wahrung des Jugendschutzes angemessen und rechtzeitig zu beteiligen und über das jeweilige Angebot vollständig zu informieren. Er kann dem Anbieter eine Beschränkung oder Änderung von Angeboten vorschlagen.
(4) Der Jugendschutzbeauftragte muss die zur Erfüllung seiner Aufgaben erforderliche Fachkunde besitzen. Er ist in seiner Tätigkeit weisungsfrei. Er darf wegen der Erfüllung seiner Aufgaben nicht benachteiligt werden. Ihm sind die zur Erfüllung seiner Aufgaben notwendigen Sachmittel zur Verfügung zu stellen. Er ist unter Fortzahlung seiner Bezüge soweit für seine Aufgaben erforderlich von der Arbeitsleistung freizustellen.
(5) Die Jugendschutzbeauftragten der Anbieter sollen in einen regelmäßigen Erfahrungsaustausch eintreten.

II. Abschnitt
Vorschriften für Rundfunk

§ 8 Festlegung der Sendezeit

(1) Die in der Arbeitsgemeinschaft der öffentlich-rechtlichen Rundfunkanstalten der Bundesrepublik Deutschland (ARD) zusammengeschlossenen Landesrundfunkanstalten, das Zweite Deutsche Fernsehen (ZDF), die KJM oder von dieser hierfür anerkannte Einrichtungen der Freiwilligen Selbstkontrolle können jeweils in Richtlinien oder für den Einzelfall für Filme, auf die das Jugendschutzgesetz keine Anwendung findet, zeitliche Beschränkungen vorsehen, um den Besonderheiten der Ausstrahlung von Filmen im Fernsehen, vor allem bei Fernsehserien, gerecht zu werden.
(2) Für sonstige Sendeformate können die in Absatz 1 genannten Stellen im Einzelfall zeitliche Beschränkungen vorsehen, wenn deren Ausgestaltung nach Thema, Themenbehandlung, Gestaltung oder Präsentation in einer Gesamtbewertung geeignet ist, Kinder oder Jugendliche in ihrer Entwicklung und Erziehung zu beeinträchtigen.
(3) Hat eine anerkannte Einrichtung der Freiwilligen Selbstkontrolle eine Richtlinie nach Absatz 1 in den rechtlichen Grenzen des Beurteilungsspielraums erlassen, ist diese vorrangig anzuwenden.

§ 9 Ausnahmeregelungen

(1) Auf Antrag des Intendanten kann das jeweils zuständige Organ der in der ARD zusammengeschlossenen Landesrundfunkanstalten, des Deutschlandradios und des ZDF sowie auf Antrag eines privaten Rundfunkveranstalters die KJM oder eine von dieser hierfür anerkannte Einrichtung der Freiwilligen Selbstkontrolle jeweils in Richtlinien oder für den Einzelfall von der Vermutung nach § 5 Abs. 2 Satz 1 und 2 abweichen. Dies gilt vor allem für Angebote, deren Bewertung länger als zehn Jahre zurückliegt. Die obersten Landesjugendbehörden sind von der abweichenden Bewertung zu unterrichten. § 8 Abs. 3 gilt entsprechend.
(2) Die Landesmedienanstalten können für digital verbreitete Programme des privaten Fernsehens durch übereinstimmende Satzungen festlegen, unter welchen Voraussetzungen ein Rundfunkveranstalter seine Verpflichtung nach § 5 erfüllt. Der Rundfunkveranstalter hat sicherzustellen, dass die Freischaltung

durch den Nutzer nur für die Dauer der jeweiligen Sendung oder des jeweiligen Films möglich ist. Die Landesmedienanstalten bestimmen in den Satzungen nach Satz 1 insbesondere, welche Anforderungen an die Verschlüsselung und Vorsperrung von Sendungen zur Gewährleistung eines effektiven Jugendschutzes zu stellen sind.

§ 10 (weggefallen)

III. Abschnitt
Vorschriften für Telemedien

§ 11 Jugendschutzprogramme

(1) Jugendschutzprogramme sind Softwareprogramme, die Alterskennzeichnungen nach § 5 Abs. 3 Satz 1 Nr. 1 auslesen und Angebote erkennen, die geeignet sind, die Entwicklung von Kindern und Jugendlichen zu beeinträchtigen. Sie müssen zur Beurteilung ihrer Eignung einer anerkannten Einrichtung der freiwilligen Selbstkontrolle vorgelegt werden. Sie sind geeignet, wenn sie einen nach Altersstufen differenzierten Zugang zu Telemedien ermöglichen und eine dem Stand der Technik entsprechende Erkennungsleistung aufweisen. Zudem müssen sie benutzerfreundlich ausgestaltet und nutzerautonom verwendbar sein.
(2) Zur Beurteilung der Eignung können auch solche Programme vorgelegt werden, die lediglich auf einzelne Altersstufen ausgelegt sind oder den Zugang zu Telemedien innerhalb geschlossener Systeme ermöglichen.
(3) Die KJM legt die Kriterien für die Eignungsanforderungen nach den Absätzen 1 und 2 im Benehmen mit den anerkannten Einrichtungen der Freiwilligen Selbstkontrolle fest.
(4) Hat eine anerkannte Einrichtung der Freiwilligen Selbstkontrolle ein Jugendschutzprogramm als nach Absatz 1 oder 2 geeignet beurteilt, hat sie die Beurteilung mindestens alle drei Jahre zu überprüfen. Sie hat auf die Behebung von Fehlfunktionen hinzuwirken. Die Beurteilungen nach den Absätzen 1 und 2 und die Ergebnisse ihrer Überprüfung nach Satz 1 sind unverzüglich in geeigneter Form zu veröffentlichen.
(5) Wer gewerbsmäßig oder in großem Umfang Telemedien verbreitet oder zugänglich macht, soll auch die für Kinder oder Jugendliche unbedenklichen Angebote für ein geeignetes Jugendschutzprogramm nach den Absätzen 1 und 2 programmieren, soweit dies zumutbar und ohne unverhältnismäßige Kosten möglich ist.
(6) Die anerkannten Einrichtungen der Freiwilligen Selbstkontrolle können im Benehmen mit der KJM zur Förderung des technischen Jugendschutzes Modellversuche durchführen und Verfahren vereinbaren. Gleiches gilt für Altersklassifizierungssysteme, die von anerkannten Einrichtungen der Freiwilligen Selbstkontrolle zur Verfügung gestellt werden.

§ 12 Kennzeichnungspflicht

Anbieter von Telemedien, die ganz oder im Wesentlichen inhaltsgleich mit Filmen oder Spielen auf Bildträgern im Sinne des Jugendschutzgesetzes sind, müssen auf eine Kennzeichnung nach dem Jugendschutzgesetz in ihrem Angebot deutlich hinweisen. Für Fassungen von Filmen und Spielen in Telemedien, die wie solche auf Trägermedien vorlagefähig sind, kann das Kennzeichnungsverfahren nach dem Jugendschutzgesetz durchgeführt werden.

IV. Abschnitt
Verfahren für Anbieter mit Ausnahme des öffentlich-rechtlichen Rundfunks

§ 13 Anwendungsbereich

Die §§ 14 bis 21 sowie § 24 Abs. 4 Satz 6 gelten nur für länderübergreifende Angebote.

§ 14 Kommission für Jugendmedienschutz

(1) Die zuständige Landesmedienanstalt überprüft die Einhaltung der für die Anbieter geltenden Bestimmungen nach diesem Staatsvertrag und der Bestimmungen der §§ 10a und 10b des Telemediengesetzes. Sie trifft entsprechend den Bestimmungen dieses Staatsvertrages die jeweiligen Entscheidungen.
(2) Zur Erfüllung der Aufgaben nach Absatz 1 wird die Kommission für Jugendmedienschutz (KJM) gebildet. Diese dient der jeweils zuständigen Landesmedienanstalt als Organ bei der Erfüllung ihrer Aufgaben nach Absatz 1. Auf Antrag der zuständigen Landesmedienanstalt kann die KJM auch mit nichtländerübergreifenden Angeboten gutachtlich befasst werden. Absatz 5 bleibt unberührt.
(3) Die KJM besteht aus 12 Sachverständigen. Hiervon werden entsandt
1. sechs Mitglieder aus dem Kreis der Direktoren der Landesmedienanstalten, die von den Landesmedienanstalten im Einvernehmen benannt werden,
2. vier Mitglieder von der für den Jugendschutz zuständigen obersten Landesbehörden,
3. zwei Mitglieder von der für den Jugendschutz zuständigen obersten Bundesbehörde.

Für jedes Mitglied ist entsprechend Satz 2 ein Vertreter für den Fall seiner Verhinderung zu bestimmen. Die Amtsdauer der Mitglieder oder stellvertretenden Mitglieder beträgt fünf Jahre. Wiederberufung ist zulässig. Mindestens vier Mitglieder und stellvertretende Mitglieder sollen die Befähigung zum Richteramt haben. Den Vorsitz führt ein Direktor einer Landesmedienanstalt.

(4) Der KJM können nicht angehören Mitglieder und Bedienstete der Institutionen der Europäischen Union, der Verfassungsorgane des Bundes und der Länder, Gremienmitglieder und Bedienstete von Landesrundfunkanstalten der ARD, des ZDF, des Deutschlandradios, des Europäischen Fernsehkulturkanals „Arte" und der privaten Rundfunkveranstalter oder Anbieter von Telemedien sowie Bedienstete von an ihnen unmittelbar oder mittelbar im Sinne von § 62 des Medienstaatsvertrages des Rundfunkstaatsvertrages beteiligten Unternehmen.

(5) Es können Prüfausschüsse gebildet werden. Jedem Prüfausschuss muss mindestens jeweils ein in Absatz 3 Satz 2 Nr. 1 bis 3 aufgeführtes Mitglied der KJM oder im Falle seiner Verhinderung dessen Vertreter angehören. Die Prüfausschüsse entscheiden jeweils bei Einstimmigkeit anstelle der KJM. Zu Beginn der Amtsperiode der KJM wird die Verteilung der Prüfverfahren von der KJM festgelegt. Das Nähere ist in der Geschäftsordnung der KJM festzulegen.

(6) Die Entscheidung über die Bestätigung der Altersbewertungen nach § 5 Abs. 2 Satz 3 ist innerhalb von 14 Tagen zu treffen und dem Antragsteller mitzuteilen. Für das Bestätigungsverfahren kann ein Einzelprüfer bestellt werden.

(7) Die Mitglieder der KJM sind bei der Erfüllung ihrer Aufgaben nach diesem Staatsvertrag an Weisungen nicht gebunden. Die Regelung zur Vertraulichkeit nach § 58 des Medienstaatsvertrages des Rundfunkstaatsvertrages gilt auch im Verhältnis der Mitglieder der KJM zu anderen Organen der Landesmedienanstalten.

(8) Die Mitglieder der KJM haben Anspruch auf Ersatz ihrer notwendigen Aufwendungen und Auslagen. Näheres regeln die Landesmedienanstalten durch übereinstimmende Satzungen.

§ 15 Mitwirkung der Gremien der Landesmedienanstalten

(1) Die KJM unterrichtet die Vorsitzenden der Gremien der Landesmedienanstalten fortlaufend über ihre Tätigkeit. Sie bezieht die Gremienvorsitzenden in grundsätzlichen Angelegenheiten, insbesondere bei der Erstellung von Satzungs- und Richtlinienentwürfen, ein.

(2) Die nach Landesrecht zuständigen Organe der Landesmedienanstalten erlassen übereinstimmende Satzungen und Richtlinien zur Durchführung dieses Staatsvertrages. Sie stellen hierbei das Benehmen mit den nach § 19 anerkannten Einrichtungen der Freiwilligen Selbstkontrolle, den in der ARD zusammengeschlossenen Landesrundfunkanstalten und dem ZDF her und führen mit diesen und der KJM einen gemeinsamen Erfahrungsaustausch in der Anwendung des Jugendmedienschutzes durch.

§ 16 Zuständigkeit der KJM

Die KJM ist zuständig für die abschließende Beurteilung von Angeboten nach diesem Staatsvertrag. Sie ist unbeschadet der Befugnisse von anerkannten Einrichtungen der Freiwilligen Selbstkontrolle nach diesem Staatsvertrag im Rahmen des Satzes 1 insbesondere zuständig für
1. die Überwachung der Bestimmungen dieses Staatsvertrages,
2. die Anerkennung von Einrichtungen der Freiwilligen Selbstkontrolle und die Rücknahme oder den Widerruf der Anerkennung,
3. die Bestätigung der Altersbewertungen nach § 5 Abs. 2 Satz 3,
4. die Festlegung der Sendezeit nach § 8,
5. die Festlegung von Ausnahmen nach § 9,
6. die Prüfung und Genehmigung einer Verschlüsselungs- und Vorsperrtechnik,
7. die Aufsicht über Entscheidungen der Einrichtungen der Freiwilligen Selbstkontrolle nach § 19b Abs. 1 und 2,
8. die Stellungnahme zu Indizierungsanträgen bei der Bundesprüfstelle für jugendgefährdende Medien und für Anträge bei der Bundesprüfstelle auf Indizierung und
9. die Entscheidung über Ordnungswidrigkeiten nach diesem Staatsvertrag.

§ 17 Verfahren der KJM

(1) Die KJM wird von Amts wegen tätig; leitet ihr eine Landesmedienanstalt oder eine oberste Landesjugendbehörde einen Prüffall zu, hat sie ein Prüfverfahren einzuleiten. Sie fasst ihre Beschlüsse mit der Mehrheit ihrer gesetzlichen Mitglieder, bei Stimmengleichheit entscheidet die Stimme des Vorsitzenden. Die Beschlüsse sind zu begründen. In der Begründung sind die wesentlichen tatsächlichen und

rechtlichen Gründe mitzuteilen. Die Beschlüsse der KJM sind gegenüber den anderen Organen der zuständigen Landesmedienanstalt bindend. Sie sind deren Entscheidungen zu Grunde zu legen.
(2) Die KJM soll mit der Bundesprüfstelle für jugendgefährdende Medien und den obersten Landesjugendbehörden zusammenarbeiten und einen regelmäßigen Informationsaustausch pflegen.
(3) Die KJM erstattet den Gremien der Landmedienanstalten, den für den Jugendschutz zuständigen obersten Landesjugendbehörden und der für den Jugendschutz zuständigen obersten Bundesbehörde alle zwei Jahre einen Bericht über die Durchführung der Bestimmungen dieses Staatsvertrages.

§18 „jugendschutz.net"
(1) Die durch die obersten Landesjugendbehörden eingerichtete gemeinsame Stelle Jugendschutz aller Länder („jugendschutz.net") ist organisatorisch an die KJM angebunden. Die Stelle „jugendschutz.net" wird von den Landesmedienanstalten und den Ländern gemeinsam finanziert. Die näheren Einzelheiten der Finanzierung dieser Stelle durch die Länder legen die für den Jugendschutz zuständigen Minister der Länder in einem Statut durch Beschluss fest. Das Statut regelt auch die fachliche und haushaltsmäßige Unabhängigkeit der Stelle.
(2) „jugendschutz.net" unterstützt die KJM und die obersten Landesjugendbehörden bei deren Aufgaben.
(3) „jugendschutz.net" überprüft die Angebote der Telemedien. Daneben nimmt „jugendschutz.net" auch Aufgaben der Beratung und Schulung bei Telemedien wahr.
(4) Bei möglichen Verstößen gegen Bestimmungen dieses Staatsvertrages weist „jugendschutz.net" den Anbieter hierauf hin und informiert die KJM. Bei möglichen Verstößen von Mitgliedern einer anerkannten Einrichtung der Freiwilligen Selbstkontrolle ergeht der Hinweis zunächst an diese Einrichtung. Die anerkannten Einrichtungen der Freiwilligen Selbstkontrolle haben innerhalb einer Woche ein Verfahren einzuleiten und dies „jugendschutz.net" mitzuteilen. Bei Untätigkeit der anerkannten Einrichtungen der Freiwilligen Selbstkontrolle informiert „jugendschutz.net" die KJM.

§19 Einrichtungen der Freiwilligen Selbstkontrolle
(1) Einrichtungen Freiwilliger Selbstkontrolle können für Rundfunk und Telemedien gebildet werden.
(2) Eine Einrichtung ist als Einrichtung der Freiwilligen Selbstkontrolle im Sinne dieses Staatsvertrages anzuerkennen, wenn
1. die Unabhängigkeit und Sachkunde ihrer benannten Prüfer gewährleistet ist und dabei auch Vertreter aus gesellschaftlichen Gruppen berücksichtigt sind, die sich in besonderer Weise mit Fragen des Jugendschutzes befassen,
2. eine sachgerechte Ausstattung durch eine Vielzahl von Anbietern sichergestellt ist,
3. Vorgaben für die Entscheidungen der Prüfer bestehen, die in der Spruchpraxis einen wirksamen Kinder- und Jugendschutz zu gewährleisten geeignet sind,
4. eine Verfahrensordnung besteht, die den Umfang der Überprüfung, bei Veranstaltern auch die Vorlagepflicht, sowie mögliche Sanktionen regelt und eine Möglichkeit der Überprüfung der Entscheidungen auch auf Antrag von landesrechtlich bestimmten Trägern der Jugendhilfe vorsieht,
5. gewährleistet ist, dass die betroffenen Anbieter vor einer Entscheidung gehört werden, die Entscheidung schriftlich begründet und den Beteiligten mitgeteilt wird und
6. eine Beschwerdestelle eingerichtet ist.
(3) Die zuständige Landesmedienanstalt trifft die Entscheidung durch die KJM. Zuständig ist die Landesmedienanstalt des Landes, in dem die Einrichtung der Freiwilligen Selbstkontrolle ihren Sitz hat. Ergibt sich danach keine Zuständigkeit, so ist diejenige Landesmedienanstalt zuständig, bei der der Antrag auf Anerkennung gestellt wurde. Die Einrichtung legt der KJM die für die Prüfung der Anerkennungsvoraussetzungen erforderlichen Unterlagen vor.
(4) Die KJM kann die Anerkennung ganz oder teilweise widerrufen oder mit Nebenbestimmungen versehen, wenn Voraussetzungen für die Anerkennung nachträglich entfallen sind oder die Spruchpraxis der Einrichtung nicht mit den Bestimmungen dieses Staatsvertrages übereinstimmt. Eine Entschädigung für Vermögensnachteile durch den Widerruf der Anerkennung wird nicht gewährt.
(5) Die anerkannten Einrichtungen der Freiwilligen Selbstkontrolle sollen sich über die Anwendung dieses Staatsvertrages abstimmen.

§19a Zuständigkeit und Verfahren der Einrichtungen der Freiwilligen Selbstkontrolle
(1) Anerkannte Einrichtungen der Freiwilligen Selbstkontrolle überprüfen im Rahmen ihres satzungsgemäßen Aufgabenbereichs die Einhaltung der Bestimmungen dieses Staatsvertrages sowie der hierzu erlassenen Satzungen und Richtlinien bei ihnen angeschlossenen Anbietern. Sie sind verpflichtet, gemäß

ihrer Verfahrensordnung nach § 19 Abs. 2 Nr. 4 Beschwerden über die ihr angeschlossenen Anbieter unverzüglich nachzugehen.
(2) Die anerkannten Einrichtungen der Freiwilligen Selbstkontrolle beurteilen die Eignung der Jugendschutzprogramme nach § 11 Abs. 1 und 2 und überprüfen ihre Eignung nach § 11 Abs. 4. Zuständig ist die anerkannte Einrichtung der Freiwilligen Selbstkontrolle, bei der das Jugendschutzprogramm zur Beurteilung eingereicht wurde. Die anerkannte Einrichtung der Freiwilligen Selbstkontrolle teilt der KJM die Entscheidung und ihre Begründung schriftlich mit.

§ 19b Aufsicht über Einrichtungen der Freiwilligen Selbstkontrolle

(1) Die zuständige Landesmedienanstalt kann durch die KJM Entscheidungen einer anerkannten Einrichtung der Freiwilligen Selbstkontrolle, die die Grenzen des Beurteilungsspielraums überschreiten, beanstanden und ihre Aufhebung verlangen. Kommt eine anerkannte Einrichtung der Freiwilligen Selbstkontrolle ihren Aufgaben und Pflichten nach diesem Staatsvertrag nicht nach, kann die zuständige Landesmedienanstalt durch die KJM verlangen, dass sie diese erfüllen. Eine Entschädigung für hierdurch entstehende Vermögensnachteile wird nicht gewährt.
(2) Hat eine anerkannte Einrichtung der Freiwilligen Selbstkontrolle ein Jugendschutzprogramm nach § 11 Abs. 1 und 2 als geeignet beurteilt und dabei die rechtlichen Grenzen des Beurteilungsspielraums überschritten, kann die zuständige Landesmedienanstalt durch die KJM innerhalb von drei Monaten nach Entscheidung der anerkannten Einrichtung der Freiwilligen Selbstkontrolle diese Beurteilung für unwirksam erklären oder dem Anbieter des Jugendschutzprogramms gegenüber Auflagen erteilen. Absatz 1 Satz 3 gilt entsprechend.
(3) Zuständig ist die Landesmedienanstalt des Landes, in dem die anerkannte Einrichtung der Freiwilligen Selbstkontrolle ihren Sitz hat.

V. Abschnitt
Vollzug für Anbieter mit Ausnahme des öffentlich-rechtlichen Rundfunks

§ 20 Aufsicht

(1) Stellt die zuständige Landesmedienanstalt fest, dass ein Anbieter gegen die Bestimmungen dieses Staatsvertrages verstoßen hat, trifft sie die erforderlichen Maßnahmen gegenüber dem Anbieter.
(2) Für Veranstalter von Rundfunk trifft die zuständige Landesmedienanstalt durch die KJM entsprechend den landesrechtlichen Regelungen die jeweilige Entscheidung.
(3) Tritt die KJM an einen Rundfunkveranstalter mit dem Vorwurf heran, er habe gegen Bestimmungen dieses Staatsvertrages verstoßen, und weist der Veranstalter nach, dass die Sendung vor ihrer Ausstrahlung einer anerkannten Einrichtung der Freiwilligen Selbstkontrolle im Sinne dieses Staatsvertrages vorgelegen hat und deren Vorgaben beachtet wurden, so sind Maßnahmen durch die KJM nur dann zulässig, wenn die Entscheidung oder die Unterlassung einer Entscheidung der anerkannten Einrichtung der Freiwilligen Selbstkontrolle die rechtlichen Grenzen des Beurteilungsspielraums überschritten hat. Die KJM teilt der anerkannten Einrichtung der Freiwilligen Selbstkontrolle ihre Entscheidung nebst Begründung mit. Wird einem Anbieter einer nichtvorlagefähigen Sendung ein Verstoß gegen den Jugendschutz vorgeworfen, ist vor Maßnahmen durch die KJM die anerkannte Einrichtung der Freiwilligen Selbstkontrolle, der der Rundfunkveranstalter angeschlossen ist, zu befassen; Satz 1 gilt entsprechend. Für Entscheidungen nach den §§ 8 und 9 gilt Satz 1 entsprechend. Dieser Absatz gilt nicht bei Verstößen gegen § 4 Abs. 1.
(4) Für Anbieter von Telemedien trifft die zuständige Landesmedienanstalt durch die KJM entsprechend § 109 des Medienstaatsvertrages die jeweilige Entscheidung.
(5) Gehört ein Anbieter von Telemedien einer anerkannten Einrichtung der Freiwilligen Selbstkontrolle im Sinne dieses Staatsvertrages an oder unterwirft er sich ihren Statuten, so ist bei behaupteten Verstößen gegen den Jugendschutz, mit Ausnahme von Verstößen gegen § 4 Abs. 1, durch die KJM zunächst diese Einrichtung mit den behaupteten Verstößen zu befassen. Maßnahmen nach Absatz 1 gegen den Anbieter durch die KJM sind nur dann zulässig, wenn die Entscheidung oder die Unterlassung einer Entscheidung der anerkannten Einrichtung der Freiwilligen Selbstkontrolle die rechtlichen Grenzen des Beurteilungsspielraums überschreitet. Bei Verstößen gegen § 4 haben Widerspruch und Anfechtungsklage des Anbieters von Telemedien keine aufschiebende Wirkung.
(6) Zuständig ist die Landesmedienanstalt des Landes, in dem der betroffene Anbieter seinen Sitz, Wohnsitz oder in Ermangelung dessen seinen ständigen Aufenthalt hat; § 119 des Medienstaatsvertrages

gilt entsprechend. Sind nach Satz 1 mehrere Landesmedienanstalten zuständig oder hat der Anbieter seinen Sitz im Ausland, entscheidet die Landesmedienanstalt, die zuerst mit der Sache befasst worden ist.
(7) Treten die KJM, eine Landesmedienanstalt oder „jugendschutz.net" an einen Anbieter mit dem Vorwurf heran, er habe gegen Bestimmungen dieses Staatsvertrages verstoßen, so weisen sie ihn auf die Möglichkeit einer Mitgliedschaft in einer anerkannten Einrichtung der Freiwilligen Selbstkontrolle und die damit verbundenen Rechtsfolgen hin.

§ 21 Auskunftsansprüche

(1) Ein Anbieter von Telemedien ist verpflichtet, der KJM Auskunft über die Angebote und über die zur Wahrung des Jugendschutzes getroffenen Maßnahmen zu geben und ihr auf Anforderung den unentgeltlichen Zugang zu den Angeboten zu Kontrollzwecken zu ermöglichen.
(2) Anbieter, die ihren Sitz nach den Vorschriften des Telemediengesetzes sowie des Medienstaatsvertrages nicht in Deutschland haben, haben im Inland einen Zustellungsbevollmächtigten zu benennen und in ihrem Angebot in leicht erkennbarer und unmittelbar erreichbarer Weise auf ihn aufmerksam zu machen. An diese Person können Zustellungen in Verfahren nach § 24 oder in Gerichtsverfahren vor deutschen Gerichten wegen der Verbreitung rechtswidriger Inhalte bewirkt werden. Das gilt auch für die Zustellung von Schriftstücken, die solche Verfahren einleiten oder vorbereiten.
(3) Der Abruf oder die Nutzung von Angeboten im Rahmen der Aufsicht, der Ahndung von Verstößen oder der Kontrolle ist unentgeltlich. Anbieter haben dies sicherzustellen. Der Anbieter darf seine Angebote nicht gegen den Abruf oder die Kenntnisnahme durch die zuständige Stelle sperren oder den Abruf oder die Kenntnisnahme erschweren.

§ 22 Revision zum Bundesverwaltungsgericht

In einem gerichtlichen Verfahren kann die Revision zum Bundesverwaltungsgericht auch darauf gestützt werden, dass das angefochtene Urteil auf der Verletzung der Bestimmungen dieses Staatsvertrages beruhe.

VI. Abschnitt
Ahndung von Verstößen der Anbieter mit Ausnahme des öffentlich-rechtlichen Rundfunks

§ 23 Strafbestimmung

Mit Freiheitsstrafe bis zu einem Jahr oder mit Geldstrafe wird bestraft, wer entgegen § 4 Abs. 2 Satz 1 Nr. 3 und Satz 2 Angebote verbreitet oder zugänglich macht, die offensichtlich geeignet sind, die Entwicklung von Kindern oder Jugendlichen oder ihre Erziehung zu einer eigenverantwortlichen oder gemeinschaftsfähigen Persönlichkeit unter Berücksichtigung der besonderen Wirkungsform des Verbreitungsmediums schwer zu gefährden. Handelt der Täter fahrlässig, so ist die Freiheitsstrafe bis zu 6 Monate oder die Geldstrafe bis zu 180 Tagessätze.

§ 24 Ordnungswidrigkeiten

(1) Ordnungswidrig handelt, wer als Anbieter vorsätzlich oder fahrlässig
1. Angebote verbreitet oder zugänglich macht, die
    a) entgegen § 4 Abs. 1 Satz 1 Nr. 1 Propagandamittel im Sinne des Strafgesetzbuches darstellen,
    b) entgegen § 4 Abs. 1 Satz 1 Nr. 2 Kennzeichen verfassungswidriger Organisationen verwenden,
    c) entgegen § 4 Abs. 1 Satz 1 Nr. 3 zum Hass gegen Teile der Bevölkerung oder gegen eine nationale, rassische, religiöse oder durch Volkstum bestimmte Gruppe aufstacheln, zu Gewalt- oder Willkürmaßnahmen gegen sie auffordern oder die Menschenwürde anderer dadurch angreifen, dass Teile der Bevölkerung oder eine vorbezeichnete Gruppe beschimpft, böswillig verächtlich gemacht oder verleumdet werden,
    d) entgegen § 4 Abs. 1 Satz 1 Nr. 4 1. Alternative eine unter der Herrschaft des Nationalsozialismus begangene Handlung der in § 6 Abs. 1 des Völkerstrafgesetzbuches bezeichneten Art in einer Weise, die geeignet ist, den öffentlichen Frieden zu stören, leugnen oder verharmlosen,
    e) entgegen § 4 Abs. 1 Satz 1 Nr. 4 2. Alternative den öffentlichen Frieden in einer die Würde der Opfer verletzenden Weise dadurch stören, dass die nationalsozialistische Gewalt- und Willkürherrschaft gebilligt, verherrlicht oder gerechtfertigt wird,
    f) entgegen § 4 Abs. 1 Satz 1 Nr. 5 grausame oder sonst unmenschliche Gewalttätigkeiten gegen Menschen in einer Art schildern, die eine Verherrlichung oder Verharmlosung solcher Gewalttätigkeiten ausdrückt oder das Grausame oder Unmenschliche des Vorgangs in einer die Menschenwürde verletzenden Weise darstellt; dies gilt auch bei virtuellen Darstellungen,

§ 24 JMStV: Jugendmedienschutz-Staatsvertrag

g) entgegen § 4 Abs. 1 Satz 1 Nr. 6 als Anleitung zu einer in § 126 Abs. 1 des Strafgesetzbuches genannten rechtswidrigen Tat dienen,
h) entgegen § 4 Abs. 1 Satz 1 Nr. 7 den Krieg verherrlichen,
i) entgegen § 4 Abs. 1 Satz 1 Nr. 8 gegen die Menschenwürde verstoßen, insbesondere durch die Darstellung von Menschen, die sterben oder schweren körperlichen oder seelischen Leiden ausgesetzt sind oder waren, wobei ein tatsächliches Geschehen wiedergegeben wird, ohne dass ein berechtigtes Interesse gerade für diese Form der Darstellung oder Berichterstattung vorliegt,
j) entgegen § 4 Abs. 1 Satz 1 Nr. 9 Kinder oder Jugendliche in unnatürlich geschlechtsbetonter Körperhaltung darstellen; dies gilt auch bei virtuellen Darstellungen,
k) entgegen § 4 Abs. 1 Satz 1 Nr. 10 kinderpornografisch im Sinne des § 184b Abs. 1 des Strafgesetzbuches oder jugendpornografisch im Sinne des § 184c Abs. 1 des Strafgesetzbuches oder pornografisch sind und Gewalttätigkeiten, den sexuellen Missbrauch von Kindern oder Jugendlichen oder sexuelle Handlungen von Menschen mit Tieren zum Gegenstand haben; dies gilt auch bei virtuellen Darstellungen, oder
l) entgegen § 4 Abs. 1 Satz 1 Nr. 11 in den Teilen B und D der Liste nach § 18 des Jugendschutzgesetzes aufgenommen sind oder mit einem in dieser Liste aufgenommenen Werk ganz oder im Wesentlichen inhaltsgleich sind,
2. entgegen § 4 Abs. 2 Satz 1 Nr. 1 und Satz 2 Angebote verbreitet oder zugänglich macht, die in sonstiger Weise pornografisch sind,
3. entgegen § 4 Abs. 2 Satz 1 Nr. 2 und Satz 2 Angebote verbreitet oder zugänglich macht, die in den Teilen A und C der Liste nach § 18 des Jugendschutzgesetzes aufgenommen sind oder mit einem in dieser Liste aufgenommenen Werk ganz oder im Wesentlichen inhaltsgleich sind,
4. entgegen § 5 Abs. 1 Angebote verbreitet oder zugänglich macht, die geeignet sind, die Entwicklung von Kindern oder Jugendlichen zu einer eigenverantwortlichen und gemeinschaftsfähigen Persönlichkeit zu beeinträchtigen, ohne dafür Sorge zu tragen, dass Kinder oder Jugendliche der betroffenen Altersstufen sie üblicherweise nicht wahrnehmen, es sei denn, er kennzeichnet fahrlässig entgegen § 5 Abs. 3 Satz 1 Nr. 1 sein Angebot mit einer zu niedrigen Altersstufe,
4a. entgegen § 5a keine angemessenen Maßnahmen ergreift, um Kinder und Jugendliche vor entwicklungsbeeinträchtigenden Angeboten zu schützen,
4b. entgegen § 5c Abs. 1 Ankündigungen von Sendungen mit Bewegtbildern außerhalb der geeigneten Sendezeit und unverschlüsselt verbreitet,
4c. entgegen § 5c Abs. 2 Sendungen verbreitet, ohne ihre Ausstrahlung durch akustische Zeichen oder durch optische Mittel kenntlich zu machen,
5. entgegen § 6 Abs. 1 Satz 1 und Abs. 6 Werbung oder Teleshopping für indizierte Angebote verbreitet oder zugänglich macht,
6. entgegen § 6 Abs. 1 Satz 2 und Abs. 6 die Liste der jugendgefährdenden Medien verbreitet oder zugänglich macht,
7. entgegen § 6 Abs. 1 Satz 3 und Abs. 6 einen dort genannten Hinweis gibt,
8. entgegen § 7 keinen Jugendschutzbeauftragten bestellt,
9. Sendeformate entgegen Sendezeitbeschränkungen nach § 8 Abs. 2 verbreitet,
10. Sendungen, deren Eignung zur Beeinträchtigung der Entwicklung nach § 5 Abs. 2 vermutet wird, verbreitet, ohne dass die KJM oder eine von dieser hierfür anerkannte Einrichtung der Freiwilligen Selbstkontrolle von der Vermutung gemäß § 9 Abs. 1 Satz 1 abgewichen ist,
11. Angebote ohne den nach § 12 erforderlichen Hinweis verbreitet,
12. entgegen einer vollziehbaren Anordnung durch die zuständige Aufsichtsbehörde nach § 20 Abs. 1 nicht tätig wird,
13. entgegen § 21 Abs. 1 seiner Auskunftspflicht nicht nachkommt,
13a. entgegen § 21 Abs. 2 keinen Zustellungsbevollmächtigten benennt oder
14. entgegen § 21 Abs. 3 Satz 3 Angebote gegen den Abruf durch die zuständige Aufsichtsbehörde sperrt.

(2) Ordnungswidrig handelt ferner, wer vorsätzlich
1. entgegen § 11 Abs. 5 Telemedien als für Kinder oder Jugendliche der betreffenden Altersstufe geeignet falsch kennzeichnet oder
2. im Rahmen eines Verfahrens zur Anerkennung einer Einrichtung der Freiwilligen Selbstkontrolle nach § 19 Abs. 3 falsche Angaben macht.

(3) Die Ordnungswidrigkeit kann mit einer Geldbuße bis zu 500 000 Euro geahndet werden.
(4) Zuständige Verwaltungsbehörde im Sinne des § 36 Abs. 1 Nr. 1 des Gesetzes über Ordnungswidrigkeiten ist die zuständige Landesmedienanstalt. Zuständig ist in den Fällen des Absatzes 1 und des

Absatzes 2 Nr. 1 die Landesmedienanstalt des Landes, in dem die Zulassung des Rundfunkveranstalters erteilt wurde oder der Anbieter von Telemedien seinen Sitz, Wohnsitz oder in Ermangelung dessen seinen ständigen Aufenthalt hat. Ergibt sich danach keine Zuständigkeit, so ist diejenige Landesmedienanstalt zuständig, in deren Bezirk der Anlass für die Amtshandlung hervortritt. Zuständig ist im Falle des Absatzes 2 Nr. 2 die Landesmedienanstalt des Landes, in dem die Einrichtung der Freiwilligen Selbstkontrolle ihren Sitz hat. Ergibt sich danach keine Zuständigkeit, so ist diejenige Landesmedienanstalt zuständig, bei der der Antrag auf Anerkennung gestellt wurde. Die zuständige Landesmedienanstalt trifft die Entscheidungen durch die KJM.

(5) Über die Einleitung eines Verfahrens hat die zuständige Landesmedienanstalt die übrigen Landesmedienanstalten unverzüglich zu unterrichten. Soweit ein Verfahren nach dieser Bestimmung in mehreren Ländern eingeleitet wurde, stimmen sich die beteiligten Behörden über die Frage ab, welche Behörde das Verfahren fortführt.

(6) Die zuständige Landesmedienanstalt kann bestimmen, dass Beanstandungen nach einem Rechtsverstoß gegen Regelungen dieses Staatsvertrages sowie rechtskräftige Entscheidungen in einem Ordnungswidrigkeitsverfahren nach Absatz 1 oder 2 von dem betroffenen Anbieter in seinem Angebot verbreitet oder in diesem zugänglich gemacht werden. Inhalt und Zeitpunkt der Bekanntgabe sind durch die zuständige Landesmedienanstalt nach pflichtgemäßem Ermessen festzulegen.

(7) Die Verfolgung der in Absatz 1 und 2 genannten Ordnungswidrigkeiten verjährt in sechs Monaten.

VII. Abschnitt
Schlussbestimmungen

§ 25 Übergangsbestimmung

Anerkannte Jugendschutzprogramme nach § 11 Abs. 2 des Jugendmedienschutz-Staatsvertrages vom 10. bis 27. September 2002, in der Fassung des Dreizehnten Staatsvertrages zur Änderung rundfunkrechtlicher Staatsverträge, bleiben vom Inkrafttreten dieses Staatsvertrages bis zum Ablauf des 30. September 2018 unberührt.

§ 26 Geltungsdauer, Kündigung

Dieser Staatsvertrag gilt für unbestimmte Zeit. Er kann von jedem der vertragsschließenden Länder zum Schluss des Kalenderjahres mit einer Frist von einem Jahr gekündigt werden. Wird der Staatsvertrag zu diesem Zeitpunkt nicht gekündigt, kann die Kündigung mit gleicher Frist jeweils zu einem zwei Jahre späteren Zeitpunkt erfolgen. Die Kündigung ist gegenüber dem Vorsitzenden der Ministerpräsidentenkonferenz schriftlich zu erklären. Die Kündigung eines Landes lässt das Vertragsverhältnis unter den übrigen Ländern unberührt, jedoch kann jedes der übrigen Länder das Vertragsverhältnis binnen einer Frist von drei Monaten nach Eingang der Kündigungserklärung zum gleichen Zeitpunkt kündigen.

§ 27 Notifizierung

Änderungen dieses Staatsvertrages unterliegen der Notifizierungspflicht gemäß der Richtlinie 2015/1535 des Europäischen Parlaments und des Rates vom 9. September 2015 über ein Informationsverfahren auf dem Gebiet der technischen Vorschriften und der Vorschriften für die Dienste der Informationsgesellschaft.

Wohngeldgesetz (WoGG)

Vom 24. September 2008 (BGBl. I S. 1856)

Zuletzt geändert durch
Erste Verordnung zur Fortschreibung des Wohngeldes nach § 43 des Wohngeldgesetzes
vom 3. Juni 2021 (BGBl. I S. 1369)

Inhaltsübersicht

Teil 1
Zweck des Wohngeldes und Wohngeldberechtigung

§ 1 Zweck des Wohngeldes
§ 2 Wohnraum
§ 3 Wohngeldberechtigung

Teil 2
Berechnung und Höhe des Wohngeldes

Kapitel 1
Berechnungsgrößen des Wohngeldes

§ 4 Berechnungsgrößen des Wohngeldes

Kapitel 2
Haushaltsmitglieder

§ 5 Haushaltsmitglieder
§ 6 Zu berücksichtigende Haushaltsmitglieder
§ 7 Ausschluss vom Wohngeld
§ 8 Dauer des Ausschlusses vom Wohngeld und Verzicht auf Leistungen

Kapitel 3
Miete und Belastung

§ 9 Miete
§ 10 Belastung
§ 11 Zu berücksichtigende Miete und Belastung
§ 12 Höchstbeträge für Miete und Belastung, Beträge zur Entlastung bei den Heizkosten

Kapitel 4
Einkommen

§ 13 Gesamteinkommen
§ 14 Jahreseinkommen
§ 15 Ermittlung des Jahreseinkommens
§ 16 Abzugsbeträge für Steuern und Sozialversicherungsbeiträge
§ 17 Freibeträge
§ 17a Freibetrag für zu berücksichtigende Haushaltsmitglieder mit Grundrentenzeiten oder entsprechenden Zeiten aus anderweitigen Alterssicherungssystemen
§ 18 Abzugsbeträge für Unterhaltsleistungen

Kapitel 5
Höhe des Wohngeldes

§ 19 Höhe des Wohngeldes

Teil 3
Nichtbestehen des Wohngeldanspruchs

§ 20 Gesetzeskonkurrenz
§ 21 Sonstige Gründe

Teil 4
Bewilligung, Zahlung und Änderung des Wohngeldes

§ 22 Wohngeldantrag
§ 23 Auskunftspflicht
§ 24 Wohngeldbehörde und Entscheidung
§ 25 Bewilligungszeitraum
§ 26 Zahlung des Wohngeldes
§ 27 Änderung des Wohngeldes
§ 28 Unwirksamkeit des Bewilligungsbescheides und Wegfall des Wohngeldanspruchs
§ 29 Haftung, Aufrechnung, Verrechnung und vorläufige Zahlungseinstellung
§ 30 Rücküberweisung und Erstattung im Todesfall
§ 31 Rücknahme eines rechtswidrigen nicht begünstigenden Wohngeldbescheides

Teil 5
Kostentragung und Datenabgleich

§ 32 Erstattung des Wohngeldes durch den Bund
§ 33 Datenabgleich

Teil 6
Wohngeldstatistik

§ 34 Zweck der Wohngeldstatistik, Auskunfts- und Hinweispflicht
§ 35 Erhebungs- und Hilfsmerkmale
§ 36 Erhebungszeitraum und Zusatzaufbereitungen

Teil 7
Schlussvorschriften

§ 37 Bußgeld
§ 38 Verordnungsermächtigung
§ 39 Wohngeld- und Mietenbericht; Bericht über die Lage und Entwicklung der Wohnungs- und Immobilienwirtschaft in Deutschland
§ 40 Einkommen bei anderen Sozialleistungen
§ 41 Auswirkung von Rechtsänderungen auf die Wohngeldentscheidung

Teil 8
Überleitungsvorschriften

§ 42 Gesetz zur Neuregelung des Wohngeldrechts und zur Änderung des Sozialgesetzbuches

§ 42a Übergangsregelung aus Anlass des Gesetzes zur Reform des Wohngeldrechts und zur Änderung des Wohnraumförderungsgesetzes

§ 42b Übergangsregelung aus Anlass des Gesetzes zur Stärkung des Wohngeldes

§ 42c Übergangsregelung aus Anlass des Gesetzes zur Entlastung bei den Heizkosten im Wohngeld im Kontext der CO2-Bepreisung

§ 43 Fortschreibung des Wohngeldes

§ 44 Übergangsregelung bei Fortschreibung des Wohngeldes

Anlage 1
(zu § 12 Absatz 1)

Anlage 2
(zu § 19 Absatz 1)

Anlage 3
(zu § 19 Absatz 2)

Teil 1
Zweck des Wohngeldes und Wohngeldberechtigung

§ 1 Zweck des Wohngeldes

(1) Das Wohngeld dient der wirtschaftlichen Sicherung angemessenen und familiengerechten Wohnens.
(2) Das Wohngeld wird als Zuschuss zur Miete (Mietzuschuss) oder zur Belastung (Lastenzuschuss) für den selbst genutzten Wohnraum geleistet.

§ 2 Wohnraum

Wohnraum sind Räume, die vom Verfügungsberechtigten zum Wohnen bestimmt und hierfür nach ihrer baulichen Anlage und Ausstattung tatsächlich geeignet sind.

§ 3 Wohngeldberechtigung

(1) Wohngeldberechtigte Person ist für den Mietzuschuss jede natürliche Person, die Wohnraum gemietet hat und diesen selbst nutzt. Ihr gleichgestellt sind
1. die nutzungsberechtigte Person des Wohnraums bei einem dem Mietverhältnis ähnlichen Nutzungsverhältnis (zur mietähnlichen Nutzung berechtigte Person), insbesondere die Person, die ein mietähnliches Dauerwohnrecht hat,
2. die Person, die Wohnraum im eigenen Haus, das mehr als zwei Wohnungen hat, bewohnt, und
3. die Person, die in einem Heim im Sinne des Heimgesetzes oder entsprechender Gesetze der Länder nicht nur vorübergehend aufgenommen ist.

(2) Wohngeldberechtigte Person ist für den Lastenzuschuss jede natürliche Person, die Eigentum an selbst genutztem Wohnraum hat. Ihr gleichgestellt sind
1. die erbbauberechtigte Person,
2. die Person, die ein eigentumsähnliches Dauerwohnrecht, ein Wohnungsrecht oder einen Nießbrauch innehat, und
3. die Person, die einen Anspruch auf Bestellung oder Übertragung des Eigentums, des Erbbaurechts, des eigentumsähnlichen Dauerwohnrechts, des Wohnungsrechts oder des Nießbrauchs hat.

Die Sätze 1 und 2 gelten nicht im Fall des Absatzes 1 Satz 2 Nr. 2.
(3) Erfüllen mehrere Personen für denselben Wohnraum die Voraussetzungen des Absatzes 1 oder des Absatzes 2 und sind sie zugleich Haushaltsmitglieder (§ 5), ist nur eine dieser Personen wohngeldberechtigt. In diesem Fall bestimmen diese Personen die wohngeldberechtigte Person.
(4) Wohngeldberechtigt ist nach Maßgabe der Absätze 1 bis 3 auch, wer zwar nach den §§ 7 und 8 Abs. 1 vom Wohngeld ausgeschlossen ist, aber mit mindestens einem zu berücksichtigenden Haushaltsmitglied (§ 6) Wohnraum gemeinsam bewohnt.
(5) Ausländer im Sinne des § 2 Abs. 1 des Aufenthaltsgesetzes (ausländische Personen) sind nach Maßgabe der Absätze 1 bis 4 nur wohngeldberechtigt, wenn sie sich im Bundesgebiet tatsächlich aufhalten und
1. ein Aufenthaltsrecht nach dem Freizügigkeitsgesetz/EU haben,
2. einen Aufenthaltstitel oder eine Duldung nach dem Aufenthaltsgesetz haben,
3. ein Recht auf Aufenthalt nach einem völkerrechtlichen Abkommen haben,
4. eine Aufenthaltsgestattung nach dem Asylgesetz haben,
5. die Rechtsstellung eines heimatlosen Ausländers im Sinne des Gesetzes über die Rechtsstellung heimatloser Ausländer im Bundesgebiet haben oder
6. auf Grund einer Rechtsverordnung vom Erfordernis eines Aufenthaltstitels befreit sind.

Nicht wohngeldberechtigt sind ausländische Personen, die durch eine völkerrechtliche Vereinbarung von der Anwendung deutscher Vorschriften auf dem Gebiet der sozialen Sicherheit befreit sind. In der Regel nicht wohngeldberechtigt sind Ausländer, die im Besitz eines Aufenthaltstitels zur Ausbildungsplatzsuche nach § 17 Absatz 1 des Aufenthaltsgesetzes, zur Arbeitsplatzsuche nach § 20 des Aufenthaltsgesetzes, für ein studienbezogenes Praktikum nach § 16e des Aufenthaltsgesetzes oder zur Teilnahme am europäischen Freiwilligendienst nach § 19e des Aufenthaltsgesetzes sind.

Teil 2
Berechnung und Höhe des Wohngeldes

Kapitel 1
Berechnungsgrößen des Wohngeldes

§ 4 Berechnungsgrößen des Wohngeldes

Das Wohngeld richtet sich nach
1. der Anzahl der zu berücksichtigenden Haushaltsmitglieder (§§ 5 bis 8),
2. der zu berücksichtigenden Miete oder Belastung (§§ 9 bis 12) und
3. dem Gesamteinkommen (§§ 13 bis 18)

und ist nach § 19 zu berechnen.

Kapitel 2
Haushaltsmitglieder

§ 5 Haushaltsmitglieder

(1) Haushaltsmitglied ist die wohngeldberechtigte Person, wenn der Wohnraum, für den sie Wohngeld beantragt, der Mittelpunkt ihrer Lebensbeziehungen ist. Haushaltsmitglied ist auch, wer
1. als Ehegatte eines Haushaltsmitgliedes von diesem nicht dauernd getrennt lebt,
2. als Lebenspartner oder Lebenspartnerin eines Haushaltsmitgliedes von diesem nicht dauernd getrennt lebt,
3. mit einem Haushaltsmitglied so zusammenlebt, dass nach verständiger Würdigung der wechselseitige Wille anzunehmen ist, Verantwortung füreinander zu tragen und füreinander einzustehen,
4. mit einem Haushaltsmitglied in gerader Linie oder zweiten oder dritten Grades in der Seitenlinie verwandt oder verschwägert ist,
5. ohne Rücksicht auf das Alter Pflegekind eines Haushaltsmitgliedes ist,
6. Pflegemutter oder Pflegevater eines Haushaltsmitgliedes ist

und mit der wohngeldberechtigten Person den Wohnraum, für den Wohngeld beantragt wird, gemeinsam bewohnt, wenn dieser Wohnraum der jeweilige Mittelpunkt der Lebensbeziehungen ist.
(2) Ein wechselseitiger Wille, Verantwortung füreinander zu tragen und füreinander einzustehen, wird vermutet, wenn mindestens eine der Voraussetzungen nach den Nummern 1 bis 4 des § 7 Abs. 3a des Zweiten Buches Sozialgesetzbuch erfüllt ist.
(3) Ausländische Personen sind nur Haushaltsmitglieder nach Absatz 1 Satz 2, wenn sie die Voraussetzungen der Wohngeldberechtigung nach § 3 Abs. 5 erfüllen.
(4) Betreuen nicht nur vorübergehend getrennt lebende Eltern ein Kind oder mehrere Kinder zu annähernd gleichen Teilen, ist jedes dieser Kinder bei beiden Elternteilen Haushaltsmitglied. Gleiches gilt bei einer Aufteilung der Betreuung bis zu einem Verhältnis von mindestens einem Drittel zu zwei Dritteln je Kind. Betreuen die Eltern mindestens zwei dieser Kinder nicht in einem Verhältnis nach Satz 1 oder 2, ist bei dem Elternteil mit dem geringeren Betreuungsanteil nur das jüngste dieser Kinder Haushaltsmitglied. Für Pflegekinder und Pflegeeltern gelten die Sätze 1 bis 3 entsprechend.

§ 6 Zu berücksichtigende Haushaltsmitglieder

(1) Bei der Berechnung des Wohngeldes sind vorbehaltlich des Absatzes 2 und der §§ 7 und 8 sämtliche Haushaltsmitglieder zu berücksichtigen (zu berücksichtigende Haushaltsmitglieder).
(2) Stirbt ein zu berücksichtigendes Haushaltsmitglied, ist dies für die Dauer von zwölf Monaten nach dem Sterbemonat ohne Einfluss auf die bisher maßgebende Anzahl der zu berücksichtigenden Haushaltsmitglieder. Satz 1 ist nicht mehr anzuwenden, wenn nach dem Todesfall
1. die Wohnung aufgegeben wird,
2. die Zahl der zu berücksichtigenden Haushaltsmitglieder sich mindestens auf den Stand vor dem Todesfall erhöht oder
3. der auf den Verstorbenen entfallende Anteil der Kosten der Unterkunft in einer Leistung nach § 7 Abs. 1 mindestens teilweise berücksichtigt wird.

§ 7 Ausschluss vom Wohngeld

(1) Vom Wohngeld ausgeschlossen sind Empfänger und Empfängerinnen von
1. Arbeitslosengeld II und Sozialgeld nach dem Zweiten Buch Sozialgesetzbuch, auch in den Fällen des § 25 des Zweiten Buches Sozialgesetzbuch,
2. Leistungen für Auszubildende nach § 27 Absatz 3 des Zweiten Buches Sozialgesetzbuch, die als Zuschuss erbracht werden,
3. Übergangsgeld in Höhe des Betrages des Arbeitslosengeldes II nach § 21 Abs. 4 Satz 1 des Sechsten Buches Sozialgesetzbuch,
4. Verletztengeld in Höhe des Betrages des Arbeitslosengeldes II nach § 47 Abs. 2 des Siebten Buches Sozialgesetzbuch,
5. Grundsicherung im Alter und bei Erwerbsminderung nach dem Zwölften Buch Sozialgesetzbuch,
6. Hilfe zum Lebensunterhalt nach dem Zwölften Buch Sozialgesetzbuch,
7. a) ergänzender Hilfe zum Lebensunterhalt oder
   b) anderen Hilfen in einer stationären Einrichtung, die den Lebensunterhalt umfassen,
   nach dem Bundesversorgungsgesetz oder nach einem Gesetz, das dieses für anwendbar erklärt,
8. Leistungen in besonderen Fällen und Grundleistungen nach dem Asylbewerberleistungsgesetz oder
9. Leistungen nach dem Achten Buch Sozialgesetzbuch in Haushalten, zu denen ausschließlich Personen gehören, die diese Leistungen empfangen,

wenn bei deren Berechnung Kosten der Unterkunft berücksichtigt worden sind (Leistungen). Der Ausschluss besteht in den Fällen des Satzes 1 Nr. 3 und 4, wenn bei der Berechnung des Arbeitslosengeldes II Kosten der Unterkunft berücksichtigt worden sind. Der Ausschluss besteht nicht, wenn
1. die Leistungen nach den Sätzen 1 und 2 ausschließlich als Darlehen gewährt werden oder
2. durch Wohngeld die Hilfebedürftigkeit im Sinne des § 9 des Zweiten Buches Sozialgesetzbuch, des § 19 Abs. 1 und 2 des Zwölften Buches Sozialgesetzbuch oder des § 27a des Bundesversorgungsgesetzes vermieden oder beseitigt werden kann und
   a) die Leistungen nach Satz 1 Nr. 1 bis 7 während der Dauer des Verwaltungsverfahrens zur Feststellung von Grund und Höhe dieser Leistungen noch nicht erbracht worden sind oder
   b) der zuständige Träger eine der in Satz 1 Nr. 1 bis 7 genannten Leistungen als nachrangig verpflichteter Leistungsträger nach § 104 des Zehnten Buches Sozialgesetzbuch erbringt.

(2) Ausgeschlossen sind auch Haushaltsmitglieder, die keine Empfänger der in Absatz 1 Satz 1 genannten Leistungen sind und
1. die in § 7 Absatz 3 des Zweiten Buches Sozialgesetzbuch, auch in den Fällen des Übergangs- oder Verletztengeldes nach Absatz 1 Satz 1 Nummer 3 und 4 genannt und deren Einkommen und Vermögen bei der Ermittlung der Leistungen eines anderen Haushaltsmitglieds nach Absatz 1 Satz 1 Nummer 1, 3 oder 4 berücksichtigt worden sind,
2. deren Einkommen und Vermögen nach § 43 Absatz 1 Satz 2 des Zwölften Buches Sozialgesetzbuch bei der Ermittlung der Leistung eines anderen Haushaltsmitglieds nach Absatz 1 Satz 1 Nummer 5 berücksichtigt worden sind,
3. deren Einkommen und Vermögen nach § 27 Absatz 2 Satz 2 oder 3 des Zwölften Buches Sozialgesetzbuch bei der Ermittlung der Leistung eines anderen Haushaltsmitglieds nach Absatz 1 Satz 1 Nummer 6 berücksichtigt worden sind,
4. deren Einkommen und Vermögen nach § 27a Satz 2 des Bundesversorgungsgesetzes in Verbindung mit § 27 Absatz 2 Satz 2 oder 3 des Zwölften Buches Sozialgesetzbuch bei der Ermittlung der Leistung eines anderen Haushaltsmitglieds nach Absatz 1 Satz 1 Nummer 7 berücksichtigt worden sind, oder
5. deren Einkommen und Vermögen nach § 7 Absatz 1 des Asylbewerberleistungsgesetzes bei der Ermittlung der Leistung eines anderen Haushaltsmitglieds nach Absatz 1 Satz 1 Nummer 8 berücksichtigt worden sind

genannt und bei der gemeinsamen Ermittlung ihres Bedarfs oder nach § 43 Abs. 1 des Zwölften Buches Sozialgesetzbuch bei der Ermittlung der Leistung nach Absatz 1 Satz 1 Nr. 5 berücksichtigt worden sind. Der Ausschluss besteht nicht, wenn
1. die Leistungen nach Absatz 1 Satz 1 und 2 ausschließlich als Darlehen gewährt werden oder
2. die Voraussetzungen des Absatzes 1 Satz 3 Nr. 2 vorliegen.

(3) Ausgeschlossen sind auch Haushaltsmitglieder, deren Leistungen nach Absatz 1 auf Grund einer Sanktion vollständig weggefallen sind.

§ 8 Dauer des Ausschlusses vom Wohngeld und Verzicht auf Leistungen

(1) Der Ausschluss vom Wohngeld besteht vorbehaltlich des § 7 Abs. 1 Satz 3 Nr. 2 und Abs. 2 Satz 2 Nr. 2 für die Dauer des Verwaltungsverfahrens zur Feststellung von Grund und Höhe der Leistungen nach § 7 Abs. 1. Der Ausschluss besteht vorbehaltlich des § 7 Abs. 1 Satz 3 Nr. 2 und Abs. 2 Satz 2 Nr. 2
1. nach der Antragstellung auf eine Leistung nach § 7 Abs. 1 ab dem Ersten
    a) des Monats, für den der Antrag gestellt worden ist, oder
    b) des nächsten Monats, wenn die Leistung nach § 7 Abs. 1 nicht vom Ersten eines Monats an beantragt wird,
2. nach der Bewilligung einer Leistung nach § 7 Abs. 1 ab dem Ersten
    a) des Monats, für den die Leistung nach § 7 Abs. 1 bewilligt wird, oder
    b) des nächsten Monats, wenn die Leistung nach § 7 Abs. 1 nicht vom Ersten eines Monats an bewilligt wird,
3. bis zum Letzten
    a) des Monats, wenn die Leistung nach § 7 Abs. 1 bis zum Letzten eines Monats bewilligt wird, oder
    b) des Vormonats, wenn die Leistung nach § 7 Abs. 1 nicht bis zum Letzten eines Monats bewilligt wird.

Der Ausschluss gilt für den Zeitraum als nicht erfolgt, für den
1. der Antrag auf eine Leistung nach § 7 Absatz 1 zurückgenommen wird,
2. die Leistung nach § 7 Absatz 1 abgelehnt, versagt, entzogen oder ausschließlich als Darlehen gewährt wird,
3. der Bewilligungsbescheid über eine Leistung nach § 7 Absatz 1 zurückgenommen oder aufgehoben wird,
4. der Anspruch auf eine Leistung nach § 7 Absatz 1 nachträglich im Sinne des § 103 Absatz 1 des Zehnten Buches Sozialgesetzbuch ganz entfallen ist oder nach § 104 Absatz 1 oder 2 des Zehnten Buches Sozialgesetzbuch oder nach § 40a des Zweiten Buches Sozialgesetzbuch nachrangig ist oder
5. die Leistung nach § 7 Absatz 1 nachträglich durch den Übergang eines Anspruchs in vollem Umfang erstattet wird.

(2) Verzichten Haushaltsmitglieder auf die Leistungen nach § 7 Abs. 1, um Wohngeld zu beantragen, gilt ihr Ausschluss vom Zeitpunkt der Wirkung des Verzichts an als nicht erfolgt; § 46 Abs. 2 des Ersten Buches Sozialgesetzbuch ist in diesem Fall nicht anzuwenden.

Kapitel 3
Miete und Belastung

§ 9 Miete

(1) Miete ist das vereinbarte Entgelt für die Gebrauchsüberlassung von Wohnraum auf Grund von Mietverträgen oder ähnlichen Nutzungsverhältnissen einschließlich Umlagen, Zuschlägen und Vergütungen.
(2) Bei der Ermittlung der Miete nach Absatz 1 bleiben folgende Kosten und Vergütungen außer Betracht:
1. Heizkosten und Kosten für die Erwärmung von Wasser,
2. Kosten der eigenständig gewerblichen Lieferung von Wärme und Warmwasser, soweit sie den in Nummer 1 bezeichneten Kosten entsprechen,
3. die Kosten der Haushaltsenergie, soweit sie nicht von den Nummern 1 und 2 erfasst sind,
4. Vergütungen für die Überlassung einer Garage sowie eines Stellplatzes für Kraftfahrzeuge,
5. Vergütungen für Leistungen, die über die Gebrauchsüberlassung von Wohnraum hinausgehen, insbesondere für allgemeine Unterstützungsleistungen wie die Vermittlung von Pflege- oder Betreuungsleistungen, Leistungen der hauswirtschaftlichen Versorgung oder Notrufdienste.

Ergeben sich diese Beträge nicht aus dem Mietvertrag oder entsprechenden Unterlagen, sind Pauschbeträge abzusetzen.
(3) Im Fall des § 3 Abs. 1 Satz 2 Nr. 2 ist als Miete der Mietwert des Wohnraums zu Grunde zu legen. Im Fall des § 3 Abs. 1 Satz 2 Nr. 3 ist als Miete der Höchstbetrag nach § 12 Abs. 1 zu Grunde zu legen.

§ 10 Belastung

(1) Belastung sind die Kosten für den Kapitaldienst und die Bewirtschaftung von Wohnraum in vereinbarter oder festgesetzter Höhe.
(2) Die Belastung ist von der Wohngeldbehörde (§ 24 Abs. 1 Satz 1) in einer Wohngeld-Lastenberechnung zu ermitteln. Von einer vollständigen Wohngeld-Lastenberechnung kann abgesehen werden, wenn die auf den Wohnraum entfallende Belastung aus Zinsen und Tilgungen den nach § 12 Abs. 1 maßgebenden Höchstbetrag erreicht oder übersteigt.

§ 11 Zu berücksichtigende Miete und Belastung

(1) Die bei der Berechnung des Wohngeldes zu berücksichtigende Miete oder Belastung ist die Summe aus

1. der Miete oder Belastung, die sich nach § 9 oder § 10 ergibt, soweit sie nicht nach den Absätzen 2 und 3 in dieser Berechnungsreihenfolge außer Betracht bleibt, jedoch nur bis zum Höchstbetrag nach § 12 Absatz 1, und
2. dem Betrag zur Entlastung bei den Heizkosten nach § 12 Absatz 6.

Im Fall des § 3 Absatz 1 Satz 2 Nummer 3 ist die Summe aus dem Höchstbetrag nach § 12 Absatz 1 und dem Betrag zur Entlastung bei den Heizkosten nach § 12 Absatz 6 zu berücksichtigen.

(2) Die Miete oder Belastung, die sich nach § 9 oder § 10 ergibt, bleibt in folgender Berechnungsreihenfolge und zu dem Anteil außer Betracht,
1. der auf den Teil des Wohnraums entfällt, der ausschließlich gewerblich oder beruflich genutzt wird;
2. der auf den Teil des Wohnraums entfällt, der einer Person, die kein Haushaltsmitglied ist, entgeltlich oder unentgeltlich zum Gebrauch überlassen ist; übersteigt das Entgelt für die Gebrauchsüberlassung die auf diesen Teil des Wohnraums entfallende Miete oder Belastung, ist das Entgelt in voller Höhe abzuziehen;
3. der dem Anteil einer entgeltlich oder unentgeltlich mitbewohnenden Person, die kein Haushaltsmitglied ist, aber deren Mittelpunkt der Lebensbeziehungen der Wohnraum ist und die nicht selbst die Voraussetzungen des § 3 Abs. 1 oder Abs. 2 erfüllt, an der Gesamtzahl der Bewohner und Bewohnerinnen entspricht; übersteigt das Entgelt der mitbewohnenden Person die auf diese entfallende Miete oder Belastung, ist das Entgelt in voller Höhe abzuziehen;
4. der durch Leistungen aus öffentlichen Haushalten oder Zweckvermögen, insbesondere Leistungen zur Wohnkostenentlastung nach dem Zweiten Wohnungsbaugesetz, dem Wohnraumförderungsgesetz oder entsprechenden Gesetzen der Länder, an den Mieter oder den selbst nutzenden Eigentümer zur Senkung der Miete oder Belastung gedeckt wird, soweit die Leistungen nicht von § 14 Abs. 2 Nr. 30 erfasst sind;
5. der durch Leistungen einer nach § 68 des Aufenthaltsgesetzes verpflichteten Person gedeckt wird, die ein zu berücksichtigendes Haushaltsmitglied zur Bezahlung der Miete oder Aufbringung der Belastung erhält.

(3) Ist mindestens ein Haushaltsmitglied vom Wohngeld ausgeschlossen, ist nur der Anteil der Miete oder Belastung zu berücksichtigen, der dem Anteil der zu berücksichtigenden Haushaltsmitglieder an der Gesamtzahl der Haushaltsmitglieder entspricht. In diesem Fall sind nur der Anteil des Höchstbetrages nach § 12 Absatz 1 und der Anteil des Betrages zur Entlastung bei den Heizkosten nach § 12 Absatz 6 zu berücksichtigen, der dem Anteil der zu berücksichtigenden Haushaltsmitglieder an der Gesamtzahl der Haushaltsmitglieder entspricht. Für die Ermittlung des Höchstbetrages und des Betrages zur Entlastung bei den Heizkosten ist die Gesamtzahl der Haushaltsmitglieder maßgebend.

§ 12 Höchstbeträge für Miete und Belastung, Beträge zur Entlastung bei den Heizkosten

(1) Die monatlichen Höchstbeträge für Miete und Belastung sind vorbehaltlich des § 11 Absatz 3 nach der Anzahl der zu berücksichtigenden Haushaltsmitglieder und nach der Mietenstufe zu berücksichtigen. Sie ergeben sich aus Anlage 1.

(2) Die Zugehörigkeit einer Gemeinde zu einer Mietenstufe richtet sich nach dem Mietenniveau von Wohnraum der Hauptmieter und Hauptmieterinnen sowie der gleichzustellenden zur mietähnlichen Nutzung berechtigten Personen, für den Mietzuschuss geleistet wird. Das Mietenniveau ist die durchschnittliche prozentuale Abweichung der Quadratmetermieten von Wohnraum in Gemeinden vom Durchschnitt der Quadratmetermieten des Wohnraums im Bundesgebiet. Zu berücksichtigen sind nur Quadratmetermieten von Wohnraum im Sinne des Satzes 1.

(3) Das Mietenniveau ist vom Statistischen Bundesamt festzustellen für Gemeinden mit
1. einer Einwohnerzahl von 10 000 und mehr gesondert,
2. einer Einwohnerzahl von weniger als 10 000 und gemeindefreie Gebiete nach Kreisen zusammengefasst.

Maßgebend für die Zuordnung nach Satz 1 ist die Einwohnerzahl, die auf der Grundlage von § 5 des Bevölkerungsstatistikgesetzes fortgeschrieben wurde.

(4) Das Mietenniveau wird vom Statistischen Bundesamt bei einer Anpassung der Höchstbeträge nach Absatz 1 auf der Grundlage von zwei aufeinanderfolgenden Ergebnissen der jährlichen Wohngeldstatistik für Dezember (§ 36 Absatz 1 Satz 2 Nummer 2) festgestellt. Es ist ein bundesweit einheitlicher Stichtag für die Ergebnisse der Bevölkerungsstatistik zu Grunde zu legen.

(4a) Für die Gemeinden Baltrum, Borkum (Stadt), Juist, Langeoog, Norderney (Stadt), Spiekeroog, Wangerooge (Nordseebad), Nebel, Norddorf auf Amrum, Wittdün auf Amrum, Alkersum, Borgsum, Dunsum, Midlum, Nieblum, Oevenum, Oldsum, Süderende, Utersum, Witsum, Wrixum, Wyk auf Föhr (Stadt), Helgoland, Gröde, Hallig Hooge, Langeneß, Pellworm und Insel Hiddensee, die auf Inseln ohne Festlandanschluss liegen, wird ein gemeinsames Mietenniveau festgestellt. Sie erhalten eine eigene gemeinsame Mietenstufenzuordnung und für die Anlage zu § 1 Absatz 3 der Wohngeldverordnung die Bezeichnung Inseln ohne Festlandanschluss. Abweichend von Absatz 4 wird das Statistische Bundesamt nach den Absätzen 2 und 3 einmalig ausschließlich das gemeinsame Mietenniveau dieser Gemeinden und das jeweilige Mietenniveau der von dieser Änderung betroffenen Kreise vor der nächsten Anpassung der Höchstbeträge nach Absatz 1 feststellen. Diese Feststellung erfolgt auf der Grundlage der Ergebnisse der Wohngeldstatistiken für Dezember 2016 und Dezember 2017 (§ 36 Absatz 1 Satz 2 Nummer 2). Die Anlage zu § 1 Absatz 3 der Wohngeldverordnung kann vor der nächsten Anpassung der Höchstbeträge entsprechend angepasst werden.

(5) Den Mietenstufen nach Absatz 1 sind folgende Mietenniveaus zugeordnet:

Mietenstufe	Mietenniveau
I	niedriger als minus 15 Prozent
II	minus 15 Prozent bis niedriger als minus 5 Prozent
III	minus 5 Prozent bis niedriger als 5 Prozent
IV	5 Prozent bis niedriger als 15 Prozent
V	15 Prozent bis niedriger als 25 Prozent
VI	25 Prozent bis niedriger als 35 Prozent
VII	35 Prozent und höher

(6) Die folgenden monatlichen Beträge zur Entlastung bei den Heizkosten sind vorbehaltlich des § 11 Absatz 3 nach der Anzahl der zu berücksichtigenden Haushaltsmitglieder zu berücksichtigen:

Anzahl der zu berücksichtigenden Haushaltsmitglieder	Betrag zur Entlastung bei den Heizkosten in Euro
1	14,40
2	18,60
3	22,20
4	25,80
5	29,40
Mehrbetrag für jedes weitere zu berücksichtigende Haushaltsmitglied	3,60

Kapitel 4
Einkommen

§ 13 Gesamteinkommen

(1) Das Gesamteinkommen ist die Summe der Jahreseinkommen (§ 14) der zu berücksichtigenden Haushaltsmitglieder abzüglich der Freibeträge (die §§ 17 und 17a) und der Abzugsbeträge für Unterhaltsleistungen (§ 18).
(2) Das monatliche Gesamteinkommen ist ein Zwölftel des Gesamteinkommens.

§ 14 Jahreseinkommen

(1) Das Jahreseinkommen eines zu berücksichtigenden Haushaltsmitgliedes ist vorbehaltlich des Absatzes 3 die Summe der positiven Einkünfte im Sinne des § 2 Abs. 1 und 2 des Einkommensteuergesetzes zuzüglich der Einnahmen nach Absatz 2 abzüglich der Abzugsbeträge für Steuern und Sozialversicherungsbeiträge (§ 16). Bei den Einkünften im Sinne des § 2 Abs. 1 Satz 1 Nr. 1 bis 3 des Einkommensteuergesetzes ist § 7g Abs. 1 bis 4 und 7 des Einkommensteuergesetzes nicht anzuwenden. Von den Einkünften aus nichtselbständiger Arbeit, die nach dem Einkommensteuergesetz vom Arbeitgeber pauschal besteuert werden, zählen zum Jahreseinkommen nur
1. die nach § 37b des Einkommensteuergesetzes pauschal besteuerten Sachzuwendungen und

2. der nach § 40a des Einkommensteuergesetzes pauschal besteuerte Arbeitslohn und das pauschal besteuerte Arbeitsentgelt, jeweils abzüglich der Aufwendungen zu dessen Erwerbung, Sicherung oder Erhaltung, höchstens jedoch bis zur Höhe dieser Einnahmen.

Ein Ausgleich mit negativen Einkünften aus anderen Einkunftsarten oder mit negativen Einkünften des zusammenveranlagten Ehegatten ist nicht zulässig.

(2) Zum Jahreseinkommen gehören:
1. der nach § 19 Abs. 2 und § 22 Nr. 4 Satz 4 Buchstabe b des Einkommensteuergesetzes steuerfreie Betrag von Versorgungsbezügen;
2. die einkommensabhängigen, nach § 3 Nr. 6 des Einkommensteuergesetzes steuerfreien Bezüge, die auf Grund gesetzlicher Vorschriften aus öffentlichen Mitteln versorgungshalber an Wehrdienstbeschädigte, im freiwilligen Wehrdienst Beschädigte, Zivildienstbeschädigte und im Bundesfreiwilligendienst Beschädigte oder ihre Hinterbliebenen, Kriegsbeschädigte und Kriegshinterbliebene sowie ihnen gleichgestellte Personen gezahlt werden;
3. die den Ertragsanteil oder den der Besteuerung unterliegenden Anteil nach § 22 Nr. 1 Satz 3 Buchstabe a des Einkommensteuergesetzes übersteigenden Teile von Leibrenten;
4. die nach § 3 Nr. 3 des Einkommensteuergesetzes steuerfreien
    a) Rentenabfindungen,
    b) Beitragserstattungen,
    c) Leistungen aus berufsständischen Versorgungseinrichtungen,
    d) Kapitalabfindungen,
    e) Ausgleichszahlungen;
5. die nach § 3 Nr. 1 Buchstabe a des Einkommensteuergesetzes steuerfreien
    a) Renten wegen Minderung der Erwerbsfähigkeit nach den §§ 56 bis 62 des Siebten Buches Sozialgesetzbuch,
    b) Renten und Beihilfen an Hinterbliebene nach den §§ 63 bis 71 des Siebten Buches Sozialgesetzbuch,
    c) Abfindungen nach den §§ 75 bis 80 des Siebten Buches Sozialgesetzbuch;
6. die Lohn- und Einkommensersatzleistungen nach § 32b Absatz 1 Satz 1 Nummer 1 des Einkommensteuergesetzes; § 10 des Bundeselterngeld- und Elternzeitgesetzes bleibt unberührt;
7. die ausländischen Einkünfte nach § 32b Absatz 1 Satz 1 Nummer 2 bis 5 sowie Satz 2 und 3 des Einkommensteuergesetzes;
8. die Hälfte der nach § 3 Nr. 7 des Einkommensteuergesetzes steuerfreien
    a) Unterhaltshilfe nach den §§ 261 bis 278a des Lastenausgleichsgesetzes,
    b) Beihilfe zum Lebensunterhalt nach den §§ 301 bis 301b des Lastenausgleichsgesetzes,
    c) Unterhaltshilfe nach § 44 und Unterhaltsbeihilfe nach § 45 des Reparationsschädengesetzes,
    d) Beihilfe zum Lebensunterhalt nach den §§ 10 bis 15 des Flüchtlingshilfegesetzes,
    mit Ausnahme der Pflegezulage nach § 269 Abs. 2 des Lastenausgleichsgesetzes;
9. die nach § 3 Nr. 1 Buchstabe a des Einkommensteuergesetzes steuerfreien Krankentagegelder;
10. die Hälfte der nach § 3 Nr. 68 des Einkommensteuergesetzes steuerfreien Renten nach § 3 Abs. 2 des Anti-D-Hilfegesetzes;
11. die nach § 3b des Einkommensteuergesetzes steuerfreien Zuschläge für Sonntags-, Feiertags- oder Nachtarbeit;
12. (weggefallen)
13. (weggefallen)
14. die nach § 3 Nr. 56 des Einkommensteuergesetzes steuerfreien Zuwendungen des Arbeitgebers an eine Pensionskasse und die nach § 3 Nr. 63 des Einkommensteuergesetzes steuerfreien Beiträge des Arbeitgebers an einen Pensionsfonds, eine Pensionskasse oder für eine Direktversicherung zum Aufbau einer kapitalgedeckten betrieblichen Altersversorgung;
15. der nach § 20 Abs. 9 des Einkommensteuergesetzes steuerfreie Betrag (Sparer-Pauschbetrag), soweit die Kapitalerträge 100 Euro übersteigen;
16. die auf erhöhte Absetzungen entfallenden Beträge, soweit sie die höchstmöglichen Absetzungen für Abnutzung nach § 7 des Einkommensteuergesetzes übersteigen, und die auf Sonderabschreibungen entfallenden Beträge;
17. der nach § 3 Nr. 27 des Einkommensteuergesetzes steuerfreie Grundbetrag der Produktionsaufgaberente und das Ausgleichsgeld nach dem Gesetz zur Förderung der Einstellung der landwirtschaftlichen Erwerbstätigkeit;
18. die nach § 3 Nr. 60 des Einkommensteuergesetzes steuerfreien Leistungen aus öffentlichen Mitteln an Arbeitnehmer des Steinkohlen-, Pechkohlen- und Erzbergbaues, des Braunkohlentiefbaues und der Eisen-

und Stahlindustrie aus Anlass von Stilllegungs-, Einschränkungs-, Umstellungs- oder Rationalisierungsmaßnahmen;
19. die nach § 22 Nummer 1 Satz 2 des Einkommensteuergesetzes der Empfängerin oder dem Empfänger nicht zuzurechnenden Bezüge, die ihr oder ihm von einer natürlichen Person, die kein Haushaltsmitglied ist, oder von einer juristischen Person gewährt werden, mit Ausnahme der Bezüge
    a) bis zu einer Höhe von 6540 Euro jährlich, die für eine Pflegeperson oder Pflegekraft aufgewendet werden, die die Empfängerin oder den Empfänger wegen ihrer oder seiner Pflegebedürftigkeit im Sinne des § 14 des Elften Buches Sozialgesetzbuch pflegt, oder
    b) bis zu einer Höhe von insgesamt 480 Euro jährlich von einer natürlichen Person, die gegenüber der Empfängerin oder dem Empfänger nicht vorrangig gesetzlich unterhaltsverpflichtet ist oder war, oder von einer juristischen Person;
    dies gilt entsprechend, wenn anstelle von wiederkehrenden Unterhaltsleistungen Unterhaltsleistungen als Einmalbetrag gewährt werden;
20. a) die Unterhaltsleistungen des geschiedenen oder dauernd getrennt lebenden Ehegatten, mit Ausnahme der Unterhaltsleistungen bis zu einer Höhe von 6540 Euro jährlich, die für eine Pflegeperson oder Pflegekraft geleistet werden, die den Empfänger oder die Empfängerin wegen eigener Pflegebedürftigkeit im Sinne des § 14 des Elften Buches Sozialgesetzbuch pflegt,
    b) die Versorgungsleistungen, die Leistungen auf Grund eines schuldrechtlichen Versorgungsausgleichs und Ausgleichsleistungen zur Vermeidung eines Versorgungsausgleichs,
    soweit diese Leistungen nicht von § 22 Nummer 1a des Einkommensteuergesetzes erfasst sind;
21. die Leistungen nach dem Unterhaltsvorschussgesetz;
22. die Leistungen von natürlichen Personen, die keine Haushaltsmitglieder sind, zur Bezahlung der Miete oder Aufbringung der Belastung, soweit die Leistungen nicht von Absatz 1 Satz 1 oder Satz 3, von Nummer 19 oder Nummer 20 erfasst sind;
23. (weggefallen)
24. die Hälfte der Pauschale für die laufenden Leistungen für den notwendigen Unterhalt ohne die Kosten der Erziehung von Kindern, Jugendlichen oder jungen Volljährigen nach § 39 Abs. 1 in Verbindung mit § 33 oder mit § 35a Abs. 2 Nr. 3, auch in Verbindung mit § 41 Abs. 2 des Achten Buches Sozialgesetzbuch, als Einkommen des Kindes, Jugendlichen oder jungen Volljährigen;
25. die Hälfte der Pauschale für die laufenden Leistungen für die Kosten der Erziehung von Kindern, Jugendlichen oder jungen Volljährigen nach § 39 Abs. 1 in Verbindung mit § 33 oder mit § 35a Abs. 2 Nr. 3, auch in Verbindung mit § 41 Abs. 2 des Achten Buches Sozialgesetzbuch, als Einkommen der Pflegeperson;
26. die Hälfte der nach § 3 Nr. 36 des Einkommensteuergesetzes steuerfreien Einnahmen für Leistungen zu körperbezogenen Pflegemaßnahmen, pflegerischen Betreuungsmaßnahmen oder Hilfen bei der Haushaltsführung einer Person, die kein Haushaltsmitglied ist;
27. die Hälfte der als Zuschüsse erbrachten
    a) Leistungen zur Förderung der Ausbildung nach dem Bundesausbildungsförderungsgesetz, mit Ausnahme der Leistungen nach § 14a des Bundesausbildungsförderungsgesetzes in Verbindung mit den §§ 6 und 7 der Verordnung über Zusatzleistungen in Härtefällen nach dem Bundesausbildungsförderungsgesetz und mit Ausnahme des Kinderbetreuungszuschlages nach Maßgabe des § 14b des Bundesausbildungsförderungsgesetzes,
    b) Leistungen der Begabtenförderungswerke, soweit sie nicht von Nummer 28 erfasst sind,
    c) Stipendien, soweit sie nicht von Buchstabe b, Nummer 28 oder Nummer 29 erfasst sind,
    d) Berufsausbildungsbeihilfen und des Ausbildungsgeldes nach dem Dritten Buch Sozialgesetzbuch,
    e) Beiträge zur Deckung des Unterhaltsbedarfs nach dem Aufstiegsfortbildungsförderungsgesetz,
    f) Leistungen zur Sicherung des Lebensunterhaltes während des ausbildungsbegleitenden Praktikums oder der betrieblichen Berufsausbildung bei Teilnahme am Sonderprogramm Förderung der beruflichen Mobilität von ausbildungsinteressierten Jugendlichen und arbeitslosen jungen Fachkräften aus Europa;
28. die als Zuschuss gewährte Graduiertenförderung;
29. die Hälfte der nach § 3 Nr. 42 des Einkommensteuergesetzes steuerfreien Zuwendungen, die auf Grund des Fulbright-Abkommens gezahlt werden;
30. die wiederkehrenden Leistungen nach § 7 Absatz 1 Satz 1 Nummer 1 bis 9, auch wenn bei deren Berechnung die Kosten der Unterkunft nicht berücksichtigt worden sind, mit Ausnahme
    a) der darin enthaltenen Kosten der Unterkunft, wenn diese nicht für den Wohnraum gewährt werden, für den Wohngeld beantragt würde,
    b) der von Nummer 24 oder Nummer 25 erfassten Leistungen,

c) des Sozialgeldes, das ein zu berücksichtigendes Kind als Mitglied der Bedarfsgemeinschaft im Haushalt des getrennt lebenden anderen Elternteils anteilig erhält,
d) der Hilfe zum Lebensunterhalt, die ein nach dem Dritten Kapitel des Zwölften Buches Sozialgesetzbuch leistungsberechtigtes Kind im Haushalt des getrennt lebenden Elternteils anteilig erhält, oder
e) der Leistungen, die in den Fällen des § 7 Absatz 1 Satz 3 oder Absatz 2 Satz 2 erbracht werden, in denen kein Ausschluss vom Wohngeld besteht;
31. der Mietwert des von den in § 3 Abs. 1 Satz 2 Nr. 2 genannten Personen selbst genutzten Wohnraums.
(3) Zum Jahreseinkommen gehören nicht:
1. Einkünfte aus Vermietung oder Verpachtung eines Teils des Wohnraums, für den Wohngeld beantragt wird;
2. das Entgelt, das eine den Wohnraum mitbewohnende Person im Sinne des § 11 Abs. 2 Nr. 3 hierfür zahlt;
3. Leistungen einer nach § 68 des Aufenthaltsgesetzes verpflichteten Person, soweit sie von § 11 Abs. 2 Nr. 5 erfasst sind.

§ 15 Ermittlung des Jahreseinkommens

(1) Bei der Ermittlung des Jahreseinkommens ist das Einkommen zu Grunde zu legen, das im Zeitpunkt der Antragstellung im Bewilligungszeitraum zu erwarten ist. Hierzu können die Verhältnisse vor dem Zeitpunkt der Antragstellung herangezogen werden; § 24 Abs. 2 bleibt unberührt.
(2) Einmaliges Einkommen, das für einen bestimmten Zeitraum bezogen wird, ist diesem Zeitraum zuzurechnen. Ist kein Zurechnungszeitraum festgelegt oder vereinbart, so ist das einmalige Einkommen jeweils zu einem Drittel in den drei Jahren nach dem Zuflussmonat zuzurechnen. Ist das einmalige Einkommen vor der Antragstellung zugeflossen, ist es nur dann nach Satz 1 oder Satz 2 zuzurechnen, wenn es innerhalb von drei Jahren vor der Antragstellung zugeflossen ist.
(3) Sonderzuwendungen, Gratifikationen und gleichartige Bezüge und Vorteile, die in größeren als monatlichen Abständen gewährt werden, sind den im Bewilligungszeitraum liegenden Monaten zu je einem Zwölftel zuzurechnen, wenn sie in den nächsten zwölf Monaten nach Beginn des Bewilligungszeitraums zufließen.
(4) Beträgt der Bewilligungszeitraum nicht zwölf Monate, ist als Einkommen das Zwölffache des im Sinne der Absätze 1 bis 3 und des § 24 Abs. 2 im Bewilligungszeitraum zu erwartenden durchschnittlichen monatlichen Einkommens zu Grunde zu legen.

§ 16 Abzugsbeträge für Steuern und Sozialversicherungsbeiträge

Bei der Ermittlung des Jahreseinkommens sind von dem Betrag, der sich nach den §§ 14 und 15 ergibt, jeweils 10 Prozent abzuziehen, wenn zu erwarten ist, dass im Bewilligungszeitraum die folgenden Steuern und Pflichtbeiträge zu leisten sind:
1. Steuern vom Einkommen,
2. Pflichtbeiträge zur gesetzlichen Kranken- und Pflegeversicherung,
3. Pflichtbeiträge zur gesetzlichen Rentenversicherung.
Satz 1 Nummer 2 und 3 gilt entsprechend, wenn keine Pflichtbeiträge, aber laufende Beiträge zu öffentlichen oder privaten Versicherungen oder ähnlichen Einrichtungen zu leisten sind, die dem Zweck der Pflichtbeiträge nach Satz 1 Nummer 2 oder Nummer 3 entsprechen. Satz 2 gilt auch, wenn die Beiträge zu Gunsten eines zu berücksichtigenden Haushaltsmitgliedes zu leisten sind. Die Sätze 2 und 3 gelten nicht, wenn eine im Wesentlichen beitragsfreie Sicherung oder eine Sicherung besteht, für die Beiträge von Dritten zu leisten sind. Die Sätze 1 und 2 gelten bei einmaligem Einkommen im Sinne des § 15 Absatz 2 in jedem Jahr der Zurechnung entsprechend.

§ 17 Freibeträge

Bei der Ermittlung des Gesamteinkommens sind die folgenden jährlichen Freibeträge abzuziehen:
1. 1800 Euro für jedes schwerbehinderte zu berücksichtigende Haushaltsmitglied mit einem Grad der Behinderung
   a) von 100 oder
   b) von unter 100 bei Pflegebedürftigkeit im Sinne des § 14 des Elften Buches Sozialgesetzbuch und gleichzeitiger häuslicher oder teilstationärer Pflege oder Kurzzeitpflege;
2. 750 Euro für jedes zu berücksichtigende Haushaltsmitglied, das Opfer der nationalsozialistischen Verfolgung oder ihm im Sinne des Bundesentschädigungsgesetzes gleichgestellt ist;
3. 1320 Euro, wenn
   a) ein zu berücksichtigendes Haushaltsmitglied ausschließlich mit einem Kind oder mehreren Kindern Wohnraum gemeinsam bewohnt und

b) mindestens eines dieser Kinder noch nicht 18 Jahre alt ist und für dieses Kindergeld nach dem Einkommensteuergesetz oder dem Bundeskindergeldgesetz oder eine in § 65 Absatz 1 Satz 1 des Einkommensteuergesetzes genannte Leistung gewährt wird;
4. ein Betrag in Höhe der eigenen Einnahmen aus Erwerbstätigkeit jedes Kindes eines Haushaltsmitgliedes, höchstens jedoch 1200 Euro, wenn das Kind ein zu berücksichtigendes Haushaltsmitglied und noch nicht 25 Jahre alt ist.

§ 17a Freibetrag für zu berücksichtigende Haushaltsmitglieder mit Grundrentenzeiten oder entsprechenden Zeiten aus anderweitigen Alterssicherungssystemen

(1) Für jedes zu berücksichtigende Haushaltsmitglied, das mindestens 33 Jahre an Grundrentenzeiten nach § 76g Absatz 2 des Sechsten Buches Sozialgesetzbuch erreicht hat, ist bei der Ermittlung des Gesamteinkommens ein jährlicher Freibetrag abzuziehen. Dieser beträgt 1200 Euro vom jährlichen Einkommen aus der gesetzlichen Rente zuzüglich 30 Prozent des diesen Betrag übersteigenden jährlichen Einkommens aus der gesetzlichen Rente, höchstens jedoch ein mit zwölf zu multiplizierender Betrag in Höhe von 50 Prozent der Regelbedarfsstufe 1 nach der Anlage zu § 28 des Zwölften Buches Sozialgesetzbuch.
(2) Absatz 1 gilt entsprechend für zu berücksichtigende Haushaltsmitglieder, die mindestens 33 Jahre an Grundrentenzeiten vergleichbaren Zeiten in
1. einer Versicherungspflicht nach § 1 des Gesetzes über die Alterssicherung der Landwirte,
2. einer Beschäftigung, in der Versicherungsfreiheit nach § 5 Absatz 1 oder Befreiung von der Versicherungspflicht nach § 6 Absatz 1 Satz 1 Nummer 2 des Sechsten Buches Sozialgesetzbuch bestand, oder
3. einer Versicherungspflicht in einer Versicherungs- oder Versorgungseinrichtung, die für Angehörige bestimmter Berufe errichtet ist,

erreicht haben. Absatz 1 gilt auch, wenn die 33 Jahre durch die Zusammenrechnung der Zeiten nach Satz 1 Nummer 1 bis 3 und der Grundrentenzeiten nach § 76g Absatz 2 des Sechsten Buches Sozialgesetzbuch erfüllt werden. Je Kalendermonat wird eine Grundrentenzeit oder eine nach Satz 1 vergleichbare Zeit angerechnet.
(3) Ist Wohngeld vor dem 1. Januar 2021 bewilligt worden und liegt mindestens ein Teil des Bewilligungszeitraums nach dem 31. Dezember 2020, so ist abweichend von § 41 Absatz 2 von Amts wegen über die Leistung des Wohngeldes für den Zeitraum vom 1. Januar 2021 neu zu entscheiden, wenn die Wohngeldbehörde erstmals durch eine Mitteilung des Rentenversicherungsträgers oder der sich aus Absatz 2 Satz 1 ergebenden Träger davon Kenntnis erlangt, dass die Voraussetzungen nach Absatz 1 Satz 1 oder Absatz 2 Satz 1 oder 2 im Zeitraum ab dem 1. Januar 2021 vorliegen. Die Entscheidung nach Satz 1 folgt der Entscheidung nach § 42c Absatz 1 nach. Die Wohngeldbehörde entscheidet über Wohngeldleistungen ohne Berücksichtigung eines möglichen Freibetrages nach Absatz 1 oder 2, solange sie nicht durch eine Mitteilung des Rentenversicherungsträgers oder der sich aus Absatz 2 Satz 1 ergebenden Träger Kenntnis davon hat, dass die Voraussetzungen nach Absatz 1 Satz 1 oder Absatz 2 Satz 1 oder 2 vorliegen. Sie entscheidet von Amts wegen neu, wenn sie erstmals Kenntnis davon erlangt, dass die Voraussetzungen nach Absatz 1 Satz 1 oder Absatz 2 Satz 1 oder 2 vorliegen. Der Zeitpunkt der Kenntnis der Wohngeldbehörde nach Satz 1 oder 4 gilt als Zeitpunkt der Antragstellung im Sinne des § 24 Absatz 2.
(4) Wurde der Freibetrag bei der Wohngeldbewilligung bereits berücksichtigt, so werden im laufenden Bewilligungszeitraum Änderungen der Höhe des Freibetrages nach Absatz 1 oder 2 nur unter den Voraussetzungen des § 27 berücksichtigt.

§ 18 Abzugsbeträge für Unterhaltsleistungen

Bei der Ermittlung des Gesamteinkommens sind die folgenden zu erwartenden Aufwendungen zur Erfüllung gesetzlicher Unterhaltsverpflichtungen abzuziehen:
1. bis zu 3000 Euro jährlich für ein zu berücksichtigendes Haushaltsmitglied, das wegen Berufsausbildung auswärts wohnt, soweit es nicht von Nummer 2 erfasst ist;
2. bis zu 3000 Euro jährlich für ein Kind, das Haushaltsmitglied nach § 5 Absatz 4 ist; dies gilt nur für Aufwendungen, die an das Kind als Haushaltsmitglied bei dem anderen Elternteil geleistet werden;
3. bis zu 6000 Euro jährlich für einen früheren oder dauernd getrennt lebenden Ehegatten oder Lebenspartner oder eine frühere oder dauernd getrennt lebende Lebenspartnerin, der oder die kein Haushaltsmitglied ist;
4. bis zu 3000 Euro jährlich für eine sonstige Person, die kein Haushaltsmitglied ist.

Liegt in den Fällen des Satzes 1 eine notariell beurkundete Unterhaltsvereinbarung, ein Unterhaltstitel oder ein Bescheid vor, sind die jährlichen Aufwendungen bis zu dem darin festgelegten Betrag abzuziehen.

Kapitel 5
Höhe des Wohngeldes

§ 19 Höhe des Wohngeldes

(1) Das ungerundete monatliche Wohngeld für bis zu zwölf zu berücksichtigende Haushaltsmitglieder beträgt

$$1{,}15 \cdot (M - (a + b \cdot M + c \cdot Y) \cdot Y) \text{ Euro.}$$

„M" ist die zu berücksichtigende monatliche Miete oder Belastung in Euro. „Y" ist das monatliche Gesamteinkommen in Euro. „a", „b" und „c" sind nach der Anzahl der zu berücksichtigenden Haushaltsmitglieder unterschiedene Werte und ergeben sich aus der Anlage 2.
(2) Die zur Berechnung des Wohngeldes erforderlichen Rechenschritte und Rundungen sind in der Reihenfolge auszuführen, die sich aus der Anlage 3 ergibt.
(3) Sind mehr als zwölf Haushaltsmitglieder zu berücksichtigen, erhöht sich für das 13. und jedes weitere zu berücksichtigende Haushaltsmitglied das nach den Absätzen 1 und 2 berechnete monatliche Wohngeld um jeweils 51 Euro, höchstens jedoch bis zur Höhe der zu berücksichtigenden Miete oder Belastung.

Teil 3
Nichtbestehen des Wohngeldanspruchs

§ 20 Gesetzeskonkurrenz

(1) (weggefallen)
(2) Es besteht kein Wohngeldanspruch, wenn allen Haushaltsmitgliedern eine der folgenden Leistungen dem Grunde nach zusteht oder im Fall ihres Antrages dem Grunde nach zustünde:
1. Leistungen zur Förderung der Ausbildung nach dem Bundesausbildungsförderungsgesetz,
2. Leistungen nach den §§ 56, 116 Absatz 3 oder 4 oder § 122 des Dritten Buches Sozialgesetzbuch oder
3. Leistungen zur Sicherung des Lebensunterhaltes während des ausbildungsbegleitenden Praktikums oder der betrieblichen Berufsausbildung bei Teilnahme am Sonderprogramm Förderung der beruflichen Mobilität von ausbildungsinteressierten Jugendlichen und arbeitslosen jungen Fachkräften aus Europa.

Satz 1 gilt auch, wenn dem Grunde nach Förderungsberechtigte der Höhe nach keinen Anspruch auf Förderung haben. Satz 1 gilt nicht, wenn die Leistungen ausschließlich als Darlehen gewährt werden. Ist Wohngeld für einen Zeitraum bewilligt, in den der Beginn der Ausbildung fällt, ist das Wohngeld bis zum Ablauf des Bewilligungszeitraums in gleicher Höhe weiterzuleisten; § 27 Abs. 2 und § 28 bleiben unberührt.

§ 21 Sonstige Gründe

Ein Wohngeldanspruch besteht nicht,
1. wenn das Wohngeld weniger als 10 Euro monatlich betragen würde,
2. wenn alle Haushaltsmitglieder nach den §§ 7 und 8 Abs. 1 vom Wohngeld ausgeschlossen sind oder
3. soweit die Inanspruchnahme missbräuchlich wäre, insbesondere wegen erheblichen Vermögens.

Teil 4
Bewilligung, Zahlung und Änderung des Wohngeldes

§ 22 Wohngeldantrag

(1) Wohngeld wird nur auf Antrag der wohngeldberechtigten Person geleistet.
(2) Im Fall des § 3 Abs. 3 wird vermutet, dass die antragstellende Person von den anderen Haushaltsmitgliedern als wohngeldberechtigte Person bestimmt ist.
(3) Zieht die wohngeldberechtigte Person aus oder stirbt sie, kann der Antrag nach § 27 Abs. 1 auch von einem anderen Haushaltsmitglied gestellt werden, das die Voraussetzungen des § 3 Abs. 1 oder Abs. 2 erfüllt. § 3 Abs. 3 bis 5 gilt entsprechend.
(4) Wird ein Wohngeldantrag für die Zeit nach dem laufenden Bewilligungszeitraum früher als zwei Monate vor Ablauf dieses Zeitraums gestellt, gilt der Erste des zweiten Monats vor Ablauf dieses Zeitraums als Zeitpunkt der Antragstellung im Sinne des § 24 Abs. 2.
(5) § 65a des Ersten und § 115 des Zehnten Buches Sozialgesetzbuch sind nicht anzuwenden.

§ 23 Auskunftspflicht

(1) Soweit die Durchführung dieses Gesetzes es erfordert, sind folgende Personen verpflichtet, auf Verlangen der Wohngeldbehörde Auskunft über ihre für das Wohngeld maßgebenden Verhältnisse zu geben:
1. die Haushaltsmitglieder,

2. die sonstigen Personen, die mit der wohngeldberechtigten Person den Wohnraum gemeinsam bewohnen, und
3. bei einer Prüfung nach § 21 Nr. 3 zur Feststellung eines Unterhaltsanspruchs auch
   a) der Ehegatte, der Lebenspartner oder die Lebenspartnerin,
   b) der frühere Ehegatte, der frühere Lebenspartner oder die frühere Lebenspartnerin,
   c) die Kinder der zu berücksichtigenden Haushaltsmitglieder und
   d) die Eltern der zu berücksichtigenden Haushaltsmitglieder,
   die keine Haushaltsmitglieder sind.

Die Haushaltsmitglieder sind verpflichtet, ihr Geschlecht anzugeben (§ 33 Abs. 3 Satz 1 Nr. 6 und § 35 Abs. 1 Nr. 5). Die wohngeldberechtigte Person hat im Wohngeldantrag nach § 22 und im Antrag nach § 27 Absatz 1 alle Tatsachen anzugeben, die für die Leistung erheblich sind.

(2) Soweit die Durchführung dieses Gesetzes es erfordert, sind die Arbeitgeber der zu berücksichtigenden Haushaltsmitglieder verpflichtet, auf Verlangen der Wohngeldbehörde über Art und Dauer des Arbeitsverhältnisses sowie über Arbeitsstätte und Arbeitsverdienst Auskunft zu geben.

(3) Der Empfänger oder die Empfängerin der Miete ist verpflichtet, auf Verlangen der Wohngeldbehörde über die Höhe und Zusammensetzung der Miete sowie über andere das Miet- oder Nutzungsverhältnis betreffende Umstände Auskunft zu geben, soweit die Durchführung dieses Gesetzes es erfordert.

(4) Zur Aufdeckung rechtswidriger Inanspruchnahme von Wohngeld sind die Kapitalerträge auszahlenden Stellen, denen ein zu berücksichtigendes Haushaltsmitglied einen Freistellungsauftrag für Kapitalerträge erteilt hat, verpflichtet, der Wohngeldbehörde Auskunft über die Höhe der zugeflossenen Kapitalerträge zu erteilen. § 21 Absatz 3 Satz 4 des Zehnten Buches Sozialgesetzbuch gilt entsprechend. Ein Auskunftsersuchen der Wohngeldbehörde ist nur zulässig, wenn auf Grund eines Datenabgleichs nach § 33 der Verdacht besteht oder feststeht, dass Wohngeld rechtswidrig in Anspruch genommen wurde oder wird und dass das zu berücksichtigende Haushaltsmitglied, auch soweit es dazu berechtigt ist, nicht oder nicht vollständig bei der Ermittlung der Kapitalerträge mitwirkt. Die Auslagen für Auskünfte von Kapitalerträge auszahlenden Stellen, die durch die Ermittlung der rechtswidrigen Inanspruchnahme von Wohngeld entstanden sind, sollen abweichend von § 64 Absatz 1 des Zehnten Buches Sozialgesetzbuch von der Person, die Wohngeld zu erstatten hat, erhoben werden.

(5) Auf die nach den Absätzen 1 bis 3 Auskunftspflichtigen sind die §§ 60 und 65 Abs. 1 und 3 des Ersten Buches Sozialgesetzbuch entsprechend anzuwenden.

§ 24 Wohngeldbehörde und Entscheidung

(1) Über den Wohngeldantrag muss die nach Landesrecht zuständige oder von der Landesregierung durch Rechtsverordnung oder auf sonstige Weise bestimmte Behörde (Wohngeldbehörde) schriftlich entscheiden. Die Landesregierung kann ihre Befugnis nach Satz 1, die Zuständigkeit der Wohngeldbehörden zu bestimmen, auf die für die Ausführung des Wohngeldgesetzes zuständige oberste Landesbehörde übertragen. § 69 des Ersten Buches Sozialgesetzbuch bleibt unberührt.

(2) Der Entscheidung sind die Verhältnisse im Bewilligungszeitraum, die im Zeitpunkt der Antragstellung zu erwarten sind, zu Grunde zu legen. Treten nach dem Zeitpunkt der Antragstellung bis zur Bekanntgabe des Wohngeldbescheides Änderungen der Verhältnisse im Bewilligungszeitraum ein, sind sie grundsätzlich nicht zu berücksichtigen; Änderungen im Sinne des § 27 Absatz 1 und 2 oder § 28 Absatz 1 bis 3 sollen berücksichtigt werden. Satz 2 gilt für nach dem Zeitpunkt der Antragstellung bis zur Bekanntgabe des Wohngeldbescheides zu erwartende Änderungen entsprechend.

(3) Der Bewilligungsbescheid muss die in § 27 Abs. 3 Satz 1 Nr. 2 und 3 genannten Beträge ausweisen und einen Hinweis über die Mitteilungspflichten nach § 27 Abs. 3 und 4 sowie § 28 Abs. 1 Satz 2 und Abs. 4 Satz 1 enthalten. Er soll einen Hinweis enthalten, dass der Wohngeldantrag für die Zeit nach Ablauf des Bewilligungszeitraums wiederholt werden kann und dass eine Neuentscheidung von Amts wegen mit der Folge des Wohngeldwegfalles oder eines verringerten Wohngeldes auch dann möglich ist, wenn keine Mitteilungspflicht besteht.

(4) Erzielt mindestens eines der zu berücksichtigenden Haushaltsmitglieder Einkünfte aus selbständiger Arbeit, aus Gewerbebetrieb oder aus Land- und Forstwirtschaft, so kann der Wohngeldbewilligungsbescheid mit der Auflage verbunden werden, dass die Einkommensteuerbescheide, den Zeitraum der Wohngeldbewilligung betreffen, unverzüglich der Wohngeldbehörde zur Prüfung, ob ein Fall des § 27 Absatz 2 Satz 1 Nummer 3 vorliegt, vorzulegen sind.

(5) Wenn infolge des Umzugs der wohngeldberechtigten Person eine andere Wohngeldbehörde zuständig wird, bleibt abweichend von § 44 Absatz 3 des Zehnten Buches Sozialgesetzbuch die Wohngeldbehörde, die den Wohngeldbescheid erlassen hat, zuständig für
1. die Aufhebung eines Wohngeldbescheides,

2. die Rückforderung des zu erstattenden Wohngeldes sowie
3. die Unterrichtung und den Hinweis nach § 28 Absatz 5.

§ 25 Bewilligungszeitraum

(1) Das Wohngeld soll für zwölf Monate bewilligt werden. Ist zu erwarten, dass sich die maßgeblichen Verhältnisse vor Ablauf von zwölf Monaten erheblich ändern, soll der Bewilligungszeitraum entsprechend verkürzt werden; im Einzelfall kann der Bewilligungszeitraum geteilt werden.
(2) Der Bewilligungszeitraum beginnt am Ersten des Monats, in dem der Wohngeldantrag gestellt worden ist. Treten die Voraussetzungen für die Bewilligung des Wohngeldes erst in einem späteren Monat ein, beginnt der Bewilligungszeitraum am Ersten dieses Monats.
(3) Der Bewilligungszeitraum beginnt am Ersten des Monats, von dem ab Leistungen im Sinne des § 7 Abs. 1 abgelehnt worden sind, wenn der Wohngeldantrag vor Ablauf des Kalendermonats gestellt wird, der auf die Kenntnis der Ablehnung folgt. Dies gilt entsprechend, wenn der Ausschluss nach § 8 Abs. 1 Satz 3 oder Abs. 2 als nicht erfolgt gilt.
(4) Ist ein Wohngeldbewilligungsbescheid nach § 28 Absatz 3 unwirksam geworden, beginnt der Wohngeldbewilligungszeitraum abweichend von § 25 Absatz 3 Satz 1 frühestens am Ersten des Monats, von dem an die Unwirksamkeit des Wohngeldbewilligungsbescheides eingetreten ist; dies gilt nur unter der Voraussetzung, dass der Wohngeldantrag vor Ablauf des Kalendermonats gestellt wird, der
1. auf die Kenntnis der Ablehnung einer Leistung nach § 7 Absatz 1 folgt oder
2. auf die Kenntnis von der Unwirksamkeit des Wohngeldbewilligungsbescheides folgt, wenn nur ein Teil der zu berücksichtigenden Haushaltsmitglieder nach § 7 vom Wohngeld ausgeschlossen ist.
Der Ablehnung einer Leistung nach § 7 Absatz 1 im Sinne des § 25 Absatz 4 Satz 1 Nummer 1 stehen die Fälle des § 8 Absatz 1 Satz 3 und Absatz 2 gleich. Wird eine Leistung nach § 7 Absatz 1 rückwirkend für alle zu berücksichtigenden Haushaltsmitglieder und nur für einen Teil des bisherigen Wohngeldbewilligungszeitraums gewährt, beginnt der neue Wohngeldbewilligungszeitraum am Ersten des Monats, von dem an die Leistung nach § 7 Absatz 1 nicht mehr gewährt wird; dies gilt nur unter der Voraussetzung, dass der Wohngeldantrag vor Ablauf des Kalendermonats gestellt wird, der auf die Kenntnis von dem Ende des Bewilligungszeitraums einer Leistung nach § 7 Absatz 1 folgt.
(5) Der neue Bewilligungszeitraum im Fall des § 27 Abs. 1 Satz 2 beginnt am Ersten des Monats, von dem an die erhöhte Miete oder Belastung rückwirkend berücksichtigt wird, wenn der Antrag vor Ablauf des Kalendermonats gestellt wird, der auf die Kenntnis von der Erhöhung der Miete oder Belastung folgt.

§ 26 Zahlung des Wohngeldes

(1) Das Wohngeld ist an die wohngeldberechtigte Person zu zahlen. Es kann mit schriftlicher Einwilligung der wohngeldberechtigten Person oder, wenn dies im Einzelfall geboten ist, auch ohne deren Einwilligung, an ein anderes Haushaltsmitglied, an den Empfänger oder die Empfängerin der Miete oder in den Fällen des § 3 Abs. 1 Satz 2 Nr. 3 an den Leistungsträger im Sinne des § 12 des Ersten Buches Sozialgesetzbuch gezahlt werden. Wird das Wohngeld nach Satz 2 gezahlt, ist die wohngeldberechtigte Person hiervon zu unterrichten.
(2) Das Wohngeld ist monatlich im Voraus auf ein Konto eines Haushaltsmitgliedes bei einem Geldinstitut für das die Verordnung (EU) Nr. 260/2012 des Europäischen Parlaments und des Rates vom 14. März 2012 zur Festlegung der technischen Vorschriften und der Geschäftsanforderungen für Überweisungen und Lastschriften in Euro und zur Änderung der Verordnung (EG) Nr. 924/2009 (ABl. L 94 vom 30. 3. 2012, S. 22) gilt (Geldinstitut), zu zahlen. Ist ein solches Konto nicht vorhanden, kann das Wohngeld an den Wohnsitz der wohngeldberechtigten Person übermittelt werden; die dadurch veranlassten Kosten sollen vom Wohngeld abgezogen werden.

§ 27 Änderung des Wohngeldes

(1) Das Wohngeld ist auf Antrag neu zu bewilligen, wenn sich im laufenden Bewilligungszeitraum
1. die Anzahl der zu berücksichtigenden Haushaltsmitglieder erhöht,
2. die zu berücksichtigende Miete oder Belastung abzüglich der Beträge zur Entlastung bei den Heizkosten um mehr als 15 Prozent erhöht oder
3. das Gesamteinkommen um mehr als 15 Prozent verringert
und sich dadurch das Wohngeld erhöht. Im Fall des Satzes 1 Nr. 2 ist das Wohngeld auch rückwirkend zu bewilligen, frühestens jedoch ab Beginn des laufenden Bewilligungszeitraums, wenn sich die zu berücksichtigende Miete oder Belastung abzüglich der Beträge zur Entlastung bei den Heizkosten rückwirkend um mehr als 15 Prozent erhöht hat. Satz 1 Nr. 3 ist auch anzuwenden, wenn sich das Gesamteinkommen um mehr als 15 Prozent verringert, weil sich die Anzahl der zu berücksichtigenden Haushaltsmitglieder verringert hat.

(2) Über die Leistung des Wohngeldes ist von Amts wegen mit Wirkung ab dem Zeitpunkt der Änderung der Verhältnisse unter Aufhebung des Bewilligungsbescheides neu zu entscheiden, wenn sich im laufenden Bewilligungszeitraum nicht nur vorübergehend
1. die Anzahl der zu berücksichtigenden Haushaltsmitglieder auf mindestens ein zu berücksichtigendes Haushaltsmitglied verringert; § 6 Abs. 2 bleibt unberührt,
2. die zu berücksichtigende Miete oder Belastung abzüglich der Beträge zur Entlastung bei den Heizkosten um mehr als 15 Prozent verringert; § 6 Abs. 2 bleibt unberührt, oder
3. das Gesamteinkommen um mehr als 15 Prozent erhöht

und dadurch das Wohngeld wegfällt oder sich verringert. Als Zeitpunkt der Änderung der Verhältnisse gilt im Fall des Satzes 1 Nr. 1 der Tag nach dem Auszug, im Fall des Satzes 1 Nr. 2 der Beginn des Zeitraums, für den sich die zu berücksichtigende Miete oder Belastung abzüglich der Beträge zur Entlastung bei den Heizkosten um mehr als 15 Prozent verringert, und im Fall des Satzes 1 Nr. 3 der Beginn des Zeitraums, für den das erhöhte Einkommen bezogen wird, das zu einer Erhöhung des Gesamteinkommens um mehr als 15 Prozent führt. Tritt die Änderung der Verhältnisse nicht zum Ersten eines Monats ein, ist mit Wirkung vom Ersten des nächsten Monats an zu entscheiden. Satz 1 Nr. 3 ist auch anzuwenden, wenn sich das Gesamteinkommen um mehr als 15 Prozent erhöht, weil sich die Anzahl der zu berücksichtigenden Haushaltsmitglieder erhöht hat. Als Zeitpunkt der Antragstellung im Sinne des § 24 Abs. 2 gilt der Zeitpunkt der Kenntnis der Wohngeldbehörde von den geänderten Verhältnissen. Eine Neuentscheidung von Amts wegen muss innerhalb eines Jahres, nachdem die Wohngeldbehörde von der Änderung der Verhältnisse Kenntnis erlangt hat, erfolgen. Die Neuentscheidung ist unabhängig vom Bestehen einer Mitteilungspflicht.

(3) Die wohngeldberechtigte Person muss der Wohngeldbehörde unverzüglich mitteilen, wenn sich im laufenden Bewilligungszeitraum nicht nur vorübergehend
1. die Anzahl der zu berücksichtigenden Haushaltsmitglieder (§ 6 Abs. 1) auf mindestens ein zu berücksichtigendes Haushaltsmitglied verringert oder die Anzahl der vom Wohngeld ausgeschlossenen Haushaltsmitglieder (§§ 7 und 8 Abs. 1) erhöht,
2. die monatliche Miete (§ 9) oder die monatliche Belastung (§ 10) um mehr als 15 Prozent gegenüber der im Bewilligungsbescheid genannten Miete oder Belastung verringert oder
3. die Summe aus den monatlichen positiven Einkünften nach § 14 Abs. 1 und den monatlichen Einnahmen nach § 14 Abs. 2 aller zu berücksichtigenden Haushaltsmitglieder um mehr als 15 Prozent gegenüber dem im Bewilligungsbescheid genannten Betrag erhöht; dies gilt auch, wenn sich der Betrag um mehr als 15 Prozent erhöht, weil sich die Anzahl der zu berücksichtigenden Haushaltsmitglieder erhöht hat.

Die zu berücksichtigenden Haushaltsmitglieder sind verpflichtet, der wohngeldberechtigten Person Änderungen ihrer monatlichen positiven Einkünfte nach § 14 Abs. 1 und ihrer monatlichen Einnahmen nach § 14 Abs 2 mitzuteilen.

(4) Die Absätze 2 und 3 gelten entsprechend, wenn sich die Änderungen nach Absatz 2 Satz 1 und 4 und Absatz 3 Satz 1 auf einen abgelaufenen Bewilligungszeitraum beziehen. Werden die Änderungen erst nach Ablauf des Bewilligungszeitraums bekannt und wirken sie auf einen oder mehrere abgelaufene Bewilligungszeiträume zurück, so ist eine Entscheidung nach Absatz 2 längstens für die drei Jahre, bevor die wohngeldberechtigte Person oder die zu berücksichtigenden Haushaltsmitglieder von der Änderung der Verhältnisse Kenntnis erlangt haben, zulässig; der Kenntnis steht die Nichtkenntnis infolge grober Fahrlässigkeit gleich. Hat die wohngeldberechtigte Person eine Änderung nach Absatz 2 Satz 1 und 4 im laufenden Bewilligungszeitraum nicht mitgeteilt und erhält die Wohngeldbehörde daher erst nach Ablauf des Bewilligungszeitraums von der Änderung Kenntnis, so ist eine Entscheidung nach Absatz 2 längstens für zehn Jahre seit Änderung der Verhältnisse zulässig.

§ 28 Unwirksamkeit des Bewilligungsbescheides und Wegfall des Wohngeldanspruchs

(1) Der Bewilligungsbescheid wird vom Ersten des Monats an unwirksam, in dem der Wohnraum, für den Wohngeld bewilligt ist, von keinem zu berücksichtigenden Haushaltsmitglied mehr genutzt wird; erfolgt die Nutzungsaufgabe nicht zum Ersten eines Monats, wird der Bewilligungsbescheid vom Ersten des nächsten Monats an unwirksam. Die wohngeldberechtigte Person muss der Wohngeldbehörde unverzüglich mitteilen, dass der Wohnraum nicht mehr genutzt wird. Der Wechsel des Wohnraums innerhalb desselben Heimes im Sinne des Heimgesetzes oder entsprechender Gesetze der Länder gilt nicht als Nutzungsaufgabe.

(2) Der Wohngeldanspruch fällt für den Monat weg, in dem das Wohngeld vollständig oder überwiegend nicht zur Bezahlung der Miete oder zur Aufbringung der Belastung verwendet wird (zweckwidrige Verwendung). Der Bewilligungsbescheid ist mit Wirkung vom Ersten des Monats der zweckwidrigen Verwendung an aufzuheben, wenn seine Bekanntgabe nicht länger als zehn Jahre und die Kenntnis der Wohngeldbehörde von der zweckwidrigen Verwendung nicht länger als ein Jahr zurückliegt. Die Sätze 1 und 2 gelten nicht, soweit der Wohngeldanspruch Gegenstand einer Aufrechnung, Verrechnung oder Pfändung nach den §§ 51, 52 und 54 des Ersten

Buches Sozialgesetzbuch ist oder auf einen Leistungsträger im Sinne des § 12 des Ersten Buches Sozialgesetzbuch übergegangen ist.
(3) Der Bewilligungsbescheid wird von dem Zeitpunkt an unwirksam, ab dem ein zu berücksichtigendes Haushaltsmitglied nach den §§ 7 und 8 Abs. 1 vom Wohngeld ausgeschlossen ist. Im Fall des § 8 Abs. 1 Satz 3 bleibt der Bewilligungsbescheid unwirksam.
(4) Die wohngeldberechtigte Person muss der Wohngeldbehörde unverzüglich mitteilen, wenn für ein zu berücksichtigendes Haushaltsmitglied ein Verwaltungsverfahren zur Feststellung von Grund und Höhe einer Leistung nach § 7 Abs. 1 oder Abs. 2 begonnen hat oder ein zu berücksichtigendes Haushaltsmitglied eine Leistung nach § 7 Abs. 1 empfängt. Die zu berücksichtigenden Haushaltsmitglieder sind verpflichtet, der wohngeldberechtigten Person die in Satz 1 genannten Tatsachen mitzuteilen.
(5) Die wohngeldberechtigte Person ist von der Unwirksamkeit des Bewilligungsbescheides zu unterrichten und im Fall des Absatzes 3 auf die Antragsfrist nach § 25 Absatz 4 hinzuweisen.
(6) Der Wohngeldanspruch ändert sich nur wegen der in § 17a Absatz 3, § 27, den vorstehenden Absätzen 1 bis 3, § 42a oder der in den §§ 42b bis 44 genannten Umstände.

§ 29 Haftung, Aufrechnung, Verrechnung und vorläufige Zahlungseinstellung

(1) Ist Wohngeld nach § 50 des Zehnten Buches Sozialgesetzbuch zu erstatten, haften neben der wohngeldberechtigten Person die volljährigen und bei Berechnung des Wohngeldes berücksichtigten Haushaltsmitglieder als Gesamtschuldner.
(2) Die Wohngeldbehörde kann mit Ansprüchen auf Erstattung zu Unrecht erbrachten Wohngeldes abweichend von § 51 Abs. 2 des Ersten Buches Sozialgesetzbuch gegen Wohngeldansprüche statt bis zu deren Hälfte in voller Höhe aufrechnen.
(3) Die Wohngeldbehörde kann Ansprüche eines anderen Leistungsträgers abweichend von § 52 des Ersten Buches Sozialgesetzbuch mit der ihr obliegenden Wohngeldleistung verrechnen, soweit nach Absatz 2 die Aufrechnung zulässig ist.
(4) Die Wohngeldbehörde kann die Zahlung des Wohngeldes ohne Erlass eines Bescheides vorläufig ganz oder teilweise einstellen, wenn sie Kenntnis von Tatsachen erhält, die die Annahme rechtfertigen, dass
1. der Bewilligungsbescheid bei Erlass rechtswidrig war und die wohngeldberechtigte Person sich nach § 45 Absatz 2 Satz 3 des Zehnten Buches Sozialgesetzbuch nicht auf Vertrauensschutz berufen kann oder
2. die Voraussetzungen des § 27 Absatz 2, auch in Verbindung mit Absatz 4 oder § 28 Absatz 1 bis 3, vorliegen.
Soweit die Kenntnis nicht auf Angaben der wohngeldberechtigten Person beruht, sind dieser unverzüglich die vorläufige Einstellung der Wohngeldzahlung sowie die dafür maßgeblichen Gründe mitzuteilen und ist ihr Gelegenheit zu geben, sich zu äußern. Die Wohngeldbehörde hat eine vorläufig eingestellte Wohngeldleistung unverzüglich nachzuzahlen, wenn nicht entweder der Bewilligungsbescheid, aus dem sich der Anspruch ergibt, zwei Monate nach der Einstellung der Zahlung mit Wirkung für die Vergangenheit aufgehoben oder nachträglich die Unwirksamkeit des Bewilligungsbescheides festgestellt worden ist. Satz 3 gilt nicht, wenn die Wohngeldleistung zwischenzeitlich nach Maßgabe des § 66 des Ersten Buches Sozialgesetzbuch entzogen wurde.

§ 30 Rücküberweisung und Erstattung im Todesfall

(1) Wird der Bewilligungsbescheid nach § 28 Abs. 1 Satz 1 auf Grund eines Todesfalles unwirksam, gilt Wohngeld, das für die Zeit nach dem Tod des zu berücksichtigenden Haushaltsmitgliedes auf ein Konto bei einem Geldinstitut überwiesen wurde, als unter Vorbehalt geleistet. Das Geldinstitut muss es der überweisenden Behörde oder der Wohngeldbehörde zurücküberweisen, wenn diese es als zu Unrecht geleistet zurückfordert. Eine Verpflichtung zur Rücküberweisung besteht nicht, soweit
1. über den entsprechenden Betrag bei Eingang der Rückforderung bereits anderweitig verfügt worden ist, es sei denn, die Rücküberweisung kann aus einem Guthaben erfolgen, oder
2. die Wohngeldbehörde das Wohngeld an den Empfänger oder die Empfängerin der Miete überwiesen hat.
Das Geldinstitut darf den nach Satz 1 überwiesenen Betrag nicht zur Befriedigung eigener Forderungen verwenden.
(2) Wird der Bewilligungsbescheid nach § 28 Abs. 1 Satz 1 auf Grund eines Todesfalles unwirksam und ist Wohngeld weiterhin geleistet worden, sind mit Ausnahme des Empfängers oder der Empfängerin der Miete folgende Personen verpflichtet, der Wohngeldbehörde den entsprechenden Betrag zu erstatten:
1. Personen, die das Wohngeld unmittelbar in Empfang genommen haben,
2. Personen, auf deren Konto der entsprechende Betrag durch ein bankübliches Zahlungsgeschäft weitergeleitet wurde, und
3. Personen, die über den entsprechenden Betrag verfügungsberechtigt sind und ein bankübliches Zahlungsgeschäft zu Lasten des Kontos vorgenommen oder zugelassen haben.

Der Erstattungsanspruch ist durch Verwaltungsakt geltend zu machen. Ein Geldinstitut, das eine Rücküberweisung mit dem Hinweis abgelehnt hat, dass über den entsprechenden Betrag bereits anderweitig verfügt wurde, muss der überweisenden Behörde oder der Wohngeldbehörde auf Verlangen Name und Anschrift der in Satz 1 Nr. 2 und 3 genannten Personen und etwaiger neuer Kontoinhaber oder Kontoinhaberinnen benennen. Ein Anspruch nach § 50 des Zehnten Buches Sozialgesetzbuch bleibt unberührt.

(3) Der Rücküberweisungs- und der Erstattungsanspruch verjähren in vier Jahren nach Ablauf des Kalenderjahres, in dem die Wohngeldbehörde Kenntnis von der Überzahlung erlangt hat.

§ 31 Rücknahme eines rechtswidrigen nicht begünstigenden Wohngeldbescheides

Wird ein rechtswidriger nicht begünstigender Wohngeldbescheid mit Wirkung für die Vergangenheit zurückgenommen, muss die Wohngeldbehörde längstens für zwei Jahre vor der Rücknahme Wohngeld leisten. Im Übrigen bleibt § 44 des Zehnten Buches Sozialgesetzbuch unberührt.

Teil 5
Kostentragung und Datenabgleich

§ 32 Erstattung des Wohngeldes durch den Bund

Wohngeld nach diesem Gesetz, das von einem Land gezahlt worden ist, ist diesem zur Hälfte vom Bund zu erstatten.

§ 33 Datenabgleich

(1) Die Wohngeldbehörde ist verpflichtet, auf Verlangen
1. der zuständigen Behörde für die Erhebung der Ausgleichszahlung nach dem Gesetz über den Abbau der Fehlsubventionierung im Wohnungswesen und den hierzu erlassenen landesrechtlichen Vorschriften und
2. der jeweils zuständigen Behörde nach entsprechenden Gesetzen der Länder

diesen Behörden mitzuteilen, ob der betroffene Wohnungsinhaber Wohngeld erhält. Maßgebend hierfür ist der Zeitraum, der zwischen dem Zeitpunkt nach § 3 Abs. 2 des Gesetzes über den Abbau der Fehlsubventionierung im Wohnungswesen und den hierzu erlassenen landesrechtlichen Vorschriften oder nach entsprechenden Gesetzen der Länder und der Erteilung des Bescheides über die Ausgleichszahlung liegt.

(2) Die Wohngeldbehörde darf, um die rechtswidrige Inanspruchnahme von Wohngeld zu vermeiden oder aufzudecken, die Haushaltsmitglieder regelmäßig durch einen Datenabgleich daraufhin überprüfen,
1. ob und für welche Zeiträume Leistungen nach § 7 Abs. 1 beantragt oder empfangen werden oder wurden oder ein Ausschlussgrund nach § 7 Abs. 2, Abs. 3 oder § 8 Abs. 1 vorliegt oder vorlag,
2. ob und welche Daten nach § 45d Abs. 1 und § 45e des Einkommensteuergesetzes, insbesondere zu der Höhe von Kapitalerträgen, für die ein Freistellungsauftrag erteilt worden ist, dem Bundeszentralamt für Steuern übermittelt worden sind,
3. ob und für welche Zeiträume bereits Wohngeld beantragt oder empfangen wird oder wurde,
4. ob und von welchem Zeitpunkt an die Bundesagentur für Arbeit die Leistung von Arbeitslosengeld eingestellt hat,
5. ob, mit welchem Wohnungsstatus und von welchem Zeitpunkt an ein Haushaltsmitglied unter der Anschrift der Wohnung, für die Wohngeld beantragt wird oder geleistet wird oder wurde, bei der Meldebehörde gemeldet ist oder nicht mehr gemeldet ist und unter welcher neuen Anschrift es gemeldet ist,
6. ob, für welche Zeiträume und bei welchem Arbeitgeber eine Versicherungspflicht im Sinne des § 2 Abs. 1 des Vierten Buches Sozialgesetzbuch oder eine geringfügige Beschäftigung besteht oder bestand und entsprechende Daten an die Datenstelle der Rentenversicherung (Datenstelle) und die Minijob-Zentrale der Deutschen Rentenversicherung Knappschaft-Bahn-See übermittelt worden sind,
7. ob, in welcher Höhe und für welche Zeiträume Leistungen der Renten- und Unfallversicherungen durch die Deutsche Post AG oder die Deutsche Rentenversicherung Knappschaft-Bahn-See gezahlt worden sind.

Richtet sich eine Überprüfung auf einen abgelaufenen Bewilligungszeitraum, ist diese bis zum Ablauf von zehn Jahren nach Bekanntgabe des zugehörigen Bewilligungsbescheides zulässig.

(3) Zur Durchführung des Datenabgleichs dürfen nur
1. Familienname, Vornamen unter Kennzeichnung des gebräuchlichen Vornamens, Geburtsname,
2. Geburtsdatum, Geburtsort,
3. Anschrift der Wohnung, für die Wohngeld beantragt oder bewilligt wurde,
4. Tatsache des Wohngeldantrages und des Wohngeldempfangs,
5. Zeitraum des Wohngeldempfangs und
6. Geschlecht

an die in Absatz 1 Satz 1 und Absatz 2 Satz 1 Nr. 2, 4, 6 und 7 genannten und die für die Leistungen nach Absatz 2 Satz 1 Nummer 1 und 3 zuständigen Stellen sowie an die Meldebehörden übermittelt werden. Die Daten, die der Wohngeldbehörde oder der sonst nach Landesrecht für den Datenabgleich zuständigen oder von der Landesregierung durch Rechtsverordnung oder auf sonstige Weise für den Datenabgleich bestimmten Stelle (zentralen Landesstelle) übermittelt werden, dürfen nur für den Zweck der Überprüfung nach den Absätzen 1 und 2 genutzt werden. Die übermittelten Daten, bei denen die Überprüfung zu keinen abweichenden Feststellungen führt, sind unverzüglich zu löschen oder zu vernichten. Die betroffenen Personen sind von der Wohngeldbehörde auf die Datenübermittlung hinzuweisen.

(4) Die in Absatz 2 Satz 1 Nummer 2, 4, 6 und 7 genannten und die für die Leistungen nach Absatz 2 Satz 1 Nummer 1 und 3 zuständigen Stellen sowie die Meldebehörden führen den Datenabgleich durch und übermitteln die Daten über Feststellungen im Sinne des Absatzes 2 an die Wohngeldbehörde oder die zentrale Landesstelle oder über die zentrale Landesstelle an die Wohngeldbehörde. Die jenen Stellen überlassenen Daten und Datenträger sind nach Durchführung des Datenabgleichs unverzüglich zurückzugeben, zu löschen oder zu vernichten.

(5) Der Datenabgleich nach den Absätzen 1 und 2 ist auch in automatisierter Form zulässig. Hierzu dürfen die erforderlichen Daten nach den Absätzen 1 bis 3 auch der Datenstelle als Vermittlungsstelle übermittelt werden. Die Datenstelle darf die nach den Absätzen 1 bis 3 übermittelten Daten speichern, nutzen und an die in Absatz 2 Satz 1 Nr. 2, 4, 6 und 7 genannten Stellen weiter übermitteln, soweit dies für den Datenabgleich nach den Absätzen 1 und 2 erforderlich ist. Die Datenstelle darf die nach § 52 Absatz 1 und 2 des Zweiten Buches Sozialgesetzbuch und nach § 118 Absatz 2 des Zwölften Buches Sozialgesetzbuch übermittelten Daten sowie die Daten der Stammsatzdatei im Sinne des § 150 des Sechsten Buches Sozialgesetzbuch und des bei ihr für die Prüfung bei den Arbeitgebern geführten Dateisystems im Sinne des § 28p Absatz 8 Satz 3 des Vierten Buches Sozialgesetzbuch nutzen, soweit dies für den Datenabgleich nach den Absätzen 1 und 2 erforderlich ist. Die Datenstelle gleicht die übermittelten Daten ab und leitet Feststellungen im Sinne des Absatzes 2 an die übermittelnde Wohngeldbehörde oder die zentrale Landesstelle oder über die zentrale Landesstelle an die übermittelnde Wohngeldbehörde zurück. Die nach Satz 3 bei der Datenstelle gespeicherten Daten sind unverzüglich nach Abschluss der Datenabgleiche zu löschen. Bei einer Weiterübermittlung der Daten nach Satz 3 gilt Absatz 4 für die in Absatz 2 Satz 1 Nr. 2, 4, 6 und 7 genannten Stellen entsprechend.

(6) Die Landesregierung kann ihre Befugnis, eine zentrale Landesstelle für den Datenabgleich zu bestimmen (Absatz 3 Satz 2, Absatz 4 Satz 1 und Absatz 5 Satz 5), auf die für die Ausführung des Wohngeldgesetzes zuständige oberste Landesbehörde übertragen. § 69 des Ersten Buches Sozialgesetzbuch bleibt unberührt.

(7) Die Landesregierungen werden ermächtigt, durch Rechtsverordnung die Einzelheiten des Verfahrens des automatisierten Datenabgleichs und die Kosten des Verfahrens zu regeln, solange und soweit nicht die Bundesregierung von der Ermächtigung nach § 38 Nr. 3 Gebrauch gemacht hat.

Teil 6
Wohngeldstatistik

§ 34 Zweck der Wohngeldstatistik, Auskunfts- und Hinweispflicht

(1) Über die Anträge und Entscheidungen nach diesem Gesetz sowie über die persönlichen und sachlichen Verhältnisse der zu berücksichtigenden Haushaltsmitglieder, die für die Berechnung des regionalen Mietenniveaus (§ 12 Abs. 3 und 4), den Wohngeld- und Mietenbericht (§ 39), die Beurteilung der Auswirkungen dieses Gesetzes und dessen Fortentwicklung erforderlich sind, ist eine Bundesstatistik zu führen.

(2) Für die Erhebung sind die Wohngeldbehörden auskunftspflichtig. Die Angaben der in § 23 Abs. 1 bis bezeichneten Personen dienen zur Ermittlung der statistischen Daten im Rahmen der Erhebungsmerkmale (§ 35).

(3) Die wohngeldberechtigte Person ist auf die Verwendung der auf Grund der Bearbeitung bekannten Daten für die Wohngeldstatistik und auf die Möglichkeit der Übermittlung nach § 36 Abs. 2 Satz 2 hinzuweisen.

§ 35 Erhebungs- und Hilfsmerkmale

(1) Erhebungsmerkmale sind
1. die Art des Wohngeldantrages und der Entscheidung;
2. der Betrag des im Erhebungszeitraum gezahlten Wohngeldes;
3. der Beginn und das Ende des Bewilligungszeitraums nach Monat und Jahr; die Art und die Höhe des monatlichen Wohngeldes;
4. die Anzahl der zu berücksichtigenden Haushaltsmitglieder, ihre jeweilige Beteiligung am Erwerbsleben und Stellung im Beruf sowie jeweils die Anzahl derjenigen zu berücksichtigenden Haushaltsmitglieder, die
    a) noch nicht 18 Jahre alt sind oder
    b) mindestens 18 Jahre, aber noch nicht 25 Jahre alt sind;

ist mindestens ein Haushaltsmitglied vom Wohngeld ausgeschlossen, sind auch die Gesamtzahl der Haushaltsmitglieder und die Zahl der vom Wohngeld ausgeschlossenen Haushaltsmitglieder Erhebungsmerkmale;
5. das jeweilige Geschlecht der zu berücksichtigenden Haushaltsmitglieder;
6. der bei der Berechnung des Wohngeldes berücksichtigte Höchstbetrag für Miete und Belastung (§ 12 Abs. 1), im Fall des § 11 Abs. 3 der Anteil des Höchstbetrages, der dem Anteil der zu berücksichtigenden Haushaltsmitglieder an der Gesamtzahl der Haushaltsmitglieder entspricht;
7. die Wohnverhältnisse der zu berücksichtigenden Haushaltsmitglieder nach Größe der Wohnung, nach Höhe der monatlichen Miete oder Belastung, im Fall des § 10 Abs. 2 Satz 2 die Belastung aus Zinsen und Tilgung, nach öffentlicher Förderung der Wohnung oder Förderung nach dem Wohnraumförderungsgesetz oder entsprechenden Gesetzen der Länder, der Grund der Wohngeldberechtigung (§ 3 Abs. 1 bis 3) sowie die Gemeinde und deren Mietenstufe (§ 12); ist mindestens ein Haushaltsmitglied vom Wohngeld ausgeschlossen, sind die Größe der Wohnung und die Höhe der monatlichen Miete oder Belastung kopfteilig zu erheben;
8. a) das monatliche Gesamteinkommen, die Freibeträge nach den §§ 17, 17a und die Abzugsbeträge für Unterhaltsleistungen nach § 18;
   b) die Summe der positiven Einkünfte und der Einnahmen nach § 14 sowie die Abzugsbeträge für Steuern und Sozialversicherungsbeiträge nach § 16 für jedes einzelne zu berücksichtigende Haushaltsmitglied; im Fall einer nach den §§ 7 und 8 Absatz 1 vom Wohngeld ausgeschlossenen wohngeldberechtigten Person ist die Art der beantragten oder empfangenen Leistung nach § 7 Absatz 1 Erhebungsmerkmal;
9. das Datum der Berechnung des Wohngeldes und die angewandte Gesetzesfassung.
(2) Hilfsmerkmale sind:
1. Name und Anschrift der auskunftspflichtigen Wohngeldbehörde;
2. Wohngeldnummern; diese dürfen keine Angaben über persönliche oder sachliche Verhältnisse der wohngeldberechtigten Personen sowie der in § 23 Absatz 1 bis 3 bezeichneten Personen enthalten oder einen Rückschluss auf diese Verhältnisse zulassen.

Die Wohngeldnummern sind zu löschen, sobald bei den statistischen Landesämtern die Überprüfung der Erhebungs- und Hilfsmerkmale auf ihre Schlüssigkeit und Vollständigkeit sowie die Erstellung und Prüfung von Ergebnissen aus der Bestandsfortschreibung abgeschlossen sind, spätestens jedoch nach Ablauf von fünf Jahren seit dem Zeitpunkt, zu dem die Erhebung durchgeführt worden ist (§ 36 Absatz 1).

§ 36 Erhebungszeitraum und Zusatzaufbereitungen

(1) Die Erhebung der Angaben nach § 35 Abs. 1 ist vierteljährlich für das jeweils abgelaufene Kalendervierteljahr durchzuführen. Die statistischen Landesämter stellen dem Statistischen Bundesamt unverzüglich nach Ablauf des Erhebungszeitraums oder zu dem in der Rechtsverordnung nach § 38 angegebenen Zeitpunkt folgende Angaben zur Verfügung:
1. vierteljährlich
   a) für den Erhebungszeitraum die Angaben nach § 35 Abs. 1 Nr. 1 bis 3;
   b) für den vergleichbaren Erhebungszeitraum des vorausgehenden Kalenderjahres die Angaben nach § 35 Abs. 1 Nr. 1 und 3 unter Berücksichtigung der rückwirkenden Entscheidungen aus den folgenden zwölf Monaten;
2. jährlich die Angaben nach § 35 Abs. 1 Nr. 3 bis 9 für den Monat Dezember unter Berücksichtigung der rückwirkenden Entscheidungen aus dem folgenden Kalendervierteljahr.

(2) Einzelangaben nach § 35 Abs. 1 aus einer Zufallsstichprobe mit einem Auswahlsatz von 25 Prozent der wohngeldberechtigten Personen sind dem Statistischen Bundesamt jährlich unverzüglich nach Ablauf des Erhebungszeitraums für Zusatzaufbereitungen zur Verfügung zu stellen. Zu diesem Zweck dürfen die Einzelangaben auch dem Bundesministerium des Innern, für Bau und Heimat oder, wenn die Aufgabe der Zusatzaufbereitung an das Bundesamt für Bauwesen und Raumordnung übertragen worden ist, an dieses übermittelt werden. Dabei sind mehr als fünf zu berücksichtigende Haushaltsmitglieder, die Wohnraum gemeinsam bewohnen, in einer Gruppe zusammenzufassen. Bei der empfangenden Stelle ist eine Organisationseinheit einzurichten, die räumlich, organisatorisch und personell von anderen Aufgabenbereichen zu trennen ist. Die in dieser Organisationseinheit tätigen Personen müssen Amtsträger oder für den öffentlichen Dienst besonders Verpflichtete sein. Sie dürfen aus ihrer Tätigkeit gewonnene Erkenntnisse nur für Zwecke des § 34 Abs. 1 verwenden. Die nach Satz 2 übermittelten Einzelangaben dürfen nicht mit anderen Daten zusammengeführt werden.

Teil 7
Schlussvorschriften

§ 37 Bußgeld

(1) Ordnungswidrig handelt, wer vorsätzlich oder leichtfertig
1. entgegen § 23 Absatz 1 Satz 1, Absatz 2 oder Absatz 3 eine Auskunft nicht, nicht richtig, nicht vollständig oder nicht rechtzeitig gibt,
2. entgegen § 23 Absatz 1 Satz 3 eine Angabe nicht richtig macht oder
3. entgegen § 27 Abs. 3 Satz 1, auch in Verbindung mit Abs. 4, oder § 28 Abs. 1 Satz 2 oder Abs. 4 Satz 1 eine Änderung in den Verhältnissen, die für den Wohngeldanspruch erheblich ist, nicht, nicht richtig, nicht vollständig oder nicht rechtzeitig mitteilt.

(2) Die Ordnungswidrigkeit kann mit einer Geldbuße bis zu zweitausend Euro geahndet werden.
(3) Verwaltungsbehörden im Sinne des § 36 Abs. 1 Nr. 1 des Gesetzes über Ordnungswidrigkeiten sind die Wohngeldbehörden.

§ 38 Verordnungsermächtigung

Die Bundesregierung wird ermächtigt, durch Rechtsverordnung mit Zustimmung des Bundesrates
1. nähere Vorschriften zur Durchführung dieses Gesetzes über die Ermittlung
   a) der zu berücksichtigenden Miete oder Belastung (§ 9 bis 12) und
   b) des Einkommens (§§ 13 bis 18)
   zu erlassen, wobei pauschalierende Regelungen getroffen werden dürfen, soweit die Ermittlung im Einzelnen nicht oder nur mit unverhältnismäßig großen Schwierigkeiten möglich ist;
2. die Mietenstufen für Gemeinden festzulegen (§ 12);
3. die Einzelheiten des Verfahrens des automatisierten Datenabgleichs und die Kosten des Verfahrens (§ 33) zu regeln; dabei kann auch geregelt werden, dass die Länder der Datenstelle die Kosten für die Durchführung des Datenabgleichs zu erstatten haben;
4. die Höchstbeträge für Miete und Belastung (Anlage 1) und die Werte für „b" und „c" (Anlage 2) nach einer gesetzlichen Änderung nach § 43 zum 1. Januar jedes zweiten Jahres fortzuschreiben und die bisherigen Höchstbeträge in Anlage 1 und Werte in Anlage 2 zu ersetzen. Soweit der Deutsche Bundestag beschließt, die Höchstbeträge für Miete und Belastung (§ 12 Absatz 1), die Mietenstufen (§ 12 Absatz 2) oder die Höhe des Wohngeldes (§ 19) für ein solches Jahr neu festzusetzen, hat dieser Beschluss Vorrang gegenüber der Verordnungsermächtigung.

§ 39 Wohngeld- und Mietenbericht; Bericht über die Lage und Entwicklung der Wohnungs- und Immobilienwirtschaft in Deutschland

(1) Die Höchstbeträge für Miete und Belastung (§ 12 Absatz 1), die Mietenstufen (§ 12 Absatz 2) und die Höhe des Wohngeldes (§ 19) sind alle zwei Jahre zu überprüfen. Dabei ist der bundesdurchschnittlichen und regionalen Entwicklung der Wohnkosten sowie der Veränderung der Einkommensverhältnisse und der Lebenshaltungskosten Rechnung zu tragen. Die Bundesregierung berichtet dem Deutschen Bundestag über die Überprüfung nach den Sätzen 1 und 2, über die Durchführung dieses Gesetzes und über die Entwicklung der Mieten für Wohnraum alle zwei Jahre bis zum 30. Juni. Dabei fließen auch miet- und wohnungsmarktrelevante Daten der Länder ein. Der erste erweiterte Bericht erfolgt bis zum 30. Juni 2017.
(2) Die Bundesregierung berichtet dem Deutschen Bundestag über die Lage und Entwicklung der Wohnungs- und Immobilienwirtschaft in Deutschland alle vier Jahre bis zum 30. Juni. Der nächste Bericht erfolgt bis zum 30. Juni 2017. Eine im gleichen Jahr vorzulegende Berichterstattung nach Absatz 1 ist jeweils zu integrieren.

§ 40 Einkommen bei anderen Sozialleistungen

Das einer vom Wohngeld ausgeschlossenen wohngeldberechtigten Person bewilligte Wohngeld ist bei Sozialleistungen nicht als deren Einkommen zu berücksichtigen.

§ 41 Auswirkung von Rechtsänderungen auf die Wohngeldentscheidung

(1) Ist im Zeitpunkt des Inkrafttretens von Änderungen dieses Gesetzes oder der Wohngeldverordnung über einen Wohngeldantrag noch nicht entschieden, ist für die Zeit bis zum Inkrafttreten der Änderungen nach dem bis dahin geltenden Recht, für die darauf folgende Zeit nach dem neuen Recht zu entscheiden. Ist über einen nach dem Zeitpunkt des Inkrafttretens von Änderungen dieses Gesetzes oder der Wohngeldverordnung gestellten Wohngeldantrag, einen Antrag nach § 27 Absatz 1 oder in einem Verfahren nach § 27 Absatz 2 zu entscheiden und beginnt der Bewilligungszeitraum vor dem Zeitpunkt des Inkrafttretens von Änderungen dieses Gesetzes oder der Wohngeldverordnung, ist Satz 1 entsprechend anzuwenden.

(2) Ist vor dem Inkrafttreten von Änderungen dieses Gesetzes oder der Wohngeldverordnung über einen Wohngeldantrag entschieden worden, verbleibt es für die Leistung des Wohngeldes auf Grund dieses Antrages bei der Anwendung des jeweils bis zu der Entscheidung geltenden Rechts.

Teil 8
Überleitungsvorschriften

§ 42 Gesetz zur Neuregelung des Wohngeldrechts und zur Änderung des Sozialgesetzbuches

(1) Ist bis zum 31. Dezember 2008 über einen Wohngeldantrag, einen Antrag nach § 29 Abs. 1 oder Abs. 2 des Wohngeldgesetzes in der bis zum 31. Dezember 2008 geltenden Fassung oder in einem Verfahren nach § 29 Abs. 3 des Wohngeldgesetzes in der bis zum 31. Dezember 2008 geltenden Fassung noch nicht entschieden worden, ist für die Zeit bis zum 31. Dezember 2008 nach dem bis dahin geltenden Recht, für die darauf folgende Zeit nach dem neuen Recht zu entscheiden. Ist in den Fällen des Satzes 1 das ab dem 1. Januar 2009 zu bewilligende Wohngeld geringer als das für Dezember 2008 zu bewilligende Wohngeld, verbleibt es auch für den Teil des Bewilligungszeitraums ab dem 1. Januar 2009 bei diesem Wohngeld; § 24 Abs. 2 und § 27 Abs. 2 bleiben unberührt.

(2) Ist Wohngeld vor dem 1. Januar 2009 bewilligt worden und liegt mindestens ein Teil des Bewilligungszeitraums im Jahr 2009, ist von Amts wegen über die Leistung des Wohngeldes für den nach dem 31. Dezember 2008 liegenden Teil des Bewilligungszeitraums unter Anwendung des ab dem 1. Januar 2009 geltenden Rechts nach Ablauf des Bewilligungszeitraums schriftlich neu zu entscheiden; ergibt sich kein höheres Wohngeld, verbleibt es bei dem bereits bewilligten Wohngeld. In den Fällen des Satzes 1 sind bei der Entscheidung abweichend von § 24 Abs. 2 die tatsächlichen Verhältnisse im Zeitraum, für den über die Leistung des Wohngeldes rückwirkend neu zu entscheiden ist, zu Grunde zu legen. Die §§ 29 und 30 des Wohngeldgesetzes in der bis zum 31. Dezember 2008 geltenden Fassung und die §§ 27 und 28 bleiben unberührt. Liegt das Ende des Bewilligungszeitraums, über den nach Satz 1 neu zu entscheiden ist, nach dem 31. März 2009, kann eine angemessene vorläufige Zahlung geleistet werden.

(3) Ist über einen nach dem 31. Dezember 2008 gestellten Wohngeldantrag, einen Antrag nach § 27 Abs. 1 oder in einem Verfahren nach § 27 Abs. 2 zu entscheiden und beginnt der Bewilligungszeitraum vor dem 1. Januar 2009, ist Absatz 1 entsprechend anzuwenden.

(4) Wären bei einer Entscheidung nach den Absätzen 1 und 3 Haushaltsmitglieder nach § 6 zu berücksichtigen, die in einem anderen Bescheid für denselben Wohnraum bereits als zum Haushalt rechnende Familienmitglieder berücksichtigt worden sind, bleibt dieser andere Bescheid von der Entscheidung nach den Absätzen 1 und 3 unberührt. Bei der Entscheidung nach den Absätzen 1 und 3 ist das Wohngeld ohne die Haushaltsmitglieder nach Satz 1 und unter entsprechender Anwendung des § 11 Abs. 3 zu berechnen. Die Fälle der Sätze 1 und 2 gelten als erhebliche Änderung der maßgeblichen Verhältnisse nach § 25 Abs. 1 Satz 2.

(5) Bei Wohn- und Wirtschaftsgemeinschaften von Personen, welche die Voraussetzungen nach § 4 des Wohngeldgesetzes in der bis zum 31. Dezember 2008 geltenden Fassung nicht erfüllen und keinen gemeinsamen Wohngeldbescheid erhalten haben, ist bei der Entscheidung nach Absatz 2 rückwirkend das Wohngeld gemeinsam zu berechnen, wenn die Voraussetzungen nach den §§ 5 und 6 Abs. 1 erfüllt werden. Enden die Bewilligungszeiträume in den Fällen des Satzes 1 nicht gleichzeitig, ist abweichend von Absatz 2 Satz 1 Halbsatz 1 nach dem Ende des zuletzt ablaufenden Bewilligungszeitraums für alle zu berücksichtigenden Haushaltsmitglieder nach § 6 einheitlich neu zu entscheiden. Beträgt der Zeitraum zwischen dem Ende des zuerst ablaufenden Bewilligungszeitraums und dem Ende des zuletzt ablaufenden Bewilligungszeitraums mehr als drei Monate, ist auf Antrag eine angemessene vorläufige Zahlung zu leisten.

§ 42a Übergangsregelung aus Anlass des Gesetzes zur Reform des Wohngeldrechts und zur Änderung des Wohnraumförderungsgesetzes

(1) Ist Wohngeld vor dem 1. Januar 2016 bewilligt worden und liegt mindestens ein Teil des Bewilligungszeitraums nach dem 31. Dezember 2015, so ist abweichend von § 41 Absatz 2 von Amts wegen über die Leistung des Wohngeldes für den Zeitraum vom 1. Januar 2016 bis zum Ende des bisherigen Bewilligungszeitraums neu zu entscheiden. Bei der Entscheidung nach Satz 1 sind die §§ 12 und 16 Satz 1 bis 4 und § 19 dieses Gesetzes sowie die Anlage zu § 1 Absatz 3 der Wohngeldverordnung in der ab dem 1. Januar 2016 geltenden Fassung anzuwenden, alle anderen Vorschriften in der bis 31. Dezember 2015 geltenden Fassung. Ergibt sich bei der Entscheidung nach Satz 1 kein höheres Wohngeld, verbleibt es bis zum Ende des bisherigen Bewilligungszeitraums bei dem bereits bewilligten Wohngeld. Ist bei der Entscheidung nach Satz 1 nicht berücksichtigt worden, dass sich die Anzahl der zu berücksichtigenden Haushaltsmitglieder, die zu berücksichtigende Miete oder Belastung oder das Gesamteinkommen verändert hat oder das Wohngeld zweckwidrig verwendet wird, so ist abweichend von § 45 des Zehnten Buches Sozialgesetzbuch die Entscheidung nach Satz 1 nur rechtswidrig, wenn

gleichzeitig die Voraussetzungen des § 27 oder § 28 Absatz 2 dieses Gesetzes vorliegen; im Übrigen bleibt § 45 des Zehnten Buches Sozialgesetzbuch unberührt. Wird die Entscheidung nach Satz 1 unter den Voraussetzungen des § 45 des Zehnten Buches Sozialgesetzbuch zurückgenommen, wird der bisherige Bewilligungsbescheid wieder wirksam; die §§ 27 und 28 bleiben unberührt. Ist Wohngeld vor dem 1. Januar 2016 bewilligt worden und liegt mindestens ein Teil des Bewilligungszeitraums nach dem 31. Dezember 2015 und ist über einen Antrag nach § 27 Absatz 1 oder in einem Verfahren nach § 27 Absatz 2 neu zu entscheiden, so ist für die Zeit bis zum 31. Dezember 2015 nach dem bis dahin geltenden Recht, ab dem 1. Januar 2016 bis zum Ende des bisherigen Bewilligungszeitraums nach neuem Recht nach Maßgabe des Satzes 2 und danach vollständig nach neuem Recht zu entscheiden. Der Bewilligungsbescheid nach Satz 1 muss auf die besonderen Entscheidungsgrundlagen der Sätze 1 bis 5 hinweisen, insbesondere darauf, dass eine Entscheidung nach den §§ 27 oder § 28 Absatz 2 dem Bewilligungsbescheid nach Satz 1 noch nachfolgen kann und bezogen auf den Zeitpunkt der Änderung, der auch vor dem 1. Januar 2016 liegen kann, das Wohngeld wegfallen oder sich verringern kann.

(2) Ist bis zum 31. Dezember 2015 über einen Wohngeldantrag nach § 22 noch nicht entschieden, so ist für die Zeit bis zum 31. Dezember 2015 nach dem bis dahin geltenden Recht und für die darauffolgende Zeit nach dem neuen Recht zu entscheiden. Ist in den Fällen des Satzes 1 das ab dem 1. Januar 2016 zu bewilligende Wohngeld geringer als das für Dezember 2015 zu bewilligende Wohngeld, verbleibt es auch für den Teil des Bewilligungszeitraums ab dem 1. Januar 2016 bei diesem Wohngeld. Ist über einen nach dem 31. Dezember 2015 gestellten Wohngeldantrag nach § 22 zu entscheiden und beginnt der Bewilligungszeitraum vor dem 1. Januar 2016, so sind die Sätze 1 und 2 entsprechend anzuwenden. § 24 Absatz 2 und § 27 bleiben unberührt.

(3) In Fällen des § 31 Absatz 1 Satz 1 des Unterhaltssicherungsgesetzes sind § 14 Absatz 2 Nummer 23 und § 20 Absatz 1 dieses Gesetzes in der bis zum 31. Oktober 2015 geltenden Fassung anzuwenden. Im Übrigen gelten die Absätze 1 und 2.

§ 42b Übergangsregelung aus Anlass des Gesetzes zur Stärkung des Wohngeldes

(1) Ist Wohngeld vor dem 1. Januar 2020 bewilligt worden und liegt mindestens ein Teil des Bewilligungszeitraums nach dem 31. Dezember 2019, so ist abweichend von § 41 Absatz 2 von Amts wegen über die Leistung des Wohngeldes für den Zeitraum vom 1. Januar 2020 bis zum Ende des bisherigen Bewilligungszeitraums neu zu entscheiden. Bei der Entscheidung nach Satz 1 sind die §§ 12, 17 und 19 dieses Gesetzes und die Anlage zu § 1 Absatz 3 der Wohngeldverordnung in der ab dem 1. Januar 2020 geltenden Fassung anzuwenden. Ergibt sich aus der Entscheidung nach Satz 1 kein höheres Wohngeld, verbleibt es bis zum Ende des bisherigen Bewilligungszeitraums bei dem bereits bewilligten Wohngeld.

(2) Ist bei der Entscheidung nach Absatz 1 Satz 1 nicht berücksichtigt worden, dass
1. sich die Anzahl der zu berücksichtigenden Haushaltsmitglieder, die zu berücksichtigende Miete oder Belastung oder das Gesamteinkommen geändert hat,
2. das Wohngeld zweckwidrig verwendet wird oder
3. die Voraussetzungen für den erhöhten anrechnungsfreien Betrag nach § 14 Absatz 2 Nummer 19 Buchstabe a oder Nummer 20 Buchstabe a oder einen anrechnungsfreien Betrag nach § 14 Absatz 2 Nummer 19 Buchstabe b vorliegen,

so ist diese Entscheidung nur rechtswidrig, wenn gleichzeitig die Voraussetzungen der §§ 27 oder 28 Absatz 2 dieses Gesetzes vorliegen; im Übrigen bleibt § 45 des Zehnten Buches Sozialgesetzbuch unberührt. Wird die Entscheidung nach Absatz 1 Satz 1 unter den Voraussetzungen des § 45 des Zehnten Buches Sozialgesetzbuch zurückgenommen, so wird der bisherige Bewilligungsbescheid wieder wirksam; die §§ 27 und 28 bleiben unberührt.

(3) Ist Wohngeld vor dem 1. Januar 2020 bewilligt worden und liegt mindestens ein Teil des Bewilligungszeitraums nach dem 31. Dezember 2019 und ist über einen Antrag nach § 27 Absatz 1 oder in einem Verfahren nach § 27 Absatz 2 neu zu entscheiden, so ist für die Zeit bis zum 31. Dezember 2019 nach dem bis dahin geltenden Recht, ab dem 1. Januar 2020 nach neuem Recht zu entscheiden.

(4) Der Bewilligungsbescheid nach Absatz 1 Satz 1 muss auf die besonderen Entscheidungsgrundlagen der Absätze 1 und 2 hinweisen, insbesondere darauf, dass eine Entscheidung nach den §§ 27 oder 28 Absatz 2 oder die Mitteilung über die Unwirksamkeit nach § 28 Absatz 1 oder 3 dem Bewilligungsbescheid noch folgen kann und bezogen auf den Zeitpunkt der Änderung der Verhältnisse, der auch vor dem 1. Januar 2020 liegen kann, das Wohngeld wegfallen oder sich verringern kann.

(5) Ist bis zum 31. Dezember 2019 über einen Wohngeldantrag nach § 22 noch nicht entschieden, so ist für die Zeit bis zum 31. Dezember 2019 nach dem bis dahin geltenden Recht und für die darauffolgende Zeit nach dem neuen Recht zu entscheiden. Ist in den Fällen des Satzes 1 das ab dem 1. Januar 2020 zu bewilligende Wohngeld geringer als das für Dezember 2019 zu bewilligende Wohngeld, so verbleibt es auch für den Teil des Bewilligungszeitraums ab dem 1. Januar 2020 bei diesem Wohngeld.

(6) Ist über einen nach dem 31. Dezember 2019 gestellten Wohngeldantrag nach § 22 zu entscheiden und beginnt der Bewilligungszeitraum vor dem 1. Januar 2020, so ist Absatz 5 entsprechend anzuwenden. § 24 Absatz 2 und § 27 bleiben unberührt.

§ 42c Übergangsregelung aus Anlass des Gesetzes zur Entlastung bei den Heizkosten im Wohngeld im Kontext der CO_2-Bepreisung

(1) Ist Wohngeld vor dem 1. Januar 2021 bewilligt worden und liegt mindestens ein Teil des Bewilligungszeitraums nach dem 31. Dezember 2020, so ist abweichend von § 41 Absatz 2 von Amts wegen über die Leistung des Wohngeldes für den Zeitraum vom 1. Januar 2021 bis zum Ende des bisherigen Bewilligungszeitraums neu zu entscheiden. Bei der Entscheidung nach Satz 1 sind die §§ 11 und 12 dieses Gesetzes in der ab dem 1. Januar 2021 geltenden Fassung anzuwenden.

(2) Ist bei der Entscheidung nach Absatz 1 Satz 1 nicht berücksichtigt worden, dass sich die Anzahl der zu berücksichtigenden Haushaltsmitglieder, die zu berücksichtigende Miete oder Belastung oder das Gesamteinkommen geändert hat, so ist diese Entscheidung nur rechtswidrig, wenn gleichzeitig die Voraussetzungen des § 27 Absatz 1 oder 2 vorliegen. Im Übrigen bleibt § 45 des Zehnten Buches Sozialgesetzbuch unberührt. Wird die Entscheidung nach Absatz 1 Satz 1 unter den Voraussetzungen des § 45 des Zehnten Buches Sozialgesetzbuch zurückgenommen, so wird der bisherige Bewilligungsbescheid wieder wirksam. Die §§ 27 und 28 bleiben unberührt.

(3) Ist Wohngeld vor dem 1. Januar 2021 bewilligt worden und liegt mindestens ein Teil des Bewilligungszeitraums nach dem 31. Dezember 2020 und ist über einen Antrag nach § 27 Absatz 1 oder in einem Verfahren nach § 27 Absatz 2 neu zu entscheiden, so ist für die Zeit bis zum 31. Dezember 2020 nach dem bis dahin geltenden Recht und ab dem 1. Januar 2021 nach neuem Recht zu entscheiden.

(4) Der Bewilligungsbescheid nach Absatz 1 Satz 1 muss auf die besonderen Entscheidungsgrundlagen der Absätze 1 und 2 hinweisen, insbesondere darauf, dass eine Entscheidung nach den §§ 27 oder 28 Absatz 2 oder die Mitteilung über die Unwirksamkeit nach § 28 Absatz 1 oder 3 dem Bewilligungsbescheid noch folgen kann und dass ab dem Zeitpunkt der Änderung der Verhältnisse, der auch vor dem 1. Januar 2021 liegen kann, das Wohngeld wegfallen oder sich verringern kann.

(5) Ist bis zum 31. Dezember 2020 über einen Wohngeldantrag nach § 22 noch nicht entschieden, so ist für die Zeit bis zum 31. Dezember 2020 nach dem bis dahin geltenden Recht und für die darauf folgende Zeit nach dem neuen Recht zu entscheiden.

(6) Ist über einen nach dem 31. Dezember 2020 gestellten Wohngeldantrag nach § 22 zu entscheiden und beginnt der Bewilligungszeitraum vor dem 1. Januar 2021, so ist Absatz 5 entsprechend anzuwenden. § 24 Absatz 2 und § 27 bleiben unberührt.

§ 43 Fortschreibung des Wohngeldes

(1) Wurden durch die Änderung dieses Gesetzes die Höchstbeträge für Miete und Belastung (§ 12 Absatz 1), die Mietenstufen (§ 12 Absatz 2) oder die Höhe des Wohngeldes (§ 19) neu ermittelt und festgesetzt, so werden danach zum 1. Januar jedes zweiten Jahres die folgenden Berechnungsgrößen des Wohngeldes durch Rechtsverordnung mit Zustimmung des Bundesrates (§ 38 Nummer 4) fortgeschrieben:
1. die Höchstbeträge für Miete und Belastung (Anlage 1) auf Grund der Entwicklung der bundesweiten Bruttokaltmieten, gemessen durch den Teilindex für Nettokaltmiete und Wohnungsnebenkosten des Verbraucherpreisindex für Deutschland des Statistischen Bundesamtes;
2. die Werte für „b" (Anlage 2) auf Grund der Entwicklung der bundesweiten Bruttokaltmieten, gemessen durch den Teilindex für Nettokaltmiete und Wohnungsnebenkosten des Verbraucherpreisindex für Deutschland des Statistischen Bundesamtes;
3. die Werte für „c" (Anlage 2) auf Grund der bundesweiten Entwicklung der Verbraucherpreise, gemessen durch den Verbraucherpreisindex für Deutschland des Statistischen Bundesamtes.

Die erste Fortschreibung des Wohngeldes erfolgt zum 1. Januar 2022.

(2) § 12 Absatz 4 Satz 1 findet bei der Fortschreibung des Wohngeldes keine Anwendung.

(3) Für die Fortschreibung der Berechnungsgrößen maßgeblich ist die prozentuale Veränderung der Jahresdurchschnittswerte der in Absatz 1 genannten Indizes des zweiten Jahres vor Inkrafttreten der Fortschreibung des Wohngeldes gegenüber den jeweiligen Jahresdurchschnittswerten des vierten Jahres vor Inkrafttreten der Fortschreibung.

(4) Die Höchstbeträge für Miete und Belastung (Anlage 1) werden am 1. Januar 2022 und dann alle zwei Jahre zum 1. Januar um den Prozentsatz erhöht oder verringert, um den sich der vom Statistischen Bundesamt festgestellte Teilindex nach Absatz 1 Nummer 1 verändert hat. Für die Veränderung am 1. Januar 2022 ist die Erhöhung oder Verringerung des Jahresdurchschnitts des Teilindex nach Absatz 1 Nummer 1 maßgeblich, die im

Jahr 2020 gegenüber dem Jahr 2018 eingetreten ist. Die sich danach ergebenden Beträge sind jeweils bis unter 0,50 Euro auf den nächsten vollen Euro-Betrag abzurunden sowie ab 0,50 Euro auf den nächsten vollen Euro-Betrag aufzurunden und ergeben die fortgeschriebenen Höchstbeträge für Miete und Belastung (Anlage 1).
(5) Die Werte für „b" (Anlage 2) werden am 1. Januar 2022 und dann alle zwei Jahre zum 1. Januar mit einhundert multipliziert und anschließend durch die Summe aus einhundert und dem Prozentsatz dividiert, um den sich der vom Statistischen Bundesamt festgestellte Teilindex nach Absatz 1 Nummer 2 verändert hat. Für die prozentuale Veränderung am 1. Januar 2022 ist die Erhöhung oder Verringerung des Jahresdurchschnitts des Teilindex nach Absatz 1 Nummer 2 maßgeblich, die im Jahr 2020 gegenüber dem Jahr 2018 eingetreten ist. Die sich danach ergebenden Werte sind jeweils auf die sechste Nachkommastelle abzurunden und ergeben die fortgeschriebenen Werte für „b" (Anlage 2).
(6) Die Werte für „c" (Anlage 2) werden am 1. Januar 2022 und dann alle zwei Jahre zum 1. Januar mit einhundert multipliziert und anschließend durch die Summe aus einhundert und dem Prozentsatz dividiert, um den sich der vom Statistischen Bundesamt festgestellte Verbraucherpreisindex nach Absatz 1 Nummer 3 verändert hat. Für die prozentuale Veränderung am 1. Januar 2022 ist die Erhöhung oder Verringerung des Jahresdurchschnitts des Verbraucherpreisindex nach Absatz 1 Nummer 3 maßgeblich, die im Jahr 2020 gegenüber dem Jahr 2018 eingetreten ist. Die sich danach ergebenden Werte sind jeweils auf die siebte Nachkommastelle abzurunden und ergeben die fortgeschriebenen Werte für „c" (Anlage 2).
(7) Für die Fortschreibungen nach dem 1. Januar 2022 gelten die Absätze 4 bis 6 entsprechend.

§ 44 Übergangsregelung bei Fortschreibung des Wohngeldes

(1) Ist Wohngeld vor dem Inkrafttreten der Fortschreibung des Wohngeldes (§ 43) bewilligt worden und dauert mindestens ein Teil des Bewilligungszeitraums nach dem Inkrafttreten der Fortschreibung noch an, so ist abweichend von § 41 Absatz 2 von Amts wegen über die Leistung des Wohngeldes für den Zeitraum vom Inkrafttreten der Fortschreibung bis zum Ende des bisherigen Bewilligungszeitraums neu zu entscheiden. Bei der Entscheidung sind die Höchstbeträge für Miete und Belastung (Anlage 1) und die Werte für „b" und „c" (Anlage 2) in der ab dem Inkrafttreten der aktuellen Fortschreibung geltenden Fassung anzuwenden.
(2) Ist bei der Entscheidung nach Absatz 1 Satz 1 nicht berücksichtigt worden, dass sich die Anzahl der zu berücksichtigenden Haushaltsmitglieder, die zu berücksichtigende Miete oder Belastung oder das Gesamteinkommen geändert hat, so ist diese Entscheidung nur rechtswidrig, wenn gleichzeitig die Voraussetzungen des § 27 Absatz 1 oder 2 vorliegen. Im Übrigen bleibt § 45 des Zehnten Buches Sozialgesetzbuch unberührt. Wird die Entscheidung nach Absatz 1 Satz 1 unter den Voraussetzungen des § 45 des Zehnten Buches Sozialgesetzbuch zurückgenommen, so wird der bisherige Bewilligungsbescheid wieder wirksam. Die §§ 27 und 28 bleiben unberührt.
(3) Ist Wohngeld vor dem Inkrafttreten der aktuellen Fortschreibung bewilligt worden und dauert mindestens ein Teil des Bewilligungszeitraums nach dem Inkrafttreten der Fortschreibung noch an und ist über einen Antrag nach § 27 Absatz 1 oder in einem Verfahren nach § 27 Absatz 2 neu zu entscheiden, so ist für die Zeit bis zum Inkrafttreten der Fortschreibung nach dem bis dahin geltenden Recht, ab dem Inkrafttreten der Fortschreibung nach neuem Recht zu entscheiden.
(4) Der Bewilligungsbescheid nach Absatz 1 Satz 1 muss auf die besonderen Entscheidungsgrundlagen der Absätze 1 und 2 hinweisen, insbesondere darauf, dass eine Entscheidung nach den §§ 27 oder 28 Absatz 2 oder die Mitteilung über die Unwirksamkeit nach § 28 Absatz 1 oder 3 dem Bewilligungsbescheid nicht folgen kann und bezogen auf den Zeitpunkt der Änderung der Verhältnisse, der auch vor dem Inkrafttreten der aktuellen Fortschreibung liegen kann, das Wohngeld wegfallen oder sich verringern kann.
(5) Ist bis zum Inkrafttreten der Fortschreibung über einen Wohngeldantrag nach § 22 noch nicht entschieden, so ist für die Zeit bis zum Inkrafttreten der Fortschreibung nach dem bis dahin geltenden Recht und für die darauf folgende Zeit nach dem neuen Recht zu entscheiden. Ist über einen vor dem Inkrafttreten der Fortschreibung gestellten Wohngeldantrag nach § 22 zu entscheiden und beginnt der Bewilligungszeitraum vor dem Inkrafttreten der Fortschreibung, so ist Satz 1 entsprechend anzuwenden. § 24 Absatz 2 und § 27 bleiben unberührt.

Anlage 1
(zu § 12 Absatz 1)

Anzahl der zu berücksichtigenden Haushaltsmitglieder	Mietenstufe	Höchstbetrag in Euro
1	I	347
	II	392
	III	438
	IV	491
	V	540
	VI	591
	VII	651
2	I	420
	II	474
	III	530
	IV	595
	V	654
	VI	716
	VII	788
3	I	501
	II	564
	III	631
	IV	708
	V	778
	VI	853
	VII	937
4	I	584
	II	659
	III	736
	IV	825
	V	909
	VI	995
	VII	1095
5	I	667
	II	752
	III	841
	IV	944
	V	1038
	VI	1137
	VII	1251
Mehrbetrag für jedes weitere zu berücksichtigende Haushaltsmitglied	I	79
	II	90
	III	102
	IV	114
	V	124
	VI	143
	VII	157

Anlage 2
(zu § 19 Absatz 1)

Werte für „a", „b" und „c"

Die in die Formel nach § 19 Absatz 1 Satz 1 einzusetzenden, nach der Anzahl der zu berücksichtigenden Haushaltsmitglieder unterschiedenen Werte „a", „b" und „c" sind der nachfolgenden Tabelle zu entnehmen:

	1 Haushalts-mitglied	2 Haushalts-mitglieder	3 Haushalts-mitglieder	4 Haushalts-mitglieder	5 Haushalts-mitglieder	6 Haushalts-mitglieder
a	4,000E-2	3,000E-2	2,000E-2	1,000E-2	0	−1,000E-2
b	5,640E-4	3,940E-4	3,400E-4	3,040E-4	2,680E-4	2,510E-4
c	1,1570E-4	8,630E-5	6,950E-5	3,610E-5	3,520E-5	3,020E-5

	7 Haushalts-mitglieder	8 Haushalts-mitglieder	9 Haushalts-mitglieder	10 Haushalts-mitglieder	11 Haushalts-mitglieder	12 Haushalts-mitglieder
a	−2,000E-2	−3,000E-2	−4,000E-2	−6,000E-2	−1,000E-1	−1,400E-1
b	2,320E-4	2,060E-4	1,790E-4	1,430E-4	1,070E-4	9,80E-5
c	3,100E-5	3,100E-5	3,260E-5	3,770E-5	4,440E-5	5,030E-5

Hierbei bedeuten:

E-1 geteilt durch 10,
E-2 geteilt durch 100,
E-4 geteilt durch 10 000,
E-5 geteilt durch 100 000.

Anlage 3
(zu § 19 Absatz 2)

1. Werte für „M" und „Y", die unterhalb der folgenden Tabellenwerte liegen, werden durch diese ersetzt:

	1 Haushalts-mitglied	2 Haushalts-mitglieder	3 Haushalts-mitglieder	4 Haushalts-mitglieder	5 Haushalts-mitglieder	6 Haushalts-mitglieder
M	52	64	76	88	99	99
Y	275	357	414	447	532	618

	7 Haushalts-mitglieder	8 Haushalts-mitglieder	9 Haushalts-mitglieder	10 Haushalts-mitglieder	11 Haushalts-mitglieder	12 Haushalts-mitglieder
M	111	123	135	146	180	286
Y	702	787	872	957	1248	1443

2. Das ungerundete monatliche Wohngeld ergibt sich durch Einsetzen der Werte für „a", „b", „c" (Anlage 2) und für „M" und „Y" in die Formel nach § 19 Absatz 1 Satz 1 und durch Ausführen der vier folgenden Rechenschritte:
Berechnung der Dezimalzahlen
$z1 = a + b \cdot M + c \cdot Y$,
$z2 = z1 \cdot Y$,
$z3 = M - z2$,
$z4 = 1{,}15 \cdot z3$.
Hierbei sind die Dezimalstellen als Festkommazahlen mit zehn Nachkommastellen zu berechnen.
3. Dieses ungerundete monatliche Wohngeld ist bis unter 0,50 Euro auf den nächsten vollen Euro-Betrag abzurunden sowie von 0,50 Euro an auf den nächsten vollen Euro-Betrag aufzurunden.

Wohngeldverordnung (WoGV)

in der Fassung der Bekanntmachung
vom 19. Oktober 2001 (BGBl. I S. 2722)

Zuletzt geändert durch
Erste Verordnung zur Fortschreibung des Wohngeldes nach § 43 des Wohngeldgesetzes
vom 3. Juni 2021 (BGBl. I S. 1369)

Inhaltsverzeichnis

Teil 1
Anwendungsbereich
§ 1 Anwendungsbereich

Teil 2
Ermittlung der Miete
§ 2 Miete
§ 3 Mietvorauszahlungen und Mieterdarlehen
§ 4 Sach- und Dienstleistungen des Mieters
§ 5 Nicht feststehende Betriebskosten
§ 6 Außer Betracht bleibende Kosten und Vergütungen
§ 7 Mietwert

Teil 3
Wohngeld-Lastenberechnung
§ 8 Aufstellung der Wohngeld-Lastenberechnung
§ 9 Gegenstand und Inhalt der Wohngeld-Lastenberechnung
§ 10 Fremdmittel
§ 11 Ausweisung der Fremdmittel
§ 12 Belastung aus dem Kapitaldienst
§ 13 Belastung aus der Bewirtschaftung
§ 14 Nutzungsentgelte und Wärmelieferungskosten
§ 15 Außer Betracht bleibende Belastung

Teil 4
Verfahren und Kosten des automatisierten Datenabgleichs
§ 16 Anwendungsbereich
§ 17 Abgleichszeitraum und Übermittlungsverfahren
§ 18 Einzelheiten des automatisierten Datenabgleichs
§ 19 Anforderungen an die Datenübermittlung und Datenspeicherung
§ 20 Weiterverwendung der Antwortdatensätze
§ 21 Verfahrensgrundsätze
§ 22 Kosten

Teil 5
Fortschreibung des Wohngeldes
§ 23 Fortschreibung der Höchstbeträge für Miete und Belastung und Neufassung der Anlage 1 zu § 12 Absatz 1 des Wohngeldgesetzes
§ 24 Fortschreibung der Werte für „b" und „c" und Neufassung der Anlage 2 zu § 19 Absatz 1 des Wohngeldgesetzes

Anlage
(zu § 1 Absatz 3) (hier nicht aufgenommen)

Teil 1
Anwendungsbereich

§ 1 Anwendungsbereich

(1) Die Miete und der Mietwert im Sinne des Wohngeldgesetzes sind nach den Vorschriften des Teils 2 dieser Verordnung zu ermitteln.
(2) Die Belasung im Sinne des Wohngeldgesetzes ist nach Teil 3 dieser Verordnung zu berechnen, soweit nicht nach § 10 Abs. 2 Satz 2 des Wohngeldgesetzes von einer vollständigen Wohngeld-Lastenberechnung abgesehen werden kann.
(3) Die Mietenstufen für Gemeinden ergeben sich aus der dieser Verordnung beigefügten Anlage.

Teil 2
Ermittlung der Miete

§ 2 Miete

(1) Zur Miete im Sinne von § 9 Abs. 1 des Wohngeldgesetzes gehören auch Beträge, die im Zusammenhang mit dem Miet- oder mietähnlichen Nutzungsverhältnis auf Grund eines Vertrages mit dem Vermieter oder einem Dritten an einen Dritten zu zahlen sind.
(2) Von der Miete sind keine anderen Beträge als die in § 9 Absatz 2 des Wohngeldgesetzes genannten Kosten und Vergütungen abzusetzen. § 5 bleibt unberührt.

§ 3 Mietvorauszahlungen und Mieterdarlehen

(1) Ist die Miete ganz oder teilweise im Voraus bezahlt worden (Mietvorauszahlung), sind die im Voraus bezahlten Beträge so zu behandeln, als ob sie jeweils in dem Zeitraum bezahlt worden wären, für den sie bestimmt sind.

(2) Hat der Mieter dem Vermieter ein Mieterdarlehen gegeben und wird die Forderung des Mieters aus dem Mieterdarlehen ganz oder teilweise mit der Miete verrechnet, gehören zur Miete auch die Beträge, um die sich die Miete hierdurch tatsächlich vermindert.

§ 4 Sach- und Dienstleistungen des Mieters

(1) Erbringt der Mieter Sach- oder Dienstleistungen für den Vermieter und wird deshalb die Miete ermäßigt, ist die ermäßigte Miete zu Grunde zu legen.

(2) Erbringt der Mieter Sach- oder Dienstleistungen für den Vermieter und erhält er dafür von diesem eine bestimmte Vergütung, ist diese Vergütung ohne Einfluss auf die Miete.

§ 5 Nicht feststehende Betriebskosten

Stehen bei der Entscheidung über den Mietzuschussantrag die Umlagen für Betriebskosten ganz oder teilweise nicht fest, sind Erfahrungswerte als Pauschbeträge anzusetzen.

§ 6 Außer Betracht bleibende Kosten und Vergütungen

(1) Kosten, die nach § 9 Absatz 2 Nummer 1 und 2 des Wohngeldgesetzes außer Betracht bleiben, sind:
1. Betriebskosten für Heizungs- und Brennstoffversorgungsanlagen sowie Warmwasserversorgungsanlagen im Sinne des § 2 Nummer 4 Buchstabe a, b und d, Nummer 5 Buchstabe a und c und Nummer 6 Buchstabe a und c der Betriebskostenverordnung;
2. Kosten der eigenständig gewerblichen Lieferung von Wärme und Warmwasser im Sinne des § 2 Nummer 4 Buchstabe c, Nummer 5 Buchstabe b und Nummer 6 Buchstabe b der Betriebskostenverordnung.

(2) Kommt nach § 9 Absatz 2 Satz 2 des Wohngeldgesetzes nur der Abzug eines Pauschbetrages von der Miete in Betracht, so beträgt dieser:
1. für Betriebskosten für zentrale Heizungs- und Brennstoffversorgungsanlagen oder für die Kosten der eigenständig gewerblichen Lieferung von Wärme 1,25 Euro monatlich je Quadratmeter Wohnfläche;
2. für Betriebskosten für zentrale Warmwasserversorgungsanlagen oder für die Kosten der eigenständig gewerblichen Lieferung von Warmwasser für eine Bewohnerin oder einen Bewohner 9 Euro monatlich, für zwei Bewohnerinnen oder Bewohner 17 Euro monatlich und für jede weitere Bewohnerin oder jeden weiteren Bewohner 3 Euro monatlich;
3. für die übrigen Kosten der Haushaltsenergie für eine Bewohnerin oder einen Bewohner 41 Euro monatlich, für zwei Bewohnerinnen oder Bewohner 74 Euro monatlich und für jede weitere Bewohnerin oder jeden weiteren Bewohner 15 Euro monatlich;
4. für die Überlassung einer Garage 36 Euro monatlich; für die Überlassung eines Stellplatzes zum Abstellen von Kraftfahrzeugen 25 Euro monatlich.

(3) Bei der Ermittlung des Mietwertes nach § 7 und der Untermiete sind die Absätze 1 und 2 entsprechend anzuwenden.

§ 7 Mietwert

(1) Als Mietwert des Wohnraums (§ 9 Abs. 3 Satz 1 des Wohngeldgesetzes) soll der Betrag zu Grunde gelegt werden, der der Miete für vergleichbaren Wohnraum entspricht. Dabei sind Unterschiede des Wohnwertes, insbesondere in der Größe, Lage und Ausstattung des Wohnraums, durch angemessene Zu- oder Abschläge zu berücksichtigen.

(2) Der Mietwert ist zu schätzen, wenn ein der Miete für vergleichbaren Wohnraum entsprechender Betrag nicht zu Grunde gelegt werden kann.

Teil 3
Wohngeld-Lastenberechnung

§ 8 Aufstellung der Wohngeld-Lastenberechnung

Bei der Aufstellung der Wohngeld-Lastenberechnung ist von der im Bewilligungszeitraum zu erwartenden Belastung auszugehen. Ist die Belastung für das dem Bewilligungszeitraum vorangegangene

Kalenderjahr feststellbar und ist eine Änderung im Bewilligungszeitraum nicht zu erwarten, ist von dieser Belastung auszugehen.

§ 9 Gegenstand und Inhalt der Wohngeld-Lastenberechnung
(1) Als Belastung ist die Belastung zu berücksichtigen, die auf den selbst genutzten Wohnraum entfällt. Selbst genutzter Wohnraum ist der Wohnraum, der von der wohngeldberechtigten Person und den zu berücksichtigenden Haushaltsmitgliedern zu Wohnzwecken benutzt wird.
(2) Als Belastung ist zu berücksichtigen:
1. bei einer Eigentumswohnung die Belastung für den im Sondereigentum stehenden Wohnraum und den damit verbundenen Miteigentumsanteil an dem gemeinschaftlichen Eigentum,
2. bei einer Wohnung in der Rechtsform des eigentumsähnlichen Dauerwohnrechts die Belastung für den Wohnraum und den Teil des Grundstücks, auf den sich das Dauerwohnrecht erstreckt,
3. bei einem landwirtschaftlichen Betrieb die Belastung für den Wohnraum.
(3) In die Wohngeld-Lastenberechnung sind in den Fällen des § 3 Abs. 2 des Wohngeldgesetzes auch zugehörige Nebengebäude, Anlagen und bauliche Einrichtungen sowie das Grundstück einzubeziehen; dies gilt jedoch nicht bei einem landwirtschaftlichen Betrieb mit Wohnteil. Das Grundstück besteht aus den überbauten und den dazugehörigen Flächen.
(4) In der Wohngeld-Lastenberechnung sind die Fremdmittel und die Belastung auszuweisen.

§ 10 Fremdmittel
Fremdmittel im Sinne dieser Verordnung sind
1. Darlehen,
2. gestundete Restkaufgelder,
3. gestundete öffentliche Lasten des Grundstücks
ohne Rücksicht darauf, ob sie dinglich gesichert sind oder nicht.

§ 11 Ausweisung der Fremdmittel
(1) In der Wohngeld-Lastenberechnung sind Fremdmittel mit dem Nennbetrag auszuweisen, wenn sie der Finanzierung folgender Zwecke gedient haben:
1. des Wohnungsbaus im Sinne des § 16 Abs. 1 und 2 des Wohnraumförderungsgesetzes; maßgebend ist der Wohnraumbegriff des § 2 des Wohngeldgesetzes;
2. der Verbesserung des Gegenstandes der Wohngeld-Lastenberechnung durch Modernisierung im Sinne des § 16 Abs. 3 des Wohnraumförderungsgesetzes; maßgebend ist der Wohnraumbegriff des § 2 des Wohngeldgesetzes;
3. der nachträglichen Errichtung oder des nachträglichen Ausbaus einer dem öffentlichen Verkehr dienenden Verkehrsfläche oder des nachträglichen Anschlusses an Versorgungs- und Entwässerungsanlagen;
4. des Kaufpreises und der Erwerbskosten für den Gegenstand der Wohngeld-Lastenberechnung.
Zu den mit dem Nennbetrag auszuweisenden Fremdmitteln gehören auch Darlehen zur Deckung der laufenden Aufwendungen sowie Annuitätsdarlehen aus Mitteln öffentlicher Haushalte.
(2) Sind die in Absatz 1 bezeichneten Fremdmittel durch andere Fremdmittel ersetzt worden, so sind in der Wohngeld-Lastenberechnung die anderen Fremdmittel an Stelle der ersetzten Fremdmittel höchstens mit dem Betrag auszuweisen, der bis zur Ersetzung noch nicht getilgt war. Eine Ersetzung liegt nicht vor, wenn Dauerfinanzierungsmittel an die Stelle von Zwischenfinanzierungsmitteln treten.
(3) Ist für die in den Absätzen 1 und 2 bezeichneten Fremdmittel Kapitaldienst nicht, noch nicht oder nicht mehr zu leisten, sind sie in der Wohngeld-Lastenberechnung nicht auszuweisen.

§ 12 Belastung aus dem Kapitaldienst
(1) Als Belastung aus dem Kapitaldienst sind auszuweisen:
1. die Zinsen und laufenden Nebenleistungen, insbesondere Verwaltungskostenbeiträge der ausgewiesenen Fremdmittel,
2. die Tilgungen der ausgewiesenen Fremdmittel,
3. die laufenden Bürgschaftskosten der ausgewiesenen Fremdmittel,
4. die Erbbauzinsen, Renten und sonstigen wiederkehrenden Leistungen zur Finanzierung der in § 11 genannten Zwecke.
Als Tilgungen sind auch die
a) Prämien für Personenversicherungen zur Rückzahlung von Festgeldhypotheken und

b) Bausparbeiträge, wenn der angesparte Betrag für die Rückzahlung von Fremdmitteln zweckgebunden ist,

in Höhe von 2 Prozent dieser Fremdmittel auszuweisen.

(2) Für die in Absatz 1 Nr. 1 und 2 genannte Belastung aus dem Kapitaldienst darf höchstens die vereinbarte Jahresleistung angesetzt werden. Ist die tatsächliche Leistung geringer, ist die geringere Leistung anzusetzen.

§ 13 Belastung aus der Bewirtschaftung

(1) Als Belastung aus der Bewirtschaftung sind Instandhaltungskosten, Verwaltungskosten und Betriebskosten ohne die Heizkosten auszuweisen.

(2) Als Instandhaltungs- und Betriebskosten sind im Jahr 36 Euro je Quadratmeter Wohnfläche und je Quadratmeter Nutzfläche der Geschäftsräume sowie die für den Gegenstand der Wohngeld-Lastenberechnung entrichtete Grundsteuer anzusetzen. Als Verwaltungskosten sind die für den Gegenstand der Wohngeld-Lastenberechnung an einen Dritten für die Verwaltung geleisteten Beträge anzusetzen. Über die in den Sätzen 1 und 2 genannten Beträge hinaus dürfen Bewirtschaftungskosten nicht angesetzt werden.

§ 14 Nutzungsentgelte und Wärmelieferungskosten

(1) Leistet die wohngeldberechtigte Person an Stelle des Kapitaldienstes, der Instandhaltungskosten, der Betriebskosten und der Verwaltungskosten ein Nutzungsentgelt an einen Dritten, so ist das Nutzungsentgelt in der Wohngeld-Lastenberechnung in Höhe der nach den §§ 12 und 13 ansetzbaren Beträge anzusetzen. Soweit die Beträge nach Satz 1 im Nutzungsentgelt nicht enthalten sind und von der wohngeldberechtigten Person unmittelbar an den Gläubiger entrichtet werden, sind diese Beträge dem Nutzungsentgelt hinzuzurechnen. Soweit eine Aufgliederung des Nutzungsentgelts nicht möglich ist, ist in der Wohngeld-Lastenberechnung das gesamte Nutzungsentgelt anzusetzen.

(2) Bezahlt die wohngeldberechtigte Person Beträge zur Deckung der Kosten der eigenständig gewerblichen Lieferung von Wärme und Warmwasser, so sind diese Beträge mit Ausnahme der in § 15 Abs. 2 Satz 1 Nr. 2 bezeichneten Kosten in der Wohngeld-Lastenberechnung anzusetzen. § 6 Abs. 2 Satz 1 Nr. 1 und 2 ist entsprechend anzuwenden.

§ 15 Außer Betracht bleibende Belastung

(1) In den Fällen des § 11 Abs. 2 Nr. 1 des Wohngeldgesetzes bleibt die Belastung insoweit außer Betracht, als sie auf die in § 9 Abs. 2 und 3 dieser Verordnung bezeichneten Räume oder Flächen entfällt, die ausschließlich gewerblich oder beruflich benutzt werden. Soweit die Belastung auf Räume oder Flächen entfällt, die zum Wirtschaftsteil einer Kleinsiedlung oder einer landwirtschaftlichen Nebenerwerbsstelle gehören, wird sie jedoch berücksichtigt, soweit sie nicht nach § 11 Abs. 2 und 3 des Wohngeldgesetzes außer Betracht bleiben.

(2) In den Fällen des § 11 Abs. 2 Nr. 2 des Wohngeldgesetzes sind von dem Entgelt für die Gebrauchsüberlassung von Räumen oder Flächen an einen anderen die darin enthaltenen Beträge
1. zur Deckung der Betriebskosten für Heizungs- und Brennstoffversorgungsanlagen sowie Warmwasserversorgungsanlagen und
2. zur Deckung der Kosten der eigenständig gewerblichen Lieferung von Wärme und Warmwasser, soweit sie den in Nummer 1 bezeichneten Kosten entsprechen,

abzusetzen. § 6 Abs. 1 und 2 dieser Verordnung ist entsprechend anzuwenden.

(3) Ist eine Garage oder ein Stellplatz zum Abstellen von Kraftfahrzeugen Gegenstand der Wohngeld-Lastenberechnung, gilt hinsichtlich der außer Betracht bleibenden Belastung § 6 Absatz 2 Nummer 4 entsprechend. Ist die Garage oder der Stellplatz einem anderen gegen ein höheres Entgelt überlassen als zu den in § 6 Absatz 2 Nummer 4 genannten Beträgen, so ist das Entgelt in voller Höhe abzusetzen.

Teil 4
Verfahren und Kosten des automatisierten Datenabgleichs

§ 16 Anwendungsbereich

Die §§ 17 bis 22 gelten für den automatisierten Datenabgleich nach § 33 Absatz 5 in Verbindung mit Absatz 2 des Wohngeldgesetzes zwischen der Wohngeldbehörde, der sonst nach Landesrecht für den Datenabgleich zuständigen oder von der Landesregierung durch Rechtsverordnung oder auf sonstige Weise für den Datenabgleich bestimmten Stelle (zentrale Landesstelle) und der Datenstelle der Rentenversicherung (Datenstelle), dem Bundeszentralamt für Steuern, der Deutschen Post AG sowie der

Deutschen Rentenversicherung Knappschaft-Bahn-See. Rechtsverordnungen der Landesregierungen, die über die Regelungen der §§ 16 bis 22 hinausgehen, bleiben unberührt.

§ 17 Abgleichszeitraum und Übermittlungsverfahren

(1) Der automatisierte Datenabgleich nach § 33 Absatz 5 in Verbindung mit Absatz 2 Satz 1 des Wohngeldgesetzes wird vierteljährlich für das ihm jeweils vorangegangene Kalendervierteljahr (Abgleichszeitraum) durchgeführt. Abweichend von Satz 1 werden in den Datenabgleich nach § 18 Absatz 2 im dritten Kalendervierteljahr alle zu berücksichtigenden Haushaltsmitglieder einbezogen, die innerhalb der dem Abgleich vorangegangenen zwölf Kalendermonate bei der Berechnung des Wohngeldes berücksichtigt wurden.
(2) Die Wohngeldbehörde übermittelt der Datenstelle nach § 33 Absatz 5 in Verbindung mit Absatz 2 Satz 1 Nummer 1, 2, 6 und 7 des Wohngeldgesetzes zwischen dem ersten und dem 15. des auf den Abgleichszeitraum folgenden Monats für jedes im Abgleichszeitraum bei der Berechnung des Wohngeldes berücksichtigte Haushaltsmitglied einen Anfragedatensatz. Der Anfragedatensatz enthält die Wohngeldnummer und die in § 33 Absatz 3 Satz 1 Nummer 1 bis 3, 5 und 6 des Wohngeldgesetzes genannten Daten. Er wird über die zentrale Landesstelle übermittelt, wenn diese für die Erfassung und Weiterübermittlung der Daten an die Datenstelle zuständig ist.
(3) Die Datenstelle übermittelt die Anfragedatensätze bis zum Ende des auf den Abgleichszeitraum folgenden Monats an
1. das Bundeszentralamt für Steuern,
2. die Deutsche Post AG und
3. die Deutsche Rentenversicherung Knappschaft-Bahn-See.
Im Fall des Satzes 1 Nummer 1 werden vor der Übermittlung der Anfragedatensätze die Angaben zum Geschlecht und Geburtsort entfernt. Im Fall des Satzes 1 Nummer 2 und 3 werden die Anfragedatensätze, wenn möglich, um die Versicherungsnummer ergänzt. Die in Satz 1 genannten Stellen übermitteln die Antwortdatensätze bis zum 15. des zweiten auf den Abgleichszeitraum folgenden Monats an die Datenstelle.
(4) Die Datenstelle übermittelt der Wohngeldbehörde die Antwortdatensätze aus dem automatisierten Datenabgleich nach § 18 Absatz 1 und die Antwortdatensätze nach Absatz 3 Satz 4 bis zum Ende des zweiten auf den Abgleichszeitraum folgenden Monats. Im Fall des Absatzes 2 Satz 3 erfolgt die Übermittlung über die zentrale Landesstelle, die in diesem Fall die Antwortdatensätze ordnend aufbereiten darf.

§ 18 Einzelheiten des automatisierten Datenabgleichs

(1) Die Datenstelle gleicht die ihr nach § 17 Absatz 2 übermittelten Daten ab mit den bei ihr gespeicherten Daten nach
1. § 52 Absatz 1 und 2 des Zweiten Buches Sozialgesetzbuch zur Prüfung, ob und für welche Zeiträume im Abgleichszeitraum Leistungen nach dem Zweiten Buch Sozialgesetzbuch empfangen wurden,
2. § 118 Absatz 2 des Zwölften Buches Sozialgesetzbuch zur Prüfung, ob und für welche Zeiträume im Abgleichszeitraum Leistungen der Hilfe zum Lebensunterhalt und der Grundsicherung im Alter und bei Erwerbsminderung nach dem Zwölften Buch Sozialgesetzbuch empfangen wurden,
3. § 150 des Sechsten Buches Sozialgesetzbuch zur Feststellung der Versicherungsnummer,
4. § 28p Absatz 8 Satz 3 des Vierten Buches Sozialgesetzbuch zur Prüfung des Bestehens einer versicherungspflichtigen oder einer geringfügigen Beschäftigung unter Angabe des jeweiligen Arbeitgebers und des Beschäftigungszeitraums.
(2) Das Bundeszentralamt für Steuern gleicht die ihm nach § 17 Absatz 3 Satz 1 Nummer 1 übermittelten Daten mit den Daten ab, die bei ihm nach § 45d Absatz 1 und § 45e des Einkommensteuergesetzes in Verbindung mit § 9 Absatz 3 der Zinsinformationsverordnung gespeichert sind. Dieser automatisierte Datenabgleich dient der Feststellung
1. der Höhe von Kapitalerträgen, für die ein Freistellungsauftrag erteilt worden ist,
2. von Namen und Anschrift des Empfängers oder der Empfängerin des Freistellungsauftrags sowie
3. der Höhe von Zinszahlungen, die dem Bundeszentralamt für Steuern von den zuständigen Behörden der anderen Mitgliedstaaten der Europäischen Union mitgeteilt worden sind.
(3) Die Deutsche Post AG und die Deutsche Rentenversicherung Knappschaft-Bahn-See gleichen die ihnen nach § 17 Absatz 3 Satz 1 Nummer 2 und 3 übermittelten Daten mit den Daten ab, die bei ihnen im Rahmen der §§ 119 und 148 des Sechsten Buches Sozialgesetzbuch sowie des § 99 des Siebten Buches

Sozialgesetzbuch gespeichert sind. Dieser automatisierte Datenabgleich dient der Feststellung der Höhe und des Leistungszeitraums von
1. laufenden Leistungen und
2. Einmalzahlungen
aus der gesetzlichen Renten- und Unfallversicherung.

§ 19 Anforderungen an die Datenübermittlung und Datenspeicherung

(1) Bei der Datenübermittlung und Datenspeicherung sind alle erforderlichen und angemessenen technischen und organisatorischen Maßnahmen zu treffen, um die Verfügbarkeit, Integrität und Vertraulichkeit der Daten sowie die Authentizität von Absender und Empfänger der übermittelten Daten entsprechend dem jeweiligen Stand der Technik sicherzustellen. Im Fall der Nutzung allgemein zugänglicher Netze sind Verschlüsselungsverfahren anzuwenden, die dem jeweiligen Stand der Technik entsprechen. Die einschlägigen Standards für eine sichere Datenübermittlung durch die Datenstelle sind im Einvernehmen mit dem Bundesamt für Sicherheit in der Informationstechnik festzulegen.
(2) Werden Mängel festgestellt, die eine ordnungsgemäße Übernahme der Daten beeinträchtigen, kann die Übernahme ganz oder teilweise abgelehnt werden. Die übermittelnde Stelle ist über die festgestellten Mängel unter Beachtung der Verfahrensgrundsätze (§ 21) zu unterrichten. Sie soll die abgelehnten Datensätze unverzüglich berichtigen und für den ursprünglichen Abgleichszeitraum erneut übermitteln.
(3) Das Bundeszentralamt für Steuern, die Deutsche Post AG und die Deutsche Rentenversicherung Knappschaft-Bahn-See haben den Eingang der Anfragedatensätze, die ihnen von der Datenstelle übermittelt werden, zu überwachen und die eingegangenen Anfragedatensätze auf Vollständigkeit zu überprüfen. Sie haben der Datenstelle unverzüglich den Eingang zu bestätigen und das Ergebnis der Prüfung auf Vollständigkeit mitzuteilen. Satz 1 gilt entsprechend für die Datenstelle hinsichtlich der ihr vom Bundeszentralamt für Steuern, von der Deutschen Post AG und der Deutschen Rentenversicherung Knappschaft-Bahn-See übermittelten Antwortdatensätze.
(4) Das Bundeszentralamt für Steuern, die Deutsche Post AG, die Deutsche Rentenversicherung Knappschaft-Bahn-See und die Datenstelle haben die ihnen übermittelten Daten unverzüglich nach Abschluss des automatisierten Datenabgleichs zu löschen. Im Fall des § 17 Absatz 2 Satz 3 darf die zentrale Landesstelle die Antwortdatensätze nach Abschluss eines automatisierten Datenabgleichs bis zum Abschluss des nächsten automatisierten Datenabgleichs speichern, um in beiden automatisierten Datenabgleichen identische Antwortdatensätze zu identifizieren.

§ 20 Weiterverwendung der Antwortdatensätze

Die von der Datenstelle oder der zentralen Landesstelle an die Wohngeldbehörde übermittelten Antwortdatensätze dürfen in das Wohngeldfachverfahren übernommen werden und sind durch die Wohngeldbehörde zu überprüfen. Führt die Überprüfung nicht zu abweichenden Feststellungen, sind diese Antwortdatensätze unverzüglich manuell zu löschen. Führt die Überprüfung zu abweichenden Feststellungen, dürfen diese Antwortdatensätze zur Weiterverwendung im Wohngeldfachverfahren gespeichert werden, um eine mögliche rechtswidrige Inanspruchnahme von Wohngeld zu klären und überzahlte Beträge zurückzufordern. In diesem Fall erfolgt eine maschinelle Löschung der Daten erst bei Löschung der Akte im Wohngeldverfahren.

§ 21 Verfahrensgrundsätze

Die technischen Einzelheiten des automatisierten Datenabgleichsverfahrens nach § 16, insbesondere des Aufbaus, der Übermittlung sowie der Prüfung und Berichtigung der Datensätze, sind von der Datenstelle, dem Bundeszentralamt für Steuern, der Deutschen Post AG, der Deutschen Rentenversicherung Knappschaft-Bahn-See und den für die Durchführung des Wohngeldgesetzes zuständigen obersten Landesbehörden in einheitlichen Verfahrensgrundsätzen einvernehmlich festzulegen. Der Bundesbeauftragte für den Datenschutz und die Informationsfreiheit ist vor Festlegung der Verfahrensgrundsätze zu hören. Die Verfahrensgrundsätze sind von der Datenstelle auf der Internetseite der Deutschen Rentenversicherung zu veröffentlichen.

§ 22 Kosten

(1) Die Länder haben der Datenstelle die notwendigen Kosten für die Durchführung und Vermittlung des automatisierten Datenabgleichs nach § 16 zu erstatten. Diese Kostenerstattung richtet sich in den Fällen des § 17 Absatz 2 Satz 3 nach den Absätzen 2 und 3.
(2) Für die Länder, die vor dem 1. Januar 2013 einen automatisierten Datenabgleich unter Vermittlung der Datenstelle durchführen und weiterhin daran teilnehmen, legt die Datenstelle die für das Jahr 2013 zu

erstattenden Kosten auf der Grundlage der tatsächlich entstandenen Kosten einheitlich neu fest, wobei jedoch die zu erstattenden Kosten höchstens 3800 Euro je Land betragen. Die festgelegten Kosten erhöhen sich für jedes weitere Kalenderjahr der Teilnahme am automatisierten Datenabgleich pauschal um 3 Prozent. Die Datenstelle teilt den für die Durchführung des Wohngeldgesetzes zuständigen obersten Landesbehörden die zu erstattenden Kosten mit; die Erstattung ist jeweils am 1. April für das laufende Kalenderjahr fällig und berechtigt zur viermaligen Teilnahme am automatisierten Datenabgleich.

(3) Die übrigen Länder haben für das erste Kalenderjahr der Teilnahme eines Landes am automatisierten Datenabgleich pauschal einmalige Kosten in Höhe von 2700 Euro zuzüglich 950 Euro je Kalendervierteljahr der Teilnahme zu erstatten. Die Erstattung ist am 31. Januar des folgenden Kalenderjahres fällig. Für jedes weitere Kalenderjahr der Teilnahme am automatisierten Datenabgleich sind die Kosten nach Absatz 2 Satz 1 in Verbindung mit Absatz 2 Satz 2 zu erstatten; Absatz 2 Satz 3 gilt entsprechend.

Teil 5
Fortschreibung des Wohngeldes

§ 23 Fortschreibung der Höchstbeträge für Miete und Belastung und Neufassung der Anlage 1 zu § 12 Absatz 1 des Wohngeldgesetzes

(1) Die monatlichen Höchstbeträge für Miete und Belastung nach Anlage 1 zu § 12 Absatz 1 des Wohngeldgesetzes werden zum 1. Januar 2022 um 2,788 Prozent erhöht. Die Erhöhungen werden nach § 43 Absatz 4 Satz 3 des Wohngeldgesetzes jeweils bis unter 0,50 Euro auf den nächsten vollen Euro-Betrag abgerundet sowie ab 0,50 Euro auf den nächsten vollen Euro-Betrag aufgerundet.

(2) Anlage 1 des Wohngeldgesetzes wird wie folgt gefasst:

„**Anlage 1** (zu § 12 Absatz 1)

Anzahl der zu berücksichtigenden Haushaltsmitglieder	Mietenstufe	Höchstbetrag in Euro
1	I	347
	II	392
	III	438
	IV	491
	V	540
	VI	591
	VII	651
2	I	420
	II	474
	III	530
	IV	595
	V	654
	VI	716
	VII	788
3	I	501
	II	564
	III	631
	IV	708
	V	778
	VI	853
	VII	937
4	I	584
	II	659
	III	736
	IV	825
	V	909
	VI	995
	VII	1095

Anzahl der zu berücksichtigenden Haushaltsmitglieder	Mietenstufe	Höchstbetrag in Euro
5	I	667
	II	752
	III	841
	IV	944
	V	1038
	VI	1137
	VII	1251
Mehrbetrag für jedes weitere zu berücksichtigende Haushaltsmitglied	I	79
	II	90
	III	102
	IV	114
	V	124
	VI	143
	VII	157)".

§ 24 Fortschreibung der Werte für „b" und „c" und Neufassung der Anlage 2 zu § 19 Absatz 1 des Wohngeldgesetzes

(1) Die Werte für „b" nach Anlage 2 zu § 19 Absatz 1 des Wohngeldgesetzes werden zum 1. Januar 2022 mit 100 multipliziert und anschließend durch die Summe aus 100 und 2,788 dividiert. Die sich danach ergebenden Werte werden nach § 43 Absatz 5 Satz 3 des Wohngeldgesetzes jeweils auf die sechste Nachkommastelle abgerundet.

(2) Die Werte für „c" nach Anlage 2 zu § 19 Absatz 1 des Wohngeldgesetzes werden zum 1. Januar 2022 mit 100 multipliziert und anschließend durch die Summe aus 100 und 1,927 dividiert. Die sich danach ergebenden Werte werden nach § 43 Absatz 6 Satz 3 des Wohngeldgesetzes jeweils auf die siebte Nachkommastelle abgerundet.

(3) Anlage 2 des Wohngeldgesetzes wird wie folgt gefasst:

„**Anlage 2**

(zu § 19 Absatz 1)

Die in die Formel nach § 19 Absatz 1 Satz 1 einzusetzenden, nach der Anzahl der zu berücksichtigenden Haushaltsmitglieder unterschiedenen Werte „a", „b" und „c" sind der nachfolgenden Tabelle zu entnehmen:

	1 Haushaltsmitglied	2 Haushaltsmitglieder	3 Haushaltsmitglieder	4 Haushaltsmitglieder	5 Haushaltsmitglieder	6 Haushaltsmitglieder
a	4,000E-2	3,000E-2	2,000E-2	1,000E-2	0	– 1,000E-2
b	5,640E-4	3,940E-4	3,400E-4	3,040E-4	2,680E-4	2,510E-4
c	1,1570E-4	8,630E-5	6,950E-5	3,610E-5	3,520E-5	3,020E-5

	7 Haushaltsmitglieder	8 Haushaltsmitglieder	9 Haushaltsmitglieder	10 Haushaltsmitglieder	11 Haushaltsmitglieder	12 Haushaltsmitglieder
a	– 2,000E-2	– 3,000E-2	– 4,000E-2	– 6,000E-2	– 1,000E-1	– 1,400E-1
b	2,320E-4	2,060E-4	1,790E-4	1,430E-4	1,070E-4	9,80E-5
c	3,100E-5	3,100E-5	3,260E-5	3,770E-5	4,440E-5	5,030E-5

Hierbei bedeuten:

E-1 geteilt durch 10,
E-2 geteilt durch 100,
E-4 geteilt durch 10 000,
E-5 geteilt durch 100 000".

140 HeimG

Heimgesetz (HeimG)

in der Fassung der Bekanntmachung
vom 5. November 2001 (BGBl. I S. 2970)

Zuletzt geändert durch
Gesetz zur Neuregelung der zivilrechtlichen Vorschriften des Heimgesetzes nach der Föderalismusreform
vom 29. Juli 2009 (BGBl. I S. 2319)

Inhaltsübersicht[1)]

§ 1 Anwendungsbereich
§ 2 Zweck des Gesetzes
§ 3 Leistungen des Heims, Rechtsverordnungen
§ 4 Beratung
§§ 5 bis 9 (weggefallen)
§ 10 Mitwirkung der Bewohnerinnen und Bewohner
§ 11 Anforderungen an den Betrieb eines Heims
§ 12 Anzeige
§ 13 Aufzeichnungs- und Aufbewahrungspflicht
§ 14 Leistungen an Träger und Beschäftigte
§ 15 Überwachung
§ 16 Beratung bei Mängeln
§ 17 Anordnungen
§ 18 Beschäftigungsverbot, kommissarische Heimleitung
§ 19 Untersagung
§ 20 Zusammenarbeit, Arbeitsgemeinschaften
§ 21 Ordnungswidrigkeiten
§ 22 Berichte
§ 23 Zuständigkeit und Durchführung des Gesetzes
§ 24 Anwendbarkeit der Gewerbeordnung
§ 25 Fortgeltung von Rechtsverordnungen
§ 25a Erprobungsregelungen
§ 26 Übergangsvorschriften

[1)] **Anm. d. Hrsg.:** Gemäß Gesetz zur Änderung des Grundgesetzes vom 28. August 2006 (BGBl. I S. 2034) (Föderalismusreform) wurde die Zuständigkeit für das Heimrecht (Heimgesetz und Durchführungsverordnungen) auf die Bundesländer übertragen. Da inzwischen alle Bundesländer ablösende Gesetze geschaffen haben, wird auf den weiteren Abdruck des Heimgesetzes verzichtet.
Soweit die Bundesländer nicht eigene Durchführungs-Verordnungen erlassen haben, gelten die bis zur 24. Auflage unter der Signatur-Nummern 142 bis 145 abgedruckten Verordnungen weiter.

Gesetz zur Regelung von Verträgen über Wohnraum mit Pflege- oder Betreuungsleistungen
(Wohn- und Betreuungsvertragsgesetz – WBVG)

Vom 29. Juli 2009 (BGBl. I S. 2319)

Zuletzt geändert durch
Gesetz zur Änderung des Neunten und des Zwölften Buches Sozialgesetzbuch und anderer Rechtsvorschriften
vom 30. November 2019 (BGBl. I S. 1948)

Inhaltsübersicht

§ 1 Anwendungsbereich
§ 2 Ausnahmen vom Anwendungsbereich
§ 3 Informationspflichten vor Vertragsschluss
§ 4 Vertragsschluss und Vertragsdauer
§ 5 Wechsel der Vertragsparteien
§ 6 Schriftform und Vertragsinhalt
§ 7 Leistungspflichten
§ 8 Vertragsanpassung bei Änderung des Pflege- oder Betreuungsbedarfs
§ 9 Entgelterhöhung bei Änderung der Berechnungsgrundlage
§ 10 Nichtleistung oder Schlechtleistung
§ 11 Kündigung durch den Verbraucher
§ 12 Kündigung durch den Unternehmer
§ 13 Nachweis von Leistungsersatz und Übernahme von Umzugskosten
§ 14 Sicherheitsleistungen
§ 15 Besondere Bestimmungen bei Bezug von Sozialleistungen
§ 16 Unwirksamkeit abweichender Vereinbarungen
§ 17 Übergangsvorschriften

§ 1 Anwendungsbereich

(1) Dieses Gesetz ist anzuwenden auf einen Vertrag zwischen einem Unternehmer und einem volljährigen Verbraucher, in dem sich der Unternehmer zur Überlassung von Wohnraum und zur Erbringung von Pflege- oder Betreuungsleistungen verpflichtet, die der Bewältigung eines durch Alter, Pflegebedürftigkeit oder Behinderung bedingten Hilfebedarfs dienen. Unerheblich ist, ob die Pflege- oder Betreuungsleistungen nach den vertraglichen Vereinbarungen vom Unternehmer zur Verfügung gestellt oder vorgehalten werden. Das Gesetz ist nicht anzuwenden, wenn der Vertrag neben der Überlassung von Wohnraum ausschließlich die Erbringung von allgemeinen Unterstützungsleistungen wie die Vermittlung von Pflege- oder Betreuungsleistungen, Leistungen der hauswirtschaftlichen Versorgung oder Notrufdienste zum Gegenstand hat.
(2) Dieses Gesetz ist entsprechend anzuwenden, wenn die vom Unternehmer geschuldeten Leistungen Gegenstand verschiedener Verträge sind und
1. der Bestand des Vertrags über die Überlassung von Wohnraum von dem Bestand des Vertrags über die Erbringung von Pflege- oder Betreuungsleistungen abhängig ist,
2. der Verbraucher an dem Vertrag über die Überlassung von Wohnraum nach den vertraglichen Vereinbarungen nicht unabhängig von dem Vertrag über die Erbringung von Pflege- oder Betreuungsleistungen festhalten kann oder
3. der Unternehmer den Abschluss des Vertrags über die Überlassung von Wohnraum von dem Abschluss des Vertrags über die Erbringung von Pflege- oder Betreuungsleistungen tatsächlich abhängig macht.

Dies gilt auch, wenn in den Fällen des Satzes 1 die Leistungen von verschiedenen Unternehmern geschuldet werden, es sei denn, diese sind nicht rechtlich oder wirtschaftlich miteinander verbunden.

§ 2 Ausnahmen vom Anwendungsbereich

Dieses Gesetz ist nicht anzuwenden auf Verträge über
1. Leistungen der Krankenhäuser, Vorsorge- oder Rehabilitationseinrichtungen im Sinne des § 107 des Fünften Buches Sozialgesetzbuch,
2. Leistungen der Internate der Berufsbildungs- und Berufsförderungswerke,
3. Leistungen im Sinne des § 41 des Achten Buches Sozialgesetzbuch,
4. Leistungen, die im Rahmen von Kur- oder Erholungsaufenthalten erbracht werden.

§ 3 Informationspflichten vor Vertragsschluss

(1) Der Unternehmer hat dem Verbraucher rechtzeitig vor Abgabe von dessen Vertragserklärung in Textform und in leicht verständlicher Sprache über sein allgemeines Leistungsangebot und über den wesentlichen Inhalt seiner für den Verbraucher in Betracht kommenden Leistungen zu informieren.

(2) Zur Information des Unternehmers über sein allgemeines Leistungsangebot gehört die Darstellung
1. der Ausstattung und Lage des Gebäudes, in dem sich der Wohnraum befindet, sowie der dem gemeinschaftlichen Gebrauch dienenden Anlagen und Einrichtungen, zu denen der Verbraucher Zugang hat, und gegebenenfalls ihrer Nutzungsbedingungen,
2. der darin enthaltenen Leistungen nach Art, Inhalt und Umfang,
3. der Ergebnisse der Qualitätsprüfungen, soweit sie nach § 115 Absatz 1a Satz 1 des Elften Buches Sozialgesetzbuch oder nach landesrechtlichen Vorschriften zu veröffentlichen sind.

(3) Zur Information über die für den Verbraucher in Betracht kommenden Leistungen gehört die Darstellung
1. des Wohnraums, der Pflege- oder Betreuungsleistungen, gegebenenfalls der Verpflegung als Teil der Betreuungsleistungen sowie der einzelnen weiteren Leistungen nach Art, Inhalt und Umfang,
2. des den Pflege- oder Betreuungsleistungen zugrunde liegenden Leistungskonzepts,
3. der für die in Nummer 1 benannten Leistungen jeweils zu zahlenden Entgelte, der nach § 82 Absatz 3 und 4 des Elften Buches Sozialgesetzbuch gesondert berechenbaren Investitionskosten sowie des Gesamtentgelts,
4. der Voraussetzungen für mögliche Leistungs- und Entgeltveränderungen,
5. des Umfangs und der Folgen eines Ausschlusses der Angebotspflicht nach § 8 Absatz 4, wenn ein solcher Ausschluss vereinbart werden soll.

Die Darstellung nach Satz 1 Nummer 5 muss in hervorgehobener Form erfolgen.

(4) Erfüllt der Unternehmer seine Informationspflichten nach den Absätzen 1 bis 3 nicht, ist § 6 Absatz 2 Satz 2 und 3 entsprechend anzuwenden. Weitergehende zivilrechtliche Ansprüche des Verbrauchers bleiben unberührt.

(5) Die sich aus anderen Gesetzen ergebenden Informationspflichten bleiben unberührt.

§ 4 Vertragsschluss und Vertragsdauer

(1) Der Vertrag wird auf unbestimmte Zeit geschlossen. Die Vereinbarung einer Befristung ist zulässig, wenn die Befristung den Interessen des Verbrauchers nicht widerspricht. Ist die vereinbarte Befristung nach Satz 2 unzulässig, gilt der Vertrag für unbestimmte Zeit, sofern nicht der Verbraucher seinen entgegenstehenden Willen innerhalb von zwei Wochen nach Ende der vereinbarten Vertragsdauer dem Unternehmer erklärt.

(2) War der Verbraucher bei Abschluss des Vertrags geschäftsunfähig, so hängt die Wirksamkeit des Vertrags von der Genehmigung eines Bevollmächtigten oder Betreuers ab. § 108 Absatz 2 des Bürgerlichen Gesetzbuchs ist entsprechend anzuwenden. In Ansehung einer bereits bewirkten Leistung und deren Gegenleistung gilt der Vertrag als wirksam geschlossen. Solange der Vertrag nicht wirksam geschlossen worden ist, kann der Unternehmer das Vertragsverhältnis nur aus wichtigem Grund für gelöst erklären; die §§ 12 und 13 Absatz 2 und 4 sind entsprechend anzuwenden.

(3) Mit dem Tod des Verbrauchers endet das Vertragsverhältnis zwischen ihm und dem Unternehmer. Die vertraglichen Bestimmungen hinsichtlich der Behandlung des in den Räumen oder in Verwahrung des Unternehmers befindlichen Nachlasses des Verbrauchers bleiben wirksam. Eine Fortgeltung des Vertrags kann für die Überlassung des Wohnraums gegen Fortzahlung der darauf entfallenden Entgeltbestandteile vereinbart werden, soweit ein Zeitraum von zwei Wochen nach dem Sterbetag des Verbrauchers nicht überschritten wird. In diesen Fällen ermäßigt sich das geschuldete Entgelt um den Wert der ersparten Aufwendungen des Unternehmers.

§ 5 Wechsel der Vertragsparteien

(1) Mit Personen, die mit dem Verbraucher einen auf Dauer angelegten gemeinsamen Haushalt führen und nicht Vertragspartner des Unternehmers hinsichtlich der Überlassung des Wohnraums sind, wird das Vertragsverhältnis beim Tod des Verbrauchers hinsichtlich der Überlassung des Wohnraums gegen Zahlung der darauf entfallenden Entgeltbestandteile bis zum Ablauf des dritten Kalendermonats nach dem Sterbetag des Verbrauchers fortgesetzt. Erklären Personen, mit denen das Vertragsverhältnis fortgesetzt wurde, innerhalb von vier Wochen nach dem Sterbetag des Verbrauchers dem Unternehmer, dass sie das Vertragsverhältnis nicht fortsetzen wollen, gilt die Fortsetzung des Vertragsverhältnisses als nicht erfolgt. Ist das Vertragsverhältnis mit mehreren Personen fortgesetzt worden, so kann jeder die Erklärung für sich abgeben.

(2) Wird der überlassene Wohnraum nach Beginn des Vertragsverhältnisses von dem Unternehmer an einen Dritten veräußert, gelten für die Rechte und Pflichten des Erwerbers hinsichtlich der Überlassung des Wohnraums die §§ 566 bis 567b des Bürgerlichen Gesetzbuchs entsprechend.

§ 6 Schriftform und Vertragsinhalt

(1) Der Vertrag ist schriftlich abzuschließen. Der Abschluss des Vertrags in elektronischer Form ist ausgeschlossen. Der Unternehmer hat dem Verbraucher eine Ausfertigung des Vertrags auszuhändigen.
(2) Wird der Vertrag nicht in schriftlicher Form geschlossen, sind zu Lasten des Verbrauchers von den gesetzlichen Regelungen abweichende Vereinbarungen unwirksam, auch wenn sie durch andere Vorschriften dieses Gesetzes zugelassen werden; im Übrigen bleibt der Vertrag wirksam. Der Verbraucher kann den Vertrag jederzeit ohne Einhaltung einer Frist kündigen. Ist der schriftliche Vertragsschluss im Interesse des Verbrauchers unterblieben, insbesondere weil zum Zeitpunkt des Vertragsschlusses beim Verbraucher Gründe vorlagen, die ihn an der schriftlichen Abgabe seiner Vertragserklärung hinderten, muss der schriftliche Vertragsschluss unverzüglich nachgeholt werden.
(3) Der Vertrag muss mindestens
1. die Leistungen des Unternehmers nach Art, Inhalt und Umfang einzeln beschreiben,
2. die für diese Leistungen jeweils zu zahlenden Entgelte, getrennt nach Überlassung des Wohnraums, Pflege- oder Betreuungsleistungen, gegebenenfalls Verpflegung als Teil der Betreuungsleistungen sowie den einzelnen weiteren Leistungen, die nach § 82 Absatz 3 und 4 des Elften Buches Sozialgesetzbuch gesondert berechenbaren Investitionskosten und das Gesamtentgelt angeben,
3. die Informationen des Unternehmers nach § 3 als Vertragsgrundlage benennen und mögliche Abweichungen von den vorvertraglichen Informationen gesondert kenntlich machen,
4. die Informationen nach § 36 Absatz 1 des Verbraucherstreitbeilegungsgesetzes vom 19. Februar 2016 (BGBl. I S. 254) geben; dies gilt auch, wenn der Unternehmer keine Webseite unterhält oder keine Allgemeinen Geschäftsbedingungen verwendet.

§ 7 Leistungspflichten

(1) Der Unternehmer ist verpflichtet, dem Verbraucher den Wohnraum in einem zum vertragsgemäßen Gebrauch geeigneten Zustand zu überlassen und während der vereinbarten Vertragsdauer in diesem Zustand zu erhalten sowie die vertraglich vereinbarten Pflege- oder Betreuungsleistungen nach dem allgemein anerkannten Stand fachlicher Erkenntnisse zu erbringen.
(2) Der Verbraucher hat das vereinbarte Entgelt zu zahlen, soweit dieses insgesamt und nach seinen Bestandteilen im Verhältnis zu den Leistungen angemessen ist. In Verträgen mit Verbrauchern, die Leistungen nach dem Elften Buch Sozialgesetzbuch in Anspruch nehmen, gilt die aufgrund der Bestimmungen des Siebten und Achten Kapitels des Elften Buches Sozialgesetzbuch festgelegte Höhe des Entgelts als vereinbart und angemessen. In Verträgen mit Verbrauchern, denen Hilfe in Einrichtungen nach dem Zwölften Buch Sozialgesetzbuch gewährt wird, gilt die aufgrund des Zehnten Kapitels des Zwölften Buches Sozialgesetzbuch festgelegte Höhe des Entgelts als vereinbart und angemessen. In Verträgen mit Verbrauchern, die Leistungen nach Teil 2 des Neunten Buches Sozialgesetzbuch in Anspruch nehmen, gilt die aufgrund der Bestimmungen des Teils 2 Kapitel 8 des Neunten Buches Sozialgesetzbuch festgelegte Höhe des Entgelts für diese Leistungen als vereinbart und angemessen.
(3) Der Unternehmer hat das Entgelt sowie die Entgeltbestandteile für die Verbraucher nach einheitlichen Grundsätzen zu bemessen. Eine Differenzierung ist zulässig, soweit eine öffentliche Förderung von betriebsnotwendigen Investitionsaufwendungen nur für einen Teil der Einrichtung erfolgt ist. Sie ist auch insofern zulässig, als Vergütungsvereinbarungen nach dem Zehnten Kapitel des Zwölften Buches Sozialgesetzbuch über Investitionsbeträge oder gesondert berechenbare Investitionskosten getroffen worden sind.
(4) Werden Leistungen unmittelbar zu Lasten eines Sozialleistungsträgers erbracht, ist der Unternehmer verpflichtet, den Verbraucher unverzüglich schriftlich unter Mitteilung des Kostenanteils hierauf hinzuweisen.
(5) Soweit der Verbraucher länger als drei Tage abwesend ist, muss sich der Unternehmer den Wert der dadurch ersparten Aufwendungen auf seinen Entgeltanspruch anrechnen lassen. Im Vertrag kann eine Pauschalierung des Anrechnungsbetrags vereinbart werden. In Verträgen mit Verbrauchern, die Leistungen nach dem Elften Buch Sozialgesetzbuch in Anspruch nehmen, ergibt sich die Höhe des Anrechnungsbetrags aus den in § 87a Absatz 1 Satz 7 des Elften Buches Sozialgesetzbuch genannten Vereinbarungen.

§ 8 Vertragsanpassung bei Änderung des Pflege- oder Betreuungsbedarfs

(1) Ändert sich der Pflege- oder Betreuungsbedarf des Verbrauchers, muss der Unternehmer eine entsprechende Anpassung der Leistungen anbieten. Der Verbraucher kann das Angebot auch teilweise annehmen. Die Leistungspflicht des Unternehmers und das vom Verbraucher zu zahlende angemessene Entgelt erhöhen oder verringern sich in dem Umfang, in dem der Verbraucher das Angebot angenommen hat.

(2) In Verträgen mit Verbrauchern, die Leistungen nach dem Elften Buch Sozialgesetzbuch in Anspruch nehmen oder denen Hilfe in Einrichtungen nach dem Zwölften Buch Sozialgesetzbuch gewährt wird, ist der Unternehmer berechtigt, bei einer Änderung des Pflege- oder Betreuungsbedarfs des Verbrauchers den Vertrag nach Maßgabe des Absatzes 1 Satz 3 durch einseitige Erklärung anzupassen. Absatz 3 ist entsprechend anzuwenden.
(3) Der Unternehmer hat das Angebot zur Anpassung des Vertrags dem Verbraucher durch Gegenüberstellung der bisherigen und der angebotenen Leistungen sowie der dafür jeweils zu entrichtenden Entgelte schriftlich darzustellen und zu begründen.
(4) Der Unternehmer kann die Pflicht, eine Anpassung anzubieten, durch gesonderte Vereinbarung mit dem Verbraucher bei Vertragsschluss ganz oder teilweise ausschließen. Der Ausschluss ist nur wirksam, soweit der Unternehmer unter Berücksichtigung des dem Vertrag zugrunde gelegten Leistungskonzepts daran ein berechtigtes Interesse hat und dieses in der Vereinbarung begründet. Die Belange von Menschen mit Behinderungen sind besonders zu berücksichtigen. Die Vereinbarung bedarf zu ihrer Wirksamkeit der Schriftform; die elektronische Form ist ausgeschlossen.

§ 9 Entgelterhöhung bei Änderung der Berechnungsgrundlage
(1) Der Unternehmer kann eine Erhöhung des Entgelts verlangen, wenn sich die bisherige Berechnungsgrundlage verändert. Neben dem erhöhten Entgelt muss auch die Erhöhung selbst angemessen sein. Satz 2 gilt nicht für die in § 7 Absatz 2 Satz 2 bis 4 genannten Fälle. Entgelterhöhungen aufgrund von Investitionsaufwendungen sind nur zulässig, soweit sie nach der Art des Betriebs notwendig sind und nicht durch öffentliche Förderung gedeckt werden.
(2) Der Unternehmer hat dem Verbraucher die beabsichtigte Erhöhung des Entgelts schriftlich mitzuteilen und zu begründen. Aus der Mitteilung muss der Zeitpunkt hervorgehen, zu dem der Unternehmer die Erhöhung des Entgelts verlangt. In der Begründung muss er unter Angabe des Umlagemaßstabs die Positionen benennen, für die sich durch die veränderte Berechnungsgrundlage Kostensteigerungen ergeben, und die bisherigen Entgeltbestandteile den vorgesehenen neuen Entgeltbestandteilen gegenüberstellen. Der Verbraucher schuldet das erhöhte Entgelt frühestens vier Wochen nach Zugang des hinreichend begründeten Erhöhungsverlangens. Der Verbraucher muss rechtzeitig Gelegenheit erhalten, die Angaben des Unternehmers durch Einsichtnahme in die Kalkulationsunterlagen zu überprüfen.

§ 10 Nichtleistung oder Schlechtleistung
(1) Erbringt der Unternehmer die vertraglichen Leistungen ganz oder teilweise nicht oder weisen sie nicht unerhebliche Mängel auf, kann der Verbraucher unbeschadet weitergehender zivilrechtlicher Ansprüche bis zu sechs Monate rückwirkend eine angemessene Kürzung des vereinbarten Entgelts verlangen.
(2) Zeigt sich während der Vertragsdauer ein Mangel des Wohnraums oder wird eine Maßnahme zum Schutz des Wohnraums gegen eine nicht vorgesehene Gefahr erforderlich, so hat der Verbraucher dies dem Unternehmer unverzüglich anzuzeigen.
(3) Soweit der Unternehmer infolge einer schuldhaften Unterlassung der Anzeige nach Absatz 2 nicht Abhilfe schaffen konnte, ist der Verbraucher nicht berechtigt, sein Kürzungsrecht nach Absatz 1 geltend zu machen.
(4) Absatz 1 ist nicht anzuwenden, soweit nach § 115 Absatz 3 des Elften Buches Sozialgesetzbuch wegen desselben Sachverhalts ein Kürzungsbetrag vereinbart oder festgesetzt worden ist.
(5) Bei Verbrauchern, denen Hilfe in Einrichtungen nach dem Zwölften Buch Sozialgesetzbuch gewährt wird, steht der Kürzungsbetrag nach Absatz 1 bis zur Höhe der erbrachten Leistungen vorrangig dem Träger der Sozialhilfe zu. Verbrauchern, die Leistungen nach dem Elften Buch Sozialgesetzbuch in Anspruch nehmen, steht der Kürzungsbetrag bis zur Höhe ihres Eigenanteils selbst zu; ein überschießender Betrag ist an die Pflegekasse auszuzahlen. Bei Verbrauchern, die Leistungen nach Teil 2 des Neunten Buches Sozialgesetzbuch in Anspruch nehmen, steht der Kürzungsbetrag nach Absatz 1 bis zur Höhe der erbrachten Leistungen vorrangig dem Träger der Eingliederungshilfe zu.

§ 11 Kündigung durch den Verbraucher
(1) Der Verbraucher kann den Vertrag spätestens am dritten Werktag eines Kalendermonats zum Ablauf desselben Monats schriftlich kündigen. Bei einer Erhöhung des Entgelts ist eine Kündigung jederzeit zu dem Zeitpunkt möglich, zu dem der Unternehmer die Erhöhung des Entgelts verlangt. In den Fällen des § 1 Absatz 2 Satz 1 Nummer 1 und 2 kann der Verbraucher nur alle Verträge einheitlich kündigen. Bei Verträgen im Sinne des § 1 Absatz 2 Satz 2 hat der Verbraucher die Kündigung dann gegenüber allen Unternehmern zu erklären.

(2) Innerhalb von zwei Wochen nach Beginn des Vertragsverhältnisses kann der Verbraucher jederzeit ohne Einhaltung einer Frist kündigen. Wird dem Verbraucher erst nach Beginn des Vertragsverhältnisses eine Ausfertigung des Vertrags ausgehändigt, kann der Verbraucher auch noch bis zum Ablauf von zwei Wochen nach der Aushändigung kündigen.
(3) Der Verbraucher kann den Vertrag aus wichtigem Grund jederzeit ohne Einhaltung einer Kündigungsfrist kündigen, wenn ihm die Fortsetzung des Vertrags bis zum Ablauf der Kündigungsfrist nicht zuzumuten ist.
(4) Die Absätze 2 und 3 sind in den Fällen des § 1 Absatz 2 auf jeden der Verträge gesondert anzuwenden. Kann der Verbraucher hiernach einen Vertrag kündigen, ist er auch zur Kündigung der anderen Verträge berechtigt. Er hat dann die Kündigung einheitlich für alle Verträge und zu demselben Zeitpunkt zu erklären. Bei Verträgen im Sinne des § 1 Absatz 2 Satz 2 hat der Verbraucher die Kündigung gegenüber allen Unternehmern zu erklären.
(5) Kündigt der Unternehmer in den Fällen des § 1 Absatz 2 einen Vertrag, kann der Verbraucher zu demselben Zeitpunkt alle anderen Verträge kündigen. Die Kündigung muss unverzüglich nach Zugang der Kündigungserklärung des Unternehmers erfolgen. Absatz 4 Satz 3 und 4 ist entsprechend anzuwenden.

§ 12 Kündigung durch den Unternehmer

(1) Der Unternehmer kann den Vertrag nur aus wichtigem Grund kündigen. Die Kündigung bedarf der Schriftform und ist zu begründen. Ein wichtiger Grund liegt insbesondere vor, wenn
1. der Unternehmer den Betrieb einstellt, wesentlich einschränkt oder in seiner Art verändert und die Fortsetzung des Vertrags für den Unternehmer eine unzumutbare Härte bedeuten würde,
2. der Unternehmer eine fachgerechte Pflege- oder Betreuungsleistung nicht erbringen kann, weil
    a) der Verbraucher eine vom Unternehmer angebotene Anpassung der Leistungen nach § 8 Absatz 1 nicht annimmt oder
    b) der Unternehmer eine Anpassung der Leistungen aufgrund eines Ausschlusses nach § 8 Absatz 4 nicht anbietet
    und dem Unternehmer deshalb ein Festhalten an dem Vertrag nicht zumutbar ist,
3. der Verbraucher seine vertraglichen Pflichten schuldhaft so gröblich verletzt, dass dem Unternehmer die Fortsetzung des Vertrags nicht mehr zugemutet werden kann, oder
4. der Verbraucher
    a) für zwei aufeinander folgende Termine mit der Entrichtung des Entgelts oder eines Teils des Entgelts, der das Entgelt für einen Monat übersteigt, im Verzug ist oder
    b) in einem Zeitraum, der sich über mehr als zwei Termine erstreckt, mit der Entrichtung des Entgelts in Höhe eines Betrags in Verzug gekommen ist, der das Entgelt für zwei Monate erreicht.
Eine Kündigung des Vertrags zum Zwecke der Erhöhung des Entgelts ist ausgeschlossen.
(2) Der Unternehmer kann aus dem Grund des Absatzes 1 Satz 3 Nummer 2 Buchstabe a nur kündigen, wenn er zuvor dem Verbraucher gegenüber sein Angebot nach § 8 Absatz 1 Satz 1 unter Bestimmung einer angemessenen Annahmefrist und unter Hinweis auf die beabsichtigte Kündigung erneuert hat und der Kündigungsgrund durch eine Annahme des Verbrauchers im Sinne des § 8 Absatz 1 Satz 2 nicht entfallen ist.
(3) Der Unternehmer kann aus dem Grund des Absatzes 1 Satz 3 Nummer 4 nur kündigen, wenn er zuvor dem Verbraucher unter Hinweis auf die beabsichtigte Kündigung erfolglos eine angemessene Zahlungsfrist gesetzt hat. Ist der Verbraucher in den Fällen des Absatzes 1 Satz 3 Nummer 4 mit der Entrichtung des Entgelts für die Überlassung von Wohnraum in Rückstand geraten, ist die Kündigung ausgeschlossen, wenn der Unternehmer vorher befriedigt wird. Die Kündigung wird unwirksam, wenn der Unternehmer bis zum Ablauf von zwei Monaten nach Eintritt der Rechtshängigkeit des Räumungsanspruchs hinsichtlich des fälligen Entgelts befriedigt wird oder eine öffentliche Stelle sich zur Befriedigung verpflichtet.
(4) In den Fällen des Absatzes 1 Satz 3 Nummer 2 bis 4 kann der Unternehmer den Vertrag ohne Einhaltung einer Frist kündigen. Im Übrigen ist eine Kündigung bis zum dritten Werktag eines Kalendermonats zum Ablauf des nächsten Monats zulässig.
(5) Die Absätze 1 bis 4 sind in den Fällen des § 1 Absatz 2 auf jeden der Verträge gesondert anzuwenden. Der Unternehmer kann in den Fällen des § 1 Absatz 2 einen Vertrag auch dann kündigen, wenn ein anderer Vertrag gekündigt wird und ihm deshalb ein Festhalten an dem Vertrag unter Berücksichtigung der berechtigten Interessen des Verbrauchers nicht zumutbar ist. Er kann sein Kündigungsrecht nur

unverzüglich nach Kenntnis von der Kündigung des anderen Vertrags ausüben. Dies gilt unabhängig davon, ob die Kündigung des anderen Vertrags durch ihn, einen anderen Unternehmer oder durch den Verbraucher erfolgt ist.

§ 13 Nachweis von Leistungsersatz und Übernahme von Umzugskosten

(1) Hat der Verbraucher nach § 11 Absatz 3 Satz 1 aufgrund eines vom Unternehmer zu vertretenden Kündigungsgrundes gekündigt, ist der Unternehmer dem Verbraucher auf dessen Verlangen zum Nachweis eines angemessenen Leistungsersatzes zu zumutbaren Bedingungen und zur Übernahme der Umzugskosten in angemessenem Umfang verpflichtet. § 115 Absatz 4 des Elften Buches Sozialgesetzbuch bleibt unberührt.
(2) Hat der Unternehmer nach § 12 Absatz 1 Satz 1 aus den Gründen des § 12 Absatz 1 Satz 3 Nummer 1 oder nach § 12 Absatz 5 gekündigt, so hat er dem Verbraucher auf dessen Verlangen einen angemessenen Leistungsersatz zu zumutbaren Bedingungen nachzuweisen. In den Fällen des § 12 Absatz 1 Satz 3 Nummer 1 hat der Unternehmer auch die Kosten des Umzugs in angemessenem Umfang zu tragen.
(3) Der Verbraucher kann den Nachweis eines angemessenen Leistungsersatzes zu zumutbaren Bedingungen nach Absatz 1 auch dann verlangen, wenn er noch nicht gekündigt hat.
(4) Wird in den Fällen des § 1 Absatz 2 ein Vertrag gekündigt, gelten die Absätze 1 bis 3 entsprechend. Der Unternehmer hat die Kosten des Umzugs in angemessenem Umfang nur zu tragen, wenn ein Vertrag über die Überlassung von Wohnraum gekündigt wird. Werden mehrere Verträge gekündigt, kann der Verbraucher den Nachweis eines angemessenen Leistungsersatzes zu zumutbaren Bedingungen und unter der Voraussetzung des Satzes 2 auch die Übernahme der Umzugskosten von jedem Unternehmer fordern, dessen Vertrag gekündigt ist. Die Unternehmer haften als Gesamtschuldner.

§ 14 Sicherheitsleistungen

(1) Der Unternehmer kann von dem Verbraucher Sicherheiten für die Erfüllung seiner Pflichten aus dem Vertrag verlangen, wenn dies im Vertrag vereinbart ist. Die Sicherheiten dürfen das Doppelte des auf einen Monat entfallenden Entgelts nicht übersteigen. Auf Verlangen des Verbrauchers können die Sicherheiten auch durch eine Garantie oder ein sonstiges Zahlungsversprechen eines im Geltungsbereich dieses Gesetzes zum Geschäftsbetrieb befugten Kreditinstituts oder Kreditversicherers oder einer öffentlich-rechtlichen Körperschaft geleistet werden.
(2) In den Fällen des § 1 Absatz 2 gilt Absatz 1 mit der Maßgabe, dass der Unternehmer von dem Verbraucher für die Erfüllung seiner Pflichten aus dem Vertrag nur Sicherheiten verlangen kann, soweit der Vertrag die Überlassung von Wohnraum betrifft.
(3) Ist als Sicherheit eine Geldsumme bereitzustellen, so kann diese in drei gleichen monatlichen Teilleistungen erbracht werden. Die erste Teilleistung ist zu Beginn des Vertragsverhältnisses fällig. Der Unternehmer hat die Geldsumme von seinem Vermögen getrennt für jeden Verbraucher einzeln bei einem Kreditinstitut zu dem für Spareinlagen mit dreimonatiger Kündigungsfrist marktüblichen Zinssatz anzulegen. Die Zinsen stehen, auch soweit ein höherer Zinssatz erzielt wird, dem Verbraucher zu und erhöhen die Sicherheit.
(4) Von Verbrauchern, die Leistungen nach den §§ 42 und 43 des Elften Buches Sozialgesetzbuch in Anspruch nehmen, oder Verbrauchern, denen Hilfe in Einrichtungen nach dem Zwölften Buch Sozialgesetzbuch gewährt wird, kann der Unternehmer keine Sicherheiten nach Absatz 1 verlangen. Von Verbrauchern, die Leistungen nach dem Dritten oder Vierten Kapitel des Zwölften Buches Sozialgesetzbuch erhalten und in einer besonderen Wohnform nach § 42a Absatz 2 Satz 1 Nummer 2 und Satz 3 des Zwölften Buches Sozialgesetzbuch leben, kann der Unternehmer keine Sicherheiten nach Absatz 1 verlangen, wenn das für die Überlassung von Wohnraum geschuldete Entgelt durch Direktzahlung des Sozialhilfeträgers an den Unternehmer geleistet wird. Von Verbrauchern, die Leistungen im Sinne des § 36 Absatz 1 Satz 1 des Elften Buches Sozialgesetzbuch in Anspruch nehmen, kann der Unternehmer nur für die Erfüllung der die Überlassung von Wohnraum betreffenden Pflichten aus dem Vertrag Sicherheiten verlangen.

§ 15 Besondere Bestimmungen bei Bezug von Sozialleistungen

(1) In Verträgen mit Verbrauchern, die Leistungen nach dem Elften Buch Sozialgesetzbuch in Anspruch nehmen, müssen die Vereinbarungen den Regelungen des Siebten und Achten Kapitels des Elften Buches Sozialgesetzbuch sowie den aufgrund des Siebten und Achten Kapitels des Elften Buches Sozialgesetzbuch getroffenen Regelungen entsprechen. Vereinbarungen, die diesen Regelungen nicht entsprechen, sind unwirksam.

(2) In Verträgen mit Verbrauchern, die Leistungen nach dem Zwölften Buch Sozialgesetzbuch in Anspruch nehmen, müssen die Vereinbarungen den aufgrund des Zehnten Kapitels des Zwölften Buches Sozialgesetzbuch getroffenen Regelungen entsprechen. Absatz 1 Satz 2 ist entsprechend anzuwenden.
(3) In Verträgen mit Verbrauchern, die Leistungen nach Teil 2 des Neunten Buches Sozialgesetzbuch in Anspruch nehmen, müssen die Vereinbarungen den aufgrund des Teils 2 Kapitel 8 des Neunten Buches Sozialgesetzbuch getroffenen Regelungen entsprechen. Absatz 1 Satz 2 ist entsprechend anzuwenden.

§ 16 Unwirksamkeit abweichender Vereinbarungen
Von den Vorschriften dieses Gesetzes zum Nachteil des Verbrauchers abweichende Vereinbarungen sind unwirksam.

§ 17 Übergangsvorschriften
(1) Auf Heimverträge im Sinne des § 5 Absatz 1 Satz 1 des Heimgesetzes, die vor dem 1. Oktober 2009 geschlossen worden sind, sind bis zum 30. April 2010 die §§ 5 bis 9 und 14 Absatz 2 Nummer 4, Absatz 4, 7 und 8 des Heimgesetzes in ihrer bis zum 30. September 2009 geltenden Fassung anzuwenden. Ab dem 1. Mai 2010 richten sich die Rechte und Pflichten aus den in Satz 1 genannten Verträgen nach diesem Gesetz. Der Unternehmer hat den Verbraucher vor der erforderlichen schriftlichen Anpassung eines Vertrags in entsprechender Anwendung des § 3 zu informieren.
(2) Auf die bis zum 30. September 2009 geschlossenen Verträge, die keine Heimverträge im Sinne des § 5 Absatz 1 Satz 1 des Heimgesetzes sind, ist dieses Gesetz nicht anzuwenden.
(3) § 6 Absatz 3 Nummer 4 gilt nur für nach dem 31. März 2016 geschlossene Verträge.

150 Behindertenrechtskonv.

Übereinkommen über die Rechte von Menschen mit Behinderungen (UN-Behindertenrechtskonvention)

Vom 13. Dezember 2006 (BGBl. II 2008 S. 1420)[1])

Inhaltsübersicht

Präambel
Artikel 1 Zweck
Artikel 2 Begriffsbestimmungen
Artikel 3 Allgemeine Grundsätze
Artikel 4 Allgemeine Verpflichtungen
Artikel 5 Gleichberechtigung und Nichtdiskriminierung
Artikel 6 Frauen mit Behinderungen
Artikel 7 Kinder mit Behinderungen
Artikel 8 Bewusstseinsbildung
Artikel 9 Zugänglichkeit
Artikel 10 Recht auf Leben
Artikel 11 Gefahrensituationen und humanitäre Notlagen
Artikel 12 Gleiche Anerkennung vor dem Recht
Artikel 13 Zugang zur Justiz
Artikel 14 Freiheit und Sicherheit der Person
Artikel 15 Freiheit von Folter oder grausamer, unmenschlicher oder erniedrigender Behandlung oder Strafe
Artikel 16 Freiheit von Ausbeutung, Gewalt und Missbrauch
Artikel 17 Schutz der Unversehrtheit der Person
Artikel 18 Freizügigkeit und Staatsangehörigkeit
Artikel 19 Unabhängige Lebensführung und Einbeziehung in die Gemeinschaft
Artikel 20 Persönliche Mobilität
Artikel 21 Recht der freien Meinungsäußerung, Meinungsfreiheit und Zugang zu Informationen
Artikel 22 Achtung der Privatsphäre
Artikel 23 Achtung der Wohnung und der Familie
Artikel 24 Bildung

Artikel 25 Gesundheit
Artikel 26 Habilitation und Rehabilitation
Artikel 27 Arbeit und Beschäftigung
Artikel 28 Angemessener Lebensstandard und sozialer Schutz
Artikel 29 Teilhabe am politischen und öffentlichen Leben
Artikel 30 Teilhabe am kulturellen Leben sowie an Erholung, Freizeit und Sport
Artikel 31 Statistik und Datensammlung
Artikel 32 Internationale Zusammenarbeit
Artikel 33 Innerstaatliche Durchführung und Überwachung
Artikel 34 Ausschuss für die Rechte von Menschen mit Behinderungen
Artikel 35 Berichte der Vertragsstaaten
Artikel 36 Prüfung der Berichte
Artikel 37 Zusammenarbeit zwischen den Vertragsstaaten und dem Ausschuss
Artikel 38 Beziehungen des Ausschusses zu anderen Organen
Artikel 39 Bericht des Ausschusses
Artikel 40 Konferenz der Vertragsstaaten
Artikel 41 Verwahrer
Artikel 42 Unterzeichnung
Artikel 43 Zustimmung, gebunden zu sein
Artikel 44 Organisationen der regionalen Integration
Artikel 45 Inkrafttreten
Artikel 46 Vorbehalte
Artikel 47 Änderungen
Artikel 48 Kündigung
Artikel 49 Zugängliches Format
Artikel 50 Verbindliche Wortlaute

Präambel

Die Vertragsstaaten dieses Übereinkommens –

a) unter Hinweis auf die in der Charta der Vereinten Nationen verkündeten Grundsätze, denen zufolge die Anerkennung der Würde und des Wertes, die allen Mitgliedern der menschlichen Gesellschaft innewohnen, sowie ihrer gleichen und unveräußerlichen Rechte die Grundlage von Freiheit, Gerechtigkeit und Frieden in der Welt bildet,

---

[1]) Anm. d. Hrsg.: Resolution 61/106 der Generalversammlung der Vereinten Nationen in der zwischen Deutschland, Liechtenstein, Österreich und der Schweiz abgestimmten Übersetzung (BGBl. 2008 II S. 1420). Gemäß Bek. vom 5.6.2009 (BGBl. 2009 II S. 812) für die Bundesrepublik Deutschland in Kraft getreten am 26. März 2009.

b) in der Erkenntnis, dass die Vereinten Nationen in der Allgemeinen Erklärung der Menschenrechte und in den Internationalen Menschenrechtspakten verkündet haben und übereingekommen sind, dass jeder Mensch ohne Unterschied Anspruch auf alle darin aufgeführten Rechte und Freiheiten hat,

c) bekräftigend, dass alle Menschenrechte und Grundfreiheiten allgemein gültig und unteilbar sind, einander bedingen und miteinander verknüpft sind und dass Menschen mit Behinderungen der volle Genuss dieser Rechte und Freiheiten ohne Diskriminierung garantiert werden muss,

d) unter Hinweis auf den Internationalen Pakt über wirtschaftliche, soziale und kulturelle Rechte, den Internationalen Pakt über bürgerliche und politische Rechte, das Internationale Übereinkommen zur Beseitigung jeder Form von Rassendiskriminierung, das Übereinkommen zur Beseitigung jeder Form von Diskriminierung der Frau, das Übereinkommen gegen Folter und andere grausame, unmenschliche oder erniedrigende Behandlung oder Strafe, das Übereinkommen über die Rechte des Kindes und das Internationale Übereinkommen zum Schutz der Rechte aller Wanderarbeitnehmer und ihrer Familienangehörigen,

e) in der Erkenntnis, dass das Verständnis von Behinderung sich ständig weiterentwickelt und dass Behinderung aus der Wechselwirkung zwischen Menschen mit Beeinträchtigungen und einstellungs- und umweltbedingten Barrieren entsteht, die sie an der vollen, wirksamen und gleichberechtigten Teilhabe an der Gesellschaft hindern,

f) in der Erkenntnis, dass die in dem Weltaktionsprogramm für Behinderte und den Rahmenbestimmungen für die Herstellung der Chancengleichheit für Behinderte enthaltenen Grundsätze und Leitlinien einen wichtigen Einfluss auf die Förderung, Ausarbeitung und Bewertung von politischen Konzepten, Plänen, Programmen und Maßnahmen auf einzelstaatlicher, regionaler und internationaler Ebene zur Verbesserung der Chancengleichheit für Menschen mit Behinderungen haben,

g) nachdrücklich darauf hinweisend, wie wichtig es ist, die Behinderungsthematik zu einem festen Bestandteil der einschlägigen Strategien der nachhaltigen Entwicklung zu machen,

h) ebenso in der Erkenntnis, dass jede Diskriminierung aufgrund von Behinderung eine Verletzung der Würde und des Wertes darstellt, die jedem Menschen innewohnen,

i) ferner in der Erkenntnis der Vielfalt der Menschen mit Behinderungen,

j) in Anerkennung der Notwendigkeit, die Menschenrechte aller Menschen mit Behinderungen, einschließlich derjenigen, die intensivere Unterstützung benötigen, zu fördern und zu schützen,

k) besorgt darüber, dass sich Menschen mit Behinderungen trotz dieser verschiedenen Dokumente und Verpflichtungen in allen Teilen der Welt nach wie vor Hindernissen für ihre Teilhabe als gleichberechtigte Mitglieder der Gesellschaft sowie Verletzungen ihrer Menschenrechte gegenübersehen,

l) in Anerkennung der Bedeutung der internationalen Zusammenarbeit für die Verbesserung der Lebensbedingungen der Menschen mit Behinderungen in allen Ländern, insbesondere den Entwicklungsländern,

m) in Anerkennung des wertvollen Beitrags, den Menschen mit Behinderungen zum allgemeinen Wohl und zur Vielfalt ihrer Gemeinschaften leisten und leisten können, und in der Erkenntnis, dass die Förderung des vollen Genusses der Menschenrechte und Grundfreiheiten durch Menschen mit Behinderungen sowie ihrer uneingeschränkten Teilhabe ihr Zugehörigkeitsgefühl verstärken und zu erheblichen Fortschritten in der menschlichen, sozialen und wirtschaftlichen Entwicklung der Gesellschaft und bei der Beseitigung der Armut führen wird,

n) in der Erkenntnis, wie wichtig die individuelle Autonomie und Unabhängigkeit für Menschen mit Behinderungen ist, einschließlich der Freiheit, eigene Entscheidungen zu treffen,

o) in der Erwägung, dass Menschen mit Behinderungen die Möglichkeit haben sollen, aktiv an Entscheidungsprozessen über politische Konzepte und über Programme mitzuwirken, insbesondere wenn diese sie unmittelbar betreffen,

p) besorgt über die schwierigen Bedingungen, denen sich Menschen mit Behinderungen gegenübersehen, die mehrfachen oder verschärften Formen der Diskriminierung aufgrund der Rasse, der Hautfarbe, des Geschlechts, der Sprache, der Religion, der politischen oder sonstigen Anschauung, der nationalen, ethnischen, indigenen oder sozialen Herkunft, des Vermögens, der Geburt, des Alters oder des sonstigen Status ausgesetzt sind,

q) in der Erkenntnis, dass Frauen und Mädchen mit Behinderungen sowohl innerhalb als auch außerhalb ihres häuslichen Umfelds oft in stärkerem Maße durch Gewalt, Verletzung oder Missbrauch, Nichtbeachtung oder Vernachlässigung, Misshandlung oder Ausbeutung gefährdet sind,

r) in der Erkenntnis, dass Kinder mit Behinderungen gleichberechtigt mit anderen Kindern alle Menschenrechte und Grundfreiheiten in vollem Umfang genießen sollen, und unter Hinweis auf die zu diesem Zweck von den Vertragsstaaten des Übereinkommens über die Rechte des Kindes eingegangenen Verpflichtungen,

s) nachdrücklich darauf hinweisend, dass es notwendig ist, bei allen Anstrengungen zur Förderung des vollen Genusses der Menschenrechte und Grundfreiheiten durch Menschen mit Behinderungen die Geschlechterperspektive einzubeziehen,

t) unter besonderem Hinweis darauf, dass die Mehrzahl der Menschen mit Behinderungen in einem Zustand der Armut lebt, und diesbezüglich in der Erkenntnis, dass die nachteiligen Auswirkungen der Armut auf Menschen mit Behinderungen dringend angegangen werden müssen,

u) in dem Bewusstsein, dass Frieden und Sicherheit auf der Grundlage der uneingeschränkten Achtung der in der Charta der Vereinten Nationen enthaltenen Ziele und Grundsätze sowie der Einhaltung der anwendbaren Übereinkünfte auf dem Gebiet der Menschenrechte unabdingbar sind für den umfassenden Schutz von Menschen mit Behinderungen, insbesondere in bewaffneten Konflikten oder während ausländischer Besetzung,

v) in der Erkenntnis, wie wichtig es ist, dass Menschen mit Behinderungen vollen Zugang zur physischen, sozialen, wirtschaftlichen und kulturellen Umwelt, zu Gesundheit und Bildung sowie zu Information und Kommunikation haben, damit sie alle Menschenrechte und Grundfreiheiten voll genießen können,

w) im Hinblick darauf, dass der Einzelne gegenüber seinen Mitmenschen und der Gemeinschaft, der er angehört, Pflichten hat und gehalten ist, für die Förderung und Achtung der in der Internationalen Menschenrechtscharta anerkannten Rechte einzutreten,

x) in der Überzeugung, dass die Familie die natürliche Kernzelle der Gesellschaft ist und Anspruch auf Schutz durch Gesellschaft und Staat hat und dass Menschen mit Behinderungen und ihre Familienangehörigen den erforderlichen Schutz und die notwendige Unterstützung erhalten sollen, um es den Familien zu ermöglichen, zum vollen und gleichberechtigten Genuss der Rechte der Menschen mit Behinderungen beizutragen,

y) in der Überzeugung, dass ein umfassendes und in sich geschlossenes internationales Übereinkommen zur Förderung und zum Schutz der Rechte und der Würde von Menschen mit Behinderungen sowohl in den Entwicklungsländern als auch in den entwickelten Ländern einen maßgeblichen Beitrag zur Beseitigung der tiefgreifenden sozialen Benachteiligung von Menschen mit Behinderungen leisten und ihre Teilhabe am bürgerlichen, politischen, wirtschaftlichen, sozialen und kulturellen Leben auf der Grundlage der Chancengleichheit fördern wird –

haben Folgendes vereinbart:

Artikel 1 Zweck

Zweck dieses Übereinkommens ist es, den vollen und gleichberechtigten Genuss aller Menschenrechte und Grundfreiheiten durch alle Menschen mit Behinderungen zu fördern, zu schützen und zu gewährleisten und die Achtung der ihnen innewohnenden Würde zu fördern.

Zu den Menschen mit Behinderungen zählen Menschen, die langfristige körperliche, seelische, geistige oder Sinnesbeeinträchtigungen haben, welche sie in Wechselwirkung mit verschiedenen Barrieren an der vollen, wirksamen und gleichberechtigten Teilhabe an der Gesellschaft hindern können.

Artikel 2 Begriffsbestimmungen

Im Sinne dieses Übereinkommens

schließt „Kommunikation" Sprachen, Textdarstellung, Brailleschrift, taktile Kommunikation, Großdruck, leicht zugängliches Multimedia sowie schriftliche, auditive, in einfache Sprache übersetzte, durch Vorleser zugänglich gemachte sowie ergänzende und alternative Formen, Mittel und Formate der Kommunikation, einschließlich leicht zugänglicher Informations- und Kommunikationstechnologie, ein;

schließt „Sprache" gesprochene Sprachen sowie Gebärdensprachen und andere nicht gesprochene Sprachen ein;

bedeutet „Diskriminierung aufgrund von Behinderung" jede Unterscheidung, Ausschließung oder Beschränkung aufgrund von Behinderung, die zum Ziel oder zur Folge hat, dass das auf die Gleichberechtigung mit anderen gegründete Anerkennen, Genießen oder Ausüben aller Menschenrechte und.

Grundfreiheiten im politischen, wirtschaftlichen, sozialen, kulturellen, bürgerlichen oder jedem anderen Bereich beeinträchtigt oder vereitelt wird. Sie umfasst alle Formen der Diskriminierung, einschließlich der Versagung angemessener Vorkehrungen;

bedeutet „angemessene Vorkehrungen" notwendige und geeignete Änderungen und Anpassungen, die keine unverhältnismäßige oder unbillige Belastung darstellen und die, wenn sie in einem bestimmten Fall erforderlich sind, vorgenommen werden, um zu gewährleisten, dass Menschen mit Behinderungen gleichberechtigt mit anderen alle Menschenrechte und Grundfreiheiten genießen oder ausüben können;

bedeutet „universelles Design" ein Design von Produkten, Umfeldern, Programmen und Dienstleistungen in der Weise, dass sie von allen Menschen möglichst weitgehend ohne eine Anpassung oder ein spezielles Design genutzt werden können. „Universelles Design" schließt Hilfsmittel für bestimmte Gruppen von Menschen mit Behinderungen, soweit sie benötigt werden, nicht aus.

Artikel 3 Allgemeine Grundsätze

Die Grundsätze dieses Übereinkommens sind:
a) die Achtung der dem Menschen innewohnenden Würde, seiner individuellen Autonomie, einschließlich der Freiheit, eigene Entscheidungen zu treffen, sowie seiner Unabhängigkeit;
b) die Nichtdiskriminierung;
c) die volle und wirksame Teilhabe an der Gesellschaft und Einbeziehung in die Gesellschaft;
d) die Achtung vor der Unterschiedlichkeit von Menschen mit Behinderungen und die Akzeptanz dieser Menschen als Teil der menschlichen Vielfalt und der Menschheit;
e) die Chancengleichheit;
f) die Zugänglichkeit;
g) die Gleichberechtigung von Mann und Frau;
h) die Achtung vor den sich entwickelnden Fähigkeiten von Kindern mit Behinderungen und die Achtung ihres Rechts auf Wahrung ihrer Identität.

Artikel 4 Allgemeine Verpflichtungen

(1) Die Vertragsstaaten verpflichten sich, die volle Verwirklichung aller Menschenrechte und Grundfreiheiten für alle Menschen mit Behinderungen ohne jede Diskriminierung aufgrund von Behinderung zu gewährleisten und zu fördern. Zu diesem Zweck verpflichten sich die Vertragsstaaten,
a) alle geeigneten Gesetzgebungs-, Verwaltungs- und sonstigen Maßnahmen zur Umsetzung der in diesem Übereinkommen anerkannten Rechte zu treffen;
b) alle geeigneten Maßnahmen einschließlich gesetzgeberischer Maßnahmen zur Änderung oder Aufhebung bestehender Gesetze, Verordnungen, Gepflogenheiten und Praktiken zu treffen, die eine Diskriminierung von Menschen mit Behinderungen darstellen;
c) den Schutz und die Förderung der Menschenrechte von Menschen mit Behinderungen in allen politischen Konzepten und allen Programmen zu berücksichtigen;
d) Handlungen oder Praktiken, die mit diesem Übereinkommen unvereinbar sind, zu unterlassen und dafür zu sorgen, dass die staatlichen Behörden und öffentlichen Einrichtungen im Einklang mit diesem Übereinkommen handeln;
e) alle geeigneten Maßnahmen zur Beseitigung der Diskriminierung aufgrund von Behinderung durch Personen, Organisationen oder private Unternehmen zu ergreifen;
f) Forschung und Entwicklung für Güter, Dienstleistungen, Geräte und Einrichtungen in universellem Design, wie in Artikel 2 definiert, die den besonderen Bedürfnissen von Menschen mit Behinderungen mit möglichst geringem Anpassungs- und Kostenaufwand gerecht werden, zu betreiben oder zu fördern, ihre Verfügbarkeit und Nutzung zu fördern und sich bei der Entwicklung von Normen und Richtlinien für universelles Design einzusetzen;
g) Forschung und Entwicklung für neue Technologien, die für Menschen mit Behinderungen geeignet sind, einschließlich Informations- und Kommunikationstechnologien, Mobilitätshilfen, Geräten und unterstützenden Technologien, zu betreiben oder zu fördern sowie ihre Verfügbarkeit und Nutzung zu fördern und dabei Technologien zu erschwinglichen Kosten den Vorrang zu geben;
h) für Menschen mit Behinderungen zugängliche Informationen über Mobilitätshilfen, Geräte und unterstützende Technologien, einschließlich neuer Technologien, sowie andere Formen von Hilfe, Unterstützungsdiensten und Einrichtungen zur Verfügung zu stellen;
i) die Schulung von Fachkräften und anderem mit Menschen mit Behinderungen arbeitendem Personal auf dem Gebiet der in diesem Übereinkommen anerkannten Rechte zu fördern, damit die aufgrund dieser Rechte garantierten Hilfen und Dienste besser geleistet werden können.

(2) Hinsichtlich der wirtschaftlichen, sozialen und kulturellen Rechte verpflichtet sich jeder Vertragsstaat, unter Ausschöpfung seiner verfügbaren Mittel und erforderlichenfalls im Rahmen der internationalen Zusammenarbeit Maßnahmen zu treffen, um nach und nach die volle Verwirklichung dieser Rechte zu erreichen, unbeschadet derjenigen Verpflichtungen aus diesem Übereinkommen, die nach dem Völkerrecht sofort anwendbar sind.

(3) Bei der Ausarbeitung und Umsetzung von Rechtsvorschriften und politischen Konzepten zur Durchführung dieses Übereinkommens und bei anderen Entscheidungsprozessen in Fragen, die Menschen mit Behinderungen betreffen, führen die Vertragsstaaten mit den Menschen mit Behinderungen, einschließlich Kindern mit Behinderungen, über die sie vertretenden Organisationen enge Konsultationen und beziehen sie aktiv ein.

(4) Dieses Übereinkommen lässt zur Verwirklichung der Rechte von Menschen mit Behinderungen besser geeignete Bestimmungen, die im Recht eines Vertragsstaats oder in dem für diesen Staat geltenden Völkerrecht enthalten sind, unberührt. Die in einem Vertragsstaat durch Gesetze, Übereinkommen, Verordnungen oder durch Gewohnheitsrecht anerkannten oder bestehenden Menschenrechte und Grundfreiheiten dürfen nicht unter dem Vorwand beschränkt oder außer Kraft gesetzt werden, dass dieses Übereinkommen derartige Rechte oder Freiheiten nicht oder nur in einem geringeren Ausmaß anerkenne.

(5) Die Bestimmungen dieses Übereinkommens gelten ohne Einschränkung oder Ausnahme für alle Teile eines Bundesstaats.

Artikel 5 Gleichberechtigung und Nichtdiskriminierung

(1) Die Vertragsstaaten anerkennen, dass alle Menschen vor dem Gesetz gleich sind, vom Gesetz gleich zu behandeln sind und ohne Diskriminierung Anspruch auf gleichen Schutz durch das Gesetz und gleiche Vorteile durch das Gesetz haben.

(2) Die Vertragsstaaten verbieten jede Diskriminierung aufgrund von Behinderung und garantieren Menschen mit Behinderungen gleichen und wirksamen rechtlichen Schutz vor Diskriminierung, gleichviel aus welchen Gründen.

(3) Zur Förderung der Gleichberechtigung und zur Beseitigung von Diskriminierung unternehmen die Vertragsstaaten alle geeigneten Schritte, um die Bereitstellung angemessener Vorkehrungen zu gewährleisten.

(4) Besondere Maßnahmen, die zur Beschleunigung oder Herbeiführung der tatsächlichen Gleichberechtigung von Menschen mit Behinderungen erforderlich sind, gelten nicht als Diskriminierung im Sinne dieses Übereinkommens.

Artikel 6 Frauen mit Behinderungen

(1) Die Vertragsstaaten anerkennen, dass Frauen und Mädchen mit Behinderungen mehrfacher Diskriminierung ausgesetzt sind, und ergreifen in dieser Hinsicht Maßnahmen, um zu gewährleisten, dass sie alle Menschenrechte und Grundfreiheiten voll und gleichberechtigt genießen können.

(2) Die Vertragsstaaten treffen alle geeigneten Maßnahmen zur Sicherung der vollen Entfaltung, der Förderung und der Stärkung der Autonomie der Frauen, um zu garantieren, dass sie die in diesem Übereinkommen genannten Menschenrechte und Grundfreiheiten ausüben und genießen können.

Artikel 7 Kinder mit Behinderungen

(1) Die Vertragsstaaten treffen alle erforderlichen Maßnahmen, um zu gewährleisten, dass Kinder mit Behinderungen gleichberechtigt mit anderen Kindern alle Menschenrechte und Grundfreiheiten genießen können.

(2) Bei allen Maßnahmen, die Kinder mit Behinderungen betreffen, ist das Wohl des Kindes ein Gesichtspunkt, der vorrangig zu berücksichtigen ist.

(3) Die Vertragsstaaten gewährleisten, dass Kinder mit Behinderungen das Recht haben, ihre Meinung in allen sie berührenden Angelegenheiten gleichberechtigt mit anderen Kindern frei zu äußern, wobei ihre Meinung angemessen und entsprechend ihrem Alter und ihrer Reife berücksichtigt wird, und behinderungsgerechte sowie altersgemäße Hilfe zu erhalten, damit sie dieses Recht verwirklichen können.

Artikel 8 Bewusstseinsbildung

(1) Die Vertragsstaaten verpflichten sich, sofortige, wirksame und geeignete Maßnahmen zu ergreifen, um
a) in der gesamten Gesellschaft, einschließlich auf der Ebene der Familien, das Bewusstsein für Menschen mit Behinderungen zu schärfen und die Achtung ihrer Rechte und ihrer Würde zu fördern;

b) Klischees, Vorurteile und schädliche Praktiken gegenüber Menschen mit Behinderungen, einschließlich aufgrund des Geschlechts oder des Alters, in allen Lebensbereichen zu bekämpfen;
c) das Bewusstsein für die Fähigkeiten und den Beitrag von Menschen mit Behinderungen zu fördern.

(2) Zu den diesbezüglichen Maßnahmen gehören
a) die Einleitung und dauerhafte Durchführung wirksamer Kampagnen zur Bewusstseinsbildung in der Öffentlichkeit mit dem Ziel,
   i) die Aufgeschlossenheit gegenüber den Rechten von Menschen mit Behinderungen zu erhöhen,
   ii) eine positive Wahrnehmung von Menschen mit Behinderungen und ein größeres gesellschaftliches Bewusstsein ihnen gegenüber zu fördern,
   iii) die Anerkennung der Fertigkeiten, Verdienste und Fähigkeiten von Menschen mit Behinderungen und ihres Beitrags zur Arbeitswelt und zum Arbeitsmarkt zu fördern;
b) die Förderung einer respektvollen Einstellung gegenüber den Rechten von Menschen mit Behinderungen auf allen Ebenen des Bildungssystems, auch bei allen Kindern von früher Kindheit an;
c) die Aufforderung an alle Medienorgane, Menschen mit Behinderungen in einer dem Zweck dieses Übereinkommens entsprechenden Weise darzustellen;
d) die Förderung von Schulungsprogrammen zur Schärfung des Bewusstseins für Menschen mit Behinderungen und für deren Rechte.

Artikel 9 Zugänglichkeit

(1) Um Menschen mit Behinderungen eine unabhängige Lebensführung und die volle Teilhabe in allen Lebensbereichen zu ermöglichen, treffen die Vertragsstaaten geeignete Maßnahmen mit dem Ziel, für Menschen mit Behinderungen den gleichberechtigten Zugang zur physischen Umwelt, zu Transportmitteln, Information und Kommunikation, einschließlich Informations- und Kommunikationstechnologien und -systemen, sowie zu anderen Einrichtungen und Diensten, die der Öffentlichkeit in städtischen und ländlichen Gebieten offenstehen oder für sie bereitgestellt werden, zu gewährleisten. Diese Maßnahmen, welche die Feststellung und Beseitigung von Zugangshindernissen und -barrieren einschließen, gelten unter anderem für
a) Gebäude, Straßen, Transportmittel sowie andere Einrichtungen in Gebäuden und im Freien, einschließlich Schulen, Wohnhäusern, medizinischer Einrichtungen und Arbeitsstätten;
b) Informations-, Kommunikations- und andere Dienste, einschließlich elektronischer Dienste und Notdienste.

(2) Die Vertragsstaaten treffen außerdem geeignete Maßnahmen,
a) um Mindeststandards und Leitlinien für die Zugänglichkeit von Einrichtungen und Diensten, die der Öffentlichkeit offenstehen oder für sie bereitgestellt werden, auszuarbeiten und zu erlassen und ihre Anwendung zu überwachen;
b) um sicherzustellen, dass private Rechtsträger, die Einrichtungen und Dienste, die der Öffentlichkeit offenstehen oder für sie bereitgestellt werden, anbieten, alle Aspekte der Zugänglichkeit für Menschen mit Behinderungen berücksichtigen;
c) um betroffenen Kreisen Schulungen zu Fragen der Zugänglichkeit für Menschen mit Behinderungen anzubieten;
d) um in Gebäuden und anderen Einrichtungen, die der Öffentlichkeit offenstehen, Beschilderungen in Brailleschrift und in leicht lesbarer und verständlicher Form anzubringen;
e) um menschliche und tierische Hilfe sowie Mittelspersonen, unter anderem Personen zum Führen und Vorlesen sowie professionelle Gebärdensprachdolmetscher und -dolmetscherinnen, zur Verfügung zu stellen mit dem Ziel, den Zugang zu Gebäuden und anderen Einrichtungen, die der Öffentlichkeit offenstehen, zu erleichtern;
f) um andere geeignete Formen der Hilfe und Unterstützung für Menschen mit Behinderungen zu fördern, damit ihr Zugang zu Informationen gewährleistet wird;
g) um den Zugang von Menschen mit Behinderungen zu den neuen Informations- und Kommunikationstechnologien und -systemen, einschließlich des Internets, zu fördern;
h) um die Gestaltung, die Entwicklung, die Herstellung und den Vertrieb zugänglicher Informations- und Kommunikationstechnologien und -systeme in einem frühen Stadium zu fördern, sodass deren Zugänglichkeit mit möglichst geringem Kostenaufwand erreicht wird.

Artikel 10 Recht auf Leben

Die Vertragsstaaten bekräftigen, dass jeder Mensch ein angeborenes Recht auf Leben hat, und treffen alle erforderlichen Maßnahmen, um den wirksamen und gleichberechtigten Genuss dieses Rechts durch Menschen mit Behinderungen zu gewährleisten.

Artikel 11 Gefahrensituationen und humanitäre Notlagen

Die Vertragsstaaten ergreifen im Einklang mit ihren Verpflichtungen nach dem Völkerrecht, einschließlich des humanitären Völkerrechts und der internationalen Menschenrechtsnormen, alle erforderlichen Maßnahmen, um in Gefahrensituationen, einschließlich bewaffneter Konflikte, humanitärer Notlagen und Naturkatastrophen, den Schutz und die Sicherheit von Menschen mit Behinderungen zu gewährleisten.

Artikel 12 Gleiche Anerkennung vor dem Recht

(1) Die Vertragsstaaten bekräftigen, dass Menschen mit Behinderungen das Recht haben, überall als Rechtssubjekt anerkannt zu werden.

(2) Die Vertragsstaaten anerkennen, dass Menschen mit Behinderungen in allen Lebensbereichen gleichberechtigt mit anderen Rechts- und Handlungsfähigkeit genießen.

(3) Die Vertragsstaaten treffen geeignete Maßnahmen, um Menschen mit Behinderungen Zugang zu der Unterstützung zu verschaffen, die sie bei der Ausübung ihrer Rechts- und Handlungsfähigkeit gegebenenfalls benötigen.

(4) Die Vertragsstaaten stellen sicher, dass zu allen die Ausübung der Rechts- und Handlungsfähigkeit betreffenden Maßnahmen im Einklang mit den internationalen Menschenrechtsnormen geeignete und wirksame Sicherungen vorgesehen werden, um Missbräuche zu verhindern. Diese Sicherungen müssen gewährleisten, dass bei den Maßnahmen betreffend die Ausübung der Rechts- und Handlungsfähigkeit die Rechte, der Wille und die Präferenzen der betreffenden Person geachtet werden, es nicht zu Interessenkonflikten und missbräuchlicher Einflussnahme kommt, dass die Maßnahmen verhältnismäßig und auf die Umstände der Person zugeschnitten sind, dass sie von möglichst kurzer Dauer sind und dass sie einer regelmäßigen Überprüfung durch eine zuständige, unabhängige und unparteiische Behörde oder gerichtliche Stelle unterliegen. Die Sicherungen müssen im Hinblick auf das Ausmaß, in dem diese Maßnahme die Rechte und Interessen der Person berühren, verhältnismäßig sein.

(5) Vorbehaltlich dieses Artikels treffen die Vertragsstaaten alle geeigneten und wirksamen Maßnahmen, um zu gewährleisten, dass Menschen mit Behinderungen das gleiche Recht wie andere haben, Eigentum zu besitzen oder zu erben, ihre finanziellen Angelegenheiten selbst zu regeln und gleichen Zugang zu Bankdarlehen, Hypotheken und anderen Finanzkrediten zu haben, und gewährleisten, dass Menschen mit Behinderungen nicht willkürlich ihr Eigentum entzogen wird.

Artikel 13 Zugang zur Justiz

(1) Die Vertragsstaaten gewährleisten Menschen mit Behinderungen gleichberechtigt mit anderen wirksamen Zugang zur Justiz, unter anderem durch verfahrensbezogene und altersgemäße Vorkehrungen, um ihre wirksame unmittelbare und mittelbare Teilnahme, einschließlich als Zeugen und Zeuginnen, an allen Gerichtsverfahren, auch in der Ermittlungsphase und in anderen Vorverfahrensphasen, zu erleichtern.

(2) Um zur Gewährleistung des wirksamen Zugangs von Menschen mit Behinderungen zur Justiz beizutragen, fördern die Vertragsstaaten geeignete Schulungen für die im Justizwesen tätigen Personen, einschließlich des Personals von Polizei und Strafvollzug.

Artikel 14 Freiheit und Sicherheit der Person

(1) Die Vertragsstaaten gewährleisten,
a) dass Menschen mit Behinderungen gleichberechtigt mit anderen das Recht auf persönliche Freiheit und Sicherheit genießen;
b) dass Menschen mit Behinderungen gleichberechtigt mit anderen die Freiheit nicht rechtswidrig oder willkürlich entzogen wird, dass jede Freiheitsentziehung im Einklang mit dem Gesetz erfolgt und dass das Vorliegen einer Behinderung in keinem Fall eine Freiheitsentziehung rechtfertigt.

(2) Die Vertragsstaaten gewährleisten, dass Menschen mit Behinderungen, denen aufgrund eines Verfahrens ihre Freiheit entzogen wird, gleichberechtigten Anspruch auf die in den internationalen Menschenrechtsnormen vorgesehenen Garantien haben und im Einklang mit den Zielen und Grundsätzen dieses Übereinkommens behandelt werden, einschließlich durch die Bereitstellung angemessener Vorkehrungen.

Artikel 15 Freiheit von Folter oder grausamer, unmenschlicher oder erniedrigender Behandlung oder Strafe

(1) Niemand darf der Folter oder grausamer, unmenschlicher oder erniedrigender Behandlung oder Strafe unterworfen werden. Insbesondere darf niemand ohne seine freiwillige Zustimmung medizinischen oder wissenschaftlichen Versuchen unterworfen werden.

(2) Die Vertragsstaaten treffen alle wirksamen gesetzgeberischen, verwaltungsmäßigen, gerichtlichen oder sonstigen Maßnahmen, um auf der Grundlage der Gleichberechtigung zu verhindern, dass Menschen mit Behinderungen der Folter oder grausamer, unmenschlicher oder erniedrigender Behandlung oder Strafe unterworfen werden.

Artikel 16 Freiheit von Ausbeutung, Gewalt und Missbrauch

(1) Die Vertragsstaaten treffen alle geeigneten Gesetzgebungs-, Verwaltungs-, Sozial-, Bildungs- und sonstigen Maßnahmen, um Menschen mit Behinderungen sowohl innerhalb als auch außerhalb der Wohnung vor jeder Form von Ausbeutung, Gewalt und Missbrauch, einschließlich ihrer geschlechtsspezifischen Aspekten, zu schützen.

(2) Die Vertragsstaaten treffen außerdem alle geeigneten Maßnahmen, um jede Form von Ausbeutung, Gewalt und Missbrauch zu verhindern, indem sie unter anderem geeignete Formen von das Geschlecht und das Alter berücksichtigender Hilfe und Unterstützung für Menschen mit Behinderungen und ihre Familien und Betreuungspersonen gewährleisten, einschließlich durch die Bereitstellung von Informationen und Aufklärung darüber, wie Fälle von Ausbeutung, Gewalt und Missbrauch verhindert, erkannt und angezeigt werden können. Die Vertragsstaaten sorgen dafür, dass Schutzdienste das Alter, das Geschlecht und die Behinderung der betroffenen Personen berücksichtigen.

(3) Zur Verhinderung jeder Form von Ausbeutung, Gewalt und Missbrauch stellen die Vertragsstaaten sicher, dass alle Einrichtungen und Programme, die für Menschen mit Behinderungen bestimmt sind, wirksam von unabhängigen Behörden überwacht werden.

(4) Die Vertragsstaaten treffen alle geeigneten Maßnahmen, um die körperliche, kognitive und psychische Genesung, die Rehabilitation und die soziale Wiedereingliederung von Menschen mit Behinderungen, die Opfer irgendeiner Form von Ausbeutung, Gewalt oder Missbrauch werden, zu fördern, auch durch die Bereitstellung von Schutzeinrichtungen. Genesung und Wiedereingliederung müssen in einer Umgebung stattfinden, die der Gesundheit, dem Wohlergehen, der Selbstachtung, der Würde und der Autonomie des Menschen förderlich ist und geschlechts- und altersspezifischen Bedürfnissen Rechnung trägt.

(5) Die Vertragsstaaten schaffen wirksame Rechtsvorschriften und politische Konzepte, einschließlich solcher, die auf Frauen und Kinder ausgerichtet sind, um sicherzustellen, dass Fälle von Ausbeutung, Gewalt und Missbrauch gegenüber Menschen mit Behinderungen erkannt, untersucht und gegebenenfalls strafrechtlich verfolgt werden.

Artikel 17 Schutz der Unversehrtheit der Person

Jeder Mensch mit Behinderungen hat gleichberechtigt mit anderen das Recht auf Achtung seiner körperlichen und seelischen Unversehrtheit.

Artikel 18 Freizügigkeit und Staatsangehörigkeit

(1) Die Vertragsstaaten anerkennen das gleiche Recht von Menschen mit Behinderungen auf Freizügigkeit, auf freie Wahl ihres Aufenthaltsorts und auf eine Staatsangehörigkeit, indem sie unter anderem gewährleisten, dass
a) Menschen mit Behinderungen das Recht haben, eine Staatsangehörigkeit zu erwerben und ihre Staatsangehörigkeit zu wechseln, und dass ihnen diese nicht willkürlich oder aufgrund von Behinderung entzogen wird;
b) Menschen mit Behinderungen nicht aufgrund von Behinderung die Möglichkeit versagt wird, Dokumente zum Nachweis ihrer Staatsangehörigkeit oder andere Identitätsdokumente zu erhalten, zu besitzen und zu verwenden oder einschlägige Verfahren wie Einwanderungsverfahren in Anspruch zu nehmen, die gegebenenfalls erforderlich sind, um die Ausübung des Rechts auf Freizügigkeit zu erleichtern;
c) Menschen mit Behinderungen die Freiheit haben, jedes Land einschließlich ihres eigenen zu verlassen;
d) Menschen mit Behinderungen nicht willkürlich oder aufgrund von Behinderung das Recht entzogen wird, in ihr eigenes Land einzureisen.

(2) Kinder mit Behinderungen sind unverzüglich nach ihrer Geburt in ein Register einzutragen und haben das Recht auf einen Namen von Geburt an, das Recht, eine Staatsangehörigkeit zu erwerben, und soweit möglich das Recht, ihre Eltern zu kennen und von ihnen betreut zu werden.

Artikel 19 Unabhängige Lebensführung und Einbeziehung in die Gemeinschaft

Die Vertragsstaaten dieses Übereinkommens anerkennen das gleiche Recht aller Menschen mit Behinderungen, mit gleichen Wahlmöglichkeiten wie andere Menschen in der Gemeinschaft zu leben, und treffen wirksame und geeignete Maßnahmen, um Menschen mit Behinderungen den vollen Genuss dieses Rechts und ihre volle Einbeziehung in die Gemeinschaft und Teilhabe an der Gemeinschaft zu erleichtern, indem sie unter anderem gewährleisten, dass

a) Menschen mit Behinderungen gleichberechtigt die Möglichkeit haben, ihren Aufenthaltsort zu wählen und zu entscheiden, wo und mit wem sie leben, und nicht verpflichtet sind, in besonderen Wohnformen zu leben;

b) Menschen mit Behinderungen Zugang zu einer Reihe von gemeindenahen Unterstützungsdiensten zu Hause und in Einrichtungen sowie zu sonstigen gemeindenahen Unterstützungsdiensten haben, einschließlich der persönlichen Assistenz, die zur Unterstützung des Lebens in der Gemeinschaft und der Einbeziehung in die Gemeinschaft sowie zur Verhinderung von Isolation und Absonderung von der Gemeinschaft notwendig ist;

c) gemeindenahe Dienstleistungen und Einrichtungen für die Allgemeinheit Menschen mit Behinderungen auf der Grundlage der Gleichberechtigung zur Verfügung stehen und ihren Bedürfnissen Rechnung tragen.

Artikel 20 Persönliche Mobilität

Die Vertragsstaaten treffen wirksame Maßnahmen, um für Menschen mit Behinderungen persönliche Mobilität mit größtmöglicher Unabhängigkeit sicherzustellen, indem sie unter anderem

a) die persönliche Mobilität von Menschen mit Behinderungen in der Art und Weise und zum Zeitpunkt ihrer Wahl und zu erschwinglichen Kosten erleichtern;

b) den Zugang von Menschen mit Behinderungen zu hochwertigen Mobilitätshilfen, Geräten, unterstützenden Technologien und menschlicher und tierischer Hilfe sowie Mittelspersonen erleichtern, auch durch deren Bereitstellung zu erschwinglichen Kosten;

c) Menschen mit Behinderungen und Fachkräften, die mit Menschen mit Behinderungen arbeiten, Schulungen in Mobilitätsfertigkeiten anbieten;

d) Hersteller von Mobilitätshilfen, Geräten und unterstützenden Technologien ermutigen, alle Aspekte der Mobilität für Menschen mit Behinderungen zu berücksichtigen.

Artikel 21 Recht der freien Meinungsäußerung, Meinungsfreiheit und Zugang zu Informationen

Die Vertragsstaaten treffen alle geeigneten Maßnahmen, um zu gewährleisten, dass Menschen mit Behinderungen das Recht auf freie Meinungsäußerung und Meinungsfreiheit, einschließlich der Freiheit, Informationen und Gedankengut sich zu beschaffen, zu empfangen und weiterzugeben, gleichberechtigt mit anderen und durch alle von ihnen gewählten Formen der Kommunikation im Sinne des Artikels 2 ausüben können, unter anderem indem sie

a) Menschen mit Behinderungen für die Allgemeinheit bestimmte Informationen rechtzeitig und ohne zusätzliche Kosten in zugänglichen Formaten und Technologien, die für unterschiedliche Arten der Behinderung geeignet sind, zur Verfügung stellen;

b) im Umgang mit Behörden die Verwendung von Gebärdensprachen, Brailleschrift, ergänzenden und alternativen Kommunikationsformen und allen sonstigen selbst gewählten zugänglichen Mitteln, Formen und Formaten der Kommunikation durch Menschen mit Behinderungen akzeptieren und erleichtern;

c) private Rechtsträger, die, einschließlich durch das Internet, Dienste für die Allgemeinheit anbieten, dringend dazu auffordern, Informationen und Dienstleistungen in Formaten zur Verfügung zu stellen, die für Menschen mit Behinderungen zugänglich und nutzbar sind;

d) die Massenmedien, einschließlich der Anbieter von Informationen über das Internet, dazu auffordern, ihre Dienstleistungen für Menschen mit Behinderungen zugänglich zu gestalten;

e) die Verwendung von Gebärdensprachen anerkennen und fördern.

Artikel 22 Achtung der Privatsphäre

(1) Menschen mit Behinderungen dürfen unabhängig von ihrem Aufenthaltsort oder der Wohnform, in der sie leben, keinen willkürlichen oder rechtswidrigen Eingriffen in ihr Privatleben, ihre Familie, ihre

Wohnung oder ihren Schriftverkehr oder andere Arten der Kommunikation oder rechtswidrigen Beeinträchtigungen ihrer Ehre oder ihres Rufes ausgesetzt werden. Menschen mit Behinderungen haben Anspruch auf rechtlichen Schutz gegen solche Eingriffe oder Beeinträchtigungen.
(2) Die Vertragsstaaten schützen auf der Grundlage der Gleichberechtigung mit anderen die Vertraulichkeit von Informationen über die Person, die Gesundheit und die Rehabilitation von Menschen mit Behinderungen.

Artikel 23 Achtung der Wohnung und der Familie
(1) Die Vertragsstaaten treffen wirksame und geeignete Maßnahmen zur Beseitigung der Diskriminierung von Menschen mit Behinderungen auf der Grundlage der Gleichberechtigung mit anderen in allen Fragen, die Ehe, Familie, Elternschaft und Partnerschaften betreffen, um zu gewährleisten, dass
a) das Recht aller Menschen mit Behinderungen im heiratsfähigen Alter, auf der Grundlage des freien und vollen Einverständnisses der künftigen Ehegatten eine Ehe zu schließen und eine Familie zu gründen, anerkannt wird;
b) das Recht von Menschen mit Behinderungen auf freie und verantwortungsbewusste Entscheidung über die Anzahl ihrer Kinder und die Geburtenabstände sowie auf Zugang zu altersgemäßer Information sowie Aufklärung über Fortpflanzung und Familienplanung anerkannt wird und ihnen die notwendigen Mittel zur Ausübung dieser Rechte zur Verfügung gestellt werden;
c) Menschen mit Behinderungen, einschließlich Kindern, gleichberechtigt mit anderen ihre Fruchtbarkeit behalten.
(2) Die Vertragsstaaten gewährleisten die Rechte und Pflichten von Menschen mit Behinderungen in Fragen der Vormundschaft, Pflegschaft, Personen- und Vermögenssorge, Adoption von Kindern oder ähnlichen Rechtsinstituten, soweit das innerstaatliche Recht solche kennt; in allen Fällen ist das Wohl des Kindes ausschlaggebend. Die Vertragsstaaten unterstützen Menschen mit Behinderungen in angemessener Weise bei der Wahrnehmung ihrer elterlichen Verantwortung.
(3) Die Vertragsstaaten gewährleisten, dass Kinder mit Behinderungen gleiche Rechte in Bezug auf das Familienleben haben. Zur Verwirklichung dieser Rechte und mit dem Ziel, das Verbergen, das Aussetzen, die Vernachlässigung und die Absonderung von Kindern mit Behinderungen zu verhindern, verpflichten sich die Vertragsstaaten, Kindern mit Behinderungen und ihren Familien frühzeitig umfassende Informationen, Dienste und Unterstützung zur Verfügung zu stellen.
(4) Die Vertragsstaaten gewährleisten, dass ein Kind nicht gegen den Willen seiner Eltern von diesen getrennt wird, es sei denn, dass die zuständigen Behörden in einer gerichtlich nachprüfbaren Entscheidung nach den anzuwendenden Rechtsvorschriften und Verfahren bestimmen, dass diese Trennung zum Wohl des Kindes notwendig ist. In keinem Fall darf das Kind aufgrund einer Behinderung entweder des Kindes oder eines oder beider Elternteile von den Eltern getrennt werden.
(5) Die Vertragsstaaten verpflichten sich, in Fällen, in denen die nächsten Familienangehörigen nicht in der Lage sind, für ein Kind mit Behinderungen zu sorgen, alle Anstrengungen zu unternehmen, um andere Formen der Betreuung innerhalb der weiteren Familie und, falls dies nicht möglich ist, innerhalb der Gemeinschaft in einem familienähnlichen Umfeld zu gewährleisten.

Artikel 24 Bildung
(1) Die Vertragsstaaten anerkennen das Recht von Menschen mit Behinderungen auf Bildung. Um dieses Recht ohne Diskriminierung und auf der Grundlage der Chancengleichheit zu verwirklichen, gewährleisten die Vertragsstaaten ein integratives Bildungssystem auf allen Ebenen und lebenslanges Lernen mit dem Ziel,
a) die menschlichen Möglichkeiten sowie das Bewusstsein der Würde und das Selbstwertgefühl des Menschen voll zur Entfaltung zu bringen und die Achtung vor den Menschenrechten, den Grundfreiheiten und der menschlichen Vielfalt zu stärken;
b) Menschen mit Behinderungen ihre Persönlichkeit, ihre Begabungen und ihre Kreativität sowie ihre geistigen und körperlichen Fähigkeiten voll zur Entfaltung bringen zu lassen;
c) Menschen mit Behinderungen zur wirklichen Teilhabe an einer freien Gesellschaft zu befähigen.
(2) Bei der Verwirklichung dieses Rechts stellen die Vertragsstaaten sicher, dass
a) Menschen mit Behinderungen nicht aufgrund von Behinderung vom allgemeinen Bildungssystem ausgeschlossen werden und dass Kinder mit Behinderungen nicht aufgrund von Behinderung vom unentgeltlichen und obligatorischen Grundschulunterricht oder vom Besuch weiterführender Schulen ausgeschlossen werden;

b) Menschen mit Behinderungen gleichberechtigt mit anderen in der Gemeinschaft, in der sie leben, Zugang zu einem integrativen, hochwertigen und unentgeltlichen Unterricht an Grundschulen und weiterführenden Schulen haben;
c) angemessene Vorkehrungen für die Bedürfnisse des Einzelnen getroffen werden;
d) Menschen mit Behinderungen innerhalb des allgemeinen Bildungssystems die notwendige Unterstützung geleistet wird, um ihre erfolgreiche Bildung zu erleichtern;
e) in Übereinstimmung mit dem Ziel der vollständigen Integration wirksame individuell angepasste Unterstützungsmaßnahmen in einem Umfeld, das die bestmögliche schulische und soziale Entwicklung gestattet, angeboten werden.

(3) Die Vertragsstaaten ermöglichen Menschen mit Behinderungen, lebenspraktische Fertigkeiten und soziale Kompetenzen zu erwerben, um ihre volle und gleichberechtigte Teilhabe an der Bildung und als Mitglieder der Gemeinschaft zu erleichtern. Zu diesem Zweck ergreifen die Vertragsstaaten geeignete Maßnahmen; unter anderem

a) erleichtern sie das Erlernen von Brailleschrift, alternativer Schrift, ergänzenden und alternativen Formen, Mitteln und Formaten der Kommunikation, den Erwerb von Orientierungs- und Mobilitätsfertigkeiten sowie die Unterstützung durch andere Menschen mit Behinderungen und das Mentoring;
b) erleichtern sie das Erlernen der Gebärdensprache und die Förderung der sprachlichen Identität der Gehörlosen;
c) stellen sie sicher, dass blinden, gehörlosen oder taubblinden Menschen, insbesondere Kindern, Bildung in den Sprachen und Kommunikationsformen und mit den Kommunikationsmitteln, die für den Einzelnen am besten geeignet sind, sowie in einem Umfeld vermittelt wird, das die bestmögliche schulische und soziale Entwicklung gestattet.

(4) Um zur Verwirklichung dieses Rechts beizutragen, treffen die Vertragsstaaten geeignete Maßnahmen zur Einstellung von Lehrkräften, einschließlich solcher mit Behinderungen, die in Gebärdensprache oder Brailleschrift ausgebildet sind, und zur Schulung von Fachkräften sowie Mitarbeitern und Mitarbeiterinnen auf allen Ebenen des Bildungswesens. Diese Schulung schließt die Schärfung des Bewusstseins für Behinderungen und die Verwendung geeigneter ergänzender und alternativer Formen, Mittel und Formate der Kommunikation sowie pädagogische Verfahren und Materialien zur Unterstützung von Menschen mit Behinderungen ein.

(5) Die Vertragsstaaten stellen sicher, dass Menschen mit Behinderungen ohne Diskriminierung und gleichberechtigt mit anderen Zugang zu allgemeiner Hochschulbildung, Berufsausbildung, Erwachsenenbildung und lebenslangem Lernen haben. Zu diesem Zweck stellen die Vertragsstaaten sicher, dass für Menschen mit Behinderungen angemessene Vorkehrungen getroffen werden.

Artikel 25 Gesundheit

Die Vertragsstaaten anerkennen das Recht von Menschen mit Behinderungen auf das erreichbare Höchstmaß an Gesundheit ohne Diskriminierung aufgrund von Behinderung. Die Vertragsstaaten treffen alle geeigneten Maßnahmen, um zu gewährleisten, dass Menschen mit Behinderungen Zugang zu geschlechtsspezifischen Gesundheitsdiensten, einschließlich gesundheitlicher Rehabilitation, haben. Insbesondere

a) stellen die Vertragsparteien Menschen mit Behinderungen eine unentgeltliche oder erschwingliche Gesundheitsversorgung in derselben Bandbreite, von derselben Qualität und auf demselben Standard zur Verfügung wie anderen Menschen, einschließlich sexual- und fortpflanzungsmedizinischer Gesundheitsleistungen und der Gesamtbevölkerung zur Verfügung stehender Programme des öffentlichen Gesundheitswesens;
b) bieten die Vertragsstaaten die Gesundheitsleistungen an, die von Menschen mit Behinderungen speziell wegen ihrer Behinderungen benötigt werden, soweit angebracht, einschließlich Früherkennung und Frühintervention, sowie Leistungen, durch die, auch bei Kindern und älteren Menschen, weitere Behinderungen möglichst gering gehalten oder vermieden werden sollen;
c) bieten die Vertragsstaaten diese Gesundheitsleistungen so gemeindenah wie möglich an, auch in ländlichen Gebieten;
d) erlegen die Vertragsstaaten den Angehörigen der Gesundheitsberufe die Verpflichtung auf, Menschen mit Behinderungen eine Versorgung von gleicher Qualität wie anderen Menschen angedeihen zu lassen, namentlich auf der Grundlage der freien Einwilligung nach vorheriger Aufklärung, indem sie unter anderem durch Schulungen und den Erlass ethischer Normen für die staatliche und private

Gesundheitsversorgung das Bewusstsein für die Menschenrechte, die Würde, die Autonomie und die Bedürfnisse von Menschen mit Behinderungen schärfen;
e) verbieten die Vertragsstaaten die Diskriminierung von Menschen mit Behinderungen in der Krankenversicherung und in der Lebensversicherung, soweit eine solche Versicherung nach innerstaatlichem Recht zulässig ist; solche Versicherungen sind zu fairen und angemessenen Bedingungen anzubieten;
f) verhindern die Vertragsstaaten die diskriminierende Vorenthaltung von Gesundheitsversorgung oder -leistungen oder von Nahrungsmitteln und Flüssigkeiten aufgrund von Behinderung.

Artikel 26 Habilitation und Rehabilitation

(1) Die Vertragsstaaten treffen wirksame und geeignete Maßnahmen, einschließlich durch die Unterstützung durch andere Menschen mit Behinderungen, um Menschen mit Behinderungen in die Lage zu versetzen, ein Höchstmaß an Unabhängigkeit, umfassende körperliche, geistige, soziale und berufliche Fähigkeiten sowie die volle Einbeziehung in alle Aspekte des Lebens und die volle Teilhabe an allen Aspekten des Lebens zu erreichen und zu bewahren. Zu diesem Zweck organisieren, stärken und erweitern die Vertragsstaaten umfassende Habilitations- und Rehabilitationsdienste und -programme, insbesondere auf dem Gebiet der Gesundheit, der Beschäftigung, der Bildung und der Sozialdienste, und zwar so, dass diese Leistungen und Programme
a) im frühestmöglichen Stadium einsetzen und auf einer multidisziplinären Bewertung der individuellen Bedürfnisse und Stärken beruhen;
b) die Einbeziehung in die Gemeinschaft und die Gesellschaft in allen ihren Aspekten sowie die Teilhabe daran unterstützen, freiwillig sind und Menschen mit Behinderungen so gemeindenah wie möglich zur Verfügung stehen, auch in ländlichen Gebieten.
(2) Die Vertragsstaaten fördern die Entwicklung der Aus- und Fortbildung für Fachkräfte und Mitarbeiter und Mitarbeiterinnen in Habilitations- und Rehabilitationsdiensten.
(3) Die Vertragsstaaten fördern die Verfügbarkeit, die Kenntnis und die Verwendung unterstützender Geräte und Technologien, die für Menschen mit Behinderungen bestimmt sind, für die Zwecke der Habilitation und Rehabilitation.

Artikel 27 Arbeit und Beschäftigung

(1) Die Vertragsstaaten anerkennen das gleiche Recht von Menschen mit Behinderungen auf Arbeit; dies beinhaltet das Recht auf die Möglichkeit, den Lebensunterhalt durch Arbeit zu verdienen, die in einem offenen, integrativen und für Menschen mit Behinderungen zugänglichen Arbeitsmarkt und Arbeitsumfeld frei gewählt oder angenommen wird. Die Vertragsstaaten sichern und fördern die Verwirklichung des Rechts auf Arbeit, einschließlich für Menschen, die während der Beschäftigung eine Behinderung erwerben, durch geeignete Schritte, einschließlich des Erlasses von Rechtsvorschriften, um unter anderem
a) Diskriminierung aufgrund von Behinderung in allen Angelegenheiten im Zusammenhang mit einer Beschäftigung gleich welcher Art, einschließlich der Auswahl-, Einstellungs- und Beschäftigungsbedingungen, der Weiterbeschäftigung, des beruflichen Aufstiegs sowie sicherer und gesunder Arbeitsbedingungen, zu verbieten;
b) das gleiche Recht von Menschen mit Behinderungen auf gerechte und günstige Arbeitsbedingungen, einschließlich Chancengleichheit und gleichen Entgelts für gleichwertige Arbeit, auf sichere und gesunde Arbeitsbedingungen, einschließlich Schutz vor Belästigungen, und auf Abhilfe bei Missständen zu schützen;
c) zu gewährleisten, dass Menschen mit Behinderungen ihre Arbeitnehmer- und Gewerkschaftsrechte gleichberechtigt mit anderen ausüben können;
d) Menschen mit Behinderungen wirksamen Zugang zu allgemeinen fachlichen und beruflichen Beratungsprogrammen, Stellenvermittlung sowie Berufsausbildung und Weiterbildung zu ermöglichen;
e) für Menschen mit Behinderungen Beschäftigungsmöglichkeiten und beruflichen Aufstieg auf dem Arbeitsmarkt sowie die Unterstützung bei der Arbeitssuche, beim Erhalt und der Beibehaltung eines Arbeitsplatzes und beim beruflichen Wiedereinstieg zu fördern;
f) Möglichkeiten für Selbständigkeit, Unternehmertum, die Bildung von Genossenschaften und die Gründung eines eigenen Geschäfts zu fördern;
g) Menschen mit Behinderungen im öffentlichen Sektor zu beschäftigen;

h) die Beschäftigung von Menschen mit Behinderungen im privaten Sektor durch geeignete Strategien und Maßnahmen zu fördern, wozu auch Programme für positive Maßnahmen, Anreize und andere Maßnahmen gehören können;
i) sicherzustellen, dass am Arbeitsplatz angemessene Vorkehrungen für Menschen mit Behinderungen getroffen werden;
j) das Sammeln von Arbeitserfahrung auf dem allgemeinen Arbeitsmarkt durch Menschen mit Behinderungen zu fördern;
k) Programme für die berufliche Rehabilitation, den Erhalt des Arbeitsplatzes und den beruflichen Wiedereinstieg von Menschen mit Behinderungen zu fördern.

(2) Die Vertragsstaaten stellen sicher, dass Menschen mit Behinderungen nicht in Sklaverei oder Leibeigenschaft gehalten werden und dass sie gleichberechtigt mit anderen vor Zwangs- oder Pflichtarbeit geschützt werden.

Artikel 28 Angemessener Lebensstandard und sozialer Schutz

(1) Die Vertragsstaaten anerkennen das Recht von Menschen mit Behinderungen auf einen angemessenen Lebensstandard für sich selbst und ihre Familien, einschließlich angemessener Ernährung, Bekleidung und Wohnung, sowie auf eine stetige Verbesserung der Lebensbedingungen und unternehmen geeignete Schritte zum Schutz und zur Förderung der Verwirklichung dieses Rechts ohne Diskriminierung aufgrund von Behinderung.

(2) Die Vertragsstaaten anerkennen das Recht von Menschen mit Behinderungen auf sozialen Schutz und den Genuss dieses Rechts ohne Diskriminierung aufgrund von Behinderung und unternehmen geeignete Schritte zum Schutz und zur Förderung der Verwirklichung dieses Rechts, einschließlich Maßnahmen, um

a) Menschen mit Behinderungen gleichberechtigten Zugang zur Versorgung mit sauberem Wasser und den Zugang zu geeigneten und erschwinglichen Dienstleistungen, Geräten und anderen Hilfen für Bedürfnisse im Zusammenhang mit ihrer Behinderung zu sichern;
b) Menschen mit Behinderungen, insbesondere Frauen und Mädchen sowie älteren Menschen mit Behinderungen, den Zugang zu Programmen für sozialen Schutz und Programmen zur Armutsbekämpfung zu sichern;
c) in Armut lebenden Menschen mit Behinderungen und ihren Familien den Zugang zu staatlicher Hilfe bei behinderungsbedingten Aufwendungen, einschließlich ausreichender Schulung, Beratung, finanzieller Unterstützung sowie Kurzzeitbetreuung, zu sichern;
d) Menschen mit Behinderungen den Zugang zu Programmen des sozialen Wohnungsbaus zu sichern;
e) Menschen mit Behinderungen gleichberechtigten Zugang zu Leistungen und Programmen der Altersversorgung zu sichern.

Artikel 29 Teilhabe am politischen und öffentlichen Leben

Die Vertragsstaaten garantieren Menschen mit Behinderungen die politischen Rechte sowie die Möglichkeit, diese gleichberechtigt mit anderen zu genießen, und verpflichten sich,

a) sicherzustellen, dass Menschen mit Behinderungen gleichberechtigt mit anderen wirksam und umfassend am politischen und öffentlichen Leben teilhaben können, sei es unmittelbar oder durch frei gewählte Vertreter oder Vertreterinnen, was auch das Recht und die Möglichkeit einschließt, zu wählen und gewählt zu werden; unter anderem
   i) stellen sie sicher, dass die Wahlverfahren, -einrichtungen und -materialien geeignet, zugänglich und leicht zu verstehen und zu handhaben sind;
   ii) schützen sie das Recht von Menschen mit Behinderungen, bei Wahlen und Volksabstimmungen in geheimer Abstimmung ohne Einschüchterung ihre Stimme abzugeben, bei Wahlen zu kandidieren, ein Amt wirksam innezuhaben und alle öffentlichen Aufgaben auf allen Ebenen staatlicher Tätigkeit wahrzunehmen, indem sie gegebenenfalls die Nutzung unterstützender und neuer Technologien erleichtern;
   iii) garantieren sie die freie Willensäußerung von Menschen mit Behinderungen als Wähler und Wählerinnen und erlauben zu diesem Zweck im Bedarfsfall auf Wunsch, dass sie sich bei der Stimmabgabe durch eine Person ihrer Wahl unterstützen lassen;
b) aktiv ein Umfeld zu fördern, in dem Menschen mit Behinderungen ohne Diskriminierung und gleichberechtigt mit anderen wirksam und umfassend an der Gestaltung der öffentlichen Angelegenheiten mitwirken können, und ihre Mitwirkung an den öffentlichen Angelegenheiten zu begünstigen, unter anderem

i) die Mitarbeit in nichtstaatlichen Organisationen und Vereinigungen, die sich mit dem öffentlichen und politischen Leben ihres Landes befassen, und an den Tätigkeiten und der Verwaltung politischer Parteien;
ii) die Bildung von Organisationen von Menschen mit Behinderungen, die sie auf internationaler, nationaler, regionaler und lokaler Ebene vertreten, und den Beitritt zu solchen Organisationen.

Artikel 30 Teilhabe am kulturellen Leben sowie an Erholung, Freizeit und Sport
(1) Die Vertragsstaaten anerkennen das Recht von Menschen mit Behinderungen, gleichberechtigt mit anderen am kulturellen Leben teilzunehmen, und treffen alle geeigneten Maßnahmen, um sicherzustellen, dass Menschen mit Behinderungen
a) Zugang zu kulturellem Material in zugänglichen Formaten haben;
b) Zugang zu Fernsehprogrammen, Filmen, Theatervorstellungen und anderen kulturellen Aktivitäten in zugänglichen Formaten haben;
c) Zugang zu Orten kultureller Darbietungen oder Dienstleistungen, wie Theatern, Museen, Kinos, Bibliotheken und Tourismusdiensten, sowie, so weit wie möglich, zu Denkmälern und Stätten von nationaler kultureller Bedeutung haben.
(2) Die Vertragsstaaten treffen geeignete Maßnahmen, um Menschen mit Behinderungen die Möglichkeit zu geben, ihr kreatives, künstlerisches und intellektuelles Potenzial zu entfalten und zu nutzen, nicht nur für sich selbst, sondern auch zur Bereicherung der Gesellschaft.
(3) Die Vertragsstaaten unternehmen alle geeigneten Schritte im Einklang mit dem Völkerrecht, um sicherzustellen, dass Gesetze zum Schutz von Rechten des geistigen Eigentums keine ungerechtfertigte oder diskriminierende Barriere für den Zugang von Menschen mit Behinderungen zu kulturellem Material darstellen.
(4) Menschen mit Behinderungen haben gleichberechtigt mit anderen Anspruch auf Anerkennung und Unterstützung ihrer spezifischen kulturellen und sprachlichen Identität, einschließlich der Gebärdensprachen und der Gehörlosenkultur.
(5) Mit dem Ziel, Menschen mit Behinderungen die gleichberechtigte Teilnahme an Erholungs-, Freizeit- und Sportaktivitäten zu ermöglichen, treffen die Vertragsstaaten geeignete Maßnahmen,
a) um Menschen mit Behinderungen zu ermutigen, so umfassend wie möglich an breitensportlichen Aktivitäten auf allen Ebenen teilzunehmen, und ihre Teilnahme zu fördern;
b) um sicherzustellen, dass Menschen mit Behinderungen die Möglichkeit haben, behinderungsspezifische Sport- und Erholungsaktivitäten zu organisieren, zu entwickeln und an solchen teilzunehmen, und zu diesem Zweck die Bereitstellung eines geeigneten Angebots an Anleitung, Training und Ressourcen auf der Grundlage der Gleichberechtigung mit anderen zu fördern;
c) um sicherzustellen, dass Menschen mit Behinderungen Zugang zu Sport-, Erholungs- und Tourismusstätten haben;
d) um sicherzustellen, dass Kinder mit Behinderungen gleichberechtigt mit anderen Kindern an Spiel-, Erholungs-, Freizeit- und Sportaktivitäten teilnehmen können, einschließlich im schulischen Bereich;
e) um sicherzustellen, dass Menschen mit Behinderungen Zugang zu Dienstleistungen der Organisatoren von Erholungs-, Tourismus-, Freizeit- und Sportaktivitäten haben.

Artikel 31 Statistik und Datensammlung
(1) Die Vertragsstaaten verpflichten sich zur Sammlung geeigneter Informationen, einschließlich statistischer Angaben und Forschungsdaten, die ihnen ermöglichen, politische Konzepte zur Durchführung dieses Übereinkommens auszuarbeiten und umzusetzen. Das Verfahren zur Sammlung und Aufbewahrung dieser Informationen muss
a) mit den gesetzlichen Schutzvorschriften, einschließlich der Rechtsvorschriften über den Datenschutz, zur Sicherung der Vertraulichkeit und der Achtung der Privatsphäre von Menschen mit Behinderungen im Einklang stehen;
b) mit den international anerkannten Normen zum Schutz der Menschenrechte und Grundfreiheiten und den ethischen Grundsätzen für die Sammlung und Nutzung statistischer Daten im Einklang stehen.
(2) Die im Einklang mit diesem Artikel gesammelten Informationen werden, soweit angebracht, aufgeschlüsselt und dazu verwendet, die Umsetzung der Verpflichtungen aus diesem Übereinkommen durch die Vertragsstaaten zu beurteilen und die Hindernisse, denen sich Menschen mit Behinderungen bei der Ausübung ihrer Rechte gegenübersehen, zu ermitteln und anzugehen.

(3) Die Vertragsstaaten übernehmen die Verantwortung für die Verbreitung dieser Statistiken und sorgen dafür, dass sie für Menschen mit Behinderungen und andere zugänglich sind.

Artikel 32 Internationale Zusammenarbeit

(1) Die Vertragsstaaten anerkennen die Bedeutung der internationalen Zusammenarbeit und deren Förderung zur Unterstützung der einzelstaatlichen Anstrengungen für die Verwirklichung des Zwecks und der Ziele dieses Übereinkommens und treffen diesbezüglich geeignete und wirksame Maßnahmen, zwischenstaatlich sowie, soweit angebracht, in Partnerschaft mit den einschlägigen internationalen und regionalen Organisationen und der Zivilgesellschaft, insbesondere Organisationen von Menschen mit Behinderungen. Unter anderem können sie Maßnahmen ergreifen, um
a) sicherzustellen, dass die internationale Zusammenarbeit, einschließlich internationaler Entwicklungsprogramme, Menschen mit Behinderungen einbezieht und für sie zugänglich ist;
b) den Aufbau von Kapazitäten zu erleichtern und zu unterstützen, unter anderem durch den Austausch und die Weitergabe von Informationen, Erfahrungen, Ausbildungsprogrammen und vorbildlichen Praktiken;
c) die Forschungszusammenarbeit und den Zugang zu wissenschaftlichen und technischen Kenntnissen zu erleichtern;
d) soweit angebracht, technische und wirtschaftliche Hilfe zu leisten, unter anderem durch Erleichterung des Zugangs zu zugänglichen und unterstützenden Technologien und ihres Austauschs sowie durch Weitergabe von Technologien.
(2) Dieser Artikel berührt nicht die Pflicht jedes Vertragsstaats, seine Verpflichtungen aus diesem Übereinkommen zu erfüllen.

Artikel 33 Innerstaatliche Durchführung und Überwachung

(1) Die Vertragsstaaten bestimmen nach Maßgabe ihrer staatlichen Organisation eine oder mehrere staatliche Anlaufstellen für Angelegenheiten im Zusammenhang mit der Durchführung dieses Übereinkommens und prüfen sorgfältig die Schaffung oder Bestimmung eines staatlichen Koordinierungsmechanismus, der die Durchführung der entsprechenden Maßnahmen in verschiedenen Bereichen und auf verschiedenen Ebenen erleichtern soll.
(2) Die Vertragsstaaten unterhalten, stärken, bestimmen oder schaffen nach Maßgabe ihres Rechts- und Verwaltungssystems auf einzelstaatlicher Ebene für die Förderung, den Schutz und die Überwachung der Durchführung dieses Übereinkommens eine Struktur, die, je nachdem, was angebracht ist, einen oder mehrere unabhängige Mechanismen einschließt. Bei der Bestimmung oder Schaffung eines solchen Mechanismus berücksichtigen die Vertragsstaaten die Grundsätze betreffend die Rechtsstellung und die Arbeitsweise der einzelstaatlichen Institutionen zum Schutz und zur Förderung der Menschenrechte.
(3) Die Zivilgesellschaft, insbesondere Menschen mit Behinderungen und die sie vertretenden Organisationen, wird in den Überwachungsprozess einbezogen und nimmt in vollem Umfang daran teil.

Artikel 34 Ausschuss für die Rechte von Menschen mit Behinderungen

(1) Es wird ein Ausschuss für die Rechte von Menschen mit Behinderungen (im Folgenden als „Ausschuss" bezeichnet) eingesetzt, der die nachstehend festgelegten Aufgaben wahrnimmt.
(2) Der Ausschuss besteht zum Zeitpunkt des Inkrafttretens dieses Übereinkommens aus zwölf Sachverständigen. Nach sechzig weiteren Ratifikationen oder Beitritten zu dem Übereinkommen erhöht sich die Zahl der Ausschussmitglieder um sechs auf die Höchstzahl von achtzehn.
(3) Die Ausschussmitglieder sind in persönlicher Eigenschaft tätig und müssen Persönlichkeiten von hohem sittlichen Ansehen und anerkannter Sachkenntnis und Erfahrung auf dem von diesem Übereinkommen erfassten Gebiet sein. Die Vertragsstaaten sind aufgefordert, bei der Benennung ihrer Kandidaten oder Kandidatinnen Artikel 4 Absatz 3 gebührend zu berücksichtigen.
(4) Die Ausschussmitglieder werden von den Vertragsstaaten gewählt, wobei auf eine gerechte geografische Verteilung, die Vertretung der verschiedenen Kulturkreise und der hauptsächlichen Rechtssysteme, die ausgewogene Vertretung der Geschlechter und die Beteiligung von Sachverständigen mit Behinderungen zu achten ist.
(5) Die Ausschussmitglieder werden auf Sitzungen der Konferenz der Vertragsstaaten in geheimer Wahl aus einer Liste von Personen gewählt, die von den Vertragsstaaten aus dem Kreis ihrer Staatsangehörigen benannt worden sind. Auf diesen Sitzungen, die beschlussfähig sind, wenn zwei Drittel der Vertragsstaaten vertreten sind, gelten diejenigen Kandidaten oder Kandidatinnen als in den Ausschuss gewählt, welche die höchste Stimmenzahl und die absolute Stimmenmehrheit der anwesenden und abstimmenden Vertreter beziehungsweise Vertreterinnen der Vertragsstaaten auf sich vereinigen.

(6) Die erste Wahl findet spätestens sechs Monate nach Inkrafttreten dieses Übereinkommens statt. Spätestens vier Monate vor jeder Wahl fordert der Generalsekretär der Vereinten Nationen die Vertragsstaaten schriftlich auf, innerhalb von zwei Monaten ihre Benennungen einzureichen. Der Generalsekretär fertigt sodann eine alphabetische Liste aller auf diese Weise benannten Personen an, unter Angabe der Vertragsstaaten, die sie benannt haben, und übermittelt sie den Vertragsstaaten.
(7) Die Ausschussmitglieder werden für vier Jahre gewählt. Ihre einmalige Wiederwahl ist zulässig. Die Amtszeit von sechs der bei der ersten Wahl gewählten Mitglieder läuft jedoch nach zwei Jahren ab; unmittelbar nach der ersten Wahl werden die Namen dieser sechs Mitglieder von dem oder der Vorsitzenden der in Absatz 5 genannten Sitzung durch das Los bestimmt.
(8) Die Wahl der sechs zusätzlichen Ausschussmitglieder findet bei den ordentlichen Wahlen im Einklang mit den einschlägigen Bestimmungen dieses Artikels statt.
(9) Wenn ein Ausschussmitglied stirbt oder zurücktritt oder erklärt, dass es aus anderen Gründen seine Aufgaben nicht mehr wahrnehmen kann, ernennt der Vertragsstaat, der das Mitglied benannt hat, für die verbleibende Amtszeit eine andere sachverständige Person, die über die Befähigungen verfügt und die Voraussetzungen erfüllt, die in den einschlägigen Bestimmungen dieses Artikels beschrieben sind.
(10) Der Ausschuss gibt sich eine Geschäftsordnung.
(11) Der Generalsekretär der Vereinten Nationen stellt dem Ausschuss das Personal und die Einrichtungen zur Verfügung, die dieser zur wirksamen Wahrnehmung seiner Aufgaben nach diesem Übereinkommen benötigt, und beruft seine erste Sitzung ein.
(12) Die Mitglieder des nach diesem Übereinkommen eingesetzten Ausschusses erhalten mit Zustimmung der Generalversammlung der Vereinten Nationen Bezüge aus Mitteln der Vereinten Nationen zu den von der Generalversammlung unter Berücksichtigung der Bedeutung der Aufgaben des Ausschusses zu beschließenden Bedingungen.
(13) Die Ausschussmitglieder haben Anspruch auf die Erleichterungen, Vorrechte und Immunitäten der Sachverständigen im Auftrag der Vereinten Nationen, die in den einschlägigen Abschnitten des Übereinkommens über die Vorrechte und Immunitäten der Vereinten Nationen vorgesehen sind.

Artikel 35 Berichte der Vertragsstaaten

(1) Jeder Vertragsstaat legt dem Ausschuss über den Generalsekretär der Vereinten Nationen innerhalb von zwei Jahren nach Inkrafttreten dieses Übereinkommens für den betreffenden Vertragsstaat einen umfassenden Bericht über die Maßnahmen, die er zur Erfüllung seiner Verpflichtungen aus dem Übereinkommen getroffen hat, und über die dabei erzielten Fortschritte vor.
(2) Danach legen die Vertragsstaaten mindestens alle vier Jahre und darüber hinaus jeweils auf Anforderung des Ausschusses Folgeberichte vor.
(3) Der Ausschuss beschließt gegebenenfalls Leitlinien für den Inhalt der Berichte.
(4) Ein Vertragsstaat, der dem Ausschuss einen ersten umfassenden Bericht vorgelegt hat, braucht in seinen Folgeberichten die früher mitgeteilten Angaben nicht zu wiederholen. Die Vertragsstaaten sind gebeten, ihre Berichte an den Ausschuss in einem offenen und transparenten Verfahren zu erstellen und dabei Artikel 4 Absatz 3 gebührend zu berücksichtigen.
(5) In den Berichten kann auf Faktoren und Schwierigkeiten hingewiesen werden, die das Ausmaß der Erfüllung der Verpflichtungen aus diesem Übereinkommen beeinflussen.

Artikel 36 Prüfung der Berichte

(1) Der Ausschuss prüft jeden Bericht; er kann ihn mit den ihm geeignet erscheinenden Vorschlägen und allgemeinen Empfehlungen versehen und leitet diese dem betreffenden Vertragsstaat zu. Dieser kann dem Ausschuss hierauf jede Information übermitteln, die er zu geben wünscht. Der Ausschuss kann die Vertragsstaaten um weitere Angaben über die Durchführung dieses Übereinkommens ersuchen.
(2) Liegt ein Vertragsstaat mit der Vorlage eines Berichts in erheblichem Rückstand, so kann der Ausschuss dem betreffenden Vertragsstaat notifizieren, dass die Durchführung dieses Übereinkommens im betreffenden Vertragsstaat auf der Grundlage der dem Ausschuss zur Verfügung stehenden zuverlässigen Informationen geprüft werden muss, falls der Bericht nicht innerhalb von drei Monaten nach dieser Notifikation vorgelegt wird. Der Ausschuss fordert den betreffenden Vertragsstaat auf, bei dieser Prüfung mitzuwirken. Falls der Vertragsstaat daraufhin den Bericht vorlegt, findet Absatz 1 Anwendung.
(3) Der Generalsekretär der Vereinten Nationen stellt die Berichte allen Vertragsstaaten zur Verfügung.
(4) Die Vertragsstaaten sorgen für eine weite Verbreitung ihrer Berichte im eigenen Land und erleichtern den Zugang zu den Vorschlägen und allgemeinen Empfehlungen zu diesen Berichten.

(5) Der Ausschuss übermittelt, wenn er dies für angebracht hält, den Sonderorganisationen, Fonds und Programmen der Vereinten Nationen und anderen zuständigen Stellen Berichte der Vertragsstaaten, damit ein darin enthaltenes Ersuchen um fachliche Beratung oder Unterstützung oder ein darin enthaltener Hinweis, dass ein diesbezügliches Bedürfnis besteht, aufgegriffen werden kann; etwaige Bemerkungen und Empfehlungen des Ausschusses zu diesen Ersuchen oder Hinweisen werden beigefügt.

Artikel 37 Zusammenarbeit zwischen den Vertragsstaaten und dem Ausschuss

(1) Jeder Vertragsstaat arbeitet mit dem Ausschuss zusammen und ist seinen Mitgliedern bei der Erfüllung ihres Mandats behilflich.

(2) In seinen Beziehungen zu den Vertragsstaaten prüft der Ausschuss gebührend Möglichkeiten zur Stärkung der einzelstaatlichen Fähigkeiten zur Durchführung dieses Übereinkommens, einschließlich durch internationale Zusammenarbeit.

Artikel 38 Beziehungen des Ausschusses zu anderen Organen

Um die wirksame Durchführung dieses Übereinkommens und die internationale Zusammenarbeit auf dem von dem Übereinkommen erfassten Gebiet zu fördern,

a) haben die Sonderorganisationen und andere Organe der Vereinten Nationen das Recht, bei der Erörterung der Durchführung derjenigen Bestimmungen des Übereinkommens, die in ihren Aufgabenbereich fallen, vertreten zu sein. Der Ausschuss kann, wenn er dies für angebracht hält, Sonderorganisationen und andere zuständige Stellen einladen, sachkundige Stellungnahmen zur Durchführung des Übereinkommens auf Gebieten abzugeben, die in ihren jeweiligen Aufgabenbereich fallen. Der Ausschuss kann Sonderorganisationen und andere Organe der Vereinten Nationen einladen, ihm Berichte über die Durchführung des Übereinkommens auf den Gebieten vorzulegen, die in ihren Tätigkeitsbereich fallen;

b) konsultiert der Ausschuss bei der Wahrnehmung seines Mandats, soweit angebracht, andere einschlägige Organe, die durch internationale Menschenrechtsverträge geschaffen wurden, mit dem Ziel, die Kohärenz ihrer jeweiligen Berichterstattungsleitlinien, Vorschläge und allgemeinen Empfehlungen zu gewährleisten sowie Doppelungen und Überschneidungen bei der Durchführung ihrer Aufgaben zu vermeiden.

Artikel 39 Bericht des Ausschusses

Der Ausschuss berichtet der Generalversammlung und dem Wirtschafts- und Sozialrat alle zwei Jahre über seine Tätigkeit und kann aufgrund der Prüfung der von den Vertragsstaaten eingegangenen Berichte und Auskünfte Vorschläge machen und allgemeine Empfehlungen abgeben. Diese werden zusammen mit etwaigen Stellungnahmen der Vertragsstaaten in den Ausschussbericht aufgenommen.

Artikel 40 Konferenz der Vertragsstaaten

(1) Die Vertragsstaaten treten regelmäßig in einer Konferenz der Vertragsstaaten zusammen, um jede Angelegenheit im Zusammenhang mit der Durchführung dieses Übereinkommens zu behandeln.

(2) Die Konferenz der Vertragsstaaten wird vom Generalsekretär der Vereinten Nationen spätestens sechs Monate nach Inkrafttreten dieses Übereinkommens einberufen. Die folgenden Treffen werden vom Generalsekretär alle zwei Jahre oder auf Beschluss der Konferenz der Vertragsstaaten einberufen.

Artikel 41 Verwahrer

Der Generalsekretär der Vereinten Nationen ist Verwahrer dieses Übereinkommens.

Artikel 42 Unterzeichnung

Dieses Übereinkommen liegt für alle Staaten und für Organisationen der regionalen Integration ab dem 30. März 2007 am Sitz der Vereinten Nationen in New York zur Unterzeichnung auf.

Artikel 43 Zustimmung, gebunden zu sein

Dieses Übereinkommen bedarf der Ratifikation durch die Unterzeichnerstaaten und der förmlichen Bestätigung durch die unterzeichnenden Organisationen der regionalen Integration. Es steht allen Staaten oder Organisationen der regionalen Integration, die das Übereinkommen nicht unterzeichnet haben, zum Beitritt offen.

Artikel 44 Organisationen der regionalen Integration

(1) Der Ausdruck „Organisation der regionalen Integration" bezeichnet eine von souveränen Staaten einer bestimmten Region gebildete Organisation, der ihre Mitgliedstaaten die Zuständigkeit für von

diesem Übereinkommen erfasste Angelegenheiten übertragen haben. In ihren Urkunden der förmlichen Bestätigung oder Beitrittsurkunden erklären diese Organisationen den Umfang ihrer Zuständigkeiten in Bezug auf die durch dieses Übereinkommen erfassten Angelegenheiten. Danach teilen sie dem Verwahrer jede erhebliche Änderung des Umfangs ihrer Zuständigkeiten mit.

(2) Bezugnahmen auf „Vertragsstaaten" in diesem Übereinkommen finden auf solche Organisationen im Rahmen ihrer Zuständigkeit Anwendung.

(3) Für die Zwecke des Artikels 45 Absatz 1 und des Artikels 47 Absätze 2 und 3 wird eine von einer Organisation der regionalen Integration hinterlegte Urkunde nicht mitgezählt.

(4) Organisationen der regionalen Integration können in Angelegenheiten ihrer Zuständigkeit ihr Stimmrecht in der Konferenz der Vertragsstaaten mit der Anzahl von Stimmen ausüben, die der Anzahl ihrer Mitgliedstaaten entspricht, die Vertragsparteien dieses Übereinkommens sind. Diese Organisationen üben ihr Stimmrecht nicht aus, wenn einer ihrer Mitgliedstaaten sein Stimmrecht ausübt, und umgekehrt.

Artikel 45 Inkrafttreten

(1) Dieses Übereinkommen tritt am dreißigsten Tag nach Hinterlegung der zwanzigsten Ratifikations- oder Beitrittsurkunde in Kraft.

(2) Für jeden Staat und jede Organisation der regionalen Integration, der beziehungsweise die dieses Übereinkommen nach Hinterlegung der zwanzigsten entsprechenden Urkunde ratifiziert, förmlich bestätigt oder ihm beitritt, tritt das Übereinkommen am dreißigsten Tag nach Hinterlegung der eigenen Urkunde in Kraft.

Artikel 46 Vorbehalte

(1) Vorbehalte, die mit Ziel und Zweck dieses Übereinkommens unvereinbar sind, sind nicht zulässig.

(2) Vorbehalte können jederzeit zurückgenommen werden.

Artikel 47 Änderungen

(1) Jeder Vertragsstaat kann eine Änderung dieses Übereinkommens vorschlagen und beim Generalsekretär der Vereinten Nationen einreichen. Der Generalsekretär übermittelt jeden Änderungsvorschlag den Vertragsstaaten mit der Aufforderung, ihm zu notifizieren, ob sie eine Konferenz der Vertragsstaaten zur Beratung und Entscheidung über den Vorschlag befürworten. Befürwortet innerhalb von vier Monaten nach dem Datum der Übermittlung wenigstens ein Drittel der Vertragsstaaten eine solche Konferenz, so beruft der Generalsekretär die Konferenz unter der Schirmherrschaft der Vereinten Nationen ein. Jede Änderung, die von einer Mehrheit von zwei Dritteln der anwesenden und abstimmenden Vertragsstaaten beschlossen wird, wird vom Generalsekretär der Generalversammlung der Vereinten Nationen zur Genehmigung und danach allen Vertragsstaaten zur Annahme vorgelegt.

(2) Eine nach Absatz 1 beschlossene und genehmigte Änderung tritt am dreißigsten Tag nach dem Zeitpunkt in Kraft, zu dem die Anzahl der hinterlegten Annahmeurkunden zwei Drittel der Anzahl der Vertragsstaaten zum Zeitpunkt der Beschlussfassung über die Änderung erreicht. Danach tritt die Änderung für jeden Vertragsstaat am dreißigsten Tag nach Hinterlegung seiner eigenen Annahmeurkunde in Kraft. Eine Änderung ist nur für die Vertragsstaaten, die sie angenommen haben, verbindlich.

(3) Wenn die Konferenz der Vertragsstaaten dies im Konsens beschließt, tritt eine nach Absatz 1 beschlossene und genehmigte Änderung, die ausschließlich die Artikel 34, 38, 39 und 40 betrifft, für alle Vertragsstaaten am dreißigsten Tag nach dem Zeitpunkt in Kraft, zu dem die Anzahl der hinterlegten Annahmeurkunden zwei Drittel der Anzahl der Vertragsstaaten zum Zeitpunkt der Beschlussfassung über die Änderung erreicht.

Artikel 48 Kündigung

Ein Vertragsstaat kann dieses Übereinkommen durch eine an den Generalsekretär der Vereinten Nationen gerichtete schriftliche Notifikation kündigen. Die Kündigung wird ein Jahr nach Eingang der Notifikation beim Generalsekretär wirksam.

Artikel 49 Zugängliches Format

Der Wortlaut dieses Übereinkommens wird in zugänglichen Formaten zur Verfügung gestellt.

Artikel 50 Verbindliche Wortlaute

Der arabische, der chinesische, der englische, der französische, der russische und der spanische Wortlaut dieses Übereinkommens sind gleichermaßen verbindlich.

151 SGB IX

Sozialgesetzbuch Neuntes Buch – Rehabilitation und Teilhabe von Menschen mit Behinderungen – (Neuntes Buch Sozialgesetzbuch – SGB IX)

Vom 23. Dezember 2016 (BGBl. I S. 3234)

Zuletzt geändert durch
Teilhabestärkungsgesetz
vom 2. Juni 2021 (BGBl. I S. 1387)
und
Gesetz zur Bekämpfung sexualisierter Gewalt gegen Kinder
vom 16. Juni 2021 (BGBl. I S. 1810)

Inhaltsübersicht

Teil 1
Regelungen für behinderte und von Behinderung bedrohte Menschen

Kapitel 1
Allgemeine Vorschriften

§ 1	Selbstbestimmung und Teilhabe am Leben in der Gesellschaft
§ 2	Begriffsbestimmungen
§ 3	Vorrang von Prävention
§ 4	Leistungen zur Teilhabe
§ 5	Leistungsgruppen
§ 6	Rehabilitationsträger
§ 7	Vorbehalt abweichender Regelungen
§ 8	Wunsch- und Wahlrecht der Leistungsberechtigten

Kapitel 2
Einleitung der Rehabilitation von Amts wegen

§ 9	Vorrangige Prüfung von Leistungen zur Teilhabe
§ 10	Sicherung der Erwerbsfähigkeit
§ 11	Förderung von Modellvorhaben zur Stärkung der Rehabilitation, Verordnungsermächtigung

Kapitel 3
Erkennung und Ermittlung des Rehabilitationsbedarfs

§ 12	Maßnahmen zur Unterstützung der frühzeitigen Bedarfserkennung
§ 13	Instrumente zur Ermittlung des Rehabilitationsbedarfs

Kapitel 4
Koordinierung der Leistungen

§ 14	Leistender Rehabilitationsträger
§ 15	Leistungsverantwortung bei Mehrheit von Rehabilitationsträgern
§ 16	Erstattungsansprüche zwischen Rehabilitationsträgern
§ 17	Begutachtung
§ 18	Erstattung selbstbeschaffter Leistungen
§ 19	Teilhabeplan
§ 20	Teilhabeplankonferenz
§ 21	Besondere Anforderungen an das Teilhabeplanverfahren
§ 22	Einbeziehung anderer öffentlicher Stellen
§ 23	Verantwortliche Stelle für den Sozialdatenschutz
§ 24	Vorläufige Leistungen

Kapitel 5
Zusammenarbeit

§ 25	Zusammenarbeit der Rehabilitationsträger
§ 26	Gemeinsame Empfehlungen
§ 27	Verordnungsermächtigung

Kapitel 6
Leistungsformen, Beratung

Abschnitt 1
Leistungsformen

§ 28	Ausführung von Leistungen
§ 29	Persönliches Budget
§ 30	Verordnungsermächtigung
§ 31	Leistungsort

Abschnitt 2
Beratung

§ 32	Ergänzende unabhängige Teilhabeberatung; Verordnungsermächtigung
§ 33	Pflichten der Personensorgeberechtigten
§ 34	Sicherung der Beratung von Menschen mit Behinderungen
§ 35	Landesärzte

Kapitel 7
Struktur, Qualitätssicherung, Gewaltschutz und Verträge

§ 36	Rehabilitationsdienste und -einrichtungen
§ 37	Qualitätssicherung, Zertifizierung
§ 37a	Gewaltschutz
§ 38	Verträge mit Leistungserbringern

Kapitel 8
Bundesarbeitsgemeinschaft für Rehabilitation
§ 39   Aufgaben
§ 40   Rechtsaufsicht
§ 41   Teilhabeverfahrensbericht

Kapitel 9
Leistungen zur medizinischen Rehabilitation
§ 42   Leistungen zur medizinischen Rehabilitation
§ 43   Krankenbehandlung und Rehabilitation
§ 44   Stufenweise Wiedereingliederung
§ 45   Förderung der Selbsthilfe
§ 46   Früherkennung und Frühförderung
§ 47   Hilfsmittel
§ 47a Digitale Gesundheitsanwendungen
§ 48   Verordnungsermächtigungen

Kapitel 10
Leistungen zur Teilhabe am Arbeitsleben
§ 49   Leistungen zur Teilhabe am Arbeitsleben, Verordnungsermächtigung
§ 50   Leistungen an Arbeitgeber
§ 51   Einrichtungen der beruflichen Rehabilitation
§ 52   Rechtsstellung der Teilnehmenden
§ 53   Dauer von Leistungen
§ 54   Beteiligung der Bundesagentur für Arbeit
§ 55   Unterstützte Beschäftigung
§ 56   Leistungen in Werkstätten für behinderte Menschen
§ 57   Leistungen im Eingangsverfahren und im Berufsbildungsbereich
§ 58   Leistungen im Arbeitsbereich
§ 59   Arbeitsförderungsgeld
§ 60   Andere Leistungsanbieter
§ 61   Budget für Arbeit
§ 61a Budget für Ausbildung
§ 62   Wahlrecht des Menschen mit Behinderungen
§ 63   Zuständigkeit nach den Leistungsgesetzen

Kapitel 11
Unterhaltssichernde und andere ergänzende Leistungen
§ 64   Ergänzende Leistungen
§ 65   Leistungen zum Lebensunterhalt
§ 66   Höhe und Berechnung des Übergangsgelds
§ 67   Berechnung des Regelentgelts
§ 68   Berechnungsgrundlage in Sonderfällen
§ 69   Kontinuität der Bemessungsgrundlage
§ 70   Anpassung der Entgeltersatzleistungen
§ 71   Weiterzahlung der Leistungen
§ 72   Einkommensanrechnung
§ 73   Reisekosten
§ 74   Haushalts- oder Betriebshilfe und Kinderbetreuungskosten

Kapitel 12
Leistungen zur Teilhabe an Bildung
§ 75   Leistungen zur Teilhabe an Bildung

Kapitel 13
Soziale Teilhabe
§ 76   Leistungen zur Sozialen Teilhabe
§ 77   Leistungen für Wohnraum
§ 78   Assistenzleistungen
§ 79   Heilpädagogische Leistungen
§ 80   Leistungen zur Betreuung in einer Pflegefamilie
§ 81   Leistungen zum Erwerb und Erhalt praktischer Kenntnisse und Fähigkeiten
§ 82   Leistungen zur Förderung der Verständigung
§ 83   Leistungen zur Mobilität
§ 84   Hilfsmittel

Kapitel 14
Beteiligung der Verbände und Träger
§ 85   Klagerecht der Verbände
§ 86   Beirat für die Teilhabe von Menschen mit Behinderungen
§ 87   Verfahren des Beirats
§ 88   Berichte über die Lage von Menschen mit Behinderungen und die Entwicklung ihrer Teilhabe
§ 89   Verordnungsermächtigung

Teil 2
Besondere Leistungen zur selbstbestimmten Lebensführung für Menschen mit Behinderungen (Eingliederungshilferecht)

Kapitel 1
Allgemeine Vorschriften
§ 90   Aufgabe der Eingliederungshilfe
§ 91   Nachrang der Eingliederungshilfe
§ 92   Beitrag
§ 93   Verhältnis zu anderen Rechtsbereichen
§ 94   Aufgaben der Länder
§ 95   Sicherstellungsauftrag
§ 96   Zusammenarbeit
§ 97   Fachkräfte
§ 98   Örtliche Zuständigkeit

Kapitel 2
Grundsätze der Leistungen
§ 99   Leistungsberechtigung, Verordnungsermächtigung
§ 100 Eingliederungshilfe für Ausländer
§ 101 Eingliederungshilfe für Deutsche im Ausland
§ 102 Leistungen der Eingliederungshilfe

151 SGB IX

§ 103 Regelung für Menschen mit Behinderungen und Pflegebedarf
§ 104 Leistungen nach der Besonderheit des Einzelfalles
§ 105 Leistungsformen
§ 106 Beratung und Unterstützung
§ 107 Übertragung, Verpfändung oder Pfändung, Auswahlermessen
§ 108 Antragserfordernis

Kapitel 3
Medizinische Rehabilitation
§ 109 Leistungen zur medizinischen Rehabilitation
§ 110 Leistungserbringung

Kapitel 4
Teilhabe am Arbeitsleben
§ 111 Leistungen zur Beschäftigung

Kapitel 5
Teilhabe an Bildung
§ 112 Leistungen zur Teilhabe an Bildung

Kapitel 6
Soziale Teilhabe
§ 113 Leistungen zur Sozialen Teilhabe
§ 114 Leistungen zur Mobilität
§ 115 Besuchsbeihilfen
§ 116 Pauschale Geldleistung, gemeinsame Inanspruchnahme

Kapitel 7
Gesamtplanung
§ 117 Gesamtplanverfahren
§ 118 Instrumente der Bedarfsermittlung
§ 119 Gesamtplankonferenz
§ 120 Feststellung der Leistungen
§ 121 Gesamtplan
§ 122 Teilhabezielvereinbarung

Kapitel 8
Vertragsrecht
§ 123 Allgemeine Grundsätze
§ 124 Geeignete Leistungserbringer
§ 125 Inhalt der schriftlichen Vereinbarung
§ 126 Verfahren und Inkrafttreten der Vereinbarung
§ 127 Verbindlichkeit der vereinbarten Vergütung
§ 128 Wirtschaftlichkeits- und Qualitätsprüfung
§ 129 Kürzung der Vergütung
§ 130 Außerordentliche Kündigung der Vereinbarungen
§ 131 Rahmenverträge zur Erbringung von Leistungen
§ 132 Abweichende Zielvereinbarungen

§ 133 Schiedsstelle
§ 134 Sonderregelung zum Inhalt der Vereinbarungen zur Erbringung von Leistungen für minderjährige Leistungsberechtigte und in Sonderfällen

Kapitel 9
Einkommen und Vermögen
§ 135 Begriff des Einkommens
§ 136 Beitrag aus Einkommen zu den Aufwendungen
§ 137 Höhe des Beitrages zu den Aufwendungen
§ 138 Besondere Höhe des Beitrages zu den Aufwendungen
§ 139 Begriff des Vermögens
§ 140 Einsatz des Vermögens
§ 141 Übergang von Ansprüchen
§ 142 Sonderregelungen für minderjährige Leistungsberechtigte und in Sonderfällen

Kapitel 10
Statistik
§ 143 Bundesstatistik
§ 144 Erhebungsmerkmale
§ 145 Hilfsmerkmale
§ 146 Periodizität und Berichtszeitraum
§ 147 Auskunftspflicht
§ 148 Übermittlung, Veröffentlichung

Kapitel 11
Übergangs- und Schlussbestimmungen
§ 149 Übergangsregelung für ambulant Betreute
§ 150 Übergangsregelung zum Einsatz des Einkommens

Teil 3
Besondere Regelungen zur Teilhabe schwerbehinderter Menschen (Schwerbehindertenrecht)
Kapitel 1
Geschützter Personenkreis
§ 151 Geltungsbereich
§ 152 Feststellung der Behinderung, Ausweise
§ 153 Verordnungsermächtigung

Kapitel 2
Beschäftigungspflicht der Arbeitgeber
§ 154 Pflicht der Arbeitgeber zur Beschäftigung schwerbehinderter Menschen
§ 155 Beschäftigung besonderer Gruppen schwerbehinderter Menschen
§ 156 Begriff des Arbeitsplatzes
§ 157 Berechnung der Mindestzahl von Arbeitsplätzen und der Pflichtarbeitsplatzzahl

§ 158 Anrechnung Beschäftigter auf die Zahl der Pflichtarbeitsplätze für schwerbehinderte Menschen
§ 159 Mehrfachanrechnung
§ 160 Ausgleichsabgabe
§ 161 Ausgleichsfonds
§ 162 Verordnungsermächtigungen

Kapitel 3
Sonstige Pflichten der Arbeitgeber; Rechte der schwerbehinderten Menschen
§ 163 Zusammenwirken der Arbeitgeber mit der Bundesagentur für Arbeit und den Integrationsämtern
§ 164 Pflichten des Arbeitgebers und Rechte schwerbehinderter Menschen
§ 165 Besondere Pflichten der öffentlichen Arbeitgeber
§ 166 Inklusionsvereinbarung
§ 167 Prävention

Kapitel 4
Kündigungsschutz
§ 168 Erfordernis der Zustimmung
§ 169 Kündigungsfrist
§ 170 Antragsverfahren
§ 171 Entscheidung des Integrationsamtes
§ 172 Einschränkungen der Ermessensentscheidung
§ 173 Ausnahmen
§ 174 Außerordentliche Kündigung
§ 175 Erweiterter Beendigungsschutz

Kapitel 5
Betriebs-, Personal-, Richter-, Staatsanwalts- und Präsidialrat, Schwerbehindertenvertretung, Inklusionsbeauftragter des Arbeitgebers
§ 176 Aufgaben des Betriebs-, Personal-, Richter-, Staatsanwalts- und Präsidialrates
§ 177 Wahl und Amtszeit der Schwerbehindertenvertretung
§ 178 Aufgaben der Schwerbehindertenvertretung
§ 179 Persönliche Rechte und Pflichten der Vertrauenspersonen der schwerbehinderten Menschen
§ 180 Konzern-, Gesamt-, Bezirks- und Hauptschwerbehindertenvertretung
§ 181 Inklusionsbeauftragter des Arbeitgebers
§ 182 Zusammenarbeit
§ 183 Verordnungsermächtigung

Kapitel 6
Durchführung der besonderen Regelungen zur Teilhabe schwerbehinderter Menschen
§ 184 Zusammenarbeit der Integrationsämter und der Bundesagentur für Arbeit
§ 185 Aufgaben des Integrationsamtes
§ 185a Einheitliche Ansprechstellen für Arbeitgeber
§ 186 Beratender Ausschuss für behinderte Menschen bei dem Integrationsamt
§ 187 Aufgaben der Bundesagentur für Arbeit
§ 188 Beratender Ausschuss für behinderte Menschen bei der Bundesagentur für Arbeit
§ 189 Gemeinsame Vorschriften
§ 190 Übertragung von Aufgaben
§ 191 Verordnungsermächtigung

Kapitel 7
Integrationsfachdienste
§ 192 Begriff und Personenkreis
§ 193 Aufgaben
§ 194 Beauftragung und Verantwortlichkeit
§ 195 Fachliche Anforderungen
§ 196 Finanzielle Leistungen
§ 197 Ergebnisbeobachtung
§ 198 Verordnungsermächtigung

Kapitel 8
Beendigung der Anwendung der besonderen Regelungen zur Teilhabe schwerbehinderter und gleichgestellter behinderter Menschen
§ 199 Beendigung der Anwendung der besonderen Regelungen zur Teilhabe schwerbehinderter Menschen
§ 200 Entziehung der besonderen Hilfen für schwerbehinderte Menschen

Kapitel 9
Widerspruchsverfahren
§ 201 Widerspruch
§ 202 Widerspruchsausschuss bei dem Integrationsamt
§ 203 Widerspruchsausschüsse der Bundesagentur für Arbeit
§ 204 Verfahrensvorschriften

Kapitel 10
Sonstige Vorschriften
§ 205 Vorrang der schwerbehinderten Menschen
§ 206 Arbeitsentgelt und Dienstbezüge
§ 207 Mehrarbeit
§ 208 Zusatzurlaub
§ 209 Nachteilsausgleich
§ 210 Beschäftigung schwerbehinderter Menschen in Heimarbeit
§ 211 Schwerbehinderte Beamtinnen und Beamte, Richterinnen und Richter, Soldatinnen und Soldaten
§ 212 Unabhängige Tätigkeit
§ 213 Geheimhaltungspflicht
§ 214 Statistik

Kapitel 11
Inklusionsbetriebe

§ 215 Begriff und Personenkreis
§ 216 Aufgaben
§ 217 Finanzielle Leistungen
§ 218 Verordnungsermächtigung

Kapitel 12
Werkstätten für behinderte Menschen

§ 219 Begriff und Aufgaben der Werkstatt für behinderte Menschen
§ 220 Aufnahme in die Werkstätten für behinderte Menschen
§ 221 Rechtsstellung und Arbeitsentgelt behinderter Menschen
§ 222 Mitbestimmung, Mitwirkung, Frauenbeauftragte
§ 223 Anrechnung von Aufträgen auf die Ausgleichsabgabe
§ 224 Vergabe von Aufträgen durch die öffentliche Hand
§ 225 Anerkennungsverfahren
§ 226 Blindenwerkstätten
§ 227 Verordnungsermächtigungen

Kapitel 13
Unentgeltliche Beförderung schwerbehinderter Menschen im öffentlichen Personenverkehr

§ 228 Unentgeltliche Beförderung, Anspruch auf Erstattung der Fahrgeldausfälle
§ 229 Persönliche Voraussetzungen
§ 230 Nah- und Fernverkehr
§ 231 Erstattung der Fahrgeldausfälle im Nahverkehr
§ 232 Erstattung der Fahrgeldausfälle im Fernverkehr
§ 233 Erstattungsverfahren
§ 234 Kostentragung
§ 235 Einnahmen aus Wertmarken
§ 236 Erfassung der Ausweise
§ 237 Verordnungsermächtigungen

Kapitel 14
Straf-, Bußgeld- und Schlussvorschriften

§ 237a Strafvorschriften
§ 237b Strafvorschriften
§ 238 Bußgeldvorschriften
§ 239 Stadtstaatenklausel
§ 240 Sonderregelung für den Bundesnachrichtendienst und den Militärischen Abschirmdienst
§ 241 Übergangsregelung

Teil 1
Regelungen für behinderte und von Behinderung bedrohte Menschen

Kapitel 1
Allgemeine Vorschriften

§ 1 Selbstbestimmung und Teilhabe am Leben in der Gesellschaft

¹Menschen mit Behinderungen oder von Behinderung bedrohte Menschen erhalten Leistungen nach diesem Buch und den für die Rehabilitationsträger geltenden Leistungsgesetzen, um ihre Selbstbestimmung und ihre volle, wirksame und gleichberechtigte Teilhabe am Leben in der Gesellschaft zu fördern, Benachteiligungen zu vermeiden oder ihnen entgegenzuwirken. ²Dabei wird den besonderen Bedürfnissen von Frauen und Kindern mit Behinderungen und von Behinderung bedrohter Frauen und Kinder sowie Menschen mit seelischen Behinderungen oder von einer solchen Behinderung bedrohter Menschen Rechnung getragen.

§ 2 Begriffsbestimmungen

(1) ¹Menschen mit Behinderungen sind Menschen, die körperliche, seelische, geistige oder Sinnesbeeinträchtigungen haben, die sie in Wechselwirkung mit einstellungs- und umweltbedingten Barrieren an der gleichberechtigten Teilhabe an der Gesellschaft mit hoher Wahrscheinlichkeit länger als sechs Monate hindern können. ²Eine Beeinträchtigung nach Satz 1 liegt vor, wenn der Körper- und Gesundheitszustand von dem für das Lebensalter typischen Zustand abweicht. ³Menschen sind von Behinderung bedroht, wenn eine Beeinträchtigung nach Satz 1 zu erwarten ist.
(2) Menschen sind im Sinne des Teils 3 schwerbehindert, wenn bei ihnen ein Grad der Behinderung von wenigstens 50 vorliegt und sie ihren Wohnsitz, ihren gewöhnlichen Aufenthalt oder ihre Beschäftigung auf einem Arbeitsplatz im Sinne des § 156 rechtmäßig im Geltungsbereich dieses Gesetzbuches haben.
(3) Schwerbehinderten Menschen gleichgestellt werden sollen Menschen mit Behinderungen mit einem Grad der Behinderung von weniger als 50, aber wenigstens 30, bei denen die übrigen Voraussetzungen des Absatzes 2 vorliegen, wenn sie infolge ihrer Behinderung ohne die Gleichstellung einen geeigneten

Arbeitsplatz im Sinne des § 156 nicht erlangen oder nicht behalten können (gleichgestellte behinderte Menschen).

§ 3 Vorrang von Prävention

(1) Die Rehabilitationsträger und die Integrationsämter wirken bei der Aufklärung, Beratung, Auskunft und Ausführung von Leistungen im Sinne des Ersten Buches sowie im Rahmen der Zusammenarbeit mit den Arbeitgebern nach § 167 darauf hin, dass der Eintritt einer Behinderung einschließlich einer chronischen Krankheit vermieden wird.

(2) Die Rehabilitationsträger nach § 6 Absatz 1 Nummer 1 bis 4 und 6 und ihre Verbände wirken bei der Entwicklung und Umsetzung der Nationalen Präventionsstrategie nach den Bestimmungen der §§ 20d bis 20g des Fünften Buches mit, insbesondere mit der Zielsetzung der Vermeidung von Beeinträchtigungen bei der Teilhabe am Leben in der Gesellschaft.

(3) Bei der Erbringung von Leistungen für Personen, deren berufliche Eingliederung auf Grund gesundheitlicher Einschränkungen besonders erschwert ist, arbeiten die Krankenkassen mit der Bundesagentur für Arbeit und mit den kommunalen Trägern der Grundsicherung für Arbeitsuchende nach § 20a des Fünften Buches eng zusammen.

§ 4 Leistungen zur Teilhabe

(1) Die Leistungen zur Teilhabe umfassen die notwendigen Sozialleistungen, um unabhängig von der Ursache der Behinderung
1. die Behinderung abzuwenden, zu beseitigen, zu mindern, ihre Verschlimmerung zu verhüten oder ihre Folgen zu mildern,
2. Einschränkungen der Erwerbsfähigkeit oder Pflegebedürftigkeit zu vermeiden, zu überwinden, zu mindern oder eine Verschlimmerung zu verhüten sowie den vorzeitigen Bezug anderer Sozialleistungen zu vermeiden oder laufende Sozialleistungen zu mindern,
3. die Teilhabe am Arbeitsleben entsprechend den Neigungen und Fähigkeiten dauerhaft zu sichern oder
4. die persönliche Entwicklung ganzheitlich zu fördern und die Teilhabe am Leben in der Gesellschaft sowie eine möglichst selbständige und selbstbestimmte Lebensführung zu ermöglichen oder zu erleichtern.

(2) ¹Die Leistungen zur Teilhabe werden zur Erreichung der in Absatz 1 genannten Ziele nach Maßgabe dieses Buches und der für die zuständigen Leistungsträger geltenden besonderen Vorschriften neben anderen Sozialleistungen erbracht. ²Die Leistungsträger erbringen die Leistungen im Rahmen der für sie geltenden Rechtsvorschriften nach Lage des Einzelfalles so vollständig, umfassend und in gleicher Qualität, dass Leistungen eines anderen Trägers möglichst nicht erforderlich werden.

(3) ¹Leistungen für Kinder mit Behinderungen oder von Behinderung bedrohte Kinder werden so geplant und gestaltet, dass nach Möglichkeit Kinder nicht von ihrem sozialen Umfeld getrennt und gemeinsam mit Kindern ohne Behinderungen betreut werden können. ²Dabei werden Kinder mit Behinderungen alters- und entwicklungsentsprechend an der Planung und Ausgestaltung der einzelnen Hilfen beteiligt und ihre Sorgeberechtigten intensiv in Planung und Gestaltung der Hilfen einbezogen.

(4) Leistungen für Mütter und Väter mit Behinderungen werden gewährt, um diese bei der Versorgung und Betreuung ihrer Kinder zu unterstützen.

§ 5 Leistungsgruppen

Zur Teilhabe am Leben in der Gesellschaft werden erbracht:
1. Leistungen zur medizinischen Rehabilitation,
2. Leistungen zur Teilhabe am Arbeitsleben,
3. unterhaltssichernde und andere ergänzende Leistungen,
4. Leistungen zur Teilhabe an Bildung und
5. Leistungen zur sozialen Teilhabe.

§ 6 Rehabilitationsträger

(1) Träger der Leistungen zur Teilhabe (Rehabilitationsträger) können sein:
1. die gesetzlichen Krankenkassen für Leistungen nach § 5 Nummer 1 und 3,
2. die Bundesagentur für Arbeit für Leistungen nach § 5 Nummer 2 und 3,
3. die Träger der gesetzlichen Unfallversicherung für Leistungen nach § 5 Nummer 1 bis 3 und 5; für Versicherte nach § 2 Absatz 1 Nummer 8 des Siebten Buches die für diese zuständigen Unfallversicherungsträger für Leistungen nach § 5 Nummer 1 bis 5,

4. die Träger der gesetzlichen Rentenversicherung für Leistungen nach § 5 Nummer 1 bis 3, der Träger der Alterssicherung der Landwirte für Leistungen nach § 5 Nummer 1 und 3,
5. die Träger der Kriegsopferversorgung und die Träger der Kriegsopferfürsorge im Rahmen des Rechts der sozialen Entschädigung bei Gesundheitsschäden für Leistungen nach § 5 Nummer 1 bis 5,
6. die Träger der öffentlichen Jugendhilfe für Leistungen nach § 5 Nummer 1, 2, 4 und 5 sowie
7. die Träger der Eingliederungshilfe für Leistungen nach § 5 Nummer 1, 2, 4 und 5.

(2) Die Rehabilitationsträger nehmen ihre Aufgaben selbständig und eigenverantwortlich wahr.
(3) [1]Die Bundesagentur für Arbeit ist auch Rehabilitationsträger für die Leistungen zur Teilhabe am Arbeitsleben für erwerbsfähige Leistungsberechtigte mit Behinderungen im Sinne des Zweiten Buches, sofern nicht ein anderer Rehabilitationsträger zuständig ist. [2]Die Zuständigkeit des Jobcenter nach § 6d des Zweiten Buches für die Leistungen zur beruflichen Teilhabe von Menschen mit Behinderungen nach § 16 Absatz 1 des Zweiten Buches bleibt unberührt. [3]Die Bundesagentur für Arbeit stellt den Rehabilitationsbedarf fest. [4]Sie beteiligt das zuständige Jobcenter nach § 19 Absatz 1 Satz 2 und berät das Jobcenter zu den von ihm zu erbringenden Leistungen zur Teilhabe am Arbeitsleben nach § 16 Absatz 1 Satz 3 des Zweiten Buches. [5]Das Jobcenter entscheidet über diese Leistungen innerhalb der in Kapitel 4 genannten Fristen.

§ 7 Vorbehalt abweichender Regelungen

(1) [1]Die Vorschriften im Teil 1 gelten für die Leistungen zur Teilhabe, soweit sich aus den für den jeweiligen Rehabilitationsträger geltenden Leistungsgesetzen nichts Abweichendes ergibt. [2]Die Zuständigkeit und die Voraussetzungen für die Leistungen zur Teilhabe richten sich nach den für den jeweiligen Rehabilitationsträger geltenden Leistungsgesetzen. [3]Das Recht der Eingliederungshilfe im Teil 2 ist ein Leistungsgesetz im Sinne der Sätze 1 und 2.
(2) [1]Abweichend von Absatz 1 gehen die Vorschriften der Kapitel 2 bis 4 den für die jeweiligen Rehabilitationsträger geltenden Leistungsgesetzen vor. [2]Von den Vorschriften in Kapitel 4 kann durch Landesrecht nicht abgewichen werden.

§ 8 Wunsch- und Wahlrecht der Leistungsberechtigten

(1) [1]Bei der Entscheidung über die Leistungen und bei der Ausführung der Leistungen zur Teilhabe wird berechtigten Wünschen der Leistungsberechtigten entsprochen. [2]Dabei wird auch auf die persönliche Lebenssituation, das Alter, das Geschlecht, die Familie sowie die religiösen und weltanschaulichen Bedürfnisse der Leistungsberechtigten Rücksicht genommen; im Übrigen gilt § 33 des Ersten Buches. [3]Den besonderen Bedürfnissen von Müttern und Vätern mit Behinderungen bei der Erfüllung ihres Erziehungsauftrages sowie den besonderen Bedürfnissen von Kindern mit Behinderungen wird Rechnung getragen.
(2) [1]Sachleistungen zur Teilhabe, die nicht in Rehabilitationseinrichtungen auszuführen sind, können auf Antrag der Leistungsberechtigten als Geldleistungen erbracht werden, wenn die Leistungen hierdurch voraussichtlich bei gleicher Wirksamkeit wirtschaftlich zumindest gleichwertig ausgeführt werden können. [2]Für die Beurteilung der Wirksamkeit stellen die Leistungsberechtigten dem Rehabilitationsträger geeignete Unterlagen zur Verfügung. [3]Der Rehabilitationsträger begründet durch Bescheid, wenn er den Wünschen des Leistungsberechtigten nach den Absätzen 1 und 2 nicht entspricht.
(3) Leistungen, Dienste und Einrichtungen lassen den Leistungsberechtigten möglichst viel Raum zu eigenverantwortlicher Gestaltung ihrer Lebensumstände und fördern ihre Selbstbestimmung.
(4) Die Leistungen zur Teilhabe bedürfen der Zustimmung der Leistungsberechtigten.

Kapitel 2
Einleitung der Rehabilitation von Amts wegen

§ 9 Vorrangige Prüfung von Leistungen zur Teilhabe

(1) [1]Werden bei einem Rehabilitationsträger Sozialleistungen wegen oder unter Berücksichtigung einer Behinderung oder einer drohenden Behinderung beantragt oder erbracht, prüft dieser unabhängig von der Entscheidung über diese Leistungen, ob Leistungen zur Teilhabe voraussichtlich zur Erreichung der Ziele nach den §§ 1 und 4 erfolgreich sein können. [2]Er prüft auch, ob hierfür weitere Rehabilitationsträger im Rahmen ihrer Zuständigkeit zur Koordinierung der Leistungen zu beteiligen sind. [3]Werden Leistungen zur Teilhabe nach den Leistungsgesetzen nur auf Antrag erbracht, wirken die Rehabilitationsträger nach § 12 auf eine Antragstellung hin.

(2) ¹Leistungen zur Teilhabe haben Vorrang vor Rentenleistungen, die bei erfolgreichen Leistungen zur Teilhabe nicht oder voraussichtlich erst zu einem späteren Zeitpunkt zu erbringen wären. ²Dies gilt während des Bezuges einer Rente entsprechend.
(3) ¹Absatz 1 ist auch anzuwenden, um durch Leistungen zur Teilhabe Pflegebedürftigkeit zu vermeiden, zu überwinden, zu mindern oder eine Verschlimmerung zu verhüten. ²Die Aufgaben der Pflegekassen als Träger der sozialen Pflegeversicherung bei der Sicherung des Vorrangs von Rehabilitation vor Pflege nach den §§ 18a und 31 des Elften Buches bleiben unberührt.
(4) Absatz 1 gilt auch für die Jobcenter im Rahmen ihrer Zuständigkeit für Leistungen zur beruflichen Teilhabe nach § 6 Absatz 3 mit der Maßgabe, dass sie mögliche Rehabilitationsbedarfe erkennen und auf eine Antragstellung beim voraussichtlich zuständigen Rehabilitationsträger hinwirken sollen.

§ 10 Sicherung der Erwerbsfähigkeit

(1) ¹Soweit es im Einzelfall geboten ist, prüft der zuständige Rehabilitationsträger gleichzeitig mit der Einleitung einer Leistung zur medizinischen Rehabilitation, während ihrer Ausführung und nach ihrem Abschluss, ob durch geeignete Leistungen zur Teilhabe am Arbeitsleben die Erwerbsfähigkeit von Menschen mit Behinderungen oder von Behinderung bedrohten Menschen erhalten, gebessert oder wiederhergestellt werden kann. ²Er beteiligt die Bundesagentur für Arbeit nach § 54.
(2) Wird während einer Leistung zur medizinischen Rehabilitation erkennbar, dass der bisherige Arbeitsplatz gefährdet ist, wird mit den Betroffenen sowie dem zuständigen Rehabilitationsträger unverzüglich geklärt, ob Leistungen zur Teilhabe am Arbeitsleben erforderlich sind.
(3) Bei der Prüfung nach den Absätzen 1 und 2 wird zur Klärung eines Hilfebedarfs nach Teil 3 auch das Integrationsamt beteiligt.
(4) ¹Die Rehabilitationsträger haben in den Fällen nach den Absätzen 1 und 2 auf eine frühzeitige Antragstellung im Sinne von § 12 nach allen in Betracht kommenden Leistungsgesetzen hinzuwirken und den Antrag ungeachtet ihrer Zuständigkeit für Leistungen zur Teilhabe am Arbeitsleben entgegenzunehmen. ²Soweit es erforderlich ist, beteiligen sie unverzüglich die zuständigen Rehabilitationsträger zur Koordinierung der Leistungen nach Kapitel 4.
(5) ¹Die Rehabilitationsträger wirken auch in den Fällen der Hinzuziehung durch Arbeitgeber infolge einer Arbeitsplatzgefährdung nach § 167 Absatz 2 Satz 4 auf eine frühzeitige Antragstellung auf Leistungen zur Teilhabe nach allen in Betracht kommenden Leistungsgesetzen hin. ²Absatz 4 Satz 2 gilt entsprechend.

§ 11 Förderung von Modellvorhaben zur Stärkung der Rehabilitation, Verordnungsermächtigung

(1) Das Bundesministerium für Arbeit und Soziales fördert im Rahmen der für diesen Zweck zur Verfügung stehenden Haushaltsmittel im Aufgabenbereich der Grundsicherung für Arbeitsuchende und der gesetzlichen Rentenversicherung Modellvorhaben, die den Vorrang von Leistungen zur Teilhabe nach § 9 und die Sicherung der Erwerbsfähigkeit nach § 10 unterstützen.
(2) ¹Das Nähere regeln Förderrichtlinien des Bundesministeriums für Arbeit und Soziales. ²Die Förderdauer der Modellvorhaben beträgt fünf Jahre. ³Die Förderrichtlinien enthalten ein Datenschutzkonzept.
(3) Das Bundesministerium für Arbeit und Soziales kann durch Rechtsverordnung ohne Zustimmung des Bundesrates regeln, ob und inwieweit die Jobcenter nach § 6d des Zweiten Buches, die Bundesagentur für Arbeit und die Träger der gesetzlichen Rentenversicherung bei der Durchführung eines Modellvorhabens nach Absatz 1 von den für sie geltenden Leistungsgesetzen sachlich und zeitlich begrenzt abweichen können.
(4) ¹Die zuwendungsrechtliche und organisatorische Abwicklung der Modellvorhaben nach Absatz 1 erfolgt durch die Deutsche Rentenversicherung Knappschaft-Bahn-See unter der Aufsicht des Bundesministeriums für Arbeit und Soziales. ²Die Aufsicht erstreckt sich auch auf den Umfang und die Zweckmäßigkeit der Modellvorhaben. ³Die Ausgaben, welche der Deutschen Rentenversicherung Knappschaft-Bahn-See aus der Abwicklung der Modellvorhaben entstehen, werden aus den Haushaltsmitteln nach Absatz 1 vom Bund erstattet. ⁴Das Nähere ist durch Verwaltungsvereinbarung zu regeln.
(5) ¹Das Bundesministerium für Arbeit und Soziales untersucht die Wirkungen der Modellvorhaben. ²Das Bundesministerium für Arbeit und Soziales kann Dritte mit diesen Untersuchungen beauftragen.

Kapitel 3
Erkennung und Ermittlung des Rehabilitationsbedarfs

§ 12 Maßnahmen zur Unterstützung der frühzeitigen Bedarfserkennung

(1) [1]Die Rehabilitationsträger stellen durch geeignete Maßnahmen sicher, dass ein Rehabilitationsbedarf frühzeitig erkannt und auf eine Antragstellung der Leistungsberechtigten hingewirkt wird. [2]Die Rehabilitationsträger unterstützen die frühzeitige Erkennung des Rehabilitationsbedarfs insbesondere durch die Bereitstellung und Vermittlung von geeigneten barrierefreien Informationsangeboten über
1. Inhalte und Ziele von Leistungen zur Teilhabe,
2. die Möglichkeit der Leistungsausführung als Persönliches Budget,
3. das Verfahren zur Inanspruchnahme von Leistungen zur Teilhabe und
4. Angebote der Beratung, einschließlich der ergänzenden unabhängigen Teilhabeberatung nach § 32.

[3]Die Rehabilitationsträger benennen Ansprechstellen, die Informationsangebote nach Satz 2 an Leistungsberechtigte, an Arbeitgeber und an andere Rehabilitationsträger vermitteln. [4]Für die Zusammenarbeit der Ansprechstellen gilt § 15 Absatz 3 des Ersten Buches entsprechend.

(2) Absatz 1 gilt auch für Jobcenter im Rahmen ihrer Zuständigkeit für Leistungen zur beruflichen Teilhabe nach § 6 Absatz 3, für die Integrationsämter in Bezug auf Leistungen und sonstige Hilfen für schwerbehinderte Menschen nach Teil 3 und für die Pflegekassen als Träger der sozialen Pflegeversicherung nach dem Elften Buch.

(3) [1]Die Rehabilitationsträger, Integrationsämter und Pflegekassen können die Informationsangebote durch ihre Verbände und Vereinigungen bereitstellen und vermitteln lassen. [2]Die Jobcenter können die Informationsangebote durch die Bundesagentur für Arbeit bereitstellen und vermitteln lassen.

§ 13 Instrumente zur Ermittlung des Rehabilitationsbedarfs

(1) [1]Zur einheitlichen und überprüfbaren Ermittlung des individuellen Rehabilitationsbedarfs verwenden die Rehabilitationsträger systematische Arbeitsprozesse und standardisierte Arbeitsmittel (Instrumente) nach den für sie geltenden Leistungsgesetzen. [2]Die Instrumente sollen den von den Rehabilitationsträgern vereinbarten Grundsätzen für Instrumente zur Bedarfsermittlung nach § 26 Absatz 2 Nummer 7 entsprechen. [3]Die Rehabilitationsträger können die Entwicklung von Instrumenten durch ihre Verbände und Vereinigungen wahrnehmen lassen oder Dritte mit der Entwicklung beauftragen.

(2) Die Instrumente nach Absatz 1 Satz 1 gewährleisten eine individuelle und funktionsbezogene Bedarfsermittlung und sichern die Dokumentation und Nachprüfbarkeit der Bedarfsermittlung, indem sie insbesondere erfassen,
1. ob eine Behinderung vorliegt oder einzutreten droht,
2. welche Auswirkung die Behinderung auf die Teilhabe der Leistungsberechtigten hat,
3. welche Ziele mit Leistungen zur Teilhabe erreicht werden sollen und
4. welche Leistungen im Rahmen einer Prognose zur Erreichung der Ziele voraussichtlich erfolgreich sind.

(3) Das Bundesministerium für Arbeit und Soziales untersucht die Wirkung der Instrumente nach Absatz 1 und veröffentlicht die Untersuchungsergebnisse bis zum 31. Dezember 2019.

(4) Auf Vorschlag der Rehabilitationsträger nach § 6 Absatz 1 Nummer 6 und 7 und mit Zustimmung der zuständigen obersten Landesbehörden kann das Bundesministerium für Arbeit und Soziales die von diesen Rehabilitationsträgern eingesetzten Instrumente im Sinne von Absatz 1 in die Untersuchung nach Absatz 3 einbeziehen.

Kapitel 4
Koordinierung der Leistungen

§ 14 Leistender Rehabilitationsträger

(1) [1]Werden Leistungen zur Teilhabe beantragt, stellt der Rehabilitationsträger innerhalb von zwei Wochen nach Eingang des Antrages bei ihm fest, ob er nach dem für ihn geltenden Leistungsgesetz für die Leistung zuständig ist; bei den Krankenkassen umfasst die Prüfung auch die Leistungspflicht nach § 40 Absatz 4 des Fünften Buches. [2]Stellt er bei der Prüfung fest, dass er für die Leistung insgesamt nicht zuständig ist, leitet er den Antrag unverzüglich dem nach seiner Auffassung zuständigen Rehabilitationsträger zu und unterrichtet hierüber den Antragsteller. [3]Muss für eine solche Feststellung die Ursache der Behinderung geklärt werden und ist diese Klärung in der Frist nach Satz 1 nicht möglich, soll der Antrag unverzüglich dem Rehabilitationsträger zugeleitet werden, der die Leistung ohne Rücksicht auf die Ursache der Behinderung erbringt. [4]Wird der Antrag bei der Bundesagentur für Arbeit gestellt,

werden bei der Prüfung nach den Sätzen 1 und 2 keine Feststellungen nach § 11 Absatz 2a Nummer 1 des Sechsten Buches und § 22 Absatz 2 des Dritten Buches getroffen.

(2) ¹Wird der Antrag nicht weitergeleitet, stellt der Rehabilitationsträger den Rehabilitationsbedarf anhand der Instrumente zur Bedarfsermittlung nach § 13 unverzüglich und umfassend fest und erbringt die Leistungen (leistender Rehabilitationsträger). ²Muss für diese Feststellung kein Gutachten eingeholt werden, entscheidet der leistende Rehabilitationsträger innerhalb von drei Wochen nach Antragseingang. ³Ist für die Feststellung des Rehabilitationsbedarfs ein Gutachten erforderlich, wird die Entscheidung innerhalb von zwei Wochen nach Vorliegen des Gutachtens getroffen. ⁴Wird der Antrag weitergeleitet, gelten die Sätze 1 bis 3 für den Rehabilitationsträger, an den der Antrag weitergeleitet worden ist, entsprechend; die Frist beginnt mit dem Antragseingang bei diesem Rehabilitationsträger. ⁵In den Fällen der Anforderung einer gutachterlichen Stellungnahme bei der Bundesagentur für Arbeit nach § 54 gilt Satz 3 entsprechend.

(3) Ist der Rehabilitationsträger, an den der Antrag nach Absatz 1 Satz 2 weitergeleitet worden ist, nach dem für ihn geltenden Leistungsgesetz für die Leistung insgesamt nicht zuständig, kann er den Antrag im Einvernehmen mit dem nach seiner Auffassung zuständigen Rehabilitationsträger an diesen weiterleiten, damit von diesem als leistendem Rehabilitationsträger über den Antrag innerhalb der bereits nach Absatz 2 Satz 4 laufenden Fristen entschieden wird und unterrichtet hierüber den Antragsteller.

(4) ¹Die Absätze 1 bis 3 gelten sinngemäß, wenn der Rehabilitationsträger Leistungen von Amts wegen erbringt. ²Dabei tritt an die Stelle des Tages der Antragstellung der Tag der Kenntnis des voraussichtlichen Rehabilitationsbedarfs.

(5) Für die Weiterleitung des Antrages ist § 16 Absatz 2 Satz 1 des Ersten Buches nicht anzuwenden, wenn und soweit Leistungen zur Teilhabe bei einem Rehabilitationsträger beantragt werden.

§ 15 Leistungsverantwortung bei Mehrheit von Rehabilitationsträgern

(1) ¹Stellt der leistende Rehabilitationsträger fest, dass der Antrag neben den nach seinem Leistungsgesetz zu erbringenden Leistungen weitere Leistungen zur Teilhabe umfasst, für die er nicht Rehabilitationsträger nach § 6 Absatz 1 sein kann, leitet er den Antrag insoweit unverzüglich dem nach seiner Auffassung zuständigen Rehabilitationsträger zu. ²Dieser entscheidet über die weiteren Leistungen nach den für ihn geltenden Leistungsgesetzen in eigener Zuständigkeit und unterrichtet hierüber den Antragsteller.

(2) ¹Hält der leistende Rehabilitationsträger für die umfassende Feststellung des Rehabilitationsbedarfs nach § 14 Absatz 2 die Feststellungen weiterer Rehabilitationsträger für erforderlich und liegt kein Fall nach Absatz 1 vor, fordert er von diesen Rehabilitationsträgern die für den Teilhabeplan nach § 19 erforderlichen Feststellungen unverzüglich an und berät diese nach § 19 trägerübergreifend. ²Die Feststellungen binden den leistenden Rehabilitationsträger bei seiner Entscheidung über den Antrag, wenn sie innerhalb von zwei Wochen nach Anforderung oder im Fall der Begutachtung innerhalb von zwei Wochen nach Vorliegen des Gutachtens beim leistenden Rehabilitationsträger eingegangen sind. ³Anderenfalls stellt der leistende Rehabilitationsträger den Rehabilitationsbedarf nach allen in Betracht kommenden Leistungsgesetzen umfassend fest.

(3) ¹Die Rehabilitationsträger bewilligen und erbringen die Leistungen nach den für sie jeweils geltenden Leistungsgesetzen im eigenen Namen, wenn im Teilhabeplan nach § 19 dokumentiert wurde, dass
1. die erforderlichen Feststellungen nach allen in Betracht kommenden Leistungsgesetzen von den zuständigen Rehabilitationsträgern getroffen wurden,
2. auf Grundlage des Teilhabeplans eine Leistungserbringung durch die nach den jeweiligen Leistungsgesetzen zuständigen Rehabilitationsträger sichergestellt ist und
3. die Leistungsberechtigten einer nach Zuständigkeiten getrennten Leistungsbewilligung und Leistungserbringung nicht aus wichtigem Grund widersprechen.

²Anderenfalls entscheidet der leistende Rehabilitationsträger über den Antrag in den Fällen nach Absatz 2 und erbringt die Leistungen im eigenen Namen.

(4) ¹In den Fällen der Beteiligung von Rehabilitationsträgern nach den Absätzen 1 bis 3 ist abweichend von § 14 Absatz 2 innerhalb von sechs Wochen nach Antragseingang zu entscheiden. ²Wird eine Teilhabeplankonferenz nach § 20 durchgeführt, ist innerhalb von zwei Monaten nach Antragseingang zu entscheiden. ³Die Antragsteller werden von dem leistenden Rehabilitationsträger über die Beteiligung von Rehabilitationsträgern sowie über die für die Entscheidung über den Antrag maßgeblichen Zuständigkeiten und Fristen unverzüglich unterrichtet.

§ 16 Erstattungsansprüche zwischen Rehabilitationsträgern

(1) Hat ein leistender Rehabilitationsträger nach § 14 Absatz 2 Satz 4 Leistungen erbracht, für die ein anderer Rehabilitationsträger insgesamt zuständig ist, erstattet der zuständige Rehabilitationsträger die Aufwendungen des leistenden Rehabilitationsträgers nach den für den leistenden Rehabilitationsträger geltenden Rechtsvorschriften.

(2) ¹Hat ein leistender Rehabilitationsträger nach § 15 Absatz 3 Satz 2 Leistungen im eigenen Namen erbracht, für die ein beteiligter Rehabilitationsträger zuständig ist, erstattet der beteiligte Rehabilitationsträger die Aufwendungen des leistenden Rehabilitationsträgers nach den Rechtsvorschriften, die den nach § 15 Absatz 2 eingeholten Feststellungen zugrunde liegen. ²Hat ein beteiligter Rehabilitationsträger die angeforderten Feststellungen nicht oder nicht rechtzeitig nach § 15 Absatz 2 beigebracht, erstattet der beteiligte Rehabilitationsträger die Aufwendungen des leistenden Rehabilitationsträgers nach den Rechtsvorschriften, die der Leistungsbewilligung zugrunde liegen.

(3) ¹Der Erstattungsanspruch nach den Absätzen 1 und 2 umfasst die nach den jeweiligen Leistungsgesetzen entstandenen Leistungsaufwendungen und eine Verwaltungskostenpauschale in Höhe von 5 Prozent der erstattungsfähigen Leistungsaufwendungen. ²Eine Erstattungspflicht nach Satz 1 besteht nicht, soweit Leistungen zu Unrecht von dem leistenden Rehabilitationsträger erbracht worden sind und er hierbei grob fahrlässig oder vorsätzlich gehandelt hat.

(4) ¹Für unzuständige Rehabilitationsträger ist § 105 des Zehnten Buches nicht anzuwenden, wenn sie eine Leistung erbracht haben,
1. ohne den Antrag an den zuständigen Rehabilitationsträger nach § 14 Absatz 1 Satz 2 weiterzuleiten oder
2. ohne einen weiteren zuständigen Rehabilitationsträger nach § 15 zu beteiligen,

es sei denn, die Rehabilitationsträger vereinbaren Abweichendes. ²Hat ein Rehabilitationsträger von der Weiterleitung des Antrages abgesehen, weil zum Zeitpunkt der Prüfung nach § 14 Absatz 1 Satz 3 Anhaltspunkte für eine Zuständigkeit auf Grund der Ursache der Behinderung bestanden haben, bleibt § 105 des Zehnten Buches unberührt.

(5) ¹Hat der leistende Rehabilitationsträger in den Fällen des § 18 Aufwendungen für selbstbeschaffte Leistungen nach dem Leistungsgesetz eines nach § 15 beteiligten Rehabilitationsträgers zu erstatten, kann er von dem beteiligten Rehabilitationsträger einen Ausgleich verlangen, soweit dieser durch die Erstattung nach § 18 Absatz 4 Satz 2 von seiner Leistungspflicht befreit wurde. ²Hat ein beteiligter Rehabilitationsträger den Eintritt der Erstattungspflicht für selbstbeschaffte Leistungen zu vertreten, umfasst der Ausgleich den gesamten Erstattungsbetrag abzüglich des Betrages, der sich aus der bei anderen Rehabilitationsträgern eingetretenen Leistungsbefreiung ergibt.

(6) Für den Erstattungsanspruch des Trägers der Eingliederungshilfe, der öffentlichen Jugendhilfe und der Kriegsopferfürsorge gilt § 108 Absatz 2 des Zehnten Buches entsprechend.

§ 17 Begutachtung

(1) ¹Ist für die Feststellung des Rehabilitationsbedarfs ein Gutachten erforderlich, beauftragt der leistende Rehabilitationsträger unverzüglich einen geeigneten Sachverständigen. ²Er benennt den Leistungsberechtigten in der Regel drei möglichst wohnortnahe Sachverständige, soweit nicht gesetzlich die Begutachtung durch einen sozialmedizinischen Dienst vorgesehen ist. ³Haben sich Leistungsberechtigte für einen benannten Sachverständigen entschieden, wird dem Wunsch Rechnung getragen.

(2) ¹Der Sachverständige nimmt eine umfassende sozialmedizinische, bei Bedarf auch psychologische Begutachtung vor und erstellt das Gutachten innerhalb von zwei Wochen nach Auftragserteilung. ²Das Gutachten soll den von den Rehabilitationsträgern vereinbarten einheitlichen Grundsätzen zur Durchführung von Begutachtungen nach § 25 Absatz 1 Nummer 4 entsprechen. ³Die in dem Gutachten getroffenen Feststellungen zum Rehabilitationsbedarf werden den Entscheidungen der Rehabilitationsträger zugrunde gelegt. ⁴Die gesetzlichen Aufgaben der Gesundheitsämter, des Medizinischen Dienstes der Krankenversicherung nach § 275 des Fünften Buches und die gutachterliche Beteiligung der Bundesagentur für Arbeit nach § 54 bleiben unberührt.

(3) ¹Hat der leistende Rehabilitationsträger nach § 15 weitere Rehabilitationsträger beteiligt, setzt er sich bei seiner Entscheidung über die Beauftragung eines geeigneten Sachverständigen mit den beteiligten Rehabilitationsträgern über Anlass, Ziel und Umfang der Begutachtung ins Benehmen. ²Die beteiligten Rehabilitationsträger informieren den leistenden Rehabilitationsträger unverzüglich über die Notwendigkeit der Einholung von Gutachten. ³Die in dem Gutachten getroffenen Feststellungen zum Rehabilitationsbedarf werden in den Teilhabeplan nach § 19 einbezogen. ⁴Absatz 2 Satz 3 gilt entsprechend.

(4) Die Rehabilitationsträger stellen sicher, dass sie Sachverständige beauftragen können, bei denen keine Zugangs- und Kommunikationsbarrieren bestehen.

§ 18 Erstattung selbstbeschaffter Leistungen

(1) Kann über den Antrag auf Leistungen zur Teilhabe nicht innerhalb einer Frist von zwei Monaten ab Antragseingang bei dem leistenden Rehabilitationsträger entschieden werden, teilt er den Leistungsberechtigten vor Ablauf der Frist die Gründe hierfür schriftlich mit (begründete Mitteilung).

(2) ¹In der begründeten Mitteilung ist auf den Tag genau zu bestimmen, bis wann über den Antrag entschieden wird. ²In der begründeten Mitteilung kann der leistende Rehabilitationsträger die Frist von zwei Monaten nach Absatz 1 nur in folgendem Umfang verlängern:
1. um bis zu zwei Wochen zur Beauftragung eines Sachverständigen für die Begutachtung infolge einer nachweislich beschränkten Verfügbarkeit geeigneter Sachverständiger,
2. um bis zu vier Wochen, soweit von dem Sachverständigen die Notwendigkeit für einen solchen Zeitraum der Begutachtung schriftlich bestätigt wurde und
3. für die Dauer einer fehlenden Mitwirkung der Leistungsberechtigten, wenn und soweit den Leistungsberechtigten nach § 66 Absatz 3 des Ersten Buches schriftlich eine angemessene Frist zur Mitwirkung gesetzt wurde.

(3) ¹Erfolgt keine begründete Mitteilung, gilt die beantragte Leistung nach Ablauf der Frist als genehmigt. ²Die beantragte Leistung gilt auch dann als genehmigt, wenn der in der Mitteilung bestimmte Zeitpunkt der Entscheidung über den Antrag ohne weitere begründete Mitteilung des Rehabilitationsträgers abgelaufen ist.

(4) ¹Beschaffen sich Leistungsberechtigte eine als genehmigt geltende Leistung selbst, ist der leistende Rehabilitationsträger zur Erstattung der Aufwendungen für selbstbeschaffte Leistungen verpflichtet. ²Mit der Erstattung gilt der Anspruch der Leistungsberechtigten auf die Erbringung der selbstbeschafften Leistungen zur Teilhabe als erfüllt. ³Der Erstattungsanspruch umfasst auch die Zahlung von Abschlägen im Umfang fälliger Zahlungsverpflichtungen für selbstbeschaffte Leistungen.

(5) Die Erstattungspflicht besteht nicht,
1. wenn und soweit kein Anspruch auf Bewilligung der selbstbeschafften Leistungen bestanden hätte und
2. die Leistungsberechtigten dies wussten oder infolge grober Außerachtlassung der allgemeinen Sorgfalt nicht wussten.

(6) ¹Konnte der Rehabilitationsträger eine unaufschiebbare Leistung nicht rechtzeitig erbringen oder hat er eine Leistung zu Unrecht abgelehnt und sind dadurch Leistungsberechtigten für die selbstbeschaffte Leistung Kosten entstanden, sind diese vom Rehabilitationsträger in der entstandenen Höhe zu erstatten, soweit die Leistung notwendig war. ²Der Anspruch auf Erstattung richtet sich gegen den Rehabilitationsträger, der zum Zeitpunkt der Selbstbeschaffung über den Antrag entschieden hat. ³Lag zum Zeitpunkt der Selbstbeschaffung noch keine Entscheidung vor, richtet sich der Anspruch gegen den leistenden Rehabilitationsträger.

(7) Die Absätze 1 bis 5 gelten nicht für die Träger der Eingliederungshilfe, der öffentlichen Jugendhilfe und der Kriegsopferfürsorge.

§ 19 Teilhabeplan

(1) ¹Soweit Leistungen verschiedener Leistungsgruppen oder mehrerer Rehabilitationsträger erforderlich sind, ist der leistende Rehabilitationsträger dafür verantwortlich, dass er und die nach § 15 beteiligten Rehabilitationsträger im Benehmen miteinander und in Abstimmung mit den Leistungsberechtigten die nach dem individuellen Bedarf voraussichtlich erforderlichen Leistungen hinsichtlich Ziel, Art und Umfang funktionsbezogen feststellen und schriftlich oder elektronisch so zusammenstellen, dass sie nahtlos ineinandergreifen. ²Soweit zum Zeitpunkt der Antragstellung nach § 14 Leistungen nach dem Zweiten Buch beantragt sind oder erbracht werden, beteiligt der leistende Rehabilitationsträger das zuständige Jobcenter wie in den Fällen nach Satz 1.

(2) ¹Der leistende Rehabilitationsträger erstellt in den Fällen nach Absatz 1 einen Teilhabeplan innerhalb der für die Entscheidung über den Antrag maßgeblichen Frist. ²Der Teilhabeplan dokumentiert
1. den Tag des Antragseingangs beim leistenden Rehabilitationsträger und das Ergebnis der Zuständigkeitsklärung und Beteiligung nach den §§ 14 und 15,
2. die Feststellungen über den individuellen Rehabilitationsbedarf auf Grundlage der Bedarfsermittlung nach § 13,
3. die zur individuellen Bedarfsermittlung nach § 13 eingesetzten Instrumente,
4. die gutachterliche Stellungnahme der Bundesagentur für Arbeit nach § 54,
5. die Einbeziehung von Diensten und Einrichtungen bei der Leistungserbringung,
6. erreichbare und überprüfbare Teilhabeziele und deren Fortschreibung,

7. die Berücksichtigung des Wunsch- und Wahlrechts nach § 8, insbesondere im Hinblick auf die Ausführung von Leistungen durch ein Persönliches Budget,
8. die Dokumentation der einvernehmlichen, umfassenden und trägerübergreifenden Feststellung des Rehabilitationsbedarfs in den Fällen nach § 15 Absatz 3 Satz 1,
9. die Ergebnisse der Teilhabeplankonferenz nach § 20,
10. die Erkenntnisse aus den Mitteilungen der nach § 22 einbezogenen anderen öffentlichen Stellen,
11. die besonderen Belange pflegender Angehöriger bei der Erbringung von Leistungen der medizinischen Rehabilitation und
12. die Leistungen zur Eingliederung in Arbeit nach dem Zweiten Buch, soweit das Jobcenter nach Absatz 1 Satz 2 zu beteiligen ist.

[3]Wenn Leistungsberechtigte die Erstellung eines Teilhabeplans wünschen und die Voraussetzungen nach Absatz 1 nicht vorliegen, ist Satz 2 entsprechend anzuwenden.
(3) [1]Der Teilhabeplan wird entsprechend dem Verlauf der Rehabilitation angepasst und darauf ausgerichtet, den Leistungsberechtigten unter Berücksichtigung der Besonderheiten des Einzelfalles eine umfassende Teilhabe am Leben in der Gesellschaft zügig, wirksam, wirtschaftlich und auf Dauer zu ermöglichen. [2]Dabei sichert der leistende Rehabilitationsträger durchgehend das Verfahren. [3]Die Leistungsberechtigten können von dem leistenden Rehabilitationsträger Einsicht in den Teilhabeplan oder die Erteilung von Ablichtungen nach § 25 des Zehnten Buches verlangen.
(4) [1]Die Rehabilitationsträger legen den Teilhabeplan bei der Entscheidung über den Antrag zugrunde. [2]Die Begründung der Entscheidung über die beantragten Leistungen nach § 35 des Zehnten Buches soll erkennen lassen, inwieweit die im Teilhabeplan enthaltenen Feststellungen bei der Entscheidung berücksichtigt wurden.
(5) [1]Ein nach § 15 beteiligter Rehabilitationsträger kann das Verfahren nach den Absätzen 1 bis 3 anstelle des leistenden Rehabilitationsträgers durchführen, wenn die Rehabilitationsträger dies in Abstimmung mit den Leistungsberechtigten vereinbaren. [2]Die Vorschriften über die Leistungsverantwortung der Rehabilitationsträger nach den §§ 14 und 15 bleiben hiervon unberührt.
(6) Setzen unterhaltssichernde Leistungen den Erhalt von anderen Leistungen zur Teilhabe voraus, gelten die Leistungen im Verhältnis zueinander nicht als Leistungen verschiedener Leistungsgruppen im Sinne von Absatz 1.

§ 20 Teilhabeplankonferenz

(1) [1]Mit Zustimmung der Leistungsberechtigten kann der für die Durchführung des Teilhabeplanverfahrens nach § 19 verantwortliche Rehabilitationsträger zur gemeinsamen Beratung der Feststellungen zum Rehabilitationsbedarf eine Teilhabeplankonferenz durchführen. [2]Die Leistungsberechtigten, die beteiligten Rehabilitationsträger und die Jobcenter können dem nach § 19 verantwortlichen Rehabilitationsträger die Durchführung einer Teilhabeplankonferenz vorschlagen. [3]Von dem Vorschlag auf Durchführung einer Teilhabeplankonferenz kann nur abgewichen werden, wenn eine Einwilligung nach § 23 Absatz 2 nicht erteilt wurde oder Einvernehmen der beteiligten Leistungsträger besteht, dass
1. der zur Feststellung des Rehabilitationsbedarfs maßgebliche Sachverhalt schriftlich ermittelt werden kann oder
2. der Aufwand zur Durchführung nicht in einem angemessenen Verhältnis zum Umfang der beantragten Leistung steht.

(2) [1]Wird von dem Vorschlag der Leistungsberechtigten auf Durchführung einer Teilhabeplankonferenz abgewichen, sind die Leistungsberechtigten über die dafür maßgeblichen Gründe zu informieren und hierzu anzuhören. [2]Von dem Vorschlag der Leistungsberechtigten auf Durchführung einer Teilhabeplankonferenz kann nicht abgewichen werden, wenn Leistungen an Mütter und Väter mit Behinderungen bei der Versorgung und Betreuung ihrer Kinder beantragt wurden.
(3) [1]An der Teilhabeplankonferenz nehmen Beteiligte nach § 12 des Zehnten Buches sowie auf Wunsch der Leistungsberechtigten die Bevollmächtigten und Beistände nach § 13 des Zehnten Buches sowie sonstige Vertrauenspersonen teil. [2]Auf Wunsch oder mit Zustimmung der Leistungsberechtigten können Rehabilitationsdienste und Rehabilitationseinrichtungen sowie sonstige beteiligte Leistungserbringer an der Teilhabeplankonferenz teilnehmen. [3]Vor der Durchführung einer Teilhabeplankonferenz sollen die Leistungsberechtigten auf die Angebote der ergänzenden unabhängigen Teilhabeberatung nach § 32 besonders hingewiesen werden.
(4) Wird eine Teilhabeplankonferenz nach Absatz 1 auf Wunsch und mit Zustimmung der Leistungsberechtigten eingeleitet, richtet sich die Frist zur Entscheidung über den Antrag nach § 15 Absatz 4.

§ 21 Besondere Anforderungen an das Teilhabeplanverfahren

¹Ist der Träger der Eingliederungshilfe der für die Durchführung des Teilhabeplanverfahrens verantwortliche Rehabilitationsträger, gelten für ihn die Vorschriften für die Gesamtplanung ergänzend; dabei ist das Gesamtplanverfahren ein Gegenstand des Teilhabeplanverfahrens. ²Ist der Träger der öffentlichen Jugendhilfe der für die Durchführung des Teilhabeplans verantwortliche Rehabilitationsträger, gelten für ihn die Vorschriften für den Hilfeplan nach den § 36, 36b und 37c des Achten Buches ergänzend.

§ 22 Einbeziehung anderer öffentlicher Stellen

(1) Der für die Durchführung des Teilhabeplanverfahrens verantwortliche Rehabilitationsträger bezieht unter Berücksichtigung der Interessen der Leistungsberechtigten andere öffentliche Stellen in die Erstellung des Teilhabeplans in geeigneter Art und Weise ein, soweit dies zur Feststellung des Rehabilitationsbedarfs erforderlich ist.

(2) ¹Bestehen im Einzelfall Anhaltspunkte für eine Pflegebedürftigkeit nach dem Elften Buch, wird die zuständige Pflegekasse mit Zustimmung des Leistungsberechtigten vom für die Durchführung des Teilhabeplanverfahrens verantwortlichen Rehabilitationsträger informiert und muss am Teilhabeplanverfahren beratend teilnehmen, soweit dies für den Rehabilitationsträger zur Feststellung des Rehabilitationsbedarfs erforderlich und nach den für die zuständige Pflegekasse geltenden Grundsätzen der Datenverwendung zulässig ist. ²Die §§ 18a und 31 des Elften Buches bleiben unberührt.

(3) ¹Die Integrationsämter sind bei der Durchführung des Teilhabeplanverfahrens zu beteiligen, soweit sie Leistungen für schwerbehinderte Menschen nach Teil 3 erbringen. ²Das zuständige Integrationsamt kann das Teilhabeplanverfahren nach § 19 Absatz 5 anstelle des leistenden Rehabilitationsträgers durchführen, wenn die Rehabilitationsträger und das Integrationsamt sowie das nach § 19 Absatz 1 Satz 2 zu beteiligende Jobcenter dies in Abstimmung mit den Leistungsberechtigten vereinbaren.

(4) Bestehen im Einzelfall Anhaltspunkte für einen Betreuungsbedarf nach § 1896 Absatz 1 des Bürgerlichen Gesetzbuches, informiert der für die Durchführung des Teilhabeplanverfahrens verantwortliche Rehabilitationsträger mit Zustimmung des Leistungsberechtigten die zuständige Betreuungsbehörde über die Erstellung des Teilhabeplans, soweit dies zur Vermittlung anderer Hilfen, bei denen kein Betreuer bestellt wird, erforderlich ist.

§ 23 Verantwortliche Stelle für den Sozialdatenschutz

(1) Der für die Durchführung des Teilhabeplanverfahrens verantwortliche Rehabilitationsträger ist bei der Erstellung des Teilhabeplans und bei der Durchführung der Teilhabeplankonferenz Verantwortlicher für die Verarbeitung von Sozialdaten nach § 67 Absatz 4 des Zehnten Buches sowie Stelle im Sinne von § 35 Absatz 1 des Ersten Buches.

(2) ¹Vor Durchführung einer Teilhabeplankonferenz hat der nach Absatz 1 Verantwortliche die Einwilligung der Leistungsberechtigten im Sinne von § 67b Absatz 2 des Zehnten Buches einzuholen, wenn und soweit anzunehmen ist, dass im Rahmen der Teilhabeplankonferenz Sozialdaten verarbeitet werden, deren Erforderlichkeit für die Erstellung des Teilhabeplans zum Zeitpunkt der Durchführung der Teilhabeplankonferenz nicht abschließend bewertet werden kann. ²Nach Durchführung der Teilhabeplankonferenz ist die Speicherung, Veränderung, Nutzung, Übermittlung oder Einschränkung der Verarbeitung von Sozialdaten im Sinne von Satz 1 nur zulässig, soweit dies für die Erstellung des Teilhabeplans erforderlich ist.

(3) Die datenschutzrechtlichen Vorschriften des Ersten und des Zehnten Buches sowie der jeweiligen Leistungsgesetze der Rehabilitationsträger bleiben bei der Zuständigkeitsklärung und bei der Erstellung des Teilhabeplans unberührt.

§ 24 Vorläufige Leistungen

¹Die Bestimmungen dieses Kapitels lassen die Verpflichtung der Rehabilitationsträger zur Erbringung vorläufiger Leistungen nach den für sie jeweils geltenden Leistungsgesetzen unberührt. ²Vorläufig erbrachte Leistungen binden die Rehabilitationsträger nicht bei der Feststellung des Rehabilitationsbedarfs nach diesem Kapitel. ³Werden Leistungen zur Teilhabe beantragt, ist § 43 des Ersten Buches nicht anzuwenden.

Kapitel 5
Zusammenarbeit

§ 25 Zusammenarbeit der Rehabilitationsträger

(1) Im Rahmen der durch Gesetz, Rechtsverordnung oder allgemeine Verwaltungsvorschrift getroffenen Regelungen sind die Rehabilitationsträger verantwortlich, dass
1. die im Einzelfall erforderlichen Leistungen zur Teilhabe nahtlos, zügig sowie nach Gegenstand, Umfang und Ausführung einheitlich erbracht werden,
2. Abgrenzungsfragen einvernehmlich geklärt werden,
3. Beratung entsprechend den in den §§ 1 und 4 genannten Zielen geleistet wird,
4. Begutachtungen möglichst nach einheitlichen Grundsätzen durchgeführt werden,
5. Prävention entsprechend dem in § 3 Absatz 1 genannten Ziel geleistet wird sowie
6. die Rehabilitationsträger im Fall eines Zuständigkeitsübergangs rechtzeitig eingebunden werden.

(2) ¹Die Rehabilitationsträger und ihre Verbände sollen zur gemeinsamen Wahrnehmung von Aufgaben zur Teilhabe von Menschen mit Behinderungen insbesondere regionale Arbeitsgemeinschaften bilden. ²§ 88 Absatz 1 Satz 1 und Absatz 2 des Zehnten Buches gilt entsprechend.

§ 26 Gemeinsame Empfehlungen

(1) Die Rehabilitationsträger nach § 6 Absatz 1 Nummer 1 bis 5 vereinbaren zur Sicherung der Zusammenarbeit nach § 25 Absatz 1 gemeinsame Empfehlungen.
(2) Die Rehabilitationsträger nach § 6 Absatz 1 Nummer 1 bis 5 vereinbaren darüber hinaus gemeinsame Empfehlungen,
1. welche Maßnahmen nach § 3 geeignet sind, um den Eintritt einer Behinderung zu vermeiden,
2. in welchen Fällen und in welcher Weise rehabilitationsbedürftigen Menschen notwendige Leistungen zur Teilhabe angeboten werden, insbesondere, um eine durch eine Chronifizierung von Erkrankungen bedingte Behinderung zu verhindern,
3. über die einheitliche Ausgestaltung des Teilhabeplanverfahrens,
4. in welcher Weise die Bundesagentur für Arbeit nach § 54 zu beteiligen ist,
5. wie Leistungen zur Teilhabe nach den §§ 14 und 15 koordiniert werden,
6. in welcher Weise und in welchem Umfang Selbsthilfegruppen, -organisationen und -kontaktstellen, die sich die Prävention, Rehabilitation, Früherkennung und Bewältigung von Krankheiten und Behinderungen zum Ziel gesetzt haben, gefördert werden,
7. für Grundsätze der Instrumente zur Ermittlung des Rehabilitationsbedarfs nach § 13,
8. in welchen Fällen und in welcher Weise der behandelnde Hausarzt oder Facharzt und der Betriebs- oder Werksarzt in die Einleitung und Ausführung von Leistungen zur Teilhabe einzubinden sind,
9. zu einem Informationsaustausch mit Beschäftigten mit Behinderungen, Arbeitgebern und den in § 166 genannten Vertretungen zur möglichst frühzeitigen Erkennung des individuellen Bedarfs voraussichtlich erforderlicher Leistungen zur Teilhabe sowie
10. über ihre Zusammenarbeit mit Sozialdiensten und vergleichbaren Stellen.
(3) Bestehen für einen Rehabilitationsträger Rahmenempfehlungen auf Grund gesetzlicher Vorschriften und soll bei den gemeinsamen Empfehlungen von diesen abgewichen werden oder sollen die gemeinsamen Empfehlungen Gegenstände betreffen, die nach den gesetzlichen Vorschriften Gegenstand solcher Rahmenempfehlungen werden sollen, stellt der Rehabilitationsträger das Einvernehmen mit den jeweiligen Partnern der Rahmenempfehlungen sicher.
(4) ¹Die Träger der Renten-, Kranken- und Unfallversicherung können sich bei der Vereinbarung der gemeinsamen Empfehlungen durch ihre Spitzenverbände vertreten lassen. ²Der Spitzenverband Bund der Krankenkassen schließt die gemeinsamen Empfehlungen auch als Spitzenverband Bund der Pflegekassen ab, soweit die Aufgaben der Pflegekassen von den gemeinsamen Empfehlungen berührt sind.
(5) ¹An der Vorbereitung der gemeinsamen Empfehlungen werden die Träger der Eingliederungshilfe und der öffentlichen Jugendhilfe über die Bundesvereinigung der Kommunalen Spitzenverbände, die Bundesarbeitsgemeinschaft der überörtlichen Träger der Sozialhilfe, die Bundesarbeitsgemeinschaft der Landesjugendämter sowie die Integrationsämter in Bezug auf Leistungen und sonstige Hilfen für schwerbehinderte Menschen nach Teil 3 über die Bundesarbeitsgemeinschaft der Integrationsämter und Hauptfürsorgestellen beteiligt. ²Die Träger der Eingliederungshilfe und der öffentlichen Jugendhilfe orientieren sich bei der Wahrnehmung ihrer Aufgaben nach diesem Buch an den vereinbarten Empfehlungen oder können diesen beitreten.

(6) ¹Die Verbände von Menschen mit Behinderungen einschließlich der Verbände der Freien Wohlfahrtspflege, der Selbsthilfegruppen und der Interessenvertretungen von Frauen mit Behinderungen sowie die für die Wahrnehmung der Interessen der ambulanten und stationären Rehabilitationseinrichtungen auf Bundesebene maßgeblichen Spitzenverbände werden an der Vorbereitung der gemeinsamen Empfehlungen beteiligt. ²Ihren Anliegen wird bei der Ausgestaltung der Empfehlungen nach Möglichkeit Rechnung getragen. ³Die Empfehlungen berücksichtigen auch die besonderen Bedürfnisse von Frauen und Kindern mit Behinderungen oder von Behinderung bedrohter Frauen und Kinder.

(7) ¹Die beteiligten Rehabilitationsträger vereinbaren die gemeinsamen Empfehlungen im Rahmen der Bundesarbeitsgemeinschaft für Rehabilitation im Benehmen mit dem Bundesministerium für Arbeit und Soziales und den Ländern auf der Grundlage eines von ihnen innerhalb der Bundesarbeitsgemeinschaft vorbereiteten Vorschlags. ²Der oder die Bundesbeauftragte für den Datenschutz und die Informationsfreiheit wird beteiligt. ³Hat das Bundesministerium für Arbeit und Soziales zu einem Vorschlag aufgefordert, legt die Bundesarbeitsgemeinschaft für Rehabilitation den Vorschlag innerhalb von sechs Monaten vor. ⁴Dem Vorschlag wird gefolgt, wenn ihm berechtigte Interessen eines Rehabilitationsträgers nicht entgegenstehen. ⁵Einwände nach Satz 4 sind innerhalb von vier Wochen nach Vorlage des Vorschlags auszuräumen.

(8) ¹Die Rehabilitationsträger teilen der Bundesarbeitsgemeinschaft für Rehabilitation alle zwei Jahre ihre Erfahrungen mit den gemeinsamen Empfehlungen mit, die Träger der Renten-, Kranken- und Unfallversicherung über ihre Spitzenverbände. ²Die Bundesarbeitsgemeinschaft für Rehabilitation stellt dem Bundesministerium für Arbeit und Soziales und den Ländern eine Zusammenfassung zur Verfügung.

(9) Die gemeinsamen Empfehlungen können durch die regional zuständigen Rehabilitationsträger konkretisiert werden.

§ 27 Verordnungsermächtigung

¹Vereinbaren die Rehabilitationsträger nicht innerhalb von sechs Monaten, nachdem das Bundesministerium für Arbeit und Soziales sie dazu aufgefordert hat, gemeinsame Empfehlungen nach § 26 oder ändern sie unzureichend gewordene Empfehlungen nicht innerhalb dieser Frist, kann das Bundesministerium für Arbeit und Soziales mit dem Ziel der Vereinheitlichung des Verwaltungsvollzugs in dem Anwendungsbereich der §§ 25 und 26 Regelungen durch Rechtsverordnung mit Zustimmung des Bundesrates erlassen. ²Richten sich die Regelungen nur an Rehabilitationsträger, die nicht der Landesaufsicht unterliegen, wird die Rechtsverordnung ohne Zustimmung des Bundesrates erlassen. ³Soweit sich die Regelungen an die Rehabilitationsträger nach § 6 Absatz 1 Nummer 1 richten, erlässt das Bundesministerium für Arbeit und Soziales die Rechtsverordnung im Einvernehmen mit dem Bundesministerium für Gesundheit.

Kapitel 6
Leistungsformen, Beratung

Abschnitt 1
Leistungsformen

§ 28 Ausführung von Leistungen

(1) ¹Der zuständige Rehabilitationsträger kann Leistungen zur Teilhabe
1. allein oder gemeinsam mit anderen Leistungsträgern,
2. durch andere Leistungsträger oder
3. unter Inanspruchnahme von geeigneten, insbesondere auch freien und gemeinnützigen oder privaten Rehabilitationsdiensten und -einrichtungen nach § 36

ausführen. ²Der zuständige Rehabilitationsträger bleibt für die Ausführung der Leistungen verantwortlich. ³Satz 1 gilt insbesondere dann, wenn der Rehabilitationsträger die Leistung dadurch wirksamer oder wirtschaftlicher erbringen kann.

(2) Die Leistungen werden dem Verlauf der Rehabilitation angepasst und sind darauf ausgerichtet, den Leistungsberechtigten unter Berücksichtigung der Besonderheiten des Einzelfalles zügig, wirksam, wirtschaftlich und auf Dauer eine den Zielen der §§ 1 und 4 Absatz 1 entsprechende umfassende Teilhabe am Leben in der Gesellschaft zu ermöglichen.

§ 29 Persönliches Budget

(1) ¹Auf Antrag der Leistungsberechtigten werden Leistungen zur Teilhabe durch die Leistungsform eines Persönlichen Budgets ausgeführt, um den Leistungsberechtigten in eigener Verantwortung ein

möglichst selbstbestimmtes Leben zu ermöglichen. ²Bei der Ausführung des Persönlichen Budgets sind nach Maßgabe des individuell festgestellten Bedarfs die Rehabilitationsträger, die Pflegekassen und die Integrationsämter beteiligt. ³Das Persönliche Budget wird von den beteiligten Leistungsträgern trägerübergreifend als Komplexleistung erbracht. ⁴Das Persönliche Budget kann auch nicht trägerübergreifend von einem einzelnen Leistungsträger erbracht werden. ⁵Budgetfähig sind auch die neben den Leistungen nach Satz 1 erforderlichen Leistungen der Krankenkassen und der Pflegekassen, Leistungen der Träger der Unfallversicherung bei Pflegebedürftigkeit sowie Hilfe zur Pflege der Sozialhilfe, die sich auf alltägliche und regelmäßig wiederkehrende Bedarfe beziehen und als Geldleistungen oder durch Gutscheine erbracht werden können. ⁶An die Entscheidung sind die Leistungsberechtigten für die Dauer von sechs Monaten gebunden.

(2) ¹Persönliche Budgets werden in der Regel als Geldleistung ausgeführt, bei laufenden Leistungen monatlich. ²In begründeten Fällen sind Gutscheine auszugeben. ³Mit der Auszahlung oder der Ausgabe von Gutscheinen an die Leistungsberechtigten gilt deren Anspruch gegen die beteiligten Leistungsträger insoweit als erfüllt. ⁴Das Bedarfsermittlungsverfahren für laufende Leistungen wird in der Regel im Abstand von zwei Jahren wiederholt. ⁵In begründeten Fällen kann davon abgewichen werden. ⁶Persönliche Budgets werden auf der Grundlage der nach Kapitel 4 getroffenen Feststellungen so bemessen, dass der individuell festgestellte Bedarf gedeckt wird und die erforderliche Beratung und Unterstützung erfolgen kann. ⁷Dabei soll die Höhe des Persönlichen Budgets die Kosten aller bisher individuell festgestellten Leistungen nicht überschreiten, die ohne das Persönliche Budget zu erbringen sind. ⁸§ 35a des Elften Buches bleibt unberührt.

(3) ¹Werden Leistungen zur Teilhabe in der Leistungsform des Persönlichen Budgets beantragt, ist der nach § 14 leistende Rehabilitationsträger für die Durchführung des Verfahrens zuständig. ²Satz 1 findet entsprechend Anwendung auf die Pflegekassen und die Integrationsämter. ³Enthält das Persönliche Budget Leistungen, für die der Leistungsträger nach den Sätzen 1 und 2 nicht Leistungsträger nach § 6 Absatz 1 sein kann, leitet er den Antrag insoweit unverzüglich dem nach seiner Auffassung zuständigen Leistungsträger nach § 15 zu.

(4) ¹Der Leistungsträger nach Absatz 3 und die Leistungsberechtigten schließen zur Umsetzung des Persönlichen Budgets eine Zielvereinbarung ab. ²Sie enthält mindestens Regelungen über
1. die Ausrichtung der individuellen Förder- und Leistungsziele,
2. die Erforderlichkeit eines Nachweises zur Deckung des festgestellten individuellen Bedarfs,
3. die Qualitätssicherung sowie
4. die Höhe der Teil- und des Gesamtbudgets.

³Satz 1 findet keine Anwendung, wenn allein Pflegekassen Leistungsträger nach Absatz 3 sind und sie das Persönliche Budget nach Absatz 1 Satz 4 erbringen. ⁴Die Beteiligten, die die Zielvereinbarung abgeschlossen haben, können diese aus wichtigem Grund mit sofortiger Wirkung schriftlich kündigen, wenn ihnen die Fortsetzung der Vereinbarung nicht zumutbar ist. ⁵Ein wichtiger Grund kann für die Leistungsberechtigten insbesondere in der persönlichen Lebenssituation liegen. ⁶Für den Leistungsträger kann ein wichtiger Grund dann vorliegen, wenn die Leistungsberechtigten die Vereinbarung, insbesondere hinsichtlich des Nachweises zur Bedarfsdeckung und der Qualitätssicherung nicht einhalten. ⁷Im Fall der Kündigung der Zielvereinbarung wird der Verwaltungsakt aufgehoben. ⁸Die Zielvereinbarung wird im Rahmen des Bedarfsermittlungsverfahrens für die Dauer des Bewilligungszeitraumes der Leistungen in Form des Persönlichen Budgets abgeschlossen.

§ 30 Verordnungsermächtigung

Das Bundesministerium für Arbeit und Soziales wird ermächtigt, im Einvernehmen mit dem Bundesministerium für Gesundheit durch Rechtsverordnung mit Zustimmung des Bundesrates Näheres zum Inhalt und zur Ausführung des Persönlichen Budgets, zum Verfahren sowie zur Zuständigkeit bei Beteiligung mehrerer Rehabilitationsträger zu regeln.

§ 31 Leistungsort

¹Sach- und Dienstleistungen können auch im Ausland erbracht werden, wenn sie dort bei zumindest gleicher Qualität und Wirksamkeit wirtschaftlicher ausgeführt werden können. ²Leistungen zur Teilhabe am Arbeitsleben können im grenznahen Ausland auch ausgeführt werden, wenn sie für die Aufnahme oder Ausübung einer Beschäftigung oder selbständigen Tätigkeit erforderlich sind.

Abschnitt 2
Beratung

§ 32 Ergänzende unabhängige Teilhabeberatung; Verordnungsermächtigung

(1) ¹Zur Stärkung der Selbstbestimmung von Menschen mit Behinderungen und von Behinderung bedrohter Menschen fördert das Bundesministerium für Arbeit und Soziales eine von Leistungsträgern und Leistungserbringern unabhängige ergänzende Beratung als niedrigschwelliges Angebot, das bereits im Vorfeld der Beantragung konkreter Leistungen zur Verfügung steht. ²Dieses Angebot besteht neben dem Anspruch auf Beratung durch die Rehabilitationsträger.
(2) ¹Das ergänzende Angebot erstreckt sich auf die Information und Beratung über Rehabilitations- und Teilhabeleistungen nach diesem Buch. ²Die Rehabilitationsträger informieren im Rahmen der vorhandenen Beratungsstrukturen und ihrer Beratungspflicht über dieses ergänzende Angebot.
(3) Bei der Förderung von Beratungsangeboten ist die von Leistungsträgern und Leistungserbringern unabhängige ergänzende Beratung von Betroffenen für Betroffene besonders zu berücksichtigen.
(4) ¹Das Bundesministerium für Arbeit und Soziales erlässt eine Förderrichtlinie, nach deren Maßgabe die Dienste gefördert werden können, welche ein unabhängiges ergänzendes Beratungsangebot anbieten. ²Das Bundesministerium für Arbeit und Soziales entscheidet im Benehmen mit der zuständigen obersten Landesbehörde über diese Förderung.
(5) ¹Die Förderung erfolgt aus Bundesmitteln und ist bis zum 31. Dezember 2022 befristet. ²Die Bundesregierung berichtet den gesetzgebenden Körperschaften des Bundes bis zum 30. Juni 2021 über die Einführung und Inanspruchnahme der ergänzenden unabhängigen Teilhabeberatung.
(6) ¹Die Bundesmittel für die Zuschüsse werden ab dem Jahr 2023 auf 65 Millionen Euro festgesetzt. ²Aus den Bundesmitteln sind insbesondere auch die Aufwendungen zu finanzieren, die für die Administration, die Vernetzung, die Qualitätssicherung und die Öffentlichkeitsarbeit der Beratungsangebote notwendig sind.
(7) ¹Zuständige Behörde für die Umsetzung der ergänzenden unabhängigen Teilhabeberatung ist das Bundesministerium für Arbeit und Soziales. ²Es kann diese Aufgaben Dritten übertragen. ³Die Auswahl aus dem Kreis der Antragsteller erfolgt durch das Bundesministerium für Arbeit und Soziales im Benehmen mit den zuständigen obersten Landesbehörden. ⁴Das Bundesministerium für Arbeit und Soziales erlässt eine Rechtsverordnung ohne Zustimmung des Bundesrates, um die ergänzende unabhängige Teilhabeberatung nach dem Jahr 2022 auszugestalten und umzusetzen.

§ 33 Pflichten der Personensorgeberechtigten

Eltern, Vormünder, Pfleger und Betreuer, die bei den ihnen anvertrauten Personen Beeinträchtigungen (§ 2 Absatz 1) wahrnehmen oder durch die in § 34 genannten Personen hierauf hingewiesen werden, sollen im Rahmen ihres Erziehungs- oder Betreuungsauftrags diese Personen einer Beratungsstelle nach § 32 oder einer sonstigen Beratungsstelle für Rehabilitation zur Beratung über die geeigneten Leistungen zur Teilhabe vorstellen.

§ 34 Sicherung der Beratung von Menschen mit Behinderungen

(1) ¹Die Beratung durch Ärzte, denen eine Person nach § 33 vorgestellt wird, erstreckt sich auf geeignete Leistungen zur Teilhabe. ²Dabei weisen sie auf die Möglichkeit der Beratung durch die Beratungsstellen der Rehabilitationsträger hin und informieren über wohnortnahe Angebote zur Beratung nach § 32. ³Werdende Eltern werden außerdem auf den Beratungsanspruch bei den Schwangerschaftsberatungsstellen hingewiesen.
(2) Nehmen Hebammen, Entbindungspfleger, medizinisches Personal außer Ärzten, Lehrer, Sozialarbeiter, Jugendleiter und Erzieher bei der Ausübung ihres Berufs Behinderungen wahr, weisen sie die Personensorgeberechtigten auf die Behinderung und auf entsprechende Beratungsangebote nach § 32 hin.
(3) Nehmen medizinisches Personal außer Ärzten und Sozialarbeiter bei der Ausübung ihres Berufs Behinderungen bei volljährigen Personen wahr, empfehlen sie diesen Personen oder ihren bestellten Betreuern, eine Beratungsstelle für Rehabilitation oder eine ärztliche Beratung über geeignete Leistungen zur Teilhabe aufzusuchen.

§ 35 Landesärzte

(1) In den Ländern können Landesärzte bestellt werden, die über besondere Erfahrungen in der Hilfe für Menschen mit Behinderungen und von Behinderung bedrohte Menschen verfügen.
(2) Die Landesärzte haben insbesondere folgende Aufgaben:

1. Gutachten für die Landesbehörden, die für das Gesundheitswesen, die Sozialhilfe und Eingliederungshilfe zuständig sind, sowie für die zuständigen Träger der Sozialhilfeund Eingliederungshilfe in besonders schwierig gelagerten Einzelfällen oder in Fällen von grundsätzlicher Bedeutung zu erstatten,
2. die für das Gesundheitswesen zuständigen obersten Landesbehörden beim Erstellen von Konzeptionen, Situations- und Bedarfsanalysen und bei der Landesplanung zur Teilhabe von Menschen mit Behinderungen und von Behinderung bedrohter Menschen zu beraten und zu unterstützen sowie selbst entsprechende Initiativen zu ergreifen und
3. die für das Gesundheitswesen zuständigen Landesbehörden über Art und Ursachen von Behinderungen und notwendige Hilfen sowie über den Erfolg von Leistungen zur Teilhabe von Menschen mit Behinderungen und von Behinderung bedrohter Menschen regelmäßig zu unterrichten.

Kapitel 7
Struktur, Qualitätssicherung, Gewaltschutz und Verträge

§ 36 Rehabilitationsdienste und -einrichtungen

(1) [1]Die Rehabilitationsträger wirken gemeinsam unter Beteiligung der Bundesregierung und der Landesregierungen darauf hin, dass die fachlich und regional erforderlichen Rehabilitationsdienste und -einrichtungen in ausreichender Anzahl und Qualität zur Verfügung stehen. [2]Dabei achten die Rehabilitationsträger darauf, dass für eine ausreichende Anzahl von Rehabilitationsdiensten und -einrichtungen keine Zugangs- und Kommunikationsbarrieren bestehen. [3]Die Verbände von Menschen mit Behinderungen einschließlich der Verbände der Freien Wohlfahrtspflege, der Selbsthilfegruppen und der Interessenvertretungen von Frauen mit Behinderungen sowie die für die Wahrnehmung der Interessen der ambulanten und stationären Rehabilitationseinrichtungen auf Bundesebene maßgeblichen Spitzenverbände werden beteiligt.
(2) [1]Nehmen Rehabilitationsträger zur Ausführung von Leistungen Rehabilitationsdienste und -einrichtungen in Anspruch, erfolgt die Auswahl danach, wer die Leistung in der am besten geeigneten Form ausführt. [2]Dabei werden Rehabilitationsdienste und -einrichtungen freier oder gemeinnütziger Träger entsprechend ihrer Bedeutung für die Rehabilitation und Teilhabe von Menschen mit Behinderungen berücksichtigt und die Vielfalt der Träger gewahrt sowie deren Selbständigkeit, Selbstverständnis und Unabhängigkeit beachtet. [3]§ 51 Absatz 1 Satz 2 Nummer 4 ist anzuwenden.
(3) Rehabilitationsträger können nach den für sie geltenden Rechtsvorschriften Rehabilitationsdienste oder -einrichtungen fördern, wenn dies zweckmäßig ist und die Arbeit dieser Dienste oder Einrichtungen in anderer Weise nicht sichergestellt werden kann.
(4) Rehabilitationsdienste und -einrichtungen mit gleicher Aufgabenstellung sollen Arbeitsgemeinschaften bilden.

§ 37 Qualitätssicherung, Zertifizierung

(1) [1]Die Rehabilitationsträger nach § 6 Absatz 1 Nummer 1 bis 5 vereinbaren gemeinsame Empfehlungen zur Sicherung und Weiterentwicklung der Qualität der Leistungen, insbesondere zur barrierefreien Leistungserbringung, sowie für die Durchführung vergleichender Qualitätsanalysen als Grundlage für ein effektives Qualitätsmanagement der Leistungserbringer. [2]§ 26 Absatz 4 ist entsprechend anzuwenden. [3]Die Rehabilitationsträger nach § 6 Absatz 1 Nummer 6 und 7 können den Empfehlungen beitreten.
(2) [1]Die Erbringer von Leistungen stellen ein Qualitätsmanagement sicher, das durch zielgerichtete und systematische Verfahren und Maßnahmen die Qualität der Versorgung gewährleistet und kontinuierlich verbessert. [2]Stationäre Rehabilitationseinrichtungen haben sich an dem Zertifizierungsverfahren nach Absatz 3 zu beteiligen.
(3) [1]Die Spitzenverbände der Rehabilitationsträger nach § 6 Absatz 1 Nummer 1 und 3 bis 5 vereinbaren im Rahmen der Bundesarbeitsgemeinschaft für Rehabilitation grundsätzliche Anforderungen an ein einrichtungsinternes Qualitätsmanagement nach Absatz 2 Satz 1 sowie ein einheitliches, unabhängiges Zertifizierungsverfahren, mit dem die erfolgreiche Umsetzung des Qualitätsmanagements in regelmäßigen Abständen nachgewiesen wird. [2]Den für die Wahrnehmung der Interessen der stationären Rehabilitationseinrichtungen auf Bundesebene maßgeblichen Spitzenverbänden sowie den Verbänden von Menschen mit Behinderungen einschließlich der Verbände der Freien Wohlfahrtspflege, der Selbsthilfegruppen und der Interessenvertretungen von Frauen mit Behinderungen ist Gelegenheit zur Stellung-

nahme zu geben. ³Stationäre Rehabilitationseinrichtungen sind nur dann als geeignet anzusehen, wenn sie zertifiziert sind.
(4) Die Rehabilitationsträger können mit den Einrichtungen, die für sie Leistungen erbringen, über Absatz 1 hinausgehende Anforderungen an die Qualität und das Qualitätsmanagement vereinbaren.
(5) In Rehabilitationseinrichtungen mit Vertretungen der Menschen mit Behinderungen sind die nach Absatz 3 Satz 1 zu erstellenden Nachweise über die Umsetzung des Qualitätsmanagements diesen Vertretungen zur Verfügung zu stellen.
(6) § 26 Absatz 3 ist entsprechend anzuwenden für Vereinbarungen auf Grund gesetzlicher Vorschriften für die Rehabilitationsträger.

§ 37a Gewaltschutz

(1) ¹Die Leistungserbringer treffen geeignete Maßnahmen zum Schutz vor Gewalt für Menschen mit Behinderungen und von Behinderung bedrohte Menschen, insbesondere für Frauen und Kinder mit Behinderung und von Behinderung bedrohte Frauen und Kinder. ²Zu den geeigneten Maßnahmen nach Satz 1 gehören insbesondere die Entwicklung und Umsetzung eines auf die Einrichtung oder Dienstleistungen zugeschnittenen Gewaltschutzkonzepts.
(2) Die Rehabilitationsträger und die Integrationsämter wirken bei der Erfüllung ihrer gesetzlichen Aufgaben darauf hin, dass der Schutzauftrag nach Absatz 1 von den Leistungserbringern umgesetzt wird.

§ 38 Verträge mit Leistungserbringern

(1) Verträge mit Leistungserbringern müssen insbesondere folgende Regelungen über die Ausführung von Leistungen durch Rehabilitationsdienste und -einrichtungen, die nicht in der Trägerschaft eines Rehabilitationsträgers stehen, enthalten:
1. Qualitätsanforderungen an die Ausführung der Leistungen, das beteiligte Personal und die begleitenden Fachdienste,
2. die Übernahme von Grundsätzen der Rehabilitationsträger zur Vereinbarung von Vergütungen,
3. Rechte und Pflichten der Teilnehmer, soweit sich diese nicht bereits aus dem Rechtsverhältnis ergeben, das zwischen ihnen und dem Leistungserbringer besteht,
4. angemessene Mitwirkungsmöglichkeiten der Teilnehmer an der Ausführung der Leistungen,
5. Regelungen zur Geheimhaltung personenbezogener Daten,
6. Regelungen zur Beschäftigung eines angemessenen Anteils von Frauen mit Behinderungen, insbesondere Frauen mit Schwerbehinderungen sowie
7. das Angebot, Beratung durch den Träger der öffentlichen Jugendhilfe bei gewichtigen Anhaltspunkten für eine Kindeswohlgefährdung in Anspruch zu nehmen.
(2) ¹Die Bezahlung tarifvertraglich vereinbarter Vergütungen sowie entsprechender Vergütungen nach kirchlichen Arbeitsrechtsregelungen kann bei Verträgen auf der Grundlage dieses Buches nicht als unwirtschaftlich abgelehnt werden. ²Auf Verlangen des Rehabilitationsträgers ist die Zahlung von Vergütungen nach Satz 1 nachzuweisen.
(3) ¹Die Rehabilitationsträger wirken darauf hin, dass die Verträge nach einheitlichen Grundsätzen abgeschlossen werden. ²Dabei sind einheitliche Grundsätze der Wirksamkeit, Zweckmäßigkeit und Wirtschaftlichkeit zu berücksichtigen. ³Die Rehabilitationsträger können über den Inhalt der Verträge gemeinsame Empfehlungen nach § 26 vereinbaren. ⁴Mit den Arbeitsgemeinschaften der Rehabilitationsdienste und -einrichtungen können sie Rahmenverträge schließen. ⁵Der oder die Bundesbeauftragte für den Datenschutz und die Informationsfreiheit wird beteiligt.
(4) Absatz 1 Nummer 1 und 3 bis 6 wird für eigene Einrichtungen der Rehabilitationsträger entsprechend angewendet.

Kapitel 8
Bundesarbeitsgemeinschaft für Rehabilitation

§ 39 Aufgaben

(1) ¹Die Rehabilitationsträger nach § 6 Absatz 1 Nummer 1 bis 5 gestalten und organisieren die trägerübergreifende Zusammenarbeit zur einheitlichen personenzentrierten Gestaltung der Rehabilitation und der Leistungen zur Teilhabe im Rahmen einer Arbeitsgemeinschaft nach § 94 des Zehnten Buches. ²Sie trägt den Namen „Bundesarbeitsgemeinschaft für Rehabilitation".
(2) Die Aufgaben der Bundesarbeitsgemeinschaft für Rehabilitation sind insbesondere
1. die Beobachtung der Zusammenarbeit der Rehabilitationsträger und die regelmäßige Auswertung und Bewertung der Zusammenarbeit; hierzu bedarf es

a) der Erstellung von gemeinsamen Grundsätzen für die Erhebung von Daten, die der Aufbereitung und Bereitstellung von Statistiken über das Rehabilitationsgeschehen der Träger und ihrer Zusammenarbeit dienen,
b) der Datenaufbereitung und Bereitstellung von Statistiken über das Rehabilitationsgeschehen der Träger und ihrer Zusammenarbeit und
c) der Erhebung und Auswertung nicht personenbezogener Daten über Prozesse und Abläufe des Rehabilitationsgeschehens aus dem Aufgabenfeld der medizinischen und beruflichen Rehabilitation der Sozialversicherung mit Zustimmung des Bundesministeriums für Arbeit und Soziales,
2. die Erarbeitung von gemeinsamen Grundsätzen zur Bedarfserkennung, Bedarfsermittlung und Koordinierung von Rehabilitationsmaßnahmen und zur trägerübergreifenden Zusammenarbeit,
3. die Erarbeitung von gemeinsamen Empfehlungen zur Sicherung der Zusammenarbeit nach § 25,
4. die trägerübergreifende Fort- und Weiterbildung zur Unterstützung und Umsetzung trägerübergreifender Kooperation und Koordination,
5. die Erarbeitung trägerübergreifender Beratungsstandards und Förderung der Weitergabe von eigenen Lebenserfahrungen an andere Menschen mit Behinderungen durch die Beratungsmethode des Peer Counseling,
6. die Erarbeitung von Qualitätskriterien zur Sicherung der Struktur-, Prozess- und Ergebnisqualität im trägerübergreifenden Rehabilitationsgeschehen und Initiierung von deren Weiterentwicklung,
7. die Förderung der Partizipation Betroffener durch stärkere Einbindung von Selbsthilfe- und Selbstvertretungsorganisationen von Menschen mit Behinderungen in die konzeptionelle Arbeit der Bundesarbeitsgemeinschaft für Rehabilitation und deren Organe,
8. die Öffentlichkeitsarbeit zur Inklusion und Rehabilitation sowie
9. die Beobachtung und Bewertung der Forschung zur Rehabilitation sowie Durchführung trägerübergreifender Forschungsvorhaben.

§ 40 Rechtsaufsicht

Die Bundesarbeitsgemeinschaft für Rehabilitation untersteht der Rechtsaufsicht des Bundesministeriums für Arbeit und Soziales.

§ 41 Teilhabeverfahrensbericht

(1) Die Rehabilitationsträger nach § 6 Absatz 1 erfassen
1. die Anzahl der gestellten Anträge auf Leistungen zur Rehabilitation und Teilhabe differenziert nach Leistungsgruppen im Sinne von § 5 Nummer 1, 2, 4 und 5,
2. die Anzahl der Weiterleitungen nach § 14 Absatz 1 Satz 2,
3. in wie vielen Fällen
   a) die Zweiwochenfrist nach § 14 Absatz 1 Satz 1,
   b) die Dreiwochenfrist nach § 14 Absatz 2 Satz 2 sowie
   c) die Zweiwochenfrist nach § 14 Absatz 2 Satz 3
   nicht eingehalten wurde,
4. die durchschnittliche Zeitdauer zwischen Erteilung des Gutachtenauftrages in Fällen des § 14 Absatz 2 Satz 3 und der Vorlage des Gutachtens,
5. die durchschnittliche Zeitdauer zwischen Antragseingang beim leistenden Rehabilitationsträger und der Entscheidung nach den Merkmalen der Erledigung und der Bewilligung,
6. die Anzahl der Ablehnungen von Anträgen sowie der nicht vollständigen Bewilligung der beantragten Leistungen,
7. die durchschnittliche Zeitdauer zwischen dem Datum des Bewilligungsbescheides und dem Beginn der Leistungen mit und ohne Teilhabeplanung nach § 19, wobei in den Fällen, in denen die Leistung von einem Rehabilitationsträger nach § 6 Absatz 1 Nummer 1 erbracht wurde, das Merkmal „mit und ohne Teilhabeplanung nach § 19" nicht zu erfassen ist,
8. die Anzahl der trägerübergreifenden Teilhabeplanungen und Teilhabeplankonferenzen,
9. die Anzahl der nachträglichen Änderungen und Fortschreibungen der Teilhabepläne einschließlich der durchschnittlichen Geltungsdauer des Teilhabeplanes,
10. die Anzahl der Erstattungsverfahren nach § 16 Absatz 2 Satz 2,
11. die Anzahl der beantragten und bewilligten Leistungen in Form des Persönlichen Budgets,
12. die Anzahl der beantragten und bewilligten Leistungen in Form des trägerübergreifenden Persönlichen Budgets,

13. die Anzahl der Mitteilungen nach § 18 Absatz 1,
14. die Anzahl der Anträge auf Erstattung nach § 18 nach den Merkmalen „Bewilligung" oder „Ablehnung",
15. die Anzahl der Rechtsbehelfe sowie der erfolgreichen Rechtsbehelfe aus Sicht der Leistungsberechtigten jeweils nach den Merkmalen „Widerspruch" und „Klage",
16. die Anzahl der Leistungsberechtigten, die sechs Monate nach dem Ende der Maßnahme zur Teilhabe am Arbeitsleben eine sozialversicherungspflichtige Beschäftigung aufgenommen haben, soweit die Maßnahme von einem Rehabilitationsträger nach § 6 Absatz 1 Nummer 2 bis 7 erbracht wurde.

(2) ¹Die Rehabilitationsträger nach § 6 Absatz 1 Nummer 1 bis 5 melden jährlich die im Berichtsjahr nach Absatz 1 erfassten Angaben an ihre Spitzenverbände, die Rehabilitationsträger nach § 6 Absatz 1 Nummer 6 und 7 jeweils über ihre obersten Landesjugend- und Sozialbehörden, zur Weiterleitung an die Bundesarbeitsgemeinschaft für Rehabilitation in einem mit ihr technisch abgestimmten Datenformat. ²Die Bundesarbeitsgemeinschaft für Rehabilitation wertet die Angaben unter Beteiligung der Rehabilitationsträger aus und erstellt jährlich eine gemeinsame Übersicht. ³Die Erfassung der Angaben soll mit dem 1. Januar 2018 beginnen und ein Kalenderjahr umfassen. ⁴Der erste Bericht ist 2019 zu veröffentlichen.

(3) Der Bund erstattet der Bundesarbeitsgemeinschaft für Rehabilitation die notwendigen Aufwendungen für folgende Tätigkeiten:
1. die Bereitstellung von Daten,
2. die Datenaufarbeitung und
3. die Auswertungen über das Rehabilitationsgeschehen.

Kapitel 9
Leistungen zur medizinischen Rehabilitation

§ 42 Leistungen zur medizinischen Rehabilitation

(1) Zur medizinischen Rehabilitation von Menschen mit Behinderungen und von Behinderung bedrohter Menschen werden die erforderlichen Leistungen erbracht, um
1. Behinderungen einschließlich chronischer Krankheiten abzuwenden, zu beseitigen, zu mindern, auszugleichen, eine Verschlimmerung zu verhüten oder
2. Einschränkungen der Erwerbsfähigkeit und Pflegebedürftigkeit zu vermeiden, zu überwinden, zu mindern, eine Verschlimmerung zu verhindern sowie den vorzeitigen Bezug von laufenden Sozialleistungen zu verhüten oder laufende Sozialleistungen zu mindern.

(2) Leistungen zur medizinischen Rehabilitation umfassen insbesondere
1. Behandlung durch Ärzte, Zahnärzte und Angehörige anderer Heilberufe, soweit deren Leistungen unter ärztlicher Aufsicht oder auf ärztliche Anordnung ausgeführt werden, einschließlich der Anleitung, eigene Heilungskräfte zu entwickeln,
2. Früherkennung und Frühförderung für Kinder mit Behinderungen und von Behinderung bedrohte Kinder,
3. Arznei- und Verbandsmittel,
4. Heilmittel einschließlich physikalischer, Sprach- und Beschäftigungstherapie,
5. Psychotherapie als ärztliche und psychotherapeutische Behandlung,
6. Hilfsmittel,
6a. digitale Gesundheitsanwendungen sowie
7. Belastungserprobung und Arbeitstherapie.

(3) ¹Bestandteil der Leistungen nach Absatz 1 sind auch medizinische, psychologische und pädagogische Hilfen, soweit diese Leistungen im Einzelfall erforderlich sind, um die in Absatz 1 genannten Ziele zu erreichen. ²Solche Leistungen sind insbesondere
1. Hilfen zur Unterstützung bei der Krankheits- und Behinderungsverarbeitung,
2. Hilfen zur Aktivierung von Selbsthilfepotentialen,
3. die Information und Beratung von Partnern und Angehörigen sowie von Vorgesetzten und Kollegen, wenn die Leistungsberechtigten dem zustimmen,
4. die Vermittlung von Kontakten zu örtlichen Selbsthilfe- und Beratungsmöglichkeiten,
5. Hilfen zur seelischen Stabilisierung und zur Förderung der sozialen Kompetenz, unter anderem durch Training sozialer und kommunikativer Fähigkeiten und im Umgang mit Krisensituationen,
6. das Training lebenspraktischer Fähigkeiten sowie

7. die Anleitung und Motivation zur Inanspruchnahme von Leistungen der medizinischen Rehabilitation.

§ 43 Krankenbehandlung und Rehabilitation

Die in § 42 Absatz 1 genannten Ziele und § 12 Absatz 1 und 3 sowie § 19 gelten auch bei Leistungen der Krankenbehandlung.

§ 44 Stufenweise Wiedereingliederung

Können arbeitsunfähige Leistungsberechtigte nach ärztlicher Feststellung ihre bisherige Tätigkeit teilweise ausüben und können sie durch eine stufenweise Wiederaufnahme ihrer Tätigkeit voraussichtlich besser wieder in das Erwerbsleben eingegliedert werden, sollen die medizinischen und die sie ergänzenden Leistungen mit dieser Zielrichtung erbracht werden.

§ 45 Förderung der Selbsthilfe

¹Selbsthilfegruppen, Selbsthilfeorganisationen und Selbsthilfekontaktstellen, die sich die Prävention, Rehabilitation, Früherkennung, Beratung, Behandlung und Bewältigung von Krankheiten und Behinderungen zum Ziel gesetzt haben, sollen nach einheitlichen Grundsätzen gefördert werden. ²Die Daten der Rehabilitationsträger über Art und Höhe der Förderung der Selbsthilfe fließen in den Bericht der Bundesarbeitsgemeinschaft für Rehabilitation nach § 41 ein.

§ 46 Früherkennung und Frühförderung

(1) Die medizinischen Leistungen zur Früherkennung und Frühförderung für Kinder mit Behinderungen und von Behinderung bedrohte Kinder nach § 42 Absatz 2 Nummer 2 umfassen auch
1. die medizinischen Leistungen der fachübergreifend arbeitenden Dienste und Einrichtungen sowie
2. nichtärztliche sozialpädiatrische, psychologische, heilpädagogische, psychosoziale Leistungen und die Beratung der Erziehungsberechtigten, auch in fachübergreifend arbeitenden Diensten und Einrichtungen, wenn sie unter ärztlicher Verantwortung erbracht werden und erforderlich sind, um eine drohende oder bereits eingetretene Behinderung zum frühestmöglichen Zeitpunkt zu erkennen und einen individuellen Behandlungsplan aufzustellen.

(2) ¹Leistungen zur Früherkennung und Frühförderung für Kinder mit Behinderungen und von Behinderung bedrohte Kinder umfassen weiterhin nichtärztliche therapeutische, psychologische, heilpädagogische, sonderpädagogische, psychosoziale Leistungen und die Beratung der Erziehungsberechtigten durch interdisziplinäre Frühförderstellen oder nach Landesrecht zugelassene Einrichtungen mit vergleichbarem interdisziplinärem Förder-, Behandlungs- und Beratungsspektrum. ²Die Leistungen sind erforderlich, wenn sie eine drohende oder bereits eingetretene Behinderung zum frühestmöglichen Zeitpunkt erkennen helfen oder die eingetretene Behinderung durch gezielte Förder- und Behandlungsmaßnahmen ausgleichen oder mildern.

(3) ¹Leistungen nach Absatz 1 werden in Verbindung mit heilpädagogischen Leistungen nach § 79 als Komplexleistung erbracht. ²Die Komplexleistung umfasst auch Leistungen zur Sicherung der Interdisziplinarität. ³Maßnahmen zur Komplexleistung können gleichzeitig oder nacheinander sowie in unterschiedlicher und gegebenenfalls wechselnder Intensität ab Geburt bis zur Einschulung eines Kindes mit Behinderungen oder drohender Behinderung erfolgen.

(4) In den Landesrahmenvereinbarungen zwischen den beteiligten Rehabilitationsträgern und den Verbänden der Leistungserbringer wird Folgendes geregelt:
1. die Anforderungen an interdisziplinäre Frühförderstellen, nach Landesrecht zugelassene Einrichtungen mit vergleichbarem interdisziplinärem Förder-, Behandlungs- und Beratungsspektrum und sozialpädiatrische Zentren zu Mindeststandards, Berufsgruppen, Personalausstattung, sachlicher und räumlicher Ausstattung,
2. die Dokumentation und Qualitätssicherung,
3. der Ort der Leistungserbringung sowie
4. die Vereinbarung und Abrechnung der Entgelte für die als Komplexleistung nach Absatz 3 erbrachten Leistungen unter Berücksichtigung der Zuwendungen Dritter, insbesondere der Länder, für Leistungen nach der Verordnung zur Früherkennung und Frühförderung.

(5) ¹Die Rehabilitationsträger schließen Vereinbarungen über die pauschalierte Aufteilung der nach Absatz 4 Nummer 4 vereinbarten Entgelte für Komplexleistungen auf der Grundlage der Leistungszuständigkeit nach Spezialisierung und Leistungsprofil des Dienstes oder der Einrichtung, insbesondere den vertretenen Fachdisziplinen und dem Diagnosespektrum der leistungsberechtigten Kinder. ²Regionale Gegebenheiten werden berücksichtigt. ³Der Anteil der Entgelte, der auf die für die Leistungen nach

§ 6 der Verordnung zur Früherkennung und Frühförderung jeweils zuständigen Träger entfällt, darf für Leistungen in interdisziplinären Frühförderstellen oder in nach Landesrecht zugelassenen Einrichtungen mit vergleichbarem interdisziplinärem Förder-, Behandlungs- und Beratungsspektrum 65 Prozent und in sozialpädiatrischen Zentren 20 Prozent nicht überschreiten. ⁴Landesrecht kann andere als pauschale Abrechnungen vorsehen.
(6) Kommen Landesrahmenvereinbarungen nach Absatz 4 bis zum 31. Juli 2019 nicht zustande, sollen die Landesregierungen Regelungen durch Rechtsverordnung entsprechend Absatz 4 Nummer 1 bis 3 treffen.

§ 47 Hilfsmittel
(1) Hilfsmittel (Körperersatzstücke sowie orthopädische und andere Hilfsmittel) nach § 42 Absatz 2 Nummer 6 umfassen die Hilfen, die von den Leistungsberechtigten getragen oder mitgeführt oder bei einem Wohnungswechsel mitgenommen werden können und unter Berücksichtigung der Umstände des Einzelfalles erforderlich sind, um
1. einer drohenden Behinderung vorzubeugen,
2. den Erfolg einer Heilbehandlung zu sichern oder
3. eine Behinderung bei der Befriedigung von Grundbedürfnissen des täglichen Lebens auszugleichen, soweit die Hilfsmittel nicht allgemeine Gebrauchsgegenstände des täglichen Lebens sind.

(2) ¹Der Anspruch auf Hilfsmittel umfasst auch die notwendige Änderung, Instandhaltung, Ersatzbeschaffung sowie die Ausbildung im Gebrauch der Hilfsmittel. ²Der Rehabilitationsträger soll
1. vor einer Ersatzbeschaffung prüfen, ob eine Änderung oder Instandsetzung von bisher benutzten Hilfsmitteln wirtschaftlicher und gleich wirksam ist und
2. die Bewilligung der Hilfsmittel davon abhängig machen, dass die Leistungsberechtigten sich die Hilfsmittel anpassen oder sich in ihrem Gebrauch ausbilden lassen.

(3) Wählen Leistungsberechtigte ein geeignetes Hilfsmittel in einer aufwendigeren Ausführung als notwendig, tragen sie die Mehrkosten selbst.
(4) ¹Hilfsmittel können auch leihweise überlassen werden. ²In diesem Fall gelten die Absätze 2 und 3 entsprechend.

§ 47a Digitale Gesundheitsanwendungen
(1) ¹Digitale Gesundheitsanwendungen nach § 42 Absatz 2 Nummer 6a umfassen die in das Verzeichnis nach § 139e Absatz 1 des Fünften Buches aufgenommenen digitalen Gesundheitsanwendungen, sofern diese unter Berücksichtigung des Einzelfalles erforderlich sind, um
1. einer drohenden Behinderung vorzubeugen,
2. den Erfolg einer Heilbehandlung zu sichern oder
3. eine Behinderung bei der Befriedigung von Grundbedürfnissen des täglichen Lebens auszugleichen, sofern die digitalen Gesundheitsanwendungen nicht die Funktion von allgemeinen Gebrauchsgegenständen des täglichen Lebens übernehmen.

²Digitale Gesundheitsanwendungen werden nur mit Zustimmung des Leistungsberechtigten erbracht.
(2) Wählen Leistungsberechtigte digitale Gesundheitsanwendungen, deren Funktion oder Anwendungsbereich über die Funktion und den Anwendungsbereich einer vergleichbaren in das Verzeichnis für digitale Gesundheitsanwendungen nach § 139e des Fünften Buches aufgenommenen digitalen Gesundheitsanwendung hinausgehen, so haben sie die Mehrkosten selbst zu tragen.

§ 48 Verordnungsermächtigungen
Das Bundesministerium für Arbeit und Soziales wird ermächtigt, im Einvernehmen mit dem Bundesministerium für Gesundheit durch Rechtsverordnung mit Zustimmung des Bundesrates Näheres zu regeln
1. zur Abgrenzung der in § 46 genannten Leistungen und der weiteren Leistungen dieser Dienste und Einrichtungen und
2. zur Auswahl der im Einzelfall geeigneten Hilfsmittel, insbesondere zum Verfahren, zur Eignungsprüfung, Dokumentation und leihweisen Überlassung der Hilfsmittel sowie zur Zusammenarbeit der anderen Rehabilitationsträger mit den orthopädischen Versorgungsstellen.

Kapitel 10
Leistungen zur Teilhabe am Arbeitsleben

§ 49 Leistungen zur Teilhabe am Arbeitsleben, Verordnungsermächtigung

(1) Zur Teilhabe am Arbeitsleben werden die erforderlichen Leistungen erbracht, um die Erwerbsfähigkeit von Menschen mit Behinderungen oder von Behinderung bedrohter Menschen entsprechend ihrer Leistungsfähigkeit zu erhalten, zu verbessern, herzustellen oder wiederherzustellen und ihre Teilhabe am Arbeitsleben möglichst auf Dauer zu sichern.

(2) Frauen mit Behinderungen werden gleiche Chancen im Erwerbsleben zugesichert, insbesondere durch in der beruflichen Zielsetzung geeignete, wohnortnahe und auch in Teilzeit nutzbare Angebote.

(3) Die Leistungen zur Teilhabe am Arbeitsleben umfassen insbesondere
1. Hilfen zur Erhaltung oder Erlangung eines Arbeitsplatzes einschließlich Leistungen zur Aktivierung und beruflichen Eingliederung,
2. eine Berufsvorbereitung einschließlich einer wegen der Behinderung erforderlichen Grundausbildung,
3. die individuelle betriebliche Qualifizierung im Rahmen Unterstützter Beschäftigung,
4. die berufliche Anpassung und Weiterbildung, auch soweit die Leistungen einen zur Teilnahme erforderlichen schulischen Abschluss einschließen,
5. die berufliche Ausbildung, auch soweit die Leistungen in einem zeitlich nicht überwiegenden Abschnitt schulisch durchgeführt werden,
6. die Förderung der Aufnahme einer selbständigen Tätigkeit durch die Rehabilitationsträger nach § 6 Absatz 1 Nummer 2 bis 5 und
7. sonstige Hilfen zur Förderung der Teilhabe am Arbeitsleben, um Menschen mit Behinderungen eine angemessene und geeignete Beschäftigung oder eine selbständige Tätigkeit zu ermöglichen und zu erhalten.

(4) ¹Bei der Auswahl der Leistungen werden Eignung, Neigung, bisherige Tätigkeit sowie Lage und Entwicklung auf dem Arbeitsmarkt angemessen berücksichtigt. ²Soweit erforderlich, wird dabei die berufliche Eignung abgeklärt oder eine Arbeitserprobung durchgeführt; in diesem Fall werden die Kosten nach Absatz 7, Reisekosten nach § 73 sowie Haushaltshilfe und Kinderbetreuungskosten nach § 74 übernommen.

(5) Die Leistungen werden auch für Zeiten notwendiger Praktika erbracht.

(6) ¹Die Leistungen umfassen auch medizinische, psychologische und pädagogische Hilfen, soweit diese Leistungen im Einzelfall erforderlich sind, um die in Absatz 1 genannten Ziele zu erreichen oder zu sichern und Krankheitsfolgen zu vermeiden, zu überwinden, zu mindern oder ihre Verschlimmerung zu verhüten. ²Leistungen sind insbesondere
1. Hilfen zur Unterstützung bei der Krankheits- und Behinderungsverarbeitung,
2. Hilfen zur Aktivierung von Selbsthilfepotentialen,
3. die Information und Beratung von Partnern und Angehörigen sowie von Vorgesetzten und Kollegen, wenn die Leistungsberechtigten dem zustimmen,
4. die Vermittlung von Kontakten zu örtlichen Selbsthilfe- und Beratungsmöglichkeiten,
5. Hilfen zur seelischen Stabilisierung und zur Förderung der sozialen Kompetenz, unter anderem durch Training sozialer und kommunikativer Fähigkeiten und im Umgang mit Krisensituationen,
6. das Training lebenspraktischer Fähigkeiten,
7. das Training motorischer Fähigkeiten,
8. die Anleitung und Motivation zur Inanspruchnahme von Leistungen zur Teilhabe am Arbeitsleben und
9. die Beteiligung von Integrationsfachdiensten im Rahmen ihrer Aufgabenstellung (§ 193).

(7) Zu den Leistungen gehört auch die Übernahme
1. der erforderlichen Kosten für Unterkunft und Verpflegung, wenn für die Ausführung einer Leistung eine Unterbringung außerhalb des eigenen oder des elterlichen Haushalts wegen Art oder Schwere der Behinderung oder zur Sicherung des Erfolges der Teilhabe am Arbeitsleben notwendig ist und
2. der erforderlichen Kosten, die mit der Ausführung einer Leistung in unmittelbarem Zusammenhang stehen, insbesondere für Lehrgangskosten, Prüfungsgebühren, Lernmittel, Leistungen zur Aktivierung und beruflichen Eingliederung.

(8) ¹Leistungen nach Absatz 3 Nummer 1 und 7 umfassen auch
1. die Kraftfahrzeughilfe nach der Kraftfahrzeughilfe-Verordnung,
2. den Ausgleich für unvermeidbare Verdienstausfälle des Leistungsberechtigten oder einer erforderlichen Begleitperson wegen Fahrten der An- und Abreise zu einer Bildungsmaßnahme und zur

Vorstellung bei einem Arbeitgeber, bei einem Träger oder einer Einrichtung für Menschen mit Behinderungen, durch die Rehabilitationsträger nach § 6 Absatz 1 Nummer 2 bis 5,
3. die Kosten einer notwendigen Arbeitsassistenz für schwerbehinderte Menschen als Hilfe zur Erlangung eines Arbeitsplatzes,
4. die Kosten für Hilfsmittel, die wegen Art oder Schwere der Behinderung erforderlich sind
   a) zur Berufsausübung,
   b) zur Teilhabe an einer Leistung zur Teilhabe am Arbeitsleben oder zur Erhöhung der Sicherheit auf dem Weg vom und zum Arbeitsplatz und am Arbeitsplatz selbst, es sei denn, dass eine Verpflichtung des Arbeitgebers besteht oder solche Leistungen als medizinische Leistung erbracht werden können,
5. die Kosten technischer Arbeitshilfen, die wegen Art oder Schwere der Behinderung zur Berufsausübung erforderlich sind und
6. die Kosten der Beschaffung, der Ausstattung und der Erhaltung einer behinderungsgerechten Wohnung in angemessenem Umfang.

²Die Leistung nach Satz 1 Nummer 3 wird für die Dauer von bis zu drei Jahren bewilligt und in Abstimmung mit dem Rehabilitationsträger nach § 6 Absatz 1 Nummer 1 bis 5 durch das Integrationsamt nach § 185 Absatz 5 ausgeführt. ³Der Rehabilitationsträger erstattet dem Integrationsamt seine Aufwendungen. ⁴Der Anspruch nach § 185 Absatz 5 bleibt unberührt.
(9) Die Bundesregierung kann durch Rechtsverordnung mit Zustimmung des Bundesrates Näheres über Voraussetzungen, Gegenstand und Umfang der Leistungen der Kraftfahrzeughilfe zur Teilhabe am Arbeitsleben regeln.

§ 50 Leistungen an Arbeitgeber

(1) Die Rehabilitationsträger nach § 6 Absatz 1 Nummer 2 bis 5 können Leistungen zur Teilhabe am Arbeitsleben auch an Arbeitgeber erbringen, insbesondere als
1. Ausbildungszuschüsse zur betrieblichen Ausführung von Bildungsleistungen,
2. Eingliederungszuschüsse,
3. Zuschüsse für Arbeitshilfen im Betrieb und
4. teilweise oder volle Kostenerstattung für eine befristete Probebeschäftigung.

(2) Die Leistungen können unter Bedingungen und Auflagen erbracht werden.
(3) ¹Ausbildungszuschüsse nach Absatz 1 Nummer 1 können für die gesamte Dauer der Maßnahme geleistet werden. ²Die Ausbildungszuschüsse sollen bei Ausbildungsmaßnahmen die monatlichen Ausbildungsvergütungen nicht übersteigen, die von den Arbeitgebern im letzten Ausbildungsjahr gezahlt wurden.
(4) ¹Eingliederungszuschüsse nach Absatz 1 Nummer 2 betragen höchstens 50 Prozent der vom Arbeitgeber regelmäßig gezahlten Entgelte, soweit sie die tariflichen Arbeitsentgelte oder, wenn eine tarifliche Regelung nicht besteht, die für vergleichbare Tätigkeiten ortsüblichen Arbeitsentgelte im Rahmen der Beitragsbemessungsgrenze in der Arbeitsförderung nicht übersteigen. ²Die Eingliederungszuschüsse sollen im Regelfall für höchstens ein Jahr gezahlt werden. ³Soweit es für die Teilhabe am Arbeitsleben erforderlich ist, können die Eingliederungszuschüsse um bis zu 20 Prozentpunkte höher festgelegt und bis zu einer Förderungshöchstdauer von zwei Jahren gezahlt werden. ⁴Werden die Eingliederungszuschüsse länger als ein Jahr gezahlt, sind sie um mindestens 10 Prozentpunkte zu vermindern, entsprechend der zu erwartenden Zunahme der Leistungsfähigkeit der Leistungsberechtigten und den abnehmenden Eingliederungserfordernissen gegenüber der bisherigen Förderungshöhe. ⁵Bei der Berechnung der Eingliederungszuschüsse nach Satz 1 wird auch der Anteil des Arbeitgebers am Gesamtsozialversicherungsbeitrag berücksichtigt. ⁶Eingliederungszuschüsse sind zurückzuzahlen, wenn die Arbeitsverhältnisse während des Förderungszeitraums oder innerhalb eines Zeitraums, der der Förderungsdauer entspricht, längstens jedoch von einem Jahr, nach dem Ende der Leistungen beendet werden. ⁷Der Eingliederungszuschuss muss nicht zurückgezahlt werden, wenn
1. die Leistungsberechtigten die Arbeitsverhältnisse durch Kündigung beenden oder das Mindestalter für den Bezug der gesetzlichen Altersrente erreicht haben oder
2. die Arbeitgeber berechtigt waren, aus wichtigem Grund ohne Einhaltung einer Kündigungsfrist oder aus Gründen, die in der Person oder dem Verhalten des Arbeitnehmers liegen, oder aus dringenden betrieblichen Erfordernissen, die einer Weiterbeschäftigung in diesem Betrieb entgegenstehen, zu kündigen.

⁸Die Rückzahlung ist auf die Hälfte des Förderungsbetrages, höchstens aber den im letzten Jahr vor der Beendigung des Beschäftigungsverhältnisses gewährten Förderungsbetrag begrenzt; nicht geförderte Nachbeschäftigungszeiten werden anteilig berücksichtigt.

§ 51 Einrichtungen der beruflichen Rehabilitation

(1) ¹Leistungen werden durch Berufsbildungswerke, Berufsförderungswerke und vergleichbare Einrichtungen der beruflichen Rehabilitation ausgeführt, wenn Art oder Schwere der Behinderung der Leistungsberechtigten oder die Sicherung des Erfolges die besonderen Hilfen dieser Einrichtungen erforderlich machen. ²Die Einrichtung muss
1. eine erfolgreiche Ausführung der Leistung erwarten lassen nach Dauer, Inhalt und Gestaltung der Leistungen, nach der Unterrichtsmethode, Ausbildung und Berufserfahrung der Leitung und der Lehrkräfte sowie nach der Ausgestaltung der Fachdienste,
2. angemessene Teilnahmebedingungen bieten und behinderungsgerecht sein, insbesondere auch die Beachtung der Erfordernisse des Arbeitsschutzes und der Unfallverhütung gewährleisten,
3. den Teilnehmenden und den von ihnen zu wählenden Vertretungen angemessene Mitwirkungsmöglichkeiten an der Ausführung der Leistungen bieten sowie
4. die Leistung nach den Grundsätzen der Wirtschaftlichkeit und Sparsamkeit, insbesondere zu angemessenen Vergütungssätzen, ausführen.

³Die zuständigen Rehabilitationsträger vereinbaren hierüber gemeinsame Empfehlungen nach den §§ 26 und 37.

(2) ¹Werden Leistungen zur beruflichen Ausbildung in Einrichtungen der beruflichen Rehabilitation ausgeführt, sollen die Einrichtungen bei Eignung der Leistungsberechtigten darauf hinwirken, dass diese Ausbildung teilweise auch in Betrieben und Dienststellen durchgeführt wird. ²Die Einrichtungen der beruflichen Rehabilitation unterstützen die Arbeitgeber bei der betrieblichen Ausbildung und bei der Betreuung der auszubildenden Jugendlichen mit Behinderungen.

§ 52 Rechtsstellung der Teilnehmenden

¹Werden Leistungen in Einrichtungen der beruflichen Rehabilitation ausgeführt, werden die Teilnehmenden nicht in den Betrieb der Einrichtungen eingegliedert. ²Sie sind keine Arbeitnehmer im Sinne des Betriebsverfassungsgesetzes und wählen zu ihrer Mitwirkung besondere Vertreter. ³Bei der Ausführung werden die arbeitsrechtlichen Grundsätze über den Persönlichkeitsschutz, die Haftungsbeschränkung sowie die gesetzlichen Vorschriften über den Arbeitsschutz, den Schutz vor Diskriminierungen in Beschäftigung und Beruf, den Erholungsurlaub und die Gleichberechtigung von Männern und Frauen entsprechend angewendet.

§ 53 Dauer von Leistungen

(1) ¹Leistungen werden für die Zeit erbracht, die vorgeschrieben oder allgemein üblich ist, um das angestrebte Teilhabeziel zu erreichen. ²Eine Förderung kann darüber hinaus erfolgen, wenn besondere Umstände dies rechtfertigen.

(2) ¹Leistungen zur beruflichen Weiterbildung sollen in der Regel bei ganztägigem Unterricht nicht länger als zwei Jahre dauern, es sei denn, dass das Teilhabeziel nur über eine länger andauernde Leistung erreicht werden kann oder die Eingliederungsaussichten nur durch eine länger andauernde Leistung wesentlich verbessert werden. ²Abweichend von Satz 1 erster Teilsatz sollen Leistungen zur beruflichen Weiterbildung, die zu einem Abschluss in einem allgemein anerkannten Ausbildungsberuf führen und für die eine allgemeine Ausbildungsdauer von mehr als zwei Jahren vorgeschrieben ist, nicht länger als zwei Drittel der üblichen Ausbildungszeit dauern.

§ 54 Beteiligung der Bundesagentur für Arbeit

¹Die Bundesagentur für Arbeit nimmt auf Anforderung eines anderen Rehabilitationsträgers gutachterlich Stellung zu Notwendigkeit, Art und Umfang von Leistungen unter Berücksichtigung arbeitsmarktlicher Zweckmäßigkeit. ²Dies gilt auch, wenn sich die Leistungsberechtigten in einem Krankenhaus oder einer Einrichtung der medizinischen oder der medizinisch-beruflichen Rehabilitation aufhalten.

§ 55 Unterstützte Beschäftigung

(1) ¹Ziel der Unterstützten Beschäftigung ist es, Leistungsberechtigten mit besonderem Unterstützungsbedarf eine angemessene, geeignete und sozialversicherungspflichtige Beschäftigung zu ermög-

lichen und zu erhalten. ²Unterstützte Beschäftigung umfasst eine individuelle betriebliche Qualifizierung und bei Bedarf Berufsbegleitung.

(2) ¹Leistungen zur individuellen betrieblichen Qualifizierung erhalten Menschen mit Behinderungen insbesondere, um sie für geeignete betriebliche Tätigkeiten zu erproben, auf ein sozialversicherungspflichtiges Beschäftigungsverhältnis vorzubereiten und bei der Einarbeitung und Qualifizierung auf einem betrieblichen Arbeitsplatz zu unterstützen. ²Die Leistungen umfassen auch die Vermittlung von berufsübergreifenden Lerninhalten und Schlüsselqualifikationen sowie die Weiterentwicklung der Persönlichkeit der Menschen mit Behinderungen. ³Die Leistungen werden vom zuständigen Rehabilitationsträger nach § 6 Absatz 1 Nummer 2 bis 5 für bis zu zwei Jahre erbracht, soweit sie wegen Art oder Schwere der Behinderung erforderlich sind. ⁴Sie können bis zu einer Dauer von weiteren zwölf Monaten verlängert werden, wenn auf Grund der Art oder Schwere der Behinderung der gewünschte nachhaltige Qualifizierungserfolg im Einzelfall nicht anders erreicht werden kann und hinreichend gewährleistet ist, dass eine weitere Qualifizierung zur Aufnahme einer sozialversicherungspflichtigen Beschäftigung führt.

(3) ¹Leistungen der Berufsbegleitung erhalten Menschen mit Behinderungen insbesondere, um nach Begründung eines sozialversicherungspflichtigen Beschäftigungsverhältnisses die zu dessen Stabilisierung erforderliche Unterstützung und Krisenintervention zu gewährleisten. ²Die Leistungen werden bei Zuständigkeit eines Rehabilitationsträgers nach § 6 Absatz 1 Nummer 3 oder 5 von diesem, im Übrigen von dem Integrationsamt im Rahmen seiner Zuständigkeit erbracht, solange und soweit sie wegen Art oder Schwere der Behinderung zur Sicherung des Beschäftigungsverhältnisses erforderlich sind.

(4) Stellt der Rehabilitationsträger während der individuellen betrieblichen Qualifizierung fest, dass voraussichtlich eine anschließende Berufsbegleitung erforderlich ist, für die ein anderer Leistungsträger zuständig ist, beteiligt er diesen frühzeitig.

(5) ¹Die Unterstützte Beschäftigung kann von Integrationsfachdiensten oder anderen Trägern durchgeführt werden. ²Mit der Durchführung kann nur beauftragt werden, wer über die erforderliche Leistungsfähigkeit verfügt, um seine Aufgaben entsprechend den individuellen Bedürfnissen der Menschen mit Behinderungen erfüllen zu können. ³Insbesondere müssen die Beauftragten
1. über Fachkräfte verfügen, die eine geeignete Berufsqualifikation, eine psychosoziale oder arbeitspädagogische Zusatzqualifikation und eine ausreichende Berufserfahrung besitzen,
2. in der Lage sein, den Menschen mit Behinderungen geeignete individuelle betriebliche Qualifizierungsplätze zur Verfügung zu stellen und ihre berufliche Eingliederung zu unterstützen,
3. über die erforderliche räumliche und sächliche Ausstattung verfügen sowie
4. ein System des Qualitätsmanagements im Sinne des § 37 Absatz 2 Satz 1 anwenden.

(6) ¹Zur Konkretisierung und Weiterentwicklung der in Absatz 5 genannten Qualitätsanforderungen vereinbaren die Rehabilitationsträger nach § 6 Absatz 1 Nummer 2 bis 5 sowie die Bundesarbeitsgemeinschaft der Integrationsämter und Hauptfürsorgestellen im Rahmen der Bundesarbeitsgemeinschaft für Rehabilitation eine gemeinsame Empfehlung. ²Die gemeinsame Empfehlung kann auch Ausführungen zu möglichen Leistungsinhalten und zur Zusammenarbeit enthalten. ³§ 26 Absatz 4, 6 und 7 sowie § 27 gelten entsprechend.

§56 Leistungen in Werkstätten für behinderte Menschen

Leistungen in anerkannten Werkstätten für behinderte Menschen (§ 219) werden erbracht, um die Leistungs- oder Erwerbsfähigkeit der Menschen mit Behinderungen zu erhalten, zu entwickeln, zu verbessern oder wiederherzustellen, die Persönlichkeit dieser Menschen weiterzuentwickeln und ihre Beschäftigung zu ermöglichen oder zu sichern.

§57 Leistungen im Eingangsverfahren und im Berufsbildungsbereich

(1) Leistungen im Eingangsverfahren und im Berufsbildungsbereich einer anerkannten Werkstatt für behinderte Menschen erhalten Menschen mit Behinderungen
1. im Eingangsverfahren zur Feststellung, ob die Werkstatt die geeignete Einrichtung für die Teilhabe des Menschen mit Behinderungen am Arbeitsleben ist sowie welche Bereiche der Werkstatt und welche Leistungen zur Teilhabe am Arbeitsleben für die Menschen mit Behinderungen in Betracht kommen, und um einen Eingliederungsplan zu erstellen;
2. im Berufsbildungsbereich, wenn die Leistungen erforderlich sind, um die Leistungs- oder Erwerbsfähigkeit des Menschen mit Behinderungen so weit wie möglich zu entwickeln, zu verbessern oder wiederherzustellen und erwartet werden kann, dass der Mensch mit Behinderungen nach

Teilnahme an diesen Leistungen in der Lage ist, wenigstens ein Mindestmaß wirtschaftlich verwertbarer Arbeitsleistung im Sinne des § 219 zu erbringen.
(2) ¹Die Leistungen im Eingangsverfahren werden für drei Monate erbracht. ²Die Leistungsdauer kann auf bis zu vier Wochen verkürzt werden, wenn während des Eingangsverfahrens im Einzelfall festgestellt wird, dass eine kürzere Leistungsdauer ausreichend ist.
(3) ¹Die Leistungen im Berufsbildungsbereich werden für zwei Jahre erbracht. ²Sie werden in der Regel zunächst für ein Jahr bewilligt. ³Sie werden für ein weiteres Jahr bewilligt, wenn auf Grund einer fachlichen Stellungnahme, die rechtzeitig vor Ablauf des Förderzeitraums nach Satz 2 abzugeben ist, angenommen wird, dass die Leistungsfähigkeit des Menschen mit Behinderungen weiterentwickelt oder wiedergewonnen werden kann.
(4) ¹Zeiten der individuellen betrieblichen Qualifizierung im Rahmen einer Unterstützten Beschäftigung nach § 55 werden zur Hälfte auf die Dauer des Berufsbildungsbereichs angerechnet. ²Allerdings dürfen die Zeiten individueller betrieblicher Qualifizierung und die Zeiten des Berufsbildungsbereichs insgesamt nicht mehr als 36 Monate betragen.

§ 58 Leistungen im Arbeitsbereich

(1) ¹Leistungen im Arbeitsbereich einer anerkannten Werkstatt für behinderte Menschen erhalten Menschen mit Behinderungen, bei denen wegen Art oder Schwere der Behinderung
1. eine Beschäftigung auf dem allgemeinen Arbeitsmarkt einschließlich einer Beschäftigung in einem Inklusionsbetrieb (§ 215) oder
2. eine Berufsvorbereitung, eine individuelle betriebliche Qualifizierung im Rahmen Unterstützter Beschäftigung, eine berufliche Anpassung und Weiterbildung oder eine berufliche Ausbildung (§ 49 Absatz 3 Nummer 2 bis 6)

nicht, noch nicht oder noch nicht wieder in Betracht kommt und die in der Lage sind, wenigstens ein Mindestmaß wirtschaftlich verwertbarer Arbeitsleistung zu erbringen. ²Leistungen im Arbeitsbereich werden im Anschluss an Leistungen im Berufsbildungsbereich (§ 57) oder an entsprechende Leistungen bei einem anderen Leistungsanbieter (§ 60) erbracht; hiervon kann abgewichen werden, wenn der Mensch mit Behinderungen bereits über die für die in Aussicht genommene Beschäftigung erforderliche Leistungsfähigkeit verfügt, die er durch eine Beschäftigung auf dem allgemeinen Arbeitsmarkt erworben hat. ³Die Leistungen sollen in der Regel längstens bis zum Ablauf des Monats erbracht werden, in dem das für die Regelaltersrente im Sinne des Sechsten Buches erforderliche Lebensalter erreicht wird.
(2) Die Leistungen im Arbeitsbereich sind gerichtet auf
1. die Aufnahme, Ausübung und Sicherung einer der Eignung und Neigung des Menschen mit Behinderungen entsprechenden Beschäftigung,
2. die Teilnahme an arbeitsbegleitenden Maßnahmen zur Erhaltung und Verbesserung der im Berufsbildungsbereich erworbenen Leistungsfähigkeit und zur Weiterentwicklung der Persönlichkeit sowie
3. die Förderung des Übergangs geeigneter Menschen mit Behinderungen auf den allgemeinen Arbeitsmarkt durch geeignete Maßnahmen.
(3) ¹Die Werkstätten erhalten für die Leistungen nach Absatz 2 vom zuständigen Rehabilitationsträger angemessene Vergütungen, die den Grundsätzen der Wirtschaftlichkeit, Sparsamkeit und Leistungsfähigkeit entsprechen. ²Die Vergütungen berücksichtigen
1. alle für die Erfüllung der Aufgaben und der fachlichen Anforderungen der Werkstatt notwendigen Kosten sowie
2. die mit der wirtschaftlichen Betätigung der Werkstatt in Zusammenhang stehenden Kosten, soweit diese unter Berücksichtigung der besonderen Verhältnisse in der Werkstatt und der dort beschäftigten Menschen mit Behinderungen nach Art und Umfang über die in einem Wirtschaftsunternehmen üblicherweise entstehenden Kosten hinausgehen.

³Können die Kosten der Werkstatt nach Satz 2 Nummer 2 im Einzelfall nicht ermittelt werden, kann eine Vergütungspauschale für diese werkstattspezifischen Kosten der wirtschaftlichen Betätigung der Werkstatt vereinbart werden.
(4) ¹Bei der Ermittlung des Arbeitsergebnisses der Werkstatt nach § 12 Absatz 4 der Werkstättenverordnung werden die Auswirkungen der Vergütungen auf die Höhe des Arbeitsergebnisses dargestellt. ²Dabei wird getrennt ausgewiesen, ob sich durch die Vergütung Verluste oder Gewinne ergeben. ³Das Arbeitsergebnis der Werkstatt darf nicht zur Minderung der Vergütungen nach Absatz 3 verwendet werden.

§ 59 Arbeitsförderungsgeld

(1) ¹Die Werkstätten für behinderte Menschen erhalten von dem zuständigen Rehabilitationsträger zur Auszahlung an die im Arbeitsbereich beschäftigten Menschen mit Behinderungen zusätzlich zu den Vergütungen nach § 58 Absatz 3 ein Arbeitsförderungsgeld. ²Das Arbeitsförderungsgeld beträgt monatlich 52 Euro für jeden im Arbeitsbereich beschäftigten Menschen mit Behinderungen, dessen Arbeitsentgelt zusammen mit dem Arbeitsförderungsgeld den Betrag von 351 Euro nicht übersteigt. ³Ist das Arbeitsentgelt höher als 299 Euro, beträgt das Arbeitsförderungsgeld monatlich den Differenzbetrag zwischen dem Arbeitsentgelt und 351 Euro.

(2) Das Arbeitsförderungsgeld bleibt bei Sozialleistungen, deren Zahlung von anderen Einkommen abhängig ist, als Einkommen unberücksichtigt.

§ 60 Andere Leistungsanbieter

(1) Menschen mit Behinderungen, die Anspruch auf Leistungen nach den §§ 57 und 58 haben, können diese auch bei einem anderen Leistungsanbieter in Anspruch nehmen.

(2) Die Vorschriften für Werkstätten für behinderte Menschen gelten mit folgenden Maßgaben für andere Leistungsanbieter:
1. sie bedürfen nicht der förmlichen Anerkennung,
2. sie müssen nicht über eine Mindestplatzzahl und die für die Erbringung der Leistungen in Werkstätten erforderliche räumliche und sächliche Ausstattung verfügen,
3. sie können ihr Angebot auf Leistungen nach § 57 oder § 58 oder Teile solcher Leistungen beschränken,
4. sie sind nicht verpflichtet, Menschen mit Behinderungen Leistungen nach § 57 oder § 58 zu erbringen, wenn und solange die Leistungsvoraussetzungen vorliegen,
5. eine dem Werkstattrat vergleichbare Vertretung wird ab fünf Wahlberechtigten gewählt. Sie besteht bei bis zu 20 Wahlberechtigten aus einem Mitglied,
6. eine Frauenbeauftragte wird ab fünf wahlberechtigten Frauen gewählt, eine Stellvertreterin ab 20 wahlberechtigten Frauen,
7. die Regelungen zur Anrechnung von Aufträgen auf die Ausgleichsabgabe und zur bevorzugten Vergabe von Aufträgen durch die öffentliche Hand sind nicht anzuwenden und
8. erbringen sie Leistungen nach den §§ 57 oder 58 ausschließlich in betrieblicher Form, soll ein besserer als der in § 9 Absatz 3 der Werkstättenverordnung für den Berufsbildungsbereich oder für den Arbeitsbereich in einer Werkstatt für behinderte Menschen festgelegte Personalschlüssel angewendet werden.

(3) Eine Verpflichtung des Leistungsträgers, Leistungen durch andere Leistungsanbieter zu ermöglichen, besteht nicht.

(4) Für das Rechtsverhältnis zwischen dem anderen Leistungsanbieter und dem Menschen mit Behinderungen gilt § 221 entsprechend.

§ 61 Budget für Arbeit

(1) Menschen mit Behinderungen, die Anspruch auf Leistungen nach § 58 haben und denen von einem privaten oder öffentlichen Arbeitgeber ein sozialversicherungspflichtiges Arbeitsverhältnis mit einer tarifvertraglichen oder ortsüblichen Entlohnung angeboten wird, erhalten mit Abschluss dieses Arbeitsvertrages als Leistungen zur Teilhabe am Arbeitsleben ein Budget für Arbeit.

(2) ¹Das Budget für Arbeit umfasst einen Lohnkostenzuschuss an den Arbeitgeber zum Ausgleich der Leistungsminderung des Beschäftigten und die Aufwendungen für die wegen der Behinderung erforderliche Anleitung und Begleitung am Arbeitsplatz. ²Der Lohnkostenzuschuss beträgt bis zu 75 Prozent des vom Arbeitgeber regelmäßig gezahlten Arbeitsentgelts, höchstens jedoch 40 Prozent der monatlichen Bezugsgröße nach § 18 Absatz 1 des Vierten Buches. ³Dauer und Umfang der Leistungen bestimmen sich nach den Umständen des Einzelfalles. ⁴Durch Landesrecht kann von dem Prozentsatz der Bezugsgröße nach Satz 2 zweiter Halbsatz nach oben abgewichen werden.

(3) Ein Lohnkostenzuschuss ist ausgeschlossen, wenn zu vermuten ist, dass der Arbeitgeber die Beendigung eines anderen Beschäftigungsverhältnisses veranlasst hat, um durch die ersatzweise Einstellung eines Menschen mit Behinderungen den Lohnkostenzuschuss zu erhalten.

(4) Die am Arbeitsplatz wegen der Behinderung erforderliche Anleitung und Begleitung kann von mehreren Leistungsberechtigten gemeinsam in Anspruch genommen werden.

(5) Eine Verpflichtung des Leistungsträgers, Leistungen zur Beschäftigung bei privaten oder öffentlichen Arbeitgebern zu ermöglichen, besteht nicht.

§ 61a Budget für Ausbildung

(1) Menschen mit Behinderungen, die Anspruch auf Leistungen nach § 57 oder § 58 haben und denen von einem privaten oder öffentlichen Arbeitgeber ein sozialversicherungspflichtiges Ausbildungsverhältnis in einem anerkannten Ausbildungsberuf oder in einem Ausbildungsgang nach § 66 des Berufsbildungsgesetzes oder § 42r der Handwerksordnung angeboten wird, erhalten mit Abschluss des Vertrages über dieses Ausbildungsverhältnis als Leistungen zur Teilhabe am Arbeitsleben ein Budget für Ausbildung.
(2) ¹Das Budget für Ausbildung umfasst
1. die Erstattung der angemessenen Ausbildungsvergütung einschließlich des Anteils des Arbeitgebers am Gesamtsozialversicherungsbeitrag und des Beitrags zur Unfallversicherung nach Maßgabe des Siebten Buches,
2. die Aufwendungen für die wegen der Behinderung erforderliche Anleitung und Begleitung am Ausbildungsplatz und in der Berufsschule sowie
3. die erforderlichen Fahrkosten.
²Ist wegen Art oder Schwere der Behinderung der Besuch einer Berufsschule am Ort des Ausbildungsplatzes nicht möglich, so kann der schulische Teil der Ausbildung in Einrichtungen der beruflichen Rehabilitation erfolgen; die entstehenden Kosten werden ebenfalls vom Budget für Ausbildung gedeckt. ³Vor dem Abschluss einer Vereinbarung mit einer Einrichtung der beruflichen Rehabilitation ist dem zuständigen Leistungsträger das Angebot mit konkreten Angaben zu den entstehenden Kosten zur Bewilligung vorzulegen.
(3) ¹Das Budget für Ausbildung wird erbracht, solange es erforderlich ist, längstens bis zum erfolgreichen Abschluss der Ausbildung. ²Zeiten eines Budgets für Ausbildung werden auf die Dauer des Eingangsverfahrens und des Berufsbildungsbereiches in Werkstätten für behinderte Menschen nach § 57 Absatz 2 und 3 angerechnet, sofern der Mensch mit Behinderungen in der Werkstatt für behinderte Menschen oder bei einem anderen Leistungsanbieter seine berufliche Bildung in derselben Fachrichtung fortsetzt.
(4) Die wegen der Behinderung erforderliche Anleitung und Begleitung kann von mehreren Leistungsberechtigten gemeinsam in Anspruch genommen werden.
(5) ¹Die Bundesagentur für Arbeit soll den Menschen mit Behinderungen bei der Suche nach einem geeigneten Ausbildungsplatz im Sinne von Absatz 1 unterstützen. ²Dies umfasst im Fall des Absatzes 2 Satz 4 auch die Unterstützung bei der Suche nach einer geeigneten Einrichtung der beruflichen Rehabilitation.

§ 62 Wahlrecht des Menschen mit Behinderungen

(1) Auf Wunsch des Menschen mit Behinderungen werden die Leistungen nach den §§ 57 und 58 von einer nach § 225 anerkannten Werkstatt für behinderte Menschen, von dieser zusammen mit einem oder mehreren anderen Leistungsanbietern oder von einem oder mehreren anderen Leistungsanbietern erbracht.
(2) Werden Teile einer Leistung im Verantwortungsbereich einer Werkstatt für behinderte Menschen oder eines anderen Leistungsanbieters erbracht, so bedarf die Leistungserbringung der Zustimmung des unmittelbar verantwortlichen Leistungsanbieters.

§ 63 Zuständigkeit nach den Leistungsgesetzen

(1) Die Leistungen im Eingangsverfahren und im Berufsbildungsbereich einer anerkannten Werkstatt für behinderte Menschen erbringen
1. die Bundesagentur für Arbeit, soweit nicht einer der in den Nummern 2 bis 4 genannten Träger zuständig ist,
2. die Träger der Unfallversicherung im Rahmen ihrer Zuständigkeit für durch Arbeitsunfälle Verletzte und von Berufskrankheiten Betroffene,
3. die Träger der Rentenversicherung unter den Voraussetzungen der §§ 11 bis 13 des Sechsten Buches und
4. die Träger der Kriegsopferfürsorge unter den Voraussetzungen der §§ 26 und 26a des Bundesversorgungsgesetzes.

(2) Die Leistungen im Arbeitsbereich einer anerkannten Werkstatt für behinderte Menschen erbringen
1. die Träger der Unfallversicherung im Rahmen ihrer Zuständigkeit für durch Arbeitsunfälle Verletzte und von Berufskrankheiten Betroffene,

2. die Träger der Kriegsopferfürsorge unter den Voraussetzungen des § 27d Absatz 1 Nummer 3 des Bundesversorgungsgesetzes,
3. die Träger der öffentlichen Jugendhilfe unter den Voraussetzungen des § 35a des Achten Buches und
4. im Übrigen die Träger der Eingliederungshilfe unter den Voraussetzungen des § 99.

(3) ¹Absatz 1 gilt auch für die Leistungen zur beruflichen Bildung bei einem anderen Leistungsanbieter sowie für die Leistung des Budgets für Ausbildung an Menschen mit Behinderungen, die Anspruch auf Leistungen nach § 57 haben. ²Absatz 2 gilt auch für die Leistungen zur Beschäftigung bei einem anderen Leistungsanbieter, für die Leistung des Budgets für Ausbildung an Menschen mit Behinderungen, die Anspruch auf Leistungen nach § 58 haben und die keinen Anspruch auf Leistungen nach § 57 haben, sowie für die Leistung des Budgets für Arbeit.

Kapitel 11
Unterhaltssichernde und andere ergänzende Leistungen

§ 64 Ergänzende Leistungen

(1) Die Leistungen zur medizinischen Rehabilitation und zur Teilhabe am Arbeitsleben der in § 6 Absatz 1 Nummer 1 bis 5 genannten Rehabilitationsträger werden ergänzt durch
1. Krankengeld, Versorgungskrankengeld, Verletztengeld, Übergangsgeld, Ausbildungsgeld oder Unterhaltsbeihilfe,
2. Beiträge und Beitragszuschüsse
    a) zur Krankenversicherung nach Maßgabe des Fünften Buches, des Zweiten Gesetzes über die Krankenversicherung der Landwirte sowie des Künstlersozialversicherungsgesetzes,
    b) zur Unfallversicherung nach Maßgabe des Siebten Buches,
    c) zur Rentenversicherung nach Maßgabe des Sechsten Buches sowie des Künstlersozialversicherungsgesetzes,
    d) zur Bundesagentur für Arbeit nach Maßgabe des Dritten Buches,
    e) zur Pflegeversicherung nach Maßgabe des Elften Buches,
3. ärztlich verordneten Rehabilitationssport in Gruppen unter ärztlicher Betreuung und Überwachung, einschließlich Übungen für behinderte oder von Behinderung bedrohte Frauen und Mädchen, die der Stärkung des Selbstbewusstseins dienen,
4. ärztlich verordnetes Funktionstraining in Gruppen unter fachkundiger Anleitung und Überwachung,
5. Reisekosten sowie
6. Betriebs- oder Haushaltshilfe und Kinderbetreuungskosten.

(2) ¹Ist der Schutz von Menschen mit Behinderungen bei Krankheit oder Pflege während der Teilnahme an Leistungen zur Teilhabe am Arbeitsleben nicht anderweitig sichergestellt, können die Beiträge für eine freiwillige Krankenversicherung ohne Anspruch auf Krankengeld und zur Pflegeversicherung bei einem Träger der gesetzlichen Kranken- oder Pflegeversicherung oder, wenn dort im Einzelfall ein Schutz nicht gewährleistet ist, die Beiträge zu einem privaten Krankenversicherungsunternehmen erbracht werden. ²Arbeitslose Teilnehmer an Leistungen zur medizinischen Rehabilitation können für die Dauer des Bezuges von Verletztengeld, Versorgungskrankengeld oder Übergangsgeld einen Zuschuss zu ihrem Beitrag für eine private Versicherung gegen Krankheit oder für die Pflegeversicherung erhalten. ³Der Zuschuss wird nach § 174 Absatz 2 des Dritten Buches berechnet.

§ 65 Leistungen zum Lebensunterhalt

(1) Im Zusammenhang mit Leistungen zur medizinischen Rehabilitation leisten
1. Krankengeld: die gesetzlichen Krankenkassen nach Maßgabe der §§ 44 und 46 bis 51 des Fünften Buches und des § 8 Absatz 2 in Verbindung mit den §§ 12 und 13 des Zweiten Gesetzes über die Krankenversicherung der Landwirte,
2. Verletztengeld: die Träger der Unfallversicherung nach Maßgabe der §§ 45 bis 48, 52 und 55 des Siebten Buches,
3. Übergangsgeld: die Träger der Rentenversicherung nach Maßgabe dieses Buches und der §§ 20 und 21 des Sechsten Buches,
4. Versorgungskrankengeld: die Träger der Kriegsopferversorgung nach Maßgabe der §§ 16 bis 16h und 18a des Bundesversorgungsgesetzes.

(2) Im Zusammenhang mit Leistungen zur Teilhabe am Arbeitsleben leisten Übergangsgeld
1. die Träger der Unfallversicherung nach Maßgabe dieses Buches und der §§ 49 bis 52 des Siebten Buches,

2. die Träger der Rentenversicherung nach Maßgabe dieses Buches und der §§ 20 und 21 des Sechsten Buches,
3. die Bundesagentur für Arbeit nach Maßgabe dieses Buches und der §§ 119 bis 121 des Dritten Buches,
4. die Träger der Kriegsopferfürsorge nach Maßgabe dieses Buches und des § 26a des Bundesversorgungsgesetzes.

(3) Menschen mit Behinderungen oder von Behinderung bedrohte Menschen haben Anspruch auf Übergangsgeld wie bei Leistungen zur Teilhabe am Arbeitsleben für den Zeitraum, in dem die berufliche Eignung abgeklärt oder eine Arbeitserprobung durchgeführt wird (§ 49 Absatz 4 Satz 2) und sie wegen der Teilnahme an diesen Maßnahmen kein oder ein geringeres Arbeitsentgelt oder Arbeitseinkommen erzielen.

(4) Der Anspruch auf Übergangsgeld ruht, solange die Leistungsempfängerin einen Anspruch auf Mutterschaftsgeld hat; § 52 Nummer 2 des Siebten Buches bleibt unberührt.

(5) Während der Ausführung von Leistungen zur erstmaligen beruflichen Ausbildung von Menschen mit Behinderungen, berufsvorbereitenden Bildungsmaßnahmen und Leistungen zur individuellen betrieblichen Qualifizierung im Rahmen Unterstützter Beschäftigung sowie im Eingangsverfahren und im Berufsbildungsbereich von anerkannten Werkstätten für behinderte Menschen und anderen Leistungsanbietern leisten
1. die Bundesagentur für Arbeit Ausbildungsgeld nach Maßgabe der §§ 122 bis 126 des Dritten Buches und
2. die Träger der Kriegsopferfürsorge Unterhaltsbeihilfe unter den Voraussetzungen der §§ 26 und 26a des Bundesversorgungsgesetzes.

(6) Die Träger der Kriegsopferfürsorge leisten in den Fällen des § 27d Absatz 1 Nummer 3 des Bundesversorgungsgesetzes ergänzende Hilfe zum Lebensunterhalt nach § 27a des Bundesversorgungsgesetzes.

(7) Das Krankengeld, das Versorgungskrankengeld, das Verletztengeld und das Übergangsgeld werden für Kalendertage gezahlt; wird die Leistung für einen ganzen Kalendermonat gezahlt, so wird dieser mit 30 Tagen angesetzt.

§ 66 Höhe und Berechnung des Übergangsgelds

(1) ¹Der Berechnung des Übergangsgelds werden 80 Prozent des erzielten regelmäßigen Arbeitsentgelts und Arbeitseinkommens, soweit es der Beitragsberechnung unterliegt (Regelentgelt), zugrunde gelegt, höchstens jedoch das in entsprechender Anwendung des § 67 berechnete Nettoarbeitsentgelt; als Obergrenze gilt die für den Rehabilitationsträger jeweils geltende Beitragsbemessungsgrenze. ²Bei der Berechnung des Regelentgelts und des Nettoarbeitsentgelts werden die für die jeweilige Beitragsbemessung und Beitragstragung geltenden Besonderheiten des Übergangsbereichs nach § 20 Absatz 2 des Vierten Buches nicht berücksichtigt. ³Das Übergangsgeld beträgt
1. 75 Prozent der Berechnungsgrundlage für Leistungsempfänger,
   a) die mindestens ein Kind im Sinne des § 32 Absatz 1, 3 bis 5 des Einkommensteuergesetzes haben,
   b) die ein Stiefkind (§ 56 Absatz 2 Nummer 1 des Ersten Buches) in ihren Haushalt aufgenommen haben oder
   c) deren Ehegatten oder Lebenspartner, mit denen sie in häuslicher Gemeinschaft leben, eine Erwerbstätigkeit nicht ausüben können, weil sie die Leistungsempfänger pflegen oder selbst der Pflege bedürfen und keinen Anspruch auf Leistungen aus der Pflegeversicherung haben,
2. 68 Prozent der Berechnungsgrundlage für die übrigen Leistungsempfänger.

⁴Leisten Träger der Kriegsopferfürsorge Übergangsgeld, beträgt das Übergangsgeld 80 Prozent der Berechnungsgrundlage, wenn die Leistungsempfänger eine der Voraussetzungen von Satz 3 Nummer 1 erfüllen, und im Übrigen 70 Prozent der Berechnungsgrundlage.

(2) ¹Das Nettoarbeitsentgelt nach Absatz 1 Satz 1 berechnet sich, indem der Anteil am Nettoarbeitsentgelt, der sich aus dem kalendertäglichen Hinzurechnungsbetrag nach § 67 Absatz 1 Satz 6 ergibt, mit dem Prozentsatz angesetzt wird, der sich aus dem Verhältnis des kalendertäglichen Regelentgeltbetrages nach § 67 Absatz 1 Satz 1 bis 5 zu dem sich aus diesem Regelentgeltbetrag ergebenden Nettoarbeitsentgelt ergibt. ²Das kalendertägliche Übergangsgeld darf das kalendertägliche Nettoarbeitsentgelt, das sich aus dem Arbeitsentgelt nach § 67 Absatz 1 Satz 1 bis 5 ergibt, nicht übersteigen.

§ 67 Berechnung des Regelentgelts

(1) ¹Für die Berechnung des Regelentgelts wird das von den Leistungsempfängern im letzten vor Beginn der Leistung oder einer vorangegangenen Arbeitsunfähigkeit abgerechneten Entgeltabrechnungszeitraum, mindestens das während der letzten abgerechneten vier Wochen (Bemessungszeitraum) erzielte und um einmalig gezahltes Arbeitsentgelt verminderte Arbeitsentgelt durch die Zahl der Stunden geteilt, für die es gezahlt wurde. ²Das Ergebnis wird mit der Zahl der sich aus dem Inhalt des Arbeitsverhältnisses ergebenden regelmäßigen wöchentlichen Arbeitsstunden vervielfacht und durch sieben geteilt. ³Ist das Arbeitsentgelt nach Monaten bemessen oder ist eine Berechnung des Regelentgelts nach den Sätzen 1 und 2 nicht möglich, gilt der 30. Teil des in dem letzten vor Beginn der Leistung abgerechneten Kalendermonat erzielten und um einmalig gezahltes Arbeitsentgelt verminderten Arbeitsentgelts als Regelentgelt. ⁴Wird mit einer Arbeitsleistung Arbeitsentgelt erzielt, das für Zeiten einer Freistellung vor oder nach dieser Arbeitsleistung fällig wird (Wertguthaben nach § 7b des Vierten Buches), ist für die Berechnung des Regelentgelts das im Bemessungszeitraum der Beitragsberechnung zugrunde liegende und um einmalig gezahltes Arbeitsentgelt verminderte Arbeitsentgelt maßgebend; Wertguthaben, die nicht nach einer Vereinbarung über flexible Arbeitszeitregelungen verwendet werden (§ 23b Absatz 2 des Vierten Buches), bleiben außer Betracht. ⁵Bei der Anwendung des Satzes 1 gilt als regelmäßige wöchentliche Arbeitszeit die Arbeitszeit, die dem gezahlten Arbeitsentgelt entspricht. ⁶Für die Berechnung des Regelentgelts wird der 360. Teil des einmalig gezahlten Arbeitsentgelts, das in den letzten zwölf Kalendermonaten vor Beginn der Leistung nach § 23a des Vierten Buches der Beitragsberechnung zugrunde gelegen hat, dem nach den Sätzen 1 bis 5 berechneten Arbeitsentgelt hinzugerechnet.
(2) Bei Teilarbeitslosigkeit ist für die Berechnung das Arbeitsentgelt maßgebend, das in der infolge der Teilarbeitslosigkeit nicht mehr ausgeübten Beschäftigung erzielt wurde.
(3) Für Leistungsempfänger, die Kurzarbeitergeld bezogen haben, wird das regelmäßige Arbeitsentgelt zugrunde gelegt, das zuletzt vor dem Arbeitsausfall erzielt wurde.
(4) Das Regelentgelt wird bis zur Höhe der für den Rehabilitationsträger jeweils geltenden Leistungs- oder Beitragsbemessungsgrenze berücksichtigt, in der Rentenversicherung bis zur Höhe des der Beitragsbemessung zugrunde liegenden Entgelts.
(5) Für Leistungsempfänger, die im Inland nicht einkommensteuerpflichtig sind, werden für die Feststellung des entgangenen Nettoarbeitsentgelts die Steuern berücksichtigt, die bei einer Steuerpflicht im Inland durch Abzug vom Arbeitsentgelt erhoben würden.

§ 68 Berechnungsgrundlage in Sonderfällen

(1) Für die Berechnung des Übergangsgeldes während des Bezuges von Leistungen zur Teilhabe am Arbeitsleben werden 65 Prozent eines fiktiven Arbeitsentgelts zugrunde gelegt, wenn
1. die Berechnung nach den §§ 66 und 67 zu einem geringeren Betrag führt,
2. Arbeitsentgelt oder Arbeitseinkommen nicht erzielt worden ist oder
3. der letzte Tag des Bemessungszeitraums bei Beginn der Leistungen länger als drei Jahre zurückliegt.
(2) Für die Festsetzung des fiktiven Arbeitsentgelts ist der Leistungsempfänger der Qualifikationsgruppe zuzuordnen, die seiner beruflichen Qualifikation entspricht. Dafür gilt folgende Zuordnung:
1. für eine Hochschul- oder Fachhochschulausbildung (Qualifikationsgruppe 1) ein Arbeitsentgelt in Höhe von einem Dreihundertstel der Bezugsgröße,
2. für einen Fachschulabschluss, den Nachweis über eine abgeschlossene Qualifikation als Meisterin oder Meister oder einen Abschluss in einer vergleichbaren Einrichtung (Qualifikationsgruppe 2) ein Arbeitsentgelt in Höhe von einem Dreihundertsechzigstel der Bezugsgröße,
3. für eine abgeschlossene Ausbildung in einem Ausbildungsberuf (Qualifikationsgruppe 3) ein Arbeitsentgelt in Höhe von einem Vierhundertfünfzigstel der Bezugsgröße und
4. bei einer fehlenden Ausbildung (Qualifikationsgruppe 4) ein Arbeitsentgelt in Höhe von einem Sechshundertstel der Bezugsgröße.

Maßgebend ist die Bezugsgröße, die für den Wohnsitz oder für den gewöhnlichen Aufenthaltsort der Leistungsempfänger im letzten Kalendermonat vor dem Beginn der Leistung gilt.

§ 69 Kontinuität der Bemessungsgrundlage

Haben Leistungsempfänger Krankengeld, Verletztengeld, Versorgungskrankengeld oder Übergangsgeld bezogen und wird im Anschluss daran eine Leistung zur medizinischen Rehabilitation oder zur Teilhabe am Arbeitsleben ausgeführt, so wird bei der Berechnung der diese Leistungen ergänzenden Leistung zum Lebensunterhalt von dem bisher zugrunde gelegten Arbeitsentgelt ausgegangen; es gilt die für den Rehabilitationsträger jeweils geltende Beitragsbemessungsgrenze.

§ 70 Anpassung der Entgeltersatzleistungen

(1) Die Berechnungsgrundlage, die dem Krankengeld, dem Versorgungskrankengeld, dem Verletztengeld und dem Übergangsgeld zugrunde liegt, wird jeweils nach Ablauf eines Jahres ab dem Ende des Bemessungszeitraums an die Entwicklung der Bruttoarbeitsentgelte angepasst und zwar entsprechend der Veränderung der Bruttolöhne und -gehälter je Arbeitnehmer (§ 68 Absatz 2 Satz 1 des Sechsten Buches) vom vorvergangenen zum vergangenen Kalenderjahr.
(2) Der Anpassungsfaktor wird errechnet, indem die Bruttolöhne und -gehälter je Arbeitnehmer für das vergangene Kalenderjahr durch die entsprechenden Bruttolöhne und -gehälter für das vorvergangene Kalenderjahr geteilt werden; § 68 Absatz 7 und § 121 Absatz 1 des Sechsten Buches gelten entsprechend.
(3) Eine Anpassung nach Absatz 1 erfolgt, wenn der nach Absatz 2 berechnete Anpassungsfaktor den Wert 1,0000 überschreitet.
(4) Das Bundesministerium für Arbeit und Soziales gibt jeweils zum 30. Juni eines Kalenderjahres den Anpassungsfaktor, der für die folgenden zwölf Monate maßgebend ist, im Bundesanzeiger bekannt.

§ 71 Weiterzahlung der Leistungen

(1) ¹Sind nach Abschluss von Leistungen zur medizinischen Rehabilitation oder von Leistungen zur Teilhabe am Arbeitsleben weitere Leistungen zur Teilhabe am Arbeitsleben erforderlich, während derer dem Grunde nach Anspruch auf Übergangsgeld besteht, und können diese Leistungen aus Gründen, die die Leistungsempfänger nicht zu vertreten haben, nicht unmittelbar anschließend durchgeführt werden, werden das Verletztengeld, das Versorgungskrankengeld oder das Übergangsgeld für diese Zeit weitergezahlt. ²Voraussetzung für die Weiterzahlung ist, dass
1. die Leistungsempfänger arbeitsunfähig sind und keinen Anspruch auf Krankengeld mehr haben oder
2. den Leistungsempfängern eine zumutbare Beschäftigung aus Gründen, die sie nicht zu vertreten haben, nicht vermittelt werden kann.

(2) ¹Leistungsempfänger haben die Verzögerung von Weiterzahlungen insbesondere dann zu vertreten, wenn sie zumutbare Angebote von Leistungen zur Teilhabe am Arbeitsleben nur deshalb ablehnen, weil die Leistungen in größerer Entfernung zu ihren Wohnorten angeboten werden. ²Für die Beurteilung der Zumutbarkeit ist § 140 Absatz 4 des Dritten Buches entsprechend anzuwenden.
(3) Können Leistungsempfänger Leistungen zur Teilhabe am Arbeitsleben allein aus gesundheitlichen Gründen nicht mehr, aber voraussichtlich wieder in Anspruch nehmen, werden Übergangsgeld und Unterhaltsbeihilfe bis zum Ende dieser Leistungen, höchstens bis zu sechs Wochen weitergezahlt.
(4) ¹Sind die Leistungsempfänger im Anschluss an eine abgeschlossene Leistung zur Teilhabe am Arbeitsleben arbeitslos, werden Übergangsgeld und Unterhaltsbeihilfe während der Arbeitslosigkeit bis zu drei Monate weitergezahlt, wenn sie sich bei der Agentur für Arbeit arbeitslos gemeldet haben und einen Anspruch auf Arbeitslosengeld von mindestens drei Monaten nicht geltend machen können; die Anspruchsdauer von drei Monaten vermindert sich um die Anzahl von Tagen, für die Leistungsempfänger im Anschluss an eine abgeschlossene Leistung zur Teilhabe am Arbeitsleben einen Anspruch auf Arbeitslosengeld geltend machen können. ²In diesem Fall beträgt das Übergangsgeld
1. 67 Prozent bei Leistungsempfängern, bei denen die Voraussetzungen des erhöhten Bemessungssatzes nach § 66 Absatz 1 Satz 3 Nummer 1 vorliegen und
2. 60 Prozent bei den übrigen Leistungsempfängern,
des sich aus § 66 Absatz 1 Satz 1 oder § 68 ergebenden Betrages.
(5) Ist im unmittelbaren Anschluss an Leistungen zur medizinischen Rehabilitation eine stufenweise Wiedereingliederung (§ 44) erforderlich, wird das Übergangsgeld bis zum Ende der Wiedereingliederung weitergezahlt.

§ 72 Einkommensanrechnung

(1) Auf das Übergangsgeld der Rehabilitationsträger nach § 6 Absatz 1 Nummer 2, 4 und 5 wird Folgendes angerechnet:
1. Erwerbseinkommen aus einer Beschäftigung oder einer während des Anspruchs auf Übergangsgeld ausgeübten Tätigkeit, das bei Beschäftigten um die gesetzlichen Abzüge und um einmalig gezahltes Arbeitsentgelt und bei sonstigen Leistungsempfängern um 20 Prozent zu vermindern ist,
2. Leistungen des Arbeitgebers zum Übergangsgeld, soweit sie zusammen mit dem Übergangsgeld das vor Beginn der Leistung erzielte, um die gesetzlichen Abzüge verminderte Arbeitsentgelt übersteigen,
3. Geldleistungen, die eine öffentlich-rechtliche Stelle im Zusammenhang mit einer Leistung zur medizinischen Rehabilitation oder einer Leistung zur Teilhabe am Arbeitsleben erbringt,

4. Renten wegen verminderter Erwerbsfähigkeit oder Verletztenrenten in Höhe des sich aus § 18a Absatz 3 Satz 1 Nummer 4 des Vierten Buches ergebenden Betrages, wenn sich die Minderung der Erwerbsfähigkeit auf die Höhe der Berechnungsgrundlage für das Übergangsgeld nicht ausgewirkt hat,
5. Renten wegen verminderter Erwerbsfähigkeit, die aus demselben Anlass wie die Leistungen zur Teilhabe erbracht werden, wenn durch die Anrechnung eine unbillige Doppelleistung vermieden wird,
6. Renten wegen Alters, die bei der Berechnung des Übergangsgeldes aus einem Teilarbeitsentgelt nicht berücksichtigt wurden,
7. Verletztengeld nach den Vorschriften des Siebten Buches und
8. vergleichbare Leistungen nach den Nummern 1 bis 7, die von einer Stelle außerhalb des Geltungsbereichs dieses Gesetzbuchs erbracht werden.

(2) Bei der Anrechnung von Verletztenrenten mit Kinderzulage und von Renten wegen verminderter Erwerbsfähigkeit mit Kinderzuschuss auf das Übergangsgeld bleibt ein Betrag in Höhe des Kindergeldes nach § 66 des Einkommensteuergesetzes oder § 6 des Bundeskindergeldgesetzes außer Ansatz.
(3) Wird ein Anspruch auf Leistungen, um die das Übergangsgeld nach Absatz 1 Nummer 3 zu kürzen wäre, nicht erfüllt, geht der Anspruch insoweit mit Zahlung des Übergangsgeldes auf den Rehabilitationsträger über; die §§ 104 und 115 des Zehnten Buches bleiben unberührt.

§ 73 Reisekosten

(1) Als Reisekosten werden die erforderlichen Fahr-, Verpflegungs- und Übernachtungskosten übernommen, die im Zusammenhang mit der Ausführung einer Leistung zur medizinischen Rehabilitation oder zur Teilhabe am Arbeitsleben stehen. Zu den Reisekosten gehören auch die Kosten
1. für besondere Beförderungsmittel, deren Inanspruchnahme wegen der Art oder Schwere der Behinderung erforderlich ist,
2. für eine wegen der Behinderung erforderliche Begleitperson einschließlich des für die Zeit der Begleitung entstehenden Verdienstausfalls,
3. für Kinder, deren Mitnahme an den Rehabilitationsort erforderlich ist, weil ihre anderweitige Betreuung nicht sichergestellt ist sowie
4. für den erforderlichen Gepäcktransport.

(2) ¹Während der Ausführung von Leistungen zur Teilhabe am Arbeitsleben werden im Regelfall auch Reisekosten für zwei Familienheimfahrten je Monat übernommen. ²Anstelle der Kosten für die Familienheimfahrten können für Fahrten von Angehörigen vom Wohnort zum Aufenthaltsort der Leistungsempfänger und zurück Reisekosten übernommen werden.
(3) Reisekosten nach Absatz 2 werden auch im Zusammenhang mit Leistungen zur medizinischen Rehabilitation übernommen, wenn die Leistungen länger als acht Wochen erbracht werden.
(4) ¹Fahrkosten werden in Höhe des Betrages zugrunde gelegt, der bei Benutzung eines regelmäßig verkehrenden öffentlichen Verkehrsmittels der niedrigsten Beförderungsklasse des zweckmäßigsten öffentlichen Verkehrsmittels zu zahlen ist, bei Benutzung sonstiger Verkehrsmittel in Höhe der Wegstreckenentschädigung nach § 5 Absatz 1 des Bundesreisekostengesetzes. ²Bei Fahrpreiserhöhungen, die nicht geringfügig sind, hat auf Antrag des Leistungsempfängers eine Anpassung der Fahrkostenentschädigung zu erfolgen, wenn die Maßnahme noch mindestens zwei weitere Monate andauert. ³Kosten für Pendelfahrten können nur bis zur Höhe des Betrages übernommen werden, der unter Berücksichtigung von Art und Schwere der Behinderung bei einer zumutbaren auswärtigen Unterbringung für Unterbringung und Verpflegung zu leisten wäre.

§ 74 Haushalts- oder Betriebshilfe und Kinderbetreuungskosten

(1) ¹Haushaltshilfe wird geleistet, wenn
1. den Leistungsempfängern wegen der Ausführung einer Leistung zur medizinischen Rehabilitation oder einer Leistung zur Teilhabe am Arbeitsleben die Weiterführung des Haushalts nicht möglich ist,
2. eine andere im Haushalt lebende Person den Haushalt nicht weiterführen kann und
3. im Haushalt ein Kind lebt, das bei Beginn der Haushaltshilfe noch nicht zwölf Jahre alt ist oder wenn das Kind eine Behinderung hat und auf Hilfe angewiesen ist.

²§ 38 Absatz 4 des Fünften Buches gilt entsprechend.
(2) Anstelle der Haushaltshilfe werden auf Antrag des Leistungsempfängers die Kosten für die Mitnahme oder für die anderweitige Unterbringung des Kindes bis zur Höhe der Kosten der sonst zu erbringenden

Haushaltshilfe übernommen, wenn die Unterbringung und Betreuung des Kindes in dieser Weise sichergestellt ist.

(3) ¹Kosten für die Kinderbetreuung des Leistungsempfängers können bis zu einem Betrag von 160 Euro je Kind und Monat übernommen werden, wenn die Kosten durch die Ausführung einer Leistung zur medizinischen Rehabilitation oder zur Teilhabe am Arbeitsleben unvermeidbar sind. ²Es werden neben den Leistungen zur Kinderbetreuung keine Leistungen nach den Absätzen 1 und 2 erbracht. ³Der in Satz 1 genannte Betrag erhöht sich entsprechend der Veränderung der Bezugsgröße nach § 18 Absatz 1 des Vierten Buches; § 160 Absatz 3 Satz 2 bis 5 gilt entsprechend.

(4) Abweichend von den Absätzen 1 bis 3 erbringen die landwirtschaftliche Alterskasse und die landwirtschaftliche Krankenkasse Betriebs- und Haushaltshilfe nach den §§ 10 und 36 des Gesetzes über die Alterssicherung der Landwirte und nach den §§ 9 und 10 des Zweiten Gesetzes über die Krankenversicherung der Landwirte, die landwirtschaftliche Berufsgenossenschaft für die bei ihr versicherten landwirtschaftlichen Unternehmer und im Unternehmen mitarbeitenden Ehegatten nach den §§ 54 und 55 des Siebten Buches.

Kapitel 12
Leistungen zur Teilhabe an Bildung

§ 75 Leistungen zur Teilhabe an Bildung

(1) Zur Teilhabe an Bildung werden unterstützende Leistungen erbracht, die erforderlich sind, damit Menschen mit Behinderungen Bildungsangebote gleichberechtigt wahrnehmen können.

(2) ¹Die Leistungen umfassen insbesondere
1. Hilfen zur Schulbildung, insbesondere im Rahmen der Schulpflicht einschließlich der Vorbereitung hierzu,
2. Hilfen zur schulischen Berufsausbildung,
3. Hilfen zur Hochschulbildung und
4. Hilfen zur schulischen und hochschulischen beruflichen Weiterbildung.

²Die Rehabilitationsträger nach § 6 Absatz 1 Nummer 3 erbringen ihre Leistungen unter den Voraussetzungen und im Umfang der Bestimmungen des Siebten Buches als Leistungen zur Teilhabe am Arbeitsleben oder zur Teilhabe am Leben in der Gemeinschaft.

Kapitel 13
Soziale Teilhabe

§ 76 Leistungen zur Sozialen Teilhabe

(1) ¹Leistungen zur Sozialen Teilhabe werden erbracht, um eine gleichberechtigte Teilhabe am Leben in der Gemeinschaft zu ermöglichen oder zu erleichtern, soweit sie nicht nach den Kapiteln 9 bis 12 erbracht werden. ²Hierzu gehört, Leistungsberechtigte zu einer möglichst selbstbestimmten und eigenverantwortlichen Lebensführung im eigenen Wohnraum sowie in ihrem Sozialraum zu befähigen oder sie hierbei zu unterstützen. ³Maßgeblich sind die Ermittlungen und Feststellungen nach den Kapiteln 3 und 4.

(2) Leistungen zur Sozialen Teilhabe sind insbesondere
1. Leistungen für Wohnraum,
2. Assistenzleistungen,
3. heilpädagogische Leistungen,
4. Leistungen zur Betreuung in einer Pflegefamilie,
5. Leistungen zum Erwerb und Erhalt praktischer Kenntnisse und Fähigkeiten,
6. Leistungen zur Förderung der Verständigung,
7. Leistungen zur Mobilität und
8. Hilfsmittel.

§ 77 Leistungen für Wohnraum

(1) ¹Leistungen für Wohnraum werden erbracht, um Leistungsberechtigten zu Wohnraum zu verhelfen, der zur Führung eines möglichst selbstbestimmten, eigenverantwortlichen Lebens geeignet ist. ²Die Leistungen umfassen Leistungen für die Beschaffung, den Umbau, die Ausstattung und die Erhaltung von Wohnraum, der den besonderen Bedürfnissen von Menschen mit Behinderungen entspricht.

(2) Aufwendungen für Wohnraum oberhalb der Angemessenheitsgrenze nach § 42a des Zwölften Buches sind zu erstatten, soweit wegen des Umfangs von Assistenzleistungen ein gesteigerter Wohnraumbedarf besteht.

§ 78 Assistenzleistungen

(1) ¹Zur selbstbestimmten und eigenständigen Bewältigung des Alltages einschließlich der Tagesstrukturierung werden Leistungen für Assistenz erbracht. ²Sie umfassen insbesondere Leistungen für die allgemeinen Erledigungen des Alltags wie die Haushaltsführung, die Gestaltung sozialer Beziehungen, die persönliche Lebensplanung, die Teilhabe am gemeinschaftlichen und kulturellen Leben, die Freizeitgestaltung einschließlich sportlicher Aktivitäten sowie die Sicherstellung der Wirksamkeit der ärztlichen und ärztlich verordneten Leistungen. ³Sie beinhalten die Verständigung mit der Umwelt in diesen Bereichen.

(2) ¹Die Leistungsberechtigten entscheiden auf der Grundlage des Teilhabeplans nach § 19 über die konkrete Gestaltung der Leistungen hinsichtlich Ablauf, Ort und Zeitpunkt der Inanspruchnahme. ²Die Leistungen umfassen
1. die vollständige und teilweise Übernahme von Handlungen zur Alltagsbewältigung sowie die Begleitung der Leistungsberechtigten und
2. die Befähigung der Leistungsberechtigten zu einer eigenständigen Alltagsbewältigung.

³Die Leistungen nach Nummer 2 werden von Fachkräften als qualifizierte Assistenz erbracht. ⁴Sie umfassen insbesondere die Anleitungen und Übungen in den Bereichen nach Absatz 1 Satz 2.

(3) Die Leistungen für Assistenz nach Absatz 1 umfassen auch Leistungen an Mütter und Väter mit Behinderungen bei der Versorgung und Betreuung ihrer Kinder.

(4) Sind mit der Assistenz nach Absatz 1 notwendige Fahrkosten oder weitere Aufwendungen des Assistenzgebers, die nach den Besonderheiten des Einzelfalles notwendig sind, verbunden, werden diese als ergänzende Leistungen erbracht.

(5) ¹Leistungsberechtigten Personen, die ein Ehrenamt ausüben, sind angemessene Aufwendungen für eine notwendige Unterstützung zu erstatten, soweit die Unterstützung nicht zumutbar unentgeltlich erbracht werden kann. ²Die notwendige Unterstützung soll hierbei vorrangig im Rahmen familiärer, freundschaftlicher, nachbarschaftlicher oder ähnlich persönlicher Beziehungen erbracht werden.

(6) Leistungen zur Erreichbarkeit einer Ansprechperson unabhängig von einer konkreten Inanspruchnahme werden erbracht, soweit dies nach den Besonderheiten des Einzelfalles erforderlich ist.

§ 79 Heilpädagogische Leistungen

(1) ¹Heilpädagogische Leistungen werden an noch nicht eingeschulte Kinder erbracht, wenn nach fachlicher Erkenntnis zu erwarten ist, dass hierdurch
1. eine drohende Behinderung abgewendet oder der fortschreitende Verlauf einer Behinderung verlangsamt wird oder
2. die Folgen einer Behinderung beseitigt oder gemildert werden können.

²Heilpädagogische Leistungen werden immer an schwerstbehinderte und schwerstmehrfachbehinderte Kinder, die noch nicht eingeschult sind, erbracht.

(2) Heilpädagogische Leistungen umfassen alle Maßnahmen, die zur Entwicklung des Kindes und zur Entfaltung seiner Persönlichkeit beitragen, einschließlich der jeweils erforderlichen nichtärztlichen therapeutischen, psychologischen, sonderpädagogischen, psychosozialen Leistungen und der Beratung der Erziehungsberechtigten, soweit die Leistungen nicht von § 46 Absatz 1 erfasst sind.

(3) ¹In Verbindung mit Leistungen zur Früherkennung und Frühförderung nach § 46 Absatz 3 werden heilpädagogische Leistungen als Komplexleistung erbracht. ²Die Vorschriften der Verordnung zur Früherkennung und Frühförderung behinderter und von Behinderung bedrohter Kinder finden Anwendung. ³In Verbindung mit schulvorbereitenden Maßnahmen der Schulträger werden die Leistungen ebenfalls als Komplexleistung erbracht.

§ 80 Leistungen zur Betreuung in einer Pflegefamilie

¹Leistungen zur Betreuung in einer Pflegefamilie werden erbracht, um Leistungsberechtigten die Betreuung in einer anderen Familie als der Herkunftsfamilie durch eine geeignete Pflegeperson zu ermöglichen. ²Bei minderjährigen Leistungsberechtigten bedarf die Pflegeperson der Erlaubnis nach § 44 des Achten Buches. ³Bei volljährigen Leistungsberechtigten gilt § 44 des Achten Buches entsprechend. ⁴Die Regelungen über Verträge mit Leistungserbringern bleiben unberührt.

§ 81 Leistungen zum Erwerb und Erhalt praktischer Kenntnisse und Fähigkeiten

¹Leistungen zum Erwerb und Erhalt praktischer Kenntnisse und Fähigkeiten werden erbracht, um Leistungsberechtigten die für sie erreichbare Teilhabe am Leben in der Gemeinschaft zu ermöglichen. ²Die Leistungen sind insbesondere darauf gerichtet, die Leistungsberechtigten in Fördergruppen und Schulungen oder ähnlichen Maßnahmen zur Vornahme lebenspraktischer Handlungen einschließlich hauswirtschaftlicher Tätigkeiten zu befähigen, sie auf die Teilhabe am Arbeitsleben vorzubereiten, ihre Sprache und Kommunikation zu verbessern und sie zu befähigen, sich ohne fremde Hilfe sicher im Verkehr zu bewegen. ³Die Leistungen umfassen auch die blindentechnische Grundausbildung.

§ 82 Leistungen zur Förderung der Verständigung

¹Leistungen zur Förderung der Verständigung werden erbracht, um Leistungsberechtigten mit Hör- und Sprachbehinderungen die Verständigung mit der Umwelt aus besonderem Anlass zu ermöglichen oder zu erleichtern. ²Die Leistungen umfassen insbesondere Hilfen durch Gebärdensprachdolmetscher und andere geeignete Kommunikationshilfen. ³§ 17 Absatz 2 des Ersten Buches bleibt unberührt.

§ 83 Leistungen zur Mobilität

(1) Leistungen zur Mobilität umfassen
1. Leistungen zur Beförderung, insbesondere durch einen Beförderungsdienst, und
2. Leistungen für ein Kraftfahrzeug.

(2) ¹Leistungen nach Absatz 1 erhalten Leistungsberechtigte nach § 2, denen die Nutzung öffentlicher Verkehrsmittel auf Grund der Art und Schwere ihrer Behinderung nicht zumutbar ist. ²Leistungen nach Absatz 1 Nummer 2 werden nur erbracht, wenn die Leistungsberechtigten das Kraftfahrzeug führen können oder gewährleistet ist, dass ein Dritter das Kraftfahrzeug für sie führt und Leistungen nach Absatz 1 Nummer 1 nicht zumutbar oder wirtschaftlich sind.

(3) ¹Die Leistungen nach Absatz 1 Nummer 2 umfassen Leistungen
1. zur Beschaffung eines Kraftfahrzeugs,
2. für die erforderliche Zusatzausstattung,
3. zur Erlangung der Fahrerlaubnis,
4. zur Instandhaltung und
5. für die mit dem Betrieb des Kraftfahrzeugs verbundenen Kosten.

²Die Bemessung der Leistungen orientiert sich an der Kraftfahrzeughilfe-Verordnung.

(4) Sind die Leistungsberechtigten minderjährig, umfassen die Leistungen nach Absatz 1 Nummer 2 den wegen der Behinderung erforderlichen Mehraufwand bei der Beschaffung des Kraftfahrzeugs sowie Leistungen nach Absatz 3 Nummer 2.

§ 84 Hilfsmittel

(1) ¹Die Leistungen umfassen Hilfsmittel, die erforderlich sind, um eine durch die Behinderung bestehende Einschränkung einer gleichberechtigten Teilhabe am Leben in der Gemeinschaft auszugleichen. ²Hierzu gehören insbesondere barrierefreie Computer.

(2) Die Leistungen umfassen auch eine notwendige Unterweisung im Gebrauch der Hilfsmittel sowie deren notwendige Instandhaltung oder Änderung.

(3) Soweit es im Einzelfall erforderlich ist, werden Leistungen für eine Doppelausstattung erbracht.

Kapitel 14
Beteiligung der Verbände und Träger

§ 85 Klagerecht der Verbände

¹Werden Menschen mit Behinderungen in ihren Rechten nach diesem Buch verletzt, können an ihrer Stelle und mit ihrem Einverständnis Verbände klagen, die nach ihrer Satzung Menschen mit Behinderungen auf Bundes- oder Landesebene vertreten und nicht selbst am Prozess beteiligt sind. ²In diesem Fall müssen alle Verfahrensvoraussetzungen wie bei einem Rechtsschutzersuchen durch den Menschen mit Behinderungen selbst vorliegen.

§ 86 Beirat für die Teilhabe von Menschen mit Behinderungen

(1) ¹Beim Bundesministerium für Arbeit und Soziales wird ein Beirat für die Teilhabe von Menschen mit Behinderungen gebildet, der das Bundesministerium für Arbeit und Soziales in Fragen der Teilhabe von Menschen mit Behinderungen berät und bei Aufgaben der Koordinierung unterstützt. ²Zu den Aufgaben des Beirats gehören insbesondere auch

1. die Unterstützung bei der Förderung von Rehabilitationseinrichtungen und die Mitwirkung bei der Vergabe der Mittel des Ausgleichsfonds sowie
2. die Anregung und Koordinierung von Maßnahmen zur Evaluierung der in diesem Buch getroffenen Regelungen im Rahmen der Rehabilitationsforschung und als forschungsbegleitender Ausschuss die Unterstützung des Bundesministeriums bei der Festlegung von Fragestellungen und Kriterien.

³Das Bundesministerium für Arbeit und Soziales trifft Entscheidungen über die Vergabe der Mittel des Ausgleichsfonds nur auf Grund von Vorschlägen des Beirats.

(2) ¹Der Beirat besteht aus 49 Mitgliedern. ²Von diesen beruft das Bundesministerium für Arbeit und Soziales

1. zwei Mitglieder auf Vorschlag der Gruppenvertreter der Arbeitnehmer im Verwaltungsrat der Bundesagentur für Arbeit,
2. zwei Mitglieder auf Vorschlag der Gruppenvertreter der Arbeitgeber im Verwaltungsrat der Bundesagentur für Arbeit,
3. sechs Mitglieder auf Vorschlag der Behindertenverbände, die nach der Zusammensetzung ihrer Mitglieder dazu berufen sind, Menschen mit Behinderungen auf Bundesebene zu vertreten,
4. 16 Mitglieder auf Vorschlag der Länder,
5. drei Mitglieder auf Vorschlag der Bundesvereinigung der kommunalen Spitzenverbände,
6. ein Mitglied auf Vorschlag der Bundesarbeitsgemeinschaft der Integrationsämter und Hauptfürsorgestellen,
7. ein Mitglied auf Vorschlag des Vorstands der Bundesagentur für Arbeit,
8. zwei Mitglieder auf Vorschlag des Spitzenverbandes Bund der Krankenkassen,
9. ein Mitglied auf Vorschlag der Spitzenvereinigungen der Träger der gesetzlichen Unfallversicherung,
10. drei Mitglieder auf Vorschlag der Deutschen Rentenversicherung Bund,
11. ein Mitglied auf Vorschlag der Bundesarbeitsgemeinschaft der überörtlichen Träger der Sozialhilfe,
12. ein Mitglied auf Vorschlag der Bundesarbeitsgemeinschaft der Freien Wohlfahrtspflege,
13. ein Mitglied auf Vorschlag der Bundesarbeitsgemeinschaft für Unterstützte Beschäftigung,
14. fünf Mitglieder auf Vorschlag der Arbeitsgemeinschaften der Einrichtungen der medizinischen Rehabilitation, der Berufsförderungswerke, der Berufsbildungswerke, der Werkstätten für behinderte Menschen und der Inklusionsbetriebe,
15. ein Mitglied auf Vorschlag der für die Wahrnehmung der Interessen der ambulanten und stationären Rehabilitationseinrichtungen auf Bundesebene maßgeblichen Spitzenverbände,
16. zwei Mitglieder auf Vorschlag der Kassenärztlichen Bundesvereinigung und der Bundesärztekammer und
17. ein Mitglied auf Vorschlag der Bundesarbeitsgemeinschaft für Rehabilitation.

³Für jedes Mitglied ist ein stellvertretendes Mitglied zu berufen.

§ 87 Verfahren des Beirats
¹Der Beirat für die Teilhabe von Menschen mit Behinderungen wählt aus den ihm angehörenden Mitgliedern von Seiten der Arbeitnehmer, Arbeitgeber und Organisationen behinderter Menschen jeweils für die Dauer eines Jahres eine Vorsitzende oder einen Vorsitzenden und eine Stellvertreterin oder einen Stellvertreter. ²Im Übrigen gilt § 189 entsprechend.

§ 88 Berichte über die Lage von Menschen mit Behinderungen und die Entwicklung ihrer Teilhabe
(1) ¹Die Bundesregierung berichtet den gesetzgebenden Körperschaften des Bundes einmal in der Legislaturperiode, mindestens jedoch alle vier Jahre, über die Lebenslagen der Menschen mit Behinderungen und der von Behinderung bedrohten Menschen sowie über die Entwicklung ihrer Teilhabe am Arbeitsleben und am Leben in der Gesellschaft. ²Die Berichterstattung zu den Lebenslagen umfasst Querschnittsthemen wie Gender Mainstreaming, Migration, Alter, Barrierefreiheit, Diskriminierung, Assistenzbedarf und Armut. ³Gegenstand des Berichts sind auch Forschungsergebnisse über Wirtschaftlichkeit und Wirksamkeit staatlicher Maßnahmen und der Leistungen der Rehabilitationsträger für die Zielgruppen des Berichts.

(2) Die Verbände der Menschen mit Behinderungen werden an der Weiterentwicklung des Berichtskonzeptes beteiligt.

§ 89 Verordnungsermächtigung
Das Bundesministerium für Arbeit und Soziales kann durch Rechtsverordnung mit Zustimmung des Bundesrates weitere Vorschriften über die Geschäftsführung und das Verfahren des Beirats nach § 87 erlassen.

Teil 2
Besondere Leistungen zur selbstbestimmten Lebensführung für Menschen mit Behinderungen (Eingliederungshilferecht)

Kapitel 1
Allgemeine Vorschriften

§ 90 Aufgabe der Eingliederungshilfe
(1) ¹Aufgabe der Eingliederungshilfe ist es, Leistungsberechtigten eine individuelle Lebensführung zu ermöglichen, die der Würde des Menschen entspricht, und die volle, wirksame und gleichberechtigte Teilhabe am Leben in der Gesellschaft zu fördern. ²Die Leistung soll sie befähigen, ihre Lebensplanung und -führung möglichst selbstbestimmt und eigenverantwortlich wahrnehmen zu können.
(2) Besondere Aufgabe der medizinischen Rehabilitation ist es, eine Beeinträchtigung nach § 99 Absatz 1 abzuwenden, zu beseitigen, zu mindern, auszugleichen, eine Verschlimmerung zu verhüten oder die Leistungsberechtigten soweit wie möglich unabhängig von Pflege zu machen.
(3) Besondere Aufgabe der Teilhabe am Arbeitsleben ist es, die Aufnahme, Ausübung und Sicherung einer der Eignung und Neigung der Leistungsberechtigten entsprechenden Beschäftigung sowie die Weiterentwicklung ihrer Leistungsfähigkeit und Persönlichkeit zu fördern.
(4) Besondere Aufgabe der Teilhabe an Bildung ist es, Leistungsberechtigten eine ihren Fähigkeiten und Leistungen entsprechende Schulbildung und schulische und hochschulische Aus- und Weiterbildung für einen Beruf zur Förderung ihrer Teilhabe am Leben in der Gesellschaft zu ermöglichen.
(5) Besondere Aufgabe der Sozialen Teilhabe ist es, die gleichberechtigte Teilhabe am Leben in der Gemeinschaft zu ermöglichen oder zu erleichtern.

§ 91 Nachrang der Eingliederungshilfe
(1) Eingliederungshilfe erhält, wer die erforderliche Leistung nicht von anderen oder von Trägern anderer Sozialleistungen erhält.
(2) ¹Verpflichtungen anderer, insbesondere der Träger anderer Sozialleistungen, bleiben unberührt. ²Leistungen anderer dürfen nicht deshalb versagt werden, weil dieser Teil entsprechende Leistungen vorsieht; dies gilt insbesondere bei einer gesetzlichen Verpflichtung der Träger anderer Sozialleistungen oder anderer Stellen, in ihrem Verantwortungsbereich die Verwirklichung der Rechte für Menschen mit Behinderungen zu gewährleisten oder zu fördern.
(3) Das Verhältnis der Leistungen der Pflegeversicherung und der Leistungen der Eingliederungshilfe bestimmt sich nach § 13 Absatz 3 des Elften Buches.

§ 92 Beitrag
Zu den Leistungen der Eingliederungshilfe ist nach Maßgabe des Kapitels 9 ein Beitrag aufzubringen.

§ 93 Verhältnis zu anderen Rechtsbereichen
(1) Die Vorschriften über die Leistungen zur Sicherung des Lebensunterhalts nach dem Zweiten Buch sowie über die Hilfe zum Lebensunterhalt und die Grundsicherung im Alter und bei Erwerbsminderung nach dem Zwölften Buch bleiben unberührt.
(2) Die Vorschriften über die Hilfe zur Überwindung besonderer sozialer Schwierigkeiten nach dem Achten Kapitel des Zwölften Buches, über die Altenhilfe nach § 71 des Zwölften Buches und über die Blindenhilfe nach § 72 des Zwölften Buches bleiben unberührt.
(3) Die Hilfen zur Gesundheit nach dem Zwölften Buch gehen den Leistungen der Eingliederungshilfe vor, wenn sie zur Beseitigung einer drohenden wesentlichen Behinderung nach § 99 Absatz 1 in Verbindung mit Absatz 2 geeignet sind.

§ 94 Aufgaben der Länder
(1) Die Länder bestimmen die für die Durchführung dieses Teils zuständigen Träger der Eingliederungshilfe.
(2) ¹Bei der Bestimmung durch Landesrecht ist sicherzustellen, dass die Träger der Eingliederungshilfe nach ihrer Leistungsfähigkeit zur Erfüllung dieser Aufgaben geeignet sind. ²Sind in einem Land mehrere

Träger der Eingliederungshilfe bestimmt worden, unterstützen die obersten Landessozialbehörden die Träger bei der Durchführung der Aufgaben nach diesem Teil. ³Dabei sollen sie insbesondere den Erfahrungsaustausch zwischen den Trägern sowie die Entwicklung und Durchführung von Instrumenten zur zielgerichteten Erbringung und Überprüfung von Leistungen und der Qualitätssicherung einschließlich der Wirksamkeit der Leistungen fördern.
(3) Die Länder haben auf flächendeckende, bedarfsdeckende, am Sozialraum orientierte und inklusiv ausgerichtete Angebote von Leistungsanbietern hinzuwirken und unterstützen die Träger der Eingliederungshilfe bei der Umsetzung ihres Sicherstellungsauftrages.
(4) ¹Zur Förderung und Weiterentwicklung der Strukturen der Eingliederungshilfe bildet jedes Land eine Arbeitsgemeinschaft. ²Die Arbeitsgemeinschaften bestehen aus Vertretern des für die Eingliederungshilfe zuständigen Ministeriums, der Träger der Eingliederungshilfe, der Leistungserbringer sowie aus Vertretern der Verbände für Menschen mit Behinderungen. ³Die Landesregierungen werden ermächtigt, durch Rechtsverordnung das Nähere über die Zusammensetzung und das Verfahren zu bestimmen.
(5) ¹Die Länder treffen sich regelmäßig unter Beteiligung des Bundes sowie der Träger der Eingliederungshilfe zur Evidenzbeobachtung und zu einem Erfahrungsaustausch. ²Die Verbände der Leistungserbringer sowie die Verbände für Menschen mit Behinderungen können hinzugezogen werden. ³Gegenstand der Evidenzbeobachtung und des Erfahrungsaustausches sind insbesondere
1. die Wirkung und Qualifizierung der Steuerungsinstrumente,
2. die Wirkungen der Regelungen zur Leistungsberechtigung nach § 99 sowie der neuen Leistungen und Leistungsstrukturen,
3. die Umsetzung des Wunsch- und Wahlrechtes nach § 104 Absatz 1 und 2,
4. die Wirkung der Koordinierung der Leistungen und der trägerübergreifenden Verfahren der Bedarfsermittlung und -feststellung und
5. die Auswirkungen des Beitrags.
⁴Die Erkenntnisse sollen zur Weiterentwicklung der Eingliederungshilfe zusammengeführt werden.

§ 95 Sicherstellungsauftrag
¹Die Träger der Eingliederungshilfe haben im Rahmen ihrer Leistungsverpflichtung eine personenzentrierte Leistung für Leistungsberechtigte unabhängig vom Ort der Leistungserbringung sicherzustellen (Sicherstellungsauftrag), soweit dieser Teil nichts Abweichendes bestimmt. ²Sie schließen hierzu Vereinbarungen mit den Leistungsanbietern nach den Vorschriften des Kapitels 8 ab. ³Im Rahmen der Strukturplanung sind die Erkenntnisse aus der Gesamtplanung nach Kapitel 7 zu berücksichtigen.

§ 96 Zusammenarbeit
(1) Die Träger der Eingliederungshilfe arbeiten mit Leistungsanbietern und anderen Stellen, deren Aufgabe die Lebenssituation von Menschen mit Behinderungen betrifft, zusammen.
(2) Die Stellung der Kirchen und Religionsgesellschaften des öffentlichen Rechts sowie der Verbände der Freien Wohlfahrtspflege als Träger eigener sozialer Aufgaben und ihre Tätigkeit zur Erfüllung dieser Aufgaben werden durch diesen Teil nicht berührt.
(3) Ist die Beratung und Sicherung der gleichmäßigen, gemeinsamen oder ergänzenden Erbringung von Leistungen geboten, sollen zu diesem Zweck Arbeitsgemeinschaften gebildet werden.
(4) Sozialdaten dürfen im Rahmen der Zusammenarbeit nur verarbeitet werden, soweit dies zur Erfüllung von Aufgaben nach diesem Teil erforderlich ist oder durch Rechtsvorschriften des Sozialgesetzbuches angeordnet oder erlaubt ist.

§ 97 Fachkräfte
¹Bei der Durchführung der Aufgaben dieses Teils beschäftigen die Träger der Eingliederungshilfe eine dem Bedarf entsprechende Anzahl an Fachkräften aus unterschiedlichen Fachdisziplinen. ²Diese sollen
1. eine ihren Aufgaben entsprechende Ausbildung erhalten haben und insbesondere über umfassende Kenntnisse
   a) des Sozial- und Verwaltungsrechts,
   b) über Personen, die leistungsberechtigt im Sinne des § 99 Absatz 1 bis 3 sind, oder
   c) von Teilhabebedarfen und Teilhabebarrieren
   verfügen,
2. umfassende Kenntnisse über den regionalen Sozialraum und seine Möglichkeiten zur Durchführung von Leistungen der Eingliederungshilfe haben sowie
3. die Fähigkeit zur Kommunikation mit allen Beteiligten haben.

³Soweit Mitarbeiter der Leistungsträger nicht oder nur zum Teil die Voraussetzungen erfüllen, ist ihnen Gelegenheit zur Fortbildung und zum Austausch mit Menschen mit Behinderungen zu geben. ⁴Die fachliche Fortbildung der Fachkräfte, die insbesondere die Durchführung der Aufgaben nach den §§ 106 und 117 umfasst, ist zu gewährleisten.

§ 98 Örtliche Zuständigkeit

(1) ¹Für die Eingliederungshilfe örtlich zuständig ist der Träger der Eingliederungshilfe, in dessen Bereich die leistungsberechtigte Person ihren gewöhnlichen Aufenthalt zum Zeitpunkt der ersten Antragstellung nach § 108 Absatz 1 hat oder in den zwei Monaten vor den Leistungen einer Betreuung über Tag und Nacht zuletzt gehabt hatte. ²Bedarf es nach § 108 Absatz 2 keines Antrags, ist der Beginn des Verfahrens nach Kapitel 7 maßgeblich. ³Diese Zuständigkeit bleibt bis zur Beendigung des Leistungsbezuges bestehen. ⁴Sie ist neu festzustellen, wenn für einen zusammenhängenden Zeitraum von mindestens sechs Monaten keine Leistungen bezogen wurden. ⁵Eine Unterbrechung des Leistungsbezuges wegen stationärer Krankenhausbehandlung oder medizinischer Rehabilitation gilt nicht als Beendigung des Leistungsbezuges.
(2) ¹Steht innerhalb von vier Wochen nicht fest, ob und wo der gewöhnliche Aufenthalt begründet worden ist, oder ist ein gewöhnlicher Aufenthalt nicht vorhanden oder nicht zu ermitteln, hat der für den tatsächlichen Aufenthalt zuständige Träger der Eingliederungshilfe über die Leistung unverzüglich zu entscheiden und sie vorläufig zu erbringen. ²Steht der gewöhnliche Aufenthalt in den Fällen des Satzes 1 fest, wird der Träger der Eingliederungshilfe nach Absatz 1 örtlich zuständig und hat dem nach Satz 1 leistenden Träger die Kosten zu erstatten. ³Ist ein gewöhnlicher Aufenthalt im Bundesgebiet nicht vorhanden oder nicht zu ermitteln, ist der Träger der Eingliederungshilfe örtlich zuständig, in dessen Bereich sich die leistungsberechtigte Person tatsächlich aufhält.
(3) Werden für ein Kind vom Zeitpunkt der Geburt an Leistungen nach diesem Teil des Buches über Tag und Nacht beantragt, tritt an die Stelle seines gewöhnlichen Aufenthalts der gewöhnliche Aufenthalt der Mutter.
(4) ¹Als gewöhnlicher Aufenthalt im Sinne dieser Vorschrift gilt nicht der stationäre Aufenthalt oder der auf richterlich angeordneter Freiheitsentziehung beruhende Aufenthalt in einer Vollzugsanstalt. ²In diesen Fällen ist der Träger der Eingliederungshilfe örtlich zuständig, in dessen Bereich die leistungsberechtigte Person ihren gewöhnlichen Aufenthalt in den letzten zwei Monaten vor der Aufnahme zuletzt hatte.
(5) ¹Bei Personen, die am 31. Dezember 2019 Leistungen nach dem Sechsten Kapitel des Zwölften Buches in der am 31. Dezember 2019 geltenden Fassung bezogen haben und auch ab dem 1. Januar 2020 Leistungen nach Teil 2 dieses Buches erhalten, ist der Träger der Eingliederungshilfe örtlich zuständig, dessen örtliche Zuständigkeit sich am 1. Januar 2020 im Einzelfall in entsprechender Anwendung von § 98 Absatz 1 Satz 1 oder Absatz 5 des Zwölften Buches oder in entsprechender Anwendung von § 98 Absatz 2 Satz 1 und 2 in Verbindung mit § 107 des Zwölften Buches ergeben würde. ²Absatz 1 Satz 3 bis 5 gilt entsprechend. ³Im Übrigen bleiben die Absätze 2 bis 4 unberührt.

Kapitel 2
Grundsätze der Leistungen

§ 99 Leistungsberechtigung, Verordnungsermächtigung

(1) Leistungen der Eingliederungshilfe erhalten Menschen mit Behinderungen im Sinne von § 2 Absatz 1 Satz 1 und 2, die wesentlich in der gleichberechtigten Teilhabe an der Gesellschaft eingeschränkt sind (wesentliche Behinderung) oder von einer solchen wesentlichen Behinderung bedroht sind, wenn und solange nach der Besonderheit des Einzelfalles Aussicht besteht, dass die Aufgabe der Eingliederungshilfe nach § 90 erfüllt werden kann.
(2) Von einer wesentlichen Behinderung bedroht sind Menschen, bei denen der Eintritt einer wesentlichen Behinderung nach fachlicher Erkenntnis mit hoher Wahrscheinlichkeit zu erwarten ist.
(3) Menschen mit anderen geistigen, seelischen, körperlichen oder Sinnesbeeinträchtigungen, durch die sie in Wechselwirkung mit einstellungs- und umweltbedingten Barrieren in der gleichberechtigten Teilhabe an der Gesellschaft eingeschränkt sind, können Leistungen der Eingliederungshilfe erhalten.
(4) ¹Die Bundesregierung kann durch Rechtsverordnung mit Zustimmung des Bundesrates Bestimmungen über die Konkretisierung der Leistungsberechtigung in der Eingliederungshilfe erlassen. ²Bis zum Inkrafttreten einer nach Satz 1 erlassenen Rechtsverordnung gelten die §§ 1 bis 3 der Eingliederungshilfe-Verordnung in der am 31. Dezember 2019 geltenden Fassung entsprechend.

Anm. d. Hrsg.: §§ 1 bis 3 der Eingliederungshilfe-Verordnung lauten in der bis 31. Dezember 2019 geltenden Fassung:
§ 1 Körperlich wesentlich behinderte Menschen
Durch körperliche Gebrechen wesentlich in ihrer Teilhabefähigkeit eingeschränkt im Sinne des § 53 Abs. 1 Satz 1 des Zwölften Buches Sozialgesetzbuch sind
1. Personen, deren Bewegungsfähigkeit durch eine Beeinträchtigung des Stütz- oder Bewegungssystems in erheblichem Umfange eingeschränkt ist,
2. Personen mit erheblichen Spaltbildungen des Gesichts oder des Rumpfes oder mit abstoßend wirkenden Entstellungen vor allem des Gesichts,
3. Personen, deren körperlichen Leistungsvermögen infolge Erkrankung, Schädigung oder Fehlfunktion eines inneren Organs oder der Haut in erheblichem Umfange eingeschränkt ist,
4. Blinden oder solchen Sehbehinderten, bei denen mit Gläserkorrektion ohne besondere optische Hilfsmittel
   a) auf dem besseren Auge oder beidäugig im Nahbereich bei einem Abstand von mindestens 30 cm oder im Fernbereich eine Sehschärfe von nicht mehr als 0,3 besteht oder
   b) durch Buchstabe a nicht erfaßte Störungen der Sehfunktion von entsprechendem Schweregrad vorliegen,
5. Personen, die gehörlos sind oder denen eine sprachliche Verständigung über das Gehör nur mit Hörhilfen möglich ist,
6. Personen, die nicht sprechen können, Seelentauben und Hörstummen, Personen mit erheblichen Stimmstörungen sowie Personen, die stark stammeln, stark stottern oder deren Sprache stark unartikuliert ist.

§ 2 Geistig wesentlich behinderte Menschen
Geistig wesentlich behindert im Sinne des § 53 Abs. 1 Satz 1 des Zwölften Buches Sozialgesetzbuch sind Personen, die infolge einer Schwäche ihrer geistigen Kräfte in erheblichem Umfange in ihrer Fähigkeit zur Teilhabe am Leben in der Gesellschaft eingeschränkt sind.

§ 3 Seelisch wesentlich behinderte Menschen
Seelische Störungen, die eine wesentliche Einschränkung der Teilhabefähigkeit im Sinne des § 53 Abs. 1 Satz 1 des Zwölften Buches Sozialgesetzbuch zur Folge haben können, sind
1. körperlich nicht begründbare Psychosen,
2. seelische Störungen als Folge von Krankheiten oder Verletzungen des Gehirns, von Anfallsleiden oder von anderen Krankheiten oder körperlichen Beeinträchtigungen,
3. Suchtkrankheiten,
4. Neurosen und Persönlichkeitsstörungen.

§ 100 Eingliederungshilfe für Ausländer

(1) ¹Ausländer, die sich im Inland tatsächlich aufhalten, können Leistungen nach diesem Teil erhalten, soweit dies im Einzelfall gerechtfertigt ist. ²Die Einschränkung auf Ermessensleistungen nach Satz 1 gilt nicht für Ausländer, die im Besitz einer Niederlassungserlaubnis oder eines befristeten Aufenthaltstitels sind und sich voraussichtlich dauerhaft im Bundesgebiet aufhalten. ³Andere Rechtsvorschriften, nach denen Leistungen der Eingliederungshilfe zu erbringen sind, bleiben unberührt.
(2) Leistungsberechtigte nach § 1 des Asylbewerberleistungsgesetzes erhalten keine Leistungen der Eingliederungshilfe.
(3) Ausländer, die eingereist sind, um Leistungen nach diesem Teil zu erlangen, haben keinen Anspruch auf Leistungen der Eingliederungshilfe.

§ 101 Eingliederungshilfe für Deutsche im Ausland

(1) ¹Deutsche, die ihren gewöhnlichen Aufenthalt im Ausland haben, erhalten keine Leistungen der Eingliederungshilfe. ²Hiervon kann im Einzelfall nur abgewichen werden, soweit dies wegen einer außergewöhnlichen Notlage unabweisbar ist und zugleich nachgewiesen wird, dass eine Rückkehr in das Inland aus folgenden Gründen nicht möglich ist:
1. Pflege und Erziehung eines Kindes, das aus rechtlichen Gründen im Ausland bleiben muss,
2. längerfristige stationäre Betreuung in einer Einrichtung oder Schwere der Pflegebedürftigkeit oder
3. hoheitlicher Gewalt.

(2) Leistungen der Eingliederungshilfe werden nicht erbracht, soweit sie von dem hierzu verpflichteten Aufenthaltsland oder von anderen erbracht werden oder zu erwarten sind.
(3) Art und Maß der Leistungserbringung sowie der Einsatz des Einkommens und Vermögens richten sich nach den besonderen Verhältnissen im Aufenthaltsland.
(4) ¹Für die Leistung zuständig ist der Träger der Eingliederungshilfe, in dessen Bereich die antragstellende Person geboren ist. ²Liegt der Geburtsort im Ausland oder ist er nicht zu ermitteln, richtet sich die örtliche Zuständigkeit des Trägers der Eingliederungshilfe nach dem Geburtsort der Mutter der antragstellenden Person. ³Liegt dieser ebenfalls im Ausland oder ist er nicht zu ermitteln, richtet sich die örtliche Zuständigkeit des Trägers der Eingliederungshilfe nach dem Geburtsort des Vaters der antragstellenden Person. ⁴Liegt auch dieser im Ausland oder ist er nicht zu ermitteln, ist der Träger der Eingliederungshilfe örtlich zuständig, bei dem der Antrag eingeht.
(5) Die Träger der Eingliederungshilfe arbeiten mit den deutschen Dienststellen im Ausland zusammen.

151 SGB IX §§ 102-104

§ 102 Leistungen der Eingliederungshilfe
(1) Die Leistungen der Eingliederungshilfe umfassen
1. Leistungen zur medizinischen Rehabilitation,
2. Leistungen zur Teilhabe am Arbeitsleben,
3. Leistungen zur Teilhabe an Bildung und
4. Leistungen zur Sozialen Teilhabe.

(2) Leistungen nach Absatz 1 Nummer 1 bis 3 gehen den Leistungen nach Absatz 1 Nummer 4 vor.

§ 103 Regelung für Menschen mit Behinderungen und Pflegebedarf
(1) ¹Werden Leistungen der Eingliederungshilfe in Einrichtungen oder Räumlichkeiten im Sinne des § 43a des Elften Buches in Verbindung mit § 71 Absatz 4 des Elften Buches erbracht, umfasst die Leistung auch die Pflegeleistungen in diesen Einrichtungen oder Räumlichkeiten. ²Stellt der Leistungserbringer fest, dass der Mensch mit Behinderungen so pflegebedürftig ist, dass die Pflege in diesen Einrichtungen oder Räumlichkeiten nicht sichergestellt werden kann, vereinbaren der Träger der Eingliederungshilfe und die zuständige Pflegekasse mit dem Leistungserbringer, dass die Leistung bei einem anderen Leistungserbringer erbracht wird; dabei ist angemessenen Wünschen des Menschen mit Behinderungen Rechnung zu tragen. ³Die Entscheidung zur Vorbereitung der Vereinbarung nach Satz 2 erfolgt nach den Regelungen zur Gesamtplanung nach Kapitel 7.

(2) ¹Werden Leistungen der Eingliederungshilfe außerhalb von Einrichtungen oder Räumlichkeiten im Sinne des § 43a des Elften Buches in Verbindung mit § 71 Absatz 4 des Elften Buches erbracht, umfasst die Leistung auch die Leistungen der häuslichen Pflege nach den §§ 64a bis 64f, 64i und 66 des Zwölften Buches, solange die Teilhabeziele nach Maßgabe des Gesamtplanes (§ 121) erreicht werden können, es sei denn der Leistungsberechtigte hat vor Vollendung des für die Regelaltersrente im Sinne des Sechsten Buches erforderlichen Lebensjahres keine Leistungen der Eingliederungshilfe erhalten. ²Satz 1 gilt entsprechend in Fällen, in denen der Leistungsberechtigte vorübergehend Leistungen nach den §§ 64g und 64h des Zwölften Buches in Anspruch nimmt. ³Die Länder können durch Landesrecht bestimmen, dass der für die Leistungen der häuslichen Pflege zuständige Träger der Sozialhilfe die Kosten der vom Träger der Eingliederungshilfe erbrachten Leistungen der häuslichen Pflege zu erstatten hat.

§ 104 Leistungen nach der Besonderheit des Einzelfalles
(1) ¹Die Leistungen der Eingliederungshilfe bestimmen sich nach der Besonderheit des Einzelfalles, insbesondere nach der Art des Bedarfes, den persönlichen Verhältnissen, dem Sozialraum und den eigenen Kräften und Mitteln; dabei ist auch die Wohnform zu würdigen. ²Sie werden so lange geleistet, wie die Teilhabeziele nach Maßgabe des Gesamtplanes (§ 121) erreichbar sind.

(2) ¹Wünschen der Leistungsberechtigten, die sich auf die Gestaltung der Leistung richten, ist zu entsprechen, soweit sie angemessen sind. ²Die Wünsche der Leistungsberechtigten gelten nicht als angemessen,
1. wenn und soweit die Höhe der Kosten der gewünschten Leistung die Höhe der Kosten für eine vergleichbare Leistung von Leistungserbringern, mit denen eine Vereinbarung nach Kapitel 8 besteht, unverhältnismäßig übersteigt und
2. wenn der Bedarf nach der Besonderheit des Einzelfalles durch die vergleichbare Leistung gedeckt werden kann.

(3) ¹Bei der Entscheidung nach Absatz 2 ist zunächst die Zumutbarkeit einer von den Wünschen des Leistungsberechtigten abweichenden Leistung zu prüfen. ²Dabei sind die persönlichen, familiären und örtlichen Umstände einschließlich der gewünschten Wohnform angemessen zu berücksichtigen. ³Kommt danach ein Wohnen außerhalb von besonderen Wohnformen in Betracht, ist dieser Wohnform der Vorzug zu geben, wenn dies von der leistungsberechtigten Person gewünscht wird. ⁴Soweit die leistungsberechtigte Person dies wünscht, sind in diesem Fall die im Zusammenhang mit dem Wohnen stehenden Assistenzleistungen nach § 113 Absatz 2 Nummer 2 im Bereich der Gestaltung sozialer Beziehungen und der persönlichen Lebensplanung nicht gemeinsam zu erbringen nach § 116 Absatz 2 Nummer 1. ⁵Bei Unzumutbarkeit einer abweichenden Leistungsgestaltung ist ein Kostenvergleich nicht vorzunehmen.

(4) Auf Wunsch der Leistungsberechtigten sollen die Leistungen der Eingliederungshilfe von einem Leistungsanbieter erbracht werden, der die Betreuung durch Geistliche ihres Bekenntnisses ermöglicht.

(5) Leistungen der Eingliederungshilfe für Leistungsberechtigte mit gewöhnlichem Aufenthalt in Deutschland können auch im Ausland erbracht werden, wenn dies im Interesse der Aufgabe der Ein-

gliederungshilfe geboten ist, die Dauer der Leistungen durch den Auslandsaufenthalt nicht wesentlich verlängert wird und keine unvertretbaren Mehraufwendungen entstehen.

§ 105 Leistungsformen

(1) Die Leistungen der Eingliederungshilfe werden als Sach-, Geld- oder Dienstleistung erbracht.
(2) Zur Dienstleistung gehören insbesondere die Beratung und Unterstützung in Angelegenheiten der Leistungen der Eingliederungshilfe sowie in sonstigen sozialen Angelegenheiten.
(3) ¹Leistungen zur Sozialen Teilhabe können mit Zustimmung der Leistungsberechtigten auch in Form einer pauschalen Geldleistung erbracht werden, soweit es dieser Teil vorsieht. ²Die Träger der Eingliederungshilfe regeln das Nähere zur Höhe und Ausgestaltung der Pauschalen.
(4) ¹Die Leistungen der Eingliederungshilfe werden auf Antrag auch als Teil eines Persönlichen Budgets ausgeführt. ²Die Vorschrift zum Persönlichen Budget nach § 29 ist insoweit anzuwenden.

§ 106 Beratung und Unterstützung

(1) ¹Zur Erfüllung der Aufgaben dieses Teils werden die Leistungsberechtigten, auf ihren Wunsch auch im Beisein einer Person ihres Vertrauens, vom Träger der Eingliederungshilfe beraten und, soweit erforderlich, unterstützt. ²Die Beratung erfolgt in einer für den Leistungsberechtigten wahrnehmbaren Form.
(2) Die Beratung umfasst insbesondere
1. die persönliche Situation des Leistungsberechtigten, den Bedarf, die eigenen Kräfte und Mittel sowie die mögliche Stärkung der Selbsthilfe zur Teilhabe am Leben in der Gemeinschaft einschließlich eines gesellschaftlichen Engagements,
2. die Leistungen der Eingliederungshilfe einschließlich des Zugangs zum Leistungssystem,
3. die Leistungen anderer Leistungsträger,
4. die Verwaltungsabläufe,
5. Hinweise auf Leistungsanbieter und andere Hilfemöglichkeiten im Sozialraum und auf Möglichkeiten zur Leistungserbringung,
6. Hinweise auf andere Beratungsangebote im Sozialraum,
7. eine gebotene Budgetberatung.
(3) Die Unterstützung umfasst insbesondere
1. Hilfe bei der Antragstellung,
2. Hilfe bei der Klärung weiterer zuständiger Leistungsträger,
3. das Hinwirken auf zeitnahe Entscheidungen und Leistungen der anderen Leistungsträger,
4. Hilfe bei der Erfüllung von Mitwirkungspflichten,
5. Hilfe bei der Inanspruchnahme von Leistungen,
6. die Vorbereitung von Möglichkeiten der Teilhabe am Leben in der Gemeinschaft einschließlich des gesellschaftlichen Engagements,
7. die Vorbereitung von Kontakten und Begleitung zu Leistungsanbietern und anderen Hilfemöglichkeiten,
8. Hilfe bei der Entscheidung über Leistungserbringer sowie bei der Aushandlung und dem Abschluss von Verträgen mit Leistungserbringern sowie
9. Hilfe bei der Erfüllung von Verpflichtungen aus der Zielvereinbarung und dem Bewilligungsbescheid.
(4) Die Leistungsberechtigten sind hinzuweisen auf die ergänzende unabhängige Teilhabeberatung nach § 32, auf die Beratung und Unterstützung von Verbänden der Freien Wohlfahrtspflege sowie von Angehörigen der rechtsberatenden Berufe und von sonstigen Stellen.

§ 107 Übertragung, Verpfändung oder Pfändung, Auswahlermessen

(1) Der Anspruch auf Leistungen der Eingliederungshilfe kann nicht übertragen, verpfändet oder gepfändet werden.
(2) Über Art und Maß der Leistungserbringung ist nach pflichtgemäßem Ermessen zu entscheiden, soweit das Ermessen nicht ausgeschlossen ist.

§ 108 Antragserfordernis

(1) ¹Die Leistungen der Eingliederungshilfe nach diesem Teil werden auf Antrag erbracht. ²Die Leistungen werden frühestens ab dem Ersten des Monats der Antragstellung erbracht, wenn zu diesem Zeitpunkt die Voraussetzungen bereits vorlagen.

(2) Eines Antrages bedarf es nicht für Leistungen, deren Bedarf in dem Verfahren nach Kapitel 7 ermittelt worden ist.

Kapitel 3
Medizinische Rehabilitation

§ 109 Leistungen zur medizinischen Rehabilitation

(1) Leistungen zur medizinischen Rehabilitation sind insbesondere die in § 42 Absatz 2 und 3 und § 64 Absatz 1 Nummer 3 bis 6 genannten Leistungen.
(2) Die Leistungen zur medizinischen Rehabilitation entsprechen den Rehabilitationsleistungen der gesetzlichen Krankenversicherung.

§ 110 Leistungserbringung

(1) Leistungsberechtigte haben entsprechend den Bestimmungen der gesetzlichen Krankenversicherung die freie Wahl unter den Ärzten und Zahnärzten sowie unter den Krankenhäusern und Vorsorge- und Rehabilitationseinrichtungen.
(2) [1]Bei der Erbringung von Leistungen zur medizinischen Rehabilitation sind die Regelungen, die für die gesetzlichen Krankenkassen nach dem Vierten Kapitel des Fünften Buches gelten, mit Ausnahme des Dritten Titels des Zweiten Abschnitts anzuwenden. [2]Ärzte, Psychotherapeuten im Sinne des § 28 Absatz 3 Satz 1 des Fünften Buches und Zahnärzte haben für ihre Leistungen Anspruch auf die Vergütung, welche die Ortskrankenkasse, in deren Bereich der Arzt, Psychotherapeut oder der Zahnarzt niedergelassen ist, für ihre Mitglieder zahlt.
(3) [1]Die Verpflichtungen, die sich für die Leistungserbringer aus den §§ 294, 294a, 295, 300 bis 302 des Fünften Buches ergeben, gelten auch für die Abrechnung von Leistungen zur medizinischen Rehabilitation mit dem Träger der Eingliederungshilfe. [2]Die Vereinbarungen nach § 303 Absatz 1 sowie § 304 des Fünften Buches gelten für den Träger der Eingliederungshilfe entsprechend.

Kapitel 4
Teilhabe am Arbeitsleben

§ 111 Leistungen zur Beschäftigung

(1) Leistungen zur Beschäftigung umfassen
1. Leistungen im Arbeitsbereich anerkannter Werkstätten für behinderte Menschen nach den §§ 58 und 62,
2. Leistungen bei anderen Leistungsanbietern nach den §§ 60 und 62,
3. Leistungen bei privaten und öffentlichen Arbeitgebern nach § 61 sowie
4. Leistungen für ein Budget für Ausbildung nach § 61a.

(2) [1]Leistungen nach Absatz 1 umfassen auch Gegenstände und Hilfsmittel, die wegen der gesundheitlichen Beeinträchtigung zur Aufnahme oder Fortsetzung der Beschäftigung erforderlich sind. [2]Voraussetzung für eine Hilfsmittelversorgung ist, dass der Leistungsberechtigte das Hilfsmittel bedienen kann. [3]Die Versorgung mit Hilfsmitteln schließt eine notwendige Unterweisung im Gebrauch und eine notwendige Instandhaltung oder Änderung ein. [4]Die Ersatzbeschaffung des Hilfsmittels erfolgt, wenn sie infolge der körperlichen Entwicklung der Leistungsberechtigten notwendig ist oder wenn das Hilfsmittel aus anderen Gründen ungeeignet oder unbrauchbar geworden ist.
(3) Zu den Leistungen nach Absatz 1 Nummer 1 und 2 gehört auch das Arbeitsförderungsgeld nach § 59.

Kapitel 5
Teilhabe an Bildung

§ 112 Leistungen zur Teilhabe an Bildung

(1) [1]Leistungen zur Teilhabe an Bildung umfassen
1. Hilfen zu einer Schulbildung, insbesondere im Rahmen der allgemeinen Schulpflicht und zum Besuch weiterführender Schulen einschließlich der Vorbereitung hierzu; die Bestimmungen über die Ermöglichung der Schulbildung im Rahmen der allgemeinen Schulpflicht bleiben unberührt, und
2. Hilfen zur schulischen oder hochschulischen Ausbildung oder Weiterbildung für einen Beruf.

[2]Die Hilfen nach Satz 1 Nummer 1 schließen Leistungen zur Unterstützung schulischer Ganztagsangebote in der offenen Form ein, die im Einklang mit dem Bildungs- und Erziehungsauftrag der Schule stehen und unter deren Aufsicht und Verantwortung ausgeführt werden, an den stundenplanmäßigen Unterricht anknüpfen und in der Regel in den Räumlichkeiten der Schule oder in deren Umfeld durch-

geführt werden. ³Hilfen nach Satz 1 Nummer 1 umfassen auch heilpädagogische und sonstige Maßnahmen, wenn die Maßnahmen erforderlich und geeignet sind, der leistungsberechtigten Person den Schulbesuch zu ermöglichen oder zu erleichtern. ⁴Hilfen zu einer schulischen oder hochschulischen Ausbildung nach Satz 1 Nummer 2 können erneut erbracht werden, wenn dies aus behinderungsbedingten Gründen erforderlich ist. ⁵Hilfen nach Satz 1 umfassen auch Gegenstände und Hilfsmittel, die wegen der gesundheitlichen Beeinträchtigung zur Teilhabe an Bildung erforderlich sind. ⁶Voraussetzung für eine Hilfsmittelversorgung ist, dass die leistungsberechtigte Person das Hilfsmittel bedienen kann. ⁷Die Versorgung mit Hilfsmitteln schließt eine notwendige Unterweisung im Gebrauch und eine notwendige Instandhaltung oder Änderung ein. ⁸Die Ersatzbeschaffung des Hilfsmittels erfolgt, wenn sie infolge der körperlichen Entwicklung der leistungsberechtigten Person notwendig ist oder wenn das Hilfsmittel aus anderen Gründen ungeeignet oder unbrauchbar geworden ist.

(2) ¹Hilfen nach Absatz 1 Satz 1 Nummer 2 werden erbracht für eine schulische oder hochschulische berufliche Weiterbildung, die
1. in einem zeitlichen Zusammenhang an eine duale, schulische oder hochschulische Berufsausbildung anschließt,
2. in dieselbe fachliche Richtung weiterführt und
3. es dem Leistungsberechtigten ermöglicht, das von ihm angestrebte Berufsziel zu erreichen.

²Hilfen für ein Masterstudium werden abweichend von Satz 1 Nummer 2 auch erbracht, wenn das Masterstudium auf ein zuvor abgeschlossenes Bachelorstudium aufbaut und dieses interdisziplinär ergänzt, ohne in dieselbe Fachrichtung weiterzuführen. ³Aus behinderungsbedingten oder aus anderen, nicht von der leistungsberechtigten Person beeinflussbaren gewichtigen Gründen kann von Satz 1 Nummer 1 abgewichen werden.

(3) Hilfen nach Absatz 1 Satz 1 Nummer 2 schließen folgende Hilfen ein:
1. Hilfen zur Teilnahme an Fernunterricht,
2. Hilfen zur Ableistung eines Praktikums, das für den Schul- oder Hochschulbesuch oder für die Berufszulassung erforderlich ist, und
3. Hilfen zur Teilnahme an Maßnahmen zur Vorbereitung auf die schulische oder hochschulische Ausbildung oder Weiterbildung für einen Beruf.

(4) ¹Die in der Schule oder Hochschule wegen der Behinderung erforderliche Anleitung und Begleitung können an mehrere Leistungsberechtigte gemeinsam erbracht werden, soweit dies nach § 104 für die Leistungsberechtigten zumutbar ist und mit Leistungserbringern entsprechende Vereinbarungen bestehen. ²Die Leistungen nach Satz 1 sind auf Wunsch der Leistungsberechtigten gemeinsam zu erbringen.

Kapitel 6
Soziale Teilhabe

§ 113 Leistungen zur Sozialen Teilhabe

(1) ¹Leistungen zur Sozialen Teilhabe werden erbracht, um eine gleichberechtigte Teilhabe am Leben in der Gemeinschaft zu ermöglichen oder zu erleichtern, soweit sie nicht nach den Kapiteln 3 bis 5 erbracht werden. ²Hierzu gehört, Leistungsberechtigte zu einer möglichst selbstbestimmten und eigenverantwortlichen Lebensführung im eigenen Wohnraum sowie in ihrem Sozialraum zu befähigen oder sie hierbei zu unterstützen. ³Maßgeblich sind die Ermittlungen und Feststellungen nach Kapitel 7.

(2) Leistungen zur Sozialen Teilhabe sind insbesondere
1. Leistungen für Wohnraum,
2. Assistenzleistungen,
3. heilpädagogische Leistungen,
4. Leistungen zur Betreuung in einer Pflegefamilie,
5. Leistungen zum Erwerb und Erhalt praktischer Kenntnisse und Fähigkeiten,
6. Leistungen zur Förderung der Verständigung,
7. Leistungen zur Mobilität,
8. Hilfsmittel,
9. Besuchsbeihilfen.

(3) Die Leistungen nach Absatz 2 Nummer 1 bis 8 bestimmen sich nach den §§ 77 bis 84, soweit sich aus diesem Teil nichts Abweichendes ergibt.

(4) Zur Ermöglichung der gemeinschaftlichen Mittagsverpflegung in der Verantwortung einer Werkstatt für behinderte Menschen, einem anderen Leistungsanbieter oder dem Leistungserbringer vergleichbarer anderer tagesstrukturierender Maßnahmen werden die erforderliche sächliche Ausstattung, die perso-

nelle Ausstattung und die erforderlichen betriebsnotwendigen Anlagen des Leistungserbringers übernommen.

(5) In besonderen Wohnformen des § 42a Absatz 2 Satz 1 Nummer 2 und Satz 3 des Zwölften Buches werden Aufwendungen für Wohnraum oberhalb der Angemessenheitsgrenze nach § 42a Absatz 6 des Zwölften Buches übernommen, sofern dies wegen der besonderen Bedürfnisse des Menschen mit Behinderungen erforderlich ist. Kapitel 8 ist anzuwenden.

§ 114 Leistungen zur Mobilität
Bei den Leistungen zur Mobilität nach § 113 Absatz 2 Nummer 7 gilt § 83 mit der Maßgabe, dass
1. die Leistungsberechtigten zusätzlich zu den in § 83 Absatz 2 genannten Voraussetzungen zur Teilhabe am Leben in der Gemeinschaft ständig auf die Nutzung eines Kraftfahrzeugs angewiesen sind und
2. abweichend von § 83 Absatz 3 Satz 2 die Vorschriften der §§ 6 und 8 der Kraftfahrzeughilfe-Verordnung nicht maßgeblich sind.

§ 115 Besuchsbeihilfen
Werden Leistungen bei einem oder mehreren Anbietern über Tag und Nacht erbracht, können den Leistungsberechtigten oder ihren Angehörigen zum gegenseitigen Besuch Beihilfen geleistet werden, soweit es im Einzelfall erforderlich ist.

§ 116 Pauschale Geldleistung, gemeinsame Inanspruchnahme
(1) ¹Die Leistungen
1. zur Assistenz zur Übernahme von Handlungen zur Alltagsbewältigung sowie Begleitung der Leistungsberechtigten (§ 113 Absatz 2 Nummer 2 in Verbindung mit § 78 Absatz 2 Nummer 1 und Absatz 5),
2. zur Förderung der Verständigung (§ 113 Absatz 2 Nummer 6) und
3. zur Beförderung im Rahmen der Leistungen zur Mobilität (§ 113 Absatz 2 Nummer 7 in Verbindung mit § 83 Absatz 1 Nummer 1)

können mit Zustimmung der Leistungsberechtigten als pauschale Geldleistungen nach § 105 Absatz 3 erbracht werden. ²Die zuständigen Träger der Eingliederungshilfe regeln das Nähere zur Höhe und Ausgestaltung der pauschalen Geldleistungen sowie zur Leistungserbringung.

(2) ¹Die Leistungen
1. zur Assistenz (§ 113 Absatz 2 Nummer 2),
2. zur Heilpädagogik (§ 113 Absatz 2 Nummer 3),
3. zum Erwerb und Erhalt praktischer Fähigkeiten und Kenntnisse (§ 113 Absatz 2 Nummer 5),
4. zur Förderung der Verständigung (§ 113 Absatz 2 Nummer 6),
5. zur Beförderung im Rahmen der Leistungen zur Mobilität (§ 113 Absatz 2 Nummer 7 in Verbindung mit § 83 Absatz 1 Nummer 1) und
5. zur Erreichbarkeit einer Ansprechperson unabhängig von einer konkreten Inanspruchnahme (§ 113 Absatz 2 Nummer 2 in Verbindung mit § 78 Absatz 6)

können an mehrere Leistungsberechtigte gemeinsam erbracht werden, soweit dies nach § 104 für die Leistungsberechtigten zumutbar ist und mit Leistungserbringern entsprechende Vereinbarungen bestehen. ²Maßgeblich sind die Ermittlungen und Feststellungen im Rahmen der Gesamtplanung nach Kapitel 7.

(3) Die Leistungen nach Absatz 2 sind auf Wunsch der Leistungsberechtigten gemeinsam zu erbringen, soweit die Teilhabeziele erreicht werden können.

Kapitel 7
Gesamtplanung

§ 117 Gesamtplanverfahren
(1) Das Gesamtplanverfahren ist nach folgenden Maßstäben durchzuführen:
1. Beteiligung des Leistungsberechtigten in allen Verfahrensschritten, beginnend mit der Beratung,
2. Dokumentation der Wünsche des Leistungsberechtigten zu Ziel und Art der Leistungen,
3. Beachtung der Kriterien
   a) transparent,
   b) trägerübergreifend,
   c) interdisziplinär,

d) konsensorientiert,
e) individuell,
f) lebensweltbezogen,
g) sozialraumorientiert und
h) zielorientiert,
4. Ermittlung des individuellen Bedarfes,
5. Durchführung einer Gesamtplankonferenz,
6. Abstimmung der Leistungen nach Inhalt, Umfang und Dauer in einer Gesamtplankonferenz unter Beteiligung betroffener Leistungsträger.

(2) Am Gesamtplanverfahren wird auf Verlangen des Leistungsberechtigten eine Person seines Vertrauens beteiligt.

(3) ¹Bestehen im Einzelfall Anhaltspunkte für eine Pflegebedürftigkeit nach dem Elften Buch, wird die zuständige Pflegekasse mit Zustimmung des Leistungsberechtigten vom Träger der Eingliederungshilfe informiert und muss am Gesamtplanverfahren beratend teilnehmen, soweit dies für den Träger der Eingliederungshilfe zur Feststellung der Leistungen nach den Kapiteln 3 bis 6 erforderlich ist. ²Bestehen im Einzelfall Anhaltspunkte, dass Leistungen der Hilfe zur Pflege nach dem Siebten Kapitel des Zwölften Buches erforderlich sind, so soll der Träger dieser Leistungen mit Zustimmung der Leistungsberechtigten informiert und am Gesamtplanverfahren beteiligt werden, soweit dies zur Feststellung der Leistungen nach den Kapiteln 3 bis 6 erforderlich ist.

(4) Bestehen im Einzelfall Anhaltspunkte für einen Bedarf an notwendigem Lebensunterhalt, ist der Träger dieser Leistungen mit Zustimmung des Leistungsberechtigten zu informieren und am Gesamtplanverfahren zu beteiligen, soweit dies zur Feststellung der Leistungen nach den Kapiteln 3 bis 6 erforderlich ist.

(5) § 22 Absatz 4 ist entsprechend anzuwenden, auch wenn ein Teilhabeplan nicht zu erstellen ist.

(6) ¹Bei minderjährigen Leistungsberechtigten wird der nach § 86 des Achten Buches zuständige örtliche Träger der öffentlichen Jugendhilfe vom Träger der Eingliederungshilfe mit Zustimmung des Personensorgeberechtigten informiert und nimmt am Gesamtplanverfahren beratend teil, soweit dies zur Feststellung der Leistungen der Eingliederungshilfe nach den Kapiteln 3 bis 6 erforderlich ist. ²Hiervon kann in begründeten Ausnahmefällen abgesehen werden, insbesondere, wenn durch die Teilnahme des zuständigen örtlichen Trägers der öffentlichen Jugendhilfe das Gesamtplanverfahren verzögert würde.

§ 118 Instrumente der Bedarfsermittlung

(1) ¹Der Träger der Eingliederungshilfe hat die Leistungen nach den Kapiteln 3 bis 6 unter Berücksichtigung der Wünsche des Leistungsberechtigten festzustellen. ²Die Ermittlung des individuellen Bedarfes des Leistungsberechtigten muss durch ein Instrument erfolgen, das sich an der Internationalen Klassifikation der Funktionsfähigkeit, Behinderung und Gesundheit orientiert. ³Das Instrument hat die Beschreibung einer nicht nur vorübergehenden Beeinträchtigung der Aktivität und Teilhabe in den folgenden Lebensbereichen vorzusehen:
1. Lernen und Wissensanwendung,
2. Allgemeine Aufgaben und Anforderungen,
3. Kommunikation,
4. Mobilität,
5. Selbstversorgung,
6. häusliches Leben,
7. interpersonelle Interaktionen und Beziehungen,
8. bedeutende Lebensbereiche und
9. Gemeinschafts-, soziales und staatsbürgerliches Leben.

(2) Die Landesregierungen werden ermächtigt, durch Rechtsverordnung das Nähere über das Instrument zur Bedarfsermittlung zu bestimmen.

§ 119 Gesamtplankonferenz

(1) ¹Mit Zustimmung des Leistungsberechtigten kann der Träger der Eingliederungshilfe eine Gesamtplankonferenz durchführen, um die Leistungen für den Leistungsberechtigten nach den Kapiteln 3 bis 6 sicherzustellen. ²Die Leistungsberechtigten, die beteiligten Rehabilitationsträger und bei minderjährigen Leistungsberechtigten der nach § 86 des Achten Buches zuständige örtliche Träger der öffentlichen Jugendhilfe können dem nach § 15 verantwortlichen Träger der Eingliederungshilfe die Durchführung einer Gesamtplankonferenz vorschlagen. ³Den Vorschlag auf Durchführung einer Gesamtplankonferenz

kann der Träger der Eingliederungshilfe ablehnen, wenn der maßgebliche Sachverhalt schriftlich ermittelt werden kann oder der Aufwand zur Durchführung nicht in einem angemessenen Verhältnis zum Umfang der beantragten Leistung steht.

(2) ¹In einer Gesamtplankonferenz beraten der Träger der Eingliederungshilfe, der Leistungsberechtigte und beteiligte Leistungsträger gemeinsam auf der Grundlage des Ergebnisses der Bedarfsermittlung nach § 118 insbesondere über
1. die Stellungnahmen der beteiligten Leistungsträger und die gutachterliche Stellungnahme des Leistungserbringers bei Beendigung der Leistungen zur beruflichen Bildung nach § 57,
2. die Wünsche der Leistungsberechtigten nach § 104 Absatz 2 bis 4,
3. den Beratungs- und Unterstützungsbedarf nach § 106,
4. die Erbringung der Leistungen.

²Soweit die Beratung über die Erbringung der Leistungen nach Nummer 4 den Lebensunterhalt betrifft, umfasst sie den Anteil des Regelsatzes nach § 27a Absatz 3 des Zwölften Buches, der den Leistungsberechtigten als Barmittel verbleibt.

(3) ¹Ist der Träger der Eingliederungshilfe Leistungsverantwortlicher nach § 15, soll er die Gesamtplankonferenz mit einer Teilhabeplankonferenz nach § 20 verbinden. ²Ist der Träger der Eingliederungshilfe nicht Leistungsverantwortlicher nach § 15, soll er nach § 19 Absatz 5 den Leistungsberechtigten und den Rehabilitationsträgern anbieten, mit deren Einvernehmen das Verfahren anstelle des leistenden Rehabilitationsträgers durchzuführen.

(4) ¹Beantragt eine leistungsberechtigte Mutter oder ein leistungsberechtigter Vater Leistungen zur Deckung von Bedarfen bei der Versorgung und Betreuung eines eigenen Kindes oder mehrerer eigener Kinder, so ist eine Gesamtplankonferenz mit Zustimmung des Leistungsberechtigten durchzuführen. ²Bestehen Anhaltspunkte dafür, dass diese Bedarfe durch Leistungen anderer Leistungsträger, durch das familiäre, freundschaftliche und nachbarschaftliche Umfeld oder ehrenamtlich gedeckt werden können, so informiert der Träger der Eingliederungshilfe mit Zustimmung der Leistungsberechtigten die als zuständig angesehenen Leistungsträger, die ehrenamtlich tätigen Stellen und Personen oder die jeweiligen Personen aus dem persönlichen Umfeld und beteiligt sie an der Gesamtplankonferenz.

§ 120 Feststellung der Leistungen

(1) Nach Abschluss der Gesamtplankonferenz stellen der Träger der Eingliederungshilfe und die beteiligten Leistungsträger ihre Leistungen nach den für sie geltenden Leistungsgesetzen innerhalb der Fristen nach den §§ 14 und 15 fest.

(2) ¹Der Träger der Eingliederungshilfe erlässt auf Grundlage des Gesamtplanes nach § 121 den Verwaltungsakt über die festgestellte Leistung nach den Kapiteln 3 bis 6. ²Der Verwaltungsakt enthält mindestens die bewilligten Leistungen und die jeweiligen Leistungsvoraussetzungen. ³Die Feststellungen über die Leistungen sind für den Erlass des Verwaltungsaktes bindend. ⁴Ist eine Gesamtplankonferenz durchgeführt worden, sind deren Ergebnisse der Erstellung des Gesamtplanes zugrunde zu legen. ⁵Ist der Träger der Eingliederungshilfe Leistungsverantwortlicher nach § 15, sind die Feststellungen über die Leistungen für die Entscheidung nach § 15 Absatz 3 bindend.

(3) Wenn nach den Vorschriften zur Koordinierung der Leistungen nach Teil 1 Kapitel 4 ein anderer Rehabilitationsträger die Leistungsverantwortung trägt, bilden die im Rahmen der Gesamtplanung festgestellten Leistungen nach den Kapiteln 3 bis 6 die für den Teilhabeplan erforderlichen Feststellungen nach § 15 Absatz 2.

(4) In einem Eilfall erbringt der Träger der Eingliederungshilfe Leistungen der Eingliederungshilfe nach den Kapiteln 3 bis 6 vor Beginn der Gesamtplankonferenz vorläufig; der Umfang der vorläufigen Gesamtleistung bestimmt sich nach pflichtgemäßem Ermessen.

§ 121 Gesamtplan

(1) Der Träger der Eingliederungshilfe stellt unverzüglich nach der Feststellung der Leistungen einen Gesamtplan insbesondere zur Durchführung der einzelnen Leistungen oder einer Einzelleistung auf.

(2) ¹Der Gesamtplan dient der Steuerung, Wirkungskontrolle und Dokumentation des Teilhabeprozesses. ²Er bedarf der Schriftform und soll regelmäßig, spätestens nach zwei Jahren, überprüft und fortgeschrieben werden.

(3) Bei der Aufstellung des Gesamtplanes wirkt der Träger der Eingliederungshilfe zusammen mit
1. dem Leistungsberechtigten,
2. einer Person seines Vertrauens und
3. dem im Einzelfall Beteiligten, insbesondere mit

a) dem behandelnden Arzt,
b) dem Gesundheitsamt,
c) dem Landesarzt,
d) dem Jugendamt und
e) den Dienststellen der Bundesagentur für Arbeit.

(4) Der Gesamtplan enthält neben den Inhalten nach § 19 mindestens
1. die im Rahmen der Gesamtplanung eingesetzten Verfahren und Instrumente sowie die Maßstäbe und Kriterien der Wirkungskontrolle einschließlich des Überprüfungszeitpunkts,
2. die Aktivitäten der Leistungsberechtigten,
3. die Feststellungen über die verfügbaren und aktivierbaren Selbsthilferessourcen des Leistungsberechtigten sowie über Art, Inhalt, Umfang und Dauer der zu erbringenden Leistungen,
4. die Berücksichtigung des Wunsch- und Wahlrechts nach § 8 im Hinblick auf eine pauschale Geldleistung,
5. die Erkenntnisse aus vorliegenden sozialmedizinischen Gutachten und
6. das Ergebnis über die Beratung des Anteils des Regelsatzes nach § 27a Absatz 3 des Zwölften Buches, der den Leistungsberechtigten als Barmittel verbleibt.

(5) Der Träger der Eingliederungshilfe stellt der leistungsberechtigten Person den Gesamtplan zur Verfügung.

§ 122 Teilhabezielvereinbarung

¹Der Träger der Eingliederungshilfe kann mit dem Leistungsberechtigten eine Teilhabezielvereinbarung zur Umsetzung der Mindestinhalte des Gesamtplanes oder von Teilen der Mindestinhalte des Gesamtplanes abschließen. ²Die Vereinbarung wird für die Dauer des Bewilligungszeitraumes der Leistungen der Eingliederungshilfe abgeschlossen, soweit sich aus ihr nichts Abweichendes ergibt. ³Bestehen Anhaltspunkte dafür, dass die Vereinbarungsziele nicht oder nicht mehr erreicht werden, hat der Träger der Eingliederungshilfe die Teilhabezielvereinbarung anzupassen. ⁴Die Kriterien nach § 117 Absatz 1 Nummer 3 gelten entsprechend.

Kapitel 8
Vertragsrecht

§ 123 Allgemeine Grundsätze

(1) ¹Der Träger der Eingliederungshilfe darf Leistungen der Eingliederungshilfe mit Ausnahme der Leistungen nach § 113 Absatz 2 Nummer 2 in Verbindung mit § 78 Absatz 5 und § 112 Absatz 1 durch Dritte (Leistungserbringer) nur bewilligen, soweit eine schriftliche Vereinbarung zwischen dem Träger des Leistungserbringers und dem für den Ort der Leistungserbringung zuständigen Träger der Eingliederungshilfe besteht. ²Die Vereinbarung kann auch zwischen dem Träger der Eingliederungshilfe und dem Verband, dem der Leistungserbringer angehört, geschlossen werden, soweit der Verband eine entsprechende Vollmacht nachweist.

(2) ¹Die Vereinbarungen sind für alle übrigen Träger der Eingliederungshilfe bindend. ²Die Vereinbarungen müssen den Grundsätzen der Wirtschaftlichkeit, Sparsamkeit und Leistungsfähigkeit entsprechen und dürfen das Maß des Notwendigen nicht überschreiten. ³Sie sind vor Beginn der jeweiligen Wirtschaftsperiode für einen zukünftigen Zeitraum abzuschließen (Vereinbarungszeitraum); nachträgliche Ausgleiche sind nicht zulässig. ⁴Die Ergebnisse der Vereinbarungen sind den Leistungsberechtigten in einer wahrnehmbaren Form zugänglich zu machen.

(3) Keine Leistungserbringer im Sinne dieses Kapitels sind
1. private und öffentliche Arbeitgeber gemäß § 61 oder § 61a sowie
2. Einrichtungen der beruflichen Rehabilitation, in denen der schulische Teil der Ausbildung nach § 61a Absatz 2 Satz 4 erfolgen kann.

(4) ¹Besteht eine schriftliche Vereinbarung, so ist der Leistungserbringer, soweit er kein anderer Leistungsanbieter im Sinne des § 60 ist, im Rahmen des vereinbarten Leistungsangebotes verpflichtet, Leistungsberechtigte aufzunehmen und Leistungen der Eingliederungshilfe unter Beachtung der Inhalte des Gesamtplanes nach § 121 zu erbringen. ²Die Verpflichtung zur Leistungserbringung besteht auch in den Fällen des § 116 Absatz 2.

(5) ¹Der Träger der Eingliederungshilfe darf die Leistungen durch Leistungserbringer, mit denen keine schriftliche Vereinbarung besteht, nur erbringen, soweit
1. dies nach der Besonderheit des Einzelfalles geboten ist,

2. der Leistungserbringer ein schriftliches Leistungsangebot vorlegt, das für den Inhalt einer Vereinbarung nach § 125 gilt,
3. der Leistungserbringer sich schriftlich verpflichtet, die Grundsätze der Wirtschaftlichkeit und Qualität der Leistungserbringung zu beachten,
4. der Leistungserbringer sich schriftlich verpflichtet, bei der Erbringung von Leistungen die Inhalte des Gesamtplanes nach § 121 zu beachten,
5. die Vergütung für die Erbringung der Leistungen nicht höher ist als die Vergütung, die der Träger der Eingliederungshilfe mit anderen Leistungserbringern für vergleichbare Leistungen vereinbart hat.
²Die allgemeinen Grundsätze der Absätze 1 bis 3 und 5 sowie die Vorschriften zur Geeignetheit der Leistungserbringer (§ 124), zum Inhalt der Vergütung (§ 125), zur Verbindlichkeit der vereinbarten Vergütung (§ 127), zur Wirtschaftlichkeits- und Qualitätsprüfung (§ 128), zur Kürzung der Vergütung (§ 129) und zur außerordentlichen Kündigung der Vereinbarung (§ 130) gelten entsprechend.
(6) Der Leistungserbringer hat gegen den Träger der Eingliederungshilfe einen Anspruch auf Vergütung der gegenüber dem Leistungsberechtigten erbrachten Leistungen der Eingliederungshilfe.

§ 124 Geeignete Leistungserbringer

(1) ¹Sind geeignete Leistungserbringer vorhanden, soll der Träger der Eingliederungshilfe zur Erfüllung seiner Aufgaben eigene Angebote nicht neu schaffen. ²Geeignet ist ein externer Leistungserbringer, der unter Sicherstellung der Grundsätze des § 104 die Leistungen wirtschaftlich und sparsam erbringen kann. ³Die durch den Leistungserbringer geforderte Vergütung ist wirtschaftlich angemessen, wenn sie im Vergleich mit der Vergütung vergleichbarer Leistungserbringer im unteren Drittel liegt (externer Vergleich). ⁴Liegt die geforderte Vergütung oberhalb des unteren Drittels, kann sie wirtschaftlich angemessen sein, sofern sie nachvollziehbar auf einem höheren Aufwand des Leistungserbringers beruht und wirtschaftlicher Betriebsführung entspricht. ⁵In den externen Vergleich sind die im Einzugsbereich tätigen Leistungserbringer einzubeziehen. ⁶Die Bezahlung tariflich vereinbarter Vergütungen sowie entsprechender Vergütungen nach kirchlichen Arbeitsrechtsregelungen kann dabei nicht als unwirtschaftlich abgelehnt werden, soweit die Vergütung aus diesem Grunde oberhalb des unteren Drittels liegt.
(2) ¹Geeignete Leistungserbringer haben zur Erbringung der Leistungen der Eingliederungshilfe eine dem Leistungsangebot entsprechende Anzahl an Fach- und anderem Betreuungspersonal zu beschäftigen. ²Sie müssen über die Fähigkeit zur Kommunikation mit den Leistungsberechtigten in einer für die Leistungsberechtigten wahrnehmbaren Form verfügen und nach ihrer Persönlichkeit geeignet sein. ³Geeignete Leistungserbringer dürfen nur solche Personen beschäftigen oder ehrenamtlich Personen, die in Wahrnehmung ihrer Aufgaben Kontakt mit Leistungsberechtigten haben, mit Aufgaben betrauen, die nicht rechtskräftig wegen einer Straftat nach den §§ 171, 174 bis 174c, 176 bis 180a, 181a, 182 bis 184g, 184i bis 184l, 201a Absatz 3, §§ 225, 232 bis 233a, 234, 235 oder 236 des Strafgesetzbuchs verurteilt worden sind. ⁴Die Leistungserbringer sollen sich von Fach- und anderem Betreuungspersonal, die in Wahrnehmung ihrer Aufgaben Kontakt mit Leistungsberechtigten haben, vor deren Einstellung oder Aufnahme einer dauerhaften ehrenamtlichen Tätigkeit und in regelmäßigen Abständen ein Führungszeugnis nach § 30a Absatz 1 des Bundeszentralregistergesetzes vorlegen lassen. ⁵Nimmt der Leistungserbringer Einsicht in ein Führungszeugnis nach § 30a Absatz 1 des Bundeszentralregistergesetzes, so speichert er nur den Umstand der Einsichtnahme, das Datum des Führungszeugnisses und die Information, ob die das Führungszeugnis betreffende Person wegen einer in Satz 3 genannten Straftat rechtskräftig verurteilt worden ist. ⁶Der Leistungserbringer darf diese Daten nur verändern und nutzen, soweit dies zur Prüfung der Eignung einer Person erforderlich ist. ⁷Die Daten sind vor dem Zugriff Unbefugter zu schützen. ⁸Sie sind unverzüglich zu löschen, wenn im Anschluss an die Einsichtnahme keine Tätigkeit für den Leistungserbringer wahrgenommen wird. ⁹Sie sind spätestens drei Monate nach der letztmaligen Ausübung einer Tätigkeit für den Leistungserbringer zu löschen. ¹⁰Das Fachpersonal muss zusätzlich über eine abgeschlossene berufsspezifische Ausbildung und dem Leistungsangebot entsprechende Zusatzqualifikationen verfügen.
(3) Sind mehrere Leistungserbringer im gleichen Maße geeignet, so hat der Träger der Eingliederungshilfe Vereinbarungen vorrangig mit Leistungserbringern abzuschließen, deren Vergütung bei vergleichbarem Inhalt, Umfang und Qualität der Leistung nicht höher ist als die anderer Leistungserbringer.

§ 125 Inhalt der schriftlichen Vereinbarung

(1) In der schriftlichen Vereinbarung zwischen dem Träger der Eingliederungshilfe und dem Leistungserbringer sind zu regeln:

1. Inhalt, Umfang und Qualität einschließlich der Wirksamkeit der Leistungen der Eingliederungshilfe (Leistungsvereinbarung) und
2. die Vergütung der Leistungen der Eingliederungshilfe (Vergütungsvereinbarung).

(2) ¹In die Leistungsvereinbarung sind als wesentliche Leistungsmerkmale mindestens aufzunehmen:
1. der zu betreuende Personenkreis,
2. die erforderliche sächliche Ausstattung,
3. Art, Umfang, Ziel und Qualität der Leistungen der Eingliederungshilfe,
4. die Festlegung der personellen Ausstattung,
5. die Qualifikation des Personals sowie
6. soweit erforderlich, die betriebsnotwendigen Anlagen des Leistungserbringers.

²Soweit die Erbringung von Leistungen nach § 116 Absatz 2 zu vereinbaren ist, sind darüber hinaus die für die Leistungserbringung erforderlichen Strukturen zu berücksichtigen.

(3) ¹Mit der Vergütungsvereinbarung werden unter Berücksichtigung der Leistungsmerkmale nach Absatz 2 Leistungspauschalen für die zu erbringenden Leistungen unter Beachtung der Grundsätze nach § 123 Absatz 2 festgelegt. ²Förderungen aus öffentlichen Mitteln sind anzurechnen. ³Die Leistungspauschalen sind nach Gruppen von Leistungsberechtigten mit vergleichbarem Bedarf oder Stundensätzen sowie für die gemeinsame Inanspruchnahme durch mehrere Leistungsberechtigte (§ 116 Absatz 2) zu kalkulieren. ⁴Abweichend von Satz 1 können andere geeignete Verfahren zur Vergütung und Abrechnung der Fachleistung unter Beteiligung der Interessenvertretungen der Menschen mit Behinderungen vereinbart werden.

(4) ¹Die Vergütungsvereinbarungen mit Werkstätten für behinderte Menschen und anderen Leistungsanbietern berücksichtigen zusätzlich die mit der wirtschaftlichen Betätigung in Zusammenhang stehenden Kosten, soweit diese Kosten unter Berücksichtigung der besonderen Verhältnisse beim Leistungserbringer und der dort beschäftigten Menschen mit Behinderungen nach Art und Umfang über die in einem Wirtschaftsunternehmen üblicherweise entstehenden Kosten hinausgehen. ²Können die Kosten im Einzelfall nicht ermittelt werden, kann hierfür eine Vergütungspauschale vereinbart werden. ³Das Arbeitsergebnis des Leistungserbringers darf nicht dazu verwendet werden, die Vergütung des Trägers der Eingliederungshilfe zu mindern.

§ 126 Verfahren und Inkrafttreten der Vereinbarung

(1) ¹Der Leistungserbringer oder der Träger der Eingliederungshilfe hat die jeweils andere Partei schriftlich zu Verhandlungen über den Abschluss einer Vereinbarung gemäß § 125 aufzufordern. ²Bei einer Aufforderung zum Abschluss einer Folgevereinbarung sind die Verhandlungsgegenstände zu benennen. ³Die Aufforderung durch den Leistungsträger kann an einen unbestimmten Kreis von Leistungserbringern gerichtet werden. ⁴Auf Verlangen einer Partei sind geeignete Nachweise zu den Verhandlungsgegenständen vorzulegen.

(2) ¹Kommt es nicht innerhalb von drei Monaten, nachdem eine Partei zu Verhandlungen aufgefordert wurde, zu einer schriftlichen Vereinbarung, so kann jede Partei hinsichtlich der strittigen Punkte die Schiedsstelle nach § 133 anrufen. ²Die Schiedsstelle hat unverzüglich über die strittigen Punkte zu entscheiden. ³Gegen die Entscheidung der Schiedsstelle ist der Rechtsweg zu den Sozialgerichten gegeben, ohne dass es eines Vorverfahrens bedarf. ⁴Die Klage ist gegen den Verhandlungspartner und nicht gegen die Schiedsstelle zu richten.

(3) ¹Vereinbarungen und Schiedsstellenentscheidungen treten zu dem darin bestimmten Zeitpunkt in Kraft. ²Wird ein Zeitpunkt nicht bestimmt, wird die Vereinbarung mit dem Tag ihres Abschlusses wirksam. ³Festsetzungen der Schiedsstelle werden, soweit keine Festlegung erfolgt ist, rückwirkend mit dem Tag wirksam, an dem der Antrag bei der Schiedsstelle eingegangen ist. ⁴Soweit in den Fällen des Satzes 3 während des Schiedsstellenverfahrens der Antrag geändert wurde, ist auf den Tag abzustellen, an dem der geänderte Antrag bei der Schiedsstelle eingegangen ist. ⁵Ein jeweils vor diesem Zeitpunkt zurückwirkendes Vereinbaren oder Festsetzen von Vergütungen ist in den Fällen der Sätze 1 bis 4 nicht zulässig.

§ 127 Verbindlichkeit der vereinbarten Vergütung

(1) ¹Mit der Zahlung der vereinbarten Vergütung gelten alle während des Vereinbarungszeitraumes entstandenen Ansprüche des Leistungserbringers auf Vergütung der Leistung der Eingliederungshilfe als abgegolten. ²Die im Einzelfall zu zahlende Vergütung bestimmt sich auf der Grundlage der jeweiligen Vereinbarung nach dem Betrag, der dem Leistungsberechtigten vom zuständigen Träger der Eingliederungshilfe bewilligt worden ist. ³Sind Leistungspauschalen nach Gruppen von Leistungsberechtigten

kalkuliert (§ 125 Absatz 3 Satz 3), richtet sich die zu zahlende Vergütung nach der Gruppe, die dem Leistungsberechtigten vom zuständigen Träger der Eingliederungshilfe bewilligt wurde.
(2) Einer Erhöhung der Vergütung auf Grund von Investitionsmaßnahmen, die während des laufenden Vereinbarungszeitraumes getätigt werden, muss der Träger der Eingliederungshilfe zustimmen, soweit er der Maßnahme zuvor dem Grunde und der Höhe nach zugestimmt hat.
(3) ¹Bei unvorhergesehenen wesentlichen Änderungen der Annahmen, die der Vergütungsvereinbarung oder der Entscheidung der Schiedsstelle über die Vergütung zugrunde lagen, ist die Vergütung auf Verlangen einer Vertragspartei für den laufenden Vereinbarungszeitraum neu zu verhandeln. ²Für eine Neuverhandlung gelten die Vorschriften zum Verfahren und Inkrafttreten (§ 126) entsprechend.
(4) Nach Ablauf des Vereinbarungszeitraumes gilt die vereinbarte oder durch die Schiedsstelle festgesetzte Vergütung bis zum Inkrafttreten einer neuen Vergütungsvereinbarung weiter.

§ 128 Wirtschaftlichkeits- und Qualitätsprüfung

(1) ¹Soweit tatsächliche Anhaltspunkte dafür bestehen, dass ein Leistungserbringer seine vertraglichen oder gesetzlichen Pflichten nicht erfüllt, prüft der Träger der Eingliederungshilfe oder ein von diesem beauftragter Dritter die Wirtschaftlichkeit und Qualität einschließlich der Wirksamkeit der vereinbarten Leistungen des Leistungserbringers. ²Die Leistungserbringer sind verpflichtet, dem Träger der Eingliederungshilfe auf Verlangen die für die Prüfung erforderlichen Unterlagen vorzulegen und Auskünfte zu erteilen. ³Zur Vermeidung von Doppelprüfungen arbeiten die Träger der Eingliederungshilfe mit den Trägern der Sozialhilfe, mit den für die Heimaufsicht zuständigen Behörden sowie mit dem Medizinischen Dienst gemäß § 278 des Fünften Buches zusammen. ⁴Der Träger der Eingliederungshilfe ist berechtigt und auf Anforderung verpflichtet, den für die Heimaufsicht zuständigen Behörden die Daten über den Leistungserbringer sowie die Ergebnisse der Prüfungen mitzuteilen, soweit sie für die Zwecke der Prüfung durch den Empfänger erforderlich sind. ⁵Personenbezogene Daten sind vor der Datenübermittlung zu anonymisieren. ⁶Abweichend von Satz 5 dürfen personenbezogene Daten in nicht anonymisierter Form an die für die Heimaufsicht zuständigen Behörden übermittelt werden, soweit sie zu deren Aufgabenerfüllung erforderlich sind. ⁷Durch Landesrecht kann von der Einschränkung in Satz 1 erster Halbsatz abgewichen werden.
(2) Die Prüfung nach Absatz 1 kann ohne vorherige Ankündigung erfolgen und erstreckt sich auf Inhalt, Umfang, Wirtschaftlichkeit und Qualität einschließlich der Wirksamkeit der erbrachten Leistungen.
(3) ¹Der Träger der Eingliederungshilfe hat den Leistungserbringer über das Ergebnis der Prüfung schriftlich zu unterrichten. ²Das Ergebnis der Prüfung ist dem Leistungsberechtigten in einer wahrnehmbaren Form zugänglich zu machen.

§ 129 Kürzung der Vergütung

(1) ¹Hält ein Leistungserbringer seine gesetzlichen oder vertraglichen Verpflichtungen ganz oder teilweise nicht ein, ist die vereinbarte Vergütung für die Dauer der Pflichtverletzung entsprechend zu kürzen. ²Über die Höhe des Kürzungsbetrags ist zwischen den Vertragsparteien Einvernehmen herzustellen. ³Kommt eine Einigung nicht zustande, entscheidet auf Antrag einer Vertragspartei die Schiedsstelle. ⁴Für das Verfahren bei Entscheidungen durch die Schiedsstelle gilt § 126 Absatz 2 und 3 entsprechend.
(2) Der Kürzungsbetrag ist an den Träger der Eingliederungshilfe bis zu der Höhe zurückzuzahlen, in der die Leistung vom Träger der Eingliederungshilfe erbracht worden ist und im Übrigen an die Leistungsberechtigten zurückzuzahlen.
(3) ¹Der Kürzungsbetrag kann nicht über die Vergütungen refinanziert werden. ²Darüber hinaus besteht hinsichtlich des Kürzungsbetrags kein Anspruch auf Nachverhandlung gemäß § 127 Absatz 3.

§ 130 Außerordentliche Kündigung der Vereinbarungen

¹Der Träger der Eingliederungshilfe kann die Vereinbarungen mit einem Leistungserbringer fristlos kündigen, wenn ihm ein Festhalten an den Vereinbarungen auf Grund einer groben Verletzung einer gesetzlichen oder vertraglichen Verpflichtung durch den Leistungserbringer nicht mehr zumutbar ist. ²Eine grobe Pflichtverletzung liegt insbesondere dann vor, wenn
1. Leistungsberechtigte infolge der Pflichtverletzung zu Schaden kommen,
2. gravierende Mängel bei der Leistungserbringung vorhanden sind,
3. dem Leistungserbringer nach heimrechtlichen Vorschriften die Betriebserlaubnis entzogen ist,
4. dem Leistungserbringer der Betrieb untersagt wird oder
5. der Leistungserbringer gegenüber dem Leistungsträger nicht erbrachte Leistungen abrechnet.

³Die Kündigung bedarf der Schriftform. ⁴§ 59 des Zehnten Buches gilt entsprechend.

§ 131 Rahmenverträge zur Erbringung von Leistungen

(1) ¹Die Träger der Eingliederungshilfe schließen auf Landesebene mit den Vereinigungen der Leistungserbringer gemeinsam und einheitlich Rahmenverträge zu den schriftlichen Vereinbarungen nach § 125 ab. ²Die Rahmenverträge bestimmen
1. die nähere Abgrenzung der den Vergütungspauschalen und -beträgen nach § 125 Absatz 1 zugrunde zu legenden Kostenarten und -bestandteile sowie die Zusammensetzung der Investitionsbeträge nach § 125 Absatz 2,
2. den Inhalt und die Kriterien für die Ermittlung und Zusammensetzung der Leistungspauschalen, die Merkmale für die Bildung von Gruppen mit vergleichbarem Bedarf nach § 125 Absatz 3 Satz 3 sowie die Zahl der zu bildenden Gruppen,
3. die Höhe der Leistungspauschale nach § 125 Absatz 3 Satz 1,
4. die Zuordnung der Kostenarten und -bestandteile nach § 125 Absatz 4 Satz 1,
5. die Festlegung von Personalrichtwerten oder anderen Methoden zur Festlegung der personellen Ausstattung,
6. die Grundsätze und Maßstäbe für die Wirtschaftlichkeit und Qualität einschließlich der Wirksamkeit der Leistungen sowie Inhalt und Verfahren zur Durchführung von Wirtschaftlichkeits- und Qualitätsprüfungen und
7. das Verfahren zum Abschluss von Vereinbarungen.

³Für Leistungserbringer, die einer Kirche oder Religionsgemeinschaft des öffentlichen Rechts oder einem sonstigen freigemeinnützigen Träger zuzuordnen sind, können die Rahmenverträge auch von der Kirche oder Religionsgemeinschaft oder von dem Wohlfahrtsverband abgeschlossen werden, dem der Leistungserbringer angehört. ⁴In den Rahmenverträgen sollen die Merkmale und Besonderheiten der jeweiligen Leistungen berücksichtigt werden.

(2) Die durch Landesrecht bestimmten maßgeblichen Interessenvertretungen der Menschen mit Behinderungen wirken bei der Erarbeitung und Beschlussfassung der Rahmenverträge mit.

(3) Die Vereinigungen der Träger der Eingliederungshilfe und die Vereinigungen der Leistungserbringer vereinbaren gemeinsam und einheitlich Empfehlungen auf Bundesebene zum Inhalt der Rahmenverträge.

(4) Kommt es nicht innerhalb von sechs Monaten nach schriftlicher Aufforderung durch die Landesregierung zu einem Rahmenvertrag, so kann die Landesregierung die Inhalte durch Rechtsverordnung regeln.

§ 132 Abweichende Zielvereinbarungen

(1) Leistungsträger und Träger der Leistungserbringer können Zielvereinbarungen zur Erprobung neuer und zur Weiterentwicklung der bestehenden Leistungs- und Finanzierungsstrukturen abschließen.

(2) Die individuellen Leistungsansprüche der Leistungsberechtigten bleiben unberührt.

(3) Absatz 1 gilt nicht, soweit auch Leistungen nach dem Siebten Kapitel des Zwölften Buches gewährt werden.

§ 133 Schiedsstelle

(1) Für jedes Land oder für Teile eines Landes wird eine Schiedsstelle gebildet.

(2) Die Schiedsstelle besteht aus Vertretern der Leistungserbringer und Vertretern der Träger der Eingliederungshilfe in gleicher Zahl sowie einem unparteiischen Vorsitzenden.

(3) ¹Die Vertreter der Leistungserbringer und deren Stellvertreter werden von den Vereinigungen der Leistungserbringer bestellt. Bei der Bestellung ist die Trägervielfalt zu beachten. ²Die Vertreter der Träger der Eingliederungshilfe und deren Stellvertreter werden von diesen bestellt. ³Der Vorsitzende und sein Stellvertreter werden von den beteiligten Organisationen gemeinsam bestellt. ⁴Kommt eine Einigung nicht zustande, werden sie durch Los bestimmt. ⁵Soweit die beteiligten Organisationen der Leistungserbringer oder die Träger der Eingliederungshilfe keinen Vertreter bestellen oder im Verfahren nach Satz 3 keine Kandidaten für das Amt des Vorsitzenden und des Stellvertreters benennen, bestellt die zuständige Landesbehörde auf Antrag eines der Beteiligten die Vertreter und benennt die Kandidaten für die Position des Vorsitzenden und seines Stellvertreters.

(4) ¹Die Mitglieder der Schiedsstelle führen ihr Amt als Ehrenamt. ²Sie sind an Weisungen nicht gebunden. ³Jedes Mitglied hat eine Stimme. ⁴Die Entscheidungen werden mit der Mehrheit der Mitglieder getroffen. ⁵Ergibt sich keine Mehrheit, entscheidet die Stimme des Vorsitzenden.

(5) Die Landesregierungen werden ermächtigt, durch Rechtsverordnung das Nähere zu bestimmen über
1. die Zahl der Schiedsstellen,

2. die Zahl der Mitglieder und deren Bestellung,
3. die Amtsdauer und Amtsführung,
4. die Erstattung der baren Auslagen und die Entschädigung für den Zeitaufwand der Mitglieder der Schiedsstelle,
5. die Geschäftsführung,
6. das Verfahren,
7. die Erhebung und die Höhe der Gebühren,
8. die Verteilung der Kosten,
9. die Rechtsaufsicht sowie
10. die Beteiligung der Interessenvertretungen der Menschen mit Behinderungen.

§ 134 Sonderregelung zum Inhalt der Vereinbarungen zur Erbringung von Leistungen für minderjährige Leistungsberechtigte und in Sonderfällen

(1) In der schriftlichen Vereinbarung zur Erbringung von Leistungen für minderjährige Leistungsberechtigte zwischen dem Träger der Eingliederungshilfe und dem Leistungserbringer sind zu regeln:
1. Inhalt, Umfang und Qualität einschließlich der Wirksamkeit der Leistungen (Leistungsvereinbarung) sowie
2. die Vergütung der Leistung (Vergütungsvereinbarung).

(2) In die Leistungsvereinbarung sind als wesentliche Leistungsmerkmale insbesondere aufzunehmen:
1. die betriebsnotwendigen Anlagen des Leistungserbringers,
2. der zu betreuende Personenkreis,
3. Art, Ziel und Qualität der Leistung,
4. die Festlegung der personellen Ausstattung,
5. die Qualifikation des Personals sowie
6. die erforderliche sächliche Ausstattung.

(3) ¹Die Vergütungsvereinbarung besteht mindestens aus
1. der Grundpauschale für Unterkunft und Verpflegung,
2. der Maßnahmepauschale sowie
3. einem Betrag für betriebsnotwendige Anlagen einschließlich ihrer Ausstattung (Investitionsbetrag).

²Förderungen aus öffentlichen Mitteln sind anzurechnen. ³Die Maßnahmepauschale ist nach Gruppen für Leistungsberechtigte mit vergleichbarem Bedarf zu kalkulieren.

(4) ¹Die Absätze 1 bis 3 finden auch Anwendung, wenn volljährige Leistungsberechtigte Leistungen zur Schulbildung nach § 112 Absatz 1 Nummer 1 sowie Leistungen zur schulischen Ausbildung für einen Beruf nach § 112 Absatz 1 Nummer 2 erhalten, soweit diese Leistungen in besonderen Ausbildungsstätten über Tag und Nacht für Menschen mit Behinderungen erbracht werden. ²Entsprechendes gilt bei anderen volljährigen Leistungsberechtigten, wenn
1. das Konzept des Leistungserbringers auf Minderjährige als zu betreuenden Personenkreis ausgerichtet ist,
2. der Leistungsberechtigte von diesem Leistungserbringer bereits Leistungen über Tag und Nacht auf Grundlage von Vereinbarungen nach den Absätzen 1 bis 3, § 78b des Achten Buches, § 75 Absatz 3 des Zwölften Buches in der am 31. Dezember 2019 geltenden Fassung oder nach Maßgabe des § 75 Absatz 4 des Zwölften Buches in der am 31. Dezember 2019 geltenden Fassung erhalten hat und
3. der Leistungsberechtigte nach Erreichen der Volljährigkeit für eine kurze Zeit, in der Regel nicht länger als bis zur Vollendung des 21. Lebensjahres, Leistungen von diesem Leistungserbringer weitererhält, mit denen insbesondere vor dem Erreichen der Volljährigkeit definierte Teilhabeziele erreicht werden sollen.

Kapitel 9
Einkommen und Vermögen

§ 135 Begriff des Einkommens

(1) Maßgeblich für die Ermittlung des Beitrages nach § 136 ist die Summe der Einkünfte des Vorvorjahres nach § 2 Absatz 2 des Einkommensteuergesetzes sowie bei Renteneinkünften die Bruttorente des Vorvorjahres.

(2) Wenn zum Zeitpunkt der Leistungsgewährung eine erhebliche Abweichung zu den Einkünften des Vorvorjahres besteht, sind die voraussichtlichen Jahreseinkünfte des laufenden Jahres im Sinne des Absatzes 1 zu ermitteln und zugrunde zu legen.

§ 136 Beitrag aus Einkommen zu den Aufwendungen

(1) Bei den Leistungen nach diesem Teil ist ein Beitrag zu den Aufwendungen aufzubringen, wenn das Einkommen im Sinne des § 135 der antragstellenden Person sowie bei minderjährigen Personen der im Haushalt lebenden Eltern oder des im Haushalt lebenden Elternteils die Beträge nach Absatz 2 übersteigt.

(2) ¹Ein Beitrag zu den Aufwendungen ist aufzubringen, wenn das Einkommen im Sinne des § 135 überwiegend
1. aus einer sozialversicherungspflichtigen Beschäftigung oder selbständigen Tätigkeit erzielt wird und 85 Prozent der jährlichen Bezugsgröße nach § 18 Absatz 1 des Vierten Buches übersteigt oder
2. aus einer nicht sozialversicherungspflichtigen Beschäftigung erzielt wird und 75 Prozent der jährlichen Bezugsgröße nach § 18 Absatz 1 des Vierten Buches übersteigt oder
3. aus Renteneinkünften erzielt wird und 60 Prozent der jährlichen Bezugsgröße nach § 18 Absatz 1 des Vierten Buches übersteigt.

²Wird das Einkommen im Sinne des § 135 überwiegend aus anderen Einkunftsarten erzielt, ist Satz 1 Nummer 2 entsprechend anzuwenden.

(3) Die Beträge nach Absatz 2 erhöhen sich für den nicht getrennt lebenden Ehegatten oder Lebenspartner, den Partner einer eheähnlichen oder lebenspartnerschaftsähnlichen Gemeinschaft um 15 Prozent sowie für jedes unterhaltsberechtigte Kind im Haushalt um 10 Prozent der jährlichen Bezugsgröße nach § 18 Absatz 1 des Vierten Buches.

(4) ¹Übersteigt das Einkommen im Sinne des § 135 einer in Absatz 3 erster Halbsatz genannten Person den Betrag, der sich nach Absatz 2 ergibt, findet Absatz 3 keine Anwendung. ²In diesem Fall erhöhen sich für jedes unterhaltsberechtigte Kind im Haushalt die Beträge nach Absatz 2 um 5 Prozent der jährlichen Bezugsgröße nach § 18 Absatz 1 des Vierten Buches.

(5) ¹Ist der Leistungsberechtigte minderjährig und lebt im Haushalt der Eltern, erhöht sich der Betrag nach Absatz 2 um 75 Prozent der jährlichen Bezugsgröße nach § 18 Absatz 1 des Vierten Buches für jeden Leistungsberechtigten. ²Die Absätze 3 und 4 sind nicht anzuwenden.

§ 137 Höhe des Beitrages zu den Aufwendungen

(1) Die antragstellende Person im Sinne des § 136 Absatz 1 hat aus dem Einkommen im Sinne des § 135 einen Beitrag zu den Aufwendungen nach Maßgabe der Absätze 2 und 3 aufzubringen.

(2) ¹Wenn das Einkommen die Beträge nach § 136 Absatz 2 übersteigt, ist ein monatlicher Beitrag in Höhe von 2 Prozent des den Betrag nach § 136 Absatz 2 bis 5 übersteigenden Betrages als monatlicher Beitrag aufzubringen. ²Der nach Satz 1 als monatlicher Beitrag aufzubringende Betrag ist auf volle 10 Euro abzurunden.

(3) Der Beitrag ist von der zu erbringenden Leistung abzuziehen.

(4) ¹Ist ein Beitrag von anderen Personen aufzubringen als dem Leistungsberechtigten und ist die Durchführung der Maßnahme der Eingliederungshilfeleistung ohne Entrichtung des Beitrages gefährdet, so kann im Einzelfall die erforderliche Leistung ohne Abzug nach Absatz 3 erbracht werden. ²Die in Satz 1 genannten Personen haben dem Träger der Eingliederungshilfe die Aufwendungen im Umfang des Beitrages zu ersetzen; mehrere Verpflichtete haften als Gesamtschuldner.

§ 138 Besondere Höhe des Beitrages zu den Aufwendungen

(1) Ein Beitrag ist nicht aufzubringen bei
1. heilpädagogischen Leistungen nach § 113 Absatz 2 Nummer 3,
2. Leistungen zur medizinischen Rehabilitation nach § 109,
3. Leistungen zur Teilhabe am Arbeitsleben nach § 111 Absatz 1,
4. Leistungen zur Teilhabe an Bildung nach § 112 Absatz 1 Nummer 1,
5. Leistungen zur schulischen oder hochschulischen Ausbildung oder Weiterbildung für einen Beruf nach § 112 Absatz 1 Nummer 2, soweit diese Leistungen in besonderen Ausbildungsstätten über Tag und Nacht für Menschen mit Behinderungen erbracht werden,
6. Leistungen zum Erwerb und Erhalt praktischer Kenntnisse und Fähigkeiten nach § 113 Absatz 2 Nummer 5, soweit diese der Vorbereitung auf die Teilhabe am Arbeitsleben nach § 111 Absatz 1 dienen,
7. Leistungen nach § 113 Absatz 1, die noch nicht eingeschulten leistungsberechtigten Personen die für sie erreichbare Teilnahme am Leben in der Gemeinschaft ermöglichen sollen,
8. gleichzeitiger Gewährung von Leistungen zum Lebensunterhalt nach dem Zweiten oder Zwölften Buch oder nach § 27a des Bundesversorgungsgesetzes.

(2) Wenn ein Beitrag nach § 137 aufzubringen ist, ist für weitere Leistungen im gleichen Zeitraum oder weitere Leistungen an minderjährige Kinder im gleichen Haushalt nach diesem Teil kein weiterer Beitrag aufzubringen.
(3) Bei einmaligen Leistungen zur Beschaffung von Bedarfsgegenständen, deren Gebrauch für mindestens ein Jahr bestimmt ist, ist höchstens das Vierfache des monatlichen Beitrages einmalig aufzubringen.

§ 139 Begriff des Vermögens
[1]Zum Vermögen im Sinne dieses Teils gehört das gesamte verwertbare Vermögen. [2]Die Leistungen nach diesem Teil dürfen nicht abhängig gemacht werden vom Einsatz oder von der Verwertung des Vermögens im Sinne des § 90 Absatz 2 Nummer 1 bis 8 des Zwölften Buches und eines Barvermögens oder sonstiger Geldwerte bis zu einem Betrag von 150 Prozent der jährlichen Bezugsgröße nach § 18 Absatz 1 des Vierten Buches. [3]Die Eingliederungshilfe darf ferner nicht vom Einsatz oder von der Verwertung eines Vermögens abhängig gemacht werden, soweit dies für den, der das Vermögen einzusetzen hat, und für seine unterhaltsberechtigten Angehörigen eine Härte bedeuten würde.

§ 140 Einsatz des Vermögens
(1) Die antragstellende Person sowie bei minderjährigen Personen die im Haushalt lebenden Eltern oder ein Elternteil haben vor der Inanspruchnahme von Leistungen nach diesem Teil die erforderlichen Mittel aus ihrem Vermögen aufzubringen.
(2) [1]Soweit für den Bedarf der nachfragenden Person Vermögen einzusetzen ist, jedoch der sofortige Verbrauch oder die sofortige Verwertung des Vermögens nicht möglich ist oder für die, die es einzusetzen hat, eine Härte bedeuten würde, soll die beantragte Leistung als Darlehen geleistet werden. [2]Die Leistungserbringung kann davon abhängig gemacht werden, dass der Anspruch auf Rückzahlung dinglich oder in anderer Weise gesichert wird.
(3) Die in § 138 Absatz 1 genannten Leistungen sind ohne Berücksichtigung von vorhandenem Vermögen zu erbringen.

§ 141 Übergang von Ansprüchen
(1) [1]Hat eine Person im Sinne von § 136 Absatz 1 oder der nicht getrennt lebende Ehegatte oder Lebenspartner für die antragstellende Person einen Anspruch gegen einen anderen, der kein Leistungsträger im Sinne des § 12 des Ersten Buches ist, kann der Träger der Eingliederungshilfe durch schriftliche Anzeige an den anderen bewirken, dass dieser Anspruch bis zur Höhe seiner Aufwendungen auf ihn übergeht. [2]Dies gilt nicht für bürgerlich-rechtliche Unterhaltsansprüche.
(2) [1]Der Übergang des Anspruchs darf nur insoweit bewirkt werden, als bei rechtzeitiger Leistung des anderen entweder die Leistung nicht erbracht worden wäre oder ein Beitrag aufzubringen wäre. [2]Der Übergang ist nicht dadurch ausgeschlossen, dass der Anspruch nicht übertragen, verpfändet oder gepfändet werden kann.
(3) [1]Die schriftliche Anzeige bewirkt den Übergang des Anspruches für die Zeit, für die der leistungsberechtigten Person die Leistung ohne Unterbrechung erbracht wird. [2]Als Unterbrechung gilt ein Zeitraum von mehr als zwei Monaten.
(4) [1]Widerspruch und Anfechtungsklage gegen den Verwaltungsakt, der den Übergang des Anspruches bewirkt, haben keine aufschiebende Wirkung. [2]Die §§ 115 und 116 des Zehnten Buches gehen der Regelung des Absatzes 1 vor.

§ 142 Sonderregelungen für minderjährige Leistungsberechtigte und in Sonderfällen
(1) Minderjährigen Leistungsberechtigten und ihren Eltern oder einem Elternteil ist bei Leistungen im Sinne des § 138 Absatz 1 Nummer 1, 2, 4, 5 und 7 die Aufbringung der Mittel für die Kosten des Lebensunterhalts nur in Höhe der für den häuslichen Lebensunterhalt ersparten Aufwendungen zuzumuten, soweit Leistungen über Tag und Nacht oder über Tag erbracht werden.
(2) [1]Sind Leistungen von einem oder mehreren Anbietern über Tag und Nacht oder über Tag oder für ärztliche oder ärztlich verordnete Maßnahmen erforderlich, sind die Leistungen, die der Vereinbarung nach § 134 Absatz 3 zugrunde liegen, durch den Träger der Eingliederungshilfe auch dann in vollem Umfang zu erbringen, wenn den minderjährigen Leistungsberechtigten und ihren Eltern oder einem Elternteil die Aufbringung der Mittel nach Absatz 1 zu einem Teil zuzumuten ist. [2]In Höhe dieses Teils haben sie zu den Kosten der erbrachten Leistungen beizutragen; mehrere Verpflichtete haften als Gesamtschuldner.

(3) ¹Die Absätze 1 und 2 gelten entsprechend für volljährige Leistungsberechtigte, wenn diese Leistungen erhalten, denen Vereinbarungen nach § 134 Absatz 4 zugrunde liegen. ²In diesem Fall ist den volljährigen Leistungsberechtigten die Aufbringung der Mittel für die Kosten des Lebensunterhalts nur in Höhe der für ihren häuslichen Lebensunterhalt ersparten Aufwendungen zuzumuten.

Kapitel 10
Statistik

§ 143 Bundesstatistik

Zur Beurteilung der Auswirkungen dieses Teils und zu seiner Fortentwicklung werden Erhebungen über
1. die Leistungsberechtigten und
2. die Ausgaben und Einnahmen der Träger der Eingliederungshilfe

als Bundesstatistik durchgeführt.

§ 144 Erhebungsmerkmale

(1) Erhebungsmerkmale bei den Erhebungen nach § 143 Nummer 1 sind für jeden Leistungsberechtigten
1. Geschlecht, Geburtsmonat und -jahr, Staatsangehörigkeit, Bundesland, Wohngemeinde und Gemeindeteil, Kennnummer des Trägers, mit anderen Leistungsberechtigten zusammenlebend, erbrachte Leistungsarten im Laufe und am Ende des Berichtsjahres,
2. die Höhe der Bedarfe für jede erbrachte Leistungsart, die Höhe des aufgebrachten Beitrags nach § 92, die Art des angerechneten Einkommens, Beginn und Ende der Leistungserbringung nach Monat und Jahr, die für mehrere Leistungsberechtigte erbrachte Leistung, die Leistung als pauschalierte Geldleistung, die Leistung durch ein Persönliches Budget sowie
3. gleichzeitiger Bezug von Leistungen nach dem Zweiten, Elften oder Zwölften Buch.

(2) Merkmale bei den Erhebungen nach Absatz 1 Nummer 1 und 2 nach der Art der Leistung sind insbesondere:
1. Leistung zur medizinischen Rehabilitation,
2. Leistung zur Beschäftigung im Arbeitsbereich anerkannter Werkstätten für behinderte Menschen,
3. Leistung zur Beschäftigung bei anderen Leistungsanbietern,
4. Leistung zur Beschäftigung bei privaten und öffentlichen Arbeitgebern,
5. Leistung zur Teilhabe an Bildung,
6. Leistung für Wohnraum,
7. Assistenzleistung nach § 113 Absatz 2 Nummer 2 in Verbindung mit § 78 Absatz 2 Nummer 1,
8. Assistenzleistung nach § 113 Absatz 2 Nummer 2 in Verbindung mit § 78 Absatz 2 Nummer 2,
9. heilpädagogische Leistung,
10. Leistung zum Erwerb praktischer Kenntnisse und Fähigkeiten,
11. Leistung zur Förderung der Verständigung,
12. Leistung für ein Kraftfahrzeug,
13. Leistung zur Beförderung insbesondere durch einen Beförderungsdienst,
14. Hilfsmittel im Rahmen der Sozialen Teilhabe und
15. Besuchsbeihilfen.

(3) Erhebungsmerkmale nach § 143 Nummer 2 sind das Bundesland, die Ausgaben gesamt nach der Art der Leistungen die Einnahmen gesamt und nach Einnahmearten sowie die Höhe der aufgebrachten Beiträge gesamt.

§ 145 Hilfsmerkmale

(1) Hilfsmerkmale sind
1. Name und Anschrift des Auskunftspflichtigen,
2. Name, Telefonnummer und E-Mail-Adresse der für eventuelle Rückfragen zur Verfügung stehenden Person,
3. für die Erhebung nach § 143 Nummer 1 die Kennnummer des Leistungsberechtigten.

(2) ¹Die Kennnummern nach Absatz 1 Nummer 3 dienen der Prüfung der Richtigkeit der Statistik und der Fortschreibung der jeweils letzten Bestandserhebung. ²Sie enthalten keine Angaben über persönliche und sachliche Verhältnisse des Leistungsberechtigten und sind zum frühestmöglichen Zeitpunkt, spätestens nach Abschluss der wiederkehrenden Bestandserhebung, zu löschen.

§ 146 Periodizität und Berichtszeitraum

Die Erhebungen erfolgen jährlich für das abgelaufene Kalenderjahr.

§ 147 Auskunftspflicht
(1) ¹Für die Erhebungen besteht Auskunftspflicht. ²Die Angaben nach § 145 Absatz 1 Nummer 2 und die Angaben zum Gemeindeteil nach § 144 Absatz 1 Nummer 1 sind freiwillig.
(2) Auskunftspflichtig sind die Träger der Eingliederungshilfe.

§ 148 Übermittlung, Veröffentlichung
(1) Die in sich schlüssigen und nach einheitlichen Standards formatierten Einzeldatensätze sind von den Auskunftspflichtigen elektronisch bis zum Ablauf von 40 Arbeitstagen nach Ende des jeweiligen Berichtszeitraums an das jeweilige statistische Landesamt zu übermitteln.
(2) ¹An die fachlich zuständigen obersten Bundes- oder Landesbehörden dürfen für die Verwendung gegenüber den gesetzgebenden Körperschaften und für Zwecke der Planung, jedoch nicht für die Regelung von Einzelfällen, vom Statistischen Bundesamt und von den statistischen Ämtern der Länder Tabellen mit statistischen Ergebnissen übermittelt werden, auch soweit Tabellenfelder nur einen einzigen Fall ausweisen. ²Tabellen, die nur einen einzigen Fall ausweisen, dürfen nur dann übermittelt werden, wenn sie nicht differenzierter als auf Regierungsbezirksebene, bei Stadtstaaten auf Bezirksebene, aufbereitet sind.
(3) ¹Die statistischen Ämter der Länder stellen dem Statistischen Bundesamt für Zusatzaufbereitungen des Bundes jährlich unverzüglich nach Aufbereitung der Bestandserhebung und der Erhebung im Laufe des Berichtsjahres die Einzelangaben aus der Erhebung zur Verfügung. ²Angaben zu den Hilfsmerkmalen nach § 145 dürfen nicht übermittelt werden.
(4) Die Ergebnisse der Bundesstatistik nach diesem Kapitel dürfen auf die einzelnen Gemeinden bezogen veröffentlicht werden.

Kapitel 11
Übergangs- und Schlussbestimmungen

§ 149 Übergangsregelung für ambulant Betreute
Für Personen, die Leistungen der Eingliederungshilfe für behinderte Menschen erhalten, deren Betreuung am 26. Juni 1996 durch von ihnen beschäftigte Personen oder ambulante Dienste sichergestellt wurde, gilt § 3a des Bundessozialhilfegesetzes in der am 26. Juni 1996 geltenden Fassung.

§ 150 Übergangsregelung zum Einsatz des Einkommens
Abweichend von Kapitel 9 sind bei der Festsetzung von Leistungen für Leistungsberechtigte, die am 31. Dezember 2019 Leistungen nach dem Sechsten Kapitel des Zwölften Buches in der Fassung vom 31. Dezember 2019 erhalten haben und von denen ein Einsatz des Einkommens über der Einkommensgrenze gemäß § 87 des Zwölften Buches in der Fassung vom 31. Dezember 2019 gefordert wurde, die am 31. Dezember 2019 geltenden Einkommensgrenzen nach dem Elften Kapitel des Zwölften Buches in der Fassung vom 31. Dezember 2019 zugrunde zu legen, solange der nach Kapitel 9 aufzubringende Beitrag höher ist als der Einkommenseinsatz nach dem am 31. Dezember 2019 geltenden Recht.

Teil 3
Besondere Regelungen zur Teilhabe schwerbehinderter Menschen (Schwerbehindertenrecht)

Kapitel 1
Geschützter Personenkreis

§ 151 Geltungsbereich
(1) Die Regelungen dieses Teils gelten für schwerbehinderte und diesen gleichgestellte behinderte Menschen.
(2) ¹Die Gleichstellung behinderter Menschen mit schwerbehinderten Menschen (§ 2 Absatz 3) erfolgt auf Grund einer Feststellung nach § 152 auf Antrag des behinderten Menschen durch die Bundesagentur für Arbeit. ²Die Gleichstellung wird mit dem Tag des Eingangs des Antrags wirksam. Sie kann befristet werden.
(3) Auf gleichgestellte behinderte Menschen werden die besonderen Regelungen für schwerbehinderte Menschen mit Ausnahme des § 208 und des Kapitels 13 angewendet.
(4) ¹Schwerbehinderten Menschen gleichgestellt sind auch behinderte Jugendliche und junge Erwachsene (§ 2 Absatz 1) während der Zeit ihrer Berufsausbildung in Betrieben und Dienststellen oder einer beruflichen Orientierung, auch wenn der Grad der Behinderung weniger als 30 beträgt oder ein Grad der

Behinderung nicht festgestellt ist. ²Der Nachweis der Behinderung wird durch eine Stellungnahme der Agentur für Arbeit oder durch einen Bescheid über Leistungen zur Teilhabe am Arbeitsleben erbracht. ³Die Gleichstellung gilt nur für Leistungen des Integrationsamtes im Rahmen der beruflichen Orientierung und der Berufsausbildung im Sinne des § 185 Absatz 3 Nummer 2 Buchstabe c.

§ 152 Feststellung der Behinderung, Ausweise

(1) ¹Auf Antrag des behinderten Menschen stellen die für die Durchführung des Bundesversorgungsgesetzes zuständigen Behörden das Vorliegen einer Behinderung und den Grad der Behinderung zum Zeitpunkt der Antragstellung fest. ²Auf Antrag kann festgestellt werden, dass ein Grad der Behinderung oder gesundheitliche Merkmale bereits zu einem früheren Zeitpunkt vorgelegen haben, wenn dafür ein besonderes Interesse glaubhaft gemacht wird. ³Beantragt eine erwerbstätige Person die Feststellung der Eigenschaft als schwerbehinderter Mensch (§ 2 Absatz 2), gelten die in § 14 Absatz 2 Satz 2 und 3 sowie § 17 Absatz 1 Satz 1 und Absatz 2 Satz 1 genannten Fristen sowie § 60 Absatz 1 des Ersten Buches entsprechend. ⁴Das Gesetz über das Verwaltungsverfahren der Kriegsopferversorgung ist entsprechend anzuwenden, soweit nicht das Zehnte Buch Anwendung findet. ⁵Die Auswirkungen auf die Teilhabe am Leben in der Gesellschaft werden als Grad der Behinderung nach Zehnergraden abgestuft festgestellt. ⁶Eine Feststellung ist nur zu treffen, wenn ein Grad der Behinderung von wenigstens 20 vorliegt. ⁷Durch Landesrecht kann die Zuständigkeit abweichend von Satz 1 geregelt werden.
(2) ¹Feststellungen nach Absatz 1 sind nicht zu treffen, wenn eine Feststellung über das Vorliegen einer Behinderung und den Grad einer auf ihr beruhenden Erwerbsminderung schon in einem Rentenbescheid, einer entsprechenden Verwaltungs- oder Gerichtsentscheidung oder einer vorläufigen Bescheinigung der für diese Entscheidungen zuständigen Dienststellen getroffen worden ist, es sei denn, dass der behinderte Mensch ein Interesse an anderweitiger Feststellung nach Absatz 1 glaubhaft macht. ²Eine Feststellung nach Satz 1 gilt zugleich als Feststellung des Grades der Behinderung.
(3) ¹Liegen mehrere Beeinträchtigungen der Teilhabe am Leben in der Gesellschaft vor, so wird der Grad der Behinderung nach den Auswirkungen der Beeinträchtigungen in ihrer Gesamtheit unter Berücksichtigung ihrer wechselseitigen Beziehungen festgestellt. ²Für diese Entscheidung gilt Absatz 1, es sei denn, dass in einer Entscheidung nach Absatz 2 eine Gesamtbeurteilung bereits getroffen worden ist.
(4) Sind neben dem Vorliegen der Behinderung weitere gesundheitliche Merkmale Voraussetzung für die Inanspruchnahme von Nachteilsausgleichen, so treffen die zuständigen Behörden die erforderlichen Feststellungen im Verfahren nach Absatz 1.
(5) ¹Auf Antrag des behinderten Menschen stellen die zuständigen Behörden auf Grund einer Feststellung der Behinderung einen Ausweis über die Eigenschaft als schwerbehinderter Mensch, den Grad der Behinderung sowie im Falle des Absatzes 4 über weitere gesundheitliche Merkmale aus. ²Der Ausweis dient dem Nachweis für die Inanspruchnahme von Leistungen und sonstigen Hilfen, die schwerbehinderten Menschen nach diesem Teil oder nach anderen Vorschriften zustehen. ³Die Gültigkeitsdauer des Ausweises soll befristet werden. ⁴Er wird eingezogen, sobald der gesetzliche Schutz schwerbehinderter Menschen erloschen ist. ⁵Der Ausweis wird berichtigt, sobald eine Neufeststellung unanfechtbar geworden ist.

§ 153 Verordnungsermächtigung

(1) Die Bundesregierung wird ermächtigt, durch Rechtsverordnung mit Zustimmung des Bundesrates nähere Vorschriften über die Gestaltung der Ausweise, ihre Gültigkeit und das Verwaltungsverfahren zu erlassen.
(2) Das Bundesministerium für Arbeit und Soziales wird ermächtigt, durch Rechtsverordnung mit Zustimmung des Bundesrates die Grundsätze aufzustellen, die für die Bewertung des Grades der Behinderung, die Kriterien für die Bewertung der Hilflosigkeit und die Voraussetzungen für die Vergabe von Merkzeichen maßgebend sind, die nach Bundesrecht im Schwerbehindertenausweis einzutragen sind.

Kapitel 2
Beschäftigungspflicht der Arbeitgeber

§ 154 Pflicht der Arbeitgeber zur Beschäftigung schwerbehinderter Menschen

(1) ¹Private und öffentliche Arbeitgeber (Arbeitgeber) mit jahresdurchschnittlich monatlich mindestens 20 Arbeitsplätzen im Sinne des § 156 haben auf wenigstens 5 Prozent der Arbeitsplätze schwerbehinderte Menschen zu beschäftigen. ²Dabei sind schwerbehinderte Frauen besonders zu berücksichtigen.
³Abweichend von Satz 1 haben Arbeitgeber mit jahresdurchschnittlich monatlich weniger als 40 Ar-

beitsplätzen jahresdurchschnittlich je Monat einen schwerbehinderten Menschen, Arbeitgeber mit jahresdurchschnittlich monatlich weniger als 60 Arbeitsplätzen jahresdurchschnittlich je Monat zwei schwerbehinderte Menschen zu beschäftigen.

(2) Als öffentliche Arbeitgeber im Sinne dieses Teils gelten
1. jede oberste Bundesbehörde mit ihren nachgeordneten Dienststellen, das Bundespräsidialamt, die Verwaltungen des Deutschen Bundestages und des Bundesrates, das Bundesverfassungsgericht, die obersten Gerichtshöfe des Bundes, der Bundesgerichtshof jedoch zusammengefasst mit dem Generalbundesanwalt, sowie das Bundeseisenbahnvermögen,
2. jede oberste Landesbehörde und die Staats- und Präsidialkanzleien mit ihren nachgeordneten Dienststellen, die Verwaltungen der Landtage, die Rechnungshöfe (Rechnungskammern), die Organe der Verfassungsgerichtsbarkeit der Länder und jede sonstige Landesbehörde, zusammengefasst jedoch diejenigen Behörden, die eine gemeinsame Personalverwaltung haben,
3. jede sonstige Gebietskörperschaft und jeder Verband von Gebietskörperschaften,
4. jede sonstige Körperschaft, Anstalt oder Stiftung des öffentlichen Rechts.

§ 155 Beschäftigung besonderer Gruppen schwerbehinderter Menschen

(1) Im Rahmen der Erfüllung der Beschäftigungspflicht sind in angemessenem Umfang zu beschäftigen:
1. schwerbehinderte Menschen, die nach Art oder Schwere ihrer Behinderung im Arbeitsleben besonders betroffen sind, insbesondere solche,
   a) die zur Ausübung der Beschäftigung wegen ihrer Behinderung nicht nur vorübergehend einer besonderen Hilfskraft bedürfen oder
   b) deren Beschäftigung infolge ihrer Behinderung nicht nur vorübergehend mit außergewöhnlichen Aufwendungen für den Arbeitgeber verbunden ist oder
   c) die infolge ihrer Behinderung nicht nur vorübergehend offensichtlich nur eine wesentlich verminderte Arbeitsleistung erbringen können oder
   d) bei denen ein Grad der Behinderung von wenigstens 50 allein infolge geistiger oder seelischer Behinderung oder eines Anfallsleidens vorliegt oder
   e) die wegen Art oder Schwere der Behinderung keine abgeschlossene Berufsbildung im Sinne des Berufsbildungsgesetzes haben,
2. schwerbehinderte Menschen, die das 50. Lebensjahr vollendet haben.

(2) ¹Arbeitgeber mit Stellen zur beruflichen Bildung, insbesondere für Auszubildende, haben im Rahmen der Erfüllung der Beschäftigungspflicht einen angemessenen Anteil dieser Stellen mit schwerbehinderten Menschen zu besetzen. ²Hierüber ist mit der zuständigen Interessenvertretung im Sinne des § 176 und der Schwerbehindertenvertretung zu beraten.

§ 156 Begriff des Arbeitsplatzes

(1) Arbeitsplätze im Sinne dieses Teils sind alle Stellen, auf denen Arbeitnehmerinnen und Arbeitnehmer, Beamtinnen und Beamte, Richterinnen und Richter sowie Auszubildende und andere zu ihrer beruflichen Bildung Eingestellte beschäftigt werden.

(2) Als Arbeitsplätze gelten nicht die Stellen, auf denen beschäftigt werden:
1. behinderte Menschen, die an Leistungen zur Teilhabe am Arbeitsleben nach § 49 Absatz 3 Nummer 4 in Betrieben oder Dienststellen teilnehmen,
2. Personen, deren Beschäftigung nicht in erster Linie ihrem Erwerb dient, sondern vorwiegend durch Beweggründe karitativer oder religiöser Art bestimmt ist, und Geistliche öffentlich-rechtlicher Religionsgemeinschaften,
3. Personen, deren Beschäftigung nicht in erster Linie ihrem Erwerb dient und die vorwiegend zu ihrer Heilung, Wiedereingewöhnung oder Erziehung erfolgt,
4. Personen, die an Arbeitsbeschaffungsmaßnahmen nach dem Dritten Buch teilnehmen,
5. Personen, die nach ständiger Übung in ihre Stellen gewählt werden,
6. Personen, deren Arbeits-, Dienst- oder sonstiges Beschäftigungsverhältnis wegen Wehr- oder Zivildienst, Elternzeit, unbezahlten Urlaubs, wegen Bezuges einer Rente auf Zeit oder bei Altersteilzeitarbeit in der Freistellungsphase (Verblockungsmodell) ruht, solange für sie eine Vertretung eingestellt ist.

(3) Als Arbeitsplätze gelten ferner nicht Stellen, die nach der Natur der Arbeit oder nach der zwischen den Parteien getroffenen Vereinbarungen nur auf die Dauer von höchstens acht Wochen besetzt sind, sowie Stellen, auf denen Beschäftigte weniger als 18 Stunden wöchentlich beschäftigt werden.

§ 157 Berechnung der Mindestzahl von Arbeitsplätzen und der Pflichtarbeitsplatzzahl

(1) ¹Bei der Berechnung der Mindestzahl von Arbeitsplätzen und der Zahl der Arbeitsplätze, auf denen schwerbehinderte Menschen zu beschäftigen sind (§ 154), zählen Stellen, auf denen Auszubildende beschäftigt werden, nicht mit. ²Das Gleiche gilt für Stellen, auf denen Rechts- oder Studienreferendarinnen und -referendare beschäftigt werden, die einen Rechtsanspruch auf Einstellung haben.

(2) Bei der Berechnung sich ergebende Bruchteile von 0,5 und mehr sind aufzurunden, bei Arbeitgebern mit jahresdurchschnittlich weniger als 60 Arbeitsplätzen abzurunden.

§ 158 Anrechnung Beschäftigter auf die Zahl der Pflichtarbeitsplätze für schwerbehinderte Menschen

(1) Ein schwerbehinderter Mensch, der auf einem Arbeitsplatz im Sinne des § 156 Absatz 1 oder Absatz 2 Nummer 1 oder 4 beschäftigt wird, wird auf einen Pflichtarbeitsplatz für schwerbehinderte Menschen angerechnet.

(2) ¹Ein schwerbehinderter Mensch, der in Teilzeitbeschäftigung kürzer als betriebsüblich, aber nicht weniger als 18 Stunden wöchentlich beschäftigt wird, wird auf einen Pflichtarbeitsplatz für schwerbehinderte Menschen angerechnet. ²Bei Herabsetzung der wöchentlichen Arbeitszeit auf weniger als 18 Stunden infolge von Altersteilzeit oder Teilzeitberufsausbildung gilt Satz 1 entsprechend. ³Wird ein schwerbehinderter Mensch weniger als 18 Stunden wöchentlich beschäftigt, lässt die Bundesagentur für Arbeit die Anrechnung auf einen dieser Pflichtarbeitsplätze zu, wenn die Teilzeitbeschäftigung wegen Art oder Schwere der Behinderung notwendig ist.

(3) Ein schwerbehinderter Mensch, der im Rahmen einer Maßnahme zur Förderung des Übergangs aus der Werkstatt für behinderte Menschen auf den allgemeinen Arbeitsmarkt (§ 5 Absatz 4 Satz 1 der Werkstättenverordnung) beschäftigt wird, wird auch für diese Zeit auf die Zahl der Pflichtarbeitsplätze angerechnet.

(4) Ein schwerbehinderter Arbeitgeber wird auf einen Pflichtarbeitsplatz für schwerbehinderte Menschen angerechnet.

(5) Der Inhaber eines Bergmannsversorgungsscheins wird, auch wenn er kein schwerbehinderter oder gleichgestellter behinderter Mensch im Sinne des § 2 Absatz 2 oder 3 ist, auf einen Pflichtarbeitsplatz angerechnet.

§ 159 Mehrfachanrechnung

(1) ¹Die Bundesagentur für Arbeit kann die Anrechnung eines schwerbehinderten Menschen, besonders eines schwerbehinderten Menschen im Sinne des § 155 Absatz 1 auf mehr als einen Pflichtarbeitsplatz, höchstens drei Pflichtarbeitsplätze für schwerbehinderte Menschen zulassen, wenn dessen Teilhabe am Arbeitsleben auf besondere Schwierigkeiten stößt. ²Satz 1 gilt auch für schwerbehinderte Menschen im Anschluss an eine Beschäftigung in einer Werkstatt für behinderte Menschen und für teilzeitbeschäftigte schwerbehinderte Menschen im Sinne des § 158 Absatz 2.

(2) ¹Ein schwerbehinderter Mensch, der beruflich ausgebildet wird, wird auf zwei Pflichtarbeitsplätze für schwerbehinderte Menschen angerechnet. ²Satz 1 gilt auch während der Zeit einer Ausbildung im Sinne des § 51 Absatz 2, die in einem Betrieb oder einer Dienststelle durchgeführt wird. ³Die Bundesagentur für Arbeit kann die Anrechnung auf drei Pflichtarbeitsplätze für schwerbehinderte Menschen zulassen, wenn die Vermittlung in eine berufliche Ausbildungsstelle wegen Art oder Schwere der Behinderung auf besondere Schwierigkeiten stößt. ⁴Bei Übernahme in ein Arbeits- oder Beschäftigungsverhältnis durch den ausbildenden oder einen anderen Arbeitgeber im Anschluss an eine abgeschlossene Ausbildung wird der schwerbehinderte Mensch im ersten Jahr der Beschäftigung auf zwei Pflichtarbeitsplätze angerechnet; Absatz 1 bleibt unberührt.

(3) Bescheide über die Anrechnung eines schwerbehinderten Menschen auf mehr als drei Pflichtarbeitsplätze für schwerbehinderte Menschen, die vor dem 1. August 1986 erlassen worden sind, gelten fort.

§ 160 Ausgleichsabgabe

(1) ¹Solange Arbeitgeber die vorgeschriebene Zahl schwerbehinderter Menschen nicht beschäftigen, entrichten sie für jeden unbesetzten Pflichtarbeitsplatz für schwerbehinderte Menschen eine Ausgleichsabgabe. ²Die Zahlung der Ausgleichsabgabe hebt die Pflicht zur Beschäftigung schwerbehinderter Menschen nicht auf. ³Die Ausgleichsabgabe wird auf der Grundlage einer jahresdurchschnittlichen Beschäftigungsquote ermittelt.

(2) ¹Die Ausgleichsabgabe beträgt je unbesetztem Pflichtarbeitsplatz

1. 125 Euro bei einer jahresdurchschnittlichen Beschäftigungsquote von 3 Prozent bis weniger als dem geltenden Pflichtsatz,
2. 220 Euro bei einer jahresdurchschnittlichen Beschäftigungsquote von 2 Prozent bis weniger als 3 Prozent,
3. 320 Euro bei einer jahresdurchschnittlichen Beschäftigungsquote von weniger als 2 Prozent.

²Abweichend von Satz 1 beträgt die Ausgleichsabgabe je unbesetztem Pflichtarbeitsplatz für schwerbehinderte Menschen
1. für Arbeitgeber mit jahresdurchschnittlich weniger als 40 zu berücksichtigenden Arbeitsplätzen bei einer jahresdurchschnittlichen Beschäftigung von weniger als einem schwerbehinderten Menschen 125 Euro und
2. für Arbeitgeber mit jahresdurchschnittlich weniger als 60 zu berücksichtigenden Arbeitsplätzen bei einer jahresdurchschnittlichen Beschäftigung von weniger als zwei schwerbehinderten Menschen 125 Euro und bei einer jahresdurchschnittlichen Beschäftigung von weniger als einem schwerbehinderten Menschen 220 Euro.

(3) ¹Die Ausgleichsabgabe erhöht sich entsprechend der Veränderung der Bezugsgröße nach § 18 Absatz 1 des Vierten Buches. ²Sie erhöht sich zum 1. Januar eines Kalenderjahres, wenn sich die Bezugsgröße seit der letzten Neubestimmung der Beträge der Ausgleichsabgabe um wenigstens 10 Prozent erhöht hat. ³Die Erhöhung der Ausgleichsabgabe erfolgt, indem der Faktor für die Veränderung der Bezugsgröße mit dem jeweiligen Betrag der Ausgleichsabgabe vervielfältigt wird. ⁴Die sich ergebenden Beträge sind auf den nächsten durch fünf teilbaren Betrag abzurunden. ⁵Das Bundesministerium für Arbeit und Soziales gibt den Erhöhungsbetrag und die sich nach Satz 3 ergebenden Beträge der Ausgleichsabgabe im Bundesanzeiger bekannt.

(4) ¹Die Ausgleichsabgabe zahlt der Arbeitgeber jährlich zugleich mit der Erstattung der Anzeige nach § 163 Absatz 2 an das für seinen Sitz zuständige Integrationsamt. ²Ist ein Arbeitgeber mehr als drei Monate im Rückstand, erlässt das Integrationsamt einen Feststellungsbescheid über die rückständigen Beträge und zieht diese ein. ³Für rückständige Beträge der Ausgleichsabgabe erhebt das Integrationsamt nach dem 31. März Säumniszuschläge nach Maßgabe des § 24 Absatz 1 des Vierten Buches; für ihre Verwendung gilt Absatz 5 entsprechend. ⁴Das Integrationsamt kann in begründeten Ausnahmefällen von der Erhebung von Säumniszuschlägen absehen. ⁵Widerspruch und Anfechtungsklage gegen den Feststellungsbescheid haben keine aufschiebende Wirkung. ⁶Gegenüber privaten Arbeitgebern wird die Zwangsvollstreckung nach den Vorschriften über das Verwaltungszwangsverfahren durchgeführt. ⁷Bei öffentlichen Arbeitgebern wendet sich das Integrationsamt an die Aufsichtsbehörde, gegen deren Entscheidung es die Entscheidung der obersten Bundes- oder Landesbehörde anrufen kann. ⁸Die Ausgleichsabgabe wird nach Ablauf des Kalenderjahres, das auf den Eingang der Anzeige bei der Bundesagentur für Arbeit folgt, weder nachgefordert noch erstattet.

(5) ¹Die Ausgleichsabgabe darf nur für besondere Leistungen zur Förderung der Teilhabe schwerbehinderter Menschen am Arbeitsleben einschließlich begleitender Hilfe im Arbeitsleben (§ 185 Absatz 1 Nummer 3) verwendet werden, soweit Mittel für denselben Zweck nicht von anderer Seite zu leisten sind oder geleistet werden. ²Aus dem Aufkommen an Ausgleichsabgabe dürfen persönliche und sächliche Kosten der Verwaltung und Kosten des Verfahrens nicht bestritten werden. ³Das Integrationsamt gibt dem Beratenden Ausschuss für behinderte Menschen bei dem Integrationsamt (§ 186) auf dessen Verlangen eine Übersicht über die Verwendung der Ausgleichsabgabe.

(6) ¹Die Integrationsämter leiten den in der Rechtsverordnung nach § 162 bestimmten Prozentsatz des Aufkommens an Ausgleichsabgabe an den Ausgleichsfonds (§ 161) weiter. ²Zwischen den Integrationsämtern wird ein Ausgleich herbeigeführt. ³Der auf das einzelne Integrationsamt entfallende Anteil am Aufkommen an Ausgleichsabgabe bemisst sich nach dem Mittelwert aus dem Verhältnis der Wohnbevölkerung im Zuständigkeitsbereich des Integrationsamtes zur Wohnbevölkerung im Geltungsbereich dieses Gesetzbuches und dem Verhältnis der Zahl der im Zuständigkeitsbereich des Integrationsamtes in den Betrieben und Dienststellen beschäftigungspflichtiger Arbeitgeber auf Arbeitsplätzen im Sinne des § 156 beschäftigten und der bei den Agenturen für Arbeit arbeitslos gemeldeten schwerbehinderten und diesen gleichgestellten behinderten Menschen zur entsprechenden Zahl der schwerbehinderten und diesen gleichgestellten behinderten Menschen im Geltungsbereich dieses Gesetzbuchs.

(7) ¹Die bei den Integrationsämtern verbleibenden Mittel der Ausgleichsabgabe werden von diesen gesondert verwaltet. ²Die Rechnungslegung und die formelle Einrichtung der Rechnungen und Belege regeln sich nach den Bestimmungen, die für diese Stellen allgemein maßgebend sind.

(8) Für die Verpflichtung zur Entrichtung einer Ausgleichsabgabe (Absatz 1) gelten hinsichtlich der in § 154 Absatz 2 Nummer 1 genannten Stellen der Bund und hinsichtlich der in § 154 Absatz 2 Nummer 2 genannten Stellen das Land als ein Arbeitgeber.

§ 161 Ausgleichsfonds

¹Zur besonderen Förderung der Einstellung und Beschäftigung schwerbehinderter Menschen auf Arbeitsplätzen und zur Förderung von Einrichtungen und Maßnahmen, die den Interessen mehrerer Länder auf dem Gebiet der Förderung der Teilhabe schwerbehinderter Menschen am Arbeitsleben dienen, ist beim Bundesministerium für Arbeit und Soziales als zweckgebundene Vermögensmasse ein Ausgleichsfonds für überregionale Vorhaben zur Teilhabe schwerbehinderter Menschen am Arbeitsleben gebildet. ²Das Bundesministerium für Arbeit und Soziales verwaltet den Ausgleichsfonds.

§ 162 Verordnungsermächtigungen

Die Bundesregierung wird ermächtigt, durch Rechtsverordnung mit Zustimmung des Bundesrates
1. die Pflichtquote nach § 154 Absatz 1 nach dem jeweiligen Bedarf an Arbeitsplätzen für schwerbehinderte Menschen zu ändern, jedoch auf höchstens 10 Prozent zu erhöhen oder bis auf 4 Prozent herabzusetzen; dabei kann die Pflichtquote für öffentliche Arbeitgeber höher festgesetzt werden als für private Arbeitgeber,
2. nähere Vorschriften über die Verwendung der Ausgleichsabgabe nach § 160 Absatz 5 und die Gestaltung des Ausgleichsfonds nach § 161, die Verwendung der Mittel durch ihn für die Förderung der Teilhabe schwerbehinderter Menschen am Arbeitsleben und das Vergabe- und Verwaltungsverfahren des Ausgleichsfonds zu erlassen,
3. in der Rechtsverordnung nach Nummer 2
   a) den Anteil des an den Ausgleichsfonds weiterzuleitenden Aufkommens an Ausgleichsabgabe entsprechend den erforderlichen Aufwendungen zur Erfüllung der Aufgaben des Ausgleichsfonds und der Integrationsämter,
   b) den Ausgleich zwischen den Integrationsämtern auf Vorschlag der Länder oder einer Mehrheit der Länder abweichend von § 160 Absatz 6 Satz 3 sowie
   c) die Zuständigkeit für die Förderung von Einrichtungen nach § 30 der Schwerbehinderten-Ausgleichsabgabeverordnung abweichend von § 41 Absatz 2 Nummer 1 dieser Verordnung und von Inklusionsbetrieben und -abteilungen abweichend von § 41 Absatz 1 Nummer 3 dieser Verordnung
   zu regeln,
4. die Ausgleichsabgabe bei Arbeitgebern, die über weniger als 30 Arbeitsplätze verfügen, für einen bestimmten Zeitraum allgemein oder für einzelne Bundesländer herabzusetzen oder zu erlassen, wenn die Zahl der unbesetzten Pflichtarbeitsplätze für schwerbehinderte Menschen die Zahl der zu beschäftigenden schwerbehinderten Menschen so erheblich übersteigt, dass die Pflichtarbeitsplätze für schwerbehinderte Menschen dieser Arbeitgeber nicht in Anspruch genommen zu werden brauchen.

Kapitel 3
Sonstige Pflichten der Arbeitgeber; Rechte der schwerbehinderten Menschen

§ 163 Zusammenwirken der Arbeitgeber mit der Bundesagentur für Arbeit und den Integrationsämtern

(1) Die Arbeitgeber haben, gesondert für jeden Betrieb und jede Dienststelle, ein Verzeichnis der bei ihnen beschäftigten schwerbehinderten, ihnen gleichgestellten behinderten Menschen und sonstigen anrechnungsfähigen Personen laufend zu führen und dieses den Vertretern oder Vertreterinnen der Bundesagentur für Arbeit und des Integrationsamtes, die für den Sitz des Betriebes oder der Dienststelle zuständig sind, auf Verlangen vorzulegen.
(2) ¹Die Arbeitgeber haben der für ihren Sitz zuständigen Agentur für Arbeit einmal jährlich bis spätestens zum 31. März für das vorangegangene Kalenderjahr, aufgegliedert nach Monaten, die Daten anzuzeigen, die zur Berechnung des Umfangs der Beschäftigungspflicht, zur Überwachung ihrer Erfüllung und der Ausgleichsabgabe notwendig sind. ²Der Anzeige sind das nach Absatz 1 geführte Verzeichnis sowie eine Kopie der Anzeige und des Verzeichnisses zur Weiterleitung an das für ihren Sitz zuständige Integrationsamt beizufügen. ³Dem Betriebs-, Personal-, Richter-, Staatsanwalts- und Präsi-

dialrat, der Schwerbehindertenvertretung und dem Inklusionsbeauftragten des Arbeitgebers ist je eine Kopie der Anzeige und des Verzeichnisses zu übermitteln.

(3) Zeigt ein Arbeitgeber die Daten bis zum 30. Juni nicht, nicht richtig oder nicht vollständig an, erlässt die Bundesagentur für Arbeit nach Prüfung in tatsächlicher sowie in rechtlicher Hinsicht einen Feststellungsbescheid über die zur Berechnung der Zahl der Pflichtarbeitsplätze für schwerbehinderte Menschen und der besetzten Arbeitsplätze notwendigen Daten.

(4) Die Arbeitgeber, die Arbeitsplätze für schwerbehinderte Menschen nicht zur Verfügung zu stellen haben, haben die Anzeige nur nach Aufforderung durch die Bundesagentur für Arbeit im Rahmen einer repräsentativen Teilerhebung zu erstatten, die mit dem Ziel der Erfassung der in Absatz 1 genannten Personengruppen, aufgegliedert nach Bundesländern, alle fünf Jahre durchgeführt wird.

(5) Die Arbeitgeber haben der Bundesagentur für Arbeit und dem Integrationsamt auf Verlangen die Auskünfte zu erteilen, die zur Durchführung der besonderen Regelungen zur Teilhabe schwerbehinderter und ihnen gleichgestellter behinderter Menschen am Arbeitsleben notwendig sind.

(6) ¹Für das Verzeichnis und die Anzeige des Arbeitgebers sind die mit der Bundesarbeitsgemeinschaft der Integrationsämter und Hauptfürsorgestellen abgestimmten Vordrucke der Bundesagentur für Arbeit zu verwenden. ²Die Bundesagentur für Arbeit soll zur Durchführung des Anzeigeverfahrens in Abstimmung mit der Bundesarbeitsgemeinschaft ein elektronisches Übermittlungsverfahren zulassen.

(7) Die Arbeitgeber haben den Beauftragten der Bundesagentur für Arbeit und des Integrationsamtes auf Verlangen Einblick in ihren Betrieb oder ihre Dienststelle zu geben, soweit es im Interesse der schwerbehinderten Menschen erforderlich ist und Betriebs- oder Dienstgeheimnisse nicht gefährdet werden.

(8) Die Arbeitgeber haben die Vertrauenspersonen der schwerbehinderten Menschen (§ 177 Absatz 1 Satz 1 bis 3 und § 180 Absatz 1 bis 5) unverzüglich nach der Wahl und ihren Inklusionsbeauftragten für die Angelegenheiten der schwerbehinderten Menschen (§ 181 Satz 1) unverzüglich nach der Bestellung der für den Sitz des Betriebes oder der Dienststelle zuständigen Agentur für Arbeit und dem Integrationsamt zu benennen.

§ 164 Pflichten des Arbeitgebers und Rechte schwerbehinderter Menschen

(1) ¹Die Arbeitgeber sind verpflichtet zu prüfen, ob freie Arbeitsplätze mit schwerbehinderten Menschen, insbesondere mit bei der Agentur für Arbeit arbeitslos oder arbeitsuchend gemeldeten schwerbehinderten Menschen, besetzt werden können. ²Sie nehmen frühzeitig Verbindung mit der Agentur für Arbeit auf. ³Die Bundesagentur für Arbeit oder ein Integrationsfachdienst schlägt den Arbeitgebern geeignete schwerbehinderte Menschen vor. ⁴Über die Vermittlungsvorschläge und vorliegende Bewerbungen von schwerbehinderten Menschen haben die Arbeitgeber die Schwerbehindertenvertretung und die in § 176 genannten Vertretungen unmittelbar nach Eingang zu unterrichten. ⁵Bei Bewerbungen schwerbehinderter Richterinnen und Richter wird der Präsidialrat unterrichtet und gehört, soweit dieser an der Ernennung zu beteiligen ist. ⁶Bei der Prüfung nach Satz 1 beteiligen die Arbeitgeber die Schwerbehindertenvertretung nach § 178 Absatz 2 und hören die in § 176 genannten Vertretungen an. ⁷Erfüllt der Arbeitgeber seine Beschäftigungspflicht nicht und ist die Schwerbehindertenvertretung oder eine in § 176 genannte Vertretung mit der beabsichtigten Entscheidung des Arbeitgebers nicht einverstanden, ist diese unter Darlegung der Gründe mit ihnen zu erörtern. ⁸Dabei wird der betroffene schwerbehinderte Mensch angehört. ⁹Alle Beteiligten sind vom Arbeitgeber über die getroffene Entscheidung unter Darlegung der Gründe unverzüglich zu unterrichten. ¹⁰Bei Bewerbungen schwerbehinderter Menschen ist die Schwerbehindertenvertretung nicht zu beteiligen, wenn der schwerbehinderte Mensch die Beteiligung der Schwerbehindertenvertretung ausdrücklich ablehnt.

(2) ¹Arbeitgeber dürfen schwerbehinderte Beschäftigte nicht wegen ihrer Behinderung benachteiligen. ²Im Einzelnen gelten hierzu die Regelungen des Allgemeinen Gleichbehandlungsgesetzes.

(3) ¹Die Arbeitgeber stellen durch geeignete Maßnahmen sicher, dass in ihren Betrieben und Dienststellen wenigstens die vorgeschriebene Zahl schwerbehinderter Menschen eine möglichst dauerhafte behinderungsgerechte Beschäftigung finden kann. ²Absatz 4 Satz 2 und 3 gilt entsprechend.

(4) ¹Die schwerbehinderten Menschen haben gegenüber ihren Arbeitgebern Anspruch auf
1. Beschäftigung, bei der sie ihre Fähigkeiten und Kenntnisse möglichst voll verwerten und weiterentwickeln können,
2. bevorzugte Berücksichtigung bei innerbetrieblichen Maßnahmen der beruflichen Bildung zur Förderung ihres beruflichen Fortkommens,
3. Erleichterungen im zumutbaren Umfang zur Teilnahme an außerbetrieblichen Maßnahmen der beruflichen Bildung,

4. behinderungsgerechte Einrichtung und Unterhaltung der Arbeitsstätten einschließlich der Betriebsanlagen, Maschinen und Geräte sowie der Gestaltung der Arbeitsplätze, des Arbeitsumfelds, der Arbeitsorganisation und der Arbeitszeit, unter besonderer Berücksichtigung der Unfallgefahr,
5. Ausstattung ihres Arbeitsplatzes mit den erforderlichen technischen Arbeitshilfen

unter Berücksichtigung der Behinderung und ihrer Auswirkungen auf die Beschäftigung. ²Bei der Durchführung der Maßnahmen nach Satz 1 Nummer 1, 4 und 5 unterstützen die Bundesagentur für Arbeit und die Integrationsämter die Arbeitgeber unter Berücksichtigung der für die Beschäftigung wesentlichen Eigenschaften der schwerbehinderten Menschen. ³Ein Anspruch nach Satz 1 besteht nicht, soweit seine Erfüllung für den Arbeitgeber nicht zumutbar oder mit unverhältnismäßigen Aufwendungen verbunden wäre oder soweit die staatlichen oder berufsgenossenschaftlichen Arbeitsschutzvorschriften oder beamtenrechtliche Vorschriften entgegenstehen.

(5) ¹Die Arbeitgeber fördern die Einrichtung von Teilzeitarbeitsplätzen. ²Sie werden dabei von den Integrationsämtern unterstützt. ³Schwerbehinderte Menschen haben einen Anspruch auf Teilzeitbeschäftigung, wenn die kürzere Arbeitszeit wegen Art oder Schwere der Behinderung notwendig ist; Absatz 4 Satz 3 gilt entsprechend.

§ 165 Besondere Pflichten der öffentlichen Arbeitgeber

¹Die Dienststellen der öffentlichen Arbeitgeber melden den Agenturen für Arbeit frühzeitig nach einer erfolglosen Prüfung zur internen Besetzung des Arbeitsplatzes frei werdende und neu zu besetzende sowie neue Arbeitsplätze (§ 156). ²Mit dieser Meldung gilt die Zustimmung zur Veröffentlichung der Stellenangebote als erteilt. ³Haben schwerbehinderte Menschen sich um einen solchen Arbeitsplatz beworben oder sind sie von der Bundesagentur für Arbeit oder einem von dieser beauftragten Integrationsfachdienst vorgeschlagen worden, werden sie zu einem Vorstellungsgespräch eingeladen. ⁴Eine Einladung ist entbehrlich, wenn die fachliche Eignung offensichtlich fehlt. ⁵Einer Inklusionsvereinbarung nach § 166 bedarf es nicht, wenn für die Dienststellen dem § 166 entsprechende Regelungen bereits bestehen und durchgeführt werden.

§ 166 Inklusionsvereinbarung

(1) ¹Die Arbeitgeber treffen mit der Schwerbehindertenvertretung und den in § 176 genannten Vertretungen in Zusammenarbeit mit dem Inklusionsbeauftragten des Arbeitgebers (§ 181) eine verbindliche Inklusionsvereinbarung. ²Auf Antrag der Schwerbehindertenvertretung wird unter Beteiligung der in § 176 genannten Vertretungen hierüber verhandelt. ³Ist eine Schwerbehindertenvertretung nicht vorhanden, steht das Antragsrecht den in § 176 genannten Vertretungen zu. ⁴Der Arbeitgeber oder die Schwerbehindertenvertretung kann das Integrationsamt einladen, sich an den Verhandlungen über die Inklusionsvereinbarung zu beteiligen. ⁵Das Integrationsamt soll dabei insbesondere darauf hinwirken, dass unterschiedliche Auffassungen überwunden werden. ⁶Der Agentur für Arbeit und dem Integrationsamt, die für den Sitz des Arbeitgebers zuständig sind, wird die Vereinbarung übermittelt.
(2) ¹Die Vereinbarung enthält Regelungen im Zusammenhang mit der Eingliederung schwerbehinderter Menschen, insbesondere zur Personalplanung, Arbeitsplatzgestaltung, Gestaltung des Arbeitsumfelds, Arbeitsorganisation, Arbeitszeit sowie Regelungen über die Durchführung in den Betrieben und Dienststellen. ²Dabei ist die gleichberechtigte Teilhabe schwerbehinderter Menschen am Arbeitsleben bei der Gestaltung von Arbeitsprozessen und Rahmenbedingungen von Anfang an zu berücksichtigen. ³Bei der Personalplanung werden besondere Regelungen zur Beschäftigung eines angemessenen Anteils von schwerbehinderten Frauen vorgesehen.
(3) In der Vereinbarung können insbesondere auch Regelungen getroffen werden
1. zur angemessenen Berücksichtigung schwerbehinderter Menschen bei der Besetzung freier, frei werdender oder neuer Stellen,
2. zu einer anzustrebenden Beschäftigungsquote, einschließlich eines angemessenen Anteils schwerbehinderter Frauen,
3. zu Teilzeitarbeit,
4. zur Ausbildung behinderter Jugendlicher,
5. zur Durchführung der betrieblichen Prävention (betriebliches Eingliederungsmanagement) und zur Gesundheitsförderung,
6. über die Hinzuziehung des Werks- oder Betriebsarztes auch für Beratungen über Leistungen zur Teilhabe sowie über besondere Hilfen im Arbeitsleben.

(4) In den Versammlungen schwerbehinderter Menschen berichtet der Arbeitgeber über alle Angelegenheiten im Zusammenhang mit der Eingliederung schwerbehinderter Menschen.

§ 167 Prävention

(1) Der Arbeitgeber schaltet bei Eintreten von personen-, verhaltens- oder betriebsbedingten Schwierigkeiten im Arbeits- oder sonstigen Beschäftigungsverhältnis, die zur Gefährdung dieses Verhältnisses führen können, möglichst frühzeitig die Schwerbehindertenvertretung und die in § 176 genannten Vertretungen sowie das Integrationsamt ein, um mit ihnen alle Möglichkeiten und alle zur Verfügung stehenden Hilfen zur Beratung und mögliche finanzielle Leistungen zu erörtern, mit denen die Schwierigkeiten beseitigt werden können und das Arbeits- oder sonstige Beschäftigungsverhältnis möglichst dauerhaft fortgesetzt werden kann.

(2) [1]Sind Beschäftigte innerhalb eines Jahres länger als sechs Wochen ununterbrochen oder wiederholt arbeitsunfähig, klärt der Arbeitgeber mit der zuständigen Interessenvertretung im Sinne des § 176, bei schwerbehinderten Menschen außerdem mit der Schwerbehindertenvertretung, mit Zustimmung und Beteiligung der betroffenen Person die Möglichkeiten, wie die Arbeitsunfähigkeit möglichst überwunden werden und mit welchen Leistungen oder Hilfen erneuter Arbeitsunfähigkeit vorgebeugt und der Arbeitsplatz erhalten werden kann (betriebliches Eingliederungsmanagement). [2]Beschäftigte können zusätzlich eine Vertrauensperson eigener Wahl hinzuziehen. [3]Soweit erforderlich, wird der Werks- oder Betriebsarzt hinzugezogen. [4]Die betroffene Person oder ihr gesetzlicher Vertreter ist zuvor auf die Ziele des betrieblichen Eingliederungsmanagements sowie auf Art und Umfang der hierfür erhobenen und verwendeten Daten hinzuweisen. [5]Kommen Leistungen zur Teilhabe oder begleitende Hilfen im Arbeitsleben in Betracht, werden vom Arbeitgeber die Rehabilitationsträger oder bei schwerbehinderten Beschäftigten das Integrationsamt hinzugezogen. [6]Diese wirken darauf hin, dass die erforderlichen Leistungen oder Hilfen unverzüglich beantragt und innerhalb der Frist des § 14 Absatz 2 Satz 2 erbracht werden. [7]Die zuständige Interessenvertretung im Sinne des § 176, bei schwerbehinderten Menschen außerdem die Schwerbehindertenvertretung, können die Klärung verlangen. [8]Sie wachen darüber, dass der Arbeitgeber die ihm nach dieser Vorschrift obliegenden Verpflichtungen erfüllt.

(3) Die Rehabilitationsträger und die Integrationsämter können Arbeitgeber, die ein betriebliches Eingliederungsmanagement einführen, durch Prämien oder einen Bonus fördern.

Kapitel 4
Kündigungsschutz

§ 168 Erfordernis der Zustimmung

Die Kündigung des Arbeitsverhältnisses eines schwerbehinderten Menschen durch den Arbeitgeber bedarf der vorherigen Zustimmung des Integrationsamtes.

§ 169 Kündigungsfrist

Die Kündigungsfrist beträgt mindestens vier Wochen.

§ 170 Antragsverfahren

(1) [1]Die Zustimmung zur Kündigung beantragt der Arbeitgeber bei dem für den Sitz des Betriebes oder der Dienststelle zuständigen Integrationsamt schriftlich oder elektronisch. [2]Der Begriff des Betriebes und der Begriff der Dienststelle im Sinne dieses Teils bestimmen sich nach dem Betriebsverfassungsgesetz und dem Personalvertretungsrecht.

(2) Das Integrationsamt holt eine Stellungnahme des Betriebsrates oder Personalrates und der Schwerbehindertenvertretung ein und hört den schwerbehinderten Menschen an.

(3) Das Integrationsamt wirkt in jeder Lage des Verfahrens auf eine gütliche Einigung hin.

§ 171 Entscheidung des Integrationsamtes

(1) Das Integrationsamt soll die Entscheidung, falls erforderlich, auf Grund mündlicher Verhandlung, innerhalb eines Monats vom Tag des Eingangs des Antrages an treffen.

(2) [1]Die Entscheidung wird dem Arbeitgeber und dem schwerbehinderten Menschen zugestellt. [2]Der Bundesagentur für Arbeit wird eine Abschrift der Entscheidung übersandt.

(3) Erteilt das Integrationsamt die Zustimmung zur Kündigung, kann der Arbeitgeber die Kündigung nur innerhalb eines Monats nach Zustellung erklären.

(4) Widerspruch und Anfechtungsklage gegen die Zustimmung des Integrationsamtes zur Kündigung haben keine aufschiebende Wirkung.

(5) [1]In den Fällen des § 172 Absatz 1 Satz 1 und Absatz 3 gilt Absatz 1 mit der Maßgabe, dass die Entscheidung innerhalb eines Monats vom Tag des Eingangs des Antrages an zu treffen ist. [2]Wird

innerhalb dieser Frist eine Entscheidung nicht getroffen, gilt die Zustimmung als erteilt. ³Die Absätze 3 und 4 gelten entsprechend.

§ 172 Einschränkungen der Ermessensentscheidung

(1) ¹Das Integrationsamt erteilt die Zustimmung bei Kündigungen in Betrieben und Dienststellen, die nicht nur vorübergehend eingestellt oder aufgelöst werden, wenn zwischen dem Tag der Kündigung und dem Tag, bis zu dem Gehalt oder Lohn gezahlt wird, mindestens drei Monate liegen. ²Unter der gleichen Voraussetzung soll es die Zustimmung auch bei Kündigungen in Betrieben und Dienststellen erteilen, die nicht nur vorübergehend wesentlich eingeschränkt werden, wenn die Gesamtzahl der weiterhin beschäftigten schwerbehinderten Menschen zur Erfüllung der Beschäftigungspflicht nach § 154 ausreicht. ³Die Sätze 1 und 2 gelten nicht, wenn eine Weiterbeschäftigung auf einem anderen Arbeitsplatz desselben Betriebes oder derselben Dienststelle oder auf einem freien Arbeitsplatz in einem anderen Betrieb oder einer anderen Dienststelle desselben Arbeitgebers mit Einverständnis des schwerbehinderten Menschen möglich und für den Arbeitgeber zumutbar ist.

(2) Das Integrationsamt soll die Zustimmung erteilen, wenn dem schwerbehinderten Menschen ein anderer angemessener und zumutbarer Arbeitsplatz gesichert ist.

(3) Ist das Insolvenzverfahren über das Vermögen des Arbeitgebers eröffnet, soll das Integrationsamt die Zustimmung erteilen, wenn

1. der schwerbehinderte Mensch in einem Interessenausgleich namentlich als einer der zu entlassenden Arbeitnehmer bezeichnet ist (§ 125 der Insolvenzordnung),
2. die Schwerbehindertenvertretung beim Zustandekommen des Interessenausgleichs gemäß § 178 Absatz 2 beteiligt worden ist,
3. der Anteil der nach dem Interessenausgleich zu entlassenden schwerbehinderten Menschen an der Zahl der beschäftigten schwerbehinderten Menschen nicht größer ist als der Anteil der zu entlassenden übrigen Arbeitnehmer an der Zahl der beschäftigten übrigen Arbeitnehmer und
4. die Gesamtzahl der schwerbehinderten Menschen, die nach dem Interessenausgleich bei dem Arbeitgeber verbleiben sollen, zur Erfüllung der Beschäftigungspflicht nach § 154 ausreicht.

§ 173 Ausnahmen

(1) ¹Die Vorschriften dieses Kapitels gelten nicht für schwerbehinderte Menschen,
1. deren Arbeitsverhältnis zum Zeitpunkt des Zugangs der Kündigungserklärung ohne Unterbrechung noch nicht länger als sechs Monate besteht oder
2. die auf Stellen im Sinne des § 156 Absatz 2 Nummer 2 bis 5 beschäftigt werden oder
3. deren Arbeitsverhältnis durch Kündigung beendet wird, sofern sie
    a) das 58. Lebensjahr vollendet haben und Anspruch auf eine Abfindung, Entschädigung oder ähnliche Leistung auf Grund eines Sozialplanes haben oder
    b) Anspruch auf Knappschaftsausgleichsleistung nach dem Sechsten Buch oder auf Anpassungsgeld für entlassene Arbeitnehmer des Bergbaus haben.

²Satz 1 Nummer 3 (Buchstabe a und b) finden Anwendung, wenn der Arbeitgeber ihnen die Kündigungsabsicht rechtzeitig mitgeteilt hat und sie der beabsichtigten Kündigung bis zu deren Ausspruch nicht widersprechen

(2) Die Vorschriften dieses Kapitels finden ferner bei Entlassungen, die aus Witterungsgründen vorgenommen werden, keine Anwendung, sofern die Wiedereinstellung der schwerbehinderten Menschen bei Wiederaufnahme der Arbeit gewährleistet ist.

(3) Die Vorschriften dieses Kapitels finden ferner keine Anwendung, wenn zum Zeitpunkt der Kündigung die Eigenschaft als schwerbehinderter Mensch nicht nachgewiesen ist oder das Versorgungsamt nach Ablauf der Frist des § 152 Absatz 1 Satz 3 eine Feststellung wegen fehlender Mitwirkung nicht treffen konnte.

(4) Der Arbeitgeber zeigt Einstellungen auf Probe und die Beendigung von Arbeitsverhältnissen schwerbehinderter Menschen in den Fällen des Absatzes 1 Nummer 1 unabhängig von der Anzeigepflicht nach anderen Gesetzen dem Integrationsamt innerhalb von vier Tagen an.

§ 174 Außerordentliche Kündigung

(1) Die Vorschriften dieses Kapitels gelten mit Ausnahme von § 169 auch bei außerordentlicher Kündigung, soweit sich aus den folgenden Bestimmungen nichts Abweichendes ergibt.

(2) ¹Die Zustimmung zur Kündigung kann nur innerhalb von zwei Wochen beantragt werden; maßgebend ist der Eingang des Antrages bei dem Integrationsamt. ²Die Frist beginnt mit dem Zeitpunkt, in dem der Arbeitgeber von den für die Kündigung maßgebenden Tatsachen Kenntnis erlangt.

(3) ¹Das Integrationsamt trifft die Entscheidung innerhalb von zwei Wochen vom Tag des Eingangs des Antrages an. ²Wird innerhalb dieser Frist eine Entscheidung nicht getroffen, gilt die Zustimmung als erteilt.
(4) Das Integrationsamt soll die Zustimmung erteilen, wenn die Kündigung aus einem Grund erfolgt, der nicht im Zusammenhang mit der Behinderung steht.
(5) Die Kündigung kann auch nach Ablauf der Frist des § 626 Absatz 2 Satz 1 des Bürgerlichen Gesetzbuchs erfolgen, wenn sie unverzüglich nach Erteilung der Zustimmung erklärt wird.
(6) Schwerbehinderte Menschen, denen lediglich aus Anlass eines Streiks oder einer Aussperrung fristlos gekündigt worden ist, werden nach Beendigung des Streiks oder der Aussperrung wieder eingestellt.

§ 175 Erweiterter Beendigungsschutz
¹Die Beendigung des Arbeitsverhältnisses eines schwerbehinderten Menschen bedarf auch dann der vorherigen Zustimmung des Integrationsamtes, wenn sie im Falle des Eintritts einer teilweisen Erwerbsminderung, der Erwerbsminderung auf Zeit, der Berufsunfähigkeit oder der Erwerbsunfähigkeit auf Zeit ohne Kündigung erfolgt. ²Die Vorschriften dieses Kapitels über die Zustimmung zur ordentlichen Kündigung gelten entsprechend.

Kapitel 5
Betriebs-, Personal-, Richter-, Staatsanwalts- und Präsidialrat, Schwerbehindertenvertretung, Inklusionsbeauftragter des Arbeitgebers

§ 176 Aufgaben des Betriebs-, Personal-, Richter-, Staatsanwalts- und Präsidialrates
¹Betriebs-, Personal-, Richter-, Staatsanwalts- und Präsidialrat fördern die Eingliederung schwerbehinderter Menschen. ²Sie achten insbesondere darauf, dass die dem Arbeitgeber nach den §§ 154, 155 und 164 bis 167 obliegenden Verpflichtungen erfüllt werden; sie wirken auf die Wahl der Schwerbehindertenvertretung hin.

§ 177 Wahl und Amtszeit der Schwerbehindertenvertretung
(1) ¹In Betrieben und Dienststellen, in denen wenigstens fünf schwerbehinderte Menschen nicht nur vorübergehend beschäftigt sind, werden eine Vertrauensperson und wenigstens ein stellvertretendes Mitglied gewählt, das die Vertrauensperson im Falle der Verhinderung vertritt. ²Ferner wählen bei Gerichten, denen mindestens fünf schwerbehinderte Richter oder Richterinnen angehören, diese einen Richter oder eine Richterin zu ihrer Schwerbehindertenvertretung. ³Satz 2 gilt entsprechend für Staatsanwälte oder Staatsanwältinnen, soweit für sie eine besondere Personalvertretung gebildet wird. ⁴Betriebe oder Dienststellen, die die Voraussetzungen des Satzes 1 nicht erfüllen, können für die Wahl mit räumlich nahe liegenden Betrieben des Arbeitgebers oder gleichstufigen Dienststellen derselben Verwaltung zusammengefasst werden; soweit erforderlich, können Gerichte unterschiedlicher Gerichtszweige und Stufen zusammengefasst werden. ⁵Über die Zusammenfassung entscheidet der Arbeitgeber im Benehmen mit dem für den Sitz der Betriebe oder Dienststellen einschließlich Gerichten zuständigen Integrationsamt.
(2) Wahlberechtigt sind alle in dem Betrieb oder der Dienststelle beschäftigten schwerbehinderten Menschen.
(3) ¹Wählbar sind alle in dem Betrieb oder der Dienststelle nicht nur vorübergehend Beschäftigten, die am Wahltag das 18. Lebensjahr vollendet haben und dem Betrieb oder der Dienststelle seit sechs Monaten angehören; besteht der Betrieb oder die Dienststelle weniger als ein Jahr, so bedarf es für die Wählbarkeit nicht der sechsmonatigen Zugehörigkeit. ²Nicht wählbar ist, wer kraft Gesetzes dem Betriebs-, Personal-, Richter-, Staatsanwalts- oder Präsidialrat nicht angehören kann.
(4) In Dienststellen der Bundeswehr sind auch schwerbehinderte Soldatinnen und Soldaten wahlberechtigt und auch Soldatinnen und Soldaten wählbar.
(5) ¹Die regelmäßigen Wahlen finden alle vier Jahre in der Zeit vom 1. Oktober bis 30. November statt. ²Außerhalb dieser Zeit finden Wahlen statt, wenn
1. das Amt der Schwerbehindertenvertretung vorzeitig erlischt und ein stellvertretendes Mitglied nicht nachrückt,
2. die Wahl mit Erfolg angefochten worden ist oder
3. eine Schwerbehindertenvertretung noch nicht gewählt ist.

³Hat außerhalb des für die regelmäßigen Wahlen festgelegten Zeitraumes eine Wahl der Schwerbehindertenvertretung stattgefunden, wird die Schwerbehindertenvertretung in dem auf die Wahl folgenden

nächsten Zeitraum der regelmäßigen Wahlen neu gewählt. ⁴Hat die Amtszeit der Schwerbehindertenvertretung zum Beginn des für die regelmäßigen Wahlen festgelegten Zeitraums noch nicht ein Jahr betragen, wird die Schwerbehindertenvertretung im übernächsten Zeitraum für regelmäßige Wahlen neu gewählt.

(6) ¹Die Vertrauensperson und das stellvertretende Mitglied werden in geheimer und unmittelbarer Wahl nach den Grundsätzen der Mehrheitswahl gewählt. ²Im Übrigen sind die Vorschriften über die Wahlanfechtung, den Wahlschutz und die Wahlkosten bei der Wahl des Betriebs-, Personal-, Richter-, Staatsanwalts- oder Präsidialrates sinngemäß anzuwenden. ³In Betrieben und Dienststellen mit weniger als 50 wahlberechtigten schwerbehinderten Menschen wird die Vertrauensperson und das stellvertretende Mitglied im vereinfachten Wahlverfahren gewählt, sofern der Betrieb oder die Dienststelle nicht aus räumlich weit auseinanderliegenden Teilen besteht. ⁴Ist in einem Betrieb oder einer Dienststelle eine Schwerbehindertenvertretung nicht gewählt, so kann das für den Betrieb oder die Dienststelle zuständige Integrationsamt zu einer Versammlung schwerbehinderter Menschen zum Zwecke der Wahl eines Wahlvorstandes einladen.

(7) ¹Die Amtszeit der Schwerbehindertenvertretung beträgt vier Jahre. ²Sie beginnt mit der Bekanntgabe des Wahlergebnisses oder, wenn die Amtszeit der bisherigen Schwerbehindertenvertretung noch nicht beendet ist, mit deren Ablauf. ³Das Amt erlischt vorzeitig, wenn die Vertrauensperson es niederlegt, aus dem Arbeits-, Dienst- oder Richterverhältnis ausscheidet oder die Wählbarkeit verliert. ⁴Scheidet die Vertrauensperson vorzeitig aus dem Amt aus, rückt das mit der höchsten Stimmenzahl gewählte stellvertretende Mitglied für den Rest der Amtszeit nach; dies gilt für das stellvertretende Mitglied entsprechend. ⁵Auf Antrag eines Viertels der wahlberechtigten schwerbehinderten Menschen kann der Widerspruchsausschuss bei dem Integrationsamt (§ 202) das Erlöschen des Amtes einer Vertrauensperson wegen grober Verletzung ihrer Pflichten beschließen.

(8) In Betrieben gilt § 21a des Betriebsverfassungsgesetzes entsprechend.

§ 178 Aufgaben der Schwerbehindertenvertretung

(1) ¹Die Schwerbehindertenvertretung fördert die Eingliederung schwerbehinderter Menschen in den Betrieb oder die Dienststelle, vertritt ihre Interessen in dem Betrieb oder der Dienststelle und steht ihnen beratend und helfend zur Seite. ²Sie erfüllt ihre Aufgaben insbesondere dadurch, dass sie
1. darüber wacht, dass die zugunsten schwerbehinderter Menschen geltenden Gesetze, Verordnungen, Tarifverträge, Betriebs- oder Dienstvereinbarungen und Verwaltungsanordnungen durchgeführt, insbesondere auch die dem Arbeitgeber nach den §§ 154, 155 und 164 bis 167 obliegenden Verpflichtungen erfüllt werden,
2. Maßnahmen, die den schwerbehinderten Menschen dienen, insbesondere auch präventive Maßnahmen, bei den zuständigen Stellen beantragt,
3. Anregungen und Beschwerden von schwerbehinderten Menschen entgegennimmt und, falls sie berechtigt erscheinen, durch Verhandlung mit dem Arbeitgeber auf eine Erledigung hinwirkt; sie unterrichtet die schwerbehinderten Menschen über den Stand und das Ergebnis der Verhandlungen.

³Die Schwerbehindertenvertretung unterstützt Beschäftigte auch bei Anträgen an die nach § 152 Absatz 1 zuständigen Behörden auf Feststellung einer Behinderung, ihres Grades und einer Schwerbehinderung sowie bei Anträgen auf Gleichstellung an die Agentur für Arbeit. ⁴In Betrieben und Dienststellen mit in der Regel mehr als 100 beschäftigten schwerbehinderten Menschen kann sie nach Unterrichtung des Arbeitgebers das mit der höchsten Stimmenzahl gewählte stellvertretende Mitglied zu bestimmten Aufgaben heranziehen. ⁵Ab jeweils 100 weiteren beschäftigten schwerbehinderten Menschen kann jeweils auch das mit der nächsthöheren Stimmenzahl gewählte Mitglied herangezogen werden. ⁶Die Heranziehung zu bestimmten Aufgaben schließt die Abstimmung untereinander ein.

(2) ¹Der Arbeitgeber hat die Schwerbehindertenvertretung in allen Angelegenheiten, die einen einzelnen oder die schwerbehinderten Menschen als Gruppe berühren, unverzüglich und umfassend zu unterrichten und vor einer Entscheidung anzuhören; er hat ihr die getroffene Entscheidung unverzüglich mitzuteilen. ²Die Durchführung oder Vollziehung einer ohne Beteiligung nach Satz 1 getroffenen Entscheidung ist auszusetzen, die Beteiligung ist innerhalb von sieben Tagen nachzuholen; sodann ist endgültig zu entscheiden. ³Die Kündigung eines schwerbehinderten Menschen, die der Arbeitgeber ohne eine Beteiligung nach Satz 1 ausspricht, ist unwirksam. ⁴Die Schwerbehindertenvertretung hat das Recht auf Beteiligung am Verfahren nach § 164 Absatz 1 und beim Vorliegen von Vermittlungsvorschlägen der Bundesagentur für Arbeit nach § 164 Absatz 1 oder von Bewerbungen schwerbehinderter Menschen das Recht auf Einsicht in die entscheidungsrelevanten Teile der Bewerbungsunterlagen und Teilnahme an Vorstellungsgesprächen.

(3) ¹Der schwerbehinderte Mensch hat das Recht, bei Einsicht in die über ihn geführte Personalakte oder ihn betreffende Daten des Arbeitgebers die Schwerbehindertenvertretung hinzuzuziehen. ²Die Schwerbehindertenvertretung bewahrt über den Inhalt der Daten Stillschweigen, soweit sie der schwerbehinderte Mensch nicht von dieser Verpflichtung entbunden hat.
(4) ¹Die Schwerbehindertenvertretung hat das Recht, an allen Sitzungen des Betriebs-, Personal-, Richter-, Staatsanwalts- oder Präsidialrates und deren Ausschüssen sowie des Arbeitsschutzausschusses beratend teilzunehmen; sie kann beantragen, Angelegenheiten, die einzelne oder die schwerbehinderten Menschen als Gruppe besonders betreffen, auf die Tagesordnung der nächsten Sitzung zu setzen. ²Erachtet sie einen Beschluss des Betriebs-, Personal-, Richter-, Staatsanwalts- oder Präsidialrates als eine erhebliche Beeinträchtigung wichtiger Interessen schwerbehinderter Menschen oder ist sie entgegen Absatz 2 Satz 1 nicht beteiligt worden, wird auf ihren Antrag der Beschluss für die Dauer von einer Woche vom Zeitpunkt der Beschlussfassung an ausgesetzt; die Vorschriften des Betriebsverfassungsgesetzes und des Personalvertretungsrechts über die Aussetzung von Beschlüssen gelten entsprechend. ³Durch die Aussetzung wird eine Frist nicht verlängert. ⁴In den Fällen des § 21e Absatz 1 und 3 des Gerichtsverfassungsgesetzes ist die Schwerbehindertenvertretung, außer in Eilfällen, auf Antrag einer betroffenen schwerbehinderten Richterin oder eines schwerbehinderten Richters vor dem Präsidium des Gerichtes zu hören.
(5) Die Schwerbehindertenvertretung wird zu Besprechungen nach § 74 Absatz 1 des Betriebsverfassungsgesetzes, § 65 des Bundespersonalvertretungsgesetzes sowie den entsprechenden Vorschriften des sonstigen Personalvertretungsrechts zwischen dem Arbeitgeber und den in Absatz 4 genannten Vertretungen hinzugezogen.
(6) ¹Die Schwerbehindertenvertretung hat das Recht, mindestens einmal im Kalenderjahr eine Versammlung schwerbehinderter Menschen im Betrieb oder in der Dienststelle durchzuführen. ²Die für Betriebs- und Personalversammlungen geltenden Vorschriften finden entsprechende Anwendung.
(7) Sind in einer Angelegenheit sowohl die Schwerbehindertenvertretung der Richter und Richterinnen als auch die Schwerbehindertenvertretung der übrigen Bediensteten beteiligt, so handeln sie gemeinsam.
(8) Die Schwerbehindertenvertretung kann an Betriebs- und Personalversammlungen in Betrieben und Dienststellen teilnehmen, für die sie als Schwerbehindertenvertretung zuständig ist, und hat dort ein Rederecht, auch wenn die Mitglieder der Schwerbehindertenvertretung nicht Angehörige des Betriebes oder der Dienststelle sind.

§ 179 Persönliche Rechte und Pflichten der Vertrauenspersonen der schwerbehinderten Menschen

(1) Die Vertrauenspersonen führen ihr Amt unentgeltlich als Ehrenamt.
(2) Die Vertrauenspersonen dürfen in der Ausübung ihres Amtes nicht behindert oder wegen ihres Amtes nicht benachteiligt oder begünstigt werden; dies gilt auch für ihre berufliche Entwicklung.
(3) ¹Die Vertrauenspersonen besitzen gegenüber dem Arbeitgeber die gleiche persönliche Rechtsstellung, insbesondere den gleichen Kündigungs-, Versetzungs- und Abordnungsschutz, wie ein Mitglied des Betriebs-, Personal-, Staatsanwalts- oder Richterrates. ²Das stellvertretende Mitglied besitzt während der Dauer der Vertretung und der Heranziehung nach § 178 Absatz 1 Satz 4 und 5 die gleiche persönliche Rechtsstellung wie die Vertrauensperson, im Übrigen die gleiche Rechtsstellung wie Ersatzmitglieder der in Satz 1 genannten Vertretungen.
(4) ¹Die Vertrauenspersonen werden von ihrer beruflichen Tätigkeit ohne Minderung des Arbeitsentgelts oder der Dienstbezüge befreit, wenn und soweit es zur Durchführung ihrer Aufgaben erforderlich ist. ²Sind in den Betrieben und Dienststellen in der Regel wenigstens 100 schwerbehinderte Menschen beschäftigt, wird die Vertrauensperson auf ihren Wunsch freigestellt; weitergehende Vereinbarungen sind zulässig. ³Satz 1 gilt entsprechend für die Teilnahme der Vertrauensperson und des mit der höchsten Stimmenzahl gewählten stellvertretenden Mitglieds sowie in den Fällen des § 178 Absatz 1 Satz 5 auch des jeweils mit der nächsthöheren Stimmenzahl gewählten weiteren stellvertretenden Mitglieds an Schulungs- und Bildungsveranstaltungen, soweit diese Kenntnisse vermitteln, die für die Arbeit der Schwerbehindertenvertretung erforderlich sind.
(5) ¹Freigestellte Vertrauenspersonen dürfen von inner- oder außerbetrieblichen Maßnahmen der Berufsförderung nicht ausgeschlossen werden. ²Innerhalb eines Jahres nach Beendigung ihrer Freistellung ist ihnen im Rahmen der Möglichkeiten des Betriebes oder der Dienststelle Gelegenheit zu geben, eine wegen der Freistellung unterbliebene berufliche Entwicklung in dem Betrieb oder der Dienststelle nachzuholen. ³Für Vertrauenspersonen, die drei volle aufeinander folgende Amtszeiten freigestellt waren, erhöht sich der genannte Zeitraum auf zwei Jahre.

(6) Zum Ausgleich für ihre Tätigkeit, die aus betriebsbedingten oder dienstlichen Gründen außerhalb der Arbeitszeit durchzuführen ist, haben die Vertrauenspersonen Anspruch auf entsprechende Arbeits- oder Dienstbefreiung unter Fortzahlung des Arbeitsentgelts oder der Dienstbezüge.
(7) ¹Die Vertrauenspersonen sind verpflichtet,
1. ihnen wegen ihres Amtes anvertraute oder sonst bekannt gewordene fremde Geheimnisse, namentlich zum persönlichen Lebensbereich gehörende Geheimnisse, nicht zu offenbaren und
2. ihnen wegen ihres Amtes bekannt gewordene und vom Arbeitgeber ausdrücklich als geheimhaltungsbedürftig bezeichnete Betriebs- oder Geschäftsgeheimnisse nicht zu offenbaren und nicht zu verwerten.

²Diese Pflichten gelten auch nach dem Ausscheiden aus dem Amt. ³Sie gelten nicht gegenüber der Bundesagentur für Arbeit, den Integrationsämtern und den Rehabilitationsträgern, soweit deren Aufgaben den schwerbehinderten Menschen gegenüber es erfordern, gegenüber den Vertrauenspersonen in den Stufenvertretungen (§ 180) sowie gegenüber den in § 79 Absatz 1 des Betriebsverfassungsgesetzes und den in den entsprechenden Vorschriften des Personalvertretungsrechts genannten Vertretungen, Personen und Stellen.
(8) ¹Die durch die Tätigkeit der Schwerbehindertenvertretung entstehenden Kosten trägt der Arbeitgeber; für öffentliche Arbeitgeber gelten die Kostenregelungen für Personalvertretungen entsprechend. ²Das Gleiche gilt für die durch die Teilnahme der stellvertretenden Mitglieder an Schulungs- und Bildungsveranstaltungen nach Absatz 4 Satz 3 entstehenden Kosten. ³Satz 1 umfasst auch eine Bürokraft für die Schwerbehindertenvertretung in erforderlichem Umfang.
(9) Die Räume und der Geschäftsbedarf, die der Arbeitgeber dem Betriebs-, Personal-, Richter-, Staatsanwalts- oder Präsidialrat für dessen Sitzungen, Sprechstunden und laufende Geschäftsführung zur Verfügung stellt, stehen für die gleichen Zwecke auch der Schwerbehindertenvertretung zur Verfügung, soweit ihr hierfür nicht eigene Räume und sächliche Mittel zur Verfügung gestellt werden.

§ 180 Konzern-, Gesamt-, Bezirks- und Hauptschwerbehindertenvertretung

(1) ¹Ist für mehrere Betriebe eines Arbeitgebers ein Gesamtbetriebsrat oder für den Geschäftsbereich mehrerer Dienststellen ein Gesamtpersonalrat errichtet, wählen die Schwerbehindertenvertretungen der einzelnen Betriebe oder Dienststellen eine Gesamtschwerbehindertenvertretung. ²Ist eine Schwerbehindertenvertretung nur in einem der Betriebe oder in einer der Dienststellen gewählt, nimmt sie die Rechte und Pflichten der Gesamtschwerbehindertenvertretung wahr.
(2) ¹Ist für mehrere Unternehmen ein Konzernbetriebsrat errichtet, wählen die Gesamtschwerbehindertenvertretungen eine Konzernschwerbehindertenvertretung. ²Besteht ein Konzernunternehmen nur aus einem Betrieb, für den eine Schwerbehindertenvertretung gewählt ist, hat sie das Wahlrecht wie eine Gesamtschwerbehindertenvertretung.
(3) ¹Für den Geschäftsbereich mehrstufiger Verwaltungen, bei denen ein Bezirks- oder Hauptpersonalrat gebildet ist, gilt Absatz 1 sinngemäß mit der Maßgabe, dass bei den Mittelbehörden von deren Schwerbehindertenvertretung und den Schwerbehindertenvertretungen der nachgeordneten Dienststellen eine Bezirksschwerbehindertenvertretung zu wählen ist. ²Bei den obersten Dienstbehörden ist von deren Schwerbehindertenvertretung und den Bezirksschwerbehindertenvertretungen des Geschäftsbereichs eine Hauptschwerbehindertenvertretung zu wählen; ist die Zahl der Bezirksschwerbehindertenvertretungen niedriger als zehn, sind auch die Schwerbehindertenvertretungen der nachgeordneten Dienststellen wahlberechtigt.
(4) ¹Für Gerichte eines Zweiges der Gerichtsbarkeit, für die ein Bezirks- oder Hauptrichterrat gebildet ist, gilt Absatz 3 entsprechend. ²Sind in einem Zweig der Gerichtsbarkeit bei den Gerichten der Länder mehrere Schwerbehindertenvertretungen nach § 177 zu wählen und ist in diesem Zweig kein Hauptrichterrat gebildet, ist in entsprechender Anwendung von Absatz 3 eine Hauptschwerbehindertenvertretung zu wählen. ³Die Hauptschwerbehindertenvertretung nimmt die Aufgabe der Schwerbehindertenvertretung gegenüber dem Präsidialrat wahr.
(5) Für jede Vertrauensperson, die nach den Absätzen 1 bis 4 neu zu wählen ist, wird wenigstens ein stellvertretendes Mitglied gewählt.
(6) ¹Die Gesamtschwerbehindertenvertretung vertritt die Interessen der schwerbehinderten Menschen in Angelegenheiten, die das Gesamtunternehmen oder mehrere Betriebe oder Dienststellen des Arbeitgebers betreffen und von den Schwerbehindertenvertretungen der einzelnen Betriebe oder Dienststellen nicht geregelt werden können, sowie die Interessen der schwerbehinderten Menschen, die in einem Betrieb oder einer Dienststelle tätig sind, für die eine Schwerbehindertenvertretung nicht gewählt ist; dies umfasst auch Verhandlungen und den Abschluss entsprechender Inklusionsvereinbarungen. ²Satz 1

gilt entsprechend für die Konzern-, Bezirks- und Hauptschwerbehindertenvertretung sowie für die Schwerbehindertenvertretung der obersten Dienstbehörde, wenn bei einer mehrstufigen Verwaltung Stufenvertretungen nicht gewählt sind. ³Die nach Satz 2 zuständige Schwerbehindertenvertretung ist auch in persönlichen Angelegenheiten schwerbehinderter Menschen, über die eine übergeordnete Dienststelle entscheidet, zuständig; sie gibt der Schwerbehindertenvertretung der Dienststelle, die den schwerbehinderten Menschen beschäftigt, Gelegenheit zur Äußerung. ⁴Satz 3 gilt nicht in den Fällen, in denen der Personalrat der Beschäftigungsbehörde zu beteiligen ist.

(7) § 177 Absatz 3 bis 8, § 178 Absatz 1 Satz 4 und 5, Absatz 2, 4, 5 und 7 und § 179 gelten entsprechend, § 177 Absatz 5 mit der Maßgabe, dass die Wahl der Gesamt- und Bezirksschwerbehindertenvertretungen in der Zeit vom 1. Dezember bis 31. Januar, die der Konzern- und Hauptschwerbehindertenvertretungen in der Zeit vom 1. Februar bis 31. März stattfindet, § 177 Absatz 6 mit der Maßgabe, dass bei den Wahlen zu überörtlichen Vertretungen der zweite Halbsatz des Satzes 3 nicht gilt.

(8) § 178 Absatz 6 gilt für die Durchführung von Versammlungen der Vertrauens- und der Bezirksvertrauenspersonen durch die Gesamt-, Bezirks- oder Hauptschwerbehindertenvertretung entsprechend.

§ 181 Inklusionsbeauftragter des Arbeitgebers
¹Der Arbeitgeber bestellt einen Inklusionsbeauftragten, der ihn in Angelegenheiten schwerbehinderter Menschen verantwortlich vertritt; falls erforderlich, können mehrere Inklusionsbeauftragte bestellt werden. ²Der Inklusionsbeauftragte soll nach Möglichkeit selbst ein schwerbehinderter Mensch sein. ³Der Inklusionsbeauftragte achtet vor allem darauf, dass dem Arbeitgeber obliegende Verpflichtungen erfüllt werden.

§ 182 Zusammenarbeit
(1) Arbeitgeber, Inklusionsbeauftragter des Arbeitgebers, Schwerbehindertenvertretung und Betriebs-, Personal-, Richter-, Staatsanwalts- oder Präsidialrat arbeiten zur Teilhabe schwerbehinderter Menschen am Arbeitsleben in dem Betrieb oder der Dienststelle eng zusammen.

(2) ¹Die in Absatz 1 genannten Personen und Vertretungen, die mit der Durchführung dieses Teils beauftragten Stellen und die Rehabilitationsträger unterstützen sich gegenseitig bei der Erfüllung ihrer Aufgaben. ²Vertrauensperson und Inklusionsbeauftragter des Arbeitgebers sind Verbindungspersonen zur Bundesagentur für Arbeit und zu dem Integrationsamt.

§ 183 Verordnungsermächtigung
Die Bundesregierung wird ermächtigt, durch Rechtsverordnung mit Zustimmung des Bundesrates nähere Vorschriften über die Vorbereitung und Durchführung der Wahl der Schwerbehindertenvertretung und ihrer Stufenvertretungen zu erlassen.

Kapitel 6
Durchführung der besonderen Regelungen zur Teilhabe schwerbehinderter Menschen

§ 184 Zusammenarbeit der Integrationsämter und der Bundesagentur für Arbeit
(1) Soweit die besonderen Regelungen zur Teilhabe schwerbehinderter Menschen am Arbeitsleben nicht durch freie Entschließung der Arbeitgeber erfüllt werden, werden sie
1. in den Ländern von dem Amt für die Sicherung der Integration schwerbehinderter Menschen im Arbeitsleben (Integrationsamt) und
2. von der Bundesagentur für Arbeit
in enger Zusammenarbeit durchgeführt.

(2) Die den Rehabilitationsträgern nach den geltenden Vorschriften obliegenden Aufgaben bleiben unberührt.

§ 185 Aufgaben des Integrationsamtes
(1) ¹Das Integrationsamt hat folgende Aufgaben:
1. die Erhebung und Verwendung der Ausgleichsabgabe,
2. den Kündigungsschutz,
3. die begleitende Hilfe im Arbeitsleben,
4. die zeitweilige Entziehung der besonderen Hilfen für schwerbehinderte Menschen (§ 200).

²Die Integrationsämter werden so ausgestattet, dass sie ihre Aufgaben umfassend und qualifiziert erfüllen können. ³Hierfür wird besonders geschultes Personal mit Fachkenntnissen des Schwerbehindertenrechts eingesetzt.

(2) ¹Die begleitende Hilfe im Arbeitsleben wird in enger Zusammenarbeit mit der Bundesagentur für Arbeit und den übrigen Rehabilitationsträgern durchgeführt. ²Sie soll dahingehend wirken, dass die schwerbehinderten Menschen in ihrer sozialen Stellung nicht absinken, auf Arbeitsplätzen beschäftigt werden, auf denen sie ihre Fähigkeiten und Kenntnisse voll verwerten und weiterentwickeln können sowie durch Leistungen der Rehabilitationsträger und Maßnahmen der Arbeitgeber befähigt werden, sich am Arbeitsplatz und im Wettbewerb mit nichtbehinderten Menschen zu behaupten. ³Dabei gelten als Arbeitsplätze auch Stellen, auf denen Beschäftigte befristet oder als Teilzeitbeschäftigte in einem Umfang von mindestens 15 Stunden, in Inklusionsbetrieben mindestens zwölf Stunden wöchentlich beschäftigt werden. ⁴Die begleitende Hilfe im Arbeitsleben umfasst auch die nach den Umständen des Einzelfalles notwendige psychosoziale Betreuung schwerbehinderter Menschen. ⁵Das Integrationsamt kann bei der Durchführung der begleitenden Hilfen im Arbeitsleben Integrationsfachdienste einschließlich psychosozialer Dienste freier gemeinnütziger Einrichtungen und Organisationen beteiligen. ⁶Das Integrationsamt soll außerdem darauf Einfluss nehmen, dass Schwierigkeiten im Arbeitsleben verhindert oder beseitigt werden; es führt hierzu auch Schulungs- und Bildungsmaßnahmen für Vertrauenspersonen, Inklusionsbeauftragte der Arbeitgeber, Betriebs-, Personal-, Richter-, Staatsanwalts- und Präsidialräte durch. ⁷Das Integrationsamt benennt in enger Abstimmung mit den Beteiligten des örtlichen Arbeitsmarktes Ansprechpartner, die in Handwerks- sowie in Industrie- und Handelskammern für die Arbeitgeber zur Verfügung stehen, um sie über Funktion und Aufgaben der Integrationsfachdienste aufzuklären, über Möglichkeiten der begleitenden Hilfe im Arbeitsleben zu informieren und Kontakt zum Integrationsfachdienst herzustellen.

(3) Das Integrationsamt kann im Rahmen seiner Zuständigkeit für die begleitende Hilfe im Arbeitsleben aus den ihm zur Verfügung stehenden Mitteln auch Geldleistungen erbringen, insbesondere
1. an schwerbehinderte Menschen
   a) für technische Arbeitshilfen,
   b) zum Erreichen des Arbeitsplatzes,
   c) zur Gründung und Erhaltung einer selbständigen beruflichen Existenz,
   d) zur Beschaffung, Ausstattung und Erhaltung einer behinderungsgerechten Wohnung,
   e) zur Teilnahme an Maßnahmen zur Erhaltung und Erweiterung beruflicher Kenntnisse und Fertigkeiten und
   f) in besonderen Lebenslagen,
2. an Arbeitgeber
   a) zur behinderungsgerechten Einrichtung von Arbeits- und Ausbildungsplätzen für schwerbehinderte Menschen,
   b) für Zuschüsse zu Gebühren, insbesondere Prüfungsgebühren, bei der Berufsausbildung besonders betroffener schwerbehinderter Jugendlicher und junger Erwachsener,
   c) für Prämien und Zuschüsse zu den Kosten der Berufsausbildung behinderter Jugendlicher und junger Erwachsener, die für die Zeit der Berufsausbildung schwerbehinderten Menschen nach § 151 Absatz 4 gleichgestellt worden sind,
   d) für Prämien zur Einführung eines betrieblichen Eingliederungsmanagements und
   e) für außergewöhnliche Belastungen, die mit der Beschäftigung schwerbehinderter Menschen im Sinne des § 155 Absatz 1 Nummer 1 Buchstabe a bis d, von schwerbehinderten Menschen im Anschluss an eine Beschäftigung in einer anerkannten Werkstatt für behinderte Menschen oder im Sinne des § 158 Absatz 2 verbunden sind, vor allem, wenn ohne diese Leistungen das Beschäftigungsverhältnis gefährdet würde,
3. an Träger von Integrationsfachdiensten einschließlich psychosozialer Dienste freier gemeinnütziger Einrichtungen und Organisationen sowie an Träger von Inklusionsbetrieben,
4. zur Durchführung von Aufklärungs-, Schulungs- und Bildungsmaßnahmen,
5. nachrangig zur beruflichen Orientierung,
6. zur Deckung eines Teils der Aufwendungen für ein Budget für Arbeit oder eines Teils der Aufwendungen für ein Budget für Ausbildung.

(4) Schwerbehinderte Menschen haben im Rahmen der Zuständigkeit des Integrationsamtes aus den ihm aus der Ausgleichsabgabe zur Verfügung stehenden Mitteln Anspruch auf Übernahme der Kosten einer Berufsbegleitung nach § 55 Absatz 3.

(5) ¹Schwerbehinderte Menschen haben im Rahmen der Zuständigkeit des Integrationsamtes für die begleitende Hilfe im Arbeitsleben aus den ihm aus der Ausgleichsabgabe zur Verfügung stehenden Mitteln Anspruch auf Übernahme der Kosten einer notwendigen Arbeitsassistenz. ²Der Anspruch richtet sich auf die Übernahme der vollen Kosten, die für eine als notwendig festgestellte Arbeitsassistenz entstehen.

(6) ¹Verpflichtungen anderer werden durch die Absätze 3 bis 5 nicht berührt. ²Leistungen der Rehabilitationsträger nach § 6 Absatz 1 Nummer 1 bis 5 dürfen, auch wenn auf sie ein Rechtsanspruch nicht besteht, nicht deshalb versagt werden, weil nach den besonderen Regelungen für schwerbehinderte Menschen entsprechende Leistungen vorgesehen sind; eine Aufstockung durch Leistungen des Integrationsamtes findet nicht statt.
(7) ¹Die §§ 14, 15 Absatz 1, die §§ 16 und 17 gelten sinngemäß, wenn bei dem Integrationsamt eine Leistung zur Teilhabe am Arbeitsleben beantragt wird. ²Das Gleiche gilt, wenn ein Antrag bei einem Rehabilitationsträger gestellt und der Antrag von diesem nach § 16 Absatz 2 des Ersten Buches an das Integrationsamt weitergeleitet worden ist. ³Ist die unverzügliche Erbringung einer Leistung zur Teilhabe am Arbeitsleben erforderlich, so kann das Integrationsamt die Leistung vorläufig erbringen. ⁴Hat das Integrationsamt eine Leistung erbracht, für die ein anderer Träger zuständig ist, so erstattet dieser die auf die Leistung entfallenden Aufwendungen.
(8) ¹Auf Antrag führt das Integrationsamt seine Leistungen zur begleitenden Hilfe im Arbeitsleben als Persönliches Budget aus. ²§ 29 gilt entsprechend.

§ 185a Einheitliche Ansprechstellen für Arbeitgeber

(1) Einheitliche Ansprechstellen für Arbeitgeber informieren, beraten und unterstützen Arbeitgeber bei der Ausbildung, Einstellung und Beschäftigung von schwerbehinderten Menschen.
(2) ¹Die Einheitlichen Ansprechstellen für Arbeitgeber werden als begleitende Hilfe im Arbeitsleben aus Mitteln der Ausgleichsabgabe finanziert. ²Sie haben die Aufgabe,
1. Arbeitgeber anzusprechen und diese für die Ausbildung, Einstellung und Beschäftigung von schwerbehinderten Menschen zu sensibilisieren,
2. Arbeitgebern als trägerunabhängiger Lotse bei Fragen zur Ausbildung, Einstellung, Berufsbegleitung und Beschäftigungssicherung von schwerbehinderten Menschen zur Verfügung zu stehen und
3. Arbeitgeber bei der Stellung von Anträgen bei den zuständigen Leistungsträgern zu unterstützen.
(3) ¹Die Einheitlichen Ansprechstellen für Arbeitgeber sind flächendeckend einzurichten. ²Sie sind trägerunabhängig.
(4) Die Einheitlichen Ansprechstellen für Arbeitgeber sollen
1. für Arbeitgeber schnell zu erreichen sein,
2. über fachlich qualifiziertes Personal verfügen, das mit den Regelungen zur Teilhabe schwerbehinderter Menschen sowie der Beratung von Arbeitgebern und ihren Bedürfnissen vertraut ist, sowie
3. in der Region gut vernetzt sein.
(5) ¹Die Integrationsämter beauftragen die Integrationsfachdienste oder andere geeignete Träger, als Einheitliche Ansprechstellen für Arbeitgeber tätig zu werden. ²Die Integrationsämter wirken darauf hin, dass die Einheitlichen Ansprechstellen für Arbeitgeber flächendeckend zur Verfügung stehen und mit Dritten, die aufgrund ihres fachlichen Hintergrunds über eine besondere Betriebsnähe verfügen, zusammenarbeiten.

§ 186 Beratender Ausschuss für behinderte Menschen bei dem Integrationsamt

(1) ¹Bei jedem Integrationsamt wird ein Beratender Ausschuss für behinderte Menschen gebildet, der die Teilhabe der behinderten Menschen am Arbeitsleben fördert, das Integrationsamt bei der Durchführung der besonderen Regelungen für schwerbehinderte Menschen zur Teilhabe am Arbeitsleben unterstützt und bei der Vergabe der Mittel der Ausgleichsabgabe mitwirkt. ²Soweit die Mittel der Ausgleichsabgabe zur institutionellen Förderung verwendet werden, macht der Beratende Ausschuss Vorschläge für die Entscheidungen des Integrationsamtes.
(2) Der Ausschuss besteht aus zehn Mitgliedern, und zwar aus
1. zwei Mitgliedern, die die Arbeitnehmerinnen und Arbeitnehmer vertreten,
2. zwei Mitgliedern, die die privaten und öffentlichen Arbeitgeber vertreten,
3. vier Mitgliedern, die die Organisationen behinderter Menschen vertreten,
4. einem Mitglied, das das jeweilige Land vertritt,
5. einem Mitglied, das die Bundesagentur für Arbeit vertritt.
(3) ¹Für jedes Mitglied ist eine Stellvertreterin oder ein Stellvertreter zu berufen. ²Mitglieder und Stellvertreterinnen oder Stellvertreter sollen im Bezirk des Integrationsamtes ihren Wohnsitz haben.
(4) ¹Das Integrationsamt beruft auf Vorschlag
1. der Gewerkschaften des jeweiligen Landes zwei Mitglieder,
2. der Arbeitgeberverbände des jeweiligen Landes ein Mitglied,
3. der zuständigen obersten Landesbehörde oder der von ihr bestimmten Behörde ein Mitglied,

4. der Organisationen behinderter Menschen des jeweiligen Landes, die nach der Zusammensetzung ihrer Mitglieder dazu berufen sind, die behinderten Menschen in ihrer Gesamtheit zu vertreten, vier Mitglieder.

²Die zuständige oberste Landesbehörde oder die von ihr bestimmte Behörde und die Bundesagentur für Arbeit berufen je ein Mitglied.

§ 187 Aufgaben der Bundesagentur für Arbeit

(1) Die Bundesagentur für Arbeit hat folgende Aufgaben:
1. die Berufsberatung, Ausbildungsvermittlung und Arbeitsvermittlung schwerbehinderter Menschen einschließlich der Vermittlung von in Werkstätten für behinderte Menschen Beschäftigten auf den allgemeinen Arbeitsmarkt,
2. die Beratung der Arbeitgeber bei der Besetzung von Ausbildungs- und Arbeitsplätzen mit schwerbehinderten Menschen,
3. die Förderung der Teilhabe schwerbehinderter Menschen am Arbeitsleben auf dem allgemeinen Arbeitsmarkt, insbesondere von schwerbehinderten Menschen,
    a) die wegen Art oder Schwere ihrer Behinderung oder sonstiger Umstände im Arbeitsleben besonders betroffen sind (§ 155 Absatz 1),
    b) die langzeitarbeitslos im Sinne des § 18 des Dritten Buches sind,
    c) die im Anschluss an eine Beschäftigung in einer anerkannten Werkstatt für behinderte Menschen, bei einem anderen Leistungsanbieter (§ 60) oder einem Inklusionsbetrieb eingestellt werden,
    d) die als Teilzeitbeschäftigte eingestellt werden oder
    e) die zur Aus- oder Weiterbildung eingestellt werden,
4. im Rahmen von Arbeitsbeschaffungsmaßnahmen die besondere Förderung schwerbehinderter Menschen,
5. die Gleichstellung, deren Widerruf und Rücknahme,
6. die Durchführung des Anzeigeverfahrens (§ 163 Absatz 2 und 4),
7. die Überwachung der Erfüllung der Beschäftigungspflicht,
8. die Zulassung der Anrechnung und der Mehrfachanrechnung (§ 158 Absatz 2, § 159 Absatz 1 und 2),
9. die Erfassung der Werkstätten für behinderte Menschen, ihre Anerkennung und die Aufhebung der Anerkennung.

(2) ¹Die Bundesagentur für Arbeit übermittelt dem Bundesministerium für Arbeit und Soziales jährlich die Ergebnisse ihrer Förderung der Teilhabe schwerbehinderter Menschen am Arbeitsleben auf dem allgemeinen Arbeitsmarkt nach dessen näherer Bestimmung und fachlicher Weisung. ²Zu den Ergebnissen gehören Angaben über die Zahl der geförderten Arbeitgeber und schwerbehinderten Menschen, die insgesamt aufgewandten Mittel und die durchschnittlichen Förderungsbeträge. ³Die Bundesagentur für Arbeit veröffentlicht diese Ergebnisse.

(3) ¹Die Bundesagentur für Arbeit führt befristete überregionale und regionale Arbeitsmarktprogramme zum Abbau der Arbeitslosigkeit schwerbehinderter Menschen, besonderer Gruppen schwerbehinderter Menschen, insbesondere schwerbehinderter Frauen, sowie zur Förderung des Ausbildungsplatzangebots für schwerbehinderte Menschen durch, die ihr durch Verwaltungsvereinbarung gemäß § 368 Absatz 3 Satz 2 und Absatz 4 des Dritten Buches unter Zuweisung der entsprechenden Mittel übertragen werden. ²Über den Abschluss von Verwaltungsvereinbarungen mit den Ländern ist das Bundesministerium für Arbeit und Soziales zu unterrichten.

(4) Die Bundesagentur für Arbeit richtet zur Durchführung der ihr in diesem Teil und der ihr im Dritten Buch zur Teilhabe behinderter und schwerbehinderter Menschen am Arbeitsleben übertragenen Aufgaben in allen Agenturen für Arbeit besondere Stellen ein; bei der personellen Ausstattung dieser Stellen trägt sie dem besonderen Aufwand bei der Beratung und Vermittlung des zu betreuenden Personenkreises sowie bei der Durchführung der sonstigen Aufgaben nach Absatz 1 Rechnung.

(5) Im Rahmen der Beratung der Arbeitgeber nach Absatz 1 Nummer 2 hat die Bundesagentur für Arbeit
1. dem Arbeitgeber zur Besetzung von Arbeitsplätzen geeignete arbeitslose oder arbeitsuchende schwerbehinderte Menschen unter Darlegung der Leistungsfähigkeit und der Auswirkungen der jeweiligen Behinderung auf die angebotene Stelle vorzuschlagen,
2. ihre Fördermöglichkeiten aufzuzeigen, soweit möglich und erforderlich, auch die entsprechenden Hilfen der Rehabilitationsträger und der begleitenden Hilfe im Arbeitsleben durch die Integrationsämter.

§ 188 Beratender Ausschuss für behinderte Menschen bei der Bundesagentur für Arbeit

(1) Bei der Zentrale der Bundesagentur für Arbeit wird ein Beratender Ausschuss für behinderte Menschen gebildet, der die Teilhabe der behinderten Menschen am Arbeitsleben durch Vorschläge fördert und die Bundesagentur für Arbeit bei der Durchführung der in diesem Teil und im Dritten Buch zur Teilhabe behinderter und schwerbehinderter Menschen am Arbeitsleben übertragenen Aufgaben unterstützt.
(2) Der Ausschuss besteht aus elf Mitgliedern, und zwar aus
1. zwei Mitgliedern, die die Arbeitnehmerinnen und Arbeitnehmer vertreten,
2. zwei Mitgliedern, die die privaten und öffentlichen Arbeitgeber vertreten,
3. fünf Mitgliedern, die die Organisationen behinderter Menschen vertreten,
4. einem Mitglied, das die Integrationsämter vertritt,
5. einem Mitglied, das das Bundesministerium für Arbeit und Soziales vertritt.
(3) Für jedes Mitglied ist eine Stellvertreterin oder ein Stellvertreter zu berufen.
(4) ¹Der Vorstand der Bundesagentur für Arbeit beruft die Mitglieder, die Arbeitnehmer und Arbeitgeber vertreten, auf Vorschlag ihrer Gruppenvertreter im Verwaltungsrat der Bundesagentur für Arbeit. ²Er beruft auf Vorschlag der Organisationen behinderter Menschen, die nach der Zusammensetzung ihrer Mitglieder dazu berufen sind, die behinderten Menschen in ihrer Gesamtheit auf Bundesebene zu vertreten, die Mitglieder, die Organisationen der behinderten Menschen vertreten. ³Auf Vorschlag der Bundesarbeitsgemeinschaft der Integrationsämter und Hauptfürsorgestellen beruft er das Mitglied, das die Integrationsämter vertritt, und auf Vorschlag des Bundesministeriums für Arbeit und Soziales das Mitglied, das dieses vertritt.

§ 189 Gemeinsame Vorschriften

(1) ¹Die Beratenden Ausschüsse für behinderte Menschen (§§ 186, 188) wählen aus den ihnen angehörenden Mitgliedern von Seiten der Arbeitnehmer, Arbeitgeber oder Organisationen behinderter Menschen jeweils für die Dauer eines Jahres eine Vorsitzende oder einen Vorsitzenden und eine Stellvertreterin oder einen Stellvertreter. ²Die Gewählten dürfen nicht derselben Gruppe angehören. ³Die Gruppen stellen in regelmäßig jährlich wechselnder Reihenfolge die Vorsitzende oder den Vorsitzenden und die Stellvertreterin oder den Stellvertreter. ⁴Die Reihenfolge wird durch die Beendigung der Amtszeit der Mitglieder nicht unterbrochen. ⁵Scheidet die Vorsitzende oder der Vorsitzende oder die Stellvertreterin oder der Stellvertreter aus, wird sie oder er neu gewählt.
(2) ¹Die Beratenden Ausschüsse für behinderte Menschen sind beschlussfähig, wenn wenigstens die Hälfte der Mitglieder anwesend ist. ²Die Beschlüsse und Entscheidungen werden mit einfacher Stimmenmehrheit getroffen.
(3) ¹Die Mitglieder der Beratenden Ausschüsse für behinderte Menschen üben ihre Tätigkeit ehrenamtlich aus. ²Ihre Amtszeit beträgt vier Jahre.

§ 190 Übertragung von Aufgaben

(1) ¹Die Landesregierung oder die von ihr bestimmte Stelle kann die Verlängerung der Gültigkeitsdauer der Ausweise nach § 152 Absatz 5, für die eine Feststellung nach § 152 Absatz 1 nicht zu treffen ist, auf andere Behörden übertragen. ²Im Übrigen kann sie andere Behörden zur Aushändigung der Ausweise heranziehen.
(2) Die Landesregierung oder die von ihr bestimmte Stelle kann Aufgaben und Befugnisse des Integrationsamtes nach diesem Teil auf örtliche Fürsorgestellen übertragen oder die Heranziehung örtlicher Fürsorgestellen zur Durchführung der den Integrationsämtern obliegenden Aufgaben bestimmen.

§ 191 Verordnungsermächtigung

Die Bundesregierung wird ermächtigt, durch Rechtsverordnung mit Zustimmung des Bundesrates das Nähere über die Voraussetzungen des Anspruchs nach § 49 Absatz 8 Nummer 3 und § 185 Absatz 5 sowie über die Dauer und Ausführung der Leistungen zu regeln.

Kapitel 7
Integrationsfachdienste

§ 192 Begriff und Personenkreis

(1) Integrationsfachdienste sind Dienste Dritter, die bei der Durchführung der Maßnahmen zur Teilhabe schwerbehinderter Menschen am Arbeitsleben beteiligt werden.
(2) Schwerbehinderte Menschen im Sinne des Absatzes 1 sind insbesondere

1. schwerbehinderte Menschen mit einem besonderen Bedarf an arbeitsbegleitender Betreuung,
2. schwerbehinderte Menschen, die nach zielgerichteter Vorbereitung durch die Werkstatt für behinderte Menschen am Arbeitsleben auf dem allgemeinen Arbeitsmarkt teilhaben sollen und dabei auf aufwendige, personalintensive, individuelle arbeitsbegleitende Hilfen angewiesen sind sowie
3. schwerbehinderte Schulabgänger, die für die Aufnahme einer Beschäftigung auf dem allgemeinen Arbeitsmarkt auf die Unterstützung eines Integrationsfachdienstes angewiesen sind.

(3) Ein besonderer Bedarf an arbeits- und berufsbegleitender Betreuung ist insbesondere gegeben bei schwerbehinderten Menschen mit geistiger oder seelischer Behinderung oder mit einer schweren Körper-, Sinnes- oder Mehrfachbehinderung, die sich im Arbeitsleben besonders nachteilig auswirkt und allein oder zusammen mit weiteren vermittlungshemmenden Umständen (Alter, Langzeitarbeitslosigkeit, unzureichende Qualifikation, Leistungsminderung) die Teilhabe am Arbeitsleben auf dem allgemeinen Arbeitsmarkt erschwert.

(4) [1]Der Integrationsfachdienst kann im Rahmen der Aufgabenstellung nach Absatz 1 auch zur beruflichen Eingliederung von behinderten Menschen, die nicht schwerbehindert sind, tätig werden. [2]Hierbei wird den besonderen Bedürfnissen seelisch behinderter oder von einer seelischen Behinderung bedrohter Menschen Rechnung getragen.

§ 193 Aufgaben

(1) Die Integrationsfachdienste können zur Teilhabe schwerbehinderter Menschen am Arbeitsleben (Aufnahme, Ausübung und Sicherung einer möglichst dauerhaften Beschäftigung) beteiligt werden, indem sie
1. die schwerbehinderten Menschen beraten, unterstützen und auf geeignete Arbeitsplätze vermitteln,
2. die Arbeitgeber informieren, beraten und ihnen Hilfe leisten.

(2) Zu den Aufgaben des Integrationsfachdienstes gehört es,
1. die Fähigkeiten der zugewiesenen schwerbehinderten Menschen zu bewerten und einzuschätzen und dabei ein individuelles Fähigkeits-, Leistungs- und Interessenprofil zur Vorbereitung auf den allgemeinen Arbeitsmarkt in enger Kooperation mit den schwerbehinderten Menschen, dem Auftraggeber und der abgebenden Einrichtung der schulischen oder beruflichen Bildung oder Rehabilitation zu erarbeiten,
2. die Bundesagentur für Arbeit auf deren Anforderung bei der Berufsorientierung und Berufsberatung in den Schulen einschließlich der auf jeden einzelnen Jugendlichen bezogenen Dokumentation der Ergebnisse zu unterstützen,
3. die betriebliche Ausbildung schwerbehinderter, insbesondere seelisch und lernbehinderter, Jugendlicher zu begleiten,
4. geeignete Arbeitsplätze (§ 156) auf dem allgemeinen Arbeitsmarkt zu erschließen,
5. die schwerbehinderten Menschen auf die vorgesehenen Arbeitsplätze vorzubereiten,
6. die schwerbehinderten Menschen, solange erforderlich, am Arbeitsplatz oder beim Training der berufspraktischen Fähigkeiten am konkreten Arbeitsplatz zu begleiten,
7. mit Zustimmung des schwerbehinderten Menschen die Mitarbeiter im Betrieb oder in der Dienststelle über Art und Auswirkungen der Behinderung und über entsprechende Verhaltensregeln zu informieren und zu beraten,
8. eine Nachbetreuung, Krisenintervention oder psychosoziale Betreuung durchzuführen sowie
9. als Einheitliche Ansprechstellen für Arbeitgeber zur Verfügung zu stehen, über die Leistungen für die Arbeitgeber zu informieren und für die Arbeitgeber diese Leistungen abzuklären,
10. in Zusammenarbeit mit den Rehabilitationsträgern und den Integrationsämtern die für den schwerbehinderten Menschen benötigten Leistungen zu klären und bei der Beantragung zu unterstützen.

§ 194 Beauftragung und Verantwortlichkeit

(1) [1]Die Integrationsfachdienste werden im Auftrag der Integrationsämter oder der Rehabilitationsträger tätig. [2]Diese bleiben für die Ausführung der Leistung verantwortlich.

(2) Im Auftrag legt der Auftraggeber in Abstimmung mit dem Integrationsfachdienst Art, Umfang und Dauer des im Einzelfall notwendigen Einsatzes des Integrationsfachdienstes sowie das Entgelt fest.

(3) Der Integrationsfachdienst arbeitet insbesondere mit
1. den zuständigen Stellen der Bundesagentur für Arbeit,
2. dem Integrationsamt,
3. dem zuständigen Rehabilitationsträger, insbesondere den Berufshelfern der gesetzlichen Unfallversicherung,

4. dem Arbeitgeber, der Schwerbehindertenvertretung und den anderen betrieblichen Interessenvertretungen,
5. der abgebenden Einrichtung der schulischen oder beruflichen Bildung oder Rehabilitation mit ihren begleitenden Diensten und internen Integrationsfachkräften oder -diensten zur Unterstützung von Teilnehmenden an Leistungen zur Teilhabe am Arbeitsleben,
6. den Handwerks-, den Industrie- und Handelskammern sowie den berufsständigen Organisationen,
7. wenn notwendig, auch mit anderen Stellen und Personen,

eng zusammen.

(4) ¹Näheres zur Beauftragung, Zusammenarbeit, fachlichen Leitung, Aufsicht sowie zur Qualitätssicherung und Ergebnisbeobachtung wird zwischen dem Auftraggeber und dem Träger des Integrationsfachdienstes vertraglich geregelt. ²Die Vereinbarungen sollen im Interesse finanzieller Planungssicherheit auf eine Dauer von mindestens drei Jahren abgeschlossen werden.

(5) Die Integrationsämter wirken darauf hin, dass die berufsbegleitenden und psychosozialen Dienste bei den von ihnen beauftragten Integrationsfachdiensten konzentriert werden.

§ 195 Fachliche Anforderungen

(1) Die Integrationsfachdienste müssen
1. nach der personellen, räumlichen und sächlichen Ausstattung in der Lage sein, ihre gesetzlichen Aufgaben wahrzunehmen,
2. über Erfahrungen mit dem zu unterstützenden Personenkreis (§ 192 Absatz 2) verfügen,
3. mit Fachkräften ausgestattet sein, die über eine geeignete Berufsqualifikation, eine psychosoziale oder arbeitspädagogische Zusatzqualifikation und ausreichende Berufserfahrung verfügen, sowie
4. rechtlich oder organisatorisch und wirtschaftlich eigenständig sein.

(2) ¹Der Personalbedarf eines Integrationsfachdienstes richtet sich nach den konkreten Bedürfnissen unter Berücksichtigung der Zahl der Betreuungs- und Beratungsfälle, des durchschnittlichen Betreuungs- und Beratungsaufwands, der Größe des regionalen Einzugsbereichs und der Zahl der zu beratenden Arbeitgeber. ²Den besonderen Bedürfnissen besonderer Gruppen schwerbehinderter Menschen, insbesondere schwerbehinderter Frauen, und der Notwendigkeit einer psychosozialen Betreuung soll durch eine Differenzierung innerhalb des Integrationsfachdienstes Rechnung getragen werden.

(3) ¹Bei der Stellenbesetzung des Integrationsfachdienstes werden schwerbehinderte Menschen bevorzugt berücksichtigt. ²Dabei wird ein angemessener Anteil der Stellen mit schwerbehinderten Frauen besetzt.

§ 196 Finanzielle Leistungen

(1) ¹Die Inanspruchnahme von Integrationsfachdiensten wird vom Auftraggeber vergütet. ²Die Vergütung für die Inanspruchnahme von Integrationsfachdiensten kann bei Beauftragung durch das Integrationsamt aus Mitteln der Ausgleichsabgabe erbracht werden.

(2) Die Bezahlung tarifvertraglich vereinbarter Vergütungen sowie entsprechender Vergütungen nach kirchlichen Arbeitsrechtsregelungen kann bei der Beauftragung von Integrationsfachdiensten nicht als unwirtschaftlich abgelehnt werden.

(3) ¹Die Bundesarbeitsgemeinschaft der Integrationsämter und Hauptfürsorgestellen vereinbart mit den Rehabilitationsträgern nach § 6 Absatz 1 Nummer 2 bis 5 unter Beteiligung der maßgeblichen Verbände, darunter der Bundesarbeitsgemeinschaft, in der sich die Integrationsfachdienste zusammengeschlossen haben, eine gemeinsame Empfehlung zur Inanspruchnahme der Integrationsfachdienste durch die Rehabilitationsträger, zur Zusammenarbeit und zur Finanzierung der Kosten, die dem Integrationsfachdienst bei der Wahrnehmung der Aufgaben der Rehabilitationsträger entstehen. ²§ 26 Absatz 7 und 8 gilt entsprechend.

§ 197 Ergebnisbeobachtung

(1) ¹Der Integrationsfachdienst dokumentiert Verlauf und Ergebnis der jeweiligen Bemühungen um die Förderung der Teilhabe am Arbeitsleben. ²Er erstellt jährlich eine zusammenfassende Darstellung der Ergebnisse und legt diese den Auftraggebern nach deren näherer gemeinsamer Maßgabe vor. ³Diese Zusammenstellung soll insbesondere geschlechtsdifferenzierte Angaben enthalten zu
1. den Zu- und Abgängen an Betreuungsfällen im Kalenderjahr,
2. dem Bestand an Betreuungsfällen,
3. der Zahl der abgeschlossenen Fälle, differenziert nach Aufnahme einer Ausbildung, einer befristeten oder unbefristeten Beschäftigung, einer Beschäftigung in einem Integrationsprojekt oder in einer Werkstatt für behinderte Menschen.

(2) Der Integrationsfachdienst dokumentiert auch die Ergebnisse seiner Bemühungen zur Unterstützung der Bundesagentur für Arbeit und die Begleitung der betrieblichen Ausbildung nach § 193 Absatz 2 Nummer 2 und 3 unter Einbeziehung geschlechtsdifferenzierter Daten und Besonderheiten sowie der Art der Behinderung.

§ 198 Verordnungsermächtigung

(1) Das Bundesministerium für Arbeit und Soziales wird ermächtigt, durch Rechtsverordnung mit Zustimmung des Bundesrates das Nähere über den Begriff und die Aufgaben des Integrationsfachdienstes, die für sie geltenden fachlichen Anforderungen und die finanziellen Leistungen zu regeln.
(2) Vereinbaren die Bundesarbeitsgemeinschaft der Integrationsämter und Hauptfürsorgestellen und die Rehabilitationsträger nicht innerhalb von sechs Monaten, nachdem das Bundesministerium für Arbeit und Soziales sie dazu aufgefordert hat, eine gemeinsame Empfehlung nach § 196 Absatz 3 oder ändern sie die unzureichend gewordene Empfehlung nicht innerhalb dieser Frist, kann das Bundesministerium für Arbeit und Soziales Regelungen durch Rechtsverordnung mit Zustimmung des Bundesrates erlassen.

Kapitel 8
Beendigung der Anwendung der besonderen Regelungen zur Teilhabe schwerbehinderter und gleichgestellter behinderter Menschen

§ 199 Beendigung der Anwendung der besonderen Regelungen zur Teilhabe schwerbehinderter Menschen

(1) Die besonderen Regelungen für schwerbehinderte Menschen werden nicht angewendet nach dem Wegfall der Voraussetzungen nach § 2 Absatz 2; wenn sich der Grad der Behinderung auf weniger als 50 verringert, jedoch erst am Ende des dritten Kalendermonats nach Eintritt der Unanfechtbarkeit des die Verringerung feststellenden Bescheides.
(2) ¹Die besonderen Regelungen für gleichgestellte behinderte Menschen werden nach dem Widerruf oder der Rücknahme der Gleichstellung nicht mehr angewendet. ²Der Widerruf der Gleichstellung ist zulässig, wenn die Voraussetzungen nach § 2 Absatz 3 in Verbindung mit § 151 Absatz 2 weggefallen sind. ³Er wird erst am Ende des dritten Kalendermonats nach Eintritt seiner Unanfechtbarkeit wirksam.
(3) Bis zur Beendigung der Anwendung der besonderen Regelungen für schwerbehinderte Menschen und ihnen gleichgestellte behinderte Menschen werden die behinderten Menschen dem Arbeitgeber auf die Zahl der Pflichtarbeitsplätze für schwerbehinderte Menschen angerechnet.

§ 200 Entziehung der besonderen Hilfen für schwerbehinderte Menschen

(1) ¹Einem schwerbehinderten Menschen, der einen zumutbaren Arbeitsplatz ohne berechtigten Grund zurückweist oder aufgibt oder sich ohne berechtigten Grund weigert, an einer Maßnahme zur Teilhabe am Arbeitsleben teilzunehmen, oder sonst durch sein Verhalten seine Teilhabe am Arbeitsleben schuldhaft vereitelt, kann das Integrationsamt im Benehmen mit der Bundesagentur für Arbeit die besonderen Hilfen für schwerbehinderte Menschen zeitweilig entziehen. ²Dies gilt auch für gleichgestellte behinderte Menschen.
(2) ¹Vor der Entscheidung über die Entziehung wird der schwerbehinderte Mensch gehört. ²In der Entscheidung wird die Frist bestimmt, für die sie gilt. ³Die Frist läuft vom Tag der Entscheidung an und beträgt nicht mehr als sechs Monate. ⁴Die Entscheidung wird dem schwerbehinderten Menschen bekannt gegeben.

Kapitel 9
Widerspruchsverfahren

§ 201 Widerspruch

(1) ¹Den Widerspruchsbescheid nach § 73 der Verwaltungsgerichtsordnung erlässt bei Verwaltungsakten der Integrationsämter und bei Verwaltungsakten der örtlichen Fürsorgestellen (§ 190 Absatz 2) der Widerspruchsausschuss bei dem Integrationsamt (§ 202). ²Des Vorverfahrens bedarf es auch, wenn den Verwaltungsakt ein Integrationsamt erlassen hat, das bei einer obersten Landesbehörde besteht.
(2) Den Widerspruchsbescheid nach § 85 des Sozialgerichtsgesetzes erlässt bei Verwaltungsakten, welche die Bundesagentur für Arbeit auf Grund dieses Teils erlässt, der Widerspruchsausschuss der Bundesagentur für Arbeit.

§ 202 Widerspruchsausschuss bei dem Integrationsamt

(1) Bei jedem Integrationsamt besteht ein Widerspruchsausschuss aus sieben Mitgliedern, und zwar aus zwei Mitgliedern, die schwerbehinderte Arbeitnehmer oder Arbeitnehmerinnen sind, zwei Mitgliedern, die Arbeitgeber sind, einem Mitglied, das das Integrationsamt vertritt, einem Mitglied, das die Bundesagentur für Arbeit vertritt, einer Vertrauensperson schwerbehinderter Menschen.
(2) Für jedes Mitglied wird ein Stellvertreter oder eine Stellvertreterin berufen.
(3) ¹Das Integrationsamt beruft auf Vorschlag der Organisationen behinderter Menschen des jeweiligen Landes die Mitglieder, die Arbeitnehmer sind, auf Vorschlag der jeweils für das Land zuständigen Arbeitgeberverbände die Mitglieder, die Arbeitgeber sind, sowie die Vertrauensperson. ²Die zuständige oberste Landesbehörde oder die von ihr bestimmte Behörde beruft das Mitglied, das das Integrationsamt vertritt. ³Die Bundesagentur für Arbeit beruft das Mitglied, das sie vertritt. ⁴Entsprechendes gilt für die Berufung des Stellvertreters oder der Stellvertreterin des jeweiligen Mitglieds.
(4) ¹In Kündigungsangelegenheiten schwerbehinderter Menschen, die bei einer Dienststelle oder in einem Betrieb beschäftigt sind, der zum Geschäftsbereich des Bundesministeriums der Verteidigung gehört, treten an die Stelle der Mitglieder, die Arbeitgeber sind, Angehörige des öffentlichen Dienstes. ²Dem Integrationsamt werden ein Mitglied und sein Stellvertreter oder seine Stellvertreterin von den von der Bundesregierung bestimmten Bundesbehörden benannt. ³Eines der Mitglieder, die schwerbehinderte Arbeitnehmer oder Arbeitnehmerinnen sind, muss dem öffentlichen Dienst angehören.
(5) ¹Die Amtszeit der Mitglieder der Widerspruchsausschüsse beträgt vier Jahre. ²Die Mitglieder der Ausschüsse üben ihre Tätigkeit unentgeltlich aus.

§ 203 Widerspruchsausschüsse der Bundesagentur für Arbeit

(1) Die Bundesagentur für Arbeit richtet Widerspruchsausschüsse ein, die aus sieben Mitgliedern bestehen, und zwar aus zwei Mitgliedern, die schwerbehinderte Arbeitnehmer oder Arbeitnehmerinnen sind, zwei Mitgliedern, die Arbeitgeber sind, einem Mitglied, das das Integrationsamt vertritt, einem Mitglied, das die Bundesagentur für Arbeit vertritt, einer Vertrauensperson schwerbehinderter Menschen.
(2) Für jedes Mitglied wird ein Stellvertreter oder eine Stellvertreterin berufen.
(3) ¹Die Bundesagentur für Arbeit beruft
1. die Mitglieder, die Arbeitnehmer oder Arbeitnehmerinnen sind, auf Vorschlag der jeweils zuständigen Organisationen behinderter Menschen, der im Benehmen mit den jeweils zuständigen Gewerkschaften, die für die Vertretung der Arbeitnehmerinteressen wesentliche Bedeutung haben, gemacht wird,
2. die Mitglieder, die Arbeitgeber sind, auf Vorschlag der jeweils zuständigen Arbeitgeberverbände, soweit sie für die Vertretung von Arbeitgeberinteressen wesentliche Bedeutung haben, sowie
3. das Mitglied, das die Bundesagentur für Arbeit vertritt, und
4. die Vertrauensperson.

²Die zuständige oberste Landesbehörde oder die von ihr bestimmte Behörde beruft das Mitglied, das das Integrationsamt vertritt. ³Entsprechendes gilt für die Berufung des Stellvertreters oder der Stellvertreterin des jeweiligen Mitglieds.
(4) § 202 Absatz 5 gilt entsprechend.

§ 204 Verfahrensvorschriften

(1) Für den Widerspruchsausschuss bei dem Integrationsamt (§ 202) und die Widerspruchsausschüsse bei der Bundesagentur für Arbeit (§ 203) gilt § 189 Absatz 1 und 2 entsprechend.
(2) Im Widerspruchsverfahren nach Kapitel 4 werden der Arbeitgeber und der schwerbehinderte Mensch vor der Entscheidung gehört; in den übrigen Fällen verbleibt es bei der Anhörung des Widerspruchsführers.
(3) ¹Die Mitglieder der Ausschüsse können wegen Besorgnis der Befangenheit abgelehnt werden. ²Über die Ablehnung entscheidet der Ausschuss, dem das Mitglied angehört.

Kapitel 10
Sonstige Vorschriften

§ 205 Vorrang der schwerbehinderten Menschen

Verpflichtungen zur bevorzugten Einstellung und Beschäftigung bestimmter Personenkreise nach anderen Gesetzen entbinden den Arbeitgeber nicht von der Verpflichtung zur Beschäftigung schwerbehinderter Menschen nach den besonderen Regelungen für schwerbehinderte Menschen.

§ 206 Arbeitsentgelt und Dienstbezüge

(1) ¹Bei der Bemessung des Arbeitsentgelts und der Dienstbezüge aus einem bestehenden Beschäftigungsverhältnis werden Renten und vergleichbare Leistungen, die wegen der Behinderung bezogen werden, nicht berücksichtigt. ²Die völlige oder teilweise Anrechnung dieser Leistungen auf das Arbeitsentgelt oder die Dienstbezüge ist unzulässig.
(2) Absatz 1 gilt nicht für Zeiträume, in denen die Beschäftigung tatsächlich nicht ausgeübt wird und die Vorschriften über die Zahlung der Rente oder der vergleichbaren Leistung eine Anrechnung oder ein Ruhen vorsehen, wenn Arbeitsentgelt oder Dienstbezüge gezahlt werden.

§ 207 Mehrarbeit

Schwerbehinderte Menschen werden auf ihr Verlangen von Mehrarbeit freigestellt.

§ 208 Zusatzurlaub

(1) ¹Schwerbehinderte Menschen haben Anspruch auf einen bezahlten zusätzlichen Urlaub von fünf Arbeitstagen im Urlaubsjahr; verteilt sich die regelmäßige Arbeitszeit des schwerbehinderten Menschen auf mehr oder weniger als fünf Arbeitstage in der Kalenderwoche, erhöht oder vermindert sich der Zusatzurlaub entsprechend. ²Soweit tarifliche, betriebliche oder sonstige Urlaubsregelungen für schwerbehinderte Menschen einen längeren Zusatzurlaub vorsehen, bleiben sie unberührt.
(2) ¹Besteht die Schwerbehinderteneigenschaft nicht während des gesamten Kalenderjahres, so hat der schwerbehinderte Mensch für jeden vollen Monat der im Beschäftigungsverhältnis vorliegenden Schwerbehinderteneigenschaft einen Anspruch auf ein Zwölftel des Zusatzurlaubs nach Absatz 1 Satz 1. ²Bruchteile von Urlaubstagen, die mindestens einen halben Tag ergeben, sind auf volle Urlaubstage aufzurunden. ³Der so ermittelte Zusatzurlaub ist dem Erholungsurlaub hinzuzurechnen und kann bei einem nicht im ganzen Kalenderjahr bestehenden Beschäftigungsverhältnis nicht erneut gemindert werden.
(3) Wird die Eigenschaft als schwerbehinderter Mensch nach § 152 Absatz 1 und 2 rückwirkend festgestellt, finden auch für die Übertragbarkeit des Zusatzurlaubs in das nächste Kalenderjahr die dem Beschäftigungsverhältnis zugrunde liegenden urlaubsrechtlichen Regelungen Anwendung.

§ 209 Nachteilsausgleich

(1) Die Vorschriften über Hilfen für behinderte Menschen zum Ausgleich behinderungsbedingter Nachteile oder Mehraufwendungen (Nachteilsausgleich) werden so gestaltet, dass sie unabhängig von der Ursache der Behinderung der Art oder Schwere der Behinderung Rechnung tragen.
(2) Nachteilsausgleiche, die auf Grund bisher geltender Rechtsvorschriften erfolgen, bleiben unberührt.

§ 210 Beschäftigung schwerbehinderter Menschen in Heimarbeit

(1) Schwerbehinderte Menschen, die in Heimarbeit beschäftigt oder diesen gleichgestellt sind (§ 1 Absatz 1 und 2 des Heimarbeitsgesetzes) und in der Hauptsache für den gleichen Auftraggeber arbeiten, werden auf die Arbeitsplätze für schwerbehinderte Menschen dieses Auftraggebers angerechnet.
(2) ¹Für in Heimarbeit beschäftigte und diesen gleichgestellte schwerbehinderte Menschen wird die in § 29 Absatz 2 des Heimarbeitsgesetzes festgelegte Kündigungsfrist von zwei Wochen auf vier Wochen erhöht; die Vorschrift des § 29 Absatz 7 des Heimarbeitsgesetzes ist sinngemäß anzuwenden. ²Der besondere Kündigungsschutz schwerbehinderter Menschen im Sinne des Kapitels 4 gilt auch für die in Satz 1 genannten Personen.
(3) ¹Die Bezahlung des zusätzlichen Urlaubs der in Heimarbeit beschäftigten oder diesen gleichgestellten schwerbehinderten Menschen erfolgt nach den für die Bezahlung ihres sonstigen Urlaubs geltenden Berechnungsgrundsätzen. ²Sofern eine besondere Regelung nicht besteht, erhalten die schwerbehinderten Menschen als zusätzliches Urlaubsgeld 2 Prozent des in der Zeit vom 1. Mai des vergangenen bis zum 30. April des laufenden Jahres verdienten Arbeitsentgelts ausschließlich der Unkostenzuschläge.
(4) ¹Schwerbehinderte Menschen, die als fremde Hilfskräfte eines Hausgewerbetreibenden oder eines Gleichgestellten beschäftigt werden (§ 2 Absatz 6 des Heimarbeitsgesetzes) können auf Antrag eines Auftraggebers auch auf dessen Pflichtarbeitsplätze für schwerbehinderte Menschen angerechnet werden, wenn der Arbeitgeber in der Hauptsache für diesen Auftraggeber arbeitet. ²Wird einem schwerbehinderten Menschen im Sinne des Satzes 1, dessen Anrechnung die Bundesagentur für Arbeit zugelassen hat, durch seinen Arbeitgeber gekündigt, weil der Auftraggeber die Zuteilung von Arbeit eingestellt oder die regelmäßige Arbeitsmenge erheblich herabgesetzt hat, erstattet der Auftraggeber dem Arbeitgeber

die Aufwendungen für die Zahlung des regelmäßigen Arbeitsverdienstes an den schwerbehinderten Menschen bis zur rechtmäßigen Beendigung seines Arbeitsverhältnisses.
(5) Werden fremde Hilfskräfte eines Hausgewerbetreibenden oder eines Gleichgestellten (§ 2 Absatz 6 des Heimarbeitsgesetzes) einem Auftraggeber gemäß Absatz 4 auf seine Arbeitsplätze für schwerbehinderte Menschen angerechnet, erstattet der Auftraggeber die dem Arbeitgeber nach Absatz 3 entstehenden Aufwendungen.
(6) Die den Arbeitgeber nach § 163 Absatz 1 und 5 treffenden Verpflichtungen gelten auch für Personen, die Heimarbeit ausgeben.

§ 211 Schwerbehinderte Beamtinnen und Beamte, Richterinnen und Richter, Soldatinnen und Soldaten

(1) Die besonderen Vorschriften und Grundsätze für die Besetzung der Beamtenstellen sind unbeschadet der Geltung dieses Teils auch für schwerbehinderte Beamtinnen und Beamte so zu gestalten, dass die Einstellung und Beschäftigung schwerbehinderter Menschen gefördert und ein angemessener Anteil schwerbehinderter Menschen unter den Beamten und Beamtinnen erreicht wird.
(2) Absatz 1 gilt für Richterinnen und Richter entsprechend.
(3) ¹Für die persönliche Rechtsstellung schwerbehinderter Soldatinnen und Soldaten gelten die §§ 2, 152, 176 bis 182, 199 Absatz 1 sowie die §§ 206, 208, 209 und 228 bis 230. ²Im Übrigen gelten für Soldatinnen und Soldaten die Vorschriften über die persönliche Rechtsstellung der schwerbehinderten Menschen, soweit sie mit den Besonderheiten des Dienstverhältnisses vereinbar sind.

§ 212 Unabhängige Tätigkeit

Soweit zur Ausübung einer unabhängigen Tätigkeit eine Zulassung erforderlich ist, soll schwerbehinderten Menschen, die eine Zulassung beantragen, bei fachlicher Eignung und Erfüllung der sonstigen gesetzlichen Voraussetzungen die Zulassung bevorzugt erteilt werden.

§ 213 Geheimhaltungspflicht

(1) Die Beschäftigten der Integrationsämter, der Bundesagentur für Arbeit, der Rehabilitationsträger sowie der von diesen Stellen beauftragten Integrationsfachdienste und die Mitglieder der Ausschüsse und des Beirates für die Teilhabe von Menschen mit Behinderungen (§ 86) und ihre Stellvertreterinnen oder Stellvertreter sowie zur Durchführung ihrer Aufgaben hinzugezogene Sachverständige sind verpflichtet,
1. über ihnen wegen ihres Amtes oder Auftrages bekannt gewordene persönliche Verhältnisse und Angelegenheiten von Beschäftigten auf Arbeitsplätzen für schwerbehinderte Menschen, die ihrer Bedeutung oder ihrem Inhalt nach einer vertraulichen Behandlung bedürfen, Stillschweigen zu bewahren und
2. ihnen wegen ihres Amtes oder Auftrages bekannt gewordene und vom Arbeitgeber ausdrücklich als geheimhaltungsbedürftig bezeichnete Betriebs- oder Geschäftsgeheimnisse nicht zu offenbaren und nicht zu verwerten.
(2) ¹Diese Pflichten gelten auch nach dem Ausscheiden aus dem Amt oder nach Beendigung des Auftrages. ²Sie gelten nicht gegenüber der Bundesagentur für Arbeit, den Integrationsämtern und den Rehabilitationsträgern, soweit deren Aufgaben gegenüber schwerbehinderten Menschen es erfordern, gegenüber der Schwerbehindertenvertretung sowie gegenüber den in § 79 Absatz 1 des Betriebsverfassungsgesetzes und den in den entsprechenden Vorschriften des Personalvertretungsrechts genannten Vertretungen, Personen und Stellen.

§ 214 Statistik

(1) Über schwerbehinderte Menschen wird alle zwei Jahre eine Bundesstatistik durchgeführt. Sie umfasst die folgenden Erhebungsmerkmale:
1. die Zahl der schwerbehinderten Menschen mit gültigem Ausweis,
2. die schwerbehinderten Menschen nach Geburtsjahr, Geschlecht, Staatsangehörigkeit und Wohnort,
3. Art, Ursache und Grad der Behinderung.
(2) Hilfsmerkmale sind:
1. Name, Anschrift, Telefonnummer und Adresse für elektronische Post der nach Absatz 3 Satz 2 auskunftspflichtigen Behörden,
2. Name und Kontaktdaten der für Rückfragen zur Verfügung stehenden Personen,
3. die Signiernummern für das Versorgungsamt und für das Berichtsland.
(3) ¹Für die Erhebung besteht Auskunftspflicht. ²Auskunftspflichtig sind die nach § 152 Absatz 1 und 5 zuständigen Behörden. ³Die Angaben zu Absatz 2 Nummer 2 sind freiwillig.

Kapitel 11
Inklusionsbetriebe

§ 215 Begriff und Personenkreis

(1) Inklusionsbetriebe sind rechtlich und wirtschaftlich selbständige Unternehmen oder unternehmensinterne oder von öffentlichen Arbeitgebern im Sinne des § 154 Absatz 2 geführte Betriebe oder Abteilungen zur Beschäftigung schwerbehinderter Menschen auf dem allgemeinen Arbeitsmarkt, deren Teilhabe an einer sonstigen Beschäftigung auf dem allgemeinen Arbeitsmarkt auf Grund von Art oder Schwere der Behinderung oder wegen sonstiger Umstände voraussichtlich trotz Ausschöpfens aller Fördermöglichkeiten und des Einsatzes von Integrationsfachdiensten auf besondere Schwierigkeiten stößt.

(2) Schwerbehinderte Menschen nach Absatz 1 sind insbesondere

1. schwerbehinderte Menschen mit geistiger oder seelischer Behinderung oder mit einer schweren Körper-, Sinnes- oder Mehrfachbehinderung, die sich im Arbeitsleben besonders nachteilig auswirkt und allein oder zusammen mit weiteren vermittlungshemmenden Umständen die Teilhabe am allgemeinen Arbeitsmarkt außerhalb eines Inklusionsbetriebes erschwert oder verhindert,
2. schwerbehinderte Menschen, die nach zielgerichteter Vorbereitung in einer Werkstatt für behinderte Menschen oder in einer psychiatrischen Einrichtung für den Übergang in einen Betrieb oder eine Dienststelle auf dem allgemeinen Arbeitsmarkt in Betracht kommen und auf diesen Übergang vorbereitet werden sollen,
3. schwerbehinderte Menschen nach Beendigung einer schulischen Bildung, die nur dann Aussicht auf eine Beschäftigung auf dem allgemeinen Arbeitsmarkt haben, wenn sie zuvor in einem Inklusionsbetrieb an berufsvorbereitenden Bildungsmaßnahmen teilnehmen und dort beschäftigt und weiterqualifiziert werden, sowie
4. schwerbehinderte Menschen, die langzeitarbeitslos im Sinne des § 18 des Dritten Buches sind.

(3) ¹Inklusionsbetriebe beschäftigen mindestens 30 Prozent schwerbehinderte Menschen im Sinne von Absatz 1. ²Der Anteil der schwerbehinderten Menschen soll in der Regel 50 Prozent nicht übersteigen.

(4) Auf die Quoten nach Absatz 3 wird auch die Anzahl der psychisch kranken beschäftigten Menschen angerechnet, die behindert oder von Behinderung bedroht sind und deren Teilhabe an einer sonstigen Beschäftigung auf dem allgemeinen Arbeitsmarkt auf Grund von Art oder Schwere der Behinderung oder wegen sonstiger Umstände auf besondere Schwierigkeiten stößt.

§ 216 Aufgaben

¹Die Inklusionsbetriebe bieten den schwerbehinderten Menschen Beschäftigung, Maßnahmen der betrieblichen Gesundheitsförderung und arbeitsbegleitende Betreuung an, soweit erforderlich auch Maßnahmen der beruflichen Weiterbildung oder Gelegenheit zur Teilnahme an entsprechenden außerbetrieblichen Maßnahmen und Unterstützung bei der Vermittlung in eine sonstige Beschäftigung in einem Betrieb oder einer Dienststelle auf dem allgemeinen Arbeitsmarkt sowie geeignete Maßnahmen zur Vorbereitung auf eine Beschäftigung in einem Inklusionsbetrieb. ²Satz 1 gilt entsprechend für psychisch kranke Menschen im Sinne des § 215 Absatz 4.

§ 217 Finanzielle Leistungen

(1) Inklusionsbetriebe können aus Mitteln der Ausgleichsabgabe Leistungen für Aufbau, Erweiterung, Modernisierung und Ausstattung einschließlich einer betriebswirtschaftlichen Beratung und für besonderen Aufwand erhalten.

(2) Die Finanzierung von Leistungen nach § 216 Satz 2 erfolgt durch den zuständigen Rehabilitationsträger.

§ 218 Verordnungsermächtigung

Das Bundesministerium für Arbeit und Soziales wird ermächtigt, durch Rechtsverordnung mit Zustimmung des Bundesrates das Nähere über den Begriff und die Aufgaben der Inklusionsbetriebe, die für sie geltenden fachlichen Anforderungen, die Aufnahmevoraussetzungen und die finanziellen Leistungen zu regeln.

Kapitel 12
Werkstätten für behinderte Menschen

§ 219 Begriff und Aufgaben der Werkstatt für behinderte Menschen

(1) ¹Die Werkstatt für behinderte Menschen ist eine Einrichtung zur Teilhabe behinderter Menschen am Arbeitsleben im Sinne des Kapitels 10 des Teils 1 und zur Eingliederung in das Arbeitsleben. ²Sie hat denjenigen behinderten Menschen, die wegen Art oder Schwere der Behinderung nicht, noch nicht oder noch nicht wieder auf dem allgemeinen Arbeitsmarkt beschäftigt werden können,
1. eine angemessene berufliche Bildung und eine Beschäftigung zu einem ihrer Leistung angemessenen Arbeitsentgelt aus dem Arbeitsergebnis anzubieten und
2. zu ermöglichen, ihre Leistungs- oder Erwerbsfähigkeit zu erhalten, zu entwickeln, zu erhöhen oder wiederzugewinnen und dabei ihre Persönlichkeit weiterzuentwickeln.

³Sie fördert den Übergang geeigneter Personen auf den allgemeinen Arbeitsmarkt durch geeignete Maßnahmen. ⁴Sie verfügt über ein möglichst breites Angebot an Berufsbildungs- und Arbeitsplätzen sowie über qualifiziertes Personal und einen begleitenden Dienst. ⁵Zum Angebot an Berufsbildungs- und Arbeitsplätzen gehören ausgelagerte Plätze auf dem allgemeinen Arbeitsmarkt. ⁶Die ausgelagerten Arbeitsplätze werden zum Zwecke des Übergangs und als dauerhaft ausgelagerte Plätze angeboten.

(2) ¹Die Werkstatt steht allen behinderten Menschen im Sinne des Absatzes 1 unabhängig von Art oder Schwere der Behinderung offen, sofern erwartet werden kann, dass sie spätestens nach Teilnahme an Maßnahmen im Berufsbildungsbereich wenigstens ein Mindestmaß wirtschaftlich verwertbarer Arbeitsleistung erbringen werden. ²Dies ist nicht der Fall bei behinderten Menschen, bei denen trotz einer der Behinderung angemessenen Betreuung eine erhebliche Selbst- oder Fremdgefährdung zu erwarten ist oder das Ausmaß der erforderlichen Betreuung und Pflege die Teilnahme an Maßnahmen im Berufsbildungsbereich oder sonstige Umstände ein Mindestmaß wirtschaftlich verwertbarer Arbeitsleistung im Arbeitsbereich dauerhaft nicht zulassen.

(3) ¹Behinderte Menschen, die die Voraussetzungen für eine Beschäftigung in einer Werkstatt nicht erfüllen, sollen in Einrichtungen oder Gruppen betreut und gefördert werden, die der Werkstatt angegliedert sind. ²Die Betreuung und Förderung kann auch gemeinsam mit den Werkstattbeschäftigten in der Werkstatt erfolgen. ³Die Betreuung und Förderung soll auch Angebote zur Orientierung auf Beschäftigung enthalten.

§ 220 Aufnahme in die Werkstätten für behinderte Menschen

(1) ¹Anerkannte Werkstätten nehmen diejenigen behinderten Menschen aus ihrem Einzugsgebiet auf, die die Aufnahmevoraussetzungen gemäß § 219 Absatz 2 erfüllen, wenn Leistungen durch die Rehabilitationsträger gewährleistet sind; die Möglichkeit zur Aufnahme in eine andere anerkannte Werkstatt nach Maßgabe des § 104 oder entsprechender Regelungen bleibt unberührt. ²Die Aufnahme erfolgt unabhängig von
1. der Ursache der Behinderung,
2. der Art der Behinderung, wenn in dem Einzugsgebiet keine besondere Werkstatt für behinderte Menschen für diese Behinderungsart vorhanden ist, oder
3. der Schwere der Behinderung, der Minderung der Leistungsfähigkeit und einem besonderen Bedarf an Förderung, begleitender Betreuung oder Pflege.

(2) Behinderte Menschen werden in der Werkstatt beschäftigt, solange die Aufnahmevoraussetzungen nach Absatz 1 vorliegen.

(3) Leistungsberechtigte Menschen mit Behinderungen, die aus einer Werkstatt für behinderte Menschen auf den allgemeinen Arbeitsmarkt übergegangen sind oder bei einem anderen Leistungsanbieter oder mit Hilfe des Budgets für Arbeit oder des Budgets für Ausbildung am Arbeitsleben teilnehmen, haben einen Anspruch auf Aufnahme in eine Werkstatt für behinderte Menschen.

§ 221 Rechtsstellung und Arbeitsentgelt behinderter Menschen

(1) Behinderte Menschen im Arbeitsbereich anerkannter Werkstätten stehen, wenn sie nicht Arbeitnehmer sind, zu den Werkstätten in einem arbeitnehmerähnlichen Rechtsverhältnis, soweit sich aus dem zugrunde liegenden Sozialleistungsverhältnis nichts anderes ergibt.

(2) ¹Die Werkstätten zahlen aus ihrem Arbeitsergebnis an die im Arbeitsbereich beschäftigten behinderten Menschen ein Arbeitsentgelt, das sich aus einem Grundbetrag in Höhe des Ausbildungsgeldes, das die Bundesagentur für Arbeit nach den für sie geltenden Vorschriften behinderten Menschen im Berufsbildungsbereich leistet, und einem leistungsangemessenen Steigerungsbetrag zusammensetzt.

²Der Steigerungsbetrag bemisst sich nach der individuellen Arbeitsleistung der behinderten Menschen, insbesondere unter Berücksichtigung von Arbeitsmenge und Arbeitsgüte.
(3) Der Inhalt des arbeitnehmerähnlichen Rechtsverhältnisses wird unter Berücksichtigung des zwischen den behinderten Menschen und dem Rehabilitationsträger bestehenden Sozialleistungsverhältnisses durch Werkstattverträge zwischen den behinderten Menschen und dem Träger der Werkstatt näher geregelt.
(4) Hinsichtlich der Rechtsstellung der Teilnehmer an Maßnahmen im Eingangsverfahren und im Berufsbildungsbereich gilt § 52 entsprechend.
(5) Ist ein volljähriger behinderter Mensch gemäß Absatz 1 in den Arbeitsbereich einer anerkannten Werkstatt für behinderte Menschen im Sinne des § 219 aufgenommen worden und war er zu diesem Zeitpunkt geschäftsunfähig, so gilt der von ihm geschlossene Werkstattvertrag in Ansehung einer bereits bewirkten Leistung und deren Gegenleistung, soweit diese in einem angemessenen Verhältnis zueinander stehen, als wirksam.
(6) War der volljährige behinderte Mensch bei Abschluss eines Werkstattvertrages geschäftsunfähig, so kann der Träger einer Werkstatt das Werkstattverhältnis nur unter den Voraussetzungen für gelöst erklären, unter denen ein wirksamer Vertrag seitens des Trägers einer Werkstatt gekündigt werden kann.
(7) Die Lösungserklärung durch den Träger einer Werkstatt bedarf der schriftlichen Form und ist zu begründen.

§ 222 Mitbestimmung, Mitwirkung, Frauenbeauftragte

(1) ¹Die in § 221 Absatz 1 genannten behinderten Menschen bestimmen und wirken unabhängig von ihrer Geschäftsfähigkeit durch Werkstatträte in den ihre Interessen berührenden Angelegenheiten der Werkstatt mit. ²Die Werkstatträte berücksichtigen die Interessen der im Eingangsverfahren und im Berufsbildungsbereich der Werkstätten tätigen behinderten Menschen in angemessener und geeigneter Weise, solange für diese eine Vertretung nach § 52 nicht besteht.
(2) Ein Werkstattrat wird in Werkstätten gewählt; er setzt sich aus mindestens drei Mitgliedern zusammen.
(3) Wahlberechtigt zum Werkstattrat sind alle in § 221 Absatz 1 genannten behinderten Menschen; von ihnen sind die behinderten Menschen wählbar, die am Wahltag seit mindestens sechs Monaten in der Werkstatt beschäftigt sind.
(4) ¹Die Werkstätten für behinderte Menschen unterrichten die Personen, die behinderte Menschen gesetzlich vertreten oder mit ihrer Betreuung beauftragt sind, einmal im Kalenderjahr in einer Eltern- und Betreuerversammlung in angemessener Weise über die Angelegenheiten der Werkstatt, auf die sich die Mitwirkung erstreckt, und hören sie dazu an. ²In den Werkstätten kann im Einvernehmen mit dem Träger der Werkstatt ein Eltern- und Betreuerbeirat errichtet werden, der die Werkstatt und den Werkstattrat bei ihrer Arbeit berät und durch Vorschläge und Stellungnahmen unterstützt.
(5) ¹Behinderte Frauen im Sinne des § 221 Absatz 1 wählen in jeder Werkstatt eine Frauenbeauftragte und eine Stellvertreterin. ²In Werkstätten mit mehr als 700 wahlberechtigten Frauen wird eine zweite Stellvertreterin gewählt, in Werkstätten mit mehr als 1000 wahlberechtigten Frauen werden bis zu drei Stellvertreterinnen gewählt.

§ 223 Anrechnung von Aufträgen auf die Ausgleichsabgabe

(1) ¹Arbeitgeber, die durch Aufträge an anerkannte Werkstätten für behinderte Menschen zur Beschäftigung behinderter Menschen beitragen, können 50 Prozent des auf die Arbeitsleistung der Werkstatt entfallenden Rechnungsbetrages solcher Aufträge (Gesamtrechnungsbetrag abzüglich Materialkosten) auf die Ausgleichsabgabe anrechnen. ²Dabei wird die Arbeitsleistung des Fachpersonals zur Arbeits- und Berufsförderung berücksichtigt, nicht hingegen die Arbeitsleistung sonstiger nichtbehinderter Arbeitnehmerinnen und Arbeitnehmer. ³Bei Weiterveräußerung von Erzeugnissen anderer anerkannter Werkstätten für behinderte Menschen wird die von diesen erbrachte Arbeitsleistung berücksichtigt. ⁴Die Werkstätten bestätigen das Vorliegen der Anrechnungsvoraussetzungen in der Rechnung.
(2) Voraussetzung für die Anrechnung ist, dass
1. die Aufträge innerhalb des Jahres, in dem die Verpflichtung zur Zahlung der Ausgleichsabgabe entsteht, von der Werkstatt für behinderte Menschen ausgeführt und vom Auftraggeber bis spätestens 31. März des Folgejahres vergütet werden und
2. es sich nicht um Aufträge handelt, die Träger einer Gesamteinrichtung an Werkstätten für behinderte Menschen vergeben, die rechtlich unselbständige Teile dieser Einrichtung sind.

(3) Bei der Vergabe von Aufträgen an Zusammenschlüsse anerkannter Werkstätten für behinderte Menschen gilt Absatz 2 entsprechend.

§ 224 Vergabe von Aufträgen durch die öffentliche Hand

(1) ¹Aufträge der öffentlichen Hand, die von anerkannten Werkstätten für behinderte Menschen ausgeführt werden können, werden bevorzugt diesen Werkstätten angeboten; zudem können Werkstätten für behinderte Menschen nach Maßgabe der allgemeinen Verwaltungsvorschriften nach Satz 2 beim Zuschlag und den Zuschlagskriterien bevorzugt werden. ²Die Bundesregierung erlässt mit Zustimmung des Bundesrates allgemeine Verwaltungsvorschriften zur Vergabe von Aufträgen durch die öffentliche Hand.
(2) Absatz 1 gilt auch für Inklusionsbetriebe.

§ 225 Anerkennungsverfahren

¹Werkstätten für behinderte Menschen, die eine Vergünstigung im Sinne dieses Kapitels in Anspruch nehmen wollen, bedürfen der Anerkennung. ²Die Entscheidung über die Anerkennung trifft auf Antrag die Bundesagentur für Arbeit im Einvernehmen mit dem Träger der Eingliederungshilfe. ³Die Bundesagentur für Arbeit führt ein Verzeichnis der anerkannten Werkstätten für behinderte Menschen. ⁴In dieses Verzeichnis werden auch Zusammenschlüsse anerkannter Werkstätten für behinderte Menschen aufgenommen.

§ 226 Blindenwerkstätten

Die §§ 223 und 224 sind auch zugunsten von auf Grund des Blindenwarenvertriebsgesetzes anerkannten Blindenwerkstätten anzuwenden.

§ 227 Verordnungsermächtigungen

(1) Die Bundesregierung bestimmt durch Rechtsverordnung mit Zustimmung des Bundesrates das Nähere über den Begriff und die Aufgaben der Werkstatt für behinderte Menschen, die Aufnahmevoraussetzungen, die fachlichen Anforderungen, insbesondere hinsichtlich der Wirtschaftsführung, sowie des Begriffs und der Verwendung des Arbeitsergebnisses sowie das Verfahren zur Anerkennung als Werkstatt für behinderte Menschen.
(2) ¹Das Bundesministerium für Arbeit und Soziales bestimmt durch Rechtsverordnung mit Zustimmung des Bundesrates im Einzelnen die Errichtung, Zusammensetzung und Aufgaben des Werkstattrats, die Fragen, auf die sich Mitbestimmung und Mitwirkung erstrecken, einschließlich Art und Umfang der Mitbestimmung und Mitwirkung, die Vorbereitung und Durchführung der Wahl, einschließlich der Wahlberechtigung und der Wählbarkeit, die Amtszeit sowie die Geschäftsführung des Werkstattrats einschließlich des Erlasses einer Geschäftsordnung und der persönlichen Rechte und Pflichten der Mitglieder des Werkstattrats und der Kostentragung. ²In der Rechtsverordnung werden auch Art und Umfang der Beteiligung von Frauenbeauftragten, die Vorbereitung und Durchführung der Wahl einschließlich der Wahlberechtigung und der Wählbarkeit, die Amtszeit, die persönlichen Rechte und Pflichten der Frauenbeauftragten und ihrer Stellvertreterinnen sowie die Kostentragung geregelt. ³Die Rechtsverordnung kann darüber hinaus bestimmen, dass die in ihr getroffenen Regelungen keine Anwendung auf Religionsgemeinschaften und ihre Einrichtungen finden, soweit sie eigene gleichwertige Regelungen getroffen haben.

Kapitel 13
Unentgeltliche Beförderung schwerbehinderter Menschen im öffentlichen Personenverkehr

§ 228 Unentgeltliche Beförderung, Anspruch auf Erstattung der Fahrgeldausfälle

(1) ¹Schwerbehinderte Menschen, die infolge ihrer Behinderung in ihrer Bewegungsfähigkeit im Straßenverkehr erheblich beeinträchtigt oder hilflos oder gehörlos sind, werden von Unternehmern, die öffentlichen Personenverkehr betreiben, gegen Vorzeigen eines entsprechend gekennzeichneten Ausweises nach § 152 Absatz 5 im Nahverkehr im Sinne des § 230 Absatz 1 unentgeltlich befördert; die unentgeltliche Beförderung verpflichtet zur Zahlung eines tarifmäßigen Zuschlages bei der Benutzung zuschlagpflichtiger Züge des Nahverkehrs. ²Voraussetzung ist, dass der Ausweis mit einer gültigen Wertmarke versehen ist.
(2) ¹Die Wertmarke wird gegen Entrichtung eines Betrages von 80 Euro für ein Jahr oder 40 Euro für ein halbes Jahr ausgegeben. ²Der Betrag erhöht sich in entsprechender Anwendung des § 160 Absatz 3 jeweils zu dem Zeitpunkt, zu dem die nächste Neubestimmung der Beträge der Ausgleichsabgabe erfolgt. ³Liegt dieser Zeitpunkt innerhalb der Gültigkeitsdauer einer bereits ausgegebenen Wertmarke, ist der höhere Betrag erst im Zusammenhang mit der Ausgabe der darauffolgenden Wertmarke zu ent-

richten. ⁴Abweichend von § 160 Absatz 3 Satz 4 sind die sich ergebenden Beträge auf den nächsten vollen Eurobetrag aufzurunden. ⁵Das Bundesministerium für Arbeit und Soziales gibt den Erhöhungsbetrag und die sich nach entsprechender Anwendung des § 160 Absatz 3 Satz 3 ergebenden Beträge im Bundesanzeiger bekannt.

(3) ¹Wird die für ein Jahr ausgegebene Wertmarke vor Ablauf eines halben Jahres ihrer Gültigkeitsdauer zurückgegeben, wird auf Antrag die Hälfte der Gebühr erstattet. ²Entsprechendes gilt für den Fall, dass der schwerbehinderte Mensch vor Ablauf eines halben Jahres der Gültigkeitsdauer der für ein Jahr ausgegebenen Wertmarke verstirbt.

(4) Auf Antrag wird eine für ein Jahr gültige Wertmarke, ohne dass der Betrag nach Absatz 2 in seiner jeweiligen Höhe zu entrichten ist, an schwerbehinderte Menschen ausgegeben,
1. die blind im Sinne des § 72 Absatz 5 des Zwölften Buches oder entsprechender Vorschriften oder hilflos im Sinne des § 33b des Einkommensteuergesetzes oder entsprechender Vorschriften sind oder
2. die Leistungen zur Sicherung des Lebensunterhalts nach dem Zweiten Buch oder für den Lebensunterhalt laufende Leistungen nach dem Dritten und Vierten Kapitel des Zwölften Buches, dem Achten Buch oder den §§ 27a und 27d des Bundesversorgungsgesetzes erhalten oder
3. die am 1. Oktober 1979 die Voraussetzungen nach § 2 Absatz 1 Nummer 1 bis 4 und Absatz 3 des Gesetzes über die unentgeltliche Beförderung von Kriegs- und Wehrdienstbeschädigten sowie von anderen Behinderten im Nahverkehr vom 27. August 1965 (BGBl. I S. 978), das zuletzt durch Artikel 41 des Zuständigkeitsanpassungs-Gesetzes vom 18. März 1975 (BGBl. I S. 705) geändert worden ist, erfüllten, solange ein Grad der Schädigungsfolgen von mindestens 70 festgestellt ist oder von mindestens 50 festgestellt ist und sie infolge der Schädigung erheblich gehbehindert sind; das Gleiche gilt für schwerbehinderte Menschen, die diese Voraussetzungen am 1. Oktober 1979 nur deshalb nicht erfüllt haben, weil sie ihren Wohnsitz oder ihren gewöhnlichen Aufenthalt zu diesem Zeitpunkt in dem in Artikel 3 des Einigungsvertrages genannten Gebiet hatten.

(5) ¹Die Wertmarke wird nicht ausgegeben, solange eine Kraftfahrzeugsteuerermäßigung nach § 3a Absatz 2 des Kraftfahrzeugsteuergesetzes in Anspruch genommen wird. ²Die Ausgabe der Wertmarken erfolgt auf Antrag durch die nach § 152 Absatz 5 zuständigen Behörden. ³Die Landesregierung oder die von ihr bestimmte Stelle kann die Aufgaben nach den Absätzen 2 bis 4 ganz oder teilweise auf andere Behörden übertragen. ⁴Für Streitigkeiten in Zusammenhang mit der Ausgabe der Wertmarke gilt § 51 Absatz 1 Nummer 7 des Sozialgerichtsgesetzes entsprechend.

(6) Absatz 1 gilt im Nah- und Fernverkehr im Sinne des § 230, ohne dass die Voraussetzung des Absatzes 1 Satz 2 erfüllt sein muss, für die Beförderung
1. einer Begleitperson eines schwerbehinderten Menschen im Sinne des Absatzes 1, wenn die Berechtigung zur Mitnahme einer Begleitperson nachgewiesen und dies im Ausweis des schwerbehinderten Menschen eingetragen ist, und
2. des Handgepäcks, eines mitgeführten Krankenfahrstuhles, soweit die Beschaffenheit des Verkehrsmittels dies zulässt, sonstiger orthopädischer Hilfsmittel und eines Führhundes; das Gleiche gilt für einen Hund, den ein schwerbehinderter Mensch mitführt, in dessen Ausweis die Berechtigung zur Mitnahme einer Begleitperson nachgewiesen ist, sowie für einen nach § 12e Absatz 4 des Behindertengleichstellungsgesetzes gekennzeichneten Assistenzhund.

(7) ¹Die durch die unentgeltliche Beförderung nach den Absätzen 1 bis 6 entstehenden Fahrgeldausfälle werden nach Maßgabe der §§ 231 bis 233 erstattet. ²Die Erstattungen sind aus dem Anwendungsbereich der Verordnung (EG) Nr. 1370/2007 des Europäischen Parlaments und des Rates vom 23. Oktober 2007 über öffentliche Personenverkehrsdienste auf Schiene und Straße und zur Aufhebung der Verordnungen (EWG) Nr. 1191/69 und (EWG) Nr. 1107/70 des Rates (ABl. L 315 vom 3. 12. 2007, S. 1) ausgenommen.

§ 229 Persönliche Voraussetzungen

(1) ¹In seiner Bewegungsfähigkeit im Straßenverkehr erheblich beeinträchtigt ist, wer infolge einer Einschränkung des Gehvermögens (auch durch innere Leiden oder infolge von Anfällen oder von Störungen der Orientierungsfähigkeit) nicht ohne erhebliche Schwierigkeiten oder nicht ohne Gefahren für sich oder andere Wegstrecken im Ortsverkehr zurückzulegen vermag, die üblicherweise noch zu Fuß zurückgelegt werden. ²Der Nachweis der erheblichen Beeinträchtigung in der Bewegungsfähigkeit im Straßenverkehr kann bei schwerbehinderten Menschen mit einem Grad der Behinderung von wenigstens 80 nur mit einem Ausweis mit halbseitigem orangefarbenem Flächenaufdruck und eingetragenen Merkzeichen „G" geführt werden, dessen Gültigkeit frühestens mit dem 1. April 1984 beginnt, oder auf dem ein entsprechender Änderungsvermerk eingetragen ist.

(2) ¹Zur Mitnahme einer Begleitperson sind schwerbehinderte Menschen berechtigt, die bei der Benutzung von öffentlichen Verkehrsmitteln infolge ihrer Behinderung regelmäßig auf Hilfe angewiesen sind. ²Die Feststellung bedeutet nicht, dass die schwerbehinderte Person, wenn sie nicht in Begleitung ist, eine Gefahr für sich oder für andere darstellt.

(3) ¹Schwerbehinderte Menschen mit außergewöhnlicher Gehbehinderung sind Personen mit einer erheblichen mobilitätsbezogenen Teilhabebeeinträchtigung, die einem Grad der Behinderung von mindestens 80 entspricht. ²Eine erhebliche mobilitätsbezogene Teilhabebeeinträchtigung liegt vor, wenn sich die schwerbehinderten Menschen wegen der Schwere ihrer Beeinträchtigung dauernd nur mit fremder Hilfe oder mit großer Anstrengung außerhalb ihres Kraftfahrzeuges bewegen können. ³Hierzu zählen insbesondere schwerbehinderte Menschen, die auf Grund der Beeinträchtigung der Gehfähigkeit und Fortbewegung – dauerhaft auch für sehr kurze Entfernungen – aus medizinischer Notwendigkeit auf die Verwendung eines Rollstuhls angewiesen sind. ⁴Verschiedenste Gesundheitsstörungen (insbesondere Störungen bewegungsbezogener, neuromuskulärer oder mentaler Funktionen, Störungen des kardiovaskulären oder Atmungssystems) können die Gehfähigkeit erheblich beeinträchtigen. ⁵Diese sind als außergewöhnliche Gehbehinderung anzusehen, wenn nach versorgungsärztlicher Feststellung die Auswirkung der Gesundheitsstörungen sowie deren Kombination auf die Gehfähigkeit dauerhaft so schwer ist, dass sie der unter Satz 1 genannten Beeinträchtigung gleich kommt.

§ 230 Nah- und Fernverkehr

(1) Nahverkehr im Sinne dieses Gesetzes ist der öffentliche Personenverkehr mit
1. Straßenbahnen und Obussen im Sinne des Personenbeförderungsgesetzes,
2. Kraftfahrzeugen im Linienverkehr nach den §§ 42 und 43 des Personenbeförderungsgesetzes auf Linien, bei denen der Mehrzahl der Beförderungen eine Strecke von 50 Kilometern nicht übersteigt, es sei denn, dass bei den Verkehrsformen nach § 43 des Personenbeförderungsgesetzes die Genehmigungsbehörde auf die Einhaltung der Vorschriften über die Beförderungsentgelte gemäß § 45 Absatz 3 des Personenbeförderungsgesetzes ganz oder teilweise verzichtet hat,
3. S-Bahnen in der 2. Wagenklasse,
4. Eisenbahnen in der 2. Wagenklasse in Zügen und auf Strecken und Streckenabschnitten, die in ein von mehreren Unternehmern gebildetes, mit den unter Nummer 1, 2 oder 7 genannten Verkehrsmitteln zusammenhängendes Liniennetz mit einheitlichen oder verbundenen Beförderungsentgelten einbezogen sind,
5. Eisenbahnen des Bundes in der 2. Wagenklasse in Zügen, die überwiegend dazu bestimmt sind, die Verkehrsnachfrage im Nahverkehr zu befriedigen (Züge des Nahverkehrs),
6. sonstigen Eisenbahnen des öffentlichen Verkehrs im Sinne von § 2 Absatz 1 und § 3 Absatz 1 des Allgemeinen Eisenbahngesetzes in der 2. Wagenklasse auf Strecken, bei denen die Mehrzahl der Beförderungen eine Strecke von 50 Kilometern nicht überschreitet,
7. Wasserfahrzeugen im Linien-, Fähr- und Übersetzverkehr, wenn dieser der Beförderung von Personen im Orts- und Nachbarschaftsbereich dient und Ausgangs- und Endpunkt innerhalb dieses Bereiches liegen; Nachbarschaftsbereich ist der Raum zwischen benachbarten Gemeinden, die, ohne unmittelbar aneinander grenzen zu müssen, durch einen stetigen, mehr als einmal am Tag durchgeführten Verkehr wirtschaftlich und verkehrsmäßig verbunden sind.

(2) Fernverkehr im Sinne dieses Gesetzes ist der öffentliche Personenverkehr mit
1. Kraftfahrzeugen im Linienverkehr nach § 42a Satz 1 des Personenbeförderungsgesetzes,
2. Eisenbahnen, ausgenommen der Sonderzugverkehr,
3. Wasserfahrzeugen im Fähr- und Übersetzverkehr, sofern keine Häfen außerhalb des Geltungsbereiches dieses Buches angelaufen werden, soweit der Verkehr nicht Nahverkehr im Sinne des Absatzes 1 ist.

(3) Die Unternehmer, die öffentlichen Personenverkehr betreiben, weisen im öffentlichen Personenverkehr nach Absatz 1 Nummer 2, 5, 6 und 7 im Fahrplan besonders darauf hin, inwieweit eine Pflicht zur unentgeltlichen Beförderung nach § 228 Absatz 1 nicht besteht.

§ 231 Erstattung der Fahrgeldausfälle im Nahverkehr

(1) Die Fahrgeldausfälle im Nahverkehr werden nach einem Prozentsatz der von den Unternehmern oder den Nahverkehrsorganisationen im Sinne des § 233 Absatz 2 nachgewiesenen Fahrgeldeinnahmen im Nahverkehr erstattet.

(2) ¹Fahrgeldeinnahmen im Sinne dieses Kapitels sind alle Erträge aus dem Fahrkartenverkauf. ²Sie umfassen auch Erträge aus der Beförderung von Handgepäck, Krankenfahrstühlen, sonstigen orthopädischen Hilfsmitteln, Tieren sowie aus erhöhten Beförderungsentgelten.

(3) Werden in einem von mehreren Unternehmern gebildeten zusammenhängenden Liniennetz mit einheitlichen oder verbundenen Beförderungsentgelten die Erträge aus dem Fahrkartenverkauf zusammengefasst und dem einzelnen Unternehmer anteilmäßig nach einem vereinbarten Verteilungsschlüssel zugewiesen, so ist der zugewiesene Anteil Ertrag im Sinne des Absatzes 2.

(4) ¹Der Prozentsatz im Sinne des Absatzes 1 wird für jedes Land von der Landesregierung oder der von ihr bestimmten Behörde für jeweils ein Jahr bekannt gemacht. ²Bei der Berechnung des Prozentsatzes ist von folgenden Zahlen auszugehen:
1. der Zahl der in dem Land in dem betreffenden Kalenderjahr ausgegebenen Wertmarken und der Hälfte der in dem Land am Jahresende in Umlauf befindlichen gültigen Ausweise im Sinne des § 228 Absatz 1 von schwerbehinderten Menschen, die das sechste Lebensjahr vollendet haben und bei denen die Berechtigung zur Mitnahme einer Begleitperson im Ausweis eingetragen ist; Wertmarken mit einer Gültigkeitsdauer von einem halben Jahr und Wertmarken für ein Jahr, die vor Ablauf eines halben Jahres ihrer Gültigkeitsdauer zurückgegeben werden, werden zur Hälfte gezählt,
2. der in den jährlichen Veröffentlichungen des Statistischen Bundesamtes zum Ende des Vorjahres nachgewiesenen Zahl der Wohnbevölkerung in dem Land abzüglich der Zahl der Kinder, die das sechste Lebensjahr noch nicht vollendet haben, und der Zahlen nach Nummer 1.

³Der Prozentsatz ist nach folgender Formel zu berechnen:

$$\frac{\text{nach Nummer 1 errechnete Zahl}}{\text{nach Nummer 2 errechnete Zahl}} \times 100$$

⁴Bei der Festsetzung des Prozentsatzes sich ergebende Bruchteile von 0,005 und mehr werden auf ganze Hundertstel aufgerundet, im Übrigen abgerundet.

(5) ¹Weist ein Unternehmen durch Verkehrszählung nach, dass das Verhältnis zwischen den nach diesem Kapitel unentgeltlich beförderten Fahrgästen und den sonstigen Fahrgästen den nach Absatz 4 festgesetzten Prozentsatz um mindestens ein Drittel übersteigt, wird neben dem sich aus der Berechnung nach Absatz 4 ergebenden Erstattungsbetrag auf Antrag der nachgewiesene, über dem Drittel liegende Anteil erstattet. ²Die Länder können durch Rechtsverordnung bestimmen, dass die Verkehrszählung durch Dritte auf Kosten des Unternehmens zu erfolgen hat.

(6) Absatz 5 gilt nicht in Fällen des § 233 Absatz 2.

§ 232 Erstattung der Fahrgeldausfälle im Fernverkehr

(1) Die Fahrgeldausfälle im Fernverkehr werden nach einem Prozentsatz der von den Unternehmern nachgewiesenen Fahrgeldeinnahmen im Fernverkehr erstattet.

(2) ¹Der maßgebende Prozentsatz wird vom Bundesministerium für Arbeit und Soziales im Einvernehmen mit dem Bundesministerium der Finanzen und dem Bundesministerium für Verkehr und digitale Infrastruktur für jeweils zwei Jahre bekannt gemacht. ²Bei der Berechnung des Prozentsatzes ist von folgenden, für das letzte Jahr vor Beginn des Zweijahreszeitraumes vorliegenden Zahlen auszugehen:
1. der Zahl der im Geltungsbereich dieses Gesetzes am Jahresende in Umlauf befindlichen gültigen Ausweise nach § 228 Absatz 1, auf denen die Berechtigung zur Mitnahme einer Begleitperson eingetragen ist, abzüglich 25 Prozent,
2. der in den jährlichen Veröffentlichungen des Statistischen Bundesamtes zum Jahresende nachgewiesenen Zahl der Wohnbevölkerung im Geltungsbereich dieses Gesetzes abzüglich der Zahl der Kinder, die das vierte Lebensjahr noch nicht vollendet haben, und der nach Nummer 1 ermittelten Zahl.

³Der Prozentsatz ist nach folgender Formel zu errechnen:

$$\frac{\text{nach Nummer 1 errechnete Zahl}}{\text{nach Nummer 2 errechnete Zahl}} \times 100$$

⁴§ 231 Absatz 4 letzter Satz gilt entsprechend.

§ 233 Erstattungsverfahren

(1) ¹Die Fahrgeldausfälle werden auf Antrag des Unternehmers erstattet. ²Bei einem von mehreren Unternehmern gebildeten zusammenhängenden Liniennetz mit einheitlichen oder verbundenen Beförderungsentgelten können die Anträge auch von einer Gemeinschaftseinrichtung dieser Unternehmer für ihre Mitglieder gestellt werden. ³Der Antrag ist innerhalb von drei Jahren nach Ablauf des Abrech-

nungsjahres zu stellen, und zwar für den Nahverkehr nach § 234 Satz 1 Nummer 1 und für den Fernverkehr an das Bundesverwaltungsamt, für den übrigen Nahverkehr bei den in Absatz 4 bestimmten Behörden.
(2) Haben sich in einem Bundesland mehrere Aufgabenträger des öffentlichen Personennahverkehrs auf lokaler oder regionaler Ebene zu Verkehrsverbünden zusammengeschlossen und erhalten die im Zuständigkeitsbereich dieser Aufgabenträger öffentlichen Personennahverkehr betreibenden Verkehrsunternehmen für ihre Leistungen ein mit diesen Aufgabenträgern vereinbartes Entgelt (Bruttoprinzip), können anstelle der antrags- und erstattungsberechtigten Verkehrsunternehmen auch die Nahverkehrsorganisationen Antrag auf Erstattung der in ihrem jeweiligen Gebiet entstandenen Fahrgeldausfälle stellen, sofern die Verkehrsunternehmen hierzu ihr Einvernehmen erteilt haben.
(3) [1]Die Unternehmer oder die Nahverkehrsorganisationen im Sinne des Absatzes 2 erhalten auf Antrag Vorauszahlungen für das laufende Kalenderjahr in Höhe von insgesamt 80 Prozent des zuletzt für ein Jahr festgesetzten Erstattungsbetrages. [2]Die Vorauszahlungen werden je zur Hälfte am 15. Juli und am 15. November gezahlt. [3]Der Antrag auf Vorauszahlungen gilt zugleich als Antrag im Sinne des Absatzes 1. [4]Die Vorauszahlungen sind zurückzuzahlen, wenn Unterlagen, die für die Berechnung der Erstattung erforderlich sind, nicht bis zum 31. Dezember des dritten auf die Vorauszahlung folgenden Kalenderjahres vorgelegt sind. [5]In begründeten Ausnahmefällen kann die Rückforderung der Vorauszahlungen ausgesetzt werden.
(4) [1]Die Landesregierung oder die von ihr bestimmte Stelle legt die Behörden fest, die über die Anträge auf Erstattung und Vorauszahlung entscheiden und die auf den Bund und das Land entfallenden Beträge auszahlen. [2]§ 11 Absatz 2 bis 4 des Personenbeförderungsgesetzes gilt entsprechend.
(5) Erstreckt sich der Nahverkehr auf das Gebiet mehrerer Länder, entscheiden die nach Landesrecht zuständigen Landesbehörden dieser Länder darüber, welcher Teil der Fahrgeldeinnahmen jeweils auf den Bereich ihres Landes entfällt.
(6) Die Unternehmen im Sinne des § 234 Satz 1 Nummer 1 legen ihren Anträgen an das Bundesverwaltungsamt den Anteil der nachgewiesenen Fahrgeldeinnahmen im Nahverkehr zugrunde, der auf den Bereich des jeweiligen Landes entfällt; für den Nahverkehr von Eisenbahnen des Bundes im Sinne des § 230 Absatz 1 Satz 1 Nummer 5 bestimmt sich dieser Teil nach dem Anteil der Zugkilometer, die von einer Eisenbahn des Bundes mit Zügen des Nahverkehrs im jeweiligen Land erbracht werden.
(7) [1]Hinsichtlich der Erstattungen gemäß § 231 für den Nahverkehr nach § 234 Satz 1 Nummer 1 und gemäß § 232 sowie der entsprechenden Vorauszahlungen nach Absatz 3 wird dieses Kapitel in bundeseigener Verwaltung ausgeführt. [2]Die Verwaltungsaufgaben des Bundes erledigt das Bundesverwaltungsamt nach fachlichen Weisungen des Bundesministeriums für Arbeit und Soziales in eigener Zuständigkeit.
(8) [1]Für das Erstattungsverfahren gelten das Verwaltungsverfahrensgesetz und die entsprechenden Gesetze der Länder. [2]Bei Streitigkeiten über die Erstattungen und die Vorauszahlungen ist der Verwaltungsrechtsweg gegeben.

§ 234 Kostentragung

[1]Der Bund trägt die Aufwendungen für die unentgeltliche Beförderung
1. im Nahverkehr, soweit Unternehmen, die sich überwiegend in der Hand des Bundes oder eines mehrheitlich dem Bund gehörenden Unternehmens befinden (auch in Verkehrsverbünden), erstattungsberechtigte Unternehmer sind sowie
2. im Fernverkehr für die Begleitperson und die mitgeführten Gegenstände im Sinne des § 228 Absatz 6.

[2]Die Länder tragen die Aufwendungen für die unentgeltliche Beförderung im übrigen Nahverkehr.

§ 235 Einnahmen aus Wertmarken

[1]Von den durch die Ausgabe der Wertmarken erzielten jährlichen Einnahmen erhält der Bund einen Anteil von 27 Prozent. [2]Dieser ist unter Berücksichtigung der in der Zeit vom 1. Januar bis 30. Juni eines Kalenderjahres eingegangenen Einnahmen zum 15. Juli und unter Berücksichtigung der vom 1. Juli bis 31. Dezember eines Kalenderjahres eingegangenen Einnahmen zum 15. Januar des darauffolgenden Kalenderjahres an den Bund abzuführen.

§ 236 Erfassung der Ausweise

[1]Die für die Ausstellung der Ausweise nach § 152 Absatz 5 zuständigen Behörden erfassen
1. die am Jahresende im Umlauf befindlichen gültigen Ausweise, getrennt nach Art und besonderen Eintragungen,

2. die im Kalenderjahr ausgegebenen Wertmarken, unterteilt nach der jeweiligen Gültigkeitsdauer und die daraus erzielten Einnahmen

als Grundlage für die nach § 231 Absatz 4 Satz 2 Nummer 1 und § 232 Absatz 2 Satz 2 Nummer 1 zu ermittelnde Zahl der Ausweise und Wertmarken. ²Die zuständigen obersten Landesbehörden teilen dem Bundesministerium für Arbeit und Soziales das Ergebnis der Erfassung nach Satz 1 spätestens bis zum 31. März des Jahres mit, in dem die Prozentsätze festzusetzen sind.

§ 237 Verordnungsermächtigungen

(1) Die Bundesregierung wird ermächtigt, in der Rechtsverordnung auf Grund des § 153 Absatz 1 nähere Vorschriften über die Gestaltung der Wertmarken, ihre Verbindung mit dem Ausweis und Vermerke über ihre Gültigkeitsdauer zu erlassen.

(2) Das Bundesministerium für Arbeit und Soziales und das Bundesministerium für Verkehr und digitale Infrastruktur werden ermächtigt, durch Rechtsverordnung festzulegen, welche Zuggattungen von Eisenbahnen des Bundes zu den Zügen des Nahverkehrs im Sinne des § 230 Absatz 1 Nummer 5 und zu den zuschlagpflichtigen Zügen des Nahverkehrs im Sinne des § 228 Absatz 1 Satz 1 zweiter Halbsatz zählen.

Kapitel 14
Straf-, Bußgeld- und Schlussvorschriften

§ 237a Strafvorschriften

(1) Mit Freiheitsstrafe bis zu zwei Jahren oder mit Geldstrafe wird bestraft, wer entgegen § 179 Absatz 7 Satz 1 Nummer 2, auch in Verbindung mit Satz 2 oder § 180 Absatz 7, ein Betriebs- oder Geschäftsgeheimnis verwertet.

(2) Die Tat wird nur auf Antrag verfolgt.

§ 237b Strafvorschriften

(1) Mit Freiheitsstrafe bis zu einem Jahr oder mit Geldstrafe wird bestraft, wer entgegen § 179 Absatz 7 Satz 1, auch in Verbindung mit Satz 2 oder § 180 Absatz 7, ein dort genanntes Geheimnis offenbart.

(2) Handelt der Täter gegen Entgelt oder in der Absicht, sich oder einen anderen zu bereichern oder einen anderen zu schädigen, so ist die Strafe Freiheitsstrafe bis zu zwei Jahren oder Geldstrafe.

(3) Die Tat wird nur auf Antrag verfolgt.

§ 238 Bußgeldvorschriften

(1) Ordnungswidrig handelt, wer vorsätzlich oder fahrlässig
1. entgegen § 154 Absatz 1 Satz 1, auch in Verbindung mit einer Rechtsverordnung nach § 162 Nummer 1, oder entgegen § 154 Absatz 1 Satz 3 einen schwerbehinderten Menschen nicht beschäftigt,
2. entgegen § 163 Absatz 1 ein Verzeichnis nicht, nicht richtig, nicht vollständig oder nicht in der vorgeschriebenen Weise führt oder nicht oder nicht rechtzeitig vorlegt,
3. entgegen § 163 Absatz 2 Satz 1 oder Absatz 4 eine Anzeige nicht, nicht richtig, nicht vollständig, nicht in der vorgeschriebenen Weise oder nicht rechtzeitig erstattet,
4. entgegen § 163 Absatz 5 eine Auskunft nicht, nicht richtig, nicht vollständig oder nicht rechtzeitig erteilt,
5. entgegen § 163 Absatz 7 Einblick in den Betrieb oder die Dienststelle nicht oder nicht rechtzeitig gibt,
6. entgegen § 163 Absatz 8 eine dort bezeichnete Person nicht oder nicht rechtzeitig benennt,
7. entgegen § 164 Absatz 1 Satz 4 oder 9 eine dort bezeichnete Vertretung oder einen Beteiligten nicht, nicht richtig, nicht vollständig oder nicht rechtzeitig unterrichtet oder
8. entgegen § 178 Absatz 2 Satz 1 erster Halbsatz die Schwerbehindertenvertretung nicht, nicht richtig, nicht vollständig oder nicht rechtzeitig unterrichtet oder nicht oder nicht rechtzeitig anhört.

(2) Die Ordnungswidrigkeit kann mit einer Geldbuße bis zu zehntausend Euro geahndet werden.

(3) Verwaltungsbehörde im Sinne des § 36 Absatz 1 Nummer 1 des Gesetzes über Ordnungswidrigkeiten ist die Bundesagentur für Arbeit.

(4) ¹Die Geldbußen fließen in die Kasse der Verwaltungsbehörde, die den Bußgeldbescheid erlassen hat. ²§ 66 des Zehnten Buches gilt entsprechend.

(5) ¹Die nach Absatz 4 Satz 1 zuständige Kasse trägt abweichend von § 105 Absatz 2 des Gesetzes über Ordnungswidrigkeiten die notwendigen Auslagen. ²Sie ist auch ersatzpflichtig im Sinne des § 110 Absatz 4 des Gesetzes über Ordnungswidrigkeiten.

§ 239 Stadtstaatenklausel

(1) ¹Der Senat der Freien und Hansestadt Hamburg wird ermächtigt, die Schwerbehindertenvertretung für Angelegenheiten, die mehrere oder alle Dienststellen betreffen, in der Weise zu regeln, dass die Schwerbehindertenvertretungen aller Dienststellen eine Gesamtschwerbehindertenvertretung wählen. ²Für die Wahl gilt § 177 Absatz 2, 3, 6 und 7 entsprechend.
(2) § 180 Absatz 6 Satz 1 gilt entsprechend.

§ 240 Sonderregelung für den Bundesnachrichtendienst und den Militärischen Abschirmdienst

(1) Für den Bundesnachrichtendienst gilt dieses Gesetz mit folgenden Abweichungen:
1. Der Bundesnachrichtendienst gilt vorbehaltlich der Nummer 3 als einheitliche Dienststelle.
2. Für den Bundesnachrichtendienst gelten die Pflichten zur Vorlage des nach § 163 Absatz 1 zu führenden Verzeichnisses, zur Anzeige nach § 163 Absatz 2 und zur Gewährung von Einblick nach § 163 Absatz 7 nicht. Die Anzeigepflicht nach § 173 Absatz 4 gilt nur für die Beendigung von Probearbeitsverhältnissen.
3. Als Dienststelle im Sinne des Kapitels 5 gelten auch Teile und Stellen des Bundesnachrichtendienstes, die nicht zu seiner Zentrale gehören. § 177 Absatz 1 Satz 4 und 5 sowie § 180 sind nicht anzuwenden. In den Fällen des § 180 Absatz 6 ist die Schwerbehindertenvertretung der Zentrale des Bundesnachrichtendienstes zuständig. Im Falle des § 177 Absatz 6 Satz 4 lädt der Leiter oder die Leiterin der Dienststelle ein. Die Schwerbehindertenvertretung ist in den Fällen nicht zu beteiligen, in denen die Beteiligung der Personalvertretung nach dem Bundespersonalvertretungsgesetz ausgeschlossen ist. Der Leiter oder die Leiterin des Bundesnachrichtendienstes kann anordnen, dass die Schwerbehindertenvertretung nicht zu beteiligen ist, Unterlagen nicht vorgelegt oder Auskünfte nicht erteilt werden dürfen, wenn und soweit dies aus besonderen nachrichtendienstlichen Gründen geboten ist. Die Rechte und Pflichten der Schwerbehindertenvertretung ruhen, wenn die Rechte und Pflichten der Personalvertretung ruhen. § 179 Absatz 7 Satz 3 ist nach Maßgabe der Sicherheitsbestimmungen des Bundesnachrichtendienstes anzuwenden. § 182 Absatz 2 gilt nur für die in § 182 Absatz 1 genannten Personen und Vertretungen der Zentrale des Bundesnachrichtendienstes.
4. Im Widerspruchsausschuss bei dem Integrationsamt (§ 202) und in den Widerspruchsausschüssen bei der Bundesagentur für Arbeit (§ 203) treten in Angelegenheiten schwerbehinderter Menschen, die beim Bundesnachrichtendienst beschäftigt sind, an die Stelle der Mitglieder, die Arbeitnehmer oder Arbeitnehmerinnen und Arbeitgeber sind (§ 202 Absatz 1 und § 203 Absatz 1), Angehörige des Bundesnachrichtendienstes, an die Stelle der Schwerbehindertenvertretung die Schwerbehindertenvertretung der Zentrale des Bundesnachrichtendienstes. Sie werden dem Integrationsamt und der Bundesagentur für Arbeit vom Leiter oder von der Leiterin des Bundesnachrichtendienstes benannt. Die Mitglieder der Ausschüsse müssen nach den dafür geltenden Bestimmungen ermächtigt sein, Kenntnis von Verschlusssachen des in Betracht kommenden Geheimhaltungsgrades zu erhalten.
5. Über Rechtsstreitigkeiten, die auf Grund dieses Buches im Geschäftsbereich des Bundesnachrichtendienstes entstehen, entscheidet im ersten und letzten Rechtszug der oberste Gerichtshof des zuständigen Gerichtszweiges.

(2) Der Militärische Abschirmdienst mit seinem Geschäftsbereich gilt als einheitliche Dienststelle.

§ 241 Übergangsregelung

(1) Abweichend von § 154 Absatz 1 beträgt die Pflichtquote für die in § 154 Absatz 2 Nummer 1 und 4 genannten öffentlichen Arbeitgeber des Bundes weiterhin 6 Prozent, wenn sie am 31. Oktober 1999 auf mindestens 6 Prozent der Arbeitsplätze schwerbehinderte Menschen beschäftigt hatten.
(2) Eine auf Grund des Schwerbehindertengesetzes getroffene bindende Feststellung über das Vorliegen einer Behinderung, eines Grades der Behinderung und das Vorliegen weiterer gesundheitlicher Merkmale gelten als Feststellungen nach diesem Buch.
(3) Die nach § 56 Absatz 2 des Schwerbehindertengesetzes erlassenen allgemeinen Richtlinien sind bis zum Erlass von allgemeinen Verwaltungsvorschriften nach § 224 weiter anzuwenden, auch auf Inklusionsbetriebe.
(4) Auf Erstattungen nach Kapitel 13 dieses Teils ist § 231 für bis zum 31. Dezember 2004 entstandene Fahrgeldausfälle in der bis zu diesem Zeitpunkt geltenden Fassung anzuwenden.
(5) Soweit noch keine Verordnung nach § 153 Absatz 2 erlassen ist, gelten die Maßstäbe des § 30 Absatz 1 des Bundesversorgungsgesetzes und der auf Grund des § 30 Absatz 16 des Bundesversorgungsgesetzes erlassenen Rechtsverordnungen entsprechend.

(6) Bestehende Integrationsvereinbarungen im Sinne des § 83 in der bis zum 30. Dezember 2016 geltenden Fassung gelten als Inklusionsvereinbarungen fort.

(7) ¹Die nach § 22 in der am 31. Dezember 2017 geltenden Fassung bis zu diesem Zeitpunkt errichteten gemeinsamen Servicestellen bestehen längstens bis zum 31. Dezember 2018. ²Für die Aufgaben der nach Satz 1 im Jahr 2018 bestehenden gemeinsamen Servicestellen gilt § 22 in der am 31. Dezember 2017 geltenden Fassung entsprechend.

(8) Bis zum 31. Dezember 2019 treten an die Stelle der Träger der Eingliederungshilfe als Rehabilitationsträger im Sinne dieses Buches die Träger der Sozialhilfe nach § 3 des Zwölften Buches, soweit sie zur Erbringung von Leistungen der Eingliederungshilfe für Menschen mit Behinderungen nach § 8 Nummer 4 des Zwölften Buches bestimmt sind.

(9) § 221 Absatz 2 Satz 1 ist mit folgender Maßgabe anzuwenden:
1. Ab dem 1. August 2019 beträgt der Grundbetrag mindestens 80 Euro monatlich.
2. Ab dem 1. Januar 2020 beträgt der Grundbetrag mindestens 89 Euro monatlich.
3. Ab dem 1. Januar 2021 beträgt der Grundbetrag mindestens 99 Euro monatlich.
4. Ab dem 1. Januar 2022 bis zum 31. Dezember 2022 beträgt der Grundbetrag mindestens 109 Euro monatlich.

Gesetz zur Gleichstellung von Menschen mit Behinderungen (Behindertengleichstellungsgesetz – BGG)

Vom 27. April 2002 (BGBl. I S. 1467)

Zuletzt geändert durch
Teilhabestärkungsgesetz
vom 2. Juni 2021 (BGBl. I S. 1387)

Inhaltsübersicht

Abschnitt 1
Allgemeine Bestimmungen

- § 1 Ziel und Verantwortung der Träger öffentlicher Gewalt
- § 2 Frauen mit Behinderungen; Benachteiligung wegen mehrerer Gründe
- § 3 Menschen mit Behinderungen
- § 4 Barrierefreiheit
- § 5 Zielvereinbarungen
- § 6 Gebärdensprache und Kommunikation von Menschen mit Hör- und Sprachbehinderungen

Abschnitt 2
Verpflichtung zur Gleichstellung und Barrierefreiheit

- § 7 Benachteiligungsverbot für Träger öffentlicher Gewalt
- § 8 Herstellung von Barrierefreiheit in den Bereichen Bau und Verkehr
- § 9 Recht auf Verwendung von Gebärdensprache und anderen Kommunikationshilfen
- § 10 Gestaltung von Bescheiden und Vordrucken
- § 11 Verständlichkeit und Leichte Sprache

Abschnitt 2a
Barrierefreie Informationstechnik öffentlicher Stellen des Bundes

- § 12 Öffentliche Stellen des Bundes
- § 12a Barrierefreie Informationstechnik
- § 12b Erklärung zur Barrierefreiheit
- § 12c Berichterstattung über den Stand der Barrierefreiheit
- § 12d Verordnungsermächtigung

Abschnitt 2b
Assistenzhunde

- § 12e Menschen mit Behinderungen in Begleitung durch Assistenzhunde
- § 12f Ausbildung von Assistenzhunden
- § 12g Prüfung von Assistenzhunden und der Mensch-Assistenzhund-Gemeinschaft
- § 12h Haltung von Assistenzhunden
- § 12i Zulassung einer Ausbildungsstätte für Assistenzhunde
- § 12j Fachliche Stelle und Prüfer
- § 12k Studie zur Untersuchung
- § 12l Verordnungsermächtigung

Abschnitt 3
Bundesfachstelle für Barrierefreiheit

- § 13 Bundesfachstelle für Barrierefreiheit

Abschnitt 4
Rechtsbehelfe

- § 14 Vertretungsbefugnisse in verwaltungs- oder sozialrechtlichen Verfahren
- § 15 Verbandsklagerecht
- § 16 Schlichtungsstelle und -verfahren; Verordnungsermächtigung

Abschnitt 5
Beauftragte oder Beauftragter der Bundesregierung für die Belange von Menschen mit Behinderungen

- § 17 Amt der oder des Beauftragten für die Belange von Menschen mit Behinderungen
- § 18 Aufgabe und Befugnisse

Abschnitt 6
Förderung der Partizipation

- § 19 Förderung der Partizipation

Abschnitt 1
Allgemeine Bestimmungen

§ 1 Ziel und Verantwortung der Träger öffentlicher Gewalt

(1) ¹Ziel dieses Gesetzes ist es, die Benachteiligung von Menschen mit Behinderungen zu beseitigen und zu verhindern sowie ihre gleichberechtigte Teilhabe am Leben in der Gesellschaft zu gewährleisten und ihnen eine selbstbestimmte Lebensführung zu ermöglichen. ²Dabei wird ihren besonderen Bedürfnissen Rechnung getragen.

(1a) Träger öffentlicher Gewalt im Sinne dieses Gesetzes sind

1. Dienststellen und sonstige Einrichtungen der Bundesverwaltung einschließlich der bundesunmittelbaren Körperschaften, bundesunmittelbaren Anstalten und bundesunmittelbaren Stiftungen des öffentlichen Rechts,
2. Beliehene, die unter der Aufsicht des Bundes stehen, soweit sie öffentlich-rechtliche Verwaltungsaufgaben wahrnehmen, und
3. sonstige Bundesorgane, soweit sie öffentlich-rechtliche Verwaltungsaufgaben wahrnehmen.

(2) [1]Die Träger der öffentlichen Gewalt sollen im Rahmen ihres jeweiligen Aufgabenbereichs die in Absatz 1 genannten Ziele aktiv fördern und bei der Planung von Maßnahmen beachten. [2]Das Gleiche gilt für Landesverwaltungen, einschließlich der landesunmittelbaren Körperschaften, Anstalten und Stiftungen des öffentlichen Rechts, soweit sie Bundesrecht ausführen.

(3) [1]Die Träger öffentlicher Gewalt sollen darauf hinwirken, dass Einrichtungen, Vereinigungen und juristische Personen des Privatrechts, an denen die Träger öffentlicher Gewalt unmittelbar oder mittelbar ganz oder überwiegend beteiligt sind, die Ziele dieses Gesetzes in angemessener Weise berücksichtigen. [2]Gewähren Träger öffentlicher Gewalt Zuwendungen nach § 23 der Bundeshaushaltsordnung als institutionelle Förderungen, so sollen sie durch Nebenbestimmung zum Zuwendungsbescheid oder vertragliche Vereinbarung sicherstellen, dass die institutionellen Zuwendungsempfängerinnen und -empfänger die Grundzüge dieses Gesetzes anwenden. [3]Aus der Nebenbestimmung zum Zuwendungsbescheid oder der vertraglichen Vereinbarung muss hervorgehen, welche Vorschriften anzuwenden sind. [4]Die Sätze 2 und 3 gelten auch für den Fall, dass Stellen außerhalb der Bundesverwaltung mit Bundesmitteln im Wege der Zuweisung institutionell gefördert werden. [5]Weitergehende Vorschriften bleiben von den Sätzen 1 bis 4 unberührt.

(4) Die Auslandsvertretungen des Bundes berücksichtigen die Ziele dieses Gesetzes im Rahmen der Wahrnehmung ihrer Aufgaben.

§ 2 Frauen mit Behinderungen; Benachteiligung wegen mehrerer Gründe

(1) [1]Zur Durchsetzung der Gleichberechtigung von Frauen und Männern und zur Vermeidung von Benachteiligungen von Frauen mit Behinderungen wegen mehrerer Gründe sind die besonderen Belange von Frauen mit Behinderungen zu berücksichtigen und bestehende Benachteiligungen zu beseitigen. [2]Dabei sind besondere Maßnahmen zur Förderung der tatsächlichen Durchsetzung der Gleichberechtigung von Frauen mit Behinderungen und zur Beseitigung bestehender Benachteiligungen zulässig.

(2) Unabhängig von Absatz 1 sind die besonderen Belange von Menschen mit Behinderungen, die von Benachteiligungen wegen einer Behinderung und wenigstens eines weiteren in § 1 des Allgemeinen Gleichbehandlungsgesetzes genannten Grundes betroffen sein können, zu berücksichtigen.

§ 3 Menschen mit Behinderungen

[1]Menschen mit Behinderungen im Sinne dieses Gesetzes sind Menschen, die langfristige körperliche, seelische, geistige oder Sinnesbeeinträchtigungen haben, welche sie in Wechselwirkung mit einstellungs- und umweltbedingten Barrieren an der gleichberechtigten Teilhabe an der Gesellschaft hindern können. [2]Als langfristig gilt ein Zeitraum, der mit hoher Wahrscheinlichkeit länger als sechs Monate andauert.

§ 4 Barrierefreiheit

[1]Barrierefrei sind bauliche und sonstige Anlagen, Verkehrsmittel, technische Gebrauchsgegenstände, Systeme der Informationsverarbeitung, akustische und visuelle Informationsquellen und Kommunikationseinrichtungen sowie andere gestaltete Lebensbereiche, wenn sie für Menschen mit Behinderungen in der allgemein üblichen Weise, ohne besondere Erschwernis und grundsätzlich ohne fremde Hilfe auffindbar, zugänglich und nutzbar sind. [2]Hierbei ist die Nutzung behinderungsbedingt notwendiger Hilfsmittel zulässig.

§ 5 Zielvereinbarungen

(1) [1]Soweit nicht besondere gesetzliche oder verordnungsrechtliche Vorschriften entgegenstehen, sollen zur Herstellung der Barrierefreiheit Zielvereinbarungen zwischen Verbänden, die nach § 15 Absatz 3 anerkannt sind, und Unternehmen oder Unternehmensverbänden der verschiedenen Wirtschaftsbranchen für ihren jeweiligen sachlichen und räumlichen Organisations- oder Tätigkeitsbereich getroffen werden. [2]Die anerkannten Verbände können die Aufnahme von Verhandlungen über Zielvereinbarungen verlangen.

(2) [1]Zielvereinbarungen zur Herstellung von Barrierefreiheit enthalten insbesondere

1. die Bestimmung der Vereinbarungspartner und sonstige Regelungen zum Geltungsbereich und zur Geltungsdauer,
2. die Festlegung von Mindestbedingungen darüber, wie gestaltete Lebensbereiche im Sinne von § 4 künftig zu verändern sind, um dem Anspruch von Menschen mit Behinderungen auf Auffindbarkeit, Zugang und Nutzung zu genügen,
3. den Zeitpunkt oder einen Zeitplan zur Erfüllung der festgelegten Mindestbedingungen.

²Sie können ferner eine Vertragsstrafenabrede für den Fall der Nichterfüllung oder des Verzugs enthalten.
(3) ¹Ein Verband nach Absatz 1, der die Aufnahme von Verhandlungen verlangt, hat dies gegenüber dem Zielvereinbarungsregister (Absatz 5) unter Benennung von Verhandlungsparteien und Verhandlungsgegenstand anzuzeigen. ²Das Bundesministerium für Arbeit und Soziales gibt diese Anzeige auf seiner Internetseite bekannt. ³Innerhalb von vier Wochen nach der Bekanntgabe haben andere Verbände im Sinne des Absatzes 1 das Recht, den Verhandlungen durch Erklärung gegenüber den bisherigen Verhandlungsparteien beizutreten. ⁴Nachdem die beteiligten Verbände von Menschen mit Behinderungen eine gemeinsame Verhandlungskommission gebildet haben oder feststeht, dass nur ein Verband verhandelt, sind die Verhandlungen innerhalb von vier Wochen aufzunehmen.
(4) Ein Anspruch auf Verhandlungen nach Absatz 1 Satz 2 besteht nicht,
1. während laufender Verhandlungen im Sinne des Absatzes 3 für die nicht beigetretenen Verbände behinderter Menschen,
2. in Bezug auf diejenigen Unternehmen, die ankündigen, einer Zielvereinbarung beizutreten, über die von einem Unternehmensverband Verhandlungen geführt werden,
3. für den Geltungsbereich und die Geltungsdauer einer zustande gekommenen Zielvereinbarung,
4. in Bezug auf diejenigen Unternehmen, die einer zustande gekommenen Zielvereinbarung unter einschränkungsloser Übernahme aller Rechte und Pflichten beigetreten sind.

(5) ¹Das Bundesministerium für Arbeit und Soziales führt ein Zielvereinbarungsregister, in das der Abschluss, die Änderung und die Aufhebung von Zielvereinbarungen nach den Absätzen 1 und 2 eingetragen werden. ²Der die Zielvereinbarung abschließende Verband behinderter Menschen ist verpflichtet, innerhalb eines Monats nach Abschluss einer Zielvereinbarung dem Bundesministerium für Arbeit und Soziales diese als beglaubigte Abschrift und in informationstechnisch erfassbarer Form zu übersenden sowie eine Änderung oder Aufhebung innerhalb eines Monats mitzuteilen.

§6 Gebärdensprache und Kommunikation von Menschen mit Hör- und Sprachbehinderungen
(1) Die Deutsche Gebärdensprache ist als eigenständige Sprache anerkannt.
(2) Lautsprachbegleitende Gebärden sind als Kommunikationsform der deutschen Sprache anerkannt.
(3) Menschen mit Hörbehinderungen (gehörlose, ertaubte und schwerhörige Menschen) und Menschen mit Sprachbehinderungen haben nach Maßgabe der einschlägigen Gesetze das Recht, die Deutsche Gebärdensprache, lautsprachbegleitende Gebärden oder andere geeignete Kommunikationshilfen zu verwenden.

Abschnitt 2
Verpflichtung zur Gleichstellung und Barrierefreiheit
§7 Benachteiligungsverbot für Träger öffentlicher Gewalt
(1) ¹Ein Träger öffentlicher Gewalt darf Menschen mit Behinderungen nicht benachteiligen. ²Eine Benachteiligung liegt vor, wenn Menschen mit und ohne Behinderungen ohne zwingenden Grund unterschiedlich behandelt werden und dadurch Menschen mit Behinderungen in der gleichberechtigten Teilhabe am Leben in der Gesellschaft unmittelbar oder mittelbar beeinträchtigt werden. ³Eine Benachteiligung liegt auch bei einer Belästigung im Sinne des § 3 Absatz 3 und 4 des Allgemeinen Gleichbehandlungsgesetzes in der jeweils geltenden Fassung vor, mit der Maßgabe, dass § 3 Absatz 4 des Allgemeinen Gleichbehandlungsgesetzes nicht auf den Anwendungsbereich des § 2 Absatz 1 Nummer 1 bis 4 des Allgemeinen Gleichbehandlungsgesetzes begrenzt ist. ⁴Bei einem Verstoß gegen eine Verpflichtung zur Herstellung von Barrierefreiheit wird das Vorliegen einer Benachteiligung widerleglich vermutet.
(2) ¹Die Versagung angemessener Vorkehrungen für Menschen mit Behinderungen ist eine Benachteiligung im Sinne dieses Gesetzes. ²Angemessene Vorkehrungen sind Maßnahmen, die im Einzelfall geeignet und erforderlich sind, um zu gewährleisten, dass ein Mensch mit Behinderung gleichberechtigt mit anderen alle Rechte genießen und ausüben kann, und sie die Träger öffentlicher Gewalt nicht unverhältnismäßig oder unbillig belasten.

(3) ¹In Bereichen bestehender Benachteiligungen von Menschen mit Behinderungen gegenüber Menschen ohne Behinderungen sind besondere Maßnahmen zum Abbau und zur Beseitigung dieser Benachteiligungen zulässig. ²Bei der Anwendung von Gesetzen zur tatsächlichen Durchsetzung der Gleichberechtigung von Frauen und Männern ist den besonderen Belangen von Frauen mit Behinderungen Rechnung zu tragen.
(4) Besondere Benachteiligungsverbote zu Gunsten von Menschen mit Behinderungen in anderen Rechtsvorschriften, insbesondere im Neunten Buch Sozialgesetzbuch, bleiben unberührt.

§ 8 Herstellung von Barrierefreiheit in den Bereichen Bau und Verkehr

(1) ¹Zivile Neu-, Um- und Erweiterungsbauten im Eigentum des Bundes einschließlich der bundesunmittelbaren Körperschaften, Anstalten und Stiftungen des öffentlichen Rechts sollen entsprechend den allgemein anerkannten Regeln der Technik barrierefrei gestaltet werden. ²Von diesen Anforderungen kann abgewichen werden, wenn mit einer anderen Lösung in gleichem Maße die Anforderungen an die Barrierefreiheit erfüllt werden. ³Die landesrechtlichen Bestimmungen, insbesondere die Bauordnungen, bleiben unberührt.
(2) Der Bund einschließlich der bundesunmittelbaren Körperschaften, Anstalten und Stiftungen des öffentlichen Rechts soll anlässlich der Durchführung von investiven Baumaßnahmen nach Absatz 1 Satz 1 bauliche Barrieren in den nicht von diesen Baumaßnahmen unmittelbar betroffenen Gebäudeteilen, soweit sie dem Publikumsverkehr dienen, feststellen und unter Berücksichtigung der baulichen Gegebenheiten abbauen, sofern der Abbau nicht eine unangemessene wirtschaftliche Belastung darstellt.
(3) Alle obersten Bundesbehörden und Verfassungsorgane erstellen über die von ihnen genutzten Gebäude, die im Eigentum des Bundes einschließlich der bundesunmittelbaren Körperschaften, Anstalten und Stiftungen des öffentlichen Rechts stehen, bis zum 30. Juni 2021 Berichte über den Stand der Barrierefreiheit dieser Bestandsgebäude und sollen verbindliche und überprüfbare Maßnahmen- und Zeitpläne zum weiteren Abbau von Barrieren erarbeiten.
(4) Der Bund einschließlich der bundesunmittelbaren Körperschaften, Anstalten und Stiftungen des öffentlichen Rechts ist verpflichtet, die Barrierefreiheit bei Anmietungen der von ihm genutzten Bauten zu berücksichtigen. Künftig sollen nur barrierefreie Bauten oder Bauten, in denen die baulichen Barrieren unter Berücksichtigung der baulichen Gegebenheiten abgebaut werden können, angemietet werden, soweit die Anmietung nicht eine unangemessene wirtschaftliche Belastung zur Folge hätte.
(5) ¹Sonstige bauliche oder andere Anlagen, öffentliche Wege, Plätze und Straßen sowie öffentlich zugängliche Verkehrsanlagen und Beförderungsmittel im öffentlichen Personenverkehr sind nach Maßgabe der einschlägigen Rechtsvorschriften des Bundes barrierefrei zu gestalten. ²Weitergehende landesrechtliche Vorschriften bleiben unberührt.

§ 9 Recht auf Verwendung von Gebärdensprache und anderen Kommunikationshilfen

(1) ¹Menschen mit Hörbehinderungen und Menschen mit Sprachbehinderungen haben nach Maßgabe der Rechtsverordnung nach Absatz 2 das Recht, mit Trägern öffentlicher Gewalt zur Wahrnehmung eigener Rechte in Verwaltungsverfahren in Deutscher Gebärdensprache, mit lautsprachbegleitenden Gebärden oder über andere geeignete Kommunikationshilfen zu kommunizieren. ²Auf Wunsch der Berechtigten stellen die Träger öffentlicher Gewalt die geeigneten Kommunikationshilfen im Sinne des Satzes 1 kostenfrei zur Verfügung oder tragen die hierfür notwendigen Aufwendungen.
(2) Das Bundesministerium für Arbeit und Soziales bestimmt durch Rechtsverordnung, die nicht der Zustimmung des Bundesrates bedarf,
1. Anlass und Umfang des Anspruchs auf Bereitstellung von geeigneten Kommunikationshilfen,
2. Art und Weise der Bereitstellung von geeigneten Kommunikationshilfen,
3. die Grundsätze für eine angemessene Vergütung oder eine Erstattung von notwendigen Aufwendungen für den Einsatz geeigneter Kommunikationshilfen und
4. die geeigneten Kommunikationshilfen im Sinne des Absatzes 1.

§ 10 Gestaltung von Bescheiden und Vordrucken

(1) ¹Träger öffentlicher Gewalt haben bei der Gestaltung von Bescheiden, Allgemeinverfügungen, öffentlich-rechtlichen Verträgen und Vordrucken eine Behinderung von Menschen zu berücksichtigen. ²Blinde und sehbehinderte Menschen können zur Wahrnehmung eigener Rechte im Verwaltungsverfahren nach Maßgabe der Rechtsverordnung nach Absatz 2 insbesondere verlangen, dass ihnen Bescheide, öffentlich-rechtliche Verträge und Vordrucke ohne zusätzliche Kosten auch in einer für sie wahrnehmbaren Form zugänglich gemacht werden.

(2) Das Bundesministerium für Arbeit und Soziales bestimmt durch Rechtsverordnung, die nicht der Zustimmung des Bundesrates bedarf, bei welchen Anlässen und in welcher Art und Weise die in Absatz 1 genannten Dokumente blinden und sehbehinderten Menschen zugänglich gemacht werden.

§ 11 Verständlichkeit und Leichte Sprache

(1) ¹Träger öffentlicher Gewalt sollen mit Menschen mit geistigen Behinderungen und Menschen mit seelischen Behinderungen in einfacher und verständlicher Sprache kommunizieren. ²Auf Verlangen sollen sie ihnen insbesondere Bescheide, Allgemeinverfügungen, öffentlich-rechtliche Verträge und Vordrucke in einfacher und verständlicher Weise erläutern.
(2) Ist die Erläuterung nach Absatz 1 nicht ausreichend, sollen Träger öffentlicher Gewalt auf Verlangen Menschen mit geistigen Behinderungen und Menschen mit seelischen Behinderungen Bescheide, Allgemeinverfügungen, öffentlich-rechtliche Verträge und Vordrucke in Leichter Sprache erläutern.
(3) ¹Kosten für Erläuterungen im notwendigen Umfang nach Absatz 1 oder 2 sind von dem zuständigen Träger öffentlicher Gewalt zu tragen. ²Der notwendige Umfang bestimmt sich nach dem individuellen Bedarf der Berechtigten.
(4) ¹Träger öffentlicher Gewalt sollen Informationen vermehrt in Leichter Sprache bereitstellen. ²Die Bundesregierung wirkt darauf hin, dass die Träger öffentlicher Gewalt die Leichte Sprache stärker einsetzen und ihre Kompetenzen für das Verfassen von Texten in Leichter Sprache auf- und ausgebaut werden.

Abschnitt 2a
Barrierefreie Informationstechnik öffentlicher Stellen des Bundes

§ 12 Öffentliche Stellen des Bundes

Öffentliche Stellen des Bundes sind
1. die Träger öffentlicher Gewalt,
2. sonstige Einrichtungen des öffentlichen Rechts, die als juristische Personen des öffentlichen oder des privaten Rechts zu dem besonderen Zweck gegründet worden sind, im Allgemeininteresse liegende Aufgaben nicht gewerblicher Art zu erfüllen, wenn sie
   a) überwiegend vom Bund finanziert werden,
   b) hinsichtlich ihrer Leitung oder Aufsicht dem Bund unterstehen oder
   c) ein Verwaltungs-, Leitungs- oder Aufsichtsorgan haben, das mehrheitlich aus Mitgliedern besteht, die durch den Bund ernannt worden sind, und
3. Vereinigungen, an denen mindestens eine öffentliche Stelle nach Nummer 1 oder Nummer 2 beteiligt ist, wenn
   a) die Vereinigung überwiegend vom Bund finanziert wird,
   b) die Vereinigung über den Bereich eines Landes hinaus tätig wird,
   c) dem Bund die absolute Mehrheit der Anteile an der Vereinigung gehört oder
   d) dem Bund die absolute Mehrheit der Stimmen an der Vereinigung zusteht.

Eine überwiegende Finanzierung durch den Bund wird angenommen, wenn er mehr als 50 Prozent der Gesamtheit der Mittel aufbringt.

§ 12a Barrierefreie Informationstechnik

(1) ¹Öffentliche Stellen des Bundes gestalten ihre Websites und mobilen Anwendungen, einschließlich der für die Beschäftigten bestimmten Angebote im Intranet, barrierefrei. ²Schrittweise, spätestens bis zum 23. Juni 2021, gestalten sie ihre elektronisch unterstützten Verwaltungsabläufe, einschließlich ihrer Verfahren zur elektronischen Vorgangsbearbeitung und elektronischen Aktenführung, barrierefrei. ³Die grafischen Programmoberflächen sind von der barrierefreien Gestaltung umfasst.
(2) ¹Die barrierefreie Gestaltung erfolgt nach Maßgabe der aufgrund des § 12d zu erlassenden Verordnung. ²Soweit diese Verordnung keine Vorgaben enthält, erfolgt die barrierefreie Gestaltung nach den anerkannten Regeln der Technik.
(3) Insbesondere bei Neuanschaffungen, Erweiterungen und Überarbeitungen ist die barrierefreie Gestaltung bereits bei der Planung, Entwicklung, Ausschreibung und Beschaffung zu berücksichtigen.
(4) Unberührt bleiben die Regelungen zur behinderungsgerechten Einrichtung und Unterhaltung der Arbeitsstätten zugunsten von Menschen mit Behinderungen in anderen Rechtsvorschriften, insbesondere im Neunten Buch Sozialgesetzbuch.
(5) Die Pflichten aus Abschnitt 2a gelten nicht für Websites und mobile Anwendungen jener öffentlichen Stellen des Bundes nach § 12 Satz 1 Nummer 2 und 3, die keine für die Öffentlichkeit wesentlichen

Dienstleistungen oder speziell auf die Bedürfnisse von Menschen mit Behinderungen ausgerichtete oder für diese konzipierte Dienstleistungen anbieten.

(6) Von der barrierefreien Gestaltung können öffentliche Stellen des Bundes ausnahmsweise absehen, soweit sie durch eine barrierefreie Gestaltung unverhältnismäßig belastet würden.

(7) Der Bund wirkt darauf hin, dass gewerbsmäßige Anbieter von Websites sowie von grafischen Programmoberflächen und mobilen Anwendungen, die mit Mitteln der Informationstechnik dargestellt werden, aufgrund von Zielvereinbarungen nach § 5 Absatz 2 ihre Produkte so gestalten, dass sie barrierefrei genutzt werden können.

(8) Angebote öffentlicher Stellen im Internet, die auf Websites Dritter veröffentlicht werden, sind soweit möglich barrierefrei zu gestalten.

§ 12b Erklärung zur Barrierefreiheit

(1) Die öffentlichen Stellen des Bundes veröffentlichen eine Erklärung zur Barrierefreiheit ihrer Websites oder mobilen Anwendungen.

(2) Die Erklärung zur Barrierefreiheit enthält
1. für den Fall, dass ausnahmsweise keine vollständige barrierefreie Gestaltung erfolgt ist,
    a) die Benennung der Teile des Inhalts, die nicht vollständig barrierefrei gestaltet sind,
    b) die Gründe für die nicht barrierefreie Gestaltung sowie
    c) gegebenenfalls einen Hinweis auf barrierefrei gestaltete Alternativen,
2. eine unmittelbar zugängliche barrierefrei gestaltete Möglichkeit, elektronisch Kontakt aufzunehmen, um noch bestehende Barrieren mitzuteilen und um Informationen zur Umsetzung der Barrierefreiheit zu erfragen,
3. einen Hinweis auf das Schlichtungsverfahren nach § 16, der
    a) die Möglichkeit, ein solches Schlichtungsverfahren durchzuführen, erläutert und
    b) die Verlinkung zur Schlichtungsstelle enthält.

(3) Zu veröffentlichen ist die Erklärung zur Barrierefreiheit
1. auf Websites öffentlicher Stellen des Bundes, die nicht vor dem 23. September 2018 veröffentlicht wurden: ab dem 23. September 2019,
2. auf Websites öffentlicher Stellen des Bundes, die nicht unter Nummer 1 fallen: ab dem 23. September 2020,
3. auf mobilen Anwendungen öffentlicher Stellen des Bundes: ab dem 23. Juni 2021.

(4) Die öffentliche Stelle des Bundes antwortet auf Mitteilungen oder Anfragen, die ihr aufgrund der Erklärung zur Barrierefreiheit übermittelt werden, spätestens innerhalb eines Monats.

§ 12c Berichterstattung über den Stand der Barrierefreiheit

(1) [1]Die obersten Bundesbehörden erstatten alle drei Jahre, erstmals zum 30. Juni 2021, der Überwachungsstelle des Bundes für Barrierefreiheit von Informationstechnik (§ 13 Absatz 3) Bericht über den Stand der Barrierefreiheit
1. der Websites und mobilen Anwendungen, einschließlich der Intranetangebote, der obersten Bundesbehörden,
2. der elektronisch unterstützten Verwaltungsabläufe.

[2]Sie erstellen verbindliche und überprüfbare Maßnahmen- und Zeitpläne zum weiteren Abbau von Barrieren ihrer Informationstechnik.

(2) [1]Die Länder erstatten alle drei Jahre, erstmals zum 30. Juni 2021, der Überwachungsstelle des Bundes für Barrierefreiheit von Informationstechnik (§ 13 Absatz 3) Bericht über den Stand der Barrierefreiheit
1. der Websites der öffentlichen Stellen der Länder und
2. der mobilen Anwendungen der öffentlichen Stellen der Länder.

[2]Zu berichten ist insbesondere über die Ergebnisse ihrer Überwachung nach Artikel 8 Absatz 1 bis 3 der Richtlinie (EU) 2016/2102. [3]Art und Form des Berichts richten sich nach den Anforderungen, die auf der Grundlage des Artikels 8 Absatz 6 der Richtlinie (EU) 2016/2102 festgelegt werden.

§ 12d Verordnungsermächtigung

Das Bundesministerium für Arbeit und Soziales wird ermächtigt durch Rechtsverordnung, die nicht der Zustimmung des Bundesrates bedarf, Bestimmungen zu erlassen über
1. diejenigen Websites und mobilen Anwendungen sowie Inhalte von Websites und mobilen Anwendungen, auf die sich der Geltungsbereich der Verordnung bezieht,
2. die technischen Standards, die öffentliche Stellen des Bundes bei der barrierefreien Gestaltung anzuwenden haben, und den Zeitpunkt, ab dem diese Standards anzuwenden sind,

3. die Bereiche und Arten amtlicher Informationen, die barrierefrei zu gestalten sind,
4. die konkreten Anforderungen der Erklärung zur Barrierefreiheit,
5. die konkreten Anforderungen der Berichterstattung über den Stand der Barrierefreiheit und
6. die Einzelheiten des Überwachungsverfahrens nach § 13 Absatz 3 Satz 2 Nummer 1.

Abschnitt 2b
Assistenzhunde

§ 12e Menschen mit Behinderungen in Begleitung durch Assistenzhunde

(1) [1]Träger öffentlicher Gewalt sowie Eigentümer, Besitzer und Betreiber von beweglichen oder unbeweglichen Anlagen und Einrichtungen dürfen Menschen mit Behinderungen in Begleitung durch ihren Assistenzhund den Zutritt zu ihren typischerweise für den allgemeinen Publikums- und Benutzungsverkehr zugänglichen Anlagen und Einrichtungen nicht wegen der Begleitung durch ihren Assistenzhund verweigern, soweit nicht der Zutritt mit Assistenzhund eine unverhältnismäßige oder unbillige Belastung darstellen würde. [2]Weitergehende Rechte von Menschen mit Behinderungen bleiben unberührt.
(2) Eine nach Absatz 1 unberechtigte Verweigerung durch Träger öffentlicher Gewalt gilt als Benachteiligung im Sinne von § 7 Absatz 1.
(3) [1]Ein Assistenzhund ist ein unter Beachtung des Tierschutzes und des individuellen Bedarfs eines Menschen mit Behinderungen speziell ausgebildeter Hund, der aufgrund seiner Fähigkeiten und erlernten Assistenzleistungen dazu bestimmt ist, diesem Menschen die selbstbestimmte Teilhabe am gesellschaftlichen Leben zu ermöglichen, zu erleichtern oder behinderungsbedingte Nachteile auszugleichen. [2]Dies ist der Fall, wenn der Assistenzhund
1. zusammen mit einem Menschen mit Behinderungen als Mensch-Assistenzhund-Gemeinschaft im Sinne des § 12g zertifiziert ist oder
2. von einem Träger der gesetzlichen Sozialversicherung, einem Träger nach § 6 des Neunten Buches Sozialgesetzbuch, einem Beihilfeträger, einem Träger der Heilfürsorge oder einem privaten Versicherungsunternehmen als Hilfsmittel zur Teilhabe oder zum Behinderungsausgleich anerkannt ist oder
3. im Ausland als Assistenzhund anerkannt ist und dessen Ausbildung den Anforderungen des § 12f Satz 2 entspricht oder
4. zusammen mit einem Menschen mit Behinderungen als Mensch-Assistenzhund-Gemeinschaft vor dem 1. Juli 2021
   a) in einer den Anforderungen des § 12f Satz 2 entsprechenden Weise ausgebildet und entsprechend § 12g Satz 2 erfolgreich geprüft wurde oder
   b) sich in einer den Anforderungen des § 12f Satz 2 entsprechenden Ausbildung befunden hat und innerhalb von zwölf Monaten nach dem 1. Juli 2021 diese Ausbildung beendet und mit einer § 12g Satz 2 entsprechenden Prüfung erfolgreich abgeschlossen hat.
(4) Ein Assistenzhund ist als solcher zu kennzeichnen.
(5) Für den Assistenzhund ist eine Haftpflichtversicherung zur Deckung der durch ihn verursachten Personenschäden, Sachschäden und sonstigen Vermögensschäden abzuschließen und aufrechtzuerhalten.
(6) Für Blindenführhunde und andere Assistenzhunde, die als Hilfsmittel im Sinne des § 33 des Fünften Buches Sozialgesetzbuch gewährt werden, finden die §§ 12f bis 12k und die Vorgaben einer Rechtsverordnung nach § 12l Nummer 1, 2 und 4 bis 6 dieses Gesetzes keine Anwendung.

§ 12f Ausbildung von Assistenzhunden

[1]Assistenzhund und die Gemeinschaft von Mensch und Tier (Mensch-Assistenzhund-Gemeinschaft) bedürfen einer geeigneten Ausbildung durch eine oder begleitet von einer Ausbildungsstätte für Assistenzhunde (§ 12i). [2]Gegenstand der Ausbildung sind insbesondere die Schulung des Sozial- und Umweltverhaltens sowie des Gehorsams des Hundes, grundlegende und spezifische Hilfeleistungen des Hundes, das langfristige Funktionieren der Mensch-Assistenzhund-Gemeinschaft sowie die Vermittlung der notwendigen Kenntnisse und Fähigkeiten an den Halter, insbesondere im Hinblick auf die artgerechte Haltung des Assistenzhundes. [3]Aufgabe der Ausbildungsstätte ist dabei nicht nur das Bereitstellen eines Assistenzhundes, sondern nach Abschluss der Ausbildung bei Bedarf auch die nachhaltige Unterstützung des Assistenzhundehalters.

§ 12g Prüfung von Assistenzhunden und der Mensch-Assistenzhund-Gemeinschaft

[1]Der Abschluss der Ausbildung des Hundes und der Mensch-Assistenzhund-Gemeinschaft nach § 12f erfolgt durch eine Prüfung. [2]Die Prüfung dient dazu, die Eignung als Assistenzhund und die Zusammenarbeit der Mensch-Assistenzhund-Gemeinschaft nachzuweisen. [3]Die bestandene Prüfung ist durch ein Zertifikat eines Prüfers im Sinne von § 12j Absatz 2 zu bescheinigen.

§ 12h Haltung von Assistenzhunden

(1) [1]Der Halter eines Assistenzhundes ist zur artgerechten Haltung des Assistenzhundes verpflichtet. [2]Die Anforderungen des Tierschutzgesetzes in der Fassung der Bekanntmachung vom 18. Mai 2006 (BGBl. I S. 1206, 1313), das zuletzt durch Artikel 280 der Verordnung vom 19. Juni 2020 (BGBl. I S. 1328) geändert worden ist, in der jeweils geltenden Fassung sowie der Tierschutz-Hundeverordnung vom 2. Mai 2001 (BGBl. I S. 838), die zuletzt durch Artikel 3 der Verordnung vom 12. Dezember 2013 (BGBl. I S. 4145) geändert worden ist, in der jeweils geltenden Fassung, bleiben unberührt.

(2) [1]Soweit aufgrund der Art der Behinderung oder des Alters des Menschen mit Behinderungen die artgerechte Haltung des Assistenzhundes in der Mensch-Assistenzhund-Gemeinschaft nicht sichergestellt ist, ist die Versorgung des Assistenzhundes durch eine weitere Bezugsperson sicherzustellen. [2]In diesem Fall gilt diese Bezugsperson als Halter des Assistenzhundes.

§ 12i Zulassung einer Ausbildungsstätte für Assistenzhunde

[1]Eine Ausbildungsstätte, die Assistenzhunde nach § 12f ausbildet, bedarf der Zulassung durch eine fachliche Stelle. [2]Die Zulassung ist jährlich durch die fachliche Stelle zu überprüfen. [3]Eine Ausbildungsstätte für Assistenzhunde ist auf Antrag zuzulassen, wenn sie
1. über eine Erlaubnis nach § 11 Absatz 1 Satz 1 Nummer 8 Buchstabe f des Tierschutzgesetzes verfügt oder, soweit eine solche Erlaubnis nicht erforderlich ist, wenn die verantwortliche Person der Ausbildungsstätte die erforderlichen Kenntnisse und Fähigkeiten besitzt,
2. über die erforderliche Sachkunde verfügt, die eine erfolgreiche Ausbildung von Assistenzhunden sowie der Mensch-Assistenzhund-Gemeinschaft erwarten lässt, und
3. die Anforderungen der Verordnung gemäß § 12l erfüllt und ein System zur Qualitätssicherung anwendet.

[4]Der Antrag muss alle Angaben und Nachweise erhalten, die erforderlich sind, um das Vorliegen der Voraussetzungen nach Satz 2 festzustellen. [5]Das Zulassungsverfahren folgt dem Verfahren nach DIN EN ISO/IEC 17065:2013[1]) [6]Die Zulassung einer Ausbildungsstätte ist jeweils auf längstens fünf Jahre zu befristen. [7]Die fachliche Stelle bescheinigt die Kompetenz und Leistungsfähigkeit der Ausbildungsstätte durch ein Zulassungszertifikat.

§ 12j Fachliche Stelle und Prüfer

(1) [1]Als fachliche Stelle dürfen nur Zertifizierungsstellen für Produkte, Prozesse und Dienstleistungen nach DIN EN ISO/IEC 17065:2013 tätig werden, die von einer nationalen Akkreditierungsstelle im Sinne der Verordnung (EG) Nr. 765/2008 des Europäischen Parlaments und des Rates vom 9. Juli 2008 über die Vorschriften für die Akkreditierung und Marktüberwachung im Zusammenhang mit der Vermarktung von Produkten und zur Aufhebung der Verordnung (EWG) Nr. 339/93 des Rates (ABl. L 218 vom 13. 8. 2008, S. 30), die durch die Verordnung (EU) 2019/1020 (ABl. L 169 vom 25. 6. 2019, S. 1) geändert worden ist, in der jeweils geltenden Fassung akkreditiert worden sind. [2]Die Akkreditierung ist jeweils auf längstens fünf Jahre zu befristen. [3]Das Bundesministerium für Arbeit und Soziales übt im Anwendungsbereich dieses Gesetzes die Aufsicht über die nationale Akkreditierungsstelle aus.

(2) [1]Als Prüfer dürfen nur Stellen, die Personen zertifizieren, nach DIN EN ISO/IEC 17024:2012[2]) tätig werden, die von einer nationalen Akkreditierungsstelle im Sinne der Verordnung (EG) Nr. 765/2008 in der jeweils geltenden Fassung akkreditiert worden sind. [2]Die Akkreditierung ist jeweils auf längstens fünf Jahre zu befristen. [3]Ist der Prüfer zugleich als Ausbildungsstätte im Sinne von § 12i tätig, kann die Akkreditierung erteilt werden, wenn die Unabhängigkeitsanforderungen durch interne organisatorische Trennung und die Anforderungen gemäß Nummer 5.2.3 der DIN EN ISO/IEC 17024:2012 erfüllt werden. [4]Die näheren Anforderungen an das Akkreditierungsverfahren ergeben sich aus der Verordnung gemäß § 12l.

---

[1]) Amtlicher Hinweis: Die bezeichnete technische Norm ist zu beziehen bei der Beuth Verlag GmbH, 10772 Berlin und in der Deutschen Nationalbibliothek archivmäßig gesichert, niedergelegt und einsehbar.

[2]) Amtlicher Hinweis: Die in § 12j Absatz 2 bezeichneten technischen Normen sind zu beziehen bei der Beuth Verlag GmbH, 10772 Berlin und in der Deutschen Nationalbibliothek archivmäßig gesichert, niedergelegt und einsehbar.

§ 12k Studie zur Untersuchung

¹Das Bundesministerium für Arbeit und Soziales untersucht die Umsetzung und die Auswirkungen der §§ 12e bis 12l in den Jahren 2021 bis 2024. ²Im Rahmen dieser Studie können Ausgaben wie beispielsweise die Anschaffungs-, Ausbildungs- und Haltungskosten der in die Studie einbezogenen Mensch-Assistenzhund-Gemeinschaften getragen werden.

§ 12l Verordnungsermächtigung

Das Bundesministerium für Arbeit und Soziales wird ermächtigt, im Einvernehmen mit dem Bundesministerium für Ernährung und Landwirtschaft durch Rechtsverordnung, die nicht der Zustimmung des Bundesrates bedarf, Folgendes zu regeln:
1. Näheres über die erforderliche Beschaffenheit des Assistenzhundes, insbesondere Wesensmerkmale, Alter und Gesundheit des auszubildenden Hundes sowie über die vom Assistenzhund zu erbringenden Unterstützungsleistungen,
2. Näheres über die Anerkennung von am 1. Juli 2021 in Ausbildung befindlichen oder bereits ausgebildeten Assistenzhunden sowie von im Ausland anerkannten Assistenzhunden einschließlich des Verfahrens,
3. Näheres über die erforderliche Kennzeichnung des Assistenzhundes sowie zum Umfang des notwendigen Versicherungsschutzes,
4. Näheres über den Inhalt der Ausbildung nach § 12f und der Prüfung nach § 12g sowie über die Zulassung als Prüfer jeweils einschließlich des Verfahrens sowie des zu erteilenden Zertifikats,
5. Näheres über die Voraussetzungen für die Akkreditierung als fachliche Stelle einschließlich des Verfahrens,
6. nähere Voraussetzungen für die Zulassung als Ausbildungsstätte für Assistenzhunde einschließlich des Verfahrens.

Abschnitt 3
Bundesfachstelle für Barrierefreiheit

§ 13 Bundesfachstelle für Barrierefreiheit

(1) Bei der Deutschen Rentenversicherung Knappschaft-Bahn-See wird eine Bundesfachstelle für Barrierefreiheit errichtet.

(2) ¹Die Bundesfachstelle für Barrierefreiheit ist zentrale Anlaufstelle zu Fragen der Barrierefreiheit für die Träger öffentlicher Gewalt. ²Sie berät darüber hinaus auch die übrigen öffentlichen Stellen des Bundes, Wirtschaft, Verbände und Zivilgesellschaft auf Anfrage. ³Ihre Aufgaben sind:
1. zentrale Anlaufstelle und Erstberatung,
2. Bereitstellung, Bündelung und Weiterentwicklung von unterstützenden Informationen zur Herstellung von Barrierefreiheit,
3. Unterstützung der Beteiligten bei Zielvereinbarungen nach § 5 im Rahmen der verfügbaren finanziellen und personellen Kapazitäten,
4. Aufbau eines Netzwerks,
5. Begleitung von Forschungsvorhaben zur Verbesserung der Datenlage und zur Herstellung von Barrierefreiheit und
6. Bewusstseinsbildung durch Öffentlichkeitsarbeit.

Ein Expertenkreis, dem mehrheitlich Vertreterinnen und Vertreter der Verbände von Menschen mit Behinderungen angehören, berät die Fachstelle.

(3) ¹Bei der Bundesfachstelle Barrierefreiheit wird eine Überwachungsstelle des Bundes für Barrierefreiheit von Informationstechnik eingerichtet. ²Ihre Aufgaben sind,
1. periodisch zu überwachen, ob und inwiefern Websites und mobile Anwendungen öffentlicher Stellen des Bundes den Anforderungen an die Barrierefreiheit genügen,
2. die öffentlichen Stellen anlässlich der Prüfergebnisse zu beraten,
3. die Berichte der obersten Bundesbehörden und der Länder auszuwerten,
4. den Bericht der Bundesrepublik Deutschland an die Kommission nach Artikel 8 Absatz 4 bis 6 der Richtlinie (EU) 2016/2102 vorzubereiten und
5. als sachverständige Stelle die Schlichtungsstelle nach § 16 zu unterstützen.

(4) Das Bundesministerium für Arbeit und Soziales führt die Fachaufsicht über die Durchführung der in den Absätzen 2 und 3 genannten Aufgaben.

Abschnitt 4
Rechtsbehelfe

§ 14 Vertretungsbefugnisse in verwaltungs- oder sozialrechtlichen Verfahren

¹Werden Menschen mit Behinderungen in ihren Rechten aus § 7 Absatz 1, § 8 Absatz 1, § 9 Absatz 1, § 10 Absatz 1 Satz 2 oder § 12a, soweit die Verpflichtung von Trägern öffentlicher Gewalt zur barrierefreien Gestaltung von Websites und mobilen Anwendungen, die für die Öffentlichkeit bestimmt sind, betroffen ist, verletzt, können an ihrer Stelle und mit ihrem Einverständnis Verbände nach § 15 Absatz 3, die nicht selbst am Verfahren beteiligt sind, Rechtsschutz beantragen; Gleiches gilt bei Verstößen gegen Vorschriften des Bundesrechts, die einen Anspruch auf Herstellung von Barrierefreiheit im Sinne des § 4 oder auf Verwendung von Gebärden oder anderen Kommunikationshilfen im Sinne des § 6 Absatz 3 vorsehen. ²In diesen Fällen müssen alle Verfahrensvoraussetzungen wie bei einem Rechtsschutzersuchen durch den Menschen mit Behinderung selbst vorliegen.

§ 15 Verbandsklagerecht

(1) ¹Ein nach Absatz 3 anerkannter Verband kann, ohne in seinen Rechten verletzt zu sein, Klage nach Maßgabe der Verwaltungsgerichtsordnung oder des Sozialgerichtsgesetzes erheben auf Feststellung eines Verstoßes gegen
1. das Benachteiligungsverbot für Träger der öffentlichen Gewalt nach § 7 Absatz 1 und die Verpflichtung des Bundes zur Herstellung der Barrierefreiheit in § 8 Absatz 1, § 9 Absatz 1 und § 10 Absatz 1 Satz 2 sowie in § 12a, soweit die Verpflichtung von Trägern öffentlicher Gewalt zur barrierefreien Gestaltung von Websites und mobilen Anwendungen, die für die Öffentlichkeit bestimmt sind, betroffen ist,
2. die Vorschriften des Bundesrechts zur Herstellung der Barrierefreiheit in § 46 Abs. 1 Satz 3 und 4 der Bundeswahlordnung, § 39 Abs. 1 Satz 3 und 4 der Europawahlordnung, § 43 Abs. 2 Satz 2 der Wahlordnung für die Sozialversicherung, § 54 Satz 2 der Wahlordnung für die Sozialversicherung, § 17 Abs. 1 Nr. 4 des Ersten Buches Sozialgesetzbuch, § 4 Abs. 1 Nr. 2a des Gaststättengesetzes, § 3 Nr. 1 Buchstabe d des Gemeindeverkehrsfinanzierungsgesetzes, § 3 Abs. 1 Satz 2 und § 8 Abs. 1 des Bundesfernstraßengesetzes, § 8 Abs. 3 Satz 3 und 4 sowie § 13 Abs. 2a des Personenbeförderungsgesetzes, § 2 Abs. 3 der Eisenbahn-Bau- und Betriebsordnung, § 3 Abs. 5 Satz 1 der Straßenbahn-Bau- und Betriebsordnung, §§ 19d und 20b des Luftverkehrsgesetzes oder
3. die Vorschriften des Bundesrechts zur Verwendung von Gebärdensprache oder anderer geeigneter Kommunikationshilfen in § 17 Abs. 2 des Ersten Buches Sozialgesetzbuch, § 78 Absatz 1 Satz 3 des Neunten Buches Sozialgesetzbuch und § 19 Abs. 1 Satz 2 des Zehnten Buches Sozialgesetzbuch.

²Satz 1 gilt nicht, wenn eine Maßnahme aufgrund einer Entscheidung in einem verwaltungs- oder sozialgerichtlichen Streitverfahren erlassen worden ist.

(2) ¹Eine Klage ist nur zulässig, wenn der Verband durch die Maßnahme oder das Unterlassen in seinem satzungsgemäßen Aufgabenbereich berührt wird. ²Soweit ein Mensch mit Behinderung selbst seine Rechte durch eine Gestaltungs- oder Leistungsklage verfolgen kann oder hätte verfolgen können, kann die Klage nach Absatz 1 nur erhoben werden, wenn der Verband geltend macht, dass es sich bei der Maßnahme oder dem Unterlassen um einen Fall von allgemeiner Bedeutung handelt. ³Dies ist insbesondere der Fall, wenn eine Vielzahl gleich gelagerter Fälle vorliegt. ⁴Für Klagen nach Absatz 1 Satz 1 gelten die Vorschriften des 8. Abschnitts der Verwaltungsgerichtsordnung entsprechend mit der Maßgabe, dass es eines Vorverfahrens auch dann bedarf, wenn die angegriffene Maßnahme von einer obersten Bundes- oder einer obersten Landesbehörde erlassen worden ist; Gleiches gilt bei einem Unterlassen. ⁵Vor der Erhebung einer Klage nach Absatz 1 gegen einen Träger öffentlicher Gewalt hat der nach Absatz 3 anerkannte Verband ein Schlichtungsverfahren nach § 16 durchzuführen. ⁶Diese Klage ist nur zulässig, wenn keine gütliche Einigung im Schlichtungsverfahren erzielt werden konnte und dies nach § 16 Absatz 7 bescheinigt worden ist. ⁷Das Schlichtungsverfahren ersetzt ein vor der Klageerhebung durchzuführendes Vorverfahren.

(3) ¹Auf Vorschlag der Mitglieder des Beirates für die Teilhabe behinderter Menschen, die nach § 86 Abs. 2 Satz 2, 1., 3. oder 12. Aufzählungspunkt des Neunten Buches Sozialgesetzbuch berufen sind, kann das Bundesministerium für Arbeit und Soziales die Anerkennung erteilen. ²Es soll die Anerkennung erteilen, wenn der vorgeschlagene Verband
1. nach seiner Satzung ideell und nicht nur vorübergehend die Belange von Menschen mit Behinderungen fördert,

2. nach der Zusammensetzung seiner Mitglieder oder Mitgliedsverbände dazu berufen ist, Interessen von Menschen mit Behinderungen auf Bundesebene zu vertreten,
3. zum Zeitpunkt der Anerkennung mindestens drei Jahre besteht und in diesem Zeitraum im Sinne der Nummer 1 tätig gewesen ist,
4. die Gewähr für eine sachgerechte Aufgabenerfüllung bietet; dabei sind Art und Umfang seiner bisherigen Tätigkeit, der Mitgliederkreis sowie die Leistungsfähigkeit des Vereines zu berücksichtigen und
5. wegen Verfolgung gemeinnütziger Zwecke nach § 5 Abs. 1 Nr. 9 des Körperschaftsteuergesetzes von der Körperschaftsteuer befreit ist.

§ 16 Schlichtungsstelle und -verfahren; Verordnungsermächtigung

(1) ¹Bei der oder dem Beauftragten der Bundesregierung für die Belange von Menschen mit Behinderungen nach Abschnitt 5 wird eine Schlichtungsstelle zur außergerichtlichen Beilegung von Streitigkeiten nach den Absätzen 2 und 3 eingerichtet. ²Sie wird mit neutralen schlichtenden Personen besetzt und hat eine Geschäftsstelle. Das Verfahren der Schlichtungsstelle muss insbesondere gewährleisten, dass
1. die Schlichtungsstelle unabhängig ist und unparteiisch handelt,
2. die Verfahrensregeln für Interessierte zugänglich sind,
3. die Beteiligten des Schlichtungsverfahrens rechtliches Gehör erhalten, insbesondere Tatsachen und Bewertungen vorbringen können,
4. die schlichtenden Personen und die weiteren in der Schlichtungsstelle Beschäftigten die Vertraulichkeit der Informationen gewährleisten, von denen sie im Schlichtungsverfahren Kenntnis erhalten und
5. eine barrierefreie Kommunikation mit der Schlichtungsstelle möglich ist.
(2) ¹Wer der Ansicht ist, in einem Recht nach diesem Gesetz durch öffentliche Stellen des Bundes oder Eigentümer, Besitzer und Betreiber von beweglichen oder unbeweglichen Anlagen und Einrichtungen verletzt worden zu sein, kann bei der Schlichtungsstell e nach Absatz 1 einen Antrag auf Einleitung eines Schlichtungsverfahrens stellen. ²Kommt wegen der behaupteten Rechtsverletzung auch die Einlegung eines fristgebundenen Rechtsbehelfs in Betracht, beginnt die Rechtsbehelfsfrist erst mit Beendigung des Schlichtungsverfahrens nach Absatz 7. ³In den Fällen des Satzes 2 ist der Schlichtungsantrag innerhalb der Rechtsbehelfsfrist zu stellen. ⁴Ist wegen der behaupteten Rechtsverletzung bereits ein Rechtsbehelf anhängig, wird dieses Verfahren bis zur Beendigung des Schlichtungsverfahrens nach Absatz 7 unterbrochen.
(3) Ein nach § 15 Absatz 3 anerkannter Verband kann bei der Schlichtungsstelle nach Absatz 1 einen Antrag auf Einleitung eines Schlichtungsverfahrens stellen, wenn er einen Verstoß eines Trägers öffentlicher Gewalt
1. gegen das Benachteiligungsverbot oder die Verpflichtung zur Herstellung von Barrierefreiheit nach § 15 Absatz 1 Satz 1 Nummer 1,
2. gegen die Vorschriften des Bundesrechts zur Herstellung der Barrierefreiheit nach § 15 Absatz 1 Satz 1 Nummer 2 oder
3. gegen die Vorschriften des Bundesrechts zur Verwendung von Gebärdensprache oder anderer geeigneter Kommunikationshilfen nach § 15 Absatz 1 Satz 1 Nummer 3

behauptet.
(4) ¹Der Antrag nach den Absätzen 2 und 3 kann in Textform oder zur Niederschrift bei der Schlichtungsstelle gestellt werden. ²Diese übermittelt zur Durchführung des Schlichtungsverfahrens eine Abschrift des Schlichtungsantrags an die öffentliche Stelle oder den Eigentümer, Besitzer oder Betreiber von beweglichen oder unbeweglichen Anlagen oder Einrichtungen.
(5) ¹Die schlichtende Person wirkt in jeder Phase des Verfahrens auf eine gütliche Einigung der Beteiligten hin. ²Sie kann einen Schlichtungsvorschlag unterbreiten. ³Der Schlichtungsvorschlag soll am geltenden Recht ausgerichtet sein. ⁴Die schlichtende Person kann den Einsatz von Mediation anbieten.
(6) Das Schlichtungsverfahren ist für die Beteiligten unentgeltlich.
(7) ¹Das Schlichtungsverfahren endet mit der Einigung der Beteiligten, der Rücknahme des Schlichtungsantrags oder der Feststellung, dass keine Einigung möglich ist. ²Wenn keine Einigung möglich ist, endet das Schlichtungsverfahren mit der Zustellung der Bestätigung der Schlichtungsstelle an die Antragstellerin oder den Antragsteller, dass keine gütliche Einigung erzielt werden konnte.
(8) ¹Das Bundesministerium für Arbeit und Soziales wird ermächtigt, durch Rechtsverordnung, die nicht der Zustimmung des Bundesrates bedarf, das Nähere über die Geschäftsstelle, die Besetzung und das

Verfahren der Schlichtungsstelle nach den Absätzen 1, 4, 5 und 7 zu regeln sowie weitere Vorschriften über die Kosten des Verfahrens und die Entschädigung zu erlassen. ²Die Rechtsverordnung regelt auch das Nähere zu Tätigkeitsberichten der Schlichtungsstelle.

Abschnitt 5
Beauftragte oder Beauftragter der Bundesregierung für die Belange von Menschen mit Behinderungen

§ 17 Amt der oder des Beauftragten für die Belange von Menschen mit Behinderungen

(1) Die Bundesregierung bestellt eine Beauftragte oder einen Beauftragten für die Belange von Menschen mit Behinderungen.

(2) Der beauftragten Person ist die für die Erfüllung ihrer Aufgabe notwendige Personal- und Sachausstattung zur Verfügung zu stellen.

(3) Das Amt endet, außer im Fall der Entlassung, mit dem Zusammentreten eines neuen Bundestages.

§ 18 Aufgabe und Befugnisse

(1) ¹Aufgabe der beauftragten Person ist es, darauf hinzuwirken, dass die Verantwortung des Bundes, für gleichwertige Lebensbedingungen für Menschen mit und ohne Behinderungen zu sorgen, in allen Bereichen des gesellschaftlichen Lebens erfüllt wird. ²Sie setzt sich bei der Wahrnehmung dieser Aufgabe dafür ein, dass unterschiedliche Lebensbedingungen von Frauen mit Behinderungen und Männern mit Behinderungen berücksichtigt und geschlechtsspezifische Benachteiligungen beseitigt werden.

(2) Zur Wahrnehmung der Aufgabe nach Absatz 1 beteiligen die Bundesministerien die beauftragte Person bei allen Gesetzes-, Verordnungs- und sonstigen wichtigen Vorhaben, soweit sie Fragen der Integration von Menschen mit Behinderungen behandeln oder berühren.

(3) ¹Alle Bundesbehörden und sonstigen öffentlichen Stellen im Bereich des Bundes sind verpflichtet, die beauftragte Person bei der Erfüllung der Aufgabe zu unterstützen, insbesondere die erforderlichen Auskünfte zu erteilen und Akteneinsicht zu gewähren. ²Die Bestimmungen zum Schutz personenbezogener Daten bleiben unberührt.

Abschnitt 6
Förderung der Partizipation

§ 19 Förderung der Partizipation

Der Bund fördert im Rahmen der zur Verfügung stehenden Haushaltsmittel Maßnahmen von Organisationen, die die Voraussetzungen des § 15 Absatz 3 Satz 2 Nummer 1 bis 5 erfüllen, zur Stärkung der Teilhabe von Menschen mit Behinderungen an der Gestaltung öffentlicher Angelegenheiten.

153 SchwbAV

Schwerbehinderten-Ausgleichsabgabeverordnung (SchwbAV)

Vom 28. März 1988 (BGBl. I S. 484)

Zuletzt geändert durch
Fünfte Verordnung zur Änderung der Schwerbehinderten-Ausgleichsabgabeverordnung
vom 28. Juni 2021 (BAnz. AT 28.06.2021 Nr. V2)

Inhaltsübersicht

Erster Abschnitt
(weggefallen)
§§ 1 bis 13 (weggefallen)

Zweiter Abschnitt
Förderung der Teilhabe schwerbehinderter Menschen am Arbeitsleben aus Mitteln der Ausgleichsabgabe durch die Integrationsämter
§ 14 Verwendungszwecke

1. Unterabschnitt
Leistungen zur Förderung des Arbeits- und Ausbildungsplatzangebots für schwerbehinderte Menschen
§ 15 Leistungen an Arbeitgeber zur Schaffung von Arbeits- und Ausbildungsplätzen für schwerbehinderte Menschen
§ 16 Arbeitsmarktprogramme für schwerbehinderte Menschen

2. Unterabschnitt
Leistungen zur begleitenden Hilfe im Arbeitsleben
§ 17 Leistungsarten
§ 18 Leistungsvoraussetzungen

I. Leistungen an schwerbehinderte Menschen
§ 19 Technische Arbeitshilfen
§ 20 Hilfen zum Erreichen des Arbeitsplatzes
§ 21 Hilfen zur Gründung und Erhaltung einer selbständigen beruflichen Existenz
§ 22 Hilfen zur Beschaffung, Ausstattung und Erhaltung einer behinderungsgerechten Wohnung
§ 23 (weggefallen)
§ 24 Hilfen zur Teilnahme an Maßnahmen zur Erhaltung und Erweiterung beruflicher Kenntnisse und Fertigkeiten
§ 25 Hilfen in besonderen Lebenslagen

II. Leistungen an Arbeitgeber
§ 26 Leistungen zur behinderungsgerechten Einrichtung von Arbeits- und Ausbildungsplätzen für schwerbehinderte Menschen
§ 26a Zuschüsse zu den Gebühren bei der Berufsausbildung besonders betroffener schwerbehinderter Jugendlicher und junger Erwachsener
§ 26b Prämien und Zuschüsse zu den Kosten der Berufsausbildung behinderter Jugendlicher und junger Erwachsener
§ 26c Prämien zur Einführung eines betrieblichen Eingliederungsmanagements
§ 27 Leistungen bei außergewöhnlichen Belastungen

III. Sonstige Leistungen
§ 27a Leistungen an Integrationsfachdienste
§ 28 Leistungen zur Durchführung der psychosozialen Betreuung schwerbehinderter Menschen
§ 28a Leistungen an Inklusionsbetriebe
§ 29 Leistungen zur Durchführung von Aufklärungs-, Schulungs- und Bildungsmaßnahmen

3. Unterabschnitt
Leistungen für Einrichtungen zur Teilhabe schwerbehinderter Menschen am Arbeitsleben
§ 30 Förderungsfähige Einrichtungen
§ 31 Förderungsvoraussetzungen
§ 32 Förderungsgrundsätze
§ 33 Art und Höhe der Leistungen
§ 34 Tilgung und Verzinsung von Darlehen

Dritter Abschnitt
Ausgleichsfonds

1. Unterabschnitt
Gestaltung des Ausgleichsfonds
§ 35 Rechtsform
§ 36 Weiterleitung der Mittel an den Ausgleichsfonds
§ 37 Anwendung der Vorschriften der Bundeshaushaltsordnung
§ 38 Aufstellung eines Wirtschaftsplans
§ 39 Feststellung des Wirtschaftsplans
§ 40 Ausführung des Wirtschaftsplans

2. Unterabschnitt
Förderung der Teilhabe schwerbehinderter Menschen am Arbeitsleben aus Mitteln des Ausgleichsfonds
§ 41 Verwendungszwecke

3. Unterabschnitt
Verfahren zur Vergabe der Mittel des Ausgleichsfonds
§ 42 Anmeldeverfahren und Anträge
§ 43 Vorschlagsrecht des Beirats
§ 44 Entscheidung
§ 45 Vorhaben des Bundesministeriums für Arbeit und Soziales

Vierter Abschnitt
Schlußvorschriften
§ 46 Übergangsregelungen
§ 47 Inkrafttreten, Außerkrafttreten

Auf Grund des § 11 Abs. 3 Satz 3, § 12 Abs. 2 und § 33 Abs. 2 Satz 5 des Schwerbehindertengesetzes in der Fassung der Bekanntmachung vom 26. August 1986 (BGBl. I S. 1421) sowie des Artikels 12 Abs. 2 des Gesetzes zur Erleichterung des Übergangs vom Arbeitsleben in den Ruhestand vom 13. April 1984 (BGBl. I S. 601) verordnet die Bundesregierung mit Zustimmung des Bundesrates:

Erster Abschnitt
(weggefallen)

§§ 1 bis 13 (weggefallen)

Zweiter Abschnitt
Förderung der Teilhabe schwerbehinderter Menschen am Arbeitsleben aus Mitteln der Ausgleichsabgabe durch die Integrationsämter

§ 14 Verwendungszwecke
(1) Die Integrationsämter haben die ihnen zur Verfügung stehenden Mittel der Ausgleichsabgabe einschließlich der Zinsen, der Tilgungsbeträge aus Darlehen, der zurückgezahlten Zuschüsse sowie der unverbrauchten Mittel des Vorjahres zu verwenden für folgende Leistungen:
1. Leistungen zur Förderung des Arbeits- und Ausbildungsplatzangebots für schwerbehinderte Menschen,
2. Leistungen zur begleitenden Hilfe im Arbeitsleben, einschließlich der Durchführung von Aufklärungs-, Schulungs- und Bildungsmaßnahmen sowie der Information, Beratung und Unterstützung von Arbeitgebern (Einheitliche Ansprechstellen für Arbeitgeber),
3. Leistungen für Einrichtungen zur Teilhabe schwerbehinderter Menschen am Arbeitsleben,
4. Leistungen zur Durchführung von Forschungs- und Modellvorhaben auf dem Gebiet der Teilhabe schwerbehinderter Menschen am Arbeitsleben, sofern ihnen ausschließlich oder überwiegend regionale Bedeutung zukommt oder beim Bundesministerium für Arbeit und Soziales beantragte Mittel aus dem Ausgleichsfonds nicht erbracht werden konnten,
5. Maßnahmen der beruflichen Orientierung,
6. Leistungen zur Deckung eines Teils der Aufwendungen für ein Budget für Arbeit oder für ein Budget für Ausbildung und
7. Leistungen an Werkstätten für behinderte Menschen und an andere Leistungsanbieter im Sinne des § 60 des Neunten Buches Sozialgesetzbuch zur Kompensation der aufgrund der COVID-19-Pandemie gesunkenen Arbeitsentgelte der dort beschäftigten Menschen mit Behinderungen, soweit nach § 36 Satz 4 zusätzliche Mittel der Ausgleichsabgabe zur Verfügung stehen.

(2) Die Mittel der Ausgleichsabgabe sind vorrangig für die Förderung nach Absatz 1 Nr. 1 und 2 zu verwenden.
(3) Die Integrationsämter können sich an der Förderung von Vorhaben nach § 41 Abs. 1 Nr. 3 bis 6 durch den Ausgleichsfonds beteiligen.

1. Unterabschnitt
Leistungen zur Förderung des Arbeits- und Ausbildungsplatzangebots für schwerbehinderte Menschen

§ 15 Leistungen an Arbeitgeber zur Schaffung von Arbeits- und Ausbildungsplätzen für schwerbehinderte Menschen
(1) ¹Arbeitgeber können Darlehen oder Zuschüsse bis zur vollen Höhe der entstehenden notwendigen Kosten zu den Aufwendungen für folgende Maßnahmen erhalten.

1. die Schaffung neuer geeigneter, erforderlichenfalls behinderungsgerecht ausgestatteter Arbeitsplätze in Betrieben oder Dienststellen für schwerbehinderte Menschen,
   a) die ohne Beschäftigungspflicht oder über die Beschäftigungspflicht hinaus (§ 154 des Neunten Buches Sozialgesetzbuch) eingestellt werden sollen,
   b) die im Rahmen der Erfüllung der besonderen Beschäftigungspflicht gegenüber im Arbeits- und Berufsleben besonders betroffenen schwerbehinderten Menschen (§ 154 Absatz 1 Satz 2 und § 155 des Neunten Buches Sozialgesetzbuch) eingestellt werden sollen,
   c) die nach einer längerfristigen Arbeitslosigkeit von mehr als 12 Monaten eingestellt werden sollen,
   d) die im Anschluß an eine Beschäftigung in einer anerkannten Werkstatt für behinderte Menschen eingestellt werden sollen oder
   e) die zur Durchführung von Maßnahmen der besonderen Fürsorge und Förderung nach § 164 Absatz 3 Satz 1, Absatz 4 Satz 1 Nummer 1, 4 und 5 und Absatz 5 Satz 1 des Neunten Buches Sozialgesetzbuch auf einen neu zu schaffenden Arbeitsplatz umgesetzt werden sollen oder deren Beschäftigungsverhältnis ohne Umsetzung auf einen neu zu schaffenden Arbeitsplatz enden würde,
2. die Schaffung neuer geeigneter, erforderlichenfalls behinderungsgerecht ausgestatteter Ausbildungsplätze und Plätze zur sonstigen beruflichen Bildung für schwerbehinderte Menschen, insbesondere zur Teilnahme an Leistungen zur Teilhabe am Arbeitsleben nach § 49 Absatz 3 Nummer 4 des Neunten Buches Sozialgesetzbuch, in Betrieben oder Dienststellen,

wenn gewährleistet wird, daß die geförderten Plätze für einen nach Lage des Einzelfalles zu bestimmenden langfristigen Zeitraum schwerbehinderten Menschen vorbehalten bleiben.
²Leistungen können auch zu den Aufwendungen erbracht werden, die durch die Ausbildung schwerbehinderter Menschen im Gebrauch der nach Satz 1 geförderten Gegenstände entstehen.
(2) ¹Leistungen sollen nur erbracht werden, wenn sich der Arbeitgeber in einem angemessenen Verhältnis an den Gesamtkosten beteiligt. ²Sie können nur erbracht werden, soweit Mittel für denselben Zweck nicht von anderer Seite zu erbringen geleistet werden. ³Art und Höhe der Leistung bestimmen sich nach den Umständen des Einzelfalles. ⁴Darlehen sollen mit jährlich 10 vom Hundert getilgt werden; von der Tilgung kann im Jahr der Auszahlung und dem darauf folgenden Kalenderjahr abgesehen werden. ⁵Auch von der Verzinsung kann abgesehen werden.
(3) Die behinderungsgerechte Ausstattung von Arbeits- und Ausbildungsplätzen und die Einrichtung von Teilzeitarbeitsplätzen können, wenn Leistungen nach Absatz 1 nicht erbracht werden, nach den Vorschriften über die begleitende Hilfe im Arbeitsleben (§ 26) gefördert werden.

§ 16 Arbeitsmarktprogramme für schwerbehinderte Menschen
Die Integrationsämter können der Bundesagentur für Arbeit Mittel der Ausgleichsabgabe zur Durchführung befristeter regionaler Arbeitsmarktprogramme gemäß § 187 Absatz 3 des Neunten Buches Sozialgesetzbuch zuweisen.

2. Unterabschnitt
Leistungen zur begleitenden Hilfe im Arbeitsleben

§ 17 Leistungsarten
(1) ¹Leistungen zur begleitenden Hilfe im Arbeitsleben können erbracht werden
1. an schwerbehinderte Menschen
   a) für technische Arbeitshilfen (§ 19),
   b) zum Erreichen des Arbeitsplatzes (§ 20),
   c) zur Gründung und Erhaltung einer selbständigen beruflichen Existenz (§ 21),
   d) zur Beschaffung, Ausstattung und Erhaltung einer behinderungsgerechten Wohnung (§ 22),
   e) (weggefallen)
   f) zur Teilnahme an Maßnahmen zur Erhaltung und Erweiterung beruflicher Kenntnisse und Fertigkeiten (§ 24) und
   g) in besonderen Lebenslagen (§ 25),
2. an Arbeitgeber
   a) zur behinderungsgerechten Einrichtung von Arbeits- und Ausbildungsplätzen für schwerbehinderte Menschen (§ 26),

b) für Zuschüsse zu den Gebühren bei der Berufsausbildung besonders betroffener schwerbehinderter Jugendlicher und junger Erwachsener (§ 26a),
c) für Prämien und Zuschüsse zu den Kosten der Berufsausbildung behinderter Jugendlicher und junger Erwachsener (§ 26b),
d) für Prämien zur Einführung eines betrieblichen Eingliederungsmanagements (§ 26c) und
e) bei außergewöhnlichen Belastungen (§ 27),
3. an Träger von Integrationsfachdiensten zu den Kosten ihrer Inanspruchnahme (§ 27a) einschließlich freier gemeinnütziger Einrichtungen und Organisationen zu den Kosten einer psychosozialen Betreuung schwerbehinderter Menschen (§ 28) sowie an Träger von Inklusionsbetrieben (§ 28a),
4. zur Durchführung von Aufklärungs-, Schulungs- und Bildungsmaßnahmen (§ 29).
²Daneben können solche Leistungen unter besonderen Umständen an Träger sonstiger Maßnahmen erbracht werden, die dazu dienen und geeignet sind, die Teilhabe schwerbehinderter Menschen am Arbeitsleben auf dem allgemeinen Arbeitsmarkt (Aufnahme, Ausübung oder Sicherung einer möglichst dauerhaften Beschäftigung) zu ermöglichen, zu erleichtern oder zu sichern.
(1a) Schwerbehinderte Menschen haben im Rahmen der Zuständigkeit des Integrationsamtes für die begleitende Hilfe im Arbeitsleben aus den ihm aus der Ausgleichsabgabe zur Verfügung stehenden Mitteln Anspruch auf Übernahme der Kosten einer notwendigen Arbeitsassistenz.
(1b) Schwerbehinderte Menschen haben im Rahmen der Zuständigkeit des Integrationsamtes aus den ihm aus der Ausgleichsabgabe zur Verfügung stehenden Mitteln Anspruch auf Übernahme der Kosten einer Berufsbegleitung nach § 55 Absatz 3 des Neunten Buches Sozialgesetzbuch.
(2) ¹Andere als die in Absatz 1 bis 1b genannten Leistungen, die der Teilhabe schwerbehinderter Menschen am Arbeitsleben nicht oder nur unmittelbar dienen, können nicht erbracht werden. ²Insbesondere können medizinische Maßnahmen sowie Urlaubs- und Freizeitmaßnahmen nicht gefördert werden.

§ 18 Leistungsvoraussetzungen

(1) ¹Leistungen nach § 17 Abs. 1 bis 1b dürfen nur erbracht werden, soweit Leistungen für denselben Zweck nicht von einem Rehabilitationsträger, vom Arbeitgeber oder von anderer Seite zu erbringen sind oder, auch wenn auf sie ein Rechtsanspruch nicht besteht, erbracht werden. ²Der Nachrang der Träger der Sozialhilfe gemäß § 2 des Zwölften Buches Sozialgesetzbuch und das Verbot der Aufstockung von Leistungen der Rehabilitationsträger durch Leistungen der Integrationsämter (§ 185 Absatz 6 Satz 2 letzter Halbsatz des Neunten Buches Sozialgesetzbuch) und die Möglichkeit der Integrationsämter, Leistungen der begleitenden Hilfe im Arbeitsleben vorläufig zu erbringen (§ 185 Absatz 7 Satz 3 des Neunten Buches Sozialgesetzbuch), bleiben unberührt.
(2) Leistungen an schwerbehinderte Menschen zur begleitenden Hilfe im Arbeitsleben können erbracht werden,
1. wenn die Teilhabe am Arbeitsleben auf dem allgemeinen Arbeitsmarkt unter Berücksichtigung von Art oder Schwere der Behinderung auf besondere Schwierigkeiten stößt und durch die Leistungen ermöglicht, erleichtert oder gesichert werden kann und
2. wenn es dem schwerbehinderten Menschen wegen des behinderungsbedingten Bedarfs nicht zuzumuten ist, die erforderlichen Mittel selbst aufzubringen. In den übrigen Fällen sind seine Einkommensverhältnisse zu berücksichtigen.
(3) ¹Die Leistungen können als einmalige oder laufende Leistungen erbracht werden. ²Laufende Leistungen können in der Regel nur befristet erbracht werden. ³Leistungen können wiederholt erbracht werden.

I. Leistungen an schwerbehinderte Menschen

§ 19 Technische Arbeitshilfen

¹Für die Beschaffung technischer Arbeitshilfen, ihre Wartung, Instandsetzung und die Ausbildung des schwerbehinderten Menschen im Gebrauch können die Kosten bis zur vollen Höhe übernommen werden. ²Gleiches gilt für die Ersatzbeschaffung und die Beschaffung zur Anpassung an die technische Weiterentwicklung.

§ 20 Hilfen zum Erreichen des Arbeitsplatzes

Schwerbehinderte Menschen können Leistungen zum Erreichen des Arbeitsplatzes nach Maßgabe der Kraftfahrzeughilfe-Verordnung vom 28. September 1987 (BGBl. I S. 2251) erhalten.

§ 21 Hilfen zur Gründung und Erhaltung einer selbständigen beruflichen Existenz

(1) Schwerbehinderte Menschen können Darlehen oder Zinszuschüsse zur Gründung und zur Erhaltung einer selbständigen beruflichen Existenz erhalten, wenn
1. sie die erforderlichen persönlichen und fachlichen Voraussetzungen für die Ausübung der Tätigkeit erfüllen,
2. sie ihren Lebensunterhalt durch die Tätigkeit voraussichtlich auf Dauer im wesentlichen sicherstellen können und
3. die Tätigkeit unter Berücksichtigung von Lage und Entwicklung des Arbeitsmarkts zweckmäßig ist.

(2) [1]Darlehen sollen mit jährlich 10 vom Hundert getilgt werden. [2]Von der Tilgung kann im Jahr der Auszahlung und dem darauffolgenden Kalenderjahr abgesehen werden. [3]Satz 2 gilt, wenn Darlehen verzinslich gegeben werden, für die Verzinsung.

(3) Sonstige Leistungen zur Deckung von Kosten des laufenden Betriebs können nicht erbracht werden.

(4) Die §§ 17 bis 20 und die §§ 22 bis 27 sind zugunsten von schwerbehinderten Menschen, die eine selbständige Tätigkeit ausüben oder aufzunehmen beabsichtigen, entsprechend anzuwenden.

§ 22 Hilfen zur Beschaffung, Ausstattung und Erhaltung einer behinderungsgerechten Wohnung

(1) Schwerbehinderte Menschen können Leistungen erhalten
1. zur Beschaffung von behinderungsgerechtem Wohnraum im Sinne des § 16 des Wohnraumförderungsgesetzes,
2. zur Anpassung von Wohnraum und seiner Ausstattung an die besonderen behinderungsbedingten Bedürfnisse und
3. zum Umzug in eine behinderungsgerechte oder erheblich verkehrsgünstiger zum Arbeitsplatz gelegene Wohnung.

(2) [1]Leistungen können als Zuschüsse, Zinszuschüsse oder Darlehen erbracht werden. [2]Höhe, Tilgung und Verzinsung bestimmen sich nach den Umständen des Einzelfalls.

(3) Leistungen von anderer Seite sind nur insoweit anzurechnen, als sie schwerbehinderten Menschen für denselben Zweck wegen der Behinderung zu erbringen sind oder erbracht werden.

§ 23 (weggefallen)

§ 24 Hilfen zur Teilnahme an Maßnahmen zur Erhaltung und Erweiterung beruflicher Kenntnisse und Fertigkeiten

[1]Schwerbehinderte Menschen, die an inner- oder außerbetrieblichen Maßnahmen der beruflichen Bildung zur Erhaltung und Erweiterung ihrer beruflichen Kenntnisse und Fertigkeiten oder zur Anpassung an die technische Entwicklung teilnehmen, vor allem an besonderen Fortbildungs- und Anpassungsmaßnahmen, die nach Art, Umfang und Dauer den Bedürfnissen dieser schwerbehinderten Menschen entsprechen, können Zuschüsse bis zur Höhe der ihnen durch die Teilnahme an diesen Maßnahmen entstehenden Aufwendungen erhalten. [2]Hilfen können auch zum beruflichen Aufstieg erbracht werden.

§ 25 Hilfen in besonderen Lebenslagen

Andere Leistungen zur begleitenden Hilfe im Arbeitsleben als die in den §§ 19 bis 24 geregelten Leistungen können an schwerbehinderte Menschen erbracht werden, wenn und soweit sie unter Berücksichtigung von Art oder Schwere der Behinderung erforderlich sind, um die Teilhabe am Arbeitsleben auf dem allgemeinen Arbeitsmarkt zu ermöglichen, zu erleichtern oder zu sichern.

II. Leistungen an Arbeitgeber

§ 26 Leistungen zur behinderungsgerechten Einrichtung von Arbeits- und Ausbildungsplätzen für schwerbehinderte Menschen

(1) [1]Arbeitgeber können Darlehen oder Zuschüsse bis zur vollen Höhe der entstehenden notwendigen Kosten für folgende Maßnahmen erhalten:
1. die behinderungsgerechte Einrichtung und Unterhaltung der Arbeitsstätten einschließlich der Betriebsanlagen, Maschinen und Geräte,
2. die Einrichtung von Teilzeitarbeitsplätzen für schwerbehinderte Menschen, insbesondere wenn eine Teilzeitbeschäftigung mit einer Dauer auch von weniger als 18 Stunden, wenigstens aber 15 Stunden, wöchentlich wegen Art oder Schwere der Behinderung notwendig ist,
3. die Ausstattung von Arbeits- oder Ausbildungsplätzen mit notwendigen technischen Arbeitshilfen, deren Wartung und Instandsetzung sowie die Ausbildung des schwerbehinderten Menschen im Gebrauch der nach den Nummern 1 bis 3 geförderten Gegenstände.

4. sonstige Maßnahmen, durch die eine möglichst dauerhafte behinderungsgerechte Beschäftigung schwerbehinderter Menschen in Betrieben oder Dienststellen ermöglicht, erleichtert oder gesichert werden kann.
²Gleiches gilt für Ersatzbeschaffungen oder Beschaffungen zur Anpassung an die technische Weiterentwicklung.
(2) Art und Höhe der Leistung bestimmen sich nach den Umständen des Einzelfalls, insbesondere unter Berücksichtigung, ob eine Verpflichtung des Arbeitgebers zur Durchführung von Maßnahmen nach Absatz 1 gemäß § 164 Absatz 3 Satz 1, Absatz 4 Satz 1 Nummer 4 und 5 und Absatz 5 Satz 1 des Neunten Buches Sozialgesetzbuch besteht und erfüllt wird sowie ob schwerbehinderte Menschen ohne Beschäftigungspflicht oder über die Beschäftigungspflicht hinaus (§ 154 des Neunten Buches Sozialgesetzbuch) oder im Rahmen der Erfüllung der besonderen Beschäftigungspflicht gegenüber bei der Teilhabe am Arbeitsleben besonders betroffenen schwerbehinderten Menschen (§ 154 Absatz 1 Satz 2 und § 155 des Neunten Buches Sozialgesetzbuch) beschäftigt werden.
(3) § 15 Abs. 2 Satz 1 und 2 gilt entsprechend.

§ 26a Zuschüsse zu den Gebühren bei der Berufsausbildung besonders betroffener schwerbehinderter Jugendlicher und junger Erwachsener

Arbeitgeber, die ohne Beschäftigungspflicht (§ 154 Absatz 1 des Neunten Buches Sozialgesetzbuch) besonders betroffene schwerbehinderte Menschen zur Berufsausbildung einstellen, können Zuschüsse zu den Gebühren, insbesondere Prüfungsgebühren bei der Berufsausbildung, erhalten.

§ 26b Prämien und Zuschüsse zu den Kosten der Berufsausbildung behinderter Jugendlicher und junger Erwachsener

Arbeitgeber können Prämien und Zuschüsse zu den Kosten der Berufsausbildung behinderter Jugendlicher und junger Erwachsener erhalten, die für die Zeit der Berufsausbildung schwerbehinderten Menschen nach § 151 Absatz 4 des Neunten Buches Sozialgesetzbuch gleichgestellt sind.

§ 26c Prämien zur Einführung eines betrieblichen Eingliederungsmanagements

Arbeitgeber können zur Einführung eines betrieblichen Eingliederungsmanagements Prämien erhalten.

§ 27 Leistungen bei außergewöhnlichen Belastungen

(1) ¹Arbeitgeber können Zuschüsse zur Abgeltung außergewöhnlicher Belastungen erhalten, die mit der Beschäftigung eines schwerbehinderten Menschen verbunden sind, der nach Art oder Schwere seiner Behinderung im Arbeits- und Berufsleben besonders betroffen ist (§ 155 Absatz 1 Nummer 1 Buchstabe a bis d des Neunten Buches Sozialgesetzbuch) oder im Anschluss an eine Beschäftigung in einer anerkannten Werkstatt für behinderte Menschen oder bei einem anderen Leistungsanbieter im Sinne des § 60 des Neunten Buches Sozialgesetzbuch oder in Teilzeit (§ 158 Absatz 2 des Neunten Buches Sozialgesetzbuch) beschäftigt wird, vor allem, wenn ohne diese Leistungen das Beschäftigungsverhältnis gefährdet würde. ²Leistungen nach Satz 1 können auch in Probebeschäftigungen und Praktika erbracht werden, die ein in einer Werkstatt für behinderte Menschen beschäftigter schwerbehinderter Mensch im Rahmen von Maßnahmen zur Förderung des Übergangs auf den allgemeinen Arbeitsmarkt (§ 5 Abs. 4 der Werkstättenverordnung) absolviert, wenn die dem Arbeitgeber entstehenden außergewöhnlichen Belastungen nicht durch die in dieser Zeit erbrachten Leistungen der Rehabilitationsträger abgedeckt werden.
(2) Außergewöhnliche Belastungen sind überdurchschnittlich hohe finanzielle Aufwendungen oder sonstige Belastungen, die einem Arbeitgeber bei der Beschäftigung eines schwerbehinderten Menschen auch nach Ausschöpfung aller Möglichkeiten entstehen und für die die Kosten zu tragen für den Arbeitgeber nach Art oder Höhe unzumutbar ist.
(3) Für die Zuschüsse zu notwendigen Kosten nach Absatz 2 gilt § 26 Abs. 2 entsprechend.
(4) Die Dauer des Zuschusses bestimmt sich nach den Umständen des Einzelfalls.

III. Sonstige Leistungen

§ 27a Leistungen an Integrationsfachdienste

(1) Träger von Integrationsfachdiensten im Sinne des Kapitels 7 des Teils 3 des Neunten Buches Sozialgesetzbuch können Leistungen nach § 196 des Neunten Buches Sozialgesetzbuch zu den durch ihre Inanspruchnahme entstehenden notwendigen Kosten erhalten.
(2) ¹Die Länder legen dem Bundesministerium für Arbeit und Soziales jährlich zum 30. Juni einen Bericht über die Beauftragung der Integrationsfachdienste oder anderer geeigneter Träger als Einheit-

liche Ansprechstellen für Arbeitgeber vor. ²Sie berichten auch über deren Aktivitäten in diesem Zusammenhang sowie über die Verwendung der Mittel, die ab dem 30. Juni 2022 nach § 36 nicht mehr an den Ausgleichsfonds abzuführen sind, für diesen Zweck. ³Der Bericht kann auch gesammelt durch die Bundesarbeitsgemeinschaft der Integrationsämter und Hauptfürsorgestellen erfolgen.

§ 28 Leistungen zur Durchführung der psychosozialen Betreuung schwerbehinderter Menschen

(1) Freie gemeinnützige Träger psychosozialer Dienste, die das Integrationsamt an der Durchführung der ihr obliegenden Aufgabe der im Einzelfall erforderlichen psychosozialen Betreuung schwerbehinderter Menschen unter Fortbestand ihrer Verantwortlichkeit beteiligt, können Leistungen zu den daraus entstehenden notwendigen Kosten erhalten.

(2) ¹Leistungen nach Absatz 1 setzen voraus, daß
1. der psychosoziale Dienst nach seiner personellen, räumlichen und sächlichen Ausstattung zur Durchführung von Maßnahmen der psychosozialen Betreuung geeignet ist, insbesondere mit Fachkräften ausgestattet ist, die über eine geeignete Berufsqualifikation, eine psychosoziale Zusatzqualifikation und ausreichende Berufserfahrung verfügen, und
2. die Maßnahmen
   a) nach Art, Umfang und Dauer auf die Aufnahme, Ausübung oder Sicherung einer möglichst dauerhaften Beschäftigung schwerbehinderter Menschen auf dem allgemeinen Arbeitsmarkt ausgerichtet und dafür geeignet sind,
   b) nach den Grundsätzen der Wirtschaftlichkeit und Sparsamkeit durchgeführt werden, insbesondere die Kosten angemessen sind, und
   c) aufgrund einer Vereinbarung zwischen dem Integrationsamt und dem Träger des psychosozialen Dienstes durchgeführt werden.

²Leistungen können gleichermaßen für Maßnahmen für schwerbehinderte Menschen erbracht werden, die diesen Dienst unter bestimmten, in der Vereinbarung näher zu regelnden Voraussetzungen im Einvernehmen mit dem Integrationsamt unmittelbar in Anspruch nehmen.

(3) ¹Leistungen sollen in der Regel bis zur vollen Höhe der notwendigen Kosten erbracht werden, die aus der Beteiligung an den im Einzelfall erforderlichen Maßnahmen entstehen. ²Das Nähere über die Höhe der zu übernehmenden Kosten, ihre Erfassung, Darstellung und Abrechnung bestimmt sich nach der Vereinbarung zwischen dem Integrationsamt und dem Träger des psychosozialen Dienstes gemäß Absatz 2 Satz 1 Nr. 2 Buchstabe c.

§ 28a Leistungen an Inklusionsbetriebe

Inklusionsbetriebe im Sinne des Kapitels 11 des Teils 3 des Neunten Buches Sozialgesetzbuch können Leistungen für Aufbau, Erweiterung, Modernisierung und Ausstattung einschließlich einer betriebswirtschaftlichen Beratung und besonderen Aufwand erhalten.

§ 29 Leistungen zur Durchführung von Aufklärungs-, Schulungs- und Bildungsmaßnahmen

(1) ¹Die Durchführung von Schulungs- und Bildungsmaßnahmen für Vertrauenspersonen schwerbehinderter Menschen, Beauftragte der Arbeitgeber, Betriebs-, Personal-, Richter-, Staatsanwalts- und Präsidialräte sowie die Mitglieder der Stufenvertretungen wird gefördert, wenn es sich um Veranstaltungen der Integrationsämter im Sinne des § 185 Absatz 2 Satz 6 des Neunten Buches Sozialgesetzbuch handelt. ²Die Durchführung von Maßnahmen im Sinne des Satzes 1 durch andere Träger kann gefördert werden, wenn die Maßnahmen erforderlich und die Integrationsämter an ihrer inhaltlichen Gestaltung maßgeblich beteiligt sind.

(2) ¹Aufklärungsmaßnahmen sowie Schulungs- und Bildungsmaßnahmen für andere als in Absatz 1 genannte Personen, die die Teilhabe schwerbehinderter Menschen am Arbeitsleben zum Gegenstand haben, können gefördert werden. ²Dies gilt auch für die Qualifizierung des nach § 185 Absatz 1 des Neunten Buches Sozialgesetzbuch einzusetzenden Personals sowie für notwendige Informationsschriften und -veranstaltungen über Rechte, Pflichten, Leistungen und sonstige Eingliederungshilfen sowie Nachteilsausgleiche nach dem Neunten Buch Sozialgesetzbuch und anderen Vorschriften.

3. Unterabschnitt
Leistungen für Einrichtungen zur Teilhabe schwerbehinderter Menschen am Arbeitsleben

§ 30 Förderungsfähige Einrichtungen

(1) ¹Leistungen können für die Schaffung, Erweiterung, Ausstattung und Modernisierung folgender Einrichtungen erbracht werden:

1. betriebliche, überbetriebliche und außerbetriebliche Einrichtungen zur Vorbereitung von behinderten Menschen auf eine berufliche Bildung oder die Teilhabe am Arbeitsleben,
2. betriebliche, überbetriebliche und außerbetriebliche Einrichtungen zur beruflichen Bildung behinderter Menschen,
3. Einrichtungen, soweit sie während der Durchführung von Leistungen zur medizinischen Rehabilitation behinderte Menschen auf eine berufliche Bildung oder die Teilhabe am Arbeitsleben vorbereiten,
4. Werkstätten für behinderte Menschen im Sinne des § 219 des Neunten Buches Sozialgesetzbuch,
5. Blindenwerkstätten mit einer Anerkennung auf Grund des Blindenwarenvertriebsgesetzes vom 9. April 1965 (BGBl. I S. 311) in der bis zum 13. September 2007 geltenden Fassung,
6. Wohnstätten für behinderte Menschen, die auf dem allgemeinen Arbeitsmarkt, in Werkstätten für behinderte Menschen oder in Blindenwerkstätten tätig sind.

²Zur länderübergreifenden Bedarfsbeurteilung wird das Bundesministerium für Arbeit und Soziales bei der Planung neuer oder Erweiterung bestehender Einrichtungen nach Satz 1 Nr. 4 bis 6 beteiligt.

(2) ¹Öffentliche oder gemeinnützige Träger eines besonderen Beförderungsdienstes für behinderte Menschen können Leistungen zur Beschaffung und behinderungsgerechten Ausstattung von Kraftfahrzeugen erhalten. ²Die Höhe der Leistung bestimmt sich nach dem Umfang, in dem der besondere Beförderungsdienst für Fahrten schwerbehinderter Menschen von und zur Arbeitsstätte benutzt wird.

(3) ¹Leistungen zur Deckung von Kosten des laufenden Betriebs dürfen nur ausnahmsweise erbracht werden, wenn hierdurch der Verlust bestehender Beschäftigungsmöglichkeiten für behinderte Menschen abgewendet werden kann. ²Für Einrichtungen nach Absatz 1 Nr. 4 bis 6 sind auch Leistungen zur Deckung eines Miet- oder Pachtzinses zulässig.

§ 31 Förderungsvoraussetzungen

(1) Die Einrichtungen im Sinne des § 30 Abs. 1 können gefördert werden, wenn sie
1. ausschließlich oder überwiegend behinderte Menschen aufnehmen, die Leistungen eines Rehabilitationsträgers in Anspruch nehmen,
2. behinderten Menschen unabhängig von der Ursache der Behinderung und unabhängig von der Mitgliedschaft in der Organisation des Trägers der Einrichtung offenstehen und
3. nach ihrer personellen, räumlichen und sächlichen Ausstattung die Gewähr dafür bieten, daß die Rehabilitationsmaßnahmen nach zeitgemäßen Erkenntnissen durchgeführt werden und einer dauerhaften Teilhabe am Arbeitsleben dienen.

(2) Darüber hinaus setzt die Förderung voraus bei
1. Einrichtungen im Sinne des § 30 Abs. 1 Nr. 1:
Die in diesen Einrichtungen durchzuführenden Maßnahmen sollen den individuellen Belangen der behinderten Menschen Rechnung tragen und sowohl eine werkspraktische wie fachtheoretische Unterweisung umfassen. Eine begleitende Betreuung entsprechend den Bedürfnissen der behinderten Menschen muß sichergestellt sein. Maßnahmen zur Vorbereitung auf eine berufliche Bildung sollen sich auf mehrere Berufsfelder erstrecken und Aufschluß über Neigung und Eignung der behinderten Menschen geben.
2. Einrichtungen im Sinne des § 30 Abs. 1 Nr. 2:
   a) Die Eignungsvoraussetzungen nach den §§ 27 bis 30 des Berufsbildungsgesetzes oder nach den §§ 21 bis 22b der Handwerksordnung zur Ausbildung in anerkannten Ausbildungsberufen müssen erfüllt sein. Dies gilt auch für Ausbildungsgänge, die nach § 66 des Berufsbildungsgesetzes oder nach § 42m der Handwerksordnung durchgeführt werden.
   b) Außer- oder überbetriebliche Einrichtungen sollen unter Einbeziehung von Plätzen für berufsvorbereitende Maßnahmen über in der Regel mindestens 200 Plätze für die berufliche Bildung in mehreren Berufsfeldern verfügen. Sie müssen in der Lage sein, behinderte Menschen mit besonderer Art oder Schwere der Behinderung beruflich zu bilden. Sie müssen über die erforderliche Zahl von Ausbildern und die personellen und sächlichen Voraussetzungen für eine begleitende ärztliche, psychologische und soziale Betreuung entsprechend den Bedürfnissen der behinderten Menschen verfügen. Bei Unterbringung im Internat muß die behinderungsgerechte Betreuung sichergestellt sein. Die Einrichtungen sind zur vertrauensvollen Zusammenarbeit insbesondere untereinander und mit den für die Rehabilitation zuständigen Behörden verpflichtet.

3. Einrichtungen im Sinne des § 30 Abs. 1 Nr. 3:
Die in diesen Einrichtungen in einem ineinandergreifenden Verfahren durchzuführenden Leistungen zur medizinischen Rehabilitation und zur Teilhabe am Arbeitsleben müssen entsprechend den individuellen Gegebenheiten so ausgerichtet sein, daß nach Abschluß dieser Maßnahmen ein möglichst nahtloser Übergang in eine berufliche Bildungsmaßnahme oder in das Arbeitsleben gewährleistet ist. Für die Durchführung der Maßnahmen müssen besondere Fachdienste zur Verfügung stehen.
4. Werkstätten für behinderte Menschen im Sinne des § 30 Abs. 1 Nr. 4:
Sie müssen gemäß § 225 des Neunten Buches Sozialgesetzbuch anerkannt sein oder voraussichtlich anerkannt werden.
5. Blindenwerkstätten im Sinne des § 30 Abs. 1 Nr. 5:
Sie müssen auf Grund des Blindenwarenvertriebsgesetzes anerkannt sein.
6. Wohnstätten im Sinne des § 30 Abs. 1 Nr. 6:
Sie müssen hinsichtlich ihrer baulichen Gestaltung, Wohnflächenbemessung und Ausstattung den besonderen Bedürfnissen der behinderten Menschen entsprechen. Die Aufnahme auch von behinderten Menschen, die nicht im Arbeitsleben stehen, schließt eine Förderung entsprechend dem Anteil der im Arbeitsleben stehenden schwerbehinderten Menschen nicht aus. Der Verbleib von schwerbehinderten Menschen, die nicht mehr im Arbeitsleben stehen, insbesondere von schwerbehinderten Menschen nach dem Ausscheiden aus einer Werkstatt für behinderte Menschen, beeinträchtigt nicht die zweckentsprechende Verwendung der eingesetzten Mittel.

§ 32 Förderungsgrundsätze

(1) Leistungen sollen nur erbracht werden, wenn sich der Träger der Einrichtung in einem angemessenen Verhältnis an den Gesamtkosten beteiligt und alle anderen Finanzierungsmöglichkeiten aus Mitteln der öffentlichen Hände und aus privaten Mitteln in zumutbarer Weise in Anspruch genommen worden sind.
(2) ¹Leistungen dürfen nur erbracht werden, soweit Leistungen für denselben Zweck nicht von anderer Seite zu erbringen sind oder erbracht werden. ²Werden Einrichtungen aus Haushaltsmitteln des Bundes oder anderer öffentlicher Hände gefördert, ist eine Förderung aus Mitteln der Ausgleichsabgabe nur zulässig, wenn der Förderungszweck sonst nicht erreicht werden kann.
(3) Leistungen können nur erbracht werden, wenn ein Bedarf an entsprechenden Einrichtungen festgestellt und die Deckung der Kosten des laufenden Betriebs gesichert ist.
(4) Eine Nachfinanzierung aus Mitteln der Ausgleichsabgabe ist nur zulässig, wenn eine Förderung durch die gleiche Stelle vorangegangen ist.

§ 33 Art und Höhe der Leistungen

(1) ¹Leistungen können als Zuschüsse oder Darlehen erbracht werden. ²Zuschüsse sind auch Zinszuschüsse zur Verbilligung von Fremdmitteln.
(2) Art und Höhe der Leistung bestimmen sich nach den Umständen des Einzelfalls, insbesondere nach dem Anteil der schwerbehinderten Menschen an der Gesamtzahl des aufzunehmenden Personenkreises, nach der wirtschaftlichen Situation der Einrichtung und ihres Trägers sowie nach Bedeutung und Dringlichkeit der beabsichtigten Rehabilitationsmaßnahmen.

§ 34 Tilgung und Verzinsung von Darlehen

(1) ¹Darlehen nach § 33 sollen jährlich mit 2 vom Hundert getilgt und mit 2 vom Hundert verzinst werden; bei Ausstattungsinvestitionen beträgt die Tilgung 10 vom Hundert. ²Die durch die fortschreitende Tilgung ersparten Zinsen wachsen den Tilgungsbeträgen zu.
(2) Von der Tilgung und Verzinsung von Darlehen kann bis zum Ablauf von zwei Jahren nach Inbetriebnahme abgesehen werden.

Dritter Abschnitt
Ausgleichsfonds

1. Unterabschnitt
Gestaltung des Ausgleichsfonds

§ 35 Rechtsform

¹Der Ausgleichsfonds für überregionale Vorhaben zur Teilhabe schwerbehinderter Menschen am Arbeitsleben (Ausgleichsfonds) ist ein nicht rechtsfähiges Sondervermögen des Bundes mit eigener Wirtschafts- und Rechnungsführung. ²Er ist von den übrigen Vermögen des Bundes, seinen Rechten und

Verbindlichkeiten getrennt zu halten. ³Für Verbindlichkeiten, die das Bundesministerium für Arbeit und Soziales als Verwalter des Ausgleichsfonds eingeht, haftet nur der Ausgleichsfonds; der Ausgleichsfonds haftet nicht für die sonstigen Verbindlichkeiten des Bundes.

§ 36 Weiterleitung der Mittel an den Ausgleichsfonds
¹Die Integrationsämter leiten zum 30. Juni eines jeden Jahres 18 vom Hundert des im Zeitraum vom 1. Juni des vorangegangenen Jahres bis zum 31. Mai des Jahres eingegangenen Aufkommens an Ausgleichsabgabe an den Ausgleichsfonds weiter. ²Sie teilen dem Bundesministerium für Arbeit und Soziales zum 30. Juni eines jeden Jahres das Aufkommen an Ausgleichsabgabe für das vorangegangene Kalenderjahr auf der Grundlage des bis zum 31. Mai des Jahres tatsächlich an die Integrationsämter gezahlten Aufkommens mit. ³Sie teilen zum 31. Januar eines jeden Jahres das Aufkommen an Ausgleichsabgabe für das vorvergangene Kalenderjahr dem Bundesministerium für Arbeit und Soziales mit. ⁴Abweichend von Satz 1 leiten die Integrationsämter zum 30. Juni 2020 10 Prozent des im Zeitraum vom 1. Juni 2019 bis zum 31. Mai 2020 eingegangenen Aufkommens an Ausgleichsabgabe und zum 30. Juni 2021 10 Prozent des im Zeitraum vom 1. Juni 2020 bis zum 31. Mai 2021 eingegangenen Aufkommens an Ausgleichsabgabe an den Ausgleichsfonds weiter.

§ 37 Anwendung der Vorschriften der Bundeshaushaltsordnung
Für den Ausgleichsfonds gelten die Bundeshaushaltsordnung sowie die zu ihrer Ergänzung und Durchführung erlassenen Vorschriften entsprechend, soweit die Vorschriften dieser Verordnung nichts anderes bestimmen.

§ 38 Aufstellung eines Wirtschaftsplans
(1) Für jedes Kalenderjahr (Wirtschaftsjahr) ist ein Wirtschaftsplan aufzustellen.
(2) ¹Der Wirtschaftsplan enthält alle im Wirtschaftsjahr
1. zu erwartenden Einnahmen,
2. voraussichtlich zu leistenden Ausgaben und
3. voraussichtlich benötigten Verpflichtungsermächtigungen.

²Zinsen, Tilgungsbeträge aus Darlehen, zurückgezahlte Zuschüsse sowie unverbrauchte Mittel des Vorjahres fließen dem Ausgleichsfonds als Einnahmen zu.
(3) Der Wirtschaftsplan ist in Einnahmen und Ausgaben auszugleichen.
(4) Die Ausgaben sind gegenseitig deckungsfähig.
(5) Die Ausgaben sind übertragbar.

§ 39 Feststellung des Wirtschaftsplans
¹Das Bundesministerium für Arbeit und Soziales stellt im Benehmen mit dem Bundesministerium der Finanzen und im Einvernehmen mit dem Beirat für die Teilhabe behinderter Menschen (Beirat) den Wirtschaftsplan fest. ²§ 1 der Bundeshaushaltsordnung findet keine Anwendung.

§ 40 Ausführung des Wirtschaftsplans
(1) ¹Bei der Vergabe der Mittel des Ausgleichsfonds sind die jeweils gültigen Allgemeinen Nebenbestimmungen für Zuwendungen des Bundes zugrunde zu legen. ²Von ihnen kann im Einvernehmen mit dem Bundesministerium der Finanzen abgewichen werden.
(2) Verpflichtungen, die in Folgejahren zu Ausgaben führen, dürfen nur eingegangen werden, wenn die Finanzierung der Ausgaben durch das Aufkommen an Ausgleichsabgabe gesichert ist.
(3) ¹Überschreitungen der Ausgabeansätze sind nur zulässig, wenn
1. hierfür ein unvorhergesehenes und unabweisbares Bedürfnis besteht und
2. entsprechende Einnahmeerhöhungen vorliegen.

²Außerplanmäßige Ausgaben sind nur zulässig, wenn
1. hierfür ein unvorhergesehenes und unabweisbares Bedürfnis besteht und
2. Beträge in gleicher Höhe bei anderen Ausgabeansätzen eingespart werden oder entsprechende Einnahmeerhöhungen vorliegen.

³Die Entscheidung hierüber trifft das Bundesministerium für Arbeit und Soziales im Benehmen mit dem Bundesministerium der Finanzen und im Einvernehmen mit dem Beirat.
(4) Bis zur bestimmungsmäßigen Verwendung sind die Ausgabemittel verzinslich anzulegen.

2. Unterabschnitt
Förderung der Teilhabe schwerbehinderter Menschen am Arbeitsleben aus Mitteln des Ausgleichsfonds

§ 41 Verwendungszwecke

(1) Die Mittel aus dem Ausgleichsfonds sind zu verwenden für
1. Zuweisungen an die Bundesagentur für Arbeit zur besonderen Förderung der Teilhabe schwerbehinderter Menschen am Arbeitsleben, insbesondere durch Eingliederungszuschüsse und Zuschüsse zur Ausbildungsvergütung nach dem Dritten Buch Sozialgesetzbuch, und zwar ab 2009 jährlich in Höhe von 16 vom Hundert des Aufkommens an Ausgleichsabgabe,
2. befristete überregionale Programme zum Abbau der Arbeitslosigkeit schwerbehinderter Menschen, besonderer Gruppen von schwerbehinderten Menschen (§ 155 des Neunten Buches Sozialgesetzbuch) oder schwerbehinderter Frauen sowie zur Förderung des Ausbildungsplatzangebots für schwerbehinderte Menschen,
3. Einrichtungen nach § 30 Abs. 1 Nr. 1 bis 3, soweit sie den Interessen mehrerer Länder dienen; Einrichtungen dienen den Interessen mehrerer Länder auch dann, wenn sie Bestandteil eines abgestimmten Plans sind, der ein länderübergreifendes Netz derartiger Einrichtungen zum Gegenstand hat,
4. überregionale Modellvorhaben zur Weiterentwicklung der Förderung der Teilhabe schwerbehinderter Menschen am Arbeitsleben, insbesondere durch betriebliches Eingliederungsmanagement, und der Förderung der Ausbildung schwerbehinderter Jugendlicher,
5. die Entwicklung technischer Arbeitshilfen und
6. Aufklärungs-, Fortbildungs- und Forschungsmaßnahmen auf dem Gebiet der Teilhabe schwerbehinderter Menschen am Arbeitsleben, sofern diesen Maßnahmen überregionale Bedeutung zukommt.

(2) Die Mittel des Ausgleichsfonds sind vorrangig für die Eingliederung schwerbehinderter Menschen in den allgemeinen Arbeitsmarkt zu verwenden.
(3) Der Ausgleichsfonds kann sich an der Förderung von Forschungs- und Modellvorhaben durch die Integrationsämter nach § 14 Abs. 1 Nr. 4 beteiligen, sofern diese Vorhaben auch für andere Länder oder den Bund von Bedeutung sein können.
(4) Die §§ 31 bis 34 gelten entsprechend.

3. Unterabschnitt
Verfahren zur Vergabe der Mittel des Ausgleichsfonds

§ 42 Anmeldeverfahren und Anträge

[1]Leistungen aus dem Ausgleichsfonds sind vom Träger der Maßnahme beim Bundesministerium für Arbeit und Soziales zu beantragen, in den Fällen des § 41 Abs. 1 Nr. 3 nach vorheriger Abstimmung mit dem Land, in dem der Integrationsbetrieb oder die Integrationsabteilung oder die Einrichtung ihren Sitz hat oder haben soll. [2]Das Bundesministerium für Arbeit und Soziales leitet die Anträge mit seiner Stellungnahme dem Beirat zu.

§ 43 Vorschlagsrecht des Beirats

(1) [1]Der Beirat nimmt zu den Anträgen Stellung. [2]Die Stellungnahme hat einen Vorschlag zu enthalten, ob, in welcher Art und Höhe sowie unter welchen Bedingungen und Auflagen Mittel des Ausgleichsfonds vergeben werden sollen.
(2) Der Beirat kann unabhängig vom Vorliegen oder in Abwandlung eines schriftlichen oder elektronischen Antrags Vorhaben zur Förderung vorschlagen.

§ 44 Entscheidung

(1) Das Bundesministerium für Arbeit und Soziales entscheidet über die Anträge aufgrund der Vorschläge des Beirats durch schriftlichen oder elektronischen Bescheid.
(2) Der Beirat ist über die getroffene Entscheidung zu unterrichten.

§ 45 Vorhaben des Bundesministeriums für Arbeit und Soziales

Für Vorhaben des Bundesministeriums für Arbeit und Soziales, die dem Beirat zur Stellungnahme zuzuleiten sind, gelten die §§ 43 und 44 entsprechend.

Vierter Abschnitt
Schlußvorschriften

§ 46 Übergangsregelungen

Abweichend von § 41 können Mittel des Ausgleichsfonds verwendet werden zur Förderung von Inklusionsbetrieben und -abteilungen nach Kapitel 11 des Teils 3 des Neunten Buches Sozialgesetzbuch, die nicht von öffentlichen Arbeitgebern im Sinne des § 154 Absatz 2 des Neunten Buches Sozialgesetzbuch geführt werden, soweit die Förderung bis zum 31. Dezember 2003 bewilligt worden ist, sowie für die Förderung von Einrichtungen nach § 30 Absatz 1 Satz 1 Nummer 4 bis 6, soweit Leistungen als Zinszuschüsse oder Zuschüsse zur Deckung eines Miet- oder Pachtzinses für bis zum 31. Dezember 2004 bewilligte Projekte erbracht werden.

§ 47 Inkrafttreten, Außerkrafttreten

[1]Diese Verordnung tritt am Tage nach der Verkündung in Kraft. [2]Gleichzeitig tritt die Ausgleichsabgabeverordnung Schwerbehindertengesetz vom 8. August 1978 (BGBl. I S. 1228), zuletzt geändert durch § 12 der Kraftfahrzeughilfe-Verordnung vom 28. September 1987 (BGBl. I S. 2251), außer Kraft.

Werkstättenverordnung (WVO)

Vom 13. August 1980 (BGBl. I S. 1365)

Zuletzt geändert durch
Teilhabestärkungsgesetz
vom 2. Juni 2021 (BGBl. I S. 1387)

Inhaltsübersicht

Erster Abschnitt
Fachliche Anforderungen an die Werkstatt für behinderte Menschen
§ 1 Grundsatz der einheitlichen Werkstatt
§ 2 Fachausschuß
§ 3 Eingangsverfahren
§ 4 Berufsbildungsbereich
§ 5 Arbeitsbereich
§ 6 Beschäftigungszeit
§ 7 Größe der Werkstatt
§ 8 Bauliche Gestaltung, Ausstattung, Standort
§ 9 Werkstattleiter, Fachpersonal zur Arbeits- und Berufsförderung
§ 10 Begleitende Dienste
§ 11 Fortbildung
§ 12 Wirtschaftsführung
§ 13 Abschluß von schriftlichen Verträgen
§ 14 Mitbestimmung, Mitwirkung, Frauenbeauftragte
§ 15 Werkstattverbund
§ 16 Formen der Werkstatt

Zweiter Abschnitt
Verfahren zur Anerkennung als Werkstatt für behinderte Menschen
§ 17 Anerkennungsfähige Einrichtungen
§ 18 Antrag

Dritter Abschnitt
Schlußvorschriften
§ 19 Vorläufige Anerkennung
§ 20 (weggefallen)
§ 21 Inkrafttreten

Auf Grund des § 55 Abs. 3 des Schwerbehindertengesetzes in der Fassung der Bekanntmachung vom 8. Oktober 1979 (BGBl. I S. 1649) verordnet die Bundesregierung mit Zustimmung des Bundesrates:

Erster Abschnitt
Fachliche Anforderungen an die Werkstatt für behinderte Menschen

§ 1 Grundsatz der einheitlichen Werkstatt

(1) Die Werkstatt für behinderte Menschen (Werkstatt) hat zur Erfüllung ihrer gesetzlichen Aufgaben die Voraussetzungen dafür zu schaffen, daß sie die behinderten Menschen im Sinne des § 219 Absatz 2 des Neunten Buches Sozialgesetzbuch aus ihrem Einzugsgebiet aufnehmen kann.
(2) Der unterschiedlichen Art der Behinderung und ihren Auswirkungen soll innerhalb der Werkstatt durch geeignete Maßnahmen, insbesondere durch Bildung besonderer Gruppen im Berufsbildungs- und Arbeitsbereich, Rechnung getragen werden.

§ 2 Fachausschuß

(1) ¹Bei jeder Werkstatt ist ein Fachausschuß zu bilden. ²Ihm gehören in gleicher Zahl an
1. Vertreter der Werkstatt,
2. Vertreter der Bundesagentur für Arbeit,
3. Vertreter des nach Landesrecht bestimmten Trägers der Eingliederungshilfe.

²Kommt die Zuständigkeit eines anderen Rehabilitationsträgers zur Erbringung von Leistungen zur Teilhabe am Arbeitsleben und ergänzende Leistungen in Betracht, soll der Fachausschuß zur Mitwirkung an der Stellungnahme auch Vertreter dieses Trägers hinzuziehen. ³Er kann auch andere Personen zur Beratung hinzuziehen und soll, soweit erforderlich, Sachverständige hören.
(1a) ¹Ein Tätigwerden des Fachausschusses unterbleibt, soweit ein Teilhabeplanverfahren nach den §§ 19 bis 23 des Neunten Buches Sozialgesetzbuch durchgeführt wird. ²Dies gilt entsprechend, wenn ein Gesamtplanverfahren durchgeführt wird.
(2) Der Fachausschuss gibt vor der Aufnahme des behinderten Menschen in die Werkstatt gegenüber dem im Falle einer Aufnahme zuständigen Rehabilitationsträger eine Stellungnahme ab, ob der behinderte Mensch für seine Teilhabe am Arbeitsleben und zu seiner Eingliederung in das Arbeitsleben Leistungen einer Werkstatt für behinderte Menschen benötigt oder ob andere Leistungen zur Teilhabe am Arbeits-

leben in Betracht kommen, insbesondere Leistungen der Unterstützten Beschäftigung nach § 55 des Neunten Buches Sozialgesetzbuch.

§ 3 Eingangsverfahren

(1) ¹Die Werkstatt führt im Benehmen mit dem zuständigen Rehabilitationsträger Eingangsverfahren durch. ²Aufgabe des Eingangsverfahrens ist es festzustellen, ob die Werkstatt die geeignete Einrichtung zur Teilhabe behinderter Menschen am Arbeitsleben und zur Eingliederung in das Arbeitsleben im Sinne des § 219 des Neunten Buches Sozialgesetzbuch ist, sowie welche Bereiche der Werkstatt und welche Leistungen zur Teilhabe am Arbeitsleben und ergänzende Leistungen oder Leistungen zur Eingliederung in das Arbeitsleben in Betracht kommen und einen Eingliederungsplan zu erstellen.
(2) ¹Das Eingangsverfahren dauert drei Monate. ²Es kann auf eine Dauer von bis zu vier Wochen verkürzt werden, wenn während des Eingangsverfahrens im Einzelfall festgestellt wird, dass eine kürzere Dauer ausreichend ist.
(3) Zum Abschluß des Eingangsverfahrens gibt der Fachausschuß auf Vorschlag des Trägers der Werkstatt und nach Anhörung des behinderten Menschen, gegebenenfalls auch seines gesetzlichen Vertreters, unter Würdigung aller Umstände des Einzelfalles, insbesondere der Persönlichkeit des behinderten Menschen und seines Verhaltens während des Eingangsverfahrens, eine Stellungnahme gemäß Absatz 1 gegenüber dem zuständigen Rehabilitationsträger ab.
(4) ¹Kommt der Fachausschuß zu dem Ergebnis, daß die Werkstatt für behinderte Menschen nicht geeignet ist, soll er zugleich eine Empfehlung aussprechen, welche andere Einrichtung oder sonstige Maßnahmen für den behinderten Menschen in Betracht kommen. ²Er soll sich auch dazu äußern, nach welcher Zeit eine Wiederholung des Eingangsverfahrens zweckmäßig ist und welche Maßnahmen und welche anderen Leistungen zur Teilhabe in der Zwischenzeit durchgeführt werden sollen.

§ 4 Berufsbildungsbereich

(1) ¹Die Werkstatt führt im Benehmen mit dem im Berufsbildungsbereich und dem im Arbeitsbereich zuständigen Rehabilitationsträger Maßnahmen im Berufsbildungsbereich (Einzelmaßnahmen und Lehrgänge) zur Verbesserung der Teilhabe am Arbeitsleben unter Einschluss angemessener Maßnahmen zur Weiterentwicklung der Persönlichkeit des behinderten Menschen durch. ²Sie fördert die behinderten Menschen so, dass sie spätestens nach Teilnahme an Maßnahmen des Berufsbildungsbereichs in der Lage sind, wenigstens ein Mindestmaß wirtschaftlich verwertbarer Arbeitsleistung im Sinne des § 219 Absatz 2 des Neunten Buches Sozialgesetzbuch zu erbringen.
(2) Das Angebot an Leistungen zur Teilhabe am Arbeitsleben soll möglichst breit sein, um Art und Schwere der Behinderung, der unterschiedlichen Leistungsfähigkeit, Entwicklungsmöglichkeit sowie Eignung und Neigung der behinderten Menschen soweit wie möglich Rechnung zu tragen.
(3) Die Lehrgänge sind in einen Grund- und einen Aufbaukurs von in der Regel je zwölfmonatiger Dauer zu gliedern.
(4) ¹Im Grundkurs sollen Fertigkeiten und Grundkenntnisse verschiedener Arbeitsabläufe vermittelt werden, darunter manuelle Fertigkeiten im Umgang mit verschiedenen Werkstoffen und Werkzeugen und Grundkenntnisse über Werkstoffe und Werkzeuge. ²Zugleich sollen das Selbstwertgefühl des behinderten Menschen und die Entwicklung des Sozial- und Arbeitsverhaltens gefördert sowie Schwerpunkte der Eignung und Neigung festgestellt werden.
(5) Im Aufbaukurs sollen Fertigkeiten mit höherem Schwierigkeitsgrad, insbesondere im Umgang mit Maschinen, und vertiefte Kenntnisse über Werkstoffe und Werkzeuge vermittelt sowie die Fähigkeit zu größerer Ausdauer und Belastung und zur Umstellung auf unterschiedliche Beschäftigungen im Arbeitsbereich geübt werden.
(6) ¹Rechtzeitig vor Beendigung einer Maßnahme im Sinne des Absatzes 1 Satz 1 hat der Fachausschuss gegenüber dem zuständigen Rehabilitationsträger eine Stellungnahme dazu abzugeben, ob
1. die Teilnahme an einer anderen oder weiterführenden beruflichen Bildungsmaßnahme oder
2. eine Wiederholung der Maßnahme im Berufsbildungsbereich oder
3. eine Beschäftigung im Arbeitsbereich der Werkstatt oder auf dem allgemeinen Arbeitsmarkt einschließlich einem Inklusionsbetrieb (§ 215 des Neunten Buches Sozialgesetzbuch)
zweckmäßig erscheint. ²Das Gleiche gilt im Falle des vorzeitigen Abbruchs oder Wechsels der Maßnahme im Berufsbildungsbereich sowie des Ausscheidens aus der Werkstatt. ³Hat der zuständige Rehabilitationsträger die Leistungen für ein Jahr bewilligt (§ 57 Absatz 3 Satz 2 des Neunten Buches Sozialgesetzbuch), gibt der Fachausschuss ihm gegenüber rechtzeitig vor Ablauf dieses Jahres auch eine

fachliche Stellungnahme dazu ab, ob die Leistungen für ein weiteres Jahr bewilligt werden sollen (§ 57 Absatz 3 Satz 3 des Neunten Buches Sozialgesetzbuch). ⁴Im übrigen gilt § 3 Abs. 3 entsprechend.

§ 5 Arbeitsbereich

(1) Die Werkstatt soll über ein möglichst breites Angebot an Arbeitsplätzen verfügen, um Art und Schwere der Behinderung, der unterschiedlichen Leistungsfähigkeit, Entwicklungsmöglichkeit sowie Eignung und Neigung der behinderten Menschen soweit wie möglich Rechnung zu tragen.
(2) ¹Die Arbeitsplätze sollen in ihrer Ausstattung soweit wie möglich denjenigen auf dem allgemeinen Arbeitsmarkt entsprechen. ²Bei der Gestaltung der Plätze und der Arbeitsabläufe sind die besonderen Bedürfnisse der behinderten Menschen soweit wie möglich zu berücksichtigen, um sie in die Lage zu versetzen, wirtschaftlich verwertbare Arbeitsleistungen zu erbringen. ³Die Erfordernisse der Vorbereitung für eine Vermittlung auf dem allgemeinen Arbeitsmarkt sind zu beachten.
(3) Zur Erhaltung und Erhöhung der im Berufsbildungsbereich erworbenen Leistungsfähigkeit und zur Weiterentwicklung der Persönlichkeit des behinderten Menschen sind arbeitsbegleitend geeignete Maßnahmen durchzuführen.
(4) ¹Der Übergang von behinderten Menschen auf den allgemeinen Arbeitsmarkt ist durch geeignete Maßnahmen zu fördern, insbesondere auch durch die Einrichtung einer Übergangsgruppe mit besonderen Förderangeboten, Entwicklung individueller Förderpläne sowie Ermöglichung von Trainingsmaßnahmen, Betriebspraktika und durch eine zeitweise Beschäftigung auf ausgelagerten Arbeitsplätzen. ²Dabei hat die Werkstatt die notwendige arbeitsbegleitende Betreuung in der Übergangsphase sicherzustellen und darauf hinzuwirken, daß der zuständige Rehabilitationsträger seine Leistungen und nach dem Ausscheiden des behinderten Menschen aus der Werkstatt das Integrationsamt, gegebenenfalls unter Beteiligung eines Integrationsfachdienstes, die begleitende Hilfe im Arbeits- und Berufsleben erbringen. ³Die Werkstatt hat die Bundesagentur für Arbeit bei der Durchführung der vorbereitenden Maßnahmen in die Bemühungen zur Vermittlung auf den allgemeinen Arbeitsmarkt einzubeziehen.
(5) ¹Der Fachausschuss wird bei der Planung und Durchführung von Maßnahmen nach den Absätzen 3 und 4 beteiligt. ²Er gibt auf Vorschlag des Trägers der Werkstatt oder des zuständigen Rehabilitationsträgers in regelmäßigen Abständen, wenigstens einmal jährlich, gegenüber dem zuständigen Rehabilitationsträger eine Stellungnahme dazu ab, welche behinderten Menschen für einen Übergang auf den allgemeinen Arbeitsmarkt in Betracht kommen und welche übergangsfördernden Maßnahmen dazu erforderlich sind. ³Im Übrigen gilt § 3 Abs. 3 entsprechend.

§ 6 Beschäftigungszeit

(1) ¹Die Werkstatt hat sicherzustellen, daß die behinderten Menschen im Berufsbildungs- und Arbeitsbereich wenigstens 35 und höchstens 40 Stunden wöchentlich beschäftigt werden können. ²Die Stundenzahlen umfassen Erholungspausen und Zeiten der Teilnahme an Maßnahmen im Sinne des § 5 Abs. 3.
(2) Einzelnen behinderten Menschen ist eine kürzere Beschäftigungszeit zu ermöglichen, wenn es wegen Art oder Schwere der Behinderung oder zur Erfüllung des Erziehungsauftrages notwendig erscheint.

§ 7 Größe der Werkstatt

(1) Die Werkstatt soll in der Regel über mindestens 120 Plätze verfügen.
(2) Die Mindestzahl nach Absatz 1 gilt als erfüllt, wenn der Werkstattverbund im Sinne des § 15, dem die Werkstatt angehört, über diese Zahl von Plätzen verfügt.

§ 8 Bauliche Gestaltung, Ausstattung, Standort

(1) ¹Die bauliche Gestaltung und die Ausstattung der Werkstatt müssen der Aufgabenstellung der Werkstatt als einer Einrichtung zur Teilhabe behinderter Menschen am Arbeitsleben und zur Eingliederung in das Arbeitsleben und den in § 219 des Neunten Buches Sozialgesetzbuch und im Ersten Abschnitt dieser Verordnung gestellten Anforderungen Rechnung tragen. ²Die Erfordernisse des Arbeitsschutzes und der Unfallverhütung sowie zur Vermeidung baulicher und technischer Hindernisse sind zu beachten.
(2) Bei der Wahl des Standorts ist auf die Einbindung in die regionale Wirtschafts- und Beschäftigungsstruktur Rücksicht zu nehmen.
(3) Das Einzugsgebiet muß so bemessen sein, daß die Werkstatt für die behinderten Menschen mit öffentlichen oder sonstigen Verkehrsmitteln in zumutbarer Zeit erreichbar ist.
(4) Die Werkstatt hat im Benehmen mit den zuständigen Rehabilitationsträgern, soweit erforderlich, einen Fahrdienst zu organisieren.

§ 9 Werkstattleiter, Fachpersonal zur Arbeits- und Berufsförderung

(1) Die Werkstatt muß über die Fachkräfte verfügen, die erforderlich sind, um ihre Aufgaben entsprechend den jeweiligen Bedürfnissen der behinderten Menschen, insbesondere unter Berücksichtigung der Notwendigkeit einer individuellen Förderung von behinderten Menschen, erfüllen zu können.

(2) ¹Der Werkstattleiter soll in der Regel über einen Fachhochschulabschluß im kaufmännischen oder technischen Bereich oder einen gleichwertigen Bildungsstand, über ausreichende Berufserfahrung und eine sonderpädagogische Zusatzqualifikation verfügen. ²Entsprechende Berufsqualifikationen aus dem sozialen Bereich reichen aus, wenn die zur Leitung einer Werkstatt erforderlichen Kenntnisse und Fähigkeiten im kaufmännischen und technischen Bereich anderweitig erworben worden sind. ³Die sonderpädagogische Zusatzqualifikation kann in angemessener Zeit durch Teilnahme an geeigneten Fortbildungsmaßnahmen nachgeholt werden.

(3) ¹Die Zahl der Fachkräfte zur Arbeits- und Berufsförderung im Berufsbildungs- und Arbeitsbereich richtet sich nach der Zahl und der Zusammensetzung der behinderten Menschen sowie der Art der Beschäftigung und der technischen Ausstattung des Arbeitsbereichs. ²Das Zahlenverhältnis von Fachkräften zu behinderten Menschen soll im Berufsbildungsbereich 1 : 6, im Arbeitsbereich 1 : 12 betragen. ³Die Fachkräfte sollen in der Regel Facharbeiter, Gesellen oder Meister mit einer mindestens zweijährigen Berufserfahrung in Industrie oder Handwerk sein; sie müssen pädagogisch geeignet sein und über eine sonderpädagogische Zusatzqualifikation verfügen. ⁴Entsprechende Berufsqualifikationen aus dem pädagogischen oder sozialen Bereich reichen aus, wenn die für eine Tätigkeit als Fachkraft erforderlichen sonstigen Kenntnisse und Fähigkeiten für den Berufsbildungs- und Berufsbildungsbereich anderweitig erworben worden sind. ⁵Absatz 2 Satz 3 gilt entsprechend.

(4) Zur Durchführung des Eingangsverfahrens sollen Fachkräfte des Berufsbildungsbereichs und der begleitenden Dienste eingesetzt werden, sofern der zuständige Rehabilitationsträger keine höheren Anforderungen stellt.

§ 10 Begleitende Dienste

(1) ¹Die Werkstatt muß zur pädagogischen, sozialen und medizinischen Betreuung der behinderten Menschen über begleitende Dienste verfügen, die den Bedürfnissen der behinderten Menschen gerecht werden. ²Eine erforderliche psychologische Betreuung ist sicherzustellen. ³§ 9 Abs. 1 gilt entsprechend.

(2) Für je 120 behinderte Menschen sollen in der Regel ein Sozialpädagoge oder ein Sozialarbeiter zur Verfügung stehen, darüber hinaus im Einvernehmen mit den zuständigen Rehabilitationsträgern pflegerische, therapeutische und nach Art und Schwere der Behinderung sonst erforderliche Fachkräfte.

(3) Die besondere ärztliche Betreuung der behinderten Menschen in der Werkstatt und die medizinische Beratung des Fachpersonals der Werkstatt durch einen Arzt, der möglichst auch die an einen Betriebsarzt zu stellenden Anforderungen erfüllen soll, müssen vertraglich sichergestellt sein.

§ 11 Fortbildung

Die Werkstatt hat dem Fachpersonal nach den §§ 9 und 10 Gelegenheit zur Teilnahme an Fortbildungsmaßnahmen zu geben.

§ 12 Wirtschaftsführung

(1) ¹Die Werkstatt muß nach betriebswirtschaftlichen Grundsätzen organisiert sein. ²Sie hat nach kaufmännischen Grundsätzen Bücher zu führen und eine Betriebsabrechnung in Form einer Kostenstellenrechnung zu erstellen. ³Sie soll einen Jahresabschluß erstellen. ⁴Zusätzlich sind das Arbeitsergebnis, seine Zusammensetzung im Einzelnen gemäß Absatz 4 und seine Verwendung auszuweisen. ⁵Die Buchführung, die Betriebsabrechnung und der Jahresabschluß sind in angemessenen Zeitabständen in der Regel von einer Person zu prüfen, die als Prüfer bei durch Bundesgesetz vorgeschriebenen Prüfungen des Jahresabschlusses einschließlich der Ermittlung des Arbeitsergebnisses, seine Zusammensetzung im Einzelnen gemäß Absatz 4 und seiner Verwendung (Abschlußprüfer) juristischer Personen zugelassen ist. ⁶Weitergehende handelsrechtliche und abweichende haushaltsrechtliche Vorschriften über Rechnungs-, Buchführungs- und Aufzeichnungspflichten sowie Prüfungspflichten bleiben unberührt. ⁷Über den zu verwendenden Kontenrahmen, die Gliederung des Jahresabschlusses, die Kostenstellenrechnung und die Zeitabstände zwischen den Prüfungen der Rechnungslegung ist mit den zuständigen Rehabilitationsträgern Einvernehmen herzustellen.

(2) Die Werkstatt muß über einen Organisations- und Stellenplan mit einer Funktionsbeschreibung des Personals verfügen.

(3) Die Werkstatt muß wirtschaftliche Arbeitsergebnisse anstreben, um an die im Arbeitsbereich beschäftigten behinderten Menschen ein ihrer Leistung angemessenes Arbeitsentgelt im Sinne des § 219 Absatz 1 Satz 2 und § 221 des Neunten Buches Sozialgesetzbuch zahlen zu können.

(4) ¹Arbeitsergebnis im Sinne des § 221 des Neunten Buches und der Vorschriften dieser Verordnung ist die Differenz aus den Erträgen und den notwendigen Kosten des laufenden Betriebs im Arbeitsbereich der Werkstatt. ²Die Erträge setzen sich zusammen aus den Umsatzerlösen, Zins- und sonstigen Erträgen aus der wirtschaftlichen Tätigkeit und den von den Rehabilitationsträgern erbrachten Kostensätzen. ³Notwendige Kosten des laufenden Betriebs sind die Kosten nach § 58 Absatz 3 Satz 2 und 3 des Neunten Buches Sozialgesetzbuch im Rahmen der getroffenen Vereinbarungen sowie die mit der wirtschaftlichen Betätigung der Werkstatt in Zusammenhang stehenden notwendigen Kosten, die auch in einem Wirtschaftsunternehmen üblicherweise entstehen und infolgedessen nach § 58 Absatz 3 des Neunten Buches Sozialgesetzbuch von den Rehabilitationsträgern nicht übernommen werden, nicht hingegen die Kosten für die Arbeitsentgelte nach § 221 Absatz 2 des Neunten Buches Sozialgesetzbuch und das Arbeitsförderungsgeld nach § 59 des Neunten Buches Sozialgesetzbuch.

(5) ¹Das Arbeitsergebnis darf nur für Zwecke der Werkstatt verwendet werden, und zwar für
1. die Zahlung der Arbeitsentgelte nach § 221 Absatz 2 des Neunten Buches Sozialgesetzbuch, in der Regel im Umfang von mindestens 70 vom Hundert des Arbeitsergebnisses,
2. die Bildung einer zum Ausgleich von Ertragsschwankungen notwendigen Rücklage, höchstens eines Betrages, der zur Zahlung der Arbeitsentgelte nach § 221 des Neunten Buches Sozialgesetzbuch für sechs Monate erforderlich ist,
3. Ersatz- und Modernisierungsinvestitionen in der Werkstatt, soweit diese Kosten nicht aus den Rücklagen auf Grund von Abschreibung des Anlagevermögens für solche Investitionen, aus Leistungen der Rehabilitationsträger oder aus sonstigen Einnahmen zu decken sind oder gedeckt werden.

Kosten für die Schaffung und Ausstattung neuer Werk- und Wohnstättenplätze dürfen aus dem Arbeitsergebnis nicht bestritten werden.
Abweichende handelsrechtliche Vorschriften über die Bildung von Rücklagen bleiben unberührt.

(6) ¹Die Werkstatt legt die Ermittlung des Arbeitsergebnisses nach Absatz 4 und dessen Verwendung nach Absatz 5 gegenüber den beiden Anerkennungsbehörden nach § 225 Satz 2 des Neunten Buches Sozialgesetzbuch auf deren Verlangen offen. ²Diese sind berechtigt, die Angaben durch Einsicht in die nach Absatz 1 zu führenden Unterlagen zu überprüfen.

§ 13 Abschluß von schriftlichen Verträgen

(1) ¹Die Werkstätten haben mit den im Arbeitsbereich beschäftigten behinderten Menschen, soweit auf sie die für einen Arbeitsvertrag geltenden Rechtsvorschriften oder Rechtsgrundsätze nicht anwendbar sind, Werkstattverträge in schriftlicher Form abzuschließen, in denen das arbeitnehmerähnliche Rechtsverhältnis zwischen der Werkstatt und dem Behinderten näher geregelt wird. ²Über die Vereinbarungen sind die zuständigen Rehabilitationsträger zu unterrichten.

(2) In den Verträgen nach Absatz 1 ist auch die Zahlung des Arbeitsentgelts im Sinne des § 219 Absatz 1 Satz 2 und § 221 des Neunten Buches Sozialgesetzbuch an die im Arbeitsbereich beschäftigten behinderten Menschen aus dem Arbeitsergebnis näher zu regeln.

§ 14 Mitbestimmung, Mitwirkung, Frauenbeauftragte

Die Werkstatt hat den Menschen mit Behinderungen im Sinne des § 13 Absatz 1 Satz 1 eine angemessene Mitbestimmung und Mitwirkung durch Werkstatträte sowie den Frauenbeauftragten eine angemessene Interessenvertretung zu ermöglichen.

§ 15 Werkstattverbund

(1) Mehrere Werkstätten desselben Trägers oder verschiedener Träger innerhalb eines Einzugsgebietes im Sinne des § 8 Abs. 3 oder mit räumlich zusammenhängenden Einzugsgebieten können zur Erfüllung der Aufgaben einer Werkstatt und der an sie gestellten Anforderungen eine Zusammenarbeit vertraglich vereinbaren (Werkstattverbund).

(2) Ein Werkstattverbund ist anzustreben, wenn im Einzugsgebiet einer Werkstatt zusätzlich eine besondere Werkstatt im Sinne des § 220 Absatz 1 Satz 2 Nummer 2 des Neunten Buches Sozialgesetzbuch für behinderte Menschen mit einer bestimmten Art der Behinderung vorhanden ist.

§ 16 Formen der Werkstatt

Die Werkstatt kann eine teilstationäre Einrichtung oder ein organisatorisch selbständiger Teil einer stationären Einrichtung (Anstalt, Heim oder gleichartige Einrichtung) oder eines Unternehmens sein.

Zweiter Abschnitt
Verfahren zur Anerkennung als Werkstatt für behinderte Menschen

§ 17 Anerkennungsfähige Einrichtungen

(1) [1]Als Werkstätten können nur solche Einrichtungen anerkannt werden, die die im § 219 des Neunten Buches Sozialgesetzbuch und im Ersten Abschnitt dieser Verordnung gestellten Anforderungen erfüllen. [2]Von Anforderungen, die nicht zwingend vorgeschrieben sind, sind Ausnahmen zuzulassen, wenn ein besonderer sachlicher Grund im Einzelfall eine Abweichung rechtfertigt.

(2) Als Werkstätten können auch solche Einrichtungen anerkannt werden, die Teil eines Werkstattverbundes sind und die Anforderungen nach Absatz 1 nicht voll erfüllen, wenn der Werkstattverbund die Anforderungen erfüllt.

(3) [1]Werkstätten im Aufbau, die die Anforderungen nach Absatz 1 noch nicht voll erfüllen, aber bereit und in der Lage sind, die Anforderungen in einer vertretbaren Anlaufzeit zu erfüllen, können unter Auflagen befristet anerkannt werden. [2]Abweichend von § 7 genügt es, wenn im Zeitpunkt der Entscheidung über den Antrag auf Anerkennung wenigstens 60 Plätze vorhanden sind, sofern gewährleistet ist, daß die Werkstatt im Endausbau, spätestens nach 5 Jahren, die Voraussetzungen des § 7 erfüllt.

§ 18 Antrag

(1) [1]Die Anerkennung ist vom Träger der Werkstatt schriftlich oder elektronisch zu beantragen. [2]Der Antragsteller hat nachzuweisen, daß die Voraussetzungen für die Anerkennung vorliegen.

(2) [1]Die Entscheidung über den Antrag ergeht schriftlich oder elektronisch. [2]Eine Entscheidung soll innerhalb von 3 Monaten seit Antragstellung getroffen werden.

(3) Die Anerkennung erfolgt mit der Auflage, im Geschäftsverkehr auf die Anerkennung als Werkstatt für behinderte Menschen hinzuweisen.

Dritter Abschnitt
Schlußvorschriften

§ 19 Vorläufige Anerkennung

Vorläufige Anerkennungen, die vor Inkrafttreten dieser Verordnung von der Bundesanstalt für Arbeit ausgesprochen worden sind, behalten ihre Wirkung bis zur Unanfechtbarkeit der Entscheidung über den neuen Antrag auf Anerkennung, wenn dieser Antrag innerhalb von 3 Monaten nach Inkrafttreten dieser Verordnung gestellt wird.

§ 20 (weggefallen)

§ 21 Inkrafttreten

Diese Verordnung tritt am Tage nach der Verkündung in Kraft.

Schwerbehindertenausweisverordnung (SchwbAwV)

in der Fassung der Bekanntmachung
vom 25. Juli 1991 (BGBl. I S. 1739)

Zuletzt geändert durch
Bundesteilhabegesetz
vom 23. Dezember 2016 (BGBl. I S. 3234)[1])

Inhaltsübersicht

Erster Abschnitt
Ausweis für schwerbehinderte Menschen

§ 1 Gestaltung des Ausweises
§ 2 Zugehörigkeit zu Sondergruppen
§ 3 Weitere Merkzeichen
§ 3a Beiblatt
§ 4 Sonstige Eintragungen
§ 5 Lichtbild
§ 6 Gültigkeitsdauer
§ 7 Verwaltungsverfahren

Zweiter Abschnitt
Ausweis für sonstige Personen zur unentgeltlichen Beförderung im öffentlichen Personenverkehr

§ 8 Ausweis für sonstige freifahrtberechtigte Personen

Dritter Abschnitt
Übergangsregelung

§ 9 Übergangsregelung

Muster 1 bis 5
(hier nicht aufgenommen)

Erster Abschnitt
Ausweis für schwerbehinderte Menschen

§ 1 Gestaltung des Ausweises

(1) Der Ausweis im Sinne des § 152 Absatz 5 des Neunten Buches Sozialgesetzbuch über die Eigenschaft als schwerbehinderter Mensch, den Grad der Behinderung und weitere gesundheitliche Merkmale, die Voraussetzung für die Inanspruchnahme von Rechten und Nachteilsausgleichen nach dem Neunten Buch Sozialgesetzbuch oder nach anderen Vorschriften sind, wird nach dem in der Anlage zu dieser Verordnung abgedruckten Muster 1 ausgestellt. Der Ausweis ist mit einem fälschungssicheren Aufdruck in der Grundfarbe grün versehen.

(2) Der Ausweis für schwerbehinderte Menschen, die das Recht auf unentgeltliche Beförderung im öffentlichen Personenverkehr in Anspruch nehmen können, ist durch einen halbseitigen orangefarbenen Flächenaufdruck gekennzeichnet.

(3) Der Ausweis für schwerbehinderte Menschen, die zu einer der in § 234 Satz 1 Nummer 2 des Neunten Buches Sozialgesetzbuch genannten Gruppen gehören, ist nach § 2 zu kennzeichnen.

(4) Der Ausweis für schwerbehinderte Menschen mit weiteren gesundheitlichen Merkmalen im Sinne des Absatzes 1 ist durch Merkzeichen nach § 3 zu kennzeichnen.

(5) Der Ausweis ist als Identifikationskarte nach dem in der Anlage zu dieser Verordnung abgedruckten Muster 5 auszustellen.

§ 2 Zugehörigkeit zu Sondergruppen

(1) Im Ausweis ist auf der Vorderseite unter dem Wort „Schwerbehindertenausweis" die Bezeichnung „Kriegsbeschädigt" einzutragen, wenn der schwerbehinderte Mensch wegen eines Grades der Schädigungsfolgen von mindestens 50 Anspruch auf Versorgung nach dem Bundesversorgungsgesetz hat.

(2) Im Ausweis sind auf der Vorderseite folgende Merkzeichen einzutragen:

---

[1]) **Anm. d. Hrsg.:** Die am 1. Januar 2018 in Kraft getretenen Änderungen sind eingearbeitet.

1. ⬜VB⬜ wenn der schwerbehinderte Mensch wegen eines Grades der Schädigungsfolgen von mindestens 50 Anspruch auf Versorgung nach anderen Bundesgesetzen in entsprechender Anwendung der Vorschriften des Bundesversorgungsgesetzes hat oder wenn der Grad der Schädigungsfolgen wegen des Zusammentreffens mehrerer Ansprüche auf Versorgung nach dem Bundesversorgungsgesetz, nach Bundesgesetzen in entsprechender Anwendung der Vorschriften des Bundesversorgungsgesetzes oder nach dem Bundesentschädigungsgesetz in seiner Gesamtheit mindestens 50 beträgt und nicht bereits die Bezeichnung nach Absatz 1 oder ein Merkzeichen nach Nummer 2 einzutragen ist,

2. ⬜EB⬜ wenn der schwerbehinderte Mensch wegen eines Grades der Schädigungsfolgen von mindestens 50 Entschädigung nach § 28 des Bundesentschädigungsgesetzes erhält.

Beim Zusammentreffen der Voraussetzungen für die Eintragung der Bezeichnung nach Absatz 1 und des Merkzeichens nach Satz 1 Nr. 2 ist die Bezeichnung „Kriegsbeschädigt" einzutragen, es sei denn, der schwerbehinderte Mensch beantragt die Eintragung des Merkzeichens „EB".

§ 3 Weitere Merkzeichen

(1) Im Ausweis sind auf der Rückseite folgende Merkzeichen einzutragen:

1. ⬜aG⬜ wenn der schwerbehinderte Mensch außergewöhnlich gehbehindert im Sinne des § 229 Absatz 3 des Neuntes Buches Sozialgesetzbuch ist,
2. ⬜H⬜ wenn der schwerbehinderte Mensch hilflos im Sinne des § 33b des Einkommensteuergesetzes oder entsprechender Vorschriften ist,
3. ⬜Bl⬜ wenn der schwerbehinderte Mensch blind im Sinne des § 72 Abs. 5 des Zwölften Buches Sozialgesetzbuch oder entsprechender Vorschriften ist,
4. ⬜Gl⬜ wenn der schwerbehinderte Mensch gehörlos im Sinne des § 228 des Neuntes Buches Sozialgesetzbuch ist,
5. ⬜RF⬜ wenn der schwerbehinderte Mensch die landesrechtlich festgelegten gesundheitlichen Voraussetzungen für die Befreiung von der Rundfunkgebührenpflicht erfüllt,
6. ⬜1.Kl.⬜ wenn der schwerbehinderte Mensch die im Verkehr mit Eisenbahnen tariflich festgelegten gesundheitlichen Voraussetzungen für die Benutzung der 1. Wagenklasse mit Fahrausweis der 2. Wagenklasse erfüllt,
7. ⬜G⬜ wenn der schwerbehinderte Mensch in seiner Bewegungsfähigkeit im Straßenverkehr erheblich beeinträchtigt im Sinne des § 229 Absatz 1 Satz 1 des Neuntes Buches Sozialgesetzbuch oder entsprechender Vorschriften ist.
8. ⬜TBl⬜ wenn der schwerbehinderte Mensch wegen einer Störung der Hörfunktion mindestens einen Grad der Behinderung von 70 und wegen einer Störung des Sehvermögens einen Grad der Behinderung von 100 hat.

(2) Ist der schwerbehinderte Mensch zur Mitnahme einer Begleitperson im Sinne des § 229 Absatz 2 des Neuntes Buches Sozialgesetzbuch berechtigt, sind auf der Vorderseite des Ausweises das Merkzeichen „B" und der Satz „Die Berechtigung zur Mitnahme einer Begleitperson ist nachgewiesen" einzutragen.

§ 3a Beiblatt

(1) Zum Ausweis für schwerbehinderte Menschen, die das Recht auf unentgeltliche Beförderung im öffentlichen Personenverkehr in Anspruch nehmen können, ist auf Antrag ein Beiblatt nach dem in der Anlage zu dieser Verordnung abgedruckten Muster 2 in der Grundfarbe weiß auszustellen. Das Beiblatt ist Bestandteil des Ausweises und nur zusammen mit dem Ausweis gültig.

(2) Schwerbehinderte Menschen, die das Recht auf unentgeltliche Beförderung in Anspruch nehmen wollen, erhalten auf Antrag ein Beiblatt, das mit einer Wertmarke nach dem in der Anlage zu dieser Verordnung abgedruckten Muster 3 versehen ist. Die Wertmarke enthält ein bundeseinheitliches Hologramm. Auf die Wertmarke werden eingetragen das Jahr und der Monat, von dem an die Wertmarke gültig ist, sowie das Jahr und der Monat, in dem ihre Gültigkeit abläuft. Sofern in Fällen des § 228 Absatz 2 Satz 1 des Neuntes Buches Sozialgesetzbuch der Antragsteller zum Gültigkeitsbeginn keine Angaben macht, wird der auf den Eingang des Antrages und die Entrichtung der Eigenbeteiligung folgende Monat auf der Wertmarke eingetragen. Spätestens mit Ablauf der Gültigkeitsdauer der Wertmarke wird das Beiblatt ungültig.

(3) Schwerbehinderte Menschen, die an Stelle der unentgeltlichen Beförderung die Kraftfahrzeugsteuerermäßigung in Anspruch nehmen wollen, erhalten auf Antrag ein Beiblatt ohne Wertmarke. Die Gültigkeitsdauer des Beiblattes entspricht der des Ausweises.
(4) Schwerbehinderte Menschen, die zunächst die Kraftfahrzeugsteuerermäßigung in Anspruch genommen haben und statt dessen die unentgeltliche Beförderung in Anspruch nehmen wollen, haben das Beiblatt (Absatz 3) bei Stellung des Antrags auf ein Beiblatt mit Wertmarke (Absatz 2) zurückzugeben. Entsprechendes gilt, wenn schwerbehinderte Menschen vor Ablauf der Gültigkeitsdauer der Wertmarke an Stelle der unentgeltlichen Beförderung die Kraftfahrzeugsteuerermäßigung in Anspruch nehmen wollen. In diesem Fall ist das Datum der Rückgabe (Eingang beim Versorgungsamt) auf das Beiblatt nach Absatz 3 einzutragen.

§ 4 Sonstige Eintragungen
(1) Die Eintragung von Sondervermerken zum Nachweis von weiteren Voraussetzungen für die Inanspruchnahme von Rechten und Nachteilsausgleichen, die schwerbehinderten Menschen nach landesrechtlichen Vorschriften zustehen, ist zulässig.
(2) Die Eintragung von Merkzeichen oder sonstigen Vermerken, die in dieser Verordnung (§§ 2, 3, 4 Abs. 1 und § 5 Abs. 3) nicht vorgesehen sind, ist unzulässig.

§ 5 Lichtbild
(1) Der Ausweis ist mit einem Bild des schwerbehinderten Menschen zu versehen, wenn dieser das 10. Lebensjahr vollendet hat. Hierzu hat der schwerbehinderte Mensch ein Passbild beizubringen.
(2) Bei schwerbehinderten Menschen, die das Haus nicht oder nur mit Hilfe eines Krankenwagens verlassen können, ist der Ausweis auf Antrag ohne Lichtbild auszustellen.
(3) In Ausweisen ohne Lichtbild ist in dem für das Lichtbild vorgesehenen Raum der Vermerk „Ohne Lichtbild gültig" einzutragen.

§ 6 Gültigkeitsdauer
(1) Auf der Rückseite des Ausweises ist als Beginn der Gültigkeit des Ausweises einzutragen:
1. in den Fällen des § 152 Absatz 1 und 4 des Neunten Buches Sozialgesetzbuch der Tag des Eingangs des Antrags auf Feststellung nach diesen Vorschriften,
2. in den Fällen des § 152 Absatz 2 des Neunten Buches Sozialgesetzbuch der Tag des Eingangs des Antrags auf Ausstellung des Ausweises nach § 152 Absatz 5 des Neunten Buches Sozialgesetzbuch.
(2) Die Gültigkeit des Ausweises ist für die Dauer von längstens 5 Jahren vom Monat der Ausstellung an zu befristen. In den Fällen, in denen eine Neufeststellung wegen einer wesentlichen Änderung in den gesundheitlichen Verhältnissen, die für die Feststellung maßgebend gewesen sind, nicht zu erwarten ist, kann der Ausweis unbefristet ausgestellt werden.
(3) Für schwerbehinderte Menschen unter 10 Jahren ist die Gültigkeitsdauer des Ausweises bis längstens zum Ende des Kalendermonats zu befristen, in dem das 10. Lebensjahr vollendet wird.
(4) Für schwerbehinderte Menschen im Alter zwischen 10 und 15 Jahren ist die Gültigkeitsdauer des Ausweises bis längstens zum Ende des Kalendermonats zu befristen, in dem das 20. Lebensjahr vollendet wird.
(5) Bei nichtdeutschen schwerbehinderten Menschen, deren Aufenthaltstitel, Aufenthaltsgestattung oder Arbeitserlaubnis befristet ist, ist die Gültigkeitsdauer des Ausweises längstens bis zum Ablauf des Monats der Frist zu befristen.
(6) (weggefallen)
(7) Der Kalendermonat und das Kalenderjahr, bis zu deren Ende der Ausweis gültig sein soll, sind auf der Vorderseite des Ausweises einzutragen.

§ 7 Verwaltungsverfahren
Für die Ausstellung und Einziehung des Ausweises sind die für die Kriegsopferversorgung maßgebenden Verwaltungsverfahrensvorschriften entsprechend anzuwenden, soweit sich aus § 152 Absatz 5 des Neunten Buches Sozialgesetzbuch nichts Abweichendes ergibt.

Zweiter Abschnitt
Ausweis für sonstige Personen zur unentgeltlichen Beförderung im öffentlichen Personenverkehr

§ 8 Ausweis für sonstige freifahrtberechtigte Personen
(1) Der Ausweis für Personen im Sinne des Artikels 2 Abs. 1 des Gesetzes über die unentgeltliche Beförderung Schwerbehinderter im öffentlichen Personenverkehr vom 9. Juli 1979 (BGBl. I S. 989),

soweit sie nicht schwerbehinderte Menschen im Sinne des § 2 Abs. 2 des Neunten Buches Sozialgesetzbuch sind, wird nach dem in der Anlage zu dieser Verordnung abgedruckten Muster 4 ausgestellt. Der Ausweis ist mit einem fälschungssicheren Aufdruck in der Grundfarbe grün versehen und durch einen halbseitigen orangefarbenen Flächenaufdruck gekennzeichnet. Zusammen mit dem Ausweis ist ein Beiblatt auszustellen, das mit einer Wertmarke nach dem in der Anlage zu dieser Verordnung abgedruckten Muster 3 versehen ist.

(2) Für die Ausstellung des Ausweises nach Absatz 1 gelten die Vorschriften des § 1 Absatz 3 und 5, § 2, § 3 Absatz 1 Nummer 2 und Absatz 2, § 4 Absatz 2, § 5 und § 6 Absatz 2, 3, 4 und 7 sowie des § 7 entsprechend, soweit sich aus Artikel 2 Abs. 2 und 3 des Gesetzes über die unentgeltliche Beförderung Schwerbehinderter im öffentlichen Personenverkehr nichts Besonderes ergibt.

Dritter Abschnitt
Übergangsregelung

§ 9 Übergangsregelung

Bis zum 31. Dezember 2014 ausgestellte Ausweise, die keine Identifikationskarten nach § 1 Absatz 5 sind, bleiben bis zum Ablauf ihrer Gültigkeitsdauer gültig, es sei denn, sie sind einzuziehen. Sie können gegen eine Identifikationskarte umgetauscht werden. Ausgestellte Beiblätter bleiben bis zum Ablauf ihrer Gültigkeit gültig.

Verordnung über Kraftfahrzeughilfe zur beruflichen Rehabilitation (Kraftfahrzeughilfe-Verordnung – KfzHV)

Vom 28. September 1987 (BGBl. I S. 2251)

Zuletzt geändert durch
Teilhabestärkungsgesetz
vom 2. Juni 2021 (BGBl. I S. 1387)

Inhaltsübersicht

§ 1	Grundsatz	§ 8	Fahrerlaubnis
§ 2	Leistungen	§ 9	Leistungen in besonderen Härtefällen
§ 3	Persönliche Voraussetzungen		
§ 4	Hilfe zur Beschaffung eines Kraftfahrzeugs	§ 10	Antragstellung
§ 5	Bemessungsbetrag	§§ 11 und 12	(Änderungen anderer Vorschriften)
§ 6	Art und Höhe der Förderung	§ 13	Übergangsvorschriften
§ 7	Behinderungsbedingte Zusatzausstattung	§ 14	Inkrafttreten

Auf Grund des § 9 Abs. 2 des Gesetzes über die Angleichung der Leistungen zur Rehabilitation vom 7. August 1974 (BGBl. I S. 1881), der durch Artikel 16 des Gesetzes vom 1. Dezember 1981 (BGBl. I S. 1205) geändert worden ist, auf Grund des § 27f in Verbindung mit § 26 Abs. 6 Satz 1 des Bundesversorgungsgesetzes in der Fassung der Bekanntmachung vom 22. Januar 1982 (BGBl. I S. 21) und auf Grund des § 11 Abs. 3 Satz 3 des Schwerbehindertengesetzes in der Fassung der Bekanntmachung vom 26. August 1986 (BGBl. I S. 1421) verordnet die Bundesregierung mit Zustimmung des Bundesrates:

§ 1 Grundsatz

Kraftfahrzeughilfe zur Teilhabe behinderter Menschen am Arbeitsleben richtet sich bei den Trägern der gesetzlichen Unfallversicherung, der gesetzlichen Rentenversicherung, der Kriegsopferfürsorge und der Bundesagentur für Arbeit sowie den Trägern der begleitenden Hilfe im Arbeits- und Berufsleben nach dieser Verordnung.

§ 2 Leistungen

(1) Die Kraftfahrzeughilfe umfaßt Leistungen
1. zur Beschaffung eines Kraftfahrzeugs,
2. für eine behinderungsbedingte Zusatzausstattung,
3. zur Erlangung einer Fahrerlaubnis.

(2) Die Leistungen werden als Zuschüsse und nach Maßgabe des § 9 als Darlehen erbracht.

§ 3 Persönliche Voraussetzungen

(1) Die Leistungen setzen voraus, daß
1. der behinderte Mensch infolge seiner Behinderung nicht nur vorübergehend auf die Benutzung eines Kraftfahrzeugs angewiesen ist, um seinen Arbeits- oder Ausbildungsort oder den Ort einer sonstigen Leistung der beruflichen Bildung zu erreichen, und
2. der behinderte Mensch ein Kraftfahrzeug führen kann oder gewährleistet ist, daß ein Dritter das Kraftfahrzeug für ihn führt.

(2) Absatz 1 gilt auch für in Heimarbeit Beschäftigte im Sinne des § 12 Abs. 2 des Vierten Buches Sozialgesetzbuch, wenn das Kraftfahrzeug wegen Art oder Schwere der Behinderung notwendig ist, um beim Auftraggeber die Ware abzuholen oder die Arbeitsergebnisse abzuliefern.

(3) Ist der behinderte Mensch zur Berufsausübung im Rahmen eines Arbeitsverhältnisses nicht nur vorübergehend auf ein Kraftfahrzeug angewiesen, wird Kraftfahrzeughilfe geleistet, wenn infolge seiner Behinderung nur auf diese Weise die Teilhabe am Arbeitsleben dauerhaft gesichert werden kann und die Übernahme der Kosten durch den Arbeitgeber nicht üblich oder nicht zumutbar ist.

(4) Sofern nach den für den Träger geltenden besonderen Vorschriften Kraftfahrzeughilfe für behinderte Menschen, die nicht Arbeitnehmer sind, in Betracht kommt, sind die Absätze 1 und 3 entsprechend anzuwenden.

§ 4 Hilfe zur Beschaffung eines Kraftfahrzeugs

(1) Hilfe zur Beschaffung eines Kraftfahrzeugs setzt voraus, daß der behinderte Mensch nicht über ein Kraftfahrzeug verfügt, das die Voraussetzungen nach Absatz 2 erfüllt und dessen weitere Benutzung ihm zumutbar ist.

(2) Das Kraftfahrzeug muß nach Größe und Ausstattung den Anforderungen entsprechen, die sich im Einzelfall aus der Behinderung ergeben und, soweit erforderlich, eine behinderungsbedingte Zusatzausstattung ohne unverhältnismäßigen Mehraufwand ermöglichen.

(3) Die Beschaffung eines Gebrauchtwagens kann gefördert werden, wenn er die Voraussetzungen nach Absatz 2 erfüllt und sein Verkehrswert mindestens 50 vom Hundert des seinerzeitigen Neuwagenpreises beträgt.

§ 5 Bemessungsbetrag

(1) [1]Die Beschaffung eines Kraftfahrzeugs wird bis zu einem Betrag in Höhe des Kaufpreises, höchstens jedoch bis zu einem Betrag von 22 000 Euro gefördert. [2]Die Kosten einer behinderungsbedingten Zusatzausstattung bleiben bei der Ermittlung unberücksichtigt.

(2) Abweichend von Absatz 1 Satz 1 wird im Einzelfall ein höherer Betrag zugrundegelegt, wenn Art oder Schwere der Behinderung ein Kraftfahrzeug mit höherem Kaufpreis zwingend erfordert.

(3) Zuschüsse öffentlich-rechtlicher Stellen zu dem Kraftfahrzeug, auf die ein vorrangiger Anspruch besteht oder die vorrangig nach pflichtgemäßem Ermessen zu leisten sind, und der Verkehrswert eines Altwagens sind von dem Betrag nach Absatz 1 oder 2 abzusetzen.

§ 6 Art und Höhe der Förderung

(1) [1]Hilfe zur Beschaffung eines Kraftfahrzeugs wird in der Regel als Zuschuß geleistet. [2]Der Zuschuß richtet sich nach dem Einkommen des behinderten Menschen nach Maßgabe der folgenden Tabelle:

Einkommen bis zu v. H. der monatlichen Bezugsgröße nach § 18 Abs. 1 des Vierten Buches Sozialgesetzbuch	Zuschuß in v. H. des Bemessungsbetrags nach § 5
40	100
45	88
50	76
55	64
60	52
65	40
70	28
75	16

[3]Die Beträge nach Satz 2 sind jeweils auf volle 5 Euro aufzurunden.

(2) Von dem Einkommen des behinderten Menschen ist für jeden von ihm unterhaltenen Familienangehörigen ein Betrag von 12 vom Hundert der monatlichen Bezugsgröße nach § 18 Abs. 1 des Vierten Buches Sozialgesetzbuch abzusetzen; Absatz 1 Satz 3 gilt entsprechend.

(3) [1]Einkommen im Sinne der Absätze 1 und 2 sind das monatliche Netto-Arbeitsentgelt, Netto-Arbeitseinkommen und vergleichbare Lohnersatzleistungen des behinderten Menschen. [2]Die Ermittlung des Einkommens richtet sich nach den für den zuständigen Träger maßgeblichen Regelungen.

(4) [1]Die Absätze 1 bis 3 gelten auch für die Hilfe zur erneuten Beschaffung eines Kraftfahrzeugs. [2]Die Hilfe soll nicht vor Ablauf von fünf Jahren seit der Beschaffung des zuletzt geförderten Fahrzeugs geleistet werden.

§ 7 Behinderungsbedingte Zusatzausstattung

[1]Für eine Zusatzausstattung, die wegen der Behinderung erforderlich ist, ihren Einbau, ihre technische Überprüfung und die Wiederherstellung ihrer technischen Funktionsfähigkeit werden die Kosten in vollem Umfang übernommen. [2]Dies gilt auch für eine Zusatzausstattung, die wegen der Behinderung eines Dritten erforderlich ist, der für den behinderten Menschen das Kraftfahrzeug führt (§ 3 Abs. 1 Nr. 2). [3]Zuschüsse öffentlich-rechtlicher Stellen, auf die ein vorrangiger Anspruch besteht oder die vorrangig nach pflichtgemäßem Ermessen zu leisten sind, sind anzurechnen.

§ 8 Fahrerlaubnis

(1) ¹Zu den Kosten, die für die Erlangung einer Fahrerlaubnis notwendig sind, wird ein Zuschuß geleistet. ²Er beläuft sich bei behinderten Menschen mit einem Einkommen (§ 6 Abs. 3)
1. bis 40 vom Hundert der monatlichen Bezugsgröße nach § 18 Abs. 1 des Vierten Buches Sozialgesetzbuch (monatliche Bezugsgröße) auf die volle Höhe,
2. bis zu 55 vom Hundert der monatlichen Bezugsgröße auf zwei Drittel,
3. bis zu 75 vom Hundert der monatlichen Bezugsgröße auf ein Drittel

der entstehenden notwendigen Kosten; § 6 Abs. 1 Satz 3 und Abs. 2 gilt entsprechend. ³Zuschüsse öffentlich-rechtlicher Stellen für den Erwerb der Fahrerlaubnis, auf die ein vorrangiger Anspruch besteht oder die vorrangig nach pflichtgemäßem Ermessen zu leisten sind, sind anzurechnen.

(2) Kosten für behinderungsbedingte Untersuchungen, Ergänzungsprüfungen und Eintragungen in vorhandene Führerscheine werden in vollem Umfang übernommen.

§ 9 Leistungen in besonderen Härtefällen

(1) ¹Zur Vermeidung besonderer Härten können Leistungen auch abweichend von § 2 Abs. 1, §§ 6 und 8 Abs. 1 erbracht werden, soweit dies
1. notwendig ist, um Leistungen der Kraftfahrzeughilfe von seiten eines anderen Leistungsträgers nicht erforderlich werden zu lassen, oder
2. unter den Voraussetzungen des § 3 zur Aufnahme oder Fortsetzung einer beruflichen Tätigkeit unumgänglich ist.

²Im Rahmen von Satz 1 Nr. 2 kann auch ein Zuschuß für die Beförderung des behinderten Menschen, insbesondere durch Beförderungsdienste, geleistet werden, wenn
1. der behinderte Mensch ein Kraftfahrzeug nicht selbst führen kann und auch nicht gewährleistet ist, daß ein Dritter das Kraftfahrzeug für ihn führt (§ 3 Abs. 1 Nr. 2), oder
2. die Übernahme der Beförderungskosten anstelle von Kraftfahrzeughilfen wirtschaftlicher und für den behinderten Menschen zumutbar ist;

dabei ist zu berücksichtigen, was der behinderte Mensch als Kraftfahrzeughalter bei Anwendung des § 6 für die Anschaffung und die berufliche Nutzung des Kraftfahrzeugs aus eigenen Mitteln aufzubringen hätte.

(2) ¹Leistungen nach Absatz 1 Satz 1 können als Darlehen erbracht werden, wenn die dort genannten Ziele auch durch ein Darlehen erreicht werden können; das Darlehen darf zusammen mit einem Zuschuß nach § 6 den nach § 5 maßgebenden Bemessungsbetrag nicht übersteigen. ²Das Darlehen ist unverzinslich und spätestens innerhalb von fünf Jahren zu tilgen; es können bis zu zwei tilgungsfreie Jahre eingeräumt werden. ³Auf die Rückzahlung des Darlehens kann unter den in Absatz 1 Satz 1 genannten Voraussetzungen verzichtet werden.

§ 10 Antragstellung

¹Leistungen sollen vor dem Abschluß eines Kaufvertrages über das Kraftfahrzeug und die behinderungsbedingte Zusatzausstattung sowie vor Beginn einer nach § 8 zu fördernden Leistung beantragt werden. ²Leistungen zur technischen Überprüfung und Wiederherstellung der technischen Funktionsfähigkeit einer behinderungsbedingten Zusatzausstattung sind spätestens innerhalb eines Monats nach Rechnungstellung zu beantragen.

§§ 11 und 12 (Änderungen anderer Vorschriften)

(hier nicht aufgenommen)

§ 13 Übergangsvorschriften

(1) Auf Beschädigte im Sinne des Bundesversorgungsgesetzes und der Gesetze, die das Bundesversorgungsgesetz für entsprechend anwendbar erklären, die vor Inkrafttreten dieser Verordnung Hilfe zur Beschaffung eines Kraftfahrzeugs im Rahmen der Teilhabe am Arbeitsleben erhalten haben, sind die bisher geltenden Bestimmungen weiterhin anzuwenden, wenn sie günstiger sind und der Beschädigte es beantragt.

(2) Über Leistungen, die bei Inkrafttreten dieser Verordnung bereits beantragt sind, ist nach den bisher geltenden Bestimmungen zu entscheiden, wenn sie für den behinderten Menschen günstiger sind.

§ 14 Inkrafttreten

Diese Verordnung tritt am 1. Oktober 1987 in Kraft.

Werkstätten-Mitwirkungsverordnung (WMVO)

Vom 25. Juni 2001 (BGBl. I S. 1297)

Zuletzt geändert durch
Betriebsrätemodernisierungsgesetz
vom 14. Juni 2021 (BGBl. I S. 1762)

Inhaltsübersicht

Abschnitt 1
Anwendungsbereich, Errichtung, Zusammensetzung und Aufgaben des Werkstattrats

- § 1 Anwendungsbereich
- § 2 Errichtung von Werkstatträten
- § 3 Zahl der Mitglieder des Werkstattrats
- § 4 Allgemeine Aufgaben des Werkstattrats
- § 5 Mitwirkung und Mitbestimmung
- § 6 Vermittlungsstelle
- § 7 Unterrichtungsrechte des Werkstattrats
- § 8 Zusammenarbeit
- § 9 Werkstattversammlung

Abschnitt 2
Wahl des Werkstattrats

Unterabschnitt 1
Wahlberechtigung und Wählbarkeit; Zeitpunkt der Wahlen

- § 10 Wahlberechtigung
- § 11 Wählbarkeit
- § 12 Zeitpunkt der Wahlen zum Werkstattrat

Unterabschnitt 2
Vorbereitung der Wahl

- § 13 Bestellung des Wahlvorstandes
- § 14 Aufgaben des Wahlvorstandes
- § 15 Erstellung der Liste der Wahlberechtigten
- § 16 Bekanntmachung der Liste der Wahlberechtigten
- § 17 Einspruch gegen die Liste der Wahlberechtigten
- § 18 Wahlausschreiben
- § 19 Wahlvorschläge
- § 20 Bekanntmachung der Bewerber und Bewerberinnen

Unterabschnitt 3
Durchführung der Wahl

- § 21 Stimmabgabe
- § 22 Wahlvorgang
- § 23 Feststellung des Wahlergebnisses
- § 24 Benachrichtigung der Gewählten und Annahme der Wahl
- § 25 Bekanntmachung der Gewählten
- § 26 Aufbewahrung der Wahlunterlagen
- § 27 Wahlanfechtung
- § 28 Wahlschutz und Wahlkosten

Abschnitt 3
Amtszeit des Werkstattrats

- § 29 Amtszeit des Werkstattrats
- § 30 Erlöschen der Mitgliedschaft im Werkstattrat; Ersatzmitglieder

Abschnitt 4
Geschäftsführung des Werkstattrats

- § 31 Vorsitz des Werkstattrats
- § 32 Einberufung der Sitzungen
- § 33 Sitzungen des Werkstattrats
- § 34 Beschlüsse des Werkstattrats
- § 35 Sitzungsniederschrift
- § 36 Geschäftsordnung des Werkstattrats
- § 37 Persönliche Rechte und Pflichten der Mitglieder des Werkstattrats
- § 38 Sprechstunden
- § 39 Kosten und Sachaufwand des Werkstattrats

Abschnitt 4a
Frauenbeauftragte und Stellvertreterinnen

- § 39a Aufgaben und Rechtsstellung
- § 39b Wahlen und Amtszeit
- § 39c Vorzeitiges Ausscheiden

Abschnitt 5
Schlussvorschriften

- § 40 Amtszeit der bestehenden Werkstatträte
- § 40a (weggefallen)
- § 40b Sonderregelung aus Anlass der COVID-19-Pandemie für das Wahlverfahren
- § 41 Inkrafttreten

Auf Grund des § 144 Abs. 2 des Neunten Buches Sozialgesetzbuch – Rehabilitation und Teilhabe behinderter Menschen – (Artikel 1 des Gesetzes vom 19. Juni 2001, BGBl. I S. 1046, 1047) verordnet das Bundesministerium für Arbeit und Sozialordnung:

Abschnitt 1
Anwendungsbereich, Errichtung, Zusammensetzung und Aufgaben des Werkstattrats

§ 1 Anwendungsbereich

(1) Diese Verordnung gilt für die Mitbestimmung und die Mitwirkung der in § 221 Absatz 1 des Neunten Buches Sozialgesetzbuch genannten Menschen mit Behinderungen (Werkstattbeschäftigte) in Werkstattangelegenheiten und die Interessenvertretung der in Werkstätten beschäftigten behinderten Frauen durch Frauenbeauftragte.

(2) Diese Verordnung findet keine Anwendung auf Religionsgemeinschaften und ihre Einrichtungen, soweit sie eigene gleichwertige Regelungen getroffen haben.

§ 2 Errichtung von Werkstatträten

(1) Ein Werkstattrat wird in Werkstätten gewählt.
(2) Rechte und Pflichten der Werkstatt sind solche des Trägers der Werkstatt.

§ 3 Zahl der Mitglieder des Werkstattrats

(1) Der Werkstattrat besteht in Werkstätten mit in der Regel
1. bis zu 200 Wahlberechtigten aus drei Mitgliedern,
2. 201 bis 400 Wahlberechtigten aus fünf Mitgliedern,
3. 401 bis 700 Wahlberechtigten aus sieben Mitgliedern,
4. 701 bis 1000 Wahlberechtigten aus neun Mitgliedern,
5. 1001 bis 1500 Wahlberechtigten aus elf Mitgliedern und
6. mehr als 1500 Wahlberechtigten aus 13 Mitgliedern.

(2) Die Geschlechter sollen entsprechend ihrem zahlenmäßigen Verhältnis vertreten sein.

§ 4 Allgemeine Aufgaben des Werkstattrats

(1) Der Werkstattrat hat folgende allgemeine Aufgaben:
1. darüber zu wachen, dass die zugunsten der Werkstattbeschäftigten geltenden Gesetze, Verordnungen, Unfallverhütungsvorschriften und mit der Werkstatt getroffenen Vereinbarungen durchgeführt werden, vor allem, dass
    a) die auf das besondere arbeitnehmerähnliche Rechtsverhältnis zwischen den Werkstattbeschäftigten und der Werkstatt anzuwendenden arbeitsrechtlichen Vorschriften und Grundsätze, insbesondere über Beschäftigungszeit einschließlich Teilzeitbeschäftigung sowie der Erholungspausen und Zeiten der Teilnahme an Maßnahmen zur Erhaltung und Erhöhung der Leistungsfähigkeit und zur Weiterentwicklung der Persönlichkeit des Werkstattbeschäftigten, Urlaub, Entgeltfortzahlung im Krankheitsfall, Entgeltzahlung an Feiertagen, Mutterschutz, Elternzeit, Persönlichkeitsschutz und Haftungsbeschränkung,
    b) die in dem besonderen arbeitnehmerähnlichen Rechtsverhältnis aufgrund der Fürsorgepflicht geltenden Mitwirkungs- und Beschwerderechte und
    c) die Werkstattverträge
    von der Werkstatt beachtet werden;
2. Maßnahmen, die dem Betrieb der Werkstatt und den Werkstattbeschäftigten dienen, bei der Werkstatt zu beantragen;
3. Anregungen und Beschwerden von Werkstattbeschäftigten entgegenzunehmen und, falls sie berechtigt erscheinen, durch Verhandlungen mit der Werkstatt auf eine Erledigung hinzuwirken; er hat die betreffenden Werkstattbeschäftigten über den Stand und das Ergebnis der Verhandlungen zu unterrichten.

Dabei hat er vor allem die Interessen besonders betreuungs- und förderungsbedürftiger Werkstattbeschäftigter zu wahren und die Durchsetzung der tatsächlichen Gleichstellung von Frauen und Männern zu fördern.

(2) Werden in Absatz 1 Nr. 1 genannte Angelegenheiten zwischen der Werkstatt und einem oder einer Werkstattbeschäftigten erörtert, so nimmt auf dessen oder deren Wunsch ein Mitglied des Werkstattrats an der Erörterung teil. Es ist verpflichtet, über Inhalt und Gegenstand der Erörterung Stillschweigen zu bewahren, soweit es von dem oder der Werkstattbeschäftigten im Einzelfall von dieser Verpflichtung entbunden wird.

(3) Der Werkstattrat berücksichtigt die Interessen der im Eingangsverfahren und im Berufsbildungsbereich tätigen behinderten Menschen in angemessener und geeigneter Weise, solange für diese eine Vertretung nach § 52 des Neunten Buches Sozialgesetzbuch nicht besteht.

§ 5 Mitwirkung und Mitbestimmung

(1) Der Werkstattrat hat in folgenden Angelegenheiten ein Mitwirkungsrecht:
1. Darstellung und Verwendung des Arbeitsergebnisses, insbesondere Höhe der Grund- und Steigerungsbeträge, unter Darlegung der dafür maßgeblichen wirtschaftlichen und finanziellen Verhältnisse auch in leichter Sprache,
2. Regelungen über die Verhütung von Arbeitsunfällen und Berufskrankheiten sowie über den Gesundheitsschutz im Rahmen der gesetzlichen Vorschriften oder der Unfallverhütungsvorschriften,
3. Weiterentwicklung der Persönlichkeit und Förderung des Übergangs auf den allgemeinen Arbeitsmarkt,
4. Gestaltung von Arbeitsplätzen, Arbeitskleidung, Arbeitsablauf und Arbeitsumgebung, Einführung neuer Arbeitsverfahren,
5. dauerhafte Umsetzung Beschäftigter im Arbeitsbereich auf einen anderen Arbeitsplatz, wenn die Betroffenen eine Mitwirkung des Werkstattrates wünschen,
6. Planung von Neu-, Um- und Erweiterungsbauten sowie neuer technischer Anlagen, Einschränkung, Stilllegung oder Verlegung der Werkstatt oder wesentlicher Teile der Werkstatt, grundlegende Änderungen der Werkstattorganisation und des Werkstattzwecks.

(2) Der Werkstattrat hat in folgenden Angelegenheiten ein Mitbestimmungsrecht:
1. Ordnung und Verhalten der Werkstattbeschäftigten im Arbeitsbereich einschließlich Aufstellung und Änderung einer Werkstattordnung,
2. Beginn und Ende der täglichen Arbeitszeit, Pausen, Zeiten für die Erhaltung und Erhöhung der Leistungsfähigkeit und zur Weiterentwicklung der Persönlichkeit, Verteilung der Arbeitszeit auf die einzelnen Wochentage und die damit zusammenhängende Regelung des Fahrdienstes, vorübergehende Verkürzung oder Verlängerung der üblichen Arbeitszeit,
3. Arbeitsentgelte, insbesondere Aufstellung und Änderung von Entlohnungsgrundsätzen, Festsetzung der Steigerungsbeträge und vergleichbarer leistungsbezogener Entgelte, Zeit, Ort und Art der Auszahlung sowie Gestaltung der Arbeitsentgeltbescheinigungen,
4. Grundsätze für den Urlaubsplan,
5. Verpflegung,
6. Einführung und Anwendung technischer Einrichtungen, die dazu bestimmt sind, das Verhalten oder die Leistung der Werkstattbeschäftigten zu überwachen,
7. Grundsätze für die Fort- und Weiterbildung,
8. Gestaltung von Sanitär- und Aufenthaltsräumen und
9. soziale Aktivitäten der Werkstattbeschäftigten.

(3) Die Werkstatt hat den Werkstattrat in den Angelegenheiten, in denen er ein Mitwirkungsrecht oder ein Mitbestimmungsrecht hat, vor Durchführung der Maßnahme rechtzeitig, umfassend und in angemessener Weise zu unterrichten und anzuhören. Beide Seiten haben auf ein Einvernehmen hinzuwirken. Lässt sich Einvernehmen nicht herstellen, kann jede Seite die Vermittlungsstelle anrufen.

(4) In Angelegenheiten der Mitwirkung nach Absatz 1 entscheidet die Werkstatt unter Berücksichtigung des Einigungsvorschlages endgültig.

(5) Kommt in Angelegenheiten der Mitbestimmung nach Absatz 2 keine Einigung zustande und handelt es sich nicht um Angelegenheiten, die nur einheitlich für Arbeitnehmer und Werkstattbeschäftigte geregelt werden können und die Gegenstand einer Vereinbarung mit dem Betriebs- oder Personalrat oder einer sonstigen Mitarbeitervertretung sind oder sein sollen, entscheidet die Vermittlungsstelle endgültig.

(6) Soweit Angelegenheiten im Sinne von Absatz 1 oder 2 nur einheitlich für Arbeitnehmer und Werkstattbeschäftigte geregelt werden können und soweit sie Gegenstand einer Vereinbarung mit dem Betriebs- oder Personalrat oder einer sonstigen Mitarbeitervertretung sind oder sein sollen, haben die Beteiligten auf eine einvernehmliche Regelung hinzuwirken. Die ergänzende Vereinbarung besonderer behindertenspezifischer Regelungen zwischen Werkstattrat und Werkstatt bleiben unberührt. Unberührt bleiben auch weitergehende, einvernehmlich vereinbarte Formen der Beteiligung in den Angelegenheiten des Absatzes 1.

§ 6 Vermittlungsstelle

(1) Die Vermittlungsstelle besteht aus einem oder einer unparteiischen, in Werkstattangelegenheiten erfahrenen Vorsitzenden, auf den oder die sich Werkstatt und Werkstattrat einigen müssen, und aus je

einem von der Werkstatt und vom Werkstattrat benannten Beisitzer oder einer Beisitzerin. Kommt eine Einigung nicht zustande, so schlagen die Werkstatt und der Werkstattrat je eine Person als Vorsitzenden oder Vorsitzende vor; durch Los wird entschieden, wer als Vorsitzender oder Vorsitzende tätig wird.
(2) Die Vermittlungsstelle hat unverzüglich tätig zu werden. Sie entscheidet nach mündlicher Beratung mit Stimmenmehrheit. Die Beschlüsse der Vermittlungsstelle sind schriftlich niederzulegen und von dem Vorsitzenden oder der Vorsitzenden zu unterschreiben oder in elektronischer Form niederzulegen und von dem Vorsitzenden oder der Vorsitzenden mit seiner oder ihrer qualifizierten elektronischen Signatur zu versehen. Werkstatt und Werkstattrat können weitere Einzelheiten des Verfahrens vor der Vermittlungsstelle vereinbaren.
(3) Der Einigungsvorschlag der Vermittlungsstelle ersetzt in den Angelegenheiten nach § 5 Absatz 1 sowie in den Angelegenheiten nach § 5 Absatz 2, die nur einheitlich für Arbeitnehmer und Werkstattbeschäftigte geregelt werden können, nicht die Entscheidung der Werkstatt. Bis dahin ist die Durchführung der Maßnahme auszusetzen. Das gilt auch in den Fällen des § 5 Absatz 5 und 6. Fasst die Vermittlungsstelle in den Angelegenheiten nach § 5 Absatz 1 innerhalb von zwölf Tagen keinen Beschluss für einen Einigungsvorschlag, gilt die Entscheidung der Werkstatt.

§ 7 Unterrichtungsrechte des Werkstattrats
(1) Der Werkstattrat ist in folgenden Angelegenheiten zu unterrichten:
1. Beendigung des arbeitnehmerähnlichen Rechtsverhältnisses zur Werkstatt, Versetzungen und Umsetzungen,
2. Verlauf und Ergebnis der Eltern- und Betreuerversammlung,
3. Einstellung, Versetzung und Umsetzung des Fachpersonals (Angehörige der begleitenden Dienste und die Fachkräfte zur Arbeits- und Berufsförderung) und des sonstigen Personals der Werkstatt.

(2) Die Werkstatt hat den Werkstattrat in den Angelegenheiten, in denen er ein Unterrichtungsrecht hat, rechtzeitig und umfassend unter Vorlage der erforderlichen Unterlagen zu unterrichten. Die in den Fällen des Absatzes 1 Nr. 1 einzuholende Stellungnahme des Fachausschusses und die in diesem Rahmen erfolgende Anhörung des oder der Werkstattbeschäftigten bleiben unberührt.

§ 8 Zusammenarbeit
(1) Die Werkstatt, ihr Betriebs- oder Personalrat oder ihre sonstige Mitarbeitervertretung, die Schwerbehindertenvertretung, die Vertretung der Teilnehmer an Maßnahmen im Eingangsverfahren und im Berufsbildungsbereich nach § 52 des Neunten Buches Sozialgesetzbuch, ein nach § 222 Abs. 4 Satz 2 des Neunten Buches Sozialgesetzbuch errichteter Eltern- und Betreuerbeirat, die Frauenbeauftragte und der Werkstattrat arbeiten im Interesse der Werkstattbeschäftigten vertrauensvoll zusammen. Die Werkstatt, die Frauenbeauftragte und der Werkstattrat können hierbei die Unterstützung der in der Werkstatt vertretenen Behindertenverbände und Gewerkschaften sowie der Verbände, denen die Werkstatt angehört, in Anspruch nehmen.
(2) Werkstatt und Werkstattrat sollen in der Regel einmal im Monat zu einer Besprechung zusammentreten. Sie haben über strittige Fragen mit dem ernsten Willen zur Einigung zu verhandeln und Vorschläge für die Beilegung von Meinungsverschiedenheiten zu machen.

§ 9 Werkstattversammlung
Der Werkstattrat führt mindestens einmal im Kalenderjahr eine Versammlung der Werkstattbeschäftigten durch. Die in der Werkstatt für Versammlungen der Arbeitnehmer geltenden Vorschriften finden entsprechende Anwendung; Teil- sowie Abteilungsversammlungen sind zulässig. Der Werkstattrat kann im Einvernehmen mit der Werkstatt in Werkstattangelegenheiten erfahrene Personen sowie behinderte Menschen, die an Maßnahmen im Eingangsverfahren oder im Berufsbildungsbereich teilnehmen, einladen.

Abschnitt 2
Wahl des Werkstattrats

Unterabschnitt 1
Wahlberechtigung und Wählbarkeit; Zeitpunkt der Wahlen

§ 10 Wahlberechtigung
Wahlberechtigt sind alle Werkstattbeschäftigten, soweit sie keine Arbeitnehmer sind.

§ 11 Wählbarkeit
Wählbar sind alle Wahlberechtigten, die am Wahltag seit mindestens sechs Monaten in der Werkstatt beschäftigt sind. Zeiten des Eingangsverfahrens und der Teilnahme an Maßnahmen im Berufsbildungsbereich werden angerechnet.

§ 12 Zeitpunkt der Wahlen zum Werkstattrat

(1) Die regelmäßigen Wahlen zum Werkstattrat finden alle vier Jahre in der Zeit vom 1. Oktober bis 30. November statt, erstmals im Jahre 2001. Außerhalb dieser Zeit finden Wahlen statt, wenn
1. die Gesamtzahl der Mitglieder nach Eintreten sämtlicher Ersatzmitglieder unter die vorgeschriebene Zahl der Werkstattratmitglieder gesunken ist,
2. der Werkstattrat mit der Mehrheit seiner Mitglieder seinen Rücktritt beschlossen hat,
3. die Wahl des Werkstattrats mit Erfolg angefochten worden ist oder
4. ein Werkstattrat noch nicht gewählt ist.

(2) Hat außerhalb des für die regelmäßigen Wahlen festgelegten Zeitraumes eine Wahl zum Werkstattrat stattgefunden, so ist er in dem auf die Wahl folgenden nächsten Zeitraum der regelmäßigen Wahlen neu zu wählen. Hat die Amtszeit des Werkstattrats zu Beginn des für die nächsten regelmäßigen Wahlen festgelegten Zeitraumes noch nicht ein Jahr betragen, ist der Werkstattrat in dem übernächsten Zeitraum der regelmäßigen Wahlen neu zu wählen.

Unterabschnitt 2
Vorbereitung der Wahl

§ 13 Bestellung des Wahlvorstandes

(1) Spätestens zehn Wochen vor Ablauf seiner Amtszeit bestellt der Werkstattrat einen Wahlvorstand aus drei Wahlberechtigten oder sonstigen der Werkstatt angehörenden Personen und einen oder eine von ihnen als Vorsitzenden oder Vorsitzende. Dem Wahlvorstand muss mindestens eine wahlberechtigte Frau angehören.

(2) Ist in der Werkstatt ein Werkstattrat nicht vorhanden, werden der Wahlvorstand und dessen Vorsitzender oder Vorsitzende in einer Versammlung der Wahlberechtigten gewählt. Die Werkstatt fördert die Wahl; sie hat zu dieser Versammlung einzuladen. Unabhängig davon können drei Wahlberechtigte einladen.

§ 14 Aufgaben des Wahlvorstandes

(1) Der Wahlvorstand bereitet die Wahl vor und führt sie durch. Die Werkstatt hat dem Wahlvorstand auf dessen Wunsch aus den Angehörigen des Fachpersonals eine Person seines Vertrauens zur Verfügung zu stellen, die ihn bei der Vorbereitung und Durchführung der Wahl unterstützt. Der Wahlvorstand kann in der Werkstatt Beschäftigte als Wahlhelfer oder Wahlhelferinnen zu seiner Unterstützung bei der Durchführung der Stimmabgabe und bei der Stimmenzählung bestellen. Die Mitglieder des Wahlvorstandes, die Vertrauensperson und die Wahlhelfer und Wahlhelferinnen haben die gleichen persönlichen Rechte und Pflichten wie die Mitglieder des Werkstattrats (§ 37). Die Vertrauensperson nimmt ihre Aufgabe unabhängig von Weisungen der Werkstatt wahr.

(2) Die Beschlüsse des Wahlvorstandes werden mit Stimmenmehrheit seiner Mitglieder gefasst. Über jede Sitzung des Wahlvorstandes ist eine Niederschrift aufzunehmen, die mindestens den Wortlaut der gefassten Beschlüsse enthält. Die Niederschrift ist von dem Vorsitzenden oder der Vorsitzenden und einem weiteren Mitglied des Wahlvorstandes oder der Vertrauensperson zu unterzeichnen.

(3) Der Wahlvorstand hat die Wahl unverzüglich einzuleiten; sie soll spätestens eine Woche vor dem Tag stattfinden, an dem die Amtszeit des Werkstattrats abläuft.

(4) Die Werkstatt unterstützt den Wahlvorstand bei der Erfüllung seiner Aufgaben. Sie gibt ihm insbesondere alle für die Anfertigung der Liste der Wahlberechtigten erforderlichen Auskünfte und stellt die notwendigen Unterlagen zur Verfügung.

§ 15 Erstellung der Liste der Wahlberechtigten

Der Wahlvorstand stellt eine Liste der Wahlberechtigten auf. Die Wahlberechtigten sollen mit dem Familiennamen und dem Vornamen, erforderlichenfalls dem Geburtsdatum, in alphabetischer Reihenfolge aufgeführt werden.

§ 16 Bekanntmachung der Liste der Wahlberechtigten

Die Liste der Wahlberechtigten oder eine Abschrift ist unverzüglich nach Einleitung der Wahl bis zum Abschluss der Stimmabgabe an geeigneter Stelle zur Einsicht auszulegen.

§ 17 Einspruch gegen die Liste der Wahlberechtigten

(1) Wahlberechtigte und sonstige Beschäftigte, die ein berechtigtes Interesse an einer ordnungsgemäßen Wahl glaubhaft machen, können innerhalb von zwei Wochen seit Erlass des Wahlausschreibens (§ 18) beim Wahlvorstand Einspruch gegen die Richtigkeit der Liste der Wahlberechtigten einlegen.

(2) Über Einsprüche nach Absatz 1 entscheidet der Wahlvorstand unverzüglich. Hält er den Einspruch für begründet, berichtigt er die Liste der Wahlberechtigten. Der Person, die den Einspruch eingelegt hat, wird die Entscheidung unverzüglich mitgeteilt; die Entscheidung muss ihr spätestens am Tag vor der Stimmabgabe zugehen.
(3) Nach Ablauf der Einspruchsfrist soll der Wahlvorstand die Liste der Wahlberechtigten nochmals auf ihre Vollständigkeit hin überprüfen. Im Übrigen kann nach Ablauf der Einspruchsfrist die Liste der Wahlberechtigten nur bei Schreibfehlern, offenbaren Unrichtigkeiten, in Erledigung rechtzeitig eingelegter Einsprüche oder bei Eintritt oder Ausscheiden eines Wahlberechtigten oder einer Wahlberechtigten bis zum Tage vor dem Beginn der Stimmabgabe berichtigt oder ergänzt werden.

§ 18 Wahlausschreiben

(1) Spätestens sechs Wochen vor dem Wahltag erlässt der Wahlvorstand ein Wahlausschreiben, das von dem oder der Vorsitzenden und mindestens einem weiteren Mitglied des Wahlvorstandes zu unterschreiben ist. Es muss enthalten:
1. das Datum seines Erlasses,
2. die Namen und Fotos der Mitglieder des Wahlvorstandes,
3. die Voraussetzungen der Wählbarkeit zum Werkstattrat,
4. den Hinweis, wo und wann die Liste der Wahlberechtigten und diese Verordnung zur Einsicht ausliegen,
5. den Hinweis, dass nur wählen kann, wer in die Liste der Wahlberechtigten eingetragen ist, und dass Einsprüche gegen die Liste der Wahlberechtigten nur vor Ablauf von zwei Wochen seit dem Erlass des Wahlausschreibens beim Wahlvorstand schriftlich oder zur Niederschrift eingelegt werden können; der letzte Tag der Frist ist anzugeben,
6. die Aufforderung, Wahlvorschläge innerhalb von zwei Wochen nach Erlass des Wahlausschreibens beim Wahlvorstand einzureichen; der letzte Tag der Frist ist anzugeben,
7. die Mindestzahl von Wahlberechtigten, von denen ein Wahlvorschlag unterstützt werden muss (§ 19 Satz 2),
8. den Hinweis, dass die Stimmabgabe an die Wahlvorschläge gebunden ist und dass nur solche Wahlvorschläge berücksichtigt werden dürfen, die fristgerecht (Nummer 6) eingereicht sind,
9. die Bestimmung des Ortes, an dem die Wahlvorschläge bis zum Abschluss der Stimmabgabe durch Aushang oder in sonst geeigneter Weise bekannt gegeben werden,
10. Ort, Tag und Zeit der Stimmabgabe,
11. den Ort und die Zeit der Stimmauszählung und der Sitzung des Wahlvorstandes, in der das Wahlergebnis abschließend festgestellt wird,
12. den Ort, an dem Einsprüche, Wahlvorschläge und sonstige Erklärungen gegenüber dem Wahlvorstand abzugeben sind.

(2) Eine Abschrift oder ein Abdruck des Wahlausschreibens ist vom Tag seines Erlasses bis zum Wahltag an einer oder mehreren geeigneten, den Wahlberechtigten zugänglichen Stellen vom Wahlvorstand auszuhängen.

§ 19 Wahlvorschläge

Die Wahlberechtigten können innerhalb von zwei Wochen seit Erlass des Wahlausschreibens Vorschläge beim Wahlvorstand einreichen. Jeder Wahlvorschlag muss von mindestens drei Wahlberechtigten unterstützt werden. Der Wahlvorschlag bedarf der Zustimmung des Vorgeschlagenen oder der Vorgeschlagenen. Der Wahlvorstand entscheidet über die Zulassung zur Wahl.

§ 20 Bekanntmachung der Bewerber und Bewerberinnen

Spätestens eine Woche vor Beginn der Stimmabgabe und bis zum Abschluss der Stimmabgabe macht der Wahlvorstand die Namen und Fotos oder anderes Bildmaterial der Bewerber und Bewerberinnen aus zugelassenen Wahlvorschlägen in alphabetischer Reihenfolge in gleicher Weise bekannt wie das Wahlausschreiben (§ 18 Abs. 2).

Unterabschnitt 3
Durchführung der Wahl

§ 21 Stimmabgabe

(1) Der Werkstattrat wird in geheimer und unmittelbarer Wahl nach den Grundsätzen der Mehrheitswahl gewählt.

(2) Wer wahlberechtigt ist, kann seine Stimme nur für rechtswirksam vorgeschlagene Bewerber oder Bewerberinnen abgeben. Jeder Wahlberechtigte und jede Wahlberechtigte hat so viele Stimmen, wie Mitglieder des Werkstattrats gewählt werden. Der Stimmzettel muss einen Hinweis darauf enthalten, wie viele Bewerber im Höchstfall gewählt werden dürfen. Für jeden Bewerber oder jede Bewerberin kann nur eine Stimme abgegeben werden.

(3) Das Wahlrecht wird durch Abgabe eines Stimmzettels in einem Wahlumschlag ausgeübt. Auf dem Stimmzettel sind die Bewerber in alphabetischer Reihenfolge unter Angabe von Familienname und Vorname, erforderlichenfalls des Geburtsdatums, sowie mit Foto oder anderem Bildmaterial aufzuführen. Die Stimmzettel müssen sämtlich die gleiche Größe, Farbe, Beschaffenheit und Beschriftung haben. Das Gleiche gilt für die Wahlumschläge.

(4) Bei der Stimmabgabe wird durch Ankreuzen an der im Stimmzettel jeweils vorgesehenen Stelle die von dem Wählenden oder von der Wählenden gewählte Person gekennzeichnet. Stimmzettel, auf denen mehr als die zulässige Anzahl der Bewerber oder Bewerberinnen gekennzeichnet ist oder aus denen sich der Wille des Wählenden oder der Wählenden nicht zweifelsfrei ergibt, sind ungültig.

(5) Ist für mehr als die Hälfte der Wahlberechtigten infolge ihrer Behinderung eine Stimmabgabe durch Abgabe eines Stimmzettels nach den Absätzen 3 und 4 überwiegend nicht möglich, kann der Wahlvorstand eine andere Form der Ausübung des Wahlrechts beschließen.

§ 22 Wahlvorgang

(1) Der Wahlvorstand hat geeignete Vorkehrungen für die unbeobachtete Kennzeichnung der Stimmzettel im Wahlraum zu treffen und für die Bereitstellung einer Wahlurne zu sorgen. Die Wahlurne muss vom Wahlvorstand verschlossen und so eingerichtet sein, dass die eingeworfenen Stimmzettel nicht herausgenommen werden können, ohne dass die Urne geöffnet wird.

(2) Während der Wahl müssen immer mindestens zwei Mitglieder des Wahlvorstandes im Wahlraum anwesend sein. Sind Wahlhelfer oder Wahlhelferinnen bestellt (§ 14 Abs. 1 Satz 3), genügt die Anwesenheit eines Mitgliedes des Wahlvorstandes und eines Wahlhelfers oder einer Wahlhelferin.

(3) Der gekennzeichnete und in den Wahlumschlag gelegte Stimmzettel ist in die hierfür bereitgestellte Wahlurne einzuwerfen, nachdem die Stimmabgabe von einem Mitglied des Wahlvorstandes oder einem Wahlhelfer oder einer Wahlhelferin in der Liste der Wahlberechtigten vermerkt worden ist.

(4) Wer infolge seiner Behinderung bei der Stimmabgabe beeinträchtigt ist, bestimmt eine Person seines Vertrauens, die ihm bei der Stimmabgabe behilflich sein soll, und teilt dies dem Wahlvorstand mit. Personen, die sich bei der Wahl bewerben, Mitglieder des Wahlvorstandes, Vertrauenspersonen im Sinne des § 14 Abs. 1 Satz 2 sowie Wahlhelfer und Wahlhelferinnen dürfen nicht zur Hilfeleistung herangezogen werden. Die Hilfeleistung beschränkt sich auf die Erfüllung der Wünsche des Wählers oder der Wählerin zur Stimmabgabe; die Vertrauensperson darf gemeinsam mit dem Wähler oder der Wählerin die Wahlkabine aufsuchen. Die Vertrauensperson ist zur Geheimhaltung der Kenntnisse von der Wahl einer anderen Person verpflichtet, die sie bei der Hilfeleistung erlangt hat. Die Sätze 1 bis 4 gelten entsprechend für Wähler und Wählerinnen, die des Lesens unkundig sind.

(5) Nach Abschluss der Wahl ist die Wahlurne zu versiegeln, wenn die Stimmenauszählung nicht unmittelbar nach der Beendigung der Wahl durchgeführt wird.

§ 23 Feststellung des Wahlergebnisses

(1) Unverzüglich nach Abschluss der Wahl nimmt der Wahlvorstand öffentlich die Auszählung der Stimmen vor und stellt das Ergebnis fest.

(2) Gewählt sind die Bewerber und Bewerberinnen, die die meisten Stimmen erhalten haben. Bei Stimmengleichheit entscheidet das Los.

(3) Der Wahlvorstand fertigt über das Ergebnis eine Niederschrift, die von dem Vorsitzenden oder der Vorsitzenden und mindestens einem weiteren Mitglied des Wahlvorstandes unterschrieben wird. Die Niederschrift muss die Zahl der abgegebenen gültigen und ungültigen Stimmzettel, die auf jeden Bewerber oder jede Bewerberin entfallenen Stimmenzahlen sowie die Namen der gewählten Bewerber und Bewerberinnen enthalten.

§ 24 Benachrichtigung der Gewählten und Annahme der Wahl

(1) Der Wahlvorstand benachrichtigt die zum Werkstattrat Gewählten unverzüglich von ihrer Wahl. Erklärt eine gewählte Person nicht innerhalb von drei Arbeitstagen nach Zugang der Benachrichtigung dem Wahlvorstand ihre Ablehnung der Wahl, ist sie angenommen.

(2) Lehnt eine gewählte Person die Wahl ab, tritt an ihre Stelle der Bewerber oder die Bewerberin mit der nächsthöchsten Stimmenzahl.

§ 25 Bekanntmachung der Gewählten
Sobald die Namen der Mitglieder des Werkstattrats endgültig feststehen, macht der Wahlvorstand sie durch zweiwöchigen Aushang in gleicher Weise wie das Wahlausschreiben bekannt (§ 18 Abs. 2) und teilt sie unverzüglich der Werkstatt mit.

§ 26 Aufbewahrung der Wahlunterlagen
Die Wahlunterlagen, insbesondere die Niederschriften, Bekanntmachungen und Stimmzettel, werden vom Werkstattrat mindestens bis zum Ende der Wahlperiode aufbewahrt.

§ 27 Wahlanfechtung
(1) Die Wahl kann beim Arbeitsgericht angefochten werden, wenn gegen wesentliche Vorschriften über das Wahlrecht, die Wählbarkeit oder das Wahlverfahren verstoßen worden ist und eine Berichtigung nicht erfolgt ist, es sei denn, dass durch den Verstoß das Wahlergebnis nicht geändert oder beeinflusst werden konnte.
(2) Zur Anfechtung berechtigt sind mindestens drei Wahlberechtigte oder die Werkstatt. Die Wahlanfechtung ist nur binnen einer Frist von zwei Wochen, vom Tag der Bekanntgabe des Wahlergebnisses an gerechnet, zulässig.

§ 28 Wahlschutz und Wahlkosten
(1) Niemand darf die Wahl des Werkstattrats behindern. Insbesondere dürfen Werkstattbeschäftigte in der Ausübung des aktiven und passiven Wahlrechts nicht beschränkt werden.
(2) Niemand darf die Wahl des Werkstattrats durch Zufügung oder Androhung von Nachteilen oder durch Gewährung oder Versprechen von Vorteilen beeinflussen.
(3) Die Kosten der Wahl trägt die Werkstatt. Versäumnis von Beschäftigungszeit, die zur Ausübung des Wahlrechts, zur Betätigung im Wahlvorstand oder zur Tätigkeit als Wahlhelfer oder Wahlhelferin erforderlich ist, berechtigt die Werkstatt nicht zur Minderung des Arbeitsentgelts. Die Ausübung der genannten Tätigkeiten steht der Beschäftigung als Werkstattbeschäftigter gleich.

Abschnitt 3
Amtszeit des Werkstattrats

§ 29 Amtszeit des Werkstattrats
Die regelmäßige Amtszeit des Werkstattrats beträgt vier Jahre. Die Amtszeit beginnt mit der Bekanntgabe des Wahlergebnisses oder, wenn die Amtszeit des bisherigen Werkstattrats noch nicht beendet ist, mit deren Ablauf. Die Amtszeit des außerhalb des regelmäßigen Wahlzeitraumes gewählten Werkstattrats endet mit der Bekanntgabe des Wahlergebnisses des nach § 12 Abs. 2 neu gewählten Werkstattrats, spätestens jedoch am 30. November des maßgebenden Wahljahres. Im Falle des § 12 Abs. 1 Satz 2 Nr. 1 und 2 endet die Amtszeit des bestehenden Werkstattrats mit der Bekanntgabe des Wahlergebnisses des neu gewählten Werkstattrats.

§ 30 Erlöschen der Mitgliedschaft im Werkstattrat; Ersatzmitglieder
(1) Die Mitgliedschaft im Werkstattrat erlischt durch
1. Ablauf der Amtszeit,
2. Niederlegung des Amtes,
3. Ausscheiden aus der Werkstatt,
4. Beendigung des arbeitnehmerähnlichen Rechtsverhältnisses.
(2) Scheidet ein Mitglied aus dem Werkstattrat aus, so rückt ein Ersatzmitglied nach. Dies gilt entsprechend für die Stellvertretung eines zeitweilig verhinderten Mitgliedes des Werkstattrats.
(3) Die Ersatzmitglieder werden der Reihe nach aus den nicht gewählten Bewerbern und Bewerberinnen der Vorschlagsliste entnommen. Die Reihenfolge bestimmt sich nach der Höhe der erreichten Stimmenzahlen. Bei Stimmengleichheit entscheidet das Los.

Abschnitt 4
Geschäftsführung des Werkstattrats

§ 31 Vorsitz des Werkstattrats
(1) Der Werkstattrat wählt aus seiner Mitte den Vorsitzenden oder die Vorsitzende und die ihn oder sie vertretende Person.

(2) Der Vorsitzende oder die Vorsitzende oder im Falle der Verhinderung die ihn oder sie vertretende Person vertritt den Werkstattrat im Rahmen der von diesem gefassten Beschlüsse. Zur Entgegennahme von Erklärungen, die dem Werkstattrat gegenüber abzugeben sind, ist der Vorsitzende oder die Vorsitzende oder im Falle der Verhinderung die ihn oder sie vertretende Person berechtigt.

§ 32 Einberufung der Sitzungen

(1) Innerhalb einer Woche nach dem Wahltag beruft der Vorsitzende oder die Vorsitzende des Wahlvorstandes den neu gewählten Werkstattrat zu der nach § 31 Abs. 1 vorgeschriebenen Wahl ein und leitet die Sitzung.
(2) Die weiteren Sitzungen beruft der Vorsitzende oder die Vorsitzende des Werkstattrats ein, setzt die Tagesordnung fest und leitet die Verhandlung. Der Vorsitzende oder die Vorsitzende hat die Mitglieder des Werkstattrats und die Frauenbeauftragte rechtzeitig unter Mitteilung der Tagesordnung zu laden.
(3) Der Vorsitzende oder die Vorsitzende hat eine Sitzung einzuberufen und den Gegenstand, dessen Beratung beantragt wird, auf die Tagesordnung zu setzen, wenn dies von der Werkstatt beantragt wird.
(4) Die Werkstatt nimmt an den Sitzungen, die auf ihr Verlangen anberaumt sind, und an den Sitzungen, zu denen sie ausdrücklich eingeladen worden ist, teil.

§ 33 Sitzungen des Werkstattrats

(1) Die Sitzungen des Werkstattrats finden in der Regel während der Beschäftigungszeit statt. Der Werkstattrat hat bei der Ansetzung der Sitzungen auf die Arbeitsabläufe in der Werkstatt Rücksicht zu nehmen. Die Werkstatt ist vom Zeitpunkt der Sitzung vorher zu verständigen. Die Sitzungen des Werkstattrats sind nicht öffentlich. Sie finden als Präsenzsitzung statt.
(1a) Abweichend von Absatz 1 Satz 5 kann die Teilnahme an einer Sitzung des Werkstattrats mittels Video- und Telefonkonferenz erfolgen, wenn
1. die Voraussetzungen für eine solche Teilnahme in der Geschäftsordnung unter Sicherung des Vorrangs der Präsenzsitzung festgelegt sind,
2. nicht mindestens ein Viertel der Mitglieder des Werkstattrats binnen einer von dem Vorsitzenden oder der Vorsitzenden zu bestimmenden Frist diesem oder dieser gegenüber widerspricht und
3. sichergestellt ist, dass Dritte vom Inhalt der Sitzung keine Kenntnis nehmen können.
Eine Aufzeichnung der Sitzung ist unzulässig.
(1b) Erfolgt die Sitzung des Werkstattrats mit der zusätzlichen Möglichkeit der Teilnahme mittels Video- und Telefonkonferenz, gilt auch eine Teilnahme vor Ort als erforderlich.
(2) Der Werkstattrat kann die Vertrauensperson (§ 39 Abs. 3) und, wenn und soweit er es für erforderlich hält, ein Mitglied des Betriebs- oder Personalrats oder einer sonstigen Mitarbeitervertretung, eine Schreibkraft oder, nach näherer Vereinbarung mit der Werkstatt, einen Beauftragten oder eine Beauftragte einer in der Werkstatt vertretenen Gewerkschaft auf Antrag eines Viertels der Mitglieder des Werkstattrats, einen Vertreter oder eine Vertreterin eines Verbandes im Sinne des § 8 Abs. 1 oder sonstige Dritte zu seinen Sitzungen hinzuziehen. Für sie gelten die Geheimhaltungspflicht sowie die Offenbarungs- und Verwertungsverbote gemäß § 37 Abs. 6 entsprechend.

§ 34 Beschlüsse des Werkstattrats

(1) Die Beschlüsse des Werkstattrats werden mit der Mehrheit der Stimmen der anwesenden Mitglieder gefasst. Mitglieder des Werkstattrats, die mittels Video- und Telefonkonferenz an der Beschlussfassung teilnehmen, gelten als anwesend. Bei Stimmengleichheit ist ein Antrag abgelehnt.
(2) Der Werkstattrat ist beschlussfähig, wenn mindestens die Hälfte seiner Mitglieder an der Beschlussfassung teilnimmt; Stellvertretung durch Ersatzmitglieder ist zulässig.

§ 35 Sitzungsniederschrift

Über die Sitzungen des Werkstattrats ist eine Sitzungsniederschrift aufzunehmen, die mindestens den Wortlaut der Beschlüsse und die Stimmenmehrheit, mit der sie gefasst wurden, enthält. Die Niederschrift ist von dem Vorsitzenden oder von der Vorsitzenden und einem weiteren Mitglied oder der Vertrauensperson (§ 39 Abs. 3) zu unterzeichnen. Ihr ist eine Anwesenheitsliste beizufügen. Nimmt ein Mitglied des Werkstattrats mittels Video- und Telefonkonferenz an der Sitzung teil, so hat es seine Teilnahme gegenüber dem Vorsitzenden oder der Vorsitzenden in Textform zu bestätigen. Die Bestätigung ist der Niederschrift beizufügen. Hat die Werkstatt an der Sitzung teilgenommen, so ist ihr der entsprechende Teil der Niederschrift abschriftlich auszuhändigen.

§ 36 Geschäftsordnung des Werkstattrats
Der Werkstattrat kann sich für seine Arbeit eine schriftliche Geschäftsordnung geben, in der weitere Bestimmungen über die Geschäftsführung getroffen werden.

§ 37 Persönliche Rechte und Pflichten der Mitglieder des Werkstattrats
(1) Die Mitglieder des Werkstattrats führen ihr Amt unentgeltlich als Ehrenamt.
(2) Sie dürfen in der Ausübung ihres Amtes nicht behindert oder wegen ihres Amtes nicht benachteiligt oder begünstigt werden; dies gilt auch für ihre berufliche Entwicklung.
(3) Sie sind von ihrer Tätigkeit ohne Minderung des Arbeitsentgelts zu befreien, wenn und soweit es zur Durchführung ihrer Aufgaben erforderlich ist. Die Werkstattratstätigkeit steht der Werkstattbeschäftigung gleich. In Werkstätten mit wenigstens 200 Wahlberechtigten ist der Vorsitzende oder die Vorsitzende des Werkstattrats auf Verlangen von der Tätigkeit freizustellen, in Werkstätten mit mehr als 700 Wahlberechtigten auch die Stellvertretung. Die Befreiung nach den Sätzen 1 und 3 erstreckt sich nicht auf Maßnahmen nach § 5 Abs. 3 der Werkstättenverordnung.
(4) Absatz 3 Satz 1 gilt entsprechend für die Teilnahme an Schulungs- und Bildungsveranstaltungen, soweit diese Kenntnisse vermitteln, die für die Arbeit des Werkstattrats erforderlich sind. Unbeschadet von Satz 1 hat jedes Mitglied des Werkstattrats während seiner regelmäßigen Amtszeit Anspruch auf Freistellung ohne Minderung des Arbeitsentgelts für insgesamt 15 Tage zur Teilnahme an solchen Schulungs- und Bildungsveranstaltungen; der Anspruch erhöht sich für Werkstattbeschäftigte, die erstmals das Amt eines Mitgliedes des Werkstattrats übernehmen, auf 20 Tage.
(5) Bei Streitigkeiten in Angelegenheiten der Absätze 3 und 4 kann die Vermittlungsstelle angerufen werden. § 6 Abs. 2 und 3 gilt entsprechend. Der Rechtsweg zu den Arbeitsgerichten bleibt unberührt.
(6) Die Mitglieder des Werkstattrats sind verpflichtet,
1. über ihnen wegen ihres Amtes bekannt gewordene persönliche Verhältnisse und Angelegenheiten von Werkstattbeschäftigten, die ihrer Bedeutung oder ihrem Inhalt nach einer vertraulichen Behandlung bedürfen, Stillschweigen zu bewahren und
2. ihnen wegen ihres Amtes bekannt gewordene und von der Werkstatt ausdrücklich als geheimhaltungsbedürftig bezeichnete Betriebs- und Geschäftsgeheimnisse nicht zu offenbaren und nicht zu verwerten.

Die Pflichten gelten auch nach dem Ausscheiden aus dem Amt. Sie gelten nicht gegenüber den Mitgliedern des Werkstattrats und der Vertrauensperson (§ 39 Abs. 3) sowie im Verfahren vor der Vermittlungsstelle.

§ 38 Sprechstunden
(1) Der Werkstattrat kann während der Beschäftigungszeit Sprechstunden einrichten. Zeit und Ort sind mit der Werkstatt zu vereinbaren.
(2) Versäumnis von Beschäftigungszeit, die zum Besuch der Sprechstunden oder durch sonstige Inanspruchnahme des Werkstattrats erforderlich ist, berechtigt die Werkstatt nicht zur Minderung des Arbeitsentgeltes der Werkstattbeschäftigten. Diese Zeit steht der Werkstattbeschäftigung gleich.

§ 39 Kosten und Sachaufwand des Werkstattrats
(1) Die durch die Tätigkeit des Werkstattrats entstehenden Kosten trägt die Werkstatt. Das Gleiche gilt für die Kosten, die durch die Teilnahme an Schulungs- und Bildungsveranstaltungen nach § 37 Absatz 4 oder durch die Interessenvertretung auf Landesebene entstehen.
(2) Für die Sitzungen, die Sprechstunden und die laufende Geschäftsführung hat die Werkstatt in erforderlichem Umfang Räume, sächliche Mittel und eine Bürokraft zur Verfügung zu stellen.
(3) Die Werkstatt hat dem Werkstattrat auf dessen Wunsch eine Person seines Vertrauens zur Verfügung zu stellen, die ihn bei seiner Tätigkeit unterstützt. Die Vertrauensperson nimmt ihre Aufgabe unabhängig von Weisungen der Werkstatt wahr. Die Werkstatt hat sie bei der Erfüllung ihrer Aufgabe zu fördern. Für die Vertrauensperson gilt § 37 entsprechend.
(4) Die Kosten, die durch die Interessenvertretung der Werkstatträte auf Bundesebene entstehen, trägt der nach § 63 Absatz 2 des Neunten Buches Sozialgesetzbuch zuständige Träger. Dieser überweist jeweils zum 1. Februar eines jeden Jahres 1,60 Euro für jeden Werkstattbeschäftigten, der sich am 1. Januar dieses Jahres in seiner Zuständigkeit befindet, an die Interessenvertretung der Werkstatträte auf Bundesebene. Gleichzeitig unterrichtet er die Interessenvertretung über die Berechnungsgrundlagen seiner Zahlung. Die Interessenvertretung der Werkstatträte auf Bundesebene leitet jährlich zum 30. Juni jedem zuständigen Träger einen Bericht über die Verwendung der im Vorjahr insgesamt erhaltenen Mittel zu. Sie erörtert diese Berichte auf Verlangen mit den zuständigen Trägern oder deren überregionaler Ver-

tretung. Der Betrag nach Satz 2 erhöht sich in entsprechender Anwendung des § 160 Absatz 3 Satz 1 bis 3 des Neunten Buches Sozialgesetzbuch jeweils zu dem Zeitpunkt, zu dem die nächste Neubestimmung der Beträge der Ausgleichsabgabe erfolgt. Die sich ergebenden Beträge sind auf zwei Nachkommastellen kaufmännisch zu runden. Das Bundesministerium für Arbeit und Soziales gibt den Erhöhungsbetrag und die sich nach Satz 7 ergebenden Beträge im Bundesanzeiger bekannt.

Abschnitt 4a
Frauenbeauftragte und Stellvertreterinnen

§ 39a Aufgaben und Rechtsstellung

(1) Die Frauenbeauftragte vertritt die Interessen der in der Werkstatt beschäftigten behinderten Frauen gegenüber der Werkstattleitung, insbesondere in den Bereichen Gleichstellung von Frauen und Männern, Vereinbarkeit von Familie und Beschäftigung sowie Schutz vor körperlicher, sexueller und psychischer Belästigung oder Gewalt. Werkstattleitung und Frauenbeauftragte sollen in der Regel einmal im Monat zu einer Besprechung zusammentreten.
(2) Über Maßnahmen, die Auswirkungen in den in Absatz 1 genannten Bereichen haben können, unterrichtet die Werkstattleitung die Frauenbeauftragte rechtzeitig, umfassend und in angemessener Weise. Beide Seiten erörtern diese Maßnahmen mit dem Ziel des Einvernehmens. Lässt sich ein Einvernehmen nicht herstellen, kann jede Seite die Vermittlungsstelle anrufen. Die Werkstatt entscheidet unter Berücksichtigung des Einigungsvorschlages endgültig.
(3) Die Frauenbeauftragte hat das Recht, an den Sitzungen des Werkstattrates und an den Werkstattversammlungen (§ 9) teilzunehmen und dort zu sprechen.
(4) Die Stellvertreterinnen vertreten die Frauenbeauftragte im Verhinderungsfall. Darüber hinaus kann die Frauenbeauftragte ihre Stellvertreterinnen zu bestimmten Aufgaben heranziehen.
(5) Die Frauenbeauftragte und ihre Stellvertreterinnen sind von ihrer Tätigkeit ohne Minderung des Arbeitsentgeltes zu befreien, wenn und soweit es zur Durchführung ihrer Aufgaben erforderlich ist. Die Tätigkeit steht der Werkstattbeschäftigung gleich. In Werkstätten mit mehr als 200 wahlberechtigten Frauen ist die Frauenbeauftragte auf Verlangen von der Tätigkeit freizustellen, in Werkstätten mit mehr als 700 wahlberechtigten Frauen auch die erste Stellvertreterin. Die Befreiung nach den Sätzen 1 und 3 erstreckt sich nicht auf Maßnahmen nach § 5 Absatz 3 der Werkstättenverordnung. Im Übrigen gelten § 37 Absatz 1 und 2, 4 bis 6 sowie die §§ 38 und 39 für die Frauenbeauftragte und die Stellvertreterinnen entsprechend.

§ 39b Wahlen und Amtszeit

(1) Die Wahlen der Frauenbeauftragten und der Stellvertreterinnen sollen zusammen mit den Wahlen zum Werkstattrat stattfinden. Wahlberechtigt sind alle Frauen, die auch zum Werkstattrat wählen dürfen (§ 10). Wählbar sind alle Frauen, die auch in den Werkstattrat gewählt werden können (§ 11).
(2) Wird zeitgleich der Werkstattrat gewählt, soll der Wahlvorstand für die Wahl des Werkstattrates auch die Wahl der Frauenbeauftragten und ihrer Stellvertreterinnen vorbereiten und durchführen. Anderenfalls beruft die Werkstatt eine Versammlung der wahlberechtigten Frauen ein, in der ein Wahlvorstand und dessen Vorsitzende gewählt werden. Auch drei wahlberechtigte Frauen können zu dieser Versammlung einladen. Für die Vorbereitung und Durchführung der Wahl gelten die §§ 14 bis 28 entsprechend.
(3) Für die Amtszeit der Frauenbeauftragten und ihrer Stellvertreterinnen gilt § 29 entsprechend. Das Amt der Frauenbeauftragten und ihrer Stellvertreterinnen erlischt mit Ablauf der Amtszeit, Niederlegung des Amtes, Ausscheiden aus der Werkstatt, Beendigung des arbeitnehmerähnlichen Rechtsverhältnisses oder erfolgreicher Wahlanfechtung.

§ 39c Vorzeitiges Ausscheiden

(1) Scheidet die Frauenbeauftragte vor dem Ablauf der Amtszeit aus dem Amt aus, wird die erste Stellvertreterin zur Frauenbeauftragten.
(2) Scheidet eine Stellvertreterin vorzeitig aus ihrem Amt aus, rückt die nächste Stellvertreterin beziehungsweise aus der Vorschlagsliste die Bewerberin mit der nächsthöheren Stimmenzahl nach. Bei Stimmengleichheit entscheidet das Los.
(3) Können die Ämter der Frauenbeauftragten und der Stellvertreterinnen aus der Vorschlagsliste nicht mehr besetzt werden, erfolgt eine außerplanmäßige Wahl der Frauenbeauftragten und der Stellvertreterinnen.

(4) Hat außerhalb des für die regelmäßigen Wahlen festgelegten Zeitraumes eine Wahl zu den Ämtern der Frauenbeauftragten und ihrer Stellvertreterinnen stattgefunden, so sind sie in dem auf die Wahl folgenden nächsten Zeitraum der regelmäßigen Wahlen neu zu wählen. Hat die Amtszeit zu Beginn des für die nächsten regelmäßigen Wahlen festgelegten Zeitraumes noch nicht ein Jahr betragen, sind die Frauenbeauftragte und ihre Stellvertreterinnen in dem übernächsten Zeitraum der regelmäßigen Wahlen neu zu wählen.

Abschnitt 5
Schlussvorschriften

§ 40 Amtszeit der bestehenden Werkstatträte
Die Amtszeit der zum Zeitpunkt des Inkrafttretens dieser Verordnung bereits bestehenden Werkstatträte endet am Tag der Bekanntgabe des Wahlergebnisses der erstmaligen regelmäßigen Wahl eines Werkstattrats nach den Bestimmungen dieser Verordnung, spätestens jedoch am 30. November 2001. § 13 gilt entsprechend.

§ 40a (weggefallen)

§ 40b Sonderregelung aus Anlass der COVID-19-Pandemie für das Wahlverfahren
Bis zur Aufhebung der Feststellung einer epidemischen Lage von nationaler Tragweite wegen der dynamischen Ausbreitung der Coronavirus-Krankheit-2019 (COVID-19) nach § 5 Absatz 1 Satz 2 des Infektionsschutzgesetzes durch den Deutschen Bundestag kann der Wahlvorstand beschließen, dass die Wahl auch als Briefwahl durchgeführt wird.

§ 41 Inkrafttreten
Diese Verordnung tritt am 1. Juli 2001 in Kraft.

Verordnung zur Früherkennung und Frühförderung behinderter und von Behinderung bedrohter Kinder (Frühförderungsverordnung – FrühV)

Vom 24. Juni 2003 (BGBl. I S. 998)

Zuletzt geändert durch
Bundesteilhabegesetz
vom 23. Dezember 2016 (BGBl. I S. 3234)[1])

Inhaltsübersicht

§ 1 Anwendungsbereich
§ 2 Früherkennung und Frühförderung
§ 3 Interdisziplinäre Frühförderstellen
§ 4 Sozialpädiatrische Zentren
§ 5 Leistungen zur medizinischen Rehabilitation
§ 6 Heilpädagogische Leistungen
§ 6a Weitere Leistungen
§ 7 Förder- und Behandlungsplan
§ 8 Erbringung der Komplexleistung
§ 9 Teilung der Kosten der Komplexleistung
§ 10 Inkrafttreten

Auf Grund des § 32 Nr. 1 des Neunten Buches Sozialgesetzbuch – Rehabilitation und Teilhabe behinderter Menschen – (Artikel 1 des Gesetzes vom 19. Juni 2001, BGBl. I S. 1046, 1047), der zuletzt durch Artikel 1 Nr. 3 des Gesetzes vom 3. April 2003 (BGBl. I S. 462) geändert worden ist, verordnet das Bundesministerium für Gesundheit und Soziale Sicherung:

§ 1 Anwendungsbereich

Die Abgrenzung der durch interdisziplinäre Frühförderstellen und sozialpädiatrische Zentren ausgeführten Leistungen nach § 46 Abs. 1 und 2 des Neunten Buches Sozialgesetzbuch zur Früherkennung und Frühförderung noch nicht eingeschulter behinderter und von Behinderung bedrohter Kinder, die Übernahme und die Teilung der Kosten zwischen den beteiligten Rehabilitationsträgern sowie die Vereinbarung der Entgelte richtet sich nach den folgenden Vorschriften.

§ 2 Früherkennung und Frühförderung

Leistungen nach § 1 umfassen
1. Leistungen zur medizinischen Rehabilitation (§ 5),
2. heilpädagogische Leistungen (§ 6) und
3. weitere Leistungen (§ 6a).

Die erforderlichen Leistungen werden unter Inanspruchnahme von fachlich geeigneten interdisziplinären Frühförderstellen, von nach Landesrecht zugelassenen Einrichtungen mit vergleichbarem interdisziplinärem Förder-, Behandlungs- und Beratungsspektrum und von sozialpädiatrischen Zentren unter Einbeziehung des sozialen Umfelds der Kinder ausgeführt.

§ 3 Interdisziplinäre Frühförderstellen

Interdisziplinäre Frühförderstellen oder nach Landesrecht zugelassene Einrichtungen mit vergleichbarem interdisziplinärem Förder-, Behandlungs- und Beratungsspektrum im Sinne dieser Verordnung sind familien- und wohnortnahe Dienste und Einrichtungen, die der Früherkennung, Behandlung und Förderung von Kindern dienen, um in interdisziplinärer Zusammenarbeit von qualifizierten medizinisch-therapeutischen und pädagogischen Fachkräften eine drohende oder bereits eingetretene Behinderung zum frühestmöglichen Zeitpunkt zu erkennen und die Behinderung durch gezielte Förder- und Behandlungsmaßnahmen auszugleichen oder zu mildern. Leistungen durch interdisziplinäre Frühförderstellen oder nach Landesrecht zugelassene Einrichtungen mit vergleichbarem interdisziplinärem Förder-, Behandlungs- und Beratungsspektrum werden in der Regel in ambulanter, einschließlich mobiler Form erbracht.

§ 4 Sozialpädiatrische Zentren

Sozialpädiatrische Zentren im Sinne dieser Verordnung sind die nach § 119 Abs. 1 des Fünften Buches Sozialgesetzbuch zur ambulanten sozialpädiatrischen Behandlung von Kindern ermächtigten Einrichtungen. Die frühzeitige Erkennung, Diagnostik und Behandlung durch sozialpädiatrische Zentren ist auf

---
[1]) Anm. d. Hrsg.: Die am 1. Januar 2018 in Kraft getretenen Änderungen sind eingearbeitet.

Kinder ausgerichtet, die wegen Art, Schwere oder Dauer ihrer Behinderung oder einer drohenden Behinderung nicht von geeigneten Ärzten oder geeigneten interdisziplinären Frühförderstellen oder nach Landesrecht zugelassenen Einrichtungen mit vergleichbarem interdisziplinärem Förder-, Behandlungs- und Beratungsspektrum (§ 3) behandelt werden können. Leistungen durch sozialpädiatrische Zentren werden in der Regel in ambulanter und in begründeten Einzelfällen in mobiler Form oder in Kooperation mit Frühförderstellen erbracht.

§ 5 Leistungen zur medizinischen Rehabilitation

(1) Die im Rahmen von Leistungen zur medizinischen Rehabilitation nach § 46 des Neunten Buches Sozialgesetzbuch zur Früherkennung und Frühförderung zu erbringenden medizinischen Leistungen umfassen insbesondere
1. ärztliche Behandlung einschließlich der zur Früherkennung und Diagnostik erforderlichen ärztlichen Tätigkeiten,
2. nichtärztliche sozialpädiatrische Leistungen, psychologische, heilpädagogische und psychosoziale Leistungen, soweit und solange sie unter ärztlicher Verantwortung erbracht werden und erforderlich sind, um eine drohende oder bereits eingetretene Behinderung zum frühestmöglichen Zeitpunkt zu erkennen und einen individuellen Förder- und Behandlungsplan aufzustellen,
3. medizinisch-therapeutische Leistungen, insbesondere physikalische Therapie, Physiotherapie, Stimm-, Sprech- und Sprachtherapie sowie Ergotherapie, soweit sie auf Grund des Förder- und Behandlungsplans nach § 7 erforderlich sind.

Die Erbringung von medizinisch-therapeutischen Leistungen im Rahmen der Komplexleistung Frühförderung richtet sich grundsätzlich nicht nach den Vorgaben der Heilmittelrichtlinien des Gemeinsamen Bundesausschusses. Medizinisch- therapeutische Leistungen werden im Rahmen der Komplexleistung Frühförderung nach Maßgabe und auf der Grundlage des Förder- und Behandlungsplans erbracht.

(2) Die Leistungen nach Absatz 1 umfassen auch die Beratung der Erziehungsberechtigten, insbesondere
1. das Erstgespräch,
2. anamnestische Gespräche mit Eltern und anderen Bezugspersonen,
3. die Vermittlung der Diagnose,
4. Erörterung und Beratung des Förder- und Behandlungsplans,
5. Austausch über den Entwicklungs- und Förderprozess des Kindes einschließlich Verhaltens- und Beziehungsfragen,
6. Anleitung und Hilfe bei der Gestaltung des Alltags,
7. Anleitung zur Einbeziehung in Förderung und Behandlung,
8. Hilfen zur Unterstützung der Bezugspersonen bei der Krankheits- und Behinderungsverarbeitung,
9. Vermittlung von weiteren Hilfs- und Beratungsangeboten.

(3) Weiter gehende Vereinbarungen auf Landesebene bleiben unberührt.

§ 6 Heilpädagogische Leistungen

Heilpädagogische Leistungen nach § 79 des Neunten Buches Sozialgesetzbuch umfassen alle Maßnahmen, die die Entwicklung des Kindes und die Entfaltung seiner Persönlichkeit mit pädagogischen Mitteln anregen, einschließlich der jeweils erforderlichen sozial- und sonderpädagogischen, psychologischen und psychosozialen Hilfen sowie die Beratung der Erziehungsberechtigten; § 5 Abs. 2 und 3 gilt entsprechend.

§ 6a Weitere Leistungen

Weitere Leistungen der Komplexleistung Frühförderung sind insbesondere
1. die Beratung, Unterstützung und Begleitung der Erziehungsberechtigten als medizinisch-therapeutische Leistung nach § 5 Absatz 2,
2. offene, niedrigschwellige Beratungsangebote für Eltern, die ein Entwicklungsrisiko bei ihrem Kind vermuten. Dieses Beratungsangebot soll vor der Einleitung der Eingangsdiagnostik in Anspruch genommen werden können,
3. Leistungen zur Sicherstellung der Interdisziplinarität; diese sind insbesondere:
    a) Durchführung regelmäßiger interdisziplinärer Team- und Fallbesprechungen, auch der im Wege der Kooperation eingebundenen Mitarbeiter,
    b) die Dokumentation von Daten und Befunden,
    c) die Abstimmung und der Austausch mit anderen, das Kind betreuenden Institutionen,
    d) Fortbildung und Supervision,

4. mobil aufsuchende Hilfen für die Erbringung heilpädagogischer und medizinisch-therapeutischer Leistungen außerhalb von interdisziplinären Frühförderstellen, nach Landesrecht zugelassenen Einrichtungen mit vergleichbarem interdisziplinärem Förder-, Behandlungs- und Beratungsspektrum und sozialpädiatrischen Zentren.

Für die mobile Form der Frühförderung kann es sowohl fachliche als auch organisatorische Gründe geben, etwa unzumutbare Anfahrtswege in ländlichen Gegenden. Eine medizinische Indikation ist somit nicht die notwendige Voraussetzung für die mobile Erbringung der Komplexleistung Frühförderung.

§ 7 Förder- und Behandlungsplan

(1) Die interdisziplinären Frühförderstellen, nach Landesrecht zugelassene Einrichtungen mit vergleichbarem interdisziplinärem Förder-, Behandlungs- und Beratungsspektrum und die sozialpädiatrischen Zentren stellen die nach dem individuellen Bedarf zur Förderung und Behandlung voraussichtlich erforderlichen Leistungen nach §§ 5 und 6 in Zusammenarbeit mit den Erziehungsberechtigten in einem interdisziplinär entwickelten Förder- und Behandlungsplan schriftlich oder elektronisch zusammen und legen diesen den beteiligten Rehabilitationsträgern nach Maßgabe des § 14 des Neunten Buches Sozialgesetzbuch zur Entscheidung vor. Der Förder- und Behandlungsplan wird entsprechend dem Verlauf der Förderung und Behandlung angepasst, spätestens nach Ablauf von zwölf Monaten. Dabei sichern die Rehabilitationsträger durchgehend das Verfahren entsprechend dem jeweiligen Bedarf. Der Förder- und Behandlungsplan wird von dem für die Durchführung der diagnostischen Leistungen nach § 5 Abs. 1 Nr. 1 verantwortlichen Arzt und der verantwortlichen pädagogischen Fachkraft unterzeichnet. Die Erziehungsberechtigten erhalten eine Ausfertigung des Förder- und Behandlungsplans.
(2) Im Förder- und Behandlungsplan sind die benötigten Leistungskomponenten zu benennen, und es ist zu begründen, warum diese in der besonderen Form der Komplexleistung nur interdisziplinär erbracht werden können.
(3) Der Förder- und Behandlungsplan kann auch die Förderung und Behandlung in einer anderen Einrichtung, durch einen Kinderarzt oder die Erbringung von Heilmitteln empfehlen.

§ 8 Erbringung der Komplexleistung

(1) Die zur Förderung und Behandlung nach §§ 5 und 6 erforderlichen Leistungen werden von den beteiligten Rehabilitationsträgern auf der Grundlage des Förder- und Behandlungsplans zuständigkeitsübergreifend als ganzheitliche Komplexleistung erbracht. Ein Antrag auf die erforderlichen Leistungen kann bei allen beteiligten Rehabilitationsträgern gestellt werden. Der Rehabilitationsträger, bei dem der Antrag gestellt wird, unterrichtet unverzüglich die an der Komplexleistung beteiligten Rehabilitationsträger. Die beteiligten Rehabilitationsträger stimmen sich untereinander ab und entscheiden innerhalb von zwei Wochen nach Vorliegen des Förder- und Behandlungsplans über die Leistung.
(2) Sofern die beteiligten Rehabilitationsträger nichts anderes vereinbaren, entscheidet der für die Leistungen nach § 6 jeweils zuständige Rehabilitationsträger über Komplexleistungen interdisziplinärer Frühförderstellen sowie der nach Landesrecht zugelassenen Einrichtungen mit vergleichbarem interdisziplinärem Förder-, Behandlungs- und Beratungsspektrum und der für die Leistungen nach § 5 jeweils zuständige Rehabilitationsträger über Komplexleistungen sozialpädiatrischer Zentren.
(3) Erbringt ein Rehabilitationsträger im Rahmen der Komplexleistung Leistungen, für die ein anderer Rehabilitationsträger zuständig ist, ist der zuständige Rehabilitationsträger erstattungspflichtig. Vereinbarungen über pauschalierte Erstattungen sind zulässig.
(4) Interdisziplinäre Frühförderstellen, nach Landesrecht zugelassene Einrichtungen mit vergleichbarem interdisziplinärem Förder-, Behandlungs- und Beratungsspektrum und sozialpädiatrische Zentren arbeiten zusammen. Darüber hinaus arbeiten sie mit Ärzten, Leistungserbringern von Heilmitteln und anderen an der Früherkennung und Frühförderung beteiligten Stellen wie dem Öffentlichen Gesundheitsdienst zusammen. Soweit nach Landesrecht an der Komplexleistung weitere Stellen einzubeziehen sind, sollen diese an Arbeitsgemeinschaften der an der Früherkennung und Frühförderung beteiligten Stellen beteiligt werden.

§ 9 Teilung der Kosten der Komplexleistung

Die Übernahme oder Teilung der Kosten zwischen den beteiligten Rehabilitationsträgern für die nach den §§ 5, 6 und 6a zu erbringenden Leistungen werden nach § 46 Absatz 5 des Neunten Buches Sozialgesetzbuch geregelt.

§ 10 Inkrafttreten

Diese Verordnung tritt am ersten Tage des auf die Verkündung folgenden Kalendermonats in Kraft.

Verordnung zur Weiterführung der Ergänzenden unabhängigen Teilhabeberatung (Teilhabeberatungsverordnung – EUTBV)

Vom 14. Juni 2021 (BGBl. I S. 1796)

Inhaltsverzeichnis

§ 1 Beratungsangebote, Finanzierung	§ 10 Zuständigkeit, Antragsverfahren, Ausschlussfrist
§ 2 Beratung, Unabhängigkeit	§ 11 Gewährung und Auszahlung
§ 3 Finanzierung der Beratungsangebote, Verteilungsschlüssel	§ 12 Dauer und Zeitraum der Bewilligungsperiode
§ 4 Gegenstand und Höhe des Zuschusses pro Vollzeitäquivalent	§ 13 Tätigkeitsnachweis, Belegprüfung, Qualitätssicherung
§ 5 Personalausgaben	§ 14 Datenerhebung
§ 6 Sachausgaben	§ 15 Mitteilungspflichten, sonstige Bestimmungen
§ 7 Antragsberechtigte	§ 16 Inkrafttreten
§ 8 Voraussetzungen für die Gewährung des Zuschusses	
§ 9 Zuteilungsverfahren	

Auf Grund des § 32 Absatz 7 Satz 4 des Neunten Buches Sozialgesetzbuch, der durch Artikel 2 Nummer 2 Buchstabe b des Gesetzes vom 10. Dezember 2019 (BGBl. I S. 2135) eingefügt worden ist, verordnet das Bundesministerium für Arbeit und Soziales:

§ 1 Beratungsangebote, Finanzierung

(1) Das Bundesministerium für Arbeit und Soziales finanziert bundesweit ergänzende, niedrigschwellige Beratungsangebote zu Leistungen der Rehabilitation und Teilhabe für Ratsuchende. Diese ergänzende Teilhabeberatung wird unabhängig von der Beratung der Leistungsträger und Leistungserbringer erbracht.
(2) Die Träger der Beratungsangebote erhalten einen Zuschuss, um Menschen mit Behinderungen und von Behinderung bedrohte Menschen sowie ihre Angehörigen dabei zu unterstützen, ihre Rechte auf Chancengleichheit, Selbstbestimmung, eigenständige Lebensplanung und individuelle Teilhabeleistungen zu verwirklichen.
(3) Leistungserbringer sind ausnahmsweise für Zuschüsse zu berücksichtigen, wenn dies für eine ausreichende Abdeckung an regionalen Beratungsangeboten erforderlich ist. In diesem Fall ist von den Trägern der Beratungsangebote eine organisatorische, finanzielle und wirtschaftliche Unabhängigkeit der ergänzenden Teilhabeberatung von den Bereichen der Leistungserbringung nachzuweisen.

§ 2 Beratung, Unabhängigkeit

(1) Das Beratungsangebot soll Ratsuchenden insbesondere im Vorfeld und während der Beantragung konkreter Leistungen die notwendige Orientierungs-, Planungs- und Entscheidungshilfe geben.
(2) Die Inanspruchnahme der Beratung ist für die Ratsuchenden unentgeltlich. Sie setzt weder eine regionale Anbindung an ein Beratungsangebot voraus noch ist sie an eine Teilhabebeeinträchtigung geknüpft.
(3) Die Beraterinnen und Berater sind ausschließlich den Ratsuchenden verpflichtet. In der Beratung sollen soweit wie möglich Menschen mit Behinderungen und von Behinderung bedrohte Menschen sowie deren Angehörige als Beraterinnen und Berater tätig werden.
(4) Die Beratungsangebote leisten keine rechtliche Prüfung von Einzelfällen sowie keine Begleitung in Widerspruchs- und Klageverfahren.

§ 3 Finanzierung der Beratungsangebote, Verteilungsschlüssel

(1) Wird die Anzahl der dem Gebiet eines Landes zugeordneten Vollzeitäquivalente nicht ausgeschöpft, ist den antragstellenden Trägern der Beratungsangebote, die Voraussetzungen nach § 8 erfüllen, ein Zuschuss zu gewähren.
(2) Die Vollzeitäquivalente verteilen sich wie folgt:

Land	Vollzeitäquivalente
Baden-Württemberg	76,2
Bayern	102,1
Berlin	20,5
Brandenburg	26,5
Bremen	3,9
Hamburg	10,5
Hessen	43,5
Mecklenburg-Vorpommern	18,8
Niedersachsen	64,3
Nordrhein-Westfalen	113,4
Rheinland-Pfalz	31,0
Saarland	6,6
Sachsen	30,3
Sachsen-Anhalt	20,9
Schleswig-Holstein	22,7
Thüringen	18,7

(3) Der Zuschuss wird abweichend von Absatz 1 nicht gewährt, wenn dadurch ein regionales Überangebot entsteht. Ein regionales Überangebot liegt vor, wenn der für das Land errechnete Referenzwert pro zu bewilligendem Vollzeitäquivalent die Einwohnerzahl des betreffenden Landkreises, der betreffenden kreisfreien Stadt oder des Bezirkes der Stadtstaaten pro zu bewilligendem Vollzeitäquivalent überschreitet.

Land	Referenzwert
Baden-Württemberg	145 179
Bayern	128 019
Berlin	178 093
Brandenburg	94 827
Bremen	173 231
Hamburg	175 881
Hessen	143 927
Mecklenburg-Vorpommern	85 598
Niedersachsen	124 074
Nordrhein-Westfalen	158 177
Rheinland-Pfalz	131 856
Saarland	151 108
Sachsen	134 403
Sachsen-Anhalt	105 698
Schleswig-Holstein	127 590
Thüringen	114 482

(4) Der Zuschuss pro Beratungsangebot umfasst mindestens ein Vollzeitäquivalent und ist auf maximal drei Vollzeitäquivalente begrenzt. Ein Vollzeitäquivalent entspricht einer wöchentlichen Arbeitszeit von 39 Stunden.

§ 4 Gegenstand und Höhe des Zuschusses pro Vollzeitäquivalent
Der Zuschuss wird für Personal- und Sachausgaben gewährt. Er ist auf jährlich 95 000 Euro pro Vollzeitäquivalent begrenzt.

§ 5 Personalausgaben
Für sozialversicherungspflichtig beschäftigte Beraterinnen und Berater wird ein Zuschuss unter Berücksichtigung ihrer Qualifikation und Tätigkeit bis zur Höhe der Entgeltgruppe 12 des Tarifvertrags für

den öffentlichen Dienst Bund in seiner jeweils gültigen Fassung gewährt. Die Träger der Beratungsangebote dürfen ihre Beschäftigten nicht besserstellen als vergleichbare Bundesbedienstete.

§ 6 Sachausgaben
(1) Für Sachausgaben kann ein Zuschuss gewährt werden für:
1. eine Erstausstattung in Höhe einer einmaligen Pauschale bei der ersten Bewilligung nach dieser Verordnung von 1000 Euro pro Vollzeitäquivalent und Bewilligungsperiode,
2. Verwaltungsausgaben in Höhe einer Jahrespauschale von 10 750 Euro je vollem Kalenderjahr und Vollzeitäquivalent oder anteilig in Höhe eines Zwölftels der Jahrespauschale für jeden vollen Monat der Bewilligung,
3. erforderliche Ausgaben für besondere Bedarfslagen der Ratsuchenden, um das Beratungsangebot in Anspruch zu nehmen, zum Beispiel Ausgaben für Gebärdensprachdolmetscherinnen und Gebärdensprachdolmetscher oder eine aufsuchende Beratung,
4. erforderliche Ausgaben für Sprachdolmetscherinnen und Sprachdolmetscher,
5. erforderliche Ausgaben bis zu einer Höhe von 5 Prozent des bewilligten Zuschusses für einen zusätzlichen Aufwand ehrenamtlich tätiger Mitarbeiterinnen und Mitarbeiter, zum Beispiel für Schulungen und Qualifizierungen,
6. erforderliche Ausgaben im Zusammenhang mit der Qualifizierung und Weiterbildung der Beraterinnen und Berater,
7. erforderliche Ausgaben für Räume zur Durchführung der Beratung,
8. Ausgaben für regionale Öffentlichkeitsarbeit bis zur Höhe von 1000 Euro pro vollem Kalenderjahr und Vollzeitäquivalent oder anteilig bis zur Höhe eines Zwölftels des Jahreshöchstbetrages für jeden vollen Monat der Bewilligung.

(2) Sachausgaben nach Absatz 1 Nummer 3, 4, 6 und 7 sind bis zu einer Überschreitung von 20 Prozent gegenseitig deckungsfähig.

§ 7 Antragsberechtigte
Antragsberechtigt für die Gewährung von Zuschüssen sind juristische Personen mit Sitz in Deutschland. Nicht antragsberechtigt sind Rehabilitationsträger nach dem Neunten Buch Sozialgesetzbuch.

§ 8 Voraussetzungen für die Gewährung des Zuschusses
(1) Der Antragsteller muss zuverlässig sein. Er ist zuverlässig, wenn er die Gewähr dafür bietet, das Beratungsangebot ordnungsgemäß auszuüben. Ein Mangel der Zuverlässigkeit kann insbesondere dann vorliegen, wenn der Antragsteller oder eine Person, deren Verhalten dem Antragsteller aufgrund einer leitenden Stellung zuzurechnen ist,
1. der Verpflichtung zur Zahlung von Steuern und Abgaben nicht nachgekommen ist,
2. sozialversicherungsrechtliche oder arbeitsrechtliche Pflichten verletzt,
3. im Rahmen der beruflichen Tätigkeit nachweislich eine schwere Verfehlung begangen hat, durch die die Integrität des Antragstellers infrage gestellt wird oder
4. beim Antragsteller mangelnde wirtschaftliche Leistungsfähigkeit besteht.

(2) Der Antragsteller muss fachlich geeignet sein. Davon ist insbesondere auszugehen, wenn der Antragsteller oder die Beraterinnen und Berater Erfahrungen im Bereich der Teilhabe von Menschen mit Behinderungen haben.

(3) Der Antragsteller muss glaubhaft machen,
1. ein behinderungsübergreifendes Beratungsangebot vorzuhalten,
2. die Niedrigschwelligkeit des Beratungsangebotes in seiner inhaltlichen, räumlichen, sozialen und zeitlichen Dimension zu gewährleisten und
3. die Unabhängigkeit der Beraterinnen und Berater sicherzustellen.

(4) Ein Zuschuss wird nicht gewährt, wenn das Beratungsangebot zum Zwecke der Gewinnerzielung erfolgt.

§ 9 Zuteilungsverfahren
(1) Erfüllen bezogen auf das Gebiet eines Landes mehr Antragsteller die Voraussetzungen für die Gewährung des Zuschusses nach § 8 als für das Land Vollzeitäquivalente nach § 3 Absatz 2 vorgesehen sind oder würde durch die Bewilligung ein regionales Überangebot entstehen, tritt hinsichtlich der Antragsteller im Gebiet des betreffenden Landes, des betreffenden Landkreises oder der betreffenden kreisfreien Stadt oder des Bezirkes des Stadtstaates an die Stelle des Anspruchs nach § 3 Absatz 1 ein Anspruch der Antragsteller auf Teilnahme an einem Zuteilungsverfahren.

(2) Die Verteilung des Zuschusses auf die Antragsteller erfolgt in der Rangfolge des Vorliegens der folgenden Kriterien:
1. Erforderlichkeit des Beratungsangebots zur Umsetzung eines flächendeckenden, wohnortnahen Angebots,
2. Einsatz von Menschen mit Behinderungen oder von Behinderung bedrohte Menschen sowie deren Angehörige als hauptamtliche Beraterinnen und Berater und
3. Angemessenheit der Personalausstattung, insbesondere unter Berücksichtigung der Zusammenarbeit von Beraterinnen und Beratern unterschiedlicher Qualifikation und Erfahrungen.
(3) Zwischen zwei oder mehreren Antragstellern gleichen Ranges entscheidet das Los.

§ 10 Zuständigkeit, Antragsverfahren, Ausschlussfrist

(1) Für die Gewährung des Zuschusses ist ein Antrag erforderlich. Der Antrag ist schriftlich oder elektronisch bei der zuständigen Stelle zu stellen. Dem Antrag sind alle erforderlichen Angaben beizufügen, insbesondere eine Übersicht zu den Personal- und Sachausgaben nach den §§ 5 und 6. Die Personal- und Sachausgaben sind getrennt nach Kalenderjahren aufzugliedern.
(2) Anträge, die die Voraussetzungen nach § 8 erfüllen und die im Fall des Verfahrens nach § 9 für eine Zuteilung vorgesehen sind, werden den zuständigen Landesbehörden zugeleitet. Ihnen wird Gelegenheit zur Stellungnahme innerhalb einer Frist von sechs Wochen gegeben.
(3) Der Antrag auf Zuteilung ist bis zum 31. März des Kalenderjahres vor Beginn der jeweiligen Bewilligungsperiode zu stellen. Wird die Anzahl der Vollzeitäquivalente je Land im Verlauf der Bewilligungsperiode nicht ausgeschöpft, kann für das betreffende Land ein Antrag auf Zuteilung bis zum 31. März eines Kalenderjahres für die Restlaufzeit der Bewilligungsperiode gestellt werden.

§ 11 Gewährung und Auszahlung

(1) Die zuständige Stelle entscheidet über die Gewährung des Zuschusses durch Verwaltungsakt. Der Zuschuss kann unter Auflagen und Bedingungen erteilt werden. Der Zuschuss kann unter dem Vorbehalt des Widerrufs erteilt werden, wenn eine abschließende Beurteilung des Antrags noch nicht möglich ist.
(2) Die Auszahlung des Zuschusses erfolgt in Anteilen und auf Anforderung des jeweiligen Beratungsangebotes. Die Anteile des Zuschusses dürfen nur insoweit und nicht eher angefordert werden, als sie innerhalb von drei Monaten nach der Auszahlung für fällige Zahlungen benötigt werden. Jede Anforderung einer anteiligen Auszahlung muss die zur Beurteilung des Bedarfs erforderlichen Angaben enthalten und wird davon abhängig gemacht, dass die Verwendung der bereits gezahlten Teilzuschüsse in summarischer Form bestätigt wird.

§ 12 Dauer und Zeitraum der Bewilligungsperiode

(1) Die erste Bewilligung von Zuschüssen nach dieser Verordnung erfolgt zum 1. Januar 2023.
(2) Die Finanzierung erfolgt jeweils für die Dauer einer Bewilligungsperiode von sieben Jahren. Die erste Bewilligungsperiode endet mit Ablauf des 31. Dezember 2029.

§ 13 Tätigkeitsnachweis, Belegprüfung, Qualitätssicherung

(1) Die Träger der Beratungsangebote legen der zuständigen Stelle bis zum Ablauf des 31. März eines jeden Kalenderjahres einen Tätigkeitsnachweis für das vorausgehende Kalenderjahr vor. Hierfür ist eine einheitliche Vorlage der zuständigen Stelle zu verwenden.
(2) Die Träger der Beratungsangebote berichten vierteljährlich über die von der zuständigen Stelle angeforderten Kennzahlen der Beratungstätigkeit und legen diese bis zum 15. Tag des auf das jeweilige Vierteljahr folgenden Kalendermonats vor. Hierfür ist eine einheitliche Vorlage der zuständigen Stelle zu verwenden.
(3) Die zuständige Stelle prüft die Tätigkeitsnachweise und Belege auf die zweckgerichtete Verwendung des Zuschusses. Die Prüfung der Angaben in dem Tätigkeitsnachweis sowie der Belege kann auf Stichproben beschränkt werden.
(4) Die Träger der Beratungsangebote haben die Originalbelege der bewilligungsfähigen Ausgaben nach den §§ 5 und 6 sowie alle sonst mit dem Zuschuss zusammenhängenden Unterlagen mindestens fünf Jahre nach Vorlage des Tätigkeitsnachweises aufzubewahren. Zur Aufbewahrung können auch Bild- oder Datenträger verwendet werden. Das Aufnahme- und Wiedergabeverfahren muss den Grundsätzen ordnungsmäßiger Buchführung oder einer in der öffentlichen Verwaltung allgemein zugelassenen Regelung entsprechen. Diese Aufbewahrungsfrist gilt nicht, sofern nach steuerrechtlichen oder anderen Vorschriften eine längere Aufbewahrungsfrist bestimmt ist.

(5) Die Träger der Beratungsangebote sowie die Beraterinnen und Berater sind verpflichtet, an der Qualitätssicherung der Angebote mitzuwirken.

§ 14 Datenerhebung

Die zuständige Stelle erhebt bei den Trägern der Beratungsangebote regelmäßig nicht personenbezogene Daten über die Beratungsangebote sowie über die bei der Beratungstätigkeit gesammelten Erfahrungen. Zu den Daten gehören auch Angaben über die Fallzahlen der durchgeführten Beratungen. Die Träger der Beratungsangebote sind verpflichtet, Prüfungen über die wirtschaftliche Verwendung der Zuschüsse durch die zuständige Stelle zu unterstützen.

§ 15 Mitteilungspflichten, sonstige Bestimmungen

(1) Die Träger der Beratungsangebote sind gegenüber der zuständigen Stelle verpflichtet, unverzüglich anzuzeigen, wenn in den tatsächlichen oder rechtlichen Verhältnissen, die beim Erlass eines Verwaltungsaktes zur Gewährung des Zuschusses vorgelegen haben, eine wesentliche Änderung eintritt. Die wesentliche Änderung muss für den Zuschuss relevant sein.

(2) Der Bundesrechnungshof ist berechtigt, die Gewährung und Verwendung des Zuschusses zu prüfen.

§ 16 Inkrafttreten

Diese Verordnung tritt am 1. Januar 2022 in Kraft.

Staatsangehörigkeitsgesetz (StAG)

Vom 22. Juli 1913 (RGBl. S. 583)

Zuletzt geändert durch
Elfte Zuständigkeitsanpassungsverordnung
vom 19. Juni 2020 (BGBl. I S. 1328)

Inhaltsübersicht

- § 1 (Staatsangehörigkeit)
- § 2 (weggefallen)
- § 3 (Erwerb)
- § 4 (Erwerb durch Geburt)
- § 5 (Erklärungsrecht für vor dem 1. Juli 1993 geborene Kinder)
- § 6 (Annahme als Kind)
- § 7 (Spätaussiedler)
- § 8 (Ausländer)
- § 9 (Ehegatten oder Lebenspartner)
- § 10 (Einbürgerung nach achtjährigem Aufenthalt)
- § 11 (Ausschluss der Einbürgerung)
- § 12 (Aufgabe der bisherigen Staatsangehörigkeit)
- § 12a (Verurteilung wegen einer Straftat)
- § 12b (Gewöhnlicher Aufenthalt)
- § 13 (Ehemalige Deutsche)
- § 14 (Bestehende Bindungen)
- § 15 (weggefallen)
- § 16 (Urkunde)
- § 17 (Verlust)
- § 18 (Entlassung)
- § 19 (Elterliche Sorge; Vormundschaft)
- §§ 20 und 21 (weggefallen)
- § 22 (Ablehnungsgründe)
- § 23 (Entlassungsurkunde)
- § 24 (Keine neue Staatsangehörigkeit)
- § 25 (Erwerb ausländischer Staatsangehörigkeit)
- § 26 (Verzicht)
- § 27 (Annahme als Kind durch Ausländer)
- § 28 (Eintritt in den bewaffneten Verband oder Beteiligung an terroristischen Kampfhandlungen)
- § 29
- § 30 (Feststellung des Bestehens oder Nichtbestehens der deutschen Staatsangehörigkeit)
- § 31 (Datenerhebung)
- § 32 (Datenübermittlung)
- § 33 (Register)
- § 34
- § 35 (Rücknahme rechtswidriger Einbürgerung)
- § 36 (Erhebung der Einbürgerungen)
- § 37 (Anwendbare Vorschriften)
- § 38 (Gebühren und Auslagen)
- § 38a (Ausschluss der elektronischen Form)
- §§ 39 und 40 (weggefallen)
- § 40a (Überleitung)
- § 40b (Ausländische Kinder)
- § 40c (Übergangsbestimmung)
- § 41
- § 42 (Strafvorschrift)

§ 1 (Staatsangehörigkeit)

Deutscher im Sinne dieses Gesetzes ist, wer die deutsche Staatsangehörigkeit besitzt.

§ 2 (weggefallen)

§ 3 (Erwerb)

(1) Die Staatsangehörigkeit wird erworben
1. durch Geburt (§ 4),
2. durch Erklärung nach § 5,
3. durch Annahme als Kind (§ 6),
4. durch Ausstellung der Bescheinigung gemäß § 15 Abs. 1 oder 2 des Bundesvertriebenengesetzes (§ 7),
4a. durch Überleitung als Deutscher ohne deutsche Staatsangehörigkeit im Sinne des Artikels 116 Abs. 1 des Grundgesetzes (§ 40a),
5. für einen Ausländer durch Einbürgerung (§§ 8 bis 16, 40b und 40c).

(2) Die Staatsangehörigkeit erwirbt auch, wer seit zwölf Jahren von deutschen Stellen als deutscher Staatsangehöriger behandelt worden ist und dies nicht zu vertreten hat. Als deutscher Staatsangehöriger wird insbesondere behandelt, wem ein Staatsangehörigkeitsausweis, Reisepass oder Personalausweis

ausgestellt wurde. Der Erwerb der Staatsangehörigkeit wirkt auf den Zeitpunkt zurück, zu dem bei Behandlung als Staatsangehöriger der Erwerb der Staatsangehörigkeit angenommen wurde. Er erstreckt sich auf Abkömmlinge, die seither ihre Staatsangehörigkeit von dem nach Satz 1 Begünstigten ableiten.

§ 4 (Erwerb durch Geburt)
(1) Durch die Geburt erwirbt ein Kind die deutsche Staatsangehörigkeit, wenn ein Elternteil die deutsche Staatsangehörigkeit besitzt. Ist bei der Geburt des Kindes nur der Vater deutscher Staatsangehöriger und ist zur Begründung der Abstammung nach den deutschen Gesetzen die Feststellung oder Anerkennung der Vaterschaft erforderlich, so bedarf es zur Geltendmachung des Erwerbs einer nach den deutschen Gesetzen wirksamen Anerkennung oder Feststellung der Vaterschaft; die Anerkennungserklärung muß abgegeben oder das Feststellungsverfahren muß eingeleitet sein, bevor das Kind das 23. Lebensjahr vollendet hat.
(2) Ein Kind, das im Inland aufgefunden wird (Findelkind), gilt bis zum Beweis des Gegenteils als Kind eines Deutschen. Satz 1 ist auf ein vertraulich geborenes Kind nach § 25 Absatz 1 des Schwangerschaftskonfliktgesetzes entsprechend anzuwenden.
(3) Durch die Geburt im Inland erwirbt ein Kind ausländischer Eltern die deutsche Staatsangehörigkeit, wenn ein Elternteil
1. seit acht Jahren rechtmäßig seinen gewöhnlichen Aufenthalt im Inland hat und
2. ein unbefristetes Aufenthaltsrecht oder als Staatsangehöriger der Schweiz oder dessen Familienangehöriger eine Aufenthaltserlaubnis auf Grund des Abkommens vom 21. Juni 1999 zwischen der Europäischen Gemeinschaft und ihren Mitgliedstaaten einerseits und der Schweizerischen Eidgenossenschaft andererseits über die Freizügigkeit (BGBl. 2001 II S. 810) besitzt.
Der Erwerb der deutschen Staatsangehörigkeit wird in dem Geburtenregister, in dem die Geburt des Kindes beurkundet ist, eingetragen. Das Bundesministerium des Innern, für Bau und Heimat wird ermächtigt, mit Zustimmung des Bundesrates durch Rechtsverordnung Vorschriften über das Verfahren zur Eintragung des Erwerbs der Staatsangehörigkeit nach Satz 1 zu erlassen.
(4) Die deutsche Staatsangehörigkeit wird nicht nach Absatz 1 erworben bei Geburt im Ausland, wenn der deutsche Elternteil nach dem 31. Dezember 1999 im Ausland geboren wurde und dort seinen gewöhnlichen Aufenthalt hat, es sei denn, das Kind würde sonst staatenlos. Die Rechtsfolge nach Satz 1 tritt nicht ein, wenn innerhalb eines Jahres nach der Geburt des Kindes ein Antrag nach § 36 des Personenstandsgesetzes auf Beurkundung der Geburt im Geburtenregister gestellt wird; zur Fristwahrung genügt es auch, wenn der Antrag in dieser Frist bei der zuständigen Auslandsvertretung eingeht. Sind beide Elternteile deutsche Staatsangehörige, so tritt die Rechtsfolge des Satzes 1 nur ein, wenn beide die dort genannten Voraussetzungen erfüllen.

§ 5 (Erklärungsrecht für vor dem 1. Juli 1993 geborene Kinder)
Durch die Erklärung, deutscher Staatsangehöriger werden zu wollen, erwirbt das vor dem 1. Juli 1993 geborene Kind eines deutschen Vaters und einer ausländischen Mutter die deutsche Staatsangehörigkeit, wenn
1. eine nach den deutschen Gesetzen wirksame Anerkennung oder Feststellung der Vaterschaft erfolgt ist,
2. das Kind seit drei Jahren rechtmäßig seinen gewöhnlichen Aufenthalt im Bundesgebiet hat und
3. die Erklärung vor der Vollendung des 23. Lebensjahres abgegeben wird.

§ 6 (Annahme als Kind)
Mit der nach den deutschen Gesetzen wirksame Annahme als Kind durch einen Deutschen erwirbt das Kind, das im Zeitpunkt des Annahmeantrags das achtzehnte Lebensjahr noch nicht vollendet hat, die Staatsangehörigkeit. Der Erwerb der Staatsangehörigkeit erstreckt sich auf die Abkömmlinge des Kindes.

§ 7 (Spätaussiedler)
Spätaussiedler und die in den Aufnahmebescheid einbezogenen Familienangehörigen erwerben mit der Ausstellung der Bescheinigung nach § 15 Abs. 1 oder Abs. 2 des Bundesvertriebenengesetzes die deutsche Staatsangehörigkeit.

§ 8 (Ausländer)
(1) Ein Ausländer, der rechtmäßig seinen gewöhnlichen Aufenthalt im Inland hat, kann auf seinen Antrag eingebürgert werden, wenn seine Identität und Staatsangehörigkeit geklärt sind und er

1. handlungsfähig nach § 37 Absatz 1 Satz 1 oder gesetzlich vertreten ist,
2. weder wegen einer rechtswidrigen Tat zu einer Strafe verurteilt noch gegen ihn auf Grund seiner Schuldunfähigkeit eine Maßregel der Besserung und Sicherung angeordnet worden ist,
3. eine eigene Wohnung oder ein Unterkommen gefunden hat,
4. sich und seine Angehörigen zu ernähren imstande ist und

seine Einordnung in die deutschen Lebensverhältnisse gewährleistet ist.

(2) Von den Voraussetzungen des Absatzes 1 Satz 1 Nr. 2 und 4 kann aus Gründen des öffentlichen Interesses oder zur Vermeidung einer besonderen Härte abgesehen werden.

§ 9 (Ehegatten oder Lebenspartner)

(1) Ehegatten oder Lebenspartner Deutscher sollen unter den Voraussetzungen des § 8 eingebürgert werden, wenn sie ihre bisherige Staatsangehörigkeit verlieren oder aufgeben oder ein Grund für die Hinnahme von Mehrstaatigkeit nach Maßgabe von § 12 vorliegt, es sei denn, daß sie nicht über ausreichende Kenntnisse der deutschen Sprache verfügen (§ 10 Abs. 1 Satz 1 Nr. 6 und Abs. 4) und keinen Ausnahmegrund nach § 10 Abs. 6 erfüllen.

(2) Die Regelung des Absatzes 1 gilt auch, wenn die Einbürgerung bis zum Ablauf eines Jahres nach dem Tode des deutschen Ehegatten oder nach Rechtskraft des die Ehe auflösenden Urteils beantragt wird und dem Antragsteller die Sorge für die Person eines Kindes aus der Ehe zusteht, das bereits die deutsche Staatsangehörigkeit besitzt.

§ 10 (Einbürgerung nach achtjährigem Aufenthalt)

(1) Ein Ausländer, der seit acht Jahren rechtmäßig seinen gewöhnlichen Aufenthalt im Inland hat und handlungsfähig nach § 37 Absatz 1 Satz 1 oder gesetzlich vertreten ist, ist auf Antrag einzubürgern, wenn seine Identität und Staatsangehörigkeit geklärt sind und er
1. sich zur freiheitlichen demokratischen Grundordnung des Grundgesetzes für die Bundesrepublik Deutschland bekennt und erklärt, dass er keine Bestrebungen verfolgt oder unterstützt oder verfolgt oder unterstützt hat, die
   a) gegen die freiheitliche demokratische Grundordnung, den Bestand oder die Sicherheit des Bundes oder eines Landes gerichtet sind oder
   b) eine ungesetzliche Beeinträchtigung der Amtsführung der Verfassungsorgane des Bundes oder eines Landes oder ihrer Mitglieder zum Ziele haben oder
   c) durch Anwendung von Gewalt oder darauf gerichtete Vorbereitungshandlungen auswärtige Belange der Bundesrepublik Deutschland gefährden,

   oder glaubhaft macht, dass er sich von der früheren Verfolgung oder Unterstützung derartiger Bestrebungen abgewandt hat,
2. ein unbefristetes Aufenthaltsrecht oder als Staatsangehöriger der Schweiz oder dessen Familienangehöriger eine Aufenthaltserlaubnis auf Grund des Abkommens vom 21. Juni 1999 zwischen der Europäischen Gemeinschaft und ihren Mitgliedstaaten einerseits und der Schweizerischen Eidgenossenschaft andererseits über die Freizügigkeit, eine Blaue Karte EU oder eine Aufenthaltserlaubnis für andere als die in den §§ 16a, 16b, 16d, 16e, 16f, 17, 18d, 18f, 19, 19b, 19e, 22, 23 Absatz 1, den §§ 23a, 24, 25 Absatz 3 bis 5 des Aufenthaltsgesetzes aufgeführten Aufenthaltszwecke besitzt,
3. den Lebensunterhalt für sich und seine unterhaltsberechtigten Familienangehörigen ohne Inanspruchnahme von Leistungen nach dem Zweiten oder Zwölften Buch Sozialgesetzbuch bestreiten kann oder deren Inanspruchnahme nicht zu vertreten hat,
4. seine bisherige Staatsangehörigkeit aufgibt oder verliert,
5. weder wegen einer rechtswidrigen Tat zu einer Strafe verurteilt noch gegen ihn auf Grund seiner Schuldunfähigkeit eine Maßregel der Besserung und Sicherung angeordnet worden ist,
6. über ausreichende Kenntnisse der deutschen Sprache verfügt,
7. über Kenntnisse der Rechts- und Gesellschaftsordnung und der Lebensverhältnisse in Deutschland verfügt und

seine Einordnung in die deutschen Lebensverhältnisse gewährleistet ist, insbesondere er nicht gleichzeitig mit mehreren Ehegatten verheiratet ist. Die Voraussetzungen nach Satz 1 Nr. 1 und 7 müssen Ausländer nicht erfüllen, die nicht handlungsfähig nach Maßgabe des § 37 Absatz 1 Satz 1 sind.

(2) Der Ehegatte und die minderjährigen Kinder des Ausländers können nach Maßgabe des Absatzes 1 mit eingebürgert werden, auch wenn sie sich noch nicht seit acht Jahren rechtmäßig im Inland aufhalten.

(3) Weist ein Ausländer durch die Bescheinigung des Bundesamtes für Migration und Flüchtlinge die erfolgreiche Teilnahme an einem Integrationskurs nach, wird die Frist nach Absatz 1 auf sieben Jahre verkürzt. Bei Vorliegen besonderer Integrationsleistungen, insbesondere beim Nachweis von Sprachkenntnissen, die die Voraussetzungen des Absatzes 1 Satz 1 Nr. 6 übersteigen, kann sie auf sechs Jahre verkürzt werden.

(4) Die Voraussetzungen des Absatzes 1 Satz 1 Nr. 6 liegen vor, wenn der Ausländer die Anforderungen der Sprachprüfung zum Zertifikat Deutsch (B 1 des Gemeinsamen Europäischen Referenzrahmens für Sprachen) in mündlicher und schriftlicher Form erfüllt. Bei einem minderjährigen Kind, das im Zeitpunkt der Einbürgerung das 16. Lebensjahr noch nicht vollendet hat, sind die Voraussetzungen des Absatzes 1 Satz 1 Nr. 6 bei einer altersgemäßen Sprachentwicklung erfüllt.

(5) Die Voraussetzungen des Absatzes 1 Satz 1 Nr. 7 sind in der Regel durch einen erfolgreichen Einbürgerungstest nachgewiesen. Zur Vorbereitung darauf werden Einbürgerungskurse angeboten; die Teilnahme daran ist nicht verpflichtend.

(6) Von den Voraussetzungen des Absatzes 1 Satz 1 Nr. 6 und 7 wird abgesehen, wenn der Ausländer sie wegen einer körperlichen, geistigen oder seelischen Krankheit oder Behinderung oder altersbedingt nicht erfüllen kann.

(7) Das Bundesministerium des Innern, für Bau und Heimat wird ermächtigt, die Prüfungs- und Nachweismodalitäten des Einbürgerungstests sowie die Grundstruktur und die Lerninhalte des Einbürgerungskurses nach Absatz 5 auf der Basis der Themen des Orientierungskurses nach § 43 Abs. 3 Satz 1 des Aufenthaltsgesetzes durch Rechtsverordnung, die nicht der Zustimmung des Bundesrates bedarf, zu regeln.

§ 11 (Ausschluss der Einbürgerung)

Die Einbürgerung ist ausgeschlossen, wenn
1. tatsächliche Anhaltspunkte die Annahme rechtfertigen, dass der Ausländer Bestrebungen verfolgt oder unterstützt oder verfolgt oder unterstützt hat, die gegen die freiheitliche demokratische Grundordnung, den Bestand oder die Sicherheit des Bundes oder eines Landes gerichtet sind oder eine ungesetzliche Beeinträchtigung der Amtsführung der Verfassungsorgane des Bundes oder eines Landes oder ihrer Mitglieder zum Ziele haben oder die durch die Anwendung von Gewalt oder darauf gerichtete Vorbereitungshandlungen auswärtige Belange der Bundesrepublik Deutschland gefährden, es sei denn, der Ausländer macht glaubhaft, dass er sich von der früheren Verfolgung oder Unterstützung derartiger Bestrebungen abgewandt hat, oder
2. nach § 54 Absatz 1 Nummer 2 oder 4 des Aufenthaltsgesetzes ein besonders schwerwiegendes Ausweisungsinteresse vorliegt.

Satz 1 Nr. 2 gilt entsprechend für Ausländer im Sinne des § 1 Abs. 2 des Aufenthaltsgesetzes und auch für Staatsangehörige der Schweiz und deren Familienangehörige, die eine Aufenthaltserlaubnis auf Grund des Abkommens vom 21. Juni 1999 zwischen der Europäischen Gemeinschaft und ihren Mitgliedstaaten einerseits und der Schweizerischen Eidgenossenschaft andererseits über die Freizügigkeit besitzen.

§ 12 (Aufgabe der bisherigen Staatsangehörigkeit)

(1) Von der Voraussetzung des § 10 Abs. 1 Satz 1 Nr. 4 wird abgesehen, wenn der Ausländer seine bisherige Staatsangehörigkeit nicht oder nur unter besonders schwierigen Bedingungen aufgeben kann. Das ist anzunehmen, wenn
1. das Recht des ausländischen Staates das Ausscheiden aus dessen Staatsangehörigkeit nicht vorsieht,
2. der ausländische Staat die Entlassung regelmäßig verweigert,
3. der ausländische Staat die Entlassung aus der Staatsangehörigkeit aus Gründen versagt hat, die der Ausländer nicht zu vertreten hat, oder von unzumutbaren Bedingungen abhängig macht oder über den vollständigen und formgerechten Entlassungsantrag nicht in angemessener Zeit entschieden hat,
4. der Einbürgerung älterer Personen ausschließlich das Hindernis eintretender Mehrstaatigkeit entgegensteht, die Entlassung auf unverhältnismäßige Schwierigkeiten stößt und die Versagung der Einbürgerung eine besondere Härte darstellen würde,
5. dem Ausländer bei Aufgabe der ausländischen Staatsangehörigkeit erhebliche Nachteile insbesondere wirtschaftlicher oder vermögensrechtlicher Art entstehen würden, die über den Verlust der staatsbürgerlichen Rechte hinausgehen, oder
6. der Ausländer einen Reiseausweis nach Artikel 28 des Abkommens vom 28. Juli 1951 über die Rechtsstellung der Flüchtlinge (BGBl. 1953 II S. 559) besitzt.

(2) Von der Voraussetzung des § 10 Abs. 1 Satz 1 Nr. 4 wird ferner abgesehen, wenn der Ausländer die Staatsangehörigkeit eines anderen Mitgliedstaates der Europäischen Union oder der Schweiz besitzt.
(3) Weitere Ausnahmen von der Voraussetzung des § 10 Abs. 1 Satz 1 Nr. 4 können nach Maßgabe völkerrechtlicher Verträge vorgesehen werden.

§ 12a (Verurteilung wegen einer Straftat)
(1) Bei der Einbürgerung bleiben außer Betracht:
1. die Verhängung von Erziehungsmaßregeln oder Zuchtmitteln nach dem Jugendgerichtsgesetz,
2. Verurteilungen zu Geldstrafe bis zu 90 Tagessätzen und
3. Verurteilungen zu Freiheitsstrafe bis zu drei Monaten, die zur Bewährung ausgesetzt und nach Ablauf der Bewährungszeit erlassen worden ist.

Bei mehreren Verurteilungen zu Geld- oder Freiheitsstrafen im Sinne des Satzes 1 Nr. 2 und 3 sind diese zusammenzuzählen, es sei denn, es wird eine niedrigere Gesamtstrafe gebildet; treffen Geld- und Freiheitsstrafe zusammen, entspricht ein Tagessatz einem Tag Freiheitsstrafe. Übersteigt die Strafe oder die Summe der Strafen geringfügig den Rahmen nach den Sätzen 1 und 2, so wird im Einzelfall entschieden, ob diese außer Betracht bleiben kann. Ist eine Maßregel der Besserung und Sicherung nach § 61 Nr. 5 oder 6 des Strafgesetzbuches angeordnet worden, so wird im Einzelfall entschieden, ob die Maßregel der Besserung und Sicherung außer Betracht bleiben kann.
(2) Ausländische Verurteilungen zu Strafen sind zu berücksichtigen, wenn die Tat im Inland als strafbar anzusehen ist, die Verurteilung in einem rechtsstaatlichen Verfahren ausgesprochen worden ist und das Strafmaß verhältnismäßig ist. Eine solche Verurteilung kann nicht mehr berücksichtigt werden, wenn sie nach dem Bundeszentralregistergesetz zu tilgen wäre. Absatz 1 gilt entsprechend.
(3) Wird gegen einen Ausländer, der die Einbürgerung beantragt hat, wegen des Verdachts einer Straftat ermittelt, ist die Entscheidung über die Einbürgerung bis zum Abschluss des Verfahrens, im Falle der Verurteilung bis zum Eintritt der Rechtskraft des Urteils auszusetzen. Das Gleiche gilt, wenn die Verhängung der Jugendstrafe nach § 27 des Jugendgerichtsgesetzes ausgesetzt ist.
(4) Im Ausland erfolgte Verurteilungen und im Ausland anhängige Ermittlungs- und Strafverfahren sind im Einbürgerungsantrag aufzuführen.

§ 12b (Gewöhnlicher Aufenthalt)
(1) Der gewöhnliche Aufenthalt im Inland wird durch Aufenthalte bis zu sechs Monaten im Ausland nicht unterbrochen. Bei längeren Auslandsaufenthalten besteht er fort, wenn der Ausländer innerhalb der von der Ausländerbehörde bestimmten Frist wieder eingereist ist. Gleiches gilt, wenn die Frist lediglich wegen Erfüllung der gesetzlichen Wehrpflicht im Herkunftsstaat überschritten wird und der Ausländer innerhalb von drei Monaten nach der Entlassung aus dem Wehr- oder Ersatzdienst wieder einreist.
(2) Hat der Ausländer sich aus einem seiner Natur nach nicht vorübergehenden Grund länger als sechs Monate im Ausland aufgehalten, kann die frühere Aufenthaltszeit im Inland bis zu fünf Jahren auf die für die Einbürgerung erforderliche Aufenthaltsdauer angerechnet werden.
(3) Unterbrechungen der Rechtmäßigkeit des Aufenthalts bleiben außer Betracht, wenn sie darauf beruhen, dass der Ausländer nicht rechtzeitig die erstmals erforderliche Erteilung oder die Verlängerung des Aufenthaltstitels beantragt hat.

§ 13 (Ehemalige Deutsche)
Ein ehemaliger Deutscher und seine minderjährigen Kinder, die ihren gewöhnlichen Aufenthalt im Ausland haben, können auf Antrag eingebürgert werden, wenn ihre Identität und Staatsangehörigkeit geklärt sind und sie die Voraussetzungen des § 8 Absatz 1 Nummer 1 und 2 erfüllen.

§ 14 (Bestehende Bindungen)
Ein Ausländer, der seinen gewöhnlichen Aufenthalt im Ausland hat, kann unter den sonstigen Voraussetzungen der §§ 8 und 9 eingebürgert werden, wenn Bindungen an Deutschland bestehen, die eine Einbürgerung rechtfertigen.

§ 15 (weggefallen)

§ 16 (Urkunde)
Die Einbürgerung wird wirksam mit der Aushändigung der von der zuständigen Verwaltungsbehörde ausgefertigten Einbürgerungsurkunde. Vor der Aushändigung ist folgendes feierliches Bekenntnis abzugeben: „Ich erkläre feierlich, dass ich das Grundgesetz und die Gesetze der Bundesrepublik

Deutschland achten und alles unterlassen werde, was ihr schaden könnte."; § 10 Abs. 1 Satz 2 gilt entsprechend.

§ 17 (Verlust)
(1) Die Staatsangehörigkeit geht verloren
1. durch Entlassung (§§ 18 bis 24),
2. durch den Erwerb einer ausländischen Staatsangehörigkeit (§ 25),
3. durch Verzicht (§ 26),
4. durch Annahme als Kind durch einen Ausländer (§ 27),
5. durch Eintritt in die Streitkräfte oder einen vergleichbaren bewaffneten Verband eines ausländischen Staates oder durch konkrete Beteiligung an Kampfhandlungen einer terroristischen Vereinigung im Ausland (§ 28),
6. durch Erklärung (§ 29) oder
7. durch Rücknahme eines rechtswidrigen Verwaltungsaktes (§ 35).

(2) Der Verlust nach Absatz 1 Nr. 7 berührt nicht die kraft Gesetzes erworbene deutsche Staatsangehörigkeit Dritter, sofern diese das fünfte Lebensjahr vollendet haben.

(3) Absatz 2 gilt entsprechend bei Entscheidungen nach anderen Gesetzen, die den rückwirkenden Verlust der deutschen Staatsangehörigkeit Dritter zur Folge hätten, insbesondere bei der Rücknahme der Niederlassungserlaubnis nach § 51 Abs. 1 Nr. 3 des Aufenthaltsgesetzes, bei der Rücknahme einer Bescheinigung nach § 15 des Bundesvertriebenengesetzes und bei der Feststellung des Nichtbestehens der Vaterschaft nach § 1599 des Bürgerlichen Gesetzbuches. Satz 1 findet keine Anwendung bei Anfechtung der Vaterschaft nach § 1600 Abs. 1 Nr. 5 und Abs. 3 des Bürgerlichen Gesetzbuches.

§ 18 (Entlassung)
Ein Deutscher wird auf seinen Antrag aus der Staatsangehörigkeit entlassen, wenn er den Erwerb einer ausländischen Staatsangehörigkeit beantragt und ihm die zuständige Stelle die Verleihung zugesichert hat.

§ 19 (Elterliche Sorge; Vormundschaft)
(1) Die Entlassung einer Person, die unter elterlicher Sorge oder unter Vormundschaft steht, kann nur von dem gesetzlichen Vertreter und nur mit Genehmigung des deutschen Familiengerichts beantragt werden.
(2) Die Genehmigung des Familiengerichts ist nicht erforderlich, wenn der Vater oder die Mutter die Entlassung für sich und zugleich kraft elterlicher Sorge für ein Kind beantragt und dem Antragsteller die Sorge für die Person dieses Kindes zusteht.

§§ 20 und 21 (weggefallen)

§ 22 (Ablehnungsgründe)
Die Entlassung darf nicht erteilt werden
1. Beamten, Richtern, Soldaten der Bundeswehr und sonstigen Personen, die in einem öffentlich-rechtlichen Dienst- oder Amtsverhältnis stehen, solange ihr Dienst- oder Amtsverhältnis nicht beendet ist, mit Ausnahme der ehrenamtlich tätigen Personen,
2. Wehrpflichtigen, solange nicht das Bundesministerium der Verteidigung oder die von ihm bezeichnete Stelle erklärt hat, daß gegen die Entlassung Bedenken nicht bestehen.

§ 23 (Entlassungsurkunde)
Die Entlassung wird wirksam mit der Aushändigung der von der zuständigen Verwaltungsbehörde ausgefertigten Entlassungsurkunde.

§ 24 (Keine neue Staatsangehörigkeit)
Die Entlassung gilt als nicht erfolgt, wenn der Entlassene die ihm zugesicherte ausländische Staatsangehörigkeit nicht innerhalb eines Jahres nach der Aushändigung der Entlassungsurkunde erworben hat.

§ 25 (Erwerb ausländischer Staatsangehörigkeit)
(1) Ein Deutscher verliert seine Staatsangehörigkeit mit dem Erwerb einer ausländischen Staatsangehörigkeit, wenn dieser Erwerb auf seinen Antrag oder auf den Antrag des gesetzlichen Vertreters erfolgt, der Vertretene jedoch nur, wenn die Voraussetzungen vorliegen, unter denen nach § 19 die Entlassung beantragt werden könnte. Der Verlust nach Satz 1 tritt nicht ein, wenn ein Deutscher die Staatsangehörigkeit eines anderen Mitgliedstaates der Europäischen Union, der Schweiz oder eines Staates erwirbt,

mit dem die Bundesrepublik Deutschland einen völkerrechtlichen Vertrag nach § 12 Abs. 3 abgeschlossen hat.
(2) Die Staatsangehörigkeit verliert nicht, wer vor dem Erwerbe der ausländischen Staatsangehörigkeit auf seinen Antrag die schriftliche Genehmigung der zuständigen Behörde zur Beibehaltung seiner Staatsangehörigkeit erhalten hat. Hat ein Antragsteller seinen gewöhnlichen Aufenthalt im Ausland, ist die deutsche Auslandsvertretung zu hören. Bei der Entscheidung über einen Antrag nach Satz 1 sind die öffentlichen und privaten Belange abzuwägen. Bei einem Antragsteller, der seinen gewöhnlichen Aufenthalt im Ausland hat, ist insbesondere zu berücksichtigen, ob er fortbestehende Bindungen an Deutschland glaubhaft machen kann.

§ 26 (Verzicht)
(1) Ein Deutscher kann auf seine Staatsangehörigkeit verzichten, wenn er mehrere Staatsangehörigkeiten besitzt. Der Verzicht ist schriftlich zu erklären.
(2) Die Verzichtserklärung bedarf der Genehmigung der nach § 23 für die Ausfertigung der Entlassungsurkunde zuständigen Behörde. Die Genehmigung ist zu versagen, wenn eine Entlassung nach § 22 nicht erteilt werden dürfte; dies gilt jedoch nicht, wenn der Verzichtende
1. seit mindestens zehn Jahren seinen dauernden Aufenthalt im Ausland hat oder
2. als Wehrpflichtiger im Sinne des § 22 Nr. 2 in einem der Staaten, deren Staatsangehörigkeit er besitzt, Wehrdienst geleistet hat.
(3) Der Verlust der Staatsangehörigkeit tritt mit der Aushändigung der von der Genehmigungsbehörde ausgefertigten Verzichtsurkunde.
(4) Für Minderjährige gilt § 19 entsprechend.

§ 27 (Annahme als Kind durch Ausländer)
Ein minderjähriger Deutscher verliert mit der nach den deutschen Gesetzen wirksamen Annahme als Kind durch einen Ausländer die Staatsangehörigkeit, wenn er dadurch die Staatsangehörigkeit des Annehmenden erwirbt. Der Verlust erstreckt sich auf seine Abkömmlinge, wenn auch der Erwerb der Staatsangehörigkeit durch den Angenommenen nach Satz 1 sich auf seine Abkömmlinge erstreckt. Der Verlust nach Satz 1 oder Satz 2 tritt nicht ein, wenn der Angenommene oder seine Abkömmlinge mit einem deutschen Elternteil verwandt bleiben.

§ 28 (Eintritt in den bewaffneten Verband oder Beteiligung an terroristischen Kampfhandlungen)
(1) Ein Deutscher, der
1. auf Grund freiwilliger Verpflichtung ohne eine Zustimmung des Bundesministeriums der Verteidigung oder der von ihm bezeichneten Stelle in die Streitkräfte oder einen vergleichbaren bewaffneten Verband eines ausländischen Staates, dessen Staatsangehörigkeit er besitzt, eintritt oder
2. sich an Kampfhandlungen einer terroristischen Vereinigung im Ausland konkret beteiligt,
verliert die deutsche Staatsangehörigkeit, es sei denn, er würde sonst staatenlos.
(2) Der Verlust nach Absatz 1 tritt nicht ein,
1. wenn der Deutsche noch minderjährig ist oder,
2. im Falle des Absatzes 1 Nummer 1, wenn der Deutsche auf Grund eines zwischenstaatlichen Vertrages zum Eintritt in die Streitkräfte oder in den bewaffneten Verband berechtigt ist.
(3) Der Verlust ist im Falle des Absatzes 1 Nummer 2 nach § 30 Absatz 1 Satz 3 von Amts wegen festzustellen. Die Feststellung trifft bei gewöhnlichem Aufenthalt des Betroffenen im Inland die oberste Landesbehörde oder die von ihr nach Landesrecht bestimmte Behörde. Befindet sich der Betroffene noch im Ausland, findet gegen die Verlustfeststellung kein Widerspruch statt; die Klage hat keine aufschiebende Wirkung.

§ 29
(1) Optionspflichtig ist, wer
1. die deutsche Staatsangehörigkeit nach § 4 Absatz 3 oder § 40b erworben hat,
2. nicht nach Absatz 1a im Inland aufgewachsen ist,
3. eine andere ausländische Staatsangehörigkeit als die eines anderen Mitgliedstaates der Europäischen Union oder der Schweiz besitzt und
4. innerhalb eines Jahres nach Vollendung seines 21. Lebensjahres einen Hinweis nach Absatz 5 Satz 5 über seine Erklärungspflicht erhalten hat.
Der Optionspflichtige hat nach Vollendung des 21. Lebensjahres zu erklären, ob er die deutsche oder die ausländische Staatsangehörigkeit behalten will. Die Erklärung bedarf der Schriftform.

(1a) Ein Deutscher nach Absatz 1 ist im Inland aufgewachsen, wenn er bis zur Vollendung seines 21. Lebensjahres
1. sich acht Jahre gewöhnlich im Inland aufgehalten hat,
2. sechs Jahre im Inland eine Schule besucht hat oder
3. über einen im Inland erworbenen Schulabschluss oder eine im Inland abgeschlossene Berufsausbildung verfügt.

Als im Inland aufgewachsen nach Satz 1 gilt auch, wer im Einzelfall einen vergleichbar engen Bezug zu Deutschland hat und für den die Optionspflicht nach den Umständen des Falles eine besondere Härte bedeuten würde.
(2) Erklärt der Deutsche nach Absatz 1, dass er die ausländische Staatsangehörigkeit behalten will, so geht die deutsche Staatsangehörigkeit mit dem Zugang der Erklärung bei der zuständigen Behörde verloren.
(3) Will der Deutsche nach Absatz 1 die deutsche Staatsangehörigkeit behalten, so ist er verpflichtet, die Aufgabe oder den Verlust der ausländischen Staatsangehörigkeit nachzuweisen. Tritt dieser Verlust nicht bis zwei Jahre nach Zustellung des Hinweises auf die Erklärungspflicht nach Absatz 5 ein, so geht die deutsche Staatsangehörigkeit verloren, es sei denn, dass dem Deutschen nach Absatz 1 vorher die schriftliche Genehmigung der zuständigen Behörde zur Beibehaltung der deutschen Staatsangehörigkeit (Beibehaltungsgenehmigung) erteilt wurde. Ein Antrag auf Erteilung der Beibehaltungsgenehmigung kann, auch vorsorglich, nur bis ein Jahr nach Zustellung des Hinweises auf die Erklärungspflicht nach Absatz 5 gestellt werden (Ausschlussfrist). Der Verlust der deutschen Staatsangehörigkeit tritt erst ein, wenn der Antrag bestandskräftig abgelehnt wird. Einstweiliger Rechtsschutz nach § 123 der Verwaltungsgerichtsordnung bleibt unberührt.
(4) Die Beibehaltungsgenehmigung nach Absatz 3 ist zu erteilen, wenn die Aufgabe oder der Verlust der ausländischen Staatsangehörigkeit nicht möglich oder nicht zumutbar ist oder bei einer Einbürgerung nach Maßgabe von § 12 Mehrstaatigkeit hinzunehmen wäre.
(5) Auf Antrag eines Deutschen, der die Staatsangehörigkeit nach § 4 Absatz 3 oder § 40b erworben hat, stellt die zuständige Behörde bei Vorliegen der Voraussetzungen den Fortbestand der deutschen Staatsangehörigkeit nach Absatz 6 fest. Ist eine solche Feststellung nicht bis zur Vollendung seines 21. Lebensjahres erfolgt, prüft die zuständige Behörde anhand der Meldedaten, ob die Voraussetzungen nach Absatz 1a Satz 1 Nummer 1 vorliegen. Ist dies danach nicht feststellbar, weist sie den Betroffenen auf die Möglichkeit hin, die Erfüllung der Voraussetzungen des Absatzes 1a nachzuweisen. Wird ein solcher Nachweis erbracht, stellt die zuständige Behörde den Fortbestand der deutschen Staatsangehörigkeit nach Absatz 6 fest. Liegt kein Nachweis vor, hat sie den Betroffenen auf seine Verpflichtungen und die nach den Absätzen 2 bis 4 möglichen Rechtsfolgen hinzuweisen. Der Hinweis ist zuzustellen. Die Vorschriften des Verwaltungszustellungsgesetzes finden Anwendung.
(6) Der Fortbestand oder Verlust der deutschen Staatsangehörigkeit nach dieser Vorschrift wird von Amts wegen festgestellt. Das Bundesministerium des Innern, für Bau und Heimat kann durch Rechtsverordnung mit Zustimmung des Bundesrates Vorschriften über das Verfahren zur Feststellung des Fortbestands oder Verlusts der deutschen Staatsangehörigkeit erlassen.

§ 30 (Feststellung des Bestehens oder Nichtbestehens der deutschen Staatsangehörigkeit)
(1) Das Bestehen oder Nichtbestehen der deutschen Staatsangehörigkeit wird auf Antrag von der Staatsangehörigkeitsbehörde festgestellt. Die Feststellung ist in allen Angelegenheiten verbindlich, für die das Bestehen oder Nichtbestehen der deutschen Staatsangehörigkeit rechtserheblich ist. Bei Vorliegen eines öffentlichen Interesses kann die Feststellung auch von Amts wegen erfolgen.
(2) Für die Feststellung des Bestehens der deutschen Staatsangehörigkeit ist es erforderlich, aber auch ausreichend, wenn durch Urkunden, Auszüge aus den Melderegistern oder andere schriftliche Beweismittel mit hinreichender Wahrscheinlichkeit nachgewiesen ist, dass die deutsche Staatsangehörigkeit erworben worden und danach nicht wieder verloren gegangen ist. § 3 Abs. 2 bleibt unberührt.
(3) Wird das Bestehen der deutschen Staatsangehörigkeit auf Antrag festgestellt, stellt die Staatsangehörigkeitsbehörde einen Staatsangehörigkeitsausweis aus. Auf Antrag stellt die Staatsangehörigkeitsbehörde eine Bescheinigung über das Nichtbestehen der deutschen Staatsangehörigkeit aus.

§ 31 (Datenerhebung)
Staatsangehörigkeitsbehörden und Auslandsvertretungen dürfen personenbezogene Daten verarbeiten, soweit dies zur Erfüllung ihrer Aufgaben nach diesem Gesetz oder nach staatsangehörigkeitsrechtlichen Bestimmungen in anderen Gesetzen erforderlich ist. Personenbezogene Daten, deren Verarbeitung nach

Artikel 9 Absatz 1 der Verordnung (EU) 2016/679 des Europäischen Parlaments und des Rates vom 27. April 2016 zum Schutz natürlicher Personen bei der Verarbeitung personenbezogener Daten, zum freien Datenverkehr und zur Aufhebung der Richtlinie 95/46/EG (Datenschutz-Grundverordnung) (ABl. L 119 vom 4. 5. 2016, S. 1; L 314 vom 22. 11. 2016, S. 72; L 127 vom 23. 5. 2018, S. 2) in der jeweils geltenden Fassung untersagt ist, dürfen verarbeitet werden, soweit die personenbezogenen Daten gemäß § 37 Absatz 2 Satz 2 zur Ermittlung von Ausschlussgründen nach § 11 von den Verfassungsschutzbehörden an die Einbürgerungsbehörden übermittelt worden sind oder die Verarbeitung sonst im Einzelfall zur Aufgabenerfüllung erforderlich ist. Dies gilt im Rahmen der Entscheidung über die Staatsangehörigkeit nach Artikel 116 Absatz 2 des Grundgesetzes auch in Bezug auf Daten, die sich auf die politischen, rassischen oder religiösen Gründe beziehen, wegen derer zwischen dem 30. Januar 1933 und dem 8. Mai 1945 die deutsche Staatsangehörigkeit entzogen worden ist.

§ 32 (Datenübermittlung)
(1) Öffentliche Stellen haben den in § 31 genannten Stellen auf Ersuchen personenbezogene Daten zu übermitteln, soweit die Kenntnis dieser Daten zur Erfüllung der in § 31 genannten Aufgaben erforderlich ist. Öffentliche Stellen haben der zuständigen Staatsangehörigkeitsbehörde diese Daten auch ohne Ersuchen zu übermitteln, soweit die Übermittlung aus Sicht der öffentlichen Stelle für die Entscheidung der Staatsangehörigkeitsbehörde über ein anhängiges Einbürgerungsverfahren oder den Verlust oder Nichterwerb der deutschen Staatsangehörigkeit erforderlich ist. Dies gilt bei Einbürgerungsverfahren insbesondere für die den Ausländerbehörden nach § 87 Absatz 4 des Aufenthaltsgesetzes bekannt gewordenen Daten über die Einleitung von Straf- und Auslieferungsverfahren sowie die Erledigung von Straf-, Bußgeld- und Auslieferungsverfahren. Die Daten nach Satz 3 sind unverzüglich an die zuständige Staatsangehörigkeitsbehörde zu übermitteln.
(2) Die Übermittlung personenbezogener Daten nach Absatz 1 unterbleibt, soweit besondere gesetzliche Verarbeitungsregelungen entgegenstehen.

§ 33 (Register)
(1) Das Bundesverwaltungsamt (Registerbehörde) führt ein Register der Entscheidungen in Staatsangehörigkeitsangelegenheiten. In das Register werden eingetragen:
1. Entscheidungen zu Staatsangehörigkeitsurkunden,
2. Entscheidungen zum Bestand und gesetzlichen Verlust der deutschen Staatsangehörigkeit,
3. Entscheidungen zu Erwerb, Bestand und Verlust der deutschen Staatsangehörigkeit, die nach dem 31. Dezember 1960 und vor dem 28. August 2007 getroffen worden sind.

(2) Im Einzelnen dürfen in dem Register gespeichert werden:
1. die Grundpersonalien der betroffenen Person (Familienname, Geburtsname, frühere Namen, Vornamen, Tag und Ort der Geburt, Geschlecht sowie die Anschrift im Zeitpunkt der Entscheidung) und Auskunftssperren nach § 51 des Bundesmeldegesetzes,
2. Rechtsgrund und Datum der Urkunde oder der Entscheidung sowie Rechtsgrund und der Tag des Erwerbs oder Verlusts der Staatsangehörigkeit, im Fall des § 3 Absatz 2 auch der Zeitpunkt, auf den der Erwerb zurückwirkt,
3. Bezeichnung, Anschrift und Aktenzeichen der Behörde, die die Entscheidung getroffen hat.

(3) Die Staatsangehörigkeitsbehörden sind verpflichtet, die in Absatz 2 genannten personenbezogenen Daten zu den Entscheidungen nach Absatz 1 Satz 2 Nr. 1 und 2, die sie nach dem 28. August 2007 treffen, unverzüglich an die Registerbehörde zu übermitteln.
(4) Die Registerbehörde übermittelt den Staatsangehörigkeitsbehörden und Auslandsvertretungen auf Ersuchen die in Absatz 2 genannten Daten, soweit die Kenntnis der Daten für die Erfüllung der staatsangehörigkeitsrechtlichen Aufgaben dieser Stellen erforderlich ist. Für die Übermittlung an andere öffentliche Stellen und für Forschungszwecke gelten die Bestimmungen des Bundesdatenschutzgesetzes. Die Übermittlung von Angaben nach Absatz 1 zu Forschungszwecken ist nur in anonymisierter Form oder dann zulässig, wenn das wissenschaftliche Interesse an der Durchführung des Forschungsvorhabens das Interesse der betroffenen Person an dem Ausschluss der Verarbeitung erheblich überwiegt.
(5) Die Staatsangehörigkeitsbehörde teilt nach ihrer Entscheidung, dass eine Person eingebürgert worden ist oder die deutsche Staatsangehörigkeit weiterhin besitzt, verloren, aufgegeben oder nicht erworben hat, der zuständigen Meldebehörde oder Auslandsvertretung die in Absatz 2 genannten Daten unverzüglich mit.

§ 34

(1) Für die Durchführung des Optionsverfahrens hat die Meldebehörde in Fällen des Erwerbs der deutschen Staatsangehörigkeit nach § 4 Absatz 3 oder § 40b, in denen nach § 29 ein Verlust der deutschen Staatsangehörigkeit eintreten kann, bis zum zehnten Tag jedes Kalendermonats der zuständigen Staatsangehörigkeitsbehörde für Personen, die im darauf folgenden Monat das 21. Lebensjahr vollenden werden, folgende personenbezogene Daten zu übermitteln:
1. Familienname,
2. frühere Namen,
3. Vornamen,
4. derzeitige und frühere Anschriften und bei Zuzug aus dem Ausland auch die letzte frühere Anschrift im Inland,
5. Einzugsdatum, Auszugsdatum, Datum des letzten Wegzugs aus einer Wohnung im Inland sowie Datum des letzten Zuzugs aus dem Ausland,
6. Geburtsdatum und Geburtsort,
7. Geschlecht,
8. derzeitige Staatsangehörigkeiten,
9. die Tatsache, dass nach § 29 ein Verlust der deutschen Staatsangehörigkeit eintreten kann,
10. Auskunftssperren nach § 51 des Bundesmeldegesetzes.

(2) Ist eine Person nach Absatz 1 ins Ausland verzogen, hat die zuständige Meldebehörde dem Bundesverwaltungsamt innerhalb der in Absatz 1 genannten Frist die dort genannten Daten, das Datum des Wegzugs ins Ausland und, soweit bekannt, die neue Anschrift im Ausland zu übermitteln. Für den Fall des Zuzugs aus dem Ausland gilt Satz 1 entsprechend.

§ 35 (Rücknahme rechtswidriger Einbürgerung)

(1) Eine rechtswidrige Einbürgerung oder eine rechtswidrige Genehmigung zur Beibehaltung der deutschen Staatsangehörigkeit kann nur zurückgenommen werden, wenn der Verwaltungsakt durch arglistige Täuschung, Drohung oder Bestechung oder durch vorsätzlich unrichtige oder unvollständige Angaben, die wesentlich für seinen Erlass gewesen sind, erwirkt worden ist.
(2) Dieser Rücknahme steht in der Regel nicht entgegen, dass der Betroffene dadurch staatenlos wird.
(3) Die Rücknahme darf nur bis zum Ablauf von zehn Jahren nach der Bekanntgabe der Einbürgerung oder Beibehaltungsgenehmigung erfolgen.
(4) Die Rücknahme erfolgt mit Wirkung für die Vergangenheit.
(5) Hat die Rücknahme Auswirkungen auf die Rechtmäßigkeit von Verwaltungsakten nach diesem Gesetz gegenüber Dritten, so ist für jede betroffene Person eine selbständige Ermessensentscheidung zu treffen. Dabei ist insbesondere eine Beteiligung des Dritten an der arglistigen Täuschung, Drohung oder Bestechung oder an den vorsätzlich unrichtigen oder unvollständigen Angaben gegen seine schutzwürdigen Belange, insbesondere auch unter Beachtung des Kindeswohls, abzuwägen.

§ 36 (Erhebung der Einbürgerungen)

(1) Über die Einbürgerungen werden jährliche Erhebungen, jeweils für das vorausgegangene Kalenderjahr, beginnend 2000, als Bundesstatistik durchgeführt.
(2) Die Erhebungen erfassen für jede eingebürgerte Person folgende Erhebungsmerkmale:
1. Geburtsjahr,
2. Geschlecht,
3. Familienstand,
4. Wohnort zum Zeitpunkt der Einbürgerung,
5. Aufenthaltsdauer im Bundesgebiet nach Jahren,
6. Rechtsgrundlage der Einbürgerung,
7. bisherige Staatsangehörigkeiten und
8. Fortbestand der bisherigen Staatsangehörigkeiten.
(3) Hilfsmerkmale der Erhebungen sind:
1. Bezeichnung und Anschrift der nach Absatz 4 Auskunftspflichtigen,
2. Name und Telekommunikationsnummern der für Rückfragen zur Verfügung stehenden Person und
3. Registriernummer der eingebürgerten Person bei der Einbürgerungsbehörde.
(4) Für die Erhebungen besteht Auskunftspflicht. Auskunftspflichtig sind die Einbürgerungsbehörden. Die Einbürgerungsbehörden haben die Auskünfte den zuständigen statistischen Ämtern der Länder jeweils zum 1. März zu erteilen. Die Angaben zu Absatz 3 Nr. 2 sind freiwillig.

(5) An die fachlich zuständigen obersten Bundes- und Landesbehörden dürfen für die Verwendung gegenüber den gesetzgebenden Körperschaften und für Zwecke der Planung, nicht jedoch für die Regelung von Einzelfällen, vom Statistischen Bundesamt und den statistischen Ämtern der Länder Tabellen mit statistischen Ergebnissen übermittelt werden, auch soweit Tabellenfelder nur einen einzigen Fall ausweisen.

§ 37 (Anwendbare Vorschriften)
(1) Fähig zur Vornahme von Verfahrenshandlungen nach diesem Gesetz ist, wer das 16. Lebensjahr vollendet hat, sofern er nicht nach Maßgabe des Bürgerlichen Gesetzbuchs geschäftsunfähig oder im Falle seiner Volljährigkeit in dieser Angelegenheit zu betreuen und einem Einwilligungsvorbehalt zu unterstellen wäre. § 80 Absatz 3 und § 82 des Aufenthaltsgesetzes gelten entsprechend.
(2) Die Einbürgerungsbehörden übermitteln den Verfassungsschutzbehörden zur Ermittlung von Ausschlussgründen nach § 11 die bei ihnen gespeicherten personenbezogenen Daten der Antragsteller, die das 16. Lebensjahr vollendet haben. Die Verfassungsschutzbehörden unterrichten die anfragende Stelle unverzüglich nach Maßgabe der insoweit bestehenden besonderen gesetzlichen Verarbeitungsregulierungen.

§ 38 (Gebühren und Auslagen)
(1) Für Amtshandlungen in Staatsangehörigkeitsangelegenheiten werden, soweit gesetzlich nichts anderes bestimmt ist, Kosten (Gebühren und Auslagen) erhoben.
(2) Die Gebühr für die Einbürgerung nach diesem Gesetz beträgt 255 Euro. Sie ermäßigt sich für ein minderjähriges Kind, das miteingebürgert wird und keine eigenen Einkünfte im Sinne des Einkommensteuergesetzes hat, auf 51 Euro. Der Erwerb der deutschen Staatsangehörigkeit nach § 5 und die Einbürgerung von ehemaligen Deutschen, die durch Eheschließung mit einem Ausländer die deutsche Staatsangehörigkeit verloren haben, ist gebührenfrei. Die Feststellung des Bestehens oder Nichtbestehens der deutschen Staatsangehörigkeit nach § 29 Abs. 6 und nach § 30 Abs. 1 Satz 3 sowie die Erteilung der Beibehaltungsgenehmigung nach § 29 Abs. 4 sind gebührenfrei. Von der Gebühr nach Satz 1 kann aus Gründen der Billigkeit oder des öffentlichen Interesses Gebührenermäßigung oder -befreiung gewährt werden.
(3) Das Bundesministerium des Innern, für Bau und Heimat wird ermächtigt, durch Rechtsverordnung mit Zustimmung des Bundesrates die weiteren gebührenpflichtigen Tatbestände zu bestimmen und die Gebührensätze sowie die Auslagenerstattung zu regeln. Die Gebühr darf für die Entlassung 51 Euro, für die Beibehaltungsgenehmigung 255 Euro, für die Staatsangehörigkeitsurkunde und für sonstige Bescheinigungen 51 Euro nicht übersteigen.

§ 38a (Ausschluss der elektronischen Form)
Eine Ausstellung von Urkunden in Staatsangehörigkeitssachen in elektronischer Form ist ausgeschlossen.

§§ 39 und 40 (weggefallen)

§ 40a (Überleitung)
Wer am 1. August 1999 Deutscher im Sinne des Artikels 116 Abs. 1 des Grundgesetzes ist, ohne die deutsche Staatsangehörigkeit zu besitzen, erwirbt an diesem Tag die deutsche Staatsangehörigkeit. Für einen Spätaussiedler, seinen nichtdeutschen Ehegatten und seine Abkömmlinge im Sinne von § 4 des Bundesvertriebenengesetzes gilt dies nur dann, wenn ihnen vor diesem Zeitpunkt eine Bescheinigung gemäß § 15 Abs. 1 oder 2 des Bundesvertriebenengesetzes erteilt worden ist.

§ 40b (Ausländische Kinder)
Ein Ausländer, der am 1. Januar 2000 rechtmäßig seinen gewöhnlichen Aufenthalt im Inland und das zehnte Lebensjahr noch nicht vollendet hat, ist auf Antrag einzubürgern, wenn bei seiner Geburt die Voraussetzungen des § 4 Abs. 3 Satz 1 vorgelegen haben und weiter vorliegen. Der Antrag kann bis zum 31. Dezember 2000 gestellt werden.

§ 40c (Übergangsbestimmung)
Auf Einbürgerungsanträge, die bis zum 30. März 2007 gestellt worden sind, sind die §§ 8 bis 14 und 40c weiter in ihrer vor dem 28. August 2007 (BGBl. I S. 1970) geltenden Fassung anzuwenden, soweit sie günstigere Bestimmungen enthalten.

§ 41
Von den in diesem Gesetz in den §§ 32, 33 und 37 Absatz 2 getroffenen Regelungen des Verwaltungsverfahrens der Länder kann nicht durch Landesrecht abgewichen werden.

§ 42 (Strafvorschrift)
Mit Freiheitsstrafe bis zu fünf Jahren oder mit Geldstrafe wird bestraft, wer unrichtige oder unvollständige Angaben zu wesentlichen Voraussetzungen der Einbürgerung macht oder benutzt, um für sich oder einen anderen eine Einbürgerung zu erschleichen.

Gesetz über den Aufenthalt, die Erwerbstätigkeit und die Integration von Ausländern im Bundesgebiet (Aufenthaltsgesetz – AufenthG)

in der Fassung der Bekanntmachung
vom 25. Februar 2008 (BGBl. I S. 162)

Zuletzt geändert durch
Gesetz zur Weiterentwicklung des Ausländerzentralregisters
vom 9. Juli 2021 (BGBl. I S. 2467)

Inhaltsübersicht

Kapitel 1
Allgemeine Bestimmungen

- § 1 Zweck des Gesetzes; Anwendungsbereich
- § 2 Begriffsbestimmungen

Kapitel 2
Einreise und Aufenthalt im Bundesgebiet

Abschnitt 1
Allgemeines

- § 3 Passpflicht
- § 4 Erfordernis eines Aufenthaltstitels
- § 4a Zugang zur Erwerbstätigkeit
- § 5 Allgemeine Erteilungsvoraussetzungen
- § 6 Visum
- § 7 Aufenthaltserlaubnis
- § 8 Verlängerung der Aufenthaltserlaubnis
- § 9 Niederlassungserlaubnis
- § 9a Erlaubnis zum Daueraufenthalt – EU
- § 9b Anrechnung von Aufenthaltszeiten
- § 9c Lebensunterhalt
- § 10 Aufenthaltstitel bei Asylantrag
- § 11 Einreise- und Aufenthaltsverbot
- § 12 Geltungsbereich; Nebenbestimmungen
- § 12a Wohnsitzregelung

Abschnitt 2
Einreise

- § 13 Grenzübertritt
- § 14 Unerlaubte Einreise; Ausnahme-Visum
- § 15 Zurückweisung
- § 15a Verteilung unerlaubt eingereister Ausländer

Abschnitt 3
Aufenthalt zum Zweck der Ausbildung

- § 16 Grundsatz des Aufenthalts zum Zweck der Ausbildung
- § 16a Berufsausbildung; berufliche Weiterbildung
- § 16b Studium
- § 16c Mobilität im Rahmen des Studiums
- § 16d Maßnahmen zur Anerkennung ausländischer Berufsqualifikationen
- § 16e Studienbezogenes Praktikum EU
- § 16f Sprachkurse und Schulbesuch
- § 17 Suche eines Ausbildungs- oder Studienplatzes

Abschnitt 4
Aufenthalt zum Zweck der Erwerbstätigkeit

- § 18 Grundsatz der Fachkräfteeinwanderung; allgemeine Bestimmungen
- § 18a Fachkräfte mit Berufsausbildung
- § 18b Fachkräfte mit akademischer Ausbildung
- § 18c Niederlassungserlaubnis für Fachkräfte
- § 18d Forschung
- § 18e Kurzfristige Mobilität für Forscher
- § 18f Aufenthaltserlaubnis für mobile Forscher
- § 19 ICT-Karte für unternehmensintern transferierte Arbeitnehmer
- § 19a Kurzfristige Mobilität für unternehmensintern transferierte Arbeitnehmer
- § 19b Mobiler-ICT-Karte
- § 19c Sonstige Beschäftigungszwecke; Beamte
- § 19d Aufenthaltserlaubnis für qualifizierte Geduldete zum Zweck der Beschäftigung
- § 19e Teilnahme am europäischen Freiwilligendienst
- § 19f Ablehnungsgründe bei Aufenthaltstiteln nach den §§ 16b, 16c, 16e, 16f, 17, 18b Absatz 2, den §§ 18d, 18e, 18f und 19e
- § 20 Arbeitsplatzsuche für Fachkräfte
- § 21 Selbständige Tätigkeit

Abschnitt 5
Aufenthalt aus völkerrechtlichen, humanitären oder politischen Gründen

- § 22 Aufnahme aus dem Ausland
- § 23 Aufenthaltsgewährung durch die obersten Landesbehörden; Aufnahme bei besonders gelagerten politischen Interessen; Neuansiedlung von Schutzsuchenden
- § 23a Aufenthaltsgewährung in Härtefällen
- § 24 Aufenthaltsgewährung zum vorübergehenden Schutz
- § 25 Aufenthalt aus humanitären Gründen
- § 25a Aufenthaltsgewährung bei gut integrierten Jugendlichen und Heranwachsenden
- § 25b Aufenthaltsgewährung bei nachhaltiger Integration
- § 26 Dauer des Aufenthalts

161 AufenthG

Abschnitt 6
Aufenthalt aus familiären Gründen

§ 27 Grundsatz des Familiennachzugs
§ 28 Familiennachzug zu Deutschen
§ 29 Familiennachzug zu Ausländern
§ 30 Ehegattennachzug
§ 31 Eigenständiges Aufenthaltsrecht der Ehegatten
§ 32 Kindernachzug
§ 33 Geburt eines Kindes im Bundesgebiet
§ 34 Aufenthaltsrecht der Kinder
§ 35 Eigenständiges, unbefristetes Aufenthaltsrecht der Kinder
§ 36 Nachzug der Eltern und sonstiger Familienangehöriger
§ 36a Familiennachzug zu subsidiär Schutzberechtigten

Abschnitt 7
Besondere Aufenthaltsrechte

§ 37 Recht auf Wiederkehr
§ 38 Aufenthaltstitel für ehemalige Deutsche
§ 38a Aufenthaltserlaubnis für in anderen Mitgliedstaaten der Europäischen Union langfristig Aufenthaltsberechtigte

Abschnitt 8
Beteiligung der Bundesagentur für Arbeit

§ 39 Zustimmung zur Beschäftigung
§ 40 Versagungsgründe
§ 41 Widerruf der Zustimmung und Entzug der Arbeitserlaubnis
§ 42 Verordnungsermächtigung und Weisungsrecht

Kapitel 3
Integration

§ 43 Integrationskurs
§ 44 Berechtigung zur Teilnahme an einem Integrationskurs
§ 44a Verpflichtung zur Teilnahme an einem Integrationskurs
§ 45 Integrationsprogramm
§ 45a Berufsbezogene Deutschsprachförderung; Verordnungsermächtigung

Kapitel 4
Ordnungsrechtliche Vorschriften

§ 46 Ordnungsverfügungen
§ 47 Verbot und Beschränkung der politischen Betätigung
§ 47a Mitwirkungspflichten; Lichtbildabgleich
§ 48 Ausweisrechtliche Pflichten
§ 48a Erhebung von Zugangsdaten
§ 49 Überprüfung, Feststellung und Sicherung der Identität

Kapitel 5
Beendigung des Aufenthalts

Abschnitt 1
Begründung der Ausreisepflicht

§ 50 Ausreisepflicht
§ 51 Beendigung der Rechtmäßigkeit des Aufenthalts; Fortgeltung von Beschränkungen
§ 52 Widerruf
§ 53 Ausweisung
§ 54 Ausweisungsinteresse
§ 55 Bleibeinteresse
§ 56 Überwachung ausreisepflichtiger Ausländer aus Gründen der inneren Sicherheit
§ 56a Elektronische Aufenthaltsüberwachung; Verordnungsermächtigung

Abschnitt 2
Durchsetzung der Ausreisepflicht

§ 57 Zurückschiebung
§ 58 Abschiebung
§ 58a Abschiebungsanordnung
§ 59 Androhung der Abschiebung
§ 60 Verbot der Abschiebung
§ 60a Vorübergehende Aussetzung der Abschiebung (Duldung)
§ 60b Duldung für Personen mit ungeklärter Identität
§ 60c Ausbildungsduldung
§ 60d Beschäftigungsduldung
§ 61 Räumliche Beschränkung, Wohnsitzauflage, Ausreiseeinrichtungen
§ 62 Abschiebungshaft
§ 62a Vollzug der Abschiebungshaft
§ 62b Ausreisegewahrsam
§ 62c Ergänzende Vorbereitungshaft

Kapitel 6
Haftung und Gebühren

§ 63 Pflichten der Beförderungsunternehmer
§ 64 Rückbeförderungspflicht der Beförderungsunternehmer
§ 65 Pflichten der Flughafenunternehmer
§ 66 Kostenschuldner; Sicherheitsleistung
§ 67 Umfang der Kostenhaftung
§ 68 Haftung für Lebensunterhalt
§ 68a Übergangsvorschrift zu Verpflichtungserklärungen
§ 69 Gebühren
§ 70 Verjährung

Kapitel 7
Verfahrensvorschriften

Abschnitt 1
Zuständigkeiten

§ 71 Zuständigkeit
§ 71a Zuständigkeit und Unterrichtung
§ 72 Beteiligungserfordernisse

§ 72a	Abgleich von Visumantragsdaten zu Sicherheitszwecken	§ 90a	Mitteilungen der Ausländerbehörden an die Meldebehörden
§ 73	Sonstige Beteiligungserfordernisse im Visumverfahren, im Registrier- und Asylverfahren und bei der Erteilung von Aufenthaltstiteln	§ 90b	Datenabgleich zwischen Ausländer- und Meldebehörden
		§ 90c	Datenübermittlungen im Visumverfahren über das Auswärtige Amt
§ 73a	Unterrichtung über die Erteilung von Visa	§ 91	Speicherung und Löschung personenbezogener Daten
§ 73b	Überprüfung der Zuverlässigkeit von im Visumverfahren tätigen Personen und Organisationen	§ 91a	Register zum vorübergehenden Schutz
		§ 91b	Datenübermittlung durch das Bundesamt für Migration und Flüchtlinge als nationale Kontaktstelle
§ 73c	Zusammenarbeit mit externen Dienstleistungserbringern		
§ 74	Beteiligung des Bundes; Weisungsbefugnis	§ 91c	Innergemeinschaftliche Auskünfte zur Durchführung der Richtlinie 2003/109/EG

**Abschnitt 1a
Durchbeförderung**

§ 74a Durchbeförderung von Ausländern

§ 91d Auskünfte zur Durchführung der Richtlinie (EU) 2016/801

**Abschnitt 2
Bundesamt für Migration und Flüchtlinge**

§ 75 Aufgaben
§ 76 (weggefallen)

§ 91e Gemeinsame Vorschriften für das Register zum vorübergehenden Schutz und zu innergemeinschaftlichen Datenübermittlungen

§ 91f Auskünfte zur Durchführung der Richtlinie 2009/50/EG innerhalb der Europäischen Union

**Abschnitt 3
Verwaltungsverfahren**

§ 77 Schriftform; Ausnahme von Formerfordernissen
§ 78 Dokumente mit elektronischem Speicher- und Verarbeitungsmedium
§ 78a Vordrucke für Aufenthaltstitel in Ausnahmefällen, Ausweisersatz und Bescheinigungen
§ 79 Entscheidung über den Aufenthalt
§ 80 Handlungsfähigkeit
§ 81 Beantragung des Aufenthaltstitels
§ 81a Beschleunigtes Fachkräfteverfahren
§ 82 Mitwirkung des Ausländers
§ 83 Beschränkung der Anfechtbarkeit
§ 84 Wirkungen von Widerspruch und Klage
§ 85 Berechnung von Aufenthaltszeiten
§ 85a Verfahren bei konkreten Anhaltspunkten einer missbräuchlichen Anerkennung der Vaterschaft

§ 91g Auskünfte zur Durchführung der Richtlinie 2014/66/EU

**Kapitel 8
Beauftragte für Migration, Flüchtlinge und Integration**

§ 92 Amt der Beauftragten
§ 93 Aufgaben
§ 94 Amtsbefugnisse

**Kapitel 9
Straf- und Bußgeldvorschriften**

§ 95 Strafvorschriften
§ 96 Einschleusen von Ausländern
§ 97 Einschleusen mit Todesfolge; gewerbs- und bandenmäßiges Einschleusen
§ 97a Geheimhaltungspflichten
§ 98 Bußgeldvorschriften

**Kapitel 9a
Rechtsfolgen bei illegaler Beschäftigung**

**Abschnitt 4
Datenschutz**

§ 86 Erhebung personenbezogener Daten
§ 86a Erhebung personenbezogener Daten zu Förderungen der freiwilligen Ausreise und Reintegration
§ 87 Übermittlungen an Ausländerbehörden
§ 88 Übermittlungen bei besonderen gesetzlichen Verarbeitungsregelungen
§ 88a Verarbeitung von Daten im Zusammenhang mit Integrationsmaßnahmen
§ 89 Verfahren bei identitätsüberprüfenden, -feststellenden und -sichernden Maßnahmen
§ 90 Übermittlungen durch Ausländerbehörden

§ 98a Vergütung
§ 98b Ausschluss von Subventionen
§ 98c Ausschluss von der Vergabe öffentlicher Aufträge

**Kapitel 10
Verordnungsermächtigungen; Übergangs- und Schlussvorschriften**

§ 99 Verordnungsermächtigung
§ 100 Sprachliche Anpassung
§ 101 Fortgeltung bisheriger Aufenthaltsrechte
§ 102 Fortgeltung ausländerrechtlicher Maßnahmen und Anrechnung
§ 103 Anwendung bisherigen Rechts
§ 104 Übergangsregelungen

§ 104a Altfallregelung
§ 104b Aufenthaltsrecht für integrierte Kinder von geduldeten Ausländern
§ 105 Übergangsregelung zur Duldung für Personen mit ungeklärter Identität
§ 105a Bestimmungen zum Verwaltungsverfahren
§ 105b Übergangsvorschrift für Aufenthaltstitel nach einheitlichem Vordruckmuster
§ 105c Überleitung von Maßnahmen zur Überwachung ausgewiesener Ausländer aus Gründen der inneren Sicherheit
§ 106 Einschränkung von Grundrechten
§ 107 Stadtstaatenklausel

Kapitel 1
Allgemeine Bestimmungen

§ 1 Zweck des Gesetzes; Anwendungsbereich

(1) ¹Das Gesetz dient der Steuerung und Begrenzung des Zuzugs von Ausländern in die Bundesrepublik Deutschland. ²Es ermöglicht und gestaltet Zuwanderung unter Berücksichtigung der Aufnahme- und Integrationsfähigkeit sowie der wirtschaftlichen und arbeitsmarktpolitischen Interessen der Bundesrepublik Deutschland. ³Das Gesetz dient zugleich der Erfüllung der humanitären Verpflichtungen der Bundesrepublik Deutschland. ⁴Es regelt hierzu die Einreise, den Aufenthalt, die Erwerbstätigkeit und die Integration von Ausländern. ⁵Die Regelungen in anderen Gesetzen bleiben unberührt.
(2) Dieses Gesetz findet keine Anwendung auf Ausländer,
1. deren Rechtsstellung von dem Gesetz über die allgemeine Freizügigkeit von Unionsbürgern geregelt ist, soweit nicht durch Gesetz etwas anderes bestimmt ist,
2. die nach Maßgabe der §§ 18 bis 20 des Gerichtsverfassungsgesetzes nicht der deutschen Gerichtsbarkeit unterliegen,
3. soweit sie nach Maßgabe völkerrechtlicher Verträge für den diplomatischen und konsularischen Verkehr und für die Tätigkeit internationaler Organisationen und Einrichtungen von Einwanderungsbeschränkungen, von der Verpflichtung, ihren Aufenthalt der Ausländerbehörde anzuzeigen und dem Erfordernis eines Aufenthaltstitels befreit sind und wenn Gegenseitigkeit besteht, sofern die Befreiungen davon abhängig gemacht werden können.

§ 2 Begriffsbestimmungen

(1) Ausländer ist jeder, der nicht Deutscher im Sinne des Artikels 116 Abs. 1 des Grundgesetzes ist.
(2) Erwerbstätigkeit ist die selbständige Tätigkeit, die Beschäftigung im Sinne von § 7 des Vierten Buches Sozialgesetzbuch und die Tätigkeit als Beamter.
(3) ¹Der Lebensunterhalt eines Ausländers ist gesichert, wenn er ihn einschließlich ausreichenden Krankenversicherungsschutzes ohne Inanspruchnahme öffentlicher Mittel bestreiten kann. ²Nicht als Inanspruchnahme öffentlicher Mittel gilt der Bezug von:
1. Kindergeld,
2. Kinderzuschlag,
3. Erziehungsgeld,
4. Elterngeld,
5. Leistungen der Ausbildungsförderung nach dem Dritten Buch Sozialgesetzbuch, dem Bundesausbildungsförderungsgesetz und dem Aufstiegsfortbildungsförderungsgesetz,
6. öffentlichen Mitteln, die auf Beitragsleistungen beruhen oder die gewährt werden, um den Aufenthalt im Bundesgebiet zu ermöglichen und
7. Leistungen nach dem Unterhaltsvorschussgesetz.

³Ist der Ausländer in einer gesetzlichen Krankenversicherung krankenversichert, hat er ausreichenden Krankenversicherungsschutz. ⁴Bei der Erteilung oder Verlängerung einer Aufenthaltserlaubnis zum Familiennachzug werden Beiträge der Familienangehörigen zum Haushaltseinkommen berücksichtigt. ⁵Der Lebensunterhalt gilt für die Erteilung einer Aufenthaltserlaubnis nach den §§ 16a bis 16c, 16e sowie 16f mit Ausnahme der Teilnehmer an Sprachkursen, die nicht der Studienvorbereitung dienen, als gesichert, wenn der Ausländer über monatliche Mittel in Höhe des monatlichen Bedarfs, der nach den §§ 13 und 13a Abs. 1 des Bundesausbildungsförderungsgesetzes bestimmt wird, verfügt. ⁶Der Lebensunterhalt gilt für die Erteilung einer Aufenthaltserlaubnis nach den §§ 16d, 16f Absatz 1 für Teilnehmer an Sprachkursen, die nicht der Studienvorbereitung dienen, sowie § 17 als gesichert, wenn Mittel entsprechend Satz 5 zuzüglich eines Aufschlages um 10 Prozent zur Verfügung stehen. ⁷Das Bundesministerium des Innern, für Bau und Heimat gibt die Mindestbeträge nach Satz 5 für jedes Kalenderjahr jeweils bis zum 31. August des Vorjahres im Bundesanzeiger bekannt.
(4) ¹Als ausreichender Wohnraum wird nicht mehr gefordert, als für die Unterbringung eines Wohnungssuchenden in einer öffentlich geförderten Sozialmietwohnung genügt. ²Der Wohnraum ist nicht ausreichend, wenn

er den auch für Deutsche geltenden Rechtsvorschriften hinsichtlich Beschaffenheit und Belegung nicht genügt.
³Kinder bis zur Vollendung des zweiten Lebensjahres werden bei der Berechnung des für die Familienunterbringung ausreichenden Wohnraumes nicht mitgezählt.

(5) Schengen-Staaten sind die Staaten, in denen folgende Rechtsakte in vollem Umfang Anwendung finden:
1. Übereinkommen zur Durchführung des Übereinkommens von Schengen vom 14. Juni 1985 zwischen den Regierungen der Staaten der Benelux-Wirtschaftsunion, der Bundesrepublik Deutschland und der Französischen Republik betreffend den schrittweisen Abbau der Kontrollen an den gemeinsamen Grenzen (ABl. L 239 vom 22. 9. 2000, S. 19),
2. die Verordnung (EU) 2016/399 des Europäischen Parlaments und des Rates vom 9. März 2016 über einen Gemeinschaftskodex für das Überschreiten der Grenzen durch Personen (Schengener Grenzkodex) (ABl. L 77 vom 23. 3. 2016, S. 1) und
3. die Verordnung (EG) Nr. 810/2009 des Europäischen Parlaments und des Rates vom 13. Juli 2009 über einen Visakodex der Gemeinschaft (ABl. L 243 vom 15. 9. 2009, S. 1).

(6) Vorübergehender Schutz im Sinne dieses Gesetzes ist die Aufenthaltsgewährung in Anwendung der Richtlinie 2001/55/EG des Rates vom 20. Juli 2001 über Mindestnormen für die Gewährung vorübergehenden Schutzes im Falle eines Massenzustroms von Vertriebenen und Maßnahmen zur Förderung einer ausgewogenen Verteilung der Belastungen, die mit der Aufnahme dieser Personen und den Folgen dieser Aufnahme verbunden sind, auf die Mitgliedstaaten (ABl. EG Nr. L 212 S. 12).

(7) Langfristig Aufenthaltsberechtigter ist ein Ausländer, dem in einem Mitgliedstaat der Europäischen Union die Rechtsstellung nach Artikel 2 Buchstabe b der Richtlinie 2003/109/EG des Rates vom 25. November 2003 betreffend die Rechtsstellung der langfristig aufenthaltsberechtigten Drittstaatsangehörigen (ABl. EU 2004 Nr. L 16 S. 44), die zuletzt durch die Richtlinie 2011/51/EU (ABl. L 132 vom 19. 5. 2011, S. 1) geändert worden ist, verliehen und nicht entzogen wurde.

(8) Langfristige Aufenthaltsberechtigung – EU ist der einem·langfristig Aufenthaltsberechtigten durch einen anderen Mitgliedstaat der Europäischen Union ausgestellte Aufenthaltstitel nach Artikel 8 der Richtlinie 2003/109/EG.

(9) Einfache deutsche Sprachkenntnisse entsprechen dem Niveau A 1 des Gemeinsamen Europäischen Referenzrahmens für Sprachen (Empfehlungen des Ministerkomitees des Europarates an die Mitgliedstaaten Nr. R (98) 6 vom 17. März 1998 zum Gemeinsamen Europäischen Referenzrahmen für Sprachen – GER).

(10) Hinreichende deutsche Sprachkenntnisse entsprechen dem Niveau A 2 des Gemeinsamen Europäischen Referenzrahmens für Sprachen.

(11) Ausreichende deutsche Sprachkenntnisse entsprechen dem Niveau B 1 des Gemeinsamen Europäischen Referenzrahmens für Sprachen.

(11a) Gute deutsche Sprachkenntnisse entsprechen dem Niveau B 2 des Gemeinsamen Europäischen Referenzrahmens für Sprachen.

(12) Die deutsche Sprache beherrscht ein Ausländer, wenn seine Sprachkenntnisse dem Niveau C 1 des Gemeinsamen Europäischen Referenzrahmens für Sprachen entsprechen.

(12a) Eine qualifizierte Berufsausbildung im Sinne dieses Gesetzes liegt vor, wenn es sich um eine Berufsausbildung in einem staatlich anerkannten oder vergleichbar geregelten Ausbildungsberuf handelt, für den nach bundes- oder landesrechtlichen Vorschriften eine Ausbildungsdauer von mindestens zwei Jahren festgelegt ist.

(12b) Eine qualifizierte Beschäftigung im Sinne dieses Gesetzes liegt vor, wenn zu ihrer Ausübung Fertigkeiten, Kenntnisse und Fähigkeiten erforderlich sind, die in einem Studium oder einer qualifizierten Berufsausbildung erworben werden.

(12c) Bildungseinrichtungen im Sinne dieses Gesetzes sind
1. Ausbildungsbetriebe bei einer betrieblichen Berufsaus- oder Weiterbildung,
2. Schulen, Hochschulen sowie Einrichtungen der Berufsbildung oder der sonstigen Aus- und Weiterbildung.

(13) International Schutzberechtigter ist ein Ausländer, der internationalen Schutz genießt im Sinne der
1. Richtlinie 2004/83/EG des Rates vom 29. April 2004 über Mindestnormen für die Anerkennung und den Status von Drittstaatsangehörigen oder Staatenlosen als Flüchtlinge oder als Personen, die anderweitig internationalen Schutz benötigen, und über den Inhalt des zu gewährenden Schutzes (ABl. L 304 vom 30. 9. 2004, S. 12) oder
2. Richtlinie 2011/95/EU des Europäischen Parlaments und des Rates vom 13. Dezember 2011 über Normen für die Anerkennung von Drittstaatsangehörigen oder Staatenlosen als Personen mit Anspruch auf internationalen Schutz, für einen einheitlichen Status für Flüchtlinge oder für Personen mit Anrecht auf subsidiären Schutz und für den Inhalt des zu gewährenden Schutzes (ABl. L 337 vom 20. 12. 2011, S. 9).

(14) ¹Soweit Artikel 28 der Verordnung (EU) Nr. 604/2013 des Europäischen Parlaments und des Rates vom 26. Juni 2013 zur Festlegung der Kriterien und Verfahren zur Bestimmung des Mitgliedstaats, der für die Prüfung

eines von einem Drittstaatsangehörigen oder Staatenlosen in einem Mitgliedstaat gestellten Antrags auf internationalen Schutz zuständig ist (ABl. L 180 vom 29. 6. 2013, S. 31), der die Inhaftnahme zum Zwecke der Überstellung betrifft, maßgeblich ist, gelten § 62 Absatz 3a für die widerlegliche Vermutung einer Fluchtgefahr im Sinne von Artikel 2 Buchstabe n der Verordnung (EU) Nr. 604/2013 und § 62 Absatz 3b Nummer 1 bis 5 als objektive Anhaltspunkte für die Annahme einer Fluchtgefahr im Sinne von Artikel 2 Buchstabe n der Verordnung (EU) Nr. 604/2013 entsprechend; im Anwendungsbereich der Verordnung (EU) Nr. 604/2013 bleibt Artikel 28 Absatz 2 im Übrigen maßgeblich. ²Ferner kann ein Anhaltspunkt für Fluchtgefahr vorliegen, wenn
1. der Ausländer einen Mitgliedstaat vor Abschluss eines dort laufenden Verfahrens zur Zuständigkeitsbestimmung oder zur Prüfung eines Antrags auf internationalen Schutz verlassen hat und die Umstände der Feststellung im Bundesgebiet konkret darauf hindeuten, dass er den zuständigen Mitgliedstaat in absehbarer Zeit nicht aufsuchen will,
2. der Ausländer zuvor mehrfach einen Asylantrag in anderen Mitgliedstaaten als der Bundesrepublik Deutschland im Geltungsbereich der Verordnung (EU) Nr. 604/2013 gestellt und den jeweiligen anderen Mitgliedstaat der Asylantragstellung wieder verlassen hat, ohne den Ausgang des dort laufenden Verfahrens zur Zuständigkeitsbestimmung oder zur Prüfung eines Antrags auf internationalen Schutz abzuwarten.

³Die für den Antrag auf Inhaftnahme zum Zwecke der Überstellung zuständige Behörde kann einen Ausländer ohne vorherige richterliche Anordnung festhalten und vorläufig in Gewahrsam nehmen, wenn
a) der dringende Verdacht für das Vorliegen der Voraussetzungen nach Satz 1 oder 2 besteht,
b) die richterliche Entscheidung über die Anordnung der Überstellungshaft nicht vorher eingeholt werden kann und
c) der begründete Verdacht vorliegt, dass sich der Ausländer der Anordnung der Überstellungshaft entziehen will.

⁴Der Ausländer ist unverzüglich dem Richter zur Entscheidung über die Anordnung der Überstellungshaft vorzuführen. ⁵Auf das Verfahren auf Anordnung von Haft zur Überstellung nach der Verordnung (EU) Nr. 604/2013 finden die Vorschriften des Gesetzes über das Verfahren in Familiensachen und in den Angelegenheiten der freiwilligen Gerichtsbarkeit entsprechende Anwendung, soweit das Verfahren in der Verordnung (EU) Nr. 604/2013 nicht abweichend geregelt ist.

Kapitel 2
Einreise und Aufenthalt im Bundesgebiet

Abschnitt 1
Allgemeines

§ 3 Passpflicht

(1) ¹Ausländer dürfen nur in das Bundesgebiet einreisen oder sich darin aufhalten, wenn sie einen anerkannten und gültigen Pass oder Passersatz besitzen, sofern sie von der Passpflicht nicht durch Rechtsverordnung befreit sind. ²Für den Aufenthalt im Bundesgebiet erfüllen sie die Passpflicht auch durch den Besitz eines Ausweisersatzes (§ 48 Abs. 2).

(2) Das Bundesministerium des Innern, für Bau und Heimat oder die von ihm bestimmte Stelle kann in begründeten Einzelfällen vor der Einreise des Ausländers für den Grenzübertritt und einen anschließenden Aufenthalt von bis zu sechs Monaten Ausnahmen von der Passpflicht zulassen.

§ 4 Erfordernis eines Aufenthaltstitels

(1) ¹Ausländer bedürfen für die Einreise und den Aufenthalt im Bundesgebiet eines Aufenthaltstitels, sofern nicht durch Recht der Europäischen Union oder durch Rechtsverordnung etwas anderes bestimmt ist oder auf Grund des Abkommens vom 12. September 1963 zur Gründung einer Assoziation zwischen der Europäischen Wirtschaftsgemeinschaft und der Türkei (BGBl. 1964 II S. 509) (Assoziationsabkommen EWG/Türkei) ein Aufenthaltsrecht besteht. ²Die Aufenthaltstitel werden erteilt als
1. Visum im Sinne des § 6 Absatz 1 Nummer 1 und Absatz 3,
2. Aufenthaltserlaubnis (§ 7),
2a. Blaue Karte EU (§ 18b Absatz 2),
2b. ICT-Karte (§ 19),
2c. Mobiler-ICT-Karte (§ 19b),
3. Niederlassungserlaubnis (§ 9) oder
4. Erlaubnis zum Daueraufenthalt – EU (§ 9a).

³Die für die Aufenthaltserlaubnis geltenden Rechtsvorschriften werden auch auf die Blaue Karte EU, die ICT-Karte und die Mobiler-ICT-Karte angewandt, sofern durch Gesetz oder Rechtsverordnung nichts anderes bestimmt ist.

(2) ¹Ein Ausländer, dem nach dem Assoziationsabkommen EWG/Türkei ein Aufenthaltsrecht zusteht, ist verpflichtet, das Bestehen des Aufenthaltsrechts durch den Besitz einer Aufenthaltserlaubnis nachzuweisen, sofern er weder eine Niederlassungserlaubnis noch eine Erlaubnis zum Daueraufenthalt – EU besitzt. ²Die Aufenthaltserlaubnis wird auf Antrag ausgestellt.

§ 4a Zugang zur Erwerbstätigkeit

(1) ¹Ausländer, die einen Aufenthaltstitel besitzen, dürfen eine Erwerbstätigkeit ausüben, es sei denn, ein Gesetz bestimmt ein Verbot. ²Die Erwerbstätigkeit kann durch Gesetz beschränkt sein. ³Die Ausübung einer über das Verbot oder die Beschränkung hinausgehenden Erwerbstätigkeit bedarf der Erlaubnis.
(2) ¹Sofern die Ausübung einer Beschäftigung gesetzlich verboten oder beschränkt ist, bedarf die Ausübung einer Beschäftigung oder einer über die Beschränkung hinausgehenden Beschäftigung der Erlaubnis; diese kann dem Vorbehalt der Zustimmung durch die Bundesagentur für Arbeit nach § 39 unterliegen. ²Die Zustimmung der Bundesagentur für Arbeit kann beschränkt erteilt werden. ³Bedarf die Erlaubnis nicht der Zustimmung der Bundesagentur für Arbeit, gilt § 40 Absatz 2 oder Absatz 3 für die Versagung der Erlaubnis entsprechend.
(3) ¹Jeder Aufenthaltstitel muss erkennen lassen, ob die Ausübung einer Erwerbstätigkeit erlaubt ist und ob sie Beschränkungen unterliegt. ²Zudem müssen Beschränkungen seitens der Bundesagentur für Arbeit für die Ausübung der Beschäftigung in den Aufenthaltstitel übernommen werden. ³Für die Änderung einer Beschränkung im Aufenthaltstitel ist eine Erlaubnis erforderlich. ⁴Wurde ein Aufenthaltstitel zum Zweck der Ausübung einer bestimmten Beschäftigung erteilt, ist die Ausübung einer anderen Erwerbstätigkeit verboten, solange und soweit die zuständige Behörde die Ausübung der anderen Erwerbstätigkeit nicht erlaubt hat. ⁵Die Sätze 2 und 3 gelten nicht, wenn sich der Arbeitgeber auf Grund eines Betriebsübergangs nach § 613a des Bürgerlichen Gesetzbuchs ändert oder auf Grund eines Formwechsels eine andere Rechtsform erhält.
(4) Ein Ausländer, der keinen Aufenthaltstitel besitzt, darf eine Saisonbeschäftigung nur ausüben, wenn er eine Arbeitserlaubnis zum Zweck der Saisonbeschäftigung besitzt, sowie eine andere Erwerbstätigkeit nur ausüben, wenn er auf Grund einer zwischenstaatlichen Vereinbarung, eines Gesetzes oder einer Rechtsverordnung ohne Aufenthaltstitel hierzu berechtigt ist oder deren Ausübung ihm durch die zuständige Behörde erlaubt wurde.
(5) ¹Ein Ausländer darf nur beschäftigt oder mit anderen entgeltlichen Dienst- oder Werkleistungen beauftragt werden, wenn er einen Aufenthaltstitel besitzt und kein diesbezügliches Verbot oder keine diesbezügliche Beschränkung besteht. ²Ein Ausländer, der keinen Aufenthaltstitel besitzt, darf nur unter den Voraussetzungen des Absatzes 4 beschäftigt werden. ³Wer im Bundesgebiet einen Ausländer beschäftigt, muss
1. prüfen, ob die Voraussetzungen nach Satz 1 oder Satz 2 vorliegen,
2. für die Dauer der Beschäftigung eine Kopie des Aufenthaltstitels, der Arbeitserlaubnis zum Zweck der Saisonbeschäftigung oder der Bescheinigung über die Aufenthaltsgestattung oder über die Aussetzung der Abschiebung des Ausländers in elektronischer Form oder in Papierform aufbewahren und
3. der zuständigen Ausländerbehörde innerhalb von vier Wochen ab Kenntnis mitteilen, dass die Beschäftigung, für die ein Aufenthaltstitel nach Kapitel 2 Abschnitt 4 erteilt wurde, vorzeitig beendet wurde.

⁴Satz 3 Nummer 1 gilt auch für denjenigen, der einen Ausländer mit nachhaltigen entgeltlichen Dienst- oder Werkleistungen beauftragt, die der Ausländer auf Gewinnerzielung gerichtet ausübt.

§ 5 Allgemeine Erteilungsvoraussetzungen

(1) Die Erteilung eines Aufenthaltstitels setzt in der Regel voraus, dass
1. der Lebensunterhalt gesichert ist,
1a. die Identität und, falls er nicht zur Rückkehr in einen anderen Staat berechtigt ist, die Staatsangehörigkeit des Ausländers geklärt ist,
2. kein Ausweisungsinteresse besteht,
3. soweit kein Anspruch auf Erteilung eines Aufenthaltstitels besteht, der Aufenthalt des Ausländers nicht aus einem sonstigen Grund Interessen der Bundesrepublik Deutschland beeinträchtigt oder gefährdet und
4. die Passpflicht nach § 3 erfüllt wird.
(2) ¹Des Weiteren setzt die Erteilung einer Aufenthaltserlaubnis, einer Blauen Karte EU, einer ICT-Karte, einer Niederlassungserlaubnis oder einer Erlaubnis zum Daueraufenthalt – EU voraus, dass der Ausländer
1. mit dem erforderlichen Visum eingereist ist und
2. die für die Erteilung maßgeblichen Angaben bereits im Visumantrag gemacht hat.

²Hiervon kann abgesehen werden, wenn die Voraussetzungen eines Anspruchs auf Erteilung erfüllt sind oder es auf Grund besonderer Umstände des Einzelfalls nicht zumutbar ist, das Visumverfahren nachzuholen. ³Satz 2 gilt nicht für die Erteilung einer ICT-Karte.
(3) ¹In den Fällen der Erteilung eines Aufenthaltstitels nach § 24 oder § 25 Absatz 1 bis 3 ist von der Anwendung der Absätze 1 und 2, in den Fällen des § 25 Absatz 4a und 4b von der Anwendung des Absatzes 1 Nr. 1 bis 2 und 4

sowie des Absatzes 2 abzusehen. ²In den übrigen Fällen der Erteilung eines Aufenthaltstitels nach Kapitel 2 Abschnitt 5 kann von der Anwendung der Absätze 1 und 2 abgesehen werden. ³Wird von der Anwendung des Absatzes 1 Nr. 2 abgesehen, kann die Ausländerbehörde darauf hinweisen, dass eine Ausweisung wegen einzeln zu bezeichnender Ausweisungsinteressen, die Gegenstand eines noch nicht abgeschlossenen Straf- oder anderen Verfahrens sind, möglich ist. ⁴In den Fällen der Erteilung eines Aufenthaltstitels nach § 26 Absatz 3 ist von der Anwendung des Absatzes 2 abzusehen.

(4) Die Erteilung eines Aufenthaltstitels ist zu versagen, wenn ein Ausweisungsinteresse im Sinne von § 54 Absatz 1 Nummer 2 oder 4 besteht oder eine Abschiebungsanordnung nach § 58a erlassen wurde.

§ 6 Visum

(1) Einem Ausländer können nach Maßgabe der Verordnung (EG) Nr. 810/2009 folgende Visa erteilt werden:
1. ein Visum für die Durchreise durch das Hoheitsgebiet der Schengen-Staaten oder für geplante Aufenthalte in diesem Gebiet von bis zu 90 Tagen je Zeitraum von 180 Tagen (Schengen-Visum),
2. ein Flughafentransitvisum für die Durchreise durch die internationalen Transitzonen der Flughäfen.

(2) ¹Schengen-Visa können nach Maßgabe der Verordnung (EG) Nr. 810/2009 bis zu einer Gesamtaufenthaltsdauer von 90 Tagen je Zeitraum von 180 Tagen verlängert werden. ²Für weitere 90 Tage innerhalb des betreffenden Zeitraums von 180 Tagen kann ein Schengen-Visum aus den in Artikel 33 der Verordnung (EG) Nr. 810/2009/EG genannten Gründen, zur Wahrung politischer Interessen der Bundesrepublik Deutschland oder aus völkerrechtlichen Gründen als nationales Visum verlängert werden.

(2a) Schengen-Visa berechtigen nicht zur Ausübung einer Erwerbstätigkeit, es sei denn, sie wurden zum Zweck der Erwerbstätigkeit erteilt.

(3) ¹Für längerfristige Aufenthalte ist ein Visum für das Bundesgebiet (nationales Visum) erforderlich, das vor der Einreise erteilt wird. ²Die Erteilung richtet sich nach den für die Aufenthaltserlaubnis, die Blaue Karte EU, die ICT-Karte, die Niederlassungserlaubnis und die Erlaubnis zum Daueraufenthalt – EU geltenden Vorschriften. ³Die Dauer des rechtmäßigen Aufenthalts mit einem nationalen Visum wird auf die Zeiten des Besitzes einer Aufenthaltserlaubnis, Blauen Karte EU, Niederlassungserlaubnis oder Erlaubnis zum Daueraufenthalt – EU angerechnet.

(4) Ein Ausnahme-Visum im Sinne des § 14 Absatz 2 wird als Visum im Sinne des Absatzes 1 Nummer 1 oder des Absatzes 3 erteilt.

§ 7 Aufenthaltserlaubnis

(1) ¹Die Aufenthaltserlaubnis ist ein befristeter Aufenthaltstitel. ²Sie wird zu den in den nachfolgenden Abschnitten genannten Aufenthaltszwecken erteilt. ³In begründeten Fällen kann eine Aufenthaltserlaubnis auch für einen von diesem Gesetz nicht vorgesehenen Aufenthaltszweck erteilt werden. ⁴Die Aufenthaltserlaubnis nach Satz 3 berechtigt nicht zur Erwerbstätigkeit; sie kann nach § 4a Absatz 1 erlaubt werden.

(2) ¹Die Aufenthaltserlaubnis ist unter Berücksichtigung des beabsichtigten Aufenthaltszwecks zu befristen. ²Ist eine für die Erteilung, die Verlängerung oder die Bestimmung der Geltungsdauer wesentliche Voraussetzung entfallen, so kann die Frist auch nachträglich verkürzt werden.

§ 8 Verlängerung der Aufenthaltserlaubnis

(1) Auf die Verlängerung der Aufenthaltserlaubnis finden dieselben Vorschriften Anwendung wie auf die Erteilung.

(2) Die Aufenthaltserlaubnis kann in der Regel nicht verlängert werden, wenn die zuständige Behörde dies bei einem seiner Zweckbestimmung nach nur vorübergehenden Aufenthalt bei der Erteilung oder der zuletzt erfolgten Verlängerung der Aufenthaltserlaubnis ausgeschlossen hat.

(3) ¹Vor der Verlängerung der Aufenthaltserlaubnis ist festzustellen, ob der Ausländer einer etwaigen Pflicht zur ordnungsgemäßen Teilnahme am Integrationskurs nachgekommen ist. ²Verletzt ein Ausländer seine Verpflichtung nach § 44a Abs. 1 Satz 1 zur ordnungsgemäßen Teilnahme an einem Integrationskurs, ist dies bei der Entscheidung über die Verlängerung der Aufenthaltserlaubnis zu berücksichtigen. ³Besteht kein Anspruch auf Erteilung der Aufenthaltserlaubnis, soll bei wiederholter und gröblicher Verletzung der Pflichten nach Satz 1 die Verlängerung der Aufenthaltserlaubnis abgelehnt werden. ⁴Besteht ein Anspruch auf Verlängerung der Aufenthaltserlaubnis nur nach diesem Gesetz, kann die Verlängerung abgelehnt werden, es sei denn, der Ausländer erbringt den Nachweis, dass seine Integration in das gesellschaftliche und soziale Leben anderweitig erfolgt ist. ⁵Bei der Entscheidung sind die Dauer des rechtmäßigen Aufenthalts, schutzwürdige Bindung des Ausländers an das Bundesgebiet und die Folgen einer Aufenthaltsbeendigung für seine rechtmäßig im Bundesgebiet lebenden Familienangehörigen zu berücksichtigen. ⁶War oder ist ein Ausländer zur Teilnahme an einem Integrationskurs nach § 44a Absatz 1 Satz 1 verpflichtet, soll die Verlängerung der Aufenthaltserlaubnis jeweils auf höchstens ein

Jahr befristet werden, solange er den Integrationskurs noch nicht erfolgreich abgeschlossen oder noch nicht den Nachweis erbracht hat, dass seine Integration in das gesellschaftliche und soziale Leben anderweitig erfolgt ist.
(4) Absatz 3 ist nicht anzuwenden auf die Verlängerung einer nach § 25 Absatz 1, 2 oder Absatz 3 erteilten Aufenthaltserlaubnis.

§ 9 Niederlassungserlaubnis

(1) [1]Die Niederlassungserlaubnis ist ein unbefristeter Aufenthaltstitel. [2]Sie kann nur in den durch dieses Gesetz ausdrücklich zugelassenen Fällen mit einer Nebenbestimmung versehen werden. [3]§ 47 bleibt unberührt.
(2) [1]Einem Ausländer ist die Niederlassungserlaubnis zu erteilen, wenn
1. er seit fünf Jahren die Aufenthaltserlaubnis besitzt,
2. sein Lebensunterhalt gesichert ist,
3. er mindestens 60 Monate Pflichtbeiträge oder freiwillige Beiträge zur gesetzlichen Rentenversicherung geleistet hat oder Aufwendungen für einen Anspruch auf vergleichbare Leistungen einer Versicherungs- oder Versorgungseinrichtung oder eines Versicherungsunternehmens nachweist; berufliche Ausfallzeiten auf Grund von Kinderbetreuung oder häuslicher Pflege werden entsprechend angerechnet,
4. Gründe der öffentlichen Sicherheit oder Ordnung unter Berücksichtigung der Schwere oder der Art des Verstoßes gegen die öffentliche Sicherheit oder Ordnung oder der vom Ausländer ausgehenden Gefahr unter Berücksichtigung der Dauer des bisherigen Aufenthalts und dem Bestehen von Bindungen im Bundesgebiet nicht entgegenstehen,
5. ihm die Beschäftigung erlaubt ist, sofern er Arbeitnehmer ist,
6. er im Besitz der sonstigen für eine dauernde Ausübung seiner Erwerbstätigkeit erforderlichen Erlaubnisse ist,
7. er über ausreichende Kenntnisse der deutschen Sprache verfügt,
8. er über Grundkenntnisse der Rechts- und Gesellschaftsordnung und der Lebensverhältnisse im Bundesgebiet verfügt und
9. er über ausreichenden Wohnraum für sich und seine mit ihm in häuslicher Gemeinschaft lebenden Familienangehörigen verfügt.

[2]Die Voraussetzungen des Satzes 1 Nr. 7 und 8 sind nachgewiesen, wenn ein Integrationskurs erfolgreich abgeschlossen wurde. [3]Von diesen Voraussetzungen wird abgesehen, wenn der Ausländer sie wegen einer körperlichen, geistigen oder seelischen Krankheit oder Behinderung nicht erfüllen kann. [4]Im Übrigen kann zur Vermeidung einer Härte von den Voraussetzungen des Satzes 1 Nr. 7 und 8 abgesehen werden. [5]Ferner wird davon abgesehen, wenn der Ausländer sich auf einfache Art in deutscher Sprache mündlich verständigen kann und er nach § 44 Abs. 3 Nr. 2 keinen Anspruch auf Teilnahme am Integrationskurs hatte oder er nach § 44a Abs. 2 Nr. 3 nicht zur Teilnahme am Integrationskurs verpflichtet war. [6]Darüber hinaus wird von den Voraussetzungen des Satzes 1 Nr. 2 und 3 abgesehen, wenn der Ausländer diese aus den in Satz 3 genannten Gründen nicht erfüllen kann.
(3) [1]Bei Ehegatten, die in ehelicher Lebensgemeinschaft leben, genügt es, wenn die Voraussetzungen nach Absatz 2 Satz 1 Nr. 3, 5 und 6 durch einen Ehegatten erfüllt werden. [2]Von der Voraussetzung nach Absatz 2 Satz 1 Nr. 3 wird abgesehen, wenn sich der Ausländer in einer Ausbildung befindet, die zu einem anerkannten schulischen oder beruflichen Bildungsabschluss oder einem Hochschulabschluss führt. [3]Satz 1 gilt in den Fällen des § 26 Abs. 4 entsprechend.
(4) Auf die für die Erteilung einer Niederlassungserlaubnis erforderlichen Zeiten des Besitzes einer Aufenthaltserlaubnis werden folgende Zeiten angerechnet:
1. die Zeit des früheren Besitzes einer Aufenthaltserlaubnis oder Niederlassungserlaubnis, wenn der Ausländer zum Zeitpunkt seiner Ausreise im Besitz einer Niederlassungserlaubnis war, abzüglich der Zeit der dazwischen liegenden Aufenthalte außerhalb des Bundesgebiets, die zum Erlöschen der Niederlassungserlaubnis führten; angerechnet werden höchstens vier Jahre,
2. höchstens sechs Monate für jeden Aufenthalt außerhalb des Bundesgebiets, der nicht zum Erlöschen der Aufenthaltserlaubnis führte,
3. die Zeit eines rechtmäßigen Aufenthalts zum Zweck des Studiums oder der Berufsausbildung im Bundesgebiet zur Hälfte.

§ 9a Erlaubnis zum Daueraufenthalt – EU

(1) [1]Die Erlaubnis zum Daueraufenthalt – EU ist ein unbefristeter Aufenthaltstitel. [2]§ 9 Abs. 1 Satz 2 und 3 gilt entsprechend. [3]Soweit dieses Gesetz nichts anderes regelt, ist die Erlaubnis zum Daueraufenthalt – EU der Niederlassungserlaubnis gleichgestellt.
(2) [1]Einem Ausländer ist eine Erlaubnis zum Daueraufenthalt – EU nach Artikel 2 Buchstabe b der Richtlinie 2003/109/EG zu erteilen, wenn

1. er sich seit fünf Jahren mit Aufenthaltstitel im Bundesgebiet aufhält,
2. sein Lebensunterhalt und derjenige seiner Angehörigen, denen er Unterhalt zu leisten hat, durch feste und regelmäßige Einkünfte gesichert ist,
3. er über ausreichende Kenntnisse der deutschen Sprache verfügt,
4. er über Grundkenntnisse der Rechts- und Gesellschaftsordnung und der Lebensverhältnisse im Bundesgebiet verfügt,
5. Gründe der öffentlichen Sicherheit oder Ordnung unter Berücksichtigung der Schwere oder der Art des Verstoßes gegen die öffentliche Sicherheit oder Ordnung oder der vom Ausländer ausgehenden Gefahr unter Berücksichtigung der Dauer des bisherigen Aufenthalts und dem Bestehen von Bindungen im Bundesgebiet nicht entgegenstehen und
6. er über ausreichenden Wohnraum für sich und seine mit ihm in familiärer Gemeinschaft lebenden Familienangehörigen verfügt.

²Für Satz 1 Nr. 3 und 4 gilt § 9 Abs. 2 Satz 2 bis 5 entsprechend.

(3) Absatz 2 ist nicht anzuwenden, wenn der Ausländer
1. einen Aufenthaltstitel nach Abschnitt 5 besitzt, der nicht auf Grund des § 23 Abs. 2 erteilt wurde, oder eine vergleichbare Rechtsstellung in einem anderen Mitgliedstaat der Europäischen Union innehat und weder in der Bundesrepublik Deutschland noch in einem anderen Mitgliedstaat der Europäischen Union als international Schutzberechtigter anerkannt ist; Gleiches gilt, wenn er einen solchen Titel oder eine solche Rechtsstellung beantragt hat und über den Antrag noch nicht abschließend entschieden worden ist,
2. in einem Mitgliedstaat der Europäischen Union einen Antrag auf Anerkennung als international Schutzberechtigter gestellt oder vorübergehenden Schutz im Sinne des § 24 beantragt hat und über seinen Antrag noch nicht abschließend entschieden worden ist,
3. in einem anderen Mitgliedstaat der Europäischen Union eine Rechtsstellung besitzt, die der in § 1 Abs. 2 Nr. 2 beschriebenen entspricht,
4. sich mit einer Aufenthaltserlaubnis nach § 16a oder § 16b oder
5. sich zu einem sonstigen seiner Natur nach vorübergehenden Zweck im Bundesgebiet aufhält, insbesondere
    a) auf Grund einer Aufenthaltserlaubnis nach § 19c, wenn die Befristung der Zustimmung der Bundesagentur für Arbeit auf einer Verordnung nach § 42 Abs. 1 bestimmten Höchstbeschäftigungsdauer beruht,
    b) wenn die Verlängerung seiner Aufenthaltserlaubnis nach § 8 Abs. 2 ausgeschlossen wurde oder
    c) wenn seine Aufenthaltserlaubnis der Herstellung oder Wahrung der familiären Lebensgemeinschaft mit einem Ausländer dient, der sich selbst nur zu einem seiner Natur nach vorübergehenden Zweck im Bundesgebiet aufhält, und bei einer Aufhebung der Lebensgemeinschaft kein eigenständiges Aufenthaltsrecht entstehen würde.

§ 9b Anrechnung von Aufenthaltszeiten

(1) ¹Auf die erforderlichen Zeiten nach § 9a Abs. 2 Satz 1 Nr. 1 werden folgende Zeiten angerechnet:
1. Zeiten eines Aufenthalts außerhalb des Bundesgebiets, in denen der Ausländer einen Aufenthaltstitel besaß und
    a) sich wegen einer Entsendung aus beruflichen Gründen im Ausland aufgehalten hat, soweit deren Dauer jeweils sechs Monate oder eine von der Ausländerbehörde nach § 51 Abs. 1 Nr. 7 bestimmte längere Frist nicht überschritten hat, oder
    b) die Zeiten sechs aufeinanderfolgende Monate und innerhalb des in § 9a Abs. 2 Satz 1 Nr. 1 genannten Zeitraums insgesamt zehn Monate nicht überschreiten,
2. Zeiten eines früheren Aufenthalts im Bundesgebiet mit Aufenthaltserlaubnis, Niederlassungserlaubnis oder Erlaubnis zum Daueraufenthalt – EU, wenn der Ausländer zum Zeitpunkt seiner Ausreise im Besitz einer Niederlassungserlaubnis oder einer Erlaubnis zum Daueraufenthalt – EU war und die Niederlassungserlaubnis oder die Erlaubnis zum Daueraufenthalt – EU allein wegen eines Aufenthalts außerhalb von Mitgliedstaaten der Europäischen Union oder wegen des Erwerbs der Rechtsstellung eines langfristig Aufenthaltsberechtigten in einem anderen Mitgliedstaat der Europäischen Union erloschen ist, bis zu höchstens vier Jahre,
3. Zeiten, in denen der Ausländer freizügigkeitsberechtigt war,
4. Zeiten eines rechtmäßigen Aufenthalts zum Zweck des Studiums oder der Berufsausbildung im Bundesgebiet zur Hälfte,
5. bei international Schutzberechtigten der Zeitraum zwischen dem Tag der Beantragung internationalen Schutzes und dem Tag der Erteilung eines aufgrund der Zuerkennung internationalen Schutzes gewährten Aufenthaltstitels.

²Nicht angerechnet werden Zeiten eines Aufenthalts nach § 9a Abs. 3 Nr. 5 und Zeiten des Aufenthalts, in denen der Ausländer auch die Voraussetzungen des § 9a Abs. 3 Nr. 3 erfüllte. ³Zeiten eines Aufenthalts außerhalb des Bundesgebiets unterbrechen den Aufenthalt nach § 9a Abs. 2 Satz 1 Nr. 1 nicht, wenn der Aufenthalt außerhalb des Bundesgebiets nicht zum Erlöschen des Aufenthaltstitels geführt hat; diese Zeiten werden bei der Bestimmung der Gesamtdauer des Aufenthalts nach § 9a Abs. 2 Satz 1 Nr. 1 nicht angerechnet. ⁴In allen übrigen Fällen unterbricht die Ausreise aus dem Bundesgebiet den Aufenthalt nach § 9a Abs. 2 Satz 1 Nr. 1.
(2) ¹Auf die erforderlichen Zeiten nach § 9a Absatz 2 Satz 1 Nummer 1 werden die Zeiten angerechnet, in denen der Ausländer eine Blaue Karte EU besitzt, die von einem anderen Mitgliedstaat der Europäischen Union erteilt wurde, wenn sich der Ausländer
1. in diesem anderen Mitgliedstaat der Europäischen Union mit einer Blauen Karte EU mindestens 18 Monate aufgehalten hat und
2. bei Antragstellung seit mindestens zwei Jahren als Inhaber der Blauen Karte EU im Bundesgebiet aufhält.
²Nicht angerechnet werden Zeiten, in denen sich der Ausländer nicht in der Europäischen Union aufgehalten hat. ³Diese Zeiten unterbrechen jedoch den Aufenthalt nach § 9a Absatz 2 Satz 1 Nummer 1 nicht, wenn sie zwölf aufeinanderfolgende Monate nicht überschreiten und innerhalb des Zeitraums nach § 9a Absatz 2 Satz 1 Nummer 1 insgesamt 18 Monate nicht überschreiten. ⁴Die Sätze 1 bis 3 sind entsprechend auf Familienangehörige des Ausländers anzuwenden, denen eine Aufenthaltserlaubnis nach den §§ 30 oder 32 erteilt wurde.

§ 9c Lebensunterhalt
¹Feste und regelmäßige Einkünfte im Sinne des § 9a Absatz 2 Satz 1 Nummer 2 liegen in der Regel vor, wenn
1. der Ausländer seine steuerlichen Verpflichtungen erfüllt hat,
2. der Ausländer oder sein mit ihm in familiärer Gemeinschaft lebender Ehegatte im In- oder Ausland Beiträge oder Aufwendungen für eine angemessene Altersversorgung geleistet hat, soweit er hieran nicht durch eine körperliche, geistige oder seelische Krankheit oder Behinderung gehindert war,
3. der Ausländer und seine mit ihm in familiärer Gemeinschaft lebenden Angehörigen gegen das Risiko der Krankheit und der Pflegebedürftigkeit durch die gesetzliche Krankenversicherung oder einen im Wesentlichen gleichwertigen, unbefristeten oder sich automatisch verlängernden Versicherungsschutz abgesichert sind und
4. der Ausländer, der seine regelmäßigen Einkünfte aus einer Erwerbstätigkeit bezieht, zu Erwerbstätigkeit berechtigt ist und auch über die anderen dafür erforderlichen Erlaubnisse verfügt.
²Bei Ehegatten, die in ehelicher Lebensgemeinschaft leben, genügt es, wenn die Voraussetzung nach Satz 1 Nr. 4 durch einen Ehegatten erfüllt wird. ³Als Beiträge oder Aufwendungen, die nach Satz 1 Nr. 2 erforderlich sind, werden keine höheren Beiträge oder Aufwendungen verlangt, als es in § 9 Abs. 2 Satz 1 Nr. 3 vorgesehen ist.

§ 10 Aufenthaltstitel bei Asylantrag
(1) Einem Ausländer, der einen Asylantrag gestellt hat, kann vor dem bestandskräftigen Abschluss des Asylverfahrens ein Aufenthaltstitel außer in den Fällen eines gesetzlichen Anspruchs nur mit Zustimmung der obersten Landesbehörde und nur dann erteilt werden, wenn wichtige Interessen der Bundesrepublik Deutschland es erfordern.
(2) Ein nach der Einreise des Ausländers von der Ausländerbehörde erteilter oder verlängerter Aufenthaltstitel kann nach den Vorschriften dieses Gesetzes ungeachtet des Umstandes verlängert werden, dass der Ausländer einen Asylantrag gestellt hat.
(3) ¹Einem Ausländer, dessen Asylantrag unanfechtbar abgelehnt worden ist oder der seinen Asylantrag zurückgenommen hat, darf vor der Ausreise ein Aufenthaltstitel nur nach Maßgabe des Abschnitts 5 erteilt werden. ²Sofern der Asylantrag nach § 30 Abs. 3 Nummer 1 bis 6 des Asylgesetzes abgelehnt wurde, darf vor der Ausreise kein Aufenthaltstitel erteilt werden. ³Die Sätze 1 und 2 finden im Falle eines Anspruchs auf Erteilung eines Aufenthaltstitels keine Anwendung; Satz 2 ist ferner nicht anzuwenden, wenn der Ausländer die Voraussetzungen für die Erteilung einer Aufenthaltserlaubnis nach § 25 Abs. 3 erfüllt.

§ 11 Einreise- und Aufenthaltsverbot
(1) ¹Gegen einen Ausländer, der ausgewiesen, zurückgeschoben oder abgeschoben worden ist, ist ein Einreise- und Aufenthaltsverbot zu erlassen. ²Infolge des Einreise- und Aufenthaltsverbots darf der Ausländer weder erneut in das Bundesgebiet einreisen noch sich darin aufhalten noch darf ihm, selbst im Falle eines Anspruchs nach diesem Gesetz, ein Aufenthaltstitel erteilt werden.
(2) ¹Im Falle der Ausweisung ist das Einreise- und Aufenthaltsverbot gemeinsam mit der Ausweisungsverfügung zu erlassen. ²Ansonsten soll das Einreise- und Aufenthaltsverbot mit der Abschiebungsandrohung oder Abschiebungsanordnung nach § 58a unter der aufschiebenden Bedingung der Ab- oder Zurückschiebung und spätestens mit der Ab- oder Zurückschiebung erlassen werden. ³Das Einreise- und Aufenthaltsverbot ist bei

161 AufenthG § 11

seinem Erlass von Amts wegen zu befristen. ⁴Die Frist beginnt mit der Ausreise. ⁵Die Befristung kann zur Abwehr einer Gefahr für die öffentliche Sicherheit und Ordnung mit einer Bedingung versehen werden, insbesondere einer nachweislichen Straf- oder Drogenfreiheit. ⁶Tritt die Bedingung bis zum Ablauf der Frist nicht ein, gilt eine von Amts wegen zusammen mit der Befristung nach Satz 5 angeordnete längere Befristung.

(3) ¹Über die Länge der Frist des Einreise- und Aufenthaltsverbots wird nach Ermessen entschieden. ²Sie darf außer in den Fällen der Absätze 5 bis 5b fünf Jahre nicht überschreiten.

(4) ¹Das Einreise- und Aufenthaltsverbot kann zur Wahrung schutzwürdiger Belange des Ausländers oder, soweit es der Zweck des Einreise- und Aufenthaltsverbots nicht mehr erfordert, aufgehoben oder die Frist des Einreise- und Aufenthaltsverbots verkürzt werden. ²Das Einreise- und Aufenthaltsverbot soll aufgehoben werden, wenn die Voraussetzungen für die Erteilung eines Aufenthaltstitels nach Kapitel 2 Abschnitt 5 vorliegen. ³Bei der Entscheidung über die Verkürzung der Frist oder die Aufhebung des Einreise- und Aufenthaltsverbots, das zusammen mit einer Ausweisung erlassen wurde, ist zu berücksichtigen, ob der Ausländer seiner Ausreisepflicht innerhalb der ihm gesetzten Ausreisefrist nachgekommen ist, es sei denn, der Ausländer war unverschuldet an der Ausreise gehindert oder die Überschreitung der Ausreisefrist war nicht erheblich. ⁴Die Frist des Einreise- und Aufenthaltsverbots kann aus Gründen der öffentlichen Sicherheit und Ordnung verlängert werden. ⁵Absatz 3 gilt entsprechend.

(5) ¹Die Frist des Einreise- und Aufenthaltsverbots soll zehn Jahre nicht überschreiten, wenn der Ausländer auf Grund einer strafrechtlichen Verurteilung ausgewiesen worden ist oder wenn von ihm eine schwerwiegende Gefahr für die öffentliche Sicherheit und Ordnung ausgeht. ²Absatz 4 gilt in diesen Fällen entsprechend.

(5a) ¹Die Frist des Einreise- und Aufenthaltsverbots soll 20 Jahre betragen, wenn der Ausländer wegen eines Verbrechens gegen den Frieden, eines Kriegsverbrechens oder eines Verbrechens gegen die Menschlichkeit oder zur Abwehr einer Gefahr für die Sicherheit der Bundesrepublik Deutschland oder einer terroristischen Gefahr ausgewiesen wurde. ²Absatz 4 Satz 4 und 5 gilt in diesen Fällen entsprechend. ³Eine Verkürzung der Frist oder Aufhebung des Einreise- und Aufenthaltsverbots ist grundsätzlich ausgeschlossen. ⁴Die oberste Landesbehörde kann im Einzelfall Ausnahmen hiervon zulassen.

(5b) ¹Wird der Ausländer auf Grund einer Abschiebungsanordnung nach § 58a aus dem Bundesgebiet abgeschoben, soll ein unbefristetes Einreise- und Aufenthaltsverbot erlassen werden. ²In den Fällen des Absatzes 5a oder wenn der Ausländer wegen eines in § 54 Absatz 1 Nummer 1 genannten Ausweisungsinteresses ausgewiesen worden ist, kann im Einzelfall ein unbefristetes Einreise- und Aufenthaltsverbot erlassen werden. ³Absatz 5a Satz 3 und 4 gilt entsprechend.

(5c) Die Behörde, die die Ausweisung, die Abschiebungsandrohung oder die Abschiebungsanordnung nach § 58a erlässt, ist auch für den Erlass und die erstmalige Befristung des damit zusammenhängenden Einreise- und Aufenthaltsverbots zuständig.

(6) ¹Gegen einen Ausländer, der seiner Ausreisepflicht nicht innerhalb einer ihm gesetzten Ausreisefrist nachgekommen ist, kann ein Einreise- und Aufenthaltsverbot angeordnet werden, es sei denn, der Ausländer ist unverschuldet an der Ausreise gehindert oder die Überschreitung der Ausreisefrist ist nicht erheblich. ²Absatz 1 Satz 2, Absatz 2 Satz 3 bis 6, Absatz 3 Satz 1 und Absatz 4 Satz 1, 2 und 4 gelten entsprechend. ³Das Einreise- und Aufenthaltsverbot ist mit seiner Anordnung nach Satz 1 zu befristen. ⁴Bei der ersten Anordnung des Einreise- und Aufenthaltsverbots nach Satz 1 soll die Frist ein Jahr nicht überschreiten. ⁵Im Übrigen soll die Frist drei Jahre nicht überschreiten. ⁶Ein Einreise- und Aufenthaltsverbot wird nicht angeordnet, wenn Gründe für eine vorübergehende Aussetzung der Abschiebung nach § 60a vorliegen, die der Ausländer nicht verschuldet hat.

(7) ¹Gegen einen Ausländer,
1. dessen Asylantrag nach § 29a Absatz 1 des Asylgesetzes als offensichtlich unbegründet abgelehnt wurde, dem kein subsidiärer Schutz zuerkannt wurde, das Vorliegen der Voraussetzungen für ein Abschiebungsverbot nach § 60 Absatz 5 oder 7 nicht festgestellt wurde und der keinen Aufenthaltstitel besitzt oder
2. dessen Antrag nach § 71 oder § 71a des Asylgesetzes wiederholt nicht zur Durchführung eines weiteren Asylverfahrens geführt hat,

kann das Bundesamt für Migration und Flüchtlinge ein Einreise- und Aufenthaltsverbot anordnen. ²Das Einreise- und Aufenthaltsverbot wird mit Bestandskraft der Entscheidung über den Asylantrag wirksam. ³Absatz 1 Satz 2, Absatz 2 Satz 3 bis 6, Absatz 3 Satz 1 und Absatz 4 Satz 1, 2 und 4 gelten entsprechend. ⁴Das Einreise- und Aufenthaltsverbot ist mit seiner Anordnung nach Satz 1 zu befristen. ⁵Bei der ersten Anordnung des Einreise- und Aufenthaltsverbots nach Satz 1 soll die Frist ein Jahr nicht überschreiten. ⁶Im Übrigen soll die Frist drei Jahre nicht überschreiten. ⁷Über die Aufhebung, Verlängerung oder Verkürzung entscheidet die zuständige Ausländerbehörde.

(8) ¹Vor Ablauf des Einreise- und Aufenthaltsverbots kann dem Ausländer ausnahmsweise erlaubt werden, das Bundesgebiet kurzfristig zu betreten, wenn zwingende Gründe seine Anwesenheit erfordern oder die Versagung der Erlaubnis eine unbillige Härte bedeuten würde. ²Im Falle der Absätze 5a und 5b ist für die Entscheidung die oberste Landesbehörde zuständig.

(9) ¹Reist ein Ausländer entgegen einem Einreise- und Aufenthaltsverbot in das Bundesgebiet ein, wird der Ablauf einer festgesetzten Frist für die Dauer des Aufenthalts im Bundesgebiet gehemmt. ²Die Frist kann in diesem Fall verlängert werden, längstens jedoch um die Dauer der ursprünglichen Befristung. ³Der Ausländer ist auf diese Möglichkeit bei der erstmaligen Befristung hinzuweisen. ⁴Für eine nach Satz 2 verlängerte Frist gelten die Absätze 3 und 4 Satz 1 entsprechend.

§ 12 Geltungsbereich; Nebenbestimmungen

(1) ¹Der Aufenthaltstitel wird für das Bundesgebiet erteilt. ²Seine Gültigkeit nach den Vorschriften des Schengener Durchführungsübereinkommens für den Aufenthalt im Hoheitsgebiet der Vertragsparteien bleibt unberührt.
(2) ¹Das Visum und die Aufenthaltserlaubnis können mit Bedingungen erteilt und verlängert werden. ²Sie können, auch nachträglich, mit Auflagen, insbesondere einer räumlichen Beschränkung, verbunden werden. ³Insbesondere kann die Aufenthaltserlaubnis mit einer räumlichen Beschränkung versehen werden, wenn ein Ausweisungsinteresse nach § 54 Absatz 1 Nummer 1 oder 1a besteht und dies erforderlich ist, um den Ausländer aus einem Umfeld zu lösen, welches die wiederholte Begehung erheblicher Straftaten begünstigt.
(3) Ein Ausländer hat den Teil des Bundesgebiets, in dem er sich ohne Erlaubnis der Ausländerbehörde einer räumlichen Beschränkung zuwider aufhält, unverzüglich zu verlassen.
(4) Der Aufenthalt eines Ausländers, der keines Aufenthaltstitels bedarf, kann zeitlich und räumlich beschränkt sowie von Bedingungen und Auflagen abhängig gemacht werden.
(5) ¹Die Ausländerbehörde kann dem Ausländer das Verlassen des auf der Grundlage dieses Gesetzes beschränkten Aufenthaltsbereichs erlauben. ²Die Erlaubnis ist zu erteilen, wenn hieran ein dringendes öffentliches Interesse besteht, zwingende Gründe es erfordern oder die Versagung der Erlaubnis eine unbillige Härte bedeuten würde. ³Der Ausländer kann Termine bei Behörden und Gerichten, bei denen sein persönliches Erscheinen erforderlich ist, ohne Erlaubnis wahrnehmen.

§ 12a Wohnsitzregelung

(1) ¹Zur Förderung seiner nachhaltigen Integration in die Lebensverhältnisse der Bundesrepublik Deutschland ist ein Ausländer, der als Asylberechtigter, Flüchtling im Sinne von § 3 Absatz 1 des Asylgesetzes oder subsidiär Schutzberechtigter im Sinne von § 4 Absatz 1 des Asylgesetzes anerkannt worden ist oder dem nach § 22, § 23 oder § 25 Absatz 3 erstmalig eine Aufenthaltserlaubnis erteilt worden ist, verpflichtet, für den Zeitraum von drei Jahren ab Anerkennung oder Erteilung der Aufenthaltserlaubnis in dem Land seinen gewöhnlichen Aufenthalt (Wohnsitz) zu nehmen, in das er zur Durchführung seines Asylverfahrens oder im Rahmen seines Aufnahmeverfahrens zugewiesen worden ist. ²Satz 1 findet keine Anwendung, wenn der Ausländer, sein Ehegatte, eingetragener Lebenspartner oder ein minderjähriges lediges Kind, mit dem er verwandt ist und in familiärer Lebensgemeinschaft lebt, eine sozialversicherungspflichtige Beschäftigung mit einem Umfang von mindestens 15 Stunden wöchentlich aufnimmt oder aufgenommen hat, durch die diese Person mindestens über ein Einkommen in Höhe des monatlichen durchschnittlichen Bedarfs nach den §§ 20 und 22 des Zweiten Buches Sozialgesetzbuch für eine Einzelperson verfügt, oder eine Berufsausbildung aufnimmt oder aufgenommen hat oder in einem Studien- oder Ausbildungsverhältnis steht. ³Die Frist nach Satz 1 kann um den Zeitraum verlängert werden, für den der Ausländer seiner nach Satz 1 bestehenden Verpflichtung nicht nachkommt. ⁴Fallen die Gründe nach Satz 2 innerhalb von drei Monaten weg, wirkt die Verpflichtung zur Wohnsitznahme nach Satz 1 in dem Land fort, in das der Ausländer seinen Wohnsitz verlegt hat.
(1a) ¹Wird ein Ausländer, dessen gewöhnlicher Aufenthalt durch eine Verteilungs- oder Zuweisungsentscheidung nach dem Achten Buch Sozialgesetzbuch bestimmt wird, volljährig, findet ab Eintritt der Volljährigkeit Absatz 1 Anwendung, die Wohnsitzverpflichtung erwächst in dem Land, in das er zuletzt durch Verteilungs- oder Zuweisungsentscheidung zugewiesen wurde. ²Die bis zur Volljährigkeit verbrachte Aufenthaltszeit ab Anerkennung als Asylberechtigter, Flüchtling im Sinne von § 3 Absatz 1 des Asylgesetzes oder subsidiär Schutzberechtigter im Sinne von § 4 Absatz 1 des Asylgesetzes oder nach erstmaliger Erteilung eines Aufenthaltstitels nach den §§ 22, 23 oder 25 Absatz 3 wird auf die Frist nach Absatz 1 Satz 1 angerechnet.
(2) ¹Ein Ausländer, der der Verpflichtung nach Absatz 1 unterliegt und der in einer Aufnahmeeinrichtung oder anderen vorübergehenden Unterkunft wohnt, kann innerhalb von sechs Monaten nach Anerkennung oder Aufnahme längstens bis zum Ablauf der nach Absatz 1 geltenden Frist zu seiner Versorgung mit angemessenem Wohnraum verpflichtet werden, seinen Wohnsitz an einem bestimmten Ort zu nehmen, wenn dies der Förderung seiner nachhaltigen Integration in die Lebensverhältnisse der Bundesrepublik Deutschland nicht entgegensteht. ²Soweit im Einzelfall eine Zuweisung angemessenen Wohnraums innerhalb von sechs Monaten nicht möglich war, kann eine Zuweisung nach Satz 1 innerhalb von einmalig weiteren sechs Monaten erfolgen.
(3) ¹Zur Förderung seiner nachhaltigen Integration in die Lebensverhältnisse der Bundesrepublik Deutschland kann ein Ausländer, der der Verpflichtung nach Absatz 1 unterliegt, innerhalb von sechs Monaten nach Aner-

kennung oder erstmaliger Erteilung der Aufenthaltserlaubnis verpflichtet werden, längstens bis zum Ablauf der nach Absatz 1 geltenden Frist seinen Wohnsitz an einem bestimmten Ort zu nehmen, wenn dadurch
1. seine Versorgung mit angemessenem Wohnraum,
2. sein Erwerb hinreichender mündlicher Deutschkenntnisse im Sinne des Niveaus A2 des Gemeinsamen Europäischen Referenzrahmens für Sprachen und
3. unter Berücksichtigung der örtlichen Lage am Ausbildungs- und Arbeitsmarkt die Aufnahme einer Erwerbstätigkeit

erleichtert werden kann. ²Bei der Entscheidung nach Satz 1 können zudem besondere örtliche, die Integration fördernde Umstände berücksichtigt werden, insbesondere die Verfügbarkeit von Bildungs- und Betreuungsangeboten für minderjährige Kinder und Jugendliche.

(4) ¹Ein Ausländer, der der Verpflichtung nach Absatz 1 unterliegt, kann zur Vermeidung von sozialer und gesellschaftlicher Ausgrenzung bis zum Ablauf der nach Absatz 1 geltenden Frist auch verpflichtet werden, seinen Wohnsitz nicht an einem bestimmten Ort zu nehmen, insbesondere wenn zu erwarten ist, dass der Ausländer Deutsch dort nicht als wesentliche Verkehrssprache nutzen wird. ²Die Situation des dortigen Ausbildungs- und Arbeitsmarktes ist bei der Entscheidung zu berücksichtigen.

(5) ¹Eine Verpflichtung oder Zuweisung nach den Absätzen 1 bis 4 ist auf Antrag des Ausländers aufzuheben,
1. wenn der Ausländer nachweist, dass in den Fällen einer Verpflichtung oder Zuweisung nach den Absätzen 1 bis 3 an einem anderen Ort, oder im Falle einer Verpflichtung nach Absatz 4 an dem Ort, an dem er seinen Wohnsitz nicht nehmen darf,
   a) ihm oder seinem Ehegatten, eingetragenen Lebenspartner oder einem minderjährigen ledigen Kind, mit dem er verwandt ist und in familiärer Lebensgemeinschaft lebt, eine sozialversicherungspflichtige Beschäftigung im Sinne von Absatz 1 Satz 2, ein den Lebensunterhalt sicherndes Einkommen oder ein Ausbildungs- oder Studienplatz zur Verfügung steht oder
   b) der Ehegatte, eingetragene Lebenspartner oder ein minderjähriges lediges Kind, mit dem er verwandt ist und mit dem er zuvor in familiärer Lebensgemeinschaft gelebt hat, an einem anderen Wohnort leben,
2. zur Vermeidung einer Härte; eine Härte liegt insbesondere vor, wenn
   a) nach Einschätzung des zuständigen Jugendamtes Leistungen und Maßnahmen der Kinder- und Jugendhilfe nach dem Achten Buch Sozialgesetzbuch mit Ortsbezug beeinträchtigt würden,
   b) aus anderen dringenden persönlichen Gründen die Übernahme durch ein anderes Land zugesagt wurde oder
   c) für den Betroffenen aus sonstigen Gründen vergleichbare unzumutbare Einschränkungen entstehen.

²Fallen die Aufhebungsgründe nach Satz 1 Nummer 1 Buchstabe a innerhalb von drei Monaten ab Bekanntgabe der Aufhebung weg, wirkt die Verpflichtung zur Wohnsitznahme nach Absatz 1 Satz 1 in dem Land fort, in das der Ausländer seinen Wohnsitz verlegt hat. ³Im Fall einer Aufhebung nach Satz 1 Nummer 2 ist dem Ausländer, längstens bis zum Ablauf der nach Absatz 1 geltenden Frist, eine Verpflichtung nach Absatz 3 oder 4 aufzuerlegen, die seinem Interesse Rechnung trägt.

(6) ¹Bei einem Familiennachzug zu einem Ausländer, der einer Verpflichtung oder Zuweisung nach den Absätzen 1 bis 4 unterliegt, gilt die Verpflichtung oder Zuweisung längstens bis zum Ablauf der nach Absatz 1 für den Ausländer geltenden Frist auch für den nachziehenden Familienangehörigen, soweit die zuständige Behörde nichts anderes angeordnet hat. ²Absatz 5 gilt für die nachziehenden Familienangehörigen entsprechend.

(7) Die Absätze 1 bis 6 gelten nicht für Ausländer, deren Anerkennung oder erstmalige Erteilung der Aufenthaltserlaubnis im Sinne des Absatzes 1 vor dem 1. Januar 2016 erfolgte.

(8) Widerspruch und Klage gegen Verpflichtungen nach den Absätzen 2 bis 4 haben keine aufschiebende Wirkung.

(9) Die Länder können im Hinblick auf Ausländer, die der Verpflichtung nach Absatz 1 unterliegen, hinsichtlich Organisation, Verfahren und angemessenen Wohnraums durch Rechtsverordnung der Landesregierung oder andere landesrechtliche Regelungen Näheres bestimmen zu
1. der Verteilung innerhalb des Landes nach Absatz 2,
2. dem Verfahren für Zuweisungen und Verpflichtungen nach den Absätzen 2 bis 4,
3. den Anforderungen an den angemessenen Wohnraum im Sinne der Absätze 2, 3 Nummer 1 und von Absatz 5 Satz 1 Nummer 1 Buchstabe a sowie der Form seines Nachweises,
4. der Art und Weise des Belegs einer sozialversicherungspflichtigen Beschäftigung nach Absatz 1 Satz 2, eines den Lebensunterhalt sichernden Einkommens sowie eines Ausbildungs- oder Studienplatzes im Sinne der Absätze 1 und 5 Satz 1 Nummer 1 Buchstabe a,
5. der Verpflichtung zur Aufnahme durch die zum Wohnort bestimmte Gemeinde und zu dem Aufnahmeverfahren.

(10) § 12 Absatz 2 Satz 2 bleibt für wohnsitzbeschränkende Auflagen in besonders begründeten Einzelfällen unberührt.

Abschnitt 2
Einreise

§ 13 Grenzübertritt

(1) ¹Die Einreise in das Bundesgebiet und die Ausreise aus dem Bundesgebiet sind nur an den zugelassenen Grenzübergangsstellen und innerhalb der festgesetzten Verkehrsstunden zulässig, soweit nicht auf Grund anderer Rechtsvorschriften oder zwischenstaatlicher Vereinbarungen Ausnahmen zugelassen sind. ²Ausländer sind verpflichtet, bei der Einreise und der Ausreise einen anerkannten und gültigen Pass oder Passersatz gemäß § 3 Abs. 1 mitzuführen und sich der polizeilichen Kontrolle des grenzüberschreitenden Verkehrs zu unterziehen.

(2) ¹An einer zugelassenen Grenzübergangsstelle ist ein Ausländer erst eingereist, wenn er die Grenze überschritten und die Grenzübergangsstelle passiert hat. ²Lassen die mit der polizeilichen Kontrolle des grenzüberschreitenden Verkehrs beauftragten Behörden einen Ausländer vor der Entscheidung über die Zurückweisung (§ 15 dieses Gesetzes, §§ 18, 18a des Asylgesetzes) oder während der Vorbereitung, Sicherung oder Durchführung dieser Maßnahmen die Grenzübergangsstelle zu einem bestimmten vorübergehenden Zweck passieren, so liegt keine Einreise im Sinne des Satzes 1 vor, solange ihnen eine Kontrolle des Aufenthalts des Ausländers möglich bleibt. ³Im Übrigen ist ein Ausländer eingereist, wenn er die Grenze überschritten hat.

§ 14 Unerlaubte Einreise; Ausnahme-Visum

(1) Die Einreise eines Ausländers in das Bundesgebiet ist unerlaubt, wenn er
1. einen erforderlichen Pass oder Passersatz gemäß § 3 Abs. 1 nicht besitzt,
2. den nach § 4 erforderlichen Aufenthaltstitel nicht besitzt,
2a. zwar ein nach § 4 erforderliches Visum bei Einreise besitzt, dieses aber durch Drohung, Bestechung oder Kollusion erwirkt oder durch unrichtige oder unvollständige Angaben erschlichen wurde und deshalb mit Wirkung für die Vergangenheit zurückgenommen oder annulliert wird, oder
3. nach § 11 Absatz 1, 6 oder 7 nicht einreisen darf, es sei denn, er besitzt eine Betretenserlaubnis nach § 11 Absatz 8.

(2) Die mit der polizeilichen Kontrolle des grenzüberschreitenden Verkehrs beauftragten Behörden können Ausnahme-Visa und Passersatzpapiere ausstellen.

§ 15 Zurückweisung

(1) Ein Ausländer, der unerlaubt einreisen will, wird an der Grenze zurückgewiesen.

(2) Ein Ausländer kann an der Grenze zurückgewiesen werden, wenn
1. ein Ausweisungsinteresse besteht,
2. der begründete Verdacht besteht, dass der Aufenthalt nicht dem angegebenen Zweck dient,
2a. er nur über ein Schengen-Visum verfügt oder für einen kurzfristigen Aufenthalt von der Visumpflicht befreit ist und beabsichtigt, entgegen § 4a Absatz 1 und 2 eine Erwerbstätigkeit auszuüben oder
3. er die Voraussetzungen für die Einreise in das Hoheitsgebiet der Vertragsparteien nach Artikel 6 des Schengener Grenzkodex nicht erfüllt.

(3) Ein Ausländer, der für einen vorübergehenden Aufenthalt im Bundesgebiet vom Erfordernis eines Aufenthaltstitels befreit ist, kann zurückgewiesen werden, wenn er nicht die Voraussetzungen des § 3 Abs. 1 und des § 5 Abs. 1 erfüllt.

(4) ¹§ 60 Abs. 1 bis 3, 5 und 7 bis 9 ist entsprechend anzuwenden. ²Ein Ausländer, der einen Asylantrag gestellt hat, darf nicht zurückgewiesen werden, solange ihm der Aufenthalt im Bundesgebiet nach den Vorschriften des Asylgesetzes gestattet ist.

(5) ¹Ein Ausländer soll zur Sicherung der Zurückweisung auf richterliche Anordnung in Haft (Zurückweisungshaft) genommen werden, wenn eine Zurückweisungsentscheidung ergangen ist und diese nicht unmittelbar vollzogen werden kann. ²Im Übrigen ist § 62 Absatz 4 entsprechend anzuwenden. ³In den Fällen, in denen der Richter die Anordnung oder die Verlängerung der Haft ablehnt, findet Absatz 1 keine Anwendung.

(6) ¹Ist der Ausländer auf dem Luftweg in das Bundesgebiet gelangt und nicht nach § 13 Abs. 2 eingereist, sondern zurückgewiesen worden, ist er in den Transitbereich eines Flughafens oder in eine Unterkunft zu verbringen, von wo aus seine Abreise aus dem Bundesgebiet möglich ist, wenn Zurückweisungshaft nicht beantragt wird. ²Der Aufenthalt des Ausländers im Transitbereich eines Flughafens oder in einer Unterkunft nach Satz 1 bedarf spätestens 30 Tage nach Ankunft am Flughafen oder, sollte deren Zeitpunkt nicht feststellbar sein, nach Kenntnis der zuständigen Behörden von der Ankunft, der richterlichen Anordnung. ³Die Anordnung ergeht zur Sicherung der Abreise. ⁴Sie ist nur zulässig, wenn die Abreise innerhalb der Anordnungsdauer zu erwarten ist. ⁵Absatz 5 ist entsprechend anzuwenden.

§ 15a Verteilung unerlaubt eingereister Ausländer

(1) ¹Unerlaubt eingereiste Ausländer, die weder um Asyl nachsuchen oder unmittelbar nach der Feststellung der unerlaubten Einreise in Abschiebungshaft genommen und aus der Haft abgeschoben oder zurückgeschoben werden können, werden vor der Entscheidung über die Aussetzung der Abschiebung oder die Erteilung eines Aufenthaltstitels auf die Länder verteilt. ²Sie haben keinen Anspruch darauf, in ein bestimmtes Land oder an einen bestimmten Ort verteilt zu werden. ³Die Verteilung auf die Länder erfolgt durch eine vom Bundesministerium des Innern, für Bau und Heimat bestimmte zentrale Verteilungsstelle. ⁴Solange die Länder für die Verteilung keinen abweichenden Schlüssel vereinbart haben, gilt der für die Verteilung von Asylbewerbern festgelegte Schlüssel. ⁵Jedes Land bestimmt bis zu sieben Behörden, die die Verteilung durch die nach Satz 3 bestimmte Stelle veranlassen und verteilte Ausländer aufnehmen. ⁶Weist der Ausländer vor Veranlassung der Verteilung nach, dass eine Haushaltsgemeinschaft zwischen Ehegatten oder Eltern und ihren minderjährigen Kindern oder sonstige zwingende Gründe bestehen, die der Verteilung an einen bestimmten Ort entgegenstehen, ist dem bei der Verteilung Rechnung zu tragen.
(2) ¹Die Ausländerbehörden können die Ausländer verpflichten, sich zu der Behörde zu begeben, die die Verteilung veranlasst. ²Dies gilt nicht, wenn dem Vorbringen nach Absatz 1 Satz 6 Rechnung zu tragen ist. ³Gegen eine nach Satz 1 getroffene Verpflichtung findet kein Widerspruch statt. ⁴Die Klage hat keine aufschiebende Wirkung.
(3) ¹Die zentrale Verteilungsstelle benennt der Behörde, die die Verteilung veranlasst hat, die nach den Sätzen 2 und 3 zur Aufnahme verpflichtete Aufnahmeeinrichtung. ²Hat das Land, dessen Behörde die Verteilung veranlasst hat, seine Aufnahmequote nicht erfüllt, ist die dieser Behörde nächstgelegene aufnahmefähige Aufnahmeeinrichtung des Landes aufnahmepflichtig. ³Andernfalls ist die von der zentralen Verteilungsstelle auf Grund der Aufnahmequote nach § 45 des Asylgesetzes und der vorhandenen freien Unterbringungsmöglichkeiten bestimmte Aufnahmeeinrichtung zur Aufnahme verpflichtet. ⁴§ 46 Abs. 4 und 5 des Asylgesetzes sind entsprechend anzuwenden.
(4) ¹Die Behörde, die die Verteilung nach Absatz 3 veranlasst hat, ordnet in den Fällen des Absatzes 3 Satz 3 an, dass der Ausländer sich zu der durch die Verteilung festgelegten Aufnahmeeinrichtung zu begeben hat; in den Fällen des Absatzes 3 Satz 2 darf sie dies anordnen. ²Die Ausländerbehörde übermittelt das Ergebnis der Anhörung an die die Verteilung veranlassende Stelle, die die Zahl der Ausländer unter Angabe der Herkunftsländer und das Ergebnis der Anhörung der zentralen Verteilungsstelle mitteilt. ³Ehegatten sowie Eltern und ihre minderjährigen ledigen Kinder sind als Gruppe zu melden und zu verteilen. ⁴Der Ausländer hat in dieser Aufnahmeeinrichtung zu wohnen, bis er innerhalb des Landes weiterverteilt wird, längstens jedoch bis zur Aussetzung der Abschiebung oder bis zur Erteilung eines Aufenthaltstitels; die §§ 12 und 61 Abs. 1 bleiben unberührt. ⁵Die Landesregierungen werden ermächtigt, durch Rechtsverordnung die Verteilung innerhalb des Landes zu regeln, soweit dies nicht auf der Grundlage dieses Gesetzes durch Landesgesetz geregelt wird; § 50 Abs. 4 des Asylgesetzes findet entsprechende Anwendung. ⁶Die Landesregierungen können die Ermächtigung auf andere Stellen des Landes übertragen. ⁷Gegen eine nach Satz 1 getroffene Anordnung findet kein Widerspruch statt. ⁸Die Klage hat keine aufschiebende Wirkung. ⁹Die Sätze 7 und 8 gelten entsprechend, wenn eine Verteilungsanordnung auf Grund eines Landesgesetzes oder einer Rechtsverordnung nach Satz 5 ergeht.
(5) ¹Die zuständigen Behörden können dem Ausländer nach der Verteilung erlauben, seine Wohnung in einem anderen Land zu nehmen. ²Nach erlaubtem Wohnungswechsel wird der Ausländer von der Quote des abgebenden Landes abgezogen und der des aufnehmenden Landes angerechnet.
(6) Die Regelungen der Absätze 1 bis 5 gelten nicht für Personen, die nachweislich vor dem 1. Januar 2005 eingereist sind.

Abschnitt 3
Aufenthalt zum Zweck der Ausbildung

§ 16 Grundsatz des Aufenthalts zum Zweck der Ausbildung

¹Der Zugang von Ausländern zur Ausbildung dient der allgemeinen Bildung und der internationalen Verständigung ebenso wie der Sicherung des Bedarfs des deutschen Arbeitsmarktes an Fachkräften. ²Neben der Stärkung der wissenschaftlichen Beziehungen Deutschlands in der Welt trägt er auch zu internationaler Entwicklung bei. ³Die Ausgestaltung erfolgt so, dass die Interessen der öffentlichen Sicherheit beachtet werden.

§ 16a Berufsausbildung; berufliche Weiterbildung

(1) ¹Eine Aufenthaltserlaubnis zum Zweck der betrieblichen Aus- und Weiterbildung kann erteilt werden, wenn die Bundesagentur für Arbeit nach § 39 zugestimmt hat oder durch die Beschäftigungsverordnung oder zwischenstaatliche Vereinbarung bestimmt ist, dass die Aus- und Weiterbildung ohne Zustimmung der Bundes-

agentur für Arbeit zulässig ist. ²Während des Aufenthalts nach Satz 1 darf eine Aufenthaltserlaubnis zu einem anderen Aufenthaltszweck nur zum Zweck einer qualifizierten Berufsausbildung, der Ausübung einer Beschäftigung als Fachkraft, der Ausübung einer Beschäftigung mit ausgeprägten berufspraktischen Kenntnissen nach § 19c Absatz 2 oder in Fällen eines gesetzlichen Anspruchs erteilt werden. ³Der Aufenthaltszweck der betrieblichen qualifizierten Berufsausbildung nach Satz 1 umfasst auch den Besuch eines Deutschsprachkurses zur Vorbereitung auf die Berufsausbildung, insbesondere den Besuch eines berufsbezogenen Deutschsprachkurses nach der Deutschsprachförderverordnung.
(2) ¹Eine Aufenthaltserlaubnis zum Zweck der schulischen Berufsausbildung kann erteilt werden, wenn sie nach bundes- oder landesrechtlichen Regelungen zu einem staatlich anerkannten Berufsabschluss führt und sich der Bildungsgang nicht überwiegend an Staatsangehörige eines Staates richtet. ²Bilaterale oder multilaterale Vereinbarungen der Länder mit öffentlichen Stellen in einem anderen Staat über den Besuch inländischer Schulen durch ausländische Schüler bleiben unberührt. ³Aufenthaltserlaubnisse zur Teilnahme am Schulbesuch können auf Grund solcher Vereinbarungen nur erteilt werden, wenn die für das Aufenthaltsrecht zuständige oberste Landesbehörde der Vereinbarung zugestimmt hat.
(3) ¹Handelt es sich um eine qualifizierte Berufsausbildung, berechtigt die Aufenthaltserlaubnis nur zur Ausübung einer von der Berufsausbildung unabhängigen Beschäftigung bis zu zehn Stunden je Woche; handelt es sich nicht um eine qualifizierte Berufsausbildung, ist eine Erwerbstätigkeit neben der Berufsausbildung oder beruflichen Weiterbildung nicht erlaubt. ²Bei einer qualifizierten Berufsausbildung wird ein Nachweis über ausreichende deutsche Sprachkenntnisse verlangt, wenn die für die konkrete qualifizierte Berufsausbildung erforderlichen Sprachkenntnisse weder durch die Bildungseinrichtung geprüft worden sind noch durch einen vorbereitenden Deutschsprachkurs erworben werden sollen.
(4) Bevor die Aufenthaltserlaubnis zum Zweck einer qualifizierten Berufsausbildung aus Gründen, die der Ausländer nicht zu vertreten hat, zurückgenommen, widerrufen oder gemäß § 7 Absatz 2 Satz 2 nachträglich verkürzt wird, ist dem Ausländer für die Dauer von bis zu sechs Monaten die Möglichkeit zu geben, einen anderen Ausbildungsplatz zu suchen.

§ 16b Studium

(1) ¹Einem Ausländer wird zum Zweck des Vollzeitstudiums an einer staatlichen Hochschule, an einer staatlich anerkannten Hochschule oder an einer vergleichbaren Bildungseinrichtung eine Aufenthaltserlaubnis erteilt, wenn er von der Bildungseinrichtung zugelassen worden ist. ²Der Aufenthaltszweck des Studiums umfasst auch studienvorbereitende Maßnahmen und das Absolvieren eines Pflichtpraktikums. ³Studienvorbereitende Maßnahmen sind
1. der Besuch eines studienvorbereitenden Sprachkurses, wenn der Ausländer zu einem Vollzeitstudium zugelassen worden ist und die Zulassung an den Besuch eines studienvorbereitenden Sprachkurses gebunden ist, und
2. der Besuch eines Studienkollegs oder einer vergleichbaren Einrichtung, wenn die Annahme zu einem Studienkolleg oder einer vergleichbaren Einrichtung nachgewiesen ist.
⁴Ein Nachweis über die für den konkreten Studiengang erforderlichen Kenntnisse der Ausbildungssprache wird nur verlangt, wenn diese Sprachkenntnisse weder bei der Zulassungsentscheidung geprüft worden sind noch durch die studienvorbereitende Maßnahme erworben werden sollen.
(2) ¹Die Geltungsdauer der Aufenthaltserlaubnis beträgt bei der Ersterteilung und bei der Verlängerung mindestens ein Jahr und soll zwei Jahre nicht überschreiten. ²Sie beträgt mindestens zwei Jahre, wenn der Ausländer an einem Unions- oder multilateralen Programm mit Mobilitätsmaßnahmen teilnimmt oder wenn für ihn eine Vereinbarung zwischen zwei oder mehr Hochschuleinrichtungen gilt. ³Dauert das Studium weniger als zwei Jahre, so wird die Aufenthaltserlaubnis nur für die Dauer des Studiums erteilt. ⁴Die Aufenthaltserlaubnis wird verlängert, wenn der Aufenthaltszweck noch nicht erreicht ist und in einem angemessenen Zeitraum noch erreicht werden kann. ⁵Zur Beurteilung der Frage, ob der Aufenthaltszweck noch erreicht werden kann, kann die aufnehmende Bildungseinrichtung beteiligt werden.
(3) ¹Die Aufenthaltserlaubnis berechtigt nur zur Ausübung einer Beschäftigung, die insgesamt 120 Tage oder 240 halbe Tage im Jahr nicht überschreiten darf, sowie zur Ausübung studentischer Nebentätigkeiten. ²Während des Aufenthalts zu studienvorbereitenden Maßnahmen im ersten Jahr des Aufenthalts berechtigt die Aufenthaltserlaubnis nur zur Beschäftigung in der Ferienzeit.
(4) ¹Während eines Aufenthalts nach Absatz 1 darf eine Aufenthaltserlaubnis für einen anderen Aufenthaltszweck nur zum Zweck einer qualifizierten Berufsausbildung, der Ausübung einer Beschäftigung als Fachkraft, der Ausübung einer Beschäftigung mit ausgeprägten berufspraktischen Kenntnissen nach § 19c Absatz 2 oder in Fällen eines gesetzlichen Anspruchs erteilt werden. ²§ 9 findet keine Anwendung.
(5) ¹Einem Ausländer kann eine Aufenthaltserlaubnis erteilt werden, wenn

1. er von einer staatlichen Hochschule, einer staatlich anerkannten Hochschule oder einer vergleichbaren Bildungseinrichtung
   a) zum Zweck des Vollzeitstudiums zugelassen worden ist und die Zulassung mit einer Bedingung verbunden ist, die nicht auf den Besuch einer studienvorbereitenden Maßnahme gerichtet ist,
   b) zum Zweck des Vollzeitstudiums zugelassen worden ist und die Zulassung mit der Bedingung des Besuchs eines Studienkollegs oder einer vergleichbaren Einrichtung verbunden ist, der Ausländer aber den Nachweis über die Annahme zu einem Studienkolleg oder einer vergleichbaren Einrichtung nach Absatz 1 Satz 3 Nummer 2 nicht erbringen kann oder
   c) zum Zweck des Teilzeitstudiums zugelassen worden ist,
2. er zur Teilnahme an einem studienvorbereitenden Sprachkurs angenommen worden ist, ohne dass eine Zulassung zum Zweck eines Studiums an einer staatlichen Hochschule, einer staatlich anerkannten Hochschule oder einer vergleichbaren Bildungseinrichtung vorliegt, oder
3. ihm die Zusage eines Betriebs für das Absolvieren eines studienvorbereitenden Praktikums vorliegt.

²In den Fällen des Satzes 1 Nummer 1 sind Absatz 1 Satz 2 bis 4 und die Absätze 2 bis 4 entsprechend anzuwenden. ³In den Fällen des Satzes 1 Nummer 2 und 3 sind die Absätze 2 und 4 entsprechend anzuwenden; die Aufenthaltserlaubnis berechtigt zur Beschäftigung nur in der Ferienzeit sowie zur Ausübung des Praktikums.
(6) Bevor die Aufenthaltserlaubnis nach Absatz 1 oder Absatz 5 aus Gründen, die der Ausländer nicht zu vertreten hat, zurückgenommen, widerrufen oder gemäß § 7 Absatz 2 Satz 2 nachträglich verkürzt wird, ist dem Ausländer für bis zu neun Monate die Möglichkeit zu geben, die Zulassung bei einer anderen Bildungseinrichtung zu beantragen.
(7) ¹Einem Ausländer, der in einem anderen Mitgliedstaat der Europäischen Union international Schutzberechtigter ist, kann eine Aufenthaltserlaubnis zum Zweck des Studiums erteilt werden, wenn der Ausländer in einem anderen Mitgliedstaat der Europäischen Union seit mindestens zwei Jahren ein Studium betrieben hat und die Voraussetzungen des § 16c Absatz 1 Satz 1 Nummer 2 und 3 vorliegen. ²Die Aufenthaltserlaubnis wird für die Dauer des Studienteils, der in Deutschland durchgeführt wird, erteilt. ³Absatz 3 gilt entsprechend. ⁴§ 9 findet keine Anwendung.
(8) Die Absätze 1 bis 4 und 6 dienen der Umsetzung der Richtlinie (EU) 2016/801 des Europäischen Parlaments und des Rates vom 11. Mai 2016 über die Bedingungen für die Einreise und den Aufenthalt von Drittstaatsangehörigen zu Forschungs- oder Studienzwecken, zur Absolvierung eines Praktikums, zur Teilnahme an einem Freiwilligendienst, Schüleraustauschprogrammen oder Bildungsvorhaben und zur Ausübung einer Au-pair-Tätigkeit (ABl. L 132 vom 21. 5. 2016, S. 21).

§ 16c Mobilität im Rahmen des Studiums

(1) ¹Für einen Aufenthalt zum Zweck des Studiums, der 360 Tage nicht überschreitet, bedarf ein Ausländer abweichend von § 4 Absatz 1 keines Aufenthaltstitels, wenn die aufnehmende Bildungseinrichtung im Bundesgebiet dem Bundesamt für Migration und Flüchtlinge und der zuständigen Behörde des anderen Mitgliedstaates mitgeteilt hat, dass der Ausländer beabsichtigt, einen Teil seines Studiums im Bundesgebiet durchzuführen, und dem Bundesamt für Migration und Flüchtlinge mit der Mitteilung vorlegt:
1. den Nachweis, dass der Ausländer einen von einem anderen Mitgliedstaat der Europäischen Union für die Dauer des geplanten Aufenthalts gültigen Aufenthaltstitel zum Zweck des Studiums besitzt, der in den Anwendungsbereich der Richtlinie (EU) 2016/801 fällt,
2. den Nachweis, dass der Ausländer einen Teil seines Studiums an einer Bildungseinrichtung im Bundesgebiet durchführen möchte, weil er an einem Unions- oder multilateralen Programm mit Mobilitätsmaßnahmen teilnimmt oder für ihn eine Vereinbarung zwischen zwei oder mehr Hochschulen gilt,
3. den Nachweis, dass der Ausländer von der aufnehmenden Bildungseinrichtung zugelassen wurde,
4. die Kopie eines anerkannten und gültigen Passes oder Passersatzes des Ausländers und
5. den Nachweis, dass der Lebensunterhalt des Ausländers gesichert ist.

²Die aufnehmende Bildungseinrichtung hat die Mitteilung zu dem Zeitpunkt zu machen, zu dem der Ausländer in einem anderen Mitgliedstaat der Europäischen Union den Antrag auf Erteilung eines Aufenthaltstitels im Anwendungsbereich der Richtlinie (EU) 2016/801 stellt. ³Ist der aufnehmenden Bildungseinrichtung zu diesem Zeitpunkt die Absicht des Ausländers, einen Teil des Studiums im Bundesgebiet durchzuführen, noch nicht bekannt, so hat sie die Mitteilung zu dem Zeitpunkt zu machen, zu dem ihr die Absicht bekannt wird. ⁴Bei der Erteilung des Aufenthaltstitels nach Satz 1 Nummer 1 durch einen Staat, der nicht Schengen-Staat ist, und bei der Einreise über einen Staat, der nicht Schengen-Staat ist, hat der Ausländer eine Kopie der Mitteilung mitzuführen und den zuständigen Behörden auf deren Verlangen vorzulegen.
(2) ¹Erfolgt die Mitteilung zu dem in Absatz 1 Satz 2 genannten Zeitpunkt und wurden die Einreise und der Aufenthalt nicht nach § 19f Absatz 5 abgelehnt, so darf der Ausländer jederzeit innerhalb der Gültigkeitsdauer

des in Absatz 1 Satz 1 Nummer 1 genannten Aufenthaltstitels des anderen Mitgliedstaates in das Bundesgebiet einreisen und sich dort zum Zweck des Studiums aufhalten. ²Erfolgt die Mitteilung zu dem in Absatz 1 Satz 3 genannten Zeitpunkt und wurden die Einreise und der Aufenthalt nicht nach § 19f Absatz 5 abgelehnt, so darf der Ausländer in das Bundesgebiet einreisen und sich dort zum Zweck des Studiums aufhalten. ³Der Ausländer ist nur zur Ausübung einer Beschäftigung, die insgesamt ein Drittel der Aufenthaltsdauer nicht überschreiten darf, sowie zur Ausübung studentischer Nebentätigkeiten berechtigt.

(3) ¹Werden die Einreise und der Aufenthalt nach § 19f Absatz 5 abgelehnt, so hat der Ausländer das Studium unverzüglich einzustellen. ²Die bis dahin nach Absatz 1 Satz 1 bestehende Befreiung vom Erfordernis eines Aufenthaltstitels entfällt.

(4) Sofern innerhalb von 30 Tagen nach Zugang der in Absatz 1 Satz 1 genannten Mitteilung keine Ablehnung der Einreise und des Aufenthalts des Ausländers nach § 19f Absatz 5 erfolgt, ist dem Ausländer durch das Bundesamt für Migration und Flüchtlinge eine Bescheinigung über die Berechtigung zur Einreise und zum Aufenthalt zum Zweck des Studiums im Rahmen der kurzfristigen Mobilität auszustellen.

(5) ¹Nach der Ablehnung gemäß § 19f Absatz 5 oder der Ausstellung der Bescheinigung im Sinne von Absatz 4 durch das Bundesamt für Migration und Flüchtlinge ist die Ausländerbehörde gemäß § 71 Absatz 1 für weitere aufenthaltsrechtliche Maßnahmen und Entscheidungen zuständig. ²Der Ausländer und die aufnehmende Bildungseinrichtung sind verpflichtet, der Ausländerbehörde Änderungen in Bezug auf die in Absatz 1 genannten Voraussetzungen anzuzeigen.

§ 16d Maßnahmen zur Anerkennung ausländischer Berufsqualifikationen

(1) ¹Einem Ausländer soll zum Zweck der Anerkennung seiner im Ausland erworbenen Berufsqualifikation eine Aufenthaltserlaubnis für die Durchführung einer Qualifizierungsmaßnahme einschließlich sich daran anschließender Prüfungen erteilt werden, wenn von einer nach den Regelungen des Bundes oder der Länder für die berufliche Anerkennung zuständigen Stelle festgestellt wurde, dass Anpassungs- oder Ausgleichsmaßnahmen oder weitere Qualifikationen
1. für die Feststellung der Gleichwertigkeit der Berufsqualifikation mit einer inländischen Berufsqualifikation oder
2. in einem im Inland reglementierten Beruf für die Erteilung der Berufsausübungserlaubnis

erforderlich sind. ²Die Erteilung der Aufenthaltserlaubnis setzt voraus, dass
1. der Ausländer über die Qualifizierungsmaßnahme entsprechende deutsche Sprachkenntnisse, in der Regel mindestens über hinreichende deutsche Sprachkenntnisse, verfügt,
2. die Qualifizierungsmaßnahme geeignet ist, dem Ausländer die Anerkennung der Berufsqualifikation oder den Berufszugang zu ermöglichen, und
3. bei einer überwiegend betrieblichen Qualifizierungsmaßnahme die Bundesagentur für Arbeit nach § 39 zugestimmt hat oder durch die Beschäftigungsverordnung oder zwischenstaatliche Vereinbarung bestimmt ist, dass die Teilnahme an der Qualifizierungsmaßnahme ohne Zustimmung der Bundesagentur für Arbeit zulässig ist.

³Die Aufenthaltserlaubnis wird für bis zu 18 Monate erteilt und um längstens sechs Monate bis zu einer Höchstaufenthaltsdauer von zwei Jahren verlängert. ⁴Sie berechtigt nur zur Ausübung einer von der Qualifizierungsmaßnahme unabhängigen Beschäftigung bis zu zehn Stunden je Woche.

(2) ¹Die Aufenthaltserlaubnis nach Absatz 1 berechtigt zusätzlich zur Ausübung einer zeitlich nicht eingeschränkten Beschäftigung, deren Anforderungen in einem Zusammenhang mit den in der späteren Beschäftigung verlangten berufsfachlichen Kenntnissen stehen, wenn ein konkretes Arbeitsplatzangebot für eine spätere Beschäftigung in dem anzuerkennenden oder von der beantragten Berufsausübungserlaubnis erfassten Beruf vorliegt und die Bundesagentur für Arbeit nach § 39 zugestimmt hat oder durch die Beschäftigungsverordnung bestimmt ist, dass die Beschäftigung ohne Zustimmung der Bundesagentur für Arbeit zulässig ist. ²§ 18 Absatz 2 Nummer 3 gilt entsprechend.

(3) ¹Einem Ausländer soll zum Zweck der Anerkennung seiner im Ausland erworbenen Berufsqualifikation eine Aufenthaltserlaubnis für zwei Jahre erteilt und die Ausübung einer qualifizierten Beschäftigung in einem im Inland nicht reglementierten Beruf, zu dem seine Qualifikation befähigt, erlaubt werden, wenn
1. der Ausländer über die Tätigkeit entsprechende deutsche Sprachkenntnisse, in der Regel mindestens über hinreichende deutsche Sprachkenntnisse, verfügt,
2. von einer nach den Regelungen des Bundes oder der Länder für die berufliche Anerkennung zuständigen Stelle festgestellt wurde, dass schwerpunktmäßig Fertigkeiten, Kenntnisse und Fähigkeiten in der betrieblichen Praxis fehlen,
3. ein konkretes Arbeitsplatzangebot vorliegt,

4. sich der Arbeitgeber verpflichtet hat, den Ausgleich der von der zuständigen Stelle festgestellten Unterschiede innerhalb dieser Zeit zu ermöglichen und
5. die Bundesagentur für Arbeit nach § 39 zugestimmt hat oder durch die Beschäftigungsverordnung oder zwischenstaatliche Vereinbarung bestimmt ist, dass die Beschäftigung ohne Zustimmung der Bundesagentur für Arbeit zulässig ist.

²Der Aufenthaltstitel berechtigt nicht zu einer darüber hinausgehenden Erwerbstätigkeit.

(4) ¹Einem Ausländer kann zum Zweck der Anerkennung seiner im Ausland erworbenen Berufsqualifikation eine Aufenthaltserlaubnis für ein Jahr erteilt und um jeweils ein Jahr bis zu einer Höchstaufenthaltsdauer von drei Jahren verlängert werden, wenn der Ausländer auf Grund einer Absprache der Bundesagentur für Arbeit mit der Arbeitsverwaltung des Herkunftslandes
1. über das Verfahren, die Auswahl, die Vermittlung und die Durchführung des Verfahrens zur Feststellung der Gleichwertigkeit der ausländischen Berufsqualifikation und zur Erteilung der Berufsausübungserlaubnis bei durch Bundes- oder Landesgesetz reglementierten Berufen im Gesundheits- und Pflegebereich oder
2. über das Verfahren, die Auswahl, die Vermittlung und die Durchführung des Verfahrens zur Feststellung der Gleichwertigkeit der ausländischen Berufsqualifikation und, soweit erforderlich, zur Erteilung der Berufsausübungserlaubnis für sonstige ausgewählte Berufsqualifikationen unter Berücksichtigung der Angemessenheit der Ausbildungsstrukturen des Herkunftslandes

in eine Beschäftigung vermittelt worden ist und die Bundesagentur für Arbeit nach § 39 zugestimmt hat oder durch die Beschäftigungsverordnung oder zwischenstaatliche Vereinbarung bestimmt ist, dass die Erteilung der Aufenthaltserlaubnis ohne Zustimmung der Bundesagentur für Arbeit zulässig ist. ²Voraussetzung ist zudem, dass der Ausländer über die in der Absprache festgelegten deutschen Sprachkenntnisse, in der Regel mindestens hinreichende deutsche Sprachkenntnisse, verfügt. ³Die Aufenthaltserlaubnis berechtigt nur zur Ausübung einer von der anzuerkennenden Berufsqualifikation unabhängigen Beschäftigung bis zu zehn Stunden je Woche.

(5) ¹Einem Ausländer kann zum Ablegen von Prüfungen zur Anerkennung seiner ausländischen Berufsqualifikation eine Aufenthaltserlaubnis erteilt werden, wenn er über deutsche Sprachkenntnisse, die der abzulegenden Prüfung entsprechen, in der Regel jedoch mindestens über hinreichende deutsche Sprachkenntnisse, verfügt, sofern diese nicht durch die Prüfung nachgewiesen werden sollen. ²Absatz 1 Satz 4 findet keine Anwendung.

(6) ¹Nach zeitlichem Ablauf des Höchstzeitraumes der Aufenthaltserlaubnis nach den Absätzen 1, 3 und 4 darf eine Aufenthaltserlaubnis für einen anderen Aufenthaltszweck nur nach den §§ 16a, 16b, 18a, 18b oder 19c oder in Fällen eines gesetzlichen Anspruchs erteilt werden. ²§ 20 Absatz 3 Nummer 4 bleibt unberührt.

§16e Studienbezogenes Praktikum EU

(1) Einem Ausländer wird eine Aufenthaltserlaubnis zum Zweck eines Praktikums nach der Richtlinie (EU) 2016/801 erteilt, wenn die Bundesagentur für Arbeit nach § 39 zugestimmt hat oder durch die Beschäftigungsverordnung oder durch zwischenstaatliche Vereinbarung bestimmt ist, dass das Praktikum ohne Zustimmung der Bundesagentur für Arbeit zulässig ist, und
1. das Praktikum dazu dient, dass sich der Ausländer Wissen, praktische Kenntnisse und Erfahrungen in einem beruflichen Umfeld aneignet,
2. der Ausländer eine Vereinbarung mit einer aufnehmenden Einrichtung über die Teilnahme an einem Praktikum vorlegt, die theoretische und praktische Schulungsmaßnahmen vorsieht, und Folgendes enthält:
    a) eine Beschreibung des Programms für das Praktikum einschließlich des Bildungsziels oder der Lernkomponenten,
    b) die Angabe der Dauer des Praktikums,
    c) die Bedingungen der Tätigkeit und der Betreuung des Ausländers,
    d) die Arbeitszeiten des Ausländers und
    e) das Rechtsverhältnis zwischen dem Ausländer und der aufnehmenden Einrichtung,
3. der Ausländer nachweist, dass er in den letzten zwei Jahren vor der Antragstellung einen Hochschulabschluss erlangt hat, oder nachweist, dass er ein Studium absolviert, das zu einem Hochschulabschluss führt,
4. das Praktikum fachlich und im Niveau dem in Nummer 3 genannten Hochschulabschluss oder Studium entspricht und
5. die aufnehmende Einrichtung sich schriftlich zur Übernahme der Kosten verpflichtet hat, die öffentlichen Stellen bis zu sechs Monate nach der Beendigung der Praktikumsvereinbarung entstehen für
    a) den Lebensunterhalt des Ausländers während eines unerlaubten Aufenthalts im Bundesgebiet und
    b) eine Abschiebung des Ausländers.

(2) Die Aufenthaltserlaubnis wird für die vereinbarte Dauer des Praktikums, höchstens jedoch für sechs Monate erteilt.

§ 16f Sprachkurse und Schulbesuch

(1) [1]Einem Ausländer kann eine Aufenthaltserlaubnis zur Teilnahme an Sprachkursen, die nicht der Studienvorbereitung dienen, oder zur Teilnahme an einem Schüleraustausch erteilt werden. [2]Eine Aufenthaltserlaubnis zur Teilnahme an einem Schüleraustausch kann auch erteilt werden, wenn kein unmittelbarer Austausch erfolgt.

(2) Einem Ausländer kann eine Aufenthaltserlaubnis zum Zweck des Schulbesuchs in der Regel ab der neunten Klassenstufe erteilt werden, wenn in der Schulklasse eine Zusammensetzung aus Schülern verschiedener Staatsangehörigkeiten gewährleistet ist und es sich handelt
1. um eine öffentliche oder staatlich anerkannte Schule mit internationaler Ausrichtung oder
2. um eine Schule, die nicht oder nicht überwiegend aus öffentlichen Mitteln finanziert wird und die Schüler auf internationale Abschlüsse, Abschlüsse anderer Staaten oder staatlich anerkannte Abschlüsse vorbereitet.

(3) [1]Während des Aufenthalts zur Teilnahme an einem Sprachkurs nach Absatz 1 oder zum Schulbesuch nach Absatz 2 soll in der Regel eine Aufenthaltserlaubnis zu einem anderen Aufenthaltszweck nur in Fällen eines gesetzlichen Anspruchs erteilt werden. [2]Im Anschluss an einen Aufenthalt zur Teilnahme an einem Schüleraustausch darf eine Aufenthaltserlaubnis für einen anderen Zweck nur in den Fällen eines gesetzlichen Anspruchs erteilt werden. [3]§ 9 findet keine Anwendung. [4]Die Aufenthaltserlaubnis nach den Absätzen 1 und 2 berechtigt nicht zur Ausübung einer Erwerbstätigkeit.

(4) [1]Bilaterale oder multilaterale Vereinbarungen der Länder mit öffentlichen Stellen in einem anderen Staat über den Besuch inländischer Schulen durch ausländische Schüler bleiben unberührt. [2]Aufenthaltserlaubnisse zur Teilnahme am Schulbesuch können auf Grund solcher Vereinbarungen nur erteilt werden, wenn die für das Aufenthaltsrecht zuständige oberste Landesbehörde der Vereinbarung zugestimmt hat.

§ 17 Suche eines Ausbildungs- oder Studienplatzes

(1) [1]Einem Ausländer kann zum Zweck der Suche nach einem Ausbildungsplatz zur Durchführung einer qualifizierten Berufsausbildung eine Aufenthaltserlaubnis erteilt werden, wenn
1. er das 25. Lebensjahr noch nicht vollendet hat,
2. der Lebensunterhalt gesichert ist,
3. er über einen Abschluss einer deutschen Auslandsschule oder über einen Schulabschluss verfügt, der zum Hochschulzugang im Bundesgebiet oder in dem Staat berechtigt, in dem der Schulabschluss erworben wurde, und
4. er über gute deutsche Sprachkenntnisse verfügt.

[2]Die Aufenthaltserlaubnis wird für bis zu sechs Monate erteilt. [3]Sie kann erneut nur erteilt werden, wenn sich der Ausländer nach seiner Ausreise mindestens so lange im Ausland aufgehalten hat, wie er sich zuvor auf der Grundlage einer Aufenthaltserlaubnis nach Satz 1 im Bundesgebiet aufgehalten hat.

(2) [1]Einem Ausländer kann zum Zweck der Studienbewerbung eine Aufenthaltserlaubnis erteilt werden, wenn
1. er über die schulischen und sprachlichen Voraussetzungen zur Aufnahme eines Studiums verfügt oder diese innerhalb der Aufenthaltsdauer nach Satz 2 erworben werden sollen und
2. der Lebensunterhalt gesichert ist.

[2]Die Aufenthaltserlaubnis wird für bis zu neun Monate erteilt.

(3) [1]Die Aufenthaltserlaubnis nach den Absätzen 1 und 2 berechtigt nicht zur Erwerbstätigkeit und nicht zur Ausübung studentischer Nebentätigkeiten. [2]Während des Aufenthalts nach Absatz 1 soll in der Regel eine Aufenthaltserlaubnis zu einem anderen Aufenthaltszweck nur nach den §§ 18a oder 18b oder in Fällen eines gesetzlichen Anspruchs erteilt werden. [3]Während des Aufenthalts nach Absatz 2 soll in der Regel eine Aufenthaltserlaubnis zu einem anderen Aufenthaltszweck nur nach den §§ 16a, 16b, 18a oder 18b oder in Fällen eines gesetzlichen Anspruchs erteilt werden.

Abschnitt 4
Aufenthalt zum Zweck der Erwerbstätigkeit

§ 18 Grundsatz der Fachkräfteeinwanderung; allgemeine Bestimmungen

(1) [1]Die Zulassung ausländischer Beschäftigter orientiert sich an den Erfordernissen des Wirtschafts- und Wissenschaftsstandortes Deutschland unter Berücksichtigung der Verhältnisse auf dem Arbeitsmarkt. [2]Die besonderen Möglichkeiten für ausländische Fachkräfte dienen der Sicherung der Fachkräftebasis und der Stärkung der sozialen Sicherungssysteme. [3]Sie sind ausgerichtet auf die nachhaltige Integration von Fachkräften in den Arbeitsmarkt und die Gesellschaft unter Beachtung der Interessen der öffentlichen Sicherheit.

(2) [1]Die Erteilung eines Aufenthaltstitels zur Ausübung einer Beschäftigung nach diesem Abschnitt setzt voraus, dass
1. ein konkretes Arbeitsplatzangebot vorliegt,

2. die Bundesagentur für Arbeit nach § 39 zugestimmt hat; dies gilt nicht, wenn durch Gesetz, zwischenstaatliche Vereinbarung oder durch die Beschäftigungsverordnung bestimmt ist, dass die Ausübung der Beschäftigung ohne Zustimmung der Bundesagentur für Arbeit zulässig ist; in diesem Fall kann die Erteilung des Aufenthaltstitels auch versagt werden, wenn einer der Tatbestände des § 40 Absatz 2 oder 3 vorliegt,
3. eine Berufsausübungserlaubnis erteilt wurde oder zugesagt ist, soweit diese erforderlich ist,
4. die Gleichwertigkeit der Qualifikation festgestellt wurde oder ein anerkannter ausländischer oder ein einem deutschen Hochschulabschluss vergleichbarer ausländischer Hochschulabschluss vorliegt, soweit dies eine Voraussetzung für die Erteilung des Aufenthaltstitels ist, und
5. in den Fällen der erstmaligen Erteilung eines Aufenthaltstitels nach § 18a oder § 18b Absatz 1 nach Vollendung des 45. Lebensjahres des Ausländers die Höhe des Gehalts mindestens 55 Prozent der jährlichen Beitragsbemessungsgrenze in der allgemeinen Rentenversicherung entspricht, es sei denn, der Ausländer kann den Nachweis über eine angemessene Altersversorgung erbringen. [2]Von den Voraussetzungen nach Satz 1 kann nur in begründeten Ausnahmefällen, in denen ein öffentliches, insbesondere ein regionales, wirtschaftliches oder arbeitsmarktpolitisches Interesse an der Beschäftigung des Ausländers besteht, abgesehen werden. [3]Das Bundesministerium des Innern, für Bau und Heimat gibt das Mindestgehalt für jedes Kalenderjahr jeweils bis zum 31. Dezember des Vorjahres im Bundesanzeiger bekannt.

(3) Fachkraft im Sinne dieses Gesetzes ist ein Ausländer, der
1. eine inländische qualifizierte Berufsausbildung oder eine mit einer inländischen qualifizierten Berufsausbildung gleichwertige ausländische Berufsqualifikation besitzt (Fachkraft mit Berufsausbildung) oder
2. einen deutschen, einen anerkannten ausländischen oder einen einem deutschen Hochschulabschluss vergleichbaren ausländischen Hochschulabschluss besitzt (Fachkraft mit akademischer Ausbildung).

(4) [1]Aufenthaltstitel für Fachkräfte gemäß den §§ 18a und 18b werden für die Dauer von vier Jahren oder, wenn das Arbeitsverhältnis oder die Zustimmung der Bundesagentur für Arbeit auf einen kürzeren Zeitraum befristet sind, für diesen kürzeren Zeitraum erteilt. [2]Die Blaue Karte EU wird für die Dauer des Arbeitsvertrages zuzüglich dreier Monate ausgestellt oder verlängert, wenn die Dauer des Arbeitsvertrages weniger als vier Jahre beträgt.

§ 18a Fachkräfte mit Berufsausbildung

Einer Fachkraft mit Berufsausbildung kann eine Aufenthaltserlaubnis zur Ausübung einer qualifizierten Beschäftigung erteilt werden, zu der ihre erworbene Qualifikation sie befähigt.

§ 18b Fachkräfte mit akademischer Ausbildung

(1) Einer Fachkraft mit akademischer Ausbildung kann eine Aufenthaltserlaubnis zur Ausübung einer qualifizierten Beschäftigung erteilt werden, zu der ihre Qualifikation sie befähigt.

(2) [1]Einer Fachkraft mit akademischer Ausbildung wird ohne Zustimmung der Bundesagentur für Arbeit eine Blaue Karte EU zum Zweck einer ihrer Qualifikation angemessenen Beschäftigung erteilt, wenn sie ein Gehalt in Höhe von mindestens zwei Dritteln der jährlichen Bemessungsgrenze in der allgemeinen Rentenversicherung erhält und keiner der in § 19f Absatz 1 und 2 geregelten Ablehnungsgründe vorliegt. [2]Fachkräften mit akademischer Ausbildung, die einen Beruf ausüben, der zu den Gruppen 21, 221 oder 25 nach der Empfehlung der Kommission vom 29. Oktober 2009 über die Verwendung der Internationalen Standardklassifikation der Berufe (ISCO-08) (ABl. L 292 vom 10. 11. 2009, S. 31) gehört, wird die Blaue Karte EU abweichend von Satz 1 mit Zustimmung der Bundesagentur für Arbeit erteilt, wenn die Höhe des Gehalts mindestens 52 Prozent der jährlichen Beitragsbemessungsgrenze in der allgemeinen Rentenversicherung beträgt. [3]Das Bundesministerium des Innern gibt die Mindestgehälter für jedes Kalenderjahr jeweils bis zum 31. Dezember des Vorjahres im Bundesanzeiger bekannt. [4]Abweichend von § 4a Absatz 3 Satz 3 ist bei einem Arbeitsplatzwechsel eines Inhabers einer Blauen Karte EU nur in den ersten zwei Jahren der Beschäftigung die Erlaubnis durch die Ausländerbehörde erforderlich; sie wird erteilt, wenn die Voraussetzungen der Erteilung einer Blauen Karte EU vorliegen.

§ 18c Niederlassungserlaubnis für Fachkräfte

(1) [1]Einer Fachkraft ist ohne Zustimmung der Bundesagentur für Arbeit eine Niederlassungserlaubnis zu erteilen, wenn
1. sie seit vier Jahren im Besitz eines Aufenthaltstitels nach den §§ 18a, 18b oder 18d ist,
2. sie einen Arbeitsplatz innehat, der nach den Voraussetzungen der §§ 18a, 18b oder § 18d von ihr besetzt werden darf,
3. sie mindestens 48 Monate Pflichtbeiträge oder freiwillige Beiträge zur gesetzlichen Rentenversicherung geleistet hat oder Aufwendungen für einen Anspruch auf vergleichbare Leistungen einer Versicherungs- oder Versorgungseinrichtung oder eines Versicherungsunternehmens nachweist,
4. sie über ausreichende Kenntnisse der deutschen Sprache verfügt und

5. die Voraussetzungen des § 9 Absatz 2 Satz 1 Nummer 2 und 4 bis 6, 8 und 9 vorliegen; § 9 Absatz 2 Satz 2 bis 4 und 6 gilt entsprechend.
²Die Frist nach Satz 1 Nummer 1 verkürzt sich auf zwei Jahre und die Frist nach Satz 1 Nummer 3 verkürzt sich auf 24 Monate, wenn die Fachkraft eine inländische Berufsausbildung oder ein inländisches Studium erfolgreich abgeschlossen hat.
(2) ¹Abweichend von Absatz 1 ist dem Inhaber einer Blauen Karte EU eine Niederlassungserlaubnis zu erteilen, wenn er mindestens 33 Monate eine Beschäftigung nach § 18b Absatz 2 ausgeübt hat und für diesen Zeitraum Pflichtbeiträge oder freiwillige Beiträge zur gesetzlichen Rentenversicherung geleistet hat oder Aufwendungen für einen Anspruch auf vergleichbare Leistungen einer Versicherungs- oder Versorgungseinrichtung oder eines Versicherungsunternehmens nachweist und die Voraussetzungen des § 9 Absatz 2 Satz 1 Nummer 2 und 4 bis 6, 8 und 9 vorliegen und er über einfache Kenntnisse der deutschen Sprache verfügt. ²§ 9 Absatz 2 Satz 2 bis 4 und 6 gilt entsprechend. ³Die Frist nach Satz 1 verkürzt sich auf 21 Monate, wenn der Ausländer über ausreichende Kenntnisse der deutschen Sprache verfügt.
(3) ¹Einer hoch qualifizierten Fachkraft mit akademischer Ausbildung kann ohne Zustimmung der Bundesagentur für Arbeit in besonderen Fällen eine Niederlassungserlaubnis erteilt werden, wenn die Annahme gerechtfertigt ist, dass die Integration in die Lebensverhältnisse der Bundesrepublik Deutschland und die Sicherung des Lebensunterhalts ohne staatliche Hilfe gewährleistet sind sowie die Voraussetzung des § 9 Absatz 2 Satz 1 Nummer 4 vorliegt. ²Die Landesregierung kann bestimmen, dass die Erteilung der Niederlassungserlaubnis nach Satz 1 der Zustimmung der obersten Landesbehörde oder einer von ihr bestimmten Stelle bedarf. ³Hoch qualifiziert nach Satz 1 sind bei mehrjähriger Berufserfahrung insbesondere
1. Wissenschaftler mit besonderen fachlichen Kenntnissen oder
2. Lehrpersonen in herausgehobener Funktion oder wissenschaftliche Mitarbeiter in herausgehobener Funktion.

§ 18d Forschung

(1) ¹Einem Ausländer wird ohne Zustimmung der Bundesagentur für Arbeit eine Aufenthaltserlaubnis nach der Richtlinie (EU) 2016/801 zum Zweck der Forschung erteilt, wenn
1. er
    a) eine wirksame Aufnahmevereinbarung oder einen entsprechenden Vertrag zur Durchführung eines Forschungsvorhabens mit einer Forschungseinrichtung abgeschlossen hat, die für die Durchführung des besonderen Zulassungsverfahrens für Forscher im Bundesgebiet anerkannt ist, oder
    b) eine wirksame Aufnahmevereinbarung oder einen entsprechenden Vertrag mit einer Forschungseinrichtung abgeschlossen hat, die Forschung betreibt, oder
2. die Forschungseinrichtung sich schriftlich zur Übernahme der Kosten verpflichtet hat, die öffentlichen Stellen bis zu sechs Monate nach der Beendigung der Aufnahmevereinbarung entstehen für
    a) den Lebensunterhalt des Ausländers während eines unerlaubten Aufenthalts in einem Mitgliedstaat der Europäischen Union und
    b) eine Abschiebung des Ausländers.

²In den Fällen des Satzes 1 Nummer 1 Buchstabe a ist die Aufenthaltserlaubnis innerhalb von 60 Tagen nach Antragstellung zu erteilen.
(2) ¹Von dem Erfordernis des Absatzes 1 Satz 1 Nummer 2 soll abgesehen werden, wenn die Tätigkeit der Forschungseinrichtung überwiegend aus öffentlichen Mitteln finanziert wird. ²Es kann davon abgesehen werden, wenn an dem Forschungsvorhaben ein besonderes öffentliches Interesse besteht. ³Auf die nach Absatz 1 Satz 1 Nummer 2 abgegebenen Erklärungen sind § 66 Absatz 5, § 67 Absatz 3 sowie § 68 Absatz 2 Satz 2 und 3 und Absatz 4 entsprechend anzuwenden.
(3) Die Forschungseinrichtung kann die Erklärung nach Absatz 1 Satz 1 Nummer 2 auch gegenüber der für ihre Anerkennung zuständigen Stelle allgemein für sämtliche Ausländer abgeben, denen auf Grund einer mit ihr geschlossenen Aufnahmevereinbarung eine Aufenthaltserlaubnis erteilt wird.
(4) ¹Die Aufenthaltserlaubnis wird für mindestens ein Jahr erteilt. ²Nimmt der Ausländer an einem Unions- oder multilateralen Programm mit Mobilitätsmaßnahmen teil, so wird die Aufenthaltserlaubnis für mindestens zwei Jahre erteilt. ³Wenn das Forschungsvorhaben in einem kürzeren Zeitraum durchgeführt wird, wird die Aufenthaltserlaubnis abweichend von den Sätzen 1 und 2 auf die Dauer des Forschungsvorhabens befristet; die Frist beträgt in den Fällen des Satzes 2 mindestens ein Jahr.
(5) ¹Eine Aufenthaltserlaubnis nach Absatz 1 berechtigt zur Aufnahme der Forschungstätigkeit bei der in der Aufnahmevereinbarung bezeichneten Forschungseinrichtung und zur Aufnahme von Tätigkeiten in der Lehre. ²Änderungen des Forschungsvorhabens während des Aufenthalts führen nicht zum Wegfall dieser Berechtigung.

(6) ¹Einem Ausländer, der in einem Mitgliedstaat der Europäischen Union international Schutzberechtigter ist, kann eine Aufenthaltserlaubnis zum Zweck der Forschung erteilt werden, wenn die Voraussetzungen des Absatzes 1 erfüllt sind und er sich mindestens zwei Jahre nach Erteilung der Schutzberechtigung in diesem Mitgliedstaat aufgehalten hat. ²Absatz 5 gilt entsprechend.

§ 18e Kurzfristige Mobilität für Forscher

(1) ¹Für einen Aufenthalt zum Zweck der Forschung, der eine Dauer von 180 Tagen innerhalb eines Zeitraums von 360 Tagen nicht überschreitet, bedarf ein Ausländer abweichend von § 4 Absatz 1 keines Aufenthaltstitels, wenn die aufnehmende Forschungseinrichtung im Bundesgebiet dem Bundesamt für Migration und Flüchtlinge und der zuständigen Behörde des anderen Mitgliedstaates mitgeteilt hat, dass der Ausländer beabsichtigt, einen Teil seiner Forschungstätigkeit im Bundesgebiet durchzuführen, und dem Bundesamt für Migration und Flüchtlinge mit der Mitteilung vorlegt
1. den Nachweis, dass der Ausländer einen gültigen nach der Richtlinie (EU) 2016/801 erteilten Aufenthaltstitel eines anderen Mitgliedstaates zum Zweck der Forschung besitzt,
2. die Aufnahmevereinbarung oder den entsprechenden Vertrag, die oder der mit der aufnehmenden Forschungseinrichtung im Bundesgebiet geschlossen wurde,
3. die Kopie eines anerkannten und gültigen Passes oder Passersatzes des Ausländers und
4. den Nachweis, dass der Lebensunterhalt des Ausländers gesichert ist.

²Die aufnehmende Forschungseinrichtung hat die Mitteilung zu dem Zeitpunkt zu machen, zu dem der Ausländer in einem anderen Mitgliedstaat der Europäischen Union den Antrag auf Erteilung eines Aufenthaltstitels im Anwendungsbereich der Richtlinie (EU) 2016/801 stellt. ³Ist der aufnehmenden Forschungseinrichtung zu diesem Zeitpunkt die Absicht des Ausländers, einen Teil der Forschungstätigkeit im Bundesgebiet durchzuführen, noch nicht bekannt, so hat sie die Mitteilung zu dem Zeitpunkt zu machen, zu dem ihr die Absicht bekannt wird. ⁴Bei der Erteilung des Aufenthaltstitels nach Satz 1 Nummer 1 durch einen Staat, der nicht Schengen-Staat ist, und bei der Einreise über einen Staat, der nicht Schengen-Staat ist, hat der Ausländer eine Kopie der Mitteilung mitzuführen und den zuständigen Behörden auf deren Verlangen vorzulegen.
(2) ¹Erfolgt die Mitteilung zu dem in Absatz 1 Satz 2 genannten Zeitpunkt und wurden die Einreise und der Aufenthalt nicht nach § 19f Absatz 5 abgelehnt, so darf der Ausländer jederzeit innerhalb der Gültigkeitsdauer des Aufenthaltstitels in das Bundesgebiet einreisen und sich dort zum Zweck der Forschung aufhalten. ²Erfolgt die Mitteilung zu dem in Absatz 1 Satz 3 genannten Zeitpunkt, so darf der Ausländer nach Zugang der Mitteilung innerhalb der Gültigkeitsdauer des in Absatz 1 Satz 1 Nummer 1 genannten Aufenthaltstitels des anderen Mitgliedstaates in das Bundesgebiet einreisen und sich dort zum Zweck der Forschung aufhalten.
(3) Ein Ausländer, der die Voraussetzungen nach Absatz 1 erfüllt, ist berechtigt, in der aufnehmenden Forschungseinrichtung die Forschungstätigkeit aufzunehmen und Tätigkeiten in der Lehre aufzunehmen.
(4) ¹Werden die Einreise und der Aufenthalt nach § 19f Absatz 5 abgelehnt, so hat der Ausländer die Forschungstätigkeit unverzüglich einzustellen. ²Die bis dahin nach Absatz 1 Satz 1 bestehende Befreiung vom Erfordernis eines Aufenthaltstitels entfällt.
(5) Sofern keine Ablehnung der Einreise und des Aufenthalts nach § 19f Absatz 5 erfolgt, wird dem Ausländer durch das Bundesamt für Migration und Flüchtlinge eine Bescheinigung über die Berechtigung zur Einreise und zum Aufenthalt zum Zweck der Forschung im Rahmen der kurzfristigen Mobilität ausgestellt.
(6) ¹Nach der Ablehnung gemäß § 19f Absatz 5 oder der Ausstellung der Bescheinigung im Sinne von Absatz 5 durch das Bundesamt für Migration und Flüchtlinge ist die Ausländerbehörde gemäß § 71 Absatz 1 für weitere aufenthaltsrechtliche Maßnahmen und Entscheidungen zuständig. ²Der Ausländer und die aufnehmende Forschungseinrichtung sind verpflichtet, der Ausländerbehörde Änderungen in Bezug auf die in Absatz 1 genannten Voraussetzungen anzuzeigen.

§ 18f Aufenthaltserlaubnis für mobile Forscher

(1) Für einen Aufenthalt zum Zweck der Forschung, der mehr als 180 Tage und höchstens ein Jahr dauert, wird einem Ausländer ohne Zustimmung der Bundesagentur für Arbeit eine Aufenthaltserlaubnis erteilt, wenn
1. er einen für die Dauer des Verfahrens gültigen nach der Richtlinie (EU) 2016/801 erteilten Aufenthaltstitel eines anderen Mitgliedstaates besitzt,
2. die Kopie eines anerkannten und gültigen Passes oder Passersatzes vorgelegt wird und
3. die Aufnahmevereinbarung oder der entsprechende Vertrag, die oder der mit der aufnehmenden Forschungseinrichtung im Bundesgebiet geschlossen wurde, vorgelegt wird.
(2) Wird der Antrag auf Erteilung der Aufenthaltserlaubnis mindestens 30 Tage vor Beginn des Aufenthalts im Bundesgebiet gestellt und ist der Aufenthaltstitel des anderen Mitgliedstaates weiterhin gültig, so gelten, bevor über den Antrag entschieden wird, der Aufenthalt und die Erwerbstätigkeit des Ausländers für bis zu 180 Tage innerhalb eines Zeitraums von 360 Tagen als erlaubt.

(3) Für die Berechtigung zur Ausübung der Forschungstätigkeit und einer Tätigkeit in der Lehre gilt § 18d Absatz 5 entsprechend.
(4) Der Ausländer und die aufnehmende Forschungseinrichtung sind verpflichtet, der Ausländerbehörde Änderungen in Bezug auf die in Absatz 1 genannten Voraussetzungen anzuzeigen.
(5) ¹Der Antrag wird abgelehnt, wenn er parallel zu einer Mitteilung nach § 18e Absatz 1 Satz 1 gestellt wurde. ²Abgelehnt wird ein Antrag auch, wenn er zwar während eines Aufenthalts nach § 18e Absatz 1, aber nicht mindestens 30 Tage vor Ablauf dieses Aufenthalts vollständig gestellt wurde.

§ 19 ICT-Karte für unternehmensintern transferierte Arbeitnehmer

(1) ¹Eine ICT-Karte ist ein Aufenthaltstitel zum Zweck eines unternehmensinternen Transfers eines Ausländers. ²Ein unternehmensinterner Transfer ist die vorübergehende Abordnung eines Ausländers
1. in eine inländische Niederlassung des Unternehmens, dem der Ausländer angehört, wenn das Unternehmen seinen Sitz außerhalb der Europäischen Union hat, oder
2. in eine inländische Niederlassung eines anderen Unternehmens der Unternehmensgruppe, zu der auch dasjenige Unternehmen mit Sitz außerhalb der Europäischen Union gehört, dem der Ausländer angehört.
(2) ¹Einem Ausländer wird die ICT-Karte erteilt, wenn
1. er in der aufnehmenden Niederlassung als Führungskraft oder Spezialist tätig wird,
2. er dem Unternehmen oder der Unternehmensgruppe unmittelbar vor Beginn des unternehmensinternen Transfers seit mindestens sechs Monaten und für die Zeit des Transfers ununterbrochen angehört,
3. der unternehmensinterne Transfer mehr als 90 Tage dauert,
4. der Ausländer einen für die Dauer des unternehmensinternen Transfers gültigen Arbeitsvertrag und erforderlichenfalls ein Abordnungsschreiben vorweist, worin enthalten sind:
    a) Einzelheiten zu Ort, Art, Entgelt und zu sonstigen Arbeitsbedingungen für die Dauer des unternehmensinternen Transfers sowie
    b) der Nachweis, dass der Ausländer nach Beendigung des unternehmensinternen Transfers in eine außerhalb der Europäischen Union ansässige Niederlassung des gleichen Unternehmens oder der gleichen Unternehmensgruppe zurückkehren kann, und
5. er seine berufliche Qualifikation nachweist.

²Führungskraft im Sinne dieses Gesetzes ist eine in einer Schlüsselposition beschäftigte Person, die in erster Linie die aufnehmende Niederlassung leitet und die hauptsächlich unter der allgemeinen Aufsicht des Leitungsorgans oder der Anteilseigner oder gleichwertiger Personen steht oder von ihnen allgemeine Weisungen erhält. ³Diese Position schließt die Leitung der aufnehmenden Niederlassung oder einer Abteilung oder Unterabteilung der aufnehmenden Niederlassung, die Überwachung und Kontrolle der Arbeit der anderen Aufsicht führenden Personals und der Fach- und Führungskräfte sowie die Befugnis zur Empfehlung einer Anstellung, Entlassung oder sonstigen personellen Maßnahme ein. ⁴Spezialist im Sinne dieses Gesetzes ist, wer über unerlässliche Spezialkenntnisse über die Tätigkeitsbereiche, die Verfahren oder die Verwaltung der aufnehmenden Niederlassung, ein hohes Qualifikationsniveau sowie angemessene Berufserfahrung verfügt.
(3) ¹Die ICT-Karte wird einem Ausländer auch erteilt, wenn
1. er als Trainee im Rahmen eines unternehmensinternen Transfers tätig wird und
2. die in Absatz 2 Satz 1 Nummer 2 bis 4 genannten Voraussetzungen vorliegen.

²Trainee im Sinne dieses Gesetzes ist, wer über einen Hochschulabschluss verfügt, ein Traineeprogramm absolviert, das der beruflichen Entwicklung oder der Fortbildung in Bezug auf Geschäftstechniken und -methoden dient, und entlohnt wird.
(4) ¹Die ICT-Karte wird erteilt
1. bei Führungskräften und bei Spezialisten für die Dauer des Transfers, höchstens jedoch für drei Jahre und
2. bei Trainees für die Dauer des Transfers, höchstens jedoch für ein Jahr.

²Durch eine Verlängerung der ICT-Karte dürfen die in Satz 1 genannten Höchstfristen nicht überschritten werden.
(5) Die ICT-Karte wird nicht erteilt, wenn der Ausländer
1. auf Grund von Übereinkommen zwischen der Europäischen Union und ihren Mitgliedstaaten einerseits und Drittstaaten andererseits ein Recht auf freien Personenverkehr genießt, das dem der Unionsbürger gleichwertig ist,
2. in einem Unternehmen mit Sitz in einem dieser Drittstaaten beschäftigt ist oder
3. im Rahmen seines Studiums ein Praktikum absolviert.
(6) Die ICT-Karte wird darüber hinaus nicht erteilt, wenn
1. die aufnehmende Niederlassung hauptsächlich zu dem Zweck gegründet wurde, die Einreise von unternehmensintern transferierten Arbeitnehmern zu erleichtern,

2. sich der Ausländer im Rahmen der Möglichkeiten der Einreise und des Aufenthalts in mehreren Mitgliedstaaten der Europäischen Union zu Zwecken des unternehmensinternen Transfers im Rahmen des Transfers länger in einem anderen Mitgliedstaat aufhalten wird als im Bundesgebiet oder
3. der Antrag vor Ablauf von sechs Monaten seit dem Ende des letzten Aufenthalts des Ausländers zum Zweck des unternehmensinternen Transfers im Bundesgebiet gestellt wird.
(7) Diese Vorschrift dient der Umsetzung der Richtlinie 2014/66/EU des Europäischen Parlaments und des Rates vom 15. Mai 2014 über die Bedingungen für die Einreise und den Aufenthalt von Drittstaatsangehörigen im Rahmen eines unternehmensinternen Transfers (ABl. L 157 vom 27. 5. 2014, S. 1).

§ 19a Kurzfristige Mobilität für unternehmensintern transferierte Arbeitnehmer

(1) [1] Für einen Aufenthalt zum Zweck eines unternehmensinternen Transfers, der eine Dauer von bis zu 90 Tagen innerhalb eines Zeitraums von 180 Tagen nicht überschreitet, bedarf ein Ausländer abweichend von § 4 Absatz 1 keines Aufenthaltstitels, wenn die ihn aufnehmende Niederlassung in dem anderen Mitgliedstaat dem Bundesamt für Migration und Flüchtlinge und der zuständigen Behörde des anderen Mitgliedstaates mitgeteilt hat, dass der Ausländer die Ausübung einer Beschäftigung im Bundesgebiet beabsichtigt, und dem Bundesamt für Migration und Flüchtlinge mit der Mitteilung vorlegt
1. den Nachweis, dass der Ausländer einen gültigen nach der Richtlinie (EU) 2014/66 erteilten Aufenthaltstitel eines anderen Mitgliedstaates der Europäischen Union besitzt,
2. den Nachweis, dass die inländische aufnehmende Niederlassung demselben Unternehmen oder derselben Unternehmensgruppe angehört wie dasjenige Unternehmen mit Sitz außerhalb der Europäischen Union, dem der Ausländer angehört,
3. einen Arbeitsvertrag und erforderlichenfalls ein Abordnungsschreiben gemäß den Vorgaben in § 19 Absatz 2 Satz 1 Nummer 4, der oder das bereits den zuständigen Behörden des anderen Mitgliedstaates vorgelegt wurde,
4. die Kopie eines anerkannten und gültigen Passes oder Passersatzes des Ausländers,
5. den Nachweis, dass eine Berufsausübungserlaubnis erteilt wurde oder ihre Erteilung zugesagt ist, soweit diese erforderlich ist.
[2]Die aufnehmende Niederlassung in dem anderen Mitgliedstaat hat die Mitteilung zu dem Zeitpunkt zu machen, zu dem der Ausländer in dem anderen Mitgliedstaat der Europäischen Union den Antrag auf Erteilung eines Aufenthaltstitels im Anwendungsbereich der Richtlinie (EU) 2014/66 stellt. [3]Ist der aufnehmenden Niederlassung in dem anderen Mitgliedstaat zu diesem Zeitpunkt die Absicht des Transfers in eine Niederlassung im Bundesgebiet noch nicht bekannt, so hat sie die Mitteilung zu dem Zeitpunkt zu machen, zu dem ihr die Absicht bekannt wird. [4]Bei der Erteilung der Aufenthaltstitels nach Satz 1 Nummer 1 durch einen Staat, der nicht Schengen-Staat ist, und bei der Einreise über einen Staat, der nicht Schengen-Staat ist, hat der Ausländer eine Kopie der Mitteilung mitzuführen und den zuständigen Behörden auf deren Verlangen vorzulegen.
(2) [1]Erfolgt die Mitteilung zu dem in Absatz 1 Satz 2 genannten Zeitpunkt und wurden die Einreise und der Aufenthalt nicht nach Absatz 4 abgelehnt, so darf der Ausländer jederzeit innerhalb der Gültigkeitsdauer des in Absatz 1 Satz 1 Nummer 1 genannten Aufenthaltstitels des anderen Mitgliedstaates in das Bundesgebiet einreisen und sich dort zum Zweck des unternehmensinternen Transfers aufhalten. [2]Erfolgt die Mitteilung zu dem in Absatz 1 Satz 3 genannten Zeitpunkt, so darf der Ausländer nach Zugang der Mitteilung innerhalb der Gültigkeitsdauer des in Absatz 1 Satz 1 Nummer 1 genannten Aufenthaltstitels des anderen Mitgliedstaates in das Bundesgebiet einreisen und sich dort zum Zweck des unternehmensinternen Transfers aufhalten.
(3) [1]Die Einreise und der Aufenthalt werden durch das Bundesamt für Migration und Flüchtlinge abgelehnt, wenn
1. das Arbeitsentgelt, das dem Ausländer während des unternehmensinternen Transfers im Bundesgebiet gewährt wird, ungünstiger ist als das Arbeitsentgelt vergleichbarer deutscher Arbeitnehmer,
2. die Voraussetzungen des Absatzes 1 Satz 1 Nummer 1, 2, 4 und 5 nicht vorliegen,
3. die nach Absatz 1 vorgelegten Unterlagen in betrügerischer Weise erworben oder gefälscht oder manipuliert wurden,
4. der Ausländer sich schon länger als drei Jahre in der Europäischen Union aufhält oder, falls es sich um einen Trainee handelt, länger als ein Jahr in der Europäischen Union aufhält oder
5. ein Ausweisungsinteresse besteht.
[2]Eine Ablehnung hat in den Fällen des Satzes 1 Nummer 1 bis 4 spätestens 20 Tage nach Zugang der vollständigen Mitteilung nach Absatz 1 Satz 1 beim Bundesamt für Migration und Flüchtlinge zu erfolgen. [3]Im Fall des Satzes 1 Nummer 5 ist eine Ablehnung durch die Ausländerbehörde jederzeit während des Aufenthalts des Ausländers möglich; § 73 Absatz 3c ist entsprechend anwendbar. [4]Die Ablehnung ist neben dem Ausländer auch der zuständigen Behörde des anderen Mitgliedstaates sowie der aufnehmenden Niederlassung in dem anderen Mitgliedstaat bekannt zu geben. [5]Bei fristgerechter Ablehnung hat der Ausländer die Erwerbstätigkeit unver-

züglich einzustellen; die bis dahin nach Absatz 1 Satz 1 bestehende Befreiung vom Erfordernis eines Aufenthaltstitels entfällt.
(4) Sofern innerhalb von 20 Tagen nach Zugang der in Absatz 1 Satz 1 genannten Mitteilung keine Ablehnung der Einreise und des Aufenthalts des Ausländers nach Absatz 3 erfolgt, ist dem Ausländer durch das Bundesamt für Migration und Flüchtlinge eine Bescheinigung über die Berechtigung zur Einreise und zum Aufenthalt zum Zweck des unternehmensinternen Transfers im Rahmen der kurzfristigen Mobilität auszustellen.
(5) [1]Nach der Ablehnung gemäß Absatz 3 oder der Ausstellung der Bescheinigung im Sinne von Absatz 4 durch das Bundesamt für Migration und Flüchtlinge ist die Ausländerbehörde gemäß § 71 Absatz 1 für weitere aufenthaltsrechtliche Maßnahmen und Entscheidungen zuständig. [2]Der Ausländer hat der Ausländerbehörde unverzüglich mitzuteilen, wenn der Aufenthaltstitel nach Absatz 1 Satz 1 Nummer 1 durch den anderen Mitgliedstaat verlängert wurde.

§ 19b Mobiler-ICT-Karte

(1) Eine Mobiler-ICT-Karte ist ein Aufenthaltstitel nach der Richtlinie (EU) 2014/66 zum Zweck eines unternehmensinternen Transfers im Sinne des § 19 Absatz 1 Satz 2, wenn der Ausländer einen für die Dauer des Antragsverfahrens gültigen nach der Richtlinie (EU) 2014/66 erteilten Aufenthaltstitel eines anderen Mitgliedstaates besitzt.
(2) Einem Ausländer wird die Mobiler-ICT-Karte erteilt, wenn
1. er als Führungskraft, Spezialist oder Trainee tätig wird,
2. der unternehmensinterne Transfer mehr als 90 Tage dauert und
3. er einen für die Dauer des Transfers gültigen Arbeitsvertrag und erforderlichenfalls ein Abordnungsschreiben vorweist, worin enthalten sind:
   a) Einzelheiten zu Ort, Art, Entgelt und zu sonstigen Arbeitsbedingungen für die Dauer des Transfers sowie
   b) der Nachweis, dass der Ausländer nach Beendigung des Transfers in eine außerhalb der Europäischen Union ansässige Niederlassung des gleichen Unternehmens oder der gleichen Unternehmensgruppe zurückkehren kann.
(3) Wird der Antrag auf Erteilung der Mobiler-ICT-Karte mindestens 20 Tage vor Beginn des Aufenthalts im Bundesgebiet gestellt und ist der Aufenthaltstitel des anderen Mitgliedstaates weiterhin gültig, so gelten bis zur Entscheidung der Ausländerbehörde der Aufenthalt und die Beschäftigung des Ausländers für bis zu 90 Tage innerhalb eines Zeitraums von 180 Tagen als erlaubt.
(4) [1]Der Antrag wird abgelehnt, wenn er parallel zu einer Mitteilung nach § 19a Absatz 1 Satz 1 gestellt wurde. [2]Abgelehnt wird ein Antrag auch, wenn er zwar während des Aufenthalts nach § 19a, aber nicht mindestens 20 Tage vor Ablauf dieses Aufenthalts vollständig gestellt wurde.
(5) Die Mobiler-ICT-Karte wird nicht erteilt, wenn sich der Ausländer im Rahmen des unternehmensinternen Transfers im Bundesgebiet länger aufhalten wird als in anderen Mitgliedstaaten.
(6) Der Antrag kann abgelehnt werden, wenn
1. die Höchstdauer des unternehmensinternen Transfers nach § 19 Absatz 4 erreicht wurde oder
2. der in § 19 Absatz 6 Nummer 3 genannte Ablehnungsgrund vorliegt.
(7) Die inländische aufnehmende Niederlassung ist verpflichtet, der zuständigen Ausländerbehörde Änderungen in Bezug auf die in Absatz 2 genannten Voraussetzungen unverzüglich, in der Regel innerhalb einer Woche, anzuzeigen.

§ 19c Sonstige Beschäftigungszwecke; Beamte

(1) Einem Ausländer kann unabhängig von einer Qualifikation als Fachkraft eine Aufenthaltserlaubnis zur Ausübung einer Beschäftigung erteilt werden, wenn die Beschäftigungsverordnung oder eine zwischenstaatliche Vereinbarung bestimmt, dass der Ausländer zur Ausübung dieser Beschäftigung zugelassen werden kann.
(2) Einem Ausländer mit ausgeprägten berufspraktischen Kenntnissen kann eine Aufenthaltserlaubnis zur Ausübung einer qualifizierten Beschäftigung erteilt werden, wenn die Beschäftigungsverordnung bestimmt, dass der Ausländer zur Ausübung dieser Beschäftigung zugelassen werden kann.
(3) Einem Ausländer kann im begründeten Einzelfall eine Aufenthaltserlaubnis erteilt werden, wenn an seiner Beschäftigung ein öffentliches, insbesondere ein regionales, wirtschaftliches oder arbeitsmarktpolitisches Interesse besteht.
(4) [1]Einem Ausländer, der in einem Beamtenverhältnis zu einem deutschen Dienstherrn steht, wird ohne Zustimmung der Bundesagentur für Arbeit eine Aufenthaltserlaubnis zur Erfüllung seiner Dienstpflichten im Bundesgebiet erteilt. [2]Die Aufenthaltserlaubnis wird für die Dauer von drei Jahren erteilt, wenn das Dienstverhältnis nicht auf einen kürzeren Zeitraum befristet ist. [3]Nach drei Jahren wird eine Niederlassungserlaubnis abweichend von § 9 Absatz 2 Satz 1 Nummer 1 und 3 erteilt.

§ 19d Aufenthaltserlaubnis für qualifizierte Geduldete zum Zweck der Beschäftigung

(1) Einem geduldeten Ausländer kann eine Aufenthaltserlaubnis zur Ausübung einer der beruflichen Qualifikation entsprechenden Beschäftigung erteilt werden, wenn der Ausländer
1. im Bundesgebiet
   a) eine qualifizierte Berufsausbildung in einem staatlich anerkannten oder vergleichbar geregelten Ausbildungsberuf oder ein Hochschulstudium abgeschlossen hat, oder
   b) mit einem anerkannten oder einem deutschen Hochschulabschluss vergleichbaren ausländischen Hochschulabschluss seit zwei Jahren ununterbrochen eine dem Abschluss angemessene Beschäftigung ausgeübt hat, oder
   c) seit drei Jahren ununterbrochen eine qualifizierte Beschäftigung ausgeübt hat und innerhalb des letzten Jahres vor Beantragung der Aufenthaltserlaubnis für seinen Lebensunterhalt und den seiner Familienangehörigen oder anderen Haushaltsangehörigen nicht auf öffentliche Mittel mit Ausnahme von Leistungen zur Deckung der notwendigen Kosten für Unterkunft und Heizung angewiesen war, und
2. über ausreichenden Wohnraum verfügt,
3. über ausreichende Kenntnisse der deutschen Sprache verfügt,
4. die Ausländerbehörde nicht vorsätzlich über aufenthaltsrechtlich relevante Umstände getäuscht hat,
5. behördliche Maßnahmen zur Aufenthaltsbeendigung nicht vorsätzlich hinausgezögert oder behindert hat,
6. keine Bezüge zu extremistischen oder terroristischen Organisationen hat und diese auch nicht unterstützt und
7. nicht wegen einer im Bundesgebiet begangenen vorsätzlichen Straftat verurteilt wurde, wobei Geldstrafen von insgesamt bis zu 50 Tagessätzen oder bis zu 90 Tagessätzen wegen Straftaten, die nach dem Aufenthaltsgesetz oder dem Asylgesetz nur von Ausländern begangen werden können, grundsätzlich außer Betracht bleiben.

(1a) Wurde die Duldung nach § 60a Absatz 2 Satz 3 in Verbindung mit § 60c erteilt, ist nach erfolgreichem Abschluss dieser Berufsausbildung für eine der erworbenen beruflichen Qualifikation entsprechenden Beschäftigung eine Aufenthaltserlaubnis für die Dauer von zwei Jahren zu erteilen, wenn die Voraussetzungen des Absatzes 1 Nummer 2 bis 3 und 6 bis 7 vorliegen.

(1b) Eine Aufenthaltserlaubnis nach Absatz 1a wird widerrufen, wenn das der Erteilung dieser Aufenthaltserlaubnis zugrunde liegende Arbeitsverhältnis aus Gründen, die in der Person des Ausländers liegen, aufgelöst wird oder der Ausländer wegen einer im Bundesgebiet begangenen vorsätzlichen Straftat verurteilt wurde, wobei Geldstrafen von insgesamt bis zu 50 Tagessätzen oder bis zu 90 Tagessätzen wegen Straftaten, die nach dem Aufenthaltsgesetz oder dem Asylgesetz nur von Ausländern begangen werden können, grundsätzlich außer Betracht bleiben.

(2) Die Aufenthaltserlaubnis berechtigt nach Ausübung einer zweijährigen der beruflichen Qualifikation entsprechenden Beschäftigung zu jeder Beschäftigung.

(3) Die Aufenthaltserlaubnis kann abweichend von § 5 Absatz 2 und § 10 Absatz 3 Satz 1 erteilt werden.

§ 19e Teilnahme am europäischen Freiwilligendienst

(1) Einem Ausländer wird eine Aufenthaltserlaubnis zum Zweck der Teilnahme an einem europäischen Freiwilligendienst nach der Richtlinie (EU) 2016/801 erteilt, wenn die Bundesagentur für Arbeit nach § 39 zugestimmt hat oder durch die Beschäftigungsverordnung oder durch zwischenstaatliche Vereinbarung bestimmt ist, dass die Teilnahme an einem europäischen Freiwilligendienst ohne Zustimmung der Bundesagentur für Arbeit zulässig ist und der Ausländer eine Vereinbarung mit der aufnehmenden Einrichtung vorlegt, die Folgendes enthält:
1. eine Beschreibung des Freiwilligendienstes,
2. Angaben über die Dauer des Freiwilligendienstes und über die Dienstzeiten des Ausländers,
3. Angaben über die Bedingungen der Tätigkeit und der Betreuung des Ausländers,
4. Angaben über die dem Ausländer zur Verfügung stehenden Mittel für Lebensunterhalt und Unterkunft sowie Angaben über Taschengeld, das ihm für die Dauer des Aufenthalts mindestens zur Verfügung steht, und
5. Angaben über die Ausbildung, die der Ausländer gegebenenfalls erhält, damit er die Aufgaben des Freiwilligendienstes ordnungsgemäß durchführen kann.

(2) Der Aufenthaltstitel für den Ausländer wird für die vereinbarte Dauer der Teilnahme am europäischen Freiwilligendienst, höchstens jedoch für ein Jahr erteilt.

§ 19f Ablehnungsgründe bei Aufenthaltstiteln nach den §§ 16b, 16c, 16e, 16f, 17, 18b Absatz 2, den §§ 18d, 18e, 18f und 19e

(1) Ein Aufenthaltstitel nach § 16b Absatz 1 und 5, den §§ 16e, 17 Absatz 2, § 18b Absatz 2, den §§ 18d und 19e wird nicht erteilt an Ausländer,

1. die sich in einem Mitgliedstaat der Europäischen Union aufhalten, weil sie einen Antrag auf Zuerkennung der Flüchtlingseigenschaft oder auf Gewährung subsidiären Schutzes im Sinne der Richtlinie (EG) 2004/83 oder auf Zuerkennung internationalen Schutzes im Sinne der Richtlinie (EU) 2011/95 gestellt haben, oder die in einem Mitgliedstaat internationalen Schutz im Sinne der Richtlinie (EU) 2011/95 genießen,
2. die sich im Rahmen einer Regelung zum vorübergehenden Schutz in einem Mitgliedstaat der Europäischen Union aufhalten oder die in einem Mitgliedstaat einen Antrag auf Zuerkennung vorübergehenden Schutzes gestellt haben,
3. deren Abschiebung in einem Mitgliedstaat der Europäischen Union aus tatsächlichen oder rechtlichen Gründen ausgesetzt wurde,
4. die eine Erlaubnis zum Daueraufenthalt – EU oder einen Aufenthaltstitel, der durch einen anderen Mitgliedstaat der Europäischen Union auf der Grundlage der Richtlinie (EG) 2003/109 erteilt wurde, besitzen,
5. die auf Grund von Übereinkommen zwischen der Europäischen Union und ihren Mitgliedstaaten einerseits und Drittstaaten andererseits ein Recht auf freien Personenverkehr genießen, das dem der Unionsbürger gleichwertig ist.

(2) Eine Blaue Karte EU nach § 18b Absatz 2 wird über die in Absatz 1 genannten Ausschlussgründe hinaus nicht erteilt an Ausländer,
1. die einen Aufenthaltstitel nach Abschnitt 5 besitzen, der nicht auf Grund des § 23 Absatz 2 oder 4 erteilt wurde, oder eine vergleichbare Rechtsstellung in einem anderen Mitgliedstaat der Europäischen Union innehaben; Gleiches gilt, wenn sie einen solchen Titel oder eine solche Rechtsstellung beantragt haben und über den Antrag noch nicht abschließend entschieden worden ist,
2. deren Einreise in einen Mitgliedstaat der Europäischen Union Verpflichtungen unterliegt, die sich aus internationalen Abkommen zur Erleichterung der Einreise und des vorübergehenden Aufenthalts bestimmter Kategorien von natürlichen Personen, die handels- und investitionsbezogene Tätigkeiten ausüben, herleiten,
3. die in einem Mitgliedstaat der Europäischen Union als Saisonarbeitnehmer zugelassen wurden, oder
4. die unter die Richtlinie 96/71/EG des Europäischen Parlaments und des Rates vom 16. Dezember 1996 über die Entsendung von Arbeitnehmern im Rahmen der Erbringung von Dienstleistungen (ABl. L 18 vom 21. 1. 1997, S. 1) in der Fassung der Richtlinie (EU) 2018/957 des Europäischen Parlaments und des Rates vom 28. Juni 2018 zur Änderung der Richtlinie 96/71/EG über die Entsendung von Arbeitnehmern im Rahmen der Erbringung von Dienstleistungen (ABl. L 173 vom 9. 7. 2018, S. 16) fallen, für die Dauer ihrer Entsendung nach Deutschland.

(3) ¹Eine Aufenthaltserlaubnis nach den §§ 16b, 16e, 17 Absatz 2, den §§ 18d und 19e wird über die in Absatz 1 genannten Ausschlussgründe hinaus nicht erteilt an Ausländer, die eine Blaue Karte EU nach § 18b Absatz 2 oder einen Aufenthaltstitel, der durch einen anderen Mitgliedstaat der Europäischen Union auf Grundlage der Richtlinie 2009/50/EG des Rates vom 25. Mai 2009 über die Bedingungen für die Einreise und den Aufenthalt von Drittstaatsangehörigen zur Ausübung einer hochqualifizierten Beschäftigung (ABl. L 155 vom 18. 6. 2009, S. 17) erteilt wurde, besitzen. ²Eine Aufenthaltserlaubnis nach § 18d wird darüber hinaus nicht erteilt, wenn die Forschungstätigkeit Bestandteil eines Promotionsstudiums als Vollzeitstudienprogramm ist.

(4) Der Antrag auf Erteilung einer Aufenthaltserlaubnis nach den §§ 16b, 16e, 16f, 17, 18d, 18f und 19e kann abgelehnt werden, wenn
1. die aufnehmende Einrichtung hauptsächlich zu dem Zweck gegründet wurde, die Einreise und den Aufenthalt von Ausländern zu dem in der jeweiligen Vorschrift genannten Zweck zu erleichtern,
2. über das Vermögen der aufnehmenden Einrichtung ein Insolvenzverfahren eröffnet wurde, das auf Auflösung der Einrichtung und Abwicklung des Geschäftsbetriebs gerichtet ist,
3. die aufnehmende Einrichtung im Rahmen der Durchführung eines Insolvenzverfahrens aufgelöst wurde und der Geschäftsbetrieb abgewickelt wurde,
4. die Eröffnung eines Insolvenzverfahrens über das Vermögen der aufnehmenden Einrichtung mangels Masse abgelehnt wurde und der Geschäftsbetrieb eingestellt wurde,
5. die aufnehmende Einrichtung keine Geschäftstätigkeit ausübt oder
6. Beweise oder konkrete Anhaltspunkte dafür bestehen, dass der Ausländer den Aufenthalt zu anderen Zwecken nutzen wird als zu jenen, für die er die Erteilung der Aufenthaltserlaubnis beantragt.

(5) ¹Die Einreise und der Aufenthalt nach § 16c oder § 18e werden durch das Bundesamt für Migration und Flüchtlinge abgelehnt, wenn
1. die jeweiligen Voraussetzungen von § 16c Absatz 1 oder § 18e Absatz 1 nicht vorliegen,
2. die nach § 16c Absatz 1 oder § 18e Absatz 1 vorgelegten Unterlagen in betrügerischer Weise erworben, gefälscht oder manipuliert wurden,
3. einer der Ablehnungsgründe des Absatzes 4 vorliegt oder

4. ein Ausweisungsinteresse besteht.
²Eine Ablehnung nach Satz 1 Nummer 1 und 2 hat innerhalb von 30 Tagen nach Zugang der vollständigen Mitteilung nach § 16c Absatz 1 Satz 1 oder § 18e Absatz 1 Satz 1 beim Bundesamt für Migration und Flüchtlinge zu erfolgen. ³Im Fall des Satzes 1 Nummer 4 ist eine Ablehnung durch die Ausländerbehörde jederzeit während des Aufenthalts des Ausländers möglich; § 73 Absatz 3c ist entsprechend anwendbar. ⁴Die Ablehnung ist neben dem Ausländer auch der zuständigen Behörde des anderen Mitgliedstaates und der mitteilenden Einrichtung schriftlich bekannt zu geben.

§ 20 Arbeitsplatzsuche für Fachkräfte

(1) ¹Einer Fachkraft mit Berufsausbildung kann eine Aufenthaltserlaubnis für bis zu sechs Monate zur Suche nach einem Arbeitsplatz, zu dessen Ausübung ihre Qualifikation befähigt, erteilt werden, wenn die Fachkraft über der angestrebten Tätigkeit entsprechende deutsche Sprachkenntnisse verfügt. ²Auf Ausländer, die sich bereits im Bundesgebiet aufhalten, findet Satz 1 nur Anwendung, wenn diese unmittelbar vor der Erteilung der Aufenthaltserlaubnis nach Satz 1 im Besitz eines Aufenthaltstitels zum Zweck der Erwerbstätigkeit oder nach § 16e waren. ³Das Bundesministerium für Arbeit und Soziales kann durch Rechtsverordnung mit Zustimmung des Bundesrates Berufsgruppen bestimmen, in denen Fachkräften keine Aufenthaltserlaubnis nach Satz 1 erteilt werden darf. ⁴Die Aufenthaltserlaubnis berechtigt nur zur Ausübung von Probebeschäftigungen bis zu zehn Stunden je Woche, zu deren Ausübung die erworbene Qualifikation die Fachkraft befähigt.
(2) ¹Einer Fachkraft mit akademischer Ausbildung kann eine Aufenthaltserlaubnis für bis zu sechs Monate zur Suche nach einem Arbeitsplatz, zu dessen Ausübung ihre Qualifikation befähigt, erteilt werden. ²Absatz 1 Satz 2 und 4 gilt entsprechend.
(3) Zur Suche nach einem Arbeitsplatz, zu dessen Ausübung seine Qualifikation befähigt,
1. wird einem Ausländer nach erfolgreichem Abschluss eines Studiums im Bundesgebiet im Rahmen eines Aufenthalts nach § 16b oder § 16c eine Aufenthaltserlaubnis für bis zu 18 Monate erteilt,
2. wird einem Ausländer nach Abschluss der Forschungstätigkeit im Rahmen eines Aufenthalts nach § 18d oder § 18f eine Aufenthaltserlaubnis für bis zu neun Monate erteilt,
3. kann einem Ausländer nach erfolgreichem Abschluss einer qualifizierten Berufsausbildung im Bundesgebiet im Rahmen eines Aufenthalts nach § 16a eine Aufenthaltserlaubnis für bis zu zwölf Monate erteilt werden, oder
4. kann einem Ausländer nach der Feststellung der Gleichwertigkeit der Berufsqualifikation oder der Erteilung der Berufsausübungserlaubnis im Bundesgebiet im Rahmen eines Aufenthalts nach § 16d eine Aufenthaltserlaubnis für bis zu zwölf Monate erteilt werden,
sofern der Arbeitsplatz nach den Bestimmungen der §§ 18a, 18b, 18d, 19c und 21 von Ausländern besetzt werden darf.
(4) ¹Die Erteilung der Aufenthaltserlaubnis nach den Absätzen 1 bis 3 setzt die Lebensunterhaltssicherung voraus. ²Die Verlängerung der Aufenthaltserlaubnis über die in den Absätzen 1 bis 3 genannten Höchstzeiträume hinaus ist ausgeschlossen. ³Eine Aufenthaltserlaubnis nach den Absätzen 1 und 2 kann erneut nur erteilt werden, wenn sich der Ausländer nach seiner Ausreise mindestens so lange im Ausland aufgehalten hat, wie er sich zuvor auf der Grundlage einer Aufenthaltserlaubnis nach Absatz 1 oder 2 im Bundesgebiet aufgehalten hat. ⁴§ 9 findet keine Anwendung.

§ 21 Selbständige Tätigkeit

(1) ¹Einem Ausländer kann eine Aufenthaltserlaubnis zur Ausübung einer selbständigen Tätigkeit erteilt werden, wenn
1. ein wirtschaftliches Interesse oder ein regionales Bedürfnis besteht,
2. die Tätigkeit positive Auswirkungen auf die Wirtschaft erwarten lässt und
3. die Finanzierung der Umsetzung durch Eigenkapital oder durch eine Kreditzusage gesichert ist.
²Die Beurteilung der Voraussetzungen nach Satz 1 richtet sich insbesondere nach der Tragfähigkeit der zu Grunde liegenden Geschäftsidee, den unternehmerischen Erfahrungen des Ausländers, der Höhe des Kapitaleinsatzes, den Auswirkungen auf die Beschäftigungs- und Ausbildungssituation und dem Beitrag für Innovation und Forschung. ³Bei der Prüfung sind die für den Ort der geplanten Tätigkeit fachkundigen Körperschaften, die zuständigen Gewerbebehörden, die öffentlich-rechtlichen Berufsvertretungen und die für die Berufszulassung zuständigen Behörden zu beteiligen.
(2) Eine Aufenthaltserlaubnis zur Ausübung einer selbständigen Tätigkeit kann auch erteilt werden, wenn völkerrechtliche Vergünstigungen auf der Grundlage der Gegenseitigkeit bestehen.
(2a) ¹Einem Ausländer, der sein Studium an einer staatlichen oder staatlich anerkannten Hochschule oder vergleichbaren Ausbildungseinrichtung im Bundesgebiet erfolgreich abgeschlossen hat oder der als Forscher

oder Wissenschaftler eine Aufenthaltserlaubnis nach den §§ 18b, 18d oder § 19c Absatz 1 besitzt, kann eine Aufenthaltserlaubnis zur Ausübung einer selbständigen Tätigkeit abweichend von Absatz 1 erteilt werden. ²Die beabsichtigte selbständige Tätigkeit muss einen Zusammenhang mit den in der Hochschulausbildung erworbenen Kenntnissen oder der Tätigkeit als Forscher oder Wissenschaftler erkennen lassen.
(3) Ausländern, die älter sind als 45 Jahre, soll die Aufenthaltserlaubnis nur erteilt werden, wenn sie über eine angemessene Altersversorgung verfügen.
(4) ¹Die Aufenthaltserlaubnis wird auf längstens drei Jahre befristet. ²Nach drei Jahren kann abweichend von § 9 Abs. 2 eine Niederlassungserlaubnis erteilt werden, wenn der Ausländer die geplante Tätigkeit erfolgreich verwirklicht hat und der Lebensunterhalt des Ausländers und seiner mit ihm in familiärer Gemeinschaft lebenden Angehörigen, denen er Unterhalt zu leisten hat, durch ausreichende Einkünfte gesichert ist und die Voraussetzung des § 9 Absatz 2 Satz 1 Nummer 4 vorliegt.
(5) ¹Einem Ausländer kann eine Aufenthaltserlaubnis zur Ausübung einer freiberuflichen Tätigkeit abweichend von Absatz 1 erteilt werden. ²Eine erforderliche Erlaubnis zur Ausübung des freien Berufes muss erteilt worden oder ihre Erteilung zugesagt sein. ³Absatz 1 Satz 3 ist entsprechend anzuwenden. ⁴Absatz 4 ist nicht anzuwenden.
(6) Einem Ausländer, dem eine Aufenthaltserlaubnis zu einem anderen Zweck erteilt wird oder erteilt worden ist, kann unter Beibehaltung dieses Aufenthaltszwecks die Ausübung einer selbständigen Tätigkeit erlaubt werden, wenn die nach sonstigen Vorschriften erforderlichen Erlaubnisse erteilt wurden oder ihre Erteilung zugesagt ist.

Abschnitt 5
Aufenthalt aus völkerrechtlichen, humanitären oder politischen Gründen

§ 22 Aufnahme aus dem Ausland

¹Einem Ausländer kann für die Aufnahme aus dem Ausland aus völkerrechtlichen oder dringenden humanitären Gründen eine Aufenthaltserlaubnis erteilt werden. ²Eine Aufenthaltserlaubnis ist zu erteilen, wenn das Bundesministerium des Innern, für Bau und Heimat oder die von ihm bestellte Stelle zur Wahrung politischer Interessen der Bundesrepublik Deutschland die Aufnahme erklärt hat.

§ 23 Aufenthaltsgewährung durch die obersten Landesbehörden; Aufnahme bei besonders gelagerten politischen Interessen; Neuansiedlung von Schutzsuchenden

(1) ¹Die oberste Landesbehörde kann aus völkerrechtlichen oder humanitären Gründen oder zur Wahrung politischer Interessen der Bundesrepublik Deutschland anordnen, dass Ausländern aus bestimmten Staaten oder in sonstiger Weise bestimmten Ausländergruppen eine Aufenthaltserlaubnis erteilt wird. ²Die Anordnung kann unter der Maßgabe erfolgen, dass eine Verpflichtungserklärung nach § 68 abgegeben wird. ³Zur Wahrung der Bundeseinheitlichkeit bedarf die Anordnung des Einvernehmens mit dem Bundesministerium des Innern, für Bau und Heimat. ⁴Die Aufenthaltserlaubnis berechtigt nicht zur Erwerbstätigkeit; die Anordnung kann vorsehen, dass die zu erteilende Aufenthaltserlaubnis die Erwerbstätigkeit erlaubt oder diese nach § 4a Absatz 1 erlaubt werden kann.
(2) ¹Das Bundesministerium des Innern, für Bau und Heimat kann zur Wahrung besonders gelagerter politischer Interessen der Bundesrepublik Deutschland im Benehmen mit den obersten Landesbehörden anordnen, dass das Bundesamt für Migration und Flüchtlinge Ausländern aus bestimmten Staaten oder in sonstiger Weise bestimmten Ausländergruppen eine Aufnahmezusage erteilt. ²Ein Vorverfahren nach § 68 der Verwaltungsgerichtsordnung findet nicht statt. ³Den betroffenen Ausländern ist entsprechend der Aufnahmezusage eine Aufenthaltserlaubnis oder Niederlassungserlaubnis zu erteilen. ⁴Die Niederlassungserlaubnis kann mit einer wohnsitzbeschränkenden Auflage versehen werden.
(3) Die Anordnung kann vorsehen, dass § 24 ganz oder teilweise entsprechende Anwendung findet.
(4) ¹Das Bundesministerium des Innern, für Bau und Heimat kann im Rahmen der Neuansiedlung von Schutzsuchenden im Benehmen mit den obersten Landesbehörden anordnen, dass das Bundesamt für Migration und Flüchtlinge bestimmten, für eine Neuansiedlung ausgewählten Schutzsuchenden (Resettlement-Flüchtlinge) eine Aufnahmezusage erteilt. ²Absatz 2 Satz 2 bis 4 und § 24 Absatz 3 bis 5 gelten entsprechend.

§ 23a Aufenthaltsgewährung in Härtefällen

(1) ¹Die oberste Landesbehörde darf anordnen, dass einem Ausländer, der vollziehbar ausreisepflichtig ist, abweichend von den in diesem Gesetz festgelegten Erteilungs- und Verlängerungsvoraussetzungen für einen Aufenthaltstitel sowie von den §§ 10 und 11 eine Aufenthaltserlaubnis erteilt wird, wenn eine von der Landesregierung durch Rechtsverordnung eingerichtete Härtefallkommission darum ersucht (Härtefallersuchen). ²Die Anordnung kann im Einzelfall unter Berücksichtigung des Umstandes erfolgen, ob der Lebensunterhalt des Ausländers gesichert ist oder eine Verpflichtungserklärung nach § 68 abgegeben wird. ³Die Annahme eines Härtefalls ist in der Regel ausgeschlossen, wenn der Ausländer Straftaten von erheblichem Gewicht begangen hat

oder wenn ein Rückführungstermin bereits konkret feststeht. ⁴Die Befugnis zur Aufenthaltsgewährung steht ausschließlich im öffentlichen Interesse und begründet keine eigenen Rechte des Ausländers.
(2) ¹Die Landesregierungen werden ermächtigt, durch Rechtsverordnung eine Härtefallkommission nach Absatz 1 einzurichten, das Verfahren, Ausschlussgründe und qualifizierte Anforderungen an eine Verpflichtungserklärung nach Absatz 1 Satz 2 einschließlich vom Verpflichtungsgeber zu erfüllender Voraussetzungen zu bestimmen sowie die Anordnungsbefugnis nach Absatz 1 Satz 1 auf andere Stellen zu übertragen. ²Die Härtefallkommissionen werden ausschließlich im Wege der Selbstbefassung tätig. ³Dritte können nicht verlangen, dass eine Härtefallkommission sich mit einem bestimmten Einzelfall befasst oder eine bestimmte Entscheidung trifft. ⁴Die Entscheidung für ein Härtefallersuchen setzt voraus, dass nach den Feststellungen der Härtefallkommission dringende humanitäre oder persönliche Gründe die weitere Anwesenheit des Ausländers im Bundesgebiet rechtfertigen.
(3) ¹Verzieht ein sozialhilfebedürftiger Ausländer, dem eine Aufenthaltserlaubnis nach Absatz 1 erteilt wurde, in den Zuständigkeitsbereich eines anderen Leistungsträgers, ist der Träger der Sozialhilfe, in dessen Zuständigkeitsbereich eine Ausländerbehörde die Aufenthaltserlaubnis erteilt hat, längstens für die Dauer von drei Jahren ab Erteilung der Aufenthaltserlaubnis dem nunmehr zuständigen örtlichen Träger der Sozialhilfe zur Kostenerstattung verpflichtet. ²Dies gilt entsprechend für die in § 6 Abs. 1 Satz 1 Nr. 2 des Zweiten Buches Sozialgesetzbuch genannten Leistungen zur Sicherung des Lebensunterhalts.

§ 24 Aufenthaltsgewährung zum vorübergehenden Schutz

(1) Einem Ausländer, dem auf Grund eines Beschlusses des Rates der Europäischen Union gemäß der Richtlinie 2001/55/EG vorübergehender Schutz gewährt wird und der seine Bereitschaft erklärt hat, im Bundesgebiet aufgenommen zu werden, wird für die nach den Artikeln 4 und 6 der Richtlinie bemessene Dauer des vorübergehenden Schutzes eine Aufenthaltserlaubnis erteilt.
(2) Die Gewährung von vorübergehendem Schutz ist ausgeschlossen, wenn die Voraussetzungen des § 3 Abs. 2 des Asylgesetzes oder des § 60 Abs. 8 Satz 1 vorliegen; die Aufenthaltserlaubnis ist zu versagen.
(3) ¹Die Ausländer im Sinne des Absatzes 1 werden auf die Länder verteilt. ²Die Länder können Kontingente für die Aufnahme zum vorübergehenden Schutz und die Verteilung vereinbaren. ³Die Verteilung auf die Länder erfolgt durch das Bundesamt für Migration und Flüchtlinge. ⁴Solange die Länder für die Verteilung keinen abweichenden Schlüssel vereinbart haben, gilt der für die Verteilung von Asylbewerbern festgelegte Schlüssel.
(4) ¹Die oberste Landesbehörde oder die von ihr bestimmte Stelle erlässt eine Zuweisungsentscheidung. ²Die Landesregierungen werden ermächtigt, die Verteilung innerhalb der Länder durch Rechtsverordnung zu regeln, sie können die Ermächtigung durch Rechtsverordnung auf andere Stellen übertragen; § 50 Abs. 4 des Asylgesetzes findet entsprechende Anwendung. ³Ein Widerspruch gegen die Zuweisungsentscheidung findet nicht statt. ⁴Die Klage hat keine aufschiebende Wirkung.
(5) ¹Der Ausländer hat keinen Anspruch darauf, sich in einem bestimmten Land oder an einem bestimmten Ort aufzuhalten. ²Er hat seine Wohnung und seinen gewöhnlichen Aufenthalt an dem Ort zu nehmen, dem er nach den Absätzen 3 und 4 zugewiesen wurde.
(6) ¹Die Ausübung einer selbständigen Tätigkeit darf nicht ausgeschlossen werden. ²Die Aufenthaltserlaubnis berechtigt nicht zur Ausübung einer Beschäftigung; sie kann nach § 4a Absatz 2 erlaubt werden.
(7) Der Ausländer wird über die mit dem vorübergehenden Schutz verbundenen Rechte und Pflichten schriftlich in einer ihm verständlichen Sprache unterrichtet.

§ 25 Aufenthalt aus humanitären Gründen

(1) ¹Einem Ausländer ist eine Aufenthaltserlaubnis zu erteilen, wenn er als Asylberechtigter anerkannt ist. ²Dies gilt nicht, wenn der Ausländer auf Grund eines besonders schwerwiegenden Ausweisungsinteresses nach § 54 Absatz 1 ausgewiesen worden ist. ³Bis zur Erteilung der Aufenthaltserlaubnis gilt der Aufenthalt als erlaubt.
(2) ¹Einem Ausländer ist eine Aufenthaltserlaubnis zu erteilen, wenn das Bundesamt für Migration und Flüchtlinge die Flüchtlingseigenschaft im Sinne des § 3 Absatz 1 des Asylgesetzes oder subsidiären Schutz im Sinne des § 4 Absatz 1 des Asylgesetzes zuerkannt hat. ²Absatz 1 Satz 2 bis 3 gilt entsprechend.
(3) ¹Einem Ausländer soll eine Aufenthaltserlaubnis erteilt werden, wenn ein Abschiebungsverbot nach § 60 Absatz 5 oder 7 vorliegt. ²Die Aufenthaltserlaubnis wird nicht erteilt, wenn die Ausreise in einen anderen Staat möglich und zumutbar ist oder der Ausländer wiederholt oder gröblich gegen entsprechende Mitwirkungspflichten verstößt. ³Sie wird ferner nicht erteilt, wenn schwerwiegende Gründe die Annahme rechtfertigen, dass der Ausländer
1. ein Verbrechen gegen den Frieden, ein Kriegsverbrechen oder ein Verbrechen gegen die Menschlichkeit im Sinne der internationalen Vertragswerke begangen hat, die ausgearbeitet worden sind, um Bestimmungen bezüglich dieser Verbrechen festzulegen,

2. eine Straftat von erheblicher Bedeutung begangen hat,
3. sich Handlungen zuschulden kommen ließ, die den Zielen und Grundsätzen der Vereinten Nationen, wie sie in der Präambel und den Artikeln 1 und 2 der Charta der Vereinten Nationen verankert sind, zuwiderlaufen, oder
4. eine Gefahr für die Allgemeinheit oder eine Gefahr für die Sicherheit der Bundesrepublik Deutschland darstellt.

(4) ¹Einem nicht vollziehbar ausreisepflichtigen Ausländer kann für einen vorübergehenden Aufenthalt eine Aufenthaltserlaubnis erteilt werden, solange dringende humanitäre oder persönliche Gründe oder erhebliche öffentliche Interessen seine vorübergehende weitere Anwesenheit im Bundesgebiet erfordern. ²Eine Aufenthaltserlaubnis kann abweichend von § 8 Abs. 1 und 2 verlängert werden, wenn auf Grund besonderer Umstände des Einzelfalls das Verlassen des Bundesgebietes für den Ausländer eine außergewöhnliche Härte bedeuten würde. ³Die Aufenthaltserlaubnis berechtigt nicht zur Ausübung einer Erwerbstätigkeit; sie kann nach § 4a Absatz 1 erlaubt werden.

(4a) ¹Einem Ausländer, der Opfer einer Straftat nach den §§ 232 bis 233a des Strafgesetzbuches wurde, soll, auch wenn er vollziehbar ausreisepflichtig ist, für einen Aufenthalt eine Aufenthaltserlaubnis erteilt werden. ²Die Aufenthaltserlaubnis darf nur erteilt werden, wenn
1. seine Anwesenheit im Bundesgebiet für ein Strafverfahren wegen dieser Straftat von der Staatsanwaltschaft oder dem Strafgericht für sachgerecht erachtet wird, weil ohne seine Angaben die Erforschung des Sachverhalts erschwert wäre,
2. er jede Verbindung zu den Personen, die beschuldigt werden, die Straftat begangen zu haben, abgebrochen hat und
3. er seine Bereitschaft erklärt hat, in dem Strafverfahren wegen der Straftat als Zeuge auszusagen.

³Nach Beendigung des Strafverfahrens soll die Aufenthaltserlaubnis verlängert werden, wenn humanitäre oder persönliche Gründe oder öffentliche Interessen die weitere Anwesenheit des Ausländers im Bundesgebiet erfordern. ⁴Die Aufenthaltserlaubnis berechtigt nicht zur Ausübung einer Erwerbstätigkeit; sie kann nach § 4a Absatz 1 erlaubt werden.

(4b) ¹Einem Ausländer, der Opfer einer Straftat nach § 10 Absatz 1 oder § 11 Absatz 1 Nummer 3 des Schwarzarbeitsbekämpfungsgesetzes oder nach § 15a des Arbeitnehmerüberlassungsgesetzes wurde, kann, auch wenn er vollziehbar ausreisepflichtig ist, für einen vorübergehenden Aufenthalt eine Aufenthaltserlaubnis erteilt werden. ²Die Aufenthaltserlaubnis darf nur erteilt werden, wenn
1. die vorübergehende Anwesenheit des Ausländers im Bundesgebiet für ein Strafverfahren wegen dieser Straftat von der Staatsanwaltschaft oder dem Strafgericht für sachgerecht erachtet wird, weil ohne seine Angaben die Erforschung des Sachverhalts erschwert wäre, und
2. der Ausländer seine Bereitschaft erklärt hat, in dem Strafverfahren wegen der Straftat als Zeuge auszusagen.

³Die Aufenthaltserlaubnis kann verlängert werden, wenn dem Ausländer von Seiten des Arbeitgebers die zustehende Vergütung noch nicht vollständig geleistet wurde und es für den Ausländer eine besondere Härte darstellen würde, seinen Vergütungsanspruch aus dem Ausland zu verfolgen. ⁴Die Aufenthaltserlaubnis berechtigt nicht zur Ausübung einer Erwerbstätigkeit; sie kann nach § 4a Absatz 1 erlaubt werden.

(5) ¹Einem Ausländer, der vollziehbar ausreisepflichtig ist, kann eine Aufenthaltserlaubnis erteilt werden, wenn seine Ausreise aus rechtlichen oder tatsächlichen Gründen unmöglich ist und mit dem Wegfall der Ausreisehindernisse in absehbarer Zeit nicht zu rechnen ist. ²Die Aufenthaltserlaubnis soll erteilt werden, wenn die Abschiebung seit 18 Monaten ausgesetzt ist. ³Eine Aufenthaltserlaubnis darf nur erteilt werden, wenn der Ausländer unverschuldet an der Ausreise gehindert ist. ⁴Ein Verschulden des Ausländers liegt insbesondere vor, wenn er falsche Angaben macht oder über seine Identität oder Staatsangehörigkeit täuscht oder zumutbare Anforderungen zur Beseitigung der Ausreisehindernisse nicht erfüllt.

§ 25a Aufenthaltsgewährung bei gut integrierten Jugendlichen und Heranwachsenden

(1) ¹Einem jugendlichen oder heranwachsenden geduldeten Ausländer soll eine Aufenthaltserlaubnis erteilt werden, wenn
1. er sich seit vier Jahren ununterbrochen erlaubt, geduldet oder mit einer Aufenthaltsgestattung im Bundesgebiet aufhält,
2. er im Bundesgebiet in der Regel seit vier Jahren erfolgreich eine Schule besucht oder einen anerkannten Schul- oder Berufsabschluss erworben hat,
3. der Antrag auf Erteilung der Aufenthaltserlaubnis vor Vollendung des 21. Lebensjahres gestellt wird,
4. es gewährleistet erscheint, dass er sich auf Grund seiner bisherigen Ausbildung und Lebensverhältnisse in die Lebensverhältnisse der Bundesrepublik Deutschland einfügen kann und

5. keine konkreten Anhaltspunkte dafür bestehen, dass der Ausländer sich nicht zur freiheitlichen demokratischen Grundordnung der Bundesrepublik Deutschland bekennt.

²Solange sich der Jugendliche oder der Heranwachsende in einer schulischen oder beruflichen Ausbildung oder einem Hochschulstudium befindet, schließt die Inanspruchnahme öffentlicher Leistungen zur Sicherstellung des eigenen Lebensunterhalts die Erteilung der Aufenthaltserlaubnis nicht aus. ³Die Erteilung einer Aufenthaltserlaubnis ist zu versagen, wenn die Abschiebung aufgrund eigener falscher Angaben des Ausländers oder aufgrund seiner Täuschung über seine Identität oder Staatsangehörigkeit ausgesetzt ist.

(2) ¹Den Eltern oder einem personensorgeberechtigten Elternteil eines minderjährigen Ausländers, der eine Aufenthaltserlaubnis nach Absatz 1 besitzt, kann eine Aufenthaltserlaubnis erteilt werden, wenn
1. die Abschiebung nicht aufgrund falscher Angaben oder aufgrund von Täuschungen über die Identität oder Staatsangehörigkeit oder mangels Erfüllung zumutbarer Anforderungen an die Beseitigung von Ausreisehindernissen verhindert oder verzögert wird und
2. der Lebensunterhalt eigenständig durch Erwerbstätigkeit gesichert ist.

²Minderjährigen Kindern eines Ausländers, der eine Aufenthaltserlaubnis nach Satz 1 besitzt, kann eine Aufenthaltserlaubnis erteilt werden, wenn sie mit ihm in familiärer Lebensgemeinschaft leben. ³Dem Ehegatten oder Lebenspartner, der mit einem Begünstigten nach Absatz 1 in familiärer Lebensgemeinschaft lebt, soll unter den Voraussetzungen nach Satz 1 eine Aufenthaltserlaubnis erteilt werden. ⁴§ 31 gilt entsprechend. ⁵Dem minderjährigen ledigen Kind, das mit einem Begünstigten nach Absatz 1 in familiärer Lebensgemeinschaft lebt, soll eine Aufenthaltserlaubnis erteilt werden.

(3) Die Erteilung einer Aufenthaltserlaubnis nach Absatz 2 ist ausgeschlossen, wenn der Ausländer wegen einer im Bundesgebiet begangenen vorsätzlichen Straftat verurteilt wurde, wobei Geldstrafen von insgesamt bis zu 50 Tagessätzen oder bis zu 90 Tagessätzen wegen Straftaten, die nach diesem Gesetz oder dem Asylgesetz nur von Ausländern begangen werden können, grundsätzlich außer Betracht bleiben.

(4) Die Aufenthaltserlaubnis kann abweichend von § 10 Absatz 3 Satz 2 erteilt werden.

§ 25b Aufenthaltsgewährung bei nachhaltiger Integration

(1) ¹Einem geduldeten Ausländer soll abweichend von § 5 Absatz 1 Nummer 1 und Absatz 2 eine Aufenthaltserlaubnis erteilt werden, wenn er sich nachhaltig in die Lebensverhältnisse der Bundesrepublik Deutschland integriert hat. ²Dies setzt regelmäßig voraus, dass der Ausländer
1. sich seit mindestens acht Jahren oder, falls er zusammen mit einem minderjährigen ledigen Kind in häuslicher Gemeinschaft lebt, seit mindestens sechs Jahren ununterbrochen geduldet, gestattet oder mit einer Aufenthaltserlaubnis im Bundesgebiet aufgehalten hat,
2. sich zur freiheitlichen demokratischen Grundordnung der Bundesrepublik Deutschland bekennt und über Grundkenntnisse der Rechts- und Gesellschaftsordnung und der Lebensverhältnisse im Bundesgebiet verfügt,
3. seinen Lebensunterhalt überwiegend durch Erwerbstätigkeit sichert oder bei der Betrachtung der bisherigen Schul-, Ausbildungs-, Einkommens- sowie der familiären Lebenssituation zu erwarten ist, dass er seinen Lebensunterhalt im Sinne von § 2 Absatz 3 sichern wird, wobei der Bezug von Wohngeld unschädlich ist,
4. über hinreichende mündliche Deutschkenntnisse im Sinne des Niveaus A2 des Gemeinsamen Europäischen Referenzrahmens für Sprachen verfügt und
5. bei Kindern im schulpflichtigen Alter deren tatsächlichen Schulbesuch nachweist.

³Ein vorübergehender Bezug von Sozialleistungen ist für die Lebensunterhaltssicherung in der Regel unschädlich bei
1. Studierenden an einer staatlichen oder staatlich anerkannten Hochschule sowie Auszubildenden in anerkannten Lehrberufen oder in staatlich geförderten Berufsvorbereitungsmaßnahmen,
2. Familien mit minderjährigen Kindern, die vorübergehend auf ergänzende Sozialleistungen angewiesen sind,
3. Alleinerziehenden mit minderjährigen Kindern, denen eine Arbeitsaufnahme nach § 10 Absatz 1 Nummer 3 des Zweiten Buches Sozialgesetzbuch nicht zumutbar ist oder
4. Ausländern, die pflegebedürftige nahe Angehörige pflegen.

(2) Die Erteilung einer Aufenthaltserlaubnis nach Absatz 1 ist zu versagen, wenn
1. der Ausländer die Aufenthaltsbeendigung durch vorsätzlich falsche Angaben, durch Täuschung über die Identität oder Staatsangehörigkeit oder Nichterfüllung zumutbarer Anforderungen an die Mitwirkung bei der Beseitigung von Ausreisehindernissen verhindert oder verzögert oder
2. ein Ausweisungsinteresse im Sinne von § 54 Absatz 1 oder Absatz 2 Nummer 1 und 2 besteht.

(3) Von den Voraussetzungen des Absatzes 1 Satz 2 Nummer 3 und 4 wird abgesehen, wenn der Ausländer sie wegen einer körperlichen, geistigen oder seelischen Krankheit oder Behinderung oder aus Altersgründen nicht erfüllen kann.

(4) ¹Dem Ehegatten, dem Lebenspartner und minderjährigen ledigen Kindern, die mit einem Begünstigten nach Absatz 1 in familiärer Lebensgemeinschaft leben, soll unter den Voraussetzungen des Absatzes 1 Satz 2 Nummer 2 bis 5 eine Aufenthaltserlaubnis erteilt werden. ²Die Absätze 2, 3 und 5 finden Anwendung. ³§ 31 gilt entsprechend.
(5) ¹Die Aufenthaltserlaubnis wird abweichend von § 26 Absatz 1 Satz 1 längstens für zwei Jahre erteilt und verlängert. ²Sie kann abweichend von § 10 Absatz 3 Satz 2 erteilt werden. ³§ 25a bleibt unberührt.
(6) Einem Ausländer, seinem Ehegatten oder seinem Lebenspartner und in familiärer Lebensgemeinschaft lebenden minderjährigen ledigen Kindern, die seit 30 Monaten im Besitz einer Duldung nach § 60d sind, soll eine Aufenthaltserlaubnis nach Absatz 1 abweichend von der in Absatz 1 Satz 2 Nummer 1 genannten Frist erteilt werden, wenn die Voraussetzungen nach § 60d erfüllt sind und der Ausländer über hinreichende mündliche deutsche Sprachkenntnisse verfügt; bestand die Möglichkeit des Besuchs eines Integrationskurses, setzt die Erteilung der Aufenthaltserlaubnis zudem voraus, dass der Ausländer, sein Ehegatte oder sein Lebenspartner über hinreichende schriftliche Kenntnisse der deutschen Sprache verfügt.

§ 26 Dauer des Aufenthalts

(1) ¹Die Aufenthaltserlaubnis nach diesem Abschnitt kann für jeweils längstens drei Jahre erteilt und verlängert werden, in den Fällen des § 25 Abs. 4 Satz 1 und Abs. 5 jedoch für längstens sechs Monate, solange sich der Ausländer noch nicht mindestens 18 Monate rechtmäßig im Bundesgebiet aufgehalten hat. ²Asylberechtigten und Ausländern, denen die Flüchtlingseigenschaft im Sinne des § 3 Absatz 1 des Asylgesetzes zuerkannt worden ist, wird die Aufenthaltserlaubnis für drei Jahre erteilt. ³Subsidiär Schutzberechtigten im Sinne des § 4 Absatz 1 des Asylgesetzes wird die Aufenthaltserlaubnis für ein Jahr erteilt, bei Verlängerung für zwei weitere Jahre. ⁴Ausländern, die die Voraussetzungen des § 25 Absatz 3 erfüllen, wird die Aufenthaltserlaubnis für mindestens ein Jahr erteilt. ⁵Die Aufenthaltserlaubnisse nach § 25 Absatz 4a Satz 1 und Absatz 4b werden jeweils für ein Jahr, Aufenthaltserlaubnisse nach § 25 Absatz 4a Satz 3 jeweils für zwei Jahre erteilt und verlängert; in begründeten Einzelfällen ist eine längere Geltungsdauer zulässig.
(2) Die Aufenthaltserlaubnis darf nicht verlängert werden, wenn das Ausreisehindernis oder die sonstigen einer Aufenthaltsbeendigung entgegenstehenden Gründe entfallen sind.
(3) ¹Einem Ausländer, der eine Aufenthaltserlaubnis nach § 25 Absatz 1 oder 2 Satz 1 erste Alternative besitzt, ist eine Niederlassungserlaubnis zu erteilen, wenn
1. er die Aufenthaltserlaubnis seit fünf Jahren besitzt, wobei die Aufenthaltszeit des der Erteilung der Aufenthaltserlaubnis vorangegangenen Asylverfahrens abweichend von § 55 Absatz 3 des Asylgesetzes auf die für die Erteilung der Niederlassungserlaubnis erforderliche Zeit des Besitzes einer Aufenthaltserlaubnis angerechnet wird,
2. das Bundesamt für Migration und Flüchtlinge nicht nach § 73 Absatz 2a des Asylgesetzes mitgeteilt hat, dass die Voraussetzungen für den Widerruf oder die Rücknahme vorliegen; ist der Erteilung der Aufenthaltserlaubnis eine Entscheidung des Bundesamtes vorausgegangen, die im Jahr 2015, 2016 oder 2017 unanfechtbar geworden ist, muss das Bundesamt mitgeteilt haben, dass die Voraussetzungen für den Widerruf oder die Rücknahme nicht vorliegen,
3. sein Lebensunterhalt überwiegend gesichert ist,
4. er über hinreichende Kenntnisse der deutschen Sprache verfügt und
5. die Voraussetzungen des § 9 Absatz 2 Satz 1 Nummer 4 bis 6, 8 und 9 vorliegen.

²§ 9 Absatz 2 Satz 2 bis 6, § 9 Absatz 3 Satz 1 und § 9 Absatz 4 finden entsprechend Anwendung; von der Voraussetzung in Satz 1 Nummer 3 wird auch abgesehen, wenn der Ausländer die Regelaltersgrenze nach § 35 Satz 2 oder § 235 Absatz 2 des Sechsten Buches Sozialgesetzbuch erreicht hat. ³Abweichend von Satz 1 und 2 ist einem Ausländer, der eine Aufenthaltserlaubnis nach § 25 Absatz 1 oder 2 Satz 1 erste Alternative besitzt, eine Niederlassungserlaubnis zu erteilen, wenn
1. er die Aufenthaltserlaubnis seit drei Jahren besitzt, wobei die Aufenthaltszeit des der Erteilung der Aufenthaltserlaubnis vorangegangenen Asylverfahrens abweichend von § 55 Absatz 3 des Asylgesetzes auf die für die Erteilung der Niederlassungserlaubnis erforderliche Zeit des Besitzes einer Aufenthaltserlaubnis angerechnet wird,
2. das Bundesamt für Migration und Flüchtlinge nicht nach § 73 Absatz 2a des Asylgesetzes mitgeteilt hat, dass die Voraussetzungen für den Widerruf oder die Rücknahme vorliegen; ist der Erteilung der Aufenthaltserlaubnis eine Entscheidung des Bundesamtes vorausgegangen, die im Jahr 2015, 2016 oder 2017 unanfechtbar geworden ist, muss das Bundesamt mitgeteilt haben, dass die Voraussetzungen für den Widerruf oder die Rücknahme nicht vorliegen,
3. er die deutsche Sprache beherrscht,
4. sein Lebensunterhalt weit überwiegend gesichert ist und

5. die Voraussetzungen des § 9 Absatz 2 Satz 1 Nummer 4 bis 6, 8 und 9 vorliegen.
⁴In den Fällen des Satzes 3 finden § 9 Absatz 3 Satz 1 und § 9 Absatz 4 entsprechend Anwendung. ⁵Für Kinder, die vor Vollendung des 18. Lebensjahres nach Deutschland eingereist sind, kann § 35 entsprechend angewandt werden. ⁶Die Sätze 1 bis 5 gelten auch für einen Ausländer, der eine Aufenthaltserlaubnis nach § 23 Absatz 4 besitzt, es sei denn, es liegen die Voraussetzungen für eine Rücknahme vor.
(4) ¹Im Übrigen kann einem Ausländer, der eine Aufenthaltserlaubnis nach diesem Abschnitt besitzt, eine Niederlassungserlaubnis erteilt werden, wenn die in § 9 Abs. 2 Satz 1 bezeichneten Voraussetzungen vorliegen. ²§ 9 Abs. 2 Satz 2 bis 6 gilt entsprechend. ³Die Aufenthaltszeit des der Erteilung der Aufenthaltserlaubnis vorangegangenen Asylverfahrens wird abweichend von § 55 Abs. 3 des Asylgesetzes auf die Frist angerechnet. ⁴Für Kinder, die vor Vollendung des 18. Lebensjahres nach Deutschland eingereist sind, kann § 35 entsprechend angewandt werden.

Abschnitt 6
Aufenthalt aus familiären Gründen

§ 27 Grundsatz des Familiennachzugs

(1) Die Aufenthaltserlaubnis zur Herstellung und Wahrung der familiären Lebensgemeinschaft im Bundesgebiet für ausländische Familienangehörige (Familiennachzug) wird zum Schutz von Ehe und Familie gemäß Artikel 6 des Grundgesetzes erteilt und verlängert.
(1a) Ein Familiennachzug wird nicht zugelassen, wenn
1. feststeht, dass die Ehe oder das Verwandtschaftsverhältnis ausschließlich zu dem Zweck geschlossen oder begründet wurde, dem Nachziehenden die Einreise in das und den Aufenthalt im Bundesgebiet zu ermöglichen, oder
2. tatsächliche Anhaltspunkte die Annahme begründen, dass einer der Ehegatten zur Eingehung der Ehe genötigt wurde.

(2) Für die Herstellung und Wahrung einer lebenspartnerschaftlichen Gemeinschaft im Bundesgebiet finden die Absätze 1a und 3, § 9 Abs. 3, § 9c Satz 2, die §§ 28 bis 31, 36a, 51 Absatz 2 und 10 Satz 2 entsprechende Anwendung.
(3) ¹Die Erteilung der Aufenthaltserlaubnis zum Zweck des Familiennachzugs kann versagt werden, wenn derjenige, zu dem der Familiennachzug stattfindet, für den Unterhalt von anderen Familienangehörigen oder anderen Haushaltsangehörigen auf Leistungen nach dem Zweiten oder Zwölften Buch Sozialgesetzbuch angewiesen ist. ²Von § 5 Abs. 1 Nr. 2 kann abgesehen werden.
(3a) Die Erteilung der Aufenthaltserlaubnis zum Zweck des Familiennachzugs ist zu versagen, wenn derjenige, zu dem der Familiennachzug stattfinden soll,
1. die freiheitliche demokratische Grundordnung oder die Sicherheit der Bundesrepublik Deutschland gefährdet; hiervon ist auszugehen, wenn Tatsachen die Schlussfolgerung rechtfertigen, dass er einer Vereinigung angehört oder angehört hat, die den Terrorismus unterstützt oder er eine derartige Vereinigung unterstützt oder unterstützt hat oder er eine in § 89a Absatz 1 des Strafgesetzbuches bezeichnete schwere staatsgefährdende Gewalttat nach § 89a Absatz 2 des Strafgesetzbuches vorbereitet oder vorbereitet hat,
2. zu den Leitern eines Vereins gehörte, der unanfechtbar verboten wurde, weil seine Zwecke oder seine Tätigkeit den Strafgesetzen zuwiderlaufen oder er sich gegen die verfassungsmäßige Ordnung oder den Gedanken der Völkerverständigung richtet,
3. sich zur Verfolgung politischer oder religiöser Ziele an Gewalttätigkeiten beteiligt oder öffentlich zur Gewaltanwendung aufruft oder mit Gewaltanwendung droht oder
4. zu Hass gegen Teile der Bevölkerung aufruft; hiervon ist auszugehen, wenn er auf eine andere Person gezielt und andauernd einwirkt, um Hass auf Angehörige bestimmter ethnischer Gruppen oder Religionen zu erzeugen oder zu verstärken oder öffentlich, in einer Versammlung oder durch Verbreiten von Schriften in einer Weise, die geeignet ist, die öffentliche Sicherheit und Ordnung zu stören,
    a) gegen Teile der Bevölkerung zu Willkürmaßnahmen aufstachelt,
    b) Teile der Bevölkerung böswillig verächtlich macht und dadurch die Menschenwürde anderer angreift oder
    c) Verbrechen gegen den Frieden, gegen die Menschlichkeit, ein Kriegsverbrechen oder terroristische Taten von vergleichbarem Gewicht billigt oder dafür wirbt.

(4) ¹Eine Aufenthaltserlaubnis zum Zweck des Familiennachzugs darf längstens für den Gültigkeitszeitraum der Aufenthaltserlaubnis des Ausländers erteilt werden, zu dem der Familiennachzug stattfindet. ²Sie ist für diesen Zeitraum zu erteilen, wenn der Ausländer, zu dem der Familiennachzug stattfindet, eine Aufenthaltserlaubnis nach den §§ 18d, 18f oder § 38a besitzt, eine Blaue Karte EU, eine ICT-Karte oder eine Mobiler-ICT-Karte besitzt

oder sich gemäß § 18e berechtigt im Bundesgebiet aufhält. ³Im Übrigen ist die Aufenthaltserlaubnis erstmals für mindestens ein Jahr zu erteilen.

§ 28 Familiennachzug zu Deutschen

(1) ¹Die Aufenthaltserlaubnis ist dem ausländischen
1. Ehegatten eines Deutschen,
2. minderjährigen ledigen Kind eines Deutschen,
3. Elternteil eines minderjährigen ledigen Deutschen zur Ausübung der Personensorge

zu erteilen, wenn der Deutsche seinen gewöhnlichen Aufenthalt im Bundesgebiet hat. ²Sie ist abweichend von § 5 Abs. 1 Nr. 1 in den Fällen des Satzes 1 Nr. 2 und 3 zu erteilen. ³Sie soll in der Regel abweichend von § 5 Abs. 1 Nr. 1 in den Fällen des Satzes 1 Nr. 1 erteilt werden. ⁴Sie kann abweichend von § 5 Abs. 1 Nr. 1 dem nicht personensorgeberechtigten Elternteil eines minderjährigen ledigen Deutschen erteilt werden, wenn die familiäre Gemeinschaft schon im Bundesgebiet gelebt wird. ⁵§ 30 Abs. 1 Satz 1 Nr. 1 und 2, Satz 3 und Abs. 2 Satz 1 ist in den Fällen des Satzes 1 Nr. 1 entsprechend anzuwenden.

(2) ¹Dem Ausländer ist in der Regel eine Niederlassungserlaubnis zu erteilen, wenn er drei Jahre im Besitz einer Aufenthaltserlaubnis ist, die familiäre Lebensgemeinschaft mit dem Deutschen im Bundesgebiet fortbesteht, kein Ausweisungsinteresse besteht und er über ausreichende Kenntnisse der deutschen Sprache verfügt. ²§ 9 Absatz 2 Satz 2 bis 5 gilt entsprechend. ³Im Übrigen wird die Aufenthaltserlaubnis verlängert, solange die familiäre Lebensgemeinschaft fortbesteht.

(3) ¹Die §§ 31 und 34 finden mit der Maßgabe Anwendung, dass an die Stelle des Aufenthaltstitels des Ausländers der gewöhnliche Aufenthalt des Deutschen im Bundesgebiet tritt. ²Die einem Elternteil eines minderjährigen ledigen Deutschen zur Ausübung der Personensorge erteilte Aufenthaltserlaubnis ist auch nach Eintritt der Volljährigkeit des Kindes zu verlängern, solange das Kind mit ihm in familiärer Lebensgemeinschaft lebt und das Kind sich in einer Ausbildung befindet, die zu einem anerkannten schulischen oder beruflichen Bildungsabschluss oder Hochschulabschluss führt.

(4) Auf sonstige Familienangehörige findet § 36 entsprechende Anwendung.

§ 29 Familiennachzug zu Ausländern

(1) Für den Familiennachzug zu einem Ausländer muss
1. der Ausländer eine Niederlassungserlaubnis, Erlaubnis zum Daueraufenthalt – EU, Aufenthaltserlaubnis, eine Blaue Karte EU, eine ICT-Karte oder eine Mobiler-ICT-Karte besitzen oder sich gemäß § 18e berechtigt im Bundesgebiet aufhalten und
2. ausreichender Wohnraum zur Verfügung stehen.

(2) ¹Bei dem Ehegatten und dem minderjährigen ledigen Kind eines Ausländers, der eine Aufenthaltserlaubnis nach § 23 Absatz 4, § 25 Absatz 1 oder 2, eine Niederlassungserlaubnis nach § 26 Absatz 3 oder nach Erteilung einer Aufenthaltserlaubnis nach § 25 Absatz 2 Satz 1 zweite Alternative eine Niederlassungserlaubnis nach § 26 Absatz 4 besitzt, kann von den Voraussetzungen des § 5 Absatz 1 Nummer 1 und des Absatzes 1 Nummer 2 abgesehen werden. ²In den Fällen des Satzes 1 ist von diesen Voraussetzungen abzusehen, wenn
1. der im Zuge des Familiennachzugs erforderliche Antrag auf Erteilung eines Aufenthaltstitels innerhalb von drei Monaten nach unanfechtbarer Anerkennung als Asylberechtigter oder unanfechtbarer Zuerkennung der Flüchtlingseigenschaft oder subsidiären Schutzes oder nach Erteilung einer Aufenthaltserlaubnis nach § 23 Absatz 4 gestellt wird und
2. die Herstellung der familiären Lebensgemeinschaft in einem Staat, der nicht Mitgliedstaat der Europäischen Union ist und zu dem der Ausländer oder seine Familienangehörigen eine besondere Bindung haben, nicht möglich ist.

³Die in Satz 2 Nr. 1 genannte Frist wird auch durch die rechtzeitige Antragstellung des Ausländers gewahrt.

(3) ¹Die Aufenthaltserlaubnis darf dem Ehegatten und dem minderjährigen Kind eines Ausländers, der eine Aufenthaltserlaubnis nach den §§ 22, 23 Absatz 1 oder Absatz 2 oder § 25 Absatz 3 oder Absatz 4a Satz 1, § 25a Absatz 1 oder § 25b Absatz 1 besitzt, nur aus völkerrechtlichen oder humanitären Gründen oder zur Wahrung politischer Interessen der Bundesrepublik Deutschland erteilt werden. ²§ 26 Abs. 4 gilt entsprechend. ³Ein Familiennachzug wird in den Fällen des § 25 Absatz 4, 4b und 5, § 25a Absatz 2, § 25b Absatz 4, § 104a Abs. 1 Satz 1 und § 104b nicht gewährt.

(4) ¹Die Aufenthaltserlaubnis wird dem Ehegatten und dem minderjährigen ledigen Kind eines Ausländers oder dem minderjährigen ledigen Kind seines Ehegatten abweichend von § 5 Abs. 1 und § 27 Abs. 3 erteilt, wenn dem Ausländer vorübergehender Schutz nach § 24 Abs. 1 gewährt wurde und
1. die familiäre Lebensgemeinschaft im Herkunftsland durch die Fluchtsituation aufgehoben wurde und
2. der Familienangehörige aus einem anderen Mitgliedstaat der Europäischen Union übernommen wird oder sich außerhalb der Europäischen Union befindet und schutzbedürftig ist.

²Die Erteilung einer Aufenthaltserlaubnis an sonstige Familienangehörige eines Ausländers, dem vorübergehender Schutz nach § 24 Abs. 1 gewährt wurde, richtet sich nach § 36. ³Auf die nach diesem Absatz aufgenommenen Familienangehörigen findet § 24 Anwendung.

§ 30 Ehegattennachzug

(1) ¹Dem Ehegatten eines Ausländers ist eine Aufenthaltserlaubnis zu erteilen, wenn
1. beide Ehegatten das 18. Lebensjahr vollendet haben,
2. der Ehegatte sich zumindest auf einfache Art in deutscher Sprache verständigen kann und
3. der Ausländer
   a) eine Niederlassungserlaubnis besitzt,
   b) eine Erlaubnis zum Daueraufenthalt – EU besitzt,
   c) eine Aufenthaltserlaubnis nach den §§ 18d, 18f oder § 25 Absatz 1 oder Absatz 2 Satz 1 erste Alternative besitzt, dies gilt nicht für eine Aufenthaltserlaubnis nach § 25 Absatz 2 Satz 1 zweite Alternative,
   d) seit zwei Jahren eine Aufenthaltserlaubnis besitzt und die Aufenthaltserlaubnis nicht mit einer Nebenbestimmung nach § 8 Abs. 2 versehen oder die spätere Erteilung einer Niederlassungserlaubnis nicht auf Grund einer Rechtsnorm ausgeschlossen ist; dies gilt nicht für eine Aufenthaltserlaubnis nach § 25 Absatz 2 Satz 1 zweite Alternative,
   e) eine Aufenthaltserlaubnis nach § 7 Absatz 1 Satz 3 oder nach den Abschnitten 3, 4, 5 oder 6 oder § 37 oder § 38 besitzt, die Ehe bei deren Erteilung bereits bestand und die Dauer seines Aufenthalts im Bundesgebiet voraussichtlich über ein Jahr betragen wird; dies gilt nicht für eine Aufenthaltserlaubnis nach § 25 Absatz 2 Satz 1 zweite Alternative,
   f) eine Aufenthaltserlaubnis nach § 38a besitzt und die eheliche Lebensgemeinschaft bereits in dem Mitgliedstaat der Europäischen Union bestand, in dem der Ausländer die Rechtsstellung eines langfristig Aufenthaltsberechtigten innehat, oder
   g) eine Blaue Karte EU, eine ICT-Karte oder eine Mobiler-ICT-Karte besitzt.

²Satz 1 Nummer 1 und 2 ist für die Erteilung der Aufenthaltserlaubnis unbeachtlich, wenn die Voraussetzungen des Satzes 1 Nummer 3 Buchstabe f vorliegen. ³Satz 1 Nummer 2 ist für die Erteilung der Aufenthaltserlaubnis unbeachtlich, wenn
1. der Ausländer, der einen Aufenthaltstitel nach § 23 Absatz 4, § 25 Absatz 1 oder 2, § 26 Absatz 3 oder nach Erteilung einer Aufenthaltserlaubnis nach § 25 Absatz 2 Satz 1 zweite Alternative eine Niederlassungserlaubnis nach § 26 Absatz 4 besitzt und die Ehe bereits bestand, als der Ausländer seinen Lebensmittelpunkt in das Bundesgebiet verlegt hat,
2. der Ehegatte wegen einer körperlichen, geistigen oder seelischen Krankheit oder Behinderung nicht in der Lage ist, einfache Kenntnisse der deutschen Sprache nachzuweisen,
3. bei dem Ehegatten ein erkennbar geringer Integrationsbedarf im Sinne einer nach § 43 Absatz 4 erlassenen Rechtsverordnung besteht oder dieser aus anderen Gründen nach der Einreise keinen Anspruch nach § 44 auf Teilnahme am Integrationskurs hätte,
4. der Ausländer wegen seiner Staatsangehörigkeit auch für einen Aufenthalt, der kein Kurzaufenthalt ist, visumfrei in das Bundesgebiet einreisen und sich darin aufhalten darf,
5. der Ausländer im Besitz einer Blauen Karte EU, einer ICT-Karte oder einer Mobiler-ICT-Karte oder einer Aufenthaltserlaubnis nach § 18d oder § 18f ist,
6. es dem Ehegatten auf Grund besonderer Umstände des Einzelfalles nicht möglich oder nicht zumutbar ist, vor der Einreise Bemühungen zum Erwerb einfacher Kenntnisse der deutschen Sprache zu unternehmen,
7. der Ausländer eine Aufenthaltstitel nach den §§ 18c Absatz 3 und 21 besitzt und die Ehe bereits bestand, als er seinen Lebensmittelpunkt in das Bundesgebiet verlegt hat, oder
8. der Ausländer unmittelbar vor der Erteilung einer Niederlassungserlaubnis oder einer Erlaubnis zum Daueraufenthalt – EU Inhaber einer Aufenthaltserlaubnis nach § 18d war.

(2) ¹Die Aufenthaltserlaubnis kann zur Vermeidung einer besonderen Härte abweichend von Absatz 1 Satz 1 Nr. 1 erteilt werden. ²Besitzt der Ausländer eine Aufenthaltserlaubnis, kann von den anderen Voraussetzungen des Absatzes 1 Satz 1 Nr. 3 Buchstabe e abgesehen werden; Gleiches gilt, wenn der Ausländer ein nationales Visum besitzt.

(3) Die Aufenthaltserlaubnis kann abweichend von § 5 Abs. 1 Nr. 1 und § 29 Abs. 1 Nr. 2 verlängert werden, solange die eheliche Lebensgemeinschaft fortbesteht.

(4) Ist ein Ausländer gleichzeitig mit mehreren Ehegatten verheiratet und lebt er gemeinsam mit einem Ehegatten im Bundesgebiet, wird keinem weiteren Ehegatten eine Aufenthaltserlaubnis nach Absatz 1 oder Absatz 3 erteilt.

(5) ¹Hält sich der Ausländer gemäß § 18e berechtigt im Bundesgebiet auf, so bedarf der Ehegatte keines Aufenthaltstitels, wenn nachgewiesen wird, dass sich der Ehegatte in dem anderen Mitgliedstaat der Europä-

ischen Union rechtmäßig als Angehöriger des Ausländers aufgehalten hat. ²Die Voraussetzungen nach § 18e Absatz 1 Satz 1 Nummer 1, 3 und 4 und Absatz 6 Satz 1 und die Ablehnungsgründe nach § 19f gelten für den Ehegatten entsprechend.

§ 31 Eigenständiges Aufenthaltsrecht der Ehegatten

(1) ¹Die Aufenthaltserlaubnis des Ehegatten wird im Falle der Aufhebung der ehelichen Lebensgemeinschaft als eigenständiges, vom Zweck des Familiennachzugs unabhängiges Aufenthaltsrecht für ein Jahr verlängert, wenn
1. die eheliche Lebensgemeinschaft seit mindestens drei Jahren rechtmäßig im Bundesgebiet bestanden hat oder
2. der Ausländer gestorben ist, während die eheliche Lebensgemeinschaft im Bundesgebiet bestand und der Ausländer bis dahin im Besitz einer Aufenthaltserlaubnis, Niederlassungserlaubnis oder Erlaubnis zum Daueraufenthalt – EU war, es sei denn, er konnte die Verlängerung aus von ihm nicht zu vertretenden Gründen nicht rechtzeitig beantragen. ²Satz 1 ist nicht anzuwenden, wenn die Aufenthaltserlaubnis des Ausländers nicht verlängert oder dem Ausländer keine Niederlassungserlaubnis oder Erlaubnis zum Daueraufenthalt – EU erteilt werden darf, weil dies durch eine Rechtsnorm wegen des Zwecks des Aufenthalts oder durch eine Nebenbestimmung zur Aufenthaltserlaubnis nach § 8 Abs. 2 ausgeschlossen ist.

(2) ¹Von der Voraussetzung des dreijährigen rechtmäßigen Bestandes der ehelichen Lebensgemeinschaft im Bundesgebiet nach Absatz 1 Satz 1 Nr. 1 ist abzusehen, soweit es zur Vermeidung einer besonderen Härte erforderlich ist, dem Ehegatten den weiteren Aufenthalt zu ermöglichen, es sei denn, für den Ausländer ist die Verlängerung der Aufenthaltserlaubnis ausgeschlossen. ²Eine besondere Härte liegt insbesondere vor, wenn die Ehe nach deutschem Recht wegen Minderjährigkeit des Ehegatten im Zeitpunkt der Eheschließung unwirksam ist oder aufgehoben worden ist, wenn dem Ehegatten wegen der aus der Auflösung der ehelichen Lebensgemeinschaft erwachsenden Rückkehrverpflichtung eine erhebliche Beeinträchtigung seiner schutzwürdigen Belange droht oder wenn dem Ehegatten wegen der Beeinträchtigung seiner schutzwürdigen Belange das weitere Festhalten an der ehelichen Lebensgemeinschaft unzumutbar ist; dies ist insbesondere anzunehmen, wenn der Ehegatte Opfer häuslicher Gewalt ist. ³Zu den schutzwürdigen Belangen zählt auch das Wohl eines mit dem Ehegatten in familiärer Lebensgemeinschaft lebenden Kindes. ⁴Zur Vermeidung von Missbrauch kann die Verlängerung der Aufenthaltserlaubnis versagt werden, wenn der Ehegatte aus einem von ihm zu vertretenden Grund auf Leistungen nach dem Zweiten oder Zwölften Buch Sozialgesetzbuch angewiesen ist.

(3) Wenn der Lebensunterhalt des Ehegatten nach Aufhebung der ehelichen Lebensgemeinschaft durch Unterhaltsleistungen aus eigenen Mitteln des Ausländers gesichert ist und dieser eine Niederlassungserlaubnis oder eine Erlaubnis zum Daueraufenthalt – EU besitzt, ist dem Ehegatten abweichend von § 9 Abs. 2 Satz 1 Nr. 3, 5 und 6 ebenfalls eine Niederlassungserlaubnis zu erteilen.

(4) ¹Die Inanspruchnahme von Leistungen nach dem Zweiten oder Zwölften Buch Sozialgesetzbuch steht der Verlängerung der Aufenthaltserlaubnis unbeschadet des Absatzes 2 Satz 4 nicht entgegen. ²Danach kann die Aufenthaltserlaubnis verlängert werden, solange die Voraussetzungen für die Erteilung der Niederlassungserlaubnis oder Erlaubnis zum Daueraufenthalt – EU nicht vorliegen.

§ 32 Kindernachzug

(1) Dem minderjährigen ledigen Kind eines Ausländers ist eine Aufenthaltserlaubnis zu erteilen, wenn beide Eltern oder der allein personensorgeberechtigte Elternteil einen der folgenden Aufenthaltstitel besitzt:
1. Aufenthaltserlaubnis nach § 7 Absatz 1 Satz 3 oder nach Abschnitt 3 oder 4,
2. Aufenthaltserlaubnis nach § 25 Absatz 1 oder Absatz 2 Satz 1 erste Alternative,
3. Aufenthaltserlaubnis nach § 28, § 30, § 31, § 36 oder § 36a,
4. Aufenthaltserlaubnis nach den übrigen Vorschriften mit Ausnahme einer Aufenthaltserlaubnis nach § 25 Absatz 2 Satz 1 zweite Alternative,
5. Blaue Karte EU, ICT-Karte, Mobiler-ICT-Karte,
6. Niederlassungserlaubnis oder
7. Erlaubnis zum Daueraufenthalt – EU.

(2) ¹Hat das minderjährige ledige Kind bereits das 16. Lebensjahr vollendet und verlegt es seinen Lebensmittelpunkt nicht zusammen mit seinen Eltern oder dem allein personensorgeberechtigten Elternteil in das Bundesgebiet, gilt Absatz 1 nur, wenn es die deutsche Sprache beherrscht oder gewährleistet erscheint, dass es sich auf Grund seiner bisherigen Ausbildung und Lebensverhältnisse in die Lebensverhältnisse in der Bundesrepublik Deutschland einfügen kann. ²Satz 1 gilt nicht, wenn
1. der Ausländer eine Aufenthaltserlaubnis nach § 23 Absatz 4, § 25 Absatz 1 oder 2, eine Niederlassungserlaubnis nach § 26 Absatz 3 oder nach Erteilung einer Aufenthaltserlaubnis nach § 25 Absatz 2 Satz 1 zweite Alternative eine Niederlassungserlaubnis nach § 26 Absatz 4 besitzt oder

2. der Ausländer oder sein mit ihm in familiärer Lebensgemeinschaft lebender Ehegatte eine Niederlassungserlaubnis nach § 18c Absatz 3, eine Blaue Karte EU, eine ICT-Karte oder eine Mobiler-ICT-Karte oder eine Aufenthaltserlaubnis nach § 18d oder § 18f besitzt.

(3) Bei gemeinsamem Sorgerecht soll eine Aufenthaltserlaubnis nach den Absätzen 1 und 2 auch zum Nachzug zu nur einem sorgeberechtigten Elternteil erteilt werden, wenn der andere Elternteil sein Einverständnis mit dem Aufenthalt des Kindes im Bundesgebiet erklärt hat oder eine entsprechende rechtsverbindliche Entscheidung einer zuständigen Stelle vorliegt.

(4) [1]Im Übrigen kann dem minderjährigen ledigen Kind eines Ausländers eine Aufenthaltserlaubnis erteilt werden, wenn es auf Grund der Umstände des Einzelfalls zur Vermeidung einer besonderen Härte erforderlich ist. [2]Hierbei sind das Kindeswohl und die familiäre Situation zu berücksichtigen. [3]Für minderjährige ledige Kinder von Ausländern, die eine Aufenthaltserlaubnis nach § 25 Absatz 2 Satz 1 zweite Alternative besitzen, gilt § 36a.

(5) [1]Hält sich der Ausländer gemäß § 18e berechtigt im Bundesgebiet auf, so bedarf das minderjährige ledige Kind keines Aufenthaltstitels, wenn nachgewiesen wird, dass sich das Kind in dem anderen Mitgliedstaat der Europäischen Union rechtmäßig als Angehöriger des Ausländers aufgehalten hat. [2]Die Voraussetzungen nach § 18e Absatz 1 Satz 1 Nummer 1, 3 und 4 und Absatz 6 Satz 1 und die Ablehnungsgründe nach § 19f gelten für das minderjährige Kind entsprechend.

§ 33 Geburt eines Kindes im Bundesgebiet

[1]Einem Kind, das im Bundesgebiet geboren wird, kann abweichend von den §§ 5 und 29 Abs. 1 Nr. 2 von Amts wegen eine Aufenthaltserlaubnis erteilt werden, wenn ein Elternteil eine Aufenthaltserlaubnis, eine Niederlassungserlaubnis oder eine Erlaubnis zum Daueraufenthalt – EU besitzt. [2]Wenn zum Zeitpunkt der Geburt beide Elternteile oder der allein personensorgeberechtigte Elternteil eine Aufenthaltserlaubnis, eine Niederlassungserlaubnis oder eine Erlaubnis zum Daueraufenthalt – EU besitzen, wird dem im Bundesgebiet geborenen Kind die Aufenthaltserlaubnis von Amts wegen erteilt. [3]Der Aufenthalt eines im Bundesgebiet geborenen Kindes, dessen Mutter oder Vater zum Zeitpunkt der Geburt im Besitz eines Visums ist oder sich visumfrei aufhalten darf, gilt bis zum Ablauf des Visums oder des rechtmäßigen visumfreien Aufenthalts als erlaubt.

§ 34 Aufenthaltsrecht der Kinder

(1) Die einem Kind erteilte Aufenthaltserlaubnis ist abweichend von § 5 Abs. 1 Nr. 1 und § 29 Abs. 1 Nr. 2 zu verlängern, solange ein personensorgeberechtigter Elternteil eine Aufenthaltserlaubnis, Niederlassungserlaubnis oder eine Erlaubnis zum Daueraufenthalt – EU besitzt und das Kind mit ihm in familiärer Lebensgemeinschaft lebt oder das Kind im Falle seiner Ausreise ein Wiederkehrrecht gemäß § 37 hätte.

(2) [1]Mit Eintritt der Volljährigkeit wird die einem Kind erteilte Aufenthaltserlaubnis zu einem eigenständigen, vom Familiennachzug unabhängigen Aufenthaltsrecht. [2]Das Gleiche gilt bei Erteilung einer Niederlassungserlaubnis und der Erlaubnis zum Daueraufenthalt – EU oder wenn die Aufenthaltserlaubnis in entsprechender Anwendung des § 37 verlängert wird.

(3) Die Aufenthaltserlaubnis kann verlängert werden, solange die Voraussetzungen für die Erteilung der Niederlassungserlaubnis und der Erlaubnis zum Daueraufenthalt – EU noch nicht vorliegen.

§ 35 Eigenständiges, unbefristetes Aufenthaltsrecht der Kinder

(1) [1]Einem minderjährigen Ausländer, der eine Aufenthaltserlaubnis nach diesem Abschnitt besitzt, ist abweichend von § 9 Abs. 2 eine Niederlassungserlaubnis zu erteilen, wenn er im Zeitpunkt der Vollendung seines 16. Lebensjahres seit fünf Jahren im Besitz der Aufenthaltserlaubnis ist. [2]Das Gleiche gilt, wenn
1. der Ausländer volljährig und seit fünf Jahren im Besitz der Aufenthaltserlaubnis ist,
2. er über ausreichende Kenntnisse der deutschen Sprache verfügt und
3. sein Lebensunterhalt gesichert ist oder er sich in einer Ausbildung befindet, die zu einem anerkannten schulischen oder beruflichen Bildungsabschluss oder einem Hochschulabschluss führt.

(2) Auf die nach Absatz 1 erforderliche Dauer des Besitzes der Aufenthaltserlaubnis werden in der Regel nicht die Zeiten angerechnet, in denen der Ausländer außerhalb des Bundesgebiets die Schule besucht hat.

(3) [1]Ein Anspruch auf Erteilung einer Niederlassungserlaubnis nach Absatz 1 besteht nicht, wenn
1. ein auf dem persönlichen Verhalten des Ausländers beruhendes Ausweisungsinteresse besteht,
2. der Ausländer in den letzten drei Jahren wegen einer vorsätzlichen Straftat zu einer Jugendstrafe von mindestens sechs oder einer Freiheitsstrafe von mindestens drei Monaten oder einer Geldstrafe von mindestens 90 Tagessätzen verurteilt worden oder wenn die Verhängung einer Jugendstrafe ausgesetzt ist oder
3. der Lebensunterhalt nicht ohne Inanspruchnahme von Leistungen nach dem Zweiten oder Zwölften Buch Sozialgesetzbuch oder Jugendhilfe nach dem Achten Buch Sozialgesetzbuch gesichert ist, es sei denn, der Ausländer befindet sich in einer Ausbildung, die zu einem anerkannten schulischen oder beruflichen Bildungsabschluss führt.

²In den Fällen des Satzes 1 kann die Niederlassungserlaubnis erteilt oder die Aufenthaltserlaubnis verlängert werden. ³Ist im Falle des Satzes 1 Nr. 2 die Jugend- oder Freiheitsstrafe zur Bewährung oder die Verhängung einer Jugendstrafe ausgesetzt, wird die Aufenthaltserlaubnis in der Regel bis zum Ablauf der Bewährungszeit verlängert.
(4) Von den in Absatz 1 Satz 2 Nr. 2 und 3 und Absatz 3 Satz 1 Nr. 3 bezeichneten Voraussetzungen ist abzusehen, wenn sie von dem Ausländer wegen einer körperlichen, geistigen oder seelischen Krankheit oder Behinderung nicht erfüllt werden können.

§ 36 Nachzug der Eltern und sonstiger Familienangehöriger

(1) Den Eltern eines minderjährigen Ausländers, der eine Aufenthaltserlaubnis nach § 23 Absatz 4, § 25 Absatz 1 oder Absatz 2 Satz 1 erste Alternative, eine Niederlassungserlaubnis nach § 26 Absatz 3 oder nach Erteilung einer Aufenthaltserlaubnis nach § 25 Absatz 2 Satz 1 zweite Alternative eine Niederlassungserlaubnis nach § 26 Absatz 4 besitzt, ist abweichend von § 5 Absatz 1 Nummer 1 und § 29 Absatz 1 Nummer 2 eine Aufenthaltserlaubnis zu erteilen, wenn sich kein personensorgeberechtigter Elternteil im Bundesgebiet aufhält.
(2) ¹Sonstigen Familienangehörigen eines Ausländers kann zum Familiennachzug eine Aufenthaltserlaubnis erteilt werden, wenn es zur Vermeidung einer außergewöhnlichen Härte erforderlich ist. ²Auf volljährige Familienangehörige sind § 30 Abs. 3 und § 31, auf minderjährige Familienangehörige ist § 34 entsprechend anzuwenden.

§ 36a Familiennachzug zu subsidiär Schutzberechtigten

(1) ¹Dem Ehegatten oder dem minderjährigen ledigen Kind eines Ausländers, der eine Aufenthaltserlaubnis nach § 25 Absatz 2 Satz 1 zweite Alternative besitzt, kann aus humanitären Gründen eine Aufenthaltserlaubnis erteilt werden. ²Gleiches gilt für die Eltern eines minderjährigen Ausländers, der eine Aufenthaltserlaubnis nach § 25 Absatz 2 Satz 1 zweite Alternative besitzt, wenn sich kein personensorgeberechtigter Elternteil im Bundesgebiet aufhält; § 5 Absatz 1 Nummer 1 und § 29 Absatz 1 Nummer 2 finden keine Anwendung. ³Ein Anspruch auf Familiennachzug besteht für den genannten Personenkreis nicht. ⁴Die §§ 22, 23 bleiben unberührt.
(2) ¹Humanitäre Gründe im Sinne dieser Vorschrift liegen insbesondere vor, wenn
1. die Herstellung der familiären Lebensgemeinschaft seit langer Zeit nicht möglich ist,
2. ein minderjähriges lediges Kind betroffen ist,
3. Leib, Leben oder Freiheit des Ehegatten, des minderjährigen ledigen Kindes oder der Eltern eines minderjährigen Ausländers im Aufenthaltsstaat ernsthaft gefährdet sind oder
4. der Ausländer, der Ehegatte oder das minderjährige ledige Kind oder ein Elternteil eines minderjährigen Ausländers schwerwiegend erkrankt oder pflegebedürftig im Sinne schwerer Beeinträchtigungen der Selbstständigkeit oder der Fähigkeiten ist oder eine schwere Behinderung hat. ²Die Erkrankung, die Pflegebedürftigkeit oder die Behinderung sind durch eine qualifizierte Bescheinigung glaubhaft zu machen, es sei denn, beim Familienangehörigen im Ausland liegen anderweitige Anhaltspunkte für das Vorliegen der Erkrankung, der Pflegebedürftigkeit oder der Behinderung vor.

³Monatlich können 1000 nationale Visa für eine Aufenthaltserlaubnis nach Absatz 1 Satz 1 und 2 erteilt werden. ⁴Das Kindeswohl ist besonders zu berücksichtigen. ⁵Bei Vorliegen von humanitären Gründen sind Integrationsaspekte besonders zu berücksichtigen.
(3) Die Erteilung einer Aufenthaltserlaubnis nach Absatz 1 Satz 1 oder Satz 2 ist in der Regel ausgeschlossen, wenn
1. im Fall einer Aufenthaltserlaubnis nach Absatz 1 Satz 1 erste Alternative die Ehe nicht bereits vor der Flucht geschlossen wurde,
2. der Ausländer, zu dem der Familiennachzug stattfinden soll,
   a) wegen einer oder mehrerer vorsätzlicher Straftaten rechtskräftig zu einer Freiheitsstrafe von mindestens einem Jahr verurteilt worden ist,
   b) wegen einer oder mehrerer vorsätzlicher Straftaten gegen das Leben, die körperliche Unversehrtheit, die sexuelle Selbstbestimmung, das Eigentum oder wegen Widerstands gegen Vollstreckungsbeamte rechtskräftig zu einer Freiheits- oder Jugendstrafe verurteilt worden ist, sofern die Straftat mit Gewalt, unter Anwendung von Drohung mit Gefahr für Leib oder Leben oder mit List begangen worden ist oder eine Straftat nach § 177 des Strafgesetzbuches ist; bei serienmäßiger Begehung von Straftaten gegen das Eigentum gilt dies auch, wenn der Täter keine Gewalt, Drohung oder List angewendet hat,
   c) wegen einer oder mehrerer vorsätzlicher Straftaten rechtskräftig zu einer Jugendstrafe von mindestens einem Jahr verurteilt und die Vollstreckung der Strafe nicht zur Bewährung ausgesetzt worden ist, oder
   d) wegen einer oder mehrerer vorsätzlicher Straftaten nach § 29 Absatz 1 Satz 1 Nummer 1 des Betäubungsmittelgesetzes rechtskräftig verurteilt worden ist,

3. hinsichtlich des Ausländers, zu dem der Familiennachzug stattfinden soll, die Verlängerung der Aufenthaltserlaubnis und die Erteilung eines anderen Aufenthaltstitels nicht zu erwarten ist, oder
4. der Ausländer, zu dem der Familiennachzug stattfinden soll, eine Grenzübertrittsbescheinigung beantragt hat.

(4) § 30 Absatz 1 Satz 1 Nummer 1, Absatz 2 Satz 1 und Absatz 4 sowie § 32 Absatz 3 gelten entsprechend.
(5) § 27 Absatz 3 Satz 2 und § 29 Absatz 2 Satz 2 Nummer 1 finden keine Anwendung.

Abschnitt 7
Besondere Aufenthaltsrechte

§ 37 Recht auf Wiederkehr

(1) Einem Ausländer, der als Minderjähriger rechtmäßig seinen gewöhnlichen Aufenthalt im Bundesgebiet hatte, ist eine Aufenthaltserlaubnis zu erteilen, wenn
1. der Ausländer sich vor seiner Ausreise acht Jahre rechtmäßig im Bundesgebiet aufgehalten und sechs Jahre im Bundesgebiet eine Schule besucht hat,
2. sein Lebensunterhalt aus eigener Erwerbstätigkeit oder durch eine Unterhaltsverpflichtung gesichert ist, die ein Dritter für die Dauer von fünf Jahren übernommen hat, und
3. der Antrag auf Erteilung der Aufenthaltserlaubnis nach Vollendung des 15. und vor Vollendung des 21. Lebensjahres sowie vor Ablauf von fünf Jahren seit der Ausreise gestellt wird.

(2) ^{1}Zur Vermeidung einer besonderen Härte kann von den in Absatz 1 Satz 1 Nr. 1 und 3 bezeichneten Voraussetzungen abgewichen werden. ^{2}Von den in Absatz 1 Satz 1 Nr. 1 bezeichneten Voraussetzungen kann abgesehen werden, wenn der Ausländer im Bundesgebiet einen anerkannten Schulabschluss erworben hat.

(2a) ^{1}Von den in Absatz 1 Satz 1 Nummer 1 bis 3 bezeichneten Voraussetzungen kann abgesehen werden, wenn der Ausländer rechtswidrig mit Gewalt oder Drohung mit einem empfindlichen Übel zur Eingehung der Ehe genötigt und von der Rückkehr nach Deutschland abgehalten wurde, er den Antrag auf Erteilung einer Aufenthaltserlaubnis innerhalb von drei Monaten nach Wegfall der Zwangslage, spätestens jedoch vor Ablauf von fünf Jahren seit der Ausreise, stellt, und gewährleistet erscheint, dass er sich aufgrund seiner bisherigen Ausbildung und Lebensverhältnisse in die Lebensverhältnisse der Bundesrepublik Deutschland einfügen kann. ^{2}Erfüllt der Ausländer die Voraussetzungen des Absatzes 1 Satz 1 Nummer 1, soll ihm eine Aufenthaltserlaubnis erteilt werden, wenn er rechtswidrig mit Gewalt oder Drohung mit einem empfindlichen Übel zur Eingehung der Ehe genötigt und von der Rückkehr nach Deutschland abgehalten wurde und er den Antrag auf Erteilung einer Aufenthaltserlaubnis innerhalb von drei Monaten nach Wegfall der Zwangslage, spätestens jedoch vor Ablauf von zehn Jahren seit der Ausreise, stellt. ^{3}Absatz 2 bleibt unberührt.

(3) Die Erteilung einer Aufenthaltserlaubnis kann versagt werden,
1. wenn der Ausländer ausgewiesen worden war oder ausgewiesen werden konnte, als er das Bundesgebiet verließ,
2. wenn ein Ausweisungsinteresse besteht oder
3. solange der Ausländer minderjährig und seine persönliche Betreuung im Bundesgebiet nicht gewährleistet ist.

(4) Der Verlängerung der Aufenthaltserlaubnis steht nicht entgegen, dass der Lebensunterhalt nicht mehr aus eigener Erwerbstätigkeit gesichert oder die Unterhaltsverpflichtung wegen Ablaufs der fünf Jahre entfallen ist.
(5) Einem Ausländer, der von einem Träger im Bundesgebiet Rente bezieht, wird in der Regel eine Aufenthaltserlaubnis erteilt, wenn er sich vor seiner Ausreise mindestens acht Jahre rechtmäßig im Bundesgebiet aufgehalten hat.

§ 38 Aufenthaltstitel für ehemalige Deutsche

(1) ^{1}Einem ehemaligen Deutschen ist
1. eine Niederlassungserlaubnis zu erteilen, wenn er bei Verlust der deutschen Staatsangehörigkeit seit fünf Jahren als Deutscher seinen gewöhnlichen Aufenthalt im Bundesgebiet hatte,
2. eine Aufenthaltserlaubnis zu erteilen, wenn er bei Verlust der deutschen Staatsangehörigkeit seit mindestens einem Jahr seinen gewöhnlichen Aufenthalt im Bundesgebiet hatte.

^{2}Der Antrag auf Erteilung eines Aufenthaltstitels nach Satz 1 ist innerhalb von sechs Monaten nach Kenntnis vom Verlust der deutschen Staatsangehörigkeit zu stellen. ^{3}§ 81 Abs. 3 gilt entsprechend.

(2) Einem ehemaligen Deutschen, der seinen gewöhnlichen Aufenthalt im Ausland hat, kann eine Aufenthaltserlaubnis erteilt werden, wenn er über ausreichende Kenntnisse der deutschen Sprache verfügt.
(3) In besonderen Fällen kann der Aufenthaltstitel nach Absatz 1 oder 2 abweichend von § 5 erteilt werden.
(4) Die Ausübung einer Erwerbstätigkeit ist innerhalb der Antragsfrist des Absatzes 1 Satz 2 und im Falle der Antragstellung bis zur Entscheidung der Ausländerbehörde über den Antrag erlaubt.

(5) Die Absätze 1 bis 4 finden entsprechende Anwendung auf einen Ausländer, der aus einem nicht von ihm zu vertretenden Grund bisher von deutschen Stellen als Deutscher behandelt wurde.

§ 38a Aufenthaltserlaubnis für in anderen Mitgliedstaaten der Europäischen Union langfristig Aufenthaltsberechtigte

(1) ¹Einem Ausländer, der in einem anderen Mitgliedstaat der Europäischen Union die Rechtsstellung eines langfristig Aufenthaltsberechtigten innehat, wird eine Aufenthaltserlaubnis erteilt, wenn er sich länger als 90 Tage im Bundesgebiet aufhalten will. ²§ 8 Abs. 2 ist nicht anzuwenden.
(2) Absatz 1 ist nicht anzuwenden auf Ausländer, die
1. von einem Dienstleistungserbringer im Rahmen einer grenzüberschreitenden Dienstleistungserbringung entsandt werden,
2. sonst grenzüberschreitende Dienstleistungen erbringen wollen oder
3. sich zur Ausübung einer Beschäftigung als Saisonarbeitnehmer im Bundesgebiet aufhalten oder im Bundesgebiet eine Tätigkeit als Grenzarbeitnehmer aufnehmen wollen.

(3) ¹Die Aufenthaltserlaubnis berechtigt zur Ausübung einer Beschäftigung, wenn die Bundesagentur für Arbeit der Ausübung der Beschäftigung nach § 39 Absatz 3 zugestimmt hat; die Zustimmung wird mit Vorrangprüfung erteilt. ²Die Aufenthaltserlaubnis berechtigt zur Ausübung einer selbständigen Tätigkeit, wenn die in § 21 genannten Voraussetzungen erfüllt sind. ³Wird der Aufenthaltstitel nach Absatz 1 für ein Studium oder für sonstige Ausbildungszwecke erteilt, sind die §§ 16a und 16b entsprechend anzuwenden. ⁴In den Fällen des § 16a wird der Aufenthaltstitel ohne Zustimmung der Bundesagentur für Arbeit erteilt.
(4) ¹Eine nach Absatz 1 erteilte Aufenthaltserlaubnis darf nur für höchstens zwölf Monate mit einer Nebenbestimmung nach § 34 der Beschäftigungsverordnung versehen werden. ²Der in Satz 1 genannte Zeitraum beginnt mit der erstmaligen Erlaubnis einer Beschäftigung bei der Erteilung der Aufenthaltserlaubnis nach Absatz 1. ³Nach Ablauf dieses Zeitraums berechtigt die Aufenthaltserlaubnis zur Ausübung einer Erwerbstätigkeit.

Abschnitt 8
Beteiligung der Bundesagentur für Arbeit

§ 39 Zustimmung zur Beschäftigung

(1) ¹Die Erteilung eines Aufenthaltstitels zur Ausübung einer Beschäftigung setzt die Zustimmung der Bundesagentur für Arbeit voraus, es sei denn, die Zustimmung ist kraft Gesetzes, auf Grund der Beschäftigungsverordnung oder Bestimmung in einer zwischenstaatlichen Vereinbarung nicht erforderlich. ²Die Zustimmung kann erteilt werden, wenn dies durch ein Gesetz, die Beschäftigungsverordnung oder zwischenstaatliche Vereinbarung bestimmt ist.
(2) ¹Die Bundesagentur für Arbeit kann der Ausübung einer Beschäftigung durch eine Fachkraft gemäß den §§ 18a oder 18b zustimmen, wenn
1. sie nicht zu ungünstigeren Arbeitsbedingungen als vergleichbare inländische Arbeitnehmer beschäftigt wird,
2. sie
    a) gemäß § 18a oder § 18b Absatz 1 eine Beschäftigung als Fachkraft ausüben wird, zu der ihre Qualifikation sie befähigt, oder
    b) gemäß § 18b Absatz 2 Satz 2 eine ihrer Qualifikation angemessene Beschäftigung ausüben wird,
3. ein inländisches Beschäftigungsverhältnis vorliegt und
4. sofern die Beschäftigungsverordnung nähere Voraussetzungen in Bezug auf die Ausübung der Beschäftigung vorsieht, diese vorliegen.

²Die Zustimmung wird ohne Vorrangprüfung im Sinne des Absatzes 3 Nummer 3 erteilt, es sei denn, in der Beschäftigungsverordnung ist etwas anderes bestimmt.
(3) Die Bundesagentur für Arbeit kann der Ausübung einer Beschäftigung durch einen Ausländer unabhängig von einer Qualifikation als Fachkraft zustimmen, wenn
1. der Ausländer nicht zu ungünstigeren Arbeitsbedingungen als vergleichbare inländische Arbeitnehmer beschäftigt wird,
2. die in den §§ 19, 19b, 19c Absatz 3 oder § 19d Absatz 1 Nummer 1 oder durch die Beschäftigungsverordnung geregelten Voraussetzungen für die Zustimmung in Bezug auf die Ausübung der Beschäftigung vorliegen und
3. für die Beschäftigung deutsche Arbeitnehmer sowie Ausländer, die diesen hinsichtlich der Arbeitsaufnahme rechtlich gleichgestellt sind, oder andere Ausländer, die nach dem Recht der Europäischen Union einen Anspruch auf vorrangigen Zugang zum Arbeitsmarkt haben, nicht zur Verfügung stehen (Vorrangprüfung), soweit diese Prüfung durch die Beschäftigungsverordnung oder Gesetz vorgesehen ist.

(4) ¹Für die Erteilung der Zustimmung hat der Arbeitgeber der Bundesagentur für Arbeit Auskunft über Arbeitsentgelt, Arbeitszeiten und sonstige Arbeitsbedingungen zu erteilen. ²Auf Aufforderung durch die Bundesagentur für Arbeit hat ein Arbeitgeber, der einen Ausländer beschäftigt oder beschäftigt hat, eine Auskunft nach Satz 1 innerhalb eines Monats zu erteilen.
(5) Die Absätze 1, 3 und 4 gelten auch, wenn bei Aufenthalten zu anderen Zwecken nach den Abschnitten 3, 5 oder 7 eine Zustimmung der Bundesagentur für Arbeit zur Ausübung einer Beschäftigung erforderlich ist.
(6) ¹Absatz 3 gilt für die Erteilung einer Arbeitserlaubnis zum Zweck der Saisonbeschäftigung entsprechend. ²Im Übrigen sind die für die Zustimmung der Bundesagentur für Arbeit geltenden Rechtsvorschriften auf die Arbeitserlaubnis anzuwenden, soweit durch Gesetz oder Rechtsverordnung nichts anderes bestimmt ist. ³Die Bundesagentur für Arbeit kann für die Zustimmung zur Erteilung eines Aufenthaltstitels zum Zweck der Saisonbeschäftigung und für die Erteilung einer Arbeitserlaubnis zum Zweck der Saisonbeschäftigung am Bedarf orientierte Zulassungszahlen festlegen.

§ 40 Versagungsgründe

(1) Die Zustimmung nach § 39 ist zu versagen, wenn
1. das Arbeitsverhältnis auf Grund einer unerlaubten Arbeitsvermittlung oder Anwerbung zustande gekommen ist oder
2. der Ausländer als Leiharbeitnehmer (§ 1 Abs. 1 des Arbeitnehmerüberlassungsgesetzes) tätig werden will.

(2) Die Zustimmung kann versagt werden, wenn
1. der Ausländer gegen § 404 Abs. 1 oder 2 Nr. 2 bis 13 des Dritten Buches Sozialgesetzbuch, §§ 10, 10a oder § 11 des Schwarzarbeitsbekämpfungsgesetzes oder gegen die §§ 15, 15a oder § 16 Abs. 1 Nr. 2 des Arbeitnehmerüberlassungsgesetzes schuldhaft verstoßen hat,
2. wichtige Gründe in der Person des Ausländers vorliegen oder
3. die Beschäftigung bei einem Arbeitgeber erfolgen soll, der oder dessen nach Satzung oder Gesetz Vertretungsberechtigter innerhalb der letzten fünf Jahre wegen eines Verstoßes gegen § 404 Absatz 1 oder Absatz 2 Nummer 3 des Dritten Buches Sozialgesetzbuch rechtskräftig mit einer Geldbuße belegt oder wegen eines Verstoßes gegen die §§ 10, 10a oder 11 des Schwarzarbeitsbekämpfungsgesetzes oder gegen die §§ 15, 15a oder 16 Absatz 1 Nummer 2 des Arbeitnehmerüberlassungsgesetzes rechtskräftig zu einer Geld- oder Freiheitsstrafe verurteilt worden ist; dies gilt bei einem unternehmensinternen Transfer gemäß § 19 oder § 19b entsprechend für die aufnehmende Niederlassung.

(3) Die Zustimmung kann darüber hinaus versagt werden, wenn
1. der Arbeitgeber oder die aufnehmende Niederlassung seinen oder ihren sozialversicherungsrechtlichen, steuerrechtlichen oder arbeitsrechtlichen Pflichten nicht nachgekommen ist,
2. über das Vermögen des Arbeitgebers oder über das Vermögen der aufnehmenden Niederlassung ein Insolvenzverfahren eröffnet wurde, das auf Auflösung des Arbeitgebers oder der Niederlassung und Abwicklung des Geschäftsbetriebs gerichtet ist,
3. der Arbeitgeber oder die aufnehmende Niederlassung im Rahmen der Durchführung eines Insolvenzverfahrens aufgelöst wurde und der Geschäftsbetrieb abgewickelt wurde,
4. die Eröffnung eines Insolvenzverfahrens über das Vermögen des Arbeitgebers oder über das Vermögen der aufnehmenden Niederlassung mangels Masse abgelehnt wurde und der Geschäftsbetrieb eingestellt wurde,
5. der Arbeitgeber oder die aufnehmende Niederlassung keine Geschäftstätigkeit ausübt,
6. durch die Präsenz des Ausländers eine Einflussnahme auf arbeitsrechtliche oder betriebliche Auseinandersetzungen oder Verhandlungen bezweckt oder bewirkt wird oder
7. der Arbeitgeber oder die aufnehmende Niederlassung hauptsächlich zu dem Zweck gegründet wurde, die Einreise und den Aufenthalt von Ausländern zum Zweck der Beschäftigung zu erleichtern; das Gleiche gilt, wenn das Arbeitsverhältnis hauptsächlich zu diesem Zweck begründet wurde.

§ 41 Widerruf der Zustimmung und Entzug der Arbeitserlaubnis

Die Zustimmung kann widerrufen und die Arbeitserlaubnis zum Zweck der Saisonbeschäftigung kann entzogen werden, wenn der Ausländer zu ungünstigeren Arbeitsbedingungen als vergleichbare inländische Arbeitnehmer beschäftigt wird oder der Tatbestand des § 40 erfüllt ist.

§ 42 Verordnungsermächtigung und Weisungsrecht

(1) Das Bundesministerium für Arbeit und Soziales kann durch Rechtsverordnung (Beschäftigungsverordnung) mit Zustimmung des Bundesrates Folgendes bestimmen:
1. Beschäftigungen, für die Ausländer nach § 4a Absatz 2 Satz 1, § 16a Absatz 1 Satz 1, den §§ 16d, 16e Absatz 1 Satz 1, den §§ 19, 19b, 19c Absatz 1 und 2 sowie § 19e mit oder ohne Zustimmung der Bundesagentur für Arbeit zugelassen werden können, und ihre Voraussetzungen,

2. Beschäftigungen und Bedingungen, zu denen eine Zustimmung der Bundesagentur für Arbeit für eine qualifizierte Beschäftigung nach § 19c Absatz 2 unabhängig von der Qualifikation als Fachkraft erteilt werden kann und
3. nähere Voraussetzungen in Bezug auf die Ausübung einer Beschäftigung als Fachkraft nach den §§ 18a und 18b,
4. Ausnahmen für Angehörige bestimmter Staaten,
5. Tätigkeiten, die für die Durchführung dieses Gesetzes stets oder unter bestimmten Voraussetzungen nicht als Beschäftigung anzusehen sind.

(2) Das Bundesministerium für Arbeit und Soziales kann durch die Beschäftigungsverordnung ohne Zustimmung des Bundesrates Folgendes bestimmen:
1. die Voraussetzungen und das Verfahren zur Erteilung der Zustimmung der Bundesagentur für Arbeit; dabei kann auch ein alternatives Verfahren zur Vorrangprüfung geregelt werden,
2. Einzelheiten über die zeitliche, betriebliche, berufliche und regionale Beschränkung der Zustimmung,
3. Fälle nach § 39 Absatz 2 und 3, in denen für eine Zustimmung eine Vorrangprüfung durchgeführt wird, beispielsweise für die Beschäftigung von Fachkräften in zu bestimmenden Bezirken der Bundesagentur für Arbeit sowie in bestimmten Berufen,
4. Fälle, in denen Ausländern, die im Besitz einer Duldung sind, oder anderen Ausländern, die keinen Aufenthaltstitel besitzen, nach § 4a Absatz 4 eine Beschäftigung erlaubt werden kann,
5. die Voraussetzungen und das Verfahren zur Erteilung einer Arbeitserlaubnis zum Zweck der Saisonbeschäftigung an Staatsangehörige der in Anhang II zu der Verordnung (EG) Nr. 539/2001 des Rates vom 15. März 2001 zur Aufstellung der Liste der Drittländer, deren Staatsangehörige beim Überschreiten der Außengrenzen im Besitz eines Visums sein müssen, sowie der Liste der Drittländer, deren Staatsangehörige von dieser Visumpflicht befreit sind (ABl. L 81 vom 21. 3. 2001, S. 1), genannten Staaten,
6. Berufe, in denen für Angehörige bestimmter Staaten die Erteilung einer Blauen Karte EU zu versagen ist, weil im Herkunftsland ein Mangel an qualifizierten Arbeitnehmern in diesen Berufsgruppen besteht.

(3) Das Bundesministerium für Arbeit und Soziales kann der Bundesagentur für Arbeit zur Durchführung der Bestimmungen dieses Gesetzes und der hierzu erlassenen Rechtsverordnungen sowie der von der Europäischen Union erlassenen Bestimmungen über den Zugang zum Arbeitsmarkt und der zwischenstaatlichen Vereinbarungen über die Beschäftigung von Arbeitnehmern Weisungen erteilen.

Kapitel 3
Integration

§ 43 Integrationskurs

(1) Die Integration von rechtmäßig auf Dauer im Bundesgebiet lebenden Ausländern in das wirtschaftliche, kulturelle und gesellschaftliche Leben in der Bundesrepublik Deutschland wird gefördert und gefordert.

(2) [1]Eingliederungsbemühungen von Ausländern werden durch ein Grundangebot zur Integration (Integrationskurs) unterstützt. [2]Ziel des Integrationskurses ist, den Ausländern die Sprache, die Rechtsordnung, die Kultur und die Geschichte in Deutschland erfolgreich zu vermitteln. [3]Ausländer sollen dadurch mit den Lebensverhältnissen im Bundesgebiet so weit vertraut werden, dass sie ohne die Hilfe oder Vermittlung Dritter in allen Angelegenheiten des täglichen Lebens selbständig handeln können.

(3) [1]Der Integrationskurs umfasst einen Basis- und einen Aufbausprachkurs von jeweils gleicher Dauer zur Erlangung ausreichender Sprachkenntnisse sowie einen Orientierungskurs zur Vermittlung von Kenntnissen der Rechtsordnung, der Kultur und der Geschichte in Deutschland. [2]Der Integrationskurs wird vom Bundesamt für Migration und Flüchtlinge koordiniert und durchgeführt, das sich hierzu privater oder öffentlicher Träger bedienen kann. [3]Für die Teilnahme am Integrationskurs sollen Kosten in angemessenem Umfang unter Berücksichtigung der Leistungsfähigkeit erhoben werden. [4]Zur Zahlung ist auch derjenige verpflichtet, der dem Ausländer zur Gewährung des Lebensunterhalts verpflichtet ist.

(4) [1]Die Bundesregierung wird ermächtigt, nähere Einzelheiten des Integrationskurses, insbesondere die Grundstruktur, die Dauer, die Lerninhalte und die Durchführung der Kurse, die Vorgaben bezüglich der Auswahl und Zulassung der Kursträger sowie die Voraussetzungen und die Rahmenbedingungen für die ordnungsgemäße und erfolgreiche Teilnahme und ihre Bescheinigung einschließlich der Kostentragung, sowie die Datenverarbeitung nach § 88a Absatz 1 und 1a durch eine Rechtsverordnung ohne Zustimmung des Bundesrates zu regeln. [2]Hiervon ausgenommen sind die Prüfungs- und Nachweismodalitäten der Abschlusstests zu den Integrationskursen, die das Bundesministerium des Innern, für Bau und Heimat durch Rechtsverordnung ohne Zustimmung des Bundesrates regelt.

§ 44 Berechtigung zur Teilnahme an einem Integrationskurs

(1) ¹Einen Anspruch auf die einmalige Teilnahme an einem Integrationskurs hat ein Ausländer, der sich dauerhaft im Bundesgebiet aufhält, wenn ihm
1. erstmals eine Aufenthaltserlaubnis
   a) zu Erwerbszwecken (§§ 18a bis 18d, 19c und 21),
   b) zum Zweck des Familiennachzugs (§§ 28, 29, 30, 32, 36, 36a),
   c) aus humanitären Gründen nach § 25 Absatz 1, 2, 4a Satz 3 oder § 25b,
   d) als langfristig Aufenthaltsberechtigter nach § 38a oder
2. ein Aufenthaltstitel nach § 23 Abs. 2 oder Absatz 4

erteilt wird. ²Von einem dauerhaften Aufenthalt ist in der Regel auszugehen, wenn der Ausländer eine Aufenthaltserlaubnis von mindestens einem Jahr erhält oder seit über 18 Monaten eine Aufenthaltserlaubnis besitzt, es sei denn, der Aufenthalt ist vorübergehender Natur.

(2) ¹Der Teilnahmeanspruch nach Absatz 1 erlischt ein Jahr nach Erteilung des den Anspruch begründenden Aufenthaltstitels oder bei dessen Wegfall. ²Dies gilt nicht, wenn sich der Ausländer bis zu diesem Zeitpunkt aus von ihm nicht zu vertretenden Gründen nicht zu einem Integrationskurs anmelden konnte.

(3) ¹Der Anspruch auf Teilnahme am Integrationskurs besteht nicht
1. bei Kindern, Jugendlichen und jungen Erwachsenen, die eine schulische Ausbildung aufnehmen oder ihre bisherige Schullaufbahn in der Bundesrepublik Deutschland fortsetzen,
2. bei erkennbar geringem Integrationsbedarf oder
3. wenn der Ausländer bereits über ausreichende Kenntnisse der deutschen Sprache verfügt.

²Die Berechtigung zur Teilnahme am Orientierungskurs bleibt im Falle des Satzes 1 Nr. 3 hiervon unberührt.

(4) ¹Ein Ausländer, der einen Teilnahmeanspruch nicht oder nicht mehr besitzt, kann im Rahmen verfügbarer Kursplätze zur Teilnahme zugelassen werden. ²Diese Regelung findet entsprechend auf deutsche Staatsangehörige Anwendung, wenn sie nicht über ausreichende Kenntnisse der deutschen Sprache verfügen und in besonderer Weise integrationsbedürftig sind, sowie auf Ausländer, die
1. eine Aufenthaltsgestattung besitzen und
   a) bei denen ein rechtmäßiger und dauerhafter Aufenthalt zu erwarten ist oder
   b) die vor dem 1. August 2019 in das Bundesgebiet eingereist sind, sich seit mindestens drei Monaten gestattet im Bundesgebiet aufhalten, nicht aus einem sicheren Herkunftsstaat nach § 29a des Asylgesetzes stammen und bei der Agentur für Arbeit ausbildungsuchend, arbeitsuchend oder arbeitslos gemeldet sind oder beschäftigt sind oder in einer Berufsausbildung im Sinne von § 57 Absatz 1 des Dritten Buches Sozialgesetzbuch stehen oder in Maßnahmen nach dem Zweiten Unterabschnitt des Dritten Abschnitts des Dritten Kapitels oder § 74 Absatz 1 Satz 2 des Dritten Buches Sozialgesetzbuch gefördert werden oder bei denen die Voraussetzungen des § 11 Absatz 4 Satz 2 und 3 des Zwölften Buches Sozialgesetzbuch vorliegen oder
2. eine Duldung nach § 60a Absatz 2 Satz 3 besitzen oder
3. eine Aufenthaltserlaubnis nach § 25 Absatz 5 besitzen.

³Bei einem Asylbewerber, der aus einem sicheren Herkunftsstaat nach § 29a des Asylgesetzes stammt, wird vermutet, dass ein rechtmäßiger und dauerhafter Aufenthalt nicht zu erwarten ist.

§ 44a Verpflichtung zur Teilnahme an einem Integrationskurs

(1) ¹Ein Ausländer ist zur Teilnahme an einem Integrationskurs verpflichtet, wenn
1. er nach § 44 einen Anspruch auf Teilnahme hat und
   a) sich nicht zumindest auf einfache Art in deutscher Sprache verständigen kann oder
   b) zum Zeitpunkt der Erteilung eines Aufenthaltstitels nach § 23 Abs. 2, § 28 Abs. 1 Satz 1 Nr. 1, § 30 oder § 36a Absatz 1 Satz 1 erste Alternative nicht über ausreichende Kenntnisse der deutschen Sprache verfügt oder
2. er Leistungen nach dem Zweiten Buch Sozialgesetzbuch bezieht und die Teilnahme am Integrationskurs in einer Eingliederungsvereinbarung nach dem Zweiten Buch Sozialgesetzbuch vorgesehen ist,
3. er in besonderer Weise integrationsbedürftig ist und die Ausländerbehörde ihn zur Teilnahme am Integrationskurs auffordert oder
4. er zu dem in § 44 Absatz 4 Satz 2 Nummer 1 bis 3 genannten Personenkreis gehört, Leistungen nach dem Asylbewerberleistungsgesetz bezieht und die zuständige Leistungsbehörde ihn zur Teilnahme an einem Integrationskurs auffordert.

²In den Fällen des Satzes 1 Nr. 1 stellt die Ausländerbehörde bei der Erteilung des Aufenthaltstitels fest, dass der Ausländer zur Teilnahme verpflichtet ist. ³In den Fällen des Satzes 1 Nr. 2 ist der Ausländer auch zur Teilnahme verpflichtet, wenn der Träger der Grundsicherung für Arbeitsuchende ihn zur Teilnahme auffordert. ⁴Der Träger

der Grundsicherung für Arbeitsuchende soll in den Fällen des Satzes 1 Nr. 1 und 3 beim Bezug von Leistungen nach dem Zweiten Buch Sozialgesetzbuch für die Maßnahmen nach § 15 des Zweiten Buches Sozialgesetzbuch der Verpflichtung durch die Ausländerbehörde im Regelfall folgen. [5]Sofern der Träger der Grundsicherung für Arbeitsuchende im Einzelfall eine abweichende Entscheidung trifft, hat er dies der Ausländerbehörde mitzuteilen, die die Verpflichtung widerruft. [6]Die Verpflichtung ist zu widerrufen, wenn einem Ausländer neben seiner Erwerbstätigkeit eine Teilnahme auch an einem Teilzeitkurs nicht zuzumuten ist. [7]Darüber hinaus können die Ausländerbehörden einen Ausländer bei der Erteilung eines Aufenthaltstitels nach § 25 Absatz 1 oder 2 zur Teilnahme an einem Integrationskurs verpflichten, wenn er sich lediglich auf einfache Art in deutscher Sprache verständigen kann.

(1a) Die Teilnahmeverpflichtung nach Absatz 1 Satz 1 Nummer 1 erlischt außer durch Rücknahme oder Widerruf nur, wenn der Ausländer ordnungsgemäß am Integrationskurs teilgenommen hat.

(2) Von der Teilnahmeverpflichtung ausgenommen sind Ausländer,
1. die sich im Bundesgebiet in einer beruflichen oder sonstigen Ausbildung befinden,
2. die die Teilnahme an vergleichbaren Bildungsangeboten im Bundesgebiet nachweisen oder
3. deren Teilnahme auf Dauer unmöglich oder unzumutbar ist.

(2a) Von der Verpflichtung zur Teilnahme am Orientierungskurs sind Ausländer ausgenommen, die eine Aufenthaltserlaubnis nach § 38a besitzen, wenn sie nachweisen, dass sie bereits in einem anderen Mitgliedstaat der Europäischen Union zur Erlangung ihrer Rechtsstellung als langfristig Aufenthaltsberechtigte an Integrationsmaßnahmen teilgenommen haben.

(3) [1]Kommt ein Ausländer seiner Teilnahmepflicht aus von ihm zu vertretenden Gründen nicht nach oder legt er den Abschlusstest nicht erfolgreich ab, weist ihn die zuständige Ausländerbehörde vor der Verlängerung seiner Aufenthaltserlaubnis auf die möglichen Auswirkungen seines Handelns (§ 8 Abs. 3, § 9 Abs. 2 Satz 1 Nr. 7 und 8, § 9a Absatz 2 Satz 1 Nummer 3 und 4 dieses Gesetzes, § 10 Abs. 3 des Staatsangehörigkeitsgesetzes) hin. [2]Die Ausländerbehörde kann den Ausländer mit Mitteln des Verwaltungszwangs zur Erfüllung seiner Teilnahmepflicht anhalten. [3]Bei Verletzung der Teilnahmepflicht kann der voraussichtliche Kostenbeitrag auch vorab in einer Summe durch Gebührenbescheid erhoben werden.

§ 45 Integrationsprogramm

[1]Der Integrationskurs soll durch weitere Integrationsangebote des Bundes und der Länder, insbesondere sozialpädagogische und migrationsspezifische Beratungsangebote, ergänzt werden. [2]Das Bundesministerium des Innern, für Bau und Heimat oder die von ihm bestimmte Stelle entwickelt ein bundesweites Integrationsprogramm, in dem insbesondere die bestehenden Integrationsangebote von Bund, Ländern, Kommunen und privaten Trägern für Ausländer und Spätaussiedler festgestellt und Empfehlungen zur Weiterentwicklung der Integrationsangebote vorgelegt werden. [3]Bei der Entwicklung des bundesweiten Integrationsprogramms sowie der Erstellung von Informationsmaterialien über bestehende Integrationsangebote werden die Länder, die Kommunen und die Ausländerbeauftragten von Bund, Ländern und Kommunen sowie der Beauftragte der Bundesregierung für Aussiedlerfragen beteiligt. [4]Darüber hinaus sollen Religionsgemeinschaften, Gewerkschaften, Arbeitgeberverbände, die Träger der freien Wohlfahrtspflege sowie sonstige gesellschaftliche Interessenverbände beteiligt werden.

§ 45a Berufsbezogene Deutschsprachförderung; Verordnungsermächtigung

(1) [1]Die Integration in den Arbeitsmarkt kann durch Maßnahmen der berufsbezogenen Deutschsprachförderung unterstützt werden. [2]Diese Maßnahmen bauen in der Regel auf der allgemeinen Sprachförderung der Integrationskurse auf. [3]Die berufsbezogene Deutschsprachförderung wird vom Bundesamt für Migration und Flüchtlinge koordiniert und durchgeführt. [4]Das Bundesamt für Migration und Flüchtlinge bedient sich zur Durchführung der Maßnahmen privater oder öffentlicher Träger.

(2) [1]Ein Ausländer ist zur Teilnahme an einer Maßnahme der berufsbezogenen Deutschsprachförderung verpflichtet, wenn er Leistungen nach dem Zweiten Buch Sozialgesetzbuch bezieht und die Teilnahme an der Maßnahme in einer Eingliederungsvereinbarung nach dem Zweiten Buch Sozialgesetzbuch vorgesehen ist. [2]Leistungen zur Eingliederung in Arbeit nach dem Zweiten Buch Sozialgesetzbuch und Leistungen der aktiven Arbeitsförderung nach dem Dritten Buch Sozialgesetzbuch bleiben unberührt. [3]Die Teilnahme an der berufsbezogenen Deutschsprachförderung setzt für Ausländer mit einer Aufenthaltsgestattung nach dem Asylgesetz voraus, dass
1. bei dem Ausländer ein rechtmäßiger und dauerhafter Aufenthalt zu erwarten ist oder
2. der Ausländer vor dem 1. August 2019 in das Bundesgebiet eingereist ist, er sich seit mindestens drei Monaten gestattet im Bundesgebiet aufhält, nicht aus einem sicheren Herkunftsstaat nach § 29a des Asylgesetzes stammt und bei der Agentur für Arbeit ausbildungsuchend, arbeitsuchend oder arbeitslos gemeldet

ist oder beschäftigt ist oder in einer Berufsausbildung im Sinne von § 57 Absatz 1 des Dritten Buches Sozialgesetzbuch steht oder in Maßnahmen nach dem Zweiten Unterabschnitt des Dritten Abschnitts des Dritten Kapitels oder § 74 Absatz 1 Satz 2 des Dritten Buches Sozialgesetzbuch gefördert wird oder bei dem die Voraussetzungen des § 11 Absatz 4 Satz 2 und 3 des Zwölften Buches Sozialgesetzbuch vorliegen. [4]Bei einem Asylbewerber, der aus einem sicheren Herkunftsstaat nach § 29a des Asylgesetzes stammt, wird vermutet, dass ein rechtmäßiger und dauerhafter Aufenthalt nicht zu erwarten ist.

(3) Das Bundesministerium für Arbeit und Soziales wird ermächtigt, durch Rechtsverordnung ohne Zustimmung des Bundesrates im Einvernehmen mit dem Bundesministerium des Innern, für Bau und Heimat nähere Einzelheiten der berufsbezogenen Deutschsprachförderung, insbesondere die Grundstruktur, die Zielgruppen, die Dauer, die Lerninhalte und die Durchführung der Kurse, die Vorgaben bezüglich der Auswahl und Zulassung der Kursträger sowie die Voraussetzungen und die Rahmenbedingungen für den Zugang und die ordnungsgemäße und erfolgreiche Teilnahme einschließlich ihrer Abschlusszertifikate und der Kostentragung, sowie die Datenverarbeitung nach § 88a Absatz 3 zu regeln.

Kapitel 4
Ordnungsrechtliche Vorschriften

§ 46 Ordnungsverfügungen

(1) Die Ausländerbehörde kann gegenüber einem vollziehbar ausreisepflichtigen Ausländer Maßnahmen zur Förderung der Ausreise treffen, insbesondere kann sie den Ausländer verpflichten, den Wohnsitz an einem von ihr bestimmten Ort zu nehmen.

(2) [1]Einem Ausländer kann die Ausreise in entsprechender Anwendung des § 10 Abs. 1 und 2 des Passgesetzes untersagt werden. [2]Im Übrigen kann einem Ausländer die Ausreise aus dem Bundesgebiet nur untersagt werden, wenn er in einen anderen Staat einreisen will, ohne im Besitz der dafür erforderlichen Dokumente und Erlaubnisse zu sein. [3]Das Ausreiseverbot ist aufzuheben, sobald der Grund seines Erlasses entfällt.

§ 47 Verbot und Beschränkung der politischen Betätigung

(1) [1]Ausländer dürfen sich im Rahmen der allgemeinen Rechtsvorschriften politisch betätigen. [2]Die politische Betätigung eines Ausländers kann beschränkt oder untersagt werden, soweit sie
1. die politische Willensbildung in der Bundesrepublik Deutschland oder das friedliche Zusammenleben von Deutschen und Ausländern oder von verschiedenen Ausländergruppen im Bundesgebiet, die öffentliche Sicherheit und Ordnung oder sonstige erhebliche Interessen der Bundesrepublik Deutschland beeinträchtigt oder gefährdet,
2. den außenpolitischen Interessen oder den völkerrechtlichen Verpflichtungen der Bundesrepublik Deutschland zuwiderlaufen kann,
3. gegen die Rechtsordnung der Bundesrepublik Deutschland, insbesondere unter Anwendung von Gewalt, verstößt oder
4. bestimmt ist, Parteien, andere Vereinigungen, Einrichtungen oder Bestrebungen außerhalb des Bundesgebiets zu fördern, deren Ziele oder Mittel mit den Grundwerten einer die Würde des Menschen achtenden staatlichen Ordnung unvereinbar sind.

(2) Die politische Betätigung eines Ausländers wird untersagt, soweit sie
1. die freiheitliche demokratische Grundordnung oder die Sicherheit der Bundesrepublik Deutschland gefährdet oder den kodifizierten Normen des Völkerrechts widerspricht,
2. Gewaltanwendung als Mittel zur Durchsetzung politischer, religiöser oder sonstiger Belange öffentlich unterstützt, befürwortet oder hervorzurufen bezweckt oder geeignet ist oder
3. Vereinigungen, politische Bewegungen oder Gruppen innerhalb oder außerhalb des Bundesgebiets unterstützt, die im Bundesgebiet Anschläge gegen Personen oder Sachen oder außerhalb des Bundesgebiets Anschläge gegen Deutsche oder deutsche Einrichtungen veranlasst, befürwortet oder angedroht haben.

§ 47a Mitwirkungspflichten; Lichtbildabgleich

[1]Ein Ausländer ist verpflichtet, seinen Pass, seinen Passersatz oder seinen Ausweisersatz auf Verlangen einer zur Identitätsfeststellung befugten Behörde vorzulegen und es ihr zu ermöglichen, sein Gesicht mit dem Lichtbild im Dokument abzugleichen. [2]Dies gilt auch für die Bescheinigung über die Aufenthaltsgestattung nach § 63 Absatz 1 Satz 1 des Asylgesetzes. [3]Ein Ausländer, der im Besitz eines Ankunftsnachweises im Sinne des § 63a Absatz 1 Satz 1 des Asylgesetzes oder eines der in § 48 Absatz 1 Nummer 2 genannten Dokumente ist, ist verpflichtet, den Ankunftsnachweis oder das Dokument auf Verlangen einer zur Überprüfung der darin enthaltenen Angaben befugten Behörde vorzulegen und es ihr zu ermöglichen, sein Gesicht mit dem Lichtbild im Dokument abzugleichen.

§ 48 Ausweisrechtliche Pflichten

(1) ¹Ein Ausländer ist verpflichtet,
1. seinen Pass, seinen Passersatz oder seinen Ausweisersatz und
2. seinen Aufenthaltstitel oder eine Bescheinigung über die Aussetzung der Abschiebung

auf Verlangen den mit dem Vollzug des Ausländerrechts betrauten Behörden vorzulegen, auszuhändigen und vorübergehend zu überlassen, soweit dies zur Durchführung oder Sicherung von Maßnahmen nach diesem Gesetz erforderlich ist. ²Ein deutscher Staatsangehöriger, der zugleich eine ausländische Staatsangehörigkeit besitzt, ist verpflichtet, seinen ausländischen Pass oder Passersatz auf Verlangen den mit dem Vollzug des Ausländerrechts betrauten Behörden vorzulegen, auszuhändigen und vorübergehend zu überlassen, wenn
1. ihm nach § 7 Absatz 1 des Passgesetzes der deutsche Pass versagt, nach § 8 Passgesetzes der deutsche Pass entzogen worden ist oder gegen ihn eine Anordnung nach § 6 Absatz 7 des Personalausweisgesetzes ergangen ist, wenn Anhaltspunkte die Annahme rechtfertigen, dass der Ausländer beabsichtigt, das Bundesgebiet zu verlassen oder
2. die Voraussetzungen für eine Untersagung der Ausreise nach § 10 Absatz 1 des Passgesetzes vorliegen und die Vorlage, Aushändigung und vorübergehende Überlassung des ausländischen Passes oder Passersatzes zur Durchführung oder Sicherung des Ausreiseverbots erforderlich sind.

(2) Ein Ausländer, der einen Pass oder Passersatz weder besitzt noch in zumutbarer Weise erlangen kann, genügt der Ausweispflicht mit der Bescheinigung über einen Aufenthaltstitel oder die Aussetzung der Abschiebung, wenn sie mit den Angaben zur Person und einem Lichtbild versehen und als Ausweisersatz bezeichnet ist.

(3) ¹Besitzt der Ausländer keinen gültigen Pass oder Passersatz, ist er verpflichtet, an der Beschaffung des Identitätspapiers mitzuwirken sowie alle Urkunden, sonstigen Unterlagen und Datenträger, die für die Feststellung seiner Identität und Staatsangehörigkeit und für die Feststellung und Geltendmachung einer Rückführungsmöglichkeit in einen anderen Staat von Bedeutung sein können und in deren Besitz er ist, den mit der Ausführung dieses Gesetzes betrauten Behörden auf Verlangen vorzulegen, auszuhändigen und zu überlassen. ²Kommt der Ausländer seiner Verpflichtung nicht nach und bestehen tatsächliche Anhaltspunkte, dass er im Besitz solcher Unterlagen oder Datenträger ist, können er und die von ihm mitgeführten Sachen durchsucht werden. ³Der Ausländer hat die Maßnahme zu dulden.

(3a) ¹Die Auswertung von Datenträgern ist nur zulässig, soweit dies für die Feststellung der Identität und Staatsangehörigkeit des Ausländers und für die Feststellung und Geltendmachung einer Rückführungsmöglichkeit in einen anderen Staat nach Maßgabe von Absatz 3 erforderlich ist und der Zweck der Maßnahme nicht durch mildere Mittel erreicht werden kann. ²Liegen tatsächliche Anhaltspunkte für die Annahme vor, dass durch die Auswertung von Datenträgern allein Erkenntnisse aus dem Kernbereich privater Lebensgestaltung erlangt würden, ist die Maßnahme unzulässig. ³Der Ausländer hat die notwendigen Zugangsdaten für eine zulässige Auswertung von Datenträgern zur Verfügung zu stellen. ⁴Die Datenträger dürfen nur von einem Bediensteten ausgewertet werden, der die Befähigung zum Richteramt hat. ⁵Erkenntnisse aus dem Kernbereich privater Lebensgestaltung, die durch die Auswertung von Datenträgern erlangt werden, dürfen nicht verwertet werden. ⁶Aufzeichnungen hierüber sind unverzüglich zu löschen. ⁷Die Tatsache ihrer Erlangung und Löschung ist aktenkundig zu machen.

(4) ¹Wird nach § 5 Abs. 3 oder § 33 von der Erfüllung der Passpflicht (§ 3 Abs. 1) abgesehen, wird ein Ausweisersatz ausgestellt. ²Absatz 3 bleibt hiervon unberührt.

§ 48a Erhebung von Zugangsdaten

(1) Soweit der Ausländer die notwendigen Zugangsdaten für die Auswertung von Endgeräten, die er für telekommunikative Zwecke eingesetzt hat, nicht zur Verfügung stellt, darf von demjenigen, der geschäftsmäßig Telekommunikationsdienste erbringt oder daran mitwirkt, Auskunft über die Daten, mittels derer der Zugriff auf Endgeräte oder auf Speichereinrichtungen, die in diesen Endgeräten oder hiervon räumlich getrennt eingesetzt werden, geschützt wird (§ 174 Absatz 1 Satz 2 des Telekommunikationsgesetzes), verlangt werden, wenn die gesetzlichen Voraussetzungen für die Verarbeitung der Daten vorliegen.

(2) Der Ausländer ist von dem Auskunftsverlangen vorher in Kenntnis zu setzen.

(3) ¹Auf Grund eines Auskunftsverlangens nach Absatz 1 hat derjenige, der geschäftsmäßig Telekommunikationsdienste erbringt oder daran mitwirkt, die zur Auskunftserteilung erforderlichen Daten unverzüglich zu übermitteln. ²Für die Entschädigung der Diensteanbieter ist § 23 Absatz 1 des Justizvergütungs- und -entschädigungsgesetzes entsprechend anzuwenden.

§ 49 Überprüfung, Feststellung und Sicherung der Identität

(1) ¹Die mit dem Vollzug dieses Gesetzes betrauten Behörden dürfen unter den Voraussetzungen des § 48 Abs. 1 die auf dem elektronischen Speicher- und Verarbeitungsmedium eines Dokuments nach § 48 Abs. 1 Nr. 1 und 2

gespeicherten biometrischen und sonstigen Daten auslesen, die benötigten biometrischen Daten beim Inhaber des Dokuments erheben und die biometrischen Daten miteinander vergleichen. ²Darüber hinaus sind auch alle anderen Behörden, an die Daten aus dem Ausländerzentralregister nach den §§ 15 bis 20 des AZR-Gesetzes übermittelt werden, und die Meldebehörden befugt, Maßnahmen nach Satz 1 zu treffen, soweit sie die Echtheit des Dokuments oder die Identität des Inhabers überprüfen dürfen. ³Biometrische Daten nach Satz 1 sind nur die Fingerabdrücke und das Lichtbild.

(2) Jeder Ausländer ist verpflichtet, gegenüber den mit dem Vollzug des Ausländerrechts betrauten Behörden auf Verlangen die erforderlichen Angaben zu seinem Alter, seiner Identität und Staatsangehörigkeit zu machen und die von der Vertretung des Staates, dessen Staatsangehörigkeit er besitzt oder vermutlich besitzt, geforderten und mit dem deutschen Recht in Einklang stehenden Erklärungen im Rahmen der Beschaffung von Heimreisedokumenten abzugeben.

(3) Bestehen Zweifel über die Person, das Lebensalter oder die Staatsangehörigkeit des Ausländers, so sind die zur Feststellung seiner Identität, seines Lebensalters oder seiner Staatsangehörigkeit erforderlichen Maßnahmen zu treffen, wenn
1. dem Ausländer die Einreise erlaubt, ein Aufenthaltstitel erteilt oder die Abschiebung ausgesetzt werden soll oder
2. es zur Durchführung anderer Maßnahmen nach diesem Gesetz erforderlich ist.

(4) Die Identität eines Ausländers ist durch erkennungsdienstliche Maßnahmen zu sichern, wenn eine Verteilung gemäß § 15a stattfindet.

(5) Zur Feststellung und Sicherung der Identität sollen die erforderlichen Maßnahmen durchgeführt werden,
1. wenn der Ausländer mit einem gefälschten oder verfälschten Pass oder Passersatz einreisen will oder eingereist ist;
2. wenn sonstige Anhaltspunkte den Verdacht begründen, dass der Ausländer nach einer Zurückweisung oder Beendigung des Aufenthalts erneut unerlaubt ins Bundesgebiet einreisen will;
3. bei Ausländern, die vollziehbar ausreisepflichtig sind, sofern die Zurückschiebung oder Abschiebung in Betracht kommt;
4. wenn der Ausländer in einen in § 26a Abs. 2 des Asylgesetzes genannten Drittstaat zurückgewiesen oder zurückgeschoben wird;
5. bei der Beantragung eines nationalen Visums;
6. bei Ausländern, die für ein Aufnahmeverfahren nach § 23, für die Gewährung von vorübergehendem Schutz nach § 24 oder für ein Umverteilungsverfahren auf Grund von Maßnahmen nach Artikel 78 Absatz 3 des Vertrags über die Arbeitsweise der Europäischen Union vorgeschlagen und vom Bundesamt für Migration und Flüchtlinge in die Prüfung über die Erteilung einer Aufnahmezusage einbezogen wurden, sowie in den Fällen des § 29 Absatz 3;
7. wenn ein Versagungsgrund nach § 5 Abs. 4 festgestellt worden ist.

(6) ¹Maßnahmen im Sinne der Absätze 3 bis 5 mit Ausnahme des Absatzes 5 Nr. 5 sind das Aufnehmen von Lichtbildern, das Abnehmen von Fingerabdrücken, sowie Messungen und ähnliche Maßnahmen, einschließlich körperlicher Eingriffe, die von einem Arzt nach den Regeln der ärztlichen Kunst zum Zweck der Feststellung des Alters vorgenommen werden, wenn kein Nachteil für die Gesundheit des Ausländers zu befürchten ist. ²Die Maßnahmen sind zulässig bei Ausländern, die das sechste Lebensjahr vollendet haben. ³Zur Feststellung der Identität sind diese Maßnahmen nur zulässig, wenn die Identität in anderer Weise, insbesondere durch Anfragen bei anderen Behörden nicht oder nicht rechtzeitig oder nur unter erheblichen Schwierigkeiten festgestellt werden kann.

(6a) Maßnahmen im Sinne des Absatzes 5 Nr. 5 sind das Aufnehmen von Lichtbildern und das Abnehmen von Fingerabdrücken.

(7) ¹Zur Bestimmung des Herkunftsstaates oder der Herkunftsregion des Ausländers kann das gesprochene Wort des Ausländers auf Ton- oder Datenträger aufgezeichnet werden. ²Diese Erhebung darf nur erfolgen, wenn der Ausländer vorher darüber in Kenntnis gesetzt wurde.

(8) ¹Die Identität eines Ausländers, der in Verbindung mit der unerlaubten Einreise aufgegriffen und nicht zurückgewiesen wird, ist durch erkennungsdienstliche Maßnahmen zu sichern. ²Nach Satz 1 dürfen nur Lichtbilder und Abdrucke aller zehn Finger aufgenommen werden. ³Die Identität eines Ausländers, der das sechste Lebensjahr noch nicht vollendet hat, ist unter den Voraussetzungen des Satzes 1 nur durch das Aufnehmen eines Lichtbildes zu sichern.

(9) ¹Die Identität eines Ausländers, der sich ohne erforderlichen Aufenthaltstitel im Bundesgebiet aufhält, ist durch erkennungsdienstliche Maßnahmen zu sichern. ²Nach Satz 1 dürfen nur Lichtbilder und Abdrucke aller zehn Finger aufgenommen werden. ³Die Identität eines Ausländers, der das sechste Lebensjahr noch nicht vollendet hat, ist unter den Voraussetzungen des Satzes 1 nur durch das Aufnehmen eines Lichtbildes zu sichern.

(10) Der Ausländer hat die Maßnahmen nach den Absätzen 1 und 3 bis 9 zu dulden.

Kapitel 5
Beendigung des Aufenthalts

Abschnitt 1
Begründung der Ausreisepflicht

§ 50 Ausreisepflicht

(1) Ein Ausländer ist zur Ausreise verpflichtet, wenn er einen erforderlichen Aufenthaltstitel nicht oder nicht mehr besitzt und ein Aufenthaltsrecht nach dem Assoziationsabkommen EWG/Türkei nicht oder nicht mehr besteht.

(2) Der Ausländer hat das Bundesgebiet unverzüglich oder, wenn ihm eine Ausreisefrist gesetzt ist, bis zum Ablauf der Frist zu verlassen.

(3) [1]Durch die Einreise in einen anderen Mitgliedstaat der Europäischen Union oder in einen anderen Schengen-Staat genügt der Ausländer seiner Ausreisepflicht nur, wenn ihm Einreise und Aufenthalt dort erlaubt sind. [2]Liegen diese Voraussetzungen vor, ist der ausreisepflichtige Ausländer aufzufordern, sich unverzüglich in das Hoheitsgebiet dieses Staates zu begeben.

(4) Ein ausreisepflichtiger Ausländer, der seine Wohnung wechseln oder den Bezirk der Ausländerbehörde für mehr als drei Tage verlassen will, hat dies der Ausländerbehörde vorher anzuzeigen.

(5) Der Pass oder Passersatz eines ausreisepflichtigen Ausländers soll bis zu dessen Ausreise in Verwahrung genommen werden.

(6) [1]Ein Ausländer kann zum Zweck der Aufenthaltsbeendigung in den Fahndungshilfsmitteln der Polizei zur Aufenthaltsermittlung und Festnahme ausgeschrieben werden, wenn sein Aufenthalt unbekannt ist. [2]Ein Ausländer, gegen den ein Einreise- und Aufenthaltsverbot nach § 11 besteht, kann zum Zweck der Einreiseverweigerung zur Zurückweisung und für den Fall des Antreffens im Bundesgebiet zur Festnahme ausgeschrieben werden. [3]Für Ausländer, die gemäß § 15a verteilt worden sind, gilt § 66 des Asylgesetzes entsprechend.

§ 51 Beendigung der Rechtmäßigkeit des Aufenthalts; Fortgeltung von Beschränkungen

(1) Der Aufenthaltstitel erlischt in folgenden Fällen:
1. Ablauf seiner Geltungsdauer,
2. Eintritt einer auflösenden Bedingung,
3. Rücknahme des Aufenthaltstitels,
4. Widerruf des Aufenthaltstitels,
5. Ausweisung des Ausländers,
5a. Bekanntgabe einer Abschiebungsanordnung nach § 58a,
6. wenn der Ausländer aus einem seiner Natur nach nicht vorübergehenden Grunde ausreist,
7. wenn der Ausländer ausgereist und nicht innerhalb von sechs Monaten oder einer von der Ausländerbehörde bestimmten längeren Frist wieder eingereist ist,
8. wenn ein Ausländer nach Erteilung eines Aufenthaltstitels gemäß der §§ 22, 23 oder § 25 Abs. 3 bis 5 einen Asylantrag stellt;

ein für mehrere Einreisen oder mit einer Geltungsdauer von mehr als 90 Tagen erteiltes Visum erlischt nicht nach den Nummern 6 und 7.

(1a) [1]Die Gültigkeit einer nach § 19 erteilten ICT-Karte erlischt nicht nach Absatz 1 Nummer 6 und 7, wenn der Ausländer von der in der Richtlinie 2014/66/EU vorgesehenen Möglichkeit Gebrauch macht, einen Teil des unternehmensinternen Transfers in einem anderen Mitgliedstaat der Europäischen Union durchzuführen. [2]Die Gültigkeit einer nach § 16b oder § 18d erteilten Aufenthaltserlaubnis erlischt nicht nach Absatz 1 Nummer 6 und 7, wenn der Ausländer von der in der Richtlinie (EU) 2016/801 vorgesehenen Möglichkeit Gebrauch macht, einen Teil des Studiums oder des Forschungsvorhabens in einem anderen Mitgliedstaat der Europäischen Union durchzuführen.

(2) [1]Die Niederlassungserlaubnis eines Ausländers, der sich mindestens 15 Jahre rechtmäßig im Bundesgebiet aufgehalten hat sowie die Niederlassungserlaubnis seines mit ihm in ehelicher Lebensgemeinschaft lebenden Ehegatten erlöschen nicht nach Absatz 1 Nr. 6 und 7, wenn deren Lebensunterhalt gesichert ist und kein Ausweisungsinteresse nach § 54 Absatz 1 Nummer 2 bis 5 oder Absatz 2 Nummer 5 bis 7 besteht. [2]Die Niederlassungserlaubnis eines mit einem Deutschen in ehelicher Lebensgemeinschaft lebenden Ausländers erlischt nicht nach Absatz 1 Nr. 6 und 7, wenn kein Ausweisungsinteresse nach § 54 Absatz 1 Nummer 2 bis 5 oder Absatz 2 Nummer 5 bis 7 besteht. [3]Zum Nachweis des Fortbestandes der Niederlassungserlaubnis stellt die Ausländerbehörde am Ort des letzten gewöhnlichen Aufenthalts auf Antrag eine Bescheinigung aus.

(3) Der Aufenthaltstitel erlischt nicht nach Absatz 1 Nr. 7, wenn die Frist lediglich wegen Erfüllung der gesetzlichen Wehrpflicht im Heimatstaat überschritten wird und der Ausländer innerhalb von drei Monaten nach der Entlassung aus dem Wehrdienst wieder einreist.

(4) ¹Nach Absatz 1 Nr. 7 wird in der Regel eine längere Frist bestimmt, wenn der Ausländer aus einem seiner Natur nach vorübergehenden Grunde ausreisen will und eine Niederlassungserlaubnis besitzt oder wenn der Aufenthalt außerhalb des Bundesgebiets Interessen der Bundesrepublik Deutschland dient. ²Abweichend von Absatz 1 Nummer 6 und 7 erlischt der Aufenthaltstitel eines Ausländers nicht, wenn er die Voraussetzungen des § 37 Absatz 1 Satz 1 Nummer 1 erfüllt, rechtswidrig mit Gewalt oder Drohung mit einem empfindlichen Übel zur Eingehung der Ehe genötigt und von der Rückkehr nach Deutschland abgehalten wurde und innerhalb von drei Monaten nach Wegfall der Zwangslage, spätestens jedoch innerhalb von zehn Jahren seit der Ausreise, wieder einreist.

(5) Die Befreiung vom Erfordernis des Aufenthaltstitels entfällt, wenn der Ausländer ausgewiesen, zurückgeschoben oder abgeschoben wird; § 11 Absatz 2 bis 5 findet entsprechende Anwendung.

(6) Räumliche und sonstige Beschränkungen und Auflagen nach diesem und nach anderen Gesetzen bleiben auch nach Wegfall des Aufenthaltstitels oder der Aussetzung der Abschiebung in Kraft, bis sie aufgehoben werden oder der Ausländer seiner Ausreisepflicht nachgekommen ist.

(7) ¹Im Falle der Ausreise eines Asylberechtigten oder eines Ausländers, dem das Bundesamt für Migration und Flüchtlinge unanfechtbar die Flüchtlingseigenschaft zuerkannt hat, erlischt der Aufenthaltstitel nicht, solange er im Besitz eines gültigen, von einer deutschen Behörde ausgestellten Reiseausweises für Flüchtlinge ist. ²Der Ausländer hat auf Grund seiner Anerkennung als Asylberechtigter oder der unanfechtbaren Zuerkennung der Flüchtlingseigenschaft durch das Bundesamt für Migration und Flüchtlinge keinen Anspruch auf erneute Erteilung eines Aufenthaltstitels, wenn er das Bundesgebiet verlassen hat und die Zuständigkeit für die Ausstellung eines Reiseausweises für Flüchtlinge auf einen anderen Staat übergegangen ist.

(8) ¹Vor der Aufhebung einer Aufenthaltserlaubnis nach § 38a Abs. 1, vor einer Ausweisung eines Ausländers, der eine solche Aufenthaltserlaubnis besitzt und vor dem Erlass einer gegen ihn gerichteten Abschiebungsanordnung nach § 58a gibt die zuständige Behörde in dem Verfahren nach § 91c Absatz 2 über das Bundesamt für Migration und Flüchtlinge dem Mitgliedstaat der Europäischen Union, in dem der Ausländer die Rechtsstellung eines langfristig Aufenthaltsberechtigten besitzt, Gelegenheit zur Stellungnahme, wenn die Abschiebung in ein Gebiet erwogen wird, in dem diese Rechtsstellung nicht erworben werden kann. ²Geht die Stellungnahme des anderen Mitgliedstaates rechtzeitig ein, wird sie von der zuständigen Behörde berücksichtigt.

(8a) ¹Soweit die Behörden anderer Schengen-Staaten über Entscheidungen nach Artikel 34 der Verordnung (EG) Nr. 810/2009, die durch die Ausländerbehörden getroffen wurden, zu unterrichten sind, erfolgt dies über das Bundesamt für Migration und Flüchtlinge. ²Die mit der polizeilichen Kontrolle des grenzüberschreitenden Verkehrs beauftragten Behörden unterrichten die Behörden anderer Schengen-Staaten unmittelbar über ihre Entscheidungen nach Artikel 34 der Verordnung (EG) Nr. 810/2009.

(9) ¹Die Erlaubnis zum Daueraufenthalt – EU erlischt nur, wenn
1. ihre Erteilung wegen Täuschung, Drohung oder Bestechung zurückgenommen wird,
2. der Ausländer ausgewiesen oder ihm eine Abschiebungsanordnung nach § 58a bekannt gegeben wird,
3. sich der Ausländer für einen Zeitraum von zwölf aufeinander folgenden Monaten außerhalb des Gebiets aufhält, in dem die Rechtsstellung eines langfristig Aufenthaltsberechtigten erworben werden kann; der Zeitraum beträgt 24 aufeinanderfolgende Monate bei einem Ausländer, der zuvor im Besitz einer Blauen Karte EU war, und bei seinen Familienangehörigen, die zuvor im Besitz einer Aufenthaltserlaubnis nach den §§ 30, 32, 33 oder 36 waren,
4. sich der Ausländer für einen Zeitraum von sechs Jahren außerhalb des Bundesgebiets aufhält oder
5. der Ausländer die Rechtsstellung eines langfristig Aufenthaltsberechtigten in einem anderen Mitgliedstaat der Europäischen Union erwirbt.

²Auf die in Satz 1 Nr. 3 und 4 genannten Fälle sind die Absätze 2 bis 4 entsprechend anzuwenden.

(10) ¹Abweichend von Absatz 1 Nummer 7 beträgt die Frist für die Blaue Karte EU und die Aufenthaltserlaubnisse nach den §§ 30, 32, 33 oder 36, die den Familienangehörigen eines Inhabers einer Blauen Karte EU erteilt worden sind, zwölf Monate. ²Gleiches gilt für die Niederlassungserlaubnis eines Ausländers, der sich mindestens 15 Jahre rechtmäßig im Bundesgebiet aufgehalten hat sowie die Niederlassungserlaubnis eines mit ihm in ehelicher Lebensgemeinschaft lebenden Ehegatten, wenn sie das 60. Lebensjahr vollendet haben.

§ 52 Widerruf

(1) ¹Der Aufenthaltstitel des Ausländers nach § 4 Absatz 1 Satz 2 Nummer 1 zweite Alternative, Nummer 2, 2a, 2b, 2c, 3 und 4 kann außer in den Fällen der Absätze 2 bis 6 nur widerrufen werden, wenn
1. er keinen gültigen Pass oder Passersatz mehr besitzt,
2. er seine Staatsangehörigkeit wechselt oder verliert,
3. er noch nicht eingereist ist,

4. seine Anerkennung als Asylberechtigter oder seine Rechtsstellung als Flüchtling oder als subsidiär Schutzberechtigter erlischt oder unwirksam wird oder
5. die Ausländerbehörde nach Erteilung einer Aufenthaltserlaubnis nach § 25 Abs. 3 Satz 1 feststellt, dass
   a) die Voraussetzungen des § 60 Absatz 5 oder 7 nicht oder nicht mehr vorliegen,
   b) der Ausländer einen der Ausschlussgründe nach § 25 Abs. 3 Satz 2 Nummer 1 bis 4 erfüllt oder
   c) in den Fällen des § 42 Satz 1 des Asylgesetzes die Feststellung aufgehoben oder unwirksam wird.

[2]In den Fällen des Satzes 1 Nr. 4 und 5 kann auch der Aufenthaltstitel der mit dem Ausländer in familiärer Gemeinschaft lebenden Familienangehörigen widerrufen werden, wenn diesen kein eigenständiger Anspruch auf den Aufenthaltstitel zusteht.

(2) [1]Ein nationales Visum, eine Aufenthaltserlaubnis und eine Blaue Karte EU, die zum Zweck der Beschäftigung erteilt wurden, sind zu widerrufen, wenn die Bundesagentur für Arbeit nach § 41 die Zustimmung zur Ausübung der Beschäftigung widerrufen hat. [2]Ein nationales Visum und eine Aufenthaltserlaubnis, die nicht zum Zweck der Beschäftigung erteilt wurden, sind im Falle des Satzes 1 in dem Umfang zu widerrufen, in dem sie die Beschäftigung gestatten.

(2a) [1]Eine nach § 19 erteilte ICT-Karte, eine nach § 19b erteilte Mobiler-ICT-Karte oder ein Aufenthaltstitel zum Zweck des Familiennachzugs zu einem Inhaber einer ICT-Karte oder Mobiler-ICT-Karte kann widerrufen werden, wenn der Ausländer
1. nicht mehr die Voraussetzungen der Erteilung erfüllt oder
2. gegen Vorschriften eines anderen Mitgliedstaates der Europäischen Union über die Mobilität von unternehmensintern transferierten Arbeitnehmern im Anwendungsbereich der Richtlinie 2014/66/EU verstoßen hat.

[2]Wird die ICT-Karte oder die Mobiler-ICT-Karte widerrufen, so ist zugleich der dem Familienangehörigen erteilte Aufenthaltstitel zu widerrufen, es sei denn, dem Familienangehörigen steht ein eigenständiger Anspruch auf einen Aufenthaltstitel zu.

(3) [1]Eine nach § 16b Absatz 1, 5 oder 7 zum Zweck des Studiums erteilte Aufenthaltserlaubnis kann widerrufen werden, wenn
1. der Ausländer ohne die erforderliche Erlaubnis eine Erwerbstätigkeit ausübt,
2. der Ausländer unter Berücksichtigung der durchschnittlichen Studiendauer an der betreffenden Hochschule im jeweiligen Studiengang und seiner individuellen Situation keine ausreichenden Studienfortschritte macht oder
3. der Ausländer nicht mehr die Voraussetzungen erfüllt, unter denen ihm eine Aufenthaltserlaubnis nach § 16b Absatz 1, 5 oder 7 erteilt werden könnte.

[2]Zur Prüfung der Voraussetzungen von Satz 1 Nummer 2 kann die Ausbildungseinrichtung beteiligt werden.

(4) Eine nach § 18d oder § 18f erteilte Aufenthaltserlaubnis kann widerrufen werden, wenn
1. die Forschungseinrichtung, mit welcher der Ausländer eine Aufnahmevereinbarung abgeschlossen hat, ihre Anerkennung verliert, sofern er an einer Handlung beteiligt war, die zum Verlust der Anerkennung geführt hat,
2. der Ausländer bei der Forschungseinrichtung keine Forschung mehr betreibt oder betreiben darf oder
3. der Ausländer nicht mehr die Voraussetzungen erfüllt, unter denen ihm eine Aufenthaltserlaubnis nach § 18d oder § 18f erteilt werden könnte oder eine Aufnahmevereinbarung mit ihm abgeschlossen werden dürfte.

(4a) Eine nach § 16e oder § 19e erteilte Aufenthaltserlaubnis kann widerrufen werden, wenn der Ausländer nicht mehr die Voraussetzungen erfüllt, unter denen ihm die Aufenthaltserlaubnis erteilt werden könnte.

(5) [1]Eine Aufenthaltserlaubnis nach § 25 Absatz 4a Satz 1 oder Absatz 4b Satz 1 soll widerrufen werden, wenn
1. der Ausländer nicht mehr bereit ist, im Strafverfahren auszusagen,
2. die Angaben des Ausländers, auf die in § 25 Absatz 4a Satz 2 Nummer 1 oder Absatz 4b Satz 2 Nummer 1 Bezug genommen wird, nach Mitteilung der Staatsanwaltschaft oder des Strafgerichts mit hinreichender Wahrscheinlichkeit als falsch anzusehen sind oder
3. der Ausländer auf Grund sonstiger Umstände nicht mehr die Voraussetzungen für die Erteilung eines Aufenthaltstitels nach § 25 Absatz 4a oder Absatz 4b erfüllt.

[2]Eine Aufenthaltserlaubnis nach § 25 Absatz 4a Satz 1 soll auch dann widerrufen werden, wenn der Ausländer freiwillig wieder Verbindung zu den Personen nach § 25 Absatz 4a Satz 2 Nummer 2 aufgenommen hat.

(6) Eine Aufenthaltserlaubnis nach § 38a soll widerrufen werden, wenn der Ausländer seine Rechtsstellung als langfristig Aufenthaltsberechtigter in einem anderen Mitgliedstaat der Europäischen Union verliert.

§ 53 Ausweisung

(1) Ein Ausländer, dessen Aufenthalt die öffentliche Sicherheit und Ordnung, die freiheitliche demokratische Grundordnung oder sonstige erhebliche Interessen der Bundesrepublik Deutschland gefährdet, wird ausgewie-

sen, wenn die unter Berücksichtigung aller Umstände des Einzelfalles vorzunehmende Abwägung der Interessen an der Ausreise mit den Interessen an einem weiteren Verbleib des Ausländers im Bundesgebiet ergibt, dass das öffentliche Interesse an der Ausreise überwiegt.
(2) Bei der Abwägung nach Absatz 1 sind nach den Umständen des Einzelfalles insbesondere die Dauer seines Aufenthalts, seine persönlichen, wirtschaftlichen und sonstigen Bindungen im Bundesgebiet und im Herkunftsstaat oder in einem anderen zur Aufnahme bereiten Staat, die Folgen der Ausweisung für Familienangehörige und Lebenspartner sowie die Tatsache, ob sich der Ausländer rechtstreu verhalten hat, zu berücksichtigen.
(3) Ein Ausländer, dem nach dem Assoziationsabkommen EWG/Türkei ein Aufenthaltsrecht zusteht oder der eine Erlaubnis zum Daueraufenthalt – EU besitzt, darf nur ausgewiesen werden, wenn das persönliche Verhalten des Betroffenen gegenwärtig eine schwerwiegende Gefahr für die öffentliche Sicherheit und Ordnung darstellt, die ein Grundinteresse der Gesellschaft berührt und die Ausweisung für die Wahrung dieses Interesses unerlässlich ist.
(3a) Ein Ausländer, der als Asylberechtigter anerkannt ist, der im Bundesgebiet die Rechtsstellung eines ausländischen Flüchtlings genießt oder der einen von einer Behörde der Bundesrepublik Deutschland ausgestellten Reiseausweis nach dem Abkommen vom 28. Juli 1951 über die Rechtsstellung der Flüchtlinge (BGBl. 1953 II S. 559) besitzt, darf nur ausgewiesen werden, wenn er aus schwerwiegenden Gründen als eine Gefahr für die Sicherheit der Bundesrepublik Deutschland oder eine terroristische Gefahr anzusehen ist oder er eine Gefahr für die Allgemeinheit darstellt, weil er wegen einer schweren Straftat rechtskräftig verurteilt wurde.
(3b) Ein Ausländer, der die Rechtsstellung eines subsidiär Schutzberechtigten im Sinne des § 4 Absatz 1 des Asylgesetzes genießt, darf nur ausgewiesen werden, wenn er eine schwere Straftat begangen hat oder er eine Gefahr für die Allgemeinheit oder die Sicherheit der Bundesrepublik Deutschland darstellt.
(4) ¹Ein Ausländer, der einen Asylantrag gestellt hat, kann nur unter der Bedingung ausgewiesen werden, dass das Asylverfahren unanfechtbar ohne Anerkennung als Asylberechtigter oder ohne die Zuerkennung internationalen Schutzes (§ 1 Absatz 1 Nummer 2 des Asylgesetzes) abgeschlossen wird. ²Von der Bedingung wird abgesehen, wenn
1. ein Sachverhalt vorliegt, der nach Absatz 3 eine Ausweisung rechtfertigt oder
2. eine nach den Vorschriften des Asylgesetzes erlassene Abschiebungsandrohung vollziehbar geworden ist.

§ 54 Ausweisungsinteresse

(1) Das Ausweisungsinteresse im Sinne von § 53 Absatz 1 wiegt besonders schwer, wenn der Ausländer
1. wegen einer oder mehrerer vorsätzlicher Straftaten rechtskräftig zu einer Freiheits- oder Jugendstrafe von mindestens zwei Jahren verurteilt worden ist oder bei der letzten rechtskräftigen Verurteilung Sicherungsverwahrung angeordnet worden ist,
1a. rechtskräftig zu einer Freiheits- oder Jugendstrafe von mindestens einem Jahr verurteilt worden ist wegen einer oder mehrerer vorsätzlicher Straftaten
    a) gegen das Leben,
    b) gegen die körperliche Unversehrtheit,
    c) gegen die sexuelle Selbstbestimmung nach den §§ 174, 176 bis 178, 181a, 184b, 184d und 184e jeweils in Verbindung mit § 184b des Strafgesetzbuches,
    d) gegen das Eigentum, sofern das Gesetz für die Straftat eine im Mindestmaß erhöhte Freiheitsstrafe vorsieht oder die Straftaten serienmäßig begangen wurden oder
    e) wegen Widerstands gegen Vollstreckungsbeamte oder tätlichen Angriffs gegen Vollstreckungsbeamte,
1b. wegen einer oder mehrerer Straftaten nach § 263 des Strafgesetzbuchs zu Lasten eines Leistungsträgers oder Sozialversicherungsträgers nach dem Sozialgesetzbuch oder nach dem Gesetz über den Verkehr mit Betäubungsmitteln rechtskräftig zu einer Freiheits- oder Jugendstrafe von mindestens einem Jahr verurteilt worden ist,
2. die freiheitliche demokratische Grundordnung oder die Sicherheit der Bundesrepublik Deutschland gefährdet; hiervon ist auszugehen, wenn Tatsachen die Schlussfolgerung rechtfertigen, dass er einer Vereinigung angehört oder angehört hat, die den Terrorismus unterstützt oder er eine derartige Vereinigung unterstützt oder unterstützt hat oder er eine in § 89a Absatz 1 des Strafgesetzbuchs bezeichnete schwere staatsgefährdende Gewalttat nach § 89a Absatz 2 des Strafgesetzbuchs vorbereitet oder vorbereitet hat, es sei denn, der Ausländer nimmt erkennbar und glaubhaft von seinem sicherheitsgefährdenden Handeln Abstand,
3. zu den Leitern eines Vereins gehörte, der unanfechtbar verboten wurde, weil seine Zwecke oder seine Tätigkeit den Strafgesetzen zuwiderlaufen oder er sich gegen die verfassungsmäßige Ordnung oder den Gedanken der Völkerverständigung richtet,
4. sich zur Verfolgung politischer oder religiöser Ziele an Gewalttätigkeiten beteiligt oder öffentlich zur Gewaltanwendung aufruft oder mit Gewaltanwendung droht oder

5. zu Hass gegen Teile der Bevölkerung aufruft; hiervon ist auszugehen, wenn er auf eine andere Person gezielt und andauernd einwirkt, um Hass auf Angehörige bestimmter ethnischer Gruppen oder Religionen zu erzeugen oder zu verstärken oder öffentlich, in einer Versammlung oder durch Verbreiten von Schriften in einer Weise, die geeignet ist, die öffentliche Sicherheit und Ordnung zu stören,
   a) gegen Teile der Bevölkerung zu Willkürmaßnahmen aufstachelt,
   b) Teile der Bevölkerung böswillig verächtlich macht und dadurch die Menschenwürde anderer angreift oder
   c) Verbrechen gegen den Frieden, gegen die Menschlichkeit, ein Kriegsverbrechen oder terroristische Taten von vergleichbarem Gewicht billigt oder dafür wirbt,
   es sei denn, der Ausländer nimmt erkennbar und glaubhaft von seinem Handeln Abstand.

(2) Das Ausweisungsinteresse im Sinne von § 53 Absatz 1 wiegt schwer, wenn der Ausländer
1. wegen einer oder mehrerer vorsätzlicher Straftaten rechtskräftig zu einer Freiheitsstrafe von mindestens sechs Monaten verurteilt worden ist,
2. wegen einer oder mehrerer vorsätzlicher Straftaten rechtskräftig zu einer Jugendstrafe von mindestens einem Jahr verurteilt und die Vollstreckung der Strafe nicht zur Bewährung ausgesetzt worden ist,
3. als Täter oder Teilnehmer den Tatbestand des § 29 Absatz 1 Satz 1 Nummer 1 des Betäubungsmittelgesetzes verwirklicht oder dies versucht,
4. Heroin, Kokain oder ein vergleichbar gefährliches Betäubungsmittel verbraucht und nicht zu einer erforderlichen seiner Rehabilitation dienenden Behandlung bereit ist oder sich ihr entzieht,
5. eine andere Person in verwerflicher Weise, insbesondere unter Anwendung oder Androhung von Gewalt, davon abhält, am wirtschaftlichen, kulturellen oder gesellschaftlichen Leben in der Bundesrepublik Deutschland teilzunehmen,
6. eine andere Person zur Eingehung der Ehe nötigt oder dies versucht oder wiederholt eine Handlung entgegen § 11 Absatz 2 Satz 1 und 2 des Personenstandsgesetzes vornimmt, die einen schwerwiegenden Verstoß gegen diese Vorschrift darstellt; ein schwerwiegender Verstoß liegt vor, wenn eine Person, die das 16. Lebensjahr noch nicht vollendet hat, beteiligt ist,
7. in einer Befragung, die der Klärung von Bedenken gegen die Einreise oder den weiteren Aufenthalt dient, der deutschen Auslandsvertretung oder der Ausländerbehörde gegenüber frühere Aufenthalte in Deutschland oder anderen Staaten verheimlicht oder in wesentlichen Punkten vorsätzlich keine, falsche oder unvollständige Angaben über Verbindungen zu Personen oder Organisationen macht, die der Unterstützung des Terrorismus oder der Gefährdung der freiheitlichen demokratischen Grundordnung oder der Sicherheit der Bundesrepublik Deutschland verdächtig sind; die Ausweisung auf dieser Grundlage ist nur zulässig, wenn der Ausländer vor der Befragung ausdrücklich auf den sicherheitsrechtlichen Zweck der Befragung und die Rechtsfolgen verweigerter, falscher oder unvollständiger Angaben hingewiesen wurde,
8. in einem Verwaltungsverfahren, das von Behörden eines Schengen-Staates durchgeführt wurde, im In- oder Ausland
   a) falsche oder unvollständige Angaben zur Erlangung eines deutschen Aufenthaltstitels, eines Schengen-Visums, eines Flughafentransitvisums, eines Passersatzes, der Zulassung einer Ausnahme von der Passpflicht oder der Aussetzung der Abschiebung gemacht hat oder
   b) trotz bestehender Rechtspflicht nicht an Maßnahmen der für die Durchführung dieses Gesetzes oder des Schengener Durchführungsübereinkommens zuständigen Behörden mitgewirkt hat, soweit der Ausländer zuvor auf die Rechtsfolgen solcher Handlungen hingewiesen wurde oder
9. einen nicht nur vereinzelten oder geringfügigen Verstoß gegen Rechtsvorschriften oder gerichtliche oder behördliche Entscheidungen oder Verfügungen begangen oder außerhalb des Bundesgebiets eine Handlung begangen hat, die im Bundesgebiet als vorsätzliche schwere Straftat anzusehen ist.

§ 55 Bleibeinteresse

(1) Das Bleibeinteresse im Sinne von § 53 Absatz 1 wiegt besonders schwer, wenn der Ausländer
1. eine Niederlassungserlaubnis besitzt und sich seit mindestens fünf Jahren rechtmäßig im Bundesgebiet aufgehalten hat,
2. eine Aufenthaltserlaubnis besitzt und im Bundesgebiet geboren oder als Minderjähriger in das Bundesgebiet eingereist ist und sich seit mindestens fünf Jahren rechtmäßig im Bundesgebiet aufgehalten hat,
3. eine Aufenthaltserlaubnis besitzt, sich seit mindestens fünf Jahren rechtmäßig im Bundesgebiet aufgehalten hat und mit einem der in den Nummern 1 und 2 bezeichneten Ausländer in ehelicher oder lebenspartnerschaftlicher Lebensgemeinschaft lebt,
4. mit einem deutschen Familienangehörigen oder Lebenspartner in familiärer oder lebenspartnerschaftlicher Lebensgemeinschaft lebt, sein Personensorgerecht für einen minderjährigen ledigen Deutschen oder mit diesem sein Umgangsrecht ausübt oder

5. eine Aufenthaltserlaubnis nach § 23 Absatz 4, den §§ 24, 25 Absatz 4a Satz 3 oder nach § 29 Absatz 2 oder 4 besitzt.

(2) Das Bleibeinteresse im Sinne von § 53 Absatz 1 wiegt insbesondere schwer, wenn
1. der Ausländer minderjährig ist und eine Aufenthaltserlaubnis besitzt,
2. der Ausländer eine Aufenthaltserlaubnis besitzt und sich seit mindestens fünf Jahren im Bundesgebiet aufhält,
3. der Ausländer sein Personensorgerecht für einen im Bundesgebiet rechtmäßig sich aufhaltenden ledigen Minderjährigen oder mit diesem sein Umgangsrecht ausübt,
4. der Ausländer minderjährig ist und sich die Eltern oder ein personensorgeberechtigter Elternteil rechtmäßig im Bundesgebiet aufhalten beziehungsweise aufhält,
5. die Belange oder das Wohl eines Kindes zu berücksichtigen sind beziehungsweise ist oder
6. der Ausländer eine Aufenthaltserlaubnis nach § 25 Absatz 4a Satz 1 besitzt.

(3) Aufenthalte auf der Grundlage von § 81 Absatz 3 Satz 1 und Absatz 4 Satz 1 werden als rechtmäßiger Aufenthalt im Sinne der Absätze 1 und 2 nur berücksichtigt, wenn dem Antrag auf Erteilung oder Verlängerung des Aufenthaltstitels entsprochen wurde.

§ 56 Überwachung ausreisepflichtiger Ausländer aus Gründen der inneren Sicherheit

(1) [1]Ein Ausländer, gegen den eine Ausweisungsverfügung auf Grund eines Ausweisungsinteresses nach § 54 Absatz 1 Nummer 2 bis 5 oder eine Abschiebungsanordnung nach § 58a besteht, unterliegt der Verpflichtung, sich mindestens einmal wöchentlich bei der für seinen Aufenthaltsort zuständigen polizeilichen Dienststelle zu melden, soweit die Ausländerbehörde nichts anderes bestimmt. [2]Eine dem Satz 1 entsprechende Meldepflicht kann angeordnet werden, wenn der Ausländer
1. vollziehbar ausreisepflichtig ist und ein in Satz 1 genanntes Ausweisungsinteresse besteht oder
2. auf Grund anderer als der in Satz 1 genannten Ausweisungsinteressen vollziehbar ausreisepflichtig ist und die Anordnung der Meldepflicht zur Abwehr einer Gefahr für die öffentliche Sicherheit und Ordnung erforderlich ist.

(2) Sein Aufenthalt ist auf den Bezirk der Ausländerbehörde beschränkt, soweit die Ausländerbehörde keine abweichenden Festlegungen trifft.

(3) Er kann verpflichtet werden, in einem anderen Wohnort oder in bestimmten Unterkünften auch außerhalb des Bezirks der Ausländerbehörde zu wohnen, wenn dies geboten erscheint, um
1. die Fortführung von Bestrebungen, die zur Ausweisung geführt haben, zu erschweren oder zu unterbinden und die Einhaltung vereinsrechtlicher oder sonstiger gesetzlicher Auflagen und Verpflichtungen besser überwachen zu können oder
2. die wiederholte Begehung erheblicher Straftaten, die zu einer Ausweisung nach § 54 Absatz 1 Nummer 1 geführt haben, zu unterbinden.

(4) [1]Um die Fortführung von Bestrebungen, die zur Ausweisung nach § 54 Absatz 1 Nummer 2 bis 5, zu einer Anordnung nach Absatz 1 Satz 2 Nummer 1 oder zu einer Abschiebungsanordnung nach § 58a geführt haben, zu erschweren oder zu unterbinden, kann der Ausländer auch verpflichtet werden, zu bestimmten Personen oder Personen einer bestimmten Gruppe keinen Kontakt aufzunehmen, mit ihnen nicht zu verkehren, sie nicht zu beschäftigen, auszubilden oder zu beherbergen und bestimmte Kommunikationsmittel oder Dienste nicht zu nutzen, soweit ihm Kommunikationsmittel verbleiben und die Beschränkungen notwendig sind, um eine erhebliche Gefahr für die innere Sicherheit oder für Leib und Leben Dritter abzuwehren. [2]Um die wiederholte Begehung erheblicher Straftaten, die zu einer Ausweisung nach § 54 Absatz 1 Nummer 1 geführt haben, zu unterbinden, können Beschränkungen nach Satz 1 angeordnet werden, soweit diese notwendig sind, um eine erhebliche Gefahr für die innere Sicherheit oder für Leib und Leben Dritter abzuwehren.

(5) [1]Die Verpflichtungen nach den Absätzen 1 bis 4 ruhen, wenn sich der Ausländer in Haft befindet. [2]Eine Anordnung nach den Absätzen 3 und 4 ist sofort vollziehbar.

§ 56a Elektronische Aufenthaltsüberwachung; Verordnungsermächtigung

(1) Um eine erhebliche Gefahr für die innere Sicherheit oder für Leib und Leben Dritter abzuwehren, kann ein Ausländer, der einer räumlichen Beschränkung des Aufenthaltes nach § 56 Absatz 2 und 3 oder einem Kontaktverbot nach § 56 Absatz 4 unterliegt, auf richterliche Anordnung verpflichtet werden,
1. die für eine elektronische Überwachung seines Aufenthaltsortes erforderlichen technischen Mittel ständig in betriebsbereitem Zustand am Körper bei sich zu führen und
2. deren Funktionsfähigkeit nicht zu beeinträchtigen.

(2) [1]Die Anordnung ergeht für längstens drei Monate. [2]Sie kann um jeweils höchstens drei Monate verlängert werden, wenn die Voraussetzungen weiterhin vorliegen. [3]Liegen die Voraussetzungen der Anordnung nicht mehr vor, ist die Maßnahme unverzüglich zu beenden.

(3) ¹Die Ausländerbehörde erhebt und speichert mit Hilfe der vom Ausländer mitgeführten technischen Mittel automatisiert Daten über
1. dessen Aufenthaltsort sowie
2. über etwaige Beeinträchtigungen der Datenerhebung.

²Soweit es technisch möglich ist, ist sicherzustellen, dass innerhalb der Wohnung des Ausländers keine über den Umstand seiner Anwesenheit hinausgehenden Aufenthaltsdaten erhoben werden. ³Die Landesregierungen können durch Rechtsverordnung bestimmen, dass eine andere Stelle als die Ausländerbehörde die in Satz 1 genannten Daten erhebt und speichert. ⁴Die Ermächtigung nach Satz 3 kann durch Rechtsverordnung von den Landesregierungen auf die für den Vollzug dieses Gesetzes zuständigen obersten Landesbehörden übertragen werden.

(4) Die Daten dürfen ohne Einwilligung der betroffenen Person nur verarbeitet werden, soweit dies erforderlich ist
1. zur Feststellung von Verstößen gegen eine räumliche Beschränkung des Aufenthaltes nach § 56 Absatz 2 und 3 oder ein Kontaktverbot nach § 56 Absatz 4,
2. zur Verfolgung einer Ordnungswidrigkeit nach § 98 Absatz 3 Nummer 5a oder einer Straftat nach § 95 Absatz 1 Nummer 6a,
3. zur Feststellung eines Verstoßes gegen eine vollstreckbare gerichtliche Anordnung nach Absatz 1 und zur Verfolgung einer Straftat nach § 95 Absatz 2 Nummer 1a,
4. zur Abwehr einer erheblichen gegenwärtigen Gefahr für Leib, Leben oder Freiheit einer dritten Person,
5. zur Verfolgung von erheblichen Straftaten gegen Leib und Leben einer dritten Person oder von Straftaten nach § 89a oder § 129a des Strafgesetzbuches oder
6. zur Aufrechterhaltung der Funktionsfähigkeit der technischen Mittel.

(5) ¹Zur Einhaltung der Zweckbindung nach Absatz 4 hat die Verarbeitung der Daten automatisiert zu erfolgen und sind die Daten gegen unbefugte Kenntnisnahme besonders zu sichern unbeschadet der Artikel 24, 25 und 32 der Verordnung (EU) 2016/679 des Europäischen Parlaments und des Rates vom 27. April 2016 zum Schutz natürlicher Personen bei der Verarbeitung personenbezogener Daten, zum freien Datenverkehr und zur Aufhebung der Richtlinie 95/46/EG (Datenschutz-Grundverordnung) (ABl. L 119 vom 4. 5. 2016, S. 1; L 314 vom 22. 11. 2016, S. 72; L 127 vom 23. 5. 2018, S. 2) in der jeweils geltenden Fassung. ²Die in Absatz 3 Satz 1 genannten Daten sind spätestens zwei Monate nach ihrer Erhebung zu löschen, soweit sie nicht für die in Absatz 4 genannten Zwecke verarbeitet werden. ³Jeder Abruf der Daten ist zu protokollieren. ⁴Die Protokolldaten sind nach zwölf Monaten zu löschen. ⁵Werden innerhalb der Wohnung der betroffenen Person über den Umstand ihrer Anwesenheit hinausgehende Aufenthaltsdaten erhoben, dürfen diese nicht verarbeitet werden und sind unverzüglich nach Kenntnisnahme zu löschen. ⁶Die Tatsache ihrer Kenntnisnahme und Löschung ist zu dokumentieren. ⁷Die Dokumentation darf ausschließlich für Zwecke der Datenschutzkontrolle verwendet werden. ⁸Sie ist nach Abschluss der Datenschutzkontrolle zu löschen.

(6) Zur Durchführung der Maßnahme nach Absatz 1 hat die zuständige Stelle im Sinne des Absatzes 3:
1. eingehende Systemmeldungen über Verstöße nach Absatz 4 Nummer 1 entgegenzunehmen und zu bewerten,
2. Daten des Aufenthaltsortes der betroffenen Person an die zuständigen Behörden zu übermitteln, sofern dies zur Durchsetzung von Maßnahmen nach Absatz 4 Nummer 1 erforderlich ist,
3. Daten des Aufenthaltsortes der betroffenen Person an die zuständige Bußgeldbehörde zur Verfolgung einer Ordnungswidrigkeit nach § 98 Absatz 3 Nummer 5a oder an die zuständige Strafverfolgungsbehörde zur Verfolgung einer Straftat nach § 95 Absatz 1 Nummer 6a oder Absatz 2 Nummer 1a zu übermitteln,
4. Daten des Aufenthaltsortes der betroffenen Person an zuständige Polizeibehörden zu übermitteln, sofern dies zur Abwehr einer erheblichen gegenwärtigen Gefahr im Sinne von Absatz 4 Nummer 4 erforderlich ist,
5. Daten des Aufenthaltsortes der betroffenen Person an die zuständigen Polizei- und Strafverfolgungsbehörden zu übermitteln, wenn dies zur Verhütung oder zur Verfolgung einer in Absatz 4 Nummer 5 genannten Straftat erforderlich ist,
6. die Ursache einer Meldung zu ermitteln; hierzu kann die zuständige Stelle Kontakt mit der betroffenen Person aufnehmen, sie befragen, sie auf den Verstoß hinweisen und ihr mitteilen, wie sie dessen Beendigung bewirken kann,
7. eine Überprüfung der bei der betroffenen Person vorhandenen technischen Geräte auf ihre Funktionsfähigkeit oder Manipulation und die zu der Behebung einer Funktionsbeeinträchtigung erforderlichen Maßnahmen, insbesondere des Austausches der technischen Mittel oder von Teilen davon, einzuleiten,
8. Anfragen der betroffenen Person zum Umgang mit den technischen Mitteln zu beantworten.

(7) Im Antrag auf Anordnung einer Maßnahme nach Absatz 1 sind anzugeben
1. die Person, gegen die sich die Maßnahme richtet, mit Name und Anschrift,

2. Art, Umfang und Dauer der Maßnahme,
3. die Angabe, ob gegenüber der Person, gegen die sich die Maßnahme richtet, eine räumliche Beschränkung nach § 56 Absatz 2 und 3 oder ein Kontaktverbot nach § 56 Absatz 4 besteht,
4. der Sachverhalt sowie
5. eine Begründung.
(8) Die Anordnung ergeht schriftlich. In ihr sind anzugeben
1. die Person, gegen die sich die Maßnahme richtet, mit Name und Anschrift,
2. Art, Umfang und Dauer der Maßnahme sowie
3. die wesentlichen Gründe.
(9) [1]Für richterliche Anordnungen nach Absatz 1 ist das Amtsgericht zuständig, in dessen Bezirk die zuständige Stelle im Sinne des Absatzes 3 ihren Sitz hat. [2]Für das Verfahren gelten die Vorschriften des Gesetzes über das Verfahren in Familiensachen und in den Angelegenheiten der freiwilligen Gerichtsbarkeit entsprechend.
(10) § 56 Absatz 5 Satz 1 findet entsprechend Anwendung.

Abschnitt 2
Durchsetzung der Ausreisepflicht

§ 57 Zurückschiebung
(1) Ein Ausländer, der in Verbindung mit der unerlaubten Einreise über eine Grenze im Sinne des Artikels 2 Nummer 2 der Verordnung (EU) 2016/399 (Außengrenze) aufgegriffen wird, soll zurückgeschoben werden.
(2) Ein vollziehbar ausreisepflichtiger Ausländer, der durch einen anderen Mitgliedstaat der Europäischen Union, Norwegen oder die Schweiz auf Grund einer am 13. Januar 2009 geltenden zwischenstaatlichen Übernahmevereinbarung wieder aufgenommen wird, soll in diesen Staat zurückgeschoben werden; Gleiches gilt, wenn der Ausländer von der Grenzbehörde im grenznahen Raum in unmittelbarem zeitlichen Zusammenhang mit einer unerlaubten Einreise angetroffen wird und Anhaltspunkte dafür vorliegen, dass ein anderer Staat auf Grund von Rechtsvorschriften der Europäischen Union oder eines völkerrechtlichen Vertrages für die Durchführung des Asylverfahrens zuständig ist und ein Auf- oder Wiederaufnahmeverfahren eingeleitet wird.
(3) § 58 Absatz 1b, § 59 Absatz 8, § 60 Absatz 1 bis 5 und 7 bis 9, die §§ 62 und 62a sind entsprechend anzuwenden.

§ 58 Abschiebung
(1) [1]Der Ausländer ist abzuschieben, wenn die Ausreisepflicht vollziehbar ist, eine Ausreisefrist nicht gewährt wurde oder diese abgelaufen ist, und die freiwillige Erfüllung der Ausreisepflicht nicht gesichert ist oder aus Gründen der öffentlichen Sicherheit und Ordnung eine Überwachung der Ausreise erforderlich erscheint. [2]Bei Eintritt einer der in § 59 Absatz 1 Satz 2 genannten Voraussetzungen innerhalb der Ausreisefrist soll der Ausländer vor deren Ablauf abgeschoben werden.
(1a) Vor der Abschiebung eines unbegleiteten minderjährigen Ausländers hat sich die Behörde zu vergewissern, dass dieser im Rückkehrstaat einem Mitglied seiner Familie, einer zur Personensorge berechtigten Person oder einer geeigneten Aufnahmeeinrichtung übergeben wird.
(1b) [1]Ein Ausländer, der eine Erlaubnis zum Daueraufenthalt – EU besitzt oder eine entsprechende Rechtsstellung in einem anderen Mitgliedstaat der Europäischen Union innehat und in einem anderen Mitgliedstaat der Europäischen Union international Schutzberechtigter ist, darf außer in den Fällen des § 60 Absatz 8 Satz 1 nur in den schutzgewährenden Mitgliedstaat abgeschoben werden. [2]§ 60 Absatz 2, 3, 5 und 7 bleibt unberührt.
(2) [1]Die Ausreisepflicht ist vollziehbar, wenn der Ausländer
1. unerlaubt eingereist ist,
2. noch nicht die erstmalige Erteilung des erforderlichen Aufenthaltstitels oder noch nicht die Verlängerung beantragt hat oder trotz erfolgter Antragstellung der Aufenthalt nicht nach § 81 Abs. 3 als erlaubt oder der Aufenthaltstitel nach § 81 Abs. 4 nicht als fortbestehend gilt oder
3. auf Grund einer Rückführungsentscheidung eines anderen Mitgliedstaates der Europäischen Union gemäß Artikel 3 der Richtlinie 2001/40/EG des Rates vom 28. Mai 2001 über die gegenseitige Anerkennung von Entscheidungen über die Rückführung von Drittstaatsangehörigen (ABl. EG Nr. L 149 S. 34) ausreisepflichtig wird, sofern diese von der zuständigen Behörde anerkannt wird.

[2]Im Übrigen ist die Ausreisepflicht erst vollziehbar, wenn die Versagung des Aufenthaltstitels oder der sonstige Verwaltungsakt, durch den der Ausländer nach § 50 Abs. 1 ausreisepflichtig wird, vollziehbar ist.
(3) Die Überwachung der Ausreise ist insbesondere erforderlich, wenn der Ausländer
1. sich auf richterliche Anordnung in Haft oder in sonstigem öffentlichen Gewahrsam befindet,
2. innerhalb der ihm gesetzten Ausreisefrist nicht ausgereist ist,

3. auf Grund eines besonders schwerwiegenden Ausweisungsinteresses nach § 54 Absatz 1 in Verbindung mit § 53 ausgewiesen worden ist,
4. mittellos ist,
5. keinen Pass oder Passersatz besitzt,
6. gegenüber der Ausländerbehörde zum Zweck der Täuschung unrichtige Angaben gemacht oder die Angaben verweigert hat oder
7. zu erkennen gegeben hat, dass er seiner Ausreisepflicht nicht nachkommen wird.

(4) ¹Die die Abschiebung durchführende Behörde ist befugt, zum Zweck der Abschiebung den Ausländer zum Flughafen oder Grenzübergang zu verbringen und ihn zu diesem Zweck kurzzeitig festzuhalten. ²Das Festhalten ist auf das zur Durchführung der Abschiebung unvermeidliche Maß zu beschränken.

(5) ¹Soweit der Zweck der Durchführung der Abschiebung es erfordert, kann die die Abschiebung durchführende Behörde die Wohnung des abzuschiebenden Ausländers zu dem Zweck seiner Ergreifung betreten, wenn Tatsachen vorliegen, aus denen zu schließen ist, dass sich der Ausländer dort befindet. ²Die Wohnung umfasst die Wohn- und Nebenräume, Arbeits-, Betriebs- und Geschäftsräume sowie anderes befriedetes Besitztum.

(6) ¹Soweit der Zweck der Durchführung der Abschiebung es erfordert, kann die die Abschiebung durchführende Behörde eine Durchsuchung der Wohnung des abzuschiebenden Ausländers zu dem Zweck seiner Ergreifung vornehmen. ²Bei anderen Personen sind Durchsuchungen nur zur Ergreifung des abzuschiebenden Ausländers zulässig, wenn Tatsachen vorliegen, aus denen zu schließen ist, dass der Ausländer sich in den zu durchsuchenden Räumen befindet. ³Absatz 5 Satz 2 gilt entsprechend.

(7) ¹Zur Nachtzeit darf die Wohnung nur betreten oder durchsucht werden, wenn Tatsachen vorliegen, aus denen zu schließen ist, dass die Ergreifung des Ausländers zum Zweck seiner Abschiebung andernfalls vereitelt wird. ²Die Organisation der Abschiebung ist keine Tatsache im Sinne von Satz 1.

(8) ¹Durchsuchungen nach Absatz 6 dürfen nur durch den Richter, bei Gefahr im Verzug auch durch die die Abschiebung durchführende Behörde angeordnet werden. ²Die Annahme von Gefahr im Verzug kann nach Betreten der Wohnung nach Absatz 5 nicht darauf gestützt werden, dass der Ausländer nicht angetroffen wurde.

(9) ¹Der Inhaber der zu durchsuchenden Räume darf der Durchsuchung beiwohnen. ²Ist er abwesend, so ist, wenn möglich, sein Vertreter oder ein erwachsener Angehöriger, Hausgenosse oder Nachbar hinzuzuziehen. ³Dem Inhaber oder der in dessen Abwesenheit hinzugezogenen Person ist in den Fällen des Absatzes 6 Satz 2 der Zweck der Durchsuchung vor deren Beginn bekannt zu machen. ⁴Über die Durchsuchung ist eine Niederschrift zu fertigen. ⁵Sie muss die verantwortliche Dienststelle, Grund, Zeit und Ort der Durchsuchung und, falls keine gerichtliche Anordnung ergangen ist, auch Tatsachen, welche die Annahme einer Gefahr im Verzug begründet haben, enthalten. ⁶Dem Wohnungsinhaber oder seinem Vertreter ist auf Verlangen eine Abschrift der Niederschrift auszuhändigen. ⁷Ist die Anfertigung der Niederschrift oder die Aushändigung einer Abschrift nach den besonderen Umständen des Falles nicht möglich oder würde sie den Zweck der Durchsuchung gefährden, so sind dem Wohnungsinhaber oder der hinzugezogenen Person lediglich die Durchsuchung unter Angabe der verantwortlichen Dienststelle sowie Zeit und Ort der Durchsuchung schriftlich zu bestätigen.

(10) Weitergehende Regelungen der Länder, die den Regelungsgehalt der Absätze 5 bis 9 betreffen, bleiben unberührt.

§ 58a Abschiebungsanordnung

(1) ¹Die oberste Landesbehörde kann gegen einen Ausländer auf Grund einer auf Tatsachen gestützten Prognose zur Abwehr einer besonderen Gefahr für die Sicherheit der Bundesrepublik Deutschland oder einer terroristischen Gefahr ohne vorhergehende Ausweisung eine Abschiebungsanordnung erlassen. ²Die Abschiebungsanordnung ist sofort vollziehbar; einer Abschiebungsandrohung bedarf es nicht.

(2) ¹Das Bundesministerium des Innern, für Bau und Heimat kann die Übernahme der Zuständigkeit erklären, wenn ein besonderes Interesse des Bundes besteht. ²Die oberste Landesbehörde ist hierüber zu unterrichten. ³Abschiebungsanordnungen des Bundes werden von der Bundespolizei vollzogen.

(3) ¹Eine Abschiebungsanordnung darf nicht vollzogen werden, wenn die Voraussetzungen für ein Abschiebungsverbot nach § 60 Abs. 1 bis 8 gegeben sind. ²§ 59 Abs. 2 und 3 ist entsprechend anzuwenden. ³Die Prüfung obliegt der über die Abschiebungsanordnung entscheidenden Behörde, die nicht an hierzu getroffene Feststellungen aus anderen Verfahren gebunden ist.

(4) ¹Dem Ausländer ist nach Bekanntgabe der Abschiebungsanordnung unverzüglich Gelegenheit zu geben, mit einem Rechtsbeistand seiner Wahl Verbindung aufzunehmen, es sei denn, er hat sich zuvor anwaltlichen Beistands versichert; er ist hierauf, auf die Rechtsfolgen der Abschiebungsanordnung und die gegebenen Rechtsbehelfe hinzuweisen. ²Ein Antrag auf Gewährung vorläufigen Rechtsschutzes nach der Verwaltungsgerichtsordnung ist innerhalb von sieben Tagen nach Bekanntgabe der Abschiebungsanordnung zu stellen. ³Die Ab-

schiebung darf bis zum Ablauf der Frist nach Satz 2 und im Falle der rechtzeitigen Antragstellung bis zur Entscheidung des Gerichts über den Antrag auf vorläufigen Rechtsschutz nicht vollzogen werden.

§59 Androhung der Abschiebung

(1) [1]Die Abschiebung ist unter Bestimmung einer angemessenen Frist zwischen sieben und 30 Tagen für die freiwillige Ausreise anzudrohen. [2]Ausnahmsweise kann eine kürzere Frist gesetzt oder von einer Fristsetzung abgesehen werden, wenn dies im Einzelfall zur Wahrung überwiegender öffentlicher Belange zwingend erforderlich ist, insbesondere wenn
1. der begründete Verdacht besteht, dass der Ausländer sich der Abschiebung entziehen will, oder
2. von dem Ausländer eine erhebliche Gefahr für die öffentliche Sicherheit oder Ordnung ausgeht.

[3]Unter den in Satz 2 genannten Voraussetzungen kann darüber hinaus auch von einer Abschiebungsandrohung abgesehen werden, wenn
1. der Aufenthaltstitel nach § 51 Absatz 1 Nummer 3 bis 5 erloschen ist oder
2. der Ausländer bereits unter Wahrung der Erfordernisse des § 77 auf das Bestehen seiner Ausreisepflicht hingewiesen worden ist.

[4]Die Ausreisefrist kann unter Berücksichtigung der besonderen Umstände des Einzelfalls angemessen verlängert oder für einen längeren Zeitraum festgesetzt werden. [5]§ 60a Absatz 2 bleibt unberührt. [6]Wenn die Vollziehbarkeit der Ausreisepflicht oder der Abschiebungsandrohung entfällt, wird die Ausreisefrist unterbrochen und beginnt nach Wiedereintritt der Vollziehbarkeit erneut zu laufen. [7]Einer erneuten Fristsetzung bedarf es nicht. [8]Nach Ablauf der Frist zur freiwilligen Ausreise darf der Termin der Abschiebung dem Ausländer nicht angekündigt werden.

(2) [1]In der Androhung soll der Staat bezeichnet werden, in den der Ausländer abgeschoben werden soll, und der Ausländer darauf hingewiesen werden, dass er auch in einen anderen Staat abgeschoben werden kann, in den er einreisen darf oder der zu seiner Übernahme verpflichtet ist. [2]Gebietskörperschaften im Sinne der Anhänge I und II der Verordnung (EU) 2018/1806 des Europäischen Parlaments und des Rates vom 14. November 2018 zur Aufstellung der Liste der Drittländer, deren Staatsangehörige beim Überschreiten der Außengrenzen im Besitz eines Visums sein müssen, sowie der Liste der Drittländer, deren Staatsangehörige von dieser Visumpflicht befreit sind (ABl. L 303 vom 28. 11. 2018, S. 39), sind Staaten gleichgestellt.

(3) [1]Dem Erlass der Androhung steht das Vorliegen von Abschiebungsverboten und Gründen für die vorübergehende Aussetzung der Abschiebung nicht entgegen. [2]In der Androhung ist der Staat zu bezeichnen, in den der Ausländer nicht abgeschoben werden darf. [3]Stellt das Verwaltungsgericht das Vorliegen eines Abschiebungsverbots fest, so bleibt die Rechtmäßigkeit der Androhung im Übrigen unberührt.

(4) [1]Nach dem Eintritt der Unanfechtbarkeit der Abschiebungsandrohung bleiben für weitere Entscheidungen der Ausländerbehörde über die Abschiebung oder die Aussetzung der Abschiebung Umstände unberücksichtigt, die einer Abschiebung in den in der Abschiebungsandrohung bezeichneten Staat entgegenstehen und die vor dem Eintritt der Unanfechtbarkeit der Abschiebungsandrohung eingetreten sind; sonstige von dem Ausländer geltend gemachte Umstände, die der Abschiebung oder der Abschiebung in diesen Staat entgegenstehen, können unberücksichtigt bleiben. [2]Die Vorschriften, nach denen der Ausländer die im Satz 1 bezeichneten Umstände gerichtlich im Wege der Klage oder im Verfahren des vorläufigen Rechtsschutzes nach der Verwaltungsgerichtsordnung geltend machen kann, bleiben unberührt.

(5) [1]In den Fällen des § 58 Abs. 3 Nr. 1 bedarf es keiner Fristsetzung; der Ausländer wird aus der Haft oder dem öffentlichen Gewahrsam abgeschoben. [2]Die Abschiebung soll mindestens eine Woche vorher angekündigt werden.

(6) Über die Fristgewährung nach Absatz 1 wird dem Ausländer eine Bescheinigung ausgestellt.

(7) [1]Liegen der Ausländerbehörde konkrete Anhaltspunkte dafür vor, dass der Ausländer Opfer einer in § 25 Absatz 4a Satz 1 oder in § 25 Absatz 4b Satz 1 genannten Straftat wurde, setzt sie abweichend von Absatz 1 Satz 1 eine Ausreisefrist, die so zu bemessen ist, dass er eine Entscheidung über seine Aussagebereitschaft nach § 25 Absatz 4a Satz 2 Nummer 3 oder nach § 25 Absatz 4b Satz 2 Nummer 2 treffen kann. [2]Die Ausreisefrist beträgt mindestens drei Monate. [3]Die Ausländerbehörde kann von der Festsetzung einer Ausreisefrist nach Satz 1 absehen, diese aufheben oder verkürzen, wenn
1. der Aufenthalt des Ausländers die öffentliche Sicherheit und Ordnung oder sonstige erhebliche Interessen der Bundesrepublik Deutschland beeinträchtigt oder
2. der Ausländer freiwillig nach der Unterrichtung nach Satz 4 wieder Verbindung zu den Personen nach § 25 Absatz 4a Satz 2 Nummer 2 aufgenommen hat.

[4]Die Ausländerbehörde oder eine durch sie beauftragte Stelle unterrichtet den Ausländer über die geltenden Regelungen, Programme und Maßnahmen für Opfer von in § 25 Absatz 4a Satz 1 genannten Straftaten.

(8) Ausländer, die ohne die nach § 4a Absatz 5 erforderliche Berechtigung zur Erwerbstätigkeit beschäftigt waren, sind vor der Abschiebung über die Rechte nach Artikel 6 Absatz 2 und Artikel 13 der Richtlinie 2009/52/

EG des Europäischen Parlaments und des Rates vom 18. Juni 2009 über Mindeststandards für Sanktionen und Maßnahmen gegen Arbeitgeber, die Drittstaatsangehörige ohne rechtmäßigen Aufenthalt beschäftigen (ABl. L 168 vom 30. 6. 2009, S. 24), zu unterrichten.

§ 60 Verbot der Abschiebung

(1) [1]In Anwendung des Abkommens vom 28. Juli 1951 über die Rechtsstellung der Flüchtlinge (BGBl. 1953 II S. 559) darf ein Ausländer nicht in einen Staat abgeschoben werden, in dem sein Leben oder seine Freiheit wegen seiner Rasse, Religion, Nationalität, seiner Zugehörigkeit zu einer bestimmten sozialen Gruppe oder wegen seiner politischen Überzeugung bedroht ist. [2]Dies gilt auch für Asylberechtigte und Ausländer, denen die Flüchtlingseigenschaft unanfechtbar zuerkannt wurden oder die aus einem anderen Grund im Bundesgebiet die Rechtsstellung ausländischer Flüchtlinge genießen oder die außerhalb des Bundesgebiets als ausländische Flüchtlinge nach dem Abkommen über die Rechtsstellung der Flüchtlinge anerkannt sind. [3]Wenn der Ausländer sich auf das Abschiebungsverbot nach diesem Absatz beruft, stellt das Bundesamt für Migration und Flüchtlinge außer in den Fällen des Satzes 2 in einem Asylverfahren fest, ob die Voraussetzungen des Satzes 1 vorliegen und dem Ausländer die Flüchtlingseigenschaft zuzuerkennen ist. [4]Die Entscheidung des Bundesamtes kann nur nach den Vorschriften des Asylgesetzes angefochten werden.

(2) [1]Ein Ausländer darf nicht in einen Staat abgeschoben werden, in dem ihm der in § 4 Absatz 1 des Asylgesetzes bezeichnete ernsthafte Schaden droht. [2]Absatz 1 Satz 3 und 4 gilt entsprechend.

(3) Darf ein Ausländer nicht in einen Staat abgeschoben werden, weil dieser Staat den Ausländer wegen einer Straftat sucht und die Gefahr der Verhängung oder der Vollstreckung der Todesstrafe besteht, finden die Vorschriften über die Auslieferung entsprechende Anwendung.

(4) Liegt ein förmliches Auslieferungsersuchen oder ein mit der Ankündigung eines Auslieferungsersuchens verbundenes Festnahmeersuchen eines anderen Staates vor, darf der Ausländer bis zur Entscheidung über die Auslieferung nur mit Zustimmung der Behörde, die nach § 74 des Gesetzes über die internationale Rechtshilfe in Strafsachen für die Bewilligung der Auslieferung zuständig ist, in diesen Staat abgeschoben werden.

(5) Ein Ausländer darf nicht abgeschoben werden, soweit sich aus der Anwendung der Konvention vom 4. November 1950 zum Schutze der Menschenrechte und Grundfreiheiten (BGBl. 1952 II S. 685) ergibt, dass die Abschiebung unzulässig ist.

(6) Die allgemeine Gefahr, dass einem Ausländer in einem anderen Staat Strafverfolgung und Bestrafung drohen können und, soweit sich aus den Absätzen 2 bis 5 nicht etwas anderes ergibt, die konkrete Gefahr einer nach der Rechtsordnung eines anderen Staates gesetzmäßigen Bestrafung stehen der Abschiebung nicht entgegen.

(7) [1]Von der Abschiebung eines Ausländers in einen anderen Staat soll abgesehen werden, wenn dort für diesen Ausländer eine erhebliche konkrete Gefahr für Leib, Leben oder Freiheit besteht. [2]§ 60a Absatz 2c Satz 2 und 3 gilt entsprechend. [3]Eine erhebliche konkrete Gefahr aus gesundheitlichen Gründen liegt nur vor bei lebensbedrohlichen oder schwerwiegenden Erkrankungen, die sich durch die Abschiebung wesentlich verschlechtern würden. [4]Es ist nicht erforderlich, dass die medizinische Versorgung im Zielstaat mit der Versorgung in der Bundesrepublik Deutschland gleichwertig ist. [5]Eine ausreichende medizinische Versorgung liegt in der Regel auch vor, wenn diese nur in einem Teil des Zielstaats gewährleistet ist. [6]Gefahren nach Satz 1, denen die Bevölkerung oder die Bevölkerungsgruppe, der der Ausländer angehört, allgemein ausgesetzt ist, sind bei Anordnungen nach § 60a Abs. 1 Satz 1 zu berücksichtigen.

(8) [1]Absatz 1 findet keine Anwendung, wenn der Ausländer aus schwerwiegenden Gründen als eine Gefahr für die Sicherheit der Bundesrepublik Deutschland anzusehen ist oder eine Gefahr für die Allgemeinheit bedeutet, weil er wegen eines Verbrechens oder besonders schweren Vergehens rechtskräftig zu einer Freiheitsstrafe von mindestens drei Jahren verurteilt worden ist. [2]Das Gleiche gilt, wenn der Ausländer die Voraussetzungen des § 3 Abs. 2 des Asylgesetzes erfüllt. [3]Von der Anwendung des Absatzes 1 kann abgesehen werden, wenn der Ausländer eine Gefahr für die Allgemeinheit bedeutet, weil er wegen einer oder mehrerer vorsätzlicher Straftaten gegen das Leben, die körperliche Unversehrtheit, die sexuelle Selbstbestimmung, das Eigentum oder wegen Widerstands gegen Vollstreckungsbeamte rechtskräftig zu einer Freiheits- oder Jugendstrafe von mindestens einem Jahr verurteilt worden ist, sofern die Straftat mit Gewalt, unter Anwendung von Drohung mit Gefahr für Leib oder Leben oder mit List begangen worden ist oder eine Straftat nach § 177 des Strafgesetzbuches ist.

(9) [1]In den Fällen des Absatzes 8 kann einem Ausländer, der einen Asylantrag gestellt hat, abweichend von den Vorschriften des Asylgesetzes die Abschiebung angedroht und diese durchgeführt werden. [2]Die Absätze 2 bis 7 bleiben unberührt.

(10) [1]Soll ein Ausländer abgeschoben werden, bei dem die Voraussetzungen des Absatzes 1 vorliegen, kann nicht davon abgesehen werden, die Abschiebung anzudrohen und eine angemessene Ausreisefrist zu setzen. [2]In der Androhung sind die Staaten zu bezeichnen, in die der Ausländer nicht abgeschoben werden darf.

§ 60a Vorübergehende Aussetzung der Abschiebung (Duldung)

(1) ¹Die oberste Landesbehörde kann aus völkerrechtlichen oder humanitären Gründen oder zur Wahrung politischer Interessen der Bundesrepublik Deutschland anordnen, dass die Abschiebung von Ausländern aus bestimmten Staaten oder von in sonstiger Weise bestimmten Ausländergruppen allgemein oder in bestimmte Staaten für längstens drei Monate ausgesetzt wird. ²Für einen Zeitraum von länger als sechs Monaten gilt § 23 Abs. 1.
(2) ¹Die Abschiebung eines Ausländers ist auszusetzen, solange die Abschiebung aus tatsächlichen oder rechtlichen Gründen unmöglich ist und keine Aufenthaltserlaubnis erteilt wird. ²Die Abschiebung eines Ausländers ist auch auszusetzen, wenn seine vorübergehende Anwesenheit im Bundesgebiet für ein Strafverfahren wegen eines Verbrechens von der Staatsanwaltschaft oder dem Strafgericht für sachgerecht erachtet wird, weil ohne seine Angaben die Erforschung des Sachverhalts erschwert wäre. ³Einem Ausländer kann eine Duldung erteilt werden, wenn dringende humanitäre oder persönliche Gründe oder erhebliche öffentliche Interessen seine vorübergehende weitere Anwesenheit im Bundesgebiet erfordern. ⁴Soweit die Beurkundung der Anerkennung einer Vaterschaft oder der Zustimmung der Mutter für die Durchführung eines Verfahrens nach § 85a ausgesetzt wird, wird die Abschiebung des ausländischen Anerkennenden, der ausländischen Mutter oder des ausländischen Kindes ausgesetzt, solange das Verfahren nach § 85a nicht durch vollziehbare Entscheidung abgeschlossen ist.
(2a) ¹Die Abschiebung eines Ausländers wird für eine Woche ausgesetzt, wenn seine Zurückschiebung oder Abschiebung gescheitert ist, Abschiebungshaft nicht angeordnet wird und die Bundesrepublik Deutschland auf Grund einer Rechtsvorschrift, insbesondere des Artikels 6 Abs. 1 der Richtlinie 2003/110/EG des Rates vom 25. November 2003 über die Unterstützung bei der Durchbeförderung im Rahmen von Rückführungsmaßnahmen auf dem Luftweg (ABl. EU Nr. L 321 S. 26), zu seiner Rückübernahme verpflichtet ist. ²Die Aussetzung darf nicht nach Satz 1 verlängert werden. ³Die Einreise des Ausländers ist zuzulassen.
(2b) Solange ein Ausländer, der eine Aufenthaltserlaubnis nach § 25a Absatz 1 besitzt, minderjährig ist, soll die Abschiebung seiner Eltern oder eines allein personensorgeberechtigten Elternteils sowie der minderjährigen Kinder, die mit den Eltern oder dem allein personensorgeberechtigten Elternteil in familiärer Lebensgemeinschaft leben, ausgesetzt werden.
(2c) ¹Es wird vermutet, dass der Abschiebung gesundheitliche Gründe nicht entgegenstehen. ²Der Ausländer muss eine Erkrankung, die die Abschiebung beeinträchtigen kann, durch eine qualifizierte ärztliche Bescheinigung glaubhaft machen. ³Diese ärztliche Bescheinigung soll insbesondere die tatsächlichen Umstände, auf deren Grundlage eine fachliche Beurteilung erfolgt ist, die Methode der Tatsachenerhebung, die fachlich-medizinische Beurteilung des Krankheitsbildes (Diagnose), den Schweregrad der Erkrankung, den lateinischen Namen oder die Klassifizierung der Erkrankung nach ICD 10 sowie die Folgen, die sich nach ärztlicher Beurteilung aus der krankheitsbedingten Situation voraussichtlich ergeben, enthalten. ⁴Zur Behandlung der Erkrankung erforderliche Medikamente müssen mit der Angabe ihrer Wirkstoffe und diese mit ihrer international gebräuchlichen Bezeichnung aufgeführt sein.
(2d) ¹Der Ausländer ist verpflichtet, der zuständigen Behörde die ärztliche Bescheinigung nach Absatz 2c unverzüglich vorzulegen. ²Verletzt der Ausländer die Pflicht zur unverzüglichen Vorlage einer solchen ärztlichen Bescheinigung, darf die zuständige Behörde das Vorbringen des Ausländers zu seiner Erkrankung nicht berücksichtigen, es sei denn, der Ausländer war unverschuldet an der Einholung einer solchen Bescheinigung gehindert oder es liegen anderweitig tatsächliche Anhaltspunkte für das Vorliegen einer lebensbedrohlichen oder schwerwiegenden Erkrankung, die sich durch die Abschiebung wesentlich verschlechtern würde, vor. ³Legt der Ausländer eine Bescheinigung vor und ordnet die Behörde daraufhin eine ärztliche Untersuchung an, ist die Behörde berechtigt, die vorgetragene Erkrankung nicht zu berücksichtigen, wenn der Ausländer der Anordnung ohne zureichenden Grund nicht Folge leistet. ⁴Der Ausländer ist auf die Verpflichtungen und auf die Rechtsfolgen einer Verletzung dieser Verpflichtungen nach diesem Absatz hinzuweisen.
(3) Die Ausreisepflicht eines Ausländers, dessen Abschiebung ausgesetzt ist, bleibt unberührt.
(4) Über die Aussetzung der Abschiebung ist dem Ausländer eine Bescheinigung auszustellen.
(5) ¹Die Aussetzung der Abschiebung erlischt mit der Ausreise des Ausländers. ²Sie wird widerrufen, wenn die der Abschiebung entgegenstehenden Gründe entfallen. ³Der Ausländer wird unverzüglich nach dem Erlöschen ohne erneute Androhung und Fristsetzung abgeschoben, es sei denn, die Aussetzung wird erneuert. ⁴Ist die Abschiebung länger als ein Jahr ausgesetzt, ist die durch Widerruf vorgesehene Abschiebung mindestens einen Monat vorher anzukündigen; die Ankündigung ist zu wiederholen, wenn die Aussetzung für mehr als ein Jahr erneuert wurde. ⁵Satz 4 findet keine Anwendung, wenn der Ausländer die der Abschiebung entgegenstehenden Gründe durch vorsätzlich falsche Angaben oder durch eigene Täuschung über seine Identität oder Staatsangehörigkeit selbst herbeiführt oder zumutbare Anforderungen an die Mitwirkung bei der Beseitigung von Ausreisehindernissen nicht erfüllt.
(6) ¹Einem Ausländer, der eine Duldung besitzt, darf die Ausübung einer Erwerbstätigkeit nicht erlaubt werden, wenn

1. er sich in das Inland begeben hat, um Leistungen nach dem Asylbewerberleistungsgesetz zu erlangen,
2. aufenthaltsbeendende Maßnahmen bei ihm aus Gründen, die er selbst zu vertreten hat, nicht vollzogen werden können oder
3. er Staatsangehöriger eines sicheren Herkunftsstaates nach § 29a des Asylgesetzes ist und sein nach dem 31. August 2015 gestellter Asylantrag abgelehnt oder zurückgenommen wurde, es sei denn, die Rücknahme erfolgte auf Grund einer Beratung nach § 24 Absatz 1 des Asylgesetzes beim Bundesamt für Migration und Flüchtlinge, oder ein Asylantrag nicht gestellt wurde.

²Zu vertreten hat ein Ausländer die Gründe nach Satz 1 Nummer 2 insbesondere, wenn er das Abschiebungshindernis durch eigene Täuschung über seine Identität oder Staatsangehörigkeit oder durch eigene falsche Angaben selbst herbeiführt. ³Satz 1 Nummer 3 gilt bei unbegleiteten minderjährigen Ausländern nicht für die Rücknahme des Asylantrags oder den Verzicht auf die Antragstellung, wenn die Rücknahme oder der Verzicht auf das Stellen eines Asylantrags im Interesse des Kindeswohls erfolgte.

§ 60b Duldung für Personen mit ungeklärter Identität

(1) ¹Einem vollziehbar ausreisepflichtigen Ausländer wird die Duldung im Sinne des § 60a als „Duldung für Personen mit ungeklärter Identität" erteilt, wenn die Abschiebung aus von ihm selbst zu vertretenden Gründen nicht vollzogen werden kann, weil das Abschiebungshindernis durch eigene Täuschung über seine Identität oder Staatsangehörigkeit oder durch eigene falsche Angaben selbst herbeiführt oder er zumutbare Handlungen zur Erfüllung der besonderen Passbeschaffungspflicht nach Absatz 2 Satz 1 und Absatz 3 Satz 1 nicht vornimmt. ²Dem Ausländer ist die Bescheinigung über die Duldung nach § 60a Absatz 4 mit dem Zusatz „für Personen mit ungeklärter Identität" auszustellen.

(2) ¹Besitzt der vollziehbar ausreisepflichtige Ausländer keinen gültigen Pass oder Passersatz, ist er unbeschadet des § 3 verpflichtet, alle ihm unter Berücksichtigung der Umstände des Einzelfalls zumutbaren Handlungen zur Beschaffung eines Passes oder Passersatzes selbst vorzunehmen. ²Dies gilt nicht für Ausländer ab der Stellung eines Asylantrages (§ 13 des Asylgesetzes) oder eines Asylgesuches (§ 18 des Asylgesetzes) bis zur rechtskräftigen Ablehnung des Asylantrages sowie für Ausländer, wenn ein Abschiebungsverbot nach § 60 Absatz 5 oder 7 vorliegt, es sei denn, das Abschiebungsverbot nach § 60 Absatz 7 beruht allein auf gesundheitlichen Gründen.

(3) ¹Im Sinne des Absatzes 2 Satz 1 ist dem Ausländer regelmäßig zumutbar,
1. in der den Bestimmungen des deutschen Passrechts, insbesondere den §§ 6 und 15 des Passgesetzes in der jeweils geltenden Fassung, entsprechenden Weise an der Ausstellung oder Verlängerung mitzuwirken und die Behandlung eines Antrages durch die Behörden des Herkunftsstaates nach dem Recht des Herkunftsstaates zu dulden, sofern dies nicht zu einer unzumutbaren Härte führt,
2. bei Behörden des Herkunftsstaates persönlich vorzusprechen, an Anhörungen teilzunehmen, Lichtbilder nach Anforderung anzufertigen und Fingerabdrücke abzugeben, nach der Rechts- und Verwaltungspraxis des Herkunftsstaates erforderliche Angaben oder Erklärungen abzugeben oder sonstige nach der dortigen Rechts- und Verwaltungspraxis erforderliche Handlungen vorzunehmen, soweit dies nicht unzumutbar ist,
3. eine Erklärung gegenüber den Behörden des Herkunftsstaates, aus dem Bundesgebiet freiwillig im Rahmen seiner rechtlichen Verpflichtung nach dem deutschen Recht auszureisen, abzugeben, sofern hiervon die Ausstellung des Reisedokumentes abhängig gemacht wird,
4. sofern hiervon die Ausstellung des Reisedokumentes abhängig gemacht wird, zu erklären, die Wehrpflicht zu erfüllen, sofern die Erfüllung der Wehrpflicht nicht aus zwingenden Gründen unzumutbar ist, und andere zumutbare staatsbürgerliche Pflichten zu erfüllen,
5. die vom Herkunftsstaat für die behördlichen Passbeschaffungsmaßnahmen allgemein festgelegten Gebühren zu zahlen, sofern es nicht für ihn unzumutbar ist und
6. erneut um die Ausstellung des Passes oder Passersatzes im Rahmen des Zumutbaren nachzusuchen und die Handlungen nach den Nummern 1 bis 5 vorzunehmen, sofern auf Grund einer Änderung der Sach- und Rechtslage mit der Ausstellung des Passes oder Passersatzes durch die Behörden des Herkunftsstaates mit hinreichender Wahrscheinlichkeit gerechnet werden kann und die Ausländerbehörde ihn zur erneuten Vornahme der Handlungen auffordert.

²Der Ausländer ist auf diese Pflichten hinzuweisen. ³Sie gelten als erfüllt, wenn der Ausländer glaubhaft macht, dass er die Handlungen nach Satz 1 vorgenommen hat. ⁴Weist die Ausländerbehörde den Ausländer darauf hin, dass seine bisherigen Darlegungen und Nachweise zur Glaubhaftmachung der Erfüllung einer bestimmten Handlung oder mehrerer bestimmter Handlungen nach Satz 1 nicht ausreichen, kann die Ausländerbehörde ihn mit Fristsetzung dazu auffordern, die Vornahme der Handlungen nach Satz 1 durch Erklärung an Eides statt glaubhaft zu machen. ⁵Die Ausländerbehörde ist hierzu zuständige Behörde im Sinne des § 156 des Strafgesetzbuches.

(4) ¹Hat der Ausländer die zumutbaren Handlungen nach Absatz 2 Satz 1 und Absatz 3 Satz 1 unterlassen, kann er diese jederzeit nachholen. ²In diesem Fall ist die Verletzung der Mitwirkungspflicht geheilt und dem Ausländer die Bescheinigung über die Duldung nach § 60a Absatz 4 ohne den Zusatz „für Personen mit ungeklärter Identität" auszustellen. ³Absatz 5 Satz 1 bleibt unberührt.
(5) ¹Die Zeiten, in denen dem Ausländer die Duldung mit dem Zusatz „für Personen mit ungeklärter Identität" ausgestellt worden ist, werden nicht als Vorduldungszeiten angerechnet. ²Dem Inhaber einer Duldung mit dem Zusatz „für Personen mit ungeklärter Identität" darf die Ausübung einer Erwerbstätigkeit nicht erlaubt werden. ³Er unterliegt einer Wohnsitzauflage nach § 61 Absatz 1d.
(6) § 84 Absatz 1 Satz 1 Nummer 3 und Absatz 2 Satz 1 und 3 findet Anwendung.

§60c Ausbildungsduldung

(1) ¹Eine Duldung im Sinne von § 60a Absatz 2 Satz 3 ist zu erteilen, wenn der Ausländer in Deutschland
1. als Asylbewerber eine
    a) qualifizierte Berufsausbildung in einem staatlich anerkannten oder vergleichbar geregelten Ausbildungsberuf aufgenommen hat oder
    b) Assistenz- oder Helferausbildung in einem staatlich anerkannten oder vergleichbar geregelten Ausbildungsberuf aufgenommen hat, an die eine qualifizierte Berufsausbildung in einem staatlich anerkannten oder vergleichbar geregelten Ausbildungsberuf, für den die Bundesagentur für Arbeit einen Engpass festgestellt hat, anschlussfähig ist und dazu eine Ausbildungsplatzzusage vorliegt,
    und nach Ablehnung des Asylantrags diese Berufsausbildung fortsetzen möchte oder
2. im Besitz einer Duldung nach § 60a ist und eine in Nummer 1 genannte Berufsausbildung aufnimmt.
²In Fällen offensichtlichen Missbrauchs kann die Ausbildungsduldung versagt werden. Im Fall des Satzes 1 ist die Beschäftigungserlaubnis zu erteilen.
(2) Die Ausbildungsduldung wird nicht erteilt, wenn
1. ein Ausschlussgrund nach § 60a Absatz 6 vorliegt,
2. im Fall von Absatz 1 Satz 1 Nummer 2 der Ausländer bei Antragstellung noch nicht drei Monate im Besitz einer Duldung ist,
3. die Identität nicht geklärt ist
    a) bei Einreise in das Bundesgebiet bis zum 31. Dezember 2016 bis zur Beantragung der Ausbildungsduldung, oder
    b) bei Einreise in das Bundesgebiet ab dem 1. Januar 2017 und vor dem 1. Januar 2020 bis zur Beantragung der Ausbildungsduldung, spätestens jedoch bis zum 30. Juni 2020 oder
    c) bei Einreise in das Bundesgebiet nach dem 31. Dezember 2019 innerhalb der ersten sechs Monate nach der Einreise;
    die Frist gilt als gewahrt, wenn der Ausländer innerhalb der in den Buchstaben a bis c genannten Frist alle erforderlichen und ihm zumutbaren Maßnahmen für die Identitätsklärung ergriffen hat und die Identität erst nach dieser Frist geklärt werden kann, ohne dass der Ausländer dies zu vertreten hat,
4. ein Ausschlussgrund nach § 19d Absatz 1 Nummer 6 oder 7 vorliegt oder gegen den Ausländer eine Ausweisungsverfügung oder eine Abschiebungsanordnung nach § 58a besteht, oder
5. im Fall von Absatz 1 Satz 1 Nummer 2 zum Zeitpunkt der Antragstellung konkrete Maßnahmen zur Aufenthaltsbeendigung, die in einem hinreichenden sachlichen und zeitlichen Zusammenhang zur Aufenthaltsbeendigung stehen, bevorstehen; diese konkreten Maßnahmen zur Aufenthaltsbeendigung stehen bevor, wenn
    a) eine ärztliche Untersuchung zur Feststellung der Reisefähigkeit veranlasst wurde,
    b) der Ausländer einen Antrag zur Förderung mit staatlichen Mitteln einer freiwilligen Ausreise gestellt hat,
    c) die Buchung von Transportmitteln für die Abschiebung eingeleitet wurde,
    d) vergleichbar konkrete Vorbereitungsmaßnahmen zur Abschiebung des Ausländers eingeleitet wurden, es sei denn, es ist von vornherein absehbar, dass diese nicht zum Erfolg führen, oder
    e) ein Verfahren zur Bestimmung des zuständigen Mitgliedstaates gemäß Artikel 20 Absatz 1 der Verordnung (EU) Nr. 604/2013 des Europäischen Parlaments und des Rates vom 26. Juni 2013 eingeleitet wurde.
(3) ¹Der Antrag auf Erteilung der Ausbildungsduldung kann frühestens sieben Monate vor Beginn der Berufsausbildung gestellt werden. ²Die Ausbildungsduldung nach Absatz 1 Satz 1 Nummer 2 wird frühestens sechs Monate vor Beginn der Berufsausbildung erteilt. ³Sie wird erteilt, wenn zum Zeitpunkt der Antragstellung auf Erteilung der Ausbildungsduldung die Eintragung des Ausbildungsvertrages in das Verzeichnis der Berufsausbildungsverhältnisse bei der zuständigen Stelle bereits beantragt wurde oder die Eintragung erfolgt ist oder,

soweit eine solche Eintragung nicht erforderlich ist, der Ausbildungsvertrag mit einer Bildungseinrichtung geschlossen wurde oder die Zustimmung einer staatlichen oder staatlich anerkannten Bildungseinrichtung zu dem Ausbildungsvertrag vorliegt. ⁴Die Ausbildungsduldung wird für die im Ausbildungsvertrag bestimmte Dauer der Berufsausbildung erteilt.
(4) Die Ausbildungsduldung erlischt, wenn ein Ausschlussgrund nach Absatz 2 Nummer 4 eintritt oder die Ausbildung vorzeitig beendet oder abgebrochen wird.
(5) ¹Wird die Ausbildung vorzeitig beendet oder abgebrochen, ist die Bildungseinrichtung verpflichtet, dies unverzüglich, in der Regel innerhalb von zwei Wochen, der zuständigen Ausländerbehörde schriftlich oder elektronisch mitzuteilen. ²In der Mitteilung sind neben den mitzuteilenden Tatsachen und dem Zeitpunkt ihres Eintritts die Namen, Vornamen und die Staatsangehörigkeit des Ausländers anzugeben.
(6) ¹Wird das Ausbildungsverhältnis vorzeitig beendet oder abgebrochen, wird dem Ausländer einmalig eine Duldung für sechs Monate zum Zweck der Suche nach einem weiteren Ausbildungsplatz zur Aufnahme einer Berufsausbildung nach Absatz 1 erteilt. ²Die Duldung wird für sechs Monate zum Zweck der Suche nach einer der erworbenen beruflichen Qualifikation entsprechenden Beschäftigung verlängert, wenn nach erfolgreichem Abschluss der Berufsausbildung, für die die Duldung erteilt wurde, eine Weiterbeschäftigung im Ausbildungsbetrieb nicht erfolgt; die zur Arbeitsplatzsuche erteilte Duldung darf für diesen Zweck nicht verlängert werden.
(7) Eine Duldung nach Absatz 1 Satz 1 kann unbeachtlich des Absatzes 2 Nummer 3 erteilt werden, wenn der Ausländer die erforderlichen und ihm zumutbaren Maßnahmen für die Identitätsklärung ergriffen hat.
(8) § 60a bleibt im Übrigen unberührt.

§ 60d Beschäftigungsduldung

(1) Einem ausreisepflichtigen Ausländer und seinem Ehegatten oder seinem Lebenspartner, die bis zum 1. August 2018 in das Bundesgebiet eingereist sind, ist in der Regel eine Duldung nach § 60a Absatz 2 Satz 3 für 30 Monate zu erteilen, wenn
1. ihre Identitäten geklärt sind
    a) bei Einreise in das Bundesgebiet bis zum 31. Dezember 2016 und am 1. Januar 2020 vorliegenden Beschäftigungsverhältnis nach Absatz 1 Nummer 3 bis zur Beantragung der Beschäftigungsduldung oder
    b) bei Einreise in das Bundesgebiet bis zum 31. Dezember 2016 und am 1. Januar 2020 nicht vorliegenden Beschäftigungsverhältnis nach Absatz 1 Nummer 3 bis zum 30. Juni 2020 oder
    c) bei Einreise in das Bundesgebiet zwischen dem 1. Januar 2017 und dem 1. August 2018 spätestens bis zum 30. Juni 2020;
    die Frist gilt als gewahrt, wenn der Ausländer und sein Ehegatte oder sein Lebenspartner innerhalb der in den Buchstaben a bis c genannten Frist alle erforderlichen und ihnen zumutbaren Maßnahmen für die Identitätsklärung ergriffen haben und die Identitäten erst nach dieser Frist geklärt werden können, ohne dass sie dies zu vertreten haben,
2. der ausreisepflichtige Ausländer seit mindestens zwölf Monaten im Besitz einer Duldung ist,
3. der ausreisepflichtige Ausländer seit mindestens 18 Monaten eine sozialversicherungspflichtige Beschäftigung mit einer regelmäßigen Arbeitszeit von mindestens 35 Stunden pro Woche ausübt; bei Alleinerziehenden gilt eine regelmäßige Arbeitszeit von mindestens 20 Stunden pro Woche,
4. der Lebensunterhalt des ausreisepflichtigen Ausländers innerhalb der letzten zwölf Monate vor Beantragung der Beschäftigungsduldung durch seine Beschäftigung gesichert war,
5. der Lebensunterhalt des ausreisepflichtigen Ausländers durch seine Beschäftigung gesichert ist,
6. der ausreisepflichtige Ausländer über hinreichende mündliche Kenntnisse der deutschen Sprache verfügt,
7. der ausreisepflichtige Ausländer und sein Ehegatte oder sein Lebenspartner nicht wegen einer im Bundesgebiet begangenen vorsätzlichen Straftat verurteilt wurde, wobei Verurteilungen im Sinne von § 32 Absatz 2 Nummer 5 Buchstabe a des Bundeszentralregistergesetzes wegen Straftaten, die nach dem Aufenthaltsgesetz oder dem Asylgesetz nur von Ausländern begangen werden können, grundsätzlich außer Betracht bleiben,
8. der ausreisepflichtige Ausländer und sein Ehegatte oder sein Lebenspartner keine Bezüge zu extremistischen oder terroristischen Organisationen haben und diese auch nicht unterstützen,
9. gegen den Ausländer keine Ausweisungsverfügung und keine Abschiebungsanordnung nach § 58a besteht,
10. für die in familiärer Lebensgemeinschaft lebenden minderjährigen ledigen Kinder im schulpflichtigen Alter deren tatsächlicher Schulbesuch nachgewiesen wird und bei den Kindern keiner der in § 54 Absatz 2 Nummer 1 bis 2 genannten Fälle vorliegt und die Kinder nicht wegen einer vorsätzlichen Straftat nach § 29 Absatz 1 Satz 1 Nummer 1 des Betäubungsmittelgesetzes rechtskräftig verurteilt worden sind, und

11. der ausreisepflichtige Ausländer und sein Ehegatte oder sein Lebenspartner einen Integrationskurs, soweit sie zu einer Teilnahme verpflichtet wurden, erfolgreich abgeschlossen haben oder den Abbruch nicht zu vertreten haben.

(2) Den in familiärer Lebensgemeinschaft lebenden minderjährigen ledigen Kindern des Ausländers ist die Duldung für den gleichen Aufenthaltszeitraum zu erteilen.

(3) ¹Die nach Absatz 1 erteilte Duldung wird widerrufen, wenn eine der in Absatz 1 Nummer 1 bis 10 genannten Voraussetzungen nicht mehr erfüllt ist. ²Bei Absatz 1 Nummer 3 und 4 bleiben kurzfristige Unterbrechungen, die der Ausländer nicht zu vertreten hat, unberücksichtigt. ³Wird das Beschäftigungsverhältnis beendet, ist der Arbeitgeber verpflichtet, dies unter Angabe des Zeitpunkts der Beendigung des Beschäftigungsverhältnisses, des Namens, Vornamens und der Staatsangehörigkeit des Ausländers innerhalb von zwei Wochen ab Kenntnis der zuständigen Ausländerbehörde schriftlich oder elektronisch mitzuteilen. ⁴§ 82 Absatz 6 gilt entsprechend.

(4) Eine Duldung nach Absatz 1 kann unbeachtlich des Absatzes 1 Nummer 1 erteilt werden, wenn der Ausländer die erforderlichen und ihm zumutbaren Maßnahmen für die Identitätsklärung ergriffen hat.

(5) § 60a bleibt im Übrigen unberührt.

§61 Räumliche Beschränkung, Wohnsitzauflage, Ausreiseeinrichtungen

(1) ¹Der Aufenthalt eines vollziehbar ausreisepflichtigen Ausländers ist räumlich auf das Gebiet des Landes beschränkt. ²Von der räumlichen Beschränkung nach Satz 1 kann abgewichen werden, wenn der Ausländer zur Ausübung einer Beschäftigung ohne Prüfung nach § 39 Abs. 2 Satz 1 Nr. 1 berechtigt ist oder wenn dies zum Zwecke des Schulbesuchs, der betrieblichen Aus- und Weiterbildung oder des Studiums an einer staatlichen oder staatlich anerkannten Hochschule oder vergleichbaren Ausbildungseinrichtung erforderlich ist. ³Das Gleiche gilt, wenn dies der Aufrechterhaltung der Familieneinheit dient.

(1a) ¹In den Fällen des § 60a Abs. 2a wird der Aufenthalt auf den Bezirk der zuletzt zuständigen Ausländerbehörde im Inland beschränkt. ²Der Ausländer muss sich nach der Einreise unverzüglich dorthin begeben. ³Ist eine solche Behörde nicht feststellbar, gilt § 15a entsprechend.

(1b) Die räumliche Beschränkung nach den Absätzen 1 und 1a erlischt, wenn sich der Ausländer seit drei Monaten ununterbrochen erlaubt, geduldet oder gestattet im Bundesgebiet aufhält.

(1c) ¹Eine räumliche Beschränkung des Aufenthalts eines vollziehbar ausreisepflichtigen Ausländers kann unabhängig von den Absätzen 1 bis 1b angeordnet werden, wenn
1. der Ausländer wegen einer Straftat, mit Ausnahme solcher Straftaten, deren Tatbestand nur von Ausländern verwirklicht werden kann, rechtskräftig verurteilt worden ist,
2. Tatsachen die Schlussfolgerung rechtfertigen, dass der Ausländer gegen Vorschriften des Betäubungsmittelgesetzes verstoßen hat, oder
3. konkrete Maßnahmen zur Aufenthaltsbeendigung gegen den Ausländer bevorstehen.

²Eine räumliche Beschränkung auf den Bezirk der Ausländerbehörde soll angeordnet werden, wenn der Ausländer die der Abschiebung entgegenstehenden Gründe durch vorsätzlich falsche Angaben oder durch eigene Täuschung über seine Identität oder Staatsangehörigkeit selbst herbeiführt oder zumutbare Anforderungen an die Mitwirkung bei der Beseitigung von Ausreisehindernissen nicht erfüllt.

(1d) ¹Ein vollziehbar ausreisepflichtiger Ausländer, dessen Lebensunterhalt nicht gesichert ist, ist verpflichtet, an einem bestimmten Ort seinen gewöhnlichen Aufenthalt zu nehmen (Wohnsitzauflage). ²Soweit die Ausländerbehörde nichts anderes angeordnet hat, ist das der Wohnort, an dem der Ausländer zum Zeitpunkt der Entscheidung über die vorübergehende Aussetzung der Abschiebung gewohnt hat. ³Die Ausländerbehörde kann die Wohnsitzauflage von Amts wegen oder auf Antrag des Ausländers ändern; hierbei sind die Haushaltsgemeinschaft von Familienangehörigen oder sonstige humanitäre Gründe von vergleichbarem Gewicht zu berücksichtigen. ⁴Der Ausländer kann den durch die Wohnsitzauflage festgelegten Ort ohne Erlaubnis vorübergehend verlassen.

(1e) ¹Auflagen können zur Sicherung und Durchsetzung der vollziehbaren Ausreisepflicht angeordnet werden, wenn konkrete Maßnahmen der Aufenthaltsbeendigung unmittelbar bevorstehen. ²Insbesondere kann ein Ausländer verpflichtet werden, sich einmal wöchentlich oder in einem längeren Intervall bei der für den Aufenthaltsort des Ausländers zuständigen Ausländerbehörde zu melden.

(1f) Weitere Bedingungen und Auflagen können angeordnet werden.

(2) ¹Die Länder können Ausreiseeinrichtungen für vollziehbar ausreisepflichtige Ausländer schaffen. ²In den Ausreiseeinrichtungen soll durch Betreuung und Beratung die Bereitschaft zur freiwilligen Ausreise gefördert und die Erreichbarkeit für Behörden und Gerichte sowie die Durchführung der Ausreise gesichert werden.

§62 Abschiebungshaft

(1) ¹Die Abschiebungshaft ist unzulässig, wenn der Zweck der Haft durch ein milderes Mittel erreicht werden kann. ²Die Inhaftnahme ist auf die kürzest mögliche Dauer zu beschränken. ³Minderjährige und Familien mit

Minderjährigen dürfen nur in besonderen Ausnahmefällen und nur so lange in Abschiebungshaft genommen werden, wie es unter Berücksichtigung des Kindeswohls angemessen ist.

(2) ¹Ein Ausländer ist zur Vorbereitung der Ausweisung oder der Abschiebungsanordnung nach § 58a auf richterliche Anordnung in Haft zu nehmen, wenn über die Ausweisung oder die Abschiebungsanordnung nach § 58a nicht sofort entschieden werden kann und die Abschiebung ohne die Inhaftnahme wesentlich erschwert oder vereitelt würde (Vorbereitungshaft). ²Die Dauer der Vorbereitungshaft soll sechs Wochen nicht überschreiten. ³Im Falle der Ausweisung bedarf es für die Fortdauer der Haft bis zum Ablauf der angeordneten Haftdauer keiner erneuten richterlichen Anordnung.

(3) ¹Ein Ausländer ist zur Sicherung der Abschiebung auf richterliche Anordnung in Haft zu nehmen (Sicherungshaft), wenn
1. Fluchtgefahr besteht,
2. der Ausländer auf Grund einer unerlaubten Einreise vollziehbar ausreisepflichtig ist oder
3. eine Abschiebungsanordnung nach § 58a ergangen ist, diese aber nicht unmittelbar vollzogen werden kann.

²Von der Anordnung der Sicherungshaft nach Satz 1 Nummer 2 kann ausnahmsweise abgesehen werden, wenn der Ausländer glaubhaft macht, dass er sich der Abschiebung nicht entziehen will. ³Die Sicherungshaft ist unzulässig, wenn feststeht, dass aus Gründen, die der Ausländer nicht zu vertreten hat, die Abschiebung nicht innerhalb der nächsten drei Monate durchgeführt werden kann. ⁴Abweichend von Satz 3 ist die Sicherungshaft bei einem Ausländer, von dem eine erhebliche Gefahr für Leib und Leben Dritter oder bedeutende Rechtsgüter der inneren Sicherheit ausgeht, auch dann zulässig, wenn die Abschiebung nicht innerhalb der nächsten drei Monate durchgeführt werden kann.

(3a) Fluchtgefahr im Sinne von Absatz 3 Satz 1 Nummer 1 wird widerleglich vermutet, wenn
1. der Ausländer gegenüber den mit der Ausführung dieses Gesetzes betrauten Behörden über seine Identität täuscht oder in einer für ein Abschiebungshindernis erheblichen Weise und in zeitlichem Zusammenhang mit der Abschiebung getäuscht hat und die Angabe nicht selbst berichtigt hat, insbesondere durch Unterdrückung oder Vernichtung von Identitäts- oder Reisedokumenten oder das Vorgeben einer falschen Identität,
2. der Ausländer unentschuldigt zur Durchführung einer Anhörung oder ärztlichen Untersuchung nach § 82 Absatz 4 Satz 1 nicht an dem von der Ausländerbehörde angegebenen Ort angetroffen wurde, sofern der Ausländer bei der Ankündigung des Termins auf die Möglichkeit seiner Inhaftnahme im Falle des Nichtantreffens hingewiesen wurde,
3. die Ausreisefrist abgelaufen ist und der Ausländer seinen Aufenthaltsort trotz Hinweises auf die Anzeigepflicht gewechselt hat, ohne der zuständigen Behörde eine Anschrift anzugeben, unter der er erreichbar ist,
4. der Ausländer sich entgegen § 11 Absatz 1 Satz 2 im Bundesgebiet aufhält und er keine Betretenserlaubnis nach § 11 Absatz 8 besitzt,
5. der Ausländer sich bereits in der Vergangenheit der Abschiebung entzogen hat oder
6. der Ausländer ausdrücklich erklärt hat, dass er sich der Abschiebung entziehen will.

(3b) Konkrete Anhaltspunkte für Fluchtgefahr im Sinne von Absatz 3 Satz 1 Nummer 1 können sein:
1. der Ausländer hat gegenüber den mit der Ausführung dieses Gesetzes betrauten Behörden über seine Identität in einer für ein Abschiebungshindernis erheblichen Weise getäuscht und hat die Angabe nicht selbst berichtigt, insbesondere durch Unterdrückung oder Vernichtung von Identitäts- oder Reisedokumenten oder das Vorgeben einer falschen Identität,
2. der Ausländer hat zu seiner unerlaubten Einreise erhebliche Geldbeträge, insbesondere an einen Dritten für dessen Handlung nach § 96, aufgewandt, die nach den Umständen derart maßgeblich sind, dass daraus geschlossen werden kann, dass er die Abschiebung verhindern wird, damit die Aufwendungen nicht vergeblich waren,
3. von dem Ausländer geht eine erhebliche Gefahr für Leib und Leben Dritter oder bedeutende Rechtsgüter der inneren Sicherheit aus,
4. der Ausländer ist wiederholt wegen vorsätzlicher Straftaten rechtskräftig zu mindestens einer Freiheitsstrafe verurteilt worden,
5. der Ausländer hat die Passbeschaffungspflicht nach § 60b Absatz 3 Satz 1 Nummer 1, 2 und 6 nicht erfüllt oder der Ausländer hat andere als die in Absatz 3a Nummer 2 genannten gesetzlichen Mitwirkungshandlungen zur Feststellung der Identität, insbesondere die ihm nach § 48 Absatz 3 Satz 1 obliegenden Mitwirkungshandlungen, verweigert oder unterlassen und wurde vorher auf die Möglichkeit seiner Inhaftnahme im Falle der Nichterfüllung der Passersatzbeschaffungspflicht nach § 60b Absatz 3 Satz 1 Nummer 1, 2 und 6 oder der Verweigerung oder Unterlassung der Mitwirkungshandlung hingewiesen,
6. der Ausländer hat nach Ablauf der Ausreisefrist wiederholt gegen eine Pflicht nach § 61 Absatz 1 Satz 1, Absatz 1a, 1c Satz 1 Nummer 3 oder Satz 2 verstoßen oder eine zur Sicherung und Durchsetzung der Ausreisepflicht verhängte Auflage nach § 61 Absatz 1e nicht erfüllt,

7. der Ausländer, der erlaubt eingereist und vollziehbar ausreisepflichtig geworden ist, ist dem behördlichen Zugriff entzogen, weil er keinen Aufenthaltsort hat, an dem er sich überwiegend aufhält.

(4) ¹Die Sicherungshaft kann bis zu sechs Monaten angeordnet werden. ²Sie kann in Fällen, in denen die Abschiebung aus von dem Ausländer zu vertretenden Gründen nicht vollzogen werden kann, um höchstens zwölf Monate verlängert werden. ³Eine Verlängerung um höchstens zwölf Monate ist auch möglich, soweit die Haft auf der Grundlage des Absatzes 3 Satz 1 Nummer 3 angeordnet worden ist und sich die Übermittlung der für die Abschiebung erforderlichen Unterlagen oder Dokumente durch den zur Aufnahme verpflichteten oder bereiten Drittstaat verzögert. ⁴Die Gesamtdauer der Sicherungshaft darf 18 Monate nicht überschreiten. ⁵Eine Vorbereitungshaft ist auf die Gesamtdauer der Sicherungshaft anzurechnen.

(4a) Ist die Abschiebung gescheitert, bleibt die Anordnung bis zum Ablauf der Anordnungsfrist unberührt, sofern die Voraussetzungen für die Haftanordnung unverändert fortbestehen.

(5) ¹Die für den Haftantrag zuständige Behörde kann einen Ausländer ohne vorherige richterliche Anordnung festhalten und vorläufig in Gewahrsam nehmen, wenn

1. der dringende Verdacht für das Vorliegen der Voraussetzungen nach Absatz 3 Satz 1 besteht,
2. die richterliche Entscheidung über die Anordnung der Sicherungshaft nicht vorher eingeholt werden kann und
3. der begründete Verdacht vorliegt, dass sich der Ausländer der Anordnung der Sicherungshaft entziehen will.

²Der Ausländer ist unverzüglich dem Richter zur Entscheidung über die Anordnung der Sicherungshaft vorzuführen.

(6) ¹Ein Ausländer kann auf richterliche Anordnung zum Zwecke der Abschiebung für die Dauer von längstens 14 Tagen zur Durchführung einer Anordnung nach § 82 Absatz 4 Satz 1, bei den Vertretungen oder ermächtigten Bediensteten des Staates, dessen Staatsangehörigkeit er vermutlich besitzt, persönlich zu erscheinen, oder eine ärztliche Untersuchung zur Feststellung seiner Reisefähigkeit durchführen zu lassen, in Haft genommen werden, wenn er

1. einer solchen erstmaligen Anordnung oder
2. einer Anordnung nach § 82 Absatz 4 Satz 1, zu einem Termin bei der zuständigen Behörde persönlich zu erscheinen,

unentschuldigt ferngeblieben ist und der Ausländer zuvor auf die Möglichkeit einer Inhaftnahme hingewiesen wurde (Mitwirkungshaft). ²Eine Verlängerung der Mitwirkungshaft ist nicht möglich. ³Eine Mitwirkungshaft ist auf die Gesamtdauer der Sicherungshaft anzurechnen. ⁴§ 62a Absatz 1 findet entsprechende Anwendung.

§62a Vollzug der Abschiebungshaft

(1) ¹Abschiebungsgefangene sind getrennt von Strafgefangenen unterzubringen. ²Werden mehrere Angehörige einer Familie inhaftiert, so sind diese getrennt von den übrigen Abschiebungsgefangenen unterzubringen. ³Ihnen ist ein angemessenes Maß an Privatsphäre zu gewährleisten.

(2) Den Abschiebungsgefangenen wird gestattet, mit Rechtsvertretern, Familienangehörigen, den zuständigen Konsularbehörden und einschlägig tätigen Hilfs- und Unterstützungsorganisationen Kontakt aufzunehmen.

(3) ¹Bei minderjährigen Abschiebungsgefangenen sind unter Beachtung der Maßgaben in Artikel 17 der Richtlinie 2008/115/EG des Europäischen Parlaments und des Rates vom 16. Dezember 2008 über gemeinsame Normen und Verfahren in den Mitgliedstaaten zur Rückführung illegal aufhältiger Drittstaatsangehöriger (ABl. L 348 vom 24. 12. 2008, S. 98) alterstypische Belange zu berücksichtigen. ²Der Situation schutzbedürftiger Personen ist besondere Aufmerksamkeit zu widmen.

(4) Mitarbeitern von einschlägig tätigen Hilfs- und Unterstützungsorganisationen soll auf Antrag gestattet werden, Abschiebungsgefangene zu besuchen.

(5) Abschiebungsgefangene sind über ihre Rechte und Pflichten und über die in der Einrichtung geltenden Regeln zu informieren.

§62b Ausreisegewahrsam

(1) ¹Unabhängig von den Voraussetzungen der Sicherungshaft nach § 62 Absatz 3, insbesondere vom Vorliegen der Fluchtgefahr, kann ein Ausländer zur Sicherung der Durchführbarkeit der Abschiebung auf richterliche Anordnung bis zu zehn Tage in Gewahrsam genommen werden, wenn

1. die Ausreisefrist abgelaufen ist, es sei denn, der Ausländer ist unverschuldet an der Ausreise gehindert oder die Überschreitung der Ausreisefrist ist nicht erheblich,
2. feststeht, dass die Abschiebung innerhalb dieser Frist durchgeführt werden kann und
3. der Ausländer ein Verhalten gezeigt hat, das erwarten lässt, dass er die Abschiebung erschweren oder vereiteln wird. ²Das wird vermutet, wenn er
   a) seine gesetzlichen Mitwirkungspflichten verletzt hat,

b) über seine Identität oder Staatsangehörigkeit getäuscht hat,
c) wegen einer im Bundesgebiet begangenen vorsätzlichen Straftat verurteilt wurde, wobei Geldstrafen von insgesamt bis zu 50 Tagessätzen außer Betracht bleiben oder
d) die Frist zur Ausreise um mehr als 30 Tage überschritten hat.

³Von der Anordnung des Ausreisegewahrsams ist abzusehen, wenn der Ausländer glaubhaft macht oder wenn offensichtlich ist, dass er sich der Abschiebung nicht entziehen will.
(2) Der Ausreisegewahrsam wird im Transitbereich eines Flughafens oder in einer Unterkunft, von der aus die Ausreise des Ausländers ohne Zurücklegen einer größeren Entfernung zu einer Grenzübergangsstelle möglich ist, vollzogen.
(3) § 62 Absatz 1 und 4a sowie § 62a finden entsprechend Anwendung.
(4) ¹Die für den Antrag nach Absatz 1 zuständige Behörde kann einen Ausländer ohne vorherige richterliche Anordnung festhalten und vorläufig in Gewahrsam nehmen, wenn
1. der dringende Verdacht für das Vorliegen der Voraussetzungen nach Absatz 1 Satz 1 besteht,
2. die richterliche Entscheidung über die Anordnung des Ausreisegewahrsams nach Absatz 1 nicht vorher eingeholt werden kann und
3. der begründete Verdacht vorliegt, dass sich der Ausländer der Anordnung des Ausreisegewahrsams entziehen will.

²Der Ausländer ist unverzüglich dem Richter zur Entscheidung über die Anordnung des Ausreisegewahrsams vorzuführen.

§ 62c Ergänzende Vorbereitungshaft

(1) ¹Ein Ausländer, der sich entgegen einem bestehenden Einreise- und Aufenthaltsverbot nach § 11 Absatz 1 Satz 2 im Bundesgebiet aufhält und keine Betretenserlaubnis nach § 11 Absatz 8 besitzt, ist zur Vorbereitung einer Abschiebungsandrohung nach § 34 des Asylgesetzes auf richterliche Anordnung in Haft zu nehmen, wenn von ihm eine erhebliche Gefahr für Leib und Leben Dritter oder bedeutende Rechtsgüter der inneren Sicherheit ausgeht oder er auf Grund eines besonders schwerwiegenden Ausweisungsinteresses nach § 54 Absatz 1 ausgewiesen worden ist. ²Die Haft darf nicht angeordnet werden, wenn sie zur Vorbereitung der Abschiebungsandrohung nach § 34 des Asylgesetzes nicht erforderlich ist.
(2) ¹Die Haft nach Absatz 1 endet mit der Zustellung der Entscheidung des Bundesamtes für Migration und Flüchtlinge, spätestens jedoch vier Wochen nach Eingang des Asylantrags beim Bundesamt für Migration und Flüchtlinge, es sei denn, der Asylantrag wurde als unzulässig nach § 29 Absatz 1 Nummer 4 des Asylgesetzes oder als offensichtlich unbegründet abgelehnt. ²In den Fällen, in denen der Asylantrag als unzulässig nach § 29 Absatz 1 Nummer 4 des Asylgesetzes oder als offensichtlich unbegründet abgelehnt wurde, endet die Haft nach Absatz 1 mit dem Ablauf der Frist nach § 36 Absatz 3 Satz 1 des Asylgesetzes, bei rechtzeitiger Antragstellung mit der gerichtlichen Entscheidung. ³In den Fällen, in denen der Antrag nach § 80 Absatz 5 der Verwaltungsgerichtsordnung gegen die Abschiebungsandrohung vom Verwaltungsgericht abgelehnt worden ist, endet die Haft spätestens eine Woche nach der gerichtlichen Entscheidung.
(3) ¹Die Haft wird grundsätzlich in speziellen Hafteinrichtungen vollzogen. Sind spezielle Hafteinrichtungen im Bundesgebiet nicht vorhanden oder geht von dem Ausländer eine erhebliche Gefahr für Leib und Leben Dritter oder bedeutende Rechtsgüter der inneren Sicherheit aus, kann sie in sonstigen Haftanstalten vollzogen werden; der Ausländer ist in diesem Fall getrennt von Strafgefangenen unterzubringen. ²§ 62 Absatz 1 sowie § 62a Absatz 2 bis 5 finden entsprechend Anwendung.
(4) ¹Die für den Haftantrag zuständige Behörde kann einen Ausländer ohne vorherige richterliche Anordnung festhalten und vorläufig in Gewahrsam nehmen, wenn
1. der dringende Verdacht für das Vorliegen der Voraussetzungen nach Absatz 1 besteht,
2. die richterliche Entscheidung über die Anordnung der Haft nach Absatz 1 nicht vorher eingeholt werden kann und
3. der begründete Verdacht vorliegt, dass sich der Ausländer der Anordnung der Haft nach Absatz 1 entziehen will.

²Der Ausländer ist unverzüglich dem Richter zur Entscheidung über die Anordnung der Haft nach Absatz 1 vorzuführen.

Kapitel 6
Haftung und Gebühren

§ 63 Pflichten der Beförderungsunternehmer

(1) Ein Beförderungsunternehmer darf Ausländer nur in das Bundesgebiet befördern, wenn sie im Besitz eines erforderlichen Passes und eines erforderlichen Aufenthaltstitels sind.

(2) ¹Das Bundesministerium des Innern, für Bau und Heimat oder die von ihm bestimmte Stelle kann im Einvernehmen mit dem Bundesministerium für Verkehr und digitale Infrastruktur einem Beförderungsunternehmer untersagen, Ausländer entgegen Absatz 1 in das Bundesgebiet zu befördern und für den Fall der Zuwiderhandlung ein Zwangsgeld androhen. ²Widerspruch und Klage haben keine aufschiebende Wirkung; dies gilt auch hinsichtlich der Festsetzung des Zwangsgeldes.
(3) ¹Das Zwangsgeld gegen den Beförderungsunternehmer beträgt für jeden Ausländer, den er einer Verfügung nach Absatz 2 zuwider befördert, mindestens 1000 und höchstens 5000 Euro. ²Das Zwangsgeld kann durch das Bundesministerium des Innern, für Bau und Heimat oder die von ihm bestimmte Stelle festgesetzt und beigetrieben werden.
(4) Das Bundesministerium des Innern, für Bau und Heimat oder die von ihm bestimmte Stelle kann mit Beförderungsunternehmern Regelungen zur Umsetzung der in Absatz 1 genannten Pflicht vereinbaren.

§ 64 Rückbeförderungspflicht der Beförderungsunternehmer

(1) Wird ein Ausländer zurückgewiesen, so hat ihn der Beförderungsunternehmer, der ihn an die Grenze befördert hat, unverzüglich außer Landes zu bringen.
(2) ¹Die Verpflichtung nach Absatz 1 besteht für die Dauer von drei Jahren hinsichtlich der Ausländer, die ohne erforderlichen Pass, Passersatz oder erforderlichen Aufenthaltstitel in das Bundesgebiet befördert werden und die bei der Einreise nicht zurückgewiesen werden, weil sie sich auf politische Verfolgung, Verfolgung im Sinne des § 3 Absatz 1 des Asylgesetzes oder die Gefahr eines ernsthaften Schadens im Sinne des § 4 Absatz 1 des Asylgesetzes oder die in § 60 Abs. 2, 3, 5 oder Abs. 7 bezeichneten Umstände berufen. ²Sie erlischt, wenn dem Ausländer ein Aufenthaltstitel nach diesem Gesetz erteilt wird.
(3) Der Beförderungsunternehmer hat den Ausländer auf Verlangen der mit der polizeilichen Kontrolle des grenzüberschreitenden Verkehrs beauftragten Behörden in den Staat, der das Reisedokument ausgestellt hat oder aus dem er befördert wurde, oder in einen sonstigen Staat zu bringen, in dem seine Einreise gewährleistet ist.

§ 65 Pflichten der Flughafenunternehmer

Der Unternehmer eines Verkehrsflughafens ist verpflichtet, auf dem Flughafengelände geeignete Unterkünfte zur Unterbringung von Ausländern, die nicht im Besitz eines erforderlichen Passes oder eines erforderlichen Visums sind, bis zum Vollzug der grenzpolizeilichen Entscheidung über die Einreise bereitzustellen.

§ 66 Kostenschuldner; Sicherheitsleistung

(1) Kosten, die durch die Durchsetzung einer räumlichen Beschränkung, die Zurückweisung, Zurückschiebung oder Abschiebung entstehen, hat der Ausländer zu tragen.
(2) Neben dem Ausländer haftet für die in Absatz 1 bezeichneten Kosten, wer sich gegenüber der Ausländerbehörde oder der Auslandsvertretung verpflichtet hat, für die Ausreisekosten des Ausländers aufzukommen.
(3) ¹In den Fällen des § 64 Abs. 1 und 2 haftet der Beförderungsunternehmer neben dem Ausländer für die Kosten der Rückbeförderung des Ausländers und für die Kosten, die von der Ankunft des Ausländers an der Grenzübergangsstelle bis zum Vollzug der Entscheidung über die Einreise entstehen. ²Ein Beförderungsunternehmer, der schuldhaft einer Verfügung nach § 63 Abs. 2 zuwiderhandelt, haftet neben dem Ausländer für sonstige Kosten, die in den Fällen des § 64 Abs. 1 durch die Zurückweisung und in den Fällen des § 64 Abs. 2 durch die Abschiebung entstehen.
(4) ¹Für die Kosten der Abschiebung oder Zurückschiebung haftet:
1. wer als Arbeitgeber den Ausländer als Arbeitnehmer beschäftigt hat, dem die Ausübung der Erwerbstätigkeit nach den Vorschriften dieses Gesetzes nicht erlaubt war;
2. ein Unternehmer, für den ein Arbeitgeber als unmittelbarer Auftragnehmer Leistungen erbracht hat, wenn ihm bekannt war oder er bei Beachtung der im Verkehr erforderlichen Sorgfalt hätte erkennen müssen, dass der Arbeitgeber für die Erbringung der Leistung den Ausländer als Arbeitnehmer eingesetzt hat, dem die Ausübung der Erwerbstätigkeit nach den Vorschriften dieses Gesetzes nicht erlaubt war;
3. wer als Generalunternehmer oder zwischengeschalteter Unternehmer ohne unmittelbare vertragliche Beziehungen zu dem Arbeitgeber Kenntnis von der Beschäftigung des Ausländers hat, dem die Ausübung der Erwerbstätigkeit nach den Vorschriften dieses Gesetzes nicht erlaubt war;
4. wer eine nach § 96 strafbare Handlung begeht;
5. der Ausländer, soweit die Kosten von den anderen Kostenschuldnern nicht beigetrieben werden können.
²Die in Satz 1 Nummer 1 bis 4 genannten Personen haften als Gesamtschuldner im Sinne von § 421 des Bürgerlichen Gesetzbuchs.
(4a) Die Haftung nach Absatz 4 Nummer 1 entfällt, wenn der Arbeitgeber seinen Verpflichtungen nach § 4a Absatz 5 sowie seiner Meldepflicht nach § 28a des Vierten Buches Sozialgesetzbuch in Verbindung mit den §§ 6, 7 und 13 der Datenerfassungs- und -übermittlungsverordnung oder nach § 18 des Arbeitnehmer-Entsendege-

setzes nachgekommen ist, es sei denn, er hatte Kenntnis davon, dass der Aufenthaltstitel oder die Bescheinigung über die Aufenthaltsgestattung oder die Aussetzung der Abschiebung des Ausländers gefälscht war.
(5) ¹Von dem Kostenschuldner kann eine Sicherheitsleistung verlangt werden. ²Die Anordnung einer Sicherheitsleistung des Ausländers oder des Kostenschuldners nach Absatz 4 Satz 1 und 2 kann von der Behörde, die sie erlassen hat, ohne vorherige Vollstreckungsanordnung und Fristsetzung vollstreckt werden, wenn andernfalls die Erhebung gefährdet wäre. ³Zur Sicherung der Ausreisekosten können Rückflugscheine und sonstige Fahrausweise beschlagnahmt werden, die im Besitz eines Ausländers sind, der zurückgewiesen, zurückgeschoben, ausgewiesen oder abgeschoben werden soll oder dem Einreise und Aufenthalt nur wegen der Stellung eines Asylantrages gestattet wird.

§ 67 Umfang der Kostenhaftung

(1) Die Kosten der Abschiebung, Zurückschiebung, Zurückweisung und der Durchsetzung einer räumlichen Beschränkung umfassen
1. die Beförderungs- und sonstigen Reisekosten für den Ausländer innerhalb des Bundesgebiets und bis zum Zielort außerhalb des Bundesgebiets,
2. die bei der Vorbereitung und Durchführung der Maßnahme entstehenden Verwaltungskosten einschließlich der Kosten für die Abschiebungshaft und der Übersetzungs- und Dolmetscherkosten und die Ausgaben für die Unterbringung, Verpflegung und sonstige Versorgung des Ausländers sowie
3. sämtliche durch eine erforderliche Begleitung des Ausländers entstehenden Kosten einschließlich der Personalkosten.
(2) Die Kosten, für die der Beförderungsunternehmer nach § 66 Abs. 3 Satz 1 haftet, umfassen
1. die in Absatz 1 Nr. 1 bezeichneten Kosten,
2. die bis zum Vollzug der Entscheidung über die Einreise entstehenden Verwaltungskosten und Ausgaben für die Unterbringung, Verpflegung und sonstige Versorgung des Ausländers und Übersetzungs- und Dolmetscherkosten und
3. die in Absatz 1 Nr. 3 bezeichneten Kosten, soweit der Beförderungsunternehmer nicht selbst die erforderliche Begleitung des Ausländers übernimmt.
(3) ¹Die in den Absätzen 1 und 2 genannten Kosten werden von der nach § 71 zuständigen Behörde durch Leistungsbescheid in Höhe der tatsächlich entstandenen Kosten erhoben. ²Hinsichtlich der Berechnung der Personalkosten gelten die allgemeinen Grundsätze zur Berechnung von Personalkosten der öffentlichen Hand.

§ 68 Haftung für Lebensunterhalt

(1) ¹Wer sich der Ausländerbehörde oder einer Auslandsvertretung gegenüber verpflichtet hat, die Kosten für den Lebensunterhalt eines Ausländers zu tragen, hat für einen Zeitraum von fünf Jahren sämtliche öffentlichen Mittel zu erstatten, die für den Lebensunterhalt des Ausländers einschließlich der Versorgung mit Wohnraum sowie der Versorgung im Krankheitsfalle und bei Pflegebedürftigkeit aufgewendet werden, auch soweit die Aufwendungen auf einem gesetzlichen Anspruch des Ausländers beruhen. ²Aufwendungen, die auf einer Beitragsleistung beruhen, sind nicht zu erstatten. ³Der Zeitraum nach Satz 1 beginnt mit der durch die Verpflichtungserklärung ermöglichten Einreise des Ausländers. ⁴Die Verpflichtungserklärung erlischt vor Ablauf des Zeitraums von fünf Jahren ab Einreise des Ausländers nicht durch Erteilung eines Aufenthaltstitels nach Abschnitt 5 des Kapitels 2 oder durch Anerkennung nach § 3 oder § 4 des Asylgesetzes.
(2) ¹Die Verpflichtung nach Absatz 1 Satz 1 bedarf der Schriftform. ²Sie ist nach Maßgabe des Verwaltungsvollstreckungsgesetzes vollstreckbar. ³Der Erstattungsanspruch steht der öffentlichen Stelle zu, die die öffentlichen Mittel aufgewendet hat.
(3) Die Auslandsvertretung unterrichtet unverzüglich die Ausländerbehörde über eine Verpflichtung nach Absatz 1 Satz 1.
(4) ¹Die Ausländerbehörde unterrichtet, wenn sie Kenntnis von der Aufwendung nach Absatz 1 zu erstattender öffentlicher Mittel erlangt, unverzüglich die öffentliche Stelle, der der Erstattungsanspruch zusteht, über die Verpflichtung nach Absatz 1 Satz 1 und erteilt ihr alle für die Geltendmachung und Durchsetzung des Erstattungsanspruchs erforderlichen Auskünfte. ²Der Empfänger darf die Daten nur zum Zweck der Erstattung der für den Ausländer aufgewendeten öffentlichen Mittel sowie der Versagung weiterer Leistungen verarbeiten.

§ 68a Übergangsvorschrift zu Verpflichtungserklärungen

¹§ 68 Absatz 1 Satz 1 bis 3 gilt auch für vor dem 6. August 2016 abgegebene Verpflichtungserklärungen, jedoch mit der Maßgabe, dass an die Stelle des Zeitraums von fünf Jahren ein Zeitraum von drei Jahren tritt. ²Sofern die Frist nach Satz 1 zum 6. August 2016 bereits abgelaufen ist, endet die Verpflichtung zur Erstattung öffentlicher Mittel mit Ablauf des 31. August 2016.

161 AufenthG § 69

§ 69 Gebühren

(1) ¹Für individuell zurechenbare öffentliche Leistungen nach diesem Gesetz und den zur Durchführung dieses Gesetzes erlassenen Rechtsverordnungen werden Gebühren und Auslagen erhoben. ²Die Gebührenfestsetzung kann auch mündlich erfolgen. ³Satz 1 gilt nicht für individuell zurechenbare öffentliche Leistungen der Bundesagentur für Arbeit nach den §§ 39 bis 42. ⁴§ 287 des Dritten Buches Sozialgesetzbuch bleibt unberührt. ⁵Satz 1 gilt zudem nicht für das Mitteilungsverfahren im Zusammenhang mit der kurzfristigen Mobilität von Studenten nach § 16c, von unternehmensintern transferierten Arbeitnehmern nach § 19a und von Forschern nach § 18e.
(2) ¹Die Gebühr soll die mit der individuell zurechenbaren öffentlichen Leistung verbundenen Kosten aller an der Leistung Beteiligten decken. ²In die Gebühr sind die mit der Leistung regelmäßig verbundenen Auslagen einzubeziehen. ³Zur Ermittlung der Gebühr sind die Kosten, die nach betriebswirtschaftlichen Grundsätzen als Einzel- und Gemeinkosten zurechenbar und ansatzfähig sind, insbesondere Personal- und Sachkosten sowie kalkulatorische Kosten, zu Grunde zu legen. ⁴Zu den Gemeinkosten zählen auch die Kosten der Rechts- und Fachaufsicht. ⁵Grundlage der Gebührenermittlung nach den Sätzen 1 bis 4 sind die in der Gesamtheit der Länder und des Bundes mit der jeweiligen Leistung verbundenen Kosten.
(3) ¹Die Bundesregierung bestimmt durch Rechtsverordnung mit Zustimmung des Bundesrates die gebührenpflichtigen Tatbestände und die Gebührensätze sowie Gebührenbefreiungen und -ermäßigungen, insbesondere für Fälle der Bedürftigkeit. ²Soweit dieses Gesetz keine abweichenden Vorschriften enthält, finden § 3 Absatz 1 Nummer 1 und 4, Absatz 2 und 4 bis 6, die §§ 4 bis 7 Nummer 1 bis 10, die §§ 8, 9 Absatz 3, die §§ 10 bis 12 Absatz 1 Satz 1 und Absatz 3 sowie die §§ 13 bis 21 des Bundesgebührengesetzes vom 7. August 2013 (BGBl. I S. 3154) in der jeweils geltenden Fassung entsprechende Anwendung.
(4) ¹Abweichend von § 4 Absatz 1 des Bundesgebührengesetzes können die von den Auslandsvertretungen zu erhebenden Gebühren bereits bei Beantragung der individuell zurechenbaren öffentlichen Leistung erhoben werden. ²Für die von den Auslandsvertretungen zu erhebenden Gebühren legt das Auswärtige Amt fest, ob die Erhebung bei den jeweiligen Auslandsvertretungen in Euro, zum Gegenwert in Landeswährung oder in einer Drittwährung erfolgt. ³Je nach allgemeiner Verfügbarkeit von Einheiten der festgelegten Währung kann eine Rundung auf die nächste verfügbare Einheit erfolgen.
(5) Die in der Rechtsverordnung bestimmten Gebühren dürfen folgende Höchstsätze nicht übersteigen:
1. für die Erteilung einer Aufenthaltserlaubnis: 140 Euro,
1a. für die Erteilung einer Blauen Karte EU: 140 Euro,
1b. für die Erteilung einer ICT-Karte: 140 Euro,
1c. für die Erteilung einer Mobiler-ICT-Karte: 100 Euro,
2. für die Erteilung einer Niederlassungserlaubnis: 200 Euro,
2a. für die Erteilung einer Erlaubnis zum Daueraufenthalt – EU: 200 Euro,
3. für die Verlängerung einer Aufenthaltserlaubnis, einer Blauen Karte EU oder einer ICT-Karte: 100 Euro,
3a. für die Verlängerung einer Mobiler-ICT-Karte: 80 Euro,
4. für die Erteilung eines nationalen Visums und die Ausstellung eines Passersatzes und eines Ausweisersatzes: 100 Euro,
5. für die Anerkennung einer Forschungseinrichtung zum Abschluss von Aufnahmevereinbarungen oder einem entsprechenden Vertrag nach § 18d: 220 Euro,
6. für sonstige individuell zurechenbare öffentliche Leistungen: 80 Euro,
7. für individuell zurechenbare öffentliche Leistungen zu Gunsten Minderjähriger: die Hälfte der für die öffentliche Leistung bestimmten Gebühr,
8. für die Neuausstellung eines Dokuments nach § 78 Absatz 1, die auf Grund einer Änderung der Angaben nach § 78 Absatz 1 Satz 3, auf Grund des Ablaufs der technischen Kartennutzungsdauer, auf Grund des Verlustes des Dokuments oder auf Grund des Verlustes der technischen Funktionsfähigkeit des Dokuments notwendig wird: 70 Euro,
9. für die Aufhebung, Verkürzung oder Verlängerung der Befristung eines Einreise- und Aufenthaltsverbotes: 200 Euro.
(6) ¹Für die Erteilung eines nationalen Visums und eines Passersatzes an der Grenze darf ein Zuschlag von höchstens 25 Euro erhoben werden. ²Für eine auf Wunsch des Antragstellers außerhalb der Dienstzeit vorgenommene individuell zurechenbare öffentliche Leistung darf ein Zuschlag von höchstens 30 Euro erhoben werden. ³Gebührenzuschläge können auch für die individuell zurechenbaren öffentlichen Leistungen gegenüber einem Staatsangehörigen festgesetzt werden, dessen Heimatstaat von Deutschen für entsprechende öffentliche Leistungen höhere Gebühren als die nach Absatz 3 festgesetzten Gebühren erhebt. ⁴Die Sätze 2 und 3 gelten nicht für die Erteilung oder Verlängerung eines Schengen-Visums. ⁵Bei der Festsetzung von Gebührenzuschlägen können die in Absatz 5 bestimmten Höchstsätze überschritten werden.

(7) ¹Die Rechtsverordnung nach Absatz 3 kann vorsehen, dass für die Beantragung gebührenpflichtiger individuell zurechenbarer öffentlicher Leistungen eine Bearbeitungsgebühr erhoben wird. ²Die Bearbeitungsgebühr für die Beantragung einer Niederlassungserlaubnis oder einer Erlaubnis zum Daueraufenthalt – EU darf höchstens die Hälfte der für ihre Erteilung zu erhebenden Gebühr betragen. ³Die Gebühr ist auf die Gebühr für die individuell zurechenbare öffentliche Leistung anzurechnen. ⁴Sie wird auch im Falle der Rücknahme des Antrages und der Versagung der beantragten individuell zurechenbaren öffentlichen Leistung nicht zurückgezahlt.

(8) ¹Die Rechtsverordnung nach Absatz 3 kann für die Einlegung eines Widerspruchs Gebühren vorsehen, die höchstens betragen dürfen:
1. für den Widerspruch gegen die Ablehnung eines Antrages auf Vornahme einer gebührenpflichtigen individuell zurechenbaren öffentlichen Leistung: die Hälfte der für diese vorgesehenen Gebühr,
2. für den Widerspruch gegen eine sonstige individuell zurechenbare öffentliche Leistung: 55 Euro.

²Soweit der Widerspruch Erfolg hat, ist die Gebühr auf die Gebühr für die vorzunehmende individuell zurechenbare öffentliche Leistung anzurechnen und im Übrigen zurückzuzahlen.

§ 70 Verjährung

(1) Die Ansprüche auf die in § 67 Abs. 1 und 2 genannten Kosten verjähren sechs Jahre nach Eintritt der Fälligkeit.
(2) Die Verjährung von Ansprüchen nach den §§ 66 und 69 wird auch unterbrochen, solange sich der Schuldner nicht im Bundesgebiet aufhält oder sein Aufenthalt im Bundesgebiet deshalb nicht festgestellt werden kann, weil er einer gesetzlichen Meldepflicht oder Anzeigepflicht nicht nachgekommen ist.

Kapitel 7
Verfahrensvorschriften

Abschnitt 1
Zuständigkeiten

§ 71 Zuständigkeit

(1) ¹Für aufenthalts- und passrechtliche Maßnahmen und Entscheidungen nach diesem Gesetz und nach ausländerrechtlichen Bestimmungen in anderen Gesetzen sind die Ausländerbehörden zuständig. ²Die Landesregierung oder die von ihr bestimmte Stelle kann bestimmen, dass für einzelne Aufgaben nur eine oder mehrere bestimmte Ausländerbehörden zuständig sind. ³Nach Satz 2 kann durch die zuständigen Stellen der betroffenen Länder auch geregelt werden, dass den Ausländerbehörden eines Landes für die Bezirke von Ausländerbehörden verschiedener Länder Aufgaben zugeordnet werden. ⁴Für die Vollziehung von Abschiebungen ist in den Ländern jeweils eine zentral zuständige Stelle zu bestimmen. ⁵Die Länder sollen jeweils mindestens eine zentrale Ausländerbehörde einrichten, die bei Visumanträgen nach § 6 zu Zwecken nach den §§ 16a, 16d, 17 Absatz 1, den §§ 18a, 18b, 18c Absatz 3, den §§ 18d, 18f, 19, 19b, 19c und 20 sowie bei Visumanträgen des Ehegatten oder der minderjährigen ledigen Kinder zum Zweck des Familiennachzugs, die in zeitlichem Zusammenhang gestellt werden, die zuständige Ausländerbehörde ist.

(2) ¹Im Ausland sind für Pass- und Visaangelegenheiten die vom Auswärtigen Amt ermächtigten Auslandsvertretungen zuständig. ²Das Auswärtige Amt wird ermächtigt, durch Rechtsverordnung im Einvernehmen mit dem Bundesministerium des Innern, für Bau und Heimat dem Bundesamt für Auswärtige Angelegenheiten die Entscheidung über Anträge auf Erteilung eines Visums zu übertragen. ³Soweit von dieser Ermächtigung Gebrauch gemacht wird, stehen dem Bundesamt für Auswärtige Angelegenheiten die Befugnisse zur Datenverarbeitung sowie alle sonstigen Aufgaben und Befugnisse einer Auslandsvertretung bei der Erteilung von Visa gemäß Absatz 3 Nummer 3 Buchstabe b sowie gemäß den §§ 54, 66, 68, 69, 72, 72a, 73, 73a, 75, 87, 90c, 91d und 91g zu.

(3) Die mit der polizeilichen Kontrolle des grenzüberschreitenden Verkehrs beauftragten Behörden sind zuständig für
1. die Zurückweisung und die Zurückschiebung an der Grenze, einschließlich der Überstellung von Drittstaatsangehörigen auf Grundlage der Verordnung (EU) Nr. 604/2013, wenn der Ausländer von der Grenzbehörde im grenznahen Raum in unmittelbarem zeitlichen Zusammenhang mit einer unerlaubten Einreise angetroffen wird,
1a. Abschiebungen an der Grenze, sofern der Ausländer bei oder nach der unerlaubten Einreise über eine Grenze im Sinne des Artikels 2 Nummer 1 der Verordnung (EU) 2016/399 (Binnengrenze) aufgegriffen wird,
1b. Abschiebungen an der Grenze, sofern der Ausländer bereits unerlaubt eingereist ist, sich danach weiter fortbewegt hat und in einem anderen Grenzraum oder auf einem als Grenzübergangsstelle zugelassenen oder nicht zugelassenen Flughafen, Flug- oder Landeplatz oder See- oder Binnenhafen aufgegriffen wird,
1c. die Befristung der Wirkungen auf Grund der von ihnen vorgenommenen Ab- und Zurückschiebungen nach § 11 Absatz 2, 4 und 8,

1d. die Rückführungen von Ausländern aus anderen und in andere Staaten; die Zuständigkeit besteht neben derjenigen der in Absatz 1 und in Absatz 5 bestimmten Stellen,
1e. die Beantragung von Haft und die Festnahme, soweit es zur Vornahme der in den Nummern 1 bis 1d bezeichneten Maßnahmen erforderlich ist,
2. die Erteilung eines Visums und die Ausstellung eines Passersatzes nach § 14 Abs. 2 sowie die Aussetzung der Abschiebung nach § 60a Abs. 2a,
3. die Rücknahme und den Widerruf eines nationalen Visums sowie die Entscheidungen nach Artikel 34 der Verordnung (EG) Nr. 810/2009
   a) im Fall der Zurückweisung, Zurückschiebung oder Abschiebung, soweit die Voraussetzungen der Nummer 1a oder 1b erfüllt sind,
   b) auf Ersuchen der Auslandsvertretung, die das Visum erteilt hat, oder
   c) auf Ersuchen der Ausländerbehörde, die der Erteilung des Visums zugestimmt hat, sofern diese ihrer Zustimmung bedurfte,
4. das Ausreiseverbot und die Maßnahmen nach § 66 Abs. 5 an der Grenze,
5. die Prüfung an der Grenze, ob Beförderungsunternehmer und sonstige Dritte die Vorschriften dieses Gesetzes und die auf Grund dieses Gesetzes erlassenen Verordnungen und Anordnungen beachtet haben,
6. sonstige ausländerrechtliche Maßnahmen und Entscheidungen, soweit sich deren Notwendigkeit an der Grenze ergibt und sie vom Bundesministerium des Innern, für Bau und Heimat hierzu allgemein oder im Einzelfall ermächtigt sind,
7. die Beschaffung von Heimreisedokumenten im Wege der Amtshilfe in Einzelfällen für Ausländer,
8. die Erteilung von in Rechtsvorschriften der Europäischen Union vorgesehenen Vermerken und Bescheinigungen vom Datum und Ort der Einreise über die Außengrenze eines Mitgliedstaates, der den Schengen-Besitzstand vollständig anwendet; die Zuständigkeit der Ausländerbehörden oder anderer durch die Länder bestimmter Stellen wird hierdurch nicht ausgeschlossen.

(4) [1]Für die erforderlichen Maßnahmen nach den §§ 48, 48a und 49 Absatz 2 bis 9 sind die Ausländerbehörden, die Polizeivollzugsbehörden der Länder sowie bei Wahrnehmung ihrer gesetzlichen Aufgaben die Bundespolizei und andere mit der polizeilichen Kontrolle des grenzüberschreitenden Verkehrs beauftragte Behörden zuständig. [2]In den Fällen des § 49 Abs. 4 sind auch die Behörden zuständig, die die Verteilung nach § 15a veranlassen. [3]In den Fällen des § 49 Absatz 5 Nummer 5 und 6 sind die vom Auswärtigen Amt ermächtigten Auslandsvertretungen zuständig. [4]In den Fällen des § 49 Absatz 8 und 9 sind auch die Aufnahmeeinrichtungen im Sinne des § 44 des Asylgesetzes und die Außenstellen des Bundesamtes für Migration und Flüchtlinge befugt, bei Tätigwerden in Amtshilfe die erkennungsdienstlichen Maßnahmen bei ausländischen Kindern oder Jugendlichen, die unbegleitet in das Bundesgebiet eingereist sind, vorzunehmen; diese Maßnahmen sollen im Beisein des zuvor zur vorläufigen Inobhutnahme verständigten Jugendamtes und in kindgerechter Weise durchgeführt werden.
(5) Für die Zurückschiebung sowie die Durchsetzung der Verlassenspflicht des § 12 Abs. 3 und die Durchführung der Abschiebung und, soweit es zur Vorbereitung und Sicherung dieser Maßnahmen erforderlich ist, die Festnahme und Beantragung der Haft sind auch die Polizeien der Länder zuständig.
(6) Das Bundesministerium des Innern, für Bau und Heimat oder die von ihm bestimmte Stelle entscheidet im Benehmen mit dem Auswärtigen Amt über die Anerkennung von Pässen und Passersatzpapieren (§ 3 Abs. 1); die Entscheidungen ergehen als Allgemeinverfügung und können im Bundesanzeiger bekannt gegeben werden.

§ 71a Zuständigkeit und Unterrichtung

(1) [1]Verwaltungsbehörden im Sinne des § 36 Abs. 1 Nr. 1 des Gesetzes über Ordnungswidrigkeiten sind in den Fällen des § 98 Absatz 2a Nummer 1 und Absatz 3 Nummer 1 die Behörden der Zollverwaltung. [2]Sie arbeiten bei der Verfolgung und Ahndung mit den in § 2 Absatz 4 des Schwarzarbeitsbekämpfungsgesetzes genannten Behörden zusammen.
(2) [1]Die Behörden der Zollverwaltung unterrichten das Gewerbezentralregister über ihre einzutragenden rechtskräftigen Bußgeldbescheide nach § 98 Absatz 2a Nummer 1 und Absatz 3 Nummer 1. [2]Dies gilt nur, sofern die Geldbuße mehr als 200 Euro beträgt.
(3) [1]Gerichte, Strafverfolgungs- und Strafvollstreckungsbehörden sollen den Behörden der Zollverwaltung Erkenntnisse aus sonstigen Verfahren, die aus ihrer Sicht zur Verfolgung von Ordnungswidrigkeiten nach § 98 Absatz 2a Nummer 1 und Absatz 3 Nummer 1 erforderlich sind, übermitteln, soweit nicht für die übermittelnde Stelle erkennbar ist, dass schutzwürdige Interessen des Betroffenen oder anderer Verfahrensbeteiligter an dem Ausschluss der Übermittlung überwiegen. [2]Dabei ist zu berücksichtigen, wie gesichert die zu übermittelnden Erkenntnisse sind.

§ 72 Beteiligungserfordernisse

(1) ¹Eine Betretenserlaubnis (§ 11 Absatz 8) darf nur mit Zustimmung der für den vorgesehenen Aufenthaltsort zuständigen Ausländerbehörde erteilt werden. ²Die Behörde, die den Ausländer ausgewiesen, abgeschoben oder zurückgeschoben hat, ist in der Regel zu beteiligen.
(2) Über das Vorliegen eines zielstaatsbezogenen Abschiebungsverbots nach § 60 Absatz 5 oder 7 und das Vorliegen eines Ausschlusstatbestandes nach § 25 Absatz 3 Satz 3 Nummer 1 bis 4 entscheidet die Ausländerbehörde nur nach vorheriger Beteiligung des Bundesamtes für Migration und Flüchtlinge.
(3) ¹Räumliche Beschränkungen, Auflagen und Bedingungen, Befristungen nach § 11 Absatz 2 Satz 1, Anordnungen nach § 47 und sonstige Maßnahmen gegen einen Ausländer, der nicht im Besitz eines erforderlichen Aufenthaltstitels ist, dürfen von einer anderen Behörde nur im Einvernehmen mit der Behörde geändert oder aufgehoben werden, die die Maßnahme angeordnet hat. ²Satz 1 findet keine Anwendung, wenn der Aufenthalt des Ausländers nach den Vorschriften des Asylgesetzes auf den Bezirk der anderen Ausländerbehörde beschränkt ist.
(3a) ¹Die Aufhebung einer Wohnsitzverpflichtung nach § 12a Absatz 5 darf nur mit Zustimmung der Ausländerbehörde des geplanten Zuzugsorts erfolgen. ²Die Zustimmung ist zu erteilen, wenn die Voraussetzungen des § 12a Absatz 5 vorliegen; eine Ablehnung ist zu begründen. ³Die Zustimmung gilt als erteilt, wenn die Ausländerbehörde am Zuzugsort nicht innerhalb von vier Wochen ab Zugang des Ersuchens widerspricht. ⁴Die Erfüllung melderechtlicher Verpflichtungen begründet keine Zuständigkeit einer Ausländerbehörde.
(4) ¹Ein Ausländer, gegen den öffentliche Klage erhoben oder ein strafrechtliches Ermittlungsverfahren eingeleitet ist, darf nur im Einvernehmen mit der zuständigen Staatsanwaltschaft ausgewiesen und abgeschoben werden. ²Ein Ausländer, der zu schützende Person im Sinne des Zeugenschutz-Harmonisierungsgesetzes ist, darf nur im Einvernehmen mit der Zeugenschutzdienststelle ausgewiesen oder abgeschoben werden. ³Des Einvernehmens der Staatsanwaltschaft nach Satz 1 bedarf es nicht, wenn nur ein geringes Strafverfolgungsinteresse besteht. ⁴Dies ist der Fall, wenn die Erhebung der öffentlichen Klage oder die Einleitung eines Ermittlungsverfahrens wegen einer Straftat nach § 95 dieses Gesetzes oder nach § 9 des Gesetzes über die allgemeine Freizügigkeit von Unionsbürgern oder Straftaten nach dem Strafgesetzbuch mit geringem Unrechtsgehalt erfolgt ist. ⁵Insoweit sind Straftaten mit geringem Unrechtsgehalt Straftaten nach § 113 Absatz 1, § 115 des Strafgesetzbuches, soweit er die entsprechende Geltung des § 113 Absatz 1 des Strafgesetzbuches vorsieht, den §§ 123, 166, 167, 169, 185, 223, 240 Absatz 1, den §§ 242, 246, 248b, 263 Absatz 1, 2 und 4, den §§ 265a, 267 Absatz 1 und 2, § 271 Absatz 1, 2 und 4, den §§ 273, 274, 276 Absatz 1, den §§ 279, 281, 303 des Strafgesetzbuches, dem § 21 des Straßenverkehrsgesetzes in der Fassung der Bekanntmachung vom 5. März 2003 (BGBl. I S. 310, 919), das zuletzt durch Artikel 1 des Gesetzes vom 8. April 2019 (BGBl. I S. 430) geändert worden ist, in der jeweils geltenden Fassung, und dem § 6 des Pflichtversicherungsgesetzes vom 5. April 1965 (BGBl. I S. 213), das zuletzt durch Artikel 1 der Verordnung vom 6. Februar 2017 (BGBl. I S. 147) geändert worden ist, in der jeweils geltenden Fassung, es sei denn, diese Strafgesetze werden durch verschiedene Handlungen mehrmals verletzt oder es wird ein Strafantrag gestellt.
(5) § 45 des Achten Buches Sozialgesetzbuch gilt nicht für Ausreiseeinrichtungen und Einrichtungen, die der vorübergehenden Unterbringung von Ausländern dienen, denen aus völkerrechtlichen, humanitären oder politischen Gründen eine Aufenthaltserlaubnis erteilt oder bei denen die Abschiebung ausgesetzt wird.
(6) ¹Vor einer Entscheidung über die Erteilung, die Verlängerung oder den Widerruf eines Aufenthaltstitels nach § 25 Abs. 4a oder 4b und die Festlegung, Aufhebung oder Verkürzung einer Ausreisefrist nach § 59 Absatz 7 ist die für das in § 25 Abs. 4a oder 4b in Bezug genommene Strafverfahren zuständige Staatsanwaltschaft oder das mit ihm befasste Strafgericht zu beteiligen, es sei denn, es liegt ein Fall des § 87 Abs. 5 Nr. 1 vor. ²Sofern der Ausländerbehörde die zuständige Staatsanwaltschaft noch nicht bekannt ist, beteiligt sie vor einer Entscheidung über die Festlegung, Aufhebung oder Verkürzung einer Ausreisefrist nach § 59 Absatz 7 die für den Aufenthaltsort zuständige Polizeibehörde.
(7) Zur Prüfung des Vorliegens der Voraussetzungen der §§ 16a, 16d, 16e, 18a, 18b, 18c Absatz 3 und der §§ 19 bis 19c können die Ausländerbehörde, das Bundesamt für Migration und Flüchtlinge sowie die Auslandsvertretung zur Erfüllung ihrer Aufgaben die Bundesagentur für Arbeit auch dann beteiligen, wenn sie ihrer Zustimmung nicht bedürfen.

§ 72a Abgleich von Visumantragsdaten zu Sicherheitszwecken

(1) ¹Daten, die im Visumverfahren von der deutschen Auslandsvertretung zur visumantragstellenden Person, zum Einlader und zu Personen, die durch Abgabe einer Verpflichtungserklärung oder in anderer Weise die Sicherung des Lebensunterhalts garantieren oder zu sonstigen Referenzpersonen im Inland erhoben werden, werden zur Durchführung eines Abgleichs zu Sicherheitszwecken an das Bundesverwaltungsamt übermittelt. ²Das Gleiche gilt für Daten nach Satz 1, die eine Auslandsvertretung eines anderen Schengen-Staates nach Artikel 8 Absatz 2

161 AufenthG § 72a

der Verordnung (EG) Nr. 810/2009 des Europäischen Parlaments und des Rates vom 13. Juli 2009 über einen Visakodex der Gemeinschaft (Visakodex) (ABl. L 243 vom 15. 9. 2009, S. 1) an eine deutsche Auslandsvertretung zur Entscheidung über den Visumantrag übermittelt hat. ³Eine Übermittlung nach Satz 1 oder Satz 2 erfolgt nicht, wenn eine Datenübermittlung nach § 73 Absatz 1 Satz 1 erfolgt.
(2) ¹Die Daten nach Absatz 1 Satz 1 und 2 werden in einer besonderen Organisationseinheit des Bundesverwaltungsamtes in einem automatisierten Verfahren mit Daten aus Antiterrordatei (§ 1 Absatz 1 des Antiterrordateigesetzes) zu Personen abgeglichen, bei denen Tatsachen die Annahme rechtfertigen, dass sie
1. einer terroristischen Vereinigung nach § 129a des Strafgesetzbuchs, die einen internationalen Bezug aufweist, oder einer terroristischen Vereinigung nach § 129a in Verbindung mit § 129b Absatz 1 Satz 1 des Strafgesetzbuchs mit Bezug zur Bundesrepublik Deutschland angehören oder diese unterstützen oder
2. einer Gruppierung, die eine solche Vereinigung unterstützt, angehören oder diese willentlich in Kenntnis der den Terrorismus unterstützenden Aktivität der Gruppierung unterstützen oder
3. rechtswidrig Gewalt als Mittel zur Durchsetzung international ausgerichteter politischer oder religiöser Belange anwenden oder eine solche Gewaltanwendung unterstützen, vorbereiten oder durch ihre Tätigkeiten, insbesondere durch Befürworten solcher Gewaltanwendungen, vorsätzlich hervorrufen oder
4. mit den in Nummer 1 oder Nummer 3 genannten Personen nicht nur flüchtig oder in zufälligem Kontakt in Verbindung stehen und durch sie weiterführende Hinweise für die Aufklärung oder Bekämpfung des internationalen Terrorismus zu erwarten sind, soweit Tatsachen die Annahme rechtfertigen, dass sie von der Planung oder Begehung einer in Nummer 1 genannten Straftat oder der Ausübung, Unterstützung oder Vorbereitung von rechtswidriger Gewalt im Sinne von Nummer 3 Kenntnis haben.

²Die Daten der in Satz 1 genannten Personen werden nach Kennzeichnung durch die Behörde, welche die Daten in der Antiterrordatei gespeichert hat, vom Bundeskriminalamt an die besondere Organisationseinheit im Bundesverwaltungsamt für den Abgleich mit den Daten nach Absatz 1 Satz 1 und 2 übermittelt und dort gespeichert. ³Durch geeignete technische und organisatorische Maßnahmen nach den Artikeln 24, 25 und 32 der Verordnung (EU) 2016/679 ist sicherzustellen, dass kein unberechtigter Zugriff auf den Inhalt der Daten erfolgt.
(3) ¹Im Fall eines Treffers werden zur Feststellung von Versagungsgründen nach § 5 Absatz 4 oder zur Prüfung von sonstigen Sicherheitsbedenken gegen die Erteilung des Visums die Daten nach Absatz 1 Satz 1 und 2 an die Behörden übermittelt, welche Daten zu dieser Person in der Antiterrordatei gespeichert haben. ²Diese übermitteln der zuständigen Auslandsvertretung über das Bundesverwaltungsamt unverzüglich einen Hinweis, wenn Versagungsgründe nach § 5 Absatz 4 oder sonstige Sicherheitsbedenken gegen die Erteilung des Visums vorliegen.
(4) ¹Die bei der besonderen Organisationseinheit im Bundesverwaltungsamt gespeicherten Daten nach Absatz 1 Satz 1 und 2 werden nach Durchführung des Abgleichs nach Absatz 2 Satz 1 unverzüglich gelöscht; wenn der Abgleich einen Treffer ergibt, bleibt nur das Visumaktenzeichen gespeichert. ²Dieses wird gelöscht, sobald bei der besonderen Organisationseinheit im Bundesverwaltungsamt feststeht, dass eine Mitteilung nach Absatz 3 Satz 2 an die Auslandsvertretung nicht zu erfolgen hat, andernfalls dann, wenn die Mitteilung erfolgt ist.
(5) ¹Die in Absatz 3 Satz 1 genannten Behörden dürfen die ihnen übermittelten Daten verarbeiten, soweit dies zur Erfüllung ihrer gesetzlichen Aufgaben erforderlich ist. ²Übermittlungsregelungen nach anderen Gesetzen bleiben unberührt.
(6) ¹Das Bundesverwaltungsamt stellt sicher, dass im Fall eines Treffers der Zeitpunkt des Datenabgleichs, die Angaben, die die Feststellung der abgeglichenen Datensätze ermöglichen, das Ergebnis des Datenabgleichs, die Weiterleitung des Datensatzes und die Verarbeitung des Datensatzes zum Zwecke der Datenschutzkontrolle protokolliert werden. ²Die Protokolldaten sind durch geeignete Maßnahmen gegen unberechtigten Zugriff zu sichern und am Ende des Kalenderjahres, das dem Jahr ihrer Erstellung folgt, zu vernichten, sofern sie nicht für ein bereits eingeleitetes Kontrollverfahren benötigt werden.
(7) Das Bundesverwaltungsamt hat dem jeweiligen Stand der Technik entsprechende technische und organisatorische Maßnahmen nach den Artikeln 24, 25 und 32 der Verordnung (EU) 2016/679 zur Sicherung von Datenschutz und Datensicherheit zu treffen, die insbesondere die Vertraulichkeit und die Unversehrtheit der in der besonderen Organisationseinheit gespeicherten und übermittelten Daten gewährleisten.
(8) ¹Die datenschutzrechtliche Verantwortung für das Vorliegen der Voraussetzungen nach Absatz 2 Satz 1 trägt die Behörde, die die Daten in die Antiterrordatei eingegeben hat. ²Die datenschutzrechtliche Verantwortung für die Durchführung des Abgleichs trägt das Bundesverwaltungsamt. ³Das Bundeskriminalamt ist datenschutzrechtlich dafür verantwortlich, dass die übermittelten Daten den aktuellen Stand in der Antiterrordatei widerspiegeln.
(9) ¹Die Daten nach Absatz 2 Satz 2 werden berichtigt, wenn sie in der Antiterrordatei berichtigt werden. ²Sie werden gelöscht, wenn die Voraussetzungen ihrer Speicherung nach Absatz 2 Satz 1 entfallen sind oder die Daten in der Antiterrordatei gelöscht wurden. ³Für die Prüfung des weiteren Vorliegens der Voraussetzungen für die Speicherung der Daten nach Absatz 2 Satz 2 gilt § 11 Absatz 4 des Antiterrordateigesetzes entsprechend.

§ 73 Sonstige Beteiligungserfordernisse im Visumverfahren, im Registrier- und Asylverfahren und bei der Erteilung von Aufenthaltstiteln

(1) ¹Daten, die im Visumverfahren von der deutschen Auslandsvertretung oder von der für die Entgegennahme des Visumantrags zuständigen Auslandsvertretung eines anderen Schengen-Staates zur visumantragstellenden Person, zum Einlader und zu Personen, die durch Abgabe einer Verpflichtungserklärung oder in anderer Weise die Sicherung des Lebensunterhalts garantieren, oder zu sonstigen Referenzpersonen im Inland erhoben werden, können über das Bundesverwaltungsamt zur Feststellung von Versagungsgründen nach § 5 Absatz 4, § 27 Absatz 3a oder zur Prüfung von sonstigen Sicherheitsbedenken an den Bundesnachrichtendienst, das Bundesamt für Verfassungsschutz, den Militärischen Abschirmdienst, das Bundeskriminalamt, die Bundespolizei und das Zollkriminalamt übermittelt werden. ²Das Verfahren nach § 21 des Ausländerzentralregistergesetzes bleibt unberührt. ³In den Fällen des § 14 Abs. 2 kann die jeweilige mit der polizeilichen Kontrolle des grenzüberschreitenden Verkehrs beauftragte Behörde die im Visumverfahren erhobenen Daten an die in Satz 1 genannten Behörden übermitteln.

(1a) ¹Daten, die zur Sicherung, Feststellung und Überprüfung der Identität nach § 16 Absatz 1 Satz 1 des Asylgesetzes und § 49 zu Personen im Sinne des § 2 Absatz 1a, 2 Nummer 1 des AZR-Gesetzes erhoben werden oder bereits gespeichert wurden, können über das Bundesverwaltungsamt zur Feststellung von Versagungsgründen nach § 3 Absatz 2, § 4 Absatz 2 des Asylgesetzes, § 60 Absatz 8 Satz 1 sowie § 5 Absatz 4 oder zur Prüfung von sonstigen Sicherheitsbedenken an den Bundesnachrichtendienst, das Bundesamt für Verfassungsschutz, den Militärischen Abschirmdienst, das Bundeskriminalamt, die Bundespolizei und das Zollkriminalamt übermittelt werden. ²Die in Satz 1 genannten Daten können über das Bundesverwaltungsamt zur Feststellung der in Satz 1 genannten Versagungsgründe oder zur Prüfung sonstiger Sicherheitsbedenken auch für die Prüfung, ob die Voraussetzungen für einen Widerruf oder eine Rücknahme nach den §§ 73 bis 73b des Asylgesetzes vorliegen, an die in Satz 1 genannten Sicherheitsbehörden und Nachrichtendienste übermittelt werden. ³Ebenso können Daten, die zur Sicherung, Feststellung und Überprüfung der Identität
1. nach § 16 Absatz 1 Satz 1 des Asylgesetzes, § 49 Absatz 5 Nummer 5, Absatz 8 und 9 erhoben oder nach Artikel 21 der Verordnung (EU) Nr. 604/2013 von einem anderen Mitgliedstaat an die Bundesrepublik Deutschland übermittelt wurden zu Personen, für die ein Aufnahme- oder Wiederaufnahmegesuch eines anderen Mitgliedstaates an die Bundesrepublik Deutschland nach der Verordnung (EU) Nr. 604/2013 gestellt wurde,
2. nach § 49 Absatz 5 Nummer 6 zu Personen erhoben wurden, die für ein Aufnahmeverfahren nach § 23 oder die Gewährung von vorübergehendem Schutz nach § 24 vorgeschlagen und von dem Bundesamt für Migration und Flüchtlinge in die Prüfung über die Erteilung einer Aufnahmezusage einbezogen wurden, oder
3. nach § 49 Absatz 5 Nummer 6 erhoben oder von einem anderen Mitgliedstaat an die Bundesrepublik Deutschland übermittelt wurden zu Personen, die auf Grund von Maßnahmen nach Artikel 78 Absatz 3 des Vertrags über die Arbeitsweise der Europäischen Union (AEUV) in das Bundesgebiet umverteilt werden sollen und vom Bundesamt für Migration und Flüchtlinge in die Prüfung über die Erteilung einer Aufnahmezusage einbezogen wurden,

über das Bundesverwaltungsamt zur Feststellung von Versagungsgründen oder zur Prüfung sonstiger Sicherheitsbedenken an die in Satz 1 benannten Behörden übermittelt werden. ⁴Zusammen mit den Daten nach Satz 1 können zu den dort genannten Personen dem Bundeskriminalamt für die Erfüllung seiner gesetzlichen Aufgaben die Daten nach § 3 Absatz 1 Nummer 1 und 3 des AZR-Gesetzes, Angaben zum Zuzug oder Fortzug und zum aufenthaltsrechtlichen Status sowie Daten nach § 3 Absatz 2 Nummer 6 und 9 des AZR-Gesetzes übermittelt werden. ⁵Zu den Zwecken nach den Sätzen 1 bis 3 ist auch ein Abgleich mit weiteren Datenbeständen beim Bundesverwaltungsamt zulässig.

(2) ¹Die Ausländerbehörden können zur Feststellung von Versagungsgründen gemäß § 5 Abs. 4 oder zur Prüfung von sonstigen Sicherheitsbedenken vor der Erteilung oder Verlängerung eines Aufenthaltstitels oder einer Duldung oder Aufenthaltsgestattung die bei ihnen gespeicherten personenbezogenen Daten zu den betroffenen Personen über das Bundesverwaltungsamt an den Bundesnachrichtendienst, das Bundesamt für Verfassungsschutz, den Militärischen Abschirmdienst, das Bundeskriminalamt, die Bundespolizei und das Zollkriminalamt sowie an das Landesamt für Verfassungsschutz und das Landeskriminalamt oder die zuständigen Behörden der Polizei übermitteln. ²Das Bundesamt für Verfassungsschutz kann bei Übermittlungen an die Landesämter für Verfassungsschutz technische Unterstützung leisten.

(3) ¹Die in den Absätzen 1 und 2 genannten Sicherheitsbehörden und Nachrichtendienste teilen dem Bundesverwaltungsamt unverzüglich mit, ob Versagungsgründe nach § 5 Abs. 4 oder sonstige Sicherheitsbedenken vorliegen; bei der Übermittlung von Mitteilungen der Landesämter für Verfassungsschutz zu Anfragen der Ausländerbehörden nach Absatz 2 kann das Bundesamt für Verfassungsschutz technische Unterstützung leisten.

²Die deutschen Auslandsvertretungen und Ausländerbehörden übermitteln den in Satz 1 genannten Sicherheitsbehörden und Nachrichtendiensten unverzüglich die Gültigkeitsdauer der erteilten und verlängerten Aufenthaltstitel; werden den in Satz 1 genannten Behörden während des Gültigkeitszeitraums des Aufenthaltstitels Versagungsgründe nach § 5 Abs. 4 oder sonstige Sicherheitsbedenken bekannt, teilen sie dies der zuständigen Ausländerbehörde oder der zuständigen Auslandsvertretung unverzüglich mit. ³Die in Satz 1 genannten Behörden dürfen die übermittelten Daten verarbeiten, soweit dies zur Erfüllung ihrer gesetzlichen Aufgaben erforderlich ist. ⁴Übermittlungsregelungen nach anderen Gesetzen bleiben unberührt.

(3a) ¹Die in Absatz 1a genannten Sicherheitsbehörden und Nachrichtendienste teilen dem Bundesverwaltungsamt unverzüglich mit, ob Versagungsgründe nach § 3 Absatz 2, § 4 Absatz 2 des Asylgesetzes, § 60 Absatz 8 Satz 1 sowie nach § 5 Absatz 4 oder sonstige Sicherheitsbedenken vorliegen. ²Das Bundesverwaltungsamt stellt den für das Asylverfahren sowie für aufenthaltsrechtliche Entscheidungen zuständigen Behörden diese Information umgehend zur Verfügung. ³Die infolge der Übermittlung nach Absatz 1a und den Sätzen 1 und 2 erforderlichen weiteren Übermittlungen zwischen den in Satz 1 genannten Behörden und den für das Asylverfahren sowie für die aufenthaltsrechtlichen Entscheidungen zuständigen Behörden dürfen über das Bundesverwaltungsamt erfolgen. ⁴Die in Satz 1 genannten Behörden dürfen die ihnen übermittelten Daten verarbeiten, soweit dies zur Erfüllung ihrer gesetzlichen Aufgaben erforderlich ist. ⁵Das Bundesverwaltungsamt speichert die übermittelten Daten, solange es für Zwecke des Sicherheitsabgleiches erforderlich ist. ⁶Das Bundeskriminalamt prüft unverzüglich, ob die nach Absatz 1a Satz 4 übermittelten Daten der betroffenen Person den beim Bundeskriminalamt gespeicherten personenbezogenen Daten zu einer Person zugeordnet werden können, die zur Fahndung ausgeschrieben ist. ⁷Ist dies nicht der Fall, hat das Bundeskriminalamt die nach Absatz 1a Satz 4 übermittelten Daten der betroffenen Person unverzüglich zu löschen. ⁸Ergebnisse zu Abgleichen nach Absatz 1a Satz 5, die der Überprüfung, Feststellung oder Sicherung der Identität dienen, können neben den für das Registrier- und Asylverfahren sowie für die aufenthaltsrechtliche Entscheidung zuständigen Behörden auch der Bundespolizei, dem Bundeskriminalamt und den zuständigen Behörden der Polizei übermittelt werden. ⁹Übermittlungsregelungen nach anderen Gesetzen bleiben unberührt.

(3b) ¹Die in Absatz 1 genannten Sicherheitsbehörden und Nachrichtendienste teilen dem Bundesverwaltungsamt unverzüglich mit, ob Versagungsgründe nach § 27 Absatz 3a vorliegen. Werden den in Satz 1 genannten Behörden während des nach Absatz 3 Satz 2 mitgeteilten Gültigkeitszeitraums des Aufenthaltstitels Versagungsgründe nach § 27 Absatz 3a bekannt, teilen sie dies der zuständigen Ausländerbehörde oder der zuständigen Auslandsvertretung unverzüglich mit. ²Die in Satz 1 genannten Behörden dürfen die übermittelten Daten verarbeiten, soweit dies zur Erfüllung ihrer gesetzlichen Aufgaben erforderlich ist. ³Übermittlungsregelungen nach anderen Gesetzen bleiben unberührt.

(3c) ¹In Fällen der Mobilität nach den §§ 16c, 18e und 19a kann das Bundesamt für Migration und Flüchtlinge zur Feststellung von Ausweisungsinteressen im Sinne von § 54 Absatz 1 Nummer 2 und 4 und zur Prüfung von sonstigen Sicherheitsbedenken die bei ihm gespeicherten personenbezogenen Daten zu den betroffenen Personen über das Bundesverwaltungsamt an die in Absatz 2 genannten Sicherheitsbehörden übermitteln. ²Die in Absatz 2 genannten Sicherheitsbehörden teilen dem Bundesverwaltungsamt unverzüglich mit, ob Ausweisungsinteressen im Sinne von § 54 Absatz 1 Nummer 2 oder 4 oder sonstige Sicherheitsbedenken vorliegen. ³Die in Satz 1 genannten Behörden dürfen die übermittelten Daten speichern und nutzen, soweit dies zur Erfüllung ihrer gesetzlichen Aufgaben erforderlich ist. Übermittlungsregelungen nach anderen Gesetzen bleiben unberührt.

(4) ¹Das Bundesministerium des Innern, für Bau und Heimat bestimmt unter Berücksichtigung der aktuellen Sicherheitslage durch allgemeine Verwaltungsvorschriften, in welchen Fällen gegenüber Staatsangehörigen bestimmter Staaten sowie Angehörigen von in sonstiger Weise bestimmten Personengruppen von der Ermächtigung der Absätze 1 und 1a Gebrauch gemacht wird. ²In den Fällen des Absatzes 1 erfolgt dies im Einvernehmen mit dem Auswärtigen Amt.

§ 73a Unterrichtung über die Erteilung von Visa

(1) ¹Unterrichtungen der anderen Schengen-Staaten über erteilte Visa gemäß Artikel 31 der Verordnung (EG) Nr. 810/2009 können über die zuständige Stelle an den Bundesnachrichtendienst, das Bundesamt für Verfassungsschutz, den Militärischen Abschirmdienst, das Bundeskriminalamt und das Zollkriminalamt zur Prüfung übermittelt werden, ob der Einreise und dem Aufenthalt des Visuminhabers die in § 5 Absatz 4 genannten Gründe oder sonstige Sicherheitsbedenken entgegenstehen. ²Unterrichtungen der deutschen Auslandsvertretungen über erteilte Visa, deren Erteilung nicht bereits eine Datenübermittlung gemäß § 73 Absatz 1 vorangegangen ist, können zu dem in Satz 1 genannten Zweck über die zuständige Stelle an die in Satz 1 genannten Behörden übermittelt werden; Daten zu anderen Personen als dem Visuminhaber werden nicht übermittelt. ³§ 73 Absatz 3 Satz 3 und 4 gilt entsprechend.

(2) Das Bundesministerium des Innern, für Bau und Heimat bestimmt im Benehmen mit dem Auswärtigen Amt und unter Berücksichtigung der aktuellen Sicherheitslage durch allgemeine Verwaltungsvorschrift, in welchen Fällen gegenüber Staatsangehörigen bestimmter Staaten sowie Angehörigen von in sonstiger Weise bestimmten Personengruppen von der Ermächtigung des Absatzes 1 Gebrauch gemacht wird.

§ 73b Überprüfung der Zuverlässigkeit von im Visumverfahren tätigen Personen und Organisationen

(1) [1]Das Auswärtige Amt überprüft die Zuverlässigkeit von Personen auf Sicherheitsbedenken, denen im Visumverfahren die Erfüllung einer oder mehrerer Aufgaben, insbesondere die Erfassung der biometrischen Identifikatoren, anvertraut ist oder werden soll und die weder entsandte oder im Inland beschäftigte Angehörige des Auswärtigen Dienstes noch Beschäftigte des Bundesamts für Auswärtige Angelegenheiten sind (Betroffene). [2]Anlassbezogen und in regelmäßigen Abständen unterzieht das Auswärtige Amt die Zuverlässigkeit des in Satz 1 genannten Personenkreises einer Wiederholungsprüfung. [3]Die Überprüfung der Zuverlässigkeit erfolgt nach vorheriger schriftlicher Zustimmung des Betroffenen.

(2) [1]Zur Überprüfung der Zuverlässigkeit erhebt die deutsche Auslandsvertretung Namen, Vornamen, Geburtsnamen und sonstige Namen, Geschlecht, Geburtsdatum und -ort, Staatsangehörigkeit, Wohnsitz und Angaben zum Identitätsdokument (insbesondere Art und Nummer) des Betroffenen und übermittelt diese über das Auswärtige Amt zur Prüfung von Sicherheitsbedenken an die Polizeivollzugs- und Verfassungsschutzbehörden des Bundes, den Bundesnachrichtendienst, den Militärischen Abschirmdienst, das Bundeskriminalamt und das Zollkriminalamt. [2]Die in Satz 1 genannten Sicherheitsbehörden und Nachrichtendienste teilen dem Auswärtigen Amt unverzüglich mit, ob Sicherheitsbedenken vorliegen.

(3) [1]Die in Absatz 2 genannten Sicherheitsbehörden und Nachrichtendienste dürfen die übermittelten Daten nach den für sie geltenden Gesetzen für andere Zwecke verarbeiten, soweit dies zur Erfüllung ihrer gesetzlichen Aufgaben erforderlich ist. [2]Übermittlungsregelungen nach anderen Gesetzen bleiben unberührt.

(4) Ohne eine abgeschlossene Zuverlässigkeitsüberprüfung, bei der keine Erkenntnisse über eine mögliche Unzuverlässigkeit zutage treten, darf der Betroffene seine Tätigkeit im Visumverfahren nicht aufnehmen.

(5) [1]Ist der Betroffene für eine juristische Person, insbesondere einen externen Dienstleistungserbringer tätig, überprüft das Auswärtige Amt auch die Zuverlässigkeit der juristischen Person anhand von Firma, Bezeichnung, Handelsregistereintrag der juristischen Person nebst vollständiger Anschrift (lokale Niederlassung und Hauptsitz). [2]Das Auswärtige Amt überprüft auch die Zuverlässigkeit des Inhabers und der Geschäftsführer der juristischen Person in dem für die Zusammenarbeit vorgesehenen Land. [3]Absatz 1 Satz 2 und 3 und die Absätze 2 bis 4 gelten entsprechend.

§ 73c Zusammenarbeit mit externen Dienstleistungserbringern

[1]Die deutschen Auslandsvertretungen können im Verfahren zur Beantragung nationaler Visa nach Kapitel 2 Abschnitt 3 und 4 mit einem externen Dienstleistungserbringer entsprechend Artikel 43 der Verordnung (EG) Nr. 810/2009 zusammenarbeiten. [2]Satz 1 gilt auch für Visumanträge des Ehegatten oder Lebenspartners und minderjähriger lediger Kinder zum Zweck des Familiennachzugs zu einem Ausländer, der einen Visumantrag nach Satz 1 gestellt hat, wenn die Ehe oder die Lebenspartnerschaft bereits bestand oder das Verwandtschaftsverhältnis bereits begründet war, als der Ausländer seinen Lebensmittelpunkt in das Bundesgebiet verlegt hat.

§ 74 Beteiligung des Bundes; Weisungsbefugnis

(1) Ein Visum kann zur Wahrung politischer Interessen des Bundes mit der Maßgabe erteilt werden, dass die Verlängerung des Visums und die Erteilung eines anderen Aufenthaltstitels nach Ablauf der Geltungsdauer des Visums sowie die Aufhebung und Änderung von Auflagen, Bedingungen und sonstigen Beschränkungen, die mit dem Visum verbunden sind, nur im Benehmen mit dem Bundesministerium des Innern, für Bau und Heimat oder der von ihm bestimmten Stelle vorgenommen werden dürfen.

(2) Die Bundesregierung kann Einzelweisungen zur Ausführung dieses Gesetzes und der auf Grund dieses Gesetzes erlassenen Rechtsverordnungen erteilen, wenn

1. die Sicherheit der Bundesrepublik Deutschland oder sonstige erhebliche Interessen der Bundesrepublik Deutschland es erfordern,
2. durch ausländerrechtliche Maßnahmen eines Landes erhebliche Interessen eines anderen Landes beeinträchtigt werden,
3. eine Ausländerbehörde einen Ausländer ausweisen will, der zu den bei konsularischen und diplomatischen Vertretungen vom Erfordernis eines Aufenthaltstitels befreiten Personen gehört.

Abschnitt 1a
Durchbeförderung

§ 74a Durchbeförderung von Ausländern

¹Ausländische Staaten dürfen Ausländer aus ihrem Hoheitsgebiet über das Bundesgebiet in einen anderen Staat zurückführen oder aus einem anderen Staat über das Bundesgebiet wieder in ihr Hoheitsgebiet zurückübernehmen, wenn ihnen dies von den zuständigen Behörden gestattet wurde (Durchbeförderung). ²Die Durchbeförderung erfolgt auf der Grundlage zwischenstaatlicher Vereinbarungen und Rechtsvorschriften der Europäischen Union. ³Zentrale Behörde nach Artikel 4 Abs. 5 der Richtlinie 2003/110/EG ist die in der Rechtsverordnung nach § 58 Abs. 1 des Bundespolizeigesetzes bestimmte Bundespolizeibehörde. ⁴Der durchbeförderte Ausländer hat die erforderlichen Maßnahmen im Zusammenhang mit seiner Durchbeförderung zu dulden.

Abschnitt 2
Bundesamt für Migration und Flüchtlinge

§ 75 Aufgaben

Das Bundesamt für Migration und Flüchtlinge hat unbeschadet der Aufgaben nach anderen Gesetzen folgende Aufgaben:
1. Koordinierung der Informationen über den Aufenthalt zum Zweck der Erwerbstätigkeit zwischen den Ausländerbehörden, der Bundesagentur für Arbeit und der für Pass- und Visaangelegenheiten vom Auswärtigen Amt ermächtigten deutschen Auslandsvertretungen;
2. a) Entwicklung von Grundstruktur und Lerninhalten des Integrationskurses nach § 43 Abs. 3 und der berufsbezogenen Deutschsprachförderung nach § 45a,
   b) deren Durchführung und
   c) Maßnahmen nach § 9 Abs. 5 des Bundesvertriebenengesetzes;
3. fachliche Zuarbeit für die Bundesregierung auf dem Gebiet der Integrationsförderung und der Erstellung von Informationsmaterial über Integrationsangebote von Bund, Ländern und Kommunen für Ausländer und Spätaussiedler;
4. Betreiben wissenschaftlicher Forschungen über Migrationsfragen (Begleitforschung) zur Gewinnung analytischer Aussagen für die Steuerung der Zuwanderung;
4a. Betreiben wissenschaftlicher Forschungen über Integrationsfragen;
5. Zusammenarbeit mit den Verwaltungsbehörden der Mitgliedstaaten der Europäischen Union als Nationale Kontaktstelle und zuständige Behörde nach Artikel 27 der Richtlinie 2001/55/EG, Artikel 25 der Richtlinie 2003/109/EG, Artikel 22 Absatz 1 der Richtlinie 2009/50/EG, Artikel 26 der Richtlinie 2014/66/EU und Artikel 37 der Richtlinie (EU) 2016/801 sowie für Mitteilungen nach § 51 Absatz 8a;
5a. Prüfung der Mitteilungen nach § 16c Absatz 1, § 18e Absatz 1 und § 19a Absatz 1 sowie Ausstellung der Bescheinigungen nach § 16c Absatz 4, § 18e Absatz 5 und § 19a Absatz 4 oder Ablehnung der Einreise und des Aufenthalts;
6. Führung des Registers nach § 91a;
7. Koordinierung der Programme und Mitwirkung an Projekten zur Förderung der freiwilligen Rückkehr sowie Auszahlung hierfür bewilligter Mittel;
8. die Durchführung des Aufnahmeverfahrens nach § 23 Abs. 2 und 4 und die Verteilung der nach § 23 sowie der nach § 22 Satz 2 aufgenommenen Ausländer auf die Länder;
9. Durchführung einer migrationsspezifischen Beratung nach § 45 Satz 1, soweit sie nicht durch andere Stellen wahrgenommen wird; hierzu kann es sich privater oder öffentlicher Träger bedienen;
10. Anerkennung von Forschungseinrichtungen zum Abschluss von Aufnahmevereinbarungen nach § 18d; hierbei wird das Bundesamt für Migration und Flüchtlinge durch einen Beirat für Forschungsmigration unterstützt;
11. Koordinierung der Informationsübermittlung und Auswertung von Erkenntnissen der Bundesbehörden, insbesondere des Bundeskriminalamtes und des Bundesamtes für Verfassungsschutz, zu Ausländern, bei denen wegen Gefährdung der öffentlichen Sicherheit ausländer-, asyl- oder staatsangehörigkeitsrechtliche Maßnahmen in Betracht kommen;
12. Anordnung eines Einreise- und Aufenthaltsverbots nach § 11 Absatz 1 im Fall einer Abschiebungsandrohung nach den §§ 34, 35 des Asylgesetzes oder einer Abschiebungsanordnung nach § 34a des Asylgesetzes sowie die Anordnung und Befristung eines Einreise- und Aufenthaltsverbots nach § 11 Absatz 7;
13. unbeschadet des § 71 Absatz 3 Nummer 7 die Beschaffung von Heimreisedokumenten für Ausländer im Wege der Amtshilfe.

§ 76 (weggefallen)

Abschnitt 3
Verwaltungsverfahren

§ 77 Schriftform; Ausnahme von Formerfordernissen

(1) ¹Die folgenden Verwaltungsakte bedürfen der Schriftform und sind mit Ausnahme der Nummer 5 mit einer Begründung zu versehen:
1. der Verwaltungsakt,
    a) durch den ein Passersatz, ein Ausweisersatz oder ein Aufenthaltstitel versagt, räumlich oder zeitlich beschränkt oder mit Bedingungen und Auflagen versehen wird oder
    b) mit dem die Änderung oder Aufhebung einer Nebenbestimmung zum Aufenthaltstitel versagt wird, sowie
2. die Ausweisung,
3. die Abschiebungsanordnung nach § 58a Absatz 1 Satz 1,
4. die Androhung der Abschiebung,
5. die Aussetzung der Abschiebung,
6. Beschränkungen des Aufenthalts nach § 12 Absatz 4,
7. die Anordnungen nach den §§ 47 und 56,
8. die Rücknahme und der Widerruf von Verwaltungsakten nach diesem Gesetz sowie
9. die Entscheidung über die Anordnung eines Einreise- und Aufenthaltsverbots nach § 11.

²Einem Verwaltungsakt, mit dem ein Aufenthaltstitel versagt oder mit dem ein Aufenthaltstitel zum Erlöschen gebracht wird, sowie der Entscheidung über einen Antrag auf Befristung nach § 11 Absatz 1 Satz 3 ist eine Erklärung beizufügen. ³Mit dieser Erklärung wird der Ausländer über den Rechtsbehelf, der gegen den Verwaltungsakt gegeben ist, und über die Stelle, bei der dieser Rechtsbehelf einzulegen ist, sowie über die einzuhaltende Frist belehrt; in anderen Fällen ist die vorgenannte Erklärung der Androhung der Abschiebung beizufügen.

(1a) ¹Im Zusammenhang mit der Erteilung einer ICT-Karte oder einer Mobiler-ICT-Karte sind zusätzlich der aufnehmenden Niederlassung oder dem aufnehmenden Unternehmen schriftlich mitzuteilen
1. die Versagung der Verlängerung einer ICT-Karte oder einer Mobiler-ICT-Karte,
2. die Rücknahme oder der Widerruf einer ICT-Karte oder einer Mobiler-ICT-Karte,
3. die Versagung der Verlängerung eines Aufenthaltstitels zum Zweck des Familiennachzugs zu einem Inhaber einer ICT-Karte oder einer Mobiler-ICT-Karte oder
4. die Rücknahme oder der Widerruf eines Aufenthaltstitels zum Zweck des Familiennachzugs zu einem Inhaber einer ICT-Karte oder einer Mobiler-ICT-Karte.

²In der Mitteilung nach Satz 1 Nummer 1 und 2 sind auch die Gründe für die Entscheidung anzugeben.

(2) ¹Die Versagung und die Beschränkung eines Visums und eines Passersatzes vor der Einreise bedürfen keiner Begründung und Rechtsbehelfsbelehrung; die Versagung an der Grenze bedarf auch nicht der Schriftform. ²Formerfordernisse für die Versagung von Schengen-Visa richten sich nach der Verordnung (EG) Nr. 810/2009.

(3) ¹Dem Ausländer ist auf Antrag eine Übersetzung der Entscheidungsformel des Verwaltungsaktes, mit dem der Aufenthaltstitel versagt oder mit dem der Aufenthaltstitel zum Erlöschen gebracht oder mit dem eine Befristungsentscheidung nach § 11 getroffen wird, und der Rechtsbehelfsbelehrung kostenfrei in einer Sprache zur Verfügung zu stellen, die der Ausländer versteht oder bei der vernünftigerweise davon ausgegangen werden kann, dass er sie versteht. ²Besteht die Ausreisepflicht aus einem anderen Grund, ist Satz 1 auf die Androhung der Abschiebung sowie auf die Rechtsbehelfsbelehrung, die dieser nach Absatz 1 Satz 3 beizufügen ist, entsprechend anzuwenden. ³Die Übersetzung kann in mündlicher oder in schriftlicher Form zur Verfügung gestellt werden. ⁴Eine Übersetzung muss dem Ausländer dann nicht vorgelegt werden, wenn er unerlaubt in das Bundesgebiet eingereist ist oder auf Grund einer strafrechtlichen Verurteilung ausgewiesen worden ist. ⁵In den Fällen des Satzes 4 erhält der Ausländer ein Standardformular mit Erläuterungen, die in mindestens fünf der am häufigsten verwendeten oder verstandenen Sprachen bereitgehalten werden. ⁶Die Sätze 1 bis 3 sind nicht anzuwenden, wenn der Ausländer noch nicht eingereist oder bereits ausgereist ist.

§ 78 Dokumente mit elektronischem Speicher- und Verarbeitungsmedium

(1) ¹Aufenthaltstitel nach § 4 Absatz 1 Satz 2 Nummer 2 bis 4 werden als eigenständige Dokumente mit elektronischem Speicher- und Verarbeitungsmedium ausgestellt. ²Aufenthaltserlaubnisse, die nach Maßgabe des Abkommens zwischen der Europäischen Gemeinschaft und ihren Mitgliedstaaten einerseits und der Schweizerischen Eidgenossenschaft andererseits über die Freizügigkeit vom 21. Juni 1999 (ABl. L 114 vom 30. 4. 2002, S. 6) auszustellen sind, werden auf Antrag als Dokumente mit elektronischem Speicher- und Verarbeitungsmedium ausgestellt. ³Dokumente nach den Sätzen 1 und 2 enthalten folgende sichtbar aufgebrachte Angaben:

1. Name und Vornamen,
2. Doktorgrad,
3. Lichtbild,
4. Geburtsdatum und Geburtsort,
5. Anschrift,
6. Gültigkeitsbeginn und Gültigkeitsdauer,
7. Ausstellungsort,
8. Art des Aufenthaltstitels oder Aufenthaltsrechts und dessen Rechtsgrundlage,
9. Ausstellungsbehörde,
10. Seriennummer des zugehörigen Passes oder Passersatzpapiers,
11. Gültigkeitsdauer des zugehörigen Passes oder Passersatzpapiers,
12. Anmerkungen,
13. Unterschrift,
14. Seriennummer,
15. Staatsangehörigkeit,
16. Geschlecht mit der Abkürzung „F" für Personen weiblichen Geschlechts, „M" für Personen männlichen Geschlechts und „X" in allen anderen Fällen,
17. Größe und Augenfarbe,
18. Zugangsnummer.

[4]Dokumente nach Satz 1 können unter den Voraussetzungen des § 48 Absatz 2 oder 4 als Ausweisersatz bezeichnet und mit dem Hinweis versehen werden, dass die Personalien auf den Angaben des Inhabers beruhen. [5]Die Unterschrift durch den Antragsteller nach Satz 3 Nummer 13 ist zu leisten, wenn er zum Zeitpunkt der Beantragung des Dokuments zehn Jahre oder älter ist. [6]Auf Antrag können Dokumente nach den Sätzen 1 und 2 bei einer Änderung des Geschlechts nach § 45b des Personenstandsgesetzes mit der Angabe des vorherigen Geschlechts ausgestellt werden, wenn die vorherige Angabe männlich oder weiblich war. [7]Dieser abweichenden Angabe kommt keine weitere Rechtswirkung zu.

(2) [1]Dokumente mit elektronischem Speicher- und Verarbeitungsmedium nach Absatz 1 enthalten eine Zone für das automatische Lesen. [2]Diese darf lediglich die folgenden sichtbar aufgedruckten Angaben enthalten:

1. die Abkürzungen
   a) „AR" für den Aufenthaltstiteltyp nach § 4 Absatz 1 Nummer 2 bis 4,
   b) „AS" für den Aufenthaltstiteltyp nach § 28 Satz 2 der Aufenthaltsverordnung,
2. die Abkürzung „D" für Bundesrepublik Deutschland,
3. die Seriennummer des Aufenthaltstitels, die sich aus der Behördenkennzahl der Ausländerbehörde und einer zufällig zu vergebenden Aufenthaltstitelnummer zusammensetzt und die neben Ziffern auch Buchstaben enthalten kann,
4. das Geburtsdatum,
5. die Abkürzung „F" für Personen weiblichen Geschlechts, „M" für Personen männlichen Geschlechts und das Zeichen „<" in allen anderen Fällen,
6. die Gültigkeitsdauer des Aufenthaltstitels oder im Falle eines unbefristeten Aufenthaltsrechts die technische Kartennutzungsdauer,
7. die Abkürzung der Staatsangehörigkeit,
8. den Namen,
9. den oder die Vornamen,
9a. die Versionsnummer des Dokumentenmusters,
10. die Prüfziffern und
11. Leerstellen.

[3]Die Seriennummer und die Prüfziffern dürfen keine Daten über den Inhaber oder Hinweise auf solche Daten enthalten. [4]Jedes Dokument erhält eine neue Seriennummer.

(3) [1]Das in dem Dokument nach Absatz 1 enthaltene elektronische Speicher- und Verarbeitungsmedium enthält folgende Daten:

1. die Daten nach Absatz 1 Satz 3 Nummer 1 bis 5 sowie den im amtlichen Gemeindeverzeichnis verwendeten eindeutigen Gemeindeschlüssel,
2. die Daten der Zone für das automatische Lesen nach Absatz 2 Satz 2,
3. Nebenbestimmungen,
4. zwei Fingerabdrücke, die Bezeichnung der erfassten Finger sowie die Angaben zur Qualität der Abdrücke sowie
5. den Geburtsnamen.

²Die gespeicherten Daten sind durch geeignete technische und organisatorische Maßnahmen nach den Artikeln 24, 25 und 32 der Verordnung (EU) 2016/679 gegen unbefugtes Verändern, Löschen und Auslesen zu sichern. ³Die Erfassung von Fingerabdrücken erfolgt ab Vollendung des sechsten Lebensjahres. ⁴In entsprechender Anwendung von § 10a Absatz 1 Satz 1 des Personalausweisgesetzes sind die folgenden Daten auf Veranlassung des Ausländers auf ein elektronisches Speicher- und Verarbeitungsmedium in einem mobilen Endgerät zu übermitteln und auch dort zu speichern:
1. die Daten nach Absatz 1 Satz 3 Nummer 1, 2, 4, 5, 15 sowie nach Absatz 3 Satz 1 Nummer 5,
2. die Dokumentenart,
3. der letzte Tag der Gültigkeitsdauer des elektronischen Identitätsnachweises,
4. die Abkürzung „D" für die Bundesrepublik Deutschland und
5. der im amtlichen Gemeindeverzeichnis verwendete eindeutige Gemeindeschlüssel.

(4) ¹Das elektronische Speicher- und Verarbeitungsmedium eines Dokuments nach Absatz 1 kann ausgestaltet werden als qualifizierte elektronische Signaturerstellungseinheit nach Artikel 3 Nummer 23 der Verordnung (EU) Nr. 910/2014 des Europäischen Parlaments und des Rates vom 23. Juli 2014 über elektronische Identifizierung und Vertrauensdienste für elektronische Transaktionen im Binnenmarkt und zur Aufhebung der Richtlinie 1999/93/EG (ABl. L 257 vom 28. 8. 2014, S. 73). ²Die Zertifizierung nach Artikel 30 der Verordnung (EU) Nr. 910/2014 erfolgt durch das Bundesamt für Sicherheit in der Informationstechnik. ³Die Vorschriften des Vertrauensdienstegesetzes bleiben unberührt.

(5) ¹Das elektronische Speicher- und Verarbeitungsmedium eines Dokuments nach Absatz 1 oder eines mobilen Endgeräts kann auch für die Zusatzfunktion eines elektronischen Identitätsnachweises genutzt werden. ²Insoweit sind § 2 Absatz 3 bis 7, 10, 12 und 13, § 4 Absatz 3, § 7 Absatz 3b, 4 und 5, § 10 Absatz 1 bis 5, 6 Satz 1, Absatz 7, 8 Satz 1 und Absatz 9, die §§ 10a, 11 Absatz 1 bis 5 und 7, § 12 Absatz 2 Satz 2, die §§ 13, 16, 18, 18a, 19 Absatz 1, 2 Satz 1 und 2 und Absatz 3 bis 6, die §§ 19a, 20 Absatz 2 und 3, die §§ 20a, 21, 21a, 21b, 27 Absatz 2 und 3, § 32 Absatz 1 Nummer 5 und 6 mit Ausnahme des dort angeführten § 19 Absatz 2 Nummer 6a bis 8, Absatz 2 und 3 sowie § 33 Nummer 1, 2 und 4 des Personalausweisgesetzes mit der Maßgabe entsprechend anzuwenden, dass die Ausländerbehörde an die Stelle der Personalausweisbehörde und der Hersteller der Dokumente an die Stelle des Ausweisherstellers tritt. ³Neben den in § 18 Absatz 3 Satz 2 des Personalausweisgesetzes aufgeführten Daten können im Rahmen des elektronischen Identitätsnachweises unter den Voraussetzungen des § 18 Absatz 4 des Personalausweisgesetzes auch die nach Absatz 3 Nummer 3 gespeicherten Nebenbestimmungen sowie die Abkürzung der Staatsangehörigkeit übermittelt werden. ⁴Für das Sperrkennwort und die Sperrmerkmale gilt Absatz 2 Satz 3 entsprechend.

(6) Die mit der Ausführung dieses Gesetzes betrauten oder zur hoheitlichen Identitätsfeststellung befugten Behörden dürfen die in der Zone für das automatische Lesen enthaltenen Daten zur Erfüllung ihrer gesetzlichen Aufgaben verarbeiten.

(7) ¹Öffentliche Stellen dürfen die im elektronischen Speicher- und Verarbeitungsmedium eines Dokuments nach Absatz 1 gespeicherten Daten mit Ausnahme der biometrischen Daten verarbeiten, soweit dies zur Erfüllung ihrer jeweiligen gesetzlichen Aufgaben erforderlich ist. ²Die im elektronischen Speicher- und Verarbeitungsmedium gespeicherte Anschrift und die nach Absatz 1 Satz 3 Nummer 5 aufzubringende Anschrift dürfen durch die Ausländerbehörden sowie durch andere durch Landesrecht bestimmte Behörden geändert werden.

(8) ¹Die durch technische Mittel vorgenommene Verarbeitung personenbezogener Daten aus Dokumenten nach Absatz 1 darf nur im Wege des elektronischen Identitätsnachweises nach Absatz 5 erfolgen, soweit nicht durch Gesetz etwas anderes bestimmt ist. ²Gleiches gilt für die Verarbeitung personenbezogener Daten mit Hilfe eines Dokuments nach Absatz 1.

§ 78a Vordrucke für Aufenthaltstitel in Ausnahmefällen, Ausweisersatz und Bescheinigungen

(1) ¹Aufenthaltstitel nach § 4 Absatz 1 Satz 2 Nummer 2 bis 4 können abweichend von § 78 nach einem einheitlichen Vordruckmuster ausgestellt werden, wenn
1. der Aufenthaltstitel zum Zwecke der Verlängerung der Aufenthaltsdauer um einen Monat erteilt werden soll oder
2. die Ausstellung zur Vermeidung außergewöhnlicher Härten geboten ist.
²Das Vordruckmuster enthält folgende Angaben:
1. Name und Vornamen des Inhabers,
2. Gültigkeitsdauer,
3. Ausstellungsort und -datum,
4. Art des Aufenthaltstitels oder Aufenthaltsrechts,
5. Ausstellungsbehörde,
6. Seriennummer des zugehörigen Passes oder Passersatzpapiers,

7. Anmerkungen,
8. Lichtbild.
³Auf dem Vordruckmuster ist kenntlich zu machen, dass es sich um eine Ausstellung im Ausnahmefall handelt.
(2) ¹Vordrucke nach Absatz 1 Satz 1 enthalten eine Zone für das automatische Lesen mit folgenden Angaben:
1. Name und Vornamen,
2. Geburtsdatum,
3. Geschlecht mit der Abkürzung „F" für Personen weiblichen Geschlechts, „M" für Personen männlichen Geschlechts und das Zeichen „<" in allen anderen Fällen,
4. Staatsangehörigkeit,
5. Art des Aufenthaltstitels,
6. Seriennummer des Vordrucks,
7. ausstellender Staat,
8. Gültigkeitsdauer,
9. Prüfziffern,
10. Leerstellen.
²Auf Antrag kann in der Zone für das automatische Lesen bei einer Änderung des Geschlechts nach § 45b des Personenstandsgesetzes die Angabe des vorherigen Geschlechts aufgenommen werden, wenn die vorherige Angabe männlich oder weiblich war. ³Dieser abweichenden Angabe kommt keine weitere Rechtswirkung zu.
(3) Öffentliche Stellen können die in der Zone für das automatische Lesen nach Absatz 2 enthaltenen Daten zur Erfüllung ihrer gesetzlichen Aufgaben verarbeiten.
(4) ¹Das Vordruckmuster für den Ausweisersatz enthält eine Seriennummer und eine Zone für das automatische Lesen. ²In dem Vordruckmuster können neben der Bezeichnung von Ausstellungsbehörde, Ausstellungsort und -datum, Gültigkeitszeitraum oder -dauer, Name und Vornamen des Inhabers, Aufenthaltsstatus sowie Nebenbestimmungen folgende Angaben über die Person des Inhabers vorgesehen sein:
1. Geburtsdatum und Geburtsort,
2. Staatsangehörigkeit,
3. Geschlecht mit der Abkürzung „F" für Personen weiblichen Geschlechts, „M" für Personen männlichen Geschlechts und „X" in allen anderen Fällen,
4. Größe,
5. Farbe der Augen,
6. Anschrift,
7. Lichtbild,
8. eigenhändige Unterschrift,
9. zwei Fingerabdrücke,
10. Hinweis, dass die Personalangaben auf den Angaben des Ausländers beruhen.
³Sofern Fingerabdrücke nach Satz 2 Nummer 9 erfasst werden, müssen diese in mit Sicherheitsverfahren verschlüsselter Form nach Maßgabe der Artikel 24, 25 und 32 der Verordnung (EU) 2016/679 auf einem elektronischen Speicher- und Verarbeitungsmedium in den Ausweisersatz eingebracht werden. ⁴Das Gleiche gilt, sofern Lichtbilder in elektronischer Form eingebracht werden. ⁵Die Absätze 2 und 3 gelten entsprechend. ⁶§ 78 Absatz 1 Satz 4 bleibt unberührt.
(5) ¹Die Bescheinigungen nach § 60a Absatz 4 und § 81 Absatz 5 werden nach einheitlichem Vordruckmuster ausgestellt, das eine Seriennummer sowie die AZR-Nummer enthält und mit einer Zone für das automatische Lesen versehen sein kann. ²Die Bescheinigung darf neben der Erlaubnis nach § 81 Absatz 5a im Übrigen nur die in Absatz 4 bezeichneten Daten enthalten sowie den Hinweis, dass der Ausländer mit ihr nicht der Passpflicht genügt. ³Die Absätze 2 und 3 gelten entsprechend.

§79 Entscheidung über den Aufenthalt

(1) ¹Über den Aufenthalt von Ausländern wird auf der Grundlage der im Bundesgebiet bekannten Umstände und zugänglichen Erkenntnisse entschieden. ²Über das Vorliegen der Voraussetzungen des § 60 Absatz 5 und 7 entscheidet die Ausländerbehörde auf der Grundlage der ihr vorliegenden und im Bundesgebiet zugänglichen Erkenntnisse und, soweit es im Einzelfall erforderlich ist, der den Behörden des Bundes außerhalb des Bundesgebiets zugänglichen Erkenntnisse.
(2) Beantragt ein Ausländer, gegen den wegen des Verdachts einer Straftat oder einer Ordnungswidrigkeit ermittelt wird, die Erteilung oder Verlängerung eines Aufenthaltstitels, ist die Entscheidung über den Aufenthaltstitel bis zum Abschluss des Verfahrens, im Falle einer gerichtlichen Entscheidung bis zu deren Rechtskraft auszusetzen, es sei denn, über den Aufenthaltstitel kann ohne Rücksicht auf den Ausgang des Verfahrens entschieden werden.

(3) ¹Wird ein Aufenthaltstitel gemäß § 36a Absatz 1 zum Zwecke des Familiennachzugs zu einem Ausländer beantragt,
1. gegen den ein Strafverfahren oder behördliches Verfahren wegen einer der in § 27 Absatz 3a genannten Tatbestände eingeleitet wurde,
2. gegen den ein Strafverfahren wegen einer oder mehrerer der in § 36a Absatz 3 Nummer 2 genannten Straftaten eingeleitet wurde, oder
3. bei dem ein Widerrufsverfahren nach § 73b Absatz 1 Satz 1 des Asylgesetzes oder ein Rücknahmeverfahren nach § 73b Absatz 3 des Asylgesetzes eingeleitet wurde,

ist die Entscheidung über die Erteilung des Aufenthaltstitels gemäß § 36a Absatz 1 bis zum Abschluss des jeweiligen Verfahrens, im Falle einer gerichtlichen Entscheidung bis zu ihrer Rechtskraft, auszusetzen, es sei denn, über den Aufenthaltstitel gemäß § 36a Absatz 1 kann ohne Rücksicht auf den Ausgang des Verfahrens entschieden werden. ²Im Fall von Satz 1 Nummer 3 ist bei einem Widerruf oder einer Rücknahme der Zuerkennung des subsidiären Schutzes auf das Verfahren zur Entscheidung über den Widerruf des Aufenthaltstitels des Ausländers nach § 52 Absatz 1 Satz 1 Nummer 4 abzustellen.

(4) Beantragt ein Ausländer, gegen den wegen des Verdachts einer Straftat ermittelt wird, die Erteilung oder Verlängerung einer Beschäftigungsduldung, ist die Entscheidung über die Beschäftigungsduldung bis zum Abschluss des Verfahrens, im Falle einer gerichtlichen Entscheidung bis zu deren Rechtskraft, auszusetzen, es sei denn, über die Beschäftigungsduldung kann ohne Rücksicht auf den Ausgang des Verfahrens entschieden werden.

(5) Beantragt ein Ausländer, gegen den wegen einer Straftat öffentliche Klage erhoben wurde, die Erteilung einer Ausbildungsduldung, ist die Entscheidung über die Ausbildungsduldung bis zum Abschluss des Verfahrens, im Falle einer gerichtlichen Entscheidung bis zu deren Rechtskraft, auszusetzen, es sei denn, über die Ausbildungsduldung kann ohne Rücksicht auf den Ausgang des Verfahrens entschieden werden.

§ 80 Handlungsfähigkeit

(1) Fähig zur Vornahme von Verfahrenshandlungen nach diesem Gesetz ist ein Ausländer, der volljährig ist, sofern er nicht nach Maßgabe des Bürgerlichen Gesetzbuchs geschäftsunfähig oder in dieser Angelegenheit zu betreuen und einem Einwilligungsvorbehalt zu unterstellen wäre.

(2) ¹Die mangelnde Handlungsfähigkeit eines Minderjährigen steht seiner Zurückweisung und Zurückschiebung nicht entgegen. ²Das Gleiche gilt für die Androhung und Durchführung der Abschiebung in den Herkunftsstaat, wenn sich sein gesetzlicher Vertreter nicht im Bundesgebiet aufhält oder dessen Aufenthaltsort im Bundesgebiet unbekannt ist.

(3) ¹Bei der Anwendung dieses Gesetzes sind die Vorschriften des Bürgerlichen Gesetzbuchs dafür maßgebend, ob ein Ausländer als minderjährig oder volljährig anzusehen ist. ²Die Geschäftsfähigkeit und die sonstige rechtliche Handlungsfähigkeit eines nach dem Recht seines Heimatstaates volljährigen Ausländers bleiben davon unberührt.

(4) Die gesetzlichen Vertreter eines Ausländers, der minderjährig ist, und sonstige Personen, die an Stelle der gesetzlichen Vertreter den Ausländer im Bundesgebiet betreuen, sind verpflichtet, für den Ausländer die erforderlichen Anträge auf Erteilung und Verlängerung des Aufenthaltstitels und auf Erteilung und Verlängerung des Passes, des Passersatzes und des Ausweisersatzes zu stellen.

(5) Sofern der Ausländer das 18. Lebensjahr noch nicht vollendet hat, müssen die zur Personensorge berechtigten Personen einem geplanten Aufenthalt nach Kapitel 2 Abschnitt 3 und 4 zustimmen.

§ 81 Beantragung des Aufenthaltstitels

(1) Ein Aufenthaltstitel wird einem Ausländer nur auf seinen Antrag erteilt, soweit nichts anderes bestimmt ist.

(2) ¹Ein Aufenthaltstitel, der nach Maßgabe der Rechtsverordnung nach § 99 Abs. 1 Nr. 2 nach der Einreise eingeholt werden kann, ist unverzüglich nach der Einreise oder innerhalb der in der Rechtsverordnung bestimmten Frist zu beantragen. ²Für ein im Bundesgebiet geborenes Kind, dem nicht von Amts wegen ein Aufenthaltstitel zu erteilen ist, ist der Antrag innerhalb von sechs Monaten nach der Geburt zu stellen.

(3) ¹Beantragt ein Ausländer, der sich rechtmäßig im Bundesgebiet aufhält, ohne einen Aufenthaltstitel zu besitzen, die Erteilung eines Aufenthaltstitels, gilt sein Aufenthalt bis zur Entscheidung der Ausländerbehörde als erlaubt. ²Wird der Antrag verspätet gestellt, gilt ab dem Zeitpunkt der Antragstellung bis zur Entscheidung der Ausländerbehörde die Abschiebung als ausgesetzt.

(4) ¹Beantragt ein Ausländer vor Ablauf seines Aufenthaltstitels dessen Verlängerung oder die Erteilung eines anderen Aufenthaltstitels, gilt der bisherige Aufenthaltstitel vom Zeitpunkt seines Ablaufs bis zur Entscheidung der Ausländerbehörde als fortbestehend. ²Dies gilt nicht für ein Visum nach § 6 Absatz 1. ³Wurde der Antrag auf Erteilung oder Verlängerung eines Aufenthaltstitels verspätet gestellt, kann die Ausländerbehörde zur Vermeidung einer unbilligen Härte die Fortgeltungswirkung anordnen.

(5) Dem Ausländer ist eine Bescheinigung über die Wirkung seiner Antragstellung (Fiktionsbescheinigung) auszustellen.
(5a) ¹In den Fällen der Absätze 3 und 4 gilt die in dem künftigen Aufenthaltstitel für einen Aufenthalt nach Kapitel 2 Abschnitt 3 und 4 beschriebene Erwerbstätigkeit ab Veranlassung der Ausstellung bis zur Ausgabe des Dokuments nach § 78 Absatz 1 Satz 1 als erlaubt. ²Die Erlaubnis zur Erwerbstätigkeit nach Satz 1 ist in die Bescheinigung nach Absatz 5 aufzunehmen.
(6) Wenn der Antrag auf Erteilung einer Aufenthaltserlaubnis zum Familiennachzug zu einem Inhaber einer ICT-Karte oder einer Mobiler-ICT-Karte gleichzeitig mit dem Antrag auf Erteilung einer ICT-Karte oder einer Mobiler-ICT-Karte gestellt wird, so wird über den Antrag auf Erteilung einer Aufenthaltserlaubnis zum Zweck des Familiennachzugs gleichzeitig mit dem Antrag auf Erteilung einer ICT-Karte oder einer Mobiler-ICT-Karte entschieden.

§ 81a Beschleunigtes Fachkräfteverfahren

(1) Arbeitgeber können bei der zuständigen Ausländerbehörde in Vollmacht des Ausländers, der zu einem Aufenthaltszweck nach den §§ 16a, 16d, 18a, 18b und 18c Absatz 3 einreisen will, ein beschleunigtes Fachkräfteverfahren beantragen.
(2) Arbeitgeber und zuständige Ausländerbehörde schließen dazu eine Vereinbarung, die insbesondere umfasst
1. Kontaktdaten des Ausländers, des Arbeitgebers und der Behörde,
2. Bevollmächtigung des Arbeitgebers durch den Ausländer,
3. Bevollmächtigung der zuständigen Ausländerbehörde durch den Arbeitgeber, das Verfahren zur Feststellung der Gleichwertigkeit der im Ausland erworbenen Berufsqualifikation einleiten und betreiben zu können,
4. Verpflichtung des Arbeitgebers, auf die Einhaltung der Mitwirkungspflicht des Ausländers nach § 82 Absatz 1 Satz 1 durch diesen hinzuwirken,
5. vorzulegende Nachweise,
6. Beschreibung der Abläufe einschließlich Beteiligter und Erledigungsfristen,
7. Mitwirkungspflicht des Arbeitgebers nach § 4a Absatz 5 Satz 3 Nummer 3 und
8. Folgen bei Nichteinhalten der Vereinbarung.
(3) ¹Im Rahmen des beschleunigten Fachkräfteverfahrens ist es Aufgabe der zuständigen Ausländerbehörde,
1. den Arbeitgeber zum Verfahren und den einzureichenden Nachweisen zu beraten,
2. soweit erforderlich, das Verfahren zur Feststellung der Gleichwertigkeit der im Ausland erworbenen Berufsqualifikation oder zur Zeugnisbewertung des ausländischen Hochschulabschlusses bei der jeweils zuständigen Stelle unter Hinweis auf das beschleunigte Fachkräfteverfahren einzuleiten; soll der Ausländer in einem im Inland reglementierten Beruf beschäftigt werden, ist die Berufsausübungserlaubnis einzuholen,
3. die Eingangs- und Vollständigkeitsbestätigungen der zuständigen Stellen dem Arbeitgeber unverzüglich zur Kenntnis zu übersenden, wenn ein Verfahren nach Nummer 2 eingeleitet wurde; bei Anforderung weiterer Nachweise durch die zuständige Stelle und bei Eingang der von der zuständigen Stelle getroffenen Feststellungen ist der Arbeitgeber innerhalb von drei Werktagen ab Eingang zur Aushändigung und Besprechung des weiteren Ablaufs einzuladen,
4. soweit erforderlich, unter Hinweis auf das beschleunigte Fachkräfteverfahren die Zustimmung der Bundesagentur für Arbeit einzuholen,
5. die zuständige Auslandsvertretung über die bevorstehende Visumantragstellung durch den Ausländer zu informieren und
6. bei Vorliegen der erforderlichen Voraussetzungen, einschließlich der Feststellung der Gleichwertigkeit oder Vorliegen der Vergleichbarkeit der Berufsqualifikation sowie der Zustimmung der Bundesagentur für Arbeit, der Visumerteilung unverzüglich vorab zuzustimmen.

²Stellt die zuständige Stelle durch Bescheid fest, dass die im Ausland erworbene Berufsqualifikation nicht gleichwertig ist, die Gleichwertigkeit aber durch eine Qualifizierungsmaßnahme erreicht werden kann, kann das Verfahren nach § 81a mit dem Ziel der Einreise zum Zweck des § 16d fortgeführt werden.
(4) Dieses Verfahren umfasst auch den Familiennachzug des Ehegatten und minderjähriger lediger Kinder, deren Visumanträge in zeitlichem Zusammenhang gestellt werden.
(5) Die Absätze 1 bis 4 gelten auch für sonstige qualifizierte Beschäftigte.

§ 82 Mitwirkung des Ausländers

(1) ¹Der Ausländer ist verpflichtet, seine Belange und für ihn günstige Umstände, soweit sie nicht offenkundig oder bekannt sind, unter Angabe nachprüfbarer Umstände unverzüglich geltend zu machen und die erforderlichen Nachweise über seine persönlichen Verhältnisse, sonstige erforderliche Bescheinigungen und Erlaubnisse sowie sonstige erforderliche Nachweise, die er erbringen kann, unverzüglich beizubringen. ²Die Ausländerbe-

hörde kann ihm dafür eine angemessene Frist setzen. ³Sie setzt ihm eine solche Frist, wenn sie die Bearbeitung eines Antrags auf Erteilung eines Aufenthaltstitels wegen fehlender oder unvollständiger Angaben aussetzt, und benennt dabei die nachzuholenden Angaben. ⁴Nach Ablauf der Frist geltend gemachte Umstände und beigebrachte Nachweise können unberücksichtigt bleiben. ⁵Der Ausländer, der eine ICT-Karte nach § 19b beantragt hat, ist verpflichtet, der zuständigen Ausländerbehörde jede Änderung mitzuteilen, die während des Antragsverfahrens eintritt und die Auswirkungen auf die Voraussetzungen der Erteilung der ICT-Karte hat.
(2) Absatz 1 findet im Widerspruchsverfahren entsprechende Anwendung.
(3) ¹Der Ausländer soll auf seine Pflichten nach Absatz 1 sowie seine wesentlichen Rechte und Pflichten nach diesem Gesetz, insbesondere die Verpflichtungen aus den §§ 44a, 48, 49 und 81 hingewiesen werden. ²Im Falle der Fristsetzung ist er auf die Folgen der Fristversäumung hinzuweisen.
(4) ¹Soweit es zur Vorbereitung und Durchführung von Maßnahmen nach diesem Gesetz und nach ausländerrechtlichen Bestimmungen in anderen Gesetzen erforderlich ist, kann angeordnet werden, dass ein Ausländer bei der zuständigen Behörde sowie den Vertretungen oder ermächtigten Bediensteten des Staates, dessen Staatsangehörigkeit er vermutlich besitzt, persönlich erscheint sowie eine ärztliche Untersuchung zur Feststellung der Reisefähigkeit durchgeführt wird. ²Kommt der Ausländer einer Anordnung nach Satz 1 nicht nach, kann sie zwangsweise durchgesetzt werden. ³§ 40 Abs. 1 und 2, die §§ 41, 42 Abs. 1 Satz 1 und 3 des Bundespolizeigesetzes finden entsprechende Anwendung.
(5) ¹Der Ausländer, für den nach diesem Gesetz, dem Asylgesetz oder den zur Durchführung dieser Gesetze erlassenen Bestimmungen ein Dokument ausgestellt werden soll, hat auf Verlangen
1. ein aktuelles Lichtbild nach Maßgabe einer nach § 99 Abs. 1 Nr. 13 und 13a erlassenen Rechtsverordnung vorzulegen oder bei der Aufnahme eines solchen Lichtbildes mitzuwirken und
2. bei der Abnahme seiner Fingerabdrücke nach Maßgabe einer nach § 99 Absatz 1 Nr. 13 und 13a erlassenen Rechtsverordnung mitzuwirken.
²Das Lichtbild und die Fingerabdrücke dürfen in Dokumente nach Satz 1 eingebracht und von den zuständigen Behörden zur Sicherung und einer späteren Feststellung der Identität verarbeitet werden.
(6) ¹Ausländer, die im Besitz einer Aufenthaltserlaubnis nach Kapitel 2 Abschnitt 3 oder 4 sind, sind verpflichtet, der zuständigen Ausländerbehörde innerhalb von zwei Wochen ab Kenntnis mitzuteilen, dass die Ausbildung oder die Erwerbstätigkeit, für die der Aufenthaltstitel erteilt wurde, vorzeitig beendet wurde. ²Der Ausländer ist bei Erteilung des Aufenthaltstitels über seine Verpflichtung nach Satz 1 zu unterrichten.

§ 83 Beschränkung der Anfechtbarkeit

(1) ¹Die Versagung eines nationalen Visums und eines Passersatzes an der Grenze sind unanfechtbar. ²Der Ausländer wird bei der Versagung eines nationalen Visums und eines Passersatzes an der Grenze auf die Möglichkeit einer Antragstellung bei der zuständigen Auslandsvertretung hingewiesen.
(2) Gegen die Versagung der Aussetzung der Abschiebung findet kein Widerspruch statt.
(3) Gegen die Anordnung und Befristung eines Einreise- und Aufenthaltsverbots durch das Bundesamt für Migration und Flüchtlinge findet kein Widerspruch statt.

§ 84 Wirkungen von Widerspruch und Klage

(1) ¹Widerspruch und Klage gegen
1. die Ablehnung eines Antrages auf Erteilung oder Verlängerung des Aufenthaltstitels,
1a. Maßnahmen nach § 49,
2. die Auflage nach § 61 Absatz 1e, in einer Ausreiseeinrichtung Wohnung zu nehmen,
2a. Auflagen zur Sicherung und Durchsetzung der vollziehbaren Ausreisepflicht nach § 61 Absatz 1e,
3. die Änderung oder Aufhebung einer Nebenbestimmung, die die Ausübung einer Erwerbstätigkeit betrifft,
4. den Widerruf des Aufenthaltstitels des Ausländers nach § 52 Abs. 1 Satz 1 Nr. 4 in den Fällen des § 75 Absatz 2 Satz 1 des Asylgesetzes,
5. den Widerruf oder die Rücknahme der Anerkennung von Forschungseinrichtungen für den Abschluss von Aufnahmevereinbarungen nach § 18d,
6. die Ausreiseuntersagung nach § 46 Absatz 2 Satz 1,
7. die Befristung eines Einreise- und Aufenthaltsverbots nach § 11,
8. die Anordnung eines Einreise- und Aufenthaltsverbots nach § 11 Absatz 6 sowie
9. die Feststellung nach § 85a Absatz 1 Satz 2,
haben keine aufschiebende Wirkung. ²Die Klage gegen die Anordnung eines Einreise- und Aufenthaltsverbots nach § 11 Absatz 7 hat keine aufschiebende Wirkung.
(2) ¹Widerspruch und Klage lassen unbeschadet ihrer aufschiebenden Wirkung die Wirksamkeit der Ausweisung und eines sonstigen Verwaltungsaktes, der die Rechtmäßigkeit des Aufenthalts beendet, unberührt. ²Für Zwecke

der Aufnahme oder Ausübung einer Erwerbstätigkeit gilt der Aufenthaltstitel als fortbestehend, solange die Frist zur Erhebung des Widerspruchs oder der Klage noch nicht abgelaufen ist, während eines gerichtlichen Verfahrens über einen zulässigen Antrag auf Anordnung oder Wiederherstellung der aufschiebenden Wirkung oder solange der eingelegte Rechtsbehelf aufschiebende Wirkung hat. ³Eine Unterbrechung der Rechtmäßigkeit des Aufenthalts tritt nicht ein, wenn der Verwaltungsakt durch eine behördliche oder unanfechtbare gerichtliche Entscheidung aufgehoben wird.

§ 85 Berechnung von Aufenthaltszeiten
Unterbrechungen der Rechtmäßigkeit des Aufenthalts bis zu einem Jahr können außer Betracht bleiben.

§ 85a Verfahren bei konkreten Anhaltspunkten einer missbräuchlichen Anerkennung der Vaterschaft
(1) ¹Wird der Ausländerbehörde von einer beurkundenden Behörde oder einer Urkundsperson mitgeteilt, dass konkrete Anhaltspunkte für eine missbräuchliche Anerkennung der Vaterschaft im Sinne von § 1597a Absatz 1 des Bürgerlichen Gesetzbuchs bestehen, prüft die Ausländerbehörde, ob eine solche vorliegt. ²Ergibt die Prüfung, dass die Anerkennung der Vaterschaft missbräuchlich ist, stellt die Ausländerbehörde dies durch schriftlichen oder elektronischen Verwaltungsakt fest. Ergibt die Prüfung, dass die Anerkennung der Vaterschaft nicht missbräuchlich ist, stellt die Ausländerbehörde das Verfahren ein.
(2) ¹Eine missbräuchliche Anerkennung der Vaterschaft wird regelmäßig vermutet, wenn
1. der Anerkennende erklärt, dass seine Anerkennung gezielt gerade einem Zweck im Sinne von § 1597a Absatz 1 des Bürgerlichen Gesetzbuchs dient,
2. die Mutter erklärt, dass ihre Zustimmung gezielt gerade einem Zweck im Sinne von § 1597a Absatz 1 des Bürgerlichen Gesetzbuchs dient,
3. der Anerkennende bereits mehrfach die Vaterschaft von Kindern verschiedener ausländischer Mütter anerkannt hat und jeweils die rechtlichen Voraussetzungen für die erlaubte Einreise oder den erlaubten Aufenthalt des Kindes oder der Mutter durch die Anerkennung geschaffen hat, auch wenn das Kind durch die Anerkennung die deutsche Staatsangehörigkeit erworben hat,
4. dem Anerkennenden oder der Mutter ein Vermögensvorteil für die Anerkennung der Vaterschaft oder die Zustimmung hierzu gewährt oder versprochen worden ist

und die Erlangung der rechtlichen Voraussetzungen für die erlaubte Einreise oder den erlaubten Aufenthalt des Kindes, des Anerkennenden oder der Mutter ohne die Anerkennung der Vaterschaft und die Zustimmung hierzu nicht zu erwarten ist. ²Dies gilt auch, wenn die rechtlichen Voraussetzungen für die erlaubte Einreise oder den erlaubten Aufenthalt des Kindes durch den Erwerb der deutschen Staatsangehörigkeit des Kindes nach § 4 Absatz 1 oder Absatz 3 Satz 1 des Staatsangehörigkeitsgesetzes geschaffen werden sollen.
(3) ¹Ist die Feststellung nach Absatz 1 Satz 2 unanfechtbar, gibt die Ausländerbehörde der beurkundenden Behörde oder der Urkundsperson und dem Standesamt eine beglaubigte Abschrift mit einem Vermerk über den Eintritt der Unanfechtbarkeit zur Kenntnis. ²Stellt die Behörde das Verfahren ein, teilt sie dies der beurkundenden Behörde oder der Urkundsperson, den Beteiligten und dem Standesamt schriftlich oder elektronisch mit.
(4) Im Ausland sind für die Maßnahmen und Feststellungen nach den Absätzen 1 und 3 die deutschen Auslandsvertretungen zuständig.

Abschnitt 4
Datenschutz

§ 86 Erhebung personenbezogener Daten
¹Die mit der Ausführung dieses Gesetzes betrauten Behörden dürfen zum Zweck der Ausführung dieses Gesetzes und ausländerrechtlicher Bestimmungen in anderen Gesetzen personenbezogene Daten erheben, soweit dies zur Erfüllung ihrer Aufgaben nach diesem Gesetz und nach ausländerrechtlichen Bestimmungen in anderen Gesetzen erforderlich ist. ²Personenbezogene Daten, deren Verarbeitung nach Artikel 9 Absatz 1 der Verordnung (EU) 2016/679 untersagt ist, dürfen erhoben werden, soweit dies im Einzelfall zur Aufgabenerfüllung erforderlich ist.

§ 86a Erhebung personenbezogener Daten zu Förderungen der freiwilligen Ausreise und Reintegration
(1) ¹Die Ausländerbehörden und alle sonstigen öffentlichen Stellen sowie privaten Träger, die staatlich finanzierte rückkehr- und reintegrationsfördernde Maßnahmen selbst oder im Auftrag der öffentlichen Hand durchführen oder den dafür erforderlichen Antrag entgegennehmen, erheben personenbezogene Daten, soweit diese Daten zur Erfüllung der Zwecke nach Satz 2 erforderlich sind. ²Die Datenerhebung erfolgt zum Zweck
1. der Durchführung der rückkehr- und reintegrationsfördernden Maßnahmen,
2. der Koordinierung der Programme zur Förderung der freiwilligen Rückkehr durch das Bundesamt für Migration und Flüchtlinge sowie

3. der Sicherstellung einer zweckgemäßen Verwendung der Förderung und erforderlichenfalls zu deren Rückforderung.
³Dabei handelt es sich um die folgenden Daten:
– Familienname, Geburtsname, Vornamen, Schreibweise der Namen nach deutschem Recht, Familienstand, Geburtsdatum, Geburtsort, -land und -bezirk, Geschlecht, Doktorgrad, Staatsangehörigkeiten,
– Angaben zum Zielstaat der Fördermaßnahme,
– Angaben zur Art der Förderung und
– Angaben, ob die Person freiwillig ausgereist ist, abgeschoben oder zurückgeschoben wurde, sowie Angaben, ob die Person ausgewiesen wurde.
⁴Angaben zum Umfang und zur Begründung der Förderung müssen ebenfalls erhoben werden. Die Daten sind spätestens nach zehn Jahren zu löschen.
(2) Die Ausländerbehörden und die mit grenzpolizeilichen Aufgaben betrauten Behörden erheben zur Feststellung der Wirksamkeit der Förderung der Ausreisen Angaben zum Nachweis der Ausreise, zum Staat der Ausreise und zum Zielstaat der Ausreise.

§ 87 Übermittlungen an Ausländerbehörden

(1) Öffentliche Stellen mit Ausnahme von Schulen sowie Bildungs- und Erziehungseinrichtungen haben ihnen bekannt gewordene Umstände den in § 86 Satz 1 genannten Stellen auf Ersuchen mitzuteilen, soweit dies für die dort genannten Zwecke erforderlich ist.
(2) ¹Öffentliche Stellen im Sinne von Absatz 1 haben unverzüglich die zuständige Ausländerbehörde zu unterrichten, wenn sie im Zusammenhang mit der Erfüllung ihrer Aufgaben Kenntnis erlangen von
1. dem Aufenthalt eines Ausländers, der keinen erforderlichen Aufenthaltstitel besitzt und dessen Abschiebung nicht ausgesetzt ist,
2. dem Verstoß gegen eine räumliche Beschränkung,
2a. der Inanspruchnahme oder Beantragung von Sozialleistungen durch einen Ausländer, für sich selbst, seine Familienangehörigen oder für sonstige Haushaltsangehörige in den Fällen des § 7 Absatz 1 Satz 2 Nummer 2 oder Satz 4 des Zweiten Buches Sozialgesetzbuch oder in den Fällen des § 23 Absatz 3 Satz 1 Nummer 2 oder 3, Satz 3, 6 oder 7 des Zwölften Buches Sozialgesetzbuch oder
3. einem sonstigen Ausweisungsgrund;
in den Fällen der Nummern 1 und 2 und sonstiger nach diesem Gesetz strafbarer Handlungen kann statt der Ausländerbehörde die zuständige Polizeibehörde unterrichtet werden, wenn eine der in § 71 Abs. 5 bezeichneten Maßnahmen in Betracht kommt; die Polizeibehörde unterrichtet unverzüglich die Ausländerbehörde. ²Öffentliche Stellen sollen unverzüglich die zuständige Ausländerbehörde unterrichten, wenn sie im Zusammenhang mit der Erfüllung ihrer Aufgaben Kenntnis erlangen von einer besonderen Integrationsbedürftigkeit im Sinne einer nach § 43 Abs. 4 erlassenen Rechtsverordnung. ³Die für Leistungen nach dem Zweiten oder Zwölften Buch Sozialgesetzbuch zuständigen Stellen sind über die in Satz 1 geregelten Tatbestände hinaus verpflichtet, der Ausländerbehörde mitzuteilen, wenn ein Ausländer mit einer Aufenthaltserlaubnis nach Kapitel 2 Abschnitt 3 oder 4 für sich oder seine Familienangehörigen entsprechende Leistungen beantragt. ⁴Die Auslandsvertretungen übermitteln der zuständigen Ausländerbehörde personenbezogene Daten eines Ausländers, die geeignet sind, dessen Identität oder Staatsangehörigkeit festzustellen, wenn sie davon Kenntnis erlangen, dass die Daten für die Durchsetzung der vollziehbaren Ausreisepflicht gegenüber dem Ausländer gegenwärtig von Bedeutung sein können.
(3) ¹Die Beauftragte der Bundesregierung für Migration, Flüchtlinge und Integration ist nach den Absätzen 1 und 2 zu Mitteilungen über einen dem Personenkreis angehörenden Ausländer nur verpflichtet, soweit dadurch die Erfüllung der eigenen Aufgaben nicht gefährdet wird. ²Die Landesregierungen können durch Rechtsverordnung bestimmen, dass Ausländerbeauftragte des Landes und Ausländerbeauftragte von Gemeinden nach den Absätzen 1 und 2 zu Mitteilungen über einen Ausländer, der sich rechtmäßig in dem Land oder der Gemeinde aufhält oder der sich bis zum Erlass eines die Rechtmäßigkeit des Aufenthalts beendenden Verwaltungsaktes rechtmäßig dort aufgehalten hat, nur nach Maßgabe des Satzes 1 verpflichtet sind.
(4) ¹Die für die Einleitung und Durchführung eines Straf- oder eines Bußgeldverfahrens zuständigen Stellen haben die zuständige Ausländerbehörde unverzüglich über die Einleitung des Strafverfahrens sowie die Erledigung des Straf- oder Bußgeldverfahrens bei der Staatsanwaltschaft, bei Gericht oder bei der für die Verfolgung und Ahndung der Ordnungswidrigkeit zuständigen Verwaltungsbehörde unter Angabe der gesetzlichen Vorschriften zu unterrichten. ²Satz 1 gilt entsprechend bei Strafverfahren für die Erhebung der öffentlichen Klage sowie den Erlass und die Aufhebung eines Haftbefehls, solange dies nicht den Untersuchungszweck gefährdet.
³Satz 1 gilt entsprechend für die Einleitung eines Auslieferungsverfahrens gegen einen Ausländer. ⁴Satz 1 gilt nicht für Verfahren wegen einer Ordnungswidrigkeit, die nur mit einer Geldbuße bis zu eintausend Euro geahndet

werden kann, sowie für Verfahren wegen einer Zuwiderhandlung im Sinne des § 24 des Straßenverkehrsgesetzes oder wegen einer fahrlässigen Zuwiderhandlung im Sinne des § 24a des Straßenverkehrsgesetzes. [5]Die Zeugenschutzdienststelle unterrichtet die zuständige Ausländerbehörde unverzüglich über Beginn und Ende des Zeugenschutzes für einen Ausländer.
(5) Die nach § 72 Abs. 6 zu beteiligenden Stellen haben den Ausländerbehörden
1. von Amts wegen Umstände mitzuteilen, die einen Widerruf eines nach § 25 Abs. 4a oder 4b erteilten Aufenthaltstitels oder die Verkürzung oder Aufhebung einer nach § 59 Absatz 7 gewährten Ausreisefrist rechtfertigen und
2. von Amts wegen Angaben zur zuständigen Stelle oder zum Übergang der Zuständigkeit mitzuteilen, sofern in einem Strafverfahren eine Beteiligung nach § 72 Abs. 6 erfolgte oder eine Mitteilung nach Nummer 1 gemacht wurde.
(6) Öffentliche Stellen sowie private Träger, die über staatlich finanzierte rückkehr- und reintegrationsfördernde Maßnahmen entscheiden, haben nach § 86a Absatz 1 erhobene Daten an die zuständige Ausländerbehörde zu übermitteln, soweit dies für die in § 86a genannten Zwecke erforderlich ist.

§ 88 Übermittlungen bei besonderen gesetzlichen Verarbeitungsregelungen

(1) Eine Übermittlung personenbezogener Daten und sonstiger Angaben nach § 87 unterbleibt, soweit besondere gesetzliche Verarbeitungsregelungen entgegenstehen.
(2) Personenbezogene Daten, die von einem Arzt oder anderen in § 203 Absatz 1 Nummer 1, 2, 4 bis 7 und Absatz 4 des Strafgesetzbuches genannten Personen einer öffentlichen Stelle zugänglich gemacht worden sind, dürfen von dieser übermittelt werden,
1. wenn dies zur Abwehr von erheblichen Gefahren für Leib und Leben des Ausländers oder von Dritten erforderlich ist, der Ausländer die öffentliche Gesundheit gefährdet und besondere Schutzmaßnahmen zum Ausschluss der Gefährdung nicht möglich sind oder von dem Ausländer nicht eingehalten werden oder
2. soweit die Daten für die Feststellung erforderlich sind, ob die in § 54 Absatz 2 Nummer 4 bezeichneten Voraussetzungen vorliegen.
(3) [1]Personenbezogene Daten, die nach § 30 der Abgabenordnung dem Steuergeheimnis unterliegen, dürfen übermittelt werden, wenn der Ausländer gegen eine Vorschrift des Steuerrechts einschließlich des Zollrechts und des Monopolrechts oder des Außenwirtschaftsrechts oder gegen Einfuhr-, Ausfuhr-, Durchfuhr- oder Verbringungsverbote oder -beschränkungen verstoßen hat und wegen dieses Verstoßes ein strafrechtliches Ermittlungsverfahren eingeleitet oder eine Geldbuße von mindestens fünfhundert Euro verhängt worden ist. [2]In den Fällen des Satzes 1 dürfen auch die mit der polizeilichen Kontrolle des grenzüberschreitenden Verkehrs beauftragten Behörden unterrichtet werden, wenn ein Ausreiseverbot nach § 46 Abs. 2 erlassen werden soll.
(4) Auf die Übermittlung durch die mit der Ausführung dieses Gesetzes betrauten Behörden und durch nichtöffentliche Stellen finden die Absätze 1 bis 3 entsprechende Anwendung.

§ 88a Verarbeitung von Daten im Zusammenhang mit Integrationsmaßnahmen

(1) [1]Bei der Durchführung von Integrationskursen ist eine Übermittlung von teilnehmerbezogenen Daten, insbesondere von Daten der Bestätigung der Teilnahmeberechtigung, der Zulassung zur Teilnahme nach § 44 Absatz 4 sowie der Anmeldung zu und der Teilnahme an einem Integrationskurs, durch die Ausländerbehörde, die Bundesagentur für Arbeit, die Träger der Leistungen nach dem Asylbewerberleistungsgesetz, das Bundesverwaltungsamt und die für die Durchführung der Integrationskurse zugelassenen privaten und öffentlichen Träger an das Bundesamt für Migration und Flüchtlinge zulässig, soweit sie für die Erteilung einer Zulassung oder Berechtigung zum Integrationskurs, die Feststellung der ordnungsgemäßen Teilnahme, die Feststellung der Erfüllung der Teilnahmeverpflichtung nach § 44a Absatz 1 Satz 1, die Bescheinigung der erfolgreichen Teilnahme oder die Abrechnung und Durchführung der Integrationskurse erforderlich ist. [2]Die für die Durchführung der Integrationskurse zugelassenen privaten und öffentlichen Träger dürfen die zuständige Ausländerbehörde, die Bundesagentur für Arbeit, den zuständigen Träger der Grundsicherung für Arbeitsuchende oder den zuständigen Träger der Leistungen nach dem Asylbewerberleistungsgesetz über eine nicht ordnungsgemäße Teilnahme eines nach § 44a Absatz 1 Satz 1 zur Teilnahme verpflichteten Ausländers informieren. [3]Das Bundesamt für Migration und Flüchtlinge darf die nach Satz 1 übermittelten Daten auf Ersuchen den Ausländerbehörden, der Bundesagentur für Arbeit, den Trägern der Grundsicherung für Arbeitsuchende oder den Trägern der Leistungen nach dem Asylbewerberleistungsgesetz und den Staatsangehörigkeitsbehörden übermitteln, soweit dies für die Erteilung einer Zulassung oder Berechtigung zum Integrationskurs, zur Kontrolle der Erfüllung der Teilnahmeverpflichtung, für die Verlängerung einer Aufenthaltserlaubnis, für die Erteilung einer Niederlassungserlaubnis oder einer Erlaubnis zum Daueraufenthalt – EU, zur Überwachung der Eingliederungsvereinbarung, zur Integration in den Arbeitsmarkt oder zur Durchführung des Einbürgerungsverfahrens erforderlich ist. [4]Darüber hinaus

ist eine Verarbeitung dieser Daten durch das Bundesamt für Migration und Flüchtlinge nur für die Durchführung und Abrechnung der Integrationskurse sowie für die Durchführung eines wissenschaftlichen Forschungsvorhabens nach § 75 Nummer 4a unter den Voraussetzungen des § 8 Absatz 7 und 8 der Integrationskursverordnung zulässig.

(1a) ¹Absatz 1 gilt entsprechend für die Verarbeitung von Daten aus dem Asylverfahren beim Bundesamt für Migration und Flüchtlinge, soweit die Verarbeitung für die Entscheidung über die Zulassung zum Integrationskurs erforderlich ist. ²Zur Feststellung der Voraussetzungen des § 44 Absatz 4 Satz 2 im Rahmen der Entscheidung über die Zulassung zum Integrationskurs gilt dies entsprechend auch für die Verarbeitung von Daten aus dem Ausländerzentralregister.

(2) Bedient sich das Bundesamt für Migration und Flüchtlinge gemäß § 75 Nummer 9 privater oder öffentlicher Träger, um ein migrationsspezifisches Beratungsangebot durchzuführen, ist eine Übermittlung von aggregierten Daten über das Beratungsgeschehen von den Trägern an das Bundesamt für Migration und Flüchtlinge zulässig.

(3) ¹Bei der Durchführung von Maßnahmen der berufsbezogenen Deutschsprachförderung nach § 45a ist eine Übermittlung teilnehmerbezogener Daten über die Anmeldung, die Dauer der Teilnahme und die Art des Abschlusses der Maßnahme durch die Ausländerbehörde, die Bundesagentur für Arbeit, den Träger der Grundsicherung für Arbeitsuchende, das Bundesverwaltungsamt und die mit der Durchführung der Maßnahmen betrauten privaten und öffentlichen Träger an das Bundesamt für Migration und Flüchtlinge zulässig, soweit dies für die Erteilung einer Zulassung zur Maßnahme, die Feststellung und Bescheinigung der ordnungsgemäßen Teilnahme oder die Durchführung und Abrechnung der Maßnahme erforderlich ist. ²Das Bundesamt für Migration und Flüchtlinge darf die nach Satz 1 übermittelten Daten auf Ersuchen den Ausländerbehörden, der Bundesagentur für Arbeit, den Trägern der Grundsicherung für Arbeitsuchende und den Staatsangehörigkeitsbehörden übermitteln, soweit dies für die Erteilung einer Zulassung oder Berechtigung zur Maßnahme, zur Kontrolle der ordnungsgemäßen Teilnahme, für die Erteilung einer Niederlassungserlaubnis oder einer Erlaubnis zum Daueraufenthalt – EU, zur Überwachung der Eingliederungsvereinbarung, zur Integration in den Arbeitsmarkt oder zur Durchführung des Einbürgerungsverfahrens erforderlich ist. ³Die mit der Durchführung der berufsbezogenen Deutschsprachförderung betrauten privaten und öffentlichen Träger dürfen die zuständige Ausländerbehörde, die Bundesagentur für Arbeit oder den zuständigen Träger der Grundsicherung für Arbeitsuchende über eine nicht ordnungsgemäße Teilnahme informieren.

(4) ¹Das Bundesamt für Migration und Flüchtlinge darf teilnehmerbezogene Daten über die Anmeldung, die Dauer der Teilnahme und die Art des Abschlusses der Maßnahme nach Absatz 3 Satz 1, die Art des Kurses nach § 12 Absatz 1 oder § 13 Absatz 1 sowie die nach § 26 Absatz 1 Nummer 1 bis 5, 7, 9 und 10 der Deutschsprachförderverordnung übermittelten Daten an staatliche oder staatlich anerkannte Hochschulen und andere Forschungseinrichtungen, deren Tätigkeit überwiegend aus öffentlichen Mittel finanziert wird, übermitteln, soweit

1. dies für die Durchführung eines wissenschaftlichen Forschungsvorhabens über Integrationsfragen erforderlich ist,
2. eine Verwendung anonymisierter Daten zu diesem Zweck nicht möglich oder die Anonymisierung mit einem unverhältnismäßigen Aufwand verbunden ist,
3. die schutzwürdigen Interessen der Betroffenen nicht beeinträchtigt werden oder das öffentliche Interesse an der Durchführung des Forschungsvorhabens die schutzwürdigen Interessen der Betroffenen erheblich überwiegt und der Forschungszweck nicht auf andere Weise erreicht werden kann und
4. das Bundesministerium für Arbeit und Soziales der Übermittlung zustimmt.

²Bei der Abwägung nach Satz 1 Nummer 3 ist im Rahmen des öffentlichen Interesses das wissenschaftliche Interesse an dem Forschungsvorhaben besonders zu berücksichtigen. ³Eine Übermittlung ohne Einwilligung der betroffenen Person ist nicht zulässig. ⁴Angaben über den Namen und Vornamen, die Anschrift, die Telefonnummer, die E-Mail-Adresse sowie die für die Einleitung eines Vorhabens nach Satz 1 zwingend erforderlichen Strukturmerkmale der betroffenen Person können ohne Einwilligung übermittelt werden, wenn dies zur Einholung der Einwilligung erforderlich ist; die Erforderlichkeit ist gegenüber dem Bundesamt für Migration und Flüchtlinge schriftlich zu begründen. ⁵Personenbezogene Daten nach Satz 1 sind zu pseudonymisieren, soweit dies nach dem Forschungszweck möglich ist und keinen im Verhältnis zu dem angestrebten Schutzzweck unverhältnismäßigen Aufwand erfordert. ⁶Die Merkmale, mit denen ein Personenbezug hergestellt werden kann, sind gesondert zu speichern. ⁷Sie dürfen mit den Einzelangaben nur zusammengeführt werden, soweit der Forschungszweck dies erfordert. ⁸Die Merkmale, mit denen ein Personenbezug hergestellt werden kann, sind zu löschen, sobald der Forschungszweck dies erlaubt, spätestens mit der Beendigung des Forschungsvorhabens, sofern ausnahmsweise eine frühere Löschung der Daten noch nicht in Betracht kommt. ⁹Die Daten sind zu anonymisieren, sobald der Forschungszweck dies erlaubt. ¹⁰Die Forschungseinrichtung, an die die Daten übermittelt wurden, darf diese nur zum Zweck der Durchführung des Forschungsvorhabens verarbeiten. ¹¹Die Daten

sind gegen unbefugte Kenntnisnahme durch Dritte zu schützen. [12]Die Forschungseinrichtung hat dafür zu sorgen, dass die Verwendung der personenbezogenen Daten räumlich und organisatorisch getrennt von der Erfüllung solcher Verwaltungsaufgaben oder Geschäftszwecke erfolgt, für die diese Daten gleichfalls von Bedeutung sein können. [13]Das Bundesamt für Migration und Flüchtlinge soll zudem Forschungseinrichtungen auf Antrag oder Ersuchen anonymisierte Daten, die für die Durchführung eines wissenschaftlichen Forschungsvorhabens über Integrationsfragen erforderlich sind, übermitteln.

§ 89 Verfahren bei identitätsüberprüfenden, -feststellenden und -sichernden Maßnahmen

(1) [1]Das Bundeskriminalamt leistet Amtshilfe bei der Auswertung der nach § 49 von den mit der Ausführung dieses Gesetzes betrauten Behörden erhobenen und nach § 73 übermittelten Daten. [2]Es darf hierfür auch von ihm zur Erfüllung seiner Aufgaben gespeicherte erkennungsdienstliche Daten verwenden. [3]Die nach § 49 Abs. 3 bis 5 sowie 8 und 9 erhobenen Daten werden getrennt von anderen erkennungsdienstlichen Daten gespeichert. [4]Die Daten nach § 49 Abs. 7 werden bei der aufzeichnenden Behörde gespeichert.

(1a) [1]Im Rahmen seiner Amtshilfe nach Absatz 1 Satz 1 darf das Bundeskriminalamt die erkennungsdienstlichen Daten nach Absatz 1 Satz 1 zum Zwecke der Identitätsfeststellung auch an die für die Überprüfung der Identität von Personen zuständigen öffentlichen Stellen von Drittstaaten mit Ausnahme des Herkunftsstaates der betroffenen Person sowie von Drittstaaten, in denen die betroffene Person eine Verfolgung oder einen ernsthaften Schaden zu befürchten hat, übermitteln. [2]Die Verantwortung für die Zulässigkeit der Übermittlung trägt das Bundeskriminalamt. [3]Das Bundeskriminalamt hat die Übermittlung und ihren Anlass aufzuzeichnen. [4]Die empfangende Stelle personenbezogener Daten ist darauf hinzuweisen, dass sie nur zu dem Zweck verarbeitet werden dürfen, zu dem sie übermittelt worden sind. [5]Ferner ist ihr der beim Bundeskriminalamt vorgesehene Löschungszeitpunkt mitzuteilen. [6]Die Übermittlung unterbleibt, wenn tatsächliche Anhaltspunkte dafür vorliegen, dass

1. unter Berücksichtigung der Art der Daten und ihrer Erhebung die schutzwürdigen Interessen der betroffenen Person, insbesondere ihr Interesse, Schutz vor Verfolgung zu erhalten, das Allgemeininteresse an der Übermittlung überwiegen oder
2. die Übermittlung der Daten zu den Grundrechten, dem Abkommen vom 28. Juli 1951 über die Rechtsstellung der Flüchtlinge sowie der Konvention zum Schutz der Menschenrechte und Grundfreiheiten in Widerspruch stünde, insbesondere dadurch, dass durch die Verarbeitung der übermittelten Daten im Empfängerstaat Verletzungen von elementaren rechtsstaatlichen Grundsätzen oder Menschenrechtsverletzungen drohen.

(2) [1]Die Verarbeitung der nach § 49 Absatz 3 bis 5 oder Absatz 7 bis 9 erhobenen Daten ist auch zulässig zur Feststellung der Identität oder der Zuordnung von Beweismitteln im Rahmen der Strafverfolgung oder zur polizeilichen Gefahrenabwehr. [2]Sie dürfen, soweit und solange es erforderlich ist, den für diese Maßnahmen zuständigen Behörden übermittelt oder bereitgestellt werden.

(3) [1]Die nach § 49 Abs. 1 erhobenen Daten sind von allen Behörden unmittelbar nach Beendigung der Prüfung der Echtheit des Dokuments oder der Identität des Inhabers zu löschen. [2]Die nach § 49 Abs. 3 bis 5, 7, 8 oder 9 erhobenen Daten sind von allen Behörden, die sie speichern, zu löschen, wenn

1. dem Ausländer ein gültiger Pass oder Passersatz ausgestellt und von der Ausländerbehörde ein Aufenthaltstitel erteilt worden ist,
2. seit der letzten Ausreise, der versuchten unerlaubten Einreise oder der Beendigung des unerlaubten Aufenthalts zehn Jahre vergangen sind,
3. in den Fällen des § 49 Abs. 5 Nr. 3 und 4 seit der Zurückweisung oder Zurückschiebung drei Jahre vergangen sind oder
4. im Falle des § 49 Abs. 5 Nr. 5 seit der Beantragung des Visums sowie im Falle des § 49 Abs. 7 seit der Sprachaufzeichnung zehn Jahre vergangen sind.

[3]Die Löschung ist zu protokollieren.

(4) Absatz 3 gilt nicht, soweit und solange die Daten im Rahmen eines Strafverfahrens oder zur Abwehr einer Gefahr für die öffentliche Sicherheit oder Ordnung benötigt werden.

§ 90 Übermittlungen durch Ausländerbehörden

(1) Ergeben sich im Einzelfall konkrete Anhaltspunkte für
1. eine Beschäftigung oder Tätigkeit von Ausländern ohne erforderlichen Aufenthaltstitel nach § 4,
2. Verstöße gegen die Mitwirkungspflicht nach § 60 Abs. 1 Satz 1 Nr. 2 des Ersten Buches Sozialgesetzbuch gegenüber einer Dienststelle der Bundesagentur für Arbeit, einem Träger der gesetzlichen Kranken-, Pflege-, Unfall- oder Rentenversicherung, einem Träger der Grundsicherung für Arbeitsuchende oder der Sozialhilfe oder Verstöße gegen die Meldepflicht nach § 8a des Asylbewerberleistungsgesetzes,

3. die in § 6 Absatz 4 Nummer 1 bis 4, 7, 12 und 13 des Schwarzarbeitsbekämpfungsgesetzes bezeichneten Verstöße,

unterrichten die mit der Ausführung dieses Gesetzes betrauten Behörden die für die Verfolgung und Ahndung der Verstöße nach den Nummern 1 bis 3 zuständigen Behörden, die Träger der Grundsicherung für Arbeitsuchende oder der Sozialhilfe sowie die nach § 10 des Asylbewerberleistungsgesetzes zuständigen Behörden.

(2) Bei der Verfolgung und Ahndung von Verstößen gegen dieses Gesetz arbeiten die mit der Ausführung dieses Gesetzes betrauten Behörden insbesondere mit den anderen in § 2 Absatz 4 des Schwarzarbeitsbekämpfungsgesetzes genannten Behörden zusammen.

(3) Die mit der Ausführung dieses Gesetzes betrauten Behörden teilen Umstände und Maßnahmen nach diesem Gesetz, deren Kenntnis für Leistungen nach dem Asylbewerberleistungsgesetz erforderlich ist, sowie die ihnen mitgeteilten Erteilungen von Zustimmungen zur Aufnahme einer Beschäftigung an Leistungsberechtigte nach dem Asylbewerberleistungsgesetz und Angaben über das Erlöschen, den Widerruf oder die Rücknahme von erteilten Zustimmungen zur Aufnahme einer Beschäftigung den nach § 10 des Asylbewerberleistungsgesetzes zuständigen Behörden mit.

(4) Die Ausländerbehörden unterrichten die nach § 72 Abs. 6 zu beteiligenden Stellen unverzüglich über
1. die Erteilung oder Versagung eines Aufenthaltstitels nach § 25 Abs. 4a oder 4b,
2. die Festsetzung, Verkürzung oder Aufhebung einer Ausreisefrist nach § 59 Absatz 7 oder
3. den Übergang der Zuständigkeit der Ausländerbehörde auf eine andere Ausländerbehörde; hierzu ist die Ausländerbehörde verpflichtet, die zuständig geworden ist.

(5) Zu den in § 755 der Zivilprozessordnung genannten Zwecken übermittelt die Ausländerbehörde dem Gerichtsvollzieher auf Ersuchen den Aufenthaltsort einer Person.

(6) (weggefallen)

(7) ¹Zur Durchführung eines Vollstreckungsverfahrens übermittelt die Ausländerbehörde der Vollstreckungsbehörde auf deren Ersuchen die Angabe über den Aufenthaltsort des Vollstreckungsschuldners. ²Die Angabe über den Aufenthaltsort darf von der Ausländerbehörde nur übermittelt werden, wenn sich die Vollstreckungsbehörde die Angabe nicht durch Abfrage bei der Meldebehörde beschaffen kann und dies in ihrem Ersuchen gegenüber der Ausländerbehörde bestätigt.

§ 90a Mitteilungen der Ausländerbehörden an die Meldebehörden

(1) ¹Die Ausländerbehörden unterrichten unverzüglich die zuständigen Meldebehörden, wenn sie Anhaltspunkte dafür haben, dass die im Melderegister zu meldepflichtigen Ausländern gespeicherten Daten unrichtig oder unvollständig sind. ²Sie teilen den Meldebehörden insbesondere mit, wenn ein meldepflichtiger Ausländer
1. sich im Bundesgebiet aufhält, der nicht gemeldet ist,
2. dauerhaft aus dem Bundesgebiet ausgereist ist.

³Die Ausländerbehörde unterrichtet die zuständige Meldebehörde über die Erteilung einer Niederlassungserlaubnis oder einer Erlaubnis zum Daueraufenthalt-EU.

(2) Die Mitteilungen nach Absatz 1 sollen folgende Angaben zum meldepflichtigen Ausländer enthalten:
1. Familienname, Geburtsname und Vornamen,
2. Tag, Ort und Staat der Geburt,
3. Staatsangehörigkeiten,
4. letzte Anschrift im Inland,
5. Datum und Zielstaat der Ausreise sowie
6. zum Zweck der eindeutigen Zuordnung die AZR-Nummer in den Fällen und nach Maßgabe des § 10 Absatz 4 Satz 2 Nummer 4 des AZR-Gesetzes.

§ 90b Datenabgleich zwischen Ausländer- und Meldebehörden

¹Die Ausländer- und Meldebehörden übermitteln einander jährlich die in § 90a Abs. 2 genannten Daten zum Zweck der Datenpflege, soweit sie denselben örtlichen Zuständigkeitsbereich haben. ²Die empfangende Behörde gleicht die übermittelten Daten mit den bei ihr gespeicherten Daten ab, ein automatisierter Abgleich ist zulässig. ³Die übermittelten Daten dürfen nur für die Durchführung des Abgleichs sowie die Datenpflege verwendet werden und sind sodann unverzüglich zu löschen; überlassene Datenträger sind unverzüglich zurückzugeben oder zu vernichten. ⁴Die Ausländerbehörden übermitteln die im Rahmen des Datenabgleichs erfolgten Änderungen unverzüglich an die Registerbehörde des Ausländerzentralregisters. ⁵Andere gesetzliche Vorschriften zum Datenabgleich bleiben unberührt.

§ 90c Datenübermittlungen im Visumverfahren über das Auswärtige Amt

(1) ¹Die Übermittlung von Daten im Visumverfahren von den Auslandsvertretungen an die im Visumverfahren beteiligten Behörden und von diesen zurück an die Auslandsvertretungen erfolgt automatisiert über eine vom

Auswärtigen Amt betriebene technische Vorrichtung zur Unterstützung des Visumverfahrens. ²Die technische Vorrichtung stellt die vollständige, korrekte und fristgerechte Übermittlung der Daten nach Satz 1 sicher. ³Zu diesem Zweck werden die Daten nach Satz 1 in der technischen Vorrichtung gespeichert.
(2) In der technischen Vorrichtung dürfen personenbezogene Daten nur verarbeitet werden, soweit dies für den in Absatz 1 Satz 1 und 2 genannten Zweck erforderlich ist.
(3) Die nach Absatz 1 Satz 3 gespeicherten Daten sind unverzüglich zu löschen, wenn die Daten nicht mehr zu dem in Absatz 1 Satz 1 und 2 genannten Zweck benötigt werden, spätestens nach Erteilung oder Versagung des Visums oder Rücknahme des Visumantrags.

§ 91 Speicherung und Löschung personenbezogener Daten

(1) ¹Die Daten über die Ausweisung, Zurückschiebung und Abschiebung sind zehn Jahre nach Ablauf der in § 11 Absatz 2 bezeichneten Frist zu löschen. ²Sie sind vor diesem Zeitpunkt zu löschen, soweit sie Erkenntnisse enthalten, die nach anderen gesetzlichen Bestimmungen nicht mehr gegen den Ausländer verwertet werden dürfen.
(2) Mitteilungen nach § 87 Abs. 1, die für eine anstehende ausländerrechtliche Entscheidung unerheblich sind und voraussichtlich auch für eine spätere ausländerrechtliche Entscheidung nicht erheblich werden können, sind unverzüglich zu vernichten.

§ 91a Register zum vorübergehenden Schutz

(1) Das Bundesamt für Migration und Flüchtlinge führt ein Register über die Ausländer nach § 24 Abs. 1, die ein Visum oder eine Aufenthaltserlaubnis beantragt haben, und über deren Familienangehörige im Sinne des Artikels 15 Abs. 1 der Richtlinie 2001/55/EG zum Zweck der Aufenthaltsgewährung, der Verteilung der aufgenommenen Ausländer im Bundesgebiet, der Wohnsitzverlegung aufgenommener Ausländer in andere Mitgliedstaaten der Europäischen Union, der Familienzusammenführung und der Förderung der freiwilligen Rückkehr.
(2) Folgende Daten werden in dem Register gespeichert:
1. zum Ausländer:
    a) die Personalien, mit Ausnahme der früher geführten Namen und der Wohnanschrift im Inland, sowie der letzte Wohnort im Herkunftsland, die Herkunftsregion und freiwillig gemachte Angaben zur Religionszugehörigkeit,
    b) Angaben zum Beruf und zur beruflichen Ausbildung,
    c) das Eingangsdatum seines Antrages auf Erteilung eines Visums oder einer Aufenthaltserlaubnis, die für die Bearbeitung seines Antrages zuständige Stelle und Angaben zur Entscheidung über den Antrag oder den Stand des Verfahrens,
    d) Angaben zum Identitäts- und Reisedokument,
    e) die AZR-Nummer und die Visadatei-Nummer,
    f) Zielland und Zeitpunkt der Ausreise,
2. die Personalien nach Nummer 1 Buchstabe a mit Ausnahme der freiwillig gemachten Angaben zur Religionszugehörigkeit der Familienangehörigen des Ausländers nach Absatz 1,
3. Angaben zu Dokumenten zum Nachweis der Ehe, der Lebenspartnerschaft oder der Verwandtschaft.
(3) Die Ausländerbehörden und die Auslandsvertretungen sind verpflichtet, die in Absatz 2 bezeichneten Daten unverzüglich an die Registerbehörde zu übermitteln, wenn
1. eine Aufenthaltserlaubnis nach § 24 Abs. 1 oder
2. ein Visum zur Inanspruchnahme vorübergehenden Schutzes im Bundesgebiet
beantragt wurden.
(4) Die §§ 8 und 9 des AZR-Gesetzes gelten entsprechend.
(5) Die Daten dürfen auf Ersuchen an die Ausländerbehörden, Auslandsvertretungen und andere Organisationseinheiten des Bundesamtes für Migration und Flüchtlinge einschließlich der dort eingerichteten nationalen Kontaktstelle nach Artikel 27 Abs. 1 der Richtlinie 2001/55/EG zum Zweck der Erfüllung ihrer ausländer- und asylrechtlichen Aufgaben im Zusammenhang mit der Aufenthaltsgewährung, der Verteilung der aufgenommenen Ausländer im Bundesgebiet, der Wohnsitzverlegung aufgenommener Ausländer in andere Mitgliedstaaten der Europäischen Union, der Familienzusammenführung und der Förderung der freiwilligen Rückkehr übermittelt werden.
(6) ¹Die Registerbehörde hat über Datenübermittlungen nach Absatz 5 Aufzeichnungen zu fertigen. ²§ 13 des AZR-Gesetzes gilt entsprechend.
(7) ¹Die Datenübermittlungen nach den Absätzen 3 und 5 erfolgen schriftlich, elektronisch oder im automatisierten Verfahren. ²§ 22 Abs. 2 bis 4 des AZR-Gesetzes gilt entsprechend.

(8) ¹Die Daten sind spätestens zwei Jahre nach Beendigung des vorübergehenden Schutzes des Ausländers zu löschen. ²Für die Auskunft an die betroffene Person und für die Einschränkung der Verarbeitung der Daten gelten § 34 Abs. 1 und 2 und § 37 des AZR-Gesetzes entsprechend.

§ 91b Datenübermittlung durch das Bundesamt für Migration und Flüchtlinge als nationale Kontaktstelle
Das Bundesamt für Migration und Flüchtlinge als nationale Kontaktstelle nach Artikel 27 Abs. 1 der Richtlinie 2001/55/EG darf die Daten des Registers nach § 91a zum Zweck der Verlegung des Wohnsitzes aufgenommener Ausländer in andere Mitgliedstaaten der Europäischen Union oder zur Familienzusammenführung an folgende Stellen übermitteln:
1. nationale Kontaktstellen anderer Mitgliedstaaten der Europäischen Union,
2. Organe und Einrichtungen der Europäischen Union,
3. sonstige ausländische oder über- und zwischenstaatliche Stellen nach Maßgabe des Kapitels V der Verordnung (EU) 2016/679 und den sonstigen allgemeinen datenschutzrechtlichen Vorschriften.

§ 91c Innergemeinschaftliche Auskünfte zur Durchführung der Richtlinie 2003/109/EG
(1) ¹Das Bundesamt für Migration und Flüchtlinge unterrichtet als nationale Kontaktstelle im Sinne des Artikels 25 der Richtlinie 2003/109/EG die zuständige Behörde eines anderen Mitgliedstaates der Europäischen Union, in dem der Ausländer die Rechtsstellung eines langfristig Aufenthaltsberechtigten besitzt, über den Inhalt und den Tag einer Entscheidung über die Erteilung oder Verlängerung einer Aufenthaltserlaubnis nach § 38a Abs. 1 oder über die Erteilung einer Erlaubnis zum Daueraufenthalt – EU. ²Die Behörde, die die Entscheidung getroffen hat, übermittelt dem Bundesamt für Migration und Flüchtlinge unverzüglich die hierfür erforderlichen Angaben. ³Der nationalen Kontaktstelle können die für Unterrichtungen nach Satz 1 erforderlichen Daten aus dem Ausländerzentralregister unter Nutzung der AZR-Nummer automatisiert übermittelt werden.
(1a) ¹Das Bundesamt für Migration und Flüchtlinge leitet von Amts wegen Auskunftsersuchen der Ausländerbehörden über das Fortbestehen des internationalen Schutzes im Sinne von § 2 Absatz 13 in einem anderen Mitgliedstaat an die zuständigen Stellen des betroffenen Mitgliedstaates der Europäischen Union weiter. ²Hierzu übermittelt die jeweils zuständige Ausländerbehörde dem Bundesamt für Migration und Flüchtlinge die erforderlichen Angaben. ³Das Bundesamt für Migration und Flüchtlinge leitet die auf die Anfragen eingehenden Antworten an die jeweils zuständige Ausländerbehörde weiter.
(2) ¹Das Bundesamt für Migration und Flüchtlinge leitet von Amts wegen an die zuständigen Stellen des betroffenen Mitgliedstaates der Europäischen Union Anfragen im Verfahren nach § 51 Absatz 8 unter Angabe der vorgesehenen Maßnahme und der durchgeführt wurde. ²Hierzu übermittelt die Ausländerbehörde dem Bundesamt für Migration und Flüchtlinge die erforderlichen Angaben. ³Das Bundesamt für Migration und Flüchtlinge leitet an die zuständige Ausländerbehörde die in diesem Zusammenhang eingegangenen Antworten von Stellen anderer Mitgliedstaaten der Europäischen Union weiter.
(3) ¹Das Bundesamt für Migration und Flüchtlinge teilt der zuständigen Behörde eines anderen Mitgliedstaates der Europäischen Union von Amts wegen mit, dass einem Ausländer, der dort die Rechtsstellung eines langfristig Aufenthaltsberechtigten besitzt, die Abschiebung oder Zurückschiebung
1. in den Mitgliedstaat der Europäischen Union, in dem der Ausländer langfristig aufenthaltsberechtigt ist, oder
2. in ein Gebiet außerhalb der Europäischen Union

angedroht oder eine solche Maßnahme durchgeführt wurde oder dass eine entsprechende Abschiebungsanordnung nach § 58a erlassen oder durchgeführt wurde. ²In der Mitteilung wird der wesentliche Grund der Aufenthaltsbeendigung angegeben. ³Die Auskunft wird erteilt, sobald die deutsche Behörde, die nach § 71 die betreffende Maßnahme anordnet, dem Bundesamt für Migration und Flüchtlinge die beabsichtigte oder durchgeführte Maßnahme mitteilt. ⁴Die in Satz 3 genannten Behörden übermitteln hierzu dem Bundesamt für Migration und Flüchtlinge unverzüglich die erforderlichen Angaben.
(4) ¹Zur Identifizierung des Ausländers werden bei Mitteilungen nach den Absätzen 1 bis 3 seine Personalien übermittelt. ²Sind in den Fällen des Absatzes 3 Familienangehörige ebenfalls betroffen, die mit dem langfristig Aufenthaltsberechtigten in familiärer Lebensgemeinschaft leben, werden auch ihre Personalien übermittelt.
(5) ¹Das Bundesamt für Migration und Flüchtlinge leitet an die zuständigen Ausländerbehörden Anfragen von Stellen anderer Mitgliedstaaten der Europäischen Union im Zusammenhang mit der nach Artikel 22 Abs. 3 zweiter Unterabsatz der Richtlinie 2003/109/EG vorgesehenen Beteiligung weiter. ²Die zuständige Ausländerbehörde teilt dem Bundesamt für Migration und Flüchtlinge folgende ihr bekannte Angaben mit:
1. Personalien des betroffenen langfristig aufenthaltsberechtigten Ausländers,
2. aufenthalts- und asylrechtliche Entscheidungen, die gegen oder für diesen getroffen worden sind,
3. Interessen für oder gegen die Rückführung in das Bundesgebiet oder einen Drittstaat oder

4. sonstige Umstände, von denen anzunehmen ist, dass sie für die aufenthaltsrechtliche Entscheidung des konsultierenden Mitgliedstaates von Bedeutung sein können.

³Anderenfalls teilt sie mit, dass keine sachdienlichen Angaben bekannt sind. ⁴Diese Angaben leitet das Bundesamt für Migration und Flüchtlinge von Amts wegen an die zuständige Stelle des konsultierenden Mitgliedstaates der Europäischen Union weiter.

(5a) Das Bundesamt für Migration und Flüchtlinge gibt den zuständigen Stellen der anderen Mitgliedstaaten der Europäischen Union auf Ersuchen innerhalb eines Monats nach Eingang des Ersuchens Auskunft darüber, ob ein Ausländer in der Bundesrepublik Deutschland weiterhin die Rechtsstellung eines international Schutzberechtigten genießt.

(5b) Enthält die durch einen anderen Mitgliedstaat der Europäischen Union ausgestellte langfristige Aufenthaltsberechtigung – EU eines international Schutzberechtigten den Hinweis, dass dieser Staat dieser Person internationalen Schutz gewährt, und ist die Verantwortung für den internationalen Schutz im Sinne von § 2 Absatz 13 nach Maßgaben der einschlägigen Rechtsvorschriften auf Deutschland übergegangen, bevor dem international Schutzberechtigten eine Erlaubnis zum Daueraufenthalt – EU nach § 9a erteilt wurde, so ersucht das Bundesamt für Migration und Flüchtlinge die zuständige Stelle des anderen Mitgliedstaates, den Hinweis in der langfristigen Aufenthaltsberechtigung – EU entsprechend zu ändern.

(5c) Wird einem in einem anderen Mitgliedstaat der Europäischen Union langfristig Aufenthaltsberechtigten in Deutschland internationaler Schutz im Sinne von § 2 Absatz 13 gewährt, bevor ihm eine Erlaubnis zum Daueraufenthalt – EU nach § 9a erteilt wurde, so ersucht das Bundesamt für Migration und Flüchtlinge die zuständige Stelle des anderen Mitgliedstaates, in die dort ausgestellte langfristige Aufenthaltsberechtigung – EU den Hinweis aufzunehmen, dass Deutschland dieser Person internationalen Schutz gewährt.

(6) Das Bundesamt für Migration und Flüchtlinge teilt die jeweils zuständige Ausländerbehörde von Amts wegen den Inhalt von Mitteilungen anderer Mitgliedstaaten der Europäischen Union mit,
1. wonach der andere Mitgliedstaat der Europäischen Union aufenthaltsbeendende Maßnahmen beabsichtigt oder durchführt, die sich gegen einen Ausländer richten, der eine Erlaubnis zum Daueraufenthalt – EU besitzt,
2. wonach ein Ausländer, der eine Erlaubnis zum Daueraufenthalt – EU besitzt, in einem anderen Mitgliedstaat der Europäischen Union langfristig Aufenthaltsberechtigter geworden ist oder ihm in einem anderen Mitgliedstaat der Europäischen Union ein Aufenthaltstitel erteilt oder sein Aufenthaltstitel verlängert wurde.

§ 91d Auskünfte zur Durchführung der Richtlinie (EU) 2016/801

(1) ¹Das Bundesamt für Migration und Flüchtlinge nimmt Anträge nach § 18f entgegen und leitet diese Anträge an die zuständige Ausländerbehörde weiter. ²Es teilt dem Antragsteller die zuständige Ausländerbehörde mit.

(2) ¹Das Bundesamt für Migration und Flüchtlinge erteilt der zuständigen Behörde eines anderen Mitgliedstaates der Europäischen Union auf Ersuchen die erforderlichen Auskünfte, um den zuständigen Behörden des anderen Mitgliedstaates der Europäischen Union eine Prüfung zu ermöglichen, ob die Voraussetzungen für die Mobilität des Ausländers nach den Artikeln 28 bis 31 der Richtlinie (EU) 2016/801 vorliegen. ²Die Auskünfte umfassen
1. die Personalien des Ausländers und Angaben zum Identitäts- und Reisedokument,
2. Angaben zu seinem gegenwärtigen und früheren Aufenthaltsstatus in Deutschland,
3. Angaben zu abgeschlossenen oder der Ausländerbehörde bekannten strafrechtlichen Ermittlungsverfahren,
4. sonstige den Ausländer betreffende Daten, sofern sie im Ausländerzentralregister gespeichert werden oder die aus der Ausländer- oder Visumakte hervorgehen und der andere Mitgliedstaat der Europäischen Union um ihre Übermittlung ersucht hat.

³Die Ausländerbehörden und die Auslandsvertretungen übermitteln hierzu dem Bundesamt für Migration und Flüchtlinge auf dessen Ersuchen die für die Erteilung der Auskunft erforderlichen Angaben.

(3) ¹Die Auslandsvertretungen und die Ausländerbehörden können über das Bundesamt für Migration und Flüchtlinge Ersuchen um Auskunft an zuständige Stellen anderer Mitgliedstaaten der Europäischen Union richten, soweit dies erforderlich ist, um die Voraussetzungen der Mobilität nach den §§ 16c und 18e und der Erteilung einer Aufenthaltserlaubnis nach § 18f oder eines entsprechenden Visums zu prüfen. ²Sie können hierzu
1. die Personalien des Ausländers,
2. Angaben zu seinem Identitäts- und Reisedokument und zu seinem im anderen Mitgliedstaat der Europäischen Union ausgestellten Aufenthaltstitel sowie
3. Angaben zum Gegenstand des Antrags auf Erteilung des Aufenthaltstitels und zum Ort der Antragstellung übermitteln und aus besonderem Anlass den Inhalt der erwünschten Auskünfte genauer bezeichnen. ³Das Bundesamt für Migration und Flüchtlinge leitet eingegangene Auskünfte an die zuständigen Ausländerbehörden und Auslandsvertretungen weiter. ⁴Die Daten, die in den Auskünften der zuständigen Stellen anderer Mitgliedstaaten

der Europäischen Union übermittelt werden, dürfen die Ausländerbehörden und Auslandsvertretungen zu diesem Zweck verarbeiten.
(4) ¹Das Bundesamt für Migration und Flüchtlinge unterrichtet die zuständige Behörde eines anderen Mitgliedstaates der Europäischen Union, in dem der Ausländer einen Aufenthaltstitel nach der Richtlinie (EU) 2016/801 besitzt, über den Inhalt und den Tag einer Entscheidung über
1. die Ablehnung der nach § 16c Absatz 1 und § 18e Absatz 1 mitgeteilten Mobilität nach § 19f Absatz 5 sowie
2. die Erteilung einer Aufenthaltserlaubnis nach § 18f.

²Wenn eine Ausländerbehörde die Entscheidung getroffen hat, übermittelt sie dem Bundesamt für Migration und Flüchtlinge unverzüglich die hierfür erforderlichen Angaben. ³Die Ausländerbehörden können der nationalen Kontaktstelle die für die Unterrichtungen nach Satz 1 erforderlichen Daten aus dem Ausländerzentralregister unter Nutzung der AZR-Nummer automatisiert übermitteln.

(5) ¹Wird ein Aufenthaltstitel nach § 16b Absatz 1, den §§ 16e, 18d oder 19e widerrufen, zurückgenommen, nicht verlängert oder läuft er nach einer Verkürzung der Frist gemäß § 7 Absatz 2 Satz 2 ab, so unterrichtet das Bundesamt für Migration und Flüchtlinge unverzüglich die zuständigen Behörden des anderen Mitgliedstaates, sofern sich der Ausländer dort im Rahmen des Anwendungsbereichs der Richtlinie (EU) 2016/801 aufhält und dies dem Bundesamt für Migration und Flüchtlinge bekannt ist. ²Die Ausländerbehörde, die die Entscheidung getroffen hat, übermittelt dem Bundesamt für Migration und Flüchtlinge unverzüglich die hierfür erforderlichen Angaben. ³Die Ausländerbehörden können der nationalen Kontaktstelle die für die Unterrichtungen nach Satz 1 erforderlichen Daten aus dem Ausländerzentralregister unter Nutzung der AZR-Nummer automatisiert übermitteln. ⁴Wird dem Bundesamt für Migration und Flüchtlinge durch die zuständige Behörde eines anderen Mitgliedstaates mitgeteilt, dass ein Aufenthaltstitel eines Ausländers, der sich nach den §§ 16c, 18e oder 18f im Bundesgebiet aufhält, der in den Anwendungsbereich der Richtlinie (EU) 2016/801 fällt, widerrufen, zurückgenommen oder nicht verlängert wurde oder abgelaufen ist, so unterrichtet das Bundesamt für Migration und Flüchtlinge unverzüglich die zuständige Ausländerbehörde.

§ 91e Gemeinsame Vorschriften für das Register zum vorübergehenden Schutz und zu innergemeinschaftlichen Datenübermittlungen

Im Sinne der §§ 91a bis 91g sind
1. Personalien: Namen, insbesondere Familienname, Geburtsname, Vornamen und früher geführte Namen, Geburtsdatum, Geburtsort, Geschlecht, Staatsangehörigkeiten und Wohnanschrift im Inland,
2. Angaben zum Identitäts- und Reisedokument: Art, Nummer, ausgebende Stelle, Ausstellungsdatum und Gültigkeitsdauer.

§ 91f Auskünfte zur Durchführung der Richtlinie 2009/50/EG innerhalb der Europäischen Union

(1) ¹Das Bundesamt für Migration und Flüchtlinge unterrichtet als nationale Kontaktstelle im Sinne des Artikels 22 Absatz 1 der Richtlinie 2009/50/EG die zuständige Behörde eines anderen Mitgliedstaates der Europäischen Union, in dem der Ausländer eine Blaue Karte EU besitzt, über den Inhalt und den Tag einer Entscheidung über die Erteilung einer Blauen Karte EU. ²Die Behörde, die die Entscheidung getroffen hat, übermittelt der nationalen Kontaktstelle unverzüglich die hierfür erforderlichen Angaben. ³Der nationalen Kontaktstelle können die für Unterrichtungen nach Satz 1 erforderlichen Daten aus dem Ausländerzentralregister durch die Ausländerbehörden unter Nutzung der AZR-Nummer automatisiert übermittelt werden.

(2) Das Bundesamt für Migration und Flüchtlinge übermittelt den zuständigen Organen der Europäischen Union jährlich
1. die Daten, die nach der Verordnung (EG) Nr. 862/2007 des Europäischen Parlaments und des Rates vom 11. Juli 2007 zu Gemeinschaftsstatistiken über Wanderung und internationalen Schutz und zur Aufhebung der Verordnung (EWG) Nr. 311/76 des Rates über die Erstellung von Statistiken über ausländische Arbeitnehmer (ABl. L 199 vom 31. 7. 2007, S. 23) im Zusammenhang mit der Erteilung von Blauen Karten EU zu übermitteln sind, sowie
2. ein Verzeichnis der Berufe, für die nach § 18b Absatz 2 Satz 2 ein Gehalt nach Artikel 5 Absatz 5 der Richtlinie 2009/50/EG bestimmt wurde.

§ 91g Auskünfte zur Durchführung der Richtlinie 2014/66/EU

(1) ¹Das Bundesamt für Migration und Flüchtlinge nimmt Anträge nach § 19b entgegen und leitet diese Anträge an die zuständige Ausländerbehörde weiter. ²Es teilt dem Antragsteller die zuständige Ausländerbehörde mit.

(2) ¹Das Bundesamt für Migration und Flüchtlinge erteilt der zuständigen Behörde eines anderen Mitgliedstaates der Europäischen Union auf Ersuchen die erforderlichen Auskünfte, um den zuständigen Behörden des anderen Mitgliedstaates der Europäischen Union eine Prüfung zu ermöglichen, ob die Voraussetzungen für die Mobilität des Ausländers nach der Richtlinie 2014/66/EU vorliegen. ²Die Auskünfte umfassen

1. die Personalien des Ausländers und Angaben zum Identitäts- und Reisedokument,
2. Angaben zu seinem gegenwärtigen und früheren Aufenthaltsstatus in Deutschland,
3. Angaben zu abgeschlossenen oder der Ausländerbehörde bekannten strafrechtlichen Ermittlungsverfahren,
4. sonstige den Ausländer betreffende Daten, sofern sie im Ausländerzentralregister gespeichert werden oder sie aus der Ausländer- oder Visumakte hervorgehen und der andere Mitgliedstaat der Europäischen Union um ihre Übermittlung ersucht hat.

³Die Ausländerbehörden und die Auslandsvertretungen übermitteln hierzu dem Bundesamt für Migration und Flüchtlinge auf dessen Ersuchen die für die Erteilung der Auskunft erforderlichen Angaben.

(3) ¹Die Auslandsvertretungen und die Ausländerbehörden können über das Bundesamt für Migration und Flüchtlinge Ersuchen um Auskunft an zuständige Stellen anderer Mitgliedstaaten der Europäischen Union richten, soweit dies erforderlich ist, um die Voraussetzungen der Mobilität nach § 19a oder der Erteilung einer Mobiler-ICT-Karte zu prüfen. ²Sie können hierzu
1. die Personalien des Ausländers,
2. Angaben zu seinem Identitäts- und Reisedokument und zu seinem im anderen Mitgliedstaat der Europäischen Union ausgestellten Aufenthaltstitel sowie
3. Angaben zum Gegenstand des Antrags auf Erteilung des Aufenthaltstitels und zum Ort der Antragstellung

übermitteln und aus besonderem Anlass den Inhalt der erwünschten Auskünfte genauer bezeichnen. ³Das Bundesamt für Migration und Flüchtlinge leitet eingegangene Auskünfte an die zuständigen Ausländerbehörden und Auslandsvertretungen weiter. ⁴Die Daten, die in den Auskünften der zuständigen Stellen anderer Mitgliedstaaten der Europäischen Union übermittelt werden, dürfen die Ausländerbehörden und Auslandsvertretungen zu diesem Zweck verarbeiten.

(4) ¹Das Bundesamt für Migration und Flüchtlinge unterrichtet die zuständige Behörde eines anderen Mitgliedstaates der Europäischen Union, in dem der Ausländer eine ICT-Karte besitzt, über den Inhalt und den Tag einer Entscheidung über
1. die Ablehnung der nach § 19a Absatz 1 mitgeteilten Mobilität gemäß § 19a Absatz 4 sowie
2. die Erteilung einer Mobiler-ICT-Karte nach § 19b.

²Wird eine ICT-Karte nach § 19 widerrufen, zurückgenommen oder nicht verlängert oder läuft sie nach einer Verkürzung der Frist gemäß § 7 Absatz 2 Satz 2 ab, so unterrichtet das Bundesamt für Migration und Flüchtlinge unverzüglich die Behörde des anderen Mitgliedstaates, in dem der Ausländer von der in der Richtlinie 2014/66/EU vorgesehenen Möglichkeit, einen Teil des unternehmensinternen Transfers in einem anderen Mitgliedstaat der Europäischen Union durchzuführen, Gebrauch gemacht hat, sofern dies der Ausländerbehörde bekannt ist. ³Die Behörde, die die Entscheidung getroffen hat, übermittelt dem Bundesamt für Migration und Flüchtlinge unverzüglich die hierfür erforderlichen Angaben. ⁴Die Ausländerbehörden können der nationalen Kontaktstelle die für die Unterrichtung nach Satz 1 erforderlichen Daten aus dem Ausländerzentralregister unter Nutzung der AZR-Nummer automatisiert übermitteln. ⁵Wird dem Bundesamt für Migration und Flüchtlinge durch die zuständige Behörde eines anderen Mitgliedstaates mitgeteilt, dass ein Aufenthaltstitel eines Ausländers, der sich nach den §§ 19a oder 19b im Bundesgebiet aufhält, und der in den Anwendungsbereich der Richtlinie (EU) 2014/66 fällt, widerrufen, zurückgenommen oder nicht verlängert wurde oder abgelaufen ist, so unterrichtet das Bundesamt für Migration und Flüchtlinge unverzüglich die zuständige Ausländerbehörde.

(5) Das Bundesamt für Migration und Flüchtlinge übermittelt den zuständigen Organen der Europäischen Union jährlich
1. die Zahl
   a) der erstmals erteilten ICT-Karten,
   b) der erstmals erteilten Mobiler-ICT-Karten und
   c) der Mitteilungen nach § 19a Absatz 1,
2. jeweils die Staatsangehörigkeit des Ausländers und
3. jeweils die Gültigkeitsdauer oder die Dauer des geplanten Aufenthalts.

Kapitel 8
Beauftragte für Migration, Flüchtlinge und Integration

§ 92 Amt der Beauftragten

(1) Die Bundesregierung bestellt eine Beauftragte oder einen Beauftragten für Migration, Flüchtlinge und Integration.

(2) ¹Das Amt der Beauftragten wird bei einer obersten Bundesbehörde eingerichtet und kann von einem Mitglied des Deutschen Bundestages bekleidet werden. ²Ohne dass es einer Genehmigung (§ 5 Abs. 2 Satz 2 des

Bundesministergesetzes, § 7 des Gesetzes über die Rechtsverhältnisse der Parlamentarischen Staatssekretäre) bedarf, kann die Beauftragte zugleich ein Amt nach dem Gesetz über die Rechtsverhältnisse der Parlamentarischen Staatssekretäre innehaben. ³Die Amtsführung der Beauftragten bleibt in diesem Falle von der Rechtsstellung nach dem Gesetz über die Rechtsverhältnisse der Parlamentarischen Staatssekretäre unberührt.
(3) ¹Die für die Erfüllung der Aufgaben notwendige Personal- und Sachausstattung ist zur Verfügung zu stellen. ²Der Ansatz ist im Einzelplan der obersten Bundesbehörde nach Absatz 2 Satz 1 in einem eigenen Kapitel auszuweisen.
(4) Das Amt endet, außer im Falle der Entlassung, mit dem Zusammentreten eines neuen Bundestages.

§ 93 Aufgaben
Die Beauftragte hat die Aufgaben,
1. die Integration der dauerhaft im Bundesgebiet ansässigen Migranten zu fördern und insbesondere die Bundesregierung bei der Weiterentwicklung ihrer Integrationspolitik auch im Hinblick auf arbeitsmarkt- und sozialpolitische Aspekte zu unterstützen sowie für die Weiterentwicklung der Integrationspolitik auch im europäischen Rahmen Anregungen zu geben;
2. die Voraussetzungen für ein möglichst spannungsfreies Zusammenleben zwischen Ausländern und Deutschen sowie unterschiedlichen Gruppen von Ausländern weiterzuentwickeln, Verständnis füreinander zu fördern und Fremdenfeindlichkeit entgegenzuwirken;
3. nicht gerechtfertigten Ungleichbehandlungen, soweit sie Ausländer betreffen, entgegenzuwirken;
4. den Belangen der im Bundesgebiet befindlichen Ausländer zu einer angemessenen Berücksichtigung zu verhelfen;
5. über die gesetzlichen Möglichkeiten der Einbürgerung zu informieren;
6. auf die Wahrung der Freizügigkeitsrechte der im Bundesgebiet lebenden Unionsbürger zu achten und zu deren weiterer Ausgestaltung Vorschläge zu machen;
7. Initiativen zur Integration der dauerhaft im Bundesgebiet ansässigen Migranten auch bei den Ländern und kommunalen Gebietskörperschaften sowie bei den gesellschaftlichen Gruppen anzuregen und zu unterstützen;
8. die Zuwanderung ins Bundesgebiet und in die Europäische Union sowie die Entwicklung der Zuwanderung in anderen Staaten zu beobachten;
9. in den Aufgabenbereichen der Nummern 1 bis 8 mit den Stellen der Gemeinden, der Länder, anderer Mitgliedstaaten der Europäischen Union und der Europäischen Union selbst, die gleiche oder ähnliche Aufgaben haben wie die Beauftragte, zusammenzuarbeiten;
10. die Öffentlichkeit zu den in den Nummern 1 bis 9 genannten Aufgabenbereichen zu informieren.

§ 94 Amtsbefugnisse
(1) ¹Die Beauftragte wird bei Rechtsetzungsvorhaben der Bundesregierung oder einzelner Bundesministerien sowie bei sonstigen Angelegenheiten, die ihren Aufgabenbereich betreffen, möglichst frühzeitig beteiligt. ²Sie kann der Bundesregierung Vorschläge machen und Stellungnahmen zuleiten. ³Die Bundesministerien unterstützen die Beauftragte bei der Erfüllung ihrer Aufgaben.
(2) Die Beauftragte für Migration, Flüchtlinge und Integration erstattet dem Deutschen Bundestag mindestens alle zwei Jahre einen Bericht.
(3) ¹Liegen der Beauftragten hinreichende Anhaltspunkte vor, dass öffentliche Stellen des Bundes Verstöße im Sinne des § 93 Nr. 3 begehen oder sonst die gesetzlichen Rechte von Ausländern nicht wahren, so kann sie eine Stellungnahme anfordern. ²Sie kann diese Stellungnahme mit einer eigenen Bewertung versehen und der öffentlichen und deren vorgesetzter Stelle zuleiten. ³Die öffentlichen Stellen des Bundes sind verpflichtet, Auskunft zu erteilen und Fragen zu beantworten. ⁴Personenbezogene Daten übermitteln die öffentlichen Stellen nur, wenn sich der Betroffene selbst mit der Bitte, in seiner Sache gegenüber der öffentlichen Stelle tätig zu werden, an die Beauftragte gewandt hat oder die Einwilligung des Ausländers anderweitig nachgewiesen ist.

Kapitel 9
Straf- und Bußgeldvorschriften

§ 95 Strafvorschriften
(1) Mit Freiheitsstrafe bis zu einem Jahr oder mit Geldstrafe wird bestraft, wer
1. entgegen § 3 Abs. 1 in Verbindung mit § 48 Abs. 2 sich im Bundesgebiet aufhält,
2. ohne erforderlichen Aufenthaltstitel nach § 4 Absatz 1 Satz 1 sich im Bundesgebiet aufhält, wenn
   a) er vollziehbar ausreisepflichtig ist,
   b) ihm eine Ausreisefrist nicht gewährt wurde oder diese abgelaufen ist und

c) dessen Abschiebung nicht ausgesetzt ist,
3. entgegen § 14 Abs. 1 Nr. 1 oder 2 in das Bundesgebiet einreist,
4. einer vollziehbaren Anordnung nach § 46 Abs. 2 Satz 1 oder 2 oder § 47 Abs. 1 Satz 2 oder Abs. 2 zuwiderhandelt,
5. entgegen § 49 Abs. 2 eine Angabe nicht, nicht richtig oder nicht vollständig macht, sofern die Tat nicht in Absatz 2 Nr. 2 mit Strafe bedroht ist,
6. entgegen § 49 Abs. 10 eine dort genannte Maßnahme nicht duldet,
6a. entgegen § 56 wiederholt einer Meldepflicht nicht nachkommt, wiederholt gegen räumliche Beschränkungen des Aufenthalts oder sonstige Auflagen verstößt oder trotz wiederholten Hinweises auf die rechtlichen Folgen einer Weigerung der Verpflichtung zur Wohnsitznahme nicht nachkommt oder entgegen § 56 Abs. 4 bestimmte Kommunikationsmittel nutzt oder bestimmte Kontaktverbote nicht beachtet,
7. wiederholt einer räumlichen Beschränkung nach § 61 Abs. 1 oder Absatz 1c zuwiderhandelt oder
8. im Bundesgebiet einer überwiegend aus Ausländern bestehenden Vereinigung oder Gruppe angehört, deren Bestehen, Zielsetzung oder Tätigkeit vor den Behörden geheim gehalten wird, um ihr Verbot abzuwenden.
(1a) Ebenso wird bestraft, wer vorsätzlich eine in § 404 Abs. 2 Nr. 4 des Dritten Buches Sozialgesetzbuch oder in § 98 Abs. 3 Nr. 1 bezeichnete Handlung begeht, für den Aufenthalt im Bundesgebiet nach § 4 Abs. 1 Satz 1 eines Aufenthaltstitels bedarf und als Aufenthaltstitel nur ein Schengen-Visum nach § 6 Abs. 1 Nummer 1 besitzt.
(2) Mit Freiheitsstrafe bis zu drei Jahren oder mit Geldstrafe wird bestraft, wer
1. entgegen § 11 Absatz 1 oder in Zuwiderhandlung einer vollziehbaren Anordnung nach § 11 Absatz 6 Satz 1 oder Absatz 7 Satz 1
   a) in das Bundesgebiet einreist oder
   b) sich darin aufhält,
1a. einer vollstreckbaren gerichtlichen Anordnung nach § 56a Absatz 1 zuwiderhandelt und dadurch die kontinuierliche Feststellung seines Aufenthaltsortes durch eine in § 56a Absatz 3 genannte zuständige Stelle verhindert oder
2. unrichtige oder unvollständige Angaben macht oder benutzt, um für sich oder einen anderen einen Aufenthaltstitel oder eine Duldung zu beschaffen oder das Erlöschen oder die nachträgliche Beschränkung des Aufenthaltstitels oder der Duldung abzuwenden oder eine so beschaffte Urkunde wissentlich zur Täuschung im Rechtsverkehr gebrauchte.
(3) In den Fällen des Absatzes 1 Nr. 3 und der Absätze 1a und 2 Nr. 1 Buchstabe a ist der Versuch strafbar.
(4) Gegenstände, die sich auf eine Straftat nach Absatz 2 Nr. 2 beziehen, können eingezogen werden.
(5) Artikel 31 Abs. 1 des Abkommens über die Rechtsstellung der Flüchtlinge bleibt unberührt.
(6) In den Fällen des Absatzes 1 Nr. 2 und 3 steht einem Handeln ohne erforderlichen Aufenthaltstitel ein Handeln auf Grund eines durch Drohung, Bestechung oder Kollusion erwirkten oder durch unrichtige oder unvollständige Angaben erschlichenen Aufenthaltstitels gleich.
(7) In Fällen des Absatzes 2 Nummer 1a wird die Tat nur auf Antrag einer dort genannten zuständigen Stelle verfolgt.

§ 96 Einschleusen von Ausländern

(1) Mit Freiheitsstrafe von drei Monaten bis zu fünf Jahren, in minder schweren Fällen mit Freiheitsstrafe bis zu fünf Jahren oder mit Geldstrafe wird bestraft, wer einen anderen anstiftet oder ihm dazu Hilfe leistet, eine Handlung
1. nach § 95 Abs. 1 Nr. 3 oder Abs. 2 Nr. 1 Buchstabe a zu begehen und
   a) dafür einen Vorteil erhält oder sich versprechen lässt oder
   b) wiederholt oder zugunsten von mehreren Ausländern handelt oder
2. nach § 95 Abs. 1 Nr. 1 oder Nr. 2, Abs. 1a oder Abs. 2 Nr. 1 Buchstabe b oder Nr. 2 zu begehen und dafür einen Vermögensvorteil erhält oder sich versprechen lässt.
(2) ¹Mit Freiheitsstrafe von sechs Monaten bis zu zehn Jahren wird bestraft, wer in den Fällen des Absatzes 1
1. gewerbsmäßig handelt,
2. als Mitglied einer Bande, die sich zur fortgesetzten Begehung solcher Taten verbunden hat, handelt,
3. eine Schusswaffe bei sich führt, wenn sich die Tat auf eine Handlung nach § 95 Abs. 1 Nr. 3 oder Abs. 2 Nr. 1 Buchstabe a bezieht,
4. eine andere Waffe bei sich führt, um diese bei der Tat zu verwenden, wenn sich die Tat auf eine Handlung nach § 95 Abs. 1 Nr. 3 oder Abs. 2 Nr. 1 Buchstabe a bezieht, oder
5. den Geschleusten einer das Leben gefährdenden, unmenschlichen oder erniedrigenden Behandlung oder der Gefahr einer schweren Gesundheitsschädigung aussetzt.

²Ebenso wird bestraft, wer in den Fällen des Absatzes 1 Nummer 1 Buchstabe a zugunsten eines minderjährigen ledigen Ausländers handelt, der ohne Begleitung einer personensorgeberechtigten Person oder einer dritten Person, die die Fürsorge oder Obhut für ihn übernommen hat, in das Bundesgebiet einreist.
(3) Der Versuch ist strafbar.
(4) Absatz 1 Nr. 1 Buchstabe a, Nr. 2, Absatz 2 Satz 1 Nummer 1, 2 und 5 und Absatz 3 sind auf Zuwiderhandlungen gegen Rechtsvorschriften über die Einreise und den Aufenthalt von Ausländern in das Hoheitsgebiet der Mitgliedstaaten der Europäischen Union oder eines Schengen-Staates anzuwenden, wenn
1. sie den in § 95 Abs. 1 Nr. 2 oder 3 oder Abs. 2 Nr. 1 bezeichneten Handlungen entsprechen und
2. der Täter einen Ausländer unterstützt, der nicht die Staatsangehörigkeit eines Mitgliedstaates der Europäischen Union oder eines anderen Vertragsstaates des Abkommens über den Europäischen Wirtschaftsraum besitzt.
(5) § 74a des Strafgesetzbuchs ist anzuwenden.

§ 97 Einschleusen mit Todesfolge; gewerbs- und bandenmäßiges Einschleusen

(1) Mit Freiheitsstrafe nicht unter drei Jahren wird bestraft, wer in den Fällen des § 96 Abs. 1, auch in Verbindung mit § 96 Abs. 4, den Tod des Geschleusten verursacht.
(2) Mit Freiheitsstrafe von einem Jahr bis zu zehn Jahren wird bestraft, wer in den Fällen des § 96 Abs. 1, auch in Verbindung mit § 96 Abs. 4, als Mitglied einer Bande, die sich zur fortgesetzten Begehung solcher Taten verbunden hat, gewerbsmäßig handelt.
(3) In minder schweren Fällen des Absatzes 1 ist die Strafe Freiheitsstrafe von einem Jahr bis zu zehn Jahren, in minder schweren Fällen des Absatzes 2 Freiheitsstrafe von sechs Monaten bis zu zehn Jahren.
(4) Die § 74a des Strafgesetzbuchs sind anzuwenden.

§ 97a Geheimhaltungspflichten

¹Informationen zum konkreten Ablauf einer Abschiebung, insbesondere Informationen nach § 59 Absatz 1 Satz 8 sind Geheimnisse oder Nachrichten nach § 353b Absatz 1 oder Absatz 2 des Strafgesetzbuches. ²Gleiches gilt für Informationen zum konkreten Ablauf, insbesondere zum Zeitpunkt von Anordnungen nach § 82 Absatz 4 Satz 1.

§ 98 Bußgeldvorschriften

(1) Ordnungswidrig handelt, wer eine in § 95 Abs. 1 Nr. 1 oder 2 oder Abs. 2 Nr. 1 Buchstabe b bezeichnete Handlung fahrlässig begeht.
(2) Ordnungswidrig handelt, wer
1. entgegen § 4 Absatz 2 Satz 1 einen Nachweis nicht führt,
2. entgegen § 13 Abs. 1 Satz 2 sich der polizeilichen Kontrolle des grenzüberschreitenden Verkehrs nicht unterzieht,
2a. entgegen § 47 Satz 1, auch in Verbindung mit Satz 2, oder entgegen § 47a Satz 3, ein dort genanntes Dokument nicht oder nicht rechtzeitig vorlegt oder einen Abgleich mit dem Lichtbild nicht oder nicht rechtzeitig ermöglicht,
3. entgegen § 48 Abs. 1 oder 3 Satz 1 eine dort genannte Urkunde oder Unterlage oder einen dort genannten Datenträger nicht oder nicht rechtzeitig vorlegt, nicht oder nicht rechtzeitig aushändigt oder nicht oder nicht rechtzeitig überlässt,
4. einer vollziehbaren Anordnung nach § 44a Abs. 1 Satz 1 Nr. 3, Satz 2 oder 3 zuwiderhandelt oder
5. entgegen § 82 Absatz 6 Satz 1, auch in Verbindung mit § 60d Absatz 3 Satz 4, eine Mitteilung nicht oder nicht rechtzeitig macht.
(2a) Ordnungswidrig handelt, wer vorsätzlich oder leichtfertig
1. entgegen § 4a Absatz 5 Satz 1 einen Ausländer mit einer nachhaltigen entgeltlichen Dienst- oder Werkleistung beauftragt, der der Ausländer auf Gewinnerzielung gerichtet ausübt,
2. entgegen § 4a Absatz 5 Satz 3 Nummer 3 oder § 19a Absatz 1 Satz 2 oder 3 eine Mitteilung nicht, nicht richtig oder nicht rechtzeitig macht,
3. entgegen § 19b Absatz 7 eine Anzeige nicht, nicht richtig, nicht vollständig oder nicht rechtzeitig erstattet oder
4. entgegen § 60c Absatz 5 Satz 1 oder § 60d Absatz 3 Satz 3 eine Mitteilung nicht, nicht richtig, nicht vollständig, nicht in der vorgeschriebenen Weise oder nicht rechtzeitig macht.
(3) Ordnungswidrig handelt, wer vorsätzlich oder fahrlässig
1. entgegen § 4a Absatz 3 Satz 4 oder Absatz 4, § 6 Absatz 2a, § 7 Absatz 1 Satz 4 erster Halbsatz, § 16a Absatz 3 Satz 1, § 16b Absatz 3, auch in Verbindung mit Absatz 7 Satz 3, § 16b Absatz 5 Satz 3 zweiter Halbsatz, § 16c Absatz 2 Satz 3, § 16d Absatz 1 Satz 4, Absatz 3 Satz 2 oder Absatz 4 Satz 3, § 16f Absatz 3 Satz 4, § 17 Absatz 3 Satz 1, § 20 Absatz 1 Satz 4, auch in Verbindung mit Absatz 2 Satz 2, § 23 Absatz 1

Satz 4 erster Halbsatz oder § 25 Absatz 4 Satz 3 erster Halbsatz, Absatz 4a Satz 4 erster Halbsatz oder Absatz 4b Satz 4 erster Halbsatz eine selbständige Tätigkeit ausübt,
2. einer vollziehbaren Auflage nach § 12 Abs. 2 Satz 2 oder Abs. 4 zuwiderhandelt,
2a. entgegen § 12a Absatz 1 Satz 1 den Wohnsitz nicht oder nicht für die vorgeschriebene Dauer in dem Land nimmt, in dem er zu wohnen verpflichtet ist,
2b. einer vollziehbaren Anordnung nach § 12a Absatz 2, 3 oder 4 Satz 1 oder § 61 Absatz 1c zuwiderhandelt,
3. entgegen § 13 Abs. 1 außerhalb einer zugelassenen Grenzübergangsstelle oder außerhalb der festgesetzten Verkehrsstunden einreist oder ausreist oder einen Pass oder Passersatz nicht mitführt,
4. einer vollziehbaren Anordnung nach § 46 Abs. 1, § 56 Absatz 1 Satz 2 oder Abs. 3 oder § 61 Absatz 1e zuwiderhandelt,
5. entgegen § 56 Absatz 1 Satz 1 eine Meldung nicht, nicht richtig oder nicht rechtzeitig macht,
5a. einer räumlichen Beschränkung nach § 56 Absatz 2 oder § 61 Absatz 1 Satz 1 zuwiderhandelt,
5b. entgegen § 60b Absatz 2 Satz 1 nicht alle zumutbaren Handlungen vornimmt, um einen anerkannten und gültigen Pass oder Passersatz zu erlangen,
6. entgegen § 80 Abs. 4 einen der dort genannten Anträge nicht stellt oder
7. einer Rechtsverordnung nach § 99 Absatz 1 Nummer 3a Buchstabe d, Nummer 7, 10 oder 13a Satz 1 Buchstabe j zuwiderhandelt, soweit sie für einen bestimmten Tatbestand auf diese Bußgeldvorschrift verweist.
(4) In den Fällen des Absatzes 2 Nr. 2 und des Absatzes 3 Nr. 3 kann der Versuch der Ordnungswidrigkeit geahndet werden.
(5) Die Ordnungswidrigkeit kann in den Fällen des Absatzes 2a Nummer 1 mit einer Geldbuße bis zu fünfhunderttausend Euro, in den Fällen des Absatzes 2a Nummer 2, 3 und 4 mit einer Geldbuße bis zu dreißigtausend Euro, in den Fällen des Absatzes 2 Nr. 2 und des Absatzes 3 Nr. 1 und 5b mit einer Geldbuße bis zu fünftausend Euro, in den Fällen der Absätze 1 und 2 Nr. 1, 2a und 3 und des Absatzes 3 Nr. 3 mit einer Geldbuße bis zu dreitausend Euro und in den übrigen Fällen mit einer Geldbuße bis zu tausend Euro geahndet werden.
(6) Artikel 31 Abs. 1 des Abkommens über die Rechtsstellung der Flüchtlinge bleibt unberührt.

Kapitel 9a
Rechtsfolgen bei illegaler Beschäftigung

§ 98a Vergütung

(1) ¹Der Arbeitgeber ist verpflichtet, dem Ausländer, den er ohne die nach § 284 Absatz 1 des Dritten Buches Sozialgesetzbuch erforderliche Genehmigung oder ohne die nach § 4a Absatz 5 erforderliche Berechtigung zur Erwerbstätigkeit beschäftigt hat, die vereinbarte Vergütung zu zahlen. ²Für die Vergütung wird vermutet, dass der Arbeitgeber den Ausländer drei Monate beschäftigt hat.
(2) Als vereinbarte Vergütung ist die übliche Vergütung anzusehen, es sei denn, der Arbeitgeber hat mit dem Ausländer zulässigerweise eine geringere oder eine höhere Vergütung vereinbart.
(3) Ein Unternehmer, der einen anderen Unternehmer mit der Erbringung von Werk- oder Dienstleistungen beauftragt, haftet für die Erfüllung der Verpflichtung dieses Unternehmers nach Absatz 1 wie ein Bürge, der auf die Einrede der Vorausklage verzichtet hat.
(4) Für den Generalunternehmer und alle zwischengeschalteten Unternehmer ohne unmittelbare vertragliche Beziehung zu dem Arbeitgeber gilt Absatz 3 entsprechend, es sei denn, dem Generalunternehmer oder dem zwischengeschalteten Unternehmer war nicht bekannt, dass der Arbeitgeber Ausländer ohne die nach § 284 Absatz 1 des Dritten Buches Sozialgesetzbuch erforderliche Genehmigung oder ohne die nach § 4a Absatz 5 erforderliche Berechtigung zur Erwerbstätigkeit beschäftigt hat.
(5) Die Haftung nach den Absätzen 3 und 4 entfällt, wenn der Unternehmer nachweist, dass er auf Grund sorgfältiger Prüfung davon ausgehen konnte, dass der Arbeitgeber keine Ausländer ohne die nach § 284 Absatz 1 des Dritten Buches Sozialgesetzbuch erforderliche Genehmigung oder ohne die nach § 4a Absatz 5 erforderliche Berechtigung zur Erwerbstätigkeit beschäftigt hat.
(6) Ein Ausländer, der im Geltungsbereich dieses Gesetzes ohne die nach § 284 Absatz 1 des Dritten Buches Sozialgesetzbuch erforderliche Genehmigung oder ohne die nach § 4a Absatz 5 erforderliche Berechtigung zur Erwerbstätigkeit beschäftigt worden ist, kann Klage auf Erfüllung der Zahlungsverpflichtungen nach Absatz 3 und 4 auch vor einem deutschen Gericht für Arbeitssachen erheben.
(7) Die Vorschriften des Arbeitnehmer-Entsendegesetzes bleiben unberührt.

§ 98b Ausschluss von Subventionen

(1) ¹Die zuständige Behörde kann Anträge auf Subventionen im Sinne des § 264 des Strafgesetzbuches ganz oder teilweise ablehnen, wenn der Antragsteller oder dessen nach Satzung oder Gesetz Vertretungsberechtigter

1. nach § 404 Absatz 2 Nummer 3 des Dritten Buches Sozialgesetzbuch mit einer Geldbuße von wenigstens Zweitausendfünfhundert Euro rechtskräftig belegt worden ist oder
2. nach den §§ 10, 10a oder 11 des Schwarzarbeitsbekämpfungsgesetzes zu einer Freiheitsstrafe von mehr als drei Monaten oder einer Geldstrafe von mehr als 90 Tagessätzen rechtskräftig verurteilt worden ist.

²Ablehnungen nach Satz 1 können je nach Schwere des der Geldbuße oder der Freiheits- oder der Geldstrafe zugrunde liegenden Verstoßes in einem Zeitraum von bis zu fünf Jahren ab Rechtskraft der Geldbuße, der Freiheits- oder der Geldstrafe erfolgen.
(2) Absatz 1 gilt nicht, wenn
1. auf die beantragte Subvention ein Rechtsanspruch besteht,
2. der Antragsteller eine natürliche Person ist und die Beschäftigung, durch die der Verstoß nach Absatz 1 Satz 1 begangen wurde, seinen privaten Zwecken diente, oder
3. der Verstoß nach Absatz.1 Satz 1 darin bestand, dass ein Unionsbürger rechtswidrig beschäftigt wurde.

§ 98c Ausschluss von der Vergabe öffentlicher Aufträge
(1) ¹Öffentliche Auftraggeber nach § 99 des Gesetzes gegen Wettbewerbsbeschränkungen können einen Bewerber oder einen Bieter vom Wettbewerb um einen Liefer-, Bau- oder Dienstleistungsauftrag ausschließen, wenn dieser oder dessen nach Satzung oder Gesetz Vertretungsberechtigter
1. nach § 404 Absatz 2 Nummer 3 des Dritten Buches Sozialgesetzbuch mit einer Geldbuße von wenigstens Zweitausendfünfhundert Euro rechtskräftig belegt worden ist oder
2. nach den §§ 10, 10a oder 11 des Schwarzarbeitsbekämpfungsgesetzes zu einer Freiheitsstrafe von mehr als drei Monaten oder einer Geldstrafe von mehr als 90 Tagessätzen rechtskräftig verurteilt worden ist.

²Ausschlüsse nach Satz 1 können bis zur nachgewiesenen Wiederherstellung der Zuverlässigkeit, je nach Schwere des der Geldbuße, der Freiheits- oder der Geldstrafe zugrunde liegenden Verstoßes in einem Zeitraum von bis zu fünf Jahren ab Rechtskraft der Geldbuße, der Freiheits- oder der Geldstrafe erfolgen.
(2) Absatz 1 gilt nicht, wenn der Verstoß nach Absatz 1 Satz 1 darin bestand, dass ein Unionsbürger rechtswidrig beschäftigt wurde.
(3) Macht ein öffentlicher Auftraggeber von der Möglichkeit nach Absatz 1 Gebrauch, gilt § 21 Absatz 2 bis 5 des Arbeitnehmer-Entsendegesetzes entsprechend.

Kapitel 10
Verordnungsermächtigungen; Übergangs- und Schlussvorschriften

§ 99 Verordnungsermächtigung
(1) Das Bundesministerium des Innern, für Bau und Heimat wird ermächtigt, durch Rechtsverordnung mit Zustimmung des Bundesrates
1. zur Erleichterung des Aufenthalts von Ausländern Befreiungen vom Erfordernis des Aufenthaltstitels vorzusehen, das Verfahren für die Erteilung von Befreiungen und die Fortgeltung und weitere Erteilung von Aufenthaltstiteln nach diesem Gesetz bei Eintritt eines Befreiungsgrundes zu regeln sowie zur Steuerung der Erwerbstätigkeit von Ausländern im Bundesgebiet Befreiungen einzuschränken,
2. zu bestimmen, dass der Aufenthaltstitel vor der Einreise bei der Ausländerbehörde oder nach der Einreise eingeholt werden kann,
3. zu bestimmen, in welchen Fällen die Erteilung eines Visums der Zustimmung der Ausländerbehörde bedarf, um die Mitwirkung anderer beteiligter Behörden zu sichern,
3a. Näheres zum Verfahren zur Erteilung von Aufenthaltstiteln an Forscher nach § 18d zu bestimmen, insbesondere
    a) die Voraussetzungen und das Verfahren sowie die Dauer der Anerkennung von Forschungseinrichtungen, die Aufhebung der Anerkennung einer Forschungseinrichtung und die Voraussetzungen und den Inhalt des Abschlusses von Aufnahmevereinbarungen nach § 18d Absatz 1 Satz 1 Nummer 1 zu regeln,
    b) vorzusehen, dass die für die Anerkennung zuständige Behörde die Anschriften der anerkannten Forschungseinrichtungen veröffentlicht und in den Veröffentlichungen auf Erklärungen nach § 18d Absatz 3 hinweist,
    c) Ausländerbehörden und Auslandsvertretungen zu verpflichten, der für die Anerkennung zuständigen Behörde Erkenntnisse über anerkannte Forschungseinrichtungen mitzuteilen, die die Aufhebung der Anerkennung begründen können,
    d) anerkannte Forschungseinrichtungen zu verpflichten, den Wegfall von Voraussetzungen für die Anerkennung, den Wegfall von Voraussetzungen für Aufnahmevereinbarungen, die abgeschlossen worden sind, oder die Änderung sonstiger bedeutsamer Umstände mitzuteilen,

161 AufenthG § 99

- e) beim Bundesamt für Migration und Flüchtlinge einen Beirat für Forschungsmigration einzurichten, der es bei der Anerkennung von Forschungseinrichtungen unterstützt und die Anwendung des § 18d beobachtet und bewertet,
- f) den Zeitpunkt des Beginns der Bearbeitung von Anträgen auf Anerkennung von Forschungseinrichtungen,
3b. selbständige Tätigkeiten zu bestimmen, für deren Ausübung stets oder unter bestimmten Voraussetzungen kein Aufenthaltstitel nach § 4a Absatz 1 Satz 1 erforderlich ist,
4. Ausländer, die im Zusammenhang mit der Hilfeleistung in Rettungs- und Katastrophenfällen einreisen, von der Passpflicht zu befreien,
5. andere amtliche deutsche Ausweise als Passersatz einzuführen oder zuzulassen,
6. amtliche Ausweise, die nicht von deutschen Behörden ausgestellt worden sind, allgemein als Passersatz zuzulassen,
7. zu bestimmen, dass zur Wahrung von Interessen der Bundesrepublik Deutschland Ausländer, die vom Erfordernis des Aufenthaltstitels befreit sind und Ausländer, die mit einem Visum einreisen, bei oder nach der Einreise der Ausländerbehörde oder einer sonstigen Behörde den Aufenthalt anzuzeigen haben,
8. zur Ermöglichung oder Erleichterung des Reiseverkehrs zu bestimmen, dass Ausländern die bereits bestehende Berechtigung zur Rückkehr in das Bundesgebiet in einem Passersatz bescheinigt werden kann,
9. zu bestimmen, unter welchen Voraussetzungen ein Ausweisersatz ausgestellt werden kann und wie lange er gültig ist,
10. die ausweisrechtlichen Pflichten von Ausländern, die sich im Bundesgebiet aufhalten, zu regeln hinsichtlich der Ausstellung und Verlängerung, des Verlustes und des Wiederauffindens sowie der Vorlage und der Abgabe eines Passes, Passersatzes und Ausweisersatzes sowie der Eintragungen über die Einreise, die Ausreise, das Antreffen im Bundesgebiet und über Entscheidungen der zuständigen Behörden in solchen Papieren,
11. Näheres zum Register nach § 91a sowie zu den Voraussetzungen und dem Verfahren der Datenübermittlung zu bestimmen,
12. zu bestimmen, wie der Wohnsitz von Ausländern, denen vorübergehend Schutz gemäß § 24 Abs. 1 gewährt worden ist, in einen anderen Mitgliedstaat der Europäischen Union verlegt werden kann,
13. für die bei der Ausführung dieses Gesetzes zu verwendenden Vordrucke festzulegen:
    - a) Näheres über die Anforderungen an Lichtbilder und Fingerabdrücke,
    - b) Näheres über das Verfahren und die technischen Anforderungen für die Aufnahme, elektronische Erfassung, Echtheitsbewertung und Qualitätssicherung des Lichtbilds,
    - c) Regelungen für die sichere Übermittlung des Lichtbilds an die zuständige Behörde sowie einer Registrierung und Zertifizierung von Dienstleistern zur Erstellung des Lichtbilds,
    - d) Näheres über Form und Inhalt der Muster und über die Ausstellungsmodalitäten,
    - e) Näheres über die Aufnahme und die Einbringung von Merkmalen in verschlüsselter Form nach § 78a Absatz 4 und 5,
13a. Regelungen für Reiseausweise für Ausländer, Reiseausweise für Flüchtlinge und Reiseausweise für Staatenlose mit elektronischem Speicher- und Verarbeitungsmedium nach Maßgabe der Verordnung (EG) Nr. 2252/2004 des Rates vom 13. Dezember 2004 über Normen für Sicherheitsmerkmale und biometrische Daten in von den Mitgliedstaaten ausgestellten Pässen und Reisedokumenten (ABl. L 385 vom 29. 12. 2004, S. 1) und der Verordnung (EG) Nr. 444/2009 des Europäischen Parlaments und des Rates vom 28. Mai 2009 zur Änderung der Verordnung (EG) Nr. 2252/2004 des Rates über Normen für Sicherheitsmerkmale und biometrische Daten in von den Mitgliedstaaten ausgestellten Pässen und Reisedokumenten (ABl. L 142 vom 6. 6. 2009, S. 1) zu treffen sowie Näheres über die Ausfertigung von Dokumenten mit elektronischem Speicher- und Verarbeitungsmedium nach § 78 nach Maßgabe der Verordnung (EG) Nr. 1030/2002 des Rates vom 13. Juni 2002 zur einheitlichen Gestaltung des Aufenthaltstitels für Drittstaatenangehörige (ABl. L 157 vom 15. 6. 2002, S. 1) in der jeweils geltenden Fassung zu bestimmen und insoweit für Reiseausweise und Dokumente nach § 78 Folgendes festzulegen:
    - a) das Verfahren und die technischen Anforderungen für die Aufnahme, elektronische Erfassung, Echtheitsbewertung und Qualitätssicherung des Lichtbilds und der Fingerabdrücke sowie Regelungen für die sichere Übermittlung des Lichtbilds an die zuständige Behörde sowie für die Registrierung und Zertifizierung von Dienstleistern zur Erstellung des Lichtbilds sowie den Zugriffsschutz auf die im elektronischen Speicher- und Verarbeitungsmedium abgelegten Daten,
    - b) Altersgrenzen für die Erhebung von Fingerabdrücken und Befreiungen von der Pflicht zur Abgabe von Fingerabdrücken und Lichtbildern,
    - c) die Reihenfolge der zu speichernden Fingerabdrücke bei Fehlen eines Zeigefingers, ungenügender Qualität des Fingerabdrucks oder Verletzungen der Fingerkuppe,

d) die Form des Verfahrens und die Einzelheiten über das Verfahren der Übermittlung sämtlicher Antragsdaten von den Ausländerbehörden an den Hersteller der Dokumente sowie zur vorübergehenden Speicherung der Antragsdaten bei der Ausländerbehörde und beim Hersteller,
e) die Speicherung der Fingerabdrücke und des Lichtbildes in der Ausländerbehörde bis zur Aushändigung des Dokuments,
f) das Einsichtsrecht des Dokumenteninhabers in die im elektronischen Speichermedium gespeicherten Daten,
g) die Anforderungen an die zur elektronischen Erfassung des Lichtbildes und der Fingerabdrücke, deren Qualitätssicherung sowie zur Übermittlung der Antragsdaten von der Ausländerbehörde an den Hersteller der Dokumente einzusetzenden technischen Systeme und Bestandteile sowie das Verfahren zur Überprüfung der Einhaltung dieser Anforderungen,
h) Näheres zur Verarbeitung der Fingerabdruckdaten und des digitalen Lichtbildes,
i) Näheres zur Seriennummer und zur maschinenlesbaren Personaldatenseite,
j) die Pflichten von Ausländern, die sich im Bundesgebiet aufhalten, hinsichtlich der Ausstellung, Neubeantragung und Verlängerung, des Verlustes und Wiederauffindens sowie der Vorlage und Abgabe von Dokumenten nach § 78.

Das Bundesministerium des Innern, für Bau und Heimat wird ferner ermächtigt, durch Rechtsverordnung mit Zustimmung des Bundesrates Einzelheiten des Prüfverfahrens entsprechend § 34 Satz 1 Nummer 4 des Personalausweisgesetzes und Einzelheiten zum elektronischen Identitätsnachweis entsprechend § 34 Satz 1 Nummer 5 bis 8a und Satz 3 des Personalausweisgesetzes festzulegen,

14. zu bestimmen, dass die
   a) Meldebehörden,
   b) Staatsangehörigkeits- und Bescheinigungsbehörden nach § 15 des Bundesvertriebenengesetzes,
   c) Pass- und Personalausweisbehörden,
   d) Sozial- und Jugendämter,
   e) Justiz-, Polizei- und Ordnungsbehörden,
   f) Bundesagentur für Arbeit,
   g) Finanz- und Hauptzollämter,
   h) Gewerbebehörden,
   i) Auslandsvertretungen und
   j) Träger der Grundsicherung für Arbeitsuchende
   ohne Ersuchen den Ausländerbehörden personenbezogene Daten zu Ausländern, Amtshandlungen und sonstige Maßnahmen gegenüber Ausländern sowie sonstige Erkenntnisse über Ausländer mitzuteilen haben, soweit diese Angaben zur Erfüllung der Aufgaben der Ausländerbehörden nach diesem Gesetz und nach ausländerrechtlichen Bestimmungen in anderen Gesetzen erforderlich sind; die Rechtsverordnung bestimmt Art und Umfang der Daten, die Maßnahmen und die sonstigen Erkenntnisse, die mitzuteilen sind; Datenübermittlungen dürfen nur insoweit vorgesehen werden, als die Daten zur Erfüllung der Aufgaben der Ausländerbehörden nach diesem Gesetz oder nach ausländerrechtlichen Bestimmungen in anderen Gesetzen erforderlich sind.
15. Regelungen über die fachbezogene elektronische Datenübermittlung zwischen den mit der Ausführung dieses Gesetzes beauftragten Behörden zu treffen, die sich auf Folgendes beziehen:
   a) die technischen Grundsätze des Aufbaus der verwendeten Standards,
   b) das Verfahren der Datenübermittlung und
   c) die an der elektronischen Datenübermittlung im Ausländerwesen beteiligten Behörden,
16. Regelungen für die Qualitätssicherung der nach § 49 Absatz 6, 8 und 9 erhobenen Lichtbilder und Fingerabdruckdaten festzulegen.

(2) ¹Das Bundesministerium des Innern, für Bau und Heimat wird ferner ermächtigt, durch Rechtsverordnung mit Zustimmung des Bundesrates zu bestimmen, dass
1. jede Ausländerbehörde ein Dateisystem über Ausländer führt, die sich in ihrem Bezirk aufhalten oder aufgehalten haben, die bei ihr einen Antrag gestellt oder Einreise und Aufenthalt angezeigt haben und für und gegen die sie eine ausländerrechtliche Maßnahme oder Entscheidung getroffen hat,
2. jede Auslandsvertretung ein Dateisystem über beantragte, erteilte, versagte, zurückgenommene, annullierte, widerrufene und aufgehobene Visa sowie zurückgenommene Visumanträge führen darf und die Auslandsvertretungen die jeweils dort gespeicherten Daten untereinander sowie mit dem Auswärtigen Amt und mit dem Bundesamt für Auswärtige Angelegenheiten austauschen dürfen sowie
3. die mit der Ausführung dieses Gesetzes betrauten Behörden ein sonstiges zur Erfüllung ihrer Aufgaben erforderliches Dateisystem führen.

²Nach Satz 1 Nr. 1 werden erfasst die Personalien einschließlich der Staatsangehörigkeit und der Anschrift des Ausländers, Angaben zum Pass, über ausländerrechtliche Maßnahmen und über die Erfassung im Ausländerzentralregister sowie über frühere Anschriften des Ausländers, die zuständige Ausländerbehörde und die Abgabe von Akten an eine andere Ausländerbehörde. ³Erfasst werden ferner Angaben zur lichtbildaufnehmenden Stelle und zur Nutzung eines Dokuments nach § 78 Absatz 1 zum elektronischen Identitätsnachweis einschließlich dessen Ein- und Ausschaltung sowie Sperrung und Entsperrung. ⁴Die Befugnis der Ausländerbehörden, weitere personenbezogene Daten zu speichern, richtet sich nach der Verordnung (EU) 2016/679 und nach den datenschutzrechtlichen Bestimmungen der Länder.
(3) Das Bundesministerium des Innern, für Bau und Heimat wird ermächtigt, durch Rechtsverordnung im Einvernehmen mit dem Auswärtigen Amt ohne Zustimmung des Bundesrates die zuständige Stelle im Sinne des § 73 Absatz 1 und des § 73a Absatz 1 zu bestimmen.
(3a) Das Bundesministerium des Innern, für Bau und Heimat wird ermächtigt, durch Rechtsverordnung im Einvernehmen mit dem Auswärtigen Amt ohne Zustimmung des Bundesrates nach Maßgabe von Artikel 3 Absatz 2 der Verordnung (EG) Nr. 810/2009 die Staaten festzulegen, deren Staatsangehörige zur Durchreise durch die internationalen Transitzonen deutscher Flughäfen im Besitz eines Visums für den Flughafentransit sein müssen.
(4) ¹Das Bundesministerium des Innern, für Bau und Heimat kann Rechtsverordnungen nach Absatz 1 Nr. 1 und 2, soweit es zur Erfüllung einer zwischenstaatlichen Vereinbarung oder zur Wahrung öffentlicher Interessen erforderlich ist, ohne Zustimmung des Bundesrates erlassen und ändern. ²Eine Rechtsverordnung nach Satz 1 tritt spätestens drei Monate nach ihrem Inkrafttreten außer Kraft. ³Ihre Geltungsdauer kann durch Rechtsverordnung mit Zustimmung des Bundesrates verlängert werden.
(5) Das Bundesministerium des Innern, für Bau und Heimat wird ferner ermächtigt, durch Rechtsverordnung zum beschleunigten Fachkräfteverfahren nach § 81a
1. mit Zustimmung des Bundesrates Näheres zum Verfahren bei den Ausländerbehörden sowie
2. im Einvernehmen mit dem Auswärtigen Amt ohne Zustimmung des Bundesrates Näheres zum Verfahren bei den Auslandsvertretungen
zu bestimmen.
(6) Die Bundesregierung wird ermächtigt, durch Rechtsverordnung mit Zustimmung des Bundesrates Staaten zu bestimmen, an deren Staatsangehörige bestimmte oder sämtliche Aufenthaltstitel nach Kapitel 2 Abschnitt 3 und 4 nicht erteilt werden, wenn bei diesen Staatsangehörigen ein erheblicher Anstieg der Zahl der als offensichtlich unbegründet abgelehnten Asylanträge im Zusammenhang mit einem Aufenthalt nach Kapitel 2 Abschnitt 3 oder 4 zu verzeichnen ist.

§ 100 Sprachliche Anpassung

¹Das Bundesministerium des Innern, für Bau und Heimat kann durch Rechtsverordnung ohne Zustimmung des Bundesrates die in diesem Gesetz verwendeten Personenbezeichnungen, soweit dies ohne Änderung des Regelungsinhalts möglich und sprachlich sachgerecht ist, durch geschlechtsneutrale oder durch maskuline und feminine Personenbezeichnungen ersetzen und die dadurch veranlassten sprachlichen Anpassungen vornehmen. ²Das Bundesministerium des Innern, für Bau und Heimat kann nach Erlass einer Verordnung nach Satz 1 den Wortlaut dieses Gesetzes im Bundesgesetzblatt bekannt machen.

§ 101 Fortgeltung bisheriger Aufenthaltsrechte

(1) ¹Eine vor dem 1. Januar 2005 erteilte Aufenthaltsberechtigung oder unbefristete Aufenthaltserlaubnis gilt fort als Niederlassungserlaubnis entsprechend dem ihrer Erteilung zu Grunde liegenden Aufenthaltszweck und Sachverhalt. ²Eine unbefristete Aufenthaltserlaubnis, die nach § 1 Abs. 3 des Gesetzes über Maßnahmen für im Rahmen humanitärer Hilfsaktionen aufgenommene Flüchtlinge vom 22. Juli 1980 (BGBl. I S. 1057) oder in entsprechender Anwendung des vorgenannten Gesetzes erteilt worden ist, und eine anschließend erteilte Aufenthaltsberechtigung gelten fort als Niederlassungserlaubnis nach § 23 Abs. 2.
(2) Die übrigen Aufenthaltsgenehmigungen gelten fort als Aufenthaltserlaubnisse entsprechend dem ihrer Erteilung zu Grunde liegenden Aufenthaltszweck und Sachverhalt.
(3) Ein Aufenthaltstitel, der vor dem 28. August 2007 mit dem Vermerk „Daueraufenthalt-EG" versehen wurde, gilt als Erlaubnis zum Daueraufenthalt-EU fort.
(4) Ein Aufenthaltstitel nach Kapitel 2 Abschnitt 3 und 4, der vor dem 1. März 2020 erteilt wurde, gilt mit den verfügten Nebenbestimmungen entsprechend dem der Erteilung zu Grunde liegenden Aufenthaltszweck und Sachverhalt im Rahmen seiner Gültigkeitsdauer fort.

§ 102 Fortgeltung ausländerrechtlicher Maßnahmen und Anrechnung

(1) ¹Die vor dem 1. Januar 2005 getroffenen sonstigen ausländerrechtlichen Maßnahmen, insbesondere zeitliche und räumliche Beschränkungen, Bedingungen und Auflagen, Verbote und Beschränkungen der politischen Betätigung sowie Ausweisungen, Abschiebungsandrohungen, Aussetzungen der Abschiebung und Abschiebungen einschließlich ihrer Rechtsfolgen und der Befristung ihrer Wirkungen sowie begünstigende Maßnahmen, die Anerkennung von Pässen und Passersatzpapieren und Befreiungen von der Passpflicht, Entscheidungen über Kosten und Gebühren, bleiben wirksam. ²Ebenso bleiben die Maßnahmen und Vereinbarungen im Zusammenhang mit Sicherheitsleistungen wirksam, auch wenn sie sich ganz oder teilweise auf Zeiträume nach Inkrafttreten dieses Gesetzes beziehen. ³Entsprechendes gilt für die kraft Gesetzes eingetretenen Wirkungen der Antragstellung nach § 69 des Ausländergesetzes.
(2) Auf die Frist für die Erteilung einer Niederlassungserlaubnis nach § 26 Abs. 4 wird die Zeit des Besitzes einer Aufenthaltsbefugnis oder einer Duldung vor dem 1. Januar 2005 angerechnet.

§ 103 Anwendung bisherigen Rechts

¹Für Personen, die vor dem Inkrafttreten dieses Gesetzes gemäß § 1 des Gesetzes über Maßnahmen für im Rahmen humanitärer Hilfsaktionen aufgenommene Flüchtlinge vom 22. Juli 1980 (BGBl. I S. 1057) die Rechtsstellung nach den Artikeln 2 bis 34 des Abkommens über die Rechtsstellung der Flüchtlinge genießen, finden die §§ 2a und 2b des Gesetzes über Maßnahmen für im Rahmen humanitärer Hilfsaktionen aufgenommene Flüchtlinge in der bis zum 1. Januar 2005 geltenden Fassung weiter Anwendung. ²In diesen Fällen gilt § 52 Abs. 1 Satz 1 Nr. 4 entsprechend.

§ 104 Übergangsregelungen

(1) ¹Über vor dem 1. Januar 2005 gestellte Anträge auf Erteilung einer unbefristeten Aufenthaltserlaubnis oder einer Aufenthaltsberechtigung ist nach dem bis zu diesem Zeitpunkt geltenden Recht zu entscheiden. ²§ 101 Abs. 1 gilt entsprechend.
(2) ¹Bei Ausländern, die vor dem 1. Januar 2005 im Besitz einer Aufenthaltserlaubnis oder Aufenthaltsbefugnis sind, ist es bei der Entscheidung über die Erteilung einer Niederlassungserlaubnis oder einer Erlaubnis zum Daueraufenthalt – EU hinsichtlich der sprachlichen Kenntnisse nur erforderlich, dass sie sich auf einfache Art in deutscher Sprache mündlich verständigen können. ²§ 9 Abs. 2 Satz 1 Nr. 3 und 8 findet keine Anwendung.
(3) Bei Ausländern, die sich vor dem 1. Januar 2005 rechtmäßig in Deutschland aufhalten, gilt hinsichtlich der vor diesem Zeitpunkt geborenen Kinder für den Nachzug § 20 des Ausländergesetzes in der zuletzt gültigen Fassung, es sei denn, das Aufenthaltsgesetz gewährt eine günstigere Rechtsstellung.
(4) (weggefallen)
(5) Auch für Ausländer, die bis zum Ablauf des 31. Juli 2015 im Rahmen des Programms zur dauerhaften Neuansiedlung von Schutzsuchenden einen Aufenthaltstitel nach § 23 Absatz 2 erhalten haben, sind die Regelungen über den Familiennachzug, das Bleibeinteresse, die Teilnahme an Integrationskursen und die Aufenthaltsverfestigung auf Grund des § 23 Absatz 4 entsprechend anzuwenden.
(6) ¹§ 23 Abs. 2 in der bis zum 24. Mai 2007 geltenden Fassung findet in den Fällen weiter Anwendung, in denen die Anordnung der obersten Landesbehörde, die auf Grund der bis zum 24. Mai 2007 geltenden Fassung getroffen wurde, eine Erteilung einer Niederlassungserlaubnis bei besonders gelagerten politischen Interessen der Bundesrepublik Deutschland vorsieht. ²§ 23 Abs. 2 Satz 5 und § 44 Abs. 1 Nr. 2 sind auf die betroffenen Ausländer und die Familienangehörigen, die mit ihnen ihren Wohnsitz in das Bundesgebiet verlegen, entsprechend anzuwenden.
(7) Eine Niederlassungserlaubnis kann auch Ehegatten, Lebenspartnern und minderjährigen ledigen Kindern eines Ausländers erteilt werden, die vor dem 1. Januar 2005 im Besitz einer Aufenthaltsbefugnis nach § 31 Abs. 1 des Ausländergesetzes oder einer Aufenthaltserlaubnis nach § 35 Abs. 2 des Ausländergesetzes waren, wenn die Voraussetzungen des § 26 Abs. 4 erfüllt sind und sie weiterhin die Voraussetzungen erfüllen, wonach eine Aufenthaltsbefugnis nach § 31 des Ausländergesetzes oder eine Aufenthaltserlaubnis nach § 35 Abs. 2 des Ausländergesetzes erteilt werden durfte.
(8) § 28 Absatz 2 in der bis zum 5. September 2013 geltenden Fassung findet weiter Anwendung auf Familienangehörige eines Deutschen, die am 5. September 2013 bereits einen Aufenthaltstitel nach § 28 Absatz 1 innehatten.
(9) ¹Ausländer, die eine Aufenthaltserlaubnis nach § 25 Absatz 3 besitzen, weil das Bundesamt oder die Ausländerbehörde festgestellt hat, dass Abschiebungsverbote nach § 60 Absatz 2, 3 oder 7 Satz 2 in der vor dem 1. Dezember 2013 gültigen Fassung vorliegen, gelten als subsidiär Schutzberechtigte im Sinne des § 4 Absatz 1 des Asylgesetzes und erhalten von Amts wegen eine Aufenthaltserlaubnis nach § 25 Absatz 2 Satz 1 zweite Alternative, es sei denn, das Bundesamt hat die Ausländerbehörde über das Vorliegen von Ausschlusstatbe-

ständen im Sinne des § 25 Absatz 3 Satz 2 Buchstabe a bis d in der vor dem 1. Dezember 2013 gültigen Fassung unterrichtet. ²Die Zeiten des Besitzes der Aufenthaltserlaubnis nach § 25 Absatz 3 Satz 1 in der vor dem 1. Dezember 2013 gültigen Fassung stehen Zeiten des Besitzes einer Aufenthaltserlaubnis nach § 25 Absatz 2 Satz 1 zweite Alternative gleich. ³§ 73b des Asylgesetzes gilt entsprechend.
(10) Für Betroffene nach § 73b Absatz 1, die als nicht entsandte Mitarbeiter des Auswärtigen Amts in einer Auslandsvertretung tätig sind, findet § 73b Absatz 4 ab dem 1. Februar 2016 Anwendung.
(11) Für Ausländer, denen zwischen dem 1. Januar 2011 und dem 31. Juli 2015 subsidiärer Schutz nach der Richtlinie 2011/95/EU oder der Richtlinie 2004/38/EG unanfechtbar zuerkannt wurde, beginnt die Frist nach § 29 Absatz 2 Satz 2 Nummer 1 mit Inkrafttreten dieses Gesetzes zu laufen.
(12) Im Falle einer Abschiebungsandrohung nach den §§ 34 und 35 des Asylgesetzes oder einer Abschiebungsanordnung nach § 34a des Asylgesetzes, die bereits vor dem 1. August 2015 erlassen oder angeordnet worden ist, sind die Ausländerbehörden für die Anordnung eines Einreise- und Aufenthaltsverbots nach § 11 zuständig.
(13) ¹Die Vorschriften von Kapitel 2 Abschnitt 6 in der bis zum 31. Juli 2018 geltenden Fassung finden weiter Anwendung auf den Familiennachzug zu Ausländern, denen bis zum 17. März 2016 eine Aufenthaltserlaubnis nach § 25 Absatz 2 Satz 1 zweite Alternative erteilt worden ist, wenn der Antrag auf erstmalige Erteilung eines Aufenthaltstitels zum Zwecke des Familiennachzugs zu dem Ausländer bis zum 31. Juli 2018 gestellt worden ist. ²§ 27 Absatz 3a findet Anwendung.
(14) (weggefallen)
(15) Wurde eine Duldung nach § 60a Absatz 2 Satz 4 in der bis zum 31. Dezember 2019 geltenden Fassung erteilt, gilt § 19d Absatz 1 Nummer 4 und 5 nicht, wenn zum Zeitpunkt der Antragstellung auf eine Aufenthaltserlaubnis nach § 19d Absatz 1a der Ausländer die erforderlichen und ihm zumutbaren Maßnahmen für die Identitätsklärung ergriffen hat.
(16) Für Beschäftigungen, die Inhabern einer Duldung bis zum 31. Dezember 2019 erlaubt wurden, gilt § 60a Absatz 6 in der bis zu diesem Tag geltenden Fassung fort.

§ 104a Altfallregelung

(1) ¹Einem geduldeten Ausländer soll abweichend von § 5 Abs. 1 Nr. 1 und Abs. 2 eine Aufenthaltserlaubnis erteilt werden, wenn er sich am 1. Juli 2007 seit mindestens acht Jahren oder, falls er zusammen mit einem oder mehreren minderjährigen ledigen Kindern in häuslicher Gemeinschaft lebt, seit mindestens sechs Jahren ununterbrochen geduldet, gestattet oder mit einer Aufenthaltserlaubnis aus humanitären Gründen im Bundesgebiet aufgehalten hat und er
1. über ausreichenden Wohnraum verfügt,
2. über hinreichende mündliche Deutschkenntnisse im Sinne des Niveaus A2 des Gemeinsamen Europäischen Referenzrahmens für Sprachen verfügt,
3. bei Kindern im schulpflichtigen Alter den tatsächlichen Schulbesuch nachweist,
4. die Ausländerbehörde nicht vorsätzlich über aufenthaltsrechtlich relevante Umstände getäuscht oder behördliche Maßnahmen zur Aufenthaltsbeendigung nicht vorsätzlich hinausgezögert oder behindert hat,
5. keine Bezüge zu extremistischen oder terroristischen Organisationen hat und diese auch nicht unterstützt und
6. nicht wegen einer im Bundesgebiet begangenen vorsätzlichen Straftat verurteilt wurde, wobei Geldstrafen von insgesamt bis zu 50 Tagessätzen oder bis zu 90 Tagessätzen wegen Straftaten, die nach dem Aufenthaltsgesetz oder dem Asylgesetz nur von Ausländern begangen werden können, grundsätzlich außer Betracht bleiben.

²Wenn der Ausländer seinen Lebensunterhalt eigenständig durch Erwerbstätigkeit sichert, wird die Aufenthaltserlaubnis nach § 23 Abs. 1 Satz 1 erteilt. ³Im Übrigen wird sie nach Satz 1 erteilt; sie gilt als Aufenthaltstitel nach Kapitel 2 Abschnitt 5; die §§ 9 und 26 Abs. 4 finden keine Anwendung. ⁴Von der Voraussetzung des Satzes 1 Nr. 2 kann bis zum 1. Juli 2008 abgesehen werden. ⁵Von der Voraussetzung des Satzes 1 Nr. 2 wird abgesehen, wenn der Ausländer sie wegen einer körperlichen, geistigen oder seelischen Krankheit oder Behinderung oder aus Altersgründen nicht erfüllen kann.
(2) ¹Dem geduldeten volljährigen ledigen Kind eines geduldeten Ausländers, der sich am 1. Juli 2007 seit mindestens acht Jahren oder, falls er zusammen mit einem oder mehreren minderjährigen ledigen Kindern in häuslicher Gemeinschaft lebt, seit mindestens sechs Jahren ununterbrochen geduldet, gestattet oder mit einer Aufenthaltserlaubnis aus humanitären Gründen im Bundesgebiet aufgehalten hat, kann eine Aufenthaltserlaubnis nach § 23 Abs. 1 Satz 1 erteilt werden, wenn es bei der Einreise minderjährig war und gewährleistet erscheint, dass es sich auf Grund seiner bisherigen Ausbildung und Lebensverhältnisse in die Lebensverhältnisse der Bundesrepublik Deutschland einfügen kann. ²Das Gleiche gilt für einen Ausländer, der sich als unbegleiteter Minderjähriger seit mindestens sechs Jahren ununterbrochen geduldet, gestattet oder mit einer Aufenthaltser-

laubnis aus humanitären Gründen im Bundesgebiet aufgehalten hat und bei dem gewährleistet erscheint, dass er sich auf Grund seiner bisherigen Ausbildung und Lebensverhältnisse in die Lebensverhältnisse der Bundesrepublik Deutschland einfügen kann.
(3) ¹Hat ein in häuslicher Gemeinschaft lebendes Familienmitglied Straftaten im Sinne des Absatzes 1 Satz 1 Nr. 6 begangen, führt dies zur Versagung der Aufenthaltserlaubnis nach dieser Vorschrift für andere Familienmitglieder. ²Satz 1 gilt nicht für den Ehegatten eines Ausländers, der Straftaten im Sinne des Absatzes 1 Satz 1 Nr. 6 begangen hat, wenn der Ehegatte die Voraussetzungen des Absatzes 1 im Übrigen erfüllt und es zur Vermeidung einer besonderen Härte erforderlich ist, ihm den weiteren Aufenthalt zu ermöglichen. ³Sofern im Ausnahmefall Kinder von ihren Eltern getrennt werden, muss ihre Betreuung in Deutschland sichergestellt sein.
(4) Die Aufenthaltserlaubnis kann unter der Bedingung erteilt werden, dass der Ausländer an einem Integrationsgespräch teilnimmt oder eine Integrationsvereinbarung abgeschlossen wird.
(5) ¹Die Aufenthaltserlaubnis wird mit einer Gültigkeit bis zum 31. Dezember 2009 erteilt. ²Sie soll um weitere zwei Jahre als Aufenthaltserlaubnis nach § 23 Abs. 1 Satz 1 verlängert werden, wenn der Lebensunterhalt des Ausländers bis zum 31. Dezember 2009 überwiegend eigenständig durch Erwerbstätigkeit gesichert war oder wenn der Ausländer mindestens seit dem 1. April 2009 seinen Lebensunterhalt nicht nur vorübergehend eigenständig sichert. ³Für die Zukunft müssen in beiden Fällen Tatsachen die Annahme rechtfertigen, dass der Lebensunterhalt überwiegend gesichert sein wird. ⁴Im Fall des Absatzes 1 Satz 4 wird die Aufenthaltserlaubnis zunächst mit einer Gültigkeit bis zum 1. Juli 2008 erteilt und nur verlängert, wenn der Ausländer spätestens bis dahin nachweist, dass er die Voraussetzung des Absatzes 1 Satz 1 Nr. 2 erfüllt. ⁵§ 81 Abs. 4 findet keine Anwendung.
(6) ¹Bei der Verlängerung der Aufenthaltserlaubnis kann zur Vermeidung von Härtefällen von Absatz 5 abgewichen werden. ²Dies gilt für
1. Auszubildenden in anerkannten Lehrberufen oder in staatlich geförderten Berufsvorbereitungsmaßnahmen,
2. Familien mit Kindern, die nur vorübergehend auf ergänzende Sozialleistungen angewiesen sind,
3. Alleinerziehenden mit Kindern, die vorübergehend auf Sozialleistungen angewiesen sind, und denen eine Arbeitsaufnahme nach § 10 Abs. 1 Nr. 3 des Zweiten Buches Sozialgesetzbuch nicht zumutbar ist,
4. erwerbsunfähigen Personen, deren Lebensunterhalt einschließlich einer erforderlichen Betreuung und Pflege in sonstiger Weise ohne Leistungen der öffentlichen Hand dauerhaft gesichert ist, es sei denn, die Leistungen beruhen auf Beitragszahlungen,
5. Personen, die am 31. Dezember 2009 das 65. Lebensjahr vollendet haben, wenn sie in ihrem Herkunftsland keine Familie, dafür aber im Bundesgebiet Angehörige (Kinder oder Enkel) mit dauerhaftem Aufenthalt bzw. deutscher Staatsangehörigkeit haben und soweit sichergestellt ist, dass für diesen Personenkreis keine Sozialleistungen in Anspruch genommen werden.
(7) ¹Die Länder dürfen anordnen, dass aus Gründen der Sicherheit der Bundesrepublik Deutschland eine Aufenthaltserlaubnis nach den Absätzen 1 und 2 Staatsangehörigen bestimmter Staaten zu versagen ist. ²Zur Wahrung der Bundeseinheitlichkeit bedarf die Anordnung des Einvernehmens mit dem Bundesministerium des Innern, für Bau und Heimat.

§ 104b Aufenthaltsrecht für integrierte Kinder von geduldeten Ausländern

Einem minderjährigen ledigen Kind kann im Fall der Ausreise seiner Eltern oder des allein personensorgeberechtigten Elternteils, denen oder dem eine Aufenthaltserlaubnis nicht nach § 104a erteilt oder verlängert wird, abweichend von § 5 Abs. 1 Nr. 1, Abs. 2 und § 10 Abs. 3 Satz 1 eine eigenständige Aufenthaltserlaubnis nach § 23 Abs. 1 Satz 1 erteilt werden, wenn
1. es am 1. Juli 2007 das 14. Lebensjahr vollendet hat,
2. es sich seit mindestens sechs Jahren rechtmäßig oder geduldet in Deutschland aufhält,
3. es die deutsche Sprache beherrscht,
4. es sich auf Grund seiner bisherigen Schulausbildung und Lebensführung in die Lebensverhältnisse der Bundesrepublik Deutschland eingefügt hat und gewährleistet ist, dass es sich auch in Zukunft in die Lebensverhältnisse der Bundesrepublik Deutschland einfügen wird und
5. seine Personensorge sichergestellt ist.

§ 105 Übergangsregelung zur Duldung für Personen mit ungeklärter Identität

(1) Die Ausländerbehörde entscheidet bei geduldeten Ausländern über die Ausstellung einer Bescheinigung über die Duldung nach § 60a Absatz 4 mit dem Zusatz „für Personen mit ungeklärter Identität" frühestens aus Anlass der Prüfung einer Verlängerung der Duldung oder der Erteilung der Duldung aus einem anderen Grund.
(2) Auf geduldete Ausländer findet § 60b bis zum 1. Juli 2020 keine Anwendung, wenn sie sich in einem Ausbildungs- oder Beschäftigungsverhältnis befinden.

(3) Ist ein Ausländer Inhaber einer Ausbildungsduldung oder einer Beschäftigungsduldung oder hat er diese beantragt und erfüllt er die Voraussetzungen für ihre Erteilung, findet § 60b keine Anwendung.

§ 105a Bestimmungen zum Verwaltungsverfahren

Von den in § 4 Absatz 2 Satz 2, § 15a Abs. 4 Satz 2 und 3, § 23 Abs. 1 Satz 3, § 23a Abs. 1 Satz 1, Abs. 2 Satz 2, § 43 Abs. 4, § 44a Abs. 1 Satz 2, Abs. 3 Satz 1, § 61 Absatz 1d, § 72 Absatz 2, § 73 Abs. 2, Abs. 3 Satz 1 und 2, den §§ 78, 78a, § 79 Abs. 2, § 81 Abs. 5, § 82 Abs. 1 Satz 3, Abs. 3, § 87 Abs. 1, 2 Satz 1 und 2, Absatz 4 Satz 1, 3 und 5 und Absatz 5, § 89 Abs. 1 Satz 2 und 3, Abs. 3 und 4, §§ 90, 90a, 90b, 91 Abs. 1 und 2, § 91a Abs. 3, 4 und 7, § 91c Abs. 1 Satz 2, Abs. 2 Satz 2, Abs. 3 Satz 4 und Abs. 4 Satz 2, §§ 99 Absatz 1 bis 4 und § 104a Abs. 7 Satz 2 getroffenen Regelungen und von den auf Grund von § 43 Abs. 4 und § 99 Absatz 1 bis 4 getroffenen Regelungen des Verwaltungsverfahrens kann durch Landesrecht nicht abgewichen werden.

§ 105b Übergangsvorschrift für Aufenthaltstitel nach einheitlichem Vordruckmuster

[1]Aufenthaltstitel nach § 4 Absatz 1 Satz 2 Nummer 2 bis 4, die bis zum Ablauf des 31. August 2011 nach einheitlichem Vordruckmuster gemäß § 78 in der bis zu diesem Zeitpunkt geltenden Fassung dieses Gesetzes ausgestellt wurden, sind bei Neuausstellung, spätestens aber bis zum Ablauf des 31. August 2021 als eigenständige Dokumente mit elektronischem Speicher- und Verarbeitungsmedium nach § 78 auszustellen. [2]Unbeschadet dessen können Inhaber eines Aufenthaltstitels nach § 4 Absatz 1 Satz 2 Nummer 2 bis 4 ein eigenständiges Dokument mit elektronischem Speicher- und Verarbeitungsmedium nach § 78 beantragen, wenn sie ein berechtigtes Interesse an der Neuausstellung darlegen.

§ 105c Überleitung von Maßnahmen zur Überwachung ausgewiesener Ausländer aus Gründen der inneren Sicherheit

Maßnahmen und Verpflichtungen nach § 54a Absatz 1 bis 4 in der bis zum 31. Dezember 2015 geltenden Fassung, die vor dem 1. Januar 2016 bestanden, gelten nach dem 1. Januar 2016 als Maßnahmen und Verpflichtungen im Sinne von § 56 in der ab dem 1. Januar 2016 geltenden Fassung.

§ 106 Einschränkung von Grundrechten

(1) Die Grundrechte der körperlichen Unversehrtheit (Artikel 2 Abs. 2 Satz 1 des Grundgesetzes) und der Freiheit der Person (Artikel 2 Abs. 2 Satz 2 des Grundgesetzes) werden nach Maßgabe dieses Gesetzes eingeschränkt.
(2) [1]Das Verfahren bei Freiheitsentziehungen richtet sich nach Buch 7 des Gesetzes über das Verfahren in Familiensachen und in den Angelegenheiten der freiwilligen Gerichtsbarkeit. [2]Ist über die Fortdauer der Zurückweisungshaft oder der Abschiebungshaft zu entscheiden, so kann das Amtsgericht das Verfahren durch unanfechtbaren Beschluss an das Gericht abgeben, in dessen Bezirk die Zurückweisungshaft oder Abschiebungshaft jeweils vollzogen wird.

§ 107 Stadtstaatenklausel

Die Senate der Länder Berlin, Bremen und Hamburg werden ermächtigt, die Vorschriften dieses Gesetzes über die Zuständigkeit von Behörden dem besonderen Verwaltungsaufbau ihrer Länder anzupassen.

Aufenthaltsverordnung (AufenthV)

Vom 25. November 2004 (BGBl. I S. 2945)

Zuletzt geändert durch
Gesetz zur Weiterentwicklung des Ausländerzentralregisters
vom 9. Juli 2021 (BGBl. I S. 2467)

Inhaltsübersicht

Kapitel 1
Allgemeine Bestimmungen
§ 1 Begriffsbestimmungen

Kapitel 2
Einreise und Aufenthalt im Bundesgebiet

Abschnitt 1
Passpflicht für Ausländer
§ 2 Erfüllung der Passpflicht durch Eintragung in den Pass eines gesetzlichen Vertreters
§ 3 Zulassung nichtdeutscher amtlicher Ausweise als Passersatz
§ 4 Deutsche Passersatzpapiere für Ausländer
§ 5 Allgemeine Voraussetzungen der Ausstellung des Reiseausweises für Ausländer
§ 6 Ausstellung des Reiseausweises für Ausländer im Inland
§ 7 Ausstellung des Reiseausweises für Ausländer im Ausland
§ 8 Gültigkeitsdauer des Reiseausweises für Ausländer
§ 9 Räumlicher Geltungsbereich des Reiseausweises für Ausländer
§ 10 Sonstige Beschränkungen im Reiseausweis für Ausländer
§ 11 Verfahren der Ausstellung oder Verlängerung des Reiseausweises für Ausländer im Ausland
§ 12 Grenzgängerkarte
§ 13 Notreiseausweis
§ 14 Befreiung von der Passpflicht in Rettungsfällen

Abschnitt 2
Befreiung vom Erfordernis eines Aufenthaltstitels

Unterabschnitt 1
Allgemeine Regelungen
§ 15 Gemeinschaftsrechtliche Regelung der Kurzaufenthalte
§ 16 Vorrang älterer Sichtvermerksabkommen
§ 17 Nichtbestehen der Befreiung bei Erwerbstätigkeit während eines Kurzaufenthalts
§ 17a Befreiung zur Dienstleistungserbringung für langfristig Aufenthaltsberechtigte

Unterabschnitt 2
Befreiungen für Inhaber bestimmter Ausweise
§ 18 Befreiung für Inhaber von Reiseausweisen für Flüchtlinge und Staatenlose
§ 19 Befreiung für Inhaber dienstlicher Pässe
§ 20 Befreiung für Inhaber von Ausweisen der Europäischen Union und zwischenstaatlicher Organisationen und der Vatikanstadt
§ 21 Befreiung für Inhaber von Grenzgängerkarten
§ 22 Befreiung für Schüler auf Sammellisten

Unterabschnitt 3
Befreiungen im grenzüberschreitenden Beförderungswesen
§ 23 Befreiung für ziviles Flugpersonal
§ 24 Befreiung für Seeleute
§ 25 Befreiung in der internationalen zivilen Binnenschifffahrt
§ 26 Transit ohne Einreise; Flughafentransitvisum

Unterabschnitt 4
Sonstige Befreiungen
§ 27 Befreiung für Personen bei Vertretungen ausländischer Staaten
§ 28 Befreiung für freizügigkeitsberechtigte Schweizer
§ 29 Befreiung in Rettungsfällen
§ 30 Befreiung für die Durchreise und Durchbeförderung
§ 30a (weggefallen)

Abschnitt 3
Visumverfahren
§ 31 Zustimmung der Ausländerbehörde zur Visumerteilung
§ 31a Beschleunigtes Fachkräfteverfahren
§ 32 Zustimmung der obersten Landesbehörde
§ 33 Zustimmungsfreiheit bei Spätaussiedlern
§ 34 Zustimmungsfreiheit bei Wissenschaftlern und Studenten
§ 35 Zustimmungsfreiheit bei bestimmten Arbeitsaufenthalten und Praktika
§ 36 Zustimmungsfreiheit bei dienstlichen Aufenthalten von Mitgliedern ausländischer Streitkräfte
§ 37 Zustimmungsfreiheit in sonstigen Fällen
§ 38 Ersatzzuständigkeit der Ausländerbehörde

162 AufenthV

Abschnitt 3a
Anerkennung von Forschungseinrichtungen und Abschluss von Aufnahmevereinbarungen

§ 38a Voraussetzungen für die Anerkennung von Forschungseinrichtungen
§ 38b Aufhebung der Anerkennung
§ 38c Mitteilungspflichten von Forschungseinrichtungen gegenüber den Ausländerbehörden
§ 38d Beirat für Forschungsmigration
§ 38e Veröffentlichungen durch das Bundesamt für Migration und Flüchtlinge
§ 38f Inhalt und Voraussetzungen der Unterzeichnung der Aufnahmevereinbarung oder eines entsprechenden Vertrages

Abschnitt 4
Einholung des Aufenthaltstitels im Bundesgebiet

§ 39 Verlängerung eines Aufenthalts im Bundesgebiet für längerfristige Zwecke
§ 40 Verlängerung eines visumfreien Kurzaufenthalts
§ 41 Vergünstigung für Angehörige bestimmter Staaten

Abschnitt 5
Aufenthalt aus völkerrechtlichen, humanitären oder politischen Gründen

§ 42 Antragstellung auf Verlegung des Wohnsitzes
§ 43 Verfahren bei Zustimmung des anderen Mitgliedstaates zur Wohnsitzverlegung

Kapitel 3
Gebühren

§ 44 Gebühren für die Niederlassungserlaubnis
§ 44a Gebühren für die Erlaubnis zum Daueraufenthalt – EU
§ 45 Gebühren für die Aufenthaltserlaubnis, die Blaue Karte EU, die ICT-Karte und die Mobiler-ICT-Karte
§ 45a (weggefallen)
§ 45b Gebühren für Aufenthaltstitel in Ausnahmefällen
§ 45c Gebühr bei Neuausstellung
§ 46 Gebühren für das Visum
§ 47 Gebühren für sonstige aufenthaltsrechtliche Amtshandlungen
§ 48 Gebühren für pass- und ausweisrechtliche Maßnahmen
§ 49 Bearbeitungsgebühren
§ 50 Gebühren für Amtshandlungen zugunsten Minderjähriger
§ 51 Widerspruchsgebühr
§ 52 Befreiungen und Ermäßigungen
§ 52a Befreiung und Ermäßigung bei Assoziationsberechtigung
§ 53 Befreiung und Ermäßigung aus Billigkeitsgründen
§ 54 Zwischenstaatliche Vereinbarungen

Kapitel 4
Ordnungsrechtliche Vorschriften

§ 55 Ausweisersatz
§ 56 Ausweisrechtliche Pflichten
§ 57 Vorlagepflicht beim Vorhandensein mehrerer Ausweisdokumente
§ 57a Pflichten der Inhaber von Dokumenten mit elektronischem Speicher- und Verarbeitungsmedium nach § 78 des Aufenthaltsgesetzes

Kapitel 5
Verfahrensvorschriften

Abschnitt 1
Muster für Aufenthaltstitel, Pass- und Ausweisersatz und sonstige Dokumente

§ 58 Vordruckmuster
§ 59 Muster der Aufenthaltstitel
§ 59a Hinweis auf Gewährung internationalen Schutzes
§ 60 Lichtbild
§ 61 Sicherheitsstandards, Ausstellungstechnik

Abschnitt 2
Datenerfassung, Datenverarbeitung und Datenschutz

Unterabschnitt 1
Erfassung und Übermittlung von Antragsdaten zur Herstellung von Dokumenten mit elektronischem Speicher- und Verarbeitungsmedium nach § 4 sowie nach § 78 des Aufenthaltsgesetzes

§ 61a Fingerabdruckerfassung bei der Beantragung von Dokumenten mit elektronischem Speicher- und Verarbeitungsmedium
§ 61b Form und Verfahren der Datenerfassung, -prüfung sowie der dezentralen Qualitätssicherung
§ 61c Übermittlung der Daten an den Dokumentenhersteller
§ 61d Nachweis der Erfüllung der Anforderungen
§ 61e Qualitätsstatistik
§ 61f Automatischer Abruf aus Dateisystemen und automatische Speicherung im öffentlichen Bereich
§ 61g Verwendung im nichtöffentlichen Bereich
§ 61h Anwendung der Personalausweisverordnung

Unterabschnitt 2
Führung von Ausländerdateien durch die Ausländerbehörden und die Auslandsvertretungen

§ 62 Dateisystemführungspflicht der Ausländerbehörden
§ 63 Ausländerdatei A

§ 64 Datensatz der Ausländerdatei A
§ 65 Erweiterter Datensatz
§ 66 Dateisystem über Passersatzpapiere
§ 67 Ausländerdatei B
§ 68 Löschung
§ 69 Visadateien der Auslandsvertretungen
§ 70 (weggefallen)

Unterabschnitt 3
Datenübermittlungen an die Ausländerbehörden
§ 71 Übermittlungspflicht
§ 72 Mitteilungen der Meldebehörden
§ 72a Mitteilungen der Pass- und Ausweisbehörden
§ 73 Mitteilungen der Staatsangehörigkeits- und Bescheinigungsbehörden nach § 15 des Bundesvertriebenengesetzes
§ 74 Mitteilungen der Justizbehörden
§ 75 (weggefallen)
§ 76 Mitteilungen der Gewerbebehörden
§ 76a Form und Verfahren der Datenübermittlung im Ausländerwesen

Unterabschnitt 4
Erkennungsdienstliche Behandlung nach § 49 Absatz 6, 8 und 9 des Aufenthaltsgesetzes
§ 76b Technische Richtlinien des Bundesamtes für Sicherheit in der Informationstechnik
§ 76c Qualitätssicherung des Lichtbildes und der Fingerabdruckdaten

Kapitel 6
Ordnungswidrigkeiten
§ 77 Ordnungswidrigkeiten
§ 78 Verwaltungsbehörden im Sinne des Gesetzes über Ordnungswidrigkeiten

Kapitel 7
Übergangs- und Schlussvorschriften
§ 79 Anwendung auf Freizügigkeitsberechtigte
§ 80 Übergangsregelung für bestimmte Fiktionsbescheinigungen im Zusammenhang mit einem Dokumentenmuster
§ 80a Übergangsregelungen für britische Staatsangehörige im Zusammenhang mit dem Austritt des Vereinigten Königreichs Großbritannien und Nordirland aus der Europäischen Union
§ 81 Weitergeltung von nach bisherigem Recht ausgestellten Passersatzpapieren
§ 82 Übergangsregelung zur Führung von Ausländerdateien
§ 82a Übergangsregelung aus Anlass des Inkrafttretens des Gesetzes zur Umsetzung aufenthalts- und asylrechtlicher Richtlinien der Europäischen Union
§ 82b Übergangsregelung zu § 31 Absatz 1 Satz 1 Nummer 1 und 2
§ 83 Erfüllung ausweisrechtlicher Verpflichtungen
§ 84 Beginn der Anerkennung von Forschungseinrichtungen

Anlage A
(zu § 16)

Anlage B
(zu § 19)

Anlage C
(zu § 26 Absatz 2 Satz 1)

Anlage D1 bis D 16
(hier nicht aufgenommen)

Kapitel 1
Allgemeine Bestimmungen

§ 1 Begriffsbestimmungen

(1) Schengen-Staaten sind die Staaten im Sinne des § 2 Absatz 5 des Aufenthaltsgesetzes.
(2) Ein Kurzaufenthalt ist ein Aufenthalt im gemeinsamen Gebiet der Schengen-Staaten von höchstens 90 Tagen je Zeitraum von 180 Tagen, wobei der Zeitraum von 180 Tagen, der jedem Tag des Aufenthalts vorangeht, berücksichtigt wird.
(3) Reiseausweise für Flüchtlinge und Ausweise auf Grund
1. des Abkommens vom 15. Oktober 1946 betreffend die Ausstellung eines Reiseausweises an Flüchtlinge, die unter die Zuständigkeit des zwischenstaatlichen Ausschusses für die Flüchtlinge fallen (BGBl. 1951 II S. 160) oder
2. des Artikels 28 in Verbindung mit dem Anhang des Abkommens vom 28. Juli 1951 über die Rechtsstellung der Flüchtlinge (BGBl. 1953 II S. 559).

(4) Reiseausweise für Staatenlose sind Ausweise auf Grund des Artikels 28 in Verbindung mit dem Anhang des Übereinkommens vom 28. September 1954 über die Rechtsstellung der Staatenlosen (BGBl. 1976 II S. 473).
(5) Schülersammellisten sind Listen nach Artikel 2 des Beschlusses des Rates vom 30. November 1994 über die vom Rat auf Grund von Artikel K.3 Absatz 2 Buchstabe b des Vertrages über die Europäische Union beschlossene gemeinsame Maßnahme über Reiseerleichterungen für Schüler von Drittstaaten mit Wohnsitz in einem Mitgliedstaat (ABl. EG Nr. L 327 S. 1).

(6) Flugbesatzungsausweise sind „Airline Flight Crew Licenses" und „Crew Member Certificates" nach der Anlage des Anhangs 9 in der jeweils geltenden Fassung zum Abkommen vom 7. Dezember 1944 über die Internationale Zivilluftfahrt (BGBl. 1956 II S. 411).

(7) Binnenschifffahrtsausweise sind in zwischenstaatlichen Vereinbarungen für den Grenzübertritt vorgesehene Ausweise für ziviles Personal, das internationale Binnenwasserstraßen befährt, sowie dessen Familienangehörige, soweit die Geltung für Familienangehörige in den jeweiligen Vereinbarungen vorgesehen ist.

(8) Europäische Reisedokumente für die Rückkehr illegal aufhältiger Drittstaatsangehöriger (Europäische Reisedokumente für die Rückkehr) sind Dokumente nach der Verordnung (EU) 2016/1953 des Europäischen Parlaments und des Rates vom 26. Oktober 2016 (ABl. L 311 vom 17. 11. 2016, S. 13).

Kapitel 2
Einreise und Aufenthalt im Bundesgebiet

Abschnitt 1
Passpflicht für Ausländer

§ 2 Erfüllung der Passpflicht durch Eintragung in den Pass eines gesetzlichen Vertreters

Minderjährige Ausländer, die das 16. Lebensjahr noch nicht vollendet haben, erfüllen die Passpflicht auch durch Eintragung in einem anerkannten und gültigen Pass oder Passersatz eines gesetzlichen Vertreters. Für einen minderjährigen Ausländer, der das zehnte Lebensjahr vollendet hat, gilt dies nur, wenn im Pass oder Passersatz sein eigenes Lichtbild angebracht ist.

§ 3 Zulassung nichtdeutscher amtlicher Ausweise als Passersatz

(1) Von anderen Behörden als von deutschen Behörden ausgestellte amtliche Ausweise sind als Passersatz zugelassen, ohne dass es einer Anerkennung nach § 71 Abs. 6 des Aufenthaltsgesetzes bedarf, soweit die Bundesrepublik Deutschland
1. auf Grund zwischenstaatlicher Vereinbarungen oder
2. auf Grund des Rechts der Europäischen Union

verpflichtet ist, dem Inhaber unter den dort festgelegten Voraussetzungen den Grenzübertritt zu gestatten. Dies gilt nicht, wenn der ausstellende Staat aus dem Geltungsbereich des Ausweises ausgenommen oder wenn der Inhaber nicht zur Rückkehr in diesen Staat berechtigt ist.

(2) Die Zulassung entfällt, wenn das Bundesministerium des Innern, für Bau und Heimat in den Fällen des Absatzes 1 Satz 1 Nr. 1 feststellt, dass
1. die Gegenseitigkeit, soweit diese vereinbart wurde, nicht gewahrt ist oder
2. der amtliche Ausweis
   a) keine hinreichenden Angaben zur eindeutigen Identifizierung des Inhabers oder der ausstellenden Behörde enthält,
   b) keine Sicherheitsmerkmale aufweist, die in einem Mindestmaß vor Fälschung oder Verfälschung schützen, oder
   c) die Angaben nicht in einer germanischen oder romanischen Sprache enthält.

(3) Zu den Ausweisen im Sinne des Absatzes 1 zählen insbesondere:
1. Reiseausweise für Flüchtlinge (§ 1 Abs. 3),
2. Reiseausweise für Staatenlose (§ 1 Abs. 4),
3. Ausweise für Mitglieder und Bedienstete der Organe der Europäischen Gemeinschaften,
4. Ausweise für Abgeordnete der Parlamentarischen Versammlung des Europarates,
5. amtliche Personalausweise der Mitgliedstaaten der Europäischen Union, der anderen Vertragsstaaten des Abkommens über den Europäischen Wirtschaftsraum und der Schweiz für deren Staatsangehörige,
6. Schülersammellisten (§ 1 Abs. 5),
7. Flugbesatzungsausweise, soweit sie für einen Aufenthalt nach § 23 gebraucht werden, und
8. Binnenschifffahrtsausweise, soweit sie für einen Aufenthalt nach § 25 gebraucht werden.

§ 4 Deutsche Passersatzpapiere für Ausländer

(1) Durch deutsche Behörden ausgestellte Passersatzpapiere für Ausländer sind:
1. der Reiseausweis für Ausländer (§ 5 Absatz 1),
2. der Notreiseausweis (§ 13 Absatz 1),
3. der Reiseausweis für Flüchtlinge (§ 1 Absatz 3),
4. der Reiseausweis für Staatenlose (§ 1 Absatz 4),
5. die Schülersammelliste (§ 1 Absatz 5),
6. die Bescheinigung über die Wohnsitzverlegung (§ 43 Absatz 2),

7. das Europäische Reisedokument für die Rückkehr (§ 1 Absatz 8).

Passersatzpapiere nach Satz 1 Nummer 3 und 4 werden mit einer Gültigkeitsdauer von bis zu drei Jahren ausgestellt; eine Verlängerung ist nicht zulässig. Passersatzpapiere nach Satz 1 Nummer 1, 3 und 4 werden abweichend von Absatz 4 Satz 1 auch als vorläufige Dokumente ohne elektronisches Speicher- und Verarbeitungsmedium ausgegeben, deren Gültigkeit, auch nach Verlängerungen, ein Jahr nicht überschreiten darf. An Kinder bis zum vollendeten zwölften Lebensjahr werden abweichend von Absatz 4 Satz 1 Passersatzpapiere nach Satz 1 Nummer 1, 3 und 4 ohne elektronisches Speicher- und Verarbeitungsmedium ausgegeben; in begründeten Fällen können sie auch mit elektronischem Speicher- und Verarbeitungsmedium ausgegeben werden. Passersatzpapiere nach Satz 4 ohne elektronisches Speicher- und Verarbeitungsmedium sind höchstens ein Jahr gültig, längstens jedoch bis zur Vollendung des zwölften Lebensjahres. Eine Verlängerung dieser Passersatzpapiere ist vor Ablauf der Gültigkeit bis zur Vollendung des zwölften Lebensjahres um jeweils ein Jahr zulässig; es ist jeweils ein aktuelles Lichtbild einzubringen. Passersatzpapiere nach Satz 1 Nummer 3 und 4, die an heimatlose Ausländer nach dem Gesetz über die Rechtsstellung heimatloser Ausländer im Bundesgebiet ausgestellt werden, können mit einer Gültigkeitsdauer von bis zu zehn Jahren ausgestellt werden.

(2) Passersatzpapiere nach Absatz 1 Satz 1 Nummer 1, 3 und 4 enthalten neben der Angabe der ausstellenden Behörde, dem Tag der Ausstellung, dem letzten Tag der Gültigkeitsdauer und der Seriennummer sowie dem Lichtbild und der Unterschrift des Inhabers des Passersatzpapiers ausschließlich folgende sichtbar aufgebrachte Angaben über den Inhaber des Passersatzpapiers:
1. Familienname und ggf. Geburtsname,
2. den oder die Vornamen,
3. Doktorgrad,
4. Tag und Ort der Geburt,
5. Geschlecht mit der Abkürzung „F" für Personen weiblichen Geschlechts, „M" für Personen männlichen Geschlechts und „X" in allen anderen Fällen,
6. Größe,
7. Farbe der Augen,
8. Wohnort,
9. Staatsangehörigkeit.

Auf Antrag kann der Passersatz nach Absatz 1 Satz 1 Nummer 1, 3 und 4 bei einer Änderung des Geschlechts nach § 45b des Personenstandsgesetzes mit der Angabe des vorherigen Geschlechts ausgestellt werden, wenn der vorherige Eintrag männlich oder weiblich war. Diesem abweichenden Eintrag kommt keine weitere Rechtswirkung zu.

(3) Passersatzpapiere nach Absatz 1 Satz 1 Nummer 1, 3 und 4 enthalten eine Zone für das automatische Lesen. Diese darf lediglich enthalten:
1. die Abkürzung „PT" für Passtyp von Passersatzpapieren nach Absatz 1 Satz 1 Nummer 1, 3 und 4 einschließlich vorläufiger Passersatzpapiere,
2. die Abkürzung „D" für Bundesrepublik Deutschland,
3. den Familiennamen,
4. den oder die Vornamen,
5. die Seriennummer des Passersatzes, die sich aus der Behördenkennzahl der Ausländerbehörde und einer zufällig zu vergebenden Passersatznummer zusammensetzt, die neben Ziffern auch Buchstaben enthalten kann und bei vorläufigen Passersatzpapieren aus einem Serienbuchstaben und sieben Ziffern besteht,
6. die Abkürzung der Staatsangehörigkeit,
7. den Tag der Geburt,
8. die Abkürzung „F" für Passersatzpapierinhaber weiblichen Geschlechts, „M" für Passersatzpapierinhaber männlichen Geschlechts und das Zeichen „<" in allen anderen Fällen,
9. die Gültigkeitsdauer des Passersatzes,
9a. die Versionsnummer des Dokumentenmusters,
10. die Prüfziffern und
11. Leerstellen.

Die Seriennummer und die Prüfziffern dürfen keine Daten über die Person des Passersatzpapierinhabers oder Hinweise auf solche Daten enthalten. Jedes Passersatzpapier erhält eine neue Seriennummer.

(4) Auf Grund der Verordnung (EG) Nr. 2252/2004 des Rates vom 13. Dezember 2004 über Normen für Sicherheitsmerkmale und biometrische Daten in von den Mitgliedstaaten ausgestellten Pässen und Reisedokumenten (ABl. L 385 vom 29. 12. 2004, S. 1) sind Passersatzpapiere nach Absatz 1 Satz 1 Nummer 1, 3 und 4 mit Ausnahme der in § 6 Satz 2 und § 7 genannten Reiseausweise für Ausländer mit einem elektronischen Speicher- und Verarbeitungsmedium zu versehen, auf dem das Lichtbild, die Fingerabdrücke, die Bezeichnung der er-

fassten Finger, die Angaben zur Qualität der Abdrücke und die in Absatz 3 Satz 2 genannten Angaben gespeichert werden. Die gespeicherten Daten sind mittels geeigneter technischer und organisatorischer Maßnahmen nach Artikel 24, 25 und 32 der Verordnung (EU) 2016/679 des Europäischen Parlaments und des Rates vom 27. April 2016 zum Schutz natürlicher Personen bei der Verarbeitung personenbezogener Daten, zum freien Datenverkehr und zur Aufhebung der Richtlinie 95/46/EG (Datenschutz-Grundverordnung) (ABl. L 119 vom 4. 5. 2016, S. 1; L 314 vom 22. 11. 2016, S. 72; L 127 vom 23. 5. 2018, S. 2) in der jeweils geltenden Fassung gegen unbefugtes Auslesen, Verändern und Löschen zu sichern. Eine bundesweite Datenbank der biometrischen Daten nach Satz 1 wird nicht errichtet.

(5) Abweichend von Absatz 4 Satz 1 werden in Passersatzpapieren mit elektronischem Speicher- und Verarbeitungsmedium bei Antragstellern, die das sechste Lebensjahr noch nicht vollendet haben, keine Fingerabdrücke gespeichert. Die Unterschrift durch den Antragsteller ist zu leisten, wenn er zum Zeitpunkt der Beantragung des Passersatzes das zehnte Lebensjahr vollendet hat.

(6) Passersatzpapiere nach Absatz 1 Satz 1 Nummer 1 können mit dem Hinweis ausgestellt werden, dass die Personendaten auf den eigenen Angaben des Antragstellers beruhen. Das Gleiche gilt für Passersatzpapiere nach Absatz 1 Nummer 3 und 4, wenn ernsthafte Zweifel an den Identitätsangaben des Antragstellers bestehen.

(7) Ein Passersatz für Ausländer wird in der Regel entzogen, wenn die Ausstellungsvoraussetzungen nicht mehr vorliegen. Er ist zu entziehen, wenn der Ausländer auf Grund besonderer Vorschriften zur Rückgabe verpflichtet ist und die Rückgabe nicht unverzüglich erfolgt.

(8) Deutsche Auslandsvertretungen entziehen einen Passersatz im Benehmen mit der zuständigen oder zuletzt zuständigen Ausländerbehörde im Inland. Ist eine solche Behörde nicht vorhanden oder feststellbar, ist das Benehmen mit der Behörde herzustellen, die den Passersatz ausgestellt hat, wenn er verlängert wurde, mit der Behörde, die ihn verlängert hat.

§ 5 Allgemeine Voraussetzungen der Ausstellung des Reiseausweises für Ausländer

(1) Einem Ausländer, der nachweislich keinen Pass oder Passersatz besitzt und ihn nicht auf zumutbare Weise erlangen kann, kann nach Maßgabe der nachfolgenden Bestimmungen ein Reiseausweis für Ausländer ausgestellt werden.

(2) Als zumutbar im Sinne des Absatzes 1 gilt es insbesondere,
1. derart rechtzeitig vor Ablauf der Gültigkeit eines Passes oder Passersatzes bei den zuständigen Behörden im In- und Ausland die erforderlichen Anträge für die Neuerteilung oder Verlängerung zu stellen, dass mit der Neuerteilung oder Verlängerung innerhalb der Gültigkeitsdauer des bisherigen Passes oder Passersatzes gerechnet werden kann,
2. in der den Bestimmungen des deutschen Passrechts, insbesondere den §§ 6 und 15 des Passgesetzes in der jeweils geltenden Fassung, entsprechenden Weise an der Ausstellung oder Verlängerung mitzuwirken und die Behandlung eines Antrages durch die Behörden des Herkunftsstaates nach dem Recht des Herkunftsstaates zu dulden, sofern dies nicht zu einer unzumutbaren Härte führt,
3. die Wehrpflicht, sofern deren Erfüllung nicht aus zwingenden Gründen unzumutbar ist, und andere zumutbare staatsbürgerliche Pflichten zu erfüllen oder
4. für die behördlichen Maßnahmen die vom Herkunftsstaat allgemein festgelegten Gebühren zu zahlen.

(3) Ein Reiseausweis für Ausländer wird in der Regel nicht ausgestellt, wenn der Herkunftsstaat die Ausstellung eines Passes oder Passersatzes aus Gründen verweigert, auf Grund derer auch nach deutschem Passrecht, insbesondere nach § 7 des Passgesetzes oder wegen unterlassener Mitwirkung nach § 6 des Passgesetzes, der Pass versagt oder sonst die Ausstellung verweigert werden kann.

(4) Ein Reiseausweis für Ausländer soll nicht ausgestellt werden, wenn der Antragsteller bereits einen Reiseausweis für Ausländer missbräuchlich verwendet hat oder tatsächliche Anhaltspunkte dafür vorliegen, dass der Reiseausweis für Ausländer missbräuchlich verwendet werden soll. Ein Missbrauch liegt insbesondere vor bei einem im Einzelfall erheblichen Verstoß gegen im Reiseausweis für Ausländer eingetragene Beschränkungen oder beim Gebrauch des Reiseausweises für Ausländer zur Begehung oder Vorbereitung einer Straftat. Als Anhaltspunkt für die Absicht einer missbräuchlichen Verwendung kann insbesondere auch gewertet werden, dass der wiederholte Verlust von Passersatzpapieren des Antragstellers geltend gemacht wird.

(5) Der Reiseausweis für Ausländer ohne elektronisches Speicher- und Verarbeitungsmedium darf, soweit dies zulässig ist, nur verlängert werden, wenn die Ausstellungsvoraussetzungen weiterhin vorliegen.

§ 6 Ausstellung des Reiseausweises für Ausländer im Inland

Im Inland darf ein Reiseausweis für Ausländer nach Maßgabe des § 5 ausgestellt werden,
1. wenn der Ausländer eine Aufenthaltserlaubnis, Niederlassungserlaubnis oder Erlaubnis zum Daueraufenthalt – EU besitzt,

2. wenn dem Ausländer eine Aufenthaltserlaubnis, Niederlassungserlaubnis oder Erlaubnis zum Daueraufenthalt – EU erteilt wird, sobald er als Inhaber des Reiseausweises für Ausländer die Passpflicht erfüllt,
3. um dem Ausländer die endgültige Ausreise aus dem Bundesgebiet zu ermöglichen oder,
4. wenn der Ausländer Asylbewerber ist, für die Ausstellung des Reiseausweises für Ausländer ein dringendes öffentliches Interesse besteht, zwingende Gründe es erfordern oder die Versagung des Reiseausweises für Ausländer eine unbillige Härte bedeuten würde und die Durchführung des Asylverfahrens nicht gefährdet wird.

In den Fällen des Satzes 1 Nummer 3 und 4 wird der Reiseausweis für Ausländer ohne elektronisches Speicher- und Verarbeitungsmedium ausgestellt. Die ausstellende Behörde darf in den Fällen des Satzes 1 Nummer 3 und 4 Ausnahmen von § 5 Absatz 2 und 3 sowie in den Fällen des Satzes 1 Nummer 3 Ausnahmen von § 5 Absatz 4 zulassen. Bei Ausländern, denen nach einer Aufnahmezusage nach § 23 Absatz 4 des Aufenthaltsgesetzes eine Aufenthaltserlaubnis erteilt worden ist, ist die Erlangung eines Passes oder Passersatzes regelmäßig nicht zumutbar. Dies gilt entsprechend für Ausländer, die bis zum Ablauf des 31. Juli 2015 im Rahmen des Programms zur dauerhaften Neuansiedlung von Schutzsuchenden (Resettlement-Flüchtlinge) einen Aufenthaltstitel nach § 23 Absatz 2 des Aufenthaltsgesetzes erhalten haben.

§ 7 Ausstellung des Reiseausweises für Ausländer im Ausland

(1) Im Ausland darf ein Reiseausweis für Ausländer ohne elektronisches Speicher- und Verarbeitungsmedium nach Maßgabe des § 5 ausgestellt werden, um dem Ausländer die Einreise in das Bundesgebiet zu ermöglichen, sofern die Voraussetzungen für die Erteilung eines hierfür erforderlichen Aufenthaltstitels vorliegen.
(2) Im Ausland darf ein Reiseausweis für Ausländer ohne elektronisches Speicher- und Verarbeitungsmedium zudem nach Maßgabe des § 5 einem in § 28 Abs. 1 Satz Nr. 1 bis 3 des Aufenthaltsgesetzes bezeichneten ausländischen Familienangehörigen oder dem Lebenspartner eines Deutschen erteilt werden, wenn dieser im Ausland mit dem Deutschen in familiärer Lebensgemeinschaft lebt.

§ 8 Gültigkeitsdauer des Reiseausweises für Ausländer

(1) Die Gültigkeitsdauer des Reiseausweises für Ausländer darf die Gültigkeitsdauer des Aufenthaltstitels oder der Aufenthaltsgestattung des Ausländers nicht überschreiten. Der Reiseausweis für Ausländer darf im Übrigen ausgestellt werden bis zu einer Gültigkeitsdauer von
1. zehn Jahren, wenn der Inhaber im Zeitpunkt der Ausstellung das 24. Lebensjahr vollendet hat,
2. sechs Jahren, wenn der Inhaber im Zeitpunkt der Ausstellung das 24. Lebensjahr noch nicht vollendet hat.
(2) In den Fällen des § 6 Satz 1 Nr. 3 und 4 und des § 7 Abs. 1 darf der Reiseausweis für Ausländer abweichend von Absatz 1 nur für eine Gültigkeitsdauer von höchstens einem Monat ausgestellt werden. In Fällen, in denen der Staat, in oder durch den die beabsichtigte Reise führt, die Einreise nur mit einem Reiseausweis für Ausländer gestattet, der über den beabsichtigten Zeitpunkt der Einreise oder Ausreise hinaus gültig ist, kann der Reiseausweis für Ausländer abweichend von Satz 1 für einen entsprechend längeren Gültigkeitszeitraum ausgestellt werden der auch nach Verlängerung zwölf Monate nicht überschreiten darf.
(3) Ein nach § 6 Satz 1 Nr. 3 und 4 ausgestellter Reiseausweis für Ausländer darf nicht verlängert werden. Der Ausschluss der Verlängerung ist im Reiseausweis für Ausländer zu vermerken.

§ 9 Räumlicher Geltungsbereich des Reiseausweises für Ausländer

(1) Der Reiseausweis für Ausländer kann für alle Staaten oder mit einer Beschränkung des Geltungsbereichs auf bestimmte Staaten oder Erdteile ausgestellt werden. Der Staat, dessen Staatsangehörigkeit der Ausländer besitzt, ist aus dem Geltungsbereich auszunehmen, wenn nicht in Ausnahmefällen die Erstreckung des Geltungsbereichs auf diesen Staat gerechtfertigt ist.
(2) In den Fällen des § 6 Satz 1 Nr. 4 ist der Geltungsbereich des Reiseausweises für Ausländer auf die den Zweck der Reise betreffenden Staaten zu beschränken. Abweichend von Absatz 1 Satz 2 ist eine Erstreckung des Geltungsbereichs auf den Herkunftsstaat unzulässig.
(3) Abweichend von Absatz 1 Satz 2 soll der Geltungsbereich eines Reiseausweises für Ausländer im Fall des § 6 Satz 1 Nr. 3 den Staat einschließen, dessen Staatsangehörigkeit der Ausländer besitzt.
(4) Der Geltungsbereich des im Ausland ausgestellten Reiseausweises für Ausländer ist in den Fällen des § 7 Abs. 1 räumlich auf die Bundesrepublik Deutschland, den Ausreisestaat, den Staat der Ausstellung sowie die im Reiseausweis für Ausländer einzeln aufzuführenden, auf dem geplanten Reiseweg zu durchreisenden Staaten zu beschränken.

§ 10 Sonstige Beschränkungen im Reiseausweis für Ausländer

In den Reiseausweis für Ausländer können zur Vermeidung von Missbrauch bei oder nach der Ausstellung sonstige Beschränkungen aufgenommen werden, insbesondere die Bezeichnung der zur Einreise in das Bundesgebiet zu benutzenden Grenzübergangsstelle oder die Bezeichnung der Person, in deren Begleitung sich der Ausländer befinden muss. § 46 Abs. 2 des Aufenthaltsgesetzes bleibt unberührt.

§ 11 Verfahren der Ausstellung oder Verlängerung des Reiseausweises für Ausländer im Ausland

(1) Im Ausland darf ein Reiseausweis für Ausländer nur mit Zustimmung des Bundesministeriums des Innern, für Bau und Heimat oder der von ihm bestimmten Stelle ausgestellt werden. Dasselbe gilt für die zulässige Verlängerung eines nach Satz 1 ausgestellten Reiseausweises für Ausländer im Ausland.

(2) Im Ausland darf ein im Inland ausgestellter oder verlängerter Reiseausweis für Ausländer nur mit Zustimmung der zuständigen oder zuletzt zuständigen Ausländerbehörde verlängert werden. Ist eine solche Behörde nicht vorhanden oder feststellbar, ist die Zustimmung bei der Behörde einzuholen, die den Reiseausweis ausgestellt hat, wenn er verlängert wurde, bei der Behörde, die ihn verlängert hat.

(3) Die Aufhebung von Beschränkungen nach den §§ 9 und 10 im Ausland bedarf der Zustimmung der zuständigen oder zuletzt zuständigen Ausländerbehörde. Ist eine solche Behörde nicht vorhanden oder feststellbar, ist die Zustimmung bei der Behörde einzuholen, die die Beschränkung eingetragen hat.

§ 12 Grenzgängerkarte

(1) Einem Ausländer, der sich in einem an das Bundesgebiet angrenzenden Staat rechtmäßig aufhält und der mindestens einmal wöchentlich dorthin zurückkehrt, kann eine Grenzgängerkarte für die Ausübung einer Erwerbstätigkeit oder eines Studiums im Bundesgebiet erteilt werden, wenn er
1. in familiärer Lebensgemeinschaft mit seinem deutschen Ehegatten oder Lebenspartner lebt,
2. in familiärer Lebensgemeinschaft mit seinem Ehegatten oder Lebenspartner lebt, der Unionsbürger ist und als Grenzgänger im Bundesgebiet eine Erwerbstätigkeit ausübt oder ohne Grenzgänger zu sein seinen Wohnsitz vom Bundesgebiet in einen an Deutschland angrenzenden Staat verlegt hat, oder
3. die Voraussetzungen für die Erteilung eines Aufenthaltstitels zur Ausübung einer Erwerbstätigkeit oder eines Studiums nur deshalb nicht erfüllt, weil er Grenzgänger ist.

Eine Grenzgängerkarte zur Ausübung einer Beschäftigung im Bundesgebiet darf nur erteilt werden, wenn die Bundesagentur für Arbeit der Ausübung der Beschäftigung zugestimmt hat oder die Ausübung der Beschäftigung ohne Zustimmung der Bundesagentur für Arbeit zulässig ist. Im Fall der selbständigen Tätigkeit kann die Grenzgängerkarte unabhängig vom Vorliegen der Voraussetzungen des § 21 des Aufenthaltsgesetzes erteilt werden. Für eine Grenzgängerkarte zur Ausübung eines Studiums gilt § 16b Absatz 3 des Aufenthaltsgesetzes entsprechend. Einem Ausländer, der Beamter ist, in einem an das Bundesgebiet angrenzenden Staat wohnt und mindestens einmal wöchentlich dorthin zurückkehrt, wird eine Grenzgängerkarte zur Erfüllung seiner Dienstpflichten im Bundesgebiet erteilt. Die Grenzgängerkarte kann bei der erstmaligen Erteilung bis zu einer Gültigkeitsdauer von zwei Jahren ausgestellt werden. Sie kann für jeweils zwei Jahre verlängert werden, solange die Ausstellungsvoraussetzungen weiterhin vorliegen.

(2) Staatsangehörigen der Schweiz wird unter den Voraussetzungen und zu den Bedingungen eine Grenzgängerkarte ausgestellt und verlängert, die in Artikel 7 Abs. 2, Artikel 13 Abs. 2, Artikel 28 Abs. 1 und Artikel 32 Abs. 2 des Anhangs I zum Abkommen vom 21. Juni 1999 zwischen der Europäischen Gemeinschaft und ihren Mitgliedstaaten einerseits und der Schweizerischen Eidgenossenschaft andererseits über die Freizügigkeit (BGBl. 2001 II S. 810) genannt sind.

§ 13 Notreiseausweis

(1) Zur Vermeidung einer unbilligen Härte, oder soweit ein besonderes öffentliches Interesse besteht, darf einem Ausländer ein Notreiseausweis ausgestellt werden, wenn der Ausländer seine Identität glaubhaft machen kann und er
1. Unionsbürger oder Staatsangehöriger eines anderen Vertragsstaates des Abkommens über den Europäischen Wirtschaftsraum, der Schweiz oder eines Staates ist, der in Anhang II der Verordnung (EU) 2018/1806 des Europäischen Parlaments und des Rates vom 14. November 2018 zur Aufstellung der Liste der Drittländer, deren Staatsangehörige beim Überschreiten der Außengrenzen im Besitz eines Visums sein müssen, sowie der Liste der Drittländer, deren Staatsangehörige von dieser Visumpflicht befreit sind (ABl. L 303 vom 28. 11. 2018, S. 39), die durch die Verordnung (EU) 2019/592 (ABl. L 103 I vom 12. 4. 2019, S. 1) geändert worden ist, aufgeführt ist, oder
2. aus sonstigen Gründen zum Aufenthalt im Bundesgebiet, einem anderen Mitgliedstaat der Europäischen Union, einem anderen Vertragsstaat des Abkommens über den Europäischen Wirtschaftsraum oder in der Schweiz oder zur Rückkehr dorthin berechtigt ist.

(2) Die mit der polizeilichen Kontrolle des grenzüberschreitenden Verkehrs beauftragten Behörden können nach Maßgabe des Absatzes 1 an der Grenze einen Notreiseausweis ausstellen, wenn der Ausländer keinen Pass oder Passersatz mitführt.

(3) Die Ausländerbehörde kann nach Maßgabe des Absatzes 1 einen Notreiseausweis ausstellen, wenn die Beschaffung eines anderen Passes oder Passersatzes, insbesondere eines Reiseausweises für Ausländer, im Einzelfall nicht in Betracht kommt.
(4) Die ausstellende Behörde kann die bereits bestehende Berechtigung zur Rückkehr in das Bundesgebiet auf dem Notreiseausweis bescheinigen, sofern die Bescheinigung der beabsichtigten Auslandsreise dienlich ist. Die in Absatz 2 genannten Behörden bedürfen hierfür der Zustimmung der Ausländerbehörde.
(5) Abweichend von Absatz 1 können die mit der polizeilichen Kontrolle des grenzüberschreitenden Verkehrs beauftragten Behörden
1. zivilem Schiffspersonal eines in der See- oder Küstenschifffahrt oder in der Rhein-Seeschifffahrt verkehrenden Schiffes für den Aufenthalt im Hafenort während der Liegezeit des Schiffes und
2. zivilem Flugpersonal für einen in § 23 Abs. 1 genannten Aufenthalt

sowie die jeweils mit einem solchen Aufenthalt verbundene Ein- und Ausreise einen Notreiseausweis ausstellen, wenn es keinen Pass oder Passersatz, insbesondere keinen der in § 3 Abs. 3 genannten Passersatzpapiere, mitführt. Absatz 4 findet keine Anwendung.
(6) Die Gültigkeitsdauer des Notreiseausweises darf längstens einen Monat betragen.

§ 14 Befreiung von der Passpflicht in Rettungsfällen

Von der Passpflicht sind befreit
1. Ausländer, die aus den Nachbarstaaten, auf dem Seeweg oder im Wege von Rettungsflügen aus anderen Staaten einreisen und bei Unglücks- oder Katastrophenfällen Hilfe leisten oder in Anspruch nehmen wollen, und
2. Ausländer, die zum Flug- oder Begleitpersonal von Rettungsflügen gehören.

Die Befreiung endet, sobald für den Ausländer die Beschaffung oder Beantragung eines Passes oder Passersatzes auch in Anbetracht der besonderen Umstände des Falles und des Vorranges der Leistung oder Inanspruchnahme von Hilfe zumutbar wird.

Abschnitt 2
Befreiung vom Erfordernis eines Aufenthaltstitels

Unterabschnitt 1
Allgemeine Regelungen

§ 15 Gemeinschaftsrechtliche Regelung der Kurzaufenthalte

Die Befreiung vom Erfordernis eines Aufenthaltstitels für die Einreise und den Aufenthalt von Ausländern für Kurzaufenthalte richtet sich nach dem Recht der Europäischen Union, insbesondere dem Schengener Durchführungsübereinkommen und der Verordnung (EU) 2018/1806 in Verbindung mit den nachfolgenden Bestimmungen.

§ 16 Vorrang älterer Sichtvermerksabkommen

Die Inhaber der in Anlage A zu dieser Verordnung genannten Dokumente sind für die Einreise und den Aufenthalt im Bundesgebiet, auch bei Überschreitung der zeitlichen Grenze eines Kurzaufenthalts, vom Erfordernis eines Aufenthaltstitels befreit, soweit völkerrechtliche Verpflichtungen, insbesondere aus einem Sichtvermerksabkommen, die vor dem 1. September 1993 gegenüber den in Anlage A aufgeführten Staaten eingegangen wurden, dem Erfordernis des Aufenthaltstitels oder dieser zeitlichen Begrenzung entgegenstehen.

§ 17 Nichtbestehen der Befreiung bei Erwerbstätigkeit während eines Kurzaufenthalts

(1) Für die Einreise und den Kurzaufenthalt sind die Personen nach Artikel 4 Absatz 1 der Verordnung (EU) 2018/1806 in der jeweils geltenden Fassung und die Inhaber eines von einem Schengen-Staat ausgestellten Aufenthaltstitels oder nationalen Visums für den längerfristigen Aufenthalt vom Erfordernis eines Aufenthaltstitels nicht befreit, sofern sie im Bundesgebiet eine Erwerbstätigkeit ausüben.
(2) Absatz 1 findet keine Anwendung, soweit der Ausländer im Bundesgebiet bis zu 90 Tage innerhalb von zwölf Monaten lediglich Tätigkeiten ausübt, die nach § 30 Nummer 2 und 3 der Beschäftigungsverordnung nicht als Beschäftigung gelten, oder diesen entsprechende selbständige Tätigkeiten ausübt. Die zeitliche Beschränkung des Satzes 1 gilt nicht für Kraftfahrer im grenzüberschreitenden Straßenverkehr, die lediglich Güter oder Personen durch das Bundesgebiet hindurchbefördern, ohne dass die Güter oder Personen das Transportfahrzeug wechseln. Die Frist nach Satz 1 beträgt für Tätigkeiten nach § 15a und § 30 Nummer 1 der Beschäftigungsverordnung 90 Tage innerhalb von 180 Tagen. Selbständige Tätigkeiten nach den Sätzen 1 und 2 dürfen unter den dort genannten Voraussetzungen ohne den nach § 4a Absatz 1 Satz 1 des Aufenthaltsgesetzes erforderlichen Aufenthaltstitel ausgeübt werden.

§ 17a Befreiung zur Dienstleistungserbringung für langfristig Aufenthaltsberechtigte

Ausländer, die in einem anderen Mitgliedstaat der Europäischen Union die Rechtsstellung eines langfristig Aufenthaltsberechtigten innehaben, sind für die Einreise und den Aufenthalt im Bundesgebiet zum Zweck einer Beschäftigung nach § 30 Nummer 3 der Beschäftigungsverordnung für einen Zeitraum von bis zu 90 Tagen innerhalb von zwölf Monaten vom Erfordernis eines Aufenthaltstitels befreit.

Unterabschnitt 2
Befreiungen für Inhaber bestimmter Ausweise

§ 18 Befreiung für Inhaber von Reiseausweisen für Flüchtlinge und Staatenlose

Inhaber von Reiseausweisen für Flüchtlinge oder für Staatenlose sind für die Einreise und den Kurzaufenthalt vom Erfordernis eines Aufenthaltstitels befreit, sofern
1. der Reiseausweis von einem Mitgliedstaat der Europäischen Union, einem anderen Vertragsstaat des Abkommens über den Europäischen Wirtschaftsraum, der Schweiz oder von einem in Anhang II der Verordnung (EU) 2018/1806 aufgeführten Staat ausgestellt wurde,
2. der Reiseausweis eine Rückkehrberechtigung enthält, die bei der Einreise noch mindestens vier Monate gültig ist und
3. sie keine Erwerbstätigkeit mit Ausnahme der in § 17 Abs. 2 bezeichneten ausüben.

Satz 1 Nr. 2 gilt nicht für Inhaber von Reiseausweisen für Flüchtlinge, die von einem der in Anlage A Nr. 3 genannten Staaten ausgestellt wurden.

§ 19 Befreiung für Inhaber dienstlicher Pässe

Für die Einreise und den Kurzaufenthalt sind Staatsangehörige der in Anlage B zu dieser Verordnung aufgeführten Staaten vom Erfordernis eines Aufenthaltstitels befreit, wenn sie einen der in Anlage B genannten dienstlichen Pässe besitzen und keine Erwerbstätigkeit mit Ausnahme der in § 17 Abs. 2 bezeichneten ausüben.

§ 20 Befreiung für Inhaber von Ausweisen der Europäischen Union und zwischenstaatlicher Organisationen und der Vatikanstadt

Vom Erfordernis eines Aufenthaltstitels befreit sind Inhaber
1. von Ausweisen für Mitglieder und Bedienstete der Organe der Europäischen Gemeinschaften,
2. von Ausweisen für Abgeordnete der Parlamentarischen Versammlung des Europarates,
3. von vatikanischen Pässen, wenn sie sich nicht länger als 90 Tage im Bundesgebiet aufhalten,
4. von Passierscheinen zwischenstaatlicher Organisationen, die diese den in ihrem Auftrag reisenden Personen ausstellen, soweit die Bundesrepublik Deutschland auf Grund einer Vereinbarung mit der ausstellenden Organisation verpflichtet ist, dem Inhaber die Einreise und den Aufenthalt zu gestatten.

§ 21 Befreiung für Inhaber von Grenzgängerkarten

Inhaber von Grenzgängerkarten sind für die Einreise, den Aufenthalt und für die in der Grenzgängerkarte bezeichnete Erwerbstätigkeit im Bundesgebiet vom Erfordernis eines Aufenthaltstitels befreit.

§ 22 Befreiung für Schüler auf Sammellisten

(1) Schüler, die als Mitglied einer Schülergruppe in Begleitung einer Lehrkraft einer allgemein bildenden oder berufsbildenden Schule an einer Reise in oder durch das Bundesgebiet teilnehmen, sind für die Einreise, Durchreise und einen Kurzaufenthalt im Bundesgebiet vom Erfordernis eines Aufenthaltstitels befreit, wenn sie
1. Staatsangehörige eines in Anhang I der Verordnung (EU) 2018/1806 aufgeführten Staates sind,
2. ihren Wohnsitz innerhalb der Europäischen Union, in einem anderen Vertragsstaat des Abkommens über den Europäischen Wirtschaftsraum oder in einem in Anhang II der Verordnung (EU) 2018/1806 aufgeführten Staat oder der Schweiz haben,
3. in einer Sammelliste eingetragen sind, die den Voraussetzungen entspricht, die in Artikel 1 Buchstabe b in Verbindung mit dem Anhang des Beschlusses des Rates vom 30. November 1994 über die vom Rat auf Grund von Artikel K.3 Abs. 2 Buchstabe b des Vertrages über die Europäische Union beschlossene gemeinsame Maßnahme über Reiseerleichterungen für Schüler von Drittstaaten mit Wohnsitz in einem Mitgliedstaat festgelegt sind, und
4. keine Erwerbstätigkeit ausüben.

(2) Schüler mit Wohnsitz im Bundesgebiet, die für eine Reise in das Ausland in einer Schülergruppe in Begleitung einer Lehrkraft einer allgemeinbildenden oder berufsbildenden inländischen Schule auf einer von deutschen Behörden ausgestellten Schülersammelliste aufgeführt sind, sind für die Wiedereinreise in das Bundesgebiet vom Erfordernis eines Aufenthaltstitels befreit, wenn die Ausländerbehörde angeordnet hat, dass die Abschiebung nach der Wiedereinreise ausgesetzt wird. Diese Anordnung ist auf der Schülersammelliste zu vermerken.

Unterabschnitt 3
Befreiungen im grenzüberschreitenden Beförderungswesen

§ 23 Befreiung für ziviles Flugpersonal

(1) Ziviles Flugpersonal, das im Besitz eines Flugbesatzungsausweises ist, ist vom Erfordernis eines Aufenthaltstitels befreit, sofern es
1. sich nur auf dem Flughafen, auf dem das Flugzeug zwischengelandet ist oder seinen Flug beendet hat, aufhält,
2. sich nur im Gebiet einer in der Nähe des Flughafens gelegenen Gemeinde aufhält oder
3. zu einem anderen Flughafen wechselt.

(2) Ziviles Flugpersonal, das nicht im Besitz eines Flugbesatzungsausweises ist, kann für einen in Absatz 1 genannten Aufenthalt vom Erfordernis eines Aufenthaltstitels befreit werden, sofern es die Passpflicht erfüllt. Zuständig sind die mit der Kontrolle des grenzüberschreitenden Verkehrs beauftragten Behörden. Zum Nachweis der Befreiung wird ein Passierschein ausgestellt.

§ 24 Befreiung für Seeleute

(1) Seelotsen, die in Ausübung ihres Berufes handeln und sich durch amtliche Papiere über ihre Person und Seelotseneigenschaft ausweisen, benötigen für ihre Einreise und ihren Aufenthalt keinen Aufenthaltstitel.

(2) Ziviles Schiffspersonal eines in der See- oder Küstenschifffahrt oder in der Rhein-Seeschifffahrt verkehrenden Schiffes kann, sofern es nicht unter Absatz 1 fällt, für den Aufenthalt im Hafenort während der Liegezeit des Schiffes vom Erfordernis eines Aufenthaltstitels befreit werden, sofern es die Passpflicht erfüllt. Zuständig sind die mit der Kontrolle des grenzüberschreitenden Verkehrs beauftragten Behörden. Zum Nachweis der Befreiung wird ein Passierschein ausgestellt.

(3) Ziviles Schiffspersonal im Sinne der vorstehenden Absätze sind der Kapitän eines Schiffes, die Besatzungsmitglieder, die angemustert und auf der Besatzungsliste verzeichnet sind, sowie sonstige an Bord beschäftigte Personen, die auf einer Besatzungsliste verzeichnet sind.

§ 25 Befreiung in der internationalen zivilen Binnenschifffahrt

(1) Ausländer, die
1. auf einem von einem Unternehmen mit Sitz im Hoheitsgebiet eines Schengen-Staates betriebenen Schiff in der grenzüberschreitenden Binnenschifffahrt tätig sind,
2. im Besitz eines gültigen Aufenthaltstitels des Staates sind, in dem das Unternehmen seinen Sitz hat und dort der Aufenthaltstitel die Tätigkeit in der Binnenschifffahrt erlaubt und
3. in die Besatzungsliste dieses Schiffes eingetragen sind,

sind für die Einreise und für Aufenthalte bis zu sechs Monaten innerhalb eines Zeitraums von zwölf Monaten seit der ersten Einreise vom Erfordernis eines Aufenthaltstitels befreit.

(2) Ausländer, die
1. auf einem von einem Unternehmen mit Sitz im Ausland betriebenen Schiff in der Donauschifffahrt einschließlich der Schifffahrt auf dem Main-Donau-Kanal tätig sind,
2. in die Besatzungsliste dieses Schiffes eingetragen sind und
3. einen Binnenschifffahrtsausweis besitzen,

sind für die Einreise und für Aufenthalte bis zu 90 Tagen innerhalb eines Zeitraumes von zwölf Monaten seit der ersten Einreise vom Erfordernis eines Aufenthaltstitels befreit.

(3) Die Befreiung nach Absatz 1 und 2 gilt für die Einreise und den Aufenthalt
1. an Bord,
2. im Gebiet eines Liegehafens und einer nahe gelegenen Gemeinde und
3. bei Reisen zwischen dem Grenzübergang und dem Schiffsliegeort oder zwischen Schiffsliegeorten auf dem kürzesten Wege

im Zusammenhang mit der grenzüberschreitenden Beförderung von Personen oder Sachen sowie in der Donauschifffahrt zur Weiterbeförderung derselben Personen oder Sachen.

(4) Die Absätze 2 und 3 gelten entsprechend für die in Binnenschifffahrtsausweisen eingetragenen Familienangehörigen.

§ 26 Transit ohne Einreise; Flughafentransitvisum

(1) Ausländer, die sich im Bundesgebiet befinden, ohne im Sinne des § 13 Abs. 2 des Aufenthaltsgesetzes einzureisen, sind vom Erfordernis eines Aufenthaltstitels befreit.

(2) Das Erfordernis einer Genehmigung für das Betreten des Transitbereichs eines Flughafens während einer Zwischenlandung oder zum Umsteigen (Flughafentransitvisum) gilt für Personen, die auf Grund von Artikel 3

Absatz 1 in Verbindung mit Absatz 5 der Verordnung (EG) Nr. 810/2009 des Europäischen Parlaments und des Rates vom 13. Juli 2009 über einen Visakodex der Gemeinschaft (ABl. L 243 vom 15. 9. 2009, S. 1) ein Flughafentransitvisum benötigen, sowie für Staatsangehörige der in Anlage C genannten Staaten, sofern diese nicht nach Artikel 3 Absatz 5 der Verordnung (EG) Nr. 810/2009 von der Flughafentransitvisumpflicht befreit sind. Soweit danach das Erfordernis eines Flughafentransitvisums besteht, gilt die Befreiung nach Absatz 1 nur, wenn der Ausländer ein Flughafentransitvisum besitzt. Das Flughafentransitvisum ist kein Aufenthaltstitel.

Unterabschnitt 4
Sonstige Befreiungen

§ 27 Befreiung für Personen bei Vertretungen ausländischer Staaten

(1) Vom Erfordernis eines Aufenthaltstitels befreit sind, wenn Gegenseitigkeit besteht,
1. die in die Bundesrepublik Deutschland amtlich entsandten Mitglieder des dienstlichen Hauspersonals berufskonsularischer Vertretungen im Bundesgebiet und ihre mit ihnen im gemeinsamen Haushalt lebenden, nicht ständig im Bundesgebiet ansässigen Familienangehörigen,
2. die nicht amtlich entsandten, mit Zustimmung des Auswärtigen Amtes örtlich angestellten Mitglieder des diplomatischen und berufskonsularischen, des Verwaltungs- und technischen Personals sowie des dienstlichen Hauspersonals diplomatischer und berufskonsularischer Vertretungen im Bundesgebiet und ihre mit Zustimmung des Auswärtigen Amtes zugezogenen, mit ihnen im gemeinsamen Haushalt lebenden Ehegatten oder Lebenspartner, minderjährigen ledigen Kinder und volljährigen ledigen Kinder, die bei der Verlegung ihres ständigen Aufenthalts in das Bundesgebiet das 21. Lebensjahr noch nicht vollendet haben, sich in der Ausbildung befinden und wirtschaftlich von ihnen abhängig sind,
3. die mit Zustimmung des Auswärtigen Amtes beschäftigten privaten Hausangestellten von Mitgliedern diplomatischer und berufskonsularischer Vertretungen im Bundesgebiet,
4. die mitreisenden Familienangehörigen von Repräsentanten anderer Staaten und deren Begleitung im Sinne des § 20 des Gerichtsverfassungsgesetzes,
5. Personen, die dem Haushalt eines entsandten Mitgliedes einer diplomatischen oder berufskonsularischen Vertretung im Bundesgebiet angehören, die mit dem entsandten Mitglied mit Rücksicht auf eine rechtliche oder sittliche Pflicht oder bereits zum Zeitpunkt seiner Entsendung ins Bundesgebiet in einer Haushalts- oder Betreuungsgemeinschaft leben, die nicht von dem entsandten Mitglied beschäftigt werden, deren Unterhalt einschließlich eines angemessenen Schutzes vor Krankheit und Pflegebedürftigkeit ohne Inanspruchnahme von Leistungen nach dem Sozialgesetzbuch gesichert ist und deren Aufenthalt das Auswärtige Amt zum Zweck der Wahrung der auswärtigen Beziehungen der Bundesrepublik Deutschland im Einzelfall zugestimmt hat.

(2) Die nach Absatz 1 als Familienangehörige oder Haushaltsmitglieder vom Erfordernis des Aufenthaltstitels befreiten sowie die von § 1 Abs. 2 Nr. 2 oder 3 des Aufenthaltsgesetzes erfassten Familienangehörigen sind auch im Fall der erlaubten Aufnahme und Ausübung einer Erwerbstätigkeit oder Ausbildung vom Erfordernis eines Aufenthaltstitels befreit, wenn Gegenseitigkeit besteht.

(3) Der Eintritt eines Befreiungsgrundes nach Absatz 1 oder 2 lässt eine bestehende Aufenthaltserlaubnis oder Niederlassungserlaubnis unberührt und steht der Verlängerung einer Aufenthaltserlaubnis oder der Erteilung einer Niederlassungserlaubnis an einen bisherigen Inhaber einer Aufenthaltserlaubnis nach den Vorschriften des Aufenthaltsgesetzes nicht entgegen.

§ 28 Befreiung für freizügigkeitsberechtigte Schweizer

Staatsangehörige der Schweiz sind nach Maßgabe des Abkommens vom 21. Juni 1999 zwischen der Europäischen Gemeinschaft und ihren Mitgliedstaaten einerseits und der Schweizerischen Eidgenossenschaft andererseits über die Freizügigkeit vom Erfordernis eines Aufenthaltstitels befreit. Soweit in dem Abkommen vorgesehen ist, dass das Aufenthaltsrecht durch eine Aufenthaltserlaubnis bescheinigt wird, wird nach § 78 Absatz 1 Satz 2 des Aufenthaltsgesetzes diese Aufenthaltserlaubnis auf Antrag als Dokument mit elektronischem Speicher- und Verarbeitungsmedium ausgestellt.

§ 29 Befreiung in Rettungsfällen

Für die Einreise und den Aufenthalt im Bundesgebiet sind die in § 14 Satz 1 genannten Ausländer vom Erfordernis eines Aufenthaltstitels befreit. Die Befreiung nach Satz 1 endet, sobald für den Ausländer die Beantragung eines erforderlichen Aufenthaltstitels auch in Anbetracht der besonderen Umstände des Falles und des Vorranges der Leistung oder Inanspruchnahme von Hilfe zumutbar wird.

§ 30 Befreiung für die Durchreise und Durchbeförderung

Für die Einreise in das Bundesgebiet aus einem anderen Schengen-Staat und einen anschließenden Aufenthalt von bis zu drei Tagen sind Ausländer vom Erfordernis eines Aufenthaltstitels befreit, wenn sie
1. auf Grund einer zwischenstaatlichen Vereinbarung über die Gestattung der Durchreise durch das Bundesgebiet reisen, oder
2. auf Grund einer zwischenstaatlichen Vereinbarung oder mit Einwilligung des Bundesministeriums des Innern, für Bau und Heimat oder der von ihm beauftragten Stelle durch das Bundesgebiet durchbefördert werden; in diesem Fall gilt die Befreiung auch für die sie begleitenden Aufsichtspersonen.

§ 30a (weggefallen)

Abschnitt 3
Visumverfahren

§ 31 Zustimmung der Ausländerbehörde zur Visumerteilung

(1) Ein Visum bedarf der vorherigen Zustimmung der für den vorgesehenen Aufenthaltsort zuständigen Ausländerbehörde, wenn
1. der Ausländer sich zu anderen Zwecken als zur Erwerbstätigkeit oder zur Arbeits- oder Ausbildungsplatzsuche länger als 90 Tage im Bundesgebiet aufhalten will,
2. der Ausländer im Bundesgebiet
   a) eine selbständige Tätigkeit ausüben will,
   b) eine Beschäftigung nach § 19c Absatz 3 des Aufenthaltsgesetzes ausüben will oder
   c) eine sonstige Beschäftigung ausüben will und wenn er sich entweder bereits zuvor auf der Grundlage einer Aufenthaltserlaubnis, die nicht der Saisonbeschäftigung diente, einer Blauen Karte EU, einer ICT-Karte, einer Mobiler-ICT-Karte, einer Niederlassungserlaubnis, einer Erlaubnis zum Daueraufenthalt-EG, einer Duldung oder einer Aufenthaltsgestattung im Bundesgebiet aufgehalten hat oder wenn gegen ihn aufenthaltsbeendende Maßnahmen erfolgt sind oder
   d) eine Beschäftigung gemäß § 14 Absatz 1a der Beschäftigungsverordnung ausüben will und dabei einen Fall des § 14 Absatz 1a Satz 2 der Beschäftigungsverordnung geltend macht, oder
3. die Daten des Ausländers nach § 73 Absatz 1 Satz 1 des Aufenthaltsgesetzes an die Sicherheitsbehörden übermittelt werden, soweit das Bundesministerium des Innern, für Bau und Heimat die Zustimmungsbedürftigkeit unter Berücksichtigung der aktuellen Sicherheitslage angeordnet hat.

Das Visum des Ehegatten oder Lebenspartners und der minderjährigen Kinder eines Ausländers, der eine sonstige Beschäftigung ausüben will, bedarf in der Regel nicht der Zustimmung der Ausländerbehörde, wenn
1. das Visum des Ausländers nicht der Zustimmungspflicht der Ausländerbehörde nach Satz 1 Nummer 2 Buchstabe c unterliegt,
2. das Visum des Ehegatten oder Lebenspartners nicht selbst der Zustimmungspflicht der Ausländerbehörde nach Satz 1 Nummer 2 Buchstabe a bis c unterliegt,
3. die Visumanträge in zeitlichem Zusammenhang gestellt werden und
4. die Ehe oder Lebenspartnerschaft bereits bei der Visumbeantragung des Ausländers besteht.

Im Fall des Satzes 1 Nr. 3 gilt die Zustimmung als erteilt, wenn nicht die Ausländerbehörde der Erteilung des Visums binnen zehn Tagen nach Übermittlung der Daten des Visumantrages an sie widerspricht oder die Ausländerbehörde im Einzelfall innerhalb dieses Zeitraums der Auslandsvertretung mitgeteilt hat, dass die Prüfung nicht innerhalb dieser Frist abgeschlossen wird. Dasselbe gilt im Fall eines Ausländers, der eine sonstige Beschäftigung ausüben will, und seiner Familienangehörigen nach Satz 2, wenn das Visum nur auf Grund eines Voraufenthalts im Sinne von Satz 1 Nummer 2 Buchstabe c der Zustimmung der Ausländerbehörde bedarf. Dasselbe gilt bei Anträgen auf Erteilung eines Visums zu einem Aufenthalt nach § 16b Absatz 1 oder Absatz 5, § 17 Absatz 2 oder § 18d des Aufenthaltsgesetzes, soweit das Visum nicht nach § 34 Nummer 3 bis 5 zustimmungsfrei ist, mit der Maßgabe, dass die Frist drei Wochen und zwei Werktage beträgt.

(2) Wird der Aufenthalt des Ausländers von einer öffentlichen Stelle mit Sitz im Bundesgebiet vermittelt, kann die Zustimmung zur Visumerteilung auch von der Ausländerbehörde erteilt werden, die für den Sitz der vermittelnden Stelle zuständig ist. Im Visum ist ein Hinweis auf diese Vorschrift aufzunehmen und die Ausländerbehörde zu bezeichnen.

(3) Die Ausländerbehörde kann insbesondere im Fall eines Anspruchs auf Erteilung eines Aufenthaltstitels, eines öffentlichen Interesses, in den Fällen der §§ 18a, 18b, 18c Absatz 3, §§ 19, 19b, 19c oder 21 des Aufenthaltsgesetzes, in denen auf Grund von Absatz 1 Satz 1 Nummer 2 eine Zustimmung der Ausländerbehörde vorgesehen ist, oder in dringenden Fällen der Visumerteilung vor der Beantragung des Visums bei der Auslandsvertretung zustimmen (Vorabzustimmung).

(4) In den Fällen des § 81a des Aufenthaltsgesetzes ist für die Erteilung der nach § 81a Absatz 3 Satz 1 Nummer 6 des Aufenthaltsgesetzes erforderlichen Vorabzustimmung die Ausländerbehörde zuständig, die für den Ort der Betriebsstätte zuständig ist, an der der Ausländer beschäftigt werden soll.

§ 31a Beschleunigtes Fachkräfteverfahren

(1) Im Fall des § 81a des Aufenthaltsgesetzes bietet die Auslandsvertretung unverzüglich nach Vorlage der Vorabzustimmung oder Übermittlung der Vorabzustimmung durch das Ausländerzentralregister und nach dem Eingang der Terminanfrage der Fachkraft einen Termin zur Visumantragstellung an, der innerhalb der nächsten drei Wochen liegt.
(2) Die Bescheidung des Visumantrags erfolgt in der Regel innerhalb von drei Wochen ab Stellung des vollständigen Visumantrags.

§ 32 Zustimmung der obersten Landesbehörde

Ein Visum bedarf nicht der Zustimmung der Ausländerbehörde nach § 31, wenn die oberste Landesbehörde der Visumerteilung zugestimmt hat.

§ 33 Zustimmungsfreiheit bei Spätaussiedlern

Abweichend von § 31 bedarf das Visum nicht der Zustimmung der Ausländerbehörde bei Inhabern von Aufnahmebescheiden nach dem Bundesvertriebenengesetz und den nach § 27 Abs. 1 Satz 2 bis 4 des Bundesvertriebenengesetzes in den Aufnahmebescheid einbezogenen Ehegatten und Abkömmlingen.

§ 34 Zustimmungsfreiheit bei Wissenschaftlern und Studenten

Abweichend von § 31 bedarf das Visum nicht der Zustimmung der Ausländerbehörde bei
1. Wissenschaftlern, die für eine wissenschaftliche Tätigkeit von deutschen Wissenschaftsorganisationen oder einer deutschen öffentlichen Stelle vermittelt werden und in diesem Zusammenhang in der Bundesrepublik Deutschland ein Stipendium aus öffentlichen Mitteln erhalten,
2. a) Gastwissenschaftlern,
   b) Ingenieuren und Technikern als technischen Mitarbeitern im Forschungsteam eines Gastwissenschaftlers und
   c) Lehrpersonen und wissenschaftlichen Mitarbeitern,
   die auf Einladung an einer Hochschule oder einer öffentlich-rechtlichen, überwiegend aus öffentlichen Mitteln finanzierten oder als öffentliches Unternehmen in privater Rechtsform geführten Forschungseinrichtung tätig werden,
3. Ausländern, die für ein Studium von einer deutschen Wissenschaftsorganisation oder einer deutschen öffentlichen Stelle vermittelt werden, die Stipendien auch aus öffentlichen Mitteln vergibt, und in diesem Zusammenhang in der Bundesrepublik Deutschland ein Stipendium auf Grund eines auch für öffentliche Mittel verwendeten Vergabeverfahrens erhalten,
4. Forschern, die eine Aufnahmevereinbarung nach § 38f mit einer vom Bundesamt für Migration und Flüchtlinge anerkannten Forschungseinrichtung abgeschlossen haben,
5. Ausländern, die als Absolventen deutscher Auslandsschulen über eine deutsche Hochschulzugangsberechtigung verfügen und ein Studium (§ 16b Absatz 1 und 5 des Aufenthaltsgesetzes) im Bundesgebiet aufnehmen,
6. Ausländern, die an einer deutschen Auslandsschule eine internationale Hochschulzugangsberechtigung oder eine nationale Hochschulzugangsberechtigung in Verbindung mit dem Deutschen Sprachdiplom der Kultusministerkonferenz erlangt haben und ein Studium (§ 16b Absatz 1 und 5 des Aufenthaltsgesetzes) im Bundesgebiet aufnehmen, oder
7. Ausländern, die an einer mit deutschen Mitteln geförderten Schule im Ausland eine nationale Hochschulzugangsberechtigung in Verbindung mit dem Deutschen Sprachdiplom der Kultusministerkonferenz erlangt haben und ein Studium (§ 16b Absatz 1 und 5 des Aufenthaltsgesetzes) im Bundesgebiet aufnehmen.

Satz 1 gilt entsprechend, wenn der Aufenthalt aus Mitteln der Europäischen Union gefördert wird. Satz 1 gilt in den Fällen der Nummern 1 bis 4 entsprechend für den mit- oder nacheinreisenden Ehegatten oder Lebenspartner des Ausländers, wenn die Ehe oder Lebenspartnerschaft bereits bei der Einreise des Ausländers in das Bundesgebiet bestand, sowie für die minderjährigen ledigen Kinder des Ausländers.

§ 35 Zustimmungsfreiheit bei bestimmten Arbeitsaufenthalten und Praktika

Abweichend von § 31 bedarf das Visum nicht der Zustimmung der Ausländerbehörde bei Ausländern, die
1. auf Grund einer zwischenstaatlichen Vereinbarung als Gastarbeitnehmer oder als Werkvertragsarbeitnehmer tätig werden,

2. eine von der Bundesagentur für Arbeit vermittelte Beschäftigung bis zu einer Höchstdauer von neun Monaten ausüben,
3. ohne Begründung eines gewöhnlichen Aufenthalts im Bundesgebiet als Besatzungsmitglieder eines Seeschiffes tätig werden, das berechtigt ist, die Bundesflagge zu führen, und das in das internationale Seeschifffahrtsregister eingetragen ist (§ 12 des Flaggenrechtsgesetzes),
4. auf Grund einer zwischenstaatlichen Vereinbarung im Rahmen eines Ferienaufenthalts von bis zu einem Jahr eine Erwerbstätigkeit ausüben dürfen oder
5. eine Tätigkeit bis zu längstens drei Monaten ausüben wollen, für die sie nur ein Stipendium erhalten, das ausschließlich aus öffentlichen Mitteln gezahlt wird.

§ 36 Zustimmungsfreiheit bei dienstlichen Aufenthalten von Mitgliedern ausländischer Streitkräfte
Abweichend von § 31 bedarf das Visum nicht der Zustimmung der Ausländerbehörde, das einem Mitglied ausländischer Streitkräfte für einen dienstlichen Aufenthalt im Bundesgebiet erteilt wird, der auf Grund einer zwischenstaatlichen Vereinbarung stattfindet. Zwischenstaatliche Vereinbarungen, die eine Befreiung von der Visumpflicht vorsehen, bleiben unberührt.

§ 37 Zustimmungsfreiheit in sonstigen Fällen
Abweichend von § 31 Abs. 1 Satz 1 Nr. 1 und 2 bedarf das Visum nicht der Zustimmung der Ausländerbehörde für Ausländer, die im Bundesgebiet lediglich Tätigkeiten, die nach § 30 Nummer 1 bis 3 der Beschäftigungsverordnung nicht als Beschäftigung gelten, oder diesen entsprechende selbständige Tätigkeiten ausüben wollen.

§ 38 Ersatzzuständigkeit der Ausländerbehörde
Ein Ausländer kann ein nationales Visum bei der am Sitz des Auswärtigen Amtes zuständigen Ausländerbehörde einholen, soweit die Bundesrepublik Deutschland in dem Staat seines gewöhnlichen Aufenthalts keine Auslandsvertretung unterhält oder diese vorübergehend keine Visa erteilen kann und das Auswärtige Amt keine andere Auslandsvertretung zur Visumerteilung ermächtigt hat.

Abschnitt 3a
Anerkennung von Forschungseinrichtungen und Abschluss von Aufnahmevereinbarungen

§ 38a Voraussetzungen für die Anerkennung von Forschungseinrichtungen
(1) Eine öffentliche oder private Einrichtung soll auf Antrag zum Abschluss von Aufnahmevereinbarungen oder von entsprechenden Verträgen nach § 18d Absatz 1 Satz 1 Nummer 1 des Aufenthaltsgesetzes anerkannt werden, wenn sie im Inland Forschung betreibt. Forschung ist jede systematisch betriebene schöpferische und rechtlich zulässige Tätigkeit, die den Zweck verfolgt, den Wissensstand zu erweitern, einschließlich der Erkenntnisse über den Menschen, die Kultur und die Gesellschaft, oder solches Wissen einzusetzen, um neue Anwendungsmöglichkeiten zu finden.
(2) Der Antrag auf Anerkennung ist schriftlich beim Bundesamt für Migration und Flüchtlinge zu stellen. Er hat folgende Angaben zu enthalten:
1. Name, Rechtsform und Anschrift der Forschungseinrichtung,
2. Namen und Vornamen der gesetzlichen Vertreter der Forschungseinrichtung,
3. die Anschriften der Forschungsstätten, in denen Ausländer, mit denen Aufnahmevereinbarungen oder entsprechende Verträge abgeschlossen werden, tätig werden sollen,
4. einen Abdruck der Satzung, des Gesellschaftsvertrages, des Stiftungsgeschäfts, eines anderen Rechtsgeschäfts oder der Rechtsnormen, aus denen sich Zweck und Gegenstand der Tätigkeit der Forschungseinrichtung ergeben, sowie
5. Angaben zur Tätigkeit der Forschungseinrichtung, aus denen hervorgeht, dass sie im Inland Forschung betreibt.

Bei öffentlichen Einrichtungen sind die Angaben zu Satz 2 Nummer 4 und 5 nicht erforderlich. Im Antragsverfahren sind amtlich vorgeschriebene Vordrucke, Eingabemasken im Internet oder Dateiformate, die mit allgemein verbreiteten Datenverarbeitungsprogrammen erzeugt werden können, zu verwenden. Das Bundesamt für Migration und Flüchtlinge stellt die jeweils gültigen Vorgaben nach Satz 3 auch im Internet zur Verfügung.
(3) Die Anerkennung kann von der Abgabe einer allgemeinen Erklärung nach § 18d Absatz 3 des Aufenthaltsgesetzes und dem Nachweis der hinreichenden finanziellen Leistungsfähigkeit zur Erfüllung einer solchen Verpflichtung abhängig gemacht werden, wenn die Tätigkeit der Forschungseinrichtung nicht überwiegend aus öffentlichen Mitteln finanziert wird. Das Bundesamt für Migration und Flüchtlinge kann auf Antrag feststellen, dass eine Forschungseinrichtung überwiegend aus öffentlichen Mitteln finanziert wird oder dass die Durchfüh-

rung eines bestimmten Forschungsprojekts im öffentlichen Interesse liegt. Eine Liste der wirksamen Feststellungen nach Satz 2 kann das Bundesamt für Migration und Flüchtlinge im Internet veröffentlichen.
(4) Die Anerkennung soll auf mindestens fünf Jahre befristet werden.
(4a) Die Absätze 1 bis 4 gelten weder für staatliche oder staatlich anerkannte Hochschulen noch für andere Forschungseinrichtungen, deren Tätigkeit überwiegend aus öffentlichen Mitteln finanziert wird. Diese Hochschulen und Forschungseinrichtungen gelten als anerkannte Forschungseinrichtungen.
(5) Eine anerkannte Forschungseinrichtung ist verpflichtet, dem Bundesamt für Migration und Flüchtlinge unverzüglich Änderungen der in Absatz 2 Satz 2 Nr. 1 bis 3 genannten Verhältnisse oder eine Beendigung des Betreibens von Forschung anzuzeigen.

§ 38b Aufhebung der Anerkennung

(1) Die Anerkennung ist zu widerrufen oder die Verlängerung ist abzulehnen, wenn die Forschungseinrichtung
1. keine Forschung mehr betreibt,
2. erklärt, eine nach § 18d Absatz 1 Satz 1 Nummer 2 des Aufenthaltsgesetzes abgegebene Erklärung nicht mehr erfüllen zu wollen oder
3. eine Verpflichtung nach § 18d Absatz 1 Satz 1 Nummer 2 des Aufenthaltsgesetzes nicht mehr erfüllen kann, weil sie nicht mehr leistungsfähig ist, insbesondere weil über ihr Vermögen das Insolvenzverfahren eröffnet, die Eröffnung des Insolvenzverfahrens mangels Masse abgelehnt wird oder eine vergleichbare Entscheidung ausländischen Rechts getroffen wurde.

Hat die Forschungseinrichtung ihre Anerkennung durch arglistige Täuschung, Drohung, Gewalt oder Bestechung erlangt, ist die Anerkennung zurückzunehmen.
(2) Die Anerkennung kann widerrufen werden, wenn die Forschungseinrichtung schuldhaft Aufnahmevereinbarungen unterzeichnet hat, obwohl die in § 38f genannten Voraussetzungen nicht vorlagen.
(3) Zusammen mit der Entscheidung über die Aufhebung der Anerkennung aus den in Absatz 1 Satz 1 Nr. 2 oder 3, in Absatz 1 Satz 2 oder in Absatz 2 genannten Gründen wird ein Zeitraum bestimmt, währenddessen eine erneute Anerkennung der Forschungseinrichtung nicht zulässig ist (Sperrfrist). Die Sperrfrist darf höchstens fünf Jahre betragen. Sie gilt auch für abhängige Einrichtungen oder Nachfolgeeinrichtungen der Forschungseinrichtung.
(4) Die Ausländerbehörden und die Auslandsvertretungen haben dem Bundesamt für Migration und Flüchtlinge alle ihnen bekannten Tatsachen mitzuteilen, die Anlass für die Aufhebung der Anerkennung einer Forschungseinrichtung geben könnten.

§ 38c Mitteilungspflichten von Forschungseinrichtungen gegenüber den Ausländerbehörden

Eine Forschungseinrichtung ist verpflichtet, der zuständigen Ausländerbehörde schriftlich oder elektronisch mitzuteilen, wenn
1. Umstände vorliegen, die dazu führen können, dass eine Aufnahmevereinbarung nicht erfüllt werden kann oder die Voraussetzungen ihres Abschlusses nach § 38f Abs. 2 entfallen oder
2. ein Ausländer seine Tätigkeit für ein Forschungsvorhaben, für das sie eine Aufnahmevereinbarung abgeschlossen hat, beendet.

Die Mitteilung nach Satz 1 Nr. 1 muss unverzüglich, die Mitteilung nach Satz 1 Nr. 2 innerhalb von zwei Monaten nach Eintritt der zur Mitteilung verpflichtenden Tatsachen gemacht werden. In der Mitteilung sind neben den mitzuteilenden Tatsachen und dem Zeitpunkt ihres Eintritts die Namen, Vornamen und Staatsangehörigkeiten des Ausländers anzugeben sowie die Aufnahmevereinbarung näher zu bezeichnen.

§ 38d Beirat für Forschungsmigration

(1) Beim Bundesamt für Migration und Flüchtlinge wird ein Beirat für Forschungsmigration gebildet, der es bei der Wahrnehmung seiner Aufgaben nach diesem Abschnitt unterstützt. Die Geschäftsstelle des Beirats für Forschungsmigration wird beim Bundesamt für Migration und Flüchtlinge eingerichtet.
(2) Der Beirat für Forschungsmigration hat insbesondere die Aufgaben,
1. Empfehlungen für allgemeine Richtlinien zur Anerkennung von Forschungseinrichtungen abzugeben,
2. das Bundesamt für Migration und Flüchtlinge allgemein und bei der Prüfung einzelner Anträge zu Fragen der Forschung zu beraten,
3. festzustellen, ob ein Bedarf an ausländischen Forschern durch die Anwendung des in § 18d des Aufenthaltsgesetzes und in diesem Abschnitt geregelten Verfahrens angemessen gedeckt wird,
4. im Zusammenhang mit dem in § 18d des Aufenthaltsgesetzes und in diesem Abschnitt geregelten Verfahren etwaige Fehlentwicklungen aufzuzeigen und dabei auch Missbrauchsphänomene oder verwaltungstechnische und sonstige mit Migrationsfragen zusammenhängende Hindernisse bei der Anwerbung von ausländischen Forschern darzustellen.

(3) Der Beirat für Forschungsmigration berichtet dem Präsidenten des Bundesamtes für Migration und Flüchtlinge mindestens einmal im Kalenderjahr über die Erfüllung seiner Aufgaben.
(4) Die Mitglieder des Beirats für Forschungsmigration dürfen zur Erfüllung ihrer Aufgaben Einsicht in Verwaltungsvorgänge nehmen, die beim Bundesamt für Migration und Flüchtlinge geführt werden.
(5) Der Beirat hat neun Mitglieder. Der Präsident des Bundesamtes für Migration und Flüchtlinge beruft den Vorsitzenden und jeweils ein weiteres Mitglied des Beirats für Forschungsmigration auf Vorschlag
1. des Bundesministeriums für Bildung und Forschung oder einer von ihm bestimmten Stelle,
2. des Bundesrates,
3. der Hochschulrektorenkonferenz,
4. der Deutschen Forschungsgemeinschaft e. V.,
5. des Auswärtigen Amts oder einer von ihm bestimmten Stelle,
6. des Bundesverbandes der Deutschen Industrie und der Bundesvereinigung der Deutschen Arbeitgeberverbände,
7. des Deutschen Gewerkschaftsbundes und
8. des Deutschen Industrie- und Handelskammertags.
(6) Die Mitglieder des Beirats für Forschungsmigration werden für drei Jahre berufen.
(7) Die Tätigkeit im Beirat für Forschungsmigration ist ehrenamtlich. Den Mitgliedern werden Reisekosten entsprechend den Bestimmungen des Bundesreisekostengesetzes erstattet. Das Bundesamt für Migration und Flüchtlinge kann jedem Mitglied zudem Büromittelkosten in einer Höhe von jährlich nicht mehr als 200 Euro gegen Einzelnachweis erstatten.
(8) Der Beirat für Forschungsmigration gibt sich eine Geschäftsordnung, die der Genehmigung des Präsidenten des Bundesamtes für Migration und Flüchtlinge bedarf.

§ 38e Veröffentlichungen durch das Bundesamt für Migration und Flüchtlinge

Das Bundesamt für Migration und Flüchtlinge veröffentlicht im Internet eine aktuelle Liste der Bezeichnungen und Anschriften der anerkannten Forschungseinrichtungen und über den Umstand der Abgabe oder des Endes der Wirksamkeit von Erklärungen nach § 18d Absatz 3 des Aufenthaltsgesetzes. Die genaue Fundstelle der Liste gibt das Bundesamt für Migration und Flüchtlinge auf seiner Internetseite bekannt.

§ 38f Inhalt und Voraussetzungen der Unterzeichnung der Aufnahmevereinbarung oder eines entsprechenden Vertrages

(1) Eine Aufnahmevereinbarung oder ein entsprechender Vertrag muss folgende Angaben enthalten:
1. die Verpflichtung des Ausländers, sich darum zu bemühen, das Forschungsvorhaben abzuschließen,
2. die Verpflichtung der Forschungseinrichtung, den Ausländer zur Durchführung des Forschungsvorhabens aufzunehmen,
3. die Angaben zum wesentlichen Inhalt des Rechtsverhältnisses, das zwischen der Forschungseinrichtung und dem Ausländer begründet werden soll, wenn ihm eine Aufenthaltserlaubnis nach § 18d des Aufenthaltsgesetzes erteilt wird, insbesondere zum Umfang der Tätigkeit des Ausländers und zum Gehalt,
4. eine Bestimmung, wonach die Aufnahmevereinbarung oder der entsprechende Vertrag unwirksam wird, wenn dem Ausländer keine Aufenthaltserlaubnis nach § 18d des Aufenthaltsgesetzes erteilt wird,
5. Beginn und voraussichtlichen Abschluss des Forschungsvorhabens sowie
6. Angaben zum beabsichtigten Aufenthalt zum Zweck der Forschung in einem oder mehreren weiteren Mitgliedstaaten der Europäischen Union im Anwendungsbereich der Richtlinie (EU) 2016/801, soweit diese Absicht bereits zum Zeitpunkt der Antragstellung besteht.
(2) Eine Forschungseinrichtung kann eine Aufnahmevereinbarung oder einen entsprechenden Vertrag nur wirksam abschließen, wenn
1. feststeht, dass das Forschungsvorhaben durchgeführt wird, insbesondere, dass über seine Durchführung von den zuständigen Stellen innerhalb der Forschungseinrichtung nach Prüfung seines Zwecks, seiner Dauer und seiner Finanzierung abschließend entschieden worden ist,
2. der Ausländer, der das Forschungsvorhaben durchführen soll, dafür geeignet und befähigt ist, über den in der Regel hierfür notwendigen Hochschulabschluss verfügt, der Zugang zu Doktoratsprogrammen ermöglicht, und
3. der Lebensunterhalt des Ausländers gesichert ist.

Abschnitt 4
Einholung des Aufenthaltstitels im Bundesgebiet

§ 39 Verlängerung eines Aufenthalts im Bundesgebiet für längerfristige Zwecke

Über die im Aufenthaltsgesetz geregelten Fälle hinaus kann ein Ausländer einen Aufenthaltstitel im Bundesgebiet einholen oder verlängern lassen, wenn
1. er ein nationales Visum (§ 6 Absatz 3 des Aufenthaltsgesetzes) oder eine Aufenthaltserlaubnis besitzt,
2. er vom Erfordernis des Aufenthaltstitels befreit ist und die Befreiung nicht auf einen Teil des Bundesgebiets oder auf einen Aufenthalt bis zu längstens sechs Monaten beschränkt ist,
3. er Staatsangehöriger eines in Anhang II der Verordnung (EU) 2018/1806 aufgeführten Staates ist und sich rechtmäßig im Bundesgebiet aufhält oder ein gültiges Schengen-Visum für kurzfristige Aufenthalte (§ 6 Absatz 1 Nummer 1 des Aufenthaltsgesetzes) besitzt, sofern die Voraussetzungen eines Anspruchs auf Erteilung eines Aufenthaltstitels nach der Einreise entstanden sind, es sei denn, es handelt sich um einen Anspruch nach den §§ 16b, 16e oder 19e des Aufenthaltsgesetzes,
4. er eine Aufenthaltsgestattung nach dem Asylgesetz besitzt und die Voraussetzungen des § 10 Abs. 1 oder 2 des Aufenthaltsgesetzes vorliegen,
5. seine Abschiebung nach § 60a des Aufenthaltsgesetzes ausgesetzt ist und er auf Grund einer Eheschließung oder der Begründung einer Lebenspartnerschaft im Bundesgebiet oder der Geburt eines Kindes während seines Aufenthalts im Bundesgebiet einen Anspruch auf Erteilung einer Aufenthaltserlaubnis erworben hat,
6. er einen von einem anderen Schengen-Staat ausgestellten Aufenthaltstitel besitzt und auf Grund dieses Aufenthaltstitels berechtigt ist, sich im Bundesgebiet aufzuhalten, sofern die Voraussetzungen eines Anspruchs auf Erteilung eines Aufenthaltstitels erfüllt sind; § 41 Abs. 3 findet Anwendung,
7. er seit mindestens 18 Monaten eine Blaue Karte EU besitzt, die von einem anderen Mitgliedstaat der Europäischen Union ausgestellt wurde, und er für die Ausübung einer hochqualifizierten Beschäftigung eine Blaue Karte EU beantragt. Gleiches gilt für seine Familienangehörigen, die im Besitz eines Aufenthaltstitels zum Familiennachzug sind, der von demselben Staat ausgestellt wurde wie die Blaue Karte EU des Ausländers. Die Anträge auf die Blaue Karte EU sowie auf die Aufenthaltserlaubnisse zum Familiennachzug sind innerhalb eines Monats nach Einreise in das Bundesgebiet zu stellen,
8. er die Verlängerung einer ICT-Karte nach § 19 des Aufenthaltsgesetzes beantragt,
9. er
   a) einen gültigen Aufenthaltstitel eines anderen Mitgliedstaates besitzt, der ausgestellt worden ist nach der Richtlinie 2014/66/EU des Europäischen Parlaments und des Rates vom 15. Mai 2014 über die Bedingungen für die Einreise und den Aufenthalt von Drittstaatsangehörigen im Rahmen eines unternehmensinternen Transfers (ABl. L 157 vom 27. 5. 2014, S. 1), und
   b) eine Mobiler-ICT-Karte nach § 19b des Aufenthaltsgesetzes beantragt oder eine Aufenthaltserlaubnis zum Zweck des Familiennachzugs zu einem Inhaber einer Mobiler-ICT-Karte nach § 19b des Aufenthaltsgesetzes beantragt,
10. er
    a) einen gültigen Aufenthaltstitel eines anderen Mitgliedstaates besitzt, der ausgestellt worden ist nach der Richtlinie (EU) 2016/801 des Europäischen Parlaments und des Rates vom 11. Mai 2016 über die Bedingungen für die Einreise und den Aufenthalt von Drittstaatsangehörigen zu Forschungs- oder Studienzwecken, zur Absolvierung eines Praktikums, zur Teilnahme an einem Freiwilligendienst, Schüleraustauschprogrammen oder Bildungsvorhaben und zur Ausübung einer Au-pair-Tätigkeit (ABl. L 132 vom 21. 5. 2016, S. 21), und
    b) eine Aufenthaltserlaubnis nach § 18f des Aufenthaltsgesetzes beantragt oder eine Aufenthaltserlaubnis zum Zweck des Familiennachzugs zu einem Inhaber einer Aufenthaltserlaubnis nach § 18f des Aufenthaltsgesetzes beantragt oder
11. er vor Ablauf der Arbeitserlaubnis oder der Arbeitserlaubnisse zum Zweck der Saisonbeschäftigung, die ihm nach § 15a Absatz 1 Satz 1 Nummer 1 der Beschäftigungsverordnung erteilt wurde oder wurden, einen Aufenthaltstitel zum Zweck der Saisonbeschäftigung bei demselben oder einem anderen Arbeitgeber beantragt; dieser Aufenthaltstitel gilt bis zur Entscheidung der Ausländerbehörde als erteilt.

Satz 1 gilt nicht, wenn eine ICT-Karte nach § 19 des Aufenthaltsgesetzes beantragt wird.

§ 40 Verlängerung eines visumfreien Kurzaufenthalts

Staatsangehörige der in Anhang II der Verordnung (EU) 2018/1806 aufgeführten Staaten können nach der Einreise eine Aufenthaltserlaubnis für einen weiteren Aufenthalt von längstens 90 Tagen, der sich an einen Kurzaufenthalt anschließt, einholen, wenn

1. ein Ausnahmefall im Sinne des Artikels 20 Abs. 2 des Schengener Durchführungsübereinkommens vorliegt und
2. der Ausländer im Bundesgebiet keine Erwerbstätigkeit mit Ausnahme der in § 17 Abs. 2 genannten Tätigkeiten ausübt.

§ 41 Vergünstigung für Angehörige bestimmter Staaten

(1) Staatsangehörige von Australien, Israel, Japan, Kanada, der Republik Korea, von Neuseeland, des Vereinigten Königreichs Großbritannien und Nordirland im Sinne des § 1 Absatz 2 Nummer 6 des Freizügigkeitsgesetzes/EU und der Vereinigten Staaten von Amerika können auch für einen Aufenthalt, der kein Kurzaufenthalt ist, visumfrei in das Bundesgebiet einreisen und sich darin aufhalten. Ein erforderlicher Aufenthaltstitel kann im Bundesgebiet eingeholt werden.
(2) Dasselbe gilt für Staatsangehörige von Andorra, Brasilien, El Salvador, Honduras, Monaco und San Marino, die keine Erwerbstätigkeit mit Ausnahme der in § 17 Abs. 2 genannten Tätigkeiten ausüben wollen.
(3) Ein erforderlicher Aufenthaltstitel ist innerhalb von 90 Tagen nach der Einreise zu beantragen. Die Antragsfrist endet vorzeitig, wenn der Ausländer ausgewiesen wird oder sein Aufenthalt nach § 12 Abs. 4 des Aufenthaltsgesetzes zeitlich beschränkt wird.
(4) Die Absätze 1 bis 3 gelten nicht, wenn eine ICT-Karte nach § 19 des Aufenthaltsgesetzes beantragt wird.

Abschnitt 5
Aufenthalt aus völkerrechtlichen, humanitären oder politischen Gründen

§ 42 Antragstellung auf Verlegung des Wohnsitzes

Ein Ausländer, der auf Grund eines Beschlusses des Rates der Europäischen Union gemäß der Richtlinie 2001/55/EG des Rates vom 20. Juli 2001 über Mindestnormen für die Gewährung vorübergehenden Schutzes im Falle eines Massenzustroms von Vertriebenen und Maßnahmen zur Förderung einer ausgewogenen Verteilung der Belastungen, die mit der Aufnahme dieser Personen und den Folgen dieser Aufnahme verbunden sind, auf die Mitgliedstaaten (ABl. EG Nr. L 212 S. 12) nach § 24 Abs. 1 des Aufenthaltsgesetzes im Bundesgebiet aufgenommen wurde, kann bei der zuständigen Ausländerbehörde einen Antrag auf die Verlegung seines Wohnsitzes in einen anderen Mitgliedstaat der Europäischen Union stellen. Die Ausländerbehörde leitet den Antrag an das Bundesamt für Migration und Flüchtlinge weiter. Dieses unterrichtet den anderen Mitgliedstaat, die Europäische Kommission und den Hohen Flüchtlingskommissar der Vereinten Nationen über den gestellten Antrag.

§ 43 Verfahren bei Zustimmung des anderen Mitgliedstaates zur Wohnsitzverlegung

(1) Sobald der andere Mitgliedstaat sein Einverständnis mit der beantragten Wohnsitzverlegung erklärt hat, teilt das Bundesamt für Migration und Flüchtlinge unverzüglich der zuständigen Ausländerbehörde mit,
1. wo und bei welcher Behörde des anderen Mitgliedstaates sich der aufgenommene Ausländer melden soll und
2. welcher Zeitraum für die Ausreise zur Verfügung steht.
(2) Die Ausländerbehörde legt nach Anhörung des aufgenommenen Ausländers einen Zeitpunkt für die Ausreise fest und teilt diesen dem Bundesamt für Migration und Flüchtlinge mit. Dieses unterrichtet den anderen Mitgliedstaat über die Einzelheiten der Ausreise und stellt dem Ausländer die hierfür vorgesehene Bescheinigung über die Wohnsitzverlegung aus, die der zuständigen Ausländerbehörde zur Aushändigung an den Ausländer übersandt wird.

Kapitel 3
Gebühren

§ 44 Gebühren für die Niederlassungserlaubnis

An Gebühren sind zu erheben
1. für die Erteilung einer Niederlassungserlaubnis für Hochqualifizierte (§ 18c Absatz 3 des Aufenthaltsgesetzes)   147 Euro,
2. für die Erteilung einer Niederlassungserlaubnis zur Ausübung einer selbständigen Tätigkeit (§ 21 Abs. 4 des Aufenthaltsgesetzes)   124 Euro,
3. für die Erteilung einer Niederlassungserlaubnis in allen übrigen Fällen   113 Euro.

§ 44a Gebühren für die Erlaubnis zum Daueraufenthalt – EU

An Gebühren sind zu erheben 109 Euro.

§ 45 Gebühren für die Aufenthaltserlaubnis, die Blaue Karte EU, die ICT-Karte und die Mobiler-ICT-Karte

An Gebühren sind zu erheben

1. für die Erteilung einer Aufenthaltserlaubnis, einer Blauen Karte EU oder einer ICT-Karte
   a) mit einer Geltungsdauer von bis zu einem Jahr 100 Euro,
   b) mit einer Geltungsdauer von mehr als einem Jahr 100 Euro,
2. für die Verlängerung einer Aufenthaltserlaubnis, einer Blauen Karte EU oder einer ICT-Karte
   a) für einen weiteren Aufenthalt von bis zu drei Monaten 96 Euro,
   b) für einen weiteren Aufenthalt von mehr als drei Monaten 93 Euro,
3. für die durch einen Wechsel des Aufenthaltszwecks veranlasste Änderung der Aufenthaltserlaubnis einschließlich deren Verlängerung 98 Euro,
4. für die Erteilung einer Mobiler-ICT-Karte 80 Euro,
5. für die Verlängerung einer Mobiler-ICT-Karte 70 Euro.

§ 45a (weggefallen)

§ 45b Gebühren für Aufenthaltstitel in Ausnahmefällen

(1) Für die Ausstellung eines Aufenthaltstitels in den Fällen des § 78a Absatz 1 Satz 1 Nummer 1 des Aufenthaltsgesetzes ist eine Gebühr in Höhe von 50 Euro zu erheben.
(2) Für die Ausstellung eines Aufenthaltstitels in den Fällen des § 78a Absatz 1 Satz 1 Nummer 2 des Aufenthaltsgesetzes ermäßigt sich die nach den §§ 44, 44a oder § 45 zu erhebende Gebühr um 44 Euro.

§ 45c Gebühr bei Neuausstellung

(1) Für die Neuausstellung eines Dokuments nach § 78 Absatz 1 des Aufenthaltsgesetzes beträgt die Gebühr 67 Euro, wenn die Neuausstellung notwendig wird auf Grund
1. des Ablaufs der Gültigkeitsdauer des bisherigen Pass- oder Passersatzpapiers,
2. des Ablaufs der technischen Kartennutzungsdauer oder einer sonstigen Änderung der in § 78 Absatz 1 Satz 3 Nummer 1 bis 18 des Aufenthaltsgesetzes aufgeführten Angaben,
3. des Verlustes des Dokuments nach § 78 Absatz 1 des Aufenthaltsgesetzes,
4. des Verlustes der technischen Funktionsfähigkeit des elektronischen Speicher- und Verarbeitungsmediums oder
5. der Beantragung nach § 105b Satz 2 des Aufenthaltsgesetzes.

(2) Die Gebühr nach Absatz 1 Nummer 4 entfällt, wenn der Ausländer den Defekt nicht durch einen unsachgemäßen Gebrauch oder eine unsachgemäße Verwendung herbeigeführt hat.

§ 46 Gebühren für das Visum

(1) Die Erhebung von Gebühren für die Erteilung und Verlängerung von Schengen-Visa und Flughafentransitvisa richtet sich nach der Verordnung (EG) Nr. 810/2009. Ehegatten, Lebenspartner und minderjährige ledige Kinder Deutscher sowie die Eltern minderjähriger Deutscher sind von den Gebühren befreit.
(2) Die Gebührenhöhe beträgt
1. für die Erteilung eines nationalen Visums (Kategorie „D"), auch für mehrmalige Einreisen 75 Euro,
2. für die Verlängerung eines nationalen Visums (Kategorie „D") 25 Euro,
3. für die Verlängerung eines Schengen-Visums im Bundesgebiet über 90 Tage hinaus als nationales Visum (§ 6 Absatz 2 des Aufenthaltsgesetzes) 60 Euro.

§ 47 Gebühren für sonstige aufenthaltsrechtliche Amtshandlungen

(1) An Gebühren sind zu erheben
1a. für die nachträgliche Aufhebung oder Verkürzung der Befristung eines Einreise- und Aufenthaltsverbots nach § 11 Absatz 4 Satz 1 des Aufenthaltsgesetzes 169 Euro,
1b. für die nachträgliche Verlängerung der Frist für ein Einreise- und Aufenthaltsverbot nach § 11 Absatz 4 Satz 3 des Aufenthaltsgesetzes 169 Euro,
2. für die Erteilung einer Betretenserlaubnis (§ 11 Absatz 8 des Aufenthaltsgesetzes) 100 Euro,
3. für die Aufhebung oder Änderung einer Auflage zum Aufenthaltstitel auf Antrag 50 Euro,
4. für einen Hinweis nach § 44a Abs. 3 Satz 1 des Aufenthaltsgesetzes in Form einer Beratung, die nach einem erfolglosen schriftlichen Hinweis zur Vermeidung der in § 44a Abs. 3 Satz 1 des Aufenthaltsgesetzes genannten Maßnahmen erfolgt, 21 Euro,
5. für die Ausstellung einer Bescheinigung über die Aussetzung der Abschiebung (§ 60a Abs. 4 des Aufenthaltsgesetzes)
   a) nur als Klebeetikett 58 Euro,
   b) mit Trägervordruck 62 Euro,

6. für die Erneuerung einer Bescheinigung nach § 60a Abs. 4 des Aufenthaltsgesetzes
   a) nur als Klebeetikett 33 Euro,
   b) mit Trägervordruck 37 Euro,
7. für die Aufhebung oder Änderung einer Auflage zur Aussetzung der Abschiebung auf Antrag 50 Euro,
8. für die Ausstellung einer Fiktionsbescheinigung nach § 81 Abs. 5 des Aufenthaltsgesetzes 13 Euro,
9. für die Ausstellung einer Bescheinigung über das Aufenthaltsrecht oder sonstiger Bescheinigungen auf Antrag 18 Euro,
10. für die Ausstellung eines Aufenthaltstitels auf besonderem Blatt 18 Euro,
11. für die Übertragung von Aufenthaltstiteln in ein anderes Dokument in den Fällen des § 78a Absatz 1 des Aufenthaltsgesetzes 12 Euro,
12. für die Anerkennung einer Verpflichtungserklärung (§ 68 des Aufenthaltsgesetzes) 29 Euro,
13. für die Ausstellung eines Passierscheins (§ 23 Abs. 2, § 24 Abs. 2) 10 Euro,
14. für die Anerkennung einer Forschungseinrichtung (§ 38a Abs. 1), deren Tätigkeit nicht überwiegend aus öffentlichen Mitteln finanziert wird 219 Euro,
15. für die Durchführung des beschleunigten Fachkräfteverfahrens nach § 81a des Aufenthaltsgesetzes 411 Euro.

(2) Keine Gebühren sind zu erheben für Änderungen des Aufenthaltstitels, sofern diese eine Nebenbestimmung zur Ausübung einer Beschäftigung betreffen.

(3) Für die Ausstellung einer Aufenthaltskarte (§ 5 Absatz 1 Satz 1 und Absatz 7 des Freizügigkeitsgesetzes/EU), einer Daueraufenthaltskarte (§ 5 Absatz 5 Satz 2 des Freizügigkeitsgesetzes/EU), eines Aufenthaltsdokuments-GB (§ 16 Absatz 2 Satz 1 des Freizügigkeitsgesetzes/EU) und eines Aufenthaltsdokuments für Grenzgänger-GB (§ 16 Absatz 3 des Freizügigkeitsgesetzes/EU) ist jeweils eine Gebühr in Höhe der für die Ausstellung von Personalausweisen an Deutsche erhobenen Gebühr zu erheben. Hiervon abweichend wird ein Aufenthaltsdokument-GB an bisherige Inhaber einer Daueraufenthaltskarte gebührenfrei ausgestellt. Wird die Aufenthaltskarte oder die Daueraufenthaltskarte für eine Person ausgestellt, die
1. zum Zeitpunkt der Mitteilung der erforderlichen Angaben nach § 5 Absatz 1 Satz 1 oder § 16 Absatz 2 Satz 2 und 3 des Freizügigkeitsgesetzes/EU oder
2. zum Zeitpunkt der Antragstellung nach § 5 Absatz 5 Satz 2, § 16 Absatz 3 oder 4 oder § 11 Absatz 4 Satz 2 des Freizügigkeitsgesetzes/EU in Verbindung mit § 81 Absatz 1 des Aufenthaltsgesetzes

noch nicht 24 Jahre alt ist, beträgt die Gebühr jeweils die Höhe, die für die Ausstellung von Personalausweisen an Deutsche dieses Alters erhoben wird. Die Gebühren nach Satz 1 oder Satz 2 sind auch zu erheben, wenn eine Neuausstellung der Aufenthaltskarte oder Daueraufenthaltskarte oder des Aufenthaltsdokuments-GB oder des Aufenthaltsdokuments für Grenzgänger-GB aus den in § 45c Absatz 1 genannten Gründen notwendig wird; § 45c Absatz 2 gilt entsprechend. Für die Ausstellung einer Bescheinigung des Daueraufenthalts (§ 5 Absatz 5 Satz 1 des Freizügigkeitsgesetzes/EU) ist eine Gebühr in Höhe von 10 Euro zu erheben.

§ 48 Gebühren für pass- und ausweisrechtliche Maßnahmen

(1) An Gebühren sind zu erheben
1a. für die Ausstellung eines Reiseausweises für Ausländer (§ 4 Absatz 1 Satz 1 Nummer 1) 100 Euro,
1b. für die Ausstellung eines Reiseausweises für Ausländer (§ 4 Absatz 1 Satz 1 Nummer 1) bis zum vollendeten 24. Lebensjahr 97 Euro,
1c. für die Ausstellung eines Reiseausweises für Flüchtlinge, eines Reiseausweises für Staatenlose (§ 4 Absatz 1 Satz 1 Nummer 3 und 4) oder eines Reiseausweises für Ausländer (§ 4 Absatz 1 Satz 1 Nummer 1), die subsidiär Schutzberechtigte im Sinne des § 4 Absatz 1 des Asylgesetzes oder Resettlement-Flüchtlinge im Sinne von § 23 Absatz 4 Satz 1 des Aufenthaltsgesetzes sind, 60 Euro,
1d. für die Ausstellung eines Reiseausweises für Flüchtlinge, eines Reiseausweises für Staatenlose (§ 4 Absatz 1 Satz 1 Nummer 3 und 4) oder eines Reiseausweises für Ausländer (§ 4 Absatz 1 Satz 1 Nummer 1), die subsidiär Schutzberechtigte im Sinne des § 4 Absatz 1 des Asylgesetzes oder Resettlement-Flüchtlinge im Sinne von § 23 Absatz 4 Satz 1 des Aufenthaltsgesetzes sind, bis zum vollendeten 24. Lebensjahr 38 Euro,
1e. für die Ausstellung eines vorläufigen Reiseausweises für Ausländer (§ 4 Absatz 1 Satz 1 Nummer 1) 67 Euro,

1f. für die Ausstellung eines vorläufigen Reiseausweises für Flüchtlinge, eines vorläufigen Reiseausweises für Staatenlose (§ 4 Absatz 1 Satz 1 Nummer 3 und 4) oder eines Reiseausweises für Ausländer (§ 4 Absatz 1 Satz 1 Nummer 1), die subsidiär Schutzberechtigte im Sinne des § 4 Absatz 1 des Asylgesetzes oder Resettlement-Flüchtlinge im Sinne von § 23 Absatz 4 Satz 1 des Aufenthaltsgesetzes sind, 26 Euro,

1g. für die Ausstellung eines Reiseausweises ohne Speichermedium für Ausländer (§ 4 Absatz 1 Satz 1 Nummer 1), für Flüchtlinge, für Staatenlose (§ 4 Absatz 1 Satz 1 Nummer 3 und 4) oder für subsidiär Schutzberechtigte im Sinne des § 4 Absatz 1 des Asylgesetzes oder Resettlement-Flüchtlinge im Sinne von § 23 Absatz 4 Satz 1 des Aufenthaltsgesetzes bis zur Vollendung des zwölften Lebensjahres 14 Euro,

2. für die Verlängerung eines als vorläufiges Dokument (§ 4 Abs. 1 Satz 2) ausgestellten Reiseausweises für Ausländer, eines Reiseausweises für Flüchtlinge oder eines Reiseausweises für Staatenlose 20 Euro,

3. für die Ausstellung einer Grenzgängerkarte (§ 12) mit einer Gültigkeitsdauer von
   a) bis zu einem Jahr 61 Euro,
   b) bis zu zwei Jahren 61 Euro,

4. für die Verlängerung einer Grenzgängerkarte um
   a) bis zu einem Jahr 35 Euro,
   b) bis zu zwei Jahren 35 Euro,

5. für die Ausstellung eines Notreiseausweises (§ 4 Abs. 1 Nr. 2, § 13) 18 Euro,

6. für die Bescheinigung der Rückkehrberechtigung in das Bundesgebiet auf dem Notreiseausweis (§ 13 Abs. 4) 1 Euro,

7. für die Bestätigung auf einer Schülersammelliste (§ 4 Abs. 1 Nr. 5) 12 Euro pro Person, auf die sich die Bestätigung jeweils bezieht,

8. für die Ausstellung einer Bescheinigung über die Wohnsitzverlegung (§ 4 Abs. 1 Nr. 6, § 43 Abs. 2) 99 Euro,

9. für die Ausnahme von der Passpflicht (§ 3 Abs. 2 des Aufenthaltsgesetzes) 76 Euro,

10. für die Erteilung eines Ausweisersatzes (§ 48 Abs. 2 in Verbindung mit § 78a Absatz 4 des Aufenthaltsgesetzes) 32 Euro,

11. für die Erteilung eines Ausweisersatzes (§ 48 Abs. 2 in Verbindung mit § 78a Absatz 4 des Aufenthaltsgesetzes) im Fall des § 55 Abs. 2 21 Euro,

12. für die Verlängerung eines Ausweisersatzes (§ 48 Absatz 2 in Verbindung mit § 78a Absatz 4 des Aufenthaltsgesetzes) 16 Euro,

13. für die Änderung eines der in den Nummern 1 bis 12 bezeichneten Dokumente 15 Euro,

14. für die Umschreibung eines der in den Nummern 1 bis 12 bezeichneten Dokumente 34 Euro,

15. für die Neuausstellung eines Dokuments nach § 78 Absatz 1 Satz 1 des Aufenthaltsgesetzes mit dem Zusatz Ausweisersatz (§ 78 Absatz 1 Satz 4 des Aufenthaltsgesetzes) 72 Euro.

Wird der Notreiseausweis zusammen mit dem Passierschein (§ 23 Abs. 2 Satz 3, § 24 Abs. 2 Satz 3) ausgestellt, so wird die Gebühr nach § 47 Abs. 1 Nr. 13 auf die für den Notreiseausweis zu erhebende Gebühr angerechnet.

(2) Keine Gebühren sind zu erheben
1. für die Änderung eines der in Absatz 1 bezeichneten Dokumente, wenn die Änderung von Amts wegen eingetragen wird,
2. für die Berichtigung der Wohnortangaben in einem der in Absatz 1 bezeichneten Dokumente und
3. für die Eintragung eines Vermerks über die Eheschließung in einem Reiseausweis für Ausländer, einem Reiseausweis für Flüchtlinge oder einem Reiseausweis für Staatenlose.

§ 49 Bearbeitungsgebühren

(1) Für die Bearbeitung eines Antrages auf Erteilung einer Niederlassungserlaubnis und einer Erlaubnis zum Daueraufenthalt – EU sind Gebühren in Höhe der Hälfte der in den §§ 44, 44a und 52a Absatz 2 Nummer 1 jeweils bestimmten Gebühr zu erheben.

(2) Für die Beantragung aller übrigen gebührenpflichtigen Amtshandlungen sind Bearbeitungsgebühren in Höhe der in den §§ 45 bis 48 Abs. 1 und § 52a jeweils bestimmten Gebühr zu erheben.
(3) Eine Bearbeitungsgebühr wird nicht erhoben, wenn ein Antrag
1. ausschließlich wegen Unzuständigkeit der Behörde oder der mangelnden Handlungsfähigkeit des Antragstellers abgelehnt wird oder
2. vom Antragsteller zurückgenommen wird, bevor mit der sachlichen Bearbeitung begonnen wurde.
(4) Geht die örtliche Zuständigkeit nach Erhebung der Bearbeitungsgebühr auf eine andere Behörde über, verbleibt die Bearbeitungsgebühr bei der Behörde, die sie erhoben hat. In diesem Fall erhebt die nunmehr örtlich zuständige Behörde keine Bearbeitungsgebühr.

§ 50 Gebühren für Amtshandlungen zugunsten Minderjähriger

(1) Für individuell zurechenbare öffentliche Leistungen zugunsten Minderjähriger und die Bearbeitung von Anträgen Minderjähriger sind Gebühren in Höhe der Hälfte der in den §§ 44, 45, 45a, 45b, 45c, 46 Absatz 2, § 47 Absatz 1, § 48 Abs. 1 Satz 1 Nr. 3 bis 14 und § 49 Abs. 1 und 2 bestimmten Gebühren zu erheben. Die Gebühr für die Erteilung der Niederlassungserlaubnis nach § 35 Abs. 1 Satz 1 des Aufenthaltsgesetzes beträgt 55 Euro.
(2) Für die Verlängerung eines vorläufigen Reiseausweises für Ausländer, für Flüchtlinge oder für Staatenlose an Kinder bis zum vollendeten zwölften Lebensjahr sind jeweils 6 Euro an Gebühren zu erheben.

§ 51 Widerspruchsgebühr

(1) An Gebühren sind zu erheben für den Widerspruch gegen
1. die Ablehnung einer gebührenpflichtigen Amtshandlung die Hälfte der für die Amtshandlung nach den §§ 44 bis 48 Abs. 1, §§ 50 und 52a zu erhebenden Gebühr,
2. eine Bedingung oder eine Auflage des Visums, der Aufenthaltserlaubnis oder der Aussetzung der Abschiebung 50 Euro,
3. die Feststellung der Ausländerbehörde über die Verpflichtung zur Teilnahme an einem Integrationskurs (§ 44a Abs. 1 Satz 2 des Aufenthaltsgesetzes) 20 Euro,
3a. die verpflichtende Aufforderung zur Teilnahme an einem Integrationskurs (§ 44a Abs. 1 Satz 1 Nr. 2 des Aufenthaltsgesetzes) 50 Euro,
4. die Ausweisung 55 Euro,
5. die Abschiebungsandrohung 55 Euro,
6. eine Rückbeförderungsverfügung (§ 64 des Aufenthaltsgesetzes) 55 Euro,
7. eine Untersagungs- oder Zwangsgeldverfügung (§ 63 Abs. 2 und 3 des Aufenthaltsgesetzes) 55 Euro,
8. die Anordnung einer Sicherheitsleistung (§ 66 Abs. 5 des Aufenthaltsgesetzes) 55 Euro,
9. einen Leistungsbescheid (§ 67 Abs. 3 des Aufenthaltsgesetzes) 55 Euro,
10. den Widerruf oder die Rücknahme der Anerkennung einer Forschungseinrichtung (§ 38b Abs. 1 oder 2), deren Tätigkeit nicht überwiegend aus öffentlichen Mitteln finanziert wird 55 Euro,
11. die Zurückschiebung (§ 57 des Aufenthaltsgesetzes) 55 Euro.
(2) Eine Gebühr nach Absatz 1 Nr. 5 wird nicht erhoben, wenn die Abschiebungsandrohung nur mit der Begründung angefochten wird, dass der Verwaltungsakt aufzuheben ist, auf dem die Ausreisepflicht beruht.
(3) § 49 Abs. 3 gilt entsprechend.

§ 52 Befreiungen und Ermäßigungen

(1) Ehegatten, Lebenspartner und minderjährige ledige Kinder Deutscher sowie die Eltern minderjähriger Deutscher sind von den Gebühren für die Erteilung eines nationalen Visums befreit.
(2) Bei Staatsangehörigen der Schweiz entspricht die Gebühr nach § 45 für die Erteilung oder Verlängerung einer Aufenthaltserlaubnis, die auf Antrag als Dokument mit elektronischem Speicher- und Verarbeitungsmedium nach § 78 Absatz 1 Satz 2 des Aufenthaltsgesetzes ausgestellt wird, der Höhe der für die Ausstellung von Personalausweisen an Deutsche erhobenen Gebühr. Wird die Aufenthaltserlaubnis für eine Person ausgestellt, die zum Zeitpunkt der Antragstellung noch nicht 24 Jahre alt ist, beträgt die Gebühr jeweils die Höhe, die für die Ausstellung von Personalausweisen an Deutsche dieses Alters erhoben wird. Die Gebühren nach den Sätzen 1 und 2 sind auch zu erheben, wenn eine Neuausstellung der Aufenthaltserlaubnis aus den in § 45c Absatz 1 genannten Gründen notwendig wird; § 45c Absatz 2 gilt entsprechend. Die Gebühr für die Ausstellung oder Verlängerung einer Grenzgängerkarte nach § 48 Absatz 1 Satz 1 Nummer 3 und 4 ermäßigt sich bei Staatsangehörigen der Schweiz auf 8 Euro. Die Gebühren nach § 47 Absatz 1 Nummer 8 für die Ausstellung einer Fiktionsbescheinigung und nach § 49 Absatz 2 für die Bearbeitung von Anträgen auf Vornahme der in den Sätzen 1 bis 5 genannten Amtshandlungen entfallen bei Staatsangehörigen der Schweiz.

(3) Asylberechtigte, Resettlement-Flüchtlinge im Sinne von § 23 Absatz 4 Satz 1 des Aufenthaltsgesetzes und sonstige Ausländer, die im Bundesgebiet die Rechtsstellung ausländischer Flüchtlinge oder subsidiär Schutzberechtigter im Sinne des § 4 Absatz 1 des Asylgesetzes genießen, sind von den Gebühren nach
1. § 44 Nr. 3, § 45c Absatz 1 Nummer 1 und 2, § 45b und § 47 Abs. 1 Nr. 11 für die Erteilung, Neuausstellung sowie Ausstellung und Übertragung der Niederlassungserlaubnis in Ausnahmefällen,
2. § 45 Nr. 1 und 2, § 45c Absatz 1 Nummer 1 und 2, § 45b und § 47 Abs. 1 Nr. 11 für die Erteilung, Verlängerung, Neuausstellung sowie Ausstellung und Übertragung der Aufenthaltserlaubnis in Ausnahmefällen,
3. § 47 Abs. 1 Nr. 8 für die Ausstellung einer Fiktionsbescheinigung,
4. § 49 Abs. 1 und 2 für die Bearbeitung von Anträgen auf Vornahme der in den Nummern 1 und 2 genannten Amtshandlungen sowie
5. § 45a für die Vornahme der den elektronischen Identitätsnachweis betreffenden Amtshandlungen befreit.
(4) Personen, die aus besonders gelagerten politischen Interessen der Bundesrepublik Deutschland ein Aufenthaltsrecht nach § 23 Abs. 2 des Aufenthaltsgesetzes erhalten, sind von den Gebühren nach
1. § 44 Nr. 3, § 45c Absatz 1 Nummer 1 und 2, § 45b und § 47 Abs. 1 Nr. 11 für die Erteilung, Neuausstellung sowie Ausstellung und Übertragung der Niederlassungserlaubnis in Ausnahmefällen,
2. § 49 Abs. 1 und 2 für die Bearbeitung von Anträgen auf Vornahme der in Nummer 1 genannten Amtshandlungen sowie
3. § 45a für die Vornahme der den elektronischen Identitätsnachweis betreffenden Amtshandlungen befreit.
(5) Ausländer, die für ihren Aufenthalt im Bundesgebiet ein Stipendium aus öffentlichen Mitteln erhalten, sind von den Gebühren nach
1. § 46 Absatz 2 Nummer 1 für die Erteilung eines nationalen Visums,
2. § 45 Nr. 1 und 2, § 45c Absatz 1 Nummer 1 und 2, § 45b und § 47 Abs. 1 Nr. 11 für die Erteilung, Verlängerung, Neuausstellung sowie Ausstellung und Übertragung der Aufenthaltserlaubnis in Ausnahmefällen,
3. § 47 Abs. 1 Nr. 8 für die Erteilung einer Fiktionsbescheinigung,
4. § 49 Abs. 2 für die Bearbeitung von Anträgen auf Vornahme der in Nummer 2 genannten Amtshandlungen sowie
5. § 45a für die Vornahme der den elektronischen Identitätsnachweis betreffenden Amtshandlungen befreit. Satz 1 Nr. 1 gilt auch für die Ehegatten oder Lebenspartner und minderjährigen ledigen Kinder, soweit diese in die Förderung einbezogen sind.
(6) Zugunsten von Ausländern, die im Bundesgebiet kein Arbeitsentgelt beziehen und nur eine Aus-, Fort- oder Weiterbildung oder eine Umschulung erhalten, können die in Absatz 5 bezeichneten Gebühren ermäßigt oder kann von ihrer Erhebung abgesehen werden.
(7) Die zu erhebende Gebühr kann in Einzelfällen erlassen oder ermäßigt werden, wenn dies der Förderung kultureller oder sportlicher Interessen, außenpolitischer, entwicklungspolitischer oder sonstiger erheblicher öffentlicher Interessen dient oder humanitäre Gründe hat.
(8) Schüler, Studenten, postgraduierte Studenten und begleitende Lehrer im Rahmen einer Reise zu Studien- oder Ausbildungszwecken und Forscher aus Drittstaaten im Sinne der Empfehlung 2005/761/EG des Europäischen Parlaments und des Rates vom 28. September 2005 zur Erleichterung der Ausstellung einheitlicher Visa durch die Mitgliedstaaten für den kurzfristigen Aufenthalt an Forscher aus Drittstaaten, die sich zu Forschungszwecken innerhalb der Gemeinschaft bewegen (ABl. EU Nr. L 289 S. 23), sind von den Gebühren nach § 46 Nr. 1 und 2 befreit.

§ 52a Befreiung und Ermäßigung bei Assoziationsberechtigung

(1) Assoziationsberechtigte im Sinne dieser Vorschrift sind Ausländer, für die das Assoziationsrecht EU-Türkei auf Grund des Abkommens vom 12. September 1963 zur Gründung einer Assoziation zwischen der Europäischen Wirtschaftsgemeinschaft und der Türkei (BGBl. 1964 II S. 509, 510) Anwendung findet.
(2) Für Assoziationsberechtigte sind die §§ 44 bis 50 mit der Maßgabe anzuwenden, dass für Aufenthaltstitel nach den §§ 44 bis 45, 45c Absatz 1 und § 48 Absatz 1 Satz 1 Nummer 15 jeweils eine Gebühr in Höhe der für die Ausstellung von Personalausweisen an Deutsche erhobenen Gebühr zu erheben ist. Wird der Aufenthaltstitel für eine Person ausgestellt, die noch nicht 24 Jahre alt ist, beträgt die Gebühr jeweils die Höhe, die für die Ausstellung von Personalausweisen an Deutsche dieses Alters erhoben wird. In den Fällen des § 45b Absatz 2 und des § 47 Absatz 1 Nummer 11 jeweils in Verbindung mit § 44 oder mit § 44a beträgt die Gebühr 8 Euro.
(3) Von folgenden Gebühren sind die in Absatz 1 genannten Ausländer befreit:

1. von der nach § 45b Absatz 1 und der nach § 45b Absatz 2 in Verbindung mit § 45 jeweils zu erhebenden Gebühr,
2. von der nach § 47 Absatz 1 Nummer 3 und 8 bis 10 und der nach § 47 Absatz 1 Nummer 11 in Verbindung mit § 45 jeweils zu erhebenden Gebühr,
3. von der nach § 48 Absatz 1 Satz 1 Nummer 3, 4, 8 und 10 bis 12 jeweils zu erhebenden Gebühr und
4. von der nach § 48 Absatz 1 Satz 1 Nummer 13 und 14 jeweils zu erhebenden Gebühr, soweit sie sich auf die Änderung oder Umschreibung der in § 48 Absatz 1 Satz 1 Nummer 3, 4, 8 und 10 bis 12 genannten Dokumente bezieht.

§ 53 Befreiung und Ermäßigung aus Billigkeitsgründen

(1) Ausländer, die ihren Lebensunterhalt nicht ohne Inanspruchnahme von Leistungen nach dem Zweiten oder Zwölften Buch Sozialgesetzbuch oder dem Asylbewerberleistungsgesetz bestreiten können, sind von den Gebühren nach
1. § 45 Nr. 1 und 2 für die Erteilung oder Verlängerung der Aufenthaltserlaubnis,
2. § 47 Abs. 1 Nr. 5 und 6 für die Ausstellung oder Erneuerung der Bescheinigung über die Aussetzung der Abschiebung (§ 60a Abs. 4 des Aufenthaltsgesetzes),
3. § 47 Abs. 1 Nr. 3 und 7 für die Aufhebung oder Änderung einer Auflage zur Aufenthaltserlaubnis oder zur Aussetzung der Abschiebung,
4. § 47 Abs. 1 Nr. 4 für den Hinweis in Form der Beratung,
5. § 47 Abs. 1 Nr. 8 für die Ausstellung einer Fiktionsbescheinigung,
6. § 47 Abs. 1 Nr. 10 für die Ausstellung des Aufenthaltstitels auf besonderem Blatt,
7. § 47 Abs. 1 Nr. 11 für die Übertragung eines Aufenthaltstitels in ein anderes Dokument und § 45c Absatz 1 Nummer 1 und 2 für die Neuausstellung eines Dokuments nach § 78 Absatz 1 des Aufenthaltsgesetzes,
8. § 48 Abs. 1 Nr. 10 und 12 für die Erteilung und Verlängerung eines Ausweisersatzes,
9. § 49 Abs. 2 für die Bearbeitung von Anträgen auf Vornahme der in den Nummern 1 bis 3 und 6 bis 8 bezeichneten Amtshandlungen und
10. § 45a für die Vornahme der den elektronischen Identitätsnachweis betreffenden Amtshandlungen
befreit; sonstige Gebühren können ermäßigt oder von ihrer Erhebung kann abgesehen werden.
(2) Gebühren können ermäßigt oder von ihrer Erhebung kann abgesehen werden, wenn es mit Rücksicht auf die wirtschaftlichen Verhältnisse des Gebührenpflichtigen in Deutschland geboten ist.

§ 54 Zwischenstaatliche Vereinbarungen

Zwischenstaatliche Vereinbarungen über die Befreiung oder die Höhe von Gebühren werden durch die Regelungen in diesem Kapitel nicht berührt.

Kapitel 4
Ordnungsrechtliche Vorschriften

§ 55 Ausweisersatz

(1) Einem Ausländer,
1. der einen anerkannten und gültigen Pass oder Passersatz nicht besitzt und nicht in zumutbarer Weise erlangen kann oder
2. dessen Pass oder Passersatz einer inländischen Behörde vorübergehend überlassen wurde,
wird auf Antrag ein Ausweisersatz (§ 48 Abs. 2 in Verbindung mit § 78 Absatz 1 Satz 4 oder § 78a Absatz 4 des Aufenthaltsgesetzes) ausgestellt, sofern er einen Aufenthaltstitel besitzt oder seine Abschiebung ausgesetzt ist. Eines Antrages bedarf es nicht, wenn ein Antrag des Ausländers auf Ausstellung eines Reiseausweises für Ausländer, eines Reiseausweises für Flüchtlinge oder eines Reiseausweises für Staatenlose abgelehnt wird und die Voraussetzungen des Satzes 1 erfüllt sind. § 5 Abs. 2 gilt entsprechend.
(2) Einem Ausländer, dessen Pass oder Passersatz der im Inland belegenen oder für das Bundesgebiet konsularisch zuständigen Vertretung eines auswärtigen Staates zur Durchführung eines Visumverfahrens vorübergehend überlassen wurde, kann auf Antrag ein Ausweisersatz ausgestellt werden, wenn dem Ausländer durch seinen Herkunftsstaat kein weiterer Pass oder Passersatz ausgestellt wird.
(3) Die Gültigkeitsdauer des Ausweisersatzes richtet sich nach der Gültigkeit des Aufenthaltstitels oder der Dauer der Aussetzung der Abschiebung, sofern keine kürzere Gültigkeitsdauer eingetragen ist.

§ 56 Ausweisrechtliche Pflichten

(1) Ein Ausländer, der sich im Bundesgebiet aufhält, ist verpflichtet,

1. in Fällen, in denen er keinen anerkannten und gültigen Pass oder Passersatz besitzt, unverzüglich, ansonsten so rechtzeitig vor Ablauf der Gültigkeitsdauer seines Passes oder Passersatzes die Verlängerung oder Neuausstellung eines Passes oder Passersatzes zu beantragen, dass mit der Neuerteilung oder Verlängerung innerhalb der Gültigkeitsdauer des bisherigen Passes oder Passersatzes gerechnet werden kann,
2. unverzüglich einen neuen Pass oder Passersatz zu beantragen, wenn der bisherige Pass oder Passersatz aus anderen Gründen als wegen Ablaufs der Gültigkeitsdauer ungültig geworden oder abhanden gekommen ist,
3. unverzüglich einen neuen Pass oder Passersatz oder die Änderung seines bisherigen Passes oder Passersatzes zu beantragen, sobald im Pass oder Passersatz enthaltene Angaben unzutreffend sind,
4. unverzüglich einen Ausweisersatz zu beantragen, wenn die Ausstellungsvoraussetzungen nach § 55 Abs. 1 oder 2 erfüllt sind und keine deutscher Passersatz beantragt wurde,
5. der für den Wohnort, ersatzweise den Aufenthaltsort im Inland zuständigen Ausländerbehörde oder einer anderen nach Landesrecht zuständigen Stelle unverzüglich den Verlust und das Wiederauffinden seines Passes, seines Passersatzes oder seines Ausweisersatzes anzuzeigen; bei Verlust im Ausland kann die Anzeige auch gegenüber einer deutschen Auslandsvertretung erfolgen, welche die zuständige oder zuletzt zuständige Ausländerbehörde unterrichtet,
6. einen wiederaufgefundenen Pass oder Passersatz unverzüglich zusammen mit sämtlichen nach dem Verlust ausgestellten Pässen oder in- oder ausländischen Passersatzpapieren der für den Wohnort, ersatzweise den Aufenthaltsort im Inland zuständigen Ausländerbehörde vorzulegen, selbst wenn er den Verlust des Passes oder Passersatzes nicht angezeigt hat; bei Verlust im Ausland kann die Vorlage auch bei einer deutschen Auslandsvertretung erfolgen, welche die zuständige oder zuletzt zuständige Ausländerbehörde unterrichtet,
7. seinen deutschen Passersatz unverzüglich nach Ablauf der Gültigkeitsdauer oder, sofern eine deutsche Auslandsvertretung dies durch Eintragung im Passersatz angeordnet hat, nach der Einreise der zuständigen Ausländerbehörde vorzulegen; dies gilt nicht für Bescheinigungen über die Wohnsitzverlegung (§ 43 Abs. 2), Europäische Reisedokumente für die Rückkehr (§ 1 Abs. 8) und für Schülersammellisten (§ 1 Abs. 5), und
8. seinen Pass oder Passersatz zur Anbringung von Vermerken über Ort und Zeit der Ein- und Ausreise, des Antreffens im Bundesgebiet sowie über Maßnahmen und Entscheidungen nach dem Aufenthaltsgesetz in seinem Pass oder Passersatz durch die Ausländerbehörden oder die Polizeibehörden des Bundes oder der Länder sowie die sonstigen mit der polizeilichen Kontrolle des grenzüberschreitenden Verkehrs beauftragten Behörden auf Verlangen vorzulegen und die Vornahme einer solchen Eintragung zu dulden.

(2) Ausländer, denen nach dem Abkommen vom 21. Juni 1999 zwischen der Europäischen Gemeinschaft und ihren Mitgliedstaaten einerseits und der Schweizerischen Eidgenossenschaft andererseits über die Freizügigkeit zum Nachweis ihres Aufenthaltsrechts eine Aufenthaltserlaubnis oder eine Grenzgängerkarte auszustellen ist, haben innerhalb von drei Monaten nach der Einreise ihren Aufenthalt der Ausländerbehörde anzuzeigen. Die Anzeige muss folgende Daten des Ausländers enthalten:
1. Namen,
2. Vornamen,
3. frühere Namen,
4. Geburtsdatum und -ort,
5. Anschrift im Inland,
6. frühere Anschriften,
7. gegenwärtige und frühere Staatsangehörigkeiten,
8. Zweck, Beginn und Dauer des Aufenthalts und
9. das eheliche oder Verwandtschaftsverhältnis zu der Person, von der er ein Aufenthaltsrecht ableitet.

§ 57 Vorlagepflicht beim Vorhandensein mehrerer Ausweisdokumente
Besitzt ein Ausländer mehr als einen Pass, Passersatz oder deutschen Ausweisersatz, so hat er der zuständigen Ausländerbehörde jedes dieser Papiere unverzüglich vorzulegen.

§ 57a Pflichten der Inhaber von Dokumenten mit elektronischem Speicher- und Verarbeitungsmedium nach § 78 des Aufenthaltsgesetzes
Ein Ausländer, dem ein Aufenthaltstitel nach § 4 Absatz 1 Satz 2 Nummer 2 bis 4 des Aufenthaltsgesetzes als Dokument mit elektronischem Speicher- und Verarbeitungsmedium ausgestellt worden ist, ist verpflichtet, unverzüglich
1. der für den Wohnort, ersatzweise der für den Aufenthaltsort im Inland zuständigen Ausländerbehörde oder einer anderen nach Landesrecht zuständigen Stelle den Verlust und das Wiederauffinden des Dokuments anzuzeigen und das Dokument vorzulegen, wenn es wiederaufgefunden wurde; bei Verlust im Ausland

können die Anzeige und die Vorlage auch gegenüber einer deutschen Auslandsvertretung erfolgen, welche die zuständige oder zuletzt zuständige Ausländerbehörde unterrichtet,
2. nach Kenntnis vom Verlust der technischen Funktionsfähigkeit des elektronischen Speicher- und Verarbeitungsmediums der zuständigen Ausländerbehörde das Dokument vorzulegen und die Neuausstellung zu beantragen.

Kapitel 5
Verfahrensvorschriften

Abschnitt 1
Muster für Aufenthaltstitel, Pass- und Ausweisersatz und sonstige Dokumente

§ 58 Vordruckmuster

Für die Ausstellung der Vordrucke sind als Vordruckmuster zu verwenden:
1. für den Ausweisersatz (§ 78a Absatz 4 des Aufenthaltsgesetzes) das in Anlage D1 abgedruckte Muster,
2. für die Bescheinigung über die Aussetzung der Abschiebung (Duldung; § 60a Abs. 4 des Aufenthaltsgesetzes) das in Anlage D2a abgedruckte Muster (Klebeetikett), sofern ein anerkannter und gültiger Pass oder Passersatz nicht vorhanden ist und die Voraussetzungen für die Ausstellung eines Ausweisersatzes nach § 55 nicht vorliegen, in Verbindung mit dem in Anlage D2b abgedruckten Muster (Trägervordruck),
3. für die Fiktionsbescheinigung (§ 81 Abs. 5 des Aufenthaltsgesetzes) das in Anlage D3 abgedruckte Muster,
4. für den Reiseausweis für Ausländer (§ 4 Abs. 1 Satz 1 Nr. 1)
   a) das in Anlage D4c abgedruckte Muster,
   b) für die Ausstellung als vorläufiges Dokument (§ 4 Abs. 1 Satz 2) das in Anlage D4d abgedruckte Muster,
5. für die Grenzgängerkarte (§ 12) das in Anlage D5a abgedruckte Muster,
6. für den Notreiseausweis (§ 4 Abs. 1 Nr. 2) das in Anlage D6 abgedruckte Muster,
7. für den Reiseausweis für Flüchtlinge (§ 4 Abs. 1 Satz 1 Nr. 3)
   a) das in Anlage D7a abgedruckte Muster,
   b) für die Ausstellung als vorläufiges Dokument (§ 4 Abs. 1 Satz 2) das in Anlage D7b abgedruckte Muster,
8. für den Reiseausweis für Staatenlose (§ 4 Abs. 1 Satz 1 Nr. 4)
   a) das in Anlage D8a abgedruckte Muster,
   b) für die Ausstellung als vorläufiges Dokument (§ 4 Abs. 1 Satz 2) das in Anlage D8b abgedruckte Muster,
9. für die Bescheinigung über die Wohnsitzverlegung (§ 4 Abs. 1 Nr. 6) das in Anlage D9 abgedruckte Muster,
10. für das Europäische Reisedokument für die Rückkehr (§ 4 Abs. 1 Nr. 7) das in Anlage D10 abgedruckte Muster,
11. für das Zusatzblatt
    a) zur Bescheinigung der Aussetzung der Abschiebung das in Anlage D11 abgedruckte Muster,
    b) zum Aufenthaltstitel in Ausnahmefällen (§ 78a Absatz 1 des Aufenthaltsgesetzes) das in Anlage D11 abgedruckte Muster,
    c) zum Aufenthaltstitel mit elektronischem Speicher- und Verarbeitungsmedium (§ 78 Absatz 1 des Aufenthaltsgesetzes) das in Anlage D11a abgedruckte Muster,
12. für die Bescheinigung über die Aufenthaltsgestattung (§ 63 des Asylgesetzes) das in Anlage D12 abgedruckte Muster,
13. für die Bescheinigung des Daueraufenthalts für Unionsbürger oder Staatsangehörige eines EWR-Staates das in Anlage D15 abgedruckte Muster und
14. für die Änderung der Anschrift auf Dokumenten mit elektronischem Speicher- und Verarbeitungsmedium (§ 78 Absatz 7 Satz 2 des Aufenthaltsgesetzes) das in Anlage D16 abgedruckte Muster.

Die nach den Mustern in den Anlagen D4c, D7a, D8a ausgestellten Passersatzpapiere werden nicht verlängert.

§ 59 Muster der Aufenthaltstitel

(1) Das Muster des Aufenthaltstitels nach § 4 Abs. 1 Satz 2 Nr. 1 des Aufenthaltsgesetzes (Visum) richtet sich nach der Verordnung (EG) Nr. 1683/95 des Rates vom 29. Mai 1995 über eine einheitliche Visagestaltung (ABl. EG Nr. L 164 S. 1), zuletzt geändert durch die Verordnung (EG) Nr. 856/2008 (ABl. L 235 vom 2. 9. 2008, S. 1), in der jeweils geltenden Fassung. Es ist in Anlage D13a abgedruckt. Für die Verlängerung im Inland ist das in Anlage D13b abgedruckte Muster zu verwenden.

(2) Die Muster der Aufenthaltstitel, die nach § 78 Absatz 1 des Aufenthaltsgesetzes als eigenständige Dokumente mit elektronischem Speicher- und Verarbeitungsmedium auszustellen sind, sowie die Muster der Aufenthalts- und Daueraufenthaltskarten, Aufenthaltsdokumente-GB und Aufenthaltsdokumente für Grenzgänger-GB, die nach § 11 Absatz 3 Satz 1 des Freizügigkeitsgesetzes/EU in Verbindung mit § 78 Absatz 1 des Aufenthaltsge-

setzes als Dokumente mit elektronischem Speicher- und Verarbeitungsmedium auszustellen sind, richten sich nach der Verordnung (EG) Nr. 1030/2002 des Rates zur einheitlichen Gestaltung des Aufenthaltstitels für Drittstaatenangehörige (ABl. L 157 vom 15. 6. 2002, S. 1) in der jeweils geltenden Fassung. Gleiches gilt für Aufenthaltserlaubnisse, die nach Maßgabe des Abkommens vom 21. Juni 1999 zwischen der Europäischen Gemeinschaft und ihren Mitgliedstaaten einerseits und der Schweizerischen Eidgenossenschaft andererseits auf Antrag als Dokumente mit elektronischem Speicher- und Verarbeitungsmedium ausgestellt werden. Die Muster für Dokumente nach den Sätzen 1 und 2 sind in Anlage D14a abgedruckt. Aufenthaltstitel nach § 78 Absatz 1 in Verbindung mit § 4 Absatz 1 Satz 2 Nummer 4 des Aufenthaltsgesetzes, die gemäß dem bis zum 1. Dezember 2013 zu verwendenden Muster der Anlage D14a ausgestellt wurden, behalten ihre Gültigkeit.
(3) Die Muster für Vordrucke der Aufenthaltstitel nach § 4 Absatz 1 Nummer 2 bis 4 des Aufenthaltsgesetzes richten sich im Fall des § 78a Absatz 1 Satz 1 des Aufenthaltsgesetzes nach der Verordnung (EG) Nr. 1030/2002. Sie sind in Anlage D14 abgedruckt. Bei der Niederlassungserlaubnis, der Erlaubnis zum Daueraufenthalt – EU, der Blauen Karte EU, der ICT-Karte, der Mobiler-ICT-Karte und der Aufenthaltserlaubnis ist im Feld für Anmerkungen die für die Erteilung maßgebliche Rechtsgrundlage einzutragen. Bei Inhabern der Blauen Karte EU ist bei Erteilung der Erlaubnis zum Daueraufenthalt – EU im Feld für Anmerkungen „Ehem. Inh. der Blauen Karte EU" einzutragen. Für die Erlaubnis zum Daueraufenthalt – EU kann im Falle des § 78a Absatz 1 Satz 1 des Aufenthaltsgesetzes der Vordruck der Anlage D14 mit der Bezeichnung „Daueraufenthalt-EG" weiterverwendet werden.
(4) In einer Aufenthaltserlaubnis, die nach § 18d Absatz 1 des Aufenthaltsgesetzes erteilt wird, oder in einem zu dieser Aufenthaltserlaubnis gehörenden Zusatzblatt nach den Anlagen D11 und D 11a oder in dem Trägervordruck nach der Anlage D1 wird der Vermerk „Forscher" eingetragen. In einer Aufenthaltserlaubnis, die nach § 18f des Aufenthaltsgesetzes erteilt wird, oder in einem zu dieser Aufenthaltserlaubnis gehörenden Zusatzblatt nach den Anlagen D11 und D11a oder in dem Trägervordruck nach der Anlage D1 wird der Vermerk „Forscher-Mobilität" eingetragen.
(4a) In einer Aufenthaltserlaubnis, die nach § 16b Absatz 1 des Aufenthaltsgesetzes erteilt wird, oder in einem zu dieser Aufenthaltserlaubnis gehörenden Zusatzblatt nach den Anlagen D11 und D11a oder in dem Trägervordruck nach der Anlage D1 wird der Vermerk „Student" eingetragen.
(4b) In einer Aufenthaltserlaubnis, die nach § 16e des Aufenthaltsgesetzes erteilt wird, oder in einem zu dieser Aufenthaltserlaubnis gehörenden Zusatzblatt nach den Anlagen D11 und D11a oder in dem Trägervordruck nach der Anlage D1 wird der Vermerk „Praktikant" eingetragen.
(4c) In einer Aufenthaltserlaubnis, die nach § 19e des Aufenthaltsgesetzes erteilt wird, oder in einem zu dieser Aufenthaltserlaubnis gehörenden Zusatzblatt nach den Anlagen D11 und D11a oder in dem Trägervordruck nach der Anlage D1 wird der Vermerk „Freiwilliger" eingetragen.
(4d) Bei Forschern oder Studenten, die im Rahmen eines bestimmten Programms mit Mobilitätsmaßnahmen oder im Rahmen einer Vereinbarung zwischen zwei oder mehr anerkannten Hochschuleinrichtungen in die Europäische Union reisen, wird das betreffende Programm oder die Vereinbarung auf der Aufenthaltserlaubnis oder in einem zu dieser Aufenthaltserlaubnis gehörenden Zusatzblatt nach den Anlagen D11 und D11a oder in dem Trägervordruck nach der Anlage D1 angegeben.
(4e) In einem Aufenthaltstitel, der für eine Saisonbeschäftigung gemäß § 15a der Beschäftigungsverordnung erteilt wird, oder in einem zu diesem Aufenthaltstitel gehörenden Zusatzblatt nach Anlage D11 oder in dem Trägervordruck nach Anlage D13a wird im Feld Anmerkungen der Vermerk „Saisonbeschäftigung" eingetragen.
(5) Ist in einem Aufenthaltstitel die Nebenbestimmung eingetragen, wonach die Ausübung einer Erwerbstätigkeit nicht gestattet ist, bezieht sich diese Nebenbestimmung nicht auf die in § 17 Abs. 2 genannten Tätigkeiten, sofern im Aufenthaltstitel nicht ausdrücklich etwas anderes bestimmt ist.
(6) Wenn die Grenzbehörde die Einreise nach § 60a Abs. 2a Satz 1 des Aufenthaltsgesetzes zulässt und eine Duldung ausstellt, vermerkt sie dies auf dem nach § 58 Nr. 2 vorgesehenen Vordruck.
(7) Sofern ein Aufenthaltstitel für Zwecke der Aufnahme oder Ausübung einer Erwerbstätigkeit nach § 84 Absatz 2 Satz 2 des Aufenthaltsgesetzes als fortbestehend gilt, dokumentiert die Ausländerbehörde dies auf Antrag des Ausländers in einem Vordruck nach Anlage D11 oder D11a; ist dem Ausländer ein Dokument entsprechend einem in Anlage D1 bis D3 vorgesehenen Muster ausgestellt worden oder wird ihm ein solches Dokument ausgestellt, ist die Eintragung in diesem Dokument vorzunehmen.
(8) Sofern die Ausländerbehörde auf Antrag des Inhabers feststellt, dass er ein Recht auf Daueraufenthalt nach Artikel 15 des Abkommens über den Austritt des Vereinigten Königreichs Großbritannien und Nordirland aus der Europäischen Union und der Europäischen Atomgemeinschaft (ABl. L 29 vom 31. 1. 2020, S. 7) besitzt, wird dieses Recht auf Daueraufenthalt dadurch bescheinigt, dass die Ausländerbehörde das Wort „Daueraufenthalt" in der zweiten Zeile des Anmerkungsfeldes 1 auf der Rückseite des Aufenthaltsdokuments-GB einträgt.

§ 59a Hinweis auf Gewährung internationalen Schutzes

(1) Wird einem Ausländer, dem in der Bundesrepublik Deutschland die Rechtsstellung eines international Schutzberechtigten im Sinne von § 2 Absatz 13 des Aufenthaltsgesetzes zuerkannt wurde, eine Erlaubnis zum Daueraufenthalt – EU nach § 9a des Aufenthaltsgesetzes erteilt, so ist in dem Feld für Anmerkungen folgender Hinweis aufzunehmen: „Durch DEU am [Datum] internationaler Schutz gewährt".

(2) Wird einem Ausländer, der im Besitz einer langfristigen Aufenthaltsberechtigung – EU eines anderen Mitgliedstaates der Europäischen Union ist, die den Hinweis enthält, dass dieser Staat dieser Person internationalen Schutz gewährt, eine Erlaubnis zum Daueraufenthalt – EU nach § 9a des Aufenthaltsgesetzes erteilt, so ist in dem Feld für Anmerkungen der Erlaubnis zum Daueraufenthalt – EU ein entsprechender Hinweis aufzunehmen. Vor Aufnahme des Hinweises ist der betreffende Mitgliedstaat in dem Verfahren nach § 91c Absatz 1a des Aufenthaltsgesetzes um Auskunft darüber zu ersuchen, ob der Ausländer dort weiterhin internationalen Schutz genießt. Wurde der internationale Schutz in dem anderen Mitgliedstaat durch eine rechtskräftige Entscheidung aberkannt, wird der Hinweis nach Satz 1 nicht aufgenommen.

(3) Ist ein Ausländer im Besitz einer Erlaubnis zum Daueraufenthalt – EU nach § 9a des Aufenthaltsgesetzes, die den Hinweis nach Absatz 2 Satz 1 enthält, und ist die Verantwortung für den internationalen Schutz im Sinne von § 2 Absatz 13 des Aufenthaltsgesetzes nach Maßgabe der einschlägigen Rechtsvorschriften auf Deutschland übergegangen, so ist der Hinweis durch den in Absatz 1 genannten Hinweis zu ersetzen. Die Aufnahme dieses Hinweises hat spätestens drei Monate nach Übergang der Verantwortung auf Deutschland zu erfolgen.

(4) Ist der Ausländer im Besitz einer Erlaubnis zum Daueraufenthalt – EU nach § 9a des Aufenthaltsgesetzes und wird ihm in einem anderen Mitgliedstaat der Europäischen Union internationaler Schutz im Sinne von § 2 Absatz 13 des Aufenthaltsgesetzes gewährt, bevor er dort eine langfristige Aufenthaltsberechtigung – EU erhält, so ist durch die zuständige Ausländerbehörde in das Feld für Anmerkungen der Erlaubnis zum Daueraufenthalt – EU folgender Hinweis aufzunehmen: „Durch [Abkürzung des Mitgliedstaates] am [Datum] internationaler Schutz gewährt". Die Aufnahme dieses Hinweises hat spätestens drei Monate, nachdem ein entsprechendes Ersuchen der zuständigen Stelle des anderen Mitgliedstaates beim Bundesamt für Migration und Flüchtlinge eingegangen ist, zu erfolgen.

§ 60 Lichtbild

(1) Lichtbilder müssen den in § 5 der Passverordnung vom 19. Oktober 2007 in der jeweils geltenden Fassung festgelegten Anforderungen entsprechen und den Ausländer zweifelsfrei erkennen lassen. Sie müssen die Person ohne Gesichts- und Kopfbedeckung zeigen. Die zuständige Behörde kann hinsichtlich der Kopfbedeckung Ausnahmen zulassen oder anordnen, sofern gewährleistet ist, dass die Person hinreichend identifiziert werden kann.

(2) Der Ausländer, für den ein Dokument nach § 58 oder § 59 ausgestellt werden soll, hat der zuständigen Behörde auf Verlangen ein aktuelles Lichtbild nach Absatz 1 vorzulegen oder bei der Anfertigung eines Lichtbildes mitzuwirken.

(3) Das Lichtbild darf von den zuständigen Behörden zum Zweck des Einbringens in ein Dokument nach § 58 oder § 59 und zum späteren Abgleich mit dem tatsächlichen Aussehen des Dokumenteninhabers verarbeitet werden.

§ 61 Sicherheitsstandards, Ausstellungstechnik

(1) Die produktions- und sicherheitstechnischen Spezifikationen für die nach dieser Verordnung bestimmten Vordruckmuster werden vom Bundesministerium des Innern, für Bau und Heimat festgelegt. Sie werden nicht veröffentlicht.

(2) Einzelheiten zum technischen Verfahren für das Ausfüllen der bundeseinheitlichen Vordrucke werden vom Bundesministerium des Innern, für Bau und Heimat festgelegt und bekannt gemacht.

Abschnitt 2
Datenerfassung, Datenverarbeitung und Datenschutz

Unterabschnitt 1
Erfassung und Übermittlung von Antragsdaten zur Herstellung von Dokumenten mit elektronischem Speicher- und Verarbeitungsmedium nach § 4 sowie nach § 78 des Aufenthaltsgesetzes

§ 61a Fingerabdruckerfassung bei der Beantragung von Dokumenten mit elektronischem Speicher- und Verarbeitungsmedium

(1) Die Fingerabdrücke werden in Form des flachen Abdrucks des linken und rechten Zeigefingers des Antragstellers im elektronischen Speicher- und Verarbeitungsmedium des Dokuments gespeichert. Bei Fehlen eines Zeigefingers, ungenügender Qualität des Fingerabdrucks oder Verletzungen der Fingerkuppe wird ersatzweise

der flache Abdruck entweder des Daumens, des Mittelfingers oder des Ringfingers gespeichert. Fingerabdrücke sind nicht zu speichern, wenn die Abnahme der Fingerabdrücke aus medizinischen Gründen, die nicht nur vorübergehender Art sind, unmöglich ist.
(2) Auf Verlangen hat die Ausländerbehörde dem Dokumenteninhaber Einsicht in die im elektronischen Speicher- und Verarbeitungsmedium gespeicherten Daten zu gewähren. Die bei der Ausländerbehörde gespeicherten Fingerabdrücke sind spätestens nach Aushändigung des Dokuments zu löschen.

§ 61b Form und Verfahren der Datenerfassung, -prüfung sowie der dezentralen Qualitätssicherung

(1) Die Ausländerbehörde hat durch technische und organisatorische Maßnahmen die erforderliche Qualität der Erfassung des Lichtbildes und der Fingerabdrücke sicherzustellen.
(2) Zur elektronischen Erfassung des Lichtbildes und der Fingerabdrücke sowie zu deren Qualitätssicherung dürfen ausschließlich solche technischen Systeme und Bestandteile eingesetzt werden, die dem Stand der Technik entsprechen.
(3) Die Einhaltung des Standes der Technik wird vermutet, wenn die eingesetzten Systeme und Bestandteile den für die Produktionsdatenerfassung, -qualitätsprüfung und -übermittlung maßgeblichen Technischen Richtlinien des Bundesamtes für Sicherheit in der Informationstechnik in der jeweils geltenden Fassung entsprechen. Diese Technischen Richtlinien sind vom Bundesamt für Sicherheit in der Informationstechnik im Bundesanzeiger zu veröffentlichen.
(4) Beantragung, Ausstellung und Ausgabe von Dokumenten mit elektronischem Speicher- und Verarbeitungsmedium dürfen nicht zum Anlass genommen werden, die dafür erforderlichen Angaben und die biometrischen Merkmale außer bei den zuständigen Ausländerbehörden zu speichern. Entsprechendes gilt für die zur Ausstellung erforderlichen Antragsunterlagen sowie für personenbezogene fotografische Datenträger (Mikrofilme).
(5) Eine zentrale, alle Seriennummern umfassende Speicherung darf nur bei dem Dokumentenhersteller und ausschließlich zum Nachweis des Verbleibs der Dokumente mit elektronischem Speicher- und Verarbeitungsmedium erfolgen. Die Speicherung weiterer Angaben einschließlich der biometrischen Daten bei dem Dokumentenhersteller ist unzulässig, soweit sie nicht ausschließlich und vorübergehend der Herstellung der Dokumente dient; die Angaben sind anschließend zu löschen.
(6) Die Seriennummern dürfen nicht so verwendet werden, dass mit ihrer Hilfe ein Abruf personenbezogener Daten aus Dateisystemen oder eine Verknüpfung von Dateisystemen möglich ist. Abweichend von Satz 1 dürfen die Seriennummern verwendet werden:
1. durch die Ausländerbehörden für den Abruf personenbezogener Daten aus ihren Dateisystemen,
2. durch die Polizeibehörden und -dienststellen des Bundes und der Länder für den Abruf der in Dateisystemen gespeicherten Seriennummern solcher Dokumente mit elektronischem Speicher- und Verarbeitungsmedium, die für ungültig erklärt worden sind, abhanden gekommen sind oder bei denen der Verdacht einer Benutzung durch Nichtberechtigte besteht.
(7) Die Absätze 4 bis 6 sowie § 4 Absatz 3 Satz 2 und 3 und § 61a Absatz 2 Satz 2 gelten entsprechend für alle übrigen, durch deutsche Behörden ausgestellten Passersatzpapiere für Ausländer.

§ 61c Übermittlung der Daten an den Dokumentenhersteller

(1) Nach der Erfassung werden sämtliche Antragsdaten in den Ausländerbehörden zu einem digitalen Datensatz zusammengeführt und an den Dokumentenhersteller übermittelt. Die Datenübermittlung umfasst auch die Qualitätswerte zu den erhobenen Fingerabdrücken und – soweit vorhanden – zu den Lichtbildern, die Behördenkennzahl, die Versionsnummern der Qualitätssicherungssoftware und der Qualitätssollwerte, den Zeitstempel des Antrags sowie die Speichergröße der biometrischen Daten. Die Datenübermittlung erfolgt durch elektronische Datenübertragung über verwaltungseigene Kommunikationsnetze oder über das Internet. Sie erfolgt unmittelbar zwischen Ausländerbehörde und Dokumentenhersteller oder über Vermittlungsstellen. Die zu übermittelnden Daten sind mittels geeigneter technischer und organisatorischer Maßnahmen nach Artikel 24, 25 und 32 der Verordnung (EU) 2016/679 elektronisch zu signieren und zu verschlüsseln.
(2) Zum Signieren und Verschlüsseln der nach Absatz 1 zu übermittelnden Daten sind gültige Zertifikate nach den Anforderungen der vom Bundesamt für Sicherheit in der Informationstechnik erstellten Sicherheitsleitlinien der Wurzelzertifizierungsinstanz der Verwaltung zu nutzen. Der Dokumentenhersteller hat geeignete technische und organisatorische Regelungen zu treffen, die eine Weiterverarbeitung von ungültig signierten Antragsdaten ausschließen.
(3) Die Datenübertragung nach Absatz 1 Satz 3 erfolgt unter Verwendung eines XML-basierten Datenaustauschformats gemäß den für die Produktionsdatenerfassung, -qualitätsprüfung und -übermittlung maßgeblichen Technischen Richtlinien des Bundesamtes für Sicherheit in der Informationstechnik und auf der Grundlage des

Übermittlungsprotokolls OSCI-Transport in der jeweils gültigen Fassung. § 61b Absatz 3 Satz 2 gilt entsprechend.
(4) Soweit die Datenübermittlung über Vermittlungsstellen erfolgt, finden die Absätze 1 bis 3 auf die Datenübermittlung zwischen Vermittlungsstelle und Dokumentenhersteller entsprechende Anwendung. Die Datenübermittlung zwischen Ausländerbehörde und Vermittlungsstelle muss hinsichtlich Datensicherheit und Datenschutz ein den in Absatz 1 Satz 5 genannten Anforderungen entsprechendes Niveau aufweisen. Die Anforderungen an das Verfahren zur Datenübermittlung zwischen Ausländerbehörde und Vermittlungsstelle richten sich nach dem jeweiligen Landesrecht.

§ 61d Nachweis der Erfüllung der Anforderungen
(1) Die Einhaltung der Anforderungen nach den Technischen Richtlinien ist vom Bundesamt für Sicherheit in der Informationstechnik vor dem Einsatz der Systeme und Bestandteile festzustellen (Konformitätsbescheid). Hersteller und Lieferanten von technischen Systemen und Bestandteilen, die in den Ausländerbehörden zum Einsatz bei den in § 61b Absatz 1 und 2 geregelten Verfahren bestimmt sind, beantragen spätestens drei Monate vor der voraussichtlichen Inbetriebnahme beim Bundesamt für Sicherheit in der Informationstechnik einen Konformitätsbescheid nach Satz 1.
(2) Die Prüfung der Konformität erfolgt durch eine vom Bundesamt für Sicherheit in der Informationstechnik anerkannte und für das Verfahren nach dieser Vorschrift speziell autorisierte Prüfstelle. Die Prüfstelle dokumentiert Ablauf und Ergebnis der Prüfung in einem Prüfbericht. Das Bundesamt für Sicherheit in der Informationstechnik stellt auf Grundlage des Prüfberichtes einen Konformitätsbescheid aus. Die Kosten des Verfahrens, die sich nach der BSI-Kostenverordnung vom 3. März 2005 (BGBl. I S. 519) in der jeweils gültigen Fassung richten, und die Kosten, die von der jeweiligen Prüfstelle erhoben werden, trägt der Antragsteller.

§ 61e Qualitätsstatistik
Der Dokumentenhersteller erstellt eine Qualitätsstatistik. Sie enthält anonymisierte Qualitätswerte zu Lichtbildern und Fingerabdrücken, die sowohl in der Ausländerbehörde als auch beim Dokumentenhersteller ermittelt und vom Dokumentenhersteller ausgewertet werden. Der Dokumentenhersteller stellt die Ergebnisse der Auswertung dem Bundesministerium des Innern, für Bau und Heimat und dem Bundesamt für Sicherheit in der Informationstechnik zur Verfügung. Die Einzelheiten der Auswertung der Statistikdaten bestimmen sich nach den Technischen Richtlinien des Bundesamtes für Sicherheit in der Informationstechnik hinsichtlich der Vorgaben zur zentralen Qualitätssicherungsstatistik.

§ 61f Automatischer Abruf aus Dateisystemen und automatische Speicherung im öffentlichen Bereich
(1) Behörden und sonstige öffentliche Stellen dürfen Dokumente mit elektronischem Speicher- und Verarbeitungsmedium nicht zum automatischen Abruf personenbezogener Daten verwenden. Abweichend von Satz 1 dürfen die Polizeibehörden und -dienststellen des Bundes und der Länder sowie, soweit sie Aufgaben der Grenzkontrolle wahrnehmen, die Zollbehörden Dokumente mit elektronischem Speicher- und Verarbeitungsmedium im Rahmen ihrer Aufgaben und Befugnisse zum automatischen Abruf personenbezogener Daten verwenden, die für Zwecke
1. der Grenzkontrolle,
2. der Fahndung oder Aufenthaltsfeststellung aus Gründen der Strafverfolgung, Strafvollstreckung oder der Abwehr von Gefahren für die öffentliche Sicherheit
im polizeilichen Fahndungsbestand geführt werden. Über Abrufe, die zu keiner Feststellung geführt haben, dürfen vorbehaltlich gesetzlicher Regelungen nach Absatz 2 keine personenbezogenen Aufzeichnungen gefertigt werden.
(2) Personenbezogene Daten dürfen, soweit gesetzlich nichts anderes bestimmt ist, beim automatischen Lesen des Dokuments mit elektronischem Speicher- und Verarbeitungsmedium nicht in Dateisystemen gespeichert werden; dies gilt auch für Abrufe aus dem polizeilichen Fahndungsbestand, die zu einer Feststellung geführt haben.

§ 61g Verwendung im nichtöffentlichen Bereich
(1) Das Passersatzpapier kann auch im nichtöffentlichen Bereich als Ausweis und Legitimationspapier benutzt werden.
(2) Die Seriennummern dürfen nicht so verwendet werden, dass mit ihrer Hilfe ein Abruf personenbezogener Daten aus Dateisystemen oder eine Verknüpfung von Dateisystemen möglich ist.
(3) Das Passersatzpapier darf weder zum automatischen Abruf personenbezogener Daten noch zur automatischen Speicherung personenbezogener Daten verwendet werden.

(4) Beförderungsunternehmen dürfen personenbezogene Daten aus der maschinenlesbaren Zone des Passersatzes elektronisch nur verarbeiten, soweit sie auf Grund internationaler Abkommen oder Einreisebestimmungen zur Mitwirkung an Kontrolltätigkeiten im internationalen Reiseverkehr und zur Übermittlung personenbezogener Daten verpflichtet sind. Biometrische Daten dürfen nicht ausgelesen werden. Die Daten sind unverzüglich zu löschen, wenn sie für die Erfüllung dieser Pflichten nicht mehr erforderlich sind.

§ 61h Anwendung der Personalausweisverordnung

(1) Hinsichtlich des elektronischen Identitätsnachweises gemäß § 78 Absatz 5 des Aufenthaltsgesetzes sind die §§ 1 bis 4, 5 Absatz 2, 3 und 4 Satz 1 bis 4, die §§ 10, 13 bis 17, 18 Absatz 1, 2 und 4, die §§ 20, 21, 22 Absatz 1 Satz 1, Absatz 2 Satz 1 und 4, Absatz 3, die §§ 23, 24, 25 Absatz 1, 2 Satz 1, Absatz 3, § 26 Absatz 1 und 3 sowie die §§ 27 bis 36 der Personalausweisverordnung mit der Maßgabe entsprechend anzuwenden, dass die Ausländerbehörde an die Stelle der Personalausweisbehörde tritt.
(2) Die Nutzung des elektronischen Identitätsnachweises ist ausgeschlossen, wenn die Identität des Ausländers durch die Ausländerbehörde nicht zweifelsfrei festgestellt ist.

Unterabschnitt 2
Führung von Ausländerdateien durch die Ausländerbehörden und die Auslandsvertretungen

§ 62 Dateisystemführungspflicht der Ausländerbehörden

Die Ausländerbehörden führen zwei Dateisysteme unter den Bezeichnungen „Ausländerdatei A" und „Ausländerdatei B". Die Pflicht zur Führung der Ausländerdatei A entfällt, sofern die Speicherung der Daten im Ausländerzentralregister erfolgt.

§ 63 Ausländerdatei A

(1) In die Ausländerdatei A werden die Daten eines Ausländers aufgenommen,
1. der bei der Ausländerbehörde
   a) die Erteilung oder Verlängerung eines Aufenthaltstitels beantragt oder
   b) einen Asylantrag einreicht,
2. dessen Aufenthalt der Ausländerbehörde von der Meldebehörde oder einer sonstigen Behörde mitgeteilt wird oder
3. für oder gegen den die Ausländerbehörde eine ausländerrechtliche Maßnahme oder Entscheidung trifft.

(2) Die Daten sind unverzüglich in dem Dateisystem zu speichern, sobald die Ausländerbehörde mit dem Ausländer befasst wird oder ihr eine Mitteilung über den Ausländer zugeht.

§ 64 Datensatz der Ausländerdatei A

(1) In die Ausländerdatei A sind über jeden Ausländer, der in dem Dateisystem geführt wird, folgende Daten aufzunehmen:
1. Familienname,
2. Geburtsname,
3. Vornamen,
4. Tag und Ort mit Angabe des Staates der Geburt,
5. Geschlecht,
6. Doktorgrad,
7. Staatsangehörigkeiten,
8. Aktenzeichen der Ausländerakte,
9. Hinweis auf andere Datensätze, unter denen der Ausländer in dem Dateisystem geführt wird,
10. das Sperrkennwort und die Sperrsumme für die Sperrung oder Entsperrung des elektronischen Identitätsnachweises eines Dokuments nach § 78 Absatz 1 des Aufenthaltsgesetzes und
11. Angaben zur Ausschaltung und Einschaltung sowie Sperrung und Entsperrung des elektronischen Identitätsnachweises eines Dokuments nach § 78 Absatz 1 des Aufenthaltsgesetzes.

(2) Aufzunehmen sind ferner frühere Namen, abweichende Namensschreibweisen, Aliaspersonalien und andere von dem Ausländer geführte Namen wie Ordens- oder Künstlernamen oder der Familienname nach deutschem Recht, der von dem im Pass eingetragenen Familiennamen abweicht.
(3) Die Ausländerbehörde kann den Datensatz auf die in Absatz 1 genannten Daten beschränken und für die in Absatz 2 genannten Daten jeweils einen zusätzlichen Datensatz nach Maßgabe des Absatzes 1 einrichten.

§ 65 Erweiterter Datensatz

In die Ausländerdatei A sollen, soweit die dafür erforderlichen technischen Einrichtungen bei der Ausländerbehörde vorhanden sind, zusätzlich zu den in § 64 genannten Daten folgende Daten aufgenommen werden:

1. Familienstand,
2. gegenwärtige Anschrift und Einzugsdatum,
3. frühere Anschriften und Auszugsdatum,
3a. die Identifikationsnummer nach dem Identifikationsnummerngesetz,
4. Ausländerzentralregister-Nummer,
5. Angaben zum Pass, Passersatz oder Ausweisersatz:
    a) Art des Dokuments,
    b) Seriennummer,
    c) ausstellender Staat und ausstellende Behörde,
    d) Gültigkeitsdauer,
6. freiwillig gemachte Angaben zur Religionszugehörigkeit,
7. Lichtbild,
8. Visadatei-Nummer,
9. folgende ausländerrechtliche Maßnahmen jeweils mit Erlassdatum:
    a) Erteilung und Verlängerung eines Aufenthaltstitels unter Angabe der Rechtsgrundlage des Aufenthaltstitels und einer Befristung,
    b) Ablehnung eines Antrages auf Erteilung oder Verlängerung eines Aufenthaltstitels,
    c) Erteilung einer Bescheinigung über die Aufenthaltsgestattung unter Angabe der Befristung,
    d) Anerkennung als Asylberechtigter oder die Feststellung, dass die Voraussetzungen des § 25 Abs. 2 des Aufenthaltsgesetzes vorliegen, sowie Angaben zur Bestandskraft,
    e) Ablehnung eines Asylantrags oder eines Antrags auf Anerkennung als heimatloser Ausländer und Angaben zur Bestandskraft,
    f) Widerruf und Rücknahme der Anerkennung als Asylberechtigter oder der Feststellung, dass die Voraussetzungen des § 25 Abs. 2 des Aufenthaltsgesetzes vorliegen,
    g) Bedingungen, Auflagen und räumliche Beschränkungen,
    h) nachträgliche zeitliche Beschränkungen,
    i) Widerruf und Rücknahme eines Aufenthaltstitels oder Feststellung des Verlusts des Freizügigkeitsrechts nach § 2 Absatz 7, § 5 Absatz 4 oder § 6 Abs. 1 des Freizügigkeitsgesetzes/EU,
    j) sicherheitsrechtliche Befragung nach § 54 Absatz 2 Nummer 7 des Aufenthaltsgesetzes,
    k) Ausweisung,
    l) Ausreiseaufforderung unter Angabe der Ausreisefrist,
    m) Androhung der Abschiebung unter Angabe der Ausreisefrist,
    n) Anordnung und Vollzug der Abschiebung einschließlich der Abschiebungsanordnung nach § 58a des Aufenthaltsgesetzes,
    o) Verlängerung der Ausreisefrist,
    p) Erteilung und Erneuerung einer Bescheinigung über die Aussetzung der Abschiebung (Duldung) nach § 60a des Aufenthaltsgesetzes unter Angabe der Befristung,
    q) Untersagung oder Beschränkung der politischen Betätigung unter Angabe einer Befristung,
    r) Überwachungsmaßnahmen nach § 56 des Aufenthaltsgesetzes,
    s) Erlass eines Ausreiseverbots,
    t) Zustimmung der Ausländerbehörde zur Visumserteilung,
    u) Befristung nach § 11 Absatz 2 des Aufenthaltsgesetzes,
    v) Erteilung einer Betretenserlaubnis nach § 11 Absatz 8 des Aufenthaltsgesetzes unter Angabe der Befristung,
    w) Übermittlung von Einreisebedenken im Hinblick auf § 5 des Aufenthaltsgesetzes an das Ausländerzentralregister,
    x) Übermittlung einer Verurteilung nach § 95 Abs. 1 Nr. 3 oder Abs. 2 Nr. 1 des Aufenthaltsgesetzes,
    y) Berechtigung oder Verpflichtung zur Teilnahme an Integrationskursen nach den §§ 43 bis 44a des Aufenthaltsgesetzes, Beginn und erfolgreicher Abschluss der Teilnahme an Integrationskursen nach den §§ 43 bis 44a des Aufenthaltsgesetzes sowie, bis zum Abschluss des Kurses, gemeldete Fehlzeiten, Abgabe eines Hinweises nach § 44a Abs. 3 Satz 1 des Aufenthaltsgesetzes sowie Kennziffern, die von der Ausländerbehörde für die anonymisierte Mitteilung der vorstehend genannten Ereignisse an das Bundesamt für Migration und Flüchtlinge zur Erfüllung seiner Koordinierungs- und Steuerungsfunktion verwendet werden,
    z) Zustimmung der Bundesagentur für Arbeit nach § 39 des Aufenthaltsgesetzes mit räumlicher Beschränkung und weiteren Nebenbestimmungen, deren Rücknahme sowie deren Versagung nach § 40

des Aufenthaltsgesetzes, deren Widerruf nach § 41 des Aufenthaltsgesetzes oder von der Ausländerbehörde festgestellte Zustimmungsfreiheit,
10. Geschäftszeichen des Bundesverwaltungsamtes für Meldungen zu einer laufenden Beteiligungsanfrage oder einem Nachberichtsfall (BVA-Verfahrensnummer).

§ 66 Dateisystem über Passersatzpapiere

Über die ausgestellten Reiseausweise für Ausländer, Reiseausweise für Flüchtlinge, Reiseausweise für Staatenlose und Notreiseausweise hat die ausstellende Behörde oder Dienststelle ein Dateisystem zu führen. Die Vorschriften über das Passregister für deutsche Pässe gelten entsprechend.

§ 67 Ausländerdatei B

(1) Die nach § 64 in die Ausländerdatei A aufgenommenen Daten sind in die Ausländerdatei B zu übernehmen, wenn der Ausländer
1. gestorben,
2. aus dem Bezirk der Ausländerbehörde fortgezogen ist oder
3. die Rechtsstellung eines Deutschen im Sinne des Artikels 116 Absatz 1 des Grundgesetzes erworben hat.

(2) Der Grund für die Übernahme der Daten in die Ausländerdatei B ist in dem Dateisystem zu vermerken. In dem Dateisystem ist auch die Abgabe der Ausländerakte an eine andere Ausländerbehörde unter Angabe der Empfängerbehörde zu vermerken.

(3) Im Fall des Absatzes 1 Nr. 2 können auch die in § 65 genannten Daten in die Ausländerdatei B übernommen werden.

§ 68 Löschung

(1) In der Ausländerdatei A sind die Daten eines Ausländers zu löschen, wenn sie nach § 67 Abs. 1 in die Ausländerdatei B übernommen werden. Die nur aus Anlass der Zustimmung zur Visumerteilung aufgenommenen Daten eines Ausländers sind zu löschen, wenn der Ausländer nicht innerhalb von zwei Jahren nach Ablauf der Geltungsdauer der Zustimmung eingereist ist.

(2) Die Daten eines Ausländers, der ausgewiesen, zurückgeschoben oder abgeschoben wurde, sind in der Ausländerdatei B zu löschen, wenn die Unterlagen über die Ausweisung und die Abschiebung nach § 91 Abs. 1 des Aufenthaltsgesetzes zu vernichten sind. Im Übrigen sind die Daten eines Ausländers in der Ausländerdatei B zehn Jahre nach Übernahme der Daten zu löschen. Im Fall des § 67 Absatz 1 Nummer 1 sollen die Daten fünf Jahre nach Übernahme des Datensatzes gelöscht werden.

§ 69 Visadateien der Auslandsvertretungen

(1) Jede Auslandsvertretung, die mit Visumangelegenheiten betraut ist, führt ein Dateisystem über Visumanträge, die Rücknahme von Visumanträgen und die Erteilung, Versagung, Rücknahme, Annullierung und Aufhebung sowie den Widerruf von Visa.

(2) In der Visadatei werden folgende Daten automatisiert gespeichert, soweit die Speicherung für die Erfüllung der gesetzlichen Aufgaben der Auslandsvertretung oder des Bundesamts für Auswärtige Angelegenheiten erforderlich ist:
1. über den Ausländer
   a) Nachname,
   b) Geburtsname,
   c) Vornamen,
   d) abweichende Namensschreibweisen, andere Namen und frühere Namen,
   e) Datum, Ort und Land der Geburt,
   f) Geschlecht,
   g) Familienstand,
   h) derzeitige Staatsangehörigkeiten sowie Staatsangehörigkeiten zum Zeitpunkt der Geburt,
   i) nationale Identitätsnummer,
   j) bei Minderjährigen Vor- und Nachnamen der Inhaber der elterlichen Sorge oder der Vormünder,
   k) Heimatanschrift und Wohnanschrift,
   l) Art, Seriennummer und Gültigkeitsdauer von Aufenthaltstiteln für andere Staaten als den Heimatstaat,
   m) Angaben zur derzeitigen Beschäftigung und Name, Anschrift und Telefonnummer des Arbeitgebers; bei Studenten Name und Anschrift der Bildungseinrichtung,
   n) Lichtbild,
   o) Fingerabdrücke oder Gründe für die Befreiung von der Pflicht zur Abgabe von Fingerabdrücken und

p) Vor- und Nachnamen, Geburtsdatum, Nationalität, Nummer des Reisedokuments oder des Personalausweises des Ehegatten, der Kinder, Enkelkinder oder abhängigen Verwandten in aufsteigender Linie, soweit es sich bei diesen Personen um Unionsbürger, Staatsangehörige eines Staates des Europäischen Wirtschaftsraums oder der Schweiz handelt, und das Verwandtschaftsverhältnis des Ausländers zu der betreffenden Person,
q) bei beabsichtigten Aufenthalten zur Beschäftigung Angaben zum beabsichtigten Beschäftigungsverhältnis und zur Qualifikation,

2. über die Reise:
   a) Zielstaaten im Schengen-Raum,
   b) Hauptzwecke der Reise,
   c) Schengen-Staat der ersten Einreise,
   d) Art, Seriennummer, ausstellende Behörde, Ausstellungsdatum und Gültigkeitsdauer des Reisedokuments oder Angaben zu einer Ausnahme von der Passpflicht,
   e) das Vorliegen einer Verpflichtungserklärung nach § 66 Absatz 2 oder § 68 Absatz 1 des Aufenthaltsgesetzes und die Stelle, bei der sie vorliegt, sowie das Ausstellungsdatum,
   f) Angaben zu Aufenthaltsadressen des Antragstellers und
   g) Vornamen, Nachname, abweichende Namensschreibweisen, andere Namen und frühere Namen, Anschrift, Geburtsdatum, Geburtsort, Staatsangehörigkeiten, Geschlecht, Telefonnummer und E-Mail-Adresse
      aa) eines Einladers,
      bb) einer Person, die durch Abgabe einer Verpflichtungserklärung oder in anderer Weise die Sicherung des Lebensunterhalts garantiert, und
      cc) einer sonstigen Referenzperson;
   soweit eine Organisation an die Stelle einer in Doppelbuchstabe aa bis cc genannten Person tritt: Name, Anschrift, Telefonnummer und E-Mail-Adresse der Organisation, Sitz, Aufgabenstellung oder Wirkungsbereich und Bezeichnung und der Ort des Registers, in das die Organisation eingetragen ist, die Registernummer der Organisation sowie Vornamen und Nachname von deren Kontaktperson,

3. sonstige Angaben:
   a) Antragsnummer,
   b) Angaben, ob der Antrag in Vertretung für einen anderen Schengen-Staat bearbeitet wurde,
   c) Datum der Antragstellung,
   d) Anzahl der beantragten Aufenthaltstage,
   e) beantragte Geltungsdauer,
   f) Visumgebühr und Auslagen,
   g) Visadatei-Nummer des Ausländerzentralregisters,
   h) Seriennummer des vorhergehenden Visums,
   i) Informationen zum Bearbeitungsstand des Visumantrags,
   j) Angabe, ob ge- oder verfälschte Dokumente vorgelegt wurden, und Art und Nummer der Dokumente, Angaben zum Aussteller, Ausstellungsdatum und Geltungsdauer,
   k) Rückmeldungen der am Visumverfahren beteiligten Behörden und
   l) bei Visa für Ausländer, die sich länger als 90 Tage im Bundesgebiet aufhalten oder im Bundesgebiet eine Erwerbstätigkeit ausüben wollen, die Angabe der Rechtsgrundlage,

4. über das Visum:
   a) Nummer der Visummarke,
   b) Datum der Erteilung,
   c) Kategorie des Visums,
   d) Geltungsdauer,
   e) Anzahl der Aufenthaltstage,
   f) Geltungsbereich des Visums sowie Anzahl der erlaubten Einreisen in das Gebiet des Geltungsbereichs und
   g) Bedingungen, Auflagen und sonstige Beschränkungen,

5. über die Versagung, die Rücknahme, die Annullierung, den Widerruf und die Aufhebung des Visums:
   a) Datum der Entscheidung und
   b) Angaben zu den Gründen der Entscheidung.

(3) Die nach Absatz 2 gespeicherten Daten sind spätestens zu löschen:
1. bei Erteilung des Visums zwei Jahre nach Ablauf der Geltungsdauer des Visums,
2. bei Rücknahme des Visumantrags zwei Jahre nach der Rücknahme und

162 AufenthV §§ 70-72

3. bei Versagung, Rücknahme, Annullierung, Widerruf oder Aufhebung des Visums fünf Jahre nach diesen Entscheidungen.

Die nach Absatz 2 Nummer 1 Buchstabe o gespeicherten Fingerabdrücke sind unverzüglich zu löschen, sobald
1. das Visum ausgehändigt wurde,
2. der Antrag durch den Antragsteller zurückgenommen wurde,
3. die Versagung eines Visums zugegangen ist oder
4. nach Antragstellung ein gesetzlicher Ausnahmegrund von der Pflicht zur Abgabe von Fingerabdrücken vorliegt.

Die nach Absatz 2 Nummer 3 Buchstabe d und e gespeicherten Daten sind unverzüglich bei Erteilung des Visums zu löschen. Die nach Absatz 2 Nummer 5 gespeicherten Daten sind unverzüglich zu löschen, wenn der Grund für die Versagung, die Rücknahme, die Annullierung, die Aufhebung oder den Widerruf wegfällt und das Visum erteilt wird.

(4) Die Auslandsvertretungen, das Auswärtige Amt und das Bundesamt für Auswärtige Angelegenheiten dürfen die in den Visadateien gespeicherten Daten einander übermitteln, soweit dies für die Erfüllung der gesetzlichen Aufgaben der Auslandsvertretungen, des Auswärtigen Amts oder des Bundesamts für Auswärtige Angelegenheiten erforderlich ist.

§ 70 (weggefallen)

Unterabschnitt 3
Datenübermittlungen an die Ausländerbehörden

§ 71 Übermittlungspflicht

(1) Die
1. Meldebehörden,
2. Passbehörden,
3. Ausweisbehörden,
4. Staatsangehörigkeitsbehörden,
5. Justizbehörden,
6. Bundesagentur für Arbeit und
7. Gewerbebehörden

sind unbeschadet der Mitteilungspflichten nach § 87 Abs. 2, 4 und 5 des Aufenthaltsgesetzes verpflichtet, den Ausländerbehörden zur Erfüllung ihrer Aufgaben ohne Ersuchen die in den folgenden Vorschriften bezeichneten erforderlichen Angaben über personenbezogene Daten von Ausländern, Amtshandlungen, sonstige Maßnahmen gegenüber Ausländern und sonstige Erkenntnisse über Ausländer mitzuteilen. Die Daten sind an die für den Wohnort des Ausländers zuständige Ausländerbehörde, im Fall mehrerer Wohnungen an die für die Hauptwohnung zuständige Ausländerbehörde zu übermitteln. Ist die Hauptwohnung unbekannt, sind die Daten an die für den Sitz der mitteilenden Behörde zuständige Ausländerbehörde zu übermitteln.

(2) Bei Mitteilungen nach den §§ 71 bis 76 dieser Verordnung sind folgende Daten des Ausländers, soweit sie bekannt sind, zu übermitteln:
1. Familienname,
2. Geburtsname,
3. Vornamen,
4. Tag, Ort und Staat der Geburt,
5. Geschlecht,
6. Staatsangehörigkeiten,
7. Anschrift,
8. zum Zweck der eindeutigen Zuordnung die AZR-Nummer in den Fällen und nach Maßgabe des § 10 Absatz 4 Satz 2 Nummer 4 des AZR-Gesetzes.

§ 72 Mitteilungen der Meldebehörden

(1) Die Meldebehörden teilen den Ausländerbehörden mit
1. die Anmeldung,
2. die Abmeldung,
3. die Änderung der Hauptwohnung,
4. die Eheschließung oder die Begründung einer Lebenspartnerschaft, die Scheidung, Nichtigerklärung oder Aufhebung der Ehe, die Aufhebung der Lebenspartnerschaft,
5. die Namensänderung,

6. die Änderung oder Berichtigung des staatsangehörigkeitsrechtlichen Verhältnisses,
7. die Geburt,
8. den Tod,
9. den Tod des Ehegatten oder des Lebenspartners,
10. die eingetragenen Auskunftssperren gemäß § 51 des Bundesmeldegesetzes und deren Wegfall und
11. das Ordnungsmerkmal der Meldebehörde
eines Ausländers.
(2) In den Fällen des Absatzes 1 sind zusätzlich zu den in § 71 Abs. 2 bezeichneten Daten zu übermitteln:
1. bei einer Anmeldung
    a) Doktorgrad,
    b) Familienstand,
    c) die gesetzlichen Vertreter mit Vor- und Familiennamen, Geschlecht, Tag der Geburt und Anschrift,
    d) Tag des Einzugs,
    e) frühere Anschrift und bei Zuzug aus dem Ausland auch der Staat,
    f) Pass, Passersatz oder Ausweisersatz mit Seriennummer, Angabe der ausstellenden Behörde und Gültigkeitsdauer,
2. bei einer Abmeldung
    a) Tag des Auszugs,
    b) neue Anschrift,
3. bei einer Änderung der Hauptwohnung
    a) die bisherige Hauptwohnung,
    b) das Einzugsdatum,
4. bei einer Eheschließung oder Begründung einer Lebenspartnerschaft Vor- und Familiennamen des Ehe- oder des Lebenspartners,
    der Tag der Eheschließung oder der Begründung der Lebenspartnerschaft sowie
4a. bei einer Scheidung, Nichtigerklärung oder Aufhebung einer Ehe oder bei einer Aufhebung der Lebenspartnerschaft
    der Tag und Grund der Beendigung der Ehe oder der Lebenspartnerschaft,
5. bei einer Namensänderung
    der bisherige und der neue Name,
6. bei einer Änderung des staatsangehörigkeitsrechtlichen Verhältnisses
    a) die neue oder weitere Staatsangehörigkeit und
    b) bei Aufgabe oder einem sonstigen Verlust der deutschen Staatsangehörigkeit zusätzlich die in Nummer 1 bezeichneten Daten,
7. bei Geburt
    die gesetzlichen Vertreter mit Vor- und Familiennamen, Geschlecht, Tag der Geburt und Anschrift,
8. bei Tod
    der Sterbetag,
9. bei Tod des Ehegatten oder des Lebenspartners
    der Sterbetag,
10. bei einer eingetragenen Auskunftssperre nach § 51 des Bundesmeldegesetzes
    die Auskunftssperre und deren Wegfall.

§ 72a Mitteilungen der Pass- und Ausweisbehörden

(1) Die Passbehörden teilen den Ausländerbehörden die Einziehung eines Passes nach § 12 Abs. 1 in Verbindung mit § 11 Absatz 1 Nr. 2 des Passgesetzes wegen des Verlustes der deutschen Staatsangehörigkeit mit.
(2) Die Ausweisbehörden teilen den Ausländerbehörden die Einziehung eines Personalausweises nach dem Personalausweisgesetz wegen des Verlustes der deutschen Staatsangehörigkeit mit.

§ 73 Mitteilungen der Staatsangehörigkeits- und Bescheinigungsbehörden nach § 15 des Bundesvertriebenengesetzes

(1) Die Staatsangehörigkeitsbehörden teilen den Ausländerbehörden mit
1. den Erwerb der deutschen Staatsangehörigkeit durch den Ausländer,
2. die Feststellung der Rechtsstellung als Deutscher ohne deutsche Staatsangehörigkeit,
3. den Verlust der Rechtsstellung als Deutscher und

4. die Feststellung, dass eine Person zu Unrecht als Deutscher, fremder Staatsangehöriger oder Staatenloser geführt worden ist.

Die Mitteilung nach Satz 1 Nr. 2 entfällt bei Personen, die mit einem Aufnahmebescheid nach dem Bundesvertriebenengesetz eingereist sind.

(2) Die Bescheinigungsbehörden nach § 15 des Bundesvertriebenengesetzes teilen den Ausländerbehörden die Ablehnung der Ausstellung einer Bescheinigung nach § 15 Abs. 1 oder 2 des Bundesvertriebenengesetzes mit.

§ 74 Mitteilungen der Justizbehörden

(1) Die Strafvollstreckungsbehörden teilen den Ausländerbehörden mit
1. den Widerruf einer Strafaussetzung zur Bewährung,
2. den Widerruf der Zurückstellung der Strafvollstreckung.

(2) Die Strafvollzugsbehörden teilen den Ausländerbehörden mit
1. den Antritt der Auslieferungs-, Untersuchungs- und Strafhaft,
2. die Verlegung in eine andere Justizvollzugsanstalt,
3. die vorgesehenen und festgesetzten Termine für die Entlassung aus der Haft.

§ 75 (weggefallen)

§ 76 Mitteilungen der Gewerbebehörden

Die für die Gewerbeüberwachung zuständigen Behörden teilen den Ausländerbehörden mit
1. Gewerbeanzeigen,
2. die Erteilung einer gewerberechtlichen Erlaubnis,
3. die Rücknahme und den Widerruf einer gewerberechtlichen Erlaubnis,
4. die Untersagung der Ausübung eines Gewerbes sowie die Untersagung der Tätigkeit als Vertretungsberechtigter eines Gewerbetreibenden oder als mit der Leitung eines Gewerbebetriebes beauftragte Person.

§ 76a Form und Verfahren der Datenübermittlung im Ausländerwesen

(1) Für die Datenübermittlung zwischen den mit der Ausführung des Aufenthaltsgesetzes beauftragten Behörden werden der Datenübermittlungsstandard „XAusländer" und das Übermittlungsprotokoll OSCI-Transport in der im Bundesanzeiger bekannt gemachten jeweils gültigen Fassung verwendet. Die Möglichkeiten des OSCI-Standards zur sicheren Verschlüsselung und Signatur sind bei der Übertragung zu nutzen.

(2) Absatz 1 ist auf die Datenübermittlung über Vermittlungsstellen entsprechend anzuwenden. Erfolgt die Datenübermittlung zwischen den mit der Ausführung des Aufenthaltsgesetzes beauftragten Behörden über Vermittlungsstellen in verwaltungseigenen Kommunikationsnetzen, kann auch ein dem jeweiligen Landesrecht entsprechendes vom OSCI-Transport abweichendes Übermittlungsprotokoll eingesetzt werden, soweit dies hinsichtlich der Datensicherheit und des Datenschutzes ein den genannten Anforderungen entsprechendes Niveau aufweist. Die Gleichwertigkeit ist durch den Verantwortlichen zu dokumentieren.

Unterabschnitt 4
Erkennungsdienstliche Behandlung nach § 49 Absatz 6, 8 und 9 des Aufenthaltsgesetzes

§ 76b Technische Richtlinien des Bundesamtes für Sicherheit in der Informationstechnik

(1) Die nach § 49 Absatz 6, 8 und 9 des Aufenthaltsgesetzes zuständigen Behörden haben das Folgende dem Stand der Technik entsprechend zu gewährleisten:
1. die Überprüfung des Standards und der Aktualität des bereits im Ausländerzentralregister gespeicherten Lichtbildes,
2. die Erfassung und Verarbeitung der von ihnen im Rahmen einer erkennungsdienstlichen Maßnahme zu erhebenden Fingerabdruckdaten und des in den Ankunftsnachweis zu übernehmenden Lichtbildes.

(2) Die Einhaltung des Stands der Technik wird vermutet, wenn nach der Technischen Richtlinie BSI-TR-03121 – Biometrics for Public Sector Applications – des Bundesamtes für Sicherheit in der Informationstechnik in der jeweils geltenden Fassung verfahren wurde, die im Bundesanzeiger bekannt gemacht worden ist.

§ 76c Qualitätssicherung des Lichtbildes und der Fingerabdruckdaten

(1) Die nach § 49 Absatz 6, 8 und 9 des Aufenthaltsgesetzes zuständigen Behörden stellen durch geeignete technische und organisatorische Maßnahmen die erforderliche Qualität der Erfassung und Verarbeitung des Lichtbildes und der Fingerabdruckdaten, insbesondere die Einhaltung der in § 76b genannten technischen Anforderungen, sicher. Dazu haben sie das Lichtbild und die Fingerabdruckdaten mit einer zertifizierten Qualitätssicherungssoftware zu prüfen. Darüber hinaus hat auch die Erfassung der Fingerabdruckdaten mit zertifi-

zierter Hardware zu erfolgen. Soweit die Technischen Richtlinien eine Zertifizierung der zur Erfassung und Überprüfungen erforderlichen Komponenten vorsieht, gilt dieses Erfordernis für folgende Systemkomponenten:
1. Erfassungsstation zur Fertigung des Lichtbildes,
2. Fingerabdruckscanner,
3. Software zur Erfassung und Qualitätssicherung des Lichtbildes und
4. Software zur Erfassung und Qualitätssicherung der Fingerabdruckdaten.

Bis zum 30. Juni 2020 ist die Nutzung nicht zertifizierter Geräte zur Erfassung und Überprüfung des Standards und der Aktualität des Lichtbildes und der Fingerabdruckdaten zulässig.

(2) Das Bundesverwaltungsamt erstellt eine Qualitätsstatistik mit anonymisierten Qualitätswerten zu Lichtbildern, die von den nach § 49 Absatz 6, 8 und 9 des Aufenthaltsgesetzes zuständigen Behörden erhoben und übermittelt werden.

(3) Das Bundesverwaltungsamt stellt die Ergebnisse der Qualitätsstatistik und auf Ersuchen die in der Statistik erfassten anonymisierten Einzeldaten dem Bundesministerium des Innern, für Bau und Heimat, dem Bundesamt für Sicherheit in der Informationstechnik und dem Bundeskriminalamt zur Verfügung.

Kapitel 6
Ordnungswidrigkeiten

§ 77 Ordnungswidrigkeiten

Ordnungswidrig im Sinne des § 98 Abs. 3 Nr. 7 des Aufenthaltsgesetzes handelt, wer vorsätzlich oder fahrlässig
1. entgegen § 38c eine Mitteilung nicht, nicht richtig, nicht vollständig, nicht in der vorgeschriebenen Weise oder nicht rechtzeitig macht,
2. entgegen § 56 Abs. 1 Nr. 1 bis 3 oder 4 einen Antrag nicht oder nicht rechtzeitig stellt,
3. entgegen § 56 Abs. 1 Nr. 5 oder Abs. 2 Satz 1 eine Anzeige nicht, nicht richtig, nicht vollständig oder nicht rechtzeitig erstattet,
4. entgegen § 56 Abs. 1 Nr. 6 oder 7 oder § 57 eine dort genannte Urkunde nicht oder nicht rechtzeitig vorlegt,
5. entgegen § 57a Nummer 1 eine Anzeige nicht, nicht richtig, nicht vollständig oder nicht rechtzeitig erstattet oder ein Dokument nicht oder nicht rechtzeitig vorlegt oder
6. entgegen § 57a Nummer 2 ein Dokument nicht oder nicht rechtzeitig vorlegt oder die Neuausstellung nicht oder nicht rechtzeitig beantragt.

§ 78 Verwaltungsbehörden im Sinne des Gesetzes über Ordnungswidrigkeiten

Die Zuständigkeit für die Verfolgung und Ahndung von Ordnungswidrigkeiten wird bei Ordnungswidrigkeiten nach § 98 Abs. 2 des Aufenthaltsgesetzes, wenn sie bei der Einreise oder der Ausreise begangen werden, und nach § 98 Abs. 3 Nr. 3 des Aufenthaltsgesetzes auf die in der Rechtsverordnung nach § 58 Abs. 1 des Bundespolizeigesetzes bestimmte Bundespolizeibehörde übertragen, soweit nicht die Länder im Einvernehmen mit dem Bund Aufgaben des grenzpolizeilichen Einzeldienstes mit eigenen Kräften wahrnehmen.

Kapitel 7
Übergangs- und Schlussvorschriften

§ 79 Anwendung auf Freizügigkeitsberechtigte

Die in Kapitel 2 Abschnitt 1, Kapitel 3, § 56, Kapitel 5 sowie in den §§ 81 und 82 enthaltenen Regelungen finden auch Anwendung auf Ausländer, deren Rechtsstellung durch das Freizügigkeitsgesetz/EU geregelt ist.

§ 80 Übergangsregelung für bestimmte Fiktionsbescheinigungen im Zusammenhang mit einem Dokumentenmuster

Bis zum Ablauf des 31. Mai 2021 dürfen Fiktionsbescheinigungen, die nicht nach § 11 Absatz 4 des Freizügigkeitsgesetzes/EU in Verbindung mit § 81 Absatz 5 des Aufenthaltsgesetzes ausgestellt werden, auch mit Trägervordrucken nach dem Muster ausgestellt werden, das in dem bis zum 3. Dezember 2020 geltenden Recht vorgesehen war.

§ 80a Übergangsregelungen für britische Staatsangehörige im Zusammenhang mit dem Austritt des Vereinigten Königreichs Großbritannien und Nordirland aus der Europäischen Union

Britische Staatsangehörige im Sinne des § 1 Absatz 2 Nummer 6 des Freizügigkeitsgesetzes/EU, deren Recht auf Aufenthalt im Bundesgebiet nach dem Freizügigkeitsgesetz/EU am 31. Dezember 2020 endet und die kein Aufenthaltsrecht nach dem Abkommen über den Austritt des Vereinigten Königreichs Großbritannien und Nordirland aus der Europäischen Union und der Europäischen Atomgemeinschaft (ABl. L 29 vom 31. 1. 2020, S. 7) haben, sind ab dem 1. Januar 2021 bis zum 31. März 2021 vom Erfordernis eines Aufenthaltstitels befreit und können einen für den weiteren Aufenthalt in Deutschland erforderlichen Aufenthaltstitel bis zum 31. März 2021 im Bundesgebiet einholen. Eine im Bundesgebiet bis zum 31. Dezember 2020 ausgeübte Erwerbstätigkeit darf bis zur Entscheidung über den Antrag ohne den nach § 4a Absatz 1 Satz 1 des Aufenthaltsgesetzes erforderlichen Aufenthaltstitel weiterhin ausgeübt werden.

§ 81 Weitergeltung von nach bisherigem Recht ausgestellten Passersatzpapieren

(1) Es behalten die auf Grund des zum Zeitpunkt der Ausstellung geltenden Rechts ausgestellten
1. Reiseausweise für Flüchtlinge nach § 14 Abs. 2 Nr. 1 der Verordnung zur Durchführung des Ausländergesetzes und Reiseausweise für Staatenlose nach § 14 Abs. 2 Nr. 2 der Verordnung zur Durchführung des Ausländergesetzes,
2. Grenzgängerkarten nach § 14 Abs. 1 Nr. 2 der Verordnung zur Durchführung des Ausländergesetzes in Verbindung mit § 19 der Verordnung zur Durchführung des Ausländergesetzes,
3. Eintragungen in Schülersammellisten (§ 1 Abs. 5) und Standardreisedokumente für die Rückführung nach § 1 Absatz 8 in der bis einschließlich 7. April 2017 geltenden Fassung,
4. Reiseausweise für Ausländer, die nach dem in Anlage D4b abgedruckten Muster ausgestellt wurden,
5. Reiseausweise für Ausländer, die nach dem in Anlage D4a abgedruckten Muster mit einem Gültigkeitszeitraum von mehr als einem Jahr ausgestellt wurden,
6. Reiseausweise für Staatenlose, die nach dem in Anlage D8 abgedruckten Muster mit einem Gültigkeitszeitraum von mehr als einem Jahr ausgestellt wurden,
7. Reiseausweise für Flüchtlinge, die nach dem in Anlage D7 abgedruckten Muster mit einem Gültigkeitszeitraum von mehr als einem Jahr ausgestellt wurden, und
8. Grenzgängerkarten, die nach dem in Anlage D5 abgedruckten Muster ausgestellt wurden,

für die jeweilige Gültigkeitszeitraum ihre Geltung.

(2) Zudem gelten weiter die auf Grund des vor dem Inkrafttreten dieser Verordnung geltenden Rechts ausgestellten oder erteilten
1. Reisedokumente nach § 14 Abs. 1 Nr. 1 der Verordnung zur Durchführung des Ausländergesetzes in Verbindung mit den §§ 15 bis 18 der Verordnung zur Durchführung des Ausländergesetzes als Reiseausweise für Ausländer nach dieser Verordnung,
2. Reiseausweise als Passersatz, die Ausländern nach § 14 Abs. 1 Nr. 3 der Verordnung zur Durchführung des Ausländergesetzes in Verbindung mit § 20 der Verordnung zur Durchführung des Ausländergesetzes ausgestellt wurden, als Notreiseausweise nach dieser Verordnung,
3. Befreiungen von der Passpflicht in Verbindung mit der Bescheinigung der Rückkehrberechtigung nach § 24 der Verordnung zur Durchführung des Ausländergesetzes auf dem Ausweisersatz nach § 39 Abs. 1 des Ausländergesetzes als Notreiseausweise nach dieser Verordnung, auf denen nach dieser Verordnung die Rückkehrberechtigung bescheinigt wurde,
4. Passierscheine nach § 14 Abs. 1 Nr. 4 der Verordnung zur Durchführung des Ausländergesetzes, die nach § 21 Abs. 1 der Verordnung zur Durchführung des Ausländergesetzes an Flugpersonal ausgestellt wurden, und Landgangsausweise nach § 14 Abs. 1 Nr. 5 der Verordnung zur Durchführung des Ausländergesetzes, die nach § 21 Abs. 1 Satz 1 der Verordnung zur Durchführung des Ausländergesetzes an Besatzungsmitglieder eines in der See- oder Küstenschifffahrt oder in der Rhein-Seeschifffahrt verkehrenden Schiffes ausgestellt wurden, als Passierscheine und zugleich als Notreiseausweise nach dieser Verordnung und
5. Grenzkarten, die bisher nach den Voraussetzungen ausgestellt wurden, die in Artikel 7 Abs. 2, Artikel 13 Abs. 2, Artikel 28 Abs. 1 und Artikel 32 Abs. 2 des Anhangs I zum Abkommen vom 21. Juni 1999 zwischen der Europäischen Gemeinschaft und ihren Mitgliedstaaten einerseits und der Schweizerischen Eidgenossenschaft andererseits über die Freizügigkeit genannt sind, als Grenzgängerkarten nach dieser Verordnung.

(3) Der Gültigkeitszeitraum, der räumliche Geltungsbereich und der Berechtigungsgehalt der in den Absätzen 1 und 2 genannten Ausweise bestimmt sich nach den jeweils in ihnen enthaltenen Einträgen sowie dem Recht, das zum Zeitpunkt der Ausstellung des jeweiligen Ausweises galt.

(4) Die Entziehung der in den Absätzen 1 und 2 genannten Ausweise und die nachträgliche Eintragung von Beschränkungen richten sich ausschließlich nach den Vorschriften dieser Verordnung. Hat ein Vordruck nach Absatz 1 Nr. 1 und 2 sowie nach Absatz 2 seine Gültigkeit behalten, darf er dennoch nicht mehr für eine Verlängerung verwendet werden.

(5) Die in den Absätzen 1 und 2 genannten Ausweise können von Amts wegen entzogen werden, wenn dem Ausländer anstelle des bisherigen Ausweises ein Passersatz oder Ausweisersatz nach dieser Verordnung ausgestellt wird, dessen Berechtigungsgehalt demjenigen des bisherigen Ausweises zumindest entspricht, und die Voraussetzungen für die Ausstellung des neuen Passersatzes oder Ausweisersatzes vorliegen. Anstelle der Einziehung eines Ausweisersatzes, auf dem die Rückkehrberechtigung bescheinigt war, kann bei der Neuaus-

stellung eines Notreiseausweises die Bescheinigung der Rückkehrberechtigung auf dem Ausweisersatz amtlich als ungültig vermerkt und der Ausweisersatz dem Ausländer belassen werden. Absatz 4 bleibt unberührt.

(6) Andere als die in den Absätzen 1 und 2 genannten, von deutschen Behörden ausgestellten Passersatzpapiere verlieren nach Ablauf von einem Monat nach Inkrafttreten dieser Verordnung ihre Gültigkeit.

§ 82 Übergangsregelung zur Führung von Ausländerdateien

(1) Bis zum 31. Dezember 2004 gespeicherte Angaben zu ausländerrechtlichen Maßnahmen und Entscheidungen bleiben auch nach Inkrafttreten des Aufenthaltsgesetzes und des Freizügigkeitsgesetzes/EU in der Ausländerdatei gespeichert. Nach dem Aufenthaltsgesetz und dem Freizügigkeitsgesetz/EU zulässige neue Maßnahmen und Entscheidungen sind erst zu speichern, wenn diese im Einzelfall getroffen werden.

(2) Ausländerbehörden können bis zum 31. Dezember 2005 Maßnahmen und Entscheidungen, für die noch keine entsprechenden Kennungen eingerichtet sind, unter bestehenden Kennungen speichern. Es dürfen nur Kennungen genutzt werden, die sich auf Maßnahmen und Entscheidungen beziehen, die ab dem 1. Januar 2005 nicht mehr getroffen werden.

(3) Die Ausländerbehörden haben beim Datenabruf der jeweiligen Maßnahme oder Entscheidung festzustellen, ob diese nach dem bisherigen Recht oder auf Grund des Aufenthaltsgesetzes oder des Freizügigkeitsgesetzes/EU erfolgt ist.

(4) Die Ausländerbehörden sind verpflichtet, die nach Absatz 2 gespeicherten Daten spätestens am 31. Dezember 2005 auf die neuen Speichersachverhalte umzuschreiben.

§ 82a Übergangsregelung aus Anlass des Inkrafttretens des Gesetzes zur Umsetzung aufenthalts- und asylrechtlicher Richtlinien der Europäischen Union

Angaben zu den mit dem Gesetz zur Umsetzung aufenthalts- und asylrechtlicher Richtlinien der Europäischen Union neu geschaffenen Speichersachverhalten werden in den Ausländerdateien gespeichert, sobald hierfür die informationstechnischen Voraussetzungen geschaffen worden sind, spätestens jedoch sechs Monate nach Inkrafttreten dieses Gesetzes. Soweit bis dahin die Angaben noch nicht gespeichert worden sind, sind die Ausländerbehörden verpflichtet, unverzüglich ihre Speicherung nachzuholen.

§ 82b Übergangsregelung zu § 31 Absatz 1 Satz 1 Nummer 1 und 2

Bis zur vollständigen Umsetzung des § 31 Absatz 1 Satz 1 Nummer 1 und 2 im automatisierten Visumverfahren des Bundesverwaltungsamtes, längstens jedoch bis zum 30. Juni 2013, können die Ausländerbehörden auch in den Fällen am Visumverfahren beteiligt werden, in denen auf Grund von § 31 Absatz 1 Satz 1 Nummer 1 und 2 in der Fassung vom 27. Februar 2013 (BGBl. I S. 351) ein Visum nicht der Zustimmung der Ausländerbehörde bedarf.

§ 83 Erfüllung ausweisrechtlicher Verpflichtungen

Sofern die Voraussetzungen der Pflicht zur Vorlage nach § 57 zum Zeitpunkt des Inkrafttretens dieser Verordnung erfüllt sind, hat der Ausländer die genannten Papiere, die er zu diesem Zeitpunkt bereits besaß, nach dieser Vorschrift nur auf Verlangen der Ausländerbehörde oder dann vorzulegen, wenn er bei der Ausländerbehörde einen Aufenthaltstitel, eine Duldung oder einen deutschen Passersatz beantragt oder erhält oder eine Anzeige nach § 56 Nr. 5 erstattet. Auf Grund anderer Vorschriften bestehende Rechtspflichten bleiben unberührt.

§ 84 Beginn der Anerkennung von Forschungseinrichtungen

Anträge auf die Anerkennung von Forschungseinrichtungen werden ab dem 1. Dezember 2007 bearbeitet.

Anlage A
(zu § 16)

1. Inhaber von Nationalpässen und/oder Reiseausweisen für Flüchtlinge sowie sonstiger in den jeweiligen Abkommen genannten Reisedokumente von

Staat	Zugehörige Fundstelle
Australien	GMBl. 1953 S. 575
Brasilien	BGBl. 2008 II S. 1179
Chile	GMBl. 1955 S. 22
El Salvador	BAnz. 1998 S. 12 778
Honduras	GMBl. 1963 S. 363
Japan	BAnz. 1998 S. 12 778
Kanada	GMBl. 1953 S. 575
Korea (Republik Korea)	BGBl. 1974 II S. 682; BGBl. 1998 II S. 1390
Monaco	GMBl. 1959 S. 287
Neuseeland	BGBl. 1972 II S. 1550
Panama	BAnz. 1967 Nr. 171, S. 1
San Marino	BGBl. 1969 II S. 203

2. Inhaber dienstlicher Pässe von

Staat	Zugehörige Fundstelle
Ghana	BGBl. 1998 II S. 2909
Philippinen	BAnz. 1968 Nr. 135, S. 2

3. Inhaber von Reiseausweisen für Flüchtlinge von
    Belgien,
    Dänemark,
    Finnland,
    Irland,
    Island,
    Italien,
    Liechtenstein,
    Luxemburg,
    Malta,
    Niederlande,
    Norwegen,
    Polen,
    Portugal,
    Rumänien,
    Schweden,
    Schweiz,
    Slowakei,
    Spanien,
    Tschechische Republik,
    Ungarn
    nach Maßgabe des Europäischen Übereinkommens über die Aufhebung des Sichtvermerkszwangs für Flüchtlinge vom 20. April 1959 (BGBl. 1961 II S. 1097, 1098) sowie hinsichtlich der Inhaber von Reiseausweisen für Flüchtlinge der Schweiz auch nach Maßgabe des Abkommens zwischen der Regierung der Bundesrepublik Deutschland und dem Schweizerischen Bundesrat über die Abschaffung des Sichtvermerkszwangs für Flüchtlinge vom 4. Mai 1962 (BGBl. 1962 II S. 2331, 2332).

Anlage B
(zu § 19)

1. Inhaber dienstlicher Pässe (Dienst-, Ministerial-, Diplomaten- und anderer Pässe für in amtlicher Funktion oder im amtlichen Auftrag Reisende) von
   Bolivien,
   Ghana,
   Kolumbien,
   Philippinen,
   Thailand,
   Tschad,
   Türkei.
2. Inhaber von Diplomatenpässen von
   Albanien,
   Algerien,
   Armenien,
   Aserbaidschan,
   Bosnien und Herzegowina,
   Ecuador,
   Georgien,
   Indien,
   Jamaika,
   Kasachstan,
   Malawi,
   Marokko,
   Mazedonien, ehemalige Jugoslawische Republik,
   Moldau,
   Montenegro,
   Namibia,
   Pakistan,
   Peru,
   Russische Föderation,
   Serbien,
   Südafrika,
   Tunesien,
   Ukraine,
   Vereinigte Arabische Emirate,
   Vietnam.
3. Inhaber von Spezialpässen der Vereinigten Arabischen Emirate.
4. Inhaber von Dienstpässen von Ecuador.
5. Inhaber biometrischer Dienstpässe von
   Moldau,
   Ukraine.
6. Inhaber biometrischer Diplomatenpässe von
   Gabun,
   Kuwait,
   Mongolei.
7. Inhaber biometrischer Offizialpässe (Diplomaten-, Dienst- und Spezialpässe) von Katar, Oman.
8. Inhaber biometrischer Spezialpässe von Kuwait.

Anlage C
(zu § 26 Absatz 2 Satz 1)

Indien

Jordanien

Ausgenommen von der Flughafentransitvisumpflicht sind Staatsangehörige Jordaniens, sofern sie
a) im Besitz eines gültigen Visums Australiens, Israels oder Neuseelands sowie eines bestätigten Flugscheins oder einer gültigen Bordkarte für einen Flug sind, der in den betreffenden Staat führt, oder
b) nach Beendigung eines erlaubten Aufenthalts in einem der vorstehend genannten Staaten nach Jordanien reisen und hierzu im Besitz eines bestätigten Flugscheins oder einer gültigen Bordkarte für einen Flug sind, der nach Jordanien führt.

Der Weiterflug muss innerhalb von zwölf Stunden nach der Ankunft in Deutschland von demjenigen Flughafen ausgehen, in dessen Transitbereich sich der Ausländer ausschließlich befindet.

Libanon

Mali

Sudan

Südsudan

Syrien

Türkei

Ausgenommen von der Flughafentransitvisumpflicht sind Staatsangehörige der Türkei, die Inhaber von Dienstpässen, Ministerialpässen und anderen Pässen für in amtlicher Funktion oder im amtlichen Auftrag Reisende sind.

Verordnung über die Durchführung von Integrationskursen für Ausländer und Spätaussiedler (Integrationskursverordnung – IntV)

Vom 13. Dezember 2004 (BGBl. I S. 3370)

Zuletzt geändert durch
Elfte Zuständigkeitsanpassungsverordnung
vom 19. Juni 2020 (BGBl. I S. 1328)

Inhaltsübersicht

Abschnitt 1
Allgemeine Bestimmungen
§ 1 Durchführung der Integrationskurse
§ 2 Anwendungsbereich der Verordnung
§ 3 Ziel des Integrationskurses

Abschnitt 2
Rahmenbedingungen für die Teilnahme, Datenverarbeitung und Kursgebühren
§ 4 Teilnahmeberechtigung
§ 4a Fahrtkostenerstattung, Kinderbetreuung
§ 5 Zulassung zum Integrationskurs
§ 6 Bestätigung der Teilnahmeberechtigung
§ 7 Anmeldung zum Integrationskurs
§ 8 Datenverarbeitung
§ 9 Kostenbeitrag

Abschnitt 3
Struktur, Dauer und Inhalt des Integrationskurses
§ 10 Grundstruktur des Integrationskurses
§ 11 Grundstruktur des Sprachkurses
§ 12 Grundstruktur des Orientierungskurses

§ 13 Integrationskurse für spezielle Zielgruppen, Intensivkurs
§ 14 Organisation der Integrationskurse, Ordnungsmäßigkeit der Teilnahme
§ 15 Lehrkräfte und Prüfer
§ 16 Zulassung der Lehr- und Lernmittel
§ 17 Abschlusstest, Zertifikat Integrationskurs

Abschnitt 4
Kursträger, Prüfstellen, Bewertungskommission
§ 18 Kursträger
§ 19 Anforderungen an den Zulassungsantrag
§ 20 Prüfung und Entscheidung des Bundesamtes
§ 20a Zulassung von Prüfungsstellen
§ 20b Widerruf und Erlöschen der Zulassung
§ 21 Bewertungskommission

Abschnitt 5
Übergangsregelung
§ 22 Übergangsregelung

Es verordnen
– auf Grund des § 43 Abs. 4 des Aufenthaltsgesetzes vom 30. Juli 2004 (BGBl. I S. 1950) die Bundesregierung und
– auf Grund des § 9 Abs. 1 Satz 5 des Bundesvertriebenengesetzes in der Fassung der Bekanntmachung vom 2. Juni 1993 (BGBl. I S. 829), der durch Artikel 6 Nr. 3 Buchstabe a des Gesetzes vom 30. Juli 2004 (BGBl. I S. 1950) eingefügt worden ist, das Bundesministerium des Innern:

Abschnitt 1
Allgemeine Bestimmungen

§ 1 Durchführung der Integrationskurse

[1]Das Bundesamt für Migration und Flüchtlinge (Bundesamt) führt die Integrationskurse in Zusammenarbeit mit Ausländerbehörden, dem Bundesverwaltungsamt, Kommunen, Migrationsdiensten und Trägern der Grundsicherung für Arbeitsuchende nach dem Zweiten Buch Sozialgesetzbuch durch und gewährleistet ein ausreichendes Kursangebot. [2]Das Bundesamt lässt die Kurse in der Regel von privaten oder öffentlichen Trägern durchführen.

§ 2 Anwendungsbereich der Verordnung

Die Verordnung findet Anwendung auf Ausländer, deren Rechtsstellung sich nach dem Freizügigkeitsgesetz/EU bestimmt.

§ 3 Ziel des Integrationskurses

(1) Der Kurs dient der erfolgreichen Vermittlung
1. von ausreichenden Kenntnissen der deutschen Sprache nach § 43 Abs. 3 des Aufenthaltsgesetzes und § 9 Abs. 1 Satz 1 des Bundesvertriebenengesetzes und
2. von Alltagswissen sowie von Kenntnissen der Rechtsordnung, der Kultur und der Geschichte Deutschlands, insbesondere auch der Werte des demokratischen Staatswesens der Bundesrepublik Deutschland und der Prinzipien der Rechtsstaatlichkeit, Gleichberechtigung, Toleranz und Religionsfreiheit.

(2) Über ausreichende Kenntnisse der deutschen Sprache nach Absatz 1 Nr. 1 verfügt, wer sich im täglichen Leben in seiner Umgebung selbständig sprachlich zurechtfinden und entsprechend seinem Alter und Bildungsstand ein Gespräch führen und sich schriftlich ausdrücken kann (Niveau B1 des Gemeinsamen Europäischen Referenzrahmens für Sprachen).

Abschnitt 2
Rahmenbedingungen für die Teilnahme, Datenverarbeitung und Kursgebühren

§ 4 Teilnahmeberechtigung

(1) ¹Teilnahmeberechtigte im Sinne dieser Verordnung sind
1. Ausländer, die einen gesetzlichen Teilnahmeanspruch nach § 44 Abs. 1 des Aufenthaltsgesetzes haben,
2. Spätaussiedler nach § 4 Abs. 1 oder 2 des Bundesvertriebenengesetzes sowie deren Familienangehörige nach § 7 Abs. 2 Satz 1 des Bundesvertriebenengesetzes, die einen gesetzlichen Teilnahmeanspruch nach § 9 Abs. 1 Satz 1 des Bundesvertriebenengesetzes haben,
3. Personen, die nach § 44 Abs. 4 des Aufenthaltsgesetzes zur Teilnahme zugelassen worden sind,
4. Ausländer, die nach § 44a Abs. 1 Satz 1 Nr. 2 oder Satz 3 des Aufenthaltsgesetzes zur Teilnahme verpflichtet worden sind,
5. Ausländer, die nach § 44a Abs. 1 Satz 1 Nr. 3 des Aufenthaltsgesetzes zur Teilnahme verpflichtet worden sind und
6. Ausländer, die nach § 44a Absatz 1 Satz 1 Nummer 4 des Aufenthaltsgesetzes zur Teilnahme verpflichtet worden sind.

²Teilnahmeberechtigte sind zur einmaligen Teilnahme am Integrationskurs berechtigt. ³Die Berechtigung zur Teilnahme am Integrationskurs erlischt, wenn der Teilnahmeberechtigte aus von ihm zu vertretenden Gründen nicht spätestens ein Jahr nach der Anmeldung beim Integrationskursträger mit dem Integrationskurs beginnt oder die Kursteilnahme länger als ein Jahr unterbricht.

(2) ¹Ein Teilnahmeanspruch nach Absatz 1 Satz 1 Nr. 1 besteht nicht bei erkennbar geringem Integrationsbedarf (§ 44 Abs. 3 Satz 1 Nr. 2 des Aufenthaltsgesetzes). ²Ein solcher ist in der Regel anzunehmen, wenn
1. ein Ausländer
   a) einen Hochschul- oder Fachhochschulabschluss oder eine entsprechende Qualifikation besitzt, es sei denn, er kann wegen mangelnder Sprachkenntnisse innerhalb eines angemessenen Zeitraums keine seiner Qualifikation entsprechende Erwerbstätigkeit im Bundesgebiet erlaubt aufnehmen, oder
   b) eine Erwerbstätigkeit ausübt, die regelmäßig eine Qualifikation nach Buchstabe a erfordert, und
2. die Annahme gerechtfertigt ist, dass sich der Ausländer ohne staatliche Hilfe in das wirtschaftliche, gesellschaftliche und kulturelle Leben der Bundesrepublik Deutschland integrieren wird.

(3) Von einer besonderen Integrationsbedürftigkeit im Sinne von § 44a Abs. 1 Satz 1 Nr. 3 des Aufenthaltsgesetzes kann insbesondere dann ausgegangen werden, wenn der Ausländer als Inhaber der Personensorge für ein in Deutschland lebendes minderjähriges Kind nicht über ausreichende Kenntnisse der deutschen Sprache verfügt und es ihm deshalb bisher nicht gelungen ist, sich ohne staatliche Hilfe in das wirtschaftliche, kulturelle und gesellschaftliche Leben der Bundesrepublik Deutschland zu integrieren.

§ 4a Fahrtkostenerstattung, Kinderbetreuung

(1) ¹Das Bundesamt gewährt Teilnahmeberechtigten, die nach § 9 Absatz 2 von der Kostenbeitragspflicht befreit worden sind, auf Antrag einen Zuschuss zu den Fahrtkosten, sofern sie am Kurs teilnehmen und soweit ein Bedarf besteht. ²Der Fahrtkostenzuschuss wird in Form einer Pauschale gewährt.

(2) Das Bundesamt kann die Teilnahme am Integrationskurs durch Förderung von Maßnahmen zur Ermöglichung und Sicherstellung einer integrationskursbegleitenden Kinderbetreuung unterstützen,

soweit für betreuungsbedürftige und nicht der Schulpflicht unterliegende Kinder eines Teilnehmers kein anderweitiges örtliches Betreuungsangebot besteht.

§ 5 Zulassung zum Integrationskurs

(1) ¹Die Zulassung zur Teilnahme am Integrationskurs nach § 44 Absatz 4 des Aufenthaltsgesetzes erfolgt durch das Bundesamt auf Antrag. ²Der Antrag nach Satz 1 kann über einen zugelassenen Kursträger gestellt werden. ³Ein Antrag auf Kostenbefreiung nach § 9 Abs. 2 kann mit dem Antrag auf Zulassung gestellt werden.
(2) Eine gleichberechtigte Teilhabe von Frauen an den Integrationskursen ist sicherzustellen.
(3) ¹Die Zulassung ist auf ein Jahr zu befristen. ²Sie ergeht schriftlich und gilt als Bestätigung der Teilnahmeberechtigung. ³Die Zulassung für Teilnehmer nach § 44 Absatz 4 Satz 2 Nummer 1 des Aufenthaltsgesetzes ist auf drei Monate zu befristen. ⁴Die Zulassung erlischt nicht, wenn sich der Ausländer bis zu dem in Satz 1 genannten Zeitpunkt aus von ihm nicht zu vertretenden Gründen nicht zu einem Integrationskurs anmelden konnte.
(4) ¹Bei der Entscheidung über die Zulassung ist die Integrationsbedürftigkeit des Antragstellers zu beachten. ²Vorrangig zu berücksichtigen sind:
1. Ausländer, die an einem Integrationskurs teilnehmen möchten, um die erforderlichen Kenntnisse für die Erteilung einer Niederlassungserlaubnis, einer Erlaubnis zum Daueraufenthalt – EU oder für eine Einbürgerung zu erwerben,
2. Ausländer, die einen gesetzlichen Anspruch auf Teilnahme an einem Integrationskurs hatten, aber aus Gründen, die sie nicht zu vertreten haben, an einer Teilnahme gehindert waren,
3. Inhaber eines Aufenthaltstitels nach § 23 Abs. 1 Satz 1 in Verbindung mit § 104a Abs. 1 Satz 2, §§ 23a, 25 Absatz 3, § 25a Absatz 2 oder nach § 104a Abs. 1 Satz 1 des Aufenthaltsgesetzes,
4. deutsche Staatsangehörige sowie Unionsbürger und deren Familienangehörige, die nicht über ausreichende deutsche Sprachkenntnisse verfügen und denen es bisher nicht gelungen ist, sich ohne staatliche Hilfe in das wirtschaftliche, kulturelle und gesellschaftliche Leben der Bundesrepublik Deutschland zu integrieren,
5. Personen, die eine Aufenthaltsgestattung besitzen und bei denen ein rechtmäßiger und dauerhafter Aufenthalt zu erwarten ist.

(5) ¹Teilnahmeberechtigte, die ordnungsgemäß am Integrationskurs teilgenommen haben, können zur einmaligen Wiederholung von maximal 300 Unterrichtsstunden des Sprachkurses zugelassen werden, wenn sie in dem Sprachtest nach § 17 Abs. 1 Satz 1 Nr. 1 nicht erfolgreich waren. ²Sie sind zuzulassen, wenn sie nach § 44a Absatz 1 Satz 1 des Aufenthaltsgesetzes zur Teilnahme verpflichtet sind. ³Teilnahmeberechtigte, die am 8. Dezember 2007 den Integrationskurs noch nicht erfolgreich abgeschlossen hatten, kann das Bundesamt abweichend von § 4 Absatz 1 Satz 2 zur Wiederholung zulassen, auch wenn sie nicht an dem Abschlusstest nach § 17 Absatz 1 Satz 1 teilgenommen haben.

§ 6 Bestätigung der Teilnahmeberechtigung

(1) ¹Die Ausländerbehörde bestätigt Teilnahmeberechtigten nach § 4 Abs. 1 Satz 1 Nr. 1 und 5 das Recht auf Teilnahme. ²Der Träger der Grundsicherung für Arbeitsuchende bestätigt Teilnahmeberechtigten nach § 4 Abs. 1 Satz 1 Nr. 4 das Recht auf Teilnahme. ³Der Träger der Leistungen nach dem Asylbewerberleistungsgesetz bestätigt Leistungsberechtigten nach § 4 Absatz 1 Satz 1 Nummer 6 das Recht auf Teilnahme. ⁴In der Bestätigung sind der Zeitpunkt des Erlöschens der Teilnahmeberechtigung sowie eine Verpflichtung nach § 44a des Aufenthaltsgesetzes zu vermerken.
(2) ¹Das Bundesverwaltungsamt bestätigt Spätaussiedlern und ihren Familienangehörigen nach § 4 Abs. 1 Satz 1 Nr. 2 die Teilnahmeberechtigung. ²Die Bestätigung soll bereits vor Ausstellung der Bescheinigung nach § 15 Abs. 1 oder 2 des Bundesvertriebenengesetzes zusammen mit dem Registrierschein erteilt werden. ³Soweit das Bundesverwaltungsamt für die Bescheinigung nach § 15 Abs. 1 oder 2 des Bundesvertriebenengesetzes zuständig ist, zeigt es der nach § 100b Abs. 2 des Bundesvertriebenengesetzes zuständigen Behörde an, dass die Teilnahmeberechtigung bestätigt wurde.
(3) Das Bundesamt legt einen einheitlichen Vordruck für die Bestätigung fest, in dem Angaben zu Namen, Vornamen, Geburtsdatum und Anschrift des Teilnahmeberechtigten sowie die Angaben nach Absatz 1 vorgesehen sind.
(4) Mit der Bestätigung werden die Teilnahmeberechtigten in einem Merkblatt in einer für sie verständlichen Sprache über die Ziele und Inhalte des Integrationskurses, über die Kursangebote der zugelassenen Träger, über die Modalitäten der Anmeldung und Teilnahme sowie über mögliche Folgen der Nichtteilnahme informiert.

§ 7 Anmeldung zum Integrationskurs

(1) ¹Teilnahmeberechtigte können sich bei jedem zugelassenen Kursträger zu einem Integrationskurs anmelden. ²Bei der Anmeldung haben sie ihre Bestätigung der Teilnahmeberechtigung vorzulegen. ³Mit der Anmeldung kann ein Antrag auf Kostenbefreiung nach § 9 Abs. 2 beim Bundesamt gestellt werden. ⁴Der Antrag auf Kostenbefreiung ist im Anmeldeformular zu vermerken. ⁵Das Anmeldeformular enthält darüber hinaus folgende Angaben zum Teilnahmeberechtigten: Namen, Vornamen, Geburtsdatum, Geburtsort, Anschrift, Staatsangehörigkeiten, Geschlecht, Angaben zur Schreibkundigkeit, zum Bildungsstand sowie zu den Kenntnissen der deutschen Sprache. ⁶Das Bundesamt legt einen einheitlichen Vordruck für das Anmeldeformular fest.

(2) Ausländer, die zur Teilnahme an einem Integrationskurs verpflichtet sind, haben sich unverzüglich zu einem Integrationskurs anzumelden und der Ausländerbehörde, dem Träger der Grundsicherung für Arbeitsuchende oder dem Träger der Leistungen nach dem Asylbewerberleistungsgesetz einen Nachweis über ihre Anmeldung zu übermitteln.

(3) ¹Zur Sicherstellung einer zeitnahen Kursteilnahme soll das Bundesamt abweichend von Absatz 2 einen Ausländer, der zur Teilnahme an einem Integrationskurs verpflichtet ist, einem bestimmten Kursträger mit einem dem Ergebnis des Einstufungstests entsprechenden Kursangebot zuweisen. ²Teilnahmeberechtigte kann das Bundesamt zur Sicherstellung einer zeitnahen Kursteilnahme an einen bestimmten Kursträger mit einem dem Ergebnis des Einstufungstests entsprechenden Kursangebot verweisen. ³Zuweisungen nach Satz 1 und Verweisungen nach Satz 2 erfolgen unter Beachtung der zeitlichen Nähe des Kursbeginns sowie der örtlichen Nähe und Erreichbarkeit des Kursträgers für den Teilnahmeverpflichteten oder Teilnahmeberechtigten.

(4) ¹Mit der Anmeldung bestätigt der Kursträger dem Teilnahmeberechtigten den voraussichtlichen Zeitpunkt des Kursbeginns. ²Der Kurs soll nicht später als sechs Wochen nach der Anmeldung beginnen. ³Kommt ein Kurs innerhalb dieser Frist nicht zustande, so ist der Kursträger verpflichtet, die Teilnehmer und das Bundesamt hierüber unverzüglich zu informieren. ⁴Teilnahmeberechtigte nach § 4 Absatz 1 Satz 1 Nummer 4 sind bei der Vergabe von Kursplätzen vorrangig zu berücksichtigen.

(5) ¹Kommt ein Kurs innerhalb von sechs Wochen nach der Anmeldung oder Zuweisung nach den Absätzen 1 bis 3 nicht zustande, soll das Bundesamt den Teilnahmeverpflichteten einem anderen Kursträger mit einem entsprechenden Kursangebot zuweisen. ²Einen Teilnahmeberechtigten kann das Bundesamt an einen anderen Kursträger mit einem entsprechenden Kursangebot verweisen, wenn ein Kurs innerhalb von sechs Wochen nach der Anmeldung oder Verweisung nach den Absätzen 1 und 3 nicht zustande kommt.

§ 8 Datenverarbeitung

(1) ¹Die Ausländerbehörde, die Träger der Grundsicherung für Arbeitsuchende, die Träger der Leistungen nach dem Asylbewerberleistungsgesetz und das Bundesverwaltungsamt übermitteln dem Bundesamt zur Erfüllung seiner gesetzlichen Koordinierungs- und Durchführungsaufgaben die Daten nach § 6 Absatz 1 oder 2 sowie Angaben zum Aufenthaltstitel und zum Herkunftsland. ²Auf Ersuchen der Ausländerbehörde, des Trägers der Grundsicherung für Arbeitsuchende oder des Trägers der Leistungen nach dem Asylbewerberleistungsgesetz übermittelt das Bundesamt die Daten nach § 5 Absatz 3 sowie § 6 Absatz 1 oder 2 zur Feststellung, ob eine andere zuständige Stelle eine Berechtigung ausgestellt oder zum Integrationskurs verpflichtet hat.

(2) ¹Der Kursträger übermittelt dem Bundesamt zur Erfüllung seiner gesetzlichen Koordinierungs- und Durchführungsaufgaben unverzüglich nach Anmeldung die im Anmeldeformular angegebenen Daten und informiert das Bundesamt über den tatsächlichen Beginn eines Kurses sowie der jeweiligen Kursabschnitte. ²Der Kursträger übermittelt dem Bundesamt
1. zum Zweck der Abrechnung Angaben zur tatsächlichen Teilnahme des Teilnahmeberechtigten und
2. zum Zweck der Teilnahmeförderung die Testergebnisse des Teilnahmeberechtigten beim Einstufungstest nach § 11 Absatz 2.

³Die Daten werden elektronisch übermittelt. ⁴Dabei sind die nach § 9 des Bundesdatenschutzgesetzes erforderlichen technischen und organisatorischen Maßnahmen zu treffen.

(3) ¹Der Kursträger hat die zuständige Ausländerbehörde, den zuständigen Träger der Grundsicherung für Arbeitsuchende oder den zuständigen Träger der Leistungen nach dem Asylbewerberleistungsgesetz zu unterrichten, wenn er feststellt, dass ein zur Teilnahme verpflichteter Ausländer nicht ordnungsgemäß im Sinne von § 14 Absatz 6 Satz 2 am Integrationskurs teilnimmt. ²Das Bundesamt übermittelt der Ausländerbehörde, dem Träger der Grundsicherung für Arbeitsuchende oder dem Träger der Leistungen

nach dem Asylbewerberleistungsgesetz auf Ersuchen die Daten zur Kursanmeldung und zur Kursteilnahme des zur Teilnahme verpflichteten Ausländers.

(4) ¹Die Übermittlungen nach Absatz 1 Satz 2 und Absatz 3 Satz 2 können auch im automatisierten Abrufverfahren nach § 10 des Bundesdatenschutzgesetzes erfolgen, wenn der automatische Datenabruf wegen der Vielzahl oder der besonderen Eilbedürftigkeit der zu erwartenden Übermittlungsersuchen unter Berücksichtigung der schutzwürdigen Interessen des Betroffenen angemessen ist. ²Im automatisierten Verfahren dürfen Daten nur von Bediensteten abgerufen werden, die von ihrer Behördenleitung hierzu besonders ermächtigt sind. ³Das Bundesamt stellt sicher, dass im automatisierten Verfahren nur Daten abgerufen werden können, wenn die abrufende Stelle einen Verwendungszweck angibt, der ihr den Abruf der Daten erlaubt.

(5) ¹Das Bundesamt erstellt bei Datenübermittlungen im automatisierten Abrufverfahren nach Absatz 4 Protokolle, aus denen Folgendes hervorgeht:
1. der Tag und die Uhrzeit des Abrufs,
2. die abrufende Stelle,
3. die übermittelten Daten und
4. der Anlass und Zweck der Übermittlung.

²Die Auswertung der Protokolldaten ist nach dem Stand der Technik zu gewährleisten. ³Die protokollierten Daten dürfen nur für Zwecke der Datenschutzkontrolle und Datensicherheit oder zur Sicherstellung eines ordnungsgemäßen Betriebes der Datenverarbeitungsanlage verwendet werden. ⁴Die Protokolldaten sind gegen unberechtigten Zugriff zu sichern. ⁵Die Protokolldaten sind nach sechs Monaten zu löschen, sofern sie nicht für ein bereits eingeleitetes Kontrollverfahren benötigt werden.

(6) Namen, Vornamen und Geburtsdatum der Teilnahmeberechtigten sind nach spätestens zehn Jahren, die übrigen personenbezogenen Daten nach spätestens fünf Jahren zu löschen.

(7) ¹Das Bundesamt darf die nach den §§ 5, 6, 7, 8 und 17 gespeicherten Daten zu Integrationskursteilnehmern verarbeiten und nutzen, soweit dies für wissenschaftliche Forschungsvorhaben nach § 75 Nummer 4a des Aufenthaltsgesetzes erforderlich ist. ²Die Daten dürfen in personalisierter Form verwendet werden, soweit
1. eine Verwendung anonymisierter Daten zu diesem Zweck nicht möglich oder die Anonymisierung mit einem unverhältnismäßigen Aufwand verbunden ist und
2. schutzwürdige Interessen der Betroffenen nicht beeinträchtigt werden oder das öffentliche Interesse an dem Forschungsvorhaben das Geheimhaltungsinteresse der Betroffenen erheblich überwiegt und der Forschungszweck auf andere Weise nicht erreicht werden kann.

³Bei der Abwägung nach Satz 2 Nummer 2 ist im Rahmen des öffentlichen Interesses das wissenschaftliche Interesse an dem Forschungsvorhaben besonders zu berücksichtigen. ⁴Personenbezogene Daten sind zu pseudonymisieren, wenn der Forschungszweck unter Verwendung pseudonymisierter Daten erreicht werden kann und keinen im Verhältnis zu dem angestrebten Schutzzweck unverhältnismäßigen Aufwand erfordert. ⁵Die Merkmale, mit denen ein Personenbezug hergestellt werden kann, sind gesondert zu speichern. ⁶Sie dürfen mit den Einzelangaben nur zusammengeführt werden, soweit der Forschungszweck dies erfordert. ⁷Die Zuordnungsmöglichkeit ist aufzuheben, sobald der Forschungszweck dies erlaubt, spätestens mit der Beendigung des Forschungsvorhabens, sofern ausnahmsweise eine Löschung der Daten noch nicht in Betracht kommt.

(8) Die Speicherung, Veränderung und Nutzung personenbezogener Daten zu dem in Absatz 7 genannten Zweck hat räumlich und organisatorisch getrennt von der Verarbeitung und Nutzung personenbezogener Daten für die Erfüllung anderer Aufgaben des Bundesamtes zu erfolgen.

§ 9 Kostenbeitrag

(1) ¹Für die Teilnahme am Integrationskurs haben Teilnahmeberechtigte einen Kostenbeitrag an das Bundesamt zu leisten, der 50 Prozent des geltenden Kostenerstattungssatzes nach § 20 Absatz 6 beträgt. ²Zur Zahlung ist nach § 43 Abs. 3 Satz 4 des Aufenthaltsgesetzes auch derjenige verpflichtet, der dem Teilnahmeberechtigten zur Gewährung des Lebensunterhalts verpflichtet ist.

(2) ¹Das Bundesamt befreit auf Antrag Teilnahmeberechtigte, die Leistungen nach dem Zweiten Buch Sozialgesetzbuch, Hilfe zum Lebensunterhalt nach dem Zwölften Buch Sozialgesetzbuch oder nach dem Asylbewerberleistungsgesetz beziehen, gegen Vorlage eines aktuellen Nachweises von der Pflicht, einen Kostenbeitrag zu leisten. ²Das Bundesamt kann Teilnahmeberechtigte auf Antrag von der Kostenbeitragspflicht befreien, wenn diese für den Teilnahmeberechtigten unter Berücksichtigung seiner persönlichen Umstände und wirtschaftlichen Situation eine unzumutbare Härte darstellen würde. ³Teilnahmeberechtigte, die von der Kostenbeitragspflicht befreit wurden, sind verpflichtet, dem Bundesamt unver-

züglich mitzuteilen, wenn ihnen die Leistungen oder Hilfen nach Satz 1 nicht mehr gewährt werden oder die Umstände weggefallen sind, die zur Annahme einer unzumutbaren Härte nach Satz 2 geführt haben.
(3) Der Kostenbeitrag für einen Kursabschnitt ist über die Träger des Integrationskurses zum Beginn des Kursabschnitts zu entrichten.
(4) Teilnahmeberechtigte, die einen Kurs innerhalb eines Kursabschnitts abbrechen oder an Unterrichtsterminen nicht teilnehmen, bleiben zur Leistung des Kostenbeitrags für den gesamten Kursabschnitt verpflichtet.
(5) Eine Kostenbeitragspflicht besteht nicht für Teilnahmeberechtigte nach § 4 Abs. 1 Satz 1 Nr. 2.
(6) Das Bundesamt kann Teilnahmeberechtigten, die innerhalb von zwei Jahren nach Ausstellung der Teilnahmeberechtigung nach § 5 Absatz 3 und § 6 Abs. 1 die erfolgreiche Teilnahme (§ 17 Abs. 2) nachweisen, 50 Prozent des Kostenbeitrags nach Absatz 1 erstatten.

Abschnitt 3
Struktur, Dauer und Inhalt des Integrationskurses

§ 10 Grundstruktur des Integrationskurses

(1) [1]Der Integrationskurs umfasst 700 Unterrichtsstunden. [2]Er findet in Deutsch statt und ist in einen Sprachkurs sowie einen Orientierungskurs unterteilt.
(2) Das Bundesamt legt die Lerninhalte und Lernziele für die einzelnen Kursabschnitte des Sprachkurses und für den Orientierungskurs fest unter Berücksichtigung der methodisch-didaktischen Erkenntnisse und Erfahrungen bei der Vermittlung von Deutsch als Zweitsprache.

§ 11 Grundstruktur des Sprachkurses

(1) [1]Der Sprachkurs umfasst 600 Unterrichtsstunden. [2]Er ist in einen Basis- und in einen Aufbausprachkurs unterteilt. [3]Basis- und Aufbausprachkurs bestehen aus jeweils drei Kursabschnitten mit unterschiedlichen Leistungsstufen. [4]Am Ende des Basis- und des Aufbausprachkurses ermittelt der Kursträger den erreichten Leistungsstand des Teilnehmers. [5]Die Teilnahme am Aufbausprachkurs setzt in der Regel eine Teilnahme am Basissprachkurs voraus. [6]Das gilt nicht, wenn das Sprachniveau eines Teilnahmeberechtigten durch die Teilnahme am Basissprachkurs nicht mehr wesentlich gefördert werden kann. [7]Teilnehmer können mit Zustimmung des Kursträgers die Leistungsstufen bei Neubeginn eines Kursabschnitts wechseln, überspringen oder wiederholen.
(2) [1]Um eine Zusammensetzung der Kursgruppe sicherzustellen, die bedarfsgerecht und an die Lernvoraussetzungen und speziellen Bedürfnisse der Teilnehmer angepasst ist, absolvieren die Teilnehmer vor Beginn des Sprachkurses einen Test zur Einstufung ihres Sprachniveaus und zur Ermittlung, ob eine Teilnahme an einem Integrationskurs nach § 13 zu empfehlen ist (Einstufungstest). [2]Der Einstufungstest wird bei einer nach § 18 zugelassenen Stelle durchgeführt, solange das Bundesamt nicht von seiner nach § 20a Absatz 5 eingeräumten Befugnis Gebrauch macht. [3]Für die Abnahme des Einstufungstests dürfen nur Personen eingesetzt werden, die nach § 15 Absatz 1 oder 2 als Lehrkraft zugelassen sind. [4]Die Kosten des Einstufungstests übernimmt das Bundesamt. [5]Eine dem Ergebnis des Einstufungstests nicht entsprechende Kurszuweisung des Kursteilnehmers darf nur aus berechtigten Gründen erfolgen; die Gründe sind vom Kursträger nachvollziehbar zu dokumentieren.
(3) [1]Während des Aufbausprachkurses kann der Teilnehmer auf Anregung des Kursträgers und in Abstimmung mit dem Bundesamt an einem Praktikum zum interaktiven Sprachgebrauch teilnehmen. [2]Hierzu kann der Sprachunterricht unterbrochen werden. [3]Für den Zeitraum der Unterbrechung wird kein Kostenbeitrag erhoben.

§ 12 Grundstruktur des Orientierungskurses

[1]Der Orientierungskurs umfasst 100 Unterrichtsstunden. [2]Er findet im Anschluss an den Sprachkurs statt und wird grundsätzlich von dem Kursträger durchgeführt, der für den Integrationskurs zugelassen ist. [3]In Ausnahmefällen kann der Kursträger mit Zustimmung des Bundesamtes einen anderen zugelassenen Kursträger beauftragen, den Orientierungskurs durchzuführen.

§ 13 Integrationskurse für spezielle Zielgruppen, Intensivkurs

(1) [1]Bei Bedarf können Integrationskurse für spezielle Zielgruppen vorgesehen werden, wenn ein besonderer Unterricht oder ein erhöhter Betreuungsaufwand erforderlich ist. [2]Integrationskurse für spezielle Zielgruppen umfassen bis zu 900 Unterrichtsstunden im Sprachkurs und 100 Unterrichtsstunden im Orientierungskurs. [3]Sie können insbesondere eingerichtet werden für Teilnahmeberechtigte,

1. die nicht mehr schulpflichtig sind und das 27. Lebensjahr noch nicht vollendet haben, zur Vorbereitung auf den Besuch weiterführender Schulen oder Hochschulen oder auf eine andere Ausbildung (Jugendintegrationskurs),
2. die aus familiären oder kulturellen Gründen keinen allgemeinen Integrationskurs besuchen können (Eltern- beziehungsweise Frauenintegrationskurs),
3. die nicht oder nicht ausreichend lesen oder schreiben können (Alphabetisierungskurs),
4. die einen besonderen sprachpädagogischen Förderbedarf haben (Förderkurs).

(2) ¹Bei Bedarf kann der Integrationskurs als Intensivkurs, der 430 Unterrichtsstunden umfasst, durchgeführt werden. ²Der Sprachkurs umfasst 400 Unterrichtsstunden und besteht aus vier Kursabschnitten. ³Auf den Orientierungskurs entfallen 30 Unterrichtsstunden. ⁴Für die Teilnahme an einem Intensivkurs ist erforderlich, dass das Ergebnis des Einstufungstests die erfolgreiche Teilnahme am Sprachtest (§ 17 Abs. 1 Satz 1 Nr. 1) innerhalb des Unterrichtsumfangs nach Satz 2 erwarten lässt.

(3) Das Bundesamt stellt in Abstimmung mit den Kommunen, dem Bundesverwaltungsamt, anderen nach Bundes- oder Landesrecht zuständigen Stellen, den Trägern migrationsspezifischer Beratungsangebote sowie mit den zugelassenen Kursträgern den örtlichen Bedarf für die Integrationskurse nach den Absätzen 1 und 2 fest.

§ 14 Organisation der Integrationskurse, Ordnungsmäßigkeit der Teilnahme

(1) ¹Der Integrationskurs wird in der Regel als ganztägiger Unterricht angeboten. ²Das Angebot von Teilzeitkursen soll auf einen zügigen Abschluss des Kurses ausgerichtet sein.

(2) ¹Die Zahl der Kursteilnehmer darf in einer Kursgruppe 25 Personen nicht überschreiten. ²Die Kursgruppe soll möglichst Teilnehmer mit unterschiedlichen Muttersprachen umfassen. ³Das Bundesamt kann Ausnahmen von Satz 1 zulassen. ⁴Für Integrationskurse nach § 13 können vom Bundesamt kleinere Kursgruppen vorgesehen werden.

(3) ¹Bei Bedarf können Integrationskurse nach § 10 Absatz 1 und § 13 Absatz 2 auch in Form von Online-Kursen durchgeführt werden. ²Das Bundesamt kann bei diesen Kursen Abweichungen von den Regelungen in Absatz 1 Satz 1 und Absatz 2 Satz 1 und 2 zulassen. ³Das Bundesamt legt fest, welches Angebot an Online-Kursen konzeptionell den Anforderungen der Integrationskursverordnung entspricht.

(4) ¹Der Wechsel eines Kursträgers ist bei Vorliegen besonderer Umstände, insbesondere im Falle eines Umzugs, eines Wechsels zwischen Teilzeit- und Vollzeitkursen, zur Ermöglichung der Kinderbetreuung oder zur Aufnahme einer Ausbildung oder Erwerbstätigkeit möglich. ²Bei einem Wechsel des Kursträgers innerhalb eines Kursabschnitts werden im Falle eines Umzugs, eines Wechsels zwischen Teilzeit- und Vollzeitkursen, zur Ermöglichung der Kinderbetreuung oder zur Aufnahme einer Ausbildung oder Erwerbstätigkeit die nicht mehr besuchten Unterrichtsstunden des Kursabschnitts nicht auf die Förderdauer angerechnet.

(5) Der Teilnehmer kann einzelne Kursabschnitte des Sprachkurses auf eigene Kosten wiederholen oder den Kurs auf eigene Kosten fortsetzen, auch nachdem er die Höchstförderdauer von 1200 Unterrichtsstunden erreicht hat.

(6) ¹Der Kursträger hat jedem Teilnehmer auf Verlangen eine Bescheinigung über die ordnungsgemäße Teilnahme auszustellen. ²Ordnungsgemäß ist die Teilnahme, wenn ein Teilnehmer so regelmäßig am Kurs teilnimmt, dass ein Kurserfolg möglich ist und der Lernerfolg insbesondere nicht durch Kursabbruch oder häufige Nichtteilnahme gefährdet ist, und er am Abschlusstest nach § 17 Abs. 1 teilnimmt. ³Die Ausländerbehörde, der Träger der Grundsicherung für Arbeitsuchende und der Träger der Leistungen nach dem Asylbewerberleistungsgesetz können auch vor Abschluss des Integrationskurses den zur Teilnahme an einem Integrationskurs verpflichteten Ausländer auffordern, die bis dahin ordnungsgemäße Teilnahme nachzuweisen. ⁴Sofern der Ausländer dieser Aufforderung nicht nachkommt, hat auf Verlangen des Bundesamtes, der Ausländerbehörde, des Trägers der Grundsicherung für Arbeitsuchende oder des Trägers der Leistungen nach dem Asylbewerberleistungsgesetz der Kursträger bei der Feststellung der ordnungsgemäßen Teilnahme mitzuwirken.

§ 15 Lehrkräfte und Prüfer

(1) Lehrkräfte, die im Integrationskurs Deutsch als Zweitsprache unterrichten, müssen ein erfolgreich abgeschlossenes Studium Deutsch als Fremdsprache oder Deutsch als Zweitsprache vorweisen.

(2) Soweit diese fachlichen Qualifikationen nicht vorliegen, ist eine Zulassung zur Lehrtätigkeit nur möglich, wenn die Lehrkraft an einer vom Bundesamt vorgegebenen Qualifizierung teilgenommen hat.

(3) ¹Lehrkräfte im Orientierungskurs müssen eine für die Vermittlung der Ziele nach § 3 Abs. 1 Nr. 2 ausreichende fachliche Qualifikation und Eignung nachweisen. ²Für die Unterrichtung von Alphabetisierungskursen muss eine ausreichende fachliche Qualifikation und Eignung nachgewiesen werden.
(4) Das Bundesamt kann die methodisch-didaktische Fortbildung von Lehrkräften fördern.
(5) ¹Prüfer, die Prüfungen gemäß § 17 Absatz 1 Nummer 1 abnehmen, müssen Kenntnisse zur Bewertung von Sprachkompetenzen und Unterrichtserfahrung mit der Zielgruppe nachweisen. ²Es wird vermutet, dass ein Prüfer über diese Qualifikationen verfügt, wenn er im Besitz einer gültigen Prüferlizenz „Deutsch-Test für Zuwanderer" des vom Bundesamt nach § 17 Absatz 1 Satz 5 beauftragten Testinstituts ist. ³Voraussetzung für den Einsatz als Prüfer ist die Zulassung als Lehrkraft nach Absatz 1 oder 2.

§ 16 Zulassung der Lehr- und Lernmittel
Lehr- und Lernmittel für den Integrationskurs werden vom Bundesamt zugelassen.

§ 17 Abschlusstest, Zertifikat Integrationskurs
(1) ¹Der Integrationskurs wird abgeschlossen durch
1. den skalierten Sprachtest „Deutsch-Test für Zuwanderer" des Bundesamtes, der die Sprachkompetenzen in den Fertigkeiten Hören, Lesen, Schreiben und Sprechen auf den Stufen A2 bis B1 des Gemeinsamen Europäischen Referenzrahmens für Sprachen nachweist, und
2. den skalierten Test „Leben in Deutschland".

²Diese Tests werden bei hierfür zugelassenen Stellen (§ 20a) abgelegt. ³Diese Stellen müssen hierbei zur Gewährleistung der ordnungsgemäßen Durchführung der Prüfung und eines Höchstmaßes an Prüfungssicherheit mindestens einen trägerunabhängigen Prüfer einsetzen. ⁴Das Bundesamt kann im Wege der Ausschreibung ein Testinstitut mit der Organisation und Auswertung dieser Tests beauftragen.
(2) Die Teilnahme am Integrationskurs ist erfolgreich im Sinne von § 43 Absatz 2 Satz 2 des Aufenthaltsgesetzes, wenn im Sprachtest das Sprachniveau B1 des Gemeinsamen Europäischen Referenzrahmens für Sprachen nachgewiesen und im Test „Leben in Deutschland" die für das Bestehen des Orientierungskurses notwendige Punktzahl erreicht ist.
(3) ¹Das Bundesamt trägt die Kosten für die einmalige Teilnahme an den Abschlusstests nach Absatz 1. ²Bei nicht erfolgreicher Teilnahme am Test nach Absatz 1 Satz 1 Nummer 1 vor Ausschöpfung der Unterrichtsstunden gemäß § 11 Absatz 1 Satz 1 oder § 13 Absatz 1 Satz 2 oder Absatz 2 Satz 2 trägt das Bundesamt die Kosten für die zweite Teilnahme an diesem Test. ³Im Rahmen der Wiederholung nach § 5 Absatz 5 werden die Kosten für die Teilnahme am Test nach Absatz 1 Satz 1 Nummer 1 einmalig getragen.
(4) ¹Das Bundesamt bescheinigt die erfolgreiche Teilnahme am Integrationskurs nach Absatz 2 mit dem „Zertifikat Integrationskurs" und bewahrt einen Abdruck auf. ²Das Zertifikat enthält Namen, Vornamen, Geburtsdatum und die Nummer des Passes, Personalausweises oder eines vergleichbaren, zu bezeichnenden Ausweises des Kursteilnehmers. ³War die Teilnahme am Integrationskurs nicht erfolgreich, wird das tatsächlich erreichte Ergebnis der Abschlusstests durch eine Bescheinigung bestätigt. ⁴Die nach Absatz 1 Satz 2 zugelassene Stelle übermittelt dem Bundesamt die für die Ausstellung der Bescheinigungen nach den Sätzen 1 bis 3 erforderlichen Angaben. ⁵Das Bundesamt unterrichtet die Kursträger, soweit erforderlich, über die Ergebnisse ihrer Teilnehmer in den Tests nach Absatz 1.
(5) ¹Mit dem skalierten Test „Leben in Deutschland" können nach Maßgabe der Einbürgerungstestverordnung auch die nach § 10 Absatz 1 Satz 1 Nummer 7 des Staatsangehörigkeitsgesetzes erforderlichen Kenntnisse nachgewiesen werden. ²§ 2 Absatz 1 Satz 2 der Einbürgerungstestverordnung findet keine Anwendung.

Abschnitt 4
Kursträger, Prüfstellen, Bewertungskommission

§ 18 Kursträger
(1) Das Bundesamt kann auf Antrag zur Durchführung der Integrationskurse und des Einstufungstests nach § 11 Absatz 2 private oder öffentliche Kursträger zulassen, wenn sie
1. zuverlässig und gesetzestreu sind,
2. in der Lage sind, Integrationskurse ordnungsgemäß durchzuführen (Leistungsfähigkeit), und
3. ein Verfahren zur Qualitätssicherung und -entwicklung anwenden.

(2) ¹Im Antrag ist anzugeben, ob eine Zulassung für einen Standort oder für mehrere Standorte beantragt wird. ²Die Angaben nach § 19 sind für jeden Standort zu machen. ³Die Zulassung als Träger von

Integrationskursen für spezielle Zielgruppen (§ 13 Absatz 1), Intensivkursen (§ 13 Absatz 2) oder Online-Kursen (§ 14 Absatz 3) ist gesondert zu beantragen.

(3) ¹Durch das Zulassungsverfahren ist vom Bundesamt ein flächendeckendes und am Bedarf orientiertes Angebot an Integrationskursen im gesamten Bundesgebiet sicherzustellen. ²§ 13 Abs. 3 gilt entsprechend.

(4) ¹Kursträger, die nach Absatz 1 zugelassen sind, können im Wege des Vergabeverfahrens mit der Durchführung von Integrationskursen beauftragt werden, insbesondere wenn dies zur Sicherstellung eines bedarfsgerechten Angebots an Maßnahmen, bei denen der Integrationskurs mit Maßnahmen der aktiven Arbeitsmarktpolitik kombiniert wird, erforderlich ist oder wenn anderenfalls kein ausreichendes Kursangebot in einzelnen Regionen gewährleistet werden kann. ²Das Bundesamt kann das Vergabeverfahren durch eine andere Behörde durchführen lassen. ³Die Regelungen über die Leistungen zur Eingliederung in Arbeit nach dem Zweiten Buch Sozialgesetzbuch und der aktiven Arbeitsförderung nach dem Dritten Buch Sozialgesetzbuch bleiben unberührt.

§ 19 Anforderungen an den Zulassungsantrag

(1) Zur Beurteilung der Zuverlässigkeit und Gesetzestreue des Antragstellers oder der zur Führung seiner Geschäfte bestellten Personen muss der Antrag Folgendes enthalten:
1. bei natürlichen Personen Angaben zu Namen, Vornamen, Geburtsdatum, Geburtsort, zustellungsfähiger Anschrift, Anschrift des Geschäftssitzes und der Zweigstellen, von denen aus der Integrationskurs angeboten werden soll, sowie bei juristischen Personen und Personengesellschaften Angaben zu Namen, Vornamen, Geburtsdatum, Geburtsort der Vertreter nach Gesetz, Satzung oder Gesellschaftsvertrag, Anschrift des Geschäftssitzes und der Zweigstellen, von denen aus der Integrationskurs angeboten werden soll; soweit eine Eintragung in das Vereins- oder Handelsregister erfolgt ist, ist ein entsprechender Auszug vorzulegen,
2. eine Erklärung des Antragstellers oder des gesetzlichen Vertreters oder, bei juristischen Personen oder nicht rechtsfähigen Personenvereinigungen, der nach Gesetz, Satzung oder Gesellschaftsvertrag zur Vertretung oder Geschäftsführung Berechtigten
   a) über Insolvenzverfahren, Vorstrafen, anhängige Strafverfahren, staatsanwaltschaftliche Ermittlungsverfahren und Gewerbeuntersagungen innerhalb der letzten fünf Jahre oder
   b) zu entsprechenden ausländischen Verfahren und Strafen, wenn sie ihren Wohnsitz oder gewöhnlichen Aufenthalt während dieser Zeit überwiegend im Ausland hatten,
3. eine Übersicht über bislang durchgeführte oder laufende Förderprogramme oder vergleichbare Maßnahmen und
4. eine Erklärung dazu, ob innerhalb der letzten drei Jahre ein Zulassungsantrag des Antragstellers oder seines gesetzlichen Vertreters oder des zur Vertretung oder Geschäftsführung Berechtigten abgelehnt oder die Zulassung widerrufen wurde.

(2) Zur Beurteilung der Leistungsfähigkeit des Antragstellers muss der Antrag Angaben zu Folgendem enthalten:
1. der mindestens zweijährigen praktischen Erfahrung im Bereich der Organisation und Durchführung von Sprachvermittlungskursen in der Erwachsenenbildung, den sonstigen speziellen Erfahrungen mit Sprachvermittlungskursen sowie dazu, ob der Antragsteller bereits von staatlichen oder zertifizierten Stellen als Kursträger für vergleichbare Bildungsmaßnahmen zugelassen ist,
2. der Lehrorganisation,
3. der Einrichtung und Gestaltung der Unterrichtsräume sowie der technischen Ausstattung und dem System der Datenübermittlung (§ 8 Absatz 2 Satz 3),
4. dem Einsatz neuer Medien bei der Vermittlung von Lerninhalten,
5. der personellen Ausstattung einschließlich der für die Durchführung des Einstufungstests vorgesehenen Personen, wobei für die Lehrkräfte auch Angaben zu deren Erfahrungen in der Durchführung von Sprachvermittlungs- und Integrationskursen und ihren über die allgemeinen fachlichen Qualifikationen hinausgehenden und für die Tätigkeit in Integrationskursen relevanten Qualifikationen zu machen sind,
6. der Höhe der Vergütung der eingesetzten Honorarlehrkräfte,
7. der Erreichung spezieller Zielgruppen,
8. der Bewältigung spezieller regionaler Bedarfslagen,
9. der Zusammenarbeit vor Ort mit anderen Integrationsträgern, insbesondere den Trägern migrationsspezifischer Beratungsangebote nach § 45 Satz 1 des Aufenthaltsgesetzes, den Agenturen für Arbeit, den Trägern der Grundsicherung für Arbeitsuchende und Anbietern im Bereich der Er-

wachsenenbildung, insbesondere solchen mit Angeboten für Personen mit Migrationshintergrund, und
10. der Zusammenarbeit mit anderen Kursträgern, insbesondere Angaben zur organisatorischen Fähigkeit, gemeinsam Integrationskurse durchzuführen.
(3) Zur Beurteilung der vom Antragsteller eingesetzten Instrumente zur Qualitätssicherung und -entwicklung muss der Antrag eine Dokumentation zu den Maßnahmen in den Bereichen Führung, Personal, Kundenkommunikation, Unterrichtsorganisation und -durchführung, Evaluation und Controlling enthalten.
(4) [1]Für die Zulassung als Träger von Integrationskursen für spezielle Zielgruppen sind Angaben über die Erfüllung besonderer vom Bundesamt vorgegebener Qualitätsmerkmale und Rahmenbedingungen zu machen. [2]Entsprechende Angaben sind zu machen, wenn das Bundesamt von seiner Ermächtigung nach § 20a Absatz 5 Gebrauch macht, eine gesonderte Zulassung zur Durchführung von Einstufungstests vorzusehen.
(5) Für den Antrag ist das vom Bundesamt festgelegte Antragsformular zu verwenden.

§ 20 Prüfung und Entscheidung des Bundesamtes
(1) [1]Das Bundesamt entscheidet über den Zulassungsantrag nach Prüfung der eingereichten Unterlagen und im Regelfall nach örtlicher Prüfung. [2]Bei der Entscheidung über die Erteilung der Zulassung und ihre Dauer sind die nach § 19 gemachten Angaben und die Erfahrungen mit der bisherigen Kooperation des Trägers mit dem Bundesamt zu berücksichtigen.
(2) [1]Die Zulassung wird durch ein Zertifikat „Zugelassener Träger zur Durchführung von Integrationskursen nach dem Zuwanderungsgesetz" bescheinigt. [2]Sie wird für längstens fünf Jahre erteilt. [3]Die Dauer der Zulassung wird anhand eines Punktesystems festgesetzt, das das Erreichen von Standards bei den in Absatz 1 genannten Kriterien abbildet. [4]Zudem kann das Bundesamt die Dauer der Zulassung verkürzen, wenn eine vom Bundesamt festzulegende Vergütungsgrenze für die Lehrkräfte unterschritten wird.
(3) [1]Wenn der Träger eine Zertifizierung innerhalb der letzten drei Jahre vor Antragstellung nachweist, die der Zertifizierung nach Absatz 2 gleichwertig ist, kann das Bundesamt von den Anforderungen an die Zulassung nach § 19 absehen. [2]Bei Wiederholungsanträgen kann das Bundesamt ein vereinfachtes Verfahren vorsehen.
(4) Die Zulassung als Träger von Integrationskursen für spezielle Zielgruppen (§ 13 Absatz 1) ist im Zertifikat für die Zulassung gesondert zu bescheinigen.
(5) [1]Bei der Erteilung der Zulassung weist das Bundesamt den Träger auf die Rechte von angestellten und freiberuflich tätigen Lehrkräften hin. [2]Die Zulassung kann mit Auflagen erteilt werden, insbesondere zur Wochenstundenzahl der Kurse. [3]Das Bundesamt ist berechtigt, zur Erfüllung seiner Aufgaben bei den Kursträgern Prüfungen durchzuführen, Unterlagen einzusehen und unangemeldet Kurse zu besuchen. [4]Der Kursträger ist verpflichtet, dem Bundesamt auf Verlangen Auskünfte zu erteilen. [5]Der Kursträger hat dem Bundesamt Änderungen, die Auswirkungen auf die Zulassung haben können, unverzüglich anzuzeigen. [6]Der Kursträger ist verpflichtet, sein Kursangebot sowie verfügbare Kursplätze nach den Vorgaben des Bundesamtes zu veröffentlichen.
(6) Das Bundesamt setzt nach Ermittlung der bundesweiten Preisentwicklung angemessene, den Grundsätzen der Sachgerechtigkeit und Wirtschaftlichkeit genügende Kostenerstattungssätze fest.

§ 20a Zulassung von Prüfungsstellen
(1) [1]Für die Durchführung des „Deutsch-Tests für Zuwanderer" nach § 17 Absatz 1 Nummer 1 sowie des Tests „Leben in Deutschland" nach § 17 Absatz 1 Nummer 2 ist jeweils eine gesonderte Zulassung erforderlich. [2]Das Bundesamt kann die nach den §§ 18 bis 20 zur Durchführung von Integrationskursen zugelassenen Kursträger als Prüfungsstellen zulassen, wenn sie zuverlässig und leistungsfähig sind und die Prüfungssicherheit gewährleisten. [3]Antragstellern, die nicht als Integrationskursträger zugelassen sind, kann das Bundesamt eine Zulassung erteilen, wenn ein örtlicher Bedarf besteht.
(2) Der Zulassungsantrag muss Angaben zu Folgendem enthalten:
1. zur einschlägigen, mindestens zweijährigen Prüfungserfahrung des Antragstellers,
2. zum Einsatz von Prüfern,
3. zum Vorhandensein ausreichender räumlicher Kapazitäten, insbesondere zur Gesamtfläche der Prüfungsräume und zur maximalen Teilnehmeranzahl pro Prüfungstermin, und
4. zur Einhaltung der vom Bundesministerium des Innern, für Bau und Heimat nach § 43 Absatz 4 Satz 2 des Aufenthaltsgesetzes geregelten Prüfungs- und Nachweismodalitäten.

(3) Die Zulassung wird durch ein Zertifikat „Zugelassener Träger zur Durchführung von Integrationskurstests" bescheinigt.
(4) ¹Die Zulassung wird für längstens fünf Jahre erteilt. ²§ 20 Absatz 5 und 6 gilt entsprechend.
(5) Das Bundesamt kann private oder öffentliche Stellen mit einer regional zentralisierten Durchführung von Einstufungstests nach § 11 Absatz 2 beauftragen.

§ 20b Widerruf und Erlöschen der Zulassung

(1)¹Die Zulassung soll mit Wirkung für die Zukunft widerrufen werden, wenn ihre Voraussetzungen nicht mehr vorliegen, insbesondere wenn
1. der Kursträger seine Mitwirkungspflichten nach § 8 Absatz 3 und § 14 Absatz 6 Satz 4 bei der Feststellung der ordnungsgemäßen Kursteilnahme Teilnahmeverpflichteter wiederholt verletzt,
2. das Insolvenzverfahren über das Vermögen des Kursträgers eröffnet worden ist oder unmittelbar droht,
3. der Kursträger wiederholt und trotz vorheriger Abmahnung gegen Auflagen und Nebenbestimmungen, die Bestandteil des Zulassungsbescheids sind, verstößt,
4. der Kursträger die Rechte seiner Mitarbeiter verletzt,
5. im Einstufungsverfahren wiederholt eine falsche Kurszuweisung erfolgte oder
6. bei der Durchführung der Tests nach § 17 Absatz 1 das vorgeschriebene Verfahren wiederholt nicht eingehalten wurde.

²Im Übrigen gelten die §§ 48 und 49 des Verwaltungsverfahrensgesetzes.
(2) Die Zulassung erlischt, wenn der Kursträger die Tätigkeit auf Dauer einstellt oder über einen Zeitraum von mehr als einem Jahr keinen Integrationskurs durchgeführt hat, es sei denn, das Nichtzustandekommen von Kursen beruht darauf, dass die zunächst bei dem Kursträger angemeldeten Teilnehmer nach § 7 Absatz 5 einem anderen Kursträger zugewiesen oder an einen anderen Kursträger verwiesen wurden.
(3) Mit Ablauf, Rücknahme oder Widerruf der Zulassung als Kursträger erlischt die Zulassung als Prüfungsstelle ebenfalls.

§ 21 Bewertungskommission

Zur Bewertung von Lehrplänen, Lehr- und Lernmitteln und der Inhalte der Tests, zur Entwicklung von Verfahren der Qualitätskontrolle sowie zur Fortentwicklung des Integrationskurskonzepts wird eine Bewertungskommission beim Bundesamt eingerichtet.
(2) Die Mitglieder der Bewertungskommission werden für die Dauer von drei Jahren durch das Bundesministerium des Innern, für Bau und Heimat berufen.

Abschnitt 5
Übergangsregelung

§ 22 Übergangsregelung

(1) Das Bundesamt kann die Fahrtkosten bis zum Ablauf des 31. Dezember 2017 nach dem bis zum 28. Oktober 2015 geltenden Kostenvergütungsverfahren erstatten.
(2) ¹Teilnehmer, die sich vor dem 1. Juli 2012 zu einem Integrationskurs angemeldet haben, müssen abweichend von § 9 Absatz 1 Satz 1 keinen Kostenbeitrag in Höhe von 1 Euro pro Unterrichtseinheit an das Bundesamt leisten. ²Teilnehmer, die sich nach dem 30. Juni 2012 und vor dem 1. Januar 2016 zu einem Integrationskurs angemeldet haben, müssen abweichend von § 9 Absatz 1 Satz 1 nur einen Kostenbeitrag in Höhe von 1,20 Euro pro Unterrichtseinheit an das Bundesamt leisten.

164 BeschV

Verordnung über die Beschäftigung von Ausländerinnen und Ausländern (Beschäftigungsverordnung – BeschV)
Vom 6. Juni 2013 (BGBl. I S. 1499)

Zuletzt geändert durch
Siebte Verordnung zur Änderung der Beschäftigungsverordnung
vom 31. Mai 2021 (BGBl. I S. 1253)

Inhaltsübersicht

Teil 1
Allgemeine Bestimmungen
§ 1   Anwendungsbereich der Verordnung

Teil 2
Qualifizierte Beschäftigungen
§ 2   Vermittlungsabsprachen
§ 3   Leitende Angestellte, Führungskräfte und Spezialisten
§ 4   (weggefallen)
§ 5   Wissenschaft, Forschung und Entwicklung
§ 6   Beschäftigung in ausgewählten Berufen bei ausgeprägter berufspraktischer Erfahrung
§ 7   (weggefallen)
§ 8   Betriebliche Aus- und Weiterbildung; Anerkennung ausländischer Berufsqualifikationen
§ 9   Beschäftigung bei Vorbeschäftigungszeiten oder längerem Voraufenthalt

Teil 3
Vorübergehende Beschäftigung
§ 10   Internationaler Personalaustausch, Auslandsprojekte
§ 10a Unternehmensintern transferierte Arbeitnehmer
§ 11   Sprachlehrerinnen und Sprachlehrer, Spezialitätenköchinnen und Spezialitätenköche
§ 12   Au-pair-Beschäftigungen
§ 13   Hausangestellte von Entsandten
§ 14   Sonstige Beschäftigungen
§ 15   Praktika zu Weiterbildungszwecken
§ 15a Saisonabhängige Beschäftigung
§ 15b Schaustellergehilfen
§ 15c Haushaltshilfen

Teil 4
Entsandte Arbeitnehmerinnen und Arbeitnehmer
§ 16   Geschäftsreisende
§ 17   Betriebliche Weiterbildung
§ 18   Journalistinnen und Journalisten
§ 19   Werklieferungsverträge

§ 20   Internationaler Straßen- und Schienenverkehr
§ 21   Dienstleistungserbringung

Teil 5
Besondere Berufs- oder Personengruppen
§ 22   Besondere Berufsgruppen
§ 23   Internationale Sportveranstaltungen
§ 24   Schifffahrt- und Luftverkehr
§ 24a Berufskraftfahrerinnen und Berufskraftfahrer
§ 25   Kultur und Unterhaltung
§ 26   Beschäftigung bestimmter Staatsangehöriger
§ 27   Grenzgängerbeschäftigung
§ 28   Deutsche Volkszugehörige

Teil 6
Sonstiges
§ 29   Internationale Abkommen
§ 30   Beschäftigungsaufenthalte ohne Aufenthaltstitel

Teil 7
Beschäftigung bei Aufenthalt aus völkerrechtlichen, humanitären oder politischen Gründen sowie von Personen mit Duldung und Asylbewerbern
§ 31   Beschäftigung bei Aufenthalt aus völkerrechtlichen, humanitären oder politischen Gründen
§ 32   Beschäftigung von Personen mit Duldung oder Aufenthaltsgestattung
§ 33   (weggefallen)

Teil 8
Verfahrensregelungen
§ 34   Beschränkung der Zustimmung
§ 35   Reichweite der Zustimmung
§ 36   Erteilung der Zustimmung
§ 37   Härtefallregelung

Teil 9
Anwerbung und Arbeitsvermittlung aus dem Ausland
§ 38   Anwerbung und Vermittlung
§ 39   Ordnungswidrigkeiten

Anlage
(zu § 38)

Teil 1
Allgemeine Bestimmungen

§ 1 Anwendungsbereich der Verordnung

(1) ¹Die Verordnung steuert die Zuwanderung ausländischer Arbeitnehmerinnen und Arbeitnehmer und bestimmt, unter welchen Voraussetzungen sie und die bereits in Deutschland lebenden Ausländerinnen und Ausländer zum Arbeitsmarkt zugelassen werden können. ²Sie regelt, in welchen Fällen
1. ein Aufenthaltstitel, der einer Ausländerin oder einem Ausländer die Ausübung einer Beschäftigung erlaubt, nach § 39 Absatz 1 Satz 1 des Aufenthaltsgesetzes ohne Zustimmung der Bundesagentur für Arbeit erteilt werden kann,
2. die Bundesagentur für Arbeit nach § 39 Absatz 1 Satz 2 des Aufenthaltsgesetzes einem Aufenthaltstitel, der einer Ausländerin oder einem Ausländer die Ausübung einer Beschäftigung erlaubt, zustimmen kann,
3. einer Ausländerin oder einem Ausländer, die oder der im Besitz einer Duldung ist, oder anderen Ausländerinnen und Ausländern, die keinen Aufenthaltstitel besitzen, nach § 4a Absatz 4 des Aufenthaltsgesetzes die Ausübung einer Beschäftigung mit oder ohne Zustimmung der Bundesagentur für Arbeit erlaubt werden kann und
4. die Zustimmung der Bundesagentur für Arbeit abweichend von § 39 Absatz 3 des Aufenthaltsgesetzes erteilt werden darf.

(2) ¹Die erstmalige Erteilung der Zustimmung der Bundesagentur für Arbeit setzt in den Fällen des § 24a und § 26 Absatz 2, in denen die Aufnahme der Beschäftigung nach Vollendung des 45. Lebensjahres der Ausländerin oder des Ausländers erfolgt, eine Höhe des Gehalts von mindestens 55 Prozent der jährlichen Beitragsbemessungsgrenze in der allgemeinen Rentenversicherung voraus, es sei denn, der Ausländer kann den Nachweis über eine angemessene Altersversorgung erbringen. ²Von den Voraussetzungen nach Satz 1 kann nur in begründeten Ausnahmefällen, in denen ein öffentliches, insbesondere ein regionales, wirtschaftliches oder arbeitsmarktpolitisches Interesse an der Beschäftigung der Ausländerin oder des Ausländers besteht, abgesehen werden. ³Das Bundesministerium des Innern, für Bau und Heimat gibt das Mindestgehalt für jedes Kalenderjahr jeweils bis zum 31. Dezember des Vorjahres im Bundesanzeiger bekannt.

Teil 2
Qualifizierte Beschäftigungen

§ 2 Vermittlungsabsprachen

(1) ¹Für die Erteilung einer Aufenthaltserlaubnis nach § 16d Absatz 4 Nummer 1 des Aufenthaltsgesetzes kann Ausländerinnen und Ausländern die Zustimmung zur Ausübung einer Beschäftigung erteilt werden, deren Anforderungen in einem engen Zusammenhang mit den berufsfachlichen Kenntnissen stehen, die in dem nach der Anerkennung ausgeübten Beruf verlangt werden, wenn
1. ihnen ein konkretes Arbeitsplatzangebot für eine qualifizierte Beschäftigung in dem nach der Einreise anzuerkennenden Beruf im Gesundheits- und Pflegebereich vermittelt worden ist,
2. soweit erforderlich, für diese Beschäftigung eine Berufsausübungserlaubnis erteilt wurde und
3. sie erklären, nach der Einreise im Inland bei der nach den Regelungen des Bundes oder der Länder für die berufliche Anerkennung zuständigen Stelle das Verfahren zur Feststellung der Gleichwertigkeit ihrer ausländischen Berufsqualifikation und, soweit erforderlich, zur Erteilung der Berufsausübungserlaubnis durchzuführen.

²Satz 1 gilt in den Fällen von § 16d Absatz 4 Nummer 2 des Aufenthaltsgesetzes auch für weitere im Inland reglementierte Berufe.

(2) Für die Erteilung einer Aufenthaltserlaubnis bei nicht reglementierten Berufen nach § 16d Absatz 4 Nummer 2 des Aufenthaltsgesetzes kann Ausländerinnen und Ausländern die Zustimmung zur Ausübung einer qualifizierten Beschäftigung in ihrem anzuerkennenden Beruf erteilt werden, wenn sie erklären, dass sie nach der Einreise im Inland bei der nach den Regelungen des Bundes oder der Länder für die berufliche Anerkennung zuständigen Stelle das Verfahren zur Feststellung der Gleichwertigkeit ihrer Berufsqualifikation durchführen werden.

(3) ¹Die Zustimmung nach den Absätzen 1 und 2 wird für ein Jahr erteilt. ²Eine erneute Zustimmung kann nur erteilt werden, wenn das Verfahren zur Feststellung der Gleichwertigkeit der ausländischen Berufsqualifikation oder, soweit erforderlich, zur Erteilung der Berufsausübungserlaubnis bei der nach den Regelungen des Bundes oder der Länder für die berufliche Anerkennung zuständigen Stelle betrieben wird. ³Das Verfahren umfasst die Teilnahme an Qualifizierungsmaßnahmen einschließlich sich daran

anschließender Prüfungen, die für die Feststellung der Gleichwertigkeit oder die Erteilung der Berufsausübungserlaubnis erforderlich sind.

§ 3 Leitende Angestellte, Führungskräfte und Spezialisten
Die Zustimmung kann erteilt werden für
1. leitende Angestellte,
2. Mitglieder des Organs einer juristischen Person, die zur gesetzlichen Vertretung berechtigt sind, oder
3. Personen, die für die Ausübung einer inländischen qualifizierten Beschäftigung über besondere, vor allem unternehmensspezifische Spezialkenntnisse verfügen.

§ 4 (weggefallen)

§ 5 Wissenschaft, Forschung und Entwicklung
Keiner Zustimmung bedarf die Erteilung eines Aufenthaltstitels an
1. wissenschaftliches Personal von Hochschulen und von Forschungs- und Entwicklungseinrichtungen, das nicht bereits in den Anwendungsbereich der §§ 18d und 18f des Aufenthaltsgesetzes fällt,
2. Gastwissenschaftlerinnen und Gastwissenschaftler an einer Hochschule oder an einer öffentlichrechtlichen oder überwiegend aus öffentlichen Mitteln finanzierten oder als öffentliches Unternehmen in privater Rechtsform geführten Forschungseinrichtung, die nicht bereits in den Anwendungsbereich der §§ 18d und 18f des Aufenthaltsgesetzes fallen,
3. Ingenieurinnen und Ingenieure sowie Technikerinnen und Techniker als technische Mitarbeiterinnen und Mitarbeiter im Forschungsteam einer Gastwissenschaftlerin oder eines Gastwissenschaftlers,
4. Lehrkräfte öffentlicher Schulen oder staatlich genehmigter privater Ersatzschulen oder anerkannter privater Ergänzungsschulen oder
5. Lehrkräfte zur Sprachvermittlung an Hochschulen.

§ 6 Beschäftigung in ausgewählten Berufen bei ausgeprägter berufspraktischer Erfahrung
[1]Die Zustimmung kann Ausländerinnen und Ausländern für eine qualifizierte Beschäftigung in Berufen auf dem Gebiet der Informations- und Kommunikationstechnologie unabhängig von einer Qualifikation als Fachkraft erteilt werden, wenn die Ausländerin oder der Ausländer eine durch in den letzten sieben Jahren erworbene, mindestens dreijährige Berufserfahrung nachgewiesene vergleichbare Qualifikation besitzt, die Höhe des Gehalts mindestens 60 Prozent der jährlichen Beitragsbemessungsgrenze in der allgemeinen Rentenversicherung beträgt und die Ausländerin oder der Ausländer über ausreichende deutsche Sprachkenntnisse verfügt. [2]§ 9 Absatz 1 findet keine Anwendung. [3]Im begründeten Einzelfall kann auf den Nachweis deutscher Sprachkenntnisse verzichtet werden. [4]Das Bundesministerium des Innern, für Bau und Heimat gibt das Mindestgehalt nach Satz 1 für jedes Kalenderjahr jeweils bis zum 31. Dezember des Vorjahres im Bundesanzeiger bekannt.

§ 7 (weggefallen)

§ 8 Betriebliche Aus- und Weiterbildung; Anerkennung ausländischer Berufsqualifikationen
(1) Die Zustimmung kann mit Vorrangprüfung für die Erteilung eines Aufenthaltstitels nach § 16a Absatz 1 des Aufenthaltsgesetzes erteilt werden.
(2) Die Zustimmung kann für die Erteilung einer Aufenthaltserlaubnis nach § 16d Absatz 1 Satz 2 Nummer 3, Absatz 2 und 3 des Aufenthaltsgesetzes erteilt werden.
(3) Ist für eine qualifizierte Beschäftigung
1. die Feststellung der Gleichwertigkeit eines im Ausland erworbenen Berufsabschlusses im Sinne des § 18a des Aufenthaltsgesetzes oder
2. in einem im Inland reglementierten Beruf die Befugnis zur Berufsausübung notwendig
und ist hierfür eine vorherige befristete praktische Tätigkeit im Inland erforderlich, kann der Erteilung des Aufenthaltstitels für die Ausübung dieser befristeten Beschäftigung zugestimmt werden.

§ 9 Beschäftigung bei Vorbeschäftigungszeiten oder längerem Voraufenthalt
(1) Keiner Zustimmung bedarf die Ausübung einer Beschäftigung bei Ausländerinnen und Ausländern, die eine Blaue Karte EU oder eine Aufenthaltserlaubnis besitzen und
1. zwei Jahre rechtmäßig eine versicherungspflichtige Beschäftigung im Bundesgebiet ausgeübt haben oder

2. sich seit drei Jahren ununterbrochen erlaubt, geduldet oder mit einer Aufenthaltsgestattung im Bundesgebiet aufhalten; Unterbrechungszeiten werden entsprechend § 51 Absatz 1 Nummer 7 des Aufenthaltsgesetzes berücksichtigt.

(2) Auf die Beschäftigungszeit nach Absatz 1 Nummer 1 werden nicht angerechnet Zeiten
1. von Beschäftigungen, die vor dem Zeitpunkt liegen, an dem die Ausländerin oder der Ausländer unter Aufgabe ihres oder seines gewöhnlichen Aufenthaltes ausgereist war,
2. einer nach dem Aufenthaltsgesetz oder dieser Verordnung zeitlich begrenzten Beschäftigung und
3. einer Beschäftigung, für die die Ausländerin oder der Ausländer auf Grund einer zwischenstaatlichen Vereinbarung von der Zustimmungspflicht für eine Beschäftigung befreit war.

(3) ¹Auf die Aufenthaltszeit nach Absatz 1 Nummer 2 werden Zeiten eines Aufenthaltes nach § 16b des Aufenthaltsgesetzes nur zur Hälfte und nur bis zu zwei Jahren angerechnet. ²Zeiten einer Beschäftigung, die nach dem Aufenthaltsgesetz oder dieser Verordnung zeitlich begrenzt ist, werden auf die Aufenthaltszeit angerechnet, wenn der Ausländerin oder dem Ausländer ein Aufenthaltstitel für einen anderen Zweck als den der Beschäftigung erteilt wird.

Teil 3
Vorübergehende Beschäftigung

§ 10 Internationaler Personalaustausch, Auslandsprojekte

(1) Die Zustimmung kann erteilt werden zur Ausübung einer Beschäftigung von bis zu drei Jahren
1. Ausländerinnen und Ausländern, die eine Hochschulausbildung oder eine vergleichbare Qualifikation besitzen, im Rahmen des Personalaustausches innerhalb eines international tätigen Unternehmens oder Konzerns,
2. für im Ausland beschäftigte Arbeitnehmerinnen und Arbeitnehmer eines international tätigen Konzerns oder Unternehmens im inländischen Konzern- oder Unternehmensteil, wenn die Tätigkeit zur Vorbereitung von Auslandsprojekten unabdingbar erforderlich ist, die Arbeitnehmerin oder der Arbeitnehmer bei der Durchführung des Projektes im Ausland tätig wird und über eine mit deutschen Facharbeitern vergleichbare Qualifikation und darüber hinaus über besondere, vor allem unternehmensspezifische Spezialkenntnisse verfügt.

(2) ¹In den Fällen des Absatzes 1 Satz 1 Nummer 2 kann die Zustimmung auch für Arbeitnehmerinnen und Arbeitnehmer des Auftraggebers des Auslandsprojektes erteilt werden, wenn sie im Zusammenhang mit den vorbereitenden Arbeiten vorübergehend vom Auftragnehmer beschäftigt werden, der Auftrag eine entsprechende Verpflichtung für den Auftragnehmer enthält und die Beschäftigung für die spätere Tätigkeit im Rahmen des fertig gestellten Projektes notwendig ist. ²Satz 1 wird auch angewendet, wenn der Auftragnehmer weder eine Zweigstelle noch einen Betrieb im Ausland hat.

§ 10a Unternehmensintern transferierte Arbeitnehmer

Die Zustimmung zur Erteilung einer ICT-Karte nach § 19 des Aufenthaltsgesetzes und zur Erteilung einer Mobiler-ICT-Karte nach § 19b des Aufenthaltsgesetzes kann erteilt werden, wenn
1. die Beschäftigung in der aufnehmenden Niederlassung als Führungskraft, als Spezialistin oder Spezialist oder als Trainee erfolgt,
2. das Arbeitsentgelt nicht ungünstiger ist als das vergleichbarer deutscher Arbeitnehmerinnen und Arbeitnehmer und
3. die Beschäftigung nicht zu ungünstigeren Arbeitsbedingungen erfolgt als die vergleichbarer entsandter Arbeitnehmerinnen und Arbeitnehmer.

§ 11 Sprachlehrerinnen und Sprachlehrer, Spezialitätenköchinnen und Spezialitätenköche

(1) Die Zustimmung kann für Lehrkräfte zur Erteilung muttersprachlichen Unterrichts in Schulen unter Aufsicht der jeweils zuständigen berufskonsularischen Vertretung mit einer Geltungsdauer von bis zu fünf Jahren erteilt werden.

(2) ¹Die Zustimmung kann mit Vorrangprüfung für Spezialitätenköchinnen und Spezialitätenköche für die Ausübung einer Vollzeitbeschäftigung in Spezialitätenrestaurants mit einer Geltungsdauer von bis zu vier Jahren erteilt werden. ²Die erstmalige Zustimmung wird längstens für ein Jahr erteilt.

(3) Für eine erneute Beschäftigung nach den Absätzen 1 und 2 darf die Zustimmung nicht vor Ablauf von drei Jahren nach Ablauf des früheren Aufenthaltstitels erteilt werden.

§ 12 Au-pair-Beschäftigungen

¹Die Zustimmung kann für Personen mit Grundkenntnissen der deutschen Sprache erteilt werden, die unter 27 Jahre alt sind und in einer Familie, in der Deutsch als Muttersprache gesprochen wird, bis zu einem Jahr als Au-pair beschäftigt werden. ²Wird in der Familie Deutsch als Familiensprache gesprochen, kann die Zustimmung erteilt werden, wenn der oder die Beschäftigte nicht aus einem Heimatland der Gasteltern stammt.

§ 13 Hausangestellte von Entsandten

¹Die Zustimmung zur Ausübung einer Beschäftigung als Hausangestellte oder Hausangestellter bei Personen, die
1. für ihren Arbeitgeber oder im Auftrag eines Unternehmens mit Sitz im Ausland vorübergehend im Inland tätig werden oder
2. die Hausangestellte oder den Hausangestellten auf der Grundlage der Wiener Übereinkommen über diplomatische Beziehungen oder über konsularische Beziehungen eingestellt haben,

kann erteilt werden, wenn diese Personen vor ihrer Einreise die Hausangestellte oder den Hausangestellten seit mindestens einem Jahr in ihrem Haushalt zur Betreuung eines Kindes unter 16 Jahren oder eines pflegebedürftigen Haushaltsmitgliedes beschäftigt haben. ²Die Zustimmung wird für die Dauer des Aufenthaltes der Person, bei der die Hausangestellten beschäftigt sind, längstens für fünf Jahre erteilt.

§ 14 Sonstige Beschäftigungen

(1) Keiner Zustimmung bedarf die Erteilung eines Aufenthaltstitels an
1. Personen, die im Rahmen eines gesetzlich geregelten oder auf einem Programm der Europäischen Union beruhenden Freiwilligendienstes beschäftigt werden, oder
2. vorwiegend aus karitativen Gründen Beschäftigte.

(1a) ¹Keiner Zustimmung bedarf die Erteilung eines Aufenthaltstitels an vorwiegend aus religiösen Gründen Beschäftigte, die über hinreichende deutsche Sprachkenntnisse verfügen. ²Wenn es dem aus religiösen Gründen Beschäftigten auf Grund besonderer Umstände des Einzelfalles nicht möglich oder nicht zumutbar ist, vor der Einreise Bemühungen zum Erwerb hinreichender Kenntnisse der deutschen Sprache zu unternehmen, oder in Abwägung der Gesamtumstände das Sprachnachweiserfordernis im Einzelfall eine besondere Härte darstellen würde, bedarf die erstmalige Erteilung eines Aufenthaltstitels trotz fehlender hinreichender deutscher Sprachkenntnisse keiner Zustimmung. ³Im Fall des Satzes 2 sind innerhalb eines Zeitraums von weniger als einem Jahr nach Einreise hinreichende deutsche Sprachkenntnisse nachzuweisen. ⁴Aus vorwiegend religiösen Gründen Beschäftigte, die wegen ihrer Staatsangehörigkeit auch für einen Aufenthalt, der kein Kurzaufenthalt ist, visumfrei in das Bundesgebiet einreisen und sich darin aufhalten dürfen, sind vom Erfordernis der Sprachkenntnisse befreit.

(2) Keiner Zustimmung bedarf die Erteilung eines Aufenthaltstitels an Studierende sowie Schülerinnen und Schüler ausländischer Hochschulen und Fachschulen zur Ausübung einer Ferienbeschäftigung von bis zu 90 Tagen innerhalb eines Zeitraums von zwölf Monaten, die von der Bundesagentur für Arbeit vermittelt worden ist.

§ 15 Praktika zu Weiterbildungszwecken

Keiner Zustimmung bedarf die Erteilung eines Aufenthaltstitels für ein Praktikum
1. nach § 16e des Aufenthaltsgesetzes,
2. während eines Aufenthaltes zum Zweck der schulischen Ausbildung oder des Studiums, das vorgeschriebener Bestandteil der Ausbildung ist oder zur Erreichung des Ausbildungszieles nachweislich erforderlich ist,
3. im Rahmen eines von der Europäischen Union oder der bilateralen Entwicklungszusammenarbeit finanziell geförderten Programms,
4. mit einer Dauer von bis zu einem Jahr im Rahmen eines internationalen Austauschprogramms von Verbänden, öffentlich-rechtlichen Einrichtungen oder studentischen Organisationen an Studierende oder Absolventen ausländischer Hochschulen im Einvernehmen mit der Bundesagentur für Arbeit,
5. an Fach- und Führungskräfte, die ein Stipendium aus öffentlichen deutschen Mitteln, Mitteln der Europäischen Union oder Mitteln internationaler zwischenstaatlicher Organisationen erhalten,
6. mit einer Dauer von bis zu einem Jahr während eines Studiums an einer ausländischen Hochschule, das nach dem vierten Semester studienfachbezogen im Einvernehmen mit der Bundesagentur für Arbeit ausgeübt wird, oder
7. von Schülerinnen und Schülern deutscher Auslandsschulen mit einer Dauer von bis zu sechs Wochen.

§ 15a Saisonabhängige Beschäftigung

(1) ¹Ausländerinnen und Ausländern, die auf Grund einer Absprache der Bundesagentur für Arbeit mit der Arbeitsverwaltung des Herkunftslandes über das Verfahren und die Auswahl zum Zweck der Saisonbeschäftigung nach der Richtlinie 2014/36/EU des Europäischen Parlaments und des Rates vom 26. Februar 2014 über die Bedingungen für die Einreise und den Aufenthalt von Drittstaatsangehörigen zwecks Beschäftigung als Saisonarbeitnehmer (ABl. L 94 vom 28. 3. 2014, S. 375) vermittelt worden sind, kann die Bundesagentur für Arbeit zur Ausübung einer saisonabhängigen Beschäftigung von regelmäßig mindestens 30 Stunden wöchentlich in der Land- und Forstwirtschaft, im Gartenbau, im Hotel- und Gaststättengewerbe, in der Obst- und Gemüseverarbeitung sowie in Sägewerken
1. eine Arbeitserlaubnis für die Dauer von bis zu 90 Tagen je Zeitraum von 180 Tagen mit Vorrangprüfung erteilen, wenn es sich um Staatsangehörige eines in Anhang II der Verordnung (EU) 2018/1806 des Europäischen Parlaments und des Rates vom 14. November 2018 zur Aufstellung der Liste der Drittländer, deren Staatsangehörige beim Überschreiten der Außengrenzen im Besitz eines Visums sein müssen, sowie der Liste der Drittländer, deren Staatsangehörige von dieser Visumspflicht befreit sind (ABl. L 303 vom 28. 11. 2018, S. 39), die durch die Verordnung (EU) 2019/592 (ABl. L 103 I vom 12. 4. 2019, S. 1) geändert worden ist, genannten Staates handelt, oder
2. eine Zustimmung mit Vorrangprüfung erteilen, wenn
   a) die Aufenthaltsdauer mehr als 90 Tage je Zeitraum von 180 Tagen beträgt oder
   b) es sich um Staatsangehörige eines in Anhang I der Verordnung (EU) 2018/1806 genannten Staates handelt.

²Die saisonabhängige Beschäftigung eines Ausländers oder einer Ausländerin darf sechs Monate innerhalb eines Zeitraums von zwölf Monaten nicht überschreiten. ³Die Dauer der saisonabhängigen Beschäftigung darf den Gültigkeitszeitraum des Reisedokuments nicht überschreiten. ⁴Im Fall des § 39 Nummer 11 der Aufenthaltsverordnung gilt die Zustimmung als erteilt, bis über sie entschieden ist. ⁵Ausländerinnen und Ausländern, die in den letzten fünf Jahren mindestens einmal als Saisonbeschäftigte im Bundesgebiet tätig waren, sind im Rahmen der durch die Bundesagentur für Arbeit festgelegten Zahl der Arbeitserlaubnisse und Zustimmungen bevorrechtigt zu berücksichtigen. ⁶Der Zeitraum für die Beschäftigung von Saisonbeschäftigten ist für einen Betrieb auf acht Monate innerhalb eines Zeitraums von zwölf Monaten begrenzt. ⁷Satz 5 gilt nicht für Betriebe des Obst-, Gemüse-, Wein-, Hopfen- und Tabakanbaus.

(2) ¹Die Erteilung einer Arbeitserlaubnis oder der Zustimmung setzt voraus, dass
1. der Nachweis über ausreichenden Krankenversicherungsschutz erbracht wird,
2. der oder dem Saisonbeschäftigten eine angemessene Unterkunft zur Verfügung steht und
3. ein konkretes Arbeitsplatzangebot oder ein gültiger Arbeitsvertrag vorliegt, in dem insbesondere festgelegt sind
   a) der Ort und die Art der Arbeit,
   b) die Dauer der Beschäftigung,
   c) die Vergütung,
   d) die Arbeitszeit pro Woche oder Monat,
   e) die Dauer des bezahlten Urlaubs,
   f) gegebenenfalls andere einschlägige Arbeitsbedingungen und
   g) falls möglich, der Zeitpunkt des Beginns der Beschäftigung.

²Stellt der Arbeitgeber der oder dem Saisonbeschäftigten eine Unterkunft zur Verfügung, so muss der Mietzins angemessen sein und darf nicht vom Lohn einbehalten werden. ³In diesem Fall muss der oder die Saisonbeschäftigte einen Mietvertrag erhalten, in dem die Mietbedingungen festgelegt sind. ⁴Der Arbeitgeber hat der Bundesagentur für Arbeit jeden Wechsel der Unterkunft des oder der Saisonbeschäftigten unverzüglich anzuzeigen.

(3) ¹Die Arbeitserlaubnis oder die Zustimmung ist zu versagen oder zu entziehen, wenn
1. sich die Ausländerin oder der Ausländer bereits im Bundesgebiet aufhält, es sei denn, die Einreise ist zur Aufnahme der Saisonbeschäftigung erfolgt oder die Arbeitserlaubnis oder die Zustimmung wird für eine an eine Saisonbeschäftigung anschließende weitere Saisonbeschäftigung beantragt,
2. der oder die Saisonbeschäftigte einen Antrag nach Artikel 16a des Grundgesetzes gestellt hat oder um internationalen Schutz gemäß der Richtlinie 2011/95/EU nachsucht; § 55 Absatz 2 des Asylgesetzes bleibt unberührt,
3. der oder die Saisonbeschäftigte den aus einer früheren Entscheidung über die Zulassung zur Saisonbeschäftigung erwachsenen Verpflichtungen nicht nachgekommen ist,

4. über das Unternehmen des Arbeitgebers ein Insolvenzverfahren eröffnet wurde, das auf Auflösung des Unternehmens und Abwicklung des Geschäftsbetriebs gerichtet ist,
5. das Unternehmen des Arbeitgebers im Rahmen der Durchführung eines Insolvenzverfahrens aufgelöst wurde und der Geschäftsbetrieb abgewickelt wurde,
6. die Eröffnung eines Insolvenzverfahrens über das Vermögen des Unternehmens des Arbeitgebers mangels Masse abgelehnt wurde und der Geschäftsbetrieb eingestellt wurde oder
7. das Unternehmen des Arbeitgebers keine Geschäftstätigkeit ausübt.

²Die Arbeitserlaubnis oder die Zustimmung ist zu versagen, wenn die durch die Bundesagentur für Arbeit festgelegte Zahl der Arbeitserlaubnisse und Zustimmungen für den maßgeblichen Zeitraum erreicht ist.
³§ 39 Absatz 3 des Aufenthaltsgesetzes bleibt unberührt.
(4) Die Arbeitserlaubnis ist vom Arbeitgeber bei der Bundesagentur für Arbeit zu beantragen.
(5) Bei einer ein- oder mehrmaligen Verlängerung des Beschäftigungsverhältnisses bei demselben oder einem anderen Arbeitgeber kann eine weitere Arbeitserlaubnis erteilt werden, soweit die in Absatz 1 Satz 1 Nummer 1 genannte Höchstdauer nicht überschritten wird.
(6) Die Arbeitserlaubnis und die Zustimmung werden ohne Vorrangprüfung erteilt, soweit die Bundesagentur für Arbeit eine am Bedarf orientierte Zulassungszahl nach § 39 Absatz 6 Satz 3 des Aufenthaltsgesetzes festgelegt hat.

§ 15b Schaustellergehilfen
Die Zustimmung zu einem Aufenthaltstitel zur Ausübung einer Beschäftigung im Schaustellergewerbe kann bis zu insgesamt neun Monaten im Kalenderjahr mit Vorrangprüfung erteilt werden, wenn die betreffenden Personen auf Grund einer Absprache der Bundesagentur für Arbeit mit der Arbeitsverwaltung des Herkunftslandes über das Verfahren und die Auswahl vermittelt worden sind.

§ 15c Haushaltshilfen
¹Die Zustimmung zu einem Aufenthaltstitel zur Ausübung einer versicherungspflichtigen Vollzeitbeschäftigung bis zu drei Jahren für hauswirtschaftliche Arbeiten und notwendige pflegerische Alltagshilfen in Haushalten mit Pflegebedürftigen im Sinne des Elften Buches Sozialgesetzbuch kann mit Vorrangprüfung erteilt werden, wenn die betreffenden Personen auf Grund einer Absprache der Bundesagentur für Arbeit mit der Arbeitsverwaltung des Herkunftslandes über das Verfahren und die Auswahl vermittelt worden sind. ²Innerhalb des Zulassungszeitraums von drei Jahren kann die Zustimmung zum Wechsel des Arbeitgebers erteilt werden. ³Für eine erneute Beschäftigung nach der Ausreise darf die Zustimmung nach Satz 1 nur erteilt werden, wenn sich die betreffende Person nach der Ausreise mindestens so lange im Ausland aufgehalten hat, wie sie zuvor im Inland beschäftigt war.

Teil 4
Entsandte Arbeitnehmerinnen und Arbeitnehmer

§ 16 Geschäftsreisende
Keiner Zustimmung bedarf die Erteilung eines Aufenthaltstitels an Personen, die
1. bei einem Arbeitgeber mit Sitz im Inland im kaufmännischen Bereich im Ausland beschäftigt werden,
2. für einen Arbeitgeber mit Sitz im Ausland Besprechungen oder Verhandlungen im Inland führen, Vertragsangebote erstellen, Verträge schließen oder die Durchführung eines Vertrages überwachen oder
3. für einen Arbeitgeber mit Sitz im Ausland einen inländischen Unternehmensteil gründen, überwachen oder steuern,

und die sich im Rahmen ihrer Beschäftigung unter Beibehaltung ihres gewöhnlichen Aufenthaltes im Ausland insgesamt nicht länger als 90 Tage innerhalb eines Zeitraums von 180 Tagen im Inland aufhalten.

§ 17 Betriebliche Weiterbildung
Keiner Zustimmung bedarf die Erteilung eines Aufenthaltstitels an im Ausland beschäftigte Fachkräfte eines international tätigen Konzerns oder Unternehmens zum Zweck einer betrieblichen Weiterbildung im inländischen Konzern- oder Unternehmensteil für bis zu 90 Tage innerhalb eines Zeitraums von zwölf Monaten.

§ 18 Journalistinnen und Journalisten
Keiner Zustimmung bedarf die Erteilung eines Aufenthaltstitels an Beschäftigte eines Arbeitgebers mit Sitz im Ausland,
1. deren Tätigkeit vom Presse- und Informationsamt der Bundesregierung anerkannt ist oder
2. die unter Beibehaltung ihres gewöhnlichen Aufenthaltes im Ausland im Inland journalistisch tätig werden, wenn die Dauer der Tätigkeit 90 Tage innerhalb eines Zeitraums von zwölf Monaten nicht übersteigt.

§ 19 Werklieferungsverträge
(1) ¹Keiner Zustimmung bedarf die Erteilung eines Aufenthaltstitels an Personen, die von ihrem Arbeitgeber mit Sitz im Ausland für bis zu 90 Tage innerhalb eines Zeitraums von zwölf Monaten in das Inland entsandt werden, um
1. gewerblichen Zwecken dienende Maschinen, Anlagen und Programme der elektronischen Datenverarbeitung, die bei dem Arbeitgeber bestellt worden sind, aufzustellen und zu montieren, zu warten oder zu reparieren oder um in die Bedienung dieser Maschinen, Anlagen und Programme einzuweisen,
2. erworbene Maschinen, Anlagen und sonstige Sachen abzunehmen oder in ihre Bedienung eingewiesen zu werden,
3. erworbene, gebrauchte Anlagen zum Zweck des Wiederaufbaus im Sitzstaat des Arbeitgebers zu demontieren,
4. unternehmenseigene Messestände oder Messestände für ein ausländisches Unternehmen, das im Sitzstaat des Arbeitgebers ansässig ist, auf- und abzubauen und zu betreuen oder
5. im Rahmen von Exportlieferungs- und Lizenzverträgen einen Betriebslehrgang zu absolvieren.
²In den Fällen des Satzes 1 Nummer 1 und 3 setzt die Befreiung von der Zustimmung voraus, dass der Arbeitgeber der Bundesagentur für Arbeit die Beschäftigungen vor ihrer Aufnahme angezeigt hat.
(2) Die Zustimmung kann für Personen erteilt werden, die von ihrem Arbeitgeber mit Sitz im Ausland länger als 90 Tage und bis zu einer Dauer von drei Jahren in das Inland entsandt werden, um
1. gewerblichen Zwecken dienende Maschinen, Anlagen und Programme der elektronischen Datenverarbeitung, die bei dem Arbeitgeber bestellt worden sind, aufzustellen und zu montieren, zu warten oder zu reparieren oder um in die Bedienung dieser Maschinen, Anlagen und Programme einzuweisen,
2. erworbene Maschinen, Anlagen und sonstige Sachen abzunehmen oder in ihre Bedienung eingewiesen zu werden, oder
3. erworbene, gebrauchte Anlagen zum Zweck des Wiederaufbaus im Sitzstaat des Arbeitgebers zu demontieren.

§ 20 Internationaler Straßen- und Schienenverkehr
(1) ¹Keiner Zustimmung bedarf die Erteilung eines Aufenthaltstitels an das Fahrpersonal, das
1. im Güterkraftverkehr für einen Arbeitgeber mit Sitz
    a) im Hoheitsgebiet eines anderen Mitgliedstaates der Europäischen Union oder eines anderen Vertragsstaates des Abkommens über den Europäischen Wirtschaftsraum Beförderungen im grenzüberschreitenden Verkehr nach Artikel 2 Nummer 2 oder Kabotagebeförderungen nach Artikel 8 Absatz 2 der Verordnung (EG) Nr. 1072/2009 des Europäischen Parlaments und des Rates vom 21. Oktober 2009 über gemeinsame Regeln für den Zugang zum Markt des grenzüberschreitenden Güterverkehrs (ABl. L 300 vom 14. 11. 2009, S. 72) durchführt und für das dem Arbeitgeber eine Fahrerbescheinigung ausgestellt worden ist,
    b) außerhalb des Hoheitsgebietes eines Mitgliedstaates der Europäischen Union oder eines anderen Vertragsstaates des Abkommens über den Europäischen Wirtschaftsraum Beförderungen im grenzüberschreitenden Güterverkehr mit einem im Sitzstaat des Arbeitgebers zugelassenen Fahrzeug durchführt, für einen Aufenthalt von höchstens 90 Tagen innerhalb eines Zeitraums von zwölf Monaten, oder ein in Deutschland zugelassenes Fahrzeug in einen Staat außerhalb dieses Gebietes überführt,
2. im grenzüberschreitenden Personenverkehr auf der Straße für einen Arbeitgeber mit Sitz im Ausland grenzüberschreitende Fahrten mit einem im Sitzstaat des Arbeitgebers zugelassenen Fahrzeug durchführt. ²Dies gilt im grenzüberschreitenden Linienverkehr mit Omnibussen auch dann, wenn das Fahrzeug im Inland zugelassen ist.

(2) Keiner Zustimmung bedarf die Erteilung eines Aufenthaltstitels an das Fahrpersonal im grenzüberschreitenden Schienenverkehr, wenn das Beförderungsunternehmen seinen Sitz im Ausland hat.

§ 21 Dienstleistungserbringung

Keiner Zustimmung bedarf die Erteilung eines Aufenthaltstitels an Personen, die von einem Unternehmen mit Sitz in einem Mitgliedstaat der Europäischen Union oder einem Vertragsstaat des Abkommens über den Europäischen Wirtschaftsraum in dem Sitzstaat des Unternehmens ordnungsgemäß beschäftigt sind und zur Erbringung einer Dienstleistung vorübergehend in das Bundesgebiet entsandt werden.

Teil 5
Besondere Berufs- oder Personengruppen

§ 22 Besondere Berufsgruppen

Keiner Zustimmung bedarf die Erteilung eines Aufenthaltstitels an
1. Personen einschließlich ihres Hilfspersonals, die unter Beibehaltung ihres gewöhnlichen Wohnsitzes im Ausland in Vorträgen oder in Darbietungen von besonderem wissenschaftlichen oder künstlerischen Wert oder bei Darbietungen sportlichen Charakters im Inland tätig werden, wenn die Dauer der Tätigkeit 90 Tage innerhalb eines Zeitraums von zwölf Monaten nicht übersteigt,
2. Personen, die im Rahmen von Festspielen oder Musik- und Kulturtagen beschäftigt oder im Rahmen von Gastspielen oder ausländischen Film- und Fernsehproduktionen entsandt werden, wenn die Dauer der Tätigkeit 90 Tage innerhalb eines Zeitraums von zwölf Monaten nicht übersteigt,
3. Personen, die in Tagesdarbietungen bis zu 15 Tage im Jahr auftreten,
4. Berufssportlerinnen und Berufssportler oder Berufstrainerinnen und Berufstrainer, deren Einsatz in deutschen Sportvereinen oder vergleichbaren am Wettkampfsport teilnehmenden sportlichen Einrichtungen vorgesehen ist, wenn sie
   a) das 16. Lebensjahr vollendet haben,
   b) der Verein oder die Einrichtung ein Bruttogehalt zahlt, das mindestens 50 Prozent der Beitragsbemessungsgrenze für die gesetzliche Rentenversicherung beträgt, und
   c) der für die Sportart zuständige deutsche Spitzenverband im Einvernehmen mit dem Deutschen Olympischen Sportbund die sportliche Qualifikation als Berufssportlerin oder Berufssportler oder die fachliche Eignung als Trainerin oder Trainer bestätigt,
5. Personen, die eSport in Form eines Wettkampfes zwischen Personen berufsmäßig ausüben und deren Einsatz in deutschen Vereinen oder vergleichbaren an Wettkämpfen teilnehmenden Einrichtungen des eSports vorgesehen ist, wenn sie
   a) das 16. Lebensjahr vollendet haben,
   b) der Verein oder die Einrichtung ein Bruttogehalt zahlt, das mindestens 50 Prozent der Beitragsbemessungsgrenze für die gesetzliche Rentenversicherung beträgt, und
   c) der für den eSport zuständige deutsche Spitzenverband die berufsmäßige Ausübung von eSport bestätigt und die ausgeübte Form des eSports von erheblicher nationaler oder internationaler Bedeutung ist,
6. Fotomodelle, Werbetypen, Mannequins oder Dressmen,
7. Reiseleiterinnen und Reiseleiter, die unter Beibehaltung ihres gewöhnlichen Aufenthaltes im Ausland ausländische Touristengruppen in das Inland begleiten, wenn die Dauer der Tätigkeit 90 Tage innerhalb von zwölf Monaten nicht übersteigt,
8. Dolmetscherinnen und Dolmetscher, die unter Beibehaltung ihres gewöhnlichen Aufenthaltes im Ausland für ein Unternehmen mit Sitz im Ausland an Besprechungen oder Verhandlungen im Inland teilnehmen, wenn die Dauer der Tätigkeit 90 Tage innerhalb eines Zeitraums von zwölf Monaten nicht übersteigt, oder
9. Hausangestellte, die unter Beibehaltung ihres gewöhnlichen Aufenthaltes im Ausland ihren Arbeitgeber oder dessen Familienangehörige mit gewöhnlichem Aufenthalt im Ausland für eine Dauer von bis zu 90 Tagen innerhalb eines Zeitraums von zwölf Monaten in das Inland begleiten.

§ 23 Internationale Sportveranstaltungen

Keiner Zustimmung bedarf die Erteilung eines Aufenthaltstitels an Personen, die zur Vorbereitung, Teilnahme, Durchführung und Nachbereitung internationaler Sportveranstaltungen durch das jeweilige Organisationskomitee akkreditiert werden, soweit die Bundesregierung Durchführungsgarantien übernommen hat; dies sind insbesondere folgende Personen:

1. die Repräsentantinnen und Repräsentanten, Mitarbeiterinnen und Mitarbeiter und Beauftragten von Verbänden oder Organisationen einschließlich Schiedsrichterinnen und Schiedsrichter sowie Schiedsrichterassistentinnen und Schiedsrichterassistenten,
2. die Sportlerinnen und Sportler sowie bezahltes Personal der teilnehmenden Mannschaften,
3. die Vertreterinnen und Vertreter der offiziellen Verbandspartner und der offiziellen Lizenzpartner,
4. die Vertreterinnen und Vertreter der Medien einschließlich des technischen Personals sowie die Mitarbeiterinnen und Mitarbeiter der Medienpartner.

§ 24 Schifffahrt- und Luftverkehr

Keiner Zustimmung bedarf die Erteilung eines Aufenthaltstitels an
1. die Mitglieder der Besatzungen von Seeschiffen im internationalen Verkehr,
2. die nach dem Seelotsgesetz für den Seelotsendienst zugelassenen Personen,
3. das technische Personal auf Binnenschiffen und im grenzüberschreitenden Verkehr das für die Gästebetreuung erforderliche Bedienungs- und Servicepersonal auf Personenfahrgastschiffen oder
4. die Besatzungen von Luftfahrzeugen mit Ausnahme der Luftfahrzeugführerinnen und Luftfahrzeugführer, Flugingenieurinnen und Flugingenieure sowie Flugnavigatorinnen und Flugnavigatoren bei Unternehmen mit Sitz im Inland.

§ 24a Berufskraftfahrerinnen und Berufskraftfahrer

(1) ¹Die Zustimmung kann Ausländerinnen und Ausländern für eine inländische Beschäftigung als Berufskraftfahrerin oder Berufskraftfahrer im Güterkraftverkehr und Personenverkehr mit Kraftomnibussen erteilt werden, wenn sie
1. die EU- oder EWR-Fahrerlaubnis und
2. die Grundqualifikation oder beschleunigte Grundqualifikation nach der Richtlinie 2003/59/EG des Europäischen Parlaments und des Rates vom 15. Juli 2003 über die Grundqualifikation und Weiterbildung der Fahrer bestimmter Kraftfahrzeuge für den Güter- oder Personenkraftverkehr und zur Änderung der Verordnung (EWG) Nr. 3820/85 des Rates und der Richtlinie 91/439/EWG des Rates sowie zur Aufhebung der Richtlinie 76/914/EWG des Rates (ABl. L 226 vom 10. 9. 2003, S. 4), die zuletzt durch die Richtlinie (EU) 2018/645 (ABl. L 112 vom 2. 5. 2018, S. 29) geändert worden ist, und der Richtlinie 2006/126/EG des Europäischen Parlaments und des Rates vom 20. Dezember 2006 über den Führerschein (Neufassung) (ABl. L 403 vom 30. 12. 2006, S. 18), die zuletzt durch die Richtlinie (EU) 2018/933 (ABl. L 165 vom 2. 7. 2018, S. 35) geändert worden ist,

besitzen, die für die Ausübung der Beschäftigung erforderlich sind. ²Die Zustimmung wird mit Vorrangprüfung erteilt. ³Satz 2 gilt nicht, wenn zuvor eine Zustimmung nach Absatz 2 für eine Beschäftigung bei demselben Arbeitgeber erteilt wurde.

(2) ¹Die Zustimmung kann Ausländerinnen und Ausländern für eine inländische Beschäftigung bei einem Arbeitgeber erteilt werden, wenn
1. der Arbeitsvertrag zur Teilnahme an Maßnahmen zur Erlangung der nach Absatz 1 erforderlichen Fahrerlaubnis und Qualifikationen verpflichtet,
2. die Arbeitsbedingungen für die Zeit der Maßnahmen so ausgestaltet sind, dass die Fahrerlaubnis und die Qualifikationen einschließlich der Ausstellung der erforderlichen Dokumente innerhalb von 15 Monaten erlangt werden können,
3. für die Zeit nach Erlangung der Fahrerlaubnis und der Qualifikationen ein konkretes Arbeitsplatzangebot für eine inländische Beschäftigung als Berufskraftfahrerin oder Berufskraftfahrer im Güterkraftverkehr oder Personenverkehr mit Kraftomnibussen bei demselben Arbeitgeber vorliegt und
4. der Nachweis erbracht wird, dass sie die in ihrem Herkunftsland für die Beschäftigung als Berufskraftfahrerin oder Berufskraftfahrer einschlägige Fahrerlaubnis besitzen.

²Die Zustimmung wird für bis zu 15 Monate und mit Vorrangprüfung für die spätere Beschäftigung als Berufskraftfahrerin oder Berufskraftfahrer erteilt. ³Im begründeten Einzelfall kann die Zustimmung für bis zu weitere sechs Monate erteilt werden.

(3) Für Personen, die eine Aufenthaltserlaubnis zum Zwecke einer Beschäftigung nach Absatz 1 oder 2 besitzen, findet § 9 keine Anwendung.

§ 25 Kultur und Unterhaltung

Die Zustimmung kann mit Vorrangprüfung für Personen erteilt werden, die
1. eine künstlerische oder artistische Beschäftigung oder eine Beschäftigung als Hilfspersonal, das für die Darbietung erforderlich ist, ausüben oder

2. zu einer länger als 90 Tage dauernden Beschäftigung im Rahmen von Gastspielen oder ausländischen Film- oder Fernsehproduktionen entsandt werden.

§ 26 Beschäftigung bestimmter Staatsangehöriger
(1) Für Staatsangehörige von Andorra, Australien, Israel, Japan, Kanada, der Republik Korea, von Monaco, Neuseeland, San Marino, des Vereinigten Königreichs Großbritannien und Nordirland im Sinne des § 1 Absatz 2 Nummer 6 des Freizügigkeitsgesetzes/EU sowie der Vereinigten Staaten von Amerika kann die Zustimmung mit Vorrangprüfung zur Ausübung jeder Beschäftigung unabhängig vom Sitz des Arbeitgebers erteilt werden.
(2) [1]Für Staatsangehörige von Albanien, Bosnien und Herzegowina, Kosovo, Montenegro, Nordmazedonien und Serbien können in den Jahren 2021 bis einschließlich 2023 Zustimmungen mit Vorrangprüfung zur Ausübung jeder Beschäftigung erteilt werden. [2]Die erstmalige Zustimmung darf nur erteilt werden, wenn der Antrag auf Erteilung des Aufenthaltstitels bei der jeweils zuständigen deutschen Auslandsvertretung in einem der in Satz 1 genannten Staaten gestellt wird. [3]Die Anzahl der Zustimmungen in den Fällen des Satzes 2 ist auf bis zu 25 000 je Kalenderjahr begrenzt. [4]Die Zustimmung darf nicht erteilt werden, wenn der Antragsteller in den letzten 24 Monaten vor Antragstellung Leistungen nach dem Asylbewerberleistungsgesetz bezogen hat. [5]§ 9 findet keine Anwendung, es sei denn, dass eine Zustimmung nach § 26 Absatz 2 in der bis zum Ablauf des 31. Dezember 2020 geltenden Fassung erteilt wurde.

§ 27 Grenzgängerbeschäftigung
Zur Erteilung einer Grenzgängerkarte nach § 12 Absatz 1 der Aufenthaltsverordnung kann die Zustimmung mit Vorrangprüfung erteilt werden.

§ 28 Deutsche Volkszugehörige
Deutschen Volkszugehörigen, die einen Aufnahmebescheid nach dem Bundesvertriebenengesetz besitzen, kann die Zustimmung mit Vorrangprüfung zu einem Aufenthaltstitel zur Ausübung einer vorübergehenden Beschäftigung erteilt werden.

Teil 6
Sonstiges

§ 29 Internationale Abkommen
(1) [1]Für Beschäftigungen im Rahmen der mit den Staaten Türkei, Serbien, Bosnien-Herzegowina und Mazedonien bestehenden Werkvertragsarbeitnehmerabkommen kann die Zustimmung erteilt werden. [2]Dies gilt auch für das zur Durchführung der Werkvertragstätigkeit erforderliche leitende Personal oder Verwaltungspersonal mit betriebsspezifischen Kenntnissen für die Dauer von bis zu vier Jahren. [3]Das Bundesministerium für Arbeit und Soziales kann die Erteilung der Zustimmung durch die Bundesagentur für Arbeit an Beschäftigte der Bauwirtschaft im Rahmen von Werkverträgen im Verhältnis zu den beschäftigten gewerblichen Personen des im Inland ansässigen Unternehmens zahlenmäßig beschränken. [4]Dabei ist darauf zu achten, dass auch kleine und mittelständische im Inland ansässige Unternehmen angemessen berücksichtigt werden.
(2) Die Zustimmung zur Ausübung einer Beschäftigung von bis zu 18 Monaten kann erteilt werden, wenn die betreffenden Personen auf der Grundlage einer zwischenstaatlichen Vereinbarung über die Beschäftigung von Arbeitnehmerinnen und Arbeitnehmern zur beruflichen und sprachlichen Fortbildung (Gastarbeitnehmer-Vereinbarung) mit dem Staat, dessen Staatsangehörigkeit sie besitzen, beschäftigt werden.
(3) [1]Für Beschäftigungen nach zwischenstaatlichen Vereinbarungen, in denen bestimmt ist, dass jemand für eine Beschäftigung keiner Arbeitsgenehmigung oder Arbeitserlaubnis bedarf, bedarf es keiner Zustimmung. [2]Bei Beschäftigungen nach Vereinbarungen, in denen bestimmt ist, dass eine Arbeitsgenehmigung oder Arbeitserlaubnis erteilt werden kann, kann die Zustimmung erteilt werden.
(4) Für Fach- oder Weltausstellungen, die nach dem am 22. November 1928 in Paris unterzeichneten Abkommen über Internationale Ausstellungen registriert sind, kann für Angehörige der ausstellenden Staaten die Zustimmung mit Vorrangprüfung erteilt werden, wenn sie für den ausstellenden Staat zur Vorbereitung, Durchführung oder Beendigung des nationalen Ausstellungsbeitrages tätig werden.
(5) Die Zustimmung kann für Personen erteilt werden, die von einem Unternehmen mit Sitz im Ausland ordnungsgemäß beschäftigt werden und auf der Grundlage des Übereinkommens zur Errichtung der Welthandelsorganisation vom 15. April 1994 (BGBl. 1994 II S. 1438, 1441) oder anderer für die

Bundesrepublik Deutschland völkerrechtlich verbindlicher Freihandelsabkommen der Europäischen Union oder der Europäischen Union und ihrer Mitgliedstaaten vorübergehend in das Bundesgebiet entsandt werden.

§ 30 Beschäftigungsaufenthalte ohne Aufenthaltstitel
Nicht als Beschäftigung im Sinne des Aufenthaltsgesetzes gelten
1. Tätigkeiten nach § 3 Nummer 1 und 2 auch ohne Zustimmung sowie nach § 16, die bis zu 90 Tage innerhalb eines Zeitraums von 180 Tagen ausgeübt werden,
2. Tätigkeiten nach den §§ 5, 14, 15, 17, 18, 19 Absatz 1 sowie den §§ 20, 22 und 23, die bis zu 90 Tage innerhalb eines Zeitraums von zwölf Monaten ausgeübt werden,
3. Tätigkeiten nach § 21, die von Ausländerinnen und Ausländern, die in einem anderen Mitgliedstaat der Europäischen Union die Rechtsstellung eines langfristig Aufenthaltsberechtigten innehaben, bis zu 90 Tage innerhalb eines Zeitraums von zwölf Monaten ausgeübt werden, und
4. Tätigkeiten von Personen, die nach den §§ 23 bis 30 der Aufenthaltsverordnung vom Erfordernis eines Aufenthaltstitels befreit sind.

Teil 7
Beschäftigung bei Aufenthalt aus völkerrechtlichen, humanitären oder politischen Gründen sowie von Personen mit Duldung und Asylbewerbern

§ 31 Beschäftigung bei Aufenthalt aus völkerrechtlichen, humanitären oder politischen Gründen
Die Erteilung der Erlaubnis zur Beschäftigung an Ausländerinnen und Ausländer mit einer Aufenthaltserlaubnis, die nach Abschnitt 5 des Aufenthaltsgesetzes erteilt worden ist, bedarf keiner Zustimmung der Bundesagentur für Arbeit.

§ 32 Beschäftigung von Personen mit Duldung oder Aufenthaltsgestattung
(1) ¹Ausländerinnen und Ausländern, die eine Duldung besitzen, kann eine Zustimmung zur Ausübung einer Beschäftigung erteilt werden, wenn sie sich seit drei Monaten erlaubt, geduldet oder mit einer Aufenthaltsgestattung im Bundesgebiet aufhalten. ²Die §§ 39, 40 Absatz 1 Nummer 1 und Absatz 2 sowie § 41 des Aufenthaltsgesetzes gelten entsprechend.
(2) Keiner Zustimmung bedarf die Erteilung einer Erlaubnis zur Ausübung
1. eines Praktikums nach § 22 Absatz 1 Satz 2 Nummer 1 bis 4 des Mindestlohngesetzes,
2. einer Berufsausbildung in einem staatlich anerkannten oder vergleichbar geregelten Ausbildungsberuf,
3. einer Beschäftigung nach § 18b Absatz 2 Satz 1 und § 18c Absatz 3 des Aufenthaltsgesetzes, § 5, § 14 Absatz 1, § 15 Nummer 2, § 22 Nummer 3 bis 6 und § 23,
4. einer Beschäftigung von Ehegatten, Lebenspartnern, Verwandten und Verschwägerten ersten Grades eines Arbeitgebers in dessen Betrieb, wenn der Arbeitgeber mit diesen in häuslicher Gemeinschaft lebt oder
5. jeder Beschäftigung nach einem ununterbrochen vierjährigen erlaubten, geduldeten oder gestatteten Aufenthalt im Bundesgebiet.
(3) Der Absatz 2 findet auch Anwendung auf Ausländerinnen und Ausländer mit einer Aufenthaltsgestattung.

§ 33 (weggefallen)

Teil 8
Verfahrensregelungen

§ 34 Beschränkung der Zustimmung
(1) Die Bundesagentur für Arbeit kann die Zustimmung zur Ausübung einer Beschäftigung beschränken hinsichtlich
1. der Geltungsdauer,
2. des Betriebs,
3. der beruflichen Tätigkeit,
4. des Arbeitgebers,
5. der Region, in der die Beschäftigung ausgeübt werden kann, und
6. der Lage und Verteilung der Arbeitszeit.
(2) Die Zustimmung wird längstens für vier Jahre erteilt.

(3) Bei Beschäftigungen zur beruflichen Aus- und Weiterbildung nach § 16a Absatz 1 und § 16d Absatz 1 Satz 2 Nummer 3 des Aufenthaltsgesetzes ist die Zustimmung wie folgt zu erteilen:
1. bei der Ausbildung für die nach der Ausbildungsordnung festgelegte Ausbildungsdauer und
2. bei der Weiterbildung für die Dauer, die ausweislich eines von der Bundesagentur für Arbeit geprüften Weiterbildungsplanes zur Erreichung des Weiterbildungszieles erforderlich ist.

§ 35 Reichweite der Zustimmung

(1) Die Zustimmung zur Ausübung einer Beschäftigung wird jeweils zu einem bestimmten Aufenthaltstitel erteilt.
(2) Ist die Zustimmung zu einem Aufenthaltstitel erteilt worden, so gilt die Zustimmung im Rahmen ihrer zeitlichen Begrenzung auch für jeden weiteren Aufenthaltstitel fort.
(3) Die Absätze 1 und 2 gelten entsprechend für die Zustimmung zur Ausübung einer Beschäftigung an Personen, die eine Aufenthaltsgestattung oder Duldung besitzen.
(4) [1]Ist die Zustimmung für ein bestimmtes Beschäftigungsverhältnis erteilt worden, so erlischt sie mit der Beendigung dieses Beschäftigungsverhältnisses. [2]Dies gilt nicht, wenn sich der Arbeitgeber auf Grund eines Betriebsübergangs nach § 613a des Bürgerlichen Gesetzbuchs ändert oder auf Grund eines Formwechsels eine andere Rechtsform erhält.
(5) [1]Die Zustimmung zur Ausübung einer Beschäftigung kann ohne Vorrangprüfung erteilt werden, wenn die Beschäftigung nach Ablauf der Geltungsdauer einer für mindestens ein Jahr erteilten Zustimmung bei demselben Arbeitgeber fortgesetzt wird. [2]Dies gilt nicht für Beschäftigungen, die nach dieser Verordnung oder einer zwischenstaatlichen Vereinbarung zeitlich begrenzt sind.

§ 36 Erteilung der Zustimmung

(1) Die Bundesagentur für Arbeit teilt der zuständigen Stelle die Zustimmung zur Erteilung eines Aufenthaltstitels nach § 39 des Aufenthaltsgesetzes oder einer Grenzgängerkarte, deren Versagung nach § 40 des Aufenthaltsgesetzes, den Widerruf nach § 41 des Aufenthaltsgesetzes und die Rücknahme einer Zustimmung mit.
(2) [1]Die Zustimmung zur Ausübung einer Beschäftigung gilt als erteilt, wenn die Bundesagentur für Arbeit der zuständigen Stelle nicht innerhalb von zwei Wochen nach Übermittlung der Zustimmungsanfrage mitteilt, dass die übermittelten Informationen für die Entscheidung über die Zustimmung nicht ausreichen oder dass der Arbeitgeber die erforderlichen Auskünfte nicht oder nicht rechtzeitig erteilt hat. [2]Im Fall des § 81a des Aufenthaltsgesetzes verkürzt sich die Frist nach Satz 1 auf eine Woche.
(3) Die Bundesagentur für Arbeit soll bereits vor der Übermittlung der Zustimmungsanfrage der Ausübung der Beschäftigung gegenüber der zuständigen Stelle zustimmen oder prüfen, ob die arbeitsmarktbezogenen Voraussetzungen für eine spätere Zustimmung vorliegen, wenn der Arbeitgeber die hierzu erforderlichen Auskünfte erteilt hat und das Verfahren dadurch beschleunigt wird.

§ 37 Härtefallregelung

Ausländerinnen und Ausländern kann die Zustimmung zur Ausübung einer Beschäftigung ohne Vorrangprüfung erteilt werden, wenn deren Versagung eine besondere Härte bedeuten würde.

Teil 9
Anwerbung und Arbeitsvermittlung aus dem Ausland

§ 38 Anwerbung und Vermittlung

Die Anwerbung in Staaten und die Arbeitsvermittlung aus Staaten, die in der Anlage zu dieser Verordnung aufgeführt sind, darf für eine Beschäftigung in Gesundheits- und Pflegeberufen nur von der Bundesagentur für Arbeit durchgeführt werden.

§ 39 Ordnungswidrigkeiten

Ordnungswidrig im Sinne des § 404 Absatz 2 Nummer 9 des Dritten Buches Sozialgesetzbuch handelt, wer vorsätzlich oder fahrlässig entgegen § 38 eine Anwerbung oder Arbeitsvermittlung durchführt.

Anlage
(zu § 38)

1. Afghanistan (Islamische Republik Afghanistan),
2. Angola (Republik),
3. Äquatorialguinea (Republik),
4. Äthiopien (Demokratische Bundesrepublik),
5. Bangladesch (Volksrepublik),
6. Benin (Republik),
7. Burkina Faso,
8. Burundi (Republik),
9. Côte d'Ivoire (Republik),
10. Dschibuti (Republik),
11. Eritrea (Staat),
12. Gabun (Gabunische Republik),
13. Gambia (Republik),
14. Ghana (Republik),
15. Guinea (Republik),
16. Guinea-Bissau (Republik),
17. Haiti (Republik),
18. Jemen (Republik),
19. Kamerun (Republik),
20. Kiribati (Republik),
21. Kongo (Demokratische Republik),
22. Kongo (Republik),
23. Lesotho (Königreich Lesotho),
24. Liberia (Republik),
25. Madagaskar (Republik),
26. Malawi (Republik),
27. Mali (Republik),
28. Mauretanien (Islamische Republik Mauretanien),
29. Mikronesien (Föderierte Staaten von Mikronesien),
30. Mosambik (Republik),
31. Nepal,
32. Niger (Republik),
33. Nigeria (Bundesrepublik),
34. Pakistan (Islamische Republik Pakistan),
35. Papua-Neuguinea (Unabhängiger Staat Papua-Neuguinea),
36. Salomonen,
37. Senegal (Republik),
38. Sierra Leone (Republik),
39. Somalia (Bundesrepublik),
40. Sudan (Republik),
41. Südsudan (Republik),
42. Tansania (Vereinigte Republik Tansania),
43. Togo (Republik),
44. Tschad (Republik),
45. Uganda (Republik),
46. Vanuatu (Republik),
47. Zentralafrikanische Republik.

165 FreizügG-EU § 1

Gesetz über die allgemeine Freizügigkeit von Unionsbürgern (Freizügigkeitsgesetz/EU – FreizügG/EU)

Vom 30. Juli 2004 (BGBl. I S. 1950)

Zuletzt geändert durch
Gesetz zur Weiterentwicklung des Ausländerzentralregisters
vom 9. Juli 2021 (BGBl. I S. 2467)

Inhaltsübersicht

§ 1 Anwendungsbereich; Begriffsbestimmungen	§ 9 Strafvorschriften
§ 2 Recht auf Einreise und Aufenthalt	§ 10 Bußgeldvorschriften
§ 3 Familienangehörige	§ 11 Anwendung des allgemeinen Aufenthaltsrechts; Ausnahmen von der Anwendung dieses Gesetzes
§ 3a Aufenthalt nahestehender Personen	
§ 4 Nicht erwerbstätige Freizügigkeitsberechtigte	§ 11a Verordnungsermächtigung
§ 4a Daueraufenthaltsrecht	§ 12 Staatsangehörige der EWR-Staaten
§ 5 Aufenthaltskarten, Bescheinigung über das Daueraufenthaltsrecht	§ 12a Unionsrechtliches Aufenthaltsrecht
	§ 13 Staatsangehörige der Beitrittsstaaten
§ 5a Vorlage von Dokumenten	§ 14 Bestimmung zum Verwaltungsverfahren
§ 6 Verlust des Rechts auf Einreise und Aufenthalt	§ 15 Übergangsregelung
§ 7 Ausreisepflicht	§ 16 Rechtsstellung britischer Staatsangehöriger und ihrer Familienangehörigen
§ 8 Ausweispflicht	

§ 1 Anwendungsbereich; Begriffsbestimmungen

(1) Dieses Gesetz regelt die Einreise und den Aufenthalt von
1. Unionsbürgern,
2. Staatsangehörigen der EWR-Staaten, die nicht Unionsbürger sind,
3. Staatsangehörigen des Vereinigten Königreichs Großbritannien und Nordirland nach dessen Austritt aus der Europäischen Union, denen nach dem Austrittsabkommen Rechte zur Einreise und zum Aufenthalt gewährt werden,
4. Familienangehörigen der in den Nummern 1 bis 3 genannten Personen,
5. nahestehenden Personen der in den Nummern 1 bis 3 genannten Personen sowie
6. Familienangehörigen und nahestehenden Personen von Deutschen, die von ihrem Recht auf Freizügigkeit nach Artikel 21 des Vertrages über die Arbeitsweise der Europäischen Union nachhaltig Gebrauch gemacht haben.

(2) Im Sinne dieses Gesetzes
1. sind Unionsbürger Staatsangehörige anderer Mitgliedstaaten der Europäischen Union, die nicht Deutsche sind,
2. ist Lebenspartner einer Person
   a) ein Lebenspartner im Sinne des Lebenspartnerschaftsgesetzes sowie
   b) eine Person, die auf der Grundlage der Rechtsvorschriften eines Mitgliedstaates der Europäischen Union oder eines EWR-Staates eine eingetragene Partnerschaft eingegangen ist,
3. sind Familienangehörige einer Person
   a) der Ehegatte,
   b) der Lebenspartner,
   c) die Verwandten in gerader absteigender Linie der Person oder des Ehegatten oder des Lebenspartners, die das 21. Lebensjahr noch nicht vollendet haben oder denen von diesen Unterhalt gewährt wird, und
   d) die Verwandten in gerader aufsteigender Linie der Person oder des Ehegatten oder des Lebenspartners, denen von diesen Unterhalt gewährt wird,
4. sind nahestehende Personen einer Person

a) Verwandte im Sinne des § 1589 des Bürgerlichen Gesetzbuchs und die Verwandten des Ehegatten oder des Lebenspartners, die nicht Familienangehörige der Person im Sinne der Nummer 3 sind,
b) ledige Kinder, die das 18. Lebensjahr noch nicht vollendet haben, unter Vormundschaft von oder in einem Pflegekindverhältnis zu der Person stehen und keine Familienangehörigen im Sinne von Nummer 3 Buchstabe c sind, sowie
c) eine Lebensgefährtin oder ein Lebensgefährte, mit der oder dem die Person eine glaubhaft dargelegte, auf Dauer angelegte Gemeinschaft eingegangen ist, die keine weitere Lebensgemeinschaft gleicher Art zulässt, wenn die Personen beide weder verheiratet noch Lebenspartner einer Lebenspartnerschaft im Sinne der Nummer 2 sind,
5. ist das Austrittsabkommen das Abkommen über den Austritt des Vereinigten Königreichs Großbritannien und Nordirland aus der Europäischen Union und der Europäischen Atomgemeinschaft (ABl. L 29 vom 31. 1. 2020, S. 7) und
6. sind britische Staatsangehörige die in Artikel 2 Buchstabe d des Austrittsabkommens genannten Personen.

§ 2 Recht auf Einreise und Aufenthalt

(1) Freizügigkeitsberechtigte Unionsbürger und ihre Familienangehörigen haben das Recht auf Einreise und Aufenthalt nach Maßgabe dieses Gesetzes.
(2) Unionsrechtlich freizügigkeitsberechtigt sind:
1. Unionsbürger, die sich als Arbeitnehmer oder zur Berufsausbildung aufhalten wollen,
1a. Unionsbürger, die sich zur Arbeitsuche aufhalten, für bis zu sechs Monate und darüber hinaus nur, solange sie nachweisen können, dass sie weiterhin Arbeit suchen und begründete Aussicht haben, eingestellt zu werden,
2. Unionsbürger, wenn sie zur Ausübung einer selbständigen Erwerbstätigkeit berechtigt sind (niedergelassene selbständige Erwerbstätige),
3. Unionsbürger, die, ohne sich niederzulassen, als selbständige Erwerbstätige Dienstleistungen im Sinne des Artikels 57 des Vertrages über die Arbeitsweise der Europäischen Union erbringen wollen (Erbringer von Dienstleistungen), wenn sie zur Erbringung der Dienstleistung berechtigt sind,
4. Unionsbürger als Empfänger von Dienstleistungen,
5. nicht erwerbstätige Unionsbürger unter den Voraussetzungen des § 4,
6. Familienangehörige unter den Voraussetzungen der §§ 3 und 4,
7. Unionsbürger und ihre Familienangehörigen, die ein Daueraufenthaltsrecht erworben haben.
(3) [1]Das Recht nach Absatz 1 bleibt für Arbeitnehmer und selbständig Erwerbstätige unberührt bei
1. vorübergehender Erwerbsminderung infolge Krankheit oder Unfall,
2. unfreiwilliger durch die zuständige Agentur für Arbeit bestätigter Arbeitslosigkeit oder Einstellung einer selbständigen Tätigkeit infolge von Umständen, auf die der Selbständige keinen Einfluss hatte, nach mehr als einem Jahr Tätigkeit,
3. Aufnahme einer Berufsausbildung, wenn zwischen der Ausbildung und der früheren Erwerbstätigkeit ein Zusammenhang besteht; der Zusammenhang ist nicht erforderlich, wenn der Unionsbürger seinen Arbeitsplatz unfreiwillig verloren hat.
[2]Bei unfreiwilliger durch die zuständige Agentur für Arbeit bestätigter Arbeitslosigkeit nach weniger als einem Jahr Beschäftigung bleibt das Recht aus Absatz 1 während der Dauer von sechs Monaten unberührt.
(4) [1]Unionsbürger bedürfen für die Einreise keines Visums und für den Aufenthalt keines Aufenthaltstitels. [2]Familienangehörige und nahestehende Personen, die nicht Unionsbürger sind, bedürfen für die Einreise eines Visums nach den Bestimmungen für Ausländer, für die das Aufenthaltsgesetz gilt. [3]Der Besitz einer gültigen Aufenthaltskarte, auch der eines anderen Mitgliedstaates der Europäischen Union, entbindet nach Artikel 5 Abs. 2 der Richtlinie 2004/38/EG des Europäischen Parlaments und des Rates vom 29. April 2004 über das Recht der Unionsbürger und ihrer Familienangehörigen, sich im Hoheitsgebiet der Mitgliedstaaten frei zu bewegen und aufzuhalten und zur Änderung der Verordnung (EWG) Nr. 1612/68 und zur Aufhebung der Richtlinien 64/221/EWG, 68/360/EWG, 73/148/EWG, 75/34/EWG, 75/35/EWG, 90/364/EWG, 90/365/EWG und 93/96/EWG (ABl. EU Nr. L 229 S. 35) von der Visumpflicht.
(5) [1]Für einen Aufenthalt von Unionsbürgern von bis zu drei Monaten ist der Besitz eines gültigen Personalausweises oder Reisepasses ausreichend. [2]Familienangehörige, die nicht Unionsbürger sind,

haben das gleiche Recht, wenn sie im Besitz eines anerkannten oder sonst zugelassenen Passes oder Passersatzes sind und sie den Unionsbürger begleiten oder ihm nachziehen.
(6) ¹Für die Ausstellung des Visums werden keine Gebühren erhoben. ²Für die Ausstellung des Visums an nahestehende Personen werden Gebühren erhoben. ³Die Gebühren entsprechen denjenigen, die von Ausländern erhoben werden, für die das Aufenthaltsgesetz gilt.
(7) ¹Das Nichtbestehen des Rechts nach Absatz 1 kann festgestellt werden, wenn feststeht, dass die betreffende Person das Vorliegen einer Voraussetzung für dieses Recht durch die Verwendung von gefälschten oder verfälschten Dokumenten oder durch Vorspiegelung falscher Tatsachen vorgetäuscht hat. ²Das Nichtbestehen des Rechts nach Absatz 1 kann bei einem Familienangehörigen, der nicht Unionsbürger ist, außerdem festgestellt werden, wenn feststeht, dass er dem Unionsbürger nicht zur Herstellung oder Wahrung der familiären Lebensgemeinschaft nachzieht oder ihn nicht zu diesem Zweck begleitet. ³Einem Familienangehörigen, der nicht Unionsbürger ist, kann in diesen Fällen die Erteilung der Aufenthaltskarte oder des Visums versagt werden oder seine Aufenthaltskarte kann eingezogen werden. ⁴Entscheidungen nach den Sätzen 1 bis 3 bedürfen der Schriftform.

§ 3 Familienangehörige

(1) ¹Familienangehörige der in § 2 Abs. 2 Nr. 1 bis 5 genannten Unionsbürger haben das Recht nach § 2 Abs. 1, wenn sie den Unionsbürger begleiten oder ihm nachziehen. ²Für Familienangehörige der in § 2 Abs. 2 Nr. 5 genannten Unionsbürger gilt dies nach Maßgabe des § 4.
(2) Familienangehörige, die nicht Unionsbürger sind, behalten beim Tod des Unionsbürgers ein Aufenthaltsrecht, wenn sie die Voraussetzungen des § 2 Abs. 2 Nr. 1 bis 3 oder Nr. 5 erfüllen und sich vor dem Tod des Unionsbürgers mindestens ein Jahr als seine Familienangehörigen im Bundesgebiet aufgehalten haben.
(3) Die Kinder eines freizügigkeitsberechtigten Unionsbürgers und der Elternteil, der die elterliche Sorge für die Kinder tatsächlich ausübt, behalten auch nach dem Tod oder Wegzug des Unionsbürgers, von dem sie ihr Aufenthaltsrecht ableiten, bis zum Abschluss einer Ausbildung ihr Aufenthaltsrecht, wenn sich die Kinder im Bundesgebiet aufhalten und eine Ausbildungseinrichtung besuchen.
(4) Ehegatten oder Lebenspartner, die nicht Unionsbürger sind, behalten bei Scheidung oder Aufhebung der Ehe oder Aufhebung der Lebenspartnerschaft ein Aufenthaltsrecht, wenn sie die für Unionsbürger geltenden Voraussetzungen des § 2 Abs. 2 Nr. 1 bis 3 oder Nr. 5 erfüllen und wenn
1. die Ehe oder die Lebenspartnerschaft bis zur Einleitung des gerichtlichen Scheidungs- oder Aufhebungsverfahrens mindestens drei Jahre bestanden hat, davon mindestens ein Jahr im Bundesgebiet,
2. ihnen durch Vereinbarung der Ehegatten oder der Lebenspartner oder durch gerichtliche Entscheidung die elterliche Sorge für die Kinder des Unionsbürgers übertragen wurde,
3. es zur Vermeidung einer besonderen Härte erforderlich ist, insbesondere weil dem Ehegatten oder dem Lebenspartner wegen der Beeinträchtigung seiner schutzwürdigen Belange ein Festhalten an der Ehe oder der Lebenspartnerschaft nicht zugemutet werden konnte, oder
4. ihnen durch Vereinbarung der Ehegatten oder der Lebenspartner oder durch gerichtliche Entscheidung das Recht zum persönlichen Umgang mit dem minderjährigen Kind nur im Bundesgebiet eingeräumt wurde.

§ 3a Aufenthalt nahestehender Personen

(1) Einer nahestehenden Person eines Unionsbürgers, die selbst nicht als Unionsbürger und nicht nach den §§ 3 oder 4 freizügigkeitsberechtigt ist, kann auf Antrag das Recht zur Einreise und zum Aufenthalt im Bundesgebiet verliehen werden, wenn
1. es sich um eine nahestehende Person im Sinne des § 1 Absatz 2 Nummer 4 Buchstabe a handelt und
   a) der Unionsbürger ihr zum Zeitpunkt der erstmaligen Antragstellung seit mindestens zwei Jahren und nicht nur vorübergehend Unterhalt gewährt,
   b) der Unionsbürger mit ihr in dem Staat, in dem sie vor der Verlegung des Wohnsitzes in das Bundesgebiet gelebt hat oder lebt, in häuslicher Gemeinschaft gelebt hat und die häusliche Gemeinschaft zwischen dem Unionsbürger und ihr mindestens zwei Jahre bestanden hat oder
   c) nicht nur vorübergehend schwerwiegende gesundheitliche Gründe zum Antragszeitpunkt die persönliche Pflege von ihr durch den Unionsbürger zwingend erforderlich machen,
2. es sich um eine nahestehende Person im Sinne des § 1 Absatz 2 Nummer 4 Buchstabe b handelt und der Unionsbürger mit ihr im Bundesgebiet für längere Zeit in familiärer Gemeinschaft zusammenleben wird und sie vom Unionsbürger abhängig ist oder

3. es sich um eine nahestehende Person im Sinne des § 1 Absatz 2 Nummer 4 Buchstabe c handelt und der Unionsbürger mit ihr im Bundesgebiet nicht nur vorübergehend zusammenleben wird.
(2) Bei der Entscheidung über die Verleihung eines Rechts nach Absatz 1 ist nach einer eingehenden Untersuchung der persönlichen Umstände maßgeblich zu berücksichtigen, ob der Aufenthalt der nahestehenden Person unter Berücksichtigung ihrer Beziehung zum Unionsbürger sowie von anderen Gesichtspunkten, wie dem Grad der finanziellen oder physischen Abhängigkeit oder dem Grad der Verwandtschaft zwischen ihr und dem Unionsbürger, im Hinblick auf einen in Absatz 1 genannten Anlass des Aufenthalts erforderlich ist.
(3) § 3 Absatz 2 findet entsprechende Anwendung.

§ 4 Nicht erwerbstätige Freizügigkeitsberechtigte

¹Nicht erwerbstätige Unionsbürger und ihre Familienangehörigen, die den Unionsbürger begleiten oder ihm nachziehen, haben das Recht nach § 2 Abs. 1, wenn sie über ausreichenden Krankenversicherungsschutz und ausreichende Existenzmittel verfügen. ²Hält sich der Unionsbürger als Student im Bundesgebiet auf, haben dieses Recht nur sein Ehegatte, Lebenspartner und seine Kinder, denen Unterhalt gewährt wird.

§ 4a Daueraufenthaltsrecht

(1) ¹Unionsbürger, die sich seit fünf Jahren ständig rechtmäßig im Bundesgebiet aufgehalten haben, haben unabhängig vom weiteren Vorliegen der Voraussetzungen des § 2 Abs. 2 das Recht auf Einreise und Aufenthalt (Daueraufenthaltsrecht). ²Ihre Familienangehörigen und nahestehenden Personen, die Inhaber eines Rechts nach § 3a Absatz 1 sind, die nicht Unionsbürger sind, haben dieses Recht, wenn sie sich seit fünf Jahren mit dem Unionsbürger ständig rechtmäßig im Bundesgebiet aufgehalten haben.
(2) ¹Abweichend von Absatz 1 haben Unionsbürger nach § 2 Abs. 2 Nr. 1 bis 3 vor Ablauf von fünf Jahren das Daueraufenthaltsrecht, wenn sie
1. sich mindestens drei Jahre ständig im Bundesgebiet aufgehalten und mindestens während der letzten zwölf Monate im Bundesgebiet eine Erwerbstätigkeit ausgeübt haben und
   a) zum Zeitpunkt des Ausscheidens aus dem Erwerbsleben das 65. Lebensjahr erreicht haben oder
   b) ihre Beschäftigung im Rahmen einer Vorruhestandsregelung beenden oder
2. ihre Erwerbstätigkeit infolge einer vollen Erwerbsminderung aufgeben,
   a) die durch einen Arbeitsunfall oder eine Berufskrankheit eingetreten ist und einen Anspruch auf eine Rente gegenüber einem Leistungsträger im Bundesgebiet begründet oder
   b) nachdem sie sich zuvor mindestens zwei Jahre ständig im Bundesgebiet aufgehalten haben oder
3. drei Jahre ständig im Bundesgebiet erwerbstätig waren und anschließend in einem anderen Mitgliedstaat der Europäischen Union erwerbstätig sind, ihren Wohnsitz im Bundesgebiet beibehalten und mindestens einmal in der Woche dorthin zurückkehren; für den Erwerb des Rechts nach den Nummern 1 und 2 gelten die Zeiten der Erwerbstätigkeit in einem anderen Mitgliedstaat der Europäischen Union als Zeiten der Erwerbstätigkeit im Bundesgebiet.

²Soweit der Ehegatte oder der Lebenspartner des Unionsbürgers Deutscher nach Artikel 116 des Grundgesetzes ist oder diese Rechtsstellung durch Eheschließung mit dem Unionsbürger bis zum 31. März 1953 verloren hat, entfallen in Satz 1 Nr. 1 und 2 die Voraussetzungen der Aufenthaltsdauer und der Dauer der Erwerbstätigkeit.
(3) Familienangehörige und nahestehende Personen eines verstorbenen Unionsbürgers nach § 2 Abs. 2 Nr. 1 bis 3, die im Zeitpunkt seines Todes bei ihm ihren ständigen Aufenthalt hatten, haben das Daueraufenthaltsrecht, wenn
1. der Unionsbürger sich im Zeitpunkt seines Todes seit mindestens zwei Jahren im Bundesgebiet ständig aufgehalten hat,
2. der Unionsbürger infolge eines Arbeitsunfalls oder einer Berufskrankheit gestorben ist oder
3. der überlebende Ehegatte oder Lebenspartner des Unionsbürgers Deutscher nach Artikel 116 des Grundgesetzes ist oder diese Rechtsstellung durch Eheschließung mit dem Unionsbürger vor dem 31. März 1953 verloren hat.

(4) Die Familienangehörigen und die nahestehenden Personen eines Unionsbürgers, der das Daueraufenthaltsrecht nach Absatz 2 erworben hat, haben ebenfalls das Daueraufenthaltsrecht, wenn sie bei dem Unionsbürger ihren ständigen Aufenthalt haben.
(5) Familienangehörige nach § 3 Absatz 2 bis 4 und nahestehende Personen nach § 3a Absatz 3 erwerben das Daueraufenthaltsrecht, wenn sie sich fünf Jahre ständig rechtmäßig im Bundesgebiet aufhalten.
(6) Der ständige Aufenthalt wird nicht berührt durch

1. Abwesenheiten bis zu insgesamt sechs Monaten im Jahr oder
2. Abwesenheit zur Ableistung des Wehrdienstes oder eines Ersatzdienstes sowie
3. eine einmalige Abwesenheit von bis zu zwölf aufeinander folgenden Monaten aus wichtigem Grund, insbesondere auf Grund einer Schwangerschaft und Entbindung, schweren Krankheit, eines Studiums, einer Berufsausbildung oder einer beruflichen Entsendung.

(7) Eine Abwesenheit aus einem seiner Natur nach nicht nur vorübergehenden Grund von mehr als zwei aufeinander folgenden Jahren führt zum Verlust des Daueraufenthaltsrechts.

§ 5 Aufenthaltskarten, Bescheinigung über das Daueraufenthaltsrecht

(1) ¹Freizügigkeitsberechtigten Familienangehörigen, die nicht Unionsbürger sind, wird von Amts wegen innerhalb von sechs Monaten, nachdem sie die erforderlichen Angaben gemacht haben, eine Aufenthaltskarte für Familienangehörige von Unionsbürgern ausgestellt, die fünf Jahre gültig sein soll. ²Eine Bescheinigung darüber, dass die erforderlichen Angaben gemacht worden sind, erhält der Familienangehörige unverzüglich.

(2) ¹Die zuständige Ausländerbehörde kann verlangen, dass die Voraussetzungen des Rechts nach § 2 Abs. 1 drei Monate nach der Einreise glaubhaft gemacht werden. ²Für die Glaubhaftmachung erforderliche Angaben und Nachweise können von der zuständigen Meldebehörde bei der meldebehördlichen Anmeldung entgegengenommen werden. ³Diese leitet die Angaben und Nachweise an die zuständige Ausländerbehörde weiter. ⁴Eine darüber hinausgehende Verarbeitung oder Nutzung durch die Meldebehörde erfolgt nicht.

(3) Das Vorliegen oder der Fortbestand der Voraussetzungen des Rechts nach § 2 Absatz 1 kann aus besonderem Anlass überprüft werden.

(4) ¹Sind die Voraussetzungen des Rechts nach § 2 Abs. 1 innerhalb von fünf Jahren nach Begründung des ständigen rechtmäßigen Aufenthalts im Bundesgebiet entfallen oder liegen diese nicht vor, kann der Verlust des Rechts nach § 2 Abs. 1 festgestellt und bei Familienangehörigen, die nicht Unionsbürger sind, die Aufenthaltskarte eingezogen werden. ²§ 4a Abs. 6 gilt entsprechend.

(5) ¹Auf Antrag wird Unionsbürgern unverzüglich ihr Daueraufenthaltsrecht bescheinigt. ²Ihren daueraufenthaltsberechtigten Familienangehörigen, die nicht Unionsbürger sind, wird innerhalb von sechs Monaten nach Antragstellung eine Daueraufenthaltskarte ausgestellt.

(6) Für den Verlust des Daueraufenthaltsrechts nach § 4a Abs. 7 gilt Absatz 4 Satz 1 entsprechend.

(7) ¹Bei Verleihung des Rechts nach § 3a Absatz 1 stellt die zuständige Behörde eine Aufenthaltskarte für nahestehende Personen, die nicht Unionsbürger sind, aus, die fünf Jahre gültig sein soll. ²Die Inhaber des Rechts dürfen eine Erwerbstätigkeit ausüben. ³Absatz 5 Satz 2 findet entsprechende Anwendung.

§ 5a Vorlage von Dokumenten

(1) ¹Die zuständige Behörde darf in den Fällen des § 5 Absatz 2 von einem Unionsbürger den gültigen Personalausweis oder Reisepass und im Fall des
1. § 2 Abs. 2 Nr. 1 eine Einstellungsbestätigung oder eine Beschäftigungsbescheinigung des Arbeitgebers,
2. § 2 Abs. 2 Nr. 2 einen Nachweis über seine selbständige Tätigkeit,
3. § 2 Abs. 2 Nr. 5 einen Nachweis über ausreichenden Krankenversicherungsschutz und ausreichende Existenzmittel

verlangen. ²Ein nicht erwerbstätiger Unionsbürger im Sinne des § 2 Abs. 2 Nr. 5, der eine Bescheinigung vorlegt, dass er im Bundesgebiet eine Hochschule oder andere Ausbildungseinrichtung besucht, muss die Voraussetzungen nach Satz 1 Nr. 3 nur glaubhaft machen.

(2) Die zuständige Behörde darf von Familienangehörigen in den Fällen des § 5 Absatz 2 oder für die Ausstellung der Aufenthaltskarte einen anerkannten oder sonst zugelassenen gültigen Pass oder Passersatz und zusätzlich Folgendes verlangen:
1. einen Nachweis über das Bestehen der familiären Beziehung, bei Verwandten in absteigender und aufsteigender Linie einen urkundlichen Nachweis über Voraussetzungen des § 1 Absatz 2 Nummer 3,
2. eine Meldebestätigung des Unionsbürgers, den die Familienangehörigen begleiten oder dem sie nachziehen.

(3) Die zuständige Behörde verlangt in den Fällen des § 3a für die Ausstellung der Aufenthaltskarte über die in Absatz 2 genannten Nachweise hinaus
1. ein durch die zuständige Behörde des Ursprungs- oder Herkunftslands ausgestelltes Dokument, aus dem hervorgeht,

a) in Fällen nach § 3a Absatz 1 Nummer 1 Buchstabe a, dass und seit wann die nahestehende Person vom Unionsbürger Unterhalt bezieht,
b) in Fällen nach § 3a Absatz 1 Nummer 1 Buchstabe b, dass und wie lange die nahestehende Person mit dem Unionsbürger in häuslicher Gemeinschaft gelebt hat,
2. in Fällen nach § 3a Absatz 1 Nummer 1 Buchstabe c den Nachweis schwerwiegender gesundheitlicher Gründe, die die persönliche Pflege der nahestehenden Person durch den Unionsbürger zwingend erforderlich machen,
3. in Fällen nach § 3a Absatz 1 Nummer 2 den urkundlichen Nachweis des Bestehens der Vormundschaft oder des Pflegekindverhältnisses sowie einen Nachweis der Abhängigkeit der nahestehenden Person vom Unionsbürger und
4. in den Fällen nach § 3a Absatz 1 Nummer 3 den Nachweis über die Umstände für das Bestehen einer dauerhaften Beziehung nach § 1 Absatz 2 Nummer 4 Buchstabe c zwischen dem Unionsbürger und der nahestehenden Person.

§ 6 Verlust des Rechts auf Einreise und Aufenthalt

(1) [1]Der Verlust des Rechts nach § 2 Abs. 1 kann unbeschadet des § 2 Absatz 7 und des § 5 Absatz 4 nur aus Gründen der öffentlichen Ordnung, Sicherheit oder Gesundheit (Artikel 45 Absatz 3, Artikel 52 Absatz 1 des Vertrages über die Arbeitsweise der Europäischen Union) festgestellt und die Bescheinigung über die Daueraufenthaltsrecht oder die Aufenthaltskarte oder Daueraufenthaltskarte eingezogen werden. [2]Aus den in Satz 1 genannten Gründen kann auch die Einreise verweigert werden. [3]Die Feststellung aus Gründen der öffentlichen Gesundheit kann nur erfolgen, wenn es sich um Krankheiten mit epidemischem Potenzial im Sinne der einschlägigen Rechtsinstrumente der Weltgesundheitsorganisation und sonstige übertragbare, durch Infektionserreger oder Parasiten verursachte Krankheiten handelt, sofern gegen diese Krankheiten Maßnahmen im Bundesgebiet getroffen werden. [4]Krankheiten, die nach Ablauf einer Frist von drei Monaten ab dem Zeitpunkt der Einreise auftreten, stellen keinen Grund für eine Feststellung nach Satz 1 dar.
(2) [1]Die Tatsache einer strafrechtlichen Verurteilung genügt für sich allein nicht, um die in Absatz 1 genannten Entscheidungen oder Maßnahmen zu begründen. [2]Es dürfen nur im Bundeszentralregister noch nicht getilgte strafrechtliche Verurteilungen und diese nur insoweit berücksichtigt werden, als die ihnen zu Grunde liegenden Umstände ein persönliches Verhalten erkennen lassen, das eine gegenwärtige Gefährdung der öffentlichen Ordnung darstellt. [3]Es muss eine tatsächliche und hinreichend schwere Gefährdung vorliegen, die ein Grundinteresse der Gesellschaft berührt.
(3) Bei der Entscheidung nach Absatz 1 sind insbesondere die Dauer des Aufenthalts des Betroffenen in Deutschland, sein Alter, sein Gesundheitszustand, seine familiäre und wirtschaftliche Lage, seine soziale und kulturelle Integration in Deutschland und das Ausmaß seiner Bindungen zum Herkunftsstaat zu berücksichtigen.
(4) Eine Feststellung nach Absatz 1 darf nach Erwerb des Daueraufenthaltsrechts nur aus schwerwiegenden Gründen getroffen werden.
(5) [1]Eine Feststellung nach Absatz 1 darf bei Unionsbürgern und ihren Familienangehörigen, die ihren Aufenthalt in den letzten zehn Jahren im Bundesgebiet hatten, und bei Minderjährigen nur aus zwingenden Gründen der öffentlichen Sicherheit getroffen werden. [2]Für Minderjährige gilt dies nicht, wenn der Verlust des Aufenthaltsrecht zum Wohl des Kindes notwendig ist. [3]Zwingende Gründe der öffentlichen Sicherheit können nur dann vorliegen, wenn der Betroffene wegen einer oder mehrerer vorsätzlicher Straftaten rechtskräftig zu einer Freiheits- oder Jugendstrafe von mindestens fünf Jahren verurteilt oder bei der letzten rechtskräftigen Verurteilung Sicherungsverwahrung angeordnet wurde, wenn die Sicherheit der Bundesrepublik Deutschland betroffen ist oder wenn vom Betroffenen eine terroristische Gefahr ausgeht.
(6) Die Entscheidungen oder Maßnahmen, die den Verlust des Aufenthaltsrechts oder des Daueraufenthaltsrecht betreffen, dürfen nicht zu wirtschaftlichen Zwecken getroffen werden.
(7) Wird der Pass, Personalausweis oder sonstige Passersatz ungültig, so kann dies die Aufenthaltsbeendigung nicht begründen.
(8) [1]Vor der Feststellung nach Absatz 1 soll der Betroffene angehört werden. [2]Die Feststellung bedarf der Schriftform.

§ 7 Ausreisepflicht

(1) [1]Unionsbürger oder ihre Familienangehörigen sind ausreisepflichtig, wenn die Ausländerbehörde festgestellt hat, dass das Recht auf Einreise und Aufenthalt nicht besteht. [2]In dem Bescheid soll die

Abschiebung angedroht und eine Ausreisefrist gesetzt werden. ³Außer in dringenden Fällen muss die Frist mindestens einen Monat betragen. ⁴Wird ein Antrag nach § 80 Abs. 5 der Verwaltungsgerichtsordnung gestellt, darf die Abschiebung nicht erfolgen, bevor über den Antrag entschieden wurde.
(2) ¹Unionsbürger und ihre Familienangehörigen, die ihr Freizügigkeitsrecht nach § 6 Abs. 1 verloren haben, dürfen nicht erneut in das Bundesgebiet einreisen und sich darin aufhalten. ²Unionsbürgern und ihren Familienangehörigen, bei denen das Nichtbestehen des Freizügigkeitsrechts nach § 2 Absatz 7 festgestellt worden ist, kann untersagt werden, erneut in das Bundesgebiet einzureisen und sich darin aufzuhalten. ³Dies soll untersagt werden, wenn ein besonders schwerer Fall, insbesondere ein wiederholtes Vortäuschen des Vorliegens der Voraussetzungen des Rechts auf Einreise und Aufenthalt, vorliegt oder wenn ihr Aufenthalt die öffentliche Ordnung und Sicherheit der Bundesrepublik Deutschland in erheblicher Weise beeinträchtigt. ⁴Bei einer Entscheidung nach den Sätzen 2 und 3 findet § 6 Absatz 3, 6 und 8 entsprechend Anwendung. ⁵Das Verbot nach den Sätzen 1 bis 3 wird von Amts wegen befristet. ⁶Die Frist ist unter Berücksichtigung der Umstände des Einzelfalles festzusetzen und darf fünf Jahre nur in den Fällen des § 6 Absatz 1 überschreiten. ⁷Die Frist beginnt mit der Ausreise. ⁸Ein nach angemessener Frist oder nach drei Jahren gestellter Antrag auf Aufhebung oder auf Verkürzung der festgesetzten Frist ist innerhalb von sechs Monaten zu bescheiden.

§ 8 Ausweispflicht

(1) Die Personen, deren Einreise und Aufenthalt nach § 1 Absatz 1 durch dieses Gesetz geregelt ist, sind verpflichtet,
1. bei der Einreise in das oder der Ausreise aus dem Bundesgebiet einen Pass oder anerkannten Passersatz
   a) mit sich zu führen und
   b) einem zuständigen Beamten auf Verlangen zur Prüfung vorzulegen,
2. für die Dauer des Aufenthalts im Bundesgebiet den erforderlichen Pass oder Passersatz zu besitzen,
3. den Pass oder Passersatz sowie die Aufenthaltskarte, die Bescheinigung des Daueraufenthalts und die Daueraufenthaltskarte den mit der Ausführung dieses Gesetzes betrauten Behörden auf Verlangen vorzulegen, auszuhändigen und vorübergehend zu überlassen, soweit dies zur Durchführung oder Sicherung von Maßnahmen nach diesem Gesetz erforderlich ist.

(1a) Die Personen, deren Einreise und Aufenthalt nach § 1 Absatz 1 durch dieses Gesetz geregelt ist, sind verpflichtet, die in Absatz 1 Nummer 3 genannten Dokumente auf Verlangen einer zur Überprüfung der Identität befugten Behörde vorzulegen und es ihr zu ermöglichen, das Gesicht mit dem Lichtbild im Dokument abzugleichen.

(2) ¹Die mit dem Vollzug dieses Gesetzes betrauten Behörden dürfen unter den Voraussetzungen des Absatzes 1 Nr. 3 die auf dem elektronischen Speicher- und Verarbeitungsmedium eines Dokumentes nach Absatz 1 gespeicherten biometrischen und sonstigen Daten auslesen, die benötigten biometrischen Daten beim Inhaber des Dokumentes erheben und die biometrischen Daten miteinander vergleichen. ²Biometrische Daten nach Satz 1 sind nur die Fingerabdrücke, das Lichtbild und die Irisbilder. ³Die Polizeivollzugsbehörden, die Zollverwaltung und die Meldebehörden sind befugt, Maßnahmen nach Satz 1 zu treffen, soweit sie die Echtheit des Dokumentes oder die Identität des Inhabers überprüfen dürfen. ⁴Die nach den Sätzen 1 und 3 erhobenen Daten sind unverzüglich nach Beendigung der Prüfung der Echtheit des Dokumentes oder der Identität des Inhabers zu löschen.

§ 9 Strafvorschriften

(1) Mit Freiheitsstrafe bis zu drei Jahren oder mit Geldstrafe wird bestraft, wer unrichtige oder unvollständige Angaben macht oder benutzt, um für sich oder einen anderen eine Aufenthaltskarte, eine Daueraufenthaltskarte, eine Bescheinigung über das Daueraufenthaltsrecht, ein Aufenthaltsdokument-GB oder ein Aufenthaltsdokument für Grenzgänger-GB zu beschaffen oder eine so beschaffte Urkunde wissentlich zur Täuschung im Rechtsverkehr gebraucht.
(2) Mit Freiheitsstrafe bis zu einem Jahr oder mit Geldstrafe wird bestraft, wer entgegen § 7 Abs. 2 Satz 1 in das Bundesgebiet einreist oder sich darin aufhält.
(3) Gegenstände, auf die sich eine Straftat nach Absatz 1 bezieht, können eingezogen werden.

§ 10 Bußgeldvorschriften

(1) Ordnungswidrig handelt, wer
1. entgegen § 8 Absatz 1 Nummer 1 Buchstabe b oder Nummer 3 ein dort genanntes Dokument nicht oder nicht rechtzeitig vorlegt oder

2. entgegen § 8 Absatz 1a ein dort genanntes Dokument nicht oder nicht rechtzeitig vorlegt oder einen Abgleich mit dem Lichtbild nicht oder nicht rechtzeitig ermöglicht.
(2) Ordnungswidrig handelt, wer vorsätzlich oder leichtfertig entgegen § 8 Abs. 1 Nr. 2 einen Pass oder Passersatz nicht besitzt.
(3) Ordnungswidrig handelt, wer vorsätzlich oder fahrlässig entgegen § 8 Abs. 1 Nr. 1 Buchstabe a einen Pass oder Passersatz nicht mit sich führt.
(4) Die Ordnungswidrigkeit kann in den Fällen der Absätze 1 und 3 mit einer Geldbuße bis zu dreitausend Euro, in den übrigen Fällen mit einer Geldbuße bis zu tausend Euro geahndet werden.
(5) Verwaltungsbehörde im Sinne des § 36 Abs. 1 Nr. 1 des Gesetzes über Ordnungswidrigkeiten ist in den Fällen der Absätze 1 und 3 die in der Rechtsverordnung nach § 58 Abs. 1 des Bundespolizeigesetzes bestimmte Bundespolizeibehörde.

§ 11 Anwendung des allgemeinen Aufenthaltsrechts; Ausnahmen von der Anwendung dieses Gesetzes

(1) Auf die Personen, deren Einreise und Aufenthalt nach § 1 Absatz 1 durch dieses Gesetz geregelt ist, finden § 3 Absatz 2, § 11 Absatz 8, die §§ 13, 14 Absatz 2, § 44 Absatz 4, die §§ 45a, 46 Absatz 2, § 50 Absatz 3 bis 6, § 59 Absatz 1 Satz 6 und 7, die §§ 69, 73, 74 Absatz 2, § 77 Absatz 1, die §§ 80, 82 Absatz 5, die §§ 85 bis 88, 90, 91, 95 Absatz 1 Nummer 4 und 8, Absatz 2 Nummer 2, Absatz 4, die §§ 96, 97, 98 Absatz 2 Nummer 2, Absatz 2a, 3 Nummer 3, Absatz 4 und 5 sowie § 99 des Aufenthaltsgesetzes entsprechende Anwendung.
(2) § 73 des Aufenthaltsgesetzes ist nur zur Feststellung von Gründen gemäß § 6 Absatz 1, hiervon abweichend in den Fällen des Absatzes 8 Satz 1 und des Absatzes 12 Satz 2 ohne Einschränkung anzuwenden.
(3) [1]§ 78 des Aufenthaltsgesetzes ist für die Ausstellung von Aufenthaltskarten, Daueraufenthaltskarten, Aufenthaltsdokumenten-GB und Aufenthaltsdokumenten für Grenzgänger-GB entsprechend anzuwenden. [2]Sie tragen die nach Maßgabe der nach den §§ 11a und 99 Absatz 1 Nummer 13a Satz 1 des Aufenthaltsgesetzes erlassenen Rechtsverordnung festgelegten Bezeichnungen. [3]In der Zone für das automatische Lesen wird anstelle der Abkürzungen nach § 78 Absatz 2 Satz 2 Nummer 1 des Aufenthaltsgesetzes in Aufenthaltskarten und Daueraufenthaltskarten die Abkürzung „AF" und in Aufenthaltsdokumenten-GB und Aufenthaltsdokumenten für Grenzgänger-GB die Abkürzung „AR" verwendet.
(4) [1]Eine Fiktionsbescheinigung nach § 81 Absatz 5 des Aufenthaltsgesetzes ist auf Antrag auszustellen, wenn nach diesem Gesetz von Amts wegen eine Aufenthaltskarte, ein Aufenthaltsdokument-GB oder ein Aufenthaltsdokument für Grenzgänger-GB auszustellen ist und ein Dokument mit elektronischem Speicher- und Verarbeitungsmedium noch nicht zur Überlassung an den Inhaber bereitsteht. [2]In Fällen, in denen ein Recht auf Einreise und Aufenthalt nach diesem Gesetz nur auf Antrag besteht, findet § 81 des Aufenthaltsgesetzes entsprechende Anwendung.
(5) § 5 Absatz 1, 2 und 4, § 6 Absatz 3 Satz 2 und 3, § 7 Absatz 2 Satz 2 und § 82 Absatz 1 und 2 des Aufenthaltsgesetzes sowie § 82 Absatz 3 des Aufenthaltsgesetzes, soweit er sich auf § 82 Absatz 1 des Aufenthaltsgesetzes bezieht, sind in den Fällen des § 3a entsprechend anzuwenden.
(6) § 82 Absatz 4 des Aufenthaltsgesetzes ist in den Fällen des Absatzes 8 Satz 1 und des Absatzes 12 Satz 2 entsprechend anzuwenden.
(7) [1]Die Mitteilungspflichten nach § 87 Absatz 2 Satz 1 Nummer 1 bis 3 des Aufenthaltsgesetzes bestehen insoweit entsprechend, als die dort genannten Umstände auch für die Feststellung nach § 2 Absatz 7, § 5 Absatz 4 und § 6 Absatz 1 entscheidungserheblich sein können. [2]Sie bestehen in den Fällen des Absatzes 8 Satz 1 und des Absatzes 12 Satz 2 ohne diese Einschränkung.
(8) [1]Auf den Aufenthalt von Personen, die
1. sich selbst als Familienangehörige im Bundesgebiet aufgehalten haben und nach § 3 Absatz 2 nach dem Tod eines Unionsbürgers ein Aufenthaltsrecht behalten,
2. nicht Unionsbürger sind, sich selbst als Ehegatten oder Lebenspartner im Bundesgebiet aufgehalten haben, und die nach der Scheidung oder Aufhebung der Ehe oder Aufhebung der Lebenspartnerschaft nach § 3 Absatz 4 ein Aufenthaltsrecht behalten, und
3. als nahestehende Personen eines Unionsbürgers ein Aufenthaltsrecht nach § 3a Absatz 1 haben, sind die §§ 6 und 7 nicht anzuwenden. [2]Insoweit findet das Aufenthaltsgesetz entsprechende Anwendung. [3]Auf den Aufenthalt von Familienangehörigen der in Satz 1 genannten Personen ist § 3 Absatz 1 nicht anzuwenden. [4]Insoweit sind die Regelungen des Aufenthaltsgesetzes zum Familiennachzug zu Inhabern von Aufenthaltserlaubnissen aus familiären Gründen entsprechend anzuwenden.

(9) ¹§ 3 Absatz 1 ist für den Aufenthalt von Familienangehörigen von Personen nicht anzuwenden, die selbst Familienangehörige oder nahestehende Personen und nicht Unionsbürger sind und nach § 4a Absatz 1 Satz 2 ein Daueraufenthaltsrecht haben. ²Insoweit sind die Vorschriften des Aufenthaltsgesetzes zum Familiennachzug zu Inhabern einer Erlaubnis zum Daueraufenthalt – EU entsprechend anzuwenden.
(10) ¹Sofern Familienangehörige von Personen, die ein in § 16 Absatz 1 und 2 genanntes Recht zum Aufenthalt in der Bundesrepublik Deutschland ausüben, kein Recht zum Aufenthalt in der Bundesrepublik Deutschland haben, das nach dem Austrittsabkommen geregelt ist, finden die Vorschriften des Aufenthaltsgesetzes zum Familiennachzug entsprechende Anwendung. ²Dabei werden gleichgestellt
1. Inhaber eines Daueraufenthaltsrechts nach Artikel 15 des Austrittsabkommens den Inhabern einer Erlaubnis zum Daueraufenthalt – EU,
2. Inhaber eines anderen Aufenthaltsrechts nach dem Austrittsabkommen, die britische Staatsangehörige sind, den Inhabern einer Blauen Karte EU und
3. Inhaber eines anderen Aufenthaltsrechts nach dem Austrittsabkommen, die weder britische Staatsangehörige noch Unionsbürger sind, den Inhabern einer Aufenthaltserlaubnis aus familiären Gründen.
(11) § 3a und die übrigen Bestimmungen dieses Gesetzes und des Aufenthaltsgesetzes, die in Fällen des § 3a dieses Gesetzes gelten, sind auf nahestehende Personen britischer Staatsangehöriger entsprechend anzuwenden, wenn die britischen Staatsangehörigen ein in § 16 Absatz 1 genanntes Aufenthaltsrecht im Bundesgebiet ausüben und wenn und solange die Voraussetzungen des Artikels 10 Absatz 2, 3 oder 4 des Austrittsabkommens erfüllt sind.
(12) ¹Die §§ 6 und 7 finden nach Maßgabe des Artikels 20 Absatz 1 des Austrittsabkommens entsprechende Anwendung, wenn ein Verhalten, auf Grund dessen eine Beendigung des Aufenthalts eines Inhabers eines Rechts nach § 16 erfolgt oder durchgesetzt wird, vor dem Ende des Übergangszeitraums stattgefunden hat. ²Im Übrigen findet hinsichtlich der Beendigung des Aufenthalts von Inhabern eines Rechts nach § 16 das Aufenthaltsgesetz Anwendung. ³§ 52 des Verwaltungsverfahrensgesetzes findet entsprechende Anwendung.
(13) § 88a Absatz 1 Satz 1, 3 und 4 des Aufenthaltsgesetzes findet entsprechende Anwendung, soweit die Übermittlung von teilnehmerbezogenen Daten im Rahmen der Durchführung von Integrationskursen nach § 44 Absatz 4 des Aufenthaltsgesetzes, zur Überwachung einer Eingliederungsvereinbarung nach dem Zweiten Buch Sozialgesetzbuch oder zur Durchführung des Einbürgerungsverfahrens erforderlich ist.
(14) ¹Das Aufenthaltsgesetz findet auch dann Anwendung, wenn es eine günstigere Rechtsstellung vermittelt als dieses Gesetz. ²Hat die Ausländerbehörde das Nichtbestehen oder den Verlust des Rechts nach § 2 Absatz 1 festgestellt, findet das Aufenthaltsgesetz Anwendung, sofern dieses Gesetz keine besonderen Regelungen trifft.
(15) ¹Zeiten des rechtmäßigen Aufenthalts nach diesem Gesetz unter fünf Jahren entsprechen den Zeiten des Besitzes einer Aufenthaltserlaubnis. ²Zeiten des rechtmäßigen Aufenthalts nach diesem Gesetz über fünf Jahren entsprechen dem Besitz einer Niederlassungserlaubnis.

§ 11a Verordnungsermächtigung

Das Bundesministerium des Innern, für Bau und Heimat wird ermächtigt, durch Rechtsverordnung mit Zustimmung des Bundesrates die Einzelheiten der Ausstellung von Aufenthaltskarten nach § 5 Absatz 1 Satz 1 und Absatz 7 Satz 1, Daueraufenthaltskarten nach § 5 Absatz 5 Satz 2, Aufenthaltsdokumenten-GB nach § 16 Absatz 2 Satz 1 und Aufenthaltsdokumenten für Grenzgänger-GB nach § 16 Absatz 3 entsprechend § 99 Absatz 1 Nummer 13a Satz 1 des Aufenthaltsgesetzes sowie Einzelheiten des Prüfverfahrens entsprechend § 34 Nummer 4 des Personalausweisgesetzes und Einzelheiten zum elektronischen Identitätsnachweis entsprechend § 34 Nummer 5 bis 7 des Personalausweisgesetzes festzulegen.

§ 12 Staatsangehörige der EWR-Staaten

Die nach diesem Gesetz für Unionsbürger, Familienangehörige von Unionsbürgern und nahestehende Personen von Unionsbürgern geltenden Regelungen finden jeweils auch für Staatsangehörige der EWR-Staaten, die nicht Unionsbürger sind, und für ihre Familienangehörigen und ihre nahestehenden Personen Anwendung.

§ 12a Unionsrechtliches Aufenthaltsrecht

Auf Familienangehörige und nahestehende Personen von Deutschen, die von ihrem Recht auf Freizügigkeit nach Artikel 21 des Vertrages über die Arbeitsweise der Europäischen Union nachhaltig Gebrauch gemacht haben, finden die nach diesem Gesetz für Familienangehörige und für nahestehende Personen von Unionsbürgern geltenden Regelungen entsprechende Anwendung.

§ 13 Staatsangehörige der Beitrittsstaaten
Soweit nach Maßgabe des Beitrittsvertrages eines Mitgliedstaates zur Europäischen Union abweichende Regelungen anzuwenden sind, findet dieses Gesetz Anwendung, wenn die Beschäftigung durch die Bundesagentur für Arbeit nach § 284 Absatz 1 des Dritten Buches Sozialgesetzbuch genehmigt wurde.

§ 14 Bestimmung zum Verwaltungsverfahren
[1]Von den in § 11 Abs. 1 in Verbindung mit § 87 Absatz 1, 2 Satz 1 und 2, Absatz 4 Satz 1, 3 und 5, §§ 90, 91 Abs. 1 und 2, § 99 Abs. 1 und 2 des Aufenthaltsgesetzes getroffenen Regelungen des Verwaltungsverfahrens kann durch Landesrecht nicht abgewichen werden. [2]Dies gilt nicht im Hinblick auf Verfahren im Zusammenhang mit Aufenthaltsrechten nach § 3a und mit den in den §§ 12a und 16 geregelten Aufenthaltsrechten.

§ 15 Übergangsregelung
Eine vor dem 28. August 2007 ausgestellte Aufenthaltserlaubnis-EU gilt als Aufenthaltskarte für Familienangehörige eines Unionsbürgers fort.

§ 16 Rechtsstellung britischer Staatsangehöriger und ihrer Familienangehörigen
(1) [1]Das in Teil Zwei Titel II Kapitel 1 des Austrittsabkommens vorgesehene Recht auf Einreise und Aufenthalt im Bundesgebiet kann ausgeübt werden, ohne dass es hierfür eines Antrages bedarf. [2]Dieses Recht ist ein Aufenthaltsrecht im Sinne des Artikels 18 Absatz 4 des Austrittsabkommens.
(2) [1]Denjenigen,
1. die das Recht nach Absatz 1 ausüben oder
2. die das nach Artikel 24 Absatz 2, auch in Verbindung mit Artikel 25 Absatz 2, des Austrittsabkommens bestehende Recht ausüben, im Bundesgebiet zu wohnen,

wird von Amts wegen ein Aufenthaltsdokument im Sinne des Artikels 18 Absatz 4 des Austrittsabkommens (Aufenthaltsdokument-GB) ausgestellt. [2]Sie haben ihren Aufenthalt spätestens innerhalb von sechs Monaten nach dem Ende des Übergangszeitraums im Sinne des Teils Vier des Austrittsabkommens bei der zuständigen Ausländerbehörde anzuzeigen, wenn sie nicht bereits Inhaber einer Aufenthaltskarte oder Daueraufenthaltskarte sind. [3]Die Vorschriften des Artikels 18 Absatz 1 Unterabsatz 2 Buchstabe b Satz 2 Buchstabe c sowie i bis n des Austrittsabkommens finden entsprechende Anwendung.
(3) Britische Staatsangehörige, die nach Teil Zwei Titel II Kapitel 2 des Austrittsabkommens Rechte als Grenzgänger haben, sind verpflichtet, ein Dokument (Aufenthaltsdokument für Grenzgänger-GB) zu beantragen, mit dem diese Rechte bescheinigt werden.
(4) § 2 Absatz 4 Satz 2 und Absatz 7 und § 5 Absatz 3 und 4 finden entsprechende Anwendung.
(5) Für die Anwendung anderer Gesetze als des Aufenthaltsgesetzes und dieses Gesetzes stehen Aufenthaltsrechte, auf die in den Absätzen 1 und 2 Bezug genommen wird, dem Freizügigkeitsrecht nach § 2 gleich, sofern im Austrittsabkommen oder durch Gesetz nichts Abweichendes bestimmt ist.
(6) [1]Aufenthaltskarten und Daueraufenthaltskarten werden eingezogen, sobald der Inhaber infolge des Austritts des Vereinigten Königreichs Großbritannien und Nordirland aus der Europäischen Union kein Recht nach § 2 Absatz 1 mehr besitzt. [2]Sie verlieren ab dem 1. Januar 2022 auf jeden Fall ihre Gültigkeit.

166 AsylG

Asylgesetz (AsylG)

in der Fassung der Bekanntmachung vom 2. September 2008 (BGBl. I S. 1798)

Zuletzt geändert durch
Gesetz zur Weiterentwicklung des Ausländerzentralregisters
vom 9. Juli 2021 (BGBl. I S. 2467)

Inhaltsübersicht

Abschnitt 1
Geltungsbereich

§ 1 Geltungsbereich

Abschnitt 2
Schutzgewährung

Unterabschnitt 1
Asyl

§ 2 Rechtsstellung Asylberechtigter

Unterabschnitt 2
Internationaler Schutz

§ 3 Zuerkennung der Flüchtlingseigenschaft
§ 3a Verfolgungshandlungen
§ 3b Verfolgungsgründe
§ 3c Akteure, von denen Verfolgung ausgehen kann
§ 3d Akteure, die Schutz bieten können
§ 3e Interner Schutz
§ 4 Subsidiärer Schutz

Abschnitt 3
Allgemeine Bestimmungen

§ 5 Bundesamt
§ 6 Verbindlichkeit asylrechtlicher Entscheidungen
§ 7 Erhebung personenbezogener Daten
§ 8 Übermittlung personenbezogener Daten
§ 9 Hoher Flüchtlingskommissar der Vereinten Nationen
§ 10 Zustellungsvorschriften
§ 11 Ausschluss des Widerspruchs
§ 11a Vorübergehende Aussetzung von Entscheidungen

Abschnitt 4
Asylverfahren

Unterabschnitt 1
Allgemeine Verfahrensvorschriften

§ 12 Handlungsfähigkeit
§ 12a Asylverfahrensberatung
§ 13 Asylantrag
§ 14 Antragstellung
§ 14a Familieneinheit
§ 15 Allgemeine Mitwirkungspflichten
§ 15a Auswertung von Datenträgern
§ 16 Sicherung, Feststellung und Überprüfung der Identität
§ 17 Sprachmittler

Unterabschnitt 2
Einleitung des Asylverfahrens

§ 18 Aufgaben der Grenzbehörde
§ 18a Verfahren bei Einreise auf dem Luftwege
§ 19 Aufgaben der Ausländerbehörde und der Polizei
§ 20 Weiterleitung an eine Aufnahmeeinrichtung
§ 21 Verwahrung und Weitergabe von Unterlagen
§ 22 Meldepflicht
§ 22a Übernahme zur Durchführung eines Asylverfahrens

Unterabschnitt 3
Verfahren beim Bundesamt

§ 23 Antragstellung bei der Außenstelle
§ 24 Pflichten des Bundesamtes
§ 25 Anhörung
§ 26 Familienasyl und internationaler Schutz für Familienangehörige
§ 26a Sichere Drittstaaten
§ 27 Anderweitige Sicherheit vor Verfolgung
§ 28 Nachfluchttatbestände
§ 29 Unzulässige Anträge
§ 29a Sicherer Herkunftsstaat; Bericht; Verordnungsermächtigung
§ 30 Offensichtlich unbegründete Asylanträge
§ 30a Beschleunigte Verfahren
§ 31 Entscheidung des Bundesamtes über Asylanträge
§ 32 Entscheidung bei Antragsrücknahme oder Verzicht
§ 32a Ruhen des Verfahrens
§ 33 Nichtbetreiben des Verfahrens

Unterabschnitt 4
Aufenthaltsbeendigung

§ 34 Abschiebungsandrohung
§ 34a Abschiebungsanordnung
§ 35 Abschiebungsandrohung bei Unzulässigkeit des Asylantrags
§ 36 Verfahren bei Unzulässigkeit nach § 29 Absatz 1 Nummer 2 und 4 und bei offensichtlicher Unbegründetheit
§ 37 Weiteres Verfahren bei stattgebender gerichtlicher Entscheidung
§ 38 Ausreisefrist bei sonstiger Ablehnung und bei Rücknahme des Asylantrags
§ 39 (weggefallen)

§ 40 Unterrichtung der Ausländerbehörde
§ 41 (weggefallen)
§ 42* Bindungswirkung ausländerrechtlicher Entscheidungen
§ 43 Vollziehbarkeit und Aussetzung der Abschiebung

Abschnitt 5
Unterbringung und Verteilung
§ 44 Schaffung und Unterhaltung von Aufnahmeeinrichtungen
§ 45 Aufnahmequoten
§ 46 Bestimmung der zuständigen Aufnahmeeinrichtung
§ 47 Aufenthalt in Aufnahmeeinrichtungen
§ 48 Beendigung der Verpflichtung, in einer Aufnahmeeinrichtung zu wohnen
§ 49 Entlassung aus der Aufnahmeeinrichtung
§ 50 Landesinterne Verteilung
§ 51 Länderübergreifende Verteilung
§ 52 Quotenanrechnung
§ 53 Unterbringung in Gemeinschaftsunterkünften
§ 54 Unterrichtung des Bundesamtes

Abschnitt 6
Recht des Aufenthalts während des Asylverfahrens
§ 55 Aufenthaltsgestattung
§ 56 Räumliche Beschränkung
§ 57 Verlassen des Aufenthaltsbereichs einer Aufnahmeeinrichtung
§ 58 Verlassen eines zugewiesenen Aufenthaltsbereichs
§ 59 Durchsetzung der räumlichen Beschränkung
§ 59a Erlöschen der räumlichen Beschränkung
§ 59b Anordnung der räumlichen Beschränkung
§ 60 Auflagen
§ 61 Erwerbstätigkeit
§ 62 Gesundheitsuntersuchung
§ 63 Bescheinigung über die Aufenthaltsgestattung
§ 63a Bescheinigung über die Meldung als Asylsuchender
§ 64 Ausweispflicht
§ 65 Herausgabe des Passes
§ 66 Ausschreibung zur Aufenthaltsermittlung
§ 67 Erlöschen der Aufenthaltsgestattung
§§ 68 bis 70 (weggefallen)

Abschnitt 7
Folgeantrag, Zweitantrag
§ 71 Folgeantrag
§ 71a Zweitantrag

Abschnitt 8
Erlöschen der Rechtsstellung
§ 72 Erlöschen
§ 73 Widerruf und Rücknahme der Asylberechtigung und der Flüchtlingseigenschaft
§ 73a Ausländische Anerkennung als Flüchtling
§ 73b Widerruf und Rücknahme des subsidiären Schutzes
§ 73c Widerruf und Rücknahme von Abschiebungsverboten

Abschnitt 9
Gerichtsverfahren
§ 74 Klagefrist, Zurückweisung verspäteten Vorbringens
§ 75 Aufschiebende Wirkung der Klage
§ 76 Einzelrichter
§ 77 Entscheidung des Gerichts
§ 78 Rechtsmittel
§ 79 Besondere Vorschriften für das Berufungsverfahren
§ 80 Ausschluss der Beschwerde
§ 80a Ruhen des Verfahrens
§ 81 Nichtbetreiben des Verfahrens
§ 82 Akteneinsicht in Verfahren des vorläufigen Rechtsschutzes
§ 83 Besondere Spruchkörper
§ 83a Unterrichtung der Ausländerbehörde
§ 83b Gerichtskosten, Gegenstandswert
§ 83c Anwendbares Verfahren für die Anordnung und Befristung von Einreise- und Aufenthaltsverboten

Abschnitt 10
Straf- und Bußgeldvorschriften
§ 84 Verleitung zur missbräuchlichen Asylantragstellung
§ 84a Gewerbs- und bandenmäßige Verleitung zur missbräuchlichen Asylantragstellung
§ 85 Sonstige Straftaten
§ 86 Bußgeldvorschriften

Abschnitt 11
Übergangs- und Schlussvorschriften
§ 87 Übergangsvorschriften
§ 87a Übergangsvorschriften aus Anlass der am 1. Juli 1993 in Kraft getretenen Änderungen
§ 87b Übergangsvorschrift aus Anlass der am 1. September 2004 in Kraft getretenen Änderungen
§ 87c Übergangsvorschriften aus Anlass der am 6. August 2016 in Kraft getretenen Änderungen
§ 88 Verordnungsermächtigungen
§ 88a Bestimmungen zum Verwaltungsverfahren
§ 89 Einschränkung von Grundrechten

Anlage I
(zu § 26a)

Anlage II
(zu § 29a)

Abschnitt 1
Geltungsbereich

§ 1 Geltungsbereich

(1) Dieses Gesetz gilt für Ausländer, die Folgendes beantragen:
1. Schutz vor politischer Verfolgung nach Artikel 16a Absatz 1 des Grundgesetzes oder
2. internationalen Schutz nach der Richtlinie 2011/95/EU des Europäischen Parlaments und des Rates vom 13. Dezember 2011 über Normen für die Anerkennung von Drittstaatsangehörigen oder Staatenlosen als Personen mit Anspruch auf internationalen Schutz, für einen einheitlichen Status für Flüchtlinge oder für Personen mit Anrecht auf subsidiären Schutz und für den Inhalt des zu gewährenden Schutzes (ABl. L 337 vom 20. 12. 2011, S. 9); der internationale Schutz im Sinne der Richtlinie 2011/95/EU umfasst den Schutz vor Verfolgung nach dem Abkommen vom 28. Juli 1951 über die Rechtsstellung der Flüchtlinge (BGBl. 1953 II S. 559, 560) und den subsidiären Schutz im Sinne der Richtlinie; der nach Maßgabe der Richtlinie 2004/83/EG des Rates vom 29. April 2004 über Mindestnormen für die Anerkennung und den Status von Drittstaatsangehörigen oder Staatenlosen als Flüchtlinge oder als Personen, die anderweitig internationalen Schutz benötigen, und über den Inhalt des zu gewährenden Schutzes (ABl. L 304 vom 30. 9. 2004, S. 12) gewährte internationale Schutz steht dem internationalen Schutz im Sinne der Richtlinie 2011/95/EU gleich; § 104 Absatz 9 des Aufenthaltsgesetzes bleibt unberührt.

(2) Dieses Gesetz gilt nicht für heimatlose Ausländer im Sinne des Gesetzes über die Rechtsstellung heimatloser Ausländer im Bundesgebiet in der im Bundesgesetzblatt Teil III, Gliederungsnummer 243-1, veröffentlichten bereinigten Fassung in der jeweils geltenden Fassung.

Abschnitt 2
Schutzgewährung

Unterabschnitt 1
Asyl

§ 2 Rechtsstellung Asylberechtigter

(1) Asylberechtigte genießen im Bundesgebiet die Rechtsstellung nach dem Abkommen über die Rechtsstellung der Flüchtlinge.
(2) Unberührt bleiben die Vorschriften, die den Asylberechtigten eine günstigere Rechtsstellung einräumen.
(3) Ausländern, denen bis zum Wirksamwerden des Beitritts in dem in Artikel 3 des Einigungsvertrages genannten Gebiet Asyl gewährt worden ist, gelten als Asylberechtigte.

Unterabschnitt 2
Internationaler Schutz

§ 3 Zuerkennung der Flüchtlingseigenschaft

(1) Ein Ausländer ist Flüchtling im Sinne des Abkommens vom 28. Juli 1951 über die Rechtsstellung der Flüchtlinge (BGBl. 1953 II S. 559, 560), wenn er sich
1. aus begründeter Furcht vor Verfolgung wegen seiner Rasse, Religion, Nationalität, politischen Überzeugung oder Zugehörigkeit zu einer bestimmten sozialen Gruppe
2. außerhalb des Landes (Herkunftsland) befindet,
    a) dessen Staatsangehörigkeit er besitzt und dessen Schutz er nicht in Anspruch nehmen kann oder wegen dieser Furcht nicht in Anspruch nehmen will oder
    b) in dem er als Staatenloser seinen vorherigen gewöhnlichen Aufenthalt hatte und in das er nicht zurückkehren kann oder wegen dieser Furcht nicht zurückkehren will.

(2) Ein Ausländer ist nicht Flüchtling nach Absatz 1, wenn aus schwerwiegenden Gründen die Annahme gerechtfertigt ist, dass er
1. ein Verbrechen gegen den Frieden, ein Kriegsverbrechen oder ein Verbrechen gegen die Menschlichkeit begangen hat im Sinne der internationalen Vertragswerke, die ausgearbeitet worden sind, um Bestimmungen bezüglich dieser Verbrechen zu treffen,
2. vor seiner Aufnahme als Flüchtling eine schwere nichtpolitische Straftat außerhalb des Bundesgebiets begangen hat, insbesondere eine grausame Handlung, auch wenn mit ihr vorgeblich politische Ziele verfolgt wurden, oder
3. den Zielen und Grundsätzen der Vereinten Nationen zuwidergehandelt hat.

Satz 1 gilt auch für Ausländer, die andere zu den darin genannten Straftaten oder Handlungen angestiftet oder sich in sonstiger Weise daran beteiligt haben.

(3) Ein Ausländer ist auch nicht Flüchtling nach Absatz 1, wenn er den Schutz oder Beistand einer Organisation oder einer Einrichtung der Vereinten Nationen mit Ausnahme des Hohen Kommissars der Vereinten Nationen für Flüchtlinge nach Artikel 1 Abschnitt D des Abkommens über die Rechtsstellung der Flüchtlinge genießt. Wird ein solcher Schutz oder Beistand nicht länger gewährt, ohne dass die Lage des Betroffenen gemäß den einschlägigen Resolutionen der Generalversammlung der Vereinten Nationen endgültig geklärt worden ist, sind die Absätze 1 und 2 anwendbar.

(4) Einem Ausländer, der Flüchtling nach Absatz 1 ist, wird die Flüchtlingseigenschaft zuerkannt, es sei denn, er erfüllt die Voraussetzungen des § 60 Abs. 8 Satz 1 des Aufenthaltsgesetzes oder das Bundesamt hat nach § 60 Absatz 8 Satz 3 des Aufenthaltsgesetzes von der Anwendung des § 60 Absatz 1 des Aufenthaltsgesetzes abgesehen.

§ 3a Verfolgungshandlungen

(1) Als Verfolgung im Sinne des § 3 Absatz 1 gelten Handlungen, die
1. auf Grund ihrer Art oder Wiederholung so gravierend sind, dass sie eine schwerwiegende Verletzung der grundlegenden Menschenrechte darstellen, insbesondere der Rechte, von denen nach Artikel 15 Absatz 2 der Konvention vom 4. November 1950 zum Schutze der Menschenrechte und Grundfreiheiten (BGBl. 1952 II S. 685, 953) keine Abweichung zulässig ist, oder
2. in einer Kumulierung unterschiedlicher Maßnahmen, einschließlich einer Verletzung der Menschenrechte, bestehen, die so gravierend ist, dass eine Person davon in ähnlicher wie der in Nummer 1 beschriebenen Weise betroffen ist.

(2) Als Verfolgung im Sinne des Absatzes 1 können unter anderem die folgenden Handlungen gelten:
1. die Anwendung physischer oder psychischer Gewalt, einschließlich sexueller Gewalt,
2. gesetzliche, administrative, polizeiliche oder justizielle Maßnahmen, die als solche diskriminierend sind oder in diskriminierender Weise angewandt werden,
3. unverhältnismäßige oder diskriminierende Strafverfolgung oder Bestrafung,
4. Verweigerung gerichtlichen Rechtsschutzes mit dem Ergebnis einer unverhältnismäßigen oder diskriminierenden Bestrafung,
5. Strafverfolgung oder Bestrafung wegen Verweigerung des Militärdienstes in einem Konflikt, wenn der Militärdienst Verbrechen oder Handlungen umfassen würde, die unter die Ausschlussklauseln des § 3 Absatz 2 fallen,
6. Handlungen, die an die Geschlechtszugehörigkeit anknüpfen oder gegen Kinder gerichtet sind.

(3) Zwischen den in § 3 Absatz 1 Nummer 1 in Verbindung mit den in § 3b genannten Verfolgungsgründen und den in den Absätzen 1 und 2 als Verfolgung eingestuften Handlungen oder dem Fehlen von Schutz vor solchen Handlungen muss eine Verknüpfung bestehen.

§ 3b Verfolgungsgründe

(1) Bei der Prüfung der Verfolgungsgründe nach § 3 Absatz 1 Nummer 1 ist Folgendes zu berücksichtigen:
1. der Begriff der Rasse umfasst insbesondere die Aspekte Hautfarbe, Herkunft und Zugehörigkeit zu einer bestimmten ethnischen Gruppe;
2. der Begriff der Religion umfasst insbesondere theistische, nichttheistische und atheistische Glaubensüberzeugungen, die Teilnahme oder Nichtteilnahme an religiösen Riten im privaten oder öffentlichen Bereich, allein oder in Gemeinschaft mit anderen, sonstige religiöse Betätigungen oder Meinungsäußerungen und Verhaltensweisen Einzelner oder einer Gemeinschaft, die sich auf eine religiöse Überzeugung stützen oder nach dieser vorgeschrieben sind;
3. der Begriff der Nationalität beschränkt sich nicht auf die Staatsangehörigkeit oder das Fehlen einer solchen, sondern bezeichnet insbesondere auch die Zugehörigkeit zu einer Gruppe, die durch ihre kulturelle, ethnische oder sprachliche Identität, gemeinsame geografische oder politische Herkunft oder ihre Verwandtschaft mit der Bevölkerung eines anderen Staates bestimmt wird;
4. eine Gruppe gilt insbesondere als eine bestimmte soziale Gruppe, wenn
   a) die Mitglieder dieser Gruppe angeborene Merkmale oder einen gemeinsamen Hintergrund, der nicht verändert werden kann, gemein haben oder Merkmale oder eine Glaubensüberzeugung teilen, die so bedeutsam für die Identität oder das Gewissen sind, dass der Betreffende nicht gezwungen werden sollte, auf sie zu verzichten, und
   b) die Gruppe in dem betreffenden Land eine deutlich abgegrenzte Identität hat, da sie von der sie umgebenden Gesellschaft als andersartig betrachtet wird;
   als eine bestimmte soziale Gruppe kann auch eine Gruppe gelten, die sich auf das gemeinsame Merkmal der sexuellen Orientierung gründet; Handlungen, die nach deutschem Recht als strafbar gelten, fallen nicht

darunter; eine Verfolgung wegen der Zugehörigkeit zu einer bestimmten sozialen Gruppe kann auch vorliegen, wenn sie allein an das Geschlecht oder die geschlechtliche Identität anknüpft;
5. unter dem Begriff der politischen Überzeugung ist insbesondere zu verstehen, dass der Ausländer in einer Angelegenheit, die die in § 3c genannten potenziellen Verfolger sowie deren Politiken oder Verfahren betrifft, eine Meinung, Grundhaltung oder Überzeugung vertritt, wobei es unerheblich ist, ob er auf Grund dieser Meinung, Grundhaltung oder Überzeugung tätig geworden ist.

(2) Bei der Bewertung der Frage, ob die Furcht eines Ausländers vor Verfolgung begründet ist, ist es unerheblich, ob er tatsächlich die Merkmale der Rasse oder die religiösen, nationalen, sozialen oder politischen Merkmale aufweist, die zur Verfolgung führen, sofern ihm diese Merkmale von seinem Verfolger zugeschrieben werden.

§ 3c Akteure, von denen Verfolgung ausgehen kann

Die Verfolgung kann ausgehen von
1. dem Staat,
2. Parteien oder Organisationen, die den Staat oder einen wesentlichen Teil des Staatsgebiets beherrschen, oder
3. nichtstaatlichen Akteuren, sofern die in den Nummern 1 und 2 genannten Akteure einschließlich internationaler Organisationen erwiesenermaßen nicht in der Lage oder nicht willens sind, im Sinne des § 3d Schutz vor Verfolgung zu bieten, und dies unabhängig davon, ob in dem Land eine staatliche Herrschaftsmacht vorhanden ist oder nicht.

§ 3d Akteure, die Schutz bieten können

(1) Schutz vor Verfolgung kann nur geboten werden
1. vom Staat oder
2. von Parteien oder Organisationen einschließlich internationaler Organisationen, die den Staat oder einen wesentlichen Teil des Staatsgebiets beherrschen,

sofern sie willens und in der Lage sind, Schutz gemäß Absatz 2 zu bieten.

(2) Der Schutz vor Verfolgung muss wirksam und darf nicht nur vorübergehender Art sein. Generell ist ein solcher Schutz gewährleistet, wenn die in Absatz 1 genannten Akteure geeignete Schritte einleiten, um die Verfolgung zu verhindern, beispielsweise durch wirksame Rechtsvorschriften zur Ermittlung, Strafverfolgung und Ahndung von Handlungen, die eine Verfolgung darstellen, und wenn der Ausländer Zugang zu diesem Schutz hat.

(3) Bei der Beurteilung der Frage, ob eine internationale Organisation einen Staat oder einen wesentlichen Teil seines Staatsgebiets beherrscht und den in Absatz 2 genannten Schutz bietet, sind etwaige in einschlägigen Rechtsakten der Europäischen Union aufgestellte Leitlinien heranzuziehen.

§ 3e Interner Schutz

(1) Dem Ausländer wird die Flüchtlingseigenschaft nicht zuerkannt, wenn er
1. in einem Teil seines Herkunftslandes keine begründete Furcht vor Verfolgung oder Zugang zu Schutz vor Verfolgung nach § 3d hat und
2. sicher und legal in diesen Landesteil reisen kann, dort aufgenommen wird und vernünftigerweise erwartet werden kann, dass er sich dort niederlässt.

(2) Bei der Prüfung der Frage, ob ein Teil des Herkunftslandes die Voraussetzungen nach Absatz 1 erfüllt, sind die dortigen allgemeinen Gegebenheiten und die persönlichen Umstände des Ausländers gemäß Artikel 4 der Richtlinie 2011/95/EU zum Zeitpunkt der Entscheidung über den Antrag zu berücksichtigen. Zu diesem Zweck sind genaue und aktuelle Informationen aus relevanten Quellen, wie etwa Informationen des Hohen Kommissars der Vereinten Nationen für Flüchtlinge oder des Europäischen Unterstützungsbüros für Asylfragen, einzuholen.

§ 4 Subsidiärer Schutz

(1) Ein Ausländer ist subsidiär Schutzberechtigter, wenn er stichhaltige Gründe für die Annahme vorgebracht hat, dass ihm in seinem Herkunftsland ein ernsthafter Schaden droht. Als ernsthafter Schaden gilt:
1. die Verhängung oder Vollstreckung der Todesstrafe,
2. Folter oder unmenschliche oder erniedrigende Behandlung oder Bestrafung oder
3. eine ernsthafte individuelle Bedrohung des Lebens oder der Unversehrtheit einer Zivilperson infolge willkürlicher Gewalt im Rahmen eines internationalen oder innerstaatlichen bewaffneten Konflikts.

(2) Ein Ausländer ist von der Zuerkennung subsidiären Schutzes nach Absatz 1 ausgeschlossen, wenn schwerwiegende Gründe die Annahme rechtfertigen, dass er
1. ein Verbrechen gegen den Frieden, ein Kriegsverbrechen oder ein Verbrechen gegen die Menschlichkeit im Sinne der internationalen Vertragswerke begangen hat, die ausgearbeitet worden sind, um Bestimmungen bezüglich dieser Verbrechen festzulegen,

2. eine schwere Straftat begangen hat,
3. sich Handlungen zuschulden kommen lassen hat, die den Zielen und Grundsätzen der Vereinten Nationen, wie sie in der Präambel und den Artikeln 1 und 2 der Charta der Vereinten Nationen (BGBl. 1973 II S. 430, 431) verankert sind, zuwiderlaufen oder
4. eine Gefahr für die Allgemeinheit oder für die Sicherheit der Bundesrepublik Deutschland darstellt.

Diese Ausschlussgründe gelten auch für Ausländer, die andere zu den genannten Straftaten oder Handlungen anstiften oder sich in sonstiger Weise daran beteiligen.

(3) Die §§ 3c bis 3e gelten entsprechend. An die Stelle der Verfolgung, des Schutzes vor Verfolgung beziehungsweise der begründeten Furcht vor Verfolgung treten die Gefahr eines ernsthaften Schadens, der Schutz vor einem ernsthaften Schaden beziehungsweise die tatsächliche Gefahr eines ernsthaften Schadens; an die Stelle der Flüchtlingseigenschaft tritt der subsidiäre Schutz.

Abschnitt 3
Allgemeine Bestimmungen

§ 5 Bundesamt

(1) Über Asylanträge entscheidet das Bundesamt für Migration und Flüchtlinge (Bundesamt). Es ist nach Maßgabe dieses Gesetzes auch für ausländerrechtliche Maßnahmen und Entscheidungen zuständig.

(2) Das Bundesministerium des Innern, für Bau und Heimat bestellt den Leiter des Bundesamtes. Dieser sorgt für die ordnungsgemäße Organisation des Asylverfahrens.

(3) Der Leiter des Bundesamtes soll bei jeder Zentralen Aufnahmeeinrichtung für Asylbewerber (Aufnahmeeinrichtung) mit mindestens 1000 dauerhaften Unterbringungsplätzen in Abstimmung mit dem Land eine Außenstelle einrichten. Er kann in Abstimmung mit den Ländern weitere Außenstellen einrichten.

(4) Der Leiter des Bundesamtes kann mit den Ländern vereinbaren, ihm sachliche und personelle Mittel zur notwendigen Erfüllung seiner Aufgaben in den Außenstellen zur Verfügung zu stellen. Die ihm zur Verfügung gestellten Bediensteten unterliegen im gleichen Umfang seinen fachlichen Weisungen wie die Bediensteten des Bundesamtes. Die näheren Einzelheiten sind in einer Verwaltungsvereinbarung zwischen dem Bund und dem Land zu regeln.

(5) Der Leiter des Bundesamtes kann mit den Ländern vereinbaren, dass in einer Aufnahmeeinrichtung Ausländer untergebracht werden, deren Verfahren beschleunigt nach § 30a bearbeitet werden sollen (besondere Aufnahmeeinrichtungen). Das Bundesamt richtet Außenstellen bei den besonderen Aufnahmeeinrichtungen nach Satz 1 ein oder ordnet sie diesen zu. Auf besondere Aufnahmeeinrichtungen finden die für Aufnahmeeinrichtungen geltenden Regelungen Anwendung, soweit nicht in diesem Gesetz oder einer anderen Rechtsvorschrift etwas anderes bestimmt wird.

§ 6 Verbindlichkeit asylrechtlicher Entscheidungen

Die Entscheidung über den Asylantrag ist in allen Angelegenheiten verbindlich, in denen die Anerkennung als Asylberechtigter oder die Zuerkennung des internationalen Schutzes im Sinne des § 1 Absatz 1 Nummer 2 rechtserheblich ist. Dies gilt nicht für das Auslieferungsverfahren sowie das Verfahren nach § 58a des Aufenthaltsgesetzes.

§ 7 Erhebung personenbezogener Daten

(1) Die mit der Ausführung dieses Gesetzes betrauten Behörden dürfen zum Zwecke der Ausführung dieses Gesetzes personenbezogene Daten erheben, soweit dies zur Erfüllung ihrer Aufgaben erforderlich ist. Personenbezogene Daten, deren Verarbeitung nach Artikel 9 Absatz 1 der Verordnung (EU) 2016/679 des Europäischen Parlaments und des Rates vom 27. April 2016 zum Schutz natürlicher Personen bei der Verarbeitung personenbezogener Daten, zum freien Datenverkehr und zur Aufhebung der Richtlinie 95/46/EG (Datenschutz-Grundverordnung) (ABl. L 119 vom 4. 5. 2016, S. 1; L 314 vom 22. 11. 2016, S. 72; L 127 vom 23. 5. 2018, S. 2) in der jeweils geltenden Fassung untersagt ist, dürfen erhoben werden, soweit dies im Einzelfall zur Aufgabenerfüllung erforderlich ist.

(2) Die Daten sind bei der betroffenen Person zu erheben. Sie dürfen auch ohne Mitwirkung der betroffenen Person bei anderen öffentlichen Stellen, ausländischen Behörden und nichtöffentlichen Stellen erhoben werden, wenn
1. dieses Gesetz oder eine andere Rechtsvorschrift es vorsieht oder zwingend voraussetzt,
2. es offensichtlich ist, dass es im Interesse der betroffenen Person liegt und kein Grund zu der Annahme besteht, dass sie in Kenntnis der Erhebung ihre Einwilligung verweigern würde,
3. die Mitwirkung der betroffenen Person nicht ausreicht oder einen unverhältnismäßigen Aufwand erfordern würde,

4. die zu erfüllende Aufgabe ihrer Art nach eine Erhebung bei anderen Personen oder Stellen erforderlich macht oder
5. es zur Überprüfung der Angaben der betroffenen Person erforderlich ist.
Nach Satz 2 Nr. 3 und 4 sowie bei ausländischen Behörden und nichtöffentlichen Stellen dürfen Daten nur erhoben werden, wenn keine Anhaltspunkte dafür bestehen, dass überwiegende schutzwürdige Interessen der betroffenen Person beeinträchtigt werden.
(3) Die Asylverfahrensakten des Bundesamtes sind spätestens zehn Jahre nach unanfechtbarem Abschluss des Asylverfahrens zu vernichten sowie in den Datenverarbeitungssystemen des Bundesamtes zu löschen. Die Fristen zur Vernichtung und Löschung aufgrund anderer Vorschriften bleiben davon unberührt.

§ 8 Übermittlung personenbezogener Daten

(1) Öffentliche Stellen haben auf Ersuchen (§ 7 Abs. 1) den mit der Ausführung dieses Gesetzes betrauten Behörden ihnen bekannt gewordene Umstände mitzuteilen, soweit besondere gesetzliche Verarbeitungsregelungen oder überwiegende schutzwürdige Interessen der betroffenen Person nicht entgegenstehen.
(1a) Die für die Einleitung eines Strafverfahrens zuständigen Stellen haben in Strafsachen gegen die betroffene Person das Bundesamt unverzüglich zu unterrichten über
1. die Einleitung des Strafverfahrens, soweit dadurch eine Gefährdung des Untersuchungszwecks nicht zu erwarten ist, und die Erhebung der öffentlichen Klage, wenn eine Freiheitsstrafe von mindestens drei Jahren zu erwarten ist,
2. die Einleitung des Strafverfahrens, soweit dadurch eine Gefährdung des Untersuchungszwecks nicht zu erwarten ist, und die Erhebung der öffentlichen Klage wegen einer oder mehrerer vorsätzlicher Straftaten gegen das Leben, die körperliche Unversehrtheit, die sexuelle Selbstbestimmung, das Eigentum oder wegen Widerstands gegen Vollstreckungsbeamte, sofern die Straftat mit Gewalt, unter Anwendung von Drohung mit Gefahr für Leib oder Leben oder mit List begangen worden ist, oder eine Straftat nach § 177 des Strafgesetzbuches ist, wenn eine Freiheits- oder Jugendstrafe von mindestens einem Jahr zu erwarten ist, und
3. die Erledigung eines Strafverfahrens
   a) durch eine rechtskräftige Verurteilung zu einer Freiheitsstrafe von mindestens drei Jahren,
   b) durch eine rechtskräftige Verurteilung zu einer Freiheits- oder Jugendstrafe von mindestens einem Jahr wegen einer oder mehrerer vorsätzlicher Straftaten gegen das Leben, die körperliche Unversehrtheit, die sexuelle Selbstbestimmung, das Eigentum oder wegen Widerstands gegen Vollstreckungsbeamte, sofern die Straftat mit Gewalt, unter Anwendung von Drohung mit Gefahr für Leib oder Leben oder mit List begangen worden ist oder eine Straftat nach § 177 des Strafgesetzbuches ist, oder
   c) in sonstiger Weise im Falle einer vorausgegangenen Unterrichtung nach Nummer 1 oder 2.
(1b) Die oberste Landesbehörde oder die von ihr bestimmte Stelle kann dem Bundesamt personenbezogene Daten über körperliche, seelische, geistige oder Sinnesbeeinträchtigungen eines Ausländers übermitteln, deren Kenntnis für das Bundesamt zur ordnungsgemäßen Durchführung der Anhörung erforderlich ist. Die Daten dürfen nur zu diesem Zweck verarbeitet werden und sind anschließend zu löschen.
(1c) Die Träger der Grundsicherung für Arbeitsuchende, die mit der polizeilichen Kontrolle des grenzüberschreitenden Verkehrs beauftragten Behörden, die Ausländerbehörden und die deutschen Auslandsvertretungen teilen den mit der Ausführung dieses Gesetzes betrauten Behörden mit, wenn sie von Umständen Kenntnis erlangt haben, dass ein Asylberechtigter oder ein Ausländer, dem internationaler Schutz im Sinne des § 1 Absatz 1 Nummer 2 zuerkannt worden ist, in sein Herkunftsland (§ 3 Absatz 1 Nummer 2) gereist ist. Die nach Satz 1 übermittelten personenbezogenen Daten dürfen nur für die Prüfung verarbeitet werden, ob die Voraussetzungen für einen Widerruf oder eine Rücknahme der Asylberechtigung oder des internationalen Schutzes vorliegen.
(2) Die zuständigen Behörden unterrichten das Bundesamt unverzüglich über ein förmliches Auslieferungsersuchen und ein mit der Ankündigung des Auslieferungsersuchens verbundenes Festnahmeersuchen eines anderen Staates sowie über den Abschluss des Auslieferungsverfahrens, wenn der Ausländer einen Asylantrag gestellt hat.
(2a) Die mit der Ausführung dieses Gesetzes betrauten Behörden teilen Umstände und Maßnahmen nach diesem Gesetz, deren Kenntnis für die Leistung an Leistungsberechtigte des Asylbewerberleistungsgesetzes erforderlich ist, sowie die ihnen mitgeteilten Erteilungen von Arbeitserlaubnissen an diese Personen und Angaben über das Erlöschen, den Widerruf oder die Rücknahme der Arbeitserlaubnisse den nach § 10 des Asylbewerberleistungsgesetzes zuständigen Behörden mit.
(3) Die nach diesem Gesetz erhobenen Daten dürfen auch
1. zur Ausführung des Aufenthaltsgesetzes,
2. zur gesundheitlichen Betreuung und Versorgung von Asylbewerbern,

3. für Maßnahmen der Strafverfolgung,
4. zur Abwehr von erheblichen Gefahren für Leib und Leben des Asylbewerbers oder von Dritten und
5. auf Ersuchen zur Verfolgung von Ordnungswidrigkeiten
den damit betrauten öffentlichen Stellen, soweit es zur Erfüllung der in ihrer Zuständigkeit liegenden Aufgaben erforderlich ist, übermittelt und von diesen dafür verarbeitet werden. Sie dürfen an eine in § 35 Abs. 1 des Ersten Buches Sozialgesetzbuch genannte Stelle übermittelt und von dieser verarbeitet werden, soweit dies für die Aufdeckung und Verfolgung von unberechtigtem Bezug von Leistungen nach dem Zwölften Buch Sozialgesetzbuch, von Leistungen der Kranken- und Unfallversicherungsträger oder von Arbeitslosengeld oder Leistungen zur Sicherung des Lebensunterhalts nach dem Zweiten Buch Sozialgesetzbuch erforderlich ist und wenn tatsächliche Anhaltspunkte für einen unberechtigten Bezug vorliegen. Die nach diesem Gesetz erhobenen Daten dürfen der Bundesagentur für Arbeit übermittelt und von dieser verarbeitet werden, soweit dies zur Erfüllung von Aufgaben nach dem Dritten Buch Sozialgesetzbuch erforderlich ist. § 88 Abs. 1 bis 3 des Aufenthaltsgesetzes findet entsprechende Anwendung.
(4) Die Verarbeitung der im Asylverfahren erhobenen Daten ist zulässig, soweit die Verarbeitung dieser Daten für die Entscheidung des Bundesamtes über die Zulassung zum Integrationskurs nach § 44 Absatz 4 des Aufenthaltsgesetzes oder zu einer Maßnahme der berufsbezogenen Deutschsprachförderung nach § 45a Absatz 2 Satz 3 und 4 des Aufenthaltsgesetzes erforderlich ist.
(5) Eine Datenübermittlung auf Grund anderer gesetzlicher Vorschriften bleibt unberührt.

§ 9 Hoher Flüchtlingskommissar der Vereinten Nationen

(1) Der Ausländer kann sich an den Hohen Flüchtlingskommissar der Vereinten Nationen wenden. Dieser kann in Einzelfällen in Verfahren beim Bundesamt Stellung nehmen. Er kann Ausländer aufsuchen, auch wenn sie sich in Gewahrsam befinden oder sich im Transitbereich eines Flughafens aufhalten.
(2) Das Bundesamt übermittelt dem Hohen Flüchtlingskommissar der Vereinten Nationen auf dessen Ersuchen die erforderlichen Daten zur Erfüllung seiner Aufgaben nach Artikel 35 des Abkommens über die Rechtsstellung der Flüchtlinge.
(3) Entscheidungen über Asylanträge und sonstige Angaben, insbesondere die vorgetragenen Verfolgungsgründe dürfen, außer in anonymisierter Form, nur übermittelt werden, wenn sich der Ausländer selbst an den Hohen Flüchtlingskommissar der Vereinten Nationen gewandt hat oder die Einwilligung des Ausländers anderweitig nachgewiesen ist.
(4) Die Daten dürfen nur zu dem Zweck verarbeitet werden, zu dem sie übermittelt wurden.
(5) Die Absätze 1 bis 4 gelten entsprechend für Organisationen, die im Auftrag des Hohen Flüchtlingskommissars der Vereinten Nationen auf der Grundlage einer Vereinbarung mit der Bundesrepublik Deutschland im Bundesgebiet tätig sind.

§ 10 Zustellungsvorschriften

(1) Der Ausländer hat während der Dauer des Asylverfahrens vorzusorgen, dass ihn Mitteilungen des Bundesamtes, der zuständigen Ausländerbehörde und der angerufenen Gerichte stets erreichen können; insbesondere hat er jeden Wechsel seiner Anschrift den genannten Stellen unverzüglich anzuzeigen.
(2) Der Ausländer muss Zustellungen und formlose Mitteilungen unter der letzten Anschrift, die der jeweiligen Stelle auf Grund seines Asylantrags oder seiner Mitteilung bekannt ist, gegen sich gelten lassen, wenn er für das Verfahren weder einen Bevollmächtigten bestellt noch einen Empfangsberechtigten benannt hat oder diesen nicht zugestellt werden kann. Das Gleiche gilt, wenn die letzte bekannte Anschrift, unter der der Ausländer wohnt oder zu wohnen verpflichtet ist, durch eine öffentliche Stelle mitgeteilt worden ist. Der Ausländer muss Zustellungen und formlose Mitteilungen anderer als der in Absatz 1 bezeichneten öffentlichen Stellen unter der Anschrift gegen sich gelten lassen, unter der er nach den Sätzen 1 und 2 Zustellungen und formlose Mitteilungen des Bundesamtes gegen sich gelten lassen muss. Kann die Sendung dem Ausländer nicht zugestellt werden, so gilt die Zustellung mit der Aufgabe zur Post als bewirkt, selbst wenn die Sendung als unzustellbar zurückkommt.
(3) Betreiben Familienangehörige im Sinne des § 26 Absatz 1 bis 3 ein gemeinsames Asylverfahren und ist nach Absatz 2 für alle Familienangehörigen dieselbe Anschrift maßgebend, können für sie bestimmte Entscheidungen und Mitteilungen in einem Bescheid oder einer Mitteilung zusammengefasst und einem Familienangehörigen zugestellt werden, sofern er volljährig ist. In der Anschrift sind alle volljährigen Familienangehörigen zu nennen, für die die Entscheidung oder Mitteilung bestimmt ist. In der Entscheidung oder Mitteilung ist ausdrücklich darauf hinzuweisen, gegenüber welchen Familienangehörigen sie gilt.
(4) In einer Aufnahmeeinrichtung hat diese Zustellungen und formlose Mitteilungen an die Ausländer, die nach Maßgabe des Absatzes 2 Zustellungen und formlose Mitteilungen unter der Anschrift der Aufnahmeeinrichtung gegen sich gelten lassen müssen, vorzunehmen. Postausgabe- und Postverteilungszeiten sind für jeden Werktag

166 AsylG §§ 11–13

durch Aushang bekannt zu machen. Der Ausländer hat sicherzustellen, dass ihm Posteingänge während der Postausgabe- und Postverteilungszeiten in der Aufnahmeeinrichtung ausgehändigt werden können. Zustellungen und formlose Mitteilungen sind mit der Aushändigung an den Ausländer bewirkt; im Übrigen gelten sie am dritten Tag nach Übergabe an die Aufnahmeeinrichtung als bewirkt.
(5) Die Vorschriften über die Ersatzzustellung bleiben unberührt.
(6) Müsste eine Zustellung außerhalb des Bundesgebiets erfolgen, so ist durch öffentliche Bekanntmachung zuzustellen. Die Vorschriften des § 10 Abs. 1 Satz 2 und Abs. 2 des Verwaltungszustellungsgesetzes finden Anwendung.
(7) Der Ausländer ist bei der Antragstellung schriftlich und gegen Empfangsbestätigung auf diese Zustellungsvorschriften hinzuweisen.

§ 11 Ausschluss des Widerspruchs
Gegen Maßnahmen und Entscheidungen nach diesem Gesetz findet kein Widerspruch statt.

§ 11a Vorübergehende Aussetzung von Entscheidungen
Das Bundesministerium des Innern, für Bau und Heimat kann Entscheidungen des Bundesamtes nach diesem Gesetz zu bestimmten Herkunftsländern für die Dauer von sechs Monaten vorübergehend aussetzen, wenn die Beurteilung der asyl- und abschiebungsrelevanten Lage besonderer Aufklärung bedarf. Die Aussetzung nach Satz 1 kann verlängert werden.

Abschnitt 4
Asylverfahren

Unterabschnitt 1
Allgemeine Verfahrensvorschriften

§ 12 Handlungsfähigkeit
(1) Fähig zur Vornahme von Verfahrenshandlungen nach diesem Gesetz ist ein volljähriger Ausländer, sofern er nicht nach Maßgabe des Bürgerlichen Gesetzbuches geschäftsunfähig oder in dieser Angelegenheit zu betreuen und einem Einwilligungsvorbehalt zu unterstellen wäre.
(2) Bei der Anwendung dieses Gesetzes sind die Vorschriften des Bürgerlichen Gesetzbuches dafür maßgebend, ob ein Ausländer als minderjährig oder volljährig anzusehen ist. Die Geschäftsfähigkeit und die sonstige rechtliche Handlungsfähigkeit eines nach dem Recht seines Heimatstaates volljährigen Ausländers bleiben davon unberührt.
(3) Im Asylverfahren ist vorbehaltlich einer abweichenden Entscheidung des Familiengerichts jeder Elternteil zur Vertretung eines minderjährigen Kindes befugt, wenn sich der andere Elternteil nicht im Bundesgebiet aufhält oder sein Aufenthaltsort im Bundesgebiet unbekannt ist.

§ 12a Asylverfahrensberatung
Das Bundesamt führt eine für die Asylsuchenden freiwillige, unabhängige staatliche Asylverfahrensberatung durch. Diese erfolgt in zwei Stufen. Auf der ersten Stufe werden allen Asylsuchenden vor Antragstellung in Gruppengesprächen Informationen zum Ablauf des Asylverfahrens sowie zu Rückkehrmöglichkeiten zur Verfügung gestellt. Auf der zweiten Stufe erhalten alle Asylsuchenden in Einzelgesprächen eine individuelle Asylverfahrensberatung, die durch das Bundesamt oder durch Wohlfahrtsverbände durchgeführt wird.

§ 13 Asylantrag
(1) Ein Asylantrag liegt vor, wenn sich dem schriftlich, mündlich oder auf andere Weise geäußerten Willen des Ausländers entnehmen lässt, dass er im Bundesgebiet Schutz vor politischer Verfolgung sucht oder dass er Schutz vor Abschiebung oder einer sonstigen Rückführung in einen Staat begehrt, in dem ihm eine Verfolgung im Sinne des § 3 Absatz 1 oder ein ernsthafter Schaden im Sinne des § 4 Absatz 1 droht.
(2) Mit jedem Asylantrag wird die Anerkennung als Asylberechtigter sowie internationaler Schutz im Sinne des § 1 Absatz 1 Nummer 2 beantragt. Der Ausländer kann den Asylantrag auf die Zuerkennung internationalen Schutzes beschränken. Er ist über die Folgen einer Beschränkung des Antrags zu belehren. § 24 Absatz 2 bleibt unberührt.
(3) Ein Ausländer, der nicht im Besitz der erforderlichen Einreisepapiere ist, hat an der Grenze um Asyl nachzusuchen (§ 18). Im Falle der unerlaubten Einreise hat er sich unverzüglich bei einer Aufnahmeeinrichtung zu melden (§ 22) oder bei der Ausländerbehörde oder der Polizei um Asyl nachzusuchen (§ 19). Der nachfolgende Asylantrag ist unverzüglich zu stellen.

§ 14 Antragstellung

(1) Der Asylantrag ist bei der Außenstelle des Bundesamtes zu stellen, die der für die Aufnahme des Ausländers zuständigen Aufnahmeeinrichtung zugeordnet ist. Das Bundesamt kann den Ausländer in Abstimmung mit der von der obersten Landesbehörde bestimmten Stelle verpflichten, seinen Asylantrag bei einer anderen Außenstelle zu stellen. Der Ausländer ist vor der Antragstellung schriftlich und gegen Empfangsbestätigung darauf hinzuweisen, dass nach Rücknahme oder unanfechtbarer Ablehnung seines Asylantrags die Erteilung eines Aufenthaltstitels gemäß § 10 Abs. 3 des Aufenthaltsgesetzes Beschränkungen unterliegt. In Fällen des Absatzes 2 Satz 1 Nr. 2 ist der Hinweis unverzüglich nachzuholen.

(2) Der Asylantrag ist beim Bundesamt zu stellen, wenn der Ausländer
1. einen Aufenthaltstitel mit einer Gesamtgeltungsdauer von mehr als sechs Monaten besitzt,
2. sich in Haft oder sonstigem öffentlichem Gewahrsam, in einem Krankenhaus, einer Heil- oder Pflegeanstalt oder in einer Jugendhilfeeinrichtung befindet, oder
3. minderjährig ist und sein gesetzlicher Vertreter nicht verpflichtet ist, in einer Aufnahmeeinrichtung zu wohnen.

Die Ausländerbehörde leitet einen bei ihr eingereichten schriftlichen Antrag unverzüglich dem Bundesamt zu. Das Bundesamt bestimmt die für die Bearbeitung des Asylantrags zuständige Außenstelle.

(3) Befindet sich der Ausländer in den Fällen des Absatzes 2 Satz 1 Nr. 2 in
1. Untersuchungshaft,
2. Strafhaft,
3. Vorbereitungshaft nach § 62 Absatz 2 des Aufenthaltsgesetzes,
4. Sicherungshaft nach § 62 Absatz 3 Satz 1 Nummer 2 des Aufenthaltsgesetzes, weil er sich nach der unerlaubten Einreise länger als einen Monat ohne Aufenthaltstitel im Bundesgebiet aufgehalten hat,
5. Sicherungshaft nach § 62 Absatz 3 Satz 1 Nummer 1 und 3 des Aufenthaltsgesetzes
6. Mitwirkungshaft nach § 62 Absatz 6 des Aufenthaltsgesetzes,
7. Ausreisegewahrsam nach § 62b des Aufenthaltsgesetzes,

steht die Asylantragstellung der Anordnung oder Aufrechterhaltung von Abschiebungshaft nicht entgegen. Dem Ausländer ist unverzüglich Gelegenheit zu geben, mit einem Rechtsbeistand seiner Wahl Verbindung aufzunehmen, es sei denn, er hat sich selbst vorher anwaltlichen Beistands versichert. Die Abschiebungshaft endet mit der Zustellung der Entscheidung des Bundesamtes, spätestens jedoch vier Wochen nach Eingang des Asylantrags beim Bundesamt, es sei denn, es wurde auf Grund von Rechtsvorschriften der Europäischen Gemeinschaft oder eines völkerrechtlichen Vertrages über die Zuständigkeit für die Durchführung von Asylverfahren ein Auf- oder Wiederaufnahmeersuchen an einen anderen Staat gerichtet oder der Asylantrag wurde als unzulässig nach § 29 Absatz 1 Nummer 4 oder als offensichtlich unbegründet abgelehnt.

§ 14a Familieneinheit

(1) Mit der Asylantragstellung nach § 14 gilt ein Asylantrag auch für jedes minderjährige ledige Kind des Ausländers als gestellt, das sich zu diesem Zeitpunkt im Bundesgebiet aufhält, ohne freizügigkeitsberechtigt oder im Besitz eines Aufenthaltstitels zu sein, wenn es zuvor noch keinen Asylantrag gestellt hatte.

(2) Reist ein minderjähriges lediges Kind des Ausländers nach dessen Asylantragstellung ins Bundesgebiet ein oder wird es hier geboren, so ist dies dem Bundesamt unverzüglich anzuzeigen, wenn ein Elternteil eine Aufenthaltsgestattung besitzt oder sich nach Abschluss seines Asylverfahrens ohne Aufenthaltstitel oder mit einer Aufenthaltserlaubnis nach § 25 Abs. 5 des Aufenthaltsgesetzes im Bundesgebiet aufhält. Die Anzeigepflicht obliegt neben dem Vertreter des Kindes im Sinne von § 12 Abs. 3 auch der Ausländerbehörde. Mit Zugang der Anzeige beim Bundesamt gilt ein Asylantrag für das Kind als gestellt.

(3) Der Vertreter des Kindes im Sinne von § 12 Abs. 3 kann bis zur Zustellung der Entscheidung des Bundesamtes auf die Durchführung eines Asylverfahrens für das Kind verzichten, indem er erklärt, dass dem Kind keine Verfolgung im Sinne des § 3 Absatz 1 und kein ernsthafter Schaden im Sinne des § 4 Absatz 1 drohen. § 13 Absatz 2 Satz 2 gilt entsprechend.

(4) Die Absätze 1 bis 3 sind auch anzuwenden, wenn der Asylantrag vor dem 1. Januar 2005 gestellt worden ist und das Kind sich zu diesem Zeitpunkt im Bundesgebiet aufgehalten hat, später eingereist ist oder hier geboren wurde.

§ 15 Allgemeine Mitwirkungspflichten

(1) Der Ausländer ist persönlich verpflichtet, bei der Aufklärung des Sachverhalts mitzuwirken. Dies gilt auch, wenn er sich durch einen Bevollmächtigten vertreten lässt.

(2) Er ist insbesondere verpflichtet,

1. den mit der Ausführung dieses Gesetzes betrauten Behörden die erforderlichen Angaben mündlich und nach Aufforderung auch schriftlich zu machen;
2. das Bundesamt unverzüglich zu unterrichten, wenn ihm ein Aufenthaltstitel erteilt worden ist;
3. den gesetzlichen und behördlichen Anordnungen, sich bei bestimmten Behörden oder Einrichtungen zu melden oder dort persönlich zu erscheinen, Folge zu leisten;
4. seinen Pass oder Passersatz den mit der Ausführung dieses Gesetzes betrauten Behörden vorzulegen, auszuhändigen und zu überlassen;
5. alle erforderlichen Urkunden und sonstigen Unterlagen, die in seinem Besitz sind, den mit der Ausführung dieses Gesetzes betrauten Behörden vorzulegen, auszuhändigen und zu überlassen;
6. im Falle des Nichtbesitzes eines gültigen Passes oder Passersatzes an der Beschaffung eines Identitätspapiers mitzuwirken und auf Verlangen alle Datenträger, die für die Feststellung seiner Identität und Staatsangehörigkeit von Bedeutung sein können und in deren Besitz er ist, den mit der Ausführung dieses Gesetzes betrauten Behörden vorzulegen, auszuhändigen und zu überlassen;
7. die vorgeschriebenen erkennungsdienstlichen Maßnahmen zu dulden.

(3) Erforderliche Urkunden und sonstige Unterlagen nach Absatz 2 Nr. 5 sind insbesondere
1. alle Urkunden und Unterlagen, die neben dem Pass oder Passersatz für die Feststellung der Identität und Staatsangehörigkeit von Bedeutung sein können,
2. von anderen Staaten erteilte Visa, Aufenthaltstitel und sonstige Grenzübertrittspapiere,
3. Flugscheine und sonstige Fahrausweise,
4. Unterlagen über den Reiseweg vom Herkunftsland in das Bundesgebiet, die benutzten Beförderungsmittel und über den Aufenthalt in anderen Staaten nach der Ausreise aus dem Herkunftsland und vor der Einreise in das Bundesgebiet sowie
5. alle sonstigen Urkunden und Unterlagen, auf die der Ausländer sich beruft oder die für die zu treffenden asyl- und ausländerrechtlichen Entscheidungen und Maßnahmen einschließlich der Feststellung und Geltendmachung einer Rückführungsmöglichkeit in einen anderen Staat von Bedeutung sind.

(4) Die mit der Ausführung dieses Gesetzes betrauten Behörden können den Ausländer und Sachen, die von ihm mitgeführt werden, durchsuchen, wenn der Ausländer seinen Verpflichtungen nach Absatz 2 Nr. 4 und 5 nicht nachkommt sowie nicht gemäß Absatz 2 Nummer 6 auf Verlangen die Datenträger vorlegt, aushändigt oder überlässt und Anhaltspunkte bestehen, dass er im Besitz solcher Unterlagen oder Datenträger ist. Der Ausländer darf nur von einer Person gleichen Geschlechts durchsucht werden.

(5) Durch die Rücknahme des Asylantrags werden die Mitwirkungspflichten des Ausländers nicht beendet.

§ 15a Auswertung von Datenträgern

(1) Die Auswertung von Datenträgern ist nur zulässig, soweit dies für die Feststellung der Identität und Staatsangehörigkeit des Ausländers nach § 15 Absatz 2 Nummer 6 erforderlich ist und der Zweck der Maßnahme nicht durch mildere Mittel erreicht werden kann. § 48 Absatz 3a Satz 2 bis 7 und § 48a des Aufenthaltsgesetzes gelten entsprechend.

(2) Für die in Absatz 1 genannten Maßnahmen ist das Bundesamt zuständig.

§ 16 Sicherung, Feststellung und Überprüfung der Identität

(1) Die Identität eines Ausländers, der um Asyl nachsucht, ist durch erkennungsdienstliche Maßnahmen zu sichern. Nach Satz 1 dürfen nur Lichtbilder und Abdrucke aller zehn Finger aufgenommen werden; soweit ein Ausländer noch nicht das sechste Lebensjahr vollendet hat, dürfen nach Satz 1 nur Lichtbilder aufgenommen werden. Zur Bestimmung des Herkunftsstaates oder der Herkunftsregion des Ausländers kann das gesprochene Wort außerhalb der förmlichen Anhörung des Ausländers auf Ton- oder Datenträger aufgezeichnet werden. Diese Erhebung darf nur erfolgen, wenn der Ausländer vorher darüber in Kenntnis gesetzt wurde. Die Sprachaufzeichnungen werden beim Bundesamt gespeichert.

(1a) Zur Prüfung der Echtheit des Dokumentes oder der Identität des Ausländers dürfen die auf dem elektronischen Speichermedium eines Passes, anerkannten Passersatzes oder sonstigen Identitätspapiers gespeicherten biometrischen und sonstigen Daten ausgelesen, die benötigten biometrischen Daten erhoben und die biometrischen Daten miteinander verglichen werden. Biometrische Daten nach Satz 1 sind nur die Fingerabdrücke, das Lichtbild und die Irisbilder.

(2) Zuständig für die Maßnahmen nach den Absätzen 1 und 1a sind das Bundesamt und, sofern der Ausländer dort um Asyl nachsucht, auch die in den §§ 18 und 19 bezeichneten Behörden sowie die Aufnahmeeinrichtung, bei der sich der Ausländer meldet.

(3) Das Bundeskriminalamt leistet Amtshilfe bei der Auswertung der nach Absatz 1 Satz 1 erhobenen Daten zum Zwecke der Identitätsfeststellung. Es darf hierfür auch von ihm zur Erfüllung seiner Aufgaben gespeicherte

erkennungsdienstliche Daten verarbeiten. Das Bundeskriminalamt darf den in Absatz 2 bezeichneten Behörden den Grund der Speicherung dieser Daten nicht mitteilen, soweit dies nicht nach anderen Rechtsvorschriften zulässig ist.

(3a) Im Rahmen seiner Amtshilfe nach Absatz 3 Satz 1 darf das Bundeskriminalamt die nach Absatz 1 Satz 1 erhobenen Daten auch an die für die Überprüfung der Identität von Personen zuständigen öffentlichen Stellen von Drittstaaten mit Ausnahme des Herkunftsstaates der betroffenen Person sowie von Drittstaaten, in denen die betroffene Person eine Verfolgung oder einen ernsthaften Schaden zu befürchten hat, übermitteln. Die Verantwortung für die Zulässigkeit der Übermittlung trägt das Bundeskriminalamt. Das Bundeskriminalamt hat die Übermittlung und ihren Anlass aufzuzeichnen. Die empfangende Stelle personenbezogener Daten ist darauf hinzuweisen, dass sie nur zu dem Zweck verarbeitet werden dürfen, zu dem sie übermittelt worden sind. Ferner ist ihr der beim Bundeskriminalamt vorgesehene Löschungszeitpunkt mitzuteilen. Die Übermittlung unterbleibt, wenn tatsächliche Anhaltspunkte dafür vorliegen, dass
1. unter Berücksichtigung der Art der Daten und ihrer Erhebung die schutzwürdigen Interessen der betroffenen Person, insbesondere ihr Interesse, Schutz vor Verfolgung zu erhalten, das Allgemeininteresse an der Übermittlung überwiegen oder
2. die Übermittlung der Daten zu den Grundrechten, dem Abkommen vom 28. Juli 1951 über die Rechtsstellung der Flüchtlinge sowie der Konvention zum Schutz der Menschenrechte und Grundfreiheiten in Widerspruch stünde, insbesondere dadurch, dass durch die Verarbeitung der übermittelten Daten im Empfängerstaat Verletzungen von elementaren rechtsstaatlichen Grundsätzen oder Menschenrechtsverletzungen drohen.

(4) Die nach Absatz 1 Satz 1 erhobenen Daten werden vom Bundeskriminalamt getrennt von anderen erkennungsdienstlichen Daten gespeichert.

(5) Die Verarbeitung der nach Absatz 1 erhobenen Daten ist auch zulässig zur Feststellung der Identität oder Zuordnung von Beweismitteln für Zwecke des Strafverfahrens oder zur Gefahrenabwehr. Die Daten dürfen ferner für die Identifizierung unbekannter oder vermisster Personen verarbeitet werden.

(6) Die nach Absatz 1 erhobenen Daten sind zehn Jahre nach unanfechtbarem Abschluss des Asylverfahrens, die nach Absatz 1a erhobenen Daten unverzüglich nach Beendigung der Prüfung der Echtheit des Dokumentes oder der Identität des Ausländers zu löschen.

§ 17 Sprachmittler

(1) Ist der Ausländer der deutschen Sprache nicht hinreichend kundig, so ist von Amts wegen bei der Anhörung ein Dolmetscher, Übersetzer oder sonstiger Sprachmittler hinzuzuziehen, der in die Muttersprache des Ausländers oder in eine andere Sprache zu übersetzen hat, deren Kenntnis vernünftigerweise vorausgesetzt werden kann und in der er sich verständigen kann.

(2) Der Ausländer ist berechtigt, auf seine Kosten auch einen geeigneten Sprachmittler seiner Wahl hinzuzuziehen.

Unterabschnitt 2
Einleitung des Asylverfahrens

§ 18 Aufgaben der Grenzbehörde

(1) Ein Ausländer, der bei einer mit der polizeilichen Kontrolle des grenzüberschreitenden Verkehrs beauftragten Behörde (Grenzbehörde) um Asyl nachsucht, ist unverzüglich an die zuständige oder, sofern diese nicht bekannt ist, an die nächstgelegene Aufnahmeeinrichtung zur Meldung weiterzuleiten.

(2) Dem Ausländer ist die Einreise zu verweigern, wenn
1. er aus einem sicheren Drittstaat (§ 26a) einreist,
2. Anhaltspunkte dafür vorliegen, dass ein anderer Staat auf Grund von Rechtsvorschriften der Europäischen Gemeinschaft oder eines völkerrechtlichen Vertrages für die Durchführung des Asylverfahrens zuständig ist und ein Auf- oder Wiederaufnahmeverfahren eingeleitet wird, oder
3. er eine Gefahr für die Allgemeinheit bedeutet, weil er in der Bundesrepublik Deutschland wegen einer besonders schweren Straftat zu einer Freiheitsstrafe von mindestens drei Jahren rechtskräftig verurteilt worden ist, und seine Ausreise nicht länger als drei Jahre zurückliegt.

(3) Der Ausländer ist zurückzuschieben, wenn er von der Grenzbehörde im grenznahen Raum in unmittelbarem zeitlichem Zusammenhang mit einer unerlaubten Einreise angetroffen wird und die Voraussetzungen des Absatzes 2 vorliegen.

(4) Von der Einreiseverweigerung oder Zurückschiebung ist im Falle der Einreise aus einem sicheren Drittstaat (§ 26a) abzusehen, soweit

1. die Bundesrepublik Deutschland auf Grund von Rechtsvorschriften der Europäischen Gemeinschaft oder eines völkerrechtlichen Vertrages mit dem sicheren Drittstaat für die Durchführung eines Asylverfahrens zuständig ist oder
2. das Bundesministerium des Innern, für Bau und Heimat es aus völkerrechtlichen oder humanitären Gründen oder zur Wahrung politischer Interessen der Bundesrepublik Deutschland angeordnet hat.

(5) Die Grenzbehörde hat den Ausländer erkennungsdienstlich zu behandeln.

§ 18a Verfahren bei Einreise auf dem Luftwege

(1) Bei Ausländern aus einem sicheren Herkunftsstaat (§ 29a), die über einen Flughafen einreisen wollen und bei der Grenzbehörde um Asyl nachsuchen, ist das Asylverfahren vor der Entscheidung über die Einreise durchzuführen, soweit die Unterbringung auf dem Flughafengelände während des Verfahrens möglich oder lediglich wegen einer erforderlichen stationären Krankenhausbehandlung nicht möglich ist. Das Gleiche gilt für Ausländer, die bei der Grenzbehörde auf einem Flughafen um Asyl nachsuchen und sich dabei nicht mit einem gültigen Pass oder Passersatz ausweisen. Dem Ausländer ist unverzüglich Gelegenheit zur Stellung des Asylantrags bei der Außenstelle des Bundesamtes zu geben, die der Grenzkontrollstelle zugeordnet ist. Die persönliche Anhörung des Ausländers durch das Bundesamt soll unverzüglich stattfinden. Dem Ausländer ist danach unverzüglich Gelegenheit zu geben, mit einem Rechtsbeistand seiner Wahl Verbindung aufzunehmen, es sei denn, er hat sich selbst vorher anwaltlichen Beistands versichert. § 18 Abs. 2 bleibt unberührt.
(2) Lehnt das Bundesamt den Asylantrag als offensichtlich unbegründet ab, droht es dem Ausländer nach Maßgabe der §§ 34 und 36 Abs. 1 vorsorglich für den Fall der Einreise die Abschiebung an.
(3) Wird der Asylantrag als offensichtlich unbegründet abgelehnt, ist dem Ausländer die Einreise zu verweigern. Die Entscheidungen des Bundesamtes sind zusammen mit der Einreiseverweigerung von der Grenzbehörde zuzustellen. Diese übermittelt unverzüglich dem zuständigen Verwaltungsgericht eine Kopie ihrer Entscheidung und den Verwaltungsvorgang des Bundesamtes.
(4) Ein Antrag auf Gewährung vorläufigen Rechtsschutzes nach der Verwaltungsgerichtsordnung ist innerhalb von drei Tagen nach Zustellung der Entscheidungen des Bundesamtes und der Grenzbehörde zu stellen. Der Antrag kann bei der Grenzbehörde gestellt werden. Der Ausländer ist hierauf hinzuweisen. § 58 der Verwaltungsgerichtsordnung ist entsprechend anzuwenden. Die Entscheidung soll im schriftlichen Verfahren ergehen. § 36 Abs. 4 ist anzuwenden. Im Falle der rechtzeitigen Antragstellung darf die Einreiseverweigerung nicht vor der gerichtlichen Entscheidung (§ 36 Abs. 3 Satz 9) vollzogen werden.
(5) Jeder Antrag nach Absatz 4 richtet sich auf Gewährung der Einreise und für den Fall der Einreise gegen die Abschiebungsandrohung. Die Anordnung des Gerichts, dem Ausländer die Einreise zu gestatten, gilt zugleich als Aussetzung der Abschiebung.
(6) Dem Ausländer ist die Einreise zu gestatten, wenn
1. das Bundesamt der Grenzbehörde mitteilt, dass es nicht kurzfristig entscheiden kann,
2. das Bundesamt nicht innerhalb von zwei Tagen nach Stellung des Asylantrags über diesen entschieden hat,
3. das Gericht nicht innerhalb von vierzehn Tagen über einen Antrag nach Absatz 4 entschieden hat oder
4. die Grenzbehörde keinen nach § 15 Abs. 6 des Aufenthaltsgesetzes erforderlichen Haftantrag stellt oder der Richter die Anordnung oder die Verlängerung der Haft ablehnt.

§ 19 Aufgaben der Ausländerbehörde und der Polizei

(1) Ein Ausländer, der bei einer Ausländerbehörde, bei der Bundespolizei oder bei der Polizei eines Landes um Asyl nachsucht, ist in den Fällen des § 14 Abs. 1 unverzüglich an die zuständige oder, sofern diese nicht bekannt ist, an die nächstgelegene Aufnahmeeinrichtung zur Meldung weiterzuleiten.
(2) In den Fällen des Absatzes 1 hat die Behörde, bei der ein Ausländer um Asyl nachsucht, diesen vor der Weiterleitung an die Aufnahmeeinrichtung erkennungsdienstlich zu behandeln (§ 16 Absatz 1).
(3) Ein Ausländer, der aus einem sicheren Drittstaat (§ 26a) unerlaubt eingereist ist, kann ohne vorherige Weiterleitung an eine Aufnahmeeinrichtung nach Maßgabe des § 57 Abs. 1 und 2 des Aufenthaltsgesetzes dorthin zurückgeschoben werden. In diesem Falle ordnet die Ausländerbehörde die Zurückschiebung an, sobald feststeht, dass sie durchgeführt werden kann.
(4) Vorschriften über die Festnahme oder Inhaftnahme bleiben unberührt.

§ 20 Weiterleitung an eine Aufnahmeeinrichtung

(1) Der Ausländer ist verpflichtet, der Weiterleitung nach § 18 Abs. 1 oder § 19 Abs. 1 unverzüglich oder bis zu einem ihm von der Behörde genannten Zeitpunkt zu folgen. Kommt der Ausländer der Verpflichtung nach Satz 1 nicht nach, so findet § 33 Absatz 1, 5 und 6 entsprechende Anwendung. Dies gilt nicht, wenn der Ausländer unverzüglich nachweist, dass das Versäumnis auf Umstände zurückzuführen war, auf die er keinen Einfluss hatte. Auf die Verpflichtung nach Satz 1 sowie die Rechtsfolgen einer Verletzung dieser Verpflichtung ist der Ausländer

von der Behörde, bei der er um Asyl nachsucht, schriftlich und gegen Empfangsbestätigung hinzuweisen. Kann der Hinweis nach Satz 4 nicht erfolgen, ist der Ausländer zu der Aufnahmeeinrichtung zu begleiten.

(2) Die Behörde, die den Ausländer an eine Aufnahmeeinrichtung weiterleitet, teilt dieser unverzüglich die Weiterleitung, die Stellung des Asylgesuchs und den erfolgten Hinweis nach Absatz 1 Satz 4 schriftlich mit. Die Aufnahmeeinrichtung unterrichtet unverzüglich, spätestens nach Ablauf einer Woche nach Eingang der Mitteilung nach Satz 1, die ihr zugeordnete Außenstelle des Bundesamtes darüber, ob der Ausländer in der Aufnahmeeinrichtung aufgenommen worden ist, und leitet ihr die Mitteilung nach Satz 1 zu.

§ 21 Verwahrung und Weitergabe von Unterlagen

(1) Die Behörden, die den Ausländer an eine Aufnahmeeinrichtung weiterleiten, nehmen die in § 15 Abs. 2 Nr. 4 und 5 bezeichneten Unterlagen in Verwahrung und leiten sie unverzüglich der Aufnahmeeinrichtung zu.

(2) Meldet sich der Ausländer unmittelbar bei der für seine Aufnahme zuständigen Aufnahmeeinrichtung, nimmt diese die Unterlagen in Verwahrung.

(3) Die für die Aufnahme des Ausländers zuständige Aufnahmeeinrichtung leitet die Unterlagen unverzüglich der ihr zugeordneten Außenstelle des Bundesamtes zu.

(4) Dem Ausländer sind auf Verlangen Abschriften der in Verwahrung genommenen Unterlagen auszuhändigen.

(5) Die Unterlagen sind dem Ausländer wieder auszuhändigen, wenn sie für die weitere Durchführung des Asylverfahrens oder für aufenthaltsbeendende Maßnahmen nicht mehr benötigt werden.

§ 22 Meldepflicht

(1) Ein Ausländer, der den Asylantrag bei einer Außenstelle des Bundesamtes zu stellen hat (§ 14 Abs. 1), hat sich in einer Aufnahmeeinrichtung persönlich zu melden. Diese nimmt ihn auf oder leitet ihn an die für seine Aufnahme zuständige Aufnahmeeinrichtung weiter; im Falle der Weiterleitung ist der Ausländer, soweit möglich, erkennungsdienstlich zu behandeln.

(2) Die Landesregierung oder die von ihr bestimmte Stelle kann bestimmen, dass
1. die Meldung nach Absatz 1 bei einer bestimmten Aufnahmeeinrichtung erfolgen muss,
2. ein von einer Aufnahmeeinrichtung eines anderen Landes weitergeleiteter Ausländer zunächst eine bestimmte Aufnahmeeinrichtung aufsuchen muss.

Der Ausländer ist während seines Aufenthaltes in der nach Satz 1 bestimmten Aufnahmeeinrichtung erkennungsdienstlich zu behandeln. In den Fällen des § 18 Abs. 1 und des § 19 Abs. 1 ist der Ausländer an diese Aufnahmeeinrichtung weiterzuleiten.

(3) Der Ausländer ist verpflichtet, der Weiterleitung an die für ihn zuständige Aufnahmeeinrichtung nach Absatz 1 Satz 2 oder Absatz 2 unverzüglich oder bis zu einem ihm von der Aufnahmeeinrichtung genannten Zeitpunkt zu folgen. Kommt der Ausländer der Verpflichtung nach Satz 1 nicht nach, so findet § 33 Absatz 1, 5 und 6 entsprechend Anwendung. Dies gilt nicht, wenn der Ausländer unverzüglich nachweist, dass das Versäumnis auf Umstände zurückzuführen war, auf die er keinen Einfluss hatte. § 20 Absatz 1 Satz 4 und Absatz 2 findet entsprechende Anwendung.

§ 22a Übernahme zur Durchführung eines Asylverfahrens

Ein Ausländer, der auf Grund von Rechtsvorschriften der Europäischen Gemeinschaft oder eines völkerrechtlichen Vertrages zur Durchführung eines Asylverfahrens übernommen ist, steht einem Ausländer gleich, der um Asyl nachsucht. Der Ausländer ist verpflichtet, sich bei oder unverzüglich nach der Einreise zu der Stelle zu begeben, die vom Bundesministerium des Innern, für Bau und Heimat oder der von ihm bestimmten Stelle bezeichnet ist.

Unterabschnitt 3
Verfahren beim Bundesamt

§ 23 Antragstellung bei der Außenstelle

(1) Der Ausländer, der in der Aufnahmeeinrichtung aufgenommen ist, ist verpflichtet, unverzüglich oder zu dem von der Aufnahmeeinrichtung genannten Termin bei der Außenstelle des Bundesamtes zur Stellung des Asylantrags persönlich zu erscheinen.

(2) Kommt der Ausländer der Verpflichtung nach Absatz 1 nicht nach, so findet § 33 Absatz 1, 5 und 6 entsprechend Anwendung. Dies gilt nicht, wenn der Ausländer unverzüglich nachweist, dass das Versäumnis auf Umstände zurückzuführen war, auf die er keinen Einfluss hatte. Auf diese Rechtsfolgen ist der Ausländer von der Aufnahmeeinrichtung schriftlich und gegen Empfangsbestätigung hinzuweisen. Die Aufnahmeeinrichtung unterrichtet unverzüglich die ihr zugeordnete Außenstelle des Bundesamtes über die Aufnahme des Ausländers in der Aufnahmeeinrichtung und den erfolgten Hinweis nach Satz 3.

§ 24 Pflichten des Bundesamtes

(1) Das Bundesamt klärt den Sachverhalt und erhebt die erforderlichen Beweise. Nach der Asylantragstellung unterrichtet das Bundesamt den Ausländer in einer Sprache, deren Kenntnis vernünftigerweise vorausgesetzt werden kann, über den Ablauf des Verfahrens und über seine Rechte und Pflichten im Verfahren, insbesondere auch über Fristen und die Folgen einer Fristversäumung. Es hat den Ausländer persönlich anzuhören. Von einer Anhörung kann abgesehen werden, wenn das Bundesamt den Ausländer als asylberechtigt anerkennen will oder wenn der Ausländer nach seinen Angaben aus einem sicheren Drittstaat (§ 26a) eingereist ist. Von einer Anhörung kann auch abgesehen werden, wenn das Bundesamt einem nach § 13 Absatz 2 Satz 2 beschränkten Asylantrag stattgeben will. Von der Anhörung ist abzusehen, wenn der Asylantrag für ein im Bundesgebiet geborenes Kind unter sechs Jahren gestellt und der Sachverhalt auf Grund des Inhalts der Verfahrensakten der Eltern oder eines Elternteils ausreichend geklärt ist.
(1a) Sucht eine große Zahl von Ausländern gleichzeitig um Asyl nach und wird es dem Bundesamt dadurch unmöglich, die Anhörung in zeitlichem Zusammenhang mit der Antragstellung durchzuführen, so kann das Bundesamt die Anhörung vorübergehend von einer anderen Behörde, die Aufgaben nach diesem Gesetz oder dem Aufenthaltsgesetz wahrnimmt, durchführen lassen. Die Anhörung darf nur von einem dafür geschulten Bediensteten durchgeführt werden. Die Bediensteten dürfen bei der Anhörung keine Uniform tragen. § 5 Absatz 4 gilt entsprechend.
(2) Nach Stellung eines Asylantrags obliegt dem Bundesamt auch die Entscheidung, ob ein Abschiebungsverbot nach § 60 Absatz 5 oder 7 des Aufenthaltsgesetzes vorliegt.
(3) Das Bundesamt unterrichtet die Ausländerbehörde unverzüglich über
1. die getroffene Entscheidung und
2. von dem Ausländer vorgetragene oder sonst erkennbare Gründe
   a) für eine Aussetzung der Abschiebung, insbesondere über die Notwendigkeit, die für eine Rückführung erforderlichen Dokumente zu beschaffen, oder
   b) die nach § 25 Abs. 3 Satz 2 Nummer 1 bis 4 des Aufenthaltsgesetzes der Erteilung einer Aufenthaltserlaubnis entgegenstehen könnten.
(4) Ergeht eine Entscheidung über den Asylantrag nicht innerhalb von sechs Monaten, hat das Bundesamt dem Ausländer auf Antrag mitzuteilen, bis wann voraussichtlich über seinen Asylantrag entschieden wird.

§ 25 Anhörung

(1) Der Ausländer muss selbst die Tatsachen vortragen, die seine Furcht vor Verfolgung oder die Gefahr eines ihm drohenden ernsthaften Schadens begründen, und die erforderlichen Angaben machen. Zu den erforderlichen Angaben gehören auch solche über Wohnsitze, Reisewege, Aufenthalte in anderen Staaten und darüber, ob bereits in anderen Staaten oder im Bundesgebiet ein Verfahren mit dem Ziel der Anerkennung als ausländischer Flüchtling, auf Zuerkennung internationalen Schutzes im Sinne des § 1 Absatz 1 Nummer 2 oder ein Asylverfahren eingeleitet oder durchgeführt ist.
(2) Der Ausländer hat alle sonstigen Tatsachen und Umstände anzugeben, die einer Abschiebung oder einer Abschiebung in einen bestimmten Staat entgegenstehen.
(3) Ein späteres Vorbringen des Ausländers kann unberücksichtigt bleiben, wenn andernfalls die Entscheidung des Bundesamtes verzögert würde. Der Ausländer ist hierauf und auf § 36 Abs. 4 Satz 3 hinzuweisen.
(4) Bei einem Ausländer, der verpflichtet ist, in einer Aufnahmeeinrichtung zu wohnen, soll die Anhörung in zeitlichem Zusammenhang mit der Asylantragstellung erfolgen. Einer besonderen Ladung des Ausländers und seines Bevollmächtigten bedarf es nicht. Entsprechendes gilt, wenn dem Ausländer bei oder innerhalb einer Woche nach der Antragstellung der Termin für die Anhörung mitgeteilt wird. Kann die Anhörung nicht an demselben Tag stattfinden, sind der Ausländer und sein Bevollmächtigter von dem Anhörungstermin unverzüglich zu verständigen. Erscheint der Ausländer ohne genügende Entschuldigung nicht zur Anhörung, entscheidet das Bundesamt nach Aktenlage, wobei auch die Nichtmitwirkung des Ausländers zu berücksichtigen ist.
(5) Bei einem Ausländer, der nicht verpflichtet ist, in einer Aufnahmeeinrichtung zu wohnen, kann von der persönlichen Anhörung abgesehen werden, wenn der Ausländer einer Ladung zur Anhörung ohne genügende Entschuldigung nicht folgt. In diesem Falle ist dem Ausländer Gelegenheit zur schriftlichen Stellungnahme innerhalb eines Monats zu geben. Äußert sich der Ausländer innerhalb dieser Frist nicht, entscheidet das Bundesamt nach Aktenlage, wobei auch die Nichtmitwirkung des Ausländers zu würdigen ist. § 33 bleibt unberührt.
(6) Die Anhörung ist nicht öffentlich. An ihr können Personen, die sich als Vertreter des Bundes, eines Landes oder des Hohen Flüchtlingskommissars der Vereinten Nationen ausweisen, teilnehmen. Anderen Personen kann der Leiter des Bundesamtes oder die von ihm beauftragte Person die Anwesenheit gestatten.

(7) Über die Anhörung ist eine Niederschrift aufzunehmen, die die wesentlichen Angaben des Ausländers enthält. Dem Ausländer ist eine Kopie der Niederschrift auszuhändigen oder mit der Entscheidung des Bundesamtes zuzustellen.

§ 26 Familienasyl und internationaler Schutz für Familienangehörige

(1) Der Ehegatte oder der Lebenspartner eines Asylberechtigten wird auf Antrag als Asylberechtigter anerkannt, wenn
1. die Anerkennung des Asylberechtigten unanfechtbar ist,
2. die Ehe oder Lebenspartnerschaft mit dem Asylberechtigten schon in dem Staat bestanden hat, in dem der Asylberechtigte politisch verfolgt wird,
3. der Ehegatte oder der Lebenspartner vor der Anerkennung des Ausländers als Asylberechtigter eingereist ist oder er den Asylantrag unverzüglich nach der Einreise gestellt hat und
4. die Anerkennung des Asylberechtigten nicht zu widerrufen oder zurückzunehmen ist.

Für die Anerkennung als Asylberechtigter nach Satz 1 ist es unbeachtlich, wenn die Ehe nach deutschem Recht wegen Minderjährigkeit im Zeitpunkt der Eheschließung unwirksam oder aufgehoben worden ist; dies gilt nicht zugunsten des im Zeitpunkt der Eheschließung volljährigen Ehegatten.

(2) Ein zum Zeitpunkt seiner Asylantragstellung minderjähriges lediges Kind eines Asylberechtigten wird auf Antrag als asylberechtigt anerkannt, wenn die Anerkennung des Ausländers als Asylberechtigter unanfechtbar ist und diese Anerkennung nicht zu widerrufen oder zurückzunehmen ist.

(3) Die Eltern eines minderjährigen ledigen Asylberechtigten oder ein anderer Erwachsener im Sinne des Artikels 2 Buchstabe j der Richtlinie 2011/95/EU werden auf Antrag als Asylberechtigte anerkannt, wenn
1. die Anerkennung des Asylberechtigten unanfechtbar ist,
2. die Familie im Sinne des Artikels 2 Buchstabe j der Richtlinie 2011/95/EU schon in dem Staat bestanden hat, in dem der Asylberechtigte politisch verfolgt wird,
3. sie vor der Anerkennung des Asylberechtigten eingereist sind oder sie den Asylantrag unverzüglich nach der Einreise gestellt haben,
4. die Anerkennung des Asylberechtigten nicht zu widerrufen oder zurückzunehmen ist und
5. sie die Personensorge für den Asylberechtigten innehaben.

Für zum Zeitpunkt ihrer Antragstellung minderjährige ledige Geschwister des minderjährigen Asylberechtigten gilt Satz 1 Nummer 1 bis 4 entsprechend.

(4) Die Absätze 1 bis 3 gelten nicht für Familienangehörige im Sinne dieser Absätze, die die Voraussetzungen des § 60 Absatz 8 Satz 1 des Aufenthaltsgesetzes oder des § 3 Absatz 2 erfüllen oder bei denen das Bundesamt nach § 60 Absatz 8 Satz 3 des Aufenthaltsgesetzes von der Anwendung des § 60 Absatz 1 des Aufenthaltsgesetzes abgesehen hat. Die Absätze 2 und 3 gelten nicht für Kinder eines Ausländers, der selbst nach Absatz 2 oder Absatz 3 als Asylberechtigter anerkannt worden ist.

(5) Auf Familienangehörige im Sinne der Absätze 1 bis 3 von international Schutzberechtigten sind die Absätze 1 bis 4 entsprechend anzuwenden. An die Stelle der Asylberechtigung tritt die Flüchtlingseigenschaft oder der subsidiäre Schutz. Der subsidiäre Schutz als Familienangehöriger wird nicht gewährt, wenn ein Ausschlussgrund nach § 4 Absatz 2 vorliegt.

(6) Die Absätze 1 bis 5 sind nicht anzuwenden, wenn dem Ausländer durch den Familienangehörigen im Sinne dieser Absätze eine Verfolgung im Sinne des § 3 Absatz 1 oder ein ernsthafter Schaden im Sinne des § 4 Absatz 1 droht oder er bereits einer solchen Verfolgung ausgesetzt war oder einen solchen ernsthaften Schaden erlitten hat.

§ 26a Sichere Drittstaaten

(1) Ein Ausländer, der aus einem Drittstaat im Sinne des Artikels 16a Abs. 2 Satz 1 des Grundgesetzes (sicherer Drittstaat) eingereist ist, kann sich nicht auf Artikel 16a Abs. 1 des Grundgesetzes berufen. Er wird nicht als Asylberechtigter anerkannt. Satz 1 gilt nicht, wenn
1. der Ausländer im Zeitpunkt seiner Einreise in den sicheren Drittstaat im Besitz eines Aufenthaltstitels für die Bundesrepublik Deutschland war,
2. die Bundesrepublik Deutschland auf Grund von Rechtsvorschriften der Europäischen Gemeinschaft oder eines völkerrechtlichen Vertrages mit dem sicheren Drittstaat für die Durchführung des Asylverfahrens zuständig ist oder
3. der Ausländer auf Grund einer Anordnung nach § 18 Abs. 4 Nr. 2 nicht zurückgewiesen oder zurückgeschoben worden ist.

(2) Sichere Drittstaaten sind außer den Mitgliedstaaten der Europäischen Union die in Anlage I bezeichneten Staaten.

(3) Die Bundesregierung bestimmt durch Rechtsverordnung ohne Zustimmung des Bundesrates, dass ein in Anlage I bezeichneter Staat nicht mehr als sicherer Drittstaat gilt, wenn Veränderungen in den rechtlichen oder politischen Verhältnissen dieses Staates die Annahme begründen, dass die in Artikel 16a Abs. 2 Satz 1 des Grundgesetzes bezeichneten Voraussetzungen entfallen sind. Die Verordnung tritt spätestens sechs Monate nach ihrem Inkrafttreten außer Kraft.

§ 27 Anderweitige Sicherheit vor Verfolgung

(1) Ein Ausländer, der bereits in einem sonstigen Drittstaat vor politischer Verfolgung sicher war, wird nicht als Asylberechtigter anerkannt.
(2) Ist der Ausländer im Besitz eines von einem sicheren Drittstaat (§ 26a) oder einem sonstigen Drittstaat ausgestellten Reiseausweises nach dem Abkommen über die Rechtsstellung der Flüchtlinge, so wird vermutet, dass er bereits in diesem Staat vor politischer Verfolgung sicher war.
(3) Hat sich ein Ausländer im sonstigen Drittstaat, in dem ihm keine politische Verfolgung droht, vor der Einreise in das Bundesgebiet länger als drei Monate aufgehalten, so wird vermutet, dass er dort vor politischer Verfolgung sicher war. Das gilt nicht, wenn der Ausländer glaubhaft macht, dass eine Abschiebung in einen anderen Staat, in dem ihm politische Verfolgung droht, nicht mit hinreichender Sicherheit auszuschließen war.

§ 28 Nachfluchttatbestände

(1) Ein Ausländer wird in der Regel nicht als Asylberechtigter anerkannt, wenn die Gefahr politischer Verfolgung auf Umständen beruht, die er nach Verlassen seines Herkunftslandes aus eigenem Entschluss geschaffen hat, es sei denn, dieser Entschluss entspricht einer festen, bereits im Herkunftsland erkennbar betätigten Überzeugung. Satz 1 findet insbesondere keine Anwendung, wenn der Ausländer sich auf Grund seines Alters und Entwicklungsstandes im Herkunftsland noch keine feste Überzeugung bilden konnte.
(1a) Die begründete Furcht vor Verfolgung im Sinne des § 3 Absatz 1 oder die tatsächliche Gefahr, einen ernsthaften Schaden im Sinne des § 4 Absatz 1 zu erleiden, kann auf Ereignissen beruhen, die eingetreten sind, nachdem der Ausländer das Herkunftsland verlassen hat, insbesondere auch auf einem Verhalten des Ausländers, das Ausdruck und Fortsetzung einer bereits im Herkunftsland bestehenden Überzeugung oder Ausrichtung ist.
(2) Stellt der Ausländer nach Rücknahme oder unanfechtbarer Ablehnung eines Asylantrags erneut einen Asylantrag und stützt diesen auf Umstände, die er nach Rücknahme oder unanfechtbarer Ablehnung seines früheren Antrags selbst geschaffen hat, kann in einem Folgeverfahren in der Regel die Flüchtlingseigenschaft nicht zuerkannt werden.

§ 29 Unzulässige Anträge

(1) Ein Asylantrag ist unzulässig, wenn
1. ein anderer Staat
   a) nach Maßgabe der Verordnung (EU) Nr. 604/2013 des Europäischen Parlaments und des Rates vom 26. Juni 2013 zur Festlegung der Kriterien und Verfahren zur Bestimmung des Mitgliedstaats, der für die Prüfung eines von einem Drittstaatsangehörigen oder Staatenlosen in einem Mitgliedstaat gestellten Antrags auf internationalen Schutz zuständig ist (ABl. L 180 vom 29. 6. 2013, S. 31) oder
   b) auf Grund von anderen Rechtsvorschriften der Europäischen Union oder eines völkerrechtlichen Vertrages für die Durchführung des Asylverfahrens zuständig ist,
2. ein anderer Mitgliedstaat der Europäischen Union dem Ausländer bereits internationalen Schutz im Sinne des § 1 Absatz 1 Nummer 2 gewährt hat,
3. ein Staat, der bereit ist, den Ausländer wieder aufzunehmen, als für den Ausländer sicherer Drittstaat gemäß § 26a betrachtet wird,
4. ein Staat, der kein Mitgliedstaat der Europäischen Union und bereit ist, den Ausländer wieder aufzunehmen, als sonstiger Drittstaat gemäß § 27 betrachtet wird oder
5. im Falle eines Folgeantrags nach § 71 oder eines Zweitantrags nach § 71a ein weiteres Asylverfahren nicht durchzuführen ist.

(2) Das Bundesamt hört den Ausländer zu den Gründen nach Absatz 1 Nummer 1 Buchstabe b bis Nummer 4 persönlich an, bevor es über die Zulässigkeit eines Asylantrags entscheidet. Zu den Gründen nach Absatz 1 Nummer 5 gibt es dem Ausländer Gelegenheit zur Stellungnahme nach § 71 Absatz 3.
(3) Erscheint der Ausländer nicht zur Anhörung über die Zulässigkeit, entscheidet das Bundesamt nach Aktenlage. Dies gilt nicht, wenn der Ausländer unverzüglich nachweist, dass das in Satz 1 genannte Versäumnis auf Umstände zurückzuführen war, auf die er keinen Einfluss hatte. Führt der Ausländer diesen Nachweis, ist das Verfahren fortzuführen.
(4) Die Anhörung zur Zulässigkeit des Asylantrags kann gemäß § 24 Absatz 1a dafür geschulten Bediensteten anderer Behörden übertragen werden.

§ 29a Sicherer Herkunftsstaat; Bericht; Verordnungsermächtigung

(1) Der Asylantrag eines Ausländers aus einem Staat im Sinne des Artikels 16a Abs. 3 Satz 1 des Grundgesetzes (sicherer Herkunftsstaat) ist als offensichtlich unbegründet abzulehnen, es sei denn, die von dem Ausländer angegebenen Tatsachen oder Beweismittel begründen die Annahme, dass ihm abweichend von der allgemeinen Lage im Herkunftsstaat Verfolgung im Sinne des § 3 Absatz 1 oder ein ernsthafter Schaden im Sinne des § 4 Absatz 1 droht.

(2) Sichere Herkunftsstaaten sind die Mitgliedstaaten der Europäischen Union und die in Anlage II bezeichneten Staaten.

(2a) Die Bundesregierung legt dem Deutschen Bundestag alle zwei Jahre, erstmals zum 23. Oktober 2017 einen Bericht darüber vor, ob die Voraussetzungen für die Einstufung der in Anlage II bezeichneten Staaten als sichere Herkunftsstaaten weiterhin vorliegen.

(3) Die Bundesregierung bestimmt durch Rechtsverordnung ohne Zustimmung des Bundesrates, dass ein in Anlage II bezeichneter Staat nicht mehr als sicherer Herkunftsstaat gilt, wenn Veränderungen in den rechtlichen oder politischen Verhältnissen dieses Staates die Annahme begründen, dass die in Artikel 16a Abs. 3 Satz 1 des Grundgesetzes bezeichneten Voraussetzungen entfallen sind. Die Verordnung tritt spätestens sechs Monate nach ihrem Inkrafttreten außer Kraft.

§ 30 Offensichtlich unbegründete Asylanträge

(1) Ein Asylantrag ist offensichtlich unbegründet, wenn die Voraussetzungen für eine Anerkennung als Asylberechtigter und die Voraussetzungen für die Zuerkennung des internationalen Schutzes offensichtlich nicht vorliegen.

(2) Ein Asylantrag ist insbesondere offensichtlich unbegründet, wenn nach den Umständen des Einzelfalles offensichtlich ist, dass sich der Ausländer nur aus wirtschaftlichen Gründen oder um einer allgemeinen Notsituation zu entgehen, im Bundesgebiet aufhält.

(3) Ein unbegründeter Asylantrag ist als offensichtlich unbegründet abzulehnen, wenn
1. in wesentlichen Punkten das Vorbringen des Ausländers nicht substantiiert oder in sich widersprüchlich ist, offenkundig den Tatsachen nicht entspricht oder auf gefälschte oder verfälschte Beweismittel gestützt wird,
2. der Ausländer im Asylverfahren über seine Identität oder Staatsangehörigkeit täuscht oder diese Angaben verweigert,
3. er unter Angabe anderer Personalien einen weiteren Asylantrag oder ein weiteres Asylbegehren anhängig gemacht hat,
4. er den Asylantrag gestellt hat, um eine drohende Aufenthaltsbeendigung abzuwenden, obwohl er zuvor ausreichend Gelegenheit hatte, einen Asylantrag zu stellen,
5. er seine Mitwirkungspflichten nach § 13 Abs. 3 Satz 2, § 15 Abs. 2 Nr. 3 bis 5 oder § 25 Abs. 1 gröblich verletzt hat, es sei denn, er hat die Verletzung der Mitwirkungspflichten nicht zu vertreten oder ihm war die Einhaltung der Mitwirkungspflichten aus wichtigen Gründen nicht möglich,
6. er nach §§ 53, 54 des Aufenthaltsgesetzes vollziehbar ausgewiesen ist oder
7. er für einen nach diesem Gesetz handlungsunfähigen Ausländer gestellt wird oder nach § 14a als gestellt gilt, nachdem zuvor Asylanträge der Eltern oder des allein personensorgeberechtigten Elternteils unanfechtbar abgelehnt worden sind.

(4) Ein Asylantrag ist ferner als offensichtlich unbegründet abzulehnen, wenn die Voraussetzungen des § 60 Abs. 8 Satz 1 des Aufenthaltsgesetzes oder des § 3 Abs. 2 vorliegen oder wenn das Bundesamt nach § 60 Absatz 8 Satz 3 des Aufenthaltsgesetzes von der Anwendung des § 60 Absatz 1 des Aufenthaltsgesetzes abgesehen hat.

(5) Ein beim Bundesamt gestellter Antrag ist auch dann als offensichtlich unbegründet abzulehnen, wenn es sich nach seinem Inhalt nicht um einen Asylantrag im Sinne des § 13 Abs. 1 handelt.

§ 30a Beschleunigte Verfahren

(1) Das Bundesamt kann das Asylverfahren in einer Außenstelle, die einer besonderen Aufnahmeeinrichtung (§ 5 Absatz 5) zugeordnet ist, beschleunigt durchführen, wenn der Ausländer
1. Staatsangehöriger eines sicheren Herkunftsstaates (§ 29a) ist,
2. die Behörden durch falsche Angaben oder Dokumente oder durch Verschweigen wichtiger Informationen oder durch Zurückhalten von Dokumenten über seine Identität oder Staatsangehörigkeit offensichtlich getäuscht hat,
3. ein Identitäts- oder ein Reisedokument, das die Feststellung seiner Identität oder Staatsangehörigkeit ermöglicht hätte, mutwillig vernichtet oder beseitigt hat, oder die Umstände offensichtlich diese Annahme rechtfertigen,
4. einen Folgeantrag gestellt hat,

5. den Antrag nur zur Verzögerung oder Behinderung der Vollstreckung einer bereits getroffenen oder unmittelbar bevorstehenden Entscheidung, die zu seiner Abschiebung führen würde, gestellt hat,
6. sich weigert, der Verpflichtung zur Abnahme seiner Fingerabdrücke gemäß der Verordnung (EU) Nr. 603/2013 des Europäischen Parlaments und des Rates vom 26. Juni 2013 über die Einrichtung von Eurodac für den Abgleich von Fingerabdruckdaten zum Zwecke der effektiven Anwendung der Verordnung (EU) Nr. 604/2013 zur Festlegung der Kriterien und Verfahren zur Bestimmung des Mitgliedstaats, der für die Prüfung eines von einem Drittstaatsangehörigen oder Staatenlosen in einem Mitgliedstaat gestellten Antrags auf internationalen Schutz zuständig ist und über der Gefahrenabwehr und Strafverfolgung dienende Anträge der Gefahrenabwehr- und Strafverfolgungsbehörden der Mitgliedstaaten und Europols auf den Abgleich mit Eurodac-Daten sowie zur Änderung der Verordnung (EU) Nr. 1077/2011 zur Errichtung einer Europäischen Agentur für das Betriebsmanagement von IT-Großsystemen im Raum der Freiheit, der Sicherheit und des Rechts (ABl. L 180 vom 29. 6. 2013, S. 1) nachzukommen, oder
7. aus schwerwiegenden Gründen der öffentlichen Sicherheit oder öffentlichen Ordnung ausgewiesen wurde oder es schwerwiegende Gründe für die Annahme gibt, dass er eine Gefahr für die nationale Sicherheit oder die öffentliche Ordnung darstellt.

(2) Macht das Bundesamt von Absatz 1 Gebrauch, so entscheidet es innerhalb einer Woche ab Stellung des Asylantrags. Kann es nicht innerhalb dieser Frist entscheiden, dann führt es das Verfahren als nicht beschleunigtes Verfahren fort.

(3) Ausländer, deren Asylanträge im beschleunigten Verfahren nach dieser Vorschrift bearbeitet werden, sind verpflichtet, bis zur Entscheidung des Bundesamtes über den Asylantrag in der für ihre Aufnahme zuständigen besonderen Aufnahmeeinrichtung zu wohnen. Die Verpflichtung nach Satz 1 gilt darüber hinaus bis zur Ausreise oder bis zum Vollzug der Abschiebungsandrohung oder -anordnung bei
1. einer Einstellung des Verfahrens oder
2. einer Ablehnung des Asylantrags
   a) nach § 29 Absatz 1 Nummer 4 als unzulässig,
   b) nach § 29a oder § 30 als offensichtlich unbegründet oder
   c) im Fall des § 71 Absatz 4.
Die §§ 48 bis 50 bleiben unberührt.

§ 31 Entscheidung des Bundesamtes über Asylanträge

(1) Die Entscheidung des Bundesamtes ergeht schriftlich. Sie ist schriftlich zu begründen. Entscheidungen, die der Anfechtung unterliegen, sind den Beteiligten unverzüglich zuzustellen. Wurde kein Bevollmächtigter für das Verfahren bestellt, ist eine Übersetzung der Entscheidungsformel und der Rechtsbehelfsbelehrung in einer Sprache beizufügen, deren Kenntnis vernünftigerweise vorausgesetzt werden kann; Asylberechtigte und Ausländer, denen internationaler Schutz im Sinne des § 1 Absatz 1 Nummer 2 zuerkannt wird oder bei denen das Bundesamt ein Abschiebungsverbot nach § 60 Absatz 5 oder 7 des Aufenthaltsgesetzes festgestellt hat, werden zusätzlich über die Rechte und Pflichten unterrichtet, die sich daraus ergeben. Wird der Asylantrag nur nach § 26a oder § 29 Absatz 1 Nummer 1 abgelehnt, ist die Entscheidung zusammen mit der Abschiebungsanordnung nach § 34a dem Ausländer selbst zuzustellen. Sie kann ihm auch von der für die Abschiebung oder für die Durchführung der Abschiebung zuständigen Behörde zugestellt werden. Wird der Ausländer durch einen Bevollmächtigten vertreten oder hat er einen Empfangsberechtigten benannt, soll diesem ein Abdruck der Entscheidung zugeleitet werden.

(2) In Entscheidungen über zulässige Asylanträge und nach § 30 Abs. 5 ist ausdrücklich festzustellen, ob dem Ausländer die Flüchtlingseigenschaft oder der subsidiäre Schutz zuerkannt wird und ob er als Asylberechtigter anerkannt wird. In den Fällen des § 13 Absatz 2 Satz 2 ist nur über den beschränkten Antrag zu entscheiden.

(3) In den Fällen des Absatzes 2 und in Entscheidungen über unzulässige Asylanträge ist festzustellen, ob die Voraussetzungen des § 60 Absatz 5 oder 7 des Aufenthaltsgesetzes vorliegen. Davon kann abgesehen werden, wenn der Ausländer als Asylberechtigter anerkannt wird oder ihm internationaler Schutz im Sinne des § 1 Absatz 1 Nummer 2 zuerkannt wird.

(4) Wird der Asylantrag nur nach § 26a als unzulässig abgelehnt, bleibt § 26 Absatz 5 in den Fällen des § 26 Absatz 1 bis 4 unberührt.

(5) Wird ein Ausländer nach § 26 Absatz 1 bis 3 als Asylberechtigter anerkannt oder wird ihm nach § 26 Absatz 5 internationaler Schutz im Sinne des § 1 Absatz 1 Nummer 2 zuerkannt, soll von der Feststellung der Voraussetzungen des § 60 Absatz 5 und 7 des Aufenthaltsgesetzes abgesehen werden.

(6) Wird der Asylantrag nach § 29 Absatz 1 Nummer 1 als unzulässig abgelehnt, wird dem Ausländer in der Entscheidung mitgeteilt, welcher andere Staat für die Durchführung des Asylverfahrens zuständig ist.

(7) In der Entscheidung des Bundesamtes ist die AZR-Nummer nach § 3 Absatz 1 Nummer 2 des Gesetzes über das Ausländerzentralregister zu nennen.

§ 32 Entscheidung bei Antragsrücknahme oder Verzicht

Im Falle der Antragsrücknahme oder des Verzichts gemäß § 14a Abs. 3 stellt das Bundesamt in seiner Entscheidung fest, dass das Asylverfahren eingestellt ist und ob ein Abschiebungsverbot nach § 60 Absatz 5 oder 7 des Aufenthaltsgesetzes vorliegt. In den Fällen des § 33 ist nach Aktenlage zu entscheiden.

§ 32a Ruhen des Verfahrens

(1) Das Asylverfahren eines Ausländers ruht, solange ihm vorübergehender Schutz nach § 24 des Aufenthaltsgesetzes gewährt wird. Solange das Verfahren ruht, bestimmt sich die Rechtsstellung des Ausländers nicht nach diesem Gesetz.

(2) Der Asylantrag gilt als zurückgenommen, wenn der Ausländer nicht innerhalb eines Monats nach Ablauf der Geltungsdauer seiner Aufenthaltserlaubnis dem Bundesamt anzeigt, dass er das Asylverfahren fortführen will.

§ 33 Nichtbetreiben des Verfahrens

(1) Der Asylantrag gilt als zurückgenommen, wenn der Ausländer das Verfahren nicht betreibt.
(2) Es wird vermutet, dass der Ausländer das Verfahren nicht betreibt, wenn er
1. einer Aufforderung zur Vorlage von für den Antrag wesentlichen Informationen gemäß § 15 oder einer Aufforderung zur Anhörung gemäß § 25 nicht nachgekommen ist,
2. untergetaucht ist oder
3. gegen die räumliche Beschränkung seiner Aufenthaltsgestattung gemäß § 56 verstoßen hat, der er wegen einer Wohnverpflichtung nach § 30a Absatz 3 unterliegt.

Die Vermutung nach Satz 1 gilt nicht, wenn der Ausländer unverzüglich nachweist, dass das in Satz 1 Nummer 1 genannte Versäumnis oder die in Satz 1 Nummer 2 und 3 genannte Handlung auf Umstände zurückzuführen war, auf die er keinen Einfluss hatte. Führt der Ausländer diesen Nachweis, ist das Verfahren fortzuführen. Wurde das Verfahren als beschleunigtes Verfahren nach § 30a durchgeführt, beginnt die Frist nach § 30a Absatz 2 Satz 1 neu zu laufen.

(3) Der Asylantrag gilt ferner als zurückgenommen, wenn der Ausländer während des Asylverfahrens in seinen Herkunftsstaat gereist ist.

(4) Der Ausländer ist auf die nach den Absätzen 1 und 3 eintretenden Rechtsfolgen schriftlich und gegen Empfangsbestätigung hinzuweisen.

(5) In den Fällen der Absätze 1 und 3 stellt das Bundesamt das Asylverfahren ein. Ein Ausländer, dessen Asylverfahren gemäß Satz 1 eingestellt worden ist, kann die Wiederaufnahme des Verfahrens beantragen. Der Antrag ist persönlich bei der Außenstelle des Bundesamtes zu stellen, die der Aufnahmeeinrichtung zugeordnet ist, in welcher der Ausländer vor der Einstellung des Verfahrens zu wohnen verpflichtet war. Stellt der Ausländer einen neuen Asylantrag, so gilt dieser als Antrag im Sinne des Satzes 2. Das Bundesamt nimmt die Prüfung in dem Verfahrensabschnitt wieder auf, in dem sie eingestellt wurde. Abweichend von Satz 5 ist das Asylverfahren nicht wieder aufzunehmen und ein Antrag nach Satz 2 oder Satz 4 ist als Folgeantrag (§ 71) zu behandeln, wenn
1. die Einstellung des Asylverfahrens zum Zeitpunkt der Antragstellung mindestens neun Monate zurückliegt oder
2. das Asylverfahren bereits nach dieser Vorschrift wieder aufgenommen worden war.

Wird ein Verfahren nach dieser Vorschrift wieder aufgenommen, das vor der Einstellung als beschleunigtes Verfahren nach § 30a durchgeführt wurde, beginnt die Frist nach § 30a Absatz 2 Satz 1 neu zu laufen.

(6) Für Rechtsbehelfe gegen eine Entscheidung nach Absatz 5 Satz 6 gilt § 36 Absatz 3 entsprechend.

Unterabschnitt 4
Aufenthaltsbeendigung

§ 34 Abschiebungsandrohung

(1) Das Bundesamt erlässt nach den §§ 59 und 60 Absatz 10 des Aufenthaltsgesetzes eine schriftliche Abschiebungsandrohung, wenn
1. der Ausländer nicht als Asylberechtigter anerkannt wird,
2. dem Ausländer nicht die Flüchtlingseigenschaft zuerkannt wird,
2a. dem Ausländer kein subsidiärer Schutz gewährt wird,
3. die Voraussetzungen des § 60 Absatz 5 und 7 des Aufenthaltsgesetzes nicht vorliegen oder die Abschiebung ungeachtet des Vorliegens der Voraussetzungen des § 60 Absatz 7 Satz 1 des Aufenthaltsgesetzes ausnahmsweise zulässig ist und

4. der Ausländer keinen Aufenthaltstitel besitzt.
Im Übrigen bleibt die Ausländerbehörde für Entscheidungen nach § 59 Absatz 1 Satz 4 und Absatz 6 des Aufenthaltsgesetzes zuständig. Eine Anhörung des Ausländers vor Erlass der Abschiebungsandrohung ist nicht erforderlich.
(2) Die Abschiebungsandrohung soll mit der Entscheidung über den Asylantrag verbunden werden. Wurde kein Bevollmächtigter für das Verfahren bestellt, sind die Entscheidungsformel der Abschiebungsandrohung und die Rechtsbehelfsbelehrung dem Ausländer in eine Sprache zu übersetzen, deren Kenntnis vernünftigerweise vorausgesetzt werden kann.

§ 34a Abschiebungsanordnung

(1) Soll der Ausländer in einen sicheren Drittstaat (§ 26a) oder in einen für die Durchführung des Asylverfahrens zuständigen Staat (§ 29 Absatz 1 Nummer 1) abgeschoben werden, ordnet das Bundesamt die Abschiebung in diesen Staat an, sobald feststeht, dass sie durchgeführt werden kann. Dies gilt auch, wenn der Ausländer den Asylantrag in einem anderen auf Grund von Rechtsvorschriften der Europäischen Union oder eines völkerrechtlichen Vertrages für die Durchführung des Asylverfahrens zuständigen Staat gestellt oder vor der Entscheidung des Bundesamtes zurückgenommen hat. Einer vorherigen Androhung und Fristsetzung bedarf es nicht. Kann eine Abschiebungsanordnung nach Satz 1 oder 2 nicht ergehen, droht das Bundesamt die Abschiebung in den jeweiligen Staat an.
(2) Anträge nach § 80 Absatz 5 der Verwaltungsgerichtsordnung gegen die Abschiebungsanordnung sind innerhalb einer Woche nach Bekanntgabe zu stellen. Die Abschiebung ist bei rechtzeitiger Antragstellung vor der gerichtlichen Entscheidung nicht zulässig. Anträge auf Gewährung vorläufigen Rechtsschutzes gegen die Befristung des Einreise- und Aufenthaltsverbots durch das Bundesamt nach § 11 Absatz 2 des Aufenthaltsgesetzes sind innerhalb einer Woche nach Bekanntgabe zu stellen. Die Vollziehbarkeit der Abschiebungsanordnung bleibt hiervon unberührt.

§ 35 Abschiebungsandrohung bei Unzulässigkeit des Asylantrags

In den Fällen des § 29 Absatz 1 Nummer 2 und 4 droht das Bundesamt dem Ausländer die Abschiebung in den Staat an, in dem er vor Verfolgung sicher war.

§ 36 Verfahren bei Unzulässigkeit nach § 29 Absatz 1 Nummer 2 und 4 und bei offensichtlicher Unbegründetheit

(1) In den Fällen der Unzulässigkeit nach § 29 Absatz 1 Nummer 2 und 4 und der offensichtlichen Unbegründetheit des Asylantrags beträgt die dem Ausländer zu setzende Ausreisefrist eine Woche.
(2) Das Bundesamt übermittelt mit der Zustellung der Entscheidung den Beteiligten eine Kopie des Inhalts der Asylakte. Der Verwaltungsvorgang ist mit dem Nachweis der Zustellung unverzüglich dem zuständigen Verwaltungsgericht zu übermitteln.
(3) Anträge nach § 80 Abs. 5 der Verwaltungsgerichtsordnung gegen die Abschiebungsandrohung sind innerhalb einer Woche nach Bekanntgabe zu stellen; dem Antrag soll der Bescheid des Bundesamtes beigefügt werden. Der Ausländer ist hierauf hinzuweisen. § 58 der Verwaltungsgerichtsordnung ist entsprechend anzuwenden. Die Entscheidung soll im schriftlichen Verfahren ergehen; eine mündliche Verhandlung, in der zugleich über die Klage verhandelt wird, ist unzulässig. Die Entscheidung soll innerhalb von einer Woche nach Ablauf der Frist des Absatzes 1 ergehen. Die Kammer des Verwaltungsgerichts kann die Frist nach Satz 5 um jeweils eine weitere Woche verlängern. Die zweite Verlängerung und weitere Verlängerungen sind nur bei Vorliegen schwerwiegender Gründe zulässig, insbesondere wenn eine außergewöhnliche Belastung des Gerichts eine frühere Entscheidung nicht möglich macht. Die Abschiebung ist bei rechtzeitiger Antragstellung vor der gerichtlichen Entscheidung nicht zulässig. Die Entscheidung ist ergangen, wenn die vollständig unterschriebene Entscheidungsformel der Geschäftsstelle der Kammer vorliegt. Anträge auf Gewährung vorläufigen Rechtsschutzes gegen die Befristung des Einreise- und Aufenthaltsverbots durch das Bundesamt nach § 11 Absatz 2 des Aufenthaltsgesetzes und die Anordnung und Befristung nach § 11 Absatz 7 des Aufenthaltsgesetzes sind ebenso innerhalb einer Woche nach Bekanntgabe zu stellen. Die Vollziehbarkeit der Abschiebungsandrohung bleibt hiervon unberührt.
(4) Die Aussetzung der Abschiebung darf nur angeordnet werden, wenn ernstliche Zweifel an der Rechtmäßigkeit des angegriffenen Verwaltungsaktes bestehen. Tatsachen und Beweismittel, die von den Beteiligten nicht angegeben worden sind, bleiben unberücksichtigt, es sei denn, sie sind gerichtsbekannt oder offenkundig. Ein Vorbringen, das nach § 25 Abs. 3 im Verwaltungsverfahren unberücksichtigt geblieben ist, sowie Tatsachen und Umstände im Sinne des § 25 Abs. 2, die der Ausländer im Verwaltungsverfahren nicht angegeben hat, kann das Gericht unberücksichtigt lassen, wenn andernfalls die Entscheidung verzögert würde.

§ 37 Weiteres Verfahren bei stattgebender gerichtlicher Entscheidung

(1) Die Entscheidung des Bundesamtes über die Unzulässigkeit nach § 29 Absatz 1 Nummer 2 und 4 des Antrags und die Abschiebungsandrohung werden unwirksam, wenn das Verwaltungsgericht dem Antrag nach § 80 Abs. 5 der Verwaltungsgerichtsordnung entspricht. Das Bundesamt hat das Asylverfahren fortzuführen.

(2) Entspricht das Verwaltungsgericht im Falle eines als offensichtlich unbegründet abgelehnten Asylantrags dem Antrag nach § 80 Abs. 5 der Verwaltungsgerichtsordnung, endet die Ausreisefrist 30 Tage nach dem unanfechtbaren Abschluss des Asylverfahrens.

(3) Die Absätze 1 und 2 gelten nicht, wenn auf Grund der Entscheidung des Verwaltungsgerichts die Abschiebung in einen der in der Abschiebungsandrohung bezeichneten Staaten vollziehbar wird.

§ 38 Ausreisefrist bei sonstiger Ablehnung und bei Rücknahme des Asylantrags

(1) In den sonstigen Fällen, in denen das Bundesamt den Ausländer nicht als Asylberechtigten anerkennt, beträgt die dem Ausländer zu setzende Ausreisefrist 30 Tage. Im Falle der Klageerhebung endet die Ausreisefrist 30 Tage nach dem unanfechtbaren Abschluss des Asylverfahrens.

(2) Im Falle der Rücknahme des Asylantrags vor der Entscheidung des Bundesamtes beträgt die dem Ausländer zu setzende Ausreisefrist eine Woche.

(3) Im Falle der Rücknahme des Asylantrags oder der Klage oder des Verzichts auf die Durchführung des Asylverfahrens nach § 14a Absatz 3 kann dem Ausländer eine Ausreisefrist bis zu drei Monaten eingeräumt werden, wenn er sich zur freiwilligen Ausreise bereit erklärt.

§ 39 (weggefallen)

§ 40 Unterrichtung der Ausländerbehörde

(1) Das Bundesamt unterrichtet unverzüglich die Ausländerbehörde, in deren Bezirk sich der Ausländer aufzuhalten oder Wohnung zu nehmen hat, über eine vollziehbare Abschiebungsandrohung und leitet ihr unverzüglich alle für die Abschiebung erforderlichen Unterlagen zu. Das Gleiche gilt, wenn das Verwaltungsgericht die aufschiebende Wirkung der Klage wegen des Vorliegens der Voraussetzungen des § 60 Absatz 5 oder 7 des Aufenthaltsgesetzes nur hinsichtlich der Abschiebung in den betreffenden Staat angeordnet hat und das Bundesamt das Asylverfahren nicht fortführt.

(2) Das Bundesamt unterrichtet unverzüglich die Ausländerbehörde, wenn das Verwaltungsgericht in den Fällen des § 38 Absatz 2 die aufschiebende Wirkung der Klage gegen die Abschiebungsandrohung anordnet.

(3) Stellt das Bundesamt dem Ausländer die Abschiebungsanordnung (§ 34a) zu, unterrichtet es unverzüglich die für die Abschiebung zuständige Behörde über die Zustellung.

§ 41 (weggefallen)

§ 42 Bindungswirkung ausländerrechtlicher Entscheidungen

Die Ausländerbehörde ist an die Entscheidung des Bundesamtes oder des Verwaltungsgerichts über das Vorliegen der Voraussetzungen des § 60 Absatz 5 oder 7 des Aufenthaltsgesetzes gebunden. Über den späteren Eintritt und Wegfall der Voraussetzungen des § 60 Abs. 4 des Aufenthaltsgesetzes entscheidet die Ausländerbehörde, ohne dass es einer Aufhebung der Entscheidung des Bundesamtes bedarf.

§ 43 Vollziehbarkeit und Aussetzung der Abschiebung

(1) War der Ausländer im Besitz eines Aufenthaltstitels, darf eine nach den Vorschriften dieses Gesetzes vollziehbare Abschiebungsandrohung erst vollzogen werden, wenn der Ausländer auch nach § 58 Abs. 2 Satz 2 des Aufenthaltsgesetzes vollziehbar ausreisepflichtig ist.

(2) Hat der Ausländer die Verlängerung eines Aufenthaltstitels mit einer Gesamtgeltungsdauer von mehr als sechs Monaten beantragt, wird die Abschiebungsandrohung erst mit der Ablehnung dieses Antrags vollziehbar. Im Übrigen steht § 81 des Aufenthaltsgesetzes der Abschiebung nicht entgegen.

(3) Haben Familienangehörige im Sinne des § 26 Absatz 1 bis 3 gleichzeitig oder jeweils unverzüglich nach ihrer Einreise einen Asylantrag gestellt, darf die Ausländerbehörde die Abschiebung vorübergehend aussetzen, um die gemeinsame Ausreise der Familie zu ermöglichen. Sie stellt dem Ausländer eine Bescheinigung über die Aussetzung der Abschiebung aus.

Abschnitt 5
Unterbringung und Verteilung

§ 44 Schaffung und Unterhaltung von Aufnahmeeinrichtungen

(1) Die Länder sind verpflichtet, für die Unterbringung Asylbegehrender die dazu erforderlichen Aufnahmeeinrichtungen zu schaffen und zu unterhalten sowie entsprechend ihrer Aufnahmequote die im Hinblick auf den

166 AsylG §§ 45–46

monatlichen Zugang Asylbegehrender in den Aufnahmeeinrichtungen notwendige Zahl von Unterbringungsplätzen bereitzustellen.
(2) Das Bundesministerium des Innern, für Bau und Heimat oder die von ihm bestimmte Stelle teilt den Ländern monatlich die Zahl der Zugänge von Asylbegehrenden, die voraussichtliche Entwicklung und den voraussichtlichen Bedarf an Unterbringungsplätzen mit.
(2a) Die Länder sollen geeignete Maßnahmen treffen, um bei der Unterbringung Asylbegehrender nach Absatz 1 den Schutz von Frauen und schutzbedürftigen Personen zu gewährleisten.
(3) § 45 des Achten Buches Sozialgesetzbuch (Artikel 1 des Gesetzes vom 26. Juni 1990, BGBl. I S. 1163) gilt nicht für Aufnahmeeinrichtungen. Träger von Aufnahmeeinrichtungen sollen sich von Personen, die in diesen Einrichtungen mit der Beaufsichtigung, Betreuung, Erziehung oder Ausbildung Minderjähriger oder mit Tätigkeiten, die in vergleichbarer Weise geeignet sind, Kontakt zu Minderjährigen aufzunehmen, betraut sind, zur Prüfung, ob sie für die aufgeführten Tätigkeiten geeignet sind, vor deren Einstellung oder Aufnahme einer dauerhaften ehrenamtlichen Tätigkeit und in regelmäßigen Abständen ein Führungszeugnis nach § 30 Absatz 5 und § 30a Absatz 1 des Bundeszentralregistergesetzes vorlegen lassen. Träger von Aufnahmeeinrichtungen dürfen für die Tätigkeiten nach Satz 2 keine Personen beschäftigen oder mit diesen Tätigkeiten ehrenamtlich betrauen, die rechtskräftig wegen einer Straftat nach den §§ 171, 174 bis 174c, 176 bis 180a, 181a, 182 bis 184g, 184i bis 184l, 225, 232 bis 233a, 234, 235 oder 236 des Strafgesetzbuchs verurteilt worden sind. Nimmt der Träger einer Aufnahmeeinrichtung Einsicht in ein Führungszeugnis nach § 30 Absatz 5 und § 30a Absatz 1 des Bundeszentralregistergesetzes, so speichert er nur den Umstand der Einsichtnahme, das Datum des Führungszeugnisses und die Information, ob die das Führungszeugnis betreffende Person wegen einer in Satz 3 genannten Straftat rechtskräftig verurteilt worden ist. Der Träger einer Aufnahmeeinrichtung darf diese Daten nur verarbeiten, soweit dies zur Prüfung der Eignung einer Person für die in Satz 2 genannten Tätigkeiten erforderlich ist. Die Daten sind vor dem Zugriff Unbefugter zu schützen. Sie sind unverzüglich zu löschen, wenn im Anschluss an die Einsichtnahme keine Tätigkeit nach Satz 2 wahrgenommen wird. Sie sind spätestens sechs Monate nach der letztmaligen Ausübung einer in Satz 2 genannten Tätigkeit zu löschen.

§ 45 Aufnahmequoten
(1) Die Länder können durch Vereinbarung einen Schlüssel für die Aufnahme von Asylbegehrenden durch die einzelnen Länder (Aufnahmequote) festlegen. Bis zum Zustandekommen dieser Vereinbarung oder bei deren Wegfall richtet sich die Aufnahmequote für das jeweilige Kalenderjahr nach dem von dem Büro der Gemeinsamen Wissenschaftskonferenz im Bundesanzeiger veröffentlichten Schlüssel, der für das vorangegangene Kalenderjahr entsprechend Steuereinnahmen und Bevölkerungszahl der Länder errechnet worden ist (Königsteiner Schlüssel).
(2) Zwei oder mehr Länder können vereinbaren, dass Asylbegehrende, die von einem Land entsprechend seiner Aufnahmequote aufzunehmen sind, von einem anderen Land aufgenommen werden. Eine Vereinbarung nach Satz 1 sieht mindestens Angaben zum Umfang der von der Vereinbarung betroffenen Personengruppe sowie einen angemessenen Kostenausgleich vor. Die Aufnahmequote nach Absatz 1 wird durch eine solche Vereinbarung nicht berührt.

§ 46 Bestimmung der zuständigen Aufnahmeeinrichtung
(1) Für die Aufnahme eines Ausländers, bei dem die Voraussetzungen des § 30a Absatz 1 vorliegen, ist die besondere Aufnahmeeinrichtung (§ 5 Absatz 5) zuständig, die über einen freien Unterbringungsplatz im Rahmen der Quote nach § 45 verfügt und bei der die ihr zugeordnete Außenstelle des Bundesamtes Asylanträge aus dem Herkunftsland dieses Ausländers bearbeitet. Im Übrigen ist die Aufnahmeeinrichtung zuständig, bei der der Ausländer sich gemeldet hat, wenn sie über einen freien Unterbringungsplatz im Rahmen der Quote nach § 45 verfügt und die ihr zugeordnete Außenstelle des Bundesamtes Asylanträge aus dem Herkunftsland des Ausländers bearbeitet. Liegen die Voraussetzungen der Sätze 1 und 2 nicht vor, ist die nach Absatz 2 bestimmte Aufnahmeeinrichtung für die Aufnahme des Ausländers zuständig. Bei mehreren nach Satz 1 in Betracht kommenden besonderen Aufnahmeeinrichtungen (§ 5 Absatz 5) gilt Absatz 2 für die Bestimmung der zuständigen besonderen Aufnahmeeinrichtung entsprechend.
(2) Eine vom Bundesministerium des Innern, für Bau und Heimat bestimmte zentrale Verteilungsstelle benennt auf Veranlassung einer Aufnahmeeinrichtung dieser die für die Aufnahme des Ausländers zuständige Aufnahmeeinrichtung. Maßgebend dafür sind die Aufnahmequoten nach § 45, in diesem Rahmen die vorhandenen freien Unterbringungsplätze und sodann die Bearbeitungsmöglichkeiten der jeweiligen Außenstelle des Bundesamtes in Bezug auf die Herkunftsländer der Ausländer. Von mehreren danach in Betracht kommenden Aufnahmeeinrichtungen wird die nächstgelegene als zuständig benannt.

(2a) Ergibt sich aus einer Vereinbarung nach § 45 Absatz 2 Satz 1 eine von den Absätzen 1 und 2 abweichende Zuständigkeit, so wird die nach der Vereinbarung zur Aufnahme verpflichtete Aufnahmeeinrichtung mit der tatsächlichen Aufnahme des Ausländers zuständig. Soweit nach den Umständen möglich, wird die Vereinbarung bei der Verteilung nach Absatz 2 berücksichtigt.
(3) Die veranlassende Aufnahmeeinrichtung teilt der zentralen Verteilungsstelle nur die Zahl der Ausländer unter Angabe der Herkunftsländer mit. Ausländer und ihre Familienangehörigen im Sinne des § 26 Absatz 1 bis 3 sind als Gruppe zu melden.
(4) Die Länder stellen sicher, dass die zentrale Verteilungsstelle jederzeit über die für die Bestimmung der zuständigen Aufnahmeeinrichtung erforderlichen Angaben, insbesondere über Zu- und Abgänge, Belegungsstand und alle freien Unterbringungsplätze jeder Aufnahmeeinrichtung unterrichtet ist.
(5) Die Landesregierung oder die von ihr bestimmte Stelle benennt der zentralen Verteilungsstelle die zuständige Aufnahmeeinrichtung für den Fall, dass das Land nach der Quotenregelung zur Aufnahme verpflichtet ist und über keinen freien Unterbringungsplatz in den Aufnahmeeinrichtungen verfügt.

§ 47 Aufenthalt in Aufnahmeeinrichtungen

(1) Ausländer, die den Asylantrag bei einer Außenstelle des Bundesamtes zu stellen haben (§ 14 Abs. 1), sind verpflichtet, bis zur Entscheidung des Bundesamtes über den Asylantrag und im Falle der Ablehnung des Asylantrags bis zur Ausreise oder bis zum Vollzug der Abschiebungsandrohung oder -anordnung, längstens jedoch bis zu 18 Monate, bei minderjährigen Kindern und ihren Eltern oder anderen Sorgeberechtigten sowie ihren volljährigen, ledigen Geschwistern längstens jedoch bis zu sechs Monate, in der für ihre Aufnahme zuständigen Aufnahmeeinrichtung zu wohnen. Das Gleiche gilt in den Fällen des § 14 Absatz 2 Satz 1 Nummer 2, wenn die Voraussetzungen dieser Vorschrift vor der Entscheidung des Bundesamtes entfallen. Abweichend von Satz 1 ist der Ausländer verpflichtet, über 18 Monate hinaus in einer Aufnahmeeinrichtung zu wohnen, wenn er
1. seine Mitwirkungspflichten nach § 15 Absatz 2 Nummer 4 bis 7 ohne genügende Entschuldigung verletzt oder die unverschuldet unterbliebene Mitwirkungshandlung nicht unverzüglich nachgeholt hat,
2. wiederholt seine Mitwirkungspflicht nach § 15 Absatz 2 Nummer 1 und 3 ohne genügende Entschuldigung verletzt oder die unverschuldet unterbliebene Mitwirkungshandlung nicht unverzüglich nachgeholt hat,
3. vollziehbar ausreisepflichtig ist und gegenüber einer für den Vollzug des Aufenthaltsgesetzes zuständigen Behörde fortgesetzt über seine Identität oder Staatsangehörigkeit täuscht oder fortgesetzt falsche Angaben macht oder
4. vollziehbar ausreisepflichtig ist und fortgesetzt zumutbare Anforderungen an die Mitwirkung bei der Beseitigung von Ausreisehindernissen, insbesondere hinsichtlich der Identifizierung, der Vorlage eines Reisedokuments oder der Passersatzbeschaffung, nicht erfüllt.

Satz 3 findet keine Anwendung bei minderjährigen Kindern und ihren Eltern oder anderen Sorgeberechtigten sowie ihren volljährigen, ledigen Geschwistern. Die §§ 48 bis 50 bleiben unberührt.
(1a) Abweichend von Absatz 1 sind Ausländer aus einem sicheren Herkunftsstaat (§ 29a) verpflichtet, bis zur Entscheidung des Bundesamtes über den Asylantrag und im Falle der Ablehnung des Asylantrags nach § 29a als offensichtlich unbegründet oder nach § 29 Absatz 1 Nummer 1 als unzulässig bis zur Ausreise oder bis zum Vollzug der Abschiebungsandrohung oder -anordnung in der für ihre Aufnahme zuständigen Aufnahmeeinrichtung zu wohnen. Satz 1 gilt nicht bei minderjährigen Kindern und ihren Eltern oder anderen Sorgeberechtigten sowie ihren volljährigen, ledigen Geschwistern. Die §§ 48 bis 50 bleiben unberührt.
(1b) Die Länder können regeln, dass Ausländer abweichend von Absatz 1 verpflichtet sind, bis zur Entscheidung des Bundesamtes über den Asylantrag und im Falle der Ablehnung des Asylantrags als offensichtlich unbegründet oder als unzulässig bis zur Ausreise oder bis zum Vollzug der Abschiebungsandrohung oder -anordnung in der für ihre Aufnahme zuständigen Aufnahmeeinrichtung, längstens jedoch für 24 Monate, zu wohnen. Die §§ 48 bis 50 bleiben unberührt.
(2) Sind Eltern eines minderjährigen ledigen Kindes verpflichtet, in einer Aufnahmeeinrichtung zu wohnen, so kann auch das Kind in der Aufnahmeeinrichtung wohnen, auch wenn es keinen Asylantrag gestellt hat.
(3) Für die Dauer der Pflicht, in einer Aufnahmeeinrichtung zu wohnen, ist der Ausländer verpflichtet, für die zuständigen Behörden und Gerichte erreichbar zu sein.
(4) Die Aufnahmeeinrichtung weist den Ausländer innerhalb von 15 Tagen nach der Asylantragstellung möglichst schriftlich und in einer Sprache, deren Kenntnis vernünftigerweise vorausgesetzt werden kann, auf seine Rechte und Pflichten nach dem Asylbewerberleistungsgesetz hin. Die Aufnahmeeinrichtung benennt in dem Hinweis nach Satz 1 auch, wer dem Ausländer Rechtsbeistand gewähren kann und welche Vereinigungen den Ausländer über seine Unterbringung und medizinische Versorgung beraten können.

§ 48 Beendigung der Verpflichtung, in einer Aufnahmeeinrichtung zu wohnen

Die Verpflichtung, in einer Aufnahmeeinrichtung zu wohnen, endet vor Ablauf des nach § 47 Absatz 1 Satz 1 bestimmten Zeitraums, wenn der Ausländer
1. verpflichtet ist, an einem anderen Ort oder in einer anderen Unterkunft Wohnung zu nehmen,
2. als Asylberechtigter anerkannt ist oder ihm internationaler Schutz im Sinne des § 1 Absatz 1 Nummer 2 zuerkannt wurde oder
3. nach der Antragstellung durch Eheschließung oder Begründung einer Lebenspartnerschaft im Bundesgebiet die Voraussetzungen für einen Rechtsanspruch auf Erteilung eines Aufenthaltstitels nach dem Aufenthaltsgesetz erfüllt.

§ 49 Entlassung aus der Aufnahmeeinrichtung

(1) Die Verpflichtung, in der Aufnahmeeinrichtung zu wohnen, ist zu beenden, wenn eine Abschiebungsandrohung vollziehbar und die Abschiebung nicht in angemessener Zeit möglich ist oder wenn dem Ausländer eine Aufenthaltserlaubnis nach § 24 des Aufenthaltsgesetzes erteilt werden soll.

(2) Die Verpflichtung kann aus Gründen der öffentlichen Gesundheitsvorsorge sowie aus sonstigen Gründen der öffentlichen Sicherheit oder Ordnung, insbesondere zur Gewährleistung der Unterbringung und Verteilung, oder aus anderen zwingenden Gründen beendet werden.

§ 50 Landesinterne Verteilung

(1) Ausländer sind unverzüglich aus der Aufnahmeeinrichtung zu entlassen und innerhalb des Landes zu verteilen, wenn das Bundesamt der zuständigen Landesbehörde mitteilt, dass
1. dem Ausländer Schutz nach den §§ 2, 3 oder 4 zuerkannt wurde oder die Voraussetzungen des § 60 Absatz 5 oder 7 des Aufenthaltsgesetzes in der Person des Ausländers oder eines seiner Familienangehörigen im Sinne des § 26 Absatz 1 bis 3 vorliegen, oder
2. das Verwaltungsgericht die aufschiebende Wirkung der Klage gegen die Entscheidung des Bundesamtes angeordnet hat, es sei denn, der Asylantrag wurde als unzulässig nach § 29 Absatz 1 Nummer 1 oder 2 abgelehnt.

Eine Verteilung kann auch erfolgen, wenn der Ausländer aus anderen Gründen nicht mehr verpflichtet ist, in der Aufnahmeeinrichtung zu wohnen.

(2) Die Landesregierung oder die von ihr bestimmte Stelle wird ermächtigt, durch Rechtsverordnung die Verteilung zu regeln, soweit dies nicht durch Landesgesetz geregelt ist.

(3) Die zuständige Landesbehörde teilt innerhalb eines Zeitraumes von drei Arbeitstagen dem Bundesamt den Bezirk der Ausländerbehörde mit, in dem der Ausländer nach einer Verteilung Wohnung zu nehmen hat.

(4) Die zuständige Landesbehörde erlässt die Zuweisungsentscheidung. Die Zuweisungsentscheidung ist schriftlich zu erlassen und mit einer Rechtsbehelfsbelehrung zu versehen. Sie bedarf keiner Begründung. Einer Anhörung des Ausländers bedarf es nicht. Bei der Zuweisung sind die Haushaltsgemeinschaft von Familienangehörigen im Sinne des § 26 Absatz 1 bis 3 oder sonstige humanitäre Gründe von vergleichbarem Gewicht zu berücksichtigen.

(5) Die Zuweisungsentscheidung ist dem Ausländer selbst zuzustellen. Wird der Ausländer durch einen Bevollmächtigten vertreten oder hat er einen Empfangsbevollmächtigten benannt, soll ein Abdruck der Zuweisungsentscheidung auch diesem zugeleitet werden.

(6) Der Ausländer hat sich unverzüglich zu der in der Zuweisungsverfügung angegebenen Stelle zu begeben.

§ 51 Länderübergreifende Verteilung

(1) Ist ein Ausländer nicht oder nicht mehr verpflichtet, in einer Aufnahmeeinrichtung zu wohnen, ist der Haushaltsgemeinschaft von Familienangehörigen im Sinne des § 26 Absatz 1 bis 3 oder sonstigen humanitären Gründen von vergleichbarem Gewicht auch durch länderübergreifende Verteilung Rechnung zu tragen.

(2) Die Verteilung nach Absatz 1 erfolgt auf Antrag des Ausländers. Über den Antrag entscheidet die zuständige Behörde des Landes, für das der weitere Aufenthalt beantragt ist.

§ 52 Quotenanrechnung

Auf die Quoten nach § 45 wird die Aufnahme von Asylbegehrenden in den Fällen des § 14 Absatz 2 Satz 1 Nummer 2 und 3, des § 14a sowie des § 51 angerechnet.

§ 53 Unterbringung in Gemeinschaftsunterkünften

(1) Ausländer, die einen Asylantrag gestellt haben und nicht oder nicht mehr verpflichtet sind, in einer Aufnahmeeinrichtung zu wohnen, sollen in der Regel in Gemeinschaftsunterkünften untergebracht werden. Hierbei sind sowohl das öffentliche Interesse als auch Belange des Ausländers zu berücksichtigen.

(2) Eine Verpflichtung, in einer Gemeinschaftsunterkunft zu wohnen, endet, wenn das Bundesamt einen Ausländer als Asylberechtigten anerkannt oder ein Gericht das Bundesamt zur Anerkennung verpflichtet hat, auch wenn ein Rechtsmittel eingelegt worden ist, sofern durch den Ausländer eine anderweitige Unterkunft nachgewiesen wird und der öffentlichen Hand dadurch Mehrkosten nicht entstehen. Das Gleiche gilt, wenn das Bundesamt oder ein Gericht einem Ausländer internationalen Schutz im Sinne des § 1 Absatz 1 Nummer 2 zuerkannt hat. In den Fällen der Sätze 1 und 2 endet die Verpflichtung auch für die Familienangehörigen im Sinne des § 26 Absatz 1 bis 3 des Ausländers.
(3) § 44 Absatz 2a und 3 gilt entsprechend.

§ 54 Unterrichtung des Bundesamtes

Die Ausländerbehörde, in deren Bezirk sich der Ausländer aufzuhalten oder Wohnung zu nehmen hat, teilt dem Bundesamt unverzüglich
1. die ladungsfähige Anschrift des Ausländers,
2. eine Ausschreibung zur Aufenthaltsermittlung

mit.

Abschnitt 6
Recht des Aufenthalts während des Asylverfahrens

§ 55 Aufenthaltsgestattung

(1) Einem Ausländer, der um Asyl nachsucht, ist zur Durchführung des Asylverfahrens der Aufenthalt im Bundesgebiet ab Ausstellung des Ankunftsnachweises gemäß § 63a Absatz 1 gestattet (Aufenthaltsgestattung). Er hat keinen Anspruch darauf, sich in einem bestimmten Land oder an einem bestimmten Ort aufzuhalten. In den Fällen, in denen kein Ankunftsnachweis ausgestellt wird, entsteht die Aufenthaltsgestattung mit der Stellung des Asylantrags.
(2) Mit der Stellung eines Asylantrags erlöschen eine Befreiung vom Erfordernis eines Aufenthaltstitels und ein Aufenthaltstitel mit einer Gesamtgeltungsdauer bis zu sechs Monaten sowie die in § 81 Abs. 3 und 4 des Aufenthaltsgesetzes bezeichneten Wirkungen eines Antrags auf Erteilung eines Aufenthaltstitels. § 81 Abs. 4 des Aufenthaltsgesetzes bleibt unberührt, wenn der Ausländer einen Aufenthaltstitel mit einer Gesamtgeltungsdauer von mehr als sechs Monaten besessen und dessen Verlängerung beantragt hat.
(3) Soweit der Erwerb oder die Ausübung eines Rechts oder einer Vergünstigung von der Dauer des Aufenthalts im Bundesgebiet abhängig ist, wird die Zeit eines Aufenthalts nach Absatz 1 nur angerechnet, wenn der Ausländer als Asylberechtigter anerkannt ist oder ihm internationaler Schutz im Sinne des § 1 Absatz 1 Nummer 2 zuerkannt wurde.

§ 56 Räumliche Beschränkung

(1) Die Aufenthaltsgestattung ist räumlich auf den Bezirk der Ausländerbehörde beschränkt, in dem die für die Aufnahme des Ausländers zuständige Aufnahmeeinrichtung liegt.
(2) Wenn der Ausländer verpflichtet ist, in dem Bezirk einer anderen Ausländerbehörde Aufenthalt zu nehmen, ist die Aufenthaltsgestattung räumlich auf deren Bezirk beschränkt.

§ 57 Verlassen des Aufenthaltsbereichs einer Aufnahmeeinrichtung

(1) Das Bundesamt kann einem Ausländer, der verpflichtet ist, in einer Aufnahmeeinrichtung zu wohnen, erlauben, den Geltungsbereich der Aufenthaltsgestattung vorübergehend zu verlassen, wenn zwingende Gründe es erfordern.
(2) Zur Wahrnehmung von Terminen bei Bevollmächtigten, beim Hohen Flüchtlingskommissar der Vereinten Nationen und bei Organisationen, die sich mit der Betreuung von Flüchtlingen befassen, soll die Erlaubnis unverzüglich erteilt werden.
(3) Der Ausländer kann Termine bei Behörden und Gerichten, bei denen sein persönliches Erscheinen erforderlich ist, ohne Erlaubnis wahrnehmen. Er hat diese Termine der Aufnahmeeinrichtung und dem Bundesamt anzuzeigen.

§ 58 Verlassen eines zugewiesenen Aufenthaltsbereichs

(1) Die Ausländerbehörde kann einem Ausländer, der nicht oder nicht mehr verpflichtet ist, in einer Aufnahmeeinrichtung zu wohnen, erlauben, den Geltungsbereich der Aufenthaltsgestattung vorübergehend zu verlassen oder sich allgemein in dem Bezirk einer anderen Ausländerbehörde aufzuhalten. Die Erlaubnis ist zu erteilen, wenn hieran ein dringendes öffentliches Interesse besteht, zwingende Gründe es erfordern oder die Versagung der Erlaubnis eine unbillige Härte bedeuten würde. Die Erlaubnis wird in der Regel erteilt, wenn eine nach § 61 Absatz 2 erlaubte Beschäftigung ausgeübt werden soll oder wenn dies zum Zwecke des Schulbesuchs, der

betrieblichen Aus- und Weiterbildung oder des Studiums an einer staatlichen oder staatlich anerkannten Hochschule oder vergleichbaren Ausbildungseinrichtung erforderlich ist. Die Erlaubnis bedarf der Zustimmung der Ausländerbehörde, für deren Bezirk der allgemeine Aufenthalt zugelassen wird.
(2) Zur Wahrnehmung von Terminen bei Bevollmächtigten, beim Hohen Flüchtlingskommissar der Vereinten Nationen und bei Organisationen, die sich mit der Betreuung von Flüchtlingen befassen, soll die Erlaubnis erteilt werden.
(3) Der Ausländer kann Termine bei Behörden und Gerichten, bei denen sein persönliches Erscheinen erforderlich ist, ohne Erlaubnis wahrnehmen.
(4) Der Ausländer kann den Geltungsbereich der Aufenthaltsgestattung ohne Erlaubnis vorübergehend verlassen, wenn ein Gericht das Bundesamt dazu verpflichtet hat, den Ausländer als Asylberechtigten anzuerkennen, ihm internationalen Schutz im Sinne des § 1 Absatz 1 Nummer 2 zuzuerkennen oder die Voraussetzungen des § 60 Absatz 5 oder 7 des Aufenthaltsgesetzes festzustellen, auch wenn diese Entscheidung noch nicht unanfechtbar ist. Satz 1 gilt entsprechend für Familienangehörige im Sinne des § 26 Absatz 1 bis 3.
(5) Die Ausländerbehörde eines Kreises oder einer kreisangehörigen Gemeinde kann einem Ausländer die allgemeine Erlaubnis erteilen, sich vorübergehend im gesamten Gebiet des Kreises aufzuhalten.
(6) Um örtlichen Verhältnissen Rechnung zu tragen, können die Landesregierungen durch Rechtsverordnung bestimmen, dass sich Ausländer ohne Erlaubnis vorübergehend in einem die Bezirke mehrerer Ausländerbehörden umfassenden Gebiet, dem Gebiet des Landes oder, soweit Einvernehmen zwischen den beteiligten Landesregierungen besteht, im Gebiet eines anderen Landes aufhalten können.

§ 59 Durchsetzung der räumlichen Beschränkung

(1) Die Verlassenspflicht nach § 12 Abs. 3 des Aufenthaltsgesetzes kann, soweit erforderlich, auch ohne Androhung durch Anwendung unmittelbaren Zwangs durchgesetzt werden. Reiseweg und Beförderungsmittel sollen vorgeschrieben werden.
(2) Der Ausländer ist festzunehmen und zur Durchsetzung der Verlassenspflicht auf richterliche Anordnung in Haft zu nehmen, wenn die freiwillige Erfüllung der Verlassenspflicht, auch in den Fällen des § 59a Absatz 2, nicht gesichert ist und andernfalls deren Durchsetzung wesentlich erschwert oder gefährdet würde.
(3) Zuständig für Maßnahmen nach den Absätzen 1 und 2 sind
1. die Polizeien der Länder,
2. die Grenzbehörde, bei der der Ausländer um Asyl nachsucht,
3. die Ausländerbehörde, in deren Bezirk sich der Ausländer aufhält,
4. die Aufnahmeeinrichtung, in der der Ausländer sich meldet, sowie
5. die Aufnahmeeinrichtung, die den Ausländer aufgenommen hat.

§ 59a Erlöschen der räumlichen Beschränkung

(1) Die räumliche Beschränkung nach § 56 erlischt, wenn sich der Ausländer seit drei Monaten ununterbrochen erlaubt, geduldet oder gestattet im Bundesgebiet aufhält. Die räumliche Beschränkung erlischt abweichend von Satz 1 nicht, solange die Verpflichtung des Ausländers, in der für seine Aufnahme zuständigen Aufnahmeeinrichtung zu wohnen, fortbesteht.
(2) Räumliche Beschränkungen bleiben auch nach Erlöschen der Aufenthaltsgestattung in Kraft bis sie aufgehoben werden, längstens aber bis zu dem in Absatz 1 bestimmten Zeitpunkt. Abweichend von Satz 1 erlöschen räumliche Beschränkungen, wenn der Aufenthalt nach § 25 Absatz 1 Satz 3 oder § 25 Absatz 2 Satz 2 des Aufenthaltsgesetzes als erlaubt gilt oder ein Aufenthaltstitel erteilt wird.

§ 59b Anordnung der räumlichen Beschränkung

(1) Eine räumliche Beschränkung der Aufenthaltsgestattung kann unabhängig von § 59a Absatz 1 durch die zuständige Ausländerbehörde angeordnet werden, wenn
1. der Ausländer wegen einer Straftat, mit Ausnahme solcher Straftaten, deren Tatbestand nur von Ausländern verwirklicht werden kann, rechtskräftig verurteilt worden ist,
2. Tatsachen die Schlussfolgerung rechtfertigen, dass der Ausländer gegen Vorschriften des Betäubungsmittelgesetzes verstoßen hat,
3. konkrete Maßnahmen zur Aufenthaltsbeendigung gegen den Ausländer bevorstehen oder
4. von dem Ausländer eine erhebliche Gefahr für die innere Sicherheit oder für Leib und Leben Dritter ausgeht.
(2) Die §§ 56, 58, 59 und 59a Absatz 2 gelten entsprechend.

§ 60 Auflagen

(1) Ein Ausländer, der nicht oder nicht mehr verpflichtet ist, in einer Aufnahmeeinrichtung zu wohnen, und dessen Lebensunterhalt nicht gesichert ist (§ 2 Absatz 3 des Aufenthaltsgesetzes), wird verpflichtet, an dem in der

Verteilentscheidung nach § 50 Absatz 4 genannten Ort seinen gewöhnlichen Aufenthalt zu nehmen (Wohnsitzauflage). Findet eine länderübergreifende Verteilung gemäß § 51 statt, dann ergeht die Wohnsitzauflage im Hinblick auf den sich danach ergebenden Aufenthaltsort. Der Ausländer kann den in der Wohnsitzauflage genannten Ort ohne Erlaubnis vorübergehend verlassen.
(2) Ein Ausländer, der nicht oder nicht mehr verpflichtet ist, in einer Aufnahmeeinrichtung zu wohnen, und dessen Lebensunterhalt nicht gesichert ist (§ 2 Absatz 3 des Aufenthaltsgesetzes), kann verpflichtet werden,
1. in einer bestimmten Gemeinde, in einer bestimmten Wohnung oder Unterkunft zu wohnen,
2. in eine bestimmte Gemeinde, Wohnung oder Unterkunft umzuziehen oder
3. in dem Bezirk einer anderen Ausländerbehörde desselben Landes seinen gewöhnlichen Aufenthalt und Wohnung oder Unterkunft zu nehmen.
Eine Anhörung des Ausländers ist erforderlich in den Fällen des Satzes 1 Nummer 2, wenn er sich länger als sechs Monate in der Gemeinde, Wohnung oder Unterkunft aufgehalten hat. Die Anhörung gilt als erfolgt, wenn der Ausländer oder sein anwaltlicher Vertreter Gelegenheit hatte, sich innerhalb von zwei Wochen zu der vorgesehenen Unterbringung zu äußern. Eine Anhörung unterbleibt, wenn ihr ein zwingendes öffentliches Interesse entgegensteht.
(3) Zuständig für Maßnahmen nach Absatz 1 Satz 1 ist die nach § 50 zuständige Landesbehörde. Die Wohnsitzauflage soll mit der Zuweisungsentscheidung nach § 50 verbunden werden. Zuständig für Maßnahmen nach Absatz 1 Satz 2 ist die nach § 51 Absatz 2 Satz 2 zuständige Landesbehörde. Die Wohnsitzauflage soll mit der Verteilungsentscheidung nach § 51 Absatz 2 Satz 2 verbunden werden. Zuständig für Maßnahmen nach Absatz 2 ist die Ausländerbehörde, in deren Bezirk die Gemeinde oder die zu beziehende Wohnung oder Unterkunft liegt.

§ 61 Erwerbstätigkeit

(1) Für die Dauer der Pflicht, in einer Aufnahmeeinrichtung zu wohnen, darf der Ausländer keine Erwerbstätigkeit ausüben. Abweichend von Satz 1 ist dem Ausländer die Ausübung einer Beschäftigung zu erlauben, wenn
1. das Asylverfahren nicht innerhalb von neun Monaten nach der Stellung des Asylantrags unanfechtbar abgeschlossen ist,
2. die Bundesagentur für Arbeit zugestimmt hat oder durch Rechtsverordnung bestimmt ist, dass die Ausübung der Beschäftigung ohne Zustimmung der Bundesagentur für Arbeit zulässig ist,
3. der Ausländer nicht Staatsangehöriger eines sicheren Herkunftsstaates (§ 29a) ist und
4. der Asylantrag nicht als offensichtlich unbegründet oder als unzulässig abgelehnt wurde, es sei denn das Verwaltungsgericht hat die aufschiebende Wirkung der Klage gegen die Entscheidung des Bundesamtes angeordnet;
Ausländern, die seit mindestens sechs Monaten eine Duldung nach § 60a des Aufenthaltsgesetzes besitzen, kann die Ausübung einer Beschäftigung erlaubt werden. Die §§ 39, 40 Absatz 1 Nummer 1 und Absatz 2 und die §§ 41 und 42 des Aufenthaltsgesetzes gelten entsprechend für Ausländer nach Satz 2.
(2) Im Übrigen kann einem Asylbewerber, der sich seit drei Monaten gestattet im Bundesgebiet aufhält, gemäß § 4a Absatz 4 des Aufenthaltsgesetzes die Ausübung einer Beschäftigung erlaubt werden, wenn die Bundesagentur für Arbeit zugestimmt hat oder durch Rechtsverordnung bestimmt ist, dass die Ausübung der Beschäftigung ohne Zustimmung der Bundesagentur für Arbeit zulässig ist. Ein geduldeter oder rechtmäßiger Voraufenthalt wird auf die Wartezeit nach Satz 1 angerechnet. Die §§ 39, 40 Absatz 1 Nummer 1 und Absatz 2 und die §§ 41 und 42 des Aufenthaltsgesetzes gelten entsprechend. Einem Ausländer aus einem sicheren Herkunftsstaat gemäß § 29a, der nach dem 31. August 2015 einen Asylantrag gestellt hat, darf während des Asylverfahrens die Ausübung einer Beschäftigung nicht erlaubt werden. Absatz 1 Satz 2 bleibt unberührt.

§ 62 Gesundheitsuntersuchung

(1) Ausländer, die in einer Aufnahmeeinrichtung oder Gemeinschaftsunterkunft zu wohnen haben, sind verpflichtet, eine ärztliche Untersuchung auf übertragbare Krankheiten einschließlich einer Röntgenaufnahme der Atmungsorgane zu dulden. Die oberste Landesgesundheitsbehörde oder die von ihr bestimmte Stelle bestimmt den Umfang der Untersuchung und den Arzt, der die Untersuchung durchführt.
(2) Das Ergebnis der Untersuchung ist der für die Unterbringung zuständigen Behörde mitzuteilen. Wird bei der Untersuchung der Verdacht oder das Vorliegen einer meldepflichtigen Krankheit nach § 6 des Infektionsschutzgesetzes oder eine Infektion mit einem Krankheitserreger nach § 7 des Infektionsschutzgesetzes festgestellt, ist das Ergebnis der Untersuchung auch dem Bundesamt mitzuteilen.

§ 63 Bescheinigung über die Aufenthaltsgestattung

(1) Dem Ausländer wird nach der Asylantragstellung innerhalb von drei Arbeitstagen eine mit den Angaben zur Person und einem Lichtbild versehene Bescheinigung über die Aufenthaltsgestattung ausgestellt, wenn er nicht im Besitz eines Aufenthaltstitels ist. Im Fall des Absatzes 3 Satz 2 ist der Ausländer bei der Asylantragstellung

aufzufordern, innerhalb der Frist nach Satz 1 bei der zuständigen Ausländerbehörde die Ausstellung der Bescheinigung zu beantragen.
(2) Die Bescheinigung ist zu befristen. Solange der Ausländer verpflichtet ist, in einer Aufnahmeeinrichtung zu wohnen, beträgt die Frist längstens drei und im Übrigen längstens sechs Monate.
(3) Zuständig für die Ausstellung der Bescheinigung ist das Bundesamt, solange der Ausländer verpflichtet ist, in einer Aufnahmeeinrichtung zu wohnen. Im Übrigen ist die Ausländerbehörde zuständig, auf deren Bezirk die Aufenthaltsgestattung beschränkt ist oder in deren Bezirk der Ausländer Wohnung zu nehmen hat. Auflagen und Änderungen der räumlichen Beschränkung sowie deren Anordnung (§ 59b) können auch von der Behörde vermerkt werden, die sie verfügt hat.
(4) Die Bescheinigung soll eingezogen werden, wenn die Aufenthaltsgestattung erloschen ist.
(5) Die Bescheinigung enthält folgende Angaben:
1. das Datum der Ausstellung des Ankunftsnachweises gemäß § 63a Absatz 1 Satz 2 Nummer 12,
2. das Datum der Asylantragstellung und
3. die AZR-Nummer.
Im Übrigen gilt § 78a Absatz 5 des Aufenthaltsgesetzes entsprechend.

§ 63a Bescheinigung über die Meldung als Asylsuchender

(1) Einem Ausländer, der um Asyl nachgesucht hat und nach den Vorschriften des Asylgesetzes oder des Aufenthaltsgesetzes erkennungsdienstlich behandelt worden ist, aber noch keinen Asylantrag gestellt hat, wird unverzüglich eine Bescheinigung über die Meldung als Asylsuchender (Ankunftsnachweis) ausgestellt. Dieses Dokument enthält folgende sichtbar aufgebrachte Angaben:
1. Name und Vornamen,
2. Geburtsname,
3. Lichtbild,
4. Geburtsdatum,
5. Geburtsort,
6. Abkürzung der Staatsangehörigkeit,
7. Geschlecht,
8. Größe und Augenfarbe,
9. zuständige Aufnahmeeinrichtung,
10. Seriennummer der Bescheinigung (AKN-Nummer),
11. ausstellende Behörde,
12. Ausstellungsdatum,
13. Unterschrift des Inhabers,
14. Gültigkeitsdauer,
15. Verlängerungsvermerk,
16. das Geschäftszeichen der Registerbehörde (AZR-Nummer),
17. Vermerk mit den Namen und Vornamen der begleitenden minderjährigen Kinder und Jugendlichen,
18. Vermerk, dass die Angaben auf den eigenen Angaben des Inhabers beruhen,
19. Vermerk, dass der Inhaber mit dieser Bescheinigung nicht der Pass- und Ausweispflicht genügt,
20. maschinenlesbare Zone und
21. Barcode.
Die Zone für das automatische Lesen enthält die in Satz 2 Nummer 1, 4, 6, 7, 10 und 14 genannten Angaben, die Abkürzung „MED", Prüfziffern und Leerstellen. Der automatisch erzeugte Barcode enthält die in Satz 3 genannten Angaben, eine digitale Signatur und die AZR-Nummer. Die Unterschrift durch ein Kind ist zu leisten, wenn es zum Zeitpunkt der Ausstellung des Ankunftsnachweises das zehnte Lebensjahr vollendet hat.
(2) Die Bescheinigung nach Absatz 1 ist auf längstens sechs Monate zu befristen. Sie soll ausnahmsweise um jeweils längstens drei Monate verlängert werden, wenn
1. dem Ausländer bis zum Ablauf der Frist nach Satz 1 oder der verlängerten Frist nach Halbsatz 1 kein Termin bei der Außenstelle des Bundesamtes nach § 23 Absatz 1 genannt wurde,
2. der dem Ausländer nach § 23 Absatz 1 genannte Termin bei der Außenstelle des Bundesamtes außerhalb der Frist nach Satz 1 oder der verlängerten Frist nach Halbsatz 1 liegt oder
3. der Ausländer den ihm genannten Termin aus Gründen, die er nicht zu vertreten hat, nicht wahrnimmt.
(3) Zuständig für die Ausstellung, Änderung der Anschrift und Verlängerung einer Bescheinigung nach Absatz 1 ist die Aufnahmeeinrichtung, auf die der Ausländer verteilt worden ist, sofern nicht die dieser Aufnahmeeinrichtung zugeordnete Außenstelle des Bundesamtes eine erkennungsdienstliche Behandlung des Ausländers oder die Verarbeitung seiner personenbezogenen Daten vornimmt. Ist der Ausländer nicht mehr verpflichtet in

der Aufnahmeeinrichtung zu wohnen, ist für die Verlängerung der Bescheinigung die Ausländerbehörde zuständig, in deren Bezirk der Ausländer sich aufzuhalten verpflichtet ist oder Wohnung zu nehmen hat; besteht eine solche Verpflichtung nicht, ist die Ausländerbehörde zuständig, in deren Bezirk sich der Ausländer tatsächlich aufhält.

(4) Die Gültigkeit der Bescheinigung nach Absatz 1 endet mit Ablauf der Frist nach Absatz 2 Satz 1 oder der verlängerten Frist nach Absatz 2 Satz 2, mit Ausstellung der Bescheinigung über die Aufenthaltsgestattung nach § 63 oder mit dem Erlöschen der Aufenthaltsgestattung nach § 67. Bei Ausstellung der Bescheinigung über die Aufenthaltsgestattung wird die Bescheinigung nach Absatz 1 eingezogen. Zuständig für die Einziehung ist die Behörde, welche die Bescheinigung über die Aufenthaltsgestattung ausstellt.

(5) Der Inhaber ist verpflichtet, der zuständigen Aufnahmeeinrichtung, dem Bundesamt oder der Ausländerbehörde unverzüglich
1. den Ankunftsnachweis vorzulegen, wenn eine Eintragung unrichtig ist,
2. auf Verlangen den Ankunftsnachweis beim Empfang eines neuen Ankunftsnachweises oder der Aufenthaltsgestattung abzugeben,
3. den Verlust des Ankunftsnachweises anzuzeigen und im Falle des Wiederauffindens diesen vorzulegen,
4. auf Verlangen den Ankunftsnachweis abzugeben, wenn er eine einwandfreie Feststellung der Identität des Nachweisinhabers nicht zulässt oder er unerlaubt verändert worden ist.

§ 64 Ausweispflicht

(1) Der Ausländer genügt für die Dauer des Asylverfahrens seiner Ausweispflicht mit der Bescheinigung über die Aufenthaltsgestattung.
(2) Die Bescheinigung berechtigt nicht zum Grenzübertritt.

§ 65 Herausgabe des Passes

(1) Dem Ausländer ist nach der Stellung des Asylantrags der Pass oder Passersatz auszuhändigen, wenn dieser für die weitere Durchführung des Asylverfahrens nicht benötigt wird und der Ausländer einen Aufenthaltstitel besitzt oder die Ausländerbehörde ihm nach den Vorschriften in anderen Gesetzen einen Aufenthaltstitel erteilt.
(2) Dem Ausländer kann der Pass oder Passersatz vorübergehend ausgehändigt werden, wenn dies in den Fällen des § 58 Abs. 1 für eine Reise oder wenn es für die Verlängerung der Gültigkeitsdauer oder die Vorbereitung der Ausreise des Ausländers erforderlich ist. Nach Erlöschen der räumlichen Beschränkung (§ 59a) gilt für eine Reise Satz 1 entsprechend.

§ 66 Ausschreibung zur Aufenthaltsermittlung

(1) Der Ausländer kann zur Aufenthaltsermittlung im Ausländerzentralregister und in den Fahndungshilfsmitteln der Polizei ausgeschrieben werden, wenn sein Aufenthaltsort unbekannt ist und er
1. innerhalb einer Woche nicht in der Aufnahmeeinrichtung eintrifft, an die er weitergeleitet worden ist,
2. die Aufnahmeeinrichtung verlassen hat und innerhalb einer Woche nicht zurückgekehrt ist,
3. einer Zuweisungsverfügung oder einer Verfügung nach § 60 Abs. 2 Satz 1 innerhalb einer Woche nicht Folge geleistet hat oder
4. unter der von ihm angegebenen Anschrift oder der Anschrift der Unterkunft, in der er Wohnung zu nehmen hat, nicht erreichbar ist;
die in Nummer 4 bezeichneten Voraussetzungen liegen vor, wenn der Ausländer eine an die Anschrift bewirkte Zustellung nicht innerhalb von zwei Wochen in Empfang genommen hat.
(2) Zuständig, die Ausschreibung zu veranlassen, sind die Aufnahmeeinrichtung, die Ausländerbehörde, in deren Bezirk sich der Ausländer aufzuhalten oder Wohnung zu nehmen hat, und das Bundesamt. Die Ausschreibung darf nur von hierzu besonders ermächtigten Personen veranlasst werden.

§ 67 Erlöschen der Aufenthaltsgestattung

(1) Die Aufenthaltsgestattung erlischt,
1. wenn der Ausländer nach § 18 Abs. 2 und 3 zurückgewiesen oder zurückgeschoben wird,
2. wenn der Ausländer innerhalb von zwei Wochen, nachdem ihm der Ankunftsnachweis ausgestellt worden ist, noch keinen Asylantrag gestellt hat,
3. im Falle der Rücknahme des Asylantrags mit der Zustellung der Entscheidung des Bundesamtes,
4. wenn eine nach diesem Gesetz oder nach § 60 Abs. 9 des Aufenthaltsgesetzes erlassene Abschiebungsandrohung vollziehbar geworden ist,
5. mit der Vollziehbarkeit einer Abschiebungsanordnung nach § 34a,
5a. mit der Bekanntgabe einer Abschiebungsanordnung nach § 58a des Aufenthaltsgesetzes,
6. im Übrigen, wenn die Entscheidung des Bundesamtes unanfechtbar geworden ist.

166 AsylG §§ 68-71

Liegt in den Fällen des § 23 Absatz 1 der dem Ausländer genannte Termin bei der Außenstelle des Bundesamtes nach der sich aus Satz 1 Nummer 2 ergebenden Frist, dann erlischt die Aufenthaltsgestattung nach dieser Bestimmung erst, wenn der Ausländer bis zu diesem Termin keinen Asylantrag stellt.
(2) Die Aufenthaltsgestattung tritt wieder in Kraft, wenn
1. ein nach § 33 Absatz 5 Satz 1 eingestelltes Verfahren wieder aufgenommen wird oder
2. der Ausländer den Asylantrag nach Ablauf der in Absatz 1 Satz 1 Nummer 2 oder Satz 2 genannten Frist stellt.

§§ 68 bis 70 (weggefallen)

Abschnitt 7
Folgeantrag, Zweitantrag

§ 71 Folgeantrag

(1) Stellt der Ausländer nach Rücknahme oder unanfechtbarer Ablehnung eines früheren Asylantrags erneut einen Asylantrag (Folgeantrag), so ist ein weiteres Asylverfahren nur durchzuführen, wenn die Voraussetzungen des § 51 Abs. 1 bis 3 des Verwaltungsverfahrensgesetzes vorliegen; die Prüfung obliegt dem Bundesamt. Das Gleiche gilt für den Asylantrag eines Kindes, wenn der Vertreter nach § 14a Abs. 3 auf die Durchführung des Asylverfahrens verzichtet hatte.
(2) Der Ausländer hat den Folgeantrag persönlich bei der Außenstelle des Bundesamtes zu stellen, die der Aufnahmeeinrichtung zugeordnet ist, in der er während des früheren Asylverfahrens zu wohnen verpflichtet war. Wenn der Ausländer das Bundesgebiet zwischenzeitlich verlassen hatte, gelten die §§ 47 bis 67 entsprechend. In den Fällen des § 14 Abs. 2 Satz 1 Nr. 2 oder wenn der Ausländer nachweislich am persönlichen Erscheinen gehindert ist, ist der Folgeantrag schriftlich zu stellen. Der Folgeantrag ist schriftlich bei der Zentrale des Bundesamtes zu stellen, wenn
1. die Außenstelle, die nach Satz 1 zuständig wäre, nicht mehr besteht,
2. der Ausländer während des früheren Asylverfahrens nicht verpflichtet war, in einer Aufnahmeeinrichtung zu wohnen.
§ 19 Abs. 1 findet keine Anwendung.
(3) In dem Folgeantrag hat der Ausländer seine Anschrift sowie die Tatsachen und Beweismittel anzugeben, aus denen sich das Vorliegen der Voraussetzungen des § 51 Abs. 1 bis 3 des Verwaltungsverfahrensgesetzes ergibt. Auf Verlangen ist der Ausländer diese Angaben schriftlich zu machen. Von einer Anhörung kann abgesehen werden. § 10 gilt entsprechend.
(4) Liegen die Voraussetzungen des § 51 Abs. 1 bis 3 des Verwaltungsverfahrensgesetzes nicht vor, sind die §§ 34, 35 und 36 entsprechend anzuwenden; im Falle der Abschiebung in einen sicheren Drittstaat (§ 26a) ist § 34a entsprechend anzuwenden.
(5) Stellt der Ausländer, nachdem eine nach Stellung des früheren Asylantrags ergangene Abschiebungsandrohung oder -anordnung vollziehbar geworden ist, einen Folgeantrag, der nicht zur Durchführung eines weiteren Verfahrens führt, so bedarf es zum Vollzug der Abschiebung keiner erneuten Fristsetzung und Abschiebungsandrohung oder -anordnung. Die Abschiebung darf erst nach einer Mitteilung des Bundesamtes, dass die Voraussetzungen des § 51 Abs. 1 bis 3 des Verwaltungsverfahrensgesetzes nicht vorliegen, vollzogen werden, es sei denn, der Ausländer soll in den sicheren Drittstaat abgeschoben werden.
(6) Absatz 5 gilt auch, wenn der Ausländer zwischenzeitlich das Bundesgebiet verlassen hatte. Im Falle einer unerlaubten Einreise aus einem sicheren Drittstaat (§ 26a) kann der Ausländer nach § 57 Abs. 1 und 2 des Aufenthaltsgesetzes dorthin zurückgeschoben werden, ohne dass es der vorherigen Mitteilung des Bundesamtes bedarf.
(7) War der Aufenthalt des Ausländers während des früheren Asylverfahrens räumlich beschränkt, gilt die letzte räumliche Beschränkung fort, solange keine andere Entscheidung ergeht. Die §§ 59a und 59b gelten entsprechend. In den Fällen der Absätze 5 und 6 ist für ausländerrechtliche Maßnahmen auch die Ausländerbehörde zuständig, in deren Bezirk sich der Ausländer aufhält.
(8) Ein Folgeantrag steht der Anordnung von Abschiebungshaft nicht entgegen, es sei denn, es wird ein weiteres Asylverfahren durchgeführt.

Anm. d. Hrsg. zu Abs. 1: In Abs. 1 Satz 1 wird § 51 Verwaltungsverfahrensgesetz zitiert. Die aktuelle Fassung dieser Vorschrift lautet:
§ 51 Wiederaufgreifen des Verfahrens
(1) Die Behörde hat auf Antrag des Betroffenen über die Aufhebung oder Änderung eines unanfechtbaren Verwaltungsaktes zu entscheiden, wenn

1. sich die dem Verwaltungsakt zugrunde liegende Sach- oder Rechtslage nachträglich zugunsten des Betroffenen geändert hat;
2. neue Beweismittel vorliegen, die eine dem Betroffenen günstigere Entscheidung herbeigeführt haben würden;
3. Wiederaufnahmegründe entsprechend § 580 der Zivilprozessordnung gegeben sind.

(2) Der Antrag ist nur zulässig, wenn der Betroffene ohne grobes Verschulden außerstande war, den Grund für das Wiederaufgreifen in dem früheren Verfahren, insbesondere durch Rechtsbehelf, geltend zu machen.

(3) Der Antrag muss binnen drei Monaten gestellt werden. Die Frist beginnt mit dem Tage, an dem der Betroffene von dem Grund für das Wiederaufgreifen Kenntnis erhalten hat.

(4) Über den Antrag entscheidet die nach § 3 zuständige Behörde; dies gilt auch dann, wenn der Verwaltungsakt, dessen Aufhebung oder Änderung begehrt wird, von einer anderen Behörde erlassen worden ist.

(5) Die Vorschriften des § 48 Abs. 1 Satz 1 und des § 49 Abs. 1 bleiben unberührt.

§ 71a Zweitantrag

(1) Stellt der Ausländer nach erfolglosem Abschluss eines Asylverfahrens in einem sicheren Drittstaat (§ 26a), für den Rechtsvorschriften der Europäischen Gemeinschaft über die Zuständigkeit für die Durchführung von Asylverfahren gelten oder mit dem die Bundesrepublik Deutschland darüber einen völkerrechtlichen Vertrag geschlossen hat, im Bundesgebiet einen Asylantrag (Zweitantrag), so ist ein weiteres Asylverfahren nur durchzuführen, wenn die Bundesrepublik Deutschland für die Durchführung des Asylverfahrens zuständig ist und die Voraussetzungen des § 51 Abs. 1 bis 3 des Verwaltungsverfahrensgesetzes vorliegen; die Prüfung obliegt dem Bundesamt.

(2) Für das Verfahren zur Feststellung, ob ein weiteres Asylverfahren durchzuführen ist, gelten die §§ 12 bis 25, 33, 44 bis 54 entsprechend. Von der Anhörung kann abgesehen werden, soweit sie für die Feststellung, dass kein weiteres Asylverfahren durchzuführen ist, nicht erforderlich ist. § 71 Abs. 8 gilt entsprechend.

(3) Der Aufenthalt des Ausländers gilt als geduldet. Die §§ 56 bis 67 gelten entsprechend.

(4) Wird ein weiteres Asylverfahren nicht durchgeführt, sind die §§ 34 bis 36, 42 und 43 entsprechend anzuwenden.

(5) Stellt der Ausländer nach Rücknahme oder unanfechtbarer Ablehnung eines Zweitantrags einen weiteren Asylantrag, gilt § 71.

Abschnitt 8
Erlöschen der Rechtsstellung

§ 72 Erlöschen

(1) Die Anerkennung als Asylberechtigter und die Zuerkennung der Flüchtlingseigenschaft erlöschen, wenn der Ausländer
1. sich freiwillig durch Annahme oder Erneuerung eines Nationalpasses oder durch sonstige Handlungen erneut dem Schutz des Staates, dessen Staatsangehörigkeit er besitzt, unterstellt,
1a. freiwillig in das Land, das er aus Furcht vor Verfolgung verlassen hat oder außerhalb dessen er sich aus Furcht vor Verfolgung befindet, zurückgekehrt ist und sich dort niedergelassen hat,
2. nach Verlust seiner Staatsangehörigkeit diese freiwillig wiedererlangt hat,
3. auf Antrag eine neue Staatsangehörigkeit erworben hat und den Schutz des Staates, dessen Staatsangehörigkeit er erworben hat, genießt oder
4. auf sie verzichtet oder vor Eintritt der Unanfechtbarkeit der Entscheidung des Bundesamtes den Antrag zurücknimmt.

(2) Der Ausländer hat einen Anerkennungsbescheid und einen Reiseausweis unverzüglich bei der Ausländerbehörde abzugeben.

§ 73 Widerruf und Rücknahme der Asylberechtigung und der Flüchtlingseigenschaft

(1) Die Anerkennung als Asylberechtigter und die Zuerkennung der Flüchtlingseigenschaft sind unverzüglich zu widerrufen, wenn die Voraussetzungen für sie nicht mehr vorliegen. Dies ist insbesondere der Fall, wenn der Ausländer nach Wegfall der Umstände, die zur Anerkennung als Asylberechtigter oder zur Zuerkennung der Flüchtlingseigenschaft geführt haben, es nicht mehr ablehnen kann, den Schutz des Staates in Anspruch zu nehmen, dessen Staatsangehörigkeit er besitzt, oder wenn er als Staatenloser in der Lage ist, in das Land zurückzukehren, in dem er seinen gewöhnlichen Aufenthalt hatte. Satz 2 gilt nicht, wenn sich der Ausländer auf zwingende, auf früheren Verfolgungen beruhende Gründe berufen kann, um die Rückkehr in den Staat abzulehnen, dessen Staatsangehörigkeit er besitzt oder in dem er als Staatenloser seinen gewöhnlichen Aufenthalt hatte.

(2) Die Anerkennung als Asylberechtigter ist zurückzunehmen, wenn sie auf Grund unrichtiger Angaben oder infolge Verschweigens wesentlicher Tatsachen erteilt worden ist und der Ausländer auch aus anderen Gründen

166 AsylG § 73

nicht anerkannt werden könnte. Satz 1 ist auf die Zuerkennung der Flüchtlingseigenschaft entsprechend anzuwenden.

(2a) Die Prüfung, ob die Voraussetzungen für einen Widerruf nach Absatz 1 oder eine Rücknahme nach Absatz 2 vorliegen, hat spätestens nach Ablauf von drei Jahren nach Unanfechtbarkeit der Entscheidung zu erfolgen. Liegen die Voraussetzungen für einen Widerruf oder eine Rücknahme vor, teilt das Bundesamt dieses Ergebnis der Ausländerbehörde spätestens innerhalb eines Monats nach dreijähriger Unanfechtbarkeit der begünstigenden Entscheidung mit. Anderenfalls kann eine Mitteilung an die Ausländerbehörde entfallen. Der Ausländerbehörde ist auch mitzuteilen, welche Personen nach § 26 ihre Asylberechtigung oder Flüchtlingseigenschaft von dem Ausländer ableiten und ob bei ihnen die Voraussetzungen für einen Widerruf nach Absatz 2b vorliegen. Ist nach der Prüfung ein Widerruf oder eine Rücknahme nicht erfolgt, steht eine spätere Entscheidung nach Absatz 1 oder Absatz 2 im Ermessen, es sei denn, der Widerruf oder die Rücknahme erfolgt, weil die Voraussetzungen des § 60 Abs. 8 Satz 1 des Aufenthaltsgesetzes oder des § 3 Abs. 2 vorliegen oder weil das Bundesamt nach § 60 Absatz 8 Satz 3 des Aufenthaltsgesetzes von der Anwendung des § 60 Absatz 1 des Aufenthaltsgesetzes abgesehen hat.

(2b) In den Fällen des § 26 Absatz 1 bis 3 und 5 ist die Anerkennung als Asylberechtigter und die Zuerkennung der Flüchtlingseigenschaft zu widerrufen, wenn die Voraussetzungen des § 26 Absatz 4 Satz 1 vorliegen. Die Anerkennung als Asylberechtigter ist ferner zu widerrufen, wenn die Anerkennung des Asylberechtigten, von dem die Anerkennung abgeleitet worden ist, erlischt, widerrufen oder zurückgenommen wird und der Ausländer nicht aus anderen Gründen als Asylberechtigter anerkannt werden könnte. In den Fällen des § 26 Absatz 5 ist die Zuerkennung der Flüchtlingseigenschaft zu widerrufen, wenn die Flüchtlingseigenschaft des Ausländers, von dem die Zuerkennung abgeleitet worden ist, erlischt, widerrufen oder zurückgenommen wird und dem Ausländer nicht aus anderen Gründen die Flüchtlingseigenschaft zuerkannt werden könnte. § 26 Absatz 1 Satz 2 gilt entsprechend.

(2c) Bis zur Bestandskraft des Widerrufs oder der Rücknahme entfällt für Einbürgerungsverfahren die Verbindlichkeit der Entscheidung über den Asylantrag.

(3) Bei Widerruf oder Rücknahme der Anerkennung als Asylberechtigter oder der Zuerkennung der Flüchtlingseigenschaft ist zu entscheiden, ob die Voraussetzungen für den subsidiären Schutz oder die Voraussetzungen des § 60 Absatz 5 oder 7 des Aufenthaltsgesetzes vorliegen.

(3a) Der Ausländer ist nach Aufforderung durch das Bundesamt persönlich zur Mitwirkung bei der Prüfung des Vorliegens der Voraussetzungen des Widerrufs oder der Rücknahme der Anerkennung als Asylberechtigter oder der Zuerkennung der Flüchtlingseigenschaft verpflichtet, soweit dies für die Prüfung erforderlich und dem Ausländer zumutbar ist. § 15 Absatz 1 Satz 2, Absatz 2 Nummer 1, 4 bis 7 und Absatz 3 sowie § 16 gelten entsprechend, hinsichtlich der Sicherung der Identität durch erkennungsdienstliche Maßnahmen (§ 16 Absatz 1 Satz 1 und 2) mit der Maßgabe, dass sie nur zulässig ist, soweit die Identität des Ausländers nicht bereits gesichert worden ist. Das Bundesamt soll den Ausländer mit Mitteln des Verwaltungszwangs zur Erfüllung seiner Mitwirkungspflichten anhalten. Kommt der Ausländer der Mitwirkungspflicht nicht oder nicht vollständig nach, kann das Bundesamt nach Aktenlage entscheiden, sofern
1. die unterbliebene Mitwirkungshandlung nicht unverzüglich nachgeholt worden ist, oder
2. der Ausländer die Mitwirkungspflichten ohne genügende Entschuldigung verletzt hat.
Bei der Entscheidung nach Aktenlage sind für die Entscheidung über einen Widerruf oder eine Rücknahme nach dieser Vorschrift oder nach § 48 des Verwaltungsverfahrensgesetzes sämtliche maßgeblichen Tatsachen und Umstände zu berücksichtigen. Ferner ist zu berücksichtigen, inwieweit der Ausländer seinen Mitwirkungspflichten nachgekommen ist. Der Ausländer ist durch das Bundesamt auf Inhalt und Umfang seiner Mitwirkungspflichten nach dieser Vorschrift sowie auf die Rechtsfolgen einer Verletzung hinzuweisen.

(4) In den Fällen, in denen keine Aufforderung durch das Bundesamt nach Absatz 3a erfolgt ist, ist dem Ausländer die beabsichtigte Entscheidung über einen Widerruf oder eine Rücknahme nach dieser Vorschrift oder nach § 48 des Verwaltungsverfahrensgesetzes schriftlich mitzuteilen und ihm Gelegenheit zur Äußerung zu geben. Ihm kann aufgegeben werden, sich innerhalb eines Monats schriftlich zu äußern. Hat sich der Ausländer innerhalb dieser Frist nicht geäußert, ist nach Aktenlage zu entscheiden; der Ausländer ist auf diese Rechtsfolge hinzuweisen.

(5) Mitteilungen oder Entscheidungen des Bundesamtes, die eine Frist in Lauf setzen, sind dem Ausländer zuzustellen.

(6) Ist die Anerkennung als Asylberechtigter oder die Zuerkennung der Flüchtlingseigenschaft unanfechtbar widerrufen oder zurückgenommen oder aus einem anderen Grund nicht mehr wirksam, gilt § 72 Abs. 2 entsprechend.

(7) Für Entscheidungen des Bundesamtes über die Anerkennung als Asylberechtigter oder die Zuerkennung der Flüchtlingseigenschaft, die im Jahre 2015 unanfechtbar geworden sind, endet die in Absatz 2a Satz 1 bestimmte Frist für die Entscheidung über einen Widerruf oder eine Rücknahme am 31. Dezember 2019, für Entschei-

dungen, die im Jahre 2016 unanfechtbar geworden sind, endet sie am 31. Dezember 2020 und für Entscheidungen, die im Jahre 2017 unanfechtbar geworden sind, endet sie am 31. Dezember 2021. Die Mitteilung an die Ausländerbehörde gemäß Absatz 2a Satz 2 hat spätestens bis zum 31. Januar des jeweiligen Folgejahres zu erfolgen.

§73a Ausländische Anerkennung als Flüchtling

(1) Ist bei einem Ausländer, der von einem ausländischen Staat als Flüchtling im Sinne des Abkommens über die Rechtsstellung der Flüchtlinge anerkannt worden ist, die Verantwortung für die Ausstellung des Reiseausweises auf die Bundesrepublik Deutschland übergegangen, so erlischt seine Rechtsstellung als Flüchtling in der Bundesrepublik Deutschland, wenn einer der in § 72 Abs. 1 genannten Umstände eintritt. Der Ausländer hat den Reiseausweis unverzüglich bei der Ausländerbehörde abzugeben.
(2) Dem Ausländer wird die Rechtsstellung als Flüchtling in der Bundesrepublik Deutschland entzogen, wenn die Voraussetzungen für die Zuerkennung der Flüchtlingseigenschaft nicht oder nicht mehr vorliegen. § 73 gilt entsprechend.

§73b Widerruf und Rücknahme des subsidiären Schutzes

(1) Die Gewährung des subsidiären Schutzes ist zu widerrufen, wenn die Umstände, die zur Zuerkennung des subsidiären Schutzes geführt haben, nicht mehr bestehen oder sich in einem Maß verändert haben, dass ein solcher Schutz nicht mehr erforderlich ist. § 73 Absatz 1 Satz 3 gilt entsprechend.
(2) Bei Anwendung des Absatzes 1 ist zu berücksichtigen, ob sich die Umstände so wesentlich und nicht nur vorübergehend verändert haben, dass der Ausländer, dem subsidiärer Schutz gewährt wurde, tatsächlich nicht länger Gefahr läuft, einen ernsthaften Schaden im Sinne des § 4 Absatz 1 zu erleiden.
(3) Die Zuerkennung des subsidiären Schutzes ist zurückzunehmen, wenn der Ausländer nach § 4 Absatz 2 von der Gewährung subsidiären Schutzes hätte ausgeschlossen werden müssen oder ausgeschlossen ist oder eine falsche Darstellung oder das Verschweigen von Tatsachen oder die Verwendung gefälschter Dokumente für die Zuerkennung des subsidiären Schutzes ausschlaggebend war.
(4) § 73 Absatz 2b Satz 3 und Absatz 2c bis 6 gilt entsprechend.

§73c Widerruf und Rücknahme von Abschiebungsverboten

(1) Die Feststellung der Voraussetzungen des § 60 Absatz 5 oder 7 des Aufenthaltsgesetzes ist zurückzunehmen, wenn sie fehlerhaft ist.
(2) Die Feststellung der Voraussetzungen des § 60 Absatz 5 oder 7 des Aufenthaltsgesetzes ist zu widerrufen, wenn die Voraussetzungen nicht mehr vorliegen.
(3) § 73 Absatz 2c bis 6 gilt entsprechend.

Abschnitt 9
Gerichtsverfahren

§74 Klagefrist, Zurückweisung verspäteten Vorbringens

(1) Die Klage gegen Entscheidungen nach diesem Gesetz muss innerhalb von zwei Wochen nach Zustellung der Entscheidung erhoben werden; ist der Antrag nach § 80 Abs. 5 der Verwaltungsgerichtsordnung innerhalb einer Woche zu stellen (§ 34a Absatz 2 Satz 1 und 3, § 36 Absatz 3 Satz 1 und 10), ist auch die Klage innerhalb einer Woche zu erheben.
(2) Der Kläger hat die zur Begründung dienenden Tatsachen und Beweismittel binnen einer Frist von einem Monat nach Zustellung der Entscheidung anzugeben. § 87b Abs. 3 der Verwaltungsgerichtsordnung gilt entsprechend. Der Kläger ist über die Verpflichtung nach Satz 1 und die Folgen der Fristversäumnis zu belehren. Das Vorbringen neuer Tatsachen und Beweismittel bleibt unberührt.

§75 Aufschiebende Wirkung der Klage

(1) Die Klage gegen Entscheidungen nach diesem Gesetz hat nur in den Fällen des § 38 Absatz 1 sowie der §§ 73, 73b und 73c aufschiebende Wirkung. Die Klage gegen Maßnahmen des Verwaltungszwangs (§ 73 Absatz 3a Satz 3) hat keine aufschiebende Wirkung.
(2) Die Klage gegen Entscheidungen des Bundesamtes, mit denen die Anerkennung als Asylberechtigter oder die Zuerkennung der Flüchtlingseigenschaft widerrufen oder zurückgenommen worden ist, hat in folgenden Fällen keine aufschiebende Wirkung:
1. bei Widerruf oder Rücknahme wegen des Vorliegens der Voraussetzungen des § 60 Absatz 8 Satz 1 des Aufenthaltsgesetzes oder des § 3 Absatz 2,
2. bei Widerruf oder Rücknahme, weil das Bundesamt nach § 60 Absatz 8 Satz 3 des Aufenthaltsgesetzes von der Anwendung des § 60 Absatz 1 des Aufenthaltsgesetzes abgesehen hat.

Dies gilt entsprechend bei Klagen gegen den Widerruf oder die Rücknahme der Gewährung subsidiären Schutzes wegen Vorliegens der Voraussetzungen des § 4 Absatz 2. § 80 Abs. 2 Satz 1 Nr. 4 der Verwaltungsgerichtsordnung bleibt unberührt.

§ 76 Einzelrichter

(1) Die Kammer soll in der Regel in Streitigkeiten nach diesem Gesetz den Rechtsstreit einem ihrer Mitglieder als Einzelrichter zur Entscheidung übertragen, wenn nicht die Sache besondere Schwierigkeiten tatsächlicher oder rechtlicher Art aufweist oder die Rechtssache grundsätzliche Bedeutung hat.
(2) Der Rechtsstreit darf dem Einzelrichter nicht übertragen werden, wenn bereits vor der Kammer mündlich verhandelt worden ist, es sei denn, dass inzwischen ein Vorbehalts-, Teil- oder Zwischenurteil ergangen ist.
(3) Der Einzelrichter kann nach Anhörung der Beteiligten den Rechtsstreit auf die Kammer zurückübertragen, wenn sich aus einer wesentlichen Änderung der Prozesslage ergibt, dass die Rechtssache grundsätzliche Bedeutung hat. Eine erneute Übertragung auf den Einzelrichter ist ausgeschlossen.
(4) In Verfahren des vorläufigen Rechtsschutzes entscheidet ein Mitglied der Kammer als Einzelrichter. Der Einzelrichter überträgt den Rechtsstreit auf die Kammer, wenn die Rechtssache grundsätzliche Bedeutung hat oder wenn er von der Rechtsprechung der Kammer abweichen will.
(5) Ein Richter auf Probe darf in den ersten sechs Monaten nach seiner Ernennung nicht Einzelrichter sein.

§ 77 Entscheidung des Gerichts

(1) In Streitigkeiten nach diesem Gesetz stellt das Gericht auf die Sach- und Rechtslage im Zeitpunkt der letzten mündlichen Verhandlung ab; ergeht die Entscheidung ohne mündliche Verhandlung, ist der Zeitpunkt maßgebend, in dem die Entscheidung gefällt wird. § 74 Abs. 2 Satz 2 bleibt unberührt.
(2) Das Gericht sieht von einer weiteren Darstellung des Tatbestandes und der Entscheidungsgründe ab, soweit es den Feststellungen und der Begründung des angefochtenen Verwaltungsaktes folgt und dies in seiner Entscheidung feststellt oder soweit die Beteiligten übereinstimmend darauf verzichten.

§ 78 Rechtsmittel

(1) Das Urteil des Verwaltungsgerichts, durch das die Klage in Rechtsstreitigkeiten nach diesem Gesetz als offensichtlich unzulässig oder offensichtlich unbegründet abgewiesen wird, ist unanfechtbar. Das gilt auch, wenn nur das Klagebegehren gegen die Entscheidung über den Asylantrag als offensichtlich unzulässig oder offensichtlich unbegründet, das Klagebegehren im Übrigen hingegen als unzulässig oder unbegründet abgewiesen worden ist.
(2) In den übrigen Fällen steht den Beteiligten die Berufung gegen das Urteil des Verwaltungsgerichts zu, wenn sie von dem Oberverwaltungsgericht zugelassen wird.
(3) Die Berufung ist nur zuzulassen, wenn
1. die Rechtssache grundsätzliche Bedeutung hat oder
2. das Urteil von einer Entscheidung des Oberverwaltungsgerichts, des Bundesverwaltungsgerichts, des Gemeinsamen Senats der obersten Gerichtshöfe des Bundes oder des Bundesverfassungsgerichts abweicht und auf dieser Abweichung beruht oder
3. ein in § 138 der Verwaltungsgerichtsordnung bezeichneter Verfahrensmangel geltend gemacht wird und vorliegt.

(4) Die Zulassung der Berufung ist innerhalb eines Monats nach Zustellung des Urteils zu beantragen. Der Antrag ist bei dem Verwaltungsgericht zu stellen. Er muss das angefochtene Urteil bezeichnen. In dem Antrag sind die Gründe, aus denen die Berufung zuzulassen ist, darzulegen. Die Stellung des Antrags hemmt die Rechtskraft des Urteils.
(5) Über den Antrag entscheidet das Oberverwaltungsgericht durch Beschluss, der keiner Begründung bedarf. Mit der Ablehnung des Antrags wird das Urteil rechtskräftig. Lässt das Oberverwaltungsgericht die Berufung zu, wird das Antragsverfahren als Berufungsverfahren fortgesetzt; der Einlegung einer Berufung bedarf es nicht.
(6) § 134 der Verwaltungsgerichtsordnung findet keine Anwendung, wenn das Urteil des Verwaltungsgerichts nach Absatz 1 unanfechtbar ist.
(7) Ein Rechtsbehelf nach § 84 Abs. 2 der Verwaltungsgerichtsordnung ist innerhalb von zwei Wochen nach Zustellung des Gerichtsbescheids zu erheben.

§ 79 Besondere Vorschriften für das Berufungsverfahren

(1) In dem Verfahren vor dem Oberverwaltungsgericht gilt in Bezug auf Erklärungen und Beweismittel, die der Kläger nicht innerhalb der Frist des § 74 Abs. 2 Satz 1 vorgebracht hat, § 128a der Verwaltungsgerichtsordnung entsprechend.
(2) § 130 Abs. 2 und 3 der Verwaltungsgerichtsordnung findet keine Anwendung.

§ 80 Ausschluss der Beschwerde

Entscheidungen in Rechtsstreitigkeiten nach diesem Gesetz können vorbehaltlich des § 133 Abs. 1 der Verwaltungsgerichtsordnung nicht mit der Beschwerde angefochten werden.

§ 80a Ruhen des Verfahrens

(1) Für das Klageverfahren gilt § 32a Abs. 1 entsprechend. Das Ruhen hat auf den Lauf von Fristen für die Einlegung oder Begründung von Rechtsbehelfen keinen Einfluss.

(2) Die Klage gilt als zurückgenommen, wenn der Kläger nicht innerhalb eines Monats nach Ablauf der Geltungsdauer der Aufenthaltserlaubnis nach § 24 des Aufenthaltsgesetzes dem Gericht anzeigt, dass er das Klageverfahren fortführen will.

(3) Das Bundesamt unterrichtet das Gericht unverzüglich über die Erteilung und den Ablauf der Geltungsdauer der Aufenthaltserlaubnis nach § 24 des Aufenthaltsgesetzes.

§ 81 Nichtbetreiben des Verfahrens

Die Klage gilt in einem gerichtlichen Verfahren nach diesem Gesetz als zurückgenommen, wenn der Kläger das Verfahren trotz Aufforderung des Gerichts länger als einen Monat nicht betreibt. Der Kläger trägt die Kosten des Verfahrens. In der Aufforderung ist der Kläger auf die nach Satz 1 und 2 eintretenden Folgen hinzuweisen.

§ 82 Akteneinsicht in Verfahren des vorläufigen Rechtsschutzes

In Verfahren des vorläufigen Rechtsschutzes wird Akteneinsicht auf der Geschäftsstelle des Gerichts gewährt. Die Akten können dem bevollmächtigten Rechtsanwalt zur Mitnahme in seine Wohnung oder Geschäftsräume übergeben werden, wenn ausgeschlossen werden kann, dass sich das Verfahren dadurch verzögert. Für die Versendung von Akten gilt Satz 2 entsprechend.

§ 83 Besondere Spruchkörper

(1) Streitigkeiten nach diesem Gesetz sollen in besonderen Spruchkörpern zusammengefasst werden.

(2) Die Landesregierungen können bei den Verwaltungsgerichten für Streitigkeiten nach diesem Gesetz durch Rechtsverordnung besondere Spruchkörper bilden und deren Sitz bestimmen. Die Landesregierungen können die Ermächtigung auf andere Stellen übertragen. Die nach Satz 1 gebildeten Spruchkörper sollen ihren Sitz in räumlicher Nähe zu den Aufnahmeeinrichtungen haben.

(3) Die Landesregierungen werden ermächtigt, durch Rechtsverordnung einem Verwaltungsgericht für die Bezirke mehrerer Verwaltungsgerichte Streitigkeiten nach diesem Gesetz hinsichtlich bestimmter Herkunftsstaaten zuzuweisen, sofern dies für die Verfahrensförderung dieser Streitigkeiten sachdienlich ist. Die Landesregierungen können die Ermächtigung auf andere Stellen übertragen.

§ 83a Unterrichtung der Ausländerbehörde

Das Gericht darf der Ausländerbehörde das Ergebnis eines Verfahrens formlos mitteilen. Das Gericht hat der Ausländerbehörde das Ergebnis mitzuteilen, wenn das Verfahren die Rechtmäßigkeit einer Abschiebungsandrohung oder einer Abschiebungsanordnung nach diesem Gesetz zum Gegenstand hat.

§ 83b Gerichtskosten, Gegenstandswert

Gerichtskosten (Gebühren und Auslagen) werden in Streitigkeiten nach diesem Gesetz nicht erhoben.

§ 83c Anwendbares Verfahren für die Anordnung und Befristung von Einreise- und Aufenthaltsverboten

Die Bestimmungen dieses Abschnitts sowie § 52 Nummer 2 Satz 3 der Verwaltungsgerichtsordnung gelten auch für Rechtsbehelfe gegen die Entscheidungen des Bundesamtes nach § 75 Nummer 12 des Aufenthaltsgesetzes.

Abschnitt 10
Straf- und Bußgeldvorschriften

§ 84 Verleitung zur missbräuchlichen Asylantragstellung

(1) Mit Freiheitsstrafe bis zu drei Jahren oder mit Geldstrafe wird bestraft, wer einen Ausländer verleitet oder dabei unterstützt, im Asylverfahren vor dem Bundesamt oder im gerichtlichen Verfahren unrichtige oder unvollständige Angaben zu machen, um seine Anerkennung als Asylberechtigter oder die Zuerkennung internationalen Schutzes im Sinne des § 1 Absatz 1 Nummer 2 zu ermöglichen.

(2) In besonders schweren Fällen ist die Strafe Freiheitsstrafe bis zu fünf Jahren oder Geldstrafe. Ein besonders schwerer Fall liegt in der Regel vor, wenn der Täter
1. für eine in Absatz 1 bezeichnete Handlung einen Vermögensvorteil erhält oder sich versprechen lässt oder
2. wiederholt oder zugunsten von mehr als fünf Ausländern handelt.

(3) Mit Freiheitsstrafe von sechs Monaten bis zu zehn Jahren wird bestraft, wer in den Fällen des Absatzes 1

1. gewerbsmäßig oder
2. als Mitglied einer Bande, die sich zur fortgesetzten Begehung solcher Taten verbunden hat,
handelt.
(4) Der Versuch ist strafbar.
(5) Wer die Tat nach Absatz 1 zugunsten eines Angehörigen im Sinne des § 11 Abs. 1 Nr. 1 des Strafgesetzbuches begeht, ist straffrei.

§ 84a Gewerbs- und bandenmäßige Verleitung zur missbräuchlichen Asylantragstellung
(1) Mit Freiheitsstrafe von einem Jahr bis zu zehn Jahren wird bestraft, wer in den Fällen des § 84 Abs. 1 als Mitglied einer Bande, die sich zur fortgesetzten Begehung solcher Taten verbunden hat, gewerbsmäßig handelt.
(2) In minder schweren Fällen ist die Strafe Freiheitsstrafe von sechs Monaten bis zu fünf Jahren.

§ 85 Sonstige Straftaten
Mit Freiheitsstrafe bis zu einem Jahr oder mit Geldstrafe wird bestraft, wer
1. entgegen § 50 Abs. 6, auch in Verbindung mit § 71a Abs. 2 Satz 1, sich nicht unverzüglich zu der angegebenen Stelle begibt,
2. wiederholt einer Aufenthaltsbeschränkung nach § 56 oder § 59b Absatz 1, jeweils auch in Verbindung mit § 71a Abs. 3, zuwiderhandelt,
3. einer vollziehbaren Anordnung nach § 60 Abs. 2 Satz 1, auch in Verbindung mit § 71a Abs. 3, nicht rechtzeitig nachkommt oder
4. entgegen § 61 Abs. 1, auch in Verbindung mit § 71a Abs. 3, eine Erwerbstätigkeit ausübt.

§ 86 Bußgeldvorschriften
(1) Ordnungswidrig handelt ein Ausländer, der einer Aufenthaltsbeschränkung nach § 56 oder § 59b Absatz 1, jeweils auch in Verbindung mit § 71a Abs. 3, zuwiderhandelt.
(2) Die Ordnungswidrigkeit kann mit einer Geldbuße bis zu zweitausendfünfhundert Euro geahndet werden.

Abschnitt 11
Übergangs- und Schlussvorschriften

§ 87 Übergangsvorschriften
(1) Für das Verwaltungsverfahren gelten folgende Übergangsvorschriften:
1. Bereits begonnene Asylverfahren sind nach bisher geltendem Recht zu Ende zu führen, wenn vor dem Inkrafttreten dieses Gesetzes das Bundesamt seine Entscheidung an die Ausländerbehörde zur Zustellung abgesandt hat. Ist das Asylverfahren vor dem Inkrafttreten dieses Gesetzes bestandskräftig abgeschlossen, ist das Bundesamt für die Entscheidung, ob Abschiebungshindernisse nach § 53 des Ausländergesetzes vorliegen, und für den Erlass einer Abschiebungsandrohung nur zuständig, wenn ein erneutes Asylverfahren durchgeführt wird.
2. Über Folgeanträge, die vor Inkrafttreten dieses Gesetzes gestellt worden sind, entscheidet die Ausländerbehörde nach bisher geltendem Recht.
3. Bei Ausländern, die vor Inkrafttreten dieses Gesetzes einen Asylantrag gestellt haben, richtet sich die Verteilung auf die Länder nach bisher geltendem Recht.

(2) Für die Rechtsbehelfe und das gerichtliche Verfahren gelten folgende Übergangsvorschriften:
1. In den Fällen des Absatzes 1 Nr. 1 und 2 richtet sich die Klagefrist nach bisher geltendem Recht; die örtliche Zuständigkeit des Verwaltungsgerichts bestimmt sich nach § 52 Nr. 2 Satz 3 der Verwaltungsgerichtsordnung in der bis zum Inkrafttreten dieses Gesetzes geltenden Fassung.
2. Die Zulässigkeit eines Rechtsbehelfs gegen einen Verwaltungsakt richtet sich nach bisher geltendem Recht, wenn der Verwaltungsakt vor Inkrafttreten dieses Gesetzes bekannt gegeben worden ist.
3. Die Zulässigkeit eines Rechtsmittels gegen eine gerichtliche Entscheidung richtet sich nach bisher geltendem Recht, wenn die Entscheidung vor Inkrafttreten dieses Gesetzes verkündet oder von Amts wegen anstelle einer Verkündung zugestellt worden ist.
4. Hat ein vor Inkrafttreten dieses Gesetzes eingelegter Rechtsbehelf nach bisher geltendem Recht aufschiebende Wirkung, finden die Vorschriften dieses Gesetzes über den Ausschluss der aufschiebenden Wirkung keine Anwendung.
5. Ist in einem gerichtlichen Verfahren vor Inkrafttreten dieses Gesetzes eine Aufforderung nach § 33 des Asylverfahrensgesetzes in der Fassung der Bekanntmachung vom 9. April 1991 (BGBl. I S. 869), geändert durch Artikel 7 § 13 in Verbindung mit Artikel 11 des Gesetzes vom 12. September 1990 (BGBl. I S. 2002), erlassen worden, gilt insoweit diese Vorschrift fort.

§ 87a Übergangsvorschriften aus Anlass der am 1. Juli 1993 in Kraft getretenen Änderungen

(1) Soweit in den folgenden Vorschriften nicht etwas anderes bestimmt ist, gelten die Vorschriften dieses Gesetzes mit Ausnahme der §§ 26a und 34a auch für Ausländer, die vor dem 1. Juli 1993 einen Asylantrag gestellt haben. Auf Ausländer, die aus einem Mitgliedstaat der Europäischen Gemeinschaften oder aus einem in der Anlage I bezeichneten Staat eingereist sind, finden die §§ 27, 29 Abs. 1 und 2 entsprechende Anwendung.

(2) Für das Verwaltungsverfahren gelten folgende Übergangsvorschriften:
1. § 10 Abs. 2 Satz 2 und 3, Abs. 3 und 4 findet Anwendung, wenn der Ausländer insoweit ergänzend schriftlich belehrt worden ist.
2. § 33 Abs. 2 gilt nur für Ausländer, die nach dem 1. Juli 1993 in ihren Herkunftsstaat ausreisen.
3. Für Folgeanträge, die vor dem 1. Juli 1993 gestellt worden sind, gelten die Vorschriften der §§ 71 und 87 Abs. 1 Nr. 2 in der bis zu diesem Zeitpunkt geltenden Fassung.

(3) Für die Rechtsbehelfe und das gerichtliche Verfahren gelten folgende Übergangsvorschriften:
1. Die Zulässigkeit eines Rechtsbehelfs gegen einen Verwaltungsakt richtet sich nach dem bis zum 1. Juli 1993 geltenden Recht, wenn der Verwaltungsakt vor diesem Zeitpunkt bekannt gegeben worden ist.
2. Die Zulässigkeit eines Rechtsbehelfs gegen eine gerichtliche Entscheidung richtet sich nach dem bis zum 1. Juli 1993 geltenden Recht, wenn die Entscheidung vor diesem Zeitpunkt verkündet oder von Amts wegen anstelle einer Verkündung zugestellt worden ist.
3. § 76 Abs. 4 findet auf Verfahren, die vor dem 1. Juli 1993 anhängig geworden sind, keine Anwendung.
4. Die Wirksamkeit einer vor dem 1. Juli 1993 bereits erfolgten Übertragung auf den Einzelrichter bleibt von § 76 Abs. 5 unberührt.
5. § 83 Abs. 1 ist bis zum 31. Dezember 1993 nicht anzuwenden.

§ 87b Übergangsvorschrift aus Anlass der am 1. September 2004 in Kraft getretenen Änderungen

In gerichtlichen Verfahren nach diesem Gesetz, die vor dem 1. September 2004 anhängig geworden sind, gilt § 6 in der vor diesem Zeitpunkt geltenden Fassung weiter.

§ 87c Übergangsvorschriften aus Anlass der am 6. August 2016 in Kraft getretenen Änderungen

(1) Eine vor dem 6. August 2016 erworbene Aufenthaltsgestattung gilt ab dem Zeitpunkt ihrer Entstehung fort. Sie kann insbesondere durch eine Bescheinigung nach § 63 nachgewiesen werden. § 67 bleibt unberührt.

(2) Der Aufenthalt eines Ausländers, der vor dem 5. Februar 2016 im Bundesgebiet um Asyl nachgesucht hat, gilt ab dem Zeitpunkt der Aufnahme in der für ihn zuständigen Aufnahmeeinrichtung oder, sofern sich dieser Zeitpunkt nicht bestimmen lässt, ab dem 5. Februar 2016 als gestattet.

(3) Der Aufenthalt eines Ausländers, dem bis zum 6. August 2016 ein Ankunftsnachweis ausgestellt worden ist, gilt ab dem Zeitpunkt der Ausstellung als gestattet.

(4) Der Aufenthalt eines Ausländers, der nach dem 4. Februar 2016 und vor dem 1. November 2016 um Asyl nachgesucht hat und dem aus Gründen, die er nicht zu vertreten hat, nicht unverzüglich ein Ankunftsnachweis ausgestellt worden ist, gilt mit Ablauf von zwei Wochen nach dem Zeitpunkt, in dem er um Asyl nachgesucht hat, als gestattet. Die fehlende Ausstellung des Ankunftsnachweises nach Satz 1 hat der Ausländer insbesondere dann nicht zu vertreten, wenn in der für die Ausstellung seines Ankunftsnachweises zuständigen Stelle die technischen Voraussetzungen für die Ausstellung von Ankunftsnachweisen nicht vorgelegen haben.

(5) Die Absätze 2 bis 4 finden keine Anwendung, wenn der Ausländer einen vor dem 6. August 2016 liegenden Termin zur Stellung des Asylantrags nach § 23 Absatz 1 aus Gründen, die er zu vertreten hat, nicht wahrgenommen hat.

(6) Ergeben sich aus der Anwendung der Absätze 1 bis 4 unterschiedliche Zeitpunkte, so ist der früheste Zeitpunkt maßgeblich.

§ 88 Verordnungsermächtigungen

(1) Das Bundesministerium des Innern, für Bau und Heimat kann durch Rechtsverordnung mit Zustimmung des Bundesrates die zuständigen Behörden für die Ausführung von Rechtsvorschriften der Europäischen Gemeinschaft und völkerrechtlichen Verträgen über die Zuständigkeit für die Durchführung von Asylverfahren bestimmen, insbesondere für
1. Auf- und Wiederaufnahmeersuchen an andere Staaten,
2. Entscheidungen über Auf- und Wiederaufnahmeersuchen anderer Staaten,
3. den Informationsaustausch mit anderen Staaten und der Europäischen Gemeinschaft sowie Mitteilungen an die betroffenen Ausländer und
4. die Erfassung, Übermittlung und den Vergleich von Fingerabdrücken der betroffenen Ausländer.

(2) Das Bundesministerium des Innern, für Bau und Heimat wird ermächtigt, durch Rechtsverordnung mit Zustimmung des Bundesrates Vordruckmuster und Ausstellungsmodalitäten sowie die Regelungen für die

Qualitätssicherung der erkennungsdienstlichen Behandlung und die Übernahme von Daten aus erkennungsdienstlichen Behandlungen für die Bescheinigungen nach den §§ 63 und 63a festzulegen.

(3) Die Landesregierung kann durch Rechtsverordnung Aufgaben der Aufnahmeeinrichtung auf andere Stellen des Landes übertragen.

§ 88a Bestimmungen zum Verwaltungsverfahren
Von der in § 60 getroffenen Regelung kann durch Landesrecht nicht abgewichen werden.

§ 89 Einschränkung von Grundrechten
(1) Die Grundrechte der körperlichen Unversehrtheit (Artikel 2 Abs. 2 Satz 1 des Grundgesetzes) und der Freiheit der Person (Artikel 2 Abs. 2 Satz 2 des Grundgesetzes) werden nach Maßgabe dieses Gesetzes eingeschränkt.
(2) Das Verfahren bei Freiheitsentziehungen richtet sich nach Buch 7 des Gesetzes über das Verfahren in Familiensachen und in den Angelegenheiten der freiwilligen Gerichtsbarkeit.

Anlage I
(zu § 26a)

Norwegen

Schweiz

Anlage II
(zu § 29a)

Albanien

Bosnien und Herzegowina

Ghana

Kosovo

Mazedonien, ehemalige jugoslawische Republik

Montenegro

Senegal

Serbien

Asylbewerberleistungsgesetz (AsylbLG)

in der Fassung der Bekanntmachung
vom 5. August 1997 (BGBl. I S. 2023)

Zuletzt geändert durch
Bekanntmachung über das Außerkrafttreten des § 5a Asylbewerberleistungsgesetzes
vom 14. Juli 2021 (BGBl. I S. 2925)

Inhaltsübersicht

§ 1	Leistungsberechtigte
§ 1a	Anspruchseinschränkung
§ 2	Leistungen in besonderen Fällen
§ 3	Grundleistungen
§ 3a	Bedarfssätze der Grundleistungen
§ 4	Leistungen bei Krankheit, Schwangerschaft und Geburt
§ 5	Arbeitsgelegenheiten
§ 5a	(weggefallen)
§ 5b	Sonstige Maßnahmen zur Integration
§ 6	Sonstige Leistungen
§ 6a	Erstattung von Aufwendungen anderer
§ 6b	Einsetzen der Leistungen
§ 7	Einkommen und Vermögen
§ 7a	Sicherheitsleistung
§ 8	Leistungen bei Verpflichtung Dritter
§ 8a	Meldepflicht
§ 9	Verhältnis zu anderen Vorschriften
§ 10	Bestimmungen durch Landesregierungen
§ 10a	Örtliche Zuständigkeit
§ 10b	Kostenerstattung zwischen den Leistungsträgern
§ 11	Ergänzende Bestimmungen
§ 12	Asylbewerberleistungsstatistik
§ 13	Bußgeldvorschrift
§ 14	Dauer der Anspruchseinschränkung
§ 15	Übergangsregelung zum Zweiten Gesetz zur besseren Durchsetzung der Ausreisepflicht
§ 16	Kinderfreizeitbonus aus Anlass der COVID-19-Pandemie

§ 1 Leistungsberechtigte

(1) Leistungsberechtigt nach diesem Gesetz sind Ausländer, die sich tatsächlich im Bundesgebiet aufhalten und die
1. eine Aufenthaltsgestattung nach dem Asylgesetz besitzen,
1a. ein Asylgesuch geäußert haben und nicht die in den Nummern 1, 2 bis 5 und 7 genannten Voraussetzungen erfüllen,
2. über einen Flughafen einreisen wollen und denen die Einreise nicht oder noch nicht gestattet ist,
3. eine Aufenthaltserlaubnis besitzen
    a) wegen des Krieges in ihrem Heimatland nach § 23 Absatz 1 oder § 24 des Aufenthaltsgesetzes,
    b) nach § 25 Absatz 4 Satz 1 des Aufenthaltsgesetzes oder
    c) nach § 25 Absatz 5 des Aufenthaltsgesetzes, sofern die Entscheidung über die Aussetzung ihrer Abschiebung noch nicht 18 Monate zurückliegt,
4. eine Duldung nach § 60a des Aufenthaltsgesetzes besitzen,
5. vollziehbar ausreisepflichtig sind, auch wenn eine Abschiebungsandrohung noch nicht oder nicht mehr vollziehbar ist,
6. Ehegatten, Lebenspartner oder minderjährige Kinder der in den Nummern 1 bis 5 genannten Personen sind, ohne daß sie selbst die dort genannten Voraussetzungen erfüllen,
7. einen Folgeantrag nach § 71 des Asylgesetzes oder einen Zweitantrag nach § 71a des Asylgesetzes stellen.

(2) Die in Absatz 1 bezeichneten Ausländer sind für die Zeit, für die ihnen ein anderer Aufenthaltstitel als die in Absatz 1 Nr. 3 bezeichnete Aufenthaltserlaubnis mit einer Gesamtgeltungsdauer von mehr als sechs Monaten erteilt worden ist, nicht nach diesem Gesetz leistungsberechtigt.

(3) Die Leistungsberechtigung endet mit der Ausreise oder mit Ablauf des Monats, in dem die Leistungsvoraussetzung entfällt. Für minderjährige Kinder, die eine Aufenthaltserlaubnis nach § 25 Absatz 5 des Aufenthaltsgesetzes besitzen und die mit ihren Eltern in einer Haushaltsgemeinschaft leben, endet die Leistungsberechtigung auch dann, wenn die Leistungsberechtigung eines Elternteils, der eine Aufenthaltserlaubnis nach § 25 Absatz 5 des Aufenthaltsgesetzes besitzt, entfallen ist.

(4) Leistungsberechtigte nach Absatz 1 Nummer 5, denen bereits von einem anderen Mitgliedstaat der Europäischen Union oder von einem am Verteilmechanismus teilnehmenden Drittstaat im Sinne von § 1a Absatz 4 Satz 1 internationaler Schutz gewährt worden ist, haben keinen Anspruch auf Leistungen nach diesem Gesetz, wenn der internationale Schutz fortbesteht. Hilfebedürftigen Ausländern, die Satz 1 unterfallen, werden bis zur Ausreise, längstens jedoch für einen Zeitraum von zwei Wochen, einmalig innerhalb von zwei Jahren nur eingeschränkte Hilfen gewährt, um den Zeitraum bis zur Ausreise zu überbrücken (Überbrückungsleistungen); die Zweijahresfrist beginnt mit dem Erhalt der Überbrückungsleistungen nach Satz 2. Hierüber und über die Möglichkeit der Leistungen nach Satz 6 sind die Leistungsberechtigten zu unterrichten. Die Überbrückungsleistungen umfassen die Leistungen nach § 1a Absatz 1 und nach § 4 Absatz 1 Satz 1 und Absatz 2. Sie sollen als Sachleistung erbracht werden. Soweit dies im Einzelfall besondere Umstände erfordern, werden Leistungsberechtigten nach Satz 2 zur Überwindung einer besonderen Härte andere Leistungen nach den §§ 3, 4 und 6 gewährt; ebenso sind Leistungen über einen Zeitraum von zwei Wochen hinaus zu erbringen, soweit dies im Einzelfall auf Grund besonderer Umstände zur Überwindung einer besonderen Härte und zur Deckung einer zeitlich befristeten Bedarfslage geboten ist. Neben den Überbrückungsleistungen werden auf Antrag auch die angemessenen Kosten der Rückreise übernommen. Satz 7 gilt entsprechend, soweit die Personen allein durch die angemessenen Kosten der Rückreise die in Satz 4 genannten Bedarfe nicht aus eigenen Mitteln oder mit Hilfe Dritter decken können. Die Leistung ist als Darlehen zu erbringen.

§ 1a Anspruchseinschränkung

(1) Leistungsberechtigte nach § 1 Absatz 1 Nummer 5, für die ein Ausreisetermin und eine Ausreisemöglichkeit feststehen, haben ab dem auf den Ausreisetermin folgenden Tag keinen Anspruch auf Leistungen nach den §§ 2, 3 und 6, es sei denn, die Ausreise konnte aus Gründen, die sie nicht zu vertreten haben, nicht durchgeführt werden. Ihnen werden bis zu ihrer Ausreise oder der Durchführung ihrer Abschiebung nur noch Leistungen zur Deckung ihres Bedarfs an Ernährung und Unterkunft einschließlich Heizung sowie Körper- und Gesundheitspflege gewährt. Nur soweit im Einzelfall besondere Umstände vorliegen, können ihnen auch andere Leistungen im Sinne von § 3 Absatz 1 Satz 1 gewährt werden. Die Leistungen sollen als Sachleistungen erbracht werden.
(2) Leistungsberechtigte nach § 1 Absatz 1 Nummer 4 und 5 und Leistungsberechtigte nach § 1 Absatz 1 Nummer 6, soweit es sich um Familienangehörige der in § 1 Absatz 1 Nummer 4 und 5 genannten Personen handelt, die sich in den Geltungsbereich dieses Gesetzes begeben haben, um Leistungen nach diesem Gesetz zu erlangen nur Leistungen entsprechend Absatz 1.
(3) Leistungsberechtigte nach § 1 Absatz 1 Nummer 4 und 5, bei denen aus von ihnen selbst zu vertretenden Gründen aufenthaltsbeendende Maßnahmen nicht vollzogen werden können, erhalten ab dem auf die Vollziehbarkeit einer Abschiebungsandrohung oder Vollziehbarkeit einer Abschiebungsanordnung folgenden Tag nur Leistungen entsprechend Absatz 1. Können bei nach § 1 Absatz 1 Nummer 6 leistungsberechtigten Ehegatten, Lebenspartnern oder minderjährigen Kindern von Leistungsberechtigten nach § 1 Absatz 1 Nummer 4 oder 5 aus von ihnen selbst zu vertretenden Gründen aufenthaltsbeendende Maßnahmen nicht vollzogen werden, so gilt Satz 1 entsprechend.
(4) Leistungsberechtigte nach § 1 Absatz 1 Nummer 1, 1a oder 5, für die in Abweichung von der Regelzuständigkeit nach der Verordnung (EU) Nr. 604/2013 des Europäischen Parlaments und des Rates vom 26. Juni 2013 zur Festlegung der Kriterien und Verfahren zur Bestimmung des Mitgliedstaats, der für die Prüfung eines von einem Drittstaatsangehörigen oder Staatenlosen in einem Mitgliedstaat gestellten Antrags auf internationalen Schutz zuständig ist (ABl. L 180 vom 29. 6. 2013, S. 31) nach einer Verteilung durch die Europäische Union ein anderer Mitgliedstaat oder ein am Verteilmechanismus teilnehmender Drittstaat, der die Verordnung (EU) Nr. 604/2013 anwendet, zuständig ist, erhalten ebenfalls nur Leistungen entsprechend Absatz 2. Satz 1 gilt entsprechend für Leistungsberechtigte nach § 1 Absatz 1 Nummer 1 oder 1a, denen bereits von einem anderen Mitgliedstaat der Europäischen Union oder von einem am Verteilmechanismus teilnehmenden Drittstaat im Sinne von Satz 1
1. internationaler Schutz oder
2. aus anderen Gründen ein Aufenthaltsrecht gewährt worden ist,
wenn der internationale Schutz oder das aus anderen Gründen gewährte Aufenthaltsrecht fortbesteht. Satz 2 Nummer 2 gilt für Leistungsberechtigte nach § 1 Absatz 1 Nummer 5 entsprechend.
(5) Leistungsberechtigte nach § 1 Absatz 1 Nummer 1, 1a oder 7 erhalten nur Leistungen entsprechend Absatz 1, wenn
1. sie ihrer Pflicht nach § 13 Absatz 3 Satz 3 des Asylgesetzes nicht nachkommen,
2. sie ihrer Mitwirkungspflicht nach § 15 Absatz 2 Nummer 4 des Asylgesetzes nicht nachkommen,

3. das Bundesamt für Migration und Flüchtlinge festgestellt hat, dass sie ihrer Mitwirkungspflicht nach § 15 Absatz 2 Nummer 5 des Asylgesetzes nicht nachkommen,
4. das Bundesamt für Migration und Flüchtlinge festgestellt hat, dass sie ihrer Mitwirkungspflicht nach § 15 Absatz 2 Nummer 6 des Asylgesetzes nicht nachkommen,
5. sie ihrer Mitwirkungspflicht nach § 15 Absatz 2 Nummer 7 des Asylgesetzes nicht nachkommen,
6. sie den gewährten Termin zur förmlichen Antragstellung bei der zuständigen Außenstelle des Bundesamtes für Migration und Flüchtlinge oder dem Bundesamt für Migration und Flüchtlinge nicht wahrgenommen haben oder
7. sie den Tatbestand nach § 30 Absatz 3 Nummer 2 zweite Alternative des Asylgesetzes verwirklichen, indem sie Angaben über ihre Identität oder Staatsangehörigkeit verweigern,

es sei denn, sie haben die Verletzung der Mitwirkungspflichten oder die Nichtwahrnehmung des Termins nicht zu vertreten oder ihnen war die Einhaltung der Mitwirkungspflichten oder der Wahrnehmung des Termins aus wichtigen Gründen nicht möglich. Die Anspruchseinschränkung nach Satz 1 endet, sobald sie die fehlende Mitwirkungshandlung erbracht oder den Termin zur förmlichen Antragstellung wahrgenommen haben.

(6) Leistungsberechtigte nach § 1 Absatz 1, die nach Vollendung des 18. Lebensjahres vorsätzlich oder grob fahrlässig Vermögen, das gemäß § 7 Absatz 1 und 5 vor Eintritt von Leistungen nach diesem Gesetz aufzubrauchen ist,
1. entgegen § 9 Absatz 3 dieses Gesetzes in Verbindung mit § 60 Absatz 1 Satz 1 Nummer 1 des Ersten Buches Sozialgesetzbuch nicht angeben oder
2. entgegen § 9 Absatz 3 dieses Gesetzes in Verbindung mit § 60 Absatz 1 Satz 1 Nummer 2 des Ersten Buches Sozialgesetzbuch nicht unverzüglich mitteilen

und deshalb zu Unrecht Leistungen nach diesem Gesetz beziehen, haben nur Anspruch auf Leistungen entsprechend Absatz 1.

(7) Leistungsberechtigte nach § 1 Absatz 1 Nummer 1 oder 5, deren Asylantrag durch eine Entscheidung des Bundesamtes für Migration und Flüchtlinge nach § 29 Absatz 1 Nummer 1 in Verbindung mit § 31 Absatz 6 des Asylgesetzes als unzulässig abgelehnt wurde und für die eine Abschiebung nach § 34a Absatz 1 Satz 1 zweite Alternative des Asylgesetzes angeordnet wurde, erhalten nur Leistungen entsprechend Absatz 1, auch wenn die Entscheidung noch nicht unanfechtbar ist. Satz 1 gilt nicht, sofern ein Gericht die aufschiebende Wirkung der Klage gegen die Abschiebungsanordnung angeordnet hat.

§ 2 Leistungen in besonderen Fällen

(1) Abweichend von den §§ 3 und 4 sowie 6 bis 7 sind das Zwölfte Buch Sozialgesetzbuch und Teil 2 des Neunten Buches Sozialgesetzbuch auf diejenigen Leistungsberechtigten entsprechend anzuwenden, die sich seit 18 Monaten ohne wesentliche Unterbrechung im Bundesgebiet aufhalten und die Dauer des Aufenthalts nicht rechtsmissbräuchlich selbst beeinflusst haben. Die Sonderregelungen für Auszubildende nach § 22 des Zwölften Buches Sozialgesetzbuch finden dabei jedoch keine Anwendung auf
1. Leistungsberechtigte nach § 1 Absatz 1 Nummer 1, 3 und 4 in einer nach den §§ 51, 57 und 58 des Dritten Buches Sozialgesetzbuch dem Grunde nach förderungsfähigen Ausbildung sowie
2. Leistungsberechtigte nach § 1 Absatz 1 Nummer 3 und 4 in einer nach dem Bundesausbildungsförderungsgesetz dem Grunde nach förderungsfähigen Ausbildung, deren Bedarf sich nach den §§ 12, 13 Absatz 1 in Verbindung mit Absatz 2 Nummer 1 oder nach § 13 Absatz 1 Nummer 1 in Verbindung mit Absatz 2 Nummer 2 des Bundesausbildungsförderungsgesetzes bemisst und die Leistungen nach dem Bundesausbildungsförderungsgesetz erhalten.

Bei Leistungsberechtigten nach § 1 Absatz 1 Nummer 1 in einer nach dem Bundesausbildungsförderungsgesetz dem Grunde nach förderungsfähigen Ausbildung gilt anstelle des § 22 Absatz 1 des Zwölften Buches Sozialgesetzbuch, dass die zuständige Behörde Leistungen nach dem Dritten oder Vierten Kapitel des Zwölften Buches Sozialgesetzbuch als Beihilfe oder als Darlehen gewährt. § 28 des Zwölften Buches Sozialgesetzbuch in Verbindung mit dem Regelbedarfs-Ermittlungsgesetz und den §§ 28a, 40 des Zwölften Buches Sozialgesetzbuch findet auf Leistungsberechtigte nach Satz 1 mit den Maßgaben entsprechende Anwendung, dass
1. bei der Unterbringung in einer Gemeinschaftsunterkunft im Sinne von § 53 Absatz 1 des Asylgesetzes oder in einer Aufnahmeeinrichtung nach § 44 Absatz 1 des Asylgesetzes für jede erwachsene Person ein Regelbedarf in Höhe der Regelbedarfsstufe 2 anerkannt wird;
2. für jede erwachsene Person, die das 25. Lebensjahr noch nicht vollendet hat, unverheiratet ist und mit mindestens einem Elternteil in einer Wohnung im Sinne von § 8 Absatz 1 Satz 2 des Regelbedarfs-Ermittlungsgesetzes zusammenlebt, ein Regelbedarf in Höhe der Regelbedarfsstufe 3 anerkannt wird.

(2) Bei der Unterbringung von Leistungsberechtigten nach Absatz 1 in einer Gemeinschaftsunterkunft bestimmt die zuständige Behörde die Form der Leistung auf Grund der örtlichen Umstände.
(3) Minderjährige Kinder, die mit ihren Eltern oder einem Elternteil in einer Haushaltsgemeinschaft leben, erhalten Leistungen nach Absatz 1 auch dann, wenn mindestens ein Elternteil in der Haushaltsgemeinschaft Leistungen nach Absatz 1 erhält.

§ 3 Grundleistungen

(1) Leistungsberechtigte nach § 1 erhalten Leistungen zur Deckung des Bedarfs an Ernährung, Unterkunft, Heizung, Kleidung, Gesundheitspflege und Gebrauchs- und Verbrauchsgütern des Haushalts (notwendiger Bedarf). Zusätzlich werden ihnen Leistungen zur Deckung persönlicher Bedürfnisse des täglichen Lebens gewährt (notwendiger persönlicher Bedarf).
(2) Bei einer Unterbringung in Aufnahmeeinrichtungen im Sinne von § 44 Absatz 1 des Asylgesetzes wird der notwendige Bedarf durch Sachleistungen gedeckt. Kann Kleidung nicht geleistet werden, so kann sie in Form von Wertgutscheinen oder anderen vergleichbaren unbaren Abrechnungen gewährt werden. Gebrauchsgüter des Haushalts können leihweise zur Verfügung gestellt werden. Der notwendige persönliche Bedarf soll durch Sachleistungen gedeckt werden, soweit dies mit vertretbarem Verwaltungsaufwand möglich ist. Sind Sachleistungen für den notwendigen persönlichen Bedarf nicht mit vertretbarem Verwaltungsaufwand möglich, können auch Leistungen in Form von Wertgutscheinen, von anderen vergleichbaren unbaren Abrechnungen oder von Geldleistungen gewährt werden.
(3) Bei einer Unterbringung außerhalb von Aufnahmeeinrichtungen im Sinne des § 44 Absatz 1 des Asylgesetzes sind vorbehaltlich des Satzes 3 vorrangig Geldleistungen zur Deckung des notwendigen Bedarfs zu gewähren. Anstelle der Geldleistungen können, soweit es nach den Umständen erforderlich ist, zur Deckung des notwendigen Bedarfs Leistungen in Form von unbaren Abrechnungen, von Wertgutscheinen oder von Sachleistungen gewährt werden. Der Bedarf für Unterkunft, Heizung und Hausrat sowie für Wohnungsinstandhaltung und Haushaltsenergie wird, soweit notwendig und angemessen, gesondert als Geld- oder Sachleistung erbracht. Absatz 2 Satz 3 ist entsprechend anzuwenden. Der notwendige persönliche Bedarf ist vorbehaltlich des Satzes 6 durch Geldleistungen zu decken. In Gemeinschaftsunterkünften im Sinne von § 53 des Asylgesetzes kann der notwendige persönliche Bedarf soweit wie möglich auch durch Sachleistungen gedeckt werden.
(4) Bedarfe für Bildung und Teilhabe am sozialen und kulturellen Leben in der Gemeinschaft werden bei Kindern, Jugendlichen und jungen Erwachsenen neben den Leistungen nach den Absätzen 1 bis 3 entsprechend den §§ 34, 34a und 34b des Zwölften Buches Sozialgesetzbuch gesondert berücksichtigt. Die Regelung des § 141 Absatz 5 des Zwölften Buches Sozialgesetzbuch gilt entsprechend.
(4a) Die Regelungen des § 142 Absatz 1 des Zwölften Buches Sozialgesetzbuch sowie eine nach dessen Absatz 3 erlassene Rechtsverordnung gelten entsprechend.
(5) Leistungen in Geld oder Geldeswert sollen der oder dem Leistungsberechtigten oder einem volljährigen berechtigten Mitglied des Haushalts persönlich ausgehändigt werden. Stehen die Leistungen nicht für einen vollen Monat zu, wird die Leistung anteilig erbracht; dabei wird der Monat mit 30 Tagen berechnet. Geldleistungen dürfen längstens einen Monat im Voraus erbracht werden. Von Satz 3 kann nicht durch Landesrecht abgewichen werden.
(6) Die Regelung des § 144 Satz 1 des Zwölften Buches Sozialgesetzbuch gilt entsprechend.

§ 3a Bedarfssätze der Grundleistungen

(1) Wird der notwendige persönliche Bedarf nach § 3 Absatz 1 Satz 2 vollständig durch Geldleistungen gedeckt, so beträgt dieser monatlich für
1. erwachsene Leistungsberechtigte, die in einer Wohnung im Sinne von § 8 Absatz 1 Satz 2 des Regelbedarfs-Ermittlungsgesetzes leben und für die nicht Nummer 2 Buchstabe a oder Nummer 3 Buchstabe a gelten, sowie für jugendliche Leistungsberechtigte, die nicht mit mindestens einem Elternteil in einer Wohnung leben, je 162 Euro;
2. erwachsene Leistungsberechtigte je 146 Euro, wenn sie
   a) in einer Wohnung im Sinne von § 8 Absatz 1 Satz 2 des Regelbedarfs-Ermittlungsgesetzes mit einem Ehegatten oder Lebenspartner oder in eheähnlicher oder lebenspartnerschaftsähnlicher Gemeinschaft mit einem Partner zusammenleben;
   b) nicht in einer Wohnung leben, weil sie in einer Aufnahmeeinrichtung im Sinne von § 44 Absatz 1 des Asylgesetzes oder in einer Gemeinschaftsunterkunft im Sinne von § 53 Absatz 1 des Asylgesetzes oder nicht nur kurzfristig in einer vergleichbaren sonstigen Unterkunft untergebracht sind;

3. erwachsene Leistungsberechtigte je 130 Euro, wenn sie
   a) das 25. Lebensjahr noch nicht vollendet haben, unverheiratet sind und mit mindestens einem Elternteil in einer Wohnung im Sinne von § 8 Absatz 1 Satz 2 des Regelbedarfs- Ermittlungsgesetzes zusammenleben;
   b) in einer stationären Einrichtung untergebracht sind;
4. jugendliche Leistungsberechtigte vom Beginn des 15. bis zur Vollendung des 18. Lebensjahres 110 Euro;
5. leistungsberechtigte Kinder vom Beginn des siebten bis zur Vollendung des 14. Lebensjahres 108 Euro;
6. leistungsberechtigte Kinder bis zur Vollendung des sechsten Lebensjahres 104 Euro.

(2) Wird der notwendige Bedarf nach § 3 Absatz 1 Satz 1 mit Ausnahme der Bedarfe für Unterkunft, Heizung, Hausrat, Wohnungsinstandhaltung und Haushaltsenergie vollständig durch Geldleistungen gedeckt, so beträgt dieser monatlich für

1. erwachsene Leistungsberechtigte, die in einer Wohnung im Sinne von § 8 Absatz 1 Satz 2 des Regelbedarfs-Ermittlungsgesetzes leben und für die nicht Nummer 2 Buchstabe a oder Nummer 3 Buchstabe a gelten, sowie für jugendliche Leistungsberechtigte, die nicht mit mindestens einem Elternteil in einer Wohnung leben, je 202 Euro;
2. erwachsene Leistungsberechtigte je 182 Euro, wenn sie
   a) in einer Wohnung im Sinne von § 8 Absatz 1 Satz 2 des Regelbedarfs-Ermittlungsgesetzes mit einem Ehegatten oder Lebenspartner oder in eheähnlicher oder lebenspartnerschaftsähnlicher Gemeinschaft mit einem Partner zusammenleben;
   b) nicht in einer Wohnung leben, weil sie in einer Aufnahmeeinrichtung im Sinne von § 44 Absatz 1 des Asylgesetzes oder in einer Gemeinschaftsunterkunft im Sinne von § 53 Absatz 1 des Asylgesetzes oder nicht nur kurzfristig in einer vergleichbaren sonstigen Unterkunft untergebracht sind;
3. erwachsene Leistungsberechtigte je 162 Euro, wenn sie
   a) das 25. Lebensjahr noch nicht vollendet haben, unverheiratet sind und mit mindestens einem Elternteil in einer Wohnung im Sinne von § 8 Absatz 1 Satz 2 des Regelbedarfs- Ermittlungsgesetzes zusammenleben;
   b) in einer stationären Einrichtung untergebracht sind;
4. jugendliche Leistungsberechtigte vom Beginn des 15. bis zur Vollendung des 18. Lebensjahres 213 Euro;
5. leistungsberechtigte Kinder vom Beginn des siebten bis zur Vollendung des 14. Lebensjahres 162 Euro;
6. leistungsberechtigte Kinder bis zur Vollendung des sechsten Lebensjahres 143 Euro.

(2a) Für den notwendigen Bedarf nach Absatz 2 Nummer 5 tritt zum 1. Januar 2021 an die Stelle des Betrags in Absatz 2 Nummer 5 der Betrag von 174 Euro. Satz 1 ist anzuwenden, bis der Betrag für den notwendigen Bedarf nach Absatz 2 Nummer 5 aufgrund der Fortschreibungen nach Absatz 4 den Betrag von 174 Euro übersteigt.

(3) Der individuelle Geldbetrag zur Deckung des notwendigen persönlichen Bedarfs für in Abschiebungs- oder Untersuchungshaft genommene Leistungsberechtigte wird durch die zuständige Behörde festgelegt, wenn der Bedarf ganz oder teilweise anderweitig gedeckt ist.

(4) Die Geldbeträge nach den Absätzen 1 und 2 werden jeweils zum 1. Januar eines Jahres entsprechend der Veränderungsrate nach § 28a des Zwölften Buches Sozialgesetzbuch in Verbindung mit der Regelbedarfsstufen-Fortschreibungsverordnung nach § 40 Satz 1 Nummer 1 des Zwölften Buches Sozialgesetzbuch fortgeschrieben. Die sich dabei ergebenden Beträge sind jeweils bis unter 0,50 Euro abzurunden sowie von 0,50 Euro an aufzurunden. Das Bundesministerium für Arbeit und Soziales gibt jeweils spätestens bis zum 1. November eines Kalenderjahres die Höhe der Bedarfe, die für das folgende Kalenderjahr maßgebend sind, im Bundesgesetzblatt bekannt.

(5) Liegen die Ergebnisse einer bundesweiten neuen Einkommens- und Verbrauchsstichprobe vor, werden die Höhe des Geldbetrags für alle notwendigen persönlichen Bedarfe und die Höhe des notwendigen Bedarfs neu festgesetzt.

§4 Leistungen bei Krankheit, Schwangerschaft und Geburt

(1) Zur Behandlung akuter Erkrankungen und Schmerzzustände sind die erforderliche ärztliche und zahnärztliche Behandlung einschließlich der Versorgung mit Arznei- und Verbandmitteln sowie sonstiger zur Genesung, zur Besserung oder zur Linderung von Krankheiten oder Krankheitsfolgen erforder-

lichen Leistungen zu gewähren. Zur Verhütung und Früherkennung von Krankheiten werden Schutzimpfungen entsprechend den §§ 47, 52 Absatz 1 Satz 1 des Zwölften Buches Sozialgesetzbuch und die medizinisch gebotenen Vorsorgeuntersuchungen erbracht. Eine Versorgung mit Zahnersatz erfolgt nur, soweit dies im Einzelfall aus medizinischen Gründen unaufschiebbar ist.
(2) Werdenden Müttern und Wöchnerinnen sind ärztliche und pflegerische Hilfe und Betreuung, Hebammenhilfe, Arznei-, Verband- und Heilmittel zu gewähren.
(3) Die zuständige Behörde stellt die Versorgung mit den Leistungen nach den Absätzen 1 und 2 sicher. Sie stellt auch sicher, dass den Leistungsberechtigten frühzeitig eine Vervollständigung ihres Impfschutzes angeboten wird. Soweit die Leistungen durch niedergelassene Ärzte oder Zahnärzte erfolgen, richtet sich die Vergütung nach den am Ort der Niederlassung des Arztes oder Zahnarztes geltenden Verträgen nach § 72 Absatz 2 und § 132e Absatz 1 des Fünften Buches Sozialgesetzbuch. Die zuständige Behörde bestimmt, welcher Vertrag Anwendung findet.

§ 5 Arbeitsgelegenheiten

(1) In Aufnahmeeinrichtungen im Sinne des § 44 des Asylgesetzes und in vergleichbaren Einrichtungen sollen Arbeitsgelegenheiten insbesondere zur Aufrechterhaltung und Betreibung der Einrichtung zur Verfügung gestellt werden; von der Bereitstellung dieser Arbeitsgelegenheiten unberührt bleibt die Verpflichtung der Leistungsberechtigten, Tätigkeiten der Selbstversorgung zu erledigen. Im übrigen sollen soweit wie möglich Arbeitsgelegenheiten bei staatlichen, bei kommunalen und bei gemeinnützigen Trägern zur Verfügung gestellt werden, sofern die zu leistende Arbeit sonst nicht, nicht in diesem Umfang oder nicht zu diesem Zeitpunkt verrichtet werden würde.
(2) Für die zu leistende Arbeit nach Absatz 1 Satz 1 erster Halbsatz und Absatz 1 Satz 2 wird eine Aufwandsentschädigung von 80 Cent je Stunde ausgezahlt, soweit der Leistungsberechtigte nicht im Einzelfall höhere notwendige Aufwendungen nachweist, die ihm durch die Wahrnehmung der Arbeitsgelegenheit entstehen.
(3) Die Arbeitsgelegenheit ist zeitlich und räumlich so auszugestalten, daß sie auf zumutbare Weise und zumindest stundenweise ausgeübt werden kann. § 11 Absatz 4 des Zwölften Buches Sozialgesetzbuch gilt entsprechend. Ein sonstiger wichtiger Grund im Sinne von § 11 Absatz 4 Satz 1 Nummer 3 des Zwölften Buches Sozialgesetzbuch kann insbesondere auch dann vorliegen, wenn die oder der Leistungsberechtigte eine Beschäftigung auf dem allgemeinen Arbeitsmarkt, eine Berufsausbildung oder ein Studium aufnimmt oder aufgenommen hat.
(4) Arbeitsfähige, nicht erwerbstätige Leistungsberechtigte, die nicht mehr im schulpflichtigen Alter sind, sind zur Wahrnehmung einer zur Verfügung gestellten Arbeitsgelegenheit verpflichtet. Bei unbegründeter Ablehnung einer solchen Tätigkeit besteht nur Anspruch auf Leistungen entsprechend § 1a Absatz 1. Der Leistungsberechtigte ist vorher entsprechend zu belehren.
(5) Ein Arbeitsverhältnis im Sinne des Arbeitsrechts und ein Beschäftigungsverhältnis im Sinne der gesetzlichen Kranken- und Rentenversicherung werden nicht begründet. § 61 Abs. 1 des Asylgesetzes sowie asyl- und ausländerrechtliche Auflagen über das Verbot und die Beschränkung einer Erwerbstätigkeit stehen einer Tätigkeit nach den Absätzen 1 bis 4 nicht entgegen. Die Vorschriften über den Arbeitsschutz sowie die Grundsätze der Beschränkung der Arbeitnehmerhaftung finden entsprechende Anwendung.

§ 5a (weggefallen)

§ 5b Sonstige Maßnahmen zur Integration

(1) Die nach diesem Gesetz zuständige Behörde kann arbeitsfähige, nicht erwerbstätige Leistungsberechtigte, die das 18. Lebensjahr vollendet haben und der Vollzeitschulpflicht nicht mehr unterliegen und zu dem in § 44 Absatz 4 Satz 2 Nummer 1 bis 3 des Aufenthaltsgesetzes genannten Personenkreis gehören, schriftlich verpflichten, an einem Integrationskurs nach § 43 des Aufenthaltsgesetzes teilzunehmen.
(2) Leistungsberechtigte nach Absatz 1, die sich trotz schriftlicher Belehrung über die Rechtsfolgen weigern, einen für sie zumutbaren Integrationskurs aus von ihnen zu vertretenden Gründen aufzunehmen oder ordnungsgemäß am Integrationskurs teilzunehmen, haben nur Anspruch auf Leistungen entsprechend § 1a Absatz 1. § 11 Absatz 4 des Zwölften Buches Sozialgesetzbuch gilt für die Beurteilung der Zumutbarkeit entsprechend. Ein sonstiger wichtiger Grund im Sinne von § 11 Absatz 4 Satz 1 Nummer 3 des Zwölften Buches Sozialgesetzbuch kann insbesondere auch dann vorliegen, wenn der Leistungsberechtigte eine Beschäftigung auf dem allgemeinen Arbeitsmarkt, eine Berufsausbildung oder ein Stu-

dium aufnimmt oder aufgenommen hat. Satz 1 gilt nicht, wenn die leistungsberechtigte Person einen wichtigen Grund für ihr Verhalten darlegt und nachweist.

(3) Die nach diesem Gesetz zuständige Behörde darf die für die Erfüllung ihrer Aufgaben nach den Absätzen 1 und 2 erforderlichen personenbezogenen Daten von Leistungsberechtigten verarbeiten, einschließlich Angaben
1. zu Sprachkenntnissen und
2. zur Durchführung eines Integrationskurses nach § 43 des Aufenthaltsgesetzes oder einer Maßnahme der berufsbezogenen Deutschsprachförderung nach § 45a des Aufenthaltsgesetzes.

§ 6 Sonstige Leistungen

(1) Sonstige Leistungen können insbesondere gewährt werden, wenn sie im Einzelfall zur Sicherung des Lebensunterhalts oder der Gesundheit unerlässlich, zur Deckung besonderer Bedürfnisse von Kindern geboten oder zur Erfüllung einer verwaltungsrechtlichen Mitwirkungspflicht erforderlich sind. Die Leistungen sind als Sachleistungen, bei Vorliegen besonderer Umstände als Geldleistung zu gewähren.
(2) Personen, die eine Aufenthaltserlaubnis gemäß § 24 Abs. 1 des Aufenthaltsgesetzes besitzen und die besondere Bedürfnisse haben, wie beispielsweise unbegleitete Minderjährige oder Personen, die Folter, Vergewaltigung oder sonstige schwere Formen psychischer, physischer oder sexueller Gewalt erlitten haben, wird die erforderliche medizinische oder sonstige Hilfe gewährt.

§ 6a Erstattung von Aufwendungen anderer

Hat jemand in einem Eilfall einem anderen Leistungen erbracht, die bei rechtzeitigem Einsetzen von Leistungen nach den §§ 3, 4 und 6 nicht zu erbringen gewesen wären, sind ihm die Aufwendungen in gebotenem Umfang zu erstatten, wenn er sie nicht auf Grund rechtlicher oder sittlicher Pflicht selbst zu tragen hat. Dies gilt nur, wenn die Erstattung innerhalb angemessener Frist beim zuständigen Träger des Asylbewerberleistungsgesetzes beantragt wird.

§ 6b Einsetzen der Leistungen

Zur Bestimmung des Zeitpunkts des Einsetzens der Leistungen nach den §§ 3, 4 und 6 ist § 18 des Zwölften Buches Sozialgesetzbuch entsprechend anzuwenden.

§ 7 Einkommen und Vermögen

(1) Einkommen und Vermögen, über das verfügt werden kann, sind von dem Leistungsberechtigten und seinen Familienangehörigen, die im selben Haushalt leben, vor Eintritt von Leistungen nach diesem Gesetz aufzubrauchen. § 20 des Zwölften Buches Sozialgesetzbuch findet entsprechende Anwendung. Bei der Unterbringung in einer Einrichtung, in der Sachleistungen gewährt werden, haben Leistungsberechtigte, soweit Einkommen und Vermögen im Sinne des Satzes 1 vorhanden sind, für erhaltene Leistungen dem Kostenträger für sich und ihre Familienangehörigen die Kosten in entsprechender Höhe der in § 3a Absatz 2 genannten Leistungen sowie die Kosten der Unterkunft, Heizung und Haushaltsenergie zu erstatten; für die Kosten der Unterkunft, Heizung und Haushaltsenergie können die Länder Pauschalbeträge festsetzen oder die zuständige Behörde dazu ermächtigen.
(2) Nicht als Einkommen nach Absatz 1 zu berücksichtigen sind:
1. Leistungen nach diesem Gesetz,
2. eine Grundrente nach dem Bundesversorgungsgesetz und nach den Gesetzen, die eine entsprechende Anwendung des Bundesversorgungsgesetzes vorsehen,
3. eine Rente oder Beihilfe nach dem Bundesentschädigungsgesetz für Schaden an Leben sowie an Körper oder Gesundheit bis zur Höhe der vergleichbaren Grundrente nach dem Bundesversorgungsgesetz,
4. eine Entschädigung, die wegen eines Schadens, der nicht Vermögensschaden ist, nach § 253 Absatz 2 des Bürgerlichen Gesetzbuchs geleistet wird,
5. eine Aufwandsentschädigung nach § 5 Absatz 2,
6. eine Mehraufwandsentschädigung, die Leistungsberechtigten im Rahmen einer Flüchtlingsintegrationsmaßnahme im Sinne von § 5a ausgezahlt wird und
7. ein Fahrtkostenzuschuss, der den Leistungsberechtigten von dem Bundesamt für Migration und Flüchtlinge zur Sicherstellung ihrer Teilnahme an einem Integrationskurs nach § 43 des Aufenthaltsgesetzes oder an der berufsbezogenen Deutschsprachförderung nach § 45a des Aufenthaltsgesetzes gewährt wird.

(3) Einkommen aus Erwerbstätigkeit bleiben bei Anwendung des Absatzes 1 in Höhe von 25 vom Hundert außer Betracht, höchstens jedoch in Höhe von 50 vom Hundert der maßgeblichen Bedarfsstufe

des Geldbetrags zur Deckung aller notwendigen persönlichen Bedarfe nach § 3a Absatz 1 und des notwendigen Bedarfs nach § 3a Absatz 2, jeweils in Verbindung mit § 3a Absatz 4. Erhält eine leistungsberechtigte Person mindestens aus einer Tätigkeit Bezüge oder Einnahmen, die nach § 3 Nummer 12, 26, 26a oder 26b des Einkommensteuergesetzes steuerfrei sind, ist abweichend von Satz 1 ein Betrag von bis zu 250 Euro monatlich nicht als Einkommen zu berücksichtigen. Von den Einkommen nach Absatz 1 Satz 1 sind ferner abzusetzen

1. auf das Einkommen entrichtete Steuern,
2. Pflichtbeiträge zur Sozialversicherung einschließlich der Beiträge zur Arbeitsförderung,
3. Beiträge zu öffentlichen oder privaten Versicherungen oder ähnlichen Einrichtungen, soweit diese Beiträge gesetzlich vorgeschrieben sind, und
4. die mit der Erzielung des Einkommens verbundenen notwendigen Ausgaben.

Übersteigt das Einkommen in den Fällen von Satz 2 den Betrag von 250 Euro monatlich, findet Satz 3 Nummer 3 und 4 mit der Maßgabe Anwendung, dass eine Absetzung der dort genannten Aufwendungen nur erfolgt, soweit die oder der Leistungsberechtigte nachweist, dass die Summe dieser Aufwendungen den Betrag von 250 Euro monatlich übersteigt. Die Möglichkeit zur Absetzung der Beträge nach Satz 3 von Einkommen aus Erwerbstätigkeit bleibt unberührt.

(4) Hat ein Leistungsberechtigter einen Anspruch gegen einen anderen, so kann die zuständige Behörde den Anspruch in entsprechender Anwendung des § 93 des Zwölften Buches Sozialgesetzbuch auf sich überleiten.

(5) Von dem Vermögen nach Absatz 1 Satz 1 ist für den Leistungsberechtigten und seine Familienangehörigen, die im selben Haushalt leben, jeweils ein Freibetrag in Höhe von 200 Euro abzusetzen. Bei der Anwendung von Absatz 1 bleiben ferner Vermögensgegenstände außer Betracht, die zur Aufnahme oder Fortsetzung der Berufsausbildung oder der Erwerbstätigkeit unentbehrlich sind.

§ 7a Sicherheitsleistung

Von Leistungsberechtigten kann wegen der ihnen und ihren Familienangehörigen zu gewährenden Leistungen nach diesem Gesetz Sicherheit verlangt werden, soweit Vermögen im Sinne von § 7 Abs. 1 Satz 1 vorhanden ist. Die Anordnung der Sicherheitsleistung kann ohne vorherige Vollstreckungsandrohung im Wege des unmittelbaren Zwangs erfolgen.

§ 8 Leistungen bei Verpflichtung Dritter

(1) Leistungen nach diesem Gesetz werden nicht gewährt, soweit der erforderliche Lebensunterhalt anderweitig, insbesondere auf Grund einer Verpflichtung nach § 68 Abs. 1 Satz 1 des Aufenthaltsgesetzes gedeckt wird. Besteht eine Verpflichtung nach § 68 Abs. 1 Satz 1 des Aufenthaltsgesetzes, übernimmt die zuständige Behörde die Kosten für Leistungen im Krankheitsfall, bei Behinderung und bei Pflegebedürftigkeit, soweit dies durch Landesrecht vorgesehen ist.

(2) Personen, die sechs Monate oder länger eine Verpflichtung nach § 68 Abs. 1 Satz 1 des Aufenthaltsgesetzes gegenüber einer in § 1 Abs. 1 genannten Person erfüllt haben, kann ein monatlicher Zuschuß bis zum Doppelten des Betrages nach § 3a Absatz 1 gewährt werden, wenn außergewöhnliche Umstände in der Person des Verpflichteten den Einsatz öffentlicher Mittel rechtfertigen.

§ 8a Meldepflicht

Leistungsberechtigte, die eine unselbständige oder selbständige Erwerbstätigkeit aufnehmen, haben dies spätestens am dritten Tag nach Aufnahme der Erwerbstätigkeit der zuständigen Behörde zu melden.

§ 9 Verhältnis zu anderen Vorschriften

(1) Leistungsberechtigte erhalten keine Leistungen nach dem Zwölften Buch Sozialgesetzbuch oder vergleichbaren Landesgesetzen.

(2) Leistungen anderer, besonders Unterhaltspflichtiger, der Träger von Sozialleistungen oder der Länder im Rahmen ihrer Pflicht nach § 44 Abs. 1 des Asylgesetzes werden durch dieses Gesetz nicht berührt.

(3) Die §§ 60 bis 67 des Ersten Buches Sozialgesetzbuch über die Mitwirkung des Leistungsberechtigten sind entsprechend anzuwenden. Als Mitwirkung im Sinne des § 60 Absatz 1 des Ersten Buches Sozialgesetzbuch gilt auch, dass Personen, die Leistungen nach diesem Gesetz als Leistungsberechtigte nach § 1 Absatz 1 Nummer 1, 2, 4, 5 oder 7 beantragen oder beziehen, auf Verlangen der zuständigen Leistungsbehörde die Abnahme ihrer Fingerabdrücke zu dulden haben, wenn dies nach § 11 Absatz 3a zur Prüfung ihrer Identität erforderlich ist.

(4) Folgende Bestimmungen des Zehnten Buches Sozialgesetzbuch sind entsprechend anzuwenden:

1. die §§ 44 bis 50 über die Rücknahme, den Widerruf und die Aufhebung eines Verwaltungsakts sowie über die Erstattung zu Unrecht erbrachter Leistungen,
2. der § 99 über die Auskunftspflicht von Angehörigen, Unterhaltspflichtigen oder sonstigen Personen und
3. die §§ 102 bis 114 über Erstattungsansprüche der Leistungsträger untereinander.

§ 44 des Zehnten Buches Sozialgesetzbuch gilt jedoch nur mit der Maßgabe, dass
1. rechtswidrige nicht begünstigende Verwaltungsakte nach den Absätzen 1 und 2 nicht später als vier Jahre nach Ablauf des Jahres, in dem der Verwaltungsakt bekanntgegeben wurde, zurückzunehmen sind; ausreichend ist, wenn die Rücknahme innerhalb dieses Zeitraums beantragt wird,
2. anstelle des Zeitraums von vier Jahren nach Absatz 4 Satz 1 ein Zeitraum von einem Jahr tritt.

(5) Die §§ 117 und 118 des Zwölften Buches Sozialgesetzbuch sowie die auf Grund des § 120 Abs. 1 des Zwölften Buches Sozialgesetzbuch oder des § 117 des Bundessozialhilfegesetzes erlassenen Rechtsverordnungen sind entsprechend anzuwenden.

§ 10 Bestimmungen durch Landesregierungen

Die Landesregierungen oder die von ihnen beauftragten obersten Landesbehörden bestimmen die für die Durchführung dieses Gesetzes zuständigen Behörden und Kostenträger und können Näheres zum Verfahren festlegen, soweit dies nicht durch Landesgesetz geregelt ist. Die bestimmten zuständigen Behörden und Kostenträger können auf Grund näherer Bestimmung gemäß Satz 1 Aufgaben und Kostenträgerschaft auf andere Behörden übertragen.

§ 10a Örtliche Zuständigkeit

(1) Für die Leistungen nach diesem Gesetz örtlich zuständig ist die nach § 10 bestimmte Behörde, in deren Bereich der Leistungsberechtigte nach dem Asylgesetz oder Aufenthaltsgesetz verteilt oder zugewiesen worden ist oder für deren Bereich für den Leistungsberechtigten eine Wohnsitzauflage besteht. Ist der Leistungsberechtigte von einer Vereinbarung nach § 45 Absatz 2 des Asylgesetzes betroffen, so ist die Behörde zuständig, in deren Bereich die nach § 46 Absatz 2a des Asylgesetzes für seine Aufnahme zuständige Aufnahmeeinrichtung liegt. Im übrigen ist die Behörde zuständig, in deren Bereich sich der Leistungsberechtigte tatsächlich aufhält. Diese Zuständigkeit bleibt bis zur Beendigung der Leistung auch dann bestehen, wenn die Leistung von der zuständigen Behörde außerhalb ihres Bereichs sichergestellt wird.

(2) Für die Leistungen in Einrichtungen, die der Krankenbehandlung oder anderen Maßnahmen nach diesem Gesetz dienen, ist die Behörde örtlich zuständig, in deren Bereich der Leistungsberechtigte seinen gewöhnlichen Aufenthalt im Zeitpunkt der Aufnahme hat oder in den zwei Monaten vor der Aufnahme zuletzt gehabt hat. War bei Einsetzen der Leistung der Leistungsberechtigte aus einer Einrichtung im Sinne des Satzes 1 in eine andere Einrichtung oder von dort in weitere Einrichtungen übergetreten oder tritt nach Leistungsbeginn ein solcher Fall ein, ist der gewöhnliche Aufenthalt, der für die erste Einrichtung maßgebend war, entscheidend. Steht nicht spätestens innerhalb von vier Wochen fest, ob und wo der gewöhnliche Aufenthalt nach den Sätzen 1 und 2 begründet worden ist, oder liegt ein Eilfall vor, hat die nach Absatz 1 zuständige Behörde über die Leistung unverzüglich zu entscheiden und vorläufig einzutreten. Die Sätze 1 bis 3 gelten auch für Leistungen an Personen, die sich in Einrichtungen zum Vollzug richterlich angeordneter Freiheitsentziehung aufhalten oder aufgehalten haben.

(3) Als gewöhnlicher Aufenthalt im Sinne dieses Gesetzes gilt der Ort, an dem sich jemand unter Umständen aufhält, die erkennen lassen, daß er an diesem Ort oder in diesem Gebiet nicht nur vorübergehend verweilt. Als gewöhnlicher Aufenthalt ist auch von Beginn an ein zeitlich zusammenhängender Aufenthalt von mindestens sechs Monaten Dauer anzusehen; kurzfristige Unterbrechungen bleiben unberücksichtigt. Satz 2 gilt nicht, wenn der Aufenthalt ausschließlich zum Zweck des Besuchs, der Erholung, der Kur oder ähnlichen privaten Zwecken erfolgt und nicht länger als ein Jahr dauert. Ist jemand nach Absatz 1 Satz 1 nach dem Asylgesetz oder nach dem Aufenthaltsgesetz verteilt oder zugewiesen worden oder besteht für ihn eine Wohnsitzauflage für einen bestimmten Bereich, so gilt dieser Bereich als sein gewöhnlicher Aufenthalt. Wurde eine Vereinbarung nach § 45 Absatz 2 des Asylgesetzes getroffen, so gilt der Bereich als gewöhnlicher Aufenthalt des Leistungsberechtigten, in dem die nach § 46 Absatz 2a des Asylgesetzes für seine Aufnahme zuständige Aufnahmeeinrichtung liegt. Für ein neugeborenes Kind ist der gewöhnliche Aufenthalt der Mutter maßgeblich.

§ 10b Kostenerstattung zwischen den Leistungsträgern

(1) Die nach § 10a Abs. 2 Satz 1 zuständige Behörde hat der Behörde, die nach § 10a Abs. 2 Satz 3 die Leistung zu erbringen hat, die aufgewendeten Kosten zu erstatten.

(2) Verläßt in den Fällen des § 10a Abs. 2 der Leistungsberechtigte die Einrichtung und bedarf er im Bereich der Behörde, in dem die Einrichtung liegt, innerhalb von einem Monat danach einer Leistung nach diesem Gesetz, sind dieser Behörde die aufgewendeten Kosten von der Behörde zu erstatten, in deren Bereich der Leistungsberechtigte seinen gewöhnlichen Aufenthalt im Sinne des § 10a Abs. 2 Satz 1 hatte.

§ 11 Ergänzende Bestimmungen

(1) Im Rahmen von Leistungen nach diesem Gesetz ist auf die Leistungen bestehender Rückführungs- und Weiterwanderungsprogramme, die Leistungsberechtigten gewährt werden können, hinzuweisen; in geeigneten Fällen ist auf eine Inanspruchnahme solcher Programme hinzuwirken.

(2) Leistungsberechtigten darf in den Teilen der Bundesrepublik Deutschland, in denen sie sich einer asyl- oder ausländerrechtlichen räumlichen Beschränkung zuwider aufhalten, von der für den tatsächlichen Aufenthaltsort zuständigen Behörde regelmäßig nur eine Reisebeihilfe zur Deckung des unabweisbaren Bedarfs für die Reise zu ihrem rechtmäßigen Aufenthaltsort gewährt werden. Leistungsberechtigten darf in den Teilen der Bundesrepublik Deutschland, in denen sie entgegen einer Wohnsitzauflage ihren gewöhnlichen Aufenthalt nehmen, von der für den tatsächlichen Aufenthaltsort zuständigen Behörde regelmäßig nur eine Reisebeihilfe zur Deckung des unabweisbaren Bedarfs für die Reise zu dem Ort gewährt werden, an dem sie entsprechend der Wohnsitzauflage ihren gewöhnlichen Aufenthalt zu nehmen haben. Die Leistungen nach den Sätzen 1 und 2 können als Sach- oder Geldleistung erbracht werden.

(2a) Leistungsberechtigte nach § 1 Absatz 1 Nummer 1a erhalten bis zur Ausstellung eines Ankunftsnachweises nach § 63a des Asylgesetzes nur Leistungen entsprechend § 1a Absatz 1. An die Stelle der Leistungen nach Satz 1 treten die Leistungen nach den §§ 3 bis 6, auch wenn dem Leistungsberechtigten ein Ankunftsnachweis nach § 63a Absatz 1 Satz 1 des Asylgesetzes noch nicht ausgestellt wurde, sofern
1. die in § 63a des Asylgesetzes vorausgesetzte erkennungsdienstliche Behandlung erfolgt ist,
2. der Leistungsberechtigte von der Aufnahmeeinrichtung, auf die er verteilt worden ist, aufgenommen worden ist, und
3. der Leistungsberechtigte die fehlende Ausstellung des Ankunftsnachweises nicht zu vertreten hat.

Der Leistungsberechtigte hat die fehlende Ausstellung des Ankunftsnachweises insbesondere dann nicht zu vertreten, wenn in der für die Ausstellung seines Ankunftsnachweises zuständigen Stelle die technischen Voraussetzungen für die Ausstellung von Ankunftsnachweisen noch nicht vorliegen. Der Leistungsberechtigte hat die fehlende Ausstellung des Ankunftsnachweises zu vertreten, wenn er seine Mitwirkungspflichten nach § 15 Absatz 2 Nummer 1, 3, 4, 5 oder 7 des Asylgesetzes verletzt hat. Die Sätze 1 bis 4 gelten auch
1. für Leistungsberechtigte nach § 1 Absatz 1 Nummer 5, die aus einem sicheren Drittstaat (§ 26a des Asylgesetzes) unerlaubt eingereist sind und als Asylsuchende nach den Vorschriften des Asylgesetzes oder des Aufenthaltsgesetzes erkennungsdienstlich zu behandeln sind, und
2. für Leistungsberechtigte nach § 1 Absatz 1 Nummer 7, die einer Wohnverpflichtung nach § 71 Absatz 2 Satz 2 oder § 71a Absatz 2 Satz 1 des Asylgesetzes in Verbindung mit den §§ 47 bis 50 des Asylgesetzes unterliegen.

(3) Die zuständige Behörde überprüft die Personen, die Leistungen nach diesem Gesetz beziehen, auf Übereinstimmung der ihr vorliegenden Daten mit den der Ausländerbehörde über diese Personen vorliegenden Daten. Sie darf für die Überprüfung nach Satz 1 Name, Vorname (Rufname), Geburtsdatum, Geburtsort, Staatsangehörigkeiten, Geschlecht, Familienstand, Anschrift, Aufenthaltsstatus und Aufenthaltszeiten dieser Personen sowie die für diese Personen eingegangenen Verpflichtungen nach § 68 des Aufenthaltsgesetzes der zuständigen Ausländerbehörde übermitteln. Die Ausländerbehörde führt den Abgleich mit den nach Satz 2 übermittelten Daten durch und übermittelt der zuständigen Behörde die Ergebnisse des Abgleichs. Die Ausländerbehörde übermittelt der zuständigen Behörde ferner Änderungen der in Satz 2 genannten Daten. Die Überprüfungen können auch regelmäßig im Wege des automatisierten Datenabgleichs durchgeführt werden.

(3a) Soweit nach einem Datenabruf aus dem Ausländerzentralregister Zweifel an der Identität einer Person, die Leistungen nach diesem Gesetz als Leistungsberechtigter nach § 1 Absatz 1 Nummer 1, 2, 4, 5 oder 7 beantragt oder bezieht, fortbestehen, erhebt die zuständige Behörde zur weiteren Überprüfung der Identität Fingerabdrücke der Person und nimmt eine Überprüfung der Identität mittels der Fingerabdruckdaten durch Abfrage des Ausländerzentralregisters vor. Die Befugnis nach Satz 1 setzt keinen vorherigen Datenabgleich mit der Ausländerbehörde nach Absatz 3 voraus. Von den Regelungen des Verwaltungsverfahrens in den Sätzen 1 und 2 kann durch Landesrecht nicht abgewichen werden.

(3b) Die Verarbeitung der Identifikationsnummer nach dem Identifikationsnummerngesetz durch die zuständige Behörde ist zum Zwecke der Erbringung von Verwaltungsleistungen nach dem Onlinezugangsgesetz zulässig.

167 AsylbLG § 12

(4) Keine aufschiebende Wirkung haben Widerspruch und Anfechtungsklage gegen einen Verwaltungsakt, mit dem
1. eine Leistung nach diesem Gesetz ganz oder teilweise entzogen oder die Leistungsbewilligung aufgehoben wird oder
2. eine Einschränkung des Leistungsanspruchs nach § 1a oder § 11 Absatz 2a festgestellt wird.

§ 12 Asylbewerberleistungsstatistik

(1) Zur Beurteilung der Auswirkungen dieses Gesetzes und zu seiner Fortentwicklung werden Erhebungen über
1. die Empfänger
   a) von Leistungen in besonderen Fällen (§ 2),
   b) von Grundleistungen (§ 3),
   c) von anderen Leistungen (§§ 4, 5 und 6).
2. die Ausgaben und Einnahmen nach diesem Gesetz
als Bundesstatistik durchgeführt.

(2) Erhebungsmerkmale sind
1. bei den Erhebungen nach Absatz 1 Nr. 1 Buchstabe a und b
   a) für jeden Leistungsempfänger:
      Geschlecht; Geburtsmonat und -jahr; Staatsangehörigkeit; aufenthaltsrechtlicher Status; Beginn der Leistungsgewährung nach Monat und Jahr,
   b) für Leistungsempfänger nach § 2 zusätzlich:
      Art und Form der Leistungen im Laufe und am Ende eines Berichtsjahres sowie die Regelbedarfsstufe,
   c) für Leistungsempfänger nach § 3 zusätzlich:
      Form der Grundleistung im Laufe und am Ende eines Berichtsjahres sowie Leistungsempfänger differenziert nach § 3a Absatz 1 Nummer 1 bis 6;
   d) für Haushalte:
      Wohngemeinde und Gemeindeteil; Art des Trägers; Art der Unterbringung; Art und Höhe des eingesetzten Einkommens und Vermögens;
   e) für Empfänger von Leistungen für Bildung und Teilhabe nach den §§ 2 und 3 Absatz 3 in Verbindung mit den §§ 34 bis 34b des Zwölften Buches Sozialgesetzbuch die Höhe dieser Leistungen unterteilt nach
      aa) Schulausflügen von Schülerinnen und Schülern sowie Kindern, die eine Kindertageseinrichtung besuchen,
      bb) mehrtägigen Klassenfahrten von Schülerinnen und Schülern sowie Kindern, die eine Kindertageseinrichtung besuchen,
      cc) Ausstattung mit persönlichem Schulbedarf,
      dd) Schülerbeförderung,
      ee) Lernförderung,
      ff) Mehraufwendungen für die Teilnahme an einer gemeinschaftlichen Mittagsverpflegung von Schülerinnen und Schülern in schulischer Verantwortung sowie von Kindern in einer Kindertageseinrichtung und in der Kindertagespflege,
      gg) Teilhabe am sozialen und kulturellen Leben in der Gemeinschaft;
   f) (weggefallen)
   g) bei Erhebungen zum Jahresende zusätzlich zu den unter den Buchstaben a bis d genannten Merkmalen:
      Art und Form anderer Leistungen nach diesem Gesetz im Laufe und am Ende des Berichtsjahres; Beteiligung am Erwerbsleben;
2. bei den Erhebungen nach Absatz 1 Nr. 1 Buchstabe c für jeden Leistungsempfänger:
   Geschlecht; Geburtsmonat und -jahr; Staatsangehörigkeit; aufenthaltsrechtlicher Status; Art und Form der Leistung im Laufe und am Ende des Berichtsjahres; Typ des Leistungsempfängers nach § 3a Absatz 1 Nummer 1 bis 6; Wohngemeinde und Gemeindeteil; Art des Trägers, Art der Unterbringung;
3. bei der Erhebung nach Absatz 1 Nr. 2:
   Art des Trägers; Ausgaben nach Art und Form der Leistungen sowie Unterbringungsform; Einnahmen nach Einnahmearten und Unterbringungsform.

(3) Hilfsmerkmale sind

1. Name und Anschrift des Auskunftspflichtigen,
2. für die Erhebungen nach Absatz 2 Nummer 1 und 2 die Kenn-Nummern der Leistungsempfänger,
3. Name und Kontaktdaten der für eventuelle Rückfragen zur Verfügung stehenden Person.

Die Kenn-Nummern nach Satz 1 Nr. 2 dienen der Prüfung der Richtigkeit der Statistik und der Fortschreibung der jeweils letzten Bestandserhebung. Sie enthalten keine Angaben über persönliche und sachliche Verhältnisse der Leistungsempfänger und sind zum frühestmöglichen Zeitpunkt, spätestens nach Abschluß der wiederkehrenden Bestandserhebung zu löschen.

(4) Die Erhebungen nach Absatz 2 Nummer 1 Buchstabe a bis d und g sowie nach Absatz 2 Nummer 2 und 3 sind jährlich durchzuführen. Die Angaben für die Erhebung
a) nach Absatz 2 Nr. 1 Buchstabe a bis d und g (Bestandserhebung) sind zum 31. Dezember,
b) und c) (weggefallen)
d) nach Absatz 2 Nr. 2 und 3 sind für das abgelaufene Kalenderjahr
zu erteilen.

(5) Die Erhebungen nach Absatz 2 Nummer 1 Buchstabe e sind quartalsweise durchzuführen, wobei gleichzeitig Geschlecht, Geburtsmonat und -jahr, Wohngemeinde und Gemeindeteil, Staatsangehörigkeit sowie aufenthaltsrechtlicher Status zu erheben sind. Dabei ist die Angabe zur Höhe der einzelnen Leistungen für jeden Monat eines Quartals gesondert zu erheben.

(6) Für die Erhebungen besteht Auskunftspflicht. Die Angaben nach Absatz 3 Satz 1 Nr. 3 sowie zum Gemeindeteil nach Absatz 2 Nr. 1 Buchstabe d und Absatz 2 Nr. 2 sowie nach Absatz 5 sind freiwillig. Auskunftspflichtig sind die für die Durchführung dieses Gesetzes zuständigen Stellen.

(7) Die Ergebnisse der Asylbewerberleistungsstatistik dürfen auf die einzelne Gemeinde bezogen veröffentlicht werden.

(8) Das Statistische Bundesamt und die statistischen Ämter der Länder dürfen an die obersten Bundes- und Landesbehörden Tabellen mit statistischen Ergebnissen übermitteln, auch wenn Tabellenfelder nur einen einzigen Fall ausweisen. Die übermittelten Tabellen dürfen nur gegenüber den gesetzgebenden Körperschaften und nur für Zwecke der Planung, jedoch nicht für die Regelung von Einzelfällen verwendet werden.

§ 13 Bußgeldvorschrift

(1) Ordnungswidrig handelt, wer vorsätzlich oder fahrlässig entgegen § 8a eine Meldung nicht, nicht richtig, nicht vollständig oder nicht rechtzeitig erstattet.
(2) Die Ordnungswidrigkeit kann mit einer Geldbuße bis zu fünftausend Euro geahndet werden.

§ 14 Dauer der Anspruchseinschränkung

(1) Die Anspruchseinschränkungen nach diesem Gesetz sind auf sechs Monate zu befristen.
(2) Im Anschluss ist die Anspruchseinschränkung bei fortbestehender Pflichtverletzung fortzusetzen, sofern die gesetzlichen Voraussetzungen der Anspruchseinschränkung weiterhin erfüllt werden.

§ 15 Übergangsregelung zum Zweiten Gesetz zur besseren Durchsetzung der Ausreisepflicht

Für Leistungsberechtigte des Asylbewerberleistungsgesetzes, auf die bis zum 21. August 2019 gemäß § 2 Absatz 1 des Asylbewerberleistungsgesetzes das Zwölfte Buch Sozialgesetzbuch entsprechend anzuwenden war, ist § 2 des Asylbewerberleistungsgesetzes in der Fassung der Bekanntmachung vom 5. August 1997 (BGBl. I S. 2022), das zuletzt durch Artikel 4 des Gesetzes vom 17. Juli 2017 (BGBl. I S. 2541; 2019 I S. 162) geändert worden ist, weiter anzuwenden.

§ 16 Kinderfreizeitbonus aus Anlass der COVID-19-Pandemie

Minderjährige Leistungsberechtigte, die für den Monat August 2021 Anspruch auf Leistungen nach diesem Gesetz haben, erhalten eine Einmalzahlung in Höhe von 100 Euro. Eines gesonderten Antrags bedarf es nicht.

170 IfSG

Gesetz zur Verhütung und Bekämpfung von Infektionskrankheiten beim Menschen (Infektionsschutzgesetz – IfSG)

Vom 20. Juli 2000 (BGBl. I S. 1045)

Zuletzt geändert durch
Gesetz zur Vereinheitlichung des Stiftungsrechts und zur Änderung des Infektionsschutzgesetzes vom 16. Juli 2021 (BGBl. I S. 2947)

– Auszug –*)

Inhaltsübersicht

1. Abschnitt
Allgemeine Vorschriften
§ 1 Zweck des Gesetzes
§ 2 Begriffsbestimmungen
§ 3 Prävention durch Aufklärung

2. Abschnitt
Koordinierung und epidemische Lage von nationaler Tragweite
§ 4 Aufgaben des Robert Koch-Institutes
§ 5 Epidemische Lage von nationaler Tragweite
§ 5a Ausübung heilkundlicher Tätigkeiten bei Vorliegen einer epidemischen Lage von nationaler Tragweite, Verordnungsermächtigung
§ 5b Schutzmasken in der Nationalen Reserve Gesundheitsschutz

3. Abschnitt
Überwachung
§ 6 Meldepflichtige Krankheiten
§ 7 Meldepflichtige Nachweise von Krankheitserregern
§ 8 Zur Meldung verpflichtete Personen
§ 9 Namentliche Meldung
§ 10 Nichtnamentliche Meldung
§ 11 Übermittlung an die zuständige Landesbehörde und an das Robert Koch-Institut
§ 12 Übermittlungen und Mitteilungen auf Grund völker- und unionsrechtlicher Vorschriften
§ 13 Weitere Formen der epidemiologischen Überwachung; Verordnungsermächtigung
§ 14 Elektronisches Melde- und Informationssystem; Verordnungsermächtigung
§ 15 Anpassung der Meldepflicht an die epidemische Lage
§ 15a Durchführung der infektionshygienischen und hygienischen Überwachung

4. Abschnitt
Verhütung übertragbarer Krankheiten
§ 16 Allgemeine Maßnahmen zur Verhütung übertragbarer Krankheiten
§ 17 Besondere Maßnahmen zur Verhütung übertragbarer Krankheiten, Verordnungsermächtigung
§ 18 Behördlich angeordnete Maßnahmen zur Desinfektion und zur Bekämpfung von Gesundheitsschädlingen, Krätzmilben und Kopfläusen; Verordnungsermächtigung
§ 19 Aufgaben des Gesundheitsamtes in besonderen Fällen
§ 20 Schutzimpfungen und andere Maßnahmen der spezifischen Prophylaxe
§ 21 Impfstoffe
§ 22 Impfdokumentation, COVID-19-Zertifikate
§ 23 Nosokomiale Infektionen; Resistenzen; Rechtsverordnungen durch die Länder
§ 23a Personenbezogene Daten über den Impf- und Serostatus von Beschäftigten

5. Abschnitt
Bekämpfung übertragbarer Krankheiten
§ 24 Feststellung und Heilbehandlung übertragbarer Krankheiten, Verordnungsermächtigung
§ 25 Ermittlungen
§ 26 Teilnahme des behandelnden Arztes
§ 27 Gegenseitige Unterrichtung
§ 28 Schutzmaßnahmen
§ 28a Besondere Schutzmaßnahmen zur Verhinderung der Verbreitung der Coronavirus-Krankheit-2019 (COVID-19)
§ 28b Bundesweit einheitliche Schutzmaßnahmen zur Verhinderung der Verbreitung der Coronavirus-Krankheit-2019 (COVID-19) bei besonderem Infektionsgeschehen, Verordnungsermächtigung
§ 28c Verordnungsermächtigung für besondere Regelungen für Geimpfte, Getestete und vergleichbare Personen

---

*) Abgedruckt sind nur die für Sozialberufe wichtigen Bestimmungen. Das Inhaltsverzeichnis benennt den kompletten Inhalt des Gesetzes.

§ 29 Beobachtung
§ 30 Absonderung
§ 31 Berufliches Tätigkeitsverbot
§ 32 Erlass von Rechtsverordnungen

6. Abschnitt
Infektionsschutz bei bestimmten Einrichtungen, Unternehmen und Personen
§ 33 Gemeinschaftseinrichtungen
§ 34 Gesundheitliche Anforderungen, Mitwirkungspflichten, Aufgaben des Gesundheitsamtes
§ 35 Belehrung für Personen in der Betreuung von Kindern und Jugendlichen
§ 36 Infektionsschutz bei bestimmten Einrichtungen, Unternehmen und Personen; Verordnungsermächtigung

7. Abschnitt
Wasser
§ 37 Beschaffenheit von Wasser für den menschlichen Gebrauch sowie von Wasser zum Schwimmen oder Baden in Becken oder Teichen, Überwachung
§ 38 Erlass von Rechtsverordnungen
§ 39 Untersuchungen, Maßnahmen der zuständigen Behörde
§ 40 Aufgaben des Umweltbundesamtes
§ 41 Abwasser

8. Abschnitt
Gesundheitliche Anforderungen an das Personal beim Umgang mit Lebensmitteln
§ 42 Tätigkeits- und Beschäftigungsverbote
§ 43 Belehrung, Bescheinigung des Gesundheitsamtes

9. Abschnitt
Tätigkeiten mit Krankheitserregern
§ 44 Erlaubnispflicht für Tätigkeiten mit Krankheitserregern
§ 45 Ausnahmen
§ 46 Tätigkeit unter Aufsicht
§ 47 Versagungsgründe, Voraussetzungen für die Erlaubnis
§ 48 Rücknahme und Widerruf
§ 49 Anzeigepflichten
§ 50 Veränderungsanzeige
§ 50a Laborcontainment und Ausrottung des Poliovirus; Verordnungsermächtigung
§ 51 Aufsicht
§ 52 Abgabe
§ 53 Anforderungen an Räume und Einrichtungen, Gefahrenvorsorge
§ 53a Verfahren über eine einheitliche Stelle, Entscheidungsfrist

10. Abschnitt
Vollzug des Gesetzes und zuständige Behörden
§ 54 Vollzug durch die Länder
§ 54a Vollzug durch die Bundeswehr
§ 54b Vollzug durch das Eisenbahn-Bundesamt

11. Abschnitt
Angleichung an Gemeinschaftsrecht
§ 55 Angleichung an Gemeinschaftsrecht

12. Abschnitt
Entschädigung in besonderen Fällen
§ 56 Entschädigung
§ 57 Verhältnis zur Sozialversicherung und zur Arbeitsförderung
§ 58 Aufwendungserstattung
§ 59 Sondervorschrift für Ausscheider
§ 60 Versorgung bei Impfschaden und bei Gesundheitsschäden durch andere Maßnahmen der spezifischen Prophylaxe
§ 61 Gesundheitsschadensanerkennung
§ 62 Heilbehandlung
§ 63 Konkurrenz von Ansprüchen, Anwendung der Vorschriften nach dem Bundesversorgungsgesetz, Übergangsregelungen zum Erstattungsverfahren an die Krankenkassen
§ 64 Zuständige Behörde für die Versorgung
§ 65 Entschädigung bei behördlichen Maßnahmen
§ 66 Zahlungsverpflichteter
§ 67 Pfändung

13. Abschnitt
Rechtsweg und Kosten
§ 68 Rechtsweg
§ 69 Kosten
§§ 70 bis 72 (weggefallen)

14. Abschnitt
Straf- und Bußgeldvorschriften
§ 73 Bußgeldvorschriften
§ 74 Strafvorschriften
§ 75 Weitere Strafvorschriften
§ 75a Weitere Strafvorschriften
§ 76 Einziehung

15. Abschnitt
Übergangsvorschriften
§ 77 Übergangsvorschriften

Anlage
(zu § 5b Absatz 4)

1. Abschnitt
Allgemeine Vorschriften

§ 1 Zweck des Gesetzes

(1) Zweck des Gesetzes ist es, übertragbaren Krankheiten beim Menschen vorzubeugen, Infektionen frühzeitig zu erkennen und ihre Weiterverbreitung zu verhindern.

(2) Die hierfür notwendige Mitwirkung und Zusammenarbeit von Behörden des Bundes, der Länder und der Kommunen, Ärzten, Tierärzten, Krankenhäusern, wissenschaftlichen Einrichtungen sowie sonstigen Beteiligten soll entsprechend dem jeweiligen Stand der medizinischen und epidemiologischen Wissenschaft und Technik gestaltet und unterstützt werden. Die Eigenverantwortung der Träger und Leiter von Gemeinschaftseinrichtungen, Lebensmittelbetrieben, Gesundheitseinrichtungen sowie des Einzelnen bei der Prävention übertragbarer Krankheiten soll verdeutlicht und gefördert werden.

2. Abschnitt
Koordinierung und epidemische Lage von nationaler Tragweite

§ 4 Aufgaben des Robert Koch-Institutes

(1) Das Robert Koch-Institut ist die nationale Behörde zur Vorbeugung übertragbarer Krankheiten sowie zur frühzeitigen Erkennung und Verhinderung der Weiterverbreitung von Infektionen. Dies schließt die Entwicklung und Durchführung epidemiologischer und laborgestützter Analysen sowie Forschung zu Ursache, Diagnostik und Prävention übertragbarer Krankheiten ein. Es arbeitet mit den jeweils zuständigen Bundesbehörden, den zuständigen Landesbehörden, den nationalen Referenzzentren, weiteren wissenschaftlichen Einrichtungen und Fachgesellschaften zusammen. Auf dem Gebiet der Zoonosen und mikrobiell bedingten Lebensmittelvergiftungen sind das Bundesamt für Verbraucherschutz und Lebensmittelsicherheit, das Bundesinstitut für Risikobewertung und das Friedrich-Loeffler-Institut zu beteiligen. Auf Ersuchen der zuständigen obersten Landesgesundheitsbehörde kann das Robert Koch-Institut den zuständigen Stellen bei Maßnahmen zur Überwachung, Verhütung und Bekämpfung von bedrohlichen übertragbaren Krankheiten, auf Ersuchen mehrerer zuständiger oberster Landesgesundheitsbehörden auch länderübergreifend, Amtshilfe leisten. Soweit es zur Erfüllung dieser Amtshilfe erforderlich ist, darf es personenbezogene Daten verarbeiten. Beim Robert Koch-Institut wird eine Kontaktstelle für den öffentlichen Gesundheitsdienst der Länder eingerichtet, die die Amtshilfe nach Satz 5 und die Zusammenarbeit mit den zuständigen Landesbehörden und die Zusammenarbeit bei der Umsetzung des elektronischen Melde- und Informationssystems nach § 14 innerhalb der vom gemeinsamen Planungsrat nach § 14 Absatz 1 Satz 7 getroffenen Leitlinien koordiniert.

(1a) Das Bundesministerium für Gesundheit legt dem Deutschen Bundestag nach Beteiligung des Bundesrates bis spätestens zum 31. März 2021 einen Bericht zu den Erkenntnissen aus der durch das neuartige Coronavirus SARS-CoV-2 verursachten Epidemie vor. Der Bericht beinhaltet Vorschläge zur gesetzlichen, infrastrukturellen und personellen Stärkung des Robert Koch-Instituts sowie gegebenenfalls zusätzlicher Behörden zur Erreichung des Zwecks dieses Gesetzes.

(2) Das Robert Koch-Institut
1. erstellt im Benehmen mit den jeweils zuständigen Bundesbehörden für Fachkreise als Maßnahme des vorbeugenden Gesundheitsschutzes Richtlinien, Empfehlungen, Merkblätter und sonstige Informationen zur Vorbeugung, Erkennung und Verhinderung der Weiterverbreitung übertragbarer Krankheiten,
2. wertet die Daten zu meldepflichtigen Krankheiten und meldepflichtigen Nachweisen von Krankheitserregern, die ihm nach diesem Gesetz und nach § 11 Absatz 5, § 16 Absatz 4 des IGV-Durchführungsgesetzes übermittelt worden sind, infektionsepidemiologisch aus,
3. stellt die Ergebnisse der infektionsepidemiologischen Auswertungen den folgenden Behörden und Institutionen zur Verfügung:
    a) den jeweils zuständigen Bundesbehörden,
    b) dem Kommando Sanitätsdienst der Bundeswehr,
    c) den obersten Landesgesundheitsbehörden,
    d) den Gesundheitsämtern,
    e) den Landesärztekammern,
    f) dem Spitzenverband Bund der Krankenkassen,
    g) der Kassenärztlichen Bundesvereinigung,
    h) dem Institut für Arbeitsschutz der Deutschen Gesetzlichen Unfallversicherung und
    i) der Deutschen Krankenhausgesellschaft,
4. veröffentlicht die Ergebnisse der infektionsepidemiologischen Auswertungen periodisch und

5. unterstützt die Länder und sonstigen Beteiligten bei ihren Aufgaben im Rahmen der epidemiologischen Überwachung nach diesem Gesetz.

(3) Das Robert Koch-Institut arbeitet zu den in § 1 Absatz 1 genannten Zwecken mit ausländischen Stellen und supranationalen Organisationen sowie mit der Weltgesundheitsorganisation und anderen internationalen Organisationen zusammen. Im Rahmen dieser Zusammenarbeit stärkt es deren Fähigkeiten, insbesondere einer möglichen grenzüberschreitenden Ausbreitung von übertragbaren Krankheiten vorzubeugen, entsprechende Gefahren frühzeitig zu erkennen und Maßnahmen zur Verhinderung einer möglichen grenzüberschreitenden Weiterverbreitung einzuleiten. Die Zusammenarbeit kann insbesondere eine dauerhafte wissenschaftliche Zusammenarbeit mit Einrichtungen in Partnerstaaten, die Ausbildung von Personal der Partnerstaaten sowie Unterstützungsleistungen im Bereich der epidemiologischen Lage- und Risikobewertung und des Krisenmanagements umfassen, auch verbunden mit dem Einsatz von Personal des Robert Koch-Institutes im Ausland. Soweit es zur Abwendung von Gefahren von Dritten und zum Schutz von unmittelbar Betroffenen im Rahmen der frühzeitigen Erkennung und Verhinderung der Weiterverbreitung von bedrohlichen übertragbaren Krankheiten, der Unterstützung bei der Ausbruchsuntersuchung und -bekämpfung, der Kontaktpersonennachverfolgung oder der medizinischen Evakuierung von Erkrankten und Ansteckungsverdächtigen erforderlich ist, darf das Robert Koch-Institut im Rahmen seiner Aufgaben nach den Sätzen 1 bis 3 personenbezogene Daten verarbeiten.

§ 5 Epidemische Lage von nationaler Tragweite

(1) Der Deutsche Bundestag kann eine epidemische Lage von nationaler Tragweite feststellen, wenn die Voraussetzungen nach Satz 6 vorliegen. Der Deutsche Bundestag hebt die Feststellung der epidemischen Lage von nationaler Tragweite wieder auf, wenn die Voraussetzungen nach Satz 6 nicht mehr vorliegen. Die Feststellung nach Satz 1 gilt als nach Satz 2 aufgehoben, sofern der Deutsche Bundestag nicht spätestens drei Monate nach der Feststellung nach Satz 1 das Fortbestehen der epidemischen Lage von nationaler Tragweite feststellt; dies gilt entsprechend, sofern der Deutsche Bundestag nicht spätestens drei Monate nach der Feststellung des Fortbestehens der epidemischen Lage von nationaler Tragweite das Fortbestehen erneut feststellt. Die Feststellung des Fortbestehens nach Satz 3 gilt als Feststellung im Sinne des Satzes 1. Die Feststellung und die Aufhebung sind im Bundesgesetzblatt bekannt zu machen. Eine epidemische Lage von nationaler Tragweite liegt vor, wenn eine ernsthafte Gefahr für die öffentliche Gesundheit in der gesamten Bundesrepublik Deutschland besteht, weil
1. die Weltgesundheitsorganisation eine gesundheitliche Notlage von internationaler Tragweite ausgerufen hat und die Einschleppung einer bedrohlichen übertragbaren Krankheit in die Bundesrepublik Deutschland droht oder
2. eine dynamische Ausbreitung einer bedrohlichen übertragbaren Krankheit über mehrere Länder in der Bundesrepublik Deutschland droht oder stattfindet.

Solange eine epidemische Lage von nationaler Tragweite festgestellt ist, unterrichtet die Bundesregierung den Deutschen Bundestag regelmäßig mündlich über die Entwicklung der epidemischen Lage von nationaler Tragweite.

(2) Das Bundesministerium für Gesundheit wird im Rahmen der epidemischen Lage von nationaler Tragweite unbeschadet der Befugnisse der Länder ermächtigt,
1. bis 3. (weggefallen)
4. durch Rechtsverordnung ohne Zustimmung des Bundesrates Maßnahmen zur Sicherstellung der Versorgung mit Arzneimitteln einschließlich Impfstoffen und Betäubungsmitteln, mit Medizinprodukten, Labordiagnostik, Hilfsmitteln, Gegenständen der persönlichen Schutzausrüstung und Produkten zur Desinfektion sowie zur Sicherstellung der Versorgung mit Wirk-, Ausgangs- und Hilfsstoffen, Materialien, Behältnissen und Verpackungsmaterialien, die zur Herstellung und zum Transport der zuvor genannten Produkte erforderlich sind, zu treffen und
   a) Ausnahmen von den Vorschriften des Arzneimittelgesetzes, des Betäubungsmittelgesetzes, des Apothekengesetzes, des Fünften Buches Sozialgesetzbuch, des Transfusionsgesetzes, des Heilmittelwerbegesetzes sowie der auf ihrer Grundlage erlassenen Rechtsverordnungen, der medizinprodukterechtlichen Vorschriften und der die persönliche Schutzausrüstung betreffenden Vorschriften zum Arbeitsschutz, die die Herstellung, Kennzeichnung, Zulassung, klinische Prüfung, Anwendung, Verschreibung und Abgabe, Ein- und Ausfuhr, das Verbringen und die Haftung, sowie den Betrieb von Apotheken einschließlich Leitung und Personaleinsatz regeln, zuzulassen,
   b) die zuständigen Behörden zu ermächtigen, im Einzelfall Ausnahmen von den in Buchstabe a genannten Vorschriften zu gestatten, insbesondere Ausnahmen von den Vorschriften zur Herstellung, Kennzeichnung, Anwendung, Verschreibung und Abgabe, zur Ein- und Ausfuhr und zum Verbringen sowie zum Betrieb von Apotheken einschließlich Leitung und Personaleinsatz zuzulassen,

c) Maßnahmen zum Bezug, zur Beschaffung, Bevorratung, Verteilung und Abgabe solcher Produkte durch den Bund zu treffen sowie Regelungen zu Melde- und Anzeigepflichten vorzusehen,
d) Regelungen zur Sicherstellung und Verwendung der genannten Produkte sowie bei enteignender Wirkung Regelungen über eine angemessene Entschädigung hierfür vorzusehen,
e) ein Verbot, diese Produkte zu verkaufen, sich anderweitig zur Überlassung zu verpflichten oder bereits eingegangene Verpflichtungen zur Überlassung zu erfüllen sowie Regelungen über eine angemessene Entschädigung hierfür vorzusehen,
f) Regelungen zum Vertrieb, zur Abgabe, Preisbildung und -gestaltung, Erstattung, Vergütung sowie für den Fall beschränkter Verfügbarkeit von Arzneimitteln einschließlich Impfstoffen zur Priorisierung der Abgabe und Anwendung der Arzneimittel oder der Nutzung der Arzneimittel durch den Bund und die Länder zu Gunsten bestimmter Personengruppen vorzusehen,
g) Maßnahmen zur Aufrechterhaltung, Umstellung, Eröffnung oder Schließung von Produktionsstätten oder einzelnen Betriebsstätten von Unternehmen, die solche Produkte produzieren sowie Regelungen über eine angemessene Entschädigung hierfür vorzusehen;

5. nach § 13 Absatz 1 des Patentgesetzes anzuordnen, dass eine Erfindung in Bezug auf eines der in Nummer 4 vor der Aufzählung genannten Produkte im Interesse der öffentlichen Wohlfahrt oder im Interesse der Sicherheit des Bundes benutzt werden soll; das Bundesministerium für Gesundheit kann eine nachgeordnete Behörde beauftragen, diese Anordnung zu treffen;
6. die notwendigen Anordnungen
    a) zur Durchführung der Maßnahmen nach Nummer 4 Buchstabe a und
    b) zur Durchführung der Maßnahmen nach Nummer 4 Buchstabe c bis g
   zu treffen; das Bundesministerium für Gesundheit kann eine nachgeordnete Behörde beauftragen, diese Anordnung zu treffen;
7. durch Rechtsverordnung ohne Zustimmung des Bundesrates Maßnahmen zur Aufrechterhaltung der Gesundheitsversorgung in ambulanten Praxen, Apotheken, Krankenhäusern, Laboren, Vorsorge- und Rehabilitationseinrichtungen und in sonstigen Gesundheitseinrichtungen in Abweichung von bestehenden gesetzlichen Vorgaben vorzusehen und
    a) untergesetzliche Richtlinien, Regelungen, Vereinbarungen und Beschlüsse der Selbstverwaltungspartner nach dem Fünften Buch Sozialgesetzbuch und nach Gesetzen, auf die im Fünften Buch Sozialgesetzbuch Bezug genommen wird, anzupassen, zu ergänzen oder auszusetzen,
    b) abweichend von der Approbationsordnung für Ärzte die Regelstudienzeit, die Zeitpunkte und die Anforderungen an die Durchführung der einzelnen Abschnitte der Ärztlichen Prüfung und der Eignungs- und Kenntnisprüfung festzulegen und zu regeln, dass Medizinstudierenden infolge einer notwendigen Mitwirkung an der Gesundheitsversorgung keine Nachteile für den Studienfortschritt entstehen,
    c) abweichend von der Approbationsordnung für Zahnärzte, sofern sie nach § 133 der Approbationsordnung für Zahnärzte und Zahnärztinnen weiter anzuwenden ist, die Regelstudienzeit, die Anforderungen an die Durchführung der naturwissenschaftlichen Vorprüfung, der zahnärztlichen Vorprüfung und der zahnärztlichen Prüfung festzulegen und alternative Lehrformate vorzusehen, um die Fortführung des Studiums zu gewährleisten,
    d) abweichend von der Approbationsordnung für Apotheker die Regelstudienzeit, die Zeitpunkte und die Anforderungen an die Durchführung der einzelnen Prüfungsabschnitte der pharmazeutischen Prüfung sowie die Anforderungen an die Durchführung der Famulatur und der praktischen Ausbildung festzulegen und alternative Lehrformate vorzusehen, um die Fortführung des Studiums zu gewährleisten,
    e) abweichend von der Approbationsordnung für Psychotherapeutinnen und Psychotherapeuten die Regelstudienzeit festzulegen,
    f) abweichend von der Approbationsordnung für Zahnärzte und Zahnärztinnen die Regelstudienzeit, die Zeitpunkte und die Anforderungen an die Durchführung der einzelnen Abschnitte der Zahnärztlichen Prüfung und der Eignungs- und Kenntnisprüfung, des Krankenpflegedienstes und der Famulatur festzulegen und alternative Lehrformate vorzusehen, um die Fortführung des Studiums und die Durchführung der Prüfungen zu gewährleisten,
    g) Vorgaben festzulegen zur
        aa) Erfassung, Aufrechterhaltung und Sicherung intensivmedizinischer Behandlungskapazitäten in Krankenhäusern,
        bb) Meldung der Auslastung dieser Kapazitäten an eine vom Bundesministerium für Gesundheit zu bestimmende Stelle und
        cc) zu den Folgen unterlassener oder verspäteter Meldungen;

8. durch Rechtsverordnung ohne Zustimmung des Bundesrates Maßnahmen zur Aufrechterhaltung der pflegerischen Versorgung in ambulanten und stationären Pflegeeinrichtungen in Abweichung von bestehenden gesetzlichen Vorgaben vorzusehen und
    a) bundesgesetzliche oder vertragliche Anforderungen an Pflegeeinrichtungen auszusetzen oder zu ändern,
    b) untergesetzliche Richtlinien, Regelungen, Vereinbarungen und Beschlüsse der Selbstverwaltungspartner nach dem Elften Buch Sozialgesetzbuch und nach Gesetzen, auf die im Elften Buch Sozialgesetzbuch Bezug genommen wird, anzupassen, zu ergänzen oder auszusetzen,
    c) Aufgaben, die über die Durchführung von körperbezogenen Pflegemaßnahmen, pflegerischen Betreuungsmaßnahmen und Hilfen bei der Haushaltsführung bei Pflegebedürftigen hinaus regelmäßig von Pflegeeinrichtungen, Pflegekassen und Medizinischen Diensten zu erbringen sind, auszusetzen oder einzuschränken;
9. Finanzhilfen gemäß Artikel 104b Absatz 1 des Grundgesetzes für Investitionen der Länder, Gemeinden und Gemeindeverbände zur technischen Modernisierung der Gesundheitsämter und zum Anschluss dieser an das elektronische Melde- und Informationssystem nach § 14 sowie zum Aufbau oder zur Aufrechterhaltung von Kernkapazitäten im Sinne der Anlage 1 Teil B der Internationalen Gesundheitsvorschriften (2005) (BGBl. 2007 II S. 930, 932), auf Flughäfen, in Häfen und bei Landübergängen, soweit dies in die Zuständigkeit der Länder fällt, zur Verfügung zu stellen; das Nähere wird durch Verwaltungsvereinbarungen mit den Ländern geregelt;
10. durch Rechtsverordnung ohne Zustimmung des Bundesrates unbeschadet des jeweiligen Ausbildungsziels und der Patientensicherheit abweichende Regelungen von den Berufsgesetzen der Gesundheitsfachberufe und den auf deren Grundlage erlassenen Rechtsverordnungen zu treffen, hinsichtlich
    a) der Dauer der Ausbildungen,
    b) des theoretischen und praktischen Unterrichts, einschließlich der Nutzung von digitalen Unterrichtsformen,
    c) der praktischen Ausbildung,
    d) der Besetzung der Prüfungsausschüsse,
    e) der staatlichen Prüfungen und
    f) der Durchführung der Eignungs- und Kenntnisprüfungen.

Die Ermächtigung nach Satz 1 Nummer 10 umfasst die folgenden Ausbildungen:
1. zur Altenpflegerin oder zum Altenpfleger nach § 58 Absatz 2 des Pflegeberufegesetzes,
2. zur Altenpflegerin oder zum Altenpfleger nach § 66 Absatz 2 des Pflegeberufegesetzes,
3. zur Diätassistentin oder zum Diätassistenten nach dem Diätassistentengesetz,
4. zur Ergotherapeutin oder zum Ergotherapeuten nach dem Ergotherapeutengesetz,
5. zur Gesundheits- und Krankenpflegerin oder zum Gesundheits- und Krankenpfleger nach § 66 Absatz 1 Satz 1 Nummer 1 des Pflegeberufegesetzes,
6. zur Gesundheits- und Kinderkrankenpflegerin oder zum Gesundheits- und Kinderkrankenpfleger nach § 58 Absatz 1 Satz 1 des Pflegeberufegesetzes,
7. zur Gesundheits- und Kinderkrankenpflegerin oder zum Gesundheits- und Kinderkrankenpfleger nach § 66 Absatz 1 Satz 1 Nummer 2 des Pflegeberufegesetzes,
8. zur Hebamme oder zum Entbindungspfleger nach § 77 Absatz 1 und § 78 des Hebammengesetzes,
9. zur Hebamme nach dem Hebammengesetz,
10. zur Logopädin oder zum Logopäden nach dem Gesetz über den Beruf des Logopäden,
11. zur Masseurin und medizinischen Bademeisterin oder zum Masseur und medizinischen Bademeister nach dem Masseur- und Physiotherapeutengesetz,
12. zur Medizinisch-technischen Laboratoriumsassistentin oder zum Medizinisch-technischen Laboratoriumsassistenten nach dem MTA-Gesetz,
13. zur Medizinisch-technischen Radiologieassistentin oder zum Medizinisch-technischen Radiologieassistenten nach dem MTA-Gesetz,
14. zur Medizinisch-technischen Assistentin für Funktionsdiagnostik oder zum Medizinisch-technischen Assistenten für Funktionsdiagnostik nach dem MTA-Gesetz,
15. zur Notfallsanitäterin oder zum Notfallsanitäter nach dem Notfallsanitätergesetz,
16. zur Orthoptistin oder zum Orthoptisten nach dem Orthoptistengesetz,
17. zur Pflegefachfrau oder zum Pflegefachmann nach dem Pflegeberufegesetz,
18. zur pharmazeutisch-technischen Assistentin oder zum pharmazeutisch-technischen Assistenten nach dem Gesetz über den Beruf des pharmazeutisch-technischen Assistenten,
19. zur Physiotherapeutin oder zum Physiotherapeuten nach dem Masseur- und Physiotherapeutengesetz,

20. zur Podologin oder zum Podologen nach dem Podologengesetz,
21. zur Veterinärmedizinisch-technischen Assistentin oder zum Veterinärmedizinisch-technischen Assistenten nach dem MTA-Gesetz.

(3) Rechtsverordnungen nach Absatz 2, insbesondere nach Nummer 3, 4, 7 und 8, bedürfen des Einvernehmens mit dem Bundesministerium für Arbeit und Soziales, soweit sie sich auf das Arbeitsrecht oder den Arbeitsschutz beziehen. Rechtsverordnungen nach Absatz 2 Nummer 4 und Anordnungen nach Absatz 2 Nummer 6 ergehen im Benehmen mit dem Bundesministerium für Wirtschaft und Energie. Rechtsverordnungen nach Absatz 2 Nummer 10 werden im Benehmen mit dem Bundesministerium für Bildung und Forschung erlassen und bedürfen, soweit sie sich auf die Pflegeberufe beziehen, des Einvernehmens mit dem Bundesministerium für Familie, Senioren, Frauen und Jugend. Bei Gefahr im Verzug kann auf das Einvernehmen nach Satz 1 verzichtet werden.

(4) Eine auf Grund des Absatzes 2 oder des § 5a Absatz 2 erlassene Rechtsverordnung tritt mit Aufhebung der Feststellung der epidemischen Lage von nationaler Tragweite außer Kraft. Abweichend von Satz 1

1. bleibt eine Übergangsregelung in der Verordnung nach Absatz 2 Satz 1 Nummer 7 Buchstabe b bis f bis zum Ablauf der Phase des Studiums in Kraft, für die sie gilt, und
2. tritt eine nach Absatz 2 Satz 1 Nummer 4, 7 Buchstabe a, g oder Nummer 10 erlassene Verordnung spätestens ein Jahr nach Aufhebung der Feststellung der epidemischen Lage von nationaler Tragweite außer Kraft.

Bis zu ihrem jeweiligen Außerkrafttreten kann eine nach Absatz 2 Satz 1 Nummer 4, 7 Buchstabe a, g oder Nummer 10 erlassene Verordnung auch nach Aufhebung der epidemischen Lage von nationaler Tragweite geändert werden. Nach Absatz 2 Satz 1 getroffene Anordnungen gelten mit Aufhebung der Feststellung der epidemischen Lage von nationaler Tragweite als aufgehoben. Abweichend von Satz 4 gilt eine Anordnung nach Absatz 2 Satz 1 Nummer 6 spätestens ein Jahr nach der Aufhebung der Feststellung der epidemischen Lage von nationaler Tragweite als aufgehoben. Nach Absatz 2 Satz 1 Nummer 6 getroffene Anordnungen können auch bis spätestens ein Jahr nach Aufhebung der epidemischen Lage von nationaler Tragweite geändert werden. Eine Anfechtungsklage gegen Anordnungen nach Absatz 2 Satz 1 hat keine aufschiebende Wirkung.

(5) Das Grundrecht der körperlichen Unversehrtheit (Artikel 2 Absatz 2 Satz 1 des Grundgesetzes) wird im Rahmen des Absatzes 2 insoweit eingeschränkt.

(6) Aufgrund einer epidemischen Lage von nationaler Tragweite kann das Bundesministerium für Gesundheit unter Heranziehung der Empfehlungen des Robert Koch-Instituts Empfehlungen abgeben, um ein koordiniertes Vorgehen innerhalb der Bundesrepublik Deutschland zu ermöglichen.

(7) Das Robert Koch-Institut koordiniert im Rahmen seiner gesetzlichen Aufgaben im Fall einer epidemischen Lage von nationaler Tragweite die Zusammenarbeit zwischen den Ländern und zwischen den Ländern und dem Bund sowie weiteren beteiligten Behörden und Stellen und tauscht Informationen aus. Die Bundesregierung kann durch allgemeine Verwaltungsvorschrift mit Zustimmung des Bundesrates Näheres bestimmen. Die zuständigen Landesbehörden informieren unverzüglich die Kontaktstelle nach § 4 Absatz 1 Satz 7, wenn im Rahmen einer epidemischen Lage von nationaler Tragweite die Durchführung notwendiger Maßnahmen nach dem 5. Abschnitt nicht mehr gewährleistet ist.

(8) Aufgrund einer epidemischen Lage von nationaler Tragweite kann das Bundesministerium für Gesundheit im Rahmen der Aufgaben des Bundes insbesondere das Deutsche Rote Kreuz, die Johanniter-Unfall-Hilfe, den Malteser Hilfsdienst, den Arbeiter-Samariter-Bund und die Deutsche Lebens-Rettungs-Gesellschaft gegen Auslagenerstattung beauftragen, bei der Bewältigung der epidemischen Lage von nationaler Tragweite Hilfe zu leisten.

(9) Das Bundesministerium für Gesundheit beauftragt eine externe Evaluation zu den Auswirkungen der Regelungen in dieser Vorschrift und in den Vorschriften der §§ 5a, 28 bis 32, 36 und 56 im Rahmen der nach Absatz 1 Satz 1 festgestellten epidemischen Lage von nationaler Tragweite unter der Frage einer Reformbedürftigkeit. Die Evaluation soll interdisziplinär erfolgen und insbesondere auf Basis epidemiologischer und medizinischer Erkenntnisse die Wirksamkeit der auf Grundlage der in Satz 1 genannten Vorschriften getroffenen Maßnahmen untersuchen. Die Evaluation soll durch unabhängige Sachverständige erfolgen, die jeweils zur Hälfte von der Bundesregierung und vom Deutschen Bundestag benannt werden. Das Ergebnis der Evaluierung soll der Bundesregierung bis zum 31. Dezember 2021 vorgelegt werden. Die Bundesregierung übersendet dem Deutschen Bundestag bis zum 31. März 2022 das Ergebnis der Evaluierung sowie eine Stellungnahme der Bundesregierung zu diesem Ergebnis.

§ 5a Ausübung heilkundlicher Tätigkeiten bei Vorliegen einer epidemischen Lage von nationaler Tragweite, Verordnungsermächtigung

(1) Im Rahmen einer epidemischen Lage von nationaler Tragweite wird die Ausübung heilkundlicher Tätigkeiten folgenden Personen gestattet:
1. Altenpflegerinnen und Altenpflegern,

2. Gesundheits- und Kinderkrankenpflegerinnen und Gesundheits- und Kinderkrankenpflegern,
3. Gesundheits- und Krankenpflegerinnen und Gesundheits- und Krankenpflegern,
4. Notfallsanitäterinnen und Notfallsanitätern und
5. Pflegefachfrauen und Pflegefachmännern.

Die Ausübung heilkundlicher Tätigkeiten ist während der epidemischen Lage von nationaler Tragweite gestattet, wenn

1. die Person auf der Grundlage der in der jeweiligen Ausbildung erworbenen Kompetenzen und ihrer persönlichen Fähigkeiten in der Lage ist, die jeweils erforderliche Maßnahme eigenverantwortlich durchzuführen und
2. der Gesundheitszustand der Patientin oder des Patienten nach seiner Art und Schwere eine ärztliche Behandlung im Ausnahmefall einer epidemischen Lage von nationaler Tragweite nicht zwingend erfordert, die jeweils erforderliche Maßnahme aber eine ärztliche Beteiligung voraussetzen würde, weil sie der Heilkunde zuzurechnen ist.

Die durchgeführte Maßnahme ist in angemessener Weise zu dokumentieren. Sie soll unverzüglich der verantwortlichen Ärztin oder dem verantwortlichen Arzt oder einer sonstigen die Patientin oder den Patienten behandelnden Ärztin oder einem behandelnden Arzt mitgeteilt werden.

(2) Das Bundesministerium für Gesundheit wird ermächtigt, durch Rechtsverordnung ohne Zustimmung des Bundesrates weiteren Personen mit Erlaubnis zum Führen der Berufsbezeichnung eines reglementierten Gesundheitsfachberufs während einer epidemischen Lage von nationaler Tragweite die Ausübung heilkundlicher Tätigkeiten nach Absatz 1 Satz 2 zu gestatten.

§ 5b Schutzmasken in der Nationalen Reserve Gesundheitsschutz

(1) In der Nationalen Reserve Gesundheitsschutz werden Schutzmasken unabhängig von ihrer Kennzeichnung für den Fall einer Pandemie zum Infektionsschutz vorgehalten.
(2) Die in der Nationalen Reserve Gesundheitsschutz vorgehaltenen Schutzmasken dürfen nur so lange bereitgestellt werden, bis das vom Hersteller angegebene Verfallsdatum erreicht ist.
(3) Über die Bereitstellung der in der Nationalen Reserve Gesundheitsschutz vorgehaltenen Schutzmasken entscheidet das Bundesministerium für Gesundheit im Einvernehmen mit dem Bundesministerium des Innern, für Bau und Heimat und dem Bundesministerium für Arbeit und Soziales.
(4) Die in der Nationalen Reserve Gesundheitsschutz vorgehaltenen Schutzmasken müssen einem in der Anlage genannten Maskentyp entsprechen.

5. Abschnitt
Bekämpfung übertragbarer Krankheiten

§ 28 Schutzmaßnahmen

(1) Werden Kranke, Krankheitsverdächtige, Ansteckungsverdächtige oder Ausscheider festgestellt oder ergibt sich, dass ein Verstorbener krank, krankheitsverdächtig oder Ausscheider war, so trifft die zuständige Behörde die notwendigen Schutzmaßnahmen, insbesondere die in § 28a Absatz 1 und in den §§ 29 bis 31 genannten, soweit und solange es zur Verhinderung der Verbreitung übertragbarer Krankheiten erforderlich ist; sie kann insbesondere Personen verpflichten, den Ort, an dem sie sich befinden, nicht oder nur unter bestimmten Bedingungen zu verlassen oder von ihr bestimmte Orte oder öffentliche Orte nicht oder nur unter bestimmten Bedingungen zu betreten. Unter den Voraussetzungen von Satz 1 kann die zuständige Behörde Veranstaltungen oder sonstige Ansammlungen von Menschen beschränken oder verbieten und Badeanstalten oder in § 33 genannte Gemeinschaftseinrichtungen oder Teile davon schließen. Eine Heilbehandlung darf nicht angeordnet werden. Die Grundrechte der körperlichen Unversehrtheit (Artikel 2 Absatz 2 Satz 1 des Grundgesetzes), der Freiheit der Person (Artikel 2 Absatz 2 Satz 2 des Grundgesetzes), der Versammlungsfreiheit (Artikel 8 des Grundgesetzes), der Freizügigkeit (Artikel 11 Absatz 1 des Grundgesetzes) und der Unverletzlichkeit der Wohnung (Artikel 13 Absatz 1 des Grundgesetzes) werden insoweit eingeschränkt.
(2) Wird festgestellt, dass eine Person in einer Gemeinschaftseinrichtung an Masern erkrankt, dessen verdächtig oder ansteckungsverdächtig ist, kann die zuständige Behörde Personen, die weder einen Impfschutz, der den Empfehlungen der Ständigen Impfkommission entspricht, noch eine Immunität gegen Masern durch ärztliches Zeugnis nachweisen können, die in § 34 Absatz 1 Satz 1 und 2 genannten Verbote erteilen, bis eine Weiterverbreitung der Krankheit in der Gemeinschaftseinrichtung nicht mehr zu befürchten ist.
(3) Für Maßnahmen nach den Absätzen 1 und 2 gilt § 16 Abs. 5 bis 8, für ihre Überwachung außerdem § 16 Abs. 2 entsprechend.

170 IfSG § 28a

§ 28a Besondere Schutzmaßnahmen zur Verhinderung der Verbreitung der Coronavirus-Krankheit-2019 (COVID-19)

(1) Notwendige Schutzmaßnahmen im Sinne des § 28 Absatz 1 Satz 1 und 2 zur Verhinderung der Verbreitung der Coronavirus-Krankheit-2019 (COVID-19) können für die Dauer der Feststellung einer epidemischen Lage von nationaler Tragweite nach § 5 Absatz 1 Satz 1 durch den Deutschen Bundestag insbesondere sein

1. Anordnung eines Abstandsgebots im öffentlichen Raum,
2. Verpflichtung zum Tragen einer Mund-Nasen-Bedeckung (Maskenpflicht),
3. Ausgangs- oder Kontaktbeschränkungen im privaten sowie im öffentlichen Raum,
4. Verpflichtung zur Erstellung und Anwendung von Hygienekonzepten für Betriebe, Einrichtungen oder Angebote mit Publikumsverkehr,
5. Untersagung oder Beschränkung von Freizeitveranstaltungen und ähnlichen Veranstaltungen,
6. Untersagung oder Beschränkung des Betriebs von Einrichtungen, die der Freizeitgestaltung zuzurechnen sind,
7. Untersagung oder Beschränkung von Kulturveranstaltungen oder des Betriebs von Kultureinrichtungen,
8. Untersagung oder Beschränkung von Sportveranstaltungen und der Sportausübung,
9. umfassendes oder auf bestimmte Zeiten beschränktes Verbot der Alkoholabgabe oder des Alkoholkonsums auf bestimmten öffentlichen Plätzen oder in bestimmten öffentlich zugänglichen Einrichtungen,
10. Untersagung von oder Erteilung von Auflagen für das Abhalten von Veranstaltungen, Ansammlungen, Aufzügen, Versammlungen sowie religiösen oder weltanschaulichen Zusammenkünften,
11. Untersagung oder Beschränkung von Reisen; dies gilt insbesondere für touristische Reisen,
12. Untersagung oder Beschränkung von Übernachtungsangeboten,
13. Untersagung oder Beschränkung des Betriebs von gastronomischen Einrichtungen,
14. Schließung oder Beschränkung von Betrieben, Gewerben, Einzel- oder Großhandel,
15. Untersagung oder Beschränkung des Betretens oder des Besuchs von Einrichtungen des Gesundheits- oder Sozialwesens,
16. Schließung von Gemeinschaftseinrichtungen im Sinne von § 33, Hochschulen, außerschulischen Einrichtungen der Erwachsenenbildung oder ähnlichen Einrichtungen oder Erteilung von Auflagen für die Fortführung ihres Betriebs oder
17. Anordnung der Verarbeitung der Kontaktdaten von Kunden, Gästen oder Veranstaltungsteilnehmern, um nach Auftreten einer Infektion mit dem Coronavirus SARS-CoV-2 mögliche Infektionsketten nachverfolgen und unterbrechen zu können.

(2) Die Anordnung der folgenden Schutzmaßnahmen nach Absatz 1 in Verbindung mit § 28 Absatz 1 ist nur zulässig, soweit auch bei Berücksichtigung aller bisher getroffenen anderen Schutzmaßnahmen eine wirksame Eindämmung der Verbreitung der Coronavirus-Krankheit-2019 (COVID-19) erheblich gefährdet wäre:

1. Untersagung von Versammlungen oder Aufzügen im Sinne von Artikel 8 des Grundgesetzes und von religiösen oder weltanschaulichen Zusammenkünften nach Absatz 1 Nummer 10,
2. Anordnung einer Ausgangsbeschränkung nach Absatz 1 Nummer 3, nach der das Verlassen des privaten Wohnbereichs nur zu bestimmten Zeiten oder zu bestimmten Zwecken zulässig ist, und
3. Untersagung des Betretens oder des Besuchs von Einrichtungen im Sinne von Absatz 1 Nummer 15, wie zum Beispiel Alten- oder Pflegeheimen, Einrichtungen der Behindertenhilfe, Entbindungseinrichtungen oder Krankenhäusern für enge Angehörige von dort behandelten, gepflegten oder betreuten Personen.

Schutzmaßnahmen nach Absatz 1 Nummer 15 dürfen nicht zur vollständigen Isolation von einzelnen Personen oder Gruppen führen; ein Mindestmaß an sozialen Kontakten muss gewährleistet bleiben.

(3) Entscheidungen über Schutzmaßnahmen zur Verhinderung der Verbreitung der Coronavirus-Krankheit-2019 (COVID-19) nach Absatz 1 in Verbindung mit § 28 Absatz 1, nach § 28 Absatz 1 Satz 1 und 2 und den §§ 29 bis 32 sind insbesondere an dem Schutz von Leben und Gesundheit und der Funktionsfähigkeit des Gesundheitssystems auszurichten; dabei sind absehbare Änderungen des Infektionsgeschehens durch ansteckendere, das Gesundheitssystem stärker belastende Virusvarianten zu berücksichtigen. Die Schutzmaßnahmen sollen unter Berücksichtigung des jeweiligen Infektionsgeschehens regional bezogen auf die Ebene der Landkreise, Bezirke oder kreisfreien Städte an den Schwellenwerten nach Maßgabe der Sätze 4 bis 12 ausgerichtet werden, soweit Infektionsgeschehen innerhalb eines Landes nicht regional übergreifend oder gleichgelagert sind. Die Länder Berlin und die Freie und Hansestadt Hamburg gelten als kreisfreie Städte im Sinne des Satzes 2. Maßstab für die zu ergreifenden Schutzmaßnahmen ist insbesondere die Anzahl der Neuinfektionen mit dem Coronavirus SARS-CoV-2 je 100 000 Einwohnern innerhalb von sieben Tagen. Bei Überschreitung eines Schwellenwertes von über 50 Neuinfektionen je 100 000 Einwohner innerhalb von sieben Tagen sind umfassende Schutzmaßnahmen zu ergreifen, die eine effektive Eindämmung des Infektionsgeschehens erwarten lassen. Bei Überschreitung eines Schwellenwertes von über 35 Neuinfektionen je 100 000 Einwohner innerhalb von sieben Tagen sind breit

angelegte Schutzmaßnahmen zu ergreifen, die eine schnelle Abschwächung des Infektionsgeschehens erwarten lassen. Unterhalb eines Schwellenwertes von 35 Neuinfektionen je 100 000 Einwohner innerhalb von sieben Tagen kommen insbesondere Schutzmaßnahmen in Betracht, die die Kontrolle des Infektionsgeschehens unterstützen. Vor dem Überschreiten eines Schwellenwertes sind die in Bezug auf den jeweiligen Schwellenwert genannten Schutzmaßnahmen insbesondere bereits dann angezeigt, wenn die Infektionsdynamik eine Überschreitung des jeweiligen Schwellenwertes in absehbarer Zeit wahrscheinlich macht oder wenn einer Verbreitung von Virusvarianten im Sinne von Satz 1 entgegengewirkt werden soll. Bei einer bundesweiten Überschreitung eines Schwellenwertes von über 50 Neuinfektionen je 100 000 Einwohner innerhalb von sieben Tagen sind bundesweit abgestimmte umfassende, auf eine effektive Eindämmung des Infektionsgeschehens abzielende Schutzmaßnahmen anzustreben. Bei einer landesweiten Überschreitung eines Schwellenwertes von über 50 Neuinfektionen je 100 000 Einwohner innerhalb von sieben Tagen landesweit abgestimmte umfassende, auf eine effektive Eindämmung des Infektionsgeschehens abzielende Schutzmaßnahmen anzustreben. Nach Unterschreitung eines in den Sätzen 5 und 6 genannten Schwellenwertes können die in Bezug auf den jeweiligen Schwellenwert genannten Schutzmaßnahmen aufrechterhalten werden, soweit und solange dies zur Verhinderung der Verbreitung der Coronavirus-Krankheit-2019 (COVID-19) erforderlich ist. Bei der Prüfung der Aufhebung oder Einschränkung der Schutzmaßnahmen nach den Sätzen 9 bis 11 sind insbesondere auch die Anzahl der gegen COVID-19 geimpften Personen und die zeitabhängige Reproduktionszahl zu berücksichtigen. Die in den Landkreisen, Bezirken oder kreisfreien Städten auftretenden Inzidenzen werden zur Bestimmung des nach diesem Absatz jeweils maßgeblichen Schwellenwertes durch das Robert Koch-Institut im Rahmen der laufenden Fallzahlenberichterstattung auf dem RKI-Dashboard unter der Adresse http://corona.rki.de im Internet veröffentlicht.

(4) Im Rahmen der Kontaktdatenerhebung nach Absatz 1 Nummer 17 dürfen von den Verantwortlichen nur personenbezogene Angaben sowie Angaben zum Zeitraum und zum Ort des Aufenthaltes erhoben und verarbeitet werden, soweit dies zur Nachverfolgung von Kontaktpersonen zwingend notwendig ist. Die Verantwortlichen haben sicherzustellen, dass eine Kenntnisnahme der erfassten Daten durch Unbefugte ausgeschlossen ist. Die Daten dürfen nicht zu einem anderen Zweck als der Aushändigung auf Anforderung an die nach Landesrecht für die Erhebung der Daten zuständigen Stellen verwendet werden und sind vier Wochen nach Erhebung zu löschen. Die zuständigen Stellen nach Satz 3 sind berechtigt, die erhobenen Daten anzufordern, soweit dies zur Kontaktnachverfolgung nach § 25 Absatz 1 erforderlich ist. Die Verantwortlichen nach Satz 1 sind in diesen Fällen verpflichtet, den zuständigen Stellen nach Satz 3 die erhobenen Daten zu übermitteln. Eine Weitergabe der übermittelten Daten durch die zuständigen Stellen nach Satz 3 oder eine Weiterverwendung durch diese zu anderen Zwecken als der Kontaktnachverfolgung ist ausgeschlossen. Die den zuständigen Stellen nach Satz 3 übermittelten Daten sind von diesen unverzüglich irreversibel zu löschen, sobald die Daten für die Kontaktnachverfolgung nicht mehr benötigt werden.

(5) Rechtsverordnungen, die nach § 32 in Verbindung mit § 28 Absatz 1 und § 28a Absatz 1 erlassen werden, sind mit einer allgemeinen Begründung zu versehen und zeitlich zu befristen. Die Geltungsdauer beträgt grundsätzlich vier Wochen; sie kann verlängert werden.

(6) Schutzmaßnahmen nach Absatz 1 in Verbindung mit § 28 Absatz 1, nach § 28 Absatz 1 Satz 1 und 2 und nach den §§ 29 bis 31 können auch kumulativ angeordnet werden, soweit und solange es für eine wirksame Verhinderung der Verbreitung der Coronavirus-Krankheit-2019 (COVID-19) erforderlich ist. Bei Entscheidungen über Schutzmaßnahmen zur Verhinderung der Verbreitung der Coronavirus-Krankheit-2019 (COVID-19) sind soziale, gesellschaftliche und wirtschaftliche Auswirkungen auf den Einzelnen und die Allgemeinheit einzubeziehen und zu berücksichtigen, soweit dies mit dem Ziel einer wirksamen Verhinderung der Verbreitung der Coronavirus-Krankheit-2019 (COVID-19) vereinbar ist. Einzelne soziale, gesellschaftliche oder wirtschaftliche Bereiche, die für die Allgemeinheit von besonderer Bedeutung sind, können von den Schutzmaßnahmen ausgenommen werden, soweit ihre Einbeziehung zur Verhinderung der Verbreitung der Coronavirus- Krankheit-2019 (COVID-19) nicht zwingend erforderlich ist.

(7) Nach dem Ende einer durch den Deutschen Bundestag nach § 5 Absatz 1 Satz 1 festgestellten epidemischen Lage von nationaler Tragweite können die Absätze 1 bis 6 auch angewendet werden, soweit und solange sich die Coronavirus-Krankheit-2019 (COVID-19) nur in einzelnen Ländern ausbreitet und das Parlament in einem betroffenen Land die Anwendbarkeit der Absätze 1 bis 6 dort feststellt.

§ 28b Bundesweit einheitliche Schutzmaßnahmen zur Verhinderung der Verbreitung der Coronavirus-Krankheit-2019 (COVID-19) bei besonderem Infektionsgeschehen, Verordnungsermächtigung

(1) Überschreitet in einem Landkreis oder einer kreisfreien Stadt an drei aufeinander folgenden Tagen die durch das Robert Koch-Institut veröffentlichte Anzahl der Neuinfektionen mit dem Coronavirus SARS-CoV-2 je

100 000 Einwohner innerhalb von sieben Tagen (Sieben-Tage-Inzidenz) den Schwellenwert von 100, so gelten dort ab dem übernächsten Tag die folgenden Maßnahmen:
1. private Zusammenkünfte im öffentlichen oder privaten Raum sind nur gestattet, wenn an ihnen höchstens die Angehörigen eines Haushalts und eine weitere Person einschließlich der zu ihrem Haushalt gehörenden Kinder bis zur Vollendung des 14. Lebensjahres teilnehmen; Zusammenkünfte, die ausschließlich zwischen den Angehörigen desselben Haushalts, ausschließlich zwischen Ehe- oder Lebenspartnerinnen und -partnern, oder ausschließlich in Wahrnehmung eines Sorge- oder Umgangsrechts oder im Rahmen von Veranstaltungen bis 30 Personen bei Todesfällen stattfinden, bleiben unberührt;
2. der Aufenthalt von Personen außerhalb einer Wohnung oder einer Unterkunft und dem jeweils dazugehörigen befriedeten Besitztum ist von 22 Uhr bis 5 Uhr des Folgetags untersagt; dies gilt nicht für Aufenthalte, die folgenden Zwecken dienen:
    a) der Abwendung einer Gefahr für Leib, Leben oder Eigentum, insbesondere eines medizinischen oder veterinärmedizinischen Notfalls oder anderer medizinisch unaufschiebbarer Behandlungen,
    b) der Berufsausübung im Sinne des Artikels 12 Absatz 1 des Grundgesetzes, soweit diese nicht gesondert eingeschränkt ist, der Ausübung des Dienstes oder des Mandats, der Berichterstattung durch Vertreterinnen und Vertreter von Presse, Rundfunk, Film und anderer Medien,
    c) der Wahrnehmung des Sorge- oder Umgangsrechts,
    d) der unaufschiebbaren Betreuung unterstützungsbedürftiger Personen oder Minderjähriger oder der Begleitung Sterbender,
    e) der Versorgung von Tieren,
    f) aus ähnlich gewichtigen und unabweisbaren Zwecken oder
    g) zwischen 22 und 24 Uhr der im Freien stattfindenden allein ausgeübten körperlichen Bewegung, nicht jedoch in Sportanlagen;
3. die Öffnung von Freizeiteinrichtungen wie insbesondere Freizeitparks, Indoorspielplätzen, von Einrichtungen wie Badeanstalten, Spaßbädern, Hotelschwimmbädern, Thermen und Wellnesszentren sowie Saunen, Solarien und Fitnessstudios, von Einrichtungen wie insbesondere Diskotheken, Clubs, Spielhallen, Spielbanken, Wettannahmestellen, Prostitutionsstätten und Bordellbetrieben, gewerblichen Freizeitaktivitäten, Stadt-, Gäste- und Naturführungen aller Art, Seilbahnen, Fluss- und Seenschifffahrt im Ausflugsverkehr, touristischen Bahn- und Busverkehren und Flusskreuzfahrten, ist untersagt;
4. die Öffnung von Ladengeschäften und Märkten mit Kundenverkehr für Handelsangebote ist untersagt; wobei der Lebensmittelhandel einschließlich der Direktvermarktung, ebenso Getränkemärkte, Reformhäuser, Babyfachmärkte, Apotheken, Sanitätshäuser, Drogerien, Optiker, Hörakustiker, Tankstellen, Stellen des Zeitungsverkaufs, Buchhandlungen, Blumenfachgeschäfte, Tierbedarfsmärkte, Futtermittelmärkte, Gartenmärkte und der Großhandel mit den Maßgaben ausgenommen sind, dass
    a) der Verkauf von Waren, die über das übliche Sortiment des jeweiligen Geschäfts hinausgehen, untersagt ist,
    b) für die ersten 800 Quadratmeter Gesamtverkaufsfläche eine Begrenzung von einer Kundin oder einem Kunden je 20 Quadratmeter Verkaufsfläche und oberhalb einer Gesamtverkaufsfläche von 800 Quadratmetern eine Begrenzung von einer Kundin oder einem Kunden je 40 Quadratmeter Verkaufsfläche eingehalten wird, wobei es den Kundinnen und Kunden unter Berücksichtigung der konkreten Raumverhältnisse grundsätzlich möglich sein muss, beständig einen Abstand von mindestens 1,5 Metern zueinander einzuhalten und
    c) in geschlossenen Räumen von jeder Kundin und jedem Kunden eine Atemschutzmaske (FFP2 oder vergleichbar) oder eine medizinische Gesichtsmaske (Mund-Nase-Schutz) zu tragen ist;
abweichend von Halbsatz 1 ist
    a) die Abholung vorbestellter Waren in Ladengeschäften zulässig, wobei die Maßgaben des Halbsatzes 1 Buchstabe a bis c entsprechend gelten und Maßnahmen vorzusehen sind, die, etwa durch gestaffelte Zeitfenster, eine Ansammlung von Kunden vermeiden;
    b) bis zu dem übernächsten Tag, nachdem die Sieben-Tage-Inzidenz an drei aufeinander folgenden Tagen den Schwellenwert von 150 überschritten hat, auch die Öffnung von Ladengeschäften für einzelne Kunden nach vorheriger Terminbuchung für einen fest begrenzten Zeitraum zulässig, wenn die Maßgaben des Halbsatzes 1 Buchstabe a und c beachtet werden, die Zahl der gleichzeitig im Ladengeschäft anwesenden Kunden nicht höher ist als ein Kunde je 40 Quadratmeter Verkaufsfläche, die Kundin oder der Kunde ein negatives Ergebnis einer innerhalb von 24 Stunden vor Inanspruchnahme der Leistung mittels eines anerkannten Tests durchgeführten Testung auf eine Infektion mit dem Coronavirus SARS-CoV-2 vorgelegt hat und der Betreiber die Kontaktdaten der Kunden, mindestens Name, Vorname, eine sichere Kontaktinformation (Telefonnummer, E-Mail-Adresse oder Anschrift) sowie den Zeitraum des Aufenthaltes, erhebt;

5. die Öffnung von Einrichtungen wie Theatern, Opern, Konzerthäusern, Bühnen, Musikclubs, Museen, Ausstellungen, Gedenkstätten sowie entsprechende Veranstaltungen sind untersagt; dies gilt auch für Kinos mit Ausnahme von Autokinos; die Außenbereiche von zoologischen und botanischen Gärten dürfen geöffnet werden, wenn angemessene Schutz- und Hygienekonzepte eingehalten werden und durch die Besucherin oder den Besucher, ausgenommen Kinder, die das 6. Lebensjahr noch nicht vollendet haben, ein negatives Ergebnis einer innerhalb von 24 Stunden vor Beginn des Besuchs mittels eines anerkannten Tests durchgeführten Testung auf eine Infektion mit dem Coronavirus SARS-CoV-2 vorgelegt wird;
6. die Ausübung von Sport ist nur zulässig in Form von kontaktloser Ausübung von Individualsportarten, die allein, zu zweit oder mit den Angehörigen des eigenen Hausstands ausgeübt werden sowie bei Ausübung von Individual- und Mannschaftssportarten im Rahmen des Wettkampf- und Trainingsbetriebs der Berufssportler und der Leistungssportler der Bundes- und Landeskader, wenn
    a) die Anwesenheit von Zuschauern ausgeschlossen ist,
    b) nur Personen Zutritt erhalten, die für den Wettkampf- oder Trainingsbetrieb oder die mediale Berichterstattung erforderlich sind, und
    c) angemessene Schutz- und Hygienekonzepte eingehalten werden;
    für Kinder bis zur Vollendung des 14. Lebensjahres ist die Ausübung von Sport ferner zulässig in Form von kontaktloser Ausübung im Freien in Gruppen von höchstens fünf Kindern; Anleitungspersonen müssen auf Anforderung der nach Landesrecht zuständigen Behörde ein negatives Ergebnis einer innerhalb von 24 Stunden vor der Sportausübung mittels eines anerkannten Tests durchgeführten Testung auf eine Infektion mit dem Coronavirus SARS-CoV-2 vorlegen;
7. die Öffnung von Gaststätten im Sinne des Gaststättengesetzes ist untersagt; dies gilt auch für Speiselokale und Betriebe, in denen Speisen zum Verzehr an Ort und Stelle abgegeben werden; von der Untersagung sind ausgenommen:
    a) Speisesäle in medizinischen oder pflegerischen Einrichtungen oder Einrichtungen der Betreuung,
    b) gastronomische Angebote in Beherbergungsbetrieben, die ausschließlich der Bewirtung der zulässig beherbergten Personen dienen,
    c) Angebote, die für die Versorgung obdachloser Menschen erforderlich sind,
    d) die Bewirtung von Fernbusfahrerinnen und Fernbusfahrern sowie Fernfahrerinnen und Fernfahrern, die beruflich bedingt Waren oder Güter auf der Straße befördern und dies jeweils durch eine Arbeitgeberbescheinigung nachweisen können,
    e) nichtöffentliche Personalrestaurants und nichtöffentliche Kantinen, wenn deren Betrieb zur Aufrechterhaltung der Arbeitsabläufe beziehungsweise zum Betrieb der jeweiligen Einrichtung zwingend erforderlich ist, insbesondere, wenn eine individuelle Speiseneinnahme nicht in getrennten Räumen möglich ist;
    ausgenommen von der Untersagung sind ferner die Auslieferung von Speisen und Getränken sowie deren Abverkauf zum Mitnehmen; erworbene Speisen und Getränke zum Mitnehmen dürfen nicht am Ort des Erwerbs oder in seiner näheren Umgebung verzehrt werden; der Abverkauf zum Mitnehmen ist zwischen 22 Uhr und 5 Uhr untersagt; die Auslieferung von Speisen und Getränken bleibt zulässig;
8. die Ausübung und Inanspruchnahme von Dienstleistungen, bei denen eine körperliche Nähe zum Kunden unabdingbar ist, ist untersagt; wobei Dienstleistungen, die medizinischen, therapeutischen, pflegerischen oder seelsorgerischen Zwecken dienen, sowie Friseurbetriebe und die Fußpflege jeweils mit der Maßgabe ausgenommen sind, dass von den Beteiligten unbeschadet der arbeitsschutzrechtlichen Bestimmungen und, soweit die Art der Leistung es zulässt, Atemschutzmasken (FFP2 oder vergleichbar) zu tragen sind und vor der Wahrnehmung von Dienstleistungen eines Friseurbetriebs oder der Fußpflege durch die Kundin oder den Kunden ein negatives Ergebnis einer innerhalb von 24 Stunden vor Inanspruchnahme der Dienstleistung mittels eines anerkannten Tests durchgeführten Testung auf eine Infektion mit dem Coronavirus SARS-CoV-2 vorzulegen ist;
9. bei der Beförderung von Personen im öffentlichen Personennah- oder -fernverkehr einschließlich der entgeltlichen oder geschäftsmäßigen Beförderung von Personen mit Kraftfahrzeugen samt Taxen und Schülerbeförderung besteht für Fahrgäste sowohl während der Beförderung als auch während des Aufenthalts in einer zu dem jeweiligen Verkehr gehörenden Einrichtung die Pflicht zum Tragen einer Atemschutzmaske (FFP2 oder vergleichbar); eine Höchstbesetzung der jeweiligen Verkehrsmittel mit der Hälfte der regulär zulässigen Fahrgastzahlen ist anzustreben; für das Kontroll- und Servicepersonal, soweit es in Kontakt mit Fahrgästen kommt, gilt die Pflicht zum Tragen einer medizinischen Gesichtsmaske (Mund-Nase-Schutz);
10. die Zurverfügungstellung von Übernachtungsangeboten zu touristischen Zwecken ist untersagt.
Das Robert Koch-Institut veröffentlicht im Internet unter https://www.rki.de/inzidenzen für alle Landkreise und kreisfreien Städte fortlaufend die Sieben-Tage-Inzidenz der letzten 14 aufeinander folgenden Tage. Die nach

Landesrecht zuständige Behörde macht in geeigneter Weise die Tage bekannt, ab dem die jeweiligen Maßnahmen nach Satz 1 in einem Landkreis oder einer kreisfreien Stadt gelten. Die Bekanntmachung nach Satz 3 erfolgt unverzüglich, nachdem aufgrund der Veröffentlichung nach Satz 2 erkennbar wurde, dass die Voraussetzungen des Satzes 1 eingetreten sind.

(2) Unterschreitet in einem Landkreis oder einer kreisfreien Stadt ab dem Tag nach dem Eintreten der Maßnahmen des Absatzes 1 an fünf aufeinander folgenden Werktagen die Sieben-Tage-Inzidenz den Schwellenwert von 100, so treten an dem übernächsten Tag die Maßnahmen des Absatzes 1 außer Kraft. Sonn- und Feiertage unterbrechen nicht die Zählung der nach Satz 1 maßgeblichen Tage. Für die Bekanntmachung des Tages des Außerkrafttretens gilt Absatz 1 Satz 3 und 4 entsprechend. Ist die Ausnahme des Absatzes 1 Satz 1 Nummer 4 Halbsatz 2 Buchstabe b wegen Überschreitung des Schwellenwerts von 150 außer Kraft getreten, gelten die Sätze 1 bis 3 mit der Maßgabe entsprechend, dass der relevante Schwellenwert bei 150 liegt.

(3) Die Durchführung von Präsenzunterricht an allgemeinbildenden und berufsbildenden Schulen ist nur zulässig bei Einhaltung angemessener Schutz- und Hygienekonzepte; die Teilnahme am Präsenzunterricht ist nur zulässig für Schülerinnen und Schüler sowie für Lehrkräfte, die zweimal in der Woche mittels eines anerkannten Tests auf eine Infektion mit dem Coronavirus SARS-CoV-2 getestet werden. Überschreitet in einem Landkreis oder einer kreisfreien Stadt an drei aufeinander folgenden Tagen die Sieben-Tage-Inzidenz den Schwellenwert von 100, so ist die Durchführung von Präsenzunterricht ab dem übernächsten Tag für allgemeinbildende und berufsbildende Schulen, außerschulische Einrichtungen der Erwachsenenbildung und ähnliche Einrichtungen nur in Form von Wechselunterricht zulässig. Überschreitet in einem Landkreis oder einer kreisfreien Stadt an drei aufeinander folgenden Tagen die Sieben-Tage-Inzidenz den Schwellenwert von 165, so ist ab dem übernächsten Tag für allgemeinbildende und berufsbildende Schulen, Hochschulen, außerschulische Einrichtungen der Erwachsenenbildung und ähnliche Einrichtungen die Durchführung von Präsenzunterricht untersagt. Wenn ausschließlich Personen teilnehmen, die zweimal in der Woche mittels eines anerkannten Tests auf eine Infektion mit dem Coronavirus SARS-CoV-2 getestet werden, gelten die Sätze 2 und 3 nicht für

1. Aus- und Fortbildungseinrichtungen von Polizeien und Rettungsdiensten sowie, soweit die Aus- und Fortbildungen zur Aufrechterhaltung und Gewährleistung der Einsatzbereitschaft zwingend erforderlich sind, für die Aus- und Fortbildungen im Zivil- und Katastrophenschutz, bei den Feuerwehren sowie von sicherheitsrelevanten Einsatzkräften in der Justiz und im Justizvollzug und
2. Aus- und Fortbildungseinrichtungen für Kontrollpersonal an Flughäfen oder für Luftfracht sowie für Einrichtungen, die Fortbildungen und Training für Personal in der Flugsicherung, Piloten, andere Crewmitglieder und sonstiges Personal Kritischer Infrastrukturen durchführen, soweit die Aus- und Fortbildungsveranstaltungen auf Grund gesetzlicher Vorgaben zwingend durchzuführen sind und dabei Präsenz erforderlich ist.

Die nach Landesrecht zuständige Behörde kann unter der Voraussetzung, dass ausschließlich Personen teilnehmen, die zweimal in der Woche mittels eines anerkannten Tests auf eine Infektion mit dem Coronavirus SARS-CoV-2 getestet werden,

1. Abschlussklassen, Förderschulen und praktische Ausbildungsanteile an berufsbildenden Schulen sowie Berufsbildungseinrichtungen nach § 2 Absatz 1 Nummer 3 des Berufsbildungsgesetzes, die nur in besonders ausgestatteten Räumlichkeiten oder Lernumgebungen mit Praxisbezug, wie zum Beispiel in Laboren und Krankenhäusern, durchgeführt werden können, von der Beschränkung nach Satz 2, Präsenzunterricht nur in Form von Wechselunterricht durchzuführen, befreien und
2. Abschlussklassen, Förderschulen sowie Veranstaltungen an Hochschulen für Studierende, die unmittelbar vor dem Studienabschluss oder abschlussrelevanten Teilprüfungen stehen, und praktische Ausbildungsanteile an Hochschulen, praktischen Unterricht an berufsbildenden Schulen sowie Berufsbildungseinrichtungen nach § 2 Absatz 1 Nummer 3 des Berufsbildungsgesetzes, an außerschulischen Einrichtungen der Erwachsenenbildung und ähnlichen Einrichtungen, die nur in besonders ausgestatteten Räumlichkeiten oder Lernumgebungen mit Praxisbezug, wie zum Beispiel in Laboren oder Krankenhäusern, durchgeführt werden können, von der Untersagung nach Satz 3 ausnehmen.

Die nach Landesrecht zuständigen Stellen können nach von ihnen festgelegten Kriterien eine Notbetreuung einrichten. Absatz 2 Satz 1 und 2 gilt für das Außerkrafttreten der Beschränkung nach Satz 2, Präsenzunterricht nur in Form von Wechselunterricht durchzuführen, entsprechend und für das Außerkrafttreten der Untersagung nach Satz 3 mit der Maßgabe entsprechend, dass der relevante Schwellenwert bei unter 165 liegt. Für die Bekanntmachung des Tages, ab dem die Beschränkung nach Satz 2, Präsenzunterricht nur in Form von Wechselunterricht durchzuführen, oder die Untersagung nach Satz 3 in einem Landkreis oder einer kreisfreien Stadt gilt, gilt Absatz 1 Satz 3 und 4 entsprechend. Für die Bekanntmachung des Tages des Außerkrafttretens nach Satz 7 gilt Absatz 1 Satz 3 und 4 entsprechend. Für Einrichtungen nach § 33 Nummer 1 und 2 gelten die Sätze 3 und 6 bis 9 entsprechend.

(4) Versammlungen im Sinne des Artikels 8 des Grundgesetzes sowie Zusammenkünfte, die der Religionsausübung im Sinne des Artikels 4 des Grundgesetzes dienen, unterfallen nicht den Beschränkungen nach Absatz 1.
(5) Weitergehende Schutzmaßnahmen auf Grundlage dieses Gesetzes bleiben unberührt.
(6) Die Bundesregierung wird ermächtigt, durch Rechtsverordnung folgende Gebote und Verbote zu erlassen sowie folgende Präzisierungen, Erleichterungen oder Ausnahmen zu bestimmen:
1. für Fälle, in denen die Sieben-Tage-Inzidenz den Schwellenwert von 100 überschreitet, zusätzliche Gebote und Verbote nach § 28 Absatz 1 Satz 1 und 2 und § 28a Absatz 1 zur Verhinderung der Verbreitung der Coronavirus-Krankheit-2019 (COVID-19),
2. Präzisierungen, Erleichterungen oder Ausnahmen zu den in den Absätzen 1, 3 und 7 genannten Maßnahmen und nach Nummer 1 erlassenen Geboten und Verboten.
Rechtsverordnungen der Bundesregierung nach Satz 1 bedürfen der Zustimmung von Bundestag und Bundesrat.
(7) Der Arbeitgeber hat den Beschäftigten im Fall von Büroarbeit oder vergleichbaren Tätigkeiten anzubieten, diese Tätigkeiten in deren Wohnung auszuführen, wenn keine zwingenden betriebsbedingten Gründe entgegenstehen. Die Beschäftigten haben dieses Angebot anzunehmen, soweit ihrerseits keine Gründe entgegenstehen. Die zuständigen Behörden für den Vollzug der Sätze 1 und 2 bestimmen die Länder nach § 54 Satz 1.
(8) Das Land Berlin und die Freie und Hansestadt Hamburg gelten als kreisfreie Städte im Sinne dieser Vorschrift.
(9) Anerkannte Tests im Sinne dieser Vorschrift sind In-vitro-Diagnostika, die für den direkten Erregernachweis des Coronavirus SARS-CoV-2 bestimmt sind und die auf Grund ihrer CE-Kennzeichnung oder auf Grund einer gemäß § 11 Absatz 1 des Medizinproduktegesetzes erteilten Sonderzulassung verkehrsfähig sind. Soweit nach dieser Vorschrift das Tragen einer Atemschutzmaske oder einer medizinischen Gesichtsmaske vorgesehen ist, sind hiervon folgende Personen ausgenommen:
1. Kinder, die das 6. Lebensjahr noch nicht vollendet haben,
2. Personen, die ärztlich bescheinigt aufgrund einer gesundheitlichen Beeinträchtigung, einer ärztlich bescheinigten chronischen Erkrankung oder einer Behinderung keine Atemschutzmaske tragen können und
3. gehörlose und schwerhörige Menschen und Personen, die mit diesen kommunizieren, sowie ihre Begleitpersonen.
Für Personen, die das 6. Lebensjahr vollendet haben und das 16. Lebensjahr noch nicht vollendet haben, ist anstelle einer Atemschutzmaske (FFP2 oder vergleichbar) das Tragen einer medizinischen Gesichtsmaske (Mund-Nase-Schutz) erlaubt.
(10) Diese Vorschrift gilt nur für die Dauer der Feststellung einer epidemischen Lage von nationaler Tragweite nach § 5 Absatz 1 Satz 1 durch den Deutschen Bundestag, längstens jedoch bis zum Ablauf des 30. Juni 2021. Dies gilt auch für Rechtsverordnungen nach Absatz 6.
(11) Die Grundrechte der körperlichen Unversehrtheit (Artikel 2 Absatz 2 Satz 1 des Grundgesetzes), der Freiheit der Person (Artikel 2 Absatz 2 Satz 2 des Grundgesetzes), der Versammlungsfreiheit (Artikel 8 des Grundgesetzes), der Freizügigkeit (Artikel 11 Absatz 1 des Grundgesetzes) und der Unverletzlichkeit der Wohnung (Artikel 13 Absatz 1 des Grundgesetzes) werden eingeschränkt und können auch durch Rechtsverordnungen nach Absatz 6 eingeschränkt werden.

§ 28c Verordnungsermächtigung für besondere Regelungen für Geimpfte, Getestete und vergleichbare Personen

Die Bundesregierung wird ermächtigt, durch Rechtsverordnung für Personen, bei denen von einer Immunisierung gegen das Coronavirus SARS-CoV-2 auszugehen ist oder die ein negatives Ergebnis eines Tests auf eine Infektion mit dem Coronavirus SARS-CoV-2 vorlegen können, Erleichterungen oder Ausnahmen von Geboten und Verboten nach dem fünften Abschnitt dieses Gesetzes oder von aufgrund der Vorschriften im fünften Abschnitt dieses Gesetzes erlassenen Geboten und Verboten zu regeln. Rechtsverordnungen der Bundesregierung nach Satz 1 bedürfen der Zustimmung von Bundestag und Bundesrat. Wenn die Bundesregierung von ihrer Ermächtigung nach Satz 1 Gebrauch macht, kann sie zugleich die Landesregierungen ermächtigen, ganz oder teilweise in Bezug auf von den Ländern nach dem fünften Abschnitt dieses Gesetzes erlassene Gebote und Verbote für die in Satz 1 genannten Personen Erleichterungen oder Ausnahmen zu regeln. Die Landesregierungen können die Ermächtigung durch Rechtsverordnung auf andere Stellen übertragen.

§ 29 Beobachtung

(1) Kranke, Krankheitsverdächtige, Ansteckungsverdächtige und Ausscheider können einer Beobachtung unterworfen werden.
(2) Wer einer Beobachtung nach Absatz 1 unterworfen ist, hat die erforderlichen Untersuchungen durch die Beauftragten des Gesundheitsamtes zu dulden und den Anordnungen des Gesundheitsamtes Folge zu leisten. § 25 Absatz 3 gilt entsprechend. Eine Person nach Satz 1 ist ferner verpflichtet, den Beauftragten des Gesund-

heitsamtes zum Zwecke der Befragung oder der Untersuchung den Zutritt zu seiner Wohnung zu gestatten, auf Verlangen ihnen über alle seinen Gesundheitszustand betreffenden Umstände Auskunft zu geben und im Falle des Wechsels der Hauptwohnung oder des gewöhnlichen Aufenthaltes unverzüglich dem bisher zuständigen Gesundheitsamt Anzeige zu erstatten. Die Anzeigepflicht gilt auch bei Änderungen einer Tätigkeit im Lebensmittelbereich im Sinne von § 42 Abs. 1 Satz 1 oder in Einrichtungen im Sinne von § 23 Absatz 5 oder § 36 Absatz 1 sowie beim Wechsel einer Gemeinschaftseinrichtung im Sinne von § 33. § 16 Abs. 2 Satz 4 gilt entsprechend. Die Grundrechte der körperlichen Unversehrtheit (Artikel 2 Abs. 2 Satz 1 Grundgesetz), der Freiheit der Person (Artikel 2 Abs. 2 Satz 2 Grundgesetz) und der Unverletzlichkeit der Wohnung (Artikel 13 Abs. 1 Grundgesetz) werden insoweit eingeschränkt.

§ 30 Absonderung

(1) Die zuständige Behörde hat anzuordnen, dass Personen, die an Lungenpest oder an von Mensch zu Mensch übertragbarem hämorrhagischem Fieber erkrankt oder dessen verdächtig sind, unverzüglich in einem Krankenhaus oder einer für diese Krankheiten geeigneten Einrichtung abgesondert werden. Bei sonstigen Kranken sowie Krankheitsverdächtigen, Ansteckungsverdächtigen und Ausscheidern kann angeordnet werden, dass sie in einem geeigneten Krankenhaus oder in sonst geeigneter Weise abgesondert werden, bei Ausscheidern jedoch nur, wenn sie andere Schutzmaßnahmen nicht befolgen, befolgen können oder befolgen würden und dadurch ihre Umgebung gefährden.
(2) Kommt der Betroffene den seine Absonderung betreffenden Anordnungen nicht nach oder ist nach seinem bisherigen Verhalten anzunehmen, dass er solchen Anordnungen nicht ausreichend Folge leisten wird, so ist er zwangsweise durch Unterbringung in einem abgeschlossenen Krankenhaus oder einem abgeschlossenen Teil eines Krankenhauses abzusondern. Ansteckungsverdächtige und Ausscheider können auch in einer anderen geeigneten abgeschlossenen Einrichtung abgesondert werden. Das Grundrecht der Freiheit der Person (Artikel 2 Abs. 2 Satz 2 Grundgesetz) kann insoweit eingeschränkt werden. Buch 7 des Gesetzes über das Verfahren in Familiensachen und in den Angelegenheiten der freiwilligen Gerichtsbarkeit gilt entsprechend.
(3) Der Abgesonderte hat die Anordnungen des Krankenhauses oder der sonstigen Absonderungseinrichtung zu befolgen und die Maßnahmen zu dulden, die der Aufrechterhaltung eines ordnungsgemäßen Betriebs der Einrichtung oder der Sicherung des Unterbringungszwecks dienen. Insbesondere dürfen ihm Gegenstände, die unmittelbar oder mittelbar einem Entweichen dienen können, abgenommen und bis zu seiner Entlassung anderweitig verwahrt werden. Für ihn eingehende oder von ihm ausgehende Pakete und schriftliche Mitteilungen können in seinem Beisein geöffnet und zurückgehalten werden, soweit dies zur Sicherung des Unterbringungszwecks erforderlich ist. Die bei der Absonderung erhobenen personenbezogenen Daten sowie die über Pakete und schriftliche Mitteilungen gewonnenen Erkenntnisse dürfen nur für Zwecke dieses Gesetzes verarbeitet werden. Postsendungen von Gerichten, Behörden, gesetzlichen Vertretern, Rechtsanwälten, Notaren oder Seelsorgern dürfen weder geöffnet noch zurückgehalten werden; Postsendungen an solche Stellen oder Personen dürfen nur geöffnet und zurückgehalten werden, soweit dies zum Zwecke der Entseuchung notwendig ist. Die Grundrechte der körperlichen Unversehrtheit (Artikel 2 Abs. 2 Satz 1 Grundgesetz), der Freiheit der Person (Artikel 2 Abs. 2 Satz 2 Grundgesetz) und das Grundrecht des Brief- und Postgeheimnisses (Artikel 10 Grundgesetz) werden insoweit eingeschränkt.
(4) Der behandelnde Arzt und die zur Pflege bestimmten Personen haben freien Zutritt zu abgesonderten Personen. Dem Seelsorger oder Urkundspersonen muss, anderen Personen kann der behandelnde Arzt den Zutritt unter Auferlegung der erforderlichen Verhaltensmaßregeln gestatten.
(5) Die Träger der Einrichtungen haben dafür zu sorgen, dass das eingesetzte Personal sowie die weiteren gefährdeten Personen den erforderlichen Impfschutz oder eine spezifische Prophylaxe erhalten.
(6) Die Länder haben dafür Sorge zu tragen, dass die nach Absatz 1 Satz 1 notwendigen Räume, Einrichtungen und Transportmittel zur Verfügung stehen.
(7) Die zuständigen Gebietskörperschaften haben dafür zu sorgen, dass die nach Absatz 1 Satz 2 und Absatz 2 notwendigen Räume, Einrichtungen und Transportmittel sowie das erforderliche Personal zur Durchführung von Absonderungsmaßnahmen außerhalb der Wohnung zur Verfügung stehen. Die Räume und Einrichtungen zur Absonderung nach Absatz 2 sind nötigenfalls von den Ländern zu schaffen und zu unterhalten.

§ 31 Berufliches Tätigkeitsverbot

Die zuständige Behörde kann Kranken, Krankheitsverdächtigen, Ansteckungsverdächtigen und Ausscheidern die Ausübung bestimmter beruflicher Tätigkeiten ganz oder teilweise untersagen. Satz 1 gilt auch für sonstige Personen, die Krankheitserreger so in oder an sich tragen, dass im Einzelfall die Gefahr einer Weiterverbreitung besteht.

6. Abschnitt
Infektionsschutz bei bestimmten Einrichtungen, Unternehmen und Personen

§ 33 Gemeinschaftseinrichtungen

Gemeinschaftseinrichtungen im Sinne dieses Gesetzes sind Einrichtungen, in denen überwiegend minderjährige Personen betreut werden; dazu gehören insbesondere:
1. Kindertageseinrichtungen und Kinderhorte,
2. die nach § 43 Absatz 1 des Achten Buches Sozialgesetzbuch erlaubnispflichtige Kindertagespflege,
3. Schulen und sonstige Ausbildungseinrichtungen,
4. Heime und
5. Ferienlager.

§ 34 Gesundheitliche Anforderungen, Mitwirkungspflichten, Aufgaben des Gesundheitsamtes

(1) Personen, die an
1. Cholera
2. Diphtherie
3. Enteritis durch enterohämorrhagische E. coli (EHEC)
4. virusbedingtem hämorrhagischem Fieber
5. Haemophilus influenzae Typ b-Meningitis
6. Impetigo contagiosa (ansteckende Borkenflechte)
7. Keuchhusten
8. ansteckungsfähiger Lungentuberkulose
9. Masern
10. Meningokokken-Infektion
11. Mumps
12. Paratyphus
13. Pest
14. Poliomyelitis
14a. Röteln
15. Scharlach oder sonstigen Streptococcus pyogenes-Infektionen
16. Shigellose
17. Skabies (Krätze)
18. Typhus abdominalis
19. Virushepatitis A oder E
20. Windpocken

erkrankt oder dessen verdächtig oder die verlaust sind, dürfen in den in § 33 genannten Gemeinschaftseinrichtungen keine Lehr-, Erziehungs-, Pflege-, Aufsichts- oder sonstige Tätigkeiten ausüben, bei denen sie Kontakt zu den dort Betreuten haben, bis nach ärztlichem Urteil eine Weiterverbreitung der Krankheit oder der Verlausung durch sie nicht mehr zu befürchten ist. Satz 1 gilt entsprechend für die in der Gemeinschaftseinrichtung Betreuten mit der Maßgabe, dass sie die dem Betrieb der Gemeinschaftseinrichtung dienenden Räume nicht betreten, Einrichtungen der Gemeinschaftseinrichtung nicht benutzen und an Veranstaltungen der Gemeinschaftseinrichtung nicht teilnehmen dürfen. Satz 2 gilt auch für Kinder, die das 6. Lebensjahr noch nicht vollendet haben und an infektiöser Gastroenteritis erkrankt oder dessen verdächtig sind.

(2) Ausscheider von
1. Vibrio cholerae O 1 und O 139
2. Corynebacterium spp., Toxin bildend
3. Salmonella Typhi
4. Salmonella Paratyphi
5. Shigella sp.
6. enterohämorrhagischen E. coli (EHEC)

dürfen nur mit Zustimmung des Gesundheitsamtes und unter Beachtung der gegenüber dem Ausscheider und der Gemeinschaftseinrichtung verfügten Schutzmaßnahmen die dem Betrieb der Gemeinschaftseinrichtung dienenden Räume betreten, Einrichtungen der Gemeinschaftseinrichtung benutzen und an Veranstaltungen der Gemeinschaftseinrichtung teilnehmen.

(3) Absatz 1 Satz 1 und 2 gilt entsprechend für Personen, in deren Wohngemeinschaft nach ärztlichem Urteil eine Erkrankung an oder ein Verdacht auf
1. Cholera

2. Diphtherie
3. Enteritis durch enterohämorrhagische E. coli (EHEC)
4. virusbedingtem hämorrhagischem Fieber
5. Haemophilus influenzae Typ b-Meningitis
6. ansteckungsfähiger Lungentuberkulose
7. Masern
8. Meningokokken-Infektion
9. Mumps
10. Paratyphus
11. Pest
12. Poliomyelitis
12a. Röteln
13. Shigellose
14. Typhus abdominalis
15. Virushepatitis A oder E
16. Windpocken

aufgetreten ist.

(4) Wenn die nach den Absätzen 1 bis 3 verpflichteten Personen geschäftsunfähig oder in der Geschäftsfähigkeit beschränkt sind, so hat derjenige für die Einhaltung der diese Personen nach den Absätzen 1 bis 3 treffenden Verpflichtungen zu sorgen, dem die Sorge für diese Person zusteht. Die gleiche Verpflichtung trifft den Betreuer einer von Verpflichtungen nach den Absätzen 1 bis 3 betroffenen Person, soweit die Erfüllung dieser Verpflichtungen zu seinem Aufgabenkreis gehört.

(5) Wenn einer der in den Absätzen 1, 2 oder 3 genannten Tatbestände bei den in Absatz 1 genannten Personen auftritt, so haben diese Personen oder in den Fällen des Absatzes 4 der Sorgeinhaber der Gemeinschaftseinrichtung hiervon unverzüglich Mitteilung zu machen. Die Leitung der Gemeinschaftseinrichtung hat jede Person, die in der Gemeinschaftseinrichtung neu betreut wird, oder deren Sorgeberechtigte über die Pflichten nach Satz 1 zu belehren.

(6) Werden Tatsachen bekannt, die das Vorliegen einer der in den Absätzen 1, 2 oder 3 aufgeführten Tatbestände annehmen lassen, so hat die Leitung der Gemeinschaftseinrichtung das Gesundheitsamt, in dessen Bezirk sich die Gemeinschaftseinrichtung befindet, unverzüglich zu benachrichtigen und krankheits- und personenbezogene Angaben zu machen. Dies gilt auch beim Auftreten von zwei oder mehr gleichartigen, schwerwiegenden Erkrankungen, wenn als deren Ursache Krankheitserreger anzunehmen sind. Eine Benachrichtigungspflicht besteht nicht, wenn der Leitung ein Nachweis darüber vorliegt, dass die Meldung des Sachverhalts nach § 6 bereits erfolgt ist.

(7) Die zuständige Behörde kann im Einvernehmen mit dem Gesundheitsamt für die in § 33 genannten Einrichtungen Ausnahmen von dem Verbot nach Absatz 1, auch in Verbindung mit Absatz 3, zulassen, wenn Maßnahmen durchgeführt werden oder wurden, mit denen eine Übertragung der aufgeführten Erkrankungen oder der Verlausung verhütet werden kann.

(8) Das Gesundheitsamt kann gegenüber der Leitung der Gemeinschaftseinrichtung anordnen, dass das Auftreten einer Erkrankung oder eines hierauf gerichteten Verdachtes ohne Hinweis auf die Person in der Gemeinschaftseinrichtung bekannt gegeben wird.

(9) Wenn in Gemeinschaftseinrichtungen betreute Personen Krankheitserreger so in oder an sich tragen, dass im Einzelfall die Gefahr einer Weiterverbreitung besteht, kann die zuständige Behörde die notwendigen Schutzmaßnahmen anordnen.

(10) Die Gesundheitsämter und die in § 33 genannten Gemeinschaftseinrichtungen sollen die betreuten Personen oder deren Sorgeberechtigte gemeinsam über die Bedeutung eines vollständigen, altersgemäßen, nach den Empfehlungen der Ständigen Impfkommission ausreichenden Impfschutzes und über die Prävention übertragbarer Krankheiten aufklären.

(10a) Bei der Erstaufnahme in eine Kindertageseinrichtung haben die Personensorgeberechtigten gegenüber dieser einen schriftlichen Nachweis darüber zu erbringen, dass zeitnah vor der Aufnahme eine ärztliche Beratung in Bezug auf einen vollständigen, altersgemäßen, nach den Empfehlungen der Ständigen Impfkommission ausreichenden Impfschutz des Kindes erfolgt ist. Wenn der Nachweis nicht erbracht wird, benachrichtigt die Leitung der Kindertageseinrichtung das Gesundheitsamt, in dessen Bezirk sich die Einrichtung befindet, und übermittelt dem Gesundheitsamt personenbezogene Angaben. Das Gesundheitsamt kann die Personensorgeberechtigten zu einer Beratung laden. Weitergehende landesrechtliche Regelungen bleiben unberührt.

(11) Bei Erstaufnahme in die erste Klasse einer allgemein bildenden Schule hat das Gesundheitsamt oder der von ihm beauftragte Arzt den Impfstatus zu erheben und die hierbei gewonnenen aggregierten und anonymisierten Daten über die oberste Landesgesundheitsbehörde dem Robert Koch-Institut zu übermitteln.

§ 35 Belehrung für Personen in der Betreuung von Kindern und Jugendlichen

Personen, die in den in § 33 genannten Gemeinschaftseinrichtungen Lehr-, Erziehungs-, Pflege-, Aufsichts- oder sonstige regelmäßige Tätigkeiten ausüben und Kontakt mit den dort Betreuten haben, sind vor erstmaliger Aufnahme ihrer Tätigkeit und im Weiteren mindestens im Abstand von zwei Jahren von ihrem Arbeitgeber über die gesundheitlichen Anforderungen und Mitwirkungsverpflichtungen nach § 34 zu belehren. Über die Belehrung ist ein Protokoll zu erstellen, das beim Arbeitgeber für die Dauer von drei Jahren aufzubewahren ist. Die Sätze 1 und 2 finden für Dienstherren entsprechende Anwendung.

§ 36 Infektionsschutz bei bestimmten Einrichtungen, Unternehmen und Personen; Verordnungsermächtigung

(1) Folgende Einrichtungen und Unternehmen müssen in Hygieneplänen innerbetriebliche Verfahrensweisen zur Infektionshygiene festlegen und unterliegen der infektionshygienischen Überwachung durch das Gesundheitsamt:
1. die in § 33 genannten Gemeinschaftseinrichtungen mit Ausnahme der Gemeinschaftseinrichtungen nach § 33 Nummer 2,
2. nicht unter § 23 Absatz 5 Satz 1 fallende voll- oder teilstationäre Einrichtungen zur Betreuung und Unterbringung älterer, behinderter oder pflegebedürftiger Menschen oder vergleichbare Einrichtungen,
3. Obdachlosenunterkünfte,
4. Einrichtungen zur gemeinschaftlichen Unterbringung von Asylbewerbern, vollziehbar Ausreisepflichtigen, Flüchtlingen und Spätaussiedlern,
5. sonstige Massenunterkünfte,
6. Justizvollzugsanstalten sowie
7. nicht unter § 23 Absatz 5 Satz 1 fallende ambulante Pflegedienste und Unternehmen, die den Einrichtungen nach Nummer 2 vergleichbare Dienstleistungen anbieten; Angebote zur Unterstützung im Alltag im Sinne von § 45a Absatz 1 Satz 2 des Elften Buches Sozialgesetzbuch zählen nicht zu den Dienstleistungen, die mit Angeboten in Einrichtungen nach Nummer 2 vergleichbar sind.

(2) Einrichtungen und Unternehmen, bei denen die Möglichkeit besteht, dass durch Tätigkeiten am Menschen durch Blut Krankheitserreger übertragen werden, sowie Gemeinschaftseinrichtungen nach § 33 Nummer 2 können durch das Gesundheitsamt infektionshygienisch überwacht werden.

(3) (weggefallen)

(3a) Die Leiter von in Absatz 1 Nummer 2 bis 6 genannten Einrichtungen haben das Gesundheitsamt, in dessen Bezirk sich die Einrichtung befindet, unverzüglich zu benachrichtigen und die nach diesem Gesetz erforderlichen krankheits- und personenbezogenen Angaben zu machen, wenn eine in der Einrichtung tätige oder untergebrachte Person an Skabies erkrankt ist oder der Verdacht besteht, dass sie an Skabies erkrankt ist.

(4) Personen, die in eine Einrichtung nach Absatz 1 Nummer 2 bis 4 aufgenommen werden sollen, haben der Leitung der Einrichtung vor oder unverzüglich nach ihrer Aufnahme ein ärztliches Zeugnis darüber vorzulegen, dass bei ihnen keine Anhaltspunkte für das Vorliegen einer ansteckungsfähigen Lungentuberkulose vorhanden sind. Bei der erstmaligen Aufnahme darf die Erhebung der Befunde, die dem ärztlichen Zeugnis zugrunde liegt, nicht länger als sechs Monate zurückliegen, bei einer erneuten Aufnahme darf sie nicht länger als zwölf Monate zurückliegen. Bei Personen, die in eine Einrichtung nach Absatz 1 Nummer 4 aufgenommen werden sollen, muss sich das Zeugnis auf eine im Geltungsbereich dieses Gesetzes erstellte Röntgenaufnahme der Lunge oder auf andere von der obersten Landesgesundheitsbehörde oder der von ihr bestimmten Stelle zugelassene Befunde stützen. Bei Personen, die das 15. Lebensjahr noch nicht vollendet haben, sowie bei Schwangeren ist von der Röntgenaufnahme abzusehen; stattdessen ist ein ärztliches Zeugnis vorzulegen, dass nach sonstigen Befunden eine ansteckungsfähige Lungentuberkulose nicht zu befürchten ist. § 34 Absatz 4 gilt entsprechend. Satz 1 gilt nicht für Obdachlose, die weniger als drei Tage in eine Einrichtung nach Absatz 1 Nummer 3 aufgenommen werden.

(5) Personen, die in eine Einrichtung nach Absatz 1 Nummer 4 aufgenommen werden sollen, sind verpflichtet, eine ärztliche Untersuchung auf Ausschluss einer ansteckungsfähigen Lungentuberkulose einschließlich einer Röntgenaufnahme der Atmungsorgane zu dulden. Dies gilt nicht, wenn die betroffenen Personen ein ärztliches Zeugnis nach Absatz 4 vorlegen oder unmittelbar vor ihrer Aufnahme in einer anderen Einrichtung nach Absatz 1 Nummer 4 untergebracht waren und die entsprechenden Untersuchungen bereits dort durchgeführt wurden. Personen, die in eine Justizvollzugsanstalt aufgenommen werden, sind verpflichtet, eine ärztliche Untersuchung auf übertragbare Krankheiten einschließlich einer Röntgenaufnahme der Lunge zu dulden. Für Untersuchungen nach den Sätzen 1 und 3 gilt Absatz 4 Satz 4 entsprechend. Widerspruch und Anfechtungsklage gegen Anordnungen nach den Sätzen 1 und 3 haben keine aufschiebende Wirkung.

(6) Die Landesregierungen werden ermächtigt, durch Rechtsverordnung festzulegen, dass Personen, die nach dem 31. Dezember 2018 in die Bundesrepublik Deutschland eingereist sind und die auf Grund ihrer Herkunft oder ihrer Lebenssituation wahrscheinlich einem erhöhten Infektionsrisiko für bestimmte bedrohliche übertragbare Krankheiten ausgesetzt waren, nach ihrer Einreise ein ärztliches Zeugnis darüber vorzulegen haben, dass bei ihnen keine Anhaltspunkte für das Vorliegen solcher bedrohlicher übertragbarer Krankheiten vorhanden sind, sofern dies zum Schutz der Bevölkerung vor einer Gefährdung durch bedrohliche übertragbare Krankheiten erforderlich ist; § 34 Absatz 4 gilt entsprechend. Personen, die kein auf Grund der Rechtsverordnung erforderliches ärztliches Zeugnis vorlegen, sind verpflichtet, eine ärztliche Untersuchung auf Ausschluss bedrohlicher übertragbarer Krankheiten im Sinne des Satzes 1 zu dulden; Absatz 5 Satz 5 gilt entsprechend. In der Rechtsverordnung nach Satz 1 ist zu bestimmen:
1. das jeweils zugrunde liegende erhöhte Infektionsrisiko im Hinblick auf bestimmte bedrohliche übertragbare Krankheiten,
2. die jeweils betroffenen Personengruppen unter Berücksichtigung ihrer Herkunft oder ihrer Lebenssituation,
3. Anforderungen an das ärztliche Zeugnis nach Satz 1 und zu der ärztlichen Untersuchung nach Satz 2 sowie
4. die Frist, innerhalb der das ärztliche Zeugnis nach der Einreise in die Bundesrepublik Deutschland vorzulegen ist.

Das Robert Koch-Institut kann zu den Einzelheiten nach Satz 3 Nummer 1 Empfehlungen abgeben. Die Landesregierungen können die Ermächtigung nach Satz 1 durch Rechtsverordnung auf andere Stellen übertragen.

(7) Das Bundesministerium für Gesundheit wird ermächtigt, durch Rechtsverordnung mit Zustimmung des Bundesrates festzulegen, dass Personen, die in die Bundesrepublik Deutschland einreisen wollen oder eingereist sind und die wahrscheinlich einem erhöhten Infektionsrisiko für eine bestimmte bedrohliche übertragbare Krankheit ausgesetzt waren, vor oder nach ihrer Einreise ein ärztliches Zeugnis darüber vorzulegen haben, dass bei ihnen keine Anhaltspunkte für das Vorliegen einer solchen bedrohlichen übertragbaren Krankheit vorhanden sind, sofern dies zum Schutz der Bevölkerung vor einer Gefährdung durch bedrohliche übertragbare Krankheiten erforderlich ist; § 34 Absatz 4 gilt entsprechend. Personen, die kein auf Grund der Rechtsverordnung erforderliches ärztliches Zeugnis vorlegen, sind verpflichtet, eine ärztliche Untersuchung auf Ausschluss einer bedrohlichen übertragbaren Krankheit im Sinne des Satzes 1 zu dulden; Absatz 5 Satz 5 gilt entsprechend. In der Rechtsverordnung können nähere Einzelheiten insbesondere zu den betroffenen Personengruppen und zu den Anforderungen an das ärztliche Zeugnis nach Satz 1 und zu der ärztlichen Untersuchung nach Satz 2 bestimmt werden. Das Robert Koch-Institut kann zu den Einzelheiten nach Satz 3 Empfehlungen abgeben. In dringenden Fällen kann zum Schutz der Bevölkerung die Rechtsverordnung ohne Zustimmung des Bundesrates erlassen werden. Eine auf der Grundlage des Satzes 5 erlassene Verordnung tritt ein Jahr nach ihrem Inkrafttreten außer Kraft; ihre Geltungsdauer kann mit Zustimmung des Bundesrates verlängert werden.

(8) Die Bundesregierung wird, sofern der Deutsche Bundestag nach § 5 Absatz 1 Satz 1 eine epidemische Lage von nationaler Tragweite festgestellt hat, ermächtigt, durch Rechtsverordnung ohne Zustimmung des Bundesrates festzulegen, dass Personen, die in die Bundesrepublik Deutschland einreisen wollen oder eingereist sind und bei denen die Möglichkeit besteht, dass sie einem erhöhten Infektionsrisiko für die Krankheit ausgesetzt waren, die zur Feststellung der epidemischen Lage von nationaler Tragweite geführt hat, insbesondere, weil sie sich in einem entsprechenden Risikogebiet aufgehalten haben, ausschließlich zur Feststellung und Verhinderung der Verbreitung dieser Krankheit verpflichtet sind,
1. sich unverzüglich nach der Einreise für einen bestimmten Zeitraum in geeigneter Weise auf eigene Kosten abzusondern sowie
2. der zuständigen Behörde durch Nutzung des vom Robert Koch-Institut nach Absatz 9 eingerichteten elektronischen Melde- und Informationssystems folgende Angaben mitzuteilen:
   a) ihre personenbezogenen Angaben,
   b) das Datum ihrer voraussichtlichen Einreise,
   c) ihre Aufenthaltsorte bis zu zehn Tage vor und nach der Einreise,
   d) das für die Einreise genutzte Reisemittel und vorliegende Informationen zum Sitzplatz,
   e) Angaben, ob eine Impfdokumentation hinsichtlich der Krankheit vorliegt, die zur Feststellung der epidemischen Lage von nationaler Tragweite geführt hat,
   f) Angaben, ob ein ärztliches Zeugnis oder ein Testergebnis hinsichtlich des Nichtvorliegens der Krankheit vorliegt, die zur Feststellung der epidemischen Lage von nationaler Tragweite geführt hat, und
   g) Angaben, ob bei ihr Anhaltspunkte für die Krankheit vorliegen, die zur Feststellung der epidemischen Lage von nationaler Tragweite geführt hat;

in der Rechtsverordnung kann auch festgelegt werden, dass eine Impfdokumentation im Sinne des Buchstabens e oder ein ärztliches Zeugnis oder ein Testergebnis im Sinne des Buchstabens f über das nach Absatz 9 eingerichtete Melde- und Informationssystem der zuständigen Behörde zu übermitteln sind. In der Rechtsverordnung ist auch zu bestimmen, in welchen Fällen Ausnahmen von den Verpflichtungen nach Satz 1 bestehen. Personen nach Satz 1 können einer Beobachtung nach § 29 unterworfen werden, auch wenn die in § 29 Absatz 1 genannten Voraussetzungen nicht vorliegen. Es kann festgelegt werden, in welchen Fällen anstelle der Nutzung des vom Robert Koch-Institut nach Absatz 9 eingerichteten elektronischen Melde- und Informationssystems eine schriftliche Ersatzmitteilung gegenüber der zuständigen Behörde vorzunehmen ist. § 34 Absatz 4 gilt für die durch die Rechtsverordnung nach den Sätzen 1 und 4 festgelegten Verpflichtungen entsprechend.

(9) Das Robert Koch-Institut richtet für die Zwecke des Absatzes 8 Satz 1 ein elektronisches Melde- und Informationssystem ein und ist verantwortlich für dessen technischen Betrieb. Das Robert Koch-Institut kann einen IT-Dienstleister mit der technischen Umsetzung beauftragen. Die aufgrund einer Rechtsverordnung nach Absatz 8 Satz 1 erhobenen Daten dürfen von der zuständigen Behörde nur für Zwecke der Erfüllung und Überwachung der Verpflichtungen, die sich aus der Rechtsverordnung nach Absatz 8 Satz 1 ergeben, und der Kontaktnachverfolgung verarbeitet werden. Sie sind spätestens 14 Tage nach dem mitgeteilten Datum der Einreise der jeweils betroffenen Person zu löschen. Eine Übermittlung der auf Grund einer Rechtsverordnung nach Absatz 8 Satz 1 Nummer 2 erhobenen Daten durch die zuständigen Behörden an andere Stellen oder eine Weiterverwendung dieser Daten durch die zuständigen Behörden zu anderen als den in Satz 3 genannten Zwecken ist unzulässig.

(10) Die Bundesregierung wird, sofern der Deutsche Bundestag nach § 5 Absatz 1 Satz 1 eine epidemische Lage von nationaler Tragweite festgestellt hat, ermächtigt, durch Rechtsverordnung ohne Zustimmung des Bundesrates festzulegen,

1. dass die in einer Rechtsverordnung nach Absatz 8 Satz 1 genannten Personen verpflichtet sind, gegenüber den Beförderern, gegenüber der zuständigen Behörde oder gegenüber den diese Behörde nach Maßgabe des Absatzes 11 Satz 1 unterstützenden, mit der polizeilichen Kontrolle des grenzüberschreitenden Verkehrs beauftragten Behörden
   a) einen Nachweis über die Erfüllung der in einer Rechtsverordnung nach Absatz 8 Satz 1 Nummer 2 festgelegten Verpflichtungen oder die Ersatzmitteilung nach Absatz 8 Satz 4 vorzulegen oder auszuhändigen,
   b) eine Impfdokumentation hinsichtlich der in Absatz 8 Satz 1 genannten Krankheit vorzulegen,
   c) ein ärztliches Zeugnis oder ein Testergebnis hinsichtlich des Nichtvorliegens der in Absatz 8 Satz 1 genannten Krankheit vorzulegen,
   d) Auskunft darüber zu geben, ob bei ihnen Anhaltspunkte für die in Absatz 8 Satz 1 genannte Krankheit vorhanden sind;
1a. dass alle Personen, bevor sie in die Bundesrepublik Deutschland auf dem Luftweg befördert werden, verpflichtet sind, vor Abflug gegenüber den Beförderern ein ärztliches Zeugnis oder ein Testergebnis hinsichtlich des Nichtvorliegens der in Absatz 8 Satz 1 genannten Krankheit vorzulegen;
2. dass Unternehmen, die im Eisenbahn-, Bus-, Schiffs- oder Flugverkehr Reisende befördern, Betreiber von Flugplätzen, Häfen, Personenbahnhöfen und Omnibusbahnhöfen im Rahmen ihrer betrieblichen und technischen Möglichkeiten ausschließlich zur Feststellung und Verhinderung der Verbreitung der in Absatz 8 Satz 1 genannten Krankheit, bei der Durchführung der Rechtsverordnung nach Nummer 1 oder Nummer 1a mitzuwirken haben, und verpflichtet sind,
   a) Beförderungen im Fall eines erhöhten Infektionsrisikos im Sinne von Absatz 8 Satz 1 in die Bundesrepublik Deutschland zu unterlassen, sofern eine Rückreise von Personen mit Wohnsitz in Deutschland weiterhin möglich ist, deren Einreise nicht aus aufenthaltsrechtlichen Gründen zu untersagen ist,
   b) Beförderungen in die Bundesrepublik Deutschland nur dann durchzuführen, wenn die zu befördernden Personen den nach Nummer 1 oder Nummer 1a auferlegten Verpflichtungen vor der Beförderung nachgekommen sind,
   c) Reisende über die geltenden Einreise- und Infektionsschutzbestimmungen und -maßnahmen in der Bundesrepublik Deutschland und die Gefahren der in Absatz 8 Satz 1 genannten Krankheit sowie die Möglichkeiten zu deren Verhütung und Bekämpfung barrierefrei zu informieren und in diesem Rahmen auf die Reise- und Sicherheitshinweise des Auswärtigen Amts hinzuweisen,
   d) die zur Identifizierung einer Person oder zur Früherkennung von Kranken, Krankheitsverdächtigen, Ansteckungsverdächtigen und Ausscheidern notwendigen personenbezogenen Angaben zu erheben und an die für den Aufenthaltsort der betreffenden Person nach diesem Gesetz zuständige Behörde zu übermitteln,
   e) bestimmte Schutzmaßnahmen zur Verhinderung der Übertragung der in Absatz 8 Satz 1 genannten Krankheit im Rahmen der Beförderung vorzunehmen,
   f) die Beförderung von Kranken, Krankheitsverdächtigen, Ansteckungsverdächtigen und Ausscheidern der zuständigen Behörde zu melden,

g) Passagierlisten und Sitzpläne auf Nachfrage der zuständigen Behörde zu übermitteln,
h) den Transport von Kranken, Krankheitsverdächtigen, Ansteckungsverdächtigen oder Ausscheidern, in ein Krankenhaus oder in eine andere geeignete Einrichtung durch Dritte zu ermöglichen,
i) gegenüber dem Robert Koch-Institut eine für Rückfragen der zuständigen Behörden erreichbare Kontaktstelle zu benennen;
3. dass Anbieter von Telekommunikationsdiensten und Betreiber öffentlicher Mobilfunknetze verpflichtet sind, Einreisende barrierefrei über elektronische Nachrichten über die geltenden Einreise- und Infektionsschutzbestimmungen und -maßnahmen in der Bundesrepublik Deutschland zu informieren.

Personen, die kein aufgrund der Rechtsverordnung nach Satz 1 Nummer 1 erforderliches ärztliches Zeugnis oder erforderliches Testergebnis vorlegen, sind verpflichtet, eine ärztliche Untersuchung auf Ausschluss der in Absatz 8 Satz 1 genannten Krankheit zu dulden. § 34 Absatz 4 gilt für die durch die Rechtsverordnung nach Satz 1 Nummer 1 oder Nummer 1a festgelegten Verpflichtungen entsprechend.

(11) Die mit der polizeilichen Kontrolle des grenzüberschreitenden Verkehrs beauftragten Behörden können anlässlich der grenzpolizeilichen Aufgabenwahrnehmung als unterstützende Behörde nach Absatz 10 Satz 1 Nummer 1 stichprobenhaft von den in der Rechtsverordnung nach Absatz 8 Satz 1 genannten Personen verlangen, dass sie ihnen die in Absatz 10 Satz 1 Nummer 1 Buchstabe a bis c genannten Nachweise oder Dokumente vorlegen oder ihnen Auskunft nach Absatz 10 Satz 1 Nummer 1 Buchstabe d erteilen. Die unterstützenden Behörden nach Absatz 10 Satz 1 Nummer 1 unterrichten bei Kenntnis unverzüglich die zuständigen Behörden über die Einreise der in der Rechtsverordnung nach Absatz 8 Satz 1 genannten Personen, soweit diese ihren den unterstützenden Behörden gegenüber bestehenden in der Rechtsverordnung nach Absatz 10 Satz 1 Nummer 1 festgelegten Verpflichtungen bei der Einreise nicht nachkommen. Zu diesem Zweck dürfen bei den in der Rechtsverordnung nach Absatz 8 Satz 1 genannten Personen ihre personenbezogenen Angaben, Angaben zu ihren Aufenthaltsorten bis zu zehn Tage vor und nach der Einreise und Angaben zu dem von ihnen genutzten Reisemittel erhoben und der zuständigen Behörde übermittelt werden. Die nach § 71 Absatz 1 Satz 1 des Aufenthaltsgesetzes zuständigen Behörden und die unterstützenden Behörden nach Absatz 10 Satz 1 Nummer 1 unterrichten bei Kenntnis unverzüglich die zuständigen Behörden über die Einreise der in der Rechtsverordnung nach Absatz 6 Satz 1 oder nach Absatz 7 Satz 1 genannten Personen. Zu diesem Zweck dürfen bei diesen Personen ihre personenbezogenen Angaben erhoben und der zuständigen Behörde übermittelt werden. Die von den Behörden nach den Sätzen 1, 3 und 5 erhobenen Daten dürfen mit den Daten vorgelegter Reisedokumente abgeglichen werden.

(12) Eine aufgrund des Absatzes 8 Satz 1 oder des Absatzes 10 Satz 1 erlassene Rechtsverordnung tritt spätestens ein Jahr nach der Aufhebung der Feststellung der epidemischen Lage von nationaler Tragweite durch den Deutschen Bundestag nach § 5 Absatz 1 Satz 2 außer Kraft. Bis zu ihrem Außerkrafttreten kann eine aufgrund des Absatzes 8 Satz 1 oder des Absatzes 10 Satz 1 erlassene Rechtsverordnung auch nach Aufhebung der epidemischen Lage von nationaler Tragweite geändert werden.

(13) Durch die Absätze 4 bis 8 und 10 werden die Grundrechte der körperlichen Unversehrtheit (Artikel 2 Absatz 2 Satz 1 des Grundgesetzes), der Freiheit der Person (Artikel 2 Absatz 2 Satz 2 des Grundgesetzes), der Freizügigkeit der Person (Artikel 11 Absatz 1 des Grundgesetzes) und der Unverletzlichkeit der Wohnung (Artikel 13 Absatz 1 des Grundgesetzes) eingeschränkt.

12. Abschnitt
Entschädigung in besonderen Fällen

§ 56 Entschädigung

(1) Wer auf Grund dieses Gesetzes als Ausscheider, Ansteckungsverdächtiger, Krankheitsverdächtiger oder als sonstiger Träger von Krankheitserregern im Sinne von § 31 Satz 2 Verboten in der Ausübung seiner bisherigen Erwerbstätigkeit unterliegt oder unterworfen wird und dadurch einen Verdienstausfall erleidet, erhält eine Entschädigung in Geld. Das Gleiche gilt für eine Person, die nach § 30, auch in Verbindung mit § 32, abgesondert wird oder sich auf Grund einer nach § 36 Absatz 8 Satz 1 Nummer 1 erlassenen Rechtsverordnung absondert. Eine Entschädigung in Geld kann auch einer Person gewährt werden, wenn diese sich bereits vor der Anordnung einer Absonderung nach § 30 oder eines beruflichen Tätigkeitsverbots nach § 31 vorsorglich abgesondert oder vorsorglich bestimmte berufliche Tätigkeiten ganz oder teilweise nicht ausgeübt hat und dadurch einen Verdienstausfall erleidet, wenn eine Anordnung einer Absonderung nach § 30 oder eines beruflichen Tätigkeitsverbots nach § 31 bereits zum Zeitpunkt der vorsorglichen Absonderung oder vorsorglichen Nichtausübung beruflicher Tätigkeiten hätte erlassen werden können. Eine Entschädigung nach den Sätzen 1 und 2 erhält nicht, wer durch Inanspruchnahme einer Schutzimpfung oder anderen Maßnahme der spezifischen Prophylaxe, die gesetzlich vorgeschrieben ist oder im Bereich des gewöhnlichen Aufenthaltsorts des Betroffenen öffentlich

empfohlen wurde, oder durch Nichtantritt einer vermeidbaren Reise in ein bereits zum Zeitpunkt der Abreise eingestuftes Risikogebiet ein Verbot in der Ausübung seiner bisherigen Tätigkeit oder eine Absonderung hätte vermeiden können. Eine Reise ist im Sinne des Satzes 4 vermeidbar, wenn zum Zeitpunkt der Abreise keine zwingenden und unaufschiebbaren Gründe für die Reise vorlagen.
(1a) Sofern der Deutsche Bundestag nach § 5 Absatz 1 Satz 1 eine epidemische Lage von nationaler Tragweite festgestellt hat, erhält eine erwerbstätige Person eine Entschädigung in Geld, wenn
1. Einrichtungen zur Betreuung von Kindern, Schulen oder Einrichtungen für Menschen mit Behinderungen zur Verhinderung der Verbreitung von Infektionen oder übertragbaren Krankheiten auf Grund dieses Gesetzes vorübergehend geschlossen werden oder deren Betreten, auch aufgrund einer Absonderung, untersagt wird, oder wenn von der zuständigen Behörde aus Gründen des Infektionsschutzes Schul- oder Betriebsferien angeordnet oder verlängert werden, die Präsenzpflicht in einer Schule aufgehoben oder der Zugang zum Kinderbetreuungsangebot eingeschränkt wird oder eine behördliche Empfehlung vorliegt, vom Besuch einer Einrichtung zur Betreuung von Kindern, einer Schule oder einer Einrichtung für Menschen mit Behinderungen abzusehen,
2. die erwerbstätige Person ihr Kind, das das zwölfte Lebensjahr noch nicht vollendet hat oder behindert und auf Hilfe angewiesen ist, in diesem Zeitraum selbst beaufsichtigt, betreut oder pflegt, weil sie keine anderweitige zumutbare Betreuungsmöglichkeit sicherstellen kann, und
3. die erwerbstätige Person dadurch einen Verdienstausfall erleidet.
Anspruchsberechtigte haben gegenüber der zuständigen Behörde, auf Verlangen des Arbeitgebers auch diesem gegenüber, darzulegen, dass sie in diesem Zeitraum keine zumutbare Betreuungsmöglichkeit für das Kind sicherstellen können. Ein Anspruch besteht nicht, soweit eine Schließung ohnehin wegen der Schul- oder Betriebsferien erfolgen würde. Im Fall, dass das Kind in Vollzeitpflege nach § 33 des Achten Buches Sozialgesetzbuch in den Haushalt aufgenommen wurde, steht der Anspruch auf Entschädigung den Pflegeeltern zu.
(2) Die Entschädigung bemisst sich nach dem Verdienstausfall. Für die ersten sechs Wochen wird sie in Höhe des Verdienstausfalls gewährt. Vom Beginn der siebenten Woche an wird die Entschädigung abweichend von Satz 2 in Höhe von 67 Prozent des der erwerbstätigen Person entstandenen Verdienstausfalls gewährt; für einen vollen Monat wird höchstens ein Betrag von 2016 Euro gewährt. Im Fall des Absatzes 1a wird die Entschädigung von Beginn an in der in Satz 3 bestimmten Höhe gewährt. Für jede erwerbstätige Person wird die Entschädigung nach Satz 4 für die Dauer der vom Deutschen Bundestag nach § 5 Absatz 1 Satz 1 festgestellten epidemischen Lage von nationaler Tragweite unabhängig von der Anzahl der Kinder für längstens zehn Wochen pro Jahr gewährt, für eine erwerbstätige Person, die ihr Kind allein beaufsichtigt, betreut oder pflegt, längstens für 20 Wochen pro Jahr.
(3) Als Verdienstausfall gilt das Arbeitsentgelt, das dem Arbeitnehmer bei der für ihn maßgebenden regelmäßigen Arbeitszeit zusteht, vermindert um Steuern und Beiträge zur Sozialversicherung sowie zur Arbeitsförderung oder entsprechende Aufwendungen zur sozialen Sicherung in angemessenem Umfang (Netto-Arbeitsentgelt). Bei der Ermittlung des Arbeitsentgelts sind die Regelungen des § 4 Absatz 1, 1a und 4 des Entgeltfortzahlungsgesetzes entsprechend anzuwenden. Für die Berechnung des Verdienstausfalls ist die Netto-Entgeltdifferenz in entsprechender Anwendung des § 106 des Dritten Buches Sozialgesetzbuch zu bilden. Der Betrag erhöht sich um das Kurzarbeitergeld und um das Zuschuss-Wintergeld, auf das der Arbeitnehmer Anspruch hätte, wenn er nicht aus den in Absatz 1 genannten Gründen an der Arbeitsleistung verhindert wäre. Satz 1 gilt für die Berechnung des Verdienstausfalls bei den in Heimarbeit Beschäftigten und bei Selbständigen entsprechend mit der Maßgabe, dass bei den in Heimarbeit Beschäftigten das im Durchschnitt des letzten Jahres vor Einstellung der verbotenen Tätigkeit oder vor der Absonderung verdiente monatliche Arbeitsentgelt und bei Selbständigen ein Zwölftel des Arbeitseinkommens (§ 15 des Vierten Buches Sozialgesetzbuch) aus der entschädigungspflichtigen Tätigkeit zugrunde zu legen ist.
(4) Bei einer Existenzgefährdung können den Entschädigungsberechtigten die während der Verdienstausfallzeiten entstehenden Mehraufwendungen auf Antrag in angemessenem Umfang von der zuständigen Behörde erstattet werden. Selbständige, deren Betrieb oder Praxis während der Dauer einer Maßnahme nach Absatz 1 ruht, erhalten neben der Entschädigung nach den Absätzen 2 und 3 auf Antrag von der zuständigen Behörde Ersatz der in dieser Zeit weiterlaufenden nicht gedeckten Betriebsausgaben in angemessenem Umfang.
(5) Bei Arbeitnehmern hat der Arbeitgeber für die Dauer des Arbeitsverhältnisses, längstens für sechs Wochen, die Entschädigung für die zuständige Behörde auszuzahlen. Abweichend von Satz 1 hat der Arbeitgeber die Entschädigung nach Absatz 1a für die in Absatz 2 Satz 5 genannte Dauer auszuzahlen. Die ausgezahlten Beträge werden dem Arbeitgeber auf Antrag von der zuständigen Behörde erstattet. Im Übrigen wird die Entschädigung von der zuständigen Behörde auf Antrag gewährt.
(6) Bei Arbeitnehmern richtet sich die Fälligkeit der Entschädigungsleistungen nach der Fälligkeit des aus der bisherigen Tätigkeit erzielten Arbeitsentgelts. Bei sonstigen Entschädigungsberechtigten ist die Entschädigung jeweils zum Ersten eines Monats für den abgelaufenen Monat zu gewähren.

(7) Wird der Entschädigungsberechtigte arbeitsunfähig, so bleibt der Entschädigungsanspruch in Höhe des Betrages, der bei Eintritt der Arbeitsunfähigkeit an den Berechtigten auszuzahlen war, bestehen. Ansprüche, die Entschädigungsberechtigten wegen des durch die Arbeitsunfähigkeit bedingten Verdienstausfalls auf Grund anderer gesetzlicher Vorschriften oder eines privaten Versicherungsverhältnisses zustehen, gehen insoweit auf das entschädigungspflichtige Land über.
(8) Auf die Entschädigung sind anzurechnen
1. Zuschüsse des Arbeitgebers, soweit sie zusammen mit der Entschädigung den tatsächlichen Verdienstausfall übersteigen,
2. das Netto-Arbeitsentgelt und das Arbeitseinkommen nach Absatz 3 aus einer Tätigkeit, die als Ersatz der verbotenen Tätigkeit ausgeübt wird, soweit es zusammen mit der Entschädigung den tatsächlichen Verdienstausfall übersteigt,
3. der Wert desjenigen, das der Entschädigungsberechtigte durch Ausübung einer anderen als der verbotenen Tätigkeit zu erwerben böswillig unterlässt, soweit es zusammen mit der Entschädigung den tatsächlichen Verdienstausfall übersteigt,
4. das Arbeitslosengeld in der Höhe, in der diese Leistung dem Entschädigungsberechtigten ohne Anwendung der Vorschriften über das Ruhen des Anspruchs auf Arbeitslosengeld bei Sperrzeit nach dem Dritten Buch Sozialgesetzbuch sowie des § 66 des Ersten Buches Sozialgesetzbuch in der jeweils geltenden Fassung hätten gewährt werden müssen.
Liegen die Voraussetzungen für eine Anrechnung sowohl nach Nummer 3 als auch nach Nummer 4 vor, so ist der höhere Betrag anzurechnen.
(9) Der Anspruch auf Entschädigung geht insoweit, als dem Entschädigungsberechtigten Arbeitslosengeld oder Kurzarbeitergeld für die gleiche Zeit zu gewähren ist, auf die Bundesagentur für Arbeit über. Das Eintreten eines Tatbestandes nach Absatz 1 oder Absatz 1a unterbricht nicht den Bezug von Arbeitslosengeld oder Kurzarbeitergeld, wenn die weiteren Voraussetzungen nach dem Dritten Buch Sozialgesetzbuch erfüllt sind.
(10) Ein auf anderen gesetzlichen Vorschriften beruhender Anspruch auf Ersatz des Verdienstausfalls, der dem Entschädigungsberechtigten durch das Verbot der Ausübung seiner Erwerbstätigkeit oder durch die Absonderung erwachsen ist, geht insoweit auf das zur Gewährung der Entschädigung verpflichtete Land über, als dieses dem Entschädigungsberechtigten nach diesem Gesetz Leistungen zu gewähren hat.
(11) Die Anträge nach Absatz 5 sind innerhalb einer Frist von zwei Jahren nach Einstellung der verbotenen Tätigkeit, dem Ende der Absonderung oder nach dem Ende der vorübergehenden Schließung, der Untersagung des Betretens, der Schul- oder Betriebsferien, der Aufhebung der Präsenzpflicht, der Einschränkung des Kinderbetreuungsangebotes oder der Aufhebung der Empfehlung nach Absatz 1a Satz 1 Nummer 1 bei der zuständigen Behörde zu stellen. Die Landesregierungen werden ermächtigt, durch Rechtsverordnung zu bestimmen, dass der Antrag nach Absatz 5 Satz 3 und 4 nach amtlich vorgeschriebenem Verfahren durch Datenfernübertragung zu übermitteln ist und das nähere Verfahren zu bestimmen. Die zuständige Behörde kann zur Vermeidung unbilliger Härten auf eine Übermittlung durch Datenfernübertragung verzichten. Dem Antrag ist von Arbeitnehmern eine Bescheinigung des Arbeitgebers und von dem in Heimarbeit Beschäftigten eine Bescheinigung des Auftraggebers über die Höhe des in dem nach Absatz 3 für sie maßgeblichen Zeitraum verdienten Arbeitsentgelts und der gesetzlichen Abzüge, von Selbständigen eine Bescheinigung des Finanzamtes über die Höhe des letzten beim Finanzamt nachgewiesenen Arbeitseinkommens beizufügen. Ist ein solches Arbeitseinkommen noch nicht nachgewiesen oder ist ein Unterschiedsbetrag nach Absatz 3 zu errechnen, so kann die zuständige Behörde die Vorlage anderer oder weiterer Nachweise verlangen.
(12) Die zuständige Behörde hat auf Antrag dem Arbeitgeber einen Vorschuss in der voraussichtlichen Höhe des Erstattungsbetrages, den in Heimarbeit Beschäftigten und Selbständigen in der voraussichtlichen Höhe der Entschädigung zu gewähren.

§ 57 Verhältnis zur Sozialversicherung und zur Arbeitsförderung

(1) Für Personen, denen eine Entschädigung nach § 56 Abs. 1 zu gewähren ist, besteht eine Versicherungspflicht in der gesetzlichen Rentenversicherung fort. Bemessungsgrundlage für Beiträge sind
1. bei einer Entschädigung nach § 56 Abs. 2 Satz 2 das Arbeitsentgelt, das der Verdienstausfallentschädigung nach § 56 Abs. 3 vor Abzug von Steuern und Beitragsanteilen zur Sozialversicherung oder entsprechender Aufwendungen zur sozialen Sicherung zugrunde liegt,
2. bei einer Entschädigung nach § 56 Abs. 2 Satz 3 80 vom Hundert des dieser Entschädigung zugrunde liegenden Arbeitsentgelts oder Arbeitseinkommens.
Das entschädigungspflichtige Land trägt die Beiträge zur gesetzlichen Rentenversicherung allein. Zahlt der Arbeitgeber für die zuständige Behörde die Entschädigung aus, gelten die Sätze 2 und 3 entsprechend; die zuständige Behörde hat ihm auf Antrag die entrichteten Beiträge zu erstatten.

(2) Für Personen, denen nach § 56 Absatz 1 Satz 2 eine Entschädigung zu gewähren ist, besteht eine Versicherungspflicht in der gesetzlichen Krankenversicherung, in der sozialen Pflegeversicherung und nach dem Dritten Buch Sozialgesetzbuch sowie eine Pflicht zur Leistung der aufgrund der Teilnahme an den Ausgleichsverfahren nach § 1 oder § 12 des Aufwendungsausgleichsgesetzes und nach § 358 des Dritten Buches Sozialgesetzbuch zu entrichtenden Umlagen fort. Absatz 1 Satz 2 bis 4 gilt entsprechend.

(3) In der gesetzlichen Unfallversicherung wird, wenn es für den Berechtigten günstiger ist, der Berechnung des Jahresarbeitsverdienstes für Zeiten, in denen dem Verletzten im Jahr vor dem Arbeitsunfall eine Entschädigung nach § 56 Abs. 1 zu gewähren war, das Arbeitsentgelt oder Arbeitseinkommen zugrunde gelegt, das seinem durchschnittlichen Arbeitsentgelt oder Arbeitseinkommen in den mit Arbeitsentgelt oder Arbeitseinkommen belegten Zeiten dieses Zeitraums entspricht. § 82 Abs. 3 des Siebten Buches Sozialgesetzbuch gilt entsprechend. Die durch die Anwendung des Satzes 1 entstehenden Mehraufwendungen werden den Versicherungsträgern von der zuständigen Behörde erstattet.

(4) In der Krankenversicherung werden die Leistungen nach dem Arbeitsentgelt berechnet, das vor Beginn des Anspruchs auf Entschädigung gezahlt worden ist.

(5) Zeiten, in denen nach Absatz 1 eine Versicherungspflicht nach dem Dritten Buch Sozialgesetzbuch fortbesteht, bleiben bei der Feststellung des Bemessungszeitraums für einen Anspruch auf Arbeitslosengeld nach dem Dritten Buch Sozialgesetzbuch außer Betracht.

(6) Wird eine Entschädigung nach § 56 Absatz 1a gewährt, gelten die Absätze 1, 2 und 5 entsprechend mit der Maßgabe, dass sich die Bemessungsgrundlage für die Beiträge nach Absatz 1 Satz 2 Nummer 2 bestimmt.

§ 58 Aufwendungserstattung

Entschädigungsberechtigte im Sinne des § 56 Absatz 1 und 1a, die der Pflichtversicherung in der gesetzlichen Kranken-, Renten- sowie der sozialen Pflegeversicherung nicht unterliegen, haben gegenüber dem nach § 66 Absatz 1 Satz 1 zur Zahlung verpflichteten Land einen Anspruch auf Erstattung ihrer Aufwendungen für soziale Sicherung in angemessenem Umfang. In den Fällen, in denen sie Netto-Arbeitsentgelt und Arbeitseinkommen aus einer Tätigkeit beziehen, die als Ersatz der verbotenen Tätigkeit ausgeübt wird, mindert sich der Anspruch nach Satz 1 in dem Verhältnis dieses Einkommens zur ungekürzten Entschädigung.

§ 59 Sondervorschrift für Ausscheider

Ausscheider, die Anspruch auf eine Entschädigung nach § 56 haben, gelten als körperlich Behinderte im Sinne des Dritten Buches Sozialgesetzbuch.

14. Abschnitt
Straf- und Bußgeldvorschriften

§ 73 Bußgeldvorschriften

(1) (weggefallen)

(1a) Ordnungswidrig handelt, wer vorsätzlich oder fahrlässig
1. einer vollziehbaren Anordnung nach § 5 Absatz 2 Satz 1 Nummer 6 Buchstabe b zuwiderhandelt,
2. entgegen § 6 oder § 7, jeweils auch in Verbindung mit § 14 Absatz 8 Satz 2, 3, 4 oder 5 oder einer Rechtsverordnung nach § 15 Absatz 1 oder 3, eine Meldung nicht, nicht richtig, nicht vollständig, nicht in der vorgeschriebenen Weise oder nicht rechtzeitig macht,
3. entgegen § 15a Absatz 2 Satz 1, § 16 Absatz 2 Satz 3, auch in Verbindung mit § 25 Absatz 2 Satz 1 oder 2 zweiter Halbsatz oder einer Rechtsverordnung nach § 17 Absatz 4 Satz 1, oder entgegen § 29 Absatz 2 Satz 3, auch in Verbindung mit einer Rechtsverordnung nach § 32 Satz 1, eine Auskunft nicht, nicht richtig, nicht vollständig oder nicht rechtzeitig erteilt,
4. entgegen § 15a Absatz 2 Satz 1, § 16 Absatz 2 Satz 3, auch in Verbindung mit § 25 Absatz 2 Satz 1 oder 2 zweiter Halbsatz oder einer Rechtsverordnung nach § 17 Absatz 4 Satz 1, eine Unterlage nicht, nicht richtig, nicht vollständig oder nicht rechtzeitig vorlegt,
5. entgegen § 15a Absatz 3 Satz 2, § 16 Absatz 2 Satz 2, auch in Verbindung mit § 25 Absatz 2 Satz 1 oder einer Rechtsverordnung nach § 17 Absatz 4 Satz 1, oder entgegen § 51 Satz 2 ein Grundstück, einen Raum, eine Anlage, eine Einrichtung, ein Verkehrsmittel oder einen sonstigen Gegenstand nicht zugänglich macht,
6. einer vollziehbaren Anordnung nach § 17 Abs. 1, auch in Verbindung mit einer Rechtsverordnung nach Abs. 4 Satz 1, § 17 Abs. 3 Satz 1, § 25 Absatz 3 Satz 1 oder 2, auch in Verbindung mit § 29 Abs. 2 Satz 2, dieser auch in Verbindung mit einer Rechtsverordnung nach § 32 Satz 1, § 25 Absatz 4 Satz 2, § 28 Absatz 1 Satz 1 oder Satz 2, § 30 Absatz 1 Satz 2 oder § 31, jeweils auch in Verbindung mit einer Rechtsverordnung nach § 32 Satz 1, oder § 34 Abs. 8 oder 9 zuwiderhandelt,

170 IfSG § 73

7. entgegen § 18 Abs. 1 Satz 1 ein Mittel oder ein Verfahren anwendet,
7a. entgegen § 20 Absatz 9 Satz 4 Nummer 1, auch in Verbindung mit Absatz 10 Satz 2 oder Absatz 11 Satz 2 eine Benachrichtigung nicht, nicht richtig, nicht vollständig oder nicht rechtzeitig vornimmt,
7b. entgegen § 20 Absatz 9 Satz 6 oder Satz 7 eine Person betreut oder beschäftigt oder in einer dort genannten Einrichtung tätig wird,
7c. entgegen § 20 Absatz 12 Satz 1, auch in Verbindung mit § 20 Absatz 13 Satz 1 oder Satz 2, einen Nachweis nicht, nicht richtig, nicht vollständig oder nicht rechtzeitig vorlegt,
7d. einer vollziehbaren Anordnung nach § 20 Absatz 12 Satz 3, auch in Verbindung mit § 20 Absatz 13 Satz 1 oder Satz 2, zuwiderhandelt,
8. entgegen § 22 Absatz 1 eine Schutzimpfung nicht, nicht richtig, nicht vollständig oder nicht rechtzeitig dokumentiert,
9. entgegen § 23 Absatz 4 Satz 1 nicht sicherstellt, dass die dort genannten Infektionen und das Auftreten von Krankheitserregern aufgezeichnet oder die Präventionsmaßnahmen mitgeteilt oder umgesetzt werden,
9a. entgegen § 23 Absatz 4 Satz 2 nicht sicherstellt, dass die dort genannten Daten aufgezeichnet oder die Anpassungen mitgeteilt oder umgesetzt werden,
9b. entgegen § 23 Absatz 4 Satz 3 eine Aufzeichnung nicht oder nicht mindestens zehn Jahre aufbewahrt,
10. entgegen § 23 Absatz 4 Satz 4 Einsicht nicht gewährt,
10a. entgegen § 23 Absatz 5 Satz 1, auch in Verbindung mit einer Rechtsverordnung nach § 23 Absatz 5 Satz 2, nicht sicherstellt, dass die dort genannten Verfahrensweisen festgelegt sind,
11. entgegen § 25 Absatz 4 Satz 1 eine Untersuchung nicht gestattet,
11a. einer vollziehbaren Anordnung nach § 28 Absatz 2, auch in Verbindung mit einer Rechtsverordnung nach § 32 Satz 1, zuwiderhandelt,
11b. entgegen § 28b Absatz 1 Satz 1 Nummer 1 erster Halbsatz an einer Zusammenkunft teilnimmt,
11c. entgegen § 28b Absatz 1 Satz 1 Nummer 2 erster Halbsatz sich außerhalb einer Wohnung, einer Unterkunft oder des jeweils dazugehörigen befriedeten Besitztums aufhält,
11d. entgegen § 28b Absatz 1 Satz 1 Nummer 3 eine dort genannte Einrichtung öffnet,
11e. entgegen § 28b Absatz 1 Satz 1 Nummer 4 erster Halbsatz ein Ladengeschäft oder einen Markt öffnet,
11f. entgegen § 28b Absatz 1 Satz 1 Nummer 5 erster Halbsatz, auch in Verbindung mit Nummer 5 zweiter Halbsatz, eine dort genannte Einrichtung öffnet oder eine Veranstaltung durchführt,
11g. entgegen § 28b Absatz 1 Satz 1 Nummer 6 erster Halbsatz Sport ausübt,
11h. entgegen § 28b Absatz 1 Satz 1 Nummer 7 erster Halbsatz, auch in Verbindung mit Nummer 7 zweiter Halbsatz, eine Gaststätte öffnet,
11i. entgegen § 28b Absatz 1 Satz 1 Nummer 7 fünfter Halbsatz eine Speise oder ein Getränk verzehrt,
11j. entgegen § 28b Absatz 1 Satz 1 Nummer 7 sechster Halbsatz eine Speise oder ein Getränk abverkauft,
11k. entgegen § 28b Absatz 1 Satz 1 Nummer 8 erster Halbsatz eine Dienstleistung ausübt oder in Anspruch nimmt,
11l. entgegen § 28b Absatz 1 Satz 1 Nummer 9 erster oder dritter Halbsatz eine dort genannte Atemschutzmaske oder Gesichtsmaske nicht trägt,
11m. entgegen § 28b Absatz 1 Satz 1 Nummer 10 ein Übernachtungsangebot zur Verfügung stellt,
12. entgegen § 29 Abs. 2 Satz 3, auch in Verbindung mit einer Rechtsverordnung nach § 32 Satz 1, Zutritt nicht gestattet,
13. entgegen § 29 Abs. 2 Satz 3, auch in Verbindung mit Satz 4 oder einer Rechtsverordnung nach § 32 Satz 1, § 49 Absatz 1 Satz 1, § 50 Satz 1 oder 2 oder § 50a Absatz 1 Satz 1 eine Anzeige nicht, nicht richtig, nicht vollständig oder nicht rechtzeitig erstattet,
14. entgegen § 34 Abs. 1 Satz 1, auch in Verbindung mit Satz 2 oder Abs. 3, eine dort genannte Tätigkeit ausübt, einen Raum betritt, eine Einrichtung benutzt oder an einer Veranstaltung teilnimmt,
15. ohne Zustimmung nach § 34 Abs. 2 einen Raum betritt, eine Einrichtung benutzt oder an einer Veranstaltung teilnimmt,
16. entgegen § 34 Abs. 4 für die Einhaltung der dort genannten Verpflichtungen nicht sorgt,
16a. entgegen § 34 Absatz 5 Satz 1 oder § 43 Absatz 2 eine Mitteilung nicht, nicht richtig, nicht vollständig oder nicht rechtzeitig macht,
17. entgegen § 34 Abs. 6 Satz 1, auch in Verbindung mit Satz 2, oder § 36 Absatz 3a das Gesundheitsamt nicht, nicht richtig, nicht vollständig oder nicht rechtzeitig benachrichtigt,
17a. entgegen § 34 Absatz 10a Satz 1 einen Nachweis nicht oder nicht rechtzeitig erbringt,
18. entgegen § 35 Satz 1 oder § 43 Abs. 4 Satz 1 eine Belehrung nicht, nicht richtig, nicht vollständig oder nicht rechtzeitig durchführt,

19. entgegen § 36 Absatz 5 Satz 1 oder Satz 3, Absatz 6 Satz 2 erster Halbsatz, Absatz 7 Satz 2 erster Halbsatz oder Absatz 10 Satz 2 eine ärztliche Untersuchung nicht duldet,
20. entgegen § 43 Abs. 1 Satz 1, auch in Verbindung mit einer Rechtsverordnung nach Abs. 7, eine Person beschäftigt,
21. entgegen § 43 Abs. 5 Satz 2 einen Nachweis oder eine Bescheinigung nicht oder nicht rechtzeitig vorlegt,
22. einer vollziehbaren Auflage nach § 47 Abs. 3 Satz 1 zuwiderhandelt,
22a. entgegen § 50a Absatz 2, auch in Verbindung mit einer Rechtsverordnung nach § 50a Absatz 4 Nummer 1, Polioviren oder dort genanntes Material nicht oder nicht rechtzeitig vernichtet,
22b. entgegen § 50a Absatz 3 Satz 1, auch in Verbindung mit einer Rechtsverordnung nach § 50a Absatz 4 Nummer 2, Polioviren oder dort genanntes Material besitzt,
23. entgegen § 51 Satz 2 ein Buch oder eine sonstige Unterlage nicht oder nicht rechtzeitig vorlegt, Einsicht nicht gewährt oder eine Prüfung nicht duldet oder
24. einer Rechtsverordnung nach § 5 Absatz 2 Satz 1 Nummer 4 Buchstabe c bis f oder g oder Nummer 8 Buchstabe c, § 13 Absatz 3 Satz 8 oder Absatz 4 Satz 2, § 17 Absatz 4 Satz 1 oder Absatz 5 Satz 1, § 20 Abs. 6 Satz 1 oder Abs. 7 Satz 1, § 23 Absatz 8 Satz 1 oder Satz 2, § 28b Absatz 6 Satz 1 Nummer 1, § 32 Satz 1, § 36 Absatz 8 Satz 1 oder Satz 4, jeweils auch in Verbindung mit Satz 5, Absatz 10 Satz 1 Nummer 1, auch in Verbindung mit Satz 3, Nummer 2 oder Nummer 3, § 38 Abs. 1 Satz 1 Nr. 3 oder Abs. 2 Nr. 3 oder 5 oder § 53 Abs. 1 Nr. 2 oder einer vollziehbaren Anordnung auf Grund einer solchen Rechtsverordnung zuwiderhandelt, soweit die Rechtsverordnung für einen bestimmten Tatbestand auf diese Bußgeldvorschrift verweist.

(2) Die Ordnungswidrigkeit kann in den Fällen des Absatzes 1a Nummer 7a bis 7d, 8, 9b, 11a, 17a und 21 mit einer Geldbuße bis zu zweitausendfünfhundert Euro, in den übrigen Fällen mit einer Geldbuße bis zu fünfundzwanzigtausend Euro geahndet werden.

Anlage
(zu § 5b Absatz 4)

Maskentypen nach § 5b Absatz 4

Maskentyp	Standard (Teil der Kennzeichnung)	Weitere Kennzeichnungsmerkmale	Zielland
PSA gemäß Verordnung (EU) 2016/425			
FFP1	CE-Kennzeichnung mit nachgestellter Kennnummer der notifizierten Stelle	gemäß Verordnung (EU) 2016/425, z. B. Schutzklasse FFP1Gebrauchsdauer Herstellerangaben Verweis auf DIN EN 149:2001+A1:2009 oder vergleichbar EU-Konformitätserklärung Anleitung und Information	EU
FFP2 oder vergleichbar	CE-Kennzeichnung mit nachgestellter Kennnummer der notifizierten Stelle	gemäß Verordnung (EU) 2016/425, z. B. Schutzklasse FFP2Gebrauchsdauer Herstellerangaben Verweis auf DIN EN 149:2001+A1:2009 oder vergleichbar EU-Konformitätserklärung Anleitung und Information	EU
FFP3 oder vergleichbar	CE-Kennzeichnung mit nachgestellter Kennnummer der notifizierten Stelle	gemäß Verordnung (EU) 2016/425, z. B. Schutzklasse FFP3Gebrauchsdauer Herstellerangaben Verweis auf DIN EN 149:2001+A1:2009 oder vergleichbar EU-Konformitätserklärung Anleitung und Information	EU
PSA gemäß § 9 Absatz 1 MedBVSV			
N95	NIOSH-42CFR84	ModellnummerLot-Nummer Maskentyp Herstellerangaben TC-Zulassungsnummer	USA und Kanada
P2	AS/NZS 1716-2012	Identifizierungsnummer oder Logo der Konformitätsbewertungsstellen	Australien und Neuseeland

Anlage IfSG 170

Maskentyp	Standard (Teil der Kennzeichnung)	Weitere Kennzeichnungsmerkmale	Zielland
DS2	JMHLW-Notification 214, 2018	https://www.baua.de/DE/Themen/Arbeitsgestaltung-im-Betrieb/Coronavirus/pdf/Kennzeichnung-Masken.pdf?__blob=publicationFile&v=10https://www.jaish.gr.jp/horei/hor1-y/hor1-y-13-11-3_1.pdf	Japan
N 100	NIOSH-42CFR84	https://www.jaish.gr.jp/horei/hor1-y/hor1-y-13-11-3_2.pdf ModellnummerLot-Nummer Maskentyp Herstellerangaben TC-Zulassungsnummer	USA und Kanada
PSA gemäß § 9 Absatz 2 MedBVSV			
CPA	Prüfgrundsatz für Corona SARS-Cov-2 Pandemie Atemschutzmasken (CPA)	Bescheinigung der Marktüberwachungsbehörde nach § 9 Absatz 3 MedBVSV	Deutschland
Mund-Nasen-Schutz gemäß Richtlinie 93/42/EWG			
MNS	CE-Kennzeichnung	DIN EN 14863	
Corona Pandemie Infektionsschutzmasken			
CPI	BMG/BfArM/TüV-Prüfgrundsätze	Vom Bund im Rahmen seiner hoheitlichen Aufgaben nach § 1 Absatz 1 und 2 der Verordnung vom 8. April 2020 (BAnz AT 09. 04. 2020 V3) beschaffte Schutzmasken.	Deutschland

180 StGB

Strafgesetzbuch (StGB)

in der Fassung der Bekanntmachung
vom 13. November 1998 (BGBl. I S. 3322)

Zuletzt geändert durch
Gesetz zur Bekämpfung sexualisierter Gewalt gegen Kinder
vom 16. Juni 2021 (BGBl. I S. 1810)
und
Gesetz zur Fortentwicklung der Strafprozessordnung und zur Änderung weiterer Vorschriften
vom 25. Juni 2021 (BGBl. I S. 2099)

Inhaltsübersicht

Allgemeiner Teil

Erster Abschnitt
Das Strafgesetz

Erster Titel
Geltungsbereich

§ 1 Keine Strafe ohne Gesetz
§ 2 Zeitliche Geltung
§ 3 Geltung für Inlandstaten
§ 4 Geltung für Taten auf deutschen Schiffen und Luftfahrzeugen
§ 5 Auslandstaten mit besonderem Inlandsbezug
§ 6 Auslandstaten gegen international geschützte Rechtsgüter
§ 7 Geltung für Auslandstaten in anderen Fällen
§ 8 Zeit der Tat
§ 9 Ort der Tat
§ 10 Sondervorschriften für Jugendliche und Heranwachsende

Zweiter Titel
Sprachgebrauch

§ 11 Personen- und Sachbegriffe
§ 12 Verbrechen und Vergehen

Zweiter Abschnitt
Die Tat

Erster Titel
Grundlagen der Strafbarkeit

§ 13 Begehen durch Unterlassen
§ 14 Handeln für einen anderen
§ 15 Vorsätzliches und fahrlässiges Handeln
§ 16 Irrtum über Tatumstände
§ 17 Verbotsirrtum
§ 18 Schwerere Strafe bei besonderen Tatfolgen
§ 19 Schuldunfähigkeit des Kindes
§ 20 Schuldunfähigkeit wegen seelischer Störungen
§ 21 Verminderte Schuldfähigkeit

Zweiter Titel
Versuch

§ 22 Begriffsbestimmung
§ 23 Strafbarkeit des Versuchs
§ 24 Rücktritt

Dritter Titel
Täterschaft und Teilnahme

§ 25 Täterschaft
§ 26 Anstiftung
§ 27 Beihilfe
§ 28 Besondere persönliche Merkmale
§ 29 Selbständige Strafbarkeit des Beteiligten
§ 30 Versuch der Beteiligung
§ 31 Rücktritt vom Versuch der Beteiligung

Vierter Titel
Notwehr und Notstand

§ 32 Notwehr
§ 33 Überschreitung der Notwehr
§ 34 Rechtfertigender Notstand
§ 35 Entschuldigender Notstand

Fünfter Titel
Straflosigkeit parlamentarischer Äußerungen und Berichte

§ 36 Parlamentarische Äußerungen
§ 37 Parlamentarische Berichte

Dritter Abschnitt
Rechtsfolgen der Tat

Erster Titel
Strafen

Freiheitsstrafe

§ 38 Dauer der Freiheitsstrafe
§ 39 Bemessung der Freiheitsstrafe

Geldstrafe

§ 40 Verhängung in Tagessätzen
§ 41 Geldstrafe neben Freiheitsstrafe
§ 42 Zahlungserleichterungen
§ 43 Ersatzfreiheitsstrafe

Nebenstrafe

§ 44 Fahrverbot

Nebenfolgen

§ 45 Verlust der Amtsfähigkeit, der Wählbarkeit und des Stimmrechts

§ 45a Eintritt und Berechnung des Verlustes
§ 45b Wiederverleihung von Fähigkeiten und Rechten

Zweiter Titel
Strafbemessung
§ 46 Grundsätze der Strafzumessung
§ 46a Täter-Opfer-Ausgleich, Schadenswiedergutmachung
§ 46b Hilfe zur Aufklärung oder Verhinderung von schweren Straftaten
§ 47 Kurze Freiheitsstrafe nur in Ausnahmefällen
§ 48 (weggefallen)
§ 49 Besondere gesetzliche Milderungsgründe
§ 50 Zusammentreffen von Milderungsgründen
§ 51 Anrechnung

Dritter Titel
Strafbemessung bei mehreren Gesetzesverletzungen
§ 52 Tateinheit
§ 53 Tatmehrheit
§ 54 Bildung der Gesamtstrafe
§ 55 Nachträgliche Bildung der Gesamtstrafe

Vierter Titel
Strafaussetzung zur Bewährung
§ 56 Strafaussetzung
§ 56a Bewährungszeit
§ 56b Auflagen
§ 56c Weisungen
§ 56d Bewährungshilfe
§ 56e Nachträgliche Entscheidungen
§ 56f Widerruf der Strafaussetzung
§ 56g Straferlaß
§ 57 Aussetzung des Strafrestes bei zeitiger Freiheitsstrafe
§ 57a Aussetzung des Strafrestes bei lebenslanger Freiheitsstrafe
§ 57b Aussetzung des Strafrestes bei lebenslanger Freiheitsstrafe als Gesamtstrafe
§ 58 Gesamtstrafe und Strafaussetzung

Fünfter Titel
Verwarnung mit Strafvorbehalt; Absehen von Strafe
§ 59 Voraussetzungen der Verwarnung mit Strafvorbehalt
§ 59a Bewährungszeit, Auflagen und Weisungen
§ 59b Verurteilung zu der vorbehaltenen Strafe
§ 59c Gesamtstrafe und Verwarnung mit Strafvorbehalt
§ 60 Absehen von Strafe

Sechster Titel
Maßregeln der Besserung und Sicherung
§ 61 Übersicht
§ 62 Grundsatz der Verhältnismäßigkeit

Freiheitsentziehende Maßregeln
§ 63 Unterbringung in einem psychiatrischen Krankenhaus
§ 64 Unterbringung in einer Entziehungsanstalt
§ 65 (weggefallen)
§ 66 Unterbringung in der Sicherungsverwahrung
§ 66a Vorbehalt der Unterbringung in der Sicherungsverwahrung
§ 66b Nachträgliche Anordnung der Unterbringung in der Sicherungsverwahrung
§ 66c Ausgestaltung der Unterbringung in der Sicherungsverwahrung und des vorhergehenden Strafvollzugs
§ 67 Reihenfolge der Vollstreckung
§ 67a Überweisung in den Vollzug einer anderen Maßregel
§ 67b Aussetzung zugleich mit der Anordnung
§ 67c Späterer Beginn der Unterbringung
§ 67d Dauer der Unterbringung
§ 67e Überprüfung
§ 67f Mehrfache Anordnung der Maßregel
§ 67g Widerruf der Aussetzung
§ 67h Befristete Wiederinvollzugsetzung; Krisenintervention

Führungsaufsicht
§ 68 Voraussetzungen der Führungsaufsicht
§ 68a Aufsichtsstelle, Bewährungshilfe, forensische Ambulanz
§ 68b Weisungen
§ 68c Dauer der Führungsaufsicht
§ 68d Nachträgliche Entscheidungen; Überprüfungsfrist
§ 68e Beendigung oder Ruhen der Führungsaufsicht
§ 68f Führungsaufsicht bei Nichtaussetzung des Strafrestes
§ 68g Führungsaufsicht und Aussetzung zur Bewährung

Entziehung der Fahrerlaubnis
§ 69 Entziehung der Fahrerlaubnis
§ 69a Sperre für die Erteilung einer Fahrerlaubnis
§ 69b Wirkung der Entziehung bei einer ausländischen Fahrerlaubnis

Berufsverbot
§ 70 Anordnung des Berufsverbots
§ 70a Aussetzung des Berufsverbots
§ 70b Widerruf der Aussetzung und Erledigung des Berufsverbots

Gemeinsame Vorschriften
§ 71 Selbständige Anordnung
§ 72 Verbindung von Maßregeln

180 StGB

Siebenter Titel
Einziehung

§ 73   Einziehung von Taterträgen bei Tätern und Teilnehmern
§ 73a   Erweiterte Einziehung von Taterträgen bei Tätern und Teilnehmern
§ 73b   Einziehung von Taterträgen bei anderen
§ 73c   Einziehung des Wertes von Taterträgen
§ 73d   Bestimmung des Wertes des Erlangten; Schätzung
§ 73e   Ausschluss der Einziehung des Tatertrages oder des Wertersatzes
§ 74   Einziehung von Tatprodukten, Tatmitteln und Tatobjekten bei Tätern und Teilnehmern
§ 74a   Einziehung von Tatprodukten, Tatmitteln und Tatobjekten bei anderen
§ 74b   Sicherungseinziehung
§ 74c   Einziehung des Wertes von Tatprodukten, Tatmitteln und Tatobjekten bei Tätern und Teilnehmern
§ 74d   Einziehung von Verkörperungen eines Inhalts und Unbrauchbarmachung
§ 74e   Sondervorschrift für Organe und Vertreter
§ 74f   Grundsatz der Verhältnismäßigkeit
§ 75   Wirkung der Einziehung
§ 76   Nachträgliche Anordnung der Einziehung des Wertersatzes
§ 76a   Selbständige Einziehung
§ 76b   Verjährung der Einziehung von Taterträgen und des Wertes von Taterträgen

Vierter Abschnitt
Strafantrag, Ermächtigung, Strafverlangen

§ 77   Antragsberechtigte
§ 77a   Antrag des Dienstvorgesetzten
§ 77b   Antragsfrist
§ 77c   Wechselseitig begangene Taten
§ 77d   Zurücknahme des Antrags
§ 77e   Ermächtigung und Strafverlangen

Fünfter Abschnitt
Verjährung

Erster Titel
Verfolgungsverjährung

§ 78   Verjährungsfrist
§ 78a   Beginn
§ 78b   Ruhen
§ 78c   Unterbrechung

Zweiter Titel
Vollstreckungsverjährung

§ 79   Verjährungsfrist
§ 79a   Ruhen
§ 79b   Verlängerung

Besonderer Teil

Erster Abschnitt
Friedensverrat, Hochverrat und Gefährdung des demokratischen Rechtsstaates

Erster Titel
Friedensverrat

§ 80   (weggefallen)
§ 80a   Aufstacheln zum Verbrechen der Aggression

Zweiter Titel
Hochverrat

§ 81   Hochverrat gegen den Bund
§ 82   Hochverrat gegen ein Land
§ 83   Vorbereitung eines hochverräterischen Unternehmens
§ 83a   Tätige Reue

Dritter Titel
Gefährdung des demokratischen Rechtsstaates

§ 84   Fortführung einer für verfassungswidrig erklärten Partei
§ 85   Verstoß gegen ein Vereinigungsverbot
§ 86   Verbreiten von Propagandamitteln verfassungswidriger Organisationen
§ 86a   Verwenden von Kennzeichen verfassungswidriger Organisationen
§ 87   Agententätigkeit zu Sabotagezwecken
§ 88   Verfassungsfeindliche Sabotage
§ 89   Verfassungsfeindliche Einwirkung auf Bundeswehr und öffentliche Sicherheitsorgane
§ 89a   Vorbereitung einer schweren staatsgefährdenden Gewalttat
§ 89b   Aufnahme von Beziehungen zur Begehung einer schweren staatsgefährdenden Gewalttat
§ 89c   Terrorismusfinanzierung
§ 90   Verunglimpfung des Bundespräsidenten
§ 90a   Verunglimpfung des Staates und seiner Symbole
§ 90b   Verfassungsfeindliche Verunglimpfung von Verfassungsorganen
§ 90c   Verunglimpfung von Symbolen der Europäischen Union
§ 91   Anleitung zur Begehung einer schweren staatsgefährdenden Gewalttat
§ 91a   Anwendungsbereich

Vierter Titel
Gemeinsame Vorschriften

§ 92   Begriffsbestimmungen
§ 92a   Nebenfolgen
§ 92b   Einziehung

Zweiter Abschnitt
Landesverrat und Gefährdung der äußeren Sicherheit

§ 93   Begriff des Staatsgeheimnisses
§ 94   Landesverrat
§ 95   Offenbaren von Staatsgeheimnissen

§ 96 Landesverräterische Ausspähung; Auskundschaften von Staatsgeheimnissen
§ 97 Preisgabe von Staatsgeheimnissen
§ 97a Verrat illegaler Geheimnisse
§ 97b Verrat in irriger Annahme eines illegalen Geheimnisses
§ 98 Landesverräterische Agententätigkeit
§ 99 Geheimdienstliche Agententätigkeit
§ 100 Friedensgefährdende Beziehungen
§ 100a Landesverräterische Fälschung
§ 101 Nebenfolgen
§ 101a Einziehung

Dritter Abschnitt
Straftaten gegen ausländische Staaten
§ 102 Angriff gegen Organe und Vertreter ausländischer Staaten
§ 103 (weggefallen)
§ 104 Verletzung von Flaggen und Hoheitszeichen ausländischer Staaten
§ 104a Voraussetzungen der Strafverfolgung

Vierter Abschnitt
Straftaten gegen Verfassungsorgane sowie bei Wahlen und Abstimmungen; Bestechlichkeit und Bestechung von Mandatsträgern
§ 105 Nötigung von Verfassungsorganen
§ 106 Nötigung des Bundespräsidenten und von Mitgliedern eines Verfassungsorgans
§ 106a (weggefallen)
§ 106b Störung der Tätigkeit eines Gesetzgebungsorgans
§ 107 Wahlbehinderung
§ 107a Wahlfälschung
§ 107b Fälschung von Wahlunterlagen
§ 107c Verletzung des Wahlgeheimnisses
§ 108 Wählernötigung
§ 108a Wählertäuschung
§ 108b Wählerbestechung
§ 108c Nebenfolgen
§ 108d Geltungsbereich
§ 108e Bestechlichkeit und Bestechung von Mandatsträgern

Fünfter Abschnitt
Straftaten gegen die Landesverteidigung
§ 109 Wehrpflichtentziehung durch Verstümmelung
§ 109a Wehrpflichtentziehung durch Täuschung
§§ 109b und 109c (weggefallen)
§ 109d Störpropaganda gegen die Bundeswehr
§ 109e Sabotagehandlungen an Verteidigungsmitteln
§ 109f Sicherheitsgefährdender Nachrichtendienst
§ 109g Sicherheitsgefährdendes Abbilden
§ 109h Anwerben für fremden Wehrdienst
§ 109i Nebenfolgen
§ 109k Einziehung

Sechster Abschnitt
Widerstand gegen die Staatsgewalt
§ 110 (weggefallen)
§ 111 Öffentliche Aufforderung zu Straftaten
§ 112 (weggefallen)
§ 113 Widerstand gegen Vollstreckungsbeamte
§ 114 Tätlicher Angriff auf Vollstreckungsbeamte
§ 115 Widerstand gegen oder tätlicher Angriff auf Personen, die Vollstreckungsbeamten gleichstehen
§§ 116 bis 119 (weggefallen)
§ 120 Gefangenenbefreiung
§ 121 Gefangenenmeuterei
§ 122 (weggefallen)

Siebenter Abschnitt
Straftaten gegen die öffentliche Ordnung
§ 123 Hausfriedensbruch
§ 124 Schwerer Hausfriedensbruch
§ 125 Landfriedensbruch
§ 125a Besonders schwerer Fall des Landfriedensbruchs
§ 126 Störung des öffentlichen Friedens durch Androhung von Straftaten
§ 127 Bildung bewaffneter Gruppen
§ 128 (weggefallen)
§ 129 Bildung krimineller Vereinigungen
§ 129a Bildung terroristischer Vereinigungen
§ 129b Kriminelle und terroristische Vereinigungen im Ausland; Einziehung
§ 130 Volksverhetzung
§ 130a Anleitung zu Straftaten
§ 131 Gewaltdarstellung
§ 132 Amtsanmaßung
§ 132a Mißbrauch von Titeln, Berufsbezeichnungen und Abzeichen
§ 133 Verwahrungsbruch
§ 134 Verletzung amtlicher Bekanntmachungen
§ 135 (weggefallen)
§ 136 Verstrickungsbruch; Siegelbruch
§ 137 (weggefallen)
§ 138 Nichtanzeige geplanter Straftaten
§ 139 Straflosigkeit der Nichtanzeige geplanter Straftaten
§ 140 Belohnung und Billigung von Straftaten
§ 141 (weggefallen)
§ 142 Unerlaubtes Entfernen vom Unfallort
§ 143 (weggefallen)
§ 144 (weggefallen)
§ 145 Mißbrauch von Notrufen und Beeinträchtigung von Unfallverhütungs- und Nothilfemitteln
§ 145a Verstoß gegen Weisungen während der Führungsaufsicht
§ 145b (weggefallen)
§ 145c Verstoß gegen das Berufsverbot
§ 145d Vortäuschen einer Straftat

180 StGB

Achter Abschnitt
Geld- und Wertzeichenfälschung

§ 146 Geldfälschung
§ 147 Inverkehrbringen von Falschgeld
§ 148 Wertzeichenfälschung
§ 149 Vorbereitung der Fälschung von Geld und Wertzeichen
§ 150 Einziehung
§ 151 Wertpapiere
§ 152 Geld, Wertzeichen und Wertpapiere eines fremden Währungsgebiets
§ 152a Fälschung von Zahlungskarten, Schecks, Wechseln und anderen körperlichen unbaren Zahlungsinstrumenten
§ 152b Fälschung von Zahlungskarten mit Garantiefunktion
§ 152c Vorbereitung des Diebstahls und der Unterschlagung von Zahlungskarten, Schecks, Wechseln und anderen körperlichen unbaren Zahlungsinstrumenten

Neunter Abschnitt
Falsche uneidliche Aussage und Meineid

§ 153 Falsche uneidliche Aussage
§ 154 Meineid
§ 155 Eidesgleiche Bekräftigungen
§ 156 Falsche Versicherung an Eides Statt
§ 157 Aussagenotstand
§ 158 Berichtigung einer falschen Angabe
§ 159 Versuch der Anstiftung zur Falschaussage
§ 160 Verleitung zur Falschaussage
§ 161 Fahrlässiger Falscheid; fahrlässige falsche Versicherung an Eides statt
§ 162 Internationale Gerichte; nationale Untersuchungsausschüsse
§ 163 (weggefallen)

Zehnter Abschnitt
Falsche Verdächtigung

§ 164 Falsche Verdächtigung
§ 165 Bekanntgabe der Verurteilung

Elfter Abschnitt
Straftaten, welche sich auf Religion und Weltanschauung beziehen

§ 166 Beschimpfung von Bekenntnissen, Religionsgesellschaften und Weltanschauungsvereinigungen
§ 167 Störung der Religionsausübung
§ 167a Störung einer Bestattungsfeier
§ 168 Störung der Totenruhe

Zwölfter Abschnitt
Straftaten gegen den Personenstand, die Ehe und die Familie

§ 169 Personenstandsfälschung
§ 170 Verletzung der Unterhaltspflicht
§ 171 Verletzung der Fürsorge- oder Erziehungspflicht

§ 172 Doppelehe; doppelte Lebenspartnerschaft
§ 173 Beischlaf zwischen Verwandten

Dreizehnter Abschnitt
Straftaten gegen die sexuelle Selbstbestimmung

§ 174 Sexueller Mißbrauch von Schutzbefohlenen
§ 174a Sexueller Mißbrauch von Gefangenen, behördlich Verwahrten oder Kranken und Hilfsbedürftigen in Einrichtungen
§ 174b Sexueller Mißbrauch unter Ausnutzung einer Amtsstellung
§ 174c Sexueller Mißbrauch unter Ausnutzung eines Beratungs-, Behandlungs- oder Betreuungsverhältnisses
§ 175 (weggefallen)
§ 176 Sexueller Missbrauch von Kindern
§ 176a Sexueller Missbrauch von Kindern ohne Körperkontakt mit dem Kind
§ 176b Vorbereitung des sexuellen Missbrauchs von Kindern
§ 176c Schwerer sexueller Missbrauch von Kindern
§ 176d Sexueller Missbrauch von Kindern mit Todesfolge
§ 177 Sexueller Übergriff; sexuelle Nötigung; Vergewaltigung
§ 178 Sexueller Übergriff, sexuelle Nötigung und Vergewaltigung mit Todesfolge
§ 179 (weggefallen)
§ 180 Förderung sexueller Handlungen Minderjähriger
§ 180a Ausbeutung von Prostituierten
§ 181 (weggefallen)
§ 181a Zuhälterei
§ 181b Führungsaufsicht
§ 182 Sexueller Mißbrauch von Jugendlichen
§ 183 Exhibitionistische Handlungen
§ 183a Erregung öffentlichen Ärgernisses
§ 184 Verbreitung pornographischer Inhalte
§ 184a Verbreitung gewalt- oder tierpornographischer Inhalte
§ 184b Verbreitung, Erwerb und Besitz kinderpornographischer Inhalte
§ 184c Verbreitung, Erwerb und Besitz jugendpornographischer Inhalte
§ 184d (weggefallen)
§ 184e Veranstaltung und Besuch kinder- und jugendpornographischer Darbietungen
§ 184f Ausübung der verbotenen Prostitution
§ 184g Jugendgefährdende Prostitution
§ 184h Begriffsbestimmungen
§ 184i Sexuelle Belästigung
§ 184j Straftaten aus Gruppen
§ 184k Verletzung des Intimbereichs durch Bildaufnahmen
§ 184l Inverkehrbringen, Erwerb und Besitz von Sexpuppen mit kindlichem Erscheinungsbild

Vierzehnter Abschnitt
Beleidigung

- § 185 Beleidigung
- § 186 Üble Nachrede
- § 187 Verleumdung
- § 188 Gegen Personen des politischen Lebens gerichtete Beleidigung, üble Nachrede und Verleumdung
- § 189 Verunglimpfung des Andenkens Verstorbener
- § 190 Wahrheitsbeweis durch Strafurteil
- § 191 (weggefallen)
- § 192 Beleidigung trotz Wahrheitsbeweises
- § 193 Wahrnehmung berechtigter Interessen
- § 194 Strafantrag
- §§ 195 bis 198 (weggefallen)
- § 199 Wechselseitig begangene Beleidigungen
- § 200 Bekanntgabe der Verurteilung

Fünfzehnter Abschnitt
Verletzung des persönlichen Lebens- und Geheimbereichs

- § 201 Verletzung der Vertraulichkeit des Wortes
- § 201a Verletzung des höchstpersönlichen Lebensbereichs und von Persönlichkeitsrechten durch Bildaufnahmen
- § 202 Verletzung des Briefgeheimnisses
- § 202a Ausspähen von Daten
- § 202b Abfangen von Daten
- § 202c Vorbereiten des Ausspähens und Abfangens von Daten
- § 202d Datenhehlerei
- § 203 Verletzung von Privatgeheimnissen
- § 204 Verwertung fremder Geheimnisse
- § 205 Strafantrag
- § 206 Verletzung des Post- und Fernmeldegeheimnisses
- §§ 207 bis 210 (weggefallen)

Sechzehnter Abschnitt
Straftaten gegen das Leben

- § 211 Mord
- § 212 Totschlag
- § 213 Minder schwerer Fall des Totschlags
- §§ 214 und 215 (weggefallen)
- § 216 Tötung auf Verlangen
- § 217 Geschäftsmäßige Förderung der Selbsttötung
- § 218 Schwangerschaftsabbruch
- § 218a Straflosigkeit des Schwangerschaftsabbruchs
- § 218b Schwangerschaftsabbruch ohne ärztliche Feststellung; unrichtige ärztliche Feststellung
- § 218c Ärztliche Pflichtverletzung bei einem Schwangerschaftsabbruch
- § 219 Beratung der Schwangeren in einer Not- und Konfliktlage
- § 219a Werbung für den Abbruch der Schwangerschaft
- § 219b Inverkehrbringen von Mitteln zum Abbruch der Schwangerschaft
- § 220 (weggefallen)
- § 221 Aussetzung
- § 222 Fahrlässige Tötung

Siebzehnter Abschnitt
Straftaten gegen die körperliche Unversehrtheit

- § 223 Körperverletzung
- § 224 Gefährliche Körperverletzung
- § 225 Mißhandlung von Schutzbefohlenen
- § 226 Schwere Körperverletzung
- § 226a Verstümmelung weiblicher Genitalien
- § 227 Körperverletzung mit Todesfolge
- § 228 Einwilligung
- § 229 Fahrlässige Körperverletzung
- § 230 Strafantrag
- § 231 Beteiligung an einer Schlägerei

Achtzehnter Abschnitt
Straftaten gegen die persönliche Freiheit

- § 232 Menschenhandel
- § 232a Zwangsprostitution
- § 232b Zwangsarbeit
- § 233 Ausbeutung der Arbeitskraft
- § 233a Ausbeutung unter Ausnutzung einer Freiheitsberaubung
- § 233b Führungsaufsicht
- § 234 Menschenraub
- § 234a Verschleppung
- § 235 Entziehung Minderjähriger
- § 236 Kinderhandel
- § 237 Zwangsheirat
- § 238 Nachstellung
- § 239 Freiheitsberaubung
- § 239a Erpresserischer Menschenraub
- § 239b Geiselnahme
- § 239c Führungsaufsicht
- § 240 Nötigung
- § 241 Bedrohung
- § 241a Politische Verdächtigung

Neunzehnter Abschnitt
Diebstahl und Unterschlagung

- § 242 Diebstahl
- § 243 Besonders schwerer Fall des Diebstahls
- § 244 Diebstahl mit Waffen; Bandendiebstahl; Wohnungseinbruchdiebstahl
- § 244a Schwerer Bandendiebstahl
- § 245 Führungsaufsicht
- § 246 Unterschlagung
- § 247 Haus- und Familiendiebstahl
- § 248 (weggefallen)

§ 248a Diebstahl und Unterschlagung geringwertiger Sachen
§ 248b Unbefugter Gebrauch eines Fahrzeugs
§ 248c Entziehung elektrischer Energie

Zwanzigster Abschnitt
Raub und Erpressung
§ 249 Raub
§ 250 Schwerer Raub
§ 251 Raub mit Todesfolge
§ 252 Räuberischer Diebstahl
§ 253 Erpressung
§ 254 (weggefallen)
§ 255 Räuberische Erpressung
§ 256 Führungsaufsicht

Einundzwanzigster Abschnitt
Begünstigung und Hehlerei
§ 257 Begünstigung
§ 258 Strafvereitelung
§ 258a Strafvereitelung im Amt
§ 259 Hehlerei
§ 260 Gewerbsmäßige Hehlerei; Bandenhehlerei
§ 260a Gewerbsmäßige Bandenhehlerei
§ 261 Geldwäsche
§ 262 Führungsaufsicht

Zweiundzwanzigster Abschnitt
Betrug und Untreue
§ 263 Betrug
§ 263a Computerbetrug
§ 264 Subventionsbetrug
§ 264a Kapitalanlagebetrug
§ 265 Versicherungsmißbrauch
§ 265a Erschleichen von Leistungen
§ 265b Kreditbetrug
§ 265c Sportwettbetrug
§ 265d Manipulation von berufssportlichen Wettbewerben
§ 265e Besonders schwere Fälle des Sportwettbetrugs und der Manipulation von berufssportlichen Wettbewerben
§ 266 Untreue
§ 266a Vorenthalten und Veruntreuen von Arbeitsentgelt
§ 266b Mißbrauch von Scheck- und Kreditkarten

Dreiundzwanzigster Abschnitt
Urkundenfälschung
§ 267 Urkundenfälschung
§ 268 Fälschung technischer Aufzeichnungen
§ 269 Fälschung beweiserheblicher Daten
§ 270 Täuschung im Rechtsverkehr bei Datenverarbeitung
§ 271 Mittelbare Falschbeurkundung
§ 272 (weggefallen)
§ 273 Verändern von amtlichen Ausweisen
§ 274 Urkundenunterdrückung; Veränderung einer Grenzbezeichnung
§ 275 Vorbereitung der Fälschung von amtlichen Ausweisen
§ 276 Verschaffen von falschen amtlichen Ausweisen
§ 276a Aufenthaltsrechtliche Papiere; Fahrzeugpapiere
§ 277 Fälschung von Gesundheitszeugnissen
§ 278 Ausstellen unrichtiger Gesundheitszeugnisse
§ 279 Gebrauch unrichtiger Gesundheitszeugnisse
§ 280 (weggefallen)
§ 281 Mißbrauch von Ausweispapieren
§ 282 Einziehung

Vierundzwanzigster Abschnitt
Insolvenzstraftaten
§ 283 Bankrott
§ 283a Besonders schwerer Fall des Bankrotts
§ 283b Verletzung der Buchführungspflicht
§ 283c Gläubigerbegünstigung
§ 283d Schuldnerbegünstigung

Fünfundzwanzigster Abschnitt
Strafbarer Eigennutz
§ 284 Unerlaubte Veranstaltung eines Glücksspiels
§ 285 Beteiligung am unerlaubten Glücksspiel
§ 286 Einziehung
§ 287 Unerlaubte Veranstaltung einer Lotterie oder einer Ausspielung
§ 288 Vereiteln der Zwangsvollstreckung
§ 289 Pfandkehr
§ 290 Unbefugter Gebrauch von Pfandsachen
§ 291 Wucher
§ 292 Jagdwilderei
§ 293 Fischwilderei
§ 294 Strafantrag
§ 295 Einziehung
§ 296 (weggefallen)
§ 297 Gefährdung von Schiffen, Kraft- und Luftfahrzeugen durch Bannware

Sechsundzwanzigster Abschnitt
Straftaten gegen den Wettbewerb
§ 298 Wettbewerbsbeschränkende Absprachen bei Ausschreibungen
§ 299 Bestechlichkeit und Bestechung im geschäftlichen Verkehr
§ 299a Bestechlichkeit im Gesundheitswesen
§ 299b Bestechung im Gesundheitswesen
§ 300 Besonders schwere Fälle der Bestechlichkeit und Bestechung im geschäftlichen Verkehr und im Gesundheitswesen
§ 301 Strafantrag
§ 302 (weggefallen)

Siebenundzwanzigster Abschnitt
Sachbeschädigung
§ 303 Sachbeschädigung
§ 303a Datenveränderung
§ 303b Computersabotage

§ 303c Strafantrag
§ 304 Gemeinschädliche Sachbeschädigung
§ 305 Zerstörung von Bauwerken
§ 305a Zerstörung wichtiger Arbeitsmittel

Achtundzwanzigster Abschnitt
Gemeingefährliche Straftaten

§ 306 Brandstiftung
§ 306a Schwere Brandstiftung
§ 306b Besonders schwere Brandstiftung
§ 306c Brandstiftung mit Todesfolge
§ 306d Fahrlässige Brandstiftung
§ 306e Tätige Reue
§ 306f Herbeiführen einer Brandgefahr
§ 307 Herbeiführen einer Explosion durch Kernenergie
§ 308 Herbeiführen einer Sprengstoffexplosion
§ 309 Mißbrauch ionisierender Strahlen
§ 310 Vorbereitung eines Explosions- oder Strahlungsverbrechens
§ 311 Freisetzen ionisierender Strahlen
§ 312 Fehlerhafte Herstellung einer kerntechnischen Anlage
§ 313 Herbeiführen einer Überschwemmung
§ 314 Gemeingefährliche Vergiftung
§ 314a Tätige Reue
§ 315 Gefährliche Eingriffe in den Bahn-, Schiffs- und Luftverkehr
§ 315a Gefährdung des Bahn-, Schiffs- und Luftverkehrs
§ 315b Gefährliche Eingriffe in den Straßenverkehr
§ 315c Gefährdung des Straßenverkehrs
§ 315d Verbotene Kraftfahrzeugrennen
§ 315e Schienenbahnen im Straßenverkehr
§ 315f Einziehung
§ 316 Trunkenheit im Verkehr
§ 316a Räuberischer Angriff auf Kraftfahrer
§ 316b Störung öffentlicher Betriebe
§ 316c Angriffe auf den Luft- und Seeverkehr
§ 317 Störung von Telekommunikationsanlagen
§ 318 Beschädigung wichtiger Anlagen
§ 319 Baugefährdung
§ 320 Tätige Reue
§ 321 Führungsaufsicht
§ 322 Einziehung
§ 323 (weggefallen)
§ 323a Vollrausch
§ 323b Gefährdung einer Entziehungskur
§ 323c Unterlassene Hilfeleistung; Behinderung von hilfeleistenden Personen

Neunundzwanzigster Abschnitt
Straftaten gegen die Umwelt

§ 324 Gewässerverunreinigung
§ 324a Bodenverunreinigung
§ 325 Luftverunreinigung
§ 325a Verursachen von Lärm, Erschütterungen und nichtionisierenden Strahlen
§ 326 Unerlaubter Umgang mit Abfällen
§ 327 Unerlaubtes Betreiben von Anlagen
§ 328 Unerlaubter Umgang mit radioaktiven Stoffen und anderen gefährlichen Stoffen und Gütern
§ 329 Gefährdung schutzbedürftiger Gebiete
§ 330 Besonders schwerer Fall einer Umweltstraftat
§ 330a Schwere Gefährdung durch Freisetzen von Giften
§ 330b Tätige Reue
§ 330c Einziehung
§ 330d Begriffsbestimmungen

Dreißigster Abschnitt
Straftaten im Amt

§ 331 Vorteilsannahme
§ 332 Bestechlichkeit
§ 333 Vorteilsgewährung
§ 334 Bestechung
§ 335 Besonders schwere Fälle der Bestechlichkeit und Bestechung
§ 335a Ausländische und internationale Bedienstete
§ 336 Unterlassen der Diensthandlung
§ 337 Schiedsrichtervergütung
§ 338 (weggefallen)
§ 339 Rechtsbeugung
§ 340 Körperverletzung im Amt
§§ 341 und 342 (weggefallen)
§ 343 Aussageerpressung
§ 344 Verfolgung Unschuldiger
§ 345 Vollstreckung gegen Unschuldige
§§ 346 und 347 (weggefallen)
§ 348 Falschbeurkundung im Amt
§§ 349 bis 351 (weggefallen)
§ 352 Gebührenüberhebung
§ 353 Abgabenüberhebung; Leistungskürzung
§ 353a Vertrauensbruch im auswärtigen Dienst
§ 353b Verletzung des Dienstgeheimnisses und einer besonderen Geheimhaltungspflicht
§ 353c (weggefallen)
§ 353d Verbotene Mitteilungen über Gerichtsverhandlungen
§ 354 (weggefallen)
§ 355 Verletzung des Steuergeheimnisses
§ 356 Parteiverrat
§ 357 Verleitung eines Untergebenen zu einer Straftat
§ 358 Nebenfolgen

Allgemeiner Teil

Erster Abschnitt
Das Strafgesetz

Erster Titel
Geltungsbereich

§ 1 Keine Strafe ohne Gesetz
Eine Tat kann nur bestraft werden, wenn die Strafbarkeit gesetzlich bestimmt war, bevor die Tat begangen wurde.

§ 2 Zeitliche Geltung
(1) Die Strafe und ihre Nebenfolgen bestimmen sich nach dem Gesetz, das zur Zeit der Tat gilt.
(2) Wird die Strafdrohung während der Begehung der Tat geändert, so ist das Gesetz anzuwenden, das bei Beendigung der Tat gilt.
(3) Wird das Gesetz, das bei Beendigung der Tat gilt, vor der Entscheidung geändert, so ist das mildeste Gesetz anzuwenden.
(4) Ein Gesetz, das nur für eine bestimmte Zeit gelten soll, ist auf Taten, die während seiner Geltung begangen sind, auch dann anzuwenden, wenn es außer Kraft getreten ist. Dies gilt nicht, soweit ein Gesetz etwas anderes bestimmt.
(5) Für Einziehung und Unbrauchbarmachung gelten die Absätze 1 bis 4 entsprechend.
(6) Über Maßregeln der Besserung und Sicherung ist, wenn gesetzlich nichts anderes bestimmt ist, nach dem Gesetz zu entscheiden, das zur Zeit der Entscheidung gilt.

§ 3 Geltung für Inlandstaten
Das deutsche Strafrecht gilt für Taten, die im Inland begangen werden.

§ 4 Geltung für Taten auf deutschen Schiffen und Luftfahrzeugen
Das deutsche Strafrecht gilt, unabhängig vom Recht des Tatorts, für Taten, die auf einem Schiff oder in einem Luftfahrzeug begangen werden, das berechtigt ist, die Bundesflagge oder das Staatszugehörigkeitszeichen der Bundesrepublik Deutschland zu führen.

§ 5 Auslandstaten mit besonderem Inlandsbezug
Das deutsche Strafrecht gilt, unabhängig vom Recht des Tatorts, für folgende Taten, die im Ausland begangen werden:
1. (weggefallen)
2. Hochverrat (§§ 81 bis 83);
3. Gefährdung des demokratischen Rechtsstaates
   a) in den Fällen des § 86 Absatz 1, wenn Propagandamittel im Inland wahrnehmbar verbreitet oder der inländischen Öffentlichkeit zugänglich gemacht werden und der Täter Deutscher ist oder seine Lebensgrundlage im Inland hat,
   b) in den Fällen des § 86a Absatz 1 Nummer 1, wenn ein Kennzeichen im Inland wahrnehmbar verbreitet oder in einer der inländischen Öffentlichkeit zugänglichen Weise oder in einem im Inland wahrnehmbar verbreiteten Inhalt (§ 11 Absatz 3) verwendet wird und der Täter Deutscher ist oder seine Lebensgrundlage im Inland hat,
   c) in den Fällen der §§ 89, 90a Abs. 1 und des § 90b, wenn der Täter Deutscher ist und seine Lebensgrundlage im räumlichen Geltungsbereich dieses Gesetzes hat, und
   d) in den Fällen der §§ 90 und 90a Abs. 2;
4. Landesverrat und Gefährdung der äußeren Sicherheit (§§ 94 bis 100a);
5. Straftaten gegen die Landesverteidigung
   a) in den Fällen der §§ 109 und 109e bis 109g und
   b) in den Fällen der §§ 109a, 109d und 109h, wenn der Täter Deutscher ist und seine Lebensgrundlage im räumlichen Geltungsbereich dieses Gesetzes hat;
5a. Widerstand gegen die Staatsgewalt und Straftaten gegen die öffentliche Ordnung
   a) in den Fällen des § 111, wenn die Aufforderung im Inland wahrnehmbar ist und der Täter Deutscher ist oder seine Lebensgrundlage im Inland hat, und
   b) in den Fällen des § 130 Absatz 2 Nummer 1, auch in Verbindung mit Absatz 5, wenn ein in Absatz 2 Nummer 1 oder Absatz 3 bezeichneter Inhalt (§ 11 Absatz 3) in einer Weise, die geeignet ist, den öffentlichen Frieden zu stören, im Inland wahrnehmbar verbreitet oder der inländischen Öffentlichkeit zugänglich gemacht wird und der Täter Deutscher ist oder seine Lebensgrundlage im Inland hat;

6. Straftaten gegen die persönliche Freiheit
   a) in den Fällen der §§ 234a und 241a, wenn die Tat sich gegen eine Person richtet, die zur Zeit der Tat Deutsche ist und ihren Wohnsitz oder gewöhnlichen Aufenthalt im Inland hat,
   b) in den Fällen des § 235 Absatz 2 Nummer 2, wenn die Tat sich gegen eine Person richtet, die zur Zeit der Tat ihren Wohnsitz oder gewöhnlichen Aufenthalt im Inland hat, und
   c) in den Fällen des § 237, wenn der Täter zur Zeit der Tat Deutscher ist oder wenn die Tat sich gegen eine Person richtet, die zur Zeit der Tat ihren Wohnsitz oder gewöhnlichen Aufenthalt im Inland hat;
7. Verletzung von Betriebs- oder Geschäftsgeheimnissen eines im räumlichen Geltungsbereich dieses Gesetzes liegenden Betriebs, eines Unternehmens, das dort seinen Sitz hat, oder eines Unternehmens mit Sitz im Ausland, das von einem Unternehmen mit Sitz im räumlichen Geltungsbereich dieses Gesetzes abhängig ist und mit diesem einen Konzern bildet;
8. Straftaten gegen die sexuelle Selbstbestimmung in den Fällen des § 174 Absatz 1, 2 und 4, der §§ 176 bis 178 und des § 182, wenn der Täter zur Zeit der Tat Deutscher ist;
9. Straftaten gegen das Leben
   a) in den Fällen des § 218 Absatz 2 Satz 2 Nummer 1 und Absatz 4 Satz 1, wenn der Täter zur Zeit der Tat Deutscher ist, und
   b) in den übrigen Fällen des § 218, wenn der Täter zur Zeit der Tat Deutscher ist und seine Lebensgrundlage im Inland hat;
9a. Straftaten gegen die körperliche Unversehrtheit
   a) in den Fällen des § 226 Absatz 1 Nummer 1 in Verbindung mit Absatz 2 bei Verlust der Fortpflanzungsfähigkeit, wenn der Täter zur Zeit der Tat Deutscher ist, und
   b) in den Fällen des § 226a, wenn der Täter zur Zeit der Tat Deutscher ist oder wenn die Tat sich gegen eine Person richtet, die zur Zeit der Tat ihren Wohnsitz oder gewöhnlichen Aufenthalt im Inland hat;
10. falsche uneidliche Aussage, Meineid und falsche Versicherung an Eides Statt (§§ 153 bis 156) in einem Verfahren, das im räumlichen Geltungsbereich dieses Gesetzes bei einem Gericht oder einer anderen deutschen Stelle anhängig ist, die zur Abnahme von Eiden oder eidesstattlichen Versicherungen zuständig ist;
10a. Sportwettbetrug und Manipulation von berufssportlichen Wettbewerben (§§ 265c und 265d), wenn sich die Tat auf einen Wettbewerb bezieht, der im Inland stattfindet;
11. Straftaten gegen die Umwelt in den Fällen der §§ 324, 326, 330 und 330a, die im Bereich der deutschen ausschließlichen Wirtschaftszone begangen werden, soweit völkerrechtliche Übereinkommen zum Schutze des Meeres ihre Verfolgung als Straftaten gestatten;
11a. Straftaten nach § 328 Abs. 2 Nr. 3 und 4, Abs. 4 und 5, auch in Verbindung mit § 330, wenn der Täter zur Zeit der Tat Deutscher ist;
12. Taten, die ein deutscher Amtsträger oder für den öffentlichen Dienst besonders Verpflichteter während eines dienstlichen Aufenthalts oder in Beziehung auf den Dienst begeht;
13. Taten, die ein Ausländer als Amtsträger oder für den öffentlichen Dienst besonders Verpflichteter begeht;
14. Taten, die jemand gegen einen Amtsträger, einen für den öffentlichen Dienst besonders Verpflichteten oder einen Soldaten der Bundeswehr während der Ausübung ihres Dienstes oder in Beziehung auf ihren Dienst begeht;
15. Straftaten im Amt nach den §§ 331 bis 337, wenn
   a) der Täter zur Zeit der Tat Deutscher ist,
   b) der Täter zur Zeit der Tat Europäischer Amtsträger ist und seine Dienststelle ihren Sitz im Inland hat,
   c) die Tat gegenüber einem Amtsträger, einem für den öffentlichen Dienst besonders Verpflichteten oder einem Soldaten der Bundeswehr begangen wird oder
   d) die Tat gegenüber einem Europäischen Amtsträger oder Schiedsrichter, der zur Zeit der Tat Deutscher ist, oder einer nach § 335a gleichgestellten Person begangen wird, die zur Zeit der Tat Deutsche ist;
16. Bestechlichkeit und Bestechung von Mandatsträgern (§ 108e), wenn
   a) der Täter zur Zeit der Tat Mitglied einer deutschen Volksvertretung oder Deutscher ist oder
   b) die Tat gegenüber einem Mitglied einer deutschen Volksvertretung oder einer Person, die zur Zeit der Tat Deutsche ist, begangen wird;
17. Organ- und Gewebehandel (§ 18 des Transplantationsgesetzes), wenn der Täter zur Zeit der Tat Deutscher ist.

§ 6 Auslandstaten gegen international geschützte Rechtsgüter

Das deutsche Strafrecht gilt weiter, unabhängig vom Recht des Tatorts, für folgende Taten, die im Ausland begangen werden:

1. (weggefallen)
2. Kernenergie-, Sprengstoff- und Strahlungsverbrechen in den Fällen der §§ 307 und 308 Abs. 1 bis 4, des § 309 Abs. 2 und des § 310;
3. Angriffe auf den Luft- und Seeverkehr (§ 316c);
4. Menschenhandel (§ 232);
5. unbefugter Vertrieb von Betäubungsmitteln;
6. Verbreitung pornographischer Inhalte in den Fällen der §§ 184a, 184b Absatz 1 und 2 und § 184c Absatz 1 und 2;
7. Geld- und Wertpapierfälschung (§§ 146, 151 und 152), Fälschung von Zahlungskarten mit Garantiefunktion (§ 152b Abs. 1 bis 4) sowie deren Vorbereitung (§§ 149, 151, 152 und 152b Abs. 5);
8. Subventionsbetrug (§ 264);
9. Taten, die auf Grund eines für die Bundesrepublik Deutschland verbindlichen zwischenstaatlichen Abkommens auch dann zu verfolgen sind, wenn sie im Ausland begangen werden.

§ 7 Geltung für Auslandstaten in anderen Fällen
(1) Das deutsche Strafrecht gilt für Taten, die im Ausland gegen einen Deutschen begangen werden, wenn die Tat am Tatort mit Strafe bedroht ist oder der Tatort keiner Strafgewalt unterliegt.
(2) Für andere Taten, die im Ausland begangen werden, gilt das deutsche Strafrecht, wenn die Tat am Tatort mit Strafe bedroht ist oder der Tatort keiner Strafgewalt unterliegt und wenn der Täter
1. zur Zeit der Tat Deutscher war oder es nach der Tat geworden ist oder
2. zur Zeit der Tat Ausländer war, im Inland betroffen und, obwohl das Auslieferungsgesetz seine Auslieferung nach der Art der Tat zuließe, nicht ausgeliefert wird, weil ein Auslieferungsersuchen innerhalb angemessener Frist nicht gestellt oder abgelehnt wird oder die Auslieferung nicht ausführbar ist.

§ 8 Zeit der Tat
Eine Tat ist zu der Zeit begangen, zu welcher der Täter oder der Teilnehmer gehandelt hat oder im Falle des Unterlassens hätte handeln müssen. Wann der Erfolg eintritt, ist nicht maßgebend.

§ 9 Ort der Tat
(1) Eine Tat ist an jedem Ort begangen, an dem der Täter gehandelt hat oder im Falle des Unterlassens hätte handeln müssen oder an dem der zum Tatbestand gehörende Erfolg eingetreten ist oder nach der Vorstellung des Täters eintreten sollte.
(2) Die Teilnahme ist sowohl an dem Ort begangen, an dem die Tat begangen ist, als auch an jedem Ort, an dem der Teilnehmer gehandelt hat oder im Falle des Unterlassens hätte handeln müssen oder an dem nach seiner Vorstellung die Tat begangen werden sollte. Hat der Teilnehmer an einer Auslandstat im Inland gehandelt, so gilt für die Teilnahme das deutsche Strafrecht, auch wenn die Tat nach dem Recht des Tatorts nicht mit Strafe bedroht ist.

§ 10 Sondervorschriften für Jugendliche und Heranwachsende
Für Taten von Jugendlichen und Heranwachsenden gilt dieses Gesetz nur, soweit im Jugendgerichtsgesetz nichts anderes bestimmt ist.

Zweiter Titel
Sprachgebrauch

§ 11 Personen- und Sachbegriffe
(1) Im Sinne dieses Gesetzes ist
1. Angehöriger:
   wer zu den folgenden Personen gehört:
   a) Verwandte und Verschwägerte gerader Linie, der Ehegatte, der Lebenspartner, der Verlobte, Geschwister, Ehegatten oder Lebenspartner der Geschwister, Geschwister der Ehegatten oder Lebenspartner, und zwar auch dann, wenn die Ehe oder die Lebenspartnerschaft, welche die Beziehung begründet hat, nicht mehr besteht oder wenn die Verwandtschaft oder Schwägerschaft erloschen ist,
   b) Pflegeeltern und Pflegekinder;
2. Amtsträger:
   wer nach deutschem Recht
   a) Beamter oder Richter ist,
   b) in einem sonstigen öffentlich-rechtlichen Amtsverhältnis steht oder

c) sonst dazu bestellt ist, bei einer Behörde oder bei einer sonstigen Stelle oder in deren Auftrag Aufgaben der öffentlichen Verwaltung unbeschadet der zur Aufgabenerfüllung gewählten Organisationsform wahrzunehmen;

2a. Europäischer Amtsträger:
wer
  a) Mitglied der Europäischen Kommission, der Europäischen Zentralbank, des Rechnungshofs oder eines Gerichts der Europäischen Union ist,
  b) Beamter oder sonstiger Bediensteter der Europäischen Union oder einer auf der Grundlage des Rechts der Europäischen Union geschaffenen Einrichtung ist oder
  c) mit der Wahrnehmung von Aufgaben der Europäischen Union oder von Aufgaben einer auf der Grundlage des Rechts der Europäischen Union geschaffenen Einrichtung beauftragt ist;

3. Richter:
wer nach deutschem Recht Berufsrichter oder ehrenamtlicher Richter ist;

4. für den öffentlichen Dienst besonders Verpflichteter:
wer, ohne Amtsträger zu sein,
  a) bei einer Behörde oder bei einer sonstigen Stelle, die Aufgaben der öffentlichen Verwaltung wahrnimmt, oder
  b) bei einem Verband oder sonstigen Zusammenschluß, Betrieb oder Unternehmen, die für eine Behörde oder für eine sonstige Stelle Aufgaben der öffentlichen Verwaltung ausführen,
beschäftigt oder für sie tätig und auf die gewissenhafte Erfüllung seiner Obliegenheiten auf Grund eines Gesetzes förmlich verpflichtet ist;

5. rechtswidrige Tat:
nur eine solche, die den Tatbestand eines Strafgesetzes verwirklicht;

6. Unternehmen einer Tat:
deren Versuch und deren Vollendung;

7. Behörde:
auch ein Gericht;

8. Maßnahme:
jede Maßregel der Besserung und Sicherung, die Einziehung und die Unbrauchbarmachung;

9. Entgelt:
jede in einem Vermögensvorteil bestehende Gegenleistung.

(2) Vorsätzlich im Sinne dieses Gesetzes ist eine Tat auch dann, wenn sie einen gesetzlichen Tatbestand verwirklicht, der hinsichtlich der Handlung Vorsatz voraussetzt, hinsichtlich einer dadurch verursachten besonderen Folge jedoch Fahrlässigkeit ausreichen läßt.

(3) Inhalte im Sinne der Vorschriften, die auf diesen Absatz verweisen, sind solche, die in Schriften, auf Ton- oder Bildträgern, in Datenspeichern, Abbildungen oder anderen Verkörperungen enthalten sind oder auch unabhängig von einer Speicherung mittels Informations- oder Kommunikationstechnik übertragen werden.

§ 12 Verbrechen und Vergehen

(1) Verbrechen sind rechtswidrige Taten, die im Mindestmaß mit Freiheitsstrafe von einem Jahr oder darüber bedroht sind.

(2) Vergehen sind rechtswidrige Taten, die im Mindestmaß mit einer geringeren Freiheitsstrafe oder die mit Geldstrafe bedroht sind.

(3) Schärfungen oder Milderungen, die nach den Vorschriften des Allgemeinen Teils oder für besonders schwere oder minder schwere Fälle vorgesehen sind, bleiben für die Einteilung außer Betracht.

Zweiter Abschnitt
Die Tat

Erster Titel
Grundlagen der Strafbarkeit

§ 13 Begehen durch Unterlassen

(1) Wer es unterläßt, einen Erfolg abzuwenden, der zum Tatbestand eines Strafgesetzes gehört, ist nach diesem Gesetz nur dann strafbar, wenn er rechtlich dafür einzustehen hat, daß der Erfolg nicht eintritt, und wenn das Unterlassen der Verwirklichung des gesetzlichen Tatbestandes durch ein Tun entspricht.

(2) Die Strafe kann nach § 49 Abs. 1 gemildert werden.

§ 14 Handeln für einen anderen

(1) Handelt jemand
1. als vertretungsberechtigtes Organ einer juristischen Person oder als Mitglied eines solchen Organs,
2. als vertretungsberechtigter Gesellschafter einer rechtsfähigen Personengesellschaft oder
3. als gesetzlicher Vertreter eines anderen,

so ist ein Gesetz, nach dem besondere persönliche Eigenschaften, Verhältnisse oder Umstände (besondere persönliche Merkmale) die Strafbarkeit begründen, auch auf den Vertreter anzuwenden, wenn diese Merkmale zwar nicht bei ihm, aber bei dem Vertretenen vorliegen.

(2) Ist jemand von dem Inhaber eines Betriebs oder einem sonst dazu Befugten
1. beauftragt, den Betrieb ganz oder zum Teil zu leiten, oder
2. ausdrücklich beauftragt, in eigener Verantwortung Aufgaben wahrzunehmen, die dem Inhaber des Betriebs obliegen,

und handelt er auf Grund dieses Auftrags, so ist ein Gesetz, nach dem besondere persönliche Merkmale die Strafbarkeit begründen, auch auf den Beauftragten anzuwenden, wenn diese Merkmale zwar nicht bei ihm, aber bei dem Inhaber des Betriebs vorliegen. Dem Betrieb im Sinne des Satzes 1 steht das Unternehmen gleich. Handelt jemand auf Grund eines entsprechenden Auftrags für eine Stelle, die Aufgaben der öffentlichen Verwaltung wahrnimmt, so ist Satz 1 sinngemäß anzuwenden.

(3) Die Absätze 1 und 2 sind auch dann anzuwenden, wenn die Rechtshandlung, welche die Vertretungsbefugnis oder das Auftragsverhältnis begründen sollte, unwirksam ist.

§ 15 Vorsätzliches und fahrlässiges Handeln

Strafbar ist nur vorsätzliches Handeln, wenn nicht das Gesetz fahrlässiges Handeln ausdrücklich mit Strafe bedroht.

§ 16 Irrtum über Tatumstände

(1) Wer bei Begehung der Tat einen Umstand nicht kennt, der zum gesetzlichen Tatbestand gehört, handelt nicht vorsätzlich. Die Strafbarkeit wegen fahrlässiger Begehung bleibt unberührt.

(2) Wer bei Begehung der Tat irrig Umstände annimmt, welche den Tatbestand eines milderen Gesetzes verwirklichen würden, kann wegen vorsätzlicher Begehung nur nach dem milderen Gesetz bestraft werden.

§ 17 Verbotsirrtum

Fehlt dem Täter bei Begehung der Tat die Einsicht, Unrecht zu tun, so handelt er ohne Schuld, wenn er diesen Irrtum nicht vermeiden konnte. Konnte der Täter den Irrtum vermeiden, so kann die Strafe nach § 49 Abs. 1 gemildert werden.

§ 18 Schwerere Strafe bei besonderen Tatfolgen

Knüpft das Gesetz an eine besondere Folge der Tat eine schwerere Strafe, so trifft sie den Täter oder den Teilnehmer nur, wenn ihm hinsichtlich dieser Folge wenigstens Fahrlässigkeit zur Last fällt.

§ 19 Schuldunfähigkeit des Kindes

Schuldunfähig ist, wer bei Begehung der Tat noch nicht vierzehn Jahre alt ist.

§ 20 Schuldunfähigkeit wegen seelischer Störungen

Ohne Schuld handelt, wer bei Begehung der Tat wegen einer krankhaften seelischen Störung, wegen einer tiefgreifenden Bewußtseinsstörung oder wegen einer Intelligenzminderung oder einer schweren anderen seelischen Störung unfähig ist, das Unrecht der Tat einzusehen oder nach dieser Einsicht zu handeln.

§ 21 Verminderte Schuldfähigkeit

Ist die Fähigkeit des Täters, das Unrecht der Tat einzusehen oder nach dieser Einsicht zu handeln, aus einem der in § 20 bezeichneten Gründe bei Begehung der Tat erheblich vermindert, so kann die Strafe nach § 49 Abs. 1 gemildert werden.

Zweiter Titel
Versuch

§ 22 Begriffsbestimmung

Eine Straftat versucht, wer nach seiner Vorstellung von der Tat zur Verwirklichung des Tatbestandes unmittelbar ansetzt.

§ 23 Strafbarkeit des Versuchs

(1) Der Versuch eines Verbrechens ist stets strafbar, der Versuch eines Vergehens nur dann, wenn das Gesetz es ausdrücklich bestimmt.

(2) Der Versuch kann milder bestraft werden als die vollendete Tat (§ 49 Abs. 1).
(3) Hat der Täter aus grobem Unverstand verkannt, daß der Versuch nach der Art des Gegenstandes, an dem, oder des Mittels, mit dem die Tat begangen werden sollte, überhaupt nicht zur Vollendung führen konnte, so kann das Gericht von Strafe absehen oder die Strafe nach seinem Ermessen mildern (§ 49 Abs. 2).

§ 24 Rücktritt
(1) Wegen Versuchs wird nicht bestraft, wer freiwillig die weitere Ausführung der Tat aufgibt oder deren Vollendung verhindert. Wird die Tat ohne Zutun des Zurücktretenden nicht vollendet, so wird er straflos, wenn er sich freiwillig und ernsthaft bemüht, die Vollendung zu verhindern.
(2) Sind an der Tat mehrere beteiligt, so wird wegen Versuchs nicht bestraft, wer freiwillig die Vollendung verhindert. Jedoch genügt zu seiner Straflosigkeit sein freiwilliges und ernsthaftes Bemühen, die Vollendung der Tat zu verhindern, wenn sie ohne sein Zutun nicht vollendet oder unabhängig von seinem früheren Tatbeitrag begangen wird.

Dritter Titel
Täterschaft und Teilnahme

§ 25 Täterschaft
(1) Als Täter wird bestraft, wer die Straftat selbst oder durch einen anderen begeht.
(2) Begehen mehrere die Straftat gemeinschaftlich, so wird jeder als Täter bestraft (Mittäter).

§ 26 Anstiftung
Als Anstifter wird gleich einem Täter bestraft, wer vorsätzlich einen anderen zu dessen vorsätzlich begangener rechtswidriger Tat bestimmt hat.

§ 27 Beihilfe
(1) Als Gehilfe wird bestraft, wer vorsätzlich einem anderen zu dessen vorsätzlich begangener rechtswidriger Tat Hilfe geleistet hat.
(2) Die Strafe für den Gehilfen richtet sich nach der Strafdrohung für den Täter. Sie ist nach § 49 Abs. 1 zu mildern.

§ 28 Besondere persönliche Merkmale
(1) Fehlen besondere persönliche Merkmale (§ 14 Abs. 1), welche die Strafbarkeit des Täters begründen, beim Teilnehmer (Anstifter oder Gehilfe), so ist dessen Strafe nach § 49 Abs. 1 zu mildern.
(2) Bestimmt das Gesetz, daß besondere persönliche Merkmale die Strafe schärfen, mildern oder ausschließen, so gilt das nur für den Beteiligten (Täter oder Teilnehmer), bei dem sie vorliegen.

§ 29 Selbständige Strafbarkeit des Beteiligten
Jeder Beteiligte wird ohne Rücksicht auf die Schuld des anderen nach seiner Schuld bestraft.

§ 30 Versuch der Beteiligung
(1) Wer einen anderen zu bestimmen versucht, ein Verbrechen zu begehen oder zu ihm anzustiften, wird nach den Vorschriften über den Versuch des Verbrechens bestraft. Jedoch ist die Strafe nach § 49 Abs. 1 zu mildern. § 23 Abs. 3 gilt entsprechend.
(2) Ebenso wird bestraft, wer sich bereit erklärt, wer das Erbieten eines anderen annimmt oder wer mit einem anderen verabredet, ein Verbrechen zu begehen oder zu ihm anzustiften.

§ 31 Rücktritt vom Versuch der Beteiligung
(1) Nach § 30 wird nicht bestraft, wer freiwillig
1. den Versuch aufgibt, einen anderen zu einem Verbrechen zu bestimmen, und eine etwa bestehende Gefahr, daß der andere die Tat begeht, abwendet,
2. nachdem er sich zu einem Verbrechen bereit erklärt hatte, sein Vorhaben aufgibt oder,
3. nachdem er ein Verbrechen verabredet oder das Erbieten eines anderen zu einem Verbrechen angenommen hatte, die Tat verhindert.

(2) Unterbleibt die Tat ohne Zutun des Zurücktretenden oder wird sie unabhängig von seinem früheren Verhalten begangen, so genügt zu seiner Straflosigkeit sein freiwilliges und ernsthaftes Bemühen, die Tat zu verhindern.

Vierter Titel
Notwehr und Notstand

§ 32 Notwehr
(1) Wer eine Tat begeht, die durch Notwehr geboten ist, handelt nicht rechtswidrig.
(2) Notwehr ist die Verteidigung, die erforderlich ist, um einen gegenwärtigen rechtswidrigen Angriff von sich oder einem anderen abzuwenden.

§ 33 Überschreitung der Notwehr
Überschreitet der Täter die Grenzen der Notwehr aus Verwirrung, Furcht oder Schrecken, so wird er nicht bestraft.

§ 34 Rechtfertigender Notstand
Wer in einer gegenwärtigen, nicht anders abwendbaren Gefahr für Leben, Leib, Freiheit, Ehre, Eigentum oder ein anderes Rechtsgut eine Tat begeht, um die Gefahr von sich oder einem anderen abzuwenden, handelt nicht rechtswidrig, wenn bei Abwägung der widerstreitenden Interessen, namentlich der betroffenen Rechtsgüter und des Grades der ihnen drohenden Gefahren, das geschützte Interesse das beeinträchtigte wesentlich überwiegt. Dies gilt jedoch nur, soweit die Tat ein angemessenes Mittel ist, die Gefahr abzuwenden.

§ 35 Entschuldigender Notstand
(1) Wer in einer gegenwärtigen, nicht anders abwendbaren Gefahr für Leben, Leib oder Freiheit eine rechtswidrige Tat begeht, um die Gefahr von sich, einem Angehörigen oder einer anderen ihm nahestehenden Person abzuwenden, handelt ohne Schuld. Dies gilt nicht, soweit dem Täter nach den Umständen, namentlich weil er die Gefahr selbst verursacht hat oder weil er in einem besonderen Rechtsverhältnis stand, zugemutet werden konnte, die Gefahr hinzunehmen; jedoch kann die Strafe nach § 49 Abs. 1 gemildert werden, wenn der Täter nicht mit Rücksicht auf ein besonderes Rechtsverhältnis die Gefahr hinzunehmen hatte.
(2) Nimmt der Täter bei Begehung der Tat irrig Umstände an, welche ihn nach Absatz 1 entschuldigen würden, so wird er nur dann bestraft, wenn er den Irrtum vermeiden konnte. Die Strafe ist nach § 49 Abs. 1 zu mildern.

Fünfter Titel
Straflosigkeit parlamentarischer Äußerungen und Berichte

§ 36 Parlamentarische Äußerungen
Mitglieder des Bundestages, der Bundesversammlung oder eines Gesetzgebungsorgans eines Landes dürfen zu keiner Zeit wegen ihrer Abstimmung oder wegen einer Äußerung, die sie in der Körperschaft oder in einem ihrer Ausschüsse getan haben, außerhalb der Körperschaft zur Verantwortung gezogen werden. Dies gilt nicht für verleumderische Beleidigungen.

§ 37 Parlamentarische Berichte
Wahrheitsgetreue Berichte über die öffentlichen Sitzungen der in § 36 bezeichneten Körperschaften oder ihrer Ausschüsse bleiben von jeder Verantwortlichkeit frei.

Dritter Abschnitt
Rechtsfolgen der Tat

Erster Titel
Strafen

Freiheitsstrafe

§ 38 Dauer der Freiheitsstrafe
(1) Die Freiheitsstrafe ist zeitig, wenn das Gesetz nicht lebenslange Freiheitsstrafe androht.
(2) Das Höchstmaß der zeitigen Freiheitsstrafe ist fünfzehn Jahre, ihr Mindestmaß ein Monat.

§ 39 Bemessung der Freiheitsstrafe
Freiheitsstrafe unter einem Jahr wird nach vollen Wochen und Monaten, Freiheitsstrafe von längerer Dauer nach vollen Monaten und Jahren bemessen.

Geldstrafe

§ 40 Verhängung in Tagessätzen
(1) Die Geldstrafe wird in Tagessätzen verhängt. Sie beträgt mindestens fünf und, wenn das Gesetz nichts anderes bestimmt, höchstens dreihundertsechzig volle Tagessätze.

(2) Die Höhe eines Tagessatzes bestimmt das Gericht unter Berücksichtigung der persönlichen und wirtschaftlichen Verhältnisse des Täters. Dabei geht es in der Regel von dem Nettoeinkommen aus, das der Täter durchschnittlich an einem Tag hat oder haben könnte. Ein Tagessatz wird auf mindestens einen und höchstens dreißigtausend Euro festgesetzt.

(3) Die Einkünfte des Täters, sein Vermögen und andere Grundlagen für die Bemessung eines Tagessatzes können geschätzt werden.

(4) In der Entscheidung werden Zahl und Höhe der Tagessätze angegeben.

§ 41 Geldstrafe neben Freiheitsstrafe

Hat der Täter sich durch die Tat bereichert oder zu bereichern versucht, so kann neben einer Freiheitsstrafe eine sonst nicht oder nur wahlweise angedrohte Geldstrafe verhängt werden, wenn dies auch unter Berücksichtigung der persönlichen und wirtschaftlichen Verhältnisse des Täters angebracht ist.

§ 42 Zahlungserleichterungen

Ist dem Verurteilten nach seinen persönlichen oder wirtschaftlichen Verhältnissen nicht zuzumuten, die Geldstrafe sofort zu zahlen, so bewilligt ihm das Gericht eine Zahlungsfrist oder gestattet ihm, die Strafe in bestimmten Teilbeträgen zu zahlen. Das Gericht kann dabei anordnen, daß die Vergünstigung, die Geldstrafe in bestimmten Teilbeträgen zu zahlen, entfällt, wenn der Verurteilte einen Teilbetrag nicht rechtzeitig zahlt. Das Gericht soll Zahlungserleichterungen auch gewähren, wenn ohne die Bewilligung die Wiedergutmachung des durch die Straftat verursachten Schadens durch den Verurteilten erheblich gefährdet wäre; dabei kann dem Verurteilten der Nachweis der Wiedergutmachung auferlegt werden.

§ 43 Ersatzfreiheitsstrafe

An die Stelle einer uneinbringlichen Geldstrafe tritt Freiheitsstrafe. Einem Tagessatz entspricht ein Tag Freiheitsstrafe. Das Mindestmaß der Ersatzfreiheitsstrafe ist ein Tag.

Nebenstrafe

§ 44 Fahrverbot

(1) Wird jemand wegen einer Straftat zu einer Freiheitsstrafe oder einer Geldstrafe verurteilt, so kann ihm das Gericht für die Dauer von einem Monat bis zu sechs Monaten verbieten, im Straßenverkehr Kraftfahrzeuge jeder oder einer bestimmten Art zu führen. Auch wenn die Straftat nicht bei oder im Zusammenhang mit dem Führen eines Kraftfahrzeugs oder unter Verletzung der Pflichten eines Kraftfahrzeugführers begangen wurde, kommt die Anordnung eines Fahrverbots namentlich in Betracht, wenn sie zur Einwirkung auf den Täter oder zur Verteidigung der Rechtsordnung erforderlich erscheint oder hierdurch die Verhängung einer Freiheitsstrafe oder deren Vollstreckung vermieden werden kann. Ein Fahrverbot ist in der Regel anzuordnen, wenn in den Fällen einer Verurteilung nach § 315c Abs. 1 Nr. 1 Buchstabe a, Abs. 3 oder § 316 die Entziehung der Fahrerlaubnis nach § 69 unterbleibt.

(2) Das Fahrverbot wird wirksam, wenn der Führerschein nach Rechtskraft des Urteils in amtliche Verwahrung gelangt, spätestens jedoch mit Ablauf von einem Monat seit Eintritt der Rechtskraft. Für seine Dauer werden von einer deutschen Behörde ausgestellte nationale und internationale Führerscheine amtlich verwahrt. Dies gilt auch, wenn der Führerschein von einer Behörde eines Mitgliedstaates der Europäischen Union oder eines anderen Vertragsstaates des Abkommens über den Europäischen Wirtschaftsraum ausgestellt worden ist, sofern der Inhaber seinen ordentlichen Wohnsitz im Inland hat. In anderen ausländischen Führerscheinen wird das Fahrverbot vermerkt.

(3) Ist ein Führerschein amtlich zu verwahren oder das Fahrverbot in einem ausländischen Führerschein zu vermerken, so wird die Verbotsfrist erst von dem Tage an gerechnet, an dem dies geschieht. In die Verbotsfrist wird die Zeit nicht eingerechnet, in welcher der Täter auf behördliche Anordnung in einer Anstalt verwahrt worden ist.

(4) Werden gegen den Täter mehrere Fahrverbote rechtskräftig verhängt, so sind die Verbotsfristen nacheinander zu berechnen. Die Verbotsfrist auf Grund des früher wirksam gewordenen Fahrverbots läuft zuerst. Werden Fahrverbote gleichzeitig wirksam, so läuft die Verbotsfrist auf Grund des früher angeordneten Fahrverbots zuerst, bei gleichzeitiger Anordnung ist die frühere Tat maßgebend.

Nebenfolgen

§ 45 Verlust der Amtsfähigkeit, der Wählbarkeit und des Stimmrechts

(1) Wer wegen eines Verbrechens zu Freiheitsstrafe von mindestens einem Jahr verurteilt wird, verliert für die Dauer von fünf Jahren die Fähigkeit, öffentliche Ämter zu bekleiden und Rechte aus öffentlichen Wahlen zu erlangen.
(2) Das Gericht kann dem Verurteilten für die Dauer von zwei bis zu fünf Jahren die in Absatz 1 bezeichneten Fähigkeiten aberkennen, soweit das Gesetz es besonders vorsieht.
(3) Mit dem Verlust der Fähigkeit, öffentliche Ämter zu bekleiden, verliert der Verurteilte zugleich die entsprechenden Rechtsstellungen und Rechte, die er innehat.
(4) Mit dem Verlust der Fähigkeit, Rechte aus öffentlichen Wahlen zu erlangen, verliert der Verurteilte zugleich die entsprechenden Rechtsstellungen und Rechte, die er innehat, soweit das Gesetz nichts anderes bestimmt.
(5) Das Gericht kann dem Verurteilten für die Dauer von zwei bis zu fünf Jahren das Recht, in öffentlichen Angelegenheiten zu wählen oder zu stimmen, aberkennen, soweit das Gesetz es besonders vorsieht.

§ 45a Eintritt und Berechnung des Verlustes

(1) Der Verlust der Fähigkeiten, Rechtsstellungen und Rechte wird mit der Rechtskraft des Urteils wirksam.
(2) Die Dauer des Verlustes einer Fähigkeit oder eines Rechts wird von dem Tage an gerechnet, an dem die Freiheitsstrafe verbüßt, verjährt oder erlassen ist. Ist neben der Freiheitsstrafe eine freiheitsentziehende Maßregel der Besserung und Sicherung angeordnet worden, so wird die Frist erst von dem Tage an gerechnet, an dem auch die Maßregel erledigt ist.
(3) War die Vollstreckung der Strafe, des Strafrestes oder der Maßregel zur Bewährung oder im Gnadenweg ausgesetzt, so wird in die Frist die Bewährungszeit eingerechnet, wenn nach deren Ablauf die Strafe oder der Strafrest erlassen wird oder die Maßregel erledigt ist.

§ 45b Wiederverleihung von Fähigkeiten und Rechten

(1) Das Gericht kann nach § 45 Abs. 1 und 2 verlorene Fähigkeiten und nach § 45 Abs. 5 verlorene Rechte wiederverleihen, wenn
1. der Verlust die Hälfte der Zeit, für die er dauern sollte, wirksam war und
2. zu erwarten ist, daß der Verurteilte künftig keine vorsätzlichen Straftaten mehr begehen wird.

(2) In die Fristen wird die Zeit nicht eingerechnet, in welcher der Verurteilte auf behördliche Anordnung in einer Anstalt verwahrt worden ist.

Zweiter Titel
Strafbemessung

§ 46 Grundsätze der Strafzumessung

(1) Die Schuld des Täters ist Grundlage für die Zumessung der Strafe. Die Wirkungen, die von der Strafe für das künftige Leben des Täters in der Gesellschaft zu erwarten sind, sind zu berücksichtigen.
(2) Bei der Zumessung wägt das Gericht die Umstände, die für und gegen den Täter sprechen, gegeneinander ab. Dabei kommen namentlich in Betracht:
- die Beweggründe und die Ziele des Täters, besonders auch rassistische, fremdenfeindliche, antisemitische oder sonstige menschenverachtende,
- die Gesinnung, die aus der Tat spricht, und der bei der Tat aufgewendete Wille,
- das Maß der Pflichtwidrigkeit,
- die Art der Ausführung und die verschuldeten Auswirkungen der Tat,
- das Vorleben des Täters, seine persönlichen und wirtschaftlichen Verhältnisse sowie
- sein Verhalten nach der Tat, besonders sein Bemühen, den Schaden wiedergutzumachen, sowie das Bemühen des Täters, einen Ausgleich mit dem Verletzten zu erreichen.

(3) Umstände, die schon Merkmale des gesetzlichen Tatbestandes sind, dürfen nicht berücksichtigt werden.

§ 46a Täter-Opfer-Ausgleich, Schadenswiedergutmachung

Hat der Täter
1. in dem Bemühen, einen Ausgleich mit dem Verletzten zu erreichen (Täter-Opfer-Ausgleich), seine Tat ganz oder zum überwiegenden Teil wiedergutgemacht oder deren Wiedergutmachung ernsthaft erstrebt oder
2. in einem Fall, in welchem die Schadenswiedergutmachung von ihm erhebliche persönliche Leistungen oder persönlichen Verzicht erfordert hat, das Opfer ganz oder zum überwiegenden Teil entschädigt,

so kann das Gericht die Strafe nach § 49 Abs. 1 mildern oder, wenn keine höhere Strafe als Freiheitsstrafe bis zu einem Jahr oder Geldstrafe bis zu dreihundertsechzig Tagessätzen verwirkt ist, von Strafe absehen.

§ 46b Hilfe zur Aufklärung oder Verhinderung von schweren Straftaten

(1) Wenn der Täter einer Straftat, die mit einer im Mindestmaß erhöhten Freiheitsstrafe oder mit lebenslanger Freiheitsstrafe bedroht ist,
1. durch freiwilliges Offenbaren seines Wissens wesentlich dazu beigetragen hat, dass eine Tat nach § 100a Abs. 2 der Strafprozessordnung, die mit seiner Tat im Zusammenhang steht, aufgedeckt werden konnte, oder
2. freiwillig sein Wissen so rechtzeitig einer Dienststelle offenbart, dass eine Tat nach § 100a Abs. 2 der Strafprozessordnung, die mit seiner Tat im Zusammenhang steht und von deren Planung er weiß, noch verhindert werden kann,

kann das Gericht die Strafe nach § 49 Abs. 1 mildern, wobei an die Stelle ausschließlich angedrohter lebenslanger Freiheitsstrafe eine Freiheitsstrafe nicht unter zehn Jahren tritt. Für die Einordnung als Straftat, die mit einer im Mindestmaß erhöhten Freiheitsstrafe bedroht ist, werden nur Schärfungen für besonders schwere Fälle und keine Milderungen berücksichtigt. War der Täter an der Tat beteiligt, muss sich sein Beitrag zur Aufklärung nach Satz 1 Nr. 1 über den eigenen Tatbeitrag hinaus erstrecken. Anstelle einer Milderung kann das Gericht von Strafe absehen, wenn die Straftat ausschließlich mit zeitiger Freiheitsstrafe bedroht ist und der Täter keine Freiheitsstrafe von mehr als drei Jahren verwirkt hat.

(2) Bei der Entscheidung nach Absatz 1 hat das Gericht insbesondere zu berücksichtigen:
1. die Art und den Umfang der offenbarten Tatsachen und deren Bedeutung für die Aufklärung oder Verhinderung der Tat, den Zeitpunkt der Offenbarung, das Ausmaß der Unterstützung der Strafverfolgungsbehörden durch den Täter und die Schwere der Tat, auf die sich seine Angaben beziehen, sowie
2. das Verhältnis der in Nummer 1 genannten Umstände zur Schwere der Straftat und Schuld des Täters.

(3) Eine Milderung sowie das Absehen von Strafe nach Absatz 1 sind ausgeschlossen, wenn der Täter sein Wissen erst offenbart, nachdem die Eröffnung des Hauptverfahrens (§ 207 der Strafprozessordnung) gegen ihn beschlossen worden ist.

§ 47 Kurze Freiheitsstrafe nur in Ausnahmefällen

(1) Eine Freiheitsstrafe unter sechs Monaten verhängt das Gericht nur, wenn besondere Umstände, die in der Tat oder der Persönlichkeit des Täters liegen, die Verhängung einer Freiheitsstrafe zur Einwirkung auf den Täter oder zur Verteidigung der Rechtsordnung unerläßlich machen.

(2) Droht das Gesetz keine Geldstrafe an und kommt eine Freiheitsstrafe von sechs Monaten oder darüber nicht in Betracht, so verhängt das Gericht eine Geldstrafe, wenn nicht die Verhängung einer Freiheitsstrafe nach Absatz 1 unerläßlich ist. Droht das Gesetz ein erhöhtes Mindestmaß der Freiheitsstrafe an, so bestimmt sich das Mindestmaß der Geldstrafe in den Fällen des Satzes 1 nach dem Mindestmaß der angedrohten Freiheitsstrafe; dabei entsprechen dreißig Tagessätze einem Monat Freiheitsstrafe.

§ 48 (weggefallen)

§ 49 Besondere gesetzliche Milderungsgründe

(1) Ist eine Milderung nach dieser Vorschrift vorgeschrieben oder zugelassen, so gilt für die Milderung folgendes:
1. An die Stelle von lebenslanger Freiheitsstrafe tritt Freiheitsstrafe nicht unter drei Jahren.
2. Bei zeitiger Freiheitsstrafe darf höchstens auf drei Viertel des angedrohten Höchstmaßes erkannt werden. Bei Geldstrafe gilt dasselbe für die Höchstzahl der Tagessätze.
3. Das erhöhte Mindestmaß einer Freiheitsstrafe ermäßigt sich
im Falle eines Mindestmaßes von zehn oder fünf Jahren auf zwei Jahre,
im Falle eines Mindestmaßes von drei oder zwei Jahren auf sechs Monate,
im Falle eines Mindestmaßes von einem Jahr auf drei Monate,
im übrigen auf das gesetzliche Mindestmaß.

(2) Darf das Gericht nach einem Gesetz, das auf diese Vorschrift verweist, die Strafe nach seinem Ermessen mildern, so kann es bis zum gesetzlichen Mindestmaß der angedrohten Strafe herabgehen oder statt auf Freiheitsstrafe auf Geldstrafe erkennen.

§ 50 Zusammentreffen von Milderungsgründen

Ein Umstand, der allein oder mit anderen Umständen die Annahme eines minder schweren Falles begründet und der zugleich ein besonderer gesetzlicher Milderungsgrund nach § 49 ist, darf nur einmal berücksichtigt werden.

§ 51 Anrechnung

(1) Hat der Verurteilte aus Anlaß einer Tat, die Gegenstand des Verfahrens ist oder gewesen ist, Untersuchungshaft oder eine andere Freiheitsentziehung erlitten, so wird sie auf zeitige Freiheitsstrafe und auf Geldstrafe

angerechnet. Das Gericht kann jedoch anordnen, daß die Anrechnung ganz oder zum Teil unterbleibt, wenn sie im Hinblick auf das Verhalten des Verurteilten nach der Tat nicht gerechtfertigt ist.
(2) Wird eine rechtskräftig verhängte Strafe in einem späteren Verfahren durch eine andere Strafe ersetzt, so wird auf diese die frühere Strafe angerechnet, soweit sie vollstreckt oder durch Anrechnung erledigt ist.
(3) Ist der Verurteilte wegen derselben Tat im Ausland bestraft worden, so wird auf die neue Strafe die ausländische angerechnet, soweit sie vollstreckt ist. Für eine andere im Ausland erlittene Freiheitsentziehung gilt Absatz 1 entsprechend.
(4) Bei der Anrechnung von Geldstrafe oder auf Geldstrafe entspricht ein Tag Freiheitsentziehung einem Tagessatz. Wird eine ausländische Strafe oder Freiheitsentziehung angerechnet, so bestimmt das Gericht den Maßstab nach seinem Ermessen.
(5) Für die Anrechnung der Dauer einer vorläufigen Entziehung der Fahrerlaubnis (§ 111a der Strafprozeßordnung) auf das Fahrverbot nach § 44 gilt Absatz 1 entsprechend. In diesem Sinne steht der vorläufigen Entziehung der Fahrerlaubnis die Verwahrung, Sicherstellung oder Beschlagnahme des Führerscheins (§ 94 der Strafprozeßordnung) gleich.

Dritter Titel
Strafbemessung bei mehreren Gesetzesverletzungen

§ 52 Tateinheit
(1) Verletzt dieselbe Handlung mehrere Strafgesetze oder dasselbe Strafgesetz mehrmals, so wird nur auf eine Strafe erkannt.
(2) Sind mehrere Strafgesetze verletzt, so wird die Strafe nach dem Gesetz bestimmt, das die schwerste Strafe androht. Sie darf nicht milder sein, als die anderen anwendbaren Gesetze es zulassen.
(3) Geldstrafe kann das Gericht unter den Voraussetzungen des § 41 neben Freiheitsstrafe gesondert verhängen.
(4) Auf Nebenstrafen, Nebenfolgen und Maßnahmen (§ 11 Absatz 1 Nummer 8) muss oder kann erkannt werden, wenn eines der anwendbaren Gesetze dies vorschreibt oder zulässt.

§ 53 Tatmehrheit
(1) Hat jemand mehrere Straftaten begangen, die gleichzeitig abgeurteilt werden, und dadurch mehrere Freiheitsstrafen oder mehrere Geldstrafen verwirkt, so wird auf eine Gesamtstrafe erkannt.
(2) Trifft Freiheitsstrafe mit Geldstrafe zusammen, so wird auf eine Gesamtstrafe erkannt. Jedoch kann das Gericht auf Geldstrafe auch gesondert erkennen; soll in diesen Fällen wegen mehrerer Straftaten Geldstrafe verhängt werden, so wird insoweit auf eine Gesamtgeldstrafe erkannt.
(3) § 52 Abs. 3 und 4 gilt sinngemäß.

§ 54 Bildung der Gesamtstrafe
(1) Ist eine der Einzelstrafen eine lebenslange Freiheitsstrafe, so wird als Gesamtstrafe auf lebenslange Freiheitsstrafe erkannt. In allen übrigen Fällen wird die Gesamtstrafe durch Erhöhung der verwirkten höchsten Strafe, bei Strafen verschiedener Art durch Erhöhung der ihrer Art nach schwersten Strafe gebildet. Dabei werden die Person des Täters und die einzelnen Straftaten zusammenfassend gewürdigt.
(2) Die Gesamtstrafe darf die Summe der Einzelstrafen nicht erreichen. Sie darf bei zeitigen Freiheitsstrafen fünfzehn Jahre und bei Geldstrafe siebenhundertzwanzig Tagessätze nicht übersteigen.
(3) Ist eine Gesamtstrafe aus Freiheits- und Geldstrafe zu bilden, so entspricht bei der Bestimmung der Summe der Einzelstrafen ein Tagessatz einem Tag Freiheitsstrafe.

§ 55 Nachträgliche Bildung der Gesamtstrafe
(1) Die §§ 53 und 54 sind auch anzuwenden, wenn ein rechtskräftig Verurteilter, bevor die gegen ihn erkannte Strafe vollstreckt, verjährt oder erlassen ist, wegen einer anderen Straftat verurteilt wird, die er vor der früheren Verurteilung begangen hat. Als frühere Verurteilung gilt das Urteil in dem früheren Verfahren, in dem die zugrundeliegenden tatsächlichen Feststellungen letztmals geprüft werden konnten.
(2) Nebenstrafen, Nebenfolgen und Maßnahmen (§ 11 Abs. 1 Nr. 8), auf die in der früheren Entscheidung erkannt war, sind aufrechtzuerhalten, soweit sie nicht durch die neue Entscheidung gegenstandslos werden.

Vierter Titel
Strafaussetzung zur Bewährung

§ 56 Strafaussetzung
(1) Bei der Verurteilung zu Freiheitsstrafe von nicht mehr als einem Jahr setzt das Gericht die Vollstreckung der Strafe zur Bewährung aus, wenn zu erwarten ist, daß der Verurteilte sich schon die Verurteilung zur Warnung dienen lassen

und künftig auch ohne die Einwirkung des Strafvollzugs keine Straftaten mehr begehen wird. Dabei sind namentlich die Persönlichkeit des Verurteilten, sein Vorleben, die Umstände seiner Tat, sein Verhalten nach der Tat, seine Lebensverhältnisse und die Wirkungen zu berücksichtigen, die von der Aussetzung für ihn zu erwarten sind.
(2) Das Gericht kann unter den Voraussetzungen des Absatzes 1 auch die Vollstreckung einer höheren Freiheitsstrafe, die zwei Jahre nicht übersteigt, zur Bewährung aussetzen, wenn nach der Gesamtwürdigung von Tat und Persönlichkeit des Verurteilten besondere Umstände vorliegen. Bei der Entscheidung ist namentlich auch das Bemühen des Verurteilten, den durch die Tat verursachten Schaden wiedergutzumachen, zu berücksichtigen.
(3) Bei der Verurteilung zu Freiheitsstrafe von mindestens sechs Monaten wird die Vollstreckung nicht ausgesetzt, wenn die Verteidigung der Rechtsordnung sie gebietet.
(4) Die Strafaussetzung kann nicht auf einen Teil der Strafe beschränkt werden. Sie wird durch eine Anrechnung von Untersuchungshaft oder einer anderen Freiheitsentziehung nicht ausgeschlossen.

§ 56a Bewährungszeit

(1) Das Gericht bestimmt die Dauer der Bewährungszeit. Sie darf fünf Jahre nicht überschreiten und zwei Jahre nicht unterschreiten.
(2) Die Bewährungszeit beginnt mit der Rechtskraft der Entscheidung über die Strafaussetzung. Sie kann nachträglich bis auf das Mindestmaß verkürzt oder vor ihrem Ablauf bis auf das Höchstmaß verlängert werden.

§ 56b Auflagen

(1) Das Gericht kann dem Verurteilten Auflagen erteilen, die der Genugtuung für das begangene Unrecht dienen. Dabei dürfen an den Verurteilten keine unzumutbaren Anforderungen gestellt werden.
(2) Das Gericht kann dem Verurteilten auferlegen,
1. nach Kräften den durch die Tat verursachten Schaden wiedergutzumachen,
2. einen Geldbetrag zugunsten einer gemeinnützigen Einrichtung zu zahlen, wenn dies im Hinblick auf die Tat und die Persönlichkeit des Täters angebracht ist,
3. sonst gemeinnützige Leistungen zu erbringen oder
4. einen Geldbetrag zugunsten der Staatskasse zu zahlen.
Eine Auflage nach Satz 1 Nr. 2 bis 4 soll das Gericht nur erteilen, soweit die Erfüllung der Auflage einer Wiedergutmachung des Schadens nicht entgegensteht.
(3) Erbietet sich der Verurteilte zu angemessenen Leistungen, die der Genugtuung für das begangene Unrecht dienen, so sieht das Gericht in der Regel von Auflagen vorläufig ab, wenn die Erfüllung des Anerbietens zu erwarten ist.

§ 56c Weisungen

(1) Das Gericht erteilt dem Verurteilten für die Dauer der Bewährungszeit Weisungen, wenn er dieser Hilfe bedarf, um keine Straftaten mehr zu begehen. Dabei dürfen an die Lebensführung des Verurteilten keine unzumutbaren Anforderungen gestellt werden.
(2) Das Gericht kann den Verurteilten namentlich anweisen,
1. Anordnungen zu befolgen, die sich auf Aufenthalt, Ausbildung, Arbeit oder Freizeit oder auf die Ordnung seiner wirtschaftlichen Verhältnisse beziehen,
2. sich zu bestimmten Zeiten bei Gericht oder einer anderen Stelle zu melden,
3. zu der verletzten Person oder bestimmten Personen oder Personen einer bestimmten Gruppe, die ihm Gelegenheit oder Anreiz zu weiteren Straftaten bieten können, keinen Kontakt aufzunehmen, mit ihnen nicht zu verkehren, sie nicht zu beschäftigen, auszubilden oder zu beherbergen,
4. bestimmte Gegenstände, die ihm Gelegenheit oder Anreiz zu weiteren Straftaten bieten können, nicht zu besitzen, bei sich zu führen oder verwahren zu lassen oder
5. Unterhaltspflichten nachzukommen.
(3) Die Weisung,
1. sich einer Heilbehandlung, die mit einem körperlichen Eingriff verbunden ist, oder einer Entziehungskur zu unterziehen oder
2. in einem geeigneten Heim oder einer geeigneten Anstalt Aufenthalt zu nehmen,
darf nur mit Einwilligung des Verurteilten erteilt werden.
(4) Macht der Verurteilte entsprechende Zusagen für seine künftige Lebensführung, so sieht das Gericht in der Regel von Weisungen vorläufig ab, wenn die Einhaltung der Zusagen zu erwarten ist.

§ 56d Bewährungshilfe

(1) Das Gericht unterstellt die verurteilte Person für die Dauer oder einen Teil der Bewährungszeit der Aufsicht und Leitung einer Bewährungshelferin oder eines Bewährungshelfers, wenn dies angezeigt ist, um sie von Straftaten abzuhalten.

(2) Eine Weisung nach Absatz 1 erteilt das Gericht in der Regel, wenn es eine Freiheitsstrafe von mehr als neun Monaten aussetzt und die verurteilte Person noch nicht 27 Jahre alt ist.
(3) Die Bewährungshelferin oder der Bewährungshelfer steht der verurteilten Person helfend und betreuend zur Seite. Sie oder er überwacht im Einvernehmen mit dem Gericht die Erfüllung der Auflagen und Weisungen sowie der Anerbieten und Zusagen und berichtet über die Lebensführung der verurteilten Person in Zeitabständen, die das Gericht bestimmt. Gröbliche oder beharrliche Verstöße gegen Auflagen, Weisungen, Anerbieten oder Zusagen teilt die Bewährungshelferin oder der Bewährungshelfer dem Gericht mit.
(4) Die Bewährungshelferin oder der Bewährungshelfer wird vom Gericht bestellt. Es kann der Bewährungshelferin oder dem Bewährungshelfer für die Tätigkeit nach Absatz 3 Anweisungen erteilen.
(5) Die Tätigkeit der Bewährungshelferin oder des Bewährungshelfers wird haupt- oder ehrenamtlich ausgeübt.

§ 56e Nachträgliche Entscheidungen
Das Gericht kann Entscheidungen nach den §§ 56b bis 56d auch nachträglich treffen, ändern oder aufheben.

§ 56f Widerruf der Strafaussetzung
(1) Das Gericht widerruft die Strafaussetzung, wenn die verurteilte Person
1. in der Bewährungszeit eine Straftat begeht und dadurch zeigt, daß die Erwartung, die der Strafaussetzung zugrunde lag, sich nicht erfüllt hat,
2. gegen Weisungen gröblich oder beharrlich verstößt oder sich der Aufsicht und Leitung der Bewährungshelferin oder des Bewährungshelfers beharrlich entzieht und dadurch Anlaß zu der Besorgnis gibt, daß sie erneut Straftaten begehen wird, oder
3. gegen Auflagen gröblich oder beharrlich verstößt.

Satz 1 Nr. 1 gilt entsprechend, wenn die Tat in der Zeit zwischen der Entscheidung über die Strafaussetzung und deren Rechtskraft oder bei nachträglicher Gesamtstrafenbildung in der Zeit zwischen der Entscheidung über die Strafaussetzung in einem einbezogenen Urteil und der Rechtskraft der Entscheidung über die Gesamtstrafe begangen worden ist.
(2) Das Gericht sieht jedoch von dem Widerruf ab, wenn es ausreicht,
1. weitere Auflagen oder Weisungen zu erteilen, insbesondere die verurteilte Person einer Bewährungshelferin oder einem Bewährungshelfer zu unterstellen, oder
2. die Bewährungs- oder Unterstellungszeit zu verlängern.

In den Fällen der Nummer 2 darf die Bewährungszeit nicht um mehr als die Hälfte der zunächst bestimmten Bewährungszeit verlängert werden.
(3) Leistungen, die die verurteilte Person zur Erfüllung von Auflagen, Anerbieten, Weisungen oder Zusagen erbracht hat, werden nicht erstattet. Das Gericht kann jedoch, wenn es die Strafaussetzung widerruft, Leistungen, die die verurteilte Person zur Erfüllung von Auflagen nach § 56b Abs. 2 Satz 1 Nr. 2 bis 4 oder entsprechenden Anerbieten nach § 56b Abs. 3 erbracht hat, auf die Strafe anrechnen.

§ 56g Straferlaß
(1) Widerruft das Gericht die Strafaussetzung nicht, so erläßt es die Strafe nach Ablauf der Bewährungszeit. § 56f Abs. 3 Satz 1 ist anzuwenden.
(2) Das Gericht kann den Straferlaß widerrufen, wenn der Verurteilte wegen einer in der Bewährungszeit begangenen vorsätzlichen Straftat zu Freiheitsstrafe von mindestens sechs Monaten verurteilt wird. Der Widerruf ist nur innerhalb von einem Jahr nach Ablauf der Bewährungszeit und von sechs Monaten nach Rechtskraft der Verurteilung zulässig. § 56f Abs. 1 Satz 2 und Abs. 3 gilt entsprechend.

§ 57 Aussetzung des Strafrestes bei zeitiger Freiheitsstrafe
(1) Das Gericht setzt die Vollstreckung des Restes einer zeitigen Freiheitsstrafe zur Bewährung aus, wenn
1. zwei Drittel der verhängten Strafe, mindestens jedoch zwei Monate, verbüßt sind,
2. dies unter Berücksichtigung des Sicherheitsinteresses der Allgemeinheit verantwortet werden kann, und
3. die verurteilte Person einwilligt.

Bei der Entscheidung sind insbesondere die Persönlichkeit der verurteilten Person, ihr Vorleben, die Umstände ihrer Tat, das Gewicht des bei einem Rückfall bedrohten Rechtsguts, das Verhalten der verurteilten Person im Vollzug, ihre Lebensverhältnisse und die Wirkungen zu berücksichtigen, die von der Aussetzung für sie zu erwarten sind.
(2) Schon nach Verbüßung der Hälfte einer zeitigen Freiheitsstrafe, mindestens jedoch von sechs Monaten, kann das Gericht die Vollstreckung des Restes zur Bewährung aussetzen, wenn
1. die verurteilte Person erstmals eine Freiheitsstrafe verbüßt und diese zwei Jahre nicht übersteigt oder

2. die Gesamtwürdigung von Tat, Persönlichkeit der verurteilten Person und ihrer Entwicklung während des Strafvollzugs ergibt, daß besondere Umstände vorliegen,

und die übrigen Voraussetzungen des Absatzes 1 erfüllt sind.

(3) Die §§ 56a bis 56e gelten entsprechend; die Bewährungszeit darf, auch wenn sie nachträglich verkürzt wird, die Dauer des Strafrestes nicht unterschreiten. Hat die verurteilte Person mindestens ein Jahr ihrer Strafe verbüßt, bevor deren Rest zur Bewährung ausgesetzt wird, unterstellt sie das Gericht in der Regel für die Dauer oder einen Teil der Bewährungszeit der Aufsicht und Leitung einer Bewährungshelferin oder eines Bewährungshelfers.

(4) Soweit eine Freiheitsstrafe durch Anrechnung erledigt ist, gilt sie als verbüßte Strafe im Sinne der Absätze 1 bis 3.

(5) Die §§ 56f und 56g gelten entsprechend. Das Gericht widerruft die Strafaussetzung auch dann, wenn die verurteilte Person in der Zeit zwischen der Verurteilung und der Entscheidung über die Strafaussetzung eine Straftat begangen hat, die von dem Gericht bei der Entscheidung über die Strafaussetzung aus tatsächlichen Gründen nicht berücksichtigt werden konnte und die im Fall ihrer Berücksichtigung zur Versagung der Strafaussetzung geführt hätte; als Verurteilung gilt das Urteil, in dem die zugrunde liegenden tatsächlichen Feststellungen letztmals geprüft werden konnten.

(6) Das Gericht kann davon absehen, die Vollstreckung des Restes einer zeitigen Freiheitsstrafe zur Bewährung auszusetzen, wenn die verurteilte Person unzureichende oder falsche Angaben über den Verbleib von Gegenständen macht, die der Einziehung von Taterträgen unterliegen.

(7) Das Gericht kann Fristen von höchstens sechs Monaten festsetzen, vor deren Ablauf ein Antrag der verurteilten Person, den Strafrest zur Bewährung auszusetzen, unzulässig ist.

§ 57a Aussetzung des Strafrestes bei lebenslanger Freiheitsstrafe

(1) Das Gericht setzt die Vollstreckung des Restes einer lebenslangen Freiheitsstrafe zur Bewährung aus, wenn
1. fünfzehn Jahre der Strafe verbüßt sind,
2. nicht die besondere Schwere der Schuld des Verurteilten die weitere Vollstreckung gebietet und
3. die Voraussetzungen des § 57 Abs. 1 Satz 1 Nr. 2 und 3 vorliegen.

§ 57 Abs. 1 Satz 2 und Abs. 6 gilt entsprechend.

(2) Als verbüßte Strafe im Sinne des Absatzes 1 Satz 1 Nr. 1 gilt jede Freiheitsentziehung, die der Verurteilte aus Anlaß der Tat erlitten hat.

(3) Die Dauer der Bewährungszeit beträgt fünf Jahre. § 56a Abs. 2 Satz 1 und die §§ 56b bis 56g, 57 Abs. 3 Satz 2 und Abs. 5 Satz 2 gelten entsprechend.

(4) Das Gericht kann Fristen von höchstens zwei Jahren festsetzen, vor deren Ablauf ein Antrag des Verurteilten, den Strafrest zur Bewährung auszusetzen, unzulässig ist.

§ 57b Aussetzung des Strafrestes bei lebenslanger Freiheitsstrafe als Gesamtstrafe

Ist auf lebenslange Freiheitsstrafe als Gesamtstrafe erkannt, so werden bei der Feststellung der besonderen Schwere der Schuld (§ 57a Abs. 1 Satz 1 Nr. 2) die einzelnen Straftaten zusammenfassend gewürdigt.

§ 58 Gesamtstrafe und Strafaussetzung

(1) Hat jemand mehrere Straftaten begangen, so ist für die Strafaussetzung nach § 56 die Höhe der Gesamtstrafe maßgebend.

(2) Ist in den Fällen des § 55 Abs. 1 die Vollstreckung der in der früheren Entscheidung verhängten Freiheitsstrafe ganz oder für den Strafrest zur Bewährung ausgesetzt und wird auch die Gesamtstrafe zur Bewährung ausgesetzt, so verkürzt sich das Mindestmaß der neuen Bewährungszeit um die bereits abgelaufene Bewährungszeit, jedoch nicht auf weniger als ein Jahr. Wird die Gesamtstrafe nicht zur Bewährung ausgesetzt, so gilt § 56f Abs. 3 entsprechend.

Fünfter Titel
Verwarnung mit Strafvorbehalt; Absehen von Strafe

§ 59 Voraussetzungen der Verwarnung mit Strafvorbehalt

(1) Hat jemand Geldstrafe bis zu einhundertachtzig Tagessätzen verwirkt, so kann das Gericht ihn neben dem Schuldspruch verwarnen, die Strafe bestimmen und die Verurteilung zu dieser Strafe vorbehalten, wenn
1. zu erwarten ist, daß der Täter künftig auch ohne Verurteilung zu Strafe keine Straftaten mehr begehen wird,
2. nach der Gesamtwürdigung von Tat und Persönlichkeit des Täters besondere Umstände vorliegen, die eine Verhängung von Strafe entbehrlich machen, und
3. die Verteidigung der Rechtsordnung die Verurteilung zu Strafe nicht gebietet.

§ 56 Abs. 1 Satz 2 gilt entsprechend.

(2) Neben der Verwarnung kann auf Einziehung oder Unbrauchbarmachung erkannt werden. Neben Maßregeln der Besserung und Sicherung ist die Verwarnung mit Strafvorbehalt nicht zulässig.

§59a Bewährungszeit, Auflagen und Weisungen

(1) Das Gericht bestimmt die Dauer der Bewährungszeit. Sie darf zwei Jahre nicht überschreiten und ein Jahr nicht unterschreiten.
(2) Das Gericht kann den Verwarnten anweisen,
1. sich zu bemühen, einen Ausgleich mit dem Verletzten zu erreichen oder sonst den durch die Tat verursachten Schaden wiedergutzumachen,
2. seinen Unterhaltspflichten nachzukommen,
3. einen Geldbetrag zugunsten einer gemeinnützigen Einrichtung oder der Staatskasse zu zahlen,
4. sich einer ambulanten Heilbehandlung oder einer ambulanten Entziehungskur zu unterziehen,
5. an einem sozialen Trainingskurs teilzunehmen oder
6. an einem Verkehrsunterricht teilzunehmen.

Dabei dürfen an die Lebensführung des Verwarnten keine unzumutbaren Anforderungen gestellt werden; auch dürfen die Auflagen und Weisungen nach Satz 1 Nummer 3 bis 6 zur Bedeutung der vom Täter begangenen Tat nicht außer Verhältnis stehen. § 56c Abs. 3 und 4 und § 56e gelten entsprechend.

§59b Verurteilung zu der vorbehaltenen Strafe

(1) Für die Verurteilung zu der vorbehaltenen Strafe gilt § 56f entsprechend.
(2) Wird der Verwarnte nicht zu der vorbehaltenen Strafe verurteilt, so stellt das Gericht nach Ablauf der Bewährungszeit fest, daß es bei der Verwarnung sein Bewenden hat.

§59c Gesamtstrafe und Verwarnung mit Strafvorbehalt

(1) Hat jemand mehrere Straftaten begangen, so sind bei der Verwarnung mit Strafvorbehalt für die Bestimmung der Strafe die §§ 53 bis 55 entsprechend anzuwenden.
(2) Wird der Verwarnte wegen einer vor der Verwarnung begangenen Straftat nachträglich zu Strafe verurteilt, so sind die Vorschriften über die Bildung einer Gesamtstrafe (§§ 53 bis 55 und 58) mit der Maßgabe anzuwenden, daß die vorbehaltene Strafe in den Fällen des § 55 einer erkannten Strafe gleichsteht.

§60 Absehen von Strafe

Das Gericht sieht von Strafe ab, wenn die Folgen der Tat, die den Täter getroffen haben, so schwer sind, daß die Verhängung einer Strafe offensichtlich verfehlt wäre. Dies gilt nicht, wenn der Täter für die Tat eine Freiheitsstrafe von mehr als einem Jahr verwirkt hat.

Sechster Titel
Maßregeln der Besserung und Sicherung

§61 Übersicht

Maßregeln der Besserung und Sicherung sind
1. die Unterbringung in einem psychiatrischen Krankenhaus,
2. die Unterbringung in einer Entziehungsanstalt,
3. die Unterbringung in der Sicherungsverwahrung,
4. die Führungsaufsicht,
5. die Entziehung der Fahrerlaubnis,
6. das Berufsverbot.

§62 Grundsatz der Verhältnismäßigkeit

Eine Maßregel der Besserung und Sicherung darf nicht angeordnet werden, wenn sie zur Bedeutung der vom Täter begangenen und zu erwartenden Taten sowie zu dem Grad der von ihm ausgehenden Gefahr außer Verhältnis steht.

Freiheitsentziehende Maßregeln

§63 Unterbringung in einem psychiatrischen Krankenhaus

Hat jemand eine rechtswidrige Tat im Zustand der Schuldunfähigkeit (§ 20) oder der verminderten Schuldfähigkeit (§ 21) begangen, so ordnet das Gericht die Unterbringung in einem psychiatrischen Krankenhaus an, wenn die Gesamtwürdigung des Täters und seiner Tat ergibt, daß von ihm infolge seines Zustandes erhebliche rechtswidrige Taten, durch welche die Opfer seelisch oder körperlich erheblich geschädigt oder erheblich gefährdet werden oder schwerer wirtschaftlicher Schaden angerichtet wird, zu erwarten sind und er deshalb für die Allgemeinheit gefährlich ist. Handelt es sich bei der begangenen rechtswidrigen Tat nicht um eine im Sinne von Satz 1 erhebliche Tat, so trifft das Gericht eine solche Anordnung nur, wenn besondere Umstände die Erwartung rechtfertigen, dass der Täter infolge seines Zustandes derartige erhebliche rechtswidrige Taten begehen wird.

§ 64 Unterbringung in einer Entziehungsanstalt

Hat eine Person den Hang, alkoholische Getränke oder andere berauschende Mittel im Übermaß zu sich zu nehmen, und wird sie wegen einer rechtswidrigen Tat, die sie im Rausch begangen hat oder die auf ihren Hang zurückgeht, verurteilt oder nur deshalb nicht verurteilt, weil ihre Schuldunfähigkeit erwiesen oder nicht auszuschließen ist, so soll das Gericht die Unterbringung in einer Entziehungsanstalt anordnen, wenn die Gefahr besteht, dass sie infolge ihres Hanges erhebliche rechtswidrige Taten begehen wird. Die Anordnung ergeht nur, wenn eine hinreichend konkrete Aussicht besteht, die Person durch die Behandlung in einer Entziehungsanstalt innerhalb der Frist nach § 67d Absatz 1 Satz 1 oder 3 zu heilen oder über eine erhebliche Zeit vor dem Rückfall in den Hang zu bewahren und von der Begehung erheblicher rechtswidriger Taten abzuhalten, die auf ihren Hang zurückgehen.

§ 65 (weggefallen)

§ 66 Unterbringung in der Sicherungsverwahrung

(1) Das Gericht ordnet neben der Strafe die Sicherungsverwahrung an, wenn
1. jemand zu Freiheitsstrafe von mindestens zwei Jahren wegen einer vorsätzlichen Straftat verurteilt wird, die
    a) sich gegen das Leben, die körperliche Unversehrtheit, die persönliche Freiheit oder die sexuelle Selbstbestimmung richtet,
    b) unter den Ersten, Siebenten, Zwanzigsten oder Achtundzwanzigsten Abschnitt des Besonderen Teils oder unter das Völkerstrafgesetzbuch oder das Betäubungsmittelgesetz fällt und im Höchstmaß mit Freiheitsstrafe von mindestens zehn Jahren bedroht ist oder
    c) den Tatbestand des § 145a erfüllt, soweit die Führungsaufsicht auf Grund einer Straftat der in den Buchstaben a oder b genannten Art eingetreten ist, oder den Tatbestand des § 323a, soweit die im Rausch begangene rechtswidrige Tat eine solche der in den Buchstaben a oder b genannten Art ist,
2. der Täter wegen Straftaten der in Nummer 1 genannten Art, die er vor der neuen Tat begangen hat, schon zweimal jeweils zu einer Freiheitsstrafe von mindestens einem Jahr verurteilt worden ist,
3. er wegen einer oder mehrerer dieser Taten vor der neuen Tat für die Zeit von mindestens zwei Jahren Freiheitsstrafe verbüßt oder sich im Vollzug einer freiheitsentziehenden Maßregel der Besserung und Sicherung befunden hat und
4. die Gesamtwürdigung des Täters und seiner Taten ergibt, dass er infolge eines Hanges zu erheblichen Straftaten, namentlich zu solchen, durch welche die Opfer seelisch oder körperlich schwer geschädigt werden, zum Zeitpunkt der Verurteilung für die Allgemeinheit gefährlich ist.

Für die Einordnung als Straftat im Sinne von Satz 1 Nummer 1 Buchstabe b gilt § 12 Absatz 3 entsprechend, für die Beendigung der in Satz 1 Nummer 1 Buchstabe c genannten Führungsaufsicht § 68b Absatz 1 Satz 4.

(2) Hat jemand drei Straftaten der in Absatz 1 Satz 1 Nummer 1 genannten Art begangen, durch die er jeweils Freiheitsstrafe von mindestens einem Jahr verwirkt hat, und wird er wegen einer oder mehrerer dieser Taten zu Freiheitsstrafe von mindestens drei Jahren verurteilt, so kann das Gericht unter der in Absatz 1 Satz 1 Nummer 4 bezeichneten Voraussetzung neben der Strafe die Sicherungsverwahrung auch ohne frühere Verurteilung oder Freiheitsentziehung (Absatz 1 Satz 1 Nummer 2 und 3) anordnen.

(3) Wird jemand wegen eines die Voraussetzungen nach Absatz 1 Satz 1 Nummer 1 Buchstabe a oder b erfüllenden Verbrechens oder wegen einer Straftat nach § 89a Absatz 1 bis 3, § 89c Absatz 1 bis 3, § 129a Absatz 5 Satz 1 erste Alternative, auch in Verbindung mit § 129b Absatz 1, den §§ 174 bis 174c, 176a, 176b, 177 Absatz 2 Nummer 1, Absatz 3 und 6, §§ 180, 182, 224, 225 Abs. 1 oder 2 oder wegen einer vorsätzlichen Straftat nach § 323a, soweit die im Rausch begangene Tat eine der vorgenannten rechtswidrigen Tat ist, zu Freiheitsstrafe von mindestens zwei Jahren verurteilt, so kann das Gericht neben der Strafe die Sicherungsverwahrung anordnen, wenn der Täter wegen einer oder mehrerer solcher Straftaten, die er vor der neuen Tat begangen hat, schon einmal zu Freiheitsstrafe von mindestens drei Jahren verurteilt worden ist und die in Absatz 1 Satz 1 Nummer 3 und 4 genannten Voraussetzungen erfüllt sind. Hat jemand zwei Straftaten der in Satz 1 bezeichneten Art begangen, durch die er jeweils Freiheitsstrafe von mindestens zwei Jahren verwirkt hat und wird er wegen einer oder mehrerer dieser Taten zu Freiheitsstrafe von mindestens drei Jahren verurteilt, so kann das Gericht unter den in Absatz 1 Satz 1 Nummer 4 bezeichneten Voraussetzungen neben der Strafe die Sicherungsverwahrung auch ohne frühere Verurteilung oder Freiheitsentziehung (Absatz 1 Satz 1 Nummer 2 und 3) anordnen. Die Absätze 1 und 2 bleiben unberührt.

180 StGB §§ 66a–66c

(4) Im Sinne des Absatzes 1 Satz 1 Nummer 2 gilt eine Verurteilung zu Gesamtstrafe als eine einzige Verurteilung. Ist Untersuchungshaft oder eine andere Freiheitsentziehung auf Freiheitsstrafe angerechnet, so gilt sie als verbüßte Strafe im Sinne des Absatzes 1 Satz 1 Nummer 3. Eine frühere Tat bleibt außer Betracht, wenn zwischen ihr und der folgenden Tat mehr als fünf Jahre verstrichen sind; bei Straftaten gegen die sexuelle Selbstbestimmung beträgt die Frist fünfzehn Jahre. In die Frist wird die Zeit nicht eingerechnet, in welcher der Täter auf behördliche Anordnung in einer Anstalt verwahrt worden ist. Eine Tat, die außerhalb des räumlichen Geltungsbereichs dieses Gesetzes abgeurteilt worden ist, steht einer innerhalb dieses Bereichs abgeurteilten Tat gleich, wenn sie nach deutschem Strafrecht eine Straftat der in Absatz 1 Satz 1 Nummer 1, in den Fällen des Absatzes 3 der in Absatz 3 Satz 1 bezeichneten Art wäre.

§ 66a Vorbehalt der Unterbringung in der Sicherungsverwahrung

(1) Das Gericht kann im Urteil die Anordnung der Sicherungsverwahrung vorbehalten, wenn
1. jemand wegen einer der in § 66 Absatz 3 Satz 1 genannten Straftaten verurteilt wird,
2. die übrigen Voraussetzungen des § 66 Absatz 3 erfüllt sind, soweit dieser nicht auf § 66 Absatz 1 Satz 1 Nummer 4 verweist, und
3. nicht mit hinreichender Sicherheit feststellbar, aber wahrscheinlich ist, dass die Voraussetzungen des § 66 Absatz 1 Satz 1 Nummer 4 vorliegen.

(2) Einen Vorbehalt im Sinne von Absatz 1 kann das Gericht auch aussprechen, wenn
1. jemand zu einer Freiheitsstrafe von mindestens fünf Jahren wegen eines oder mehrerer Verbrechen gegen das Leben, die körperliche Unversehrtheit, die persönliche Freiheit, die sexuelle Selbstbestimmung, nach dem Achtundzwanzigsten Abschnitt oder nach den §§ 250, 251, auch in Verbindung mit § 252 oder § 255, verurteilt wird,
2. die Voraussetzungen des § 66 nicht erfüllt sind und
3. mit hinreichender Sicherheit feststellbar oder zumindest wahrscheinlich ist, dass die Voraussetzungen des § 66 Absatz 1 Satz 1 Nummer 4 vorliegen.

(3) Über die nach Absatz 1 oder 2 vorbehaltene Anordnung der Sicherungsverwahrung kann das Gericht im ersten Rechtszug nur bis zur vollständigen Vollstreckung der Freiheitsstrafe entscheiden; dies gilt auch, wenn die Vollstreckung des Strafrestes zur Bewährung ausgesetzt war und der Strafrest vollstreckt wird. Das Gericht ordnet die Sicherungsverwahrung an, wenn die Gesamtwürdigung des Verurteilten, seiner Tat oder seiner Taten und ergänzend seiner Entwicklung bis zum Zeitpunkt der Entscheidung ergibt, dass von ihm erhebliche Straftaten zu erwarten sind, durch welche die Opfer seelisch oder körperlich schwer geschädigt werden.

§ 66b Nachträgliche Anordnung der Unterbringung in der Sicherungsverwahrung

Ist die Unterbringung in einem psychiatrischen Krankenhaus nach § 67d Abs. 6 für erledigt erklärt worden, weil der die Schuldfähigkeit ausschließende oder vermindernde Zustand, auf dem die Unterbringung beruhte, im Zeitpunkt der Erledigungsentscheidung nicht bestanden hat, so kann das Gericht die Unterbringung in der Sicherungsverwahrung nachträglich anordnen, wenn
1. die Unterbringung des Betroffenen nach § 63 wegen mehrerer der in § 66 Abs. 3 Satz 1 genannten Taten angeordnet wurde oder wenn der Betroffene wegen einer oder mehrerer solcher Taten, die er vor der zur Unterbringung nach § 63 führenden Tat begangen hat, schon einmal zu einer Freiheitsstrafe von mindestens drei Jahren verurteilt oder in einem psychiatrischen Krankenhaus untergebracht worden war und
2. die Gesamtwürdigung des Betroffenen, seiner Taten und ergänzend seiner Entwicklung bis zum Zeitpunkt der Entscheidung ergibt, dass er mit hoher Wahrscheinlichkeit erhebliche Straftaten begehen wird, durch welche die Opfer seelisch oder körperlich schwer geschädigt werden.

Dies gilt auch, wenn im Anschluss an die Unterbringung nach § 63 noch eine daneben angeordnete Freiheitsstrafe ganz oder teilweise zu vollstrecken ist.

§ 66c Ausgestaltung der Unterbringung in der Sicherungsverwahrung und des vorhergehenden Strafvollzugs

(1) Die Unterbringung in der Sicherungsverwahrung erfolgt in Einrichtungen, die
1. dem Untergebrachten auf der Grundlage einer umfassenden Behandlungsuntersuchung und eines regelmäßig fortzuschreibenden Vollzugsplans eine Betreuung anbieten,
   a) die individuell und intensiv sowie geeignet ist, seine Mitwirkungsbereitschaft zu wecken und zu fördern, insbesondere eine psychiatrische, psycho- oder sozialtherapeutische Behandlung, die auf den Untergebrachten zugeschnitten ist, soweit standardisierte Angebote nicht Erfolg versprechend sind, und
   b) die zum Ziel hat, seine Gefährlichkeit für die Allgemeinheit so zu mindern, dass die Vollstreckung der Maßregel möglichst bald zur Bewährung ausgesetzt oder sie für erledigt erklärt werden kann,
2. eine Unterbringung gewährleisten,

a) die den Untergebrachten so wenig wie möglich belastet, den Erfordernissen der Betreuung im Sinne von Nummer 1 entspricht und, soweit Sicherheitsbelange nicht entgegenstehen, den allgemeinen Lebensverhältnissen angepasst ist, und
b) die vom Strafvollzug getrennt in besonderen Gebäuden oder Abteilungen erfolgt, sofern nicht die Behandlung im Sinne von Nummer 1 ausnahmsweise etwas anderes erfordert, und
3. zur Erreichung des in Nummer 1 Buchstabe b genannten Ziels
   a) vollzugsöffnende Maßnahmen gewähren und Entlassungsvorbereitungen treffen, soweit nicht zwingende Gründe entgegenstehen, insbesondere konkrete Anhaltspunkte die Gefahr begründen, der Untergebrachte werde sich dem Vollzug der Sicherungsverwahrung entziehen oder die Maßnahmen zur Begehung erheblicher Straftaten missbrauchen, sowie
   b) in enger Zusammenarbeit mit staatlichen oder freien Trägern eine nachsorgende Betreuung in Freiheit ermöglichen.

(2) Hat das Gericht die Unterbringung in der Sicherungsverwahrung im Urteil (§ 66), nach Vorbehalt (§ 66a Absatz 3) oder nachträglich (§ 66b) angeordnet oder sich eine solche Anordnung im Urteil vorbehalten (§ 66a Absatz 1 und 2), ist dem Täter schon im Strafvollzug eine Betreuung im Sinne von Absatz 1 Nummer 1, insbesondere eine sozialtherapeutische Behandlung, anzubieten mit dem Ziel, die Vollstreckung der Unterbringung (§ 67c Absatz 1 Satz 1 Nummer 1) oder deren Anordnung (§ 66a Absatz 3) möglichst entbehrlich zu machen.

§ 67 Reihenfolge der Vollstreckung

(1) Wird die Unterbringung in einer Anstalt nach den §§ 63 und 64 neben einer Freiheitsstrafe angeordnet, so wird die Maßregel vor der Strafe vollzogen.

(2) Das Gericht bestimmt jedoch, daß die Strafe oder ein Teil der Strafe vor der Maßregel zu vollziehen ist, wenn der Zweck der Maßregel dadurch leichter erreicht wird. Bei Anordnung der Unterbringung in einer Entziehungsanstalt neben einer zeitigen Freiheitsstrafe von über drei Jahren soll das Gericht bestimmen, dass ein Teil der Strafe vor der Maßregel zu vollziehen ist. Dieser Teil der Strafe ist so zu bemessen, dass nach seiner Vollziehung und einer anschließenden Unterbringung eine Entscheidung nach Absatz 5 Satz 1 möglich ist. Das Gericht soll ferner bestimmen, dass die Strafe vor der Maßregel zu vollziehen ist, wenn die verurteilte Person vollziehbar zur Ausreise verpflichtet und zu erwarten ist, dass ihr Aufenthalt im räumlichen Geltungsbereich dieses Gesetzes während oder unmittelbar nach Verbüßung der Strafe beendet wird.

(3) Das Gericht kann eine Anordnung nach Absatz 2 Satz 1 oder Satz 2 nachträglich treffen, ändern oder aufheben, wenn Umstände in der Person des Verurteilten es angezeigt erscheinen lassen. Eine Anordnung nach Absatz 2 Satz 4 kann das Gericht auch nachträglich treffen. Hat es eine Anordnung nach Absatz 2 Satz 4 getroffen, so hebt es diese auf, wenn eine Beendigung des Aufenthalts der verurteilten Person im räumlichen Geltungsbereich dieses Gesetzes während oder unmittelbar nach Verbüßung der Strafe nicht mehr zu erwarten ist.

(4) Wird die Maßregel ganz oder zum Teil vor der Strafe vollzogen, so wird die Zeit des Vollzugs der Maßregel auf die Strafe angerechnet, bis zwei Drittel der Strafe erledigt sind.

(5) Wird die Maßregel vor der Strafe oder vor einem Rest der Strafe vollzogen, so kann das Gericht die Vollstreckung des Strafrestes unter den Voraussetzungen des § 57 Abs. 1 Satz 1 Nr. 2 und 3 zur Bewährung aussetzen, wenn die Hälfte der Strafe erledigt ist. Wird der Strafrest nicht ausgesetzt, so wird der Vollzug der Maßregel fortgesetzt; das Gericht kann jedoch den Vollzug der Strafe anordnen, wenn Umstände in der Person des Verurteilten es angezeigt erscheinen lassen.

(6) Das Gericht bestimmt, dass eine Anrechnung nach Absatz 4 auch auf eine verfahrensfremde Strafe erfolgt, wenn deren Vollzug für die verurteilte Person eine unbillige Härte wäre. Bei dieser Entscheidung sind insbesondere das Verhältnis der Dauer des bisherigen Freiheitsentzugs zur Dauer der verhängten Strafen, der erzielte Therapieerfolg und seine konkrete Gefährdung sowie das Verhalten der verurteilten Person im Vollstreckungsverfahren zu berücksichtigen. Die Anrechnung ist in der Regel ausgeschlossen, wenn die der verfahrensfremden Strafe zugrunde liegende Tat nach der Anordnung der Maßregel begangen worden ist. Absatz 5 Satz 2 gilt entsprechend.

§ 67a Überweisung in den Vollzug einer anderen Maßregel

(1) Ist die Unterbringung in einem psychiatrischen Krankenhaus oder einer Entziehungsanstalt angeordnet worden, so kann das Gericht die untergebrachte Person nachträglich in den Vollzug der anderen Maßregel überweisen, wenn ihre Resozialisierung dadurch besser gefördert werden kann.

(2) Unter den Voraussetzungen des Absatzes 1 kann das Gericht nachträglich auch eine Person, gegen die Sicherungsverwahrung angeordnet worden ist, in den Vollzug einer der in Absatz 1 genannten Maßregeln überweisen. Die Möglichkeit einer nachträglichen Überweisung besteht, wenn die Voraussetzungen des Absat-

zes 1 vorliegen und die Überweisung zur Durchführung einer Heilbehandlung oder Entziehungskur angezeigt ist, auch bei einer Person, die sich noch im Strafvollzug befindet und deren Unterbringung in der Sicherungsverwahrung angeordnet oder vorbehalten worden ist.

(3) Das Gericht kann eine Entscheidung nach den Absätzen 1 und 2 ändern oder aufheben, wenn sich nachträglich ergibt, dass die Resozialisierung der untergebrachten Person dadurch besser gefördert werden kann. Eine Entscheidung nach Absatz 2 kann das Gericht ferner aufheben, wenn sich nachträglich ergibt, dass mit dem Vollzug der in Absatz 1 genannten Maßregeln kein Erfolg erzielt werden kann.

(4) Die Fristen für die Dauer der Unterbringung und die Überprüfung richten sich nach den Vorschriften, die für die im Urteil angeordnete Unterbringung gelten. Im Falle des Absatzes 2 Satz 2 hat das Gericht bis zum Beginn der Vollstreckung der Unterbringung jeweils spätestens vor Ablauf eines Jahres zu prüfen, ob die Voraussetzungen für eine Entscheidung nach Absatz 3 Satz 2 vorliegen.

§67b Aussetzung zugleich mit der Anordnung

(1) Ordnet das Gericht die Unterbringung in einem psychiatrischen Krankenhaus oder einer Entziehungsanstalt an, so setzt es zugleich deren Vollstreckung zur Bewährung aus, wenn besondere Umstände die Erwartung rechtfertigen, daß der Zweck der Maßregel auch dadurch erreicht werden kann. Die Aussetzung unterbleibt, wenn der Täter noch Freiheitsstrafe zu verbüßen hat, die gleichzeitig mit der Maßregel verhängt und nicht zur Bewährung ausgesetzt wird.

(2) Mit der Aussetzung tritt Führungsaufsicht ein.

§67c Späterer Beginn der Unterbringung

(1) Wird eine Freiheitsstrafe vor einer wegen derselben Tat oder Taten angeordneten Unterbringung vollzogen und ergibt die vor dem Ende des Vollzugs der Strafe erforderliche Prüfung, dass
1. der Zweck der Maßregel die Unterbringung nicht mehr erfordert oder
2. die Unterbringung in der Sicherungsverwahrung unverhältnismäßig wäre, weil dem Täter bei einer Gesamtbetrachtung des Vollzugsverlaufs ausreichende Betreuung im Sinne des § 66c Absatz 2 in Verbindung mit § 66c Absatz 1 Nummer 1 nicht angeboten worden ist,

setzt das Gericht die Vollstreckung der Unterbringung zur Bewährung aus; mit der Aussetzung tritt Führungsaufsicht ein. Der Prüfung nach Satz 1 Nummer 1 bedarf es nicht, wenn die Unterbringung in der Sicherungsverwahrung im ersten Rechtszug weniger als ein Jahr vor dem Ende des Vollzugs der Strafe angeordnet worden ist.

(2) Hat der Vollzug der Unterbringung drei Jahre nach Rechtskraft ihrer Anordnung noch nicht begonnen und liegt ein Fall des Absatzes 1 oder des § 67b nicht vor, so darf die Unterbringung nur noch vollzogen werden, wenn das Gericht es anordnet. In die Frist wird die Zeit nicht eingerechnet, in welcher der Täter auf behördliche Anordnung in einer Anstalt verwahrt worden ist. Das Gericht ordnet den Vollzug an, wenn der Zweck der Maßregel die Unterbringung noch erfordert. Ist der Zweck der Maßregel nicht erreicht, rechtfertigen aber besondere Umstände die Erwartung, daß er auch durch die Aussetzung erreicht werden kann, so setzt das Gericht die Vollstreckung der Unterbringung zur Bewährung aus; mit der Aussetzung tritt Führungsaufsicht ein. Ist der Zweck der Maßregel erreicht, so erklärt das Gericht sie für erledigt.

§67d Dauer der Unterbringung

(1) Die Unterbringung in einer Entziehungsanstalt darf zwei Jahre nicht übersteigen. Die Frist läuft vom Beginn der Unterbringung an. Wird vor einer Freiheitsstrafe eine daneben angeordnete freiheitsentziehende Maßregel vollzogen, so verlängert sich die Höchstfrist um die Dauer der Freiheitsstrafe, soweit die Zeit des Vollzugs der Maßregel auf die Strafe angerechnet wird.

(2) Ist keine Höchstfrist vorgesehen oder ist die Frist noch nicht abgelaufen, so setzt das Gericht die weitere Vollstreckung der Unterbringung zur Bewährung aus, wenn zu erwarten ist, daß der Untergebrachte außerhalb des Maßregelvollzugs keine erheblichen rechtswidrigen Taten mehr begehen wird. Gleiches gilt, wenn das Gericht nach Beginn der Vollstreckung der Unterbringung in der Sicherungsverwahrung feststellt, dass die weitere Vollstreckung unverhältnismäßig wäre, weil dem Untergebrachten nicht spätestens bis zum Ablauf einer vom Gericht bestimmten Frist von höchstens sechs Monaten ausreichende Betreuung im Sinne des § 66c Absatz 1 Nummer 1 angeboten worden ist; eine solche Frist hat das Gericht, wenn keine ausreichende Betreuung angeboten wird, unter Angabe der anzubietenden Maßnahmen bei der Prüfung der Aussetzung der Vollstreckung festzusetzen. Mit der Aussetzung nach Satz 1 oder 2 tritt Führungsaufsicht ein.

(3) Sind zehn Jahre der Unterbringung in der Sicherungsverwahrung vollzogen worden, so erklärt das Gericht die Maßregel für erledigt, wenn nicht die Gefahr besteht, daß der Untergebrachte erhebliche Straftaten begehen wird, durch welche die Opfer seelisch oder körperlich schwer geschädigt werden. Mit der Entlassung aus dem Vollzug der Unterbringung tritt Führungsaufsicht ein.

(4) Ist die Höchstfrist abgelaufen, so wird der Untergebrachte entlassen. Die Maßregel ist damit erledigt. Mit der Entlassung aus dem Vollzug der Unterbringung tritt Führungsaufsicht ein.
(5) Das Gericht erklärt die Unterbringung in einer Entziehungsanstalt für erledigt, wenn die Voraussetzungen des § 64 Satz 2 nicht mehr vorliegen. Mit der Entlassung aus dem Vollzug der Unterbringung tritt Führungsaufsicht ein.
(6) Stellt das Gericht nach Beginn der Vollstreckung der Unterbringung in einem psychiatrischen Krankenhaus fest, daß die Voraussetzungen der Maßregel nicht mehr vorliegen oder die weitere Vollstreckung der Maßregel unverhältnismäßig wäre, so erklärt es sie für erledigt. Dauert die Unterbringung sechs Jahre, ist ihre Fortdauer in der Regel nicht mehr verhältnismäßig, wenn nicht die Gefahr besteht, daß der Untergebrachte infolge seines Zustandes erhebliche rechtswidrige Taten begehen wird, durch welche die Opfer seelisch oder körperlich schwer geschädigt werden oder in die Gefahr einer schweren körperlichen oder seelischen Schädigung gebracht werden. Sind zehn Jahre der Unterbringung vollzogen, gilt Absatz 3 Satz 1 entsprechend. Mit der Entlassung aus dem Vollzug der Unterbringung tritt Führungsaufsicht ein. Das Gericht ordnet den Nichteintritt der Führungsaufsicht an, wenn zu erwarten ist, daß der Betroffene auch ohne sie keine Straftaten mehr begehen wird.

§ 67e Überprüfung
(1) Das Gericht kann jederzeit prüfen, ob die weitere Vollstreckung der Unterbringung zur Bewährung auszusetzen oder für erledigt zu erklären ist. Es muß dies vor Ablauf bestimmter Fristen prüfen.
(2) Die Fristen betragen bei der Unterbringung
– in einer Entziehungsanstalt sechs Monate,
– in einem psychiatrischen Krankenhaus ein Jahr,
– in der Sicherungsverwahrung ein Jahr, nach dem Vollzug von zehn Jahren der Unterbringung neun Monate.
(3) Das Gericht kann die Fristen kürzen. Es kann im Rahmen der gesetzlichen Prüfungsfristen auch Fristen festsetzen, vor deren Ablauf ein Antrag auf Prüfung unzulässig ist.
(4) Die Fristen laufen vom Beginn der Unterbringung an. Lehnt das Gericht die Aussetzung oder Erledigungserklärung ab, so beginnen die Fristen mit der Entscheidung von neuem.

§ 67f Mehrfache Anordnung der Maßregel
Ordnet das Gericht die Unterbringung in einer Entziehungsanstalt an, so ist eine frühere Anordnung der Maßregel erledigt.

§ 67g Widerruf der Aussetzung
(1) Das Gericht widerruft die Aussetzung einer Unterbringung, wenn die verurteilte Person
1. während der Dauer der Führungsaufsicht eine rechtswidrige Tat begeht,
2. gegen Weisungen nach § 68b gröblich oder beharrlich verstößt oder
3. sich der Aufsicht und Leitung der Bewährungshelferin oder des Bewährungshelfers oder der Aufsichtsstelle beharrlich entzieht
und sich daraus ergibt, daß der Zweck der Maßregel ihre Unterbringung erfordert. Satz 1 Nr. 1 gilt entsprechend, wenn der Widerrufsgrund zwischen der Entscheidung über die Aussetzung und dem Beginn der Führungsaufsicht (§ 68c Abs. 4) entstanden ist.
(2) Das Gericht widerruft die Aussetzung einer Unterbringung nach den §§ 63 und 64 auch dann, wenn sich während der Dauer der Führungsaufsicht ergibt, daß von der verurteilten Person infolge ihres Zustands rechtswidrige Taten zu erwarten sind und deshalb der Zweck der Maßregel ihre Unterbringung erfordert.
(3) Das Gericht widerruft die Aussetzung ferner, wenn Umstände, die ihm während der Dauer der Führungsaufsicht bekannt werden und zur Versagung der Aussetzung geführt hätten, zeigen, daß der Zweck der Maßregel die Unterbringung der verurteilten Person erfordert.
(4) Die Dauer der Unterbringung vor und nach dem Widerruf darf insgesamt die gesetzliche Höchstfrist der Maßregel nicht übersteigen.
(5) Widerruft das Gericht die Aussetzung der Maßregel nicht, so ist die Maßregel mit dem Ende der Führungsaufsicht erledigt.
(6) Leistungen, die die verurteilte Person zur Erfüllung von Weisungen erbracht hat, werden nicht erstattet.

§ 67h Befristete Wiederinvollzugsetzung; Krisenintervention
(1) Während der Dauer der Führungsaufsicht kann das Gericht die ausgesetzte Unterbringung nach § 63 oder § 64 für eine Dauer von höchstens drei Monaten wieder in Vollzug setzen, wenn eine akute Verschlechterung des Zustands der aus der Unterbringung entlassenen Person oder ein Rückfall in ihr Suchtverhalten eingetreten ist und die Maßnahme erforderlich ist, um einen Widerruf nach § 67g zu vermeiden. Unter den Voraussetzungen des

Satzes 1 kann es die Maßnahme erneut anordnen oder ihre Dauer verlängern; die Dauer der Maßnahme darf insgesamt sechs Monate nicht überschreiten. § 67g Abs. 4 gilt entsprechend.
(2) Das Gericht hebt die Maßnahme vor Ablauf der nach Absatz 1 gesetzten Frist auf, wenn ihr Zweck erreicht ist.

Führungsaufsicht

§ 68 Voraussetzungen der Führungsaufsicht
(1) Hat jemand wegen einer Straftat, bei der das Gesetz Führungsaufsicht besonders vorsieht, zeitige Freiheitsstrafe von mindestens sechs Monaten verwirkt, so kann das Gericht neben der Strafe Führungsaufsicht anordnen, wenn die Gefahr besteht, daß er weitere Straftaten begehen wird.
(2) Die Vorschriften über die Führungsaufsicht kraft Gesetzes (§§ 67b, 67c, 67d Abs. 2 bis 6 und § 68f) bleiben unberührt.

§ 68a Aufsichtsstelle, Bewährungshilfe, forensische Ambulanz
(1) Die verurteilte Person untersteht einer Aufsichtsstelle; das Gericht bestellt ihr für die Dauer der Führungsaufsicht eine Bewährungshelferin oder einen Bewährungshelfer.
(2) Die Bewährungshelferin oder der Bewährungshelfer und die Aufsichtsstelle stehen im Einvernehmen miteinander der verurteilten Person helfend und betreuend zur Seite.
(3) Die Aufsichtsstelle überwacht im Einvernehmen mit dem Gericht und mit Unterstützung der Bewährungshelferin oder des Bewährungshelfers das Verhalten der verurteilten Person und die Erfüllung der Weisungen.
(4) Besteht zwischen der Aufsichtsstelle und der Bewährungshelferin oder dem Bewährungshelfer in Fragen, welche die Hilfe für die verurteilte Person und ihre Betreuung berühren, kein Einvernehmen, entscheidet das Gericht.
(5) Das Gericht kann der Aufsichtsstelle und der Bewährungshelferin oder dem Bewährungshelfer für ihre Tätigkeit Anweisungen erteilen.
(6) Vor Stellung eines Antrags nach § 145a Satz 2 hört die Aufsichtsstelle die Bewährungshelferin oder den Bewährungshelfer; Absatz 4 ist nicht anzuwenden.
(7) Wird eine Weisung nach § 68b Abs. 2 Satz 2 und 3 erteilt, steht im Einvernehmen mit den in Absatz 2 Genannten auch die forensische Ambulanz der verurteilten Person helfend und betreuend zur Seite. Im Übrigen gelten die Absätze 3 und 6, soweit sie die Stellung der Bewährungshelferin oder des Bewährungshelfers betreffen, auch für die forensische Ambulanz.
(8) Die in Absatz 1 Genannten und die in § 203 Absatz 1 Nummer 1, 2 und 6 genannten Mitarbeiterinnen und Mitarbeiter der forensischen Ambulanz haben fremde Geheimnisse, die ihnen im Rahmen des durch § 203 geschützten Verhältnisses anvertraut oder sonst bekannt geworden sind, einander zu offenbaren, soweit dies notwendig ist, um der verurteilten Person zu helfen, nicht wieder straffällig zu werden. Darüber hinaus haben die in § 203 Absatz 1 Nummer 1, 2 und 6 genannten Mitarbeiterinnen und Mitarbeiter der forensischen Ambulanz solche Geheimnisse gegenüber der Aufsichtsstelle und dem Gericht zu offenbaren, soweit aus ihrer Sicht
1. dies notwendig ist, um zu überwachen, ob die verurteilte Person einer Vorstellungsweisung nach § 68b Abs. 1 Satz 1 Nr. 11 nachkommt oder im Rahmen einer Weisung nach § 68b Abs. 2 Satz 2 und 3 an einer Behandlung teilnimmt,
2. das Verhalten oder der Zustand der verurteilten Person Maßnahmen nach § 67g, § 67h oder § 68c Abs. 2 oder Abs. 3 erforderlich erscheinen lässt oder
3. dies zur Abwehr einer erheblichen gegenwärtigen Gefahr für das Leben, die körperliche Unversehrtheit, die persönliche Freiheit oder die sexuelle Selbstbestimmung Dritter erforderlich ist.

In den Fällen der Sätze 1 und 2 Nr. 2 und 3 dürfen Tatsachen im Sinne von § 203 Abs. 1, die von Mitarbeiterinnen und Mitarbeitern der forensischen Ambulanz offenbart wurden, nur zu den dort genannten Zwecken verwendet werden.

§ 68b Weisungen
(1) Das Gericht kann die verurteilte Person für die Dauer der Führungsaufsicht oder für eine kürzere Zeit anweisen,
1. den Wohn- oder Aufenthaltsort oder einen bestimmten Bereich nicht ohne Erlaubnis der Aufsichtsstelle zu verlassen,
2. sich nicht an bestimmten Orten aufzuhalten, die ihr Gelegenheit oder Anreiz zu weiteren Straftaten bieten können,
3. zu der verletzten Person oder bestimmten Personen oder Personen einer bestimmten Gruppe, die ihr Gelegenheit oder Anreiz zu weiteren Straftaten bieten können, keinen Kontakt aufzunehmen, mit ihnen nicht zu verkehren, sie nicht zu beschäftigen, auszubilden oder zu beherbergen,

4. bestimmte Tätigkeiten nicht auszuüben, die sie nach den Umständen zu Straftaten missbrauchen kann,
5. bestimmte Gegenstände, die ihr Gelegenheit oder Anreiz zu weiteren Straftaten bieten können, nicht zu besitzen, bei sich zu führen oder verwahren zu lassen,
6. Kraftfahrzeuge oder bestimmte Arten von Kraftfahrzeugen oder von anderen Fahrzeugen nicht zu halten oder zu führen, die sie nach den Umständen zu Straftaten missbrauchen kann,
7. sich zu bestimmten Zeiten bei der Aufsichtsstelle, einer bestimmten Dienststelle oder der Bewährungshelferin oder dem Bewährungshelfer zu melden,
8. jeden Wechsel der Wohnung oder des Arbeitsplatzes unverzüglich der Aufsichtsstelle zu melden,
9. sich im Fall der Erwerbslosigkeit bei der zuständigen Agentur für Arbeit oder einer anderen zur Arbeitsvermittlung zugelassenen Stelle zu melden,
10. keine alkoholischen Getränke oder andere berauschende Mittel zu sich zu nehmen, wenn aufgrund bestimmter Tatsachen Gründe für die Annahme bestehen, dass der Konsum solcher Mittel zur Begehung weiterer Straftaten beitragen wird, und sich Alkohol- oder Suchtmittelkontrollen zu unterziehen, die nicht mit einem körperlichen Eingriff verbunden sind,
11. sich zu bestimmten Zeiten oder in bestimmten Abständen bei einer Ärztin oder einem Arzt, einer Psychotherapeutin oder einem Psychotherapeuten oder einer forensischen Ambulanz vorzustellen oder
12. die für eine elektronische Überwachung ihres Aufenthaltsortes erforderlichen technischen Mittel ständig in betriebsbereitem Zustand bei sich zu führen und deren Funktionsfähigkeit nicht zu beeinträchtigen.

Das Gericht hat in seiner Weisung das verbotene oder verlangte Verhalten genau zu bestimmen. Eine Weisung nach Satz 1 Nummer 12 ist, unbeschadet des Satzes 5, nur zulässig, wenn
1. die Führungsaufsicht auf Grund der vollständigen Vollstreckung einer Freiheitsstrafe oder Gesamtfreiheitsstrafe von mindestens drei Jahren oder auf Grund einer erledigten Maßregel eingetreten ist,
2. die Freiheitsstrafe oder Gesamtfreiheitsstrafe oder die Unterbringung wegen einer oder mehrerer Straftaten der in § 66 Absatz 3 Satz 1 genannten Art verhängt oder angeordnet wurde,
3. die Gefahr besteht, dass die verurteilte Person weitere Straftaten der in § 66 Absatz 3 Satz 1 genannten Art begehen wird, und
4. die Weisung erforderlich erscheint, um die verurteilte Person durch die Möglichkeit der Datenverwendung nach § 463a Absatz 4 Satz 2 der Strafprozessordnung, insbesondere durch die Überwachung der Erfüllung einer nach Satz 1 Nummer 1 oder 2 auferlegten Weisung, von der Begehung weiterer Straftaten der in § 66 Absatz 3 Satz 1 genannten Art abzuhalten.

Die Voraussetzungen von Satz 3 Nummer 1 in Verbindung mit Nummer 2 liegen unabhängig davon vor, ob die dort genannte Führungsaufsicht nach § 68e Absatz 1 Satz 1 beendet ist. Abweichend von Satz 3 Nummer 1 genügt eine Freiheits- oder Gesamtfreiheitsstrafe von zwei Jahren, wenn diese wegen einer oder mehrerer Straftaten verhängt worden ist, die unter den Ersten oder Siebenten Abschnitt des Besonderen Teils fallen; zu den in Satz 3 Nummer 2 bis 4 genannten Straftaten gehört auch eine Straftat nach § 129a Absatz 5 Satz 2, auch in Verbindung mit § 129b Absatz 1.

(2) Das Gericht kann der verurteilten Person für die Dauer der Führungsaufsicht oder für eine kürzere Zeit weitere Weisungen erteilen, insbesondere solche, die sich auf Ausbildung, Arbeit, Freizeit, die Ordnung der wirtschaftlichen Verhältnisse oder die Erfüllung von Unterhaltspflichten beziehen. Das Gericht kann die verurteilte Person insbesondere anweisen, sich psychiatrisch, psycho- oder sozialtherapeutisch betreuen und behandeln zu lassen (Therapieweisung). Die Betreuung und Behandlung kann durch eine forensische Ambulanz erfolgen. § 56c Abs. 3 gilt entsprechend, auch für die Weisung, sich Alkohol- oder Suchtmittelkontrollen zu unterziehen, die mit körperlichen Eingriffen verbunden sind.

(3) Bei den Weisungen dürfen an die Lebensführung der verurteilten Person keine unzumutbaren Anforderungen gestellt werden.

(4) Wenn mit Eintritt der Führungsaufsicht eine bereits bestehende Führungsaufsicht nach § 68e Abs. 1 Satz 1 Nr. 3 endet, muss das Gericht auch die Weisungen in seine Entscheidung einbeziehen, die im Rahmen der früheren Führungsaufsicht erteilt worden sind.

(5) Soweit die Betreuung der verurteilten Person in den Fällen des Absatzes 1 Nr. 11 oder ihre Behandlung in den Fällen des Absatzes 2 nicht durch eine forensische Ambulanz erfolgt, gilt § 68a Abs. 8 entsprechend.

§ 68c Dauer der Führungsaufsicht

(1) Die Führungsaufsicht dauert mindestens zwei und höchstens fünf Jahre. Das Gericht kann die Höchstdauer abkürzen.

(2) Das Gericht kann eine die Höchstdauer nach Absatz 1 Satz 1 überschreitende unbefristete Führungsaufsicht anordnen, wenn die verurteilte Person

1. in eine Weisung nach § 56c Abs. 3 Nr. 1 nicht einwilligt oder
2. einer Weisung, sich einer Heilbehandlung oder einer Entziehungskur zu unterziehen, oder einer Therapieweisung nicht nachkommt

und eine Gefährdung der Allgemeinheit durch die Begehung weiterer erheblicher Straftaten zu befürchten ist. Erklärt die verurteilte Person in den Fällen des Satzes 1 Nr. 1 nachträglich ihre Einwilligung, setzt das Gericht die weitere Dauer der Führungsaufsicht fest. Im Übrigen gilt § 68e Abs. 3.

(3) Das Gericht kann die Führungsaufsicht über die Höchstdauer nach Absatz 1 Satz 1 hinaus unbefristet verlängern, wenn
1. in Fällen der Aussetzung der Unterbringung in einem psychiatrischen Krankenhaus nach § 67d Abs. 2 aufgrund bestimmter Tatsachen Gründe für die Annahme bestehen, dass die verurteilte Person andernfalls alsbald in einen Zustand nach § 20 oder § 21 geraten wird, infolge dessen eine Gefährdung der Allgemeinheit durch die Begehung weiterer erheblicher rechtswidriger Taten zu befürchten ist, oder
2. sich aus dem Verstoß gegen Weisungen nach § 68b Absatz 1 oder 2 oder auf Grund anderer bestimmter Tatsachen konkrete Anhaltspunkte dafür ergeben, dass eine Gefährdung der Allgemeinheit durch die Begehung weiterer erheblicher Straftaten zu befürchten ist, und
   a) gegen die verurteilte Person wegen Straftaten der in § 181b genannten Art eine Freiheitsstrafe oder Gesamtfreiheitsstrafe von mehr als zwei Jahren verhängt oder die Unterbringung in einem psychiatrischen Krankenhaus oder in einer Entziehungsanstalt angeordnet wurde oder
   b) die Führungsaufsicht unter den Voraussetzungen des § 68b Absatz 1 Satz 3 Nummer 1 eingetreten ist und die Freiheitsstrafe oder Gesamtfreiheitsstrafe oder die Unterbringung wegen eines oder mehrerer Verbrechen gegen das Leben, die körperliche Unversehrtheit, die persönliche Freiheit oder nach den §§ 250, 251, auch in Verbindung mit § 252 oder § 255, verhängt oder angeordnet wurde.

Für die Beendigung der Führungsaufsicht gilt § 68b Absatz 1 Satz 4 entsprechend.

(4) In den Fällen des § 68 Abs. 1 beginnt die Führungsaufsicht mit der Rechtskraft ihrer Anordnung, in den Fällen des § 67b Abs. 2, des § 67c Abs. 1 Satz 1 und Abs. 2 Satz 4 und des § 67d Abs. 2 Satz 3 mit der Rechtskraft der Aussetzungsentscheidung oder zu einem gerichtlich angeordneten späteren Zeitpunkt. In ihre Dauer wird die Zeit nicht eingerechnet, in welcher die verurteilte Person flüchtig ist, sich verborgen hält oder auf behördliche Anordnung in einer Anstalt verwahrt wird.

§ 68d Nachträgliche Entscheidungen; Überprüfungsfrist

(1) Das Gericht kann Entscheidungen nach § 68a Abs. 1 und 5, den §§ 68b und 68c Abs. 1 Satz 2 und Abs. 2 und 3 auch nachträglich treffen, ändern oder aufheben.

(2) Bei einer Weisung gemäß § 68b Absatz 1 Satz 1 Nummer 12 prüft das Gericht spätestens vor Ablauf von zwei Jahren, ob sie aufzuheben ist. § 67e Absatz 3 und 4 gilt entsprechend.

§ 68e Beendigung oder Ruhen der Führungsaufsicht

(1) Soweit sie nicht unbefristet oder nach Aussetzung einer freiheitsentziehenden Maßregel (§ 67b Absatz 2, § 67c Absatz 1 Satz 1, Absatz 2 Satz 4, § 67d Absatz 2 Satz 3) eingetreten ist, endet die Führungsaufsicht
1. mit Beginn des Vollzugs einer freiheitsentziehenden Maßregel,
2. mit Beginn des Vollzugs einer Freiheitsstrafe, neben der eine freiheitsentziehende Maßregel angeordnet ist,
3. mit Eintritt einer neuen Führungsaufsicht.

In den übrigen Fällen ruht die Führungsaufsicht während der Dauer des Vollzugs einer Freiheitsstrafe oder einer freiheitsentziehenden Maßregel. Das Gericht ordnet das Entfallen einer nach Aussetzung einer freiheitsentziehenden Maßregel eingetretenen Führungsaufsicht an, wenn es ihrer nach Eintritt eines in Satz 1 Nummer 1 bis 3 genannten Umstandes nicht mehr bedarf. Tritt eine Führungsaufsicht zu einer bereits bestehenden unbefristeten oder nach Aussetzung einer freiheitsentziehenden Maßregel eingetretenen Führungsaufsicht hinzu, ordnet das Gericht das Entfallen der neuen Maßregel an, wenn es ihrer neben der bestehenden nicht bedarf.

(2) Das Gericht hebt die Führungsaufsicht auf, wenn zu erwarten ist, dass die verurteilte Person auch ohne sie keine Straftaten mehr begehen wird. Die Aufhebung ist frühestens nach Ablauf der gesetzlichen Mindestdauer zulässig. Das Gericht kann Fristen von höchstens sechs Monaten festsetzen, vor deren Ablauf ein Antrag auf Aufhebung der Führungsaufsicht unzulässig ist.

(3) Ist unbefristete Führungsaufsicht eingetreten, prüft das Gericht
1. in den Fällen des § 68c Abs. 2 Satz 1 spätestens mit Verstreichen der Höchstfrist nach § 68c Abs. 1 Satz 1,
2. in den Fällen des § 68c Abs. 3 vor Ablauf von zwei Jahren,

ob eine Entscheidung nach Absatz 2 Satz 1 geboten ist. Lehnt das Gericht eine Aufhebung der Führungsaufsicht ab, hat es vor Ablauf von zwei Jahren von neuem über eine Aufhebung der Führungsaufsicht zu entscheiden.

§ 68f Führungsaufsicht bei Nichtaussetzung des Strafrestes

(1) Ist eine Freiheitsstrafe oder Gesamtfreiheitsstrafe von mindestens zwei Jahren wegen vorsätzlicher Straftaten oder eine Freiheitsstrafe oder Gesamtfreiheitsstrafe von mindestens einem Jahr wegen Straftaten der in § 181b genannten Art vollständig vollstreckt worden, tritt mit der Entlassung der verurteilten Person aus dem Strafvollzug Führungsaufsicht ein. Dies gilt nicht, wenn im Anschluss an die Strafverbüßung eine freiheitsentziehende Maßregel der Besserung und Sicherung vollzogen wird.

(2) Ist zu erwarten, dass die verurteilte Person auch ohne die Führungsaufsicht keine Straftaten mehr begehen wird, ordnet das Gericht an, dass die Maßregel entfällt.

§ 68g Führungsaufsicht und Aussetzung zur Bewährung

(1) Ist die Strafaussetzung oder Aussetzung des Strafrestes angeordnet oder das Berufsverbot zur Bewährung ausgesetzt und steht der Verurteilte wegen derselben oder einer anderen Tat zugleich unter Führungsaufsicht, so gelten für die Aufsicht und die Erteilung von Weisungen nur die §§ 68a und 68b. Die Führungsaufsicht endet nicht vor Ablauf der Bewährungszeit.

(2) Sind die Aussetzung zur Bewährung und die Führungsaufsicht auf Grund derselben Tat angeordnet, so kann das Gericht jedoch bestimmen, daß die Führungsaufsicht bis zum Ablauf der Bewährungszeit ruht. Die Bewährungszeit wird dann in die Dauer der Führungsaufsicht nicht eingerechnet.

(3) Wird nach Ablauf der Bewährungszeit die Strafe oder der Strafrest erlassen oder das Berufsverbot für erledigt erklärt, so endet damit auch eine wegen derselben Tat angeordnete Führungsaufsicht. Dies gilt nicht, wenn die Führungsaufsicht unbefristet ist (§ 68c Abs. 2 Satz 1 oder Abs. 3).

Entziehung der Fahrerlaubnis

§ 69 Entziehung der Fahrerlaubnis

(1) Wird jemand wegen einer rechtswidrigen Tat, die er bei oder im Zusammenhang mit dem Führen eines Kraftfahrzeuges oder unter Verletzung der Pflichten eines Kraftfahrzeugführers begangen hat, verurteilt oder nur deshalb nicht verurteilt, weil seine Schuldunfähigkeit erwiesen oder nicht auszuschließen ist, so entzieht ihm das Gericht die Fahrerlaubnis, wenn sich aus der Tat ergibt, daß er zum Führen von Kraftfahrzeugen ungeeignet ist. Einer weiteren Prüfung nach § 62 bedarf es nicht.

(2) Ist die rechtswidrige Tat in den Fällen des Absatzes 1 ein Vergehen
1. der Gefährdung des Straßenverkehrs (§ 315c),
1a. des verbotenen Kraftfahrzeugrennens (§ 315d),
2. der Trunkenheit im Verkehr (§ 316),
3. des unerlaubten Entfernens vom Unfallort (§ 142), obwohl der Täter weiß oder wissen kann, daß bei dem Unfall ein Mensch getötet oder nicht unerheblich verletzt worden oder an fremden Sachen bedeutender Schaden entstanden ist, oder
4. des Vollrausches (§ 323a), der sich auf eine der Taten nach den Nummern 1 bis 3 bezieht,

so ist der Täter in der Regel als ungeeignet zum Führen von Kraftfahrzeugen anzusehen.

(3) Die Fahrerlaubnis erlischt mit der Rechtskraft des Urteils. Ein von einer deutschen Behörde ausgestellter Führerschein wird im Urteil eingezogen.

§ 69a Sperre für die Erteilung einer Fahrerlaubnis

(1) Entzieht das Gericht die Fahrerlaubnis, so bestimmt es zugleich, daß für die Dauer von sechs Monaten bis zu fünf Jahren keine neue Fahrerlaubnis erteilt werden darf (Sperre). Die Sperre kann für immer angeordnet werden, wenn zu erwarten ist, daß die gesetzliche Höchstfrist zur Abwehr der von dem Täter drohenden Gefahr nicht ausreicht. Hat der Täter keine Fahrerlaubnis, so wird nur die Sperre angeordnet.

(2) Das Gericht kann von der Sperre bestimmte Arten von Kraftfahrzeugen ausnehmen, wenn besondere Umstände die Annahme rechtfertigen, daß der Zweck der Maßregel dadurch nicht gefährdet wird.

(3) Das Mindestmaß der Sperre beträgt ein Jahr, wenn gegen den Täter in den letzten drei Jahren vor der Tat bereits einmal eine Sperre angeordnet worden ist.

(4) War dem Täter die Fahrerlaubnis wegen der Tat vorläufig entzogen (§ 111a der Strafprozeßordnung), so verkürzt sich das Mindestmaß der Sperre um die Zeit, in der die vorläufige Entziehung wirksam war. Es darf jedoch drei Monate nicht unterschreiten.

(5) Die Sperre beginnt mit der Rechtskraft des Urteils. In die Frist wird die Zeit einer wegen der Tat angeordneten vorläufigen Entziehung eingerechnet, soweit sie nach Verkündung des Urteils verstrichen ist, in dem die der Maßregel zugrunde liegenden tatsächlichen Feststellungen letztmals geprüft werden konnten.

(6) Im Sinne der Absätze 4 und 5 steht der vorläufigen Entziehung der Fahrerlaubnis die Verwahrung, Sicherstellung oder Beschlagnahme des Führerscheins (§ 94 der Strafprozeßordnung) gleich.

(7) Ergibt sich Grund zu der Annahme, daß der Täter zum Führen von Kraftfahrzeugen nicht mehr ungeeignet ist, so kann das Gericht die Sperre vorzeitig aufheben. Die Aufhebung ist frühestens zulässig, wenn die Sperre drei Monate, in den Fällen des Absatzes 3 ein Jahr gedauert hat; Absatz 5 Satz 2 und Absatz 6 gelten entsprechend.

§ 69b Wirkung der Entziehung bei einer ausländischen Fahrerlaubnis

(1) Darf der Täter auf Grund einer im Ausland erteilten Fahrerlaubnis im Inland Kraftfahrzeuge führen, ohne daß ihm von einer deutschen Behörde eine Fahrerlaubnis erteilt worden ist, so hat die Entziehung der Fahrerlaubnis die Wirkung einer Aberkennung des Rechts, von der Fahrerlaubnis im Inland Gebrauch zu machen. Mit der Rechtskraft der Entscheidung erlischt das Recht zum Führen von Kraftfahrzeugen im Inland. Während der Sperre darf weder das Recht, von der ausländischen Fahrerlaubnis wieder Gebrauch zu machen, noch eine inländische Fahrerlaubnis erteilt werden.

(2) Ist der ausländische Führerschein von einer Behörde eines Mitgliedstaates der Europäischen Union oder eines anderen Vertragsstaates des Abkommens über den Europäischen Wirtschaftsraum ausgestellt worden und hat der Inhaber seinen ordentlichen Wohnsitz im Inland, so wird der Führerschein im Urteil eingezogen und an die ausstellende Behörde zurückgesandt. In anderen Fällen werden die Entziehung der Fahrerlaubnis und die Sperre in den ausländischen Führerscheinen vermerkt.

Berufsverbot

§ 70 Anordnung des Berufsverbots

(1) Wird jemand wegen einer rechtswidrigen Tat, die er unter Mißbrauch seines Berufs oder Gewerbes oder unter grober Verletzung der mit ihnen verbundenen Pflichten begangen hat, verurteilt oder nur deshalb nicht verurteilt, weil seine Schuldunfähigkeit erwiesen oder nicht auszuschließen ist, so kann ihm das Gericht die Ausübung des Berufs, Berufszweiges, Gewerbes oder Gewerbezweiges für die Dauer von einem Jahr bis zu fünf Jahren verbieten, wenn die Gesamtwürdigung des Täters und der Tat die Gefahr erkennen läßt, daß er bei weiterer Ausübung des Berufs, Berufszweiges, Gewerbes oder Gewerbezweiges erhebliche rechtswidrige Taten der bezeichneten Art begehen wird. Das Berufsverbot kann für immer angeordnet werden, wenn zu erwarten ist, daß die gesetzliche Höchstfrist zur Abwehr der von dem Täter drohenden Gefahr nicht ausreicht.

(2) War dem Täter die Ausübung des Berufs, Berufszweiges, Gewerbes oder Gewerbezweiges vorläufig verboten (§ 132a der Strafprozeßordnung), so verkürzt sich das Mindestmaß der Verbotsfrist um die Zeit, in der das vorläufige Berufsverbot wirksam war. Es darf jedoch drei Monate nicht unterschreiten.

(3) Solange das Verbot wirksam ist, darf der Täter den Beruf, den Berufszweig, das Gewerbe oder den Gewerbezweig auch nicht für einen anderen ausüben oder durch eine von seinen Weisungen abhängige Person für sich ausüben lassen.

(4) Das Berufsverbot wird mit der Rechtskraft des Urteils wirksam. In die Verbotsfrist wird die Zeit eines wegen der Tat angeordneten vorläufigen Berufsverbots eingerechnet, soweit sie nach Verkündung des Urteils verstrichen ist, in dem die der Maßregel zugrunde liegenden tatsächlichen Feststellungen letztmals geprüft werden konnten. Die Zeit, in welcher der Täter auf behördliche Anordnung in einer Anstalt verwahrt worden ist, wird nicht eingerechnet.

§ 70a Aussetzung des Berufsverbots

(1) Ergibt sich nach Anordnung des Berufsverbots Grund zu der Annahme, daß die Gefahr, der Täter werde erhebliche rechtswidrige Taten der in § 70 Abs. 1 bezeichneten Art begehen, nicht mehr besteht, so kann das Gericht das Verbot zur Bewährung aussetzen.

(2) Die Anordnung ist frühestens zulässig, wenn das Verbot ein Jahr gedauert hat. In die Frist wird im Rahmen des § 70 Abs. 4 Satz 2 die Zeit eines vorläufigen Berufsverbots eingerechnet. Die Zeit, in welcher der Täter auf behördliche Anordnung in einer Anstalt verwahrt worden ist, wird nicht eingerechnet.

(3) Wird das Berufsverbot zur Bewährung ausgesetzt, so gelten die §§ 56a und 56c bis 56e entsprechend. Die Bewährungszeit verlängert sich jedoch um die Zeit, in der eine Freiheitsstrafe oder eine freiheitsentziehende Maßregel vollzogen wird, die gegen den Verurteilten wegen der Tat verhängt oder angeordnet worden ist.

§ 70b Widerruf der Aussetzung und Erledigung des Berufsverbots

(1) Das Gericht widerruft die Aussetzung eines Berufsverbots, wenn die verurteilte Person
1. während der Bewährungszeit unter Mißbrauch ihres Berufs oder Gewerbes oder unter grober Verletzung der mit ihnen verbundenen Pflichten eine rechtswidrige Tat begeht,
2. gegen eine Weisung gröblich oder beharrlich verstößt oder
3. sich der Aufsicht und Leitung der Bewährungshelferin oder des Bewährungshelfers beharrlich entzieht und sich daraus ergibt, daß der Zweck des Berufsverbots dessen weitere Anwendung erfordert.

(2) Das Gericht widerruft die Aussetzung des Berufsverbots auch dann, wenn Umstände, die ihm während der Bewährungszeit bekannt werden und zur Versagung der Aussetzung geführt hätten, zeigen, daß der Zweck der Maßregel die weitere Anwendung des Berufsverbots erfordert.
(3) Die Zeit der Aussetzung des Berufsverbots wird in die Verbotsfrist nicht eingerechnet.
(4) Leistungen, die die verurteilte Person zur Erfüllung von Weisungen oder Zusagen erbracht hat, werden nicht erstattet.
(5) Nach Ablauf der Bewährungszeit erklärt das Gericht das Berufsverbot für erledigt.

Gemeinsame Vorschriften

§71 Selbständige Anordnung

(1) Die Unterbringung in einem psychiatrischen Krankenhaus oder in einer Entziehungsanstalt kann das Gericht auch selbständig anordnen, wenn das Strafverfahren wegen Schuldunfähigkeit oder Verhandlungsunfähigkeit des Täters undurchführbar ist.
(2) Dasselbe gilt für die Entziehung der Fahrerlaubnis und das Berufsverbot.

§72 Verbindung von Maßregeln

(1) Sind die Voraussetzungen für mehrere Maßregeln erfüllt, ist aber der erstrebte Zweck durch einzelne von ihnen zu erreichen, so werden nur sie angeordnet. Dabei ist unter mehreren geeigneten Maßregeln denen der Vorzug zu geben, die den Täter am wenigsten beschweren.
(2) Im übrigen werden die Maßregeln nebeneinander angeordnet, wenn das Gesetz nichts anderes bestimmt.
(3) Werden mehrere freiheitsentziehende Maßregeln angeordnet, so bestimmt das Gericht die Reihenfolge der Vollstreckung. Vor dem Ende des Vollzugs einer Maßregel ordnet das Gericht jeweils den Vollzug der nächsten an, wenn deren Zweck die Unterbringung noch erfordert. § 67c Abs. 2 Satz 4 und 5 ist anzuwenden.

Siebenter Titel
Einziehung

§73 Einziehung von Taterträgen bei Tätern und Teilnehmern

(1) Hat der Täter oder Teilnehmer durch eine rechtswidrige Tat oder für sie etwas erlangt, so ordnet das Gericht dessen Einziehung an.
(2) Hat der Täter oder Teilnehmer Nutzungen aus dem Erlangten gezogen, so ordnet das Gericht auch deren Einziehung an.
(3) Das Gericht kann auch die Einziehung der Gegenstände anordnen, die der Täter oder Teilnehmer erworben hat
1. durch Veräußerung des Erlangten oder als Ersatz für dessen Zerstörung, Beschädigung oder Entziehung oder
2. auf Grund eines erlangten Rechts.

§73a Erweiterte Einziehung von Taterträgen bei Tätern und Teilnehmern

(1) Ist eine rechtswidrige Tat begangen worden, so ordnet das Gericht die Einziehung von Gegenständen des Täters oder Teilnehmers auch dann an, wenn diese Gegenstände durch andere rechtswidrige Taten oder für sie erlangt worden sind.
(2) Hat sich der Täter oder Teilnehmer vor der Anordnung der Einziehung nach Absatz 1 an einer anderen rechtswidrigen Tat beteiligt und ist erneut über die Einziehung seiner Gegenstände zu entscheiden, berücksichtigt das Gericht hierbei die bereits ergangene Anordnung.

§73b Einziehung von Taterträgen bei anderen

(1) Die Anordnung der Einziehung nach den §§ 73 und 73a richtet sich gegen einen anderen, der nicht Täter oder Teilnehmer ist, wenn
1. er durch die Tat etwas erlangt hat und der Täter oder Teilnehmer für ihn gehandelt hat,
2. ihm das Erlangte
    a) unentgeltlich oder ohne rechtlichen Grund übertragen wurde oder
    b) übertragen wurde und er erkannt hat oder hätte erkennen müssen, dass das Erlangte aus einer rechtswidrigen Tat herrührt, oder
3. das Erlangte auf ihn
    a) als Erbe übergegangen ist oder
    b) als Pflichtteilsberechtigter oder Vermächtnisnehmer übertragen worden ist.

Satz 1 Nummer 2 und 3 findet keine Anwendung, wenn das Erlangte zuvor einem Dritten, der nicht erkannt hat oder hätte erkennen müssen, dass das Erlangte aus einer rechtswidrigen Tat herrührt, entgeltlich und mit rechtlichem Grund übertragen wurde.

(2) Erlangt der andere unter den Voraussetzungen des Absatzes 1 Satz 1 Nummer 2 oder Nummer 3 einen Gegenstand, der dem Wert des Erlangten entspricht, oder gezogene Nutzungen, so ordnet das Gericht auch deren Einziehung an.
(3) Unter den Voraussetzungen des Absatzes 1 Satz 1 Nummer 2 oder Nummer 3 kann das Gericht auch die Einziehung dessen anordnen, was erworben wurde
1. durch Veräußerung des erlangten Gegenstandes oder als Ersatz für dessen Zerstörung, Beschädigung oder Entziehung oder
2. auf Grund eines erlangten Rechts.

§73c Einziehung des Wertes von Taterträgen
Ist die Einziehung eines Gegenstandes wegen der Beschaffenheit des Erlangten oder aus einem anderen Grund nicht möglich oder wird von der Einziehung eines Ersatzgegenstandes nach § 73 Absatz 3 oder nach § 73b Absatz 3 abgesehen, so ordnet das Gericht die Einziehung eines Geldbetrages an, der dem Wert des Erlangten entspricht. Eine solche Anordnung trifft das Gericht auch neben der Einziehung eines Gegenstandes, soweit dessen Wert hinter dem Wert des zunächst Erlangten zurückbleibt.

§73d Bestimmung des Wertes des Erlangten; Schätzung
(1) Bei der Bestimmung des Wertes des Erlangten sind die Aufwendungen des Täters, Teilnehmers oder des anderen abzuziehen. Außer Betracht bleibt jedoch das, was für die Begehung der Tat oder für ihre Vorbereitung aufgewendet oder eingesetzt worden ist, soweit es sich nicht um Leistungen zur Erfüllung einer Verbindlichkeit gegenüber dem Verletzten der Tat handelt.
(2) Umfang und Wert des Erlangten einschließlich der abzuziehenden Aufwendungen können geschätzt werden.

§73e Ausschluss der Einziehung des Taterträges oder des Wertersatzes
(1) Die Einziehung nach den §§ 73 bis 73c ist ausgeschlossen, soweit der Anspruch, der dem Verletzten aus der Tat auf Rückgewähr des Erlangten oder auf Ersatz des Wertes des Erlangten erwachsen ist, erloschen ist. Dies gilt nicht für Ansprüche, die durch Verjährung erloschen sind.
(2) In den Fällen des § 73b, auch in Verbindung mit § 73c, ist die Einziehung darüber hinaus ausgeschlossen, soweit der Wert des Erlangten zur Zeit der Anordnung nicht mehr im Vermögen des Betroffenen vorhanden ist, es sei denn, dem Betroffenen waren die Umstände, welche die Anordnung der Einziehung gegen den Täter oder Teilnehmer ansonsten zugelassen hätten, zum Zeitpunkt des Wegfalls der Bereicherung bekannt oder infolge von Leichtfertigkeit unbekannt.

§74 Einziehung von Tatprodukten, Tatmitteln und Tatobjekten bei Tätern und Teilnehmern
(1) Gegenstände, die durch eine vorsätzliche Tat hervorgebracht (Tatprodukte) oder zu ihrer Begehung oder Vorbereitung gebraucht worden oder bestimmt gewesen sind (Tatmittel), können eingezogen werden.
(2) Gegenstände, auf die sich eine Straftat bezieht (Tatobjekte), unterliegen der Einziehung nach der Maßgabe besonderer Vorschriften.
(3) Die Einziehung ist nur zulässig, wenn die Gegenstände zur Zeit der Entscheidung dem Täter oder Teilnehmer gehören oder zustehen. Das gilt auch für die Einziehung, die durch eine besondere Vorschrift über Absatz 1 hinaus vorgeschrieben oder zugelassen ist.

§74a Einziehung von Tatprodukten, Tatmitteln und Tatobjekten bei anderen
Verweist ein Gesetz auf diese Vorschrift, können Gegenstände abweichend von § 74 Absatz 3 auch dann eingezogen werden, wenn derjenige, dem sie zur Zeit der Entscheidung gehören oder zustehen,
1. mindestens leichtfertig dazu beigetragen hat, dass sie als Tatmittel verwendet worden oder Tatobjekt gewesen sind, oder
2. sie in Kenntnis der Umstände, welche die Einziehung zugelassen hätten, in verwerflicher Weise erworben hat.

§74b Sicherungseinziehung
(1) Gefährden Gegenstände nach ihrer Art und nach den Umständen die Allgemeinheit oder besteht die Gefahr, dass sie der Begehung rechtswidriger Taten dienen werden, können sie auch dann eingezogen werden, wenn
1. der Täter oder Teilnehmer ohne Schuld gehandelt hat oder
2. die Gegenstände einem anderen als dem Täter oder Teilnehmer gehören oder zustehen.
(2) In den Fällen des Absatzes 1 Nummer 2 wird der andere aus der Staatskasse unter Berücksichtigung des Verkehrswertes des eingezogenen Gegenstandes angemessen in Geld entschädigt. Das Gleiche gilt, wenn der eingezogene Gegenstand mit dem Recht eines anderen belastet ist, das durch die Entscheidung erloschen oder beeinträchtigt ist.

(3) Eine Entschädigung wird nicht gewährt, wenn
1. der nach Absatz 2 Entschädigungsberechtigte
   a) mindestens leichtfertig dazu beigetragen hat, dass der Gegenstand als Tatmittel verwendet worden oder Tatobjekt gewesen ist, oder
   b) den Gegenstand oder das Recht an dem Gegenstand in Kenntnis der Umstände, welche die Einziehung zulassen, in verwerflicher Weise erworben hat oder
2. es nach den Umständen, welche die Einziehung begründet haben, auf Grund von Rechtsvorschriften außerhalb des Strafrechts zulässig wäre, dem Entschädigungsberechtigten den Gegenstand oder das Recht an dem Gegenstand ohne Entschädigung dauerhaft zu entziehen.

Abweichend von Satz 1 kann eine Entschädigung jedoch gewährt werden, wenn es eine unbillige Härte wäre, sie zu versagen.

§ 74c Einziehung des Wertes von Tatprodukten, Tatmitteln und Tatobjekten bei Tätern und Teilnehmern

(1) Ist die Einziehung eines bestimmten Gegenstandes nicht möglich, weil der Täter oder Teilnehmer diesen veräußert, verbraucht oder die Einziehung auf andere Weise vereitelt hat, so kann das Gericht gegen ihn die Einziehung eines Geldbetrages anordnen, der dem Wert des Gegenstandes entspricht.
(2) Eine solche Anordnung kann das Gericht auch neben oder statt der Einziehung eines Gegenstandes treffen, wenn ihn der Täter oder Teilnehmer vor der Entscheidung über die Einziehung mit dem Recht eines Dritten belastet hat, dessen Erlöschen nicht oder ohne Entschädigung nicht angeordnet werden kann (§ 74b Absatz 2 und 3 und § 75 Absatz 2). Trifft das Gericht die Anordnung neben der Einziehung, bemisst sich die Höhe des Wertersatzes nach dem Wert der Belastung des Gegenstandes.
(3) Der Wert des Gegenstandes und der Belastung kann geschätzt werden.

§ 74d Einziehung von Verkörperungen eines Inhalts und Unbrauchbarmachung

(1) Verkörperungen eines Inhalts (§ 11 Absatz 3), dessen vorsätzliche Verbreitung den Tatbestand eines Strafgesetzes verwirklichen würde, werden eingezogen, wenn der Inhalt durch eine rechtswidrige Tat verbreitet oder zur Verbreitung bestimmt worden ist. Zugleich wird angeordnet, dass die zur Herstellung der Verkörperungen gebrauchten oder bestimmten Vorrichtungen, die Vorlage für die Vervielfältigung waren oder sein sollten, unbrauchbar gemacht werden.
(2) Die Einziehung erstreckt sich nur auf die Verkörperungen, die sich im Besitz der bei der Verbreitung oder deren Vorbereitung mitwirkenden Personen befinden oder öffentlich ausgelegt oder beim Verbreiten durch Versenden noch nicht dem Empfänger ausgehändigt worden sind.
(3) Absatz 1 gilt entsprechend für Verkörperungen eines Inhalts (§ 11 Absatz 3), dessen vorsätzliche Verbreitung nur bei Hinzutreten weiterer Tatumstände den Tatbestand eines Strafgesetzes verwirklichen würde. Die Einziehung und Unbrauchbarmachung werden jedoch nur angeordnet, soweit
1. die Verkörperungen und die in Absatz 1 Satz 2 bezeichneten Vorrichtungen sich im Besitz des Täters, des Teilnehmers oder eines anderen befinden, für den der Täter oder Teilnehmer gehandelt hat, oder von diesen Personen zur Verbreitung bestimmt sind und
2. die Maßnahmen erforderlich sind, um ein gesetzwidriges Verbreiten durch die in Nummer 1 bezeichneten Personen zu verhindern.

(4) Dem Verbreiten im Sinne der Absätze 1 bis 3 steht es gleich, wenn ein Inhalt (§ 11 Absatz 3) der Öffentlichkeit zugänglich gemacht wird.
(5) Stand das Eigentum an der Sache zur Zeit der Rechtskraft der Entscheidung über die Einziehung oder Unbrauchbarmachung einem anderen als dem Täter oder Teilnehmer zu oder war der Gegenstand mit dem Recht eines Dritten belastet, das durch die Entscheidung erloschen oder beeinträchtigt ist, wird dieser aus der Staatskasse unter Berücksichtigung des Verkehrswertes angemessen in Geld entschädigt. § 74b Absatz 3 gilt entsprechend.

§ 74e Sondervorschrift für Organe und Vertreter

Hat jemand
1. als vertretungsberechtigtes Organ einer juristischen Person oder als Mitglied eines solchen Organs,
2. als Vorstand eines nicht rechtsfähigen Vereins oder als Mitglied eines solchen Vorstandes,
3. als vertretungsberechtigter Gesellschafter einer rechtsfähigen Personengesellschaft,
4. als Generalbevollmächtigter oder in leitender Stellung als Prokurist oder Handlungsbevollmächtigter einer juristischen Person oder einer in Nummer 2 oder 3 genannten Personenvereinigung oder
5. als sonstige Person, die für die Leitung des Betriebs oder Unternehmens einer juristischen Person oder einer in Nummer 2 oder 3 genannten Personenvereinigung verantwortlich handelt, wozu auch die Überwachung der Geschäftsführung oder die sonstige Ausübung von Kontrollbefugnissen in leitender Stellung gehört,

eine Handlung vorgenommen, die ihm gegenüber unter den übrigen Voraussetzungen der §§ 74 bis 74c die Einziehung eines Gegenstandes oder des Wertersatzes zulassen oder den Ausschluss der Entschädigung begründen würde, wird seine Handlung bei Anwendung dieser Vorschriften dem Vertretenen zugerechnet. § 14 Absatz 3 gilt entsprechend.

§74f Grundsatz der Verhältnismäßigkeit

(1) Ist die Einziehung nicht vorgeschrieben, so darf sie in den Fällen der §§ 74 und 74a nicht angeordnet werden, wenn sie zur begangenen Tat und zum Vorwurf, der den von der Einziehung Betroffenen trifft, außer Verhältnis stünde. In den Fällen der §§ 74 bis 74b und 74d ordnet das Gericht an, dass die Einziehung vorbehalten bleibt, wenn ihr Zweck auch durch eine weniger einschneidende Maßnahme erreicht werden kann. In Betracht kommt insbesondere die Anweisung,
1. die Gegenstände unbrauchbar zu machen,
2. an den Gegenständen bestimmte Einrichtungen oder Kennzeichen zu beseitigen oder die Gegenstände sonst zu ändern oder
3. über die Gegenstände in bestimmter Weise zu verfügen.

Wird die Anweisung befolgt, wird der Vorbehalt der Einziehung aufgehoben; andernfalls ordnet das Gericht die Einziehung nachträglich an. Ist die Einziehung nicht vorgeschrieben, kann sie auf einen Teil der Gegenstände beschränkt werden.
(2) In den Fällen der Unbrauchbarmachung nach § 74d Absatz 1 Satz 2 und Absatz 3 gilt Absatz 1 Satz 2 und 3 entsprechend.

§75 Wirkung der Einziehung

(1) Wird die Einziehung eines Gegenstandes angeordnet, so geht das Eigentum an der Sache oder das Recht mit der Rechtskraft der Entscheidung auf den Staat über, wenn der Gegenstand
1. dem von der Anordnung Betroffenen zu dieser Zeit gehört oder zusteht oder
2. einem anderen gehört oder zusteht, der ihn für die Tat oder andere Zwecke in Kenntnis der Tatumstände gewährt hat.

In anderen Fällen geht das Eigentum an der Sache oder das Recht mit Ablauf von sechs Monaten nach der Mitteilung der Rechtskraft der Einziehungsanordnung auf den Staat über, es sei denn, dass vorher derjenige, dem der Gegenstand gehört oder zusteht, sein Recht bei der Vollstreckungsbehörde anmeldet.
(2) Im Übrigen bleiben Rechte Dritter an dem Gegenstand bestehen. In den in § 74b bezeichneten Fällen ordnet das Gericht jedoch das Erlöschen dieser Rechte an. In den Fällen der §§ 74 und 74a kann es das Erlöschen des Rechts eines Dritten anordnen, wenn der Dritte
1. wenigstens leichtfertig dazu beigetragen hat, dass der Gegenstand als Tatmittel verwendet worden oder Tatobjekt gewesen ist, oder
2. das Recht an dem Gegenstand in Kenntnis der Umstände, welche die Einziehung zulassen, in verwerflicher Weise erworben hat.

(3) Bis zum Übergang des Eigentums an der Sache oder des Rechts wirkt die Anordnung der Einziehung oder die Anordnung des Vorbehalts der Einziehung als Veräußerungsverbot im Sinne des § 136 des Bürgerlichen Gesetzbuchs.
(4) In den Fällen des § 111d Absatz 1 Satz 2 der Strafprozessordnung findet § 91 der Insolvenzordnung keine Anwendung.

§76 Nachträgliche Anordnung der Einziehung des Wertersatzes

Ist die Anordnung der Einziehung eines Gegenstandes unzureichend oder nicht ausführbar, weil nach der Anordnung eine der in den §§ 73c oder 74c bezeichneten Voraussetzungen eingetreten oder bekanntgeworden ist, so kann das Gericht die Einziehung des Wertersatzes nachträglich anordnen.

§76a Selbständige Einziehung

(1) Kann wegen der Straftat keine bestimmte Person verfolgt oder verurteilt werden, so ordnet das Gericht die Einziehung oder die Unbrauchbarmachung selbständig an, wenn die Voraussetzungen, unter denen die Maßnahme vorgeschrieben ist, im Übrigen vorliegen. Ist sie zugelassen, so kann das Gericht die Einziehung unter den Voraussetzungen des Satzes 1 selbständig anordnen. Die Einziehung wird nicht angeordnet, wenn Antrag, Ermächtigung oder Strafverlangen fehlen oder bereits rechtskräftig über sie entschieden worden ist.
(2) Unter den Voraussetzungen der §§ 73, 73b und 73c ist die selbständige Anordnung der Einziehung des Tatertrages und die selbständige Einziehung des Wertes des Tatertrages auch dann zulässig, wenn die Verfolgung der Straftat verjährt ist. Unter den Voraussetzungen der §§ 74b und 74d gilt das Gleiche für die selbständige

Anordnung der Sicherungseinziehung, der Einziehung von Verkörperungen eines Inhalts und der Unbrauchbarmachung.
(3) Absatz 1 ist auch anzuwenden, wenn das Gericht von Strafe absieht oder wenn das Verfahren nach einer Vorschrift eingestellt wird, die dies nach dem Ermessen der Staatsanwaltschaft oder des Gerichts oder im Einvernehmen beider zulässt.
(4) Ein wegen des Verdachts einer in Satz 3 genannten Straftat sichergestellter Gegenstand sowie daraus gezogene Nutzungen sollen auch dann selbständig eingezogen werden, wenn der Gegenstand aus einer rechtswidrigen Tat herrührt und der von der Sicherstellung Betroffene nicht wegen der ihr zugrundeliegenden Straftat verfolgt oder verurteilt werden kann. Wird die Einziehung eines Gegenstandes angeordnet, so geht das Eigentum an der Sache oder das Recht mit der Rechtskraft der Entscheidung auf den Staat über; § 75 Absatz 3 gilt entsprechend. Straftaten im Sinne des Satzes 1 sind
1. aus diesem Gesetz:
    a) Vorbereitung einer schweren staatsgefährdenden Gewalttat nach § 89a und Terrorismusfinanzierung nach § 89c Absatz 1 bis 4,
    b) Bildung krimineller Vereinigungen nach § 129 Absatz 1 und Bildung terroristischer Vereinigungen nach § 129a Absatz 1, 2, 4, 5, jeweils auch in Verbindung mit § 129b Absatz 1,
    c) Zuhälterei nach § 181a Absatz 1, auch in Verbindung mit Absatz 3,
    d) Verbreitung, Erwerb und Besitz kinderpornografischer Inhalte in den Fällen des § 184b Absatz 2,
    e) gewerbs- und bandenmäßige Begehung des Menschenhandels, der Zwangsprostitution und der Zwangsarbeit nach den §§ 232 bis 232b sowie bandenmäßige Ausbeutung der Arbeitskraft und Ausbeutung unter Ausnutzung einer Freiheitsberaubung nach den §§ 233 und 233a,
    f) Geldwäsche nach § 261 Absatz 1 und 2,
2. aus der Abgabenordnung:
    a) Steuerhinterziehung unter den in § 370 Absatz 3 Nummer 5 genannten Voraussetzungen,
    b) gewerbsmäßiger, gewaltsamer und bandenmäßiger Schmuggel nach § 373,
    c) Steuerhehlerei im Fall des § 374 Absatz 2,
3. aus dem Asylgesetz:
    a) Verleitung zur missbräuchlichen Asylantragstellung nach § 84 Absatz 3,
    b) gewerbs- und bandenmäßige Verleitung zur missbräuchlichen Asylantragstellung nach § 84a,
4. aus dem Aufenthaltsgesetz:
    a) Einschleusen von Ausländern nach § 96 Absatz 2,
    b) Einschleusen mit Todesfolge sowie gewerbs- und bandenmäßiges Einschleusen nach § 97,
5. aus dem Außenwirtschaftsgesetz:
    vorsätzliche Straftaten nach den §§ 17 und 18,
6. aus dem Betäubungsmittelgesetz:
    a) Straftaten nach einer in § 29 Absatz 3 Satz 2 Nummer 1 in Bezug genommenen Vorschrift unter den dort genannten Voraussetzungen,
    b) Straftaten nach den §§ 29a, 30 Absatz 1 Nummer 1, 2 und 4 sowie den §§ 30a und 30b,
7. aus dem Gesetz über die Kontrolle von Kriegswaffen:
    a) Straftaten nach § 19 Absatz 1 bis 3 und § 20 Absatz 1 und 2 sowie § 20a Absatz 1 bis 3, jeweils auch in Verbindung mit § 21,
    b) Straftaten nach § 22a Absatz 1 bis 3,
8. aus dem Waffengesetz:
    a) Straftaten nach § 51 Absatz 1 bis 3,
    b) Straftaten nach § 52 Absatz 1 Nummer 1 und 2 Buchstabe c und d sowie Absatz 5 und 6.

§ 76b Verjährung der Einziehung von Taterträgen und des Wertes von Taterträgen

(1) Die erweiterte und die selbständige Einziehung des Taterträges oder des Wertes des Taterträges nach den §§ 73a und 76a verjähren in 30 Jahren. Die Verjährung beginnt mit der Beendigung der rechtswidrigen Tat, durch oder für die der Täter oder Teilnehmer oder der andere im Sinne des § 73b etwas erlangt hat. Die §§ 78b und 78c gelten entsprechend.
(2) In den Fällen des § 78 Absatz 2 und des § 5 des Völkerstrafgesetzbuches verjähren die erweiterte und die selbständige Einziehung des Taterträges oder des Wertes des Taterträges nach den §§ 73a und 76a nicht.

Vierter Abschnitt
Strafantrag, Ermächtigung, Strafverlangen

§ 77 Antragsberechtigte

(1) Ist die Tat nur auf Antrag verfolgbar, so kann, soweit das Gesetz nichts anderes bestimmt, der Verletzte den Antrag stellen.
(2) Stirbt der Verletzte, so geht sein Antragsrecht in den Fällen, die das Gesetz bestimmt, auf den Ehegatten, den Lebenspartner und die Kinder über. Hat der Verletzte weder einen Ehegatten oder einen Lebenspartner noch Kinder hinterlassen oder sind sie vor Ablauf der Antragsfrist gestorben, so geht das Antragsrecht auf die Eltern und, wenn auch sie vor Ablauf der Antragsfrist gestorben sind, auf die Geschwister und die Enkel über. Ist ein Angehöriger an der Tat beteiligt oder ist seine Verwandtschaft erloschen, so scheidet er bei dem Übergang des Antragsrechts aus. Das Antragsrecht geht nicht über, wenn die Verfolgung dem erklärten Willen des Verletzten widerspricht.
(3) Ist der Antragsberechtigte geschäftsunfähig oder beschränkt geschäftsfähig, so können der gesetzliche Vertreter in den persönlichen Angelegenheiten und derjenige, dem die Sorge für die Person des Antragsberechtigten zusteht, den Antrag stellen.
(4) Sind mehrere antragsberechtigt, so kann jeder den Antrag selbständig stellen.

§ 77a Antrag des Dienstvorgesetzten

(1) Ist die Tat von einem Amtsträger, einem für den öffentlichen Dienst besonders Verpflichteten oder einem Soldaten der Bundeswehr oder gegen ihn begangen und auf Antrag des Dienstvorgesetzten verfolgbar, so ist derjenige Dienstvorgesetzte antragsberechtigt, dem der Betreffende zur Zeit der Tat unterstellt war.
(2) Bei Berufsrichtern ist an Stelle des Dienstvorgesetzten antragsberechtigt, wer die Dienstaufsicht über den Richter führt. Bei Soldaten ist Dienstvorgesetzter der Disziplinarvorgesetzte.
(3) Bei einem Amtsträger oder einem für den öffentlichen Dienst besonders Verpflichteten, der keinen Dienstvorgesetzten hat oder gehabt hat, kann die Dienststelle, für die er tätig war, den Antrag stellen. Leitet der Amtsträger oder der Verpflichtete selbst diese Dienststelle, so ist die staatliche Aufsichtsbehörde antragsberechtigt.
(4) Bei Mitgliedern der Bundesregierung ist die Bundesregierung, bei Mitgliedern einer Landesregierung die Landesregierung antragsberechtigt.

§ 77b Antragsfrist

(1) Eine Tat, die nur auf Antrag verfolgbar ist, wird nicht verfolgt, wenn der Antragsberechtigte es unterläßt, den Antrag bis zum Ablauf einer Frist von drei Monaten zu stellen. Fällt das Ende der Frist auf einen Sonntag, einen allgemeinen Feiertag oder einen Sonnabend, so endet die Frist mit Ablauf des nächsten Werktags.
(2) Die Frist beginnt mit Ablauf des Tages, an dem der Berechtigte von der Tat und der Person des Täters Kenntnis erlangt. Für den Antrag des gesetzlichen Vertreters und des Sorgeberechtigten kommt es auf dessen Kenntnis an.
(3) Sind mehrere antragsberechtigt oder mehrere an der Tat beteiligt, so läuft die Frist für und gegen jeden gesondert.
(4) Ist durch Tod des Verletzten das Antragsrecht auf Angehörige übergegangen, so endet die Frist frühestens drei Monate und spätestens sechs Monate nach dem Tod des Verletzten.
(5) Der Lauf der Frist ruht, wenn ein Antrag auf Durchführung eines Sühneversuchs gemäß § 380 der Strafprozeßordnung bei der Vergleichsbehörde eingeht, bis zur Ausstellung der Bescheinigung nach § 380 Abs. 1 Satz 3 der Strafprozeßordnung.

§ 77c Wechselseitig begangene Taten

Hat bei wechselseitig begangenen Taten, die miteinander zusammenhängen und nur auf Antrag verfolgbar sind, ein Berechtigter die Strafverfolgung des anderen beantragt, so erlischt das Antragsrecht des anderen, wenn er es nicht bis zur Beendigung des letzten Wortes im ersten Rechtszug ausübt. Er kann den Antrag auch dann noch stellen, wenn für ihn die Antragsfrist schon verstrichen ist.

§ 77d Zurücknahme des Antrags

(1) Der Antrag kann zurückgenommen werden. Die Zurücknahme kann bis zum rechtskräftigen Abschluß des Strafverfahrens erklärt werden. Ein zurückgenommener Antrag kann nicht nochmals gestellt werden.
(2) Stirbt der Verletzte oder der im Falle seines Todes Berechtigte, nachdem er den Antrag gestellt hat, so können der Ehegatte, der Lebenspartner, die Kinder, die Eltern, die Geschwister und die Enkel des Verletzten in der Rangfolge des § 77 Abs. 2 den Antrag zurücknehmen. Mehrere Angehörige des gleichen Ranges können das Recht nur gemeinsam ausüben. Wer an der Tat beteiligt ist, kann den Antrag nicht zurücknehmen.

§ 77e Ermächtigung und Strafverlangen
Ist eine Tat nur mit Ermächtigung oder auf Strafverlangen verfolgbar, so gelten die §§ 77 und 77d entsprechend.

Fünfter Abschnitt
Verjährung

Erster Titel
Verfolgungsverjährung

§ 78 Verjährungsfrist
(1) Die Verjährung schließt die Ahndung der Tat und die Anordnung von Maßnahmen (§ 11 Abs. 1 Nr. 8) aus. § 76a Absatz 2 bleibt unberührt.
(2) Verbrechen nach § 211 (Mord) verjähren nicht.
(3) Soweit die Verfolgung verjährt, beträgt die Verjährungsfrist
1. dreißig Jahre bei Taten, die mit lebenslanger Freiheitsstrafe bedroht sind,
2. zwanzig Jahre bei Taten, die im Höchstmaß mit Freiheitsstrafen von mehr als zehn Jahren bedroht sind,
3. zehn Jahre bei Taten, die im Höchstmaß mit Freiheitsstrafen von mehr als fünf Jahren bis zu zehn Jahren bedroht sind,
4. fünf Jahre bei Taten, die im Höchstmaß mit Freiheitsstrafen von mehr als einem Jahr bis zu fünf Jahren bedroht sind,
5. drei Jahre bei den übrigen Taten.
(4) Die Frist richtet sich nach der Strafdrohung des Gesetzes, dessen Tatbestand die Tat verwirklicht, ohne Rücksicht auf Schärfungen oder Milderungen, die nach den Vorschriften des Allgemeinen Teils oder für besonders schwere oder minder schwere Fälle vorgesehen sind.

§ 78a Beginn
Die Verjährung beginnt, sobald die Tat beendet ist. Tritt ein zum Tatbestand gehörender Erfolg erst später ein, so beginnt die Verjährung mit diesem Zeitpunkt.

§ 78b Ruhen
(1) Die Verjährung ruht
1. bis zur Vollendung des 30. Lebensjahres des Opfers bei Straftaten nach den §§ 174 bis 174c, 176 bis 178, 182, 184b Absatz 1 Satz 1 Nummer 3, auch in Verbindung mit Absatz 2, §§ 225, 226a und 237,
2. solange nach dem Gesetz die Verfolgung nicht begonnen oder nicht fortgesetzt werden kann; dies gilt nicht, wenn die Tat nur deshalb nicht verfolgt werden kann, weil Antrag, Ermächtigung oder Strafverlangen fehlen.
(2) Steht der Verfolgung entgegen, daß der Täter Mitglied des Bundestages oder eines Gesetzgebungsorgans eines Landes ist, so beginnt die Verjährung erst mit Ablauf des Tages zu ruhen, an dem
1. die Staatsanwaltschaft oder eine Behörde oder ein Beamter des Polizeidienstes von der Tat und der Person des Täters Kenntnis erlangt oder
2. eine Strafanzeige oder ein Strafantrag gegen den Täter angebracht wird (§ 158 der Strafprozeßordnung).
(3) Ist vor Ablauf der Verjährungsfrist ein Urteil des ersten Rechtszuges ergangen, so läuft die Verjährungsfrist nicht vor dem Zeitpunkt ab, in dem das Verfahren rechtskräftig abgeschlossen ist.
(4) Droht das Gesetz strafschärfend für besonders schwere Fälle Freiheitsstrafe von mehr als fünf Jahren an und ist das Hauptverfahren vor dem Landgericht eröffnet worden, so ruht die Verjährung in den Fällen des § 78 Abs. 3 Nr. 4 ab Eröffnung des Hauptverfahrens, höchstens jedoch für einen Zeitraum von fünf Jahren; Absatz 3 bleibt unberührt.
(5) Hält sich der Täter in einem ausländischen Staat auf und stellt die zuständige Behörde ein förmliches Auslieferungsersuchen an diesen Staat, ruht die Verjährung ab dem Zeitpunkt des Zugangs des Ersuchens beim ausländischen Staat
1. bis zur Übergabe des Täters an die deutschen Behörden,
2. bis der Täter das Hoheitsgebiet des ersuchten Staates auf andere Weise verlassen hat,
3. bis zum Eingang der Ablehnung dieses Ersuchens durch den ausländischen Staat bei den deutschen Behörden oder
4. bis zur Rücknahme dieses Ersuchens.
Lässt sich das Datum des Zugangs des Ersuchens beim ausländischen Staat nicht ermitteln, gilt das Ersuchen nach Ablauf von einem Monat seit der Absendung oder Übergabe an den ausländischen Staat als zugegangen, sofern nicht die ersuchende Behörde Kenntnis davon erlangt, dass das Ersuchen dem ausländischen Staat tatsächlich nicht oder erst zu einem späteren Zeitpunkt zugegangen ist. Satz 1 gilt nicht für ein Auslieferungs-

ersuchen, für das im ersuchten Staat auf Grund des Rahmenbeschlusses des Rates vom 13. Juni 2002 über den Europäischen Haftbefehl und die Übergabeverfahren zwischen den Mitgliedstaaten (ABl. EG Nr. L 190 S. 1) oder auf Grund völkerrechtlicher Vereinbarung eine § 83c des Gesetzes über die internationale Rechtshilfe in Strafsachen vergleichbare Fristenregelung besteht.

(6) In den Fällen des § 78 Absatz 3 Nummer 1 bis 3 ruht die Verjährung ab der Übergabe der Person an den Internationalen Strafgerichtshof oder den Vollstreckungsstaat bis zu ihrer Rückgabe an die deutschen Behörden oder bis zu ihrer Freilassung durch den Internationalen Strafgerichtshof oder den Vollstreckungsstaat.

§78c Unterbrechung

(1) Die Verjährung wird unterbrochen durch
1. die erste Vernehmung des Beschuldigten, die Bekanntgabe, daß gegen ihn das Ermittlungsverfahren eingeleitet ist, oder die Anordnung dieser Vernehmung oder Bekanntgabe,
2. jede richterliche Vernehmung des Beschuldigten oder deren Anordnung,
3. jede Beauftragung eines Sachverständigen durch den Richter oder Staatsanwalt, wenn vorher der Beschuldigte vernommen oder ihm die Einleitung des Ermittlungsverfahrens bekanntgegeben worden ist,
4. jede richterliche Beschlagnahme- oder Durchsuchungsanordnung und richterliche Entscheidungen, welche diese aufrechterhalten,
5. den Haftbefehl, den Unterbringungsbefehl, den Vorführungsbefehl und richterliche Entscheidungen, welche diese aufrechterhalten,
6. die Erhebung der öffentlichen Klage,
7. die Eröffnung des Hauptverfahrens,
8. jede Anberaumung einer Hauptverhandlung,
9. den Strafbefehl oder eine andere dem Urteil entsprechende Entscheidung,
10. die vorläufige gerichtliche Einstellung des Verfahrens wegen Abwesenheit des Angeschuldigten sowie jede Anordnung des Richters oder Staatsanwalts, die nach einer solchen Einstellung des Verfahrens oder im Verfahren gegen Abwesende zur Ermittlung des Aufenthalts des Angeschuldigten oder zur Sicherung von Beweisen ergeht,
11. die vorläufige gerichtliche Einstellung des Verfahrens wegen Verhandlungsunfähigkeit des Angeschuldigten sowie jede Anordnung des Richters oder Staatsanwalts, die nach einer solchen Einstellung des Verfahrens zur Überprüfung der Verhandlungsfähigkeit des Angeschuldigten ergeht, oder
12. jedes richterliche Ersuchen, eine Untersuchungshandlung im Ausland vorzunehmen.

Im Sicherungsverfahren und im selbständigen Verfahren wird die Verjährung durch die dem Satz 1 entsprechenden Handlungen zur Durchführung des Sicherungsverfahrens oder des selbständigen Verfahrens unterbrochen.

(2) Die Verjährung ist bei einer schriftlichen Anordnung oder Entscheidung in dem Zeitpunkt unterbrochen, in dem die Anordnung oder Entscheidung abgefasst wird. Ist das Dokument nicht alsbald nach der Abfassung in den Geschäftsgang gelangt, so ist der Zeitpunkt maßgebend, in dem es tatsächlich in den Geschäftsgang gegeben worden ist.

(3) Nach jeder Unterbrechung beginnt die Verjährung von neuem. Die Verfolgung ist jedoch spätestens verjährt, wenn seit dem in § 78a bezeichneten Zeitpunkt das Doppelte der gesetzlichen Verjährungsfrist und, wenn die Verjährungsfrist nach besonderen Gesetzen kürzer ist als drei Jahre, mindestens drei Jahre verstrichen sind. § 78b bleibt unberührt.

(4) Die Unterbrechung wirkt nur gegenüber demjenigen, auf den sich die Handlung bezieht.

(5) Wird ein Gesetz, das bei der Beendigung der Tat gilt, vor der Entscheidung geändert und verkürzt sich hierdurch die Frist der Verjährung, so bleiben Unterbrechungshandlungen, die vor dem Inkrafttreten des neuen Rechts vorgenommen worden sind, wirksam, auch wenn im Zeitpunkt der Unterbrechung die Verfolgung nach dem neuen Recht bereits verjährt gewesen wäre.

Zweiter Titel
Vollstreckungsverjährung

§79 Verjährungsfrist

(1) Eine rechtskräftig verhängte Strafe oder Maßnahme (§ 11 Abs. 1 Nr. 8) darf nach Ablauf der Verjährungsfrist nicht mehr vollstreckt werden.
(2) Die Vollstreckung von lebenslangen Freiheitsstrafen verjährt nicht.
(3) Die Verjährungsfrist beträgt
1. fünfundzwanzig Jahre bei Freiheitsstrafe von mehr als zehn Jahren,

2. zwanzig Jahre bei Freiheitsstrafe von mehr als fünf Jahren bis zu zehn Jahren,
3. zehn Jahre bei Freiheitsstrafe von mehr als einem Jahr bis zu fünf Jahren,
4. fünf Jahre bei Freiheitsstrafe bis zu einem Jahr und bei Geldstrafe von mehr als dreißig Tagessätzen,
5. drei Jahre bei Geldstrafe bis zu dreißig Tagessätzen.

(4) Die Vollstreckung der Sicherungsverwahrung und der unbefristeten Führungsaufsicht (§ 68c Abc. 2 Satz 1 oder Abs. 3) verjähren nicht. Die Verjährungsfrist beträgt
1. fünf Jahre in den sonstigen Fällen der Führungsaufsicht sowie bei der ersten Unterbringung in einer Entziehungsanstalt,
2. zehn Jahre bei den übrigen Maßnahmen.

(5) Ist auf Freiheitsstrafe und Geldstrafe zugleich oder ist neben einer Strafe auf eine freiheitsentziehende Maßregel, auf Einziehung oder Unbrauchbarmachung erkannt, so verjährt die Vollstreckung der einen Strafe oder Maßnahme nicht früher als die der anderen. Jedoch hindert eine zugleich angeordnete Sicherungsverwahrung die Verjährung der Vollstreckung von Strafen oder anderen Maßnahmen nicht.

(6) Die Verjährung beginnt mit der Rechtskraft der Entscheidung.

§ 79a Ruhen

Die Verjährung ruht,
1. solange nach dem Gesetz die Vollstreckung nicht begonnen oder nicht fortgesetzt werden kann,
2. solange dem Verurteilten
   a) Aufschub oder Unterbrechung der Vollstreckung,
   b) Aussetzung zur Bewährung durch richterliche Entscheidung oder im Gnadenweg oder
   c) Zahlungserleichterung bei Geldstrafe oder Einziehung
   bewilligt ist,
3. solange der Verurteilte im In- oder Ausland auf behördliche Anordnung in einer Anstalt verwahrt wird.

§ 79b Verlängerung

Das Gericht kann die Verjährungsfrist vor ihrem Ablauf auf Antrag der Vollstreckungsbehörde einmal um die Hälfte der gesetzlichen Verjährungsfrist verlängern, wenn der Verurteilte sich in einem Gebiet aufhält, aus dem seine Auslieferung oder Überstellung nicht erreicht werden kann.

Besonderer Teil

Erster Abschnitt
Friedensverrat, Hochverrat und Gefährdung des demokratischen Rechtsstaates

Erster Titel
Friedensverrat

§ 80 (weggefallen)

§ 80a Aufstacheln zum Verbrechen der Aggression

Wer im räumlichen Geltungsbereich dieses Gesetzes öffentlich, in einer Versammlung oder durch Verbreiten eines Inhalts (§ 11 Absatz 3) zum Verbrechen der Aggression (§ 13 des Völkerstrafgesetzbuches) aufstachelt, wird mit Freiheitsstrafe von drei Monaten bis zu fünf Jahren bestraft.

Zweiter Titel
Hochverrat

§ 81 Hochverrat gegen den Bund

(1) Wer es unternimmt, mit Gewalt oder durch Drohung mit Gewalt
1. den Bestand der Bundesrepublik Deutschland zu beeinträchtigen oder
2. die auf dem Grundgesetz der Bundesrepublik Deutschland beruhende verfassungsmäßige Ordnung zu ändern,

wird mit lebenslanger Freiheitsstrafe oder mit Freiheitsstrafe nicht unter zehn Jahren bestraft.

(2) In minder schweren Fällen ist die Strafe Freiheitsstrafe von einem Jahr bis zu zehn Jahren.

§ 82 Hochverrat gegen ein Land

(1) Wer es unternimmt, mit Gewalt oder durch Drohung mit Gewalt
1. das Gebiet eines Landes ganz oder zum Teil einem anderen Land der Bundesrepublik Deutschland einzuverleiben oder einen Teil eines Landes von diesem abzutrennen oder
2. die auf der Verfassung eines Landes beruhende verfassungsmäßige Ordnung zu ändern,

wird mit Freiheitsstrafe von einem Jahr bis zu zehn Jahren bestraft.
(2) In minder schweren Fällen ist die Strafe Freiheitsstrafe von sechs Monaten bis zu fünf Jahren.

§ 83 Vorbereitung eines hochverräterischen Unternehmens

(1) Wer ein bestimmtes hochverräterisches Unternehmen gegen den Bund vorbereitet, wird mit Freiheitsstrafe von einem Jahr bis zu zehn Jahren, in minder schweren Fällen mit Freiheitsstrafe von einem Jahr bis zu fünf Jahren bestraft.
(2) Wer ein bestimmtes hochverräterisches Unternehmen gegen ein Land vorbereitet, wird mit Freiheitsstrafe von drei Monaten bis zu fünf Jahren bestraft.

§ 83a Tätige Reue

(1) In den Fällen der §§ 81 und 82 kann das Gericht die Strafe nach seinem Ermessen mildern (§ 49 Abs. 2) oder von einer Bestrafung nach diesen Vorschriften absehen, wenn der Täter freiwillig die weitere Ausführung der Tat aufgibt und eine von ihm erkannte Gefahr, daß andere das Unternehmen weiter ausführen, abwendet oder wesentlich mindert oder wenn er freiwillig die Vollendung der Tat verhindert.
(2) In den Fällen des § 83 kann das Gericht nach Absatz 1 verfahren, wenn der Täter freiwillig sein Vorhaben aufgibt und eine von ihm verursachte und erkannte Gefahr, daß andere das Unternehmen weiter vorbereiten oder es ausführen, abwendet oder wesentlich mindert oder wenn er freiwillig die Vollendung der Tat verhindert.
(3) Wird ohne Zutun des Täters die bezeichnete Gefahr abgewendet oder wesentlich gemindert oder die Vollendung der Tat verhindert, so genügt sein freiwilliges und ernsthaftes Bemühen, dieses Ziel zu erreichen.

Dritter Titel
Gefährdung des demokratischen Rechtsstaates

§ 84 Fortführung einer für verfassungswidrig erklärten Partei

(1) Wer als Rädelsführer oder Hintermann im räumlichen Geltungsbereich dieses Gesetzes den organisatorischen Zusammenhalt
1. einer vom Bundesverfassungsgericht für verfassungswidrig erklärten Partei oder
2. einer Partei, von der das Bundesverfassungsgericht festgestellt hat, daß sie Ersatzorganisation einer verbotenen Partei ist,

aufrechterhält, wird mit Freiheitsstrafe von drei Monaten bis zu fünf Jahren bestraft. Der Versuch ist strafbar.
(2) Wer sich in einer Partei der in Absatz 1 bezeichneten Art als Mitglied betätigt oder wer ihren organisatorischen Zusammenhalt oder ihre weitere Betätigung unterstützt, wird mit Freiheitsstrafe bis zu fünf Jahren oder mit Geldstrafe bestraft.
(3) Wer einer anderen Sachentscheidung des Bundesverfassungsgerichts, die im Verfahren nach Artikel 21 Abs. 2 des Grundgesetzes oder im Verfahren nach § 33 Abs. 2 des Parteiengesetzes erlassen ist, oder einer vollziehbaren Maßnahme zuwiderhandelt, die im Vollzug einer in einem solchen Verfahren ergangenen Sachentscheidung getroffen ist, wird mit Freiheitsstrafe bis zu fünf Jahren oder mit Geldstrafe bestraft. Den in Satz 1 bezeichneten Verfahren steht ein Verfahren nach Artikel 18 des Grundgesetzes gleich.
(4) In den Fällen des Absatzes 1 Satz 2 und der Absätze 3 und 2 Satz 1 kann das Gericht bei Beteiligten, deren Schuld gering und deren Mitwirkung von untergeordneter Bedeutung ist, die Strafe nach seinem Ermessen mildern (§ 49 Abs. 2) oder von einer Bestrafung nach diesen Vorschriften absehen.
(5) In den Fällen der Absätze 1 bis 3 Satz 1 kann das Gericht die Strafe nach seinem Ermessen mildern (§ 49 Abs. 2) oder von einer Bestrafung nach diesen Vorschriften absehen, wenn der Täter sich freiwillig und ernsthaft bemüht, das Fortbestehen der Partei zu verhindern; erreicht er dieses Ziel oder wird es ohne sein Bemühen erreicht, so wird der Täter nicht bestraft.

§ 85 Verstoß gegen ein Vereinigungsverbot

(1) Wer als Rädelsführer oder Hintermann im räumlichen Geltungsbereich dieses Gesetzes den organisatorischen Zusammenhalt
1. einer Partei oder Vereinigung, von der im Verfahren nach § 33 Abs. 3 des Parteiengesetzes unanfechtbar festgestellt ist, daß sie Ersatzorganisation einer verbotenen Partei ist, oder
2. einer Vereinigung, die unanfechtbar verboten ist, weil sie sich gegen die verfassungsmäßige Ordnung oder gegen den Gedanken der Völkerverständigung richtet, oder von der unanfechtbar festgestellt ist, daß sie Ersatzorganisation einer solchen verbotenen Vereinigung ist,

aufrechterhält, wird mit Freiheitsstrafe bis zu fünf Jahren oder mit Geldstrafe bestraft. Der Versuch ist strafbar.
(2) Wer sich in einer Partei oder Vereinigung der in Absatz 1 bezeichneten Art als Mitglied betätigt oder wer ihren organisatorischen Zusammenhalt oder ihre weitere Betätigung unterstützt, wird mit Freiheitsstrafe bis zu drei Jahren oder mit Geldstrafe bestraft.

(3) § 84 Abs. 4 und 5 gilt entsprechend.

§ 86 Verbreiten von Propagandamitteln verfassungswidriger Organisationen

(1) Wer Propagandamittel
1. einer vom Bundesverfassungsgericht für verfassungswidrig erklärten Partei oder einer Partei oder Vereinigung, von der unanfechtbar festgestellt ist, daß sie Ersatzorganisation einer solchen Partei ist,
2. einer Vereinigung, die unanfechtbar verboten ist, weil sie sich gegen die verfassungsmäßige Ordnung oder gegen den Gedanken der Völkerverständigung richtet, oder von der unanfechtbar festgestellt ist, daß sie Ersatzorganisation einer solchen verbotenen Vereinigung ist,
3. einer Regierung, Vereinigung oder Einrichtung außerhalb des räumlichen Geltungsbereichs dieses Gesetzes, die für die Zwecke einer der in den Nummern 1 und 2 bezeichneten Parteien oder Vereinigungen tätig ist, oder
4. die nach ihrem Inhalt dazu bestimmt sind, Bestrebungen einer ehemaligen nationalsozialistischen Organisation fortzusetzen,

im Inland verbreitet oder der Öffentlichkeit zugänglich macht oder zur Verbreitung im Inland oder Ausland herstellt, vorrätig hält, einführt oder ausführt, wird mit Freiheitsstrafe bis zu drei Jahren oder mit Geldstrafe bestraft.

(2) Propagandamittel im Sinne des Absatzes 1 ist nur ein solcher Inhalt (§ 11 Absatz 3), der gegen die freiheitliche demokratische Grundordnung oder den Gedanken der Völkerverständigung gerichtet ist.

(3) Absatz 1 gilt nicht, wenn die Handlung der staatsbürgerlichen Aufklärung, der Abwehr verfassungswidriger Bestrebungen, der Kunst oder der Wissenschaft, der Forschung oder der Lehre, der Berichterstattung über Vorgänge des Zeitgeschehens oder der Geschichte oder ähnlichen Zwecken dient.

(4) Ist die Schuld gering, so kann das Gericht von einer Bestrafung nach dieser Vorschrift absehen.

§ 86a Verwenden von Kennzeichen verfassungswidriger Organisationen

(1) Mit Freiheitsstrafe bis zu drei Jahren oder mit Geldstrafe wird bestraft, wer
1. im Inland Kennzeichen einer der in § 86 Abs. 1 Nr. 1, 2 und 4 bezeichneten Parteien oder Vereinigungen verbreitet oder öffentlich, in einer Versammlung oder in einem von ihm verbreiteten Inhalt (§ 11 Absatz 3) verwendet oder
2. einen Inhalt (§ 11 Absatz 3), der ein derartiges Kennzeichen darstellt oder enthält, zur Verbreitung oder Verwendung im Inland oder Ausland in der in Nummer 1 bezeichneten Art und Weise herstellt, vorrätig hält, einführt oder ausführt.

(2) Kennzeichen im Sinne des Absatzes 1 sind namentlich Fahnen, Abzeichen, Uniformstücke, Parolen und Grußformen. Den in Satz 1 genannten Kennzeichen stehen solche gleich, die ihnen zum Verwechseln ähnlich sind.

(3) § 86 Abs. 3 und 4 gilt entsprechend.

§ 87 Agententätigkeit zu Sabotagezwecken

(1) Mit Freiheitsstrafe bis zu fünf Jahren oder mit Geldstrafe wird bestraft, wer einen Auftrag einer Regierung, Vereinigung oder Einrichtung außerhalb des räumlichen Geltungsbereichs dieses Gesetzes zur Vorbereitung von Sabotagehandlungen, die in diesem Geltungsbereich begangen werden sollen, dadurch befolgt, daß er
1. sich bereit hält, auf Weisung einer der bezeichneten Stellen solche Handlungen zu begehen,
2. Sabotageobjekte auskundschaftet,
3. Sabotagemittel herstellt, sich oder einem anderen verschafft, verwahrt, einem anderen überläßt oder in diesen Bereich einführt,
4. Lager zur Aufnahme von Sabotagemitteln oder Stützpunkte für die Sabotagetätigkeit einrichtet, unterhält oder überprüft,
5. sich zur Begehung von Sabotagehandlungen schulen läßt oder andere dazu schult oder
6. die Verbindung zwischen einem Sabotageagenten (Nummern 1 bis 5) und einer der bezeichneten Stellen herstellt oder aufrechterhält,

und sich dadurch absichtlich oder wissentlich für Bestrebungen gegen den Bestand oder die Sicherheit der Bundesrepublik Deutschland oder gegen Verfassungsgrundsätze einsetzt.

(2) Sabotagehandlungen im Sinne des Absatzes 1 sind
1. Handlungen, die den Tatbestand der §§ 109e, 305, 306 bis 306c, 307 bis 309, 313, 315, 315b, 316b, 316c Abs. 1 Nr. 2, der §§ 317 oder 318 verwirklichen, und
2. andere Handlungen, durch die der Betrieb eines für die Landesverteidigung, den Schutz der Zivilbevölkerung gegen Kriegsgefahren oder für die Gesamtwirtschaft wichtigen Unternehmens dadurch verhindert oder

gestört wird, daß eine dem Betrieb dienende Sache zerstört, beschädigt, beseitigt, verändert oder unbrauchbar gemacht oder daß die für den Betrieb bestimmte Energie entzogen wird.
(3) Das Gericht kann von einer Bestrafung nach diesen Vorschriften absehen, wenn der Täter freiwillig sein Verhalten aufgibt und sein Wissen so rechtzeitig einer Dienststelle offenbart, daß Sabotagehandlungen, deren Planung er kennt, noch verhindert werden können.

§ 88 Verfassungsfeindliche Sabotage
(1) Wer als Rädelsführer oder Hintermann einer Gruppe oder, ohne mit einer Gruppe oder für eine solche zu handeln, als einzelner absichtlich bewirkt, daß im räumlichen Geltungsbereich dieses Gesetzes durch Störhandlungen
1. Unternehmen oder Anlagen, die der öffentlichen Versorgung mit Postdienstleistungen oder dem öffentlichen Verkehr dienen,
2. Telekommunikationsanlagen, die öffentlichen Zwecken dienen,
3. Unternehmen oder Anlagen, die der öffentlichen Versorgung mit Wasser, Licht, Wärme oder Kraft dienen oder sonst für die Versorgung der Bevölkerung lebenswichtig sind, oder
4. Dienststellen, Anlagen, Einrichtungen oder Gegenstände, die ganz oder überwiegend der öffentlichen Sicherheit oder Ordnung dienen,

ganz oder zum Teil außer Tätigkeit gesetzt oder den bestimmungsmäßigen Zwecken entzogen werden, und sich dadurch absichtlich für Bestrebungen gegen den Bestand oder die Sicherheit der Bundesrepublik Deutschland oder gegen Verfassungsgrundsätze einsetzt, wird mit Freiheitsstrafe bis zu fünf Jahren oder mit Geldstrafe bestraft.
(2) Der Versuch ist strafbar.

§ 89 Verfassungsfeindliche Einwirkung auf Bundeswehr und öffentliche Sicherheitsorgane
(1) Wer auf Angehörige der Bundeswehr oder eines öffentlichen Sicherheitsorgans planmäßig einwirkt, um deren pflichtmäßige Bereitschaft zum Schutz der Sicherheit der Bundesrepublik Deutschland oder der verfassungsmäßigen Ordnung zu untergraben, und sich dadurch absichtlich für Bestrebungen gegen den Bestand oder die Sicherheit der Bundesrepublik Deutschland oder gegen Verfassungsgrundsätze einsetzt, wird mit Freiheitsstrafe bis zu fünf Jahren oder mit Geldstrafe bestraft.
(2) Der Versuch ist strafbar.
(3) § 86 Abs. 4 gilt entsprechend.

§ 89a Vorbereitung einer schweren staatsgefährdenden Gewalttat
(1) Wer eine schwere staatsgefährdende Gewalttat vorbereitet, wird mit Freiheitsstrafe von sechs Monaten bis zu zehn Jahren bestraft. Eine schwere staatsgefährdende Gewalttat ist eine Straftat gegen das Leben in den Fällen des § 211 oder des § 212 oder gegen die persönliche Freiheit in den Fällen des § 239a oder des § 239b, die nach den Umständen bestimmt und geeignet ist, den Bestand oder die Sicherheit eines Staates oder einer internationalen Organisation zu beeinträchtigen oder Verfassungsgrundsätze der Bundesrepublik Deutschland zu beseitigen, außer Geltung zu setzen oder zu untergraben.
(2) Absatz 1 ist nur anzuwenden, wenn der Täter eine schwere staatsgefährdende Gewalttat vorbereitet, indem er
1. eine andere Person unterweist oder sich unterweisen lässt in der Herstellung von oder im Umgang mit Schusswaffen, Sprengstoffen, Spreng- oder Brandvorrichtungen, Kernbrenn- oder sonstigen radioaktiven Stoffen, Stoffen, die Gift enthalten oder hervorbringen können, anderen gesundheitsschädlichen Stoffen, zur Ausführung der Tat erforderlichen besonderen Vorrichtungen oder in sonstigen Fertigkeiten, die der Begehung einer der in Absatz 1 genannten Straftaten dienen,
2. Waffen, Stoffe oder Vorrichtungen der in Nummer 1 bezeichneten Art herstellt, sich oder einem anderen verschafft, verwahrt oder einem anderen überlässt oder
3. Gegenstände oder Stoffe sich verschafft oder verwahrt, die für die Herstellung von Waffen, Stoffen oder Vorrichtungen der in Nummer 1 bezeichneten Art wesentlich sind.
(2a) Absatz 1 ist auch anzuwenden, wenn der Täter eine schwere staatsgefährdende Gewalttat vorbereitet, indem er es unternimmt, zum Zweck der Begehung einer schweren staatsgefährdenden Gewalttat oder der in Absatz 2 Nummer 1 genannten Handlungen aus der Bundesrepublik Deutschland auszureisen, um sich in einen Staat zu begeben, in dem Unterweisungen von Personen im Sinne des Absatzes 2 Nummer 1 erfolgen.
(3) Absatz 1 gilt auch, wenn die Vorbereitung im Ausland begangen wird. Wird die Vorbereitung außerhalb der Mitgliedstaaten der Europäischen Union begangen, gilt dies nur, wenn sie durch einen Deutschen oder einen Ausländer mit Lebensgrundlage im Inland begangen wird oder die vorbereitete schwere staatsgefährdende Gewalttat im Inland oder durch oder gegen einen Deutschen begangen werden soll.

(4) In den Fällen des Absatzes 3 Satz 2 bedarf die Verfolgung der Ermächtigung durch das Bundesministerium der Justiz und für Verbraucherschutz. Wird die Vorbereitung in einem anderen Mitgliedstaat der Europäischen Union begangen, bedarf die Verfolgung der Ermächtigung durch das Bundesministerium der Justiz und für Verbraucherschutz, wenn die Vorbereitung weder durch einen Deutschen erfolgt noch die vorbereitete schwere staatsgefährdende Gewalttat im Inland noch durch oder gegen einen Deutschen begangen werden soll.
(5) In minder schweren Fällen ist die Strafe Freiheitsstrafe von drei Monaten bis zu fünf Jahren.
(6) Das Gericht kann Führungsaufsicht anordnen (§ 68 Abs. 1).
(7) Das Gericht kann die Strafe nach seinem Ermessen mildern (§ 49 Abs. 2) oder von einer Bestrafung nach dieser Vorschrift absehen, wenn der Täter freiwillig die weitere Vorbereitung der schweren staatsgefährdenden Gewalttat aufgibt und eine von ihm verursachte und erkannte Gefahr, dass andere diese Tat weiter vorbereiten oder sie ausführen, abwendet oder wesentlich mindert oder wenn er freiwillig die Vollendung dieser Tat verhindert. Wird ohne Zutun des Täters die bezeichnete Gefahr abgewendet oder wesentlich gemindert oder die Vollendung der schweren staatsgefährdenden Gewalttat verhindert, genügt sein freiwilliges und ernsthaftes Bemühen, dieses Ziel zu erreichen.

§ 89b Aufnahme von Beziehungen zur Begehung einer schweren staatsgefährdenden Gewalttat

(1) Wer in der Absicht, sich in der Begehung einer schweren staatsgefährdenden Gewalttat gemäß § 89a Abs. 2 Nr. 1 unterweisen zu lassen, zu einer Vereinigung im Sinne des § 129a, auch in Verbindung mit § 129b, Beziehungen aufnimmt oder unterhält, wird mit Freiheitsstrafe bis zu drei Jahren oder mit Geldstrafe bestraft.
(2) Absatz 1 gilt nicht, wenn die Handlung ausschließlich der Erfüllung rechtmäßiger beruflicher oder dienstlicher Pflichten dient.
(3) Absatz 1 gilt auch, wenn das Aufnehmen oder Unterhalten von Beziehungen im Ausland erfolgt. Außerhalb der Mitgliedstaaten der Europäischen Union gilt dies nur, wenn das Aufnehmen oder Unterhalten von Beziehungen durch einen Deutschen oder einen Ausländer mit Lebensgrundlage im Inland begangen wird.
(4) Die Verfolgung bedarf der Ermächtigung durch das Bundesministerium der Justiz und für Verbraucherschutz
1. in den Fällen des Absatzes 3 Satz 2 oder
2. wenn das Aufnehmen oder Unterhalten von Beziehungen in einem anderen Mitgliedstaat der Europäischen Union nicht durch einen Deutschen begangen wird.
(5) Ist die Schuld gering, so kann das Gericht von einer Bestrafung nach dieser Vorschrift absehen.

§ 89c Terrorismusfinanzierung

(1) Wer Vermögenswerte sammelt, entgegennimmt oder zur Verfügung stellt mit dem Wissen oder in der Absicht, dass diese von einer anderen Person zur Begehung
1. eines Mordes (§ 211), eines Totschlags (§ 212), eines Völkermordes (§ 6 des Völkerstrafgesetzbuches), eines Verbrechens gegen die Menschlichkeit (§ 7 des Völkerstrafgesetzbuches), eines Kriegsverbrechens (§§ 8, 9, 10, 11 oder 12 des Völkerstrafgesetzbuches), einer Körperverletzung nach § 224 oder einer Körperverletzung, die einem anderen Menschen schwere körperliche oder seelische Schäden, insbesondere der in § 226 bezeichneten Art, zufügt,
2. eines erpresserischen Menschenraubes (§ 239a) oder einer Geiselnahme (§ 239b),
3. von Straftaten nach den §§ 303b, 305, 305a oder gemeingefährlicher Straftaten in den Fällen der §§ 306 bis 306c oder 307 Absatz 1 bis 3, des § 308 Absatz 1 bis 4, des § 309 Absatz 1 bis 5, der §§ 313, 314 oder 315 Absatz 1, 3 oder 4, des § 316b Absatz 1 oder 3 oder des § 316c Absatz 1 bis 3 oder des § 317 Absatz 1,
4. von Straftaten gegen die Umwelt in den Fällen des § 330a Absatz 1 bis 3,
5. von Straftaten nach § 19 Absatz 1 bis 3, § 20 Absatz 1 oder 2, § 20a Absatz 1 bis 3, § 19 Absatz 2 Nummer 2 oder Absatz 3 Nummer 2, § 20 Absatz 1 oder 2 oder § 20a Absatz 1 bis 3, jeweils auch in Verbindung mit § 21, oder nach § 22a Absatz 1 bis 3 des Gesetzes über die Kontrolle von Kriegswaffen,
6. von Straftaten nach § 51 Absatz 1 bis 3 des Waffengesetzes,
7. einer Straftat nach § 328 Absatz 1 oder 2 oder § 310 Absatz 1 oder 2,
8. einer Straftat nach § 89a Absatz 2a
verwendet werden sollen, wird mit Freiheitsstrafe von sechs Monaten bis zu zehn Jahren bestraft. Satz 1 ist in den Fällen der Nummern 1 bis 7 nur anzuwenden, wenn die dort bezeichnete Tat dazu bestimmt ist, die Bevölkerung auf erhebliche Weise einzuschüchtern, eine Behörde oder eine internationale Organisation rechtswidrig mit Gewalt oder durch Drohung mit Gewalt zu nötigen oder die politischen, verfassungsrechtlichen, wirtschaftlichen oder sozialen Grundstrukturen eines Staates oder einer internationalen Organisation zu beseitigen oder erheblich zu beeinträchtigen, und durch die Art ihrer Begehung oder ihre Auswirkungen einen Staat oder eine internationale Organisation erheblich schädigen kann.

(2) Ebenso wird bestraft, wer unter der Voraussetzung des Absatzes 1 Satz 2 Vermögenswerte sammelt, entgegennimmt oder zur Verfügung stellt, um selbst eine der in Absatz 1 Satz 1 genannten Straftaten zu begehen.
(3) Die Absätze 1 und 2 gelten auch, wenn die Tat im Ausland begangen wird. Wird sie außerhalb der Mitgliedstaaten der Europäischen Union begangen, gilt dies nur, wenn sie durch einen Deutschen oder einen Ausländer mit Lebensgrundlage im Inland begangen wird oder die finanzierte Straftat im Inland oder durch oder gegen einen Deutschen begangen werden soll.
(4) In den Fällen des Absatzes 3 Satz 2 bedarf die Verfolgung der Ermächtigung durch das Bundesministerium der Justiz und für Verbraucherschutz. Wird die Tat in einem anderen Mitgliedstaat der Europäischen Union begangen, bedarf die Verfolgung der Ermächtigung durch das Bundesministerium der Justiz und für Verbraucherschutz, wenn die Tat weder durch einen Deutschen begangen wird noch die finanzierte Straftat im Inland noch durch oder gegen einen Deutschen begangen werden soll.
(5) Sind die Vermögenswerte bei einer Tat nach Absatz 1 oder 2 geringwertig, so ist auf Freiheitsstrafe von drei Monaten bis zu fünf Jahren zu erkennen.
(6) Das Gericht mildert die Strafe (§ 49 Absatz 1) oder kann von Strafe absehen, wenn die Schuld des Täters gering ist.
(7) Das Gericht kann die Strafe nach seinem Ermessen mildern (§ 49 Absatz 2) oder von einer Bestrafung nach dieser Vorschrift absehen, wenn der Täter freiwillig die weitere Vorbereitung der Tat aufgibt und eine von ihm verursachte und erkannte Gefahr, dass andere diese Tat weiter vorbereiten oder sie ausführen, abwendet oder wesentlich mindert oder wenn er freiwillig die Vollendung dieser Tat verhindert. Wird ohne Zutun des Täters die bezeichnete Gefahr abgewendet oder wesentlich gemindert oder die Vollendung der Tat verhindert, genügt sein freiwilliges und ernsthaftes Bemühen, dieses Ziel zu erreichen.

§ 90 Verunglimpfung des Bundespräsidenten

(1) Wer öffentlich, in einer Versammlung oder durch Verbreiten eines Inhalts (§ 11 Absatz 3) den Bundespräsidenten verunglimpft, wird mit Freiheitsstrafe von drei Monaten bis zu fünf Jahren bestraft.
(2) In minder schweren Fällen kann das Gericht die Strafe nach seinem Ermessen mildern (§ 49 Abs. 2), wenn nicht die Voraussetzungen des § 188 erfüllt sind.
(3) Die Strafe ist Freiheitsstrafe von sechs Monaten bis zu fünf Jahren, wenn die Tat eine Verleumdung (§ 187) ist oder wenn der Täter sich durch die Tat absichtlich für Bestrebungen gegen den Bestand der Bundesrepublik Deutschland oder gegen Verfassungsgrundsätze einsetzt.
(4) Die Tat wird nur mit Ermächtigung des Bundespräsidenten verfolgt.

§ 90a Verunglimpfung des Staates und seiner Symbole

(1) Wer öffentlich, in einer Versammlung oder durch Verbreiten eines Inhalts (§ 11 Absatz 3)
1. die Bundesrepublik Deutschland oder eines ihrer Länder oder ihre verfassungsmäßige Ordnung beschimpft oder böswillig verächtlich macht oder
2. die Farben, die Flagge, das Wappen oder die Hymne der Bundesrepublik Deutschland oder eines ihrer Länder verunglimpft,

wird mit Freiheitsstrafe bis zu drei Jahren oder mit Geldstrafe bestraft.
(2) Ebenso wird bestraft, wer eine öffentlich gezeigte Flagge der Bundesrepublik Deutschland oder eines ihrer Länder oder ein von einer Behörde öffentlich angebrachtes Hoheitszeichen der Bundesrepublik Deutschland oder eines ihrer Länder entfernt, zerstört, beschädigt, unbrauchbar oder unkenntlich macht oder beschimpfenden Unfug daran verübt. Der Versuch ist strafbar.
(3) Die Strafe ist Freiheitsstrafe bis zu fünf Jahren oder Geldstrafe, wenn der Täter sich durch die Tat absichtlich für Bestrebungen gegen den Bestand der Bundesrepublik Deutschland oder gegen Verfassungsgrundsätze einsetzt.

§ 90b Verfassungsfeindliche Verunglimpfung von Verfassungsorganen

(1) Wer öffentlich, in einer Versammlung oder durch Verbreiten eines Inhalts (§ 11 Absatz 3) ein Gesetzgebungsorgan, die Regierung oder das Verfassungsgericht des Bundes oder eines Landes oder eines ihrer Mitglieder in dieser Eigenschaft in einer das Ansehen des Staates gefährdenden Weise verunglimpft und sich dadurch absichtlich für Bestrebungen gegen den Bestand der Bundesrepublik Deutschland oder gegen Verfassungsgrundsätze einsetzt, wird mit Freiheitsstrafe von drei Monaten bis zu fünf Jahren bestraft.
(2) Die Tat wird nur mit Ermächtigung des betroffenen Verfassungsorgans oder Mitglieds verfolgt.

§ 90c Verunglimpfung von Symbolen der Europäischen Union

(1) Wer öffentlich, in einer Versammlung oder durch Verbreiten eines Inhalts (§ 11 Absatz 3) die Flagge oder die Hymne der Europäischen Union verunglimpft, wird mit Freiheitsstrafe bis zu drei Jahren oder mit Geldstrafe bestraft.

(2) Ebenso wird bestraft, wer eine öffentlich gezeigte Flagge der Europäischen Union entfernt, zerstört, beschädigt, unbrauchbar oder unkenntlich macht oder beschimpfenden Unfug daran verübt. Der Versuch ist strafbar.

§ 91 Anleitung zur Begehung einer schweren staatsgefährdenden Gewalttat

(1) Mit Freiheitsstrafe bis zu drei Jahren oder mit Geldstrafe wird bestraft, wer
1. einen Inhalt (§ 11 Absatz 3), der geeignet ist, als Anleitung zu einer schweren staatsgefährdenden Gewalttat (§ 89a Abs. 1) zu dienen, anpreist oder einer anderen Person zugänglich macht, wenn die Umstände seiner Verbreitung geeignet sind, die Bereitschaft anderer zu fördern oder zu wecken, eine schwere staatsgefährdende Gewalttat zu begehen,
2. sich einen Inhalt der in Nummer 1 bezeichneten Art verschafft, um eine schwere staatsgefährdende Gewalttat zu begehen.

(2) Absatz 1 Nr. 1 ist nicht anzuwenden, wenn
1. die Handlung der staatsbürgerlichen Aufklärung, der Abwehr verfassungswidriger Bestrebungen, der Kunst und Wissenschaft, der Forschung oder der Lehre, der Berichterstattung über Vorgänge des Zeitgeschehens oder der Geschichte oder ähnlichen Zwecken dient oder
2. die Handlung ausschließlich der Erfüllung rechtmäßiger beruflicher oder dienstlicher Pflichten dient.

(3) Ist die Schuld gering, so kann das Gericht von einer Bestrafung nach dieser Vorschrift absehen.

§ 91a Anwendungsbereich

Die §§ 84, 85 und 87 gelten nur für Taten, die durch eine im räumlichen Geltungsbereich dieses Gesetzes ausgeübte Tätigkeit begangen werden.

Vierter Titel
Gemeinsame Vorschriften

§ 92 Begriffsbestimmungen

(1) Im Sinne dieses Gesetzes beeinträchtigt den Bestand der Bundesrepublik Deutschland, wer ihre Freiheit von fremder Botmäßigkeit aufhebt, ihre staatliche Einheit beseitigt oder ein zu ihr gehörendes Gebiet abtrennt.

(2) Im Sinne dieses Gesetzes sind Verfassungsgrundsätze
1. das Recht des Volkes, die Staatsgewalt in Wahlen und Abstimmungen und durch besondere Organe der Gesetzgebung, der vollziehenden Gewalt und der Rechtsprechung auszuüben und die Volksvertretung in allgemeiner, unmittelbarer, freier, gleicher und geheimer Wahl zu wählen,
2. die Bindung der Gesetzgebung an die verfassungsmäßige Ordnung und die Bindung der vollziehenden Gewalt und der Rechtsprechung an Gesetz und Recht,
3. das Recht auf die Bildung und Ausübung einer parlamentarischen Opposition,
4. die Ablösbarkeit der Regierung und ihre Verantwortlichkeit gegenüber der Volksvertretung,
5. die Unabhängigkeit der Gerichte und
6. der Ausschluß jeder Gewalt- und Willkürherrschaft.

(3) Im Sinne dieses Gesetzes sind
1. Bestrebungen gegen den Bestand der Bundesrepublik Deutschland solche Bestrebungen, deren Träger darauf hinarbeiten, den Bestand der Bundesrepublik Deutschland zu beeinträchtigen (Absatz 1),
2. Bestrebungen gegen die Sicherheit der Bundesrepublik Deutschland solche Bestrebungen, deren Träger darauf hinarbeiten, die äußere oder innere Sicherheit der Bundesrepublik Deutschland zu beeinträchtigen,
3. Bestrebungen gegen Verfassungsgrundsätze solche Bestrebungen, deren Träger darauf hinarbeiten, einen Verfassungsgrundsatz (Absatz 2) zu beseitigen, außer Geltung zu setzen oder zu untergraben.

§ 92a Nebenfolgen

Neben einer Freiheitsstrafe von mindestens sechs Monaten wegen einer Straftat nach diesem Abschnitt kann das Gericht die Fähigkeit, öffentliche Ämter zu bekleiden, die Fähigkeit, Rechte aus öffentlichen Wahlen zu erlangen, und das Recht, in öffentlichen Angelegenheiten zu wählen oder zu stimmen, aberkennen (§ 45 Abs. 2 und 5).

§ 92b Einziehung

Ist eine Straftat nach diesem Abschnitt begangen worden, so können
1. Gegenstände, die durch die Tat hervorgebracht oder zu ihrer Begehung oder Vorbereitung gebraucht worden oder bestimmt gewesen sind, und
2. Gegenstände, auf die sich eine Straftat nach den §§ 80a, 86, 86a, 89a bis 91 bezieht,

eingezogen werden. § 74a ist anzuwenden.

Zweiter Abschnitt
Landesverrat und Gefährdung der äußeren Sicherheit

§ 93 Begriff des Staatsgeheimnisses

(1) Staatsgeheimnisse sind Tatsachen, Gegenstände oder Erkenntnisse, die nur einem begrenzten Personenkreis zugänglich sind und vor einer fremden Macht geheimgehalten werden müssen, um die Gefahr eines schweren Nachteils für die äußere Sicherheit der Bundesrepublik Deutschland abzuwenden.

(2) Tatsachen, die gegen die freiheitliche demokratische Grundordnung oder unter Geheimhaltung gegenüber den Vertragspartnern der Bundesrepublik Deutschland gegen zwischenstaatlich vereinbarte Rüstungsbeschränkungen verstoßen, sind keine Staatsgeheimnisse.

§ 94 Landesverrat

(1) Wer ein Staatsgeheimnis
1. einer fremden Macht oder einem ihrer Mittelsmänner mitteilt oder
2. sonst an einen Unbefugten gelangen läßt oder öffentlich bekanntmacht, um die Bundesrepublik Deutschland zu benachteiligen oder eine fremde Macht zu begünstigen,

und dadurch die Gefahr eines schweren Nachteils für die äußere Sicherheit der Bundesrepublik Deutschland herbeiführt, wird mit Freiheitsstrafe nicht unter einem Jahr bestraft.

(2) In besonders schweren Fällen ist die Strafe lebenslange Freiheitsstrafe oder Freiheitsstrafe nicht unter fünf Jahren. Ein besonders schwerer Fall liegt in der Regel vor, wenn der Täter
1. eine verantwortliche Stellung mißbraucht, die ihn zur Wahrung von Staatsgeheimnissen besonders verpflichtet, oder
2. durch die Tat die Gefahr eines besonders schweren Nachteils für die äußere Sicherheit der Bundesrepublik Deutschland herbeiführt.

§ 95 Offenbaren von Staatsgeheimnissen

(1) Wer ein Staatsgeheimnis, das von einer amtlichen Stelle oder auf deren Veranlassung geheimgehalten wird, an einen Unbefugten gelangen läßt oder öffentlich bekanntmacht und dadurch die Gefahr eines schweren Nachteils für die äußere Sicherheit der Bundesrepublik Deutschland herbeiführt, wird mit Freiheitsstrafe von sechs Monaten bis zu fünf Jahren bestraft, wenn die Tat nicht in § 94 mit Strafe bedroht ist.

(2) Der Versuch ist strafbar.

(3) In besonders schweren Fällen ist die Strafe Freiheitsstrafe von einem Jahr bis zu zehn Jahren. § 94 Abs. 2 Satz 2 ist anzuwenden.

§ 96 Landesverräterische Ausspähung; Auskundschaften von Staatsgeheimnissen

(1) Wer sich ein Staatsgeheimnis verschafft, um es zu verraten (§ 94), wird mit Freiheitsstrafe von einem Jahr bis zu zehn Jahren bestraft.

(2) Wer sich ein Staatsgeheimnis, das von einer amtlichen Stelle oder auf deren Veranlassung geheimgehalten wird, verschafft, um es zu offenbaren (§ 95), wird mit Freiheitsstrafe von sechs Monaten bis zu fünf Jahren bestraft. Der Versuch ist strafbar.

§ 97 Preisgabe von Staatsgeheimnissen

(1) Wer ein Staatsgeheimnis, das von einer amtlichen Stelle oder auf deren Veranlassung geheimgehalten wird, an einen Unbefugten gelangen läßt oder öffentlich bekanntmacht und dadurch fahrlässig die Gefahr eines schweren Nachteils für die äußere Sicherheit der Bundesrepublik Deutschland verursacht, wird mit Freiheitsstrafe bis zu fünf Jahren oder mit Geldstrafe bestraft.

(2) Wer ein Staatsgeheimnis, das von einer amtlichen Stelle oder auf deren Veranlassung geheimgehalten wird und das ihm kraft seines Amtes, seiner Dienststellung oder eines von einer amtlichen Stelle erteilten Auftrags zugänglich war, leichtfertig an einen Unbefugten gelangen läßt und dadurch fahrlässig die Gefahr eines schweren Nachteils für die äußere Sicherheit der Bundesrepublik Deutschland verursacht, wird mit Freiheitsstrafe bis zu drei Jahren oder mit Geldstrafe bestraft.

(3) Die Tat wird nur mit Ermächtigung der Bundesregierung verfolgt.

§ 97a Verrat illegaler Geheimnisse

Wer ein Geheimnis, das wegen eines der in § 93 Abs. 2 bezeichneten Verstöße kein Staatsgeheimnis ist, einer fremden Macht oder einem ihrer Mittelsmänner mitteilt und dadurch die Gefahr eines schweren Nachteils für die äußere Sicherheit der Bundesrepublik Deutschland herbeiführt, wird wie ein Landesverräter (§ 94) bestraft. § 96 Abs. 1 in Verbindung mit § 94 Abs. 1 Nr. 1 ist auf Geheimnisse der in Satz 1 bezeichneten Art entsprechend anzuwenden.

§ 97b Verrat in irriger Annahme eines illegalen Geheimnisses

(1) Handelt der Täter in den Fällen der §§ 94 bis 97 in der irrigen Annahme, das Staatsgeheimnis sei ein Geheimnis der in § 97a bezeichneten Art, so wird er, wenn
1. dieser Irrtum ihm vorzuwerfen ist,
2. er nicht in der Absicht handelt, dem vermeintlichen Verstoß entgegenzuwirken, oder
3. die Tat nach den Umständen kein angemessenes Mittel zu diesem Zweck ist,

nach den bezeichneten Vorschriften bestraft. Die Tat ist in der Regel kein angemessenes Mittel, wenn der Täter nicht zuvor ein Mitglied des Bundestages um Abhilfe angerufen hat.

(2) War dem Täter als Amtsträger oder als Soldat der Bundeswehr das Staatsgeheimnis dienstlich anvertraut oder zugänglich, so wird er auch dann bestraft, wenn nicht zuvor der Amtsträger einen Dienstvorgesetzten, der Soldat einen Disziplinarvorgesetzten um Abhilfe angerufen hat. Dies gilt für die für den öffentlichen Dienst besonders Verpflichteten und für Personen, die im Sinne des § 353b Abs. 2 verpflichtet worden sind, sinngemäß.

§ 98 Landesverräterische Agententätigkeit

(1) Wer
1. für eine fremde Macht eine Tätigkeit ausübt, die auf die Erlangung oder Mitteilung von Staatsgeheimnissen gerichtet ist, oder
2. gegenüber einer fremden Macht oder einem ihrer Mittelsmänner sich zu einer solchen Tätigkeit bereit erklärt,

wird mit Freiheitsstrafe bis zu fünf Jahren oder mit Geldstrafe bestraft, wenn die Tat nicht in § 94 oder § 96 Abs. 1 mit Strafe bedroht ist. In besonders schweren Fällen ist die Strafe Freiheitsstrafe von einem Jahr bis zu zehn Jahren; § 94 Abs. 2 Satz 2 Nr. 1 gilt entsprechend.

(2) Das Gericht kann die Strafe nach seinem Ermessen mildern (§ 49 Abs. 2) oder von einer Bestrafung nach diesen Vorschriften absehen, wenn der Täter freiwillig sein Verhalten aufgibt und sein Wissen einer Dienststelle offenbart. Ist der Täter in den Fällen des Absatzes 1 Satz 1 von der fremden Macht oder einem ihrer Mittelsmänner zu seinem Verhalten gedrängt worden, so wird er nach dieser Vorschrift nicht bestraft, wenn er freiwillig sein Verhalten aufgibt und sein Wissen unverzüglich einer Dienststelle offenbart.

§ 99 Geheimdienstliche Agententätigkeit

(1) Wer
1. für den Geheimdienst einer fremden Macht eine geheimdienstliche Tätigkeit gegen die Bundesrepublik Deutschland ausübt, die auf die Mitteilung oder Lieferung von Tatsachen, Gegenständen oder Erkenntnissen gerichtet ist, oder
2. gegenüber dem Geheimdienst einer fremden Macht oder einem seiner Mittelsmänner sich zu einer solchen Tätigkeit bereit erklärt,

wird mit Freiheitsstrafe bis zu fünf Jahren oder mit Geldstrafe bestraft, wenn die Tat nicht in § 94 oder § 96 Abs. 1, in § 97a oder in § 97b in Verbindung mit § 94 oder § 96 Abs. 1 mit Strafe bedroht ist.

(2) In besonders schweren Fällen ist die Strafe Freiheitsstrafe von einem Jahr bis zu zehn Jahren. Ein besonders schwerer Fall liegt in der Regel vor, wenn der Täter Tatsachen, Gegenstände oder Erkenntnisse, die von einer amtlichen Stelle oder auf deren Veranlassung geheimgehalten werden, mitteilt oder liefert und wenn er
1. eine verantwortliche Stellung mißbraucht, die ihn zur Wahrung solcher Geheimnisse besonders verpflichtet, oder
2. durch die Tat die Gefahr eines schweren Nachteils für die Bundesrepublik Deutschland herbeiführt.

(3) § 98 Abs. 2 gilt entsprechend.

§ 100 Friedensgefährdende Beziehungen

(1) Wer als Deutscher, der seine Lebensgrundlage im räumlichen Geltungsbereich dieses Gesetzes hat, in der Absicht, einen Krieg oder ein bewaffnetes Unternehmen gegen die Bundesrepublik Deutschland herbeizuführen, zu einer Regierung, Vereinigung oder Einrichtung außerhalb des räumlichen Geltungsbereichs dieses Gesetzes oder zu einem ihrer Mittelsmänner Beziehungen aufnimmt oder unterhält, wird mit Freiheitsstrafe nicht unter einem Jahr bestraft.

(2) In besonders schweren Fällen ist die Strafe lebenslange Freiheitsstrafe oder Freiheitsstrafe nicht unter fünf Jahren. Ein besonders schwerer Fall liegt in der Regel vor, wenn der Täter durch die Tat eine schwere Gefahr für den Bestand der Bundesrepublik Deutschland herbeiführt.

(3) In minder schweren Fällen ist die Strafe Freiheitsstrafe von einem Jahr bis zu fünf Jahren.

§ 100a Landesverräterische Fälschung

(1) Wer wider besseres Wissen gefälschte oder verfälschte Gegenstände, Nachrichten darüber oder unwahre Behauptungen tatsächlicher Art, die im Falle ihrer Echtheit oder Wahrheit für die äußere Sicherheit oder die

Beziehungen der Bundesrepublik Deutschland zu einer fremden Macht von Bedeutung wären, an einen anderen gelangen läßt oder öffentlich bekanntmacht, um einer fremden Macht vorzutäuschen, daß es sich um echte Gegenstände oder um Tatsachen handele, und dadurch die Gefahr eines schweren Nachteils für die äußere Sicherheit oder die Beziehungen der Bundesrepublik Deutschland zu einer fremden Macht herbeiführt, wird mit Freiheitsstrafe von sechs Monaten bis zu fünf Jahren bestraft.

(2) Ebenso wird bestraft, wer solche Gegenstände durch Fälschung oder Verfälschung herstellt oder sie sich verschafft, um sie in der in Absatz 1 bezeichneten Weise zur Täuschung einer fremden Macht an einen anderen gelangen zu lassen oder öffentlich bekanntzumachen und dadurch die Gefahr eines schweren Nachteils für die äußere Sicherheit oder die Beziehungen der Bundesrepublik Deutschland zu einer fremden Macht herbeizuführen.

(3) Der Versuch ist strafbar.

(4) In besonders schweren Fällen ist die Strafe Freiheitsstrafe nicht unter einem Jahr. Ein besonders schwerer Fall liegt in der Regel vor, wenn der Täter durch die Tat einen besonders schweren Nachteil für die äußere Sicherheit oder die Beziehungen der Bundesrepublik Deutschland zu einer fremden Macht herbeiführt.

§ 101 Nebenfolgen

Neben einer Freiheitsstrafe von mindestens sechs Monaten wegen einer vorsätzlichen Straftat nach diesem Abschnitt kann das Gericht die Fähigkeit, öffentliche Ämter zu bekleiden, die Fähigkeit, Rechte aus öffentlichen Wahlen zu erlangen, und das Recht, in öffentlichen Angelegenheiten zu wählen oder zu stimmen, aberkennen (§ 45 Abs. 2 und 5).

§ 101a Einziehung

Ist eine Straftat nach diesem Abschnitt begangen worden, so können
1. Gegenstände, die durch die Tat hervorgebracht oder zu ihrer Begehung oder Vorbereitung gebraucht worden oder bestimmt gewesen sind, und
2. Gegenstände, die Staatsgeheimnisse sind, und Gegenstände der in § 100a bezeichneten Art, auf die sich die Tat bezieht,

eingezogen werden. § 74a ist anzuwenden. Gegenstände der in Satz 1 Nr. 2 bezeichneten Art werden auch ohne die Voraussetzungen des § 74 Absatz 3 Satz 1 und des § 74b eingezogen, wenn dies erforderlich ist, um die Gefahr eines schweren Nachteils für die äußere Sicherheit der Bundesrepublik Deutschland abzuwenden; dies gilt auch dann, wenn der Täter ohne Schuld gehandelt hat.

Dritter Abschnitt
Straftaten gegen ausländische Staaten

§ 102 Angriff gegen Organe und Vertreter ausländischer Staaten

(1) Wer einen Angriff auf Leib oder Leben eines ausländischen Staatsoberhaupts, eines Mitglieds einer ausländischen Regierung oder eines im Bundesgebiet beglaubigten Leiters einer ausländischen diplomatischen Vertretung begeht, während sich der Angegriffene in amtlicher Eigenschaft im Inland aufhält, wird mit Freiheitsstrafe bis zu fünf Jahren oder mit Geldstrafe, in besonders schweren Fällen mit Freiheitsstrafe nicht unter einem Jahr bestraft.

(2) Neben einer Freiheitsstrafe von mindestens sechs Monaten kann das Gericht die Fähigkeit, öffentliche Ämter zu bekleiden, die Fähigkeit, Rechte aus öffentlichen Wahlen zu erlangen, und das Recht, in öffentlichen Angelegenheiten zu wählen oder zu stimmen, aberkennen (§ 45 Abs. 2 und 5).

§ 103 (weggefallen)

§ 104 Verletzung von Flaggen und Hoheitszeichen ausländischer Staaten

(1) Wer eine auf Grund von Rechtsvorschriften oder nach anerkanntem Brauch öffentlich gezeigte Flagge eines ausländischen Staates oder wer ein Hoheitszeichen eines solchen Staates, das von einer anerkannten Vertretung dieses Staates öffentlich angebracht worden ist, entfernt, zerstört, beschädigt oder unkenntlich macht oder wer beschimpfenden Unfug daran verübt, wird mit Freiheitsstrafe bis zu zwei Jahren oder mit Geldstrafe bestraft. Ebenso wird bestraft, wer öffentlich die Flagge eines ausländischen Staates zerstört oder beschädigt und dadurch verunglimpft. Den in Satz 2 genannten Flaggen stehen solche gleich, die ihnen zum Verwechseln ähnlich sind.

(2) Der Versuch ist strafbar.

§ 104a Voraussetzungen der Strafverfolgung

Straftaten nach diesem Abschnitt werden nur verfolgt, wenn die Bundesrepublik Deutschland zu dem anderen Staat diplomatische Beziehungen unterhält und ein Strafverlangen der ausländischen Regierung vorliegt.

Vierter Abschnitt
Straftaten gegen Verfassungsorgane sowie bei Wahlen und Abstimmungen; Bestechlichkeit und Bestechung von Mandatsträgern

§ 105 Nötigung von Verfassungsorganen
(1) Wer
1. ein Gesetzgebungsorgan des Bundes oder eines Landes oder einen seiner Ausschüsse,
2. die Bundesversammlung oder einen ihrer Ausschüsse oder
3. die Regierung oder das Verfassungsgericht des Bundes oder eines Landes

rechtswidrig mit Gewalt oder durch Drohung mit Gewalt nötigt, ihre Befugnisse nicht oder in einem bestimmten Sinne auszuüben, wird mit Freiheitsstrafe von einem Jahr bis zu zehn Jahren bestraft.
(2) In minder schweren Fällen ist die Strafe Freiheitsstrafe von sechs Monaten bis zu fünf Jahren.

§ 106 Nötigung des Bundespräsidenten und von Mitgliedern eines Verfassungsorgans
(1) Wer
1. den Bundespräsidenten oder
2. ein Mitglied
    a) eines Gesetzgebungsorgans des Bundes oder eines Landes,
    b) der Bundesversammlung oder
    c) der Regierung oder des Verfassungsgerichts des Bundes oder eines Landes

rechtswidrig mit Gewalt oder durch Drohung mit einem empfindlichen Übel nötigt, seine Befugnisse nicht oder in einem bestimmten Sinne auszuüben, wird mit Freiheitsstrafe von drei Monaten bis zu fünf Jahren bestraft.
(2) Der Versuch ist strafbar.
(3) In besonders schweren Fällen ist die Strafe Freiheitsstrafe von einem Jahr bis zu zehn Jahren.

§ 106a (weggefallen)

§ 106b Störung der Tätigkeit eines Gesetzgebungsorgans
(1) Wer gegen Anordnungen verstößt, die ein Gesetzgebungsorgan des Bundes oder eines Landes oder sein Präsident über die Sicherheit und Ordnung im Gebäude des Gesetzgebungsorgans oder auf dem dazugehörenden Grundstück allgemein oder im Einzelfall erläßt, und dadurch die Tätigkeit des Gesetzgebungsorgans hindert oder stört, wird mit Freiheitsstrafe bis zu einem Jahr oder mit Geldstrafe bestraft.
(2) Die Strafvorschrift des Absatzes 1 gilt bei Anordnungen eines Gesetzgebungsorgans des Bundes oder seines Präsidenten weder für die Mitglieder des Bundestages noch für die Mitglieder des Bundesrates und der Bundesregierung sowie ihre Beauftragten, bei Anordnungen eines Gesetzgebungsorgans eines Landes oder seines Präsidenten weder für die Mitglieder der Gesetzgebungsorgane dieses Landes noch für die Mitglieder der Landesregierung und ihre Beauftragten.

§ 107 Wahlbehinderung
(1) Wer mit Gewalt oder durch Drohung mit Gewalt eine Wahl oder die Feststellung ihres Ergebnisses verhindert oder stört, wird mit Freiheitsstrafe bis zu fünf Jahren oder mit Geldstrafe, in besonders schweren Fällen mit Freiheitsstrafe nicht unter einem Jahr bestraft.
(2) Der Versuch ist strafbar.

§ 107a Wahlfälschung
(1) Wer unbefugt wählt oder sonst ein unrichtiges Ergebnis einer Wahl herbeiführt oder das Ergebnis verfälscht, wird mit Freiheitsstrafe bis zu fünf Jahren oder mit Geldstrafe bestraft. Unbefugt wählt auch, wer im Rahmen zulässiger Assistenz entgegen der Wahlentscheidung des Wahlberechtigten oder ohne eine geäußerte Wahlentscheidung des Wahlberechtigten eine Stimme abgibt.
(2) Ebenso wird bestraft, wer das Ergebnis einer Wahl unrichtig verkündet oder verkünden läßt.
(3) Der Versuch ist strafbar.

§ 107b Fälschung von Wahlunterlagen
(1) Wer
1. seine Eintragung in die Wählerliste (Wahlkartei) durch falsche Angaben erwirkt,
2. einen anderen als Wähler einträgt, von dem er weiß, daß er keinen Anspruch auf Eintragung hat,
3. die Eintragung eines Wahlberechtigten als Wähler verhindert, obwohl er dessen Wahlberechtigung kennt,
4. sich als Bewerber für eine Wahl aufstellen läßt, obwohl er nicht wählbar ist,

wird mit Freiheitsstrafe bis zu sechs Monaten oder mit Geldstrafe bis zu einhundertachtzig Tagessätzen bestraft, wenn die Tat nicht in anderen Vorschriften mit schwererer Strafe bedroht ist.

(2) Der Eintragung in die Wählerliste als Wähler entspricht die Ausstellung der Wahlunterlagen für die Urwahlen in der Sozialversicherung.

§ 107c Verletzung des Wahlgeheimnisses
Wer einer dem Schutz des Wahlgeheimnisses dienenden Vorschrift in der Absicht zuwiderhandelt, sich oder einem anderen Kenntnis davon zu verschaffen, wie jemand gewählt hat, wird mit Freiheitsstrafe bis zu zwei Jahren oder mit Geldstrafe bestraft.

§ 108 Wählernötigung
(1) Wer rechtswidrig mit Gewalt, durch Drohung mit einem empfindlichen Übel, durch Mißbrauch eines beruflichen oder wirtschaftlichen Abhängigkeitsverhältnisses oder durch sonstigen wirtschaftlichen Druck einen anderen nötigt oder hindert, zu wählen oder sein Wahlrecht in einem bestimmten Sinne auszuüben, wird mit Freiheitsstrafe bis zu fünf Jahren oder mit Geldstrafe, in besonders schweren Fällen mit Freiheitsstrafe von einem Jahr bis zu zehn Jahren bestraft.
(2) Der Versuch ist strafbar.

§ 108a Wählertäuschung
(1) Wer durch Täuschung bewirkt, daß jemand bei der Stimmabgabe über den Inhalt seiner Erklärung irrt oder gegen seinen Willen nicht oder ungültig wählt, wird mit Freiheitsstrafe bis zu zwei Jahren oder mit Geldstrafe bestraft.
(2) Der Versuch ist strafbar.

§ 108b Wählerbestechung
(1) Wer einem anderen dafür, daß er nicht oder in einem bestimmten Sinne wähle, Geschenke oder andere Vorteile anbietet, verspricht oder gewährt, wird mit Freiheitsstrafe bis zu fünf Jahren oder mit Geldstrafe bestraft.
(2) Ebenso wird bestraft, wer dafür, daß er nicht oder in einem bestimmten Sinne wähle, Geschenke oder andere Vorteile fordert, sich versprechen läßt oder annimmt.

§ 108c Nebenfolgen
Neben einer Freiheitsstrafe von mindestens sechs Monaten wegen einer Straftat nach den §§ 107, 107a, 108 und 108b kann das Gericht die Fähigkeit, Rechte aus öffentlichen Wahlen zu erlangen, und das Recht, in öffentlichen Angelegenheiten zu wählen oder zu stimmen, aberkennen (§ 45 Abs. 2 und 5).

§ 108d Geltungsbereich
Die §§ 107 bis 108c gelten für Wahlen zu den Volksvertretungen, für die Wahl der Abgeordneten des Europäischen Parlaments, für sonstige Wahlen und Abstimmungen des Volkes im Bund, in den Ländern, in kommunalen Gebietskörperschaften, für Wahlen und Abstimmungen in Teilgebieten eines Landes oder einer kommunalen Gebietskörperschaft sowie für Urwahlen in der Sozialversicherung. Einer Wahl oder Abstimmung steht das Unterschreiben eines Wahlvorschlags oder das Unterschreiben für ein Volksbegehren gleich.

§ 108e Bestechlichkeit und Bestechung von Mandatsträgern
(1) Wer als Mitglied einer Volksvertretung des Bundes oder der Länder einen ungerechtfertigten Vorteil für sich oder einen Dritten als Gegenleistung dafür fordert, sich versprechen lässt oder annimmt, dass er bei der Wahrnehmung seines Mandates eine Handlung im Auftrag oder auf Weisung vornehme oder unterlasse, wird mit Freiheitsstrafe bis zu fünf Jahren oder mit Geldstrafe bestraft.
(2) Ebenso wird bestraft, wer einem Mitglied einer Volksvertretung des Bundes oder der Länder einen ungerechtfertigten Vorteil für dieses Mitglied oder einen Dritten als Gegenleistung dafür anbietet, verspricht oder gewährt, dass es bei der Wahrnehmung seines Mandates eine Handlung im Auftrag oder auf Weisung vornehme oder unterlasse.
(3) Den in den Absätzen 1 und 2 genannten Mitgliedern gleich stehen Mitglieder
1. einer Volksvertretung einer kommunalen Gebietskörperschaft,
2. eines in unmittelbarer und allgemeiner Wahl gewählten Gremiums einer für ein Teilgebiet eines Landes oder einer kommunalen Gebietskörperschaft gebildeten Verwaltungseinheit,
3. der Bundesversammlung,
4. des Europäischen Parlaments,
5. einer parlamentarischen Versammlung einer internationalen Organisation und
6. eines Gesetzgebungsorgans eines ausländischen Staates.
(4) Ein ungerechtfertigter Vorteil liegt insbesondere nicht vor, wenn die Annahme des Vorteils im Einklang mit den für die Rechtsstellung des Mitglieds maßgeblichen Vorschriften steht. Keinen ungerechtfertigten Vorteil stellen dar

1. ein politisches Mandat oder eine politische Funktion sowie
2. eine nach dem Parteiengesetz oder entsprechenden Gesetzen zulässige Spende.

(5) Neben einer Freiheitsstrafe von mindestens sechs Monaten kann das Gericht die Fähigkeit, Rechte aus öffentlichen Wahlen zu erlangen, und das Recht, in öffentlichen Angelegenheiten zu wählen oder zu stimmen, aberkennen.

Fünfter Abschnitt
Straftaten gegen die Landesverteidigung

§ 109 Wehrpflichtentziehung durch Verstümmelung

(1) Wer sich oder einen anderen mit dessen Einwilligung durch Verstümmelung oder auf andere Weise zur Erfüllung der Wehrpflicht untauglich macht oder machen läßt, wird mit Freiheitsstrafe von drei Monaten bis zu fünf Jahren bestraft.

(2) Führt der Täter die Untauglichkeit nur für eine gewisse Zeit oder für eine einzelne Art der Verwendung herbei, so ist die Strafe Freiheitsstrafe bis zu fünf Jahren oder Geldstrafe.

(3) Der Versuch ist strafbar.

§ 109a Wehrpflichtentziehung durch Täuschung

(1) Wer sich oder einen anderen durch arglistige, auf Täuschung berechnete Machenschaften der Erfüllung der Wehrpflicht dauernd oder für eine gewisse Zeit, ganz oder für eine einzelne Art der Verwendung entzieht, wird mit Freiheitsstrafe bis zu fünf Jahren oder mit Geldstrafe bestraft.

(2) Der Versuch ist strafbar.

§§ 109b und 109c (weggefallen)

§ 109d Störpropaganda gegen die Bundeswehr

(1) Wer unwahre oder gröblich entstellte Behauptungen tatsächlicher Art, deren Verbreitung geeignet ist, die Tätigkeit der Bundeswehr zu stören, wider besseres Wissen zum Zwecke der Verbreitung aufstellt oder solche Behauptungen in Kenntnis ihrer Unwahrheit verbreitet, um die Bundeswehr in der Erfüllung ihrer Aufgabe der Landesverteidigung zu behindern, wird mit Freiheitsstrafe bis zu fünf Jahren oder mit Geldstrafe bestraft.

(2) Der Versuch ist strafbar.

§ 109e Sabotagehandlungen an Verteidigungsmitteln

(1) Wer ein Wehrmittel oder eine Einrichtung oder Anlage, die ganz oder vorwiegend der Landesverteidigung oder dem Schutz der Zivilbevölkerung gegen Kriegsgefahren dient, unbefugt zerstört, beschädigt, verändert, unbrauchbar macht oder beseitigt und dadurch die Sicherheit der Bundesrepublik Deutschland, die Schlagkraft der Truppe oder Menschenleben gefährdet, wird mit Freiheitsstrafe von drei Monaten bis zu fünf Jahren bestraft.

(2) Ebenso wird bestraft, wer wissentlich einen solchen Gegenstand oder den dafür bestimmten Werkstoff fehlerhaft herstellt oder liefert und dadurch wissentlich die in Absatz 1 bezeichnete Gefahr herbeiführt.

(3) Der Versuch ist strafbar.

(4) In besonders schweren Fällen ist die Strafe Freiheitsstrafe von einem Jahr bis zu zehn Jahren.

(5) Wer die Gefahr in den Fällen des Absatzes 1 fahrlässig, in den Fällen des Absatzes 2 nicht wissentlich, aber vorsätzlich oder fahrlässig herbeiführt, wird mit Freiheitsstrafe bis zu fünf Jahren oder mit Geldstrafe bestraft, wenn die Tat nicht in anderen Vorschriften mit schwererer Strafe bedroht ist.

§ 109f Sicherheitsgefährdender Nachrichtendienst

(1) Wer für eine Dienststelle, eine Partei oder eine andere Vereinigung außerhalb des räumlichen Geltungsbereichs dieses Gesetzes, für eine verbotene Vereinigung oder für einen ihrer Mittelsmänner
1. Nachrichten über Angelegenheiten der Landesverteidigung sammelt,
2. einen Nachrichtendienst betreibt, der Angelegenheiten der Landesverteidigung zum Gegenstand hat, oder
3. für eine dieser Tätigkeiten anwirbt oder sie unterstützt

und dadurch Bestrebungen dient, die gegen die Sicherheit der Bundesrepublik Deutschland oder die Schlagkraft der Truppe gerichtet sind, wird mit Freiheitsstrafe bis zu fünf Jahren oder mit Geldstrafe bestraft, wenn die Tat nicht in anderen Vorschriften mit schwererer Strafe bedroht ist. Ausgenommen ist eine zur Unterrichtung der Öffentlichkeit im Rahmen der üblichen Presse- oder Funkberichterstattung ausgeübte Tätigkeit.

(2) Der Versuch ist strafbar.

180 StGB §§ 109g–113

§ 109g Sicherheitsgefährdendes Abbilden

(1) Wer von einem Wehrmittel, einer militärischen Einrichtung oder Anlage oder einem militärischen Vorgang eine Abbildung oder Beschreibung anfertigt oder eine solche Abbildung oder Beschreibung an einen anderen gelangen läßt und dadurch wissentlich die Sicherheit der Bundesrepublik Deutschland oder die Schlagkraft der Truppe gefährdet, wird mit Freiheitsstrafe bis zu fünf Jahren oder mit Geldstrafe bestraft.

(2) Wer von einem Luftfahrzeug aus eine Lichtbildaufnahme von einem Gebiet oder Gegenstand im räumlichen Geltungsbereich dieses Gesetzes anfertigt oder eine solche Aufnahme oder eine danach hergestellte Abbildung an einen anderen gelangen läßt und dadurch wissentlich die Sicherheit der Bundesrepublik Deutschland oder die Schlagkraft der Truppe gefährdet, wird mit Freiheitsstrafe bis zu zwei Jahren oder mit Geldstrafe bestraft, wenn die Tat nicht in Absatz 1 mit Strafe bedroht ist.

(3) Der Versuch ist strafbar.

(4) Wer in den Fällen des Absatzes 1 die Abbildung oder Beschreibung an einen anderen gelangen läßt und dadurch die Gefahr nicht wissentlich, aber vorsätzlich oder leichtfertig herbeiführt, wird mit Freiheitsstrafe bis zu zwei Jahren oder mit Geldstrafe bestraft. Die Tat ist jedoch nicht strafbar, wenn der Täter mit Erlaubnis der zuständigen Dienststelle gehandelt hat.

§ 109h Anwerben für fremden Wehrdienst

(1) Wer zugunsten einer ausländischen Macht einen Deutschen zum Wehrdienst in einer militärischen oder militärähnlichen Einrichtung anwirbt oder ihren Werbern oder dem Wehrdienst einer solchen Einrichtung zuführt, wird mit Freiheitsstrafe von drei Monaten bis zu fünf Jahren bestraft.

(2) Der Versuch ist strafbar.

§ 109i Nebenfolgen

Neben einer Freiheitsstrafe von mindestens einem Jahr wegen einer Straftat nach den §§ 109e und 109f kann das Gericht die Fähigkeit, öffentliche Ämter zu bekleiden, die Fähigkeit, Rechte aus öffentlichen Wahlen zu erlangen, und das Recht, in öffentlichen Angelegenheiten zu wählen oder zu stimmen, aberkennen (§ 45 Abs. 2 und 5).

§ 109k Einziehung

Ist eine Straftat nach den §§ 109d bis 109g begangen worden, so können
1. Gegenstände, die durch die Tat hervorgebracht oder zu ihrer Begehung oder Vorbereitung gebraucht worden oder bestimmt gewesen sind, und
2. Abbildungen, Beschreibungen und Aufnahmen, auf die sich eine Straftat nach § 109g bezieht,

eingezogen werden. § 74a ist anzuwenden. Gegenstände der in Satz 1 Nr. 2 bezeichneten Art werden auch ohne die Voraussetzungen des § 74 Absatz 3 Satz 1 und des § 74b eingezogen, wenn das Interesse der Landesverteidigung es erfordert; dies gilt auch dann, wenn der Täter ohne Schuld gehandelt hat.

Sechster Abschnitt
Widerstand gegen die Staatsgewalt

§ 110 (weggefallen)

§ 111 Öffentliche Aufforderung zu Straftaten

(1) Wer öffentlich, in einer Versammlung oder durch Verbreiten eines Inhalts (§ 11 Absatz 3) zu einer rechtswidrigen Tat auffordert, wird wie ein Anstifter (§ 26) bestraft.

(2) Bleibt die Aufforderung ohne Erfolg, so ist die Strafe Freiheitsstrafe bis zu fünf Jahren oder Geldstrafe. Die Strafe darf nicht schwerer sein als die, die für den Fall angedroht ist, daß die Aufforderung Erfolg hat (Absatz 1); § 49 Abs. 1 Nr. 2 ist anzuwenden.

§ 112 (weggefallen)

§ 113 Widerstand gegen Vollstreckungsbeamte

(1) Wer einem Amtsträger oder Soldaten der Bundeswehr, der zur Vollstreckung von Gesetzen, Rechtsverordnungen, Urteilen, Gerichtsbeschlüssen oder Verfügungen berufen ist, bei der Vornahme einer solchen Diensthandlung mit Gewalt oder durch Drohung mit Gewalt Widerstand leistet, wird mit Freiheitsstrafe bis zu drei Jahren oder mit Geldstrafe bestraft.

(2) In besonders schweren Fällen ist die Strafe Freiheitsstrafe von sechs Monaten bis zu fünf Jahren. Ein besonders schwerer Fall liegt in der Regel vor, wenn
1. der Täter oder ein anderer Beteiligter eine Waffe oder ein anderes gefährliches Werkzeug bei sich führt,
2. der Täter durch eine Gewalttätigkeit den Angegriffenen in die Gefahr des Todes oder einer schweren Gesundheitsschädigung bringt oder

3. die Tat mit einem anderen Beteiligten gemeinschaftlich begangen wird.
(3) Die Tat ist nicht nach dieser Vorschrift strafbar, wenn die Diensthandlung nicht rechtmäßig ist. Dies gilt auch dann, wenn der Täter irrig annimmt, die Diensthandlung sei rechtmäßig.
(4) Nimmt der Täter bei Begehung der Tat irrig an, die Diensthandlung sei nicht rechtmäßig, und konnte er den Irrtum vermeiden, so kann das Gericht die Strafe nach seinem Ermessen mildern (§ 49 Abs. 2) oder bei geringer Schuld von einer Bestrafung nach dieser Vorschrift absehen. Konnte der Täter den Irrtum nicht vermeiden und war ihm nach den ihm bekannten Umständen auch nicht zuzumuten, sich mit Rechtsbehelfen gegen die vermeintlich rechtswidrige Diensthandlung zu wehren, so ist die Tat nicht nach dieser Vorschrift strafbar; war ihm dies zuzumuten, so kann das Gericht die Strafe nach seinem Ermessen mildern (§ 49 Abs. 2) oder von einer Bestrafung nach dieser Vorschrift absehen.

§ 114 Tätlicher Angriff auf Vollstreckungsbeamte

(1) Wer einen Amtsträger oder Soldaten der Bundeswehr, der zur Vollstreckung von Gesetzen, Rechtsverordnungen, Urteilen, Gerichtsbeschlüssen oder Verfügungen berufen ist, bei einer Diensthandlung tätlich angreift, wird mit Freiheitsstrafe von drei Monaten bis zu fünf Jahren bestraft.
(2) § 113 Absatz 2 gilt entsprechend.
(3) § 113 Absatz 3 und 4 gilt entsprechend, wenn die Diensthandlung eine Vollstreckungshandlung im Sinne des § 113 Absatz 1 ist.

§ 115 Widerstand gegen oder tätlicher Angriff auf Personen, die Vollstreckungsbeamten gleichstehen

(1) Zum Schutz von Personen, die die Rechte und Pflichten eines Polizeibeamten haben oder Ermittlungspersonen der Staatsanwaltschaft sind, ohne Amtsträger zu sein, gelten die §§ 113 und 114 entsprechend.
(2) Zum Schutz von Personen, die zur Unterstützung bei der Diensthandlung hinzugezogen sind, gelten die §§ 113 und 114 entsprechend.
(3) Nach § 113 wird auch bestraft, wer bei Unglücksfällen, gemeiner Gefahr oder Not Hilfeleistende der Feuerwehr, des Katastrophenschutzes, eines Rettungsdienstes, eines ärztlichen Notdienstes oder einer Notaufnahme durch Gewalt oder durch Drohung mit Gewalt behindert. Nach § 114 wird bestraft, wer die Hilfeleistenden in diesen Situationen tätlich angreift.

§§ 116 bis 119 (weggefallen)

§ 120 Gefangenenbefreiung

(1) Wer einen Gefangenen befreit, ihn zum Entweichen verleitet oder dabei fördert, wird mit Freiheitsstrafe bis zu drei Jahren oder mit Geldstrafe bestraft.
(2) Ist der Täter als Amtsträger oder als für den öffentlichen Dienst besonders Verpflichteter gehalten, das Entweichen des Gefangenen zu verhindern, so ist die Strafe Freiheitsstrafe bis zu fünf Jahren oder Geldstrafe.
(3) Der Versuch ist strafbar.
(4) Einem Gefangenen im Sinne der Absätze 1 und 2 steht gleich, wer sonst auf behördliche Anordnung in einer Anstalt verwahrt wird.

§ 121 Gefangenenmeuterei

(1) Gefangene, die sich zusammenrotten und mit vereinten Kräften
1. einen Anstaltsbeamten, einen anderen Amtsträger oder einen mit ihrer Beaufsichtigung, Betreuung oder Untersuchung Beauftragten nötigen (§ 240) oder tätlich angreifen,
2. gewaltsam ausbrechen oder
3. gewaltsam einem von ihnen oder einem anderen Gefangenen zum Ausbruch verhelfen,

werden mit Freiheitsstrafe von drei Monaten bis zu fünf Jahren bestraft.
(2) Der Versuch ist strafbar.
(3) In besonders schweren Fällen wird die Meuterei mit Freiheitsstrafe von sechs Monaten bis zu zehn Jahren bestraft. Ein besonders schwerer Fall liegt in der Regel vor, wenn der Täter oder ein anderer Beteiligter
1. eine Schußwaffe bei sich führt,
2. eine andere Waffe oder ein anderes gefährliches Werkzeug bei sich führt, um diese oder dieses bei der Tat zu verwenden, oder
3. durch eine Gewalttätigkeit einen anderen in die Gefahr des Todes oder einer schweren Gesundheitsschädigung bringt.
(4) Gefangener im Sinne der Absätze 1 bis 3 ist auch, wer in der Sicherungsverwahrung untergebracht ist.

§ 122 (weggefallen)

Siebenter Abschnitt
Straftaten gegen die öffentliche Ordnung

§ 123 Hausfriedensbruch
(1) Wer in die Wohnung, in die Geschäftsräume oder in das befriedete Besitztum eines anderen oder in abgeschlossene Räume, welche zum öffentlichen Dienst oder Verkehr bestimmt sind, widerrechtlich eindringt, oder wer, wenn er ohne Befugnis darin verweilt, auf die Aufforderung des Berechtigten sich nicht entfernt, wird mit Freiheitsstrafe bis zu einem Jahr oder mit Geldstrafe bestraft.
(2) Die Tat wird nur auf Antrag verfolgt.

§ 124 Schwerer Hausfriedensbruch
Wenn sich eine Menschenmenge öffentlich zusammenrottet und in der Absicht, Gewalttätigkeiten gegen Personen oder Sachen mit vereinten Kräften zu begehen, in die Wohnung, in die Geschäftsräume oder in das befriedete Besitztum eines anderen oder in abgeschlossene Räume, welche zum öffentlichen Dienst bestimmt sind, widerrechtlich eindringt, so wird jeder, welcher an diesen Handlungen teilnimmt, mit Freiheitsstrafe bis zu zwei Jahren oder mit Geldstrafe bestraft.

§ 125 Landfriedensbruch
(1) Wer sich an
1. Gewalttätigkeiten gegen Menschen oder Sachen oder
2. Bedrohungen von Menschen mit einer Gewalttätigkeit,

die aus einer Menschenmenge in einer die öffentliche Sicherheit gefährdenden Weise mit vereinten Kräften begangen werden, als Täter oder Teilnehmer beteiligt oder wer auf die Menschenmenge einwirkt, um ihre Bereitschaft zu solchen Handlungen zu fördern, wird mit Freiheitsstrafe bis zu drei Jahren oder mit Geldstrafe bestraft.
(2) Soweit die in Absatz 1 Nr. 1, 2 bezeichneten Handlungen in § 113 mit Strafe bedroht sind, gilt § 113 Abs. 3, 4 sinngemäß. Dies gilt auch in Fällen des § 114, wenn die Diensthandlung eine Vollstreckungshandlung im Sinne des § 113 Absatz 1 ist.

§ 125a Besonders schwerer Fall des Landfriedensbruchs
In besonders schweren Fällen des § 125 Abs. 1 ist die Strafe Freiheitsstrafe von sechs Monaten bis zu zehn Jahren. Ein besonders schwerer Fall liegt in der Regel vor, wenn der Täter
1. eine Schußwaffe bei sich führt,
2. eine andere Waffe oder ein anderes gefährliches Werkzeug bei sich führt,
3. durch eine Gewalttätigkeit einen anderen in die Gefahr des Todes oder einer schweren Gesundheitsschädigung bringt oder
4. plündert oder bedeutenden Schaden an fremden Sachen anrichtet.

§ 126 Störung des öffentlichen Friedens durch Androhung von Straftaten
(1) Wer in einer Weise, die geeignet ist, den öffentlichen Frieden zu stören,
1. einen der in § 125a Satz 2 Nr. 1 bis 4 bezeichneten Fälle des Landfriedensbruchs,
2. eine Straftat gegen die sexuelle Selbstbestimmung in den Fällen des § 177 Absatz 4 bis 8 oder des § 178,
3. einen Mord (§ 211), Totschlag (§ 212) oder Völkermord (§ 6 des Völkerstrafgesetzbuches) oder ein Verbrechen gegen die Menschlichkeit (§ 7 des Völkerstrafgesetzbuches) oder ein Kriegsverbrechen (§§ 8, 9, 10, 11 oder 12 des Völkerstrafgesetzbuches),
4. eine gefährliche Körperverletzung (§ 224) oder eine schwere Körperverletzung (§ 226),
5. eine Straftat gegen die persönliche Freiheit in den Fällen des § 232 Absatz 3 Satz 2, des § 232a Absatz 3, 4 oder 5, des § 232b Absatz 3 oder 4, des § 233a Absatz 3 oder 4, jeweils soweit es sich um Verbrechen handelt, der §§ 234, 234a, 239a oder 239b,
6. einen Raub oder eine räuberische Erpressung (§§ 249 bis 251 oder 255),
7. ein gemeingefährliches Verbrechen in den Fällen der §§ 306 bis 306c oder 307 Abs. 1 bis 3, des § 308 Abs. 1 bis 3, des § 309 Abs. 1 bis 4, der §§ 313, 314 oder 315 Abs. 3, des § 315b Abs. 3, des § 316a Abs. 1 oder 3, des § 316c Abs. 1 oder 3 oder des § 318 Abs. 3 oder 4 oder
8. ein gemeingefährliches Vergehen in den Fällen des § 309 Abs. 6, des § 311 Abs. 1, des § 316b Abs. 1, des § 317 Abs. 1 oder des § 318 Abs. 1

androht, wird mit Freiheitsstrafe bis zu drei Jahren oder mit Geldstrafe bestraft.
(2) Ebenso wird bestraft, wer in einer Weise, die geeignet ist, den öffentlichen Frieden zu stören, wider besseres Wissen vortäuscht, die Verwirklichung einer der in Absatz 1 genannten rechtswidrigen Taten stehe bevor.

§ 127 Bildung bewaffneter Gruppen

Wer unbefugt eine Gruppe, die über Waffen oder andere gefährliche Werkzeuge verfügt, bildet oder befehligt oder wer sich einer solchen Gruppe anschließt, sie mit Waffen oder Geld versorgt oder sonst unterstützt, wird mit Freiheitsstrafe bis zu zwei Jahren oder mit Geldstrafe bestraft.

§ 128 (weggefallen)

§ 129 Bildung krimineller Vereinigungen

(1) Mit Freiheitsstrafe bis zu fünf Jahren oder mit Geldstrafe wird bestraft, wer eine Vereinigung gründet oder sich an einer Vereinigung als Mitglied beteiligt, deren Zweck oder Tätigkeit auf die Begehung von Straftaten gerichtet ist, die im Höchstmaß mit Freiheitsstrafe von mindestens zwei Jahren bedroht sind. Mit Freiheitsstrafe bis zu drei Jahren oder mit Geldstrafe wird bestraft, wer eine solche Vereinigung unterstützt oder für sie um Mitglieder oder Unterstützer wirbt.
(2) Eine Vereinigung ist ein auf längere Dauer angelegter, von einer Festlegung von Rollen der Mitglieder, der Kontinuität der Mitgliedschaft und der Ausprägung der Struktur unabhängiger organisierter Zusammenschluss von mehr als zwei Personen zur Verfolgung eines übergeordneten gemeinsamen Interesses.
(3) Absatz 1 ist nicht anzuwenden,
1. wenn die Vereinigung eine politische Partei ist, die das Bundesverfassungsgericht nicht für verfassungswidrig erklärt hat,
2. wenn die Begehung von Straftaten nur ein Zweck oder eine Tätigkeit von untergeordneter Bedeutung ist oder
3. soweit die Zwecke oder die Tätigkeit der Vereinigung Straftaten nach den §§ 84 bis 87 betreffen.
(4) Der Versuch, eine in Absatz 1 Satz 1 und Absatz 2 bezeichnete Vereinigung zu gründen, ist strafbar.
(5) In besonders schweren Fällen des Absatzes 1 Satz 1 ist auf Freiheitsstrafe von sechs Monaten bis zu fünf Jahren zu erkennen. Ein besonders schwerer Fall liegt in der Regel vor, wenn der Täter zu den Rädelsführern oder Hintermännern der Vereinigung gehört. In den Fällen des Absatzes 1 Satz 1 ist auf Freiheitsstrafe von sechs Monaten bis zu zehn Jahren zu erkennen, wenn der Zweck oder die Tätigkeit der Vereinigung darauf gerichtet ist, in § 100b Absatz 2 Nummer 1 Buchstabe a, c, d, e und g bis n, Nummer 2 bis 8 und 10 der Strafprozessordnung genannte Straftaten mit Ausnahme der in § 100b Absatz 2 Nummer 1 Buchstabe g der Strafprozessordnung genannten Straftaten nach den §§ 239a und 239b des Strafgesetzbuches zu begehen.
(6) Das Gericht kann bei Beteiligten, deren Schuld gering und deren Mitwirkung von untergeordneter Bedeutung ist, von einer Bestrafung nach den Absätzen 1 und 4 absehen.
(7) Das Gericht kann die Strafe nach seinem Ermessen mildern (§ 49 Abs. 2) oder von einer Bestrafung nach diesen Vorschriften absehen, wenn der Täter
1. sich freiwillig und ernsthaft bemüht, das Fortbestehen der Vereinigung oder die Begehung einer ihren Zielen entsprechenden Straftat zu verhindern, oder
2. freiwillig sein Wissen so rechtzeitig einer Dienststelle offenbart, daß Straftaten, deren Planung er kennt, noch verhindert werden können;

erreicht der Täter sein Ziel, das Fortbestehen der Vereinigung zu verhindern, oder wird es ohne sein Bemühen erreicht, so wird er nicht bestraft.

§ 129a Bildung terroristischer Vereinigungen

(1) Wer eine Vereinigung (§ 129 Absatz 2) gründet, deren Zwecke oder deren Tätigkeit darauf gerichtet sind,
1. Mord (§ 211) oder Totschlag (§ 212) oder Völkermord (§ 6 des Völkerstrafgesetzbuches) oder Verbrechen gegen die Menschlichkeit (§ 7 des Völkerstrafgesetzbuches) oder Kriegsverbrechen (§§ 8, 9, 10, 11 oder § 12 des Völkerstrafgesetzbuches),
2. Straftaten gegen die persönliche Freiheit in den Fällen des § 239a oder des § 239b

zu begehen, oder wer sich an einer solchen Vereinigung als Mitglied beteiligt, wird mit Freiheitsstrafe von einem Jahr bis zu zehn Jahren bestraft.
(2) Ebenso wird bestraft, wer eine Vereinigung gründet, deren Zwecke oder deren Tätigkeit darauf gerichtet sind,
1. einen anderen Menschen schwere körperliche oder seelische Schäden, insbesondere der in § 226 bezeichneten Art, zuzufügen,
2. Straftaten nach den §§ 303b, 305, 305a oder gemeingefährliche Straftaten in den Fällen der §§ 306 bis 306c oder 307 Abs. 1 bis 3, des § 308 Abs. 1 bis 4, des § 309 Abs. 1 bis 5, der §§ 313, 314 oder 315 Abs. 1, 3 oder 4, des § 316b Abs. 1 oder 3 oder des § 316c Abs. 1 bis 3 oder § 317 Abs. 1,
3. Straftaten gegen die Umwelt in den Fällen des § 330a Abs. 1 bis 3,
4. Straftaten nach § 19 Abs. 1 bis 3, § 20 Abs. 1 oder 2, § 20a Abs. 1 bis 3, § 19 Abs. 2 Nr. 2 oder Abs. 3 Nr. 2, § 20 Abs. 1 oder 2 oder § 20a Abs. 1 bis 3, jeweils auch in Verbindung mit § 21, oder nach § 22a Abs. 1 bis 3 des Gesetzes über die Kontrolle von Kriegswaffen oder
5. Straftaten nach § 51 Abs. 1 bis 3 des Waffengesetzes

zu begehen, oder wer sich an einer solchen Vereinigung als Mitglied beteiligt, wenn eine der in den Nummern 1 bis 5 bezeichneten Taten bestimmt ist, die Bevölkerung auf erhebliche Weise einzuschüchtern, eine Behörde oder eine internationale Organisation rechtswidrig mit Gewalt oder durch Drohung mit Gewalt zu nötigen oder die politischen, verfassungsrechtlichen, wirtschaftlichen oder sozialen Grundstrukturen eines Staates oder einer internationalen Organisation zu beseitigen oder erheblich zu beeinträchtigen, und durch die Art ihrer Begehung oder ihre Auswirkungen einen Staat oder eine internationale Organisation erheblich schädigen kann.

(3) Sind die Zwecke oder die Tätigkeit der Vereinigung darauf gerichtet, eine der in Absatz 1 und 2 bezeichneten Straftaten anzudrohen, ist auf Freiheitsstrafe von sechs Monaten bis zu fünf Jahren zu erkennen.

(4) Gehört der Täter zu den Rädelsführern oder Hintermännern, so ist in den Fällen der Absätze 1 und 2 auf Freiheitsstrafe nicht unter drei Jahren, in den Fällen des Absatzes 3 auf Freiheitsstrafe von einem Jahr bis zu zehn Jahren zu erkennen.

(5) Wer eine in Absatz 1, 2 oder Absatz 3 bezeichnete Vereinigung unterstützt, wird in den Fällen der Absätze 1 und 2 mit Freiheitsstrafe von sechs Monaten bis zu zehn Jahren, in den Fällen des Absatzes 3 mit Freiheitsstrafe bis zu fünf Jahren oder mit Geldstrafe bestraft. Wer für eine in Absatz 1 oder Absatz 2 bezeichnete Vereinigung um Mitglieder oder Unterstützer wirbt, wird mit Freiheitsstrafe von sechs Monaten bis zu fünf Jahren bestraft.

(6) Das Gericht kann bei Beteiligten, deren Schuld gering und deren Mitwirkung von untergeordneter Bedeutung ist, in den Fällen der Absätze 1, 2, 3 und 5 die Strafe nach seinem Ermessen (§ 49 Abs. 2) mildern.

(7) § 129 Absatz 7 gilt entsprechend.

(8) Neben einer Freiheitsstrafe von mindestens sechs Monaten kann das Gericht die Fähigkeit, öffentliche Ämter zu bekleiden, und die Fähigkeit, Rechte aus öffentlichen Wahlen zu erlangen, aberkennen (§ 45 Abs. 2).

(9) In den Fällen der Absätze 1, 2, 4 und 5 kann das Gericht Führungsaufsicht anordnen (§ 68 Abs. 1).

§ 129b Kriminelle und terroristische Vereinigungen im Ausland; Einziehung

(1) Die §§ 129 und 129a gelten auch für Vereinigungen im Ausland. Bezieht sich die Tat auf eine Vereinigung außerhalb der Mitgliedstaaten der Europäischen Union, so gilt dies nur, wenn sie durch eine im räumlichen Geltungsbereich dieses Gesetzes ausgeübte Tätigkeit begangen wird oder wenn der Täter oder das Opfer Deutscher ist oder sich im Inland befindet. In den Fällen des Satzes 2 wird die Tat nur mit Ermächtigung des Bundesministeriums der Justiz und für Verbraucherschutz verfolgt. Die Ermächtigung kann für den Einzelfall oder allgemein auch für die Verfolgung künftiger Taten erteilt werden, die sich auf eine bestimmte Vereinigung beziehen. Bei der Entscheidung über die Ermächtigung zieht das Ministerium in Betracht, ob die Bestrebungen der Vereinigung gegen die Grundwerte einer die Würde des Menschen achtenden staatlichen Ordnung oder gegen das friedliche Zusammenleben der Völker gerichtet sind und bei Abwägung aller Umstände als verwerflich erscheinen.

(2) In den Fällen der §§ 129 und 129a, jeweils auch in Verbindung mit Absatz 1, ist § 74a anzuwenden.

§ 130 Volksverhetzung

(1) Wer in einer Weise, die geeignet ist, den öffentlichen Frieden zu stören,
1. gegen eine nationale, rassische, religiöse oder durch ihre ethnische Herkunft bestimmte Gruppe, gegen Teile der Bevölkerung oder gegen einen Einzelnen wegen seiner Zugehörigkeit zu einer vorbezeichneten Gruppe oder zu einem Teil der Bevölkerung zum Hass aufstachelt, zu Gewalt- oder Willkürmaßnahmen auffordert oder
2. die Menschenwürde anderer dadurch angreift, dass er eine vorbezeichnete Gruppe, Teile der Bevölkerung oder einen Einzelnen wegen seiner Zugehörigkeit zu einer vorbezeichneten Gruppe oder zu einem Teil der Bevölkerung beschimpft, böswillig verächtlich macht oder verleumdet,

wird mit Freiheitsstrafe von drei Monaten bis zu fünf Jahren bestraft.

(2) Mit Freiheitsstrafe bis zu drei Jahren oder mit Geldstrafe wird bestraft, wer
1. einen Inhalt (§ 11 Absatz 3) verbreitet oder der Öffentlichkeit zugänglich macht oder einer Person unter achtzehn Jahren einen Inhalt (§ 11 Absatz 3) anbietet, überlässt oder zugänglich macht, der
   a) zum Hass gegen eine in Absatz 1 Nummer 1 bezeichnete Gruppe, gegen Teile der Bevölkerung oder gegen einen Einzelnen wegen seiner Zugehörigkeit zu einer in Absatz 1 Nummer 1 bezeichneten Gruppe oder zu einem Teil der Bevölkerung aufstachelt,
   b) zu Gewalt- oder Willkürmaßnahmen gegen in Buchstabe a genannte Personen oder Personenmehrheiten auffordert oder
   c) die Menschenwürde von in Buchstabe a genannten Personen oder Personenmehrheiten dadurch angreift, dass diese beschimpft, böswillig verächtlich gemacht oder verleumdet werden oder

2. einen in Nummer 1 Buchstabe a bis c bezeichneten Inhalt (§ 11 Absatz 3) herstellt, bezieht, liefert, vorrätig hält, anbietet, bewirbt oder es unternimmt, diesen ein- oder auszuführen, um ihn im Sinne der Nummer 1 zu verwenden oder einer anderen Person eine solche Verwendung zu ermöglichen.

(3) Mit Freiheitsstrafe bis zu fünf Jahren oder mit Geldstrafe wird bestraft, wer eine unter der Herrschaft des Nationalsozialismus begangene Handlung der in § 6 Abs. 1 des Völkerstrafgesetzbuches bezeichneten Art in einer Weise, die geeignet ist, den öffentlichen Frieden zu stören, öffentlich oder in einer Versammlung billigt, leugnet oder verharmlost.

(4) Mit Freiheitsstrafe bis zu drei Jahren oder mit Geldstrafe wird bestraft, wer öffentlich oder in einer Versammlung den öffentlichen Frieden in einer die Würde der Opfer verletzenden Weise dadurch stört, dass er die nationalsozialistische Gewalt- und Willkürherrschaft billigt, verherrlicht oder rechtfertigt.

(5) Absatz 2 gilt auch für einen in den Absätzen 3 oder 4 bezeichneten Inhalt (§ 11 Absatz 3).

(6) In den Fällen des Absatzes 2 Nummer 1, auch in Verbindung mit Absatz 5, ist der Versuch strafbar.

(7) In den Fällen des Absatzes 2, auch in Verbindung mit den Absätzen 5 und 6, sowie in den Fällen der Absätze 3 und 4 gilt § 86 Abs. 3 entsprechend.

§ 130a Anleitung zu Straftaten

(1) Wer einen Inhalt (§ 11 Absatz 3), der geeignet ist, als Anleitung zu einer in § 126 Abs. 1 genannten rechtswidrigen Tat zu dienen, und dazu bestimmt ist, die Bereitschaft anderer zu fördern oder zu wecken, eine solche Tat zu begehen, verbreitet oder der Öffentlichkeit zugänglich macht, wird mit Freiheitsstrafe bis zu drei Jahren oder mit Geldstrafe bestraft.

(2) Ebenso wird bestraft, wer
1. einen Inhalt (§ 11 Absatz 3), der geeignet ist, als Anleitung zu einer in § 126 Abs. 1 genannten rechtswidrigen Tat zu dienen, verbreitet oder der Öffentlichkeit zugänglich macht oder
2. öffentlich oder in einer Versammlung zu einer in § 126 Abs. 1 genannten rechtswidrigen Tat eine Anleitung gibt,

um die Bereitschaft anderer zu fördern oder zu wecken, eine solche Tat zu begehen.

(3) § 86 Abs. 3 gilt entsprechend.

§ 131 Gewaltdarstellung

(1) Mit Freiheitsstrafe bis zu einem Jahr oder mit Geldstrafe wird bestraft, wer
1. einen Inhalt (§ 11 Absatz 3), der grausame oder sonst unmenschliche Gewalttätigkeiten gegen Menschen oder menschenähnliche Wesen in einer Art schildert, die eine Verherrlichung oder Verharmlosung solcher Gewalttätigkeiten ausdrückt oder die das Grausame oder Unmenschliche des Vorgangs in einer die Menschenwürde verletzenden Weise darstellt,
    a) verbreitet oder der Öffentlichkeit zugänglich macht,
    b) einer Person unter achtzehn Jahren anbietet, überlässt oder zugänglich macht oder
2. einen in Nummer 1 bezeichneten Inhalt (§ 11 Absatz 3) herstellt, bezieht, liefert, vorrätig hält, anbietet, bewirbt oder es unternimmt, diesen ein- oder auszuführen, um ihn im Sinne der Nummer 1 zu verwenden oder einer anderen Person eine solche Verwendung zu ermöglichen.

In den Fällen des Satzes 1 Nummer 1 ist der Versuch strafbar.

(2) Absatz 1 gilt nicht, wenn die Handlung der Berichterstattung über Vorgänge des Zeitgeschehens oder der Geschichte dient.

(3) Absatz 1 Satz 1 Nummer 1 Buchstabe b ist nicht anzuwenden, wenn der zur Sorge für die Person Berechtigte handelt; dies gilt nicht, wenn der Sorgeberechtigte durch das Anbieten, Überlassen oder Zugänglichmachen seine Erziehungspflicht gröblich verletzt.

§ 132 Amtsanmaßung

Wer unbefugt sich mit der Ausübung eines öffentlichen Amtes befaßt oder eine Handlung vornimmt, welche nur kraft eines öffentlichen Amtes vorgenommen werden darf, wird mit Freiheitsstrafe bis zu zwei Jahren oder mit Geldstrafe bestraft.

§ 132a Mißbrauch von Titeln, Berufsbezeichnungen und Abzeichen

(1) Wer unbefugt
1. inländische oder ausländische Amts- oder Dienstbezeichnungen, akademische Grade, Titel oder öffentliche Würden führt,
2. die Berufsbezeichnung Arzt, Zahnarzt, Psychologischer Psychotherapeut, Kinder- und Jugendlichenpsychotherapeut, Psychotherapeut, Tierarzt, Apotheker, Rechtsanwalt, Patentanwalt, Wirtschaftsprüfer, vereidigter Buchprüfer, Steuerberater oder Steuerbevollmächtigter führt,

3. die Bezeichnung öffentlich bestellter Sachverständiger führt oder
4. inländische oder ausländische Uniformen, Amtskleidungen oder Amtsabzeichen trägt,

wird mit Freiheitsstrafe bis zu einem Jahr oder mit Geldstrafe bestraft.

(2) Den in Absatz 1 genannten Bezeichnungen, akademischen Graden, Titeln, Würden, Uniformen, Amtskleidungen oder Amtsabzeichen stehen solche gleich, die ihnen zum Verwechseln ähnlich sind.

(3) Die Absätze 1 und 2 gelten auch für Amtsbezeichnungen, Titel, Würden, Amtskleidungen und Amtsabzeichen der Kirchen und anderen Religionsgesellschaften des öffentlichen Rechts.

(4) Gegenstände, auf die sich eine Straftat nach Absatz 1 Nr. 4, allein oder in Verbindung mit Absatz 2 oder 3, bezieht, können eingezogen werden.

§ 133 Verwahrungsbruch

(1) Wer Schriftstücke oder andere bewegliche Sachen, die sich in dienstlicher Verwahrung befinden oder ihm oder einem anderen dienstlich in Verwahrung gegeben worden sind, zerstört, beschädigt, unbrauchbar macht oder der dienstlichen Verfügung entzieht, wird mit Freiheitsstrafe bis zu zwei Jahren oder mit Geldstrafe bestraft.

(2) Dasselbe gilt für Schriftstücke oder andere bewegliche Sachen, die sich in amtlicher Verwahrung einer Kirche oder anderen Religionsgesellschaft des öffentlichen Rechts befinden oder von dieser dem Täter oder einem anderen amtlich in Verwahrung gegeben worden sind.

(3) Wer die Tat an einer Sache begeht, die ihm als Amtsträger oder für den öffentlichen Dienst besonders Verpflichteten anvertraut worden oder zugänglich geworden ist, wird mit Freiheitsstrafe bis zu fünf Jahren oder mit Geldstrafe bestraft.

§ 134 Verletzung amtlicher Bekanntmachungen

Wer wissentlich ein dienstliches Schriftstück, das zur Bekanntmachung öffentlich angeschlagen oder ausgelegt ist, zerstört, beseitigt, verunstaltet, unkenntlich macht oder in seinem Sinn entstellt, wird mit Freiheitsstrafe bis zu einem Jahr oder mit Geldstrafe bestraft.

§ 135 (weggefallen)

§ 136 Verstrickungsbruch; Siegelbruch

(1) Wer eine Sache, die gepfändet oder sonst dienstlich in Beschlag genommen ist, zerstört, beschädigt, unbrauchbar macht oder in anderer Weise ganz oder zum Teil der Verstrickung entzieht, wird mit Freiheitsstrafe bis zu einem Jahr oder mit Geldstrafe bestraft.

(2) Ebenso wird bestraft, wer ein dienstliches Siegel beschädigt, ablöst oder unkenntlich macht, das angelegt ist, um Sachen in Beschlag zu nehmen, dienstlich zu verschließen oder zu bezeichnen, oder wer den durch ein solches Siegel bewirkten Verschluß ganz oder zum Teil unwirksam macht.

(3) Die Tat ist nicht nach den Absätzen 1 und 2 strafbar, wenn die Pfändung, die Beschlagnahme oder die Anlegung des Siegels nicht durch eine rechtmäßige Diensthandlung vorgenommen ist. Dies gilt auch dann, wenn der Täter irrig annimmt, die Diensthandlung sei rechtmäßig.

(4) § 113 Abs. 4 gilt sinngemäß.

§ 137 (weggefallen)

§ 138 Nichtanzeige geplanter Straftaten

(1) Wer von dem Vorhaben oder der Ausführung
1. (weggefallen)
2. eines Hochverrats in den Fällen der §§ 81 bis 83 Abs. 1,
3. eines Landesverrats oder einer Gefährdung der äußeren Sicherheit in den Fällen der §§ 94 bis 96, 97a oder 100,
4. einer Geld- oder Wertpapierfälschung in den Fällen der §§ 146, 151, 152 oder einer Fälschung von Zahlungskarten mit Garantiefunktion in den Fällen des § 152b Abs. 1 bis 3,
5. eines Mordes (§ 211) oder Totschlags (§ 212) oder eines Völkermordes (§ 6 des Völkerstrafgesetzbuches) oder eines Verbrechens gegen die Menschlichkeit (§ 7 des Völkerstrafgesetzbuches) oder eines Kriegsverbrechens (§§ 8, 9, 10, 11 oder 12 des Völkerstrafgesetzbuches) oder eines Verbrechens der Aggression (§ 13 des Völkerstrafgesetzbuches),
6. einer Straftat gegen die persönliche Freiheit in den Fällen des § 232 Absatz 3 Satz 2, des § 232a Absatz 3, 4 oder 5, des § 232b Absatz 3 oder 4, des § 233a Absatz 3 oder 4, jeweils soweit es sich um Verbrechen handelt, der §§ 234, 234a, 239a oder 239b oder
7. eines Raubes oder einer räuberischen Erpressung (§§ 249 bis 251 oder 255) oder

8. einer gemeingefährlichen Straftat in den Fällen der §§ 306 bis 306c oder 307 Abs. 1 bis 3, des § 308 Abs. 1 bis 4, des § 309 Abs. 1 bis 5, der §§ 310, 313, 314 oder 315 Abs. 3, des § 315b Abs. 3 oder der §§ 316a oder 316c

zu einer Zeit, zu der die Ausführung oder der Erfolg noch abgewendet werden kann, glaubhaft erfährt und es unterläßt, der Behörde oder dem Bedrohten rechtzeitig Anzeige zu machen, wird mit Freiheitsstrafe bis zu fünf Jahren oder mit Geldstrafe bestraft.

(2) Ebenso wird bestraft, wer
1. von der Ausführung einer Straftat nach § 89a oder
2. von dem Vorhaben oder der Ausführung einer Straftat nach § 129a, auch in Verbindung mit § 129b Abs. 1 Satz 1 und 2,

zu einer Zeit, zu der die Ausführung noch abgewendet werden kann, glaubhaft erfährt und es unterlässt, der Behörde unverzüglich Anzeige zu erstatten. § 129b Abs. 1 Satz 3 bis 5 gilt im Fall der Nummer 2 entsprechend.

(3) Wer die Anzeige leichtfertig unterläßt, obwohl er von dem Vorhaben oder der Ausführung der rechtswidrigen Tat glaubhaft erfahren hat, wird mit Freiheitsstrafe bis zu einem Jahr oder mit Geldstrafe bestraft.

§ 139 Straflosigkeit der Nichtanzeige geplanter Straftaten

(1) Ist in den Fällen des § 138 die Tat nicht versucht worden, so kann von Strafe abgesehen werden.

(2) Ein Geistlicher ist nicht verpflichtet anzuzeigen, was ihm in seiner Eigenschaft als Seelsorger anvertraut worden ist.

(3) Wer eine Anzeige unterläßt, die er gegen einen Angehörigen erstatten müßte, ist straffrei, wenn er sich ernsthaft bemüht hat, ihn von der Tat abzuhalten oder den Erfolg abzuwenden, es sei denn, daß es sich um
1. einen Mord oder Totschlag (§§ 211 oder 212),
2. einen Völkermord in den Fällen des § 6 Abs. 1 Nr. 1 des Völkerstrafgesetzbuches oder ein Verbrechen gegen die Menschlichkeit in den Fällen des § 7 Abs. 1 Nr. 1 des Völkerstrafgesetzbuches oder ein Kriegsverbrechen in den Fällen des § 8 Abs. 1 Nr. 1 des Völkerstrafgesetzbuches oder
3. einen erpresserischen Menschenraub (§ 239a Abs. 1),
    eine Geiselnahme (§ 239b Abs. 1) oder
    einen Angriff auf den Luft- und Seeverkehr (§ 316c Abs. 1)
    durch eine terroristische Vereinigung (§ 129a, auch in Verbindung mit § 129b Abs. 1)

handelt. Unter denselben Voraussetzungen ist ein Rechtsanwalt, Verteidiger, Arzt, Psychotherapeut, Psychologischer Psychotherapeut oder Kinder- und Jugendlichenpsychotherapeut nicht verpflichtet anzuzeigen, was ihm in dieser Eigenschaft anvertraut worden ist. Die berufsmäßigen Gehilfen der in Satz 2 genannten Personen und die Personen, die bei diesen zur Vorbereitung auf den Beruf tätig sind, sind nicht verpflichtet mitzuteilen, was ihnen in ihrer beruflichen Eigenschaft bekannt geworden ist.

(4) Straffrei ist, wer die Ausführung oder den Erfolg der Tat anders als durch Anzeige abwendet. Unterbleibt die Ausführung oder der Erfolg der Tat ohne Zutun des zur Anzeige Verpflichteten, so genügt zu seiner Straflosigkeit sein ernsthaftes Bemühen, den Erfolg abzuwenden.

§ 140 Belohnung und Billigung von Straftaten

Wer eine der in § 138 Absatz 1 Nummer 2 bis 4 und 5 letzte Alternative oder in § 126 Absatz 1 genannten rechtswidrigen Taten oder eine rechtswidrige Tat nach § 176 Absatz 1 oder nach den §§ 176c und 176d
1. belohnt, nachdem sie begangen oder in strafbarer Weise versucht worden ist, oder
2. in einer Weise, die geeignet ist, den öffentlichen Frieden zu stören, öffentlich, in einer Versammlung oder durch Verbreiten eines Inhalts (§ 11 Absatz 3) billigt,

wird mit Freiheitsstrafe bis zu drei Jahren oder mit Geldstrafe bestraft.

§ 141 (weggefallen)

§ 142 Unerlaubtes Entfernen vom Unfallort

(1) Ein Unfallbeteiligter, der sich nach einem Unfall im Straßenverkehr vom Unfallort entfernt, bevor er
1. zugunsten der anderen Unfallbeteiligten und der Geschädigten die Feststellung seiner Person, seines Fahrzeugs und der Art seiner Beteiligung durch seine Anwesenheit und durch die Angabe, daß er an dem Unfall beteiligt ist, ermöglicht hat oder
2. eine nach den Umständen angemessene Zeit gewartet hat, ohne daß jemand bereit war, die Feststellungen zu treffen,

wird mit Freiheitsstrafe bis zu drei Jahren oder mit Geldstrafe bestraft.

(2) Nach Absatz 1 wird auch ein Unfallbeteiligter bestraft, der sich
1. nach Ablauf der Wartefrist (Absatz 1 Nr. 2) oder

2. berechtigt oder entschuldigt
vom Unfallort entfernt hat und die Feststellungen nicht unverzüglich nachträglich ermöglicht.
(3) Der Verpflichtung, die Feststellungen nachträglich zu ermöglichen, genügt der Unfallbeteiligte, wenn er den Berechtigten (Absatz 1 Nr. 1) oder einer nahe gelegenen Polizeidienststelle mitteilt, daß er an dem Unfall beteiligt gewesen ist, und wenn er seine Anschrift, seinen Aufenthalt sowie das Kennzeichen und den Standort seines Fahrzeugs angibt und dieses zu unverzüglichen Feststellungen für eine ihm zumutbare Zeit zur Verfügung hält. Dies gilt nicht, wenn er durch sein Verhalten die Feststellungen absichtlich vereitelt.
(4) Das Gericht mildert in den Fällen der Absätze 1 und 2 die Strafe (§ 49 Abs. 1) oder kann von Strafe nach diesen Vorschriften absehen, wenn der Unfallbeteiligte innerhalb von vierundzwanzig Stunden nach einem Unfall außerhalb des fließenden Verkehrs, der ausschließlich nicht bedeutenden Sachschaden zur Folge hat, freiwillig die Feststellungen nachträglich ermöglicht (Absatz 3).
(5) Unfallbeteiligter ist jeder, dessen Verhalten nach den Umständen zur Verursachung des Unfalls beigetragen haben kann.

§ 143 (weggefallen)

§ 144 (weggefallen)

§ 145 Mißbrauch von Notrufen und Beeinträchtigung von Unfallverhütungs- und Nothilfemitteln

(1) Wer absichtlich oder wissentlich
1. Notrufe oder Notzeichen mißbraucht oder
2. vortäuscht, daß wegen eines Unglücksfalles oder wegen gemeiner Gefahr oder Not die Hilfe anderer erforderlich sei,

wird mit Freiheitsstrafe bis zu einem Jahr oder mit Geldstrafe bestraft.
(2) Wer absichtlich oder wissentlich
1. die zur Verhütung von Unglücksfällen oder gemeiner Gefahr dienenden Warn- oder Verbotszeichen beseitigt, unkenntlich macht oder in ihrem Sinn entstellt oder
2. die zur Verhütung von Unglücksfällen oder gemeiner Gefahr dienenden Schutzvorrichtungen oder die zur Hilfeleistung bei Unglücksfällen oder gemeiner Gefahr bestimmten Rettungsgeräte oder anderen Sachen beseitigt, verändert oder unbrauchbar macht,

wird mit Freiheitsstrafe bis zu zwei Jahren oder mit Geldstrafe bestraft, wenn die Tat nicht in § 303 oder § 304 mit Strafe bedroht ist.

§ 145a Verstoß gegen Weisungen während der Führungsaufsicht

Wer während der Führungsaufsicht gegen eine bestimmte Weisung der in § 68b Abs. 1 bezeichneten Art verstößt und dadurch den Zweck der Maßregel gefährdet, wird mit Freiheitsstrafe bis zu drei Jahren oder mit Geldstrafe bestraft. Die Tat wird nur auf Antrag der Aufsichtsstelle (§ 68a) verfolgt.

§ 145b (weggefallen)

§ 145c Verstoß gegen das Berufsverbot

Wer einen Beruf, einen Berufszweig, ein Gewerbe oder einen Gewerbezweig für sich oder einen anderen ausübt oder durch einen anderen für sich ausüben läßt, obwohl dies ihm oder dem anderen strafgerichtlich untersagt ist, wird mit Freiheitsstrafe bis zu einem Jahr oder mit Geldstrafe bestraft.

§ 145d Vortäuschen einer Straftat

(1) Wer wider besseres Wissen einer Behörde oder einer zur Entgegennahme von Anzeigen zuständigen Stelle vortäuscht,
1. daß eine rechtswidrige Tat begangen worden sei oder
2. daß die Verwirklichung einer der in § 126 Abs. 1 genannten rechtswidrigen Taten bevorstehe,

wird mit Freiheitsstrafe bis zu drei Jahren oder mit Geldstrafe bestraft, wenn die Tat nicht in § 164, § 258 oder § 258a mit Strafe bedroht ist.
(2) Ebenso wird bestraft, wer wider besseres Wissen eine der in Absatz 1 bezeichneten Stellen über den Beteiligten
1. an einer rechtswidrigen Tat oder
2. an einer bevorstehenden, in § 126 Abs. 1 genannten rechtswidrigen Tat

zu täuschen sucht.
(3) Mit Freiheitsstrafe von drei Monaten bis zu fünf Jahren wird bestraft, wer
1. eine Tat nach Absatz 1 Nr. 1 oder Absatz 2 Nr. 1 begeht oder

2. wider besseres Wissen einer der in Absatz 1 bezeichneten Stellen vortäuscht, dass die Verwirklichung einer der in § 46b Abs. 1 Satz 1 Nr. 2 dieses Gesetzes oder in § 31 Satz 1 Nr. 2 des Betäubungsmittelgesetzes genannten rechtswidrigen Taten bevorstehe, oder
3. wider besseres Wissen eine dieser Stellen über den Beteiligten an einer bevorstehenden Tat nach Nummer 2 zu täuschen sucht,

um eine Strafmilderung oder ein Absehen von Strafe nach § 46b dieses Gesetzes oder § 31 des Betäubungsmittelgesetzes zu erlangen.

(4) In minder schweren Fällen des Absatzes 3 ist die Strafe Freiheitsstrafe bis zu drei Jahren oder Geldstrafe.

Achter Abschnitt
Geld- und Wertzeichenfälschung

§ 146 Geldfälschung

(1) Mit Freiheitsstrafe nicht unter einem Jahr wird bestraft, wer
1. Geld in der Absicht nachmacht, daß es als echt in Verkehr gebracht oder daß ein solches Inverkehrbringen ermöglicht werde, oder Geld in dieser Absicht so verfälscht, daß der Anschein eines höheren Wertes hervorgerufen wird,
2. falsches Geld in dieser Absicht sich verschafft oder feilhält oder
3. falsches Geld, das er unter den Voraussetzungen der Nummern 1 oder 2 nachgemacht, verfälscht oder sich verschafft hat, als echt in Verkehr bringt.

(2) Handelt der Täter gewerbsmäßig oder als Mitglied einer Bande, die sich zur fortgesetzten Begehung einer Geldfälschung verbunden hat, so ist die Strafe Freiheitsstrafe nicht unter zwei Jahren.

(3) In minder schweren Fällen des Absatzes 1 ist auf Freiheitsstrafe von drei Monaten bis zu fünf Jahren, in minder schweren Fällen des Absatzes 2 auf Freiheitsstrafe von einem Jahr bis zu zehn Jahren zu erkennen.

§ 147 Inverkehrbringen von Falschgeld

(1) Wer, abgesehen von den Fällen des § 146, falsches Geld als echt in Verkehr bringt, wird mit Freiheitsstrafe bis zu fünf Jahren oder mit Geldstrafe bestraft.

(2) Der Versuch ist strafbar.

§ 148 Wertzeichenfälschung

(1) Mit Freiheitsstrafe bis zu fünf Jahren oder mit Geldstrafe wird bestraft, wer
1. amtliche Wertzeichen in der Absicht nachmacht, daß sie als echt verwendet oder in Verkehr gebracht werden oder daß ein solches Verwenden oder Inverkehrbringen ermöglicht werde, oder amtliche Wertzeichen in dieser Absicht so verfälscht, daß der Anschein eines höheren Wertes hervorgerufen wird,
2. falsche amtliche Wertzeichen in dieser Absicht sich verschafft oder
3. falsche amtliche Wertzeichen als echt verwendet, feilhält oder in Verkehr bringt.

(2) Wer bereits verwendete amtliche Wertzeichen, an denen das Entwertungszeichen beseitigt worden ist, als gültig verwendet oder in Verkehr bringt, wird mit Freiheitsstrafe bis zu einem Jahr oder mit Geldstrafe bestraft.

(3) Der Versuch ist strafbar.

§ 149 Vorbereitung der Fälschung von Geld und Wertzeichen

(1) Wer eine Fälschung von Geld oder Wertzeichen vorbereitet, indem er
1. Platten, Formen, Drucksätze, Druckstöcke, Negative, Matrizen, Computerprogramme oder ähnliche Vorrichtungen, die ihrer Art nach zur Begehung der Tat geeignet sind,
2. Papier, das einer solchen Papierart gleicht oder zum Verwechseln ähnlich ist, die zur Herstellung von Geld oder amtlichen Wertzeichen bestimmt und gegen Nachahmung besonders gesichert ist, oder
3. Hologramme oder andere Bestandteile, die der Sicherung gegen Fälschung dienen,

herstellt, sich oder einem anderen verschafft, feilhält, verwahrt oder einem anderen überläßt, wird, wenn er eine Geldfälschung vorbereitet, mit Freiheitsstrafe bis zu fünf Jahren oder mit Geldstrafe, sonst mit Freiheitsstrafe bis zu zwei Jahren oder mit Geldstrafe bestraft.

(2) Nach Absatz 1 wird nicht bestraft, wer freiwillig
1. die Ausführung der vorbereiteten Tat aufgibt und eine von ihm verursachte Gefahr, daß andere die Tat weiter vorbereiten oder sie ausführen, abwendet oder die Vollendung der Tat verhindert und
2. die Fälschungsmittel, soweit sie noch vorhanden und zur Fälschung brauchbar sind, vernichtet, unbrauchbar macht, ihr Vorhandensein einer Behörde anzeigt oder sie dort abliefert.

(3) Wird ohne Zutun des Täters die Gefahr, daß andere die Tat weiter vorbereiten oder sie ausführen, abgewendet oder die Vollendung der Tat verhindert, so genügt an Stelle der Voraussetzungen des Absatzes 2 Nr. 1 das freiwillige und ernsthafte Bemühen des Täters, dieses Ziel zu erreichen.

§ 150 Einziehung
Ist eine Straftat nach diesem Abschnitt begangen worden, so werden das falsche Geld, die falschen oder entwerteten Wertzeichen und die in § 149 bezeichneten Fälschungsmittel eingezogen.

§ 151 Wertpapiere
Dem Geld im Sinne der §§ 146, 147, 149 und 150 stehen folgende Wertpapiere gleich, wenn sie durch Druck und Papierart gegen Nachahmung besonders gesichert sind:
1. Inhaber- sowie solche Orderschuldverschreibungen, die Teile einer Gesamtemission sind, wenn in den Schuldverschreibungen die Zahlung einer bestimmten Geldsumme versprochen wird;
2. Aktien;
3. von Kapitalverwaltungsgesellschaften ausgegebene Anteilscheine;
4. Zins-, Gewinnanteil- und Erneuerungsscheine zu Wertpapieren der in den Nummern 1 bis 3 bezeichneten Art sowie Zertifikate über Lieferung solcher Wertpapiere;
5. Reiseschecks.

§ 152 Geld, Wertzeichen und Wertpapiere eines fremden Währungsgebiets
Die §§ 146 bis 151 sind auch auf Geld, Wertzeichen und Wertpapiere eines fremden Währungsgebiets anzuwenden.

§ 152a Fälschung von Zahlungskarten, Schecks, Wechseln und anderen körperlichen unbaren Zahlungsinstrumenten
(1) Wer zur Täuschung im Rechtsverkehr oder, um eine solche Täuschung zu ermöglichen,
1. inländische oder ausländische Zahlungskarten, Schecks, Wechsel oder andere körperliche unbare Zahlungsinstrumente nachmacht oder verfälscht oder
2. solche falschen Karten, Schecks, Wechsel oder anderen körperlichen unbaren Zahlungsinstrumente sich oder einem anderen verschafft, feilhält, einem anderen überläßt oder gebraucht,

wird mit Freiheitsstrafe bis zu fünf Jahren oder mit Geldstrafe bestraft.
(2) Der Versuch ist strafbar.
(3) Handelt der Täter gewerbsmäßig oder als Mitglied einer Bande, die sich zur fortgesetzten Begehung von Straftaten nach Absatz 1 verbunden hat, so ist die Strafe Freiheitsstrafe von sechs Monaten bis zu zehn Jahren.
(4) Zahlungskarten und andere körperliche unbare Zahlungsinstrumente im Sinne des Absatzes 1 sind nur solche, die durch Ausgestaltung oder Codierung besonders gegen Nachahmung gesichert sind.
(5) § 149, soweit er sich auf die Fälschung von Wertzeichen bezieht, und § 150 gelten entsprechend.

§ 152b Fälschung von Zahlungskarten mit Garantiefunktion
(1) Wer eine der in § 152a Abs. 1 bezeichneten Handlungen in Bezug auf Zahlungskarten mit Garantiefunktion begeht, wird mit Freiheitsstrafe von einem Jahr bis zu zehn Jahren bestraft.
(2) Handelt der Täter gewerbsmäßig oder als Mitglied einer Bande, die sich zur fortgesetzten Begehung von Straftaten nach Absatz 1 verbunden hat, so ist die Strafe Freiheitsstrafe nicht unter zwei Jahren.
(3) In minder schweren Fällen des Absatzes 1 ist auf Freiheitsstrafe von drei Monaten bis zu fünf Jahren, in minder schweren Fällen des Absatzes 2 auf Freiheitsstrafe von einem Jahr bis zu zehn Jahren zu erkennen.
(4) Zahlungskarten mit Garantiefunktion im Sinne des Absatzes 1 sind Kreditkarten und sonstige Karten,
1. die es ermöglichen, den Aussteller im Zahlungsverkehr zu einer garantierten Zahlung zu veranlassen, und
2. durch Ausgestaltung oder Codierung besonders gegen Nachahmung gesichert sind.

(5) § 149, soweit er sich auf die Fälschung von Geld bezieht, und § 150 gelten entsprechend.

§ 152c Vorbereitung des Diebstahls und der Unterschlagung von Zahlungskarten, Schecks, Wechseln und anderen körperlichen unbaren Zahlungsinstrumenten
(1) Wer eine Straftat nach § 242 oder § 246, die auf die Erlangung inländischer oder ausländischer Zahlungskarten, Schecks, Wechsel oder anderer körperlicher unbarer Zahlungsinstrumente gerichtet ist, vorbereitet, indem er
1. Computerprogramme oder Vorrichtungen, deren Zweck die Begehung einer solchen Tat ist, herstellt, sich oder einem anderen verschafft oder einem anderen überläßt oder
2. Passwörter oder sonstige Sicherungscodes, die zur Begehung einer solchen Tat geeignet sind, herstellt, sich oder einem anderen verschafft oder einem anderen überläßt,

wird mit Freiheitsstrafe bis zu zwei Jahren oder mit Geldstrafe bestraft.
(2) § 149 Absatz 2 und 3 gilt entsprechend. § 152a Absatz 4 ist anwendbar.

Neunter Abschnitt
Falsche uneidliche Aussage und Meineid

§ 153 Falsche uneidliche Aussage

Wer vor Gericht oder vor einer anderen zur eidlichen Vernehmung von Zeugen oder Sachverständigen zuständigen Stelle als Zeuge oder Sachverständiger uneidlich falsch aussagt, wird mit Freiheitsstrafe von drei Monaten bis zu fünf Jahren bestraft.

§ 154 Meineid

(1) Wer vor Gericht oder vor einer anderen zur Abnahme von Eiden zuständigen Stelle falsch schwört, wird mit Freiheitsstrafe nicht unter einem Jahr bestraft.
(2) In minder schweren Fällen ist die Strafe Freiheitsstrafe von sechs Monaten bis zu fünf Jahren.

§ 155 Eidesgleiche Bekräftigungen

Dem Eid stehen gleich
1. die den Eid ersetzende Bekräftigung,
2. die Berufung auf einen früheren Eid oder auf eine frühere Bekräftigung.

§ 156 Falsche Versicherung an Eides Statt

Wer vor einer zur Abnahme einer Versicherung an Eides Statt zuständigen Behörde eine solche Versicherung falsch abgibt oder unter Berufung auf eine solche Versicherung falsch aussagt, wird mit Freiheitsstrafe bis zu drei Jahren oder mit Geldstrafe bestraft.

§ 157 Aussagenotstand

(1) Hat ein Zeuge oder Sachverständiger sich eines Meineids oder einer falschen uneidlichen Aussage schuldig gemacht, so kann das Gericht die Strafe nach seinem Ermessen mildern (§ 49 Abs. 2) und im Falle uneidlicher Aussage auch ganz von Strafe absehen, wenn der Täter die Unwahrheit gesagt hat, um von einem Angehörigen oder von sich selbst die Gefahr abzuwenden, bestraft oder einer freiheitsentziehenden Maßregel der Besserung und Sicherung unterworfen zu werden.
(2) Das Gericht kann auch dann die Strafe nach seinem Ermessen mildern (§ 49 Abs. 2) oder ganz von Strafe absehen, wenn ein noch nicht Eidesmündiger uneidlich falsch ausgesagt hat.

§ 158 Berichtigung einer falschen Angabe

(1) Das Gericht kann die Strafe wegen Meineids, falscher Versicherung an Eides Statt oder falscher uneidlicher Aussage nach seinem Ermessen mildern (§ 49 Abs. 2) oder von Strafe absehen, wenn der Täter die falsche Angabe rechtzeitig berichtigt.
(2) Die Berichtigung ist verspätet, wenn sie bei der Entscheidung nicht mehr verwertet werden kann oder aus der Tat ein Nachteil für einen anderen entstanden ist oder wenn schon gegen den Täter eine Anzeige erstattet oder eine Untersuchung eingeleitet worden ist.
(3) Die Berichtigung kann bei der Stelle, der die falsche Angabe gemacht worden ist oder die sie im Verfahren zu prüfen hat, sowie bei einem Gericht, einem Staatsanwalt oder einer Polizeibehörde erfolgen.

§ 159 Versuch der Anstiftung zur Falschaussage

Für den Versuch der Anstiftung zu einer falschen uneidlichen Aussage (§ 153) und einer falschen Versicherung an Eides Statt (§ 156) gelten § 30 Abs. 1 und § 31 Abs. 1 Nr. 1 und Abs. 2 entsprechend.

§ 160 Verleitung zur Falschaussage

(1) Wer einen anderen zur Ableistung eines falschen Eides verleitet, wird mit Freiheitsstrafe bis zu zwei Jahren oder mit Geldstrafe bestraft; wer einen anderen zur Ableistung einer falschen Versicherung an Eides Statt oder einer falschen uneidlichen Aussage verleitet, wird mit Freiheitsstrafe bis zu sechs Monaten oder mit Geldstrafe bis zu einhundertachtzig Tagessätzen bestraft.
(2) Der Versuch ist strafbar.

§ 161 Fahrlässiger Falscheid; fahrlässige falsche Versicherung an Eides statt

(1) Wenn eine der in den §§ 154 bis 156 bezeichneten Handlungen aus Fahrlässigkeit begangen worden ist, so tritt Freiheitsstrafe bis zu einem Jahr oder Geldstrafe ein.
(2) Straflosigkeit tritt ein, wenn der Täter die falsche Angabe rechtzeitig berichtigt. Die Vorschriften des § 158 Abs. 2 und 3 gelten entsprechend.

§ 162 Internationale Gerichte; nationale Untersuchungsausschüsse

(1) Die §§ 153 bis 161 sind auch auf falsche Angaben in einem Verfahren vor einem internationalen Gericht, das durch einen für die Bundesrepublik Deutschland verbindlichen Rechtsakt errichtet worden ist, anzuwenden.
(2) Die §§ 153 und 157 bis 160, soweit sie sich auf falsche uneidliche Aussagen beziehen, sind auch auf falsche Angaben vor einem Untersuchungsausschuss eines Gesetzgebungsorgans des Bundes oder eines Landes anzuwenden.

§ 163 (weggefallen)

Zehnter Abschnitt
Falsche Verdächtigung

§ 164 Falsche Verdächtigung

(1) Wer einen anderen bei einer Behörde oder einem zur Entgegennahme von Anzeigen zuständigen Amtsträger oder militärischen Vorgesetzten oder öffentlich wider besseres Wissen einer rechtswidrigen Tat oder der Verletzung einer Dienstpflicht in der Absicht verdächtigt, ein behördliches Verfahren oder andere behördliche Maßnahmen gegen ihn herbeizuführen oder fortdauern zu lassen, wird mit Freiheitsstrafe bis zu fünf Jahren oder mit Geldstrafe bestraft.
(2) Ebenso wird bestraft, wer in gleicher Absicht bei einer der in Absatz 1 bezeichneten Stellen oder öffentlich über einen anderen wider besseres Wissen eine sonstige Behauptung tatsächlicher Art aufstellt, die geeignet ist, ein behördliches Verfahren oder andere behördliche Maßnahmen gegen ihn herbeizuführen oder fortdauern zu lassen.
(3) Mit Freiheitsstrafe von sechs Monaten bis zu zehn Jahren wird bestraft, wer die falsche Verdächtigung begeht, um eine Strafmilderung oder ein Absehen von Strafe nach § 46b dieses Gesetzes oder § 31 des Betäubungsmittelgesetzes zu erlangen. In minder schweren Fällen ist die Strafe Freiheitsstrafe von drei Monaten bis zu fünf Jahren.

§ 165 Bekanntgabe der Verurteilung

(1) Ist die Tat nach § 164 öffentlich oder durch Verbreiten eines Inhalts (§ 11 Absatz 3) begangen und wird ihretwegen auf Strafe erkannt, so ist auf Antrag des Verletzten anzuordnen, daß die Verurteilung wegen falscher Verdächtigung auf Verlangen öffentlich bekanntgemacht wird. Stirbt der Verletzte, so geht das Antragsrecht auf die in § 77 Abs. 2 bezeichneten Angehörigen über. § 77 Abs. 2 bis 4 gilt entsprechend.
(2) Für die Art der Bekanntmachung gilt § 200 Abs. 2 entsprechend.

Elfter Abschnitt
Straftaten, welche sich auf Religion und Weltanschauung beziehen

§ 166 Beschimpfung von Bekenntnissen, Religionsgesellschaften und Weltanschauungsvereinigungen

(1) Wer öffentlich oder durch Verbreiten eines Inhalts (§ 11 Absatz 3) den Inhalt des religiösen oder weltanschaulichen Bekenntnisses anderer in einer Weise beschimpft, die geeignet ist, den öffentlichen Frieden zu stören, wird mit Freiheitsstrafe bis zu drei Jahren oder mit Geldstrafe bestraft.
(2) Ebenso wird bestraft, wer öffentlich oder durch Verbreiten eines Inhalts (§ 11 Absatz 3) eine im Inland bestehende Kirche oder andere Religionsgesellschaft oder Weltanschauungsvereinigung, ihre Einrichtungen oder Gebräuche in einer Weise beschimpft, die geeignet ist, den öffentlichen Frieden zu stören.

§ 167 Störung der Religionsausübung

(1) Wer
1. den Gottesdienst oder eine gottesdienstliche Handlung einer im Inland bestehenden Kirche oder anderen Religionsgesellschaft absichtlich und in grober Weise stört oder
2. an einem Ort, der dem Gottesdienst einer solchen Religionsgesellschaft gewidmet ist, beschimpfenden Unfug verübt,

wird mit Freiheitsstrafe bis zu drei Jahren oder mit Geldstrafe bestraft.
(2) Dem Gottesdienst stehen entsprechende Feiern einer im Inland bestehenden Weltanschauungsvereinigung gleich.

§ 167a Störung einer Bestattungsfeier

Wer eine Bestattungsfeier absichtlich oder wissentlich stört, wird mit Freiheitsstrafe bis zu drei Jahren oder mit Geldstrafe bestraft.

§ 168 Störung der Totenruhe

(1) Wer unbefugt aus dem Gewahrsam des Berechtigten den Körper oder Teile des Körpers eines verstorbenen Menschen, eine tote Leibesfrucht, Teile einer solchen oder die Asche eines verstorbenen Menschen wegnimmt oder wer daran beschimpfenden Unfug verübt, wird mit Freiheitsstrafe bis zu drei Jahren oder mit Geldstrafe bestraft.

(2) Ebenso wird bestraft, wer eine Aufbahrungsstätte, Beisetzungsstätte oder öffentliche Totengedenkstätte zerstört oder beschädigt oder wer dort beschimpfenden Unfug verübt.

(3) Der Versuch ist strafbar.

Zwölfter Abschnitt
Straftaten gegen den Personenstand, die Ehe und die Familie

§ 169 Personenstandsfälschung

(1) Wer ein Kind unterschiebt oder den Personenstand eines anderen gegenüber einer zur Führung von Personenstandsregistern oder zur Feststellung des Personenstands zuständigen Behörde falsch angibt oder unterdrückt, wird mit Freiheitsstrafe bis zu zwei Jahren oder mit Geldstrafe bestraft.

(2) Der Versuch ist strafbar.

§ 170 Verletzung der Unterhaltspflicht

(1) Wer sich einer gesetzlichen Unterhaltspflicht entzieht, so daß der Lebensbedarf des Unterhaltsberechtigten gefährdet ist oder ohne die Hilfe anderer gefährdet wäre, wird mit Freiheitsstrafe bis zu drei Jahren oder mit Geldstrafe bestraft.

(2) Wer einer Schwangeren zum Unterhalt verpflichtet ist und ihr diesen Unterhalt in verwerflicher Weise vorenthält und dadurch den Schwangerschaftsabbruch bewirkt, wird mit Freiheitsstrafe bis zu fünf Jahren oder mit Geldstrafe bestraft.

§ 171 Verletzung der Fürsorge- oder Erziehungspflicht

Wer seine Fürsorge- oder Erziehungspflicht gegenüber einer Person unter sechzehn Jahren gröblich verletzt und dadurch den Schutzbefohlenen in die Gefahr bringt, in seiner körperlichen oder psychischen Entwicklung erheblich geschädigt zu werden, einen kriminellen Lebenswandel zu führen oder der Prostitution nachzugehen, wird mit Freiheitsstrafe bis zu drei Jahren oder mit Geldstrafe bestraft.

§ 172 Doppelehe; doppelte Lebenspartnerschaft

Mit Freiheitsstrafe bis zu drei Jahren oder mit Geldstrafe wird bestraft, wer verheiratet ist oder eine Lebenspartnerschaft führt und
1. mit einer dritten Person eine Ehe schließt oder
2. gemäß § 1 Absatz 1 des Lebenspartnerschaftsgesetzes gegenüber der für die Begründung der Lebenspartnerschaft zuständigen Stelle erklärt, mit einer dritten Person eine Lebenspartnerschaft führen zu wollen.

Ebenso wird bestraft, wer mit einer dritten Person, die verheiratet ist oder eine Lebenspartnerschaft führt, die Ehe schließt oder gemäß § 1 Absatz 1 des Lebenspartnerschaftsgesetzes gegenüber der für die Begründung der Lebenspartnerschaft zuständigen Stelle erklärt, mit dieser dritten Person eine Lebenspartnerschaft führen zu wollen.

§ 173 Beischlaf zwischen Verwandten

(1) Wer mit einem leiblichen Abkömmling den Beischlaf vollzieht, wird mit Freiheitsstrafe bis zu drei Jahren oder mit Geldstrafe bestraft.

(2) Wer mit einem leiblichen Verwandten aufsteigender Linie den Beischlaf vollzieht, wird mit Freiheitsstrafe bis zu zwei Jahren oder mit Geldstrafe bestraft; dies gilt auch dann, wenn das Verwandtschaftsverhältnis erloschen ist. Ebenso werden leibliche Geschwister bestraft, die miteinander den Beischlaf vollziehen.

(3) Abkömmlinge und Geschwister werden nicht nach dieser Vorschrift bestraft, wenn sie zur Zeit der Tat noch nicht achtzehn Jahre alt waren.

Dreizehnter Abschnitt
Straftaten gegen die sexuelle Selbstbestimmung

§ 174 Sexueller Mißbrauch von Schutzbefohlenen

(1) Wer sexuelle Handlungen
1. an einer Person unter achtzehn Jahren, die ihm zur Erziehung oder zur Betreuung in der Lebensführung anvertraut ist,

2. an einer Person unter achtzehn Jahren, die ihm im Rahmen eines Ausbildungs-, Dienst- oder Arbeitsverhältnisses untergeordnet ist, unter Mißbrauch einer mit dem Ausbildungs-, Dienst- oder Arbeitsverhältnis verbundenen Abhängigkeit oder
3. an einer Person unter achtzehn Jahren, die sein leiblicher oder rechtlicher Abkömmling ist oder der seines Ehegatten, seines Lebenspartners oder einer Person, mit der er in eheähnlicher oder lebenspartnerschaftsähnlicher Gemeinschaft lebt,

vornimmt oder an sich von dem Schutzbefohlenen vornehmen läßt, wird mit Freiheitsstrafe von drei Monaten bis zu fünf Jahren bestraft. Ebenso wird bestraft, wer unter den Voraussetzungen des Satzes 1 den Schutzbefohlenen dazu bestimmt, dass er sexuelle Handlungen an oder vor einer dritten Person vornimmt oder von einer dritten Person an sich vornehmen lässt.

(2) Mit Freiheitsstrafe von drei Monaten bis zu fünf Jahren wird eine Person bestraft, der in einer dazu bestimmten Einrichtung die Erziehung, Ausbildung oder Betreuung in der Lebensführung von Personen unter achtzehn Jahren anvertraut ist, und die sexuelle Handlungen

1. an einer Person unter sechzehn Jahren, die zu dieser Einrichtung in einem Rechtsverhältnis steht, das ihrer Erziehung, Ausbildung oder Betreuung in der Lebensführung dient, vornimmt oder an sich von ihr vornehmen lässt oder
2. unter Ausnutzung ihrer Stellung an einer Person unter achtzehn Jahren, die zu dieser Einrichtung in einem Rechtsverhältnis steht, das ihrer Erziehung, Ausbildung oder Betreuung in der Lebensführung dient, vornimmt oder an sich von ihr vornehmen lässt.

Ebenso wird bestraft, wer unter den Voraussetzungen des Satzes 1 den Schutzbefohlenen dazu bestimmt, dass er sexuelle Handlungen an oder vor einer dritten Person vornimmt oder von einer dritten Person an sich vornehmen lässt.

(3) Wer unter den Voraussetzungen des Absatzes 1 oder 2

1. sexuelle Handlungen vor dem Schutzbefohlenen vornimmt, um sich oder den Schutzbefohlenen hierdurch sexuell zu erregen, oder
2. den Schutzbefohlenen dazu bestimmt, daß er sexuelle Handlungen vor ihm vornimmt,

wird mit Freiheitsstrafe bis zu drei Jahren oder mit Geldstrafe bestraft.

(4) Der Versuch ist strafbar.

(5) In den Fällen des Absatzes 1 Satz 1 Nummer 1, des Absatzes 2 Satz 1 Nummer 1 oder des Absatzes 3 in Verbindung mit Absatz 1 Satz 1 Nummer 1 oder mit Absatz 2 Satz 1 Nummer 1 kann das Gericht von einer Bestrafung nach dieser Vorschrift absehen, wenn das Unrecht der Tat gering ist.

§ 174a Sexueller Mißbrauch von Gefangenen, behördlich Verwahrten oder Kranken und Hilfsbedürftigen in Einrichtungen

(1) Wer sexuelle Handlungen an einer gefangenen oder auf behördliche Anordnung verwahrten Person, die ihm zur Erziehung, Ausbildung, Beaufsichtigung oder Betreuung anvertraut ist, unter Mißbrauch seiner Stellung vornimmt oder an sich von der gefangenen oder verwahrten Person vornehmen läßt oder die gefangene oder verwahrte Person zur Vornahme oder Duldung sexueller Handlungen an oder von einer dritten Person bestimmt, wird mit Freiheitsstrafe von drei Monaten bis zu fünf Jahren bestraft.

(2) Ebenso wird eine Person, die in einer Einrichtung für kranke oder hilfsbedürftige Menschen aufgenommen und ihm zur Beaufsichtigung oder Betreuung anvertraut ist, dadurch mißbraucht, daß er unter Ausnutzung der Krankheit oder Hilfsbedürftigkeit dieser Person sexuelle Handlungen an ihr vornimmt oder an sich von ihr vornehmen läßt oder diese Person zur Vornahme oder Duldung sexueller Handlungen an oder von einer dritten Person bestimmt.

(3) Der Versuch ist strafbar.

§ 174b Sexueller Mißbrauch unter Ausnutzung einer Amtsstellung

(1) Wer als Amtsträger, der zur Mitwirkung an einem Strafverfahren oder an einem Verfahren zur Anordnung einer freiheitsentziehenden Maßregel der Besserung und Sicherung oder einer behördlichen Verwahrung berufen ist, unter Mißbrauch der durch das Verfahren begründeten Abhängigkeit sexuelle Handlungen an demjenigen, gegen den sich das Verfahren richtet, vornimmt oder an sich von dem anderen vornehmen läßt oder die Person zur Vornahme oder Duldung sexueller Handlungen an oder von einer dritten Person bestimmt, wird mit Freiheitsstrafe von drei Monaten bis zu fünf Jahren bestraft.

(2) Der Versuch ist strafbar.

§ 174c Sexueller Mißbrauch unter Ausnutzung eines Beratungs-, Behandlungs- oder Betreuungsverhältnisses

(1) Wer sexuelle Handlungen an einer Person, die ihm wegen einer geistigen oder seelischen Krankheit oder Behinderung einschließlich einer Suchtkrankheit oder wegen einer körperlichen Krankheit oder Behinderung zur

Beratung, Behandlung oder Betreuung anvertraut ist, unter Mißbrauch des Beratungs-, Behandlungs- oder Betreuungsverhältnisses vornimmt oder an sich von ihr vornehmen läßt oder diese Person zur Vornahme oder Duldung sexueller Handlungen an oder von einer dritten Person bestimmt, wird mit Freiheitsstrafe von drei Monaten bis zu fünf Jahren bestraft.

(2) Ebenso wird bestraft, wer sexuelle Handlungen an einer Person, die ihm zur psychotherapeutischen Behandlung anvertraut ist, unter Mißbrauch des Behandlungsverhältnisses vornimmt oder an sich von ihr vornehmen läßt oder diese Person zur Vornahme oder Duldung sexueller Handlungen an oder von einer dritten Person bestimmt.

(3) Der Versuch ist strafbar.

§ 175 (weggefallen)

§ 176 Sexueller Missbrauch von Kindern

(1) Mit Freiheitsstrafe nicht unter einem Jahr wird bestraft, wer
1. sexuelle Handlungen an einer Person unter vierzehn Jahren (Kind) vornimmt oder an sich von dem Kind vornehmen lässt,
2. ein Kind dazu bestimmt, dass es sexuelle Handlungen an einer dritten Person vornimmt oder von einer dritten Person an sich vornehmen lässt,
3. ein Kind für eine Tat nach Nummer 1 oder Nummer 2 anbietet oder nachzuweisen verspricht.

(2) In den Fällen des Absatzes 1 Nummer 1 kann das Gericht von Strafe nach dieser Vorschrift absehen, wenn zwischen Täter und Kind die sexuelle Handlung einvernehmlich erfolgt und der Unterschied sowohl im Alter als auch im Entwicklungsstand oder Reifegrad gering ist, es sei denn, der Täter nutzt die fehlende Fähigkeit des Kindes zur sexuellen Selbstbestimmung aus.

§ 176a Sexueller Missbrauch von Kindern ohne Körperkontakt mit dem Kind

(1) Mit Freiheitsstrafe von sechs Monaten bis zu zehn Jahren wird bestraft, wer
1. sexuelle Handlungen vor einem Kind vornimmt oder vor einem Kind von einer dritten Person an sich vornehmen lässt,
2. ein Kind dazu bestimmt, dass es sexuelle Handlungen vornimmt, soweit die Tat nicht nach § 176 Absatz 1 Nummer 1 oder Nummer 2 mit Strafe bedroht ist, oder
3. auf ein Kind durch einen pornographischen Inhalt (§ 11 Absatz 3) oder durch entsprechende Reden einwirkt.

(2) Ebenso wird bestraft, wer ein Kind für eine Tat nach Absatz 1 anbietet oder nachzuweisen verspricht oder wer sich mit einem anderen zu einer solchen Tat verabredet.

(3) Der Versuch ist in den Fällen des Absatzes 1 Nummer 1 und 2 strafbar. Bei Taten nach Absatz 1 Nummer 3 ist der Versuch in den Fällen strafbar, in denen eine Vollendung der Tat allein daran scheitert, dass der Täter irrig annimmt, sein Einwirken beziehe sich auf ein Kind.

§ 176b Vorbereitung des sexuellen Missbrauchs von Kindern

(1) Mit Freiheitsstrafe von drei Monaten bis zu fünf Jahren wird bestraft, wer auf ein Kind durch einen Inhalt (§ 11 Absatz 3) einwirkt, um
1. das Kind zu sexuellen Handlungen zu bringen, die es an oder vor dem Täter oder an oder vor einer dritten Person vornehmen oder von dem Täter oder einer dritten Person an sich vornehmen lassen soll, oder
2. eine Tat nach § 184b Absatz 1 Satz 1 Nummer 3 oder nach § 184b Absatz 3 zu begehen.

(2) Ebenso wird bestraft, wer ein Kind für eine Tat nach Absatz 1 anbietet oder nachzuweisen verspricht oder wer sich mit einem anderen zu einer solchen Tat verabredet.

(3) Bei Taten nach Absatz 1 ist der Versuch in den Fällen strafbar, in denen eine Vollendung der Tat allein daran scheitert, dass der Täter irrig annimmt, sein Einwirken beziehe sich auf ein Kind.

§ 176c Schwerer sexueller Missbrauch von Kindern

(1) Der sexuelle Missbrauch von Kindern wird in den Fällen des § 176 Absatz 1 Nummer 1 und 2 mit Freiheitsstrafe nicht unter zwei Jahren bestraft, wenn
1. der Täter innerhalb der letzten fünf Jahre wegen einer solchen Straftat rechtskräftig verurteilt worden ist,
2. der Täter mindestens achtzehn Jahre alt ist und
    a) mit dem Kind den Beischlaf vollzieht oder ähnliche sexuelle Handlungen an ihm vornimmt oder an sich von ihm vornehmen lässt, die mit einem Eindringen in den Körper verbunden sind, oder
    b) das Kind dazu bestimmt, den Beischlaf mit einem Dritten zu vollziehen oder ähnliche sexuelle Handlungen, die mit einem Eindringen in den Körper verbunden sind, an dem Dritten vorzunehmen oder von diesem an sich vornehmen zu lassen,
3. die Tat von mehreren gemeinschaftlich begangen wird oder

4. der Täter das Kind durch die Tat in die Gefahr einer schweren Gesundheitsschädigung oder einer erheblichen Schädigung der körperlichen oder seelischen Entwicklung bringt.
(2) Ebenso wird bestraft, wer in den Fällen des § 176 Absatz 1 Nummer 1 oder Nummer 2, des § 176a Absatz 1 Nummer 1 oder Nummer 2 oder Absatz 3 Satz 1 als Täter oder anderer Beteiligter in der Absicht handelt, die Tat zum Gegenstand eines pornographischen Inhalts (§ 11 Absatz 3) zu machen, der nach § 184b Absatz 1 oder 2 verbreitet werden soll.
(3) Mit Freiheitsstrafe nicht unter fünf Jahren wird bestraft, wer das Kind in den Fällen des § 176 Absatz 1 Nummer 1 oder Nummer 2 bei der Tat körperlich schwer misshandelt oder durch die Tat in die Gefahr des Todes bringt.
(4) In die in Absatz 1 Nummer 1 bezeichnete Frist wird die Zeit nicht eingerechnet, in welcher der Täter auf behördliche Anordnung in einer Anstalt verwahrt worden ist. Eine Tat, die im Ausland abgeurteilt worden ist, steht in den Fällen des Absatzes 1 Nummer 1 einer im Inland abgeurteilten Tat gleich, wenn sie nach deutschem Strafrecht eine solche nach § 176 Absatz 1 Nummer 1 oder Nummer 2 wäre.

§ 176d Sexueller Missbrauch von Kindern mit Todesfolge
Verursacht der Täter durch den sexuellen Missbrauch (§§ 176 bis 176c) mindestens leichtfertig den Tod eines Kindes, so ist die Strafe lebenslange Freiheitsstrafe oder Freiheitsstrafe nicht unter zehn Jahren.

§ 177 Sexueller Übergriff; sexuelle Nötigung; Vergewaltigung
(1) Wer gegen den erkennbaren Willen einer anderen Person sexuelle Handlungen an dieser Person vornimmt oder von ihr vornehmen lässt oder diese Person zur Vornahme oder Duldung sexueller Handlungen an oder von einem Dritten bestimmt, wird mit Freiheitsstrafe von sechs Monaten bis zu fünf Jahren bestraft.
(2) Ebenso wird bestraft, wer sexuelle Handlungen an einer anderen Person vornimmt oder von ihr vornehmen lässt oder diese Person zur Vornahme oder Duldung sexueller Handlungen an oder von einem Dritten bestimmt, wenn
1. der Täter ausnutzt, dass die Person nicht in der Lage ist, einen entgegenstehenden Willen zu bilden oder zu äußern,
2. der Täter ausnutzt, dass die Person auf Grund ihres körperlichen oder psychischen Zustands in der Bildung oder Äußerung des Willens erheblich eingeschränkt ist, es sei denn, er hat sich der Zustimmung dieser Person versichert,
3. der Täter ein Überraschungsmoment ausnutzt,
4. der Täter eine Lage ausnutzt, in der dem Opfer bei Widerstand ein empfindliches Übel droht, oder
5. der Täter die Person zur Vornahme oder Duldung der sexuellen Handlung durch Drohung mit einem empfindlichen Übel genötigt hat.
(3) Der Versuch ist strafbar.
(4) Auf Freiheitsstrafe nicht unter einem Jahr ist zu erkennen, wenn die Unfähigkeit, einen Willen zu bilden oder zu äußern, auf einer Krankheit oder Behinderung des Opfers beruht.
(5) Auf Freiheitsstrafe nicht unter einem Jahr ist zu erkennen, wenn der Täter
1. gegenüber dem Opfer Gewalt anwendet,
2. dem Opfer mit gegenwärtiger Gefahr für Leib oder Leben droht oder
3. eine Lage ausnutzt, in der das Opfer der Einwirkung des Täters schutzlos ausgeliefert ist.
(6) In besonders schweren Fällen ist auf Freiheitsstrafe nicht unter zwei Jahren zu erkennen. Ein besonders schwerer Fall liegt in der Regel vor, wenn
1. der Täter mit dem Opfer den Beischlaf vollzieht oder vollziehen lässt oder ähnliche sexuelle Handlungen an dem Opfer vornimmt oder von ihm vornehmen lässt, die dieses besonders erniedrigen, insbesondere wenn sie mit einem Eindringen in den Körper verbunden sind (Vergewaltigung), oder
2. die Tat von mehreren gemeinschaftlich begangen wird.
(7) Auf Freiheitsstrafe nicht unter drei Jahren ist zu erkennen, wenn der Täter
1. eine Waffe oder ein anderes gefährliches Werkzeug bei sich führt,
2. sonst ein Werkzeug oder Mittel bei sich führt, um den Widerstand einer anderen Person durch Gewalt oder Drohung mit Gewalt zu verhindern oder zu überwinden, oder
3. das Opfer in die Gefahr einer schweren Gesundheitsschädigung bringt.
(8) Auf Freiheitsstrafe nicht unter fünf Jahren ist zu erkennen, wenn der Täter
1. bei der Tat eine Waffe oder ein anderes gefährliches Werkzeug verwendet oder
2. das Opfer
   a) bei der Tat körperlich schwer misshandelt oder
   b) durch die Tat in die Gefahr des Todes bringt.

(9) In minder schweren Fällen der Absätze 1 und 2 ist auf Freiheitsstrafe von drei Monaten bis zu drei Jahren, in minder schweren Fällen der Absätze 4 und 5 ist auf Freiheitsstrafe von sechs Monaten bis zu zehn Jahren, in minder schweren Fällen der Absätze 7 und 8 ist auf Freiheitsstrafe von einem Jahr bis zu zehn Jahren zu erkennen.

§ 178 Sexueller Übergriff, sexuelle Nötigung und Vergewaltigung mit Todesfolge
Verursacht der Täter durch den sexuellen Übergriff, die sexuelle Nötigung oder Vergewaltigung (§ 177) wenigstens leichtfertig den Tod des Opfers, so ist die Strafe lebenslange Freiheitsstrafe oder Freiheitsstrafe nicht unter zehn Jahren.

§ 179 (weggefallen)

§ 180 Förderung sexueller Handlungen Minderjähriger
(1) Wer sexuellen Handlungen einer Person unter sechzehn Jahren an oder vor einem Dritten oder sexuellen Handlungen eines Dritten an einer Person unter sechzehn Jahren
1. durch seine Vermittlung oder
2. durch Gewähren oder Verschaffen von Gelegenheit

Vorschub leistet, wird mit Freiheitsstrafe bis zu drei Jahren oder mit Geldstrafe bestraft. Satz 1 Nr. 2 ist nicht anzuwenden, wenn der zur Sorge für die Person Berechtigte handelt; dies gilt nicht, wenn der Sorgeberechtigte durch das Vorschubleisten seine Erziehungspflicht gröblich verletzt.
(2) Wer eine Person unter achtzehn Jahren bestimmt, sexuelle Handlungen gegen Entgelt an oder vor einem Dritten vorzunehmen oder von einem Dritten an sich vornehmen zu lassen, oder wer solchen Handlungen durch seine Vermittlung Vorschub leistet, wird mit Freiheitsstrafe bis zu fünf Jahren oder mit Geldstrafe bestraft.
(3) Im Fall des Absatzes 2 ist der Versuch strafbar.

§ 180a Ausbeutung von Prostituierten
(1) Wer gewerbsmäßig einen Betrieb unterhält oder leitet, in dem Personen der Prostitution nachgehen und in dem diese in persönlicher oder wirtschaftlicher Abhängigkeit gehalten werden, wird mit Freiheitsstrafe bis zu drei Jahren oder mit Geldstrafe bestraft.
(2) Ebenso wird bestraft, wer
1. einer Person unter achtzehn Jahren zur Ausübung der Prostitution Wohnung, gewerbsmäßig Unterkunft oder gewerbsmäßig Aufenthalt gewährt oder
2. eine andere Person, der er zur Ausübung der Prostitution Wohnung gewährt, zur Prostitution anhält oder im Hinblick auf sie ausbeutet.

§ 181 (weggefallen)

§ 181a Zuhälterei
(1) Mit Freiheitsstrafe von sechs Monaten bis zu fünf Jahren wird bestraft, wer
1. eine andere Person, die der Prostitution nachgeht, ausbeutet oder
2. seines Vermögensvorteils wegen eine andere Person bei der Ausübung der Prostitution überwacht, Ort, Zeit, Ausmaß oder andere Umstände der Prostitutionsausübung bestimmt oder Maßnahmen trifft, die sie davon abhalten sollen, die Prostitution aufzugeben,

und im Hinblick darauf Beziehungen zu ihr unterhält, die über den Einzelfall hinausgehen.
(2) Mit Freiheitsstrafe bis zu drei Jahren oder mit Geldstrafe wird bestraft, wer die persönliche oder wirtschaftliche Unabhängigkeit einer anderen Person dadurch beeinträchtigt, dass er gewerbsmäßig die Prostitutionsausübung der anderen Person durch Vermittlung sexuellen Verkehrs fördert und im Hinblick darauf Beziehungen zu ihr unterhält, die über den Einzelfall hinausgehen.
(3) Nach den Absätzen 1 und 2 wird auch bestraft, wer die in Absatz 1 Nr. 1 und 2 genannten Handlungen oder die in Absatz 2 bezeichnete Förderung gegenüber seinem Ehegatten oder Lebenspartner vornimmt.

§ 181b Führungsaufsicht
In den Fällen der §§ 174 bis 174c, 176 bis 180, 181a, 182 und 184b kann das Gericht Führungsaufsicht anordnen (§ 68 Abs. 1).

§ 182 Sexueller Mißbrauch von Jugendlichen
(1) Wer eine Person unter achtzehn Jahren dadurch missbraucht, dass er unter Ausnutzung einer Zwangslage
1. sexuelle Handlungen an ihr vornimmt oder an sich von ihr vornehmen lässt oder
2. diese dazu bestimmt, sexuelle Handlungen an einem Dritten vorzunehmen oder von einem Dritten an sich vornehmen zu lassen,

wird mit Freiheitsstrafe bis zu fünf Jahren oder mit Geldstrafe bestraft.

(2) Ebenso wird eine Person über achtzehn Jahren bestraft, die eine Person unter achtzehn Jahren dadurch missbraucht, dass sie gegen Entgelt sexuelle Handlungen an ihr vornimmt oder an sich von ihr vornehmen lässt.
(3) Eine Person über einundzwanzig Jahre, die eine Person unter sechzehn Jahren dadurch mißbraucht, daß sie
1. sexuelle Handlungen an ihr vornimmt oder an sich von ihr vornehmen läßt oder
2. diese dazu bestimmt, sexuelle Handlungen an einem Dritten vorzunehmen oder von einem Dritten an sich vornehmen zu lassen,
und dabei die ihr gegenüber fehlende Fähigkeit des Opfers zur sexuellen Selbstbestimmung ausnutzt, wird mit Freiheitsstrafe bis zu drei Jahren oder mit Geldstrafe bestraft.
(4) Der Versuch ist strafbar.
(5) In den Fällen des Absatzes 3 wird die Tat nur auf Antrag verfolgt, es sei denn, daß die Strafverfolgungsbehörde wegen des besonderen öffentlichen Interesses an der Strafverfolgung ein Einschreiten von Amts wegen für geboten hält.
(6) In den Fällen der Absätze 1 bis 3 kann das Gericht von Strafe nach diesen Vorschriften absehen, wenn bei Berücksichtigung des Verhaltens der Person, gegen die sich die Tat richtet, das Unrecht der Tat gering ist.

§ 183 Exhibitionistische Handlungen

(1) Ein Mann, der eine andere Person durch eine exhibitionistische Handlung belästigt, wird mit Freiheitsstrafe bis zu einem Jahr oder mit Geldstrafe bestraft.
(2) Die Tat wird nur auf Antrag verfolgt, es sei denn, daß die Strafverfolgungsbehörde wegen des besonderen öffentlichen Interesses an der Strafverfolgung ein Einschreiten von Amts wegen für geboten hält.
(3) Das Gericht kann die Vollstreckung einer Freiheitsstrafe auch dann zur Bewährung aussetzen, wenn zu erwarten ist, daß der Täter erst nach einer längeren Heilbehandlung keine exhibitionistischen Handlungen mehr vornehmen wird.
(4) Absatz 3 gilt auch, wenn ein Mann oder eine Frau wegen einer exhibitionistischen Handlung
1. nach einer anderen Vorschrift, die im Höchstmaß Freiheitsstrafe bis zu einem Jahr oder Geldstrafe androht, oder
2. nach § 174 Absatz 3 Nummer 1 oder § 176a Absatz 1 Nummer 1
bestraft wird.

§ 183a Erregung öffentlichen Ärgernisses

Wer öffentlich sexuelle Handlungen vornimmt und dadurch absichtlich oder wissentlich ein Ärgernis erregt, wird mit Freiheitsstrafe bis zu einem Jahr oder mit Geldstrafe bestraft, wenn die Tat nicht in § 183 mit Strafe bedroht ist.

§ 184 Verbreitung pornographischer Inhalte

(1) Wer einen pornographischen Inhalt (§ 11 Absatz 3)
1. einer Person unter achtzehn Jahren anbietet, überläßt oder zugänglich macht,
2. an einem Ort, der Personen unter achtzehn Jahren zugänglich ist oder von ihnen eingesehen werden kann, zugänglich macht,
3. im Einzelhandel außerhalb von Geschäftsräumen, in Kiosken oder anderen Verkaufsstellen, die der Kunde nicht zu betreten pflegt, im Versandhandel oder in gewerblichen Leihbüchereien oder Lesezirkeln einem anderen anbietet oder überläßt,
3a. im Wege gewerblicher Vermietung oder vergleichbarer gewerblicher Gewährung des Gebrauchs, ausgenommen in Ladengeschäften, die Personen unter achtzehn Jahren nicht zugänglich sind und von ihnen nicht eingesehen werden können, einem anderen anbietet oder überläßt,
4. im Wege des Versandhandels einzuführen unternimmt,
5. öffentlich an einem Ort, der Personen unter achtzehn Jahren zugänglich ist oder von ihnen eingesehen werden kann, oder durch Verbreiten von Schriften außerhalb des Geschäftsverkehrs mit dem einschlägigen Handel anbietet oder bewirbt,
6. an einen anderen gelangen läßt, ohne von diesem hierzu aufgefordert zu sein,
7. in einer öffentlichen Filmvorführung gegen ein Entgelt zeigt, das ganz oder überwiegend für diese Vorführung verlangt wird,
8. herstellt, bezieht, liefert, vorrätig hält oder einzuführen unternimmt, um diesen im Sinne der Nummern 1 bis 7 zu verwenden oder einer anderen Person eine solche Verwendung zu ermöglichen, oder
9. auszuführen unternimmt, um diesen im Ausland unter Verstoß gegen die dort geltenden Strafvorschriften zu verbreiten oder der Öffentlichkeit zugänglich zu machen oder eine solche Verwendung zu ermöglichen,
wird mit Freiheitsstrafe bis zu einem Jahr oder mit Geldstrafe bestraft.

(2) Absatz 1 Nummer 1 und 2 ist nicht anzuwenden, wenn der zur Sorge für die Person Berechtigte handelt; dies gilt nicht, wenn der Sorgeberechtigte durch das Anbieten, Überlassen oder Zugänglichmachen seine Erziehungspflicht gröblich verletzt. Absatz 1 Nr. 3a gilt nicht, wenn die Handlung im Geschäftsverkehr mit gewerblichen Entleihern erfolgt.

§ 184a Verbreitung gewalt- oder tierpornographischer Inhalte

Mit Freiheitsstrafe bis zu drei Jahren oder mit Geldstrafe wird bestraft, wer einen pornographischen Inhalt (§ 11 Absatz 3), der Gewalttätigkeiten oder sexuelle Handlungen von Menschen mit Tieren zum Gegenstand hat,
1. verbreitet oder der Öffentlichkeit zugänglich macht oder
2. herstellt, bezieht, liefert, vorrätig hält, anbietet, bewirbt oder es unternimmt, diesen ein- oder auszuführen, um ihn im Sinne der Nummer 1 zu verwenden oder einer anderen Person eine solche Verwendung zu ermöglichen.

In den Fällen des Satzes 1 Nummer 1 ist der Versuch strafbar.

§ 184b Verbreitung, Erwerb und Besitz kinderpornographischer Inhalte

(1) Mit Freiheitsstrafe von einem Jahr bis zu zehn Jahren wird bestraft, wer
1. einen kinderpornographischen Inhalt verbreitet oder der Öffentlichkeit zugänglich macht; kinderpornographisch ist ein pornographischer Inhalt (§ 11 Absatz 3), wenn er zum Gegenstand hat:
   a) sexuelle Handlungen von, an oder vor einer Person unter vierzehn Jahren (Kind),
   b) die Wiedergabe eines ganz oder teilweise unbekleideten Kindes in aufreizend geschlechtsbetonter Körperhaltung oder
   c) die sexuell aufreizende Wiedergabe der unbekleideten Genitalien oder des unbekleideten Gesäßes eines Kindes,
2. es unternimmt, einer anderen Person einen kinderpornographischen Inhalt, der ein tatsächliches oder wirklichkeitsnahes Geschehen wiedergibt, zugänglich zu machen oder den Besitz daran zu verschaffen,
3. einen kinderpornographischen Inhalt, der ein tatsächliches Geschehen wiedergibt, herstellt oder
4. einen kinderpornographischen Inhalt herstellt, bezieht, liefert, vorrätig hält, anbietet, bewirbt oder es unternimmt, diesen ein- oder auszuführen, um ihn im Sinne der Nummer 1 oder der Nummer 2 zu verwenden oder einer anderen Person eine solche Verwendung zu ermöglichen, soweit die Tat nicht nach Nummer 3 mit Strafe bedroht ist.

Gibt der kinderpornographische Inhalt in den Fällen von Absatz 1 Satz 1 Nummer 1 und 4 kein tatsächliches oder wirklichkeitsnahes Geschehen wieder, so ist auf Freiheitsstrafe von drei Monaten bis zu fünf Jahren zu erkennen.
(2) Handelt der Täter in den Fällen des Absatzes 1 Satz 1 gewerbsmäßig oder als Mitglied einer Bande, die sich zur fortgesetzten Begehung solcher Taten verbunden hat, und gibt der Inhalt in den Fällen des Absatzes 1 Satz 1 Nummer 1, 2 und 4 ein tatsächliches oder wirklichkeitsnahes Geschehen wieder, so ist auf Freiheitsstrafe nicht unter zwei Jahren zu erkennen.
(3) Wer es unternimmt, einen kinderpornographischen Inhalt, der ein tatsächliches oder wirklichkeitsnahes Geschehen wiedergibt, abzurufen oder sich den Besitz an einem solchen Inhalt zu verschaffen oder wer einen solchen Inhalt besitzt, wird mit Freiheitsstrafe von einem Jahr bis zu fünf Jahren bestraft.
(4) Der Versuch ist in den Fällen des Absatzes 1 Satz 2 in Verbindung mit Satz 1 Nummer 1 strafbar.
(5) Absatz 1 Satz 1 Nummer 2 und Absatz 3 gelten nicht für Handlungen, die ausschließlich der rechtmäßigen Erfüllung von Folgendem dienen:
1. staatlichen Aufgaben,
2. Aufgaben, die sich aus Vereinbarungen mit einer zuständigen staatlichen Stelle ergeben, oder
3. dienstlichen oder beruflichen Pflichten.

(6) Absatz 1 Satz 1 Nummer 1, 2 und 4 und Satz 2 gilt nicht für dienstliche Handlungen im Rahmen von strafrechtlichen Ermittlungsverfahren, wenn
1. die Handlung sich auf einen kinderpornographischen Inhalt bezieht, der kein tatsächliches Geschehen wiedergibt und auch nicht unter Verwendung einer Bildaufnahme eines Kindes oder Jugendlichen hergestellt worden ist, und
2. die Aufklärung des Sachverhalts auf andere Weise aussichtslos oder wesentlich erschwert wäre.

(7) Gegenstände, auf die sich eine Straftat nach Absatz 1 Satz 1 Nummer 2 oder 3 oder Absatz 3 bezieht, werden eingezogen. § 74a ist anzuwenden.

§ 184c Verbreitung, Erwerb und Besitz jugendpornographischer Inhalte

(1) Mit Freiheitsstrafe bis zu drei Jahren oder mit Geldstrafe wird bestraft, wer
1. einen jugendpornographischen Inhalt verbreitet oder der Öffentlichkeit zugänglich macht; jugendpornographisch ist ein pornographischer Inhalt (§ 11 Absatz 3), wenn er zum Gegenstand hat:

a) sexuelle Handlungen von, an oder vor einer vierzehn, aber noch nicht achtzehn Jahre alten Person,
b) die Wiedergabe einer ganz oder teilweise unbekleideten vierzehn, aber noch nicht achtzehn Jahre alten Person in aufreizend geschlechtsbetonter Körperhaltung oder
c) die sexuell aufreizende Wiedergabe der unbekleideten Genitalien oder des unbekleideten Gesäßes einer vierzehn, aber noch nicht achtzehn Jahre alten Person,
2. es unternimmt, einer anderen Person einen jugendpornographischen Inhalt, der ein tatsächliches oder wirklichkeitsnahes Geschehen wiedergibt, zugänglich zu machen oder den Besitz daran zu verschaffen,
3. einen jugendpornographischen Inhalt, der ein tatsächliches Geschehen wiedergibt, herstellt oder
4. einen jugendpornographischen Inhalt herstellt, bezieht, liefert, vorrätig hält, anbietet, bewirbt oder es unternimmt, diesen ein- oder auszuführen, um ihn im Sinne der Nummer 1 oder 2 zu verwenden oder einer anderen Person eine solche Verwendung zu ermöglichen, soweit die Tat nicht nach Nummer 3 mit Strafe bedroht ist.

(2) Handelt der Täter in den Fällen des Absatzes 1 gewerbsmäßig oder als Mitglied einer Bande, die sich zur fortgesetzten Begehung solcher Taten verbunden hat, und gibt der Inhalt in den Fällen des Absatzes 1 Nummer 1, 2 und 4 ein tatsächliches oder wirklichkeitsnahes Geschehen wieder, so ist auf Freiheitsstrafe von drei Monaten bis zu fünf Jahren zu erkennen.

(3) Wer es unternimmt, einen jugendpornographischen Inhalt, der ein tatsächliches Geschehen wiedergibt, abzurufen oder sich den Besitz an einem solchen Inhalt zu verschaffen, oder wer einen solchen Inhalt besitzt, wird mit Freiheitsstrafe bis zu zwei Jahren oder mit Geldstrafe bestraft.

(4) Absatz 1 Nummer 3, auch in Verbindung mit Absatz 5, und Absatz 3 sind nicht anzuwenden auf Handlungen von Personen in Bezug auf einen solchen jugendpornographischen Inhalt, den sie ausschließlich zum persönlichen Gebrauch mit Einwilligung der dargestellten Personen hergestellt haben.

(5) Der Versuch ist strafbar; dies gilt nicht für Taten nach Absatz 1 Nummer 2 und 4 sowie Absatz 3.

(6) § 184b Absatz 5 bis 7 gilt entsprechend.

§ 184d (weggefallen)

§ 184e Veranstaltung und Besuch kinder- und jugendpornographischer Darbietungen

(1) Nach § 184b Absatz 1 wird auch bestraft, wer eine kinderpornographische Darbietung veranstaltet. Nach § 184c Absatz 1 wird auch bestraft, wer eine jugendpornographische Darbietung veranstaltet.

(2) Nach § 184b Absatz 3 wird auch bestraft, wer eine kinderpornographische Darbietung besucht. Nach § 184c Absatz 3 wird auch bestraft, wer eine jugendpornographische Darbietung besucht. § 184b Absatz 5 Nummer 1 und 3 gilt entsprechend.

§ 184f Ausübung der verbotenen Prostitution

Wer einem durch Rechtsverordnung erlassenen Verbot, der Prostitution an bestimmten Orten überhaupt oder zu bestimmten Tageszeiten nachzugehen, beharrlich zuwiderhandelt, wird mit Freiheitsstrafe bis zu sechs Monaten oder mit Geldstrafe bis zu einhundertachtzig Tagessätzen bestraft.

§ 184g Jugendgefährdende Prostitution

Wer der Prostitution
1. in der Nähe einer Schule oder anderen Örtlichkeit, die zum Besuch durch Personen unter achtzehn Jahren bestimmt ist, oder
2. in einem Haus, in dem Personen unter achtzehn Jahren wohnen,
in einer Weise nachgeht, die diese Personen sittlich gefährdet, wird mit Freiheitsstrafe bis zu einem Jahr oder mit Geldstrafe bestraft.

§ 184h Begriffsbestimmungen

Im Sinne dieses Gesetzes sind
1. sexuelle Handlungen
nur solche, die im Hinblick auf das jeweils geschützte Rechtsgut von einiger Erheblichkeit sind,
2. sexuelle Handlungen vor einer anderen Person
nur solche, die vor einer anderen Person vorgenommen werden, die den Vorgang wahrnimmt.

§ 184i Sexuelle Belästigung

(1) Wer eine andere Person in sexuell bestimmter Weise körperlich berührt und dadurch belästigt, wird mit Freiheitsstrafe bis zu zwei Jahren oder mit Geldstrafe bestraft, wenn nicht die Tat in anderen Vorschriften dieses Abschnitts mit schwererer Strafe bedroht ist.

(2) In besonders schweren Fällen ist die Freiheitsstrafe von drei Monaten bis zu fünf Jahren. Ein besonders schwerer Fall liegt in der Regel vor, wenn die Tat von mehreren gemeinschaftlich begangen wird.
(3) Die Tat wird nur auf Antrag verfolgt, es sei denn, dass die Strafverfolgungsbehörde wegen des besonderen öffentlichen Interesses an der Strafverfolgung ein Einschreiten von Amts wegen für geboten hält.

§ 184j Straftaten aus Gruppen

Wer eine Straftat dadurch fördert, dass er sich an einer Personengruppe beteiligt, die eine andere Person zur Begehung einer Straftat an ihr bedrängt, wird mit Freiheitsstrafe bis zu zwei Jahren oder mit Geldstrafe bestraft, wenn von einem Beteiligten der Gruppe eine Straftat nach den §§ 177 oder 184i begangen wird und die Tat nicht in anderen Vorschriften mit schwererer Strafe bedroht ist.

§ 184k Verletzung des Intimbereichs durch Bildaufnahmen

(1) Mit Freiheitsstrafe bis zu zwei Jahren oder mit Geldstrafe wird bestraft, wer
1. absichtlich oder wissentlich von den Genitalien, dem Gesäß, der weiblichen Brust oder der diese Körperteile bedeckenden Unterwäsche einer anderen Person unbefugt eine Bildaufnahme herstellt oder überträgt, soweit diese Bereiche gegen Anblick geschützt sind,
2. eine durch eine Tat nach Nummer 1 hergestellte Bildaufnahme gebraucht oder einer dritten Person zugänglich macht oder
3. eine befugt hergestellte Bildaufnahme der in der Nummer 1 bezeichneten Art wissentlich unbefugt einer dritten Person zugänglich macht.

(2) Die Tat wird nur auf Antrag verfolgt, es sei denn, dass die Strafverfolgungsbehörde wegen des besonderen öffentlichen Interesses an der Strafverfolgung ein Einschreiten von Amts wegen für geboten hält.
(3) Absatz 1 gilt nicht für Handlungen, die in Wahrnehmung überwiegender berechtigter Interessen erfolgen, namentlich der Kunst oder der Wissenschaft, der Forschung oder der Lehre, der Berichterstattung über Vorgänge des Zeitgeschehens oder der Geschichte oder ähnlichen Zwecken dienen.
(4) Die Bildträger sowie Bildaufnahmegeräte oder andere technische Mittel, die der Täter oder Teilnehmer verwendet hat, können eingezogen werden. § 74a ist anzuwenden.

§ 184l Inverkehrbringen, Erwerb und Besitz von Sexpuppen mit kindlichem Erscheinungsbild[1]

(1) Mit Freiheitsstrafe bis zu fünf Jahren oder Geldstrafe wird bestraft, wer
1. eine körperliche Nachbildung eines Kindes oder eines Körperteiles eines Kindes, die nach ihrer Beschaffenheit zur Vornahme sexueller Handlungen bestimmt ist, herstellt, anbietet oder bewirbt oder
2. mit einer in Nummer 1 beschriebenen Nachbildung Handel treibt oder sie hierzu in oder durch den räumlichen Geltungsbereich dieses Gesetzes verbringt oder
3. ohne Handel zu treiben, eine in Nummer 1 beschriebene Nachbildung veräußert, abgibt oder sonst in Verkehr bringt.

Satz 1 gilt nicht, wenn die Tat nach § 184b mit schwererer Strafe bedroht ist.
(2) Mit Freiheitsstrafe bis zu drei Jahren oder Geldstrafe wird bestraft, wer eine in Absatz 1 Satz 1 Nummer 1 beschriebene Nachbildung erwirbt, besitzt oder in oder durch den räumlichen Geltungsbereich dieses Gesetzes verbringt. Absatz 1 Satz 2 gilt entsprechend.
(3) In den Fällen des Absatzes 1 Satz 1 Nummer 2 und 3 ist der Versuch strafbar.
(4) Absatz 1 Satz 1 Nummer 3 und Absatz 2 gelten nicht für Handlungen, die ausschließlich der rechtmäßigen Erfüllung staatlicher Aufgaben oder dienstlicher oder beruflicher Pflichten dienen.
(5) Gegenstände, auf die sich die Straftat bezieht, werden eingezogen. § 74a ist anzuwenden.

Vierzehnter Abschnitt
Beleidigung

§ 185 Beleidigung

Die Beleidigung wird mit Freiheitsstrafe bis zu einem Jahr oder mit Geldstrafe und, wenn die Beleidigung öffentlich, in einer Versammlung, durch Verbreiten eines Inhalts (§ 11 Absatz 3) oder mittels einer Tätlichkeit begangen wird, mit Freiheitsstrafe bis zu zwei Jahren oder mit Geldstrafe bestraft.

§ 186 Üble Nachrede

Wer in Beziehung auf einen anderen eine Tatsache behauptet oder verbreitet, welche denselben verächtlich zu machen oder in der öffentlichen Meinung herabzuwürdigen geeignet ist, wird, wenn nicht diese Tatsache

---

[1] Notifiziert gemäß der Richtlinie (EU) 2015/1535 des Europäischen Parlaments und des Rates vom 9. September 2015 über ein Informationsverfahren auf dem Gebiet der technischen Vorschriften und der Vorschriften für die Dienste der Informationsgesellschaft (ABl. L 241 vom 17. 9. 2015, S. 1).

erweislich wahr ist, mit Freiheitsstrafe bis zu einem Jahr oder mit Geldstrafe und, wenn die Tat öffentlich, in einer Versammlung oder durch Verbreiten eines Inhalts (§ 11 Absatz 3) begangen ist, mit Freiheitsstrafe bis zu zwei Jahren oder mit Geldstrafe bestraft.

§ 187 Verleumdung
Wer wider besseres Wissen in Beziehung auf einen anderen eine unwahre Tatsache behauptet oder verbreitet, welche denselben verächtlich zu machen oder in der öffentlichen Meinung herabzuwürdigen oder dessen Kredit zu gefährden geeignet ist, wird mit Freiheitsstrafe bis zu zwei Jahren oder mit Geldstrafe und, wenn die Tat öffentlich, in einer Versammlung oder durch Verbreiten eines Inhalts (§ 11 Absatz 3) begangen ist, mit Freiheitsstrafe bis zu fünf Jahren oder mit Geldstrafe bestraft.

§ 188 Gegen Personen des politischen Lebens gerichtete Beleidigung, üble Nachrede und Verleumdung
(1) Wird gegen eine im politischen Leben des Volkes stehende Person öffentlich, in einer Versammlung oder durch Verbreiten eines Inhalts (§ 11 Absatz 3) eine Beleidigung (§ 185) aus Beweggründen begangen, die mit der Stellung des Beleidigten im öffentlichen Leben zusammenhängen, und ist die Tat geeignet, sein öffentliches Wirken erheblich zu erschweren, so ist die Strafe Freiheitsstrafe bis zu drei Jahren oder Geldstrafe. Das politische Leben des Volkes reicht bis hin zur kommunalen Ebene.
(2) Unter den gleichen Voraussetzungen wird eine üble Nachrede (§ 186) mit Freiheitsstrafe von drei Monaten bis zu fünf Jahren und eine Verleumdung (§ 187) mit Freiheitsstrafe von sechs Monaten bis zu fünf Jahren bestraft.

§ 189 Verunglimpfung des Andenkens Verstorbener
Wer das Andenken eines Verstorbenen verunglimpft, wird mit Freiheitsstrafe bis zu zwei Jahren oder mit Geldstrafe bestraft.

§ 190 Wahrheitsbeweis durch Strafurteil
Ist die behauptete oder verbreitete Tatsache eine Straftat, so ist der Beweis der Wahrheit als erbracht anzusehen, wenn der Beleidigte wegen dieser Tat rechtskräftig verurteilt worden ist. Der Beweis der Wahrheit ist dagegen ausgeschlossen, wenn der Beleidigte vor der Behauptung oder Verbreitung rechtskräftig freigesprochen worden ist.

§ 191 (weggefallen)

§ 192 Beleidigung trotz Wahrheitsbeweises
Der Beweis der Wahrheit der behaupteten oder verbreiteten Tatsache schließt die Bestrafung nach § 185 nicht aus, wenn das Vorhandensein einer Beleidigung aus der Form der Behauptung oder Verbreitung oder aus den Umständen, unter welchen sie geschah, hervorgeht.

§ 193 Wahrnehmung berechtigter Interessen
Tadelnde Urteile über wissenschaftliche, künstlerische oder gewerbliche Leistungen, desgleichen Äußerungen, welche zur Ausführung oder Verteidigung von Rechten oder zur Wahrnehmung berechtigter Interessen gemacht werden, sowie Vorhaltungen und Rügen der Vorgesetzten gegen ihre Untergebenen, dienstliche Anzeigen oder Urteile von seiten eines Beamten und ähnliche Fälle sind nur insofern strafbar, als das Vorhandensein einer Beleidigung aus der Form der Äußerung oder aus den Umständen, unter welchen sie geschah, hervorgeht.

§ 194 Strafantrag
(1) Die Beleidigung wird nur auf Antrag verfolgt. Ist die Tat in einer Versammlung oder dadurch begangen, dass ein Inhalt (§ 11 Absatz 3) verbreitet oder der Öffentlichkeit zugänglich gemacht worden ist, so ist ein Antrag nicht erforderlich, wenn der Verletzte als Angehöriger einer Gruppe unter der nationalsozialistischen oder einer anderen Gewalt- und Willkürherrschaft verfolgt wurde, diese Gruppe Teil der Bevölkerung ist und die Beleidigung mit dieser Verfolgung zusammenhängt. In den Fällen des § 188 wird die Tat auch dann verfolgt, wenn die Strafverfolgungsbehörde wegen des besonderen öffentlichen Interesses an der Strafverfolgung ein Einschreiten von Amts wegen für geboten hält. Die Taten nach den Sätzen 2 und 3 können jedoch nicht von Amts wegen verfolgt werden, wenn der Verletzte widerspricht. Der Widerspruch kann nicht zurückgenommen werden. Stirbt der Verletzte, so gehen das Antragsrecht und das Widerspruchsrecht auf die in § 77 Abs. 2 bezeichneten Angehörigen über.
(2) Ist das Andenken eines Verstorbenen verunglimpft, so steht das Antragsrecht den in § 77 Abs. 2 bezeichneten Angehörigen zu. Ist die Tat in einer Versammlung oder dadurch begangen, dass ein Inhalt (§ 11 Absatz 3) verbreitet oder der Öffentlichkeit zugänglich gemacht worden ist, so ist ein Antrag nicht erforderlich, wenn der Verstorbene sein Leben als Opfer der nationalsozialistischen oder einer anderen Gewalt- und Willkürherrschaft verloren hat und die Verunglimpfung damit zusammenhängt. Die Tat kann jedoch nicht von Amts wegen verfolgt

werden, wenn ein Antragsberechtigter der Verfolgung widerspricht. Der Widerspruch kann nicht zurückgenommen werden.

(3) Ist die Beleidigung gegen einen Amtsträger, einen für den öffentlichen Dienst besonders Verpflichteten oder einen Soldaten der Bundeswehr während der Ausübung seines Dienstes oder in Beziehung auf seinen Dienst begangen, so wird sie auch auf Antrag des Dienstvorgesetzten verfolgt. Richtet sich die Tat gegen eine Behörde oder eine sonstige Stelle, die Aufgaben der öffentlichen Verwaltung wahrnimmt, so wird sie auf Antrag des Behördenleiters oder des Leiters der aufsichtführenden Behörde verfolgt. Dasselbe gilt für Träger von Ämtern und für Behörden der Kirchen und anderen Religionsgesellschaften des öffentlichen Rechts.

(4) Richtet sich die Tat gegen ein Gesetzgebungsorgan des Bundes oder eines Landes oder eine andere politische Körperschaft im räumlichen Geltungsbereich dieses Gesetzes, so wird sie nur mit Ermächtigung der betroffenen Körperschaft verfolgt.

§§ 195 bis 198 (weggefallen)

§ 199 Wechselseitig begangene Beleidigungen

Wenn eine Beleidigung auf der Stelle erwidert wird, so kann der Richter beide Beleidiger oder einen derselben für straffrei erklären.

§ 200 Bekanntgabe der Verurteilung

(1) Ist die Beleidigung öffentlich oder durch Verbreiten eines Inhalts (§ 11 Absatz 3) begangen und wird ihretwegen auf Strafe erkannt, so ist auf Antrag des Verletzten oder eines sonst zum Strafantrag Berechtigten anzuordnen, daß die Verurteilung wegen der Beleidigung auf Verlangen öffentlich bekanntgemacht wird.

(2) Die Art der Bekanntmachung ist im Urteil zu bestimmen. Ist die Beleidigung durch Verbreiten eines Inhalts (§ 11 Absatz 3) begangen, so soll die Bekanntmachung, wenn möglich, auf dieselbe Art erfolgen.

Fünfzehnter Abschnitt
Verletzung des persönlichen Lebens- und Geheimbereichs

§ 201 Verletzung der Vertraulichkeit des Wortes

(1) Mit Freiheitsstrafe bis zu drei Jahren oder mit Geldstrafe wird bestraft, wer unbefugt
1. das nichtöffentlich gesprochene Wort eines anderen auf einen Tonträger aufnimmt oder
2. eine so hergestellte Aufnahme gebraucht oder einem Dritten zugänglich macht.

(2) Ebenso wird bestraft, wer unbefugt
1. das nicht zu seiner Kenntnis bestimmte nichtöffentlich gesprochene Wort eines anderen mit einem Abhörgerät abhört oder
2. das nach Absatz 1 Nr. 1 aufgenommene oder nach Absatz 2 Nr. 1 abgehörte nichtöffentlich gesprochene Wort eines anderen im Wortlaut oder seinem wesentlichen Inhalt nach öffentlich mitteilt.

Die Tat nach Satz 1 Nr. 2 ist nur strafbar, wenn die öffentliche Mitteilung geeignet ist, berechtigte Interessen eines anderen zu beeinträchtigen. Sie ist nicht rechtswidrig, wenn die öffentliche Mitteilung zur Wahrnehmung überragender öffentlicher Interessen gemacht wird.

(3) Mit Freiheitsstrafe bis zu fünf Jahren oder mit Geldstrafe wird bestraft, wer als Amtsträger oder als für den öffentlichen Dienst besonders Verpflichteter die Vertraulichkeit des Wortes verletzt (Absätze 1 und 2).

(4) Der Versuch ist strafbar.

(5) Die Tonträger und Abhörgeräte, die der Täter oder Teilnehmer verwendet hat, können eingezogen werden. § 74a ist anzuwenden.

§ 201a Verletzung des höchstpersönlichen Lebensbereichs und von Persönlichkeitsrechten durch Bildaufnahmen

(1) Mit Freiheitsstrafe bis zu zwei Jahren oder mit Geldstrafe wird bestraft, wer
1. von einer anderen Person, die sich in einer Wohnung oder einem gegen Einblick besonders geschützten Raum befindet, unbefugt eine Bildaufnahme herstellt oder überträgt und dadurch den höchstpersönlichen Lebensbereich der abgebildeten Person verletzt,
2. eine Bildaufnahme, die die Hilflosigkeit einer anderen Person zur Schau stellt, unbefugt herstellt oder überträgt und dadurch den höchstpersönlichen Lebensbereich der abgebildeten Person verletzt,
3. eine Bildaufnahme, die in grob anstößiger Weise eine verstorbene Person zur Schau stellt, unbefugt herstellt oder überträgt,
4. eine durch eine Tat nach den Nummern 1 bis 3 hergestellte Bildaufnahme gebraucht oder einer dritten Person zugänglich macht oder

5. eine befugt hergestellte Bildaufnahme der in den Nummern 1 bis 3 bezeichneten Art wissentlich unbefugt einer dritten Person zugänglich macht und in den Fällen der Nummern 1 und 2 dadurch den höchstpersönlichen Lebensbereich der abgebildeten Person verletzt.
(2) Ebenso wird bestraft, wer unbefugt von einer anderen Person eine Bildaufnahme, die geeignet ist, dem Ansehen der abgebildeten Person erheblich zu schaden, einer dritten Person zugänglich macht. Dies gilt unter den gleichen Voraussetzungen auch für eine Bildaufnahme von einer verstorbenen Person.
(3) Mit Freiheitsstrafe bis zu zwei Jahren oder mit Geldstrafe wird bestraft, wer eine Bildaufnahme, die die Nacktheit einer anderen Person unter achtzehn Jahren zum Gegenstand hat,
1. herstellt oder anbietet, um sie einer dritten Person gegen Entgelt zu verschaffen, oder
2. sich oder einer dritten Person gegen Entgelt verschafft.
(4) Absatz 1 Nummer 2 bis 4, auch in Verbindung mit Absatz 1 Nummer 5 oder 6, Absatz 2 und 3 gelten nicht für Handlungen, die in Wahrnehmung überwiegender berechtigter Interessen erfolgen, namentlich der Kunst oder der Wissenschaft, der Forschung oder der Lehre, der Berichterstattung über Vorgänge des Zeitgeschehens oder der Geschichte oder ähnlichen Zwecken dienen.
(5) Die Bildträger sowie Bildaufnahmegeräte oder andere technische Mittel, die der Täter oder Teilnehmer verwendet hat, können eingezogen werden. § 74a ist anzuwenden.

§ 202 Verletzung des Briefgeheimnisses
(1) Wer unbefugt
1. einen verschlossenen Brief oder ein anderes verschlossenes Schriftstück, die nicht zu seiner Kenntnis bestimmt sind, öffnet oder
2. sich vom Inhalt eines solchen Schriftstücks ohne Öffnung des Verschlusses unter Anwendung technischer Mittel Kenntnis verschafft,
wird mit Freiheitsstrafe bis zu einem Jahr oder mit Geldstrafe bestraft, wenn die Tat nicht in § 206 mit Strafe bedroht ist.
(2) Ebenso wird bestraft, wer sich unbefugt vom Inhalt eines Schriftstücks, das nicht zu seiner Kenntnis bestimmt und durch ein verschlossenes Behältnis gegen Kenntnisnahme besonders gesichert ist, Kenntnis verschafft, nachdem er dazu das Behältnis geöffnet hat.
(3) Einem Schriftstück im Sinne der Absätze 1 und 2 steht eine Abbildung gleich.

§ 202a Ausspähen von Daten
(1) Wer unbefugt sich oder einem anderen Zugang zu Daten, die nicht für ihn bestimmt und die gegen unberechtigten Zugang besonders gesichert sind, unter Überwindung der Zugangssicherung verschafft, wird mit Freiheitsstrafe bis zu drei Jahren oder mit Geldstrafe bestraft.
(2) Daten im Sinne des Absatzes 1 sind nur solche, die elektronisch, magnetisch oder sonst nicht unmittelbar wahrnehmbar gespeichert sind oder übermittelt werden.

§ 202b Abfangen von Daten
Wer unbefugt sich oder einem anderen unter Anwendung von technischen Mitteln nicht für ihn bestimmte Daten (§ 202a Abs. 2) aus einer nichtöffentlichen Datenübermittlung oder aus der elektromagnetischen Abstrahlung einer Datenverarbeitungsanlage verschafft, wird mit Freiheitsstrafe bis zu zwei Jahren oder mit Geldstrafe bestraft, wenn die Tat nicht in anderen Vorschriften mit schwererer Strafe bedroht ist.

§ 202c Vorbereiten des Ausspähens und Abfangens von Daten
(1) Wer eine Straftat nach § 202a oder § 202b vorbereitet, indem er
1. Passwörter oder sonstige Sicherungscodes, die den Zugang zu Daten (§ 202a Abs. 2) ermöglichen, oder
2. Computerprogramme, deren Zweck die Begehung einer solchen Tat ist,
herstellt, sich oder einem anderen verschafft, verkauft, einem anderen überlässt, verbreitet oder sonst zugänglich macht, wird mit Freiheitsstrafe bis zu zwei Jahren oder mit Geldstrafe bestraft.
(2) § 149 Abs. 2 und 3 gilt entsprechend.

§ 202d Datenhehlerei
(1) Wer Daten (§ 202a Absatz 2), die nicht allgemein zugänglich sind und die ein anderer durch eine rechtswidrige Tat erlangt hat, sich oder einem anderen verschafft, einem anderen überlässt, verbreitet oder sonst zugänglich macht, um sich oder einen Dritten zu bereichern oder einen anderen zu schädigen, wird mit Freiheitsstrafe bis zu drei Jahren oder mit Geldstrafe bestraft.
(2) Die Strafe darf nicht schwerer sein als die für die Vortat angedrohte Strafe.

(3) Absatz 1 gilt nicht für Handlungen, die ausschließlich der Erfüllung rechtmäßiger dienstlicher oder beruflicher Pflichten dienen. Dazu gehören insbesondere
1. solche Handlungen von Amtsträgern oder deren Beauftragten, mit denen Daten ausschließlich der Verwertung in einem Besteuerungsverfahren, einem Strafverfahren oder einem Ordnungswidrigkeitenverfahren zugeführt werden sollen, sowie
2. solche beruflichen Handlungen der in § 53 Absatz 1 Satz 1 Nummer 5 der Strafprozessordnung genannten Personen, mit denen Daten entgegengenommen, ausgewertet oder veröffentlicht werden.

§ 203 Verletzung von Privatgeheimnissen

(1) Wer unbefugt ein fremdes Geheimnis, namentlich ein zum persönlichen Lebensbereich gehörendes Geheimnis oder ein Betriebs- oder Geschäftsgeheimnis, offenbart, das ihm als
1. Arzt, Zahnarzt, Tierarzt, Apotheker oder Angehörigen eines anderen Heilberufs, der für die Berufsausübung oder die Führung der Berufsbezeichnung eine staatlich geregelte Ausbildung erfordert,
2. Berufspsychologen mit staatlich anerkannter wissenschaftlicher Abschlußprüfung,
3. Rechtsanwalt, Kammerrechtsbeistand, Patentanwalt, Notar, Verteidiger in einem gesetzlich geordneten Verfahren, Wirtschaftsprüfer, vereidigtem Buchprüfer, Steuerberater, Steuerbevollmächtigten oder Organ oder Mitglied eines Organs einer Rechtsanwalts-, Patentanwalts-, Wirtschaftsprüfungs-, Buchprüfungs- oder Steuerberatungsgesellschaft,
4. Ehe-, Familien-, Erziehungs- oder Jugendberater sowie Berater für Suchtfragen in einer Beratungsstelle, die von einer Behörde oder Körperschaft, Anstalt oder Stiftung des öffentlichen Rechts anerkannt ist,
5. Mitglied oder Beauftragten einer anerkannten Beratungsstelle nach den §§ 3 und 8 des Schwangerschaftskonfliktgesetzes,
6. staatlich anerkanntem Sozialarbeiter oder staatlich anerkanntem Sozialpädagogen oder
7. Angehörigen eines Unternehmens der privaten Kranken-, Unfall- oder Lebensversicherung oder einer privatärztlichen, steuerberaterlichen oder anwaltlichen Verrechnungsstelle
anvertraut worden oder sonst bekanntgeworden ist, wird mit Freiheitsstrafe bis zu einem Jahr oder mit Geldstrafe bestraft.

(2) Ebenso wird bestraft, wer unbefugt ein fremdes Geheimnis, namentlich ein zum persönlichen Lebensbereich gehörendes Geheimnis oder ein Betriebs- oder Geschäftsgeheimnis, offenbart, das ihm als
1. Amtsträger oder Europäischer Amtsträger,
2. für den öffentlichen Dienst besonders Verpflichteten,
3. Person, die Aufgaben oder Befugnisse nach dem Personalvertretungsrecht wahrnimmt,
4. Mitglied eines für ein Gesetzgebungsorgan des Bundes oder eines Landes tätigen Untersuchungsausschusses, sonstigen Ausschusses oder Rates, das nicht selbst Mitglied des Gesetzgebungsorgans ist, oder als Hilfskraft eines solchen Ausschusses oder Rates,
5. öffentlich bestelltem Sachverständigen, der auf die gewissenhafte Erfüllung seiner Obliegenheiten auf Grund eines Gesetzes förmlich verpflichtet worden ist, oder
6. Person, die auf die gewissenhafte Erfüllung ihrer Geheimhaltungspflicht bei der Durchführung wissenschaftlicher Forschungsvorhaben auf Grund eines Gesetzes förmlich verpflichtet worden ist,
anvertraut worden oder sonst bekanntgeworden ist. Einem Geheimnis im Sinne des Satzes 1 stehen Einzelangaben über persönliche oder sachliche Verhältnisse eines anderen gleich, die für Aufgaben der öffentlichen Verwaltung erfaßt worden sind; Satz 1 ist jedoch nicht anzuwenden, soweit solche Einzelangaben anderen Behörden oder sonstigen Stellen für Aufgaben der öffentlichen Verwaltung bekanntgegeben werden und das Gesetz dies nicht untersagt.

(3) Kein Offenbaren im Sinne dieser Vorschrift liegt vor, wenn die in den Absätzen 1 und 2 genannten Personen Geheimnisse den bei ihnen berufsmäßig tätigen Gehilfen oder den bei ihnen zur Vorbereitung auf den Beruf tätigen Personen zugänglich machen. Die in den Absätzen 1 und 2 Genannten dürfen fremde Geheimnisse gegenüber sonstigen Personen offenbaren, die an ihrer beruflichen oder dienstlichen Tätigkeit mitwirken, soweit dies für die Inanspruchnahme der Tätigkeit der sonstigen mitwirkenden Personen erforderlich ist; das Gleiche gilt für sonstige mitwirkende Personen, wenn diese sich weiterer Personen bedienen, die an der beruflichen oder dienstlichen Tätigkeit der in den Absätzen 1 und 2 Genannten mitwirken.

(4) Mit Freiheitsstrafe bis zu einem Jahr oder mit Geldstrafe wird bestraft, wer unbefugt ein fremdes Geheimnis offenbart, das ihm bei der Ausübung oder bei Gelegenheit seiner Tätigkeit als mitwirkende Person oder als bei den in den Absätzen 1 und 2 genannten Personen tätiger Datenschutzbeauftragter bekannt geworden ist. Ebenso wird bestraft, wer
1. als in den Absätzen 1 und 2 genannte Person nicht dafür Sorge getragen hat, dass eine sonstige mitwirkende Person, die unbefugt ein fremdes, ihr bei der Ausübung oder bei Gelegenheit ihrer Tätigkeit bekannt

gewordenes Geheimnis offenbart, zur Geheimhaltung verpflichtet wurde; dies gilt nicht für sonstige mitwirkende Personen, die selbst eine in den Absätzen 1 oder 2 genannte Person sind,
2. als im Absatz 3 genannte mitwirkende Person sich einer weiteren mitwirkenden Person, die unbefugt ein fremdes, ihr bei der Ausübung oder bei Gelegenheit ihrer Tätigkeit bekannt gewordenes Geheimnis offenbart, bedient und nicht dafür Sorge getragen hat, dass diese zur Geheimhaltung verpflichtet wurde; dies gilt nicht für sonstige mitwirkende Personen, die selbst eine in den Absätzen 1 oder 2 genannte Person sind, oder
3. nach dem Tod der nach Satz 1 oder nach den Absätzen 1 oder 2 verpflichteten Person ein fremdes Geheimnis unbefugt offenbart, das er von dem Verstorbenen erfahren oder aus dessen Nachlass erlangt hat.

(5) Die Absätze 1 bis 4 sind auch anzuwenden, wenn der Täter das fremde Geheimnis nach dem Tod des Betroffenen unbefugt offenbart.

(6) Handelt der Täter gegen Entgelt oder in der Absicht, sich oder einen anderen zu bereichern oder einen anderen zu schädigen, so ist die Strafe Freiheitsstrafe bis zu zwei Jahren oder Geldstrafe.

§ 204 Verwertung fremder Geheimnisse

(1) Wer unbefugt ein fremdes Geheimnis, namentlich ein Betriebs- oder Geschäftsgeheimnis, zu dessen Geheimhaltung er nach § 203 verpflichtet ist, verwertet, wird mit Freiheitsstrafe bis zu zwei Jahren oder mit Geldstrafe bestraft.

(2) § 203 Absatz 5 gilt entsprechend.

§ 205 Strafantrag

(1) In den Fällen des § 201 Abs. 1 und 2 und der §§ 202, 203 und 204 wird die Tat nur auf Antrag verfolgt. Dies gilt auch in den Fällen der §§ 201a, 202a, 202b und 202d, es sei denn, dass die Strafverfolgungsbehörde wegen des besonderen öffentlichen Interesses an der Strafverfolgung ein Einschreiten von Amts wegen für geboten hält.

(2) Stirbt der Verletzte, so geht das Antragsrecht nach § 77 Abs. 2 auf die Angehörigen über; dies gilt nicht in den Fällen der §§ 202a, 202b und 202d. Gehört das Geheimnis nicht zum persönlichen Lebensbereich des Verletzten, so geht das Antragsrecht bei Straftaten nach den §§ 203 und 204 auf die Erben über. Offenbart oder verwertet der Täter in den Fällen der §§ 203 und 204 das Geheimnis nach dem Tod des Betroffenen, so gelten die Sätze 1 und 2 sinngemäß. In den Fällen des § 201a Absatz 1 Nummer 3 und Absatz 2 Satz 2 steht das Antragsrecht den in § 77 Absatz 2 bezeichneten Angehörigen zu.

§ 206 Verletzung des Post- und Fernmeldegeheimnisses

(1) Wer unbefugt einer anderen Person eine Mitteilung über Tatsachen macht, die dem Post- und Fernmeldegeheimnis unterliegen und die ihm als Inhaber oder Beschäftigtem eines Unternehmens bekanntgeworden sind, das geschäftsmäßig Post- oder Telekommunikationsdienste erbringt, wird mit Freiheitsstrafe bis zu fünf Jahren oder mit Geldstrafe bestraft.

(2) Ebenso wird bestraft, wer als Inhaber oder Beschäftigter eines in Absatz 1 bezeichneten Unternehmens unbefugt
1. eine Sendung, die einem solchen Unternehmen zur Übermittlung anvertraut worden und verschlossen ist, öffnet oder sich von ihrem Inhalt ohne Öffnung des Verschlusses unter Anwendung technischer Mittel Kenntnis verschafft,
2. eine einem solchen Unternehmen zur Übermittlung anvertraute Sendung unterdrückt oder
3. eine der in Absatz 1 oder in Nummer 1 oder 2 bezeichneten Handlungen gestattet oder fördert.

(3) Die Absätze 1 und 2 gelten auch für Personen, die
1. Aufgaben der Aufsicht über ein in Absatz 1 bezeichnetes Unternehmen wahrnehmen,
2. von einem solchen Unternehmen oder mit dessen Ermächtigung mit dem Erbringen von Post- oder Telekommunikationsdiensten betraut sind oder
3. mit der Herstellung einer dem Betrieb eines solchen Unternehmens dienenden Anlage oder mit Arbeiten daran betraut sind.

(4) Wer unbefugt einer anderen Person eine Mitteilung über Tatsachen macht, die ihm als außerhalb des Post- oder Telekommunikationsbereichs tätigem Amtsträger auf Grund eines befugten oder unbefugten Eingriffs in das Post- und Fernmeldegeheimnis bekanntgeworden sind, wird mit Freiheitsstrafe bis zu zwei Jahren oder mit Geldstrafe bestraft.

(5) Dem Postgeheimnis unterliegen die näheren Umstände des Postverkehrs bestimmter Personen sowie der Inhalt von Postsendungen. Dem Fernmeldegeheimnis unterliegen der Inhalt der Telekommunikation und ihre näheren Umstände, insbesondere die Tatsache, ob jemand an einem Telekommunikationsvorgang beteiligt ist oder war. Das Fernmeldegeheimnis erstreckt sich auch auf die näheren Umstände erfolgloser Verbindungsversuche.

§§ 207 bis 210 (weggefallen)

Sechzehnter Abschnitt
Straftaten gegen das Leben

§ 211 Mord
(1) Der Mörder wird mit lebenslanger Freiheitsstrafe bestraft.
(2) Mörder ist, wer
- aus Mordlust, zur Befriedigung des Geschlechtstriebs, aus Habgier oder sonst aus niedrigen Beweggründen,
- heimtückisch oder grausam oder mit gemeingefährlichen Mitteln oder,
- um eine andere Straftat zu ermöglichen oder zu verdecken,

einen Menschen tötet.

§ 212 Totschlag
(1) Wer einen Menschen tötet, ohne Mörder zu sein, wird als Totschläger mit Freiheitsstrafe nicht unter fünf Jahren bestraft.
(2) In besonders schweren Fällen ist auf lebenslange Freiheitsstrafe zu erkennen.

§ 213 Minder schwerer Fall des Totschlags
War der Totschläger ohne eigene Schuld durch eine ihm oder einem Angehörigen zugefügte Mißhandlung oder schwere Beleidigung von dem getöteten Menschen zum Zorn gereizt und hierdurch auf der Stelle zur Tat hingerissen worden oder liegt sonst ein minder schwerer Fall vor, so ist die Strafe Freiheitsstrafe von einem Jahr bis zu zehn Jahren.

§§ 214 und 215 (weggefallen)

§ 216 Tötung auf Verlangen
(1) Ist jemand durch das ausdrückliche und ernstliche Verlangen des Getöteten zur Tötung bestimmt worden, so ist auf Freiheitsstrafe von sechs Monaten bis zu fünf Jahren zu erkennen.
(2) Der Versuch ist strafbar.

§ 217 Geschäftsmäßige Förderung der Selbsttötung
(1) Wer in der Absicht, die Selbsttötung eines anderen zu fördern, diesem hierzu geschäftsmäßig die Gelegenheit gewährt, verschafft oder vermittelt, wird mit Freiheitsstrafe bis zu drei Jahren oder mit Geldstrafe bestraft.
(2) Als Teilnehmer bleibt straffrei, wer selbst nicht geschäftsmäßig handelt und entweder Angehöriger des in Absatz 1 genannten anderen ist oder diesem nahesteht.

Entscheidung des Bundesverfassungsgerichts vom 26. Februar 2020 (BGBl. I S. 525)
Aus dem Urteil des Bundesverfassungsgerichts vom 26. Februar 2020 – 2 BvR 2347/15 u. a. – wird folgende Entscheidungsformel veröffentlicht:

§ 217 des Strafgesetzbuches in der Fassung des Gesetzes zur Strafbarkeit der geschäftsmäßigen Förderung der Selbsttötung vom 3. Dezember 2015 (Bundesgesetzblatt I Seite 2177) verletzt die Beschwerdeführer zu I. 1., I. 2. und VI. 5. in ihrem Grundrecht aus Artikel 2 Absatz 1 in Verbindung mit Artikel 1 Absatz 1 des Grundgesetzes, die Beschwerdeführer zu II. und III. 2. in ihrem Grundrecht aus Artikel 2 Absatz 1 des Grundgesetzes, die Beschwerdeführer zu III. 3. bis III. 5. und VI. 2. in ihrem Grundrecht aus Artikel 2 Absatz 1 und aus Artikel 2 Absatz 2 Satz 2 in Verbindung mit Artikel 104 Absatz 1 des Grundgesetzes sowie die Beschwerdeführer zu III. 6., IV., V. 1. bis V. 4. und VI.3. in ihren Grundrechten aus Artikel 12 Absatz 1 und aus Artikel 2 Absatz 2 Satz 2 in Verbindung mit Artikel 104 Absatz 1 des Grundgesetzes. Die Vorschrift ist mit dem Grundgesetz unvereinbar und nichtig.

Die vorstehende Entscheidungsformel hat gemäß § 31 Absatz 2 des Bundesverfassungsgerichtsgesetzes Gesetzeskraft.

§ 218 Schwangerschaftsabbruch
(1) Wer eine Schwangerschaft abbricht, wird mit Freiheitsstrafe bis zu drei Jahren oder mit Geldstrafe bestraft. Handlungen, deren Wirkung vor Abschluß der Einnistung des befruchteten Eies in der Gebärmutter eintritt, gelten nicht als Schwangerschaftsabbruch im Sinne dieses Gesetzes.
(2) In besonders schweren Fällen ist die Strafe Freiheitsstrafe von sechs Monaten bis zu fünf Jahren. Ein besonders schwerer Fall liegt in der Regel vor, wenn der Täter
1. gegen den Willen der Schwangeren handelt oder
2. leichtfertig die Gefahr des Todes oder einer schweren Gesundheitsschädigung der Schwangeren verursacht.

(3) Begeht die Schwangere die Tat, so ist die Strafe Freiheitsstrafe bis zu einem Jahr oder Geldstrafe.
(4) Der Versuch ist strafbar. Die Schwangere wird nicht wegen Versuchs bestraft.

§ 218a Straflosigkeit des Schwangerschaftsabbruchs
(1) Der Tatbestand des § 218 ist nicht verwirklicht, wenn

1. die Schwangere den Schwangerschaftsabbruch verlangt und dem Arzt durch eine Bescheinigung nach § 219 Abs. 2 Satz 2 nachgewiesen hat, daß sie sich mindestens drei Tage vor dem Eingriff hat beraten lassen,
2. der Schwangerschaftsabbruch von einem Arzt vorgenommen wird und
3. seit der Empfängnis nicht mehr als zwölf Wochen vergangen sind.

(2) Der mit Einwilligung der Schwangeren von einem Arzt vorgenommene Schwangerschaftsabbruch ist nicht rechtswidrig, wenn der Abbruch der Schwangerschaft unter Berücksichtigung der gegenwärtigen und zukünftigen Lebensverhältnisse der Schwangeren nach ärztlicher Erkenntnis angezeigt ist, um eine Gefahr für das Leben oder die Gefahr einer schwerwiegenden Beeinträchtigung des körperlichen oder seelischen Gesundheitszustandes der Schwangeren abzuwenden, und die Gefahr nicht auf eine andere für sie zumutbare Weise abgewendet werden kann.

(3) Die Voraussetzungen des Absatzes 2 gelten bei einem Schwangerschaftsabbruch, der mit Einwilligung der Schwangeren von einem Arzt vorgenommen wird, auch als erfüllt, wenn nach ärztlicher Erkenntnis an der Schwangeren eine rechtswidrige Tat nach den §§ 176 bis 178 des Strafgesetzbuches begangen worden ist, dringende Gründe für die Annahme sprechen, daß die Schwangerschaft auf der Tat beruht, und seit der Empfängnis nicht mehr als zwölf Wochen vergangen sind.

(4) Die Schwangere ist nicht nach § 218 strafbar, wenn der Schwangerschaftsabbruch nach Beratung (§ 219) von einem Arzt vorgenommen worden ist und seit der Empfängnis nicht mehr als zweiundzwanzig Wochen verstrichen sind. Das Gericht kann von Strafe nach § 218 absehen, wenn die Schwangere sich zur Zeit des Eingriffs in besonderer Bedrängnis befunden hat.

§ 218b Schwangerschaftsabbruch ohne ärztliche Feststellung; unrichtige ärztliche Feststellung

(1) Wer in den Fällen des § 218a Abs. 2 oder 3 eine Schwangerschaft abbricht, ohne daß ihm die schriftliche Feststellung eines Arztes, der nicht selbst den Schwangerschaftsabbruch vornimmt, darüber vorgelegen hat, ob die Voraussetzungen des § 218a Abs. 2 oder 3 gegeben sind, wird mit Freiheitsstrafe bis zu einem Jahr oder mit Geldstrafe bestraft, wenn die Tat nicht in § 218 mit Strafe bedroht ist. Wer als Arzt wider besseres Wissen eine unrichtige Feststellung über die Voraussetzungen des § 218a Abs. 2 oder 3 zur Vorlage nach Satz 1 trifft, wird mit Freiheitsstrafe bis zu zwei Jahren oder mit Geldstrafe bestraft, wenn die Tat nicht in § 218 mit Strafe bedroht ist. Die Schwangere ist nicht nach Satz 1 oder 2 strafbar.

(2) Ein Arzt darf Feststellungen nach § 218a Abs. 2 oder 3 nicht treffen, wenn ihm die zuständige Stelle dies untersagt hat, weil er wegen einer rechtswidrigen Tat nach Absatz 1, den §§ 218, 219a oder 219b oder wegen einer anderen rechtswidrigen Tat, die er im Zusammenhang mit einem Schwangerschaftsabbruch begangen hat, rechtskräftig verurteilt worden ist. Die zuständige Stelle kann einem Arzt vorläufig untersagen, Feststellungen nach § 218a Abs. 2 und 3 zu treffen, wenn gegen ihn wegen des Verdachts einer der in Satz 1 bezeichneten rechtswidrigen Taten das Hauptverfahren eröffnet worden ist.

§ 218c Ärztliche Pflichtverletzung bei einem Schwangerschaftsabbruch

(1) Wer eine Schwangerschaft abbricht,
1. ohne der Frau Gelegenheit gegeben zu haben, ihm die Gründe für ihr Verlangen nach Abbruch der Schwangerschaft darzulegen,
2. ohne die Schwangere über die Bedeutung des Eingriffs, insbesondere über Ablauf, Folgen, Risiken, mögliche physische und psychische Auswirkungen ärztlich beraten zu haben,
3. ohne sich zuvor in den Fällen des § 218a Abs. 1 und 3 auf Grund ärztlicher Untersuchung von der Dauer der Schwangerschaft überzeugt zu haben oder
4. obwohl er die Frau in einem Fall des § 218a Abs. 1 nach § 219 beraten hat,
wird mit Freiheitsstrafe bis zu einem Jahr oder mit Geldstrafe bestraft, wenn die Tat nicht in § 218 mit Strafe bedroht ist.

(2) Die Schwangere ist nicht nach Absatz 1 strafbar.

§ 219 Beratung der Schwangeren in einer Not- und Konfliktlage

(1) Die Beratung dient dem Schutz des ungeborenen Lebens. Sie hat sich von dem Bemühen leiten zu lassen, die Frau zur Fortsetzung der Schwangerschaft zu ermutigen und ihr Perspektiven für ein Leben mit dem Kind zu eröffnen; sie soll ihr helfen, eine verantwortliche und gewissenhafte Entscheidung zu treffen. Dabei muß der Frau bewußt sein, daß das Ungeborene in jedem Stadium der Schwangerschaft auch ihr gegenüber ein eigenes Recht auf Leben hat und daß deshalb nach der Rechtsordnung ein Schwangerschaftsabbruch nur in Ausnahmesituationen in Betracht kommen kann, wenn der Frau durch das Austragen des Kindes eine Belastung erwächst, die so schwer und außergewöhnlich ist, daß sie die zumutbare Opfergrenze übersteigt. Die Beratung soll durch Rat und Hilfe dazu beitragen, die in Zusammenhang mit der Schwangerschaft bestehende Konfliktlage zu bewältigen und einer Notlage abzuhelfen. Das Nähere regelt das Schwangerschaftskonfliktgesetz.

(2) Die Beratung hat nach dem Schwangerschaftskonfliktgesetz durch eine anerkannte Schwangerschaftskonfliktberatungsstelle zu erfolgen. Die Beratungsstelle hat der Schwangeren nach Abschluß der Beratung hierüber eine mit dem Datum des letzten Beratungsgesprächs und dem Namen der Schwangeren versehene Bescheinigung nach Maßgabe des Schwangerschaftskonfliktgesetzes auszustellen. Der Arzt, der den Abbruch der Schwangerschaft vornimmt, ist als Berater ausgeschlossen.

§ 219a Werbung für den Abbruch der Schwangerschaft

(1) Wer öffentlich, in einer Versammlung oder durch Verbreiten eines Inhalts (§ 11 Absatz 3) seines Vermögensvorteils wegen oder in grob anstößiger Weise
1. eigene oder fremde Dienste zur Vornahme oder Förderung eines Schwangerschaftsabbruchs oder
2. Mittel, Gegenstände oder Verfahren, die zum Abbruch der Schwangerschaft geeignet sind, unter Hinweis auf diese Eignung

anbietet, ankündigt, anpreist oder Erklärungen solchen Inhalts bekanntgibt, wird mit Freiheitsstrafe bis zu zwei Jahren oder mit Geldstrafe bestraft.
(2) Absatz 1 Nr. 1 gilt nicht, wenn Ärzte oder auf Grund Gesetzes anerkannte Beratungsstellen darüber unterrichtet werden, welche Ärzte, Krankenhäuser oder Einrichtungen bereit sind, einen Schwangerschaftsabbruch unter den Voraussetzungen des § 218a Abs. 1 bis 3 vorzunehmen.
(3) Absatz 1 Nr. 2 gilt nicht, wenn die Tat gegenüber Ärzten oder Personen, die zum Handel mit den in Absatz 1 Nr. 2 erwähnten Mitteln oder Gegenständen befugt sind, oder durch eine Veröffentlichung in ärztlichen oder pharmazeutischen Fachblättern begangen wird.
(4) Absatz 1 gilt nicht, wenn Ärzte, Krankenhäuser oder Einrichtungen
1. auf die Tatsache hinweisen, dass sie Schwangerschaftsabbrüche unter den Voraussetzungen des § 218a Absatz 1 bis 3 vornehmen, oder
2. auf Informationen einer insoweit zuständigen Bundes- oder Landesbehörde, einer Beratungsstelle nach dem Schwangerschaftskonfliktgesetz oder einer Ärztekammer über einen Schwangerschaftsabbruch hinweisen.

§ 219b Inverkehrbringen von Mitteln zum Abbruch der Schwangerschaft

(1) Wer in der Absicht, rechtswidrige Taten nach § 218 zu fördern, Mittel oder Gegenstände, die zum Schwangerschaftsabbruch geeignet sind, in den Verkehr bringt, wird mit Freiheitsstrafe bis zu zwei Jahren oder mit Geldstrafe bestraft.
(2) Die Teilnahme der Frau, die den Abbruch ihrer Schwangerschaft vorbereitet, ist nicht nach Absatz 1 strafbar.
(3) Mittel oder Gegenstände, auf die sich die Tat bezieht, können eingezogen werden.

§ 220 (weggefallen)

§ 221 Aussetzung

(1) Wer einen Menschen
1. in eine hilflose Lage versetzt oder
2. in einer hilflosen Lage im Stich läßt, obwohl er ihn in seiner Obhut hat oder ihm sonst beizustehen verpflichtet ist,

und ihn dadurch der Gefahr des Todes oder einer schweren Gesundheitsschädigung aussetzt, wird mit Freiheitsstrafe von drei Monaten bis zu fünf Jahren bestraft.
(2) Auf Freiheitsstrafe von einem Jahr bis zu zehn Jahren ist zu erkennen, wenn der Täter
1. die Tat gegen sein Kind oder eine Person begeht, die ihm zur Erziehung oder zur Betreuung in der Lebensführung anvertraut ist, oder
2. durch die Tat eine schwere Gesundheitsschädigung des Opfers verursacht.

(3) Verursacht der Täter durch die Tat den Tod des Opfers, so ist die Strafe Freiheitsstrafe nicht unter drei Jahren.
(4) In minder schweren Fällen des Absatzes 2 ist auf Freiheitsstrafe von sechs Monaten bis zu fünf Jahren, in minder schweren Fällen des Absatzes 3 auf Freiheitsstrafe von einem Jahr bis zu zehn Jahren zu erkennen.

§ 222 Fahrlässige Tötung

Wer durch Fahrlässigkeit den Tod eines Menschen verursacht, wird mit Freiheitsstrafe bis zu fünf Jahren oder mit Geldstrafe bestraft.

Siebzehnter Abschnitt
Straftaten gegen die körperliche Unversehrtheit

§ 223 Körperverletzung
(1) Wer eine andere Person körperlich mißhandelt oder an der Gesundheit schädigt, wird mit Freiheitsstrafe bis zu fünf Jahren oder mit Geldstrafe bestraft.
(2) Der Versuch ist strafbar.

§ 224 Gefährliche Körperverletzung
(1) Wer die Körperverletzung
1. durch Beibringung von Gift oder anderen gesundheitsschädlichen Stoffen,
2. mittels einer Waffe oder eines anderen gefährlichen Werkzeugs,
3. mittels eines hinterlistigen Überfalls,
4. mit einem anderen Beteiligten gemeinschaftlich oder
5. mittels einer das Leben gefährdenden Behandlung

begeht, wird mit Freiheitsstrafe von sechs Monaten bis zu zehn Jahren, in minder schweren Fällen mit Freiheitsstrafe von drei Monaten bis zu fünf Jahren bestraft.
(2) Der Versuch ist strafbar.

§ 225 Mißhandlung von Schutzbefohlenen
(1) Wer eine Person unter achtzehn Jahren oder eine wegen Gebrechlichkeit oder Krankheit wehrlose Person, die
1. seiner Fürsorge oder Obhut untersteht,
2. seinem Hausstand angehört,
3. von dem Fürsorgepflichtigen seiner Gewalt überlassen worden oder
4. ihm im Rahmen eines Dienst- oder Arbeitsverhältnisses untergeordnet ist,

quält oder roh mißhandelt, oder wer durch böswillige Vernachlässigung seiner Pflicht, für sie zu sorgen, sie an der Gesundheit schädigt, wird mit Freiheitsstrafe von sechs Monaten bis zu zehn Jahren bestraft.
(2) Der Versuch ist strafbar.
(3) Auf Freiheitsstrafe nicht unter einem Jahr ist zu erkennen, wenn der Täter die schutzbefohlene Person durch die Tat in die Gefahr
1. des Todes oder einer schweren Gesundheitsschädigung oder
2. einer erheblichen Schädigung der körperlichen oder seelischen Entwicklung

bringt.
(4) In minder schweren Fällen des Absatzes 1 ist auf Freiheitsstrafe von drei Monaten bis zu fünf Jahren, in minder schweren Fällen des Absatzes 3 auf Freiheitsstrafe von sechs Monaten bis zu fünf Jahren zu erkennen.

§ 226 Schwere Körperverletzung
(1) Hat die Körperverletzung zur Folge, daß die verletzte Person
1. das Sehvermögen auf einem Auge oder beiden Augen, das Gehör, das Sprechvermögen oder die Fortpflanzungsfähigkeit verliert,
2. ein wichtiges Glied des Körpers verliert oder dauernd nicht mehr gebrauchen kann oder
3. in erheblicher Weise dauernd entstellt wird oder in Siechtum, Lähmung oder geistige Krankheit oder Behinderung verfällt,

so ist die Strafe Freiheitsstrafe von einem Jahr bis zu zehn Jahren.
(2) Verursacht der Täter eine der in Absatz 1 bezeichneten Folgen absichtlich oder wissentlich, so ist die Strafe Freiheitsstrafe nicht unter drei Jahren.
(3) In minder schweren Fällen des Absatzes 1 ist auf Freiheitsstrafe von sechs Monaten bis zu fünf Jahren, in minder schweren Fällen des Absatzes 2 auf Freiheitsstrafe von einem Jahr bis zu zehn Jahren zu erkennen.

§ 226a Verstümmelung weiblicher Genitalien
(1) Wer die äußeren Genitalien einer weiblichen Person verstümmelt, wird mit Freiheitsstrafe nicht unter einem Jahr bestraft.
(2) In minder schweren Fällen ist auf Freiheitsstrafe von sechs Monaten bis zu fünf Jahren zu erkennen.

§ 227 Körperverletzung mit Todesfolge
(1) Verursacht der Täter durch die Körperverletzung (§§ 223 bis 226a) den Tod der verletzten Person, so ist die Strafe Freiheitsstrafe nicht unter drei Jahren.
(2) In minder schweren Fällen ist auf Freiheitsstrafe von einem Jahr bis zu zehn Jahren zu erkennen.

§ 228 Einwilligung
Wer eine Körperverletzung mit Einwilligung der verletzten Person vornimmt, handelt nur dann rechtswidrig, wenn die Tat trotz der Einwilligung gegen die guten Sitten verstößt.

§ 229 Fahrlässige Körperverletzung
Wer durch Fahrlässigkeit die Körperverletzung einer anderen Person verursacht, wird mit Freiheitsstrafe bis zu drei Jahren oder mit Geldstrafe bestraft.

§ 230 Strafantrag
(1) Die vorsätzliche Körperverletzung nach § 223 und die fahrlässige Körperverletzung nach § 229 werden nur auf Antrag verfolgt, es sei denn, daß die Strafverfolgungsbehörde wegen des besonderen öffentlichen Interesses an der Strafverfolgung ein Einschreiten von Amts wegen für geboten hält. Stirbt die verletzte Person, so geht bei vorsätzlicher Körperverletzung das Antragsrecht nach § 77 Abs. 2 auf die Angehörigen über.
(2) Ist die Tat gegen einen Amtsträger, einen für den öffentlichen Dienst besonders Verpflichteten oder einen Soldaten der Bundeswehr während der Ausübung seines Dienstes oder in Beziehung auf seinen Dienst begangen, so wird sie auch auf Antrag des Dienstvorgesetzten verfolgt. Dasselbe gilt für Träger von Ämtern der Kirchen und anderen Religionsgesellschaften des öffentlichen Rechts.

§ 231 Beteiligung an einer Schlägerei
(1) Wer sich an einer Schlägerei oder an einem von mehreren verübten Angriff beteiligt, wird schon wegen dieser Beteiligung mit Freiheitsstrafe bis zu drei Jahren oder mit Geldstrafe bestraft, wenn durch die Schlägerei oder den Angriff der Tod eines Menschen oder eine schwere Körperverletzung (§ 226) verursacht worden ist.
(2) Nach Absatz 1 ist nicht strafbar, wer an der Schlägerei oder dem Angriff beteiligt war, ohne daß ihm dies vorzuwerfen ist.

Achtzehnter Abschnitt
Straftaten gegen die persönliche Freiheit

§ 232 Menschenhandel
(1) Mit Freiheitsstrafe von sechs Monaten bis zu fünf Jahren wird bestraft, wer eine andere Person unter Ausnutzung ihrer persönlichen oder wirtschaftlichen Zwangslage oder ihrer Hilflosigkeit, die mit dem Aufenthalt in einem fremden Land verbunden ist, oder wer eine andere Person unter einundzwanzig Jahren anwirbt, befördert, weitergibt, beherbergt oder aufnimmt, wenn
1. diese Person ausgebeutet werden soll
    a) bei der Ausübung der Prostitution oder bei der Vornahme sexueller Handlungen an oder vor dem Täter oder einer dritten Person oder bei der Duldung sexueller Handlungen an sich selbst durch den Täter oder eine dritte Person,
    b) durch eine Beschäftigung,
    c) bei der Ausübung der Bettelei oder
    d) bei der Begehung von mit Strafe bedrohten Handlungen durch diese Person,
2. diese Person in Sklaverei, Leibeigenschaft, Schuldknechtschaft oder in Verhältnissen, die dem entsprechen oder ähneln, gehalten werden soll oder
3. dieser Person rechtswidrig ein Organ entnommen werden soll.

Ausbeutung durch eine Beschäftigung im Sinne des Satzes 1 Nummer 1 Buchstabe b liegt vor, wenn die Beschäftigung aus rücksichtslosem Gewinnstreben zu Arbeitsbedingungen erfolgt, die in einem auffälligen Missverhältnis zu den Arbeitsbedingungen solcher Arbeitnehmer stehen, welche der gleichen oder einer vergleichbaren Beschäftigung nachgehen (ausbeuterische Beschäftigung).

(2) Mit Freiheitsstrafe von sechs Monaten bis zu zehn Jahren wird bestraft, wer eine andere Person, die in der in Absatz 1 Satz 1 Nummer 1 bis 3 bezeichneten Weise ausgebeutet werden soll,
1. mit Gewalt, durch Drohung mit einem empfindlichen Übel oder durch List anwirbt, befördert, weitergibt, beherbergt oder aufnimmt oder
2. entführt oder sich ihrer bemächtigt oder ihrer Bemächtigung durch eine dritte Person Vorschub leistet.

(3) In den Fällen des Absatzes 1 ist auf Freiheitsstrafe von sechs Monaten bis zu zehn Jahren zu erkennen, wenn
1. das Opfer zur Zeit der Tat unter achtzehn Jahren alt ist,
2. der Täter das Opfer bei der Tat körperlich schwer misshandelt oder durch die Tat oder eine während der Tat begangene Handlung wenigstens leichtfertig in die Gefahr des Todes oder einer schweren Gesundheitsschädigung bringt oder

180 StGB §§ 232a–233

3. der Täter gewerbsmäßig handelt oder als Mitglied einer Bande, die sich zur fortgesetzten Begehung solcher Taten verbunden hat.

In den Fällen des Absatzes 2 ist auf Freiheitsstrafe von einem Jahr bis zu zehn Jahren zu erkennen, wenn einer der in Satz 1 Nummer 1 bis 3 bezeichneten Umstände vorliegt.

(4) In den Fällen der Absätze 1, 2 und 3 Satz 1 ist der Versuch strafbar.

§ 232a Zwangsprostitution

(1) Mit Freiheitsstrafe von sechs Monaten bis zu zehn Jahren wird bestraft, wer eine andere Person unter Ausnutzung ihrer persönlichen oder wirtschaftlichen Zwangslage oder ihrer Hilflosigkeit, die mit dem Aufenthalt in einem fremden Land verbunden ist, oder wer eine andere Person unter einundzwanzig Jahren veranlasst,
1. die Prostitution aufzunehmen oder fortzusetzen oder
2. sexuelle Handlungen, durch die sie ausgebeutet wird, an oder vor dem Täter oder einer dritten Person vorzunehmen oder von dem Täter oder einer dritten Person an sich vornehmen zu lassen.

(2) Der Versuch ist strafbar.

(3) Mit Freiheitsstrafe von einem Jahr bis zu zehn Jahren wird bestraft, wer eine andere Person mit Gewalt, durch Drohung mit einem empfindlichen Übel oder durch List zu der Aufnahme oder Fortsetzung der Prostitution oder den in Absatz 1 Nummer 2 bezeichneten sexuellen Handlungen veranlasst.

(4) In den Fällen des Absatzes 1 ist auf Freiheitsstrafe von einem Jahr bis zu zehn Jahren und in den Fällen des Absatzes 3 auf Freiheitsstrafe nicht unter einem Jahr zu erkennen, wenn einer der in § 232 Absatz 3 Satz 1 Nummer 1 bis 3 bezeichneten Umstände vorliegt.

(5) In minder schweren Fällen des Absatzes 1 ist auf Freiheitsstrafe von drei Monaten bis zu fünf Jahren zu erkennen, in minder schweren Fällen der Absätze 3 und 4 auf Freiheitsstrafe von sechs Monaten bis zu zehn Jahren.

(6) Mit Freiheitsstrafe von drei Monaten bis zu fünf Jahren wird bestraft, wer an einer Person, die Opfer
1. eines Menschenhandels nach § 232 Absatz 1 Satz 1 Nummer 1 Buchstabe a, auch in Verbindung mit § 232 Absatz 2, oder
2. einer Tat nach den Absätzen 1 bis 5

geworden ist und der Prostitution nachgeht, gegen Entgelt sexuelle Handlungen vornimmt oder von ihr an sich vornehmen lässt und dabei deren persönliche oder wirtschaftliche Zwangslage oder deren Hilflosigkeit, die mit dem Aufenthalt in einem fremden Land verbunden ist, ausnutzt. Nach Satz 1 wird nicht bestraft, wer eine Tat nach Satz 1 Nummer 1 oder 2, die zum Nachteil der Person, die nach Satz 1 der Prostitution nachgeht, begangen wurde, freiwillig bei der zuständigen Behörde anzeigt oder freiwillig eine solche Anzeige veranlasst, wenn nicht diese Tat zu diesem Zeitpunkt ganz oder zum Teil bereits entdeckt war und der Täter dies wusste oder bei verständiger Würdigung der Sachlage damit rechnen musste.

§ 232b Zwangsarbeit

(1) Mit Freiheitsstrafe von sechs Monaten bis zu zehn Jahren wird bestraft, wer eine andere Person unter Ausnutzung ihrer persönlichen oder wirtschaftlichen Zwangslage oder ihrer Hilflosigkeit, die mit dem Aufenthalt in einem fremden Land verbunden ist, oder wer eine andere Person unter einundzwanzig Jahren veranlasst,
1. eine ausbeuterische Beschäftigung (§ 232 Absatz 1 Satz 2) aufzunehmen oder fortzusetzen,
2. sich in Sklaverei, Leibeigenschaft, Schuldknechtschaft oder in Verhältnisse, die dem entsprechen oder ähneln, zu begeben oder
3. die Bettelei, bei der sie ausgebeutet wird, aufzunehmen oder fortzusetzen.

(2) Der Versuch ist strafbar.

(3) Mit Freiheitsstrafe von einem Jahr bis zu zehn Jahren wird bestraft, wer eine andere Person mit Gewalt, durch Drohung mit einem empfindlichen Übel oder durch List veranlasst,
1. eine ausbeuterische Beschäftigung (§ 232 Absatz 1 Satz 2) aufzunehmen oder fortzusetzen,
2. sich in Sklaverei, Leibeigenschaft, Schuldknechtschaft oder in Verhältnisse, die dem entsprechen oder ähneln, zu begeben oder
3. die Bettelei, bei der sie ausgebeutet wird, aufzunehmen oder fortzusetzen.

(4) § 232a Absatz 4 und 5 gilt entsprechend.

§ 233 Ausbeutung der Arbeitskraft

(1) Mit Freiheitsstrafe bis zu drei Jahren oder mit Geldstrafe wird bestraft, wer eine andere Person unter Ausnutzung ihrer persönlichen oder wirtschaftlichen Zwangslage oder ihrer Hilflosigkeit, die mit dem Aufenthalt in einem fremden Land verbunden ist, oder wer eine andere Person unter einundzwanzig Jahren ausbeutet
1. durch eine Beschäftigung nach § 232 Absatz 1 Satz 2,

2. bei der Ausübung der Bettelei oder
3. bei der Begehung von mit Strafe bedrohten Handlungen durch diese Person.

(2) Auf Freiheitsstrafe von sechs Monaten bis zu zehn Jahren ist zu erkennen, wenn
1. das Opfer zur Zeit der Tat unter achtzehn Jahren alt ist,
2. der Täter das Opfer bei der Tat körperlich schwer misshandelt oder durch die Tat oder eine während der Tat begangene Handlung wenigstens leichtfertig in die Gefahr des Todes oder einer schweren Gesundheitsschädigung bringt,
3. der Täter das Opfer durch das vollständige oder teilweise Vorenthalten der für die Tätigkeit des Opfers üblichen Gegenleistung in wirtschaftliche Not bringt oder eine bereits vorhandene wirtschaftliche Not erheblich vergrößert oder
4. der Täter als Mitglied einer Bande handelt, die sich zur fortgesetzten Begehung solcher Taten verbunden hat.

(3) Der Versuch ist strafbar.

(4) In minder schweren Fällen des Absatzes 1 ist auf Freiheitsstrafe bis zu zwei Jahren oder auf Geldstrafe zu erkennen, in minder schweren Fällen des Absatzes 2 auf Freiheitsstrafe von drei Monaten bis zu fünf Jahren.

(5) Mit Freiheitsstrafe bis zu zwei Jahren oder mit Geldstrafe wird bestraft, wer einer Tat nach Absatz 1 Nummer 1 Vorschub leistet durch die
1. Vermittlung einer ausbeuterischen Beschäftigung (§ 232 Absatz 1 Satz 2),
2. Vermietung von Geschäftsräumen oder
3. Vermietung von Räumen zum Wohnen an die auszubeutende Person.

Satz 1 gilt nicht, wenn die Tat bereits nach anderen Vorschriften mit schwererer Strafe bedroht ist.

§ 233a Ausbeutung unter Ausnutzung einer Freiheitsberaubung

(1) Mit Freiheitsstrafe von sechs Monaten bis zu zehn Jahren wird bestraft, wer eine andere Person einsperrt oder auf andere Weise der Freiheit beraubt und sie in dieser Lage ausbeutet
1. bei der Ausübung der Prostitution,
2. durch eine Beschäftigung nach § 232 Absatz 1 Satz 2,
3. bei der Ausübung der Bettelei oder
4. bei der Begehung von mit Strafe bedrohten Handlungen durch diese Person.

(2) Der Versuch ist strafbar.

(3) In den Fällen des Absatzes 1 ist auf Freiheitsstrafe von einem Jahr bis zu zehn Jahren zu erkennen, wenn einer der in § 233 Absatz 2 Nummer 1 bis 4 bezeichneten Umstände vorliegt.

(4) In minder schweren Fällen des Absatzes 1 ist auf Freiheitsstrafe von drei Monaten bis fünf Jahren, in minder schweren Fällen des Absatzes 3 auf Freiheitsstrafe von sechs Monaten bis zu zehn Jahren zu erkennen.

§ 233b Führungsaufsicht

In den Fällen der §§ 232, 232a Absatz 1 bis 5, der §§ 232b, 233 Absatz 1 bis 4 und des § 233a kann das Gericht Führungsaufsicht anordnen (§ 68 Abs. 1).

§ 234 Menschenraub

(1) Wer sich einer anderen Person mit Gewalt, durch Drohung mit einem empfindlichen Übel oder durch List bemächtigt, um sie in hilfloser Lage auszusetzen oder dem Dienst in einer militärischen oder militärähnlichen Einrichtung im Ausland zuzuführen, wird mit Freiheitsstrafe von einem Jahr bis zu zehn Jahren bestraft.

(2) In minder schweren Fällen ist die Strafe Freiheitsstrafe von sechs Monaten bis zu fünf Jahren.

§ 234a Verschleppung

(1) Wer einen anderen durch List, Drohung oder Gewalt in ein Gebiet außerhalb des räumlichen Geltungsbereichs dieses Gesetzes verbringt oder veranlaßt, sich dorthin zu begeben, oder davon abhält, von dort zurückzukehren, und dadurch der Gefahr aussetzt, aus politischen Gründen verfolgt zu werden und hierbei im Widerspruch zu rechtsstaatlichen Grundsätzen durch Gewalt- oder Willkürmaßnahmen Schaden an Leib oder Leben zu erleiden, der Freiheit beraubt oder in seiner beruflichen oder wirtschaftlichen Stellung empfindlich beeinträchtigt zu werden, wird mit Freiheitsstrafe nicht unter einem Jahr bestraft.

(2) In minder schweren Fällen ist die Strafe Freiheitsstrafe von drei Monaten bis zu fünf Jahren.

(3) Wer eine solche Tat vorbereitet, wird mit Freiheitsstrafe bis zu fünf Jahren oder mit Geldstrafe bestraft.

§ 235 Entziehung Minderjähriger

(1) Mit Freiheitsstrafe bis zu fünf Jahren oder mit Geldstrafe wird bestraft, wer
1. eine Person unter achtzehn Jahren mit Gewalt, durch Drohung mit einem empfindlichen Übel oder durch List oder

2. ein Kind, ohne dessen Angehöriger zu sein,
den Eltern, einem Elternteil, dem Vormund oder dem Pfleger entzieht oder vorenthält.
(2) Ebenso wird bestraft, wer ein Kind den Eltern, einem Elternteil, dem Vormund oder dem Pfleger
1. entzieht, um es in das Ausland zu verbringen, oder
2. im Ausland vorenthält, nachdem es dorthin verbracht worden ist oder es sich dorthin begeben hat.
(3) In den Fällen des Absatzes 1 Nr. 2 und des Absatzes 2 Nr. 1 ist der Versuch strafbar.
(4) Auf Freiheitsstrafe von einem Jahr bis zu zehn Jahren ist zu erkennen, wenn der Täter
1. das Opfer durch die Tat in die Gefahr des Todes oder einer schweren Gesundheitsschädigung oder einer erheblichen Schädigung der körperlichen oder seelischen Entwicklung bringt oder
2. die Tat gegen Entgelt oder in der Absicht begeht, sich oder einen Dritten zu bereichern.
(5) Verursacht der Täter durch die Tat den Tod des Opfers, so ist die Strafe Freiheitsstrafe nicht unter drei Jahren.
(6) In minder schweren Fällen des Absatzes 4 ist auf Freiheitsstrafe von sechs Monaten bis zu fünf Jahren, in minder schweren Fällen des Absatzes 5 auf Freiheitsstrafe von einem Jahr bis zu zehn Jahren zu erkennen.
(7) Die Entziehung Minderjähriger wird in den Fällen der Absätze 1 bis 3 nur auf Antrag verfolgt, es sei denn, daß die Strafverfolgungsbehörde wegen des besonderen öffentlichen Interesses an der Strafverfolgung ein Einschreiten von Amts wegen für geboten hält.

§ 236 Kinderhandel

(1) Wer sein noch nicht achtzehn Jahre altes Kind oder seinen noch nicht achtzehn Jahre alten Mündel oder Pflegling unter grober Vernachlässigung der Fürsorge- oder Erziehungspflicht einem anderen auf Dauer überläßt und dabei gegen Entgelt oder in der Absicht handelt, sich oder einen Dritten zu bereichern, wird mit Freiheitsstrafe bis zu fünf Jahren oder mit Geldstrafe bestraft. Ebenso wird bestraft, wer in den Fällen des Satzes 1 das Kind, den Mündel oder Pflegling auf Dauer bei sich aufnimmt und dafür ein Entgelt gewährt.
(2) Wer unbefugt
1. die Adoption einer Person unter achtzehn Jahren vermittelt oder
2. eine Vermittlungstätigkeit ausübt, die zum Ziel hat, daß ein Dritter eine Person unter achtzehn Jahren auf Dauer bei sich aufnimmt,
und dabei gegen Entgelt oder in der Absicht handelt, sich oder einen Dritten zu bereichern, wird mit Freiheitsstrafe bis zu drei Jahren oder mit Geldstrafe bestraft. Ebenso wird bestraft, wer als Vermittler der Adoption einer Person unter achtzehn Jahren einer Person für die Erteilung der erforderlichen Zustimmung zur Adoption ein Entgelt gewährt. Bewirkt der Täter in den Fällen des Satzes 1, daß die vermittelte Person in das Inland oder in das Ausland verbracht wird, so ist die Strafe Freiheitsstrafe bis zu fünf Jahren oder Geldstrafe.
(3) Der Versuch ist strafbar.
(4) Auf Freiheitsstrafe von sechs Monaten bis zu zehn Jahren ist zu erkennen, wenn der Täter
1. aus Gewinnsucht, gewerbsmäßig oder als Mitglied einer Bande handelt, die sich zur fortgesetzten Begehung eines Kinderhandels verbunden hat, oder
2. das Kind oder die vermittelte Person durch die Tat in die Gefahr einer erheblichen Schädigung der körperlichen oder seelischen Entwicklung bringt.
(5) In den Fällen der Absätze 1 und 3 kann das Gericht bei Beteiligten und in den Fällen der Absätze 2 und 3 bei Teilnehmern, deren Schuld unter Berücksichtigung des körperlichen oder seelischen Wohls des Kindes oder der vermittelten Person gering ist, die Strafe nach seinem Ermessen mildern (§ 49 Abs. 2) oder von Strafe nach den Absätzen 1 bis 3 absehen.

§ 237 Zwangsheirat

(1) Wer einen Menschen rechtswidrig mit Gewalt oder durch Drohung mit einem empfindlichen Übel zur Eingehung der Ehe nötigt, wird mit Freiheitsstrafe von sechs Monaten bis zu fünf Jahren bestraft. Rechtswidrig ist die Tat, wenn die Anwendung der Gewalt oder die Androhung des Übels zu dem angestrebten Zweck als verwerflich anzusehen ist.
(2) Ebenso wird bestraft, wer zur Begehung einer Tat nach Absatz 1 den Menschen durch Gewalt, Drohung mit einem empfindlichen Übel oder durch List in ein Gebiet außerhalb des räumlichen Geltungsbereiches dieses Gesetzes verbringt oder veranlasst, sich dorthin zu begeben, oder davon abhält, von dort zurückzukehren.
(3) Der Versuch ist strafbar.
(4) In minder schweren Fällen ist die Strafe Freiheitsstrafe bis zu drei Jahren oder Geldstrafe.

§ 238 Nachstellung

(1) Mit Freiheitsstrafe bis zu drei Jahren oder mit Geldstrafe wird bestraft, wer einer anderen Person in einer Weise unbefugt nachstellt, die geeignet ist, deren Lebensgestaltung schwerwiegend zu beeinträchtigen, indem er beharrlich

1. die räumliche Nähe dieser Person aufsucht,
2. unter Verwendung von Telekommunikationsmitteln oder sonstigen Mitteln der Kommunikation oder über Dritte Kontakt zu dieser Person herzustellen versucht,
3. unter missbräuchlicher Verwendung von personenbezogenen Daten dieser Person
   a) Bestellungen von Waren oder Dienstleistungen für sie aufgibt oder
   b) Dritte veranlasst, Kontakt mit ihr aufzunehmen, oder
4. diese Person mit der Verletzung von Leben, körperlicher Unversehrtheit, Gesundheit oder Freiheit ihrer selbst, eines ihrer Angehörigen oder einer anderen ihr nahestehenden Person bedroht oder
5. eine andere vergleichbare Handlung vornimmt.

(2) Auf Freiheitsstrafe von drei Monaten bis zu fünf Jahren ist zu erkennen, wenn der Täter das Opfer, einen Angehörigen des Opfers oder eine andere dem Opfer nahe stehende Person durch die Tat in die Gefahr des Todes oder einer schweren Gesundheitsschädigung bringt.

(3) Verursacht der Täter durch die Tat den Tod des Opfers, eines Angehörigen des Opfers oder einer anderen dem Opfer nahe stehenden Person, so ist die Strafe Freiheitsstrafe von einem Jahr bis zu zehn Jahren.

(4) In den Fällen des Absatzes 1 wird die Tat nur auf Antrag verfolgt, es sei denn, dass die Strafverfolgungsbehörde wegen des besonderen öffentlichen Interesses an der Strafverfolgung ein Einschreiten von Amts wegen für geboten hält.

§239 Freiheitsberaubung

(1) Wer einen Menschen einsperrt oder auf andere Weise der Freiheit beraubt, wird mit Freiheitsstrafe bis zu fünf Jahren oder mit Geldstrafe bestraft.
(2) Der Versuch ist strafbar.
(3) Auf Freiheitsstrafe von einem Jahr bis zu zehn Jahren ist zu erkennen, wenn der Täter
1. das Opfer länger als eine Woche der Freiheit beraubt oder
2. durch die Tat oder eine während der Tat begangene Handlung eine schwere Gesundheitsschädigung des Opfers verursacht.

(4) Verursacht der Täter durch die Tat oder eine während der Tat begangene Handlung den Tod des Opfers, so ist die Strafe Freiheitsstrafe nicht unter drei Jahren.
(5) In minder schweren Fällen des Absatzes 3 ist auf Freiheitsstrafe von sechs Monaten bis zu fünf Jahren, in minder schweren Fällen des Absatzes 4 auf Freiheitsstrafe von einem Jahr bis zu zehn Jahren zu erkennen.

§239a Erpresserischer Menschenraub

(1) Wer einen Menschen entführt oder sich eines Menschen bemächtigt, um die Sorge des Opfers um sein Wohl oder die Sorge eines Dritten um das Wohl des Opfers zu einer Erpressung (§ 253) auszunutzen, oder wer die von ihm durch eine solche Handlung geschaffene Lage eines Menschen zu einer solchen Erpressung ausnutzt, wird mit Freiheitsstrafe nicht unter fünf Jahren bestraft.
(2) In minder schweren Fällen ist die Strafe Freiheitsstrafe nicht unter einem Jahr.
(3) Verursacht der Täter durch die Tat wenigstens leichtfertig den Tod des Opfers, so ist die Strafe lebenslange Freiheitsstrafe oder Freiheitsstrafe nicht unter zehn Jahren.
(4) Das Gericht kann die Strafe nach § 49 Abs. 1 mildern, wenn der Täter das Opfer unter Verzicht auf die erstrebte Leistung in dessen Lebenskreis zurückgelangen läßt. Tritt dieser Erfolg ohne Zutun des Täters ein, so genügt sein ernsthaftes Bemühen, den Erfolg zu erreichen.

§239b Geiselnahme

(1) Wer einen Menschen entführt oder sich eines Menschen bemächtigt, um ihn oder einen Dritten durch die Drohung mit dem Tod oder einer schweren Körperverletzung (§ 226) des Opfers oder mit dessen Freiheitsentziehung von über einer Woche Dauer zu einer Handlung, Duldung oder Unterlassung zu nötigen, oder wer die von ihm durch eine solche Handlung geschaffene Lage eines Menschen zu einer solchen Nötigung ausnutzt, wird mit Freiheitsstrafe nicht unter fünf Jahren bestraft.
(2) § 239a Abs. 2 bis 4 gilt entsprechend.

§239c Führungsaufsicht

In den Fällen der §§ 239a und 239b kann das Gericht Führungsaufsicht anordnen (§ 68 Abs. 1).

§240 Nötigung

(1) Wer einen Menschen rechtswidrig mit Gewalt oder durch Drohung mit einem empfindlichen Übel zu einer Handlung, Duldung oder Unterlassung nötigt, wird mit Freiheitsstrafe bis zu drei Jahren oder mit Geldstrafe bestraft.

(2) Rechtswidrig ist die Tat, wenn die Anwendung der Gewalt oder die Androhung des Übels zu dem angestrebten Zweck als verwerflich anzusehen ist.
(3) Der Versuch ist strafbar.
(4) In besonders schweren Fällen ist die Strafe Freiheitsstrafe von sechs Monaten bis zu fünf Jahren. Ein besonders schwerer Fall liegt in der Regel vor, wenn der Täter
1. eine Schwangere zum Schwangerschaftsabbruch nötigt oder
2. seine Befugnisse oder seine Stellung als Amtsträger mißbraucht.

§ 241 Bedrohung

(1) Wer einen Menschen mit der Begehung einer gegen ihn oder eine ihm nahestehende Person gerichteten rechtswidrigen Tat gegen die sexuelle Selbstbestimmung, die körperliche Unversehrtheit, die persönliche Freiheit oder gegen eine Sache von bedeutendem Wert bedroht, wird mit Freiheitsstrafe bis zu einem Jahr oder mit Geldstrafe bestraft.
(2) Wer einen Menschen mit der Begehung eines gegen ihn oder eine ihm nahestehende Person gerichteten Verbrechens bedroht, wird mit Freiheitsstrafe bis zu zwei Jahren oder mit Geldstrafe bestraft.
(3) Ebenso wird bestraft, wer wider besseres Wissen einem Menschen vortäuscht, daß die Verwirklichung eines gegen ihn oder eine ihm nahestehende Person gerichteten Verbrechens bevorstehe.
(4) Wird die Tat öffentlich, in einer Versammlung oder durch Verbreiten eines Inhalts (§ 11 Absatz 3) begangen, ist in den Fällen des Absatzes 1 auf Freiheitsstrafe bis zu zwei Jahren oder auf Geldstrafe und in den Fällen der Absätze 2 und 3 auf Freiheitsstrafe bis zu drei Jahren oder auf Geldstrafe zu erkennen.
(5) Die für die angedrohte Tat geltenden Vorschriften über den Strafantrag sind entsprechend anzuwenden.

§ 241a Politische Verdächtigung

(1) Wer einen anderen durch eine Anzeige oder eine Verdächtigung der Gefahr aussetzt, aus politischen Gründen verfolgt zu werden und hierbei im Widerspruch zu rechtsstaatlichen Grundsätzen durch Gewalt- oder Willkürmaßnahmen Schaden an Leib oder Leben zu erleiden, der Freiheit beraubt oder in seiner beruflichen oder wirtschaftlichen Stellung empfindlich beeinträchtigt zu werden, wird mit Freiheitsstrafe bis zu fünf Jahren oder mit Geldstrafe bestraft.
(2) Ebenso wird bestraft, wer eine Mitteilung über einen anderen macht oder übermittelt und ihn dadurch der in Absatz 1 bezeichneten Gefahr einer politischen Verfolgung aussetzt.
(3) Der Versuch ist strafbar.
(4) Wird in der Anzeige, Verdächtigung oder Mitteilung gegen den anderen eine unwahre Behauptung aufgestellt oder ist die Tat in der Absicht begangen, eine der in Absatz 1 bezeichneten Folgen herbeizuführen, oder liegt sonst ein besonders schwerer Fall vor, so kann auf Freiheitsstrafe von einem Jahr bis zu zehn Jahren erkannt werden.

Neunzehnter Abschnitt
Diebstahl und Unterschlagung

§ 242 Diebstahl

(1) Wer eine fremde bewegliche Sache einem anderen in der Absicht wegnimmt, die Sache sich oder einem Dritten rechtswidrig zuzueignen, wird mit Freiheitsstrafe bis zu fünf Jahren oder mit Geldstrafe bestraft.
(2) Der Versuch ist strafbar.

§ 243 Besonders schwerer Fall des Diebstahls

(1) In besonders schweren Fällen wird der Diebstahl mit Freiheitsstrafe von drei Monaten bis zu zehn Jahren bestraft. Ein besonders schwerer Fall liegt in der Regel vor, wenn der Täter
1. zur Ausführung der Tat in ein Gebäude, einen Dienst- oder Geschäftsraum oder in einen anderen umschlossenen Raum einbricht, einsteigt, mit einem falschen Schlüssel oder einem anderen nicht zur ordnungsmäßigen Öffnung bestimmten Werkzeug eindringt oder sich in dem Raum verborgen hält,
2. eine Sache stiehlt, die durch ein verschlossenes Behältnis oder eine andere Schutzvorrichtung gegen Wegnahme besonders gesichert ist,
3. gewerbsmäßig stiehlt,
4. aus einer Kirche oder einem anderen der Religionsausübung dienenden Gebäude oder Raum eine Sache stiehlt, die dem Gottesdienst gewidmet ist oder der religiösen Verehrung dient,
5. eine Sache von Bedeutung für Wissenschaft, Kunst oder Geschichte oder für die technische Entwicklung stiehlt, die sich in einer allgemein zugänglichen Sammlung befindet oder öffentlich ausgestellt ist,
6. stiehlt, indem er die Hilflosigkeit einer anderen Person, einen Unglücksfall oder eine gemeine Gefahr ausnutzt oder

7. eine Handfeuerwaffe, zu deren Erwerb es nach dem Waffengesetz der Erlaubnis bedarf, ein Maschinengewehr, eine Maschinenpistole, ein voll- oder halbautomatisches Gewehr oder eine Sprengstoff enthaltende Kriegswaffe im Sinne des Kriegswaffenkontrollgesetzes oder Sprengstoff stiehlt.

(2) In den Fällen des Absatzes 1 Satz 2 Nr. 1 bis 6 ist ein besonders schwerer Fall ausgeschlossen, wenn sich die Tat auf eine geringwertige Sache bezieht.

§ 244 Diebstahl mit Waffen; Bandendiebstahl; Wohnungseinbruchdiebstahl

(1) Mit Freiheitsstrafe von sechs Monaten bis zu zehn Jahren wird bestraft, wer
1. einen Diebstahl begeht, bei dem er oder ein anderer Beteiligter
   a) eine Waffe oder ein anderes gefährliches Werkzeug bei sich führt,
   b) sonst ein Werkzeug oder Mittel bei sich führt, um den Widerstand einer anderen Person durch Gewalt oder Drohung mit Gewalt zu verhindern oder zu überwinden,
2. als Mitglied einer Bande, die sich zur fortgesetzten Begehung von Raub oder Diebstahl verbunden hat, unter Mitwirkung eines anderen Bandenmitglieds stiehlt oder
3. einen Diebstahl begeht, bei dem er zur Ausführung der Tat in eine Wohnung einbricht, einsteigt, mit einem falschen Schlüssel oder einem anderen nicht zur ordnungsgemäßen Öffnung bestimmten Werkzeug eindringt oder sich in der Wohnung verborgen hält.

(2) Der Versuch ist strafbar.

(3) In minder schweren Fällen des Absatzes 1 Nummer 1 bis 3 ist die Strafe Freiheitsstrafe von drei Monaten bis zu fünf Jahren.

(4) Betrifft der Wohnungseinbruchdiebstahl nach Absatz 1 Nummer 3 eine dauerhaft genutzte Privatwohnung, so ist die Strafe Freiheitsstrafe von einem Jahr bis zu zehn Jahren.

§ 244a Schwerer Bandendiebstahl

(1) Mit Freiheitsstrafe von einem Jahr bis zu zehn Jahren wird bestraft, wer den Diebstahl unter den in § 243 Abs. 1 Satz 2 genannten Voraussetzungen oder in den Fällen des § 244 Abs. 1 Nr. 1 oder 3 als Mitglied einer Bande, die sich zur fortgesetzten Begehung von Raub oder Diebstahl verbunden hat, unter Mitwirkung eines anderen Bandenmitglieds begeht.

(2) In minder schweren Fällen ist die Strafe Freiheitsstrafe von sechs Monaten bis zu fünf Jahren.

§ 245 Führungsaufsicht

In den Fällen der §§ 242 bis 244a kann das Gericht Führungsaufsicht anordnen (§ 68 Abs. 1).

§ 246 Unterschlagung

(1) Wer eine fremde bewegliche Sache sich oder einem Dritten rechtswidrig zueignet, wird mit Freiheitsstrafe bis zu drei Jahren oder mit Geldstrafe bestraft, wenn die Tat nicht in anderen Vorschriften mit schwererer Strafe bedroht ist.

(2) Ist in den Fällen des Absatzes 1 die Sache dem Täter anvertraut, so ist die Strafe Freiheitsstrafe bis zu fünf Jahren oder Geldstrafe.

(3) Der Versuch ist strafbar.

§ 247 Haus- und Familiendiebstahl

Ist durch einen Diebstahl oder eine Unterschlagung ein Angehöriger, der Vormund oder der Betreuer verletzt oder lebt der Verletzte mit dem Täter in häuslicher Gemeinschaft, so wird die Tat nur auf Antrag verfolgt.

§ 248 (weggefallen)

§ 248a Diebstahl und Unterschlagung geringwertiger Sachen

Der Diebstahl und die Unterschlagung geringwertiger Sachen werden in den Fällen der §§ 242 und 246 nur auf Antrag verfolgt, es sei denn, daß die Strafverfolgungsbehörde wegen des besonderen öffentlichen Interesses an der Strafverfolgung ein Einschreiten von Amts wegen für geboten hält.

§ 248b Unbefugter Gebrauch eines Fahrzeugs

(1) Wer ein Kraftfahrzeug oder ein Fahrrad gegen den Willen des Berechtigten in Gebrauch nimmt, wird mit Freiheitsstrafe bis zu drei Jahren oder mit Geldstrafe bestraft, wenn die Tat nicht in anderen Vorschriften mit schwererer Strafe bedroht ist.

(2) Der Versuch ist strafbar.

(3) Die Tat wird nur auf Antrag verfolgt.

(4) Kraftfahrzeuge im Sinne dieser Vorschrift sind die Fahrzeuge, die durch Maschinenkraft bewegt werden, Landkraftfahrzeuge nur insoweit, als sie nicht an Bahngleise gebunden sind.

§ 248c Entziehung elektrischer Energie

(1) Wer einer elektrischen Anlage oder Einrichtung fremde elektrische Energie mittels eines Leiters entzieht, der zur ordnungsmäßigen Entnahme von Energie aus der Anlage oder Einrichtung nicht bestimmt ist, wird, wenn er die Handlung in der Absicht begeht, die elektrische Energie sich oder einem Dritten rechtswidrig zuzueignen, mit Freiheitsstrafe bis zu fünf Jahren oder mit Geldstrafe bestraft.
(2) Der Versuch ist strafbar.
(3) Die §§ 247 und 248a gelten entsprechend.
(4) Wird die in Absatz 1 bezeichnete Handlung in der Absicht begangen, einem anderen rechtswidrig Schaden zuzufügen, so ist die Strafe Freiheitsstrafe bis zu zwei Jahren oder Geldstrafe. Die Tat wird nur auf Antrag verfolgt.

Zwanzigster Abschnitt
Raub und Erpressung

§ 249 Raub

(1) Wer mit Gewalt gegen eine Person oder unter Anwendung von Drohungen mit gegenwärtiger Gefahr für Leib oder Leben eine fremde bewegliche Sache einem anderen in der Absicht wegnimmt, die Sache sich oder einem Dritten rechtswidrig zuzueignen, wird mit Freiheitsstrafe nicht unter einem Jahr bestraft.
(2) In minder schweren Fällen ist die Strafe Freiheitsstrafe von sechs Monaten bis zu fünf Jahren.

§ 250 Schwerer Raub

(1) Auf Freiheitsstrafe nicht unter drei Jahren ist zu erkennen, wenn
1. der Täter oder ein anderer Beteiligter am Raub
    a) eine Waffe oder ein anderes gefährliches Werkzeug bei sich führt,
    b) sonst ein Werkzeug oder Mittel bei sich führt, um den Widerstand einer anderen Person durch Gewalt oder Drohung mit Gewalt zu verhindern oder zu überwinden,
    c) eine andere Person durch die Tat in die Gefahr einer schweren Gesundheitsschädigung bringt oder
2. der Täter den Raub als Mitglied einer Bande, die sich zur fortgesetzten Begehung von Raub oder Diebstahl verbunden hat, unter Mitwirkung eines anderen Bandenmitglieds begeht.

(2) Auf Freiheitsstrafe nicht unter fünf Jahren ist zu erkennen, wenn der Täter oder ein anderer Beteiligter am Raub
1. bei der Tat eine Waffe oder ein anderes gefährliches Werkzeug verwendet,
2. in den Fällen des Absatzes 1 Nr. 2 eine Waffe bei sich führt oder
3. eine andere Person
    a) bei der Tat körperlich schwer mißhandelt oder
    b) durch die Tat in die Gefahr des Todes bringt.
(3) In minder schweren Fällen der Absätze 1 und 2 ist die Strafe Freiheitsstrafe von einem Jahr bis zu zehn Jahren.

§ 251 Raub mit Todesfolge

Verursacht der Täter durch den Raub (§§ 249 und 250) wenigstens leichtfertig den Tod eines anderen Menschen, so ist die Strafe lebenslange Freiheitsstrafe oder Freiheitsstrafe nicht unter zehn Jahren.

§ 252 Räuberischer Diebstahl

Wer, bei einem Diebstahl auf frischer Tat betroffen, gegen eine Person Gewalt verübt oder Drohungen mit gegenwärtiger Gefahr für Leib oder Leben anwendet, um sich im Besitz des gestohlenen Gutes zu erhalten, ist gleich einem Räuber zu bestrafen.

§ 253 Erpressung

(1) Wer einen Menschen rechtswidrig mit Gewalt oder durch Drohung mit einem empfindlichen Übel zu einer Handlung, Duldung oder Unterlassung nötigt und dadurch dem Vermögen des Genötigten oder eines anderen Nachteil zufügt, um sich oder einen Dritten zu Unrecht zu bereichern, wird mit Freiheitsstrafe bis zu fünf Jahren oder mit Geldstrafe bestraft.
(2) Rechtswidrig ist die Tat, wenn die Anwendung der Gewalt oder die Androhung des Übels zu dem angestrebten Zweck als verwerflich anzusehen ist.
(3) Der Versuch ist strafbar.
(4) In besonders schweren Fällen ist die Strafe Freiheitsstrafe nicht unter einem Jahr. Ein besonders schwerer Fall liegt in der Regel vor, wenn der Täter gewerbsmäßig oder als Mitglied einer Bande handelt, die sich zur fortgesetzten Begehung einer Erpressung verbunden hat.

§ 254 (weggefallen)

§ 255 Räuberische Erpressung
Wird die Erpressung durch Gewalt gegen eine Person oder unter Anwendung von Drohungen mit gegenwärtiger Gefahr für Leib oder Leben begangen, so ist der Täter gleich einem Räuber zu bestrafen.

§ 256 Führungsaufsicht
In den Fällen der §§ 249 bis 255 kann das Gericht Führungsaufsicht anordnen (§ 68 Abs. 1).

Einundzwanzigster Abschnitt
Begünstigung und Hehlerei

§ 257 Begünstigung
(1) Wer einem anderen, der eine rechtswidrige Tat begangen hat, in der Absicht Hilfe leistet, ihm die Vorteile der Tat zu sichern, wird mit Freiheitsstrafe bis zu fünf Jahren oder mit Geldstrafe bestraft.
(2) Die Strafe darf nicht schwerer sein als die für die Vortat angedrohte Strafe.
(3) Wegen Begünstigung wird nicht bestraft, wer wegen Beteiligung an der Vortat strafbar ist. Dies gilt nicht für denjenigen, der einen an der Vortat Unbeteiligten zur Begünstigung anstiftet.
(4) Die Begünstigung wird nur auf Antrag, mit Ermächtigung oder auf Strafverlangen verfolgt, wenn der Begünstiger als Täter oder Teilnehmer der Vortat nur auf Antrag, mit Ermächtigung oder auf Strafverlangen verfolgt werden könnte. § 248a gilt sinngemäß.

§ 258 Strafvereitelung
(1) Wer absichtlich oder wissentlich ganz oder zum Teil vereitelt, daß ein anderer dem Strafgesetz gemäß wegen einer rechtswidrigen Tat bestraft oder einer Maßnahme (§ 11 Abs. 1 Nr. 8) unterworfen wird, wird mit Freiheitsstrafe bis zu fünf Jahren oder mit Geldstrafe bestraft.
(2) Ebenso wird bestraft, wer absichtlich oder wissentlich die Vollstreckung einer gegen einen anderen verhängten Strafe oder Maßnahme ganz oder zum Teil vereitelt.
(3) Die Strafe darf nicht schwerer sein als die für die Vortat angedrohte Strafe.
(4) Der Versuch ist strafbar.
(5) Wegen Strafvereitelung wird nicht bestraft, wer durch die Tat zugleich ganz oder zum Teil vereiteln will, daß er selbst bestraft oder einer Maßnahme unterworfen wird oder daß eine gegen ihn verhängte Strafe oder Maßnahme vollstreckt wird.
(6) Wer die Tat zugunsten eines Angehörigen begeht, ist straffrei.

§ 258a Strafvereitelung im Amt
(1) Ist in den Fällen des § 258 Abs. 1 der Täter als Amtsträger zur Mitwirkung bei dem Strafverfahren oder dem Verfahren zur Anordnung der Maßnahme (§ 11 Abs. 1 Nr. 8) oder ist er in den Fällen des § 258 Abs. 2 als Amtsträger zur Mitwirkung bei der Vollstreckung der Strafe oder Maßnahme berufen, so ist die Strafe Freiheitsstrafe von sechs Monaten bis zu fünf Jahren, in minder schweren Fällen Freiheitsstrafe bis zu drei Jahren oder Geldstrafe.
(2) Der Versuch ist strafbar.
(3) § 258 Abs. 3 und 6 ist nicht anzuwenden.

§ 259 Hehlerei
(1) Wer eine Sache, die ein anderer gestohlen oder sonst durch eine gegen fremdes Vermögen gerichtete rechtswidrige Tat erlangt hat, ankauft oder sonst sich oder einem Dritten verschafft, sie absetzt oder absetzen hilft, um sich oder einen Dritten zu bereichern, wird mit Freiheitsstrafe bis zu fünf Jahren oder mit Geldstrafe bestraft.
(2) Die §§ 247 und 248a gelten sinngemäß.
(3) Der Versuch ist strafbar.

§ 260 Gewerbsmäßige Hehlerei; Bandenhehlerei
(1) Mit Freiheitsstrafe von sechs Monaten bis zu zehn Jahren wird bestraft, wer die Hehlerei
1. gewerbsmäßig oder
2. als Mitglied einer Bande, die sich zur fortgesetzten Begehung von Raub, Diebstahl oder Hehlerei verbunden hat,
begeht.
(2) Der Versuch ist strafbar.

§ 260a Gewerbsmäßige Bandenhehlerei

(1) Mit Freiheitsstrafe von einem Jahr bis zu zehn Jahren wird bestraft, wer die Hehlerei als Mitglied einer Bande, die sich zur fortgesetzten Begehung von Raub, Diebstahl oder Hehlerei verbunden hat, gewerbsmäßig begeht.
(2) In minder schweren Fällen ist die Strafe Freiheitsstrafe von sechs Monaten bis zu fünf Jahren.

§ 261 Geldwäsche

(1) Wer einen Gegenstand, der aus einer rechtswidrigen Tat herrührt,
1. verbirgt,
2. in der Absicht, dessen Auffinden, dessen Einziehung oder die Ermittlung von dessen Herkunft zu vereiteln, umtauscht, überträgt oder verbringt,
3. sich oder einem Dritten verschafft oder
4. verwahrt oder für sich oder einen Dritten verwendet, wenn er dessen Herkunft zu dem Zeitpunkt gekannt hat, zu dem er ihn erlangt hat,

wird mit Freiheitsstrafe bis zu fünf Jahren oder mit Geldstrafe bestraft. In den Fällen des Satzes 1 Nummer 3 und 4 gilt dies nicht in Bezug auf einen Gegenstand, den ein Dritter zuvor erlangt hat, ohne hierdurch eine rechtswidrige Tat zu begehen. Wer als Strafverteidiger ein Honorar für seine Tätigkeit annimmt, handelt in den Fällen des Satzes 1 Nummer 3 und 4 nur dann vorsätzlich, wenn er zu dem Zeitpunkt der Annahme des Honorars sichere Kenntnis von dessen Herkunft hatte.
(2) Ebenso wird bestraft, wer Tatsachen, die für das Auffinden, die Einziehung oder die Ermittlung der Herkunft eines Gegenstands nach Absatz 1 von Bedeutung sein können, verheimlicht oder verschleiert.
(3) Der Versuch ist strafbar.
(4) Wer eine Tat nach Absatz 1 oder Absatz 2 als Verpflichteter nach § 2 des Geldwäschegesetzes begeht, wird mit Freiheitsstrafe von drei Monaten bis zu fünf Jahren bestraft.
(5) In besonders schweren Fällen ist die Strafe Freiheitsstrafe von sechs Monaten bis zu zehn Jahren. Ein besonders schwerer Fall liegt in der Regel vor, wenn der Täter gewerbsmäßig handelt oder als Mitglied einer Bande, die sich zur fortgesetzten Begehung von Geldwäsche verbunden hat.
(6) Wer in den Fällen des Absatzes 1 oder 2 leichtfertig nicht erkennt, dass es sich um einen Gegenstand nach Absatz 1 handelt, wird mit Freiheitsstrafe bis zu zwei Jahren oder mit Geldstrafe bestraft. Satz 1 gilt in den Fällen des Absatzes 1 Satz 1 Nummer 3 und 4 nicht für einen Strafverteidiger, der ein Honorar für seine Tätigkeit annimmt.
(7) Wer wegen Beteiligung an der Vortat strafbar ist, wird nach den Absätzen 1 bis 6 nur dann bestraft, wenn er den Gegenstand in den Verkehr bringt und dabei dessen rechtswidrige Herkunft verschleiert.
(8) Nach den Absätzen 1 bis 6 wird nicht bestraft,
1. wer die Tat freiwillig bei der zuständigen Behörde anzeigt oder freiwillig eine solche Anzeige veranlasst, wenn nicht die Tat zu diesem Zeitpunkt bereits ganz oder zum Teil entdeckt war und der Täter dies wusste oder bei verständiger Würdigung der Sachlage damit rechnen musste, und
2. in den Fällen des Absatzes 1 oder des Absatzes 2 unter den in Nummer 1 genannten Voraussetzungen die Sicherstellung des Gegenstandes bewirkt.

(9) Einem Gegenstand im Sinne des Absatzes 1 stehen Gegenstände, die aus einer im Ausland begangenen Tat herrühren, gleich, wenn die Tat nach deutschem Strafrecht eine rechtswidrige Tat wäre und
1. am Tatort mit Strafe bedroht ist oder
2. nach einer der folgenden Vorschriften und Übereinkommen der Europäischen Union mit Strafe zu bedrohen ist:
   a) Artikel 2 oder Artikel 3 des Übereinkommens vom 26. Mai 1997 aufgrund von Artikel K.3 Absatz 2 Buchstabe c des Vertrags über die Europäische Union über die Bekämpfung der Bestechung, an der Beamte der Europäischen Gemeinschaften oder der Mitgliedstaaten der Europäischen Union beteiligt sind (BGBl. 2002 II S. 2727, 2729),
   b) Artikel 1 des Rahmenbeschlusses 2002/946/JI des Rates vom 28. November 2002 betreffend die Verstärkung des strafrechtlichen Rahmens für die Bekämpfung der Beihilfe zur unerlaubten Ein- und Durchreise und zum unerlaubten Aufenthalt (ABl. L 328 vom 5. 12. 2002, S. 1),
   c) Artikel 2 oder Artikel 3 des Rahmenbeschlusses 2003/568/JI des Rates vom 22. Juli 2003 zur Bekämpfung der Bestechung im privaten Sektor (ABl. L 192 vom 31. 7. 2003, S. 54),
   d) Artikel 2 oder Artikel 3 des Rahmenbeschlusses 2004/757/JI des Rates vom 25. Oktober 2004 zur Festlegung von Mindestvorschriften über die Tatbestandsmerkmale strafbarer Handlungen und die Strafen im Bereich des illegalen Drogenhandels (ABl. L 335 vom 11. 11. 2004, S. 8), der zuletzt durch die Delegierte Richtlinie (EU) 2019/369 (ABl. L 66 vom 7. 3. 2019, S. 3) geändert worden ist,

e) Artikel 2 Buchstabe a des Rahmenbeschlusses 2008/841/JI des Rates vom 24. Oktober 2008 zur Bekämpfung der organisierten Kriminalität (ABl. L 300 vom 11. 11. 2008, S. 42),
f) Artikel 2 oder Artikel 3 der Richtlinie 2011/36/EU des Europäischen Parlaments und des Rates vom 5. April 2011 zur Verhütung und Bekämpfung des Menschenhandels und zum Schutz seiner Opfer sowie zur Ersetzung des Rahmenbeschlusses 2002/629/JI des Rates (ABl. L 101 vom 15. 4. 2011, S. 1),
g) den Artikeln 3 bis 8 der Richtlinie 2011/93/EU des Europäischen Parlaments und des Rates vom 13. Dezember 2011 zur Bekämpfung des sexuellen Missbrauchs und der sexuellen Ausbeutung von Kindern sowie der Kinderpornografie sowie zur Ersetzung des Rahmenbeschlusses 2004/68/JI des Rates (ABl. L 335 vom 17. 12. 2011, S. 1; L 18 vom 21. 1. 2012, S. 7) oder
h) den Artikeln 4 bis 9 Absatz 1 und 2 Buchstabe b oder den Artikeln 10 bis 14 der Richtlinie (EU) 2017/541 des Europäischen Parlaments und des Rates vom 15. März 2017 zur Terrorismusbekämpfung und zur Ersetzung des Rahmenbeschlusses 2002/475/JI des Rates und zur Änderung des Beschlusses 2005/671/JI des Rates (ABl. L 88 vom 31. 3. 2017, S. 6).

(10) Gegenstände, auf die sich die Straftat bezieht, können eingezogen werden. § 74a ist anzuwenden. Die §§ 73 bis 73e bleiben unberührt und gehen einer Einziehung nach § 74 Absatz 2, auch in Verbindung mit den §§ 74a und 74c, vor.

§ 262 Führungsaufsicht
In den Fällen der §§ 259 bis 261 kann das Gericht Führungsaufsicht anordnen (§ 68 Abs. 1).

Zweiundzwanzigster Abschnitt
Betrug und Untreue

§ 263 Betrug
(1) Wer in der Absicht, sich oder einem Dritten einen rechtswidrigen Vermögensvorteil zu verschaffen, das Vermögen eines anderen dadurch beschädigt, daß er durch Vorspiegelung falscher oder durch Entstellung oder Unterdrückung wahrer Tatsachen einen Irrtum erregt oder unterhält, wird mit Freiheitsstrafe bis zu fünf Jahren oder mit Geldstrafe bestraft.
(2) Der Versuch ist strafbar.
(3) In besonders schweren Fällen ist die Strafe Freiheitsstrafe von sechs Monaten bis zu zehn Jahren. Ein besonders schwerer Fall liegt in der Regel vor, wenn der Täter
1. gewerbsmäßig oder als Mitglied einer Bande handelt, die sich zur fortgesetzten Begehung von Urkundenfälschung oder Betrug verbunden hat,
2. einen Vermögensverlust großen Ausmaßes herbeiführt oder in der Absicht handelt, durch die fortgesetzte Begehung von Betrug eine große Zahl von Menschen in die Gefahr des Verlustes von Vermögenswerten zu bringen,
3. eine andere Person in wirtschaftliche Not bringt,
4. seine Befugnisse oder seine Stellung als Amtsträger oder Europäischer Amtsträger mißbraucht oder
5. einen Versicherungsfall vortäuscht, nachdem er oder ein anderer zu diesem Zweck eine Sache von bedeutendem Wert in Brand gesetzt oder durch eine Brandlegung ganz oder teilweise zerstört oder ein Schiff zum Sinken oder Stranden gebracht hat.

(4) § 243 Abs. 2 sowie die §§ 247 und 248a gelten entsprechend.
(5) Mit Freiheitsstrafe von einem Jahr bis zu zehn Jahren, in minder schweren Fällen mit Freiheitsstrafe von sechs Monaten bis zu fünf Jahren wird bestraft, wer den Betrug als Mitglied einer Bande, die sich zur fortgesetzten Begehung von Straftaten nach den §§ 263 bis 264 oder 267 bis 269 verbunden hat, gewerbsmäßig begeht.
(6) Das Gericht kann Führungsaufsicht anordnen (§ 68 Abs. 1).

§ 263a Computerbetrug
(1) Wer in der Absicht, sich oder einem Dritten einen rechtswidrigen Vermögensvorteil zu verschaffen, das Vermögen eines anderen dadurch beschädigt, daß er das Ergebnis eines Datenverarbeitungsvorgangs durch unrichtige Gestaltung des Programms, durch Verwendung unrichtiger oder unvollständiger Daten, durch unbefugte Verwendung von Daten oder sonst durch unbefugte Einwirkung auf den Ablauf beeinflußt, wird mit Freiheitsstrafe bis zu fünf Jahren oder mit Geldstrafe bestraft.
(2) § 263 Abs. 2 bis 6 gilt entsprechend.
(3) Wer eine Straftat nach Absatz 1 vorbereitet, indem er
1. Computerprogramme, deren Zweck die Begehung einer solchen Tat ist, herstellt, sich oder einem anderen verschafft, feilhält, verwahrt oder einem anderen überlässt oder

2. Passwörter oder sonstige Sicherungscodes, die zur Begehung einer solchen Tat geeignet sind, herstellt, sich oder einem anderen verschafft, feilhält, verwahrt oder einem anderen überlässt

wird mit Freiheitsstrafe bis zu drei Jahren oder mit Geldstrafe bestraft.
(4) In den Fällen des Absatzes 3 gilt § 149 Abs. 2 und 3 entsprechend.

§ 264 Subventionsbetrug

(1) Mit Freiheitsstrafe bis zu fünf Jahren oder mit Geldstrafe wird bestraft, wer
1. einer für die Bewilligung einer Subvention zuständigen Behörde oder einer anderen in das Subventionsverfahren eingeschalteten Stelle oder Person (Subventionsgeber) über subventionserhebliche Tatsachen für sich oder einen anderen unrichtige oder unvollständige Angaben macht, die für ihn oder den anderen vorteilhaft sind,
2. einen Gegenstand oder eine Geldleistung, deren Verwendung durch Rechtsvorschriften oder durch den Subventionsgeber im Hinblick auf eine Subvention beschränkt ist, entgegen der Verwendungsbeschränkung verwendet,
3. den Subventionsgeber entgegen den Rechtsvorschriften über die Subventionsvergabe über subventionserhebliche Tatsachen in Unkenntnis läßt oder
4. in einem Subventionsverfahren eine durch unrichtige oder unvollständige Angaben erlangte Bescheinigung über eine Subventionsberechtigung oder über subventionserhebliche Tatsachen gebraucht.

(2) In besonders schweren Fällen ist die Strafe Freiheitsstrafe von sechs Monaten bis zu zehn Jahren. Ein besonders schwerer Fall liegt in der Regel vor, wenn der Täter
1. aus grobem Eigennutz oder unter Verwendung nachgemachter oder verfälschter Belege für sich oder einen anderen eine nicht gerechtfertigte Subvention großen Ausmaßes erlangt,
2. seine Befugnisse oder seine Stellung als Amtsträger oder Europäischer Amtsträger mißbraucht oder
3. die Mithilfe eines Amtsträgers oder Europäischen Amtsträgers ausnutzt, der seine Befugnisse oder seine Stellung mißbraucht.

(3) § 263 Abs. 5 gilt entsprechend.
(4) In den Fällen des Absatzes 1 Nummer 2 ist der Versuch strafbar.
(5) Wer in den Fällen des Absatzes 1 Nr. 1 bis 3 leichtfertig handelt, wird mit Freiheitsstrafe bis zu drei Jahren oder mit Geldstrafe bestraft.
(6) Nach den Absätzen 1 und 5 wird nicht bestraft, wer freiwillig verhindert, daß auf Grund der Tat die Subvention gewährt wird. Wird die Subvention ohne Zutun des Täters nicht gewährt, so wird er straflos, wenn er sich freiwillig und ernsthaft bemüht, das Gewähren der Subvention zu verhindern.
(7) Neben einer Freiheitsstrafe von mindestens einem Jahr wegen einer Straftat nach den Absätzen 1 bis 3 kann das Gericht die Fähigkeit, öffentliche Ämter zu bekleiden, und die Fähigkeit, Rechte aus öffentlichen Wahlen zu erlangen, aberkennen (§ 45 Abs. 2). Gegenstände, auf die sich die Tat bezieht, können eingezogen werden; § 74a ist anzuwenden.
(8) Subvention im Sinne dieser Vorschrift ist
1. eine Leistung aus öffentlichen Mitteln nach Bundes- oder Landesrecht an Betriebe oder Unternehmen, die wenigstens zum Teil
   a) ohne marktmäßige Gegenleistung gewährt wird und
   b) der Förderung der Wirtschaft dienen soll;
2. eine Leistung aus öffentlichen Mitteln nach dem Recht der Europäischen Union, die wenigstens zum Teil ohne marktmäßige Gegenleistung gewährt wird.

Betrieb oder Unternehmen im Sinne des Satzes 1 Nr. 1 ist auch das öffentliche Unternehmen.
(9) Subventionserheblich im Sinne des Absatzes 1 sind Tatsachen,
1. die durch Gesetz oder auf Grund eines Gesetzes von dem Subventionsgeber als subventionserheblich bezeichnet sind oder
2. von denen die Bewilligung, Gewährung, Rückforderung, Weitergewährung oder das Belassen einer Subvention oder eines Subventionsvorteils gesetzlich oder nach dem Subventionsvertrag abhängig ist.

§ 264a Kapitalanlagebetrug

(1) Wer im Zusammenhang mit
1. dem Vertrieb von Wertpapieren, Bezugsrechten oder von Anteilen, die eine Beteiligung an dem Ergebnis eines Unternehmens gewähren sollen, oder
2. dem Angebot, die Einlage auf solche Anteile zu erhöhen,

in Prospekten oder in Darstellungen oder Übersichten über den Vermögensstand hinsichtlich der für die Entscheidung über den Erwerb oder die Erhöhung erheblichen Umstände gegenüber einem größeren Kreis von

Personen unrichtige vorteilhafte Angaben macht oder nachteilige Tatsachen verschweigt, wird mit Freiheitsstrafe bis zu drei Jahren oder mit Geldstrafe bestraft.
(2) Absatz 1 gilt entsprechend, wenn sich die Tat auf Anteile an einem Vermögen bezieht, das ein Unternehmen im eigenen Namen, jedoch für fremde Rechnung verwaltet.
(3) Nach den Absätzen 1 und 2 wird nicht bestraft, wer freiwillig verhindert, daß auf Grund der Tat die durch den Erwerb oder die Erhöhung bedingte Leistung erbracht wird. Wird die Leistung ohne Zutun des Täters nicht erbracht, so wird er straflos, wenn er sich freiwillig und ernsthaft bemüht, das Erbringen der Leistung zu verhindern.

§ 265 Versicherungsmißbrauch

(1) Wer eine gegen Untergang, Beschädigung, Beeinträchtigung der Brauchbarkeit, Verlust oder Diebstahl versicherte Sache beschädigt, zerstört, in ihrer Brauchbarkeit beeinträchtigt, beiseite schafft oder einem anderen überläßt, um sich oder einem Dritten Leistungen aus der Versicherung zu verschaffen, wird mit Freiheitsstrafe bis zu drei Jahren oder mit Geldstrafe bestraft, wenn die Tat nicht in § 263 mit Strafe bedroht ist.
(2) Der Versuch ist strafbar.

§ 265a Erschleichen von Leistungen

(1) Wer die Leistung eines Automaten oder eines öffentlichen Zwecken dienenden Telekommunikationsnetzes, die Beförderung durch ein Verkehrsmittel oder den Zutritt zu einer Veranstaltung oder einer Einrichtung in der Absicht erschleicht, das Entgelt nicht zu entrichten, wird mit Freiheitsstrafe bis zu einem Jahr oder mit Geldstrafe bestraft, wenn die Tat nicht in anderen Vorschriften mit schwererer Strafe bedroht ist.
(2) Der Versuch ist strafbar.
(3) Die §§ 247 und 248a gelten entsprechend.

§ 265b Kreditbetrug

(1) Wer einem Betrieb oder Unternehmen im Zusammenhang mit einem Antrag auf Gewährung, Belassung oder Veränderung der Bedingungen eines Kredits für einen Betrieb oder ein Unternehmen oder einen vorgetäuschten Betrieb oder ein vorgetäuschtes Unternehmen
1. über wirtschaftliche Verhältnisse
    a) unrichtige oder unvollständige Unterlagen, namentlich Bilanzen, Gewinn- und Verlustrechnungen, Vermögensübersichten oder Gutachten vorlegt oder
    b) schriftlich unrichtige oder unvollständige Angaben macht,
    die für den Kreditnehmer vorteilhaft und für die Entscheidung über einen solchen Antrag erheblich sind, oder
2. solche Verschlechterungen der in den Unterlagen oder Angaben dargestellten wirtschaftlichen Verhältnisse bei der Vorlage nicht mitteilt, die für die Entscheidung über einen solchen Antrag erheblich sind,
wird mit Freiheitsstrafe bis zu drei Jahren oder mit Geldstrafe bestraft.
(2) Nach Absatz 1 wird nicht bestraft, wer freiwillig verhindert, daß der Kreditgeber auf Grund der Tat die beantragte Leistung erbringt. Wird die Leistung ohne Zutun des Täters nicht erbracht, so wird er straflos, wenn er sich freiwillig und ernsthaft bemüht, das Erbringen der Leistung zu verhindern.
(3) Im Sinne des Absatzes 1 sind
1. Betriebe und Unternehmen unabhängig von ihrem Gegenstand solche, die nach Art und Umfang einen in kaufmännischer Weise eingerichteten Geschäftsbetrieb erfordern;
2. Kredite Gelddarlehen aller Art, Akzeptkredite, der entgeltliche Erwerb und die Stundung von Geldforderungen, die Diskontierung von Wechseln und Schecks und die Übernahme von Bürgschaften, Garantien und sonstigen Gewährleistungen.

§ 265c Sportwettbetrug

(1) Wer als Sportler oder Trainer einen Vorteil für sich oder einen Dritten als Gegenleistung dafür fordert, sich versprechen lässt oder annimmt, dass er den Verlauf oder das Ergebnis eines Wettbewerbs des organisierten Sports zugunsten des Wettbewerbsgegners beeinflusse und infolgedessen ein rechtswidriger Vermögensvorteil durch eine auf diesen Wettbewerb bezogene öffentliche Sportwette erlangt werde, wird mit Freiheitsstrafe bis zu drei Jahren oder mit Geldstrafe bestraft.
(2) Ebenso wird bestraft, wer einem Sportler oder Trainer einen Vorteil für diesen oder einen Dritten als Gegenleistung dafür anbietet, verspricht oder gewährt, dass er den Verlauf oder das Ergebnis eines Wettbewerbs des organisierten Sports zugunsten des Wettbewerbsgegners beeinflusse und infolgedessen ein rechtswidriger Vermögensvorteil durch eine auf diesen Wettbewerb bezogene öffentliche Sportwette erlangt werde.
(3) Wer als Schieds-, Wertungs- oder Kampfrichter einen Vorteil für sich oder einen Dritten als Gegenleistung dafür fordert, sich versprechen lässt oder annimmt, dass er den Verlauf oder das Ergebnis eines Wettbewerbs des

organisierten Sports in regelwidriger Weise beeinflusse und infolgedessen ein rechtswidriger Vermögensvorteil durch eine auf diesen Wettbewerb bezogene öffentliche Sportwette erlangt werde, wird mit Freiheitsstrafe bis zu drei Jahren oder mit Geldstrafe bestraft.
(4) Ebenso wird bestraft, wer einem Schieds-, Wertungs- oder Kampfrichter einen Vorteil für diesen oder einen Dritten als Gegenleistung dafür anbietet, verspricht oder gewährt, dass er den Verlauf oder das Ergebnis eines Wettbewerbs des organisierten Sports in regelwidriger Weise beeinflusse und infolgedessen ein rechtswidriger Vermögensvorteil durch eine auf diesen Wettbewerb bezogene öffentliche Sportwette erlangt werde.
(5) Ein Wettbewerb des organisierten Sports im Sinne dieser Vorschrift ist jede Sportveranstaltung im Inland oder im Ausland,
1. die von einer nationalen oder internationalen Sportorganisation oder in deren Auftrag oder mit deren Anerkennung organisiert wird und
2. bei der Regeln einzuhalten sind, die von einer nationalen oder internationalen Sportorganisation mit verpflichtender Wirkung für ihre Mitgliedsorganisationen verabschiedet wurden.
(6) Trainer im Sinne dieser Vorschrift ist, wer bei dem sportlichen Wettbewerb über den Einsatz und die Anleitung von Sportlern entscheidet. Einem Trainer stehen Personen gleich, die aufgrund ihrer beruflichen oder wirtschaftlichen Stellung wesentlichen Einfluss auf den Einsatz oder die Anleitung von Sportlern nehmen können.

§ 265d Manipulation von berufssportlichen Wettbewerben

(1) Wer als Sportler oder Trainer einen Vorteil für sich oder einen Dritten als Gegenleistung dafür fordert, sich versprechen lässt oder annimmt, dass er den Verlauf oder das Ergebnis eines berufssportlichen Wettbewerbs in wettbewerbswidriger Weise zugunsten des Wettbewerbsgegners beeinflusse, wird mit Freiheitsstrafe bis zu drei Jahren oder mit Geldstrafe bestraft.
(2) Ebenso wird bestraft, wer einem Sportler oder Trainer einen Vorteil für diesen oder einen Dritten als Gegenleistung dafür anbietet, verspricht oder gewährt, dass er den Verlauf oder das Ergebnis eines berufssportlichen Wettbewerbs in wettbewerbswidriger Weise zugunsten des Wettbewerbsgegners beeinflusse.
(3) Wer als Schieds-, Wertungs- oder Kampfrichter einen Vorteil für sich oder einen Dritten als Gegenleistung dafür fordert, sich versprechen lässt oder annimmt, dass er den Verlauf oder das Ergebnis eines berufssportlichen Wettbewerbs in regelwidriger Weise beeinflusse, wird mit Freiheitsstrafe bis zu drei Jahren oder mit Geldstrafe bestraft.
(4) Ebenso wird bestraft, wer einem Schieds-, Wertungs- oder Kampfrichter einen Vorteil für diesen oder einen Dritten als Gegenleistung dafür anbietet, verspricht oder gewährt, dass er den Verlauf oder das Ergebnis eines berufssportlichen Wettbewerbs in regelwidriger Weise beeinflusse.
(5) Ein berufssportlicher Wettbewerb im Sinne dieser Vorschrift ist jede Sportveranstaltung im Inland oder im Ausland,
1. die von einem Sportbundesverband oder einer internationalen Sportorganisation veranstaltet oder in deren Auftrag oder mit deren Anerkennung organisiert wird,
2. bei der Regeln einzuhalten sind, die von einer nationalen oder internationalen Sportorganisation mit verpflichtender Wirkung für ihre Mitgliedsorganisationen verabschiedet wurden, und
3. an der überwiegend Sportler teilnehmen, die durch ihre sportliche Betätigung unmittelbar oder mittelbar Einnahmen von erheblichem Umfang erzielen.
(6) § 265c Absatz 6 gilt entsprechend.

§ 265e Besonders schwere Fälle des Sportwettbetrugs und der Manipulation von berufssportlichen Wettbewerben

In besonders schweren Fällen wird eine Tat nach den §§ 265c und 265d mit Freiheitsstrafe von drei Monaten bis zu fünf Jahren bestraft. Ein besonders schwerer Fall liegt in der Regel vor, wenn
1. die Tat sich auf einen Vorteil großen Ausmaßes bezieht oder
2. der Täter gewerbsmäßig handelt oder als Mitglied einer Bande, die sich zur fortgesetzten Begehung solcher Taten verbunden hat.

§ 266 Untreue

(1) Wer die ihm durch Gesetz, behördlichen Auftrag oder Rechtsgeschäft eingeräumte Befugnis, über fremdes Vermögen zu verfügen oder einen anderen zu verpflichten, mißbraucht oder die ihm kraft Gesetzes, behördlichen Auftrags, Rechtsgeschäfts oder eines Treueverhältnisses obliegende Pflicht, fremde Vermögensinteressen wahrzunehmen, verletzt und dadurch dem, dessen Vermögensinteressen er zu betreuen hat, Nachteil zufügt, wird mit Freiheitsstrafe bis zu fünf Jahren oder mit Geldstrafe bestraft.
(2) § 243 Abs. 2 und die §§ 247, 248a und 263 Abs. 3 gelten entsprechend.

§ 266a Vorenthalten und Veruntreuen von Arbeitsentgelt

(1) Wer als Arbeitgeber der Einzugsstelle Beiträge des Arbeitnehmers zur Sozialversicherung einschließlich der Arbeitsförderung, unabhängig davon, ob Arbeitsentgelt gezahlt wird, vorenthält, wird mit Freiheitsstrafe bis zu fünf Jahren oder mit Geldstrafe bestraft.

(2) Ebenso wird bestraft, wer als Arbeitgeber
1. der für den Einzug der Beiträge zuständigen Stelle über sozialversicherungsrechtlich erhebliche Tatsachen unrichtige oder unvollständige Angaben macht oder
2. die für den Einzug der Beiträge zuständige Stelle pflichtwidrig über sozialversicherungsrechtlich erhebliche Tatsachen in Unkenntnis lässt

und dadurch dieser Stelle vom Arbeitgeber zu tragende Beiträge zur Sozialversicherung einschließlich der Arbeitsförderung, unabhängig davon, ob Arbeitsentgelt gezahlt wird, vorenthält.

(3) Wer als Arbeitgeber sonst Teile des Arbeitsentgelts, die er für den Arbeitnehmer an einen anderen zu zahlen hat, dem Arbeitnehmer einbehält, sie jedoch an den anderen nicht zahlt und es unterlässt, den Arbeitnehmer spätestens im Zeitpunkt der Fälligkeit oder unverzüglich danach über das Unterlassen der Zahlung an den anderen zu unterrichten, wird mit Freiheitsstrafe bis zu fünf Jahren oder mit Geldstrafe bestraft. Satz 1 gilt nicht für Teile des Arbeitsentgelts, die als Lohnsteuer einbehalten werden.

(4) In besonders schweren Fällen der Absätze 1 und 2 ist die Strafe Freiheitsstrafe von sechs Monaten bis zu zehn Jahren. Ein besonders schwerer Fall liegt in der Regel vor, wenn der Täter
1. aus grobem Eigennutz in großem Ausmaß Beiträge vorenthält,
2. unter Verwendung nachgemachter oder verfälschter Belege fortgesetzt Beiträge vorenthält,
3. fortgesetzt Beiträge vorenthält und sich zur Verschleierung der tatsächlichen Beschäftigungsverhältnisse unrichtige, nachgemachte oder verfälschte Belege von einem Dritten verschafft, der diese gewerbsmäßig anbietet,
4. als Mitglied einer Bande handelt, die sich zum fortgesetzten Vorenthalten von Beiträgen zusammengeschlossen hat und die zur Verschleierung der tatsächlichen Beschäftigungsverhältnisse unrichtige, nachgemachte oder verfälschte Belege vorhält, oder
5. die Mithilfe eines Amtsträgers ausnutzt, der seine Befugnisse oder seine Stellung missbraucht.

(5) Dem Arbeitgeber stehen der Auftraggeber eines Heimarbeiters, Hausgewerbetreibenden oder einer Person, die im Sinne des Heimarbeitsgesetzes diesen gleichgestellt ist, sowie der Zwischenmeister gleich.

(6) In den Fällen der Absätze 1 und 2 kann das Gericht von einer Bestrafung nach dieser Vorschrift absehen, wenn der Arbeitgeber spätestens im Zeitpunkt der Fälligkeit oder unverzüglich danach der Einzugsstelle schriftlich
1. die Höhe der vorenthaltenen Beiträge mitteilt und
2. darlegt, warum die fristgemäße Zahlung nicht möglich ist, obwohl er sich darum ernsthaft bemüht hat.

Liegen die Voraussetzungen des Satzes 1 vor und werden die Beiträge dann nachträglich innerhalb der von der Einzugsstelle bestimmten angemessenen Frist entrichtet, wird der Täter insoweit nicht bestraft. In den Fällen des Absatzes 3 gelten die Sätze 1 und 2 entsprechend.

§ 266b Mißbrauch von Scheck- und Kreditkarten

(1) Wer die ihm durch die Überlassung einer Scheckkarte oder einer Kreditkarte eingeräumte Möglichkeit, den Aussteller zu einer Zahlung zu veranlassen, mißbraucht und diesen dadurch schädigt, wird mit Freiheitsstrafe bis zu drei Jahren oder mit Geldstrafe bestraft.

(2) § 248a gilt entsprechend.

Dreiundzwanzigster Abschnitt
Urkundenfälschung

§ 267 Urkundenfälschung

(1) Wer zur Täuschung im Rechtsverkehr eine unechte Urkunde herstellt, eine echte Urkunde verfälscht oder eine unechte oder verfälschte Urkunde gebraucht, wird mit Freiheitsstrafe bis zu fünf Jahren oder mit Geldstrafe bestraft.

(2) Der Versuch ist strafbar.

(3) In besonders schweren Fällen ist die Strafe Freiheitsstrafe von sechs Monaten bis zu zehn Jahren. Ein besonders schwerer Fall liegt in der Regel vor, wenn der Täter
1. gewerbsmäßig oder als Mitglied einer Bande handelt, die sich zur fortgesetzten Begehung von Betrug oder Urkundenfälschung verbunden hat,
2. einen Vermögensverlust großen Ausmaßes herbeiführt,

3. durch eine große Zahl von unechten oder verfälschten Urkunden die Sicherheit des Rechtsverkehrs erheblich gefährdet oder
4. seine Befugnisse oder seine Stellung als Amtsträger oder Europäischer Amtsträger mißbraucht.
(4) Mit Freiheitsstrafe von einem Jahr bis zu zehn Jahren, in minder schweren Fällen mit Freiheitsstrafe von sechs Monaten bis zu fünf Jahren wird bestraft, wer die Urkundenfälschung als Mitglied einer Bande, die sich zur fortgesetzten Begehung von Straftaten nach den §§ 263 bis 264 oder 267 bis 269 verbunden hat, gewerbsmäßig begeht.

§ 268 Fälschung technischer Aufzeichnungen

(1) Wer zur Täuschung im Rechtsverkehr
1. eine unechte technische Aufzeichnung herstellt oder eine technische Aufzeichnung verfälscht oder
2. eine unechte oder verfälschte technische Aufzeichnung gebraucht,
wird mit Freiheitsstrafe bis zu fünf Jahren oder mit Geldstrafe bestraft.
(2) Technische Aufzeichnung ist eine Darstellung von Daten, Meß- oder Rechenwerten, Zuständen oder Geschehensabläufen, die durch ein technisches Gerät ganz oder zum Teil selbsttätig bewirkt wird, den Gegenstand der Aufzeichnung allgemein oder für Eingeweihte erkennen läßt und zum Beweis einer rechtlich erheblichen Tatsache bestimmt ist, gleichviel ob ihr die Bestimmung schon bei der Herstellung oder erst später gegeben wird.
(3) Der Herstellung einer unechten technischen Aufzeichnung steht es gleich, wenn der Täter durch störende Einwirkung auf den Aufzeichnungsvorgang das Ergebnis der Aufzeichnung beeinflußt.
(4) Der Versuch ist strafbar.
(5) § 267 Abs. 3 und 4 gilt entsprechend.

§ 269 Fälschung beweiserheblicher Daten

(1) Wer zur Täuschung im Rechtsverkehr beweiserhebliche Daten so speichert oder verändert, daß bei ihrer Wahrnehmung eine unechte oder verfälschte Urkunde vorliegen würde, oder derart gespeicherte oder veränderte Daten gebraucht, wird mit Freiheitsstrafe bis zu fünf Jahren oder mit Geldstrafe bestraft.
(2) Der Versuch ist strafbar.
(3) § 267 Abs. 3 und 4 gilt entsprechend.

§ 270 Täuschung im Rechtsverkehr bei Datenverarbeitung

Der Täuschung im Rechtsverkehr steht die fälschliche Beeinflussung einer Datenverarbeitung im Rechtsverkehr gleich.

§ 271 Mittelbare Falschbeurkundung

(1) Wer bewirkt, daß Erklärungen, Verhandlungen oder Tatsachen, welche für Rechte oder Rechtsverhältnisse von Erheblichkeit sind, in öffentlichen Urkunden, Büchern, Dateien oder Registern als abgegeben oder geschehen beurkundet oder gespeichert werden, während sie überhaupt nicht oder in anderer Weise oder von einer Person in einer ihr nicht zustehenden Eigenschaft oder von einer anderen Person abgegeben oder geschehen sind, wird mit Freiheitsstrafe bis zu drei Jahren oder mit Geldstrafe bestraft.
(2) Ebenso wird bestraft, wer eine falsche Beurkundung oder Datenspeicherung der in Absatz 1 bezeichneten Art zur Täuschung im Rechtsverkehr gebraucht.
(3) Handelt der Täter gegen Entgelt oder in der Absicht, sich oder einen Dritten zu bereichern oder eine andere Person zu schädigen, so ist die Strafe Freiheitsstrafe von drei Monaten bis zu fünf Jahren.
(4) Der Versuch ist strafbar.

§ 272 (weggefallen)

§ 273 Verändern von amtlichen Ausweisen

(1) Wer zur Täuschung im Rechtsverkehr
1. eine Eintragung in einem amtlichen Ausweis entfernt, unkenntlich macht, überdeckt oder unterdrückt oder eine einzelne Seite aus einem amtlichen Ausweis entfernt oder
2. einen derart veränderten amtlichen Ausweis gebraucht,
wird mit Freiheitsstrafe bis zu drei Jahren oder mit Geldstrafe bestraft, wenn die Tat nicht in § 267 oder § 274 mit Strafe bedroht ist.
(2) Der Versuch ist strafbar.

§ 274 Urkundenunterdrückung; Veränderung einer Grenzbezeichnung

(1) Mit Freiheitsstrafe bis zu fünf Jahren oder mit Geldstrafe wird bestraft, wer

1. eine Urkunde oder eine technische Aufzeichnung, welche ihm entweder überhaupt nicht oder nicht ausschließlich gehört, in der Absicht, einem anderen Nachteil zuzufügen, vernichtet, beschädigt oder unterdrückt,
2. beweiserhebliche Daten (§ 202a Abs. 2), über die er nicht oder nicht ausschließlich verfügen darf, in der Absicht, einem anderen Nachteil zuzufügen, löscht, unterdrückt, unbrauchbar macht oder verändert oder
3. einen Grenzstein oder ein anderes zur Bezeichnung einer Grenze oder eines Wasserstandes bestimmtes Merkmal in der Absicht, einem anderen Nachteil zuzufügen, wegnimmt, vernichtet, unkenntlich macht, verrückt oder fälschlich setzt.
(2) Der Versuch ist strafbar.

§ 275 Vorbereitung der Fälschung von amtlichen Ausweisen
(1) Wer eine Fälschung von amtlichen Ausweisen vorbereitet, indem er
1. Platten, Formen, Drucksätze, Druckstöcke, Negative, Matrizen oder ähnliche Vorrichtungen, die ihrer Art nach zur Begehung der Tat geeignet sind,
2. Papier, das einer solchen Papierart gleicht oder zum Verwechseln ähnlich ist, die zur Herstellung von amtlichen Ausweisen bestimmt und gegen Nachahmung besonders gesichert ist, oder
3. Vordrucke für amtliche Ausweise
herstellt, sich oder einem anderen verschafft, feilhält, verwahrt, einem anderen überläßt oder einzuführen oder auszuführen unternimmt, wird mit Freiheitsstrafe bis zu zwei Jahren oder mit Geldstrafe bestraft.
(2) Handelt der Täter gewerbsmäßig oder als Mitglied einer Bande, die sich zur fortgesetzten Begehung von Straftaten nach Absatz 1 verbunden hat, so ist die Strafe Freiheitsstrafe von drei Monaten bis zu fünf Jahren.
(3) § 149 Abs. 2 und 3 gilt entsprechend.

§ 276 Verschaffen von falschen amtlichen Ausweisen
(1) Wer einen unechten oder verfälschten amtlichen Ausweis oder einen amtlichen Ausweis, der eine falsche Beurkundung der in den §§ 271 und 348 bezeichneten Art enthält,
1. einzuführen oder auszuführen unternimmt oder
2. in der Absicht, dessen Gebrauch zur Täuschung im Rechtsverkehr zu ermöglichen, sich oder einem anderen verschafft, verwahrt oder einem anderen überläßt,
wird mit Freiheitsstrafe bis zu zwei Jahren oder mit Geldstrafe bestraft.
(2) Handelt der Täter gewerbsmäßig oder als Mitglied einer Bande, die sich zur fortgesetzten Begehung von Straftaten nach Absatz 1 verbunden hat, so ist die Strafe Freiheitsstrafe von drei Monaten bis zu fünf Jahren.

§ 276a Aufenthaltsrechtliche Papiere; Fahrzeugpapiere
Die §§ 275 und 276 gelten auch für aufenthaltsrechtliche Papiere, namentlich Aufenthaltstitel und Duldungen, sowie für Fahrzeugpapiere, namentlich Fahrzeugscheine und Fahrzeugbriefe.

§ 277 Fälschung von Gesundheitszeugnissen
Wer unter der ihm nicht zustehenden Bezeichnung als Arzt oder als eine andere approbierte Medizinalperson oder unberechtigt unter dem Namen solcher Personen ein Zeugnis über seinen oder eines anderen Gesundheitszustand ausstellt oder ein derartiges echtes Zeugnis verfälscht und davon zur Täuschung von Behörden oder Versicherungsgesellschaften Gebrauch macht, wird mit Freiheitsstrafe bis zu einem Jahr oder mit Geldstrafe bestraft.

§ 278 Ausstellen unrichtiger Gesundheitszeugnisse
Ärzte und andere approbierte Medizinalpersonen, welche ein unrichtiges Zeugnis über den Gesundheitszustand eines Menschen zum Gebrauch bei einer Behörde oder Versicherungsgesellschaft wider besseres Wissen ausstellen, werden mit Freiheitsstrafe bis zu zwei Jahren oder mit Geldstrafe bestraft.

§ 279 Gebrauch unrichtiger Gesundheitszeugnisse
Wer, um eine Behörde oder eine Versicherungsgesellschaft über seinen oder eines anderen Gesundheitszustand zu täuschen, von einem Zeugnis der in den §§ 277 und 278 bezeichneten Art Gebrauch macht, wird mit Freiheitsstrafe bis zu einem Jahr oder mit Geldstrafe bestraft.

§ 280 (weggefallen)

§ 281 Mißbrauch von Ausweispapieren
(1) Wer ein Ausweispapier, das für einen anderen ausgestellt ist, zur Täuschung im Rechtsverkehr gebraucht, oder wer zur Täuschung im Rechtsverkehr einem anderen ein Ausweispapier überläßt, das nicht für diesen ausgestellt ist, wird mit Freiheitsstrafe bis zu einem Jahr oder mit Geldstrafe bestraft. Der Versuch ist strafbar.

(2) Einem Ausweispapier stehen Zeugnisse und andere Urkunden gleich, die im Verkehr als Ausweis verwendet werden.

§ 282 Einziehung
Gegenstände, auf die sich eine Straftat nach § 267, § 268, § 271 Abs. 2 und 3, § 273 oder § 276, dieser auch in Verbindung mit § 276a, oder nach § 279 bezieht, können eingezogen werden. In den Fällen des § 275, auch in Verbindung mit § 276a, werden die dort bezeichneten Fälschungsmittel eingezogen.

Vierundzwanzigster Abschnitt
Insolvenzstraftaten

§ 283 Bankrott
(1) Mit Freiheitsstrafe bis zu fünf Jahren oder mit Geldstrafe wird bestraft, wer bei Überschuldung oder bei drohender oder eingetretener Zahlungsunfähigkeit
1. Bestandteile seines Vermögens, die im Falle der Eröffnung des Insolvenzverfahrens zur Insolvenzmasse gehören, beiseite schafft oder verheimlicht oder in einer den Anforderungen einer ordnungsgemäßen Wirtschaft widersprechenden Weise zerstört, beschädigt oder unbrauchbar macht,
2. in einer den Anforderungen einer ordnungsgemäßen Wirtschaft widersprechenden Weise Verlust- oder Spekulationsgeschäfte oder Differenzgeschäfte mit Waren oder Wertpapieren eingeht oder durch unwirtschaftliche Ausgaben, Spiel oder Wette übermäßige Beträge verbraucht oder schuldig wird,
3. Waren oder Wertpapiere auf Kredit beschafft und sie oder die aus diesen Waren hergestellten Sachen erheblich unter ihrem Wert in einer den Anforderungen einer ordnungsgemäßen Wirtschaft widersprechenden Weise veräußert oder sonst abgibt,
4. Rechte anderer vortäuscht oder erdichtete Rechte anerkennt,
5. Handelsbücher, zu deren Führung er gesetzlich verpflichtet ist, zu führen unterläßt oder so führt oder verändert, daß die Übersicht über seinen Vermögensstand erschwert wird,
6. Handelsbücher oder sonstige Unterlagen, zu deren Aufbewahrung ein Kaufmann nach Handelsrecht verpflichtet ist, vor Ablauf der für Buchführungspflichtige bestehenden Aufbewahrungsfristen beiseite schafft, verheimlicht, zerstört oder beschädigt und dadurch die Übersicht über seinen Vermögensstand erschwert,
7. entgegen dem Handelsrecht
   a) Bilanzen so aufstellt, daß die Übersicht über seinen Vermögensstand erschwert wird, oder
   b) es unterläßt, die Bilanz seines Vermögens oder das Inventar in der vorgeschriebenen Zeit aufzustellen, oder
8. in einer anderen, den Anforderungen einer ordnungsgemäßen Wirtschaft grob widersprechenden Weise seinen Vermögensstand verringert oder seine wirklichen geschäftlichen Verhältnisse verheimlicht oder verschleiert.

(2) Ebenso wird bestraft, wer durch eine der in Absatz 1 bezeichneten Handlungen seine Überschuldung oder Zahlungsunfähigkeit herbeiführt.
(3) Der Versuch ist strafbar.
(4) Wer in den Fällen
1. des Absatzes 1 die Überschuldung oder die drohende oder eingetretene Zahlungsunfähigkeit fahrlässig nicht kennt oder
2. des Absatzes 2 die Überschuldung oder Zahlungsunfähigkeit leichtfertig verursacht,
wird mit Freiheitsstrafe bis zu zwei Jahren oder mit Geldstrafe bestraft.
(5) Wer in den Fällen
1. des Absatzes 1 Nr. 2, 5 oder 7 fahrlässig handelt und die Überschuldung oder die drohende oder eingetretene Zahlungsunfähigkeit wenigstens fahrlässig nicht kennt oder
2. des Absatzes 2 in Verbindung mit Absatz 1 Nr. 2, 5 oder 7 fahrlässig handelt und die Überschuldung oder Zahlungsunfähigkeit wenigstens leichtfertig verursacht,
wird mit Freiheitsstrafe bis zu zwei Jahren oder mit Geldstrafe bestraft.
(6) Die Tat ist nur dann strafbar, wenn der Täter seine Zahlungen eingestellt hat oder über sein Vermögen das Insolvenzverfahren eröffnet oder der Eröffnungsantrag mangels Masse abgewiesen worden ist.

§ 283a Besonders schwerer Fall des Bankrotts
In besonders schweren Fällen des § 283 Abs. 1 bis 3 wird der Bankrott mit Freiheitsstrafe von sechs Monaten bis zu zehn Jahren bestraft. Ein besonders schwerer Fall liegt in der Regel vor, wenn der Täter
1. aus Gewinnsucht handelt oder

2. wissentlich viele Personen in die Gefahr des Verlustes ihrer ihm anvertrauten Vermögenswerte oder in wirtschaftliche Not bringt.

§ 283b Verletzung der Buchführungspflicht

(1) Mit Freiheitsstrafe bis zu zwei Jahren oder mit Geldstrafe wird bestraft, wer
1. Handelsbücher, zu deren Führung er gesetzlich verpflichtet ist, zu führen unterläßt oder so führt oder verändert, daß die Übersicht über seinen Vermögensstand erschwert wird,
2. Handelsbücher oder sonstige Unterlagen, zu deren Aufbewahrung er nach Handelsrecht verpflichtet ist, vor Ablauf der gesetzlichen Aufbewahrungsfristen beiseite schafft, verheimlicht, zerstört oder beschädigt und dadurch die Übersicht über seinen Vermögensstand erschwert,
3. entgegen dem Handelsrecht
    a) Bilanzen so aufstellt, daß die Übersicht über seinen Vermögensstand erschwert wird, oder
    b) es unterläßt, die Bilanz seines Vermögens oder das Inventar in der vorgeschriebenen Zeit aufzustellen.
(2) Wer in den Fällen des Absatzes 1 Nr. 1 oder 3 fahrlässig handelt, wird mit Freiheitsstrafe bis zu einem Jahr oder mit Geldstrafe bestraft.
(3) § 283 Abs. 6 gilt entsprechend.

§ 283c Gläubigerbegünstigung

(1) Wer in Kenntnis seiner Zahlungsunfähigkeit einem Gläubiger eine Sicherheit oder Befriedigung gewährt, die dieser nicht oder nicht in der Art oder nicht zu der Zeit zu beanspruchen hat, und ihn dadurch absichtlich oder wissentlich vor den übrigen Gläubigern begünstigt, wird mit Freiheitsstrafe bis zu zwei Jahren oder mit Geldstrafe bestraft.
(2) Der Versuch ist strafbar.
(3) § 283 Abs. 6 gilt entsprechend.

§ 283d Schuldnerbegünstigung

(1) Mit Freiheitsstrafe bis zu fünf Jahren oder mit Geldstrafe wird bestraft, wer
1. in Kenntnis der einem anderen drohenden Zahlungsunfähigkeit oder
2. nach Zahlungseinstellung, in einem Insolvenzverfahren oder in einem Verfahren zur Herbeiführung der Entscheidung über die Eröffnung des Insolvenzverfahrens eines anderen
Bestandteile des Vermögens eines anderen, die im Falle der Eröffnung des Insolvenzverfahrens zur Insolvenzmasse gehören, mit dessen Einwilligung oder zu dessen Gunsten beiseite schafft oder verheimlicht oder in einer den Anforderungen einer ordnungsgemäßen Wirtschaft widersprechenden Weise zerstört, beschädigt oder unbrauchbar macht.
(2) Der Versuch ist strafbar.
(3) In besonders schweren Fällen ist die Strafe Freiheitsstrafe von sechs Monaten bis zu zehn Jahren. Ein besonders schwerer Fall liegt in der Regel vor, wenn der Täter
1. aus Gewinnsucht handelt oder
2. wissentlich viele Personen in die Gefahr des Verlustes ihrer dem anderen anvertrauten Vermögenswerte oder in wirtschaftliche Not bringt.
(4) Die Tat ist nur dann strafbar, wenn der andere seine Zahlungen eingestellt hat oder über sein Vermögen das Insolvenzverfahren eröffnet oder der Eröffnungsantrag mangels Masse abgewiesen worden ist.

Fünfundzwanzigster Abschnitt
Strafbarer Eigennutz

§ 284 Unerlaubte Veranstaltung eines Glücksspiels

(1) Wer ohne behördliche Erlaubnis öffentlich ein Glücksspiel veranstaltet oder hält oder die Einrichtungen hierzu bereitstellt, wird mit Freiheitsstrafe bis zu zwei Jahren oder mit Geldstrafe bestraft.
(2) Als öffentlich veranstaltet gelten auch Glücksspiele in Vereinen oder geschlossenen Gesellschaften, in denen Glücksspiele gewohnheitsmäßig veranstaltet werden.
(3) Wer in den Fällen des Absatzes 1
1. gewerbsmäßig oder
2. als Mitglied einer Bande handelt, die sich zur fortgesetzten Begehung solcher Taten verbunden hat,
wird mit Freiheitsstrafe von drei Monaten bis zu fünf Jahren bestraft.
(4) Wer für ein öffentliches Glücksspiel (Absätze 1 und 2) wirbt, wird mit Freiheitsstrafe bis zu einem Jahr oder mit Geldstrafe bestraft.

§ 285 Beteiligung am unerlaubten Glücksspiel
Wer sich an einem öffentlichen Glücksspiel (§ 284) beteiligt, wird mit Freiheitsstrafe bis zu sechs Monaten oder mit Geldstrafe bis zu einhundertachtzig Tagessätzen bestraft.

§ 286 Einziehung
In den Fällen der §§ 284 und 285 werden die Spieleinrichtungen und das auf dem Spieltisch oder in der Bank vorgefundene Geld eingezogen, wenn sie dem Täter oder Teilnehmer zur Zeit der Entscheidung gehören. Andernfalls können die Gegenstände eingezogen werden; § 74a ist anzuwenden.

§ 287 Unerlaubte Veranstaltung einer Lotterie oder einer Ausspielung
(1) Wer ohne behördliche Erlaubnis öffentliche Lotterien oder Ausspielungen beweglicher oder unbeweglicher Sachen veranstaltet, namentlich den Abschluß von Spielverträgen für eine öffentliche Lotterie oder Ausspielung anbietet oder auf den Abschluß solcher Spielverträge gerichtete Angebote annimmt, wird mit Freiheitsstrafe bis zu zwei Jahren oder mit Geldstrafe bestraft.
(2) Wer für öffentliche Lotterien oder Ausspielungen (Absatz 1) wirbt, wird mit Freiheitsstrafe bis zu einem Jahr oder mit Geldstrafe bestraft.

§ 288 Vereiteln der Zwangsvollstreckung
(1) Wer bei einer ihm drohenden Zwangsvollstreckung in der Absicht, die Befriedigung des Gläubigers zu vereiteln, Bestandteile seines Vermögens veräußert oder beiseite schafft, wird mit Freiheitsstrafe bis zu zwei Jahren oder mit Geldstrafe bestraft.
(2) Die Tat wird nur auf Antrag verfolgt.

§ 289 Pfandkehr
(1) Wer seine eigene bewegliche Sache oder eine fremde bewegliche Sache zugunsten des Eigentümers derselben dem Nutznießer, Pfandgläubiger oder demjenigen, welchem an der Sache ein Gebrauchs- oder Zurückbehaltungsrecht zusteht, in rechtswidriger Absicht wegnimmt, wird mit Freiheitsstrafe bis zu drei Jahren oder mit Geldstrafe bestraft.
(2) Der Versuch ist strafbar.
(3) Die Tat wird nur auf Antrag verfolgt.

§ 290 Unbefugter Gebrauch von Pfandsachen
Öffentliche Pfandleiher, welche die von ihnen in Pfand genommenen Gegenstände unbefugt in Gebrauch nehmen, werden mit Freiheitsstrafe bis zu einem Jahr oder mit Geldstrafe bestraft.

§ 291 Wucher
(1) Wer die Zwangslage, die Unerfahrenheit, den Mangel an Urteilsvermögen oder die erhebliche Willensschwäche eines anderen dadurch ausbeutet, daß er sich oder einem Dritten
1. für die Vermietung von Räumen zum Wohnen oder damit verbundene Nebenleistungen,
2. für die Gewährung eines Kredits,
3. für eine sonstige Leistung oder
4. für die Vermittlung einer der vorbezeichneten Leistungen

Vermögensvorteile versprechen oder gewähren läßt, die in einem auffälligen Mißverhältnis zu der Leistung oder deren Vermittlung stehen, wird mit Freiheitsstrafe bis zu drei Jahren oder mit Geldstrafe bestraft. Wirken mehrere Personen als Leistende, Vermittler oder in anderer Weise mit und ergibt sich dadurch ein auffälliges Mißverhältnis zwischen sämtlichen Vermögensvorteilen und sämtlichen Gegenleistungen, so gilt Satz 1 für jeden, der die Zwangslage oder sonstige Schwäche des anderen für sich oder einen Dritten zur Erzielung eines übermäßigen Vermögensvorteils ausnutzt.
(2) In besonders schweren Fällen ist die Strafe Freiheitsstrafe von sechs Monaten bis zu zehn Jahren. Ein besonders schwerer Fall liegt in der Regel vor, wenn der Täter
1. durch die Tat den anderen in wirtschaftliche Not bringt,
2. die Tat gewerbsmäßig begeht,
3. sich durch Wechsel wucherische Vermögensvorteile versprechen läßt.

§ 292 Jagdwilderei
(1) Wer unter Verletzung fremden Jagdrechts oder Jagdausübungsrechts
1. dem Wild nachstellt, es fängt, erlegt oder sich oder einem Dritten zueignet oder
2. eine Sache, die dem Jagdrecht unterliegt, sich oder einem Dritten zueignet, beschädigt oder zerstört,

wird mit Freiheitsstrafe bis zu drei Jahren oder mit Geldstrafe bestraft.
(2) In besonders schweren Fällen ist die Strafe Freiheitsstrafe von drei Monaten bis zu fünf Jahren. Ein besonders schwerer Fall liegt in der Regel vor, wenn die Tat
1. gewerbs- oder gewohnheitsmäßig,
2. zur Nachtzeit, in der Schonzeit, unter Anwendung von Schlingen oder in anderer nicht weidmännischer Weise oder
3. von mehreren mit Schußwaffen ausgerüsteten Beteiligten gemeinschaftlich
begangen wird.
(3) Die Absätze 1 und 2 gelten nicht für die in einem Jagdbezirk zur Ausübung der Jagd befugten Personen hinsichtlich des Jagdrechts auf den zu diesem Jagdbezirk gehörenden nach § 6a des Bundesjagdgesetzes für befriedet erklärten Grundflächen.

§ 293 Fischwilderei

Wer unter Verletzung fremden Fischereirechts oder Fischereiausübungsrechts
1. fischt oder
2. eine Sache, die dem Fischereirecht unterliegt, sich oder einem Dritten zueignet, beschädigt oder zerstört,
wird mit Freiheitsstrafe bis zu zwei Jahren oder mit Geldstrafe bestraft.

§ 294 Strafantrag

In den Fällen des § 292 Abs. 1 und des § 293 wird die Tat nur auf Antrag des Verletzten verfolgt, wenn sie von einem Angehörigen oder an einem Ort begangen worden ist, wo der Täter die Jagd oder die Fischerei in beschränktem Umfang ausüben durfte.

§ 295 Einziehung

Jagd- und Fischereigeräte, Hunde und andere Tiere, die der Täter oder Teilnehmer bei der Tat mit sich geführt oder verwendet hat, können eingezogen werden. § 74a ist anzuwenden.

§ 296 (weggefallen)

§ 297 Gefährdung von Schiffen, Kraft- und Luftfahrzeugen durch Bannware

(1) Wer ohne Wissen des Reeders oder des Schiffsführers oder als Schiffsführer ohne Wissen des Reeders eine Sache an Bord eines deutschen Schiffes bringt oder nimmt, deren Beförderung
1. für das Schiff oder die Ladung die Gefahr einer Beschlagnahme oder Einziehung (§§ 74 bis 74f) oder
2. für den Reeder oder den Schiffsführer die Gefahr einer Bestrafung
verursacht, wird mit Freiheitsstrafe bis zu zwei Jahren oder mit Geldstrafe bestraft.
(2) Ebenso wird bestraft, wer als Reeder ohne Wissen des Schiffsführers eine Sache an Bord eines deutschen Schiffes bringt oder nimmt, deren Beförderung für den Schiffsführer die Gefahr einer Bestrafung verursacht.
(3) Absatz 1 Nr. 1 gilt auch für ausländische Schiffe, die ihre Ladung ganz oder zum Teil im Inland genommen haben.
(4) Die Absätze 1 bis 3 sind entsprechend anzuwenden, wenn Sachen in Kraft- oder Luftfahrzeuge gebracht oder genommen werden. An die Stelle des Reeders und des Schiffsführers treten der Halter und der Führer des Kraft- oder Luftfahrzeuges.

Sechsundzwanzigster Abschnitt
Straftaten gegen den Wettbewerb

§ 298 Wettbewerbsbeschränkende Absprachen bei Ausschreibungen

(1) Wer bei einer Ausschreibung über Waren oder Dienstleistungen ein Angebot abgibt, das auf einer rechtswidrigen Absprache beruht, die darauf abzielt, den Veranstalter zur Annahme eines bestimmten Angebots zu veranlassen, wird mit Freiheitsstrafe bis zu fünf Jahren oder mit Geldstrafe bestraft.
(2) Der Ausschreibung im Sinne des Absatzes 1 steht die freihändige Vergabe eines Auftrages nach vorausgegangenem Teilnahmewettbewerb gleich.
(3) Nach Absatz 1, auch in Verbindung mit Absatz 2, wird nicht bestraft, wer freiwillig verhindert, daß der Veranstalter das Angebot annimmt oder dieser seine Leistung erbringt. Wird ohne Zutun des Täters das Angebot nicht angenommen oder die Leistung des Veranstalters nicht erbracht, so wird er straflos, wenn er sich freiwillig und ernsthaft bemüht, die Annahme des Angebots oder das Erbringen der Leistung zu verhindern.

§ 299 Bestechlichkeit und Bestechung im geschäftlichen Verkehr

(1) Mit Freiheitsstrafe bis zu drei Jahren oder Geldstrafe wird bestraft, wer im geschäftlichen Verkehr als Angestellter oder Beauftragter eines Unternehmens

180 StGB §§ 299a–303

1. einen Vorteil für sich oder einen Dritten als Gegenleistung dafür fordert, sich versprechen lässt oder annimmt, dass er bei dem Bezug von Waren oder Dienstleistungen einen anderen im inländischen oder ausländischen Wettbewerb in unlauterer Weise bevorzuge, oder
2. ohne Einwilligung des Unternehmens einen Vorteil für sich oder einen Dritten als Gegenleistung dafür fordert, sich versprechen lässt oder annimmt, dass er bei dem Bezug von Waren oder Dienstleistungen eine Handlung vornehme oder unterlasse und dadurch seine Pflichten gegenüber dem Unternehmen verletze.

(2) Ebenso wird bestraft, wer im geschäftlichen Verkehr einem Angestellten oder Beauftragten eines Unternehmens
1. einen Vorteil für diesen oder einen Dritten als Gegenleistung dafür anbietet, verspricht oder gewährt, dass er bei dem Bezug von Waren oder Dienstleistungen ihn oder einen anderen im inländischen oder ausländischen Wettbewerb in unlauterer Weise bevorzuge, oder
2. ohne Einwilligung des Unternehmens einen Vorteil für diesen oder einen Dritten als Gegenleistung dafür anbietet, verspricht oder gewährt, dass er bei dem Bezug von Waren oder Dienstleistungen eine Handlung vornehme oder unterlasse und dadurch seine Pflichten gegenüber dem Unternehmen verletze.

§ 299a Bestechlichkeit im Gesundheitswesen

Wer als Angehöriger eines Heilberufs, der für die Berufsausübung oder die Führung der Berufsbezeichnung eine staatlich geregelte Ausbildung erfordert, im Zusammenhang mit der Ausübung seines Berufs einen Vorteil für sich oder einen Dritten als Gegenleistung dafür fordert, sich versprechen lässt oder annimmt, dass er
1. bei der Verordnung von Arznei-, Heil- oder Hilfsmitteln oder von Medizinprodukten,
2. bei dem Bezug von Arznei- oder Hilfsmitteln oder von Medizinprodukten, die jeweils zur unmittelbaren Anwendung durch den Heilberufsangehörigen oder einen seiner Berufshelfer bestimmt sind, oder
3. bei der Zuführung von Patienten oder Untersuchungsmaterial

einen anderen im inländischen oder ausländischen Wettbewerb in unlauterer Weise bevorzuge, wird mit Freiheitsstrafe bis zu drei Jahren oder mit Geldstrafe bestraft.

§ 299b Bestechung im Gesundheitswesen

Wer einem Angehörigen eines Heilberufs im Sinne des § 299a im Zusammenhang mit dessen Berufsausübung einen Vorteil für diesen oder einen Dritten als Gegenleistung dafür anbietet, verspricht oder gewährt, dass er
1. bei der Verordnung von Arznei-, Heil- oder Hilfsmitteln oder von Medizinprodukten,
2. bei dem Bezug von Arznei- oder Hilfsmitteln oder von Medizinprodukten, die jeweils zur unmittelbaren Anwendung durch den Heilberufsangehörigen oder einen seiner Berufshelfer bestimmt sind, oder
3. bei der Zuführung von Patienten oder Untersuchungsmaterial

ihn oder einen anderen im inländischen oder ausländischen Wettbewerb in unlauterer Weise bevorzuge, wird mit Freiheitsstrafe bis zu drei Jahren oder mit Geldstrafe bestraft.

§ 300 Besonders schwere Fälle der Bestechlichkeit und Bestechung im geschäftlichen Verkehr und im Gesundheitswesen

In besonders schweren Fällen wird eine Tat nach den §§ 299, 299a und 299b mit Freiheitsstrafe von drei Monaten bis zu fünf Jahren bestraft. Ein besonders schwerer Fall liegt in der Regel vor, wenn
1. die Tat sich auf einen Vorteil großen Ausmaßes bezieht oder
2. der Täter gewerbsmäßig handelt oder als Mitglied einer Bande, die sich zur fortgesetzten Begehung solcher Taten verbunden hat.

§ 301 Strafantrag

(1) Die Bestechlichkeit und Bestechung im geschäftlichen Verkehr nach § 299 wird nur auf Antrag verfolgt, es sei denn, daß die Strafverfolgungsbehörde wegen des besonderen öffentlichen Interesses an der Strafverfolgung ein Einschreiten von Amts wegen für geboten hält.
(2) Das Recht, den Strafantrag nach Absatz 1 zu stellen, haben in den Fällen des § 299 Absatz 1 Nummer 1 und Absatz 2 Nummer 1 neben dem Verletzten auch die in § 8 Absatz 3 Nummer 2 und 4 des Gesetzes gegen den unlauteren Wettbewerb bezeichneten Verbände und Kammern.

§ 302 (weggefallen)

Siebenundzwanzigster Abschnitt
Sachbeschädigung

§ 303 Sachbeschädigung

(1) Wer rechtswidrig eine fremde Sache beschädigt oder zerstört, wird mit Freiheitsstrafe bis zu zwei Jahren oder mit Geldstrafe bestraft.

(2) Ebenso wird bestraft, wer unbefugt das Erscheinungsbild einer fremden Sache nicht nur unerheblich und nicht nur vorübergehend verändert.
(3) Der Versuch ist strafbar.

§ 303a Datenveränderung

(1) Wer rechtswidrig Daten (§ 202a Abs. 2) löscht, unterdrückt, unbrauchbar macht oder verändert, wird mit Freiheitsstrafe bis zu zwei Jahren oder mit Geldstrafe bestraft.
(2) Der Versuch ist strafbar.
(3) Für die Vorbereitung einer Straftat nach Absatz 1 gilt § 202c entsprechend.

§ 303b Computersabotage

(1) Wer eine Datenverarbeitung, die für einen anderen von wesentlicher Bedeutung ist, dadurch erheblich stört, dass er
1. eine Tat nach § 303a Abs. 1 begeht,
2. Daten (§ 202a Abs. 2) in der Absicht, einem anderen Nachteil zuzufügen, eingibt oder übermittelt oder
3. eine Datenverarbeitungsanlage oder einen Datenträger zerstört, beschädigt, unbrauchbar macht, beseitigt oder verändert,

wird mit Freiheitsstrafe bis zu drei Jahren oder mit Geldstrafe bestraft.
(2) Handelt es sich um eine Datenverarbeitung, die für einen fremden Betrieb, ein fremdes Unternehmen oder eine Behörde von wesentlicher Bedeutung ist, ist die Strafe Freiheitsstrafe bis zu fünf Jahren oder Geldstrafe.
(3) Der Versuch ist strafbar.
(4) In besonders schweren Fällen des Absatzes 2 ist die Strafe Freiheitsstrafe von sechs Monaten bis zu zehn Jahren. Ein besonders schwerer Fall liegt in der Regel vor, wenn der Täter
1. einen Vermögensverlust großen Ausmaßes herbeiführt,
2. gewerbsmäßig oder als Mitglied einer Bande handelt, die sich zur fortgesetzten Begehung von Computersabotage verbunden hat,
3. durch die Tat die Versorgung der Bevölkerung mit lebenswichtigen Gütern oder Dienstleistungen oder die Sicherheit der Bundesrepublik Deutschland beeinträchtigt.

(5) Für die Vorbereitung einer Straftat nach Absatz 1 gilt § 202c entsprechend.

§ 303c Strafantrag

In den Fällen der §§ 303, 303a Abs. 1 und 2 sowie § 303b Abs. 1 bis 3 wird die Tat nur auf Antrag verfolgt, es sei denn, daß die Strafverfolgungsbehörde wegen des besonderen öffentlichen Interesses an der Strafverfolgung ein Einschreiten von Amts wegen für geboten hält.

§ 304 Gemeinschädliche Sachbeschädigung

(1) Wer rechtswidrig Gegenstände der Verehrung einer im Staat bestehenden Religionsgesellschaft oder Sachen, die dem Gottesdienst gewidmet sind, oder Grabmäler, öffentliche Denkmäler, Naturdenkmäler, Gegenstände der Kunst, der Wissenschaft oder des Gewerbes, welche in öffentlichen Sammlungen aufbewahrt werden oder öffentlich aufgestellt sind, oder Gegenstände, welche zum öffentlichen Nutzen oder zur Verschönerung öffentlicher Wege, Plätze oder Anlagen dienen, beschädigt oder zerstört, wird mit Freiheitsstrafe bis zu drei Jahren oder mit Geldstrafe bestraft.
(2) Ebenso wird bestraft, wer unbefugt das Erscheinungsbild einer in Absatz 1 bezeichneten Sache oder eines dort bezeichneten Gegenstandes nicht nur unerheblich und nicht nur vorübergehend verändert.
(3) Der Versuch ist strafbar.

§ 305 Zerstörung von Bauwerken

(1) Wer rechtswidrig ein Gebäude, ein Schiff, eine Brücke, einen Damm, eine gebaute Straße, eine Eisenbahn oder ein anderes Bauwerk, welche fremdes Eigentum sind, ganz oder teilweise zerstört, wird mit Freiheitsstrafe bis zu fünf Jahren oder mit Geldstrafe bestraft.
(2) Der Versuch ist strafbar.

§ 305a Zerstörung wichtiger Arbeitsmittel

(1) Wer rechtswidrig
1. ein fremdes technisches Arbeitsmittel von bedeutendem Wert, das für die Errichtung einer Anlage oder eines Unternehmens im Sinne des § 316b Abs. 1 Nr. 1 oder 2 oder einer Anlage, die dem Betrieb oder der Entsorgung einer solchen Anlage oder eines solchen Unternehmens dient, von wesentlicher Bedeutung ist, oder

2. ein für den Einsatz wesentliches technisches Arbeitsmittel der Polizei, der Bundeswehr, der Feuerwehr, des Katastrophenschutzes oder eines Rettungsdienstes, das von bedeutendem Wert ist, oder
3. ein Kraftfahrzeug der Polizei, der Bundeswehr, der Feuerwehr, des Katastrophenschutzes oder eines Rettungsdienstes

ganz oder teilweise zerstört, wird mit Freiheitsstrafe bis zu fünf Jahren oder mit Geldstrafe bestraft.
(2) Der Versuch ist strafbar.

Achtundzwanzigster Abschnitt
Gemeingefährliche Straftaten

§ 306 Brandstiftung

(1) Wer fremde
1. Gebäude oder Hütten,
2. Betriebsstätten oder technische Einrichtungen, namentlich Maschinen,
3. Warenlager oder -vorräte,
4. Kraftfahrzeuge, Schienen-, Luft- oder Wasserfahrzeuge,
5. Wälder, Heiden oder Moore oder
6. land-, ernährungs- oder forstwirtschaftliche Anlagen oder Erzeugnisse

in Brand setzt oder durch eine Brandlegung ganz oder teilweise zerstört, wird mit Freiheitsstrafe von einem Jahr bis zu zehn Jahren bestraft.
(2) In minder schweren Fällen ist die Strafe Freiheitsstrafe von sechs Monaten bis zu fünf Jahren.

§ 306a Schwere Brandstiftung

(1) Mit Freiheitsstrafe nicht unter einem Jahr wird bestraft, wer
1. ein Gebäude, ein Schiff, eine Hütte oder eine andere Räumlichkeit, die der Wohnung von Menschen dient,
2. eine Kirche oder ein anderes der Religionsausübung dienendes Gebäude oder
3. eine Räumlichkeit, die zeitweise dem Aufenthalt von Menschen dient, zu einer Zeit, in der Menschen sich dort aufzuhalten pflegen,

in Brand setzt oder durch eine Brandlegung ganz oder teilweise zerstört.
(2) Ebenso wird bestraft, wer eine in § 306 Abs. 1 Nr. 1 bis 6 bezeichnete Sache in Brand setzt oder durch eine Brandlegung ganz oder teilweise zerstört und dadurch einen anderen Menschen in die Gefahr einer Gesundheitsschädigung bringt.
(3) In minder schweren Fällen der Absätze 1 und 2 ist die Strafe Freiheitsstrafe von sechs Monaten bis zu fünf Jahren.

§ 306b Besonders schwere Brandstiftung

(1) Wer durch eine Brandstiftung nach § 306 oder § 306a eine schwere Gesundheitsschädigung eines anderen Menschen oder eine Gesundheitsschädigung einer großen Zahl von Menschen verursacht, wird mit Freiheitsstrafe nicht unter zwei Jahren bestraft.
(2) Auf Freiheitsstrafe nicht unter fünf Jahren ist zu erkennen, wenn der Täter in den Fällen des § 306a
1. einen anderen Menschen durch die Tat in die Gefahr des Todes bringt,
2. in der Absicht handelt, eine andere Straftat zu ermöglichen oder zu verdecken oder
3. das Löschen des Brandes verhindert oder erschwert.

§ 306c Brandstiftung mit Todesfolge

Verursacht der Täter durch eine Brandstiftung nach den §§ 306 bis 306b wenigstens leichtfertig den Tod eines anderen Menschen, so ist die Strafe lebenslange Freiheitsstrafe oder Freiheitsstrafe nicht unter zehn Jahren.

§ 306d Fahrlässige Brandstiftung

(1) Wer in den Fällen des § 306 Abs. 1 oder des § 306a Abs. 1 fahrlässig handelt oder in den Fällen des § 306a Abs. 2 die Gefahr fahrlässig verursacht, wird mit Freiheitsstrafe bis zu fünf Jahren oder mit Geldstrafe bestraft.
(2) Wer in den Fällen des § 306a Abs. 2 fahrlässig handelt und die Gefahr fahrlässig verursacht, wird mit Freiheitsstrafe bis zu drei Jahren oder mit Geldstrafe bestraft.

§ 306e Tätige Reue

(1) Das Gericht kann in den Fällen der §§ 306, 306a und 306b die Strafe nach seinem Ermessen mildern (§ 49 Abs. 2) oder von Strafe nach diesen Vorschriften absehen, wenn der Täter freiwillig den Brand löscht, bevor ein erheblicher Schaden entsteht.
(2) Nach § 306d wird nicht bestraft, wer freiwillig den Brand löscht, bevor ein erheblicher Schaden entsteht.

(3) Wird der Brand ohne Zutun des Täters gelöscht, bevor ein erheblicher Schaden entstanden ist, so genügt sein freiwilliges und ernsthaftes Bemühen, dieses Ziel zu erreichen.

§ 306f Herbeiführen einer Brandgefahr

(1) Wer fremde
1. feuergefährdete Betriebe oder Anlagen,
2. Anlagen oder Betriebe der Land- oder Ernährungswirtschaft, in denen sich deren Erzeugnisse befinden,
3. Wälder, Heiden oder Moore oder
4. bestellte Felder oder leicht entzündliche Erzeugnisse der Landwirtschaft, die auf Feldern lagern,

durch Rauchen, durch offenes Feuer oder Licht, durch Wegwerfen brennender oder glimmender Gegenstände oder in sonstiger Weise in Brandgefahr bringt, wird mit Freiheitsstrafe bis zu drei Jahren oder mit Geldstrafe bestraft.
(2) Ebenso wird bestraft, wer eine in Absatz 1 Nr. 1 bis 4 bezeichnete Sache in Brandgefahr bringt und dadurch Leib oder Leben eines anderen Menschen oder fremde Sachen von bedeutendem Wert gefährdet.
(3) Wer in den Fällen des Absatzes 1 fahrlässig handelt oder in den Fällen des Absatzes 2 die Gefahr fahrlässig verursacht, wird mit Freiheitsstrafe bis zu einem Jahr oder mit Geldstrafe bestraft.

§ 307 Herbeiführen einer Explosion durch Kernenergie

(1) Wer es unternimmt, durch Freisetzen von Kernenergie eine Explosion herbeizuführen und dadurch Leib oder Leben eines anderen Menschen oder fremde Sachen von bedeutendem Wert zu gefährden, wird mit Freiheitsstrafe nicht unter fünf Jahren bestraft.
(2) Wer durch Freisetzen von Kernenergie eine Explosion herbeiführt und dadurch Leib oder Leben eines anderen Menschen oder fremde Sachen von bedeutendem Wert fahrlässig gefährdet, wird mit Freiheitsstrafe von einem Jahr bis zu zehn Jahren bestraft.
(3) Verursacht der Täter durch die Tat wenigstens leichtfertig den Tod eines anderen Menschen, so ist die Strafe
1. in den Fällen des Absatzes 1 lebenslange Freiheitsstrafe oder Freiheitsstrafe nicht unter zehn Jahren,
2. in den Fällen des Absatzes 2 Freiheitsstrafe nicht unter fünf Jahren.
(4) Wer in den Fällen des Absatzes 2 fahrlässig handelt und die Gefahr fahrlässig verursacht, wird mit Freiheitsstrafe bis zu drei Jahren oder mit Geldstrafe bestraft.

§ 308 Herbeiführen einer Sprengstoffexplosion

(1) Wer anders als durch Freisetzen von Kernenergie, namentlich durch Sprengstoff, eine Explosion herbeiführt und dadurch Leib oder Leben eines anderen Menschen oder fremde Sachen von bedeutendem Wert gefährdet, wird mit Freiheitsstrafe nicht unter einem Jahr bestraft.
(2) Verursacht der Täter durch die Tat eine schwere Gesundheitsschädigung eines anderen Menschen oder eine Gesundheitsschädigung einer großen Zahl von Menschen, so ist auf Freiheitsstrafe nicht unter zwei Jahren zu erkennen.
(3) Verursacht der Täter durch die Tat wenigstens leichtfertig den Tod eines anderen Menschen, so ist die Strafe lebenslange Freiheitsstrafe oder Freiheitsstrafe nicht unter zehn Jahren.
(4) In minder schweren Fällen des Absatzes 1 ist auf Freiheitsstrafe von sechs Monaten bis zu fünf Jahren, in minder schweren Fällen des Absatzes 2 auf Freiheitsstrafe von einem Jahr bis zu zehn Jahren zu erkennen.
(5) Wer in den Fällen des Absatzes 1 die Gefahr fahrlässig verursacht, wird mit Freiheitsstrafe bis zu fünf Jahren oder mit Geldstrafe bestraft.
(6) Wer in den Fällen des Absatzes 1 fahrlässig handelt und die Gefahr fahrlässig verursacht, wird mit Freiheitsstrafe bis zu drei Jahren oder mit Geldstrafe bestraft.

§ 309 Mißbrauch ionisierender Strahlen

(1) Wer in der Absicht, die Gesundheit eines anderen Menschen zu schädigen, es unternimmt, ihn einer ionisierenden Strahlung auszusetzen, die dessen Gesundheit zu schädigen geeignet ist, wird mit Freiheitsstrafe von einem Jahr bis zu zehn Jahren bestraft.
(2) Unternimmt es der Täter, eine unübersehbare Zahl von Menschen einer solchen Strahlung auszusetzen, so ist die Strafe Freiheitsstrafe nicht unter fünf Jahren.
(3) Verursacht der Täter in den Fällen des Absatzes 1 durch die Tat eine schwere Gesundheitsschädigung eines anderen Menschen oder eine Gesundheitsschädigung einer großen Zahl von Menschen, so ist auf Freiheitsstrafe nicht unter zwei Jahren zu erkennen.
(4) Verursacht der Täter durch die Tat wenigstens leichtfertig den Tod eines anderen Menschen, so ist die Strafe lebenslange Freiheitsstrafe oder Freiheitsstrafe nicht unter zehn Jahren.

(5) In minder schweren Fällen des Absatzes 1 ist auf Freiheitsstrafe von sechs Monaten bis zu fünf Jahren, in minder schweren Fällen des Absatzes 3 auf Freiheitsstrafe von einem Jahr bis zu zehn Jahren zu erkennen.
(6) Wer in der Absicht,
1. die Brauchbarkeit einer fremden Sache von bedeutendem Wert zu beeinträchtigen,
2. nachhaltig ein Gewässer, die Luft oder den Boden nachteilig zu verändern oder
3. ihm nicht gehörende Tiere oder Pflanzen von bedeutendem Wert zu schädigen,

die Sache, das Gewässer, die Luft, den Boden, die Tiere oder Pflanzen einer ionisierenden Strahlung aussetzt, die geeignet ist, solche Beeinträchtigungen, Veränderungen oder Schäden hervorzurufen, wird mit Freiheitsstrafe bis zu fünf Jahren oder mit Geldstrafe bestraft. Der Versuch ist strafbar.

§ 310 Vorbereitung eines Explosions- oder Strahlungsverbrechens

(1) Wer zur Vorbereitung
1. eines bestimmten Unternehmens im Sinne des § 307 Abs. 1 oder des § 309 Abs. 2,
2. einer Straftat nach § 308 Abs. 1, die durch Sprengstoff begangen werden soll,
3. einer Straftat nach § 309 Abs. 1 oder
4. einer Straftat nach § 309 Abs. 6

Kernbrennstoffe, sonstige radioaktive Stoffe, Sprengstoffe oder die zur Ausführung der Tat erforderlichen besonderen Vorrichtungen herstellt, sich oder einem anderen verschafft, verwahrt oder einem anderen überläßt, wird in den Fällen der Nummer 1 mit Freiheitsstrafe von einem Jahr bis zu zehn Jahren, in den Fällen der Nummer 2 und der Nummer 3 mit Freiheitsstrafe von sechs Monaten bis zu fünf Jahren, in den Fällen der Nummer 4 mit Freiheitsstrafe bis zu drei Jahren oder mit Geldstrafe bestraft.
(2) In minder schweren Fällen des Absatzes 1 Nr. 1 ist die Strafe Freiheitsstrafe von sechs Monaten bis zu fünf Jahren.
(3) In den Fällen des Absatzes 1 Nr. 3 und 4 ist der Versuch strafbar.

§ 311 Freisetzen ionisierender Strahlen

(1) Wer unter Verletzung verwaltungsrechtlicher Pflichten (§ 330d Absatz 1 Nummer 4, 5, Absatz 2)
1. ionisierende Strahlen freisetzt oder
2. Kernspaltungsvorgänge bewirkt,

die geeignet sind, Leib oder Leben eines anderen Menschen, fremde Sachen von bedeutendem Wert zu schädigen oder erhebliche Schäden an Tieren oder Pflanzen, Gewässern, der Luft oder dem Boden herbeizuführen, wird mit Freiheitsstrafe bis zu fünf Jahren oder mit Geldstrafe bestraft.
(2) Der Versuch ist strafbar.
(3) Wer fahrlässig
1. beim Betrieb einer Anlage, insbesondere einer Betriebsstätte, eine Handlung im Sinne des Absatzes 1 in einer Weise begeht, die geeignet ist, eine Schädigung außerhalb des zur Anlage gehörenden Bereichs herbeizuführen oder
2. in sonstigen Fällen des Absatzes 1 unter grober Verletzung verwaltungsrechtlicher Pflichten handelt,

wird mit Freiheitsstrafe bis zu zwei Jahren oder mit Geldstrafe bestraft.

§ 312 Fehlerhafte Herstellung einer kerntechnischen Anlage

(1) Wer eine kerntechnische Anlage (§ 330d Nr. 2) oder Gegenstände, die zur Errichtung oder zum Betrieb einer solchen Anlage bestimmt sind, fehlerhaft herstellt oder liefert und dadurch eine Gefahr für Leib oder Leben eines anderen Menschen oder für fremde Sachen von bedeutendem Wert herbeiführt, die mit der Wirkung eines Kernspaltungsvorgangs oder der Strahlung eines radioaktiven Stoffes zusammenhängt, wird mit Freiheitsstrafe von drei Monaten bis zu fünf Jahren bestraft.
(2) Der Versuch ist strafbar.
(3) Verursacht der Täter durch die Tat eine schwere Gesundheitsschädigung eines anderen Menschen oder eine Gesundheitsschädigung einer großen Zahl von Menschen, so ist auf Freiheitsstrafe von einem Jahr bis zu zehn Jahren zu erkennen.
(4) Verursacht der Täter durch die Tat den Tod eines anderen Menschen, so ist die Strafe Freiheitsstrafe nicht unter drei Jahren.
(5) In minder schweren Fällen des Absatzes 3 ist auf Freiheitsstrafe von sechs Monaten bis zu fünf Jahren, in minder schweren Fällen des Absatzes 4 auf Freiheitsstrafe von einem Jahr bis zu zehn Jahren zu erkennen.
(6) Wer in den Fällen des Absatzes 1
1. die Gefahr fahrlässig verursacht oder
2. leichtfertig handelt und die Gefahr fahrlässig verursacht,

wird mit Freiheitsstrafe bis zu drei Jahren oder mit Geldstrafe bestraft.

§ 313 Herbeiführen einer Überschwemmung

(1) Wer eine Überschwemmung herbeiführt und dadurch Leib oder Leben eines anderen Menschen oder fremde Sachen von bedeutendem Wert gefährdet, wird mit Freiheitsstrafe von einem Jahr bis zu zehn Jahren bestraft.
(2) § 308 Abs. 2 bis 6 gilt entsprechend.

§ 314 Gemeingefährliche Vergiftung

(1) Mit Freiheitsstrafe von einem Jahr bis zu zehn Jahren wird bestraft, wer
1. Wasser in gefaßten Quellen, in Brunnen, Leitungen oder Trinkwasserspeichern oder
2. Gegenstände, die zum öffentlichen Verkauf oder Verbrauch bestimmt sind,

vergiftet oder ihnen gesundheitsschädliche Stoffe beimischt oder vergiftete oder mit gesundheitsschädlichen Stoffen vermischte Gegenstände im Sinne der Nummer 2 verkauft, feilhält oder sonst in den Verkehr bringt.
(2) § 308 Abs. 2 bis 4 gilt entsprechend.

§ 314a Tätige Reue

(1) Das Gericht kann die Strafe in den Fällen des § 307 Abs. 1 und des § 309 Abs. 2 nach seinem Ermessen mildern (§ 49 Abs. 2), wenn der Täter freiwillig die weitere Ausführung der Tat aufgibt oder sonst die Gefahr abwendet.
(2) Das Gericht kann die in den folgenden Vorschriften angedrohte Strafe nach seinem Ermessen mildern (§ 49 Abs. 2) oder von Strafe nach diesen Vorschriften absehen, wenn der Täter
1. in den Fällen des § 309 Abs. 1 oder § 314 Abs. 1 freiwillig die weitere Ausführung der Tat aufgibt oder sonst die Gefahr abwendet oder
2. in den Fällen des
   a) § 307 Abs. 2,
   b) § 308 Abs. 1 und 5,
   c) § 309 Abs. 6,
   d) § 311 Abs. 1,
   e) § 312 Abs. 1 und 6 Nr. 1,
   f) § 313, auch in Verbindung mit § 308 Abs. 5,
freiwillig die Gefahr abwendet, bevor ein erheblicher Schaden entsteht.
(3) Nach den folgenden Vorschriften wird nicht bestraft, wer
1. in den Fällen des
   a) § 307 Abs. 4,
   b) § 308 Abs. 6,
   c) § 311 Abs. 3,
   d) § 312 Abs. 6 Nr. 2,
   e) § 313 Abs. 2 in Verbindung mit § 308 Abs. 6
freiwillig die Gefahr abwendet, bevor ein erheblicher Schaden entsteht, oder
2. in den Fällen des § 310 freiwillig die weitere Ausführung der Tat aufgibt oder sonst die Gefahr abwendet.
(4) Wird ohne Zutun des Täters die Gefahr abgewendet, so genügt sein freiwilliges und ernsthaftes Bemühen, dieses Ziel zu erreichen.

§ 315 Gefährliche Eingriffe in den Bahn-, Schiffs- und Luftverkehr

(1) Wer die Sicherheit des Schienenbahn-, Schwebebahn-, Schiffs- oder Luftverkehrs dadurch beeinträchtigt, daß er
1. Anlagen oder Beförderungsmittel zerstört, beschädigt oder beseitigt,
2. Hindernisse bereitet,
3. falsche Zeichen oder Signale gibt oder
4. einen ähnlichen, ebenso gefährlichen Eingriff vornimmt,

und dadurch Leib oder Leben eines anderen Menschen oder fremde Sachen von bedeutendem Wert gefährdet, wird mit Freiheitsstrafe von sechs Monaten bis zu zehn Jahren bestraft.
(2) Der Versuch ist strafbar.
(3) Auf Freiheitsstrafe nicht unter einem Jahr ist zu erkennen, wenn der Täter
1. in der Absicht handelt,
   a) einen Unglücksfall herbeizuführen oder
   b) eine andere Straftat zu ermöglichen oder zu verdecken, oder
2. durch die Tat eine schwere Gesundheitsschädigung eines anderen Menschen oder eine Gesundheitsschädigung einer großen Zahl von Menschen verursacht.

(4) In minder schweren Fällen des Absatzes 1 ist auf Freiheitsstrafe von drei Monaten bis zu fünf Jahren, in minder schweren Fällen des Absatzes 3 auf Freiheitsstrafe von sechs Monaten bis zu fünf Jahren zu erkennen.
(5) Wer in den Fällen des Absatzes 1 die Gefahr fahrlässig verursacht, wird mit Freiheitsstrafe bis zu fünf Jahren oder mit Geldstrafe bestraft.
(6) Wer in den Fällen des Absatzes 1 fahrlässig handelt und die Gefahr fahrlässig verursacht, wird mit Freiheitsstrafe bis zu zwei Jahren oder mit Geldstrafe bestraft.

§ 315a Gefährdung des Bahn-, Schiffs- und Luftverkehrs
(1) Mit Freiheitsstrafe bis zu fünf Jahren oder mit Geldstrafe wird bestraft, wer
1. ein Schienenbahn- oder Schwebebahnfahrzeug, ein Schiff oder ein Luftfahrzeug führt, obwohl er infolge des Genusses alkoholischer Getränke oder anderer berauschender Mittel oder infolge geistiger oder körperlicher Mängel nicht in der Lage ist, das Fahrzeug sicher zu führen, oder
2. als Führer eines solchen Fahrzeugs oder als sonst für die Sicherheit Verantwortlicher durch grob pflichtwidriges Verhalten gegen Rechtsvorschriften zur Sicherung des Schienenbahn-, Schwebebahn-, Schiffs- oder Luftverkehrs verstößt

und dadurch Leib oder Leben eines anderen Menschen oder fremde Sachen von bedeutendem Wert gefährdet.
(2) In den Fällen des Absatzes 1 Nr. 1 ist der Versuch strafbar.
(3) Wer in den Fällen des Absatzes 1
1. die Gefahr fahrlässig verursacht oder
2. fahrlässig handelt und die Gefahr fahrlässig verursacht,

wird mit Freiheitsstrafe bis zu zwei Jahren oder mit Geldstrafe bestraft.

§ 315b Gefährliche Eingriffe in den Straßenverkehr
(1) Wer die Sicherheit des Straßenverkehrs dadurch beeinträchtigt, daß er
1. Anlagen oder Fahrzeuge zerstört, beschädigt oder beseitigt,
2. Hindernisse bereitet oder
3. einen ähnlichen, ebenso gefährlichen Eingriff vornimmt,

und dadurch Leib oder Leben eines anderen Menschen oder fremde Sachen von bedeutendem Wert gefährdet, wird mit Freiheitsstrafe bis zu fünf Jahren oder mit Geldstrafe bestraft.
(2) Der Versuch ist strafbar.
(3) Handelt der Täter unter den Voraussetzungen des § 315 Abs. 3, so ist die Strafe Freiheitsstrafe von einem Jahr bis zu zehn Jahren, in minder schweren Fällen Freiheitsstrafe von sechs Monaten bis zu fünf Jahren.
(4) Wer in den Fällen des Absatzes 1 die Gefahr fahrlässig verursacht, wird mit Freiheitsstrafe bis zu drei Jahren oder mit Geldstrafe bestraft.
(5) Wer in den Fällen des Absatzes 1 fahrlässig handelt und die Gefahr fahrlässig verursacht, wird mit Freiheitsstrafe bis zu zwei Jahren oder mit Geldstrafe bestraft.

§ 315c Gefährdung des Straßenverkehrs
(1) Wer im Straßenverkehr
1. ein Fahrzeug führt, obwohl er
    a) infolge des Genusses alkoholischer Getränke oder anderer berauschender Mittel oder
    b) infolge geistiger oder körperlicher Mängel
    nicht in der Lage ist, das Fahrzeug sicher zu führen, oder
2. grob verkehrswidrig und rücksichtslos
    a) die Vorfahrt nicht beachtet,
    b) falsch überholt oder sonst bei Überholvorgängen falsch fährt,
    c) an Fußgängerüberwegen falsch fährt,
    d) an unübersichtlichen Stellen, an Straßenkreuzungen, Straßeneinmündungen oder Bahnübergängen zu schnell fährt,
    e) an unübersichtlichen Stellen nicht die rechte Seite der Fahrbahn einhält,
    f) auf Autobahnen oder Kraftfahrstraßen wendet, rückwärts oder entgegen der Fahrtrichtung fährt oder dies versucht oder
    g) haltende oder liegengebliebene Fahrzeuge nicht auf ausreichende Entfernung kenntlich macht, obwohl das zur Sicherung des Verkehrs erforderlich ist,

und dadurch Leib oder Leben eines anderen Menschen oder fremde Sachen von bedeutendem Wert gefährdet, wird mit Freiheitsstrafe bis zu fünf Jahren oder mit Geldstrafe bestraft.
(2) In den Fällen des Absatzes 1 Nr. 1 ist der Versuch strafbar.

(3) Wer in den Fällen des Absatzes 1
1. die Gefahr fahrlässig verursacht oder
2. fahrlässig handelt und die Gefahr fahrlässig verursacht,
wird mit Freiheitsstrafe bis zu zwei Jahren oder mit Geldstrafe bestraft.

§ 315d Verbotene Kraftfahrzeugrennen

(1) Wer im Straßenverkehr
1. ein nicht erlaubtes Kraftfahrzeugrennen ausrichtet oder durchführt,
2. als Kraftfahrzeugführer an einem nicht erlaubten Kraftfahrzeugrennen teilnimmt oder
3. sich als Kraftfahrzeugführer mit nicht angepasster Geschwindigkeit und grob verkehrswidrig und rücksichtslos fortbewegt, um eine höchstmögliche Geschwindigkeit zu erreichen,
wird mit Freiheitsstrafe bis zu zwei Jahren oder mit Geldstrafe bestraft.
(2) Wer in den Fällen des Absatzes 1 Nummer 2 oder 3 Leib oder Leben eines anderen Menschen oder fremde Sachen von bedeutendem Wert gefährdet, wird mit Freiheitsstrafe bis zu fünf Jahren oder mit Geldstrafe bestraft.
(3) Der Versuch ist in den Fällen des Absatzes 1 Nummer 1 strafbar.
(4) Wer in den Fällen des Absatzes 2 die Gefahr fahrlässig verursacht, wird mit Freiheitsstrafe bis zu drei Jahren oder mit Geldstrafe bestraft.
(5) Verursacht der Täter in den Fällen des Absatzes 2 durch die Tat den Tod oder eine schwere Gesundheitsschädigung eines anderen Menschen oder eine Gesundheitsschädigung einer großen Zahl von Menschen, so ist die Strafe Freiheitsstrafe von einem Jahr bis zu zehn Jahren, in minder schweren Fällen Freiheitsstrafe von sechs Monaten bis zu fünf Jahren.

§ 315e Schienenbahnen im Straßenverkehr

Soweit Schienenbahnen am Straßenverkehr teilnehmen, sind nur die Vorschriften zum Schutz des Straßenverkehrs (§§ 315b und 315c) anzuwenden.

§ 315f Einziehung

Kraftfahrzeuge, auf die sich eine Tat nach § 315d Absatz 1 Nummer 2 oder Nummer 3, Absatz 2, 4 oder 5 bezieht, können eingezogen werden. § 74a ist anzuwenden.

§ 316 Trunkenheit im Verkehr

(1) Wer im Verkehr (§§ 315 bis 315e) ein Fahrzeug führt, obwohl er infolge des Genusses alkoholischer Getränke oder anderer berauschender Mittel nicht in der Lage ist, das Fahrzeug sicher zu führen, wird mit Freiheitsstrafe bis zu einem Jahr oder mit Geldstrafe bestraft, wenn die Tat nicht in § 315a oder § 315c mit Strafe bedroht ist.
(2) Nach Absatz 1 wird auch bestraft, wer die Tat fahrlässig begeht.

§ 316a Räuberischer Angriff auf Kraftfahrer

(1) Wer zur Begehung eines Raubes (§§ 249 oder 250), eines räuberischen Diebstahls (§ 252) oder einer räuberischen Erpressung (§ 255) einen Angriff auf Leib oder Leben oder die Entschlußfreiheit des Führers eines Kraftfahrzeugs oder eines Mitfahrers verübt und dabei die besonderen Verhältnisse des Straßenverkehrs ausnutzt, wird mit Freiheitsstrafe nicht unter fünf Jahren bestraft.
(2) In minder schweren Fällen ist die Strafe Freiheitsstrafe von einem Jahr bis zu zehn Jahren.
(3) Verursacht der Täter durch die Tat wenigstens leichtfertig den Tod eines anderen Menschen, so ist die Strafe lebenslange Freiheitsstrafe oder Freiheitsstrafe nicht unter zehn Jahren.

§ 316b Störung öffentlicher Betriebe

(1) Wer den Betrieb
1. von Unternehmen oder Anlagen, die der öffentlichen Versorgung mit Postdienstleistungen oder dem öffentlichen Verkehr dienen,
2. einer der öffentlichen Versorgung mit Wasser, Licht, Wärme oder Kraft dienenden Anlage oder eines für die Versorgung der Bevölkerung lebenswichtigen Unternehmens oder
3. einer der öffentlichen Ordnung oder Sicherheit dienenden Einrichtung oder Anlage
dadurch verhindert oder stört, daß er eine dem Betrieb dienende Sache zerstört, beschädigt, beseitigt, verändert oder unbrauchbar macht oder die für den Betrieb bestimmte elektrische Kraft entzieht, wird mit Freiheitsstrafe bis zu fünf Jahren oder mit Geldstrafe bestraft.
(2) Der Versuch ist strafbar.
(3) In besonders schweren Fällen ist die Strafe Freiheitsstrafe von sechs Monaten bis zu zehn Jahren. Ein besonders schwerer Fall liegt in der Regel vor, wenn der Täter durch die Tat die Versorgung der Bevölkerung mit lebenswichtigen Gütern, insbesondere mit Wasser, Licht, Wärme oder Kraft, beeinträchtigt.

§ 316c Angriffe auf den Luft- und Seeverkehr

(1) Mit Freiheitsstrafe nicht unter fünf Jahren wird bestraft, wer
1. Gewalt anwendet oder die Entschlußfreiheit einer Person angreift oder sonstige Machenschaften vornimmt, um dadurch die Herrschaft über
   a) ein im zivilen Luftverkehr eingesetztes und im Flug befindliches Luftfahrzeug oder
   b) ein im zivilen Seeverkehr eingesetztes Schiff
   zu erlangen oder auf dessen Führung einzuwirken, oder
2. um ein solches Luftfahrzeug oder Schiff oder dessen an Bord befindliche Ladung zu zerstören oder zu beschädigen, Schußwaffen gebraucht oder es unternimmt, eine Explosion oder einen Brand herbeizuführen.

Einem im Flug befindlichen Luftfahrzeug steht ein Luftfahrzeug gleich, das von Mitgliedern der Besatzung oder von Fluggästen bereits betreten ist oder dessen Beladung bereits begonnen hat oder das von Mitgliedern der Besatzung oder von Fluggästen noch nicht planmäßig verlassen ist oder dessen planmäßige Entladung noch nicht abgeschlossen ist.

(2) In minder schweren Fällen ist die Strafe Freiheitsstrafe von einem Jahr bis zu zehn Jahren.
(3) Verursacht der Täter durch die Tat wenigstens leichtfertig den Tod eines anderen Menschen, so ist die Strafe lebenslange Freiheitsstrafe oder Freiheitsstrafe nicht unter zehn Jahren.
(4) Wer zur Vorbereitung einer Straftat nach Absatz 1 Schußwaffen, Sprengstoffe oder sonst zur Herbeiführung einer Explosion oder eines Brandes bestimmte Stoffe oder Vorrichtungen herstellt, sich oder einem anderen verschafft, verwahrt oder einem anderen überläßt, wird mit Freiheitsstrafe von sechs Monaten bis zu fünf Jahren bestraft.

§ 317 Störung von Telekommunikationsanlagen

(1) Wer den Betrieb einer öffentlichen Zwecken dienenden Telekommunikationsanlage dadurch verhindert oder gefährdet, daß er eine dem Betrieb dienende Sache zerstört, beschädigt, beseitigt, verändert oder unbrauchbar macht oder die für den Betrieb bestimmte elektrische Kraft entzieht, wird mit Freiheitsstrafe bis zu fünf Jahren oder mit Geldstrafe bestraft.
(2) Der Versuch ist strafbar.
(3) Wer die Tat fahrlässig begeht, wird mit Freiheitsstrafe bis zu einem Jahr oder mit Geldstrafe bestraft.

§ 318 Beschädigung wichtiger Anlagen

(1) Wer Wasserleitungen, Schleusen, Wehre, Deiche, Dämme oder andere Wasserbauten oder Brücken, Fähren, Wege oder Schutzwehre oder dem Bergwerksbetrieb dienende Vorrichtungen zur Wasserhaltung, zur Wetterführung oder zum Ein- und Ausfahren der Beschäftigten beschädigt oder zerstört und dadurch Leib oder Leben eines anderen Menschen gefährdet, wird mit Freiheitsstrafe von drei Monaten bis zu fünf Jahren bestraft.
(2) Der Versuch ist strafbar.
(3) Verursacht der Täter durch die Tat eine schwere Gesundheitsschädigung eines anderen Menschen oder eine Gesundheitsschädigung einer großen Zahl von Menschen, so ist auf Freiheitsstrafe von einem Jahr bis zu zehn Jahren zu erkennen.
(4) Verursacht der Täter durch die Tat den Tod eines anderen Menschen, so ist die Strafe Freiheitsstrafe nicht unter drei Jahren.
(5) In minder schweren Fällen des Absatzes 3 ist auf Freiheitsstrafe von sechs Monaten bis zu fünf Jahren, in minder schweren Fällen des Absatzes 4 auf Freiheitsstrafe von einem Jahr bis zu zehn Jahren zu erkennen.
(6) Wer in den Fällen des Absatzes 1
1. die Gefahr fahrlässig verursacht oder
2. fahrlässig handelt und die Gefahr fahrlässig verursacht,
wird mit Freiheitsstrafe bis zu drei Jahren oder mit Geldstrafe bestraft.

§ 319 Baugefährdung

(1) Wer bei der Planung, Leitung oder Ausführung eines Baues oder des Abbruchs eines Bauwerks gegen die allgemein anerkannten Regeln der Technik verstößt und dadurch Leib oder Leben eines anderen Menschen gefährdet, wird mit Freiheitsstrafe bis zu fünf Jahren oder mit Geldstrafe bestraft.
(2) Ebenso wird bestraft, wer in Ausübung eines Berufs oder Gewerbes bei der Planung, Leitung oder Ausführung eines Vorhabens, technische Einrichtungen in ein Bauwerk einzubauen oder eingebaute Einrichtungen dieser Art zu ändern, gegen die allgemein anerkannten Regeln der Technik verstößt und dadurch Leib oder Leben eines anderen Menschen gefährdet.
(3) Wer die Gefahr fahrlässig verursacht, wird mit Freiheitsstrafe bis zu drei Jahren oder mit Geldstrafe bestraft.
(4) Wer in den Fällen der Absätze 1 und 2 fahrlässig handelt und die Gefahr fahrlässig verursacht, wird mit Freiheitsstrafe bis zu zwei Jahren oder mit Geldstrafe bestraft.

§ 320 Tätige Reue

(1) Das Gericht kann die Strafe in den Fällen des § 316c Abs. 1 nach seinem Ermessen mildern (§ 49 Abs. 2), wenn der Täter freiwillig die weitere Ausführung der Tat aufgibt oder sonst den Erfolg abwendet.
(2) Das Gericht kann die in den folgenden Vorschriften angedrohte Strafe nach seinem Ermessen mildern (§ 49 Abs. 2) oder von Strafe nach diesen Vorschriften absehen, wenn der Täter in den Fällen
1. des § 315 Abs. 1, 3 Nr. 1 oder Abs. 5,
2. des § 315b Abs. 1, 3 oder 4, Abs. 3 in Verbindung mit § 315 Abs. 3 Nr. 1,
3. des § 318 Abs. 1 oder 6 Nr. 1,
4. des § 319 Abs. 1 bis 3
freiwillig die Gefahr abwendet, bevor ein erheblicher Schaden entsteht.
(3) Nach den folgenden Vorschriften wird nicht bestraft, wer
1. in den Fällen des
 a) § 315 Abs. 6,
 b) § 315b Abs. 5,
 c) § 318 Abs. 6 Nr. 2,
 d) § 319 Abs. 4
freiwillig die Gefahr abwendet, bevor ein erheblicher Schaden entsteht, oder
2. in den Fällen des § 316c Abs. 4 freiwillig die weitere Ausführung der Tat aufgibt oder sonst die Gefahr abwendet.
(4) Wird ohne Zutun des Täters die Gefahr oder der Erfolg abgewendet, so genügt sein freiwilliges und ernsthaftes Bemühen, dieses Ziel zu erreichen.

§ 321 Führungsaufsicht

In den Fällen der §§ 306 bis 306c und 307 Abs. 1 bis 3, des § 308 Abs. 1 bis 3, des § 309 Abs. 1 bis 4, des § 310 Abs. 1 und des § 316c Abs. 1 Nr. 2 kann das Gericht Führungsaufsicht anordnen (§ 68 Abs. 1).

§ 322 Einziehung

Ist eine Straftat nach den §§ 306 bis 306c, 307 bis 314 oder 316c begangen worden, so können
1. Gegenstände, die durch die Tat hervorgebracht oder zu ihrer Begehung oder Vorbereitung gebraucht worden oder bestimmt gewesen sind, und
2. Gegenstände, auf die sich eine Straftat nach den §§ 310 bis 312, 314 oder 316c bezieht,
eingezogen werden.

§ 323 (weggefallen)

§ 323a Vollrausch

(1) Wer sich vorsätzlich oder fahrlässig durch alkoholische Getränke oder andere berauschende Mittel in einen Rausch versetzt, wird mit Freiheitsstrafe bis zu fünf Jahren oder mit Geldstrafe bestraft, wenn er in diesem Zustand eine rechtswidrige Tat begeht und ihretwegen nicht bestraft werden kann, weil er infolge des Rausches schuldunfähig war oder weil dies nicht auszuschließen ist.
(2) Die Strafe darf nicht schwerer sein als die Strafe, die für die im Rausch begangene Tat angedroht ist.
(3) Die Tat wird nur auf Antrag, mit Ermächtigung oder auf Strafverlangen verfolgt, wenn die Rauschtat nur auf Antrag, mit Ermächtigung oder auf Strafverlangen verfolgt werden könnte.

§ 323b Gefährdung einer Entziehungskur

Wer wissentlich einem anderen, der auf Grund behördlicher Anordnung oder ohne seine Einwilligung zu einer Entziehungskur in einer Anstalt untergebracht ist, ohne Erlaubnis des Anstaltsleiters oder seines Beauftragten alkoholische Getränke oder andere berauschende Mittel verschafft oder überläßt oder ihn zum Genuß solcher Mittel verleitet, wird mit Freiheitsstrafe bis zu einem Jahr oder mit Geldstrafe bestraft.

§ 323c Unterlassene Hilfeleistung; Behinderung von hilfeleistenden Personen

(1) Wer bei Unglücksfällen oder gemeiner Gefahr oder Not nicht Hilfe leistet, obwohl dies erforderlich und ihm den Umständen nach zuzumuten, insbesondere ohne erhebliche eigene Gefahr und ohne Verletzung anderer wichtiger Pflichten möglich ist, wird mit Freiheitsstrafe bis zu einem Jahr oder mit Geldstrafe bestraft.
(2) Ebenso wird bestraft, wer in diesen Situationen eine Person behindert, die einem Dritten Hilfe leistet oder leisten will.

Neunundzwanzigster Abschnitt
Straftaten gegen die Umwelt

§ 324 Gewässerverunreinigung

(1) Wer unbefugt ein Gewässer verunreinigt oder sonst dessen Eigenschaften nachteilig verändert, wird mit Freiheitsstrafe bis zu fünf Jahren oder mit Geldstrafe bestraft.
(2) Der Versuch ist strafbar.
(3) Handelt der Täter fahrlässig, so ist die Strafe Freiheitsstrafe bis zu drei Jahren oder Geldstrafe.

§ 324a Bodenverunreinigung

(1) Wer unter Verletzung verwaltungsrechtlicher Pflichten Stoffe in den Boden einbringt, eindringen läßt oder freisetzt und diesen dadurch
1. in einer Weise, die geeignet ist, die Gesundheit eines anderen, Tiere, Pflanzen oder andere Sachen von bedeutendem Wert oder ein Gewässer zu schädigen, oder
2. in bedeutendem Umfang

verunreinigt oder sonst nachteilig verändert, wird mit Freiheitsstrafe bis zu fünf Jahren oder mit Geldstrafe bestraft.
(2) Der Versuch ist strafbar.
(3) Handelt der Täter fahrlässig, so ist die Strafe Freiheitsstrafe bis zu drei Jahren oder Geldstrafe.

§ 325 Luftverunreinigung

(1) Wer beim Betrieb einer Anlage, insbesondere einer Betriebsstätte oder Maschine, unter Verletzung verwaltungsrechtlicher Pflichten Veränderungen der Luft verursacht, die geeignet sind, außerhalb des zur Anlage gehörenden Bereichs die Gesundheit eines anderen, Tiere, Pflanzen oder andere Sachen von bedeutendem Wert zu schädigen, wird mit Freiheitsstrafe bis zu fünf Jahren oder mit Geldstrafe bestraft. Der Versuch ist strafbar.
(2) Wer beim Betrieb einer Anlage, insbesondere einer Betriebsstätte oder Maschine, unter Verletzung verwaltungsrechtlicher Pflichten Schadstoffe in bedeutendem Umfang in die Luft außerhalb des Betriebsgeländes freisetzt, wird mit Freiheitsstrafe bis zu fünf Jahren oder mit Geldstrafe bestraft.
(3) Wer unter Verletzung verwaltungsrechtlicher Pflichten Schadstoffe in bedeutendem Umfang in die Luft freisetzt, wird mit Freiheitsstrafe bis zu drei Jahren oder mit Geldstrafe bestraft, wenn die Tat nicht nach Absatz 2 mit Strafe bedroht ist.
(4) Handelt der Täter in den Fällen der Absätze 1 und 2 fahrlässig, so ist die Strafe Freiheitsstrafe bis zu drei Jahren oder Geldstrafe.
(5) Handelt der Täter in den Fällen des Absatzes 3 leichtfertig, so ist die Strafe Freiheitsstrafe bis zu einem Jahr oder Geldstrafe.
(6) Schadstoffe im Sinne der Absätze 2 und 3 sind Stoffe, die geeignet sind,
1. die Gesundheit eines anderen, Tiere, Pflanzen oder andere Sachen von bedeutendem Wert zu schädigen oder
2. nachhaltig ein Gewässer, die Luft oder den Boden zu verunreinigen oder sonst nachteilig zu verändern.
(7) Absatz 1, auch in Verbindung mit Absatz 4, gilt nicht für Kraftfahrzeuge, Schienen-, Luft- oder Wasserfahrzeuge.

§ 325a Verursachen von Lärm, Erschütterungen und nichtionisierenden Strahlen

(1) Wer beim Betrieb einer Anlage, insbesondere einer Betriebsstätte oder Maschine, unter Verletzung verwaltungsrechtlicher Pflichten Lärm verursacht, der geeignet ist, außerhalb des zur Anlage gehörenden Bereichs die Gesundheit eines anderen zu schädigen, wird mit Freiheitsstrafe bis zu drei Jahren oder mit Geldstrafe bestraft.
(2) Wer beim Betrieb einer Anlage, insbesondere einer Betriebsstätte oder Maschine, unter Verletzung verwaltungsrechtlicher Pflichten, die dem Schutz vor Lärm, Erschütterungen oder nichtionisierenden Strahlen dienen, die Gesundheit eines anderen, ihm nicht gehörende Tiere oder fremde Sachen von bedeutendem Wert gefährdet, wird mit Freiheitsstrafe bis zu fünf Jahren oder mit Geldstrafe bestraft.
(3) Handelt der Täter fahrlässig, so ist die Strafe
1. in den Fällen des Absatzes 1 Freiheitsstrafe bis zu zwei Jahren oder Geldstrafe,
2. in den Fällen des Absatzes 2 Freiheitsstrafe bis zu drei Jahren oder Geldstrafe.
(4) Die Absätze 1 bis 3 gelten nicht für Kraftfahrzeuge, Schienen-, Luft- oder Wasserfahrzeuge.

§ 326 Unerlaubter Umgang mit Abfällen

(1) Wer unbefugt Abfälle, die
1. Gifte oder Erreger von auf Menschen oder Tiere übertragbaren gemeingefährlichen Krankheiten enthalten oder hervorbringen können,
2. für den Menschen krebserzeugend, fortpflanzungsgefährdend oder erbgutverändernd sind,

3. explosionsgefährlich, selbstentzündlich oder nicht nur geringfügig radioaktiv sind oder
4. nach Art, Beschaffenheit oder Menge geeignet sind,
   a) nachhaltig ein Gewässer, die Luft oder den Boden zu verunreinigen oder sonst nachteilig zu verändern oder
   b) einen Bestand von Tieren oder Pflanzen zu gefährden,

außerhalb einer dafür zugelassenen Anlage oder unter wesentlicher Abweichung von einem vorgeschriebenen oder zugelassenen Verfahren sammelt, befördert, behandelt, verwertet, lagert, ablagert, ablässt, beseitigt, handelt, makelt oder sonst bewirtschaftet, wird mit Freiheitsstrafe bis zu fünf Jahren oder mit Geldstrafe bestraft.

(2) Ebenso wird bestraft, wer Abfälle im Sinne des Absatzes 1 entgegen einem Verbot oder ohne die erforderliche Genehmigung in den, aus dem oder durch den Geltungsbereich dieses Gesetzes verbringt.

(3) Wer radioaktive Abfälle unter Verletzung verwaltungsrechtlicher Pflichten nicht abliefert, wird mit Freiheitsstrafe bis zu drei Jahren oder mit Geldstrafe bestraft.

(4) In den Fällen der Absätze 1 und 2 ist der Versuch strafbar.

(5) Handelt der Täter fahrlässig, so ist die Strafe
1. in den Fällen der Absätze 1 und 2 Freiheitsstrafe bis zu drei Jahren oder Geldstrafe,
2. in den Fällen des Absatzes 3 Freiheitsstrafe bis zu einem Jahr oder Geldstrafe.

(6) Die Tat ist dann nicht strafbar, wenn schädliche Einwirkungen auf die Umwelt, insbesondere auf Menschen, Gewässer, die Luft, den Boden, Nutztiere oder Nutzpflanzen, wegen der geringen Menge der Abfälle offensichtlich ausgeschlossen sind.

§ 327 Unerlaubtes Betreiben von Anlagen

(1) Wer ohne die erforderliche Genehmigung oder entgegen einer vollziehbaren Untersagung
1. eine kerntechnische Anlage betreibt, eine betriebsbereite oder stillgelegte kerntechnische Anlage innehat oder ganz oder teilweise abbaut oder eine solche Anlage oder ihren Betrieb wesentlich ändert oder
2. eine Betriebsstätte, in der Kernbrennstoffe verwendet werden, oder deren Lage wesentlich ändert,

wird mit Freiheitsstrafe bis zu fünf Jahren oder mit Geldstrafe bestraft.

(2) Mit Freiheitsstrafe bis zu drei Jahren oder mit Geldstrafe wird bestraft, wer
1. eine genehmigungsbedürftige Anlage oder eine sonstige Anlage im Sinne des Bundes-Immissionsschutzgesetzes, deren Betrieb zum Schutz vor Gefahren untersagt worden ist,
2. eine genehmigungsbedürftige Rohrleitungsanlage zum Befördern wassergefährdender Stoffe im Sinne des Gesetzes über die Umweltverträglichkeitsprüfung,
3. eine Abfallentsorgungsanlage im Sinne des Kreislaufwirtschaftsgesetzes oder
4. eine Abwasserbehandlungsanlage nach § 60 Absatz 3 des Wasserhaushaltsgesetzes

ohne die nach dem jeweiligen Gesetz erforderliche Genehmigung oder Planfeststellung oder entgegen einer auf dem jeweiligen Gesetz beruhenden vollziehbaren Untersagung betreibt. Ebenso wird bestraft, wer ohne die erforderliche Genehmigung oder Planfeststellung oder entgegen einer vollziehbaren Untersagung eine Anlage, in der gefährliche Stoffe oder Gemische gelagert oder verwendet oder gefährliche Tätigkeiten ausgeübt werden, in einem anderen Mitgliedstaat der Europäischen Union in einer Weise betreibt, die geeignet ist, außerhalb der Anlage Leib oder Leben eines anderen Menschen zu schädigen oder erhebliche Schäden an Tieren oder Pflanzen, Gewässern, der Luft oder dem Boden herbeizuführen.

(3) Handelt der Täter fahrlässig, so ist die Strafe
1. in den Fällen des Absatzes 1 Freiheitsstrafe bis zu drei Jahren oder Geldstrafe,
2. in den Fällen des Absatzes 2 Freiheitsstrafe bis zu zwei Jahren oder Geldstrafe.

§ 328 Unerlaubter Umgang mit radioaktiven Stoffen und anderen gefährlichen Stoffen und Gütern

(1) Mit Freiheitsstrafe bis zu fünf Jahren oder mit Geldstrafe wird bestraft,
1. wer ohne die erforderliche Genehmigung oder entgegen einer vollziehbaren Untersagung Kernbrennstoffe oder
2. wer ohne die erforderliche Genehmigung oder wer entgegen einer vollziehbaren Untersagung sonstige radioaktive Stoffe, die nach Art, Beschaffenheit oder Menge geeignet sind, durch ionisierende Strahlen den Tod oder eine schwere Gesundheitsschädigung eines anderen oder erhebliche Schäden an Tieren oder Pflanzen, Gewässern, der Luft oder dem Boden herbeizuführen,

herstellt, aufbewahrt, befördert, bearbeitet, verarbeitet oder sonst verwendet, einführt oder ausführt.

(2) Ebenso wird bestraft, wer
1. Kernbrennstoffe, zu deren Ablieferung er auf Grund des Atomgesetzes verpflichtet ist, nicht unverzüglich abliefert,

2. Kernbrennstoffe oder die in Absatz 1 Nr. 2 bezeichneten Stoffe an Unberechtigte abgibt oder die Abgabe an Unberechtigte vermittelt,
3. eine nukleare Explosion verursacht oder
4. einen anderen zu einer in Nummer 3 bezeichneten Handlung verleitet oder eine solche Handlung fördert.

(3) Mit Freiheitsstrafe bis zu fünf Jahren oder mit Geldstrafe wird bestraft, wer unter Verletzung verwaltungsrechtlicher Pflichten
1. beim Betrieb einer Anlage, insbesondere einer Betriebsstätte oder technischen Einrichtung, radioaktive Stoffe oder gefährliche Stoffe und Gemische nach Artikel 3 der Verordnung (EG) Nr. 1272/2008 des Europäischen Parlaments und des Rates vom 16. Dezember 2008 über die Einstufung, Kennzeichnung und Verpackung von Stoffen und Gemischen, zur Änderung und Aufhebung der Richtlinien 67/548/EWG und 1999/45/EG und zur Änderung der Verordnung (EG) Nr. 1907/2006 (ABl. L 353 vom 31. 12. 2008, S. 1), die zuletzt durch die Verordnung (EG) Nr. 790/2009 (ABl. L 235 vom 5. 9. 2009, S. 1) geändert worden ist, lagert, bearbeitet, verarbeitet oder sonst verwendet oder
2. gefährliche Güter befördert, versendet, verpackt oder auspackt, verlädt oder entlädt, entgegennimmt oder anderen überläßt

und dadurch die Gesundheit eines anderen, Tiere oder Pflanzen, Gewässer, die Luft oder den Boden oder fremde Sachen von bedeutendem Wert gefährdet.
(4) Der Versuch ist strafbar.
(5) Handelt der Täter fahrlässig, so ist die Strafe Freiheitsstrafe bis zu drei Jahren oder Geldstrafe.
(6) Die Absätze 4 und 5 gelten nicht für Taten nach Absatz 2 Nr. 4.

§ 329 Gefährdung schutzbedürftiger Gebiete

(1) Wer entgegen einer auf Grund des Bundes-Immissionsschutzgesetzes erlassenen Rechtsverordnung über ein Gebiet, das eines besonderen Schutzes vor schädlichen Umwelteinwirkungen durch Luftverunreinigungen oder Geräusche bedarf oder in dem während austauscharmer Wetterlagen ein starkes Anwachsen schädlicher Umwelteinwirkungen durch Luftverunreinigungen zu befürchten ist, Anlagen innerhalb des Gebiets betreibt, wird mit Freiheitsstrafe bis zu drei Jahren oder mit Geldstrafe bestraft. Ebenso wird bestraft, wer innerhalb eines solchen Gebiets Anlagen entgegen einer vollziehbaren Anordnung betreibt, die auf Grund einer in Satz 1 bezeichneten Rechtsverordnung ergangen ist. Die Sätze 1 und 2 gelten nicht für Kraftfahrzeuge, Schienen-, Luft- oder Wasserfahrzeuge.
(2) Wer entgegen einer zum Schutz eines Wasser- oder Heilquellenschutzgebietes erlassenen Rechtsvorschrift oder vollziehbaren Untersagung
1. betriebliche Anlagen zum Umgang mit wassergefährdenden Stoffen betreibt,
2. Rohrleitungsanlagen zum Befördern wassergefährdender Stoffe betreibt oder solche Stoffe befördert oder
3. im Rahmen eines Gewerbebetriebes Kies, Sand, Ton oder andere feste Stoffe abbaut,

wird mit Freiheitsstrafe bis zu drei Jahren oder mit Geldstrafe bestraft. Betriebliche Anlage im Sinne des Satzes 1 ist auch die Anlage in einem öffentlichen Unternehmen.
(3) Wer entgegen einer zum Schutz eines Naturschutzgebietes, einer als Naturschutzgebiet einstweilig sichergestellten Fläche oder eines Nationalparks erlassenen Rechtsvorschrift oder vollziehbaren Untersagung
1. Bodenschätze oder andere Bodenbestandteile abbaut oder gewinnt,
2. Abgrabungen oder Aufschüttungen vornimmt,
3. Gewässer schafft, verändert oder beseitigt,
4. Moore, Sümpfe, Brüche oder sonstige Feuchtgebiete entwässert,
5. Wald rodet,
6. Tiere einer im Sinne des Bundesnaturschutzgesetzes besonders geschützten Art tötet, fängt, diesen nachstellt oder deren Gelege ganz oder teilweise zerstört oder entfernt,
7. Pflanzen einer im Sinne des Bundesnaturschutzgesetzes besonders geschützten Art beschädigt oder entfernt oder
8. ein Gebäude errichtet

und dadurch den jeweiligen Schutzzweck nicht unerheblich beeinträchtigt, wird mit Freiheitsstrafe bis zu fünf Jahren oder mit Geldstrafe bestraft.
(4) Wer unter Verletzung verwaltungsrechtlicher Pflichten in einem Natura 2000-Gebiet einen für die Erhaltungsziele oder den Schutzzweck dieses Gebietes maßgeblichen
1. Lebensraum einer Art, die in Artikel 4 Absatz 2 oder Anhang I der Richtlinie 2009/147/EG des Europäischen Parlaments und des Rates vom 30. November 2009 über die Erhaltung der wildlebenden Vogelarten (ABl. L 20 vom 26. 1. 2010, S. 7) oder in Anhang II der Richtlinie 92/43/EWG des Rates vom 21. Mai 1992 zur Erhaltung der natürlichen Lebensräume sowie der wildlebenden Tiere und Pflanzen (ABl. L 206 vom 22. 7.

1992, S. 7), die zuletzt durch die Richtlinie 2013/17/EU (ABl. L 158 vom 10. 6. 2013, S. 193) geändert worden ist, aufgeführt ist, oder
2. natürlichen Lebensraumtyp, der in Anhang I der Richtlinie 92/43/EWG des Rates vom 21. Mai 1992 zur Erhaltung der natürlichen Lebensräume sowie der wildlebenden Tiere und Pflanzen (ABl. L 206 vom 22. 7. 1992, S. 7), die zuletzt durch die Richtlinie 2013/17/EU (ABl. L 158 vom 10. 6. 2013, S. 193) geändert worden ist, aufgeführt ist,

erheblich schädigt, wird mit Freiheitsstrafe bis zu fünf Jahren oder mit Geldstrafe bestraft.
(5) Handelt der Täter fahrlässig, so ist die Strafe
1. in den Fällen der Absätze 1 und 2 Freiheitsstrafe bis zu zwei Jahren oder Geldstrafe,
2. in den Fällen des Absatzes 3 Freiheitsstrafe bis zu drei Jahren oder Geldstrafe.
(6) Handelt der Täter in den Fällen des Absatzes 4 leichtfertig, so ist die Strafe Freiheitsstrafe bis zu drei Jahren oder Geldstrafe.

§ 330 Besonders schwerer Fall einer Umweltstraftat

(1) In besonders schweren Fällen wird eine vorsätzliche Tat nach den §§ 324 bis 329 mit Freiheitsstrafe von sechs Monaten bis zu zehn Jahren bestraft. Ein besonders schwerer Fall liegt in der Regel vor, wenn der Täter
1. ein Gewässer, den Boden oder ein Schutzgebiet im Sinne des § 329 Abs. 3 derart beeinträchtigt, daß die Beeinträchtigung nicht, nur mit außerordentlichem Aufwand oder erst nach längerer Zeit beseitigt werden kann,
2. die öffentliche Wasserversorgung gefährdet,
3. einen Bestand von Tieren oder Pflanzen einer streng geschützten Art nachhaltig schädigt oder
4. aus Gewinnsucht handelt.
(2) Wer durch eine vorsätzliche Tat nach den §§ 324 bis 329
1. einen anderen Menschen in die Gefahr des Todes oder einer schweren Gesundheitsschädigung oder eine große Zahl von Menschen in die Gefahr einer Gesundheitsschädigung bringt oder
2. den Tod eines anderen Menschen verursacht,
wird in den Fällen der Nummer 1 mit Freiheitsstrafe von einem Jahr bis zu zehn Jahren, in den Fällen der Nummer 2 mit Freiheitsstrafe nicht unter drei Jahren bestraft, wenn die Tat nicht in § 330a Abs. 1 bis 3 mit Strafe bedroht ist.
(3) In minder schweren Fällen des Absatzes 2 Nr. 1 ist auf Freiheitsstrafe von sechs Monaten bis zu fünf Jahren, in minder schweren Fällen des Absatzes 2 Nr. 2 auf Freiheitsstrafe von einem Jahr bis zu zehn Jahren zu erkennen.

§ 330a Schwere Gefährdung durch Freisetzen von Giften

(1) Wer Stoffe, die Gifte enthalten oder hervorbringen können, verbreitet oder freisetzt und dadurch die Gefahr des Todes oder einer schweren Gesundheitsschädigung eines anderen Menschen oder die Gefahr einer Gesundheitsschädigung einer großen Zahl von Menschen verursacht, wird mit Freiheitsstrafe von einem Jahr bis zu zehn Jahren bestraft.
(2) Verursacht der Täter durch die Tat den Tod eines anderen Menschen, so ist die Strafe Freiheitsstrafe nicht unter drei Jahren
(3) In minder schweren Fällen des Absatzes 1 ist auf Freiheitsstrafe von sechs Monaten bis zu fünf Jahren, in minder schweren Fällen des Absatzes 2 auf Freiheitsstrafe von einem Jahr bis zu zehn Jahren zu erkennen.
(4) Wer in den Fällen des Absatzes 1 die Gefahr fahrlässig verursacht, wird mit Freiheitsstrafe bis zu fünf Jahren oder mit Geldstrafe bestraft.
(5) Wer in den Fällen des Absatzes 1 leichtfertig handelt und die Gefahr fahrlässig verursacht, wird mit Freiheitsstrafe bis zu drei Jahren oder mit Geldstrafe bestraft.

§ 330b Tätige Reue

(1) Das Gericht kann in den Fällen des § 325a Abs. 2, des § 326 Abs. 1 bis 3, des § 328 Abs. 1 bis 3 und des § 330a Abs. 1, 3 und 4 die Strafe nach seinem Ermessen mildern (§ 49 Abs. 2) oder von Strafe nach diesen Vorschriften absehen, wenn der Täter freiwillig die Gefahr abwendet oder den von ihm verursachten Zustand beseitigt, bevor ein erheblicher Schaden entsteht. Unter denselben Voraussetzungen wird der Täter nicht nach § 325a Abs. 3 Nr. 2, § 326 Abs. 5, § 328 Abs. 5 und § 330a Abs. 5 bestraft.
(2) Wird ohne Zutun des Täters die Gefahr abgewendet oder der rechtswidrig verursachte Zustand beseitigt, so genügt sein freiwilliges und ernsthaftes Bemühen, dieses Ziel zu erreichen.

§ 330c Einziehung

Ist eine Straftat nach den §§ 326, 327 Abs. 1 oder 2, §§ 328, 329 Absatz 1, 2 oder Absatz 3, dieser auch in Verbindung mit Absatz 5, oder Absatz 4, dieser auch in Verbindung mit Absatz 6, begangen worden, so können

1. Gegenstände, die durch die Tat hervorgebracht oder zu ihrer Begehung oder Vorbereitung gebraucht worden oder bestimmt gewesen sind, und
2. Gegenstände, auf die sich die Tat bezieht,

eingezogen werden. § 74a ist anzuwenden.

§330d Begriffsbestimmungen
(1) Im Sinne dieses Abschnitts ist
1. ein Gewässer:
   ein oberirdisches Gewässer, das Grundwasser und das Meer;
2. eine kerntechnische Anlage:
   eine Anlage zur Erzeugung oder zur Bearbeitung oder Verarbeitung oder zur Spaltung von Kernbrennstoffen oder zur Aufarbeitung bestrahlter Kernbrennstoffe;
3. ein gefährliches Gut:
   ein Gut im Sinne des Gesetzes über die Beförderung gefährlicher Güter und einer darauf beruhenden Rechtsverordnung und im Sinne der Rechtsvorschriften über die internationale Beförderung gefährlicher Güter im jeweiligen Anwendungsbereich;
4. eine verwaltungsrechtliche Pflicht:
   eine Pflicht, die sich aus
   a) einer Rechtsvorschrift,
   b) einer gerichtlichen Entscheidung,
   c) einem vollziehbaren Verwaltungsakt,
   d) einer vollziehbaren Auflage oder
   e) einem öffentlich-rechtlichen Vertrag, soweit die Pflicht auch durch Verwaltungsakt hätte auferlegt werden können,

   ergibt und dem Schutz vor Gefahren oder schädlichen Einwirkungen auf die Umwelt, insbesondere auf Menschen, Tiere oder Pflanzen, Gewässer, die Luft oder den Boden, dient;
5. ein Handeln ohne Genehmigung, Planfeststellung oder sonstige Zulassung:
   auch ein Handeln auf Grund einer durch Drohung, Bestechung oder Kollusion erwirkten oder durch unrichtige oder unvollständige Angaben erschlichenen Genehmigung, Planfeststellung oder sonstigen Zulassung.

(2) Für die Anwendung der §§ 311, 324a, 325, 326, 327 und 328 stehen in Fällen, in denen die Tat in einem anderen Mitgliedstaat der Europäischen Union begangen worden ist,
1. einer verwaltungsrechtlichen Pflicht,
2. einem vorgeschriebenen oder zugelassenen Verfahren,
3. einer Untersagung,
4. einem Verbot,
5. einer zugelassenen Anlage,
6. einer Genehmigung und
7. einer Planfeststellung

entsprechende Pflichten, Verfahren, Untersagungen, Verbote, zugelassene Anlagen, Genehmigungen und Planfeststellungen auf Grund einer Rechtsvorschrift des anderen Mitgliedstaats der Europäischen Union oder auf Grund eines Hoheitsakts des anderen Mitgliedstaats der Europäischen Union gleich. Dies gilt nur, soweit damit ein Rechtsakt der Europäischen Union oder ein Rechtsakt der Europäischen Atomgemeinschaft umgesetzt oder angewendet wird, der dem Schutz vor Gefahren oder schädlichen Einwirkungen auf die Umwelt, insbesondere auf Menschen, Tiere oder Pflanzen, Gewässer, die Luft oder den Boden, dient.

Dreißigster Abschnitt
Straftaten im Amt

§331 Vorteilsannahme
(1) Ein Amtsträger, ein Europäischer Amtsträger oder ein für den öffentlichen Dienst besonders Verpflichteter, der für die Dienstausübung einen Vorteil für sich oder einen Dritten fordert, sich versprechen läßt oder annimmt, wird mit Freiheitsstrafe bis zu drei Jahren oder mit Geldstrafe bestraft.
(2) Ein Richter, Mitglied eines Gerichts der Europäischen Union oder Schiedsrichter, der einen Vorteil für sich oder einen Dritten als Gegenleistung dafür fordert, sich versprechen läßt oder annimmt, daß er eine richterliche Handlung vorgenommen hat oder künftig vornehme, wird mit Freiheitsstrafe bis zu fünf Jahren oder mit Geldstrafe bestraft. Der Versuch ist strafbar.

(3) Die Tat ist nicht nach Absatz 1 strafbar, wenn der Täter einen nicht von ihm geforderten Vorteil sich versprechen läßt oder annimmt und die zuständige Behörde im Rahmen ihrer Befugnisse entweder die Annahme vorher genehmigt hat oder der Täter unverzüglich bei ihr Anzeige erstattet und sie die Annahme genehmigt.

§ 332 Bestechlichkeit

(1) Ein Amtsträger, ein Europäischer Amtsträger oder ein für den öffentlichen Dienst besonders Verpflichteter, der einen Vorteil für sich oder einen Dritten als Gegenleistung dafür fordert, sich versprechen läßt oder annimmt, daß er eine Diensthandlung vorgenommen hat oder künftig vornehme und dadurch seine Dienstpflichten verletzt hat oder verletzen würde, wird mit Freiheitsstrafe von sechs Monaten bis zu fünf Jahren bestraft. In minder schweren Fällen ist die Strafe Freiheitsstrafe bis zu drei Jahren oder Geldstrafe. Der Versuch ist strafbar.
(2) Ein Richter, Mitglied eines Gerichts der Europäischen Union oder Schiedsrichter, der einen Vorteil für sich oder einen Dritten als Gegenleistung dafür fordert, sich versprechen läßt oder annimmt, daß er eine richterliche Handlung vorgenommen hat oder künftig vornehme und dadurch seine richterlichen Pflichten verletzt hat oder verletzen würde, wird mit Freiheitsstrafe von einem Jahr bis zu zehn Jahren bestraft. In minder schweren Fällen ist die Strafe Freiheitsstrafe von sechs Monaten bis zu fünf Jahren.
(3) Falls der Täter den Vorteil als Gegenleistung für eine künftige Handlung fordert, sich versprechen läßt oder annimmt, so sind die Absätze 1 und 2 schon dann anzuwenden, wenn er sich dem anderen gegenüber bereit gezeigt hat,
1. bei der Handlung seine Pflichten zu verletzen oder,
2. soweit die Handlung in seinem Ermessen steht, sich bei Ausübung des Ermessens durch den Vorteil beeinflussen zu lassen.

§ 333 Vorteilsgewährung

(1) Wer einem Amtsträger, einem Europäischen Amtsträger, einem für den öffentlichen Dienst besonders Verpflichteten oder einem Soldaten der Bundeswehr für die Dienstausübung einen Vorteil für diesen oder einen Dritten anbietet, verspricht oder gewährt, wird mit Freiheitsstrafe bis zu drei Jahren oder mit Geldstrafe bestraft.
(2) Wer einem Richter, Mitglied eines Gerichts der Europäischen Union oder Schiedsrichter einen Vorteil für diesen oder einen Dritten als Gegenleistung dafür anbietet, verspricht oder gewährt, daß er eine richterliche Handlung vorgenommen hat oder künftig vornehme, wird mit Freiheitsstrafe bis zu fünf Jahren oder mit Geldstrafe bestraft.
(3) Die Tat ist nicht nach Absatz 1 strafbar, wenn die zuständige Behörde im Rahmen ihrer Befugnisse entweder die Annahme des Vorteils durch den Empfänger vorher genehmigt hat oder sie auf unverzügliche Anzeige des Empfängers genehmigt.

§ 334 Bestechung

(1) Wer einem Amtsträger, einem Europäischen Amtsträger, einem für den öffentlichen Dienst besonders Verpflichteten oder einem Soldaten der Bundeswehr einen Vorteil für diesen oder einen Dritten als Gegenleistung dafür anbietet, verspricht oder gewährt, daß er eine Diensthandlung vorgenommen hat oder künftig vornehme und dadurch seine Dienstpflichten verletzt hat oder verletzen würde, wird mit Freiheitsstrafe von drei Monaten bis zu fünf Jahren bestraft. In minder schweren Fällen ist die Strafe Freiheitsstrafe bis zu zwei Jahren oder Geldstrafe.
(2) Wer einem Richter, Mitglied eines Gerichts der Europäischen Union oder Schiedsrichter einen Vorteil für diesen oder einen Dritten als Gegenleistung dafür anbietet, verspricht oder gewährt, daß er eine richterliche Handlung
1. vorgenommen und dadurch seine richterlichen Pflichten verletzt hat oder
2. künftig vornehme und dadurch seine richterlichen Pflichten verletzen würde,
wird in den Fällen der Nummer 1 mit Freiheitsstrafe von drei Monaten bis zu fünf Jahren, in den Fällen der Nummer 2 mit Freiheitsstrafe von sechs Monaten bis zu fünf Jahren bestraft. Der Versuch ist strafbar.
(3) Falls der Täter den Vorteil als Gegenleistung für eine künftige Handlung anbietet, verspricht oder gewährt, so sind die Absätze 1 und 2 schon dann anzuwenden, wenn er den anderen zu bestimmen versucht, daß dieser
1. bei der Handlung seine Pflichten verletzt oder,
2. soweit die Handlung in seinem Ermessen steht, sich bei der Ausübung des Ermessens durch den Vorteil beeinflussen läßt.

§ 335 Besonders schwere Fälle der Bestechlichkeit und Bestechung

(1) In besonders schweren Fällen wird
1. eine Tat nach
   a) § 332 Abs. 1 Satz 1, auch in Verbindung mit Abs. 3, und

b) § 334 Abs. 1 Satz 1 und Abs. 2, jeweils auch in Verbindung mit Abs. 3, mit Freiheitsstrafe von einem Jahr bis zu zehn Jahren und
2. eine Tat nach § 332 Abs. 2, auch in Verbindung mit Abs. 3, mit Freiheitsstrafe nicht unter zwei Jahren bestraft.
(2) Ein besonders schwerer Fall im Sinne des Absatzes 1 liegt in der Regel vor, wenn
1. die Tat sich auf einen Vorteil großen Ausmaßes bezieht,
2. der Täter fortgesetzt Vorteile annimmt, die er als Gegenleistung dafür gefordert hat, daß er eine Diensthandlung künftig vornehme, oder
3. der Täter gewerbsmäßig oder als Mitglied einer Bande handelt, die sich zur fortgesetzten Begehung solcher Taten verbunden hat.

§ 335a Ausländische und internationale Bedienstete

(1) Für die Anwendung des § 331 Absatz 2 und des § 333 Absatz 2 sowie der §§ 332 und 334, diese jeweils auch in Verbindung mit § 335, auf eine Tat, die sich auf eine künftige richterliche Handlung oder eine künftige Diensthandlung bezieht, stehen gleich:
1. einem Richter:
   ein Mitglied eines ausländischen und eines internationalen Gerichts;
2. einem sonstigen Amtsträger:
   a) ein Bediensteter eines ausländischen Staates und eine Person, die beauftragt ist, öffentliche Aufgaben für einen ausländischen Staat wahrzunehmen;
   b) ein Bediensteter einer internationalen Organisation und eine Person, die beauftragt ist, Aufgaben einer internationalen Organisation wahrzunehmen;
   c) ein Soldat eines ausländischen Staates und ein Soldat, der beauftragt ist, Aufgaben einer internationalen Organisation wahrzunehmen.
(2) Für die Anwendung des § 331 Absatz 1 und 3 sowie des § 333 Absatz 1 und 3 auf eine Tat, die sich auf eine künftige Diensthandlung bezieht, stehen gleich:
1. einem Richter:
   ein Mitglied des Internationalen Strafgerichtshofes;
2. einem sonstigen Amtsträger:
   ein Bediensteter des Internationalen Strafgerichtshofes.
(3) Für die Anwendung des § 333 Absatz 1 und 3 auf eine Tat, die sich auf eine künftige Diensthandlung bezieht, stehen gleich:
1. einem Soldaten der Bundeswehr:
   ein Soldat der in der Bundesrepublik Deutschland stationierten Truppen der nichtdeutschen Vertragsstaaten des Nordatlantikpaktes, die sich zur Zeit der Tat im Inland aufhalten;
2. einem sonstigen Amtsträger:
   ein Bediensteter dieser Truppen;
3. einem für den öffentlichen Dienst besonders Verpflichteten:
   eine Person, die bei den Truppen beschäftigt oder für sie tätig und auf Grund einer allgemeinen oder besonderen Anweisung einer höheren Dienststelle der Truppen zur gewissenhaften Erfüllung ihrer Obliegenheiten förmlich verpflichtet worden ist.

§ 336 Unterlassen der Diensthandlung

Der Vornahme einer Diensthandlung oder einer richterlichen Handlung im Sinne der §§ 331 bis 335a steht das Unterlassen der Handlung gleich.

§ 337 Schiedsrichtervergütung

Die Vergütung eines Schiedsrichters ist nur dann ein Vorteil im Sinne der §§ 331 bis 335, wenn der Schiedsrichter sie von einer Partei hinter dem Rücken der anderen fordert, sich versprechen läßt oder annimmt oder wenn sie ihm eine Partei hinter dem Rücken der anderen anbietet, verspricht oder gewährt.

§ 338 (weggefallen)

§ 339 Rechtsbeugung

Ein Richter, ein anderer Amtsträger oder ein Schiedsrichter, welcher sich bei der Leitung oder Entscheidung einer Rechtssache zugunsten oder zum Nachteil einer Partei einer Beugung des Rechts schuldig macht, wird mit Freiheitsstrafe von einem Jahr bis zu fünf Jahren bestraft.

§ 340 Körperverletzung im Amt

(1) Ein Amtsträger, der während der Ausübung seines Dienstes oder in Beziehung auf seinen Dienst eine Körperverletzung begeht oder begehen läßt, wird mit Freiheitsstrafe von drei Monaten bis zu fünf Jahren bestraft. In minder schweren Fällen ist die Strafe Freiheitsstrafe bis zu fünf Jahren oder Geldstrafe.
(2) Der Versuch ist strafbar.
(3) Die §§ 224 bis 229 gelten für Straftaten nach Absatz 1 Satz 1 entsprechend.

§§ 341 und 342 (weggefallen)

§ 343 Aussageerpressung

(1) Wer als Amtsträger, der zur Mitwirkung an
1. einem Strafverfahren, einem Verfahren zur Anordnung einer behördlichen Verwahrung,
2. einem Bußgeldverfahren oder
3. einem Disziplinarverfahren oder einem ehrengerichtlichen oder berufsgerichtlichen Verfahren

berufen ist, einen anderen körperlich mißhandelt, gegen ihn sonst Gewalt anwendet, ihm Gewalt androht oder ihn seelisch quält, um ihn zu nötigen, in dem Verfahren etwas auszusagen oder zu erklären oder dies zu unterlassen, wird mit Freiheitsstrafe von einem Jahr bis zu zehn Jahren bestraft.
(2) In minder schweren Fällen ist die Strafe Freiheitsstrafe von sechs Monaten bis zu fünf Jahren.

§ 344 Verfolgung Unschuldiger

(1) Wer als Amtsträger, der zur Mitwirkung an einem Strafverfahren, abgesehen von dem Verfahren zur Anordnung einer nicht freiheitsentziehenden Maßnahme (§ 11 Abs. 1 Nr. 8), berufen ist, absichtlich oder wissentlich einen Unschuldigen oder jemanden, der sonst nach dem Gesetz nicht strafrechtlich verfolgt werden darf, strafrechtlich verfolgt oder auf eine solche Verfolgung hinwirkt, wird mit Freiheitsstrafe von einem Jahr bis zu zehn Jahren, in minder schweren Fällen mit Freiheitsstrafe von drei Monaten bis zu fünf Jahren bestraft. Satz 1 gilt sinngemäß für einen Amtsträger, der zur Mitwirkung an einem Verfahren zur Anordnung einer behördlichen Verwahrung berufen ist.
(2) Wer als Amtsträger, der zur Mitwirkung an einem Verfahren zur Anordnung einer nicht freiheitsentziehenden Maßnahme (§ 11 Abs. 1 Nr. 8) berufen ist, absichtlich oder wissentlich jemanden, der nach dem Gesetz nicht strafrechtlich verfolgt werden darf, strafrechtlich verfolgt oder auf eine solche Verfolgung hinwirkt, wird mit Freiheitsstrafe von drei Monaten bis zu fünf Jahren bestraft. Satz 1 gilt sinngemäß für einen Amtsträger, der zur Mitwirkung an
1. einem Bußgeldverfahren oder
2. einem Disziplinarverfahren oder einem ehrengerichtlichen oder berufsgerichtlichen Verfahren

berufen ist. Der Versuch ist strafbar.

§ 345 Vollstreckung gegen Unschuldige

(1) Wer als Amtsträger, der zur Mitwirkung bei der Vollstreckung einer Freiheitsstrafe, einer freiheitsentziehenden Maßregel der Besserung und Sicherung oder einer behördlichen Verwahrung berufen ist, eine solche Strafe, Maßregel oder Verwahrung vollstreckt, obwohl sie nach dem Gesetz nicht vollstreckt werden darf, wird mit Freiheitsstrafe von einem Jahr bis zu zehn Jahren, in minder schweren Fällen mit Freiheitsstrafe von drei Monaten bis zu fünf Jahren bestraft.
(2) Handelt der Täter leichtfertig, so ist die Strafe Freiheitsstrafe bis zu einem Jahr oder Geldstrafe.
(3) Wer, abgesehen von den Fällen des Absatzes 1, als Amtsträger, der zur Mitwirkung bei der Vollstreckung einer Strafe oder einer Maßnahme (§ 11 Abs. 1 Nr. 8) berufen ist, eine Strafe oder Maßnahme vollstreckt, obwohl sie nach dem Gesetz nicht vollstreckt werden darf, wird mit Freiheitsstrafe von drei Monaten bis zu fünf Jahren bestraft. Ebenso wird bestraft, wer als Amtsträger, der zur Mitwirkung bei der Vollstreckung
1. eines Jugendarrestes,
2. einer Geldbuße oder Nebenfolge nach dem Ordnungswidrigkeitenrecht,
3. eines Ordnungsgeldes oder einer Ordnungshaft oder
4. einer Disziplinarmaßnahme oder einer ehrengerichtlichen oder berufsgerichtlichen Maßnahme

berufen ist, eine solche Rechtsfolge vollstreckt, obwohl sie nach dem Gesetz nicht vollstreckt werden darf. Der Versuch ist strafbar.

§§ 346 und 347 (weggefallen)

§ 348 Falschbeurkundung im Amt

(1) Ein Amtsträger, der, zur Aufnahme öffentlicher Urkunden befugt, innerhalb seiner Zuständigkeit eine rechtlich erhebliche Tatsache falsch beurkundet oder in öffentliche Register, Bücher oder Dateien falsch einträgt oder eingibt, wird mit Freiheitsstrafe bis zu fünf Jahren oder mit Geldstrafe bestraft.
(2) Der Versuch ist strafbar.

§§ 349 bis 351 (weggefallen)

§ 352 Gebührenüberhebung
(1) Ein Amtsträger, Anwalt oder sonstiger Rechtsbeistand, welcher Gebühren oder andere Vergütungen für amtliche Verrichtungen zu seinem Vorteil zu erheben hat, wird, wenn er Gebühren oder Vergütungen erhebt, von denen er weiß, daß der Zahlende sie überhaupt nicht oder nur in geringerem Betrag schuldet, mit Freiheitsstrafe bis zu einem Jahr oder mit Geldstrafe bestraft.
(2) Der Versuch ist strafbar.

§ 353 Abgabenüberhebung; Leistungskürzung
(1) Ein Amtsträger, der Steuern, Gebühren oder andere Abgaben für eine öffentliche Kasse zu erheben hat, wird, wenn er Abgaben, von denen er weiß, daß der Zahlende sie überhaupt nicht oder nur in geringerem Betrag schuldet, erhebt und das rechtswidrig Erhöbene ganz oder zum Teil nicht zur Kasse bringt, mit Freiheitsstrafe von drei Monaten bis zu fünf Jahren bestraft.
(2) Ebenso wird bestraft, wer als Amtsträger bei amtlichen Ausgaben an Geld oder Naturalien dem Empfänger rechtswidrig Abzüge macht und die Ausgaben als vollständig geleistet in Rechnung stellt.

§ 353a Vertrauensbruch im auswärtigen Dienst
(1) Wer bei der Vertretung der Bundesrepublik Deutschland gegenüber einer fremden Regierung, einer Staatengemeinschaft oder einer zwischenstaatlichen Einrichtung einer amtlichen Anweisung zuwiderhandelt oder in der Absicht, die Bundesregierung irrezuleiten, unwahre Berichte tatsächlicher Art erstattet, wird mit Freiheitsstrafe bis zu fünf Jahren oder mit Geldstrafe bestraft.
(2) Die Tat wird nur mit Ermächtigung der Bundesregierung verfolgt.

§ 353b Verletzung des Dienstgeheimnisses und einer besonderen Geheimhaltungspflicht
(1) Wer ein Geheimnis, das ihm als
1. Amtsträger,
2. für den öffentlichen Dienst besonders Verpflichteten,
3. Person, die Aufgaben oder Befugnisse nach dem Personalvertretungsrecht wahrnimmt oder
4. Europäischer Amtsträger,

anvertraut worden oder sonst bekanntgeworden ist, unbefugt offenbart und dadurch wichtige öffentliche Interessen gefährdet, wird mit Freiheitsstrafe bis zu fünf Jahren oder mit Geldstrafe bestraft. Hat der Täter durch die Tat fahrlässig wichtige öffentliche Interessen gefährdet, so wird er mit Freiheitsstrafe bis zu einem Jahr oder mit Geldstrafe bestraft.
(2) Wer, abgesehen von den Fällen des Absatzes 1, unbefugt einen Gegenstand oder eine Nachricht, zu deren Geheimhaltung er
1. auf Grund des Beschlusses eines Gesetzgebungsorgans des Bundes oder eines Landes oder eines seiner Ausschüsse verpflichtet ist oder
2. von einer anderen amtlichen Stelle unter Hinweis auf die Strafbarkeit der Verletzung der Geheimhaltungspflicht förmlich verpflichtet worden ist,

an einen anderen gelangen läßt oder öffentlich bekanntmacht und dadurch wichtige öffentliche Interessen gefährdet, wird mit Freiheitsstrafe bis zu drei Jahren oder mit Geldstrafe bestraft.
(3) Der Versuch ist strafbar.
(3a) Beihilfehandlungen einer in § 53 Absatz 1 Satz 1 Nummer 5 der Strafprozessordnung genannten Person sind nicht rechtswidrig, wenn sie sich auf die Entgegennahme, Auswertung oder Veröffentlichung des Geheimnisses oder des Gegenstandes oder der Nachricht, zu deren Geheimhaltung eine besondere Verpflichtung besteht, beschränken.
(4) Die Tat wird nur mit Ermächtigung verfolgt. Die Ermächtigung wird erteilt
1. von dem Präsidenten des Gesetzgebungsorgans
    a) in den Fällen des Absatzes 1, wenn dem Täter das Geheimnis während seiner Tätigkeit bei einem oder für ein Gesetzgebungsorgan des Bundes oder eines Landes bekanntgeworden ist,
    b) in den Fällen des Absatzes 2 Nr. 1;
2. von der obersten Bundesbehörde
    a) in den Fällen des Absatzes 1, wenn dem Täter das Geheimnis während seiner Tätigkeit sonst bei einer oder für eine Behörde oder bei einer anderen amtlichen Stelle des Bundes oder für eine solche Stelle bekanntgeworden ist,
    b) in den Fällen des Absatzes 2 Nr. 2, wenn der Täter von einer amtlichen Stelle des Bundes verpflichtet worden ist;

3. von der Bundesregierung in den Fällen des Absatzes 1 Satz 1 Nummer 4, wenn dem Täter das Geheimnis während seiner Tätigkeit bei einer Dienststelle der Europäischen Union bekannt geworden ist;
4. von der obersten Landesbehörde in allen übrigen Fällen der Absätze 1 und 2 Nr. 2.

In den Fällen des Satzes 2 Nummer 3 wird die Tat nur verfolgt, wenn zudem ein Strafverlangen der Dienststelle vorliegt.

§ 353c (weggefallen)

§ 353d Verbotene Mitteilungen über Gerichtsverhandlungen

Mit Freiheitsstrafe bis zu einem Jahr oder mit Geldstrafe wird bestraft, wer
1. entgegen einem gesetzlichen Verbot über eine Gerichtsverhandlung, bei der die Öffentlichkeit ausgeschlossen war, oder über den Inhalt eines die Sache betreffenden amtlichen Dokuments öffentlich eine Mitteilung macht,
2. entgegen einer vom Gericht auf Grund eines Gesetzes auferlegten Schweigepflicht Tatsachen unbefugt offenbart, die durch eine nichtöffentliche Gerichtsverhandlung oder durch ein die Sache betreffendes amtliches Dokument zu seiner Kenntnis gelangt sind, oder
3. die Anklageschrift oder andere amtliche Dokumente eines Strafverfahrens, eines Bußgeldverfahrens oder eines Disziplinarverfahrens, ganz oder in wesentlichen Teilen, im Wortlaut öffentlich mitteilt, bevor sie in öffentlicher Verhandlung erörtert worden sind oder das Verfahren abgeschlossen ist.

§ 354 (weggefallen)

§ 355 Verletzung des Steuergeheimnisses

(1) Wer unbefugt
1. personenbezogene Daten eines anderen, die ihm als Amtsträger
   a) in einem Verwaltungsverfahren, einem Rechnungsprüfungsverfahren oder einem gerichtlichen Verfahren in Steuersachen,
   b) in einem Strafverfahren wegen einer Steuerstraftat oder in einem Bußgeldverfahren wegen einer Steuerordnungswidrigkeit,
   c) im Rahmen einer Weiterverarbeitung nach § 29c Absatz 1 Satz 1 Nummer 4, 5 oder 6 der Abgabenordnung oder aus anderem dienstlichen Anlass, insbesondere durch Mitteilung einer Finanzbehörde oder durch die gesetzlich vorgeschriebene Vorlage eines Steuerbescheids oder einer Bescheinigung über die bei der Besteuerung getroffenen Feststellungen
   bekannt geworden sind, oder
2. ein fremdes Betriebs- oder Geschäftsgeheimnis, das ihm als Amtsträger in einem der in Nummer 1 genannten Verfahren bekannt geworden ist,

offenbart oder verwertet, wird mit Freiheitsstrafe bis zu zwei Jahren oder mit Geldstrafe bestraft. Personenbezogene Daten eines anderen oder fremde Betriebs- oder Geschäftsgeheimnisse sind dem Täter auch dann als Amtsträger in einem in Satz 1 Nummer 1 genannten Verfahren bekannt geworden, wenn sie sich aus Daten ergeben, zu denen er Zugang hatte und die er unbefugt abgerufen hat. Informationen, die sich auf identifizierte oder identifizierbare verstorbene natürliche Personen oder Körperschaften, rechtsfähige oder nicht rechtsfähige Personenvereinigungen oder Vermögensmassen beziehen, stehen personenbezogenen Daten eines anderen gleich.

(2) Den Amtsträgern im Sinne des Absatzes 1 stehen gleich
1. die für den öffentlichen Dienst besonders Verpflichteten,
2. amtlich zugezogene Sachverständige und
3. die Träger von Ämtern der Kirchen und anderen Religionsgesellschaften des öffentlichen Rechts.

(3) Die Tat wird nur auf Antrag des Dienstvorgesetzten oder des Verletzten verfolgt. Bei Taten amtlich zugezogener Sachverständiger ist der Leiter der Behörde, deren Verfahren betroffen ist, neben dem Verletzten antragsberechtigt.

§ 356 Parteiverrat

(1) Ein Anwalt oder ein anderer Rechtsbeistand, welcher bei den ihm in dieser Eigenschaft anvertrauten Angelegenheiten in derselben Rechtssache beiden Parteien durch Rat oder Beistand pflichtwidrig dient, wird mit Freiheitsstrafe von drei Monaten bis zu fünf Jahren bestraft.

(2) Handelt derselbe im Einverständnis mit der Gegenpartei zum Nachteil seiner Partei, so tritt Freiheitsstrafe von einem Jahr bis zu fünf Jahren ein.

§ 357 Verleitung eines Untergebenen zu einer Straftat

(1) Ein Vorgesetzter, welcher seine Untergebenen zu einer rechtswidrigen Tat im Amt verleitet oder zu verleiten unternimmt oder eine solche rechtswidrige Tat seiner Untergebenen geschehen läßt, hat die für diese rechtswidrige Tat angedrohte Strafe verwirkt.

(2) Dieselbe Bestimmung findet auf einen Amtsträger Anwendung, welchem eine Aufsicht oder Kontrolle über die Dienstgeschäfte eines anderen Amtsträgers übertragen ist, sofern die von diesem letzteren Amtsträger begangene rechtswidrige Tat die zur Aufsicht oder Kontrolle gehörenden Geschäfte betrifft.

§ 358 Nebenfolgen

Neben einer Freiheitsstrafe von mindestens sechs Monaten wegen einer Straftat nach den §§ 332, 335, 339, 340, 343, 344, 345 Abs. 1 und 3, §§ 348, 352 bis 353b Abs. 1, §§ 355 und 357 kann das Gericht die Fähigkeit, öffentliche Ämter zu bekleiden (§ 45 Abs. 2), aberkennen.

Gesetz über den Verkehr mit Betäubungsmitteln (Betäubungsmittelgesetz – BtMG)

in der Fassung der Bekanntmachung
vom 1. März 1994 (BGBl. I S. 358)

Zuletzt geändert durch
Digitale-Versorgung-und-Pflege-Modernisierungs-Gesetz
vom 3. Juni 2021 (BGBl. I S. 1309)

– Auszug –*)

Inhaltsübersicht

Erster Abschnitt
Begriffsbestimmungen
§ 1   Betäubungsmittel
§ 2   Sonstige Begriffe

Zweiter Abschnitt
Erlaubnis und Erlaubnisverfahren
§ 3   Erlaubnis zum Verkehr mit Betäubungsmitteln
§ 4   Ausnahmen von der Erlaubnispflicht
§ 5   Versagung der Erlaubnis
§ 6   Sachkenntnis
§ 7   Antrag
§ 8   Entscheidung
§ 9   Beschränkungen, Befristung, Bedingungen und Auflagen
§ 10 Rücknahme und Widerruf
§ 10a Erlaubnis für den Betrieb von Drogenkonsumräumen

Dritter Abschnitt
Pflichten im Betäubungsmittelverkehr
§ 11 Einfuhr, Ausfuhr und Durchfuhr
§ 12 Abgabe und Erwerb
§ 13 Verschreibung und Abgabe auf Verschreibung
§ 14 Kennzeichnung und Werbung
§ 15 Sicherungsmaßnahmen
§ 16 Vernichtung
§ 17 Aufzeichnungen
§ 18 Meldungen

Vierter Abschnitt
Überwachung
§ 19 Durchführende Behörde
§ 20 Besondere Ermächtigung für den Spannungs- oder Verteidigungsfall
§ 21 Mitwirkung anderer Behörden
§ 22 Überwachungsmaßnahmen
§ 23 Probenahme
§ 24 Duldungs- und Mitwirkungspflicht
§ 24a Anzeige des Anbaus von Nutzhanf
§ 25 (weggefallen)

Fünfter Abschnitt
Vorschriften für Behörden
§ 26 Bundeswehr, Bundespolizei, Bereitschaftspolizei und Zivilschutz
§ 27 Meldungen und Auskünfte
§ 28 Jahresbericht an die Vereinten Nationen

Sechster Abschnitt
Straftaten und Ordnungswidrigkeiten
§ 29   Straftaten
§ 29a Straftaten
§ 30   Straftaten
§ 30a Straftaten
§ 30b Straftaten
§ 31   Strafmilderung oder Absehen von Strafe
§ 31a Absehen von der Verfolgung
§ 32   Ordnungswidrigkeiten
§ 33   Einziehung
§ 34   Führungsaufsicht

Siebenter Abschnitt
Betäubungsmittelabhängige Straftäter
§ 35 Zurückstellung der Strafvollstreckung
§ 36 Anrechnung und Strafaussetzung zur Bewährung
§ 37 Absehen von der Erhebung der öffentlichen Klage
§ 38 Jugendliche und Heranwachsende

Achter Abschnitt
Übergangs- und Schlußvorschriften
§ 39   Übergangsregelung
§ 39a Übergangsregelung aus Anlass des Gesetzes zur Änderung arzneimittelrechtlicher und anderer Vorschriften
§§ 40 und 40a (gegenstandslos)
§ 41   (weggefallen)

Anlagen I bis III
(hier nicht abgedruckt)

---

*) Abgedruckt sind nur die für Sozialberufe wichtigen Bestimmungen. Das Inhaltsverzeichnis benennt den kompletten Inhalt des Gesetzes.

Erster Abschnitt
Begriffsbestimmungen

§ 1 Betäubungsmittel

(1) Betäubungsmittel im Sinne dieses Gesetzes sind die in den Anlagen I bis III aufgeführten Stoffe und Zubereitungen.

(2) Die Bundesregierung wird ermächtigt, nach Anhörung von Sachverständigen durch Rechtsverordnung mit Zustimmung des Bundesrates die Anlagen I bis III zu ändern oder zu ergänzen, wenn dies
1. nach wissenschaftlicher Erkenntnis wegen der Wirkungsweise eines Stoffes, vor allem im Hinblick auf das Hervorrufen einer Abhängigkeit,
2. wegen der Möglichkeit, aus einem Stoff oder unter Verwendung eines Stoffes Betäubungsmittel herstellen zu können, oder
3. zur Sicherheit oder zur Kontrolle des Verkehrs mit Betäubungsmitteln oder anderen Stoffen oder Zubereitungen wegen des Ausmaßes der mißbräuchlichen Verwendung und wegen der unmittelbaren oder mittelbaren Gefährdung der Gesundheit

erforderlich ist. In der Rechtsverordnung nach Satz 1 können einzelne Stoffe oder Zubereitungen ganz oder teilweise von der Anwendung dieses Gesetzes oder einer auf Grund dieses Gesetzes erlassenen Rechtsverordnung ausgenommen werden, soweit die Sicherheit und die Kontrolle des Betäubungsmittelverkehrs gewährleistet bleiben.

(3) Das Bundesministerium für Gesundheit wird ermächtigt, in dringenden Fällen zur Sicherheit oder zur Kontrolle des Betäubungsmittelverkehrs durch Rechtsverordnung ohne Zustimmung des Bundesrates Stoffe und Zubereitungen, die nicht Arzneimittel sind, in die Anlagen I bis III aufzunehmen, wenn dies wegen des Ausmaßes der mißbräuchlichen Verwendung und wegen der unmittelbaren oder mittelbaren Gefährdung der Gesundheit erforderlich ist. Eine auf der Grundlage dieser Vorschrift erlassene Verordnung tritt nach Ablauf eines Jahres außer Kraft.

(4) Das Bundesministerium für Gesundheit (Bundesministerium) wird ermächtigt, durch Rechtsverordnung ohne Zustimmung des Bundesrates die Anlagen I bis III oder die auf Grund dieses Gesetzes erlassenen Rechtsverordnungen zu ändern, soweit das auf Grund von Änderungen der Anhänge zu dem Einheits-Übereinkommen von 1961 über Suchtstoffe in der Fassung der Bekanntmachung vom 4. Februar 1977 (BGBl. II S. 111) und dem Übereinkommen von 1971 über psychotrope Stoffe (BGBl. 1976 II S. 1477) (Internationale Suchtstoffübereinkommen) in ihrer jeweils für die Bundesrepublik Deutschland verbindlichen Fassung oder auf Grund von Änderungen des Anhangs des Rahmenbeschlusses 2004/757/JI des Rates vom 25. Oktober 2004 zur Festlegung von Mindestvorschriften über die Tatbestandsmerkmale strafbarer Handlungen und die Strafen im Bereich des illegalen Drogenhandels (ABl. L 335 vom 11. 11. 2004, S. 8), der durch die Richtlinie (EU) 2017/2103 (ABl. L 305 vom 21. 11. 2017, S. 12) geändert worden ist, erforderlich ist.

§ 2 Sonstige Begriffe

(1) Im Sinne dieses Gesetzes ist
1. Stoff:
   a) chemische Elemente und chemische Verbindungen sowie deren natürlich vorkommende Gemische und Lösungen,
   b) Pflanzen, Algen, Pilze und Flechten sowie deren Teile und Bestandteile in bearbeitetem oder unbearbeitetem Zustand,
   c) Tierkörper, auch lebender Tiere, sowie Körperteile, -bestandteile und Stoffwechselprodukte von Mensch und Tier in bearbeitetem oder unbearbeitetem Zustand,
   d) Mikroorganismen einschließlich Viren sowie deren Bestandteile oder Stoffwechselprodukte;
2. Zubereitung:
   ohne Rücksicht auf ihren Aggregatzustand ein Stoffgemisch oder die Lösung eines oder mehrerer Stoffe außer den natürlich vorkommenden Gemischen und Lösungen;
3. ausgenommene Zubereitung:
   eine in den Anlagen I bis III bezeichnete Zubereitung, die von den betäubungsmittelrechtlichen Vorschriften ganz oder teilweise ausgenommen ist;
4. Herstellen:
   das Gewinnen, Anfertigen, Zubereiten, Be- oder Verarbeiten, Reinigen und Umwandeln.

(2) Der Einfuhr oder Ausfuhr eines Betäubungsmittels steht jedes sonstige Verbringen in den oder aus dem Geltungsbereich dieses Gesetzes gleich.

Zweiter Abschnitt
Erlaubnis und Erlaubnisverfahren

§ 3 Erlaubnis zum Verkehr mit Betäubungsmitteln

(1) Einer Erlaubnis des Bundesinstitutes für Arzneimittel und Medizinprodukte bedarf, wer
1. Betäubungsmittel anbauen, herstellen, mit ihnen Handel treiben, sie, ohne mit ihnen Handel zu treiben, einführen, ausführen, abgeben, veräußern, sonst in den Verkehr bringen, erwerben oder
2. ausgenommene Zubereitungen (§ 2 Abs. 1 Nr. 3) herstellen

will.

(2) Eine Erlaubnis für die in Anlage I bezeichneten Betäubungsmittel kann das Bundesinstitut für Arzneimittel und Medizinprodukte nur ausnahmsweise zu wissenschaftlichen oder anderen im öffentlichen Interesse liegenden Zwecken erteilen.

§ 10a Erlaubnis für den Betrieb von Drogenkonsumräumen

(1) Einer Erlaubnis der zuständigen obersten Landesbehörde bedarf, wer eine Einrichtung betreiben will, in deren Räumlichkeiten Betäubungsmittelabhängigen eine Gelegenheit zum Verbrauch von mitgeführten, ärztlich nicht verschriebenen Betäubungsmitteln verschafft oder gewährt wird (Drogenkonsumraum). Eine Erlaubnis kann nur erteilt werden, wenn die Landesregierung die Voraussetzungen für die Erteilung in einer Rechtsverordnung nach Maßgabe des Absatzes 2 geregelt hat.

(2) Die Landesregierungen werden ermächtigt, durch Rechtsverordnung die Voraussetzungen für die Erteilung einer Erlaubnis nach Absatz 1 zu regeln. Die Regelungen müssen insbesondere folgende Mindeststandards für die Sicherheit und Kontrolle beim Verbrauch von Betäubungsmitteln in Drogenkonsumräumen festlegen:
1. Zweckdienliche sachliche Ausstattung der Räumlichkeiten, die als Drogenkonsumraum dienen sollen;
2. Gewährleistung einer sofort einsatzfähigen medizinischen Notfallversorgung;
3. medizinische Beratung und Hilfe zum Zwecke der Risikominderung beim Verbrauch der von Abhängigen mitgeführten Betäubungsmittel;
4. Vermittlung von weiterführenden und ausstiegsorientierten Angeboten der Beratung und Therapie;
5. Maßnahmen zur Verhinderung von Straftaten nach diesem Gesetz in Drogenkonsumräumen, abgesehen vom Besitz von Betäubungsmitteln nach § 29 Abs. 1 Satz 1 Nr. 3 zum Eigenverbrauch in geringer Menge;
6. erforderliche Formen der Zusammenarbeit mit den für die öffentliche Sicherheit und Ordnung zuständigen örtlichen Behörden, um Straftaten im unmittelbaren Umfeld der Drogenkonsumräume soweit wie möglich zu verhindern;
7. genaue Festlegung des Kreises der berechtigten Benutzer von Drogenkonsumräumen, insbesondere im Hinblick auf deren Alter, die Art der mitgeführten Betäubungsmittel sowie die geduldeten Konsummuster; offenkundige Erst- oder Gelegenheitskonsumenten sind von der Benutzung auszuschließen;
8. eine Dokumentation und Evaluation der Arbeit in den Drogenkonsumräumen;
9. ständige Anwesenheit von persönlich zuverlässigem Personal in ausreichender Zahl, das für die Erfüllung der in den Nummern 1 bis 7 genannten Anforderungen fachlich ausgebildet ist;
10. Benennung einer sachkundigen Person, die für die Einhaltung der in den Nummern 1 bis 9 genannten Anforderungen, der Auflagen der Erlaubnisbehörde sowie der Anordnungen der Überwachungsbehörde verantwortlich ist (Verantwortlicher) und die ihm obliegenden Verpflichtungen ständig erfüllen kann.

(3) Für das Erlaubnisverfahren gelten § 7 Satz 1 und 2 Nr. 1 bis 4 und 8, §§ 8, 9 Abs. 2 und § 10 entsprechend; dabei tritt an die Stelle des Bundesinstituts für Arzneimittel und Medizinprodukte jeweils die zuständige oberste Landesbehörde, an die Stelle der obersten Landesbehörde jeweils das Bundesinstitut für Arzneimittel und Medizinprodukte.

(4) Eine Erlaubnis nach Absatz 1 berechtigt das in einem Drogenkonsumraum tätige Personal nicht, eine Substanzanalyse der mitgeführten Betäubungsmittel durchzuführen oder beim unmittelbaren Verbrauch der mitgeführten Betäubungsmittel aktive Hilfe zu leisten.

Dritter Abschnitt
Pflichten im Betäubungsmittelverkehr

§ 13 Verschreibung und Abgabe auf Verschreibung

(1) Die in Anlage III bezeichneten Betäubungsmittel dürfen nur von Ärzten, Zahnärzten und Tierärzten und nur dann verschrieben oder im Rahmen einer ärztlichen, zahnärztlichen oder tierärztlichen Behandlung einschließlich der ärztlichen Behandlung einer Betäubungsmittelabhängigkeit verabreicht oder einem anderen zum unmittelbaren Verbrauch oder nach Absatz 1a Satz 1 überlassen werden, wenn ihre Anwendung am oder im menschlichen oder tierischen Körper begründet ist. Die Anwendung ist insbesondere dann nicht begründet, wenn der beabsichtigte Zweck auf andere Weise erreicht werden kann. Die in Anlagen I und II bezeichneten Betäubungsmittel dürfen nicht verschrieben, verabreicht oder einem anderen zum unmittelbaren Verbrauch oder nach Absatz 1a Satz 1 überlassen werden.

(1a) Zur Deckung des nicht aufschiebbaren Betäubungsmittelbedarfs eines ambulant versorgten Palliativpatienten darf der Arzt diesem die hierfür erforderlichen, in Anlage III bezeichneten Betäubungsmittel in Form von Fertigarzneimitteln nur dann überlassen, soweit und solange der Bedarf des Patienten durch eine Verschreibung nicht rechtzeitig gedeckt werden kann; die Höchstüberlassungsmenge darf den Dreitagesbedarf nicht überschreiten. Der Bedarf des Patienten kann durch eine Verschreibung nicht rechtzeitig gedeckt werden, wenn das erforderliche Betäubungsmittel

1. bei einer dienstbereiten Apotheke innerhalb desselben Kreises oder derselben kreisfreien Stadt oder in einander benachbarten Kreisen oder kreisfreien Städten nicht vorrätig ist oder nicht rechtzeitig zur Abgabe bereitsteht oder
2. obwohl es in einer Apotheke nach Nummer 1 vorrätig ist oder rechtzeitig zur Abgabe bereitstünde, von dem Patienten oder den Patienten versorgenden Personen nicht rechtzeitig beschafft werden kann, weil
   a) diese Personen den Patienten vor Ort versorgen müssen oder auf Grund ihrer eingeschränkten Leistungsfähigkeit nicht in der Lage sind, das Betäubungsmittel zu beschaffen, oder
   b) der Patient auf Grund der Art und des Ausmaßes seiner Erkrankung dazu nicht selbst in der Lage ist und keine Personen vorhanden sind, die den Patienten versorgen.

Der Arzt muss unter Hinweis darauf, dass eine Situation nach Satz 1 vorliegt, bei einer dienstbereiten Apotheke nach Satz 2 Nummer 1 vor Überlassung anfragen, ob das erforderliche Betäubungsmittel dort vorrätig ist oder bis wann es zur Abgabe bereitsteht. Über das Vorliegen der Voraussetzungen nach den Sätzen 1 und 2 und die Anfrage nach Satz 3 muss der Arzt mindestens folgende Aufzeichnungen führen und diese drei Jahre, vom Überlassen der Betäubungsmittel an gerechnet, aufbewahren:

1. den Namen des Patienten sowie den Ort, das Datum und die Uhrzeit der Behandlung,
2. den Namen der Apotheke und des kontaktierten Apothekers oder der zu seiner Vertretung berechtigten Person,
3. die Bezeichnung des angefragten Betäubungsmittels,
4. die Angabe der Apotheke, ob das Betäubungsmittel zum Zeitpunkt der Anfrage vorrätig ist oder bis wann es zur Abgabe bereitsteht,
5. die Angaben über diejenigen Tatsachen, aus denen sich das Vorliegen der Voraussetzungen nach den Sätzen 1 und 2 ergibt.

Über die Anfrage eines nach Satz 1 behandelnden Arztes, ob ein bestimmtes Betäubungsmittel vorrätig ist oder bis wann es zur Abgabe bereitsteht, muss der Apotheker oder die zu seiner Vertretung berechtigte Person mindestens folgende Aufzeichnungen führen und diese drei Jahre, vom Tag der Anfrage an gerechnet, aufbewahren:

1. das Datum und die Uhrzeit der Anfrage,
2. den Namen des Arztes,
3. die Bezeichnung des angefragten Betäubungsmittels,
4. die Angabe gegenüber dem Arzt, ob das Betäubungsmittel zum Zeitpunkt der Anfrage vorrätig ist oder bis wann es zur Abgabe bereitsteht.

Im Falle des Überlassens nach Satz 1 hat der Arzt den ambulant versorgten Palliativpatienten oder zu dessen Pflege anwesende Dritte über die ordnungsgemäße Anwendung der überlassenen Betäubungsmittel aufzuklären und eine schriftliche Gebrauchsanweisung mit Angaben zur Einzel- und Tagesgabe auszuhändigen.

(2) Die nach Absatz 1 verschriebenen Betäubungsmittel dürfen nur im Rahmen des Betriebs einer Apotheke und gegen Vorlage der Verschreibung abgegeben werden. Diamorphin darf nur vom pharmazeutischen Unternehmer und nur an anerkannte Einrichtungen nach Absatz 3 Satz 2 Nummer 2a

gegen Vorlage der Verschreibung abgegeben werden. Im Rahmen des Betriebs einer tierärztlichen Hausapotheke dürfen nur die in Anlage III bezeichneten Betäubungsmittel und nur zur Anwendung bei einem vom Betreiber der Hausapotheke behandelten Tier abgegeben werden.

(3) Die Bundesregierung wird ermächtigt, durch Rechtsverordnung mit Zustimmung des Bundesrates das Verschreiben von den in Anlage III bezeichneten Betäubungsmitteln, ihre Abgabe auf Grund einer Verschreibung und das Aufzeichnen ihres Verbleibs und des Bestandes bei Ärzten, Zahnärzten, Tierärzten, in Apotheken, tierärztlichen Hausapotheken, Krankenhäusern, Tierkliniken, Alten- und Pflegeheimen, Hospizen, Einrichtungen der spezialisierten ambulanten Palliativversorgung, Einrichtungen der Rettungsdienste, Einrichtungen, in denen eine Behandlung mit dem Substitutionsmittel Diamorphin stattfindet, und auf Kauffahrteischiffen zu regeln, soweit es zur Sicherheit oder Kontrolle des Betäubungsmittelverkehrs erforderlich ist. Insbesondere können

1. das Verschreiben auf bestimmte Zubereitungen, Bestimmungszwecke oder Mengen beschränkt,
2. das Verschreiben von Substitutionsmitteln für Drogenabhängige von der Erfüllung von Mindestanforderungen an die Qualifikation der verschreibenden Ärzte abhängig gemacht und die Festlegung der Mindestanforderungen den Ärztekammern übertragen,
2a. das Verschreiben von Diamorphin nur in Einrichtungen, denen eine Erlaubnis von der zuständigen Landesbehörde erteilt wurde, zugelassen,
2b. die Mindestanforderungen an die Ausstattung der Einrichtungen, in denen die Behandlung mit dem Substitutionsmittel Diamorphin stattfindet, festgelegt,
3. Meldungen
    a) der verschreibenden Ärzte an das Bundesinstitut für Arzneimittel und Medizinprodukte über das Verschreiben eines Substitutionsmittels für einen Patienten in anonymisierter Form,
    b) der Ärztekammern an das Bundesinstitut für Arzneimittel und Medizinprodukte über die Ärzte, die die Mindestanforderungen nach Nummer 2 erfüllen und
    Mitteilungen
    c) des Bundesinstituts für Arzneimittel und Medizinprodukte an die zuständigen Überwachungsbehörden und an die verschreibenden Ärzte über die Patienten, denen bereits ein anderer Arzt ein Substitutionsmittel verschrieben hat, in anonymisierter Form,
    d) des Bundesinstituts für Arzneimittel und Medizinprodukte an die zuständigen Überwachungsbehörden der Länder über die Ärzte, die die Mindestanforderungen nach Nummer 2 erfüllen,
    e) des Bundesinstituts für Arzneimittel und Medizinprodukte an die obersten Landesgesundheitsbehörden über die Anzahl der Patienten, denen ein Substitutionsmittel verschrieben wurde, die Anzahl der Ärzte, die zum Verschreiben eines Substitutionsmittels berechtigt sind, die Anzahl der Ärzte, die ein Substitutionsmittel verschrieben haben, die verschriebenen Substitutionsmittel und die Art der Verschreibung
    sowie Art der Anonymisierung, Form und Inhalt der Meldungen und Mitteilungen vorgeschrieben,
4. Form, Inhalt, Anfertigung, Ausgabe, Aufbewahrung und Rückgabe des zu verwendenden amtlichen Formblattes für die Verschreibung, das Verfahren für die Verschreibung in elektronischer Form sowie Form und Inhalt der Aufzeichnungen über den Verbleib und den Bestand der Betäubungsmittel festgelegt und
5. Ausnahmen von § 4 Abs. 1 Nr. 1 Buchstabe c für die Ausrüstung von Kauffahrteischiffen erlassen werden.

Für das Verfahren zur Erteilung einer Erlaubnis nach Satz 2 Nummer 2a gelten § 7 Satz 2 Nummer 1 bis 4, § 8 Absatz 1 Satz 1, Absatz 2 und 3 Satz 1 bis 3, § 9 Absatz 2 und § 10 entsprechend. Dabei tritt an die Stelle des Bundesinstitutes für Arzneimittel und Medizinprodukte jeweils die zuständige Landesbehörde, an die Stelle der zuständigen obersten Landesbehörde jeweils das Bundesinstitut für Arzneimittel und Medizinprodukte. Die Empfänger nach Satz 2 Nr. 3 dürfen die übermittelten Daten nicht für einen anderen als den in Satz 1 genannten Zweck verwenden. Das Bundesinstitut für Arzneimittel und Medizinprodukte handelt bei der Wahrnehmung der ihm durch Rechtsverordnung nach Satz 2 zugewiesenen Aufgaben als vom Bund entliehenes Organ des jeweils zuständigen Landes; Einzelheiten einschließlich der Kostenerstattung an den Bund werden durch Vereinbarung geregelt.

Sechster Abschnitt
Straftaten und Ordnungswidrigkeiten

§ 29 Straftaten

(1) Mit Freiheitsstrafen bis zu fünf Jahren oder mit Geldstrafe wird bestraft, wer
1. Betäubungsmittel unerlaubt anbaut, herstellt, mit ihnen Handel treibt, sie, ohne Handel zu treiben, einführt, ausführt, veräußert, abgibt, sonst in den Verkehr bringt, erwirbt oder sich in sonstiger Weise verschafft,
2. eine ausgenommene Zubereitung (§ 2 Abs. 1 Nr. 3) ohne Erlaubnis nach § 3 Abs. 1 Nr. 2 herstellt,
3. Betäubungsmittel besitzt, ohne zugleich im Besitz einer schriftlichen Erlaubnis für den Erwerb zu sein,
4. (weggefallen)
5. entgegen § 11 Abs. 1 Satz 2 Betäubungsmittel durchführt,
6. entgegen § 13 Abs. 1 Betäubungsmittel
   a) verschreibt,
   b) verabreicht oder zum unmittelbaren Verbrauch überläßt,
6a. entgegen § 13 Absatz 1a Satz 1 und 2 ein dort genanntes Betäubungsmittel überlässt,
7. entgegen § 13 Absatz 2
   a) Betäubungsmittel in einer Apotheke oder tierärztlichen Hausapotheke,
   b) Diamorphin als pharmazeutischer Unternehmer
   abgibt,
8. entgegen § 14 Abs. 5 für Betäubungsmittel wirbt,
9. unrichtige oder unvollständige Angaben macht, um für sich oder einen anderen oder für ein Tier die Verschreibung eines Betäubungsmittels zu erlangen,
10. einem anderen eine Gelegenheit zum unbefugten Erwerb oder zur unbefugten Abgabe von Betäubungsmitteln verschafft oder gewährt, eine solche Gelegenheit öffentlich oder eigennützig mitteilt oder einen anderen zum unbefugten Verbrauch von Betäubungsmitteln verleitet,
11. ohne Erlaubnis nach § 10a einem anderen eine Gelegenheit zum unbefugten Verbrauch von Betäubungsmitteln verschafft oder gewährt, oder wer eine außerhalb einer Einrichtung nach § 10a bestehende Gelegenheit zu einem solchen Verbrauch eigennützig oder öffentlich mitteilt,
12. öffentlich, in einer Versammlung oder durch Verbreiten eines Inhalts (§ 11 Absatz 3 des Strafgesetzbuches) dazu auffordert, Betäubungsmittel zu verbrauchen, die nicht zulässigerweise verschrieben worden sind,
13. Geldmittel oder andere Vermögensgegenstände einem anderen für eine rechtswidrige Tat nach Nummern 1, 5, 6, 7, 10, 11 oder 12 bereitstellt,
14. einer Rechtsverordnung nach § 11 Abs. 2 Satz 2 Nr. 1 oder § 13 Abs. 3 Satz 2 Nr. 1, 2a oder 5 zuwiderhandelt, soweit sie für einen bestimmten Tatbestand auf diese Strafvorschrift verweist.
Die Abgabe von sterilen Einmalspritzen an Betäubungsmittelabhängige und die öffentliche Information darüber sind kein Verschaffen und kein öffentliches Mitteilen einer Gelegenheit zum Verbrauch nach Satz 1 Nr. 11.

(2) In den Fällen des Absatzes 1 Satz 1 Nr. 1, 2, 5 oder 6 Buchstabe b ist der Versuch strafbar.

(3) In besonders schweren Fällen ist die Strafe Freiheitsstrafe nicht unter einem Jahr. Ein besonders schwerer Fall liegt in der Regel vor, wenn der Täter
1. in den Fällen des Absatzes 1 Nr. 1, 5, 6, 10, 11 oder 13 gewerbsmäßig handelt,
2. durch eine der in Absatz 1 Satz 1 Nr. 1, 6 oder 7 bezeichneten Handlungen die Gesundheit mehrerer Menschen gefährdet.

(4) Handelt der Täter in den Fällen des Absatzes 1 Satz 1 Nr. 1, 2, 5 oder 6 Buchstabe b Nr. 10 oder 11 fahrlässig, so ist die Strafe Freiheitsstrafe bis zu einem Jahr oder Geldstrafe.

(5) Das Gericht kann von einer Bestrafung nach den Absätzen 1, 2 und 4 absehen, wenn der Täter die Betäubungsmittel lediglich zum Eigenverbrauch in geringer Menge anbaut, herstellt, einführt, ausführt, durchführt, erwirbt, sich in sonstiger Weise verschafft oder besitzt.

(6) Die Vorschriften des Absatzes 1 Satz 1 Nr. 1 sind, soweit sie das Handeltreiben, Abgeben oder Veräußern betreffen, auch anzuwenden, wenn sich die Handlung auf Stoffe oder Zubereitungen bezieht, die nicht Betäubungsmittel sind, aber als solche ausgegeben werden.

§ 29a Straftaten

(1) Mit Freiheitsstrafe nicht unter einem Jahr wird bestraft, wer
1. als Person über 21 Jahre Betäubungsmittel unerlaubt nach § 3 Abs. 1 Nr. 1 an eine Person unter 18 Jahren abgibt oder sie ihr entgegen § 13 Abs. 1 verabreicht oder zum unmittelbaren Verbrauch überläßt oder
2. mit Betäubungsmitteln in nicht geringer Menge ohne Erlaubnis nach § 3 Abs. 1 Nr. 1 Handel treibt, sie in nicht geringer Menge herstellt oder abgibt oder sie besitzt, ohne sie auf Grund einer Erlaubnis nach § 3 Abs. 1 erlangt zu haben.

(2) In minder schweren Fällen ist die Strafe Freiheitsstrafe von drei Monaten bis zu fünf Jahren.

§ 30 Straftaten

(1) Mit Freiheitsstrafe nicht unter zwei Jahren wird bestraft, wer
1. Betäubungsmittel unerlaubt nach § 3 Abs. 1 Nr. 1 anbaut, herstellt oder mit ihnen Handel treibt (§ 29 Abs. 1 Satz 1 Nr.) und dabei als Mitglied einer Bande handelt, die sich zur fortgesetzten Begehung solcher Taten verbunden hat,
2. im Falle des § 29a Abs. 1 Nr. 1 gewerbsmäßig handelt,
3. Betäubungsmittel abgibt, einem anderen verabreicht oder zum unmittelbaren Verbrauch überläßt und dadurch leichtfertig dessen Tod verursacht oder
4. Betäubungsmittel in nicht geringer Menge unerlaubt nach § 3 Abs. 1 Nr. 1 einführt.

(2) In minder schweren Fällen ist die Strafe Freiheitsstrafe von drei Monaten bis zu fünf Jahren.

§ 30a Straftaten

(1) Mit Freiheitsstrafe nicht unter fünf Jahren wird bestraft, wer Betäubungsmittel in nicht geringer Menge unerlaubt nach § 3 Abs. 1 Nr. 1 anbaut, herstellt, mit ihnen Handel treibt, sie ein- oder ausführt (§ 29 Abs. 1 Satz 1 Nr. 1) und dabei als Mitglied einer Bande handelt, die sich zur fortgesetzten Begehung solcher Taten verbunden hat.

(2) Ebenso wird bestraft, wer
1. als Person über 21 Jahre eine Person unter 18 Jahren bestimmt, mit Betäubungsmitteln unerlaubt Handel zu treiben, sie, ohne Handel zu treiben, einzuführen, auszuführen, zu veräußern, abzugeben oder sonst in den Verkehr zu bringen oder eine dieser Handlungen zu fördern, oder
2. mit Betäubungsmitteln in nicht geringer Menge unerlaubt Handel treibt oder sie, ohne Handel zu treiben, einführt, ausführt oder sich verschafft und dabei eine Schußwaffe oder sonstige Gegenstände mit sich führt, die ihrer Art nach zur Verletzung von Personen geeignet und bestimmt sind.

(3) In minder schweren Fällen ist die Strafe Freiheitsstrafe von sechs Monaten bis zu zehn Jahren.

§ 30b Straftaten

§ 129 des Strafgesetzbuches gilt auch dann, wenn eine Vereinigung, deren Zwecke oder deren Tätigkeit auf den unbefugten Vertrieb von Betäubungsmitteln im Sinne des § 6 Nr. 5 des Strafgesetzbuches gerichtet sind, nicht oder nicht nur im Inland besteht.

§ 31 Strafmilderung oder Absehen von Strafe

Das Gericht kann die Strafe nach § 49 Abs. 1 des Strafgesetzbuches mildern oder, wenn der Täter keine Freiheitsstrafe von mehr als drei Jahren verwirkt hat, von Strafe absehen, wenn der Täter
1. durch freiwilliges Offenbaren seines Wissens wesentlich dazu beigetragen hat, daß eine Straftat nach den §§ 29 bis 30a, die mit seiner Tat im Zusammenhang steht, aufgedeckt werden konnte, oder
2. freiwillig sein Wissen so rechtzeitig einer Dienststelle offenbart, daß eine Straftat nach § 29 Abs. 3, § 29a Abs. 1, § 30 Abs. 1, § 30a Abs. 1, die mit seiner Tat im Zusammenhang steht und von deren Planung er weiß, noch verhindert werden kann.

War der Täter an der Tat beteiligt, muss sich sein Beitrag zur Aufklärung nach Satz 1 Nummer 1 über den eigenen Tatbeitrag hinaus erstrecken. § 46b Abs. 2 und 3 des Strafgesetzbuches gilt entsprechend.

§ 31a Absehen von der Verfolgung

(1) Hat das Verfahren ein Vergehen nach § 29 Abs. 1, 2 oder 4 zum Gegenstand, so kann die Staatsanwaltschaft von der Verfolgung absehen, wenn die Schuld des Täters als gering anzusehen wäre, kein öffentliches Interesse an der Strafverfolgung besteht und der Täter die Betäubungsmittel lediglich zum Eigenverbrauch in geringer Menge anbaut, herstellt, einführt, ausführt, durchführt, erwirbt, sich in sonstiger Weise verschafft oder besitzt. Von der Verfolgung soll abgesehen werden, wenn der Täter in einem Drogenkonsumraum Betäubungsmittel lediglich zum Eigenverbrauch, der nach § 10a geduldet

werden kann, in geringer Menge besitzt, ohne zugleich im Besitz einer schriftlichen Erlaubnis für den Erwerb zu sein.

(2) Ist die Klage bereits erhoben, so kann das Gericht in jeder Lage des Verfahrens unter den Voraussetzungen des Absatzes 1 mit Zustimmung der Staatsanwaltschaft und des Angeschuldigten das Verfahren einstellen. Der Zustimmung des Angeschuldigten bedarf es nicht, wenn die Hauptverhandlung aus den in § 205 der Strafprozeßordnung angeführten Gründen nicht durchgeführt werden kann oder in den Fällen des § 231 Abs. 2 der Strafprozeßordnung und der §§ 232 und 233 der Strafprozeßordnung in seiner Abwesenheit durchgeführt wird. Die Entscheidung ergeht durch Beschluß. Der Beschluß ist nicht anfechtbar.

§ 32 Ordnungswidrigkeiten

(1) Ordnungswidrig handelt, wer vorsätzlich oder fahrlässig
1. entgegen § 4 Abs. 3 Satz 1 die Teilnahme am Betäubungsmittelverkehr nicht anzeigt,
2. in einem Antrag nach § 7, auch in Verbindung mit § 10a Abs. 3 oder § 13 Absatz 3 Satz 3, unrichtige Angaben macht oder unrichtige Unterlagen beifügt,
3. entgegen § 8 Abs. 3 Satz 1, auch in Verbindung mit § 10a Abs. 3, eine Änderung nicht richtig, nicht vollständig oder nicht unverzüglich mitteilt,
4. einer vollziehbaren Auflage nach § 9 Abs. 2, auch in Verbindung mit § 10a Abs. 3, zuwiderhandelt,
5. entgegen § 11 Abs. 1 Satz 1 Betäubungsmittel ohne Genehmigung ein- oder ausführt,
6. einer Rechtsverordnung nach § 11 Abs. 2 Satz 2 Nr. 2 bis 4, § 12 Abs. 4, § 13 Abs. 3 Satz 2 Nr. 2, 3 oder 4, § 20 Abs. 1 oder § 28 Abs. 2 zuwiderhandelt, soweit sie für einen bestimmten Tatbestand auf diese Bußgeldvorschrift verweist,
7. entgegen § 12 Abs. 1 Betäubungsmittel abgibt oder entgegen § 12 Abs. 2 die Abgabe oder den Erwerb nicht richtig, nicht vollständig oder nicht unverzüglich meldet oder den Empfang nicht bestätigt,
7a. entgegen § 13 Absatz 1a Satz 3 nicht, nicht richtig oder nicht rechtzeitig bei einer Apotheke anfragt,
7b. entgegen § 13 Absatz 1a Satz 4 oder 5 eine Aufzeichnung nicht, nicht richtig oder nicht vollständig führt oder eine Aufzeichnung nicht oder nicht mindestens drei Jahre aufbewahrt,
8. entgegen § 14 Abs. 1 bis 4 Betäubungsmittel nicht vorschriftmäßig kennzeichnet,
9. einer vollziehbaren Anordnung nach § 15 Satz 2 zuwiderhandelt,
10. entgegen § 16 Abs. 1 Betäubungsmittel nicht vorschriftmäßig vernichtet, eine Niederschrift nicht fertigt oder sie nicht aufbewahrt oder entgegen § 16 Abs. 2 Satz 1 Betäubungsmittel nicht zur Vernichtung einsendet, jeweils auch in Verbindung mit § 16 Abs. 3,
11. entgegen § 17 Abs. 1 oder 2 Aufzeichnungen nicht, nicht richtig oder nicht vollständig führt oder entgegen § 17 Abs. 3 Aufzeichnungen oder Rechnungsdurchschriften nicht aufbewahrt,
12. entgegen § 18 Abs. 1 bis 3 Meldungen nicht richtig, nicht vollständig oder nicht rechtzeitig erstattet,
13. entgegen § 24 Abs. 1 einer Duldungs- oder Mitwirkungspflicht nicht nachkommt,
14. entgegen § 24a den Anbau von Nutzhanf nicht, nicht richtig, nicht vollständig oder nicht rechtzeitig anzeigt oder
15. Betäubungsmittel in eine Postsendung einlegt, obwohl diese Versendung durch den Weltpostvertrag oder ein Abkommen des Weltpostvereins verboten ist; das Postgeheimnis gemäß Artikel 10 Abs. 1 des Grundgesetzes wird insoweit für die Verfolgung und Ahndung der Ordnungswidrigkeit eingeschränkt.

(2) Die Ordnungswidrigkeit kann mit einer Geldbuße bis zu fünfundzwanzigtausend Euro geahndet werden.

(3) Verwaltungsbehörde im Sinne des § 36 Abs. 1 Nr. 1 des Gesetzes über Ordnungswidrigkeiten ist das Bundesinstitut für Arzneimittel und Medizinprodukte, soweit das Gesetz von ihm ausgeführt wird, im Falle des § 32 Abs. 1 Nr. 14 die Bundesanstalt für Landwirtschaft und Ernährung.

§ 33 Einziehung

Gegenstände, auf die sich eine Straftat nach den §§ 29 bis 30a oder eine Ordnungswidrigkeit nach § 32 bezieht, können eingezogen werden. § 74a des Strafgesetzbuches und § 23 des Gesetzes über Ordnungswidrigkeiten sind anzuwenden.

§ 34 Führungsaufsicht

In den Fällen des § 29 Abs. 3, der §§ 29a, 30 und 30a kann das Gericht Führungsaufsicht anordnen (§ 68 Abs. 1 des Strafgesetzbuches).

Siebenter Abschnitt
Betäubungsmittelabhängige Straftäter

§ 35 Zurückstellung der Strafvollstreckung

(1) Ist jemand wegen einer Straftat zu einer Freiheitsstrafe von nicht mehr als zwei Jahren verurteilt worden und ergibt sich aus den Urteilsgründen oder steht sonst fest, daß er die Tat auf Grund einer Betäubungsmittelabhängigkeit begangen hat, so kann die Vollstreckungsbehörde mit Zustimmung des Gerichts des ersten Rechtszuges die Vollstreckung der Strafe, eines Strafrestes oder der Maßregel der Unterbringung in einer Entziehungsanstalt für längstens zwei Jahre zurückstellen, wenn der Verurteilte sich wegen seiner Abhängigkeit in einer seiner Rehabilitation dienenden Behandlung befindet oder zusagt, sich einer solchen zu unterziehen, und deren Beginn gewährleistet ist. Als Behandlung gilt auch der Aufenthalt in einer staatlich anerkannten Einrichtung, die dazu dient, die Abhängigkeit zu beheben oder einer erneuten Abhängigkeit entgegenzuwirken.

(2) Gegen die Verweigerung der Zustimmung durch das Gericht des ersten Rechtszuges steht der Vollstreckungsbehörde die Beschwerde nach dem Zweiten Abschnitt des Dritten Buches der Strafprozeßordnung zu. Der Verurteilte kann die Verweigerung dieser Zustimmung nur zusammen mit der Ablehnung der Zurückstellung durch die Vollstreckungsbehörde nach den §§ 23 bis 30 des Einführungsgesetzes zum Gerichtsverfassungsgesetz anfechten. Das Oberlandesgericht entscheidet in diesem Falle auch über die Verweigerung der Zustimmung; es kann die Zustimmung selbst erteilen.

(3) Absatz 1 gilt entsprechend, wenn
1. auf eine Gesamtfreiheitsstrafe von nicht mehr als zwei Jahren erkannt worden ist oder
2. auf eine Freiheitsstrafe oder Gesamtfreiheitsstrafe von mehr als zwei Jahren erkannt worden ist und ein zu vollstreckender Rest der Freiheitsstrafe oder der Gesamtfreiheitsstrafe zwei Jahre nicht übersteigt und im übrigen die Voraussetzungen des Absatzes 1 für den ihrer Bedeutung nach überwiegenden Teil der abgeurteilten Straftaten erfüllt sind.

(4) Der Verurteilte ist verpflichtet, zu Zeitpunkten, die die Vollstreckungsbehörde festsetzt, den Nachweis über die Aufnahme und über die Fortführung der Behandlung zu erbringen; die behandelnden Personen oder Einrichtungen teilen der Vollstreckungsbehörde einen Abbruch der Behandlung mit.

(5) Die Vollstreckungsbehörde widerruft die Zurückstellung der Vollstreckung, wenn die Behandlung nicht begonnen oder nicht fortgeführt wird und nicht zu erwarten ist, daß der Verurteilte eine Behandlung derselben Art alsbald beginnt oder wieder aufnimmt, oder wenn der Verurteilte den nach Absatz 4 geforderten Nachweis nicht erbringt. Von dem Widerruf kann abgesehen werden, wenn der Verurteilte nachträglich nachweist, daß er sich in Behandlung befindet. Ein Widerruf nach Satz 1 steht einer erneuten Zurückstellung der Vollstreckung nicht entgegen.

(6) Die Zurückstellung der Vollstreckung wird auch widerrufen, wenn
1. bei nachträglicher Bildung einer Gesamtstrafe nicht auch deren Vollstreckung nach Absatz 1 in Verbindung mit Absatz 3 zurückgestellt wird oder
2. eine weitere gegen den Verurteilten erkannte Freiheitsstrafe oder freiheitsentziehende Maßregel der Besserung und Sicherung zu vollstrecken ist.

(7) Hat die Vollstreckungsbehörde die Zurückstellung widerrufen, so ist sie befugt, zur Vollstreckung der Freiheitsstrafe oder der Unterbringung in einer Entziehungsanstalt einen Haftbefehl zu erlassen. Gegen den Widerruf kann die Entscheidung des Gerichts des ersten Rechtszuges herbeigeführt werden. Der Fortgang der Vollstreckung wird durch die Anrufung des Gerichts nicht gehemmt. § 462 der Strafprozeßordnung gilt entsprechend.

§ 36 Anrechnung und Strafaussetzung zur Bewährung

(1) Ist die Vollstreckung zurückgestellt worden und hat sich der Verurteilte in einer staatlich anerkannten Einrichtung behandeln lassen, so wird die vom Verurteilten nachgewiesene Zeit seines Aufenthaltes in dieser Einrichtung auf die Strafe angerechnet, bis infolge der Anrechnung zwei Drittel der Strafe erledigt sind. Die Entscheidung über die Anrechnungsfähigkeit trifft das Gericht zugleich mit der Zustimmung nach § 35 Abs. 1. Sind durch die Anrechnung zwei Drittel der Strafe erledigt oder ist eine Behandlung in der Einrichtung zu einem früheren Zeitpunkt nicht mehr erforderlich, so setzt das Gericht die Vollstreckung des Restes der Strafe zur Bewährung aus, sobald dies unter Berücksichtigung des Sicherheitsinteresses der Allgemeinheit verantwortet werden kann.

(2) Ist die Vollstreckung zurückgestellt worden und hat sich der Verurteilte einer anderen als der in Absatz 1 bezeichneten Behandlung seiner Abhängigkeit unterzogen, so setzt das Gericht die Vollstre-

ckung der Freiheitsstrafe oder des Strafrestes zur Bewährung aus, sobald dies unter Berücksichtigung des Sicherheitsinteresses der Allgemeinheit verantwortet werden kann.
(3) Hat sich der Verurteilte nach der Tat einer Behandlung seiner Abhängigkeit unterzogen, so kann das Gericht, wenn die Voraussetzungen des Absatzes 1 Satz 1 nicht vorliegen, anordnen, daß die Zeit der Behandlung ganz oder zum Teil auf die Strafe angerechnet wird, wenn dies unter Berücksichtigung der Anforderungen, welche die Behandlung an den Verurteilten gestellt hat, angezeigt ist.
(4) Die §§ 56a bis 56g und 57 Abs. 5 Satz 2 des Strafgesetzbuches gelten entsprechend.
(5) Die Entscheidungen nach den Absätzen 1 bis 3 trifft das Gericht des ersten Rechtszuges ohne mündliche Verhandlung durch Beschluß. Die Vollstreckungsbehörde, der Verurteilte und die behandelnden Personen oder Einrichtungen sind zu hören. Gegen die Entscheidungen ist sofortige Beschwerde möglich. Für die Entscheidungen nach Absatz 1 Satz 3 und nach Absatz 2 gilt § 454 Abs. 4 der Strafprozeßordnung entsprechend; die Belehrung über die Aussetzung des Strafrestes erteilt das Gericht.

§ 37 Absehen von der Erhebung der öffentlichen Klage

(1) Steht ein Beschuldigter in Verdacht, eine Straftat auf Grund einer Betäubungsmittelabhängigkeit begangen zu haben, und ist keine höhere Strafe als eine Freiheitsstrafe bis zu zwei Jahren zu erwarten, so kann die Staatsanwaltschaft mit Zustimmung des für die Eröffnung des Hauptverfahrens zuständigen Gerichts vorläufig von der Erhebung der öffentlichen Klage absehen, wenn der Beschuldigte nachweist, daß er sich wegen seiner Abhängigkeit der in § 35 Abs. 1 bezeichneten Behandlung unterzieht, und seine Resozialisierung zu erwarten ist. Die Staatsanwaltschaft setzt Zeitpunkte fest, zu denen der Beschuldigte die Fortdauer der Behandlung nachzuweisen hat. Das Verfahren wird fortgesetzt, wenn
1. die Behandlung nicht bis zu ihrem vorgesehenen Abschluß fortgeführt wird,
2. der Beschuldigte den nach Satz 2 geforderten Nachweis nicht führt,
3. der Beschuldigte eine Straftat begeht und dadurch zeigt, daß die Erwartung, die dem Absehen von der Erhebung der öffentlichen Klage zugrunde lag, sich nicht erfüllt hat, oder
4. auf Grund neuer Tatsachen oder Beweismittel eine Freiheitsstrafe von mehr als zwei Jahren zu erwarten ist.

In den Fällen des Satzes 3 Nr. 1, 2 kann von der Fortsetzung des Verfahrens abgesehen werden, wenn der Beschuldigte nachträglich nachweist, daß er sich weiter in Behandlung befindet. Die Tat kann nicht mehr verfolgt werden, wenn das Verfahren nicht innerhalb von zwei Jahren fortgesetzt wird.
(2) Ist die Klage bereits erhoben, so kann das Gericht mit Zustimmung der Staatsanwaltschaft das Verfahren bis zum Ende der Hauptverhandlung, in der die tatsächlichen Feststellungen letztmals geprüft werden können, vorläufig einstellen. Die Entscheidung ergeht durch unanfechtbaren Beschluß. Absatz 1 Satz 2 bis 5 gilt entsprechend. Unanfechtbar ist auch eine Feststellung, daß das Verfahren nicht fortgesetzt wird (Abs. 1 Satz 5).
(3) Die in § 172 Abs. 2 Satz 3, § 396 Abs. 3 und § 467 Abs. 5 der Strafprozeßordnung zu § 153a der Strafprozeßordnung getroffenen Regelungen gelten entsprechend.

§ 38 Jugendliche und Heranwachsende

(1) Bei Verurteilung zu Jugendstrafe gelten die §§ 35 und 36 sinngemäß. Neben der Zusage des Jugendlichen nach § 35 Abs. 1 Satz 1 bedarf es auch der Einwilligung des Erziehungsberechtigten und des gesetzlichen Vertreters. Im Falle des § 35 Abs. 7 Satz 2 findet § 83 Abs. 2 Nr. 1, Abs. 3 Satz 2 des Jugendgerichtsgesetzes sinngemäß Anwendung. Abweichend von § 36 Abs. 4 gelten die §§ 22 bis 26a des Jugendgerichtsgesetzes entsprechend. Für die Entscheidungen nach § 36 Abs. 1 Satz 3 und Abs. 2 sind neben § 454 Abs. 4 der Strafprozeßordnung die §§ 58, 59 Abs. 2 bis 4 und § 60 des Jugendgerichtsgesetzes ergänzend anzuwenden.
(2) § 37 gilt sinngemäß auch für Jugendliche und Heranwachsende.

Gesetz über den Vollzug der Freiheitsstrafe und der freiheitsentziehenden Maßregeln der Besserung und Sicherung (Strafvollzugsgesetz – StVollzG)

Vom 16. März 1976 (BGBl. I S. 581, S. 2088, 1977 S. 436)

Zuletzt geändert durch
Gesetz zur Fortentwicklung der Strafprozessordnung und zur Änderung weiterer Vorschriften vom 25. Juni 2021 (BGBl. I S. 2099)

Anm. d. Hrsg.: Nach der Neuregelung der Art. 72 ff.GG durch das FöderalismusreformG v. 28. August 2006 (BGBl. I S. 2034) fällt der Strafvollzug einschließlich des Untersuchungshaftvollzugs in die Gesetzgebungskompetenz der Länder (Art. 74 Abs. 1 Nr. 1 i. V. m. Art. 70 Abs. 1 GG).

Das StrafvollzugsG gilt gem. Art. 125a Abs. 1 GG seit dem 1. September 2006 als Bundesrecht fort, soweit es nicht durch Landesrecht ersetzt wird. Alle Länder haben Strafvollzugsgesetze erlassen:

Der Jugendstrafvollzug ist gleichfalls in Landesgesetzen geregelt.

Gegenstand der konkurrierenden Gesetzgebung bleiben das gerichtliche Verfahren (StPO, GVG) und das bürgerliche Recht. Deshalb gelten die wenigen, hier noch abgedruckten Vorschriften des Strafvollzugsgesetzes in allen Bundesländern weiter: § 43 Abs. 11 Satz 2 Halbsatz 2, § 50 Abs. 2 Satz 5, § 51 Abs. 4 und 5, § 75 Abs. 3, §§ 109-121, § 130, § 138 Abs. 3, §§ 171-175, § 176 Abs. 4, § 178 Abs. 2 und 3.

Zweiter Abschnitt
Vollzug der Freiheitsstrafe

Fünfter Titel
Arbeit, Ausbildung und Weiterbildung

§ 43 Arbeitsentgelt, Arbeitsurlaub und Anrechnung der Freistellung auf den Entlassungszeitpunkt

(11) ... ²Der Anspruch entsteht erst mit der Entlassung; **vor der Entlassung ist der Anspruch nicht verzinslich, nicht abtretbar und nicht vererblich.** ...

§ 50 Haftkostenbeitrag

(2) Der Haftkostenbeitrag wird in Höhe des Betrages erhoben, der nach § 17 Abs. 1 Nr. 4 des Vierten Buches Sozialgesetzbuch durchschnittlich zur Bewertung der Sachbezüge festgesetzt ist. Das Bundesministerium der Justiz und für Verbraucherschutz stellt den Durchschnittsbetrag für jedes Kalenderjahr nach den am 1. Oktober des vorhergehenden Jahres geltenden Bewertungen der Sachbezüge, jeweils getrennt für das in Artikel 3 des Einigungsvertrages genannte Gebiet und für das Gebiet, in dem das Strafvollzugsgesetz schon vor dem Wirksamwerden des Beitritts gegolten hat, fest und macht ihn im Bundesanzeiger bekannt. Bei Selbstverpflegung entfallen die für die Verpflegung vorgesehenen Beträge. Für den Wert der Unterkunft ist die festgesetzte Belegungsfähigkeit maßgebend. **Der Haftkostenbeitrag darf auch von dem unpfändbaren Teil der Bezüge, nicht aber zu Lasten des Hausgeldes und der Ansprüche unterhaltsberechtigter Angehöriger angesetzt werden.**

Bekanntmachung der Feststellung der Haftkostenbeiträge im Kalenderjahr 2021
vom 28. Dezember 2020 (BAnz AT 31.12.2020 B1)

Auf Grund des § 50 Absatz 2 des Strafvollzugsgesetzes vom 16. März 1976 (BGBl. I S. 581, 2088) wird der Betrag der gemäß § 17 Absatz 1 Satz 1 Nummer 4 des Vierten Buches Sozialgesetzbuch bewerteten Sachbezüge für das Kalenderjahr 2021 wie folgt festgestellt und bekannt gegeben:

I. für Unterkunft
   1. für Gefangene bis zur Vollendung des 18. Lebensjahres und für Auszubildende
       bei Einzelunterbringung   164,50 €
       bei Belegung mit zwei Gefangenen   70,50 €
       bei Belegung mit drei Gefangenen   47,00 €
       bei Belegung mit mehr als drei Gefangenen   23,50 €
   2. für alle übrigen Gefangenen
       bei Einzelunterbringung   199,75 €
       bei Belegung mit zwei Gefangenen   105,25 €
       bei Belegung mit drei Gefangenen   82,25 €
       bei Belegung mit mehr als drei Gefangenen   58,75 €
II. für Verpflegung
     Frühstück   54,00 €

Mittagessen	102,00 €
Abendessen	102,00 €

Alle Beträge beziehen sich jeweils auf einen Monat. Für kürzere Zeiträume ist für jeden Tag ein Dreißigstel der aufgeführten Beträge zugrunde zu legen.

§ 51 Überbrückungsgeld

(4) Der Anspruch auf Auszahlung des Überbrückungsgeldes ist unpfändbar. Erreicht es nicht die in Absatz 1 bestimmte Höhe, so ist in Höhe des Unterschiedsbetrages auch der Anspruch auf Auszahlung des Eigengeldes unpfändbar. Bargeld des entlassenen Gefangenen, an den wegen der nach Satz 1 oder Satz 2 unpfändbaren Ansprüche Geld ausgezahlt worden ist, ist für die Dauer von vier Wochen seit der Entlassung insoweit der Pfändung nicht unterworfen, als es dem Teil der Ansprüche für die Zeit von der Pfändung bis zum Ablauf der vier Wochen entspricht.
(5) Absatz 4 gilt nicht bei einer Pfändung wegen der in § 850d Abs. 1 Satz 1 der Zivilprozeßordnung bezeichneten Unterhaltsansprüche. Dem entlassenen Gefangenen ist jedoch so viel zu belassen, als er für seinen notwendigen Unterhalt und zur Erfüllung seiner sonstigen gesetzlichen Unterhaltspflichten für die Zeit von der Pfändung bis zum Ablauf von vier Wochen seit der Entlassung bedarf.

Neunter Titel *
Soziale Hilfe

§ 75 Entlassungsbeihilfe

(3) Der Anspruch auf Beihilfe zu den Reisekosten und die ausgezahlte Reisebeihilfe sind unpfändbar. Für den Anspruch auf Überbrückungsbeihilfe und für Bargeld nach Auszahlung einer Überbrückungsbeihilfe an den Gefangenen gilt § 51 Abs. 4 Satz 1 und 3, Abs. 5 entsprechend.

Vierzehnter Titel
Rechtsbehelfe und gerichtliches Verfahren

§ 109 Antrag auf gerichtliche Entscheidung

(1) Gegen eine Maßnahme zur Regelung einzelner Angelegenheiten auf dem Gebiete des Strafvollzuges oder des Vollzuges freiheitsentziehender Maßregeln der Besserung und Sicherung kann gerichtliche Entscheidung beantragt werden. Mit dem Antrag kann auch die Verpflichtung zum Erlaß einer abgelehnten oder unterlassenen Maßnahme begehrt werden.
(2) Der Antrag auf gerichtliche Entscheidung ist nur zulässig, wenn der Antragsteller geltend macht, durch die Maßnahme oder ihre Ablehnung oder Unterlassung in seinen Rechten verletzt zu sein.
(3) Dient die vom Antragsteller begehrte oder angefochtene Maßnahme der Umsetzung des § 66c Absatz 1 des Strafgesetzbuches im Vollzug der Sicherungsverwahrung oder der ihr vorausgehenden Freiheitsstrafe, so ist dem Antragsteller für ein gerichtliches Verfahren von Amts wegen ein Rechtsanwalt beizuordnen, es sei denn, dass wegen der Einfachheit der Sach- und Rechtslage die Mitwirkung eines Rechtsanwalts nicht geboten erscheint oder es ersichtlich ist, dass der Antragsteller seine Rechte selbst ausreichend wahrnehmen kann. Über die Bestellung und einen Widerruf entscheidet der Vorsitzende des nach § 110 zuständigen Gerichts.

§ 110 Zuständigkeit

Über den Antrag entscheidet die Strafvollstreckungskammer, in deren Bezirk die beteiligte Vollzugsbehörde ihren Sitz hat.

§ 110a Elektronische Aktenführung; Verordnungsermächtigungen

(1) Die Gerichtsakten können elektronisch geführt werden. Die Landesregierungen bestimmen durch Rechtsverordnung den Zeitpunkt, von dem an die Akten elektronisch geführt werden. Sie können die Einführung der elektronischen Aktenführung dabei auf einzelne Gerichte oder auf allgemein bestimmte Verfahren beschränken und bestimmen, dass Akten, die in Papierform angelegt wurden, auch nach Einführung der elektronischen Aktenführung in Papierform weitergeführt werden; wird von der Beschränkungsmöglichkeit Gebrauch gemacht, kann in der Rechtsverordnung bestimmt werden, dass durch Verwaltungsvorschrift, die öffentlich bekanntzumachen ist, geregelt wird, in welchen Verfahren die Akten elektronisch zu führen sind. Die Ermächtigung kann durch Rechtsverordnung auf die zuständigen Landesministerien übertragen werden.
(2) Die Landesregierungen bestimmen durch Rechtsverordnung die für die elektronische Aktenführung geltenden organisatorischen und dem Stand der Technik entsprechenden technischen Rahmenbedin-

gungen einschließlich der einzuhaltenden Anforderungen des Datenschutzes, der Datensicherheit und der Barrierefreiheit. Sie können die Ermächtigung durch Rechtsverordnung auf die zuständigen Landesministerien übertragen.
(3) Die Bundesregierung bestimmt durch Rechtsverordnung mit Zustimmung des Bundesrates die für die Übermittlung elektronischer Akten zwischen Behörden und Gerichten geltenden Standards. Sie kann die Ermächtigung durch Rechtsverordnung ohne Zustimmung des Bundesrates auf die zuständigen Bundesministerien übertragen.

§ 111 Beteiligte
(1) Beteiligte des gerichtlichen Verfahrens sind
1. der Antragsteller,
2. die Vollzugsbehörde, die die angefochtene Maßnahme angeordnet oder die beantragte abgelehnt oder unterlassen hat.

(2) In dem Verfahren vor dem Oberlandesgericht oder dem Bundesgerichtshof ist Beteiligte nach Absatz 1 Nr. 2 die zuständige Aufsichtsbehörde.

§ 112 Antragsfrist. Wiedereinsetzung
(1) Der Antrag muß binnen zwei Wochen nach Zustellung oder schriftlicher Bekanntgabe der Maßnahme oder ihrer Ablehnung schriftlich oder zu Protokoll der Geschäftsstelle des Gerichts gestellt werden.
(2) War der Antragsteller ohne Verschulden verhindert, die Frist einzuhalten, so ist ihm auf Antrag Wiedereinsetzung in den vorigen Stand zu gewähren.
(3) Der Antrag auf Wiedereinsetzung ist binnen zwei Wochen nach Wegfall des Hindernisses zu stellen. Die Tatsachen zur Begründung des Antrags sind bei der Antragstellung oder im Verfahren über den Antrag glaubhaft zu machen. Innerhalb der Antragsfrist ist die versäumte Rechtshandlung nachzuholen. Ist dies geschehen, so kann die Wiedereinsetzung auch ohne Antrag gewährt werden.
(4) Nach einem Jahr seit dem Ende der versäumten Frist ist der Antrag auf Wiedereinsetzung unzulässig, außer wenn der Antrag vor Ablauf der Jahresfrist infolge höherer Gewalt unmöglich war.

§ 113 Vornahmeantrag
(1) Wendet sich der Antragsteller gegen das Unterlassen einer Maßnahme, kann der Antrag auf gerichtliche Entscheidung nicht vor Ablauf von drei Monaten seit dem Antrag auf Vornahme der Maßnahme gestellt werden, es sei denn, daß eine frühere Anrufung des Gerichts wegen besonderer Umstände des Falles geboten ist.
(2) Liegt ein zureichender Grund dafür vor, daß die beantragte Maßnahme noch nicht erlassen ist, so setzt das Gericht das Verfahren bis zum Ablauf einer von ihm bestimmten Frist aus. Die Frist kann verlängert werden. Wird die beantragte Maßnahme in der gesetzten Frist erlassen, so ist der Rechtsstreit in der Hauptsache erledigt.
(3) Der Antrag nach Absatz 1 ist nur bis zum Ablauf eines Jahres seit der Stellung des Antrags auf Vornahme der Maßnahme zulässig, außer wenn die Antragstellung vor Ablauf der Jahresfrist infolge höherer Gewalt unmöglich war oder unter den besonderen Verhältnissen des Einzelfalles unterblieben ist.

§ 114 Aussetzung der Maßnahme
(1) Der Antrag auf gerichtliche Entscheidung hat keine aufschiebende Wirkung.
(2) Das Gericht kann den Vollzug der angefochtenen Maßnahme aussetzen, wenn die Gefahr besteht, daß die Verwirklichung eines Rechts des Antragstellers vereitelt oder wesentlich erschwert wird und ein höher zu bewertendes Interesse an dem sofortigen Vollzug nicht entgegensteht. Das Gericht kann auch eine einstweilige Anordnung erlassen; § 123 Abs. 1 der Verwaltungsgerichtsordnung ist entsprechend anzuwenden. Die Entscheidungen sind nicht anfechtbar; sie können vom Gericht jederzeit geändert oder aufgehoben werden.
(3) Der Antrag auf eine Entscheidung nach Absatz 2 ist schon vor Stellung des Antrags auf gerichtliche Entscheidung zulässig.

§ 115 Gerichtliche Entscheidung
(1) Das Gericht entscheidet ohne mündliche Verhandlung durch Beschluß. Der Beschluss stellt den Sach- und Streitstand seinem wesentlichen Inhalt nach gedrängt zusammen. Wegen der Einzelheiten kann auf in der Gerichtsakte befindliche Dokumente, die nach Herkunft und Datum genau zu bezeichnen sind, verwiesen werden, soweit sich aus ihnen der Sach- und Streitstand ausreichend ergibt. Das Gericht kann von einer Darstellung der Entscheidungsgründe absehen, soweit es der Begründung der angefochtenen Entscheidung folgt und dies in seiner Entscheidung feststellt.

(1a) Das Gericht kann anordnen, dass eine Anhörung unter Verzicht auf die persönliche Anwesenheit des Gefangenen zeitgleich in Bild und Ton in die Vollzugsanstalt und das Sitzungszimmer übertragen wird. Eine Aufzeichnung findet nicht statt. Die Entscheidung nach Satz 1 ist nicht anfechtbar.
(2) Soweit die Maßnahme rechtswidrig und der Antragsteller dadurch in seinen Rechten verletzt ist, hebt das Gericht die Maßnahme auf. Ist die Maßnahme schon vollzogen, kann das Gericht auch aussprechen, daß und wie die Vollzugsbehörde die Vollziehung rückgängig zu machen hat, soweit die Sache spruchreif ist.
(3) Hat sich die Maßnahme vorher durch Zurücknahme oder anders erledigt, spricht das Gericht auf Antrag aus, daß die Maßnahme rechtswidrig gewesen ist, wenn der Antragsteller ein berechtigtes Interesse an dieser Feststellung hat.
(4) Soweit die Ablehnung oder Unterlassung der Maßnahme rechtswidrig und der Antragsteller dadurch in seinen Rechten verletzt ist, spricht das Gericht die Verpflichtung der Vollzugsbehörde aus, die beantragte Amtshandlung vorzunehmen, wenn die Sache spruchreif ist. Andernfalls spricht es die Verpflichtung aus, den Antragsteller unter Beachtung der Rechtsauffassung des Gerichts zu bescheiden.
(5) Soweit die Vollzugsbehörde ermächtigt ist, nach ihrem Ermessen zu handeln, prüft das Gericht auch, ob die Maßnahme oder ihre Ablehnung oder Unterlassung rechtswidrig ist, weil die gesetzlichen Grenzen des Ermessens überschritten sind oder von dem Ermessen in einer dem Zweck der Ermächtigung nicht entsprechenden Weise Gebrauch gemacht ist.

§ 116 Rechtsbeschwerde
(1) Gegen die gerichtliche Entscheidung der Strafvollstreckungskammer ist die Rechtsbeschwerde zulässig, wenn es geboten ist, die Nachprüfung zur Fortbildung des Rechts oder zur Sicherung einer einheitlichen Rechtsprechung zu ermöglichen.
(2) Die Rechtsbeschwerde kann nur darauf gestützt werden, daß die Entscheidung auf einer Verletzung des Gesetzes beruhe. Das Gesetz ist verletzt, wenn eine Rechtsnorm nicht oder nicht richtig angewendet worden ist.
(3) Die Rechtsbeschwerde hat keine aufschiebende Wirkung. § 114 Abs. 2 gilt entsprechend.
(4) Für die Rechtsbeschwerde gelten die Vorschriften der Strafprozeßordnung über die Beschwerde entsprechend, soweit dieses Gesetz nichts anderes bestimmt.

§ 117 Zuständigkeit für die Rechtsbeschwerde
Über die Rechtsbeschwerde entscheidet ein Strafsenat des Oberlandesgerichts, in dessen Bezirk die Strafvollstreckungskammer ihren Sitz hat.

§ 118 Form. Frist. Begründung
(1) Die Rechtsbeschwerde muß bei dem Gericht, dessen Entscheidung angefochten wird, binnen eines Monats nach Zustellung der gerichtlichen Entscheidung eingelegt werden. In dieser Frist ist außerdem die Erklärung abzugeben, inwieweit die Entscheidung angefochten und ihre Aufhebung beantragt wird. Die Anträge sind zu begründen.
(2) Aus der Begründung muß hervorgehen, ob die Entscheidung wegen Verletzung einer Rechtsnorm über das Verfahren oder wegen Verletzung einer anderen Rechtsnorm angefochten wird. Ersterenfalls müssen die den Mangel enthaltenen Tatsachen angegeben werden.
(3) Der Antragsteller als Beschwerdeführer kann dies nur in einer von einem Rechtsanwalt unterzeichneten Schrift oder zu Protokoll der Geschäftsstelle tun.

§ 119 Entscheidung über die Rechtsbeschwerde
(1) Der Strafsenat entscheidet ohne mündliche Verhandlung durch Beschluß.
(2) Seiner Prüfung unterliegen nur die Beschwerdeanträge und, soweit die Rechtsbeschwerde auf Mängel des Verfahrens gestützt wird, nur die Tatsachen, die in der Begründung der Rechtsbeschwerde bezeichnet worden sind.
(3) Der Beschluß, durch den die Beschwerde verworfen wird, bedarf keiner Begründung, wenn der Strafsenat die Beschwerde einstimmig für unzulässig oder für offensichtlich unbegründet erachtet.
(4) Soweit die Rechtsbeschwerde für begründet erachtet wird, ist die angefochtene Entscheidung aufzuheben. Der Strafsenat kann an Stelle der Strafvollstreckungskammer entscheiden, wenn die Sache spruchreif ist. Sonst ist die Sache zur neuen Entscheidung an die Strafvollstreckungskammer zurückzuverweisen.
(5) Die Entscheidung des Strafsenats ist endgültig.

§ 119a Strafvollzugsbegleitende gerichtliche Kontrolle bei angeordneter oder vorbehaltener Sicherungsverwahrung

(1) Ist die Unterbringung in der Sicherungsverwahrung angeordnet oder vorbehalten, stellt das Gericht während des Vollzuges der Freiheitsstrafe nach Ablauf der in Absatz 3 genannten Fristen von Amts wegen fest,
1. ob die Vollzugsbehörde dem Gefangenen im zurückliegenden Zeitraum eine Betreuung angeboten hat, die § 66c Absatz 2 in Verbindung mit Absatz 1 Nummer 1 des Strafgesetzbuches entspricht;
2. soweit die Betreuung nicht den in Nummer 1 genannten Anforderungen entsprochen hat, welche bestimmten Maßnahmen die Vollzugsbehörde dem Gefangenen bei sich nicht wesentlich ändernder Sachlage künftig anzubieten hat, um den gesetzlichen Anforderungen an die Betreuung zu genügen.

(2) Die Vollzugsbehörde kann jederzeit eine Entscheidung nach Absatz 1 beantragen, sofern hieran ein berechtigtes Interesse besteht. Nach der erstmaligen Aufstellung oder einer wesentlichen Änderung des Vollzugsplans kann die Vollzugsbehörde auch beantragen, festzustellen, ob die im Vollzugsplan vorgesehenen Maßnahmen im Falle ihres Angebots bei sich nicht wesentlich ändernder Sachlage eine dem § 66c Absatz 2 in Verbindung mit Absatz 1 Nummer 1 des Strafgesetzbuches entsprechende Betreuung darstellen würden; in diesem Fall hat das Gericht die Feststellungen nach Absatz 1 auch zu treffen, wenn die Frist gemäß Absatz 3 noch nicht abgelaufen ist.

(3) Entscheidungen von Amts wegen sind alle zwei Jahre zu treffen. Das Gericht kann bei einer Entscheidung nach Absatz 1, auch in Verbindung mit Absatz 2 Satz 2, im Hinblick auf die Gesamtdauer der noch zu vollziehenden Freiheitsstrafe eine längere Frist festsetzen, die fünf Jahre nicht überschreiten darf. Die Frist für die erste Entscheidung von Amts wegen beginnt mit dem Vollzug der Freiheitsstrafe zu laufen, die Frist für jede weitere mit Bekanntgabe einer erstinstanzlichen Entscheidung nach Absatz 1.

(4) Die Strafvollstreckungskammer ist bei Entscheidungen nach den Absätzen 1 und 2 Satz 2 mit drei Richtern unter Einschluss des Vorsitzenden besetzt.

(5) Gegen die gerichtliche Entscheidung ist die Beschwerde zulässig.

(6) Für das gerichtliche Verfahren ist dem Gefangenen von Amts wegen ein Rechtsanwalt beizuordnen. Vor einer Entscheidung sind der Gefangene, die Vollzugsbehörde und die Vollstreckungsbehörde anzuhören. Im Übrigen gelten § 109 Absatz 3 Satz 2, die §§ 110 und 110a sowie die auf dessen Grundlage erlassenen Rechtsverordnungen, die §§ 111, 115 Absatz 1 Satz 1 und 2 sowie die §§ 117, 118 Absatz 1 Satz 1, § 119 Absatz 1 und 5 entsprechend.

(7) Alle Gerichte sind bei nachfolgenden Entscheidungen an die rechtskräftigen Feststellungen nach den Absätzen 1 und 2 Satz 2 gebunden.

§ 120 Entsprechende Anwendung anderer Vorschriften

(1) Kommt die Behörde in den Fällen des § 114 Absatz 2 Satz 2 sowie des § 115 Absatz 2 Satz 2 und Absatz 4 der ihr in den einstweiligen Anordnung oder im Beschluss auferlegten Verpflichtung nicht nach, gilt § 172 der Verwaltungsgerichtsordnung entsprechend. Im Übrigen sind die Vorschriften der Strafprozessordnung und die auf der Grundlage des § 32a Absatz 2 Satz 2 und Absatz 4 Nummer 4, des § 32b Absatz 5 und des § 32f Absatz 6 der Strafprozessordnung erlassenen Rechtsverordnungen entsprechend anzuwenden, soweit sich aus diesem Gesetz nichts anderes ergibt.

(2) Auf die Bewilligung der Prozeßkostenhilfe sind die Vorschriften der Zivilprozeßordnung entsprechend anzuwenden.

§ 121 Kosten des Verfahrens

(1) In der das Verfahren abschließenden Entscheidung ist zu bestimmen, von wem die Kosten des Verfahrens und die notwendigen Auslagen zu tragen sind.

(2) Soweit der Antragsteller unterliegt oder seinen Antrag zurücknimmt, trägt er die Kosten des Verfahrens und die notwendigen Auslagen. Hat sich die Maßnahme vor einer Entscheidung nach Absatz 1 in anderer Weise als durch Zurücknahme des Antrags erledigt, so entscheidet das Gericht über die Kosten des Verfahrens und die notwendigen Auslagen nach billigem Ermessen.

(3) Bei erstinstanzlichen Entscheidungen des Gerichts nach § 119a fallen die Kosten des Verfahrens und die notwendigen Auslagen der Staatskasse zur Last. Absatz 2 Satz 2 gilt nicht im Falle des § 115 Abs. 3.

(4) Im übrigen gelten die §§ 464 bis 473 der Strafprozeßordnung entsprechend.

(5) Für die Kosten des Verfahrens nach den §§ 109 ff. kann auch ein den dreifachen Tagessatz der Eckvergütung nach § 43 Abs. 2 übersteigender Teil des Hausgeldes (§ 47) in Anspruch genommen werden.

§ 121a Gerichtliche Zuständigkeit bei dem Richtervorbehalt unterliegenden Maßnahmen

(1) Soweit nach den Vollzugsgesetzen eine Maßnahme der vorherigen gerichtlichen Anordnung oder der gerichtlichen Genehmigung bedarf, ist das Amtsgericht zuständig, in dessen Bezirk die Maßnahme durchgeführt wird.
(2) Unterhält ein Land eine Anstalt, in der Freiheitsstrafen oder freiheitsentziehende Maßregeln der Besserung und Sicherung vollzogen werden, auf dem Gebiet eines anderen Landes, so können die beteiligten Länder vereinbaren, dass für gerichtliche Entscheidungen im Sinne des Absatzes 1 das Amtsgericht zuständig ist, in dessen Bezirk die für die Anstalt zuständige Aufsichtsbehörde ihren Sitz hat.

§ 121b Gerichtliches Verfahren bei dem Richtervorbehalt unterliegenden Maßnahmen

(1) Das gerichtliche Verfahren im Sinne des § 121a richtet sich nach dem Gesetz über das Verfahren in Familiensachen und in den Angelegenheiten der freiwilligen Gerichtsbarkeit. Die für Unterbringungssachen nach § 312 Nummer 4 des Gesetzes über das Verfahren in Familiensachen und in den Angelegenheiten der freiwilligen Gerichtsbarkeit anzuwendenden Bestimmungen gelten entsprechend. Über die Beschwerde entscheidet das Landgericht, über die Rechtsbeschwerde der Bundesgerichtshof.
(2) Für das Verfahren werden keine Kosten erhoben.

Dritter Abschnitt
Besondere Vorschriften über den Vollzug der freiheitsentziehenden Maßregeln der Besserung und Sicherung

Erster Titel
Sicherungsverwahrung

§ 130 Anwendung anderer Vorschriften

Für die Sicherungsverwahrung gelten die Vorschriften über den Vollzug der Freiheitsstrafe (§§ 3 bis 119 sowie 120 bis 126) entsprechend, soweit im folgenden nichts anderes bestimmt ist.

Zweiter Titel
Unterbringung in einem psychiatrischen Krankenhaus und in einer Entziehungsanstalt

§ 138 Anwendung anderer Vorschriften

(3) Für das gerichtliche Verfahren gelten die §§ 109 bis 121 entsprechend.
(4) Soweit nach den Vollzugsgesetzen eine Maßnahme der vorherigen gerichtlichen Anordnung oder gerichtlichen Genehmigung bedarf, gelten die §§ 121a und 121b entsprechend.

Fünfter Abschnitt
Vollzug weiterer freiheitsentziehender Maßnahmen in Justizvollzugsanstalten, Datenschutz beim Vollzug von Ordnungs-, Sicherungs-, Zwangs- und Erzwingungshaft, Sozial- und Arbeitslosenversicherung, Schlußvorschriften

Zweiter Titel
Vollzug von Ordnungs-, Sicherungs-, Zwangs- und Erzwingungshaft

§ 171 Grundsatz

Für den Vollzug einer gerichtlich angeordneten Ordnungs-, Sicherungs-, Zwangs- und Erzwingungshaft gelten § 119 Absatz 5 und 6 der Strafprozessordnung sowie die Vorschriften über den Vollzug der Freiheitsstrafe (§§ 3 bis 49 sowie 51 bis 121b) entsprechend, soweit nicht Eigenart und Zweck der Haft entgegenstehen oder im Folgenden etwas anderes bestimmt ist.

§ 171a Fixierung

(1) Eine Fesselung, durch die die Bewegungsfreiheit des Gefangenen vollständig aufgehoben wird (Fixierung), ist nur zulässig, soweit und solange eine gegenwärtige erhebliche Gefahr von Gewalttätigkeiten gegen Personen, der Selbsttötung oder der Selbstverletzung besteht und die Fixierung zur Abwehr dieser Gefahr unerlässlich ist.
(2) Eine absehbar kurzfristige Fixierung wird durch die Anstaltsleitung angeordnet. Bei Gefahr im Verzug können auch andere zuständige Bedienstete der Anstalt die Fixierung vorläufig anordnen. Die Entscheidung der Anstaltsleitung ist unverzüglich einzuholen.
(3) Eine nicht nur kurzfristige Fixierung bedarf der vorherigen Anordnung durch das Gericht. Bei Gefahr im Verzug kann die Anordnung der Fixierung durch die Anstaltsleitung oder einen anderen zuständigen Bediensteten der Anstalt getroffen werden. Ein Arzt ist unverzüglich hinzuzuziehen. Die richterliche

Entscheidung ist unverzüglich herbeizuführen. Einer richterlichen Entscheidung bedarf es nicht oder nicht mehr, wenn bereits zu Beginn der Fixierung abzusehen ist, dass die Entscheidung erst nach Wegfall des Grundes der Fixierung ergehen wird, oder wenn die Fixierung vor der Herbeiführung der richterlichen Entscheidung tatsächlich beendet und auch keine Wiederholung zu erwarten ist. Ist eine richterliche Entscheidung beantragt und die Fixierung vor deren Erlangung beendet worden, so ist dies dem Gericht unverzüglich mitzuteilen.
(4) Während der Dauer der Fixierung stellt ein Arzt eine angemessene medizinische Überwachung des Gefangenen sicher. Geschulte Vollzugsbedienstete stellen durch ständigen Sicht- und Sprechkontakt die Betreuung des Gefangenen sicher.
(5) Die Anordnung, die maßgeblichen Gründe hierfür, ihre Durchsetzung, ihre Dauer und die Art der Überwachung sind durch die Anstalt zu dokumentieren.
(6) Nach Beendigung einer Fixierung, die nicht gerichtlich angeordnet wurde, ist der Gefangene durch den Arzt auf sein Recht hinzuweisen, die Zulässigkeit der durchgeführten Maßnahme beim zuständigen Gericht überprüfen zu lassen. Der Hinweis ist aktenkundig zu machen.

§ 172 Unterbringung
Eine gemeinsame Unterbringung während der Arbeit, Freizeit und Ruhezeit (§§ 17 und 18) ist nur mit Einwilligung des Gefangenen zulässig. Dies gilt nicht, wenn Ordnungshaft in Unterbrechung einer Strafhaft oder einer Unterbringung im Vollzuge einer freiheitsentziehenden Maßregel der Besserung und Sicherung vollzogen wird.

§ 173 Kleidung, Wäsche und Bettzeug
Der Gefangene darf eigene Kleidung, Wäsche und eigenes Bettzeug benutzen, wenn Gründe der Sicherheit nicht entgegenstehen und der Gefangene für Reinigung, Instandsetzung und regelmäßigen Wechsel auf eigene Kosten sorgt.

§ 174 Einkauf
Der Gefangene darf Nahrungs- und Genußmittel sowie Mittel zur Körperpflege in angemessenem Umfang durch Vermittlung der Anstalt auf eigene Kosten erwerben.

§ 175 Arbeit
Der Gefangene ist zu einer Arbeit, Beschäftigung oder Hilfstätigkeit nicht verpflichtet.

Dritter Titel
Arbeitsentgelt in Jugendstrafanstalten und im Vollzug der Untersuchungshaft

§ 176 Jugendstrafanstalten
(4) Im übrigen gelten § 44 und §§ 49 bis 52 entsprechend.

Vierter Titel
Unmittelbarer Zwang in Justizvollzugsanstalten

§ 178
(2) Beim Vollzug des Jugendarrestes, des Strafarrestes sowie der Ordnungs-, Sicherungs-, Zwangs- und Erzwingungshaft dürfen zur Vereitelung einer Flucht oder zur Wiederergreifung (§ 100 Abs. 1 Nr. 3) keine Schußwaffen gebraucht werden. Dies gilt nicht, wenn Strafarrest oder Ordnungs-, Sicherungs-, Zwangs- oder Erzwingungshaft in Unterbrechung einer Untersuchungshaft, einer Strafhaft oder einer Unterbringung im Vollzuge einer freiheitsentziehenden Maßregel der Besserung und Sicherung vollzogen wird.
(3) Das Landesrecht kann, namentlich beim Vollzug der Jugendstrafe, weitere Einschränkungen des Rechtes zum Schußwaffengebrauch vorsehen.

183 BZRG

Gesetz über das Zentralregister und das Erziehungsregister (Bundeszentralregistergesetz – BZRG)

in der Fassung der Bekanntmachung
vom 21. September 1984 (BGBl. I S. 1229, 1985 S. 195)

Zuletzt geändert durch
Gesetz zur Bekämpfung sexualisierter Gewalt gegen Kinder
vom 16. Juni 2021 (BGBl. I S. 1810)[1])

– Auszug –*)

Inhaltsübersicht

Erster Teil
Registerbehörde
§ 1 Bundeszentralregister
§ 2 (weggefallen)

Zweiter Teil
Das Zentralregister

Erster Abschnitt
Inhalt und Führung des Registers
§ 3 Inhalt des Registers
§ 4 Verurteilungen
§ 5 Inhalt der Eintragung
§ 6 Gesamtstrafe und Einheitsstrafe
§ 7 Aussetzung zur Bewährung; Vorbehalt der Entscheidung über die Aussetzung
§ 8 (weggefallen)
§ 9 (weggefallen)
§ 10 Entscheidungen von Verwaltungsbehörden und Gerichten
§ 11 Schuldunfähigkeit
§ 12 Nachträgliche Entscheidungen nach allgemeinem Strafrecht
§ 13 Nachträgliche Entscheidungen nach Jugendstrafrecht
§ 14 Gnadenerweise und Amnestien
§ 15 Eintragung der Vollstreckung und des Freiheitsentzugs
§ 16 Wiederaufnahme des Verfahrens
§ 17 Sonstige Entscheidungen und gerichtliche Feststellungen
§ 18 Straftaten im Zusammenhang mit der Ausübung eines Gewerbes
§ 19 Aufhebung von Entscheidungen
§ 20 Mitteilungen, Berichtigungen, Sperrvermerke
§ 20a Änderung von Personendaten
§ 21 Automatisiertes Auskunftsverfahren
§ 21a Protokollierungen
§ 22 Hinweispflicht der Registerbehörde
§ 23 Hinweis auf Gesamtstrafenbildung
§ 24 Entfernung von Eintragungen
§ 25 Anordnung der Entfernung
§ 26 Zu Unrecht entfernte Eintragungen

Zweiter Abschnitt
Suchvermerke
§ 27 Speicherung
§ 28 Behandlung
§ 29 Erledigung

Dritter Abschnitt
Auskunft aus dem Register

1. Führungszeugnis
§ 30 Antrag
§ 30a Antrag auf ein erweitertes Führungszeugnis
§ 30b Europäisches Führungszeugnis
§ 30c Elektronische Antragstellung
§ 31 Erteilung des Führungszeugnisses und des erweiterten Führungszeugnisses an Behörden
§ 32 Inhalt des Führungszeugnisses
§ 33 Nichtaufnahme von Verurteilungen nach Fristablauf
§ 34 Länge der Frist
§ 35 Gesamtstrafe, Einheitsstrafe und Nebenentscheidungen
§ 36 Beginn der Frist
§ 37 Ablaufhemmung
§ 38 Mehrere Verurteilungen
§ 39 Anordnung der Nichtaufnahme
§ 40 Nachträgliche Eintragung

2. Unbeschränkte Auskunft aus dem Register
§ 41 Umfang der Auskunft
§ 42 Auskunft an die betroffene Person
§ 42a Auskunft für wissenschaftliche Zwecke
§ 42b Auskunft zur Vorbereitung von Rechtsvorschriften und allgemeinen Verwaltungsvorschriften

---

[1]) Anm. d. Hrsg.: Die Änderungen treten am 1. Juli 2022 in Kraft.
*) Abgedruckt sind nur die für Sozialberufe wichtigen Bestimmungen. Das Inhaltsverzeichnis benennt den kompletten Inhalt des Gesetzes.

§ 43 Weiterleitung von Auskünften
§ 43a Verfahrensübergreifende Mitteilungen von Amts wegen

3. Auskünfte an Behörden
§ 44 Vertrauliche Behandlung der Auskünfte

4. Versagung der Auskunft zu Zwecken des Zeugenschutzes
§ 44a Versagung der Auskunft

Vierter Abschnitt
Tilgung
§ 45 Tilgung nach Fristablauf
§ 46 Länge der Tilgungsfrist
§ 47 Feststellung der Frist und Ablaufhemmung
§ 48 Anordnung der Tilgung wegen Gesetzesänderung
§ 49 Anordnung der Tilgung in besonderen Fällen
§ 50 Zu Unrecht getilgte Eintragungen

Fünfter Abschnitt
Rechtswirkungen der Tilgung
§ 51 Verwertungsverbot
§ 52 Ausnahmen

Sechster Abschnitt
Begrenzung von Offenbarungspflichten des Verurteilten
§ 53 Offenbarungspflicht bei Verurteilungen
§ 53a Grenzen der internationalen Zusammenarbeit

Siebter Abschnitt
Internationaler Austausch von Registerinformationen
§ 54 Eintragungen in das Register
§ 55 Verfahren bei der Eintragung
§ 56 Behandlung von Eintragungen

§ 56a (weggefallen)
§ 56b Speicherung zum Zweck der Auskunftserteilung an Mitgliedstaaten der Europäischen Union
§ 57 Auskunft an ausländische sowie über- und zwischenstaatliche Stellen
§ 57a Austausch von Registerinformationen mit Mitgliedstaaten der Europäischen Union
§ 58 Berücksichtigung von Verurteilungen

Dritter Teil
Das Erziehungsregister
§ 59 Führung des Erziehungsregisters
§ 60 Eintragungen in das Erziehungsregister
§ 61 Auskunft aus dem Erziehungsregister
§ 62 Suchvermerke
§ 63 Entfernung von Eintragungen
§ 64 Begrenzung von Offenbarungspflichten der betroffenen Person

Vierter Teil
Übernahme des Strafregisters beim Generalstaatsanwalt der Deutschen Demokratischen Republik
§ 64a Strafregister der Deutschen Demokratischen Republik
§ 64b

Fünfter Teil
Übergangs- und Schlußvorschriften
§ 65 Übernahme von Eintragungen in das Zentralregister
§ 66 Bei Inkrafttreten dieses Gesetzes getilgte oder tilgungsreife Eintragungen
§ 67 Eintragungen in der Erziehungskartei
§ 68 Bestimmungen und Bezeichnungen in anderen Vorschriften
§ 69 Übergangsvorschriften

Erster Teil
Registerbehörde

§ 1 Bundeszentralregister

(1) Für den Geltungsbereich dieses Gesetzes führt das Bundesamt für Justiz ein Zentralregister und ein Erziehungsregister (Bundeszentralregister).
(2) Die näheren Bestimmungen trifft das Bundesministerium der Justiz und für Verbraucherschutz. Soweit die Bestimmungen die Erfassung und Aufbereitung der Daten sowie die Auskunftserteilung betreffen, werden sie von der Bundesregierung mit Zustimmung des Bundesrates erlassen.

§ 2 (weggefallen)

Zweiter Teil
Das Zentralregister

Erster Abschnitt
Inhalt und Führung des Registers

§ 3 Inhalt des Registers
In das Register werden eingetragen
1. strafgerichtliche Verurteilungen (§§ 4 bis 7),

2. (weggefallen)
3. Entscheidungen von Verwaltungsbehörden und Gerichten (§ 10),
4. gerichtliche Entscheidungen und Verfügungen von Strafverfolgungsbehörden wegen Schuldunfähigkeit (§ 11),
5. gerichtliche Feststellungen nach § 17 Abs. 2, § 18,
6. nachträgliche Entscheidungen und Tatsachen, die sich auf eine der in den Nummern 1 bis 4 genannten Eintragungen beziehen (§§ 12 bis 16, § 17 Abs. 1).

§ 4 Verurteilungen
In das Register sind die rechtskräftigen Entscheidungen einzutragen, durch die ein deutsches Gericht im Geltungsbereich dieses Gesetzes wegen einer rechtswidrigen Tat
1. auf Strafe erkannt,
2. eine Maßregel der Besserung und Sicherung angeordnet,
3. jemanden nach § 59 des Strafgesetzbuches mit Strafvorbehalt verwarnt oder
4. nach § 27 des Jugendgerichtsgesetzes die Schuld eines Jugendlichen oder Heranwachsenden festgestellt

hat.

§ 5 Inhalt der Eintragung
(1) Einzutragen sind
1. die Personendaten der betroffenen Person; dazu gehören der Geburtsname, ein hiervon abweichender Familienname, die Vornamen, das Geschlecht, das Geburtsdatum, der Geburtsort, die Staatsangehörigkeit und die Anschrift sowie abweichende Personendaten,
2. die entscheidende Stelle samt Geschäftsnummer,
3. der Tag der (letzten) Tat,
4. der Tag des ersten Urteils; bei Strafbefehlen gilt als Tag des ersten Urteils der Tag der Unterzeichnung durch den Richter; ist gegen den Strafbefehl Einspruch eingelegt worden, so ist der Tag der auf den Einspruch ergehenden Entscheidung Tag des ersten Urteils, außer wenn der Einspruch verworfen wurde,
5. der Tag der Rechtskraft,
6. die rechtliche Bezeichnung der Tat, deren der Verurteilte schuldig gesprochen worden ist, unter Angabe der angewendeten Strafvorschriften,
7. die verhängten Strafen, die nach § 59 des Strafgesetzbuchs vorbehaltene Strafe sowie alle Kraft Gesetzes eintretenden oder in der Entscheidung neben einer Strafe oder neben Freisprechung oder selbständig angeordneten oder vorbehaltenen Maßnahmen (§ 11 Abs. 1 Nr. 8 des Strafgesetzbuchs) und Nebenfolgen.

(2) Die Anordnung von Erziehungsmaßregeln und Zuchtmitteln sowie von Nebenstrafen und Nebenfolgen, auf die bei Anwendung von Jugendstrafrecht erkannt worden ist, wird in das Register eingetragen, wenn sie mit einem Schuldspruch nach § 27 des Jugendgerichtsgesetzes, einer Verurteilung zu Jugendstrafe oder der Anordnung einer Maßregel der Besserung und Sicherung verbunden ist.

(3) Ist auf Geldstrafe erkannt, so sind die Zahl der Tagessätze und die Höhe eines Tagessatzes einzutragen. Ist auf Vermögensstrafe erkannt, so sind deren Höhe und die Dauer der Ersatzfreiheitsstrafe einzutragen.

§ 6 Gesamtstrafe und Einheitsstrafe
Wird aus mehreren Einzelstrafen nachträglich eine Gesamtstrafe gebildet oder eine einheitliche Jugendstrafe festgesetzt, so ist auch diese in das Register einzutragen.

§ 7 Aussetzung zur Bewährung; Vorbehalt der Entscheidung über die Aussetzung
(1) Wird die Vollstreckung einer Strafe oder eine Maßregel der Besserung und Sicherung zur Bewährung ausgesetzt oder wird die Entscheidung über die Aussetzung einer Jugendstrafe zur Bewährung im Urteil einem nachträglichen Beschluss vorbehalten, so ist dies in das Register einzutragen. Dabei ist das Ende der Bewährungszeit, der Führungsaufsicht oder einer vom Gericht für die Entscheidung über die Aussetzung einer Jugendstrafe zur Bewährung gesetzten Frist zu vermerken.

(2) Hat das Gericht den Verurteilten nach § 56d des Strafgesetzbuchs oder nach § 61b Absatz 1 Satz 2 des Jugendgerichtsgesetzes der Aufsicht und Leitung eines Bewährungshelfers unterstellt, so ist auch diese Entscheidung einzutragen.

(3) Wird jemand mit Strafvorbehalt verwarnt (§ 59 des Strafgesetzbuchs) oder wird die Entscheidung über die Verhängung einer Jugendstrafe zur Bewährung ausgesetzt (§ 27 des Jugendgerichtsgesetzes), so ist das Ende der Bewährungszeit einzutragen.

§ 8 (weggefallen)

§ 11 Schuldunfähigkeit

(1) In das Register sind einzutragen
1. gerichtliche Entscheidungen und Verfügungen einer Strafverfolgungsbehörde, durch die ein Strafverfahren wegen erwiesener oder nicht auszuschließender Schuldunfähigkeit oder auf psychischer Krankheit beruhender Verhandlungsunfähigkeit ohne Verurteilung abgeschlossen wird,
2. gerichtliche Entscheidungen, durch die der Antrag der Staatsanwaltschaft, eine Maßregel der Besserung und Sicherung selbständig anzuordnen (§ 413 der Strafprozeßordnung), mit der Begründung abgelehnt wird, dass von dem Beschuldigten erhebliche rechtswidrige Taten nicht zu erwarten seien oder dass er für die Allgemeinheit trotzdem nicht gefährlich sei,

sofern die Entscheidung oder Verfügung auf Grund eines medizinischen Sachverständigengutachtens in einem Strafverfahren ergangen ist und das Gutachten bei der Entscheidung nicht älter als fünf Jahre ist. Das Datum des Gutachtens ist einzutragen. Verfügungen der Staatsanwaltschaft werden eingetragen, wenn auf Grund bestimmter Tatsachen davon auszugehen ist, dass weitere Ermittlungen zur Erhebung der öffentlichen Klage führen würden. § 5 findet entsprechende Anwendung. Ferner ist einzutragen, ob es sich bei der Tat um ein Vergehen oder ein Verbrechen handelt.

(2) Die Registerbehörde unterrichtet die betroffene Person von der Eintragung.

(3) Absatz 1 gilt nicht, wenn lediglich die fehlende Verantwortlichkeit eines Jugendlichen (§ 3 des Jugendgerichtsgesetzes) festgestellt wird oder nicht ausgeschlossen werden kann.

§ 12 Nachträgliche Entscheidungen nach allgemeinem Strafrecht

(1) In das Register sind einzutragen
1. die nachträgliche Aussetzung der Strafe, eines Strafrestes oder einer Maßregel der Besserung und Sicherung; dabei ist das Ende der Bewährungszeit oder der Führungsaufsicht zu vermerken,
2. die nachträgliche Unterstellung des Verurteilten unter die Aufsicht und Leitung eines Bewährungshelfers sowie die Abkürzung oder Verlängerung der Bewährungszeit oder der Führungsaufsicht,
3. der Erlaß oder Teilerlaß der Strafe,
4. die Überweisung des Täters in den Vollzug einer anderen Maßregel der Besserung und Sicherung,
5. der Widerruf der Aussetzung einer Strafe, eines Strafrestes oder einer Maßregel der Besserung und Sicherung zur Bewährung und der Widerruf des Straferlasses,
6. die Aufhebung der Unterstellung unter die Aufsicht und Leitung eines Bewährungshelfers,
7. der Tag des Ablaufs des Verlustes der Amtsfähigkeit, der Wählbarkeit und des Wahl- und Stimmrechts,
8. die vorzeitige Aufhebung der Sperre für die Erteilung der Fahrerlaubnis,
9. Entscheidungen über eine vorbehaltene Sicherungsverwahrung,
10. die nachträgliche Anordnung der Unterbringung in der Sicherungsverwahrung.

(2) Wird nach einer Verwarnung mit Strafvorbehalt auf die vorbehaltene Strafe erkannt, so ist diese Entscheidung in das Register einzutragen. Stellt das Gericht nach Ablauf der Bewährungszeit fest, daß es bei der Verwarnung sein Bewenden hat (§ 59b Abs. 2 des Strafgesetzbuchs), so wird die Eintragung über die Verwarnung mit Strafvorbehalt aus dem Register entfernt.

§ 13 Nachträgliche Entscheidungen nach Jugendstrafrecht

(1) In das Register sind einzutragen
1. die Aussetzung der Jugendstrafe zur Bewährung durch Beschluß; dabei ist das Ende der Bewährungszeit zu vermerken,
2. die Aussetzung des Strafrestes; dabei ist das Ende der Bewährungszeit zu vermerken,
3. die Abkürzung oder Verlängerung der Bewährungszeit,
4. der Erlaß oder Teilerlaß der Jugendstrafe,
5. die Beseitigung des Strafmakels,
6. der Widerruf der Aussetzung einer Jugendstrafe oder eines Strafrestes und der Beseitigung des Strafmakels,
7. Entscheidungen über eine vorbehaltene Sicherungsverwahrung,

8. die nachträgliche Anordnung der Unterbringung in der Sicherungsverwahrung.
(2) Wird nach § 30 Abs. 1 des Jugendgerichtsgesetzes auf Jugendstrafe erkannt, so ist auch diese in das Register einzutragen; § 7 Abs. 1 gilt entsprechend. Die Eintragung über einen Schuldspruch wird aus dem Register entfernt, wenn der Schuldspruch
1. nach § 30 Abs. 2 des Jugendgerichtsgesetzes getilgt wird oder
2. nach § 31 Abs. 2, § 66 des Jugendgerichtsgesetzes in eine Entscheidung einbezogen wird, die in das Erziehungsregister einzutragen ist.
(3) Die Eintragung über eine Verurteilung wird aus dem Register entfernt, wenn diese in eine Entscheidung einbezogen wird, die in das Erziehungsregister einzutragen ist.

Dritter Abschnitt
Auskunft aus dem Register

1. Führungszeugnis

§ 30 Antrag

(1) Jeder Person, die das 14. Lebensjahr vollendet hat, wird auf Antrag ein Zeugnis über den sie betreffenden Inhalt des Registers erteilt (Führungszeugnis). Hat sie eine gesetzliche Vertretung, ist auch diese antragsberechtigt. Ist die Person geschäftsunfähig, ist nur ihre gesetzliche Vertretung antragsberechtigt.
(2) Wohnt die antragstellende Person innerhalb des Geltungsbereichs dieses Gesetzes, ist der Antrag persönlich oder mit amtlich oder öffentlich beglaubigter Unterschrift schriftlich bei der Meldebehörde zu stellen. Bei der Antragstellung sind die Identität und im Fall der gesetzlichen Vertretung die Vertretungsmacht nachzuweisen. Die antragstellende Person und ihre gesetzliche Vertretung können sich bei der Antragstellung nicht durch Bevollmächtigte vertreten lassen. Die Meldebehörde nimmt die Gebühr für das Führungszeugnis entgegen, behält davon zwei Fünftel ein und führt den Restbetrag an die Bundeskasse ab.
(3) Wohnt die antragstellende Person außerhalb des Geltungsbereichs dieses Gesetzes, so kann sie den Antrag unmittelbar bei der Registerbehörde stellen. Absatz 2 Satz 2 und 3 gilt entsprechend.
(4) Die Übersendung des Führungszeugnisses ist nur an die antragstellende Person zulässig.
(5) Wird das Führungszeugnis zur Vorlage bei einer Behörde beantragt, so ist es der Behörde unmittelbar zu übersenden. Die Behörde hat der antragstellenden Person auf Verlangen Einsicht in das Führungszeugnis zu gewähren. Die antragstellende Person kann verlangen, daß das Führungszeugnis, wenn es Eintragungen enthält, zunächst an ein von ihr benanntes Amtsgericht zur Einsichtnahme durch sie übersandt wird. Die Meldebehörde hat die antragstellende Person in den Fällen, in denen der Antrag bei ihr gestellt wird, auf diese Möglichkeit hinzuweisen. Das Amtsgericht darf die Einsicht nur der antragstellenden Person persönlich gewähren. Nach Einsichtnahme ist das Führungszeugnis an die Behörde weiterzuleiten oder, falls die antragstellende Person dem widerspricht, vom Amtsgericht zu vernichten.
(6) Wohnt die antragstellende Person außerhalb des Geltungsbereichs dieses Gesetzes, so kann sie verlangen, dass das Führungszeugnis, wenn es Eintragungen enthält, zunächst an eine von ihr benannte amtliche Vertretung der Bundesrepublik Deutschland zur Einsichtnahme durch sie übersandt wird. Absatz 5 Satz 5 und 6 gilt für die amtliche Vertretung der Bundesrepublik Deutschland entsprechend.

§ 30a Antrag auf ein erweitertes Führungszeugnis

(1) Einer Person wird auf Antrag ein erweitertes Führungszeugnis erteilt,
1. wenn die Erteilung in gesetzlichen Bestimmungen unter Bezugnahme auf diese Vorschrift vorgesehen ist oder
2. wenn dieses Führungszeugnis benötigt wird für
   a) eine berufliche oder ehrenamtliche Beaufsichtigung, Betreuung, Erziehung oder Ausbildung Minderjähriger oder
   b) eine Tätigkeit, die in einer Buchstabe a vergleichbaren Weise geeignet ist, Kontakt zu Minderjährigen aufzunehmen.
(2) Wer einen Antrag auf Erteilung eines erweiterten Führungszeugnisses stellt, hat eine schriftliche Aufforderung vorzulegen, in der die Person, die das erweiterte Führungszeugnis von der antragstellenden Person verlangt, bestätigt, dass die Voraussetzungen nach Absatz 1 vorliegen. Im Übrigen gilt § 30 entsprechend.

§ 30b Europäisches Führungszeugnis

(1) Sofern der Mitgliedstaat eine Übermittlung nach seinem Recht vorsieht, wird in das Führungszeugnis nach § 30 oder § 30a Absatz 1 die Mitteilung über Eintragungen in den Strafregistern anderer Mitgliedstaaten der Europäischen Union vollständig und in der übermittelten Sprache (Europäisches Führungszeugnis) für die folgenden Personen aufgenommen:
1. für Personen, die die Staatsangehörigkeit eines anderen Mitgliedstaates der Europäischen Union besitzen, sowie
2. für Drittstaatsangehörige.

Nicht aufgenommen werden Entscheidungen deutscher Gerichte. § 30 gilt entsprechend.

(2) Ersuchen der Registerbehörde um Übermittlung der nach Absatz 1 in das Führungszeugnis zusätzlich aufzunehmenden Eintragungen für ein Europäisches Führungszeugnis von Personen, die die Staatsangehörigkeit eines anderen Mitgliedstaates der Europäischen Union besitzen, sind an den Herkunftsmitgliedstaat zu richten.

(3) Ersuchen der Registerbehörde um Übermittlung der nach Absatz 1 in das Führungszeugnis zusätzlich aufzunehmenden Eintragungen für ein Führungszeugnis von Drittstaatsangehörigen sind unter Nutzung des zentralisierten Systems für die Ermittlung der Mitgliedstaaten, die über Informationen zu Verurteilungen von Drittstaatsangehörigen verfügen, an die an diesem System teilnehmenden Mitgliedstaaten der Europäischen Union zu richten.

(4) Das Führungszeugnis soll spätestens 20 Werktage nach der Übermittlung der Ersuchen der Registerbehörde erteilt werden. Haben die Mitgliedstaaten keine Auskunft aus ihrem Strafregister erteilt, ist hierauf im Führungszeugnis hinzuweisen.

§ 31 Erteilung des Führungszeugnisses und des erweiterten Führungszeugnisses an Behörden

(1) Behörden erhalten über eine bestimmte Person ein Führungszeugnis, soweit sie es zur Erledigung ihrer hoheitlichen Aufgaben benötigen und eine Aufforderung an die betroffene Person, ein Führungszeugnis vorzulegen, nicht sachgemäß ist oder erfolglos bleibt. Die Behörde hat der betroffenen Person auf Verlangen Einsicht in das Führungszeugnis zu gewähren.

(2) Behörden erhalten zum Zweck des Schutzes Minderjähriger ein erweitertes Führungszeugnis unter den Voraussetzungen des Absatzes 1. Absatz 1 Satz 2 gilt entsprechend.

§ 32 Inhalt des Führungszeugnisses

(1) In das Führungszeugnis werden die in den §§ 4 bis 16 bezeichneten Eintragungen aufgenommen. Soweit in Absatz 2 Nr. 3 bis 9 hiervon Ausnahmen zugelassen werden, gelten diese nicht bei Verurteilungen wegen einer Straftat nach den §§ 174 bis 180 oder 182 des Strafgesetzbuches.

(2) Nicht aufgenommen werden
1. die Verwarnung mit Strafvorbehalt nach § 59 des Strafgesetzbuchs,
2. der Schuldspruch nach § 27 des Jugendgerichtsgesetzes,
3. Verurteilungen, durch die auf Jugendstrafe von nicht mehr als zwei Jahren erkannt worden ist, wenn die Vollstreckung der Strafe oder eines Strafrestes gerichtlich oder im Gnadenwege zur Bewährung ausgesetzt oder nach § 35 des Betäubungsmittelgesetzes zurückgestellt und diese Entscheidung nicht widerrufen worden ist,
4. Verurteilungen, durch die auf Jugendstrafe erkannt worden ist, wenn der Strafmakel gerichtlich oder im Gnadenwege als beseitigt erklärt und die Beseitigung nicht widerrufen worden ist,
5. Verurteilungen, durch die auf
   a) Geldstrafe von nicht mehr als neunzig Tagessätzen,
   b) Freiheitsstrafe oder Strafarrest von nicht mehr als drei Monaten
   erkannt worden ist, wenn im Register keine weitere Strafe eingetragen ist,
6. Verurteilungen, durch die auf Freiheitsstrafe von nicht mehr als zwei Jahren erkannt worden ist, wenn die Vollstreckung der Strafe oder eines Strafrestes
   a) nach § 35 oder § 36 des Betäubungsmittelgesetzes zurückgestellt oder zur Bewährung ausgesetzt oder
   b) nach § 56 oder § 57 des Strafgesetzbuchs zur Bewährung ausgesetzt worden ist und sich aus dem Register ergibt, daß der Verurteilte die Tat oder bei Gesamtstrafen alle oder den ihrer Bedeutung nach überwiegenden Teil der Taten auf Grund einer Betäubungsmittelabhängigkeit begangen hat,
   diese Entscheidungen nicht widerrufen worden sind und im Register keine weitere Strafe eingetragen ist,

7. Verurteilungen, durch die neben Jugendstrafe oder Freiheitsstrafe von nicht mehr als zwei Jahren die Unterbringung in einer Entziehungsanstalt angeordnet worden ist, wenn die Vollstreckung der Strafe, des Strafrestes oder der Maßregel nach § 35 des Betäubungsmittelgesetzes zurückgestellt worden ist und im übrigen die Voraussetzungen der Nummer 3 oder 6 erfüllt sind,
8. Verurteilungen, durch die Maßregeln der Besserung und Sicherung, Nebenstrafen oder Nebenfolgen allein oder in Verbindung miteinander oder in Verbindung mit Erziehungsmaßnahmen oder Zuchtmitteln angeordnet worden sind,
9. Verurteilungen, bei denen die Wiederaufnahme des gesamten Verfahrens vermerkt ist; ist die Wiederaufnahme nur eines Teils des Verfahrens angeordnet, so ist im Führungszeugnis darauf hinzuweisen,
10. abweichende Personendaten gemäß § 5 Abs. 1 Nr. 1,
11. Eintragungen nach den §§ 10 und 11,
12. die vorbehaltene Sicherungsverwahrung, falls von der Anordnung der Sicherungsverwahrung rechtskräftig abgesehen worden ist.

(3) In ein Führungszeugnis für Behörden (§ 30 Abs. 5, § 31) sind entgegen Absatz 2 auch aufzunehmen
1. Verurteilungen, durch die eine freiheitsentziehende Maßregel der Besserung und Sicherung angeordnet worden ist,
2. Eintragungen nach § 10, wenn die Entscheidung oder der Verzicht nicht länger als zehn Jahre zurückliegt,
3. Eintragungen nach § 11, wenn die Entscheidung oder Verfügung nicht länger als fünf Jahre zurückliegt,
4. abweichende Personendaten gemäß § 5 Abs. 1 Nr. 1, sofern unter diesen Daten Eintragungen erfolgt sind, die in ein Führungszeugnis für Behörden aufzunehmen sind.

(4) In ein Führungszeugnis für Behörden (§ 30 Abs. 5, § 31) sind ferner die in Absatz 2 Nr. 5 bis 9 bezeichneten Verurteilungen wegen Straftaten aufzunehmen, die
1. bei oder im Zusammenhang mit der Ausübung eines Gewerbes oder dem Betrieb einer sonstigen wirtschaftlichen Unternehmung oder
2. bei der Tätigkeit in einem Gewerbe oder einer sonstigen wirtschaftlichen Unternehmung
   a) von einem Vertreter oder Beauftragten im Sinne des § 14 des Strafgesetzbuchs oder
   b) von einer Person, die in einer Rechtsvorschrift ausdrücklich als verantwortlich bezeichnet ist,
begangen worden sind, wenn das Führungszeugnis für die in § 149 Abs. 2 Satz 1 Nr. 1 der Gewerbeordnung bezeichneten Entscheidungen bestimmt ist.

(5) Soweit in Absatz 2 Nummer 3 bis 9 Ausnahmen für die Aufnahme von Eintragungen zugelassen werden, gelten diese nicht bei einer Verurteilung wegen einer Straftat nach den §§ 171, 180a, 181a, 183 bis 184g, 184i bis 184l, 201a Absatz 3, den §§ 225, 232 bis 233a, 234, 235 oder § 236 des Strafgesetzbuchs, wenn ein erweitertes Führungszeugnis nach § 30a oder § 31 Absatz 2 erteilt wird.

§ 33 Nichtaufnahme von Verurteilungen nach Fristablauf

(1) Nach Ablauf einer bestimmten Frist werden Verurteilungen nicht mehr in das Führungszeugnis aufgenommen.
(2) Dies gilt nicht bei Verurteilungen, durch die
1. auf lebenslange Freiheitsstrafe erkannt worden ist, wenn der Strafrest nicht nach § 57a Abs. 3 Satz 2 in Verbindung mit § 56g des Strafgesetzbuchs oder im Gnadenwege erlassen ist,
2. Sicherungsverwahrung angeordnet worden ist,
3. die Unterbringung in einem psychiatrischen Krankenhaus angeordnet worden ist, wenn ein Führungszeugnis für Behörden (§ 30 Abs. 5, § 31) beantragt wird oder
4. wegen einer Straftat nach den §§ 176c oder 176d des Strafgesetzbuches erkannt worden ist
   a) auf Freiheitsstrafe von mindestens fünf Jahren oder
   b) auf Freiheitsstrafe von mindestens drei Jahren bei zwei oder mehr im Register eingetragenen Verurteilungen nach den §§ 176c oder 176d des Strafgesetzbuches,
wenn ein erweitertes Führungszeugnis oder ein erweitertes Führungszeugnis für Behörden (§ 30 Absatz 5, § 31) beantragt wird.

§ 34 Länge der Frist

(1) Die Frist, nach deren Ablauf eine Verurteilung nicht mehr in das Führungszeugnis aufgenommen wird, beträgt
1. drei Jahre bei

a) Verurteilungen zu
      aa) Geldstrafe und
      bb) Freiheitsstrafe oder Strafarrest von nicht mehr als drei Monaten,
      wenn die Voraussetzungen des § 32 Absatz 2 nicht vorliegen,
   b) Verurteilungen zu Freiheitsstrafe oder Strafarrest von mehr als drei Monaten, aber nicht mehr als einem Jahr, wenn die Vollstreckung der Strafe oder eines Strafrestes gerichtlich oder im Gnadenweg zur Bewährung ausgesetzt, diese Entscheidung nicht widerrufen worden und im Register nicht außerdem Freiheitsstrafe, Strafarrest oder Jugendstrafe eingetragen ist,
   c) Verurteilungen zu Jugendstrafe von nicht mehr als einem Jahr, wenn die Voraussetzungen des § 32 Absatz 2 nicht vorliegen,
   d) Verurteilungen zu Jugendstrafe von mehr als zwei Jahren, wenn ein Strafrest nach Ablauf der Bewährungszeit gerichtlich oder im Gnadenweg erlassen worden ist,
2. zehn Jahre bei Verurteilung wegen einer Straftat nach den §§ 174 bis 180 oder 182 des Strafgesetzbuches zu einer Freiheitsstrafe oder Jugendstrafe von mehr als einem Jahr,
3. fünf Jahre in den übrigen Fällen.

(2) Die Frist, nach deren Ablauf eine Verurteilung wegen einer Straftat nach den §§ 171, 174 bis 180a, 181a, 182 bis 184g, 184i bis 184l, 201a Absatz 3, den §§ 225, 232 bis 233a, 234, 235 oder § 236 des Strafgesetzbuches nicht mehr in ein erweitertes Führungszeugnis aufgenommen wird, beträgt
1. zehn Jahre
   a) bei Verurteilungen zu Geldstrafe oder Freiheitsstrafe oder Strafarrest oder Jugendstrafe,
   b) bei einer Verurteilung, durch die eine freiheitsentziehende Maßregel der Besserung und Sicherung allein angeordnet worden ist,
2. zwanzig Jahre bei einer Verurteilung wegen einer Straftat nach den §§ 176 bis 176d des Strafgesetzbuches zu Freiheitsstrafe oder Jugendstrafe von mehr als einem Jahr.

(3) In den Fällen des Absatzes 1 Nummer 1 Buchstabe d, Nummer 2 und 3 verlängert sich die Frist um die Dauer der Freiheitsstrafe, des Strafarrests oder der Jugendstrafe. In den Fällen des Absatzes 2 verlängert sich die Frist bei einer Verurteilung zu einer Freiheitsstrafe oder Jugendstrafe von mehr als einem Jahr um die Dauer der Freiheitsstrafe oder der Jugendstrafe. Bei Erlaß des Restes einer lebenslangen Freiheitsstrafe verlängert sich die Frist um den zwischen dem Tag des ersten Urteils und dem Ende der Bewährungszeit liegenden Zeitraum, mindestens jedoch um zwanzig Jahre.

§ 35 Gesamtstrafe, Einheitsstrafe und Nebenentscheidungen

(1) Ist eine Gesamtstrafe oder eine einheitliche Jugendstrafe gebildet oder ist nach § 30 Abs. 1 des Jugendgerichtsgesetzes auf Jugendstrafe erkannt worden, so ist allein die neue Entscheidung für § 32 Abs. 2 und § 34 maßgebend.

(2) Bei der Feststellung der Frist nach § 34 bleiben Nebenstrafen, Nebenfolgen und neben Freiheitsstrafe oder Strafarrest ausgesprochene Geldstrafen sowie Maßregeln der Besserung und Sicherung unberücksichtigt.

§ 36 Beginn der Frist

Die Frist beginnt mit dem Tag des ersten Urteils (§ 5 Abs. 1 Nr. 4). Dieser Tag bleibt auch maßgebend, wenn
1. eine Gesamtstrafe oder eine einheitliche Jugendstrafe gebildet,
2. nach § 30 Abs. 1 des Jugendgerichtsgesetzes auf Jugendstrafe erkannt wird oder
3. eine Entscheidung im Wiederaufnahmeverfahren ergeht, die eine registerpflichtige Verurteilung enthält.

§ 37 Ablaufhemmung

(1) Haben Verurteilte infolge der Verurteilung die Fähigkeit, öffentliche Ämter zu bekleiden und Rechte aus öffentlichen Wahlen zu erlangen, oder das Recht, in öffentlichen Angelegenheiten zu wählen oder zu stimmen, verloren, so läuft die Frist nicht ab, solange sie diese Fähigkeit oder dieses Recht nicht wiedererlangt haben.

(2) Die Frist läuft ferner nicht ab, solange sich aus dem Register ergibt, daß die Vollstreckung einer Strafe oder eine der in § 61 des Strafgesetzbuchs aufgeführten Maßregeln der Besserung und Sicherung mit Ausnahme der Sperre für die Erteilung einer Fahrerlaubnis noch nicht erledigt oder die Strafe noch nicht erlassen ist.

§ 38 Mehrere Verurteilungen

(1) Sind im Register mehrere Verurteilungen eingetragen, so sind sie alle in das Führungszeugnis aufzunehmen, solange eine von ihnen in das Zeugnis aufzunehmen ist.
(2) Außer Betracht bleiben
1. Verurteilungen, die nur in ein Führungszeugnis für Behörden aufzunehmen sind (§ 32 Abs. 3, 4, § 33 Abs. 2 Nr. 3),
2. Verurteilungen in den Fällen des § 32 Abs. 2 Nr. 1 bis 4,
3. Verurteilungen, durch die auf Geldstrafe von nicht mehr als neunzig Tagessätzen oder auf Freiheitsstrafe oder Strafarrest von nicht mehr als drei Monaten erkannt worden ist.

§ 39 Anordnung der Nichtaufnahme

(1) Die Registerbehörde kann auf Antrag oder von Amts wegen anordnen, daß Verurteilungen und Eintragungen nach § 11 entgegen diesem Gesetz nicht in das Führungszeugnis aufgenommen werden. Dies gilt nicht, soweit das öffentliche Interesse der Anordnung entgegensteht. Die Anordnung kann auf Führungszeugnisse ohne Einbeziehung der Führungszeugnisse für Behörden, auf Führungszeugnisse ohne Einbeziehung der erweiterten Führungszeugnisse, auf Führungszeugnisse ohne Einbeziehung der erweiterten Führungszeugnisse für Behörden oder auf die einmalige Erteilung eines Führungszeugnisses beschränkt werden. Die Registerbehörde soll das erkennende Gericht und die sonst zuständige Behörde hören. Betrifft die Eintragung eine solche der in § 11 bezeichneten Art oder eine Verurteilung, durch die eine freiheitsentziehende Maßregel der Besserung und Sicherung angeordnet worden ist, soll sie auch die Stellungnahme eines oder einer in der Psychiatrie erfahrenen medizinischen Sachverständigen einholen.
(2) Haben Verurteilte infolge der Verurteilung durch ein Gericht im Geltungsbereich dieses Gesetzes die Fähigkeit, öffentliche Ämter zu bekleiden und Rechte aus öffentlichen Wahlen zu erlangen, oder das Recht, in öffentlichen Angelegenheiten zu wählen oder zu stimmen, verloren, so darf eine Anordnung nach Absatz 1 nicht ergehen, solange sie diese Fähigkeit oder dieses Recht nicht wiedererlangt haben.
(3) Gegen die Ablehnung einer Anordnung nach Absatz 1 steht der antragstellenden Person innerhalb zwei Wochen nach der Bekanntgabe der Entscheidung die Beschwerde zu. Hilft die Registerbehörde der Beschwerde nicht ab, so entscheidet das Bundesministerium der Justiz und für Verbraucherschutz.

§ 40 Nachträgliche Eintragung

Wird eine weitere Verurteilung im Register eingetragen oder erfolgt eine weitere Eintragung nach § 11, so kommt der betroffenen Person eine Anordnung nach § 39 nicht zugute, solange die spätere Eintragung in das Führungszeugnis aufzunehmen ist. § 38 Abs. 2 gilt entsprechend.

2. Unbeschränkte Auskunft aus dem Register

§ 41 Umfang der Auskunft

(1) Eintragungen, die in ein Führungszeugnis nicht aufgenommen werden, sowie Suchvermerke dürfen, unbeschadet der §§ 42 und 57, nur zur Kenntnis gegeben werden
1. den Gerichten, Gerichtsvorständen, Staatsanwaltschaften, dem nationalen Mitglied nach Maßgabe des § 5 Absatz 1 Nummer 2 des Eurojust-Gesetzes sowie den Aufsichtsstellen nach § 68a des Strafgesetzbuchs für Zwecke der Rechtspflege sowie den Justizvollzugsbehörden für Zwecke des Strafvollzugs einschließlich der Überprüfung aller im Strafvollzug tätigen Personen,
2. den obersten Bundes- und Landesbehörden,
3. den Verfassungsschutzbehörden des Bundes und der Länder, dem Bundesnachrichtendienst und dem Militärischen Abschirmdienst für die diesen Behörden übertragenen Sicherheitsaufgaben,
4. den Finanzbehörden für die Verfolgung von Straftaten, die zu ihrer Zuständigkeit gehören,
5. den Kriminaldienst verrichtenden Dienststellen der Polizei für Zwecke der Verhütung und Verfolgung von Straftaten,
6. den Einbürgerungsbehörden für Einbürgerungsverfahren,
7. den Ausländerbehörden und dem Bundesamt für Migration und Flüchtlinge, wenn sich die Auskunft auf einen Ausländer bezieht,
8. den Gnadenbehörden für Gnadensachen,
9. den für waffenrechtliche oder sprengstoffrechtliche Erlaubnisse, für die Erteilung von Jagdscheinen, für Erlaubnisse zum Halten eines gefährlichen Hundes oder für Erlaubnisse für das Bewachungsgewerbe und die Überprüfung des Bewachungspersonals zuständigen Behörden,
10. dem Bundesinstitut für Arzneimittel und Medizinprodukte im Rahmen des Erlaubnisverfahrens nach dem Betäubungsmittelgesetz,

11. den Rechtsanwaltskammern oder der Patentanwaltskammer für Entscheidungen in Zulassungs-, Aufnahme- und Aufsichtsverfahren nach der Bundesrechtsanwaltsordnung, der Patentanwaltsordnung, dem Gesetz über die Tätigkeit europäischer Rechtsanwälte in Deutschland oder dem Gesetz über die Tätigkeit europäischer Patentanwälte in Deutschland,
12. dem Bundesamt für die Sicherheit der nuklearen Entsorgung, dem Eisenbahn-Bundesamt und den zuständigen Landesbehörden im Rahmen der atom- und strahlenschutzrechtlichen Zuverlässigkeitsüberprüfung nach dem Atomgesetz und dem Strahlenschutzgesetz,
13. den Luftsicherheitsbehörden für Zwecke der Zuverlässigkeitsüberprüfung nach § 7 des Luftsicherheitsgesetzes,
14. der Zentralstelle für Finanztransaktionsuntersuchungen zur Erfüllung ihrer Aufgaben nach dem Geldwäschegesetz.

(2) Eintragungen nach § 17 und Verurteilungen zu Jugendstrafe, bei denen der Strafmakel als beseitigt erklärt ist, dürfen nicht nach Absatz 1 mitgeteilt werden; über sie wird nur noch den Strafgerichten und Staatsanwaltschaften für ein Strafverfahren gegen die betroffene Person Auskunft erteilt. Dies gilt nicht für Verurteilungen wegen einer Straftat nach den §§ 171, 174 bis 180a, 181a, 182 bis 184g, 184i bis 184l, 201a Absatz 3, den §§ 225, 232 bis 233a, 234, 235 oder § 236 des Strafgesetzbuchs.

(3) Die Auskunft nach den Absätzen 1 und 2 wird nur auf ausdrückliches Ersuchen erteilt. Die in Absatz 1 genannten Stellen haben den Zweck anzugeben, für den die Auskunft benötigt wird; sie darf nur für diesen Zweck verwertet werden.

§ 42 Auskunft an die betroffene Person

Das Auskunftsrecht nach Artikel 15 Absatz 1 der Verordnung (EU) 2016/679 wird dadurch gewährleistet, dass der betroffenen Person mitgeteilt wird, welche Eintragungen über sie im Register enthalten sind. Für die Antragsberechtigung und das Verfahren gilt § 30 Absatz 1, für den Umfang der Auskunft gilt § 30b Absatz 1 Satz 1 und Absatz 2 bis 4 entsprechend. Erfolgt die Mitteilung nicht durch Einsichtnahme bei der Registerbehörde, so ist sie, wenn die antragstellende Person im Geltungsbereich dieses Gesetzes wohnt, an ein von ihr benanntes Amtsgericht zu senden, bei dem sie die Mitteilung persönlich einsehen kann. Befindet sich die betroffene Person in amtlichem Gewahrsam einer Justizbehörde, so tritt die Anstaltsleitung an die Stelle des Amtsgerichts. Wohnt die antragstellende Person außerhalb des Geltungsbereichs dieses Gesetzes, so ist die Mitteilung an eine von ihr benannte amtliche Vertretung der Bundesrepublik Deutschland zu senden, bei der sie die Mitteilung persönlich einsehen kann. Nach Einsichtnahme ist die Mitteilung vom Amtsgericht, der Anstaltsleitung oder der amtlichen Vertretung der Bundesrepublik Deutschland zu vernichten. Zum Schutz der betroffenen Personen ist die Aushändigung der Mitteilung oder einer Kopie unzulässig.

Vierter Abschnitt
Tilgung

§ 45 Tilgung nach Fristablauf

(1) Eintragungen über Verurteilungen (§ 4) werden nach Ablauf einer bestimmten Frist getilgt.
(2) Eine zu tilgende Eintragung wird ein Jahr nach Eintritt der Tilgungsreife aus dem Register entfernt. Während dieser Zeit darf über die Eintragung nur der betroffenen Person Auskunft erteilt werden.
(3) Absatz 1 gilt nicht
1. bei Verurteilungen zu lebenslanger Freiheitsstrafe,
2. bei Anordnung der Unterbringung in der Sicherungsverwahrung oder in einem psychiatrischen Krankenhaus oder
3. bei Verurteilungen wegen einer Straftat nach den §§ 176c oder 176d des Strafgesetzbuches, durch die erkannt worden ist
   a) auf Freiheitsstrafe von mindestens fünf Jahren oder
   b) auf Freiheitsstrafe von mindestens drei Jahren bei zwei oder mehr im Register eingetragenen Verurteilungen nach den §§ 176c oder 176d des Strafgesetzbuches.

§ 46 Länge der Tilgungsfrist

(1) Die Tilgungsfrist beträgt
1. fünf Jahre
   bei Verurteilungen
   a) zu Geldstrafe von nicht mehr als neunzig Tagessätzen, wenn keine Freiheitsstrafe, kein Strafarrest und keine Jugendstrafe im Register eingetragen ist,

b) zu Freiheitsstrafe oder Strafarrest von nicht mehr als drei Monaten, wenn im Register keine weitere Strafe eingetragen ist,
c) zu Jugendstrafe von nicht mehr als einem Jahr,
d) zu Jugendstrafe von nicht mehr als zwei Jahren, wenn die Vollstreckung der Strafe oder eines Strafrestes gerichtlich oder im Gnadenwege zur Bewährung ausgesetzt worden ist,
e) zu Jugendstrafe von mehr als zwei Jahren, wenn ein Strafrest nach Ablauf der Bewährungszeit gerichtlich oder im Gnadenwege erlassen worden ist,
f) zu Jugendstrafe, wenn der Strafmakel gerichtlich oder im Gnadenwege als beseitigt erklärt worden ist,
g) durch welche eine Maßnahme (§ 11 Abs. 1 Nr. 8 des Strafgesetzbuchs) mit Ausnahme der Sperre für die Erteilung einer Fahrerlaubnis für immer und des Berufsverbots für immer, eine Nebenstrafe oder eine Nebenfolge allein oder in Verbindung miteinander oder in Verbindung mit Erziehungsmaßregeln oder Zuchtmitteln angeordnet worden ist,

1a. zehn Jahre
bei Verurteilungen wegen einer Straftat nach den §§ 171, 174 bis 180a, 181a, 182 bis 184g, 184i bis 184l, 201a Absatz 3, den §§ 225, 232 bis 233a, 234, 235 oder § 236 des Strafgesetzbuches, wenn
a) es sich um Fälle der Nummer 1 Buchstabe a bis f handelt,
b) durch sie allein die Unterbringung in einer Entziehungsanstalt angeordnet worden ist,

2. zehn Jahre
bei Verurteilungen zu
a) Geldstrafe und Freiheitsstrafe oder Strafarrest von nicht mehr als drei Monaten, wenn die Voraussetzungen der Nummer 1 Buchstabe a und b nicht vorliegen,
b) Freiheitsstrafe oder Strafarrest von mehr als drei Monaten, aber nicht mehr als einem Jahr, wenn die Vollstreckung der Strafe oder eines Strafrestes gerichtlich oder im Gnadenwege zur Bewährung ausgesetzt worden und im Register nicht außerdem Freiheitsstrafe, Strafarrest oder Jugendstrafe eingetragen ist,
c) Jugendstrafe von nicht mehr als einem Jahr, außer in den Fällen der Nummer 1 Buchstabe d bis f,

3. zwanzig Jahre bei Verurteilungen wegen einer Straftat nach den §§ 174 bis 180 oder 182 des Strafgesetzbuches zu einer Freiheitsstrafe oder Jugendstrafe von mehr als einem Jahr,

4. fünfzehn Jahre
in allen übrigen Fällen.

(2) Die Aussetzung der Strafe oder eines Strafrestes zur Bewährung oder die Beseitigung des Strafmakels bleiben bei der Berechnung der Frist unberücksichtigt, wenn diese Entscheidungen widerrufen worden sind.

(3) In den Fällen des Absatzes 1 Nr. 1 Buchstabe e, Nr. 2 Buchstabe c sowie Nummer 3 und 4 verlängert sich die Frist um die Dauer der Freiheitsstrafe, des Strafarrestes oder der Jugendstrafe. In den Fällen des Absatzes 1 Nummer 1a verlängert sich die Frist bei einer Verurteilung zu einer Jugendstrafe von mehr als einem Jahr um die Dauer der Jugendstrafe.

§ 47 Feststellung der Frist und Ablaufhemmung

(1) Für die Feststellung und Berechnung der Frist gelten die §§ 35, 36 entsprechend.
(2) Die Tilgungsfrist läuft nicht ab, solange sich aus dem Register ergibt, daß die Vollstreckung einer Strafe oder eine der in § 61 des Strafgesetzbuchs aufgeführten Maßregeln der Besserung und Sicherung noch nicht erledigt oder die Strafe noch nicht erlassen ist. § 37 Abs. 1 gilt entsprechend.
(3) Sind im Register mehrere Verurteilungen eingetragen, so ist die Tilgung einer Eintragung erst zulässig, wenn für alle Verurteilungen die Voraussetzungen der Tilgung vorliegen. Die Eintragung einer Verurteilung, durch die eine Sperre für die Erteilung der Fahrerlaubnis für immer angeordnet worden ist, hindert die Tilgung anderer Verurteilungen nur, wenn zugleich auf eine Strafe erkannt worden ist, für die allein die Tilgungsfrist nach § 46 noch nicht abgelaufen wäre.

Fünfter Abschnitt
Rechtswirkungen der Tilgung

§ 51 Verwertungsverbot

(1) Ist die Eintragung über eine Verurteilung im Register getilgt worden oder ist sie zu tilgen, so dürfen die Tat und die Verurteilung der betroffenen Person im Rechtsverkehr nicht mehr vorgehalten und nicht zu ihrem Nachteil verwertet werden.

(2) Aus der Tat oder der Verurteilung entstandene Rechte Dritter, gesetzliche Rechtsfolgen der Tat oder der Verurteilung und Entscheidungen von Gerichten oder Verwaltungsbehörden, die im Zusammenhang mit der Tat oder der Verurteilung ergangen sind, bleiben unberührt.

Sechster Abschnitt
Begrenzung von Offenbarungspflichten des Verurteilten

§ 53 Offenbarungspflicht bei Verurteilungen

(1) Verurteilte dürfen sich als unbestraft bezeichnen und brauchen den der Verurteilung zugrunde liegenden Sachverhalt nicht zu offenbaren, wenn die Verurteilung
1. nicht in das Führungszeugnis oder nur in ein Führungszeugnis nach § 32 Abs. 3, 4 aufzunehmen oder
2. zu tilgen ist.

(2) Soweit Gerichte oder Behörden ein Recht auf unbeschränkte Auskunft haben, können Verurteilte ihnen gegenüber keine Rechte aus Absatz 1 Nr. 1 herleiten, falls sie hierüber belehrt werden.

Dritter Teil
Das Erziehungsregister

§ 59 Führung des Erziehungsregisters

Für das Erziehungsregister gelten die Vorschriften des Zweiten Teils, soweit die §§ 60 bis 64 nicht etwas anderes bestimmen.

§ 64 Begrenzung von Offenbarungspflichten der betroffenen Person

(1) Eintragungen in das Erziehungsregister und die ihnen zugrunde liegenden Sachverhalte braucht die betroffene Person nicht zu offenbaren.

(2) Soweit Gerichte oder Behörden ein Recht auf Auskunft aus dem Erziehungsregister haben, kann die betroffene Person ihnen gegenüber keine Rechte aus Absatz 1 herleiten, falls sie hierüber belehrt wird.

Gesetz über den Bundesfreiwilligendienst (Bundesfreiwilligendienstgesetz – BFDG)

Vom 28. April 2011 (BGBl. I S. 687)

Zuletzt geändert durch
Zweites Datenschutz-Anpassungs- und Umsetzungsgesetz EU
vom 20. November 2019 (BGBl. I S. 1626)

Inhaltsübersicht

- § 1 Aufgaben des Bundesfreiwilligendienstes
- § 2 Freiwillige
- § 3 Einsatzbereiche, Dauer
- § 4 Pädagogische Begleitung
- § 5 Anderer Dienst im Ausland
- § 6 Einsatzstellen
- § 7 Zentralstellen
- § 8 Vereinbarung
- § 9 Haftung
- § 10 Beteiligung der Freiwilligen
- § 11 Bescheinigung, Zeugnis
- § 12 Datenschutz
- § 13 Anwendung arbeitsrechtlicher, arbeitsschutzrechtlicher und sonstiger Bestimmungen
- § 14 Zuständige Bundesbehörde
- § 15 Beirat für den Bundesfreiwilligendienst
- § 16 Übertragung von Aufgaben
- § 17 Kosten

§ 1 Aufgaben des Bundesfreiwilligendienstes

Im Bundesfreiwilligendienst engagieren sich Frauen und Männer für das Allgemeinwohl, insbesondere im sozialen, ökologischen und kulturellen Bereich sowie im Bereich des Sports, der Integration und des Zivil- und Katastrophenschutzes. Der Bundesfreiwilligendienst fördert das lebenslange Lernen.

§ 2 Freiwillige

Freiwillige im Sinne dieses Gesetzes sind Personen, die
1. die Vollzeitschulpflicht erfüllt haben,
2. einen freiwilligen Dienst
   a) ohne Erwerbsabsicht, außerhalb einer Berufsausbildung und vergleichbar einer Vollzeitbeschäftigung leisten oder
   b) ohne Erwerbsabsicht, außerhalb einer Berufsausbildung und vergleichbar einer Vollzeitbeschäftigung von mehr als 20 Stunden pro Woche leisten, sofern sie
      aa) das 27. Lebensjahr vollendet haben oder
      bb) das 27. Lebensjahr noch nicht vollendet haben und ein berechtigtes Interesse der Freiwilligen an einer Teilzeitbeschäftigung vorliegt.
3. sich auf Grund einer Vereinbarung nach § 8 zur Leistung eines Bundesfreiwilligendienstes für eine Zeit von mindestens sechs Monaten und höchstens 24 Monaten verpflichtet haben und
4. für den Dienst nur unentgeltliche Unterkunft, Verpflegung und Arbeitskleidung sowie ein angemessenes Taschengeld oder anstelle von Unterkunft, Verpflegung und Arbeitskleidung entsprechende Geldersatzleistungen erhalten dürfen; ein Taschengeld ist dann angemessen, wenn es
   a) 6 Prozent der in der allgemeinen Rentenversicherung geltenden Beitragsbemessungsgrenze nicht übersteigt,
   b) dem Taschengeld anderer Personen entspricht, die einen Jugendfreiwilligendienst nach dem Jugendfreiwilligendienstegesetz leisten und eine vergleichbare Tätigkeit in derselben Einsatzstelle ausüben und
   c) bei einem Dienst vergleichbar einer Teilzeitbeschäftigung gekürzt ist.

§ 3 Einsatzbereiche, Dauer

(1) Der Bundesfreiwilligendienst wird in der Regel ganztägig als überwiegend praktische Hilfstätigkeit in gemeinwohlorientierten Einrichtungen geleistet, insbesondere in Einrichtungen der Kinder- und Jugendhilfe, einschließlich der Einrichtungen für außerschulische Jugendbildung und für Jugendarbeit, in Einrichtungen der Wohlfahrts-, Gesundheits- und Altenpflege, der Behindertenhilfe, der Kultur und Denkmalpflege, des Sports, der Integration, des Zivil- und Katastrophenschutzes und in Einrichtungen, die im Bereich des Umweltschutzes einschließlich des Naturschutzes und der Bildung zur Nachhaltigkeit tätig sind. Der Bundesfreiwilligendienst ist arbeitsmarktneutral auszugestalten.

(2) Der Bundesfreiwilligendienst wird in der Regel für eine Dauer von zwölf zusammenhängenden Monaten geleistet. Der Dienst dauert mindestens sechs Monate und höchstens 18 Monate. Er kann ausnahmsweise bis zu einer Dauer von 24 Monaten verlängert werden, wenn dies im Rahmen eines besonderen pädagogischen Konzepts begründet ist. Im Rahmen eines pädagogischen Gesamtkonzepts ist auch eine Ableistung in zeitlich getrennten Abschnitten möglich, wenn ein Abschnitt mindestens drei Monate dauert. Die Gesamtdauer aller Abschnitte sowie mehrerer geleisteter Bundesfreiwilligendienste darf bis zum 27. Lebensjahr die zulässige Gesamtdauer nach den Sätzen 2 und 3 nicht überschreiten, danach müssen zwischen jedem Ableisten der nach den Sätzen 2 und 3 zulässigen Gesamtdauer fünf Jahre liegen; auf das Ableisten der Gesamtdauer ist ein Jugendfreiwilligendienst nach dem Jugendfreiwilligendienstegesetz anzurechnen.

§ 4 Pädagogische Begleitung

(1) Der Bundesfreiwilligendienst wird pädagogisch begleitet mit dem Ziel, soziale, ökologische, kulturelle und interkulturelle Kompetenzen zu vermitteln und das Verantwortungsbewusstsein für das Gemeinwohl zu stärken.
(2) Die Freiwilligen erhalten von den Einsatzstellen fachliche Anleitung.
(3) Während des Bundesfreiwilligendienstes finden Seminare statt, für die Teilnahmepflicht besteht. Die Seminarzeit gilt als Dienstzeit. Die Gesamtdauer der Seminare beträgt bei einer zwölfmonatigen Teilnahme am Bundesfreiwilligendienst mindestens 25 Tage; Freiwillige, die das 27. Lebensjahr vollendet haben, nehmen in angemessenem Umfang an den Seminaren teil. Wird ein Dienst über den Zeitraum von zwölf Monaten hinaus vereinbart oder verlängert, erhöht sich die Zahl der Seminartage für jeden weiteren Monat um mindestens einen Tag. Bei einem kürzeren Dienst als zwölf Monate verringert sich die Zahl der Seminartage für jeden Monat um zwei Tage. Die Freiwilligen wirken an der inhaltlichen Gestaltung und der Durchführung der Seminare mit.
(4) Die Freiwilligen nehmen im Rahmen der Seminare nach Absatz 3 an einem fünftägigen Seminar zur politischen Bildung teil. In diesem Seminar darf die Behandlung politischer Fragen nicht auf die Darlegung einer einseitigen Meinung beschränkt werden. Das Gesamtbild des Unterrichts ist so zu gestalten, dass die Dienstleistenden nicht zugunsten oder zuungunsten einer bestimmten politischen Richtung beeinflusst werden.
(5) Die Seminare, insbesondere das Seminar zur politischen Bildung, können gemeinsam für Freiwillige und Personen, die Jugendfreiwilligendienste oder freiwilligen Wehrdienst leisten, durchgeführt werden.

§ 5 Anderer Dienst im Ausland

Die bestehenden Anerkennungen sowie die Möglichkeit neuer Anerkennungen von Trägern, Vorhaben und Einsatzplänen des Anderen Dienstes im Ausland nach § 14b Absatz 3 des Zivildienstgesetzes bleiben unberührt.

§ 6 Einsatzstellen

(1) Die Freiwilligen leisten den Bundesfreiwilligendienst in einer dafür anerkannten Einsatzstelle.
(2) Eine Einsatzstelle kann auf ihren Antrag von der zuständigen Bundesbehörde anerkannt werden, wenn sie
1. Aufgaben insbesondere in Einrichtungen der Kinder- und Jugendhilfe, einschließlich der Einrichtungen für außerschulische Jugendbildung und für Jugendarbeit, in Einrichtungen der Wohlfahrts-, Gesundheits- und Altenpflege, der Behindertenhilfe, der Kultur und Denkmalpflege, des Sports, der Integration, des Zivil- und Katastrophenschutzes und in Einrichtungen, die im Bereich des Umweltschutzes einschließlich des Naturschutzes und der Bildung zur Nachhaltigkeit tätig sind, wahrnimmt,
2. die Gewähr bietet, dass Beschäftigung, Leitung und Betreuung der Freiwilligen den Bestimmungen dieses Gesetzes entsprechen sowie
3. die Freiwilligen persönlich und fachlich begleitet und für deren Leitung und Betreuung qualifiziertes Personal einsetzt.

Die Anerkennung wird für bestimmte Plätze ausgesprochen. Sie kann mit Auflagen verbunden werden.
(3) Die am 1. April 2011 nach § 4 des Zivildienstgesetzes anerkannten Beschäftigungsstellen und Dienstplätze des Zivildienstes gelten als anerkannte Einsatzstellen und -plätze nach Absatz 2.
(4) Die Anerkennung ist zurückzunehmen oder zu widerrufen, wenn eine der in Absatz 2 genannten Voraussetzungen nicht vorgelegen hat oder nicht mehr vorliegt. Sie kann auch aus anderen wichtigen Gründen widerrufen werden, insbesondere, wenn eine Auflage nicht oder nicht innerhalb der gesetzten Frist erfüllt worden ist.

(5) Die Einsatzstelle kann mit der Erfüllung von gesetzlichen oder sich aus der Vereinbarung ergebenden Aufgaben mit deren Einverständnis einen Träger oder eine Zentralstelle beauftragen. Dies ist im Vorschlag nach § 8 Absatz 1 festzuhalten.

§ 7 Zentralstellen

(1) Träger und Einsatzstellen können Zentralstellen bilden. Die Zentralstellen tragen dafür Sorge, dass die ihnen angehörenden Träger und Einsatzstellen ordnungsgemäß an der Durchführung des Bundesfreiwilligendienstes mitwirken. Das Bundesministerium für Familie, Senioren, Frauen und Jugend bestimmt durch Rechtsverordnung, die nicht der Zustimmung des Bundesrates bedarf, Mindestanforderungen für die Bildung einer Zentralstelle, insbesondere hinsichtlich der für die Bildung einer Zentralstelle erforderlichen Zahl, Größe und geografischen Verteilung der Einsatzstellen und Träger.

(2) Für Einsatzstellen und Träger, die keinem bundeszentralen Träger angehören, richtet die zuständige Bundesbehörde auf deren Wunsch eine eigene Zentralstelle ein.

(3) Jede Einsatzstelle ordnet sich einer oder mehreren Zentralstellen zu.

(4) Die Zentralstellen können den ihnen angeschlossenen Einsatzstellen Auflagen erteilen, insbesondere zum Anschluss an einen Träger sowie zur Gestaltung und Organisation der pädagogischen Begleitung der Freiwilligen.

(5) Die zuständige Behörde teilt den Zentralstellen nach Inkrafttreten des jährlichen Haushaltsgesetzes bis möglichst zum 31. Januar eines jeden Jahres mit, wie viele Plätze im Bereich der Zuständigkeit der jeweiligen Zentralstelle ab August des Jahres besetzt werden können. Die Zentralstellen nehmen die regional angemessene Verteilung dieser Plätze auf die ihnen zugeordneten Träger und Einsatzstellen in eigener Verantwortung vor. Sie können die Zuteilung von Plätzen mit Auflagen verbinden.

§ 8 Vereinbarung

(1) Der Bund und die oder der Freiwillige schließen vor Beginn des Bundesfreiwilligendienstes auf gemeinsamen Vorschlag der oder des Freiwilligen und der Einsatzstelle eine schriftliche Vereinbarung ab. Die Vereinbarung muss enthalten:
1. Vor- und Familienname, Geburtstag und Anschrift der oder des Freiwilligen, bei Minderjährigen die Anschrift der Erziehungsberechtigten sowie die Einwilligung des gesetzlichen Vertreters,
2. die Bezeichnung der Einsatzstelle und, sofern diese einem Träger angehört, die Bezeichnung des Trägers,
3. die Angabe des Zeitraumes, für den die oder der Freiwillige sich zum Bundesfreiwilligendienst verpflichtet sowie eine Regelung zur vorzeitigen Beendigung des Dienstverhältnisses,
4. den Hinweis, dass die Bestimmungen dieses Gesetzes während der Durchführung des Bundesfreiwilligendienstes einzuhalten sind,
5. Angaben zur Art und Höhe der Geld- und Sachleistungen sowie
6. die Angabe der Anzahl der Urlaubstage und der Seminartage.

(2) Die Einsatzstelle kann mit der Erfüllung von gesetzlichen oder sich aus der Vereinbarung ergebenden Aufgaben einen Träger oder eine Zentralstelle beauftragen. Dies ist im Vorschlag nach Absatz 1 festzuhalten.

(3) Die Einsatzstelle legt den Vorschlag in Absprache mit der Zentralstelle, der sie angeschlossen ist, der zuständigen Bundesbehörde vor. Die Zentralstelle stellt sicher, dass ein besetzbarer Platz nach § 7 Absatz 5 zur Verfügung steht. Die zuständige Bundesbehörde unterrichtet die Freiwillige oder den Freiwilligen sowie die Einsatzstelle, gegebenenfalls den Träger und die Zentralstelle, über den Abschluss der Vereinbarung oder teilt ihnen die Gründe mit, die dem Abschluss einer Vereinbarung entgegenstehen.

§ 9 Haftung

(1) Für Schäden, die die oder der Freiwillige vorsätzlich oder fahrlässig herbeigeführt hat, haftet der Bund, wenn die schädigende Handlung auf sein Verlangen vorgenommen worden ist. Insoweit kann die oder der Freiwillige verlangen, dass der Bund sie oder ihn von Schadensersatzansprüchen der oder des Geschädigten freistellt.

(2) Für Schäden bei der Ausübung ihrer Tätigkeit haften Freiwillige nur wie Arbeitnehmerinnen und Arbeitnehmer.

§ 10 Beteiligung der Freiwilligen

Die Freiwilligen wählen Sprecherinnen und Sprecher, die ihre Interessen gegenüber den Einsatzstellen, Trägern, Zentralstellen und der zuständigen Bundesbehörde vertreten. Das Bundesministerium für Familie, Senioren, Frauen und Jugend regelt die Einzelheiten zum Wahlverfahren durch Rechtsverordnung, die nicht der Zustimmung des Bundesrates bedarf.

§ 11 Bescheinigung, Zeugnis

(1) Die Einsatzstelle stellt der oder dem Freiwilligen nach Abschluss des Dienstes eine Bescheinigung über den geleisteten Dienst aus. Eine Zweitausfertigung der Bescheinigung ist der zuständigen Bundesbehörde zuzuleiten.

(2) Bei Beendigung des freiwilligen Dienstes erhält die oder der Freiwillige von der Einsatzstelle ein schriftliches Zeugnis über die Art und Dauer des freiwilligen Dienstes. Das Zeugnis ist auf die Leistungen und die Führung während der Dienstzeit zu erstrecken. Dabei sind in das Zeugnis berufsqualifizierende Merkmale des Bundesfreiwilligendienstes aufzunehmen.

§ 12 Datenschutz

Die Einsatzstellen, Zentralstellen und Träger dürfen personenbezogene Daten nach § 8 Absatz 1 Satz 2 verarbeiten, soweit dies für die Durchführung dieses Gesetzes erforderlich ist. Die Daten sind nach Abwicklung des Bundesfreiwilligendienstes zu löschen.

§ 13 Anwendung arbeitsrechtlicher, arbeitsschutzrechtlicher und sonstiger Bestimmungen

(1) Für eine Tätigkeit im Rahmen eines Bundesfreiwilligendienstes im Sinne dieses Gesetzes sind die Arbeitsschutzbestimmungen, das Jugendarbeitsschutzgesetz und das Bundesurlaubsgesetz entsprechend anzuwenden.

(2) Soweit keine ausdrückliche sozialversicherungsrechtliche Regelung vorhanden ist, finden auf den Bundesfreiwilligendienst die sozialversicherungsrechtlichen Bestimmungen entsprechende Anwendung, die für die Jugendfreiwilligendienste nach dem Jugendfreiwilligendienstegesetz gelten. Im Übrigen sind folgende Vorschriften entsprechend anzuwenden:
1. § 3 der Sonderurlaubsverordnung,
2. § 45 Absatz 3 Satz 1 Buchstabe c des Bundesversorgungsgesetzes,
3. § 1 Absatz 1 Nummer 2 Buchstabe h der Verordnung über den Ausgleich gemeinwirtschaftlicher Leistungen im Straßenpersonenverkehr,
4. § 1 Absatz 1 Nummer 2 Buchstabe h der Verordnung über den Ausgleich gemeinwirtschaftlicher Leistungen im Eisenbahnverkehr.

§ 14 Zuständige Bundesbehörde

(1) Dieses Gesetz wird, soweit es nichts anderes bestimmt, in bundeseigener Verwaltung ausgeführt. Die Durchführung wird dem Bundesamt für den Zivildienst als selbstständiger Bundesoberbehörde übertragen, welche die Bezeichnung „Bundesamt für Familie und zivilgesellschaftliche Aufgaben" (Bundesamt) erhält und dem Bundesministerium für Familie, Senioren, Frauen und Jugend untersteht.

(2) Dem Bundesamt können weitere Aufgaben übertragen werden.

§ 15 Beirat für den Bundesfreiwilligendienst

(1) Bei dem Bundesministerium für Familie, Senioren, Frauen und Jugend wird ein Beirat für den Bundesfreiwilligendienst gebildet. Der Beirat berät das Bundesministerium für Familie, Senioren, Frauen und Jugend in Fragen des Bundesfreiwilligendienstes.

(2) Dem Beirat gehören an:
1. bis zu sieben Bundessprecherinnen oder Bundessprecher der Freiwilligen,
2. bis zu sieben Vertreterinnen oder Vertreter der Zentralstellen,
3. je eine Vertreterin oder ein Vertreter der evangelischen Kirche und der katholischen Kirche,
4. je eine Vertreterin oder ein Vertreter der Gewerkschaften und der Arbeitgeberverbände,
5. vier Vertreterinnen oder Vertreter der Länder und
6. eine Vertreterin oder ein Vertreter der kommunalen Spitzenverbände.

(3) Das Bundesministerium für Familie, Senioren, Frauen und Jugend beruft die Mitglieder des Beirats in der Regel für die Dauer von vier Jahren. Die in Absatz 2 genannten Stellen sollen hierzu Vorschläge machen. Die Mitglieder nach Absatz 2 Nummer 1 sind für die Dauer ihrer Dienstzeit zu berufen. Für jedes Mitglied wird eine persönliche Stellvertretung berufen.

(4) Die Sitzungen des Beirats werden von der oder dem von der Bundesministerin oder dem Bundesminister für Familie, Senioren, Frauen und Jugend dafür benannten Vertreterin oder Vertreter einberufen und geleitet.

§ 16 Übertragung von Aufgaben

Die Einsatzstellen, Zentralstellen und Träger können mit ihrem Einverständnis mit der Wahrnehmung von Aufgaben beauftragt werden. Die hierdurch entstehenden Kosten können in angemessenem Umfang erstattet werden.

§ 17 Kosten

(1) Soweit die Freiwilligen Unterkunft, Verpflegung und Arbeitskleidung oder entsprechende Geldersatzleistungen erhalten, erbringen die Einsatzstellen diese Leistungen auf ihre Kosten für den Bund. Sie tragen die ihnen aus der Beschäftigung der Freiwilligen entstehenden Verwaltungskosten.

(2) Für den Bund zahlen die Einsatzstellen den Freiwilligen das Taschengeld, soweit ein Taschengeld vereinbart ist. Für die Einsatzstellen gelten die Melde-, Beitragsnachweis- und Zahlungspflichten des Sozialversicherungsrechts. Die Einsatzstellen tragen die Kosten der pädagogischen Begleitung der Freiwilligen.

(3) Den Einsatzstellen wird der Aufwand für das Taschengeld, die Sozialversicherungsbeiträge und die pädagogische Begleitung im Rahmen der im Haushaltsplan vorgesehenen Mittel erstattet; das Bundesministerium für Familie, Senioren, Frauen und Jugend legt im Einvernehmen mit dem Bundesministerium der Finanzen einheitliche Obergrenzen für die Erstattung fest. Der Zuschuss für den Aufwand für die pädagogische Begleitung wird nach den für das freiwillige soziale Jahr im Inland geltenden Richtlinien des Bundes festgesetzt.

Gesetz zur Förderung von Jugendfreiwilligendiensten (Jugendfreiwilligendienstegesetz – JFDG)

Vom 16. Mai 2008 (BGBl. I S. 842)

Zuletzt geändert durch
Zweites Datenschutz-Anpassungs- und Umsetzungsgesetz EU
vom 20. November 2019 (BGBl. I S. 1626)

Inhaltsübersicht

§ 1 Fördervoraussetzungen
§ 2 Freiwillige
§ 3 Freiwilliges soziales Jahr
§ 4 Freiwilliges ökologisches Jahr
§ 5 Jugendfreiwilligendienste im Inland
§ 6 Fördervoraussetzungen
§ 7 Kombinierter Jugendfreiwilligendienst
§ 8 Zeitliche Ausnahmen
§ 9 Förderung
§ 10 Träger
§ 11 Vereinbarung, Bescheinigung, Zeugnis
§ 12 Datenschutz
§ 13 Anwendung arbeitsrechtlicher und arbeitsschutzrechtlicher Bestimmungen

§ 1 Fördervoraussetzungen

(1) Jugendfreiwilligendienste fördern die Bildungsfähigkeit der Jugendlichen und gehören zu den besonderen Formen des bürgerschaftlichen Engagements. Ein Jugendfreiwilligendienst wird gefördert, wenn die in den §§ 2 bis 8 genannten Voraussetzungen erfüllt sind und der Dienst von einem nach § 10 zugelassenen Träger durchgeführt wird. Die Förderung dient dazu, die Härten und Nachteile zu beseitigen, die mit der Ableistung des Jugendfreiwilligendienstes im Sinne dieses Gesetzes verbunden sind.
(2) Jugendfreiwilligendienste im Sinne des Gesetzes sind das freiwillige soziale Jahr (FSJ) und das freiwillige ökologische Jahr (FÖJ).

§ 2 Freiwillige

(1) Freiwillige im Sinne dieses Gesetzes sind Personen, die
1. die Vollzeitschulpflicht erfüllt haben, aber das 27. Lebensjahr noch nicht vollendet haben,
2. einen freiwilligen Dienst
    a) ohne Erwerbsabsicht, außerhalb einer Berufsausbildung und vergleichbar einer Vollzeitbeschäftigung leisten oder
    b) ohne Erwerbsabsicht, außerhalb einer Berufsausbildung und vergleichbar einer Teilzeitbeschäftigung von mehr als 20 Stunden pro Woche leisten, sofern ein berechtigtes Interesse der Freiwilligen an einer Teilzeitbeschäftigung vorliegt,
3. sich auf Grund einer Vereinbarung nach § 11 zur Leistung des freiwilligen Dienstes für eine Zeit von mindestens sechs Monaten und höchstens 24 Monaten verpflichtet haben und
4. für den freiwilligen Dienst
    a) nur unentgeltliche Unterkunft, Verpflegung und Arbeitskleidung sowie ein angemessenes Taschengeld erhalten dürfen oder
    b) anstelle von unentgeltlicher Unterkunft, Verpflegung und Arbeitskleidung entsprechende Geldersatzleistungen sowie ein angemessenes Taschengeld erhalten dürfen.

Angemessen ist ein Taschengeld, wenn es 6 Prozent der in der allgemeinen Rentenversicherung geltenden Beitragsbemessungsgrenze nicht übersteigt. Bei einem freiwilligen Dienst vergleichbar einer Teilzeitbeschäftigung ist dieser Prozentsatz zu kürzen.
(2) Als Freiwillige gelten auch Personen, die durch einen nach § 10 zugelassenen Träger des Jugendfreiwilligendienstes darauf vorbereitet werden, einen Jugendfreiwilligendienst im Ausland zu leisten (Vorbereitungsdienst), für den Vorbereitungsdienst nur Leistungen erhalten, die dieses Gesetz vorsieht, und neben dem Vorbereitungsdienst keine Tätigkeit gegen Entgelt ausüben sowie die Voraussetzungen des Absatzes 1 Nummer 1 und 3 erfüllen.

§ 3 Freiwilliges soziales Jahr

(1) Das freiwillige soziale Jahr wird als überwiegend praktische Hilfstätigkeit, die an den Lernzielen orientiert ist, in gemeinwohlorientierten Einrichtungen geleistet, insbesondere in Einrichtungen der Wohlfahrtspflege, in Einrichtungen der Kinder- und Jugendhilfe, einschließlich der Einrichtungen für außer-

schulische Jugendbildung und Einrichtungen für Jugendarbeit, in Einrichtungen der Gesundheitspflege, in Einrichtungen der Kultur und Denkmalpflege oder in Einrichtungen des Sports.
(2) Das freiwillige soziale Jahr wird pädagogisch begleitet. Die pädagogische Begleitung wird von einer zentralen Stelle eines nach § 10 zugelassenen Trägers des Jugendfreiwilligendienstes sichergestellt mit dem Ziel, soziale, kulturelle und interkulturelle Kompetenzen zu vermitteln und das Verantwortungsbewusstsein für das Gemeinwohl zu stärken.

§ 4 Freiwilliges ökologisches Jahr
(1) Das freiwillige ökologische Jahr wird als überwiegend praktische Hilfstätigkeit, die an Lernzielen orientiert ist, in geeigneten Stellen und Einrichtungen geleistet, die im Bereich des Natur- und Umweltschutzes einschließlich der Bildung zur Nachhaltigkeit tätig sind.
(2) Das freiwillige ökologische Jahr wird pädagogisch begleitet. Die pädagogische Begleitung wird von einer zentralen Stelle eines nach § 10 zugelassenen Trägers des Jugendfreiwilligendienstes sichergestellt mit dem Ziel, soziale, kulturelle und interkulturelle Kompetenzen zu vermitteln und das Verantwortungsbewusstsein für das Gemeinwohl zu stärken. Im freiwilligen ökologischen Jahr sollen insbesondere der nachhaltige Umgang mit Natur und Umwelt gestärkt und Umweltbewusstsein entwickelt werden, um ein kompetentes Handeln für Natur und Umwelt zu fördern.

§ 5 Jugendfreiwilligendienste im Inland
(1) Das freiwillige soziale Jahr und das freiwillige ökologische Jahr im Inland werden in der Regel für eine Dauer von zwölf zusammenhängenden Monaten geleistet. Die Mindestdauer bei demselben nach § 10 anerkannten Träger beträgt sechs Monate, der Dienst kann bis zu der Gesamtdauer von insgesamt 18 Monaten verlängert werden. Der Träger kann den Jugendfreiwilligendienst im Rahmen des pädagogischen Gesamtkonzepts auch unterbrochen zur Ableistung in Abschnitten anbieten, wenn ein Abschnitt mindestens drei Monate dauert.
(2) Die pädagogische Begleitung umfasst die an Lernzielen orientierte fachliche Anleitung der Freiwilligen durch die Einsatzstelle, die individuelle Betreuung durch pädagogische Kräfte des Trägers und durch die Einsatzstelle sowie die Seminararbeit. Es werden ein Einführungs-, ein Zwischen- und ein Abschlussseminar durchgeführt, deren Mindestdauer je fünf Tage beträgt. Die Gesamtdauer der Seminare beträgt bezogen auf eine zwölfmonatige Teilnahme am Jugendfreiwilligendienst mindestens 25 Tage. Wird ein Dienst über den Zeitraum von zwölf Monaten hinaus vereinbart oder verlängert, erhöht sich die Zahl der Seminartage um mindestens einen Tag je Monat der Verlängerung. Die Seminarzeit gilt als Dienstzeit. Die Teilnahme ist Pflicht. Die Freiwilligen wirken an der inhaltlichen Gestaltung und der Durchführung der Seminare mit.
(3) Bis zu einer Höchstdauer von insgesamt 18 Monaten können ein freiwilliges soziales Jahr und ein freiwilliges ökologisches Jahr mit einer Mindestdienstdauer von sechs Monaten nacheinander geleistet werden. In diesem Fall richtet sich die Zahl der Seminartage für jeden einzelnen Dienst nach Absatz 2. Auf die Gesamtdauer ist ein Bundesfreiwilligendienst nach dem Bundesfreiwilligendienstgesetz anzurechnen.
(4) Zur Durchführung des Jugendfreiwilligendienstes nach diesem Gesetz schließen zugelassene Träger und Einsatzstellen eine vertragliche Vereinbarung. Die Vereinbarung legt fest, in welcher Weise Träger und Einsatzstellen die Ziele des Dienstes, insbesondere soziale Kompetenz, Persönlichkeitsbildung sowie die Förderung der Bildungs- und Beschäftigungsfähigkeit der Freiwilligen gemeinsam verfolgen.

§ 6 Fördervoraussetzungen
(1) Ein freiwilliges soziales Jahr oder ein freiwilliges ökologisches Jahr im Sinne dieses Gesetzes kann auch im Ausland geleistet werden.
(2) Der Jugendfreiwilligendienst im Ausland wird als Dienst gemäß § 2 Abs. 1 Nr. 1 und ausschließlich ununterbrochen geleistet. § 5 gilt entsprechend, soweit keine abweichenden Regelungen für den Jugendfreiwilligendienst im Ausland vorgesehen sind. Zum freiwilligen sozialen Jahr im Ausland gehört insbesondere auch der Dienst für Frieden und Versöhnung. Der Jugendfreiwilligendienst im Ausland wird nach Maßgabe der Nummern 1 bis 3 pädagogisch begleitet:
1. Die pädagogische Begleitung wird von einem nach § 10 zugelassenen Träger sichergestellt,
2. zur Vorbereitung auf den Jugendfreiwilligendienst und während des Dienstes im Ausland erfolgt die pädagogische Begleitung in Form von Bildungsmaßnahmen (Seminaren oder pädagogischen Veranstaltungen), durch fachliche Anleitung durch die Einsatzstelle und die individuelle Betreuung durch pädagogische Kräfte der Einsatzstelle oder des Trägers; die Freiwilligen wirken an der inhaltlichen Gestaltung und Durchführung der Bildungsmaßnahmen mit,

3. die Gesamtdauer der Bildungsmaßnahmen beträgt, bezogen auf eine zwölfmonatige Teilnahme am Jugendfreiwilligendienst im Ausland, mindestens fünf Wochen.

Die pädagogische Begleitung soll in der Weise erfolgen, dass jeweils in der Bundesrepublik Deutschland vorbereitende Veranstaltungen von mindestens vierwöchiger Dauer und nachbereitende Veranstaltungen von mindestens einwöchiger Dauer stattfinden. Falls der Träger ein Zwischenseminar im Ausland sicherstellen kann, das regelmäßig bis zu zwei Wochen dauern kann, verkürzen sich die vorbereitenden Veranstaltungen entsprechend. Die Teilnahme an den Bildungsmaßnahmen gilt als Dienstzeit. Die Teilnahme ist Pflicht.

(3) Der Dienst muss nach Maßgabe des § 11 Abs. 1 mit dem Träger vereinbart und gestaltet werden. § 11 Abs. 2 findet keine Anwendung. Die Höchstdauer der Entsendung beträgt 18 Monate. Für die Zahl zusätzlicher Seminartage gilt § 5 Absatz 2 Satz 3 und 4 entsprechend.

§7 Kombinierter Jugendfreiwilligendienst

Ein kombinierter Jugendfreiwilligendienst im In- und Ausland kann vom Träger angeboten werden, wenn insgesamt eine Dauer von 18 zusammenhängenden Monaten nicht überschritten wird und die Einsatzabschnitte im In- und Ausland jeweils mindestens drei Monate dauern. Der Dienst ist für den Gesamtzeitraum nach § 11 Abs. 1 mit dem Träger zu vereinbaren und zu gestalten. § 11 Abs. 2 findet keine Anwendung. Die pädagogische Begleitung soll nach Maßgabe des § 6 erfolgen; Zwischenseminare können auch im Inland stattfinden. § 5 Abs. 2 gilt für kürzer oder länger als zwölf Monate dauernde Dienste entsprechend.

§8 Zeitliche Ausnahmen

Der Jugendfreiwilligendienst nach den §§ 5, 6 und 7 kann ausnahmsweise bis zu einer Dauer von 24 Monaten geleistet werden, wenn dies im Rahmen eines besonderen pädagogischen Konzepts begründet ist.

§9 Förderung

Die Förderung des freiwilligen sozialen Jahres und des freiwilligen ökologischen Jahres richtet sich nach folgenden Rechtsnormen:
1. § 3 der Verordnung über Sonderurlaub für Bundesbeamte und Richter im Bundesdienst (Sonderurlaub),
2. § 2 Abs. 1 Nr. 8 des Arbeitsgerichtsgesetzes (Zuständigkeit von Gerichten),
3. § 32 Abs. 4 Satz 1 Nr. 2 Buchstabe b und d des Einkommensteuergesetzes (Berücksichtigung von Kindern),
4. § 265 Abs. 2 Satz 3 Nr. 2 des Gesetzes über den Lastenausgleich (Lastenausgleich),
5. § 27 Abs. 2 Satz 2 Nr. 1, § 150 Absatz 2 Satz 1 Nummer 2, § 344 Abs. 2 des Dritten Buches Sozialgesetzbuch (Arbeitsförderung),
6. § 20 Abs. 3 Satz 1 Nr. 2 des Vierten Buches Sozialgesetzbuch (Gesamtsozialversicherungsbeitrag),
7. § 67 Abs. 3 Satz 1 Nr. 2 Buchstabe b und c, § 82 Abs. 2 Satz 2 des Siebten Buches Sozialgesetzbuch (Gesetzliche Unfallversicherung),
8. § 33b Abs. 4 Satz 2 Nr. 2 Buchstabe d, § 45 Abs. 3 Satz 1 Buchstabe c des Bundesversorgungsgesetzes (Kinderzuschlag und Waisenrente bei Kriegsopferversorgung),
9. § 2 Abs. 2 Satz 1 Nr. 2 Buchstabe b und d des Bundeskindergeldgesetzes (Kindergeld),
10. § 10 Abs. 1 des Vierten Buches Sozialgesetzbuch (Beschäftigungsort),
11. § 7 Abs. 1 Satz 1 Nr. 2, § 10 Abs. 2 Nr. 3 des Fünften Buches Sozialgesetzbuch (Krankenversicherung),
12. § 6 Absatz 1b Satz 5, § 48 Abs. 4 Satz 1 Nr. 2 Buchstabe b und c des Sechsten Buches Sozialgesetzbuch (Rentenversicherung),
13. § 25 Abs. 2 Nr. 3 des Elften Buches Sozialgesetzbuch (Pflegeversicherung),
14. § 1 Abs. 1 Nr. 2 Buchstabe h der Verordnung über den Ausgleich gemeinwirtschaftlicher Leistungen im Straßenpersonenverkehr (Ermäßigungen im Straßenpersonenverkehr),
15. § 1 Abs. 1 Nr. 2 Buchstabe h der Verordnung über den Ausgleich gemeinwirtschaftlicher Leistungen im Eisenbahnverkehr (Ermäßigungen im Eisenbahnverkehr),
16. § 14c des Gesetzes über den Zivildienst der Kriegsdienstverweigerer (Anerkannte Kriegsdienstverweigerer).

§10 Träger

(1) Als Träger des freiwilligen sozialen Jahres im Inland im Sinne dieses Gesetzes sind zugelassen:

1. die Verbände, die in der Bundesarbeitsgemeinschaft der freien Wohlfahrtspflege zusammengeschlossen sind, und ihre Untergliederungen,
2. Religionsgemeinschaften mit dem Status einer öffentlich- rechtlichen Körperschaft und
3. die Gebietskörperschaften sowie nach näherer Bestimmung der Länder sonstige Körperschaften des öffentlichen Rechts.

(2) Als weitere Träger des freiwilligen sozialen Jahres im Inland und als Träger des freiwilligen ökologischen Jahres im Inland im Sinne dieses Gesetzes kann die zuständige Landesbehörde solche Einrichtungen zulassen, die für eine den Bestimmungen der §§ 2, 3 oder 4 und 5 entsprechende Durchführung Gewähr bieten.

(3) Als Träger des freiwilligen sozialen Jahres im Ausland oder als Träger des freiwilligen ökologischen Jahres im Ausland im Sinne dieses Gesetzes werden juristische Personen zugelassen, die
1. Maßnahmen im Sinne der §§ 6 oder 7 durchführen und Freiwillige für einen Dienst im Ausland vorbereiten, entsenden und betreuen,
2. Gewähr dafür bieten, dass sie auf Grund ihrer nachgewiesenen Auslandserfahrungen ihre Aufgabe auf Dauer erfüllen und den ihnen nach dem Gesetz obliegenden Verpflichtungen nachkommen,
3. ausschließlich und unmittelbar steuerbegünstigten Zwecken im Sinne der §§ 51 bis 68 der Abgabenordnung dienen und
4. ihren Sitz in der Bundesrepublik Deutschland haben.

Über die Zulassung eines Trägers des freiwilligen sozialen Jahres im Ausland und über die Zulassung eines Trägers des freiwilligen ökologischen Jahres im Ausland entscheidet die zuständige Landesbehörde.

(4) Die zuständige Landesbehörde hat die Zulassung von Trägern im Sinne dieses Gesetzes zu widerrufen, wenn eine der in Absatz 2 oder 3 genannten Voraussetzungen nicht mehr vorliegt. Die Zulassung kann auch aus anderen wichtigen Gründen widerrufen werden, insbesondere, wenn eine Auflage nicht erfüllt worden ist. Durch den Widerruf oder die Rücknahme der Zulassung werden die Rechte der Freiwilligen nach diesem Gesetz nicht berührt.

(5) Bestehende Zulassungen von Trägern nach dem Gesetz zur Förderung eines freiwilligen sozialen Jahresoder nach dem Gesetz zur Förderung eines freiwilligen ökologischen Jahres bleiben unberührt.

§ 11 Vereinbarung, Bescheinigung, Zeugnis

(1) Der zugelassene Träger des Jugendfreiwilligendienstes und die oder der Freiwillige schließen vor Beginn des Jugendfreiwilligendienstes eine schriftliche Vereinbarung ab. Sie muss enthalten:
1. Vor- und Familienname, Geburtsdatum und Anschrift der oder des Freiwilligen,
2. die Bezeichnung des Trägers des Jugendfreiwilligendienstes und der Einsatzstelle,
3. die Angabe des Zeitraumes, für den die oder der Freiwillige sich zum Jugendfreiwilligendienst verpflichtet hat, sowie Regelungen für den Fall der vorzeitigen Beendigung des Dienstes,
4. die Erklärung, dass die Bestimmungen dieses Gesetzes während der Durchführung des Jugendfreiwilligendienstes einzuhalten sind,
5. die Angabe des Zulassungsbescheides des Trägers oder der gesetzlichen Zulassung,
6. Angaben zur Art und Höhe der Geld- und Sachleistungen für Unterkunft, Verpflegung, Arbeitskleidung und Taschengeld,
7. die Angabe der Anzahl der Urlaubstage und
8. die Ziele des Dienstes und die wesentlichen der Zielerreichung dienenden Maßnahmen.

(2) Die Vereinbarung nach Absatz 1 kann auch als gemeinsame Vereinbarung zwischen dem zugelassenen Träger, der Einsatzstelle und der oder dem Freiwilligen geschlossen werden, in der die Einsatzstelle die Geld- und Sachleistungen für Unterkunft, Verpflegung, Arbeitskleidung und Taschengeld auf eigene Rechnung übernimmt. Der Träger haftet für die Erfüllung dieser Pflichten gegenüber der oder dem Freiwilligen und Dritten wie ein selbstschuldnerischer Bürge.

(3) Der Träger stellt der Freiwilligen oder dem Freiwilligen nach Abschluss des Dienstes eine Bescheinigung aus. Absatz 1 Satz 2 Nr. 4 und 5 gilt entsprechend; außerdem muss die Bescheinigung den Zeitraum des Dienstes enthalten.

(4) Bei Beendigung des Jugendfreiwilligendienstes kann die Freiwillige oder der Freiwillige von dem Träger ein schriftliches Zeugnis über die Art und Dauer des Jugendfreiwilligendienstes fordern. Die Einsatzstelle soll bei der Zeugniserstellung angemessen beteiligt werden; im Falle des § 11 Abs. 2 ist das Zeugnis im Einvernehmen mit der Einsatzstelle zu erstellen. Das Zeugnis ist auf Verlangen auf die Leistungen und die Führung während der Dienstzeit zu erstrecken. Dabei sind in das Zeugnis berufsqualifizierende Merkmale des Jugendfreiwilligendienstes aufzunehmen.

§ 12 Datenschutz
Der Träger des Jugendfreiwilligendienstes darf personenbezogene Daten nach § 11 Abs. 1 Satz 2 verarbeiten, soweit dies für die Förderung nach § 9 in Verbindung mit den dort genannten Vorschriften erforderlich ist. Die Daten sind nach Abwicklung des Jugendfreiwilligendienstes zu löschen.

§ 13 Anwendung arbeitsrechtlicher und arbeitsschutzrechtlicher Bestimmungen
Für eine Tätigkeit im Rahmen eines Jugendfreiwilligendienstes im Sinne dieses Gesetzes sind die Arbeitsschutzbestimmungen und das Bundesurlaubsgesetz entsprechend anzuwenden. Für Schäden bei der Ausübung ihrer Tätigkeit haften Freiwillige nur wie Arbeitnehmerinnen und Arbeitnehmer.

200 AO

Abgabenordnung (AO)

in der Fassung der Bekanntmachung
vom 1. Oktober 2002 (BGBl. I S. 3866, 2003 S. 61)

Zuletzt geändert durch
Gesetz zur Modernisierung des notariellen Berufsrechts und zur Änderung weiterer Vorschriften
vom 25. Juni 2021 (BGBl. I S. 2154)

– Auszug –*)

Inhaltsübersicht

Erster Teil
Einleitende Vorschriften

Erster Abschnitt
Anwendungsbereich

- § 1 Anwendungsbereich
- § 2 Vorrang völkerrechtlicher Vereinbarungen
- § 2a Anwendungsbereich der Vorschriften über die Verarbeitung personenbezogener Daten

Zweiter Abschnitt
Steuerliche Begriffsbestimmungen

- § 3 Steuern, steuerliche Nebenleistungen
- § 4 Gesetz
- § 5 Ermessen
- § 6 Behörden, öffentliche und nicht-öffentliche Stellen, Finanzbehörden
- § 7 Amtsträger
- § 8 Wohnsitz
- § 9 Gewöhnlicher Aufenthalt
- § 10 Geschäftsleitung
- § 11 Sitz
- § 12 Betriebsstätte
- § 13 Ständiger Vertreter
- § 14 Wirtschaftlicher Geschäftsbetrieb
- § 15 Angehörige

Dritter Abschnitt
Zuständigkeit der Finanzbehörden

- § 16 Sachliche Zuständigkeit
- § 17 Örtliche Zuständigkeit
- § 18 Gesonderte Feststellungen
- § 19 Steuern vom Einkommen und Vermögen natürlicher Personen
- § 20 Steuern vom Einkommen und Vermögen der Körperschaften, Personenvereinigungen, Vermögensmassen
- § 20a Steuern vom Einkommen bei Bauleistungen
- § 21 Umsatzsteuer
- § 22 Realsteuern
- § 22a Zuständigkeit auf dem Festlandsockel oder an der ausschließlichen Wirtschaftszone
- § 23 Einfuhr- und Ausfuhrabgaben und Verbrauchsteuern
- § 24 Ersatzzuständigkeit
- § 25 Mehrfache örtliche Zuständigkeit
- § 26 Zuständigkeitswechsel
- § 27 Zuständigkeitsvereinbarung
- § 28 Zuständigkeitsstreit
- § 29 Gefahr im Verzug
- § 29a Unterstützung des örtlich zuständigen Finanzamts auf Anweisung der vorgesetzten Finanzbehörde

Vierter Abschnitt
Verarbeitung geschützter Daten und Steuergeheimnis

- § 29b Verarbeitung personenbezogener Daten durch Finanzbehörden
- § 29c Verarbeitung personenbezogener Daten durch Finanzbehörden zu anderen Zwecken
- § 30 Steuergeheimnis
- § 31 Mitteilung von Besteuerungsgrundlagen
- § 31a Mitteilungen zur Bekämpfung der illegalen Beschäftigung und des Leistungsmissbrauchs
- § 31b Mitteilungen zur Bekämpfung der Geldwäsche und der Terrorismusfinanzierung
- § 31c Verarbeitung besonderer Kategorien personenbezogener Daten durch Finanzbehörden zu statistischen Zwecken

Fünfter Abschnitt
Haftungsbeschränkung für Amtsträger

- § 32 Haftungsbeschränkung für Amtsträger

---

*) Abgedruckt sind nur die für Sozialberufe wichtigen Bestimmungen. Das Inhaltsverzeichnis benennt den kompletten Inhalt des Gesetzes.

Sechster Abschnitt
Rechte der betroffenen Person

- § 32a Informationspflicht der Finanzbehörde bei Erhebung personenbezogener Daten bei betroffenen Personen
- § 32b Informationspflicht der Finanzbehörde, wenn personenbezogene Daten nicht bei der betroffenen Person erhoben wurden
- § 32c Auskunftsrecht der betroffenen Person
- § 32d Form der Information oder Auskunftserteilung
- § 32e Verhältnis zu anderen Auskunfts- und Informationszugangsansprüchen
- § 32f Recht auf Berichtigung und Löschung, Widerspruchsrecht

Siebter Abschnitt
Datenschutzaufsicht, Gerichtlicher Rechtsschutz in datenschutzrechtlichen Angelegenheiten

- § 32g Datenschutzbeauftragte der Finanzbehörden
- § 32h Datenschutzrechtliche Aufsicht, Datenschutz-Folgenabschätzung
- § 32i Gerichtlicher Rechtsschutz
- § 32j Antrag auf gerichtliche Entscheidung bei angenommener Rechtswidrigkeit eines Angemessenheitsbeschlusses der Europäischen Kommission

Zweiter Teil
Steuerschuldrecht

Erster Abschnitt
Steuerpflichtiger

- § 33 Steuerpflichtiger
- § 34 Pflichten der gesetzlichen Vertreter und der Vermögensverwalter
- § 35 Pflichten des Verfügungsberechtigten
- § 36 Erlöschen der Vertretungsmacht

Zweiter Abschnitt
Steuerschuldverhältnis

- § 37 Ansprüche aus dem Steuerschuldverhältnis
- § 38 Entstehung der Ansprüche aus dem Steuerschuldverhältnis
- § 39 Zurechnung
- § 40 Gesetz- oder sittenwidriges Handeln
- § 41 Unwirksame Rechtsgeschäfte
- § 42 Missbrauch von rechtlichen Gestaltungsmöglichkeiten
- § 43 Steuerschuldner, Steuervergütungsgläubiger
- § 44 Gesamtschuldner
- § 45 Gesamtrechtsnachfolge
- § 46 Abtretung, Verpfändung, Pfändung
- § 47 Erlöschen
- § 48 Leistung durch Dritte, Haftung Dritter
- § 49 Verschollenheit
- § 50 Erlöschen und Unbedingtwerden der Verbrauchsteuer, Übergang der bedingten Verbrauchsteuerschuld

Dritter Abschnitt
Steuerbegünstigte Zwecke

- § 51 Allgemeines
- § 52 Gemeinnützige Zwecke
- § 53 Mildtätige Zwecke
- § 54 Kirchliche Zwecke
- § 55 Selbstlosigkeit
- § 56 Ausschließlichkeit
- § 57 Unmittelbarkeit
- § 58 Steuerlich unschädliche Betätigungen
- § 58a Vertrauensschutz bei Mittelweitergaben
- § 59 Voraussetzung der Steuervergünstigung
- § 60 Anforderungen an die Satzung
- § 60a Feststellung der satzungsmäßigen Voraussetzungen
- § 61 Satzungsmäßige Vermögensbindung
- § 62 Rücklagen und Vermögensbildung
- § 63 Anforderungen an die tatsächliche Geschäftsführung
- § 64 Steuerpflichtige wirtschaftliche Geschäftsbetriebe
- § 65 Zweckbetrieb
- § 66 Wohlfahrtspflege
- § 67 Krankenhäuser
- § 67a Sportliche Veranstaltungen
- § 68 Einzelne Zweckbetriebe

Vierter Abschnitt
Haftung

- § 69 Haftung der Vertreter
- § 70 Haftung des Vertretenen
- § 71 Haftung des Steuerhinterziehers und des Steuerhehlers
- § 72 Haftung bei Verletzung der Pflicht zur Kontenwahrheit
- § 72a Haftung Dritter bei Datenübermittlungen an Finanzbehörden
- § 73 Haftung bei Organschaft
- § 74 Haftung des Eigentümers von Gegenständen
- § 75 Haftung des Betriebsübernehmers
- § 76 Sachhaftung
- § 77 Duldungspflicht

Dritter Teil
Allgemeine Verfahrensvorschriften

Erster Abschnitt
Verfahrensgrundsätze

1. Unterabschnitt
Beteiligung am Verfahren

- § 78 Beteiligte
- § 79 Handlungsfähigkeit
- § 80 Bevollmächtigte und Beistände

§ 80a Elektronische Übermittlung von Vollmachtsdaten an Landesfinanzbehörden
§ 81 Bestellung eines Vertreters von Amts wegen

2. Unterabschnitt
Ausschließung und Ablehnung von Amtsträgern und anderen Personen

§ 82 Ausgeschlossene Personen
§ 83 Besorgnis der Befangenheit
§ 84 Ablehnung von Mitgliedern eines Ausschusses

3. Unterabschnitt
Besteuerungsgrundsätze, Beweismittel

I. Allgemeines

§ 85 Besteuerungsgrundsätze
§ 86 Beginn des Verfahrens
§ 87 Amtssprache
§ 87a Elektronische Kommunikation
§ 87b Bedingungen für die elektronische Übermittlung von Daten an Finanzbehörden
§ 87c Nicht amtliche Datenverarbeitungsprogramme für das Besteuerungsverfahren
§ 87d Datenübermittlungen an Finanzbehörden im Auftrag
§ 87e Ausnahmeregelung für Einfuhr- und Ausfuhrabgaben, Verbrauchsteuern und die Luftverkehrsteuer
§ 88 Untersuchungsgrundsatz
§ 88a Sammlung von geschützten Daten
§ 88b Länderübergreifender Abruf und Verwendung von Daten zur Verhütung, Ermittlung und Verfolgung von Steuerverkürzungen
§ 88c Informationsaustausch über kapitalmarktbezogene Gestaltungen
§ 89 Beratung, Auskunft
§ 89a Vorabverständigungsverfahren
§ 90 Mitwirkungspflichten der Beteiligten
§ 91 Anhörung Beteiligter
§ 92 Beweismittel

II. Beweis durch Auskünfte und Sachverständigengutachten

§ 93 Auskunftspflicht der Beteiligten und anderer Personen
§ 93a Allgemeine Mitteilungspflichten
§ 93b Automatisierter Abruf von Kontoinformationen
§ 93c Datenübermittlung durch Dritte
§ 93d Verordnungsermächtigung
§ 94 Eidliche Vernehmung
§ 95 Versicherung an Eides statt
§ 96 Hinzuziehung von Sachverständigen

III. Beweis durch Urkunden und Augenschein

§ 97 Vorlage von Urkunden
§ 98 Einnahme des Augenscheins
§ 99 Betreten von Grundstücken und Räumen
§ 100 Vorlage von Wertsachen

IV. Auskunfts- und Vorlageverweigerungsrechte

§ 101 Auskunfts- und Eidesverweigerungsrecht der Angehörigen
§ 102 Auskunftsverweigerungsrecht zum Schutz bestimmter Berufsgeheimnisse
§ 103 Auskunftsverweigerungsrecht bei Gefahr der Verfolgung wegen einer Straftat oder einer Ordnungswidrigkeit
§ 104 Verweigerung der Erstattung eines Gutachtens und der Vorlage von Urkunden
§ 105 Verhältnis der Auskunfts- und Vorlagepflicht zur Schweigepflicht öffentlicher Stellen
§ 106 Beschränkung der Auskunfts- und Vorlagepflicht bei Beeinträchtigung des staatlichen Wohls

V. Entschädigung der Auskunftspflichtigen und der Sachverständigen

§ 107 Entschädigung der Auskunftspflichtigen und der Sachverständigen

4. Unterabschnitt
Fristen, Termine, Wiedereinsetzung

§ 108 Fristen und Termine
§ 109 Verlängerung von Fristen
§ 110 Wiedereinsetzung in den vorigen Stand

5. Unterabschnitt
Rechts- und Amtshilfe

§ 111 Amtshilfepflicht
§ 112 Voraussetzungen und Grenzen der Amtshilfe
§ 113 Auswahl der Behörde
§ 114 Durchführung der Amtshilfe
§ 115 Kosten der Amtshilfe
§ 116 Anzeige von Steuerstraftaten
§ 117 Zwischenstaatliche Rechts- und Amtshilfe in Steuersachen
§ 117a Übermittlung personenbezogener Daten an Mitgliedstaaten der Europäischen Union
§ 117b Verwendung von den nach dem Rahmenbeschluss 2006/960/JI des Rates übermittelten Daten

§ 117c Umsetzung innerstaatlich anwendbarer völkerrechtlicher Vereinbarungen zur Förderung der Steuerehrlichkeit bei internationalen Sachverhalten
§ 117d Statistiken über die zwischenstaatliche Amts- und Rechtshilfe

Zweiter Abschnitt
Verwaltungsakte

§ 118 Begriff des Verwaltungsakts
§ 119 Bestimmtheit und Form des Verwaltungsakts
§ 120 Nebenbestimmungen zum Verwaltungsakt
§ 121 Begründung des Verwaltungsakts
§ 122 Bekanntgabe des Verwaltungsaktes
§ 122a Bekanntgabe von Verwaltungsakten durch Bereitstellung zum Datenabruf
§ 123 Bestellung eines Empfangsbevollmächtigten
§ 124 Wirksamkeit des Verwaltungsakts
§ 125 Nichtigkeit des Verwaltungsakts
§ 126 Heilung von Verfahrens- und Formfehlern
§ 127 Folgen von Verfahrens- und Formfehlern
§ 128 Umdeutung eines fehlerhaften Verwaltungsakts
§ 129 Offenbare Unrichtigkeiten beim Erlass eines Verwaltungsakts
§ 130 Rücknahme eines rechtswidrigen Verwaltungsakts
§ 131 Widerruf eines rechtmäßigen Verwaltungsakts
§ 132 Rücknahme, Widerruf, Aufhebung und Änderung im Rechtsbehelfsverfahren
§ 133 Rückgabe von Urkunden und Sachen

Vierter Teil
Durchführung der Besteuerung
Erster Abschnitt
Erfassung der Steuerpflichtigen

1. Unterabschnitt
Personenstands- und Betriebsaufnahme

§§ 134 bis 136 (weggefallen)

2. Unterabschnitt
Anzeigepflichten

§ 137 Steuerliche Erfassung von Körperschaften, Vereinigungen und Vermögensmassen
§ 138 Anzeigen über die Erwerbstätigkeit
§ 138a Länderbezogener Bericht multinationaler Unternehmensgruppen
§ 138b Mitteilungspflicht Dritter über Beziehungen inländischer Steuerpflichtiger zu Drittstaat-Gesellschaften
§ 138c Verordnungsermächtigung
§ 138d Pflicht zur Mitteilung grenzüberschreitender Steuergestaltungen
§ 138e Kennzeichen grenzüberschreitender Steuergestaltungen
§ 138f Verfahren zur Mitteilung grenzüberschreitender Steuergestaltungen durch Intermediäre
§ 138g Verfahren zur Mitteilung grenzüberschreitender Steuergestaltungen durch Nutzer
§ 138h Mitteilung bei marktfähigen grenzüberschreitenden Steuergestaltungen
§ 138i Information der Landesfinanzbehörden
§ 138j Auswertung der Mitteilungen grenzüberschreitender Steuergestaltungen
§ 138k Angabe der grenzüberschreitenden Steuergestaltung in der Steuererklärung
§ 139 Anmeldung von Betrieben in besonderen Fällen

3. Unterabschnitt
Identifikationsmerkmal

§ 139a Identifikationsmerkmal
§ 139b Identifikationsnummer
§ 139c Wirtschafts-Identifikationsnummer
§ 139d Verordnungsermächtigung

Zweiter Abschnitt
Mitwirkungspflichten

1. Unterabschnitt
Führung von Büchern und Aufzeichnungen

§ 140 Buchführungs- und Aufzeichnungspflichten nach anderen Gesetzen
§ 141 Buchführungspflicht bestimmter Steuerpflichtiger
§ 142 Ergänzende Vorschriften für Land- und Forstwirte
§ 143 Aufzeichnung des Wareneingangs
§ 144 Aufzeichnung des Warenausgangs
§ 145 Allgemeine Anforderungen an Buchführung und Aufzeichnungen
§ 146 Ordnungsvorschriften für die Buchführung und für Aufzeichnungen
§ 146a Ordnungsvorschrift für die Buchführung und für Aufzeichnungen mittels elektronischer Aufzeichnungssysteme; Verordnungsermächtigung
§ 146b Kassen-Nachschau
§ 147 Ordnungsvorschriften für die Aufbewahrung von Unterlagen

§ 147a Vorschriften für die Aufbewahrung von Aufzeichnungen und Unterlagen bestimmter Steuerpflichtiger
§ 148 Bewilligung von Erleichterungen

2. Unterabschnitt
Steuererklärungen

§ 149 Abgabe der Steuererklärungen
§ 150 Form und Inhalt der Steuererklärungen
§ 151 Aufnahme der Steuererklärung an Amtsstelle
§ 152 Verspätungszuschlag
§ 153 Berichtigung von Erklärungen

3. Unterabschnitt
Kontenwahrheit

§ 154 Kontenwahrheit

Dritter Abschnitt
Festsetzungs- und Feststellungsverfahren

1. Unterabschnitt
Steuerfestsetzung

I. Allgemeine Vorschriften

§ 155 Steuerfestsetzung
§ 156 Absehen von Steuerfestsetzung
§ 157 Form und Inhalt der Steuerbescheide
§ 158 Beweiskraft der Buchführung
§ 159 Nachweis der Treuhänderschaft
§ 160 Benennung von Gläubigern und Zahlungsempfängern
§ 161 Fehlmengen bei Bestandsaufnahmen
§ 162 Schätzung von Besteuerungsgrundlagen
§ 163 Abweichende Festsetzung von Steuern aus Billigkeitsgründen
§ 164 Steuerfestsetzung unter Vorbehalt der Nachprüfung
§ 165 Vorläufige Steuerfestsetzung, Aussetzung der Steuerfestsetzung
§ 166 Drittwirkung der Steuerfestsetzung
§ 167 Steueranmeldung, Verwendung von Steuerzeichen oder Steuerstemplern
§ 168 Wirkung einer Steueranmeldung

II. Festsetzungsverjährung

§ 169 Festsetzungsfrist
§ 170 Beginn der Festsetzungsfrist
§ 171 Ablaufhemmung

III. Bestandskraft

§ 172 Aufhebung und Änderung von Steuerbescheiden
§ 173 Aufhebung oder Änderung von Steuerbescheiden wegen neuer Tatsachen oder Beweismittel
§ 173a Schreib- oder Rechenfehler bei Erstellung einer Steuererklärung
§ 174 Widerstreitende Steuerfestsetzungen

§ 175 Änderung von Steuerbescheiden auf Grund von Grundlagenbescheiden und bei rückwirkenden Ereignissen
§ 175a Umsetzung von Verständigungsvereinbarungen
§ 175b Änderung von Steuerbescheiden bei Datenübermittlung durch Dritte
§ 176 Vertrauensschutz bei der Aufhebung und Änderung von Steuerbescheiden
§ 177 Berichtigung von materiellen Fehlern

IV. Kosten

§ 178 Kosten bei besonderer Inanspruchnahme der Zollbehörden

2. Unterabschnitt
Gesonderte Feststellung von Besteuerungsgrundlagen, Festsetzung von Steuermessbeträgen

I. Gesonderte Feststellungen

§ 179 Feststellung von Besteuerungsgrundlagen
§ 180 Gesonderte Feststellung von Besteuerungsgrundlagen
§ 181 Verfahrensvorschriften für die gesonderte Feststellung, Feststellungsfrist, Erklärungspflicht
§ 182 Wirkungen der gesonderten Feststellung
§ 183 Empfangsbevollmächtigte bei der einheitlichen Feststellung

II. Festsetzung von Steuermessbeträgen

§ 184 Festsetzung von Steuermessbeträgen

3. Unterabschnitt
Zerlegung und Zuteilung

§ 185 Geltung der allgemeinen Vorschriften
§ 186 Beteiligte
§ 187 Akteneinsicht
§ 188 Zerlegungsbescheid
§ 189 Änderung der Zerlegung
§ 190 Zuteilungsverfahren

4. Unterabschnitt
Haftung

§ 191 Haftungsbescheide, Duldungsbescheide
§ 192 Vertragliche Haftung

Vierter Abschnitt
Außenprüfung

1. Unterabschnitt
Allgemeine Vorschriften

§ 193 Zulässigkeit einer Außenprüfung
§ 194 Sachlicher Umfang einer Außenprüfung
§ 195 Zuständigkeit
§ 196 Prüfungsordnung
§ 197 Bekanntgabe der Prüfungsanordnung
§ 198 Ausweispflicht, Beginn der Außenprüfung

§ 199 Prüfungsgrundsätze
§ 200 Mitwirkungspflichten des Steuerpflichtigen
§ 201 Schlussbesprechung
§ 202 Inhalt und Bekanntgabe des Prüfungsberichts
§ 203 Abgekürzte Außenprüfung
§ 203a Außenprüfung bei Datenübermittlung durch Dritte

2. Unterabschnitt
Verbindliche Zusagen auf Grund einer Außenprüfung

§ 204 Voraussetzung der verbindlichen Zusage
§ 205 Form der verbindlichen Zusage
§ 206 Bindungswirkung
§ 207 Außerkrafttreten, Aufhebung und Änderung der verbindlichen Zusage

Fünfter Abschnitt
Steuerfahndung (Zollfahndung)

§ 208 Steuerfahndung (Zollfahndung)
§ 208a Steuerfahndung des Bundeszentralamts für Steuern

Sechster Abschnitt
Steueraufsicht in besonderen Fällen

§ 209 Gegenstand der Steueraufsicht
§ 210 Befugnisse der Finanzbehörde
§ 211 Pflichten der betroffenen Person
§ 212 Durchführungsvorschriften
§ 213 Besondere Aufsichtsmaßnahmen
§ 214 Beauftragte
§ 215 Sicherstellung im Aufsichtsweg
§ 216 Überführung in das Eigentum des Bundes
§ 217 Steuerhilfspersonen

Fünfter Teil
Erhebungsverfahren

Erster Abschnitt
Verwirklichung, Fälligkeit und Erlöschen von Ansprüchen aus dem Steuerschuldverhältnis

1. Unterabschnitt
Verwirklichung und Fälligkeit von Ansprüchen aus dem Steuerschuldverhältnis

§ 218 Verwirklichung von Ansprüchen aus dem Steuerschuldverhältnis
§ 219 Zahlungsaufforderung bei Haftungsbescheiden
§ 220 Fälligkeit
§ 221 Abweichende Fälligkeitsbestimmung
§ 222 Stundung
§ 223 (weggefallen)

2. Unterabschnitt
Zahlung, Aufrechnung, Erlass

§ 224 Leistungsort, Tag der Zahlung
§ 224a Hingabe von Kunstgegenständen an Zahlungs statt
§ 225 Reihenfolge der Tilgung
§ 226 Aufrechnung
§ 227 Erlass

3. Unterabschnitt
Zahlungsverjährung

§ 228 Gegenstand der Verjährung, Verjährungsfrist
§ 229 Beginn der Verjährung
§ 230 Hemmung der Verjährung
§ 231 Unterbrechung der Verjährung
§ 232 Wirkung der Verjährung

Zweiter Abschnitt
Verzinsung, Säumniszuschläge

1. Unterabschnitt
Verzinsung

§ 233 Grundsatz
§ 233a Verzinsung von Steuernachforderungen und Steuererstattungen
§ 234 Stundungszinsen
§ 235 Verzinsung von hinterzogenen Steuern
§ 236 Prozesszinsen auf Erstattungsbeträge
§ 237 Zinsen bei Aussetzung der Vollziehung
§ 238 Höhe und Berechnung der Zinsen
§ 239 Festsetzung der Zinsen

2. Unterabschnitt
Säumniszuschläge

§ 240 Säumniszuschläge

Dritter Abschnitt
Sicherheitsleistung

§ 241 Art der Sicherheitsleistung
§ 242 Wirkung der Hinterlegung von Zahlungsmitteln
§ 243 Verpfändung von Wertpapieren
§ 244 Taugliche Steuerbürgen
§ 245 Sicherheitsleistung durch andere Werte
§ 246 Annahmewerte
§ 247 Austausch von Sicherheiten
§ 248 Nachschusspflicht

Sechster Teil
Vollstreckung

Erster Abschnitt
Allgemeine Vorschriften

§ 249 Vollstreckungsbehörden
§ 250 Vollstreckungsersuchen
§ 251 Vollstreckbare Verwaltungsakte
§ 252 Vollstreckungsgläubiger
§ 253 Vollstreckungsschuldner
§ 254 Voraussetzungen für den Beginn der Vollstreckung
§ 255 Vollstreckung gegen juristische Personen des öffentlichen Rechts
§ 256 Einwendungen gegen die Vollstreckung

§ 257 Einstellung und Beschränkung der Vollstreckung
§ 258 Einstweilige Einstellung oder Beschränkung der Vollstreckung

Zweiter Abschnitt
Vollstreckung wegen Geldforderungen

1. Unterabschnitt
Allgemeine Vorschriften

§ 259 Mahnung
§ 260 Angabe des Schuldgrundes
§ 261 Niederschlagung
§ 262 Rechte Dritter
§ 263 Vollstreckung gegen Ehegatten oder Lebenspartner
§ 264 Vollstreckung gegen Nießbraucher
§ 265 Vollstreckung gegen Erben
§ 266 Sonstige Fälle beschränkter Haftung
§ 267 Vollstreckungsverfahren gegen nicht rechtsfähige Personenvereinigungen

2. Unterabschnitt
Aufteilung einer Gesamtschuld

§ 268 Grundsatz
§ 269 Antrag
§ 270 Allgemeiner Aufteilungsmaßstab
§ 271 Aufteilungsmaßstab für die Vermögensteuer
§ 272 Aufteilungsmaßstab für Vorauszahlungen
§ 273 Aufteilungsmaßstab für Steuernachforderungen
§ 274 Besonderer Aufteilungsmaßstab
§ 275 (weggefallen)
§ 276 Rückständige Steuer, Einleitung der Vollstreckung
§ 277 Vollstreckung
§ 278 Beschränkung der Vollstreckung
§ 279 Form und Inhalt des Aufteilungsbescheids
§ 280 Änderung des Aufteilungsbescheids

3. Unterabschnitt
Vollstreckung in das bewegliche Vermögen

I. Allgemeines

§ 281 Pfändung
§ 282 Wirkung der Pfändung
§ 283 Ausschluss von Gewährleistungsansprüchen
§ 284 Vermögensauskunft des Vollstreckungsschuldners

II. Vollstreckung in Sachen

§ 285 Vollziehungsbeamte
§ 286 Vollstreckung in Sachen
§ 287 Befugnisse des Vollziehungsbeamten
§ 288 Zuziehung von Zeugen
§ 289 Zeit der Vollstreckung

§ 290 Aufforderungen und Mitteilungen des Vollziehungsbeamten
§ 291 Niederschrift
§ 292 Abwendung der Pfändung
§ 293 Pfand- und Vorzugsrechte Dritter
§ 294 Ungetrennte Früchte
§ 295 Unpfändbarkeit von Sachen
§ 296 Verwertung
§ 297 Aussetzung der Verwertung
§ 298 Versteigerung
§ 299 Zuschlag
§ 300 Mindestgebot
§ 301 Einstellung der Versteigerung
§ 302 Wertpapiere
§ 303 Namenspapiere
§ 304 Versteigerung ungetrennter Früchte
§ 305 Besondere Verwertung
§ 306 Vollstreckung in Ersatzteile von Luftfahrzeugen
§ 307 Anschlusspfändung
§ 308 Verwertung bei mehrfacher Pfändung

III. Vollstreckung in Forderungen und andere Vermögensrechte

§ 309 Pfändung einer Geldforderung
§ 310 Pfändung einer durch Hypothek gesicherten Forderung
§ 311 Pfändung einer durch Schiffshypothek oder Registerpfandrecht an einem Luftfahrzeug gesicherten Forderung
§ 312 Pfändung einer Forderung aus indossablen Papieren
§ 313 Pfändung fortlaufender Bezüge
§ 314 Einziehungsverfügung
§ 315 Wirkung der Einziehungsverfügung
§ 316 Erklärungspflicht des Drittschuldners
§ 317 Andere Art der Verwertung
§ 318 Ansprüche auf Herausgabe oder Leistung von Sachen
§ 319 Unpfändbarkeit von Forderungen
§ 320 Mehrfache Pfändung einer Forderung
§ 321 Vollstreckung in andere Vermögensrechte

4. Unterabschnitt
Vollstreckung in das unbewegliche Vermögen

§ 322 Verfahren
§ 323 Vollstreckung gegen den Rechtsnachfolger

5. Unterabschnitt
Arrest

§ 324 Dinglicher Arrest
§ 325 Aufhebung des dinglichen Arrestes
§ 326 Persönlicher Sicherheitsarrest

6. Unterabschnitt
Verwertung von Sicherheiten
§ 327 Verwertung von Sicherheiten

Dritter Abschnitt
Vollstreckung wegen anderer Leistungen als Geldforderungen

1. Unterabschnitt
Vollstreckung wegen Handlungen, Duldungen oder Unterlassungen
§ 328 Zwangsmittel
§ 329 Zwangsgeld
§ 330 Ersatzvornahme
§ 331 Unmittelbarer Zwang
§ 332 Androhung der Zwangsmittel
§ 333 Festsetzung der Zwangsmittel
§ 334 Ersatzzwangshaft
§ 335 Beendigung des Zwangsverfahrens

2. Unterabschnitt
Erzwingung von Sicherheiten
§ 336 Erzwingung von Sicherheiten

Vierter Abschnitt
Kosten
§ 337 Kosten der Vollstreckung
§ 338 Gebührenarten
§ 339 Pfändungsgebühr
§ 340 Wegnahmegebühr
§ 341 Verwertungsgebühr
§ 342 Mehrheit von Schuldnern
§ 343 (weggefallen)
§ 344 Auslagen
§ 345 Reisekosten und Aufwandsentschädigungen
§ 346 Unrichtige Sachbehandlung, Festsetzungsfrist

Siebenter Teil
Außergerichtliches Rechtsbehelfsverfahren

Erster Abschnitt
Zulässigkeit
§ 347 Statthaftigkeit des Einspruchs
§ 348 Ausschluss des Einspruchs
§ 349 (weggefallen)
§ 350 Beschwerde
§ 351 Bindungswirkung anderer Verwaltungsakte
§ 352 Einspruchsbefugnis bei der einheitlichen Feststellung
§ 353 Einspruchsbefugnis des Rechtsnachfolgers
§ 354 Einspruchsverzicht

Zweiter Abschnitt
Verfahrensvorschriften
§ 355 Einspruchsfrist
§ 356 Rechtsbehelfsbelehrung
§ 357 Einlegung des Einspruchs
§ 358 Prüfung der Zulässigkeitsvoraussetzungen
§ 359 Beteiligte
§ 360 Hinzuziehung zum Verfahren
§ 361 Aussetzung der Vollziehung
§ 362 Rücknahme des Einspruchs
§ 363 Aussetzung und Ruhen des Verfahrens
§ 364 Offenlegung der Besteuerungsunterlagen
§ 364a Erörterung des Sach- und Rechtsstands
§ 364b Fristsetzung
§ 365 Anwendung von Verfahrensvorschriften
§ 366 Form, Inhalt und Erteilung der Einspruchsentscheidung
§ 367 Entscheidung über den Einspruch
§ 368 (weggefallen)

Achter Teil
Straf- und Bußgeldvorschriften, Straf- und Bußgeldverfahren

Erster Abschnitt
Strafvorschriften
§ 369 Steuerstraftaten
§ 370 Steuerhinterziehung
§ 371 Selbstanzeige bei Steuerhinterziehung
§ 372 Bannbruch
§ 373 Gewerbsmäßiger, gewaltsamer und bandenmäßiger Schmuggel
§ 374 Steuerhehlerei
§ 375 Nebenfolgen
§ 376 Verfolgungsverjährung

Zweiter Abschnitt
Bußgeldvorschriften
§ 377 Steuerordnungswidrigkeiten
§ 378 Leichtfertige Steuerverkürzung
§ 379 Steuergefährdung
§ 380 Gefährdung der Abzugsteuern
§ 381 Verbrauchsteuergefährdung
§ 382 Gefährdung der Einfuhr- und Ausfuhrabgaben
§ 383 Unzulässiger Erwerb von Steuererstattungs- und Vergütungsansprüchen
§ 383a (weggefallen)
§ 383b Pflichtverletzung bei Übermittlung von Vollmachtsdaten
§ 384 Verfolgungsverjährung
§ 384a Verstöße nach Artikel 83 Absatz 4 bis 6 der Verordnung (EU) 2016/679

Dritter Abschnitt
Strafverfahren

1. Unterabschnitt
Allgemeine Vorschriften
§ 385 Geltung von Verfahrensvorschriften
§ 386 Zuständigkeit der Finanzbehörde bei Steuerstraftaten
§ 387 Sachlich zuständige Finanzbehörde

§ 388 Örtlich zuständige Finanzbehörde
§ 389 Zusammenhängende Strafsachen
§ 390 Mehrfache Zuständigkeit
§ 391 Zuständiges Gericht
§ 392 Verteidigung
§ 393 Verhältnis des Strafverfahrens zum Besteuerungsverfahren
§ 394 Übergang des Eigentums
§ 395 Akteneinsicht der Finanzbehörde
§ 396 Aussetzung des Verfahrens

2. Unterabschnitt
Ermittlungsverfahren

I. Allgemeines
§ 397 Einleitung des Strafverfahrens
§ 398 Einstellung wegen Geringfügigkeit
§ 398a Absehen von Verfolgung in besonderen Fällen

II. Verfahren der Finanzbehörde bei Steuerstraftaten
§ 399 Rechte und Pflichten der Finanzbehörde
§ 400 Antrag auf Erlass eines Strafbefehls
§ 401 Antrag auf Anordnung von Nebenfolgen im selbständigen Verfahren

III. Stellung der Finanzbehörde im Verfahren der Staatsanwaltschaft
§ 402 Allgemeine Rechte und Pflichten der Finanzbehörde
§ 403 Beteiligung der Finanzbehörde

IV. Steuer- und Zollfahndung
§ 404 Steuer- und Zollfahndung

V. Entschädigung der Zeugen und der Sachverständigen
§ 405 Entschädigung der Zeugen und der Sachverständigen

3. Unterabschnitt
Gerichtliches Verfahren
§ 406 Mitwirkung der Finanzbehörde im Strafbefehlsverfahren und im selbständigen Verfahren
§ 407 Beteiligung der Finanzbehörde in sonstigen Fällen

4. Unterabschnitt
Kosten des Verfahrens
§ 408 Kosten des Verfahrens

Vierter Abschnitt
Bußgeldverfahren
§ 409 Zuständige Verwaltungsbehörde
§ 410 Ergänzende Vorschriften über das Bußgeldverfahren
§ 411 Bußgeldverfahren gegen Rechtsanwälte, Steuerberater, Steuerbevollmächtigte, Wirtschaftsprüfer oder vereidigte Buchprüfer
§ 412 Zustellung, Vollstreckung, Kosten

Neunter Teil
Schlussvorschriften
§ 413 Einschränkung von Grundrechten
§ 414 (gegenstandslos)
§ 415 (Inkrafttreten)

Anlage 1
Mustersatzung für Vereine, Stiftungen, Betriebe gewerblicher Art von juristischen Personen des öffentlichen Rechts, geistliche Genossenschaften und Kapitalgesellschaften

Erster Teil
Einleitende Vorschriften

Erster Abschnitt
Anwendungsbereich

§ 1 Anwendungsbereich
(1) ¹Dieses Gesetz gilt für alle Steuern einschließlich der Steuervergütungen, die durch Bundesrecht oder Recht der Europäischen Union geregelt sind, soweit sie durch Bundesfinanzbehörden oder durch Landesfinanzbehörden verwaltet werden. ²Es ist nur vorbehaltlich des Rechts der Europäischen Union anwendbar.
(2) Für die Realsteuern gelten, soweit ihre Verwaltung den Gemeinden übertragen worden ist, die folgenden Vorschriften dieses Gesetzes entsprechend:
1. die Vorschriften des Ersten, Zweiten, Vierten, Sechsten und Siebten Abschnitts des Ersten Teils (Anwendungsbereich; Steuerliche Begriffsbestimmungen; Datenverarbeitung und Steuergeheimnis; Betroffenenrechte; Datenschutzaufsicht; Gerichtlicher Rechtsschutz in datenschutzrechtlichen Angelegenheiten),
2. die Vorschriften des Zweiten Teils (Steuerschuldrecht),

3. die Vorschriften des Dritten Teils mit Ausnahme der §§ 82 bis 84 (Allgemeine Verfahrensvorschriften),
4. die Vorschriften des Vierten Teils (Durchführung der Besteuerung),
5. die Vorschriften des Fünften Teils (Erhebungsverfahren),
6. § 249 Absatz 2 Satz 2,
7. die §§ 351 und 361 Abs. 1 Satz 2 und Abs. 3,
8. die Vorschriften des Achten Teils (Straf- und Bußgeldvorschriften, Straf- und Bußgeldverfahren).
(3) ¹Auf steuerliche Nebenleistungen sind die Vorschriften dieses Gesetzes vorbehaltlich des Rechts der Europäischen Union sinngemäß anwendbar. ²Der Dritte bis Sechste Abschnitt des Vierten Teils gilt jedoch nur, soweit dies besonders bestimmt wird.

Zweiter Abschnitt
Steuerliche Begriffsbestimmungen

§ 14 Wirtschaftlicher Geschäftsbetrieb

¹Ein wirtschaftlicher Geschäftsbetrieb ist eine selbständige nachhaltige Tätigkeit, durch die Einnahmen oder andere wirtschaftliche Vorteile erzielt werden und die über den Rahmen einer Vermögensverwaltung hinausgeht. ²Die Absicht, Gewinn zu erzielen, ist nicht erforderlich. ³Eine Vermögensverwaltung liegt in der Regel vor, wenn Vermögen genutzt, zum Beispiel Kapitalvermögen verzinslich angelegt oder unbewegliches Vermögen vermietet oder verpachtet wird.

Vierter Abschnitt
Verarbeitung geschützter Daten und Steuergeheimnis

§ 31a Mitteilungen zur Bekämpfung der illegalen Beschäftigung und des Leistungsmissbrauchs

(1) Die Offenbarung der nach § 30 geschützten Daten der betroffenen Person ist zulässig, soweit sie
1. für die Durchführung eines Strafverfahrens, eines Bußgeldverfahrens oder eines anderen gerichtlichen oder Verwaltungsverfahrens mit dem Ziel
   a) der Bekämpfung von illegaler Beschäftigung oder Schwarzarbeit oder
   b) der Entscheidung
      aa) über Erteilung, Rücknahme oder Widerruf einer Erlaubnis nach dem Arbeitnehmerüberlassungsgesetz oder
      bb) über Bewilligung, Gewährung, Rückforderung, Erstattung, Weitergewährung oder Belassen einer Leistung aus öffentlichen Mitteln
   oder
2. für die Geltendmachung eines Anspruchs auf Rückgewähr einer Leistung aus öffentlichen Mitteln
erforderlich ist.
(2) ¹Die Finanzbehörden sind in den Fällen des Absatzes 1 verpflichtet, der zuständigen Stelle die jeweils benötigten Tatsachen mitzuteilen. ²In den Fällen des Absatzes 1 Nr. 1 Buchstabe b und Nr. 2 erfolgt die Mitteilung auch auf Antrag der betroffenen Person. ³Die Mitteilungspflicht nach den Sätzen 1 und 2 besteht nicht, soweit deren Erfüllung mit einem unverhältnismäßigen Aufwand verbunden wäre.

Zweiter Teil
Steuerschuldrecht

Dritter Abschnitt
Steuerbegünstigte Zwecke

§ 51 Allgemeines

(1) ¹Gewährt das Gesetz eine Steuervergünstigung, weil eine Körperschaft ausschließlich und unmittelbar gemeinnützige, mildtätige oder kirchliche Zwecke (steuerbegünstigte Zwecke) verfolgt, so gelten die folgenden Vorschriften. ²Unter Körperschaften sind die Körperschaften, Personenvereinigungen und Vermögensmassen im Sinne des Körperschaftsteuergesetzes zu verstehen. ³Funktionale Untergliederungen (Abteilungen) von Körperschaften gelten nicht als selbstständige Steuersubjekte.
(2) Werden die steuerbegünstigten Zwecke im Ausland verwirklicht, setzt die Steuervergünstigung voraus, dass natürliche Personen, die ihren Wohnsitz oder ihren gewöhnlichen Aufenthalt im Geltungsbereich dieses Gesetzes haben, gefördert werden oder die Tätigkeit der Körperschaft neben der Verwirkli-

chung der steuerbegünstigten Zwecke auch zum Ansehen der Bundesrepublik Deutschland im Ausland beitragen kann.
(3) ¹Eine Steuervergünstigung setzt zudem voraus, dass die Körperschaft nach ihrer Satzung und bei ihrer tatsächlichen Geschäftsführung keine Bestrebungen im Sinne des § 4 des Bundesverfassungsschutzgesetzes fördert und dem Gedanken der Völkerverständigung nicht zuwiderhandelt. ²Bei Körperschaften, die im Verfassungsschutzbericht des Bundes oder eines Landes als extremistische Organisation aufgeführt sind, ist widerlegbar davon auszugehen, dass die Voraussetzungen des Satzes 1 nicht erfüllt sind. ³Die Finanzbehörde teilt Tatsachen, die den Verdacht von Bestrebungen im Sinne des § 4 des Bundesverfassungsschutzgesetzes oder des Zuwiderhandelns gegen den Gedanken der Völkerverständigung begründen, der Verfassungsschutzbehörde mit.

§ 52 Gemeinnützige Zwecke
(1) ¹Eine Körperschaft verfolgt gemeinnützige Zwecke, wenn ihre Tätigkeit darauf gerichtet ist, die Allgemeinheit auf materiellem, geistigem oder sittlichem Gebiet selbstlos zu fördern. ²Eine Förderung der Allgemeinheit ist nicht gegeben, wenn der Kreis der Personen, dem die Förderung zugute kommt, fest abgeschlossen ist, zum Beispiel Zugehörigkeit zu einer Familie oder zur Belegschaft eines Unternehmens, oder infolge seiner Abgrenzung, insbesondere nach räumlichen oder beruflichen Merkmalen, dauernd nur klein sein kann. ³Eine Förderung der Allgemeinheit liegt nicht allein deswegen vor, weil eine Körperschaft ihre Mittel einer Körperschaft des öffentlichen Rechts zuführt.
(2) ¹Unter den Voraussetzungen des Absatzes 1 sind als Förderung der Allgemeinheit anzuerkennen:
1. die Förderung von Wissenschaft und Forschung;
2. die Förderung der Religion;
3. die Förderung des öffentlichen Gesundheitswesens und der öffentlichen Gesundheitspflege, insbesondere die Verhütung und Bekämpfung von übertragbaren Krankheiten, auch durch Krankenhäuser im Sinne des § 67, und von Tierseuchen;
4. die Förderung der Jugend- und Altenhilfe;
5. die Förderung von Kunst und Kultur;
6. die Förderung des Denkmalschutzes und der Denkmalpflege;
7. die Förderung der Erziehung, Volks- und Berufsbildung einschließlich der Studentenhilfe;
8. die Förderung des Naturschutzes und der Landschaftspflege im Sinne des Bundesnaturschutzgesetzes und der Naturschutzgesetze der Länder, des Umweltschutzes, einschließlich des Klimaschutzes, des Küstenschutzes und des Hochwasserschutzes;
9. die Förderung des Wohlfahrtswesens, insbesondere der Zwecke der amtlich anerkannten Verbände der freien Wohlfahrtspflege (§ 23 der Umsatzsteuer-Durchführungsverordnung), ihrer Unterverbände und ihrer angeschlossenen Einrichtungen und Anstalten);
10. die Förderung der Hilfe für politisch, rassistisch oder religiös Verfolgte, für Flüchtlinge, Vertriebene, Aussiedler, Spätaussiedler, Kriegsopfer, Kriegshinterbliebene, Kriegsbeschädigte und Kriegsgefangene, Zivilbeschädigte und Behinderte sowie Hilfe für Opfer von Straftaten; Förderung des Andenkens an Verfolgte, Kriegs- und Katastrophenopfer; Förderung des Suchdienstes für Vermisste, Förderung der Hilfe für Menschen, die auf Grund ihrer geschlechtlichen Identität oder ihrer geschlechtlichen Orientierung diskriminiert werden;
11. die Förderung der Rettung aus Lebensgefahr;
12. die Förderung des Feuer-, Arbeits-, Katastrophen- und Zivilschutzes sowie der Unfallverhütung;
13. die Förderung internationaler Gesinnung, der Toleranz auf allen Gebieten der Kultur und des Völkerverständigungsgedankens;
14. die Förderung des Tierschutzes;
15. die Förderung der Entwicklungszusammenarbeit;
16. die Förderung von Verbraucherberatung und Verbraucherschutz;
17. die Förderung der Fürsorge für Strafgefangene und ehemalige Strafgefangene;
18. die Förderung der Gleichberechtigung von Frauen und Männern;
19. die Förderung des Schutzes von Ehe und Familie;
20. die Förderung der Kriminalprävention;
21. die Förderung des Sports (Schach gilt als Sport);
22. die Förderung der Heimatpflege, Heimatkunde und der Ortsverschönerung;
23. die Förderung der Tierzucht, der Pflanzenzucht, der Kleingärtnerei, des traditionellen Brauchtums einschließlich des Karnevals, der Fastnacht und des Faschings, der Soldaten- und Reservistenbetreuung, des Amateurfunkens, des Freifunks, des Modellflugs und des Hundesports;

24. die allgemeine Förderung des demokratischen Staatswesens im Geltungsbereich dieses Gesetzes; hierzu gehören nicht Bestrebungen, die nur bestimmte Einzelinteressen staatsbürgerlicher Art verfolgen oder die auf den kommunalpolitischen Bereich beschränkt sind;
25. die Förderung des bürgerschaftlichen Engagements zugunsten gemeinnütziger, mildtätiger und kirchlicher Zwecke;
26. die Förderung der Unterhaltung und Pflege von Friedhöfen und die Förderung der Unterhaltung von Gedenkstätten für nichtbestattungspflichtige Kinder und Föten.

²Sofern der von der Körperschaft verfolgte Zweck nicht unter Satz 1 fällt, aber die Allgemeinheit auf materiellem, geistigem oder sittlichem Gebiet entsprechend selbstlos gefördert wird, kann dieser Zweck für gemeinnützig erklärt werden. ³Die obersten Finanzbehörden der Länder haben jeweils eine Finanzbehörde im Sinne des Finanzverwaltungsgesetzes zu bestimmen, die für Entscheidungen nach Satz 2 zuständig ist.

§ 53 Mildtätige Zwecke

Eine Körperschaft verfolgt mildtätige Zwecke, wenn ihre Tätigkeit darauf gerichtet ist, Personen selbstlos zu unterstützen,
1. die infolge ihres körperlichen, geistigen oder seelischen Zustands auf die Hilfe anderer angewiesen sind oder
2. deren Bezüge nicht höher sind als das Vierfache des Regelsatzes der Sozialhilfe im Sinne des § 28 des Zwölften Buches Sozialgesetzbuch; beim Alleinstehenden oder Alleinerziehenden tritt an die Stelle des Vierfachen das Fünffache des Regelsatzes. Dies gilt nicht für Personen, deren Vermögen zur nachhaltigen Verbesserung ihres Unterhalts ausreicht und denen zugemutet werden kann, es dafür zu verwenden. Bei Personen, deren wirtschaftliche Lage aus besonderen Gründen zu einer Notlage geworden ist, dürfen die Bezüge oder das Vermögen die genannten Grenzen übersteigen. Bezüge im Sinne dieser Vorschrift sind
   a) Einkünfte im Sinne des § 2 Abs. 1 des Einkommensteuergesetzes und
   b) andere zur Bestreitung des Unterhalts bestimmte oder geeignete Bezüge,
   aller Haushaltsangehörigen. Zu berücksichtigen sind auch gezahlte und empfangene Unterhaltsleistungen. Die wirtschaftliche Hilfebedürftigkeit im vorstehenden Sinne ist bei Empfängern von Leistungen nach dem Zweiten oder Zwölften Buch Sozialgesetzbuch, des Wohngeldgesetzes, bei Empfängern von Leistungen nach § 27a des Bundesversorgungsgesetzes oder nach § 6a des Bundeskindergeldgesetzes als nachgewiesen anzusehen. Die Körperschaft kann den Nachweis mit Hilfe des jeweiligen Leistungsbescheids, der für den Unterstützungszeitraum maßgeblich ist, oder mit Hilfe der Bestätigung des Sozialleistungsträgers führen. Auf Antrag der Körperschaft kann auf einen Nachweis der wirtschaftlichen Hilfebedürftigkeit verzichtet werden, wenn auf Grund der besonderen Art der gewährten Unterstützungsleistung sichergestellt ist, dass nur wirtschaftlich hilfebedürftige Personen im vorstehenden Sinne unterstützt werden; für den Bescheid über den Nachweisverzicht gilt § 60a Absatz 3 bis 5 entsprechend.

§ 54 Kirchliche Zwecke

(1) Eine Körperschaft verfolgt kirchliche Zwecke, wenn ihre Tätigkeit darauf gerichtet ist, eine Religionsgemeinschaft, die Körperschaft des öffentlichen Rechts ist, selbstlos zu fördern.
(2) Zu diesen Zwecken gehören insbesondere die Errichtung, Ausschmückung und Unterhaltung von Gotteshäusern und kirchlichen Gemeindehäusern, die Abhaltung von Gottesdiensten, die Ausbildung von Geistlichen, die Erteilung von Religionsunterricht, die Beerdigung und die Pflege des Andenkens der Toten, ferner die Verwaltung des Kirchenvermögens, die Besoldung der Geistlichen, Kirchenbeamten und Kirchendiener, die Alters- und Behindertenversorgung für diese Personen und die Versorgung ihrer Witwen und Waisen.

§ 55 Selbstlosigkeit

(1) Eine Förderung oder Unterstützung geschieht selbstlos, wenn dadurch nicht in erster Linie eigenwirtschaftliche Zwecke – zum Beispiel gewerbliche Zwecke oder sonstige Erwerbszwecke – verfolgt werden und wenn die folgenden Voraussetzungen gegeben sind:
1. Mittel der Körperschaft dürfen nur für die satzungsmäßigen Zwecke verwendet werden. Die Mitglieder oder Gesellschafter (Mitglieder im Sinne dieser Vorschriften) dürfen keine Gewinnanteile und in ihrer Eigenschaft als Mitglieder auch keine sonstigen Zuwendungen aus Mitteln der Körperschaft erhalten. Die Körperschaft darf ihre Mittel weder für die unmittelbare noch für die mittelbare Unterstützung oder Förderung politischer Parteien verwenden.

200 AO §§ 56–58

2. Die Mitglieder dürfen bei ihrem Ausscheiden oder bei Auflösung oder Aufhebung der Körperschaft nicht mehr als ihre eingezahlten Kapitalanteile und den gemeinen Wert ihrer geleisteten Sacheinlagen zurückerhalten.
3. Die Körperschaft darf keine Person durch Ausgaben, die dem Zweck der Körperschaft fremd sind, oder durch unverhältnismäßig hohe Vergütungen begünstigen.
4. Bei Auflösung oder Aufhebung der Körperschaft oder bei Wegfall ihres bisherigen Zwecks darf das Vermögen der Körperschaft, soweit es die eingezahlten Kapitalanteile der Mitglieder und den gemeinen Wert der von den Mitgliedern geleisteten Sacheinlagen übersteigt, nur für steuerbegünstigte Zwecke verwendet werden (Grundsatz der Vermögensbindung). Diese Voraussetzung ist auch erfüllt, wenn das Vermögen einer anderen steuerbegünstigten Körperschaft oder einer juristischen Person des öffentlichen Rechts für steuerbegünstigte Zwecke übertragen werden soll.
5. Die Körperschaft muss ihre Mittel vorbehaltlich des § 62 grundsätzlich zeitnah für ihre steuerbegünstigten satzungsmäßigen Zwecke verwenden. Verwendung in diesem Sinne ist auch die Verwendung der Mittel für die Anschaffung oder Herstellung von Vermögensgegenständen, die satzungsmäßigen Zwecken dienen. Eine zeitnahe Mittelverwendung ist gegeben, wenn die Mittel spätestens in den auf den Zufluss folgenden zwei Kalender- oder Wirtschaftsjahren für die steuerbegünstigten satzungsmäßigen Zwecke verwendet werden. Satz 1 gilt nicht für Körperschaften mit jährlichen Einnahmen von nicht mehr als 45 000 Euro.

(2) Bei der Ermittlung des gemeinen Werts (Absatz 1 Nr. 2 und 4) kommt es auf die Verhältnisse zu dem Zeitpunkt an, in dem die Sacheinlagen geleistet worden sind.

(3) Die Vorschriften, die die Mitglieder der Körperschaft betreffen (Absatz 1 Nr. 1, 2 und 4), gelten bei Stiftungen für die Stifter und ihre Erben, bei Betrieben gewerblicher Art von juristischen Personen des öffentlichen Rechts für die Körperschaft sinngemäß, jedoch mit der Maßgabe, dass bei Wirtschaftsgütern, die nach § 6 Absatz 1 Nummer 4 Satz 4 des Einkommensteuergesetzes aus einem Betriebsvermögen zum Buchwert entnommen worden sind, an die Stelle des gemeinen Werts der Buchwert der Entnahme tritt.

§ 56 Ausschließlichkeit

Ausschließlichkeit liegt vor, wenn eine Körperschaft nur ihre steuerbegünstigten satzungsmäßigen Zwecke verfolgt.

§ 57 Unmittelbarkeit

(1) ¹Eine Körperschaft verfolgt unmittelbar ihre steuerbegünstigten satzungsmäßigen Zwecke, wenn sie selbst diese Zwecke verwirklicht. ²Das kann auch durch Hilfspersonen geschehen, wenn nach den Umständen des Falls, insbesondere nach den rechtlichen und tatsächlichen Beziehungen, die zwischen der Körperschaft und der Hilfsperson bestehen, das Wirken der Hilfsperson wie eigenes Wirken der Körperschaft anzusehen ist.

(2) Eine Körperschaft, in der steuerbegünstigte Körperschaften zusammengefasst sind, wird einer Körperschaft, die unmittelbar steuerbegünstigte Zwecke verfolgt, gleichgestellt.

(3) ¹Eine Körperschaft verfolgt ihre steuerbegünstigten Zwecke auch dann unmittelbar im Sinne des Absatzes 1 Satz 1, wenn sie satzungsgemäß durch planmäßiges Zusammenwirken mit mindestens einer weiteren Körperschaft, die im Übrigen die Voraussetzungen der §§ 51 bis 68 erfüllt, einen steuerbegünstigten Zweck verwirklicht. ²Die §§ 14 sowie 65 bis 68 sind mit der Maßgabe anzuwenden, dass für das Vorliegen der Eigenschaft als Zweckbetrieb bei der jeweiligen Körperschaft die Tätigkeiten der nach Satz 1 zusammenwirkenden Körperschaften zusammenzufassen sind.

(4) Eine Körperschaft verfolgt ihre steuerbegünstigten Zwecke auch dann unmittelbar im Sinne des Absatzes 1 Satz 1, wenn sie ausschließlich Anteile an steuerbegünstigten Kapitalgesellschaften hält und verwaltet.

§ 58 Steuerlich unschädliche Betätigungen

Die Steuervergünstigung wird nicht dadurch ausgeschlossen, dass
1. eine Körperschaft einer anderen Körperschaft oder einer juristischen Person des öffentlichen Rechts Mittel für die Verwirklichung steuerbegünstigter Zwecke zuwendet. Mittel sind sämtliche Vermögenswerte der Körperschaft. Die Zuwendung von Mitteln an eine beschränkt oder unbeschränkt steuerpflichtige Körperschaft des privaten Rechts setzt voraus, dass diese selbst steuerbegünstigt ist. Beabsichtigt die Körperschaft, als einzige Art der Zweckverwirklichung Mittel anderen Körperschaften oder juristischen Personen des öffentlichen Rechts zuzuwenden, ist die Mittelweitergabe als Art der Zweckverwirklichung in der Satzung zu benennen,
2. (weggefallen)

3. eine Körperschaft ihre Überschüsse der Einnahmen über die Ausgaben aus der Vermögensverwaltung, ihre Gewinne aus den wirtschaftlichen Geschäftsbetrieben ganz oder teilweise und darüber hinaus höchstens 15 Prozent ihrer sonstigen nach § 55 Absatz 1 Nummer 5 zeitnah zu verwendenden Mittel einer anderen steuerbegünstigten Körperschaft oder einer juristischen Person des öffentlichen Rechts zur Vermögensausstattung zuwendet. Die aus den Vermögenserträgen zu verwirklichenden steuerbegünstigten Zwecke müssen den steuerbegünstigten satzungsmäßigen Zwecken der zuwendenden Körperschaft entsprechen. Die nach dieser Nummer zugewandten Mittel und deren Erträge dürfen nicht für weitere Mittelweitergaben im Sinne des ersten Satzes verwendet werden,
4. eine Körperschaft ihre Arbeitskräfte anderen Personen, Unternehmen, Einrichtungen oder einer juristischen Person des öffentlichen Rechts für steuerbegünstigte Zwecke zur Verfügung stellt,
5. eine Körperschaft ihr gehörende Räume einer anderen, ebenfalls steuerbegünstigten Körperschaft oder einer juristischen Person des öffentlichen Rechts zur Nutzung zu steuerbegünstigten Zwecken überlässt,
6. eine Stiftung einen Teil, jedoch höchstens ein Drittel ihres Einkommens dazu verwendet, um in angemessener Weise den Stifter und seine nächsten Angehörigen zu unterhalten, ihre Gräber zu pflegen und ihr Andenken zu ehren,
7. eine Körperschaft gesellige Zusammenkünfte veranstaltet, die im Vergleich zu ihrer steuerbegünstigten Tätigkeit von untergeordneter Bedeutung sind,
8. ein Sportverein neben dem unbezahlten auch den bezahlten Sport fördert,
9. eine von einer Gebietskörperschaft errichtete Stiftung zur Erfüllung ihrer steuerbegünstigten Zwecke Zuschüsse an Wirtschaftsunternehmen vergibt,
10. eine Körperschaft Mittel zum Erwerb von Gesellschaftsrechten zur Erhaltung der prozentualen Beteiligung an Kapitalgesellschaften im Jahr des Zuflusses verwendet. Dieser Erwerb mindert die Höhe der Rücklage nach § 62 Absatz 1 Nummer 3.

§ 58a Vertrauensschutz bei Mittelweitergaben

(1) Wendet eine steuerbegünstigte Körperschaft Mittel einer anderen Körperschaft zu, darf sie unter den Voraussetzungen des Absatzes 2 darauf vertrauen, dass die empfangende Körperschaft
1. nach § 5 Absatz 1 Nummer 9 des Körperschaftsteuergesetzes im Zeitpunkt der Zuwendung steuerbegünstigt ist und
2. die Zuwendung für steuerbegünstigte Zwecke verwendet.

(2) Das Vertrauen der zuwendenden Körperschaft nach Absatz 1 ist nur schutzwürdig, wenn sich die zuwendende Körperschaft zum Zeitpunkt der Zuwendung die Steuerbegünstigung der empfangenden Körperschaft nach § 5 Absatz 1 Nummer 9 des Körperschaftsteuergesetzes hat nachweisen lassen durch eine Ausfertigung
1. der Anlage zum Körperschaftsteuerbescheid, deren Datum nicht länger als fünf Jahre zurückliegt oder
2. des Freistellungsbescheids, dessen Datum nicht länger als fünf Jahre zurückliegt oder
3. des Bescheids über die Feststellung der Einhaltung der satzungsmäßigen Voraussetzungen nach § 60a Absatz 1, dessen Datum nicht länger als drei Jahre zurückliegt, wenn der empfangenden Körperschaft bisher kein Freistellungsbescheid oder keine Anlage zum Körperschaftsteuerbescheid erteilt wurde.

(3) Absatz 1 ist nicht anzuwenden, wenn
1. der zuwendenden Körperschaft die Unrichtigkeit eines Verwaltungsakts nach Absatz 2 bekannt ist oder infolge grober Fahrlässigkeit nicht bekannt war oder
2. die zuwendende Körperschaft eine Verwendung für nicht steuerbegünstigte Zwecke durch die empfangende Körperschaft veranlasst hat.

§ 59 Voraussetzung der Steuervergünstigung

Die Steuervergünstigung wird gewährt, wenn sich aus der Satzung, dem Stiftungsgeschäft oder der sonstigen Verfassung (Satzung im Sinne dieser Vorschriften) ergibt, welchen Zweck die Körperschaft verfolgt, dass dieser Zweck den Anforderungen der §§ 52 bis 55 entspricht und dass er ausschließlich und unmittelbar verfolgt wird; die tatsächliche Geschäftsführung muss diesen Satzungsbestimmungen entsprechen.

§ 60 Anforderungen an die Satzung

(1) ¹Die Satzungszwecke und die Art ihrer Verwirklichung müssen so genau bestimmt sein, dass auf Grund der Satzung geprüft werden kann, ob die satzungsmäßigen Voraussetzungen für Steuervergünstigungen gegeben sind. ²Die Satzung muss die in der Anlage 1 bezeichneten Festlegungen enthalten.

200 AO §§ 60a–62

(2) Die Satzung muss den vorgeschriebenen Erfordernissen bei der Körperschaftsteuer und bei der Gewerbesteuer während des ganzen Veranlagungs- oder Bemessungszeitraums, bei den anderen Steuern im Zeitpunkt der Entstehung der Steuer entsprechen.

§ 60a Feststellung der satzungsmäßigen Voraussetzungen

(1) [1]Die Einhaltung der satzungsmäßigen Voraussetzungen nach den §§ 51, 59, 60 und 61 wird gesondert festgestellt. [2]Die Feststellung der Satzungsmäßigkeit ist für die Besteuerung der Körperschaft und der Steuerpflichtigen, die Zuwendungen in Form von Spenden und Mitgliedsbeiträgen an die Körperschaft erbringen, bindend.
(2) Die Feststellung der Satzungsmäßigkeit erfolgt
1. auf Antrag der Körperschaft oder
2. von Amts wegen bei der Veranlagung zur Körperschaftsteuer, wenn bisher noch keine Feststellung erfolgt ist.
(3) Die Bindungswirkung der Feststellung entfällt ab dem Zeitpunkt, in dem die Rechtsvorschriften, auf denen die Feststellung beruht, aufgehoben oder geändert werden.
(4) Tritt bei den für die Feststellung erheblichen Verhältnissen eine Änderung ein, ist die Feststellung mit Wirkung vom Zeitpunkt der Änderung der Verhältnisse aufzuheben.
(5) [1]Materielle Fehler im Feststellungsbescheid über die Satzungsmäßigkeit können mit Wirkung ab dem Kalenderjahr beseitigt werden, das auf die Bekanntgabe der Aufhebung der Feststellung folgt. [2]§ 176 gilt entsprechend, außer es sind Kalenderjahre zu ändern, die nach der Verkündung der maßgeblichen Entscheidung eines obersten Gerichtshofes des Bundes beginnen.
(6) [1]Liegen bis zum Zeitpunkt des Erlasses des erstmaligen Körperschaftsteuerbescheids oder Freistellungsbescheids bereits Erkenntnisse vor, dass die tatsächliche Geschäftsführung gegen die satzungsmäßigen Voraussetzungen verstößt, ist die Feststellung der Einhaltung der satzungsmäßigen Voraussetzungen nach Absatz 1 Satz 1 abzulehnen. [2]Satz 1 gilt entsprechend für die Aufhebung bestehender Feststellungen nach § 60a.
(7) [1]Auf Anfrage der registerführenden Stelle nach § 18 Absatz 2 des Geldwäschegesetzes kann das für die Feststellung nach Absatz 1 zuständige Finanzamt der registerführenden Stelle bestätigen, dass eine Vereinigung, die einen Antrag nach § 24 Absatz 1 Satz 2 des Geldwäschegesetzes gestellt hat, die nach den §§ 52 bis 54 der Abgabenordnung steuerbegünstigten Zwecke verfolgt. [2]Hierzu hat die registerführende Stelle dem zuständigen Finanzamt zu bestätigen, dass das Einverständnis der Vereinigung auf Auskunftserteilung nach § 24 Absatz 1 Satz 3 des Geldwäschegesetzes vorliegt.

§ 61 Satzungsmäßige Vermögensbindung

(1) Eine steuerlich ausreichende Vermögensbindung (§ 55 Abs. 1 Nr. 4) liegt vor, wenn der Zweck, für den das Vermögen bei Auflösung oder Aufhebung der Körperschaft oder bei Wegfall ihres bisherigen Zwecks verwendet werden soll, in der Satzung so genau bestimmt ist, dass auf Grund der Satzung geprüft werden kann, ob der Verwendungszweck steuerbegünstigt ist.
(2) (weggefallen)
(3) [1]Wird die Bestimmung über die Vermögensbindung nachträglich so geändert, dass sie den Anforderungen des § 55 Abs. 1 Nr. 4 nicht mehr entspricht, so gilt sie von Anfang an als steuerlich nicht ausreichend. [2]§ 175 Absatz 1 Satz 1 Nr. 2 ist mit der Maßgabe anzuwenden, dass Steuerbescheide erlassen, aufgehoben oder geändert werden können, soweit sie Steuern betreffen, die innerhalb der letzten zehn Kalenderjahre vor der Änderung der Bestimmung über die Vermögensbindung entstanden sind.

§ 62 Rücklagen und Vermögensbildung

(1) Körperschaften können ihre Mittel ganz oder teilweise
1. einer Rücklage zuführen, soweit dies erforderlich ist, um ihre steuerbegünstigten, satzungsmäßigen Zwecke nachhaltig zu erfüllen;
2. einer Rücklage für die beabsichtigte Wiederbeschaffung von Wirtschaftsgütern zuführen, die zur Verwirklichung der steuerbegünstigten, satzungsmäßigen Zwecke erforderlich sind (Rücklage für Wiederbeschaffung). Die Höhe der Zuführung bemisst sich nach der Höhe der regulären Absetzungen für Abnutzung eines zu ersetzenden Wirtschaftsguts. Die Voraussetzungen für eine höhere Zuführung sind nachzuweisen;
3. der freien Rücklage zuführen, jedoch höchstens ein Drittel des Überschusses aus der Vermögensverwaltung und darüber hinaus höchstens 10 Prozent der sonstigen nach § 55 Absatz 1 Nummer 5 zeitnah zu verwendenden Mittel. Ist der Höchstbetrag für die Bildung der freien Rücklage in einem

Jahr nicht ausgeschöpft, kann diese unterbliebene Zuführung in den folgenden zwei Jahren nachgeholt werden;
4. einer Rücklage zum Erwerb von Gesellschaftsrechten zur Erhaltung der prozentualen Beteiligung an Kapitalgesellschaften zuführen, wobei die Höhe dieser Rücklage die Höhe der Rücklage nach Nummer 3 mindert.

(2) ¹Die Bildung von Rücklagen nach Absatz 1 hat innerhalb der Frist des §·55 Absatz 1 Nummer 5 Satz 3 zu erfolgen. ²Rücklagen nach Absatz 1 Nummer 1, 2 und 4 sind unverzüglich aufzulösen, sobald der Grund für die Rücklagenbildung entfallen ist. ³Die freigewordenen Mittel sind innerhalb der Frist nach § 55 Absatz 1 Nummer 5 Satz 3 zu verwenden.

(3) Die folgenden Mittelzuführungen unterliegen nicht der zeitnahen Mittelverwendung nach § 55 Absatz 1 Nummer 5:
1. Zuwendungen von Todes wegen, wenn der Erblasser keine Verwendung für den laufenden Aufwand der Körperschaft vorgeschrieben hat;
2. Zuwendungen, bei denen der Zuwendende ausdrücklich erklärt, dass diese zur Ausstattung der Körperschaft mit Vermögen oder zur Erhöhung des Vermögens bestimmt sind;
3. Zuwendungen auf Grund eines Spendenaufrufs der Körperschaft, wenn aus dem Spendenaufruf ersichtlich ist, dass Beträge zur Aufstockung des Vermögens erbeten werden;
4. Sachzuwendungen, die ihrer Natur nach zum Vermögen gehören.

(4) Eine Stiftung kann im Jahr ihrer Errichtung und in den drei folgenden Kalenderjahren Überschüsse aus der Vermögensverwaltung und die Gewinne aus wirtschaftlichen Geschäftsbetrieben nach § 14 ganz oder teilweise ihrem Vermögen zuführen.

§ 63 Anforderungen an die tatsächliche Geschäftsführung

(1) Die tatsächliche Geschäftsführung der Körperschaft muss auf die ausschließliche und unmittelbare Erfüllung der steuerbegünstigten Zwecke gerichtet sein und den Bestimmungen entsprechen, die die Satzung über die Voraussetzungen für Steuervergünstigungen enthält.

(2) Für die tatsächliche Geschäftsführung gilt sinngemäß § 60 Abs. 2, für eine Verletzung der Vorschrift über die Vermögensbindung § 61 Abs. 3.

(3) Die Körperschaft hat den Nachweis, dass ihre tatsächliche Geschäftsführung den Erfordernissen des Absatzes 1 entspricht, durch ordnungsmäßige Aufzeichnungen über ihre Einnahmen und Ausgaben zu führen.

(4) ¹Hat die Körperschaft ohne Vorliegen der Voraussetzungen Mittel angesammelt, kann das Finanzamt ihr eine angemessene Frist für die Verwendung der Mittel setzen. ²Die tatsächliche Geschäftsführung gilt als ordnungsgemäß im Sinne des Absatzes 1, wenn die Körperschaft die Mittel innerhalb der Frist für steuerbegünstigte Zwecke verwendet.

(5) ¹Körperschaften im Sinne des § 10b Absatz 1 Satz 2 Nummer 2 des Einkommensteuergesetzes dürfen Zuwendungsbestätigungen im Sinne des § 50 Absatz 1 der Einkommensteuer-Durchführungsverordnung nur ausstellen, wenn
1. das Datum der Anlage zum Körperschaftsteuerbescheid oder des Freistellungsbescheids nicht länger als fünf Jahre zurückliegt oder
2. die Feststellung der Satzungsmäßigkeit nach § 60a Absatz 1 nicht länger als drei Kalenderjahre zurückliegt und bisher kein Freistellungsbescheid oder keine Anlage zum Körperschaftsteuerbescheid erteilt wurde.

²Die Frist ist taggenau zu berechnen.

§ 64 Steuerpflichtige wirtschaftliche Geschäftsbetriebe

(1) Schließt das Gesetz die Steuervergünstigung insoweit aus, als ein wirtschaftlicher Geschäftsbetrieb (§ 14) unterhalten wird, so verliert die Körperschaft die Steuervergünstigung für die dem Geschäftsbetrieb zuzuordnenden Besteuerungsgrundlagen (Einkünfte, Umsätze, Vermögen), soweit der wirtschaftliche Geschäftsbetrieb kein Zweckbetrieb (§§ 65 bis 68) ist.

(2) Unterhält die Körperschaft mehrere wirtschaftliche Geschäftsbetriebe, die keine Zweckbetriebe (§§ 65 bis 68) sind, werden diese als ein wirtschaftlicher Geschäftsbetrieb behandelt.

(3) Übersteigen die Einnahmen einschließlich Umsatzsteuer aus wirtschaftlichen Geschäftsbetrieben, die keine Zweckbetriebe sind, insgesamt nicht 45 000 Euro im Jahr, so unterliegen die diesen Geschäftsbetrieben zuzuordnenden Besteuerungsgrundlagen nicht der Körperschaftsteuer und der Gewerbesteuer.

(4) Die Aufteilung einer Körperschaft in mehrere selbständige Körperschaften zum Zweck der mehrfachen Inanspruchnahme der Steuervergünstigung nach Absatz 3 gilt als Missbrauch von rechtlichen Gestaltungsmöglichkeiten im Sinne des § 42.
(5) Überschüsse aus der Verwertung unentgeltlich erworbenen Altmaterials außerhalb einer ständig dafür vorgehaltenen Verkaufsstelle, die der Körperschaftsteuer und der Gewerbesteuer unterliegen, können in Höhe des branchenüblichen Reingewinns geschätzt werden.
(6) Bei den folgenden steuerpflichtigen wirtschaftlichen Geschäftsbetrieben kann der Besteuerung ein Gewinn von 15 Prozent der Einnahmen zugrunde gelegt werden:
1. Werbung für Unternehmen, die im Zusammenhang mit der steuerbegünstigten Tätigkeit einschließlich Zweckbetrieben stattfindet,
2. Totalisatorbetriebe,
3. Zweite Fraktionierungsstufe der Blutspendedienste.

§ 65 Zweckbetrieb
Ein Zweckbetrieb ist gegeben, wenn
1. der wirtschaftliche Geschäftsbetrieb in seiner Gesamtrichtung dazu dient, die steuerbegünstigten satzungsmäßigen Zwecke der Körperschaft zu verwirklichen,
2. die Zwecke nur durch einen solchen Geschäftsbetrieb erreicht werden können und
3. der wirtschaftliche Geschäftsbetrieb zu nicht begünstigten Betrieben derselben oder ähnlicher Art nicht in größerem Umfang in Wettbewerb tritt, als es bei Erfüllung der steuerbegünstigten Zwecke unvermeidbar ist.

§ 66 Wohlfahrtspflege
(1) Eine Einrichtung der Wohlfahrtspflege ist ein Zweckbetrieb, wenn sie in besonderem Maß den in § 53 genannten Personen dient.
(2) ¹Wohlfahrtspflege ist die planmäßige, zum Wohle der Allgemeinheit und nicht des Erwerbs wegen ausgeübte Sorge für notleidende oder gefährdete Mitmenschen. ²Die Sorge kann sich auf das gesundheitliche, sittliche, erzieherische oder wirtschaftliche Wohl erstrecken und Vorbeugung oder Abhilfe bezwecken.
(3) ¹Eine Einrichtung der Wohlfahrtspflege dient in besonderem Maße den in § 53 genannten Personen, wenn diesen mindestens zwei Drittel ihrer Leistungen zugute kommen. ²Für Krankenhäuser gilt § 67.

§ 67 Krankenhäuser
(1) Ein Krankenhaus, das in den Anwendungsbereich des Krankenhausentgeltgesetzes oder der Bundespflegesatzverordnung fällt, ist ein Zweckbetrieb, wenn mindestens 40 Prozent der jährlichen Belegungstage oder Berechnungstage auf Patienten entfallen, bei denen nur Entgelte für allgemeine Krankenhausleistungen (§ 7 des Krankenhausentgeltgesetzes, § 10 der Bundespflegesatzverordnung) berechnet werden.
(2) Ein Krankenhaus, das nicht in den Anwendungsbereich des Krankenhausentgeltgesetzes oder der Bundespflegesatzverordnung fällt, ist ein Zweckbetrieb, wenn mindestens 40 Prozent der jährlichen Belegungstage oder Berechnungstage auf Patienten entfallen, bei denen für die Krankenhausleistungen kein höheres Entgelt als nach Absatz 1 berechnet wird.

§ 67a Sportliche Veranstaltungen
(1) ¹Sportliche Veranstaltungen eines Sportvereins sind ein Zweckbetrieb, wenn die Einnahmen einschließlich Umsatzsteuer insgesamt 45 000 Euro im Jahr nicht übersteigen. ²Der Verkauf von Speisen und Getränken sowie die Werbung gehören nicht zu den sportlichen Veranstaltungen.
(2) ¹Der Sportverein kann dem Finanzamt bis zur Unanfechtbarkeit des Körperschaftsteuerbescheids erklären, dass er auf die Anwendung des Absatzes 1 Satz 1 verzichtet. ²Die Erklärung bindet den Sportverein für mindestens fünf Veranlagungszeiträume.
(3) ¹Wird auf die Anwendung des Absatzes 1 Satz 1 verzichtet, sind sportliche Veranstaltungen eines Sportvereins ein Zweckbetrieb, wenn
1. kein Sportler des Vereins teilnimmt, der für seine sportliche Betätigung oder für die Benutzung seiner Person, seines Namens, seines Bildes oder seiner sportlichen Betätigung zu Werbezwecken von dem Verein oder einem Dritten über eine Aufwandsentschädigung hinaus Vergütungen oder andere Vorteile erhält und

2. kein anderer Sportler teilnimmt, der für die Teilnahme an der Veranstaltung von dem Verein oder einem Dritten im Zusammenwirken mit dem Verein über eine Aufwandsentschädigung hinaus Vergütungen oder andere Vorteile erhält.

²Andere sportliche Veranstaltungen sind ein steuerpflichtiger wirtschaftlicher Geschäftsbetrieb. ³Dieser schließt die Steuervergünstigung nicht aus, wenn die Vergütungen oder andere Vorteile ausschließlich aus wirtschaftlichen Geschäftsbetrieben, die nicht Zweckbetriebe sind, oder von Dritten geleistet werden.

(4) ¹Organisatorische Leistungen eines Sportdachverbandes zur Durchführung von sportlichen Veranstaltungen sind ein Zweckbetrieb, wenn an der sportlichen Veranstaltung überwiegend Sportler teilnehmen, die keine Lizenzsportler sind. Alle sportlichen Veranstaltungen einer Saison einer Liga gelten als eine sportliche Veranstaltung im Sinne des Satzes 1. ²Absatz 1 Satz 2 gilt entsprechend.

§ 68 Einzelne Zweckbetriebe

Zweckbetriebe sind auch:
1. a) Alten-, Altenwohn- und Pflegeheime, Erholungsheime, Mahlzeitendienste, wenn sie in besonderem Maße den in § 53 genannten Personen dienen (§ 66 Abs. 3),
   b) Kindergärten, Kinder-, Jugend- und Studentenheime, Schullandheime und Jugendherbergen,
   c) Einrichtungen zur Versorgung, Verpflegung und Betreuung von Flüchtlingen. Die Voraussetzungen des § 66 Absatz 2 sind zu berücksichtigen,
2. a) landwirtschaftliche Betriebe und Gärtnereien, die der Selbstversorgung von Körperschaften dienen und dadurch die sachgemäße Ernährung und ausreichende Versorgung von Anstaltsangehörigen sichern,
   b) andere Einrichtungen, die für die Selbstversorgung von Körperschaften erforderlich sind, wie Tischlereien, Schlossereien,
   wenn die Lieferungen und sonstigen Leistungen dieser Einrichtungen an Außenstehende dem Wert nach 20 Prozent der gesamten Lieferungen und sonstigen Leistungen des Betriebs – einschließlich der an die Körperschaften selbst bewirkten – nicht übersteigen,
3. a) Werkstätten für behinderte Menschen, die nach den Vorschriften des Dritten Buches Sozialgesetzbuch förderungsfähig sind und Personen Arbeitsplätze bieten, die wegen ihrer Behinderung nicht auf dem allgemeinen Arbeitsmarkt tätig sein können,
   b) Einrichtungen für Beschäftigungs- und Arbeitstherapie, in denen behinderte Menschen aufgrund ärztlicher Indikationen außerhalb eines Beschäftigungsverhältnisses zum Träger der Therapieeinrichtung mit dem Ziel behandelt werden, körperliche oder psychische Grundfunktionen zum Zwecke der Wiedereingliederung in das Alltagsleben wiederherzustellen oder die besonderen Fähigkeiten und Fertigkeiten auszubilden, zu fördern und zu trainieren, die für eine Teilnahme am Arbeitsleben erforderlich sind, und
   c) Inklusionsbetriebe im Sinne des § 215 Absatz 1 des Neunten Buches Sozialgesetzbuch, wenn mindestens 40 Prozent der Beschäftigten besonders betroffene schwerbehinderte Menschen im Sinne des § 215 Absatz 1 des Neunten Buches Sozialgesetzbuch sind; auf die Quote werden psychisch kranke Menschen im Sinne des § 215 Absatz 4 des Neunten Buches Sozialgesetzbuch angerechnet,
4. Einrichtungen, die zur Durchführung der Fürsorge für blinde Menschen, zur Durchführung der Fürsorge für körperbehinderte Menschen und zur Durchführung der Fürsorge für psychische und seelische Erkrankungen beziehungsweise Behinderungen unterhalten werden,
5. Einrichtungen über Tag und Nacht (Heimerziehung) oder sonstige betreute Wohnformen,
6. von den zuständigen Behörden genehmigte Lotterien und Ausspielungen, wenn der Reinertrag unmittelbar und ausschließlich zur Förderung mildtätiger, kirchlicher oder gemeinnütziger Zwecke verwendet wird,
7. kulturelle Einrichtungen, wie Museen, Theater, und kulturelle Veranstaltungen, wie Konzerte, Kunstausstellungen; dazu gehört nicht der Verkauf von Speisen und Getränken.
8. Volkshochschulen und andere Einrichtungen, soweit sie selbst Vorträge, Kurse und andere Veranstaltungen wissenschaftlicher oder belehrender Art durchführen; dies gilt auch, soweit die Einrichtungen den Teilnehmern dieser Veranstaltungen selbst Beherbergung und Beköstigung gewähren,
9. Wissenschafts- und Forschungseinrichtungen, deren Träger sich überwiegend aus Zuwendungen der öffentlichen Hand oder Dritter oder aus der Vermögensverwaltung finanziert. Der Wissenschaft und Forschung dient auch die Auftragsforschung. Nicht zum Zweckbetrieb gehören Tätigkeiten, die sich auf die Anwendung gesicherter wissenschaftlicher Erkenntnisse beschränken, die Übernahme von Projektträgerschaften sowie wirtschaftliche Tätigkeiten ohne Forschungsbezug.

Dritter Teil
Allgemeine Verfahrensvorschriften

Erster Abschnitt
Verfahrensgrundsätze

3. Unterabschnitt
Besteuerungsgrundsätze, Beweismittel

II. Beweis durch Auskünfte und Sachverständigengutachten

§ 93 Auskunftspflicht der Beteiligten und anderer Personen

(1) ¹Die Beteiligten und andere Personen haben der Finanzbehörde die zur Feststellung eines für die Besteuerung erheblichen Sachverhalts erforderlichen Auskünfte zu erteilen. ²Dies gilt auch für nicht rechtsfähige Vereinigungen, Vermögensmassen, Behörden und Betriebe gewerblicher Art der Körperschaften des öffentlichen Rechts. ³Andere Personen als die Beteiligten sollen erst dann zur Auskunft angehalten werden, wenn die Sachverhaltsaufklärung durch die Beteiligten nicht zum Ziel führt oder keinen Erfolg verspricht.
(1a) ¹Die Finanzbehörde darf an andere Personen als die Beteiligten Auskunftsersuchen über eine ihr noch unbekannte Anzahl von Sachverhalten mit dem Grunde nach bestimmbaren, ihr noch nicht bekannten Personen stellen (Sammelauskunftsersuchen). ²Voraussetzung für ein Sammelauskunftsersuchen ist, dass ein hinreichender Anlass für die Ermittlungen besteht und andere zumutbare Maßnahmen zur Sachverhaltsaufklärung keinen Erfolg versprechen. ³Absatz 1 Satz 3 ist nicht anzuwenden.
(2) ¹In dem Auskunftsersuchen ist anzugeben, worüber Auskünfte erteilt werden sollen und ob die Auskunft für die Besteuerung des Auskunftspflichtigen oder für die Besteuerung anderer Personen angefordert wird. ²Auskunftsersuchen haben auf Verlangen des Auskunftspflichtigen schriftlich zu ergehen.
(3) ¹Die Auskünfte sind wahrheitsgemäß nach bestem Wissen und Gewissen zu erteilen. ²Auskunftspflichtige, die nicht aus dem Gedächtnis Auskunft geben können, haben Bücher, Aufzeichnungen, Geschäftspapiere und andere Urkunden, die ihnen zur Verfügung stehen, einzusehen und, soweit nötig, Aufzeichnungen daraus zu entnehmen.
(4) ¹Der Auskunftspflichtige kann die Auskunft schriftlich, elektronisch, mündlich oder fernmündlich erteilen. ²Die Finanzbehörde kann verlangen, dass der Auskunftspflichtige schriftlich Auskunft erteilt, wenn dies sachdienlich ist.
(5) ¹Die Finanzbehörde kann anordnen, dass der Auskunftspflichtige eine mündliche Auskunft an Amtsstelle erteilt. ²Hierzu ist sie insbesondere dann befugt, wenn trotz Aufforderung eine schriftliche Auskunft nicht erteilt worden ist oder eine schriftliche Auskunft nicht zu einer Klärung des Sachverhalts geführt hat. ³Absatz 2 Satz 1 gilt entsprechend.
(6) ¹Auf Antrag des Auskunftspflichtigen ist über die mündliche Auskunft an Amtsstelle eine Niederschrift aufzunehmen. ²Die Niederschrift soll den Namen der anwesenden Personen, den Ort, den Tag und den wesentlichen Inhalt der Auskunft enthalten. ³Sie soll von dem Amtsträger, dem die mündliche Auskunft erteilt wird, und dem Auskunftspflichtigen unterschrieben werden. ⁴Den Beteiligten ist eine Abschrift der Niederschrift zu überlassen.
(7) ¹Ein automatisierter Abruf von Kontoinformationen nach § 93b ist nur zulässig, soweit
1. der Steuerpflichtige eine Steuerfestsetzung nach § 32d Abs. 6 des Einkommensteuergesetzes beantragt oder
2. (weggefallen)
und der Abruf in diesen Fällen zur Festsetzung der Einkommensteuer erforderlich ist oder er erforderlich ist
3. zur Feststellung von Einkünften nach den §§ 20 und 23 Abs. 1 des Einkommensteuergesetzes in Veranlagungszeiträumen bis einschließlich des Jahres 2008 oder
4. zur Erhebung von bundesgesetzlich geregelten Steuern oder Rückforderungsansprüchen bundesgesetzlich geregelter Steuererstattungen und Steuervergütungen oder
4a. zur Ermittlung, in welchen Fällen ein inländischer Steuerpflichtiger im Sinne des § 138 Absatz 2 Satz 1 Verfügungsberechtigter oder wirtschaftlich Berechtigter im Sinne des Geldwäschegesetzes eines Kontos oder Depots einer natürlichen Person, Personengesellschaft, Körperschaft, Personenvereinigung oder Vermögensmasse mit Wohnsitz, gewöhnlichem Aufenthalt, Sitz, Hauptniederlassung oder Geschäftsleitung außerhalb des Geltungsbereichs dieses Gesetzes ist, oder
4b. zur Ermittlung der Besteuerungsgrundlagen in den Fällen des § 208 Absatz 1 Satz 1 Nummer 3 oder
5. der Steuerpflichtige zustimmt.

²In diesen Fällen darf die Finanzbehörde oder in den Fällen des § 1 Abs. 2 die Gemeinde das Bundeszentralamt für Steuern ersuchen, bei den Kreditinstituten einzelne Daten aus den nach § 93b Absatz 1 und 1a zu führenden Dateisystemen abzurufen; in den Fällen des Satzes 1 Nummer 1 bis 4b darf ein Abrufersuchen nur dann erfolgen, wenn ein Auskunftsersuchen an den Steuerpflichtigen nicht zum Ziel geführt hat oder keinen Erfolg verspricht.

(8) ¹Das Bundeszentralamt für Steuern erteilt auf Ersuchen Auskunft über die in § 93b Absatz 1 und 1a bezeichneten Daten, ausgenommen die Identifikationsnummer nach § 139b,
1. den für die Verwaltung
   a) der Grundsicherung für Arbeitsuchende nach dem Zweiten Buch Sozialgesetzbuch,
   b) der Sozialhilfe nach dem Zwölften Buch Sozialgesetzbuch,
   c) der Ausbildungsförderung nach dem Bundesausbildungsförderungsgesetz,
   d) der Aufstiegsfortbildungsförderung nach dem Aufstiegsfortbildungsförderungsgesetz,
   e) des Wohngeldes nach dem Wohngeldgesetz,
   f) der Leistungen nach dem Asylbewerberleistungsgesetz und
   g) des Zuschlags an Entgeltpunkten für langjährige Versicherung nach dem Sechsten Buch Sozialgesetzbuch

   zuständigen Behörden, soweit dies zur Überprüfung des Vorliegens der Anspruchsvoraussetzungen erforderlich ist und ein vorheriges Auskunftsersuchen an die betroffene Person nicht zum Ziel geführt hat oder keinen Erfolg verspricht;
2. den Polizeivollzugsbehörden des Bundes und der Länder, soweit dies zur Abwehr einer erheblichen Gefahr für die öffentliche Sicherheit erforderlich ist, und
3. den Verfassungsschutzbehörden der Länder, soweit dies für ihre Aufgabenerfüllung erforderlich ist und durch Landesgesetz ausdrücklich zugelassen ist.

²Die für die Vollstreckung nach dem Verwaltungs-Vollstreckungsgesetz und nach den Verwaltungsvollstreckungsgesetzen der Länder zuständigen Behörden dürfen zur Durchführung der Vollstreckung das Bundeszentralamt für Steuern ersuchen, bei den Kreditinstituten die in § 93b Absatz 1 und 1a bezeichneten Daten, ausgenommen die Identifikationsnummer nach § 139b, abzurufen, wenn
1. die Ladung zu dem Termin zur Abgabe der Vermögensauskunft an den Vollstreckungsschuldner nicht zustellbar ist und
   a) die Anschrift, unter der die Zustellung ausgeführt werden sollte, mit der Anschrift übereinstimmt, die von einer der in § 755 Absatz 1 und 2 der Zivilprozessordnung genannten Stellen innerhalb von drei Monaten vor oder nach dem Zustellungsversuch mitgeteilt wurde, oder
   b) die Meldebehörde nach dem Zustellungsversuch die Auskunft erteilt, dass ihr keine derzeitige Anschrift des Vollstreckungsschuldners bekannt ist, oder
   c) die Meldebehörde innerhalb von drei Monaten vor Erlass der Vollstreckungsanordnung die Auskunft erteilt hat, dass ihr keine derzeitige Anschrift des Vollstreckungsschuldners bekannt ist;
2. der Vollstreckungsschuldner seiner Pflicht zur Abgabe der Vermögensauskunft in dem dem Ersuchen zugrundeliegenden Vollstreckungsverfahren nicht nachkommt oder
3. bei einer Vollstreckung in die in der Vermögensauskunft aufgeführten Vermögensgegenstände eine vollständige Befriedigung der Forderung nicht zu erwarten ist.

³Für andere Zwecke ist ein Abrufersuchen an das Bundeszentralamt für Steuern hinsichtlich der in § 93b Absatz 1 und 1a bezeichneten Daten, ausgenommen die Identifikationsnummer nach § 139b, nur zulässig, soweit dies durch ein Bundesgesetz ausdrücklich zugelassen ist.

(8a) ¹Kontenabrufersuchen an das Bundeszentralamt für Steuern sind nach amtlich vorgeschriebenem Datensatz über die amtlich bestimmten Schnittstellen zu übermitteln; § 87a Absatz 6 und § 87b Absatz 1 und 2 gelten entsprechend. ²Das Bundeszentralamt für Steuern kann Ausnahmen von der elektronischen Übermittlung zulassen. ³Das Bundeszentralamt für Steuern soll der ersuchenden Stelle die Ergebnisse des Kontenabrufs elektronisch übermitteln; § 87a Absatz 7 und 8 gilt entsprechend.

(9) ¹Vor einem Abrufersuchen nach Absatz 7 oder Absatz 8 ist die betroffene Person auf die Möglichkeit eines Kontenabrufs hinzuweisen; dies kann auch durch ausdrücklichen Hinweis in amtlichen Vordrucken und Merkblättern geschehen. ²Nach Durchführung eines Kontenabrufs ist die betroffene Person vom Ersuchenden über die Durchführung zu benachrichtigen. ³Ein Hinweis nach Satz 1 erster Halbsatz und eine Benachrichtigung nach Satz 2 unterbleiben, soweit die Voraussetzungen des § 32b Absatz 1 vorliegen oder die Information der betroffenen Person gesetzlich ausgeschlossen ist. ⁴§ 32c Absatz 5 ist entsprechend anzuwenden. ⁵In den Fällen des Absatzes 8 gilt Satz 4 entsprechend, soweit gesetzlich nichts anderes bestimmt ist.

(10) Ein Abrufersuchen nach Absatz 7 oder Absatz 8 und dessen Ergebnis sind vom Ersuchenden zu dokumentieren.

Zweiter Abschnitt
Verwaltungsakte

§ 118 Begriff des Verwaltungsakts
¹Verwaltungsakt ist jede Verfügung, Entscheidung oder andere hoheitliche Maßnahme, die eine Behörde zur Regelung eines Einzelfalls auf dem Gebiet des öffentlichen Rechts trifft und die auf unmittelbare Rechtswirkung nach außen gerichtet ist. ²Allgemeinverfügung ist ein Verwaltungsakt, der sich an einen nach allgemeinen Merkmalen bestimmten oder bestimmbaren Personenkreis richtet oder die öffentlich-rechtliche Eigenschaft einer Sache oder ihre Benutzung durch die Allgemeinheit betrifft.

§ 119 Bestimmtheit und Form des Verwaltungsakts
(1) Ein Verwaltungsakt muss inhaltlich hinreichend bestimmt sein.
(2) ¹Ein Verwaltungsakt kann schriftlich, elektronisch, mündlich oder in anderer Weise erlassen werden. ²Ein mündlicher Verwaltungsakt ist schriftlich zu bestätigen, wenn hieran ein berechtigtes Interesse besteht und die betroffene Person dies unverzüglich verlangt.
(3) ¹Ein schriftlich oder elektronisch erlassener Verwaltungsakt muss die erlassende Behörde erkennen lassen. ²Ferner muss er die Unterschrift oder die Namenswiedergabe des Behördenleiters, seines Vertreters oder seines Beauftragten enthalten; dies gilt nicht für einen Verwaltungsakt, der formularmäßig oder mit Hilfe automatischer Einrichtungen erlassen wird. ³Ist für einen Verwaltungsakt durch Gesetz eine Schriftform angeordnet, so muss bei einem elektronischen Verwaltungsakt auch das der Signatur zugrunde liegende qualifizierte Zertifikat oder ein zugehöriges qualifiziertes Attributzertifikat die erlassende Behörde erkennen lassen. ⁴Im Falle des § 87a Absatz 4 Satz 3 muss die Bestätigung nach § 5 Absatz 5 des De-Mail-Gesetzes die erlassende Finanzbehörde als Nutzer des De-Mail-Kontos erkennen lassen.

§ 120 Nebenbestimmungen zum Verwaltungsakt
(1) Ein Verwaltungsakt, auf den ein Anspruch besteht, darf mit einer Nebenbestimmung nur versehen werden, wenn sie durch Rechtsvorschrift zugelassen ist oder wenn sie sicherstellen soll, dass die gesetzlichen Voraussetzungen des Verwaltungsakts erfüllt werden.
(2) Unbeschadet des Absatzes 1 darf ein Verwaltungsakt nach pflichtgemäßem Ermessen erlassen werden mit
1. einer Bestimmung, nach der eine Vergünstigung oder Belastung zu einem bestimmten Zeitpunkt beginnt, endet oder für einen bestimmten Zeitraum gilt (Befristung),
2. einer Bestimmung, nach der der Eintritt oder der Wegfall einer Vergünstigung oder einer Belastung von dem ungewissen Eintritt eines zukünftigen Ereignisses abhängt (Bedingung),
3. einem Vorbehalt des Widerrufs

oder verbunden werden mit

4. einer Bestimmung, durch die dem Begünstigten ein Tun, Dulden oder Unterlassen vorgeschrieben wird (Auflage),
5. einem Vorbehalt der nachträglichen Aufnahme, Änderung oder Ergänzung einer Auflage.

(3) Eine Nebenbestimmung darf dem Zweck des Verwaltungsakts nicht zuwiderlaufen.

§ 121 Begründung des Verwaltungsakts
(1) Ein schriftlicher, elektronischer sowie ein schriftlich oder elektronisch bestätigter Verwaltungsakt ist mit einer Begründung zu versehen, soweit dies zu seinem Verständnis erforderlich ist.
(2) Einer Begründung bedarf es nicht,
1. soweit die Finanzbehörde einem Antrag entspricht oder einer Erklärung folgt und der Verwaltungsakt nicht in Rechte eines anderen eingreift,
2. soweit demjenigen, für den der Verwaltungsakt bestimmt ist oder der von ihm betroffen wird, die Auffassung der Finanzbehörde über die Sach- und Rechtslage bereits bekannt oder auch ohne Begründung für ihn ohne weiteres erkennbar ist,
3. wenn die Finanzbehörde gleichartige Verwaltungsakte in größerer Zahl oder Verwaltungsakte mit Hilfe automatischer Einrichtungen erlässt und die Begründung nach den Umständen des Einzelfalls nicht geboten ist,
4. wenn sich dies aus einer Rechtsvorschrift ergibt,
5. wenn eine Allgemeinverfügung öffentlich bekannt gegeben wird.

§ 122 Bekanntgabe des Verwaltungsaktes

(1) ¹Ein Verwaltungsakt ist demjenigen Beteiligten bekannt zu geben, für den er bestimmt ist oder der von ihm betroffen wird. ²§ 34 Abs. 2 ist entsprechend anzuwenden. ³Der Verwaltungsakt kann auch gegenüber einem Bevollmächtigten bekannt gegeben werden. ⁴Er soll dem Bevollmächtigten bekannt gegeben werden, wenn der Finanzbehörde eine schriftliche oder eine nach amtlich vorgeschriebenem Datensatz elektronisch übermittelte Empfangsvollmacht vorliegt, solange dem Bevollmächtigten nicht eine Zurückweisung nach § 80 Absatz 7 bekannt gegeben worden ist.
(2) Ein schriftlicher Verwaltungsakt, der durch die Post übermittelt wird, gilt als bekannt gegeben
1. bei einer Übermittlung im Inland am dritten Tage nach der Aufgabe zur Post,
2. bei einer Übermittlung im Ausland einen Monat nach der Aufgabe zur Post,
außer wenn er nicht oder zu einem späteren Zeitpunkt zugegangen ist; im Zweifel hat die Behörde den Zugang des Verwaltungsakts und den Zeitpunkt des Zugangs nachzuweisen.
(2a) Ein elektronisch übermittelter Verwaltungsakt gilt am dritten Tage nach der Absendung als bekannt gegeben, außer wenn er nicht oder zu einem späteren Zeitpunkt zugegangen ist; im Zweifel hat die Behörde den Zugang des Verwaltungsakts und den Zeitpunkt des Zugangs nachzuweisen.
(3) ¹Ein Verwaltungsakt darf öffentlich bekannt gegeben werden, wenn dies durch Rechtsvorschrift zugelassen ist. ²Eine Allgemeinverfügung darf auch dann öffentlich bekannt gegeben werden, wenn eine Bekanntgabe an die Beteiligten untunlich ist.
(4) ¹Die öffentliche Bekanntgabe eines Verwaltungsakts wird dadurch bewirkt, dass sein verfügender Teil ortsüblich bekannt gemacht wird. ²In der ortsüblichen Bekanntmachung ist anzugeben, wo der Verwaltungsakt und seine Begründung eingesehen werden können. ³Der Verwaltungsakt gilt zwei Wochen nach dem Tag der ortsüblichen Bekanntmachung als bekannt gegeben. ⁴In einer Allgemeinverfügung kann ein hiervon abweichender Tag, jedoch frühestens der auf die Bekanntmachung folgende Tag bestimmt werden.
(5) ¹Ein Verwaltungsakt wird zugestellt, wenn dies gesetzlich vorgeschrieben ist oder behördlich angeordnet wird. ²Die Zustellung richtet sich vorbehaltlich des Satzes 3 nach den Vorschriften des Verwaltungszustellungsgesetzes. ³Für die Zustellung an einen Bevollmächtigten gilt abweichend von § 7 Absatz 1 Satz 2 des Verwaltungszustellungsgesetzes Absatz 1 Satz 4 entsprechend.
(6) Die Bekanntgabe eines Verwaltungsakts an einen Beteiligten zugleich mit Wirkung für und gegen andere Beteiligte ist zulässig, soweit die Beteiligten einverstanden sind; diese Beteiligten können nachträglich eine Abschrift des Verwaltungsakts verlangen.
(7) ¹Betreffen Verwaltungsakte
1. Ehegatten oder Lebenspartner oder
2. Ehegatten mit ihren Kindern, Lebenspartner mit ihren Kindern oder Alleinstehende mit ihren Kindern,
so reicht es für die Bekanntgabe an alle Beteiligten aus, wenn ihnen eine Ausfertigung unter ihrer gemeinsamen Anschrift übermittelt wird.

§ 122a Bekanntgabe von Verwaltungsakten durch Bereitstellung zum Datenabruf

(1) Verwaltungsakte können mit Einwilligung des Beteiligten oder der von ihm bevollmächtigten Person bekannt gegeben werden, indem sie zum Datenabruf durch Datenfernübertragung bereitgestellt werden.
(2) ¹Die Einwilligung kann jederzeit mit Wirkung für die Zukunft widerrufen werden. ²Der Widerruf wird der Finanzbehörde gegenüber erst wirksam, wenn er ihr zugeht.
(3) Für den Datenabruf hat sich die abrufberechtigte Person nach Maßgabe des § 87a Absatz 8 zu authentisieren.
(4) ¹Ein zum Abruf bereitgestellter Verwaltungsakt gilt am dritten Tag nach Absendung der elektronischen Benachrichtigung über die Bereitstellung der Daten an die abrufberechtigte Person als bekannt gegeben. ²Im Zweifel hat die Behörde den Zugang der Benachrichtigung nachzuweisen. ³Kann die Finanzbehörde den von der abrufberechtigten Person bestrittenen Zugang der Benachrichtigung nicht nachweisen, gilt der Verwaltungsakt an dem Tag als bekannt gegeben, an dem die abrufberechtigte Person den Datenabruf durchgeführt hat. ⁴Das Gleiche gilt, wenn die abrufberechtigte Person unwiderlegbar vorträgt, die Benachrichtigung nicht innerhalb von drei Tagen nach der Absendung erhalten zu haben.
(5) Entscheidet sich die Finanzbehörde, den Verwaltungsakt im Postfach des Nutzerkontos nach dem Onlinezugangsgesetz zum Datenabruf bereitzustellen, gelten abweichend von § 9 Absatz 1 Satz 3 bis 6 des Onlinezugangsgesetzes die Regelungen des Absatzes 4.

§ 123 Bestellung eines Empfangsbevollmächtigten

¹Ein Beteiligter ohne Wohnsitz oder gewöhnlichen Aufenthalt, Sitz oder Geschäftsleitung im Inland, in einem anderen Mitgliedstaat der Europäischen Union oder in einem Staat, auf den das Abkommen über

den Europäischen Wirtschaftsraum anwendbar ist, hat der Finanzbehörde auf Verlangen innerhalb einer angemessenen Frist einen Empfangsbevollmächtigten im Inland zu benennen. ²Unterlässt er dies, so gilt ein an ihn gerichtetes Schriftstück einen Monat nach der Aufgabe zur Post und ein elektronisch übermitteltes Dokument am dritten Tage nach der Absendung als zugegangen. ³Dies gilt nicht, wenn feststeht, dass das Schriftstück oder das elektronische Dokument den Empfänger nicht oder zu einem späteren Zeitpunkt erreicht hat. ⁴Auf die Rechtsfolgen der Unterlassung ist der Beteiligte hinzuweisen.

§ 124 Wirksamkeit des Verwaltungsakts

(1) ¹Ein Verwaltungsakt wird gegenüber demjenigen, für den er bestimmt ist oder der von ihm betroffen wird, in dem Zeitpunkt wirksam, in dem er ihm bekannt gegeben wird. ²Der Verwaltungsakt wird mit dem Inhalt wirksam, mit dem er bekannt gegeben wird.
(2) Ein Verwaltungsakt bleibt wirksam, solange und soweit er nicht zurückgenommen, widerrufen, anderweitig aufgehoben oder durch Zeitablauf oder auf andere Weise erledigt ist.
(3) Ein nichtiger Verwaltungsakt ist unwirksam.

§ 125 Nichtigkeit des Verwaltungsakts

(1) Ein Verwaltungsakt ist nichtig, soweit er an einem besonders schwerwiegenden Fehler leidet und dies bei verständiger Würdigung aller in Betracht kommenden Umstände offenkundig ist.
(2) Ohne Rücksicht auf das Vorliegen der Voraussetzungen des Absatzes 1 ist ein Verwaltungsakt nichtig,
1. der schriftlich oder elektronisch erlassen worden ist, die erlassende Finanzbehörde aber nicht erkennen lässt,
2. den aus tatsächlichen Gründen niemand befolgen kann,
3. der die Begehung einer rechtswidrigen Tat verlangt, die einen Straf- oder Bußgeldtatbestand verwirklicht,
4. der gegen die guten Sitten verstößt.
(3) Ein Verwaltungsakt ist nicht schon deshalb nichtig, weil
1. Vorschriften über die örtliche Zuständigkeit nicht eingehalten worden sind,
2. eine nach § 82 Abs. 1 Satz 1 Nr. 2 bis 6 und Satz 2 ausgeschlossene Person mitgewirkt hat,
3. ein durch Rechtsvorschrift zur Mitwirkung berufener Ausschuss den für den Erlass des Verwaltungsakts vorgeschriebenen Beschluss nicht gefasst hat oder nicht beschlussfähig war,
4. die nach einer Rechtsvorschrift erforderliche Mitwirkung einer anderen Behörde unterblieben ist.
(4) Betrifft die Nichtigkeit nur einen Teil des Verwaltungsakts, so ist er im Ganzen nichtig, wenn der nichtige Teil so wesentlich ist, dass die Finanzbehörde den Verwaltungsakt ohne den nichtigen Teil nicht erlassen hätte.
(5) Die Finanzbehörde kann die Nichtigkeit jederzeit von Amts wegen feststellen; auf Antrag ist sie festzustellen, wenn der Antragsteller hieran ein berechtigtes Interesse hat.

§ 126 Heilung von Verfahrens- und Formfehlern

(1) Eine Verletzung von Verfahrens- oder Formvorschriften, die nicht den Verwaltungsakt nach § 125 nichtig macht, ist unbeachtlich, wenn
1. der für den Verwaltungsakt erforderliche Antrag nachträglich gestellt wird,
2. die erforderliche Begründung nachträglich gegeben wird,
3. die erforderliche Anhörung eines Beteiligten nachgeholt wird,
4. der Beschluss eines Ausschusses, dessen Mitwirkung für den Erlass des Verwaltungsaktes erforderlich ist, nachträglich gefasst wird,
5. die erforderliche Mitwirkung einer anderen Behörde nachgeholt wird.
(2) Handlungen nach Absatz 1 Nr. 2 bis 5 können bis zum Abschluss der Tatsacheninstanz eines finanzgerichtlichen Verfahrens nachgeholt werden.
(3) ¹Fehlt einem Verwaltungsakt die erforderliche Begründung oder ist die erforderliche Anhörung eines Beteiligten vor Erlass des Verwaltungsakts unterblieben und ist dadurch die rechtzeitige Anfechtung des Verwaltungsakts versäumt worden, so gilt die Versäumung der Einspruchsfrist als nicht verschuldet. ²Das für die Wiedereinsetzungsfrist nach § 110 Abs. 2 maßgebende Ereignis tritt im Zeitpunkt der Nachholung der unterlassenen Verfahrenshandlung ein.

§ 127 Folgen von Verfahrens- und Formfehlern

Die Aufhebung eines Verwaltungsakts, der nicht nach § 125 nichtig ist, kann nicht allein deshalb beansprucht werden, weil er unter Verletzung von Vorschriften über das Verfahren, die Form oder die örtliche

Zuständigkeit zustande gekommen ist, wenn keine andere Entscheidung in der Sache hätte getroffen werden können.

§ 128 Umdeutung eines fehlerhaften Verwaltungsakts

(1) Ein fehlerhafter Verwaltungsakt kann in einen anderen Verwaltungsakt umgedeutet werden, wenn er auf das gleiche Ziel gerichtet ist, von der erlassenden Finanzbehörde in der geschehenen Verfahrensweise und Form rechtmäßig hätte erlassen werden können und wenn die Voraussetzungen für dessen Erlass erfüllt sind.
(2) [1]Absatz 1 gilt nicht, wenn der Verwaltungsakt, in den der fehlerhafte Verwaltungsakt umzudeuten wäre, der erkennbaren Absicht der erlassenden Finanzbehörde widerspräche oder seine Rechtsfolgen für die betroffene Person ungünstiger wären als die des fehlerhaften Verwaltungsakts. [2]Eine Umdeutung ist ferner unzulässig, wenn der fehlerhafte Verwaltungsakt nicht zurückgenommen werden dürfte.
(3) Eine Entscheidung, die nur als gesetzlich gebundene Entscheidung ergehen kann, kann nicht in eine Ermessensentscheidung umgedeutet werden.
(4) § 91 ist entsprechend anzuwenden.

§ 129 Offenbare Unrichtigkeiten beim Erlass eines Verwaltungsakts

[1]Die Finanzbehörde kann Schreibfehler, Rechenfehler und ähnliche offenbare Unrichtigkeiten, die beim Erlass eines Verwaltungsakts unterlaufen sind, jederzeit berichtigen. [2]Bei berechtigtem Interesse des Beteiligten ist zu berichtigen. [3]Wird zu einem schriftlich ergangenen Verwaltungsakt die Berichtigung begehrt, ist die Finanzbehörde berechtigt, die Vorlage des Schriftstücks zu verlangen, das berichtigt werden soll.

§ 130 Rücknahme eines rechtswidrigen Verwaltungsakts

(1) Ein rechtswidriger Verwaltungsakt kann, auch nachdem er unanfechtbar geworden ist, ganz oder teilweise mit Wirkung für die Zukunft oder für die Vergangenheit zurückgenommen werden.
(2) Ein Verwaltungsakt, der ein Recht oder einen rechtlich erheblichen Vorteil begründet oder bestätigt hat (begünstigender Verwaltungsakt), darf nur dann zurückgenommen werden, wenn
1. er von einer sachlich unzuständigen Behörde erlassen worden ist,
2. er durch unlautere Mittel wie arglistige Täuschung, Drohung oder Bestechung erwirkt worden ist,
3. ihn der Begünstigte durch Angaben erwirkt hat, die in wesentlicher Beziehung unrichtig oder unvollständig waren,
4. seine Rechtswidrigkeit dem Begünstigten bekannt oder infolge grober Fahrlässigkeit nicht bekannt war.

(3) [1]Erhält die Finanzbehörde von Tatsachen Kenntnis, welche die Rücknahme eines rechtswidrigen begünstigenden Verwaltungsakts rechtfertigen, so ist die Rücknahme nur innerhalb eines Jahres seit dem Zeitpunkt der Kenntnisnahme zulässig. [2]Dies gilt nicht im Fall des Absatzes 2 Nr. 2.
(4) Über die Rücknahme entscheidet nach Unanfechtbarkeit des Verwaltungsakts die nach den Vorschriften über die örtliche Zuständigkeit zuständige Finanzbehörde; dies gilt auch dann, wenn der zurückzunehmende Verwaltungsakt von einer anderen Finanzbehörde erlassen worden ist; § 26 Satz 2 bleibt unberührt.

§ 131 Widerruf eines rechtmäßigen Verwaltungsakts

(1) Ein rechtmäßiger nicht begünstigender Verwaltungsakt kann, auch nachdem er unanfechtbar geworden ist, ganz oder teilweise mit Wirkung für die Zukunft widerrufen werden, außer wenn ein Verwaltungsakt gleichen Inhalts erneut erlassen werden müsste oder aus anderen Gründen ein Widerruf unzulässig ist.
(2) [1]Ein rechtmäßiger begünstigender Verwaltungsakt darf, auch nachdem er unanfechtbar geworden ist, ganz oder teilweise mit Wirkung für die Zukunft nur widerrufen werden,
1. wenn der Widerruf durch Rechtsvorschrift zugelassen oder im Verwaltungsakt vorbehalten ist,
2. wenn mit dem Verwaltungsakt eine Auflage verbunden ist und der Begünstigte diese nicht oder nicht innerhalb einer ihm gesetzten Frist erfüllt hat,
3. wenn die Finanzbehörde aufgrund nachträglich eingetretener Tatsachen berechtigt wäre, den Verwaltungsakt nicht zu erlassen, und wenn ohne den Widerruf das öffentliche Interesse gefährdet würde.

[2]§ 130 Abs. 3 gilt entsprechend.
(3) Der widerrufene Verwaltungsakt wird mit dem Wirksamwerden des Widerrufs unwirksam, wenn die Finanzbehörde keinen späteren Zeitpunkt bestimmt.

(4) Über den Widerruf entscheidet nach Unanfechtbarkeit des Verwaltungsakts die nach den Vorschriften über die örtliche Zuständigkeit zuständige Finanzbehörde; dies gilt auch dann, wenn der zu widerrufende Verwaltungsakt von einer anderen Finanzbehörde erlassen worden ist.

§ 132 Rücknahme, Widerruf, Aufhebung und Änderung im Rechtsbehelfsverfahren

¹Die Vorschriften über Rücknahme, Widerruf, Aufhebung und Änderung von Verwaltungsakten gelten auch während eines Einspruchsverfahrens und während eines finanzgerichtlichen Verfahrens. ²§ 130 Abs. 2 und 3 und § 131 Abs. 2 und 3 stehen der Rücknahme und dem Widerruf eines von einem Dritten angefochtenen begünstigenden Verwaltungsakts während des Einspruchsverfahrens oder des finanzgerichtlichen Verfahrens nicht entgegen, soweit dadurch dem Einspruch oder der Klage abgeholfen wird.

§ 133 Rückgabe von Urkunden und Sachen

¹Ist ein Verwaltungsakt unanfechtbar widerrufen oder zurückgenommen oder ist seine Wirksamkeit aus einem anderen Grund nicht oder nicht mehr gegeben, so kann die Finanzbehörde die auf Grund dieses Verwaltungsakts erteilten Urkunden oder Sachen, die zum Nachweis der Rechte aus dem Verwaltungsakt oder zu deren Ausübung bestimmt sind, zurückfordern. ²Der Inhaber und, sofern er nicht der Besitzer ist, auch der Besitzer dieser Urkunden oder Sachen sind zu ihrer Herausgabe verpflichtet. ³Der Inhaber oder der Besitzer kann jedoch verlangen, dass ihm die Urkunden oder Sachen wieder ausgehändigt werden, nachdem sie von der Finanzbehörde als ungültig gekennzeichnet sind; dies gilt nicht bei Sachen, bei denen eine solche Kennzeichnung nicht oder nicht mit der erforderlichen Offensichtlichkeit oder Dauerhaftigkeit möglich ist.

Anlage 1
(zu § 60)

Mustersatzung für Vereine, Stiftungen, Betriebe gewerblicher Art von juristischen Personen des öffentlichen Rechts, geistliche Genossenschaften und Kapitalgesellschaften

(nur aus steuerlichen Gründen notwendige Bestimmungen)

§ 1

[1]Der – Die – . . . (Körperschaft) mit Sitz in . . . verfolgt ausschließlich und unmittelbar – gemeinnützige – mildtätige – kirchliche – Zwecke (nicht verfolgte Zwecke streichen) im Sinne des Abschnitts „Steuerbegünstigte Zwecke" der Abgabenordnung.

[2]Zweck der Körperschaft ist . . . (z. B. die Förderung von Wissenschaft und Forschung, Jugend- und Altenhilfe, Erziehung, Volks- und Berufsbildung, Kunst und Kultur, Landschaftspflege, Umweltschutz, des öffentlichen Gesundheitswesens, des Sports, Unterstützung hilfsbedürftiger Personen).

[3]Der Satzungszweck wird verwirklicht insbesondere durch . . . (z. B. Durchführung wissenschaftlicher Veranstaltungen und Forschungsvorhaben, Vergabe von Forschungsaufträgen, Unterhaltung einer Schule, einer Erziehungsberatungsstelle, Pflege von Kunstsammlungen, Pflege des Liedgutes und des Chorgesanges, Errichtung von Naturschutzgebieten, Unterhaltung eines Kindergartens, Kinder-, Jugendheimes, Unterhaltung eines Altenheimes, eines Erholungsheimes, Bekämpfung des Drogenmissbrauchs, des Lärms, Förderung sportlicher Übungen und Leistungen).

§ 2

Die Körperschaft ist selbstlos tätig; sie verfolgt nicht in erster Linie eigenwirtschaftliche Zwecke.

§ 3

[1]Mittel der Körperschaft dürfen nur für die satzungsmäßigen Zwecke verwendet werden. [2]Die Mitglieder erhalten keine Zuwendungen aus Mitteln der Körperschaft.

§ 4

Es darf keine Person durch Ausgaben, die dem Zweck der Körperschaft fremd sind, oder durch unverhältnismäßig hohe Vergütungen begünstigt werden.

§ 5

Bei Auflösung oder Aufhebung der Körperschaft oder bei Wegfall steuerbegünstigter Zwecke fällt das Vermögen der Körperschaft
1. an – den – die – das – . . . (Bezeichnung einer juristischen Person des öffentlichen Rechts oder einer anderen steuerbegünstigten Körperschaft), – der – die – das – es unmittelbar und ausschließlich für gemeinnützige, mildtätige oder kirchliche Zwecke zu verwenden hat.

oder

2. an eine juristische Person des öffentlichen Rechts oder eine andere steuerbegünstigte Körperschaft zwecks Verwendung für . . . (Angabe eines bestimmten gemeinnützigen, mildtätigen oder kirchlichen Zwecks, z. B. Förderung von Wissenschaft und Forschung, Erziehung, Volks- und Berufsbildung, der Unterstützung von Personen, die im Sinne von § 53 der Abgabenordnung wegen . . . bedürftig sind, Unterhaltung des Gotteshauses in . . .).

Weitere Hinweise

[1]Bei **Betrieben gewerblicher Art von juristischen Personen des öffentlichen Rechts, bei den von einer juristischen Person des öffentlichen Rechts verwalteten unselbständigen Stiftungen und bei geistlichen Genossenschaften** (Orden, Kongregationen) ist folgende Bestimmung aufzunehmen:

§ 3 Abs. 2:

„Der – die – das . . . erhält bei Auflösung oder Aufhebung der Körperschaft oder bei Wegfall steuerbegünstigter Zwecke nicht mehr als – seine – ihre – eingezahlten Kapitalanteile und den gemeinen Wert seiner – ihrer – geleisteten Sacheinlagen zurück."

[2]Bei **Stiftungen** ist diese Bestimmung nur erforderlich, wenn die Satzung dem Stifter einen Anspruch auf Rückgewähr von Vermögen einräumt.
[3]Fehlt die Regelung, wird das eingebrachte Vermögen wie das übrige Vermögen behandelt.

[4]Bei **Kapitalgesellschaften** sind folgende ergänzende Bestimmungen in die Satzung aufzunehmen:
1. § 3 Abs. 1 Satz 2:
   „Die Gesellschafter dürfen keine Gewinnanteile und auch keine sonstigen Zuwendungen aus Mitteln der Körperschaft erhalten."

2. § 3 Abs. 2:
„Sie erhalten bei ihrem Ausscheiden oder bei Auflösung der Körperschaft oder bei Wegfall steuerbegünstigter Zwecke nicht mehr als ihre eingezahlten Kapitalanteile und den gemeinen Wert ihrer geleisteten Sacheinlagen zurück."
3. § 5:
„Bei Auflösung der Körperschaft oder bei Wegfall steuerbegünstigter Zwecke fällt das Vermögen der Körperschaft, soweit es die eingezahlten Kapitalanteile der Gesellschafter und den gemeinen Wert der von den Gesellschaftern geleisteten Sacheinlagen übersteigt, . . .".

[5]§ 3 Abs. 2 und der Satzteil „soweit es die eingezahlten Kapitalanteile der Gesellschafter und den gemeinen Wert der von den Gesellschaftern geleisteten Sacheinlagen übersteigt," in § 5 sind nur erforderlich, wenn die Satzung einen Anspruch auf Rückgewähr von Vermögen einräumt.

Einkommensteuergesetz (EStG)

in der Fassung der Bekanntmachung
vom 8. Oktober 2009 (BGBl. I S. 3366, S. 3862)

Zuletzt geändert durch
Gesetz zur Abwehr von Steuervermeidung und unfairem Steuerwettbewerb und zur Änderung weiterer Gesetze vom 25. Juni 2021 (BGBl. I S. 2056)

– Auszug –*)

Inhaltsübersicht

I. Steuerpflicht
- § 1 Steuerpflicht
- § 1a (EU- und EWR-Staatsangehörige)

II. Einkommen

1. Sachliche Voraussetzungen für die Besteuerung
- § 2 Umfang der Besteuerung, Begriffsbestimmungen
- § 2a Negative Einkünfte mit Bezug zu Drittstaaten
- § 2b (weggefallen)

2. Steuerfreie Einnahmen
- § 3
- § 3a Sanierungserträge
- § 3b Steuerfreiheit von Zuschlägen für Sonntags-, Feiertags- oder Nachtarbeit
- § 3c Anteilige Abzüge

3. Gewinn
- § 4 Gewinnbegriff im Allgemeinen
- § 4a Gewinnermittlungszeitraum, Wirtschaftsjahr
- § 4b Direktversicherung
- § 4c Zuwendungen an Pensionskassen
- § 4d Zuwendungen an Unterstützungskassen
- § 4e Beiträge an Pensionsfonds
- § 4f Verpflichtungsübernahmen, Schuldbeitritte und Erfüllungsübernahmen
- § 4g Bildung eines Ausgleichspostens bei Entnahme nach § 4 Absatz 1 Satz 3
- § 4h Betriebsausgabenabzug für Zinsaufwendungen (Zinsschranke)
- § 4i Sonderbetriebsausgabenabzug bei Vorgängen mit Auslandsbezug
- § 4j Aufwendungen für Rechteüberlassungen
- § 4k Betriebsausgabenabzug bei Besteuerungsinkongruenzen
- § 5 Gewinn bei Kaufleuten und bei bestimmten anderen Gewerbetreibenden
- § 5a Gewinnermittlung bei Handelsschiffen im internationalen Verkehr
- § 5b Elektronische Übermittlung von Bilanzen sowie Gewinn- und Verlustrechnungen
- § 6 Bewertung
- § 6a Pensionsrückstellung
- § 6b Übertragung stiller Reserven bei der Veräußerung bestimmter Anlagegüter
- § 6c Übertragung stiller Reserven bei der Veräußerung bestimmter Anlagegüter bei der Ermittlung des Gewinns nach § 4 Absatz 3 oder nach Durchschnittssätzen
- § 6d Euroumrechnungsrücklage
- § 6e Fondsetablierungskosten als Anschaffungskosten
- § 7 Absetzung für die Abnutzung oder Substanzverringerung
- § 7a Gemeinsame Vorschriften für erhöhte Absetzungen und Sonderabschreibungen
- § 7b Sonderabschreibung für Mietwohnungsneubau
- §§ 7c bis 7f (weggefallen)
- §§ 7d bis 7f (weggefallen)
- § 7g Investitionsabzugsbeträge und Sonderabschreibungen zur Förderung kleiner und mittlerer Betriebe
- § 7h Erhöhte Absetzungen bei Gebäuden in Sanierungsgebieten und städtebaulichen Entwicklungsbereichen
- § 7i Erhöhte Absetzungen bei Baudenkmalen

4. Überschuss der Einnahmen über die Werbungskosten
- § 8 Einnahmen
- § 9 Werbungskosten
- § 9a Pauschbeträge für Werbungskosten

4a. Umsatzsteuerrechtlicher Vorsteuerabzug
- § 9b

5. Sonderausgaben
- § 10
- § 10a Zusätzliche Altersvorsorge
- § 10b Steuerbegünstigte Zwecke
- § 10c Sonderausgaben-Pauschbetrag
- § 10d Verlustabzug
- § 10e Steuerbegünstigung der zu eigenen Wohnzwecken genutzten Wohnung im eigenen Haus

---

*) Abgedruckt sind nur die für Sozialberufe wichtigen Bestimmungen. Das Inhaltsverzeichnis benennt den kompletten Inhalt des Gesetzes.

201 EStG

- § 10f Steuerbegünstigung für zu eigenen Wohnzwecken genutzte Baudenkmale und Gebäude in Sanierungsgebieten und städtebaulichen Entwicklungsbereichen
- § 10g Steuerbegünstigung für schutzwürdige Kulturgüter, die weder zur Einkunftserzielung noch zu eigenen Wohnzwecken genutzt werden

6. Vereinnahmung und Verausgabung
- § 11
- § 11a Sonderbehandlung von Erhaltungsaufwand bei Gebäuden in Sanierungsgebieten und städtebaulichen Entwicklungsbereichen
- § 11b Sonderbehandlung von Erhaltungsaufwand bei Baudenkmalen

7. Nicht abzugsfähige Ausgaben
- § 12

8. Die einzelnen Einkunftsarten

a) Land- und Forstwirtschaft (§ 2 Absatz 1 Satz 1 Nummer 1)
- § 13 Einkünfte aus Land- und Forstwirtschaft
- § 13a Ermittlung des Gewinns aus Land- und Forstwirtschaft nach Durchschnittssätzen
- § 14 Veräußerung des Betriebs
- § 14a Vergünstigungen bei der Veräußerung bestimmter land- und forstwirtschaftlicher Betriebe

b) Gewerbebetrieb (§ 2 Absatz 1 Satz 1 Nummer 2)
- § 15 Einkünfte aus Gewerbebetrieb
- § 15a Verluste bei beschränkter Haftung
- § 15b Verluste im Zusammenhang mit Steuerstundungsmodellen
- § 16 Veräußerung des Betriebs
- § 17 Veräußerung von Anteilen an Kapitalgesellschaften

c) Selbständige Arbeit (§ 2 Absatz 1 Satz 1 Nummer 3)
- § 18

d) Nichtselbständige Arbeit (§ 2 Absatz 1 Satz 1 Nummer 4)
- § 19
- § 19a Sondervorschrift für Einkünfte aus nichtselbständiger Arbeit bei Vermögensbeteiligungen

e) Kapitalvermögen (§ 2 Absatz 1 Satz 1 Nummer 5)
- § 20

f) Vermietung und Verpachtung (§ 2 Absatz 1 Satz 1 Nummer 6)
- § 21

g) Sonstige Einkünfte (§ 2 Absatz 1 Satz 1 Nummer 7)
- § 22 Arten der sonstigen Einkünfte
- § 22a Rentenbezugsmitteilungen an die zentrale Stelle
- § 23 Private Veräußerungsgeschäfte

h) Gemeinsame Vorschriften
- § 24
- § 24a Altersentlastungsbetrag
- § 24b Entlastungsbetrag für Alleinerziehende

III. Veranlagung
- § 25 Veranlagungszeitraum, Steuererklärungspflicht
- § 26 Veranlagung von Ehegatten
- § 26a Einzelveranlagung von Ehegatten
- § 26b Zusammenveranlagung von Ehegatten
- § 27 (weggefallen)
- § 28 Besteuerung bei fortgesetzter Gütergemeinschaft
- §§ 29 und 30 (weggefallen)

IV. Tarif
- § 31 Familienleistungsausgleich
- § 32 Kinder, Freibeträge für Kinder
- § 32a Einkommensteuertarif
- § 32b Progressionsvorbehalt
- § 32c Tarifermäßigung bei Einkünften aus Land- und Forstwirtschaft
- § 32d Gesonderter Steuertarif für Einkünfte aus Kapitalvermögen
- § 33 Außergewöhnliche Belastungen
- § 33a Außergewöhnliche Belastung in besonderen Fällen
- § 33b Pauschbeträge für Menschen mit Behinderungen, Hinterbliebene und Pflegepersonen
- § 34 Außerordentliche Einkünfte
- § 34a Begünstigung der nicht entnommenen Gewinne
- § 34b Steuersätze bei Einkünften aus außerordentlichen Holznutzungen

V. Steuerermäßigungen

1. Steuerermäßigung bei ausländischen Einkünften
- § 34c
- § 34d Ausländische Einkünfte

2. Steuerermäßigung bei Einkünften aus Land- und Forstwirtschaft
- § 34e (weggefallen)

2a. Steuerermäßigung für Steuerpflichtige mit Kindern bei Inanspruchnahme erhöhter Absetzungen für Wohngebäude oder der Steuerbegünstigungen für eigengenutztes Wohneigentum
- § 34f

2b. Steuerermäßigung bei Zuwendungen an politische Parteien und an unabhängige Wählervereinigungen
- § 34g

3. *Steuerermäßigung bei Einkünften aus Gewerbebetrieb*

§ 35

4. *Steuerermäßigung bei Aufwendungen für haushaltsnahe Beschäftigungsverhältnisse und für die Inanspruchnahme haushaltsnaher Dienstleistungen*

§ 35a Steuerermäßigung bei Aufwendungen für haushaltsnahe Beschäftigungsverhältnisse, haushaltsnahe Dienstleistungen und Handwerkerleistungen

5. *Steuerermäßigung bei Belastung mit Erbschaftsteuer*

§ 35b Steuerermäßigung bei Belastung mit Erbschaftsteuer

6. *Steuerermäßigung für energetische Maßnahmen bei zu eigenen Wohnzwecken genutzten Gebäuden*

§ 35c Steuerermäßigung für energetische Maßnahmen bei zu eigenen Wohnzwecken genutzten Gebäuden

VI. Steuererhebung

1. *Erhebung der Einkommensteuer*

§ 36 Entstehung und Tilgung der Einkommensteuer
§ 36a Beschränkung der Anrechenbarkeit der Kapitalertragsteuer
§ 37 Einkommensteuer-Vorauszahlung
§ 37a Pauschalierung der Einkommensteuer durch Dritte
§ 37b Pauschalierung der Einkommensteuer bei Sachzuwendungen

2. *Steuerabzug vom Arbeitslohn (Lohnsteuer)*

§ 38 Erhebung der Lohnsteuer
§ 38a Höhe der Lohnsteuer
§ 38b Lohnsteuerklassen, Zahl der Kinderfreibeträge
§ 39 Lohnsteuerabzugsmerkmale
§ 39a Freibetrag und Hinzurechnungsbetrag
§ 39b Einbehaltung der Lohnsteuer
§ 39c Einbehaltung der Lohnsteuer ohne Lohnsteuerabzugsmerkmale
§ 39d (weggefallen)
§ 39e Verfahren zur Bildung und Anwendung der elektronischen Lohnsteuerabzugsmerkmale
§ 39f Faktorverfahren anstelle Steuerklassenkombination III/V
§ 40 Pauschalierung der Lohnsteuer in besonderen Fällen
§ 40a Pauschalierung der Lohnsteuer für Teilzeitbeschäftigte und geringfügig Beschäftigte
§ 40b Pauschalierung der Lohnsteuer bei bestimmten Zukunftssicherungsleistungen
§ 41 Aufzeichnungspflichten beim Lohnsteuerabzug
§ 41a Anmeldung und Abführung der Lohnsteuer

§ 41b Abschluss des Lohnsteuerabzugs
§ 41c Änderung des Lohnsteuerabzugs
§§ 42 und 42a (weggefallen)
§ 42b Lohnsteuer-Jahresausgleich durch den Arbeitgeber
§ 42c (weggefallen)
§ 42d Haftung des Arbeitgebers und Haftung bei Arbeitnehmerüberlassung
§ 42e Anrufungsauskunft
§ 42f Lohnsteuer-Außenprüfung
§ 42g Lohnsteuer-Nachschau

3. *Steuerabzug vom Kapitalertrag (Kapitalertragsteuer)*

§ 43 Kapitalerträge mit Steuerabzug
§ 43a Bemessung der Kapitalertragsteuer
§ 43b Bemessung der Kapitalertragsteuer bei bestimmten Gesellschaften
§ 44 Entrichtung der Kapitalertragsteuer
§ 44a Abstandnahme vom Steuerabzug
§ 44b Erstattung der Kapitalertragsteuer
§ 45 Ausschluss der Erstattung von Kapitalertragsteuer
§ 45a Anmeldung und Bescheinigung der Kapitalertragsteuer
§ 45b Angaben zur Bescheinigung und Abführung der Kapitalertragsteuer
§ 45c Zusammengefasste Mitteilung zur Bescheinigung und Abführung der Kapitalertragsteuer
§ 45d Mitteilungen an das Bundeszentralamt für Steuern
§ 45e Ermächtigung für Zinsinformationsverordnung

4. *Veranlagung von Steuerpflichtigen mit steuerabzugspflichtigen Einkünften*

§ 46 Veranlagung bei Bezug von Einkünften aus nichtselbständiger Arbeit
§ 47 (weggefallen)

VII. Steuerabzug bei Bauleistungen

§ 48 Steuerabzug
§ 48a Verfahren
§ 48b Freistellungsbescheinigung
§ 48c Anrechnung
§ 48d Besonderheiten im Fall von Doppelbesteuerungsabkommen

VIII. Besteuerung beschränkt Steuerpflichtiger

§ 49 Beschränkt steuerpflichtige Einkünfte
§ 50 Sondervorschriften für beschränkt Steuerpflichtige
§ 50a Steuerabzug bei beschränkt Steuerpflichtigen

IX. Sonstige Vorschriften, Bußgeld-, Ermächtigungs- und Schlussvorschriften

§ 50b Prüfungsrecht
§ 50c Entlastung vom Steuerabzug in bestimmten Fällen

§ 50d Anwendung von Abkommen zur Vermeidung der Doppelbesteuerung
§ 50e Bußgeldvorschriften; Nichtverfolgung von Steuerstraftaten bei geringfügiger Beschäftigung in Privathaushalten
§ 50f Bußgeldvorschriften
§ 50g Entlastung vom Steuerabzug bei Zahlungen von Zinsen und Lizenzgebühren zwischen verbundenen Unternehmen verschiedener Mitgliedstaaten der Europäischen Union
§ 50h Bestätigung für Zwecke der Entlastung von Quellensteuern in einem anderen Mitgliedstaat der Europäischen Union oder der Schweizerischen Eidgenossenschaft
§ 50i Besteuerung bestimmter Einkünfte und Anwendung von Doppelbesteuerungsabkommen
§ 50j Versagung der Entlastung von Kapitalertragsteuern in bestimmten Fällen
§ 51 Ermächtigungen
§ 51a Festsetzung und Erhebung von Zuschlagsteuern
§ 52 Anwendungsvorschriften
§ 52a (weggefallen)
§ 53 (weggefallen)
§ 54 (weggefallen)
§ 55 Schlussvorschriften (Sondervorschriften für die Gewinnermittlung nach § 4 oder nach Durchschnittssätzen bei vor dem 1. Juli 1970 angeschafftem Grund und Boden)
§ 56 Sondervorschriften für Steuerpflichtige in dem in Artikel 3 des Einigungsvertrages genannten Gebiet
§ 57 Besondere Anwendungsregeln aus Anlass der Herstellung der Einheit Deutschlands
§ 58 Weitere Anwendung von Rechtsvorschriften, die vor Herstellung der Einheit Deutschlands in dem in Artikel 3 des Einigungsvertrages genannten Gebiet gegolten haben
§§ 59 bis 61 (weggefallen)

X. Kindergeld

§ 62 Anspruchsberechtigte
§ 63 Kinder
§ 64 Zusammentreffen mehrerer Ansprüche
§ 65 Andere Leistungen für Kinder
§ 66 Höhe des Kindergeldes, Zahlungszeitraum
§ 67 Antrag
§ 68 Besondere Mitwirkungspflichten und Offenbarungsbefugnis
§ 69 Datenübermittlung an die Familienkassen
§ 70 Festsetzung und Zahlung des Kindergeldes
§ 71 Vorläufige Einstellung der Zahlung des Kindergeldes
§ 72 Festsetzung und Zahlung des Kindergeldes an Angehörige des öffentlichen Dienstes
§ 73 (weggefallen)
§ 74 Zahlung des Kindergeldes in Sonderfällen
§ 75 Aufrechnung
§ 76 Pfändung
§ 77 Erstattung von Kosten im Vorverfahren
§ 78 Übergangsregelungen

XI. Altersvorsorgezulage

§ 79 Zulageberechtigte
§ 80 Anbieter
§ 81 Zentrale Stelle
§ 81a Zuständige Stelle
§ 82 Altersvorsorgebeiträge
§ 83 Altersvorsorgezulage
§ 84 Grundzulage
§ 85 Kinderzulage
§ 86 Mindesteigenbeitrag
§ 87 Zusammentreffen mehrerer Verträge
§ 88 Entstehung des Anspruchs auf Zulage
§ 89 Antrag
§ 90 Verfahren
§ 91 Datenerhebung und Datenabgleich
§ 92 Bescheinigung
§ 92a Verwendung für eine selbst genutzte Wohnung
§ 92b Verfahren bei Verwendung für eine selbst genutzte Wohnung
§ 93 Schädliche Verwendung
§ 94 Verfahren bei schädlicher Verwendung
§ 95 Sonderfälle der Rückzahlung
§ 96 Anwendung der Abgabenordnung, allgemeine Vorschriften
§ 97 Übertragbarkeit
§ 98 Rechtsweg
§ 99 Ermächtigung

XII. Förderbetrag zur betrieblichen Altersversorgung

§ 100 Förderbetrag zur betrieblichen Altersversorgung

XIII. Mobilitätsprämie

§ 101 Bemessungsgrundlage und Höhe der Mobilitätsprämie
§ 102 Anspruchsberechtigung
§ 103 Entstehung der Mobilitätsprämie
§ 104 Antrag auf die Mobilitätsprämie
§ 105 Festsetzung und Auszahlung der Mobilitätsprämie
§ 106 Ertragsteuerliche Behandlung der Mobilitätsprämie
§ 107 Anwendung der Abgabenordnung
§ 108 Anwendung von Straf- und Bußgeldvorschriften der Abgabenordnung
§ 109 Verordnungsermächtigung

XIV. Sondervorschriften zur Bewältigung der Corona-Pandemie

§ 110 Anpassung von Vorauszahlungen für den Veranlagungszeitraum 2019
§ 111 Vorläufiger Verlustrücktrag für 2020 und 2021

Anlage 1 bis Anlage 3
(hier nicht aufgenommen)

I. Steuerpflicht

§ 1 Steuerpflicht

(1) ¹Natürliche Personen, die im Inland einen Wohnsitz oder ihren gewöhnlichen Aufenthalt haben, sind unbeschränkt einkommensteuerpflichtig. ²Zum Inland im Sinne dieses Gesetzes gehört auch der der Bundesrepublik Deutschland zustehende Anteil
1. an der ausschließlichen Wirtschaftszone, soweit dort
    a) die lebenden und nicht lebenden natürlichen Ressourcen der Gewässer über dem Meeresboden, des Meeresbodens und seines Untergrunds erforscht, ausgebeutet, erhalten oder bewirtschaftet werden,
    b) andere Tätigkeiten zur wirtschaftlichen Erforschung oder Ausbeutung der ausschließlichen Wirtschaftszone ausgeübt werden, wie beispielsweise die Energieerzeugung aus Wasser, Strömung und Wind oder
    c) künstliche Inseln errichtet oder genutzt werden und Anlagen und Bauwerke für die in den Buchstaben a und b genannten Zwecke errichtet oder genutzt werden, und
2. am Festlandsockel, soweit dort
    a) dessen natürliche Ressourcen erforscht oder ausgebeutet werden; natürliche Ressourcen in diesem Sinne sind die mineralischen und sonstigen nicht lebenden Ressourcen des Meeresbodens und seines Untergrunds sowie die zu den sesshaften Arten gehörenden Lebewesen, die im nutzbaren Stadium entweder unbeweglich auf oder unter dem Meeresboden verbleiben oder sich nur in ständigem körperlichen Kontakt mit dem Meeresboden oder seinem Untergrund fortbewegen können; oder
    b) künstliche Inseln errichtet oder genutzt werden und Anlagen und Bauwerke für die in Buchstabe a genannten Zwecke errichtet oder genutzt werden.

(2) ¹Unbeschränkt einkommensteuerpflichtig sind auch deutsche Staatsangehörige, die
1. im Inland weder einen Wohnsitz noch ihren gewöhnlichen Aufenthalt haben und
2. zu einer inländischen juristischen Person des öffentlichen Rechts in einem Dienstverhältnis stehen und dafür Arbeitslohn aus einer inländischen öffentlichen Kasse beziehen

sowie zu ihrem Haushalt gehörende Angehörige, die die deutsche Staatsangehörigkeit besitzen oder keine Einkünfte oder nur Einkünfte beziehen, die ausschließlich im Inland einkommensteuerpflichtig sind. ²Dies gilt nur für natürliche Personen, die in dem Staat, in dem sie ihren Wohnsitz oder ihren gewöhnlichen Aufenthalt haben, lediglich in einem der beschränkten Einkommensteuerpflicht ähnlichen Umfang zu einer Steuer vom Einkommen herangezogen werden.

(3) ¹Auf Antrag werden auch natürliche Personen als unbeschränkt einkommensteuerpflichtig behandelt, die im Inland weder einen Wohnsitz noch ihren gewöhnlichen Aufenthalt haben, soweit sie inländische Einkünfte im Sinne des § 49 haben. ²Dies gilt nur, wenn ihre Einkünfte im Kalenderjahr mindestens zu 90 Prozent der deutschen Einkommensteuer unterliegen oder die nicht der deutschen Einkommensteuer unterliegenden Einkünfte den Grundfreibetrag nach § 32a Absatz 1 Satz 2 Nummer 1 nicht übersteigen; dieser Betrag ist zu kürzen, soweit es nach den Verhältnissen im Wohnsitzstaat des Steuerpflichtigen notwendig und angemessen ist. ³Inländische Einkünfte, die nach einem Abkommen zur Vermeidung der Doppelbesteuerung nur der Höhe nach beschränkt besteuert werden dürfen, gelten hierbei als nicht der deutschen Einkommensteuer unterliegend. ⁴Unberücksichtigt bleiben bei der Ermittlung der Einkünfte nach Satz 2 nicht der deutschen Einkommensteuer unterliegende Einkünfte, die im Ausland nicht besteuert werden, soweit vergleichbare Einkünfte im Inland steuerfrei sind. ⁵Weitere Voraussetzung ist, dass die Höhe der nicht der deutschen Einkommensteuer unterliegenden Einkünfte durch eine Bescheinigung der zuständigen ausländischen Steuerbehörde nachgewiesen wird. ⁶Der Steuerabzug nach § 50a ist ungeachtet der Sätze 1 bis 4 vorzunehmen.

(4) Natürliche Personen, die im Inland weder einen Wohnsitz noch ihren gewöhnlichen Aufenthalt haben, sind vorbehaltlich der Absätze 2 und 3 und des § 1a beschränkt einkommensteuerpflichtig, wenn sie inländische Einkünfte im Sinne des § 49 haben.

§ 1a (EU- und EWR-Staatsangehörige)

(1) Für Staatsangehörige eines Mitgliedstaates der Europäischen Union oder eines Staates, auf den das Abkommen über den Europäischen Wirtschaftsraum anwendbar ist, die nach § 1 Absatz 1 unbeschränkt einkommensteuerpflichtig sind oder die nach § 1 Absatz 3 als unbeschränkt einkommensteuerpflichtig zu behandeln sind, gilt bei Anwendung von § 10 Absatz 1a und § 26 Absatz 1 Satz 1 Folgendes:
1. Aufwendungen im Sinne des § 10 Absatz 1a sind auch dann als Sonderausgaben abziehbar, wenn der Empfänger der Leistung oder Zahlung nicht unbeschränkt einkommensteuerpflichtig ist. ²Voraussetzung ist, dass

a) der Empfänger seinen Wohnsitz oder gewöhnlichen Aufenthalt im Hoheitsgebiet eines anderen Mitgliedstaates der Europäischen Union oder eines Staates hat, auf den das Abkommen über den Europäischen Wirtschaftsraum Anwendung findet und
b) die Besteuerung der nach § 10 Absatz 1a zu berücksichtigenden Leistung oder Zahlung beim Empfänger durch eine Bescheinigung der zuständigen ausländischen Steuerbehörde nachgewiesen wird;
2. der nicht dauernd getrennt lebende Ehegatte ohne Wohnsitz oder gewöhnlichen Aufenthalt im Inland wird auf Antrag für die Anwendung des § 26 Absatz 1 Satz 1 als unbeschränkt einkommensteuerpflichtig behandelt. ²Nummer 1 Satz 2 Buchstabe a gilt entsprechend. ³Bei Anwendung des § 1 Absatz 3 Satz 2 ist auf die Einkünfte beider Ehegatten abzustellen und der Grundfreibetrag nach § 32a Absatz 1 Satz 2 Nummer 1 zu verdoppeln.

(2) Für unbeschränkt einkommensteuerpflichtige Personen im Sinne des § 1 Absatz 2, die die Voraussetzungen des § 1 Absatz 3 Satz 2 bis 5 erfüllen, und für unbeschränkt einkommensteuerpflichtige Personen im Sinne des § 1 Absatz 3, die die Voraussetzungen des § 1 Absatz 2 Satz 1 Nummer 1 und 2 erfüllen und an einem ausländischen Dienstort tätig sind, gilt die Regelung des Absatzes 1 Nummer 2 entsprechend mit der Maßgabe, dass auf Wohnsitz oder gewöhnlichen Aufenthalt im Staat des ausländischen Dienstortes abzustellen ist.

II. Einkommen

1. Sachliche Voraussetzungen für die Besteuerung

§ 2 Umfang der Besteuerung, Begriffsbestimmungen

(1) ¹Der Einkommensteuer unterliegen
1. Einkünfte aus Land- und Forstwirtschaft,
2. Einkünfte aus Gewerbebetrieb,
3. Einkünfte aus selbständiger Arbeit,
4. Einkünfte aus nichtselbständiger Arbeit,
5. Einkünfte aus Kapitalvermögen,
6. Einkünfte aus Vermietung und Verpachtung,
7. sonstige Einkünfte im Sinne des § 22,

die der Steuerpflichtige während seiner unbeschränkten Einkommensteuerpflicht oder als inländische Einkünfte während seiner beschränkten Einkommensteuerpflicht erzielt. ²Zu welcher Einkunftsart die Einkünfte im einzelnen Fall gehören, bestimmt sich nach den §§ 13 bis 24.

(2) ¹Einkünfte sind
1. bei Land- und Forstwirtschaft, Gewerbebetrieb und selbständiger Arbeit der Gewinn (§§ 4 bis 7k und 13a),
2. bei den anderen Einkunftsarten der Überschuss der Einnahmen über die Werbungskosten (§§ 8 bis 9a).

²Bei Einkünften aus Kapitalvermögen tritt § 20 Absatz 9 vorbehaltlich der Regelung in § 32d Absatz 2 an die Stelle der §§ 9 und 9a.

(3) Die Summe der Einkünfte, vermindert um den Altersentlastungsbetrag, den Entlastungsbetrag für Alleinerziehende und den Abzug nach § 13 Absatz 3, ist der Gesamtbetrag der Einkünfte.

(4) Der Gesamtbetrag der Einkünfte, vermindert um die Sonderausgaben und die außergewöhnlichen Belastungen, ist das Einkommen.

(5) ¹Das Einkommen, vermindert um die Freibeträge nach § 32 Absatz 6 und um die sonstigen vom Einkommen abzuziehenden Beträge, ist das zu versteuernde Einkommen; dieses bildet die Bemessungsgrundlage für die tarifliche Einkommensteuer. ²Knüpfen andere Gesetze an den Begriff des zu versteuernden Einkommens an, ist für deren Zweck das Einkommen in allen Fällen des § 32 um die Freibeträge nach § 32 Absatz 6 zu vermindern.

(5a) ¹Knüpfen außersteuerliche Rechtsnormen an die in den vorstehenden Absätzen definierten Begriffe (Einkünfte, Summe der Einkünfte, Gesamtbetrag der Einkünfte, Einkommen, zu versteuerndes Einkommen) an, erhöhen sich für deren Zwecke diese Größen um die nach § 32d Absatz 1 und nach § 43 Absatz 5 zu besteuernden Beträge sowie um die nach § 3 Nummer 40 steuerfreien Beträge und mindern sich um die nach § 3c Absatz 2 nicht abziehbaren Beträge. ²Knüpfen außersteuerliche Rechtsnormen an die in den Absätzen 1 bis 3 genannten Begriffe (Einkünfte, Summe der Einkünfte, Gesamtbetrag der Einkünfte) an, mindern sich für deren Zwecke diese Größen um die nach § 10 Absatz 1 Nummer 5 abziehbaren Kinderbetreuungskosten.

(5b) Soweit Rechtsnormen dieses Gesetzes an die in den vorstehenden Absätzen definierten Begriffe (Einkünfte, Summe der Einkünfte, Gesamtbetrag der Einkünfte, Einkommen, zu versteuerndes Einkommen) anknüpfen, sind Kapitalerträge nach § 32d Absatz 1 und § 43 Absatz 5 nicht einzubeziehen.

(6) ¹Die tarifliche Einkommensteuer, vermindert um den Unterschiedsbetrag nach § 32c Absatz 1 Satz 2, die anzurechnenden ausländischen Steuern und die Steuerermäßigungen, vermehrt um die Steuer nach § 32d Absatz 3 und 4, die Steuer nach § 34c Absatz 5 und den Zuschlag nach § 3 Absatz 4 Satz 2 des Forstschäden-Ausgleichsgesetzes in der Fassung der Bekanntmachung vom 26. August 1985 (BGBl. I S. 1756), das zuletzt durch Artikel 412

der Verordnung vom 31. August 2015 (BGBl. I S. 1474) geändert worden ist, in der jeweils geltenden Fassung, ist die festzusetzende Einkommensteuer. ²Wurde der Gesamtbetrag der Einkünfte in den Fällen des § 10a Absatz 2 um Sonderausgaben nach § 10a Absatz 1 gemindert, ist für die Ermittlung der festzusetzenden Einkommensteuer der Anspruch auf Zulage nach Abschnitt XI der tariflichen Einkommensteuer hinzuzurechnen; bei der Ermittlung der dem Steuerpflichtigen zustehenden Zulage bleibt die Erhöhung der Grundzulage nach § 84 Satz 2 außer Betracht. ³Wird das Einkommen in den Fällen des § 31 um die Freibeträge nach § 32 Absatz 6 gemindert, ist der Anspruch auf Kindergeld nach Abschnitt X der tariflichen Einkommensteuer hinzuzurechnen; nicht jedoch für Kalendermonate, in denen durch Bescheid der Familienkasse ein Anspruch auf Kindergeld festgesetzt, aber wegen § 70 Absatz 1 Satz 2 nicht ausgezahlt wurde.

(7) ¹Die Einkommensteuer ist eine Jahressteuer. ²Die Grundlagen für ihre Festsetzung sind jeweils für ein Kalenderjahr zu ermitteln. ³Besteht während eines Kalenderjahres sowohl unbeschränkte als auch beschränkte Einkommensteuerpflicht, so sind die während der beschränkten Einkommensteuerpflicht erzielten inländischen Einkünfte in eine Veranlagung zur unbeschränkten Einkommensteuerpflicht einzubeziehen.

(8) Die Regelungen dieses Gesetzes zu Ehegatten und Ehen sind auch auf Lebenspartner und Lebenspartnerschaften anzuwenden.

2. Steuerfreie Einnahmen

§ 3

Steuerfrei sind
1. a) Leistungen aus einer Krankenversicherung, aus einer Pflegeversicherung und aus der gesetzlichen Unfallversicherung,
   b) Sachleistungen und Kinderzuschüsse aus den gesetzlichen Rentenversicherungen einschließlich der Sachleistungen nach dem Gesetz über die Alterssicherung der Landwirte,
   c) Übergangsgeld nach dem Sechsten Buch Sozialgesetzbuch und Geldleistungen nach den §§ 10, 36 bis 39 des Gesetzes über die Alterssicherung der Landwirte,
   d) das Mutterschaftsgeld nach dem Mutterschutzgesetz, der Reichsversicherungsordnung und dem Gesetz über die Krankenversicherung der Landwirte, die Sonderunterstützung für im Familienhaushalt beschäftigte Frauen, der Zuschuss zum Mutterschaftsgeld nach dem Mutterschutzgesetz sowie der Zuschuss bei Beschäftigungsverboten für die Zeit vor oder nach einer Entbindung sowie für den Entbindungstag während einer Elternzeit nach beamtenrechtlichen Vorschriften;
2. a) das Arbeitslosengeld, das Teilarbeitslosengeld, das Kurzarbeitergeld, der Zuschuss zum Arbeitsentgelt, das Übergangsgeld, der Gründungszuschuss nach dem Dritten Buch Sozialgesetzbuch sowie die übrigen Leistungen nach dem Dritten Buch Sozialgesetzbuch und den entsprechenden Programmen des Bundes und der Länder, soweit sie Arbeitnehmern oder Arbeitsuchenden oder zur Förderung der Aus- oder Weiterbildung oder Existenzgründung der Empfänger gewährt werden,
   b) das Insolvenzgeld, Leistungen auf Grund der in § 169 und § 175 Absatz 2 des Dritten Buches Sozialgesetzbuch genannten Ansprüche sowie Zahlungen des Arbeitgebers an einen Sozialleistungsträger auf Grund des gesetzlichen Forderungsübergangs nach § 115 Absatz 1 des Zehnten Buches Sozialgesetzbuch, wenn ein Insolvenzereignis nach § 165 Absatz 1 Satz 2 auch in Verbindung mit Satz 3 des Dritten Buches Sozialgesetzbuch vorliegt,
   c) die Arbeitslosenbeihilfe nach dem Soldatenversorgungsgesetz,
   d) Leistungen zur Sicherung des Lebensunterhalts und zur Eingliederung in Arbeit nach dem Zweiten Buch Sozialgesetzbuch,
   e) mit den in den Nummern 1 bis 2 Buchstabe d und Nummer 67 Buchstabe b genannten Leistungen vergleichbare Leistungen ausländischer Rechtsträger, die ihren Sitz in einem Mitgliedstaat der Europäischen Union, in einem Staat, auf den das Abkommen über den Europäischen Wirtschaftsraum Anwendung findet oder in der Schweiz haben;
3. a) Rentenabfindungen nach § 107 des Sechsten Buches Sozialgesetzbuch, nach § 21 des Beamtenversorgungsgesetzes, nach § 9 Absatz 1 Nummer 3 des Altersgeldgesetzes oder entsprechendem Landesrecht und nach § 43 des Soldatenversorgungsgesetzes in Verbindung mit § 21 des Beamtenversorgungsgesetzes,
   b) Beitragserstattungen an den Versicherten nach den §§ 210 und 286d des Sechsten Buches Sozialgesetzbuch sowie nach den §§ 204, 205 und 207 des Sechsten Buches Sozialgesetzbuch, Beitragserstattungen nach den §§ 75 und 117 des Gesetzes über die Alterssicherung der Landwirte und nach § 26 des Vierten Buches Sozialgesetzbuch,

c) Leistungen aus berufsständischen Versorgungseinrichtungen, die den Leistungen nach den Buchstaben a und b entsprechen,
d) Kapitalabfindungen und Ausgleichszahlungen nach § 48 des Beamtenversorgungsgesetzes oder entsprechendem Landesrecht und nach den §§ 28 bis 35 und 38 des Soldatenversorgungsgesetzes;

4. bei Angehörigen der Bundeswehr, der Bundespolizei, der Zollverwaltung, der Bereitschaftspolizei der Länder, der Vollzugspolizei und der Berufsfeuerwehr der Länder und Gemeinden und bei Vollzugsbeamten der Kriminalpolizei des Bundes, der Länder und Gemeinden
    a) der Geldwert der ihnen aus Dienstbeständen überlassenen Dienstkleidung,
    b) Einkleidungsbeihilfen und Abnutzungsentschädigungen für die Dienstkleidung der zum Tragen oder Bereithalten von Dienstkleidung Verpflichteten und für dienstlich notwendige Kleidungsstücke der Vollzugsbeamten der Kriminalpolizei sowie der Angehörigen der Zollverwaltung,
    c) im Einsatz gewährte Verpflegung oder Verpflegungszuschüsse,
    d) der Geldwert der auf Grund gesetzlicher Vorschriften gewährten Heilfürsorge;

5. a) die Geld- und Sachbezüge, die Wehrpflichtige während des Wehrdienstes nach § 4 des Wehrpflichtgesetzes erhalten,
    b) die Geld- und Sachbezüge, die Zivildienstleistende nach § 35 des Zivildienstgesetzes erhalten,
    c) die Heilfürsorge, die Soldaten nach § 16 des Wehrsoldgesetzes und Zivildienstleistende nach § 35 des Zivildienstgesetzes erhalten,
    d) das an Personen, die einen in § 32 Absatz 4 Satz 1 Nummer 2 Buchstabe d genannten Freiwilligendienst leisten, gezahlte Taschengeld oder eine vergleichbare Geldleistung,
    e) Leistungen nach § 5 des Wehrsoldgesetzes;

6. Bezüge, die auf Grund gesetzlicher Vorschriften aus öffentlichen Mitteln versorgungshalber an Wehrdienstbeschädigte, im Freiwilligen Wehrdienst Beschädigte, Zivildienstbeschädigte und im Bundesfreiwilligendienst Beschädigte oder ihre Hinterbliebenen, Kriegsbeschädigte, Kriegshinterbliebene und ihnen gleichgestellte Personen gezahlt werden, soweit es sich nicht um Bezüge handelt, die auf Grund der Dienstzeit gewährt werden. Gleichgestellte im Sinne des Satzes 1 sind auch Personen, die Anspruch auf Leistungen nach dem Bundesversorgungsgesetz oder auf Unfallfürsorgeleistungen nach dem Soldatenversorgungsgesetz, Beamtenversorgungsgesetz oder vergleichbarem Landesrecht haben;

7. Ausgleichsleistungen nach dem Lastenausgleichsgesetz, Leistungen nach dem Flüchtlingshilfegesetz, dem Bundesvertriebenengesetz, dem Reparationsschädengesetz, dem Vertriebenenzuwendungsgesetz, dem NS-Verfolgtenentschädigungsgesetz sowie Leistungen nach dem Entschädigungsgesetz und nach dem Ausgleichsleistungsgesetz, soweit sie nicht Kapitalerträge im Sinne des § 20 Absatz 1 Nummer 7 und Absatz 2 sind;

8. Geldrenten, Kapitalentschädigungen und Leistungen im Heilverfahren, die auf Grund gesetzlicher Vorschriften zur Wiedergutmachung nationalsozialistischen Unrechts gewährt werden. ²Die Steuerpflicht von Bezügen aus einem aus Wiedergutmachungsgründen neu begründeten oder wieder begründeten Dienstverhältnis sowie von Bezügen aus einem früheren Dienstverhältnis, die aus Wiedergutmachungsgründen neu gewährt oder wieder gewährt werden, bleibt unberührt;

8a. Renten wegen Alters und Renten wegen verminderter Erwerbsfähigkeit aus der gesetzlichen Rentenversicherung, die an Verfolgte im Sinne des § 1 des Bundesentschädigungsgesetzes gezahlt werden, wenn rentenrechtliche Zeiten auf Grund der Verfolgung in der Rente enthalten sind. ²Renten wegen Todes aus der gesetzlichen Rentenversicherung, wenn der verstorbene Versicherte Verfolgter im Sinne des § 1 des Bundesentschädigungsgesetzes war und wenn rentenrechtliche Zeiten auf Grund der Verfolgung in dieser Rente enthalten sind;

9. Erstattungen nach § 23 Absatz 2 Satz 1 Nummer 3 und 4 sowie nach § 39 Absatz 4 Satz 2 des Achten Buches Sozialgesetzbuch;

10. Einnahmen einer Gastfamilie für die Aufnahme eines Menschen mit Behinderungen oder von Behinderung bedrohten Menschen nach § 2 Absatz 1 des Neunten Buches Sozialgesetzbuch zur Pflege, Betreuung, Unterbringung und Verpflegung, die auf Leistungen eines Leistungsträgers nach dem Sozialgesetzbuch beruhen. ²Für Einnahmen im Sinne des Satzes 1, die nicht auf Leistungen eines Leistungsträgers nach dem Sozialgesetzbuch beruhen, gilt Entsprechendes bis zur Höhe der Leistungen nach dem Zwölften Buch Sozialgesetzbuch. ³Überschreiten die auf Grund der in Satz 1 bezeichneten Tätigkeit bezogenen Einnahmen der Gastfamilie den steuerfreien Betrag, dürfen die mit der Tätigkeit in unmittelbarem wirtschaftlichen Zusammenhang stehenden Ausgaben abweichend von § 3c nur insoweit als Betriebsausgaben abgezogen werden, als sie den Betrag der steuerfreien Einnahmen übersteigen;

11. Bezüge aus öffentlichen Mitteln oder aus Mitteln einer öffentlichen Stiftung, die wegen Hilfsbedürftigkeit oder als Beihilfe zu dem Zweck bewilligt werden, die Erziehung oder Ausbildung, die Wissenschaft oder Kunst unmittelbar zu fördern. ²Darunter fallen nicht Kinderzuschläge und Kinderbeihilfen, die auf Grund der

Besoldungsgesetze, besonderer Tarife oder ähnlicher Vorschriften gewährt werden. ³Voraussetzung für die Steuerfreiheit ist, dass der Empfänger mit den Bezügen nicht zu einer bestimmten wissenschaftlichen oder künstlerischen Gegenleistung oder zu einer bestimmten Arbeitnehmertätigkeit verpflichtet wird. ⁴Den Bezügen aus öffentlichen Mitteln wegen Hilfsbedürftigkeit gleichgestellt sind Beitragsermäßigungen und Prämienrückzahlungen eines Trägers der gesetzlichen Krankenversicherung für nicht in Anspruch genommene Beihilfeleistungen;

11a. zusätzlich zum ohnehin geschuldeten Arbeitslohn vom Arbeitgeber in der Zeit vom 1. März 2020 bis zum 31. März 2022 auf Grund der Corona-Krise an seine Arbeitnehmer in Form von Zuschüssen und Sachbezügen gewährte Beihilfen und Unterstützungen bis zu einem Betrag von 1500 Euro;

12. aus einer Bundeskasse oder Landeskasse gezahlte Bezüge, die zum einen
    a) in einem Bundesgesetz oder Landesgesetz,
    b) auf Grundlage einer bundesgesetzlichen oder landesgesetzlichen Ermächtigung beruhenden Bestimmung oder
    c) von der Bundesregierung oder einer Landesregierung
    als Aufwandsentschädigung festgesetzt sind und die zum anderen jeweils auch als Aufwandsentschädigung im Haushaltsplan ausgewiesen werden. ²Das Gleiche gilt für andere Bezüge, die als Aufwandsentschädigung aus öffentlichen Kassen an öffentliche Dienste leistende Personen gezahlt werden, soweit nicht festgestellt wird, dass sie für Verdienstausfall oder Zeitverlust gewährt werden oder den Aufwand, der dem Empfänger erwächst, offenbar übersteigen;

13. die aus öffentlichen Kassen gezahlten Reisekostenvergütungen, Umzugskostenvergütungen und Trennungsgelder. ²Die als Reisekostenvergütungen gezahlten Vergütungen für Verpflegung sind nur insoweit steuerfrei, als sie die Pauschbeträge nach § 9 Absatz 4a nicht übersteigen; Trennungsgelder sind nur insoweit steuerfrei, als sie die nach § 9 Absatz 1 Satz 3 Nummer 5 und Absatz 4a abziehbaren Aufwendungen nicht übersteigen;

14. Zuschüsse eines Trägers der gesetzlichen Rentenversicherung zu den Aufwendungen eines Rentners für seine Krankenversicherung und von dem gesetzlichen Rentenversicherungsträger getragene Anteile (§ 249a des Fünften Buches Sozialgesetzbuch) an den Beiträgen für die gesetzliche Krankenversicherung;

15. Zuschüsse des Arbeitgebers, die zusätzlich zum ohnehin geschuldeten Arbeitslohn zu den Aufwendungen des Arbeitnehmers für Fahrten mit öffentlichen Verkehrsmitteln im Linienverkehr (ohne Luftverkehr) zwischen Wohnung und erster Tätigkeitsstätte und nach § 9 Absatz 1 Satz 3 Nummer 4a Satz 3 sowie für Fahrten im öffentlichen Personennahverkehr gezahlt werden. Das Gleiche gilt für die unentgeltliche oder verbilligte Nutzung öffentlicher Verkehrsmittel im Linienverkehr (ohne Luftverkehr) für Fahrten zwischen Wohnung und erster Tätigkeitsstätte und nach § 9 Absatz 1 Satz 3 Nummer 4a Satz 3 sowie für Fahrten im öffentlichen Personennahverkehr, die der Arbeitnehmer auf Grund seines Dienstverhältnisses zusätzlich zum ohnehin geschuldeten Arbeitslohn in Anspruch nehmen kann. Die nach den Sätzen 1 und 2 steuerfreien Leistungen mindern den nach § 9 Absatz 1 Satz 3 Nummer 4 Satz 2 abziehbaren Betrag;

16. die Vergütungen, die Arbeitnehmer außerhalb des öffentlichen Dienstes von ihrem Arbeitgeber zur Erstattung von Reisekosten, Umzugskosten oder Mehraufwendungen bei doppelter Haushaltsführung erhalten, soweit sie die nach § 9 als Werbungskosten abziehbaren Aufwendungen nicht übersteigen;

17. Zuschüsse zum Beitrag nach § 32 des Gesetzes über die Alterssicherung der Landwirte;

18. das Aufgeld für ein an die Bank für Vertriebene und Geschädigte (Lastenausgleichsbank) zugunsten des Ausgleichsfonds (§ 5 des Lastenausgleichsgesetzes) gegebenes Darlehen, wenn das Darlehen nach § 7f des Gesetzes in der Fassung der Bekanntmachung vom 15. September 1953 (BGBl. I S. 1355) im Jahr der Hingabe als Betriebsausgabe abzugsfähig war;

19. Weiterbildungsleistungen des Arbeitgebers oder auf dessen Veranlassung von einem Dritten
    a) für Maßnahmen nach § 82 Absatz 1 und 2 des Dritten Buches Sozialgesetzbuch oder
    b) die der Verbesserung der Beschäftigungsfähigkeit des Arbeitnehmers dienen.
    ²Steuerfrei sind auch Beratungsleistungen des Arbeitgebers oder auf dessen Veranlassung von einem Dritten zur beruflichen Neuorientierung bei Beendigung des Dienstverhältnisses. ³Die Leistungen im Sinne der Sätze 1 und 2 dürfen keinen überwiegenden Belohnungscharakter haben;

20. die aus öffentlichen Mitteln des Bundespräsidenten aus sittlichen oder sozialen Gründen gewährten Zuwendungen an besonders verdiente Personen oder ihre Hinterbliebenen;

21. (weggefallen)

22. (weggefallen)

23. die Leistungen nach dem Häftlingshilfegesetz, dem Strafrechtlichen Rehabilitierungsgesetz, dem Verwaltungsrechtlichen Rehabilitierungsgesetz, dem Beruflichen Rehabilitierungsgesetz und dem Gesetz zur strafrechtlichen Rehabilitierung der nach dem 8. Mai 1945 wegen einvernehmlicher homosexueller Handlungen verurteilten Personen;

201 EStG § 3

24. Leistungen, die auf Grund des Bundeskindergeldgesetzes gewährt werden;
25. Entschädigungen nach dem Infektionsschutzgesetz vom 20. Juli 2000 (BGBl. I S. 1045);
26. Einnahmen aus nebenberuflichen Tätigkeiten als Übungsleiter, Ausbilder, Erzieher, Betreuer oder vergleichbaren nebenberuflichen Tätigkeiten, aus nebenberuflichen künstlerischen Tätigkeiten oder der nebenberuflichen Pflege alter, kranker Menschen oder Menschen mit Behinderungen im Dienst oder im Auftrag einer juristischen Person des öffentlichen Rechts, die in einem Mitgliedstaat der Europäischen Union, in einem Staat, auf den das Abkommen über den Europäischen Wirtschaftsraum Anwendung findet, oder in der Schweiz belegen ist, oder einer unter § 5 Absatz 1 Nummer 9 des Körperschaftsteuergesetzes fallenden Einrichtung zur Förderung gemeinnütziger, mildtätiger und kirchlicher Zwecke (§§ 52 bis 54 der Abgabenordnung) bis zur Höhe von insgesamt 3000 Euro im Jahr. ²Überschreiten die Einnahmen für die in Satz 1 bezeichneten Tätigkeiten den steuerfreien Betrag, dürfen die mit den nebenberuflichen Tätigkeiten in unmittelbarem wirtschaftlichen Zusammenhang stehenden Ausgaben abweichend von § 3c nur insoweit als Betriebsausgaben oder Werbungskosten abgezogen werden, als sie den Betrag der steuerfreien Einnahmen übersteigen;
26a. Einnahmen aus nebenberuflichen Tätigkeiten im Dienst oder Auftrag einer juristischen Person des öffentlichen Rechts, die in einem Mitgliedstaat der Europäischen Union, in einem Staat, auf den das Abkommen über den Europäischen Wirtschaftsraum Anwendung findet, oder in der Schweiz belegen ist, oder einer unter § 5 Absatz 1 Nummer 9 des Körperschaftsteuergesetzes fallenden Einrichtung zur Förderung gemeinnütziger, mildtätiger und kirchlicher Zwecke (§§ 52 bis 54 der Abgabenordnung) bis zur Höhe von insgesamt 840 Euro im Jahr. ²Die Steuerbefreiung ist ausgeschlossen, wenn für die Einnahmen aus der Tätigkeit – ganz oder teilweise – eine Steuerbefreiung nach § 3 Nummer 12, 26 oder 26b gewährt wird. ³Überschreiten die Einnahmen für die in Satz 1 bezeichneten Tätigkeiten den steuerfreien Betrag, dürfen die mit den nebenberuflichen Tätigkeiten in unmittelbarem wirtschaftlichen Zusammenhang stehenden Ausgaben abweichend von § 3c nur insoweit als Betriebsausgaben oder Werbungskosten abgezogen werden, als sie den Betrag der steuerfreien Einnahmen übersteigen;
26b. Aufwandsentschädigungen nach § 1835a des Bürgerlichen Gesetzbuchs, soweit sie zusammen mit den steuerfreien Einnahmen im Sinne der Nummer 26 den Freibetrag nach Nummer 26 Satz 1 nicht überschreiten. ²Nummer 26 Satz 2 gilt entsprechend;
27. der Grundbetrag der Produktionsaufgaberente und das Ausgleichsgeld nach dem Gesetz zur Förderung der Einstellung der landwirtschaftlichen Erwerbstätigkeit bis zum Höchstbetrag von 18 407 Euro;
28. die Aufstockungsbeträge im Sinne des § 3 Absatz 1 Nummer 1 Buchstabe a sowie die Beiträge und Aufwendungen im Sinne des § 3 Absatz 1 Nummer 1 Buchstabe b und des § 4 Absatz 2 des Altersteilzeitgesetzes, die Zuschläge, die versicherungsfrei Beschäftigte im Sinne des § 27 Absatz 1 Nummer 1 bis 3 des Dritten Buches Sozialgesetzbuch zur Aufstockung der Bezüge bei Altersteilzeit nach beamtenrechtlichen Vorschriften oder Grundsätzen erhalten, sowie die Zahlungen des Arbeitgebers zur Übernahme der Beiträge im Sinne des § 187a des Sechsten Buches Sozialgesetzbuch, soweit sie 50 Prozent der Beiträge nicht übersteigen;
28a. Zuschüsse des Arbeitgebers zum Kurzarbeitergeld und Saison-Kurzarbeitergeld, soweit sie zusammen mit dem Kurzarbeitergeld 80 Prozent des Unterschiedsbetrags zwischen dem Soll-Entgelt und dem Ist-Entgelt nach § 106 des Dritten Buches Sozialgesetzbuch nicht übersteigen und sie für Lohnzahlungszeiträume, die nach dem 29. Februar 2020 beginnen und vor dem 1. Januar 2022 enden, geleistet werden;
29. das Gehalt und die Bezüge,
    a) die die diplomatischen Vertreter ausländischer Staaten, die ihnen zugewiesenen Beamten und die in ihren Diensten stehenden Personen erhalten. ²Dies gilt nicht für deutsche Staatsangehörige oder für im Inland ständig ansässige Personen;
    b) der Berufskonsuln, der Konsulatsangehörigen und ihres Personals, soweit sie Angehörige des Entsendestaates sind. ²Dies gilt nicht für Personen, die im Inland ständig ansässig sind oder außerhalb ihres Amtes oder Dienstes einen Beruf, ein Gewerbe oder eine andere gewinnbringende Tätigkeit ausüben;
30. Entschädigungen für die betriebliche Benutzung von Werkzeugen eines Arbeitnehmers (Werkzeuggeld), soweit sie die entsprechenden Aufwendungen des Arbeitnehmers nicht offensichtlich übersteigen;
31. die typische Berufskleidung, die der Arbeitgeber seinem Arbeitnehmer unentgeltlich oder verbilligt überlässt; dasselbe gilt für eine Barablösung eines nicht nur einzelvertraglichen Anspruchs auf Gestellung von typischer Berufskleidung, wenn die Barablösung betrieblich veranlasst ist und die entsprechenden Aufwendungen des Arbeitnehmers nicht offensichtlich übersteigt;
32. die unentgeltliche oder verbilligte Sammelbeförderung eines Arbeitnehmers zwischen Wohnung und erster Tätigkeitsstätte sowie bei Fahrten nach § 9 Absatz 1 Satz 3 Nummer 4a Satz 3 mit einem vom Arbeitgeber gestellten Beförderungsmittel, soweit die Sammelbeförderung für den betrieblichen Einsatz des Arbeitnehmers notwendig ist;

33. zusätzlich zum ohnehin geschuldeten Arbeitslohn erbrachte Leistungen des Arbeitgebers zur Unterbringung und Betreuung von nicht schulpflichtigen Kindern der Arbeitnehmer in Kindergärten oder vergleichbaren Einrichtungen;
34. zusätzlich zum ohnehin geschuldeten Arbeitslohn erbrachte Leistungen des Arbeitgebers zur Verhinderung und Verminderung von Krankheitsrisiken und zur Förderung der Gesundheit in Betrieben, die hinsichtlich Qualität, Zweckbindung, Zielgerichtetheit und Zertifizierung den Anforderungen der §§ 20 und 20b des Fünften Buches Sozialgesetzbuch genügen, soweit sie 600 Euro im Kalenderjahr nicht übersteigen;
34a. zusätzlich zum ohnehin geschuldeten Arbeitslohn erbrachte Leistungen des Arbeitgebers
    a) an ein Dienstleistungsunternehmen, das den Arbeitnehmer hinsichtlich der Betreuung von Kindern oder pflegebedürftigen Angehörigen berät oder hierfür Betreuungspersonen vermittelt sowie
    b) zur kurzfristigen Betreuung von Kindern im Sinne des § 32 Absatz 1, die das 14. Lebensjahr noch nicht vollendet haben oder die wegen einer vor Vollendung des 25. Lebensjahres eingetretenen körperlichen, geistigen oder seelischen Behinderung außerstande sind, sich selbst zu unterhalten oder pflegebedürftigen Angehörigen des Arbeitnehmers, wenn die Betreuung aus zwingenden und beruflich veranlassten Gründen notwendig ist, auch wenn sie im privaten Haushalt des Arbeitnehmers stattfindet, soweit die Leistungen 600 Euro im Kalenderjahr nicht übersteigen;
35. die Einnahmen der bei der Deutsche Post AG, Deutsche Postbank AG oder Deutsche Telekom AG beschäftigten Beamten, soweit die Einnahmen ohne Neuordnung des Postwesens und der Telekommunikation nach den Nummern 11 bis 13 und 64 steuerfrei wären;
36. Einnahmen für Leistungen zu körperbezogenen Pflegemaßnahmen, pflegerischen Betreuungsmaßnahmen oder Hilfen bei der Haushaltsführung bis zur Höhe des Pflegegeldes nach § 37 des Elften Buches Sozialgesetzbuch, mindestens aber bis zur Höhe des Entlastungsbetrages nach § 45b Absatz 1 Satz 1 des Elften Buches Sozialgesetzbuch, wenn diese Leistungen von Angehörigen des Pflegebedürftigen oder von anderen Personen, die damit eine sittliche Pflicht im Sinne des § 33 Absatz 2 gegenüber dem Pflegebedürftigen erfüllen, erbracht werden. ²Entsprechendes gilt, wenn der Pflegebedürftige vergleichbare Leistungen aus privaten Versicherungsverträgen nach den Vorgaben des Elften Buches Sozialgesetzbuch oder nach den Beihilfevorschriften für häusliche Pflege erhält;
37. zusätzlich zum ohnehin geschuldeten Arbeitslohn vom Arbeitgeber gewährte Vorteile für die Überlassung eines betrieblichen Fahrrads, das kein Kraftfahrzeug im Sinne des § 6 Absatz 1 Nummer 4 Satz 2 ist;
38. Sachprämien, die der Steuerpflichtige für die persönliche Inanspruchnahme von Dienstleistungen von Unternehmen unentgeltlich erhält, die diese zum Zwecke der Kundenbindung im allgemeinen Geschäftsverkehr in einem jedermann zugänglichen planmäßigen Verfahren gewähren, soweit der Wert der Prämien 1080 Euro im Kalenderjahr nicht übersteigt;
39. der Vorteil des Arbeitnehmers im Rahmen eines gegenwärtigen Dienstverhältnisses aus der unentgeltlichen oder verbilligten Überlassung von Vermögensbeteiligungen im Sinne des § 2 Absatz 1 Nummer 1 Buchstabe a, b und f bis l und Absatz 2 bis 5 des Fünften Vermögensbildungsgesetzes in der Fassung der Bekanntmachung vom 4. März 1994 (BGBl. I S. 406), zuletzt geändert durch Artikel 2 des Gesetzes vom 7. März 2009 (BGBl. I S. 451), in der jeweils geltenden Fassung, am Unternehmen des Arbeitgebers, soweit der Vorteil insgesamt 1 440 Euro im Kalenderjahr nicht übersteigt. ²Voraussetzung für die Steuerfreiheit ist, dass die Beteiligung mindestens allen Arbeitnehmern offensteht, die im Zeitpunkt der Bekanntgabe des Angebots ein Jahr oder länger ununterbrochen in einem gegenwärtigen Dienstverhältnis zum Unternehmen stehen. ³Als Unternehmen des Arbeitgebers im Sinne des Satzes 1 gilt auch ein Unternehmen im Sinne des § 18 des Aktiengesetzes. ⁴Als Wert der Vermögensbeteiligung ist der gemeine Wert anzusetzen;
40. 40 Prozent
    a) der Betriebsvermögensmehrungen oder Einnahmen aus der Veräußerung oder der Entnahme von Anteilen an Körperschaften, Personenvereinigungen und Vermögensmassen, deren Leistungen beim Empfänger zu Einnahmen im Sinne des § 20 Absatz 1 Nummer 1 und 9 gehören, oder an einer Organgesellschaft im Sinne des § 14 oder § 17 des Körperschaftsteuergesetzes oder aus deren Auflösung oder Herabsetzung von deren Nennkapital oder aus dem Ansatz eines solchen Wirtschaftsguts mit dem Wert, der sich nach § 6 Absatz 1 Nummer 2 Satz 3 ergibt, soweit sie zu den Einkünften aus Land- und Forstwirtschaft, aus Gewerbebetrieb oder aus selbständiger Arbeit gehören. ²Dies gilt nicht, soweit der Ansatz des niedrigeren Teilwertes in vollem Umfang zu einer Gewinnminderung geführt hat und soweit diese Gewinnminderung nicht durch Ansatz eines Werts, der sich nach § 6 Absatz 1 Nummer 2 Satz 3 ergibt, ausgeglichen worden ist. ³Satz 1 gilt außer für Betriebsvermögensmehrungen aus dem Ansatz mit dem Wert, der sich nach § 6 Absatz 1 Nummer 2 Satz 3 ergibt, ebenfalls nicht, soweit Abzüge nach § 6b oder ähnliche Abzüge voll steuerwirksam vorgenommen worden sind,

b) des Veräußerungspreises im Sinne des § 16 Absatz 2, soweit er auf die Veräußerung von Anteilen an Körperschaften, Personenvereinigungen und Vermögensmassen entfällt, deren Leistungen beim Empfänger zu Einnahmen im Sinne des § 20 Absatz 1 Nummer 1 und 9 gehören, oder an einer Organgesellschaft im Sinne des § 14 oder § 17 des Körperschaftsteuergesetzes. ²Satz 1 ist in den Fällen des § 16 Absatz 3 entsprechend anzuwenden. ³Buchstabe a Satz 3 gilt entsprechend,
c) des Veräußerungspreises oder des gemeinen Wertes im Sinne des § 17 Absatz 2. ²Satz 1 ist in den Fällen des § 17 Absatz 4 entsprechend anzuwenden,
d) der Bezüge im Sinne des § 20 Absatz 1 Nummer 1 und der Einnahmen im Sinne des § 20 Absatz 1 Nummer 9. ²Dies gilt nur, soweit sie das Einkommen der leistenden Körperschaft nicht gemindert haben. ³Sofern die Bezüge in einem anderen Staat auf Grund einer vom deutschen Recht abweichenden steuerlichen Zurechnung einer anderen Person zugerechnet werden, gilt Satz 1 nur, soweit das Einkommen der anderen Person oder ihr nahestehender Personen nicht niedriger ist als bei einer dem deutschen Recht entsprechenden Zurechnung. ⁴Satz 1 Buchstabe d Satz 2 gilt nicht, soweit eine verdeckte Gewinnausschüttung das Einkommen einer dem Steuerpflichtigen nahe stehenden Person erhöht hat und § 32a des Körperschaftsteuergesetzes auf die Veranlagung dieser nahe stehenden Person keine Anwendung findet,
e) der Bezüge im Sinne des § 20 Absatz 1 Nummer 2,
f) der besonderen Entgelte oder Vorteile im Sinne des § 20 Absatz 3, die neben den in § 20 Absatz 1 Nummer 1 und Absatz 2 Satz 1 Nummer 2 Buchstabe a bezeichneten Einnahmen oder an deren Stelle gewährt werden,
g) des Gewinns aus der Veräußerung von Dividendenscheinen und sonstigen Ansprüchen im Sinne des § 20 Absatz 2 Satz 1 Nummer 2 Buchstabe a,
h) des Gewinns aus der Abtretung von Dividendenansprüchen oder sonstigen Ansprüchen im Sinne des § 20 Absatz 2 Satz 1 Nummer 2 Buchstabe a in Verbindung mit § 20 Absatz 2 Satz 2,
i) der Bezüge im Sinne des § 22 Nummer 1 Satz 2, soweit diese von einer nicht von der Körperschaftsteuer befreiten Körperschaft, Personenvereinigung oder Vermögensmasse stammen.

²Dies gilt für Satz 1 Buchstabe d bis h nur in Verbindung mit § 20 Absatz 8. ³Satz 1 Buchstabe a, b und d bis h ist nicht anzuwenden auf Anteile, die bei Kreditinstituten, Finanzdienstleistungsinstituten und Wertpapierinstituten dem Handelsbestand im Sinne des § 340e Absatz 3 des Handelsgesetzbuchs zuzuordnen sind; Gleiches gilt für Anteile, die bei Finanzunternehmen im Sinne des Kreditwesengesetzes, an denen Kreditinstitute, Finanzdienstleistungsinstitute oder Wertpapierinstitute unmittelbar oder mittelbar zu mehr als 50 Prozent beteiligt sind, zum Zeitpunkt des Zugangs zum Betriebsvermögen als Umlaufvermögen auszuweisen sind. ⁴ (weggefallen) ⁵Satz 1 ist nicht anzuwenden bei Anteilen an Unterstützungskassen;

40a. 40 Prozent der Vergütungen im Sinne des § 18 Absatz 1 Nummer 4;
41. (weggefallen)
42. die Zuwendungen, die auf Grund des Fulbright-Abkommens gezahlt werden;
43. der Ehrensold für Künstler sowie Zuwendungen aus Mitteln der Deutschen Künstlerhilfe, wenn es sich um Bezüge aus öffentlichen Mitteln handelt, die wegen der Bedürftigkeit des Künstlers gezahlt werden;
44. Stipendien, die aus öffentlichen Mitteln oder von zwischenstaatlichen oder überstaatlichen Einrichtungen, denen die Bundesrepublik Deutschland als Mitglied angehört, zur Förderung der Forschung oder zur Förderung der wissenschaftlichen oder künstlerischen Ausbildung oder Fortbildung gewährt werden. ²Das Gleiche gilt für Stipendien, die zu den in Satz 1 bezeichneten Zwecken von einer Einrichtung, die von einer Körperschaft des öffentlichen Rechts errichtet ist oder verwaltet wird, oder von einer Körperschaft, Personenvereinigung oder Vermögensmasse im Sinne des § 5 Absatz 1 Nummer 9 des Körperschaftsteuergesetzes gegeben werden. ³Voraussetzung für die Steuerfreiheit ist, dass
a) die Stipendien einen für die Erfüllung der Forschungsaufgabe oder für die Bestreitung des Lebensunterhalts und die Deckung des Ausbildungsbedarfs erforderlichen Betrag nicht übersteigen und nach den von dem Geber erlassenen Richtlinien vergeben werden,
b) der Empfänger im Zusammenhang mit dem Stipendium nicht zu einer bestimmten wissenschaftlichen oder künstlerischen Gegenleistung oder zu einer bestimmten Arbeitnehmertätigkeit verpflichtet ist;
45. die Vorteile des Arbeitnehmers aus der privaten Nutzung von betrieblichen Datenverarbeitungsgeräten und Telekommunikationsgeräten sowie deren Zubehör, aus zur privaten Nutzung überlassenen System- und Anwendungsprogrammen, die der Arbeitgeber auch in seinem Betrieb einsetzt, und aus den im Zusammenhang mit diesen Zuwendungen erbrachten Dienstleistungen. ²Satz 1 gilt entsprechend für Steuerpflichtige, denen die Vorteile im Rahmen einer Tätigkeit zugewendet werden, für die sie eine Aufwandsentschädigung im Sinne des § 3 Nummer 12 erhalten;

46. zusätzlich zum ohnehin geschuldeten Arbeitslohn vom Arbeitgeber gewährte Vorteile für das elektrische Aufladen eines Elektrofahrzeugs oder Hybridelektrofahrzeugs im Sinne des § 6 Absatz 1 Nummer 4 Satz 2 zweiter Halbsatz an einer ortsfesten betrieblichen Einrichtung des Arbeitgebers oder eines verbundenen Unternehmens (§ 15 des Aktiengesetzes) und für die zur privaten Nutzung überlassene betriebliche Ladevorrichtung;
47. Leistungen nach § 14a Absatz 4 und § 14b des Arbeitsplatzschutzgesetzes;
48. Leistungen nach dem Unterhaltssicherungsgesetz mit Ausnahme der Leistungen nach § 6 des Unterhaltssicherungsgesetzes;
49. (weggefallen)
50. die Beträge, die der Arbeitnehmer vom Arbeitgeber erhält, um sie für ihn auszugeben (durchlaufende Gelder), und die Beträge, durch die Auslagen des Arbeitnehmers für den Arbeitgeber ersetzt werden (Auslagenersatz);
51. Trinkgelder, die anlässlich einer Arbeitsleistung dem Arbeitnehmer von Dritten freiwillig oder ohne dass ein Rechtsanspruch auf sie besteht, zusätzlich zu dem Betrag gegeben werden, der für diese Arbeitsleistung zu zahlen ist;
52. (weggefallen)
53. die Übertragung von Wertguthaben nach § 7f Absatz 1 Satz 1 Nummer 2 des Vierten Buches Sozialgesetzbuch auf die Deutsche Rentenversicherung Bund. ²Die Leistungen aus dem Wertguthaben durch die Deutsche Rentenversicherung Bund gehören zu den Einkünften aus nichtselbständiger Arbeit im Sinne des § 19. ³Von ihnen ist Lohnsteuer einzubehalten;
54. Zinsen aus Entschädigungsansprüchen für deutsche Auslandsbonds im Sinne der §§ 52 bis 54 des Bereinigungsgesetzes für deutsche Auslandsbonds in der im Bundesgesetzblatt Teil III, Gliederungsnummer 4139-2, veröffentlichten bereinigten Fassung, soweit sich die Entschädigungsansprüche gegen den Bund oder die Länder richten. ²Das Gleiche gilt für die Zinsen aus Schuldverschreibungen und Schuldbuchforderungen, die nach den §§ 9, 10 und 14 des Gesetzes zur näheren Regelung der Entschädigungsansprüche für Auslandsbonds in der im Bundesgesetzblatt Teil III, Gliederungsnummer 4139-3, veröffentlichten bereinigten Fassung vom Bund oder von den Ländern für Entschädigungsansprüche erteilt oder eingetragen werden;
55. der in den Fällen des § 4 Absatz 2 Nummer 2 und Absatz 3 des Betriebsrentengesetzes vom 19. Dezember 1974 (BGBl. I S. 3610), das zuletzt durch Artikel 8 des Gesetzes vom 5. Juli 2004 (BGBl. I S. 1427) geändert worden ist, in der jeweils geltenden Fassung geleistete Übertragungswert nach § 4 Absatz 5 des Betriebsrentengesetzes, wenn die betriebliche Altersversorgung beim ehemaligen und neuen Arbeitgeber über einen Pensionsfonds, eine Pensionskasse oder ein Unternehmen der Lebensversicherung durchgeführt wird; dies gilt auch, wenn eine Versorgungsanwartschaft aus einer betrieblichen Altersversorgung auf Grund vertraglicher Vereinbarung ohne Fristerfordernis unverfallbar ist. ²Satz 1 gilt auch, wenn der Übertragungswert vom ehemaligen Arbeitgeber oder von einer Unterstützungskasse an den neuen Arbeitgeber oder an eine andere Unterstützungskasse geleistet wird. ³Die Leistungen des neuen Arbeitgebers, der Unterstützungskasse, des Pensionsfonds, der Pensionskasse oder des Unternehmens der Lebensversicherung auf Grund des Betrags nach Satz 1 und 2 gehören zu den Einkünften, zu denen die Leistungen gehören würden, wenn die Übertragung nach § 4 Absatz 2 Nummer 2 und Absatz 3 des Betriebsrentengesetzes nicht stattgefunden hätte;
55a. die nach § 10 des Versorgungsausgleichsgesetzes vom 3. April 2009 (BGBl. I S. 700) in der jeweils geltenden Fassung (interne Teilung) durchgeführte Übertragung von Anrechten für die ausgleichsberechtigte Person zu Lasten von Anrechten der ausgleichspflichtigen Person. ²Die Leistungen aus diesen Anrechten gehören bei der ausgleichsberechtigten Person zu den Einkünften, zu denen die Leistungen bei der ausgleichspflichtigen Person gehören würden, wenn die interne Teilung nicht stattgefunden hätte;
55b. der nach § 14 des Versorgungsausgleichsgesetzes (externe Teilung) geleistete Ausgleichswert zur Begründung von Anrechten für die ausgleichsberechtigte Person zu Lasten von Anrechten der ausgleichspflichtigen Person, soweit Leistungen aus diesen Anrechten zu steuerpflichtigen Einkünften nach den §§ 19, 20 und 22 führen würden. ²Satz 1 gilt nicht, soweit Leistungen, die auf dem begründeten Anrecht beruhen, bei der ausgleichsberechtigten Person zu Einkünften nach § 20 Absatz 1 Nummer 6 oder § 22 Nummer 1 Satz 3 Buchstabe a Doppelbuchstabe bb führen würden. ³Der Versorgungsträger der ausgleichspflichtigen Person hat den Versorgungsträger der ausgleichsberechtigten Person über die für die Besteuerung der Leistungen erforderlichen Grundlagen zu informieren. ⁴Dies gilt nicht, wenn der Versorgungsträger der ausgleichsberechtigten Person die Grundlagen bereits kennt oder aus den bei ihm vorhandenen Daten feststellen kann und dieser Umstand dem Versorgungsträger der ausgleichspflichtigen Person mitgeteilt worden ist;
55c. Übertragungen von Altersvorsorgevermögen im Sinne des § 92 auf einen anderen auf den Namen des Steuerpflichtigen lautenden Altersvorsorgevertrag (§ 1 Absatz 1 Satz 1 Nummer 10 Buchstabe b des Altersvorsorgeverträge-Zertifizierungsgesetzes), soweit die Leistungen zu steuerpflichtigen Einkünften nach § 22 Nummer 5 führen würden. ²Dies gilt entsprechend

a) wenn Anwartschaften aus einer betrieblichen Altersversorgung, die über einen Pensionsfonds, eine Pensionskasse oder ein Unternehmen der Lebensversicherung (Direktversicherung) durchgeführt wird, lediglich auf einen anderen Träger einer betrieblichen Altersversorgung in Form eines Pensionsfonds, einer Pensionskasse oder eines Unternehmens der Lebensversicherung (Direktversicherung) übertragen werden, soweit keine Zahlungen unmittelbar an den Arbeitnehmer erfolgen,

b) wenn Anwartschaften der betrieblichen Altersversorgung abgefunden werden, soweit das Altersvorsorgevermögen zugunsten eines auf den Namen des Steuerpflichtigen lautenden Altersvorsorgevertrages geleistet wird,

c) wenn im Fall des Todes des Steuerpflichtigen das Altersvorsorgevermögen auf einen auf den Namen des Ehegatten lautenden Altersvorsorgevertrag übertragen wird, wenn die Ehegatten im Zeitpunkt des Todes des Zulageberechtigten nicht dauernd getrennt gelebt haben (§ 26 Absatz 1) und ihren Wohnsitz oder gewöhnlichen Aufenthalt in einem Mitgliedstaat der Europäischen Union oder einem Staat hatten, auf den das Abkommen über den Europäischen Wirtschaftsraum anwendbar ist; dies gilt auch, wenn die Ehegatten ihren vor dem Zeitpunkt, ab dem das Vereinigte Königreich Großbritannien und Nordirland nicht mehr Mitgliedstaat der Europäischen Union ist und auch nicht wie ein solcher zu behandeln ist, begründeten Wohnsitz oder gewöhnlichen Aufenthalt im Vereinigten Königreich Großbritannien und Nordirland hatten und der Vertrag vor dem 23. Juni 2016 abgeschlossen worden ist;

55d. Übertragungen von Anrechten aus einem nach § 5a Altersvorsorgeverträge-Zertifizierungsgesetz zertifizierten Vertrag auf einen anderen auf den Namen des Steuerpflichtigen lautenden nach § 5a Altersvorsorgeverträge-Zertifizierungsgesetz zertifizierten Vertrag;

55e. die auf Grund eines Abkommens mit einer zwischen- oder überstaatlichen Einrichtung übertragenen Werte von Anrechten auf Altersversorgung, soweit diese zur Begründung von Anrechten auf Altersversorgung bei einer zwischen- oder überstaatlichen Einrichtung dienen. ²Die Leistungen auf Grund des Betrags nach Satz 1 gehören zu den Einkünften, zu denen die Leistungen gehören, die die übernehmende Versorgungseinrichtung im Übrigen erbringt;

56. Zuwendungen des Arbeitgebers nach § 19 Absatz 1 Satz 1 Nummer 3 Satz 1 aus dem ersten Dienstverhältnis an eine Pensionskasse zum Aufbau einer nicht kapitalgedeckten betrieblichen Altersversorgung, bei der eine Auszahlung der zugesagten Alters-, Invaliditäts- oder Hinterbliebenenversorgung entsprechend § 82 Absatz 2 Satz 2 vorgesehen ist, soweit diese Zuwendungen im Kalenderjahr 2 Prozent der Beitragsbemessungsgrenze in der allgemeinen Rentenversicherung nicht übersteigen. ²Der in Satz 1 genannte Höchstbetrag erhöht sich ab 1. Januar 2020 auf 3 Prozent und ab 1. Januar 2025 auf 4 Prozent der Beitragsbemessungsgrenze in der allgemeinen Rentenversicherung. ³Die Beträge nach den Sätzen 1 und 2 sind jeweils um die nach § 3 Nummer 63 Satz 1, 3 oder Satz 4 steuerfreien Beträge zu mindern;

57. die Beträge, die die Künstlersozialkasse zugunsten des nach dem Künstlersozialversicherungsgesetz Versicherten aus dem Aufkommen von Künstlersozialabgabe und Bundeszuschuss an einen Träger der Sozialversicherung oder an den Versicherten zahlt;

58. das Wohngeld nach dem Wohngeldgesetz, die sonstigen Leistungen aus öffentlichen Haushalten oder Zweckvermögen zur Senkung der Miete oder Belastung im Sinne des § 11 Absatz 2 Nummer 4 des Wohngeldgesetzes sowie öffentliche Zuschüsse zur Deckung laufender Aufwendungen und Zinsvorteile bei Darlehen, die aus öffentlichen Haushalten gewährt werden, für eine zu eigenen Wohnzwecken genutzte Wohnung im eigenen Haus oder eine zu eigenen Wohnzwecken genutzte Eigentumswohnung, soweit die Zuschüsse und Zinsvorteile die Vorteile aus einer entsprechenden Förderung mit öffentlichen Mitteln nach dem Zweiten Wohnungsbaugesetz, dem Wohnraumförderungsgesetz oder einem Landesgesetz zur Wohnraumförderung nicht überschreiten, der Zuschuss für die Wohneigentumsbildung in innerstädtischen Altbauquartieren nach den Regelungen zum Stadtumbau Ost in den Verwaltungsvereinbarungen über die Gewährung von Finanzhilfen des Bundes an die Länder nach Artikel 104a Absatz 4 des Grundgesetzes zur Förderung städtebaulicher Maßnahmen;

59. die Zusatzförderung nach § 88e des Zweiten Wohnungsbaugesetzes und nach § 51f des Wohnungsbaugesetzes für das Saarland und Geldleistungen, die ein Mieter zum Zwecke der Wohnkostenentlastung nach dem Wohnraumförderungsgesetz oder einem Landesgesetz zur Wohnraumförderung erhält, soweit die Einkünfte dem Mieter zuzurechnen sind, und die Vorteile aus einer mietweisen Wohnungsüberlassung im Zusammenhang mit einem Arbeitsverhältnis, soweit sie die Vorteile aus einer entsprechenden Förderung nach dem Zweiten Wohnungsbaugesetz, nach dem Wohnraumförderungsgesetz oder einem Landesgesetz zur Wohnraumförderung nicht überschreiten;

60. das Anpassungsgeld für Arbeitnehmer der Braunkohlekraftwerke und -tagebaue sowie Steinkohlekraftwerke, die aus Anlass einer Stilllegungsmaßnahme ihren Arbeitsplatz verloren haben;

61. Leistungen nach § 4 Absatz 1 Nummer 2, § 7 Absatz 3, §§ 9, 10 Absatz 1, §§ 13, 15 des Entwicklungshelfer-Gesetzes;
62. Ausgaben des Arbeitgebers für die Zukunftssicherung des Arbeitnehmers, soweit der Arbeitgeber dazu nach sozialversicherungsrechtlichen oder anderen gesetzlichen Vorschriften oder nach einer auf gesetzlicher Ermächtigung beruhenden Bestimmung verpflichtet ist, und es sich nicht um Zuwendungen oder Beiträge des Arbeitgebers nach den Nummern 56, 63 und 63a handelt. ²Den Ausgaben des Arbeitgebers für die Zukunftssicherung, die auf Grund gesetzlicher Verpflichtung geleistet werden, werden gleichgestellt Zuschüsse des Arbeitgebers zu den Aufwendungen des Arbeitnehmers
    a) für eine Lebensversicherung,
    b) für die freiwillige Versicherung in der gesetzlichen Rentenversicherung,
    c) für eine öffentlich-rechtliche Versicherungs- oder Versorgungseinrichtung seiner Berufsgruppe,
    wenn der Arbeitnehmer von der Versicherungspflicht in der gesetzlichen Rentenversicherung befreit worden ist. ³Die Zuschüsse sind nur insoweit steuerfrei, als sie insgesamt bei Befreiung von der Versicherungspflicht in der allgemeinen Rentenversicherung die Hälfte und bei Befreiung von der Versicherungspflicht in der knappschaftlichen Rentenversicherung zwei Drittel der Gesamtaufwendungen des Arbeitnehmers nicht übersteigen und nicht höher sind als der Betrag, der als Arbeitgeberanteil bei Versicherungspflicht in der allgemeinen Rentenversicherung oder in der knappschaftlichen Rentenversicherung zu zahlen wäre;
63. Beiträge des Arbeitgebers aus dem ersten Dienstverhältnis an einen Pensionsfonds, eine Pensionskasse oder für eine Direktversicherung zum Aufbau einer kapitalgedeckten betrieblichen Altersversorgung, bei der eine Auszahlung der zugesagten Alters-, Invaliditäts- oder Hinterbliebenenversorgungsleistungen entsprechend § 82 Absatz 2 Satz 2 vorgesehen ist, soweit die Beiträge im Kalenderjahr 8 Prozent der Beitragsbemessungsgrenze in der allgemeinen Rentenversicherung nicht übersteigen. ²Dies gilt nicht, soweit der Arbeitnehmer nach § 1a Absatz 3 des Betriebsrentengesetzes verlangt hat, dass die Voraussetzungen für eine Förderung nach § 10a oder Abschnitt XI erfüllt werden. ³Aus Anlass der Beendigung des Dienstverhältnisses geleistete Beiträge im Sinne des Satzes 1 sind steuerfrei, soweit sie 4 Prozent der Beitragsbemessungsgrenze in der allgemeinen Rentenversicherung, vervielfältigt mit der Anzahl der Kalenderjahre, in denen das Dienstverhältnis des Arbeitnehmers zu dem Arbeitgeber bestanden hat, höchstens jedoch zehn Kalenderjahre, nicht übersteigen. ⁴Beiträge im Sinne des Satzes 1, die für Kalenderjahre nachgezahlt werden, in denen das erste Dienstverhältnis ruhte und vom Arbeitgeber im Inland kein steuerpflichtiger Arbeitslohn bezogen wurde, sind steuerfrei, soweit sie 8 Prozent der Beitragsbemessungsgrenze in der allgemeinen Rentenversicherung, vervielfältigt mit der Anzahl dieser Kalenderjahre, höchstens jedoch zehn Kalenderjahre, nicht übersteigen;
63a. Sicherungsbeiträge des Arbeitgebers nach § 23 Absatz 1 des Betriebsrentengesetzes, soweit sie nicht unmittelbar dem einzelnen Arbeitnehmer gutgeschrieben oder zugerechnet werden;
64. bei Arbeitnehmern, die zu einer inländischen juristischen Person des öffentlichen Rechts in einem Dienstverhältnis stehen und dafür Arbeitslohn aus einer inländischen öffentlichen Kasse beziehen, die Bezüge für eine Tätigkeit im Ausland insoweit, als sie den Arbeitslohn übersteigen, der dem Arbeitnehmer bei einer gleichwertigen Tätigkeit am Ort der zahlenden öffentlichen Kasse zustehen würde. ²Satz 1 gilt auch, wenn das Dienstverhältnis zu einer anderen Person besteht, die den Arbeitslohn entsprechend den im Sinne des Satzes 1 geltenden Vorschriften ermittelt, der Arbeitslohn aus einer öffentlichen Kasse gezahlt wird und ganz oder im Wesentlichen aus öffentlichen Mitteln aufgebracht wird. ³Bei anderen für einen begrenzten Zeitraum in das Ausland entsandten Arbeitnehmern, die dort einen Wohnsitz oder gewöhnlichen Aufenthalt haben, ist der ihnen von einem inländischen Arbeitgeber gewährte Kaufkraftausgleich steuerfrei, soweit er den für vergleichbare Auslandsdienstbezüge nach § 55 des Bundesbesoldungsgesetzes zulässigen Betrag nicht übersteigt;
65. a) Beiträge des Trägers der Insolvenzsicherung (§ 14 des Betriebsrentengesetzes) zugunsten eines Versorgungsberechtigten und seiner Hinterbliebenen an eine Pensionskasse oder ein Unternehmen der Lebensversicherung zur Ablösung von Verpflichtungen, die der Träger der Insolvenzsicherung im Sicherungsfall gegenüber dem Versorgungsberechtigten und seinen Hinterbliebenen hat,
    b) Leistungen zur Übernahme von Versorgungsleistungen oder unverfallbaren Versorgungsanwartschaften durch eine Pensionskasse oder ein Unternehmen der Lebensversicherung in den in § 4 Absatz 4 des Betriebsrentengesetzes bezeichneten Fällen,
    c) der Erwerb von Ansprüchen durch den Arbeitnehmer gegenüber einem Dritten im Falle der Eröffnung des Insolvenzverfahrens oder in den Fällen des § 7 Absatz 1 Satz 4 des Betriebsrentengesetzes, soweit der Dritte neben dem Arbeitgeber für die Erfüllung von Ansprüchen auf Grund bestehender Versorgungsverpflichtungen oder Versorgungsanwartschaften gegenüber dem Arbeitnehmer und dessen Hinterbliebenen einsteht; dies gilt entsprechend, wenn der Dritte für Wertguthaben aus einer Vereinbarung über die Altersteilzeit nach dem Altersteilzeitgesetz vom 23. Juli 1996 (BGBl. I S. 1078), zuletzt geändert durch Artikel 234 der Verordnung vom 31. Oktober 2006 (BGBl. I S. 2407), in der jeweils geltenden Fassung

oder auf Grund von Wertguthaben aus einem Arbeitszeitkonto in den im ersten Halbsatz genannten Fällen für den Arbeitgeber einsteht und

d) der Erwerb von Ansprüchen durch den Arbeitnehmer im Zusammenhang mit dem Eintritt in die Versicherung nach § 8 Absatz 3 des Betriebsrentengesetzes.

²In den Fällen nach Buchstabe a, b und c gehören die Leistungen der Pensionskasse, des Unternehmens der Lebensversicherung oder des Dritten zu den Einkünften, zu denen jene Leistungen gehören würden, die ohne Eintritt eines Falles nach Buchstabe a, b und c zu erbringen wären. ³Soweit sie zu den Einkünften aus nichtselbständiger Arbeit im Sinne des § 19 gehören, ist von ihnen Lohnsteuer einzubehalten. ⁴Für die Erhebung der Lohnsteuer gelten die Pensionskasse, das Unternehmen der Lebensversicherung oder der Dritte als Arbeitgeber und der Leistungsempfänger als Arbeitnehmer. ⁵Im Fall des Buchstaben d gehören die Versorgungsleistungen des Unternehmens der Lebensversicherung oder der Pensionskasse, soweit sie auf Beiträgen beruhen, die bis zum Eintritt des Arbeitnehmers in die Versicherung geleistet wurden, zu den sonstigen Einkünften im Sinne des § 22 Nummer 5 Satz 1; soweit der Arbeitnehmer in den Fällen des § 8 Absatz 3 des Betriebsrentengesetzes die Versicherung mit eigenen Beiträgen fortgesetzt hat, sind die auf diesen Beiträgen beruhenden Versorgungsleistungen sonstige Einkünfte im Sinne des § 22 Nummer 5 Satz 1 oder Satz 2;

66. Leistungen eines Arbeitgebers oder einer Unterstützungskasse an einen Pensionsfonds zur Übernahme bestehender Versorgungsverpflichtungen oder Versorgungsanwartschaften durch den Pensionsfonds, wenn ein Antrag nach § 4d Absatz 3 oder § 4e Absatz 3 gestellt worden ist;

67. a) das Erziehungsgeld nach dem Bundeserziehungsgeldgesetz und vergleichbare Leistungen der Länder,
    b) das Elterngeld nach dem Bundeselterngeld- und Elternzeitgesetz und vergleichbare Leistungen der Länder,
    c) Leistungen für Kindererziehung an Mütter der Geburtsjahrgänge vor 1921 nach den §§ 294 bis 299 des Sechsten Buches Sozialgesetzbuch sowie
    d) Zuschläge, die nach den §§ 50a bis 50e des Beamtenversorgungsgesetzes oder nach den §§ 70 bis 74 des Soldatenversorgungsgesetzes oder nach vergleichbaren Regelungen der Länder für ein vor dem 1. Januar 2015 geborenes Kind oder für eine vor dem 1. Januar 2015 begonnene Zeit der Pflege einer pflegebedürftigen Person zu gewähren sind; im Falle des Zusammentreffens von Zeiten für mehrere Kinder nach § 50b des Beamtenversorgungsgesetzes oder § 71 des Soldatenversorgungsgesetzes oder nach vergleichbaren Regelungen der Länder gilt dies, wenn eines der Kinder vor dem 1. Januar 2015 geboren ist;

68. die Hilfen nach dem Gesetz über die Hilfe für durch Anti-D-Immunprophylaxe mit dem Hepatitis-C-Virus infizierte Personen vom 2. August 2000 (BGBl. I S. 1270);

69. die von der Stiftung „Humanitäre Hilfe für durch Blutprodukte HIV-infizierte Personen" nach dem HIV-Hilfegesetz vom 24. Juli 1995 (BGBl. I S. 972) gewährten Leistungen;

70. die Hälfte
    a) der Betriebsvermögensmehrungen oder Einnahmen aus der Veräußerung von Grund und Boden und Gebäuden, die am 1. Januar 2007 mindestens fünf Jahre zum Anlagevermögen eines inländischen Betriebsvermögens des Steuerpflichtigen gehören, wenn diese auf Grund eines nach dem 31. Dezember 2006 und vor dem 1. Januar 2010 rechtswirksam abgeschlossenen obligatorischen Vertrages an eine REIT-Aktiengesellschaft oder einen Vor-REIT veräußert werden,
    b) der Betriebsvermögensmehrungen, die auf Grund der Eintragung eines Steuerpflichtigen in das Handelsregister als REIT-Aktiengesellschaft im Sinne des REIT-Gesetzes vom 28. Mai 2007 (BGBl. I S. 914) durch Anwendung des § 13 Absatz 1 und 3 Satz 1 des Körperschaftsteuergesetzes auf Grund und Boden und Gebäude entstehen, wenn diese Wirtschaftsgüter vor dem 1. Januar 2005 angeschafft oder hergestellt wurden, und die Schlussbilanz im Sinne des § 13 Absatz 1 und 3 des Körperschaftsteuergesetzes auf einen Zeitpunkt vor dem 1. Januar 2010 aufzustellen ist.

²Satz 1 ist nicht anzuwenden,
a) wenn der Steuerpflichtige den Betrieb veräußert oder aufgibt und der Veräußerungsgewinn nach § 34 besteuert wird,
b) soweit der Steuerpflichtige von den Regelungen der §§ 6b und 6c Gebrauch macht,
c) soweit der Ansatz des niedrigeren Teilwerts in vollem Umfang zu einer Gewinnminderung geführt hat und soweit diese Gewinnminderung nicht durch den Ansatz eines Werts, der sich nach § 6 Absatz 1 Nummer 1 Satz 4 ergibt, ausgeglichen worden ist,
d) wenn im Falle des Satzes 1 Buchstabe a der Buchwert zuzüglich der Veräußerungskosten den Veräußerungserlös oder im Falle des Satzes 1 Buchstabe b der Buchwert den Teilwert übersteigt. ²Ermittelt der Steuerpflichtige den Gewinn nach § 4 Absatz 3, treten an die Stelle des Buchwerts die Anschaffungs- oder Herstellungskosten verringert um die vorgenommenen Absetzungen für Abnutzung oder Substanzverringerung,

e) soweit vom Steuerpflichtigen in der Vergangenheit Abzüge bei den Anschaffungs- oder Herstellungskosten von Wirtschaftsgütern im Sinne des Satzes 1 nach § 6b oder ähnliche Abzüge voll steuerwirksam vorgenommen worden sind,

f) wenn es sich um eine Übertragung im Zusammenhang mit Rechtsvorgängen handelt, die dem Umwandlungssteuergesetz unterliegen und die Übertragung zu einem Wert unterhalb des gemeinen Werts erfolgt.

³Die Steuerbefreiung entfällt rückwirkend, wenn

a) innerhalb eines Zeitraums von vier Jahren seit dem Vertragsschluss im Sinne des Satzes 1 Buchstabe a der Erwerber oder innerhalb eines Zeitraums von vier Jahren nach dem Stichtag der Schlussbilanz im Sinne des Satzes 1 Buchstabe b die REIT-Aktiengesellschaft den Grund und Boden oder das Gebäude veräußert,

b) der Vor-REIT oder ein anderer Vor-REIT als sein Gesamtrechtsnachfolger den Status als Vor-REIT gemäß § 10 Absatz 3 Satz 1 des REIT-Gesetzes verliert,

c) die REIT-Aktiengesellschaft innerhalb eines Zeitraums von vier Jahren seit dem Vertragsschluss im Sinne des Satzes 1 Buchstabe a oder nach dem Stichtag der Schlussbilanz im Sinne des Satzes 1 Buchstabe b in keinem Veranlagungszeitraum die Voraussetzungen für die Steuerbefreiung erfüllt,

d) die Steuerbefreiung der REIT-Aktiengesellschaft innerhalb eines Zeitraums von vier Jahren seit dem Vertragsschluss im Sinne des Satzes 1 Buchstabe a oder nach dem Stichtag der Schlussbilanz im Sinne des Satzes 1 Buchstabe b endet,

e) das Bundeszentralamt für Steuern dem Erwerber im Sinne des Satzes 1 Buchstabe a den Status als Vor-REIT im Sinne des § 2 Satz 4 des REIT-Gesetzes vom 28. Mai 2007 (BGBl. I S. 914) bestandskräftig aberkannt hat.

⁴Die Steuerbefreiung entfällt auch rückwirkend, wenn die Wirtschaftsgüter im Sinne des Satzes 1 Buchstabe a vom Erwerber an den Veräußerer oder eine ihm nahe stehende Person im Sinne des § 1 Absatz 2 des Außensteuergesetzes überlassen werden und der Veräußerer oder eine ihm nahe stehende Person im Sinne des § 1 Absatz 2 des Außensteuergesetzes nach Ablauf einer Frist von zwei Jahren seit Eintragung des Erwerbers als REIT-Aktiengesellschaft in das Handelsregister an dieser mittelbar oder unmittelbar zu mehr als 50 Prozent beteiligt ist. ⁵Der Grundstückserwerber haftet für die sich aus dem rückwirkenden Wegfall der Steuerbefreiung ergebenden Steuern;

71. der aus einer öffentlichen Kasse gezahlte Zuschuss

a) für den Erwerb eines Anteils an einer Kapitalgesellschaft in Höhe von 20 Prozent der Anschaffungskosten, höchstens jedoch 100 000 Euro. ²Voraussetzung ist, dass

aa) der Anteil an der Kapitalgesellschaft länger als drei Jahre gehalten wird,

bb) die Kapitalgesellschaft, deren Anteil erworben wird,

aaa) nicht älter ist als sieben Jahre, wobei das Datum der Eintragung der Gesellschaft in das Handelsregister maßgeblich ist,

bbb) weniger als 50 Mitarbeiter (Vollzeitäquivalente) hat,

ccc) einen Jahresumsatz oder eine Jahresbilanzsumme von höchstens 10 Millionen Euro hat und

ddd) nicht an einem regulierten Markt notiert ist und keine solche Notierung vorbereitet,

cc) der Zuschussempfänger das 18. Lebensjahr vollendet hat oder eine GmbH oder Unternehmergesellschaft ist, bei der mindestens ein Gesellschafter das 18. Lebensjahr vollendet hat und

dd) für den Erwerb des Anteils kein Fremdkapital eingesetzt wird. ³Wird der Anteil von einer GmbH oder Unternehmergesellschaft im Sinne von Doppelbuchstabe cc erworben, gehören auch solche Darlehen zum Fremdkapital, die der GmbH oder Unternehmergesellschaft von ihren Anteilseignern gewährt werden und die von der GmbH oder Unternehmergesellschaft zum Erwerb des Anteils eingesetzt werden.

b) anlässlich der Veräußerung eines Anteils an einer Kapitalgesellschaft im Sinne von Buchstabe a in Höhe von 25 Prozent des Veräußerungsgewinns, wenn

aa) der Veräußerer eine natürliche Person ist,

bb) bei Erwerb des veräußerten Anteils bereits ein Zuschuss im Sinne von Buchstabe a gezahlt und nicht zurückgefordert wurde,

cc) der veräußerte Anteil frühestens drei Jahre (Mindesthaltedauer) und spätestens zehn Jahre (Höchsthaltedauer) nach Anteilserwerb veräußert wurde,

dd) der Veräußerungsgewinn nach Satz 2 mindestens 2000 Euro beträgt und

ee) der Zuschuss auf 80 Prozent der Anschaffungskosten begrenzt ist.

²Veräußerungsgewinn im Sinne von Satz 1 ist der Betrag, um den der Veräußerungspreis die Anschaffungskosten einschließlich eines gezahlten Agios übersteigt. Erwerbsneben- und Veräußerungskosten sind nicht zu berücksichtigen.

§ 3a Sanierungserträge

(1) ¹Betriebsvermögensmehrungen oder Betriebseinnahmen aus einem Schuldenerlass zum Zwecke einer unternehmensbezogenen Sanierung im Sinne des Absatzes 2 (Sanierungsertrag) sind steuerfrei. ²Sind Betriebsvermögensmehrungen oder Betriebseinnahmen aus einem Schuldenerlass nach Satz 1 steuerfrei, sind steuerliche Wahlrechte in dem Jahr, in dem ein Sanierungsertrag erzielt wird (Sanierungsjahr) und im Folgejahr im zu sanierenden Unternehmen gewinnmindernd auszuüben. ³Insbesondere ist der niedrigere Teilwert, der nach § 6 Absatz 1 Nummer 1 Satz 2 und Nummer 2 Satz 2 angesetzt werden kann, im Sanierungsjahr und im Folgejahr anzusetzen.
(2) Eine unternehmensbezogene Sanierung liegt vor, wenn der Steuerpflichtige für den Zeitpunkt des Schuldenerlasses die Sanierungsbedürftigkeit und die Sanierungsfähigkeit des Unternehmens, die Sanierungseignung des betrieblich begründeten Schuldenerlasses und die Sanierungsabsicht der Gläubiger nachweist.
(3) ¹Nicht abziehbare Beträge im Sinne des § 3c Absatz 4, die in Veranlagungszeiträumen vor dem Sanierungsjahr und im Sanierungsjahr anzusetzen sind, mindern den Sanierungsertrag. ²Dieser Betrag mindert nacheinander
1. den auf Grund einer Verpflichtungsübertragung im Sinne des § 4f Absatz 1 Satz 1 in den dem Wirtschaftsjahr der Übertragung nachfolgenden 14 Jahren verteilt abziehbaren Aufwand des zu sanierenden Unternehmens, es sei denn, der Aufwand ist gemäß § 4f Absatz 1 Satz 7 auf einen Rechtsnachfolger übergegangen, der die Verpflichtung übernommen hat und insoweit der Regelung des § 5 Absatz 7 unterliegt. ³Entsprechendes gilt in Fällen des § 4f Absatz 2;
2. den nach § 15a ausgleichsfähigen oder verrechenbaren Verlust des Unternehmers (Mitunternehmers) des zu sanierenden Unternehmens des Sanierungsjahrs;
3. den zum Ende des dem Sanierungsjahr vorangegangenen Wirtschaftsjahrs nach § 15a festgestellten verrechenbaren Verlust des Unternehmers (Mitunternehmers) des zu sanierenden Unternehmens;
4. den nach § 15b ausgleichsfähigen oder verrechenbaren Verlust derselben Einkunftsquelle des Unternehmers (Mitunternehmers) des Sanierungsjahrs; bei der Verlustermittlung bleibt der Sanierungsertrag unberücksichtigt;
5. den zum Ende des dem Sanierungsjahr vorangegangenen Jahrs nach § 15b festgestellten verrechenbaren Verlust derselben Einkunftsquelle des Unternehmers (Mitunternehmers);
6. den nach § 15 Absatz 4 ausgleichsfähigen oder nicht abziehbaren Verlust des zu sanierenden Unternehmens des Sanierungsjahrs;
7. den zum Ende des dem Sanierungsjahr vorangegangenen Jahrs nach § 15 Absatz 4 festgestellten in Verbindung mit § 10d Absatz 4 verbleibenden Verlustvortrag, soweit er auf das zu sanierende Unternehmen entfällt;
8. den Verlust des Sanierungsjahrs des zu sanierenden Unternehmens;
9. den ausgleichsfähigen Verlust aus allen Einkunftsarten des Veranlagungszeitraums, in dem das Sanierungsjahr endet;
10. im Sanierungsjahr ungeachtet des § 10d Absatz 2 den nach § 10d Absatz 4 zum Ende des Vorjahrs gesondert festgestellten Verlustvortrag;
11. in der nachfolgenden Reihenfolge den zum Ende des Vorjahrs festgestellten und den im Sanierungsjahr entstehenden verrechenbaren Verlust oder die negativen Einkünfte
    a) nach § 15a,
    b) nach § 15b anderer Einkunftsquellen,
    c) nach § 15 Absatz 4 anderer Betriebe und Mitunternehmeranteile,
    d) nach § 2a,
    e) nach § 2b,
    f) nach § 23 Absatz 3 Satz 7 und 8,
    g) nach sonstigen Vorschriften;
12. ungeachtet der Beträge des § 10d Absatz 1 Satz 1 die negativen Einkünfte nach § 10d Absatz 1 Satz 1 des Folgejahrs. ³Ein Verlustrücktrag nach § 10d Absatz 1 Satz 1 ist nur möglich, soweit die Beträge nach § 10d Absatz 1 Satz 1 durch den verbleibenden Sanierungsertrag im Sinne des Satzes 4 nicht überschritten werden;
13. den zum Ende des Vorjahrs festgestellten und den im Sanierungsjahr entstehenden
    a) Zinsvortrag nach § 4h Absatz 1 Satz 5,
    b) EBITDA-Vortrag nach § 4h Absatz 1 Satz 3. ³Die Minderung des EBITDA-Vortrags des Sanierungsjahrs und der EBITDA-Vorträge aus vorangegangenen Wirtschaftsjahren erfolgt in ihrer zeitlichen Reihenfolge.

³Übersteigt der geminderte Sanierungsertrag nach Satz 1 die nach Satz 2 mindernden Beträge, mindert sich insoweit nach Maßgabe des Satzes 2 auch der verteilt abziehbare Aufwand, Verluste, negative Einkünfte, Zinsvorträge oder EBITDA-Vorträge einer dem Steuerpflichtigen nahestehenden Person, wenn diese die erlassenen Schulden innerhalb eines Zeitraums von fünf Jahren vor dem Schuldenerlass auf das zu sanierende Unternehmen übertragen hat und soweit der entsprechende verteilt abziehbare Aufwand, die Verluste, negativen Einkünfte, Zinsvorträge oder EBITDA-Vorträge zum Ablauf des Wirtschaftsjahrs der Übertragung bereits entstanden waren. ⁴Der sich nach den Sätzen 2 und 3 ergebende Betrag ist der verbleibende Sanierungsertrag. ⁵Die nach den Sätzen 2

und 3 mindernden Beträge bleiben endgültig außer Ansatz und nehmen an den entsprechenden Feststellungen der verrechenbaren Verluste, verbleibenden Verlustvorträge und sonstigen Feststellungen nicht teil.
(3a) Bei Zusammenveranlagung sind auch die laufenden Beträge und Verlustvorträge des anderen Ehegatten einzubeziehen.
(4) [1]Sind Einkünfte aus Land- und Forstwirtschaft, Gewerbebetrieb oder selbständiger Arbeit nach § 180 Absatz 1 Satz 1 Nummer 2 Buchstabe a oder b der Abgabenordnung gesondert festzustellen, ist auch die Höhe des Sanierungsertrags nach Absatz 1 Satz 1 sowie die Höhe der nach Absatz 3 Satz 2 Nummer 1 bis 6 und 13 mindernden Beträge gesondert festzustellen. [2]Zuständig für die gesonderte Feststellung nach Satz 1 ist das Finanzamt, das für die gesonderte Feststellung nach § 180 Absatz 1 Satz 1 Nummer 2 der Abgabenordnung zuständig ist. [3]Wurden verrechenbare Verluste und Verlustvorträge ohne Berücksichtigung des Absatzes 3 Satz 2 bereits festgestellt oder ändern sich die nach Absatz 3 Satz 2 mindernden Beträge, ist der entsprechende Feststellungsbescheid insoweit zu ändern. [4]Das gilt auch dann, wenn der Feststellungsbescheid bereits bestandskräftig geworden ist; die Feststellungsfrist endet insoweit nicht, bevor die Festsetzungsfrist des Einkommensteuerbescheids oder Körperschaftsteuerbescheids für das Sanierungsjahr abgelaufen ist.
(5) [1]Erträge aus einer nach den §§ 286 ff. der Insolvenzordnung erteilten Restschuldbefreiung, einem Schuldenerlass auf Grund eines außergerichtlichen Schuldenbereinigungsplans zur Vermeidung eines Verbraucherinsolvenzverfahrens nach den §§ 304 ff. der Insolvenzordnung oder auf Grund eines Schuldenbereinigungsplans, dem in einem Verbraucherinsolvenzverfahren zugestimmt wurde oder wenn diese Zustimmung durch das Gericht ersetzt wurde, sind, soweit es sich um Betriebsvermögensmehrungen oder Betriebseinnahmen handelt, ebenfalls steuerfrei, auch wenn die Voraussetzungen einer unternehmensbezogenen Sanierung im Sinne des Absatzes 2 nicht vorliegen. [2]Absatz 3 gilt entsprechend.

§ 3b Steuerfreiheit von Zuschlägen für Sonntags-, Feiertags- oder Nachtarbeit

(1) Steuerfrei sind Zuschläge, die für tatsächlich geleistete Sonntags-, Feiertags- oder Nachtarbeit neben dem Grundlohn gezahlt werden, soweit sie
1. für Nachtarbeit 25 Prozent,
2. vorbehaltlich der Nummern 3 und 4 für Sonntagsarbeit 50 Prozent,
3. vorbehaltlich der Nummer 4 für Arbeit am 31. Dezember ab 14 Uhr und an den gesetzlichen Feiertagen 125 Prozent,
4. für Arbeit am 24. Dezember ab 14 Uhr, am 25. und 26. Dezember sowie am 1. Mai 150 Prozent

des Grundlohns nicht übersteigen.
(2) [1]Grundlohn ist der laufende Arbeitslohn, der dem Arbeitnehmer bei der für ihn maßgebenden regelmäßigen Arbeitszeit für den jeweiligen Lohnzahlungszeitraum zusteht; er ist in einen Stundenlohn umzurechnen und mit höchstens 50 Euro anzusetzen. [2]Nachtarbeit ist die Arbeit in der Zeit von 20 Uhr bis 6 Uhr. [3]Sonntagsarbeit und Feiertagsarbeit ist die Arbeit in der Zeit von 0 Uhr bis 24 Uhr des jeweiligen Tages. [4]Die gesetzlichen Feiertage werden durch die am Ort der Arbeitsstätte geltenden Vorschriften bestimmt.
(3) Wenn die Nachtarbeit vor 0 Uhr aufgenommen wird, gilt abweichend von den Absätzen 1 und 2 Folgendes:
1. Für Nachtarbeit in der Zeit von 0 Uhr bis 4 Uhr erhöht sich der Zuschlagssatz auf 40 Prozent,
2. als Sonntagsarbeit und Feiertagsarbeit gilt auch die Arbeit in der Zeit von 0 Uhr bis 4 Uhr des auf den Sonntag oder Feiertag folgenden Tages.

§ 3c Anteilige Abzüge

(1) Ausgaben dürfen, soweit sie mit steuerfreien Einnahmen in unmittelbarem wirtschaftlichen Zusammenhang stehen, nicht als Betriebsausgaben oder Werbungskosten abgezogen werden; Absatz 2 bleibt unberührt.
(2) [1]Betriebsvermögensminderungen, Betriebsausgaben, Veräußerungskosten oder Werbungskosten, die mit den dem § 3 Nummer 40 zugrunde liegenden Betriebsvermögensmehrungen oder Einnahmen oder mit Vergütungen nach § 3 Nummer 40a in wirtschaftlichem Zusammenhang stehen, dürfen unabhängig davon, in welchem Veranlagungszeitraum die Betriebsvermögensmehrungen oder Einnahmen anfallen, bei der Ermittlung der Einkünfte nur zu 60 Prozent abgezogen werden; Entsprechendes gilt, wenn bei der Ermittlung der Einkünfte der Wert des Betriebsvermögens oder des Anteils am Betriebsvermögen oder die Anschaffungs- oder Herstellungskosten oder der an deren Stelle tretende Wert mindernd zu berücksichtigen sind. [2]Satz 1 ist auch für Betriebsvermögensminderungen oder Betriebsausgaben im Zusammenhang mit einer Darlehensforderung oder aus der Inanspruchnahme von Sicherheiten anzuwenden, die für ein Darlehen hingegeben wurden, wenn das Darlehen oder die Sicherheit von einem Steuerpflichtigen gewährt wird, der zu mehr als einem Viertel unmittelbar oder mittelbar am Grund- oder Stammkapital der Körperschaft, der das Darlehen gewährt wurde, beteiligt ist oder war. [3]Satz 2 ist insoweit nicht anzuwenden, als nachgewiesen wird, dass auch ein fremder Dritter das Darlehen bei sonst gleichen Umständen gewährt oder noch nicht zurückgefordert hätte; dabei sind nur die eigenen Sicherungsmittel der Körperschaft zu

berücksichtigen. ⁴Die Sätze 2 und 3 gelten entsprechend für Forderungen aus Rechtshandlungen, die einer Darlehensgewährung wirtschaftlich vergleichbar sind. ⁵Gewinne aus dem Ansatz des nach § 6 Absatz 1 Nummer 2 Satz 3 maßgeblichen Werts bleiben bei der Ermittlung der Einkünfte außer Ansatz, soweit auf die vorangegangene Teilwertabschreibung Satz 2 angewendet worden ist. ⁶Satz 1 ist außerdem ungeachtet eines wirtschaftlichen Zusammenhangs mit den dem § 3 Nummer 40 zugrunde liegenden Betriebsvermögensmehrungen oder Einnahmen oder mit Vergütungen nach § 3 Nummer 40a auch auf Betriebsvermögensminderungen, Betriebsausgaben oder Veräußerungskosten eines Gesellschafters einer Körperschaft anzuwenden, soweit diese mit einer im Gesellschaftsverhältnis veranlassten unentgeltlichen Überlassung von Wirtschaftsgütern an diese Körperschaft oder bei einer teilentgeltlichen Überlassung von Wirtschaftsgütern mit dem unentgeltlichen Teil in Zusammenhang stehen und der Steuerpflichtige zu mehr als einem Viertel unmittelbar oder mittelbar am Grund- oder Stammkapital dieser Körperschaft beteiligt ist oder war. ⁷Für die Anwendung des Satzes 1 ist die Absicht zur Erzielung von Betriebsvermögensmehrungen oder Einnahmen im Sinne des § 3 Nummer 40 oder von Vergütungen im Sinne des § 3 Nummer 40a ausreichend. ⁸Satz 1 gilt auch für Wertminderungen des Anteils an einer Organgesellschaft, die nicht auf Gewinnausschüttungen zurückzuführen sind. ⁹§ 8b Absatz 10 des Körperschaftsteuergesetzes gilt sinngemäß.
(3) Betriebsvermögensminderungen, Betriebsausgaben oder Veräußerungskosten, die mit den Betriebsvermögensmehrungen oder Einnahmen im Sinne des § 3 Nummer 70 in wirtschaftlichem Zusammenhang stehen, dürfen unabhängig davon, in welchem Veranlagungszeitraum die Betriebsvermögensmehrungen oder Einnahmen anfallen, nur zur Hälfte abgezogen werden.
(4) ¹Betriebsvermögensminderungen oder Betriebsausgaben, die mit einem steuerfreien Sanierungsertrag im Sinne des § 3a in unmittelbarem wirtschaftlichem Zusammenhang stehen, dürfen unabhängig davon, in welchem Veranlagungszeitraum der Sanierungsertrag entsteht, nicht abgezogen werden. ²Satz 1 gilt nicht, soweit Betriebsvermögensminderungen oder Betriebsausgaben zur Erhöhung von Verlustvorträgen geführt haben, die nach Maßgabe der in § 3a Absatz 3 getroffenen Regelungen entfallen. ³Zu den Betriebsvermögensminderungen oder Betriebsausgaben im Sinne des Satzes 1 gehören auch Aufwendungen im Zusammenhang mit einem Besserungsschein und vergleichbare Aufwendungen. ⁴Satz 1 gilt für Betriebsvermögensminderungen oder Betriebsausgaben, die nach dem Sanierungsjahr entstehen, nur insoweit, als noch ein verbleibender Sanierungsertrag im Sinne von § 3a Absatz 3 Satz 4 vorhanden ist. ⁵Wurden Betriebsvermögensminderungen oder Betriebsausgaben im Sinne des Satzes 1 bereits bei einer Steuerfestsetzung oder einer gesonderten Feststellung nach § 180 Absatz 1 Satz 1 der Abgabenordnung gewinnmindernd berücksichtigt, ist der entsprechende Steuer- oder Feststellungsbescheid insoweit zu ändern. ⁶Das gilt auch dann, wenn der Steuer- oder Feststellungsbescheid bereits bestandskräftig geworden ist; die Festsetzungsfrist endet insoweit nicht, bevor die Festsetzungsfrist für das Sanierungsjahr abgelaufen ist.

3. Gewinn

§ 4 Gewinnbegriff im Allgemeinen

(1) ¹Gewinn ist der Unterschiedsbetrag zwischen dem Betriebsvermögen am Schluss des Wirtschaftsjahres und dem Betriebsvermögen am Schluss des vorangegangenen Wirtschaftsjahres, vermehrt um den Wert der Entnahmen und vermindert um den Wert der Einlagen. ²Entnahmen sind alle Wirtschaftsgüter (Barentnahmen, Waren, Erzeugnisse, Nutzungen und Leistungen), die der Steuerpflichtige dem Betrieb für sich, für seinen Haushalt oder für andere betriebsfremde Zwecke im Laufe des Wirtschaftsjahres entnommen hat. ³Einer Entnahme für betriebsfremde Zwecke steht der Ausschluss oder die Beschränkung des Besteuerungsrechts der Bundesrepublik Deutschland hinsichtlich des Gewinns aus der Veräußerung oder der Nutzung eines Wirtschaftsguts gleich; dies gilt auf Antrag auch in den Fällen, in denen die Beschränkung des Besteuerungsrechts der Bundesrepublik Deutschland hinsichtlich des Gewinns aus der Veräußerung eines Wirtschaftsguts entfällt und in einem anderen Staat eine Besteuerung auf Grund des Ausschlusses oder der Beschränkung des Besteuerungsrechts dieses Staates hinsichtlich des Gewinns aus der Veräußerung des Wirtschaftsguts erfolgt. ⁴Ein Ausschluss oder eine Beschränkung des Besteuerungsrechts hinsichtlich des Gewinns aus der Veräußerung eines Wirtschaftsguts liegt insbesondere vor, wenn ein bisher einer inländischen Betriebsstätte des Steuerpflichtigen zuzuordnendes Wirtschaftsgut einer ausländischen Betriebsstätte zuzuordnen ist. ⁵Satz 3 gilt nicht für Anteile an einer Europäischen Gesellschaft oder Europäischen Genossenschaft in den Fällen
1. einer Sitzverlegung der Europäischen Gesellschaft nach Artikel 8 der Verordnung (EG) Nr. 2157/2001 des Rates vom 8. Oktober 2001 über das Statut der Europäischen Gesellschaft (SE) (ABl. EG Nr. L 294 S. 1), zuletzt geändert durch die Verordnung (EG) Nr. 885/2004 des Rates vom 26. April 2004 (ABl. EU Nr. L 168 S. 1), und
2. einer Sitzverlegung der Europäischen Genossenschaft nach Artikel 7 der Verordnung (EG) Nr. 1435/2003 des Rates vom 22. Juli 2003 über das Statut der Europäischen Genossenschaft (SCE) (ABl. EU Nr. L 207 S. 1).

⁶Ein Wirtschaftsgut wird nicht dadurch entnommen, dass der Steuerpflichtige zur Gewinnermittlung nach § 13a übergeht. ⁷Eine Änderung der Nutzung eines Wirtschaftsguts, die bei Gewinnermittlung nach Satz 1 keine Entnahme ist, ist auch bei Gewinnermittlung nach § 13a keine Entnahme. ⁸Einlagen sind alle Wirtschaftsgüter (Bareinzahlungen und sonstige Wirtschaftsgüter), die der Steuerpflichtige dem Betrieb im Laufe des Wirtschaftsjahres zugeführt hat; einer Einlage steht die Begründung des Besteuerungsrechts der Bundesrepublik Deutschland hinsichtlich des Gewinns aus der Veräußerung eines Wirtschaftsguts gleich. ⁹In den Fällen des Satzes 3 zweiter Halbsatz gilt das Wirtschaftsgut als unmittelbar nach der Entnahme wieder eingelegt. ¹⁰Bei der Ermittlung des Gewinns sind die Vorschriften über die Betriebsausgaben, über die Bewertung und über die Absetzung für Abnutzung oder Substanzverringerung zu befolgen.

(2) ¹Der Steuerpflichtige darf die Vermögensübersicht (Bilanz) auch nach ihrer Einreichung beim Finanzamt ändern, soweit sie den Grundsätzen ordnungsmäßiger Buchführung unter Befolgung der Vorschriften dieses Gesetzes nicht entspricht; diese Änderung ist nicht zulässig, wenn die Vermögensübersicht (Bilanz) einer Steuerfestsetzung zugrunde liegt, die nicht mehr aufgehoben oder geändert werden kann. ²Darüber hinaus ist eine Änderung der Vermögensübersicht (Bilanz) nur zulässig, wenn sie in einem engen zeitlichen und sachlichen Zusammenhang mit einer Änderung nach Satz 1 steht und soweit die Auswirkung der Änderung nach Satz 1 auf den Gewinn reicht.

(3) ¹Steuerpflichtige, die nicht auf Grund gesetzlicher Vorschriften verpflichtet sind, Bücher zu führen und regelmäßig Abschlüsse zu machen, und die auch keine Bücher führen und keine Abschlüsse machen, können als Gewinn den Überschuss der Betriebseinnahmen über die Betriebsausgaben ansetzen. ²Hierbei scheiden Betriebseinnahmen und Betriebsausgaben aus, die im Namen und für Rechnung eines anderen vereinnahmt und verausgabt werden (durchlaufende Posten). ³Die Vorschriften über die Bewertungsfreiheit für geringwertige Wirtschaftsgüter (§ 6 Absatz 2), die Bildung eines Sammelpostens (§ 6 Absatz 2a) und über die Absetzung für Abnutzung oder Substanzverringerung sind zu befolgen. ⁴Die Anschaffungs- oder Herstellungskosten für nicht abnutzbare Wirtschaftsgüter des Anlagevermögens, für Anteile an Kapitalgesellschaften, für Wertpapiere und vergleichbare nicht verbriefte Forderungen und Rechte, für Grund und Boden sowie Gebäude des Umlaufvermögens sind erst im Zeitpunkt des Zuflusses des Veräußerungserlöses oder bei Entnahme im Zeitpunkt der Entnahme als Betriebsausgaben zu berücksichtigen. ⁵Die Wirtschaftsgüter des Anlagevermögens und Wirtschaftsgüter des Umlaufvermögens im Sinne des Satzes 4 sind unter Angabe des Tages der Anschaffung oder Herstellung und der Anschaffungs- oder Herstellungskosten oder des an deren Stelle getretenen Werts in besondere, laufend zu führende Verzeichnisse aufzunehmen.

(4) Betriebsausgaben sind die Aufwendungen, die durch den Betrieb veranlasst sind.

(4a) ¹Schuldzinsen sind nach Maßgabe der Sätze 2 bis 4 nicht abziehbar, wenn Überentnahmen getätigt worden sind. ²Eine Überentnahme ist der Betrag, um den die Entnahmen die Summe des Gewinns und der Einlagen des Wirtschaftsjahres übersteigen. ³Die nicht abziehbaren Schuldzinsen werden typisiert mit 6 Prozent der Überentnahme des Wirtschaftsjahres zuzüglich der Überentnahmen vorangegangener Wirtschaftsjahre und abzüglich der Beträge, um die in den vorangegangenen Wirtschaftsjahren der Gewinn und die Einlagen die Entnahmen überstiegen haben (Unterentnahmen), ermittelt; bei der Ermittlung der Überentnahme ist vom Gewinn ohne Berücksichtigung der nach Maßgabe dieses Absatzes nicht abziehbaren Schuldzinsen auszugehen. ⁴Der sich dabei ergebende Betrag, höchstens jedoch der um 2050 Euro verminderte Betrag der im Wirtschaftsjahr angefallenen Schuldzinsen, ist dem Gewinn hinzuzurechnen. ⁵Der Abzug von Schuldzinsen für Darlehen zur Finanzierung von Anschaffungs- oder Herstellungskosten von Wirtschaftsgütern des Anlagevermögens bleibt unberührt. ⁶Die Sätze 1 bis 5 sind bei Gewinnermittlung nach § 4 Absatz 3 sinngemäß anzuwenden; hierzu sind Entnahmen und Einlagen gesondert aufzuzeichnen.

(5) ¹Die folgenden Betriebsausgaben dürfen den Gewinn nicht mindern:
1. Aufwendungen für Geschenke an Personen, die nicht Arbeitnehmer des Steuerpflichtigen sind. ²Satz 1 gilt nicht, wenn die Anschaffungs- oder Herstellungskosten der dem Empfänger im Wirtschaftsjahr zugewendeten Gegenstände insgesamt 35 Euro nicht übersteigen;
2. Aufwendungen für die Bewirtung von Personen aus geschäftlichem Anlass, soweit sie 70 Prozent der Aufwendungen übersteigen, die nach der allgemeinen Verkehrsauffassung als angemessen anzusehen und deren Höhe und betriebliche Veranlassung nachgewiesen sind. ²Zum Nachweis der Höhe und der betrieblichen Veranlassung der Aufwendungen hat der Steuerpflichtige schriftlich die folgenden Angaben zu machen: Ort, Tag, Teilnehmer und Anlass der Bewirtung sowie Höhe der Aufwendungen. ³Hat die Bewirtung in einer Gaststätte stattgefunden, so genügen Angaben zu dem Anlass und den Teilnehmern der Bewirtung; die Rechnung über die Bewirtung ist beizufügen;
3. Aufwendungen für Einrichtungen des Steuerpflichtigen, soweit sie der Bewirtung, Beherbergung oder Unterhaltung von Personen, die nicht Arbeitnehmer des Steuerpflichtigen sind, dienen (Gästehäuser) und sich außerhalb des Ortes eines Betriebs des Steuerpflichtigen befinden;

4. Aufwendungen für Jagd oder Fischerei, für Segeljachten oder Motorjachten sowie für ähnliche Zwecke und für die hiermit zusammenhängenden Bewirtungen;
5. Mehraufwendungen für die Verpflegung des Steuerpflichtigen. ²Wird der Steuerpflichtige vorübergehend von seiner Wohnung und dem Mittelpunkt seiner dauerhaft angelegten betrieblichen Tätigkeit entfernt betrieblich tätig, sind die Mehraufwendungen für Verpflegung nach Maßgabe des § 9 Absatz 4a abziehbar;
6. Aufwendungen für die Wege des Steuerpflichtigen zwischen Wohnung und Betriebsstätte und für Familienheimfahrten, soweit in den folgenden Sätzen nichts anderes bestimmt ist. ²Zur Abgeltung dieser Aufwendungen ist § 9 Absatz 1 Satz 3 Nummer 4 Satz 2 bis 6 und Nummer 5 Satz 5 bis 7 und Absatz 2 entsprechend anzuwenden. ³Bei der Nutzung eines Kraftfahrzeugs dürfen die Aufwendungen in Höhe des positiven Unterschiedsbetrags zwischen 0,03 Prozent des inländischen Listenpreises im Sinne des § 6 Absatz 1 Nummer 4 Satz 2 des Kraftfahrzeugs im Zeitpunkt der Erstzulassung je Kalendermonat für jeden Entfernungskilometer und dem sich nach § 9 Absatz 1 Satz 3 Nummer 4 Satz 2 bis 6 oder Absatz 2 ergebenden Betrag sowie Aufwendungen für Familienheimfahrten in Höhe des positiven Unterschiedsbetrags zwischen 0,002 Prozent des inländischen Listenpreises im Sinne des § 6 Absatz 1 Nummer 4 Satz 2 für jeden Entfernungskilometer und dem sich nach § 9 Absatz 1 Satz 3 Nummer 5 Satz 5 bis 7 oder Absatz 2 ergebenden Betrag den Gewinn nicht mindern; ermittelt der Steuerpflichtige die private Nutzung des Kraftfahrzeugs nach § 6 Absatz 1 Nummer 4 Satz 1 oder Satz 3, treten an die Stelle des mit 0,03 oder 0,002 Prozent des inländischen Listenpreises ermittelten Betrags für Fahrten zwischen Wohnung und Betriebsstätte und für Familienheimfahrten die auf diese Fahrten entfallenden tatsächlichen Aufwendungen; § 6 Absatz 1 Nummer 4 Satz 3 zweiter Halbsatz gilt sinngemäß. ⁴§ 9 Absatz 1 Satz 3 Nummer 4 Satz 8 und Nummer 5 Satz 9 gilt entsprechend;
6a. die Mehraufwendungen für eine betrieblich veranlasste doppelte Haushaltsführung, soweit sie die nach § 9 Absatz 1 Satz 3 Nummer 5 Satz 1 bis 4 abziehbaren Beträge und die Mehraufwendungen für betrieblich veranlasste Übernachtungen, soweit sie die nach § 9 Absatz 1 Satz 3 Nummer 5a abziehbaren Beträge übersteigen;
6b. Aufwendungen für ein häusliches Arbeitszimmer sowie die Kosten der Ausstattung. ²Dies gilt nicht, wenn für die betriebliche oder berufliche Tätigkeit kein anderer Arbeitsplatz zur Verfügung steht. ³In diesem Fall wird die Höhe der abziehbaren Aufwendungen auf 1250 Euro begrenzt; die Beschränkung der Höhe nach gilt nicht, wenn das Arbeitszimmer den Mittelpunkt der gesamten betrieblichen und beruflichen Betätigung bildet. ⁴Liegt kein häusliches Arbeitszimmer vor oder wird auf einen Abzug der Aufwendungen für ein häusliches Arbeitszimmer nach den Sätzen 2 und 3 verzichtet, kann der Steuerpflichtige für jeden Kalendertag, an dem er seine betriebliche oder berufliche Tätigkeit ausschließlich in der häuslichen Wohnung ausübt und keine außerhalb der häuslichen Wohnung belegene Betätigungsstätte aufsucht, für seine gesamte betriebliche und berufliche Betätigung einen Betrag von 5 Euro abziehen, höchstens 600 Euro im Wirtschafts- oder Kalenderjahr;
7. andere als die in den Nummern 1 bis 6 und 6b bezeichneten Aufwendungen, die die Lebensführung des Steuerpflichtigen oder anderer Personen berühren, soweit sie nach allgemeiner Verkehrsauffassung als unangemessen anzusehen sind;
8. Geldbußen, Ordnungsgelder und Verwarnungsgelder, die von einem Gericht oder einer Behörde im Geltungsbereich dieses Gesetzes oder von einem Mitgliedstaat oder von Organen der Europäischen Union festgesetzt wurden sowie damit zusammenhängende Aufwendungen. ²Dasselbe gilt für Leistungen zur Erfüllung von Auflagen oder Weisungen, die in einem berufsgerichtlichen Verfahren erteilt werden, soweit die Auflagen oder Weisungen nicht lediglich der Wiedergutmachung des durch die Tat verursachten Schadens dienen. ³Die Rückzahlung von Ausgaben im Sinne der Sätze 1 und 2 darf den Gewinn nicht erhöhen. ⁴Das Abzugsverbot für Geldbußen gilt nicht, soweit der wirtschaftliche Vorteil, der durch den Gesetzesverstoß erlangt wurde, abgeschöpft worden ist, wenn die Steuern vom Einkommen und Ertrag, die auf den wirtschaftlichen Vorteil entfallen, nicht abgezogen worden sind; Satz 3 ist insoweit nicht anzuwenden;
8a. Zinsen auf hinterzogene Steuern nach § 235 der Abgabenordnung und Zinsen nach § 233a der Abgabenordnung, soweit diese nach § 235 Absatz 4 der Abgabenordnung auf die Hinterziehungszinsen angerechnet werden;
9. Ausgleichszahlungen, die in den Fällen der §§ 14 und 17 des Körperschaftsteuergesetzes an außenstehende Anteilseigner geleistet werden;
10. die Zuwendung von Vorteilen sowie damit zusammenhängende Aufwendungen, wenn die Zuwendung der Vorteile eine rechtswidrige Handlung darstellt, die den Tatbestand eines Strafgesetzes oder eines Gesetzes verwirklicht, das die Ahndung mit einer Geldbuße zulässt. ²Gerichte, Staatsanwaltschaften oder Verwaltungsbehörden haben Tatsachen, die sie dienstlich erfahren und die den Verdacht einer Tat im Sinne des Satzes 1 begründen, der Finanzbehörde für Zwecke des Besteuerungsverfahrens und zur Verfolgung von Steuerstraftaten und Steuerordnungswidrigkeiten mitzuteilen. ³Die Finanzbehörde teilt Tatsachen, die den

Verdacht einer Straftat oder einer Ordnungswidrigkeit im Sinne des Satzes 1 begründen, der Staatsanwaltschaft oder der Verwaltungsbehörde mit. ⁴Diese unterrichten die Finanzbehörde von dem Ausgang des Verfahrens und den zugrunde liegenden Tatsachen;

11. Aufwendungen, die mit unmittelbaren oder mittelbaren Zuwendungen von nicht einlagefähigen Vorteilen an natürliche oder juristische Personen oder Personengesellschaften zur Verwendung in Betrieben in tatsächlichem oder wirtschaftlichem Zusammenhang stehen, deren Gewinn nach § 5a Absatz 1 ermittelt wird;
12. Zuschläge nach § 162 Absatz 4 der Abgabenordnung;
13. Jahresbeiträge nach § 12 Absatz 2 des Restrukturierungsfondsgesetzes.

²Das Abzugsverbot gilt nicht, soweit die in den Nummern 2 bis 4 bezeichneten Zwecke Gegenstand einer mit Gewinnabsicht ausgeübten Betätigung des Steuerpflichtigen sind. ³§ 12 Nummer 1 bleibt unberührt.

(5a) (weggefallen)

(5b) Die Gewerbesteuer und die darauf entfallenden Nebenleistungen sind keine Betriebsausgaben.

(6) Aufwendungen zur Förderung staatspolitischer Zwecke (§ 10b Absatz 2) sind keine Betriebsausgaben.

(7) ¹Aufwendungen im Sinne des Absatzes 5 Satz 1 Nummer 1 bis 4, 6b und 7 sind einzeln und getrennt von den sonstigen Betriebsausgaben aufzuzeichnen. ²Soweit diese Aufwendungen nicht bereits nach Absatz 5 vom Abzug ausgeschlossen sind, dürfen sie bei der Gewinnermittlung nur berücksichtigt werden, wenn sie nach Satz 1 besonders aufgezeichnet sind.

(8) Für Erhaltungsaufwand bei Gebäuden in Sanierungsgebieten und städtebaulichen Entwicklungsbereichen sowie bei Baudenkmalen gelten die §§ 11a und 11b entsprechend.

(9) ¹Aufwendungen des Steuerpflichtigen für seine Berufsausbildung oder für sein Studium sind nur dann Betriebsausgaben, wenn der Steuerpflichtige zuvor bereits eine Erstausbildung (Berufsausbildung oder Studium) abgeschlossen hat. ²§ 9 Absatz 6 Satz 2 bis 5 gilt entsprechend.

(10) § 9 Absatz 1 Satz 3 Nummer 5b ist entsprechend anzuwenden.

§ 4a Gewinnermittlungszeitraum, Wirtschaftsjahr

(1) ¹Bei Land- und Forstwirten und bei Gewerbetreibenden ist der Gewinn nach dem Wirtschaftsjahr zu ermitteln. ²Wirtschaftsjahr ist

1. bei Land- und Forstwirten der Zeitraum vom 1. Juli bis zum 30. Juni. ²Durch Rechtsverordnung kann für einzelne Gruppen von Land- und Forstwirten ein anderer Zeitraum bestimmt werden, wenn das aus wirtschaftlichen Gründen erforderlich ist;
2. bei Gewerbetreibenden, deren Firma im Handelsregister eingetragen ist, der Zeitraum, für den sie regelmäßig Abschlüsse machen. ²Die Umstellung des Wirtschaftsjahres auf einen vom Kalenderjahr abweichenden Zeitraum ist steuerlich nur wirksam, wenn sie im Einvernehmen mit dem Finanzamt vorgenommen wird;
3. bei anderen Gewerbetreibenden das Kalenderjahr. ²Sind sie gleichzeitig buchführende Land- und Forstwirte, so können sie mit Zustimmung des Finanzamts den nach Nummer 1 maßgebenden Zeitraum als Wirtschaftsjahr für den Gewerbebetrieb bestimmen, wenn sie für den Gewerbebetrieb Bücher führen und für diesen Zeitraum regelmäßig Abschlüsse machen.

(2) Bei Land- und Forstwirten und bei Gewerbetreibenden, deren Wirtschaftsjahr vom Kalenderjahr abweicht, ist der Gewinn aus Land- und Forstwirtschaft oder aus Gewerbebetrieb bei der Ermittlung des Einkommens in folgender Weise zu berücksichtigen:

1. ¹Bei Land- und Forstwirten ist der Gewinn des Wirtschaftsjahres auf das Kalenderjahr, in dem das Wirtschaftsjahr beginnt, und auf das Kalenderjahr, in dem das Wirtschaftsjahr endet, entsprechend dem zeitlichen Anteil aufzuteilen. ²Bei der Aufteilung sind Veräußerungsgewinne im Sinne des § 14 auszuscheiden und dem Gewinn des Kalenderjahres hinzuzurechnen, in dem sie entstanden sind;
2. bei Gewerbetreibenden gilt der Gewinn des Wirtschaftsjahres als in dem Kalenderjahr bezogen, in dem das Wirtschaftsjahr endet.

§ 7 Absetzung für die Abnutzung oder Substanzverringerung

(1) ¹Bei Wirtschaftsgütern, deren Verwendung oder Nutzung durch den Steuerpflichtigen zur Erzielung von Einkünften sich erfahrungsgemäß auf einen Zeitraum von mehr als einem Jahr erstreckt, ist jeweils für ein Jahr der Teil der Anschaffungs- oder Herstellungskosten abzusetzen, der bei gleichmäßiger Verteilung dieser Kosten auf die Gesamtdauer der Verwendung oder Nutzung auf ein Jahr entfällt (Absetzung für Abnutzung in gleichen Jahresbeträgen). ²Die Absetzung bemisst sich hierbei nach der betriebsgewöhnlichen Nutzungsdauer des Wirtschaftsguts. ³Als betriebsgewöhnliche Nutzungsdauer des Geschäfts- oder Firmenwerts eines Gewerbebetriebs oder eines Betriebs der Land- und Forstwirtschaft gilt ein Zeitraum von 15 Jahren. ⁴Im Jahr der Anschaffung oder Herstellung des Wirtschaftsguts vermindert sich für dieses Jahr der Absetzungsbetrag nach Satz 1 um jeweils ein Zwölftel für jeden vollen Monat, der dem Monat der Anschaffung oder Herstellung vorangeht. ⁵Bei Wirtschaftsgütern, die nach

einer Verwendung zur Erzielung von Einkünften im Sinne des § 2 Absatz 1 Satz 1 Nummer 4 bis 7 in ein Betriebsvermögen eingelegt worden sind, mindert sich der Einlagewert um die Absetzungen für Abnutzung oder Substanzverringerung, Sonderabschreibungen oder erhöhte Absetzungen, die bis zum Zeitpunkt der Einlage vorgenommen worden sind, höchstens jedoch bis zu den fortgeführten Anschaffungs- oder Herstellungskosten; ist der Einlagewert niedriger als dieser Wert, bemisst sich die weitere Absetzung für Abnutzung vom Einlagewert. [6]Bei beweglichen Wirtschaftsgütern des Anlagevermögens, bei denen es wirtschaftlich begründet ist, die Absetzung für Abnutzung nach Maßgabe der Leistung des Wirtschaftsguts vorzunehmen, kann der Steuerpflichtige dieses Verfahren statt der Absetzung für Abnutzung in gleichen Jahresbeträgen anwenden, wenn er den auf das einzelne Jahr entfallenden Umfang der Leistung nachweist. [7]Absetzungen für außergewöhnliche technische oder wirtschaftliche Abnutzung sind zulässig; soweit der Grund hierfür in späteren Wirtschaftsjahren entfällt, ist in den Fällen der Gewinnermittlung nach § 4 Absatz 1 oder nach § 5 eine entsprechende Zuschreibung vorzunehmen.

(2) [1]Bei beweglichen Wirtschaftsgütern des Anlagevermögens, die nach dem 31. Dezember 2019 und vor dem 1. Januar 2022 angeschafft oder hergestellt worden sind, kann der Steuerpflichtige statt der Absetzung für Abnutzung in gleichen Jahresbeträgen die Absetzung für Abnutzung in fallenden Jahresbeträgen bemessen. [2]Die Absetzung für Abnutzung in fallenden Jahresbeträgen kann nach einem unveränderlichen Prozentsatz vom jeweiligen Buchwert (Restwert) vorgenommen werden; der dabei anzuwendende Prozentsatz darf höchstens das Zweieinhalbfache des bei der Absetzung für Abnutzung in gleichen Jahresbeträgen in Betracht kommenden Prozentsatzes betragen und 25 Prozent nicht übersteigen. [3]Absatz 1 Satz 4 und § 7a Absatz 8 gelten entsprechend. [4]Bei Wirtschaftsgütern, bei denen die Absetzung für Abnutzung in fallenden Jahresbeträgen bemessen wird, sind Absetzungen für außergewöhnliche technische oder wirtschaftliche Abnutzung nicht zulässig.

(3) [1]Der Übergang von der Absetzung für Abnutzung in fallenden Jahresbeträgen zur Absetzung für Abnutzung in gleichen Jahresbeträgen ist zulässig. [2]In diesem Fall bemisst sich die Absetzung für Abnutzung vom Zeitpunkt des Übergangs an nach dem dann noch vorhandenen Restwert und der Restnutzungsdauer des einzelnen Wirtschaftsguts. [3]Der Übergang von der Absetzung für Abnutzung in gleichen Jahresbeträgen zur Absetzung für Abnutzung in fallenden Jahresbeträgen ist nicht zulässig.

(4) [1]Bei Gebäuden sind abweichend von Absatz 1 als Absetzung für Abnutzung die folgenden Beträge bis zur vollen Absetzung abzuziehen:
1. bei Gebäuden, soweit sie zu einem Betriebsvermögen gehören und nicht Wohnzwecken dienen und für die der Bauantrag nach dem 31. März 1985 gestellt worden ist, jährlich 3 Prozent,
2. bei Gebäuden, soweit sie die Voraussetzungen der Nummer 1 nicht erfüllen und die
    a) nach dem 31. Dezember 1924 fertig gestellt worden sind, jährlich 2 Prozent,
    b) vor dem 1. Januar 1925 fertig gestellt worden sind, jährlich 2,5 Prozent

der Anschaffungs- oder Herstellungskosten; Absatz 1 Satz 5 gilt entsprechend. [2]Beträgt die tatsächliche Nutzungsdauer eines Gebäudes in den Fällen des Satzes 1 Nummer 1 weniger als 33 Jahre, in den Fällen des Satzes 1 Nummer 2 Buchstabe a weniger als 50 Jahre, in den Fällen des Satzes 1 Nummer 2 Buchstabe b weniger als 40 Jahre, so können anstelle der Absetzungen nach Satz 1 die tatsächlichen Nutzungsdauer entsprechenden Absetzungen für Abnutzung vorgenommen werden. [3]Absatz 1 letzter Satz bleibt unberührt. [4]Bei Gebäuden im Sinne der Nummer 2 rechtfertigt die für Gebäude im Sinne der Nummer 1 geltende Regelung weder die Anwendung des Absatzes 1 letzter Satz noch den Ansatz des niedrigeren Teilwerts (§ 6 Absatz 1 Nummer 1 Satz 2).

(5) [1]Bei Gebäuden, die in einem Mitgliedstaat der Europäischen Union oder einem anderen Staat belegen sind, auf den das Abkommen über den Europäischen Wirtschaftsraum (EWR-Abkommen) angewendet wird, und die vom Steuerpflichtigen hergestellt oder bis zum Ende des Jahres der Fertigstellung angeschafft worden sind, können abweichend von Absatz 4 als Absetzung für Abnutzung die folgenden Beträge abgezogen werden:
1. bei Gebäuden im Sinne des Absatzes 4 Satz 1 Nummer 1, die vom Steuerpflichtigen auf Grund eines vor dem 1. Januar 1994 gestellten Bauantrags hergestellt oder auf Grund eines vor diesem Zeitpunkt rechtswirksam abgeschlossenen obligatorischen Vertrags angeschafft worden sind,
    – im Jahr der Fertigstellung und in den folgenden 3 Jahren   jeweils 10 Prozent,
    – in den darauf folgenden 3 Jahren   jeweils 5 Prozent,
    – in den darauf folgenden 18 Jahren   jeweils 2,5 Prozent,
2. bei Gebäuden im Sinne des Absatzes 4 Satz 1 Nummer 2, die vom Steuerpflichtigen auf Grund eines vor dem 1. Januar 1995 gestellten Bauantrags hergestellt oder auf Grund eines vor diesem Zeitpunkt rechtswirksam abgeschlossenen obligatorischen Vertrags angeschafft worden sind,
    – im Jahr der Fertigstellung und in den folgenden 7 Jahren   jeweils 5 Prozent,
    – in den darauf folgenden 6 Jahren   jeweils 2,5 Prozent,
    – in den darauf folgenden 36 Jahren   jeweils 1,25 Prozent,
3. bei Gebäuden im Sinne des Absatzes 4 Satz 1 Nummer 2, soweit sie Wohnzwecken dienen, die vom Steuerpflichtigen

a) auf Grund eines nach dem 28. Februar 1989 und vor dem 1. Januar 1996 gestellten Bauantrags hergestellt oder nach dem 28. Februar 1989 auf Grund eines nach dem 28. Februar 1989 und vor dem 1. Januar 1996 rechtswirksam abgeschlossenen obligatorischen Vertrags angeschafft worden sind,
- im Jahr der Fertigstellung und in den folgenden 3 Jahren   jeweils 7 Prozent,
- in den darauf folgenden 6 Jahren   jeweils 5 Prozent,
- in den darauf folgenden 6 Jahren   jeweils 2 Prozent,
- in den darauf folgenden 24 Jahren   jeweils 1,25 Prozent,

b) auf Grund eines nach dem 31. Dezember 1995 und vor dem 1. Januar 2004 gestellten Bauantrags hergestellt oder auf Grund eines nach dem 31. Dezember 1995 und vor dem 1. Januar 2004 rechtswirksam abgeschlossenen obligatorischen Vertrags angeschafft worden sind,
- im Jahr der Fertigstellung und in den folgenden 7 Jahren   jeweils 5 Prozent,
- in den darauf folgenden 6 Jahren   jeweils 2,5 Prozent,
- in den darauf folgenden 36 Jahren   jeweils 1,25 Prozent,

c) auf Grund eines nach dem 31. Dezember 2003 und vor dem 1. Januar 2006 gestellten Bauantrags hergestellt oder auf Grund eines nach dem 31. Dezember 2003 und vor dem 1. Januar 2006 rechtswirksam abgeschlossenen obligatorischen Vertrags angeschafft worden sind,
- im Jahr der Fertigstellung und in den folgenden 9 Jahren   jeweils 4 Prozent,
- in den darauf folgenden 8 Jahren   jeweils 2,5 Prozent,
- in den darauf folgenden 32 Jahren   jeweils 1,25 Prozent,

der Anschaffungs- oder Herstellungskosten. ²Im Fall der Anschaffung kann Satz 1 nur angewendet werden, wenn der Hersteller für das veräußerte Gebäude weder Absetzungen für Abnutzung nach Satz 1 vorgenommen noch erhöhte Absetzungen oder Sonderabschreibungen in Anspruch genommen hat. ³Absatz 1 Satz 4 gilt nicht.

(5a) Die Absätze 4 und 5 sind auf Gebäudeteile, die selbständige unbewegliche Wirtschaftsgüter sind, sowie auf Eigentumswohnungen und auf im Teileigentum stehende Räume entsprechend anzuwenden.

(6) Bei Bergbauunternehmen, Steinbrüchen und anderen Betrieben, die einen Verbrauch der Substanz mit sich bringen, ist Absatz 1 entsprechend anzuwenden; dabei sind Absetzungen nach Maßgabe des Substanzverzehrs zulässig (Absetzung für Substanzverringerung).

4. Überschuss der Einnahmen über die Werbungskosten

§ 8 Einnahmen

(1) ¹Einnahmen sind alle Güter, die in Geld oder Geldeswert bestehen und dem Steuerpflichtigen im Rahmen einer der Einkunftsarten des § 2 Absatz 1 Satz 1 Nummer 4 bis 7 zufließen. ²Zu den Einnahmen in Geld gehören auch zweckgebundene Geldleistungen, nachträgliche Kostenerstattungen, Geldsurrogate und andere Vorteile, die auf einen Geldbetrag lauten. ³Satz 2 gilt nicht bei Gutscheinen und Geldkarten, die ausschließlich zum Bezug von Waren oder Dienstleistungen berechtigen und die Kriterien des § 2 Absatz 1 Nummer 10 des Zahlungsdiensteaufsichtsgesetzes erfüllen.

(2) ¹Einnahmen, die nicht in Geld bestehen (Wohnung, Kost, Waren, Dienstleistungen und sonstige Sachbezüge), sind mit den um übliche Preisnachlässe geminderten üblichen Endpreisen am Abgabeort anzusetzen. ²Für die private Nutzung eines betrieblichen Kraftfahrzeugs zu privaten Fahrten gilt § 6 Absatz 1 Nummer 4 Satz 2 entsprechend. ³Kann das Kraftfahrzeug auch für Fahrten zwischen Wohnung und erster Tätigkeitsstätte sowie Fahrten nach § 9 Absatz 1 Satz 3 Nummer 4a Satz 3 genutzt werden, erhöht sich der Wert in Satz 2 für jeden Kalendermonat um 0,03 Prozent des Listenpreises im Sinne des § 6 Absatz 1 Nummer 4 Satz 2 für jeden Kilometer der Entfernung zwischen Wohnung und erster Tätigkeitsstätte sowie Fahrten nach § 9 Absatz 1 Satz 3 Nummer 4a Satz 3. ⁴Der Wert nach den Sätzen 2 und 3 kann mit dem auf die private Nutzung sowie die Nutzung zu Fahrten zwischen Wohnung und erster Tätigkeitsstätte sowie Fahrten nach § 9 Absatz 1 Satz 3 Nummer 4a Satz 3 entfallenden Teil der gesamten Kraftfahrzeugaufwendungen angesetzt werden, wenn die durch das Kraftfahrzeug insgesamt entstehenden Aufwendungen durch Belege und das Verhältnis der privaten Fahrten und der Fahrten zwischen Wohnung und erster Tätigkeitsstätte sowie Fahrten nach § 9 Absatz 1 Satz 3 Nummer 4a Satz 3 zu den übrigen Fahrten durch ein ordnungsgemäßes Fahrtenbuch nachgewiesen werden; § 6 Absatz 1 Nummer 4 Satz 3 zweiter Halbsatz gilt entsprechend. ⁵Die Nutzung des Kraftfahrzeugs zu einer Familienheimfahrt im Rahmen einer doppelten Haushaltsführung ist mit 0,002 Prozent des Listenpreises im Sinne des § 6 Absatz 1 Nummer 4 Satz 2 für jeden Kilometer der Entfernung zwischen dem Ort des eigenen Hausstands und dem Beschäftigungsort anzusetzen; dies gilt nicht, wenn für diese Fahrt ein Abzug von Werbungskosten nach § 9 Absatz 1 Satz 3 Nummer 5 Satz 5 und 6 in Betracht käme; Satz 4 ist sinngemäß anzuwenden. ⁶Bei Arbeitnehmern, für deren Sachbezüge durch Rechtsverordnung nach § 17 Absatz 1 Satz 1 Nummer 4 des Vierten Buches Sozialgesetzbuch Werte bestimmt worden sind, sind diese Werte maßgebend. ⁷Die Werte nach Satz 6 sind auch bei Steuerpflichtigen anzusetzen, die nicht der gesetzlichen

Rentenversicherungspflicht unterliegen. ⁸Wird dem Arbeitnehmer während einer beruflichen Tätigkeit außerhalb seiner Wohnung und ersten Tätigkeitsstätte oder im Rahmen einer beruflich veranlassten doppelten Haushaltsführung vom Arbeitgeber oder auf dessen Veranlassung von einem Dritten eine Mahlzeit zur Verfügung gestellt, ist diese Mahlzeit mit dem Wert nach Satz 6 (maßgebender amtlicher Sachbezugswert nach der Sozialversicherungsentgeltverordnung) anzusetzen, wenn der Preis für die Mahlzeit 60 Euro nicht übersteigt. ⁹Der Ansatz einer nach Satz 8 bewerteten Mahlzeit unterbleibt, wenn beim Arbeitnehmer für ihm entstehende Mehraufwendungen für Verpflegung ein Werbungskostenabzug nach § 9 Absatz 4a Satz 1 bis 7 in Betracht käme. ¹⁰Die oberste Finanzbehörde eines Landes kann mit Zustimmung des Bundesministeriums der Finanzen für weitere Sachbezüge der Arbeitnehmer Durchschnittswerte festsetzen. ¹¹Sachbezüge, die nach Satz 1 zu bewerten sind, bleiben außer Ansatz, wenn die sich nach Anrechnung der vom Steuerpflichtigen gezahlten Entgelte ergebenden Vorteile insgesamt 50 Euro im Kalendermonat nicht übersteigen; die nach Absatz 1 Satz 3 nicht zu den Einnahmen in Geld gehörenden Gutscheine und Geldkarten bleiben nur dann außer Ansatz, wenn sie zusätzlich zum ohnehin geschuldeten Arbeitslohn gewährt werden. ¹²Der Ansatz eines Sachbezugs für eine dem Arbeitnehmer vom Arbeitgeber, auf dessen Veranlassung von einem verbundenen Unternehmen (§ 15 des Aktiengesetzes) oder bei einer juristischen Person des öffentlichen Rechts als Arbeitgeber auf dessen Veranlassung von einem entsprechend verbundenen Unternehmen zu eigenen Wohnzwecken überlassene Wohnung unterbleibt, soweit das vom Arbeitnehmer gezahlte Entgelt mindestens zwei Drittel des ortsüblichen Mietwerts und dieser nicht mehr als 25 Euro je Quadratmeter ohne umlagefähige Kosten im Sinne der Verordnung über die Aufstellung von Betriebskosten beträgt.
(3) ¹Erhält ein Arbeitnehmer auf Grund seines Dienstverhältnisses Waren oder Dienstleistungen, die vom Arbeitgeber nicht überwiegend für den Bedarf seiner Arbeitnehmer hergestellt, vertrieben oder erbracht werden und deren Bezug nicht nach § 40 pauschal versteuert wird, so gelten als deren Werte abweichend von Absatz 2 die um 4 Prozent geminderten Endpreise, zu denen der Arbeitgeber oder der dem Abgabeort nächstansässige Abnehmer die Waren oder Dienstleistungen fremden Letztverbrauchern im allgemeinen Geschäftsverkehr anbietet. ²Die sich nach Abzug der vom Arbeitnehmer gezahlten Entgelte ergebenden Vorteile sind steuerfrei, soweit sie aus dem Dienstverhältnis insgesamt 1080 Euro im Kalenderjahr nicht übersteigen.
(4) ¹Im Sinne dieses Gesetzes werden Leistungen des Arbeitgebers oder auf seine Veranlassung eines Dritten (Sachbezüge oder Zuschüsse) für eine Beschäftigung nur dann zusätzlich zum ohnehin geschuldeten Arbeitslohn erbracht, wenn
1. die Leistung nicht auf den Anspruch auf Arbeitslohn angerechnet,
2. der Anspruch auf Arbeitslohn nicht zugunsten der Leistung herabgesetzt,
3. die verwendungs- oder zweckgebundene Leistung nicht anstelle einer bereits vereinbarten künftigen Erhöhung des Arbeitslohns gewährt und
4. bei Wegfall der Leistung der Arbeitslohn nicht erhöht wird. ²Unter den Voraussetzungen des Satzes 1 ist von einer zusätzlich zum ohnehin geschuldeten Arbeitslohn erbrachten Leistung auch dann auszugehen, wenn der Arbeitnehmer arbeitsvertraglich oder auf Grund einer anderen arbeits- oder dienstrechtlichen Rechtsgrundlage (wie Einzelvertrag, Betriebsvereinbarung, Tarifvertrag, Gesetz) einen Anspruch auf diese hat.

§ 9 Werbungskosten

(1) ¹Werbungskosten sind Aufwendungen zur Erwerbung, Sicherung und Erhaltung der Einnahmen. ²Sie sind bei der Einkunftsart abzuziehen, bei der sie erwachsen sind. ³Werbungskosten sind auch
1. Schuldzinsen und auf besonderen Verpflichtungsgründen beruhende Renten und dauernde Lasten, soweit sie mit einer Einkunftsart in wirtschaftlichem Zusammenhang stehen. ²Bei Leibrenten kann nur der Anteil abgezogen werden, der sich nach § 22 Nummer 1 Satz 3 Buchstabe a Doppelbuchstabe bb ergibt;
2. Steuern vom Grundbesitz, sonstige öffentliche Abgaben und Versicherungsbeiträge, soweit solche Ausgaben sich auf Gebäude oder auf Gegenstände beziehen, die dem Steuerpflichtigen zur Einnahmeerzielung dienen;
3. Beiträge zu Berufsständen und sonstigen Berufsverbänden, deren Zweck nicht auf einen wirtschaftlichen Geschäftsbetrieb gerichtet ist;
4. Aufwendungen des Arbeitnehmers für die Wege zwischen Wohnung und erster Tätigkeitsstätte im Sinne des Absatzes 4. ²Zur Abgeltung dieser Aufwendungen ist für jeden Arbeitstag, an dem der Arbeitnehmer die erste Tätigkeitsstätte aufsucht eine Entfernungspauschale für jeden vollen Kilometer der Entfernung zwischen Wohnung und erster Tätigkeitsstätte von 0,30 Euro anzusetzen, höchstens jedoch 4500 Euro im Kalenderjahr; ein höherer Betrag als 4500 Euro ist anzusetzen, soweit der Arbeitnehmer einen eigenen oder ihm zur Nutzung überlassenen Kraftwagen benutzt. ³Die Entfernungspauschale gilt nicht für Flugstrecken und Strecken mit steuerfreier Sammelbeförderung nach § 3 Nummer 32. ⁴Für die Bestimmung der Entfernung ist die kürzeste Straßenverbindung zwischen Wohnung und erster Tätigkeitsstätte maßgebend; eine andere als die kürzeste Straßenverbindung kann zugrunde gelegt werden, wenn diese offensichtlich verkehrsgünstiger ist und vom Arbeitnehmer regelmäßig für die Wege zwischen Wohnung und erster Tätigkeitsstätte benutzt wird. ⁵Nach § 8

Absatz 2 Satz 11 oder Absatz 3 steuerfreie Sachbezüge für Fahrten zwischen Wohnung und erster Tätigkeitsstätte mindern den nach Satz 2 abziehbaren Betrag; ist der Arbeitgeber selbst der Verkehrsträger, ist der Preis anzusetzen, den ein dritter Arbeitgeber an den Verkehrsträger zu entrichten hätte. ⁶Hat ein Arbeitnehmer mehrere Wohnungen, so sind die Wege von einer Wohnung, die nicht der ersten Tätigkeitsstätte am nächsten liegt, nur zu berücksichtigen, wenn sie den Mittelpunkt der Lebensinteressen des Arbeitnehmers bildet und nicht nur gelegentlich aufgesucht wird. ⁷Nach § 3 Nummer 37 steuerfreie Sachbezüge mindern den nach Satz 2 abziehbaren Betrag nicht; § 3c Absatz 1 ist nicht anzuwenden. ⁸Zur Abgeltung der Aufwendungen im Sinne des Satzes 1 ist für die Veranlagungszeiträume 2021 bis 2026 abweichend von Satz 2 für jeden Arbeitstag, an dem der Arbeitnehmer die erste Tätigkeitsstätte aufsucht, eine Entfernungspauschale für jeden vollen Kilometer der ersten 20 Kilometer der Entfernung zwischen Wohnung und erster Tätigkeitsstätte von 0,30 Euro und für jeden weiteren vollen Kilometer

a) von 0,35 Euro für 2021 bis 2023,
b) von 0,38 Euro für 2024 bis 2026

anzusetzen, höchstens 4500 Euro im Kalenderjahr; ein höherer Betrag als 4500 Euro ist anzusetzen, soweit der Arbeitnehmer einen eigenen oder ihm zur Nutzung überlassenen Kraftwagen benutzt.

4a. Aufwendungen des Arbeitnehmers für beruflich veranlasste Fahrten, die nicht Fahrten zwischen Wohnung und erster Tätigkeitsstätte im Sinne des Absatzes 4 sowie keine Familienheimfahrten sind. ²Anstelle der tatsächlichen Aufwendungen, die dem Arbeitnehmer durch die persönliche Benutzung eines Beförderungsmittels entstehen, können die Fahrtkosten mit den pauschalen Kilometersätzen angesetzt werden, die für das jeweils benutzte Beförderungsmittel (Fahrzeug) als höchste Wegstreckenentschädigung nach dem Bundesreisekostengesetz festgesetzt sind. ³Hat ein Arbeitnehmer keine erste Tätigkeitsstätte (§ 9 Absatz 4) und hat er nach den dienst- oder arbeitsrechtlichen Festlegungen sowie den diese ausfüllenden Absprachen und Weisungen zur Aufnahme seiner beruflichen Tätigkeit dauerhaft denselben Ort oder dasselbe weiträumige Tätigkeitsgebiet typischerweise arbeitstäglich aufzusuchen, gilt Absatz 1 Satz 3 Nummer 4 und Absatz 2 für die Fahrten von der Wohnung zu diesem Ort oder dem zur Wohnung nächstgelegenen Zugang zum Tätigkeitsgebiet entsprechend. ⁴Für die Fahrten innerhalb des weiträumigen Tätigkeitsgebietes gelten die Sätze 1 und 2 entsprechend.

5. notwendige Mehraufwendungen, die einem Arbeitnehmer wegen einer beruflich veranlassten doppelten Haushaltsführung entstehen. ²Eine doppelte Haushaltsführung liegt nur vor, wenn der Arbeitnehmer außerhalb des Ortes seiner ersten Tätigkeitsstätte einen eigenen Hausstand unterhält und auch am Ort der ersten Tätigkeitsstätte wohnt. ³Das Vorliegen eines eigenen Hausstandes setzt das Innehaben einer Wohnung sowie eine finanzielle Beteiligung an den Kosten der Lebensführung voraus. ⁴Als Unterkunftskosten für eine doppelte Haushaltsführung können im Inland die tatsächlichen Aufwendungen für die Nutzung der Unterkunft angesetzt werden, höchstens 1000 Euro im Monat. ⁵Aufwendungen für die Wege vom Ort der ersten Tätigkeitsstätte zum Ort des eigenen Hausstandes und zurück (Familienheimfahrt) können jeweils nur für eine Familienheimfahrt wöchentlich abgezogen werden. ⁶Zur Abgeltung der Aufwendungen für eine Familienheimfahrt ist eine Entfernungspauschale von 0,30 Euro für jeden vollen Kilometer der Entfernung zwischen dem Ort des eigenen Hausstandes und dem Ort der ersten Tätigkeitsstätte anzusetzen. ⁷Nummer 4 Satz 3 bis 5 ist entsprechend anzuwenden. ⁸Aufwendungen für Familienheimfahrten mit einem dem Steuerpflichtigen im Rahmen einer Einkunftsart überlassenen Kraftfahrzeug werden nicht berücksichtigt. ⁹Zur Abgeltung der Aufwendungen für eine Familienheimfahrt ist für die Veranlagungszeiträume 2021 bis 2026 abweichend von Satz 6 eine Entfernungspauschale für jeden vollen Kilometer der ersten 20 Kilometer der Entfernung zwischen dem Ort des eigenen Hausstandes und dem Ort der ersten Tätigkeitsstätte von 0,30 Euro und für jeden weiteren vollen Kilometer

a) von 0,35 Euro für 2021 bis 2023,
b) von 0,38 Euro für 2024 bis 2026

anzusetzen.

5a. notwendige Mehraufwendungen eines Arbeitnehmers für beruflich veranlasste Übernachtungen an einer Tätigkeitsstätte, die nicht erste Tätigkeitsstätte ist. ²Übernachtungskosten sind die tatsächlichen Aufwendungen für die persönliche Inanspruchnahme einer Unterkunft zur Übernachtung. ³Soweit höhere Übernachtungskosten anfallen, weil der Arbeitnehmer eine Unterkunft gemeinsam mit Personen nutzt, die in keinem Dienstverhältnis zum selben Arbeitgeber stehen, sind nur diejenigen Aufwendungen anzusetzen, die bei alleiniger Nutzung durch den Arbeitnehmer angefallen wären. ⁴Nach Ablauf von 48 Monaten einer längerfristigen beruflichen Tätigkeit an derselben Tätigkeitsstätte, die nicht erste Tätigkeitsstätte ist, können Unterkunftskosten nur noch bis zur Höhe des Betrags nach Nummer 5 angesetzt werden. ⁵Eine Unterbrechung dieser beruflichen Tätigkeit an derselben Tätigkeitsstätte führt zu einem Neubeginn, wenn die Unterbrechung mindestens sechs Monate dauert.

5b. notwendige Mehraufwendungen, die einem Arbeitnehmer während seiner auswärtigen beruflichen Tätigkeit auf einem Kraftfahrzeug des Arbeitgebers oder eines vom Arbeitgeber beauftragten Dritten im Zusammen-

hang mit einer Übernachtung in dem Kraftfahrzeug für Kalendertage entstehen, an denen der Arbeitnehmer eine Verpflegungspauschale nach Absatz 4a Satz 3 Nummer 1 und 2 sowie Satz 5 zur Nummer 1 und 2 beanspruchen könnte. ²Anstelle der tatsächlichen Aufwendungen, die dem Arbeitnehmer im Zusammenhang mit einer Übernachtung in dem Kraftfahrzeug entstehen, kann im Kalenderjahr einheitlich eine Pauschale von 8 Euro für jeden Kalendertag berücksichtigt werden, an dem der Arbeitnehmer eine Verpflegungspauschale nach Absatz 4a Satz 3 Nummer 1 und 2 sowie Satz 5 zur Nummer 1 und 2 beanspruchen könnte,
6. Aufwendungen für Arbeitsmittel, zum Beispiel für Werkzeuge und typische Berufskleidung. ²Nummer 7 bleibt unberührt;
7. Absetzungen für Abnutzung und für Substanzverringerung, Sonderabschreibungen nach § 7b und erhöhte Absetzungen. ²§ 6 Absatz 2 Satz 1 bis 3 ist in Fällen der Anschaffung oder Herstellung von Wirtschaftsgütern entsprechend anzuwenden.

(2) ¹Durch die Entfernungspauschalen sind sämtliche Aufwendungen abgegolten, die durch die Wege zwischen Wohnung und erster Tätigkeitsstätte im Sinne des Absatzes 4 und durch die Familienheimfahrten veranlasst sind. ²Aufwendungen für die Benutzung öffentlicher Verkehrsmittel können angesetzt werden, soweit sie den im Kalenderjahr insgesamt als Entfernungspauschale abziehbaren Betrag übersteigen. ³Menschen mit Behinderungen,
1. deren Grad der Behinderung mindestens 70 beträgt,
2. deren Grad der Behinderung weniger als 70, aber mindestens 50 beträgt und die in ihrer Bewegungsfähigkeit im Straßenverkehr erheblich beeinträchtigt sind,

können anstelle der Entfernungspauschalen die tatsächlichen Aufwendungen für die Wege zwischen Wohnung und erster Tätigkeitsstätte und für Familienheimfahrten ansetzen. ⁴Die Voraussetzungen der Nummern 1 und 2 sind durch amtliche Unterlagen nachzuweisen.

(3) Absatz 1 Satz 3 Nummer 4 bis 5a sowie die Absätze 2 und 4a gelten bei den Einkunftsarten im Sinne des § 2 Absatz 1 Satz 1 Nummer 5 bis 7 entsprechend.

(4) ¹Erste Tätigkeitsstätte ist die ortsfeste betriebliche Einrichtung des Arbeitgebers, eines verbundenen Unternehmens (§ 15 des Aktiengesetzes) oder eines vom Arbeitgeber bestimmten Dritten, der der Arbeitnehmer dauerhaft zugeordnet ist. ²Die Zuordnung im Sinne des Satzes 1 wird durch die dienst- oder arbeitsrechtlichen Festlegungen sowie die diese ausfüllenden Absprachen und Weisungen bestimmt. ³Von einer dauerhaften Zuordnung ist insbesondere auszugehen, wenn der Arbeitnehmer unbefristet, für die Dauer des Dienstverhältnisses oder über einen Zeitraum von 48 Monaten hinaus an einer solchen Tätigkeitsstätte tätig werden soll. ⁴Fehlt eine solche dienst- oder arbeitsrechtliche Festlegung auf eine Tätigkeitsstätte oder ist sie nicht eindeutig, ist erste Tätigkeitsstätte die betriebliche Einrichtung, an der der Arbeitnehmer dauerhaft
1. typischerweise arbeitstäglich tätig werden soll oder
2. je Arbeitswoche zwei volle Arbeitstage oder mindestens ein Drittel seiner vereinbarten regelmäßigen Arbeitszeit tätig werden soll.

⁵Je Dienstverhältnis hat der Arbeitnehmer höchstens eine erste Tätigkeitsstätte. ⁶Liegen die Voraussetzungen der Sätze 1 bis 4 für mehrere Tätigkeitsstätten vor, ist diejenige Tätigkeitsstätte erste Tätigkeitsstätte, die der Arbeitgeber bestimmt. ⁷Fehlt es an dieser Bestimmung oder ist sie nicht eindeutig, ist die der Wohnung örtlich am nächsten liegende Tätigkeitsstätte die erste Tätigkeitsstätte. ⁸Als erste Tätigkeitsstätte gilt auch eine Bildungseinrichtung, die außerhalb eines Dienstverhältnisses zum Zwecke eines Vollzeitstudiums oder einer vollzeitigen Bildungsmaßnahme aufgesucht wird; die Regelungen für Arbeitnehmer nach Absatz 1 Satz 3 Nummer 4 und 5 sowie Absatz 4a sind entsprechend anzuwenden.

(4a) ¹Mehraufwendungen des Arbeitnehmers für die Verpflegung sind nur nach Maßgabe der folgenden Sätze als Werbungskosten abziehbar. ²Wird der Arbeitnehmer außerhalb seiner Wohnung und ersten Tätigkeitsstätte beruflich tätig (auswärtige berufliche Tätigkeit), ist zur Abgeltung der ihm tatsächlich entstandenen, beruflich veranlassten Mehraufwendungen eine Verpflegungspauschale anzusetzen. ³Diese beträgt
1. 28 Euro für jeden Kalendertag, an dem der Arbeitnehmer 24 Stunden von seiner Wohnung und ersten Tätigkeitsstätte abwesend ist,
2. jeweils 14 Euro für den An- und Abreisetag, wenn der Arbeitnehmer an diesem, einem anschließenden oder vorhergehenden Tag außerhalb seiner Wohnung übernachtet,
3. 14 Euro für den Kalendertag, an dem der Arbeitnehmer ohne Übernachtung außerhalb seiner Wohnung mehr als 8 Stunden von seiner Wohnung und der ersten Tätigkeitsstätte abwesend ist; beginnt die auswärtige berufliche Tätigkeit an einem Kalendertag und endet am nachfolgenden Kalendertag ohne Übernachtung, werden 14 Euro für den Kalendertag gewährt, an dem der Arbeitnehmer den überwiegenden Teil der insgesamt mehr als 8 Stunden von seiner Wohnung und der ersten Tätigkeitsstätte abwesend ist.

⁴Hat der Arbeitnehmer keine erste Tätigkeitsstätte, gelten die Sätze 2 und 3 entsprechend; Wohnung im Sinne der Sätze 2 und 3 ist der Hausstand, der den Mittelpunkt der Lebensinteressen des Arbeitnehmers bildet sowie eine Unterkunft am Ort der ersten Tätigkeitsstätte im Rahmen der doppelten Haushaltsführung. ⁵Bei einer Tätigkeit im

Ausland treten an die Stelle der Pauschbeträge nach Satz 3 länderweise unterschiedliche Pauschbeträge, die für die Fälle der Nummer 1 mit 120 sowie der Nummern 2 und 3 mit 80 Prozent der Auslandstagegelder nach dem Bundesreisekostengesetz vom Bundesministerium der Finanzen im Einvernehmen mit den obersten Finanzbehörden der Länder aufgerundet auf volle Euro festgesetzt werden; dabei bestimmt sich der Pauschbetrag nach dem Ort, den der Arbeitnehmer vor 24 Uhr Ortszeit zuletzt erreicht, oder, wenn dieser Ort im Inland liegt, nach dem letzten Tätigkeitsort im Ausland. [6]Der Abzug der Verpflegungspauschalen ist auf die ersten drei Monate einer längerfristigen beruflichen Tätigkeit an derselben Tätigkeitsstätte beschränkt. [7]Eine Unterbrechung der beruflichen Tätigkeit an derselben Tätigkeitsstätte führt zu einem Neubeginn, wenn sie mindestens vier Wochen dauert. [8]Wird dem Arbeitnehmer anlässlich oder während einer Tätigkeit außerhalb seiner ersten Tätigkeitsstätte vom Arbeitgeber oder auf dessen Veranlassung von einem Dritten eine Mahlzeit zur Verfügung gestellt, sind die nach den Sätzen 3 und 5 ermittelten Verpflegungspauschalen zu kürzen:
1. für Frühstück um 20 Prozent,
2. für Mittag- und Abendessen um jeweils 40 Prozent,
der nach Satz 3 Nummer 1 gegebenenfalls in Verbindung mit Satz 5 maßgebenden Verpflegungspauschale für einen vollen Kalendertag; die Kürzung darf die ermittelte Verpflegungspauschale nicht übersteigen. [9]Satz 8 gilt auch, wenn Reisekostenvergütungen wegen der zur Verfügung gestellten Mahlzeiten einbehalten oder gekürzt werden oder die Mahlzeiten nach § 40 Absatz 2 Satz 1 Nummer 1a pauschal besteuert werden. [10]Hat der Arbeitnehmer für die Mahlzeit ein Entgelt gezahlt, mindert dieser Betrag den Kürzungsbetrag nach Satz 8. [11]Erhält der Arbeitnehmer steuerfreie Erstattungen für Verpflegung, ist ein Werbungskostenabzug insoweit ausgeschlossen. [12]Die Verpflegungspauschalen nach den Sätzen 3 und 5, die Dreimonatsfrist nach den Sätzen 6 und 7 sowie die Kürzungsregelungen nach den Sätzen 8 bis 10 gelten entsprechend auch für den Abzug von Mehraufwendungen für Verpflegung, die bei einer beruflich veranlassten doppelten Haushaltsführung entstehen, soweit der Arbeitnehmer vom eigenen Hausstand im Sinne des § 9 Absatz 1 Satz 3 Nummer 5 abwesend ist; dabei ist für jeden Kalendertag innerhalb der Dreimonatsfrist, an dem gleichzeitig eine Tätigkeit im Sinne des Satzes 2 oder des Satzes 4 ausgeübt wird, nur der jeweils höchste in Betracht kommende Pauschbetrag abziehbar. [13]Die Dauer einer Tätigkeit im Sinne des Satzes 2 an dem Tätigkeitsort, an dem die doppelte Haushaltsführung begründet wurde, ist auf die Dreimonatsfrist anzurechnen, wenn sie ihr unmittelbar vorausgegangen ist.
(5) [1]§ 4 Absatz 5 Satz 1 Nummer 1 bis 4, 6b bis 8a, 10, 12 und Absatz 6 gilt sinngemäß. [2]Die §§ 4j, 4k, 6 Absatz 1 Nummer 1a und § 6e gelten entsprechend.
(6) [1]Aufwendungen des Steuerpflichtigen für seine Berufsausbildung oder für sein Studium sind nur dann Werbungskosten, wenn der Steuerpflichtige zuvor bereits eine Erstausbildung (Berufsausbildung oder Studium) abgeschlossen hat oder wenn die Berufsausbildung oder das Studium im Rahmen eines Dienstverhältnisses stattfindet. [2]Eine Berufsausbildung als Erstausbildung nach Satz 1 liegt vor, wenn eine geordnete Ausbildung mit einer Mindestdauer von 12 Monaten bei vollzeitiger Ausbildung und mit einer Abschlussprüfung durchgeführt wird. [3]Eine geordnete Ausbildung liegt vor, wenn sie auf der Grundlage von Rechts- oder Verwaltungsvorschriften oder internen Vorschriften eines Bildungsträgers durchgeführt wird. [4]Ist eine Abschlussprüfung nach dem Ausbildungsplan nicht vorgesehen, gilt die Ausbildung mit der tatsächlichen planmäßigen Beendigung als abgeschlossen. [5]Eine Berufsausbildung als Erstausbildung hat auch abgeschlossen, wer die Abschlussprüfung einer durch Rechts- oder Verwaltungsvorschriften geregelten Berufsausbildung mit einer Mindestdauer von 12 Monaten bestanden hat, ohne dass er zuvor die entsprechende Berufsausbildung durchlaufen hat.

§ 9a Pauschbeträge für Werbungskosten

[1]Für Werbungskosten sind bei der Ermittlung der Einkünfte die folgenden Pauschbeträge abzuziehen, wenn nicht höhere Werbungskosten nachgewiesen werden:
1. a) von den Einnahmen aus nichtselbständiger Arbeit vorbehaltlich Buchstabe b:
      ein Arbeitnehmer-Pauschbetrag von 1000 Euro;
   b) von den Einnahmen aus nichtselbständiger Arbeit, soweit es sich um Versorgungsbezüge im Sinne des § 19 Absatz 2 handelt:
      ein Pauschbetrag von 102 Euro;
2. (weggefallen)
3. von den Einnahmen im Sinne des § 22 Nummer 1, 1a und 5:
   ein Pauschbetrag von insgesamt 102 Euro.

[2]Der Pauschbetrag nach Satz 1 Nummer 1 Buchstabe b darf nur bis zur Höhe der um den Versorgungsfreibetrag einschließlich des Zuschlags zum Versorgungsfreibetrag (§ 19 Absatz 2) geminderten Einnahmen, die Pauschbeträge nach Satz 1 Nummer 1 Buchstabe a und Nummer 3 dürfen nur bis zur Höhe der Einnahmen abgezogen werden.

5. Sonderausgaben

§ 10

(1) Sonderausgaben sind die folgenden Aufwendungen, wenn sie weder Betriebsausgaben noch Werbungskosten sind oder wie Betriebsausgaben oder Werbungskosten behandelt werden:
1. (weggefallen)
2. a) Beiträge zu den gesetzlichen Rentenversicherungen oder zur landwirtschaftlichen Alterskasse sowie zu berufsständischen Versorgungseinrichtungen, die den gesetzlichen Rentenversicherungen vergleichbare Leistungen erbringen;
   b) Beiträge des Steuerpflichtigen
      aa) zum Aufbau einer eigenen kapitalgedeckten Altersversorgung, wenn der Vertrag nur die Zahlung einer monatlichen, auf das Leben des Steuerpflichtigen bezogenen lebenslangen Leibrente nicht vor Vollendung des 62. Lebensjahres oder zusätzlich die ergänzende Absicherung des Eintritts der Berufsunfähigkeit (Berufsunfähigkeitsrente), der verminderten Erwerbsfähigkeit (Erwerbsminderungsrente) oder von Hinterbliebenen (Hinterbliebenenrente) vorsieht. ²Hinterbliebene in diesem Sinne sind der Ehegatte des Steuerpflichtigen und die Kinder, für die er Anspruch auf Kindergeld oder auf einen Freibetrag nach § 32 Absatz 6 hat. ³Der Anspruch auf Waisenrente darf längstens für den Zeitraum bestehen, in dem der Rentenberechtigte die Voraussetzungen für die Berücksichtigung als Kind im Sinne des § 32 erfüllt;
      bb) für seine Absicherung gegen den Eintritt der Berufsunfähigkeit oder der verminderten Erwerbsfähigkeit (Versicherungsfall), wenn der Vertrag nur die Zahlung einer monatlichen, auf das Leben des Steuerpflichtigen bezogenen lebenslangen Leibrente für einen Versicherungsfall vorsieht, der bis zur Vollendung des 67. Lebensjahres eingetreten ist. ²Der Vertrag kann die Beendigung der Rentenzahlung wegen eines medizinisch begründeten Wegfalls der Berufsunfähigkeit oder der verminderten Erwerbsfähigkeit vorsehen. ³Die Höhe der zugesagten Rente kann vom Alter des Steuerpflichtigen bei Eintritt des Versicherungsfalls abhängig gemacht werden, wenn der Steuerpflichtige das 55. Lebensjahr vollendet hat.

   ²Die Ansprüche nach Buchstabe b dürfen nicht vererblich, nicht übertragbar, nicht beleihbar, nicht veräußerbar und nicht kapitalisierbar sein. ³Anbieter und Steuerpflichtiger können vereinbaren, dass bis zu zwölf Monatsleistungen in einer Auszahlung zusammengefasst werden oder eine Kleinbetragsrente im Sinne von § 93 Absatz 3 Satz 2 abgefunden wird. ⁴Bei der Berechnung der Kleinbetragsrente sind alle bei einem Anbieter bestehenden Verträge des Steuerpflichtigen jeweils nach Buchstabe b Doppelbuchstabe aa oder Doppelbuchstabe bb zusammenzurechnen. ⁵Neben den genannten Auszahlungsformen darf kein weiterer Anspruch auf Auszahlungen bestehen. ⁶Zu den Beiträgen nach den Buchstaben a und b ist der nach § 3 Nummer 62 steuerfreie Arbeitgeberanteil zur gesetzlichen Rentenversicherung und ein diesem gleichgestellter steuerfreier Zuschuss des Arbeitgebers hinzuzurechnen. ⁷Beiträge nach § 168 Absatz 1 Nummer 1b oder 1c oder nach § 172 Absatz 3 oder 3a des Sechsten Buches Sozialgesetzbuch werden abweichend von Satz 6 nur auf Antrag des Steuerpflichtigen hinzugerechnet;
3. Beiträge zu
   a) Krankenversicherungen, soweit diese zur Erlangung eines durch das Zwölfte Buch Sozialgesetzbuch bestimmten sozialhilfegleichen Versorgungsniveaus erforderlich sind und sofern auf die Leistungen ein Anspruch besteht. ²Für Beiträge zur gesetzlichen Krankenversicherung sind dies die nach dem Dritten Titel des Ersten Abschnitts des Achten Kapitels des Fünften Buches Sozialgesetzbuch oder die nach dem Sechsten Abschnitt des Zweiten Gesetzes über die Krankenversicherung der Landwirte festgesetzten Beiträge. ³Für Beiträge zu einer privaten Krankenversicherung sind dies die Beitragsanteile, die auf Vertragsleistungen entfallen, die, mit Ausnahme der auf das Krankengeld entfallenden Beitragsanteile, in Art, Umfang und Höhe den Leistungen nach dem Dritten Kapitel des Fünften Buches Sozialgesetzbuch vergleichbar sind; § 158 Absatz 2 des Versicherungsaufsichtsgesetzes gilt entsprechend. ⁴Wenn sich aus den Krankenversicherungsbeiträgen nach Satz 2 ein Anspruch auf Krankengeld oder ein Anspruch auf eine Leistung, die anstelle von Krankengeld gewährt wird, ergeben kann, ist der jeweilige Beitrag um 4 Prozent zu vermindern;
   b) gesetzlichen Pflegeversicherungen (soziale Pflegeversicherung und private Pflege-Pflichtversicherung).

   ²Als eigene Beiträge des Steuerpflichtigen können auch eigene Beiträge im Sinne der Buchstaben a oder b eines Kindes behandelt werden, wenn der Steuerpflichtige die Beiträge des Kindes, für das ein Anspruch auf einen Freibetrag nach § 32 Absatz 6 oder auf Kindergeld besteht, durch Leistungen in Form von Bar- oder Sachunterhalt wirtschaftlich getragen hat, unabhängig von Einkünften oder Bezügen des Kindes. ³Satz 2 gilt entsprechend, wenn der Steuerpflichtige die Beiträge für ein unterhaltsberechtigtes Kind trägt, welches nicht

selbst Versicherungsnehmer ist, sondern der andere Elternteil. ⁴Hat der Steuerpflichtige in den Fällen des Absatzes 1a Nummer 1 eigene Beiträge im Sinne des Buchstaben a oder des Buchstaben b zum Erwerb einer Krankenversicherung oder gesetzlichen Pflegeversicherung für einen geschiedenen oder dauernd getrennt lebenden unbeschränkt einkommensteuerpflichtigen Ehegatten geleistet, dann werden diese abweichend von Satz 1 als eigene Beiträge des geschiedenen oder dauernd getrennt lebenden unbeschränkt einkommensteuerpflichtigen Ehegatten behandelt. ⁵Beiträge, die für nach Ablauf des Veranlagungszeitraums beginnende Beitragsjahre geleistet werden und in der Summe das Dreifache der auf den Veranlagungszeitraum entfallenden Beiträge überschreiten, sind in dem Veranlagungszeitraum anzusetzen, für den sie geleistet wurden;

3a. Beiträge zu Kranken- und Pflegeversicherungen, soweit diese nicht nach Nummer 3 zu berücksichtigen sind; Beiträge zu Versicherungen gegen Arbeitslosigkeit, zu Erwerbs- und Berufsunfähigkeitsversicherungen, die nicht unter Nummer 2 Satz 1 Buchstabe b fallen, zu Unfall- und Haftpflichtversicherungen sowie zu Risikoversicherungen, die nur für den Todesfall eine Leistung vorsehen; Beiträge zu Versicherungen im Sinne des § 10 Absatz 1 Nummer 2 Buchstabe b Doppelbuchstabe bb bis dd in der am 31. Dezember 2004 geltenden Fassung, wenn die Laufzeit dieser Versicherungen vor dem 1. Januar 2005 begonnen hat und ein Versicherungsbeitrag bis zum 31. Dezember 2004 entrichtet wurde; § 10 Absatz 1 Nummer 2 Satz 2 bis 6 und Absatz 2 Satz 2 in der am 31. Dezember 2004 geltenden Fassung ist in diesen Fällen weiter anzuwenden;

4. gezahlte Kirchensteuer; dies gilt nicht, soweit die Kirchensteuer als Zuschlag zur Kapitalertragsteuer oder als Zuschlag auf die nach dem gesonderten Tarif des § 32d Absatz 1 ermittelte Einkommensteuer gezahlt wurde;

5. zwei Drittel der Aufwendungen, höchstens 4000 Euro je Kind, für Dienstleistungen zur Betreuung eines zum Haushalt des Steuerpflichtigen gehörenden Kindes im Sinne des § 32 Absatz 1, welches das 14. Lebensjahr noch nicht vollendet hat oder wegen einer vor Vollendung des 25. Lebensjahres eingetretenen körperlichen, geistigen oder seelischen Behinderung außerstande ist, sich selbst zu unterhalten. ²Dies gilt nicht für Aufwendungen für Unterricht, die Vermittlung besonderer Fähigkeiten sowie für sportliche und andere Freizeitbetätigungen. ³Ist das zu betreuende Kind nicht nach § 1 Absatz 1 oder Absatz 2 unbeschränkt einkommensteuerpflichtig, ist der in Satz 1 genannte Betrag zu kürzen, soweit es nach den Verhältnissen im Wohnsitzstaat des Kindes notwendig und angemessen ist. ⁴Voraussetzung für den Abzug der Aufwendungen nach Satz 1 ist, dass der Steuerpflichtige für die Aufwendungen eine Rechnung erhalten hat und die Zahlung auf das Konto des Erbringers der Leistung erfolgt ist;

6. (weggefallen)

7. Aufwendungen für die eigene Berufsausbildung bis zu 6000 Euro im Kalenderjahr. ²Bei Ehegatten, die die Voraussetzungen des § 26 Absatz 1 Satz 1 erfüllen, gilt Satz 1 für jeden Ehegatten. ³Zu den Aufwendungen im Sinne des Satzes 1 gehören auch Aufwendungen für eine auswärtige Unterbringung. ⁴§ 4 Absatz 5 Satz 1 Nummer 6b sowie § 9 Absatz 1 Satz 3 Nummer 4 und 5, Absatz 2, 4 Satz 8 und Absatz 4a sind bei der Ermittlung der Aufwendungen anzuwenden.

8. (weggefallen)

9. 30 Prozent des Entgelts, höchstens 5000 Euro, das der Steuerpflichtige für ein Kind, für das er Anspruch auf einen Freibetrag nach § 32 Absatz 6 oder auf Kindergeld hat, für dessen Besuch einer Schule in freier Trägerschaft oder einer überwiegend privat finanzierten Schule entrichtet, mit Ausnahme des Entgelts für Beherbergung, Betreuung und Verpflegung. ²Voraussetzung ist, dass die Schule in einem Mitgliedstaat der Europäischen Union oder in einem Staat belegen ist, auf den das Abkommen über den Europäischen Wirtschaftsraum Anwendung findet, und die Schule zu einem von dem zuständigen inländischen Ministerium eines Landes, von der Kultusministerkonferenz der Länder oder von einer inländischen Zeugnisanerkennungsstelle anerkannten oder einem inländischen Abschluss an einer öffentlichen Schule als gleichwertig anerkannten allgemein bildenden oder berufsbildenden Schul-, Jahrgangs- oder Berufsabschluss führt. ³Der Besuch einer anderen Einrichtung, die auf einen Schul-, Jahrgangs- oder Berufsabschluss im Sinne des Satzes 2 ordnungsgemäß vorbereitet, steht einem Schulbesuch im Sinne des Satzes 1 gleich. ⁴Der Besuch einer Deutschen Schule im Ausland steht dem Besuch einer solchen Schule gleich, unabhängig von ihrer Belegenheit. ⁵Der Höchstbetrag nach Satz 1 wird für jedes Kind, bei dem die Voraussetzungen vorliegen, je Elternpaar nur einmal gewährt.

(1a) ¹Sonderausgaben sind auch die folgenden Aufwendungen:

1. Unterhaltsleistungen an den geschiedenen oder dauernd getrennt lebenden unbeschränkt einkommensteuerpflichtigen Ehegatten, wenn der Geber dies mit Zustimmung des Empfängers beantragt, bis zu 13 805 Euro im Kalenderjahr. ²Der Höchstbetrag nach Satz 1 erhöht sich um den Betrag der im jeweiligen Veranlagungszeitraum nach Absatz 1 Nummer 3 für die Absicherung des geschiedenen oder dauernd getrennt lebenden unbeschränkt einkommensteuerpflichtigen Ehegatten aufgewandten Beiträge. ³Der Antrag kann jeweils nur für ein Kalenderjahr gestellt und nicht zurückgenommen werden. ⁴Die Zustimmung ist mit Ausnahme der nach § 894 der Zivilprozessordnung als erteilt geltenden bis auf Widerruf wirksam. ⁵Der Widerruf ist vor Beginn des

Kalenderjahres, für das die Zustimmung erstmals nicht gelten soll, gegenüber dem Finanzamt zu erklären. ⁶Die Sätze 1 bis 5 gelten für Fälle der Nichtigkeit oder der Aufhebung der Ehe entsprechend. ⁷Voraussetzung für den Abzug der Aufwendungen ist die Angabe der erteilten Identifikationsnummer (§ 139b der Abgabenordnung) der unterhaltenen Person in der Steuererklärung des Unterhaltsleistenden, wenn die unterhaltene Person der unbeschränkten oder beschränkten Steuerpflicht unterliegt. ⁸Die unterhaltene Person ist für diese Zwecke verpflichtet, dem Unterhaltsleistenden ihre erteilte Identifikationsnummer (§ 139b der Abgabenordnung) mitzuteilen. ⁹Kommt die unterhaltene Person dieser Verpflichtung nicht nach, ist der Unterhaltsleistende berechtigt, bei der für ihn zuständigen Finanzbehörde die Identifikationsnummer der unterhaltenen Person zu erfragen;

2. auf besonderen Verpflichtungsgründen beruhende, lebenslange und wiederkehrende Versorgungsleistungen, die nicht mit Einkünften in wirtschaftlichem Zusammenhang stehen, die bei der Veranlagung außer Betracht bleiben, wenn der Empfänger unbeschränkt einkommensteuerpflichtig ist. ²Dies gilt nur für
   a) Versorgungsleistungen im Zusammenhang mit der Übertragung eines Mitunternehmeranteils an einer Personengesellschaft, die eine Tätigkeit im Sinne der §§ 13, 15 Absatz 1 Satz 1 Nummer 1 oder des § 18 Absatz 1 ausübt,
   b) Versorgungsleistungen im Zusammenhang mit der Übertragung eines Betriebs oder Teilbetriebs, sowie
   c) Versorgungsleistungen im Zusammenhang mit der Übertragung eines mindestens 50 Prozent betragenden Anteils an einer Gesellschaft mit beschränkter Haftung, wenn der Übergeber als Geschäftsführer tätig war und der Übernehmer diese Tätigkeit nach der Übertragung übernimmt.
   ³Satz 2 gilt auch für den Teil der Versorgungsleistungen, der auf den Wohnteil eines Betriebs der Land- und Forstwirtschaft entfällt. ⁴Voraussetzung für den Abzug der Aufwendungen ist die Angabe der erteilten Identifikationsnummer (§ 139b der Abgabenordnung) des Empfängers in der Steuererklärung des Leistenden; Nummer 1 Satz 8 und 9 gilt entsprechend;

3. Ausgleichsleistungen zur Vermeidung eines Versorgungsausgleichs nach § 6 Absatz 1 Satz 2 Nummer 2 und § 23 des Versorgungsausgleichsgesetzes sowie § 1408 Absatz 2 und § 1587 des Bürgerlichen Gesetzbuchs, soweit der Verpflichtete dies mit Zustimmung des Berechtigten beantragt und der Berechtigte unbeschränkt einkommensteuerpflichtig ist. ²Nummer 1 Satz 3 bis 5 gilt entsprechend. ³Voraussetzung für den Abzug der Aufwendungen ist die Angabe der erteilten Identifikationsnummer (§ 139b der Abgabenordnung) des Berechtigten in der Steuererklärung des Verpflichteten; Nummer 1 Satz 8 und 9 gilt entsprechend;

4. Ausgleichszahlungen im Rahmen des Versorgungsausgleichs nach den §§ 20 bis 22 und 26 des Versorgungsausgleichsgesetzes und nach den §§ 1587f, 1587g und 1587i des Bürgerlichen Gesetzbuchs in der bis zum 31. August 2009 geltenden Fassung sowie nach § 3a des Gesetzes zur Regelung von Härten im Versorgungsausgleich, soweit die ihnen zu Grunde liegenden Einnahmen bei der ausgleichspflichtigen Person der Besteuerung unterliegen, wenn die ausgleichsberechtigte Person unbeschränkt einkommensteuerpflichtig ist. ²Nummer 3 Satz 3 gilt entsprechend.

(2) ¹Voraussetzung für den Abzug der in Absatz 1 Nummern 2, 3 und 3a bezeichneten Beträge (Vorsorgeaufwendungen) ist, dass sie

1. nicht in unmittelbarem wirtschaftlichen Zusammenhang mit steuerfreien Einnahmen stehen; ungeachtet dessen sind Vorsorgeaufwendungen im Sinne des Absatzes 1 Nummer 2, 3 und 3a zu berücksichtigen, soweit
   a) sie in unmittelbarem wirtschaftlichen Zusammenhang mit in einem Mitgliedstaat der Europäischen Union oder einem Vertragsstaat des Abkommens über den Europäischen Wirtschaftsraum oder in der Schweizerischen Eidgenossenschaft erzielten Einnahmen aus nichtselbständiger Tätigkeit stehen,
   b) diese Einnahmen nach einem Abkommen zur Vermeidung der Doppelbesteuerung im Inland steuerfrei sind und
   c) der Beschäftigungsstaat keinerlei steuerliche Berücksichtigung von Vorsorgeaufwendungen im Rahmen der Besteuerung dieser Einnahmen zulässt;
   steuerfreie Zuschüsse zu einer Kranken- oder Pflegeversicherung stehen insgesamt in unmittelbarem wirtschaftlichen Zusammenhang mit den Vorsorgeaufwendungen im Sinne des Absatzes 1 Nummer 3;

2. geleistet werden an
   a) Versicherungsunternehmen,
      aa) die ihren Sitz oder ihre Geschäftsleitung in einem Mitgliedstaat der Europäischen Union oder einem Vertragsstaat des Abkommens über den Europäischen Wirtschaftsraum haben und das Versicherungsgeschäft im Inland betreiben dürfen, oder
      bb) denen die Erlaubnis zum Geschäftsbetrieb im Inland erteilt ist.
   ²Darüber hinaus werden Beiträge nur berücksichtigt, wenn es sich um Beträge im Sinne des Absatzes 1 Nummer 3 Satz 1 Buchstabe a an eine Einrichtung handelt, die eine anderweitige Absicherung im Krankheitsfall im Sinne des § 5 Absatz 1 Nummer 13 des Fünften Buches Sozialgesetzbuch oder eine der

Beihilfe oder freien Heilfürsorge vergleichbare Absicherung im Sinne des § 193 Absatz 3 Satz 2 Nummer 2 des Versicherungsvertragsgesetzes gewährt. ³Dies gilt entsprechend, wenn ein Steuerpflichtiger, der weder seinen Wohnsitz noch seinen gewöhnlichen Aufenthalt im Inland hat, mit den Beiträgen einen Versicherungsschutz im Sinne des Absatzes 1 Nummer 3 Satz 1 erwirbt,
   b) berufsständische Versorgungseinrichtungen,
   c) einen Sozialversicherungsträger oder
   d) einen Anbieter im Sinne des § 80.

²Vorsorgeaufwendungen nach Absatz 1 Nummer 2 Buchstabe b werden nur berücksichtigt, wenn die Beiträge zugunsten eines Vertrags geleistet wurden, der nach § 5a des Altersvorsorgeverträge-Zertifizierungsgesetzes zertifiziert ist, wobei die Zertifizierung Grundlagenbescheid im Sinne des § 171 Absatz 10 der Abgabenordnung ist.

(2a) ¹Bei Vorsorgeaufwendungen nach Absatz 1 Nummer 2 Buchstabe b hat der Anbieter als mitteilungspflichtige Stelle nach Maßgabe des § 93c der Abgabenordnung und unter Angabe der Vertrags- oder der Versicherungsdaten die Höhe der im jeweiligen Beitragsjahr geleisteten Beiträge und die Zertifizierungsnummer an die zentrale Stelle (§ 81) zu übermitteln. ²§ 22a Absatz 2 gilt entsprechend. ³§ 72a Absatz 4 und § 93c Absatz 4 der Abgabenordnung finden keine Anwendung.

(2b) ¹Bei Vorsorgeaufwendungen nach Absatz 1 Nummer 3 hat das Versicherungsunternehmen, der Träger der gesetzlichen Kranken- und Pflegeversicherung, die Künstlersozialkasse oder eine Einrichtung im Sinne des Absatzes 2 Satz 1 Nummer 2 Buchstabe a Satz 2 als mitteilungspflichtige Stelle nach Maßgabe des § 93c der Abgabenordnung und unter Angabe der Vertrags- oder der Versicherungsdaten die Höhe der im jeweiligen Beitragsjahr geleisteten und erstatteten Beiträge sowie die in § 93c Absatz 1 Nummer 2 Buchstabe c der Abgabenordnung genannten Daten mit der Maßgabe, dass insoweit als Steuerpflichtiger die versicherte Person gilt, an die zentrale Stelle (§ 81) zu übermitteln; sind Versicherungsnehmer und versicherte Person nicht identisch, sind zusätzlich die Identifikationsnummer und der Tag der Geburt des Versicherungsnehmers anzugeben. ²Satz 1 gilt nicht, soweit diese Daten mit der elektronischen Lohnsteuerbescheinigung (§ 41b Absatz 1 Satz 2) oder der Rentenbezugsmitteilung (§ 22a Absatz 1 Satz 1 Nummer 4) zu übermitteln sind. ³§ 22a Absatz 2 gilt entsprechend. ⁴Zuständige Finanzbehörde im Sinne des § 72a Absatz 4 und des § 93c Absatz 4 der Abgabenordnung ist das Bundeszentralamt für Steuern. ⁵Wird in den Fällen des § 72a Absatz 4 der Abgabenordnung eine unzutreffende Höhe der Beiträge übermittelt, ist die entgangene Steuer mit 30 Prozent des zu hoch ausgewiesenen Betrags anzusetzen.

(3) ¹Vorsorgeaufwendungen nach Absatz 1 Nummer 2 sind bis zu dem Höchstbeitrag zur knappschaftlichen Rentenversicherung, aufgerundet auf einen vollen Betrag in Euro, zu berücksichtigen. ²Bei zusammenveranlagten Ehegatten verdoppelt sich der Höchstbetrag. ³Der Höchstbetrag nach Satz 1 oder 2 ist bei Steuerpflichtigen, die
1. Arbeitnehmer sind und die während des ganzen oder eines Teils des Kalenderjahres
   a) in der gesetzlichen Rentenversicherung versicherungsfrei oder auf Antrag des Arbeitgebers von der Versicherungspflicht befreit waren und denen für den Fall ihres Ausscheidens aus der Beschäftigung auf Grund des Beschäftigungsverhältnisses eine lebenslängliche Versorgung oder an deren Stelle eine Abfindung zusteht oder die in der gesetzlichen Rentenversicherung nachzuversichern sind oder
   b) nicht der gesetzlichen Rentenversicherungspflicht unterliegen, eine Berufstätigkeit ausgeübt und im Zusammenhang damit auf Grund vertraglicher Vereinbarungen Anwartschaftsrechte auf eine Altersversorgung erworben haben, oder
2. Einkünfte im Sinne des § 22 Nummer 4 erzielen und die ganz oder teilweise ohne eigene Beitragsleistung einen Anspruch auf Altersversorgung erwerben,

um den Betrag zu kürzen, der, bezogen auf die Einnahmen aus der Tätigkeit, die die Zugehörigkeit zum genannten Personenkreis begründen, dem Gesamtbeitrag (Arbeitgeber- und Arbeitnehmeranteil) zur allgemeinen Rentenversicherung entspricht. ⁴Im Kalenderjahr 2013 sind 76 Prozent der nach den Sätzen 1 bis 3 ermittelten Vorsorgeaufwendungen anzusetzen. ⁵Der sich danach ergebende Betrag, vermindert um den nach § 3 Nummer 62 steuerfreien Arbeitgeberanteil zur gesetzlichen Rentenversicherung und einem diesem gleichgestellten steuerfreien Zuschuss des Arbeitgebers, ist als Sonderausgabe abziehbar. ⁶Der Prozentsatz in Satz 4 erhöht sich in den folgenden Kalenderjahren bis zum Kalenderjahr 2025 um je 2 Prozentpunkte je Kalenderjahr. ⁷Beiträge nach § 168 Absatz 1 Nummer 1b oder 1c oder nach § 172 Absatz 3 oder 3a des Sechsten Buches Sozialgesetzbuch vermindern den abziehbaren Betrag nach Satz 5 nur, wenn der Steuerpflichtige die Hinzurechnung dieser Beiträge zu den Vorsorgeaufwendungen nach Absatz 1 Nummer 2 Satz 7 beantragt hat.

(4) ¹Vorsorgeaufwendungen im Sinne des Absatzes 1 Nummer 3 und 3a können je Kalenderjahr insgesamt bis 2800 Euro abgezogen werden. ²Der Höchstbetrag beträgt 1900 Euro bei Steuerpflichtigen, die ganz oder teilweise ohne eigene Aufwendungen einen Anspruch auf vollständige oder teilweise Erstattung oder Übernahme von Krankheitskosten haben oder für deren Krankenversicherung Leistungen im Sinne des § 3 Nummer 9, 14, 57 oder 62 erbracht werden. ³Bei zusammen veranlagten Ehegatten bestimmt sich der gemeinsame Höchstbetrag aus

der Summe der jedem Ehegatten unter den Voraussetzungen von Satz 1 und 2 zustehenden Höchstbeträge. ⁴Übersteigen die Vorsorgeaufwendungen im Sinne des Absatzes 1 Nummer 3 die nach den Sätzen 1 bis 3 zu berücksichtigenden Vorsorgeaufwendungen, sind diese abzuziehen und ein Abzug von Vorsorgeaufwendungen im Sinne des Absatzes.1 Nummer 3a scheidet aus.

(4a) ¹Ist in den Kalenderjahren 2013 bis 2019 der Abzug der Vorsorgeaufwendungen nach Absatz 1 Nummer 2 Buchstabe a, Absatz 1 Nummer 3 und Nummer 3a in der für das Kalenderjahr 2004 geltenden Fassung des § 10 Absatz 3 mit folgenden Höchstbeträgen für den Vorwegabzug

Kalenderjahr	Vorwegabzug für den Steuerpflichtigen	Vorwegabzug im Fall der Zusammenveranlagung von Ehegatten
2013	2100	4200
2014	1800	3600
2015	1500	3000
2016	1200	2400
2017	900	1800
2018	600	1200
2019	300	600

zuzüglich des Erhöhungsbetrags nach Satz 3 günstiger, ist der sich danach ergebende Betrag anstelle des Abzugs nach Absatz 3 und 4 anzusetzen. ²Mindestens ist bei Anwendung des Satzes 1 der Betrag anzusetzen, der sich ergeben würde, wenn zusätzlich noch die Vorsorgeaufwendungen nach Absatz 1 Nummer 2 Buchstabe b in die Günstigerprüfung einbezogen werden würden; der Erhöhungsbetrag nach Satz 3 ist nicht hinzuzurechnen. ³Erhöhungsbetrag sind die Beiträge nach Absatz 1 Nummer 2 Buchstabe b, soweit sie nicht den um die Beiträge nach Absatz 1 Nummer 2 Buchstabe a und den nach § 3 Nummer 62 steuerfreien Arbeitgeberanteil zur gesetzlichen Rentenversicherung und einen diesem gleichgestellten steuerfreien Zuschuss verminderten Höchstbetrag nach Absatz 3 Satz 1 übersteigen; Absatz 3 Satz 4 und 6 gilt entsprechend.
(4b) ¹Erhält der Steuerpflichtige für die von ihm für einen anderen Veranlagungszeitraum geleisteten Aufwendungen im Sinne des Satzes 2 einen steuerfreien Zuschuss, ist dieser den erstatteten Aufwendungen gleichzustellen. ²Übersteigen bei den Sonderausgaben nach Absatz 1 Nummer 2 bis 3a die im Veranlagungszeitraum erstatteten Aufwendungen die geleisteten Aufwendungen (Erstattungsüberhang), ist der Erstattungsüberhang mit anderen im Rahmen der jeweiligen Nummer anzusetzenden Aufwendungen zu verrechnen. ³Ein verbleibender Betrag des sich bei den Aufwendungen nach Absatz.1 Nummer 3 und 4 ergebenden Erstattungsüberhangs ist dem Gesamtbetrag der Einkünfte hinzuzurechnen. ⁴Nach Maßgabe des § 93c der Abgabenordnung haben Behörden im Sinne des § 6 Absatz 1 der Abgabenordnung und andere öffentliche Stellen, die einem Steuerpflichtigen für die von ihm geleisteten Beiträge im Sinne des Absatzes 1 Nummer 2, 3 und 3a steuerfreie Zuschüsse gewähren oder Vorsorgeaufwendungen im Sinne dieser Vorschrift erstatten, als mitteilungspflichtige Stellen, neben den nach § 93c Absatz 1 der Abgabenordnung erforderlichen Angaben, die zur Gewährung und Prüfung des Sonderausgabenabzugs nach § 10 erforderlichen Daten an die zentrale Stelle zu übermitteln. ⁵§ 22a Absatz 2 gilt entsprechend. ⁶§ 72a Absatz 4 und § 93c Absatz 4 der Abgabenordnung finden keine Anwendung.
(5) Durch Rechtsverordnung wird bezogen auf den Versicherungstarif bestimmt, wie der nicht abziehbare Teil der Beiträge zum Erwerb eines Krankenversicherungsschutzes im Sinne des Absatzes 1 Nummer 3 Buchstabe a Satz 3 durch einheitliche prozentuale Abschläge auf die zugunsten des jeweiligen Tarifs gezahlte Prämie zu ermitteln ist, soweit der nicht abziehbare Beitragsteil nicht bereits als gesonderter Tarif oder Tarifbaustein ausgewiesen wird.
(6) Absatz 1 Nummer 2 Buchstabe b Doppelbuchstabe aa ist für Vertragsabschlüsse vor dem 1. Januar 2012 mit der Maßgabe anzuwenden, dass der Vertrag die Zahlung der Leibrente nicht vor der Vollendung des 60. Lebensjahres vorsehen darf.

§10a Zusätzliche Altersvorsorge

(1) ¹In der inländischen gesetzlichen Rentenversicherung Pflichtversicherte können Altersvorsorgebeiträge (§ 82) zuzüglich der dafür nach Abschnitt XI zustehenden Zulage jährlich bis zu 2100 Euro als Sonderausgaben abziehen; das Gleiche gilt für
1. Empfänger von inländischer Besoldung nach dem Bundesbesoldungsgesetz oder einem Landesbesoldungsgesetz,
2. Empfänger von Amtsbezügen aus einem inländischen Amtsverhältnis, deren Versorgungsrecht die entsprechende Anwendung des § 69e Absatz 3 und 4 des Beamtenversorgungsgesetzes vorsieht,

3. die nach § 5 Absatz 1 Satz 1 Nummer 2 und 3 des Sechsten Buches Sozialgesetzbuch versicherungsfrei Beschäftigten, die nach § 6 Absatz 1 Satz 1 Nummer 2 oder nach § 230 Absatz 2 Satz 2 des Sechsten Buches Sozialgesetzbuch von der Versicherungspflicht befreiten Beschäftigten, deren Versorgungsrecht die entsprechende Anwendung des § 69e Absatz 3 und 4 des Beamtenversorgungsgesetzes vorsieht,
4. Beamte, Richter, Berufssoldaten und Soldaten auf Zeit, die ohne Besoldung beurlaubt sind, für die Zeit einer Beschäftigung, wenn während der Beurlaubung die Gewährleistung einer Versorgungsanwartschaft unter den Voraussetzungen des § 5 Absatz 1 Satz 1 des Sechsten Buches Sozialgesetzbuch auf diese Beschäftigung erstreckt wird, und
5. Steuerpflichtige im Sinne der Nummern 1 bis 4, die beurlaubt sind und deshalb keine Besoldung, Amtsbezüge oder Entgelt erhalten, sofern sie eine Anrechnung von Kindererziehungszeiten nach § 56 des Sechsten Buches Sozialgesetzbuch in Anspruch nehmen könnten, wenn die Versicherungsfreiheit in der inländischen gesetzlichen Rentenversicherung nicht bestehen würde,

wenn sie spätestens bis zum Ablauf des Beitragsjahres (§ 88) folgt, gegenüber der zuständigen Stelle (§ 81a) schriftlich eingewilligt haben, dass diese der zentralen Stelle (§ 81) jährlich mitteilt, dass der Steuerpflichtige zum begünstigten Personenkreis gehört, dass die zuständige Stelle der zentralen Stelle die für die Ermittlung des Mindesteigenbeitrags (§ 86) und die Gewährung der Kinderzulage (§ 85) erforderlichen Daten übermittelt und die zentrale Stelle diese Daten für das Zulageverfahren verarbeiten darf. ²Bei der Erteilung der Einwilligung ist der Steuerpflichtige darauf hinzuweisen, dass er die Einwilligung vor Beginn des Kalenderjahres, für das sie erstmals nicht mehr gelten soll, gegenüber der zuständigen Stelle widerrufen kann. ³Versicherungspflichtige nach dem Gesetz über die Alterssicherung der Landwirte stehen Pflichtversicherten gleich; dies gilt auch für Personen, die

1. eine Anrechnungszeit nach § 58 Absatz 1 Nummer 3 oder Nummer 6 des Sechsten Buches Sozialgesetzbuch in der gesetzlichen Rentenversicherung erhalten und
2. unmittelbar vor einer Anrechnungszeit nach § 58 Absatz 1 Nummer 3 oder Nummer 6 des Sechsten Buches Sozialgesetzbuch einer der im ersten Halbsatz, in Satz 1 oder in Satz 4 genannten begünstigten Personengruppen angehörten.

⁴Die Sätze 1 und 2 gelten entsprechend für Steuerpflichtige, die nicht zum begünstigten Personenkreis nach Satz 1 oder 3 gehören und eine Rente wegen voller Erwerbsminderung oder Erwerbsunfähigkeit oder eine Versorgung wegen Dienstunfähigkeit aus einem der in Satz 1 oder 3 genannten Alterssicherungssysteme beziehen, wenn unmittelbar vor dem Bezug der entsprechenden Leistungen der Leistungsbezieher einer der in Satz 1 oder 3 genannten begünstigten Personengruppen angehörte; dies gilt nicht, wenn der Steuerpflichtige das 67. Lebensjahr vollendet hat. ⁵Bei der Ermittlung der dem Steuerpflichtigen zustehenden Zulage nach Satz 1 bleibt die Erhöhung der Grundzulage nach § 84 Satz 2 außer Betracht.

(1a) ¹Sofern eine Zulagenummer (§ 90 Absatz 1 Satz 2) durch die zentrale Stelle oder eine Versicherungsnummer nach § 147 des Sechsten Buches Sozialgesetzbuch noch nicht vergeben ist, haben die in Absatz 1 Satz 1 Nummer 1 bis 5 genannten Steuerpflichtigen über die zuständige Stelle eine Zulagenummer bei der zentralen Stelle zu beantragen. ²Für Empfänger einer Versorgung im Sinne des Absatzes 1 Satz 4 gilt Satz 1 entsprechend.

(2) ¹Ist der Sonderausgabenabzug nach Absatz 1 für den Steuerpflichtigen günstiger als der Anspruch auf die Zulage nach Abschnitt XI, erhöht sich die unter Berücksichtigung des Sonderausgabenabzugs ermittelte tarifliche Einkommensteuer um den Anspruch auf Zulage. ²In den anderen Fällen scheidet der Sonderausgabenabzug aus. ³Die Günstigerprüfung wird von Amts wegen vorgenommen.

(3) ¹Der Abzugsbetrag nach Absatz 1 steht im Fall der Veranlagung von Ehegatten nach § 26 Absatz 1 jedem Ehegatten unter den Voraussetzungen des Absatzes 1 gesondert zu. ²Gehört nur ein Ehegatte zu dem nach Absatz 1 begünstigten Personenkreis und ist der andere Ehegatte nach § 79 Satz 2 zulageberechtigt, sind bei dem nach Absatz 1 abzugsberechtigten Ehegatten die von beiden Ehegatten geleisteten Altersvorsorgebeiträge und die dafür zustehenden Zulagen bei der Anwendung der Absätze 1 und 2 zu berücksichtigen. ³Der Höchstbetrag nach Absatz 1 Satz 1 erhöht sich in den Fällen des Satzes 2 um 60 Euro. ⁴Dabei sind die von dem Ehegatten, der zu dem nach Absatz 1 begünstigten Personenkreis gehört, geleisteten Altersvorsorgebeiträge vorrangig zu berücksichtigen, jedoch mindestens 60 Euro der von dem anderen Ehegatten geleisteten Altersvorsorgebeiträge. ⁵Gehören beide Ehegatten zu dem nach Absatz 1 begünstigten Personenkreis und liegt ein Fall der Veranlagung nach § 26 Absatz 1 vor, ist bei der Günstigerprüfung nach Absatz 2 der Anspruch auf Zulage beider Ehegatten anzusetzen.

(4) ¹Im Fall des Absatzes 2 Satz 1 stellt das Finanzamt die über den Zulageanspruch nach Abschnitt XI hinausgehende Steuerermäßigung gesondert fest und teilt diese der zentralen Stelle (§ 81) mit; § 10d Absatz 4 Satz 3 bis 5 gilt entsprechend. ²Sind Altersvorsorgebeiträge zugunsten von mehreren Verträgen geleistet worden, erfolgt die Zurechnung im Verhältnis der nach Absatz 1 berücksichtigten Altersvorsorgebeiträge. ³Ehegatten ist der nach Satz 1 festzustellende Betrag auch im Fall der Zusammenveranlagung jeweils getrennt zuzurechnen; die Zurechnung erfolgt im Verhältnis der nach Absatz 1 berücksichtigten Altersvorsorgebeiträge. ⁴Werden Altersvorsorgebeiträge nach Absatz 3 Satz 2 berücksichtigt, die der nach § 79 Satz 2 zulageberechtigte Ehegatte zugunsten eines auf seinen

Namen lautenden Vertrages geleistet hat, ist die hierauf entfallende Steuerermäßigung dem Vertrag zuzurechnen, zu dessen Gunsten die Altersvorsorgebeiträge geleistet wurden. ⁵Die Übermittlung an die zentrale Stelle erfolgt unter Angabe der Vertragsnummer und der Identifikationsnummer (§ 139b Abgabenordnung) sowie der Zulage- oder Versicherungsnummer nach § 147 des Sechsten Buches Sozialgesetzbuch.

(5) ¹Nach Maßgabe des § 93c der Abgabenordnung hat der Anbieter als mitteilungspflichtige Stelle auch unter Angabe der Vertragsdaten die Höhe der im jeweiligen Beitragsjahr zu berücksichtigenden Altersvorsorgebeiträge sowie die Zulage- oder die Versicherungsnummer nach § 147 des Sechsten Buches Sozialgesetzbuch an die zentrale Stelle zu übermitteln. ²§ 22a Absatz 2 gilt entsprechend. ³Die Übermittlung muss auch dann erfolgen, wenn im Fall der mittelbaren Zulageberechtigung keine Altersvorsorgebeiträge geleistet worden sind. ⁴§ 72a Absatz 4 der Abgabenordnung findet keine Anwendung. ⁵Die übrigen Voraussetzungen für den Sonderausgabenabzug nach den Absätzen 1 bis 3 werden im Wege der Datenerhebung und des automatisierten Datenabgleichs nach § 91 überprüft. ⁶Erfolgt eine Datenübermittlung nach Satz 1 und wurde noch keine Zulagenummer (§ 90 Absatz 1 Satz 2) durch die zentrale Stelle oder keine Versicherungsnummer nach § 147 des Sechsten Buches Sozialgesetzbuch vergeben, gilt § 90 Absatz 1 Satz 2 und 3 entsprechend.

(6) ¹Für die Anwendung der Absätze 1 bis 5 stehen den in der inländischen gesetzlichen Rentenversicherung Pflichtversicherten nach Absatz 1 Satz 1 die Pflichtmitglieder in einem ausländischen gesetzlichen Alterssicherungssystem gleich, wenn diese Pflichtmitgliedschaft

1. mit einer Pflichtmitgliedschaft in einem inländischen Alterssicherungssystem nach Absatz 1 Satz 1 oder 3 vergleichbar ist und
2. vor dem 1. Januar 2010 begründet wurde.

²Für die Anwendung der Absätze 1 bis 5 stehen den Steuerpflichtigen nach Absatz 1 Satz 4 die Personen gleich,
1. die aus einem ausländischen gesetzlichen Alterssicherungssystem eine Leistung erhalten, die den in Absatz 1 Satz 4 genannten Leistungen vergleichbar ist,
2. die unmittelbar vor dem Bezug der entsprechenden Leistung nach Satz 1 oder Absatz 1 Satz 1 oder 3 begünstigt waren und
3. die noch nicht das 67. Lebensjahr vollendet haben.

³Als Altersvorsorgebeiträge (§ 82) sind bei den in Satz 1 oder 2 genannten Personen nur diejenigen Beiträge zu berücksichtigen, die vom Abzugsberechtigten zugunsten seines vor dem 1. Januar 2010 abgeschlossenen Vertrags geleistet wurden. ⁴Endet die unbeschränkte Steuerpflicht eines Zulageberechtigten im Sinne des Satzes 1 oder 2 durch Aufgabe des inländischen Wohnsitzes oder gewöhnlichen Aufenthalts und wird die Person nicht nach § 1 Absatz 3 als unbeschränkt einkommensteuerpflichtig behandelt, so gelten die §§ 93 und 94 entsprechend; § 95 Absatz 2 und 3 und § 99 Absatz 1 in der am 31. Dezember 2008 geltenden Fassung sind anzuwenden.

(7) Soweit nichts anderes bestimmt ist, sind die Regelungen des § 10a und des Abschnitts XI in der für das jeweilige Beitragsjahr geltenden Fassung anzuwenden.

§ 10b Steuerbegünstigte Zwecke

(1) ¹Zuwendungen (Spenden und Mitgliedsbeiträge) zur Förderung steuerbegünstigter Zwecke im Sinne der §§ 52 bis 54 der Abgabenordnung können insgesamt bis zu
1. 20 Prozent des Gesamtbetrags der Einkünfte oder
2. 4 Promille der Summe der gesamten Umsätze und der im Kalenderjahr aufgewendeten Löhne und Gehälter

als Sonderausgaben abgezogen werden. ²Voraussetzung für den Abzug ist, dass diese Zuwendungen
1. an eine juristische Person des öffentlichen Rechts oder an eine öffentliche Dienststelle, die in einem Mitgliedstaat der Europäischen Union oder in einem Staat belegen ist, auf den das Abkommen über den Europäischen Wirtschaftsraum (EWR-Abkommen) Anwendung findet, oder
2. an eine nach § 5 Absatz 1 Nummer 9 des Körperschaftsteuergesetzes steuerbefreite Körperschaft, Personenvereinigung oder Vermögensmasse oder
3. an eine Körperschaft, Personenvereinigung oder Vermögensmasse, die in einem Mitgliedstaat der Europäischen Union oder in einem Staat belegen ist, auf den das Abkommen über den Europäischen Wirtschaftsraum (EWR-Abkommen) Anwendung findet, und die nach § 5 Absatz 1 Nummer 9 des Körperschaftsteuergesetzes in Verbindung mit § 5 Absatz 2 Nummer 2 zweiter Halbsatz des Körperschaftsteuergesetzes steuerbefreit wäre, wenn sie inländische Einkünfte erzielen würde,

geleistet werden. ³Für nicht im Inland ansässige Zuwendungsempfänger nach Satz 2 ist weitere Voraussetzung, dass durch diese Staaten Amtshilfe und Unterstützung bei der Beitreibung geleistet werden. ⁴Amtshilfe ist der Auskunftsaustausch im Sinne oder entsprechend der Amtshilferichtlinie gemäß § 2 Absatz 2 des EU-Amtshilfegesetzes. ⁵Beitreibung ist die gegenseitige Unterstützung bei der Beitreibung von Forderungen im Sinne oder entsprechend der Beitreibungsrichtlinie einschließlich der in diesem Zusammenhang anzuwendenden Durchführungsbestimmungen in den für den jeweiligen Veranlagungszeitraum geltenden Fassungen oder eines entsprechenden Nach-

folgerechtsaktes. ⁶Werden die steuerbegünstigten Zwecke des Zuwendungsempfängers im Sinne von Satz 2 Nummer 1 nur im Ausland verwirklicht, ist für den Sonderausgabenabzug Voraussetzung, dass natürliche Personen, die ihren Wohnsitz oder ihren gewöhnlichen Aufenthalt im Geltungsbereich dieses Gesetzes haben, gefördert werden oder dass die Tätigkeit dieses Zuwendungsempfängers neben der Verwirklichung der steuerbegünstigten Zwecke auch zum Ansehen der Bundesrepublik Deutschland beitragen kann. ⁷Abziehbar sind auch Mitgliedsbeiträge an Körperschaften, die Kunst und Kultur gemäß § 52 Absatz 2 Satz 1 Nummer 5 der Abgabenordnung fördern, soweit es sich nicht um Mitgliedsbeiträge nach Satz 8 Nummer 2 handelt, auch wenn den Mitgliedern Vergünstigungen gewährt werden. ⁸Nicht abziehbar sind Mitgliedsbeiträge an Körperschaften,
1. die den Sport (§ 52 Absatz 2 Satz 1 Nummer 21 der Abgabenordnung),
2. die kulturelle Betätigungen, die in erster Linie der Freizeitgestaltung dienen,
3. die Heimatpflege und Heimatkunde (§ 52 Absatz 2 Satz 1 Nummer 22 der Abgabenordnung),
4. die Zwecke im Sinne des § 52 Absatz 2 Satz 1 Nummer 23 der Abgabenordnung fördern oder
5. deren Zweck nach § 52 Absatz 2 Satz 2 der Abgabenordnung für gemeinnützig erklärt worden ist, weil deren Zweck die Allgemeinheit auf materiellem, geistigem oder sittlichem Gebiet entsprechend einem Zweck nach den Nummern 1 bis 4 fördert.
⁹Abziehbare Zuwendungen, die die Höchstbeträge nach Satz 1 überschreiten oder die den um die Beträge nach § 10 Absatz 3 und 4, § 10c und § 10d verminderten Gesamtbetrag der Einkünfte übersteigen, sind im Rahmen der Höchstbeträge in den folgenden Veranlagungszeiträumen als Sonderausgaben abzuziehen. ¹⁰§ 10d Absatz 4 gilt entsprechend.

(1a) ¹Spenden zur Förderung steuerbegünstigter Zwecke im Sinne der §§ 52 bis 54 der Abgabenordnung in das zu erhaltende Vermögen (Vermögensstock) einer Stiftung, welche die Voraussetzungen des Absatzes 1 Satz 2 bis 6 erfüllt, können auf Antrag des Steuerpflichtigen im Veranlagungszeitraum der Zuwendung und in den folgenden neun Veranlagungszeiträumen bis zu einem Gesamtbetrag von 1 Million Euro, bei Ehegatten, die nach den §§ 26, 26b zusammen veranlagt werden, bis zu einem Gesamtbetrag von 2 Millionen Euro, zusätzlich zu den Höchstbeträgen nach Absatz 1 Satz 1 abgezogen werden. ²Nicht abzugsfähig nach Satz 1 sind Spenden in das verbrauchbare Vermögen einer Stiftung. ³Der besondere Abzugsbetrag nach Satz 1 bezieht sich auf den gesamten Zehnjahreszeitraum und kann der Höhe nach innerhalb dieses Zeitraums nur einmal in Anspruch genommen werden. ⁴§ 10d Absatz 4 gilt entsprechend.

(2) ¹Zuwendungen an politische Parteien im Sinne des § 2 des Parteiengesetzes sind, sofern die jeweilige Partei nicht gemäß § 18 Absatz 7 des Parteiengesetzes von der staatlichen Teilfinanzierung ausgeschlossen ist, bis zur Höhe von insgesamt 1650 Euro und im Falle der Zusammenveranlagung von Ehegatten bis zur Höhe von insgesamt 3300 Euro im Kalenderjahr abzugsfähig. ²Sie können nur insoweit als Sonderausgaben abgezogen werden, als für sie nicht eine Steuerermäßigung nach § 34g gewährt worden ist.

(3) ¹Als Zuwendung im Sinne dieser Vorschrift gilt auch die Zuwendung von Wirtschaftsgütern mit Ausnahme von Nutzungen und Leistungen. ²Ist das Wirtschaftsgut unmittelbar vor seiner Zuwendung einem Betriebsvermögen entnommen worden, so bemisst sich die Zuwendungshöhe nach dem Wert, der bei der Entnahme angesetzt wurde und nach der Umsatzsteuer, die auf die Entnahme entfällt. ³Ansonsten bestimmt sich die Höhe der Zuwendung nach dem gemeinen Wert des zugewendeten Wirtschaftsguts, wenn dessen Veräußerung im Zeitpunkt der Zuwendung keinen Besteuerungstatbestand erfüllen würde. ⁴In allen übrigen Fällen dürfen bei der Ermittlung der Zuwendungshöhe die fortgeführten Anschaffungs- oder Herstellungskosten nur überschritten werden, soweit eine Gewinnrealisierung stattgefunden hat. ⁵Aufwendungen zugunsten einer Körperschaft, die zum Empfang steuerlich abziehbarer Zuwendungen berechtigt ist, können nur abgezogen werden, wenn ein Anspruch auf die Erstattung der Aufwendungen durch Vertrag oder Satzung eingeräumt und auf die Erstattung verzichtet worden ist. ⁶Der Anspruch darf nicht unter der Bedingung des Verzichts eingeräumt worden sein.

(4) ¹Der Steuerpflichtige darf auf die Richtigkeit der Bestätigung über Spenden und Mitgliedsbeiträge vertrauen, es sei denn, dass er die Bestätigung durch unlautere Mittel oder falsche Angaben erwirkt hat oder dass ihm die Unrichtigkeit der Bestätigung bekannt oder infolge grober Fahrlässigkeit nicht bekannt war. ²Wer vorsätzlich oder grob fahrlässig eine unrichtige Bestätigung ausstellt oder veranlasst, dass Zuwendungen nicht zu den in der Bestätigung angegebenen steuerbegünstigten Zwecken verwendet werden, haftet für die entgangene Steuer. ³Diese ist mit 30 Prozent des zugewendeten Betrags anzusetzen. ⁴In den Fällen des Satzes 2 zweite Alternative (Veranlasserhaftung) ist vorrangig der Zuwendungsempfänger in Anspruch zu nehmen; die in diesen Fällen für den Zuwendungsempfänger handelnden natürlichen Personen sind nur in Anspruch zu nehmen, wenn die entgangene Steuer nicht nach § 47 der Abgabenordnung erloschen ist und Vollstreckungsmaßnahmen gegen den Zuwendungsempfänger nicht erfolgreich sind. ⁵Die Festsetzungsfrist für Haftungsansprüche nach Satz 2 läuft nicht ab, solange die Festsetzungsfrist für von dem Empfänger der Zuwendung geschuldete Körperschaftsteuer für den

Veranlagungszeitraum nicht abgelaufen ist, in dem die unrichtige Bestätigung ausgestellt worden ist oder veranlasst wurde, dass die Zuwendung nicht zu den in der Bestätigung angegebenen steuerbegünstigten Zwecken verwendet worden ist; § 191 Absatz 5 der Abgabenordnung ist nicht anzuwenden.

§ 10c Sonderausgaben-Pauschbetrag

¹Für Sonderausgaben nach § 10 Absatz 1 Nummer 4, 5, 7 und 9 sowie Absatz 1a und nach § 10b wird ein Pauschbetrag von 36 Euro abgezogen (Sonderausgaben-Pauschbetrag), wenn der Steuerpflichtige nicht höhere Aufwendungen nachweist. ²Im Fall der Zusammenveranlagung von Ehegatten verdoppelt sich der Sonderausgaben-Pauschbetrag.

8. Die einzelnen Einkunftsarten

b) Gewerbebetrieb (§ 2 Absatz 1 Satz 1 Nummer 2)

§ 15 Einkünfte aus Gewerbebetrieb

(1) ¹Einkünfte aus Gewerbebetrieb sind
1. ¹Einkünfte aus gewerblichen Unternehmen. ²Dazu gehören auch Einkünfte aus gewerblicher Bodenbewirtschaftung, z. B. aus Bergbauunternehmen und aus Betrieben zur Gewinnung von Torf, Steinen und Erden, soweit sie nicht land- oder forstwirtschaftliche Nebenbetriebe sind;
2. die Gewinnanteile der Gesellschafter einer Offenen Handelsgesellschaft, einer Kommanditgesellschaft und einer anderen Gesellschaft, bei der der Gesellschafter als Unternehmer (Mitunternehmer) des Betriebs anzusehen ist, und die Vergütungen, die der Gesellschafter von der Gesellschaft für seine Tätigkeit im Dienst der Gesellschaft oder für die Hingabe von Darlehen oder für die Überlassung von Wirtschaftsgütern bezogen hat. ³Der mittelbar über die eine oder mehrere Personengesellschaften beteiligte Gesellschafter steht dem unmittelbar beteiligten Gesellschafter gleich; er ist als Mitunternehmer des Betriebs der Gesellschaft anzusehen, an der er mittelbar beteiligt ist, wenn er und die Personengesellschaften, die seine Beteiligung vermitteln, jeweils als Mitunternehmer der Betriebe der Personengesellschaften anzusehen sind, an denen sie unmittelbar beteiligt sind;
3. die Gewinnanteile der persönlich haftenden Gesellschafter einer Kommanditgesellschaft auf Aktien, soweit sie nicht auf Anteile am Grundkapital entfallen, und die Vergütungen, die der persönlich haftende Gesellschafter von der Gesellschaft für seine Tätigkeit im Dienst der Gesellschaft oder für die Hingabe von Darlehen oder für die Überlassung von Wirtschaftsgütern bezogen hat.

²Satz 1 Nummer 2 und 3 gilt auch für Vergütungen, die als nachträgliche Einkünfte (§ 24 Nummer 2) bezogen werden. ³§ 13 Absatz 5 gilt entsprechend, sofern das Grundstück im Veranlagungszeitraum 1986 zu einem gewerblichen Betriebsvermögen gehört hat.

(1a) ¹In den Fällen des § 4 Absatz 1 Satz 5 ist der Gewinn aus einer späteren Veräußerung der Anteile ungeachtet der Bestimmungen eines Abkommens zur Vermeidung der Doppelbesteuerung in der gleichen Art und Weise zu besteuern, wie die Veräußerung dieser Anteile an der Europäischen Gesellschaft oder Europäischen Genossenschaft zu besteuern gewesen wäre, wenn keine Sitzverlegung stattgefunden hätte. ²Dies gilt auch, wenn später die Anteile verdeckt in eine Kapitalgesellschaft eingelegt werden, die Europäische Gesellschaft oder Europäische Genossenschaft aufgelöst wird oder wenn ihr Kapital herabgesetzt und zurückgezahlt wird oder wenn Beträge aus dem steuerlichen Einlagenkonto im Sinne des § 27 des Körperschaftsteuergesetzes ausgeschüttet oder zurückgezahlt werden.

(2) ¹Eine selbständige nachhaltige Betätigung, die mit der Absicht, Gewinn zu erzielen, unternommen wird und sich als Beteiligung am allgemeinen wirtschaftlichen Verkehr darstellt, ist Gewerbebetrieb, wenn die Betätigung weder als Ausübung von Land- und Forstwirtschaft noch als Ausübung eines freien Berufs noch als eine andere selbständige Arbeit anzusehen ist. ²Eine durch die Betätigung verursachte Minderung der Steuern vom Einkommen ist kein Gewinn im Sinne des Satzes 1. ³Ein Gewerbebetrieb liegt vor, wenn seine Voraussetzungen im Übrigen gegeben sind, auch dann vor, wenn die Gewinnerzielungsabsicht nur ein Nebenzweck ist.

(3) ¹Als Gewerbebetrieb gilt in vollem Umfang die mit Einkünfteerzielungsabsicht unternommene Tätigkeit
1. einer offenen Handelsgesellschaft, einer Kommanditgesellschaft oder einer anderen Personengesellschaft, wenn die Gesellschaft auch eine Tätigkeit im Sinne des Absatzes 1 Satz 1 Nummer 1 ausübt oder gewerbliche Einkünfte im Sinne des Absatzes 1 Satz 1 Nummer 2 bezieht. ²Dies gilt unabhängig davon, ob aus der Tätigkeit im Sinne des Absatzes 1 Satz 1 Nummer 1 ein Gewinn oder Verlust erzielt wird oder ob die gewerblichen Einkünfte im Sinne des Absatzes 1 Satz 1 Nummer 2 positiv oder negativ sind;
2. einer Personengesellschaft, die keine Tätigkeit im Sinne des Absatzes 1 Satz 1 Nummer 1 ausübt und bei der ausschließlich eine oder mehrere Kapitalgesellschaften persönlich haftende Gesellschafter sind und nur diese oder Personen, die nicht Gesellschafter sind, zur Geschäftsführung befugt sind (gewerblich geprägte Perso-

nengesellschaft). ³Ist eine gewerblich geprägte Personengesellschaft als persönlich haftender Gesellschafter an einer anderen Personengesellschaft beteiligt, so steht für die Beurteilung, ob die Tätigkeit dieser Personengesellschaft als Gewerbebetrieb gilt, die gewerblich geprägte Personengesellschaft einer Kapitalgesellschaft gleich.

(4) ¹Verluste aus gewerblicher Tierzucht oder gewerblicher Tierhaltung dürfen weder mit anderen Einkünften aus Gewerbebetrieb noch mit Einkünften aus anderen Einkunftsarten ausgeglichen werden; sie dürfen auch nicht nach § 10d abgezogen werden. ²Die Verluste mindern jedoch nach Maßgabe des § 10d die Gewinne, die der Steuerpflichtige in dem unmittelbar vorangegangenen und in den folgenden Wirtschaftsjahren aus gewerblicher Tierzucht oder gewerblicher Tierhaltung erzielt hat oder erzielt; § 10d Absatz 4 gilt entsprechend. ³Die Sätze 1 und 2 gelten entsprechend für Verluste aus Termingeschäften, durch die der Steuerpflichtige einen Differenzausgleich oder einen durch den Wert einer veränderlichen Bezugsgröße bestimmten Geldbetrag oder Vorteil erlangt. ⁴Satz 3 gilt nicht für die Geschäfte, die zum gewöhnlichen Geschäftsbetrieb bei Kreditinstituten, Finanzdienstleistungsinstituten und Finanzunternehmen im Sinne des Gesetzes über das Kreditwesen oder bei Wertpapierinstituten im Sinne des Wertpapierinstitutsgesetzes gehören oder die der Absicherung von Geschäften des gewöhnlichen Geschäftsbetriebs dienen. ⁵Satz 4 gilt nicht, wenn es sich um Geschäfte handelt, die der Absicherung von Aktiengeschäften dienen, bei denen der Veräußerungsgewinn nach § 3 Nummer 40 Satz 1 Buchstabe a und b in Verbindung mit § 3c Absatz 2 teilweise steuerfrei ist, oder die nach § 8b Absatz 2 des Körperschaftsteuergesetzes bei der Ermittlung des Einkommens außer Ansatz bleiben. ⁶Verluste aus stillen Gesellschaften, Unterbeteiligungen oder sonstigen Innengesellschaften an Kapitalgesellschaften, bei denen der Gesellschafter oder Beteiligte als Mitunternehmer anzusehen ist, dürfen weder mit Einkünften aus Gewerbebetrieb noch aus anderen Einkunftsarten ausgeglichen werden; sie dürfen auch nicht nach § 10d abgezogen werden. ⁷Die Verluste mindern jedoch nach Maßgabe des § 10d die Gewinne, die der Gesellschafter oder Beteiligte in dem unmittelbar vorangegangenen Wirtschaftsjahr oder in den folgenden Wirtschaftsjahren aus derselben stillen Gesellschaft, Unterbeteiligung oder sonstigen Innengesellschaft bezieht; § 10d Absatz 4 gilt entsprechend. ⁸Satz 6 und 7 gelten nicht, soweit der Verlust auf eine natürliche Person als unmittelbar oder mittelbar beteiligter Mitunternehmer entfällt.

c) Selbständige Arbeit (§ 2 Absatz 1 Satz 1 Nummer 3)

§ 18

(1) Einkünfte aus selbständiger Arbeit sind
1. Einkünfte aus freiberuflicher Tätigkeit. ²Zu der freiberuflichen Tätigkeit gehören die selbständig ausgeübte wissenschaftliche, künstlerische, schriftstellerische, unterrichtende oder erzieherische Tätigkeit, die selbständige Berufstätigkeit der Ärzte, Zahnärzte, Tierärzte, Rechtsanwälte, Notare, Patentanwälte, Vermessungsingenieure, Ingenieure, Architekten, Handelschemiker, Wirtschaftsprüfer, Steuerberater, beratenden Volks- und Betriebswirte, vereidigten Buchprüfer, Steuerbevollmächtigten, Heilpraktiker, Dentisten, Krankengymnasten, Journalisten, Bildberichterstatter, Dolmetscher, Übersetzer, Lotsen und ähnlicher Berufe. ³Ein Angehöriger eines freien Berufs im Sinne der Sätze 1 und 2 ist auch dann freiberuflich tätig, wenn er sich der Mithilfe fachlich vorgebildeter Arbeitskräfte bedient; Voraussetzung ist, dass er auf Grund eigener Fachkenntnisse leitend und eigenverantwortlich tätig wird. ⁴Eine Vertretung im Fall vorübergehender Verhinderung steht der Annahme einer leitenden und eigenverantwortlichen Tätigkeit nicht entgegen;
2. Einkünfte der Einnehmer einer staatlichen Lotterie, wenn sie nicht Einkünfte aus Gewerbebetrieb sind;
3. Einkünfte aus sonstiger selbständiger Arbeit, z. B. Vergütungen für die Vollstreckung von Testamenten, für Vermögensverwaltung und für die Tätigkeit als Aufsichtsratsmitglied;
4. Einkünfte, die ein Beteiligter an einer vermögensverwaltenden Gesellschaft oder Gemeinschaft, deren Zweck im Erwerb, Halten und in der Veräußerung von Anteilen an Kapitalgesellschaften besteht, als Vergütung für Leistungen zur Förderung des Gesellschafts- oder Gemeinschaftszwecks erzielt, wenn der Anspruch auf die Vergütung unter der Voraussetzung eingeräumt worden ist, dass die Gesellschafter oder Gemeinschafter ihr eingezahltes Kapital vollständig zurückerhalten haben; § 15 Absatz 3 ist nicht anzuwenden.

(2) Einkünfte nach Absatz 1 sind auch dann steuerpflichtig, wenn es sich nur um eine vorübergehende Tätigkeit handelt.

(3) ¹Zu den Einkünften aus selbständiger Arbeit gehört auch der Gewinn, der bei der Veräußerung des Vermögens oder eines selbständigen Teils des Vermögens oder eines Anteils am Vermögen erzielt wird, das der selbständigen Arbeit dient. ²§ 16 Absatz 1 Nummer 1 und 2 und Absatz 1 Satz 2 sowie Absatz 2 bis 4 gilt entsprechend.

(4) ¹§ 13 Absatz 5 gilt entsprechend, sofern das Grundstück im Veranlagungszeitraum 1986 zu einem der selbständigen Arbeit dienenden Betriebsvermögen gehört hat. ²§ 15 Absatz 1 Satz 1 Nummer 2, Absatz 1a, Absatz 2 Satz 2 und 3, §§ 15a und 15b sind entsprechend anzuwenden.

d) Nichtselbständige Arbeit (§ 2 Absatz 1 Satz 1 Nummer 4)

§ 19

(1) ¹Zu den Einkünften aus nichtselbständiger Arbeit gehören
1. Gehälter, Löhne, Gratifikationen, Tantiemen und andere Bezüge und Vorteile für eine Beschäftigung im öffentlichen oder privaten Dienst;
1a. Zuwendungen des Arbeitgebers an seinen Arbeitnehmer und dessen Begleitpersonen anlässlich von Veranstaltungen auf betrieblicher Ebene mit gesellschaftlichem Charakter (Betriebsveranstaltung). ²Zuwendungen im Sinne des Satzes 1 sind alle Aufwendungen des Arbeitgebers einschließlich Umsatzsteuer unabhängig davon, ob sie einzelnen Arbeitnehmern individuell zurechenbar sind oder ob es sich um einen rechnerischen Anteil an den Kosten der Betriebsveranstaltung handelt, die der Arbeitgeber gegenüber Dritten für den äußeren Rahmen der Betriebsveranstaltung aufwendet. ³Soweit solche Zuwendungen den Betrag von 110 Euro je Betriebsveranstaltung und teilnehmenden Arbeitnehmer nicht übersteigen, gehören sie nicht zu den Einkünften aus nichtselbständiger Arbeit, wenn die Teilnahme an der Betriebsveranstaltung allen Angehörigen des Betriebs oder eines Betriebsteils offensteht. ⁴Satz 3 gilt für bis zu zwei Betriebsveranstaltungen jährlich. ⁵Die Zuwendungen im Sinne des Satzes 1 sind abweichend von § 8 Absatz 2 mit den anteilig auf den Arbeitnehmer und dessen Begleitpersonen entfallenden Aufwendungen des Arbeitgebers im Sinne des Satzes 2 anzusetzen;
2. Wartegelder, Ruhegelder, Witwen- und Waisengelder und andere Bezüge und Vorteile aus früheren Dienstleistungen, auch soweit sie von Arbeitgebern ausgleichspflichtiger Personen an ausgleichsberechtigte Personen infolge einer nach § 10 oder § 14 des Versorgungsausgleichsgesetzes durchgeführten Teilung geleistet werden;
3. laufende Beiträge und laufende Zuwendungen des Arbeitgebers aus einem bestehenden Dienstverhältnis an einen Pensionsfonds, eine Pensionskasse oder für eine Direktversicherung für eine betriebliche Altersversorgung. ²Zu den Einkünften aus nichtselbständiger Arbeit gehören auch Sonderzahlungen, die der Arbeitgeber neben den laufenden Beiträgen und Zuwendungen an eine solche Versorgungseinrichtung leistet, mit Ausnahme der Zahlungen des Arbeitgebers
    a) zur erstmaligen Bereitstellung der Kapitalausstattung zur Erfüllung der Solvabilitätskapitalanforderung nach den §§ 89, 213, 234g oder 238 des Versicherungsaufsichtsgesetzes,
    b) zur Wiederherstellung einer angemessenen Kapitalausstattung nach unvorhersehbaren Verlusten oder zur Finanzierung der Verstärkung der Rechnungsgrundlagen auf Grund einer unvorhersehbaren und nicht nur vorübergehenden Änderung der Verhältnisse, wobei die Sonderzahlungen nicht zu einer Absenkung des laufenden Beitrags führen oder durch die Absenkung des laufenden Beitrags Sonderzahlungen ausgelöst werden dürfen,
    c) in der Rentenbezugszeit nach § 236 Absatz 2 des Versicherungsaufsichtsgesetzes oder
    d) in Form von Sanierungsgeldern;
    Sonderzahlungen des Arbeitgebers sind insbesondere Zahlungen an eine Pensionskasse anlässlich
    a) seines Ausscheidens aus einer nicht im Wege der Kapitaldeckung finanzierten betrieblichen Altersversorgung oder
    b) des Wechsels von einer nicht im Wege der Kapitaldeckung zu einer anderen nicht im Wege der Kapitaldeckung finanzierten betrieblichen Altersversorgung.
    ³Von Sonderzahlungen im Sinne des Satzes 2 zweiter Halbsatz Buchstabe b ist bei laufenden und wiederkehrenden Zahlungen entsprechend dem periodischen Bedarf nur auszugehen, soweit die Bemessung der Zahlungsverpflichtungen des Arbeitgebers in das Versorgungssystem nach dem Wechsel die Bemessung der Zahlungsverpflichtung zum Zeitpunkt des Wechsels übersteigt. ⁴Sanierungsgelder sind Sonderzahlungen des Arbeitgebers an eine Pensionskasse anlässlich der Systemumstellung einer nicht im Wege der Kapitaldeckung finanzierten betrieblichen Altersversorgung auf der Finanzierungs- oder Leistungsseite, die der Finanzierung der zum Zeitpunkt der Umstellung bestehenden Versorgungsverpflichtungen oder Versorgungsanwartschaften dienen; bei laufenden und wiederkehrenden Zahlungen entsprechend dem periodischen Bedarf ist nur von Sanierungsgeldern auszugehen, soweit die Bemessung der Zahlungsverpflichtungen des Arbeitgebers in das Versorgungssystem nach der Systemumstellung die Bemessung der Zahlungsverpflichtung zum Zeitpunkt der Systemumstellung übersteigt.

²Es ist gleichgültig, ob es sich um laufende oder um einmalige Bezüge handelt und ob ein Rechtsanspruch auf sie besteht.

(2) ¹Von Versorgungsbezügen bleiben ein nach einem Prozentsatz ermittelter, auf einen Höchstbetrag begrenzter Betrag (Versorgungsfreibetrag) und ein Zuschlag zum Versorgungsfreibetrag steuerfrei. ²Versorgungsbezüge sind
1. das Ruhegehalt, Witwen- oder Waisengeld, der Unterhaltsbeitrag oder ein gleichartiger Bezug
    a) auf Grund beamtenrechtlicher oder entsprechender gesetzlicher Vorschriften,

b) nach beamtenrechtlichen Grundsätzen von Körperschaften, Anstalten oder Stiftungen des öffentlichen Rechts oder öffentlich-rechtlichen Verbänden von Körperschaften
oder
2. in anderen Fällen Bezüge und Vorteile aus früheren Dienstleistungen wegen Erreichens einer Altersgrenze, verminderter Erwerbsfähigkeit oder Hinterbliebenenbezüge; Bezüge wegen Erreichens einer Altersgrenze gelten erst dann als Versorgungsbezüge, wenn der Steuerpflichtige das 63. Lebensjahr oder, wenn er schwerbehindert ist, das 60. Lebensjahr vollendet hat.
³Der maßgebende Prozentsatz, der Höchstbetrag des Versorgungsfreibetrags und der Zuschlag zum Versorgungsfreibetrag sind der nachstehenden Tabelle zu entnehmen:

Jahr des Versorgungsbeginns	Versorgungsfreibetrag		Zuschlag zum Versorgungsfreibetrag in Euro
	in % der Versorgungsbezüge	Höchstbetrag in Euro	
bis 2005	40,0	3000	900
ab 2006	38,4	2880	864
2007	36,8	2760	828
2008	35,2	2640	792
2009	33,6	2520	756
2010	32,0	2400	720
2011	30,4	2280	684
2012	28,8	2160	648
2013	27,2	2040	612
2014	25,6	1920	576
2015	24,0	1800	540
2016	22,4	1680	504
2017	20,8	1560	468
2018	19,2	1440	432
2019	17,6	1320	396
2020	16,0	1200	360
2021	15,2	1140	342
2022	14,4	1080	324
2023	13,6	1020	306
2024	12,8	960	288
2025	12,0	900	270
2026	11,2	840	252
2027	10,4	780	234
2028	9,6	720	216
2029	8,8	660	198
2030	8,0	600	180
2031	7,2	540	162
2032	6,4	480	144
2033	5,6	420	126
2034	4,8	360	108
2035	4,0	300	90
2036	3,2	240	72
2037	2,4	180	54
2038	1,6	120	36
2039	0,8	60	18
2040	0,0	0	0

⁴Bemessungsgrundlage für den Versorgungsfreibetrag ist
a) bei Versorgungsbeginn vor 2005

das Zwölffache des Versorgungsbezugs für Januar 2005,
b) bei Versorgungsbeginn ab 2005
das Zwölffache des Versorgungsbezugs für den ersten vollen Monat,

jeweils zuzüglich voraussichtlicher Sonderzahlungen im Kalenderjahr, auf die zu diesem Zeitpunkt ein Rechtsanspruch besteht. [5]Der Zuschlag zum Versorgungsfreibetrag darf nur bis zur Höhe der um den Versorgungsfreibetrag geminderten Bemessungsgrundlage berücksichtigt werden. [6]Bei mehreren Versorgungsbezügen mit unterschiedlichem Bezugsbeginn bestimmen sich der insgesamt berücksichtigungsfähige Höchstbetrag des Versorgungsfreibetrags und der Zuschlag zum Versorgungsfreibetrag nach dem Jahr des Beginns des ersten Versorgungsbezugs. [7]Folgt ein Hinterbliebenenbezug einem Versorgungsbezug, bestimmen sich der Prozentsatz, der Höchstbetrag des Versorgungsfreibetrags und der Zuschlag zum Versorgungsfreibetrag für den Hinterbliebenenbezug nach dem Jahr des Beginns des Versorgungsbezugs. [8]Der nach den Sätzen 3 bis 7 berechnete Versorgungsfreibetrag und Zuschlag zum Versorgungsfreibetrag gelten für die gesamte Laufzeit des Versorgungsbezugs. [9]Regelmäßige Anpassungen des Versorgungsbezugs führen nicht zu einer Neuberechnung. [10]Abweichend hiervon sind der Versorgungsfreibetrag und der Zuschlag zum Versorgungsfreibetrag neu zu berechnen, wenn sich der Versorgungsbezug wegen Anwendung von Anrechnungs-, Ruhens-, Erhöhungs- oder Kürzungsregelungen erhöht oder vermindert. [11]In diesen Fällen sind die Sätze 3 bis 7 mit dem geänderten Versorgungsbezug als Bemessungsgrundlage im Sinne des Satzes 4 anzuwenden; im Kalenderjahr der Änderung sind der höchste Versorgungsfreibetrag und Zuschlag zum Versorgungsfreibetrag maßgebend. [12]Für jeden vollen Kalendermonat, für den keine Versorgungsbezüge gezahlt werden, ermäßigen sich der Versorgungsfreibetrag und der Zuschlag zum Versorgungsfreibetrag in diesem Kalenderjahr um je ein Zwölftel.

III. Veranlagung

§ 26 Veranlagung von Ehegatten

(1) [1]Ehegatten können zwischen der Einzelveranlagung (§ 26a) und der Zusammenveranlagung (§ 26b) wählen, wenn
1. beide unbeschränkt einkommensteuerpflichtig im Sinne des § 1 Absatz 1 oder 2 oder des § 1a sind,
2. sie nicht dauernd getrennt leben und
3. bei ihnen die Voraussetzungen aus den Nummern 1 und 2 zu Beginn des Veranlagungszeitraums vorgelegen haben oder im Laufe des Veranlagungszeitraums eingetreten sind.

[2]Hat ein Ehegatte in dem Veranlagungszeitraum, in dem seine zuvor bestehende Ehe aufgelöst worden ist, eine neue Ehe geschlossen und liegen bei ihm und dem neuen Ehegatten die Voraussetzungen des Satzes 1 vor, bleibt die zuvor bestehende Ehe für die Anwendung des Satzes 1 unberücksichtigt.

(2) [1]Ehegatten werden einzeln veranlagt, wenn einer der Ehegatten die Einzelveranlagung wählt. [2]Ehegatten werden zusammen veranlagt, wenn beide Ehegatten die Zusammenveranlagung wählen. [3]Die Wahl wird für den betreffenden Veranlagungszeitraum durch Angabe in der Steuererklärung getroffen. [4]Die Wahl der Veranlagungsart innerhalb eines Veranlagungszeitraums kann nach Eintritt der Unanfechtbarkeit des Steuerbescheids nur noch geändert werden, wenn
1. ein Steuerbescheid, der die Ehegatten betrifft, aufgehoben, geändert oder berichtigt wird und
2. die Änderung der Wahl der Veranlagungsart der zuständigen Finanzbehörde bis zum Eintritt der Unanfechtbarkeit des Änderungs- oder Berichtigungsbescheids schriftlich oder elektronisch mitgeteilt oder zur Niederschrift erklärt worden ist und
3. der Unterschiedsbetrag aus der Differenz der festgesetzten Einkommensteuer entsprechend der bisher gewählten Veranlagungsart und der festzusetzenden Einkommensteuer, die sich bei einer geänderten Ausübung der Wahl der Veranlagungsarten ergeben würde, positiv ist. [2]Die Einkommensteuer der einzeln veranlagten Ehegatten ist hierbei zusammenzurechnen.

(3) Wird von dem Wahlrecht nach Absatz 2 nicht oder nicht wirksam Gebrauch gemacht, so ist eine Zusammenveranlagung durchzuführen.

IV. Tarif

§ 31 Familienleistungsausgleich

[1]Die steuerliche Freistellung eines Einkommensbetrags in Höhe des Existenzminimums eines Kindes einschließlich der Bedarfe für Betreuung und Erziehung oder Ausbildung wird im gesamten Veranlagungszeitraum entweder durch die Freibeträge nach § 32 Absatz 6 oder durch Kindergeld nach Abschnitt X bewirkt. [2]Soweit das Kindergeld dafür nicht erforderlich ist, dient es der Förderung der Familie. [3]Im laufenden Kalenderjahr wird Kindergeld als Steuervergütung monatlich gezahlt. [4]Bewirkt der Anspruch auf Kindergeld für den gesamten Veranlagungszeitraum

die nach Satz 1 gebotene steuerliche Freistellung nicht vollständig und werden deshalb bei der Veranlagung zur Einkommensteuer die Freibeträge nach § 32 Absatz 6 vom Einkommen abgezogen, erhöht sich die unter Abzug dieser Freibeträge ermittelte tarifliche Einkommensteuer um den Anspruch auf Kindergeld für den gesamten Veranlagungszeitraum; bei nicht zusammenveranlagten Eltern wird der Kindergeldanspruch im Umfang des Kinderfreibetrags angesetzt. [5]Bei der Prüfung der Steuerfreistellung und der Hinzurechnung nach Satz 4 bleibt der Anspruch auf Kindergeld für Kalendermonate unberücksichtigt, in denen durch Bescheid der Familienkasse ein Anspruch auf Kindergeld festgesetzt, aber wegen § 70 Absatz 1 Satz 2 nicht ausgezahlt wurde. [6]Satz 4 gilt entsprechend für mit dem Kindergeld vergleichbare Leistungen nach § 65. [7]Besteht nach ausländischem Recht Anspruch auf Leistungen für Kinder, wird dieser insoweit nicht berücksichtigt, als er das inländische Kindergeld übersteigt.

§ 32 Kinder, Freibeträge für Kinder

(1) Kinder sind
1. im ersten Grad mit dem Steuerpflichtigen verwandte Kinder,
2. Pflegekinder (Personen, mit denen der Steuerpflichtige durch ein familienähnliches, auf längere Dauer berechnetes Band verbunden ist, sofern er sie nicht zu Erwerbszwecken in seinen Haushalt aufgenommen hat und das Obhuts- und Pflegeverhältnis zu den Eltern nicht mehr besteht).

(2) [1]Besteht bei einem angenommenen Kind das Kindschaftsverhältnis zu den leiblichen Eltern weiter, ist es vorrangig als angenommenes Kind zu berücksichtigen. [2]Ist ein im ersten Grad mit dem Steuerpflichtigen verwandtes Kind zugleich ein Pflegekind, ist es vorrangig als Pflegekind zu berücksichtigen.

(3) Ein Kind wird in dem Kalendermonat, in dem es lebend geboren wurde, und in jedem folgenden Kalendermonat, zu dessen Beginn es das 18. Lebensjahr noch nicht vollendet hat, berücksichtigt.

(4) [1]Ein Kind, das das 18. Lebensjahr vollendet hat, wird berücksichtigt, wenn es
1. noch nicht das 21. Lebensjahr vollendet hat, nicht in einem Beschäftigungsverhältnis steht und bei einer Agentur für Arbeit im Inland als Arbeitsuchender gemeldet ist oder
2. noch nicht das 25. Lebensjahr vollendet hat und
    a) für einen Beruf ausgebildet wird oder
    b) sich in einer Übergangszeit von höchstens vier Monaten befindet, die zwischen zwei Ausbildungsabschnitten oder zwischen einem Ausbildungsabschnitt und der Ableistung des gesetzlichen Wehr- oder Zivildienstes, einer vom Wehr- oder Zivildienst befreienden Tätigkeit als Entwicklungshelfer oder als Dienstleistender im Ausland nach § 14b des Zivildienstgesetzes oder der Ableistung des freiwilligen Wehrdienstes nach § 58b des Soldatengesetzes oder der Ableistung eines freiwilligen Dienstes im Sinne des Buchstaben d liegt, oder
    c) eine Berufsausbildung mangels Ausbildungsplatzes nicht beginnen oder fortsetzen kann oder
    d) ein freiwilliges soziales Jahr oder ein freiwilliges ökologisches Jahr im Sinne des Jugendfreiwilligendienstegesetzes oder eine Freiwilligenaktivität im Rahmen des Europäischen Solidaritätskorps im Sinne der Verordnung (EU) Nr. 2018/1475 des Europäischen Parlaments und des Rates vom 2. Oktober 2018 zur Festlegung des rechtlichen Rahmens des Europäischen Solidaritätskorps sowie zur Änderung der Verordnung (EU) Nr. 1288/2013 und der Verordnung (EU) Nr. 1293/2013 sowie des Beschlusses Nr. 1313/2013/EU (ABl. L 250 vom 4. 10. 2018, S. 1) oder einen anderen Dienst im Ausland im Sinne von § 5 des Bundesfreiwilligendienstgesetzes oder einen entwicklungspolitischen Freiwilligendienst „weltwärts" im Sinne der Förderleitlinie des Bundesministeriums für wirtschaftliche Zusammenarbeit und Entwicklung vom 1. Januar 2016 oder einen Freiwilligendienst aller Generationen im Sinne von § 2 Absatz 1a des Siebten Buches Sozialgesetzbuch oder einen Internationalen Jugendfreiwilligendienst im Sinne der Richtlinie des Bundesministeriums für Familie, Senioren, Frauen und Jugend vom 25. Mai 2018 (GMBl. S. 545) oder einen Bundesfreiwilligendienst im Sinne des Bundesfreiwilligendienstgesetzes leistet oder
3. wegen körperlicher, geistiger oder seelischer Behinderung außerstande ist, sich selbst zu unterhalten; Voraussetzung ist, dass die Behinderung vor Vollendung des 25. Lebensjahres eingetreten ist.

[2]Nach Abschluss einer erstmaligen Berufsausbildung oder eines Erststudiums wird ein Kind in den Fällen des Satzes 1 Nummer 2 nur berücksichtigt, wenn das Kind keiner Erwerbstätigkeit nachgeht. [3]Eine Erwerbstätigkeit mit bis zu 20 Stunden regelmäßiger wöchentlicher Arbeitszeit, ein Ausbildungsdienstverhältnis oder ein geringfügiges Beschäftigungsverhältnis im Sinne der §§ 8 und 8a des Vierten Buches Sozialgesetzbuch sind unschädlich.

(5) [1]In den Fällen des Absatzes 4 Satz 1 Nummer 1 oder Nummer 2 Buchstabe a und b wird ein Kind, das
1. den gesetzlichen Grundwehrdienst oder Zivildienst geleistet hat, oder
2. sich anstelle des gesetzlichen Grundwehrdienstes freiwillig für die Dauer von nicht mehr als drei Jahren zum Wehrdienst verpflichtet hat, oder

3. eine vom gesetzlichen Grundwehrdienst oder Zivildienst befreiende Tätigkeit als Entwicklungshelfer im Sinne des § 1 Absatz 1 des Entwicklungshelfer-Gesetzes ausgeübt hat,

für einen der Dauer dieser Dienste oder der Tätigkeit entsprechenden Zeitraum, höchstens für die Dauer des inländischen gesetzlichen Grundwehrdienstes oder bei anerkannten Kriegsdienstverweigerern für die Dauer des inländischen gesetzlichen Zivildienstes über das 21. oder 25. Lebensjahr hinaus berücksichtigt. ²Wird der gesetzliche Grundwehrdienst oder Zivildienst in einem Mitgliedstaat der Europäischen Union oder einem Staat, auf den das Abkommen über den Europäischen Wirtschaftsraum Anwendung findet, geleistet, so ist die Dauer dieses Dienstes maßgebend. ³Absatz 4 Satz 2 und 3 gilt entsprechend.

(6) ¹Bei der Veranlagung zur Einkommensteuer wird für jedes zu berücksichtigende Kind des Steuerpflichtigen ein Freibetrag von 2730 Euro für das sächliche Existenzminimum des Kindes (Kinderfreibetrag) sowie ein Freibetrag von 1464 Euro für den Betreuungs- und Erziehungs- oder Ausbildungsbedarf des Kindes vom Einkommen abgezogen. ²Bei Ehegatten, die nach den §§ 26, 26b zusammen zur Einkommensteuer veranlagt werden, verdoppeln sich die Beträge nach Satz 1, wenn das Kind zu beiden Ehegatten in einem Kindschaftsverhältnis steht. ³Die Beträge nach Satz 2 stehen dem Steuerpflichtigen auch dann zu, wenn
1. der andere Elternteil verstorben oder nicht unbeschränkt einkommensteuerpflichtig ist oder
2. der Steuerpflichtige allein das Kind angenommen hat oder das Kind nur zu ihm in einem Pflegekindschaftsverhältnis steht.

⁴Für ein nicht nach § 1 Absatz 1 oder 2 unbeschränkt einkommensteuerpflichtiges Kind können die Beträge nach den Sätzen 1 bis 3 nur abgezogen werden, soweit sie nach den Verhältnissen seines Wohnsitzstaates notwendig und angemessen sind. ⁵Für jeden Kalendermonat, in dem die Voraussetzungen für einen Freibetrag nach den Sätzen 1 bis 4 nicht vorliegen, ermäßigen sich die dort genannten Beträge um ein Zwölftel. ⁶Abweichend von Satz 1 wird bei einem unbeschränkt einkommensteuerpflichtigen Elternpaar, bei dem die Voraussetzungen des § 26 Absatz 1 Satz 1 nicht vorliegen, auf Antrag eines Elternteils der dem anderen Elternteil zustehende Kinderfreibetrag auf ihn übertragen, wenn er, nicht jedoch der andere Elternteil, seiner Unterhaltspflicht gegenüber dem Kind für das Kalenderjahr im Wesentlichen nachkommt oder der andere Elternteil mangels Leistungsfähigkeit nicht unterhaltspflichtig ist; die Übertragung des Kinderfreibetrags führt stets auch zur Übertragung des Freibetrags für den Betreuungs- und Erziehungs- oder Ausbildungsbedarf. ⁷Eine Übertragung nach Satz 6 scheidet für Zeiträume aus, für die Unterhaltsleistungen nach dem Unterhaltsvorschussgesetz gezahlt werden. ⁸Bei minderjährigen Kindern wird der dem Elternteil, in dessen Wohnung das Kind nicht gemeldet ist, zustehende Freibetrag für den Betreuungs- und Erziehungs- oder Ausbildungsbedarf auf Antrag des anderen Elternteils auf diesen übertragen, wenn bei dem Elternpaar die Voraussetzungen des § 26 Absatz 1 Satz 1 nicht vorliegen. ⁹Eine Übertragung nach Satz 8 scheidet aus, wenn der Übertragung widersprochen wird, weil der Elternteil, bei dem das Kind nicht gemeldet ist, Kinderbetreuungskosten trägt oder das Kind regelmäßig in einem nicht unwesentlichen Umfang betreut. ¹⁰Die den Eltern nach den Sätzen 1 bis 9 zustehenden Freibeträge können auf Antrag auch auf einen Stiefelternteil oder Großelternteil übertragen werden, wenn dieser das Kind in seinen Haushalt aufgenommen hat oder dieser einer Unterhaltspflicht gegenüber dem Kind unterliegt. ¹¹Die Übertragung nach Satz 10 kann auch mit Zustimmung des berechtigten Elternteils erfolgen, die nur für künftige Kalenderjahre widerrufen werden kann.

§ 32a Einkommensteuertarif

(1) ¹Die tarifliche Einkommensteuer bemisst sich nach dem zu versteuernden Einkommen. ²Sie beträgt ab dem Veranlagungszeitraum 2022 vorbehaltlich der §§ 32b, 32d, 34, 34a, 34b und 34c jeweils in Euro für zu versteuernde Einkommen
1. bis 9984 Euro (Grundfreibetrag):
   0;
2. von 9985 Euro bis 14 926 Euro:
   $(1008{,}70 \cdot y + 1400) \cdot y$;
3. von 14 927 Euro bis 58 596 Euro:
   $(206{,}43 \cdot z + 2397) \cdot z + 938{,}24$;
4. von 58 597 Euro bis 277 825 Euro:
   $0{,}42 \cdot x - 9267{,}53$;
5. von 277 826 Euro an:
   $0{,}45 \cdot x - 17\,602{,}28$.

³Die Größe „y" ist ein Zehntausendstel des den Grundfreibetrag übersteigenden Teils des auf einen vollen Euro-Betrag abgerundeten zu versteuernden Einkommens. ⁴Die Größe „z" ist ein Zehntausendstel des 14 926 Euro übersteigenden Teils des auf einen vollen Euro-Betrag abgerundeten zu versteuernden Einkommens. ⁵Die Größe „x" ist das auf einen vollen Euro-Betrag abgerundete zu versteuernde Einkommen. ⁶Der sich ergebende Steuerbetrag ist auf den nächsten vollen Euro-Betrag abzurunden.

(2) bis (4) (weggefallen)

(5) Bei Ehegatten, die nach den §§ 26, 26b zusammen zur Einkommensteuer veranlagt werden, beträgt die tarifliche Einkommensteuer vorbehaltlich der §§ 32b, 32d, 34, 34a, 34b und 34c das Zweifache des Steuerbetrags, der sich für die Hälfte ihres gemeinsam zu versteuernden Einkommens nach Absatz 1 ergibt (Splitting-Verfahren).

(6) ¹Das Verfahren nach Absatz 5 ist auch anzuwenden zur Berechnung der tariflichen Einkommensteuer für das zu versteuernde Einkommen
1. bei einem verwitweten Steuerpflichtigen für den Veranlagungszeitraum, der dem Kalenderjahr folgt, in dem der Ehegatte verstorben ist, wenn der Steuerpflichtige und sein verstorbener Ehegatte im Zeitpunkt seines Todes die Voraussetzungen des § 26 Absatz 1 Satz 1 erfüllt haben,
2. bei einem Steuerpflichtigen, dessen Ehe in dem Kalenderjahr, in dem er sein Einkommen bezogen hat, aufgelöst worden ist, wenn in diesem Kalenderjahr
   a) der Steuerpflichtige und sein bisheriger Ehegatte die Voraussetzungen des § 26 Absatz 1 Satz 1 erfüllt haben,
   b) der bisherige Ehegatte wieder geheiratet hat und
   c) der bisherige Ehegatte und dessen neuer Ehegatte ebenfalls die Voraussetzungen des § 26 Absatz 1 Satz 1 erfüllen.

²Voraussetzung für die Anwendung des Satzes 1 ist, dass der Steuerpflichtige nicht nach den §§ 26, 26a einzeln zur Einkommensteuer veranlagt wird.

§ 32b Progressionsvorbehalt

(1) ¹Hat ein zeitweise oder während des gesamten Veranlagungszeitraums unbeschränkt Steuerpflichtiger oder ein beschränkt Steuerpflichtiger, auf den § 50 Absatz 2 Satz 2 Nummer 4 Anwendung findet,
1. a) Arbeitslosengeld, Teilarbeitslosengeld, Zuschüsse zum Arbeitsentgelt, Kurzarbeitergeld, Insolvenzgeld, Übergangsgeld nach dem Dritten Buch Sozialgesetzbuch; Insolvenzgeld, das nach § 170 Absatz 1 des Dritten Buches Sozialgesetzbuch einem Dritten zusteht, ist dem Arbeitnehmer zuzurechnen,
   b) Krankengeld, Mutterschaftsgeld, Verletztengeld, Übergangsgeld oder vergleichbare Lohnersatzleistungen nach dem Fünften, Sechsten oder Siebten Buch Sozialgesetzbuch, der Reichsversicherungsordnung, dem Gesetz über die Krankenversicherung der Landwirte oder dem Zweiten Gesetz über die Krankenversicherung der Landwirte,
   c) Mutterschaftsgeld, Zuschuss zum Mutterschaftsgeld, die Sonderunterstützung nach dem Mutterschutzgesetz sowie den Zuschuss bei Beschäftigungsverboten für die Zeit vor oder nach einer Entbindung sowie für den Entbindungstag während einer Elternzeit nach beamtenrechtlichen Vorschriften,
   d) Arbeitslosenbeihilfe nach dem Soldatenversorgungsgesetz,
   e) Entschädigungen für Verdienstausfall nach dem Infektionsschutzgesetz vom 20. Juli 2000 (BGBl. I S. 1045),
   f) Versorgungskrankengeld oder Übergangsgeld nach dem Bundesversorgungsgesetz,
   g) nach § 3 Nummer 28 steuerfreie Aufstockungsbeträge oder Zuschläge sowie nach § 3 Nummer 28a steuerfreie Zuschüsse,
   h) Leistungen an Arbeitnehmerinnen und Arbeitnehmer nach § 5 des Unterhaltssicherungsgesetzes,
   i) nach § 3 Nummer 60 steuerfreie Anpassungsgelder,
   j) Elterngeld nach dem Bundeselterngeld- und Elternzeitgesetz,
   k) nach § 3 Nummer 2 Buchstabe e steuerfreie Leistungen, wenn vergleichbare Leistungen inländischer öffentlicher Kassen nach den Buchstaben a bis j dem Progressionsvorbehalt unterfallen, oder
2. ausländische Einkünfte, die im Veranlagungszeitraum nicht der deutschen Einkommensteuer unterlegen haben; dies gilt nur für Fälle der zeitweisen unbeschränkten Steuerpflicht einschließlich der in § 2 Absatz 7 Satz 3 geregelten Fälle; ausgenommen sind Einkünfte, die nach einem sonstigen zwischenstaatlichen Übereinkommen im Sinne der Nummer 4 steuerfrei sind und die nach diesem Übereinkommen nicht unter dem Vorbehalt der Einbeziehung bei der Berechnung der Einkommensteuer stehen,
3. Einkünfte, die nach einem Abkommen zur Vermeidung der Doppelbesteuerung steuerfrei sind,
4. Einkünfte, die nach einem sonstigen zwischenstaatlichen Übereinkommen unter dem Vorbehalt der Einbeziehung bei der Berechnung der Einkommensteuer steuerfrei sind,
5. Einkünfte, die bei Anwendung von § 1 Absatz 3 oder § 1a oder § 50 Absatz 2 Satz 2 Nummer 4 im Veranlagungszeitraum bei der Ermittlung des zu versteuernden Einkommens unberücksichtigt bleiben, weil sie nicht der deutschen Einkommensteuer oder einem Steuerabzug unterliegen; ausgenommen sind Einkünfte, die nach einem sonstigen zwischenstaatlichen Übereinkommen im Sinne der Nummer 4 steuerfrei sind und die nach diesem Übereinkommen nicht unter dem Vorbehalt der Einbeziehung bei der Berechnung der Einkommensteuer stehen,

bezogen, so ist auf das nach § 32a Absatz 1 zu versteuernde Einkommen ein besonderer Steuersatz anzuwenden. ²Satz 1 Nummer 3 gilt nicht für Einkünfte
1. aus einer anderen als in einem Drittstaat belegenen land- und forstwirtschaftlichen Betriebsstätte,
2. aus einer anderen als in einem Drittstaat belegenen gewerblichen Betriebsstätte, die nicht die Voraussetzungen des § 2a Absatz 2 Satz 1 erfüllt,
3. aus der Vermietung oder der Verpachtung von unbeweglichem Vermögen oder von Sachinbegriffen, wenn diese in einem anderen Staat als in einem Drittstaat belegen sind, oder
4. aus der entgeltlichen Überlassung von Schiffen, sofern diese ausschließlich oder fast ausschließlich in einem anderen als einem Drittstaat eingesetzt worden sind, es sei denn, es handelt sich um Handelsschiffe, die
   a) von einem Vercharterer ausgerüstet überlassen oder
   b) an in einem anderen als in einem Drittstaat ansässige Ausrüster, die die Voraussetzungen des § 510 Absatz 1 des Handelsgesetzbuchs erfüllen, überlassen oder
   c) insgesamt nur vorübergehend an in einem Drittstaat ansässige Ausrüster, die die Voraussetzungen des § 510 Absatz 1 des Handelsgesetzbuchs erfüllen, überlassen
   worden sind, oder
5. aus dem Ansatz des niedrigeren Teilwerts oder der Übertragung eines zu einem Betriebsvermögen gehörenden Wirtschaftsguts im Sinne der Nummern 3 und 4.

³§ 2a Absatz 2a und § 15b sind sinngemäß anzuwenden.

(1a) Als unmittelbar von einem unbeschränkt Steuerpflichtigen bezogene ausländische Einkünfte im Sinne des Absatzes 1 Nummer 3 gelten auch die ausländischen Einkünfte, die eine Organgesellschaft im Sinne des § 14 oder des § 17 des Körperschaftsteuergesetzes bezogen hat und die nach einem Abkommen zur Vermeidung der Doppelbesteuerung steuerfrei sind, in dem Verhältnis, in dem dem unbeschränkt Steuerpflichtigen das Einkommen der Organgesellschaft bezogen auf das gesamte Einkommen der Organgesellschaft im Veranlagungszeitraum zugerechnet wird.

(2) ¹Der besondere Steuersatz nach Absatz 1 ist der Steuersatz, der sich ergibt, wenn bei der Berechnung der Einkommensteuer das nach § 32a Absatz 1 zu versteuernde Einkommen vermehrt oder vermindert wird um
1. im Fall des Absatzes 1 Nummer 1 die Summe der Leistungen nach Abzug des Arbeitnehmer-Pauschbetrags (§ 9a Satz 1 Nummer 1), soweit er nicht bei der Ermittlung der Einkünfte aus nichtselbständiger Arbeit abziehbar ist;
2. im Fall des Absatzes 1 Nummer 2 bis 5 die dort bezeichneten Einkünfte, wobei die darin enthaltenen außerordentlichen Einkünfte mit einem Fünftel zu berücksichtigen sind. ²Bei der Ermittlung der Einkünfte im Fall des Absatzes 1 Nummer 2 bis 5
   a) ist der Arbeitnehmer-Pauschbetrag (§ 9a Satz 1 Nummer 1 Buchstabe a) abzuziehen, soweit er nicht bei der Ermittlung der Einkünfte aus nichtselbständiger Arbeit abziehbar ist;
   b) sind Werbungskosten nur insoweit abzuziehen, als sie zusammen mit den bei der Ermittlung der Einkünfte aus nichtselbständiger Arbeit abziehbaren Werbungskosten den Arbeitnehmer-Pauschbetrag (§ 9a Satz 1 Nummer 1 Buchstabe a) übersteigen;
   c) sind bei Gewinnermittlung nach § 4 Absatz 3 die Anschaffungs- oder Herstellungskosten für Wirtschaftsgüter des Umlaufvermögens im Zeitpunkt des Zuflusses des Veräußerungserlöses oder bei Entnahme im Zeitpunkt der Entnahme als Betriebsausgaben zu berücksichtigen. ³§ 4 Absatz 3 Satz 5 gilt entsprechend.

(3) ¹ Nach Maßgabe des § 93c der Abgabenordnung haben die Träger der Sozialleistungen im Sinne des Absatzes 1 Satz 1 Nummer 1 für jeden Leistungsempfänger der für seine Besteuerung nach dem Einkommen zuständigen Finanzbehörde neben den nach § 93c Absatz 1 der Abgabenordnung erforderlichen Angaben die Daten über die im Kalenderjahr gewährten Leistungen sowie die Dauer des Leistungszeitraums zu übermitteln, soweit die Leistungen nicht in der Lohnsteuerbescheinigung anzugeben sind (§ 41b Absatz 1 Satz 2 Nummer 5); § 41b Absatz 2 und § 22a Absatz 2 gelten entsprechend. ²Die mitteilungspflichtige Stelle hat den Empfänger der Leistungen auf die steuerliche Behandlung dieser Leistungen und seine Steuererklärungspflicht hinzuweisen. ³In den Fällen des § 170 Absatz 1 des Dritten Buches Sozialgesetzbuch gilt als Empfänger des an Dritte ausgezahlten Insolvenzgeldes der Arbeitnehmer, der seinen Arbeitsentgeltanspruch übertragen hat.

(4) ¹In den Fällen des Absatzes 3 ist für die Anwendung des § 72a Absatz 4 und des § 93c Absatz 4 Satz 1 der Abgabenordnung das Betriebsstättenfinanzamt des Trägers der jeweiligen Sozialleistungen zuständig. ²Sind für ihn mehrere Betriebsstättenfinanzämter zuständig oder hat er keine Betriebsstätte im Sinne des § 41 Absatz 2, so ist das Finanzamt zuständig, in dessen Bezirk sich seine Geschäftsleitung nach § 10 der Abgabenordnung im Inland befindet.

(5) Die nach Absatz 3 übermittelten Daten können durch das nach Absatz 4 zuständige Finanzamt bei den für die Besteuerung der Leistungsempfänger nach dem Einkommen zuständigen Finanzbehörden abgerufen und zur Anwendung des § 72a Absatz 4 und des § 93c Absatz 4 Satz 1 der Abgabenordnung verarbeitet werden.

§ 33 Außergewöhnliche Belastungen

(1) Erwachsen einem Steuerpflichtigen zwangsläufig größere Aufwendungen als der überwiegenden Mehrzahl der Steuerpflichtigen gleicher Einkommensverhältnisse, gleicher Vermögensverhältnisse und gleichen Familienstands (außergewöhnliche Belastung), so wird auf Antrag die Einkommensteuer dadurch ermäßigt, dass der Teil der Aufwendungen, der die dem Steuerpflichtigen zumutbare Belastung (Absatz 3) übersteigt, vom Gesamtbetrag der Einkünfte abgezogen wird.

(2) ¹Aufwendungen erwachsen dem Steuerpflichtigen zwangsläufig, wenn er sich ihnen aus rechtlichen, tatsächlichen oder sittlichen Gründen nicht entziehen kann und soweit die Aufwendungen den Umständen nach notwendig sind und einen angemessenen Betrag nicht übersteigen. ²Aufwendungen, die zu den Betriebsausgaben, Werbungskosten oder Sonderausgaben gehören, bleiben dabei außer Betracht; das gilt für Aufwendungen im Sinne des § 10 Absatz 1 Nummer 7 und 9 nur insoweit, als sie als Sonderausgaben abgezogen werden können. ³Aufwendungen, die durch Diätverpflegung entstehen, können nicht als außergewöhnliche Belastung berücksichtigt werden. ⁴Aufwendungen für die Führung eines Rechtsstreits (Prozesskosten) sind vom Abzug ausgeschlossen, es sei denn, es handelt sich um Aufwendungen, ohne die der Steuerpflichtige Gefahr liefe, seine Existenzgrundlage zu verlieren und seine lebensnotwendigen Bedürfnisse in dem üblichen Rahmen nicht mehr befriedigen zu können.

(2a) ¹Abweichend von Absatz 1 wird für Aufwendungen für durch eine Behinderung veranlasste Fahrten nur eine Pauschale gewährt (behinderungsbedingte Fahrtkostenpauschale). ²Die Pauschale erhalten:
1. Menschen mit einem Grad der Behinderung von mindestens 80 oder mit einem Grad der Behinderung von mindestens 70 und dem Merkzeichen „G",
2. Menschen mit dem Merkzeichen „aG", mit dem Merkzeichen „Bl", mit dem Merkzeichen „TBl" oder mit dem Merkzeichen „H".

³Bei Erfüllung der Anspruchsvoraussetzungen nach Satz 2 Nummer 1 beträgt die Pauschale 900 Euro. ⁴Bei Erfüllung der Anspruchsvoraussetzungen nach Satz 2 Nummer 2 beträgt die Pauschale 4500 Euro. ⁵In diesem Fall kann die Pauschale nach Satz 3 nicht zusätzlich in Anspruch genommen werden. ⁶Über die Fahrtkostenpauschale nach Satz 1 hinaus sind keine weiteren behinderungsbedingten Fahrtkosten als außergewöhnliche Belastung nach Absatz 1 berücksichtigungsfähig. ⁷Die Pauschale ist bei der Ermittlung des Teils der Aufwendungen im Sinne des Absatzes 1, der die zumutbare Belastung übersteigt, einzubeziehen. ⁸Sie kann auch gewährt werden, wenn ein Behinderten-Pauschbetrag nach § 33b Absatz 5 übertragen wurde. ⁹§ 33b Absatz 5 ist entsprechend anzuwenden.

(3) ¹Die zumutbare Belastung beträgt

bei einem Gesamtbetrag der Einkünfte		bis 15 340 EUR	über 15 340 EUR bis 51 130 EUR	über 51 130 EUR
1.	bei Steuerpflichtigen, die keine Kinder haben und bei denen die Einkommensteuer			
	a) nach § 32a Absatz 1,	5	6	7
	b) nach § 32a Absatz 5 oder 6 (Splitting-Verfahren)	4	5	6
	zu berechnen ist;			
2.	bei Steuerpflichtigen mit			
	a) einem Kind oder zwei Kindern,	2	3	4
	b) drei oder mehr Kindern	1	1	2
		Prozent des Gesamtbetrags der Einkünfte.		

²Als Kinder des Steuerpflichtigen zählen die, für die er Anspruch auf einen Freibetrag nach § 32 Absatz 6 oder auf Kindergeld hat.

(4) Die Bundesregierung wird ermächtigt, durch Rechtsverordnung mit Zustimmung des Bundesrates die Einzelheiten des Nachweises von Aufwendungen nach Absatz 1 und der Anspruchsvoraussetzungen nach Absatz 2a zu bestimmen.

§ 33a Außergewöhnliche Belastung in besonderen Fällen

(1) ¹Erwachsen einem Steuerpflichtigen Aufwendungen für den Unterhalt und eine etwaige Berufsausbildung einer dem Steuerpflichtigen oder seinem Ehegatten gegenüber gesetzlich unterhaltsberechtigten Person, so wird auf Antrag die Einkommensteuer dadurch ermäßigt, dass die Aufwendungen bis zu 9984 Euro im Kalenderjahr vom Gesamtbetrag der Einkünfte abgezogen werden. ²Der Höchstbetrag nach Satz 1 erhöht sich um den Betrag der im jeweiligen Veranlagungszeitraum nach § 10 Absatz 1 Nummer 3 für die Absicherung der unterhaltsberechtigten Person aufgewandten Beiträge; dies gilt nicht für Kranken- und Pflegeversicherungsbeiträge, die bereits nach § 10 Absatz 1 Nummer 3 Satz 1 anzusetzen sind. ³Der gesetzlich unterhaltsberechtigten Person gleichgestellt ist eine

Person, wenn bei ihr zum Unterhalt bestimmte inländische öffentliche Mittel mit Rücksicht auf die Unterhaltsleistungen des Steuerpflichtigen gekürzt werden. [4]Voraussetzung ist, dass weder der Steuerpflichtige noch eine andere Person Anspruch auf einen Freibetrag nach § 32 Absatz 6 oder auf Kindergeld für die unterhaltene Person hat und die unterhaltene Person kein oder nur ein geringes Vermögen besitzt; ein angemessenes Hausgrundstück im Sinne von § 90 Absatz 2 Nummer 8 des Zwölften Buches Sozialgesetzbuch bleibt unberücksichtigt. [5]Hat die unterhaltene Person andere Einkünfte oder Bezüge, so vermindert sich die Summe der nach Satz 1 und Satz 2 ermittelten Beträge um den Betrag, um den diese Einkünfte und Bezüge den Betrag von 624 Euro im Kalenderjahr übersteigen, sowie um die von der unterhaltenen Person als Ausbildungshilfe aus öffentlichen Mitteln oder von Förderungseinrichtungen, die hierfür öffentliche Mittel erhalten, bezogenen Zuschüsse; zu den Bezügen gehören auch steuerfreie Gewinne nach den §§ 14, 16 Absatz 4, § 17 Absatz 3 und § 18 Absatz 3, die nach § 19 Absatz 2 steuerfrei bleibenden Einkünfte sowie Sonderabschreibungen und erhöhte Absetzungen, soweit sie die höchstmöglichen Absetzungen für Abnutzung nach § 7 übersteigen. [6]Ist die unterhaltene Person nicht unbeschränkt einkommensteuerpflichtig, so können die Aufwendungen nur abgezogen werden, soweit sie nach den Verhältnissen des Wohnsitzstaates der unterhaltenen Person notwendig und angemessen sind, höchstens jedoch der Betrag, der sich nach den Sätzen 1 bis 5 ergibt; ob der Steuerpflichtige zum Unterhalt gesetzlich verpflichtet ist, ist nach inländischen Maßstäben zu beurteilen. [7]Werden die Aufwendungen für eine unterhaltene Person von mehreren Steuerpflichtigen getragen, so wird bei jedem der Teil des sich hiernach ergebenden Betrags abgezogen, der seinem Anteil am Gesamtbetrag der Leistungen entspricht. [8]Nicht auf Euro lautende Beträge sind entsprechend dem für Ende September des Jahres vor dem Veranlagungszeitraum von der Europäischen Zentralbank bekannt gegebenen Referenzkurs umzurechnen. [9]Voraussetzung für den Abzug der Aufwendungen ist die Angabe der erteilten Identifikationsnummer (§ 139b der Abgabenordnung) der unterhaltenen Person in der Steuererklärung des Unterhaltsleistenden, wenn die unterhaltene Person für sich der unbeschränkten oder beschränkten Steuerpflicht unterliegt. [10]Die unterhaltene Person ist für diese Zwecke verpflichtet, dem Unterhaltsleistenden ihre erteilte Identifikationsnummer (§ 139b der Abgabenordnung) mitzuteilen. [11]Kommt die unterhaltene Person dieser Verpflichtung nicht nach, ist der Unterhaltsleistende berechtigt, bei der für ihn zuständigen Finanzbehörde die Identifikationsnummer der unterhaltenen Person zu erfragen.

(2) [1]Zur Abgeltung des Sonderbedarfs eines sich in Berufsausbildung befindenden, auswärtig untergebrachten, volljährigen Kindes, für das Anspruch auf einen Freibetrag nach § 32 Absatz 6 oder Kindergeld besteht, kann der Steuerpflichtige einen Freibetrag in Höhe von 924 Euro je Kalenderjahr vom Gesamtbetrag der Einkünfte abziehen. [2]Für ein nicht unbeschränkt einkommensteuerpflichtiges Kind mindert sich der vorstehende Betrag nach Maßgabe des Absatzes 1 Satz 6. [3]Erfüllen mehrere Steuerpflichtige für dasselbe Kind die Voraussetzungen nach Satz 1, so kann der Freibetrag insgesamt nur einmal abgezogen werden. [4]Jedem Elternteil steht grundsätzlich die Hälfte des Abzugsbetrags nach den Sätzen 1 und 2 zu. [5]Auf gemeinsamen Antrag der Eltern ist eine andere Aufteilung möglich.

(3) [1]Für jeden vollen Kalendermonat, in dem die in den Absätzen 1 und 2 bezeichneten Voraussetzungen nicht vorgelegen haben, ermäßigen sich die dort bezeichneten Beträge um je ein Zwölftel. [2]Eigene Einkünfte und Bezüge der nach Absatz 1 unterhaltenen Person, die auf diese Kalendermonate entfallen, vermindern den nach Satz 1 ermäßigten Höchstbetrag nicht. [3]Als Ausbildungshilfe bezogene Zuschüsse der nach Absatz 1 unterhaltenen Person mindern nur den zeitanteiligen Höchstbetrag der Kalendermonate, für die sie bestimmt sind.

(4) In den Fällen der Absätze 1 und 2 kann wegen der in diesen Vorschriften bezeichneten Aufwendungen der Steuerpflichtige eine Steuerermäßigung nach § 33 nicht in Anspruch nehmen.

§ 33b Pauschbeträge für Menschen mit Behinderungen, Hinterbliebene und Pflegepersonen

(1) [1]Wegen der Aufwendungen für die Hilfe bei den gewöhnlichen und regelmäßig wiederkehrenden Verrichtungen des täglichen Lebens, für die Pflege sowie für einen erhöhten Wäschebedarf können Menschen mit Behinderungen unter den Voraussetzungen des Absatzes 2 anstelle einer Steuerermäßigung nach § 33 einen Pauschbetrag nach Absatz 3 geltend machen (Behinderten-Pauschbetrag). [2]Das Wahlrecht kann für die genannten Aufwendungen im jeweiligen Veranlagungszeitraum nur einheitlich ausgeübt werden.

(2) Einen Pauschbetrag erhalten Menschen, deren Grad der Behinderung auf mindestens 20 festgestellt ist, sowie Menschen, die hilflos im Sinne des Absatzes 3 Satz 4 sind.

(3) [1]Die Höhe des Pauschbetrags nach Satz 2 richtet sich nach dem dauernden Grad der Behinderung. [2]Als Pauschbetrag werden gewährt bei einem Grad der Behinderung von mindestens:

20	384 Euro,
30	620 Euro,
40	860 Euro,
50	1140 Euro,
60	1440 Euro,

70	1780 Euro,
80	2120 Euro,
90	2460 Euro,
100	2840 Euro.

[3]Menschen, die hilflos im Sinne des Satzes 4 sind, Blinde und Taubblinde erhalten einen Pauschbetrag von 7400 Euro; in diesem Fall kann der Pauschbetrag nach Satz 2 nicht zusätzlich in Anspruch genommen werden. [4]Hilflos ist eine Person, wenn sie für eine Reihe von häufig und regelmäßig wiederkehrenden Verrichtungen zur Sicherung ihrer persönlichen Existenz im Ablauf eines jeden Tages fremder Hilfe dauernd bedarf. [5]Diese Voraussetzungen sind auch erfüllt, wenn die Hilfe in Form einer Überwachung oder einer Anleitung zu den in Satz 4 genannten Verrichtungen erforderlich ist oder wenn die Hilfe zwar nicht dauernd geleistet werden muss, jedoch eine ständige Bereitschaft zur Hilfeleistung erforderlich ist.

(4) [1]Personen, denen laufende Hinterbliebenenbezüge bewilligt worden sind, erhalten auf Antrag einen Pauschbetrag von 370 Euro (Hinterbliebenen-Pauschbetrag), wenn die Hinterbliebenenbezüge geleistet werden

1. nach dem Bundesversorgungsgesetz oder einem anderen Gesetz, das die Vorschriften des Bundesversorgungsgesetzes über Hinterbliebenenbezüge für entsprechend anwendbar erklärt, oder
2. nach den Vorschriften über die gesetzliche Unfallversicherung oder
3. nach den beamtenrechtlichen Vorschriften an Hinterbliebene eines an den Folgen eines Dienstunfalls verstorbenen Beamten oder
4. nach den Vorschriften des Bundesentschädigungsgesetzes über die Entschädigung für Schäden an Leben, Körper oder Gesundheit.

[2]Der Pauschbetrag wird auch dann gewährt, wenn das Recht auf die Bezüge ruht oder der Anspruch auf die Bezüge durch Zahlung eines Kapitals abgefunden worden ist.

(5) [1]Steht der Behinderten-Pauschbetrag oder der Hinterbliebenen-Pauschbetrag einem Kind zu, für das der Steuerpflichtige Anspruch auf einen Freibetrag nach § 32 Absatz 6 oder auf Kindergeld hat, so wird der Pauschbetrag auf Antrag auf den Steuerpflichtigen übertragen, wenn ihn das Kind nicht in Anspruch nimmt. [2]Dabei ist der Pauschbetrag grundsätzlich auf beide Elternteile je zur Hälfte aufzuteilen, es sei denn, der Kinderfreibetrag wurde auf den anderen Elternteil übertragen. [3]Auf gemeinsamen Antrag der Eltern ist eine andere Aufteilung möglich. [4]In diesen Fällen besteht für Aufwendungen, für die der Behinderten-Pauschbetrag gilt, kein Anspruch auf eine Steuerermäßigung nach § 33. [5]Voraussetzung für die Übertragung nach Satz 1 ist die Angabe der erteilten Identifikationsnummer (§ 139b der Abgabenordnung) des Kindes in der Einkommensteuererklärung des Steuerpflichtigen.

(6) [1]Wegen der außergewöhnlichen Belastungen, die einem Steuerpflichtigen durch die Pflege einer Person erwachsen, kann er anstelle einer Steuerermäßigung nach § 33 einen Pauschbetrag geltend machen (Pflege-Pauschbetrag), wenn er dafür keine Einnahmen im Kalenderjahr erhält und der Steuerpflichtige die Pflege entweder in seiner Wohnung oder in der Wohnung des Pflegebedürftigen persönlich durchführt und diese Wohnung in einem Mitgliedstaat der Europäischen Union oder in einem Staat gelegen ist, auf den das Abkommen über den Europäischen Wirtschaftsraum anzuwenden ist. [2]Zu den Einnahmen nach Satz 1 zählt unabhängig von der Verwendung nicht das von den Eltern eines Kindes mit Behinderungen für dieses Kind empfangene Pflegegeld. [3]Als Pflege-Pauschbetrag wird gewährt:

1.	bei Pflegegrad 2	600 Euro,
2.	bei Pflegegrad 3	1100 Euro,
3.	bei Pflegegrad 4 oder 5	1800 Euro.

[4]Ein Pflege-Pauschbetrag nach Satz 3 Nummer 3 wird auch gewährt, wenn die gepflegte Person hilflos im Sinne des § 33b Absatz 3 Satz 4 ist. [5]Bei erstmaliger Feststellung, Änderung oder Wegfall des Pflegegrads im Laufe des Kalenderjahres ist der Pflege-Pauschbetrag nach dem höchsten Grad zu gewähren, der im Kalenderjahr festgestellt war. [6]Gleiches gilt, wenn die Person die Voraussetzungen nach Satz 4 erfüllt. [7]Sind die Voraussetzungen nach Satz 4 erfüllt, kann der Pauschbetrag nach Satz 3 Nummer 1 und 2 nicht zusätzlich in Anspruch genommen werden. [8]Voraussetzung für die Gewährung des Pflege-Pauschbetrags ist die Angabe der erteilten Identifikationsnummer (§ 139b der Abgabenordnung) der gepflegten Person in der Einkommensteuererklärung des Steuerpflichtigen. [9]Wird ein Pflegebedürftiger von mehreren Steuerpflichtigen im Veranlagungszeitraum gepflegt, wird der Pflege-Pauschbetrag nach der Zahl der Pflegepersonen, bei denen die Voraussetzungen der Sätze 1 bis 4 vorliegen, geteilt.

(7) Die Bundesregierung wird ermächtigt, durch Rechtsverordnung mit Zustimmung des Bundesrates zu bestimmen, wie nachzuweisen ist, dass die Voraussetzungen für die Inanspruchnahme der Pauschbeträge vorliegen.

(8) Die Vorschrift des § 33b Absatz 6 ist ab Ende des Kalenderjahres 2026 zu evaluieren.

VI. Steuererhebung

2. Steuerabzug vom Arbeitslohn (Lohnsteuer)

§ 38b Lohnsteuerklassen, Zahl der Kinderfreibeträge

(1) ¹Für die Durchführung des Lohnsteuerabzugs werden Arbeitnehmer in Steuerklassen eingereiht. ²Dabei gilt Folgendes:
1. In die Steuerklasse I gehören Arbeitnehmer, die
    a) .unbeschränkt einkommensteuerpflichtig und
        aa) ledig sind,
        bb) verheiratet, verwitwet oder geschieden sind und bei denen die Voraussetzungen für die Steuerklasse III oder IV nicht erfüllt sind; oder
    b) beschränkt einkommensteuerpflichtig sind;
2. in die Steuerklasse II gehören die unter Nummer 1 Buchstabe a bezeichneten Arbeitnehmer, wenn bei ihnen der Entlastungsbetrag für Alleinerziehende (§ 24b) zu berücksichtigen ist;
3. in die Steuerklasse III gehören Arbeitnehmer,
    a) die verheiratet sind, wenn beide Ehegatten unbeschränkt einkommensteuerpflichtig sind und nicht dauernd getrennt leben und der Ehegatte des Arbeitnehmers auf Antrag beider Ehegatten in die Steuerklasse V eingereiht wird,
    b) die verwitwet sind, wenn sie und ihr verstorbener Ehegatte im Zeitpunkt seines Todes unbeschränkt einkommensteuerpflichtig waren und in diesem Zeitpunkt nicht dauernd getrennt gelebt haben, für das Kalenderjahr, das dem Kalenderjahr folgt, in dem der Ehegatte verstorben ist,
    c) deren Ehe aufgelöst worden ist, wenn
        aa) im Kalenderjahr der Auflösung der Ehe beide Ehegatten unbeschränkt einkommensteuerpflichtig waren und nicht dauernd getrennt gelebt haben und
        bb) der andere Ehegatte wieder geheiratet hat, von seinem neuen Ehegatten nicht dauernd getrennt lebt und er und sein neuer Ehegatte unbeschränkt einkommensteuerpflichtig sind,
    für das Kalenderjahr, in dem die Ehe aufgelöst worden ist;
4. in die Steuerklasse IV gehören Arbeitnehmer, die verheiratet sind, wenn beide Ehegatten unbeschränkt einkommensteuerpflichtig sind und nicht dauernd getrennt leben; dies gilt auch, wenn einer der Ehegatten keinen Arbeitslohn bezieht und kein Antrag nach Nummer 3 Buchstabe a gestellt worden ist;
5. in die Steuerklasse V gehören die unter Nummer 4 bezeichneten Arbeitnehmer, wenn der Ehegatte des Arbeitnehmers auf Antrag beider Ehegatten in die Steuerklasse III eingereiht wird;
6. die Steuerklasse VI gilt bei Arbeitnehmern, die nebeneinander von mehreren Arbeitgebern Arbeitslohn beziehen, für die Einbehaltung der Lohnsteuer vom Arbeitslohn aus dem zweiten und einem weiteren Dienstverhältnis sowie in den Fällen des § 39c.

³Als unbeschränkt einkommensteuerpflichtig im Sinne der Nummern 3 und 4 gelten nur Personen, die die Voraussetzungen des § 1 Absatz 1 oder 2 oder des § 1a erfüllen.

(2) ¹Für ein minderjähriges und nach § 1 Absatz 1 unbeschränkt einkommensteuerpflichtiges Kind im Sinne des § 32 Absatz 1 Nummer 1 und Absatz 3 werden bei der Anwendung der Steuerklassen I bis IV die Kinderfreibeträge als Lohnsteuerabzugsmerkmal nach § 39 Absatz 1 wie folgt berücksichtigt:
1. mit Zähler 0,5, wenn dem Arbeitnehmer der Kinderfreibetrag nach § 32 Absatz 6 Satz 1 zusteht, oder
2. mit Zähler 1, wenn dem Arbeitnehmer der Kinderfreibetrag zusteht, weil
    a) die Voraussetzungen des § 32 Absatz 6 Satz 2 vorliegen oder
    b) der andere Elternteil vor dem Beginn des Kalenderjahres verstorben ist oder
    c) der Arbeitnehmer allein das Kind angenommen hat.

²Soweit dem Arbeitnehmer Kinderfreibeträge nach § 32 Absatz 1 bis 6 zustehen, die nicht nach Satz 1 berücksichtigt werden, ist die Zahl der Kinderfreibeträge auf Antrag vorbehaltlich des § 39a Absatz 1 Nummer 6 zu Grunde zu legen. ³In den Fällen des Satzes 2 können die Kinderfreibeträge für mehrere Jahre gelten, wenn nach den tatsächlichen Verhältnissen zu erwarten ist, dass die Voraussetzungen bestehen bleiben. ⁴Bei Anwendung der Steuerklassen III und IV sind auch Kinder des Ehegatten bei der Zahl der Kinderfreibeträge zu berücksichtigen. ⁵Der Antrag kann nur nach amtlich vorgeschriebenem Vordruck gestellt werden.

(3) ¹Auf Antrag des Arbeitnehmers kann abweichend von Absatz 1 oder 2 eine für ihn ungünstigere Steuerklasse oder geringere Zahl der Kinderfreibeträge als Lohnsteuerabzugsmerkmal gebildet werden. ²Der Wechsel von der Steuerklasse III oder V in die Steuerklasse IV ist auch auf Antrag nur eines Ehegatten möglich mit der Folge, dass beide Ehegatten in die Steuerklasse IV eingereiht werden. ³Diese Anträge sind nach amtlich vorgeschriebenem Vordruck zu stellen und vom Antragsteller eigenhändig zu unterschreiben.

§ 39 Lohnsteuerabzugsmerkmale

(1) ¹Für die Durchführung des Lohnsteuerabzugs werden auf Veranlassung des Arbeitnehmers Lohnsteuerabzugsmerkmale gebildet (§ 39a Absatz 1 und 4, § 39e Absatz 1 in Verbindung mit § 39e Absatz 4 Satz 1 und nach § 39e Absatz 8). ²Soweit Lohnsteuerabzugsmerkmale nicht nach § 39e Absatz 1 Satz 1 automatisiert gebildet werden oder davon abweichend zu bilden sind, ist das Finanzamt für die Bildung der Lohnsteuerabzugsmerkmale nach den §§ 38b und 39a und die Bestimmung ihrer Geltungsdauer zuständig. ³Für die Bildung der Lohnsteuerabzugsmerkmale sind die von den Meldebehörden nach § 39e Absatz 2 Satz 2 mitgeteilten Daten vorbehaltlich einer nach Satz 2 abweichenden Bildung durch das Finanzamt bindend. ⁴Die Bildung der Lohnsteuerabzugsmerkmale ist eine gesonderte Feststellung von Besteuerungsgrundlagen im Sinne des § 179 Absatz 1 der Abgabenordnung, die unter dem Vorbehalt der Nachprüfung steht. ⁵Die Bildung und die Änderung der Lohnsteuerabzugsmerkmale sind dem Arbeitnehmer bekannt zu geben. ⁶Die Bekanntgabe richtet sich nach § 119 Absatz 2 der Abgabenordnung und § 39e Absatz 6. ⁷Der Bekanntgabe braucht keine Belehrung über den zulässigen Rechtsbehelf beigefügt zu werden. ⁸Ein schriftlicher Bescheid mit einer Belehrung über den zulässigen Rechtsbehelf ist jedoch zu erteilen, wenn einem Antrag des Arbeitnehmers auf Bildung oder Änderung der Lohnsteuerabzugsmerkmale nicht oder nicht in vollem Umfang entsprochen wird oder der Arbeitnehmer die Erteilung eines Bescheids beantragt. ⁹Vorbehaltlich des Absatzes 5 ist § 153 Absatz 2 der Abgabenordnung nicht anzuwenden.

(2) ¹Für die Bildung und die Änderung der Lohnsteuerabzugsmerkmale nach Absatz 1 Satz 2 des nach § 1 Absatz 1 unbeschränkt einkommensteuerpflichtigen Arbeitnehmers ist das Wohnsitzfinanzamt im Sinne des § 19 Absatz 1 Satz 1 und 2 der Abgabenordnung und in den Fällen des Absatzes 4 Nummer 5 das Betriebsstättenfinanzamt nach § 41a Absatz 1 Satz 1 Nummer 1 zuständig. ²Ist der Arbeitnehmer nach § 1 Absatz 2 unbeschränkt einkommensteuerpflichtig, nach § 1 Absatz 3 als unbeschränkt einkommensteuerpflichtig zu behandeln oder beschränkt einkommensteuerpflichtig, ist das Betriebsstättenfinanzamt für die Bildung und die Änderung der Lohnsteuerabzugsmerkmale zuständig. ³Ist der nach § 1 Absatz 3 als unbeschränkt einkommensteuerpflichtig zu behandelnde Arbeitnehmer gleichzeitig bei mehreren inländischen Arbeitgebern tätig, ist für die Bildung der weiteren Lohnsteuerabzugsmerkmale das Betriebsstättenfinanzamt zuständig, das erstmals Lohnsteuerabzugsmerkmale gebildet hat. ⁴Bei Ehegatten, die beide Arbeitslohn von inländischen Arbeitgebern beziehen, ist das Betriebsstättenfinanzamt des älteren Ehegatten zuständig.

(3) ¹In den Fällen des Absatzes 2 Satz 1 hat der Arbeitnehmer den Antrag für die erstmalige Zuteilung einer Identifikationsnummer (§ 139b der Abgabenordnung) beim Wohnsitzfinanzamt und in den Fällen des Absatzes 2 Satz 2 beim Betriebsstättenfinanzamt zu stellen. ²Die Zuteilung einer Identifikationsnummer kann auch der Arbeitgeber beantragen, wenn ihn der Arbeitnehmer dazu nach § 80 Absatz 1 der Abgabenordnung bevollmächtigt hat. ³Ist dem Arbeitnehmer in den Fällen des Absatzes 2 Satz 1 und 2 bereits eine Identifikationsnummer zugeteilt worden, teilt das zuständige Finanzamt diese auf Anfrage des Arbeitnehmers mit. ⁴Eine Anfrage nach Satz 3 kann auch der Arbeitgeber im Namen des Arbeitnehmers stellen. ⁵Wird einem Arbeitnehmer in den Fällen des Satzes 1 keine Identifikationsnummer zugeteilt, gilt § 39e Absatz 8 sinngemäß.

(4) Lohnsteuerabzugsmerkmale sind
1. Steuerklasse (§ 38b Absatz 1) und Faktor (§ 39f),
2. Zahl der Kinderfreibeträge bei den Steuerklassen I bis IV (§ 38b Absatz 2),
3. Freibetrag und Hinzurechnungsbetrag (§ 39a),
4. Höhe der Beiträge für eine private Krankenversicherung und für eine private Pflege-Pflichtversicherung (§ 39b Absatz 2 Satz 5 Nummer 3 Buchstabe d) für die Dauer von zwölf Monaten, wenn der Arbeitnehmer dies beantragt,
5. Mitteilung, dass der von einem Arbeitgeber gezahlte Arbeitslohn nach einem Abkommen zur Vermeidung der Doppelbesteuerung von der Lohnsteuer freizustellen ist, wenn der Arbeitnehmer oder der Arbeitgeber dies beantragt.

(5) ¹Treten bei einem Arbeitnehmer die Voraussetzungen für eine für ihn ungünstigere Steuerklasse oder geringere Zahl der Kinderfreibeträge ein, ist der Arbeitnehmer verpflichtet, dem Finanzamt dies mitzuteilen und die Steuerklasse und die Zahl der Kinderfreibeträge umgehend ändern zu lassen. ²Dies gilt insbesondere, wenn die Voraussetzungen für die Berücksichtigung des Entlastungsbetrags für Alleinerziehende, für die die Steuerklasse II zur Anwendung kommt, entfallen. ³Eine Mitteilung ist nicht erforderlich, wenn die Abweichung einen Sachverhalt betrifft, der zu einer Änderung der Daten führt, die nach § 39e Absatz 2 Satz 2 von den Meldebehörden zu übermitteln sind. ⁴Kommt der Arbeitnehmer seiner Verpflichtung nicht nach, ändert das Finanzamt die Steuerklasse und die Zahl der Kinderfreibeträge von Amts wegen. ⁵Unterbleibt die Änderung der Lohnsteuerabzugsmerkmale, hat das Finanzamt zu wenig erhobene Lohnsteuer vom Arbeitnehmer nachzufordern, wenn diese 10 Euro übersteigt.

(6) ¹Ändern sich die Voraussetzungen für die Steuerklasse oder für die Zahl der Kinderfreibeträge zu Gunsten des Arbeitnehmers, kann dieser beim Finanzamt die Änderung der Lohnsteuerabzugsmerkmale beantragen. ²Die Änderung ist mit Wirkung von dem ersten Tag des Monats an vorzunehmen, in dem erstmals die Voraussetzungen für die Änderung vorlagen. ³Ehegatten können im Laufe des Kalenderjahres beim Finanzamt die Änderung der Steuerklassen beantragen. ⁴Dies gilt unabhängig von der automatisierten Bildung der Steuerklassen nach § 39e Absatz 3 Satz 3 sowie einer von den Ehegatten gewünschten Änderung dieser automatisierten Bildung. ⁵Das Finanzamt hat eine Änderung nach Satz 3 mit Wirkung vom Beginn des Kalendermonats vorzunehmen, der auf die Antragstellung folgt. ⁶Für eine Berücksichtigung der Änderung im laufenden Kalenderjahr ist der Antrag nach Satz 1 oder 3 spätestens bis zum 30. November zu stellen.

(7) ¹Wird ein unbeschränkt einkommensteuerpflichtiger Arbeitnehmer beschränkt einkommensteuerpflichtig, hat er dies dem Finanzamt unverzüglich mitzuteilen. ²Das Finanzamt hat die Lohnsteuerabzugsmerkmale vom Zeitpunkt des Eintritts der beschränkten Einkommensteuerpflicht an zu ändern. ³Absatz 1 Satz 5 bis 8 gilt entsprechend. ⁴Unterbleibt die Mitteilung, hat das Finanzamt zu wenig erhobene Lohnsteuer vom Arbeitnehmer nachzufordern, wenn diese 10 Euro übersteigt.

(8) Ohne Einwilligung des Arbeitnehmers und soweit gesetzlich nichts anderes zugelassen ist, darf der Arbeitgeber die Lohnsteuerabzugsmerkmale nur für die Einbehaltung der Lohn- und Kirchensteuer verarbeiten.

§ 40 Pauschalierung der Lohnsteuer in besonderen Fällen

(1) ¹Das Betriebsstättenfinanzamt (§ 41a Absatz 1 Satz 1 Nummer 1) kann auf Antrag des Arbeitgebers zulassen, dass die Lohnsteuer mit einem unter Berücksichtigung der Vorschriften des § 38a zu ermittelnden Pauschsteuersatz erhoben wird, soweit
1. von dem Arbeitgeber sonstige Bezüge in einer größeren Zahl von Fällen gewährt werden oder
2. in einer größeren Zahl von Fällen Lohnsteuer nachzuerheben ist, weil der Arbeitgeber die Lohnsteuer nicht vorschriftsmäßig einbehalten hat.

²Bei der Ermittlung des Pauschsteuersatzes ist zu berücksichtigen, dass die in Absatz 3 vorgeschriebene Übernahme der pauschalen Lohnsteuer durch den Arbeitgeber für den Arbeitnehmer eine in Geldeswert bestehende Einnahme im Sinne des § 8 Absatz 1 darstellt (Nettosteuersatz). ³Die Pauschalierung ist in den Fällen des Satzes 1 der Nummer 1 ausgeschlossen, soweit der Arbeitgeber einem Arbeitnehmer sonstige Bezüge von mehr als 1000 Euro im Kalenderjahr gewährt. ⁴Der Arbeitgeber hat dem Antrag eine Berechnung beizufügen, aus der sich der durchschnittliche Steuersatz unter Zugrundelegung der durchschnittlichen Jahresarbeitslöhne und der durchschnittlichen Jahreslohnsteuer in jeder Steuerklasse für diejenigen Arbeitnehmer ergibt, denen die Bezüge gewährt werden sollen oder gewährt worden sind.

(2) ¹Abweichend von Absatz 1 kann der Arbeitgeber die Lohnsteuer mit einem Pauschsteuersatz von 25 Prozent erheben, soweit er
1. arbeitstäglich Mahlzeiten im Betrieb an die Arbeitnehmer unentgeltlich oder verbilligt abgibt oder Barzuschüsse an ein anderes Unternehmen leistet, das arbeitstäglich Mahlzeiten an die Arbeitnehmer unentgeltlich oder verbilligt abgibt. ²Voraussetzung ist, dass die Mahlzeiten nicht als Lohnbestandteile vereinbart sind,
1a. oder auf seine Veranlassung ein Dritter den Arbeitnehmern anlässlich einer beruflichen Tätigkeit außerhalb seiner Wohnung und ersten Tätigkeitsstätte Mahlzeiten zur Verfügung stellt, die nach § 8 Absatz 2 Satz 8 und 9 mit dem Sachbezugswert anzusetzen sind,
2. Arbeitslohn aus Anlass von Betriebsveranstaltungen zahlt,
3. Erholungsbeihilfen gewährt, wenn diese zusammen mit Erholungsbeihilfen, die in demselben Kalenderjahr früher gewährt worden sind, 156 Euro für den Arbeitnehmer, 104 Euro für dessen Ehegatten und 52 Euro für jedes Kind nicht übersteigen und der Arbeitgeber sicherstellt, dass die Beihilfen zu Erholungszwecken verwendet werden,
4. Vergütungen für Verpflegungsmehraufwendungen anlässlich einer Tätigkeit im Sinne des § 9 Absatz 4a Satz 2 oder Satz 4 zahlt, soweit die Vergütungen die nach § 9 Absatz 4a Satz 3, 5 und 6 zustehenden Pauschalen um nicht mehr als 100 Prozent übersteigen,
5. den Arbeitnehmern zusätzlich zum ohnehin geschuldeten Arbeitslohn unentgeltlich oder verbilligt Datenverarbeitungsgeräte übereignet; das gilt auch für Zubehör und Internetzugang. ²Das Gleiche gilt für Zuschüsse des Arbeitgebers, die zusätzlich zum ohnehin geschuldeten Arbeitslohn zu den Aufwendungen des Arbeitnehmers für die Internetnutzung gezahlt werden,
6. den Arbeitnehmern zusätzlich zum ohnehin geschuldeten Arbeitslohn unentgeltlich oder verbilligt die Ladevorrichtung für Elektrofahrzeuge oder Hybridelektrofahrzeuge im Sinne des § 6 Absatz 1 Nummer 4 Satz 2 zweiter Halbsatz übereignet. Das Gleiche gilt für Zuschüsse des Arbeitgebers, die zusätzlich zum ohnehin geschuldeten Arbeitslohn zu den Aufwendungen des Arbeitnehmers für den Erwerb und die Nutzung dieser Ladevorrichtung gezahlt werden,

7. den Arbeitnehmern zusätzlich zum ohnehin geschuldeten Arbeitslohn unentgeltlich oder verbilligt ein betriebliches Fahrrad, das kein Kraftfahrzeug im Sinne des § 6 Absatz 1 Nummer 4 Satz 2 ist, übereignet.

²Der Arbeitgeber kann die Lohnsteuer mit folgenden Pauschsteuersätzen erheben:
1. mit einem Pauschsteuersatz von 15 Prozent für die nicht nach § 3 Nummer 15 steuerfreien
   a) Sachbezüge in Form einer unentgeltlichen oder verbilligten Beförderung eines Arbeitnehmers zwischen Wohnung und erster Tätigkeitsstätte sowie Fahrten nach § 9 Absatz 1 Satz 3 Nummer 4a Satz 3 oder
   b) Zuschüsse zu den Aufwendungen des Arbeitnehmers für Fahrten zwischen Wohnung und erster Tätigkeitsstätte oder Fahrten nach § 9 Absatz 1 Satz 3 Nummer 4a Satz 3, die zusätzlich zum ohnehin geschuldeten Arbeitslohn geleistet werden,
   soweit die Bezüge den Betrag nicht übersteigen, den der Arbeitnehmer nach § 9 Absatz 1 Satz 3 Nummer 4 und Absatz 2 als Werbungskosten geltend machen könnte, wenn die Bezüge nicht pauschal besteuert würden; diese pauschal besteuerten Bezüge mindern die nach § 9 Absatz 1 Satz 3 Nummer 4 Satz 2 und Absatz 2 abziehbaren Werbungskosten oder
2. mit einem Pauschsteuersatz von 25 Prozent anstelle der Steuerfreiheit nach § 3 Nummer 15 einheitlich für alle dort genannten Bezüge eines Kalenderjahres, auch wenn die Bezüge dem Arbeitnehmer nicht zusätzlich zum ohnehin geschuldeten Arbeitslohn gewährt werden; für diese pauschal besteuerten Bezüge unterbleibt eine Minderung der nach § 9 Absatz 1 Satz 3 Nummer 4 Satz 2 und Absatz 2 abziehbaren Werbungskosten oder
3. mit einem Pauschsteuersatz von 25 Prozent für die Freifahrtberechtigungen, die Soldaten nach § 30 Absatz 6 des Soldatengesetzes erhalten; für diese pauschal besteuerten Bezüge unterbleibt eine Minderung der nach § 9 Absatz 1 Satz 3 Nummer 4 Satz 2 sowie Nummer 5 Satz 6 abziehbaren Werbungskosten.

³Die nach Satz 2 pauschalbesteuerten Bezüge bleiben bei der Anwendung des § 40a Absatz 1 bis 4 außer Ansatz.
⁴Bemessungsgrundlage der pauschalen Lohnsteuer sind in den Fällen des Satzes 2 Nummer 2 und 3 die Aufwendungen des Arbeitgebers einschließlich Umsatzsteuer.

(3) ¹Der Arbeitgeber hat die pauschale Lohnsteuer zu übernehmen. ²Er ist Schuldner der pauschalen Lohnsteuer; auf den Arbeitnehmer abgewälzte pauschale Lohnsteuer gilt als zugeflossener Arbeitslohn und mindert nicht die Bemessungsgrundlage. ³Der pauschal besteuerte Arbeitslohn und die pauschale Lohnsteuer bleiben bei einer Veranlagung zur Einkommensteuer und beim Lohnsteuer-Jahresausgleich außer Ansatz. ⁴Die pauschale Lohnsteuer ist weder auf die Einkommensteuer noch auf die Jahreslohnsteuer anzurechnen.

3. Steuerabzug vom Kapitalertrag (Kapitalertragsteuer)

§ 45d Mitteilungen an das Bundeszentralamt für Steuern

(1) ¹Wer nach § 44 Absatz 1 dieses Gesetzes und nach § 7 des Investmentsteuergesetzes zum Steuerabzug verpflichtet ist, hat dem Bundeszentralamt für Steuern nach Maßgabe des § 93c der Abgabenordnung neben den in § 93c Absatz 1 der Abgabenordnung genannten Angaben folgende Daten zu übermitteln:
1. bei den Kapitalerträgen, für die ein Freistellungsauftrag erteilt worden ist,
   a) die Kapitalerträge, bei denen vom Steuerabzug Abstand genommen worden ist oder bei denen Kapitalertragsteuer auf Grund des Freistellungsauftrags gemäß § 44b Absatz 6 Satz 4 dieses Gesetzes oder gemäß § 7 Absatz 5 Satz 1 des Investmentsteuergesetzes erstattet wurde,
   b) die Kapitalerträge, bei denen die Erstattung von Kapitalertragsteuer beim Bundeszentralamt für Steuern beantragt worden ist,
2. die Kapitalerträge, bei denen auf Grund einer Nichtveranlagungs-Bescheinigung einer natürlichen Person nach § 44a Absatz 2 Satz 1 Nummer 2 vom Steuerabzug Abstand genommen oder eine Erstattung vorgenommen wurde.

²Bei einem gemeinsamen Freistellungsauftrag sind die Daten beider Ehegatten zu übermitteln. ³§ 72a Absatz 4, § 93c Absatz 1 Nummer 3 und § 203a der Abgabenordnung finden keine Anwendung.
(2) ¹Das Bundeszentralamt für Steuern darf den Sozialleistungsträgern die Daten nach Absatz 1 mitteilen, soweit dies zur Überprüfung des bei der Sozialleistung zu berücksichtigenden Einkommens oder Vermögens erforderlich ist oder die betroffene Person zustimmt. ²Für Zwecke des Satzes 1 ist das Bundeszentralamt für Steuern berechtigt, die ihm von den Sozialleistungsträgern übermittelten Daten mit den vorhandenen Daten nach Absatz 1 im Wege des automatisierten Datenabgleichs zu überprüfen und das Ergebnis den Sozialleistungsträgern mitzuteilen.
(3) ¹Ein inländischer Versicherungsvermittler im Sinne des § 59 Absatz 1 des Versicherungsvertragsgesetzes hat das Zustandekommen eines Vertrages im Sinne des § 20 Absatz 1 Nummer 6 zwischen einer im Inland ansässigen Person und einem Versicherungsunternehmen mit Sitz und Geschäftsleitung im Ausland nach Maßgabe des § 93c der Abgabenordnung dem Bundeszentralamt für Steuern mitzuteilen. ²Dies gilt nicht, wenn das Versicherungsunternehmen eine Niederlassung im Inland hat oder das Versicherungsunternehmen dem Bundeszentralamt für Steuern bis zu diesem Zeitpunkt das Zustandekommen eines Vertrages angezeigt und den Versicherungsvermittler

hierüber in Kenntnis gesetzt hat. ³Neben den in § 93c Absatz 1 der Abgabenordnung genannten Daten sind folgende Daten zu übermitteln:
1. Name und Anschrift des Versicherungsunternehmens sowie Vertragsnummer oder sonstige Kennzeichnung des Vertrages,
2. Laufzeit und garantierte Versicherungssumme oder Beitragssumme für die gesamte Laufzeit,
3. Angabe, ob es sich um einen konventionellen, einen fondsgebundenen oder einen vermögensverwaltenden Versicherungsvertrag handelt.

⁴Ist mitteilungspflichtige Stelle nach Satz 1 das ausländische Versicherungsunternehmen und verfügt dieses weder über ein Identifikationsmerkmal nach den §§ 139a bis 139c der Abgabenordnung noch über eine Steuernummer oder ein sonstiges Ordnungsmerkmal, so kann abweichend von § 93c Absatz 1 Nummer 2 Buchstabe a der Abgabenordnung auf diese Angaben verzichtet werden. ⁵Der Versicherungsnehmer gilt als Steuerpflichtiger im Sinne des § 93c Absatz 1 Nummer 2 Buchstabe c der Abgabenordnung. ⁶§ 72a Absatz 4 und § 203a der Abgabenordnung finden keine Anwendung.

X. Kindergeld

§ 62 Anspruchsberechtigte

(1) ¹Für Kinder im Sinne des § 63 hat Anspruch auf Kindergeld nach diesem Gesetz, wer
1. im Inland einen Wohnsitz oder seinen gewöhnlichen Aufenthalt hat oder
2. ohne Wohnsitz oder gewöhnlichen Aufenthalt im Inland
   a) nach § 1 Absatz 2 unbeschränkt einkommensteuerpflichtig ist oder
   b) nach § 1 Absatz 3 als unbeschränkt einkommensteuerpflichtig behandelt wird.

²Voraussetzung für den Anspruch nach Satz 1 ist, dass der Berechtigte durch die an ihn vergebene Identifikationsnummer (§ 139b der Abgabenordnung) identifiziert wird. ³Die nachträgliche Vergabe der Identifikationsnummer wirkt auf Monate zurück, in denen die Voraussetzungen des Satzes 1 vorliegen.

(1a) ¹Begründet ein Staatsangehöriger eines anderen Mitgliedstaates der Europäischen Union oder eines Staates, auf den das Abkommen über den Europäischen Wirtschaftsraum Anwendung findet, im Inland einen Wohnsitz oder gewöhnlichen Aufenthalt, so hat er für die ersten drei Monate ab Begründung des Wohnsitzes oder des gewöhnlichen Aufenthalts keinen Anspruch auf Kindergeld. ²Dies gilt nicht, wenn er nachweist, dass er inländische Einkünfte im Sinne des § 2 Absatz 1 Satz 1 Nummer 1 bis 4 mit Ausnahme von Einkünften nach § 19 Absatz 1 Satz 1 Nummer 2 erzielt. ³Nach Ablauf des in Satz 1 genannten Zeitraums hat er Anspruch auf Kindergeld, es sei denn, die Voraussetzungen des § 2 Absatz 2 oder Absatz 3 des Freizügigkeitsgesetzes/EU liegen nicht vor oder es sind nur die Voraussetzungen des § 2 Absatz 2 Nummer 1a des Freizügigkeitsgesetzes/EU erfüllt, ohne dass vorher eine andere der in § 2 Absatz 2 des Freizügigkeitsgesetzes/EU genannten Voraussetzungen erfüllt war. ⁴Die Prüfung, ob die Voraussetzungen für einen Anspruch auf Kindergeld gemäß Satz 2 vorliegen oder gemäß Satz 3 nicht gegeben sind, führt die Familienkasse in eigener Zuständigkeit durch. ⁵Lehnt die Familienkasse eine Kindergeldfestsetzung in diesem Fall ab, hat sie ihre Entscheidung der zuständigen Ausländerbehörde mitzuteilen. ⁶Wurde das Vorliegen der Anspruchsvoraussetzungen durch die Verwendung gefälschter oder verfälschter Dokumente oder durch Vorspiegelung falscher Tatsachen vorgetäuscht, hat die Familienkasse die zuständige Ausländerbehörde unverzüglich zu unterrichten.

(2) Ein nicht freizügigkeitsberechtigter Ausländer erhält Kindergeld nur, wenn er
1. eine Niederlassungserlaubnis oder eine Erlaubnis zum Daueraufenthalt-EU besitzt,
2. eine Blaue Karte EU, eine ICT-Karte, eine Mobiler-ICT-Karte oder eine Aufenthaltserlaubnis besitzt, die für einen Zeitraum von mindestens sechs Monaten zur Ausübung einer Erwerbstätigkeit berechtigen oder berechtigt haben oder diese erlauben, es sei denn, die Aufenthaltserlaubnis wurde
   a) nach § 16e des Aufenthaltsgesetzes zu Ausbildungszwecken, nach § 19c Absatz 1 des Aufenthaltsgesetzes zum Zweck der Beschäftigung als Au-Pair oder zum Zweck der Saisonbeschäftigung, nach § 19e des Aufenthaltsgesetzes zum Zweck der Teilnahme an einem Europäischen Freiwilligendienst oder nach § 20 Absatz 1 und 2 des Aufenthaltsgesetzes zur Arbeitsplatzsuche erteilt,
   b) nach § 16b des Aufenthaltsgesetzes zum Zweck eines Studiums, nach § 16d des Aufenthaltsgesetzes für Maßnahmen zur Anerkennung ausländischer Berufsqualifikationen oder nach § 20 Absatz 3 des Aufenthaltsgesetzes zur Arbeitsplatzsuche erteilt und er ist weder erwerbstätig noch nimmt er Elternzeit nach § 15 des Bundeselterngeld- und Elternzeitgesetzes oder laufende Geldleistungen nach dem Dritten Buch Sozialgesetzbuch in Anspruch,
   c) nach § 23 Absatz 1 des Aufenthaltsgesetzes wegen eines Krieges in seinem Heimatland oder nach den §§ 23a, 24 oder § 25 Absatz 3 bis 5 des Aufenthaltsgesetzes erteilt,

3. eine in Nummer 2 Buchstabe c genannte Aufenthaltserlaubnis besitzt und im Bundesgebiet berechtigt erwerbstätig ist oder Elternzeit nach § 15 des Bundeselterngeld- und Elternzeitgesetzes oder laufende Geldleistungen nach dem Dritten Buch Sozialgesetzbuch in Anspruch nimmt,
4. eine in Nummer 2 Buchstabe c genannte Aufenthaltserlaubnis besitzt und sich seit mindestens 15 Monaten erlaubt, gestattet oder geduldet im Bundesgebiet aufhält oder
5. eine Beschäftigungsduldung gemäß § 60d in Verbindung mit § 60a Absatz 2 Satz 3 des Aufenthaltsgesetzes besitzt.

§ 63 Kinder

(1) [1]Als Kinder werden berücksichtigt
1. Kinder im Sinne des § 32 Absatz 1,
2. vom Berechtigten in seinen Haushalt aufgenommene Kinder seines Ehegatten,
3. vom Berechtigten in seinen Haushalt aufgenommene Enkel.

[2]§ 32 Absatz 3 bis 5 gilt entsprechend. [3]Voraussetzung für die Berücksichtigung ist die Identifizierung des Kindes durch die an dieses Kind vergebene Identifikationsnummer (§ 139b der Abgabenordnung). [4]Ist das Kind nicht nach einem Steuergesetz steuerpflichtig (§ 139a Absatz 2 der Abgabenordnung), ist es in anderer geeigneter Weise zu identifizieren. [5]Die nachträgliche Identifizierung oder nachträgliche Vergabe der Identifikationsnummer wirkt auf Monate zurück, in denen die Voraussetzungen der Sätze 1 bis 4 vorliegen. [6]Kinder, die weder einen Wohnsitz noch ihren gewöhnlichen Aufenthalt im Inland, in einem Mitgliedstaat der Europäischen Union oder in einem Staat, auf den das Abkommen über den Europäischen Wirtschaftsraum Anwendung findet, haben, werden nicht berücksichtigt, es sei denn, sie leben im Haushalt eines Berechtigten im Sinne des § 62 Absatz 1 Satz 1 Nummer 2 Buchstabe a. [7]Kinder im Sinne von § 2 Absatz 4 Satz 2 des Bundeskindergeldgesetzes werden nicht berücksichtigt.

(2) Die Bundesregierung wird ermächtigt, durch Rechtsverordnung, die nicht der Zustimmung des Bundesrates bedarf, zu bestimmen, dass einem Berechtigten, der im Inland erwerbstätig ist oder sonst seine hauptsächlichen Einkünfte erzielt, für seine in Absatz 1 Satz 3 erster Halbsatz bezeichneten Kinder Kindergeld ganz oder teilweise zu leisten ist, soweit dies mit Rücksicht auf die durchschnittlichen Lebenshaltungskosten für Kinder in deren Wohnsitzstaat und auf die dort gewährten dem Kindergeld vergleichbaren Leistungen geboten ist.

§ 64 Zusammentreffen mehrerer Ansprüche

(1) Für jedes Kind wird nur einem Berechtigten Kindergeld gezahlt.

(2) [1]Bei mehreren Berechtigten wird das Kindergeld demjenigen gezahlt, der das Kind in seinen Haushalt aufgenommen hat. [2]Ist ein Kind in den gemeinsamen Haushalt von Eltern, einem Elternteil und dessen Ehegatten, Pflegeeltern oder Großeltern aufgenommen worden, so bestimmen diese untereinander den Berechtigten. [3]Wird eine Bestimmung nicht getroffen, so bestimmt das Familiengericht auf Antrag den Berechtigten. [4]Den Antrag kann stellen, wer ein berechtigtes Interesse an der Zahlung des Kindergeldes hat. [5]Lebt ein Kind im gemeinsamen Haushalt von Eltern und Großeltern, so wird das Kindergeld vorrangig einem Elternteil gezahlt; es wird an einen Großelternteil gezahlt, wenn der Elternteil gegenüber der zuständigen Stelle auf seinen Vorrang schriftlich verzichtet hat.

(3) [1]Ist das Kind nicht in den Haushalt eines Berechtigten aufgenommen, so erhält das Kindergeld derjenige, der dem Kind eine Unterhaltsrente zahlt. [2]Zahlen mehrere Berechtigte dem Kind Unterhaltsrenten, so erhält das Kindergeld derjenige, der dem Kind die höchste Unterhaltsrente zahlt. [3]Werden gleich hohe Unterhaltsrenten gezahlt oder zahlt keiner der Berechtigten dem Kind Unterhalt, so bestimmen die Berechtigten untereinander, wer das Kindergeld erhalten soll. [4]Wird eine Bestimmung nicht getroffen, so gilt Absatz 2 Satz 3 und 4 entsprechend.

§ 65 Andere Leistungen für Kinder

(1) [1]Kindergeld wird nicht für ein Kind gezahlt, für das eine der folgenden Leistungen zu zahlen ist oder bei entsprechender Antragstellung zu zahlen wäre:
1. Kinderzulagen aus der gesetzlichen Unfallversicherung oder Kinderzuschüsse aus den gesetzlichen Rentenversicherungen,
2. Leistungen für Kinder, die im Ausland gewährt werden und dem Kindergeld oder einer der unter Nummer 1 genannten Leistungen vergleichbar sind,
3. Leistungen für Kinder, die von einer zwischen- oder überstaatlichen Einrichtung gewährt werden und dem Kindergeld vergleichbar sind.

[2]Soweit es für die Anwendung von Vorschriften dieses Gesetzes auf den Erhalt von Kindergeld ankommt, stehen die Leistungen nach Satz 1 dem Kindergeld gleich. [3]Steht ein Berechtigter in einem Versicherungspflichtverhältnis zur Bundesagentur für Arbeit nach § 24 des Dritten Buches Sozialgesetzbuch oder ist er versicherungsfrei nach § 28 Absatz 1 Nummer 1 des Dritten Buches Sozialgesetzbuch oder steht er im Inland in einem öffentlich-rechtlichen Dienst- oder Amtsverhältnis, so wird sein Anspruch auf Kindergeld für ein Kind nicht nach Satz 1 Nummer 3 mit

Rücksicht darauf ausgeschlossen, dass sein Ehegatte als Beamter, Ruhestandsbeamter oder sonstiger Bediensteter der Europäischen Union für das Kind Anspruch auf Kinderzulage hat.

(2) Ist in den Fällen des Absatzes 1 Satz 1 Nummer 1 der Bruttobetrag der anderen Leistung niedriger als das Kindergeld nach § 66, wird Kindergeld in Höhe des Unterschiedsbetrags gezahlt, wenn er mindestens 5 Euro beträgt.

§ 66 Höhe des Kindergeldes, Zahlungszeitraum

(1) ¹Das Kindergeld beträgt monatlich für das erste und zweite Kind jeweils 219 Euro, für das dritte Kind 225 Euro und für das vierte und jedes weitere Kind jeweils 250 Euro. ²Darüber hinaus wird für jedes Kind, für das für den Monat Mai 2021 ein Anspruch auf Kindergeld besteht, für den Monat Mai 2021 ein Einmalbetrag in Höhe von 150 Euro gezahlt. ³Ein Anspruch in Höhe des Einmalbetrags von 150 Euro für das Kalenderjahr 2021 besteht auch für ein Kind, für das nicht für den Monat Mai 2021, jedoch für mindestens einen anderen Kalendermonat im Kalenderjahr 2021 ein Anspruch auf Kindergeld besteht. ⁴Der Einmalbetrag nach den Sätzen 2 und 3 wird als Kindergeld im Rahmen der Vergleichsberechnung nach § 31 Satz 4 berücksichtigt.

(2) Das Kindergeld wird monatlich vom Beginn des Monats an gezahlt, in dem die Anspruchsvoraussetzungen erfüllt sind, bis zum Ende des Monats, in dem die Anspruchsvoraussetzungen wegfallen.

§ 67 Antrag

¹Das Kindergeld ist bei der zuständigen Familienkasse schriftlich zu beantragen; eine elektronische Antragstellung nach amtlich vorgeschriebenem Datensatz über die amtlich vorgeschriebene Schnittstelle ist zulässig, soweit der Zugang eröffnet wurde. ²Den Antrag kann außer dem Berechtigten auch stellen, wer ein berechtigtes Interesse an der Leistung des Kindergeldes hat. ³In Fällen des Satzes 2 ist § 62 Absatz 1 Satz 2 bis 3 anzuwenden. ⁴Der Berechtigte ist zu diesem Zweck verpflichtet, demjenigen, der ein berechtigtes Interesse an der Leistung des Kindergeldes hat, seine an ihn vergebene Identifikationsnummer (§ 139b der Abgabenordnung) mitzuteilen. ⁵Kommt der Berechtigte dieser Verpflichtung nicht nach, teilt die zuständige Familienkasse demjenigen, der ein berechtigtes Interesse an der Leistung des Kindergeldes hat, auf seine Anfrage die Identifikationsnummer des Berechtigten mit.

§ 68 Besondere Mitwirkungspflichten und Offenbarungsbefugnis

(1) ¹Wer Kindergeld beantragt oder erhält, hat Änderungen in den Verhältnissen, die für die Leistung erheblich sind oder über die im Zusammenhang mit der Leistung Erklärungen abgegeben worden sind, unverzüglich der zuständigen Familienkasse mitzuteilen. ²Ein Kind, das das 18. Lebensjahr vollendet hat, ist auf Verlangen der Familienkasse verpflichtet, an der Aufklärung des für die Kindergeldzahlung maßgebenden Sachverhalts mitzuwirken; § 101 der Abgabenordnung findet insoweit keine Anwendung.

(2) (weggefallen)

(3) Auf Antrag des Berechtigten erteilt die das Kindergeld auszahlende Stelle eine Bescheinigung über das für das Kalenderjahr ausgezahlte Kindergeld.

(4) ¹Die Familienkassen dürfen den Stellen, die die Bezüge im öffentlichen Dienst anweisen, den für die jeweilige Kindergeldzahlung maßgebenden Sachverhalt durch automatisierte Abrufverfahren bereitstellen oder Auskunft über diesen Sachverhalt erteilen. ²Das Bundesministerium der Finanzen wird ermächtigt, durch Rechtsverordnung ohne Zustimmung des Bundesrates zur Durchführung von automatisierten Abrufen nach Satz 1 die Voraussetzungen, unter denen ein Datenabruf erfolgen darf, festzulegen.

(5) ¹Zur Erfüllung der in § 31a Absatz 2 der Abgabenordnung genannten Mitteilungspflichten dürfen die Familienkassen den Leistungsträgern, die für Leistungen der Arbeitsförderung nach § 19 Absatz 2, für Leistungen der Grundsicherung für Arbeitsuchende nach § 19a Absatz 2, für Kindergeld, Kinderzuschlag, Leistungen für Bildung und Teilhabe und Elterngeld nach § 25 Absatz 3 oder für Leistungen der Sozialhilfe nach § 28 Absatz 2 des Ersten Buches Sozialgesetzbuch zuständig sind, und den nach § 9 Absatz 1 Satz 2 des Unterhaltsvorschussgesetzes zuständigen Stellen den für die jeweilige Kindergeldzahlung maßgebenden Sachverhalt durch automatisierte Abrufverfahren bereitstellen. ²Das Bundesministerium der Finanzen wird ermächtigt, durch Rechtsverordnung mit Zustimmung des Bundesrates zur Durchführung von automatisierten Abrufen nach Satz 1 die Voraussetzungen, unter denen ein Datenabruf erfolgen darf, festzulegen.

(6) ¹Zur Prüfung und Bemessung der in Artikel 3 Absatz 1 Buchstabe j in Verbindung mit Artikel 1 Buchstabe z der Verordnung (EG) Nr. 883/2004 des Europäischen Parlaments und des Rates vom 29. April 2004 zur Koordinierung der Systeme der sozialen Sicherheit (ABl. L 166 vom 30. 4. 2004, S. 1), die zuletzt durch die Verordnung (EU) 2017/492 (ABl. L 76 vom 22. 3. 2017, S. 13) geändert worden ist, genannten Familienleistungen dürfen die Familienkassen den zuständigen öffentlichen Stellen eines Mitgliedstaates der Europäischen Union den für die jeweilige Kindergeldzahlung maßgebenden Sachverhalt durch automatisierte Abrufverfahren bereitstellen. ²Das Bundesministerium der Finanzen wird ermächtigt, durch Rechtsverordnung ohne Zustimmung des Bundesrates zur Durch-

führung von automatisierten Abrufen nach Satz 1 die Voraussetzungen, unter denen ein Datenabruf erfolgen darf, festzulegen.
(7) ¹Die Datenstelle der Rentenversicherung darf den Familienkassen in einem automatisierten Abrufverfahren die zur Überprüfung des Anspruchs auf Kindergeld nach § 62 Absatz 1a und 2 erforderlichen Daten übermitteln; § 79 Absatz 2 bis 4 des Zehnten Buches Sozialgesetzbuch gilt entsprechend. ²Die Träger der Leistungen nach dem Zweiten und Dritten Buch Sozialgesetzbuch dürfen den Familienkassen in einem automatisierten Abrufverfahren die zur Überprüfung des Anspruchs auf Kindergeld nach § 62 erforderlichen Daten übermitteln. ³Das Bundesministerium für Arbeit und Soziales wird ermächtigt, durch Rechtsverordnung mit Zustimmung des Bundesrates die Voraussetzungen für das Abrufverfahren und Regelungen zu den Kosten des Verfahrens nach Satz 2 festzulegen.

§ 69 Datenübermittlung an die Familienkassen
Erfährt das Bundeszentralamt für Steuern, dass ein Kind, für das Kindergeld gezahlt wird, ins Ausland verzogen ist oder von Amts wegen von der Meldebehörde abgemeldet wurde, hat es der zuständigen Familienkasse unverzüglich die in § 139b Absatz 3 Nummer 1, 3, 5, 8 und 14 der Abgabenordnung genannten Daten zum Zweck der Prüfung der Rechtmäßigkeit des Bezugs von Kindergeld zu übermitteln.

§ 70 Festsetzung und Zahlung des Kindergeldes
(1) ¹Das Kindergeld nach § 62 wird von den Familienkassen durch Bescheid festgesetzt und ausgezahlt. ²Die Auszahlung von festgesetztem Kindergeld erfolgt rückwirkend nur für die letzten sechs Monate vor Beginn des Monats, in dem der Antrag auf Kindergeld eingegangen ist. ³Der Anspruch auf Kindergeld nach § 62 bleibt von dieser Auszahlungsbeschränkung unberührt.
(2) ¹Soweit in den Verhältnissen, die für den Anspruch auf Kindergeld erheblich sind, Änderungen eintreten, ist die Festsetzung des Kindergeldes mit Wirkung vom Zeitpunkt der Änderung der Verhältnisse aufzuheben oder zu ändern. ²Ist die Änderung einer Kindergeldfestsetzung nur wegen einer Anhebung der in § 66 Absatz 1 genannten Kindergeldbeträge erforderlich, kann von der Erteilung eines schriftlichen Änderungsbescheides abgesehen werden.
(3) ¹Materielle Fehler der letzten Festsetzung können durch Aufhebung oder Änderung der Festsetzung mit Wirkung ab dem auf die Bekanntgabe der Aufhebung oder Änderung der Festsetzung folgenden Monat beseitigt werden. ²Bei der Aufhebung oder Änderung der Festsetzung nach Satz 1 ist § 176 der Abgabenordnung entsprechend anzuwenden; dies gilt nicht für Monate, die nach der Verkündung der maßgeblichen Entscheidung eines obersten Bundesgerichts beginnen.

§ 71 Vorläufige Einstellung der Zahlung des Kindergeldes
(1) Die Familienkasse kann die Zahlung des Kindergeldes ohne Erteilung eines Bescheides vorläufig einstellen, wenn
1. sie Kenntnis von Tatsachen erhält, die kraft Gesetzes zum Ruhen oder zum Wegfall des Anspruchs führen, und
2. die Festsetzung, aus der sich der Anspruch ergibt, deshalb mit Wirkung für die Vergangenheit aufzuheben ist.

(2) ¹Soweit die Kenntnis der Familienkasse nicht auf Angaben des Berechtigten beruht, der das Kindergeld erhält, sind dem Berechtigten unverzüglich die vorläufige Einstellung der Zahlung des Kindergeldes sowie die dafür maßgeblichen Gründe mitzuteilen. ²Ihm ist Gelegenheit zu geben, sich zu äußern.
(3) Die Familienkasse hat die vorläufig eingestellte Zahlung des Kindergeldes unverzüglich nachzuholen, soweit die Festsetzung, aus der sich der Anspruch ergibt, zwei Monate nach der vorläufigen Einstellung der Zahlung nicht mit Wirkung für die Vergangenheit aufgehoben oder geändert wird.

§ 72 Festsetzung und Zahlung des Kindergeldes an Angehörige des öffentlichen Dienstes
(1) ¹Steht Personen, die
1. in einem öffentlich-rechtlichen Dienst-, Amts- oder Ausbildungsverhältnis stehen, mit Ausnahme der Ehrenbeamten,
2. Versorgungsbezüge nach beamten- oder soldatenrechtlichen Vorschriften oder Grundsätzen erhalten oder
3. Arbeitnehmer einer Körperschaft, einer Anstalt oder einer Stiftung des öffentlichen Rechts sind, einschließlich der zu ihrer Berufsausbildung Beschäftigten,

Kindergeld nach Maßgabe dieses Gesetzes zu, wird es von den Körperschaften, Anstalten oder Stiftungen des öffentlichen Rechts als Familienkassen festgesetzt und ausgezahlt. ²Das Bundeszentralamt für Steuern erteilt den Familienkassen ein Merkmal zu ihrer Identifizierung (Familienkassenschlüssel). ³Satz 1 ist nicht anzuwenden, wenn die Körperschaften, Anstalten oder Stiftungen des öffentlichen Rechts gegenüber dem Bundeszentralamt für Steuern auf ihre Zuständigkeit zur Festsetzung und Auszahlung des Kindergeldes schriftlich oder elektronisch verzichtet haben und dieser Verzicht vom Bundeszentralamt für Steuern schriftlich oder elektronisch bestätigt worden ist. ⁴Die Bestätigung des Bundeszentralamts für Steuern darf erst erfolgen, wenn die haushalterischen

Voraussetzungen für die Übernahme der Festsetzung und Auszahlung des Kindergeldes durch die Bundesagentur für Arbeit vorliegen. ⁵Das Bundeszentralamt für Steuern veröffentlicht die Namen und die Anschriften der Körperschaften, Anstalten oder Stiftungen des öffentlichen Rechts, die nach Satz 3 auf die Zuständigkeit verzichtet haben, sowie den jeweiligen Zeitpunkt, zu dem der Verzicht wirksam geworden ist, im Bundessteuerblatt. ⁶Hat eine Körperschaft, Anstalt oder Stiftung des öffentlichen Rechts die Festsetzung des Kindergeldes auf eine Bundes- oder Landesfamilienkasse im Sinne des § 5 Absatz 1 Nummer 11 Satz 6 bis 9 des Finanzverwaltungsgesetzes übertragen, kann ein Verzicht nach Satz 3 nur durch die Bundes- oder Landesfamilienkasse im Einvernehmen mit der auftraggebenden Körperschaft, Anstalt oder Stiftung wirksam erklärt werden. ⁷Satz 1 ist nicht anzuwenden, wenn die Körperschaften, Anstalten oder Stiftungen des öffentlichen Rechts nach dem 31. Dezember 2018 errichtet wurden; das Bundeszentralamt für Steuern kann auf Antrag eine Ausnahmegenehmigung erteilen, wenn das Kindergeld durch eine Landesfamilienkasse im Sinne des § 5 Absatz 1 Nummer 11 Satz 8 bis 10 des Finanzverwaltungsgesetzes festgesetzt und ausgezahlt wird und kein Verzicht nach Satz 3 vorliegt.

(2) (weggefallen)

(3) Absatz 1 gilt nicht für Personen, die ihre Bezüge oder ihr Arbeitsentgelt
1. von einem Dienstherrn oder Arbeitgeber im Bereich der Religionsgesellschaften des öffentlichen Rechts,
2. von einem Spitzenverband der Freien Wohlfahrtspflege, einem diesem unmittelbar oder mittelbar angeschlossenen Mitgliedsverband oder einer einem solchen Verband angeschlossenen Einrichtung oder Anstalt oder
3. von einem Dienstherrn oder Arbeitgeber im Bereich des Bundes mit Ausnahme der Nachrichtendienste des Bundes, des Bundesverwaltungsamtes sowie derjenigen Behörden, Körperschaften, Anstalten und Stiftungen des öffentlichen Rechts, die die Festsetzung und Auszahlung des Kindergeldes auf das Bundesverwaltungsamt übertragen haben,

erhalten.

(4) Absatz 1 gilt nicht für Personen, die voraussichtlich nicht länger als sechs Monate in den Kreis der in Absatz 1 Satz 1 Nummer 1 bis 3 Bezeichneten eintreten.

(5) Obliegt mehreren Rechtsträgern die Zahlung von Bezügen oder Arbeitsentgelt (Absatz 1 Satz 1) gegenüber einem Berechtigten, so ist für die Durchführung dieses Gesetzes zuständig:
1. bei Zusammentreffen von Versorgungsbezügen mit anderen Bezügen oder Arbeitsentgelt der Rechtsträger, dem die Zahlung der anderen Bezüge oder des Arbeitsentgelts obliegt;
2. bei Zusammentreffen mehrerer Versorgungsbezüge der Rechtsträger, dem die Zahlung der neuen Versorgungsbezüge im Sinne der beamtenrechtlichen Ruhensvorschriften obliegt;
3. bei Zusammentreffen von Arbeitsentgelt (Absatz 1 Satz 1 Nummer 3) mit Bezügen aus einem der in Absatz 1 Satz 1 Nummer 1 bezeichneten Rechtsverhältnisse der Rechtsträger, dem die Zahlung dieser Bezüge obliegt;
4. bei Zusammentreffen mehrerer Arbeitsentgelte (Absatz 1 Satz 1 Nummer 3) der Rechtsträger, dem die Zahlung des höheren Arbeitsentgelts obliegt oder – falls die Arbeitsentgelte gleich hoch sind – der Rechtsträger, zu dem das zuerst begründete Arbeitsverhältnis besteht.

(6) ¹Scheidet ein Berechtigter im Laufe eines Monats aus dem Kreis der in Absatz 1 Satz 1 Nummer 1 bis 3 Bezeichneten aus oder tritt er im Laufe eines Monats in diesen Kreis ein, so wird das Kindergeld für diesen Monat von der Stelle gezahlt, die bis zum Ausscheiden oder Eintritt des Berechtigten zuständig war. ²Dies gilt nicht, soweit die Zahlung von Kindergeld für ein Kind in Betracht kommt, das erst nach dem Ausscheiden oder Eintritt bei dem Berechtigten nach § 63 zu berücksichtigen ist. ³Ist in einem Fall des Satzes 1 das Kindergeld bereits für einen folgenden Monat gezahlt worden, so muss der für diesen Monat Berechtigte die Zahlung gegen sich gelten lassen.

(7) ¹In den Abrechnungen der Bezüge und des Arbeitsentgelts ist das Kindergeld gesondert auszuweisen, wenn es zusammen mit den Bezügen oder dem Arbeitsentgelt ausgezahlt wird. ²Der Rechtsträger hat die Summe des von ihm für alle Berechtigten ausgezahlten Kindergeldes und den Betrag, den er insgesamt an Lohnsteuer einzubehalten hat, zu entnehmen und unter Angabe des in Absatz 1 genannten Familienkassenschlüssels bei der nächsten Lohnsteuer-Anmeldung gesondert abzusetzen. ³Übersteigt das insgesamt ausgezahlte Kindergeld den Betrag, der insgesamt an Lohnsteuer abzuführen ist, so wird der übersteigende Betrag dem Rechtsträger auf Antrag von dem Finanzamt, an das die Lohnsteuer abzuführen ist, aus den Einnahmen der Lohnsteuer ersetzt.

(8) ¹Abweichend von Absatz 1 Satz 1 werden Kindergeldansprüche auf Grund über- oder zwischenstaatlicher Rechtsvorschriften durch die Familienkassen der Bundesagentur für Arbeit festgesetzt und ausgezahlt. ²Dies gilt auch für Fälle, in denen Kindergeldansprüche sowohl nach Maßgabe dieses Gesetzes als auch auf Grund über- oder zwischenstaatlicher Rechtsvorschriften bestehen. ³Die Sätze 1 und 2 sind auf Kindergeldansprüche von Angehörigen der Nachrichtendienste des Bundes nicht anzuwenden.

§ 73 (weggefallen)

§ 74 Zahlung des Kindergeldes in Sonderfällen

(1) ¹Das für ein Kind festgesetzte Kindergeld nach § 66 Absatz 1 kann an das Kind ausgezahlt werden, wenn der Kindergeldberechtigte ihm gegenüber seiner gesetzlichen Unterhaltspflicht nicht nachkommt. ²Kindergeld kann an Kinder, die bei der Festsetzung des Kindergeldes berücksichtigt werden, bis zur Höhe des Betrags, der sich bei entsprechender Anwendung des § 76 ergibt, ausgezahlt werden. ³Dies gilt auch, wenn der Kindergeldberechtigte mangels Leistungsfähigkeit nicht unterhaltspflichtig ist oder nur Unterhalt in Höhe eines Betrags zu leisten braucht, der geringer ist als das für die Auszahlung in Betracht kommende Kindergeld. ⁴Die Auszahlung kann auch an die Person oder Stelle erfolgen, die dem Kind Unterhalt gewährt.

(2) Für Erstattungsansprüche der Träger von Sozialleistungen gegen die Familienkasse gelten die §§ 102 bis 109 und 111 bis 113 des Zehnten Buches Sozialgesetzbuch entsprechend.

§ 75 Aufrechnung

(1) Mit Ansprüchen auf Erstattung von Kindergeld kann die Familienkasse gegen Ansprüche auf Kindergeld bis zu deren Hälfte aufrechnen, wenn der Leistungsberechtigte nicht nachweist, dass er dadurch hilfebedürftig im Sinne der Vorschriften des Zwölften Buches Sozialgesetzbuch über die Hilfe zum Lebensunterhalt oder im Sinne der Vorschriften des Zweiten Buches Sozialgesetzbuch über die Leistungen zur Sicherung des Lebensunterhalts wird.

(2) Absatz 1 gilt für die Aufrechnung eines Anspruchs auf Erstattung von Kindergeld gegen einen späteren Kindergeldanspruch eines mit dem Erstattungspflichtigen in Haushaltsgemeinschaft lebenden Berechtigten entsprechend, soweit es sich um laufendes Kindergeld für ein Kind handelt, das bei beiden berücksichtigt werden kann oder konnte.

§ 76 Pfändung

¹Der Anspruch auf Kindergeld kann nur wegen gesetzlicher Unterhaltsansprüche eines Kindes, das bei der Festsetzung des Kindergeldes berücksichtigt wird, gepfändet werden. ²Für die Höhe des pfändbaren Betrages gilt:
1. Gehört das unterhaltsberechtigte Kind zum Kreis der Kinder, für die dem Leistungsberechtigten Kindergeld gezahlt wird, so ist eine Pfändung bis zu dem Betrag möglich, der bei gleichmäßiger Verteilung des Kindergeldes auf jedes dieser Kinder entfällt. ²Ist das Kindergeld durch die Berücksichtigung eines weiteren Kindes erhöht, für das einer dritten Person Kindergeld oder dieser oder dem Leistungsberechtigten eine andere Geldleistung für Kinder zusteht, so bleibt der Erhöhungsbetrag bei der Bestimmung des pfändbaren Betrags des Kindergeldes nach Satz 1 außer Betracht.
2. Der Erhöhungsbetrag nach Nummer 1 Satz 2 ist zugunsten jedes bei der Festsetzung des Kindergeldes berücksichtigten unterhaltsberechtigten Kindes zu dem Anteil pfändbar, der sich bei gleichmäßiger Verteilung auf alle Kinder, die bei der Festsetzung des Kindergeldes zugunsten des Leistungsberechtigten berücksichtigt werden, ergibt.

§ 77 Erstattung von Kosten im Vorverfahren

(1) ¹Soweit der Einspruch gegen die Kindergeldfestsetzung erfolgreich ist, hat die Familienkasse demjenigen, der den Einspruch erhoben hat, die zur zweckentsprechenden Rechtsverfolgung oder Rechtsverteidigung notwendigen Aufwendungen zu erstatten. ²Dies gilt auch, wenn der Einspruch nur deshalb keinen Erfolg hat, weil die Verletzung einer Verfahrens- oder Formvorschrift nach § 126 der Abgabenordnung unbeachtlich ist. ³Aufwendungen, die durch das Verschulden eines Erstattungsberechtigten entstanden sind, hat dieser selbst zu tragen; das Verschulden eines Vertreters ist dem Vertretenen zuzurechnen.

(2) Die Gebühren und Auslagen eines Bevollmächtigten oder Beistandes, der nach den Vorschriften des Steuerberatungsgesetzes zur geschäftsmäßigen Hilfeleistung in Steuersachen befugt ist, sind erstattungsfähig, wenn dessen Zuziehung notwendig war.

(3) ¹Die Familienkasse setzt auf Antrag den Betrag der zu erstattenden Aufwendungen fest. ²Die Kostenentscheidung bestimmt auch, ob die Zuziehung eines Bevollmächtigten oder Beistandes im Sinne des Absatzes 2 notwendig war.

§ 78 Übergangsregelungen

(1) bis (4) (weggefallen)

(5) ¹Abweichend von § 64 Absatz 2 und 3 steht Berechtigten, die für Dezember 1990 für ihre Kinder Kindergeld in dem in Artikel 3 des Einigungsvertrages genannten Gebiet bezogen haben, das Kindergeld für diese Kinder auch für die folgende Zeit zu, solange sie ihren Wohnsitz oder gewöhnlichen Aufenthalt in diesem Gebiet beibehalten und die Kinder die Voraussetzungen ihrer Berücksichtigung weiterhin erfüllen. ²§ 64 Absatz 2 und 3 ist insoweit erst für die Zeit vom Beginn des Monats an anzuwenden, in dem ein hierauf gerichteter Antrag bei der zuständigen Stelle eingegangen ist; der hiernach Berechtigte muss die nach Satz 1 geleisteten Zahlungen gegen sich gelten lassen.

Gesetz über außergerichtliche Rechtsdienstleistungen (Rechtsdienstleistungsgesetz – RDG)

Vom 12. Dezember 2007 (BGBl. I S. 2840, 2008 S. 1000)

Zuletzt geändert durch
Gesetz zur Modernisierung des notariellen Berufsrechts und zur Änderung weiterer Vorschriften vom 25. Juni 2021 (BGBl. I S. 2154)

Inhaltsübersicht

Teil 1
Allgemeine Vorschriften
- § 1 Anwendungsbereich
- § 2 Begriff der Rechtsdienstleistung
- § 3 Befugnis zur Erbringung außergerichtlicher Rechtsdienstleistungen
- § 4 Unvereinbarkeit mit einer anderen Leistungspflicht
- § 5 Rechtsdienstleistungen im Zusammenhang mit einer anderen Tätigkeit

Teil 2
Rechtsdienstleistungen durch nicht registrierte Personen
- § 6 Unentgeltliche Rechtsdienstleistungen
- § 7 Berufs- und Interessenvereinigungen, Genossenschaften
- § 8 Öffentliche und öffentlich anerkannte Stellen
- § 9 Untersagung von Rechtsdienstleistungen

Teil 3
Rechtsdienstleistungen durch registrierte Personen
- § 10 Rechtsdienstleistungen aufgrund besonderer Sachkunde
- § 11 Besondere Sachkunde, Berufsbezeichnungen
- § 12 Registrierungsvoraussetzungen
- § 13 Registrierungsverfahren
- § 13a Darlegungs- und Informationspflichten bei Inkassodienstleistungen
- § 13b Erstattungsfähigkeit der Kosten von Inkassodienstleistern
- § 13c Beauftragung von Rechtsanwälten und Inkassodienstleistern
- § 13d Vergütung der Rentenberater
- § 13e Aufsichtsmaßnahmen
- § 14 Widerruf der Registrierung
- § 14a Bestellung eines Abwicklers für Rentenberater
- § 15 Vorübergehende Rechtsdienstleistungen
- § 15a Statistik
- § 15b Betrieb ohne Registrierung

Teil 4
Rechtsdienstleistungsregister
- § 16 Inhalt des Rechtsdienstleistungsregisters
- § 17 Löschung von Veröffentlichungen

Teil 5
Datenübermittlung und Zuständigkeiten, Bußgeldvorschriften
- § 18 Umgang mit personenbezogenen Daten
- § 19 Zuständigkeit und Übertragung von Befugnissen
- § 20 Bußgeldvorschriften

Der Bundestag hat das folgende Gesetz beschlossen:

Teil 1
Allgemeine Vorschriften

§ 1 Anwendungsbereich
(1) Dieses Gesetz regelt die Befugnis, in der Bundesrepublik Deutschland außergerichtliche Rechtsdienstleistungen zu erbringen. Es dient dazu, die Rechtsuchenden, den Rechtsverkehr und die Rechtsordnung vor unqualifizierten Rechtsdienstleistungen zu schützen.
(2) Wird eine Rechtsdienstleistung ausschließlich aus einem anderen Staat heraus erbracht, gilt dieses Gesetz nur, wenn ihr Gegenstand deutsches Recht ist.
(3) Regelungen in anderen Gesetzen über die Befugnis, Rechtsdienstleistungen zu erbringen, bleiben unberührt.

§ 2 Begriff der Rechtsdienstleistung
(1) Rechtsdienstleistung ist jede Tätigkeit in konkreten fremden Angelegenheiten, sobald sie eine rechtliche Prüfung des Einzelfalls erfordert.

(2) Rechtsdienstleistung ist, unabhängig vom Vorliegen der Voraussetzungen des Absatzes 1, die Einziehung fremder oder zum Zweck der Einziehung auf fremde Rechnung abgetretener Forderungen, wenn die Forderungseinziehung als eigenständiges Geschäft betrieben wird (Inkassodienstleistung). Abgetretene Forderungen gelten für den bisherigen Gläubiger nicht als fremd.
(3) Rechtsdienstleistung ist nicht:
1. die Erstattung wissenschaftlicher Gutachten,
2. die Tätigkeit von Einigungs- und Schlichtungsstellen, Schiedsrichterinnen und Schiedsrichtern,
3. die Erörterung der die Beschäftigten berührenden Rechtsfragen mit ihren gewählten Interessenvertretungen, soweit ein Zusammenhang zu den Aufgaben dieser Vertretungen besteht,
4. die Mediation und jede vergleichbare Form der alternativen Streitbeilegung, sofern die Tätigkeit nicht durch rechtliche Regelungsvorschläge in die Gespräche der Beteiligten eingreift,
5. die an die Allgemeinheit gerichtete Darstellung und Erörterung von Rechtsfragen und Rechtsfällen in den Medien,
6. die Erledigung von Rechtsangelegenheiten innerhalb verbundener Unternehmen (§ 15 des Aktiengesetzes).

§ 3 Befugnis zur Erbringung außergerichtlicher Rechtsdienstleistungen
Die selbständige Erbringung außergerichtlicher Rechtsdienstleistungen ist nur in dem Umfang zulässig, in dem sie durch dieses Gesetz oder durch oder aufgrund anderer Gesetze erlaubt wird.

§ 4 Unvereinbarkeit mit einer anderen Leistungspflicht
Rechtsdienstleistungen, die unmittelbaren Einfluss auf die Erfüllung einer anderen Leistungspflicht haben können, dürfen nicht erbracht werden, wenn hierdurch die ordnungsgemäße Erbringung der Rechtsdienstleistung gefährdet wird.

§ 5 Rechtsdienstleistungen im Zusammenhang mit einer anderen Tätigkeit
(1) Erlaubt sind Rechtsdienstleistungen im Zusammenhang mit einer anderen Tätigkeit, wenn sie als Nebenleistung zum Berufs- oder Tätigkeitsbild gehören. Ob eine Nebenleistung vorliegt, ist nach ihrem Inhalt, Umfang und sachlichen Zusammenhang mit der Haupttätigkeit unter Berücksichtigung der Rechtskenntnisse zu beurteilen, die für die Haupttätigkeit erforderlich sind.
(2) Als erlaubte Nebenleistungen gelten Rechtsdienstleistungen, die im Zusammenhang mit einer der folgenden Tätigkeiten erbracht werden:
1. Testamentsvollstreckung,
2. Haus- und Wohnungsverwaltung,
3. Fördermittelberatung.

Teil 2
Rechtsdienstleistungen durch nicht registrierte Personen

§ 6 Unentgeltliche Rechtsdienstleistungen
(1) Erlaubt sind Rechtsdienstleistungen, die nicht im Zusammenhang mit einer entgeltlichen Tätigkeit stehen (unentgeltliche Rechtsdienstleistungen).
(2) Wer unentgeltliche Rechtsdienstleistungen außerhalb familiärer, nachbarschaftlicher oder ähnlich enger persönlicher Beziehungen erbringt, muss sicherstellen, dass die Rechtsdienstleistung durch eine Person, der die entgeltliche Erbringung dieser Rechtsdienstleistung erlaubt ist, durch eine Person mit Befähigung zum Richteramt oder unter Anleitung einer solchen Person erfolgt. Anleitung erfordert eine an Umfang und Inhalt der zu erbringenden Rechtsdienstleistungen ausgerichtete Einweisung und Fortbildung sowie eine Mitwirkung bei der Erbringung der Rechtsdienstleistung, soweit dies im Einzelfall erforderlich ist.

§ 7 Berufs- und Interessenvereinigungen, Genossenschaften
(1) Erlaubt sind Rechtsdienstleistungen, die
1. berufliche oder andere zur Wahrung gemeinschaftlicher Interessen gegründete Vereinigungen und deren Zusammenschlüsse,
2. Genossenschaften, genossenschaftliche Prüfungsverbände und deren Spitzenverbände sowie genossenschaftliche Treuhandstellen und ähnliche genossenschaftliche Einrichtungen

im Rahmen ihres satzungsmäßigen Aufgabenbereichs für ihre Mitglieder oder für die Mitglieder der ihnen angehörenden Vereinigungen oder Einrichtungen erbringen, soweit sie gegenüber der Erfüllung

ihrer übrigen satzungsmäßigen Aufgaben nicht von übergeordneter Bedeutung sind. Die Rechtsdienstleistungen können durch eine im alleinigen wirtschaftlichen Eigentum der in Satz 1 genannten Vereinigungen oder Zusammenschlüsse stehende juristische Person erbracht werden.
(2) Wer Rechtsdienstleistungen nach Absatz 1 erbringt, muss über die zur sachgerechten Erbringung dieser Rechtsdienstleistungen erforderliche personelle, sachliche und finanzielle Ausstattung verfügen und sicherstellen, dass die Rechtsdienstleistung durch eine Person, der die entgeltliche Erbringung dieser Rechtsdienstleistung erlaubt ist, durch eine Person mit Befähigung zum Richteramt oder unter Anleitung einer solchen Person erfolgt. § 6 Abs. 2 Satz 2 gilt entsprechend.

§ 8 Öffentliche und öffentlich anerkannte Stellen
(1) Erlaubt sind Rechtsdienstleistungen, die
1. gerichtlich oder behördlich bestellte Personen,
2. Behörden und juristische Personen des öffentlichen Rechts einschließlich der von ihnen zur Erfüllung ihrer öffentlichen Aufgaben gebildeten Unternehmen und Zusammenschlüsse,
3. nach Landesrecht als geeignet anerkannte Personen oder Stellen im Sinn des § 305 Abs. 1 Nr. 1 der Insolvenzordnung,
4. Verbraucherzentralen und andere mit öffentlichen Mitteln geförderte Verbraucherverbände,
5. Verbände der freien Wohlfahrtspflege im Sinn des § 5 des Zwölften Buches Sozialgesetzbuch, anerkannte Träger der freien Jugendhilfe im Sinn des § 75 des Achten Buches Sozialgesetzbuch und anerkannte Verbände zur Förderung der Belange von Menschen mit Behinderungen im Sinne des § 15 Absatz 3 des Behindertengleichstellungsgesetzes

im Rahmen ihres Aufgaben- und Zuständigkeitsbereichs erbringen.
(2) Für die in Absatz 1 Nr. 4 und 5 genannten Stellen gilt § 7 Abs. 2 entsprechend.

§ 9 Untersagung von Rechtsdienstleistungen
(1) Die für den Wohnsitz einer Person oder den Sitz einer Vereinigung zuständige Behörde kann den in den §§ 6, 7 Abs. 1 und § 8 Abs. 1 Nr. 4 und 5 genannten Personen und Vereinigungen die weitere Erbringung von Rechtsdienstleistungen für längstens fünf Jahre untersagen, wenn begründete Tatsachen die Annahme dauerhaft unqualifizierter Rechtsdienstleistungen zum Nachteil der Rechtsuchenden oder des Rechtsverkehrs rechtfertigen. Das ist insbesondere der Fall, wenn erhebliche Verstöße gegen die Pflichten nach § 6 Abs. 2, § 7 Abs. 2 oder § 8 Abs. 2 vorliegen.
(2) Die bestandskräftige Untersagung ist bei der zuständigen Behörde zu registrieren und im Rechtsdienstleistungsregister nach § 16 öffentlich bekanntzumachen. Bei einer bestandskräftigen Untersagung gilt § 15b entsprechend.
(3) Von der Untersagung bleibt die Befugnis, unentgeltliche Rechtsdienstleistungen innerhalb familiärer, nachbarschaftlicher oder ähnlich enger persönlicher Beziehungen zu erbringen, unberührt.

Teil 3
Rechtsdienstleistungen durch registrierte Personen

§ 10 Rechtsdienstleistungen aufgrund besonderer Sachkunde
(1) Natürliche und juristische Personen sowie Gesellschaften ohne Rechtspersönlichkeit, die bei der zuständigen Behörde registriert sind (registrierte Personen), dürfen aufgrund besonderer Sachkunde Rechtsdienstleistungen in folgenden Bereichen erbringen:
1. Inkassodienstleistungen (§ 2 Abs. 2 Satz 1),
2. Rentenberatung auf dem Gebiet der gesetzlichen Renten- und Unfallversicherung, des sozialen Entschädigungsrechts, des übrigen Sozialversicherungs- und Schwerbehindertenrechts mit Bezug zu einer gesetzlichen Rente sowie der betrieblichen und berufsständischen Versorgung,
3. Rechtsdienstleistungen in einem ausländischen Recht; ist das ausländische Recht das Recht eines Mitgliedstaates der Europäischen Union, eines anderen Vertragsstaates des Abkommens über den Europäischen Wirtschaftsraum oder der Schweiz, darf auch auf dem Gebiet des Rechts der Europäischen Union und des Rechts des Europäischen Wirtschaftsraums beraten werden.

Die Registrierung kann auf einen Teilbereich der in Satz 1 genannten Bereiche beschränkt werden, wenn sich der Teilbereich von den anderen in den Bereich fallenden Tätigkeiten trennen lässt und der Registrierung für den Teilbereich keine zwingenden Gründe des Allgemeininteresses entgegenstehen.
(2) Die Registrierung erfolgt auf Antrag. Soll die Registrierung nach Absatz 1 Satz 2 für einen Teilbereich erfolgen, ist dieser im Antrag zu bezeichnen.

(3) Die Registrierung kann, wenn dies zum Schutz der Rechtsuchenden oder des Rechtsverkehrs erforderlich ist, von Bedingungen abhängig gemacht oder mit Auflagen verbunden werden. Im Bereich der Inkassodienstleistungen soll die Auflage angeordnet werden, fremde Gelder unverzüglich an eine empfangsberechtigte Person weiterzuleiten oder auf ein gesondertes Konto einzuzahlen. Auflagen können jederzeit angeordnet oder geändert werden. Ist die Registrierung auf einen Teilbereich beschränkt, muss der Umfang der beruflichen Tätigkeit den Rechtsuchenden gegenüber eindeutig angegeben werden.

§ 11 Besondere Sachkunde, Berufsbezeichnungen

(1) Inkassodienstleistungen erfordern besondere Sachkunde in den für die beantragte Inkassotätigkeit bedeutsamen Gebieten des Rechts, insbesondere des Bürgerlichen Rechts, des Handels-, Wertpapier- und Gesellschaftsrechts, des Zivilprozessrechts einschließlich des Zwangsvollstreckungs- und Insolvenzrechts sowie des Kostenrechts.

(2) Rentenberatung erfordert besondere Sachkunde im Recht der gesetzlichen Renten- und Unfallversicherung und in den übrigen Teilbereichen des § 10 Abs. 1 Satz 1 Nr. 2, für die eine Registrierung beantragt wird, Kenntnisse über Aufbau, Gliederung und Strukturprinzipien der sozialen Sicherung sowie Kenntnisse der gemeinsamen, für alle Sozialleistungsbereiche geltenden Rechtsgrundsätze einschließlich des sozialrechtlichen Verwaltungsverfahrens und des sozialgerichtlichen Verfahrens.

(3) Rechtsdienstleistungen in einem ausländischen Recht erfordern besondere Sachkunde in dem ausländischen Recht oder in den Teilbereichen des ausländischen Rechts, für die eine Registrierung beantragt wird.

(4) Berufsbezeichnungen, die den Begriff „Inkasso" enthalten, sowie die Berufsbezeichnung „Rentenberaterin" oder „Rentenberater" oder diesen zum Verwechseln ähnliche Bezeichnungen dürfen nur von entsprechend registrierten Personen geführt werden.

(5) Personen, die eine Berufsqualifikation im Sinne des § 12 Absatz 3 Satz 4 besitzen und nur für einen Teilbereich nach § 10 Absatz 1 Satz 2 registriert sind, haben ihre Berufstätigkeit unter der in die deutsche Sprache übersetzten Berufsbezeichnung ihres Herkunftsstaates auszuüben.

§ 12 Registrierungsvoraussetzungen

(1) Voraussetzungen für die Registrierung sind
1. persönliche Eignung und Zuverlässigkeit; hieran fehlt es in der Regel, wenn
   a) die Person aus gesundheitlichen Gründen nicht nur vorübergehend unfähig ist, die beantragte Tätigkeit ordnungsgemäß auszuüben,
   b) die Person eine Tätigkeit ausübt, die mit der beantragten Tätigkeit nicht vereinbar ist, insbesondere weil die Wahrscheinlichkeit einer über den Einzelfall hinausgehenden Pflichtenkollision besteht,
   c) die Vermögensverhältnisse der Person ungeordnet sind,
   d) einer der in § 7 Satz 1 Nummer 1, 2 oder 6 der Bundesrechtsanwaltsordnung genannten Gründe vorliegt oder
   e) die Person in den letzten drei Jahren vor der Antragstellung
      aa) wegen eines Verbrechens oder eines die Berufsausübung betreffenden Vergehens rechtskräftig verurteilt worden ist oder
      bb) aus der Rechts- oder Patentanwaltschaft oder einem im Steuerberatungsgesetz oder in der Wirtschaftsprüferordnung geregelten Beruf ausgeschlossen, im Disziplinarverfahren aus dem notariellen Amt oder dem Dienst in der Rechtspflege entfernt oder im Verfahren über die Richteranklage entlassen worden ist oder sie einer dieser Maßnahmen durch einen Verzicht zuvorgekommen ist,
2. theoretische und praktische Sachkunde in dem Bereich oder den Teilbereichen des § 10 Abs. 1, in denen die Rechtsdienstleistungen erbracht werden sollen,
3. eine Berufshaftpflichtversicherung mit einer Mindestversicherungssumme von 250 000 Euro für jeden Versicherungsfall.

(2) Die Vermögensverhältnisse einer Person sind in der Regel ungeordnet, wenn über ihr Vermögen das Insolvenzverfahren eröffnet worden oder sie in das vom Vollstreckungsgericht zu führende Verzeichnis (§ 26 Abs. 2 der Insolvenzordnung, § 882b der Zivilprozessordnung) eingetragen ist. Ungeordnete Vermögensverhältnisse liegen nicht vor, wenn im Fall der Insolvenzeröffnung die Gläubigerversammlung einer Fortführung des Unternehmens auf der Grundlage eines Insolvenzplans zugestimmt und das Gericht den Plan bestätigt hat, oder wenn die Vermögensinteressen der Rechtsuchenden aus anderen Gründen nicht konkret gefährdet sind.

(3) Die theoretische Sachkunde ist gegenüber der zuständigen Behörde durch Zeugnisse nachzuweisen. Praktische Sachkunde setzt in der Regel eine mindestens zwei Jahre unter Anleitung erfolgte Berufsausübung oder praktische Berufsausbildung voraus. In der Regel müssen im Fall des § 10 Absatz 1 Satz 1 Nummer 1 zumindest zwölf Monate, im Fall des § 10 Absatz 1 Satz 1 Nummer 2 zumindest 18 Monate der Berufsausübung oder -ausbildung im Inland erfolgen. Ist die Person berechtigt, in einem anderen Mitgliedstaat der Europäischen Union, einem anderen Vertragsstaat des Abkommens über den Europäischen Wirtschaftsraum oder der Schweiz einen der in § 10 Absatz 1 Satz 1 Nummer 1 oder 2 genannten Berufe oder einen vergleichbaren Beruf auszuüben, und liegen die Voraussetzungen des § 1 Absatz 2 und 3 des Gesetzes über die Tätigkeit europäischer Patentanwälte in Deutschland sinngemäß vor, so kann die Sachkunde unter Berücksichtigung der bestehenden Berufsqualifikation auch durch einen mindestens sechsmonatigen Anpassungslehrgang nachgewiesen werden.

(4) Juristische Personen und Gesellschaften ohne Rechtspersönlichkeit müssen mindestens eine natürliche Person benennen, die alle nach Absatz 1 Nr. 1 und 2 erforderlichen Voraussetzungen erfüllt (qualifizierte Person). Die qualifizierte Person muss in dem Unternehmen dauerhaft beschäftigt, in allen Angelegenheiten, die Rechtsdienstleistungen des Unternehmens betreffen, weisungsunabhängig und weisungsbefugt sowie zur Vertretung nach außen berechtigt sein. Registrierte Einzelpersonen können qualifizierte Personen benennen.

(5) Das Bundesministerium der Justiz und für Verbraucherschutz wird ermächtigt, durch Rechtsverordnung mit Zustimmung des Bundesrates die Einzelheiten zu den Voraussetzungen der Registrierung nach den §§ 11 und 12 zu regeln, insbesondere die Anforderungen an die Sachkunde und ihren Nachweis einschließlich der Anerkennung und Zertifizierung privater Anbieter von Sachkundelehrgängen, an die Anerkennung ausländischer Berufsqualifikationen und den Anpassungslehrgang sowie, auch abweichend von den Vorschriften des Versicherungsvertragsgesetzes für die Pflichtversicherung, an Inhalt und Ausgestaltung der Berufshaftpflichtversicherung.

§ 13 Registrierungsverfahren

(1) Der Antrag auf Registrierung ist an die für den Ort der inländischen Hauptniederlassung zuständige Behörde zu richten. Hat eine Person im Inland keine Niederlassung, so kann sie den Antrag an jede nach § 19 für die Durchführung dieses Gesetzes zuständige Behörde richten. Das Registrierungsverfahren kann auch über eine einheitliche Stelle nach den Vorschriften des Verwaltungsverfahrensgesetzes abgewickelt werden. Mit dem Antrag, der alle nach § 16 Absatz 2 Satz 1 Nummer 1 Buchstabe a bis d in das Rechtsdienstleistungsregister einzutragenden Angaben enthalten muss, sind zur Prüfung der Voraussetzungen nach § 12 Abs. 1 Nr. 1 und 2 sowie Abs. 4 beizubringen:
1. eine zusammenfassende Darstellung des beruflichen Ausbildungsgangs und der bisherigen Berufsausübung,
2. ein Führungszeugnis nach § 30 Abs. 5 des Bundeszentralregistergesetzes,
3. bei einem Antrag auf Registrierung für den Bereich Inkassodienstleistungen eine Auskunft nach § 150 Absatz 5 der Gewerbeordnung,
4. eine Erklärung, ob ein Insolvenzverfahren anhängig ist oder in den letzten drei Jahren vor Antragstellung eine Eintragung in das Schuldnerverzeichnis (§ 882b der Zivilprozessordnung) erfolgt ist,
5. Unterlagen zum Nachweis der theoretischen und praktischen Sachkunde.

In den Fällen des § 12 Abs. 4 müssen die in Satz 4 genannten Unterlagen sowie Unterlagen zum Nachweis der in § 12 Abs. 4 Satz 2 genannten Voraussetzungen für jede qualifizierte Person gesondert beigebracht werden.

(2) Über den Antrag ist innerhalb einer Frist von drei Monaten zu entscheiden; § 42a Absatz 2 Satz 2 bis 4 des Verwaltungsverfahrensgesetzes gilt entsprechend. Für Entscheidungen über den Versagungsgrund des § 12 Absatz 1 Nummer 1 Buchstabe a gilt § 15 der Bundesrechtsanwaltsordnung entsprechend. Wenn die Registrierungsvoraussetzungen nach § 12 Absatz 1 Nummer 1 und 2 sowie Absatz 4 vorliegen, fordert die zuständige Behörde den Antragsteller vor Ablauf der Frist nach Satz 1 auf, den Nachweis über die Berufshaftpflichtversicherung sowie über die Erfüllung von Bedingungen (§ 10 Absatz 3 Satz 1) zu erbringen. Sobald diese Nachweise erbracht sind, nimmt sie die Registrierung vor und veranlasst ihre öffentliche Bekanntmachung im Rechtsdienstleistungsregister.

(3) Registrierte Personen oder ihre Rechtsnachfolger müssen alle Änderungen, die sich auf die Registrierung oder den Inhalt des Rechtsdienstleistungsregisters auswirken, der zuständigen Behörde unverzüglich in Textform mitteilen. Diese veranlasst die notwendigen Registrierungen und ihre öffentliche Bekanntmachung im Rechtsdienstleistungsregister. Wirkt sich eine Verlegung der Hauptniederlassung auf die Zuständigkeit nach Absatz 1 Satz 1 aus, so gibt die Behörde den Vorgang an die Behörde ab, die

für den Ort der neuen Hauptniederlassung zuständig ist. Diese unterrichtet die registrierte Person über die erfolgte Übernahme, registriert die Änderung und veranlasst ihre öffentliche Bekanntmachung im Rechtsdienstleistungsregister.

(4) Das Bundesministerium der Justiz und für Verbraucherschutz wird ermächtigt, durch Rechtsverordnung mit Zustimmung des Bundesrates die Einzelheiten des Registrierungsverfahrens und des Meldeverfahrens nach § 15 zu regeln. Dabei sind insbesondere Aufbewahrungs- und Löschungsfristen vorzusehen.

§ 13a Darlegungs- und Informationspflichten bei Inkassodienstleistungen

(1) Registrierte Personen, die Inkassodienstleistungen erbringen (Inkassodienstleister), müssen mit der ersten Geltendmachung einer Forderung gegenüber einer Privatperson folgende Informationen klar und verständlich in Textform übermitteln:
1. den Namen oder die Firma ihres Auftraggebers sowie dessen Anschrift, sofern nicht dargelegt wird, dass durch die Angabe der Anschrift überwiegende schutzwürdige Interessen des Auftraggebers beeinträchtigt würden,
2. den Forderungsgrund, bei Verträgen unter konkreter Darlegung des Vertragsgegenstands und des Datums des Vertragsschlusses, bei unerlaubten Handlungen unter Darlegung der Art und des Datums der Handlung,
3. wenn Zinsen geltend gemacht werden, eine Zinsberechnung unter Darlegung der zu verzinsenden Forderung, des Zinssatzes und des Zeitraums, für den die Zinsen berechnet werden,
4. wenn ein Zinssatz über dem gesetzlichen Verzugszinssatz geltend gemacht wird, einen gesonderten Hinweis hierauf und die Angabe, aufgrund welcher Umstände der erhöhte Zinssatz gefordert wird,
5. wenn Inkassokosten geltend gemacht werden, Angaben zu deren Art, Höhe und Entstehungsgrund,
6. wenn mit den Inkassokosten Umsatzsteuerbeträge geltend gemacht werden, eine Erklärung, dass der Auftraggeber diese Beträge nicht als Vorsteuer abziehen kann,
7. wenn die Anschrift der Privatperson nicht vom Gläubiger mitgeteilt, sondern anderweitig ermittelt wurde, einen Hinweis hierauf sowie darauf, wie eventuell aufgetretene Fehler geltend gemacht werden können,
8. Bezeichnung, Anschrift und elektronische Erreichbarkeit der für sie zuständigen Aufsichtsbehörde.

(2) Auf die entsprechende Anfrage einer Privatperson hat ein Inkassodienstleister die folgenden ergänzenden Informationen unverzüglich in Textform mitzuteilen:
1. den Namen oder die Firma desjenigen, in dessen Person die Forderung entstanden ist,
2. bei Verträgen die wesentlichen Umstände des Vertragsschlusses.

(3) Beabsichtigt ein Inkassodienstleister, mit einer Privatperson eine Stundungs- oder Ratenzahlungsvereinbarung zu treffen, so hat er sie zuvor in Textform auf die dadurch entstehenden Kosten hinzuweisen.

(4) Fordert ein Inkassodienstleister eine Privatperson zur Abgabe eines Schuldanerkenntnisses auf, so hat er sie mit der Aufforderung nach Maßgabe des Satzes 2 in Textform darauf hinzuweisen, dass sie durch das Schuldanerkenntnis in der Regel die Möglichkeit verliert, solche Einwendungen und Einreden gegen die anerkannte Forderung geltend zu machen, die zum Zeitpunkt der Abgabe des Schuldanerkenntnisses begründet waren. Der Hinweis muss
1. deutlich machen, welche Teile der Forderung vom Schuldanerkenntnis erfasst werden, und
2. typische Beispiele von Einwendungen und Einreden benennen, die nicht mehr geltend gemacht werden können, wie das Nichtbestehen, die Erfüllung oder die Verjährung der anerkannten Forderung.

(5) Privatperson im Sinne dieser Vorschrift ist jede natürliche Person, gegen die eine Forderung geltend gemacht wird, die nicht im Zusammenhang mit ihrer gewerblichen oder selbständigen beruflichen Tätigkeit steht.

§ 13b Erstattungsfähigkeit der Kosten von Inkassodienstleistern

(1) Ein Gläubiger kann die Kosten, die ihm ein Inkassodienstleister für seine Tätigkeit berechnet hat, von seinem Schuldner nur bis zur Höhe der Vergütung als Schaden ersetzt verlangen, die einem Rechtsanwalt für diese Tätigkeit nach den Vorschriften des Rechtsanwaltsvergütungsgesetzes zustehen würde.

(2) Die Erstattung der Vergütung von Inkassodienstleistern für die Vertretung im Zwangsvollstreckungsverfahren richtet sich nach § 788 der Zivilprozessordnung.

§ 13c Beauftragung von Rechtsanwälten und Inkassodienstleistern

Beauftragt der Gläubiger einer Forderung mit deren Einziehung sowohl einen Inkassodienstleister als auch einen Rechtsanwalt, so kann er die ihm dadurch entstehenden Kosten nur bis zu der Höhe als

Schaden ersetzt verlangen, wie sie entstanden wären, wenn er nur einen Rechtsanwalt beauftragt hätte. Dies gilt für alle außergerichtlichen und gerichtlichen Aufträge. Die Sätze 1 und 2 gelten nicht, wenn der Schuldner die Forderung erst nach der Beauftragung eines Inkassodienstleisters bestritten hat und das Bestreiten Anlass für die Beauftragung eines Rechtsanwalts gegeben hat.

§ 13d Vergütung der Rentenberater
(1) Für die Vergütung der Rentenberater gilt das Rechtsanwaltsvergütungsgesetz entsprechend. Richtet sich die Vergütung nach dem Gegenstandswert, so hat der Rentenberater den Auftraggeber vor der Übernahme des Auftrags hierauf hinzuweisen.
(2) Rentenberatern ist es untersagt, geringere Gebühren und Auslagen zu vereinbaren oder zu fordern, als das Rechtsanwaltsvergütungsgesetz vorsieht, soweit dieses nichts anderes bestimmt. Die Vereinbarung eines Erfolgshonorars (§ 49b Absatz 2 Satz 1 der Bundesrechtsanwaltsordnung) ist unzulässig, soweit das Rechtsanwaltsvergütungsgesetz nichts anderes bestimmt; Verpflichtungen, die Gerichtskosten, Verwaltungskosten oder Kosten anderer Beteiligter zu tragen, sind unzulässig. Im Einzelfall darf besonderen Umständen in der Person des Auftraggebers, insbesondere dessen Bedürftigkeit, durch Ermäßigung oder Erlass von Gebühren oder Auslagen nach Erledigung des Auftrags Rechnung getragen werden.
(3) Für die Erstattung der Vergütung der Rentenberater in einem gerichtlichen Verfahren gelten die Vorschriften der Verfahrensordnungen über die Erstattung der Vergütung eines Rechtsanwalts entsprechend.

§ 13e Aufsichtsmaßnahmen
(1) Die zuständige Behörde übt die Aufsicht über die Einhaltung dieses Gesetzes aus. Die Aufsicht umfasst zudem die Einhaltung anderer Gesetze, soweit sich aus diesen Vorgaben für die berufliche Tätigkeit der registrierten Personen ergeben.
(2) Die zuständige Behörde trifft gegenüber Personen, die Rechtsdienstleistungen erbringen, Maßnahmen, um die Einhaltung der in Absatz 1 genannten Gesetze sicherzustellen. Sie kann insbesondere anordnen, dass ein bestimmtes Verhalten zu unterlassen ist. Eine solche Anordnung kommt insbesondere zur Klärung einer Rechtsfrage von grundsätzlicher Bedeutung oder bei einem erheblichen oder wiederholten Verstoß gegen Rechtsvorschriften in Betracht.
(3) Obliegt die Kontrolle der Einhaltung von Vorgaben im Sinne des Absatzes 1 Satz 2 vorrangig einer anderen Behörde oder ist in Bezug auf solche Vorgaben ein sonstiges Verfahren anhängig, so hat die nach diesem Gesetz zuständige Behörde in der Regel den Ausgang der Prüfung der anderen Behörde oder des sonstigen Verfahrens abzuwarten und erst im Anschluss daran zu entscheiden, ob noch Maßnahmen nach diesem Gesetz erforderlich sind.
(4) Die zuständige Behörde kann einer Person, die Rechtsdienstleistungen erbringt, den Betrieb vorübergehend ganz oder teilweise untersagen, wenn begründete Tatsachen die Annahme rechtfertigen, dass
1. eine Voraussetzung für die Registrierung nach § 12 weggefallen ist oder
2. erheblich oder dauerhaft gegen Pflichten verstoßen wird.
(5) Soweit es zur Erfüllung der der zuständigen Behörde als Aufsichtsbehörde übertragenen Aufgaben erforderlich ist, hat die Person, die Rechtsdienstleistungen erbringt, der zuständigen Behörde und in ihrem Auftrag handelnden Personen das Betreten der Geschäftsräume während der üblichen Betriebszeiten zu gestatten, auf Verlangen die in Betracht kommenden Bücher, Aufzeichnungen, Belege, Schriftstücke und sonstigen Unterlagen in geeigneter Weise zur Einsicht vorzulegen, auch soweit sie elektronisch geführt werden, Auskunft zu erteilen und die erforderliche Unterstützung zu gewähren. Der zur Erteilung einer Auskunft Verpflichtete kann die Auskunft verweigern, wenn er sich damit selbst oder einen der in § 383 Absatz 1 Nummer 1 bis 3 der Zivilprozessordnung bezeichneten Angehörigen der Gefahr der Verfolgung wegen einer Straftat oder eines Verfahrens nach dem Gesetz über Ordnungswidrigkeiten aussetzen würde. Er ist auf dieses Recht hinzuweisen.
(6) In Beschwerdeverfahren teilt die Aufsichtsbehörde dem Beschwerdeführer ihre Entscheidung mit, sobald das Verfahren bei ihr abgeschlossen ist. In der Mitteilung sind die wesentlichen Gründe für die Entscheidung kurz darzustellen. Die Mitteilung ist nicht anfechtbar.

§ 14 Widerruf der Registrierung
Die zuständige Behörde widerruft die Registrierung unbeschadet des § 49 des Verwaltungsverfahrensgesetzes oder entsprechender landesrechtlicher Vorschriften,

1. wenn begründete Tatsachen die Annahme rechtfertigen, dass die registrierte Person oder eine qualifizierte Person die erforderliche persönliche Eignung oder Zuverlässigkeit nicht mehr besitzt; dies ist in der Regel der Fall, wenn einer der in § 12 Abs. 1 Nr. 1 genannten Gründe nachträglich eintritt oder die registrierte Person beharrlich Änderungsmitteilungen nach § 13 Abs. 3 Satz 1 unterlässt,
2. wenn die registrierte Person keine Berufshaftpflichtversicherung nach § 12 Abs. 1 Nr. 3 mehr unterhält,
3. wenn begründete Tatsachen die Annahme dauerhaft unqualifizierter Rechtsdienstleistungen zum Nachteil der Rechtsuchenden oder des Rechtsverkehrs rechtfertigen; dies ist in der Regel der Fall, wenn die registrierte Person in erheblichem Umfang Rechtsdienstleistungen über die eingetragene Befugnis hinaus erbringt oder beharrlich gegen Auflagen oder Darlegungs- und Informationspflichten nach § 13a verstößt,
4. wenn eine juristische Person oder eine Gesellschaft ohne Rechtspersönlichkeit, die keine weitere qualifizierte Person benannt hat, bei Ausscheiden der qualifizierten Person nicht innerhalb von sechs Monaten eine qualifizierte Person benennt.

Für die Entscheidung über einen Widerruf nach Satz 1 Nummer 1 in Verbindung mit § 12 Absatz 1 Nummer 1 Buchstabe a gilt § 15 der Bundesrechtsanwaltsordnung entsprechend.

§ 14a Bestellung eines Abwicklers für Rentenberater

(1) Ist eine als Rentenberater registrierte Person (§ 10 Absatz 1 Satz 1 Nummer 2) verstorben oder wurde ihre Registrierung zurückgenommen oder widerrufen, so kann die für die Registrierung zuständige Behörde einen Abwickler für ihre Praxis bestellen. Der Abwickler muss Rechtsanwalt sein oder eine Registrierung für denselben Bereich besitzen wie die registrierte Person, deren Praxis abzuwickeln ist.
(2) Für die Bestellung und Durchführung der Abwicklung gelten § 53 Absatz 4 Satz 3, § 54 Absatz 1 Satz 2 und 3, Absatz 3 und 4 Satz 1 bis 3 sowie § 55 Absatz 1 Satz 4 und 5, Absatz 2 Satz 1 und 4, Absatz 3 Satz 2 und Absatz 4 der Bundesrechtsanwaltsordnung entsprechend mit der Maßgabe, dass an die Stelle des Vorstands der Rechtsanwaltskammer die Behörde tritt, die den Abwickler bestellt hat.

§ 15 Vorübergehende Rechtsdienstleistungen

(1) Natürliche und juristische Personen sowie Gesellschaften ohne Rechtspersönlichkeit, die in einem anderen Mitgliedstaat der Europäischen Union, in einem anderen Vertragsstaat des Abkommens über den Europäischen Wirtschaftsraum oder in der Schweiz zur Ausübung eines in § 10 Absatz 1 Satz 1 Nummer 1 oder 2 genannten oder eines vergleichbaren Berufs rechtmäßig niedergelassen sind, dürfen diesen Beruf in der Bundesrepublik Deutschland mit denselben Rechten und Pflichten wie eine nach § 10 Absatz 1 Satz 1 Nummer 1 oder 2 registrierte Person vorübergehend und gelegentlich ausüben (vorübergehende Rechtsdienstleistungen). Wenn weder der Beruf noch die Ausbildung zu diesem Beruf im Staat der Niederlassung reglementiert sind, gilt dies nur, wenn die Person oder Gesellschaft den Beruf in den in Satz 1 genannten Staaten während der vorhergehenden zehn Jahre mindestens ein Jahr ausgeübt hat. Ob Rechtsdienstleistungen vorübergehend und gelegentlich erbracht werden, ist insbesondere anhand ihrer Dauer, Häufigkeit, regelmäßigen Wiederkehr und Kontinuität zu beurteilen.
(2) Vorübergehende Rechtsdienstleistungen sind nur zulässig, wenn die Person oder Gesellschaft vor der ersten Erbringung von Dienstleistungen im Inland einer nach § 19 zuständigen Behörde in Textform eine Meldung mit dem Inhalt nach Satz 3 erstattet. Das Meldeverfahren kann auch über eine einheitliche Stelle nach den §§ 71a bis 71e des Verwaltungsverfahrensgesetzes abgewickelt werden. Die Meldung muss neben den nach § 16 Absatz 2 Satz 1 Nummer 1 Buchstabe a bis c im Rechtsdienstleistungsregister öffentlich bekanntzumachenden Angaben enthalten:
1. eine Bescheinigung darüber, dass die Person oder Gesellschaft in einem Mitgliedstaat der Europäischen Union, in einem anderen Vertragsstaat des Abkommens über den Europäischen Wirtschaftsraum oder in der Schweiz rechtmäßig zur Ausübung eines der in § 10 Absatz 1 Satz 1 Nummer 1 oder 2 genannten Berufe oder eines vergleichbaren Berufs niedergelassen ist und dass ihr die Ausübung dieser Tätigkeit zum Zeitpunkt der Vorlage der Bescheinigung nicht, auch nicht vorübergehend, untersagt ist,
2. einen Nachweis darüber, dass die Person oder Gesellschaft den Beruf in den in Nummer 1 genannten Staaten während der vorhergehenden zehn Jahre mindestens ein Jahr rechtmäßig ausgeübt hat, wenn der Beruf dort nicht reglementiert ist,
3. sofern der Beruf auf dem Gebiet der Bundesrepublik Deutschland ausgeübt wird, einen Nachweis über das Bestehen einer Berufshaftpflichtversicherung nach Absatz 5 oder Angaben dazu, warum

der Abschluss einer solchen Versicherung nicht möglich oder unzumutbar ist; anderenfalls eine Erklärung darüber, dass der Beruf ausschließlich aus dem Niederlassungsstaat heraus ausgeübt wird,
4. die Angabe der Berufsbezeichnung, unter der die Tätigkeit im Inland zu erbringen ist und
5. eine Einwilligung zur Veröffentlichung von Telefonnummer und E-Mail-Adresse im Rechtsdienstleistungsregister, falls eine solche erteilt werden soll.
§ 13 Absatz 3 Satz 1 und 2 gilt entsprechend. Die Meldung ist jährlich zu wiederholen, wenn die Person oder Gesellschaft nach Ablauf eines Jahres erneut vorübergehende Rechtsdienstleistungen im Inland erbringen will. In diesem Fall ist der Nachweis oder die Erklärung nach Satz 3 Nummer 3 erneut beizufügen.
(3) Sobald die Meldung nach Absatz 2 vollständig vorliegt, nimmt die zuständige Behörde eine vorübergehende Registrierung oder ihre Verlängerung um ein Jahr vor und veranlasst die öffentliche Bekanntmachung im Rechtsdienstleistungsregister. Das Verfahren ist kostenfrei.
(4) Vorübergehende Rechtsdienstleistungen sind unter der in der Sprache des Niederlassungsstaats für die Tätigkeit bestehenden Berufsbezeichnung zu erbringen. Eine Verwechslung mit den in § 11 Abs. 4 aufgeführten Berufsbezeichnungen muss ausgeschlossen sein.
(5) Vorübergehend registrierte Personen oder Gesellschaften, die ihren Beruf auf dem Gebiet der Bundesrepublik Deutschland ausüben, sind verpflichtet, eine Berufshaftpflichtversicherung zur Deckung der sich aus ihrer Berufstätigkeit in Deutschland ergebenden Haftpflichtgefahren für Vermögensschäden abzuschließen, die nach Art und Umfang den durch ihre berufliche Tätigkeit entstehenden Risiken angemessen ist. Ist der Person oder Gesellschaft der Abschluss einer solchen Versicherung nicht möglich oder unzumutbar, hat sie ihre Auftraggeberin oder ihren Auftraggeber vor ihrer Beauftragung auf diese Tatsache und deren Folgen in Textform hinzuweisen.
(6) Die zuständige Behörde kann einer vorübergehend registrierten Person oder Gesellschaft die weitere Erbringung von Rechtsdienstleistungen untersagen, wenn aufgrund begründeter Tatsachen anzunehmen ist, dass sie dauerhaft unqualifizierte Rechtsdienstleistungen zum Nachteil der Rechtsuchenden oder des Rechtsverkehrs erbringen wird oder wenn sie in erheblichem Maß gegen Berufspflichten verstoßen hat. Die Voraussetzungen nach Satz 1 sind regelmäßig erfüllt, wenn die Person oder Gesellschaft
1. im Staat der Niederlassung nicht mehr rechtmäßig niedergelassen ist oder ihr die Ausübung der Tätigkeit dort untersagt ist,
2. in erheblichem Umfang Rechtsdienstleistungen über die eingetragene Befugnis hinaus erbringt,
3. beharrlich gegen Darlegungs- und Informationspflichten nach § 13a verstößt,
4. nicht über die für die Ausübung der Berufstätigkeit im Inland erforderlichen deutschen Sprachkenntnisse verfügt,
5. beharrlich entgegen Absatz 4 eine unrichtige Berufsbezeichnung führt oder
6. beharrlich gegen die Vorgaben des Absatzes 5 über die Berufshaftpflichtversicherung verstößt.
(7) Natürliche und juristische Personen sowie Gesellschaften ohne Rechtspersönlichkeit, die in einem in Absatz 1 Satz 1 genannten Staat zur Erbringung von Rechtsdienstleistungen in einem ausländischen Recht (§ 10 Absatz 1 Satz 1 Nummer 3) rechtmäßig niedergelassen sind, dürfen diese Rechtsdienstleistungen in der Bundesrepublik Deutschland mit denselben Befugnissen wie eine nach § 10 Absatz 1 Satz 1 Nummer 3 registrierte Person vorübergehend und gelegentlich ausüben (vorübergehende Rechtsdienstleistungen). Absatz 1 Satz 2 und 3 sowie die Absätze 2 bis 6 gelten entsprechend.

§ 15a Statistik
Über Verfahren nach § 12 Absatz 3 Satz 4 und § 15 wird eine Bundesstatistik durchgeführt. § 17 des Berufsqualifikationsfeststellungsgesetzes ist anzuwenden.

§ 15b Betrieb ohne Registrierung
Werden Rechtsdienstleistungen ohne erforderliche Registrierung oder vorübergehende Registrierung erbracht, so kann die zuständige Behörde die Fortsetzung des Betriebs verhindern.

Teil 4
Rechtsdienstleistungsregister

§ 16 Inhalt des Rechtsdienstleistungsregisters
(1) Das Rechtsdienstleistungsregister dient der Information der Rechtsuchenden, der Personen, die Rechtsdienstleistungen anbieten, des Rechtsverkehrs und öffentlicher Stellen. Die Einsicht in das Rechtsdienstleistungsregister steht jedem unentgeltlich zu.

(2) Im Rechtsdienstleistungsregister werden unter Angabe der nach § 9 Absatz 1 Satz 1, § 13 Absatz 1 Satz 1 oder 2 oder § 15 Absatz 2 Satz 1 zuständigen Behörde und des Datums der jeweiligen Registrierung nur öffentlich bekannt gemacht:
1. die Registrierung von Personen, denen Rechtsdienstleistungen in einem oder mehreren der in § 10 Abs. 1 genannten Bereiche oder Teilbereiche erlaubt sind, unter Angabe
    a) ihres Familiennamens und Vornamens, ihres Namens oder ihrer Firma einschließlich ihrer gesetzlichen Vertreter sowie des Registergerichts und der Registernummer, unter der sie in das Handels-, Partnerschafts-, Genossenschafts- oder Vereinsregister eingetragen sind,
    b) ihres Gründungsjahres,
    c) ihrer Geschäftsanschrift einschließlich der Anschriften aller Zweigstellen,
    d) der für sie nach § 12 Abs. 4 benannten qualifizierten Personen unter Angabe des Familiennamens und Vornamens,
    e) des Inhalts und Umfangs der Rechtsdienstleistungsbefugnis einschließlich erteilter Auflagen,
    f) gegebenenfalls des Umstands, dass es sich um eine vorübergehende Registrierung nach § 15 handelt, und der Berufsbezeichnung, unter der die Rechtsdienstleistungen nach § 15 Absatz 4 im Inland zu erbringen sind,
    g) bestehender sofort vollziehbarer Rücknahmen und Widerrufe der Registrierung,
2. die Registrierung von Personen oder Vereinigungen, denen die Erbringung von Rechtsdienstleistungen nach § 9 Abs. 1 bestandskräftig untersagt worden ist, unter Angabe
    a) ihres Familiennamens und Vornamens, ihres Namens oder ihrer Firma einschließlich ihrer gesetzlichen Vertreter sowie des Registergerichts und der Registernummer, unter der sie in das Handels-, Partnerschafts-, Genossenschafts- oder Vereinsregister eingetragen sind,
    b) ihres Gründungsjahres,
    c) ihrer Anschrift,
    d) der Dauer der Untersagung.
Bei öffentlichen Bekanntmachungen nach Satz 1 Nummer 1 werden mit der Geschäftsanschrift auch die Telefonnummer und die E-Mail-Adresse der registrierten Person veröffentlicht, wenn sie in die Veröffentlichung dieser Daten in Textform eingewilligt hat. Wird ein Abwickler bestellt, ist auch dies unter Angabe von Familienname, Vorname und Anschrift des Abwicklers zu veröffentlichen.
(3) Die öffentliche Bekanntmachung erfolgt durch eine zentrale und länderübergreifende Veröffentlichung im Internet unter der Adresse www.rechtsdienstleistungsregister.de. Die nach § 9 Absatz 1 Satz 1, § 13 Absatz 1 Satz 1 oder 2 oder § 15 Absatz 2 Satz 1 zuständige Behörde trägt die datenschutzrechtliche Verantwortung für die von ihr im Rechtsdienstleistungsregister veröffentlichten Daten, insbesondere für die Rechtmäßigkeit ihrer Erhebung, die Zulässigkeit ihrer Veröffentlichung und ihre Richtigkeit. Das Bundesministerium der Justiz und für Verbraucherschutz wird ermächtigt, durch Rechtsverordnung mit Zustimmung des Bundesrates die Einzelheiten der öffentlichen Bekanntmachung im Internet zu regeln.

§ 17 Löschung von Veröffentlichungen

(1) Die im Rechtsdienstleistungsregister öffentlich bekannt gemachten Daten sind zu löschen
1. bei registrierten Personen mit dem Verzicht auf die Registrierung,
2. bei natürlichen Personen mit ihrem Tod,
3. bei juristischen Personen und Gesellschaften ohne Rechtspersönlichkeit mit ihrer Beendigung,
4. bei Personen, deren Registrierung zurückgenommen oder widerrufen worden ist, mit der Bestandskraft der Entscheidung,
5. bei Personen oder Vereinigungen, denen die Erbringung von Rechtsdienstleistungen nach § 9 Abs. 1 untersagt ist, nach Ablauf der Dauer der Untersagung,
6. bei Personen oder Gesellschaften nach § 15 mit Ablauf eines Jahres nach der vorübergehenden Registrierung oder ihrer letzten Verlängerung, im Fall der Untersagung nach § 15 Absatz 6 mit Bestandskraft der Untersagung.
Wird im Fall des Satzes 1 Nummer 2 oder 4 ein Abwickler bestellt, erfolgt eine Löschung erst nach Beendigung der Abwicklung.
(2) Das Bundesministerium der Justiz und für Verbraucherschutz wird ermächtigt, durch Rechtsverordnung mit Zustimmung des Bundesrates die Einzelheiten des Löschungsverfahrens zu regeln.

Teil 5
Datenübermittlung und Zuständigkeiten, Bußgeldvorschriften

§ 18 Umgang mit personenbezogenen Daten

(1) Die zuständigen Behörden dürfen einander und anderen für die Durchführung dieses Gesetzes zuständigen Behörden Daten über Registrierungen nach § 9 Abs. 2, § 10 Abs. 1 und § 15 Abs. 3 übermitteln, soweit die Kenntnis der Daten zur Durchführung dieses Gesetzes erforderlich ist. Sie dürfen die nach § 16 Abs. 2 öffentlich bekanntzumachenden Daten längstens für die Dauer von drei Jahren nach Löschung der Veröffentlichung zentral und länderübergreifend in einem Dateisystem speichern und aus diesem im automatisierten Verfahren abrufen; § 16 Abs. 3 Satz 2 gilt entsprechend. Gerichte und Behörden dürfen der zuständigen Behörde personenbezogene Daten übermitteln, soweit deren Kenntnis für folgende Zwecke erforderlich ist:
1. die Registrierung oder die Rücknahme oder den Widerruf der Registrierung,
2. eine Untersagung nach § 9 Absatz 1 oder § 15 Absatz 6,
3. eine Aufsichtsmaßnahme nach § 13e,
4. eine Maßnahme nach § 15b oder
5. die europäische Verwaltungszusammenarbeit nach Absatz 2.

Satz 3 gilt nur, soweit durch die Übermittlung der Daten schutzwürdige Interessen der Person nicht beeinträchtigt werden oder soweit das öffentliche Interesse das Geheimhaltungsinteresse der Person überwiegt.

(2) Für die Verwaltungszusammenarbeit mit Behörden anderer Mitgliedstaaten der Europäischen Union, anderer Vertragsstaaten des Europäischen Wirtschaftsraums und der Schweiz gelten die §§ 8a bis 8d des Verwaltungsverfahrensgesetzes entsprechend. Die zuständige Behörde nutzt für diese Verwaltungszusammenarbeit das Binnenmarkt-Informationssystem der Europäischen Union.

(2a) Wird in einem verwaltungsgerichtlichen Verfahren festgestellt, dass eine Person bei einem Antrag auf Anerkennung ihrer Berufsqualifikation nach der Richtlinie 2005/36/EG des Europäischen Parlaments und des Rates vom 7. September 2005 über die Anerkennung von Berufsqualifikationen (ABl. L 255 vom 30. 9. 2005, S. 22; L 271 vom 16. 10. 2007, S. 18; L 93 vom 4. 4. 2008, S. 28; L 33 vom 3. 2. 2009, S. 49; L 305 vom 24. 10. 2014, S. 115), die zuletzt durch die Richtlinie 2013/55/EU (ABl. L 354 vom 28. 12. 2013, S. 132; L 268 vom 15. 10. 2015, S. 35; L 95 vom 9. 4. 2016, S. 20) geändert worden ist, in der jeweils geltenden Fassung einen gefälschten Berufsqualifikationsnachweis verwendet hat, hat die zuständige Behörde die Angaben zur Identität der Person und die Tatsache, dass sie einen gefälschten Berufsqualifikationsnachweis verwendet hat, binnen drei Tagen nach Rechtskraft der gerichtlichen Entscheidung über das Binnenmarkt-Informationssystem den anderen Mitgliedstaaten der Europäischen Union, den anderen Vertragsstaaten des Abkommens über den Europäischen Wirtschaftsraum und der Schweiz mitzuteilen. § 38 Absatz 2 des Gesetzes über die Tätigkeit europäischer Rechtsanwälte in Deutschland gilt entsprechend.

(3) Das Bundesministerium der Justiz und für Verbraucherschutz wird ermächtigt, die Einzelheiten des Umgangs mit personenbezogenen Daten, insbesondere der Veröffentlichung in dem Rechtsdienstleistungsregister, der Einsichtnahme in das Register, der Datenübermittlung einschließlich des automatisierten Datenabrufs und der Amtshilfe, durch Rechtsverordnung mit Zustimmung des Bundesrates zu regeln.

§ 19 Zuständigkeit und Übertragung von Befugnissen

(1) Zuständig für die Durchführung dieses Gesetzes sind die Landesjustizverwaltungen, die zugleich zuständige Stellen im Sinn des § 117 Abs. 2 des Gesetzes über den Versicherungsvertrag sind. Mehrere Länder können eine Aufgabenwahrnehmung durch eine Landesjustizverwaltung vereinbaren.

(2) Die Landesregierungen werden ermächtigt, die Aufgaben und Befugnisse, die den Landesjustizverwaltungen nach diesem Gesetz zustehen, durch Rechtsverordnung auf diesen nachgeordnete Behörden zu übertragen. Die Landesregierungen können diese Ermächtigung durch Rechtsverordnung auf die Landesjustizverwaltungen übertragen.

§ 20 Bußgeldvorschriften

(1) Ordnungswidrig handelt, wer
1. einer vollziehbaren Anordnung nach § 9 Absatz 1 Satz 1, § 13e Absatz 2 Satz 3 oder § 15 Absatz 6 Satz 1, auch in Verbindung mit Absatz 7 Satz 2, zuwiderhandelt,
2. ohne Registrierung nach § 10 Absatz 1 eine dort genannte Rechtsdienstleistung erbringt,
3. einer vollziehbaren Auflage nach § 10 Absatz 3 Satz 1 zuwiderhandelt oder

4. entgegen § 11 Absatz 4 eine dort genannte Berufsbezeichnung oder Bezeichnung führt.

(2) Ordnungswidrig handelt, wer vorsätzlich oder fahrlässig
1. entgegen § 13 Absatz 3 Satz 1, auch in Verbindung mit § 15 Absatz 2 Satz 4, auch in Verbindung mit § 15 Absatz 7 Satz 2, oder entgegen § 13a Absatz 2 eine Mitteilung nicht, nicht richtig, nicht vollständig oder nicht rechtzeitig macht,
2. entgegen § 13a Absatz 1 eine Information nicht, nicht richtig, nicht vollständig oder nicht rechtzeitig übermittelt,
3. entgegen § 13a Absatz 3 oder 4 Satz 1 einen Hinweis nicht, nicht richtig, nicht vollständig oder nicht rechtzeitig gibt,
4. entgegen § 15 Absatz 2 Satz 1, auch in Verbindung mit Absatz 7 Satz 2, eine vorübergehende Rechtsdienstleistung erbringt oder
5. entgegen § 15 Absatz 2 Satz 5, auch in Verbindung mit Absatz 7 Satz 2, eine dort genannte Meldung nicht, nicht richtig, nicht vollständig oder nicht rechtzeitig wiederholt.

(3) Die Ordnungswidrigkeit kann mit einer Geldbuße bis zu fünfzigtausend Euro geahndet werden.

Gesetz über Rechtsberatung und Vertretung für Bürger mit geringem Einkommen (Beratungshilfegesetz – BerHG)

Vom 18. Juni 1980 (BGBl. I S. 689)

Zuletzt geändert durch
Gesetz zur Modernisierung des notariellen Berufsrechts und zur Änderung weiterer Vorschriften vom 25. Juni 2021 (BGBl. I S. 2154)

Inhaltsübersicht

§ 1	Voraussetzungen	§ 8	Vergütung
§ 2	Gegenstand der Beratungshilfe	§ 8a	Folgen der Aufhebung der Bewilligung
§ 3	Gewährung von Beratungshilfe	§ 9	Kostenersatz durch den Gegner
§ 4	Verfahren	§ 10	Streitsachen mit grenzüberschreitendem Bezug
§ 5	Anwendbare Vorschriften		
§ 6	Berechtigungsschein	§ 10a	Grenzüberschreitende Unterhaltssachen
§ 6a	Aufhebung der Bewilligung	§ 11	Verordnungsermächtigung
§ 7	Rechtsbehelf	§ 12	Länderklauseln

§ 1 Voraussetzungen

(1) Hilfe für die Wahrnehmung von Rechten außerhalb eines gerichtlichen Verfahrens und im obligatorischen Güteverfahren nach § 15a des Gesetzes betreffend die Einführung der Zivilprozeßordnung (Beratungshilfe) wird auf Antrag gewährt, wenn
1. Rechtsuchende die erforderlichen Mittel nach ihren persönlichen und wirtschaftlichen Verhältnissen nicht aufbringen können,
2. keine anderen Möglichkeiten für eine Hilfe zur Verfügung stehen, deren Inanspruchnahme den Rechtsuchenden zuzumuten ist,
3. die Inanspruchnahme der Beratungshilfe nicht mutwillig erscheint.

(2) Die Voraussetzungen des Absatzes 1 Nummer 1 sind gegeben, wenn den Rechtsuchenden Prozeßkostenhilfe nach den Vorschriften der Zivilprozeßordnung ohne einen eigenen Beitrag zu den Kosten zu gewähren wäre. Die Möglichkeit, sich durch einen Rechtsanwalt unentgeltlich oder gegen Vereinbarung eines Erfolgshonorars beraten oder vertreten zu lassen, ist keine andere Möglichkeit der Hilfe im Sinne des Absatzes 1 Nummer 2.

(3) Mutwilligkeit liegt vor, wenn Beratungshilfe in Anspruch genommen werden soll, obwohl Rechtsuchende, die nach ihren persönlichen und wirtschaftlichen Verhältnissen keine Beratungshilfe beanspruchen können, bei verständiger Würdigung aller Umstände der Rechtsangelegenheit davon absehen würden, sich auf eigene Kosten rechtlich beraten oder vertreten zu lassen. Bei der Beurteilung der Mutwilligkeit sind die Kenntnisse und Fähigkeiten der Rechtsuchenden sowie ihre besondere wirtschaftliche Lage zu berücksichtigen.

§ 2 Gegenstand der Beratungshilfe

(1) Die Beratungshilfe besteht in Beratung und, soweit erforderlich, in Vertretung. Eine Vertretung ist erforderlich, wenn Rechtsuchende nach der Beratung angesichts des Umfangs, der Schwierigkeit oder der Bedeutung, die die Rechtsangelegenheit für sie hat, ihre Rechte nicht selbst wahrnehmen können.
(2) Beratungshilfe nach diesem Gesetz wird in allen rechtlichen Angelegenheiten gewährt. In Angelegenheiten des Strafrechts und des Ordnungswidrigkeitenrechts wird nur Beratung gewährt.
(3) Beratungshilfe nach diesem Gesetz wird nicht gewährt in Angelegenheiten, in denen das Recht anderer Staaten anzuwenden ist, sofern der Sachverhalt keine Beziehung zum Inland aufweist.

§ 3 Gewährung von Beratungshilfe

(1) Die Beratungshilfe wird durch Rechtsanwälte und durch Rechtsbeistände, die Mitglied einer Rechtsanwaltskammer sind, gewährt. Im Umfang ihrer jeweiligen Befugnis zur Rechtsberatung wird sie auch gewährt durch

1. Steuerberater und Steuerbevollmächtigte,
2. Wirtschaftsprüfer und vereidigte Buchprüfer sowie
3. Rentenberater.

Sie kann durch die in den Sätzen 1 und 2 genannten Personen (Beratungspersonen) auch in Beratungsstellen gewährt werden, die auf Grund einer Vereinbarung mit der Landesjustizverwaltung eingerichtet sind.
(2) Die Beratungshilfe kann auch durch das Amtsgericht gewährt werden, soweit dem Anliegen durch eine sofortige Auskunft, einen Hinweis auf andere Möglichkeiten für Hilfe oder die Aufnahme eines Antrags oder einer Erklärung entsprochen werden kann.

§ 4 Verfahren

(1) Über den Antrag auf Beratungshilfe entscheidet das Amtsgericht, in dessen Bezirk die Rechtsuchenden ihren allgemeinen Gerichtsstand haben. Haben Rechtsuchende im Inland keinen allgemeinen Gerichtsstand, so ist das Amtsgericht zuständig, in dessen Bezirk ein Bedürfnis für Beratungshilfe auftritt.
(2) Der Antrag kann mündlich oder schriftlich gestellt werden; § 130a der Zivilprozessordnung und auf dessen Grundlage erlassene Rechtsverordnungen gelten entsprechend. Der Sachverhalt, für den Beratungshilfe beantragt wird, ist anzugeben.
(3) Dem Antrag sind beizufügen:
1. eine Erklärung der Rechtsuchenden über ihre persönlichen und wirtschaftlichen Verhältnisse, insbesondere Angaben zu Familienstand, Beruf, Vermögen, Einkommen und Lasten, sowie entsprechende Belege und
2. eine Versicherung der Rechtsuchenden, dass ihnen in derselben Angelegenheit Beratungshilfe bisher weder gewährt noch durch das Gericht versagt worden ist, und dass in derselben Angelegenheit kein gerichtliches Verfahren anhängig ist oder war.

(4) Das Gericht kann verlangen, dass Rechtsuchende ihre tatsächlichen Angaben glaubhaft machen, und kann insbesondere auch die Abgabe einer Versicherung an Eides statt fordern. Es kann Erhebungen anstellen, insbesondere die Vorlegung von Urkunden anordnen und Auskünfte einholen. Zeugen und Sachverständige werden nicht vernommen.
(5) Haben Rechtsuchende innerhalb einer von dem Gericht gesetzten Frist Angaben über ihre persönlichen und wirtschaftlichen Verhältnisse nicht glaubhaft gemacht oder bestimmte Fragen nicht oder ungenügend beantwortet, so lehnt das Gericht die Bewilligung von Beratungshilfe ab.
(6) In den Fällen nachträglicher Antragstellung (§ 6 Absatz 2) können die Beratungspersonen vor Beginn der Beratungshilfe verlangen, dass die Rechtsuchenden ihre persönlichen und wirtschaftlichen Verhältnisse belegen und erklären, dass ihnen in derselben Angelegenheit Beratungshilfe bisher weder gewährt noch durch das Gericht versagt worden ist, und dass in derselben Angelegenheit kein gerichtliches Verfahren anhängig ist oder war.

§ 5 Anwendbare Vorschriften

Für das Verfahren gelten die Vorschriften des Gesetzes über das Verfahren in Familiensachen und in den Angelegenheiten der freiwilligen Gerichtsbarkeit entsprechend, soweit in diesem Gesetz nichts anderes bestimmt ist. § 185 Abs. 3 und § 189 Abs. 3 des Gerichtsverfassungsgesetzes gelten entsprechend.

§ 6 Berechtigungsschein

(1) Sind die Voraussetzungen für die Gewährung von Beratungshilfe gegeben und wird die Angelegenheit nicht durch das Amtsgericht erledigt, stellt das Amtsgericht Rechtsuchenden unter genauer Bezeichnung der Angelegenheit einen Berechtigungsschein für Beratungshilfe durch eine Beratungsperson ihrer Wahl aus.
(2) Wenn sich Rechtsuchende wegen Beratungshilfe unmittelbar an eine Beratungsperson wenden, kann der Antrag auf Bewilligung der Beratungshilfe nachträglich gestellt werden. In diesem Fall ist der Antrag spätestens vier Wochen nach Beginn der Beratungshilfetätigkeit zu stellen.

§ 6a Aufhebung der Bewilligung

(1) Das Gericht kann die Bewilligung von Amts wegen aufheben, wenn die Voraussetzungen für die Beratungshilfe zum Zeitpunkt der Bewilligung nicht vorgelegen haben und seit der Bewilligung nicht mehr als ein Jahr vergangen ist.

(2) Beratungspersonen können die Aufhebung der Bewilligung beantragen, wenn Rechtsuchende auf Grund der Beratung oder Vertretung, für die ihnen Beratungshilfe bewilligt wurde, etwas erlangt haben. Der Antrag kann nur gestellt werden, wenn die Beratungspersonen
1. noch keine Beratungshilfevergütung nach § 44 Satz 1 des Rechtsanwaltsvergütungsgesetzes beantragt haben und
2. die Rechtsuchenden bei der Mandatsübernahme auf die Möglichkeit der Antragstellung und der Aufhebung der Bewilligung sowie auf die sich für die Vergütung nach § 8a Absatz 2 ergebenden Folgen in Textform hingewiesen haben.

Das Gericht hebt den Beschluss über die Bewilligung von Beratungshilfe nach Anhörung der Rechtsuchenden auf, wenn diese auf Grund des Erlangten die Voraussetzungen hinsichtlich der persönlichen und wirtschaftlichen Verhältnisse für die Bewilligung von Beratungshilfe nicht mehr erfüllen.

§ 7 Rechtsbehelf
Gegen den Beschluss, durch den der Antrag auf Bewilligung von Beratungshilfe zurückgewiesen oder durch den die Bewilligung von Amts wegen oder auf Antrag der Beratungsperson wieder aufgehoben wird, ist nur die Erinnerung statthaft.

§ 8 Vergütung
(1) Die Vergütung der Beratungsperson richtet sich nach den für die Beratungshilfe geltenden Vorschriften des Rechtsanwaltsvergütungsgesetzes. Die Beratungsperson, die nicht Rechtsanwalt ist, steht insoweit einem Rechtsanwalt gleich.
(2) Die Bewilligung von Beratungshilfe bewirkt, dass die Beratungsperson gegen Rechtsuchende keinen Anspruch auf Vergütung mit Ausnahme der Beratungshilfegebühr (§ 44 Satz 2 des Rechtsanwaltsvergütungsgesetzes) geltend machen kann. Dies gilt auch in den Fällen nachträglicher Antragstellung (§ 6 Absatz 2) bis zur Entscheidung durch das Gericht.

§ 8a Folgen der Aufhebung der Bewilligung
(1) Wird die Beratungshilfebewilligung aufgehoben, bleibt der Vergütungsanspruch der Beratungsperson gegen die Staatskasse unberührt. Dies gilt nicht, wenn die Beratungsperson
1. Kenntnis oder grob fahrlässige Unkenntnis davon hatte, dass die Bewilligungsvoraussetzungen im Zeitpunkt der Beratungshilfeleistung nicht vorlagen, oder
2. die Aufhebung der Beratungshilfe selbst beantragt hat (§ 6a Absatz 2).
(2) Die Beratungsperson kann von Rechtsuchenden Vergütung nach den allgemeinen Vorschriften verlangen, wenn sie
1. keine Vergütung aus der Staatskasse fordert oder einbehält und
2. die Rechtsuchenden bei der Mandatsübernahme auf die Möglichkeit der Aufhebung der Bewilligung sowie auf die sich für die Vergütung ergebenden Folgen hingewiesen hat.

Soweit Rechtsuchende die Beratungshilfegebühr (Nummer 2500 der Anlage 1 des Rechtsanwaltsvergütungsgesetzes) bereits geleistet haben, ist sie auf den Vergütungsanspruch anzurechnen.
(3) Wird die Bewilligung der Beratungshilfe aufgehoben, weil die persönlichen und wirtschaftlichen Voraussetzungen hierfür nicht vorgelegen haben, kann die Staatskasse von den Rechtsuchenden Erstattung des von ihr an die Beratungsperson geleisteten und von dieser einbehaltenen Betrages verlangen.
(4) Wird im Fall nachträglicher Antragstellung Beratungshilfe nicht bewilligt, kann die Beratungsperson von den Rechtsuchenden Vergütung nach den allgemeinen Vorschriften verlangen, wenn sie diese bei der Mandatsübernahme hierauf hingewiesen hat. Absatz 2 Satz 2 gilt entsprechend.

§ 9 Kostenersatz durch den Gegner
Ist der Gegner verpflichtet, Rechtsuchenden die Kosten der Wahrnehmung ihrer Rechte zu ersetzen, hat er für die Tätigkeit der Beratungsperson die Vergütung nach den allgemeinen Vorschriften zu zahlen. Der Anspruch geht auf die Beratungsperson über. Der Übergang kann nicht zum Nachteil der Rechtsuchenden geltend gemacht werden.

§ 10 Streitsachen mit grenzüberschreitendem Bezug
(1) Bei Streitsachen mit grenzüberschreitendem Bezug nach der Richtlinie 2003/8/EG des Rates vom 27. Januar 2003 zur Verbesserung des Zugangs zum Recht bei Streitsachen mit grenzüberschreitendem Bezug durch Festlegung gemeinsamer Mindestvorschriften für die Prozesskostenhilfe in derartigen Streitsachen (ABl. EG Nr. L 26 S. 41, ABl. EU Nr. L 32 S. 15) wird Beratungshilfe gewährt
1. für die vorprozessuale Rechtsberatung im Hinblick auf eine außergerichtliche Streitbeilegung,

2. für die Unterstützung bei einem Antrag nach § 1077 der Zivilprozessordnung, bis das Ersuchen im Mitgliedstaat des Gerichtsstands eingegangen ist.
(2) § 2 Absatz 3 findet keine Anwendung.
(3) Für die Übermittlung von Anträgen auf grenzüberschreitende Beratungshilfe gilt § 1077 der Zivilprozessordnung entsprechend.
(4) Für eingehende Ersuchen um grenzüberschreitende Beratungshilfe ist das in § 4 Absatz 1 Satz 2 bezeichnete Amtsgericht zuständig. § 1078 Absatz 1 Satz 2, Absatz 2 Satz 2 und Absatz 3 der Zivilprozessordnung gilt entsprechend.

§ 10a Grenzüberschreitende Unterhaltssachen

(1) Bei Unterhaltssachen nach der Verordnung (EG) Nr. 4/2009 des Rates vom 18. Dezember 2008 (ABl. L 7 vom 10. 1. 2009, S. 1) erfolgt die Gewährung der Beratungshilfe in den Fällen der Artikel 46 und 47 Absatz 2 dieser Verordnung unabhängig von den persönlichen und wirtschaftlichen Verhältnissen der Rechtsuchenden.
(2) Für ausgehende Anträge in Unterhaltssachen auf grenzüberschreitende Beratungshilfe nach § 10 Absatz 1 ist das Amtsgericht am Sitz des Oberlandesgerichts, in dessen Bezirk die Rechtsuchenden ihren gewöhnlichen Aufenthalt haben, zuständig. Für eingehende Ersuchen ist das in § 4 Absatz 1 Satz 2 bezeichnete Gericht zuständig.

§ 11 Verordnungsermächtigung

Das Bundesministerium der Justiz und für Verbraucherschutz wird ermächtigt, zur Vereinfachung und Vereinheitlichung des Verfahrens durch Rechtsverordnung mit Zustimmung des Bundesrates Formulare für den Antrag auf Gewährung von Beratungshilfe und auf Zahlung der Vergütung der Beratungsperson nach Abschluß der Beratungshilfe einzuführen und deren Verwendung vorzuschreiben.

§ 12 Länderklauseln

(1) In den Ländern Bremen und Hamburg tritt die eingeführte öffentliche Rechtsberatung an die Stelle der Beratungshilfe nach diesem Gesetz, wenn und soweit das Landesrecht nichts anderes bestimmt.
(2) Im Land Berlin haben Rechtsuchende die Wahl zwischen der Inanspruchnahme der dort eingeführten öffentlichen Rechtsberatung und Beratungshilfe nach diesem Gesetz, wenn und soweit das Landesrecht nichts anderes bestimmt.
(3) Die Länder können durch Gesetz die ausschließliche Zuständigkeit von Beratungsstellen nach § 3 Absatz 1 zur Gewährung von Beratungshilfe bestimmen.
(4) Personen, die im Rahmen der öffentlichen Rechtsberatung beraten und über die Befähigung zum Richteramt verfügen, sind in gleicher Weise wie ein beauftragter Rechtsanwalt zur Verschwiegenheit verpflichtet und mit schriftlicher Zustimmung der Rechtsuchenden berechtigt, Auskünfte aus Akten zu erhalten und Akteneinsicht zu nehmen.

220 BVerfGG

Gesetz über das Bundesverfassungsgericht (Bundesverfassungsgerichtsgesetz – BVerfGG)

in der Fassung der Bekanntmachung
vom 11. August 1993 (BGBl. I S. 1473)

Zuletzt geändert durch
Gesetz zur Umsetzung der Richtlinie (EU) 2016/680 im Strafverfahren sowie zur Anpassung datenschutzrechtlicher Bestimmungen an die Verordnung (EU) 2016/679
vom 20. November 2019 (BGBl. I S. 1724)

– Auszug –*)

Inhaltsübersicht

I. Teil
Verfassung und Zuständigkeit des Bundesverfassungsgerichts

- § 1 (Selbständiger, unabhängiger Gerichtshof; Sitz; Geschäftsordnung)
- § 2 (Senate; Zusammensetzung)
- § 3 (Anforderungen für das Richteramt)
- § 4 (Amtszeit)
- § 5 (Richterwahl)
- § 6 (Wahl durch Bundestag)
- § 7 (Wahl durch Bundesrat)
- § 7a (Mitwirkung des Bundesverfassungsgerichts)
- § 8 (Kandidatenlisten)
- § 9 (Präsident, Vizepräsident)
- § 10 (Ernennung)
- § 11 (Eidesleistung)
- § 12 (Entlassung)
- § 13 (Zuständigkeit)
- § 14 (Geschäftsverteilung)
- § 15 (Vorsitz; Beschlussfähigkeit; erforderliche Mehrheiten)
- § 15a (Kammern)
- § 16 (Entscheidung des Plenums)

II. Teil
Verfassungsgerichtliches Verfahren

Erster Abschnitt
Allgemeine Verfahrensvorschriften

- § 17 (Anwendbare Vorschriften)
- § 17a (Ton- und Filmaufnahmen)
- § 18 (Ausschluss vom Richteramt)
- § 19 (Ablehnung eines Richters)
- § 20 (Akteneinsicht)
- § 21 (Beauftragte von Personengruppen)
- § 22 (Vertretung; Vollmacht)
- § 23 (Anträge)
- § 24 (Unzulässige, unbegründete Anträge)
- § 25 (Mündliche Verhandlung; Entscheidungen)
- § 25a (Protokoll; Tonbandaufnahme)

- § 26 (Beweiserhebung)
- § 27 (Rechts- und Amtshilfe)
- § 27a (Stellungnahmen Sachkundiger)
- § 28 (Vernehmungen)
- § 29 (Mitwirkung der Beteiligten)
- § 30 (Beratung und Entscheidung; Sondervotum)
- § 31 (Wirkung der Entscheidungen)
- § 32 (Einstweilige Anordnungen)
- § 33 (Aussetzung)
- § 34 (Kosten)
- § 34a (Kostenersatz)
- § 35 (Vollstreckung)

Zweiter Abschnitt
Akteneinsicht außerhalb des Verfahrens

- § 35a (Datenschutz)
- § 35b (Auskünfte)
- § 35c (Nutzung vorhandener Daten)

III. Teil
Einzelne Verfahrensarten

Erster Abschnitt
Verfahren in den Fällen des § 13 Nr. 1

- § 36 (Antragsrecht)
- § 37 (Vorbereitendes Verfahren)
- § 38 (Beschlagnahme, Durchsuchung; Voruntersuchung)
- § 39 (Feststellung)
- § 40 (Aufhebung; Abkürzung)
- § 41 (Neue Tatsachen)
- § 42 (weggefallen)

Zweiter Abschnitt
Verfahren in den Fällen des § 13 Nummer 2 und 2a

- § 43 (Antragsrecht)
- § 44 (Vertretungsberechtigte)
- § 45 (Vorbereitendes Verfahren)
- § 46 (Feststellung)
- § 46a (Ausschluss von staatlicher Finanzierung)
- § 47 (Anwendbare Vorschriften)

---

*) Abgedruckt sind nur die für Sozialberufe wichtigen Bestimmungen. Das Inhaltsverzeichnis benennt den kompletten Inhalt des Gesetzes.

Dritter Abschnitt
Verfahren in den Fällen des § 13 Nr. 3
§ 48 (Antragsrecht)

Vierter Abschnitt
Verfahren in den Fällen des § 13 Nr. 4
§ 49 (Anklage)
§ 50 (Frist)
§ 51 (Rücktritt; Ausscheiden; Auflösung des Bundestages)
§ 52 (Zurücknahme)
§ 53 (Einstweilige Anordnung)
§ 54 (Voruntersuchung)
§ 55 (Mündliche Verhandlung)
§ 56 (Feststellung)
§ 57 (Ausfertigung des Urteils)

Fünfter Abschnitt
Verfahren in den Fällen des § 13 Nr. 9
§ 58 (Anklage)
§ 59 (Entscheidung)
§ 60 (Aussetzung des Disziplinarverfahrens)
§ 61 (Wiederaufnahme)
§ 62 (Landesrichter)

Sechster Abschnitt
Verfahren in den Fällen des § 13 Nr. 5
§ 63 (Antragsteller, Antragsgegner)
§ 64 (Antrag)
§ 65 (Beitritt; vorbereitendes Verfahren)
§ 66 (Verbindung; Trennung)
§ 66a (Einsetzung von Untersuchungsausschüssen)
§ 67 (Feststellung)

Siebenter Abschnitt
Verfahren in den Fällen des § 13 Nr. 7
§ 68 (Antragsteller, Antragsgegner)
§ 69 (Anwendbare Vorschriften)
§ 70 (Anfechtungsfrist)

Achter Abschnitt
Verfahren in den Fällen des § 13 Nr. 8
§ 71 (Antragsteller, Antragsgegner)
§ 72 (Entscheidung)

Neunter Abschnitt
Verfahren in den Fällen des § 13 Nr. 10
§ 73 (Beteiligte)
§ 74 (Entscheidung)
§ 75 (Anwendbare Vorschriften)

Zehnter Abschnitt
Verfahren in den Fällen des § 13 Nr. 6 und 6a
§ 76 (Zulässigkeit)
§ 77 (Vorbereitendes Verfahren)
§ 78 (Nichtigerklärung)
§ 79 (Wirkung für abgeschlossene Verfahren)

Elfter Abschnitt
Verfahren in den Fällen des § 13 Nr. 11 und 11a
§ 80 (Vorlagebeschluss)
§ 81 (Entscheidung)
§ 81a (Unzulässigkeit)
§ 82 (Verfahren)
§ 82a (Untersuchungsausschuss)

Zwölfter Abschnitt
Verfahren in den Fällen des § 13 Nr. 12
§ 83 (Feststellung)
§ 84 (Anwendbare Vorschriften)

Dreizehnter Abschnitt
Verfahren in den Fällen des § 13 Nr. 13
§ 85 (Entscheidungen gemäß Art. 100 Abs. 3 GG)

Vierzehnter Abschnitt
Verfahren in den Fällen des § 13 Nr. 14
§ 86 (Antragsberechtigte)
§ 87 (Zulässigkeit)
§ 88 (Anwendbare Vorschriften)
§ 89 (Ausspruch)

Fünfzehnter Abschnitt
Verfahren in den Fällen des § 13 Nr. 8a
§ 90 (Antragsrecht)
§ 91 (Gemeinden)
§ 92 (Begründung)
§ 93 (Frist)
§ 93a (Annahme zur Entscheidung)
§ 93b (Entscheidung der Kammer)
§ 93c (Entscheidung)
§ 93d (Verfahren)
§ 94 (Vorbereitendes Verfahren)
§ 95 (Feststellung)

Sechzehnter Abschnitt
Verfahren in den Fällen des § 13 Nr. 6b
§ 96 (Verfahren in den Fällen des § 13 Nr. 6b)

Siebzehnter Abschnitt
Verfahren in den Fällen des § 13 Nummer 3a
§ 96a (Beschwerdeberechtigte)
§ 96b (Äußerungsmöglichkeit des Bundeswahlausschusses)
§ 96c (Entscheidung ohne mündliche Verhandlung)
§ 96d (Bekanntgabe der Entscheidung)
§ 97 (unbesetzt)

IV. Teil
Verzögerungsbeschwerde
§ 97a (Entschädigung)
§ 97b (Verzögerungsbeschwerde)
§ 97c (Zuständigkeit)
§ 97d (Verfahren)
§ 97e (Übergangsvorschrift)

V. Teil
Schlußvorschriften
§ 98 (Ruhestand; Versorgung)
§ 99 (weggefallen)
§ 100 (Entlassung)
§ 101 (Beamte, Richter)
§ 102 (Anrechnung)
§ 103 (Versorgungsrechtliche Bestimmungen)
§ 104 (Rechtsanwälte, Notare)
§ 105 (Vorzeitige Zurruhesetzung; Entlassung)
§ 106 (Inkrafttreten)

I. Teil
Verfassung und Zuständigkeit des Bundesverfassungsgerichts

§ 1 (Selbständiger, unabhängiger Gerichtshof; Sitz; Geschäftsordnung)
(1) Das Bundesverfassungsgericht ist ein allen übrigen Verfassungsorganen gegenüber selbständiger und unabhängiger Gerichtshof des Bundes.
(2) Der Sitz des Bundesverfassungsgerichts ist Karlsruhe.
(3) Das Bundesverfassungsgericht gibt sich eine Geschäftsordnung, die das Plenum beschließt.

§ 13 (Zuständigkeit)
Das Bundesverfassungsgericht entscheidet
1. über die Verwirkung von Grundrechten
   (Artikel 18 des Grundgesetzes),
2. über die Verfassungswidrigkeit von Parteien
   (Artikel 21 Abs. 2 des Grundgesetzes),
2a. über den Ausschluss von Parteien von staatlicher Finanzierung
   (Artikel 21 Absatz 3 des Grundgesetzes),
3. über Beschwerden gegen Entscheidungen des Bundestages, die die Gültigkeit einer Wahl oder den Erwerb oder Verlust der Mitgliedschaft eines Abgeordneten beim Bundestag betreffen
   (Artikel 41 Abs. 2 des Grundgesetzes),
3a. über Beschwerden von Vereinigungen gegen ihre Nichtanerkennung als Partei für die Wahl zum Bundestag
   (Artikel 93 Absatz 1 Nummer 4c des Grundgesetzes),
4. über Anklagen des Bundestages oder des Bundesrates gegen den Bundespräsidenten
   (Artikel 61 des Grundgesetzes),
5. über die Auslegung des Grundgesetzes aus Anlaß von Streitigkeiten über den Umfang der Rechte und Pflichten eines obersten Bundesorgans oder anderer Beteiligter, die durch das Grundgesetz oder in der Geschäftsordnung eines obersten Bundesorgans mit eigenen Rechten ausgestattet sind
   (Artikel 93 Abs. 1 Nr. 1 des Grundgesetzes),
6. bei Meinungsverschiedenheiten oder Zweifeln über die förmliche oder sachliche Vereinbarkeit von Bundesrecht oder Landesrecht mit dem Grundgesetz oder die Vereinbarkeit von Landesrecht mit sonstigem Bundesrecht auf Antrag der Bundesregierung, einer Landesregierung oder eines Viertels der Mitglieder des Bundestages
   (Artikel 93 Abs. 1 Nr. 2 des Grundgesetzes),
6a. bei Meinungsverschiedenheiten, ob ein Gesetz den Voraussetzungen des Artikels 72 Abs. 2 des Grundgesetzes entspricht, auf Antrag des Bundesrates, einer Landesregierung oder der Volksvertretung eines Landes
   (Artikel 93 Abs. 1 Nr. 2a des Grundgesetzes),
6b. darüber, ob im Falle des Artikels 72 Abs. 4 die Erforderlichkeit für eine bundesgesetzliche Regelung nach Artikel 72 Abs. 2 nicht mehr besteht oder Bundesrecht in den Fällen des Artikels 125a Abs. 2 Satz 1 nicht mehr erlassen werden könnte, auf Antrag des Bundesrates, einer Landesregierung oder der Volksvertretung eines Landes
   (Artikel 93 Abs. 2 des Grundgesetzes),
7. bei Meinungsverschiedenheiten über Rechte und Pflichten des Bundes und der Länder, insbesondere bei der Ausführung von Bundesrecht durch die Länder und bei der Ausübung der Bundesaufsicht
   (Artikel 93 Abs. 1 Nr. 3 und Artikel 84 Abs. 4 Satz 2 des Grundgesetzes),
8. in anderen öffentlich-rechtlichen Streitigkeiten zwischen dem Bund und den Ländern, zwischen verschiedenen Ländern oder innerhalb eines Landes, soweit nicht ein anderer Rechtsweg gegeben

ist
(Artikel 93 Abs. 1 Nr. 4 des Grundgesetzes),
8a. über Verfassungsbeschwerden
(Artikel 93 Abs. 1 Nr. 4a und 4b des Grundgesetzes),
9. über Richteranklagen gegen Bundesrichter und Landesrichter
(Artikel 98 Abs. 2 und 5 des Grundgesetzes),
10. über Verfassungsstreitigkeiten innerhalb eines Landes, wenn diese Entscheidung durch Landesgesetz dem Bundesverfassungsgericht zugewiesen ist
(Artikel 99 des Grundgesetzes),
11. über die Vereinbarkeit eines Bundesgesetzes oder eines Landesgesetzes mit dem Grundgesetz oder die Vereinbarkeit eines Landesgesetzes oder sonstigen Landesrechts mit einem Bundesgesetz auf Antrag eines Gerichts
(Artikel 100 Abs. 1 des Grundgesetzes),
11a. über die Vereinbarkeit eines Beschlusses des Deutschen Bundestages zur Einsetzung eines Untersuchungsausschusses mit dem Grundgesetz auf Vorlage nach § 36 Abs. 2 des Untersuchungsausschussgesetzes,
12. bei Zweifeln darüber, ob eine Regel des Völkerrechts Bestandteil des Bundesrechts ist und ob sie unmittelbar Rechte und Pflichten für den einzelnen erzeugt, auf Antrag des Gerichts
(Artikel 100 Abs. 2 des Grundgesetzes),
13. wenn das Verfassungsgericht eines Landes bei der Auslegung des Grundgesetzes von einer Entscheidung des Bundesverfassungsgerichts oder des Verfassungsgerichts eines anderen Landes abweichen will, auf Antrag dieses Verfassungsgerichts
(Artikel 100 Abs. 3 des Grundgesetzes),
14. bei Meinungsverschiedenheiten über das Fortgelten von Recht als Bundesrecht
(Artikel 126 des Grundgesetzes),
15. in den ihm sonst durch Bundesgesetz zugewiesenen Fällen
(Artikel 93 Abs. 3 des Grundgesetzes).

§ 15a (Kammern)

(1) Die Senate berufen für die Dauer eines Geschäftsjahres mehrere Kammern. Jede Kammer besteht aus drei Richtern. Die Zusammensetzung einer Kammer soll nicht länger als drei Jahre unverändert bleiben.
(2) Der Senat beschließt vor Beginn eines Geschäftsjahres für dessen Dauer die Verteilung der Anträge nach § 80 und der Verfassungsbeschwerden nach §§ 90 und 91 auf die Berichterstatter, die Zahl und Zusammensetzung der Kammern sowie die Vertretung ihrer Mitglieder.

II. Teil
Verfassungsgerichtliches Verfahren

Erster Abschnitt
Allgemeine Verfahrensvorschriften

§ 17a (Ton- und Filmaufnahmen)

(1) Die Verhandlung vor dem Bundesverfassungsgericht einschließlich der Verkündung von Entscheidungen ist öffentlich. Ton- und Fernseh-Rundfunkaufnahmen sowie Ton- und Filmaufnahmen zum Zwecke der öffentlichen Vorführung oder der Veröffentlichung ihres Inhalts sind nur zulässig
1. in der mündlichen Verhandlung, bis das Gericht die Anwesenheit der Beteiligten festgestellt hat,
2. bei der öffentlichen Verkündung von Entscheidungen.
Die Tonübertragung in einen Arbeitsraum für Personen, die für Presse, Hörfunk, Fernsehen oder für andere Medien berichten, kann durch Anordnung des oder der Vorsitzenden zugelassen werden.
(2) Zur Wahrung schutzwürdiger Interessen der Beteiligten oder Dritter sowie eines ordnungsgemäßen Ablaufs des Verfahrens kann der oder die Vorsitzende die Aufnahmen nach Absatz 1 Satz 2 oder deren Übertragung sowie die Übertragung nach Absatz 1 Satz 3 ganz oder teilweise untersagen oder von der Einhaltung von Auflagen abhängig machen.
(3) Tonaufnahmen der Verhandlung vor dem Bundesverfassungsgericht einschließlich der Verkündung von Entscheidungen können zu wissenschaftlichen und historischen Zwecken durch Senatsbeschluss zugelassen werden, wenn es sich um ein Verfahren von herausragender zeitgeschichtlicher Bedeutung für die Bundesrepublik Deutschland handelt. Zur Wahrung schutzwürdiger Interessen der Beteiligten oder Dritter oder zur Wahrung eines ordnungsgemäßen Ablaufs des Verfahrens können die Aufnahmen

durch den Vorsitzenden oder die Vorsitzende teilweise untersagt werden. Die Aufnahmen sind nicht zu den Akten zu nehmen und dürfen weder herausgegeben noch für Zwecke des aufgenommenen oder eines anderen Verfahrens genutzt oder verwertet werden. Die Aufnahmen sind vom Gericht nach Abschluss des Verfahrens dem Bundesarchiv zur Übernahme anzubieten, das nach dem Bundesarchivgesetz festzustellen hat, ob den Aufnahmen ein bleibender Wert zukommt. Nimmt das Bundesarchiv die Aufnahmen nicht an, sind die Aufnahmen durch das Gericht zu löschen. § 25a Satz 2 bleibt unberührt.
(4) Gegen die Anordnungen des oder der Vorsitzenden kann der Senat angerufen werden.

§ 31 (Wirkung der Entscheidungen)
(1) Die Entscheidungen des Bundesverfassungsgerichts binden die Verfassungsorgane des Bundes und der Länder sowie alle Gerichte und Behörden.
(2) In den Fällen des § 13 Nr. 6, 6a, 11, 12 und 14 hat die Entscheidung des Bundesverfassungsgerichts Gesetzeskraft. Das gilt auch in den Fällen des § 13 Nr. 8a, wenn das Bundesverfassungsgericht ein Gesetz als mit dem Grundgesetz vereinbar oder unvereinbar oder für nichtig erklärt. Soweit ein Gesetz als mit dem Grundgesetz oder sonstigem Bundesrecht vereinbar oder unvereinbar oder für nichtig erklärt wird, ist die Entscheidungsformel durch das Bundesministerium der Justiz und für Verbraucherschutz im Bundesgesetzblatt zu veröffentlichen. Entsprechendes gilt für die Entscheidungsformel in den Fällen des § 13 Nr. 12 und 14.

§ 32 (Einstweilige Anordnungen)
(1) Das Bundesverfassungsgericht kann im Streitfall einen Zustand durch einstweilige Anordnung vorläufig regeln, wenn dies zur Abwehr schwerer Nachteile, zur Verhinderung drohender Gewalt oder aus einem anderen wichtigen Grund zum gemeinen Wohl dringend geboten ist.
(2) Die einstweilige Anordnung kann ohne mündliche Verhandlung ergehen. Bei besonderer Dringlichkeit kann das Bundesverfassungsgericht davon absehen, den am Verfahren zur Hauptsache Beteiligten, zum Beitritt Berechtigten oder Äußerungsberechtigten Gelegenheit zur Stellungnahme zu geben.
(3) Wird die einstweilige Anordnung durch Beschluß erlassen oder abgelehnt, so kann Widerspruch erhoben werden. Das gilt nicht für den Beschwerdeführer im Verfahren der Verfassungsbeschwerde. Über den Widerspruch entscheidet das Bundesverfassungsgericht nach mündlicher Verhandlung. Diese muß binnen zwei Wochen nach dem Eingang der Begründung des Widerspruchs stattfinden.
(4) Der Widerspruch gegen die einstweilige Anordnung hat keine aufschiebende Wirkung. Das Bundesverfassungsgericht kann die Vollziehung der einstweiligen Anordnung aussetzen.
(5) Das Bundesverfassungsgericht kann die Entscheidung über die einstweilige Anordnung oder über den Widerspruch ohne Begründung bekanntgeben. In diesem Fall ist die Begründung den Beteiligten gesondert zu übermitteln.
(6) Die einstweilige Anordnung tritt nach sechs Monaten außer Kraft. Sie kann mit einer Mehrheit von zwei Dritteln der Stimmen wiederholt werden.
(7) Ist ein Senat nicht beschlußfähig, so kann die einstweilige Anordnung bei besonderer Dringlichkeit erlassen werden, wenn mindestens drei Richter anwesend sind und der Beschluß einstimmig gefaßt wird. Sie tritt nach einem Monat außer Kraft. Wird sie durch den Senat bestätigt, so tritt sie sechs Monate nach ihrem Erlaß außer Kraft.

III. Teil
Einzelne Verfahrensarten

Fünfzehnter Abschnitt
Verfahren in den Fällen des § 13 Nr. 8a

§ 90 (Antragsrecht)
(1) Jedermann kann mit der Behauptung, durch die öffentliche Gewalt in einem seiner Grundrechte oder in einem seiner in Artikel 20 Abs. 4, Artikel 33, 38, 101, 103 und 104 des Grundgesetzes enthaltenen Rechte verletzt zu sein, die Verfassungsbeschwerde zum Bundesverfassungsgericht erheben.
(2) Ist gegen die Verletzung der Rechtsweg zulässig, so kann die Verfassungsbeschwerde erst nach Erschöpfung des Rechtswegs erhoben werden. Das Bundesverfassungsgericht kann jedoch über eine vor Erschöpfung des Rechtswegs eingelegte Verfassungsbeschwerde sofort entscheiden, wenn sie von allgemeiner Bedeutung ist oder wenn dem Beschwerdeführer ein schwerer und unabwendbarer Nachteil entstünde, falls er zunächst auf den Rechtsweg verwiesen würde.
(3) Das Recht, eine Verfassungsbeschwerde an das Landesverfassungsgericht nach dem Recht der Landesverfassung zu erheben, bleibt unberührt.

Gerichtsverfassungsgesetz (GVG)

in der Fassung der Bekanntmachung
vom 9. Mai 1975 (BGBl. I S. 1077)

Zuletzt geändert durch
Gesetz zur Neuregelung des Berufsrechts der anwaltlichen und steuerberatenden Berufsausübungsgesellschaften sowie zur Änderung weiterer Vorschriften im Bereich der rechtsberatenden Berufe vom 7. Juli 2021 (BGBl. I S. 2363)

– Auszug –*)

Inhaltsübersicht

Erster Titel
Gerichtsbarkeit

§ 1 (Unabhängigkeit)
§§ 2 bis 9 (weggefallen)
§ 10 (Referendare)
§ 11 (weggefallen)
§ 12 (Ordentliche Gerichte)
§ 13 (Zuständigkeitsabgrenzung)
§ 13a (Zuweisung mehrerer Sachen, auswärtige Spruchkörper)
§ 14 (Besondere Gerichte)
§ 15 (weggefallen)
§ 16 (Keine Ausnahmegerichte)
§ 17 (Zulässigkeit des Rechtsweges)
§ 17a (Gerichtliche Entscheidung)
§ 17b (Verweisung an anderes Gericht)
§ 17c (Zuständigkeitsänderungen)
§ 18 (Diplomatische Missionen)
§ 19 (Konsularische Vertretungen)
§ 20 (Sonstige Befreiungen)
§ 21 (Internationaler Strafgerichtshof)

Zweiter Titel
Allgemeine Vorschriften über das Präsidium und die Geschäftsverteilung

§ 21a (Präsidium)
§ 21b (Wahl der Präsidiumsmitglieder)
§ 21c (Vertretung; Nachrücken)
§ 21d (Größe des Präsidiums)
§ 21e (Geschäftsverteilung, Vertretungsregelung)
§ 21f (Vorsitz in den Spruchkörpern)
§ 21g (Verteilung der Geschäfte; Grundsätze)
§ 21h (Vertretung des Präsidenten, aufsichtführenden Richters)
§ 21i (Beschlußfähigkeit des Präsidiums; Genehmigung von Anordnungen)
§ 21j (Bildung des Präsidiums)

Dritter Titel
Amtsgerichte

§ 22 (Richter beim Amtsgericht, Dienstaufsicht)
§ 22a (Präsidium bei kleinem Amtsgericht)
§ 22b (Vertreter)
§ 22c (Bereitschaftsdienste)
§ 22d (Unzuständiger Richter)
§ 23 (Zuständigkeit in Zivilsachen)
§ 23a (Zuständigkeit in Familiensachen und Angelegenheiten der freiwilligen Gerichtsbarkeit)
§ 23b (Familiengerichte)
§ 23c (Betreuungsgerichte)
§ 23d (Gemeinsame Familiengerichte)
§ 24 (Zuständigkeit in Strafsachen)
§ 25 (Strafrichter)
§ 26 (Jugendschutzsachen)
§ 27 (Sonstige Vorschriften)

Vierter Titel
Schöffengerichte

§ 28 (Zuständigkeit)
§ 29 (Zusammensetzung)
§ 30 (Mitwirkung der Schöffen)
§ 31 (Ehrenamt)
§ 32 (Unfähig zum Schöffenamt)
§ 33 (Ungeeignet zum Schöffenamt)
§ 34 (Nichteignung zum Schöffenamt)
§ 35 (Ablehnung der Berufung)
§ 36 (Vorschlagsliste)
§ 37 (Einspruch)
§ 38 (Weiterleitung; Berichtigung)
§ 39 (Überprüfung der Vorschlagsliste)
§ 40 (Ausschuss)
§ 41 (Entscheidungen)
§ 42 (Auswahl; Ersatzschöffen)
§ 43 (Erforderliche Zahl)
§ 44 (Schöffenlisten)
§ 45 (Sitzungstage; Reihenfolge)
§ 46 (Weiteres Schöffengericht)

---

*) Abgedruckt sind nur die für Sozialberufe wichtigen Bestimmungen. Das Inhaltsverzeichnis benennt den kompletten Inhalt des Gesetzes.

§ 47	(Heranziehung von Ersatzschöffen)		§ 102	(Keine Anfechtung; Bindung)
§ 48	(Ergänzungsschöffen)		§ 103	(Hauptintervention)
§ 49	(Heranziehung von Hilfsschöffen)		§ 104	(Beschwerden)
§ 50	(Längere Dauer)		§ 105	(Zusammensetzung)
§ 51	(Amtsenthebung)		§ 106	(Auswärtige Kammern)
§ 52	(Streichung)		§ 107	(Ehrenamt; Entschädigung)
§ 53	(Ablehnung)		§ 108	(Amtsdauer)
§ 54	(Freistellung)		§ 109	(Geeignete Personen)
§ 55	(Entschädigung)		§ 110	(Schifffahrtskundige)
§ 56	(Unentschuldigtes Ausbleiben)		§ 111	(weggefallen)
§ 57	(Fristbestimmung)		§ 112	(Rechte und Pflichten)
§ 58	(Zuständigkeit für mehrere Amtsgerichtsbezirke)		§ 113	(Amtsenthebung)
			§ 114	(Kaufmännische Beurteilung)

Fünfter Titel
Landgerichte

Achter Titel
Oberlandesgerichte

§ 59	(Besetzung)		§ 115	(Besetzung)
§ 60	(Bildung von Kammern)		§ 116	(Bildung von Senaten)
§§ 61 bis 69 (weggefallen)			§ 117	(Vertretung)
§ 70	(Vertretung von Mitgliedern)		§ 118	(Zuständigkeit nach dem Kapitalanleger-Musterverfahrensgesetz)
§ 71	(Zivilsachen, erste Instanz)			
§ 72	(Zivilsachen, zweite Instanz)		§ 119	(Zuständigkeit in Zivilsachen)
§ 72a	(Zivilkammern)		§ 119a	(Zivilsenate)
§ 73	(Strafsachen, allgemein)		§ 120	(Strafsachen erster Instanz)
§ 74	(Strafsachen erster und zweiter Instanz)		§ 120a	(Zuständigkeit im ersten Rechtszug)
§ 74a	(Sonderstrafkammer)		§ 120b	(Zuständigkeit bei Bestechlichkeit, Bestechung von Mandatsträgern)
§ 74b	(Jugendschutzsachen)			
§ 74c	(Wirtschaftsstrafkammer)		§ 121	(Revision, Beschwerde)
§ 74d	(Zuständigkeit für mehrere Landgerichtsbezirke)		§ 122	(Mitwirkung bei Entscheidungen)

Neunter Titel
Bundesgerichtshof

§ 74e	(Reihenfolge)		§ 123	(Sitz)
§ 74f	(Zuständigkeit im ersten Rechtszug)		§ 124	(Besetzung)
§ 75	(Besetzung der Zivilkammern)		§ 125	(Berufung; Ernennung)
§ 76	(Besetzung der Strafkammern)		§§ 126 bis 129 (weggefallen)	
§ 77	(Schöffen der Strafkammern)		§ 130	(Bildung von Senaten)
§ 78	(Auswärtige Strafkammern)		§§ 131 und 131a (weggefallen)	

5a. Titel
Strafvollstreckungskammern

§ 78a	(Bildung von Strafvollstreckungskammern)		§ 132	(Große Senate; Vereinigte Große Senate)
			§ 133	(Zuständigkeit in Zivilsachen)
§ 78b	(Besetzung, Bestellung)		§§ 134 und 134a (weggefallen)	
			§ 135	(Zuständigkeit in Strafsachen)

Sechster Titel
Schwurgerichte

§§ 79 bis 92 (weggefallen)

§§ 136 und 137 (weggefallen)
§ 138 (Entscheidung der Rechtsfrage)
§ 139 (Besetzung der Senate)
§ 140 (Geschäftsordnung)

Siebenter Titel
Kammern für Handelssachen

9a. Titel
Zuständigkeit für Wiederaufnahmeverfahren in Strafsachen

§ 93	(Einrichtung)		§ 140a	(Wiederaufnahmeverfahren)
§ 94	(Zuständigkeit)			

Zehnter Titel
Staatsanwaltschaft

§ 95	(Handelssachen, Begriff)			
§ 96	(Antrag des Klägers)		§ 141	(Staatsanwaltschaft)
§ 97	(Verweisung an Zivilkammer)		§ 142	(Sachliche Zuständigkeit)
§ 98	(Verweisung an Kammer für Handelssachen)		§ 142a	(Generalbundesanwalt)
			§ 142b	Europäische Staatsanwaltschaft
§ 99	(Klageerweiterung, Widerklage)		§ 143	(Örtliche Zuständigkeit)
§ 100	(Zweite Instanz)			
§ 101	(Verweisungsantrag)			

§ 144 (Beigeordnete Staatsanwälte)
§ 145 (Geschäftsverteilung)
§ 146 (Weisungsgebunden)
§ 147 (Dienstaufsicht, Leitung)
§ 148 (Beamtenstatus)
§ 149 (Ernennung)
§ 150 (Unabhängigkeit von den Gerichten)
§ 151 (Keine richterlichen Geschäfte)
§ 152 (Hilfsbeamte der Staatsanwaltschaft)

Elfter Titel
Geschäftsstelle
§ 153 (Urkundsbeamte)

Zwölfter Titel
Zustellungs- und Vollstreckungsbeamte
§ 154 (Gerichtsvollzieher)
§ 155 (Ausschluss von der Amtsausübung)

Dreizehnter Titel
Rechtshilfe
§ 156 (Gegenseitige Rechtshilfe)
§ 157 (Zuständiges Amtsgericht)
§ 158 (Ablehnung; Abgabe)
§ 159 (Anfechtung; Beschwerde)
§ 160 (Vollstreckungen, Ladungen, Zustellungen)
§ 161 (Vermittlung der Geschäftsstelle)
§ 162 (Freiheitsstrafen, Vollstreckung)
§ 163 (Amtshilfe)
§ 164 (Keine Kostenerstattung)
§ 165 (weggefallen)
§ 166 (Amtshandlung außerhalb des Bezirks)
§ 167 (Verfolgung eines Flüchtigen)
§ 168 (Mitteilung von Akten)

Vierzehnter Titel
Öffentlichkeit und Sitzungspolizei
§ 169 (Öffentlichkeit)
§ 170 (Nichtöffentlichkeit)
§ 171 (weggefallen)
§ 171a (Unterbringungssachen)
§ 171b (Persönlicher Lebensbereich von Prozessbeteiligten)
§ 172 (Allgemeine Ausschlussgründe)

§ 173 (Verkündung des Urteils)
§ 174 (Entscheidung über die Ausschließung)
§ 175 (Versagung des Zutritts; Ausnahmen)
§ 176 (Aufrechterhaltung der Ordnung)
§ 177 (Erzwingung der Ordnung)
§ 178 (Ordnungsmittel)
§ 179 (Vollstreckung)
§ 180 (Einzelner Richter)
§ 181 (Beschwerde)
§ 182 (Aufnahme in das Protokoll)
§ 183 (Strafbare Handlung in der Sitzung)

Fünfzehnter Titel
Gerichtssprache
§ 184 (Gerichtssprache)
§ 185 (Zuziehung eines Dolmetschers)
§ 186 (Hör- oder Sprachbehinderte)
§ 187 (Dolmetscher oder Übersetzer)
§ 188 (Eidesleistung in Fremdsprache)
§ 189 (Beeidigung des Dolmetschers)
§ 190 (Urkundsbeamter als Dolmetscher)
§ 191 (Ausschließung, Ablehnung)
§ 191a (Blinde, Sehbehinderte)

Sechzehnter Titel
Beratung und Abstimmung
§ 192 (Mitwirkung bei Entscheidungen)
§ 193 (Anwesenheit bei Beratung und Abstimmung)
§ 194 (Leitung der Beratung; Meinungsverschiedenheiten)
§ 195 (Abstimmung)
§ 196 (Mehrheitsentscheidung)
§ 197 (Reihenfolge der Stimmabgabe)

Siebzehnter Titel
Rechtsschutz bei überlangen Gerichtsverfahren und strafrechtlichen Ermittlungsverfahren
§ 198 (Entschädigung)
§ 199 (Überlange Strafverfahren)
§ 200 (Haftung)
§ 201 (Zuständigkeit)

Erster Titel
Gerichtsbarkeit

§ 1 (Unabhängigkeit)
Die richterliche Gewalt wird durch unabhängige, nur dem Gesetz unterworfene Gerichte ausgeübt.

§ 13 (Zuständigkeitsabgrenzung)
Vor die ordentlichen Gerichte gehören die bürgerlichen Rechtsstreitigkeiten, die Familiensachen und die Angelegenheiten der freiwilligen Gerichtsbarkeit (Zivilsachen) sowie die Strafsachen, für die nicht entweder die Zuständigkeit von Verwaltungsbehörden oder Verwaltungsgerichten begründet ist oder auf Grund von Vorschriften des Bundesrechts besondere Gerichte bestellt oder zugelassen sind.

Dritter Titel
Amtsgerichte

§ 23 (Zuständigkeit in Zivilsachen)
Die Zuständigkeit der Amtsgerichte umfaßt in bürgerlichen Rechtsstreitigkeiten, soweit sie nicht ohne Rücksicht auf den Wert des Streitgegenstandes den Landgerichten zugewiesen sind:
1. Streitigkeiten über Ansprüche, deren Gegenstand an Geld oder Geldeswert die Summe von fünftausend Euro nicht übersteigt;
2. ohne Rücksicht auf den Wert des Streitgegenstandes:
   a) Streitigkeiten über Ansprüche aus einem Mietverhältnis über Wohnraum oder über den Bestand eines solchen Mietverhältnisses; diese Zuständigkeit ist ausschließlich;
   b) Streitigkeiten zwischen Reisenden und Wirten, Fuhrleuten, Schiffern oder Auswanderungsexpedienten in den Einschiffungshäfen, die über Wirtszechen, Fuhrlohn, Überfahrtsgelder, Beförderung der Reisenden und ihrer Habe und über Verlust und Beschädigung der letzteren, sowie Streitigkeiten zwischen Reisenden und Handwerkern, die aus Anlaß der Reise entstanden sind;
   c) Streitigkeiten nach § 43 Absatz 2 des Wohnungseigentumsgesetzes; diese Zuständigkeit ist ausschließlich;
   d) Streitigkeiten wegen Wildschadens;
   e) und f) (weggefallen)
   g) Ansprüche aus einem mit der Überlassung eines Grundstücks in Verbindung stehenden Leibgedings-, Leibzuchts-, Altenteils- oder Auszugsvertrag.

§ 23a (Zuständigkeit in Familiensachen und Angelegenheiten der freiwilligen Gerichtsbarkeit)
(1) Die Amtsgerichte sind ferner zuständig für
1. Familiensachen;
2. Angelegenheiten der freiwilligen Gerichtsbarkeit, soweit nicht durch gesetzliche Vorschriften eine anderweitige Zuständigkeit begründet ist.
Die Zuständigkeit nach Satz 1 Nummer 1 ist eine ausschließliche.
(2) Angelegenheiten der freiwilligen Gerichtsbarkeit sind
1. Betreuungssachen, Unterbringungssachen sowie betreuungsgerichtliche Zuweisungssachen,
2. Nachlass- und Teilungssachen,
3. Registersachen,
4. unternehmensrechtliche Verfahren nach § 375 des Gesetzes über das Verfahren in Familiensachen und in den Angelegenheiten der freiwilligen Gerichtsbarkeit,
5. die weiteren Angelegenheiten der freiwilligen Gerichtsbarkeit nach § 410 des Gesetzes über das Verfahren in Familiensachen und in den Angelegenheiten der freiwilligen Gerichtsbarkeit,
6. Verfahren in Freiheitsentziehungssachen nach § 415 des Gesetzes über das Verfahren in Familiensachen und in den Angelegenheiten der freiwilligen Gerichtsbarkeit,
7. Aufgebotsverfahren,
8. Grundbuchsachen,
9. Verfahren nach § 1 Nr. 1 und 2 bis 6 des Gesetzes über das gerichtliche Verfahren in Landwirtschaftssachen,
10. Schiffsregistersachen sowie
11. sonstige Angelegenheiten der freiwilligen Gerichtsbarkeit, soweit sie durch Bundesgesetz den Gerichten zugewiesen sind.
(3) Abweichend von Absatz 1 Satz 1 Nummer 2 sind für die den Amtsgerichten obliegenden Verrichtungen in Teilungssachen im Sinne von § 342 Absatz 2 Nummer 1 des Gesetzes über das Verfahren in Familiensachen und in den Angelegenheiten der freiwilligen Gerichtsbarkeit anstelle der Amtsgerichte die Notare zuständig.

§ 23b (Familiengerichte)
(1) Bei den Amtsgerichten werden Abteilungen für Familiensachen (Familiengerichte) gebildet.
(2) Werden mehrere Abteilungen für Familiensachen gebildet, so sollen alle Familiensachen, die denselben Personenkreis betreffen, derselben Abteilung zugewiesen werden. Wird eine Ehesache rechtshängig, während eine andere Familiensache, die denselben Personenkreis oder ein gemeinschaftliches Kind der Ehegatten betrifft, bei einer anderen Abteilung im ersten Rechtszug anhängig ist, so ist diese von Amts wegen an die Abteilung der Ehesache abzugeben. Wird bei einer Abteilung ein Antrag in einem Verfahren nach den §§ 10 bis 12 des Internationalen Familienrechtsverfahrensgesetzes vom 26. Januar

2005 (BGBl. I S. 162) anhängig, während eine Familiensache, die dasselbe Kind betrifft, bei einer anderen Abteilung im ersten Rechtszug anhängig ist, ist diese von Amts wegen an die erstgenannte Abteilung abzugeben; dies gilt nicht, wenn der Antrag offensichtlich unzulässig ist. Auf übereinstimmenden Antrag beider Elternteile sind die Regelungen des Satzes 3 auch auf andere Familiensachen anzuwenden, an denen diese beteiligt sind.
(3) Die Abteilungen für Familiensachen werden mit Familienrichtern besetzt. Ein Richter auf Probe darf im ersten Jahr nach seiner Ernennung Geschäfte des Familienrichters nicht wahrnehmen. Richter in Familiensachen sollen über belegbare Kenntnisse auf den Gebieten des Familienrechts, insbesondere des Kindschaftsrechts, des Familienverfahrensrechts und der für das Verfahren in Familiensachen notwendigen Teile des Kinder- und Jugendhilferechts sowie über belegbare Grundkenntnisse der Psychologie, insbesondere der Entwicklungspsychologie des Kindes, und der Kommunikation mit Kindern verfügen. Einem Richter, dessen Kenntnisse auf diesen Gebieten nicht belegt sind, dürfen die Aufgaben eines Familienrichters nur zugewiesen werden, wenn der Erwerb der Kenntnisse alsbald zu erwarten ist. Von den Anforderungen nach den Sätzen 3 und 4 kann bei Richtern, die nur im Rahmen eines Bereitschaftsdiensts mit der Wahrnehmung familiengerichtlicher Aufgaben befasst sind, abgewichen werden, wenn andernfalls ein ordnungsgemäßer und den betroffenen Richtern zumutbarer Betrieb des Bereitschaftsdiensts nicht gewährleistet wäre.

§ 23c (Betreuungsgerichte)
(1) Bei den Amtsgerichten werden Abteilungen für Betreuungssachen, Unterbringungssachen und betreuungsgerichtliche Zuweisungssachen (Betreuungsgerichte) gebildet.
(2) Die Betreuungsgerichte werden mit Betreuungsrichtern besetzt. Ein Richter auf Probe darf im ersten Jahr nach seiner Ernennung Geschäfte des Betreuungsrichters nicht wahrnehmen.

§ 23d (Gemeinsame Familiengerichte)
Die Landesregierungen werden ermächtigt, durch Rechtsverordnung einem Amtsgericht für die Bezirke mehrerer Amtsgerichte die Familiensachen sowie ganz oder teilweise die Handelssachen, die Angelegenheiten der freiwilligen Gerichtsbarkeit und Entscheidungen über Maßnahmen, die nach den Vollzugsgesetzen der vorherigen gerichtlichen Anordnung oder gerichtlichen Genehmigung bedürfen, zuzuweisen, sofern die Zusammenfassung der sachlichen Förderung der Verfahren dient oder zur Sicherung einer einheitlichen Rechtsprechung geboten erscheint. Die Landesregierungen können die Ermächtigungen auf die Landesjustizverwaltungen übertragen.

§ 24 (Zuständigkeit in Strafsachen)
(1) In Strafsachen sind die Amtsgerichte zuständig, wenn nicht
1. die Zuständigkeit des Landgerichts nach § 74 Abs. 2 oder § 74a oder des Oberlandesgerichts nach den §§ 120 oder 120b begründet ist,
2. im Einzelfall eine höhere Strafe als vier Jahre Freiheitsstrafe oder die Unterbringung des Beschuldigten in einem psychiatrischen Krankenhaus, allein oder neben einer Strafe, oder in der Sicherungsverwahrung (§§ 66 bis 66b des Strafgesetzbuches) zu erwarten ist oder
3. die Staatsanwaltschaft wegen der besonderen Schutzbedürftigkeit von Verletzten der Straftat, die als Zeugen in Betracht kommen, des besonderen Umfangs oder der besonderen Bedeutung des Falles Anklage beim Landgericht erhebt.

Eine besondere Schutzbedürftigkeit nach Satz 1 Nummer 3 liegt insbesondere vor, wenn zu erwarten ist, dass die Vernehmung für den Verletzten mit einer besonderen Belastung verbunden sein wird, und deshalb mehrfache Vernehmungen vermieden werden sollten.
(2) Das Amtsgericht darf nicht auf eine höhere Strafe als vier Jahre Freiheitsstrafe und nicht auf die Unterbringung in einem psychiatrischen Krankenhaus, allein oder neben einer Strafe, oder in der Sicherungsverwahrung erkennen.

§ 25 (Strafrichter)
Der Richter beim Amtsgericht entscheidet als Strafrichter bei Vergehen,
1. wenn sie im Wege der Privatklage verfolgt werden oder
2. wenn eine höhere Strafe als Freiheitsstrafe von zwei Jahren nicht zu erwarten ist.

§ 26 (Jugendschutzsachen)
(1) Für Straftaten Erwachsener, durch die ein Kind oder ein Jugendlicher verletzt oder unmittelbar gefährdet wird, sowie für Verstöße Erwachsener gegen Vorschriften, die dem Jugendschutz oder der Jugenderziehung dienen, sind neben den für allgemeine Strafsachen zuständigen Gerichten auch die Jugendgerichte zuständig. Die §§ 24 und 25 gelten entsprechend.
(2) In Jugendschutzsachen soll die Staatsanwaltschaft Anklage bei den Jugendgerichten erheben, wenn damit die schutzwürdigen Interessen von Kindern oder Jugendlichen, die in dem Verfahren als Zeugen benötigt werden, besser gewahrt werden können. Im Übrigen soll die Staatsanwaltschaft Anklage bei den Jugendgerichten nur erheben, wenn aus sonstigen Gründen eine Verhandlung vor dem Jugendgericht zweckmäßig erscheint.
(3) Die Absätze 1 und 2 gelten entsprechend für die Beantragung gerichtlicher Untersuchungshandlungen im Ermittlungsverfahren.

Fünfter Titel
Landgerichte

§ 74 (Strafsachen erster und zweiter Instanz)
(1) Die Strafkammern sind als erkennende Gerichte des ersten Rechtszuges zuständig für alle Verbrechen, die nicht zur Zuständigkeit des Amtsgerichts oder des Oberlandesgerichts gehören. Sie sind auch zuständig für alle Straftaten, bei denen eine höhere Strafe als vier Jahre Freiheitsstrafe oder die Unterbringung in einem psychiatrischen Krankenhaus, allein oder neben einer Strafe, oder in der Sicherungsverwahrung zu erwarten ist oder bei denen die Staatsanwaltschaft in den Fällen des § 24 Abs. 1 Nr. 3 Anklage beim Landgericht erhebt.
(2) Für die Verbrechen
1. des sexuellen Missbrauchs von Kindern mit Todesfolge (§ 176d des Strafgesetzbuches),
2. des sexuellen Übergriffs, der sexuellen Nötigung und Vergewaltigung mit Todesfolge (§ 178 des Strafgesetzbuches),
3. des Mordes (§ 211 des Strafgesetzbuches),
4. des Totschlags (§ 212 des Strafgesetzbuches),
5. der Aussetzung mit Todesfolge (§ 221 Abs. 3 des Strafgesetzbuches),
6. der Körperverletzung mit Todesfolge (§ 227 des Strafgesetzbuches),
7. der Entziehung Minderjähriger mit Todesfolge (§ 235 Abs. 5 des Strafgesetzbuches),
8. der Nachstellung mit Todesfolge (§ 238 Absatz 3 des Strafgesetzbuches),
9. der Freiheitsberaubung mit Todesfolge (§ 239 Abs. 4 des Strafgesetzbuches),
10. des erpresserischen Menschenraubes mit Todesfolge (§ 239a Absatz 3 des Strafgesetzbuches),
11. der Geiselnahme mit Todesfolge (§ 239b Abs. 2 in Verbindung mit § 239a Absatz 3 des Strafgesetzbuches),
12. des Raubes mit Todesfolge (§ 251 des Strafgesetzbuches),
13. des räuberischen Diebstahls mit Todesfolge (§ 252 in Verbindung mit § 251 des Strafgesetzbuches),
14. der räuberischen Erpressung mit Todesfolge (§ 255 in Verbindung mit § 251 des Strafgesetzbuches),
15. der Brandstiftung mit Todesfolge (§ 306c des Strafgesetzbuches),
16. des Herbeiführens einer Explosion durch Kernenergie (§ 307 Abs. 1 bis 3 des Strafgesetzbuches),
17. des Herbeiführens einer Sprengstoffexplosion mit Todesfolge (§ 308 Abs. 3 des Strafgesetzbuches),
18. des Mißbrauchs ionisierender Strahlen gegenüber einer unübersehbaren Zahl von Menschen (§ 309 Abs. 2 und 4 des Strafgesetzbuches),
19. der fehlerhaften Herstellung einer kerntechnischen Anlage mit Todesfolge (§ 312 Abs. 4 des Strafgesetzbuches),
20. des Herbeiführens einer Überschwemmung mit Todesfolge (§ 313 in Verbindung mit § 308 Abs. 3 des Strafgesetzbuches),
21. der gemeingefährlichen Vergiftung mit Todesfolge (§ 314 in Verbindung mit § 308 Abs. 3 des Strafgesetzbuches),
22. des räuberischen Angriffs auf Kraftfahrer mit Todesfolge (§ 316a Abs. 3 des Strafgesetzbuches),
23. des Angriffs auf den Luft- und Seeverkehr mit Todesfolge (§ 316c Abs. 3 des Strafgesetzbuches),
24. der Beschädigung wichtiger Anlagen mit Todesfolge (§ 318 Abs. 4 des Strafgesetzbuches),
25. einer vorsätzlichen Umweltstraftat mit Todesfolge (§ 330 Abs. 2 Nr. 2 des Strafgesetzbuches),
26. der schweren Gefährdung durch Freisetzen von Giften mit Todesfolge (§ 330a Absatz 2 des Strafgesetzbuches),

27. der Körperverletzung im Amt mit Todesfolge (§ 340 Absatz 3 in Verbindung mit § 227 des Strafgesetzbuches),
28. des Abgebens; Verabreichens oder Überlassens von Betäubungsmitteln zum unmittelbaren Verbrauch mit Todesfolge (§ 30 Absatz 1 Nummer 3 des Betäubungsmittelgesetzes),
29. des Einschleusens mit Todesfolge (§ 97 Absatz 1 des Aufenthaltsgesetzes)
ist eine Strafkammer als Schwurgericht zuständig. § 120 bleibt unberührt.
(3) Die Strafkammern sind außerdem zuständig für die Verhandlung und Entscheidung über das Rechtsmittel der Berufung gegen die Urteile des Strafrichters und des Schöffengerichts.

§ 74a (Sonderstrafkammer)

(1) Bei den Landgerichten, in deren Bezirk ein Oberlandesgericht seinen Sitz hat, ist eine Strafkammer für den Bezirk dieses Oberlandesgerichts als erkennendes Gericht des ersten Rechtszuges zuständig für Straftaten
1. des Friedensverrats in den Fällen des § 80a des Strafgesetzbuches,
2. der Gefährdung des demokratischen Rechtsstaates in den Fällen der §§ 84 bis 86, 87 bis 90, 90a Abs. 3 und des § 90b des Strafgesetzbuches,
3. der Gefährdung der Landesverteidigung in den Fällen der §§ 109d bis 109g des Strafgesetzbuches,
4. der Zuwiderhandlung gegen ein Vereinigungsverbot in den Fällen des § 129, auch in Verbindung mit 129b Abs. 1 des Strafgesetzbuches und des § 20 Abs. 1 Satz 1 Nr. 1 bis 4 des Vereinsgesetzes; dies gilt nicht, wenn dieselbe Handlung eine Straftat nach dem Betäubungsmittelgesetz darstellt,
5. der Verschleppung (§ 234a des Strafgesetzbuches) und
6. der politischen Verdächtigung (§ 241a des Strafgesetzbuches).
(2) Die Zuständigkeit des Landgerichts entfällt, wenn der Generalbundesanwalt wegen der besonderen Bedeutung des Falles vor der Eröffnung des Hauptverfahrens die Verfolgung übernimmt, es sei denn, daß durch Abgabe nach § 142a Abs. 4 oder durch Verweisung nach § 120 Absatz 2 Satz 3 die Zuständigkeit des Landgerichts begründet wird.
(3) In den Sachen, in denen die Strafkammer nach Absatz 1 zuständig ist, trifft sie auch die in § 73 Abs. 1 bezeichneten Entscheidungen.
(4) Für die Anordnung von Maßnahmen nach den §§ 100b und 100c der Strafprozessordnung ist eine nicht mit Hauptverfahren in Strafsachen befasste Kammer bei den Landgerichten, in deren Bezirk ein Oberlandesgericht seinen Sitz hat, für den Bezirk dieses Oberlandesgerichts zuständig.
(5) Im Rahmen der Absätze 1, 3 und 4 erstreckt sich der Bezirk des Landgerichts auf den Bezirk des Oberlandesgerichts.

§ 74b (Jugendschutzsachen)

In Jugendschutzsachen (§ 26 Abs. 1 Satz 1) ist neben der für allgemeine Strafsachen zuständigen Strafkammer auch die Jugendkammer als erkennendes Gericht des ersten Rechtszuges zuständig. § 26 Abs. 2 und §§ 73 und 74 gelten entsprechend.

§ 74c (Wirtschaftsstrafkammer)

(1) Für Strafsachen
1. nach dem Patentgesetz, dem Gebrauchsmustergesetz, dem Halbleiterschutzgesetz, dem Sortenschutzgesetz, dem Markengesetz, dem Designgesetz, dem Urheberrechtsgesetz, dem Gesetz gegen den unlauteren Wettbewerb, dem Gesetz zum Schutz von Geschäftsgeheimnissen, der Insolvenzordnung, dem Unternehmensstabilisierungs- und -restrukturierungsgesetz, dem Aktiengesetz, dem Gesetz über die Rechnungslegung von bestimmten Unternehmen und Konzernen, dem Gesetz betreffend die Gesellschaften mit beschränkter Haftung, dem Handelsgesetzbuch, dem SE-Ausführungsgesetz, dem Gesetz zur Ausführung der EWG-Verordnung über die Europäische wirtschaftliche Interessenvereinigung, dem Genossenschaftsgesetz, dem SCE-Ausführungsgesetz und dem Umwandlungsgesetz,
2. nach den Gesetzen über das Bank-, Depot-, Börsen- und Kreditwesen sowie nach dem Versicherungsaufsichtsgesetz, dem Zahlungsdiensteaufsichtsgesetz und dem Wertpapierhandelsgesetz,
3. nach dem Wirtschaftsstrafgesetz 1954, dem Außenwirtschaftsgesetz, den Devisenbewirtschaftungsgesetzen sowie dem Finanzmonopol-, Steuer- und Zollrecht, auch soweit dessen Strafvorschriften nach anderen Gesetzen anwendbar sind; dies gilt nicht, wenn dieselbe Handlung eine Straftat nach dem Betäubungsmittelgesetz darstellt, und nicht für Steuerstraftaten, welche die Kraftfahrzeugsteuer betreffen,

4. nach dem Weingesetz und dem Lebensmittelrecht,
5. des Subventionsbetruges, des Kapitalanlagebetruges, des Kreditbetruges, des Bankrotts, der Verletzung der Buchführungspflicht, der Gläubigerbegünstigung und der Schuldnerbegünstigung,
5a. der wettbewerbsbeschränkenden Absprachen bei Ausschreibungen, der Bestechlichkeit und Bestechung im geschäftlichen Verkehr, der Bestechlichkeit im Gesundheitswesen, der Bestechung im Gesundheitswesen, der Bestechlichkeit und der Bestechung ausländischer und internationaler Bediensteter sowie nach dem Gesetz zur Bekämpfung internationaler Bestechung,
6. a) der Geldwäsche, des Betruges, des Computerbetruges, der Untreue, des Vorenthaltens und Veruntreuens von Arbeitsentgelt, des Wuchers, der Vorteilsannahme, der Bestechlichkeit, der Vorteilsgewährung und der Bestechung,
b) nach dem Arbeitnehmerüberlassungsgesetz, dem EU-Finanzschutzstärkungsgesetz und dem Schwarzarbeitsbekämpfungsgesetz,

soweit zur Beurteilung des Falles besondere Kenntnisse des Wirtschaftslebens erforderlich sind, ist, soweit nach § 74 Abs. 1 als Gericht des ersten Rechtszuges und nach § 74 Abs. 3 für die Verhandlung und Entscheidung über das Rechtsmittel der Berufung gegen die Urteile des Schöffengerichts das Landgericht zuständig ist, eine Strafkammer als Wirtschaftsstrafkammer zuständig. Die §§ 120 und 120b bleiben unberührt.

(2) In den Sachen, in denen die Wirtschaftsstrafkammer nach Absatz 1 zuständig ist, trifft sie auch die in § 73 Abs. 1 bezeichneten Entscheidungen.

(3) Die Landesregierungen werden ermächtigt, zur sachdienlichen Förderung oder schnelleren Erledigung der Verfahren durch Rechtsverordnung einem Landgericht für die Bezirke mehrerer Landgerichte ganz oder teilweise Strafsachen zuzuweisen, welche die in Absatz 1 bezeichneten Straftaten zum Gegenstand haben. Die Landesregierungen können die Ermächtigung durch Rechtsverordnung auf die Landesjustizverwaltungen übertragen.

(4) Im Rahmen des Absatzes 3 erstreckt sich der Bezirk des danach bestimmten Landgerichts auf die Bezirke der anderen Landgerichte.

Achter Titel
Oberlandesgerichte

§ 119 (Zuständigkeit in Zivilsachen)

(1) Die Oberlandesgerichte sind in Zivilsachen zuständig für die Verhandlung und Entscheidung über die Rechtsmittel:
1. der Beschwerde gegen Entscheidungen der Amtsgerichte
   a) in den von den Familiengerichten entschiedenen Sachen;
   b) in den Angelegenheiten der freiwilligen Gerichtsbarkeit mit Ausnahme der Freiheitsentziehungssachen und der von den Betreuungsgerichten entschiedenen Sachen;
2. der Berufung und der Beschwerde gegen Entscheidungen der Landgerichte.

(2) § 23b Absatz 1, 2 und 3 Satz 3 und 4 gilt entsprechend.

(3) In Zivilsachen sind Oberlandesgerichte ferner zuständig für die Verhandlung und Entscheidung von Musterfeststellungsverfahren nach Buch 6 der Zivilprozessordnung im ersten Rechtszug. Ein Land, in dem mehrere Oberlandesgerichte errichtet sind, kann durch Rechtsverordnung der Landesregierung einem Oberlandesgericht die Entscheidung und Verhandlung für die Bezirke mehrerer Oberlandesgerichte oder dem Obersten Landesgericht zuweisen, sofern die Zuweisung für eine sachdienliche Förderung oder schnellere Erledigung der Verfahren zweckmäßig ist. Die Landesregierungen können die Ermächtigung durch Rechtsverordnung auf die Landesjustizverwaltungen übertragen.

§ 119a (Zivilsenate)

(1) Bei den Oberlandesgerichten werden ein oder mehrere Zivilsenate für die folgenden Sachgebiete gebildet:
1. Streitigkeiten aus Bank- und Finanzgeschäften,
2. Streitigkeiten aus Bau- und Architektenverträgen sowie aus Ingenieurverträgen, soweit sie im Zusammenhang mit Bauleistungen stehen,
3. Streitigkeiten aus Heilbehandlungen,
4. Streitigkeiten aus Versicherungsvertragsverhältnissen,
5. Streitigkeiten über Ansprüche aus Veröffentlichungen durch Druckerzeugnisse, Bild- und Tonträger jeder Art, insbesondere in Presse, Rundfunk, Film und Fernsehen,

6. erbrechtliche Streitigkeiten und
7. insolvenzrechtliche Streitigkeiten, Anfechtungssachen nach dem Anfechtungsgesetz sowie Streitigkeiten aus dem Unternehmensstabilisierungs- und -restrukturierungsgesetz.

(2) Die Landesregierungen werden ermächtigt, durch Rechtsverordnung bei den Oberlandesgerichten einen oder mehrere Zivilsenate für weitere Sachgebiete einzurichten. Die Landesregierungen können die Ermächtigung auf die Landesjustizverwaltungen übertragen.

(3) Den Zivilsenaten nach den Absätzen 1 und 2 können auch Streitigkeiten nach § 119 Absatz 1 zugewiesen werden.

§ 120 (Strafsachen erster Instanz)

(1) In Strafsachen sind die Oberlandesgerichte, in deren Bezirk die Landesregierungen ihren Sitz haben, für das Gebiet des Landes zuständig für die Verhandlung und Entscheidung im ersten Rechtszug
1. (weggefallen)
2. bei Hochverrat (§§ 81 bis 83 des Strafgesetzbuches),
3. bei Landesverrat und Gefährdung der äußeren Sicherheit (§§ 94 bis 100a des Strafgesetzbuches) sowie bei Straftaten nach § 52 Abs. 2 des Patentgesetzes, nach § 9 Abs. 2 des Gebrauchsmustergesetzes in Verbindung mit § 52 Abs. 2 des Patentgesetzes oder nach § 4 Abs. 4 des Halbleiterschutzgesetzes in Verbindung mit § 9 Abs. 2 des Gebrauchsmustergesetzes und § 52 Abs. 2 des Patentgesetzes,
4. bei einem Angriff gegen Organe und Vertreter ausländischer Staaten (§ 102 des Strafgesetzbuches),
5. bei einer Straftat gegen Verfassungsorgane in den Fällen der §§ 105, 106 des Strafgesetzbuches,
6. bei einer Zuwiderhandlung gegen das Vereinigungsverbot des § 129a, auch in Verbindung mit § 129b Abs. 1 des Strafgesetzbuches,
7. bei Nichtanzeige von Straftaten nach § 138 des Strafgesetzbuches, wenn die Nichtanzeige eine Straftat betrifft, die zur Zuständigkeit der Oberlandesgerichte gehört, und
8. bei Straftaten nach dem Völkerstrafgesetzbuch.

(2) Diese Oberlandesgerichte sind ferner für die Verhandlung und Entscheidung im ersten Rechtszug zuständig
1. bei den in § 74a Abs. 1 bezeichneten Straftaten, wenn der Generalbundesanwalt wegen der besonderen Bedeutung des Falles nach § 74a Abs. 2 die Verfolgung übernimmt,
2. bei Mord (§ 211 des Strafgesetzbuches), Totschlag (§ 212 des Strafgesetzbuches) und den in § 129a Abs. 1 Nr. 2 und Abs. 2 des Strafgesetzbuches bezeichneten Straftaten, wenn ein Zusammenhang mit der Tätigkeit einer nicht oder nicht nur im Inland bestehenden Vereinigung besteht, deren Zweck oder Tätigkeit die Begehung von Straftaten dieser Art zum Gegenstand hat, und der Generalbundesanwalt wegen der besonderen Bedeutung des Falles die Verfolgung übernimmt,
3. bei Mord (§ 211 des Strafgesetzbuchs), Totschlag (§ 212 des Strafgesetzbuchs), erpresserischem Menschenraub (§ 239a des Strafgesetzbuchs), Geiselnahme (§ 239b des Strafgesetzbuchs), schwerer und besonders schwerer Brandstiftung (§§ 306a und 306b des Strafgesetzbuchs), Brandstiftung mit Todesfolge (§ 306c des Strafgesetzbuchs), Herbeiführen einer Explosion durch Kernenergie in den Fällen des § 307 Abs. 1 und 3 Nr. 1 des Strafgesetzbuchs, Herbeiführen einer Sprengstoffexplosion in den Fällen des § 308 Abs. 1 bis 3 des Strafgesetzbuchs, Missbrauch ionisierender Strahlen in den Fällen des § 309 Abs. 1 bis 4 des Strafgesetzbuchs, Vorbereitung eines Explosions- oder Strahlungsverbrechens in den Fällen des § 310 Abs. 1 Nr. 1 bis 3 des Strafgesetzbuchs, Herbeiführen einer Überschwemmung in den Fällen des § 313 Abs. 2 in Verbindung mit § 308 Abs. 2 und 3 des Strafgesetzbuchs, gemeingefährlicher Vergiftung in den Fällen des § 314 Abs. 2 in Verbindung mit § 308 Abs. 2 und 3 des Strafgesetzbuchs und Angriff auf den Luft- und Seeverkehr in den Fällen des § 316c Abs. 1 und 3 des Strafgesetzbuchs, wenn die Tat nach den Umständen geeignet ist,
   a) den Bestand oder die Sicherheit eines Staates zu beeinträchtigen,
   b) Verfassungsgrundsätze der Bundesrepublik Deutschland zu beseitigen, außer Geltung zu setzen oder zu untergraben,
   c) die Sicherheit der in der Bundesrepublik Deutschland stationierten Truppen des Nordatlantik-Pakts oder seiner nichtdeutschen Vertragsstaaten zu beeinträchtigen oder
   d) den Bestand oder die Sicherheit einer internationalen Organisation zu beeinträchtigen,
   und der Generalbundesanwalt wegen der besonderen Bedeutung des Falles die Verfolgung übernimmt,

4. bei Straftaten nach dem Außenwirtschaftsgesetz sowie bei Straftaten nach dem Gesetz über die Kontrolle von Kriegswaffen, wenn die Tat oder im Falle des strafbaren Versuchs auch ihre unterstellte Vollendung nach den Umständen
   a) geeignet ist, die äußere Sicherheit oder die auswärtigen Beziehungen der Bundesrepublik Deutschland erheblich zu gefährden, oder
   b) bestimmt und geeignet ist, das friedliche Zusammenleben der Völker zu stören,
   und der Generalbundesanwalt wegen der besonderen Bedeutung des Falles die Verfolgung übernimmt.

Eine besondere Bedeutung des Falles ist auch anzunehmen, wenn in den Fällen des Satzes 1 eine Ermittlungszuständigkeit des Generalbundesanwalts wegen des länderübergreifenden Charakters der Tat geboten erscheint. Die Oberlandesgerichte verweisen bei der Eröffnung des Hauptverfahrens die Sache in den Fällen der Nummer 1 an das Landgericht, in den Fällen der Nummern 2 bis 4 an das Land- oder Amtsgericht, wenn eine besondere Bedeutung des Falles nicht vorliegt.
(3) In den Sachen, in denen diese Oberlandesgerichte nach Absatz 1 oder 2 zuständig sind, treffen sie auch die in § 73 Abs. 1 bezeichneten Entscheidungen. Sie entscheiden ferner über die Beschwerde gegen Verfügungen der Ermittlungsrichter der Oberlandesgerichte (§ 169 Abs. 1 Satz 1 der Strafprozeßordnung) in den in § 304 Abs. 5 der Strafprozeßordnung bezeichneten Fällen.
(4) Diese Oberlandesgerichte entscheiden auch über die Beschwerde gegen Verfügungen und Entscheidungen des nach § 74a zuständigen Gerichts. Für Entscheidungen über die Beschwerde gegen Verfügungen und Entscheidungen des nach § 74a Abs. 4 zuständigen Gerichts sowie in den Fällen des § 100e Absatz 2 Satz 6 der Strafprozessordnung ist ein nicht mit Hauptverfahren in Strafsachen befasster Senat zuständig.
(5) Für den Gerichtsstand gelten die allgemeinen Vorschriften. Die beteiligten Länder können durch Vereinbarungen die den Oberlandesgerichten in den Absätzen 1 bis 4 zugewiesenen Aufgaben dem hiernach zuständigen Gericht eines Landes auch für das Gebiet eines anderen Landes übertragen.
(6) Soweit nach § 142a für die Verfolgung der Strafsachen die Zuständigkeit des Bundes begründet ist, üben diese Oberlandesgerichte Gerichtsbarkeit nach Artikel 96 Abs. 5 des Grundgesetzes aus.
(7) Soweit die Länder aufgrund von Strafverfahren, in denen die Oberlandesgerichte in Ausübung von Gerichtsbarkeit des Bundes entscheiden, Verfahrenskosten und Auslagen von Verfahrensbeteiligten zu tragen oder Entschädigungen zu leisten haben, können sie vom Bund Erstattung verlangen.

§ 120a (Zuständigkeit im ersten Rechtszug)

(1) Hat im ersten Rechtszug ein Strafsenat die Anordnung der Sicherungsverwahrung vorbehalten oder im Fall des § 66b des Strafgesetzbuches als Tatgericht entschieden, ist dieser Strafsenat im ersten Rechtszug für die Verhandlung und Entscheidung über die im Urteil vorbehaltene oder die nachträgliche Anordnung der Sicherungsverwahrung zuständig.
(2) Im Fall des § 66b des Strafgesetzbuches gilt § 462a Abs. 3 Satz 2 und 3 der Strafprozessordnung entsprechend.

§ 120b (Zuständigkeit bei Bestechlichkeit, Bestechung von Mandatsträgern)

In Strafsachen sind die Oberlandesgerichte, in deren Bezirk die Landesregierungen ihren Sitz haben, zuständig für die Verhandlung und Entscheidung im ersten Rechtszug bei Bestechlichkeit und Bestechung von Mandatsträgern (§ 108e des Strafgesetzbuches). § 120 Absatz 3 und 5 gilt entsprechend.

§ 121 (Revision, Beschwerde)

(1) Die Oberlandesgerichte sind in Strafsachen ferner zuständig für die Verhandlung und Entscheidung über die Rechtsmittel:
1. der Revision gegen
   a) die mit der Berufung nicht anfechtbaren Urteile des Strafrichters;
   b) die Berufungsurteile der kleinen und großen Strafkammern;
   c) die Urteile des Landgerichts im ersten Rechtszug, wenn die Revision ausschließlich auf die Verletzung einer in den Landesgesetzen enthaltenen Rechtsnorm gestützt wird;
2. der Beschwerde gegen strafrichterliche Entscheidungen, soweit nicht die Zuständigkeit der Strafkammern oder des Bundesgerichtshofes begründet ist;
3. der Rechtsbeschwerde gegen Entscheidungen der Strafvollstreckungskammern nach den § 50 Abs. 5, §§ 116, 138 Abs. 3 des Strafvollzugsgesetzes und der Jugendkammern nach § 92 Abs. 2 des Jugendgerichtsgesetzes;

4. des Einwands gegen die Besetzung einer Strafkammer im Fall des § 222b Absatz 3 Satz 1 der Strafprozessordnung.

(2) Will ein Oberlandesgericht bei seiner Entscheidung
1. nach Absatz 1 Nummer 1 Buchstabe a oder Buchstabe b von einer nach dem 1. April 1950 ergangenen Entscheidung,
2. nach Absatz 1 Nummer 3 von einer nach dem 1. Januar 1977 ergangenen Entscheidung,
3. nach Absatz 1 Nummer 2 über die Erledigung einer Maßregel der Unterbringung in der Sicherungsverwahrung oder in einem psychiatrischen Krankenhaus oder über die Zulässigkeit ihrer weiteren Vollstreckung von einer nach dem 1. Januar 2010 ergangenen Entscheidung oder
4. nach Absatz 1 Nummer 4 von einer Entscheidung

eines anderen Oberlandesgerichtes oder von einer Entscheidung des Bundesgerichtshofes abweichen, so hat es die Sache dem Bundesgerichtshof vorzulegen.

(3) Ein Land, in dem mehrere Oberlandesgerichte errichtet sind, kann durch Rechtsverordnung der Landesregierung die Entscheidungen nach Absatz 1 Nr. 3 einem Oberlandesgericht für die Bezirke mehrerer Oberlandesgerichte oder dem Obersten Landesgericht zuweisen, sofern die Zuweisung für eine sachdienliche Förderung oder schnellere Erledigung der Verfahren zweckmäßig ist. Die Landesregierungen können die Ermächtigung durch Rechtsverordnung auf die Landesjustizverwaltungen übertragen.

Neunter Titel
Bundesgerichtshof

§ 133 (Zuständigkeit in Zivilsachen)

In Zivilsachen ist der Bundesgerichtshof zuständig für die Verhandlung und Entscheidung über die Rechtsmittel der Revision, der Sprungrevision, der Rechtsbeschwerde und der Sprungrechtsbeschwerde.

§§ 134 und 134a (weggefallen)

§ 135 (Zuständigkeit in Strafsachen)

(1) In Strafsachen ist der Bundesgerichtshof zuständig zur Verhandlung und Entscheidung über das Rechtsmittel der Revision gegen die Urteile der Oberlandesgerichte im ersten Rechtszug sowie gegen die Urteile der Landgerichte im ersten Rechtszug, soweit nicht die Zuständigkeit der Oberlandesgerichte begründet ist.

(2) Der Bundesgerichtshof entscheidet ferner über
1. Beschwerden gegen Beschlüsse und Verfügungen der Oberlandesgerichte in den in § 138d Absatz 6 Satz 1, § 304 Absatz 4 Satz 2 und § 310 Absatz 1 der Strafprozessordnung bezeichneten Fällen,
2. Beschwerden gegen Verfügungen des Ermittlungsrichters des Bundesgerichtshofes (§ 169 Absatz 1 Satz 2 der Strafprozessordnung) in den in § 304 Absatz 5 der Strafprozessordnung bezeichneten Fällen sowie
3. Einwände gegen die Besetzung eines Oberlandesgerichts im Fall des § 222b Absatz 3 Satz 1 der Strafprozessordnung.

Vierzehnter Titel
Öffentlichkeit und Sitzungspolizei

§ 169 (Öffentlichkeit)

(1) Die Verhandlung vor dem erkennenden Gericht einschließlich der Verkündung der Urteile und Beschlüsse ist öffentlich. Ton- und Fernseh-Rundfunkaufnahmen sowie Ton- und Filmaufnahmen zum Zwecke der öffentlichen Vorführung oder Veröffentlichung ihres Inhalts sind unzulässig. Die Tonübertragung in einen Arbeitsraum für Personen, die für Presse, Hörfunk, Fernsehen oder für andere Medien berichten, kann von dem Gericht zugelassen werden. Die Tonübertragung kann zur Wahrung schutzwürdiger Interessen der Beteiligten oder Dritter oder zur Wahrung eines ordnungsgemäßen Ablaufs des Verfahrens teilweise untersagt werden. Im Übrigen gilt für den in den Arbeitsraum übertragenen Ton Satz 2 entsprechend.

(2) Tonaufnahmen der Verhandlung einschließlich der Verkündung der Urteile und Beschlüsse können zu wissenschaftlichen und historischen Zwecken von dem Gericht zugelassen werden, wenn es sich um ein Verfahren von herausragender zeitgeschichtlicher Bedeutung für die Bundesrepublik Deutschland handelt. Zur Wahrung schutzwürdiger Interessen der Beteiligten oder Dritter oder zur Wahrung eines

ordnungsgemäßen Ablaufs des Verfahrens können die Aufnahmen teilweise untersagt werden. Die Aufnahmen sind nicht zu den Akten zu nehmen und dürfen weder herausgegeben noch für Zwecke des aufgenommenen oder eines anderen Verfahrens genutzt oder verwertet werden. Sie sind vom Gericht nach Abschluss des Verfahrens demjenigen zuständigen Bundes- oder Landesarchiv zur Übernahme anzubieten, das nach dem Bundesarchivgesetz oder einem Landesarchivgesetz festzustellen hat, ob den Aufnahmen ein bleibender Wert zukommt. Nimmt das Bundesarchiv oder das jeweilige Landesarchiv die Aufnahmen nicht an, sind die Aufnahmen durch das Gericht zu löschen.
(3) Abweichend von Absatz 1 Satz 2 kann das Gericht für die Verkündung von Entscheidungen des Bundesgerichtshofs in besonderen Fällen Ton- und Fernseh-Rundfunkaufnahmen sowie Ton- und Filmaufnahmen zum Zwecke der öffentlichen Vorführung oder der Veröffentlichung ihres Inhalts zulassen. Zur Wahrung schutzwürdiger Interessen der Beteiligten oder Dritter sowie eines ordnungsgemäßen Ablaufs des Verfahrens können die Aufnahmen oder deren Übertragung teilweise untersagt oder von der Einhaltung von Auflagen abhängig gemacht werden.
(4) Die Beschlüsse des Gerichts nach den Absätzen 1 bis 3 sind unanfechtbar.

§ 170 (Nichtöffentlichkeit)
(1) Verhandlungen, Erörterungen und Anhörungen in Familiensachen sowie in Angelegenheiten der freiwilligen Gerichtsbarkeit sind nicht öffentlich. Das Gericht kann die Öffentlichkeit zulassen, jedoch nicht gegen den Willen eines Beteiligten. In Betreuungs- und Unterbringungssachen ist auf Verlangen des Betroffenen einer Person seines Vertrauens die Anwesenheit zu gestatten.
(2) Das Rechtsbeschwerdegericht kann die Öffentlichkeit zulassen, soweit nicht das Interesse eines Beteiligten an der nicht öffentlichen Erörterung überwiegt.

§ 171 (weggefallen)

§ 171a (Unterbringungssachen)
Die Öffentlichkeit kann für die Hauptverhandlung oder für einen Teil davon ausgeschlossen werden, wenn das Verfahren die Unterbringung des Beschuldigten in einem psychiatrischen Krankenhaus oder einer Entziehungsanstalt, allein oder neben einer Strafe, zum Gegenstand hat.

§ 171b (Persönlicher Lebensbereich von Prozessbeteiligten)
(1) Die Öffentlichkeit kann ausgeschlossen werden, soweit Umstände aus dem persönlichen Lebensbereich eines Prozessbeteiligten, eines Zeugen oder eines durch eine rechtswidrige Tat (§ 11 Absatz 1 Nummer 5 des Strafgesetzbuchs) Verletzten zur Sprache kommen, deren öffentliche Erörterung schutzwürdige Interessen verletzen würde. Das gilt nicht, soweit das Interesse an der öffentlichen Erörterung dieser Umstände überwiegt. Die besonderen Belastungen, die für Kinder und Jugendliche mit einer öffentlichen Hauptverhandlung verbunden sein können, sind dabei zu berücksichtigen. Entsprechendes gilt bei volljährigen Personen, die als Kinder oder Jugendliche durch die Straftat verletzt worden sind.
(2) Die Öffentlichkeit soll ausgeschlossen werden, soweit in Verfahren wegen Straftaten gegen die sexuelle Selbstbestimmung (§§ 174 bis 184k des Strafgesetzbuchs) oder gegen das Leben (§§ 211 bis 222 des Strafgesetzbuchs), wegen Misshandlung von Schutzbefohlenen (§ 225 des Strafgesetzbuchs) oder wegen Straftaten gegen die persönliche Freiheit nach den §§ 232 bis 233a des Strafgesetzbuchs ein Zeuge unter 18 Jahren vernommen wird. Absatz 1 Satz 4 gilt entsprechend.
(3) Die Öffentlichkeit ist auszuschließen, wenn die Voraussetzungen der Absätze 1 oder 2 vorliegen und der Ausschluss von der Person, deren Lebensbereich betroffen ist, beantragt wird. Für die Schlussanträge in Verfahren wegen der in Absatz 2 genannten Straftaten ist die Öffentlichkeit auszuschließen, ohne dass es eines hierauf gerichteten Antrags bedarf, wenn die Verhandlung unter den Voraussetzungen der Absätze 1 oder 2 oder des § 172 Nummer 4 ganz oder zum Teil unter Ausschluss der Öffentlichkeit stattgefunden hat.
(4) Abweichend von den Absätzen 1 und 2 darf die Öffentlichkeit nicht ausgeschlossen werden, soweit die Personen, deren Lebensbereiche betroffen sind, dem Ausschluss der Öffentlichkeit widersprechen.
(5) Die Entscheidungen nach den Absätzen 1 bis 4 sind unanfechtbar.

§ 172 (Allgemeine Ausschlussgründe)
Das Gericht kann für die Verhandlung oder für einen Teil davon die Öffentlichkeit ausschließen, wenn
1. eine Gefährdung der Staatssicherheit, der öffentlichen Ordnung oder der Sittlichkeit zu besorgen ist,
1a. eine Gefährdung des Lebens, des Leibes oder der Freiheit eines Zeugen oder einer anderen Person zu besorgen ist,

2. ein wichtiges Geschäfts-, Betriebs-, Erfindungs- oder Steuergeheimnis zur Sprache kommt, durch dessen öffentliche Erörterung überwiegende schutzwürdige Interessen verletzt würden,
3. ein privates Geheimnis erörtert wird, dessen unbefugte Offenbarung mit Strafe bedroht ist,
4. eine Person unter 18 Jahren vernommen wird.

§ 173 (Verkündung des Urteils)

(1) Die Verkündung des Urteils sowie der Endentscheidung in Ehesachen und Familienstreitsachen erfolgt in jedem Falle öffentlich.
(2) Durch einen besonderen Beschluß des Gerichts kann unter den Voraussetzungen der §§ 171b und 172 auch für die Verkündung der Entscheidungsgründe oder eines Teiles davon die Öffentlichkeit ausgeschlossen werden.

§ 174 (Entscheidung über die Ausschließung)

(1) Über die Ausschließung der Öffentlichkeit ist in nichtöffentlicher Sitzung zu verhandeln, wenn ein Beteiligter es beantragt oder das Gericht es für angemessen erachtet. Der Beschluß, der die Öffentlichkeit ausschließt, muß öffentlich verkündet werden; er kann in nichtöffentlicher Sitzung verkündet werden, wenn zu befürchten ist, daß seine öffentliche Verkündung eine erhebliche Störung der Ordnung in der Sitzung zur Folge haben würde. Bei der Verkündung ist in den Fällen der §§ 171b, 172 und 173 anzugeben, aus welchem Grund die Öffentlichkeit ausgeschlossen worden ist.
(2) Soweit die Öffentlichkeit wegen Gefährdung der Staatssicherheit ausgeschlossen wird, dürfen Presse, Rundfunk und Fernsehen keine Berichte über die Verhandlung und den Inhalt eines die Sache betreffenden amtlichen Schriftstücks veröffentlichen.
(3) Ist die Öffentlichkeit wegen Gefährdung der Staatssicherheit oder aus den in §§ 171b und 172 Nr. 2 und 3 bezeichneten Gründen ausgeschlossen, so kann das Gericht den anwesenden Personen die Geheimhaltung von Tatsachen, die durch die Verhandlung oder durch ein die Sache betreffendes amtliches Schriftstück zu ihrer Kenntnis gelangen, zur Pflicht machen. Der Beschluß ist in das Sitzungsprotokoll aufzunehmen. Er ist anfechtbar. Die Beschwerde hat keine aufschiebende Wirkung.

§ 175 (Versagung des Zutritts; Ausnahmen)

(1) Der Zutritt zu öffentlichen Verhandlungen kann unerwachsenen und solchen Personen versagt werden, die in einer der Würde des Gerichts nicht entsprechenden Weise erscheinen.
(2) Zu nichtöffentlichen Verhandlungen kann der Zutritt einzelnen Personen vom Gericht gestattet werden. In Strafsachen soll dem Verletzten der Zutritt gestattet werden. Einer Anhörung der Beteiligten bedarf es nicht.
(3) Die Ausschließung der Öffentlichkeit steht der Anwesenheit der die Dienstaufsicht führenden Beamten der Justizverwaltung bei den Verhandlungen vor dem erkennenden Gericht nicht entgegen.

§ 176 (Aufrechterhaltung der Ordnung)

(1) Die Aufrechterhaltung der Ordnung in der Sitzung obliegt dem Vorsitzenden.
(2) An der Verhandlung beteiligte Personen dürfen ihr Gesicht während der Sitzung weder ganz noch teilweise verhüllen. Der Vorsitzende kann Ausnahmen gestatten, wenn und soweit die Kenntlichmachung des Gesichts weder zur Identitätsfeststellung noch zur Beweiswürdigung notwendig ist.

§ 177 (Erzwingung der Ordnung)

Parteien, Beschuldigte, Zeugen, Sachverständige oder bei der Verhandlung nicht beteiligte Personen, die den zur Aufrechterhaltung der Ordnung getroffenen Anordnungen nicht Folge leisten, können aus dem Sitzungszimmer entfernt sowie zur Ordnungshaft abgeführt und während einer zu bestimmenden Zeit, die vierundzwanzig Stunden nicht übersteigen darf, festgehalten werden. Über Maßnahmen nach Satz 1 entscheidet gegenüber Personen, die bei der Verhandlung nicht beteiligt sind, der Vorsitzende, in den übrigen Fällen das Gericht.

§ 178 (Ordnungsmittel)

(1) Gegen Parteien, Beschuldigte, Zeugen, Sachverständige oder bei der Verhandlung nicht beteiligte Personen, die sich in der Sitzung einer Ungebühr schuldig machen, kann vorbehaltlich der strafgerichtlichen Verfolgung ein Ordnungsgeld bis zu eintausend Euro oder Ordnungshaft bis zu einer Woche festgesetzt und sofort vollstreckt werden. Bei der Festsetzung von Ordnungsgeld ist zugleich für den Fall, daß dieses nicht beigetrieben werden kann, zu bestimmen, in welchem Maße Ordnungshaft an seine Stelle tritt.

(2) Über die Festsetzung von Ordnungsmitteln entscheidet gegenüber Personen, die bei der Verhandlung nicht beteiligt sind, der Vorsitzende, in den übrigen Fällen das Gericht.
(3) Wird wegen derselben Tat später auf Strafe erkannt, so sind das Ordnungsgeld oder die Ordnungshaft auf die Strafe anzurechnen.

§ 179 (Vollstreckung)
Die Vollstreckung der vorstehend bezeichneten Ordnungsmittel hat der Vorsitzende unmittelbar zu veranlassen.

§ 180 (Einzelner Richter)
Die in den §§ 176 bis 179 bezeichneten Befugnisse stehen auch einem einzelnen Richter bei der Vornahme von Amtshandlungen außerhalb der Sitzung zu.

§ 181 (Beschwerde)
(1) Ist in den Fällen der §§ 178, 180 ein Ordnungsmittel festgesetzt, so kann gegen die Entscheidung binnen der Frist von einer Woche nach ihrer Bekanntmachung Beschwerde eingelegt werden, sofern sie nicht von dem Bundesgerichtshof oder einem Oberlandesgericht getroffen ist.
(2) Die Beschwerde hat in dem Falle des § 178 keine aufschiebende Wirkung, in dem Falle des § 180 aufschiebende Wirkung.
(3) Über die Beschwerde entscheidet das Oberlandesgericht.

§ 182 (Aufnahme in das Protokoll)
Ist ein Ordnungsmittel wegen Ungebühr festgesetzt oder eine Person zur Ordnungshaft abgeführt oder eine bei der Verhandlung beteiligte Person entfernt worden, so ist der Beschluß des Gerichts und dessen Veranlassung in das Protokoll aufzunehmen.

§ 183 (Strafbare Handlung in der Sitzung)
Wird eine Straftat in der Sitzung begangen, so hat das Gericht den Tatbestand festzustellen und der zuständigen Behörde das darüber aufgenommene Protokoll mitzuteilen. In geeigneten Fällen ist die vorläufige Festnahme des Täters zu verfügen.

Fünfzehnter Titel
Gerichtssprache

§ 184 (Gerichtssprache)
Die Gerichtssprache ist deutsch. Das Recht der Sorben, in den Heimatkreisen der sorbischen Bevölkerung vor Gericht sorbisch zu sprechen, ist gewährleistet.

§ 185 (Zuziehung eines Dolmetschers)
(1) Wird unter Beteiligung von Personen verhandelt, die der deutschen Sprache nicht mächtig sind, so ist ein Dolmetscher zuzuziehen. Ein Nebenprotokoll in der fremden Sprache wird nicht geführt; jedoch sollen Aussagen und Erklärungen in fremder Sprache, wenn und soweit der Richter dies mit Rücksicht auf die Wichtigkeit der Sache für erforderlich erachtet, auch in der fremden Sprache in das Protokoll oder in eine Anlage niedergeschrieben werden. In den dazu geeigneten Fällen soll dem Protokoll eine durch den Dolmetscher zu beglaubigende Übersetzung beigefügt werden.
(1a) Das Gericht kann gestatten, dass sich der Dolmetscher während der Verhandlung, Anhörung oder Vernehmung an einem anderen Ort aufhält. Die Verhandlung, Anhörung oder Vernehmung wird zeitgleich in Bild und Ton an diesen Ort und in das Sitzungszimmer übertragen.
(2) Die Zuziehung eines Dolmetschers kann unterbleiben, wenn die beteiligten Personen sämtlich der fremden Sprache mächtig sind.
(3) In Familiensachen und in Angelegenheiten der freiwilligen Gerichtsbarkeit bedarf es der Zuziehung eines Dolmetschers nicht, wenn der Richter der Sprache, in der sich die beteiligten Personen erklären, mächtig ist.

§ 186 (Hör- oder Sprachbehinderte)
(1) Die Verständigung mit einer hör- oder sprachbehinderten Person erfolgt nach ihrer Wahl mündlich, schriftlich oder mit Hilfe einer die Verständigung ermöglichenden Person, die vom Gericht hinzuzuziehen ist. Für die mündliche und schriftliche Verständigung hat das Gericht die geeigneten technischen Hilfsmittel bereitzustellen. Die hör- oder sprachbehinderte Person ist auf ihr Wahlrecht hinzuweisen.

(2) Das Gericht kann eine schriftliche Verständigung verlangen oder die Hinzuziehung einer Person als Dolmetscher anordnen, wenn die hör- oder sprachbehinderte Person von ihrem Wahlrecht nach Absatz 1 keinen Gebrauch gemacht hat oder eine ausreichende Verständigung in der nach Absatz 1 gewählten Form nicht oder nur mit unverhältnismäßigem Aufwand möglich ist.
(3) Das Bundesministerium der Justiz und für Verbraucherschutz bestimmt durch Rechtsverordnung, die der Zustimmung des Bundesrates bedarf,
1. den Umfang des Anspruchs auf Bereitstellung von geeigneten Kommunikationshilfen gemäß den Absätzen 1 und 2,
2. die Grundsätze einer angemessenen Vergütung für den Einsatz von Kommunikationshilfen gemäß den Absätzen 1 und 2,
3. die geeigneten Kommunikationshilfen, mit Hilfe derer die in den Absätzen 1 und 2 genannte Verständigung zu gewährleisten ist, und
4. ob und wie die Person mit Hör- oder Sprachbehinderung mitzuwirken hat.

§ 187 (Dolmetscher oder Übersetzer)
(1) Das Gericht zieht für den Beschuldigten oder Verurteilten, der der deutschen Sprache nicht mächtig ist, einen Dolmetscher oder Übersetzer heran, soweit dies zur Ausübung seiner strafprozessualen Rechte erforderlich ist. Das Gericht weist den Beschuldigten in einer ihm verständlichen Sprache darauf hin, dass er insoweit für das gesamte Strafverfahren die unentgeltliche Hinzuziehung eines Dolmetschers oder Übersetzers beanspruchen kann.
(2) Erforderlich zur Ausübung der strafprozessualen Rechte des Beschuldigten, der der deutschen Sprache nicht mächtig ist, ist in der Regel die schriftliche Übersetzung von freiheitsentziehenden Anordnungen sowie von Anklageschriften, Strafbefehlen und nicht rechtskräftigen Urteilen. Eine auszugsweise schriftliche Übersetzung ist ausreichend, wenn hierdurch die strafprozessualen Rechte des Beschuldigten gewahrt werden. Die schriftliche Übersetzung ist dem Beschuldigten unverzüglich zur Verfügung zu stellen. An die Stelle der schriftlichen Übersetzung kann eine mündliche Übersetzung der Unterlagen oder eine mündliche Zusammenfassung des Inhalts der Unterlagen treten, wenn hierdurch die strafprozessualen Rechte des Beschuldigten gewahrt werden. Dies ist in der Regel dann anzunehmen, wenn der Beschuldigte einen Verteidiger hat.
(3) Der Beschuldigte kann auf eine schriftliche Übersetzung nur wirksam verzichten, wenn er zuvor über sein Recht auf eine schriftliche Übersetzung nach den Absätzen 1 und 2 und über die Folgen eines Verzichts auf eine schriftliche Übersetzung belehrt worden ist. Die Belehrung nach Satz 1 und der Verzicht des Beschuldigten sind zu dokumentieren.
(4) Absatz 1 gilt entsprechend für Personen, die nach § 395 der Strafprozessordnung berechtigt sind, sich der öffentlichen Klage mit der Nebenklage anzuschließen.

§ 188 (Eidesleistung in Fremdsprache)
Personen, die der deutschen Sprache nicht mächtig sind, leisten Eide in der ihnen geläufigen Sprache.

§ 189 (Beeidigung des Dolmetschers)
(1) Der Dolmetscher hat einen Eid dahin zu leisten:

daß er treu und gewissenhaft übertragen werde.

Gibt der Dolmetscher an, daß er aus Glaubens- oder Gewissensgründen keinen Eid leisten wolle, so hat er eine Bekräftigung abzugeben. Diese Bekräftigung steht dem Eid gleich; hierauf ist der Dolmetscher hinzuweisen.
(2) Ist der Dolmetscher für Übertragungen der betreffenden Art nach dem Gerichtsdolmetschergesetz oder in einem Land nach den landesrechtlichen Vorschriften allgemein beeidigt, so genügt vor allen Gerichten des Bundes und der Länder die Berufung auf diesen Eid.
(3) In Familiensachen und in Angelegenheiten der freiwilligen Gerichtsbarkeit ist die Beeidigung des Dolmetschers nicht erforderlich, wenn die beteiligten Personen darauf verzichten.
(4) Der Dolmetscher oder Übersetzer soll über Umstände, die ihm bei seiner Tätigkeit zur Kenntnis gelangen, Verschwiegenheit wahren. Hierauf weist ihn das Gericht hin.

§ 190 (Urkundsbeamter als Dolmetscher)
Der Dienst des Dolmetschers kann von dem Urkundsbeamten der Geschäftsstelle wahrgenommen werden. Einer besonderen Beeidigung bedarf es nicht.

§ 191 (Ausschließung, Ablehnung)
Auf den Dolmetscher sind die Vorschriften über Ausschließung und Ablehnung der Sachverständigen entsprechend anzuwenden. Es entscheidet das Gericht oder der Richter, von dem der Dolmetscher zugezogen ist.

§ 191a (Blinde, Sehbehinderte)
(1) Eine blinde oder sehbehinderte Person kann Schriftsätze und andere Dokumente in einer für sie wahrnehmbaren Form bei Gericht einreichen. Sie kann nach Maßgabe der Rechtsverordnung nach Absatz 2 verlangen, dass ihr Schriftsätze und andere Dokumente eines gerichtlichen Verfahrens barrierefrei zugänglich gemacht werden. Ist der blinden oder sehbehinderten Person Akteneinsicht zu gewähren, kann sie verlangen, dass ihr die Akteneinsicht nach Maßgabe der Rechtsverordnung nach Absatz 2 barrierefrei gewährt wird. Ein Anspruch im Sinne der Sätze 1 bis 3 steht auch einer blinden oder sehbehinderten Person zu, die von einer anderen Person mit der Wahrnehmung ihrer Rechte beauftragt oder hierfür bestellt worden ist. Auslagen für die barrierefreie Zugänglichmachung nach diesen Vorschriften werden nicht erhoben.
(2) Das Bundesministerium der Justiz und für Verbraucherschutz bestimmt durch Rechtsverordnung, die der Zustimmung des Bundesrates bedarf, unter welchen Voraussetzungen und in welcher Weise die in Absatz 1 genannten Dokumente und Dokumente, die von den Parteien zur Akte gereicht werden, einer blinden oder sehbehinderten Person zugänglich gemacht werden, sowie ob und wie diese Person bei der Wahrnehmung ihrer Rechte mitzuwirken hat.
(3) Elektronische Dokumente sind für blinde oder sehbehinderte Personen barrierefrei zu gestalten, soweit sie in Schriftzeichen wiedergegeben werden. Erfolgt die Übermittlung eines elektronischen Dokuments auf einem sicheren Übermittlungsweg, ist dieser barrierefrei auszugestalten. Sind elektronische Formulare eingeführt (§ 130c der Zivilprozessordnung, § 14a des Gesetzes über das Verfahren in Familiensachen und in den Angelegenheiten der freiwilligen Gerichtsbarkeit, § 46f des Arbeitsgerichtsgesetzes, § 65c des Sozialgerichtsgesetzes, § 55c der Verwaltungsgerichtsordnung, § 52c der Finanzgerichtsordnung), sind diese blinden oder sehbehinderten Personen barrierefrei zugänglich zu machen. Dabei sind die Standards von § 3 der Barrierefreie-Informationstechnik-Verordnung vom 12. September 2011 (BGBl. I S. 1843) in der jeweils geltenden Fassung maßgebend.

Siebzehnter Titel
Rechtsschutz bei überlangen Gerichtsverfahren und strafrechtlichen Ermittlungsverfahren

§ 198 (Entschädigung)
(1) Wer infolge unangemessener Dauer eines Gerichtsverfahrens als Verfahrensbeteiligter einen Nachteil erleidet, wird angemessen entschädigt. Die Angemessenheit der Verfahrensdauer richtet sich nach den Umständen des Einzelfalles, insbesondere nach der Schwierigkeit und Bedeutung des Verfahrens und nach dem Verhalten der Verfahrensbeteiligten und Dritter.
(2) Ein Nachteil, der nicht Vermögensnachteil ist, wird vermutet, wenn ein Gerichtsverfahren unangemessen lange gedauert hat. Hierfür kann Entschädigung nur beansprucht werden, soweit nicht nach den Umständen des Einzelfalles Wiedergutmachung auf andere Weise gemäß Absatz 4 ausreichend ist. Die Entschädigung gemäß Satz 2 beträgt 1200 Euro für jedes Jahr der Verzögerung. Ist der Betrag gemäß Satz 3 nach den Umständen des Einzelfalles unbillig, kann das Gericht einen höheren oder niedrigeren Betrag festsetzen.
(3) Entschädigung erhält ein Verfahrensbeteiligter nur, wenn er bei dem mit der Sache befassten Gericht die Dauer des Verfahrens gerügt hat (Verzögerungsrüge). Die Verzögerungsrüge kann erst erhoben werden, wenn Anlass zur Besorgnis besteht, dass das Verfahren nicht in einer angemessenen Zeit abgeschlossen wird; eine Wiederholung der Verzögerungsrüge ist frühestens nach sechs Monaten möglich, außer wenn ausnahmsweise eine kürzere Frist geboten ist. Kommt es für die Verfahrensförderung auf Umstände an, die noch nicht in das Verfahren eingeführt worden sind, muss die Rüge hierauf hinweisen. Anderenfalls werden sie von dem Gericht, das über die Entschädigung zu entscheiden hat (Entschädigungsgericht), bei der Bestimmung der angemessenen Verfahrensdauer nicht berücksichtigt. Verzögert sich das Verfahren bei einem anderen Gericht weiter, bedarf es einer erneuten Verzögerungsrüge.
(4) Wiedergutmachung auf andere Weise ist insbesondere möglich durch die Feststellung des Entschädigungsgerichts, dass die Verfahrensdauer unangemessen war. Die Feststellung setzt keinen Antrag voraus. Sie kann in schwerwiegenden Fällen neben der Entschädigung ausgesprochen werden; ebenso

kann sie ausgesprochen werden, wenn eine oder mehrere Voraussetzungen des Absatzes 3 nicht erfüllt sind.
(5) Eine Klage zur Durchsetzung eines Anspruchs nach Absatz 1 kann frühestens sechs Monate nach Erhebung der Verzögerungsrüge erhoben werden. Die Klage muss spätestens sechs Monate nach Eintritt der Rechtskraft der Entscheidung, die das Verfahren beendet, oder einer anderen Erledigung des Verfahrens erhoben werden. Bis zur rechtskräftigen Entscheidung über die Klage ist der Anspruch nicht übertragbar.
(6) Im Sinne dieser Vorschrift ist
1. ein Gerichtsverfahren jedes Verfahren von der Einleitung bis zum rechtskräftigen Abschluss einschließlich eines Verfahrens auf Gewährung vorläufigen Rechtsschutzes und zur Bewilligung von Prozess- oder Verfahrenskostenhilfe; ausgenommen ist das Insolvenzverfahren nach dessen Eröffnung; im eröffneten Insolvenzverfahren gilt die Herbeiführung einer Entscheidung als Gerichtsverfahren;
2. ein Verfahrensbeteiligter jede Partei und jeder Beteiligte eines Gerichtsverfahrens mit Ausnahme der Verfassungsorgane, der Träger öffentlicher Verwaltung und sonstiger öffentlicher Stellen, soweit diese nicht in Wahrnehmung eines Selbstverwaltungsrechts an einem Verfahren beteiligt sind.

§ 199 (Überlange Strafverfahren)

(1) Für das Strafverfahren einschließlich des Verfahrens auf Vorbereitung der öffentlichen Klage ist § 198 nach Maßgabe der Absätze 2 bis 4 anzuwenden.
(2) Während des Verfahrens auf Vorbereitung der öffentlichen Klage tritt die Staatsanwaltschaft und in Fällen des § 386 Absatz 2 der Abgabenordnung die Finanzbehörde an die Stelle des Gerichts; für das Verfahren nach Erhebung der öffentlichen Klage gilt § 198 Absatz 3 Satz 5 entsprechend.
(3) Hat ein Strafgericht oder die Staatsanwaltschaft die unangemessene Dauer des Verfahrens zugunsten des Beschuldigten berücksichtigt, ist dies eine ausreichende Wiedergutmachung auf andere Weise gemäß § 198 Absatz 2 Satz 2; insoweit findet § 198 Absatz 4 keine Anwendung. Begehrt der Beschuldigte eines Strafverfahrens Entschädigung wegen überlanger Verfahrensdauer, ist das Entschädigungsgericht hinsichtlich der Beurteilung der Angemessenheit der Verfahrensdauer an eine Entscheidung des Strafgerichts gebunden.
(4) Ein Privatkläger ist nicht Verfahrensbeteiligter im Sinne von § 198 Absatz 6 Nummer 2.

§ 200 (Haftung)

Für Nachteile, die auf Grund von Verzögerungen bei Gerichten eines Landes eingetreten sind, haftet das Land. Für Nachteile, die auf Grund von Verzögerungen bei Gerichten des Bundes eingetreten sind, haftet der Bund. Für Staatsanwaltschaften und Finanzbehörden in Fällen des § 386 Absatz 2 der Abgabenordnung gelten die Sätze 1 und 2 entsprechend.

§ 201 (Zuständigkeit)

(1) Zuständig für die Klage auf Entschädigung gegen ein Land ist das Oberlandesgericht, in dessen Bezirk das streitgegenständliche Verfahren durchgeführt wurde. Zuständig für die Klage auf Entschädigung gegen den Bund ist der Bundesgerichtshof. Diese Zuständigkeiten sind ausschließliche.
(2) Die Vorschriften der Zivilprozessordnung über das Verfahren vor den Landgerichten im ersten Rechtszug sind entsprechend anzuwenden. Eine Entscheidung durch den Einzelrichter ist ausgeschlossen. Gegen die Entscheidung des Oberlandesgerichts findet die Revision nach Maßgabe des § 543 der Zivilprozessordnung statt; § 544 der Zivilprozessordnung ist entsprechend anzuwenden.
(3) Das Entschädigungsgericht kann das Verfahren aussetzen, wenn das Gerichtsverfahren, von dessen Dauer ein Anspruch nach § 198 abhängt, noch andauert. In Strafverfahren, einschließlich des Verfahrens auf Vorbereitung der öffentlichen Klage, hat das Entschädigungsgericht das Verfahren auszusetzen, solange das Strafverfahren noch nicht abgeschlossen ist.
(4) Besteht ein Entschädigungsanspruch nicht oder nicht in der geltend gemachten Höhe, wird aber eine unangemessene Verfahrensdauer festgestellt, entscheidet das Gericht über die Kosten nach billigem Ermessen.

Einführungsgesetz zum Gerichtsverfassungsgesetz
Vom 27. Januar 1877 (RGBl. S. 77)

Zuletzt geändert durch
Gesetz zur Fortentwicklung der Strafprozessordnung und zur Änderung weiterer Vorschriften
vom 25. Juni 2021 (BGBl. I S. 2099)

– Auszug –*)

Inhaltsübersicht

Erster Abschnitt
Allgemeine Vorschriften

§ 1 (weggefallen)
§ 2 (Geltungsbereich)
§ 3 (Ausdehnung durch Landesgesetzgebung)
§ 4 (weggefallen)
§ 4a (Berlin, Hamburg)
§ 5 (gegenstandslos)
§ 6 (Ehrenamtliche Richter; Neuregelungen)
§ 7 (gegenstandslos)
§ 8 (Oberstes Landesgericht)
§ 9 (Zusammenfassung der Strafsachen)
§ 10 (Anzuwendende Vorschriften)
§ 11 (weggefallen)

Zweiter Abschnitt
Verfahrensübergreifende Mitteilungen von Amts wegen

§ 12 (Mitteilungen der ordentlichen Gerichte und Staatsanwaltschaften)
§ 13 (Fälle von Mitteilungen)
§ 14 (Mitteilungen in Strafsachen)
§ 15 (Mitteilungen in Zivilsachen)
§ 16 (Ausländische öffentliche Stellen)
§ 16a (Kontaktstellen)
§ 17 (Besondere Fälle)
§ 18 (Nicht trennbare Daten)
§ 19 (Keine Verwendung für andere Zwecke)
§ 20 (Neue Erkenntnisse)
§ 21 (Auskunft für Betroffenen)
§ 21a (Verfahrensübergreifende Mitteilungen)
§ 22 (Anzuwendende Vorschriften)

Dritter Abschnitt
Anfechtung von Justizverwaltungsakten

§ 23 (Antrag auf gerichtliche Entscheidung)
§ 24 (Voraussetzungen)
§ 25 (Zuständigkeit)
§ 26 (Frist; Wiedereinsetzung)
§ 27 (Grundlose Verzögerung)
§ 28 (Inhalt der Entscheidung)
§ 29 (Rechtsbeschwerde)
§ 30 (Kosten)
§ 30a (Anfechtung von Verwaltungsakten)

Vierter Abschnitt
Kontaktsperre

§ 31 (Kontaktsperre; Feststellung)
§ 32 (Zuständigkeit)
§ 33 (Unterbrechung der Verbindung)
§ 34 (Fristen; Strafverfahren; Rechtsstreit)
§ 34a (Rechtsanwalt als Kontaktperson)
§ 35 (Gerichtliche Bestätigung)
§ 36 (Zurücknahme; erneute Feststellung)
§ 37 (Rechtmäßigkeit von Maßnahmen)
§ 38 (Maßregel der Besserung und Sicherung)
§ 38a (Anwendung der §§ 31 bis 38)

Fünfter Abschnitt
Insolvenzstatistik

§ 39 (weggefallen)

Sechster Abschnitt
Übergangsvorschriften

§ 40 (Gerichtsstand außerhalb)
§ 40a
§ 41 (Verfahren vor 1. Januar 2012)
§ 42 (Kostenordnung)
§ 43 (Verfahren vor 18. April 2018)

Dritter Abschnitt
Anfechtung von Justizverwaltungsakten

§ 23 (Antrag auf gerichtliche Entscheidung)
(1) Über die Rechtmäßigkeit der Anordnungen, Verfügungen oder sonstigen Maßnahmen, die von den Justizbehörden zur Regelung einzelner Angelegenheiten auf den Gebieten des bürgerlichen Rechts einschließlich des Handelsrechts, des Zivilprozesses, der freiwilligen Gerichtsbarkeit und der Straf-

---
*) Abgedruckt sind nur die für Sozialberufe wichtigen Bestimmungen. Das Inhaltsverzeichnis benennt den kompletten Inhalt des Gesetzes.

rechtspflege getroffen werden, entscheiden auf Antrag die ordentlichen Gerichte. Das gleiche gilt für Anordnungen, Verfügungen oder sonstige Maßnahmen der Vollzugsbehörden im Vollzug der Untersuchungshaft sowie derjenigen Freiheitsstrafen und Maßregeln der Besserung und Sicherung, die außerhalb des Justizvollzuges vollzogen werden.
(2) Mit dem Antrag auf gerichtliche Entscheidung kann auch die Verpflichtung der Justiz- oder Vollzugsbehörde zum Erlaß eines abgelehnten oder unterlassenen Verwaltungsaktes begehrt werden.
(3) Soweit die ordentlichen Gerichte bereits auf Grund anderer Vorschriften angerufen werden können, behält es hierbei sein Bewenden.

§ 24 (Voraussetzungen)
(1) Der Antrag auf gerichtliche Entscheidung ist nur zulässig, wenn der Antragsteller geltend macht, durch die Maßnahme oder ihre Ablehnung oder Unterlassung in seinen Rechten verletzt zu sein.
(2) Soweit Maßnahmen der Justiz- oder Vollzugsbehörden der Beschwerde oder einem anderen förmlichen Rechtsbehelf im Verwaltungsverfahren unterliegen, kann der Antrag auf gerichtliche Entscheidung erst nach vorausgegangenem Beschwerdeverfahren gestellt werden.

§ 25 (Zuständigkeit)
(1) Über den Antrag entscheidet ein Zivilsenat oder, wenn der Antrag eine Angelegenheit der Strafrechtspflege oder des Vollzugs betrifft, ein Strafsenat des Oberlandesgerichts, in dessen Bezirk die Justiz- oder Vollzugsbehörde ihren Sitz hat. Ist ein Beschwerdeverfahren (§ 24 Abs. 2) vorausgegangen, so ist das Oberlandesgericht zuständig, in dessen Bezirk die Beschwerdebehörde ihren Sitz hat.
(2) Ein Land, in dem mehrere Oberlandesgerichte errichtet sind, kann durch Gesetz die nach Absatz 1 zur Zuständigkeit des Zivilsenats oder des Strafsenats gehörenden Entscheidungen ausschließlich einem der Oberlandesgerichte oder dem Obersten Landesgericht zuweisen.

Vierter Abschnitt
Kontaktsperre

§ 31 (Kontaktsperre; Feststellung)
(1) Besteht eine gegenwärtige Gefahr für Leben, Leib oder Freiheit einer Person, begründen bestimmte Tatsachen den Verdacht, daß die Gefahr von einer terroristischen Vereinigung ausgeht, und ist es zur Abwehr dieser Gefahr geboten, jedwede Verbindung von Gefangenen untereinander und mit der Außenwelt zu unterbrechen, so kann eine entsprechende Feststellung getroffen werden. Die Feststellung darf sich nur auf Gefangene beziehen, die wegen einer Straftat nach § 129a, auch in Verbindung mit § 129b Abs. 1, des Strafgesetzbuches oder wegen einer der in dieser Vorschrift bezeichneten Straftaten rechtskräftig verurteilt sind oder gegen die ein Haftbefehl wegen des Verdachts einer solchen Straftat besteht; das gleiche gilt für solche Gefangene, die wegen einer anderen Straftat verurteilt oder die wegen des Verdachts einer anderen Straftat in Haft sind und gegen die der dringende Verdacht besteht, daß sie diese Tat im Zusammenhang mit einer Tat nach § 129a, auch in Verbindung mit § 129b Abs. 1, des Strafgesetzbuches begangen haben. Die Feststellung ist auf bestimmte Gefangene oder Gruppen von Gefangenen zu beschränken, wenn dies zur Abwehr der Gefahr ausreicht. Die Feststellung ist nach pflichtgemäßem Ermessen zu treffen. § 148 der Strafprozeßordnung bleibt unberührt.
(2) Für Gefangene, gegen die noch nicht öffentliche Klage erhoben wurde oder die rechtskräftig verurteilt sind, kann die Feststellung nach Absatz 1 auf die Unterbrechung des mündlichen und schriftlichen Verkehrs mit dem Verteidiger erstreckt werden.

Sechster Abschnitt
Übergangsvorschriften

§ 43 (Verfahren vor 18. April 2018)
§ 169 Absatz 2 des Gerichtsverfassungsgesetzes findet keine Anwendung auf Verfahren, die am 18. April 2018 bereits anhängig sind.

223 FamFG

Gesetz über das Verfahren in Familiensachen und in den Angelegenheiten der freiwilligen Gerichtsbarkeit (FamFG)

Vom 17. Dezember 2008 (BGBl. I S. 2586, 2009 S. 1102, 2009 S. 2449)

Zuletzt geändert durch
Gesetz zur Bekämpfung sexualisierter Gewalt gegen Kinder
vom 16. Juni 2021 (BGBl. I S. 1810)
und
Gesetz zur Modernisierung des notariellen Berufsrechts und zur Änderung weiterer Vorschriften
vom 25. Juni 2021 (BGBl. I S. 2154)

– Auszug –*)

Inhaltsübersicht

Buch 1
Allgemeiner Teil

Abschnitt 1
Allgemeine Vorschriften

- § 1 Anwendungsbereich
- § 2 Örtliche Zuständigkeit
- § 3 Verweisung bei Unzuständigkeit
- § 4 Abgabe an ein anderes Gericht
- § 5 Gerichtliche Bestimmung der Zuständigkeit
- § 6 Ausschließung und Ablehnung der Gerichtspersonen
- § 7 Beteiligte
- § 8 Beteiligtenfähigkeit
- § 9 Verfahrensfähigkeit
- § 10 Bevollmächtigte
- § 11 Verfahrensvollmacht
- § 12 Beistand
- § 13 Akteneinsicht
- § 14 Elektronische Akte; elektronisches Dokument; Verordnungsermächtigung
- § 14a Formulare; Verordnungsermächtigung
- § 14b Nutzungspflicht für Rechtsanwälte, Notare und Behörden
- § 15 Bekanntgabe; formlose Mitteilung
- § 16 Fristen
- § 17 Wiedereinsetzung in den vorigen Stand
- § 18 Antrag auf Wiedereinsetzung
- § 19 Entscheidung über die Wiedereinsetzung
- § 20 Verfahrensverbindung und -trennung
- § 21 Aussetzung des Verfahrens
- § 22 Antragsrücknahme; Beendigungserklärung
- § 22a Mitteilungen an die Familien- und Betreuungsgerichte

Abschnitt 2
Verfahren im ersten Rechtszug

- § 23 Verfahrenseinleitender Antrag
- § 24 Anregung des Verfahrens
- § 25 Anträge und Erklärungen zur Niederschrift der Geschäftsstelle
- § 26 Ermittlung von Amts wegen
- § 27 Mitwirkung der Beteiligten
- § 28 Verfahrensleitung
- § 29 Beweiserhebung
- § 30 Förmliche Beweisaufnahme
- § 31 Glaubhaftmachung
- § 32 Termin
- § 33 Persönliches Erscheinen der Beteiligten
- § 34 Persönliche Anhörung
- § 35 Zwangsmittel
- § 36 Vergleich
- § 36a Mediation, außergerichtliche Konfliktbeilegung
- § 37 Grundlage der Entscheidung

Abschnitt 3
Beschluss

- § 38 Entscheidung durch Beschluss
- § 39 Rechtsbehelfsbelehrung
- § 40 Wirksamwerden
- § 41 Bekanntgabe des Beschlusses
- § 42 Berichtigung des Beschlusses
- § 43 Ergänzung des Beschlusses
- § 44 Abhilfe bei Verletzung des Anspruchs auf rechtliches Gehör
- § 45 Formelle Rechtskraft
- § 46 Rechtskraftzeugnis
- § 47 Wirksam bleibende Rechtsgeschäfte
- § 48 Abänderung und Wiederaufnahme

Abschnitt 4
Einstweilige Anordnung

- § 49 Einstweilige Anordnung
- § 50 Zuständigkeit
- § 51 Verfahren
- § 52 Einleitung des Hauptsacheverfahrens
- § 53 Vollstreckung
- § 54 Aufhebung oder Änderung der Entscheidung
- § 55 Aussetzung der Vollstreckung
- § 56 Außerkrafttreten
- § 57 Rechtsmittel

---
*) Abgedruckt sind nur die für Sozialberufe wichtigen Bestimmungen. Das Inhaltsverzeichnis benennt den kompletten Inhalt des Gesetzes.

Abschnitt 5
Rechtsmittel

Unterabschnitt 1
Beschwerde

- § 58 Statthaftigkeit der Beschwerde
- § 59 Beschwerdeberechtigte
- § 60 Beschwerderecht Minderjähriger
- § 61 Beschwerdewert; Zulassungsbeschwerde
- § 62 Statthaftigkeit der Beschwerde nach Erledigung der Hauptsache
- § 63 Beschwerdefrist
- § 64 Einlegung der Beschwerde
- § 65 Beschwerdebegründung
- § 66 Anschlussbeschwerde
- § 67 Verzicht auf die Beschwerde; Rücknahme der Beschwerde
- § 68 Gang des Beschwerdeverfahrens
- § 69 Beschwerdeentscheidung

Unterabschnitt 2
Rechtsbeschwerde

- § 70 Statthaftigkeit der Rechtsbeschwerde
- § 71 Frist und Form der Rechtsbeschwerde
- § 72 Gründe der Rechtsbeschwerde
- § 73 Anschlussrechtsbeschwerde
- § 74 Entscheidung über die Rechtsbeschwerde
- § 74a Zurückweisungsbeschluss
- § 75 Sprungrechtsbeschwerde

Abschnitt 6
Verfahrenskostenhilfe

- § 76 Voraussetzungen
- § 77 Bewilligung
- § 78 Beiordnung eines Rechtsanwalts
- § 79 (weggefallen)

Abschnitt 7
Kosten

- § 80 Umfang der Kostenpflicht
- § 81 Grundsatz der Kostenpflicht
- § 82 Zeitpunkt der Kostenentscheidung
- § 83 Kostenpflicht bei Vergleich, Erledigung und Rücknahme
- § 84 Rechtsmittelkosten
- § 85 Kostenfestsetzung

Abschnitt 8
Vollstreckung

Unterabschnitt 1
Allgemeine Vorschriften

- § 86 Vollstreckungstitel
- § 87 Verfahren; Beschwerde

Unterabschnitt 2
Vollstreckung von Entscheidungen über die Herausgabe von Personen und die Regelung des Umgangs

- § 88 Grundsätze
- § 89 Ordnungsmittel
- § 90 Anwendung unmittelbaren Zwanges
- § 91 Richterlicher Durchsuchungsbeschluss
- § 92 Vollstreckungsverfahren
- § 93 Einstellung der Vollstreckung
- § 94 Eidesstattliche Versicherung

Unterabschnitt 3
Vollstreckung nach der Zivilprozessordnung

- § 95 Anwendung der Zivilprozessordnung
- § 96 Vollstreckung in Verfahren nach dem Gewaltschutzgesetz und in Ehewohnungssachen
- § 96a Vollstreckung in Abstammungssachen

Abschnitt 9
Verfahren mit Auslandsbezug

Unterabschnitt 1
Verhältnis zu völkerrechtlichen Vereinbarungen und Rechtsakten der Europäischen Union

- § 97 Vorrang und Unberührtheit

Unterabschnitt 2
Internationale Zuständigkeit

- § 98 Ehesachen; Verbund von Scheidungs- und Folgesachen
- § 99 Kindschaftssachen
- § 100 Abstammungssachen
- § 101 Adoptionssachen
- § 102 Versorgungsausgleichssachen
- § 103 Lebenspartnerschaftssachen
- § 104 Betreuungs- und Unterbringungssachen; Pflegschaft für Erwachsene
- § 105 Andere Verfahren
- § 106 Keine ausschließliche Zuständigkeit

Unterabschnitt 3
Anerkennung und Vollstreckbarkeit ausländischer Entscheidungen

- § 107 Anerkennung ausländischer Entscheidungen in Ehesachen
- § 108 Anerkennung anderer ausländischer Entscheidungen
- § 109 Anerkennungshindernisse
- § 110 Vollstreckbarkeit ausländischer Entscheidungen

Buch 2
Verfahren in Familiensachen

Abschnitt 1
Allgemeine Vorschriften

- § 111 Familiensachen
- § 112 Familienstreitsachen
- § 113 Anwendung von Vorschriften der Zivilprozessordnung
- § 114 Vertretung durch einen Rechtsanwalt; Vollmacht
- § 115 Zurückweisung von Angriffs- und Verteidigungsmitteln
- § 116 Entscheidung durch Beschluss; Wirksamkeit

§ 117 Rechtsmittel in Ehe- und Familienstreitsachen
§ 118 Wiederaufnahme
§ 119 Einstweilige Anordnung und Arrest
§ 120 Vollstreckung

Abschnitt 2
Verfahren in Ehesachen; Verfahren in Scheidungssachen und Folgesachen

Unterabschnitt 1
Verfahren in Ehesachen
§ 121 Ehesachen
§ 122 Örtliche Zuständigkeit
§ 123 Abgabe bei Anhängigkeit mehrerer Ehesachen
§ 124 Antrag
§ 125 Verfahrensfähigkeit
§ 126 Mehrere Ehesachen; Ehesachen und andere Verfahren
§ 127 Eingeschränkte Amtsermittlung
§ 128 Persönliches Erscheinen der Ehegatten
§ 129 Mitwirkung der Verwaltungsbehörde oder dritter Personen
§ 129a Vorrang- und Beschleunigungsgebot
§ 130 Säumnis der Beteiligten
§ 131 Tod eines Ehegatten
§ 132 Kosten bei Aufhebung der Ehe

Unterabschnitt 2
Verfahren in Scheidungssachen und Folgesachen
§ 133 Inhalt der Antragsschrift
§ 134 Zustimmung zur Scheidung und zur Rücknahme; Widerruf
§ 135 Außergerichtliche Konfliktbeilegung über Folgesachen
§ 136 Aussetzung des Verfahrens
§ 137 Verbund von Scheidungs- und Folgesachen
§ 138 Beiordnung eines Rechtsanwalts
§ 139 Einbeziehung weiterer Beteiligter und dritter Personen
§ 140 Abtrennung
§ 141 Rücknahme des Scheidungsantrags
§ 142 Einheitliche Endentscheidung; Abweisung des Scheidungsantrags
§ 143 Einspruch
§ 144 Verzicht auf Anschlussrechtsmittel
§ 145 Befristung und Einschränkung von Rechtsmittelerweiterung und Anschlussrechtsmittel
§ 146 Zurückverweisung
§ 147 Erweiterte Aufhebung
§ 148 Wirksamwerden von Entscheidungen in Folgesachen
§ 149 Erstreckung der Bewilligung von Verfahrenskostenhilfe
§ 150 Kosten in Scheidungssachen und Folgesachen

Abschnitt 3
Verfahren in Kindschaftssachen
§ 151 Kindschaftssachen
§ 152 Örtliche Zuständigkeit
§ 153 Abgabe an das Gericht der Ehesache
§ 154 Verweisung bei einseitiger Änderung des Aufenthalts des Kindes
§ 155 Vorrang- und Beschleunigungsgebot
§ 155a Verfahren zur Übertragung der gemeinsamen elterlichen Sorge
§ 155b Beschleunigungsrüge
§ 155c Beschleunigungsbeschwerde
§ 156 Hinwirken auf Einvernehmen
§ 157 Erörterung der Kindeswohlgefährdung; einstweilige Anordnung
§ 158 Bestellung des Verfahrensbeistands
§ 158a Eignung des Verfahrensbeistands
§ 158b Aufgaben und Rechtsstellung des Verfahrensbeistands
§ 158c Vergütung; Kosten
§ 159 Persönliche Anhörung des Kindes
§ 160 Anhörung der Eltern
§ 161 Mitwirkung der Pflegeperson
§ 162 Mitwirkung des Jugendamts
§ 163 Sachverständigengutachten
§ 163a Ausschluss der Vernehmung des Kindes
§ 164 Bekanntgabe der Entscheidung an das Kind
§ 165 Vermittlungsverfahren
§ 166 Abänderung und Überprüfung von Entscheidungen und gerichtlich gebilligten Vergleichen
§ 167 Anwendbare Vorschriften bei Unterbringung Minderjähriger und bei freiheitsentziehenden Maßnahmen bei Minderjährigen
§ 167a Besondere Vorschriften für Verfahren nach § 1686a des Bürgerlichen Gesetzbuchs
§ 167b Genehmigungsverfahren nach § 1631e des Bürgerlichen Gesetzbuchs; Verordnungsermächtigung
§ 168 Beschluss über Zahlungen des Mündels
§ 168a Mitteilungspflichten des Standesamts

Abschnitt 4
Verfahren in Abstammungssachen
§ 169 Abstammungssachen
§ 170 Örtliche Zuständigkeit
§ 171 Antrag
§ 172 Beteiligte
§ 173 Vertretung eines Kindes durch einen Beistand
§ 174 Verfahrensbeistand
§ 175 Erörterungstermin; persönliche Anhörung
§ 176 Anhörung des Jugendamts
§ 177 Eingeschränkte Amtsermittlung; förmliche Beweisaufnahme
§ 178 Untersuchungen zur Feststellung der Abstammung
§ 179 Mehrheit von Verfahren

§ 180 Erklärungen zur Niederschrift des Gerichts
§ 181 Tod eines Beteiligten
§ 182 Inhalt des Beschlusses
§ 183 Kosten bei Anfechtung der Vaterschaft
§ 184 Wirksamkeit des Beschlusses; Ausschluss der Abänderung; ergänzende Vorschriften über die Beschwerde
§ 185 Wiederaufnahme des Verfahrens

Abschnitt 5
Verfahren in Adoptionssachen
§ 186 Adoptionssachen
§ 187 Örtliche Zuständigkeit
§ 188 Beteiligte
§ 189 Fachliche Äußerung
§ 190 Bescheinigung über den Eintritt der Vormundschaft
§ 191 Verfahrensbeistand
§ 192 Anhörung der Beteiligten
§ 193 Anhörung weiterer Personen
§ 194 Anhörung des Jugendamts
§ 195 Anhörung des Landesjugendamts
§ 196 Unzulässigkeit der Verbindung
§ 196a Zurückweisung des Antrags
§ 197 Beschluss über die Annahme als Kind
§ 198 Beschluss in weiteren Verfahren
§ 199 Anwendung des Adoptionswirkungsgesetzes

Abschnitt 6
Verfahren in Ehewohnungs- und Haushaltssachen
§ 200 Ehewohnungssachen; Haushaltssachen
§ 201 Örtliche Zuständigkeit
§ 202 Abgabe an das Gericht der Ehesache
§ 203 Antrag
§ 204 Beteiligte
§ 205 Anhörung des Jugendamts in Ehewohnungssachen
§ 206 Besondere Vorschriften in Haushaltssachen
§ 207 Erörterungstermin
§ 208 Tod eines Ehegatten
§ 209 Durchführung der Entscheidung, Wirksamkeit

Abschnitt 7
Verfahren in Gewaltschutzsachen
§ 210 Gewaltschutzsachen
§ 211 Örtliche Zuständigkeit
§ 212 Beteiligte
§ 213 Anhörung des Jugendamts
§ 214 Einstweilige Anordnung
§ 214a Bestätigung des Vergleichs
§ 215 Durchführung der Endentscheidung
§ 216 Wirksamkeit; Vollstreckung vor Zustellung
§ 216a Mitteilung von Entscheidungen

Abschnitt 8
Verfahren in Versorgungsausgleichssachen
§ 217 Versorgungsausgleichssachen
§ 218 Örtliche Zuständigkeit
§ 219 Beteiligte
§ 220 Verfahrensrechtliche Auskunftspflicht
§ 221 Erörterung, Aussetzung
§ 222 Durchführung der externen Teilung
§ 223 Antragserfordernis für Ausgleichsansprüche nach der Scheidung
§ 224 Entscheidung über den Versorgungsausgleich
§ 225 Zulässigkeit einer Abänderung des Wertausgleichs bei der Scheidung
§ 226 Durchführung einer Abänderung des Wertausgleichs bei der Scheidung
§ 227 Sonstige Abänderungen
§ 228 Zulässigkeit der Beschwerde
§ 229 Elektronischer Rechtsverkehr zwischen den Familiengerichten und den Versorgungsträgern
§ 230 (weggefallen)

Abschnitt 9
Verfahren in Unterhaltssachen
Unterabschnitt 1
Besondere Verfahrensvorschriften
§ 231 Unterhaltssachen
§ 232 Örtliche Zuständigkeit
§ 233 Abgabe an das Gericht der Ehesache
§ 234 Vertretung eines Kindes durch einen Beistand
§ 235 Verfahrensrechtliche Auskunftspflicht der Beteiligten
§ 236 Verfahrensrechtliche Auskunftspflicht Dritter
§ 237 Unterhalt bei Feststellung der Vaterschaft
§ 238 Abänderung gerichtlicher Entscheidungen
§ 239 Abänderung von Vergleichen und Urkunden
§ 240 Abänderung von Entscheidungen nach den §§ 237 und 253
§ 241 Verschärfte Haftung
§ 242 Einstweilige Einstellung der Vollstreckung
§ 243 Kostenentscheidung
§ 244 Unzulässiger Einwand der Volljährigkeit
§ 245 Bezifferung dynamisierter Unterhaltstitel zur Zwangsvollstreckung im Ausland

Unterabschnitt 2
Einstweilige Anordnung
§ 246 Besondere Vorschriften für die einstweilige Anordnung
§ 247 Einstweilige Anordnung vor Geburt des Kindes
§ 248 Einstweilige Anordnung bei Feststellung der Vaterschaft

Unterabschnitt 3
Vereinfachtes Verfahren über den Unterhalt Minderjähriger
§ 249 Statthaftigkeit des vereinfachten Verfahrens
§ 250 Antrag
§ 251 Maßnahmen des Gerichts
§ 252 Einwendungen des Antragsgegners
§ 253 Festsetzungsbeschluss
§ 254 Mitteilungen über Einwendungen

§ 255 Streitiges Verfahren
§ 256 Beschwerde
§ 257 Besondere Verfahrensvorschriften
§ 258 Sonderregelungen für maschinelle Bearbeitung
§ 259 Formulare
§ 260 Bestimmung des Amtsgerichts

Abschnitt 10
Verfahren in Güterrechtssachen
§ 261 Güterrechtssachen
§ 262 Örtliche Zuständigkeit
§ 263 Abgabe an das Gericht der Ehesache
§ 264 Verfahren auf Stundung und auf Übertragung von Vermögensgegenständen
§ 265 Einheitliche Entscheidung

Abschnitt 11
Verfahren in sonstigen Familiensachen
§ 266 Sonstige Familiensachen
§ 267 Örtliche Zuständigkeit
§ 268 Abgabe an das Gericht der Ehesache

Abschnitt 12
Verfahren in Lebenspartnerschaftssachen
§ 269 Lebenspartnerschaftssachen
§ 270 Anwendbare Vorschriften

Buch 3
Verfahren in Betreuungs- und Unterbringungssachen

Abschnitt 1
Verfahren in Betreuungssachen
§ 271 Betreuungssachen
§ 272 Örtliche Zuständigkeit
§ 273 Abgabe bei Änderung des gewöhnlichen Aufenthalts
§ 274 Beteiligte
§ 275 Verfahrensfähigkeit
§ 276 Verfahrenspfleger
§ 277 Vergütung und Aufwendungsersatz des Verfahrenspflegers
§ 278 Anhörung des Betroffenen
§ 279 Anhörung der sonstigen Beteiligten, der Betreuungsbehörde und des gesetzlichen Vertreters
§ 280 Einholung eines Gutachtens
§ 281 Ärztliches Zeugnis; Entbehrlichkeit eines Gutachtens
§ 282 Vorhandene Gutachten des Medizinischen Dienstes der Krankenversicherung
§ 283 Vorführung zur Untersuchung
§ 284 Unterbringung zur Begutachtung
§ 285 Herausgabe einer Betreuungsverfügung oder der Abschrift einer Vorsorgevollmacht
§ 286 Inhalt der Beschlussformel
§ 287 Wirksamwerden von Beschlüssen
§ 288 Bekanntgabe
§ 289 Verpflichtung des Betreuers
§ 290 Bestellungsurkunde
§ 291 Überprüfung der Betreuerauswahl
§ 292 Zahlungen an den Betreuer
§ 293 Erweiterung der Betreuung oder des Einwilligungsvorbehalts
§ 294 Aufhebung und Einschränkung der Betreuung oder des Einwilligungsvorbehalts
§ 295 Verlängerung der Betreuung oder des Einwilligungsvorbehalts
§ 296 Entlassung des Betreuers und Bestellung eines neuen Betreuers
§ 297 Sterilisation
§ 298 Verfahren in Fällen des § 1904 des Bürgerlichen Gesetzbuchs
§ 299 Verfahren in anderen Entscheidungen
§ 300 Einstweilige Anordnung
§ 301 Einstweilige Anordnung bei gesteigerter Dringlichkeit
§ 302 Dauer der einstweiligen Anordnung
§ 303 Ergänzende Vorschriften über die Beschwerde
§ 304 Beschwerde der Staatskasse
§ 305 Beschwerde des Untergebrachten
§ 306 Aufhebung des Einwilligungsvorbehalts
§ 307 Kosten in Betreuungssachen
§ 308 Mitteilung von Entscheidungen
§ 309 Besondere Mitteilungen
§ 310 Mitteilungen während einer Unterbringungsmaßnahme
§ 311 Mitteilungen zur Strafverfolgung

Abschnitt 2
Verfahren in Unterbringungssachen
§ 312 Unterbringungssachen
§ 313 Örtliche Zuständigkeit
§ 314 Abgabe der Unterbringungssache
§ 315 Beteiligte
§ 316 Verfahrensfähigkeit
§ 317 Verfahrenspfleger
§ 318 Vergütung und Aufwendungsersatz des Verfahrenspflegers
§ 319 Anhörung des Betroffenen
§ 320 Anhörung der sonstigen Beteiligten und der zuständigen Behörde
§ 321 Einholung eines Gutachtens
§ 322 Vorführung zur Untersuchung; Unterbringung zur Begutachtung
§ 323 Inhalt der Beschlussformel
§ 324 Wirksamwerden von Beschlüssen
§ 325 Bekanntgabe
§ 326 Zuführung zur Unterbringung; Verbringung zu einem stationären Aufenthalt
§ 327 Vollzugsangelegenheiten
§ 328 Aussetzung des Vollzugs
§ 329 Dauer und Verlängerung der Unterbringungsmaßnahme
§ 330 Aufhebung der Unterbringungsmaßnahme
§ 331 Einstweilige Anordnung

§ 332 Einstweilige Anordnung bei gesteigerter Dringlichkeit
§ 333 Dauer der einstweiligen Anordnung
§ 334 Einstweilige Maßregeln
§ 335 Ergänzende Vorschriften über die Beschwerde
§ 336 Einlegung der Beschwerde durch den Betroffenen
§ 337 Kosten in Unterbringungssachen
§ 338 Mitteilung von Entscheidungen
§ 339 Benachrichtigung von Angehörigen

Abschnitt 3
Verfahren in betreuungsgerichtlichen Zuweisungssachen
§ 340 Betreuungsgerichtliche Zuweisungssachen
§ 341 Örtliche Zuständigkeit

Buch 4
Verfahren in Nachlass- und Teilungssachen
Abschnitt 1
Begriffsbestimmung; örtliche Zuständigkeit
§ 342 Begriffsbestimmung
§ 343 Örtliche Zuständigkeit
§ 344 Besondere örtliche Zuständigkeit

Abschnitt 2
Verfahren in Nachlasssachen
Unterabschnitt 1
Allgemeine Bestimmungen
§ 345 Beteiligte

Unterabschnitt 2
Verwahrung von Verfügungen von Todes wegen
§ 346 Verfahren bei besonderer amtlicher Verwahrung
§ 347 Mitteilung über die Verwahrung

Unterabschnitt 3
Eröffnung von Verfügungen von Todes wegen
§ 348 Eröffnung von Verfügungen von Todes wegen durch das Nachlassgericht
§ 349 Besonderheiten bei der Eröffnung von gemeinschaftlichen Testamenten und Erbverträgen
§ 350 Eröffnung der Verfügung von Todes wegen durch ein anderes Gericht
§ 351 Eröffnungsfrist für Verfügungen von Todes wegen

Unterabschnitt 4
Erbscheinsverfahren; Testamentsvollstreckung
§ 352 Angaben im Antrag auf Erteilung eines Erbscheins; Nachweis der Richtigkeit
§ 352a Gemeinschaftlicher Erbschein
§ 352b Inhalt des Erbscheins für den Vorerben; Angabe des Testamentsvollstreckers
§ 352c Gegenständlich beschränkter Erbschein
§ 352d Öffentliche Aufforderung
§ 352e Entscheidung über Erbscheinsanträge

§ 353 Einziehung oder Kraftloserklärung von Erbscheinen
§ 354 Sonstige Zeugnisse
§ 355 Testamentsvollstreckung

Unterabschnitt 5
Sonstige verfahrensrechtliche Regelungen
§ 356 Mitteilungspflichten
§ 357 Einsicht in eine eröffnete Verfügung von Todes wegen; Ausfertigung eines Erbscheins oder anderen Zeugnisses
§ 358 Zwang zur Ablieferung von Testamenten
§ 359 Nachlassverwaltung
§ 360 Bestimmung einer Inventarfrist
§ 361 Eidesstattliche Versicherung
§ 362 Stundung des Pflichtteilsanspruchs

Abschnitt 3
Verfahren in Teilungssachen
§ 363 Antrag
§ 364 (weggefallen)
§ 365 Ladung
§ 366 Außergerichtliche Vereinbarung
§ 367 Wiedereinsetzung
§ 368 Auseinandersetzungsplan; Bestätigung
§ 369 Verteilung durch das Los
§ 370 Aussetzung bei Streit
§ 371 Wirkung der bestätigten Vereinbarung und Auseinandersetzung; Vollstreckung
§ 372 Rechtsmittel
§ 373 Auseinandersetzung einer Gütergemeinschaft

Buch 5
Verfahren in Registersachen, unternehmensrechtliche Verfahren
Abschnitt 1
Begriffsbestimmung
§ 374 Registersachen
§ 375 Unternehmensrechtliche Verfahren

Abschnitt 2
Zuständigkeit
§ 376 Besondere Zuständigkeitsregelungen
§ 377 Örtliche Zuständigkeit

Abschnitt 3
Registersachen
Unterabschnitt 1
Verfahren
§ 378 Vertretung; notarielle Zuständigkeit; Verordnungsermächtigung
§ 379 Mitteilungspflichten der Behörden
§ 380 Beteiligung der berufsständischen Organe; Beschwerderecht
§ 381 Aussetzung des Verfahrens
§ 382 Entscheidung über Eintragungsanträge
§ 383 Mitteilung; Anfechtbarkeit
§ 384 Von Amts wegen vorzunehmende Eintragungen

223 FamFG

§ 385 Einsicht in die Register
§ 386 Bescheinigungen
§ 387 Ermächtigungen

Unterabschnitt 2
Zwangsgeldverfahren

§ 388 Androhung
§ 389 Festsetzung
§ 390 Verfahren bei Einspruch
§ 391 Beschwerde
§ 392 Verfahren bei unbefugtem Firmengebrauch

Unterabschnitt 3
Löschungs- und Auflösungsverfahren

§ 393 Löschung einer Firma
§ 394 Löschung vermögensloser Gesellschaften und Genossenschaften
§ 395 Löschung unzulässiger Eintragungen
§ 396 (weggefallen)
§ 397 Löschung nichtiger Gesellschaften und Genossenschaften
§ 398 Löschung nichtiger Beschlüsse
§ 399 Auflösung wegen Mangels der Satzung

Unterabschnitt 4
Ergänzende Vorschriften für das Vereinsregister

§ 400 Mitteilungspflichten
§ 401 Entziehung der Rechtsfähigkeit

Abschnitt 4
Unternehmensrechtliche Verfahren

§ 402 Anfechtbarkeit
§ 403 Weigerung des Dispacheurs
§ 404 Aushändigung von Schriftstücken; Einsichtsrecht
§ 405 Termin; Ladung
§ 406 Verfahren im Termin
§ 407 Verfolgung des Widerspruchs
§ 408 Beschwerde
§ 409 Wirksamkeit; Vollstreckung

Buch 6
Verfahren in weiteren Angelegenheiten der freiwilligen Gerichtsbarkeit

§ 410 Weitere Angelegenheiten der freiwilligen Gerichtsbarkeit
§ 411 Örtliche Zuständigkeit
§ 412 Beteiligte
§ 413 Eidesstattliche Versicherung
§ 414 Unanfechtbarkeit

Buch 7
Verfahren in Freiheitsentziehungssachen

§ 415 Freiheitsentziehungssachen
§ 416 Örtliche Zuständigkeit
§ 417 Antrag
§ 418 Beteiligte
§ 419 Verfahrenspfleger
§ 420 Anhörung; Vorführung
§ 421 Inhalt der Beschlussformel
§ 422 Wirksamwerden von Beschlüssen
§ 423 Absehen von der Bekanntgabe
§ 424 Aussetzung des Vollzugs
§ 425 Dauer und Verlängerung der Freiheitsentziehung
§ 426 Aufhebung
§ 427 Einstweilige Anordnung
§ 428 Verwaltungsmaßnahme; richterliche Prüfung
§ 429 Ergänzende Vorschriften über die Beschwerde
§ 430 Auslagenersatz
§ 431 Mitteilung von Entscheidungen
§ 432 Benachrichtigung von Angehörigen

Buch 8
Verfahren in Aufgebotssachen

Abschnitt 1
Allgemeine Verfahrensvorschriften

§ 433 Aufgebotssachen
§ 434 Antrag; Inhalt des Aufgebots
§ 435 Öffentliche Bekanntmachung
§ 436 Gültigkeit der öffentlichen Bekanntmachung
§ 437 Aufgebotsfrist
§ 438 Anmeldung nach dem Anmeldezeitpunkt
§ 439 Erlass des Ausschließungsbeschlusses; Beschwerde; Wiedereinsetzung und Wiederaufnahme
§ 440 Wirkung einer Anmeldung
§ 441 Öffentliche Zustellung des Ausschließungsbeschlusses

Abschnitt 2
Aufgebot des Eigentümers von Grundstücken, Schiffen und Schiffsbauwerken

§ 442 Aufgebot des Grundstückseigentümers; örtliche Zuständigkeit
§ 443 Antragsberechtigter
§ 444 Glaubhaftmachung
§ 445 Inhalt des Aufgebots
§ 446 Aufgebot des Schiffseigentümers

Abschnitt 3
Aufgebot des Gläubigers von Grund- und Schiffspfandrechten sowie des Berechtigten sonstiger dinglicher Rechte

§ 447 Aufgebot des Grundpfandrechtsgläubigers; örtliche Zuständigkeit
§ 448 Antragsberechtigter
§ 449 Glaubhaftmachung
§ 450 Besondere Glaubhaftmachung
§ 451 Verfahren bei Ausschluss mittels Hinterlegung
§ 452 Aufgebot des Schiffshypothekengläubigers; örtliche Zuständigkeit
§ 453 Aufgebot des Berechtigten bei Vormerkung, Vorkaufsrecht, Reallast

Abschnitt 4
Aufgebot von Nachlassgläubigern

§ 454 Aufgebot von Nachlassgläubigern; örtliche Zuständigkeit

§ 455 Antragsberechtigter
§ 456 Verzeichnis der Nachlassgläubiger
§ 457 Nachlassinsolvenzverfahren
§ 458 Inhalt des Aufgebots; Aufgebotsfrist
§ 459 Forderungsanmeldung
§ 460 Mehrheit von Erben
§ 461 Nacherbfolge
§ 462 Gütergemeinschaft
§ 463 Erbschaftskäufer
§ 464 Aufgebot der Gesamtgutsgläubiger

Abschnitt 5
Aufgebot der Schiffsgläubiger
§ 465 Aufgebot der Schiffsgläubiger

Abschnitt 6
Aufgebot zur Kraftloserklärung von Urkunden
§ 466 Örtliche Zuständigkeit
§ 467 Antragsberechtigter
§ 468 Antragsbegründung
§ 469 Inhalt des Aufgebots
§ 470 Ergänzende Bekanntmachung in besonderen Fällen
§ 471 Wertpapiere mit Zinsscheinen
§ 472 Zinsscheine für mehr als vier Jahre
§ 473 Vorlegung der Zinsscheine
§ 474 Abgelaufene Ausgabe der Zinsscheine
§ 475 Anmeldezeitpunkt bei bestimmter Fälligkeit

§ 476 Aufgebotsfrist
§ 477 Anmeldung der Rechte
§ 478 Ausschließungsbeschluss
§ 479 Wirkung des Ausschließungsbeschlusses
§ 480 Zahlungssperre
§ 481 Entbehrlichkeit des Zeugnisses nach § 471 Abs. 2
§ 482 Aufhebung der Zahlungssperre
§ 483 Hinkende Inhaberpapiere
§ 484 Vorbehalt für die Landesgesetzgebung

Buch 9
Schlussvorschriften
§ 485 Verhältnis zu anderen Gesetzen
§ 486 Landesrechtliche Vorbehalte; Ergänzungs- und Ausführungsbestimmungen
§ 487 Nachlassauseinandersetzung; Auseinandersetzung einer Gütergemeinschaft
§ 488 Verfahren vor landesgesetzlich zugelassenen Behörden
§ 489 Rechtsmittel
§ 490 Landesrechtliche Aufgebotsverfahren
§ 491 Landesrechtliche Vorbehalte bei Verfahren zur Kraftloserklärung von Urkunden
§ 492 Anwendbare Vorschriften bei Zuständigkeit von Notaren
§ 493 Übergangsvorschriften

Buch 1
Allgemeiner Teil

Abschnitt 1
Allgemeine Vorschriften

§ 1 Anwendungsbereich
Dieses Gesetz gilt für das Verfahren in Familiensachen sowie in den Angelegenheiten der freiwilligen Gerichtsbarkeit, soweit sie durch Bundesgesetz den Gerichten zugewiesen sind.

§ 2 Örtliche Zuständigkeit
(1) Unter mehreren örtlich zuständigen Gerichten ist das Gericht zuständig, das zuerst mit der Angelegenheit befasst ist.
(2) Die örtliche Zuständigkeit eines Gerichts bleibt bei Veränderung der sie begründenden Umstände erhalten.
(3) Gerichtliche Handlungen sind nicht deswegen unwirksam, weil sie von einem örtlich unzuständigen Gericht vorgenommen worden sind.

§ 3 Verweisung bei Unzuständigkeit
(1) Ist das angerufene Gericht örtlich oder sachlich unzuständig, hat es sich, sofern das zuständige Gericht bestimmt werden kann, durch Beschluss für unzuständig zu erklären und die Sache an das zuständige Gericht zu verweisen. Vor der Verweisung sind die Beteiligten anzuhören.
(2) Sind mehrere Gerichte zuständig, ist die Sache an das vom Antragsteller gewählte Gericht zu verweisen. Unterbleibt die Wahl oder ist das Verfahren von Amts wegen eingeleitet worden, ist die Sache an das vom angerufenen Gericht bestimmte Gericht zu verweisen.
(3) Der Beschluss ist nicht anfechtbar. Er ist für das als zuständig bezeichnete Gericht bindend.
(4) Die im Verfahren vor dem angerufenen Gericht entstehenden Kosten werden als Teil der Kosten behandelt, die bei dem im Beschluss bezeichneten Gericht anfallen.

§ 4 Abgabe an ein anderes Gericht
Das Gericht kann die Sache aus wichtigem Grund an ein anderes Gericht abgeben, wenn sich dieses zur Übernahme der Sache bereit erklärt hat. Vor der Abgabe sollen die Beteiligten angehört werden.

§ 5 Gerichtliche Bestimmung der Zuständigkeit

(1) Das zuständige Gericht wird durch das nächsthöhere gemeinsame Gericht bestimmt:
1. wenn das an sich zuständige Gericht in einem einzelnen Fall an der Ausübung der Gerichtsbarkeit rechtlich oder tatsächlich verhindert ist;
2. wenn es mit Rücksicht auf die Grenzen verschiedener Gerichtsbezirke oder aus sonstigen tatsächlichen Gründen ungewiss ist, welches Gericht für das Verfahren zuständig ist;
3. wenn verschiedene Gerichte sich rechtskräftig für zuständig erklärt haben;
4. wenn verschiedene Gerichte, von denen eines für das Verfahren zuständig ist, sich rechtskräftig für unzuständig erklärt haben;
5. wenn eine Abgabe aus wichtigem Grund (§ 4) erfolgen soll, die Gerichte sich jedoch nicht einigen können.

(2) Ist das nächsthöhere gemeinsame Gericht der Bundesgerichtshof, wird das zuständige Gericht durch das Oberlandesgericht bestimmt, zu dessen Bezirk das zuerst mit der Sache befasste Gericht gehört.
(3) Der Beschluss, der das zuständige Gericht bestimmt, ist nicht anfechtbar.

§ 6 Ausschließung und Ablehnung der Gerichtspersonen

(1) Für die Ausschließung und Ablehnung der Gerichtspersonen gelten die §§ 41 bis 49 der Zivilprozessordnung entsprechend. Ausgeschlossen ist auch, wer bei einem vorausgegangenen Verwaltungsverfahren mitgewirkt hat.
(2) Der Beschluss, durch den das Ablehnungsgesuch für unbegründet erklärt wird, ist mit der sofortigen Beschwerde in entsprechender Anwendung der §§ 567 bis 572 der Zivilprozessordnung anfechtbar.

§ 7 Beteiligte

(1) In Antragsverfahren ist der Antragsteller Beteiligter.
(2) Als Beteiligte sind hinzuzuziehen:
1. diejenigen, deren Recht durch das Verfahren unmittelbar betroffen wird,
2. diejenigen, die auf Grund dieses oder eines anderen Gesetzes von Amts wegen oder auf Antrag zu beteiligen sind.

(3) Das Gericht kann von Amts wegen oder auf Antrag weitere Personen als Beteiligte hinzuziehen, soweit dies in diesem oder einem anderen Gesetz vorgesehen ist.
(4) Diejenigen, die auf ihren Antrag als Beteiligte zu dem Verfahren hinzuzuziehen sind oder hinzugezogen werden können, sind von der Einleitung des Verfahrens zu benachrichtigen, soweit sie dem Gericht bekannt sind. Sie sind über ihr Antragsrecht zu belehren.
(5) Das Gericht entscheidet durch Beschluss, wenn es einem Antrag auf Hinzuziehung gemäß Absatz 2 oder Absatz 3 nicht entspricht. Der Beschluss ist mit der sofortigen Beschwerde in entsprechender Anwendung der §§ 567 bis 572 der Zivilprozessordnung anfechtbar.
(6) Wer anzuhören ist oder eine Auskunft zu erteilen hat, ohne dass die Voraussetzungen des Absatzes 2 oder Absatzes 3 vorliegen, wird dadurch nicht Beteiligter.

§ 8 Beteiligtenfähigkeit

Beteiligtenfähig sind
1. natürliche und juristische Personen,
2. Vereinigungen, Personengruppen und Einrichtungen, soweit ihnen ein Recht zustehen kann,
3. Behörden.

§ 9 Verfahrensfähigkeit

(1) Verfahrensfähig sind
1. die nach bürgerlichem Recht Geschäftsfähigen,
2. die nach bürgerlichem Recht beschränkt Geschäftsfähigen, soweit sie für den Gegenstand des Verfahrens nach bürgerlichem Recht als geschäftsfähig anerkannt sind,
3. die nach bürgerlichem Recht beschränkt Geschäftsfähigen, soweit sie das 14. Lebensjahr vollendet haben und sie in einem Verfahren, das ihre Person betrifft, ein ihnen nach bürgerlichem Recht zustehendes Recht geltend machen,
4. diejenigen, die auf Grund dieses oder eines anderen Gesetzes dazu bestimmt werden.

(2) Soweit ein Geschäftsunfähiger oder in der Geschäftsfähigkeit Beschränkter nicht verfahrensfähig ist, handeln für ihn die nach bürgerlichem Recht dazu befugten Personen.
(3) Für Vereinigungen sowie für Behörden handeln ihre gesetzlichen Vertreter und Vorstände.
(4) Das Verschulden eines gesetzlichen Vertreters steht dem Verschulden eines Beteiligten gleich.
(5) Die §§ 53 bis 58 der Zivilprozessordnung gelten entsprechend.

§ 10 Bevollmächtigte

(1) Soweit eine Vertretung durch Rechtsanwälte nicht geboten ist, können die Beteiligten das Verfahren selbst betreiben.

(2) Die Beteiligten können sich durch einen Rechtsanwalt als Bevollmächtigten vertreten lassen. Darüber hinaus sind als Bevollmächtigte, soweit eine Vertretung durch Rechtsanwälte nicht geboten ist, vertretungsbefugt nur
1. Beschäftigte des Beteiligten oder eines mit ihm verbundenen Unternehmens (§ 15 des Aktiengesetzes); Behörden und juristische Personen des öffentlichen Rechts einschließlich der von ihnen zur Erfüllung ihrer öffentlichen Aufgaben gebildeten Zusammenschlüsse können sich auch durch Beschäftigte anderer Behörden oder juristischer Personen des öffentlichen Rechts einschließlich der von ihnen zur Erfüllung ihrer öffentlichen Aufgaben gebildeten Zusammenschlüsse vertreten lassen;
2. volljährige Familienangehörige (§ 15 der Abgabenordnung, § 11 des Lebenspartnerschaftsgesetzes), Personen mit Befähigung zum Richteramt und die Beteiligten, wenn die Vertretung nicht im Zusammenhang mit einer entgeltlichen Tätigkeit steht;
3. Notare.

(3) Das Gericht weist Bevollmächtigte, die nicht nach Maßgabe des Absatzes 2 vertretungsbefugt sind, durch unanfechtbaren Beschluss zurück. Verfahrenshandlungen, die ein nicht vertretungsbefugter Bevollmächtigter bis zu seiner Zurückweisung vorgenommen hat, und Zustellungen oder Mitteilungen an diesen Bevollmächtigten sind wirksam. Das Gericht kann den in Absatz 2 Satz 2 Nr. 1 und 2 bezeichneten Bevollmächtigten durch unanfechtbaren Beschluss die weitere Vertretung untersagen, wenn sie nicht in der Lage sind, das Sach- und Streitverhältnis sachgerecht darzustellen.

(4) Vor dem Bundesgerichtshof müssen sich die Beteiligten, außer im Verfahren über die Ausschließung und Ablehnung von Gerichtspersonen und im Verfahren über die Verfahrenskostenhilfe, durch einen beim Bundesgerichtshof zugelassenen Rechtsanwalt vertreten lassen. Behörden und juristische Personen des öffentlichen Rechts einschließlich der von ihnen zur Erfüllung ihrer öffentlichen Aufgaben gebildeten Zusammenschlüsse können sich durch eigene Beschäftigte mit Befähigung zum Richteramt oder durch Beschäftigte mit Befähigung zum Richteramt anderer Behörden oder juristischer Personen des öffentlichen Rechts einschließlich der von ihnen zur Erfüllung ihrer öffentlichen Aufgaben gebildeten Zusammenschlüsse vertreten lassen. Für die Beiordnung eines Notarwaltes gelten die §§ 78b und 78c der Zivilprozessordnung entsprechend.

(5) Richter dürfen nicht als Bevollmächtigte vor dem Gericht auftreten, dem sie angehören.

§ 11 Verfahrensvollmacht

Die Vollmacht ist schriftlich zu den Gerichtsakten einzureichen. Sie kann nachgereicht werden; hierfür kann das Gericht eine Frist bestimmen. Der Mangel der Vollmacht kann in jeder Lage des Verfahrens geltend gemacht werden. Das Gericht hat den Mangel der Vollmacht von Amts wegen zu berücksichtigen, wenn nicht als Bevollmächtigter ein Rechtsanwalt oder Notar auftritt. Im Übrigen gelten die §§ 81 bis 87 und 89 der Zivilprozessordnung entsprechend.

§ 12 Beistand

Im Termin können die Beteiligten mit Beiständen erscheinen. Beistand kann sein, wer in Verfahren, in denen die Beteiligten das Verfahren selbst betreiben können, als Bevollmächtigter zur Vertretung befugt ist. Das Gericht kann andere Personen als Beistand zulassen, wenn dies sachdienlich ist und hierfür nach den Umständen des Einzelfalls ein Bedürfnis besteht. § 10 Abs. 3 Satz 1 und 3 und Abs. 5 gilt entsprechend. Das von dem Beistand Vorgetragene gilt als von dem Beteiligten vorgebracht, soweit es nicht von diesem sofort widerrufen oder berichtigt wird.

§ 13 Akteneinsicht

(1) Die Beteiligten können die Gerichtsakten auf der Geschäftsstelle einsehen, soweit nicht schwerwiegende Interessen eines Beteiligten oder eines Dritten entgegenstehen.

(2) Personen, die an dem Verfahren nicht beteiligt sind, kann Einsicht nur gestattet werden, soweit sie ein berechtigtes Interesse glaubhaft machen und schutzwürdige Interessen eines Beteiligten oder eines Dritten nicht entgegenstehen. Die Einsicht ist zu versagen, wenn ein Fall des § 1758 des Bürgerlichen Gesetzbuchs vorliegt.

(3) Soweit Akteneinsicht gewährt wird, können die Berechtigten sich auf ihre Kosten durch die Geschäftsstelle Ausfertigungen, Auszüge und Abschriften erteilen lassen. Die Abschrift ist auf Verlangen zu beglaubigen.

(4) Einem Rechtsanwalt, einem Notar oder einer beteiligten Behörde kann das Gericht die Akten in die Amts- oder Geschäftsräume überlassen. Ein Recht auf Überlassung von Beweisstücken in die Amts- oder Geschäftsräume besteht nicht. Die Entscheidung nach Satz 1 ist nicht anfechtbar.

(5) Werden die Gerichtsakten elektronisch geführt, gilt § 299 Abs. 3 der Zivilprozessordnung entsprechend.

(6) Die Entwürfe zu Beschlüssen und Verfügungen, die zu ihrer Vorbereitung gelieferten Arbeiten sowie die Dokumente, die Abstimmungen betreffen, werden weder vorgelegt noch abschriftlich mitgeteilt.

(7) Über die Akteneinsicht entscheidet das Gericht, bei Kollegialgerichten der Vorsitzende.

§ 14 Elektronische Akte; elektronisches Dokument; Verordnungsermächtigung

(1) Die Gerichtsakten können elektronisch geführt werden. § 298a Absatz 2 der Zivilprozessordnung gilt entsprechend.
(2) Anträge und Erklärungen der Beteiligten sowie schriftlich einzureichende Auskünfte, Aussagen, Gutachten, Übersetzungen und Erklärungen Dritter können als elektronisches Dokument übermittelt werden. Für das elektronische Dokument gelten § 130a der Zivilprozessordnung, auf dieser Grundlage erlassene Rechtsverordnungen sowie § 298 der Zivilprozessordnung entsprechend.
(3) Für das gerichtliche elektronische Dokument gelten die §§ 130b und 298 der Zivilprozessordnung entsprechend.
(4) Die Bundesregierung und die Landesregierungen bestimmen für ihren Bereich durch Rechtsverordnung den Zeitpunkt, von dem an elektronische Akten geführt werden können. Die Bundesregierung und die Landesregierungen bestimmen für ihren Bereich durch Rechtsverordnung die geltenden organisatorisch-technischen Rahmenbedingungen für die Bildung, Führung und Aufbewahrung der elektronischen Akten. Die Landesregierungen können die Ermächtigung durch Rechtsverordnung auf die jeweils zuständige oberste Landesbehörde übertragen. Die Zulassung der elektronischen Akte kann auf einzelne Gerichte oder Verfahren beschränkt werden; wird von dieser Möglichkeit Gebrauch gemacht, kann in der Rechtsverordnung bestimmt werden, dass durch Verwaltungsvorschrift, die öffentlich bekanntzumachen ist, geregelt wird, in welchen Verfahren die Akten elektronisch zu führen sind. Akten in Verfahren gemäß § 151 Nummer 4 und § 271, die in Papierform angelegt wurden, können ab einem in der Rechtsverordnung bestimmten Zeitpunkt in elektronischer Form weitergeführt werden.
(4a) Die Gerichtsakten werden ab dem 1. Januar 2026 elektronisch geführt. Die Bundesregierung und die Landesregierungen bestimmen jeweils für ihren Bereich durch Rechtsverordnung die organisatorischen und dem Stand der Technik entsprechenden technischen Rahmenbedingungen für die Bildung, Führung und Aufbewahrung der elektronischen Akten einschließlich der einzuhaltenden Anforderungen der Barrierefreiheit. Die Bundesregierung und die Landesregierungen können jeweils für ihren Bereich durch Rechtsverordnung bestimmen, dass Akten, die in Papierform angelegt wurden, in Papierform oder in Verfahren gemäß § 151 Nummer 4 und § 271 ab einem bestimmten Stichtag in elektronischer Form weitergeführt werden. Die Landesregierungen können die Ermächtigungen nach den Sätzen 2 und 3 durch Rechtsverordnung auf die für die Zivilgerichtsbarkeit zuständigen obersten Landesbehörden übertragen. Die Rechtsverordnungen der Bundesregierung bedürfen nicht der Zustimmung des Bundesrates.
(5) Sind die Gerichtsakten nach ordnungsgemäßen Grundsätzen zur Ersetzung der Urschrift auf einen Bild- oder anderen Datenträger übertragen worden und liegt der schriftliche Nachweis darüber vor, dass die Wiedergabe mit der Urschrift übereinstimmt, so können Ausfertigungen, Auszüge und Abschriften von dem Bild- oder dem Datenträger erteilt werden. Auf der Urschrift anzubringende Vermerke werden in diesem Fall bei dem Nachweis angebracht.

§ 14a Formulare; Verordnungsermächtigung

Das Bundesministerium der Justiz und für Verbraucherschutz kann durch Rechtsverordnung mit Zustimmung des Bundesrates elektronische Formulare einführen. Die Rechtsverordnung kann bestimmen, dass die in den Formularen enthaltenen Angaben ganz oder teilweise in strukturierter maschinenlesbarer Form zu übermitteln sind. Die Formulare sind auf einer in der Rechtsverordnung zu bestimmenden Kommunikationsplattform im Internet zur Nutzung bereitzustellen. Die Rechtsverordnung kann bestimmen, dass eine Identifikation des Formularverwenders abweichend von § 130a Absatz 3 der Zivilprozessordnung auch durch Nutzung des elektronischen Identitätsnachweises nach § 18 des Personalausweisgesetzes, § 12 des eID-Karte-Gesetzes oder § 78 Absatz 5 des Aufenthaltsgesetzes erfolgen kann.

§ 14b Nutzungspflicht für Rechtsanwälte, Notare und Behörden

Werden Anträge und Erklärungen durch einen Rechtsanwalt, einen Notar, durch eine Behörde oder durch eine juristische Person des öffentlichen Rechts einschließlich der von ihr zur Erfüllung ihrer öffentlichen Aufgaben gebildeten Zusammenschlüsse eingereicht, so sind sie als elektronisches Dokument zu übermitteln. Ist eine Übermittlung aus technischen Gründen vorübergehend nicht möglich, bleibt die Übermittlung nach den allgemeinen Vorschriften zulässig. Die vorübergehende Unmöglichkeit ist bei der Ersatzeinreichung oder unverzüglich danach glaubhaft zu machen; auf Anforderung ist ein elektronisches Dokument nachzureichen.

§ 15 Bekanntgabe; formlose Mitteilung

(1) Dokumente, deren Inhalt eine Termins- oder Fristbestimmung enthält oder den Lauf einer Frist auslöst, sind den Beteiligten bekannt zu geben.
(2) Die Bekanntgabe kann durch Zustellung nach den §§ 166 bis 195 der Zivilprozessordnung oder dadurch bewirkt werden, dass das Schriftstück unter der Anschrift des Adressaten zur Post gegeben wird. Soll die Bekanntgabe im Inland bewirkt werden, gilt das Schriftstück drei Tage nach Aufgabe zur Post als bekannt gegeben, wenn nicht der Beteiligte glaubhaft macht, dass ihm das Schriftstück nicht oder erst zu einem späteren Zeitpunkt zugegangen ist.

(3) Ist eine Bekanntgabe nicht geboten, können Dokumente den Beteiligten formlos mitgeteilt werden.

§ 16 Fristen

(1) Der Lauf einer Frist beginnt, soweit nichts anderes bestimmt ist, mit der Bekanntgabe.
(2) Für die Fristen gelten die §§ 222 und 224 Abs. 2 und 3 sowie § 225 der Zivilprozessordnung entsprechend.

§ 17 Wiedereinsetzung in den vorigen Stand

(1) War jemand ohne sein Verschulden verhindert, eine gesetzliche Frist einzuhalten, ist ihm auf Antrag Wiedereinsetzung in den vorigen Stand zu gewähren.
(2) Ein Fehlen des Verschuldens wird vermutet, wenn eine Rechtsbehelfsbelehrung unterblieben oder fehlerhaft ist.

§ 18 Antrag auf Wiedereinsetzung

(1) Der Antrag auf Wiedereinsetzung ist binnen zwei Wochen nach Wegfall des Hindernisses zu stellen. Ist der Beteiligte verhindert, die Frist zur Begründung der Rechtsbeschwerde einzuhalten, beträgt die Frist einen Monat.
(2) Die Form des Antrags auf Wiedereinsetzung richtet sich nach den Vorschriften, die für die versäumte Verfahrenshandlung gelten.
(3) Die Tatsachen zur Begründung des Antrags sind bei der Antragstellung oder im Verfahren über den Antrag glaubhaft zu machen. Innerhalb der Antragsfrist ist die versäumte Rechtshandlung nachzuholen. Ist dies geschehen, kann die Wiedereinsetzung auch ohne Antrag gewährt werden.
(4) Nach Ablauf eines Jahres, von dem Ende der versäumten Frist an gerechnet, kann Wiedereinsetzung nicht mehr beantragt oder ohne Antrag bewilligt werden.

§ 19 Entscheidung über die Wiedereinsetzung

(1) Über die Wiedereinsetzung entscheidet das Gericht, das über die versäumte Rechtshandlung zu befinden hat.
(2) Die Wiedereinsetzung ist nicht anfechtbar.
(3) Die Versagung der Wiedereinsetzung ist nach den Vorschriften anfechtbar, die für die versäumte Rechtshandlung gelten.

§ 20 Verfahrensverbindung und -trennung

Das Gericht kann Verfahren verbinden oder trennen, soweit es dies für sachdienlich hält.

§ 21 Aussetzung des Verfahrens

(1) Das Gericht kann das Verfahren aus wichtigem Grund aussetzen, insbesondere wenn die Entscheidung ganz oder zum Teil von dem Bestehen oder Nichtbestehen eines Rechtsverhältnisses abhängt, das den Gegenstand eines anderen anhängigen Verfahrens bildet oder von einer Verwaltungsbehörde festzustellen ist. § 249 der Zivilprozessordnung ist entsprechend anzuwenden.
(2) Der Beschluss ist mit der sofortigen Beschwerde in entsprechender Anwendung der §§ 567 bis 572 der Zivilprozessordnung anfechtbar.

§ 22 Antragsrücknahme; Beendigungserklärung

(1) Ein Antrag kann bis zur Rechtskraft der Endentscheidung zurückgenommen werden. Die Rücknahme bedarf nach Erlass der Endentscheidung der Zustimmung der übrigen Beteiligten.
(2) Eine bereits ergangene, noch nicht rechtskräftige Endentscheidung wird durch die Antragsrücknahme wirkungslos, ohne dass es einer ausdrücklichen Aufhebung bedarf. Das Gericht stellt auf Antrag die nach Satz 1 eintretende Wirkung durch Beschluss fest. Der Beschluss ist nicht anfechtbar.
(3) Eine Entscheidung über einen Antrag ergeht nicht, soweit sämtliche Beteiligte erklären, dass sie das Verfahren beenden wollen.
(4) Die Absätze 2 und 3 gelten nicht in Verfahren, die von Amts wegen eingeleitet werden können.

§ 22a Mitteilungen an die Familien- und Betreuungsgerichte

(1) Wird infolge eines gerichtlichen Verfahrens eine Tätigkeit des Familien- oder Betreuungsgerichts erforderlich, hat das Gericht dem Familien- oder Betreuungsgericht Mitteilung zu machen.
(2) Im Übrigen dürfen Gerichte und Behörden dem Familien- oder Betreuungsgericht personenbezogene Daten übermitteln, wenn deren Kenntnis aus ihrer Sicht für familien- oder betreuungsgerichtliche Maßnahmen erforderlich ist, soweit nicht für die übermittelnde Stelle erkennbar ist, dass schutzwürdige Interessen des Betroffenen an dem Ausschluss der Übermittlung das Schutzbedürfnis eines Minderjährigen oder Betreuten oder das öffentliche Interesse an der Übermittlung überwiegen. Die Übermittlung unterbleibt, wenn ihr eine besondere bundes- oder entsprechende landesgesetzliche Verwendungsregelung entgegensteht.

Abschnitt 2
Verfahren im ersten Rechtszug

§ 23 Verfahrenseinleitender Antrag

(1) Ein verfahrenseinleitender Antrag soll begründet werden. In dem Antrag sollen die zur Begründung dienenden Tatsachen und Beweismittel angegeben sowie die Personen benannt werden, die als Beteiligte in Betracht kommen. Der Antrag soll in geeigneten Fällen die Angabe enthalten, ob der Antragstellung der Versuch einer Mediation oder eines anderen Verfahrens der außergerichtlichen Konfliktbeilegung vorausgegangen ist, sowie eine Äußerung dazu, ob einem solchen Verfahren Gründe entgegenstehen. Urkunden, auf die Bezug genommen wird, sollen in Urschrift oder Abschrift beigefügt werden. Der Antrag soll von dem Antragsteller oder seinem Bevollmächtigten unterschrieben werden.
(2) Das Gericht soll den Antrag an die übrigen Beteiligten übermitteln.

§ 24 Anregung des Verfahrens

(1) Soweit Verfahren von Amts wegen eingeleitet werden können, kann die Einleitung eines Verfahrens angeregt werden.
(2) Folgt das Gericht der Anregung nach Absatz 1 nicht, hat es denjenigen, der die Einleitung angeregt hat, darüber zu unterrichten, soweit ein berechtigtes Interesse an der Unterrichtung ersichtlich ist.

§ 25 Anträge und Erklärungen zur Niederschrift der Geschäftsstelle

(1) Die Beteiligten können Anträge und Erklärungen gegenüber dem zuständigen Gericht schriftlich oder zur Niederschrift der Geschäftsstelle abgeben, soweit eine Vertretung durch einen Rechtsanwalt nicht notwendig ist.
(2) Anträge und Erklärungen, deren Abgabe vor dem Urkundsbeamten der Geschäftsstelle zulässig ist, können vor der Geschäftsstelle eines jeden Amtsgerichts zur Niederschrift abgegeben werden.
(3) Die Geschäftsstelle hat die Niederschrift unverzüglich an das Gericht zu übermitteln, an das der Antrag oder die Erklärung gerichtet ist. Die Wirkung einer Verfahrenshandlung tritt nicht ein, bevor die Niederschrift dort eingeht.

§ 26 Ermittlung von Amts wegen

Das Gericht hat von Amts wegen die zur Feststellung der entscheidungserheblichen Tatsachen erforderlichen Ermittlungen durchzuführen.

§ 27 Mitwirkung der Beteiligten

(1) Die Beteiligten sollen bei der Ermittlung des Sachverhalts mitwirken.
(2) Die Beteiligten haben ihre Erklärungen über tatsächliche Umstände vollständig und der Wahrheit gemäß abzugeben.

§ 28 Verfahrensleitung

(1) Das Gericht hat darauf hinzuwirken, dass die Beteiligten sich rechtzeitig über alle erheblichen Tatsachen erklären und ungenügende tatsächliche Angaben ergänzen. Es hat die Beteiligten auf einen rechtlichen Gesichtspunkt hinzuweisen, wenn es ihn anders beurteilt als die Beteiligten und seine Entscheidung darauf stützen will.
(2) In Antragsverfahren hat das Gericht auch darauf hinzuwirken, dass Formfehler beseitigt und sachdienliche Anträge gestellt werden.
(3) Hinweise nach dieser Vorschrift hat das Gericht so früh wie möglich zu erteilen und aktenkundig zu machen.
(4) Über Termine und persönliche Anhörungen hat das Gericht einen Vermerk zu fertigen; für die Niederschrift des Vermerks kann ein Urkundsbeamter der Geschäftsstelle hinzugezogen werden, wenn dies auf Grund des zu erwartenden Umfangs des Vermerks, in Anbetracht der Schwierigkeit der Sache oder aus einem sonstigen wichtigen Grund erforderlich ist. In den Vermerk sind die wesentlichen Vorgänge des Termins und der persönlichen Anhörung aufzunehmen. Über den Versuch einer gütlichen Einigung vor einem Güterichter nach § 36 Absatz 5 wird ein Vermerk nur angefertigt, wenn alle Beteiligten sich einverstanden erklären. Die Herstellung durch Aufzeichnung auf Datenträger in der Form des § 14 Abs. 3 ist möglich.

§ 29 Beweiserhebung

(1) Das Gericht erhebt die erforderlichen Beweise in geeigneter Form. Es ist hierbei an das Vorbringen der Beteiligten nicht gebunden.
(2) Die Vorschriften der Zivilprozessordnung über die Vernehmung bei Amtsverschwiegenheit und das Recht zur Zeugnisverweigerung gelten für die Befragung von Auskunftspersonen entsprechend.
(3) Das Gericht hat die Ergebnisse der Beweiserhebung aktenkundig zu machen.

§ 30 Förmliche Beweisaufnahme

(1) Das Gericht entscheidet nach pflichtgemäßem Ermessen, ob es die entscheidungserheblichen Tatsachen durch eine förmliche Beweisaufnahme entsprechend der Zivilprozessordnung feststellt.
(2) Eine förmliche Beweisaufnahme hat stattzufinden, wenn es in diesem Gesetz vorgesehen ist.
(3) Eine förmliche Beweisaufnahme über die Richtigkeit einer Tatsachenbehauptung soll stattfinden, wenn das Gericht seine Entscheidung maßgeblich auf die Feststellung dieser Tatsache stützen will und die Richtigkeit von einem Beteiligten ausdrücklich bestritten wird.
(4) Den Beteiligten ist Gelegenheit zu geben, zum Ergebnis einer förmlichen Beweisaufnahme Stellung zu nehmen, soweit dies zur Aufklärung des Sachverhalts oder zur Gewährung rechtlichen Gehörs erforderlich ist.

§ 31 Glaubhaftmachung

(1) Wer eine tatsächliche Behauptung glaubhaft zu machen hat, kann sich aller Beweismittel bedienen, auch zur Versicherung an Eides statt zugelassen werden.
(2) Eine Beweisaufnahme, die nicht sofort erfolgen kann, ist unstatthaft.

§ 32 Termin

(1) Das Gericht kann die Sache mit den Beteiligten in einem Termin erörtern. Die §§ 219, 227 Abs. 1, 2 und 4 der Zivilprozessordnung gelten entsprechend.
(2) Zwischen der Ladung und dem Termin soll eine angemessene Frist liegen.
(3) In geeigneten Fällen soll das Gericht die Sache mit den Beteiligten im Wege der Bild- und Tonübertragung in entsprechender Anwendung des § 128a der Zivilprozessordnung erörtern.

§ 33 Persönliches Erscheinen der Beteiligten

(1) Das Gericht kann das persönliche Erscheinen eines Beteiligten zu einem Termin anordnen und ihn anhören, wenn dies zur Aufklärung des Sachverhalts sachdienlich erscheint. Sind in einem Verfahren mehrere Beteiligte persönlich anzuhören, hat die Anhörung eines Beteiligten in Abwesenheit der anderen Beteiligten stattzufinden, falls dies zum Schutz des anzuhörenden Beteiligten oder aus anderen Gründen erforderlich ist.
(2) Der verfahrensfähige Beteiligte ist selbst zu laden, auch wenn er einen Bevollmächtigten hat; dieser ist von der Ladung zu benachrichtigen. Das Gericht soll die Zustellung der Ladung anordnen, wenn das Erscheinen eines Beteiligten ungewiss ist.
(3) Bleibt der ordnungsgemäß geladene Beteiligte unentschuldigt im Termin aus, kann gegen ihn durch Beschluss ein Ordnungsgeld verhängt werden. Die Festsetzung des Ordnungsgeldes kann wiederholt werden. Im Fall des wiederholten, unentschuldigten Ausbleibens kann die Vorführung des Beteiligten angeordnet werden. Erfolgt eine genügende Entschuldigung nachträglich und macht der Beteiligte glaubhaft, dass ihn an der Verspätung der Entschuldigung kein Verschulden trifft, werden die nach den Sätzen 1 bis 3 getroffenen Anordnungen aufgehoben. Der Beschluss, durch den ein Ordnungsmittel verhängt wird, ist mit der sofortigen Beschwerde in entsprechender Anwendung der §§ 567 bis 572 der Zivilprozessordnung anfechtbar.
(4) Der Beteiligte ist auf die Folgen seines Ausbleibens in der Ladung hinzuweisen.

§ 34 Persönliche Anhörung

(1) Das Gericht hat einen Beteiligten persönlich anzuhören,
1. wenn dies zur Gewährleistung des rechtlichen Gehörs des Beteiligten erforderlich ist oder
2. wenn dies in diesem oder in einem anderen Gesetz vorgeschrieben ist.
(2) Die persönliche Anhörung eines Beteiligten kann unterbleiben, wenn hiervon erhebliche Nachteile für seine Gesundheit zu besorgen sind oder der Beteiligte offensichtlich nicht in der Lage ist, seinen Willen kundzutun.
(3) Bleibt der Beteiligte im anberaumten Anhörungstermin unentschuldigt aus, kann das Verfahren ohne seine persönliche Anhörung beendet werden. Der Beteiligte ist auf die Folgen seines Ausbleibens hinzuweisen.

§ 35 Zwangsmittel

(1) Ist auf Grund einer gerichtlichen Anordnung die Verpflichtung zur Vornahme oder Unterlassung einer Handlung durchzusetzen, kann das Gericht, sofern ein Gesetz nicht etwas anderes bestimmt, gegen den Verpflichteten durch Beschluss Zwangsgeld festsetzen. Das Gericht kann für den Fall, dass dieses nicht beigetrieben werden kann, Zwangshaft anordnen. Verspricht die Anordnung eines Zwangsgeldes keinen Erfolg, soll das Gericht Zwangshaft anordnen.
(2) Die gerichtliche Entscheidung, die die Verpflichtung zur Vornahme oder Unterlassung einer Handlung anordnet, hat auf die Folgen einer Zuwiderhandlung gegen die Entscheidung hinzuweisen.

(3) Das einzelne Zwangsgeld darf den Betrag von 25 000 Euro nicht übersteigen. Mit der Festsetzung des Zwangsmittels sind dem Verpflichteten zugleich die Kosten dieses Verfahrens aufzuerlegen. Für den Vollzug der Haft gelten § 802g Abs. 1 Satz 2 und Abs. 2, die §§ 802h und 802j Abs. 1 der Zivilprozessordnung entsprechend.
(4) Ist die Verpflichtung zur Herausgabe oder Vorlage einer Sache oder zur Vornahme einer vertretbaren Handlung zu vollstrecken, so kann das Gericht, soweit ein Gesetz nicht etwas anderes bestimmt, durch Beschluss neben oder anstelle einer Maßnahme nach den Absätzen 1, 2 die in §§ 883, 886, 887 der Zivilprozessordnung vorgesehenen Maßnahmen anordnen. Die §§ 891 und 892 der Zivilprozessordnung gelten entsprechend.
(5) Der Beschluss, durch den Zwangsmaßnahmen angeordnet werden, ist mit der sofortigen Beschwerde in entsprechender Anwendung der §§ 567 bis 572 der Zivilprozessordnung anfechtbar.

§ 36 Vergleich

(1) Die Beteiligten können einen Vergleich schließen, soweit sie über den Gegenstand des Verfahrens verfügen können. Das Gericht soll außer in Gewaltschutzsachen auf eine gütliche Einigung der Beteiligten hinwirken.
(2) Kommt eine Einigung im Termin zustande, ist hierüber eine Niederschrift anzufertigen. Die Vorschriften der Zivilprozessordnung über die Niederschrift des Vergleichs sind entsprechend anzuwenden.
(3) Ein nach Absatz 1 Satz 1 zulässiger Vergleich kann auch schriftlich entsprechend § 278 Abs. 6 der Zivilprozessordnung geschlossen werden.
(4) Unrichtigkeiten in der Niederschrift oder in dem Beschluss über den Vergleich können entsprechend § 164 der Zivilprozessordnung berichtigt werden.
(5) Das Gericht kann die Beteiligten für den Versuch einer gütlichen Einigung vor einen hierfür bestimmten und nicht entscheidungsbefugten Richter (Güterichter) verweisen. Der Güterichter kann alle Methoden der Konfliktbeilegung einschließlich der Mediation einsetzen. Für das Verfahren vor dem Güterichter gelten die Absätze 1 bis 4 entsprechend.

§ 36a Mediation, außergerichtliche Konfliktbeilegung

(1) Das Gericht kann einzelnen oder allen Beteiligten eine Mediation oder ein anderes Verfahren der außergerichtlichen Konfliktbeilegung vorschlagen. In Gewaltschutzsachen sind die schutzwürdigen Belange der von Gewalt betroffenen Person zu wahren.
(2) Entscheiden sich die Beteiligten zur Durchführung einer Mediation oder eines anderen Verfahrens der außergerichtlichen Konfliktbeilegung, setzt das Gericht das Verfahren aus.
(3) Gerichtliche Anordnungs- und Genehmigungsvorbehalte bleiben von der Durchführung einer Mediation oder eines anderen Verfahrens der außergerichtlichen Konfliktbeilegung unberührt.

§ 37 Grundlage der Entscheidung

(1) Das Gericht entscheidet nach seiner freien, aus dem gesamten Inhalt des Verfahrens gewonnenen Überzeugung.
(2) Das Gericht darf eine Entscheidung, die die Rechte eines Beteiligten beeinträchtigt, nur auf Tatsachen und Beweisergebnisse stützen, zu denen dieser Beteiligte sich äußern konnte.

Abschnitt 3
Beschluss

§ 38 Entscheidung durch Beschluss

(1) Das Gericht entscheidet durch Beschluss, soweit durch die Entscheidung der Verfahrensgegenstand ganz oder teilweise erledigt wird (Endentscheidung). Für Registersachen kann durch Gesetz Abweichendes bestimmt werden.
(2) Der Beschluss enthält
1. die Bezeichnung der Beteiligten, ihrer gesetzlichen Vertreter und der Bevollmächtigten;
2. die Bezeichnung des Gerichts und die Namen der Gerichtspersonen, die bei der Entscheidung mitgewirkt haben;
3. die Beschlussformel.

(3) Der Beschluss ist zu begründen. Er ist zu unterschreiben. Das Datum der Übergabe des Beschlusses an die Geschäftsstelle oder der Bekanntgabe durch Verlesen der Beschlussformel (Erlass) ist auf dem Beschluss zu vermerken.
(4) Einer Begründung bedarf es nicht, soweit
1. die Entscheidung auf Grund eines Anerkenntnisses oder Verzichts oder als Versäumnisentscheidung ergeht und entsprechend bezeichnet ist,
2. gleichgerichteten Anträgen der Beteiligten stattgegeben wird oder der Beschluss nicht dem erklärten Willen eines Beteiligten widerspricht oder

3. der Beschluss in Gegenwart aller Beteiligten mündlich bekannt gegeben wurde und alle Beteiligten auf Rechtsmittel verzichtet haben.
(5) Absatz 4 ist nicht anzuwenden:
1. in Ehesachen, mit Ausnahme der eine Scheidung aussprechenden Entscheidung;
2. in Abstammungssachen;
3. in Betreuungssachen;
4. wenn zu erwarten ist, dass der Beschluss im Ausland geltend gemacht werden wird.
(6) Soll ein ohne Begründung hergestellter Beschluss im Ausland geltend gemacht werden, gelten die Vorschriften über die Vervollständigung von Versäumnis- und Anerkenntnisentscheidungen entsprechend.

§ 39 Rechtsbehelfsbelehrung
Jeder Beschluss hat eine Belehrung über das statthafte Rechtsmittel, den Einspruch, den Widerspruch oder die Erinnerung sowie das Gericht, bei dem diese Rechtsbehelfe einzulegen sind, dessen Sitz und die einzuhaltende Form und Frist zu enthalten. Über die Sprungrechtsbeschwerde muss nicht belehrt werden.

§ 40 Wirksamwerden
(1) Der Beschluss wird wirksam mit Bekanntgabe an den Beteiligten, für den er seinem wesentlichen Inhalt nach bestimmt ist.
(2) Ein Beschluss, der die Genehmigung eines Rechtsgeschäfts zum Gegenstand hat, wird erst mit Rechtskraft wirksam. Dies ist mit der Entscheidung auszusprechen.
(3) Ein Beschluss, durch den auf Antrag die Ermächtigung oder die Zustimmung eines anderen zu einem Rechtsgeschäft ersetzt oder die Beschränkung oder Ausschließung der Berechtigung des Ehegatten oder Lebenspartners, Geschäfte mit Wirkung für den anderen Ehegatten oder Lebenspartner zu besorgen (§ 1357 Abs. 2 Satz 1 des Bürgerlichen Gesetzbuchs, auch in Verbindung mit § 8 Abs. 2 des Lebenspartnerschaftsgesetzes), aufgehoben wird, wird erst mit Rechtskraft wirksam. Bei Gefahr im Verzug kann das Gericht die sofortige Wirksamkeit des Beschlusses anordnen. Der Beschluss wird mit Bekanntgabe an den Antragsteller wirksam.

§ 41 Bekanntgabe des Beschlusses
(1) Der Beschluss ist den Beteiligten bekannt zu geben. Ein anfechtbarer Beschluss ist demjenigen zuzustellen, dessen erklärtem Willen er nicht entspricht.
(2) Anwesenden kann der Beschluss auch durch Verlesen der Beschlussformel bekannt gegeben werden. Dies ist in den Akten zu vermerken. In diesem Fall ist die Begründung des Beschlusses unverzüglich nachzuholen. Der Beschluss ist im Fall des Satzes 1 auch schriftlich bekannt zu geben.
(3) Ein Beschluss, der die Genehmigung eines Rechtsgeschäfts zum Gegenstand hat, ist auch demjenigen, für den das Rechtsgeschäft genehmigt wird, bekannt zu geben.

§ 42 Berichtigung des Beschlusses
(1) Schreibfehler, Rechenfehler und ähnliche offenbare Unrichtigkeiten im Beschluss sind jederzeit vom Gericht auch von Amts wegen zu berichtigen.
(2) Der Beschluss, der die Berichtigung ausspricht, wird auf dem berichtigten Beschluss und auf den Ausfertigungen vermerkt. Erfolgt der Berichtigungsbeschluss in der Form des § 14 Abs. 3, ist er in einem gesonderten elektronischen Dokument festzuhalten. Das Dokument ist mit dem Beschluss untrennbar zu verbinden.
(3) Der Beschluss, durch den der Antrag auf Berichtigung zurückgewiesen wird, ist nicht anfechtbar. Der Beschluss, der die Berichtigung ausspricht, ist mit der sofortigen Beschwerde in entsprechender Anwendung der §§ 567 bis 572 der Zivilprozessordnung anfechtbar.

§ 43 Ergänzung des Beschlusses
(1) Wenn ein Antrag, der nach den Verfahrensakten von einem Beteiligten gestellt wurde, ganz oder teilweise übergangen oder die Kostenentscheidung unterblieben ist, ist auf Antrag der Beschluss nachträglich zu ergänzen.
(2) Die nachträgliche Entscheidung muss binnen einer zweiwöchigen Frist, die mit der schriftlichen Bekanntgabe des Beschlusses beginnt, beantragt werden.

§ 44 Abhilfe bei Verletzung des Anspruchs auf rechtliches Gehör
(1) Auf die Rüge eines durch eine Entscheidung beschwerten Beteiligten ist das Verfahren fortzuführen, wenn
1. ein Rechtsmittel oder ein Rechtsbehelf gegen die Entscheidung oder eine andere Abänderungsmöglichkeit nicht gegeben ist und
2. das Gericht den Anspruch dieses Beteiligten auf rechtliches Gehör in entscheidungserheblicher Weise verletzt hat.

Gegen eine der Endentscheidung vorausgehende Entscheidung findet die Rüge nicht statt.

(2) Die Rüge ist innerhalb von zwei Wochen nach Kenntnis von der Verletzung des rechtlichen Gehörs zu erheben; der Zeitpunkt der Kenntniserlangung ist glaubhaft zu machen. Nach Ablauf eines Jahres seit der Bekanntgabe der angegriffenen Entscheidung an diesen Beteiligten kann die Rüge nicht mehr erhoben werden. Die Rüge ist schriftlich oder zur Niederschrift bei dem Gericht zu erheben, dessen Entscheidung angegriffen wird. Die Rüge muss die angegriffene Entscheidung bezeichnen und das Vorliegen der in Absatz 1 Satz 1 Nr. 2 genannten Voraussetzungen darlegen.
(3) Den übrigen Beteiligten ist, soweit erforderlich, Gelegenheit zur Stellungnahme zu geben.
(4) Ist die Rüge nicht in der gesetzlichen Form oder Frist erhoben, ist sie als unzulässig zu verwerfen. Ist die Rüge unbegründet, weist das Gericht sie zurück. Die Entscheidung ergeht durch nicht anfechtbaren Beschluss. Der Beschluss soll kurz begründet werden.
(5) Ist die Rüge begründet, hilft ihr das Gericht ab, indem es das Verfahren fortführt, soweit dies auf Grund der Rüge geboten ist.

§ 45 Formelle Rechtskraft
Die Rechtskraft eines Beschlusses tritt nicht ein, bevor die Frist für die Einlegung des zulässigen Rechtsmittels oder des zulässigen Einspruchs, des Widerspruchs oder der Erinnerung abgelaufen ist. Der Eintritt der Rechtskraft wird dadurch gehemmt, dass das Rechtsmittel, der Einspruch, der Widerspruch oder die Erinnerung rechtzeitig eingelegt wird.

§ 46 Rechtskraftzeugnis
Das Zeugnis über die Rechtskraft eines Beschlusses ist auf Grund der Verfahrensakten von der Geschäftsstelle des Gerichts des ersten Rechtszugs zu erteilen. Solange das Verfahren in einem höheren Rechtszug anhängig ist, erteilt die Geschäftsstelle des Gerichts dieses Rechtszugs das Zeugnis. In Ehe- und Abstammungssachen wird den Beteiligten von Amts wegen ein Rechtskraftzeugnis auf einer Ausfertigung ohne Begründung erteilt. Die Entscheidung der Geschäftsstelle ist mit der Erinnerung in entsprechender Anwendung des § 573 der Zivilprozessordnung anfechtbar.

§ 47 Wirksam bleibende Rechtsgeschäfte
Ist ein Beschluss ungerechtfertigt, durch den jemand die Fähigkeit oder die Befugnis erlangt, ein Rechtsgeschäft vorzunehmen oder eine Willenserklärung entgegenzunehmen, hat die Aufhebung des Beschlusses auf die Wirksamkeit der inzwischen von ihm oder ihm gegenüber vorgenommenen Rechtsgeschäfte keinen Einfluss, soweit der Beschluss nicht von Anfang an unwirksam ist.

§ 48 Abänderung und Wiederaufnahme
(1) Das Gericht des ersten Rechtszugs kann eine rechtskräftige Endentscheidung mit Dauerwirkung aufheben oder ändern, wenn sich die zugrunde liegende Sach- oder Rechtslage nachträglich wesentlich geändert hat. In Verfahren, die nur auf Antrag eingeleitet werden, erfolgt die Aufhebung oder Abänderung nur auf Antrag.
(2) Ein rechtskräftig beendetes Verfahren kann in entsprechender Anwendung der Vorschriften des Buches 4 der Zivilprozessordnung wiederaufgenommen werden.
(3) Gegen einen Beschluss, durch den die Genehmigung für ein Rechtsgeschäft erteilt oder verweigert wird, findet eine Wiedereinsetzung in den vorigen Stand, eine Rüge nach § 44, eine Abänderung oder eine Wiederaufnahme nicht statt, wenn die Genehmigung oder deren Verweigerung einem Dritten gegenüber wirksam geworden ist.

Abschnitt 4
Einstweilige Anordnung

§ 49 Einstweilige Anordnung
(1) Das Gericht kann durch einstweilige Anordnung eine vorläufige Maßnahme treffen, soweit dies nach den für das Rechtsverhältnis maßgebenden Vorschriften gerechtfertigt ist und ein dringendes Bedürfnis für ein sofortiges Tätigwerden besteht.
(2) Die Maßnahme kann einen bestehenden Zustand sichern oder vorläufig regeln. Einem Beteiligten kann eine Handlung geboten oder verboten, insbesondere die Verfügung über einen Gegenstand untersagt werden. Das Gericht kann mit der einstweiligen Anordnung auch die zu ihrer Durchführung erforderlichen Anordnungen treffen.

§ 50 Zuständigkeit
(1) Zuständig ist das Gericht, das für die Hauptsache im ersten Rechtszug zuständig wäre. Ist eine Hauptsache anhängig, ist das Gericht des ersten Rechtszugs, während der Anhängigkeit beim Beschwerdegericht das Beschwerdegericht zuständig.

(2) In besonders dringenden Fällen kann auch das Amtsgericht entscheiden, in dessen Bezirk das Bedürfnis für ein gerichtliches Tätigwerden bekannt wird oder sich die Person oder die Sache befindet, auf die sich die einstweilige Anordnung bezieht. Es hat das Verfahren unverzüglich von Amts wegen an das nach Absatz 1 zuständige Gericht abzugeben.

§ 51 Verfahren

(1) Die einstweilige Anordnung wird nur auf Antrag erlassen, wenn ein entsprechendes Hauptsacheverfahren nur auf Antrag eingeleitet werden kann. Der Antragsteller hat den Antrag zu begründen und die Voraussetzungen für die Anordnung glaubhaft zu machen.
(2) Das Verfahren richtet sich nach den Vorschriften, die für eine entsprechende Hauptsache gelten, soweit sich nicht aus den Besonderheiten des einstweiligen Rechtsschutzes etwas anderes ergibt. Das Gericht kann ohne mündliche Verhandlung entscheiden. Eine Versäumnisentscheidung ist ausgeschlossen.
(3) Das Verfahren der einstweiligen Anordnung ist ein selbständiges Verfahren, auch wenn eine Hauptsache anhängig ist. Das Gericht kann von einzelnen Verfahrenshandlungen im Hauptsacheverfahren absehen, wenn diese bereits im Verfahren der einstweiligen Anordnung vorgenommen wurden und von einer erneuten Vornahme keine zusätzlichen Erkenntnisse zu erwarten sind.
(4) Für die Kosten des Verfahrens der einstweiligen Anordnung gelten die allgemeinen Vorschriften.

§ 52 Einleitung des Hauptsacheverfahrens

(1) Ist eine einstweilige Anordnung erlassen, hat das Gericht auf Antrag eines Beteiligten das Hauptsacheverfahren einzuleiten. Das Gericht kann mit Erlass der einstweiligen Anordnung eine Frist bestimmen, vor deren Ablauf der Antrag unzulässig ist. Die Frist darf drei Monate nicht überschreiten.
(2) In Verfahren, die nur auf Antrag eingeleitet werden, hat das Gericht auf Antrag anzuordnen, dass der Beteiligte, der die einstweilige Anordnung erwirkt hat, binnen einer zu bestimmenden Frist Antrag auf Einleitung des Hauptsacheverfahrens oder Antrag auf Bewilligung von Verfahrenskostenhilfe für das Hauptsacheverfahren stellt. Die Frist darf drei Monate nicht überschreiten. Wird dieser Anordnung nicht Folge geleistet, ist die einstweilige Anordnung aufzuheben.

§ 53 Vollstreckung

(1) Eine einstweilige Anordnung bedarf der Vollstreckungsklausel nur, wenn die Vollstreckung für oder gegen einen anderen als den in dem Beschluss bezeichneten Beteiligten erfolgen soll.
(2) Das Gericht kann in Gewaltschutzsachen sowie in sonstigen Fällen, in denen hierfür ein besonderes Bedürfnis besteht, anordnen, dass die Vollstreckung der einstweiligen Anordnung vor Zustellung an den Verpflichteten zulässig ist. In diesem Fall wird die einstweilige Anordnung mit Erlass wirksam.

§ 54 Aufhebung oder Änderung der Entscheidung

(1) Das Gericht kann die Entscheidung in der einstweiligen Anordnungssache aufheben oder ändern. Die Aufhebung oder Änderung erfolgt nur auf Antrag, wenn ein entsprechendes Hauptsacheverfahren nur auf Antrag eingeleitet werden kann. Dies gilt nicht, wenn die Entscheidung ohne vorherige Durchführung einer nach dem Gesetz notwendigen Anhörung erlassen wurde.
(2) Ist die Entscheidung in einer Familiensache ohne mündliche Verhandlung ergangen, ist auf Antrag auf Grund mündlicher Verhandlung erneut zu entscheiden.
(3) Zuständig ist das Gericht, das die einstweilige Anordnung erlassen hat. Hat es die Sache an ein anderes Gericht abgegeben oder verwiesen, ist dieses zuständig.
(4) Während eine einstweilige Anordnungssache beim Beschwerdegericht anhängig ist, ist die Aufhebung oder Änderung der angefochtenen Entscheidung durch das erstinstanzliche Gericht unzulässig.

§ 55 Aussetzung der Vollstreckung

(1) In den Fällen des § 54 kann das Gericht, im Fall des § 57 das Rechtsmittelgericht, die Vollstreckung einer einstweiligen Anordnung aussetzen oder beschränken. Der Beschluss ist nicht anfechtbar.
(2) Wenn ein hierauf gerichteter Antrag gestellt wird, ist über diesen vorab zu entscheiden.

§ 56 Außerkrafttreten

(1) Die einstweilige Anordnung tritt, sofern nicht das Gericht einen früheren Zeitpunkt bestimmt hat, bei Wirksamwerden einer anderweitigen Regelung außer Kraft. Ist dies eine Endentscheidung in einer Familienstreitsache, ist deren Rechtskraft maßgebend, soweit nicht die Wirksamkeit zu einem späteren Zeitpunkt eintritt.

(2) Die einstweilige Anordnung tritt in Verfahren, die nur auf Antrag eingeleitet werden, auch dann außer Kraft, wenn
1. der Antrag in der Hauptsache zurückgenommen wird,
2. der Antrag in der Hauptsache rechtskräftig abgewiesen ist,
3. die Hauptsache übereinstimmend für erledigt erklärt wird oder
4. die Erledigung der Hauptsache anderweitig eingetreten ist.

(3) Auf Antrag hat das Gericht, das in der einstweiligen Anordnungssache im ersten Rechtszug zuletzt entschieden hat, die in den Absätzen 1 und 2 genannte Wirkung durch Beschluss auszusprechen. Gegen den Beschluss findet die Beschwerde statt.

§57 Rechtsmittel

Entscheidungen in Verfahren der einstweiligen Anordnung in Familiensachen sind nicht anfechtbar. Dies gilt nicht in Verfahren nach § 151 Nummer 6 und 7 und auch nicht, wenn das Gericht des ersten Rechtszugs auf Grund mündlicher Erörterung
1. über die elterliche Sorge für ein Kind,
2. über die Herausgabe des Kindes an den anderen Elternteil,
3. über einen Antrag auf Verbleiben eines Kindes bei einer Pflege- oder Bezugsperson,
4. über einen Antrag nach den §§ 1 und 2 des Gewaltschutzgesetzes oder
5. in einer Ehewohnungssache über einen Antrag auf Zuweisung der Wohnung
entschieden hat.

Abschnitt 5
Rechtsmittel

Unterabschnitt 1
Beschwerde

§58 Statthaftigkeit der Beschwerde

(1) Die Beschwerde findet gegen die im ersten Rechtszug ergangenen Endentscheidungen der Amtsgerichte und Landgerichte in Angelegenheiten nach diesem Gesetz statt, sofern durch Gesetz nichts anderes bestimmt ist.
(2) Der Beurteilung des Beschwerdegerichts unterliegen auch die nicht selbständig anfechtbaren Entscheidungen, die der Endentscheidung vorausgegangen sind.

§59 Beschwerdeberechtigte

(1) Die Beschwerde steht demjenigen zu, der durch den Beschluss in seinen Rechten beeinträchtigt ist.
(2) Wenn ein Beschluss nur auf Antrag erlassen werden kann und der Antrag zurückgewiesen worden ist, steht die Beschwerde nur dem Antragsteller zu.
(3) Die Beschwerdeberechtigung von Behörden bestimmt sich nach den besonderen Vorschriften dieses oder eines anderen Gesetzes.

§60 Beschwerderecht Minderjähriger

Ein Kind, für das die elterliche Sorge besteht, oder ein unter Vormundschaft stehender Mündel kann in allen seine Person betreffenden Angelegenheiten ohne Mitwirkung seines gesetzlichen Vertreters das Beschwerderecht ausüben. Das Gleiche gilt in sonstigen Angelegenheiten, in denen das Kind oder der Mündel vor einer Entscheidung des Gerichts gehört werden soll. Dies gilt nicht für Personen, die geschäftsunfähig sind oder bei Erlass der Entscheidung das 14. Lebensjahr nicht vollendet haben.

§61 Beschwerdewert; Zulassungsbeschwerde

(1) In vermögensrechtlichen Angelegenheiten ist die Beschwerde nur zulässig, wenn der Wert des Beschwerdegegenstandes 600 Euro übersteigt.
(2) Übersteigt der Beschwerdegegenstand nicht den in Absatz 1 genannten Betrag, ist die Beschwerde zulässig, wenn das Gericht des ersten Rechtszugs die Beschwerde zugelassen hat.
(3) Das Gericht des ersten Rechtszugs lässt die Beschwerde zu, wenn
1. die Rechtssache grundsätzliche Bedeutung hat oder die Fortbildung des Rechts oder die Sicherung einer einheitlichen Rechtsprechung eine Entscheidung des Beschwerdegerichts erfordert und
2. der Beteiligte durch den Beschluss mit nicht mehr als 600 Euro beschwert ist.

Das Beschwerdegericht ist an die Zulassung gebunden.

§ 62 Statthaftigkeit der Beschwerde nach Erledigung der Hauptsache

(1) Hat sich die angefochtene Entscheidung in der Hauptsache erledigt, spricht das Beschwerdegericht auf Antrag aus, dass die Entscheidung des Gerichts des ersten Rechtszugs den Beschwerdeführer in seinen Rechten verletzt hat, wenn der Beschwerdeführer ein berechtigtes Interesse an der Feststellung hat.
(2) Ein berechtigtes Interesse liegt in der Regel vor, wenn
1. schwerwiegende Grundrechtseingriffe vorliegen oder
2. eine Wiederholung konkret zu erwarten ist.
(3) Hat der Verfahrensbeistand oder der Verfahrenspfleger die Beschwerde eingelegt, gelten die Absätze 1 und 2 entsprechend.

§ 63 Beschwerdefrist

(1) Die Beschwerde ist, soweit gesetzlich keine andere Frist bestimmt ist, binnen einer Frist von einem Monat einzulegen.
(2) Die Beschwerde ist binnen einer Frist von zwei Wochen einzulegen, wenn sie sich gegen folgende Entscheidungen richtet:
1. Endentscheidungen im Verfahren der einstweiligen Anordnung oder
2. Entscheidungen über Anträge auf Genehmigung eines Rechtsgeschäfts.
(3) Die Frist beginnt jeweils mit der schriftlichen Bekanntgabe des Beschlusses an die Beteiligten. Kann die schriftliche Bekanntgabe an einen Beteiligten nicht bewirkt werden, beginnt die Frist spätestens mit Ablauf von fünf Monaten nach Erlass des Beschlusses.

§ 64 Einlegung der Beschwerde

(1) Die Beschwerde ist bei dem Gericht einzulegen, dessen Beschluss angefochten wird. Anträge auf Bewilligung von Verfahrenskostenhilfe für eine beabsichtigte Beschwerde sind bei dem Gericht einzulegen, dessen Beschluss angefochten werden soll.
(2) Die Beschwerde wird durch Einreichung einer Beschwerdeschrift oder zur Niederschrift der Geschäftsstelle eingelegt. Die Einlegung der Beschwerde zur Niederschrift der Geschäftsstelle ist in Ehesachen und in Familienstreitsachen ausgeschlossen. Die Beschwerde muss die Bezeichnung des angefochtenen Beschlusses sowie die Erklärung enthalten, dass Beschwerde gegen diesen Beschluss eingelegt wird. Sie ist von dem Beschwerdeführer oder seinem Bevollmächtigten zu unterzeichnen.
(3) Das Beschwerdegericht kann vor der Entscheidung eine einstweilige Anordnung erlassen; es kann insbesondere anordnen, dass die Vollziehung des angefochtenen Beschlusses auszusetzen ist.

§ 65 Beschwerdebegründung

(1) Die Beschwerde soll begründet werden.
(2) Das Beschwerdegericht oder der Vorsitzende kann dem Beschwerdeführer eine Frist zur Begründung der Beschwerde einräumen.
(3) Die Beschwerde kann auf neue Tatsachen und Beweismittel gestützt werden.
(4) Die Beschwerde kann nicht darauf gestützt werden, dass das Gericht des ersten Rechtszugs seine Zuständigkeit zu Unrecht angenommen hat.

§ 66 Anschlussbeschwerde

Ein Beteiligter kann sich der Beschwerde anschließen, selbst wenn er auf die Beschwerde verzichtet hat oder die Beschwerdefrist verstrichen ist; die Anschließung erfolgt durch Einreichung der Beschwerdeanschlussschrift bei dem Beschwerdegericht. Die Anschließung verliert ihre Wirkung, wenn die Beschwerde zurückgenommen oder als unzulässig verworfen wird.

§ 67 Verzicht auf die Beschwerde; Rücknahme der Beschwerde

(1) Die Beschwerde ist unzulässig, wenn der Beschwerdeführer hierauf nach Bekanntgabe des Beschlusses durch Erklärung gegenüber dem Gericht verzichtet hat.
(2) Die Anschlussbeschwerde ist unzulässig, wenn der Anschlussbeschwerdeführer hierauf nach Einlegung des Hauptrechtsmittels durch Erklärung gegenüber dem Gericht verzichtet hat.
(3) Der gegenüber einem anderen Beteiligten erklärte Verzicht hat die Unzulässigkeit der Beschwerde nur dann zur Folge, wenn dieser sich darauf beruft.
(4) Der Beschwerdeführer kann die Beschwerde bis zum Erlass der Beschwerdeentscheidung durch Erklärung gegenüber dem Gericht zurücknehmen.

§ 68 Gang des Beschwerdeverfahrens

(1) Hält das Gericht, dessen Beschluss angefochten wird, die Beschwerde für begründet, hat es ihr abzuhelfen; anderenfalls ist die Beschwerde unverzüglich dem Beschwerdegericht vorzulegen. Das Gericht ist zur Abhilfe nicht befugt, wenn die Beschwerde sich gegen eine Endentscheidung in einer Familiensache richtet.
(2) Das Beschwerdegericht hat zu prüfen, ob die Beschwerde an sich statthaft und ob sie in der gesetzlichen Form und Frist eingelegt ist. Mangelt es an einem dieser Erfordernisse, ist die Beschwerde als unzulässig zu verwerfen.
(3) Das Beschwerdeverfahren bestimmt sich im Übrigen nach den Vorschriften über das Verfahren im ersten Rechtszug. Das Beschwerdegericht kann von der Durchführung eines Termins, einer mündlichen Verhandlung oder einzelner Verfahrenshandlungen absehen, wenn diese bereits im ersten Rechtszug vorgenommen wurden und von einer erneuten Vornahme keine zusätzlichen Erkenntnisse zu erwarten sind.
(4) Das Beschwerdegericht kann die Beschwerde durch Beschluss einem seiner Mitglieder zur Entscheidung als Einzelrichter übertragen; § 526 der Zivilprozessordnung gilt mit der Maßgabe entsprechend, dass eine Übertragung auf einen Richter auf Probe ausgeschlossen ist. Zudem kann das Beschwerdegericht die persönliche Anhörung des Kindes durch Beschluss einem seiner Mitglieder als beauftragtem Richter übertragen, wenn es dies aus Gründen des Kindeswohls für sachgerecht hält oder das Kind offensichtlich nicht in der Lage ist, seine Neigungen und seinen Willen kundzutun. Gleiches gilt für die Verschaffung eines persönlichen Eindrucks von dem Kind.
(5) Absatz 3 Satz 2 und Absatz 4 Satz 1 finden keine Anwendung, wenn die Beschwerde ein Hauptsacheverfahren betrifft, in dem eine der folgenden Entscheidungen in Betracht kommt:
1. die teilweise oder vollständige Entziehung der Personensorge nach den §§ 1666 und 1666a des Bürgerlichen Gesetzbuchs,
2. der Ausschluss des Umgangsrechts nach § 1684 des Bürgerlichen Gesetzbuchs oder
3. eine Verbleibensanordnung nach § 1632 Absatz 4 oder § 1682 des Bürgerlichen Gesetzbuchs.

§ 69 Beschwerdeentscheidung

(1) Das Beschwerdegericht hat in der Sache selbst zu entscheiden. Es darf die Sache unter Aufhebung des angefochtenen Beschlusses und des Verfahrens nur dann an das Gericht des ersten Rechtszugs zurückverweisen, wenn dieses in der Sache noch nicht entschieden hat. Das Gleiche gilt, soweit das Verfahren an einem wesentlichen Mangel leidet und zur Entscheidung eine umfangreiche oder aufwändige Beweiserhebung notwendig wäre und ein Beteiligter die Zurückverweisung beantragt. Das Gericht des ersten Rechtszugs hat die rechtliche Beurteilung, die das Beschwerdegericht der Aufhebung zugrunde gelegt hat, auch seiner Entscheidung zugrunde zu legen.
(2) Der Beschluss des Beschwerdegerichts ist zu begründen.
(3) Für die Beschwerdeentscheidung gelten im Übrigen die Vorschriften über den Beschluss im ersten Rechtszug entsprechend.

Unterabschnitt 2
Rechtsbeschwerde

§ 70 Statthaftigkeit der Rechtsbeschwerde

(1) Die Rechtsbeschwerde eines Beteiligten ist statthaft, wenn sie das Beschwerdegericht oder das Oberlandesgericht im ersten Rechtszug in dem Beschluss zugelassen hat.
(2) Die Rechtsbeschwerde ist zuzulassen, wenn
1. die Rechtssache grundsätzliche Bedeutung hat oder
2. die Fortbildung des Rechts oder die Sicherung einer einheitlichen Rechtsprechung eine Entscheidung des Rechtsbeschwerdegerichts erfordert.

Das Rechtsbeschwerdegericht ist an die Zulassung gebunden.
(3) Die Rechtsbeschwerde gegen einen Beschluss des Beschwerdegerichts ist ohne Zulassung statthaft in
1. Betreuungssachen zur Bestellung eines Betreuers, zur Aufhebung einer Betreuung, zur Anordnung oder Aufhebung eines Einwilligungsvorbehalts,
2. Unterbringungssachen und Verfahren nach § 151 Nr. 6 und 7 sowie
3. Freiheitsentziehungssachen.

In den Fällen des Satzes 1 Nr. 2 und 3 gilt dies nur, wenn sich die Rechtsbeschwerde gegen den Beschluss richtet, der die Unterbringungsmaßnahme oder die Freiheitsentziehung anordnet. In den Fällen des Satzes 1 Nummer 3 ist die Rechtsbeschwerde abweichend von Satz 2 auch dann ohne Zulassung statthaft, wenn sie sich gegen den eine freiheitsentziehende Maßnahme ablehnenden oder zurückweisenden Beschluss in den in § 417 Absatz 2 Satz 2 Nummer 5 genannten Verfahren richtet.
(4) Gegen einen Beschluss im Verfahren über die Anordnung, Abänderung oder Aufhebung einer einstweiligen Anordnung oder eines Arrests findet die Rechtsbeschwerde nicht statt.

§ 71 Frist und Form der Rechtsbeschwerde

(1) Die Rechtsbeschwerde ist binnen einer Frist von einem Monat nach der schriftlichen Bekanntgabe des Beschlusses durch Einreichen einer Beschwerdeschrift bei dem Rechtsbeschwerdegericht einzulegen. Die Rechtsbeschwerdeschrift muss enthalten:
1. die Bezeichnung des Beschlusses, gegen den die Rechtsbeschwerde gerichtet wird, und
2. die Erklärung, dass gegen diesen Beschluss Rechtsbeschwerde eingelegt werde.

Die Rechtsbeschwerdeschrift ist zu unterschreiben. Mit der Rechtsbeschwerdeschrift soll eine Ausfertigung oder beglaubigte Abschrift des angefochtenen Beschlusses vorgelegt werden.

(2) Die Rechtsbeschwerde ist, sofern die Beschwerdeschrift keine Begründung enthält, binnen einer Frist von einem Monat zu begründen. Die Frist beginnt mit der schriftlichen Bekanntgabe des angefochtenen Beschlusses. § 551 Abs. 2 Satz 5 und 6 der Zivilprozessordnung gilt entsprechend.

(3) Die Begründung der Rechtsbeschwerde muss enthalten:
1. die Erklärung, inwieweit der Beschluss angefochten und dessen Aufhebung beantragt werde (Rechtsbeschwerdeanträge);
2. die Angabe der Rechtsbeschwerdegründe, und zwar
    a) die bestimmte Bezeichnung der Umstände, aus denen sich die Rechtsverletzung ergibt;
    b) soweit die Rechtsbeschwerde darauf gestützt wird, dass das Gesetz in Bezug auf das Verfahren verletzt sei, die Bezeichnung der Tatsachen, die den Mangel ergeben.

(4) Die Rechtsbeschwerde- und die Begründungsschrift sind den anderen Beteiligten bekannt zu geben.

§ 72 Gründe der Rechtsbeschwerde

(1) Die Rechtsbeschwerde kann nur darauf gestützt werden, dass die angefochtene Entscheidung auf einer Verletzung des Rechts beruht. Das Recht ist verletzt, wenn eine Rechtsnorm nicht oder nicht richtig angewendet worden ist.

(2) Die Rechtsbeschwerde kann nicht darauf gestützt werden, dass das Gericht des ersten Rechtszugs seine Zuständigkeit zu Unrecht angenommen hat.

(3) Die §§ 547, 556 und 560 der Zivilprozessordnung gelten entsprechend.

§ 73 Anschlussrechtsbeschwerde

Ein Beteiligter kann sich bis zum Ablauf einer Frist von einem Monat nach der Bekanntgabe der Begründungsschrift der Rechtsbeschwerde durch Einreichen einer Anschlussschrift beim Rechtsbeschwerdegericht anschließen, auch wenn er auf die Rechtsbeschwerde verzichtet hat, die Rechtsbeschwerdefrist verstrichen oder die Rechtsbeschwerde nicht zugelassen worden ist. Die Anschlussrechtsbeschwerde ist in der Anschlussschrift zu begründen und zu unterschreiben. Die Anschließung verliert ihre Wirkung, wenn die Rechtsbeschwerde zurückgenommen, als unzulässig verworfen oder nach § 74a Abs. 1 zurückgewiesen wird.

§ 74 Entscheidung über die Rechtsbeschwerde

(1) Das Rechtsbeschwerdegericht hat zu prüfen, ob die Rechtsbeschwerde an sich statthaft ist und ob sie in der gesetzlichen Form und Frist eingelegt und begründet ist. Mangelt es an einem dieser Erfordernisse, ist die Rechtsbeschwerde als unzulässig zu verwerfen.

(2) Ergibt die Begründung des angefochtenen Beschlusses zwar eine Rechtsverletzung, stellt sich die Entscheidung aber aus anderen Gründen als richtig dar, ist die Rechtsbeschwerde zurückzuweisen.

(3) Der Prüfung des Rechtsbeschwerdegerichts unterliegen nur die von den Beteiligten gestellten Anträge. Das Rechtsbeschwerdegericht ist an die geltend gemachten Rechtsbeschwerdegründe nicht gebunden. Auf Verfahrensmängel, die nicht von Amts wegen zu berücksichtigen sind, darf die angefochtene Entscheidung nur geprüft werden, wenn die Mängel nach § 71 Abs. 3 und § 73 Satz 2 gerügt worden sind. Die §§ 559, 564 der Zivilprozessordnung gelten entsprechend.

(4) Auf das weitere Verfahren sind, soweit sich nicht Abweichungen aus den Vorschriften dieses Unterabschnitts ergeben, die im ersten Rechtszug geltenden Vorschriften entsprechend anzuwenden.

(5) Soweit die Rechtsbeschwerde begründet ist, ist der angefochtene Beschluss aufzuheben.

(6) Das Rechtsbeschwerdegericht entscheidet in der Sache selbst, wenn diese zur Endentscheidung reif ist. Andernfalls verweist es die Sache unter Aufhebung des angefochtenen Beschlusses und des Verfahrens zur anderweitigen Behandlung und Entscheidung an das Beschwerdegericht oder, wenn dies aus besonderen Gründen geboten erscheint, an das Gericht des ersten Rechtszugs zurück. Die Zurückverweisung kann an einen anderen Spruchkörper des Gerichts erfolgen, das die angefochtene Entscheidung erlassen hat. Das Gericht, an das die Sache zurückverwiesen ist, hat die rechtliche Beurteilung, die der Aufhebung zugrunde liegt, auch seiner Entscheidung zugrunde zu legen.

(7) Von einer Begründung der Entscheidung kann abgesehen werden, wenn sie nicht geeignet wäre, zur Klärung von Rechtsfragen grundsätzlicher Bedeutung, zur Fortbildung des Rechts oder zur Sicherung einer einheitlichen Rechtsprechung beizutragen.

§ 74a Zurückweisungsbeschluss
(1) Das Rechtsbeschwerdegericht weist die vom Beschwerdegericht zugelassene Rechtsbeschwerde durch einstimmigen Beschluss ohne mündliche Verhandlung oder Erörterung im Termin zurück, wenn es davon überzeugt ist, dass die Voraussetzungen für die Zulassung der Rechtsbeschwerde nicht vorliegen und die Rechtsbeschwerde keine Aussicht auf Erfolg hat.
(2) Das Rechtsbeschwerdegericht oder der Vorsitzende hat zuvor die Beteiligten auf die beabsichtigte Zurückweisung der Rechtsbeschwerde und die Gründe hierfür hinzuweisen und dem Rechtsbeschwerdeführer binnen einer zu bestimmenden Frist Gelegenheit zur Stellungnahme zu geben.
(3) Der Beschluss nach Absatz 1 ist zu begründen, soweit die Gründe für die Zurückweisung nicht bereits in dem Hinweis nach Absatz 2 enthalten sind.

§ 75 Sprungrechtsbeschwerde
(1) Gegen die im ersten Rechtszug erlassenen Beschlüsse, die ohne Zulassung der Beschwerde unterliegen, findet auf Antrag unter Übergehung der Beschwerdeinstanz unmittelbar die Rechtsbeschwerde (Sprungrechtsbeschwerde) statt, wenn
1. die Beteiligten in die Übergehung der Beschwerdeinstanz einwilligen und
2. das Rechtsbeschwerdegericht die Sprungrechtsbeschwerde zulässt.
Der Antrag auf Zulassung der Sprungrechtsbeschwerde und die Erklärung der Einwilligung gelten als Verzicht auf das Rechtsmittel der Beschwerde.
(2) Die Sprungrechtsbeschwerde ist in der in § 63 bestimmten Frist einzulegen. Für das weitere Verfahren gilt § 566 Abs. 2 bis 8 der Zivilprozessordnung entsprechend.

Abschnitt 6
Verfahrenskostenhilfe

§ 76 Voraussetzungen
(1) Auf die Bewilligung von Verfahrenskostenhilfe finden die Vorschriften der Zivilprozessordnung über die Prozesskostenhilfe entsprechende Anwendung, soweit nachfolgend nichts Abweichendes bestimmt ist.
(2) Ein Beschluss, der im Verfahrenskostenhilfeverfahren ergeht, ist mit der sofortigen Beschwerde in entsprechender Anwendung der §§ 567 bis 572, 127 Abs. 2 bis 4 der Zivilprozessordnung anfechtbar.

§ 77 Bewilligung
(1) Vor der Bewilligung der Verfahrenskostenhilfe kann das Gericht den übrigen Beteiligten Gelegenheit zur Stellungnahme geben. In Antragsverfahren ist dem Antragsgegner Gelegenheit zur Stellungnahme zu geben, ob er die Voraussetzungen für die Bewilligung von Verfahrenskostenhilfe für gegeben hält, soweit dies aus besonderen Gründen nicht unzweckmäßig erscheint.
(2) Die Bewilligung von Verfahrenskostenhilfe für die Vollstreckung in das bewegliche Vermögen umfasst alle Vollstreckungshandlungen im Bezirk des Vollstreckungsgerichts einschließlich des Verfahrens auf Abgabe der Vermögensauskunft und der Versicherung an Eides statt.

§ 78 Beiordnung eines Rechtsanwalts
(1) Ist eine Vertretung durch einen Rechtsanwalt vorgeschrieben, wird dem Beteiligten ein zur Vertretung bereiter Rechtsanwalt seiner Wahl beigeordnet.
(2) Ist eine Vertretung durch einen Rechtsanwalt nicht vorgeschrieben, wird dem Beteiligten auf seinen Antrag ein zur Vertretung bereiter Rechtsanwalt seiner Wahl beigeordnet, wenn wegen der Schwierigkeit der Sach- und Rechtslage die Vertretung durch einen Rechtsanwalt erforderlich erscheint.
(3) Ein nicht in dem Bezirk des Verfahrensgerichts niedergelassener Rechtsanwalt kann nur beigeordnet werden, wenn hierdurch besondere Kosten nicht entstehen.
(4) Wenn besondere Umstände dies erfordern, kann dem Beteiligten auf seinen Antrag ein zur Vertretung bereiter Rechtsanwalt seiner Wahl zur Wahrnehmung eines Termins zur Beweisaufnahme vor dem ersuchten Richter oder zur Vermittlung des Verkehrs mit dem Verfahrensbevollmächtigten beigeordnet werden.
(5) Findet der Beteiligte keinen zur Vertretung bereiten Anwalt, ordnet der Vorsitzende ihm auf Antrag einen Rechtsanwalt bei.

§ 79 (weggefallen)

Abschnitt 7
Kosten

§ 80 Umfang der Kostenpflicht

Kosten sind die Gerichtskosten (Gebühren und Auslagen) und die zur Durchführung des Verfahrens notwendigen Aufwendungen der Beteiligten. § 91 Abs. 1 Satz 2 der Zivilprozessordnung gilt entsprechend.

§ 81 Grundsatz der Kostenpflicht

(1) Das Gericht kann die Kosten des Verfahrens nach billigem Ermessen den Beteiligten ganz oder zum Teil auferlegen. Es kann auch anordnen, dass von der Erhebung der Kosten abzusehen ist. In Familiensachen ist stets über die Kosten zu entscheiden.
(2) Das Gericht soll die Kosten des Verfahrens ganz oder teilweise einem Beteiligten auferlegen, wenn
1. der Beteiligte durch grobes Verschulden Anlass für das Verfahren gegeben hat;
2. der Antrag des Beteiligten von vornherein keine Aussicht auf Erfolg hatte und der Beteiligte dies erkennen musste;
3. der Beteiligte zu einer wesentlichen Tatsache schuldhaft unwahre Angaben gemacht hat;
4. der Beteiligte durch schuldhaftes Verletzen seiner Mitwirkungspflichten das Verfahren erheblich verzögert hat;
5. der Beteiligte einer richterlichen Anordnung zur Teilnahme an einem kostenfreien Informationsgespräch über Mediation oder über eine sonstige Möglichkeit der außergerichtlichen Konfliktbeilegung nach § 156 Absatz 1 Satz 3 oder einer richterlichen Anordnung zur Teilnahme an einer Beratung nach § 156 Absatz 1 Satz 4 nicht nachgekommen ist, sofern der Beteiligte dies nicht genügend entschuldigt hat.

(3) Einem minderjährigen Beteiligten können Kosten in Kindschaftssachen, die seine Person betreffen, nicht auferlegt werden.
(4) Einem Dritten können Kosten des Verfahrens nur auferlegt werden, soweit die Tätigkeit des Gerichts durch ihn veranlasst wurde und ihn ein grobes Verschulden trifft.
(5) Bundesrechtliche Vorschriften, die die Kostenpflicht abweichend regeln, bleiben unberührt.

§ 82 Zeitpunkt der Kostenentscheidung

Ergeht eine Entscheidung über die Kosten, hat das Gericht hierüber in der Endentscheidung zu entscheiden.

§ 83 Kostenpflicht bei Vergleich, Erledigung und Rücknahme

(1) Wird das Verfahren durch Vergleich erledigt und haben die Beteiligten keine Bestimmung über die Kosten getroffen, fallen die Gerichtskosten jedem Teil zu gleichen Teilen zur Last. Die außergerichtlichen Kosten trägt jeder Beteiligte selbst.
(2) Ist das Verfahren auf sonstige Weise erledigt oder wird der Antrag zurückgenommen, gilt § 81 entsprechend.

§ 84 Rechtsmittelkosten

Das Gericht soll die Kosten eines ohne Erfolg eingelegten Rechtsmittels dem Beteiligten auferlegen, der es eingelegt hat.

§ 85 Kostenfestsetzung

Die §§ 103 bis 107 der Zivilprozessordnung über die Festsetzung des zu erstattenden Betrags sind entsprechend anzuwenden.

Abschnitt 8
Vollstreckung

Unterabschnitt 1
Allgemeine Vorschriften

§ 86 Vollstreckungstitel

(1) Die Vollstreckung findet statt aus
1. gerichtlichen Beschlüssen;
2. gerichtlich gebilligten Vergleichen (§ 156 Abs. 2);
3. weiteren Vollstreckungstiteln im Sinne des § 794 der Zivilprozessordnung, soweit die Beteiligten über den Gegenstand des Verfahrens verfügen können.

(2) Beschlüsse sind mit Wirksamwerden vollstreckbar.
(3) Vollstreckungstitel bedürfen der Vollstreckungsklausel nur, wenn die Vollstreckung nicht durch das Gericht erfolgt, das den Titel erlassen hat.

§ 87 Verfahren; Beschwerde

(1) Das Gericht wird in Verfahren, die von Amts wegen eingeleitet werden können, von Amts wegen tätig und bestimmt die im Fall der Zuwiderhandlung vorzunehmenden Vollstreckungsmaßnahmen. Der Berechtigte kann die Vornahme von Vollstreckungshandlungen beantragen; entspricht das Gericht dem Antrag nicht, entscheidet es durch Beschluss.
(2) Die Vollstreckung darf nur beginnen, wenn der Beschluss bereits zugestellt ist oder gleichzeitig zugestellt wird.
(3) Der Gerichtsvollzieher ist befugt, ein Auskunfts- und Unterstützungsersuchen nach § 757a der Zivilprozessordnung zu stellen. § 758 Abs. 1 und 2 sowie die §§ 759 bis 763 der Zivilprozessordnung gelten entsprechend.
(4) Ein Beschluss, der im Vollstreckungsverfahren ergeht, ist mit der sofortigen Beschwerde in entsprechender Anwendung der §§ 567 bis 572 der Zivilprozessordnung anfechtbar.
(5) Für die Kostenentscheidung gelten die §§ 80 bis 82 und 84 entsprechend.

Unterabschnitt 2
Vollstreckung von Entscheidungen über die Herausgabe von Personen und die Regelung des Umgangs

§ 88 Grundsätze

(1) Die Vollstreckung erfolgt durch das Gericht, in dessen Bezirk die Person zum Zeitpunkt der Einleitung der Vollstreckung ihren gewöhnlichen Aufenthalt hat.
(2) Das Jugendamt leistet dem Gericht in geeigneten Fällen Unterstützung.
(3) Die Verfahren sind vorrangig und beschleunigt durchzuführen. Die §§ 155b und 155c gelten entsprechend.

§ 89 Ordnungsmittel

(1) Bei der Zuwiderhandlung gegen einen Vollstreckungstitel zur Herausgabe von Personen und zur Regelung des Umgangs kann das Gericht gegenüber dem Verpflichteten Ordnungsgeld und für den Fall, dass dieses nicht beigetrieben werden kann, Ordnungshaft anordnen. Verspricht die Anordnung eines Ordnungsgelds keinen Erfolg, kann das Gericht Ordnungshaft anordnen. Die Anordnungen ergehen durch Beschluss.
(2) Der Beschluss, der die Herausgabe der Person oder die Regelung des Umgangs anordnet, hat auf die Folgen einer Zuwiderhandlung gegen den Vollstreckungstitel hinzuweisen.
(3) Das einzelne Ordnungsgeld darf den Betrag von 25 000 Euro nicht übersteigen. Für den Vollzug der Haft gelten § 802g Abs. 1 Satz 2 und Abs. 2, die §§ 802h und 802j Abs. 1 der Zivilprozessordnung entsprechend.
(4) Die Festsetzung eines Ordnungsmittels unterbleibt, wenn der Verpflichtete Gründe vorträgt, aus denen sich ergibt, dass er die Zuwiderhandlung nicht zu vertreten hat. Werden Gründe, aus denen sich das fehlende Vertretenmüssen ergibt, nachträglich vorgetragen, wird die Festsetzung aufgehoben.

§ 90 Anwendung unmittelbaren Zwanges

(1) Das Gericht kann durch ausdrücklichen Beschluss zur Vollstreckung unmittelbaren Zwang anordnen, wenn
1. die Festsetzung von Ordnungsmitteln erfolglos geblieben ist;
2. die Festsetzung von Ordnungsmitteln keinen Erfolg verspricht;
3. eine alsbaldige Vollstreckung der Entscheidung unbedingt geboten ist.
(2) Anwendung unmittelbaren Zwanges gegen ein Kind darf nicht zugelassen werden, wenn das Kind herausgegeben werden soll, um das Umgangsrecht auszuüben. Im Übrigen darf unmittelbarer Zwang gegen ein Kind nur zugelassen werden, wenn dies unter Berücksichtigung des Kindeswohls gerechtfertigt ist und eine Durchsetzung der Verpflichtung mit milderen Mitteln nicht möglich ist.

§ 91 Richterlicher Durchsuchungsbeschluss

(1) Die Wohnung des Verpflichteten darf ohne dessen Einwilligung nur auf Grund eines richterlichen Beschlusses durchsucht werden. Dies gilt nicht, wenn der Erlass des Beschlusses den Erfolg der Durchsuchung gefährden würde.
(2) Auf die Vollstreckung eines Haftbefehls nach § 94 in Verbindung mit § 802g der Zivilprozessordnung ist Absatz 1 nicht anzuwenden.
(3) Willigt der Verpflichtete in die Durchsuchung ein oder ist ein Beschluss gegen ihn nach Absatz 1 Satz 1 ergangen oder nach Absatz 1 Satz 2 entbehrlich, haben Personen, die Mitgewahrsam an der Wohnung des Verpflichteten haben, die Durchsuchung zu dulden. Unbillige Härten gegenüber Mitgewahrsamsinhabern sind zu vermeiden.
(4) Der Beschluss nach Absatz 1 ist bei der Vollstreckung vorzulegen.

§ 92 Vollstreckungsverfahren

(1) Vor der Festsetzung von Ordnungsmitteln ist der Verpflichtete zu hören. Dies gilt auch für die Anordnung von unmittelbarem Zwang, es sei denn, dass hierdurch die Vollstreckung vereitelt oder wesentlich erschwert würde.

(2) Dem Verpflichteten sind mit der Festsetzung von Ordnungsmitteln oder der Anordnung von unmittelbarem Zwang die Kosten des Verfahrens aufzuerlegen.
(3) Die vorherige Durchführung eines Verfahrens nach § 165 ist nicht Voraussetzung für die Festsetzung von Ordnungsmitteln oder die Anordnung von unmittelbarem Zwang. Die Durchführung eines solchen Verfahrens steht der Festsetzung von Ordnungsmitteln oder der Anordnung von unmittelbarem Zwang nicht entgegen.

§ 93 Einstellung der Vollstreckung

(1) Das Gericht kann durch Beschluss die Vollstreckung einstweilen einstellen oder beschränken und Vollstreckungsmaßregeln aufheben, wenn
1. Wiedereinsetzung in den vorigen Stand beantragt wird;
2. Wiederaufnahme des Verfahrens beantragt wird;
3. gegen eine Entscheidung Beschwerde eingelegt wird;
4. die Abänderung einer Entscheidung beantragt wird;
5. die Durchführung eines Vermittlungsverfahrens (§ 165) beantragt wird.

In der Beschwerdeinstanz ist über die einstweilige Einstellung der Vollstreckung vorab zu entscheiden. Der Beschluss ist nicht anfechtbar.
(2) Für die Einstellung oder Beschränkung der Vollstreckung und die Aufhebung von Vollstreckungsmaßregeln gelten § 775 Nr. 1 und 2 und § 776 der Zivilprozessordnung entsprechend.

§ 94 Eidesstattliche Versicherung

Wird eine herauszugebende Person nicht vorgefunden, kann das Gericht anordnen, dass der Verpflichtete eine eidesstattliche Versicherung über ihren Verbleib abzugeben hat. § 883 Abs. 2 und 3 der Zivilprozessordnung gilt entsprechend.

Unterabschnitt 3
Vollstreckung nach der Zivilprozessordnung

§ 95 Anwendung der Zivilprozessordnung

(1) Soweit in den vorstehenden Unterabschnitten nichts Abweichendes bestimmt ist, sind auf die Vollstreckung
1. wegen einer Geldforderung,
2. zur Herausgabe einer beweglichen oder unbeweglichen Sache,
3. zur Vornahme einer vertretbaren oder nicht vertretbaren Handlung,
4. zur Erzwingung von Duldungen und Unterlassungen oder
5. zur Abgabe einer Willenserklärung

die Vorschriften der Zivilprozessordnung über die Zwangsvollstreckung entsprechend anzuwenden.
(2) An die Stelle des Urteils tritt der Beschluss nach den Vorschriften dieses Gesetzes.
(3) Macht der aus einem Titel wegen einer Geldforderung Verpflichtete glaubhaft, dass die Vollstreckung ihm einen nicht zu ersetzenden Nachteil bringen würde, hat das Gericht auf seinen Antrag die Vollstreckung vor Eintritt der Rechtskraft in der Entscheidung auszuschließen. In den Fällen des § 707 Abs. 1 und des § 719 Abs. 1 der Zivilprozessordnung kann die Vollstreckung nur unter derselben Voraussetzung eingestellt werden.
(4) Ist die Verpflichtung zur Herausgabe oder Vorlage einer Sache oder zur Vornahme einer vertretbaren Handlung zu vollstrecken, so kann das Gericht durch Beschluss neben oder anstelle einer Maßnahme nach den §§ 883, 885 bis 887 der Zivilprozessordnung die in § 888 der Zivilprozessordnung vorgesehenen Maßnahmen anordnen, soweit ein Gesetz nicht etwas anderes bestimmt.

§ 96 Vollstreckung in Verfahren nach dem Gewaltschutzgesetz und in Ehewohnungssachen

(1) Handelt der Verpflichtete einer Anordnung nach § 1 des Gewaltschutzgesetzes zuwider, eine Handlung zu unterlassen, kann der Berechtigte zur Beseitigung einer jeden andauernden Zuwiderhandlung einen Gerichtsvollzieher zuziehen. Der Gerichtsvollzieher hat nach § 758 Abs. 3 und § 759 der Zivilprozessordnung zu verfahren; er kann ein Auskunfts- und Unterstützungsersuchen nach § 757a der Zivilprozessordnung stellen. Die §§ 890 und 891 der Zivilprozessordnung bleiben daneben anwendbar.
(2) Bei einer einstweiligen Anordnung in Gewaltschutzsachen, soweit Gegenstand des Verfahrens Regelungen aus dem Bereich der Ehewohnungssachen sind, und in Ehewohnungssachen ist die mehrfache Einweisung des Besitzes im Sinne des § 885 Abs. 1 der Zivilprozessordnung während der Geltungsdauer möglich. Einer erneuten Zustellung an den Verpflichteten bedarf es nicht.

§ 96a Vollstreckung in Abstammungssachen

(1) Die Vollstreckung eines durch rechtskräftigen Beschluss oder gerichtlichen Vergleich titulierten Anspruchs nach § 1598a des Bürgerlichen Gesetzbuchs auf Duldung einer nach den anerkannten Grundsätzen der Wissenschaft

durchgeführten Probeentnahme, insbesondere die Entnahme einer Speichel- oder Blutprobe, ist ausgeschlossen, wenn die Art der Probeentnahme der zu untersuchenden Person nicht zugemutet werden kann.
(2) Bei wiederholter unberechtigter Verweigerung der Untersuchung kann auch unmittelbarer Zwang angewendet, insbesondere die zwangsweise Vorführung zur Untersuchung angeordnet werden.

Abschnitt 9
Verfahren mit Auslandsbezug

Unterabschnitt 1
Verhältnis zu völkerrechtlichen Vereinbarungen und Rechtsakten der Europäischen Union

§ 97 Vorrang und Unberührtheit

(1) Regelungen in völkerrechtlichen Vereinbarungen gehen, soweit sie unmittelbar anwendbares innerstaatliches Recht geworden sind, den Vorschriften dieses Gesetzes vor. Regelungen in Rechtsakten der Europäischen Union bleiben unberührt.
(2) Die zur Umsetzung und Ausführung von Vereinbarungen und Rechtsakten im Sinne des Absatzes 1 erlassenen Bestimmungen bleiben unberührt.

Unterabschnitt 2
Internationale Zuständigkeit

§ 98 Ehesachen; Verbund von Scheidungs- und Folgesachen

(1) Die deutschen Gerichte sind für Ehesachen zuständig, wenn
1. ein Ehegatte Deutscher ist oder bei der Eheschließung war;
2. beide Ehegatten ihren gewöhnlichen Aufenthalt im Inland haben;
3. ein Ehegatte Staatenloser mit gewöhnlichem Aufenthalt im Inland ist;
4. ein Ehegatte seinen gewöhnlichen Aufenthalt im Inland hat, es sei denn, dass die zu fällende Entscheidung offensichtlich nach dem Recht keines der Staaten anerkannt würde, denen einer der Ehegatten angehört.

(2) Für Verfahren auf Aufhebung der Ehe nach Artikel 13 Absatz 3 Nummer 2 des Einführungsgesetzes zum Bürgerlichen Gesetzbuche sind die deutschen Gerichte auch zuständig, wenn der Ehegatte, der im Zeitpunkt der Eheschließung das 16., aber nicht das 18. Lebensjahr vollendet hatte, seinen Aufenthalt im Inland hat.
(3) Die Zuständigkeit der deutschen Gerichte nach Absatz 1 erstreckt sich im Fall des Verbunds von Scheidungs- und Folgesachen auf die Folgesachen.

§ 99 Kindschaftssachen

(1) Die deutschen Gerichte sind außer in Verfahren nach § 151 Nr. 7 zuständig, wenn das Kind
1. Deutscher ist oder
2. seinen gewöhnlichen Aufenthalt im Inland hat.

Die deutschen Gerichte sind ferner zuständig, soweit das Kind der Fürsorge durch ein deutsches Gericht bedarf.
(2) Sind für die Anordnung einer Vormundschaft sowohl die deutschen Gerichte als auch die Gerichte eines anderen Staates zuständig und ist die Vormundschaft in dem anderen Staat anhängig, kann die Anordnung der Vormundschaft im Inland unterbleiben, wenn dies im Interesse des Mündels liegt.
(3) Sind für die Anordnung einer Vormundschaft sowohl die deutschen Gerichte als auch die Gerichte eines anderen Staates zuständig und besteht die Vormundschaft im Inland, kann das Gericht, bei dem die Vormundschaft anhängig ist, sie an den Staat, dessen Gerichte für die Anordnung der Vormundschaft zuständig sind, abgeben, wenn dies im Interesse des Mündels liegt, der Vormund seine Zustimmung erteilt und dieser Staat sich zur Übernahme bereit erklärt. Verweigert der Vormund oder, wenn mehrere Vormünder die Vormundschaft gemeinschaftlich führen, einer von ihnen seine Zustimmung, so entscheidet anstelle des Gerichts, bei dem die Vormundschaft anhängig ist, das im Rechtszug übergeordnete Gericht. Der Beschluss ist nicht anfechtbar.
(4) Die Absätze 2 und 3 gelten entsprechend für Verfahren nach § 151 Nr. 5 und 6.

§ 100 Abstammungssachen

Die deutschen Gerichte sind zuständig, wenn das Kind, die Mutter, der Vater oder der Mann, der an Eides statt versichert, der Mutter während der Empfängniszeit beigewohnt zu haben,
1. Deutscher ist oder
2. seinen gewöhnlichen Aufenthalt im Inland hat.

§ 101 Adoptionssachen

Die deutschen Gerichte sind zuständig, wenn der Annehmende, einer der annehmenden Ehegatten oder das Kind
1. Deutscher ist oder
2. seinen gewöhnlichen Aufenthalt im Inland hat.

§ 102 Versorgungsausgleichssachen
Die deutschen Gerichte sind zuständig, wenn
1. der Antragsteller oder der Antragsgegner seinen gewöhnlichen Aufenthalt im Inland hat,
2. über inländische Anrechte zu entscheiden ist oder
3. ein deutsches Gericht die Ehe zwischen Antragsteller und Antragsgegner geschieden hat.

§ 103 Lebenspartnerschaftssachen
(1) Die deutschen Gerichte sind in Lebenspartnerschaftssachen, die die Aufhebung der Lebenspartnerschaft auf Grund des Lebenspartnerschaftsgesetzes oder die Feststellung des Bestehens oder Nichtbestehens einer Lebenspartnerschaft zum Gegenstand haben, zuständig, wenn
1. ein Lebenspartner Deutscher ist oder bei Begründung der Lebenspartnerschaft war,
2. einer der Lebenspartner seinen gewöhnlichen Aufenthalt im Inland hat oder
3. die Lebenspartnerschaft vor einer zuständigen deutschen Stelle begründet worden ist.
(2) Die Zuständigkeit der deutschen Gerichte nach Absatz 1 erstreckt sich im Fall des Verbunds von Aufhebungs- und Folgesachen auf die Folgesachen.
(3) Die §§ 99, 101, 102 und 105 gelten entsprechend.

§ 104 Betreuungs- und Unterbringungssachen; Pflegschaft für Erwachsene
(1) Die deutschen Gerichte sind zuständig, wenn der Betroffene oder der volljährige Pflegling
1. Deutscher ist oder
2. seinen gewöhnlichen Aufenthalt im Inland hat.
Die deutschen Gerichte sind ferner zuständig, soweit das Kind der Fürsorge durch ein deutsches Gericht bedarf.
(2) § 99 Abs. 2 und 3 gilt entsprechend.
(3) Die Absätze 1 und 2 sind in Verfahren nach § 312 Nummer 4 nicht anzuwenden.

§ 105 Andere Verfahren
In anderen Verfahren nach diesem Gesetz sind die deutschen Gerichte zuständig, wenn ein deutsches Gericht örtlich zuständig ist.

§ 106 Keine ausschließliche Zuständigkeit
Die Zuständigkeiten in diesem Unterabschnitt sind nicht ausschließlich.

Unterabschnitt 3
Anerkennung und Vollstreckbarkeit ausländischer Entscheidungen

§ 107 Anerkennung ausländischer Entscheidungen in Ehesachen
(1) Entscheidungen, durch die im Ausland eine Ehe für nichtig erklärt, aufgehoben, dem Ehebande nach oder unter Aufrechterhaltung des Ehebandes geschieden oder durch die das Bestehen oder Nichtbestehen einer Ehe zwischen den Beteiligten festgestellt worden ist, werden nur anerkannt, wenn die Landesjustizverwaltung festgestellt hat, dass die Voraussetzungen für die Anerkennung vorliegen. Hat ein Gericht oder eine Behörde des Staates entschieden, dem beide Ehegatten zur Zeit der Entscheidung angehört haben, hängt die Anerkennung nicht von einer Feststellung der Landesjustizverwaltung ab.
(2) Zuständig ist die Justizverwaltung des Landes, in dem ein Ehegatte seinen gewöhnlichen Aufenthalt hat. Hat keiner der Ehegatten seinen gewöhnlichen Aufenthalt im Inland, ist die Justizverwaltung des Landes zuständig, in dem eine neue Ehe geschlossen oder eine Lebenspartnerschaft begründet werden soll; die Landesjustizverwaltung kann den Nachweis verlangen, dass die Eheschließung oder die Begründung der Lebenspartnerschaft angemeldet ist. Wenn eine andere Zuständigkeit nicht gegeben ist, ist die Justizverwaltung des Landes Berlin zuständig.
(3) Die Landesregierungen können die den Landesjustizverwaltungen nach dieser Vorschrift zustehenden Befugnisse durch Rechtsverordnung auf einen oder mehrere Präsidenten der Oberlandesgerichte übertragen. Die Landesregierungen können die Ermächtigung nach Satz 1 durch Rechtsverordnung auf die Landesjustizverwaltungen übertragen.
(4) Die Entscheidung ergeht auf Antrag. Den Antrag kann stellen, wer ein rechtliches Interesse an der Anerkennung glaubhaft macht.
(5) Lehnt die Landesjustizverwaltung den Antrag ab, kann der Antragsteller beim Oberlandesgericht die Entscheidung beantragen.
(6) Stellt die Landesjustizverwaltung fest, dass die Voraussetzungen für die Anerkennung vorliegen, kann ein Ehegatte, der den Antrag nicht gestellt hat, beim Oberlandesgericht die Entscheidung beantragen. Die Entscheidung der Landesjustizverwaltung wird mit der Bekanntgabe an den Antragsteller wirksam. Die Landesjustizverwaltung

kann jedoch in ihrer Entscheidung bestimmen, dass die Entscheidung erst nach Ablauf einer von ihr bestimmten Frist wirksam wird.
(7) Zuständig ist ein Zivilsenat des Oberlandesgerichts, in dessen Bezirk die Landesjustizverwaltung ihren Sitz hat. Der Antrag auf gerichtliche Entscheidung hat keine aufschiebende Wirkung. Für das Verfahren gelten die Abschnitte 4 und 5 sowie § 14 Abs. 1 und 2 und § 48 Abs. 2 entsprechend.
(8) Die vorstehenden Vorschriften sind entsprechend anzuwenden, wenn die Feststellung begehrt wird, dass die Voraussetzungen für die Anerkennung einer Entscheidung nicht vorliegen.
(9) Die Feststellung, dass die Voraussetzungen für die Anerkennung vorliegen oder nicht vorliegen, ist für Gerichte und Verwaltungsbehörden bindend.
(10) War am 1. November 1941 in einem deutschen Familienbuch (Heiratsregister) auf Grund einer ausländischen Entscheidung die Nichtigerklärung, Aufhebung, Scheidung oder Trennung oder das Bestehen oder Nichtbestehen einer Ehe vermerkt, steht der Vermerk einer Anerkennung nach dieser Vorschrift gleich.

§ 108 Anerkennung anderer ausländischer Entscheidungen

(1) Abgesehen von Entscheidungen in Ehesachen sowie von Entscheidungen nach § 1 Absatz 2 des Adoptionswirkungsgesetzes werden ausländische Entscheidungen anerkannt, ohne dass es hierfür eines besonderen Verfahrens bedarf.
(2) Beteiligte, die ein rechtliches Interesse haben, können eine Entscheidung über die Anerkennung oder Nichtanerkennung einer ausländischen Entscheidung nicht vermögensrechtlichen Inhalts beantragen. § 107 Abs. 9 gilt entsprechend. Für die Anerkennung oder Nichtanerkennung einer Annahme als Kind gelten jedoch die Bestimmungen des Adoptionswirkungsgesetzes, wenn der Angenommene zur Zeit der Annahme das 18. Lebensjahr nicht vollendet hatte.
(3) Für die Entscheidung über den Antrag nach Absatz 2 Satz 1 ist das Gericht örtlich zuständig, in dessen Bezirk zum Zeitpunkt der Antragstellung
1. der Antragsgegner oder die Person, auf die sich die Entscheidung bezieht, sich gewöhnlich aufhält oder
2. bei Fehlen einer Zuständigkeit nach Nummer 1 das Interesse an der Feststellung bekannt wird oder das Bedürfnis der Fürsorge besteht.
Diese Zuständigkeiten sind ausschließlich.

§ 109 Anerkennungshindernisse

(1) Die Anerkennung einer ausländischen Entscheidung ist ausgeschlossen,
1. wenn die Gerichte des anderen Staates nach deutschem Recht nicht zuständig sind;
2. wenn einem Beteiligten, der sich zur Hauptsache nicht geäußert hat und sich hierauf beruft, das verfahrenseinleitende Dokument nicht ordnungsgemäß oder nicht so rechtzeitig mitgeteilt worden ist, dass er seine Rechte wahrnehmen konnte;
3. wenn die Entscheidung mit einer hier erlassenen oder anzuerkennenden früheren ausländischen Entscheidung oder wenn das ihr zugrunde liegende Verfahren mit einem früher hier rechtshängig gewordenen Verfahren unvereinbar ist;
4. wenn die Anerkennung der Entscheidung zu einem Ergebnis führt, das mit wesentlichen Grundsätzen des deutschen Rechts offensichtlich unvereinbar ist, insbesondere wenn die Anerkennung mit den Grundrechten unvereinbar ist.
(2) Der Anerkennung einer ausländischen Entscheidung in einer Ehesache steht § 98 Abs. 1 Nr. 4 nicht entgegen, wenn ein Ehegatte seinen gewöhnlichen Aufenthalt in dem Staat hatte, dessen Gerichte entschieden haben. Wird eine ausländische Entscheidung in einer Ehesache von den Staaten anerkannt, denen die Ehegatten angehören, steht § 98 der Anerkennung der Entscheidung nicht entgegen.
(3) § 103 steht der Anerkennung einer ausländischen Entscheidung in einer Lebenspartnerschaftssache nicht entgegen, wenn der Register führende Staat die Entscheidung anerkennt.
(4) Die Anerkennung einer ausländischen Entscheidung, die
1. Familienstreitsachen,
2. die Verpflichtung zur Fürsorge und Unterstützung in der partnerschaftlichen Lebensgemeinschaft,
3. die Regelung der Rechtsverhältnisse an der gemeinsamen Wohnung und an den Haushaltsgegenständen der Lebenspartner,
4. Entscheidungen nach § 6 Satz 2 des Lebenspartnerschaftsgesetzes in Verbindung mit den §§ 1382 und 1383 des Bürgerlichen Gesetzbuchs oder
5. Entscheidungen nach § 7 Satz 2 des Lebenspartnerschaftsgesetzes in Verbindung mit den §§ 1426, 1430 und 1452 des Bürgerlichen Gesetzbuchs
betrifft, ist auch dann ausgeschlossen, wenn die Gegenseitigkeit nicht verbürgt ist.
(5) Eine Überprüfung der Gesetzmäßigkeit der ausländischen Entscheidung findet nicht statt.

§ 110 Vollstreckbarkeit ausländischer Entscheidungen

(1) Eine ausländische Entscheidung ist nicht vollstreckbar, wenn sie nicht anzuerkennen ist.
(2) Soweit die ausländische Entscheidung eine in § 95 Abs. 1 genannte Verpflichtung zum Inhalt hat, ist die Vollstreckbarkeit durch Beschluss auszusprechen. Der Beschluss ist zu begründen.
(3) Zuständig für den Beschluss nach Absatz 2 ist das Amtsgericht, bei dem der Schuldner seinen allgemeinen Gerichtsstand hat, und sonst das Amtsgericht, bei dem nach § 23 der Zivilprozessordnung gegen den Schuldner Klage erhoben werden kann. Der Beschluss ist erst zu erlassen, wenn die Entscheidung des ausländischen Gerichts nach dem für dieses Gericht geltenden Recht die Rechtskraft erlangt hat.

Buch 2
Verfahren in Familiensachen

Abschnitt 1
Allgemeine Vorschriften

§ 111 Familiensachen

Familiensachen sind
1. Ehesachen,
2. Kindschaftssachen,
3. Abstammungssachen,
4. Adoptionssachen,
5. Ehewohnungs- und Haushaltssachen,
6. Gewaltschutzsachen,
7. Versorgungsausgleichssachen,
8. Unterhaltssachen,
9. Güterrechtssachen,
10. sonstige Familiensachen,
11. Lebenspartnerschaftssachen.

§ 112 Familienstreitsachen

Familienstreitsachen sind folgende Familiensachen:
1. Unterhaltssachen nach § 231 Abs. 1 und Lebenspartnerschaftssachen nach § 269 Abs. 1 Nr. 8 und 9,
2. Güterrechtssachen nach § 261 Abs. 1 und Lebenspartnerschaftssachen nach § 269 Abs. 1 Nr. 10 sowie
3. sonstige Familiensachen nach § 266 Abs. 1 und Lebenspartnerschaftssachen nach § 269 Abs. 2.

§ 113 Anwendung von Vorschriften der Zivilprozessordnung

(1) In Ehesachen und Familienstreitsachen sind die §§ 2 bis 22, 23 bis 37, 40 bis 45, 46 Satz 1 und 2 sowie die §§ 47 und 48 sowie 76 bis 96 nicht anzuwenden. Es gelten die Allgemeinen Vorschriften der Zivilprozessordnung und die Vorschriften der Zivilprozessordnung über das Verfahren vor den Landgerichten entsprechend.
(2) In Familienstreitsachen gelten die Vorschriften der Zivilprozessordnung über den Urkunden- und Wechselprozess und über das Mahnverfahren entsprechend.
(3) In Ehesachen und Familienstreitsachen ist § 227 Abs. 3 der Zivilprozessordnung nicht anzuwenden.
(4) In Ehesachen sind die Vorschriften der Zivilprozessordnung über
1. die Folgen der unterbliebenen oder verweigerten Erklärung über Tatsachen,
2. die Voraussetzungen einer Klageänderung,
3. die Bestimmung der Verfahrensweise, den frühen ersten Termin, das schriftliche Vorverfahren und die Klageerwiderung,
4. die Güteverhandlung,
5. die Wirkung des gerichtlichen Geständnisses,
6. das Anerkenntnis,
7. die Folgen der unterbliebenen oder verweigerten Erklärung über die Echtheit von Urkunden,
8. den Verzicht auf die Beeidigung des Gegners sowie von Zeugen oder Sachverständigen
nicht anzuwenden.
(5) Bei der Anwendung der Zivilprozessordnung tritt an die Stelle der Bezeichnung
1. Prozess oder Rechtsstreit die Bezeichnung Verfahren,
2. Klage die Bezeichnung Antrag,
3. Kläger die Bezeichnung Antragsteller,
4. Beklagter die Bezeichnung Antragsgegner,
5. Partei die Bezeichnung Beteiligter.

§ 114 Vertretung durch einen Rechtsanwalt; Vollmacht

(1) Vor dem Familiengericht und dem Oberlandesgericht müssen sich die Ehegatten in Ehesachen und Folgesachen und die Beteiligten in selbständigen Familienstreitsachen durch einen Rechtsanwalt vertreten lassen.
(2) Vor dem Bundesgerichtshof müssen sich die Beteiligten durch einen bei dem Bundesgerichtshof zugelassenen Rechtsanwalt vertreten lassen.
(3) Behörden und juristische Personen des öffentlichen Rechts einschließlich der von ihnen zur Erfüllung ihrer öffentlichen Aufgaben gebildeten Zusammenschlüsse können sich durch eigene Beschäftigte oder Beschäftigte anderer Behörden oder juristischer Personen des öffentlichen Rechts einschließlich der von ihnen zur Erfüllung ihrer öffentlichen Aufgaben gebildeten Zusammenschlüsse vertreten lassen. Vor dem Bundesgerichtshof müssen die zur Vertretung berechtigten Personen die Befähigung zum Richteramt haben.
(4) Der Vertretung durch einen Rechtsanwalt bedarf es nicht
1. im Verfahren der einstweiligen Anordnung,
2. in Unterhaltssachen für Beteiligte, die durch das Jugendamt als Beistand, Vormund oder Ergänzungspfleger vertreten sind,
3. für die Zustimmung zur Scheidung und zur Rücknahme des Scheidungsantrags und für den Widerruf der Zustimmung zur Scheidung,
4. für einen Antrag auf Abtrennung einer Folgesache von der Scheidung,
5. im Verfahren über die Verfahrenskostenhilfe,
6. in den Fällen des § 78 Abs. 3 der Zivilprozessordnung sowie
7. für den Antrag auf Durchführung des Versorgungsausgleichs nach § 3 Abs. 3 des Versorgungsausgleichsgesetzes und die Erklärungen zum Wahlrecht nach § 15 Abs. 1 und 3 sowie nach § 19 Absatz 2 Nummer 5 des Versorgungsausgleichsgesetzes.

(5) Der Bevollmächtigte in Ehesachen bedarf einer besonderen auf das Verfahren gerichteten Vollmacht. Die Vollmacht für die Scheidungssache erstreckt sich auch auf die Folgesachen.

§ 115 Zurückweisung von Angriffs- und Verteidigungsmitteln

In Ehesachen und Familienstreitsachen können Angriffs- und Verteidigungsmittel, die nicht rechtzeitig vorgebracht werden, zurückgewiesen werden, wenn ihre Zulassung nach der freien Überzeugung des Gerichts die Erledigung des Verfahrens verzögern würde und die Verspätung auf grober Nachlässigkeit beruht. Im Übrigen sind die Angriffs- und Verteidigungsmittel abweichend von den allgemeinen Vorschriften zuzulassen.

§ 116 Entscheidung durch Beschluss; Wirksamkeit

(1) Das Gericht entscheidet in Familiensachen durch Beschluss.
(2) Endentscheidungen in Ehesachen werden mit Rechtskraft wirksam.
(3) Endentscheidungen in Familienstreitsachen werden mit Rechtskraft wirksam. Das Gericht kann die sofortige Wirksamkeit anordnen. Soweit die Endentscheidung eine Verpflichtung zur Leistung von Unterhalt enthält, soll das Gericht die sofortige Wirksamkeit anordnen.

§ 117 Rechtsmittel in Ehe- und Familienstreitsachen

(1) In Ehesachen und Familienstreitsachen hat der Beschwerdeführer zur Begründung der Beschwerde einen bestimmten Sachantrag zu stellen und diesen zu begründen. Die Begründung ist beim Beschwerdegericht einzureichen. Die Frist zur Begründung der Beschwerde beträgt zwei Monate und beginnt mit der schriftlichen Bekanntgabe des Beschlusses, spätestens mit Ablauf von fünf Monaten nach Erlass des Beschlusses. § 520 Abs. 2 Satz 2 und 3 sowie § 522 Abs. 1 Satz 1, 2 und 4 der Zivilprozessordnung gelten entsprechend.
(2) Die §§ 514, 516 Abs. 3, § 521 Abs. 2, § 524 Abs. 2 Satz 2 und 3, die §§ 527, 528, 538 Abs. 2 und § 539 der Zivilprozessordnung gelten im Beschwerdeverfahren entsprechend. Einer Güteverhandlung bedarf es im Beschwerde- und Rechtsbeschwerdeverfahren nicht.
(3) Beabsichtigt das Beschwerdegericht von einzelnen Verfahrensschritten nach § 68 Abs. 3 Satz 2 abzusehen, hat das Gericht die Beteiligten zuvor darauf hinzuweisen.
(4) Wird die Endentscheidung in dem Termin, in dem die mündliche Verhandlung geschlossen wurde, verkündet, kann die Begründung auch in die Niederschrift aufgenommen werden.
(5) Für die Wiedereinsetzung gegen die Versäumung der Fristen zur Begründung der Beschwerde und Rechtsbeschwerde gelten die §§ 233 und 234 Abs. 1 Satz 2 der Zivilprozessordnung entsprechend.

§ 118 Wiederaufnahme

Für die Wiederaufnahme des Verfahrens in Ehesachen und Familienstreitsachen gelten die §§ 578 bis 591 der Zivilprozessordnung entsprechend.

§ 119 Einstweilige Anordnung und Arrest

(1) In Familienstreitsachen sind die Vorschriften dieses Gesetzes über die einstweilige Anordnung anzuwenden. In Familienstreitsachen nach § 112 Nr. 2 und 3 gilt § 945 der Zivilprozessordnung entsprechend.
(2) Das Gericht kann in Familienstreitsachen den Arrest anordnen. Die §§ 916 bis 934 und die §§ 943 bis 945 der Zivilprozessordnung gelten entsprechend.

§ 120 Vollstreckung

(1) Die Vollstreckung in Ehesachen und Familienstreitsachen erfolgt entsprechend den Vorschriften der Zivilprozessordnung über die Zwangsvollstreckung.
(2) Endentscheidungen sind mit Wirksamwerden vollstreckbar. Macht der Verpflichtete glaubhaft, dass die Vollstreckung ihm einen nicht zu ersetzenden Nachteil bringen würde, hat das Gericht auf seinen Antrag die Vollstreckung vor Eintritt der Rechtskraft in der Endentscheidung einzustellen oder zu beschränken. In den Fällen des § 707 Abs. 1 und des § 719 Abs. 1 der Zivilprozessordnung kann die Vollstreckung nur unter denselben Voraussetzungen eingestellt oder beschränkt werden.
(3) Die Verpflichtung zur Eingehung der Ehe und zur Herstellung des ehelichen Lebens unterliegt nicht der Vollstreckung.

Abschnitt 2
Verfahren in Ehesachen; Verfahren in Scheidungssachen und Folgesachen

Unterabschnitt 1
Verfahren in Ehesachen

§ 121 Ehesachen

Ehesachen sind Verfahren
1. auf Scheidung der Ehe (Scheidungssachen),
2. auf Aufhebung der Ehe und
3. auf Feststellung des Bestehens oder Nichtbestehens einer Ehe zwischen den Beteiligten.

§ 122 Örtliche Zuständigkeit

Ausschließlich zuständig ist in dieser Rangfolge:
1. das Gericht, in dessen Bezirk einer der Ehegatten mit allen gemeinschaftlichen minderjährigen Kindern seinen gewöhnlichen Aufenthalt hat;
2. das Gericht, in dessen Bezirk einer der Ehegatten mit einem Teil der gemeinschaftlichen minderjährigen Kinder seinen gewöhnlichen Aufenthalt hat, sofern bei dem anderen Ehegatten keine gemeinschaftlichen minderjährigen Kinder ihren gewöhnlichen Aufenthalt haben;
3. das Gericht, in dessen Bezirk die Ehegatten ihren gemeinsamen gewöhnlichen Aufenthalt zuletzt gehabt haben, wenn einer der Ehegatten bei Eintritt der Rechtshängigkeit im Bezirk dieses Gerichts seinen gewöhnlichen Aufenthalt hat;
4. das Gericht, in dessen Bezirk der Antragsgegner seinen gewöhnlichen Aufenthalt hat;
5. das Gericht, in dessen Bezirk der Antragsteller seinen gewöhnlichen Aufenthalt hat;
6. in den Fällen des § 98 Absatz 2 das Gericht, in dessen Bezirk der Ehegatte, der im Zeitpunkt der Eheschließung das 16., aber nicht das 18. Lebensjahr vollendet hatte, seinen Aufenthalt hat;
7. das Amtsgericht Schöneberg in Berlin.

§ 123 Abgabe bei Anhängigkeit mehrerer Ehesachen

Sind Ehesachen, die dieselbe Ehe betreffen, bei verschiedenen Gerichten im ersten Rechtszug anhängig, sind, wenn nur eines der Verfahren eine Scheidungssache ist, die übrigen Ehesachen von Amts wegen an das Gericht der Scheidungssache abzugeben. Ansonsten erfolgt die Abgabe an das Gericht der Ehesache, die zuerst rechtshängig geworden ist. § 281 Abs. 2 und 3 Satz 1 der Zivilprozessordnung gilt entsprechend.

§ 124 Antrag

Das Verfahren in Ehesachen wird durch Einreichung einer Antragsschrift anhängig. Die Vorschriften der Zivilprozessordnung über die Klageschrift gelten entsprechend.

§ 125 Verfahrensfähigkeit

(1) In Ehesachen ist ein in der Geschäftsfähigkeit beschränkter Ehegatte verfahrensfähig.
(2) Für einen geschäftsunfähigen Ehegatten wird das Verfahren durch den gesetzlichen Vertreter geführt. Der gesetzliche Vertreter bedarf für den Antrag auf Scheidung oder Aufhebung der Ehe der Genehmigung des Familien- und Betreuungsgerichts.

223 FamFG §§ 126–132

§ 126 Mehrere Ehesachen; Ehesachen und andere Verfahren
(1) Ehesachen, die dieselbe Ehe betreffen, können miteinander verbunden werden.
(2) Eine Verbindung von Ehesachen mit anderen Verfahren ist unzulässig. § 137 bleibt unberührt.
(3) Wird in demselben Verfahren Aufhebung und Scheidung beantragt und sind beide Anträge begründet, so ist nur die Aufhebung der Ehe auszusprechen.

§ 127 Eingeschränkte Amtsermittlung
(1) Das Gericht hat von Amts wegen die zur Feststellung der entscheidungserheblichen Tatsachen erforderlichen Ermittlungen durchzuführen.
(2) In Verfahren auf Scheidung oder Aufhebung der Ehe dürfen von den Beteiligten nicht vorgebrachte Tatsachen nur berücksichtigt werden, wenn sie geeignet sind, der Aufrechterhaltung der Ehe zu dienen oder wenn der Antragsteller einer Berücksichtigung nicht widerspricht.
(3) In Verfahren auf Scheidung kann das Gericht außergewöhnliche Umstände nach § 1568 des Bürgerlichen Gesetzbuchs nur berücksichtigen, wenn sie von dem Ehegatten, der die Scheidung ablehnt, vorgebracht worden sind.

§ 128 Persönliches Erscheinen der Ehegatten
(1) Das Gericht soll das persönliche Erscheinen der Ehegatten anordnen und sie anhören. Die Anhörung eines Ehegatten hat in Abwesenheit des anderen Ehegatten stattzufinden, falls dies zum Schutz des anzuhörenden Ehegatten oder aus anderen Gründen erforderlich ist. Das Gericht kann von Amts wegen einen oder beide Ehegatten als Beteiligte vernehmen, auch wenn die Voraussetzungen des § 448 der Zivilprozessordnung nicht gegeben sind.
(2) Sind gemeinschaftliche minderjährige Kinder vorhanden, hat das Gericht die Ehegatten auch zur elterlichen Sorge und zum Umgangsrecht anzuhören und auf bestehende Möglichkeiten der Beratung hinzuweisen.
(3) Ist ein Ehegatte am Erscheinen verhindert oder hält er sich in so großer Entfernung vom Sitz des Gerichts auf, dass ihm das Erscheinen nicht zugemutet werden kann, kann die Anhörung oder Vernehmung durch einen ersuchten Richter erfolgen.
(4) Gegen einen nicht erschienenen Ehegatten ist wie gegen einen im Vernehmungstermin nicht erschienenen Zeugen zu verfahren; die Ordnungshaft ist ausgeschlossen.

§ 129 Mitwirkung der Verwaltungsbehörde oder dritter Personen
(1) Beantragt die zuständige Verwaltungsbehörde oder bei Verstoß gegen § 1306 des Bürgerlichen Gesetzbuchs die dritte Person die Aufhebung der Ehe, ist der Antrag gegen beide Ehegatten zu richten.
(2) Hat in den Fällen des § 1316 Abs. 1 Nr. 1 des Bürgerlichen Gesetzbuchs ein Ehegatte oder die dritte Person den Antrag gestellt, ist die zuständige Verwaltungsbehörde über den Antrag zu unterrichten. Die zuständige Verwaltungsbehörde kann in diesen Fällen, auch wenn sie den Antrag nicht gestellt hat, das Verfahren betreiben, insbesondere selbständig Anträge stellen oder Rechtsmittel einlegen. Im Fall eines Antrags auf Feststellung des Bestehens oder Nichtbestehens einer Ehe zwischen den Beteiligten gelten die Sätze 1 und 2 entsprechend.

§ 129a Vorrang- und Beschleunigungsgebot
Das Vorrang- und Beschleunigungsgebot (§ 155 Absatz 1) gilt entsprechend für Verfahren auf Aufhebung einer Ehe wegen Eheunmündigkeit. Die Anhörung (§ 128) soll spätestens einen Monat nach Beginn des Verfahrens stattfinden; § 155 Absatz 2 Satz 4 und 5 gilt entsprechend. Das Gericht hört in dem Termin das Jugendamt an, es sei denn, die Ehegatten sind zu diesem Zeitpunkt volljährig.

§ 130 Säumnis der Beteiligten
(1) Die Versäumnisentscheidung gegen den Antragsteller ist dahin zu erlassen, dass der Antrag als zurückgenommen gilt.
(2) Eine Versäumnisentscheidung gegen den Antragsgegner sowie eine Entscheidung nach Aktenlage ist unzulässig.

§ 131 Tod eines Ehegatten
Stirbt ein Ehegatte, bevor die Endentscheidung in der Ehesache rechtskräftig ist, gilt das Verfahren als in der Hauptsache erledigt.

§ 132 Kosten bei Aufhebung der Ehe
(1) Wird die Aufhebung der Ehe ausgesprochen, sind die Kosten des Verfahrens gegeneinander aufzuheben. Erscheint dies im Hinblick darauf, dass bei der Eheschließung ein Ehegatte allein die Aufhebbarkeit der Ehe gekannt hat oder ein Ehegatte durch arglistige Täuschung oder widerrechtliche Drohung seitens des anderen

Ehegatten oder mit dessen Wissen zur Eingehung der Ehe bestimmt worden ist, als unbillig, kann das Gericht die Kosten nach billigem Ermessen anderweitig verteilen.

(2) Absatz 1 ist nicht anzuwenden, wenn eine Ehe auf Antrag der zuständigen Verwaltungsbehörde oder bei Verstoß gegen § 1306 des Bürgerlichen Gesetzbuchs auf Antrag des Dritten aufgehoben wird.

(3) Einem minderjährigen Beteiligten können Kosten nicht auferlegt werden.

Unterabschnitt 2
Verfahren in Scheidungssachen und Folgesachen

§ 133 Inhalt der Antragsschrift

(1) Die Antragsschrift muss enthalten:
1. Namen und Geburtsdaten der gemeinschaftlichen minderjährigen Kinder sowie die Mitteilung ihres gewöhnlichen Aufenthalts,
2. die Erklärung, ob die Ehegatten eine Regelung über die elterliche Sorge, den Umgang und die Unterhaltspflicht gegenüber den gemeinschaftlichen minderjährigen Kindern sowie die durch die Ehe begründete gesetzliche Unterhaltspflicht, die Rechtsverhältnisse an der Ehewohnung und an den Haushaltsgegenständen getroffen haben, und
3. die Angabe, ob Familiensachen, an denen beide Ehegatten beteiligt sind, anderweitig anhängig sind.

(2) Der Antragsschrift sollen die Heiratsurkunde und die Geburtsurkunden der gemeinschaftlichen minderjährigen Kinder beigefügt werden.

§ 134 Zustimmung zur Scheidung und zur Rücknahme; Widerruf

(1) Die Zustimmung zur Scheidung und zur Rücknahme des Scheidungsantrags kann zur Niederschrift der Geschäftsstelle oder in der mündlichen Verhandlung zur Niederschrift des Gerichts erklärt werden.

(2) Die Zustimmung zur Scheidung kann bis zum Schluss der mündlichen Verhandlung, auf die über die Scheidung der Ehe entschieden wird, widerrufen werden. Der Widerruf kann zur Niederschrift der Geschäftsstelle oder in der mündlichen Verhandlung zur Niederschrift des Gerichts erklärt werden.

§ 135 Außergerichtliche Konfliktbeilegung über Folgesachen

Das Gericht kann anordnen, dass die Ehegatten einzeln oder gemeinsam an einem kostenfreien Informationsgespräch über Mediation oder eine sonstige Möglichkeit der außergerichtlichen Konfliktbeilegung anhängiger Folgesachen bei einer von dem Gericht benannten Person oder Stelle teilnehmen und eine Bestätigung hierüber vorlegen. Die Anordnung ist nicht selbständig anfechtbar und nicht mit Zwangsmitteln durchsetzbar.

§ 136 Aussetzung des Verfahrens

(1) Das Gericht soll das Verfahren von Amts wegen aussetzen, wenn nach seiner freien Überzeugung Aussicht auf Fortsetzung der Ehe besteht. Leben die Ehegatten länger als ein Jahr getrennt, darf das Verfahren nicht gegen den Widerspruch beider Ehegatten ausgesetzt werden.

(2) Hat der Antragsteller die Aussetzung des Verfahrens beantragt, darf das Gericht die Scheidung der Ehe nicht aussprechen, bevor das Verfahren ausgesetzt war.

(3) Die Aussetzung darf nur einmal wiederholt werden. Sie darf insgesamt die Dauer von einem Jahr, bei einer mehr als dreijährigen Trennung die Dauer von sechs Monaten nicht überschreiten.

(4) Mit der Aussetzung soll das Gericht in der Regel den Ehegatten nahelegen, eine Eheberatung in Anspruch zu nehmen.

§ 137 Verbund von Scheidungs- und Folgesachen

(1) Über Scheidung und Folgesachen ist zusammen zu verhandeln und zu entscheiden (Verbund).

(2) Folgesachen sind
1. Versorgungsausgleichssachen,
2. Unterhaltssachen, sofern sie die Unterhaltspflicht gegenüber einem gemeinschaftlichen Kind oder die durch Ehe begründete gesetzliche Unterhaltspflicht betreffen mit Ausnahme des vereinfachten Verfahrens über den Unterhalt Minderjähriger,
3. Ehewohnungs- und Haushaltssachen und
4. Güterrechtssachen,

wenn eine Entscheidung für den Fall der Scheidung zu treffen ist und die Familiensache spätestens zwei Wochen vor der mündlichen Verhandlung im ersten Rechtszug in der Scheidungssache von einem Ehegatten anhängig gemacht wird. Für den Versorgungsausgleich ist in den Fällen der §§ 6 bis 19 und 28 des Versorgungsausgleichsgesetzes kein Antrag notwendig.

(3) Folgesachen sind auch Kindschaftssachen, die die Übertragung oder Entziehung der elterlichen Sorge, das Umgangsrecht oder die Herausgabe eines gemeinschaftlichen Kindes der Ehegatten oder das Umgangsrecht eines Ehegatten mit dem Kind des anderen Ehegatten betreffen, wenn ein Ehegatte vor Schluss der mündlichen Verhandlung im ersten Rechtszug in der Scheidungssache die Einbeziehung in den Verbund beantragt, es sei denn, das Gericht hält die Einbeziehung aus Gründen des Kindeswohls nicht für sachgerecht.
(4) Im Fall der Verweisung oder Abgabe werden Verfahren, die die Voraussetzungen des Absatzes 2 oder des Absatzes 3 erfüllen, mit Anhängigkeit bei dem Gericht der Scheidungssache zu Folgesachen.
(5) Abgetrennte Folgesachen nach Absatz 2 bleiben Folgesachen; sind mehrere Folgesachen abgetrennt, besteht der Verbund auch unter ihnen fort. Folgesachen nach Absatz 3 werden nach der Abtrennung als selbständige Verfahren fortgeführt.

§ 138 Beiordnung eines Rechtsanwalts
(1) Ist in einer Scheidungssache der Antragsgegner nicht anwaltlich vertreten, hat das Gericht ihm für die Scheidungssache und eine Kindschaftssache als Folgesache von Amts wegen zur Wahrnehmung seiner Rechte im ersten Rechtszug einen Rechtsanwalt beizuordnen, wenn diese Maßnahme nach der freien Überzeugung des Gerichts zum Schutz des Beteiligten unabweisbar erscheint; § 78c Abs. 1 und 3 der Zivilprozessordnung gilt entsprechend. Vor einer Beiordnung soll der Beteiligte persönlich angehört und dabei auch darauf hingewiesen werden, dass und unter welchen Voraussetzungen Familiensachen gleichzeitig mit der Scheidungssache verhandelt und entschieden werden können.
(2) Der beigeordnete Rechtsanwalt hat die Stellung eines Beistands.

§ 139 Einbeziehung weiterer Beteiligter und dritter Personen
(1) Sind außer den Ehegatten weitere Beteiligte vorhanden, werden vorbereitende Schriftsätze, Ausfertigungen oder Abschriften diesen nur insoweit mitgeteilt oder zugestellt, als der Inhalt des Schriftstücks sie betrifft. Dasselbe gilt für die Zustellung von Entscheidungen an dritte Personen, die zur Einlegung von Rechtsmitteln berechtigt sind.
(2) Die weiteren Beteiligten können von der Teilnahme an der mündlichen Verhandlung insoweit ausgeschlossen werden, als die Familiensache, an der sie beteiligt sind, nicht Gegenstand der Verhandlung ist.

§ 140 Abtrennung
(1) Wird in einer Unterhaltsfolgesache oder Güterrechtsfolgesache außer den Ehegatten eine weitere Person Beteiligter des Verfahrens, ist die Folgesache abzutrennen.
(2) Das Gericht kann eine Folgesache vom Verbund abtrennen. Dies ist nur zulässig, wenn
1. in einer Versorgungsausgleichsfolgesache oder Güterrechtsfolgesache vor der Auflösung der Ehe eine Entscheidung nicht möglich ist,
2. in einer Versorgungsausgleichsfolgesache das Verfahren ausgesetzt ist, weil ein Rechtsstreit über den Bestand oder die Höhe eines Anrechts vor einem anderen Gericht anhängig ist,
3. in einer Kindschaftsfolgesache das Gericht dies aus Gründen des Kindeswohls für sachgerecht hält oder das Verfahren ausgesetzt ist,
4. seit der Rechtshängigkeit des Scheidungsantrags ein Zeitraum von drei Monaten verstrichen ist, beide Ehegatten die erforderlichen Mitwirkungshandlungen in der Versorgungsausgleichsfolgesache vorgenommen haben und beide übereinstimmend deren Abtrennung beantragen oder
5. sich der Scheidungsausspruch so außergewöhnlich verzögern würde, dass ein weiterer Aufschub unter Berücksichtigung der Bedeutung der Folgesache eine unzumutbare Härte darstellen würde, und ein Ehegatte die Abtrennung beantragt.
(3) Im Fall des Absatzes 2 Nr. 3 kann das Gericht auf Antrag eines Ehegatten auch eine Unterhaltsfolgesache abtrennen, wenn dies wegen des Zusammenhangs mit der Kindschaftsfolgesache geboten erscheint.
(4) In den Fällen des Absatzes 2 Nr. 4 und 5 bleibt der vor Ablauf des ersten Jahres seit Eintritt des Getrenntlebens liegende Zeitraum außer Betracht. Dies gilt nicht, sofern die Voraussetzungen des § 1565 Abs. 2 des Bürgerlichen Gesetzbuchs vorliegen.
(5) Der Antrag auf Abtrennung kann zur Niederschrift der Geschäftsstelle oder in der mündlichen Verhandlung zur Niederschrift des Gerichts gestellt werden.
(6) Die Entscheidung erfolgt durch gesonderten Beschluss; sie ist nicht selbständig anfechtbar.

§ 141 Rücknahme des Scheidungsantrags
Wird ein Scheidungsantrag zurückgenommen, erstrecken sich die Wirkungen der Rücknahme auch auf die Folgesachen. Dies gilt nicht für Folgesachen, die die Übertragung der elterlichen Sorge oder eines Teils der elterlichen Sorge wegen Gefährdung des Kindeswohls auf einen Elternteil, einen Vormund oder Pfleger betreffen, sowie für

Folgesachen, hinsichtlich derer ein Beteiligter vor Wirksamwerden der Rücknahme ausdrücklich erklärt hat, sie fortführen zu wollen. Diese werden als selbständige Familiensachen fortgeführt.

§ 142 Einheitliche Endentscheidung; Abweisung des Scheidungsantrags
(1) Im Fall der Scheidung ist über sämtliche im Verbund stehenden Familiensachen durch einheitlichen Beschluss zu entscheiden. Dies gilt auch, soweit eine Versäumnisentscheidung zu treffen ist.
(2) Wird der Scheidungsantrag abgewiesen, werden die Folgesachen gegenstandslos. Dies gilt nicht für Folgesachen nach § 137 Abs. 3 sowie für Folgesachen, hinsichtlich derer ein Beteiligter vor der Entscheidung ausdrücklich erklärt hat, sie fortführen zu wollen. Diese werden als selbständige Familiensachen fortgeführt.
(3) Enthält der Beschluss nach Absatz 1 eine Entscheidung über den Versorgungsausgleich, so kann insoweit bei der Verkündung auf die Beschlussformel Bezug genommen werden.

§ 143 Einspruch
Wird im Fall des § 142 Abs. 1 Satz 2 gegen die Versäumnisentscheidung Einspruch und gegen den Beschluss im Übrigen ein Rechtsmittel eingelegt, ist zunächst über den Einspruch und die Versäumnisentscheidung zu verhandeln und zu entscheiden.

§ 144 Verzicht auf Anschlussrechtsmittel
Haben die Ehegatten auf Rechtsmittel gegen den Scheidungsausspruch verzichtet, können sie auch auf dessen Anfechtung im Wege der Anschließung an ein Rechtsmittel in einer Folgesache verzichten, bevor ein solches Rechtsmittel eingelegt ist.

§ 145 Befristung und Einschränkung von Rechtsmittelerweiterung und Anschlussrechtsmittel
(1) Ist eine nach § 142 einheitlich ergangene Entscheidung teilweise durch Beschwerde oder Rechtsbeschwerde angefochten worden, können Teile der einheitlichen Entscheidung, die eine andere Familiensache betreffen, durch Erweiterung des Rechtsmittels oder im Wege der Anschließung an das Rechtsmittel nur noch bis zum Ablauf eines Monats nach Bekanntgabe der Rechtsmittelbegründung angefochten werden; bei mehreren Bekanntgaben ist die letzte maßgeblich. Ist eine Begründung des Rechtsmittels gesetzlich nicht vorgeschrieben, so tritt an die Stelle der Bekanntgabe der Rechtsmittelbegründung die Bekanntgabe des Schriftsatzes, mit dem das Rechtsmittel eingelegt wurde.
(2) Erfolgt innerhalb dieser Frist eine solche Erweiterung des Rechtsmittels oder Anschließung an das Rechtsmittel, so verlängert sich die Frist um einen weiteren Monat. Im Fall einer erneuten Erweiterung des Rechtsmittels oder Anschließung an das Rechtsmittel innerhalb der verlängerten Frist gilt Satz 1 entsprechend.
(3) Durch die Anschließung an die Beschwerde eines Versorgungsträgers kann der Scheidungsausspruch nicht angefochten werden.

§ 146 Zurückverweisung
(1) Wird eine Entscheidung aufgehoben, durch die der Scheidungsantrag abgewiesen wurde, soll das Rechtsmittelgericht die Sache an das Gericht zurückverweisen, das die Abweisung ausgesprochen hat, wenn dort eine Folgesache zur Entscheidung ansteht. Das Gericht hat die rechtliche Beurteilung, die der Aufhebung zugrunde gelegt wurde, auch seiner Entscheidung zugrunde zu legen.
(2) Das Gericht, an das die Sache zurückverwiesen wurde, kann, wenn gegen die Aufhebungsentscheidung Rechtsbeschwerde eingelegt wird, auf Antrag anordnen, dass über die Folgesachen verhandelt wird.

§ 147 Erweiterte Aufhebung
Wird eine Entscheidung auf Rechtsbeschwerde teilweise aufgehoben, kann das Rechtsbeschwerdegericht auf Antrag eines Beteiligten die Entscheidung auch insoweit aufheben und die Sache zur anderweitigen Verhandlung und Entscheidung an das Beschwerdegericht zurückverweisen, als dies wegen des Zusammenhangs mit der aufgehobenen Entscheidung geboten erscheint. Eine Aufhebung des Scheidungsausspruchs kann nur innerhalb eines Monats nach Zustellung der Rechtsmittelbegründung oder des Beschlusses über die Zulassung der Rechtsbeschwerde, bei mehreren Zustellungen bis zum Ablauf eines Monats nach der letzten Zustellung, beantragt werden.

§ 148 Wirksamwerden von Entscheidungen in Folgesachen
Vor Rechtskraft des Scheidungsausspruchs werden die Entscheidungen in Folgesachen nicht wirksam.

§ 149 Erstreckung der Bewilligung von Verfahrenskostenhilfe
Die Bewilligung der Verfahrenskostenhilfe für die Scheidungssache erstreckt sich auf eine Versorgungsausgleichsfolgesache, sofern nicht eine Erstreckung ausdrücklich ausgeschlossen wird.

§ 150 Kosten in Scheidungssachen und Folgesachen

(1) Wird die Scheidung der Ehe ausgesprochen, sind die Kosten der Scheidungssache und der Folgesachen gegeneinander aufzuheben.
(2) Wird der Scheidungsantrag abgewiesen oder zurückgenommen, trägt der Antragsteller die Kosten der Scheidungssache und der Folgesachen. Werden Scheidungsanträge beider Ehegatten zurückgenommen oder abgewiesen oder ist das Verfahren in der Hauptsache erledigt, sind die Kosten der Scheidungssache und der Folgesachen gegeneinander aufzuheben.
(3) Sind in einer Folgesache, die nicht nach § 140 Abs. 1 abzutrennen ist, außer den Ehegatten weitere Beteiligte vorhanden, tragen diese ihre außergerichtlichen Kosten selbst.
(4) Erscheint in den Fällen der Absätze 1 bis 3 die Kostenverteilung insbesondere im Hinblick auf eine Versöhnung der Ehegatten oder auf das Ergebnis einer als Folgesache geführten Unterhaltssache oder Güterrechtssache als unbillig, kann das Gericht die Kosten nach billigem Ermessen anderweitig verteilen. Es kann dabei auch berücksichtigen, ob ein Beteiligter einer richterlichen Anordnung zur Teilnahme an einem Informationsgespräch nach § 135 nicht nachgekommen ist, sofern der Beteiligte dies nicht genügend entschuldigt hat. Haben die Beteiligten eine Vereinbarung über die Kosten getroffen, soll das Gericht sie ganz oder teilweise der Entscheidung zugrunde legen.
(5) Die Vorschriften der Absätze 1 bis 4 gelten auch hinsichtlich der Folgesachen, über die infolge einer Abtrennung gesondert zu entscheiden ist. Werden Folgesachen als selbständige Familiensachen fortgeführt, sind die hierfür jeweils geltenden Kostenvorschriften anzuwenden.

Abschnitt 3
Verfahren in Kindschaftssachen

§ 151 Kindschaftssachen

Kindschaftssachen sind die dem Familiengericht zugewiesenen Verfahren, die
1. die elterliche Sorge,
2. das Umgangsrecht und das Recht auf Auskunft über die persönlichen Verhältnisse des Kindes,
3. die Kindesherausgabe,
4. die Vormundschaft,
5. die Pflegschaft oder die gerichtliche Bestellung eines sonstigen Vertreters für einen Minderjährigen oder für eine Leibesfrucht,
6. die Genehmigung von freiheitsentziehender Unterbringung und freiheitsentziehenden Maßnahmen nach § 1631b des Bürgerlichen Gesetzbuchs, auch in Verbindung mit den §§ 1800 und 1915 des Bürgerlichen Gesetzbuchs,
7. die Genehmigung oder Anordnung einer freiheitsentziehenden Unterbringung, freiheitsentziehenden Maßnahme oder ärztlichen Zwangsmaßnahme bei einem Minderjährigen nach den Landesgesetzen über die Unterbringung psychisch Kranker oder
8. die Aufgaben nach dem Jugendgerichtsgesetz

betreffen.

§ 152 Örtliche Zuständigkeit

(1) Während der Anhängigkeit einer Ehesache ist unter den deutschen Gerichten das Gericht, bei dem die Ehesache im ersten Rechtszug anhängig ist oder war, ausschließlich zuständig für Kindschaftssachen, sofern sie gemeinschaftliche Kinder der Ehegatten betreffen.
(2) Ansonsten ist das Gericht zuständig, in dessen Bezirk das Kind seinen gewöhnlichen Aufenthalt hat.
(3) Ist die Zuständigkeit eines deutschen Gerichts nach den Absätzen 1 und 2 nicht gegeben, ist das Gericht zuständig, in dessen Bezirk das Bedürfnis der Fürsorge bekannt wird.
(4) Für die in den §§ 1693 und 1846 des Bürgerlichen Gesetzbuchs und in Artikel 24 Abs. 3 des Einführungsgesetzes zum Bürgerlichen Gesetzbuche bezeichneten Maßnahmen ist auch das Gericht zuständig, in dessen Bezirk das Bedürfnis der Fürsorge bekannt wird. Es soll die angeordneten Maßnahmen dem Gericht mitteilen, bei dem eine Vormundschaft oder Pflegschaft anhängig ist.

§ 153 Abgabe an das Gericht der Ehesache

Wird eine Ehesache rechtshängig, während eine Kindschaftssache, die ein gemeinschaftliches Kind der Ehegatten betrifft, bei einem anderen Gericht im ersten Rechtszug anhängig ist, ist diese von Amts wegen an das Gericht der Ehesache abzugeben. § 281 Abs. 2 und 3 Satz 1 der Zivilprozessordnung gilt entsprechend.

§ 154 Verweisung bei einseitiger Änderung des Aufenthalts des Kindes

Das nach § 152 Abs. 2 zuständige Gericht kann ein Verfahren an das Gericht des früheren gewöhnlichen Aufenthaltsorts des Kindes verweisen, wenn ein Elternteil den Aufenthalt des Kindes ohne vorherige Zustimmung des anderen geändert hat. Dies gilt nicht, wenn dem anderen Elternteil das Recht der Aufenthaltsbestimmung nicht zusteht oder die Änderung des Aufenthaltsorts zum Schutz des Kindes oder des betreuenden Elternteils erforderlich war.

§ 155 Vorrang- und Beschleunigungsgebot

(1) Kindschaftssachen, die den Aufenthalt des Kindes, das Umgangsrecht oder die Herausgabe des Kindes betreffen, sowie Verfahren wegen Gefährdung des Kindeswohls sind vorrangig und beschleunigt durchzuführen.
(2) Das Gericht erörtert in Verfahren nach Absatz 1 die Sache mit den Beteiligten in einem Termin. Der Termin soll spätestens einen Monat nach Beginn des Verfahrens stattfinden. Das Gericht hört in diesem Termin das Jugendamt an. Eine Verlegung des Termins ist nur aus zwingenden Gründen zulässig. Der Verlegungsgrund ist mit dem Verlegungsgesuch glaubhaft zu machen.
(3) Das Gericht soll das persönliche Erscheinen der verfahrensfähigen Beteiligten zu dem Termin anordnen.
(4) Hat das Gericht ein Verfahren nach Absatz 1 zur Durchführung einer Mediation oder eines anderen Verfahrens der außergerichtlichen Konfliktbeilegung ausgesetzt, nimmt es das Verfahren in der Regel nach drei Monaten wieder auf, wenn die Beteiligten keine einvernehmliche Regelung erzielen.

§ 155a Verfahren zur Übertragung der gemeinsamen elterlichen Sorge

(1) Die nachfolgenden Bestimmungen dieses Paragrafen gelten für das Verfahren nach § 1626a Absatz 2 des Bürgerlichen Gesetzbuchs. Im Antrag auf Übertragung der gemeinsamen Sorge sind Geburtsdatum und Geburtsort des Kindes anzugeben.
(2) § 155 Absatz 1 ist entsprechend anwendbar. Das Gericht stellt dem anderen Elternteil den Antrag auf Übertragung der gemeinsamen Sorge nach den §§ 166 bis 195 der Zivilprozessordnung zu und setzt ihm eine Frist zur Stellungnahme, die für die Mutter frühestens sechs Wochen nach der Geburt des Kindes endet.
(3) In den Fällen des § 1626a Absatz 2 Satz 2 des Bürgerlichen Gesetzbuchs soll das Gericht im schriftlichen Verfahren ohne Anhörung des Jugendamts und ohne persönliche Anhörung der Eltern entscheiden. § 162 ist nicht anzuwenden. Das Gericht teilt dem nach § 87c Absatz 6 Satz 2 des Achten Buches Sozialgesetzbuch zuständigen Jugendamt seine Entscheidung unter Angabe des Geburtsdatums und des Geburtsorts des Kindes sowie des Namens, den das Kind zur Zeit der Beurkundung seiner Geburt geführt hat, zu den in § 58a des Achten Buches Sozialgesetzbuch genannten Zwecken formlos mit.
(4) Werden dem Gericht durch den Vortrag der Beteiligten oder auf sonstige Weise Gründe bekannt, die der gemeinsamen elterlichen Sorge entgegenstehen können, gilt § 155 Absatz 2 mit der Maßgabe entsprechend, dass der Termin nach Satz 2 spätestens einen Monat nach Bekanntwerden der Gründe stattfinden soll, jedoch nicht vor Ablauf der Stellungnahmefrist der Mutter nach Absatz 2 Satz 2. § 155 Absatz 3 und § 156 Absatz 1 gelten entsprechend.
(5) Sorgeerklärungen und Zustimmungen des gesetzlichen Vertreters eines beschränkt geschäftsfähigen Elternteils können auch im Erörterungstermin zur Niederschrift des Gerichts erklärt werden. § 1626d Absatz 2 des Bürgerlichen Gesetzbuchs gilt entsprechend.

§ 155b Beschleunigungsrüge

(1) Ein Beteiligter in einer in § 155 Absatz 1 bestimmten Kindschaftssache kann geltend machen, dass die bisherige Verfahrensdauer nicht dem Vorrang- und Beschleunigungsgebot nach der genannten Vorschrift entspricht (Beschleunigungsrüge). Er hat dabei Umstände darzulegen, aus denen sich ergibt, dass das Verfahren nicht vorrangig und beschleunigt durchgeführt worden ist.
(2) Das Gericht entscheidet über die Beschleunigungsrüge spätestens innerhalb eines Monats nach deren Eingang durch Beschluss. Hält das Gericht die Beschleunigungsrüge für begründet, hat es unverzüglich geeignete Maßnahmen zur vorrangigen und beschleunigten Durchführung des Verfahrens zu ergreifen; insbesondere ist der Erlass einer einstweiligen Anordnung zu prüfen.
(3) Die Beschleunigungsrüge gilt zugleich als Verzögerungsrüge im Sinne des § 198 Absatz 3 Satz 1 des Gerichtsverfassungsgesetzes.

§ 155c Beschleunigungsbeschwerde

(1) Der Beschluss nach § 155b Absatz 2 Satz 1 kann von dem Beteiligten innerhalb einer Frist von zwei Wochen nach der schriftlichen Bekanntgabe mit der Beschwerde angefochten werden. § 64 Absatz 1 gilt entsprechend. Das Gericht ist zur Abhilfe nicht befugt; es hat die Akten unverzüglich dem Beschwerdegericht nach Absatz 2 vorzulegen.

(2) Über die Beschleunigungsbeschwerde entscheidet das Oberlandesgericht, wenn das Amtsgericht den Beschluss nach § 155b Absatz 2 Satz 1 gefasst hat. Hat das Oberlandesgericht oder der Bundesgerichtshof den Beschluss gefasst, so entscheidet ein anderer Spruchkörper desselben Gerichts.
(3) Das Beschwerdegericht entscheidet unverzüglich nach Aktenlage; seine Entscheidung soll spätestens innerhalb eines Monats ergehen. § 68 Absatz 2 gilt entsprechend. Das Beschwerdegericht hat festzustellen, ob die bisherige Dauer des Verfahrens dem Vorrang- und Beschleunigungsgebot des § 155 Absatz 1 entspricht. Stellt es fest, dass dies nicht der Fall ist, hat das Gericht, dessen Beschluss angefochten worden ist, das Verfahren unter Beachtung der rechtlichen Beurteilung des Beschwerdegerichts unverzüglich vorrangig und beschleunigt durchzuführen.
(4) Hat das Gericht innerhalb der Monatsfrist des § 155b Absatz 2 Satz 1 keine Entscheidung über die Beschleunigungsrüge getroffen, kann der Beteiligte innerhalb einer Frist von zwei Monaten bei dem Beschwerdegericht nach Absatz 2 die Beschleunigungsbeschwerde einlegen. Die Frist beginnt mit Eingang der Beschleunigungsrüge bei dem Gericht. Die Absätze 2 und 3 gelten entsprechend.

§ 156 Hinwirken auf Einvernehmen

(1) Das Gericht soll in Kindschaftssachen, die die elterliche Sorge bei Trennung und Scheidung, den Aufenthalt des Kindes, das Umgangsrecht oder die Herausgabe des Kindes betreffen, in jeder Lage des Verfahrens auf ein Einvernehmen der Beteiligten hinwirken, wenn dies dem Kindeswohl nicht widerspricht. Es weist auf Möglichkeiten der Beratung durch die Beratungsstellen und -dienste der Träger der Kinder- und Jugendhilfe insbesondere zur Entwicklung eines einvernehmlichen Konzepts für die Wahrnehmung der elterlichen Sorge und der elterlichen Verantwortung hin. Das Gericht kann anordnen, dass die Eltern einzeln oder gemeinsam an einem kostenfreien Informationsgespräch über Mediation oder über eine sonstige Möglichkeit der außergerichtlichen Konfliktbeilegung bei einer von dem Gericht benannten Person oder Stelle teilnehmen und eine Bestätigung hierüber vorlegen. Es kann ferner anordnen, dass die Eltern an einer Beratung nach Satz 2 teilnehmen. Die Anordnungen nach den Sätzen 3 und 4 sind nicht selbständig anfechtbar und nicht mit Zwangsmitteln durchsetzbar.
(2) Erzielen die Beteiligten Einvernehmen über den Umgang oder die Herausgabe des Kindes, ist die einvernehmliche Regelung als Vergleich aufzunehmen, wenn das Gericht diese billigt (gerichtlich gebilligter Vergleich). Das Gericht billigt die Umgangsregelung, wenn sie dem Kindeswohl nicht widerspricht.
(3) Kann in Kindschaftssachen, die den Aufenthalt des Kindes, das Umgangsrecht oder die Herausgabe des Kindes betreffen, eine einvernehmliche Regelung im Termin nach § 155 Abs. 2 nicht erreicht werden, hat das Gericht mit den Beteiligten und dem Jugendamt den Erlass einer einstweiligen Anordnung zu erörtern. Wird die Teilnahme an einer Beratung, an einem kostenfreien Informationsgespräch über Mediation oder einer sonstigen Möglichkeit der außergerichtlichen Konfliktbeilegung oder eine schriftliche Begutachtung angeordnet, soll das Gericht in Kindschaftssachen, die das Umgangsrecht betreffen, den Umgang durch einstweilige Anordnung regeln oder ausschließen. Das Gericht soll das Kind vor dem Erlass einer einstweiligen Anordnung persönlich anhören.

§ 157 Erörterung der Kindeswohlgefährdung; einstweilige Anordnung

(1) In Verfahren nach den §§ 1666 und 1666a des Bürgerlichen Gesetzbuchs soll das Gericht mit den Eltern und in geeigneten Fällen auch mit dem Kind erörtern, wie einer möglichen Gefährdung des Kindeswohls, insbesondere durch öffentliche Hilfen, begegnet werden und welche Folgen die Nichtannahme notwendiger Hilfen haben kann.
(2) Das Gericht hat das persönliche Erscheinen der Eltern zu dem Termin nach Absatz 1 anzuordnen. Das Gericht führt die Erörterung in Abwesenheit eines Elternteils durch, wenn dies zum Schutz eines Beteiligten oder aus anderen Gründen erforderlich ist.
(3) In Verfahren nach den §§ 1666 und 1666a des Bürgerlichen Gesetzbuchs hat das Gericht unverzüglich den Erlass einer einstweiligen Anordnung zu prüfen.

§ 158 Bestellung des Verfahrensbeistands

(1) Das Gericht hat dem minderjährigen Kind in Kindschaftssachen, die seine Person betreffen, einen fachlich und persönlich geeigneten Verfahrensbeistand zu bestellen, soweit dies zur Wahrnehmung der Interessen des Kindes erforderlich ist. Der Verfahrensbeistand ist so früh wie möglich zu bestellen.
(2) Die Bestellung ist stets erforderlich, wenn eine der folgenden Entscheidungen in Betracht kommt:
1. die teilweise oder vollständige Entziehung der Personensorge nach den §§ 1666 und 1666a des Bürgerlichen Gesetzbuchs,
2. der Ausschluss des Umgangsrechts nach § 1684 des Bürgerlichen Gesetzbuchs oder
3. eine Verbleibensanordnung nach § 1632 Absatz 4 oder § 1682 des Bürgerlichen Gesetzbuchs.

(3) Die Bestellung ist in der Regel erforderlich, wenn
1. das Interesse des Kindes zu dem seiner gesetzlichen Vertreter in erheblichem Gegensatz steht,
2. eine Trennung des Kindes von der Person erfolgen soll, in deren Obhut es sich befindet,
3. Verfahren die Herausgabe des Kindes zum Gegenstand haben oder

4. eine wesentliche Beschränkung des Umgangsrechts in Betracht kommt.
Sieht das Gericht in den genannten Fällen von der Bestellung eines Verfahrensbeistands ab, ist dies in der Endentscheidung zu begründen.
(4) Die Bestellung endet mit der Aufhebung der Bestellung, mit Rechtskraft der das Verfahren abschließenden Entscheidung oder mit dem sonstigen Abschluss des Verfahrens. Das Gericht hebt die Bestellung auf, wenn
1. der Verfahrensbeistand dies beantragt und einer Entlassung keine erheblichen Gründe entgegenstehen oder
2. die Fortführung des Amtes die Interessen des Kindes gefährden würde.
(5) Die Bestellung eines Verfahrensbeistands oder deren Aufhebung sowie die Ablehnung einer derartigen Maßnahme sind nicht selbständig anfechtbar.

§ 158a Eignung des Verfahrensbeistands

(1) Fachlich geeignet im Sinne des § 158 Absatz 1 ist eine Person, die Grundkenntnisse auf den Gebieten des Familienrechts, insbesondere des Kindschaftsrechts, des Verfahrensrechts in Kindschaftssachen und des Kinder- und Jugendhilferechts, sowie Kenntnisse der Entwicklungspsychologie des Kindes hat und über kindgerechte Gesprächstechniken verfügt. Die nach Satz 1 erforderlichen Kenntnisse und Fähigkeiten sind auf Verlangen des Gerichts nachzuweisen. Der Nachweis kann insbesondere über eine sozialpädagogische, pädagogische, juristische oder psychologische Berufsqualifikation sowie eine für die Tätigkeit als Verfahrensbeistand spezifische Zusatzqualifikation erbracht werden. Der Verfahrensbeistand hat sich regelmäßig, mindestens alle zwei Jahre, fortzubilden und dies dem Gericht auf Verlangen nachzuweisen.
(2) Persönlich geeignet im Sinne des § 158 Absatz 1 ist eine Person, die Gewähr bietet, die Interessen des Kindes gewissenhaft, unvoreingenommen und unabhängig wahrzunehmen. Persönlich ungeeignet ist eine Person stets dann, wenn sie rechtskräftig wegen einer Straftat nach den §§ 171, 174 bis 174c, 176 bis 178, 180, 180a, 181a, 182 bis 184c, 184e bis 184g, 184i bis 184k, 201a Absatz 3, den §§ 225, 232 bis 233a, 234, 235 oder § 236 des Strafgesetzbuchs verurteilt worden ist. Zur Überprüfung der Voraussetzungen des Satzes 2 soll sich das Gericht ein erweitertes Führungszeugnis von der betreffenden Person (§ 30a des Bundeszentralregistergesetzes) vorlegen lassen oder im Einverständnis mit der betreffenden Person anderweitig Einsicht in ein bereits vorliegendes erweitertes Führungszeugnis nehmen. Ein solches darf nicht älter als drei Jahre sein. Aktenkundig zu machen sind nur die Einsichtnahme in das erweiterte Führungszeugnis des bestellten Verfahrensbeistands, das Ausstellungsdatum sowie die Feststellung, dass das erweiterte Führungszeugnis keine Eintragung über eine rechtskräftige Verurteilung wegen einer in Satz 2 genannten Straftat enthält.

§ 158b Aufgaben und Rechtsstellung des Verfahrensbeistands

(1) Der Verfahrensbeistand hat das Interesse des Kindes festzustellen und im gerichtlichen Verfahren zur Geltung zu bringen. Er soll zu diesem Zweck auch eine schriftliche Stellungnahme erstatten. Der Verfahrensbeistand hat das Kind über Gegenstand, Ablauf und möglichen Ausgang des Verfahrens in geeigneter Weise zu informieren. Endet das Verfahren durch Endentscheidung, soll der Verfahrensbeistand den gerichtlichen Beschluss mit dem Kind erörtern.
(2) Soweit erforderlich kann das Gericht dem Verfahrensbeistand die Aufgabe übertragen, Gespräche mit den Eltern und weiteren Bezugspersonen des Kindes zu führen sowie am Zustandekommen einer einvernehmlichen Regelung über den Verfahrensgegenstand mitzuwirken. Das Gericht hat Art und Umfang der Beauftragung konkret festzulegen und die Beauftragung zu begründen.
(3) Der Verfahrensbeistand wird durch seine Bestellung als Beteiligter zum Verfahren hinzugezogen. Er kann im Interesse des Kindes Rechtsmittel einlegen. Der Verfahrensbeistand ist nicht gesetzlicher Vertreter des Kindes.

§ 158c Vergütung; Kosten

(1) Führt der Verfahrensbeistand die Verfahrensbeistandschaft berufsmäßig, erhält er für die Wahrnehmung seiner Aufgaben in jedem Rechtszug jeweils eine einmalige Vergütung von 350 Euro. Im Fall der Übertragung von Aufgaben nach § 158b Absatz 2 erhöht sich die Vergütung auf 550 Euro. Die Vergütung deckt auch Ansprüche auf Ersatz anlässlich der Verfahrensbeistandschaft entstandener Aufwendungen ab.
(2) Für den Ersatz von Aufwendungen des nicht berufsmäßigen Verfahrensbeistands ist § 277 Absatz 1 entsprechend anzuwenden.
(3) Der Aufwendungsersatz und die Vergütung sind stets aus der Staatskasse zu zahlen. Im Übrigen gilt § 168 Absatz 1 entsprechend.
(4) Dem Verfahrensbeistand sind keine Kosten aufzuerlegen.

§ 159 Persönliche Anhörung des Kindes

(1) Das Gericht hat das Kind persönlich anzuhören und sich einen persönlichen Eindruck von dem Kind zu verschaffen.

(2) Von der persönlichen Anhörung und der Verschaffung eines persönlichen Eindrucks nach Absatz 1 kann das Gericht nur absehen, wenn
1. ein schwerwiegender Grund dafür vorliegt,
2. das Kind offensichtlich nicht in der Lage ist, seine Neigungen und seinen Willen kundzutun,
3. die Neigungen, Bindungen und der Wille des Kindes für die Entscheidung nicht von Bedeutung sind und eine persönliche Anhörung auch nicht aus anderen Gründen angezeigt ist oder
4. das Verfahren ausschließlich das Vermögen des Kindes betrifft und eine persönliche Anhörung nach der Art der Angelegenheit nicht angezeigt ist.

Satz 1 Nummer 3 ist in Verfahren nach den §§ 1666 und 1666a des Bürgerlichen Gesetzbuchs, die die Person des Kindes betreffen, nicht anzuwenden. Das Gericht hat sich in diesen Verfahren einen persönlichen Eindruck von dem Kind auch dann zu verschaffen, wenn das Kind offensichtlich nicht in der Lage ist, seine Neigungen und seinen Willen kundzutun.

(3) Sieht das Gericht davon ab, das Kind persönlich anzuhören oder sich einen persönlichen Eindruck von dem Kind zu verschaffen, ist dies in der Endentscheidung zu begründen. Unterbleibt eine Anhörung oder die Verschaffung eines persönlichen Eindrucks allein wegen Gefahr im Verzug, ist sie unverzüglich nachzuholen.

(4) Das Kind soll über den Gegenstand, Ablauf und möglichen Ausgang des Verfahrens in einer geeigneten und seinem Alter entsprechenden Weise informiert werden, soweit nicht Nachteile für seine Entwicklung, Erziehung oder Gesundheit zu befürchten sind. Ihm ist Gelegenheit zur Äußerung zu geben. Hat das Gericht dem Kind nach § 158 einen Verfahrensbeistand bestellt, soll die persönliche Anhörung und die Verschaffung eines persönlichen Eindrucks in dessen Anwesenheit stattfinden. Im Übrigen steht die Gestaltung der persönlichen Anhörung im Ermessen des Gerichts.

§ 160 Anhörung der Eltern

(1) In Verfahren, die die Person des Kindes betreffen, soll das Gericht die Eltern persönlich anhören. In Verfahren nach den §§ 1666 und 1666a des Bürgerlichen Gesetzbuchs sind die Eltern persönlich anzuhören.

(2) In sonstigen Kindschaftssachen hat das Gericht die Eltern anzuhören. Dies gilt nicht für einen Elternteil, dem die elterliche Sorge nicht zusteht, sofern von der Anhörung eine Aufklärung nicht erwartet werden kann.

(3) Von der Anhörung darf nur aus schwerwiegenden Gründen abgesehen werden.

(4) Unterbleibt die Anhörung allein wegen Gefahr im Verzug, ist sie unverzüglich nachzuholen.

§ 161 Mitwirkung der Pflegeperson

(1) Das Gericht kann in Verfahren, die die Person des Kindes betreffen, die Pflegeperson im Interesse des Kindes als Beteiligte hinzuziehen, wenn das Kind seit längerer Zeit in Familienpflege lebt. Satz 1 gilt entsprechend, wenn das Kind auf Grund einer Entscheidung nach § 1682 des Bürgerlichen Gesetzbuchs bei dem dort genannten Ehegatten, Lebenspartner oder Umgangsberechtigten lebt.

(2) Die in Absatz 1 genannten Personen sind anzuhören, wenn das Kind seit längerer Zeit in Familienpflege lebt.

§ 162 Mitwirkung des Jugendamts

(1) Das Gericht hat in Verfahren, die die Person des Kindes betreffen, das Jugendamt anzuhören. Unterbleibt die Anhörung wegen Gefahr im Verzug, ist sie unverzüglich nachzuholen.

(2) In Verfahren nach den §§ 1666 und 1666a des Bürgerlichen Gesetzbuchs ist das Jugendamt zu beteiligen. Im Übrigen ist das Jugendamt auf seinen Antrag am Verfahren zu beteiligen.

(3) In Verfahren, die die Person des Kindes betreffen, ist das Jugendamt von Terminen zu benachrichtigen und ihm sind alle Entscheidungen des Gerichts bekannt zu machen. Gegen den Beschluss steht dem Jugendamt die Beschwerde zu.

§ 163 Sachverständigengutachten

(1) In Verfahren nach § 151 Nummer 1 bis 3 ist das Gutachten durch einen geeigneten Sachverständigen zu erstatten, der mindestens über eine psychologische, psychotherapeutische, kinder- und jugendpsychiatrische, psychiatrische, ärztliche, pädagogische oder sozialpädagogische Berufsqualifikation verfügen soll. Verfügt der Sachverständige über eine pädagogische oder sozialpädagogische Berufsqualifikation, ist der Erwerb ausreichender diagnostischer und analytischer Kenntnisse durch eine anerkannte Zusatzqualifikation nachzuweisen.

(2) Das Gericht kann in Verfahren, die die Person des Kindes betreffen, anordnen, dass der Sachverständige bei der Erstellung des Gutachtens auch auf die Herstellung des Einvernehmens zwischen den Beteiligten hinwirken soll.

§ 163a Ausschluss der Vernehmung des Kindes

Eine Vernehmung des Kindes als Zeuge oder als Beteiligter findet nicht statt.

§ 164 Bekanntgabe der Entscheidung an das Kind

Die Entscheidung, gegen die das Kind das Beschwerderecht ausüben kann, ist dem Kind selbst bekannt zu machen, wenn es das 14. Lebensjahr vollendet hat und nicht geschäftsunfähig ist. Eine Begründung soll dem Kind nicht mitgeteilt werden, wenn Nachteile für dessen Entwicklung, Erziehung oder Gesundheit zu befürchten sind. § 38 Abs. 4 Nr. 2 ist nicht anzuwenden.

§ 165 Vermittlungsverfahren

(1) Macht ein Elternteil geltend, dass der andere Elternteil die Durchführung einer gerichtlichen Entscheidung oder eines gerichtlich gebilligten Vergleichs über den Umgang mit dem gemeinschaftlichen Kind vereitelt oder erschwert, vermittelt das Gericht auf Antrag eines Elternteils zwischen den Eltern. Das Gericht kann die Vermittlung ablehnen, wenn bereits ein Vermittlungsverfahren oder eine anschließende außergerichtliche Beratung erfolglos geblieben ist.

(2) Das Gericht lädt die Eltern unverzüglich zu einem Vermittlungstermin. Zu diesem Termin ordnet das Gericht das persönliche Erscheinen der Eltern an. In der Ladung weist das Gericht darauf hin, welche Rechtsfolgen ein erfolgloses Vermittlungsverfahren nach Absatz 5 haben kann. In geeigneten Fällen lädt das Gericht auch das Jugendamt zu dem Termin.

(3) In dem Termin erörtert das Gericht mit den Eltern, welche Folgen das Unterbleiben des Umgangs für das Wohl des Kindes haben kann. Es weist auf die Rechtsfolgen hin, die sich ergeben können, wenn der Umgang vereitelt oder erschwert wird, insbesondere darauf, dass Ordnungsmittel verhängt werden können oder die elterliche Sorge eingeschränkt oder entzogen werden kann. Es weist die Eltern auf die bestehenden Möglichkeiten der Beratung durch die Beratungsstellen und -dienste der Träger der Kinder- und Jugendhilfe hin.

(4) Das Gericht soll darauf hinwirken, dass die Eltern Einvernehmen über die Ausübung des Umgangs erzielen. Kommt ein gerichtlich gebilligter Vergleich zustande, tritt dieser an die Stelle der bisherigen Regelung. Wird ein Einvernehmen nicht erzielt, sind die Streitpunkte im Vermerk festzuhalten.

(5) Wird weder eine einvernehmliche Regelung des Umgangs noch Einvernehmen über eine nachfolgende Inanspruchnahme außergerichtlicher Beratung erreicht oder erscheint mindestens ein Elternteil in dem Vermittlungstermin nicht, stellt das Gericht durch nicht anfechtbaren Beschluss fest, dass das Vermittlungsverfahren erfolglos geblieben ist. In diesem Fall prüft das Gericht, ob Ordnungsmittel ergriffen, Änderungen der Umgangsregelung vorgenommen oder Maßnahmen in Bezug auf die Sorge ergriffen werden sollen. Wird ein entsprechendes Verfahren von Amts wegen oder auf einen binnen eines Monats gestellten Antrag eines Elternteils eingeleitet, werden die Kosten des Vermittlungsverfahrens als Teil der Kosten des anschließenden Verfahrens behandelt.

§ 166 Abänderung und Überprüfung von Entscheidungen und gerichtlich gebilligten Vergleichen

(1) Das Gericht ändert eine Entscheidung oder einen gerichtlich gebilligten Vergleich nach Maßgabe des § 1696 des Bürgerlichen Gesetzbuchs.

(2) Eine länger dauernde kindschutzrechtliche Maßnahme, die von Amts wegen geändert werden kann, hat das Gericht in angemessenen Zeitabständen zu überprüfen.

(3) Sieht das Gericht von einer Maßnahme nach den §§ 1666 bis 1667 des Bürgerlichen Gesetzbuchs ab, soll es seine Entscheidung in einem angemessenen Zeitabstand, in der Regel nach drei Monaten, überprüfen.

§ 167 Anwendbare Vorschriften bei Unterbringung Minderjähriger und bei freiheitsentziehenden Maßnahmen bei Minderjährigen

(1) In Verfahren nach § 151 Nummer 6 sind die für Unterbringungssachen nach § 312 Nummer 1 und 2, in Verfahren nach § 151 Nummer 7 die für Unterbringungssachen nach § 312 Nummer 4 geltenden Vorschriften anzuwenden. An die Stelle des Verfahrenspflegers tritt der Verfahrensbeistand. Die Bestellung eines Verfahrensbeistands ist stets erforderlich.

(2) Ist für eine Kindschaftssache nach Absatz 1 ein anderes Gericht zuständig als dasjenige, bei dem eine Vormundschaft oder eine die Unterbringung erfassende Pflegschaft für den Minderjährigen eingeleitet ist, teilt dieses Gericht dem für das Verfahren nach Absatz 1 zuständigen Gericht die Anordnung und Aufhebung der Vormundschaft oder Pflegschaft, den Wegfall des Aufgabenbereichs Unterbringung und einen Wechsel in der Person des Vormunds oder Pflegers mit; das für das Verfahren nach Absatz 1 zuständige Gericht teilt dem anderen Gericht die Unterbringungsmaßnahme, ihre Änderung, Verlängerung und Aufhebung mit.

(3) Der Betroffene ist ohne Rücksicht auf seine Geschäftsfähigkeit verfahrensfähig, wenn er das 14. Lebensjahr vollendet hat.

(4) In den in Absatz 1 Satz 1 genannten Verfahren sind die Elternteile, denen die Personensorge zusteht, der gesetzliche Vertreter in persönlichen Angelegenheiten sowie die Pflegeeltern persönlich anzuhören.

(5) Das Jugendamt hat die Eltern, den Vormund oder den Pfleger auf deren Wunsch bei der Zuführung zur Unterbringung zu unterstützen.

(6) In Verfahren nach § 151 Nr. 6 und 7 soll der Sachverständige Arzt für Kinder- und Jugendpsychiatrie und -psychotherapie sein. In Verfahren nach § 151 Nr. 6 kann das Gutachten auch durch einen in Fragen der Heimerziehung ausgewiesenen Psychotherapeuten, Psychologen, Pädagogen oder Sozialpädagogen erstattet werden. In Verfahren der Genehmigung freiheitsentziehender Maßnahmen genügt ein ärztliches Zeugnis; Satz 1 gilt entsprechend.
(7) Die freiheitsentziehende Unterbringung und freiheitsentziehende Maßnahmen enden spätestens mit Ablauf von sechs Monaten, bei offensichtlich langer Sicherungsbedürftigkeit spätestens mit Ablauf von einem Jahr, wenn sie nicht vorher verlängert werden.

§ 167a Besondere Vorschriften für Verfahren nach § 1686a des Bürgerlichen Gesetzbuchs

(1) Anträge auf Erteilung des Umgangs- oder Auskunftsrechts nach § 1686a des Bürgerlichen Gesetzbuchs sind nur zulässig, wenn der Antragsteller an Eides statt versichert, der Mutter des Kindes während der Empfängniszeit beigewohnt zu haben.
(2) Soweit es in einem Verfahren, das das Umgangs- oder Auskunftsrecht nach § 1686a des Bürgerlichen Gesetzbuchs betrifft, zur Klärung der leiblichen Vaterschaft erforderlich ist, hat jede Person Untersuchungen, insbesondere die Entnahme von Blutproben, zu dulden, es sei denn, dass ihr die Untersuchung nicht zugemutet werden kann.
(3) § 177 Absatz 2 Satz 2 und § 178 Absatz 2 gelten entsprechend.

§ 167b Genehmigungsverfahren nach § 1631e des Bürgerlichen Gesetzbuchs; Verordnungsermächtigung

(1) In Verfahren nach § 1631e Absatz 3 des Bürgerlichen Gesetzbuchs erteilt das Gericht die Genehmigung im schriftlichen Verfahren, sofern die Eltern eine den Eingriff befürwortende Stellungnahme vorlegen und keine Gründe ersichtlich sind, die einer Genehmigung entgegenstehen. Wenn das Gericht im schriftlichen Verfahren entscheidet, soll es von der Anhörung des Jugendamts, der persönlichen Anhörung der Eltern und der Bestellung eines Verfahrensbeistands absehen. § 162 ist nicht anwendbar.
(2) Legen die Eltern dem Gericht keine den Eingriff befürwortende Stellungnahme vor oder sind Gründe ersichtlich, die einer Genehmigung nach Absatz 1 entgegenstehen, erörtert das Gericht die Sache mit den Beteiligten in einem Termin. Das Gericht weist auf Möglichkeiten der Beratung durch die Beratungsstellen und Beratungsdienste der Träger der Kinder- und Jugendhilfe hin. Es kann anordnen, dass sich die Eltern über den Umgang mit Varianten der Geschlechtsentwicklung beraten lassen und dem Gericht eine Bestätigung hierüber vorlegen. Diese Anordnung ist nicht selbständig anfechtbar und nicht mit Zwangsmitteln durchsetzbar.
(3) Die Landesregierungen werden ermächtigt, durch Rechtsverordnung die Zuständigkeit für Verfahren nach den Absätzen 1 und 2 dem Familiengericht, in dessen Bezirk das Oberlandesgericht seinen Sitz hat, oder einem anderen Familiengericht zuzuweisen. Diese Ermächtigung kann von der jeweiligen Landesregierung auf die Landesjustizverwaltung übertragen werden. Mehrere Länder können die Zuständigkeit eines Gerichts für Verfahren nach dieser Vorschrift über die Landesgrenzen hinaus vereinbaren.

§ 168 Beschluss über Zahlungen des Mündels

(1) Das Gericht setzt durch Beschluss fest, wenn der Vormund, Gegenvormund oder Mündel die gerichtliche Festsetzung beantragt oder das Gericht sie für angemessen hält:
1. Vorschuss, Ersatz von Aufwendungen, Aufwandsentschädigung, soweit der Vormund oder Gegenvormund sie aus der Staatskasse verlangen kann (§ 1835 Abs. 4 und § 1835a Abs. 3 des Bürgerlichen Gesetzbuchs) oder ihm nicht die Vermögenssorge übertragen wurde;
2. eine dem Vormund oder Gegenvormund zu bewilligende Vergütung oder Abschlagszahlung (§ 1836 des Bürgerlichen Gesetzbuchs).

Mit der Festsetzung bestimmt das Gericht Höhe und Zeitpunkt der Zahlungen, die der Mündel an die Staatskasse nach den §§ 1836c und 1836e des Bürgerlichen Gesetzbuchs zu leisten hat. Es kann die Zahlungen gesondert festsetzen, wenn dies zweckmäßig ist. Erfolgt keine Festsetzung nach Satz 1 und richten sich die in Satz 1 bezeichneten Ansprüche gegen die Staatskasse, gelten die Vorschriften über das Verfahren bei der Entschädigung von Zeugen hinsichtlich ihrer baren Auslagen sinngemäß.
(2) In dem Antrag sollen die persönlichen und wirtschaftlichen Verhältnisse des Mündels dargestellt werden. § 118 Abs. 2 Satz 1 und 2 sowie § 120 Absatz 2 und 3 sowie § 120a Absatz 1 Satz 1 bis 3 der Zivilprozessordnung sind entsprechend anzuwenden. Steht nach der freien Überzeugung des Gerichts der Aufwand zur Ermittlung der persönlichen und wirtschaftlichen Verhältnisse des Mündels außer Verhältnis zur Höhe des aus der Staatskasse zu begleichenden Anspruchs oder zur Höhe der voraussichtlich vom Mündel zu leistenden Zahlungen, kann das Gericht ohne weitere Prüfung den Anspruch festsetzen oder von einer Festsetzung der vom Mündel zu leistenden Zahlungen absehen.
(3) Nach dem Tode des Mündels bestimmt das Gericht Höhe und Zeitpunkt der Zahlungen, die der Erbe des Mündels nach § 1836e des Bürgerlichen Gesetzbuchs an die Staatskasse zu leisten hat. Der Erbe ist verpflichtet, dem

Gericht über den Bestand des Nachlasses Auskunft zu erteilen. Er hat dem Gericht auf Verlangen ein Verzeichnis der zur Erbschaft gehörenden Gegenstände vorzulegen und an Eides statt zu versichern, dass er nach bestem Wissen und Gewissen den Bestand so vollständig angegeben habe, als er dazu imstande sei.
(4) Der Mündel ist zu hören, bevor nach Absatz 1 eine von ihm zu leistende Zahlung festgesetzt wird. Vor einer Entscheidung nach Absatz 3 ist der Erbe zu hören.
(5) Auf die Pflegschaft sind die Absätze 1 bis 4 entsprechend anzuwenden.

§ 168a Mitteilungspflichten des Standesamts
(1) Wird dem Standesamt der Tod einer Person, die ein minderjähriges Kind hinterlassen hat, oder die Geburt eines Kindes nach dem Tod des Vaters oder das Auffinden eines Minderjährigen, dessen Familienstand nicht zu ermitteln ist, oder die Geburt eines Kindes im Wege der vertraulichen Geburt nach § 25 Absatz 1 des Schwangerschaftskonfliktgesetzes angezeigt, oder fehlt in den Fällen des § 45b Absatz 2 Satz 3 des Personenstandsgesetzes die Zustimmung des gesetzlichen Vertreters hat das Standesamt dies dem Familiengericht mitzuteilen.
(2) Führen Eltern, die gemeinsam für ein Kind sorgeberechtigt sind, keinen Ehenamen und ist von ihnen binnen eines Monats nach der Geburt des Kindes der Geburtsname des Kindes nicht bestimmt worden, teilt das Standesamt dies dem Familiengericht mit.

Abschnitt 4
Verfahren in Abstammungssachen

§ 169 Abstammungssachen
Abstammungssachen sind Verfahren
1. auf Feststellung des Bestehens oder Nichtbestehens eines Eltern-Kind-Verhältnisses, insbesondere der Wirksamkeit oder Unwirksamkeit einer Anerkennung der Vaterschaft,
2. auf Ersetzung der Einwilligung in eine genetische Abstammungsuntersuchung und Anordnung der Duldung einer Probeentnahme,
3. auf Einsicht in ein Abstammungsgutachten oder Aushändigung einer Abschrift oder
4. auf Anfechtung der Vaterschaft.

§ 170 Örtliche Zuständigkeit
(1) Ausschließlich zuständig ist das Gericht, in dessen Bezirk das Kind seinen gewöhnlichen Aufenthalt hat.
(2) Ist die Zuständigkeit eines deutschen Gerichts nach Absatz 1 nicht gegeben, ist der gewöhnliche Aufenthalt der Mutter, ansonsten der des Vaters maßgebend.
(3) Ist eine Zuständigkeit nach den Absätzen 1 und 2 nicht gegeben, ist das Amtsgericht Schöneberg in Berlin ausschließlich zuständig.

§ 171 Antrag
(1) Das Verfahren wird durch einen Antrag eingeleitet.
(2) In dem Antrag sollen das Verfahrensziel und die betroffenen Personen bezeichnet werden. In einem Verfahren auf Anfechtung der Vaterschaft nach § 1600 Abs. 1 Nr. 1 bis 4 des Bürgerlichen Gesetzbuchs sollen die Umstände angegeben werden, die gegen die Vaterschaft sprechen, sowie der Zeitpunkt, in dem diese Umstände bekannt wurden.

§ 172 Beteiligte
(1) Zu beteiligen sind
1. das Kind,
2. die Mutter,
3. der Vater.
(2) Das Jugendamt ist in den Fällen des § 176 Abs. 1 Satz 1 auf seinen Antrag zu beteiligen.

§ 173 Vertretung eines Kindes durch einen Beistand
Wird das Kind durch das Jugendamt als Beistand vertreten, ist die Vertretung durch den sorgeberechtigten Elternteil ausgeschlossen.

§ 174 Verfahrensbeistand
Das Gericht hat einem minderjährigen Beteiligten in Abstammungssachen einen Verfahrensbeistand zu bestellen, sofern dies zur Wahrnehmung seiner Interessen erforderlich ist. Die §§ 158 bis 158c gelten entsprechend.

§ 175 Erörterungstermin; persönliche Anhörung

(1) Das Gericht soll vor einer Beweisaufnahme über die Abstammung die Angelegenheit in einem Termin erörtern. Es soll das persönliche Erscheinen der verfahrensfähigen Beteiligten anordnen.

(2) Das Gericht soll vor einer Entscheidung über die Ersetzung der Einwilligung in eine genetische Abstammungsuntersuchung und die Anordnung der Duldung der Probeentnahme (§ 1598a Abs. 2 des Bürgerlichen Gesetzbuchs) die Eltern und ein Kind, das das 14. Lebensjahr vollendet hat, persönlich anhören. Ein jüngeres Kind kann das Gericht persönlich anhören.

§ 176 Anhörung des Jugendamts

(1) Das Gericht soll im Fall einer Anfechtung nach § 1600 Absatz 1 Nummer 2 des Bürgerlichen Gesetzbuchs sowie im Fall einer Anfechtung nach § 1600 Abs. 1 Nr. 4 des Bürgerlichen Gesetzbuchs, wenn die Anfechtung durch den gesetzlichen Vertreter erfolgt, das Jugendamt anhören. Im Übrigen kann das Gericht das Jugendamt anhören, wenn ein Beteiligter minderjährig ist.

(2) Das Gericht hat dem Jugendamt in den Fällen einer Anfechtung nach Absatz 1 Satz 1 sowie einer Anhörung nach Absatz 1 Satz 2 die Entscheidung mitzuteilen. Gegen den Beschluss steht dem Jugendamt die Beschwerde zu.

§ 177 Eingeschränkte Amtsermittlung; förmliche Beweisaufnahme

(1) Im Verfahren auf Anfechtung der Vaterschaft dürfen von den beteiligten Personen nicht vorgebrachte Tatsachen nur berücksichtigt werden, wenn sie geeignet sind, dem Fortbestand der Vaterschaft zu dienen, oder wenn der die Vaterschaft Anfechtende einer Berücksichtigung nicht widerspricht.

(2) Über die Abstammung in Verfahren nach § 169 Nr. 1 und 4 hat eine förmliche Beweisaufnahme stattzufinden. Die Begutachtung durch einen Sachverständigen kann durch die Verwertung eines von einem Beteiligten mit Zustimmung der anderen Beteiligten eingeholten Gutachtens über die Abstammung ersetzt werden, wenn das Gericht keine Zweifel an der Richtigkeit und Vollständigkeit der im Gutachten getroffenen Feststellungen hat und die Beteiligten zustimmen.

§ 178 Untersuchungen zur Feststellung der Abstammung

(1) Soweit es zur Feststellung der Abstammung erforderlich ist, hat jede Person Untersuchungen, insbesondere die Entnahme von Blutproben, zu dulden, es sei denn, dass ihr die Untersuchung nicht zugemutet werden kann.

(2) Die §§ 386 bis 390 der Zivilprozessordnung gelten entsprechend. Bei wiederholter unberechtigter Verweigerung der Untersuchung kann auch unmittelbarer Zwang angewendet werden, insbesondere die zwangsweise Vorführung zur Untersuchung angeordnet werden.

§ 179 Mehrheit von Verfahren

(1) Abstammungssachen, die dasselbe Kind betreffen, können miteinander verbunden werden. Mit einem Verfahren auf Feststellung des Bestehens der Vaterschaft kann eine Unterhaltssache nach § 237 verbunden werden.

(2) Im Übrigen ist eine Verbindung von Abstammungssachen miteinander oder mit anderen Verfahren unzulässig.

§ 180 Erklärungen zur Niederschrift des Gerichts

Die Anerkennung der Vaterschaft, die Zustimmung der Mutter sowie der Widerruf der Anerkennung können auch in einem Erörterungstermin zur Niederschrift des Gerichts erklärt werden. Das Gleiche gilt für die etwa erforderliche Zustimmung des Mannes, der im Zeitpunkt der Geburt mit der Mutter des Kindes verheiratet ist, des Kindes oder eines gesetzlichen Vertreters.

§ 181 Tod eines Beteiligten

Stirbt ein Beteiligter vor Rechtskraft der Endentscheidung, hat das Gericht die übrigen Beteiligten darauf hinzuweisen, dass das Verfahren nur fortgesetzt wird, wenn ein Beteiligter innerhalb einer Frist von einem Monat dies durch Erklärung gegenüber dem Gericht verlangt. Verlangt kein Beteiligter innerhalb der vom Gericht gesetzten Frist die Fortsetzung des Verfahrens, gilt dieses als in der Hauptsache erledigt.

§ 182 Inhalt des Beschlusses

(1) Ein rechtskräftiger Beschluss, der das Nichtbestehen einer Vaterschaft nach § 1592 des Bürgerlichen Gesetzbuchs infolge der Anfechtung nach § 1600 Abs. 1 Nr. 2 des Bürgerlichen Gesetzbuchs feststellt, enthält die Feststellung der Vaterschaft des Anfechtenden. Diese Wirkung ist in der Beschlussformel von Amts wegen auszusprechen.

(2) Weist das Gericht einen Antrag auf Feststellung des Nichtbestehens der Vaterschaft ab, weil es den Antragsteller oder einen anderen Beteiligten als Vater festgestellt hat, spricht es dies in der Beschlussformel aus.

§ 183 Kosten bei Anfechtung der Vaterschaft

Hat ein Antrag auf Anfechtung der Vaterschaft Erfolg, tragen die Beteiligten, mit Ausnahme des minderjährigen Kindes, die Gerichtskosten zu gleichen Teilen; die Beteiligten tragen ihre außergerichtlichen Kosten selbst.

§ 184 Wirksamkeit des Beschlusses; Ausschluss der Abänderung; ergänzende Vorschriften über die Beschwerde

(1) Die Endentscheidung in Abstammungssachen wird mit Rechtskraft wirksam. Eine Abänderung ist ausgeschlossen.
(2) Soweit über die Abstammung entschieden ist, wirkt der Beschluss für und gegen alle.
(3) Gegen Endentscheidungen in Abstammungssachen steht auch demjenigen die Beschwerde zu, der an dem Verfahren beteiligt war oder zu beteiligen gewesen wäre.

§ 185 Wiederaufnahme des Verfahrens

(1) Der Restitutionsantrag gegen einen rechtskräftigen Beschluss, in dem über die Abstammung entschieden ist, ist auch statthaft, wenn ein Beteiligter ein neues Gutachten über die Abstammung vorlegt, das allein oder in Verbindung mit den im früheren Verfahren erhobenen Beweisen eine andere Entscheidung herbeigeführt haben würde.
(2) Der Antrag auf Wiederaufnahme kann auch von dem Beteiligten erhoben werden, der in dem früheren Verfahren obsiegt hat.
(3) Für den Antrag ist das Gericht ausschließlich zuständig, das im ersten Rechtszug entschieden hat; ist der angefochtene Beschluss von dem Beschwerdegericht oder dem Rechtsbeschwerdegericht erlassen, ist das Beschwerdegericht zuständig. Wird der Antrag mit einem Nichtigkeitsantrag oder mit einem Restitutionsantrag nach § 580 der Zivilprozessordnung verbunden, ist § 584 der Zivilprozessordnung anzuwenden.
(4) § 586 der Zivilprozessordnung ist nicht anzuwenden.

Abschnitt 5
Verfahren in Adoptionssachen

§ 186 Adoptionssachen

Adoptionssachen sind Verfahren, die
1. die Annahme als Kind,
2. die Ersetzung der Einwilligung zur Annahme als Kind,
3. die Aufhebung des Annahmeverhältnisses oder
4. die Befreiung vom Eheverbot des § 1308 Abs. 1 des Bürgerlichen Gesetzbuchs
betreffen.

§ 187 Örtliche Zuständigkeit

(1) Für Verfahren nach § 186 Nr. 1 bis 3 ist das Gericht ausschließlich zuständig, in dessen Bezirk der Annehmende oder einer der Annehmenden seinen gewöhnlichen Aufenthalt hat.
(2) Ist die Zuständigkeit eines deutschen Gerichts nach Absatz 1 nicht gegeben, ist der gewöhnliche Aufenthalt des Kindes maßgebend.
(3) Für Verfahren nach § 186 Nr. 4 ist das Gericht ausschließlich zuständig, in dessen Bezirk einer der Verlobten seinen gewöhnlichen Aufenthalt hat.
(4) In Adoptionssachen, die einen Minderjährigen betreffen, ist § 6 Absatz 1 Satz 1 und Absatz 2 des Adoptionswirkungsgesetzes entsprechend anzuwenden, wenn
1. der gewöhnliche Aufenthalt der Annehmenden und des Anzunehmenden im Ausland liegt oder
2. der Anzunehmende in den letzten zwei Jahren vor der Antragstellung seinen gewöhnlichen Aufenthalt im Ausland hatte.
(5) Ist nach den Absätzen 1 bis 4 eine Zuständigkeit nicht gegeben, ist das Amtsgericht Schöneberg in Berlin zuständig. Es kann die Sache aus wichtigem Grund an ein anderes Gericht verweisen.

§ 188 Beteiligte

(1) Zu beteiligen sind
1. in Verfahren nach § 186 Nr. 1
    a) der Annehmende und der Anzunehmende,
    b) die Eltern des Anzunehmenden, wenn dieser entweder minderjährig ist und ein Fall des § 1747 Abs. 2 Satz 2 oder Abs. 4 des Bürgerlichen Gesetzbuchs nicht vorliegt oder im Fall des § 1772 des Bürgerlichen Gesetzbuchs;
    c) der Ehegatte oder Lebenspartner des Annehmenden und der Ehegatte oder Lebenspartner des Anzunehmenden, sofern nicht ein Fall des § 1749 Absatz 2 des Bürgerlichen Gesetzbuchs vorliegt;

2. in Verfahren nach § 186 Nr. 2 derjenige, dessen Einwilligung ersetzt werden soll;
3. in Verfahren nach § 186 Nr. 3
   a) der Annehmende und der Angenommene,
   b) die leiblichen Eltern des minderjährigen Angenommenen;
4. in Verfahren nach § 186 Nr. 4 die Verlobten.

(2) Das Jugendamt und das Landesjugendamt sind auf ihren Antrag zu beteiligen.

§ 189 Fachliche Äußerung

(1) Soll ein Minderjähriger als Kind angenommen werden, hat das Gericht eine fachliche Äußerung darüber einzuholen, ob das Kind und die Familie des Annehmenden für die Annahme geeignet sind.
(2) Die fachliche Äußerung ist von der Adoptionsvermittlungsstelle einzuholen, die das Kind vermittelt oder den Beratungsschein nach § 9a Absatz 2 des Adoptionsvermittlungsgesetzes ausgestellt hat. Ist keine Adoptionsvermittlungsstelle tätig geworden, ist eine fachliche Äußerung des Jugendamts einzuholen.
(3) Die fachliche Äußerung ist kostenlos abzugeben.
(4) Das Gericht hat der Adoptionsvermittlungsstelle, die das Kind vermittelt hat, die Entscheidung mitzuteilen.

§ 190 Bescheinigung über den Eintritt der Vormundschaft

Ist das Jugendamt nach § 1751 Abs. 1 Satz 1 und 2 des Bürgerlichen Gesetzbuchs Vormund geworden, hat das Familiengericht ihm unverzüglich eine Bescheinigung über den Eintritt der Vormundschaft zu erteilen; § 1791 des Bürgerlichen Gesetzbuchs ist nicht anzuwenden.

§ 191 Verfahrensbeistand

Das Gericht hat einem minderjährigen Beteiligten in Adoptionssachen einen Verfahrensbeistand zu bestellen, sofern dies zur Wahrnehmung seiner Interessen erforderlich ist. Die §§ 158 bis 158c gelten entsprechend.

§ 192 Anhörung der Beteiligten

(1) Das Gericht hat in Verfahren auf Annahme als Kind oder auf Aufhebung des Annahmeverhältnisses den Annehmenden und das Kind persönlich anzuhören.
(2) Im Übrigen sollen die beteiligten Personen angehört werden.
(3) Von der Anhörung eines minderjährigen Beteiligten kann abgesehen werden, wenn Nachteile für seine Entwicklung, Erziehung oder Gesundheit zu befürchten sind oder wenn wegen des geringen Alters von einer Anhörung eine Aufklärung nicht zu erwarten ist.

§ 193 Anhörung weiterer Personen

Das Gericht hat in Verfahren auf Annahme als Kind die Kinder des Annehmenden und des Anzunehmenden anzuhören. § 192 Abs. 3 gilt entsprechend.

§ 194 Anhörung des Jugendamts

(1) In Adoptionssachen hat das Gericht das Jugendamt anzuhören, sofern der Anzunehmende oder Angenommene minderjährig ist. Dies gilt nicht, wenn das Jugendamt nach § 189 eine fachliche Äußerung abgegeben hat.
(2) Das Gericht hat dem Jugendamt in den Fällen, in denen dieses angehört wurde oder eine fachliche Äußerung abgegeben hat, die Entscheidung mitzuteilen. Gegen den Beschluss steht dem Jugendamt die Beschwerde zu.

§ 195 Anhörung des Landesjugendamts

(1) In den Fällen des § 11 Absatz 1 Nummer 2 und 3 des Adoptionsvermittlungsgesetzes hat das Gericht vor dem Ausspruch der Annahme auch die zentrale Adoptionsstelle des Landesjugendamts, in deren Bereich die Annehmenden ihren gewöhnlichen Aufenthalt haben, anzuhören. Ist eine zentrale Adoptionsstelle nicht beteiligt worden, tritt an seine Stelle das Landesjugendamt, in dessen Bereich das Jugendamt liegt, das nach § 194 Gelegenheit zur Äußerung erhält oder das nach § 189 eine fachliche Äußerung abgegeben hat.
(2) Das Gericht hat dem Landesjugendamt alle Entscheidungen mitzuteilen, zu denen dieses nach Absatz 1 anzuhören war. Gegen den Beschluss steht dem Landesjugendamt die Beschwerde zu.

§ 196 Unzulässigkeit der Verbindung

Eine Verbindung von Adoptionssachen mit anderen Verfahren ist unzulässig.

§ 196a Zurückweisung des Antrags

Das Gericht weist den Antrag auf Annahme als Kind zurück, wenn die gemäß § 9a des Adoptionsvermittlungsgesetzes erforderlichen Bescheinigungen über eine Beratung nicht vorliegen.

§ 197 Beschluss über die Annahme als Kind

(1) In einem Beschluss, durch den das Gericht die Annahme als Kind ausspricht, ist anzugeben, auf welche gesetzlichen Vorschriften sich die Annahme gründet. Wurde die Einwilligung eines Elternteils nach § 1747 Abs. 4 des Bürgerlichen Gesetzbuchs nicht für erforderlich erachtet, ist dies ebenfalls in dem Beschluss anzugeben.

(2) In den Fällen des Absatzes 1 wird der Beschluss mit der Zustellung an den Annehmenden, nach dem Tod des Annehmenden mit der Zustellung an das Kind wirksam.

(3) Der Beschluss ist nicht anfechtbar. Eine Abänderung oder Wiederaufnahme ist ausgeschlossen.

§ 198 Beschluss in weiteren Verfahren

(1) Der Beschluss über die Ersetzung einer Einwilligung oder Zustimmung zur Annahme als Kind wird erst mit Rechtskraft wirksam. Bei Gefahr im Verzug kann das Gericht die sofortige Wirksamkeit des Beschlusses anordnen. Der Beschluss wird mit Bekanntgabe an den Antragsteller wirksam. Eine Abänderung oder Wiederaufnahme ist ausgeschlossen.

(2) Der Beschluss, durch den das Gericht das Annahmeverhältnis aufhebt, wird erst mit Rechtskraft wirksam; eine Abänderung oder Wiederaufnahme ist ausgeschlossen.

(3) Der Beschluss, durch den die Befreiung vom Eheverbot nach § 1308 Abs. 1 des Bürgerlichen Gesetzbuchs erteilt wird, ist nicht anfechtbar; eine Abänderung oder Wiederaufnahme ist ausgeschlossen, wenn die Ehe geschlossen worden ist.

§ 199 Anwendung des Adoptionswirkungsgesetzes

Die Vorschriften des Adoptionswirkungsgesetzes bleiben unberührt.

Abschnitt 6
Verfahren in Ehewohnungs- und Haushaltssachen

§ 200 Ehewohnungssachen; Haushaltssachen

(1) Ehewohnungssachen sind Verfahren
1. nach § 1361b des Bürgerlichen Gesetzbuchs,
2. nach § 1568a des Bürgerlichen Gesetzbuchs.

(2) Haushaltssachen sind Verfahren
1. nach § 1361a des Bürgerlichen Gesetzbuchs,
2. nach § 1568b des Bürgerlichen Gesetzbuchs.

§ 201 Örtliche Zuständigkeit

Ausschließlich zuständig ist in dieser Rangfolge:
1. während der Anhängigkeit einer Ehesache das Gericht, bei dem die Ehesache im ersten Rechtszug anhängig ist oder war;
2. das Gericht, in dessen Bezirk sich die gemeinsame Wohnung der Ehegatten befindet;
3. das Gericht, in dessen Bezirk der Antragsgegner seinen gewöhnlichen Aufenthalt hat;
4. das Gericht, in dessen Bezirk der Antragsteller seinen gewöhnlichen Aufenthalt hat.

§ 202 Abgabe an das Gericht der Ehesache

Wird eine Ehesache rechtshängig, während eine Ehewohnungs- oder Haushaltssache bei einem anderen Gericht im ersten Rechtszug anhängig ist, ist diese von Amts wegen an das Gericht der Ehesache abzugeben. § 281 Abs. 2 und 3 Satz 1 der Zivilprozessordnung gilt entsprechend.

§ 203 Antrag

(1) Das Verfahren wird durch den Antrag eines Ehegatten eingeleitet.

(2) Der Antrag in Haushaltssachen soll die Angabe der Gegenstände enthalten, deren Zuteilung begehrt wird. Dem Antrag in Haushaltssachen nach § 200 Abs. 2 Nr. 2 soll zudem eine Aufstellung sämtlicher Haushaltsgegenstände beigefügt werden, die auch deren genaue Bezeichnung enthält.

(3) Der Antrag in Ehewohnungssachen soll die Angabe enthalten, ob Kinder im Haushalt der Ehegatten leben.

§ 204 Beteiligte

(1) In Ehewohnungssachen nach § 200 Abs. 1 Nr. 2 sind auch der Vermieter der Wohnung, der Grundstückseigentümer, der Dritte (§ 1568a Absatz 4 des Bürgerlichen Gesetzbuchs) und Personen, mit denen die Ehegatten oder einer von ihnen hinsichtlich der Wohnung in Rechtsgemeinschaft stehen, zu beteiligen.

(2) Das Jugendamt ist in Ehewohnungssachen auf seinen Antrag zu beteiligen, wenn Kinder im Haushalt der Ehegatten leben.

§ 205 Anhörung des Jugendamts in Ehewohnungssachen

(1) In Ehewohnungssachen soll das Gericht das Jugendamt anhören, wenn Kinder im Haushalt der Ehegatten leben. Unterbleibt die Anhörung allein wegen Gefahr im Verzug, ist sie unverzüglich nachzuholen.
(2) Das Gericht hat in den Fällen des Absatzes 1 Satz 1 dem Jugendamt die Entscheidung mitzuteilen. Gegen den Beschluss steht dem Jugendamt die Beschwerde zu.

§ 206 Besondere Vorschriften in Haushaltssachen

(1) Das Gericht kann in Haushaltssachen jedem Ehegatten aufgeben,
1. die Haushaltsgegenstände anzugeben, deren Zuteilung er begehrt,
2. eine Aufstellung sämtlicher Haushaltsgegenstände einschließlich deren genauer Bezeichnung vorzulegen oder eine vorgelegte Aufstellung zu ergänzen,
3. sich über bestimmte Umstände zu erklären, eigene Angaben zu ergänzen oder zum Vortrag eines anderen Beteiligten Stellung zu nehmen oder
4. bestimmte Belege vorzulegen

und ihm hierzu eine angemessene Frist setzen.
(2) Umstände, die erst nach Ablauf einer Frist nach Absatz 1 vorgebracht werden, können nur berücksichtigt werden, wenn dadurch nach der freien Überzeugung des Gerichts die Erledigung des Verfahrens nicht verzögert wird oder wenn der Ehegatte die Verspätung genügend entschuldigt.
(3) Kommt ein Ehegatte einer Auflage nach Absatz 1 nicht nach oder sind nach Absatz 2 Umstände nicht zu berücksichtigen, ist das Gericht insoweit zur weiteren Aufklärung des Sachverhalts nicht verpflichtet.

§ 207 Erörterungstermin

Das Gericht soll die Angelegenheit mit den Ehegatten in einem Termin erörtern. Es soll das persönliche Erscheinen der Ehegatten anordnen.

§ 208 Tod eines Ehegatten

Stirbt einer der Ehegatten vor Abschluss des Verfahrens, gilt dieses als in der Hauptsache erledigt.

§ 209 Durchführung der Entscheidung, Wirksamkeit

(1) Das Gericht soll mit der Endentscheidung die Anordnungen treffen, die zu ihrer Durchführung erforderlich sind.
(2) Die Endentscheidung in Ehewohnungs- und Haushaltssachen wird mit Rechtskraft wirksam. Das Gericht soll in Ehewohnungssachen nach § 200 Abs. 1 Nr. 1 die sofortige Wirksamkeit anordnen.
(3) Mit der Anordnung der sofortigen Wirksamkeit kann das Gericht auch die Zulässigkeit der Vollstreckung vor der Zustellung an den Antragsgegner anordnen. In diesem Fall tritt die Wirksamkeit in dem Zeitpunkt ein, in dem die Entscheidung der Geschäftsstelle des Gerichts zur Bekanntmachung übergeben wird. Dieser Zeitpunkt ist auf der Entscheidung zu vermerken.

Abschnitt 7
Verfahren in Gewaltschutzsachen

§ 210 Gewaltschutzsachen

Gewaltschutzsachen sind Verfahren nach den §§ 1 und 2 des Gewaltschutzgesetzes.

§ 211 Örtliche Zuständigkeit

Ausschließlich zuständig ist nach Wahl des Antragstellers
1. das Gericht, in dessen Bezirk die Tat begangen wurde,
2. das Gericht, in dessen Bezirk sich die gemeinsame Wohnung des Antragstellers und des Antragsgegners befindet oder
3. das Gericht, in dessen Bezirk der Antragsgegner seinen gewöhnlichen Aufenthalt hat.

§ 212 Beteiligte

In Verfahren nach § 2 des Gewaltschutzgesetzes ist das Jugendamt auf seinen Antrag zu beteiligen, wenn ein Kind in dem Haushalt lebt.

§ 213 Anhörung des Jugendamts

(1) In Verfahren nach § 2 des Gewaltschutzgesetzes soll das Gericht das Jugendamt anhören, wenn Kinder in dem Haushalt leben. Unterbleibt die Anhörung allein wegen Gefahr im Verzug, ist sie unverzüglich nachzuholen.
(2) Das Gericht hat in den Fällen des Absatzes 1 Satz 1 dem Jugendamt die Entscheidung mitzuteilen. Gegen den Beschluss steht dem Jugendamt die Beschwerde zu.

§ 214 Einstweilige Anordnung

(1) Auf Antrag kann das Gericht durch einstweilige Anordnung eine vorläufige Regelung nach § 1 oder § 2 des Gewaltschutzgesetzes treffen. Ein dringendes Bedürfnis für ein sofortiges Tätigwerden liegt in der Regel vor, wenn eine Tat nach § 1 des Gewaltschutzgesetzes begangen wurde oder auf Grund konkreter Umstände mit einer Begehung zu rechnen ist.

(2) Der Beschluss nach Absatz 1 ist von Amts wegen zuzustellen. Die Geschäftsstelle beauftragt den Gerichtsvollzieher mit der Zustellung. Der Antrag auf Erlass der einstweiligen Anordnung gilt im Fall des Erlasses ohne mündliche Erörterung zugleich als Auftrag zur Vollstreckung; auf Verlangen des Antragstellers darf die Zustellung nicht vor der Vollstreckung erfolgen.

§ 214a Bestätigung des Vergleichs

Schließen die Beteiligten einen Vergleich, hat das Gericht diesen zu bestätigen, soweit es selbst eine entsprechende Maßnahme nach § 1 Absatz 1 des Gewaltschutzgesetzes, auch in Verbindung mit § 1 Absatz 2 Satz 1 des Gewaltschutzgesetzes, hätte anordnen können. Die Bestätigung des Gerichts ist nicht anfechtbar.

§ 215 Durchführung der Endentscheidung

In Verfahren nach § 2 des Gewaltschutzgesetzes soll das Gericht in der Endentscheidung die zu ihrer Durchführung erforderlichen Anordnungen treffen.

§ 216 Wirksamkeit; Vollstreckung vor Zustellung

(1) Die Endentscheidung in Gewaltschutzsachen wird mit Rechtskraft wirksam. Das Gericht soll die sofortige Wirksamkeit anordnen.

(2) Mit der Anordnung der sofortigen Wirksamkeit kann das Gericht auch die Zulässigkeit der Vollstreckung vor der Zustellung an den Antragsgegner anordnen. In diesem Fall tritt die Wirksamkeit in dem Zeitpunkt ein, in dem die Entscheidung der Geschäftsstelle des Gerichts zur Bekanntmachung übergeben wird; dieser Zeitpunkt ist auf der Entscheidung zu vermerken.

§ 216a Mitteilung von Entscheidungen

Das Gericht teilt Anordnungen nach den §§ 1 und 2 des Gewaltschutzgesetzes sowie deren Änderung oder Aufhebung der zuständigen Polizeibehörde und anderen öffentlichen Stellen, die von der Durchführung der Anordnung betroffen sind, unverzüglich mit, soweit nicht schutzwürdige Interessen eines Beteiligten an dem Ausschluss der Übermittlung, das Schutzbedürfnis anderer Beteiligter oder das öffentliche Interesse an der Übermittlung überwiegen. Die Beteiligten sollen über die Mitteilung unterrichtet werden. Für den bestätigten Vergleich nach § 214a gelten die vorstehenden Bestimmungen entsprechend.

Abschnitt 9
Verfahren in Unterhaltssachen

Unterabschnitt 1
Besondere Verfahrensvorschriften

§ 231 Unterhaltssachen

(1) Unterhaltssachen sind Verfahren, die
1. die durch Verwandtschaft begründete gesetzliche Unterhaltspflicht,
2. die durch Ehe begründete gesetzliche Unterhaltspflicht,
3. die Ansprüche nach § 1615l oder § 1615m des Bürgerlichen Gesetzbuchs

betreffen.

(2) Unterhaltssachen sind auch Verfahren nach § 3 Abs. 2 Satz 3 des Bundeskindergeldgesetzes und § 64 Abs. 2 Satz 3 des Einkommensteuergesetzes. Die §§ 235 bis 245 sind nicht anzuwenden.

§ 232 Örtliche Zuständigkeit

(1) Ausschließlich zuständig ist
1. für Unterhaltssachen, die die Unterhaltspflicht für ein gemeinschaftliches Kind der Ehegatten betreffen, mit Ausnahme des vereinfachten Verfahrens über den Unterhalt Minderjähriger, oder die die durch die Ehe begründete Unterhaltspflicht betreffen, während der Anhängigkeit einer Ehesache das Gericht, bei dem die Ehesache im ersten Rechtszug anhängig ist oder war;
2. für Unterhaltssachen, die die Unterhaltspflicht für ein minderjähriges Kind oder ein nach § 1603 Abs. 2 Satz 2 des Bürgerlichen Gesetzbuchs gleichgestelltes Kind betreffen, das Gericht, in dessen Bezirk das Kind oder der Elternteil, der auf Seiten des minderjährigen Kindes zu handeln befugt ist, seinen gewöhnlichen Aufenthalt hat; dies gilt nicht, wenn das Kind oder ein Elternteil seinen gewöhnlichen Aufenthalt im Ausland hat.

223 FamFG §§ 233–236

(2) Eine Zuständigkeit nach Absatz 1 geht der ausschließlichen Zuständigkeit eines anderen Gerichts vor.
(3) Sofern eine Zuständigkeit nach Absatz 1 nicht besteht, bestimmt sich die Zuständigkeit nach den Vorschriften der Zivilprozessordnung mit der Maßgabe, dass in den Vorschriften über den allgemeinen Gerichtsstand an die Stelle des Wohnsitzes der gewöhnliche Aufenthalt tritt. Nach Wahl des Antragstellers ist auch zuständig
1. für den Antrag eines Elternteils gegen den anderen Elternteil wegen eines Anspruchs, der die durch Ehe begründete gesetzliche Unterhaltspflicht betrifft, oder wegen eines Anspruchs nach § 1615l des Bürgerlichen Gesetzbuchs das Gericht, bei dem ein Verfahren über den Unterhalt des Kindes im ersten Rechtszug anhängig ist;
2. für den Antrag eines Kindes, durch den beide Eltern auf Erfüllung der Unterhaltspflicht in Anspruch genommen werden, das Gericht, das für den Antrag gegen einen Elternteil zuständig ist;
3. das Gericht, bei dem der Antragsteller seinen gewöhnlichen Aufenthalt hat, wenn der Antragsgegner im Inland keinen Gerichtsstand hat.

§ 233 Abgabe an das Gericht der Ehesache
Wird eine Ehesache rechtshängig, während eine Unterhaltssache nach § 232 Abs. 1 Nr. 1 bei einem anderen Gericht im ersten Rechtszug anhängig ist, ist diese von Amts wegen an das Gericht der Ehesache abzugeben. § 281 Abs. 2 und 3 Satz 1 der Zivilprozessordnung gilt entsprechend.

§ 234 Vertretung eines Kindes durch einen Beistand
Wird das Kind durch das Jugendamt als Beistand vertreten, ist die Vertretung durch den sorgeberechtigten Elternteil ausgeschlossen.

§ 235 Verfahrensrechtliche Auskunftspflicht der Beteiligten
(1) Das Gericht kann anordnen, dass der Antragsteller und der Antragsgegner Auskunft über ihre Einkünfte, ihr Vermögen und ihre persönlichen und wirtschaftlichen Verhältnisse erteilen sowie bestimmte Belege vorlegen, soweit dies für die Bemessung des Unterhalts von Bedeutung ist. Das Gericht kann anordnen, dass der Antragsteller und der Antragsgegner schriftlich versichern, dass die Auskunft wahrheitsgemäß und vollständig ist; die Versicherung kann nicht durch einen Vertreter erfolgen. Mit der Anordnung nach Satz 1 oder Satz 2 soll das Gericht eine angemessene Frist setzen. Zugleich hat es auf die Verpflichtung nach Absatz 3 und auf die nach den §§ 236 und 243 Satz 2 Nr. 3 möglichen Folgen hinzuweisen.
(2) Das Gericht hat nach Absatz 1 vorzugehen, wenn ein Beteiligter dies beantragt und der andere Beteiligte vor Beginn des Verfahrens einer nach den Vorschriften des bürgerlichen Rechts bestehenden Auskunftspflicht entgegen einer Aufforderung innerhalb angemessener Frist nicht nachgekommen ist.
(3) Antragsteller und Antragsgegner sind verpflichtet, dem Gericht ohne Aufforderung mitzuteilen, wenn sich während des Verfahrens Umstände, die Gegenstand der Anordnung nach Absatz 1 waren, wesentlich verändert haben.
(4) Die Anordnungen des Gerichts nach dieser Vorschrift sind nicht selbständig anfechtbar und nicht mit Zwangsmitteln durchsetzbar.

§ 236 Verfahrensrechtliche Auskunftspflicht Dritter
(1) Kommt ein Beteiligter innerhalb der hierfür gesetzten Frist einer Verpflichtung nach § 235 Abs. 1 nicht oder nicht vollständig nach, kann das Gericht, soweit dies für die Bemessung des Unterhalts von Bedeutung ist, über die Höhe der Einkünfte Auskunft und bestimmte Belege anfordern bei
1. Arbeitgebern,
2. Sozialleistungsträgern sowie der Künstlersozialkasse,
3. sonstigen Personen oder Stellen, die Leistungen zur Versorgung im Alter und bei verminderter Erwerbsfähigkeit sowie Leistungen zur Entschädigung und zum Nachteilsausgleich zahlen,
4. Versicherungsunternehmen oder
5. Finanzämtern.
(2) Das Gericht hat nach Absatz 1 vorzugehen, wenn dessen Voraussetzungen vorliegen und der andere Beteiligte dies beantragt.
(3) Die Anordnung nach Absatz 1 ist den Beteiligten mitzuteilen.
(4) Die in Absatz 1 bezeichneten Personen und Stellen sind verpflichtet, der gerichtlichen Anordnung Folge zu leisten. § 390 der Zivilprozessordnung gilt entsprechend, wenn nicht eine Behörde betroffen ist.
(5) Die Anordnungen des Gerichts nach dieser Vorschrift sind für die Beteiligten nicht selbständig anfechtbar.

§ 237 Unterhalt bei Feststellung der Vaterschaft

(1) Ein Antrag, durch den ein Mann auf Zahlung von Unterhalt für ein Kind in Anspruch genommen wird, ist, wenn die Vaterschaft des Mannes nach § 1592 Nr. 1 und 2 oder § 1593 des Bürgerlichen Gesetzbuchs nicht besteht, nur zulässig, wenn das Kind minderjährig und ein Verfahren auf Feststellung der Vaterschaft nach § 1600d des Bürgerlichen Gesetzbuchs anhängig ist.
(2) Ausschließlich zuständig ist das Gericht, bei dem das Verfahren auf Feststellung der Vaterschaft im ersten Rechtszug anhängig ist.
(3) Im Fall des Absatzes 1 kann Unterhalt lediglich in Höhe des Mindestunterhalts und gemäß den Altersstufen nach § 1612a Abs. 1 Satz 3 des Bürgerlichen Gesetzbuchs und unter Berücksichtigung der Leistungen nach § 1612b oder § 1612c des Bürgerlichen Gesetzbuchs beantragt werden. Das Kind kann einen geringeren Unterhalt verlangen. Im Übrigen kann in diesem Verfahren eine Herabsetzung oder Erhöhung des Unterhalts nicht verlangt werden.
(4) Vor Rechtskraft des Beschlusses, der die Vaterschaft feststellt, oder vor Wirksamwerden der Anerkennung der Vaterschaft durch den Mann wird der Ausspruch, der die Verpflichtung zur Leistung des Unterhalts betrifft, nicht wirksam.

§ 238 Abänderung gerichtlicher Entscheidungen

(1) Enthält eine in der Hauptsache ergangene Endentscheidung des Gerichts eine Verpflichtung zu künftig fällig werdenden wiederkehrenden Leistungen, kann jeder Teil die Abänderung beantragen. Der Antrag ist zulässig, sofern der Antragsteller Tatsachen vorträgt, aus denen sich eine wesentliche Veränderung der der Entscheidung zugrunde liegenden tatsächlichen oder rechtlichen Verhältnisse ergibt.
(2) Der Antrag kann nur auf Gründe gestützt werden, die nach Schluss der Tatsachenverhandlung des vorausgegangenen Verfahrens entstanden sind und deren Geltendmachung durch Einspruch nicht möglich ist oder war.
(3) Die Abänderung ist zulässig für die Zeit ab Rechtshängigkeit des Antrags. Ist der Antrag auf Erhöhung des Unterhalts gerichtet, ist er auch zulässig für die Zeit, für die nach den Vorschriften des bürgerlichen Rechts Unterhalt für die Vergangenheit verlangt werden kann. Ist der Antrag auf Herabsetzung des Unterhalts gerichtet, ist er auch zulässig für die Zeit ab dem Ersten des auf ein entsprechendes Auskunfts- oder Verzichtsverlangen des Antragstellers folgenden Monats. Für eine mehr als ein Jahr vor Rechtshängigkeit liegende Zeit kann eine Herabsetzung nicht verlangt werden.
(4) Liegt eine wesentliche Veränderung der tatsächlichen oder rechtlichen Verhältnisse vor, ist die Entscheidung unter Wahrung ihrer Grundlagen anzupassen.

§ 239 Abänderung von Vergleichen und Urkunden

(1) Enthält ein Vergleich nach § 794 Abs. 1 Nr. 1 der Zivilprozessordnung oder eine vollstreckbare Urkunde eine Verpflichtung zu künftig fällig werdenden wiederkehrenden Leistungen, kann jeder Teil die Abänderung beantragen. Der Antrag ist zulässig, sofern der Antragsteller Tatsachen vorträgt, die die Abänderung rechtfertigen.
(2) Die weiteren Voraussetzungen und der Umfang der Abänderung richten sich nach den Vorschriften des bürgerlichen Rechts.

§ 240 Abänderung von Entscheidungen nach den §§ 237 und 253

(1) Enthält eine rechtskräftige Endentscheidung nach § 237 oder § 253 eine Verpflichtung zu künftig fällig werdenden wiederkehrenden Leistungen, kann jeder Teil die Abänderung beantragen, sofern nicht bereits ein Antrag auf Durchführung des streitigen Verfahrens nach § 255 gestellt worden ist.
(2) Wird ein Antrag auf Herabsetzung des Unterhalts nicht innerhalb eines Monats nach Rechtskraft gestellt, so ist die Abänderung nur zulässig für die Zeit ab Rechtshängigkeit des Antrags. Ist innerhalb der Monatsfrist ein Antrag des anderen Beteiligten auf Erhöhung des Unterhalts anhängig geworden, läuft die Frist nicht vor Beendigung dieses Verfahrens ab. Der nach Ablauf der Frist gestellte Antrag auf Herabsetzung ist auch zulässig für die Zeit ab dem Ersten des auf ein entsprechendes Auskunfts- oder Verzichtsverlangen des Antragstellers folgenden Monats. § 238 Abs. 3 Satz 4 gilt entsprechend.

§ 241 Verschärfte Haftung

Die Rechtshängigkeit eines auf Herabsetzung gerichteten Abänderungsantrags steht bei der Anwendung des § 818 Abs. 4 des Bürgerlichen Gesetzbuchs der Rechtshängigkeit einer Klage auf Rückzahlung der geleisteten Beträge gleich.

§ 242 Einstweilige Einstellung der Vollstreckung

Ist ein Abänderungsantrag auf Herabsetzung anhängig oder hierfür ein Antrag auf Bewilligung von Verfahrenskostenhilfe eingereicht, gilt § 769 der Zivilprozessordnung entsprechend. Der Beschluss ist nicht anfechtbar.

223 FamFG §§ 243–248

§ 243 Kostenentscheidung
Abweichend von den Vorschriften der Zivilprozessordnung über die Kostenverteilung entscheidet das Gericht in Unterhaltssachen nach billigem Ermessen über die Verteilung der Kosten des Verfahrens auf die Beteiligten. Es hat hierbei insbesondere zu berücksichtigen:
1. das Verhältnis von Obsiegen und Unterliegen der Beteiligten, einschließlich der Dauer der Unterhaltsverpflichtung,
2. den Umstand, dass ein Beteiligter vor Beginn des Verfahrens einer Aufforderung des Gegners zur Erteilung der Auskunft und Vorlage von Belegen über das Einkommen nicht oder nicht vollständig nachgekommen ist, es sei denn, dass eine Verpflichtung hierzu nicht bestand,
3. den Umstand, dass ein Beteiligter einer Aufforderung des Gerichts nach § 235 Abs. 1 innerhalb der gesetzten Frist nicht oder nicht vollständig nachgekommen ist, sowie
4. ein sofortiges Anerkenntnis nach § 93 der Zivilprozessordnung.

§ 244 Unzulässiger Einwand der Volljährigkeit
Wenn der Verpflichtete dem Kind nach Vollendung des 18. Lebensjahrs Unterhalt zu gewähren hat, kann gegen die Vollstreckung eines in einem Beschluss oder in einem sonstigen Titel nach § 794 der Zivilprozessordnung festgestellten Anspruchs auf Unterhalt nach Maßgabe des § 1612a des Bürgerlichen Gesetzbuchs nicht eingewandt werden, dass die Minderjährigkeit nicht mehr besteht.

§ 245 Bezifferung dynamisierter Unterhaltstitel zur Zwangsvollstreckung im Ausland
(1) Soll ein Unterhaltstitel, der den Unterhalt nach § 1612a des Bürgerlichen Gesetzbuchs als Prozentsatz des Mindestunterhalts festsetzt, im Ausland vollstreckt werden, ist auf Antrag der geschuldete Unterhalt auf dem Titel zu beziffern.
(2) Für die Bezifferung sind die Gerichte, Behörden oder Notare zuständig, denen die Erteilung einer vollstreckbaren Ausfertigung des Titels obliegt.
(3) Auf die Anfechtung der Entscheidung über die Bezifferung sind die Vorschriften über die Anfechtung der Entscheidung über die Erteilung einer Vollstreckungsklausel entsprechend anzuwenden.

Unterabschnitt 2
Einstweilige Anordnung

§ 246 Besondere Vorschriften für die einstweilige Anordnung
(1) Das Gericht kann durch einstweilige Anordnung abweichend von § 49 auf Antrag die Verpflichtung zur Zahlung von Unterhalt oder zur Zahlung eines Kostenvorschusses für ein gerichtliches Verfahren regeln.
(2) Die Entscheidung ergeht auf Grund mündlicher Verhandlung, wenn dies zur Aufklärung des Sachverhalts oder für eine gütliche Beilegung des Verfahrens geboten erscheint.

§ 247 Einstweilige Anordnung vor Geburt des Kindes
(1) Im Wege der einstweiligen Anordnung kann bereits vor der Geburt des Kindes die Verpflichtung zur Zahlung des für die ersten drei Monate dem Kind zu gewährenden Unterhalts sowie des der Mutter nach § 1615l Abs. 1 des Bürgerlichen Gesetzbuchs zustehenden Betrags geregelt werden.
(2) Hinsichtlich des Unterhalts für das Kind kann der Antrag auch durch die Mutter gestellt werden. § 1600d Abs. 2 und 3 des Bürgerlichen Gesetzbuchs gilt entsprechend. In den Fällen des Absatzes 1 kann auch angeordnet werden, dass der Betrag zu einem bestimmten Zeitpunkt vor der Geburt des Kindes zu hinterlegen ist.

§ 248 Einstweilige Anordnung bei Feststellung der Vaterschaft
(1) Ein Antrag auf Erlass einer einstweiligen Anordnung, durch den ein Mann auf Zahlung von Unterhalt für ein Kind oder dessen Mutter in Anspruch genommen wird, ist, wenn die Vaterschaft des Mannes nach § 1592 Nr. 1 und 2 oder § 1593 des Bürgerlichen Gesetzbuchs nicht besteht, nur zulässig, wenn ein Verfahren auf Feststellung der Vaterschaft nach § 1600d des Bürgerlichen Gesetzbuchs anhängig ist.
(2) Im Fall des Absatzes 1 ist das Gericht zuständig, bei dem das Verfahren auf Feststellung der Vaterschaft im ersten Rechtszug anhängig ist; während der Anhängigkeit beim Beschwerdegericht ist dieses zuständig.
(3) § 1600d Abs. 2 und 3 des Bürgerlichen Gesetzbuchs gilt entsprechend.
(4) Das Gericht kann auch anordnen, dass der Mann für den Unterhalt Sicherheit in bestimmter Höhe zu leisten hat.
(5) Die einstweilige Anordnung tritt auch außer Kraft, wenn der Antrag auf Feststellung der Vaterschaft zurückgenommen oder rechtskräftig zurückgewiesen worden ist. In diesem Fall hat derjenige, der die einstweilige Anordnung erwirkt hat, dem Mann den Schaden zu ersetzen, der ihm aus der Vollziehung der einstweiligen Anordnung entstanden ist.

Unterabschnitt 3
Vereinfachtes Verfahren über den Unterhalt Minderjähriger

§ 249 Statthaftigkeit des vereinfachten Verfahrens

(1) Auf Antrag wird der Unterhalt eines minderjährigen Kindes, das mit dem in Anspruch genommenen Elternteil nicht in einem Haushalt lebt, im vereinfachten Verfahren festgesetzt, soweit der Unterhalt vor Berücksichtigung der Leistungen nach § 1612b oder § 1612c des Bürgerlichen Gesetzbuchs das 1,2fache des Mindestunterhalts nach § 1612a Abs. 1 des Bürgerlichen Gesetzbuchs nicht übersteigt.

(2) Das vereinfachte Verfahren ist nicht statthaft, wenn zum Zeitpunkt, in dem der Antrag oder eine Mitteilung über seinen Inhalt dem Antragsgegner zugestellt wird, über den Unterhaltsanspruch des Kindes entweder ein Gericht entschieden hat, ein gerichtliches Verfahren anhängig ist oder ein zur Zwangsvollstreckung geeigneter Schuldtitel errichtet worden ist.

§ 250 Antrag

(1) Der Antrag muss enthalten:
1. die Bezeichnung der Beteiligten, ihrer gesetzlichen Vertreter und der Verfahrensbevollmächtigten;
2. die Bezeichnung des Gerichts, bei dem der Antrag gestellt wird;
3. die Angabe des Geburtsdatums des Kindes;
4. die Angabe, ab welchem Zeitpunkt Unterhalt verlangt wird;
5. für den Fall, dass Unterhalt für die Vergangenheit verlangt wird, die Angabe, wann die Voraussetzungen des § 1613 Abs. 1 oder Abs. 2 Nr. 2 des Bürgerlichen Gesetzbuchs eingetreten sind;
6. die Angabe der Höhe des verlangten Unterhalts;
7. die Angaben über Kindergeld und andere zu berücksichtigende Leistungen (§ 1612b oder § 1612c des Bürgerlichen Gesetzbuchs);
8. die Erklärung, dass zwischen dem Kind und dem Antragsgegner ein Eltern-Kind-Verhältnis nach den §§ 1591 bis 1593 des Bürgerlichen Gesetzbuchs besteht;
9. die Erklärung, dass das Kind nicht mit dem Antragsgegner in einem Haushalt lebt;
10. die Angabe der Höhe des Kindeseinkommens;
11. eine Erklärung darüber, ob der Anspruch aus eigenem, aus übergegangenem oder rückabgetretenem Recht geltend gemacht wird;
12. die Erklärung, dass Unterhalt nicht für Zeiträume verlangt wird, für die das Kind Hilfe nach dem Zwölften Buch Sozialgesetzbuch, Sozialgeld nach dem Zweiten Buch Sozialgesetzbuch, Hilfe zur Erziehung oder Eingliederungshilfe nach dem Achten Buch Sozialgesetzbuch, Leistungen nach dem Unterhaltsvorschussgesetz oder Unterhalt nach § 1607 Abs. 2 oder Abs. 3 des Bürgerlichen Gesetzbuchs erhalten hat, oder, soweit Unterhalt aus übergegangenem Recht oder nach § 94 Abs. 4 Satz 2 des Zwölften Buches Sozialgesetzbuch, § 33 Abs. 2 Satz 4 des Zweiten Buches Sozialgesetzbuch oder § 7 Abs. 4 Satz 1 des Unterhaltsvorschussgesetzes verlangt wird, die Erklärung, dass der beantragte Unterhalt die Leistung an oder für das Kind nicht übersteigt;
13. die Erklärung, dass die Festsetzung im vereinfachten Verfahren nicht nach § 249 Abs. 2 ausgeschlossen ist.

(2) Entspricht der Antrag nicht den in Absatz 1 und den in § 249 bezeichneten Voraussetzungen, ist er zurückzuweisen. Vor der Zurückweisung ist der Antragsteller zu hören. Die Zurückweisung ist nicht anfechtbar.

(3) Sind vereinfachte Verfahren anderer Kinder des Antragsgegners bei dem Gericht anhängig, hat es die Verfahren zum Zweck gleichzeitiger Entscheidung zu verbinden.

§ 251 Maßnahmen des Gerichts

(1) Erscheint nach dem Vorbringen des Antragstellers das vereinfachte Verfahren zulässig, verfügt das Gericht die Zustellung des Antrags oder einer Mitteilung über seinen Inhalt an den Antragsgegner. Zugleich weist es ihn darauf hin,
1. ab welchem Zeitpunkt und in welcher Höhe der Unterhalt festgesetzt werden kann; hierbei sind zu bezeichnen:
   a) die Zeiträume nach dem Alter des Kindes, für das die Festsetzung des Unterhalts nach dem Mindestunterhalt der ersten, zweiten und dritten Altersstufe in Betracht kommt;
   b) im Fall des § 1612a des Bürgerlichen Gesetzbuchs auch der Prozentsatz des jeweiligen Mindestunterhalts;
   c) die nach § 1612b oder § 1612c des Bürgerlichen Gesetzbuchs zu berücksichtigenden Leistungen;
2. dass das Gericht nicht geprüft hat, ob der verlangte Unterhalt das im Antrag angegebene Kindeseinkommen berücksichtigt;
3. dass über den Unterhalt ein Festsetzungsbeschluss ergehen kann, aus dem der Antragsteller die Zwangsvollstreckung betreiben kann, wenn er nicht innerhalb eines Monats Einwendungen erhebt;

4. welche Einwendungen nach § 252 erhoben werden können, insbesondere, dass der Einwand eingeschränkter oder fehlender Leistungsfähigkeit nur erhoben werden kann, wenn die Auskunft nach § 252 Absatz 4 erteilt wird und Belege über die Einkünfte beigefügt werden.

Ist der Antrag im Ausland zuzustellen, bestimmt das Gericht die Frist nach Satz 2 Nummer 3.

(2) § 167 der Zivilprozessordnung gilt entsprechend.

§ 252 Einwendungen des Antragsgegners

(1) Der Antragsgegner kann Einwendungen gegen die Zulässigkeit des vereinfachten Verfahrens geltend machen. Bei begründeten Einwendungen weist das Gericht den Antrag zurück. Unbegründete Einwendungen weist das Gericht mit dem Festsetzungsbeschluss nach § 253 zurück.

(2) Andere als die in Absatz 1 Satz 1 genannten Einwendungen, insbesondere Einwendungen nach den Absätzen 3 und 4, sind nur zulässig, wenn der Antragsgegner zugleich erklärt, inwieweit er zur Unterhaltsleistung bereit ist und dass er sich insoweit zur Erfüllung des Unterhaltsanspruchs verpflichtet.

(3) Der Einwand der Erfüllung ist nur zulässig, wenn der Antragsgegner zugleich erklärt, inwieweit er Unterhalt geleistet hat und entsprechende Belege vorlegt.

(4) Der Einwand eingeschränkter oder fehlender Leistungsfähigkeit ist nur zulässig, wenn der Antragsgegner zugleich Auskunft über seine Einkünfte und sein Vermögen erteilt und für die letzten zwölf Monate seine Einkünfte belegt. Ein Antragsgegner, der Leistungen zur Sicherung des Lebensunterhalts nach dem Zweiten Buch Sozialgesetzbuch oder dem Zwölften Buch Sozialgesetzbuch bezieht, muss den aktuellen Bewilligungsbescheid darüber vorlegen. Bei Einkünften aus selbständiger Arbeit, Gewerbebetrieb sowie Land- und Forstwirtschaft sind als Belege der letzte Einkommensteuerbescheid und für das letzte Wirtschaftsjahr die Gewinn-und-Verlust-Rechnung oder die Einnahmenüberschussrechnung vorzulegen.

(5) Die Einwendungen sind nur zu berücksichtigen, solange der Festsetzungsbeschluss nicht erlassen ist.

§ 253 Festsetzungsbeschluss

(1) Ist der Antrag zulässig und werden keine oder keine nach § 252 Absatz 2 bis 4 zulässigen Einwendungen erhoben, wird der Unterhalt nach Ablauf der in § 251 Abs. 1 Satz 2 Nr. 3 bezeichneten Frist durch Beschluss festgesetzt. Die Festsetzung durch Beschluss erfolgt auch, soweit sich der Antragsgegner nach § 252 Absatz 2 zur Zahlung von Unterhalt verpflichtet hat. In dem Beschluss ist auszusprechen, dass der Antragsgegner den festgesetzten Unterhalt an den Unterhaltsberechtigten zu zahlen hat. In dem Beschluss sind auch die bis dahin entstandenen erstattungsfähigen Kosten des Verfahrens festzusetzen, soweit sie ohne weiteres ermittelt werden können; es genügt, wenn der Antragsteller die zu ihrer Berechnung notwendigen Angaben dem Gericht mitteilt.

(2) In dem Beschluss ist darauf hinzuweisen, welche Einwendungen mit der Beschwerde geltend gemacht werden können und unter welchen Voraussetzungen eine Abänderung verlangt werden kann.

§ 254 Mitteilungen über Einwendungen

Hat der Antragsgegner zulässige Einwendungen (§ 252 Absatz 2 bis 4) erhoben, teilt das Gericht dem Antragsteller dies mit und weist darauf hin, dass das streitige Verfahren auf Antrag eines Beteiligten durchgeführt wird.

§ 255 Streitiges Verfahren

(1) Im Fall des § 254 wird auf Antrag eines Beteiligten das streitige Verfahren durchgeführt.

(2) Beantragt ein Beteiligter die Durchführung des streitigen Verfahrens, ist wie nach Eingang eines Antrags in einer Unterhaltssache weiter zu verfahren. Einwendungen nach § 252 gelten als Erwiderung.

(3) Das Verfahren gilt als mit der Zustellung des Festsetzungsantrags (§ 251 Abs. 1 Satz 1) rechtshängig geworden.

(4) Ist ein Festsetzungsbeschluss nach § 253 Absatz 1 Satz 2 vorausgegangen, soll für zukünftige wiederkehrende Leistungen der Unterhalt in einem Gesamtbetrag bestimmt und der Festsetzungsbeschluss insoweit aufgehoben werden.

(5) Die Kosten des vereinfachten Verfahrens werden als Teil der Kosten des streitigen Verfahrens behandelt.

(6) Wird der Antrag auf Durchführung des streitigen Verfahrens nicht vor Ablauf von sechs Monaten nach Zugang der Mitteilung nach § 254 gestellt, so gilt der Festsetzungsantrag, der über den Festsetzungsbeschluss nach § 253 Absatz 1 Satz 2 hinausgeht, oder der Festsetzungsantrag, der über die Verpflichtungserklärung des Antragsgegners nach § 252 Absatz 2 hinausgeht, als zurückgenommen.

§ 256 Beschwerde

Mit der Beschwerde können nur Einwendungen gegen die Zulässigkeit oder die Unzulässigkeit des vereinfachten Verfahrens, die Zulässigkeit von Einwendungen nach § 252 Absatz 2 bis 4 sowie die Unrichtigkeit der Kostenentscheidung oder Kostenfestsetzung, sofern sie nach allgemeinen Grundsätzen anfechtbar sind, geltend gemacht werden. Die Beschwerde ist unzulässig, wenn sie sich auf Einwendungen nach § 252 Absatz 2 bis 4 stützt, die nicht erhoben waren, bevor der Festsetzungsbeschluss erlassen war.

§ 257 Besondere Verfahrensvorschriften

In vereinfachten Verfahren können die Anträge und Erklärungen vor dem Urkundsbeamten der Geschäftsstelle abgegeben werden. Soweit Formulare eingeführt sind, werden diese ausgefüllt; der Urkundsbeamte vermerkt unter Angabe des Gerichts und des Datums, dass er den Antrag oder die Erklärung aufgenommen hat.

§ 258 Sonderregelungen für maschinelle Bearbeitung

(1) In vereinfachten Verfahren ist eine maschinelle Bearbeitung zulässig. § 702 Absatz 2 Satz 1, 3 und 4 der Zivilprozessordnung gilt entsprechend.

(2) Bei maschineller Bearbeitung werden Beschlüsse, Verfügungen und Ausfertigungen mit dem Gerichtssiegel versehen; einer Unterschrift bedarf es nicht.

§ 259 Formulare

(1) Das Bundesministerium der Justiz und für Verbraucherschutz wird ermächtigt, zur Vereinfachung und Vereinheitlichung der Verfahren durch Rechtsverordnung mit Zustimmung des Bundesrates Formulare für das vereinfachte Verfahren einzuführen. Für Gerichte, die die Verfahren maschinell bearbeiten, und für Gerichte, die die Verfahren nicht maschinell bearbeiten, können unterschiedliche Formulare eingeführt werden.

(2) Soweit nach Absatz 1 Formulare für Anträge und Erklärungen der Beteiligten eingeführt sind, müssen sich die Beteiligten ihrer bedienen.

§ 260 Bestimmung des Amtsgerichts

(1) Die Landesregierungen werden ermächtigt, die vereinfachten Verfahren über den Unterhalt Minderjähriger durch Rechtsverordnung einem Amtsgericht für die Bezirke mehrerer Amtsgerichte zuzuweisen, wenn dies ihrer schnelleren und kostengünstigeren Erledigung dient. Die Landesregierungen können die Ermächtigung durch Rechtsverordnung auf die Landesjustizverwaltungen übertragen.

(2) Bei dem Amtsgericht, das zuständig wäre, wenn die Landesregierung oder die Landesjustizverwaltung das Verfahren nach Absatz 1 nicht einem anderen Amtsgericht zugewiesen hätte, kann das Kind Anträge und Erklärungen mit der gleichen Wirkung einreichen oder anbringen wie bei dem anderen Amtsgericht.

Abschnitt 10
Verfahren in Güterrechtssachen

§ 261 Güterrechtssachen

(1) Güterrechtssachen sind Verfahren, die Ansprüche aus dem ehelichen Güterrecht betreffen, auch wenn Dritte an dem Verfahren beteiligt sind.

(2) Güterrechtssachen sind auch Verfahren nach § 1365 Absatz 2, § 1369 Absatz 2, den §§ 1382, 1383, 1426, 1430 und 1452 des Bürgerlichen Gesetzbuchs sowie nach § 1519 des Bürgerlichen Gesetzbuchs in Verbindung mit Artikel 5 Absatz 2, Artikel 12 Absatz 2 Satz 2 und Artikel 17 des Abkommens vom 4. Februar 2010 zwischen der Bundesrepublik Deutschland und der Französischen Republik über den Güterstand der Wahl-Zugewinngemeinschaft.

§ 262 Örtliche Zuständigkeit

(1) Während der Anhängigkeit einer Ehesache ist das Gericht ausschließlich zuständig, bei dem die Ehesache im ersten Rechtszug anhängig ist oder war. Diese Zuständigkeit geht der ausschließlichen Zuständigkeit eines anderen Gerichts vor.

(2) Im Übrigen bestimmt sich die Zuständigkeit nach der Zivilprozessordnung mit der Maßgabe, dass in den Vorschriften über den allgemeinen Gerichtsstand an die Stelle des Wohnsitzes der gewöhnliche Aufenthalt tritt.

§ 263 Abgabe an das Gericht der Ehesache

Wird eine Ehesache rechtshängig, während eine Güterrechtssache bei einem anderen Gericht im ersten Rechtszug anhängig ist, ist diese von Amts wegen an das Gericht der Ehesache abzugeben. § 281 Abs. 2 und 3 Satz 1 der Zivilprozessordnung gilt entsprechend.

§ 264 Verfahren auf Stundung und auf Übertragung von Vermögensgegenständen

(1) In den Verfahren nach den §§ 1382 und 1383 des Bürgerlichen Gesetzbuchs sowie nach § 1519 des Bürgerlichen Gesetzbuchs in Verbindung mit Artikel 12 Absatz 2 Satz 2 und Artikel 17 des Abkommens vom 4. Februar 2010 zwischen der Bundesrepublik Deutschland und der Französischen Republik über den Güterstand der Wahl-Zugewinngemeinschaft wird die Entscheidung des Gerichts erst mit Rechtskraft wirksam. Eine Abänderung oder Wiederaufnahme ist ausgeschlossen.

(2) In dem Beschluss, in dem über den Antrag auf Stundung der Ausgleichsforderung entschieden wird, kann das Gericht auf Antrag des Gläubigers auch die Verpflichtung des Schuldners zur Zahlung der Ausgleichsforderung aussprechen.

§ 265 Einheitliche Entscheidung

Wird in einem Verfahren über eine güterrechtliche Ausgleichsforderung ein Antrag nach § 1382 Abs. 5 oder § 1383 Abs. 3 des Bürgerlichen Gesetzbuchs gestellt, ergeht die Entscheidung durch einheitlichen Beschluss.

Abschnitt 11
Verfahren in sonstigen Familiensachen

§ 266 Sonstige Familiensachen

(1) Sonstige Familiensachen sind Verfahren, die
1. Ansprüche zwischen miteinander verlobten oder ehemals verlobten Personen im Zusammenhang mit der Beendigung des Verlöbnisses sowie in den Fällen der §§ 1298 und 1299 des Bürgerlichen Gesetzbuchs zwischen einer solchen und einer dritten Person,
2. aus der Ehe herrührende Ansprüche,
3. Ansprüche zwischen miteinander verheirateten oder ehemals miteinander verheirateten Personen oder zwischen einer solchen und einem Elternteil im Zusammenhang mit Trennung oder Scheidung oder Aufhebung der Ehe,
4. aus dem Eltern-Kind-Verhältnis herrührende Ansprüche oder
5. aus dem Umgangsrecht herrührende Ansprüche

betreffen, sofern nicht die Zuständigkeit der Arbeitsgerichte gegeben ist oder das Verfahren eines der in § 348 Abs. 1 Satz 2 Nr. 2 Buchstabe a bis k der Zivilprozessordnung genannten Sachgebiete, das Wohnungseigentumsrecht oder das Erbrecht betrifft und sofern es sich nicht bereits nach anderen Vorschriften um eine Familiensache handelt.

(2) Sonstige Familiensachen sind auch Verfahren über einen Antrag nach § 1357 Abs. 2 Satz 1 des Bürgerlichen Gesetzbuchs.

§ 267 Örtliche Zuständigkeit

(1) Während der Anhängigkeit einer Ehesache ist das Gericht ausschließlich zuständig, bei dem die Ehesache im ersten Rechtszug anhängig ist oder war. Diese Zuständigkeit geht der ausschließlichen Zuständigkeit eines anderen Gerichts vor.

(2) Im Übrigen bestimmt sich die Zuständigkeit nach der Zivilprozessordnung mit der Maßgabe, dass in den Vorschriften über den allgemeinen Gerichtsstand an die Stelle des Wohnsitzes der gewöhnliche Aufenthalt tritt.

§ 268 Abgabe an das Gericht der Ehesache

Wird eine Ehesache rechtshängig, während eine sonstige Familiensache bei einem anderen Gericht im ersten Rechtszug anhängig ist, ist diese von Amts wegen an das Gericht der Ehesache abzugeben. § 281 Abs. 2 und 3 Satz 1 der Zivilprozessordnung gilt entsprechend.

Abschnitt 12
Verfahren in Lebenspartnerschaftssachen

§ 269 Lebenspartnerschaftssachen

(1) Lebenspartnerschaftssachen sind Verfahren, welche zum Gegenstand haben:
1. die Aufhebung der Lebenspartnerschaft auf Grund des Lebenspartnerschaftsgesetzes,
2. die Feststellung des Bestehens oder Nichtbestehens einer Lebenspartnerschaft,
3. die elterliche Sorge, das Umgangsrecht oder die Herausgabe in Bezug auf ein gemeinschaftliches Kind,
4. die Annahme als Kind und die Ersetzung der Einwilligung zur Annahme als Kind,
5. Wohnungszuweisungssachen nach § 14 oder § 17 des Lebenspartnerschaftsgesetzes,
6. Haushaltssachen nach § 13 oder § 17 des Lebenspartnerschaftsgesetzes,
7. den Versorgungsausgleich der Lebenspartner,
8. die gesetzliche Unterhaltspflicht für ein gemeinschaftliches minderjähriges Kind der Lebenspartner,
9. die durch die Lebenspartnerschaft begründete gesetzliche Unterhaltspflicht,
10. Ansprüche aus dem lebenspartnerschaftlichen Güterrecht, auch wenn Dritte an dem Verfahren beteiligt sind,
11. Entscheidungen nach § 6 des Lebenspartnerschaftsgesetzes in Verbindung mit § 1365 Abs. 2, § 1369 Abs. 2 und den §§ 1382 und 1383 des Bürgerlichen Gesetzbuchs,
12. Entscheidungen nach § 7 des Lebenspartnerschaftsgesetzes in Verbindung mit den §§ 1426, 1430, 1452 des Bürgerlichen Gesetzbuchs oder mit § 1519 des Bürgerlichen Gesetzbuchs und Artikel 5 Absatz 2, Artikel 12

Absatz 2 Satz 2 oder Artikel 17 des Abkommens vom 4. Februar 2010 zwischen der Bundesrepublik Deutschland und der Französischen Republik über den Güterstand der Wahl-Zugewinngemeinschaft.
(2) Sonstige Lebenspartnerschaftssachen sind Verfahren, welche zum Gegenstand haben:
1. Ansprüche nach § 1 Abs. 4 Satz 2 des Lebenspartnerschaftsgesetzes in der bis einschließlich 21. Dezember 2018 geltenden Fassung in Verbindung mit den §§ 1298 bis 1301 des Bürgerlichen Gesetzbuchs,
2. Ansprüche aus der Lebenspartnerschaft,
3. Ansprüche zwischen Personen, die miteinander eine Lebenspartnerschaft führen oder geführt haben, oder zwischen einer solchen Person und einem Elternteil im Zusammenhang mit der Trennung oder Aufhebung der Lebenspartnerschaft,

sofern nicht die Zuständigkeit der Arbeitsgerichte gegeben ist oder das Verfahren eines der in § 348 Abs. 1 Satz 2 Nr. 2 Buchstabe a bis k der Zivilprozessordnung genannten Sachgebiete, das Wohnungseigentumsrecht oder das Erbrecht betrifft und sofern es sich nicht bereits nach anderen Vorschriften um eine Lebenspartnerschaftssache handelt.
(3) Sonstige Lebenspartnerschaftssachen sind auch Verfahren über einen Antrag nach § 8 Abs. 2 des Lebenspartnerschaftsgesetzes in Verbindung mit § 1357 Abs. 2 Satz 1 des Bürgerlichen Gesetzbuchs.

§ 270 Anwendbare Vorschriften

(1) In Lebenspartnerschaftssachen nach § 269 Abs. 1 Nr. 1 sind die für Verfahren auf Scheidung geltenden Vorschriften, in Lebenspartnerschaftssachen nach § 269 Abs. 1 Nr. 2 die für Verfahren auf Feststellung des Bestehens oder Nichtbestehens einer Ehe zwischen den Beteiligten geltenden Vorschriften entsprechend anzuwenden. In den Lebenspartnerschaftssachen nach § 269 Abs. 1 Nr. 3 bis 12 sind die in Familiensachen nach § 111 Nr. 2, 4, 5 und 7 bis 9 jeweils geltenden Vorschriften entsprechend anzuwenden.
(2) In sonstigen Lebenspartnerschaftssachen nach § 269 Abs. 2 und 3 sind die in sonstigen Familiensachen nach § 111 Nr. 10 geltenden Vorschriften entsprechend anzuwenden.

Buch 3
Verfahren in Betreuungs- und Unterbringungssachen

Abschnitt 1
Verfahren in Betreuungssachen

§ 271 Betreuungssachen

Betreuungssachen sind
1. Verfahren zur Bestellung eines Betreuers und zur Aufhebung der Betreuung,
2. Verfahren zur Anordnung eines Einwilligungsvorbehalts sowie
3. sonstige Verfahren, die die rechtliche Betreuung eines Volljährigen (§§ 1896 bis 1908i des Bürgerlichen Gesetzbuchs) betreffen, soweit es sich nicht um eine Unterbringungssache handelt.

§ 272 Örtliche Zuständigkeit

(1) Ausschließlich zuständig ist in dieser Rangfolge:
1. das Gericht, bei dem die Betreuung anhängig ist, wenn bereits ein Betreuer bestellt ist;
2. das Gericht, in dessen Bezirk der Betroffene seinen gewöhnlichen Aufenthalt hat;
3. das Gericht, in dessen Bezirk das Bedürfnis der Fürsorge hervortritt;
4. das Amtsgericht Schöneberg in Berlin, wenn der Betroffene Deutscher ist.

(2) Für einstweilige Anordnungen nach § 300 oder vorläufige Maßregeln ist auch das Gericht zuständig, in dessen Bezirk das Bedürfnis der Fürsorge bekannt wird. Es soll die angeordneten Maßregeln dem nach Absatz 1 Nr. 1, 2 oder Nr. 4 zuständigen Gericht mitteilen.

§ 273 Abgabe bei Änderung des gewöhnlichen Aufenthalts

Als wichtiger Grund für eine Abgabe im Sinne des § 4 Satz 1 ist es in der Regel anzusehen, wenn sich der gewöhnliche Aufenthalt des Betroffenen geändert hat und die Aufgaben des Betreuers im Wesentlichen am neuen Aufenthaltsort des Betroffenen zu erfüllen sind. Der Änderung des gewöhnlichen Aufenthalts steht ein tatsächlicher Aufenthalt von mehr als einem Jahr an einem anderen Ort gleich.

§ 274 Beteiligte

(1) Zu beteiligen sind
1. der Betroffene,
2. der Betreuer, sofern sein Aufgabenkreis betroffen ist,

3. der Bevollmächtigte im Sinne des § 1896 Abs. 2 Satz 2 des Bürgerlichen Gesetzbuchs, sofern sein Aufgabenkreis betroffen ist.
(2) Der Verfahrenspfleger wird durch seine Bestellung als Beteiligter zum Verfahren hinzugezogen.
(3) Die zuständige Behörde ist auf ihren Antrag als Beteiligte in Verfahren über
1. die Bestellung eines Betreuers oder die Anordnung eines Einwilligungsvorbehalts,
2. Umfang, Inhalt oder Bestand von Entscheidungen der in Nummer 1 genannten Art
hinzuzuziehen.
(4) Beteiligt werden können
1. in den in Absatz 3 genannten Verfahren im Interesse des Betroffenen dessen Ehegatte oder Lebenspartner, wenn die Ehegatten oder Lebenspartner nicht dauernd getrennt leben, sowie dessen Eltern, Pflegeeltern, Großeltern, Abkömmlinge, Geschwister und eine Person seines Vertrauens,
2. der Vertreter der Staatskasse, soweit das Interesse der Staatskasse durch den Ausgang des Verfahrens betroffen sein kann.

§ 275 Verfahrensfähigkeit
In Betreuungssachen ist der Betroffene ohne Rücksicht auf seine Geschäftsfähigkeit verfahrensfähig.

§ 276 Verfahrenspfleger
(1) Das Gericht hat dem Betroffenen einen Verfahrenspfleger zu bestellen, wenn dies zur Wahrnehmung der Interessen des Betroffenen erforderlich ist. Die Bestellung ist in der Regel erforderlich, wenn
1. von der persönlichen Anhörung des Betroffenen nach § 278 Abs. 4 in Verbindung mit § 34 Abs. 2 abgesehen werden soll oder
2. Gegenstand des Verfahrens die Bestellung eines Betreuers zur Besorgung aller Angelegenheiten des Betroffenen oder die Erweiterung des Aufgabenkreises hierauf ist; dies gilt auch, wenn der Gegenstand des Verfahrens die in § 1896 Abs. 4 und § 1905 des Bürgerlichen Gesetzbuchs bezeichneten Angelegenheiten nicht erfasst.
(2) Von der Bestellung kann in den Fällen des Absatzes 1 Satz 2 abgesehen werden, wenn ein Interesse des Betroffenen an der Bestellung des Verfahrenspflegers offensichtlich nicht besteht. Die Nichtbestellung ist zu begründen.
(3) Wer Verfahrenspflegschaften im Rahmen seiner Berufsausübung führt, soll nur dann zum Verfahrenspfleger bestellt werden, wenn keine andere geeignete Person zur Verfügung steht, die zur ehrenamtlichen Führung der Verfahrenspflegschaft bereit ist.
(4) Die Bestellung eines Verfahrenspflegers soll unterbleiben oder aufgehoben werden, wenn die Interessen des Betroffenen von einem Rechtsanwalt oder einem anderen geeigneten Verfahrensbevollmächtigten vertreten werden.
(5) Die Bestellung endet, sofern sie nicht vorher aufgehoben wird, mit der Rechtskraft der Endentscheidung oder mit dem sonstigen Abschluss des Verfahrens.
(6) Die Bestellung eines Verfahrenspflegers oder deren Aufhebung sowie die Ablehnung einer derartigen Maßnahme sind nicht selbständig anfechtbar.
(7) Dem Verfahrenspfleger sind keine Kosten aufzuerlegen.

§ 277 Vergütung und Aufwendungsersatz des Verfahrenspflegers
(1) Der Verfahrenspfleger erhält Ersatz seiner Aufwendungen nach § 1835 Abs. 1 bis 2 des Bürgerlichen Gesetzbuchs. Vorschuss kann nicht verlangt werden. Eine Behörde oder ein Verein erhält als Verfahrenspfleger keinen Aufwendungsersatz.
(2) § 1836 Abs. 1 und 3 des Bürgerlichen Gesetzbuchs gilt entsprechend. Wird die Verfahrenspflegschaft ausnahmsweise berufsmäßig geführt, erhält der Verfahrenspfleger neben den Aufwendungen nach Absatz 1 eine Vergütung in entsprechender Anwendung der §§ 1, 2 und 3 Abs. 1 und 2 des Vormünder- und Betreuervergütungsgesetzes.
(3) Anstelle des Aufwendungsersatzes und der Vergütung nach den Absätzen 1 und 2 kann das Gericht dem Verfahrenspfleger einen festen Geldbetrag zubilligen, wenn die für die Führung der Pflegschaftsgeschäfte erforderliche Zeit vorhersehbar und ihre Ausschöpfung durch den Verfahrenspfleger gewährleistet ist. Bei der Bemessung des Geldbetrags ist die voraussichtlich erforderliche Zeit mit den in § 3 Abs. 1 des Vormünder- und Betreuervergütungsgesetzes bestimmten Stundensätzen zuzüglich einer Aufwandspauschale von 4 Euro je veranschlagter Stunde zu vergüten. In diesem Fall braucht der Verfahrenspfleger die von ihm aufgewandte Zeit und eingesetzten Mittel nicht nachzuweisen; weitergehende Aufwendungsersatz- und Vergütungsansprüche stehen ihm nicht zu.
(4) Ist ein Mitarbeiter eines anerkannten Betreuungsvereins als Verfahrenspfleger bestellt, stehen der Aufwendungsersatz und die Vergütung nach den Absätzen 1 bis 3 dem Verein zu. § 7 Abs. 1 Satz 2 und Abs. 3 des

Vormünder- und Betreuervergütungsgesetzes sowie § 1835 Abs. 5 Satz 2 des Bürgerlichen Gesetzbuchs gelten entsprechend. Ist ein Bediensteter der Betreuungsbehörde als Verfahrenspfleger für das Verfahren bestellt, erhält die Betreuungsbehörde keinen Aufwendungsersatz und keine Vergütung.

(5) Der Aufwendungsersatz und die Vergütung des Verfahrenspflegers sind stets aus der Staatskasse zu zahlen. Im Übrigen gilt § 168 Abs. 1 entsprechend.

§ 278 Anhörung des Betroffenen

(1) Das Gericht hat den Betroffenen vor der Bestellung eines Betreuers oder der Anordnung eines Einwilligungsvorbehalts persönlich anzuhören. Es hat sich einen persönlichen Eindruck von dem Betroffenen zu verschaffen. Diesen persönlichen Eindruck soll sich das Gericht in dessen üblicher Umgebung verschaffen, wenn es der Betroffene verlangt oder wenn es der Sachaufklärung dient und der Betroffene nicht widerspricht.

(2) Das Gericht unterrichtet den Betroffenen über den möglichen Verlauf des Verfahrens. In geeigneten Fällen hat es den Betroffenen auf die Möglichkeit der Vorsorgevollmacht, deren Inhalt sowie auf die Möglichkeit ihrer Registrierung bei dem zentralen Vorsorgeregister nach § 78a Absatz 2 der Bundesnotarordnung hinzuweisen. Das Gericht hat den Umfang des Aufgabenkreises und die Frage, welche Person oder Stelle als Betreuer in Betracht kommt, mit dem Betroffenen zu erörtern.

(3) Verfahrenshandlungen nach Absatz 1 dürfen nur dann im Wege der Rechtshilfe erfolgen, wenn anzunehmen ist, dass die Entscheidung ohne eigenen Eindruck von dem Betroffenen getroffen werden kann.

(4) Soll eine persönliche Anhörung nach § 34 Abs. 2 unterbleiben, weil hiervon erhebliche Nachteile für die Gesundheit des Betroffenen zu besorgen sind, darf diese Entscheidung nur auf Grundlage eines ärztlichen Gutachtens getroffen werden.

(5) Das Gericht kann den Betroffenen durch die zuständige Behörde vorführen lassen, wenn er sich weigert, an Verfahrenshandlungen nach Absatz 1 mitzuwirken.

(6) Gewalt darf die Behörde nur anwenden, wenn das Gericht dies ausdrücklich angeordnet hat. Die zuständige Behörde ist befugt, erforderlichenfalls um Unterstützung der polizeilichen Vollzugsorgane nachzusuchen.

(7) Die Wohnung des Betroffenen darf ohne dessen Einwilligung nur gewaltsam geöffnet, betreten und durchsucht werden, wenn das Gericht dies zu dessen Vorführung zur Anhörung ausdrücklich angeordnet hat. Bei Gefahr im Verzug kann die Anordnung nach Satz 1 durch die zuständige Behörde erfolgen. Durch diese Regelung wird das Grundrecht auf Unverletzlichkeit der Wohnung aus Artikel 13 Absatz 1 des Grundgesetzes eingeschränkt.

§ 279 Anhörung der sonstigen Beteiligten, der Betreuungsbehörde und des gesetzlichen Vertreters

(1) Das Gericht hat die sonstigen Beteiligten vor der Bestellung eines Betreuers oder der Anordnung eines Einwilligungsvorbehalts anzuhören.

(2) Das Gericht hat die zuständige Behörde vor der Bestellung eines Betreuers oder der Anordnung eines Einwilligungsvorbehalts anzuhören. Die Anhörung vor der Bestellung eines Betreuers soll sich insbesondere auf folgende Kriterien beziehen:
1. persönliche, gesundheitliche und soziale Situation des Betroffenen,
2. Erforderlichkeit der Betreuung einschließlich geeigneter anderer Hilfen (§ 1896 Absatz 2 des Bürgerlichen Gesetzbuchs),
3. Betreuerauswahl unter Berücksichtigung des Vorrangs der Ehrenamtlichkeit (§ 1897 des Bürgerlichen Gesetzbuchs) und
4. diesbezügliche Sichtweise des Betroffenen.

(3) Auf Verlangen des Betroffenen hat das Gericht eine ihm nahestehende Person anzuhören, wenn dies ohne erhebliche Verzögerung möglich ist.

(4) Das Gericht hat im Fall einer Betreuerbestellung oder der Anordnung eines Einwilligungsvorbehalts für einen Minderjährigen (§ 1908a des Bürgerlichen Gesetzbuchs) den gesetzlichen Vertreter des Betroffenen anzuhören.

§ 280 Einholung eines Gutachtens

(1) Vor der Bestellung eines Betreuers oder der Anordnung eines Einwilligungsvorbehalts hat eine förmliche Beweisaufnahme durch Einholung eines Gutachtens über die Notwendigkeit der Maßnahme stattzufinden. Der Sachverständige soll Arzt für Psychiatrie oder Arzt mit Erfahrung auf dem Gebiet der Psychiatrie sein.

(2) Der Sachverständige hat den Betroffenen vor der Erstattung des Gutachtens persönlich zu untersuchen oder zu befragen. Das Ergebnis einer Anhörung nach § 279 Absatz 2 Satz 2 hat der Sachverständige zu berücksichtigen, wenn es ihm bei Erstellung seines Gutachtens vorliegt.

(3) Das Gutachten hat sich auf folgende Bereiche zu erstrecken:
1. das Krankheitsbild einschließlich der Krankheitsentwicklung,
2. die durchgeführten Untersuchungen und die diesen zugrunde gelegten Forschungserkenntnisse,
3. den körperlichen und psychiatrischen Zustand des Betroffenen,

4. den Umfang des Aufgabenkreises und
5. die voraussichtliche Dauer der Maßnahme.

§ 281 Ärztliches Zeugnis; Entbehrlichkeit eines Gutachtens

(1) Anstelle der Einholung eines Sachverständigengutachtens nach § 280 genügt ein ärztliches Zeugnis, wenn
1. der Betroffene die Bestellung eines Betreuers beantragt und auf die Begutachtung verzichtet hat und die Einholung des Gutachtens insbesondere im Hinblick auf den Umfang des Aufgabenkreises des Betreuers unverhältnismäßig wäre oder
2. ein Betreuer nur zur Geltendmachung von Rechten des Betroffenen gegenüber seinem Bevollmächtigten bestellt wird.

(2) § 280 Abs. 2 gilt entsprechend.

§ 282 Vorhandene Gutachten des Medizinischen Dienstes der Krankenversicherung

(1) Das Gericht kann im Verfahren zur Bestellung eines Betreuers von der Einholung eines Gutachtens nach § 280 Abs. 1 absehen, soweit durch die Verwendung eines bestehenden Gutachtens des Medizinischen Dienstes der Krankenversicherung nach § 18 des Elften Buches Sozialgesetzbuch festgestellt werden kann, inwieweit bei dem Betroffenen infolge einer psychischen Krankheit oder einer geistigen oder seelischen Behinderung die Voraussetzungen für die Bestellung eines Betreuers vorliegen.

(2) Das Gericht darf dieses Gutachten einschließlich dazu vorhandener Befunde zur Vermeidung weiterer Gutachten bei der Pflegekasse anfordern. Das Gericht hat in seiner Anforderung anzugeben, für welchen Zweck das Gutachten und die Befunde verwandt werden sollen. Das Gericht hat übermittelte Daten unverzüglich zu löschen, wenn es feststellt, dass diese für den Verwendungszweck nicht geeignet sind.

(3) Kommt das Gericht zu der Überzeugung, dass das eingeholte Gutachten und die Befunde im Verfahren zur Bestellung eines Betreuers geeignet sind, eine weitere Begutachtung ganz oder teilweise zu ersetzen, hat es vor einer weiteren Verwendung die Einwilligung des Betroffenen oder des Pflegers für das Verfahren einzuholen. Wird die Einwilligung nicht erteilt, hat das Gericht die übermittelten Daten unverzüglich zu löschen.

(4) Das Gericht kann unter den Voraussetzungen der Absätze 1 bis 3 von der Einholung eines Gutachtens nach § 280 insgesamt absehen, wenn die sonstigen Voraussetzungen für die Bestellung eines Betreuers zur Überzeugung des Gerichts feststehen.

§ 283 Vorführung zur Untersuchung

(1) Das Gericht kann anordnen, dass der Betroffene zur Vorbereitung eines Gutachtens untersucht und durch die zuständige Behörde zu einer Untersuchung vorgeführt wird. Der Betroffene soll vorher persönlich angehört werden.

(2) Gewalt darf die Behörde nur anwenden, wenn das Gericht dies ausdrücklich angeordnet hat. Die zuständige Behörde ist befugt, erforderlichenfalls die Unterstützung der polizeilichen Vollzugsorgane nachzusuchen.

(3) Die Wohnung des Betroffenen darf ohne dessen Einwilligung nur gewaltsam geöffnet, betreten und durchsucht werden, wenn das Gericht dies zu dessen Vorführung zur Untersuchung ausdrücklich angeordnet hat. Vor der Anordnung ist der Betroffene persönlich anzuhören. Bei Gefahr im Verzug kann die Anordnung durch die zuständige Behörde ohne vorherige Anhörung des Betroffenen erfolgen. Durch diese Regelung wird das Grundrecht auf Unverletzlichkeit der Wohnung aus Artikel 13 Absatz 1 des Grundgesetzes eingeschränkt.

§ 284 Unterbringung zur Begutachtung

(1) Das Gericht kann nach Anhörung eines Sachverständigen beschließen, dass der Betroffene auf bestimmte Dauer untergebracht und beobachtet wird, soweit dies zur Vorbereitung des Gutachtens erforderlich ist. Der Betroffene ist vorher persönlich anzuhören.

(2) Die Unterbringung darf die Dauer von sechs Wochen nicht überschreiten. Reicht dieser Zeitraum nicht aus, um die erforderlichen Erkenntnisse für das Gutachten zu erlangen, kann die Unterbringung durch gerichtlichen Beschluss bis zu einer Gesamtdauer von drei Monaten verlängert werden.

(3) § 283 Abs. 2 und 3 gilt entsprechend. Gegen Beschlüsse nach den Absätzen 1 und 2 findet die sofortige Beschwerde nach den §§ 567 bis 572 der Zivilprozessordnung statt.

§ 285 Herausgabe einer Betreuungsverfügung oder der Abschrift einer Vorsorgevollmacht

In den Fällen des § 1901c des Bürgerlichen Gesetzbuchs erfolgt die Anordnung der Ablieferung oder Vorlage der dort genannten Schriftstücke durch Beschluss.

§ 286 Inhalt der Beschlussformel

(1) Die Beschlussformel enthält im Fall der Bestellung eines Betreuers auch
1. die Bezeichnung des Aufgabenkreises des Betreuers;
2. bei Bestellung eines Vereinsbetreuers die Bezeichnung als Vereinsbetreuer und die des Vereins;

3. bei Bestellung eines Behördenbetreuers die Bezeichnung als Behördenbetreuer und die der Behörde;
4. bei Bestellung eines Berufsbetreuers die Bezeichnung als Berufsbetreuer.

(2) Die Beschlussformel enthält im Fall der Anordnung eines Einwilligungsvorbehalts die Bezeichnung des Kreises der einwilligungsbedürftigen Willenserklärungen.

(3) Der Zeitpunkt, bis zu dem das Gericht über die Aufhebung oder Verlängerung einer Maßnahme nach Absatz 1 oder Absatz 2 zu entscheiden hat, ist in der Beschlussformel zu bezeichnen.

§ 287 Wirksamwerden von Beschlüssen

(1) Beschlüsse über Umfang, Inhalt oder Bestand der Bestellung eines Betreuers, über die Anordnung eines Einwilligungsvorbehalts oder über den Erlass einer einstweiligen Anordnung nach § 300 werden mit der Bekanntgabe an den Betreuer wirksam.

(2) Ist die Bekanntgabe an den Betreuer nicht möglich oder ist Gefahr im Verzug, kann das Gericht die sofortige Wirksamkeit des Beschlusses anordnen. In diesem Fall wird er wirksam, wenn der Beschluss und die Anordnung seiner sofortigen Wirksamkeit
1. dem Betroffenen oder dem Verfahrenspfleger bekannt gegeben werden oder
2. der Geschäftsstelle zum Zweck der Bekanntgabe nach Nummer 1 übergeben werden.

Der Zeitpunkt der sofortigen Wirksamkeit ist auf dem Beschluss zu vermerken.

(3) Ein Beschluss, der die Genehmigung nach § 1904 Absatz 2 des Bürgerlichen Gesetzbuchs zum Gegenstand hat, wird erst zwei Wochen nach Bekanntgabe an den Betreuer oder Bevollmächtigten sowie an den Verfahrenspfleger wirksam.

§ 288 Bekanntgabe

(1) Von der Bekanntgabe der Gründe eines Beschlusses an den Betroffenen kann abgesehen werden, wenn dies nach ärztlichem Zeugnis erforderlich ist, um erhebliche Nachteile für seine Gesundheit zu vermeiden.

(2) Das Gericht hat der zuständigen Behörde den Beschluss über die Bestellung eines Betreuers oder die Anordnung eines Einwilligungsvorbehalts oder Beschlüsse über Umfang, Inhalt oder Bestand einer solchen Maßnahme stets bekannt zu geben. Andere Beschlüsse sind der zuständigen Behörde bekannt zu geben, wenn sie vor deren Erlass angehört wurde.

§ 289 Verpflichtung des Betreuers

(1) Der Betreuer wird mündlich verpflichtet und über seine Aufgaben unterrichtet. Das gilt nicht für Vereinsbetreuer, Behördenbetreuer, Vereine, die zuständige Behörde und Personen, die die Betreuung im Rahmen ihrer Berufsausübung führen, sowie nicht für ehrenamtliche Betreuer, die mehr als eine Betreuung führen oder in den letzten zwei Jahren geführt haben.

(2) In geeigneten Fällen führt das Gericht mit dem Betreuer und dem Betroffenen ein Einführungsgespräch.

§ 290 Bestellungsurkunde

Der Betreuer erhält eine Urkunde über seine Bestellung. Die Urkunde soll enthalten:
1. die Bezeichnung des Betroffenen und des Betreuers;
2. bei Bestellung eines Vereinsbetreuers oder Behördenbetreuers diese Bezeichnung und die Bezeichnung des Vereins oder der Behörde;
3. den Aufgabenkreis des Betreuers;
4. bei Anordnung eines Einwilligungsvorbehalts die Bezeichnung des Kreises der einwilligungsbedürftigen Willenserklärungen;
5. bei der Bestellung eines vorläufigen Betreuers durch einstweilige Anordnung das Ende der einstweiligen Maßnahme.

§ 291 Überprüfung der Betreuerauswahl

Der Betroffene kann verlangen, dass die Auswahl der Person, der ein Verein oder eine Behörde die Wahrnehmung der Betreuung übertragen hat, durch gerichtliche Entscheidung überprüft wird. Das Gericht kann dem Verein oder der Behörde aufgeben, eine andere Person auszuwählen, wenn einem Vorschlag des Betroffenen, dem keine wichtigen Gründe entgegenstehen, nicht entsprochen wurde oder die ausgewählte Person zur Wahrnehmung dieser Betreuung nicht geeignet erscheint. § 35 ist nicht anzuwenden.

§ 292 Zahlungen an den Betreuer

(1) In Betreuungsverfahren gilt § 168 entsprechend.

(2) Die Landesregierungen werden ermächtigt, durch Rechtsverordnung für Anträge und Erklärungen auf Ersatz von Aufwendungen und Bewilligung von Vergütung Formulare einzuführen. Soweit Formulare eingeführt sind, müssen sich Personen, die die Betreuung im Rahmen der Berufsausübung führen, ihrer bedienen und sie als

elektronisches Dokument einreichen, wenn dieses für die automatische Bearbeitung durch das Gericht geeignet ist. Andernfalls liegt keine ordnungsgemäße Geltendmachung im Sinne von § 1836 Abs. 1 Satz 2 des Bürgerlichen Gesetzbuchs in Verbindung mit § 1 des Vormünder- und Betreuungsvergütungsgesetzes vor. Die Landesregierungen können die Ermächtigung nach Satz 1 durch Rechtsverordnung auf die Landesjustizverwaltungen übertragen.

§ 293 Erweiterung der Betreuung oder des Einwilligungsvorbehalts

(1) Für die Erweiterung des Aufgabenkreises des Betreuers und die Erweiterung des Kreises der einwilligungsbedürftigen Willenserklärungen gelten die Vorschriften über die Anordnung dieser Maßnahmen entsprechend. Das Gericht hat die zuständige Behörde nur anzuhören, wenn es der Betroffene verlangt oder es zur Sachaufklärung erforderlich ist.
(2) Einer persönlichen Anhörung nach § 278 Abs. 1 sowie der Einholung eines Gutachtens oder ärztlichen Zeugnisses (§§ 280 und 281) bedarf es nicht,
1. wenn diese Verfahrenshandlungen nicht länger als sechs Monate zurückliegen oder
2. die beabsichtigte Erweiterung nach Absatz 1 nicht wesentlich ist.
Eine wesentliche Erweiterung des Aufgabenkreises des Betreuers liegt insbesondere vor, wenn erstmals ganz oder teilweise die Personensorge oder eine der in § 1896 Abs. 4 oder den §§ 1904 bis 1906a des Bürgerlichen Gesetzbuchs genannten Aufgaben einbezogen wird.
(3) Ist mit der Bestellung eines weiteren Betreuers nach § 1899 des Bürgerlichen Gesetzbuchs eine Erweiterung des Aufgabenkreises verbunden, gelten die Absätze 1 und 2 entsprechend.

§ 294 Aufhebung und Einschränkung der Betreuung oder des Einwilligungsvorbehalts

(1) Für die Aufhebung der Betreuung oder der Anordnung eines Einwilligungsvorbehalts und für die Einschränkung des Aufgabenkreises des Betreuers oder des Kreises der einwilligungsbedürftigen Willenserklärungen gilt § 279 Absatz 1, 3 und 4 sowie § 288 Absatz 2 Satz 1 entsprechend. Das Gericht hat die zuständige Behörde nur anzuhören, wenn es der Betroffene verlangt oder es zur Sachaufklärung erforderlich ist.
(2) Hat das Gericht nach § 281 Abs. 1 Nr. 1 von der Einholung eines Gutachtens abgesehen, ist dies nachzuholen, wenn ein Antrag des Betroffenen auf Aufhebung der Betreuung oder Einschränkung des Aufgabenkreises erstmals abgelehnt werden soll.
(3) Über die Aufhebung der Betreuung oder des Einwilligungsvorbehalts hat das Gericht spätestens sieben Jahre nach der Anordnung dieser Maßnahmen zu entscheiden.

§ 295 Verlängerung der Betreuung oder des Einwilligungsvorbehalts

(1) Für die Verlängerung der Bestellung eines Betreuers oder der Anordnung eines Einwilligungsvorbehalts gelten die Vorschriften über die erstmalige Anordnung dieser Maßnahmen entsprechend. Von der erneuten Einholung eines Gutachtens kann abgesehen werden, wenn sich aus der persönlichen Anhörung des Betroffenen und einem ärztlichen Zeugnis ergibt, dass sich der Umfang der Betreuungsbedürftigkeit offensichtlich nicht verringert hat. Das Gericht hat die zuständige Behörde nur anzuhören, wenn es der Betroffene verlangt oder es zur Sachaufklärung erforderlich ist.
(2) Über die Verlängerung der Betreuung oder des Einwilligungsvorbehalts hat das Gericht spätestens sieben Jahre nach der Anordnung dieser Maßnahmen zu entscheiden.

§ 296 Entlassung des Betreuers und Bestellung eines neuen Betreuers

(1) Das Gericht hat den Betroffenen und den Betreuer persönlich anzuhören, wenn der Betroffene einer Entlassung des Betreuers (§ 1908b des Bürgerlichen Gesetzbuchs) widerspricht.
(2) Vor der Bestellung eines neuen Betreuers (§ 1908c des Bürgerlichen Gesetzbuchs) hat das Gericht den Betroffenen persönlich anzuhören. Das gilt nicht, wenn der Betroffene sein Einverständnis mit dem Betreuerwechsel erklärt hat. § 279 gilt entsprechend.

§ 297 Sterilisation

(1) Das Gericht hat den Betroffenen vor der Genehmigung einer Einwilligung des Betreuers in eine Sterilisation (§ 1905 Abs. 2 des Bürgerlichen Gesetzbuchs) persönlich anzuhören und sich einen persönlichen Eindruck von ihm zu verschaffen. Es hat den Betroffenen über den möglichen Verlauf des Verfahrens zu unterrichten.
(2) Das Gericht hat die zuständige Behörde anzuhören, wenn es der Betroffene verlangt oder es der Sachaufklärung dient.
(3) Das Gericht hat die sonstigen Beteiligten anzuhören. Auf Verlangen des Betroffenen hat das Gericht eine ihm nahestehende Person anzuhören, wenn dies ohne erhebliche Verzögerung möglich ist.
(4) Verfahrenshandlungen nach den Absätzen 1 bis 3 können nicht durch den ersuchten Richter vorgenommen werden.

(5) Die Bestellung eines Verfahrenspflegers ist stets erforderlich, sofern sich der Betroffene nicht von einem Rechtsanwalt oder einem anderen geeigneten Verfahrensbevollmächtigten vertreten lässt.

(6) Die Genehmigung darf erst erteilt werden, nachdem durch förmliche Beweisaufnahme Gutachten von Sachverständigen eingeholt sind, die sich auf die medizinischen, psychologischen, sozialen, sonderpädagogischen und sexualpädagogischen Gesichtspunkte erstrecken. Die Sachverständigen haben den Betroffenen vor Erstattung des Gutachtens persönlich zu untersuchen oder zu befragen. Sachverständiger und ausführender Arzt dürfen nicht personengleich sein.

(7) Die Genehmigung wird wirksam mit der Bekanntgabe an den für die Entscheidung über die Einwilligung in die Sterilisation bestellten Betreuer und
1. an den Verfahrenspfleger oder
2. den Verfahrensbevollmächtigten, wenn ein Verfahrenspfleger nicht bestellt wurde.

(8) Die Entscheidung über die Genehmigung ist dem Betroffenen stets selbst bekannt zu machen. Von der Bekanntgabe der Gründe an den Betroffenen kann nicht abgesehen werden. Der zuständigen Behörde ist die Entscheidung stets bekannt zu geben.

§ 298 Verfahren in Fällen des § 1904 des Bürgerlichen Gesetzbuchs

(1) Das Gericht darf die Einwilligung, die Nichteinwilligung oder den Widerruf einer Einwilligung eines Betreuers oder eines Bevollmächtigten (§ 1904 Absatz 1, 2 und 5 des Bürgerlichen Gesetzbuchs) nur genehmigen, wenn es den Betroffenen zuvor persönlich angehört hat. Das Gericht soll die sonstigen Beteiligten anhören. Auf Verlangen des Betroffenen hat das Gericht eine ihm nahestehende Person anzuhören, wenn dies ohne erhebliche Verzögerung möglich ist.

(2) Die Bestellung eines Verfahrenspflegers ist stets erforderlich, wenn Gegenstand des Verfahrens eine Genehmigung nach § 1904 Absatz 2 des Bürgerlichen Gesetzbuchs ist.

(3) Vor der Genehmigung ist ein Sachverständigengutachten einzuholen. Der Sachverständige soll nicht auch der behandelnde Arzt sein.

§ 299 Verfahren in anderen Entscheidungen

Das Gericht soll den Betroffenen vor einer Entscheidung nach § 1908i Abs. 1 Satz 1 in Verbindung mit den §§ 1821, 1822 Nr. 1 bis 4, 6 bis 13 sowie den §§ 1823 und 1825 des Bürgerlichen Gesetzbuchs persönlich anhören. Vor einer Entscheidung nach § 1907 Abs. 1 und 3 des Bürgerlichen Gesetzbuchs hat das Gericht den Betroffenen persönlich anzuhören.

§ 300 Einstweilige Anordnung

(1) Das Gericht kann durch einstweilige Anordnung einen vorläufigen Betreuer bestellen oder einen vorläufigen Einwilligungsvorbehalt anordnen, wenn
1. dringende Gründe für die Annahme bestehen, dass die Voraussetzungen für die Bestellung eines Betreuers oder die Anordnung eines Einwilligungsvorbehalts gegeben sind und ein dringendes Bedürfnis für ein sofortiges Tätigwerden besteht,
2. ein ärztliches Zeugnis über den Zustand des Betroffenen vorliegt,
3. im Fall des § 276 ein Verfahrenspfleger bestellt und angehört worden ist und
4. der Betroffene persönlich angehört worden ist.

Eine Anhörung des Betroffenen im Wege der Rechtshilfe ist abweichend von § 278 Abs. 3 zulässig.

(2) Das Gericht kann durch einstweilige Anordnung einen Betreuer entlassen, wenn dringende Gründe für die Annahme bestehen, dass die Voraussetzungen für die Entlassung vorliegen und ein dringendes Bedürfnis für ein sofortiges Tätigwerden besteht.

§ 301 Einstweilige Anordnung bei gesteigerter Dringlichkeit

(1) Bei Gefahr im Verzug kann das Gericht eine einstweilige Anordnung nach § 300 bereits vor Anhörung des Betroffenen sowie vor Anhörung und Bestellung des Verfahrenspflegers erlassen. Diese Verfahrenshandlungen sind unverzüglich nachzuholen.

(2) Das Gericht ist bei Gefahr im Verzug bei der Auswahl des Betreuers nicht an § 1897 Abs. 4 und 5 des Bürgerlichen Gesetzbuchs gebunden.

§ 302 Dauer der einstweiligen Anordnung

Eine einstweilige Anordnung tritt, sofern das Gericht keinen früheren Zeitpunkt bestimmt, nach sechs Monaten außer Kraft. Sie kann jeweils nach Anhörung eines Sachverständigen durch weitere einstweilige Anordnungen bis zu einer Gesamtdauer von einem Jahr verlängert werden.

§ 303 Ergänzende Vorschriften über die Beschwerde
(1) Das Recht der Beschwerde steht der zuständigen Behörde gegen Entscheidungen über
1. die Bestellung eines Betreuers oder die Anordnung eines Einwilligungsvorbehalts,
2. Umfang, Inhalt oder Bestand einer in Nummer 1 genannten Maßnahme

zu.
(2) Das Recht der Beschwerde gegen eine von Amts wegen ergangene Entscheidung steht im Interesse des Betroffenen
1. dessen Ehegatten oder Lebenspartner, wenn die Ehegatten oder Lebenspartner nicht dauernd getrennt leben, sowie den Eltern, Großeltern, Pflegeeltern, Abkömmlingen und Geschwistern des Betroffenen sowie
2. einer Person seines Vertrauens

zu, wenn sie im ersten Rechtszug beteiligt worden sind.
(3) Das Recht der Beschwerde steht dem Verfahrenspfleger zu.
(4) Der Betreuer oder der Vorsorgebevollmächtigte kann gegen eine Entscheidung, die seinen Aufgabenkreis betrifft, auch im Namen des Betroffenen Beschwerde einlegen. Führen mehrere Betreuer oder Vorsorgebevollmächtigte ihr Amt gemeinschaftlich, kann jeder von ihnen für den Betroffenen selbständig Beschwerde einlegen.

§ 304 Beschwerde der Staatskasse
(1) Das Recht der Beschwerde steht dem Vertreter der Staatskasse zu, soweit die Interessen der Staatskasse durch den Beschluss betroffen sind. Hat der Vertreter der Staatskasse geltend gemacht, der Betreuer habe eine Abrechnung falsch erteilt oder der Betreute könne anstelle eines nach § 1897 Abs. 6 des Bürgerlichen Gesetzbuchs bestellten Betreuers durch eine oder mehrere andere geeignete Personen außerhalb einer Berufsausübung betreut werden, steht ihm gegen einen die Entlassung des Betreuers ablehnenden Beschluss die Beschwerde zu.
(2) Die Frist zur Einlegung der Beschwerde durch den Vertreter der Staatskasse beträgt drei Monate und beginnt mit der formlosen Mitteilung (§ 15 Abs. 3) an ihn.

§ 305 Beschwerde des Untergebrachten
Ist der Betroffene untergebracht, kann er Beschwerde auch bei dem Amtsgericht einlegen, in dessen Bezirk er untergebracht ist.

§ 306 Aufhebung des Einwilligungsvorbehalts
Wird ein Beschluss, durch den ein Einwilligungsvorbehalt angeordnet worden ist, als ungerechtfertigt aufgehoben, bleibt die Wirksamkeit der von oder gegenüber dem Betroffenen vorgenommenen Rechtsgeschäfte unberührt.

§ 307 Kosten in Betreuungssachen
In Betreuungssachen kann das Gericht die Auslagen des Betroffenen, soweit sie zur zweckentsprechenden Rechtsverfolgung notwendig waren, ganz oder teilweise der Staatskasse auferlegen, wenn eine Betreuungsmaßnahme nach den §§ 1896 bis 1908i des Bürgerlichen Gesetzbuchs abgelehnt, als ungerechtfertigt aufgehoben, eingeschränkt oder das Verfahren ohne Entscheidung über eine solche Maßnahme beendet wird.

§ 308 Mitteilung von Entscheidungen
(1) Entscheidungen teilt das Gericht anderen Gerichten, Behörden oder sonstigen öffentlichen Stellen mit, soweit dies unter Beachtung berechtigter Interessen des Betroffenen erforderlich ist, um eine erhebliche Gefahr für das Wohl des Betroffenen, für Dritte oder für die öffentliche Sicherheit abzuwenden.
(2) Ergeben sich im Verlauf eines gerichtlichen Verfahrens Erkenntnisse, die eine Mitteilung nach Absatz 1 vor Abschluss des Verfahrens erfordern, hat diese Mitteilung über die bereits gewonnenen Erkenntnisse unverzüglich zu erfolgen.
(3) Das Gericht unterrichtet zugleich mit der Mitteilung den Betroffenen, seinen Verfahrenspfleger und seinen Betreuer über Inhalt und Empfänger der Mitteilung. Die Unterrichtung des Betroffenen unterbleibt, wenn
1. der Zweck des Verfahrens oder der Zweck der Mitteilung durch die Unterrichtung gefährdet würde,
2. nach ärztlichem Zeugnis hiervon erhebliche Nachteile für die Gesundheit des Betroffenen zu besorgen sind oder
3. der Betroffene nach dem unmittelbaren Eindruck des Gerichts offensichtlich nicht in der Lage ist, den Inhalt der Unterrichtung zu verstehen.

Sobald die Gründe nach Satz 2 entfallen, ist die Unterrichtung nachzuholen.
(4) Der Inhalt der Mitteilung, die Art und Weise ihrer Übermittlung, ihr Empfänger, die Unterrichtung des Betroffenen oder im Fall ihres Unterbleibens deren Gründe sowie die Unterrichtung des Verfahrenspflegers und des Betreuers sind aktenkundig zu machen.

§ 309 Besondere Mitteilungen

Wird ein Einwilligungsvorbehalt angeordnet, der sich auf die Aufenthaltsbestimmung des Betroffenen erstreckt, so hat das Gericht dies der Meldebehörde unter Angabe des Betreuers mitzuteilen. Eine Mitteilung hat auch zu erfolgen, wenn der Einwilligungsvorbehalt nach Satz 1 aufgehoben wird oder ein Wechsel in der Person des Betreuers eintritt.

§ 310 Mitteilungen während einer Unterbringungsmaßnahme

Während der Dauer einer Unterbringungsmaßnahme hat das Gericht dem Leiter der Einrichtung, in der der Betroffene untergebracht ist, die Bestellung eines Betreuers, die sich auf die Aufenthaltsbestimmung des Betroffenen erstreckt, die Aufhebung einer solchen Betreuung und jeden Wechsel in der Person des Betreuers mitzuteilen.

§ 311 Mitteilungen zur Strafverfolgung

Außer in den sonst in diesem Gesetz, in § 16 des Einführungsgesetzes zum Gerichtsverfassungsgesetz sowie in § 70 Absatz 1 Satz 2 und 3 des Jugendgerichtsgesetzes genannten Fällen, darf das Gericht Entscheidungen oder Erkenntnisse aus dem Verfahren, aus denen die Person des Betroffenen erkennbar ist, von Amts wegen nur zur Verfolgung von Straftaten oder Ordnungswidrigkeiten anderen Gerichten oder Behörden mitteilen, soweit nicht schutzwürdige Interessen des Betroffenen an dem Ausschluss der Übermittlung überwiegen. § 308 Abs. 3 und 4 gilt entsprechend.

Abschnitt 2
Verfahren in Unterbringungssachen

§ 312 Unterbringungssachen

Unterbringungssachen sind Verfahren, die die Genehmigung oder Anordnung einer
1. freiheitsentziehenden Unterbringung nach § 1906 Absatz 1 und 2 auch in Verbindung mit Absatz 5 des Bürgerlichen Gesetzbuchs,
2. freiheitsentziehenden Maßnahme nach § 1906 Absatz 4 auch in Verbindung mit Absatz 5 des Bürgerlichen Gesetzbuchs,
3. ärztlichen Zwangsmaßnahme, auch einschließlich einer Verbringung zu einem stationären Aufenthalt, nach § 1906a Absatz 1, 2 und 4 auch in Verbindung mit Absatz 5 des Bürgerlichen Gesetzbuchs oder
4. freiheitsentziehenden Unterbringung, freiheitsentziehenden Maßnahme oder ärztlichen Zwangsmaßnahme bei Volljährigen nach den Landesgesetzen über die Unterbringung psychisch Kranker

betreffen (Unterbringungsmaßnahme).

§ 313 Örtliche Zuständigkeit

(1) Ausschließlich zuständig für Unterbringungssachen nach § 312 Nummer 1 bis 3 ist in dieser Rangfolge:
1. das Gericht, bei dem ein Verfahren zur Bestellung eines Betreuers eingeleitet oder das Betreuungsverfahren anhängig ist;
2. das Gericht, in dessen Bezirk der Betroffene seinen gewöhnlichen Aufenthalt hat;
3. das Gericht, in dessen Bezirk das Bedürfnis für die Unterbringungsmaßnahme hervortritt;
4. das Amtsgericht Schöneberg in Berlin, wenn der Betroffene Deutscher ist.

(2) Für einstweilige Anordnungen oder einstweilige Maßregeln ist auch das Gericht zuständig, in dessen Bezirk das Bedürfnis für die Unterbringungsmaßnahme bekannt wird. In den Fällen einer einstweiligen Anordnung oder einstweiligen Maßregel soll es dem nach Absatz 1 Nr. 1 oder Nr. 2 zuständigen Gericht davon Mitteilung machen.
(3) Ausschließlich zuständig für Unterbringungsmaßnahmen nach § 312 Nummer 4 ist das Gericht, in dessen Bezirk das Bedürfnis für die Unterbringungsmaßnahme hervortritt. Befindet sich der Betroffene bereits in einer Einrichtung zur freiheitsentziehenden Unterbringung, ist das Gericht ausschließlich zuständig, in dessen Bezirk die Einrichtung liegt.
(4) Ist für die Unterbringungssache ein anderes Gericht zuständig als dasjenige, bei dem die Unterbringung erfassendes Verfahren zur Bestellung eines Betreuers eingeleitet ist, teilt dieses Gericht dem für die Unterbringungssache zuständigen Gericht die Aufhebung der Betreuung, den Wegfall des Aufgabenbereiches Unterbringung und einen Wechsel in der Person des Betreuers mit. Das für die Unterbringungssache zuständige Gericht teilt dem anderen Gericht die Unterbringungsmaßnahme, ihre Änderung, Verlängerung und Aufhebung mit.

§ 314 Abgabe der Unterbringungssache

Das Gericht kann die Unterbringungssache abgeben, wenn der Betroffene sich im Bezirk des anderen Gerichts aufhält und die Unterbringungsmaßnahme dort vollzogen werden soll, sofern sich dieses zur Übernahme des Verfahrens bereit erklärt hat.

223 FamFG §§ 315–319

§ 315 Beteiligte
(1) Zu beteiligen sind
1. der Betroffene,
2. der Betreuer,
3. der Bevollmächtigte im Sinne des § 1896 Abs. 2 Satz 2 des Bürgerlichen Gesetzbuchs.

(2) Der Verfahrenspfleger wird durch seine Bestellung als Beteiligter zum Verfahren hinzugezogen.
(3) Die zuständige Behörde ist auf ihren Antrag als Beteiligte hinzuzuziehen.
(4) Beteiligt werden können im Interesse des Betroffenen
1. dessen Ehegatte oder Lebenspartner, wenn die Ehegatten oder Lebenspartner nicht dauernd getrennt leben, sowie dessen Eltern und Kinder, wenn der Betroffene bei diesen lebt oder bei Einleitung des Verfahrens gelebt hat, sowie die Pflegeeltern,
2. eine von ihm benannte Person seines Vertrauens,
3. der Leiter der Einrichtung, in der der Betroffene lebt.

Das Landesrecht kann vorsehen, dass weitere Personen und Stellen beteiligt werden können.

§ 316 Verfahrensfähigkeit
In Unterbringungssachen ist der Betroffene ohne Rücksicht auf seine Geschäftsfähigkeit verfahrensfähig.

§ 317 Verfahrenspfleger
(1) Das Gericht hat dem Betroffenen einen Verfahrenspfleger zu bestellen, wenn dies zur Wahrnehmung der Interessen des Betroffenen erforderlich ist. Die Bestellung ist insbesondere erforderlich, wenn von einer Anhörung des Betroffenen abgesehen werden soll. Bei der Genehmigung einer Einwilligung in eine ärztliche Zwangsmaßnahme oder deren Anordnung ist die Bestellung eines Verfahrenspflegers stets erforderlich.
(2) Bestellt das Gericht dem Betroffenen keinen Verfahrenspfleger, ist dies in der Entscheidung, durch die eine Unterbringungsmaßnahme genehmigt oder angeordnet wird, zu begründen.
(3) Wer Verfahrenspflegschaften im Rahmen seiner Berufsausübung führt, soll nur dann zum Verfahrenspfleger bestellt werden, wenn keine andere geeignete Person zur Verfügung steht, die zur ehrenamtlichen Führung der Verfahrenspflegschaft bereit ist.
(4) Die Bestellung eines Verfahrenspflegers soll unterbleiben oder aufgehoben werden, wenn die Interessen des Betroffenen von einem Rechtsanwalt oder einem anderen geeigneten Verfahrensbevollmächtigten vertreten werden.
(5) Die Bestellung endet, sofern sie nicht vorher aufgehoben wird, mit der Rechtskraft der Endentscheidung oder mit dem sonstigen Abschluss des Verfahrens.
(6) Die Bestellung eines Verfahrenspflegers oder deren Aufhebung sowie die Ablehnung einer derartigen Maßnahme sind nicht selbständig anfechtbar.
(7) Dem Verfahrenspfleger sind keine Kosten aufzuerlegen.

§ 318 Vergütung und Aufwendungsersatz des Verfahrenspflegers
Für die Vergütung und den Aufwendungsersatz des Verfahrenspflegers gilt § 277 entsprechend.

§ 319 Anhörung des Betroffenen
(1) Das Gericht hat den Betroffenen vor einer Unterbringungsmaßnahme persönlich anzuhören und sich einen persönlichen Eindruck von ihm zu verschaffen. Den persönlichen Eindruck verschafft sich das Gericht, soweit dies erforderlich ist, in der üblichen Umgebung des Betroffenen.
(2) Das Gericht unterrichtet den Betroffenen über den möglichen Verlauf des Verfahrens.
(3) Soll eine persönliche Anhörung nach § 34 Abs. 2 unterbleiben, weil hiervon erhebliche Nachteile für die Gesundheit des Betroffenen zu besorgen sind, darf diese Entscheidung nur auf Grundlage eines ärztlichen Gutachtens getroffen werden.
(4) Verfahrenshandlungen nach Absatz 1 sollen nicht im Wege der Rechtshilfe erfolgen.
(5) Das Gericht kann den Betroffenen durch die zuständige Behörde vorführen lassen, wenn er sich weigert, an Verfahrenshandlungen nach Absatz 1 mitzuwirken.
(6) Gewalt darf die Behörde nur anwenden, wenn das Gericht dies ausdrücklich angeordnet hat. Die zuständige Behörde ist befugt, erforderlichenfalls um Unterstützung der polizeilichen Vollzugsorgane nachzusuchen.
(7) Die Wohnung des Betroffenen darf ohne dessen Einwilligung nur gewaltsam geöffnet, betreten und durchsucht werden, wenn das Gericht dies zu dessen Vorführung zur Anhörung ausdrücklich angeordnet hat. Bei Gefahr im Verzug kann die Anordnung nach Satz 1 durch die zuständige Behörde erfolgen. Durch diese Regelung wird das Grundrecht auf Unverletzlichkeit der Wohnung aus Artikel 13 Absatz 1 des Grundgesetzes eingeschränkt.

§ 320 Anhörung der sonstigen Beteiligten und der zuständigen Behörde

Das Gericht hat die sonstigen Beteiligten anzuhören. Es soll die zuständige Behörde anhören.

§ 321 Einholung eines Gutachtens

(1) Vor einer Unterbringungsmaßnahme hat eine förmliche Beweisaufnahme durch Einholung eines Gutachtens über die Notwendigkeit der Maßnahme stattzufinden. Der Sachverständige hat den Betroffenen vor der Erstattung des Gutachtens persönlich zu untersuchen oder zu befragen. Das Gutachten soll sich auch auf die voraussichtliche Dauer der Unterbringungsmaßnahme erstrecken. Der Sachverständige soll Arzt für Psychiatrie sein; er muss Arzt mit Erfahrung auf dem Gebiet der Psychiatrie sein. Bei der Genehmigung einer Einwilligung in eine ärztliche Zwangsmaßnahme oder bei deren Anordnung soll der Sachverständige nicht der zwangsbehandelnde Arzt sein.
(2) Für eine freiheitsentziehende Maßnahme nach § 312 Nummer 2 oder 4 genügt ein ärztliches Zeugnis.

§ 322 Vorführung zur Untersuchung; Unterbringung zur Begutachtung

Für die Vorführung zur Untersuchung und die Unterbringung zur Begutachtung gelten die §§ 283 und 284 entsprechend.

§ 323 Inhalt der Beschlussformel

(1) Die Beschlussformel enthält im Fall der Genehmigung oder Anordnung einer Unterbringungsmaßnahme auch
1. die nähere Bezeichnung der Unterbringungsmaßnahme sowie
2. den Zeitpunkt, zu dem die Unterbringungsmaßnahme endet.
(2) Die Beschlussformel enthält bei der Genehmigung einer Einwilligung in eine ärztliche Zwangsmaßnahme oder bei deren Anordnung auch Angaben zur Durchführung und Dokumentation dieser Maßnahme in der Verantwortung eines Arztes.

§ 324 Wirksamwerden von Beschlüssen

(1) Beschlüsse über die Genehmigung oder die Anordnung einer Unterbringungsmaßnahme werden mit Rechtskraft wirksam.
(2) Das Gericht kann die sofortige Wirksamkeit des Beschlusses anordnen. In diesem Fall wird er wirksam, wenn der Beschluss und die Anordnung seiner sofortigen Wirksamkeit
1. dem Betroffenen, dem Verfahrenspfleger, dem Betreuer oder dem Bevollmächtigten im Sinne des § 1896 Abs. 2 Satz 2 des Bürgerlichen Gesetzbuchs bekannt gegeben werden,
2. einem Dritten zum Zweck des Vollzugs des Beschlusses mitgeteilt werden oder
3. der Geschäftsstelle des Gerichts zum Zweck der Bekanntgabe übergeben werden.
Der Zeitpunkt der sofortigen Wirksamkeit ist auf dem Beschluss zu vermerken.

§ 325 Bekanntgabe

(1) Von der Bekanntgabe der Gründe eines Beschlusses an den Betroffenen kann abgesehen werden, wenn dies nach ärztlichem Zeugnis erforderlich ist, um erhebliche Nachteile für seine Gesundheit zu vermeiden.
(2) Der Beschluss, durch den eine Unterbringungsmaßnahme genehmigt oder angeordnet wird, ist auch dem Leiter der Einrichtung, in der der Betroffene untergebracht werden soll, bekannt zu geben. Das Gericht hat der zuständigen Behörde die Entscheidung, durch die eine Unterbringungsmaßnahme genehmigt, angeordnet oder aufgehoben wird, bekannt zu geben.

§ 326 Zuführung zur Unterbringung; Verbringung zu einem stationären Aufenthalt

(1) Die zuständige Behörde hat den Betreuer oder den Bevollmächtigten im Sinne des § 1896 Abs. 2 Satz 2 des Bürgerlichen Gesetzbuchs auf deren Wunsch bei der Zuführung zur Unterbringung nach § 312 Nr. 1 oder bei der Verbringung nach § 312 Nummer 3 zu unterstützen.
(2) Gewalt darf die Behörde nur anwenden, wenn das Gericht dies ausdrücklich angeordnet hat. Die zuständige Behörde ist befugt, erforderlichenfalls die Unterstützung der polizeilichen Vollzugsorgane nachzusuchen.
(3) Die Wohnung des Betroffenen darf ohne dessen Einwilligung nur gewaltsam geöffnet, betreten und durchsucht werden, wenn das Gericht dies zu dessen Zuführung zur Unterbringung oder zu dessen Verbringung nach § 312 Nummer 3 ausdrücklich angeordnet hat. Vor der Anordnung ist der Betroffene persönlich anzuhören. Bei Gefahr im Verzug kann die Anordnung durch die zuständige Behörde ohne vorherige Anhörung des Betroffenen erfolgen. Durch diese Regelung wird das Grundrecht auf Unverletzlichkeit der Wohnung aus Artikel 13 Absatz 1 des Grundgesetzes eingeschränkt.

§ 327 Vollzugsangelegenheiten

(1) Gegen eine Maßnahme zur Regelung einzelner Angelegenheiten im Vollzug einer Unterbringungsmaßnahme nach § 312 Nummer 4 kann der Betroffene eine Entscheidung des Gerichts beantragen. Mit dem Antrag kann auch die Verpflichtung zum Erlass einer abgelehnten oder unterlassenen Maßnahme begehrt werden.

(2) Der Antrag ist nur zulässig, wenn der Betroffene geltend macht, durch die Maßnahme, ihre Ablehnung oder Unterlassung in seinen Rechten verletzt zu sein.
(3) Der Antrag hat keine aufschiebende Wirkung. Das Gericht kann die aufschiebende Wirkung anordnen.
(4) Der Beschluss ist nicht anfechtbar.

§ 328 Aussetzung des Vollzugs

(1) Das Gericht kann die Vollziehung einer Unterbringung nach § 312 Nummer 4 aussetzen. Die Aussetzung kann mit Auflagen versehen werden. Die Aussetzung soll sechs Monate nicht überschreiten; sie kann bis zu einem Jahr verlängert werden.
(2) Das Gericht kann die Aussetzung widerrufen, wenn der Betroffene eine Auflage nicht erfüllt oder sein Zustand dies erfordert.

§ 329 Dauer und Verlängerung der Unterbringungsmaßnahme

(1) Die Unterbringungsmaßnahme endet spätestens mit Ablauf eines Jahres, bei offensichtlich langer Unterbringungsbedürftigkeit spätestens mit Ablauf von zwei Jahren, wenn sie nicht vorher verlängert wird. Die Genehmigung einer Einwilligung in eine ärztliche Zwangsmaßnahme oder deren Anordnung darf die Dauer von sechs Wochen nicht überschreiten, wenn sie nicht vorher verlängert wird.
(2) Für die Verlängerung der Genehmigung oder Anordnung einer Unterbringungsmaßnahme gelten die Vorschriften für die erstmalige Anordnung oder Genehmigung entsprechend. Bei Unterbringungen mit einer Gesamtdauer von mehr als vier Jahren soll das Gericht keinen Sachverständigen bestellen, der den Betroffenen bisher behandelt oder begutachtet hat oder in der Einrichtung tätig ist, in der der Betroffene untergebracht ist.
(3) Bei der Genehmigung einer Einwilligung in eine ärztliche Zwangsmaßnahme oder deren Anordnung mit einer Gesamtdauer von mehr als zwölf Wochen soll das Gericht keinen Sachverständigen bestellen, der den Betroffenen bisher behandelt oder begutachtet hat oder in der Einrichtung tätig ist, in der der Betroffene untergebracht ist.

§ 330 Aufhebung der Unterbringungsmaßnahme

Die Genehmigung oder Anordnung der Unterbringungsmaßnahme ist aufzuheben, wenn ihre Voraussetzungen wegfallen. Vor der Aufhebung einer Unterbringungsmaßnahme nach § 312 Nummer 4 soll das Gericht die zuständige Behörde anhören, es sei denn, dass dies zu einer nicht nur geringen Verzögerung des Verfahrens führen würde.

§ 331 Einstweilige Anordnung

Das Gericht kann durch einstweilige Anordnung eine vorläufige Unterbringungsmaßnahme anordnen oder genehmigen, wenn
1. dringende Gründe für die Annahme bestehen, dass die Voraussetzungen für die Genehmigung oder Anordnung einer Unterbringungsmaßnahme gegeben sind und ein dringendes Bedürfnis für ein sofortiges Tätigwerden besteht,
2. ein ärztliches Zeugnis über den Zustand des Betroffenen und über die Notwendigkeit der Maßnahme vorliegt; der Arzt, der das ärztliche Zeugnis ausstellt, soll Arzt für Psychiatrie sein; er muss Erfahrung auf dem Gebiet der Psychiatrie haben; dies gilt nicht für freiheitsentziehende Maßnahmen nach § 312 Nummer 2 und 4,
3. im Fall des § 317 ein Verfahrenspfleger bestellt und angehört worden ist und
4. der Betroffene persönlich angehört worden ist.
Eine Anhörung des Betroffenen im Wege der Rechtshilfe ist abweichend von § 319 Abs. 4 zulässig.

§ 332 Einstweilige Anordnung bei gesteigerter Dringlichkeit

Bei Gefahr im Verzug kann das Gericht eine einstweilige Anordnung nach § 331 bereits vor Anhörung des Betroffenen sowie vor Anhörung und Bestellung des Verfahrenspflegers erlassen. Diese Verfahrenshandlungen sind unverzüglich nachzuholen.

§ 333 Dauer der einstweiligen Anordnung

(1) Die einstweilige Anordnung darf die Dauer von sechs Wochen nicht überschreiten. Reicht dieser Zeitraum nicht aus, kann sie nach Anhörung eines Sachverständigen durch eine weitere einstweilige Anordnung verlängert werden. Die mehrfache Verlängerung ist unter den Voraussetzungen der Sätze 1 und 2 zulässig. Sie darf die Gesamtdauer von drei Monaten nicht überschreiten. Eine Unterbringung zur Vorbereitung eines Gutachtens (§ 322) ist in diese Gesamtdauer einzubeziehen.
(2) Die einstweilige Anordnung darf bei der Genehmigung einer Einwilligung in eine ärztliche Zwangsmaßnahme oder deren Anordnung die Dauer von zwei Wochen nicht überschreiten. Bei mehrfacher Verlängerung darf die Gesamtdauer sechs Wochen nicht überschreiten.

§ 334 Einstweilige Maßregeln

Die §§ 331, 332 und 333 gelten entsprechend, wenn nach § 1846 des Bürgerlichen Gesetzbuchs eine Unterbringungsmaßnahme getroffen werden soll.

§ 335 Ergänzende Vorschriften über die Beschwerde

(1) Das Recht der Beschwerde steht im Interesse des Betroffenen
1. dessen Ehegatten oder Lebenspartner, wenn die Ehegatten oder Lebenspartner nicht dauernd getrennt leben, sowie dessen Eltern und Kindern, wenn der Betroffene bei diesen lebt oder bei Einleitung des Verfahrens gelebt hat, den Pflegeeltern,
2. einer von dem Betroffenen benannten Person seines Vertrauens sowie
3. dem Leiter der Einrichtung, in der der Betroffene lebt,

zu, wenn sie im ersten Rechtszug beteiligt worden sind.
(2) Das Recht der Beschwerde steht dem Verfahrenspfleger zu.
(3) Der Betreuer oder der Vorsorgebevollmächtigte kann gegen eine Entscheidung, die seinen Aufgabenkreis betrifft, auch im Namen des Betroffenen Beschwerde einlegen.
(4) Das Recht der Beschwerde steht der zuständigen Behörde zu.

§ 336 Einlegung der Beschwerde durch den Betroffenen

Der Betroffene kann die Beschwerde auch bei dem Amtsgericht einlegen, in dessen Bezirk er untergebracht ist.

§ 337 Kosten in Unterbringungssachen

(1) In Unterbringungssachen kann das Gericht die Auslagen des Betroffenen, soweit sie zur zweckentsprechenden Rechtsverfolgung notwendig waren, ganz oder teilweise der Staatskasse auferlegen, wenn eine Unterbringungsmaßnahme nach § 312 Nummer 1 bis 3 abgelehnt, als ungerechtfertigt aufgehoben, eingeschränkt oder das Verfahren ohne Entscheidung über eine Maßnahme beendet wird.
(2) Wird ein Antrag auf eine Unterbringungsmaßnahme nach den Landesgesetzen über die Unterbringung psychisch Kranker nach § 312 Nummer 4 abgelehnt oder zurückgenommen und hat das Verfahren ergeben, dass für die zuständige Verwaltungsbehörde ein begründeter Anlass, den Antrag zu stellen, nicht vorgelegen hat, hat das Gericht die Auslagen des Betroffenen der Körperschaft aufzuerlegen, der die Verwaltungsbehörde angehört.

§ 338 Mitteilung von Entscheidungen

Für Mitteilungen gelten die §§ 308 und 311 entsprechend. Die Aufhebung einer Unterbringungsmaßnahme nach § 330 Satz 1 und die Aussetzung der Unterbringung nach § 328 Abs. 1 Satz 1 sind dem Leiter der Einrichtung, in der der Betroffene lebt, mitzuteilen.

§ 339 Benachrichtigung von Angehörigen

Von der Anordnung oder Genehmigung einer Unterbringungsmaßnahme und deren Verlängerung hat das Gericht einen Angehörigen des Betroffenen oder eine Person seines Vertrauens unverzüglich zu benachrichtigen.

Abschnitt 3
Verfahren in betreuungsgerichtlichen Zuweisungssachen

§ 340 Betreuungsgerichtliche Zuweisungssachen

Betreuungsgerichtliche Zuweisungssachen sind
1. Verfahren, die die Pflegschaft mit Ausnahme der Pflegschaft für Minderjährige oder für eine Leibesfrucht betreffen,
2. Verfahren, die die gerichtliche Bestellung eines sonstigen Vertreters für einen Volljährigen betreffen, sowie
3. sonstige dem Betreuungsgericht zugewiesene Verfahren,

soweit es sich nicht um Betreuungssachen oder Unterbringungssachen handelt.

§ 341 Örtliche Zuständigkeit

Die Zuständigkeit des Gerichts bestimmt sich in betreuungsgerichtlichen Zuweisungssachen nach § 272.

Buch 7
Verfahren in Freiheitsentziehungssachen

§ 415 Freiheitsentziehungssachen

(1) Freiheitsentziehungssachen sind Verfahren, die die auf Grund von Bundesrecht angeordnete Freiheitsentziehung betreffen, soweit das Verfahren bundesrechtlich nicht abweichend geregelt ist.

(2) Eine Freiheitsentziehung liegt vor, wenn einer Person gegen ihren Willen oder im Zustand der Willenlosigkeit insbesondere in einer abgeschlossenen Einrichtung, wie einem Gewahrsamsraum oder einem abgeschlossenen Teil eines Krankenhauses, die Freiheit entzogen wird.

§ 416 Örtliche Zuständigkeit

Zuständig ist das Gericht, in dessen Bezirk die Person, der die Freiheit entzogen werden soll, ihren gewöhnlichen Aufenthalt hat, sonst das Gericht, in dessen Bezirk das Bedürfnis für die Freiheitsentziehung entsteht. Befindet sich die Person bereits in Verwahrung einer abgeschlossenen Einrichtung, ist das Gericht zuständig, in dessen Bezirk die Einrichtung liegt.

§ 417 Antrag

(1) Die Freiheitsentziehung darf das Gericht nur auf Antrag der zuständigen Verwaltungsbehörde anordnen.
(2) Der Antrag ist zu begründen. Die Begründung hat folgende Tatsachen zu enthalten:
1. die Identität des Betroffenen,
2. den gewöhnlichen Aufenthaltsort des Betroffenen,
3. die Erforderlichkeit der Freiheitsentziehung,
4. die erforderliche Dauer der Freiheitsentziehung sowie
5. in Verfahren der Abschiebungs-, Zurückschiebungs- und Zurückweisungshaft die Verlassenspflicht des Betroffenen sowie die Voraussetzungen und die Durchführbarkeit der Abschiebung, Zurückschiebung und Zurückweisung.

Die Behörde soll in Verfahren der Abschiebungshaft mit der Antragstellung die Akte des Betroffenen vorlegen.
(3) Tatsachen nach Absatz 2 Satz 2 können bis zum Ende der letzten Tatsacheninstanz ergänzt werden.

§ 418 Beteiligte

(1) Zu beteiligen sind die Person, der die Freiheit entzogen werden soll (Betroffener), und die Verwaltungsbehörde, die den Antrag auf Freiheitsentziehung gestellt hat.
(2) Der Verfahrenspfleger wird durch seine Bestellung als Beteiligter zum Verfahren hinzugezogen.
(3) Beteiligt werden können im Interesse des Betroffenen
1. dessen Ehegatte oder Lebenspartner, wenn die Ehegatten oder Lebenspartner nicht dauernd getrennt leben, sowie dessen Eltern und Kinder, wenn der Betroffene bei diesen lebt oder bei Einleitung des Verfahrens gelebt hat, die Pflegeeltern sowie
2. eine von ihm benannte Person seines Vertrauens.

§ 419 Verfahrenspfleger

(1) Das Gericht hat dem Betroffenen einen Verfahrenspfleger zu bestellen, wenn dies zur Wahrnehmung seiner Interessen erforderlich ist. Die Bestellung ist insbesondere erforderlich, wenn von einer Anhörung des Betroffenen abgesehen werden soll.
(2) Die Bestellung eines Verfahrenspflegers soll unterbleiben oder aufgehoben werden, wenn die Interessen des Betroffenen von einem Rechtsanwalt oder einem anderen geeigneten Verfahrensbevollmächtigten vertreten werden.
(3) Die Bestellung endet, wenn sie nicht vorher aufgehoben wird, mit der Rechtskraft des Beschlusses über die Freiheitsentziehung oder mit dem sonstigen Abschluss des Verfahrens.
(4) Die Bestellung eines Verfahrenspflegers oder deren Aufhebung sowie die Ablehnung einer derartigen Maßnahme sind nicht selbständig anfechtbar.
(5) Für die Vergütung und den Aufwendungsersatz des Verfahrenspflegers gilt § 277 entsprechend. Dem Verfahrenspfleger sind keine Kosten aufzuerlegen.

§ 420 Anhörung; Vorführung

(1) Das Gericht hat den Betroffenen vor der Anordnung der Freiheitsentziehung persönlich anzuhören. Erscheint er zu dem Anhörungstermin nicht, kann abweichend von § 33 Abs. 3 seine sofortige Vorführung angeordnet werden. Das Gericht entscheidet hierüber durch nicht anfechtbaren Beschluss.
(2) Die persönliche Anhörung des Betroffenen kann unterbleiben, wenn nach ärztlichem Gutachten hiervon erhebliche Nachteile für seine Gesundheit zu besorgen sind oder wenn er an einer übertragbaren Krankheit im Sinne des Infektionsschutzgesetzes leidet.
(3) Das Gericht hat die sonstigen Beteiligten anzuhören. Die Anhörung kann unterbleiben, wenn sie nicht ohne erhebliche Verzögerung oder nicht ohne unverhältnismäßige Kosten möglich ist.

(4) Die Freiheitsentziehung in einem abgeschlossenen Teil eines Krankenhauses darf nur nach Anhörung eines ärztlichen Sachverständigen angeordnet werden. Die Verwaltungsbehörde, die den Antrag auf Freiheitsentziehung gestellt hat, soll ihrem Antrag ein ärztliches Gutachten beifügen.

§ 421 Inhalt der Beschlussformel
Die Beschlussformel zur Anordnung einer Freiheitsentziehung enthält auch
1. die nähere Bezeichnung der Freiheitsentziehung sowie
2. den Zeitpunkt, zu dem die Freiheitsentziehung endet.

§ 422 Wirksamwerden von Beschlüssen
(1) Der Beschluss, durch den eine Freiheitsentziehung angeordnet wird, wird mit Rechtskraft wirksam.
(2) Das Gericht kann die sofortige Wirksamkeit des Beschlusses anordnen. In diesem Fall wird er wirksam, wenn der Beschluss und die Anordnung der sofortigen Wirksamkeit
1. dem Betroffenen, der zuständigen Verwaltungsbehörde oder dem Verfahrenspfleger bekannt gegeben werden oder
2. der Geschäftsstelle des Gerichts zum Zweck der Bekanntgabe übergeben werden.
Der Zeitpunkt der sofortigen Wirksamkeit ist auf dem Beschluss zu vermerken.
(3) Der Beschluss, durch den eine Freiheitsentziehung angeordnet wird, wird von der zuständigen Verwaltungsbehörde vollzogen.
(4) Wird Zurückweisungshaft (§ 15 des Aufenthaltsgesetzes) oder Abschiebungshaft (§ 62 des Aufenthaltsgesetzes) im Wege der Amtshilfe in Justizvollzugsanstalten vollzogen, gelten die §§ 171, 173 bis 175 und 178 Abs. 3 des Strafvollzugsgesetzes entsprechend, soweit in § 62a des Aufenthaltsgesetzes für die Abschiebungshaft nichts Abweichendes bestimmt ist.

§ 423 Absehen von der Bekanntgabe
Von der Bekanntgabe der Gründe eines Beschlusses an den Betroffenen kann abgesehen werden, wenn dies nach ärztlichem Zeugnis erforderlich ist, um erhebliche Nachteile für seine Gesundheit zu vermeiden.

§ 424 Aussetzung des Vollzugs
(1) Das Gericht kann die Vollziehung der Freiheitsentziehung aussetzen. Es hat die Verwaltungsbehörde und den Leiter der Einrichtung vorher anzuhören. Für Aussetzungen bis zu einer Woche bedarf es keiner Entscheidung des Gerichts. Die Aussetzung kann mit Auflagen versehen werden.
(2) Das Gericht kann die Aussetzung widerrufen, wenn der Betroffene eine Auflage nicht erfüllt oder sein Zustand dies erfordert.

§ 425 Dauer und Verlängerung der Freiheitsentziehung
(1) In dem Beschluss, durch den eine Freiheitsentziehung angeordnet wird, ist eine Frist für die Freiheitsentziehung bis zur Höchstdauer eines Jahres zu bestimmen, soweit nicht in einem anderen Gesetz eine kürzere Höchstdauer der Freiheitsentziehung bestimmt ist.
(2) Wird nicht innerhalb der Frist die Verlängerung der Freiheitsentziehung durch richterlichen Beschluss angeordnet, ist der Betroffene freizulassen. Dem Gericht ist die Freilassung mitzuteilen.
(3) Für die Verlängerung der Freiheitsentziehung gelten die Vorschriften über die erstmalige Anordnung entsprechend.

§ 426 Aufhebung
(1) Der Beschluss, durch den eine Freiheitsentziehung angeordnet wird, ist vor Ablauf der nach § 425 Abs. 1 festgesetzten Frist von Amts wegen aufzuheben, wenn der Grund für die Freiheitsentziehung weggefallen ist. Vor der Aufhebung hat das Gericht die zuständige Verwaltungsbehörde anzuhören.
(2) Die Beteiligten können die Aufhebung der Freiheitsentziehung beantragen. Das Gericht entscheidet über den Antrag durch Beschluss.

§ 427 Einstweilige Anordnung
(1) Das Gericht kann durch einstweilige Anordnung eine vorläufige Freiheitsentziehung anordnen, wenn dringende Gründe für die Annahme bestehen, dass die Voraussetzungen für die Anordnung einer Freiheitsentziehung gegeben sind und ein dringendes Bedürfnis für ein sofortiges Tätigwerden besteht. Die vorläufige Freiheitsentziehung darf die Dauer von sechs Wochen nicht überschreiten.
(2) Bei Gefahr im Verzug kann das Gericht eine einstweilige Anordnung bereits vor der persönlichen Anhörung des Betroffenen sowie vor Bestellung und Anhörung des Verfahrenspflegers erlassen; die Verfahrenshandlungen sind unverzüglich nachzuholen.

§ 428 Verwaltungsmaßnahme; richterliche Prüfung

(1) Bei jeder Verwaltungsmaßnahme, die eine Freiheitsentziehung darstellt und nicht auf richterlicher Anordnung beruht, hat die zuständige Verwaltungsbehörde die richterliche Entscheidung unverzüglich herbeizuführen. Ist die Freiheitsentziehung nicht bis zum Ablauf des ihr folgenden Tages durch richterliche Entscheidung angeordnet, ist der Betroffene freizulassen.

(2) Wird eine Maßnahme der Verwaltungsbehörde nach Absatz 1 Satz 1 angefochten, ist auch hierüber im gerichtlichen Verfahren nach den Vorschriften dieses Buches zu entscheiden.

§ 429 Ergänzende Vorschriften über die Beschwerde

(1) Das Recht der Beschwerde steht der zuständigen Behörde zu.
(2) Das Recht der Beschwerde steht im Interesse des Betroffenen
1. dessen Ehegatten oder Lebenspartner, wenn die Ehegatten oder Lebenspartner nicht dauernd getrennt leben, sowie dessen Eltern und Kindern, wenn der Betroffene bei diesen lebt oder bei Einleitung des Verfahrens gelebt hat, den Pflegeeltern sowie
2. einer von ihm benannten Person seines Vertrauens
zu, wenn sie im ersten Rechtszug beteiligt worden sind.
(3) Das Recht der Beschwerde steht dem Verfahrenspfleger zu.
(4) Befindet sich der Betroffene bereits in einer abgeschlossenen Einrichtung, kann die Beschwerde auch bei dem Gericht eingelegt werden, in dessen Bezirk die Einrichtung liegt.

§ 430 Auslagenersatz

Wird ein Antrag der Verwaltungsbehörde auf Freiheitsentziehung abgelehnt oder zurückgenommen und hat das Verfahren ergeben, dass ein begründeter Anlass zur Stellung des Antrags nicht vorlag, hat das Gericht die Auslagen des Betroffenen, soweit sie zur zweckentsprechenden Rechtsverfolgung notwendig waren, der Körperschaft aufzuerlegen, der die Verwaltungsbehörde angehört.

§ 431 Mitteilung von Entscheidungen

Für Mitteilungen von Entscheidungen gelten die §§ 308 und 311 entsprechend, wobei an die Stelle des Betreuers die Verwaltungsbehörde tritt. Die Aufhebung einer Freiheitsentziehungsmaßnahme nach § 426 Satz 1 und die Aussetzung ihrer Vollziehung nach § 424 Abs. 1 Satz 1 sind dem Leiter der abgeschlossenen Einrichtung, in der sich der Betroffene befindet, mitzuteilen.

§ 432 Benachrichtigung von Angehörigen

Von der Anordnung der Freiheitsentziehung und deren Verlängerung hat das Gericht einen Angehörigen des Betroffenen oder eine Person seines Vertrauens unverzüglich zu benachrichtigen.

Gesetz über die Wahrnehmung behördlicher Aufgaben bei der Betreuung Volljähriger (Betreuungsbehördengesetz – BtBG)

Vom 12. September 1990 (BGBl. I S. 2002)

Zuletzt geändert durch
Gesetz zur Änderung der materiellen Zulässigkeitsvoraussetzungen von ärztlichen Zwangsmaßnahmen und zur Stärkung des Selbstbestimmungsrechts von Betreuten
vom 17. Juli 2017 (BGBl. I S. 2426)

Inhaltsübersicht

I. **Behörden**
§ 1
§ 2

II. **Örtliche Zuständigkeit**
§ 3

III. **Aufgaben der örtlichen Behörde**
§ 4

§ 5
§ 6
§ 7
§ 8
§ 9

IV. **Berlin-Klausel**
§ 10

I. Behörden

§ 1
Welche Behörde auf örtlicher Ebene in Betreuungsangelegenheiten zuständig ist, bestimmt sich nach Landesrecht. Diese Behörde ist auch in Unterbringungsangelegenheiten im Sinne des § 312 Nummer 1 bis 3 des Gesetzes über das Verfahren in Familiensachen und in den Angelegenheiten der freiwilligen Gerichtsbarkeit zuständig.

§ 2
Zur Durchführung überörtlicher Aufgaben oder zur Erfüllung einzelner Aufgaben der örtlichen Behörde können nach Landesrecht weitere Behörden vorgesehen werden.

II. Örtliche Zuständigkeit

§ 3
(1) Örtlich zuständig ist diejenige Behörde, in deren Bezirk der Betroffene seinen gewöhnlichen Aufenthalt hat. Hat der Betroffene im Geltungsbereich dieses Gesetzes keinen gewöhnlichen Aufenthalt, ist ein solcher nicht feststellbar oder betrifft die Maßnahme keine Einzelperson, so ist die Behörde zuständig, in deren Bezirk das Bedürfnis für die Maßnahme hervortritt. Gleiches gilt, wenn mit dem Aufschub einer Maßnahme Gefahr verbunden ist.
(2) Ändern sich die für die örtliche Zuständigkeit nach Absatz 1 maßgebenden Umstände im Laufe eines gerichtlichen Betreuungs- oder Unterbringungsverfahrens, so bleibt für dieses Verfahren die zuletzt angehörte Behörde allein zuständig, bis die nunmehr zuständige Behörde dem Gericht den Wechsel schriftlich anzeigt.

III. Aufgaben der örtlichen Behörde

§ 4
(1) Die Behörde informiert und berät über allgemeine betreuungsrechtliche Fragen, insbesondere über eine Vorsorgevollmacht und über andere Hilfen, bei denen kein Betreuer bestellt wird.
(2) Wenn im Einzelfall Anhaltspunkte für einen Betreuungsbedarf nach § 1896 Absatz 1 des Bürgerlichen Gesetzbuchs bestehen, soll die Behörde der betroffenen Person ein Beratungsangebot unterbreiten. Diese Beratung umfasst auch die Pflicht, andere Hilfen, bei denen kein Betreuer bestellt wird, zu vermitteln. Dabei arbeitet die Behörde mit den zuständigen Sozialleistungsträgern zusammen.
(3) Die Behörde berät und unterstützt Betreuer und Bevollmächtigte auf deren Wunsch bei der Wahrnehmung von deren Aufgaben, die Betreuer insbesondere auch bei der Erstellung des Betreuungsplans.

§ 5

Die Behörde sorgt dafür, daß in ihrem Bezirk ein ausreichendes Angebot zur Einführung der Betreuer und der Bevollmächtigten in ihre Aufgaben und zu ihrer Fortbildung vorhanden ist.

§ 6

(1) Zu den Aufgaben der Behörde gehört es auch, die Tätigkeit einzelner Personen sowie von gemeinnützigen und freien Organisationen zugunsten Betreuungsbedürftiger anzuregen und zu fördern. Weiterhin fördert sie die Aufklärung und Beratung über Vollmachten und Betreuungsverfügungen.
(2) Die Urkundsperson bei der Betreuungsbehörde ist befugt, Unterschriften oder Handzeichen auf Vorsorgevollmachten oder Betreuungsverfügungen öffentlich zu beglaubigen. Dies gilt nicht für Unterschriften oder Handzeichen ohne dazugehörigen Text. Die Zuständigkeit der Notare, anderer Personen oder sonstiger Stellen für öffentliche Beurkundungen und Beglaubigungen bleibt unberührt.
(3) Die Urkundsperson soll eine Beglaubigung nicht vornehmen, wenn ihr in der betreffenden Angelegenheit die Vertretung eines Beteiligten obliegt.
(4) Die Betreuungsbehörde hat geeignete Beamte und Angestellte zur Wahrnehmung der Aufgaben nach Absatz 2 zu ermächtigen. Die Länder können Näheres hinsichtlich der fachlichen Anforderungen an diese Personen regeln.
(5) Für jede Beglaubigung nach Absatz 2 wird eine Gebühr von 10 Euro erhoben; Auslagen werden gesondert nicht erhoben. Aus Gründen der Billigkeit kann von der Erhebung der Gebühr im Einzelfall abgesehen werden.
(6) Die Landesregierungen werden ermächtigt, durch Rechtsverordnung die Gebühren und Auslagen für die Beratung und Beglaubigung abweichend von Absatz 5 zu regeln. Die Landesregierungen können die Ermächtigung nach Satz 1 durch Rechtsverordnung auf die Landesjustizverwaltungen übertragen.

§ 7

(1) Die Behörde kann dem Betreuungsgericht Umstände mitteilen, die die Bestellung eines Betreuers oder eine andere Maßnahme in Betreuungssachen erforderlich machen, soweit dies unter Beachtung berechtigter Interessen des Betroffenen nach den Erkenntnissen der Behörde erforderlich ist, um eine erhebliche Gefahr für das Wohl des Betroffenen abzuwenden.
(2) Der Inhalt der Mitteilung, die Art und Weise ihrer Übermittlung und der Empfänger sind aktenkundig zu machen.

§ 8

(1) Die Behörde unterstützt das Betreuungsgericht. Dies umfasst insbesondere folgende Maßnahmen:
1. die Erstellung eines Berichts im Rahmen der gerichtlichen Anhörung (§ 279 Absatz 2 des Gesetzes über das Verfahren in Familiensachen und in den Angelegenheiten der freiwilligen Gerichtsbarkeit),
2. die Aufklärung und Mitteilung des Sachverhalts, den das Gericht über Nummer 1 hinaus für aufklärungsbedürftig hält, sowie
3. die Gewinnung geeigneter Betreuer.

(2) Wenn die Behörde vom Betreuungsgericht dazu aufgefordert wird, schlägt sie eine Person vor, die sich im Einzelfall zum Betreuer oder Verfahrenspfleger eignet. Steht keine geeignete Person zur Verfügung, die zur ehrenamtlichen Führung der Betreuung bereit ist, schlägt die Behörde dem Betreuungsgericht eine Person für die berufsmäßige Führung der Betreuung vor und teilt gleichzeitig den Umfang der von dieser Person derzeit berufsmäßig geführten Betreuungen mit.

§ 9

Zur Durchführung der Aufgaben werden Personen beschäftigt, die sich hierfür nach ihrer Persönlichkeit eignen und die in der Regel entweder eine ihren Aufgaben entsprechende Ausbildung erhalten haben (Fachkräfte) oder über vergleichbare Erfahrungen verfügen.

IV. Berlin-Klausel

§ 10

Die Aufgaben, die der Behörde nach anderen Vorschriften obliegen, bleiben unberührt. Zuständige Behörde im Sinne dieser Vorschrift ist die örtliche Behörde.

Gesetz über die Vergütung von Vormündern und Betreuern (Vormünder- und Betreuervergütungsgesetz – VBVG)

Vom 21. April 2005 (BGBl. I S. 1073)

Zuletzt geändert durch
Gesetz zur Anpassung der Betreuer- und Vormündervergütung
vom 22. Juni 2019 (BGBl. I S. 866)

Inhaltsübersicht

Abschnitt 1
Allgemeines
§ 1 Feststellung der Berufsmäßigkeit und Vergütungsbewilligung
§ 2 Erlöschen der Ansprüche

Abschnitt 2
Vergütung des Vormunds
§ 3 Stundensatz des Vormunds

Abschnitt 3
Vergütung und Aufwendungsersatz des Betreuers
§ 4 Vergütung des Betreuers
§ 5 Fallpauschalen
§ 5a Gesonderte Pauschalen
§ 6 Sonderfälle der Betreuung

§ 7 Vergütung und Aufwendungsersatz für Betreuungsvereine
§ 8 Vergütung und Aufwendungsersatz für Behördenbetreuer
§ 9 Abrechnungszeitraum für die Betreuungsvergütung
§ 10 Mitteilung an die Betreuungsbehörde

Abschnitt 4
Schlussvorschriften
§ 11 Umschulung und Fortbildung von Berufsvormündern
§ 12 Übergangsregelungen

Anlage
(zu § 4 Absatz 1)

Abschnitt 1
Allgemeines

§ 1 Feststellung der Berufsmäßigkeit und Vergütungsbewilligung

(1) Das Familiengericht hat die Feststellung der Berufsmäßigkeit gemäß § 1836 Abs. 1 Satz 2 des Bürgerlichen Gesetzbuchs zu treffen, wenn dem Vormund in einem solchen Umfang Vormundschaften übertragen sind, dass er sie nur im Rahmen seiner Berufsausübung führen kann, oder wenn zu erwarten ist, dass dem Vormund in absehbarer Zeit Vormundschaften in diesem Umfang übertragen sein werden. Berufsmäßigkeit liegt im Regelfall vor, wenn
1. der Vormund mehr als zehn Vormundschaften führt oder
2. die für die Führung der Vormundschaft erforderliche Zeit voraussichtlich 20 Wochenstunden nicht unterschreitet.

(2) Trifft das Familiengericht die Feststellung nach Absatz 1 Satz 1, so hat es dem Vormund oder dem Gegenvormund eine Vergütung zu bewilligen. Ist der Mündel mittellos im Sinne des § 1836d des Bürgerlichen Gesetzbuchs, so kann der Vormund die nach Satz 1 zu bewilligende Vergütung aus der Staatskasse verlangen.

§ 2 Erlöschen der Ansprüche

Der Vergütungsanspruch erlischt, wenn er nicht binnen 15 Monaten nach seiner Entstehung beim Familiengericht geltend gemacht wird; die Geltendmachung des Anspruchs beim Familiengericht gilt dabei auch als Geltendmachung gegenüber dem Mündel. § 1835 Abs. 1a des Bürgerlichen Gesetzbuchs gilt entsprechend.

Abschnitt 2
Vergütung des Vormunds

§ 3 Stundensatz des Vormunds

(1) Die dem Vormund nach § 1 Abs. 2 zu bewilligende Vergütung beträgt für jede Stunde der für die Führung der Vormundschaft aufgewandten und erforderlichen Zeit 23 Euro. Verfügt der Vormund über besondere Kenntnisse, die für die Führung der Vormundschaft nutzbar sind, so erhöht sich der Stundensatz

1. auf 29,50 Euro, wenn diese Kenntnisse durch eine abgeschlossene Lehre oder eine vergleichbare abgeschlossene Ausbildung erworben sind;
2. auf 39 Euro, wenn diese Kenntnisse durch eine abgeschlossene Ausbildung an einer Hochschule oder durch eine vergleichbare abgeschlossene Ausbildung erworben sind.

Eine auf die Vergütung anfallende Umsatzsteuer wird, soweit sie nicht nach § 19 Abs. 1 des Umsatzsteuergesetzes unerhoben bleibt, zusätzlich ersetzt.

(2) Bestellt das Familiengericht einen Vormund, der über besondere Kenntnisse verfügt, die für die Führung der Vormundschaft allgemein nutzbar und durch eine Ausbildung im Sinne des Absatzes 1 Satz 2 erworben sind, so wird vermutet, dass diese Kenntnisse auch für die Führung der dem Vormund übertragenen Vormundschaft nutzbar sind. Dies gilt nicht, wenn das Familiengericht aus besonderen Gründen bei der Bestellung des Vormunds etwas anderes bestimmt.

(3) Soweit die besondere Schwierigkeit der vormundschaftlichen Geschäfte dies ausnahmsweise rechtfertigt, kann das Familiengericht einen höheren als den in Absatz 1 vorgesehenen Stundensatz der Vergütung bewilligen. Dies gilt nicht, wenn der Mündel mittellos ist.

(4) Der Vormund kann Abschlagszahlungen verlangen.

Abschnitt 3
Vergütung und Aufwendungsersatz des Betreuers

§ 4 Vergütung des Betreuers

(1) Die dem Betreuer nach § 1 Absatz 2 zu bewilligende Vergütung bestimmt sich nach monatlichen Fallpauschalen, die in den Vergütungstabellen A bis C der Anlage festgelegt sind.

(2) Die Vergütung des Betreuers richtet sich nach Vergütungstabelle A, sofern der Betreuer über keine besonderen Kenntnisse verfügt, die für die Führung der Betreuung nutzbar sind.

(3) Verfügt der Betreuer über besondere Kenntnisse, die für die Führung der Betreuung nutzbar sind, so richtet sich die Vergütung
1. nach Vergütungstabelle B, wenn diese Kenntnisse durch eine abgeschlossene Lehre oder eine vergleichbare abgeschlossene Ausbildung erworben sind;
2. nach Vergütungstabelle C, wenn diese Kenntnisse durch eine abgeschlossene Ausbildung an einer Hochschule oder durch eine vergleichbare abgeschlossene Ausbildung erworben sind.

(4) § 3 Absatz 2 gilt entsprechend. § 1 Absatz 1 Satz 2 Nummer 2 findet keine Anwendung.

§ 5 Fallpauschalen

(1) Die Höhe der Fallpauschalen nach § 4 Absatz 1 richtet sich nach
1. der Dauer der Betreuung,
2. dem gewöhnlichen Aufenthaltsort des Betreuten und
3. dem Vermögensstatus des Betreuten.

(2) Hinsichtlich der Dauer der Betreuung wird bei der Berechnung der Fallpauschalen zwischen den Zeiträumen in den ersten drei Monaten der Betreuung, im vierten bis sechsten Monat, im siebten bis zwölften Monat, im 13. bis 24. Monat und ab dem 25. Monat unterschieden. Für die Berechnung der Monate gelten § 187 Absatz 1 und § 188 Absatz 2 des Bürgerlichen Gesetzbuchs entsprechend. Ändern sich Umstände, die sich auf die Vergütung auswirken, vor Ablauf eines vollen Monats, so ist die Fallpauschale zeitanteilig nach Tagen zu berechnen; § 187 Absatz 1, § 188 Absatz 1 und § 191 des Bürgerlichen Gesetzbuchs gelten entsprechend.

(3) Hinsichtlich des gewöhnlichen Aufenthaltsortes des Betreuten ist zwischen stationären Einrichtungen und diesen nach Satz 3 gleichgestellten ambulant betreuten Wohnformen einerseits und anderen Wohnformen andererseits zu unterscheiden. Im Sinne dieses Gesetzes sind
1. stationäre Einrichtungen:
   Einrichtungen, die dem Zweck dienen, Volljährige aufzunehmen, ihnen Wohnraum zu überlassen sowie tatsächliche Betreuung oder Pflege zur Verfügung zu stellen oder vorzuhalten, und die in ihrem Bestand von Wechsel und Zahl der Bewohner unabhängig sind und entgeltlich betrieben werden.
2. ambulant betreute Wohnformen:
   entgeltliche Angebote, die dem Zweck dienen, Volljährigen das Leben in einem gemeinsamen Haushalt oder einer Wohnung bei gleichzeitiger Inanspruchnahme extern angebotener entgeltlicher Leistungen tatsächlicher Betreuung oder Pflege zu ermöglichen.

Ambulant betreute Wohnformen sind stationären Einrichtungen gleichgestellt, wenn die in der ambulant betreuten Wohnform extern angebotenen Leistungen tatsächlicher Betreuung oder Pflege als Rund-um-die-Uhr-Versorgung durch professionelle Betreuungs- oder Pflegekräfte zur Verfügung gestellt oder vorgehalten werden und der Anbieter der extern angebotenen Betreuungs- und Pflegeleistungen nicht frei wählbar ist.

(4) Hinsichtlich der Bestimmung des Vermögensstatus des Betreuten ist entscheidend, ob am Ende des Abrechnungsmonats Mittellosigkeit nach § 1836d des Bürgerlichen Gesetzbuchs vorliegt.

(5) Die Fallpauschalen gelten auch Ansprüche auf Ersatz anlässlich der Betreuung entstandener Aufwendungen ab. Die gesonderte Geltendmachung von Aufwendungen im Sinne des § 1835 Absatz 3 des Bürgerlichen Gesetzbuchs bleibt unberührt.

§ 5a Gesonderte Pauschalen

(1) Ist der Betreute nicht mittellos, wird der Betreuer mit einer zusätzlichen monatlichen Pauschale in Höhe von 30 Euro vergütet, wenn dieser die Verwaltung
1. von Geldvermögen in Höhe von mindestens 150 000 Euro,
2. von Wohnraum, der nicht vom Betreuten oder seinem Ehegatten genutzt wird, oder
3. eines Erwerbsgeschäfts des Betreuten

zu besorgen hat. Die Pauschale kann geltend gemacht werden, wenn einer der Fälle des Satzes 1 an mindestens einem Tag im Abrechnungsmonat vorliegt.

(2) Findet ein Wechsel von einem ehrenamtlichen zu einem beruflichen Betreuer statt, ist der berufliche Betreuer mit einer einmaligen Pauschale in Höhe von 200 Euro zu vergüten.

(3) Findet ein Wechsel von einem beruflichen zu einem ehrenamtlichen Betreuer statt, ist der berufliche Betreuer mit einer einmaligen Pauschale in Höhe des 1,5-fachen der zum Zeitpunkt des Betreuerwechsels zu vergütenden Fallpauschale zu vergüten. Dies gilt auch dann, wenn zunächst neben dem beruflichen Betreuer ein ehrenamtlicher Betreuer bestellt war und dieser die Betreuung allein fortführt.

(4) Die Pauschalen nach den Absätzen 1 bis 3 können nur gemeinsam mit einem Vergütungsantrag nach den §§ 4 und 5 geltend gemacht werden.

§ 6 Sonderfälle der Betreuung

In den Fällen des § 1899 Abs. 2 und 4 des Bürgerlichen Gesetzbuchs erhält der Betreuer eine Vergütung nach § 1 Abs. 2 in Verbindung mit § 3; für seine Aufwendungen kann er Vorschuss und Ersatz nach § 1835 des Bürgerlichen Gesetzbuchs mit Ausnahme der Aufwendungen im Sinne von § 1835 Abs. 2 des Bürgerlichen Gesetzbuchs beanspruchen. Ist im Fall des § 1899 Absatz 4 des Bürgerlichen Gesetzbuchs die Verhinderung tatsächlicher Art, sind die Vergütung und der Aufwendungsersatz nach § 4 in Verbindung mit § 5 sowie die Pauschale nach § 5a Absatz 1 zu bewilligen und im Fall des § 5 nach Tagen zu teilen; § 187 Absatz 1 und § 188 Absatz 1 des Bürgerlichen Gesetzbuchs gelten entsprechend.

§ 7 Vergütung und Aufwendungsersatz für Betreuungsvereine

(1) Ist ein Vereinsbetreuer bestellt, so ist dem Verein eine Vergütung und Aufwendungsersatz nach § 1 Abs. 2 in Verbindung mit den §§ 4 bis 5a zu bewilligen. § 1 Abs. 1 sowie § 1835 Abs. 3 des Bürgerlichen Gesetzbuchs finden keine Anwendung.

(2) § 6 gilt entsprechend; der Verein kann im Fall von § 6 Satz 1 Vorschuss und Ersatz der Aufwendungen nach § 1835 Abs. 1, 1a und 4 des Bürgerlichen Gesetzbuchs verlangen. § 1835 Abs. 5 Satz 2 des Bürgerlichen Gesetzbuchs gilt entsprechend.

(3) Der Vereinsbetreuer selbst kann keine Vergütung und keinen Aufwendungsersatz nach diesem Gesetz oder nach den §§ 1835 bis 1836 des Bürgerlichen Gesetzbuchs geltend machen.

§ 8 Vergütung und Aufwendungsersatz für Behördenbetreuer

(1) Ist ein Behördenbetreuer bestellt, so kann der zuständigen Behörde eine Vergütung nach § 1836 Abs. 2 des Bürgerlichen Gesetzbuchs bewilligt werden, soweit der Umfang oder die Schwierigkeit der Betreuungsgeschäfte dies rechtfertigen. Dies gilt nur, soweit eine Inanspruchnahme des Betreuten nach § 1836c des Bürgerlichen Gesetzbuchs zulässig ist.

(2) Unabhängig von den Voraussetzungen nach Absatz 1 Satz 1 kann die Betreuungsbehörde Aufwendungsersatz nach § 1835 Abs. 1 Satz 1 und 2 in Verbindung mit Abs. 5 Satz 2 des Bürgerlichen Gesetzbuchs verlangen, soweit eine Inanspruchnahme des Betreuten nach § 1836c des Bürgerlichen Gesetzbuchs zulässig ist.

(3) Für den Behördenbetreuer selbst gilt § 7 Abs. 3 entsprechend.

(4) § 2 ist nicht anwendbar.

§ 9 Abrechnungszeitraum für die Betreuungsvergütung
Die Vergütung kann nach Ablauf von jeweils drei Monaten für diesen Zeitraum geltend gemacht werden. Dies gilt nicht für die Geltendmachung von Vergütung und Aufwendungsersatz in den Fällen des § 6.

§ 10 Mitteilung an die Betreuungsbehörde
(1) Wer Betreuungen entgeltlich führt, hat der Betreuungsbehörde, in deren Bezirk er seinen Sitz oder Wohnsitz hat, kalenderjährlich mitzuteilen
1. die Zahl der von ihm im Kalenderjahr geführten Betreuungen aufgeschlüsselt nach Betreuten in stationären Einrichtungen und diesen gleichgestellten ambulant betreuten Wohnformen einerseits und anderen Wohnformen andererseits sowie
2. den von ihm für die Führung von Betreuungen im Kalenderjahr erhaltenen Geldbetrag.

(2) Die Mitteilung erfolgt jeweils bis spätestens 31. März für den Schluss des vorangegangenen Kalenderjahrs. Die Betreuungsbehörde kann verlangen, dass der Betreuer die Richtigkeit der Mitteilung an Eides statt versichert.

(3) Die Betreuungsbehörde ist berechtigt und auf Verlangen des Betreuungsgerichts verpflichtet, dem Betreuungsgericht diese Mitteilung zu übermitteln.

Abschnitt 4
Schlussvorschriften

§ 11 Umschulung und Fortbildung von Berufsvormündern
(1) Durch Landesrecht kann bestimmt werden, dass es einer abgeschlossenen Lehre im Sinne des § 3 Abs. 1 Satz 2 Nr. 1 und § 4 Absatz 3 Nummer 1 gleichsteht, wenn der Vormund oder Betreuer besondere Kenntnisse im Sinne dieser Vorschrift durch eine dem Abschluss einer Lehre vergleichbare Prüfung vor einer staatlichen oder staatlich anerkannten Stelle nachgewiesen hat. Zu einer solchen Prüfung darf nur zugelassen werden, wer
1. mindestens drei Jahre lang Vormundschaften oder Betreuungen berufsmäßig geführt hat und
2. an einer Umschulung oder Fortbildung teilgenommen hat, die besondere Kenntnisse im Sinne des § 3 Abs. 1 Satz 2 und § 4 Absatz 3 vermittelt, welche nach Art und Umfang den durch eine abgeschlossene Lehre vermittelten vergleichbar sind.

(2) Durch Landesrecht kann bestimmt werden, dass es einer abgeschlossenen Ausbildung an einer Hochschule im Sinne des § 3 Abs. 1 Satz 2 Nr. 2 und § 4 Absatz 3 Nummer 2 gleichsteht, wenn der Vormund oder Betreuer Kenntnisse im Sinne dieser Vorschrift durch eine Prüfung vor einer staatlichen oder staatlich anerkannten Stelle nachgewiesen hat. Zu einer solchen Prüfung darf nur zugelassen werden, wer
1. mindestens fünf Jahre lang Vormundschaften oder Betreuungen berufsmäßig geführt und
2. an einer Umschulung oder Fortbildung teilgenommen hat, die besondere Kenntnisse im Sinne des § 3 Abs. 1 Satz 2 und § 4 Absatz 3 vermittelt, welche nach Art und Umfang den durch eine abgeschlossene Ausbildung an einer Hochschule vermittelten vergleichbar sind.

(3) Das Landesrecht kann weitergehende Zulassungsvoraussetzungen aufstellen. Es regelt das Nähere über die an eine Umschulung oder Fortbildung im Sinne des Absatzes 1 Satz 2 Nr. 2, Absatzes 2 Satz 2 Nr. 2 zu stellenden Anforderungen, über Art und Umfang der zu erbringenden Prüfungsleistungen, über das Prüfungsverfahren und über die Zuständigkeiten. Das Landesrecht kann auch bestimmen, dass eine in einem anderen Land abgelegte Prüfung im Sinne dieser Vorschrift anerkannt wird.

§ 12 Übergangsregelungen
Auf Vergütungsansprüche von Betreuern, Vormündern, Pflegern und Verfahrenspflegern für Leistungen, die vor dem 27. Juli 2019 erbracht wurden, ist dieses Gesetz bis zum Ende des angefangenen Betreuungsmonats in seiner bis dahin geltenden Fassung anzuwenden.

Anlage VBVG 225

Anlage
(zu § 4 Absatz 1)

Vergütungstabellen

Vergütungstabelle A

Nr.	Dauer der Betreuung	Nr.	Gewöhnlicher Aufenthaltsort	Nr.	Vermögensstatus	monatliche Pauschale
A1	In den ersten drei Monaten	A1.1	stationäre Einrichtung oder gleichgestellte ambulant betreute Wohnform	A1.1.1	mittellos	194,00 €
				A1.1.2	nicht mittellos	200,00 €
		A1.2	andere Wohnform	A1.2.1	mittellos	208,00 €
				A1.2.2	nicht mittellos	298,00 €
A2	Im vierten bis sechsten Monat	A2.1	stationäre Einrichtung oder gleichgestellte ambulant betreute Wohnform	A2.1.1	mittellos	129,00 €
				A2.1.2	nicht mittellos	158,00 €
		A2.2	andere Wohnform	A2.2.1	mittellos	170,00 €
				A2.2.2	nicht mittellos	208,00 €
A3	Im siebten bis zwölften Monat	A3.1	stationäre Einrichtung oder gleichgestellte ambulant betreute Wohnform	A3.1.1	mittellos	124,00 €
				A3.1.2	nicht mittellos	140,00 €
		A3.2	andere Wohnform	A3.2.1	mittellos	151,00 €
				A3.2.2	nicht mittellos	192,00 €
A4	Im 13. bis 24. Monat	A4.1	stationäre Einrichtung oder gleichgestellte ambulant betreute Wohnform	A4.1.1	mittellos	87,00 €
				A4.1.2	nicht mittellos	91,00 €
		A4.2	andere Wohnform	A4.2.1	mittellos	122,00 €
				A4.2.2	nicht mittellos	158,00 €
A5	Ab dem 25. Monat	A5.1	stationäre Einrichtung oder gleichgestellte ambulant betreute Wohnform	A5.1.1	mittellos	62,00 €
				A5.1.2	nicht mittellos	78,00 €
		A5.2	andere Wohnform	A5.2.1	mittellos	105,00 €
				A5.2.2	nicht mittellos	130,00 €

Vergütungstabelle B

Nr.	Dauer der Betreuung	Nr.	Gewöhnlicher Aufenthaltsort	Nr.	Vermögensstatus	monatliche Pauschale
B1	In den ersten drei Monaten	B1.1	stationäre Einrichtung oder gleichgestellte ambulant betreute Wohnform	B1.1.1	mittellos	241,00 €
				B1.1.2	nicht mittellos	249,00 €
		B1.2	andere Wohnform	B1.2.1	mittellos	258,00 €
				B1.2.2	nicht mittellos	370,00 €
B2	Im vierten bis sechsten Monat	B2.1	stationäre Einrichtung oder gleichgestellte ambulant betreute Wohnform	B2.1.1	mittellos	158,00 €
				B2.1.2	nicht mittellos	196,00 €
		B2.2	andere Wohnform	B2.2.1	mittellos	211,00 €
				B2.2.2	nicht mittellos	258,00 €
B3	Im siebten bis zwölften Monat	B3.1	stationäre Einrichtung oder gleichgestellte ambulant betreute Wohnform	B3.1.1	mittellos	154,00 €
				B3.1.2	nicht mittellos	174,00 €
		B3.2	andere Wohnform	B3.2.1	mittellos	188,00 €
				B3.2.2	nicht mittellos	238,00 €
B4	Im 13. bis 24. Monat	B4.1	stationäre Einrichtung oder gleichgestellte ambulant betreute Wohnform	B4.1.1	mittellos	107,00 €
				B4.1.2	nicht mittellos	113,00 €
		B4.2	andere Wohnform	B4.2.1	mittellos	151,00 €
				B4.2.2	nicht mittellos	196,00 €
B5	Ab dem 25. Monat	B5.1	stationäre Einrichtung oder gleichgestellte ambulant betreute Wohnform	B5.1.1	mittellos	78,00 €
				B5.1.2	nicht mittellos	96,00 €
		B5.2	andere Wohnform	B5.2.1	mittellos	130,00 €
				B5.2.2	nicht mittellos	161,00 €

Vergütungstabelle C

225 VBVG Anlage

Nr.	Dauer der Betreuung	Nr.	Gewöhnlicher Aufenthaltsort	Nr.	Vermögensstatus	monatliche Pauschale
C1	In den ersten drei Monaten	C1.1	stationäre Einrichtung oder gleichgestellte ambulant betreute Wohnform	C1.1.1	mittellos	317,00 €
				C1.1.2	nicht mittellos	327,00 €
		C1.2	andere Wohnform	C1.2.1	mittellos	339,00 €
				C1.2.2	nicht mittellos	486,00 €
C2	Im vierten bis sechsten Monat	C2.1	stationäre Einrichtung oder gleichgestellte ambulant betreute Wohnform	C2.1.1	mittellos	208,00 €
				C2.1.2	nicht mittellos	257,00 €
		C2.2	andere Wohnform	C2.2.1	mittellos	277,00 €
				C2.2.2	nicht mittellos	339,00 €
C3	Im siebten bis zwölften Monat	C3.1	stationäre Einrichtung oder gleichgestellte ambulant betreute Wohnform	C3.1.1	mittellos	202,00 €
				C3.1.2	nicht mittellos	229,00 €
		C3.2	andere Wohnform	C3.2.1	mittellos	246,00 €
				C3.2.2	nicht mittellos	312,00 €
C4	Im 13. bis 24. Monat	C4.1	stationäre Einrichtung oder gleichgestellte ambulant betreute Wohnform	C4.1.1	mittellos	141,00 €
				C4.1.2	nicht mittellos	149,00 €
		C4.2	andere Wohnform	C4.2.1	mittellos	198,00 €
				C4.2.2	nicht mittellos	257,00 €
C5	Ab dem 25. Monat	C5.1	stationäre Einrichtung oder gleichgestellte ambulant betreute Wohnform	C5.1.1	mittellos	102,00 €
				C5.1.2	nicht mittellos	127,00 €
		C5.2	andere Wohnform	C5.2.1	mittellos	171,00 €
				C5.2.2	nicht mittellos	211,00 €

Strafprozeßordnung (StPO)

in der Fassung der Bekanntmachung
vom 7. April 1987 (BGBl. I S. 1074, S. 1319)

Zuletzt geändert durch
Gesetz zur Fortentwicklung der Strafprozessordnung und zur Änderung weiterer Vorschriften
vom 25. Juni 2021 (BGBl. I S. 2099)

– Auszug –*)

Inhaltsübersicht

Erstes Buch
Allgemeine Vorschriften

Erster Abschnitt
Sachliche Zuständigkeit der Gerichte

§ 1	Anwendbarkeit des Gerichtsverfassungsgesetzes
§ 2	Verbindung und Trennung von Strafsachen
§ 3	Begriff des Zusammenhanges
§ 4	Verbindung und Trennung rechtshängiger Strafsachen
§ 5	Maßgebendes Verfahren
§ 6	Prüfung der sachlichen Zuständigkeit
§ 6a	Zuständigkeit besonderer Strafkammern

Zweiter Abschnitt
Gerichtsstand

§ 7	Gerichtsstand des Tatortes
§ 8	Gerichtsstand des Wohnsitzes oder Aufenthaltsortes
§ 9	Gerichtsstand des Ergreifungsortes
§ 10	Gerichtsstand bei Auslandstaten auf Schiffen oder in Luftfahrzeugen
§ 10a	Gerichtsstand bei Auslandstaten im Bereich des Meeres
§ 11	Gerichtsstand bei Auslandstaten exterritorialer Deutscher und deutscher Beamter
§ 11a	Gerichtsstand bei Auslandstaten von Soldaten in besonderer Auslandsverwendung
§ 12	Zusammentreffen mehrerer Gerichtsstände
§ 13	Gerichtsstand bei zusammenhängenden Strafsachen
§ 13a	Zuständigkeitsbestimmung durch den Bundesgerichtshof
§ 14	Zuständigkeitsbestimmung durch das gemeinschaftliche obere Gericht
§ 15	Gerichtsstand kraft Übertragung bei Hinderung des zuständigen Gerichts
§ 16	Prüfung der örtlichen Zuständigkeit; Einwand der Unzuständigkeit
§§ 17 und 18	(weggefallen)
§ 19	Zuständigkeitsbestimmung bei Zuständigkeitsstreit
§ 20	Untersuchungshandlungen eines unzuständigen Gerichts
§ 21	Befugnisse bei Gefahr im Verzug

Dritter Abschnitt
Ausschließung und Ablehnung der Gerichtspersonen

§ 22	Ausschließung von der Ausübung des Richteramtes kraft Gesetzes
§ 23	Ausschließung eines Richters wegen Mitwirkung an der angefochtenen Entscheidung
§ 24	Ablehnung eines Richters; Besorgnis der Befangenheit
§ 25	Ablehnungszeitpunkt
§ 26	Ablehnungsverfahren
§ 26a	Verwerfung eines unzulässigen Ablehnungsantrags
§ 27	Entscheidung über einen zulässigen Ablehnungsantrag
§ 28	Rechtsmittel
§ 29	Verfahren nach Ablehnung eines Richters
§ 30	Ablehnung eines Richters bei Selbstanzeige und von Amts wegen
§ 31	Schöffen, Urkundsbeamte

Vierter Abschnitt
Aktenführung und Kommunikation im Verfahren

§ 32	Elektronische Aktenführung; Verordnungsermächtigungen
§ 32a	Elektronischer Rechtsverkehr mit Strafverfolgungsbehörden und Gerichten; Verordnungsermächtigungen
§ 32b	Erstellung und Übermittlung strafverfolgungsbehördlicher und gerichtlicher elektronischer Dokumente; Verordnungsermächtigung
§ 32c	Elektronische Formulare; Verordnungsermächtigung
§ 32d	Pflicht zur elektronischen Übermittlung

---

*) Abgedruckt sind nur die für Sozialberufe wichtigen Bestimmungen. Das Inhaltsverzeichnis benennt den kompletten Inhalt des Gesetzes.

§ 32e	Übertragung von Dokumenten zu Aktenführungszwecken	§ 56	Glaubhaftmachung des Verweigerungsgrundes
§ 32f	Form der Gewährung von Akteneinsicht; Verordnungsermächtigung	§ 57	Belehrung
		§ 58	Vernehmung; Gegenüberstellung
		§ 58a	Aufzeichnung der Vernehmung in Bild und Ton

Abschnitt 4a
Gerichtliche Entscheidungen

§ 33	Gewährung rechtlichen Gehörs vor einer Entscheidung	§ 58b	Vernehmung im Wege der Bild- und Tonübertragung
§ 33a	Wiedereinsetzung in den vorigen Stand bei Nichtgewährung rechtlichen Gehörs	§ 59	Vereidigung
		§ 60	Vereidigungsverbote
§ 34	Begründung anfechtbarer und ablehnender Entscheidungen	§ 61	Recht zur Eidesverweigerung
		§ 62	Vereidigung im vorbereitenden Verfahren
§ 34a	Eintritt der Rechtskraft bei Verwerfung eines Rechtsmittels durch Beschluss	§ 63	Vereidigung bei Vernehmung durch den beauftragten oder ersuchten Richter
§ 35	Bekanntmachung	§ 64	Eidesformel
§ 35a	Rechtsmittelbelehrung	§ 65	Eidesgleiche Bekräftigung der Wahrheit von Aussagen

Abschnitt 4b
Verfahren bei Zustellungen

		§ 66	Eidesleistung bei Hör- oder Sprachbehinderung
§ 36	Zustellung und Vollstreckung	§ 67	Berufung auf einen früheren Eid
§ 37	Zustellungsverfahren	§ 68	Vernehmung zur Person; Beschränkung von Angaben, Zeugenschutz
§ 38	Unmittelbare Ladung		
§ 39	(weggefallen)	§ 68a	Beschränkung des Fragerechts aus Gründen des Persönlichkeitsschutzes
§ 40	Öffentliche Zustellung		
§ 41	Zustellungen an die Staatsanwaltschaft	§ 68b	Zeugenbeistand
		§ 69	Vernehmung zur Sache
		§ 70	Folgen unberechtigter Zeugnis- oder Eidesverweigerung

Fünfter Abschnitt
Fristen und Wiedereinsetzung in den vorigen Stand

§ 42	Berechnung von Tagesfristen	§ 71	Zeugenentschädigung
§ 43	Berechnung von Wochen- und Monatsfristen		

Siebter Abschnitt
Sachverständige und Augenschein

§ 44	Wiedereinsetzung in den vorigen Stand bei Fristversäumung	§ 72	Anwendung der Vorschriften über Zeugen auf Sachverständige
§ 45	Anforderungen an einen Wiedereinsetzungsantrag	§ 73	Auswahl des Sachverständigen
		§ 74	Ablehnung des Sachverständigen
§ 46	Zuständigkeit; Rechtsmittel	§ 75	Pflicht des Sachverständigen zur Erstattung des Gutachtens
§ 47	Keine Vollstreckungshemmung		

Sechster Abschnitt
Zeugen

		§ 76	Gutachtenverweigerungsrecht des Sachverständigen
§ 48	Zeugenpflichten; Ladung		
§ 48a	Besonders schutzbedürftige Zeugen; Beschleunigungsgebot	§ 77	Ausbleiben oder unberechtigte Gutachtenverweigerung des Sachverständigen
§ 49	Vernehmung des Bundespräsidenten	§ 78	Richterliche Leitung der Tätigkeit des Sachverständigen
§ 50	Vernehmung von Abgeordneten und Mitgliedern einer Regierung		
		§ 79	Vereidigung des Sachverständigen
§ 51	Folgen des Ausbleibens eines Zeugen	§ 80	Vorbereitung des Gutachtens durch weitere Aufklärung
§ 52	Zeugnisverweigerungsrecht der Angehörigen des Beschuldigten		
		§ 80a	Vorbereitung des Gutachtens im Vorverfahren
§ 53	Zeugnisverweigerungsrecht der Berufsgeheimnisträger	§ 81	Unterbringung des Beschuldigten zur Vorbereitung eines Gutachtens
§ 53a	Zeugnisverweigerungsrecht der mitwirkenden Personen	§ 81a	Körperliche Untersuchung des Beschuldigten; Zulässigkeit körperlicher Eingriffe
§ 54	Aussagegenehmigung für Angehörige des öffentlichen Dienstes	§ 81b	Erkennungsdienstliche Maßnahmen bei dem Beschuldigten
§ 55	Auskunftsverweigerungsrecht	§ 81c	Untersuchung anderer Personen

§	
§ 81d	Durchführung körperlicher Untersuchungen durch Personen gleichen Geschlechts
§ 81e	Molekulargenetische Untersuchung
§ 81f	Verfahren bei der molekulargenetischen Untersuchung
§ 81g	DNA-Identitätsfeststellung
§ 81h	DNA-Reihenuntersuchung
§ 82	Form der Erstattung eines Gutachtens im Vorverfahren
§ 83	Anordnung einer neuen Begutachtung
§ 84	Sachverständigenvergütung
§ 85	Sachverständige Zeugen
§ 86	Richterlicher Augenschein
§ 87	Leichenschau, Leichenöffnung, Ausgrabung der Leiche
§ 88	Identifizierung des Verstorbenen vor Leichenöffnung
§ 89	Umfang der Leichenöffnung
§ 90	Öffnung der Leiche eines Neugeborenen
§ 91	Untersuchung der Leiche bei Verdacht einer Vergiftung
§ 92	Gutachten bei Verdacht einer Geld- oder Wertzeichenfälschung
§ 93	Schriftgutachten

Achter Abschnitt
Ermittlungsmaßnahmen

§	
§ 94	Sicherstellung und Beschlagnahme von Gegenständen zu Beweiszwecken
§ 95	Herausgabepflicht
§ 95a	Zurückstellung der Benachrichtigung des Beschuldigten; Offenbarungsverbot
§ 96	Amtlich verwahrte Schriftstücke
§ 97	Beschlagnahmeverbot
§ 98	Verfahren bei der Beschlagnahme
§ 98a	Rasterfahndung
§ 98b	Verfahren bei der Rasterfahndung
§ 98c	Maschineller Abgleich mit vorhandenen Daten
§ 99	Postbeschlagnahme und Auskunftsverlangen
§ 100	Verfahren bei der Postbeschlagnahme und Auskunftsverlangen
§ 100a	Telekommunikationsüberwachung
§ 100b	Online-Durchsuchung
§ 100c	Akustische Wohnraumüberwachung
§ 100d	Kernbereich privater Lebensgestaltung; Zeugnisverweigerungsberechtigte
§ 100e	Verfahren bei Maßnahmen nach den §§ 100a bis 100c
§ 100f	Akustische Überwachung außerhalb von Wohnraum
§ 100g	Erhebung von Verkehrsdaten
§ 100h	Weitere Maßnahmen außerhalb von Wohnraum
§ 100i	Technische Ermittlungsmaßnahmen bei Mobilfunkendgeräten
§ 100j	Bestandsdatenauskunft
§ 100k	Erhebung von Nutzungsdaten bei Telemediendiensten
§ 101	Verfahrensregelungen bei verdeckten Maßnahmen
§ 101a	Gerichtliche Entscheidung; Datenkennzeichnung und -auswertung; Benachrichtigungspflichten bei Verkehrs- und Nutzungsdaten
§ 101b	Statistische Erfassung; Berichtspflichten
§ 102	Durchsuchung bei Beschuldigten
§ 103	Durchsuchung bei anderen Personen
§ 104	Durchsuchung von Räumen zur Nachtzeit
§ 105	Verfahren bei der Durchsuchung
§ 106	Hinzuziehung des Inhabers eines Durchsuchungsobjekts
§ 107	Durchsuchungsbescheinigung; Beschlagnahmeverzeichnis
§ 108	Beschlagnahme anderer Gegenstände
§ 109	Kenntlichmachung beschlagnahmter Gegenstände
§ 110	Durchsicht von Papieren und elektronischen Speichermedien
§ 110a	Verdeckter Ermittler
§ 110b	Verfahren beim Einsatz eines Verdeckten Ermittlers
§ 110c	Befugnisse des Verdeckten Ermittlers
§ 110d	Besonderes Verfahren bei Einsätzen zur Ermittlung von Straftaten nach § 184b des Strafgesetzbuches
§ 111	Errichtung von Kontrollstellen an öffentlich zugänglichen Orten
§ 111a	Vorläufige Entziehung der Fahrerlaubnis
§ 111b	Beschlagnahme zur Sicherung der Einziehung oder Unbrauchbarmachung
§ 111c	Vollziehung der Beschlagnahme
§ 111d	Wirkung der Vollziehung der Beschlagnahme; Rückgabe beweglicher Sachen
§ 111e	Vermögensarrest zur Sicherung der Wertersatzeinziehung
§ 111f	Vollziehung des Vermögensarrestes
§ 111g	Aufhebung der Vollziehung des Vermögensarrestes
§ 111h	Wirkung der Vollziehung des Vermögensarrestes
§ 111i	Insolvenzverfahren
§ 111j	Verfahren bei der Anordnung der Beschlagnahme und des Vermögensarrestes
§ 111k	Verfahren bei der Vollziehung der Beschlagnahme und des Vermögensarrestes
§ 111l	Mitteilungen
§ 111m	Verwaltung beschlagnahmter oder gepfändeter Gegenstände
§ 111n	Herausgabe beweglicher Sachen
§ 111o	Verfahren bei der Herausgabe

226 StPO

§ 111p Notveräußerung
§ 111q Beschlagnahme von Verkörperungen eines Inhalts und Vorrichtungen

Neunter Abschnitt
Verhaftung und vorläufige Festnahme

§ 112 Voraussetzungen der Untersuchungshaft; Haftgründe
§ 112a Haftgrund der Wiederholungsgefahr
§ 113 Untersuchungshaft bei leichteren Taten
§ 114 Haftbefehl
§ 114a Aushändigung des Haftbefehls; Übersetzung
§ 114b Belehrung des verhafteten Beschuldigten
§ 114c Benachrichtigung von Angehörigen
§ 114d Mitteilungen an die Vollzugsanstalt
§ 114e Übermittlung von Erkenntnissen durch die Vollzugsanstalt
§ 115 Vorführung vor den zuständigen Richter
§ 115a Vorführung vor den Richter des nächsten Amtsgerichts
§ 116 Aussetzung des Vollzugs des Haftbefehls
§ 116a Aussetzung gegen Sicherheitsleistung
§ 116b Verhältnis von Untersuchungshaft zu anderen freiheitsentziehenden Maßnahmen
§ 117 Haftprüfung
§ 118 Verfahren bei der Haftprüfung
§ 118a Mündliche Verhandlung bei der Haftprüfung
§ 118b Anwendung von Rechtsmittelvorschriften
§ 119 Haftgrundbezogene Beschränkungen während der Untersuchungshaft
§ 119a Gerichtliche Entscheidung über eine Maßnahme der Vollzugsbehörde
§ 120 Aufhebung des Haftbefehls
§ 121 Fortdauer der Untersuchungshaft über sechs Monate
§ 122 Besondere Haftprüfung durch das Oberlandesgericht
§ 122a Höchstdauer der Untersuchungshaft bei Wiederholungsgefahr
§ 123 Aufhebung der Vollzugsaussetzung dienender Maßnahmen
§ 124 Verfall der geleisteten Sicherheit
§ 125 Zuständigkeit für den Erlass des Haftbefehls
§ 126 Zuständigkeit für weitere gerichtliche Entscheidungen
§ 126a Einstweilige Unterbringung
§ 127 Vorläufige Festnahme
§ 127a Absehen von der Anordnung oder Aufrechterhaltung der vorläufigen Festnahme
§ 127b Vorläufige Festnahme und Haftbefehl bei beschleunigtem Verfahren
§ 128 Vorführung bei vorläufiger Festnahme
§ 129 Vorführung bei vorläufiger Festnahme nach Anklageerhebung
§ 130 Haftbefehl vor Stellung eines Strafantrags

Abschnitt 9a
Weitere Maßnahmen zur Sicherstellung der Strafverfolgung und Strafvollstreckung

§ 131 Ausschreibung zur Festnahme
§ 131a Ausschreibung zur Aufenthaltsermittlung
§ 131b Veröffentlichung von Abbildungen des Beschuldigten oder Zeugen
§ 131c Anordnung und Bestätigung von Fahndungsmaßnahmen
§ 132 Sicherheitsleistung, Zustellungsbevollmächtigter

Abschnitt 9b
Vorläufiges Berufsverbot

§ 132a Anordnung und Aufhebung eines vorläufigen Berufsverbots

Zehnter Abschnitt
Vernehmung des Beschuldigten

§ 133 Ladung
§ 134 Vorführung
§ 135 Sofortige Vernehmung
§ 136 Vernehmung
§ 136a Verbotene Vernehmungsmethoden; Beweisverwertungsverbote

Elfter Abschnitt
Verteidigung

§ 137 Recht des Beschuldigten auf Hinzuziehung eines Verteidigers
§ 138 Wahlverteidiger
§ 138a Ausschließung des Verteidigers
§ 138b Ausschließung bei Gefahr für die Sicherheit der Bundesrepublik Deutschland
§ 138c Zuständigkeit für die Ausschließungsentscheidung
§ 138d Verfahren bei Ausschließung des Verteidigers
§ 139 Übertragung der Verteidigung auf einen Referendar
§ 140 Notwendige Verteidigung
§ 141 Zeitpunkt der Bestellung eines Pflichtverteidigers
§ 141a Vernehmungen und Gegenüberstellungen vor der Bestellung eines Pflichtverteidigers
§ 142 Zuständigkeit und Bestellungsverfahren
§ 143 Dauer und Aufhebung der Bestellung
§ 143a Verteidigerwechsel
§ 144 Zusätzliche Pflichtverteidiger
§ 145 Ausbleiben oder Weigerung des Pflichtverteidigers
§ 145a Zustellungen an den Verteidiger
§ 146 Verbot der Mehrfachverteidigung
§ 146a Zurückweisung eines Wahlverteidigers
§ 147 Akteneinsichtsrecht, Besichtigungsrecht; Auskunftsrecht des Beschuldigten
§ 148 Kommunikation des Beschuldigten mit dem Verteidiger

§ 148a	Durchführung von Überwachungsmaßnahmen
§ 149	Zulassung von Beiständen
§ 150	(weggefallen)

Zweites Buch
Verfahren im ersten Rechtszug

Erster Abschnitt
Öffentliche Klage

§ 151	Anklagegrundsatz
§ 152	Anklagebehörde; Legalitätsgrundsatz
§ 152a	Landesgesetzliche Vorschriften über die Strafverfolgung von Abgeordneten
§ 153	Absehen von der Verfolgung bei Geringfügigkeit
§ 153a	Absehen von der Verfolgung unter Auflagen und Weisungen
§ 153b	Absehen von der Verfolgung bei möglichem Absehen von Strafe
§ 153c	Absehen von der Verfolgung bei Auslandstaten
§ 153d	Absehen von der Verfolgung bei Staatsschutzdelikten wegen überwiegender öffentlicher Interessen
§ 153e	Absehen von der Verfolgung bei Staatsschutzdelikten wegen tätiger Reue
§ 153f	Absehen von der Verfolgung bei Straftaten nach dem Völkerstrafgesetzbuch
§ 154	Teileinstellung bei mehreren Taten
§ 154a	Beschränkung der Verfolgung
§ 154b	Absehen von der Verfolgung bei Auslieferung und Ausweisung
§ 154c	Absehen von der Verfolgung des Opfers einer Nötigung oder Erpressung
§ 154d	Verfolgung bei zivil- oder verwaltungsrechtlicher Vorfrage
§ 154e	Absehen von der Verfolgung bei falscher Verdächtigung oder Beleidigung
§ 154f	Einstellung des Verfahrens bei vorübergehenden Hindernissen
§ 155	Umfang der gerichtlichen Untersuchung und Entscheidung
§ 155a	Täter-Opfer-Ausgleich
§ 155b	Durchführung des Täter-Opfer-Ausgleichs
§ 156	Anklagerücknahme
§ 157	Bezeichnung als Angeschuldigter oder Angeklagter

Zweiter Abschnitt
Vorbereitung der öffentlichen Klage

§ 158	Strafanzeige; Strafantrag
§ 159	Anzeigepflicht bei Leichenfund und Verdacht auf unnatürlichen Tod
§ 160	Pflicht zur Sachverhaltsaufklärung
§ 160a	Maßnahmen bei zeugnisverweigerungsberechtigten Berufsgeheimnisträgern
§ 160b	Erörterung des Verfahrensstands mit den Verfahrensbeteiligten
§ 161	Allgemeine Ermittlungsbefugnis der Staatsanwaltschaft
§ 161a	Vernehmung von Zeugen und Sachverständigen durch die Staatsanwaltschaft
§ 162	Ermittlungsrichter
§ 163	Aufgaben der Polizei im Ermittlungsverfahren
§ 163a	Vernehmung des Beschuldigten
§ 163b	Maßnahmen zur Identitätsfeststellung
§ 163c	Freiheitsentziehung zur Identitätsfeststellung
§ 163d	Speicherung und Abgleich von Daten aus Kontrollen
§ 163e	Ausschreibung zur Beobachtung bei polizeilichen Kontrollen
§ 163f	Längerfristige Observation
§ 163g	Automatische Kennzeichenerfassung
§ 164	Festnahme von Störern
§ 165	Richterliche Untersuchungshandlungen bei Gefahr im Verzug
§ 166	Beweisanträge des Beschuldigten bei richterlichen Vernehmungen
§ 167	Weitere Verfügung der Staatsanwaltschaft
§ 168	Protokoll über richterliche Untersuchungshandlungen
§ 168a	Art der Protokollierung; Aufzeichnungen
§ 168b	Protokoll über ermittlungsbehördliche Untersuchungshandlungen
§ 168c	Anwesenheitsrecht bei richterlichen Vernehmungen
§ 168d	Anwesenheitsrecht bei Einnahme eines richterlichen Augenscheins
§ 168e	Vernehmung von Zeugen getrennt von Anwesenheitsberechtigten
§ 169	Ermittlungsrichter des Oberlandesgerichts und des Bundesgerichtshofes
§ 169a	Vermerk über den Abschluss der Ermittlungen
§ 170	Entscheidung über eine Anklageerhebung
§ 171	Einstellungsbescheid
§ 172	Beschwerde des Verletzten; Klageerzwingungsverfahren
§ 173	Verfahren des Gerichts nach Antragstellung
§ 174	Verwerfung des Antrags
§ 175	Anordnung der Anklageerhebung
§ 176	Sicherheitsleistung durch den Antragsteller
§ 177	Kosten

Dritter Abschnitt
(weggefallen)

§§ 178 bis 197 (weggefallen)

Vierter Abschnitt
Entscheidung über die Eröffnung des Hauptverfahrens

| § 198 | (weggefallen) |

§ 199	Entscheidung über die Eröffnung des Hauptverfahrens		**Sechster Abschnitt** **Hauptverhandlung**
§ 200	Inhalt der Anklageschrift	§ 226	Ununterbrochene Gegenwart
§ 201	Übermittlung der Anklageschrift	§ 227	Mehrere Staatsanwälte und Verteidiger
§ 202	Anordnung ergänzender Beweiserhebungen	§ 228	Aussetzung und Unterbrechung
§ 202a	Erörterung des Verfahrensstands mit den Verfahrensbeteiligten	§ 229	Höchstdauer einer Unterbrechung
		§ 230	Ausbleiben des Angeklagten
§ 203	Eröffnungsbeschluss	§ 231	Anwesenheitspflicht des Angeklagten
§ 204	Nichteröffnungsbeschluss	§ 231a	Herbeiführung der Verhandlungsunfähigkeit durch den Angeklagten
§ 205	Einstellung des Verfahrens bei vorübergehenden Hindernissen	§ 231b	Fortsetzung nach Entfernung des Angeklagten zur Aufrechterhaltung der Ordnung
§ 206	Keine Bindung an Anträge		
§ 206a	Einstellung des Verfahrens bei Verfahrenshindernis	§ 231c	Beurlaubung einzelner Angeklagter und ihrer Pflichtverteidiger
§ 206b	Einstellung des Verfahrens wegen Gesetzesänderung	§ 232	Durchführung der Hauptverhandlung trotz Ausbleibens des Angeklagten
§ 207	Inhalt des Eröffnungsbeschlusses	§ 233	Entbindung des Angeklagten von der Pflicht zum Erscheinen
§ 208	(weggefallen)		
§ 209	Eröffnungszuständigkeit	§ 234	Vertretung des abwesenden Angeklagten
§ 209a	Besondere funktionelle Zuständigkeiten	§ 234a	Befugnisse des Verteidigers bei Vertretung des abwesenden Angeklagten
§ 210	Rechtsmittel gegen den Eröffnungs- oder Ablehnungsbeschluss	§ 235	Wiedereinsetzung in den vorigen Stand bei Verhandlung ohne den Angeklagten
§ 211	Wiederaufnahme nach Ablehnungsbeschluss	§ 236	Anordnung des persönlichen Erscheinens des Angeklagten
	Fünfter Abschnitt **Vorbereitung der Hauptverhandlung**	§ 237	Verbindung mehrerer Strafsachen
		§ 238	Verhandlungsleitung
§ 212	Erörterung des Verfahrensstands mit den Verfahrensbeteiligten	§ 239	Kreuzverhör
		§ 240	Fragerecht
§§ 212a bis 212b (weggefallen)		§ 241	Zurückweisung von Fragen durch den Vorsitzenden
§ 213	Bestimmung eines Termins zur Hauptverhandlung	§ 241a	Vernehmung minderjähriger Zeugen durch den Vorsitzenden
§ 214	Ladungen durch den Vorsitzenden; Herbeischaffung der Beweismittel	§ 242	Entscheidung über die Zulässigkeit von Fragen
§ 215	Zustellung des Eröffnungsbeschlusses		
§ 216	Ladung des Angeklagten	§ 243	Gang der Hauptverhandlung
§ 217	Ladungsfrist	§ 244	Beweisaufnahme; Untersuchungsgrundsatz; Ablehnung von Beweisanträgen
§ 218	Ladung des Verteidigers		
§ 219	Beweisanträge des Angeklagten	§ 245	Umfang der Beweisaufnahme; präsente Beweismittel
§ 220	Unmittelbare Ladung durch den Angeklagten		
§ 221	Herbeischaffung von Beweismitteln von Amts wegen	§ 246	Ablehnung von Beweisanträgen wegen Verspätung
§ 222	Namhaftmachung von Zeugen und Sachverständigen	§ 246a	Vernehmung eines Sachverständigen vor Entscheidung über eine Unterbringung
§ 222a	Mitteilung der Besetzung des Gerichts	§ 247	Entfernung des Angeklagten bei Vernehmung von Mitangeklagten und Zeugen
§ 222b	Besetzungseinwand		
§ 223	Vernehmungen durch beauftragte oder ersuchte Richter	§ 247a	Anordnung einer audiovisuellen Vernehmung von Zeugen
§ 224	Benachrichtigung der Beteiligten über den Termin	§ 248	Entlassung der Zeugen und Sachverständigen
		§ 249	Führung des Urkundenbeweises durch Verlesung; Selbstleseverfahren
§ 225	Einnahme des richterlichen Augenscheins durch beauftragte oder ersuchte Richter	§ 250	Grundsatz der persönlichen Vernehmung
§ 225a	Zuständigkeitsänderung vor der Hauptverhandlung	§ 251	Urkundenbeweis durch Verlesung von Protokollen

§ 252	Verbot der Protokollverlesung nach Zeugnisverweigerung		
§ 253	Protokollverlesung zur Gedächtnisunterstützung		
§ 254	Verlesung eines richterlichen Protokolls bei Geständnis oder Widersprüchen		
§ 255	Protokollierung der Verlesung		
§ 255a	Vorführung einer aufgezeichneten Zeugenvernehmung		
§ 256	Verlesung der Erklärungen von Behörden und Sachverständigen		
§ 257	Befragung des Angeklagten und Erklärungsrechte nach einer Beweiserhebung		
§ 257a	Form von Anträgen und Anregungen zu Verfahrensfragen		
§ 257b	Erörterung des Verfahrensstands mit den Verfahrensbeteiligten		
§ 257c	Verständigung zwischen Gericht und Verfahrensbeteiligten		
§ 258	Schlussvorträge; Recht des letzten Wortes		
§ 259	Dolmetscher		
§ 260	Urteil		
§ 261	Grundsatz der freien richterlichen Beweiswürdigung		
§ 262	Entscheidung zivilrechtlicher Vorfragen		
§ 263	Abstimmung		
§ 264	Gegenstand des Urteils		
§ 265	Veränderung des rechtlichen Gesichtspunktes oder der Sachlage		
§ 265a	Befragung des Angeklagten vor Erteilung von Auflagen oder Weisungen		
§ 266	Nachtragsanklage		
§ 267	Urteilsgründe		
§ 268	Urteilsverkündung		
§ 268a	Aussetzung der Vollstreckung von Strafen oder Maßregeln zur Bewährung		
§ 268b	Beschluss über die Fortdauer der Untersuchungshaft		
§ 268c	Belehrung bei Anordnung eines Fahrverbots		
§ 268d	Belehrung bei vorbehaltener Sicherungsverwahrung		
§ 269	Verbot der Verweisung bei Zuständigkeit eines Gerichts niederer Ordnung		
§ 270	Verweisung bei Zuständigkeit eines Gerichts höherer Ordnung		
§ 271	Hauptverhandlungsprotokoll		
§ 272	Inhalt des Hauptverhandlungsprotokolls		
§ 273	Beurkundung der Hauptverhandlung		
§ 274	Beweiskraft des Protokolls		
§ 275	Absetzungsfrist und Form des Urteils		

Siebter Abschnitt
Entscheidung über die im Urteil vorbehaltene oder die nachträgliche Anordnung der Sicherungsverwahrung

§ 275a	Einleitung des Verfahrens; Hauptverhandlung; Unterbringungsbefehl

Achter Abschnitt
Verfahren gegen Abwesende

§ 276	Begriff der Abwesenheit
§§ 277 bis 284	(weggefallen)
§ 285	Beweissicherungszweck
§ 286	Vertretung von Abwesenden
§ 287	Benachrichtigung von Abwesenden
§ 288	Öffentliche Aufforderung zum Erscheinen oder zur Aufenthaltsortsanzeige
§ 289	Beweisaufnahme durch beauftragte oder ersuchte Richter
§ 290	Vermögensbeschlagnahme
§ 291	Bekanntmachung der Beschlagnahme
§ 292	Wirkung der Bekanntmachung
§ 293	Aufhebung der Beschlagnahme
§ 294	Verfahren nach Anklageerhebung
§ 295	Sicheres Geleit

Drittes Buch
Rechtsmittel

Erster Abschnitt
Allgemeine Vorschriften

§ 296	Rechtsmittelberechtigte
§ 297	Einlegung durch den Verteidiger
§ 298	Einlegung durch den gesetzlichen Vertreter
§ 299	Abgabe von Erklärungen bei Freiheitsentzug
§ 300	Falschbezeichnung eines zulässigen Rechtsmittels
§ 301	Wirkung eines Rechtsmittels der Staatsanwaltschaft
§ 302	Zurücknahme und Verzicht
§ 303	Zustimmungserfordernis bei Zurücknahme

Zweiter Abschnitt
Beschwerde

§ 304	Zulässigkeit
§ 305	Nicht der Beschwerde unterliegende Entscheidungen
§ 305a	Beschwerde gegen Strafaussetzungsbeschluss
§ 306	Einlegung; Abhilfeverfahren
§ 307	Keine Vollzugshemmung
§ 308	Befugnisse des Beschwerdegerichts
§ 309	Entscheidung
§ 310	Weitere Beschwerde
§ 311	Sofortige Beschwerde
§ 311a	Nachträgliche Anhörung des Gegners

Dritter Abschnitt
Berufung

§ 312	Zulässigkeit

§	
§ 313	Annahmeberufung bei geringen Geldstrafen und Geldbußen
§ 314	Form und Frist
§ 315	Berufung und Wiedereinsetzungsantrag
§ 316	Hemmung der Rechtskraft
§ 317	Berufungsbegründung
§ 318	Berufungsbeschränkung
§ 319	Verspätete Einlegung
§ 320	Aktenübermittlung an die Staatsanwaltschaft
§ 321	Aktenübermittlung an das Berufungsgericht
§ 322	Verwerfung ohne Hauptverhandlung
§ 322a	Entscheidung über die Annahme der Berufung
§ 323	Vorbereitung der Berufungshauptverhandlung
§ 324	Gang der Berufungshauptverhandlung
§ 325	Verlesung von Urkunden
§ 326	Schlussvorträge
§ 327	Umfang der Urteilsprüfung
§ 328	Inhalt des Berufungsurteils
§ 329	Ausbleiben des Angeklagten; Vertretung in der Berufungshauptverhandlung
§ 330	Maßnahmen bei Berufung des gesetzlichen Vertreters
§ 331	Verbot der Verschlechterung
§ 332	Anwendbarkeit der Vorschriften über die erstinstanzliche Hauptverhandlung

Vierter Abschnitt
Revision

§	
§ 333	Zulässigkeit
§ 334	(weggefallen)
§ 335	Sprungrevision
§ 336	Überprüfung der dem Urteil vorausgegangenen Entscheidungen
§ 337	Revisionsgründe
§ 338	Absolute Revisionsgründe
§ 339	Rechtsnormen zugunsten des Angeklagten
§ 340	Revision gegen Berufungsurteile bei Vertretung des Angeklagten
§ 341	Form und Frist
§ 342	Revision und Wiedereinsetzungsantrag
§ 343	Hemmung der Rechtskraft
§ 344	Revisionsbegründung
§ 345	Revisionsbegründungsfrist
§ 346	Verspätete oder formwidrige Einlegung
§ 347	Zustellung; Gegenerklärung; Vorlage der Akten an das Revisionsgericht
§ 348	Unzuständigkeit des Gerichts
§ 349	Entscheidung ohne Hauptverhandlung durch Beschluss
§ 350	Revisionshauptverhandlung
§ 351	Gang der Revisionshauptverhandlung
§ 352	Umfang der Urteilsprüfung
§ 353	Aufhebung des Urteils und der Feststellungen
§ 354	Eigene Entscheidung in der Sache; Zurückverweisung
§ 354a	Entscheidung bei Gesetzesänderung
§ 355	Verweisung an das zuständige Gericht
§ 356	Urteilsverkündung
§ 356a	Verletzung des Anspruchs auf rechtliches Gehör bei einer Revisionsentscheidung
§ 357	Revisionserstreckung auf Mitverurteilte
§ 358	Bindung des Tatgerichts; Verbot der Schlechterstellung

Viertes Buch
Wiederaufnahme eines durch rechtskräftiges Urteil abgeschlossenen Verfahrens

§	
§ 359	Wiederaufnahme zugunsten des Verurteilten
§ 360	Keine Hemmung der Vollstreckung
§ 361	Wiederaufnahme nach Vollstreckung oder Tod des Verurteilten
§ 362	Wiederaufnahme zuungunsten des Verurteilten
§ 363	Unzulässigkeit
§ 364	Behauptung einer Straftat
§ 364a	Bestellung eines Verteidigers für das Wiederaufnahmeverfahren
§ 364b	Bestellung eines Verteidigers für die Vorbereitung des Wiederaufnahmeverfahrens
§ 365	Geltung der allgemeinen Vorschriften über Rechtsmittel für den Antrag
§ 366	Inhalt und Form des Antrags
§ 367	Zuständigkeit des Gerichts; Entscheidung ohne mündliche Verhandlung
§ 368	Verwerfung wegen Unzulässigkeit
§ 369	Beweisaufnahme
§ 370	Entscheidung über die Begründetheit
§ 371	Freisprechung ohne erneute Hauptverhandlung
§ 372	Sofortige Beschwerde
§ 373	Urteil nach erneuter Hauptverhandlung; Verbot der Schlechterstellung
§ 373a	Verfahren bei Strafbefehl

Fünftes Buch
Beteiligung des Verletzten am Verfahren

Erster Abschnitt
Definition

§	
§ 373b	Begriff des Verletzten

Zweiter Abschnitt
Privatklage

§	
§ 374	Zulässigkeit; Privatklageberechtigte
§ 375	Mehrere Privatklageberechtigte
§ 376	Anklageerhebung bei Privatklagedelikten
§ 377	Beteiligung der Staatsanwaltschaft; Übernahme der Verfolgung
§ 378	Beistand und Vertreter des Privatklägers
§ 379	Sicherheitsleistung; Prozesskostenhilfe
§ 379a	Gebührenvorschuss
§ 380	Erfolgloser Sühneversuch als Zulässigkeitsvoraussetzung

§	
§ 381	Erhebung der Privatklage
§ 382	Mitteilung der Privatklage an den Beschuldigten
§ 383	Eröffnungs- oder Zurückweisungsbeschluss; Einstellung bei geringer Schuld
§ 384	Weiteres Verfahren
§ 385	Stellung des Privatklägers; Ladung; Akteneinsicht
§ 386	Ladung von Zeugen und Sachverständigen
§ 387	Vertretung in der Hauptverhandlung
§ 388	Widerklage
§ 389	Einstellung durch Urteil bei Verdacht eines Offizialdelikts
§ 390	Rechtsmittel des Privatklägers
§ 391	Rücknahme der Privatklage; Verwerfung bei Versäumung; Wiedereinsetzung
§ 392	Wirkung der Rücknahme
§ 393	Tod des Privatklägers
§ 394	Bekanntmachung an den Beschuldigten

Dritter Abschnitt
Nebenklage

§	
§ 395	Befugnis zum Anschluss als Nebenkläger
§ 396	Anschlusserklärung; Entscheidung über die Befugnis zum Anschluss
§ 397	Verfahrensrechte des Nebenklägers
§ 397a	Bestellung eines Beistands; Prozesskostenhilfe
§ 397b	Gemeinschaftliche Nebenklagevertretung
§ 398	Fortgang des Verfahrens bei Anschluss
§ 399	Bekanntmachung und Anfechtbarkeit früherer Entscheidungen
§ 400	Rechtsmittelbefugnis des Nebenklägers
§ 401	Einlegung eines Rechtsmittels durch den Nebenkläger
§ 402	Widerruf der Anschlusserklärung; Tod des Nebenklägers

Vierter Abschnitt
Adhäsionsverfahren

§	
§ 403	Geltendmachung eines Anspruchs im Adhäsionsverfahren
§ 404	Antrag; Prozesskostenhilfe
§ 405	Vergleich
§ 406	Entscheidung über den Antrag im Strafurteil; Absehen von einer Entscheidung
§ 406a	Rechtsmittel
§ 406b	Vollstreckung
§ 406c	Wiederaufnahme des Verfahrens

Fünfter Abschnitt
Sonstige Befugnisse des Verletzten

§	
§ 406d	Auskunft über den Stand des Verfahrens
§ 406e	Akteneinsicht
§ 406f	Verletztenbeistand
§ 406g	Psychosoziale Prozessbegleitung
§ 406h	Beistand des nebenklageberechtigten Verletzten
§ 406i	Unterrichtung des Verletzten über seine Befugnisse im Strafverfahren
§ 406j	Unterrichtung des Verletzten über seine Befugnisse außerhalb des Strafverfahrens
§ 406k	Weitere Informationen
§ 406l	Befugnisse von Angehörigen und Erben von Verletzten

Sechstes Buch
Besondere Arten des Verfahrens

Erster Abschnitt
Verfahren bei Strafbefehlen

§	
§ 407	Zulässigkeit
§ 408	Richterliche Entscheidung über einen Strafbefehlsantrag
§ 408a	Strafbefehlsantrag nach Eröffnung des Hauptverfahrens
§ 408b	Bestellung eines Verteidigers bei beantragter Freiheitsstrafe
§ 409	Inhalt des Strafbefehls
§ 410	Einspruch; Form und Frist des Einspruchs; Rechtskraft
§ 411	Verwerfung wegen Unzulässigkeit; Termin zur Hauptverhandlung
§ 412	Ausbleiben des Angeklagten; Einspruchsverwerfung

Zweiter Abschnitt
Sicherungsverfahren

§	
§ 413	Zulässigkeit
§ 414	Verfahren; Antragsschrift
§ 415	Hauptverhandlung ohne Beschuldigten
§ 416	Übergang in das Strafverfahren

Abschnitt 2a
Beschleunigtes Verfahren

§	
§ 417	Zulässigkeit
§ 418	Durchführung der Hauptverhandlung
§ 419	Entscheidung des Gerichts; Strafmaß
§ 420	Beweisaufnahme

Dritter Abschnitt
Verfahren bei Einziehung und Vermögensbeschlagnahme

§	
§ 421	Absehen von der Einziehung
§ 422	Abtrennung der Einziehung
§ 423	Einziehung nach Abtrennung
§ 424	Einziehungsbeteiligte am Strafverfahren
§ 425	Absehen von der Verfahrensbeteiligung
§ 426	Anhörung von möglichen Einziehungsbeteiligten im vorbereitenden Verfahren
§ 427	Befugnisse des Einziehungsbeteiligten im Hauptverfahren
§ 428	Vertretung des Einziehungsbeteiligten

§ 429	Terminsnachricht an den Einziehungsbeteiligten	§ 457	Ermittlungshandlungen; Vorführungsbefehl, Vollstreckungshaftbefehl
§ 430	Stellung in der Hauptverhandlung	§ 458	Gerichtliche Entscheidungen bei Strafvollstreckung
§ 431	Rechtsmittelverfahren		
§ 432	Einziehung durch Strafbefehl	§ 459	Vollstreckung der Geldstrafe; Anwendung des Justizbeitreibungsgesetzes
§ 433	Nachverfahren		
§ 434	Entscheidung im Nachverfahren	§ 459a	Bewilligung von Zahlungserleichterungen
§ 435	Selbständiges Einziehungsverfahren	§ 459b	Anrechnung von Teilbeträgen
§ 436	Entscheidung im selbständigen Einziehungsverfahren	§ 459c	Beitreibung der Geldstrafe
		§ 459d	Unterbleiben der Vollstreckung einer Geldstrafe
§ 437	Besondere Regelungen für das selbständige Einziehungsverfahren	§ 459e	Vollstreckung der Ersatzfreiheitsstrafe
		§ 459f	Unterbleiben der Vollstreckung einer Ersatzfreiheitsstrafe
§ 438	Nebenbetroffene am Strafverfahren		
§ 439	Der Einziehung gleichstehende Rechtsfolgen	§ 459g	Vollstreckung von Nebenfolgen
§§ 440 bis 442 (weggefallen)		§ 459h	Entschädigung
§ 443	Vermögensbeschlagnahme	§ 459i	Mitteilungen
		§ 459j	Verfahren bei Rückübertragung und Herausgabe

Vierter Abschnitt
Verfahren bei Festsetzung von Geldbußen gegen juristische Personen und Personenvereinigungen

§ 444	Verfahren	§ 459k	Verfahren bei Auskehrung des Verwertungserlöses
§§ 445 bis 448 (weggefallen)		§ 459l	Ansprüche des Betroffenen

Siebentes Buch
Strafvollstreckung und Kosten des Verfahrens

Erster Abschnitt
Strafvollstreckung

		§ 459m	Entschädigung in sonstigen Fällen
		§ 459n	Zahlungen auf Wertersatzeinziehung
		§ 459o	Einwendungen gegen vollstreckungsrechtliche Entscheidungen
§ 449	Vollstreckbarkeit	§ 460	Nachträgliche Gesamtstrafenbildung
§ 450	Anrechnung von Untersuchungshaft und Führerscheinentziehung	§ 461	Anrechnung des Aufenthalts in einem Krankenhaus
§ 450a	Anrechnung einer im Ausland erlittenen Freiheitsentziehung	§ 462	Verfahren bei gerichtlichen Entscheidungen; sofortige Beschwerde
§ 451	Vollstreckungsbehörde	§ 462a	Zuständigkeit der Strafvollstreckungskammer und des erstinstanzlichen Gerichts
§ 452	Begnadigungsrecht		
§ 453	Nachträgliche Entscheidung über Strafaussetzung zur Bewährung oder Verwarnung mit Strafvorbehalt	§ 463	Vollstreckung von Maßregeln der Besserung und Sicherung
		§ 463a	Zuständigkeit und Befugnisse der Aufsichtsstellen
§ 453a	Belehrung bei Strafaussetzung oder Verwarnung mit Strafvorbehalt	§ 463b	Beschlagnahme von Führerscheinen
		§ 463c	Öffentliche Bekanntmachung der Verurteilung
§ 453b	Bewährungsüberwachung		
§ 453c	Vorläufige Maßnahmen vor Widerruf der Aussetzung	§ 463d	Gerichtshilfe
		§ 463e	Mündliche Anhörung im Wege der Bild- und Tonübertragung
§ 454	Aussetzung des Restes einer Freiheitsstrafe zur Bewährung		

Zweiter Abschnitt
Kosten des Verfahrens

§ 454a	Beginn der Bewährungszeit; Aufhebung der Aussetzung des Strafrestes	§ 464	Kosten- und Auslagenentscheidung; sofortige Beschwerde
§ 454b	Vollstreckungsreihenfolge bei Freiheits- und Ersatzfreiheitsstrafen; Unterbrechung	§ 464a	Kosten des Verfahrens; notwendige Auslagen
§ 455	Strafausstand wegen Vollzugsuntauglichkeit	§ 464b	Kostenfestsetzung
§ 455a	Strafausstand aus Gründen der Vollzugsorganisation	§ 464c	Kosten bei Bestellung eines Dolmetschers oder Übersetzers für den Angeschuldigten
§ 456	Vorübergehender Aufschub	§ 464d	Verteilung der Auslagen nach Bruchteilen
§ 456a	Absehen von Vollstreckung bei Auslieferung, Überstellung oder Ausweisung	§ 465	Kostentragungspflicht des Verurteilten
§ 456b	(weggefallen)	§ 466	Haftung Mitverurteilter für Auslagen als Gesamtschuldner
§ 456c	Aufschub und Aussetzung des Berufsverbotes		

§ 467	Kosten und notwendige Auslagen bei Freispruch, Nichteröffnung und Einstellung
§ 467a	Auslagen der Staatskasse bei Einstellung nach Anklagerücknahme
§ 468	Kosten bei Straffreierklärung
§ 469	Kostentragungspflicht des Anzeigenden bei leichtfertiger oder vorsätzlicher Erstattung einer unwahren Anzeige
§ 470	Kosten bei Zurücknahme des Strafantrags
§ 471	Kosten bei Privatklage
§ 472	Notwendige Auslagen des Nebenklägers
§ 472a	Kosten und notwendige Auslagen bei Adhäsionsverfahren
§ 472b	Kosten und notwendige Auslagen bei Nebenbeteiligung
§ 473	Kosten bei zurückgenommenem oder erfolglosem Rechtsmittel; Kosten der Wiedereinsetzung
§ 473a	Kosten und notwendige Auslagen bei gesonderter Entscheidung über die Rechtmäßigkeit einer Ermittlungsmaßnahme

Achtes Buch
Schutz und Verwendung von Daten

Erster Abschnitt
Erteilung von Auskünften und Akteneinsicht, sonstige Verwendung von Daten für verfahrensübergreifende Zwecke

§ 474	Auskünfte und Akteneinsicht für Justizbehörden und andere öffentliche Stellen
§ 475	Auskünfte und Akteneinsicht für Privatpersonen und sonstige Stellen
§ 476	Auskünfte und Akteneinsicht zu Forschungszwecken
§ 477	Datenübermittlung von Amts wegen
§ 478	Form der Datenübermittlung
§ 479	Übermittlungsverbote und Verwendungsbeschränkungen
§ 480	Entscheidung über die Datenübermittlung
§ 481	Verwendung personenbezogener Daten für polizeiliche Zwecke
§ 482	Mitteilung des Aktenzeichens und des Verfahrensausgangs an die Polizei

Zweiter Abschnitt
Regelungen über die Datenverarbeitung

§ 483	Datenverarbeitung für Zwecke des Strafverfahrens
§ 484	Datenverarbeitung für Zwecke künftiger Strafverfahren; Verordnungsermächtigung
§ 485	Datenverarbeitung für Zwecke der Vorgangsverwaltung
§ 486	Gemeinsame Dateisysteme
§ 487	Übermittlung gespeicherter Daten; Auskunft
§ 488	Automatisierte Verfahren für Datenübermittlungen
§ 489	Löschung und Einschränkung der Verarbeitung von Daten
§ 490	Errichtungsanordnung für automatisierte Dateisysteme
§ 491	Auskunft an betroffene Personen

Dritter Abschnitt
Länderübergreifendes staatsanwaltschaftliches Verfahrensregister

§ 492	Zentrales staatsanwaltschaftliches Verfahrensregister
§ 493	Automatisiertes Verfahren für Datenübermittlungen
§ 494	Berichtigung, Löschung und Einschränkung der Verarbeitung von Daten; Verordnungsermächtigung
§ 495	Auskunft an betroffene Personen

Vierter Abschnitt
Schutz personenbezogener Daten in einer elektronischen Akte; Verwendung personenbezogener Daten aus elektronischen Akten

§ 496	Verwendung personenbezogener Daten in einer elektronischen Akte
§ 497	Datenverarbeitung im Auftrag
§ 498	Verwendung personenbezogener Daten aus elektronischen Akten
§ 499	Löschung elektronischer Aktenkopien

Fünfter Abschnitt
Anwendbarkeit des Bundesdatenschutzgesetzes

§ 500	Entsprechende Anwendung

Erstes Buch
Allgemeine Vorschriften

Sechster Abschnitt
Zeugen

§ 48 Zeugenpflichten; Ladung

(1) Zeugen sind verpflichtet, zu dem zu ihrer Vernehmung bestimmten Termin vor dem Richter zu erscheinen. Sie haben die Pflicht auszusagen, wenn keine im Gesetz zugelassene Ausnahme vorliegt.
(2) Die Ladung der Zeugen geschieht unter Hinweis auf verfahrensrechtliche Bestimmungen, die dem Interesse des Zeugen dienen, auf vorhandene Möglichkeiten der Zeugenbetreuung und auf die gesetzlichen Folgen des Ausbleibens.

§ 51 Folgen des Ausbleibens eines Zeugen

(1) Einem ordnungsgemäß geladenen Zeugen, der nicht erscheint, werden die durch das Ausbleiben verursachten Kosten auferlegt. Zugleich wird gegen ihn ein Ordnungsgeld und für den Fall, daß dieses nicht beigetrieben werden kann, Ordnungshaft festgesetzt. Auch ist die zwangsweise Vorführung des Zeugen zulässig; § 135 gilt entsprechend. Im Falle wiederholten Ausbleibens kann das Ordnungsmittel noch einmal festgesetzt werden.
(2) Die Auferlegung der Kosten und die Festsetzung eines Ordnungsmittels unterbleiben, wenn das Ausbleiben des Zeugen rechtzeitig genügend entschuldigt wird. Erfolgt die Entschuldigung nach Satz 1 nicht rechtzeitig, so unterbleibt die Auferlegung der Kosten und die Festsetzung eines Ordnungsmittels nur dann, wenn glaubhaft gemacht wird, daß den Zeugen an der Verspätung der Entschuldigung kein Verschulden trifft. Wird der Zeuge nachträglich genügend entschuldigt, so werden die getroffenen Anordnungen unter den Voraussetzungen des Satzes 2 aufgehoben.
(3) Die Befugnis zu diesen Maßregeln steht auch dem Richter im Vorverfahren sowie dem beauftragten und ersuchten Richter zu.

§ 52 Zeugnisverweigerungsrecht der Angehörigen des Beschuldigten

(1) Zur Verweigerung des Zeugnisses sind berechtigt
1. der Verlobte des Beschuldigten;
2. der Ehegatte des Beschuldigten, auch wenn die Ehe nicht mehr besteht;
2a. der Lebenspartner des Beschuldigten, auch wenn die Lebenspartnerschaft nicht mehr besteht;
3. wer mit dem Beschuldigten in gerader Linie verwandt oder verschwägert, in der Seitenlinie bis zum dritten Grad verwandt oder bis zum zweiten Grad verschwägert ist oder war.

(2) Haben Minderjährige wegen mangelnder Verstandsreife oder haben Minderjährige oder Betreute wegen einer psychischen Krankheit oder einer geistigen oder seelischen Behinderung von der Bedeutung des Zeugnisverweigerungsrechts keine genügende Vorstellung, so dürfen sie nur vernommen werden, wenn sie zur Aussage bereit sind und auch ihr gesetzlicher Vertreter der Vernehmung zustimmt. Ist der gesetzliche Vertreter selbst Beschuldigter, so kann er über die Ausübung des Zeugnisverweigerungsrechts nicht entscheiden; das gleiche gilt für den nicht beschuldigten Elternteil, wenn die gesetzliche Vertretung beiden Eltern zusteht.
(3) Die zur Verweigerung des Zeugnisses berechtigten Personen, in den Fällen des Absatzes 2 auch deren zur Entscheidung über die Ausübung des Zeugnisverweigerungsrechts befugte Vertreter, sind vor jeder Vernehmung über ihr Recht zu belehren. Sie können den Verzicht auf dieses Recht auch während der Vernehmung widerrufen.

§ 53 Zeugnisverweigerungsrecht der Berufsgeheimnisträger

(1) Zur Verweigerung des Zeugnisses sind ferner berechtigt
1. Geistliche über das, was ihnen in ihrer Eigenschaft als Seelsorger anvertraut worden oder bekanntgeworden ist;
2. Verteidiger des Beschuldigten über das, was ihnen in dieser Eigenschaft anvertraut worden oder bekanntgeworden ist;
3. Rechtsanwälte und Kammerrechtsbeistände, Patentanwälte, Notare, Wirtschaftsprüfer, vereidigte Buchprüfer, Steuerberater und Steuerbevollmächtigte, Ärzte, Zahnärzte, Psychotherapeuten, Psychologische Psychotherapeuten, Kinder- und Jugendlichenpsychotherapeuten, Apotheker und Hebammen über das, was ihnen in dieser Eigenschaft anvertraut worden oder bekanntgeworden ist; für Syndikusrechtsanwälte (§ 46 Absatz 2 der Bundesrechtsanwaltsordnung) und Syndikuspatentanwälte (§ 41a Absatz 2 der Patentanwaltsordnung) gilt dies vorbehaltlich des § 53a nicht hinsichtlich dessen, was ihnen in dieser Eigenschaft anvertraut worden oder bekanntgeworden ist;
3a. Mitglieder oder Beauftragte einer anerkannten Beratungsstelle nach den §§ 3 und 8 des Schwangerschaftskonfliktgesetzes über das, was ihnen in dieser Eigenschaft anvertraut worden oder bekanntgeworden ist;
3b. Berater für Fragen der Betäubungsmittelabhängigkeit in einer Beratungsstelle, die eine Behörde oder eine Körperschaft, Anstalt oder Stiftung des öffentlichen Rechts anerkannt oder bei sich eingerichtet hat, über das, was ihnen in dieser Eigenschaft anvertraut worden oder bekanntgeworden ist;
4. Mitglieder des Deutschen Bundestages, der Bundesversammlung, des Europäischen Parlaments aus der Bundesrepublik Deutschland oder eines Landtages über Personen, die ihnen in ihrer Eigenschaft als Mitglieder dieser Organe oder denen sie in dieser Eigenschaft Tatsachen anvertraut haben, sowie über diese Tatsachen selbst;
5. Personen, die bei der Vorbereitung, Herstellung oder Verbreitung von Druckwerken, Rundfunksendungen, Filmberichten oder der Unterrichtung oder Meinungsbildung dienenden Informations- und Kommunikationsdiensten berufsmäßig mitwirken oder mitgewirkt haben.

Die in Satz 1 Nr. 5 genannten Personen dürfen das Zeugnis verweigern über die Person des Verfassers oder Einsenders von Beiträgen und Unterlagen oder des sonstigen Informanten sowie über die ihnen im Hinblick auf ihre Tätigkeit gemachten Mitteilungen, über deren Inhalt sowie über den Inhalt selbst erarbeiteter Materialien und den Gegenstand berufsbezogener Wahrnehmungen. Dies gilt nur, soweit es sich um Beiträge, Unterlagen, Mitteilungen und Materialien für den redaktionellen Teil oder redaktionell aufbereitete Informations- und Kommunikationsdienste handelt.

(2) Die in Absatz 1 Satz 1 Nr. 2 bis 3b Genannten dürfen das Zeugnis nicht verweigern, wenn sie von der Verpflichtung zur Verschwiegenheit entbunden sind. Die Berechtigung zur Zeugnisverweigerung der in Absatz 1 Satz 1 Nr. 5 Genannten über den Inhalt selbst erarbeiteter Materialien und den Gegenstand entsprechender Wahrnehmungen entfällt, wenn die Aussage zur Aufklärung eines Verbrechens beitragen soll oder wenn Gegenstand der Untersuchung

1. eine Straftat des Friedensverrats und der Gefährdung des demokratischen Rechtsstaats oder des Landesverrats und der Gefährdung der äußeren Sicherheit (§§ 80a, 85, 87, 88, 95, auch in Verbindung mit § 97b, §§ 97a bis 100a des Strafgesetzbuches),
2. eine Straftat gegen die sexuelle Selbstbestimmung nach den §§ 174 bis 174c, 176a, 176b Nummer 1 des Strafgesetzbuches oder
3. eine Geldwäsche nach § 261 des Strafgesetzbuches, deren Vortat mit einer im Mindestmaß erhöhten Freiheitsstrafe bedroht ist,

ist und die Erforschung des Sachverhalts oder die Ermittlung des Aufenthaltsortes des Beschuldigten auf andere Weise aussichtslos oder wesentlich erschwert wäre. Der Zeuge kann jedoch auch in diesen Fällen die Aussage verweigern, soweit sie zur Offenbarung der Person des Verfassers oder Einsenders von Beiträgen und Unterlagen oder des sonstigen Informanten oder der ihm im Hinblick auf seine Tätigkeit nach Absatz 1 Satz 1 Nr. 5 gemachten Mitteilungen oder deren Inhalts führen würde.

§ 53a Zeugnisverweigerungsrecht der mitwirkenden Personen

(1) Den Berufsgeheimnisträgern nach § 53 Absatz 1 Satz 1 Nummer 1 bis 4 stehen die Personen gleich, die im Rahmen
1. eines Vertragsverhältnisses,
2. einer berufsvorbereitenden Tätigkeit oder
3. einer sonstigen Hilfstätigkeit

an deren beruflicher Tätigkeit mitwirken. Über die Ausübung des Rechts dieser Personen, das Zeugnis zu verweigern, entscheiden die Berufsgeheimnisträger, es sei denn, dass diese Entscheidung in absehbarer Zeit nicht herbeigeführt werden kann.

(2) Die Entbindung von der Verpflichtung zur Verschwiegenheit (§ 53 Absatz 2 Satz 1) gilt auch für die nach Absatz 1 mitwirkenden Personen.

§ 54 Aussagegenehmigung für Angehörige des öffentlichen Dienstes

(1) Für die Vernehmung von Richtern, Beamten und anderen Personen des öffentlichen Dienstes als Zeugen über Umstände, auf die sich ihre Pflicht zur Amtsverschwiegenheit bezieht, und für die Genehmigung zur Aussage gelten die besonderen beamtenrechtlichen Vorschriften.

(2) Für die Mitglieder des Bundestages, eines Landtages, der Bundes- oder einer Landesregierung sowie für die Angestellten einer Fraktion des Bundestages und eines Landtages gelten die für sie maßgebenden besonderen Vorschriften.

(3) Der Bundespräsident kann das Zeugnis verweigern, wenn die Ablegung des Zeugnisses dem Wohl des Bundes oder eines deutschen Landes Nachteile bereiten würde.

(4) Diese Vorschriften gelten auch, wenn die vorgenannten Personen nicht mehr im öffentlichen Dienst oder Angestellte einer Fraktion sind oder ihre Mandate beendet sind, soweit es sich um Tatsachen handelt, die sich während ihrer Dienst-, Beschäftigungs- oder Mandatszeit ereignet haben oder ihnen während ihrer Dienst-, Beschäftigungs- oder Mandatszeit zur Kenntnis gelangt sind.

§ 55 Auskunftsverweigerungsrecht

(1) Jeder Zeuge kann die Auskunft auf solche Fragen verweigern, deren Beantwortung ihm selbst oder einem der in § 52 Abs. 1 bezeichneten Angehörigen die Gefahr zuziehen würde, wegen einer Straftat oder einer Ordnungswidrigkeit verfolgt zu werden.

(2) Der Zeuge ist über sein Recht zur Verweigerung der Auskunft zu belehren.

§ 56 Glaubhaftmachung des Verweigerungsgrundes

Die Tatsache, auf die der Zeuge die Verweigerung des Zeugnisses in den Fällen der §§ 52, 53 und 55 stützt, ist auf Verlangen glaubhaft zu machen. Es genügt die eidliche Versicherung des Zeugen.

§ 58a Aufzeichnung der Vernehmung in Bild und Ton

(1) Die Vernehmung eines Zeugen kann in Bild und Ton aufgezeichnet werden. Sie soll nach Würdigung der dafür jeweils maßgeblichen Umstände aufgezeichnet werden und als richterliche Vernehmung erfolgen, wenn
1. damit die schutzwürdigen Interessen von Personen unter 18 Jahren sowie von Personen, die als Kinder oder Jugendliche durch eine der in § 255a Absatz 2 genannten Straftaten verletzt worden sind, besser gewahrt werden können oder
2. zu besorgen ist, dass der Zeuge in der Hauptverhandlung nicht vernommen werden kann und die Aufzeichnung zur Erforschung der Wahrheit erforderlich ist.

Die Vernehmung muss nach Würdigung der dafür jeweils maßgeblichen Umstände aufgezeichnet werden und als richterliche Vernehmung erfolgen, wenn damit die schutzwürdigen Interessen von Personen, die durch Straftaten gegen die sexuelle Selbstbestimmung (§§ 174 bis 184j des Strafgesetzbuches) verletzt worden sind, besser gewahrt werden können und der Zeuge der Bild-Ton-Aufzeichnung vor der Vernehmung zugestimmt hat.

(2) Die Verwendung der Bild-Ton-Aufzeichnung ist nur für Zwecke der Strafverfolgung und nur insoweit zulässig, als dies zur Erforschung der Wahrheit erforderlich ist. § 101 Abs. 8 gilt entsprechend. Die §§ 147, 406e sind entsprechend anzuwenden, mit der Maßgabe, dass den zur Akteneinsicht Berechtigten Kopien der Aufzeichnung überlassen werden können. Die Kopien dürfen weder vervielfältigt noch weitergegeben werden. Sie sind an die Staatsanwaltschaft herauszugeben, sobald kein berechtigtes Interesse an der weiteren Verwendung besteht. Die Überlassung der Aufzeichnung oder die Herausgabe von Kopien an andere als die vorbezeichneten Stellen bedarf der Einwilligung des Zeugen.

(3) Widerspricht der Zeuge der Überlassung einer Kopie der Aufzeichnung seiner Vernehmung nach Absatz 2 Satz 3, so tritt an deren Stelle die Überlassung einer des Protokolls an die zur Akteneinsicht Berechtigten nach Maßgabe der §§ 147, 406e. Das Recht zur Besichtigung der Aufzeichnung nach Maßgabe der §§ 147, 406e bleibt unberührt. Der Zeuge ist auf sein Widerspruchsrecht nach Satz 1 hinzuweisen.

§ 58b Vernehmung im Wege der Bild- und Tonübertragung

Die Vernehmung eines Zeugen außerhalb der Hauptverhandlung kann in der Weise erfolgen, dass dieser sich an einem anderen Ort als die vernehmende Person aufhält und die Vernehmung zeitgleich in Bild und Ton an den Ort, an dem sich der Zeuge aufhält, und in das Vernehmungszimmer übertragen wird.

§ 68 Vernehmung zur Person; Beschränkung von Angaben, Zeugenschutz

(1) Die Vernehmung beginnt damit, dass der Zeuge über Vornamen, Nachnamen, Geburtsnamen, Alter, Beruf und vollständige Anschrift befragt wird. In richterlichen Vernehmungen in Anwesenheit des Beschuldigten und in der Hauptverhandlung wird außer bei Zweifeln über die Identität des Zeugen nicht die vollständige Anschrift, sondern nur dessen Wohn- oder Aufenthaltsort abgefragt. Ein Zeuge, der Wahrnehmungen in amtlicher Eigenschaft gemacht hat, kann statt der vollständigen Anschrift den Dienstort angeben.

(2) Einem Zeugen soll zudem gestattet werden, statt der vollständigen Anschrift seinen Geschäfts- oder Dienstort oder eine andere ladungsfähige Anschrift anzugeben, wenn ein begründeter Anlass zu der Besorgnis besteht, dass durch die Angabe der vollständigen Anschrift Rechtsgüter des Zeugen oder einer anderen Person gefährdet werden oder dass auf Zeugen oder eine andere Person in unlauterer Weise eingewirkt werden wird. In richterlichen Vernehmungen in Anwesenheit des Beschuldigten und in der Hauptverhandlung soll dem Zeugen gestattet werden, seinen Wohn- oder Aufenthaltsort nicht anzugeben, wenn die Voraussetzungen des Satzes 1 bei dessen Angabe vorliegen.

(3) Besteht ein begründeter Anlass zu der Besorgnis, dass durch die Offenbarung der Identität oder des Wohn- oder Aufenthaltsortes des Zeugen Leben, Leib oder Freiheit des Zeugen oder einer anderen Person gefährdet wird, so kann ihm gestattet werden, Angaben zur Person nicht oder nur über eine frühere Identität zu machen. Er hat jedoch in der Hauptverhandlung auf Befragen anzugeben, in welcher Eigenschaft ihm die Tatsachen, die er bekundet, bekannt geworden sind. Ist dem Zeugen unter den Voraussetzungen des Satzes 1 gestattet worden, Angaben zur Person nicht oder nur über eine frühere Identität zu machen, darf er sein Gesicht entgegen § 176 Absatz 2 Satz 1 des Gerichtsverfassungsgesetzes ganz oder teilweise verhüllen.

(4) Liegen Anhaltspunkte dafür vor, dass die Voraussetzungen der Absätze 2 oder 3 vorliegen, ist der Zeuge auf die dort vorgesehenen Befugnisse hinzuweisen. Im Fall des Absatzes 2 soll der Zeuge bei der Benennung einer ladungsfähigen Anschrift unterstützt werden. Die Unterlagen, die die Feststellung des Wohn- oder Aufenthaltsortes, der vollständigen Anschrift oder der Identität des Zeugen gewährleisten, werden bei der Staatsanwaltschaft verwahrt. Zu den Akten sind sie erst zu nehmen, wenn die Besorgnis der Gefährdung entfällt. Wurde dem Zeugen eine Beschränkung seiner Angaben nach Absatz 2 Satz 1 gestattet, veranlasst die Staatsanwaltschaft von Amts wegen bei der Meldebehörde eine Auskunftssperre nach § 51 Absatz 1 des Bundesmeldegesetzes, wenn der Zeuge zustimmt.

(5) Die Absätze 2 bis 4 gelten auch nach Abschluss der Zeugenvernehmung. Soweit dem Zeugen gestattet wurde, Daten nicht anzugeben, ist bei Auskünften aus und Einsichtnahmen in Akten sicherzustellen, dass diese Daten anderen Personen nicht bekannt werden, es sei denn, dass eine Gefährdung im Sinne der Absätze 2 und 3 ausgeschlossen erscheint.

§ 68a Beschränkung des Fragerechts aus Gründen des Persönlichkeitsschutzes

(1) Fragen nach Tatsachen, die dem Zeugen oder einer Person, die im Sinne des § 52 Abs. 1 sein Angehöriger ist, zur Unehre gereichen können oder deren persönlichen Lebensbereich betreffen, sollen nur gestellt werden, wenn es unerläßlich ist.

(2) Fragen nach Umständen, die die Glaubwürdigkeit des Zeugen in der vorliegenden Sache betreffen, insbesondere nach seinen Beziehungen zu dem Beschuldigten oder der verletzten Person, sind zu stellen, soweit dies erforderlich ist. Der Zeuge soll nach Vorstrafen nur gefragt werden, wenn ihre Feststellung notwendig ist, um über das Vorliegen der Voraussetzungen des § 60 Nr. 2 zu entscheiden oder um seine Glaubwürdigkeit zu beurteilen.

§ 68b Zeugenbeistand

(1) Zeugen können sich eines anwaltlichen Beistands bedienen. Einem zur Vernehmung des Zeugen erschienenen anwaltlichen Beistand ist die Anwesenheit gestattet. Er kann von der Vernehmung ausgeschlossen werden, wenn bestimmte Tatsachen die Annahme rechtfertigen, dass seine Anwesenheit die geordnete Beweiserhebung nicht nur unwesentlich beeinträchtigen würde. Dies wird in der Regel der Fall sein, wenn aufgrund bestimmter Tatsachen anzunehmen ist, dass
1. der Beistand an der zu untersuchenden Tat oder an einer mit ihr im Zusammenhang stehenden Datenhehlerei, Begünstigung, Strafvereitelung oder Hehlerei beteiligt ist,
2. das Aussageverhalten des Zeugen dadurch beeinflusst wird, dass der Beistand nicht nur den Interessen des Zeugen verpflichtet erscheint, oder
3. der Beistand die bei der Vernehmung erlangten Erkenntnisse für Verdunkelungshandlungen im Sinne des § 112 Absatz 2 Nummer 3 nutzt oder in einer den Untersuchungszweck gefährdenden Weise weitergibt.

(2) Einem Zeugen, der bei seiner Vernehmung keinen anwaltlichen Beistand hat und dessen schutzwürdigen Interessen nicht auf andere Weise Rechnung getragen werden kann, ist für deren Dauer ein solcher beizuordnen, wenn besondere Umstände vorliegen, aus denen sich ergibt, dass der Zeuge seine Befugnisse bei seiner Vernehmung nicht selbst wahrnehmen kann. § 142 Absatz 5 Satz 1 und 3 gilt entsprechend.

(3) Entscheidungen nach Absatz 1 Satz 3 und Absatz 2 Satz 1 sind unanfechtbar. Ihre Gründe sind aktenkundig zu machen, soweit dies den Untersuchungszweck nicht gefährdet.

§ 69 Vernehmung zur Sache

(1) Der Zeuge ist zu veranlassen, das, was ihm von dem Gegenstand seiner Vernehmung bekannt ist, im Zusammenhang anzugeben. Vor seiner Vernehmung ist dem Zeugen der Gegenstand der Untersuchung und die Person des Beschuldigten, sofern ein solcher vorhanden ist, zu bezeichnen.

(2) Zur Aufklärung und zur Vervollständigung der Aussage sowie zur Erforschung des Grundes, auf dem das Wissen des Zeugen beruht, sind nötigenfalls weitere Fragen zu stellen. Zeugen, die durch die Straftat verletzt sind, ist insbesondere Gelegenheit zu geben, sich zu den Auswirkungen, die die Tat auf sie hatte, zu äußern.

(3) Die Vorschrift des § 136a gilt für die Vernehmung des Zeugen entsprechend.

§ 70 Folgen unberechtigter Zeugnis- oder Eidesverweigerung

(1) Wird das Zeugnis oder die Eidesleistung ohne gesetzlichen Grund verweigert, so werden dem Zeugen die durch die Weigerung verursachten Kosten auferlegt. Zugleich wird gegen ihn ein Ordnungsgeld und für den Fall, daß dieses nicht beigetrieben werden kann, Ordnungshaft festgesetzt.

(2) Auch kann zur Erzwingung des Zeugnisses die Haft angeordnet werden, jedoch nicht über die Zeit der Beendigung des Verfahrens in dem Rechtszug, auch nicht über die Zeit von sechs Monaten hinaus.

(3) Die Befugnis zu diesen Maßregeln steht auch dem Richter im Vorverfahren sowie dem beauftragten und ersuchten Richter zu.

(4) Sind die Maßregeln erschöpft, so können sie in demselben oder in einem anderen Verfahren, das dieselbe Tat zum Gegenstand hat, nicht wiederholt werden.

§ 71 Zeugenentschädigung

Der Zeuge wird nach dem Justizvergütungs- und -entschädigungsgesetz entschädigt.

Siebter Abschnitt
Sachverständige und Augenschein

§ 80a Vorbereitung des Gutachtens im Vorverfahren

Ist damit zu rechnen, daß die Unterbringung des Beschuldigten in einem psychiatrischen Krankenhaus, einer Entziehungsanstalt oder in der Sicherungsverwahrung angeordnet werden wird, so soll schon im Vorverfahren einem Sachverständigen Gelegenheit zur Vorbereitung des in der Hauptverhandlung zu erstattenden Gutachtens gegeben werden.

§ 81 Unterbringung des Beschuldigten zur Vorbereitung eines Gutachtens

(1) Zur Vorbereitung eines Gutachtens über den psychischen Zustand des Beschuldigten kann das Gericht nach Anhörung eines Sachverständigen und des Verteidigers anordnen, daß der Beschuldigte in ein öffentliches psychiatrisches Krankenhaus gebracht und dort beobachtet wird.
(2) Das Gericht trifft die Anordnung nach Absatz 1 nur, wenn der Beschuldigte der Tat dringend verdächtig ist. Das Gericht darf diese Anordnung nicht treffen, wenn sie zu der Bedeutung der Sache und der zu erwartenden Strafe oder Maßregel der Besserung und Sicherung außer Verhältnis steht.
(3) Im vorbereitenden Verfahren entscheidet das Gericht, das für die Eröffnung des Hauptverfahrens zuständig wäre.
(4) Gegen den Beschluß ist sofortige Beschwerde zulässig. Sie hat aufschiebende Wirkung.
(5) Die Unterbringung in einem psychiatrischen Krankenhaus nach Absatz 1 darf die Dauer von insgesamt sechs Wochen nicht überschreiten.

§ 81a Körperliche Untersuchung des Beschuldigten; Zulässigkeit körperlicher Eingriffe

(1) Eine körperliche Untersuchung des Beschuldigten darf zur Feststellung von Tatsachen angeordnet werden, die für das Verfahren von Bedeutung sind. Zu diesem Zweck sind Entnahmen von Blutproben und andere körperliche Eingriffe, die von einem Arzt nach den Regeln der ärztlichen Kunst zu Untersuchungszwecken vorgenommen werden, ohne Einwilligung des Beschuldigten zulässig, wenn kein Nachteil für seine Gesundheit zu befürchten ist.
(2) Die Anordnung steht dem Richter, bei Gefährdung des Untersuchungserfolges durch Verzögerung auch der Staatsanwaltschaft und ihren Ermittlungspersonen (§ 152 des Gerichtsverfassungsgesetzes) zu. Die Entnahme einer Blutprobe bedarf abweichend von Satz 1 keiner richterlichen Anordnung, wenn bestimmte Tatsachen den Verdacht begründen, dass eine Straftat nach § 315a Absatz 1 Nummer 1, Absatz 2 und 3, § 315c Absatz 1 Nummer 1 Buchstabe a, Absatz 2 und 3 oder § 316 des Strafgesetzbuchs begangen worden ist.
(3) Dem Beschuldigten entnommene Blutproben oder sonstige Körperzellen dürfen nur für Zwecke des der Entnahme zugrundeliegenden oder eines anderen anhängigen Strafverfahrens verwendet werden; sie sind unverzüglich zu vernichten, sobald sie hierfür nicht mehr erforderlich sind.

§ 81b Erkennungsdienstliche Maßnahmen bei dem Beschuldigten

Soweit es für die Zwecke der Durchführung des Strafverfahrens oder für die Zwecke des Erkennungsdienstes notwendig ist, dürfen Lichtbilder und Fingerabdrücke des Beschuldigten auch gegen seinen Willen aufgenommen und Messungen und ähnliche Maßnahmen an ihm vorgenommen werden.

§ 81c Untersuchung anderer Personen

(1) Andere Personen als Beschuldigte dürfen, wenn sie als Zeugen in Betracht kommen, ohne ihre Einwilligung nur untersucht werden, soweit zur Erforschung der Wahrheit festgestellt werden muß, ob sich an ihrem Körper eine bestimmte Spur oder Folge einer Straftat befindet.
(2) Bei anderen Personen als Beschuldigten sind Untersuchungen zur Feststellung der Abstammung und die Entnahme von Blutproben ohne Einwilligung des zu Untersuchenden zulässig, wenn kein Nachteil für seine Gesundheit zu befürchten und die Maßnahme zur Erforschung der Wahrheit unerläßlich ist. Die Untersuchungen und die Entnahme von Blutproben dürfen stets nur von einem Arzt vorgenommen werden.
(3) Untersuchungen oder Entnahmen von Blutproben können aus den gleichen Gründen wie das Zeugnis verweigert werden. Haben Minderjährige wegen mangelnder Verstandesreife oder haben Minderjährige oder Betreute wegen einer psychischen Krankheit oder einer geistigen oder seelischen Behinderung von der Bedeutung ihres Weigerungsrechts keine genügende Vorstellung, so entscheidet der gesetzliche Vertreter; § 52 Abs. 2 Satz 2 und Abs. 3 gilt entsprechend. Ist der gesetzliche Vertreter von der Entscheidung ausgeschlossen (§ 52 Abs. 2 Satz 2) oder aus sonstigen Gründen an einer rechtzeitigen Entscheidung gehindert und erscheint die sofortige Untersuchung oder Entnahme von Blutproben zur Beweissicherung erforderlich, so sind diese Maßnahmen nur auf besondere Anordnung des Gerichts und, wenn dieses nicht rechtzeitig erreichbar ist, der Staatsanwaltschaft zulässig. Der die Maßnahmen anordnende Beschluß ist unanfechtbar. Die nach Satz 3 erho-

benen Beweise dürfen im weiteren Verfahren nur mit Einwilligung des hierzu befugten gesetzlichen Vertreters verwertet werden.
(4) Maßnahmen nach den Absätzen 1 und 2 sind unzulässig, wenn sie dem Betroffenen bei Würdigung aller Umstände nicht zugemutet werden können.
(5) Die Anordnung steht dem Gericht, bei Gefährdung des Untersuchungserfolges durch Verzögerung, auch der Staatsanwaltschaft und ihren Ermittlungspersonen (§ 152 des Gerichtsverfassungsgesetzes) zu; Absatz 3 Satz 3 bleibt unberührt. § 81a Abs. 3 gilt entsprechend.
(6) Bei Weigerung des Betroffenen gilt die Vorschrift des § 70 entsprechend. Unmittelbarer Zwang darf nur auf besondere Anordnung des Richters angewandt werden. Die Anordnung setzt voraus, daß der Betroffene trotz Festsetzung eines Ordnungsgeldes bei der Weigerung beharrt oder daß Gefahr im Verzuge ist.

§ 81d Durchführung körperlicher Untersuchungen durch Personen gleichen Geschlechts

(1) Kann die körperliche Untersuchung das Schamgefühl verletzen, so wird sie von einer Person gleichen Geschlechts oder von einer Ärztin oder einem Arzt vorgenommen. Bei berechtigtem Interesse soll dem Wunsch, die Untersuchung einer Person oder einem Arzt bestimmten Geschlechts zu übertragen, entsprochen werden. Auf Verlangen der betroffenen Person soll eine Person des Vertrauens zugelassen werden. Die betroffene Person ist auf die Regelungen der Sätze 2 und 3 hinzuweisen.
(2) Diese Vorschrift gilt auch dann, wenn sie betroffene Person in die Untersuchung einwilligt.

§ 81e Molekulargenetische Untersuchung

(1) An dem durch Maßnahmen nach § 81a Absatz 1 oder § 81c erlangten Material dürfen mittels molekulargenetischer Untersuchung das DNA-Identifizierungsmuster, die Abstammung und das Geschlecht der Person festgestellt und diese Feststellungen mit Vergleichsmaterial abgeglichen werden, soweit dies zur Erforschung des Sachverhalts erforderlich ist. Andere Feststellungen dürfen nicht erfolgen; hierauf gerichtete Untersuchungen sind unzulässig.
(2) Nach Absatz 1 zulässige Untersuchungen dürfen auch an aufgefundenem, sichergestelltem oder beschlagnahmtem Material durchgeführt werden. Ist unbekannt, von welcher Person das Spurenmaterial stammt, dürfen zusätzlich Feststellungen über die Augen-, Haar- und Hautfarbe sowie das Alter der Person getroffen werden. Absatz 1 Satz 2 und § 81a Abs. 3 erster Halbsatz gelten entsprechend. Ist bekannt, von welcher Person das Material stammt, gilt § 81f Absatz 1 entsprechend.

Achter Abschnitt
Ermittlungsmaßnahmen

§ 94 Sicherstellung und Beschlagnahme von Gegenständen zu Beweiszwecken

(1) Gegenstände, die als Beweismittel für die Untersuchung von Bedeutung sein können, sind in Verwahrung zu nehmen oder in anderer Weise sicherzustellen.
(2) Befinden sich die Gegenstände in dem Gewahrsam einer Person und werden sie nicht freiwillig herausgegeben, so bedarf es der Beschlagnahme.
(3) Die Absätze 1 und 2 gelten auch für Führerscheine, die der Einziehung unterliegen.
(4) Die Herausgabe beweglicher Sachen richtet sich nach den §§ 111n und 111o.

§ 95 Herausgabepflicht

(1) Wer einen Gegenstand der vorbezeichneten Art in seinem Gewahrsam hat, ist verpflichtet, ihn auf Erfordern vorzulegen und auszuliefern.
(2) Im Falle der Weigerung können gegen ihn die in § 70 bestimmten Ordnungs- und Zwangsmittel festgesetzt werden. Das gilt nicht bei Personen, die zur Verweigerung des Zeugnisses berechtigt sind.

§ 95a Zurückstellung der Benachrichtigung des Beschuldigten; Offenbarungsverbot

(1) Bei der gerichtlichen Anordnung oder Bestätigung der Beschlagnahme eines Gegenstandes, den eine nicht beschuldigte Person im Gewahrsam hat, kann die Benachrichtigung des von der Beschlagnahme betroffenen Beschuldigten zurückgestellt werden, solange sie den Untersuchungszweck gefährden würde, wenn
1. bestimmte Tatsachen den Verdacht begründen, dass der Beschuldigte als Täter oder Teilnehmer eine Straftat von auch im Einzelfall erheblicher Bedeutung, insbesondere eine in § 100a Absatz 2 bezeichnete Straftat, begangen, in Fällen, in denen der Versuch strafbar ist, zu begehen versucht, oder durch eine Straftat vorbereitet hat und
2. die Erforschung des Sachverhalts oder die Ermittlung des Aufenthaltsortes des Beschuldigten auf andere Weise wesentlich erschwert oder aussichtslos wäre.

(2) Die Zurückstellung der Benachrichtigung des Beschuldigten nach Absatz 1 darf nur durch das Gericht angeordnet werden. Die Zurückstellung ist auf höchstens sechs Monate zu befristen. Eine Verlängerung der Anordnung durch das Gericht um jeweils nicht mehr als drei Monate ist zulässig, wenn die Voraussetzungen der Anordnung fortbestehen.
(3) Wird binnen drei Tagen nach der nichtgerichtlichen Beschlagnahme eines Gegenstandes, den eine unverdächtige Person im Gewahrsam hat, die gerichtliche Bestätigung der Beschlagnahme sowie die Zurückstellung der Benachrichtigung des Beschuldigten nach Absatz 1 beantragt, kann von einer Belehrung des von der Beschlagnahme betroffenen Beschuldigten nach § 98 Absatz 2 Satz 5 abgesehen werden. Im Verfahren nach § 98 Absatz 2 bedarf es der vorherigen Anhörung des Beschuldigten durch das Gericht (§ 33 Absatz 3) nicht.
(4) Die nach Absatz 1 zurückgestellte Benachrichtigung des Beschuldigten erfolgt, sobald dies ohne Gefährdung des Untersuchungszweckes möglich ist. Bei der Benachrichtigung ist der Beschuldigte auf die Möglichkeit des nachträglichen Rechtsschutzes nach Absatz 5 und die dafür vorgesehene Frist hinzuweisen.
(5) Der Beschuldigte kann bei dem für die Anordnung der Maßnahme zuständigen Gericht auch nach Beendigung der Zurückstellung nach Absatz 1 bis zu zwei Wochen nach seiner Benachrichtigung nach Absatz 4 die Überprüfung der Rechtmäßigkeit der Beschlagnahme, der Art und Weise ihres Vollzugs und der Zurückstellung der Benachrichtigung beantragen. Gegen die gerichtliche Entscheidung ist die sofortige Beschwerde statthaft. Ist die öffentliche Klage erhoben und der Angeklagte benachrichtigt worden, entscheidet über den Antrag das mit der Sache befasste Gericht in der das Verfahren abschließenden Entscheidung.
(6) Wird die Zurückstellung der Benachrichtigung des Beschuldigten nach Absatz 1 angeordnet, kann unter Würdigung aller Umstände und nach Abwägung der Interessen der Beteiligten im Einzelfall zugleich angeordnet werden, dass der Betroffene für die Dauer der Zurückstellung gegenüber dem Beschuldigten und Dritten die Beschlagnahme sowie eine ihr vorausgehende Durchsuchung nach den §§ 103 und 110 oder Herausgabeanordnung nach § 95 nicht offenbaren darf. Absatz 2 gilt mit der Maßgabe entsprechend, dass bei Gefahr im Verzug auch die Staatsanwaltschaft und ihre Ermittlungspersonen (§ 152 des Gerichtsverfassungsgesetzes) die Anordnung nach Satz 1 treffen können, wenn nach Absatz 3 von der Belehrung abgesehen und die gerichtliche Bestätigung der Beschlagnahme und die Zurückstellung der Benachrichtigung des Beschuldigten beantragt wird. Treffen die Staatsanwaltschaft oder ihre Ermittlungspersonen eine solche Anordnung, ist die gerichtliche Bestätigung binnen drei Tagen zu beantragen.
(7) Im Falle des Verstoßes gegen das Offenbarungsverbot des Absatzes 6 gilt § 95 Absatz 2 entsprechend.

§ 96 Amtlich verwahrte Schriftstücke

Die Vorlegung oder Auslieferung von Akten oder anderen in amtlicher Verwahrung befindlichen Schriftstücken durch Behörden und öffentliche Beamte darf nicht gefordert werden, wenn deren oberste Dienstbehörde erklärt, daß das Bekanntwerden des Inhalts dieser Akten oder Schriftstücke dem Wohl des Bundes oder eines deutschen Landes Nachteile bereiten würde. Satz 1 gilt entsprechend für Akten und sonstige Schriftstücke, die sich im Gewahrsam eines Mitglieds des Bundestages oder eines Landtages beziehungsweise eines Angestellten einer Fraktion des Bundestages oder eines Landtages befinden, wenn die für die Erteilung einer Aussagegenehmigung zuständige Stelle eine solche Erklärung abgegeben hat.

§ 97 Beschlagnahmeverbot

(1) Der Beschlagnahme unterliegen nicht
1. schriftliche Mitteilungen zwischen dem Beschuldigten und den Personen, die nach § 52 oder § 53 Abs. 1 Satz 1 Nr. 1 bis 3b das Zeugnis verweigern dürfen;
2. Aufzeichnungen, welche die in § 53 Abs. 1 Satz 1 Nr. 1 bis 3b Genannten über die ihnen vom Beschuldigten anvertrauten Mitteilungen oder über andere Umstände gemacht haben, auf die sich das Zeugnisverweigerungsrecht erstreckt;
3. andere Gegenstände einschließlich der ärztlichen Untersuchungsbefunde, auf die sich das Zeugnisverweigerungsrecht der in § 53 Abs. 1 Satz 1 Nr. 1 bis 3b Genannten erstreckt.

(2) Diese Beschränkungen gelten nur, wenn die Gegenstände im Gewahrsam der zur Verweigerung des Zeugnisses Berechtigten sind, es sei denn, es handelt sich um eine elektronische Gesundheitskarte im Sinne des § 291a des Fünften Buches Sozialgesetzbuch. Die Beschränkungen der Beschlagnahme gelten nicht, wenn bestimmte Tatsachen den Verdacht begründen, dass die zeugnisverweigerungsberechtigte Person an der Tat oder an einer Datenhehlerei, Begünstigung, Strafvereitelung oder Hehlerei beteiligt ist, oder wenn es sich um Gegenstände handelt, die durch eine Straftat hervorgebracht oder zur Begehung einer Straftat gebraucht oder bestimmt sind oder die aus einer Straftat herrühren.

(3) Die Absätze 1 und 2 sind entsprechend anzuwenden, soweit die Personen, die nach § 53a Absatz 1 Satz 1 an der beruflichen Tätigkeit der in § 53 Absatz 1 Satz 1 Nummer 1 bis 3b genannten Personen mitwirken, das Zeugnis verweigern dürfen.
(4) Soweit das Zeugnisverweigerungsrecht der in § 53 Abs. 1 Satz 1 Nr. 4 genannten Personen reicht, ist die Beschlagnahme von Gegenständen unzulässig. Dieser Beschlagnahmeschutz erstreckt sich auch auf Gegenstände, die von den in § 53 Abs. 1 Satz 1 Nr. 4 genannten Personen den an ihrer Berufstätigkeit nach § 53a Absatz 1 Satz 1 mitwirkenden Personen anvertraut sind. Satz 1 gilt entsprechend, soweit die Personen, die nach § 53a Absatz 1 Satz 1 an der beruflichen Tätigkeit der in § 53 Absatz 1 Satz 1 Nummer 4 genannten Personen mitwirken, das Zeugnis verweigern dürften.
(5) Soweit das Zeugnisverweigerungsrecht der in § 53 Abs. 1 Satz 1 Nr. 5 genannten Personen reicht, ist die Beschlagnahme von Verkörperungen eines Inhalts (§ 11 Absatz 3 des Strafgesetzbuches), die sich im Gewahrsam dieser Personen oder der Redaktion, des Verlages, der Druckerei oder der Rundfunkanstalt befinden, unzulässig. Absatz 2 Satz 2 und § 160a Abs. 4 Satz 2 gelten entsprechend, die Beteiligungsregelung in Absatz 2 Satz 2 jedoch nur dann, wenn die bestimmten Tatsachen einen dringenden Verdacht der Beteiligung begründen; die Beschlagnahme ist jedoch auch in diesen Fällen nur zulässig, wenn sie unter Berücksichtigung der Grundrechte aus Artikel 5 Abs. 1 Satz 2 des Grundgesetzes nicht außer Verhältnis zur Bedeutung der Sache steht und die Erforschung des Sachverhaltes oder die Ermittlung des Aufenthaltsortes des Täters auf andere Weise aussichtslos oder wesentlich erschwert wäre.

§ 98 Verfahren bei der Beschlagnahme

(1) Beschlagnahmen dürfen nur durch das Gericht, bei Gefahr im Verzug auch durch die Staatsanwaltschaft und ihre Ermittlungspersonen (§ 152 des Gerichtsverfassungsgesetzes) angeordnet werden. Die Beschlagnahme nach § 97 Abs. 5 Satz 2 in den Räumen einer Redaktion, eines Verlages, einer Druckerei oder einer Rundfunkanstalt darf nur durch das Gericht angeordnet werden.
(2) Der Beamte, der einen Gegenstand ohne gerichtliche Anordnung beschlagnahmt hat, soll binnen drei Tagen die gerichtliche Bestätigung beantragen, wenn bei der Beschlagnahme weder der davon Betroffene noch ein erwachsener Angehöriger anwesend war oder wenn der Betroffene und im Falle seiner Abwesenheit ein erwachsener Angehöriger des Betroffenen gegen die Beschlagnahme ausdrücklichen Widerspruch erhoben hat. Der Betroffene kann jederzeit die gerichtliche Entscheidung beantragen. Die Zuständigkeit des Gerichts bestimmt sich nach § 162. Der Betroffene kann den Antrag auch bei dem Amtsgericht einreichen, in dessen Bezirk die Beschlagnahme stattgefunden hat; dieses leitet den Antrag dem zuständigen Gericht zu. Der Betroffene ist über seine Rechte zu belehren.
(3) Ist nach erhobener öffentlicher Klage die Beschlagnahme durch die Staatsanwaltschaft oder eine ihrer Ermittlungspersonen erfolgt, so ist binnen drei Tagen dem Gericht von der Beschlagnahme Anzeige zu machen; die beschlagnahmten Gegenstände sind ihm zur Verfügung zu stellen.
(4) Wird eine Beschlagnahme in einem Dienstgebäude oder einer nicht allgemein zugänglichen Einrichtung oder Anlage der Bundeswehr erforderlich, so wird die vorgesetzte Dienststelle der Bundeswehr um ihre Durchführung ersucht. Die ersuchende Stelle ist zur Mitwirkung berechtigt. Des Ersuchens bedarf es nicht, wenn die Beschlagnahme in Räumen vorzunehmen ist, die ausschließlich von anderen Personen als Soldaten bewohnt werden.

§ 98a Rasterfahndung

(1) Liegen zureichende tatsächliche Anhaltspunkte dafür vor, daß eine Straftat von erheblicher Bedeutung
1. auf dem Gebiet des unerlaubten Betäubungsmittel- oder Waffenverkehrs, der Geld- oder Wertzeichenfälschung,
2. auf dem Gebiet des Staatsschutzes (§§ 74a, 120 des Gerichtsverfassungsgesetzes),
3. auf dem Gebiet der gemeingefährlichen Straftaten,
4. gegen Leib oder Leben, die sexuelle Selbstbestimmung oder die persönliche Freiheit,
5. gewerbs- oder gewohnheitsmäßig oder
6. von einem Bandenmitglied oder in anderer Weise organisiert

begangen worden ist, so dürfen, unbeschadet §§ 94, 110, 161, personenbezogene Daten von Personen, die bestimmte, auf den Täter vermutlich zutreffende Prüfungsmerkmale erfüllen, mit anderen Daten maschinell abgeglichen werden, um Nichtverdächtige auszuschließen oder Personen festzustellen, die weitere für die Ermittlungen bedeutsame Prüfungsmerkmale erfüllen. Die Maßnahme darf nur angeordnet werden, wenn die Erforschung des Sachverhalts oder die Ermittlung des Aufenthaltsortes des Täters auf andere Weise erheblich weniger erfolgversprechend oder wesentlich erschwert wäre.

(2) Zu dem in Absatz 1 bezeichneten Zweck hat die speichernde Stelle die für den Abgleich erforderlichen Daten aus den Datenbeständen auszusondern und den Strafverfolgungsbehörden zu übermitteln.
(3) Soweit die zu übermittelnden Daten von anderen Daten nur mit unverhältnismäßigem Aufwand getrennt werden können, sind auf Anordnung auch die anderen Daten zu übermitteln. Ihre Nutzung ist nicht zulässig.
(4) Auf Anforderung der Staatsanwaltschaft hat die speichernde Stelle die Stelle, die den Abgleich durchführt, zu unterstützen.
(5) § 95 Abs. 2 gilt entsprechend.

§ 98b Verfahren bei der Rasterfahndung
(1) Der Abgleich und die Übermittlung der Daten dürfen nur durch das Gericht, bei Gefahr im Verzug auch durch die Staatsanwaltschaft angeordnet werden. Hat die Staatsanwaltschaft die Anordnung getroffen, so beantragt sie unverzüglich die gerichtliche Bestätigung. Die Anordnung tritt außer Kraft, wenn sie nicht binnen drei Werktagen vom Gericht bestätigt wird. Die Anordnung ergeht schriftlich. Sie muß den zur Übermittlung Verpflichteten bezeichnen und ist auf die Daten und Prüfungsmerkmale zu beschränken, die für den Einzelfall benötigt werden. Die Übermittlung von Daten, deren Verwendung besondere bundesgesetzliche oder entsprechende landesgesetzliche Verwendungsregelungen entgegenstehen, darf nicht angeordnet werden. Die §§ 96, 97, 98 Abs. 1 Satz 2 gelten entsprechend.
(2) Ordnungs- und Zwangsmittel (§ 95 Abs. 2) dürfen nur durch das Gericht, bei Gefahr im Verzug auch durch die Staatsanwaltschaft angeordnet werden; die Festsetzung von Haft bleibt dem Gericht vorbehalten.
(3) Sind die Daten auf Datenträgern übermittelt worden, so sind diese nach Beendigung des Abgleichs unverzüglich zurückzugeben. Personenbezogene Daten, die auf andere Datenträger übertragen wurden, sind unverzüglich zu löschen, sobald sie für das Strafverfahren nicht mehr benötigt werden.
(4) Nach Beendigung einer Maßnahme nach § 98a ist die Stelle zu unterrichten, die für die Kontrolle der Einhaltung der Vorschriften über den Datenschutz bei öffentlichen Stellen zuständig ist.

§ 98c Maschineller Abgleich mit vorhandenen Daten
Zur Aufklärung einer Straftat oder zur Ermittlung des Aufenthaltsortes einer Person, nach der für Zwecke eines Strafverfahrens gefahndet wird, dürfen personenbezogene Daten aus einem Strafverfahren mit anderen zur Strafverfolgung oder Strafvollstreckung oder zur Gefahrenabwehr gespeicherten Daten maschinell abgeglichen werden. Entgegenstehende besondere bundesgesetzliche oder entsprechende landesgesetzliche Verwendungsregelungen bleiben unberührt.

§ 99 Postbeschlagnahme und Auskunftsverlangen
(1) Zulässig ist die Beschlagnahme der an den Beschuldigten gerichteten Postsendungen und Telegramme, die sich im Gewahrsam von Personen oder Unternehmen befinden, die geschäftsmäßig Post- oder Telekommunikationsdienste erbringen oder daran mitwirken. Ebenso ist eine Beschlagnahme von Postsendungen und Telegrammen zulässig, bei denen aus vorliegenden Tatsachen zu schließen ist, daß sie von dem Beschuldigten herrühren oder für ihn bestimmt sind und daß ihr Inhalt für die Untersuchung Bedeutung hat.
(2) Unter den Voraussetzungen des Absatzes 1 ist es auch zulässig, von Personen oder Unternehmen, die geschäftsmäßig Postdienste erbringen oder daran mitwirken, Auskunft über Postsendungen zu verlangen, die an den Beschuldigten gerichtet sind, von ihm herrühren oder für ihn bestimmt sind. Die Auskunft umfasst ausschließlich die aufgrund von Rechtsvorschriften außerhalb des Strafrechts erhobenen Daten, sofern sie Folgendes betreffen:
1. Namen und Anschriften von Absendern, Empfängern und, soweit abweichend, von denjenigen Personen, welche die jeweilige Postsendung eingeliefert oder entgegengenommen haben,
2. Art des in Anspruch genommenen Postdienstes,
3. Maße und Gewicht der jeweiligen Postsendung,
4. die vom Postdienstleister zugeteilte Sendungsnummer der jeweiligen Postsendung sowie, sofern der Empfänger eine Abholstation mit Selbstbedienungs-Schließfächern nutzt, dessen persönliche Postnummer,
5. Zeit- und Ortsangaben zum jeweiligen Postsendungsverlauf sowie
6. Bildaufnahmen von der Postsendung, die zu Zwecken der Erbringung der Postdienstleistung erstellt wurden.

Auskunft über den Inhalt der Postsendung darf darüber hinaus nur verlangt werden, wenn die in Satz 1 bezeichneten Personen oder Unternehmen davon auf rechtmäßige Weise Kenntnis erlangt haben. Auskunft nach den Sätzen 2 und 3 müssen sie auch über solche Postsendungen erteilen, die sich noch nicht oder nicht mehr in ihrem Gewahrsam befinden.

§ 100 Verfahren bei der Postbeschlagnahme und Auskunftsverlangen

(1) Zur Anordnung der Maßnahmen nach § 99 ist nur das Gericht, bei Gefahr im Verzug auch die Staatsanwaltschaft befugt

(2) Anordnungen der Staatsanwaltschaft nach Absatz 1 treten, auch wenn sie eine Auslieferung nach § 99 Absatz 1 oder eine Auskunftserteilung nach § 99 Absatz 2 noch nicht zur Folge gehabt haben, außer Kraft, wenn sie nicht binnen drei Werktagen gerichtlich bestätigt werden.

(3) Die Öffnung der ausgelieferten Postsendungen steht dem Gericht zu. Es kann diese Befugnis der Staatsanwaltschaft übertragen, soweit dies erforderlich ist, um den Untersuchungserfolg nicht durch Verzögerung zu gefährden. Die Übertragung ist nicht anfechtbar; sie kann jederzeit widerrufen werden. Solange eine Anordnung nach Satz 2 nicht ergangen ist, legt die Staatsanwaltschaft die ihr ausgelieferten Postsendungen sofort, und zwar verschlossene Postsendungen ungeöffnet, dem Gericht vor.

(4) Über eine von der Staatsanwaltschaft verfügte Maßnahme nach § 99 entscheidet das nach § 98 zuständige Gericht. Über die Öffnung einer ausgelieferten Postsendung entscheidet das Gericht, das die Beschlagnahme angeordnet oder bestätigt hat.

(5) Postsendungen, deren Öffnung nicht angeordnet worden ist, sind unverzüglich an den vorgesehenen Empfänger weiterzuleiten. Dasselbe gilt, soweit nach der Öffnung die Zurückbehaltung nicht erforderlich ist.

(6) Der Teil einer zurückbehaltenen Postsendung, dessen Vorenthaltung nicht mit Rücksicht auf die Untersuchung geboten erscheint, ist dem vorgesehenen Empfänger abschriftlich mitzuteilen.

§ 100a Telekommunikationsüberwachung

(1) Auch ohne Wissen der Betroffenen darf die Telekommunikation überwacht und aufgezeichnet werden, wenn
1. bestimmte Tatsachen den Verdacht begründen, dass jemand als Täter oder Teilnehmer eine in Absatz 2 bezeichnete schwere Straftat begangen, in Fällen, in denen der Versuch strafbar ist, zu begehen versucht, oder durch eine Straftat vorbereitet hat,
2. die Tat auch im Einzelfall schwer wiegt und
3. die Erforschung des Sachverhalts oder die Ermittlung des Aufenthaltsortes des Beschuldigten auf andere Weise wesentlich erschwert oder aussichtslos wäre.

Die Überwachung und Aufzeichnung der Telekommunikation darf auch in der Weise erfolgen, dass mit technischen Mitteln in von dem Betroffenen genutzte informationstechnische Systeme eingegriffen wird, wenn dies notwendig ist, um die Überwachung und Aufzeichnung insbesondere in unverschlüsselter Form zu ermöglichen. Auf dem informationstechnischen System des Betroffenen gespeicherte Inhalte und Umstände der Kommunikation dürfen überwacht und aufgezeichnet werden, wenn sie auch während des laufenden Übertragungsvorgangs im öffentlichen Telekommunikationsnetz in verschlüsselter Form hätten überwacht und aufgezeichnet werden können.

(2) Schwere Straftaten im Sinne des Absatzes 1 Nr. 1 sind:
1. aus dem Strafgesetzbuch:
    a) Straftaten des Friedensverrats, des Hochverrats und der Gefährdung des demokratischen Rechtsstaates sowie des Landesverrats und der Gefährdung der äußeren Sicherheit nach den §§ 80a bis 82, 84 bis 86, 87 bis 89a, 89c Absatz 1 bis 4, 94 bis 100a,
    b) Bestechlichkeit und Bestechung von Mandatsträgern nach § 108e,
    c) Straftaten gegen die Landesverteidigung nach den §§ 109d bis 109h,
    d) Straftaten gegen die öffentliche Ordnung nach den §§ 129 bis 130,
    e) Geld- und Wertzeichenfälschung nach den §§ 146 und 151, jeweils auch in Verbindung mit § 152, sowie nach § 152a Abs. 3 und § 152b Abs. 1 bis 4,
    f) Straftaten gegen die sexuelle Selbstbestimmung in den Fällen der §§ 176, 176c, 176d und, unter den in § 177 Absatz 6 Satz 2 Nummer 2 genannten Voraussetzungen, des § 177,
    g) Verbreitung, Erwerb und Besitz kinder- und jugendpornographischer Inhalte nach § 184b, § 184c Absatz 2,
    h) Mord und Totschlag nach den §§ 211 und 212,
    i) Straftaten gegen die persönliche Freiheit nach den §§ 232, 232a Absatz 1 bis 5, den §§ 232b, 233 Absatz 2, den §§ 233a, 234, 234a, 239a und 239b,
    j) Bandendiebstahl nach § 244 Abs. 1 Nr. 2, Wohnungseinbruchdiebstahl nach § 244 Absatz 4 und schwerer Bandendiebstahl nach § 244a,
    k) Straftaten des Raubes und der Erpressung nach den §§ 249 bis 255,
    l) gewerbsmäßige Hehlerei, Bandenhehlerei und gewerbsmäßige Bandenhehlerei nach den §§ 260 und 260a,

- m) Geldwäsche nach § 261, wenn die Vortat eine der in den Nummern 1 bis 11 genannten schweren Straftaten ist,
- n) Betrug und Computerbetrug unter den in § 263 Abs. 3 Satz 2 genannten Voraussetzungen und im Falle des § 263 Abs. 5, jeweils auch in Verbindung mit § 263a Abs. 2,
- o) Subventionsbetrug unter den in § 264 Abs. 2 Satz 2 genannten Voraussetzungen und im Falle des § 264 Abs. 3 in Verbindung mit § 263 Abs. 5,
- p) Sportwettbetrug und Manipulation von berufssportlichen Wettbewerben unter den in § 265e Satz 2 genannten Voraussetzungen,
- q) Vorenthalten und Veruntreuen von Arbeitsentgelt unter den in § 266a Absatz 4 Satz 2 Nummer 4 genannten Voraussetzungen,
- r) Straftaten der Urkundenfälschung unter den in § 267 Abs. 3 Satz 2 genannten Voraussetzungen und im Fall des § 267 Abs. 4, jeweils auch in Verbindung mit § 268 Abs. 5 oder § 269 Abs. 3, sowie nach § 275 Abs. 2 und § 276 Abs. 2,
- s) Bankrott unter den in § 283a Satz 2 genannten Voraussetzungen,
- t) Straftaten gegen den Wettbewerb nach § 298 und, unter den in § 300 Satz 2 genannten Voraussetzungen, nach § 299,
- u) gemeingefährliche Straftaten in den Fällen der §§ 306 bis 306c, 307 Abs. 1 bis 3, des § 308 Abs. 1 bis 3, des § 309 Abs. 1 bis 4, des § 310 Abs. 1, der §§ 313, 314, 315 Abs. 3, des § 315b Abs. 3 sowie der §§ 316a und 316c,
- v) Bestechlichkeit und Bestechung nach den §§ 332 und 334,

2. aus der Abgabenordnung:
- a) Steuerhinterziehung unter den in § 370 Absatz 3 Satz 2 Nummer 1 genannten Voraussetzungen, sofern der Täter als Mitglied einer Bande, die sich zur fortgesetzten Begehung von Taten nach § 370 Absatz 1 verbunden hat, handelt, oder unter den in § 370 Absatz 3 Satz 2 Nummer 5 genannten Voraussetzungen,
- b) gewerbsmäßiger, gewaltsamer und bandenmäßiger Schmuggel nach § 373,
- c) Steuerhehlerei im Falle des § 374 Abs. 2,

3. aus dem Anti-Doping-Gesetz:

Straftaten nach § 4 Absatz 4 Nummer 2 Buchstabe b,

4. aus dem Asylgesetz:
- a) Verleitung zur missbräuchlichen Asylantragstellung nach § 84 Abs. 3,
- b) gewerbs- und bandenmäßige Verleitung zur missbräuchlichen Asylantragstellung nach § 84a,

5. aus dem Aufenthaltsgesetz:
- a) Einschleusen von Ausländern nach § 96 Abs. 2,
- b) Einschleusen mit Todesfolge und gewerbs- und bandenmäßiges Einschleusen nach § 97,

5a. aus dem Ausgangsstoffgesetz:

Straftaten nach § 13 Absatz 3,

6. aus dem Außenwirtschaftsgesetz:

vorsätzliche Straftaten nach den §§ 17 und 18 des Außenwirtschaftsgesetzes,

7. aus dem Betäubungsmittelgesetz:
- a) Straftaten nach einer in § 29 Abs. 3 Satz 2 Nr. 1 in Bezug genommenen Vorschrift unter den dort genannten Voraussetzungen,
- b) Straftaten nach den §§ 29a, 30 Abs. 1 Nr. 1, 2 und 4 sowie den §§ 30a und 30b,

8. aus dem Grundstoffüberwachungsgesetz:

Straftaten nach § 19 Abs. 1 unter den in § 19 Abs. 3 Satz 2 genannten Voraussetzungen,

9. aus dem Gesetz über die Kontrolle von Kriegswaffen:
- a) Straftaten nach § 19 Abs. 1 bis 3 und § 20 Abs. 1 und 2 sowie § 20a Abs. 1 bis 3, jeweils auch in Verbindung mit § 21,
- b) Straftaten nach § 22a Abs. 1 bis 3,

9a. aus dem Neue-psychoaktive-Stoffe-Gesetz:

Straftaten nach § 4 Absatz 3 Nummer 1 Buchstabe a,

10. aus dem Völkerstrafgesetzbuch:
- a) Völkermord nach § 6,
- b) Verbrechen gegen die Menschlichkeit nach § 7,
- c) Kriegsverbrechen nach den §§ 8 bis 12,
- d) Verbrechen der Aggression nach § 13,

11. aus dem Waffengesetz:

a) Straftaten nach § 51 Abs. 1 bis 3,
b) Straftaten nach § 52 Abs. 1 Nr. 1 und 2 Buchstabe c und d sowie Abs. 5 und 6.

(3) Die Anordnung darf sich nur gegen den Beschuldigten oder gegen Personen richten, von denen auf Grund bestimmter Tatsachen anzunehmen ist, dass sie für den Beschuldigten bestimmte oder von ihm herrührende Mitteilungen entgegennehmen oder weitergeben oder dass der Beschuldigte ihren Anschluss oder ihr informationstechnisches System benutzt.

(4) Auf Grund der Anordnung einer Überwachung und Aufzeichnung der Telekommunikation hat jeder, der Telekommunikationsdienste erbringt oder daran mitwirkt, dem Gericht, der Staatsanwaltschaft und ihren im Polizeidienst tätigen Ermittlungspersonen (§ 152 des Gerichtsverfassungsgesetzes) diese Maßnahmen zu ermöglichen und die erforderlichen Auskünfte unverzüglich zu erteilen. Ob und in welchem Umfang hierfür Vorkehrungen zu treffen sind, bestimmt sich nach dem Telekommunikationsgesetz und der Telekommunikations-Überwachungsverordnung. § 95 Absatz 2 gilt entsprechend.

(5) Bei Maßnahmen nach Absatz 1 Satz 2 und 3 ist technisch sicherzustellen, dass
1. ausschließlich überwacht und aufgezeichnet werden können:
    a) die laufende Telekommunikation (Absatz 1 Satz 2), oder
    b) Inhalte und Umstände der Kommunikation, die ab dem Zeitpunkt der Anordnung nach § 100e Absatz 1 auch während des laufenden Übertragungsvorgangs im öffentlichen Telekommunikationsnetz hätten überwacht und aufgezeichnet werden können (Absatz 1 Satz 3),
2. an dem informationstechnischen System nur Veränderungen vorgenommen werden, die für die Datenerhebung unerlässlich sind, und
3. die vorgenommenen Veränderungen bei Beendigung der Maßnahme, soweit technisch möglich, automatisiert rückgängig gemacht werden.

Das eingesetzte Mittel ist nach dem Stand der Technik gegen unbefugte Nutzung zu schützen. Kopierte Daten sind nach dem Stand der Technik gegen Veränderung, unbefugte Löschung und unbefugte Kenntnisnahme zu schützen.

(6) Bei jedem Einsatz des technischen Mittels sind zu protokollieren
1. die Bezeichnung des technischen Mittels und der Zeitpunkt seines Einsatzes,
2. die Angaben zur Identifizierung des informationstechnischen Systems und die daran vorgenommenen nicht nur flüchtigen Veränderungen,
3. die Angaben, die die Feststellung der erhobenen Daten ermöglichen, und
4. die Organisationseinheit, die die Maßnahme durchführt.

§ 100b Online-Durchsuchung

(1) Auch ohne Wissen des Betroffenen darf mit technischen Mitteln in ein von dem Betroffenen genutztes informationstechnisches System eingegriffen und dürfen Daten daraus erhoben werden (Online-Durchsuchung), wenn
1. bestimmte Tatsachen den Verdacht begründen, dass jemand als Täter oder Teilnehmer eine in Absatz 2 bezeichnete besonders schwere Straftat begangen oder in Fällen, in denen der Versuch strafbar ist, zu begehen versucht hat,
2. die Tat auch im Einzelfall besonders schwer wiegt und
3. die Erforschung des Sachverhalts oder die Ermittlung des Aufenthaltsortes des Beschuldigten auf andere Weise wesentlich erschwert oder aussichtslos wäre.

(2) Besonders schwere Straftaten im Sinne des Absatzes 1 Nummer 1 sind:
1. aus dem Strafgesetzbuch:
    a) Straftaten des Hochverrats und der Gefährdung des demokratischen Rechtsstaates sowie des Landesverrats und der Gefährdung der äußeren Sicherheit nach den §§ 81, 82, 89a, 89c Absatz 1 bis 4, nach den §§ 94, 95 Absatz 3 und § 96 Absatz 1, jeweils auch in Verbindung mit § 97b, sowie nach den §§ 97a, 98 Absatz 1 Satz 2, § 99 Absatz 2 und den §§ 100, 100a Absatz 4,
    b) Bildung krimineller Vereinigungen nach § 129 Absatz 1 in Verbindung mit Absatz 5 Satz 3 und Bildung terroristischer Vereinigungen nach § 129a Absatz 1, 2, 4, 5 Satz 1 erste Alternative, jeweils auch in Verbindung mit § 129b Absatz 1,
    c) Geld- und Wertzeichenfälschung nach den §§ 146 und 151, jeweils auch in Verbindung mit § 152, sowie nach § 152a Absatz 3 und § 152b Absatz 1 bis 4,
    d) Straftaten gegen die sexuelle Selbstbestimmung in den Fällen des § 176 Absatz 1 und der §§ 176c, 176d und, unter den in § 177 Absatz 6 Satz 2 Nummer 2 genannten Voraussetzungen, des § 177,
    e) Verbreitung, Erwerb und Besitz kinderpornografischer Inhalte in den Fällen des § 184b Absatz 1 Satz 1 und Absatz 2,

f) Mord und Totschlag nach den §§ 211, 212,
g) Straftaten gegen die persönliche Freiheit in den Fällen des § 232 Absatz 2 und 3, des § 232a Absatz 1, 3, 4 und 5 zweiter Halbsatz, des § 232b Absatz 1 und 3 sowie Absatz 4, dieser in Verbindung mit § 232a Absatz 4 und 5 zweiter Halbsatz, des § 233 Absatz 2, des § 233a Absatz 1, 3 und 4 zweiter Halbsatz, der §§ 234 und 234a Absatz 1 und 2 sowie der §§ 239a und 239b,
h) Bandendiebstahl nach § 244 Absatz 1 Nummer 2 und schwerer Bandendiebstahl nach § 244a,
i) schwerer Raub und Raub mit Todesfolge nach § 250 Absatz 1 oder Absatz 2, § 251,
j) räuberische Erpressung nach § 255 und besonders schwerer Fall einer Erpressung nach § 253 unter den in § 253 Absatz 4 Satz 2 genannten Voraussetzungen,
k) gewerbsmäßige Hehlerei, Bandenhehlerei und gewerbsmäßige Bandenhehlerei nach den §§ 260, 260a,
l) besonders schwerer Fall der Geldwäsche nach § 261 unter den in § 261 Absatz 5 Satz 2 genannten Voraussetzungen, wenn die Vortat eine der in den Nummern 1 bis 7 genannten besonders schweren Straftaten ist,
m) Computerbetrug in den Fällen des § 263a Absatz 2 in Verbindung mit § 263 Absatz 5,
n) besonders schwerer Fall der Bestechlichkeit und Bestechung nach § 335 Absatz 1 unter den in § 335 Absatz 2 Nummer 1 bis 3 genannten Voraussetzungen,

2. aus dem Asylgesetz:
a) Verleitung zur missbräuchlichen Asylantragstellung nach § 84 Absatz 3,
b) gewerbs- und bandenmäßige Verleitung zur missbräuchlichen Asylantragstellung nach § 84a Absatz 1,

3. aus dem Aufenthaltsgesetz:
a) Einschleusen von Ausländern nach § 96 Absatz 2,
b) Einschleusen mit Todesfolge oder gewerbs- und bandenmäßiges Einschleusen nach § 97,

4. aus dem Außenwirtschaftsgesetz:
a) Straftaten nach § 17 Absatz 1, 2 und 3, jeweils auch in Verbindung mit Absatz 6 oder 7,
b) Straftaten nach § 18 Absatz 7 und 8, jeweils auch in Verbindung mit Absatz 10,

5. aus dem Betäubungsmittelgesetz:
a) besonders schwerer Fall einer Straftat nach § 29 Absatz 1 Satz 1 Nummer 1, 5, 6, 10, 11 oder 13, Absatz 3 unter der in § 29 Absatz 3 Satz 2 Nummer 1 genannten Voraussetzung,
b) eine Straftat nach den §§ 29a, 30 Absatz 1 Nummer 1, 2, 4, § 30a,

6. aus dem Gesetz über die Kontrolle von Kriegswaffen:
a) eine Straftat nach § 19 Absatz 2 oder § 20 Absatz 1, jeweils auch in Verbindung mit § 21,
b) besonders schwerer Fall einer Straftat nach § 22a Absatz 1 in Verbindung mit Absatz 2,

7. aus dem Grundstoffüberwachungsgesetz:
Straftaten nach § 19 Absatz 3,

8. aus dem Neue-psychoaktive-Stoffe-Gesetz:
Straftaten nach § 4 Absatz 3 Nummer 1,

9. aus dem Völkerstrafgesetzbuch:
a) Völkermord nach § 6,
b) Verbrechen gegen die Menschlichkeit nach § 7,
c) Kriegsverbrechen nach den §§ 8 bis 12,
d) Verbrechen der Aggression nach § 13,

10. aus dem Waffengesetz:
a) besonders schwerer Fall einer Straftat nach § 51 Absatz 1 in Verbindung mit Absatz 2,
b) besonders schwerer Fall einer Straftat nach § 52 Absatz 1 Nummer 1 in Verbindung mit Absatz 5.

(3) Die Maßnahme darf sich nur gegen den Beschuldigten richten. Ein Eingriff in informationstechnische Systeme anderer Personen ist nur zulässig, wenn auf Grund bestimmter Tatsachen anzunehmen ist, dass
1. der in der Anordnung nach § 100e Absatz 3 bezeichnete Beschuldigte informationstechnische Systeme der anderen Person benutzt, und
2. die Durchführung des Eingriffs in informationstechnische Systeme des Beschuldigten allein nicht zur Erforschung des Sachverhalts oder zur Ermittlung des Aufenthaltsortes eines Mitbeschuldigten führen wird.

Die Maßnahme darf auch durchgeführt werden, wenn andere Personen unvermeidbar betroffen werden.
(4) § 100a Absatz 5 und 6 gilt mit Ausnahme von Absatz 5 Satz 1 Nummer 1 entsprechend.

§ 100c Akustische Wohnraumüberwachung
(1) Auch ohne Wissen der Betroffenen darf das in einer Wohnung nichtöffentlich gesprochene Wort mit technischen Mitteln abgehört und aufgezeichnet werden, wenn

1. bestimmte Tatsachen den Verdacht begründen, dass jemand als Täter oder Teilnehmer eine in § 100b Absatz 2 bezeichnete besonders schwere Straftat begangen oder in Fällen, in denen der Versuch strafbar ist, zu begehen versucht hat,
2. die Tat auch im Einzelfall besonders schwer wiegt,
3. auf Grund tatsächlicher Anhaltspunkte anzunehmen ist, dass durch die Überwachung Äußerungen des Beschuldigten erfasst werden, die für die Erforschung des Sachverhalts oder die Ermittlung des Aufenthaltsortes eines Mitbeschuldigten von Bedeutung sind, und
4. die Erforschung des Sachverhalts oder die Ermittlung des Aufenthaltsortes eines Mitbeschuldigten auf andere Weise unverhältnismäßig erschwert oder aussichtslos wäre.

(2) Die Maßnahme darf sich nur gegen den Beschuldigten richten und nur in Wohnungen des Beschuldigten durchgeführt werden. In Wohnungen anderer Personen ist die Maßnahme nur zulässig, wenn auf Grund bestimmter Tatsachen anzunehmen ist, dass
1. der in der Anordnung nach § 100e Absatz 3 bezeichnete Beschuldigte sich dort aufhält und
2. die Maßnahme in Wohnungen des Beschuldigten allein nicht zur Erforschung des Sachverhalts oder zur Ermittlung des Aufenthaltsortes eines Mitbeschuldigten führen wird.

Die Maßnahme darf auch durchgeführt werden, wenn andere Personen unvermeidbar betroffen werden.

§ 100d Kernbereich privater Lebensgestaltung; Zeugnisverweigerungsberechtigte

(1) Liegen tatsächliche Anhaltspunkte für die Annahme vor, dass durch eine Maßnahme nach den §§ 100a bis 100c allein Erkenntnisse aus dem Kernbereich privater Lebensgestaltung erlangt werden, ist die Maßnahme unzulässig.

(2) Erkenntnisse aus dem Kernbereich privater Lebensgestaltung, die durch eine Maßnahme nach den §§ 100a bis 100c erlangt wurden, dürfen nicht verwertet werden. Aufzeichnungen über solche Erkenntnisse sind unverzüglich zu löschen. Die Tatsache ihrer Erlangung und Löschung ist zu dokumentieren.

(3) Bei Maßnahmen nach § 100b ist, soweit möglich, technisch sicherzustellen, dass Daten, die den Kernbereich privater Lebensgestaltung betreffen, nicht erhoben werden. Erkenntnisse, die durch Maßnahmen nach § 100b erlangt wurden und den Kernbereich privater Lebensgestaltung betreffen, sind unverzüglich zu löschen oder von der Staatsanwaltschaft dem anordnenden Gericht zur Entscheidung über die Verwertbarkeit und Löschung der Daten vorzulegen. Die Entscheidung des Gerichts über die Verwertbarkeit ist für das weitere Verfahren bindend.

(4) Maßnahmen nach § 100c dürfen nur angeordnet werden, soweit auf Grund tatsächlicher Anhaltspunkte anzunehmen ist, dass durch die Überwachung Äußerungen, die dem Kernbereich privater Lebensgestaltung zuzurechnen sind, nicht erfasst werden. Das Abhören und Aufzeichnen ist unverzüglich zu unterbrechen, wenn sich während der Überwachung Anhaltspunkte dafür ergeben, dass Äußerungen, die dem Kernbereich privater Lebensgestaltung zuzurechnen sind, erfasst werden. Ist eine Maßnahme unterbrochen worden, so darf sie unter den in Satz 1 genannten Voraussetzungen fortgeführt werden. Im Zweifel hat die Staatsanwaltschaft über die Unterbrechung oder Fortführung der Maßnahme unverzüglich eine Entscheidung des Gerichts herbeizuführen; § 100e Absatz 5 gilt entsprechend. Auch soweit für bereits erlangte Erkenntnisse ein Verwertungsverbot nach Absatz 2 in Betracht kommt, hat die Staatsanwaltschaft unverzüglich eine Entscheidung des Gerichts herbeizuführen. Absatz 3 Satz 3 gilt entsprechend.

(5) In den Fällen des § 53 sind Maßnahmen nach den §§ 100b und 100c unzulässig; ergibt sich während oder nach Durchführung der Maßnahme, dass ein Fall des § 53 vorliegt, gilt Absatz 2 entsprechend. In den Fällen der §§ 52 und 53a dürfen aus Maßnahmen nach den §§ 100b und 100c gewonnene Erkenntnisse nur verwertet werden, wenn dies unter Berücksichtigung der Bedeutung des zugrunde liegenden Vertrauensverhältnisses nicht außer Verhältnis zum Interesse an der Erforschung des Sachverhalts oder der Ermittlung des Aufenthaltsortes eines Beschuldigten steht. § 160a Absatz 4 gilt entsprechend.

§ 100e Verfahren bei Maßnahmen nach den §§ 100a bis 100c

(1) Maßnahmen nach § 100a dürfen nur auf Antrag der Staatsanwaltschaft durch das Gericht angeordnet werden. Bei Gefahr im Verzug kann die Anordnung auch durch die Staatsanwaltschaft getroffen werden. Soweit die Anordnung der Staatsanwaltschaft nicht binnen drei Werktagen von dem Gericht bestätigt wird, tritt sie außer Kraft. Die Anordnung ist auf höchstens drei Monate zu befristen. Eine Verlängerung um jeweils nicht mehr als drei Monate ist zulässig, soweit die Voraussetzungen der Anordnung unter Berücksichtigung der gewonnenen Ermittlungsergebnisse fortbestehen.

(2) Maßnahmen nach den §§ 100b und 100c dürfen nur auf Antrag der Staatsanwaltschaft durch die in § 74a Absatz 4 des Gerichtsverfassungsgesetzes genannte Kammer des Landgerichts angeordnet werden, in dessen Bezirk die Staatsanwaltschaft ihren Sitz hat. Bei Gefahr im Verzug kann diese Anordnung auch durch den Vorsitzenden getroffen werden. Dessen Anordnung tritt außer Kraft, wenn sie nicht binnen drei Werktagen von

der Strafkammer bestätigt wird. Die Anordnung ist auf höchstens einen Monat zu befristen. Eine Verlängerung um jeweils nicht mehr als einen Monat ist zulässig, soweit die Voraussetzungen unter Berücksichtigung der gewonnenen Ermittlungsergebnisse fortbestehen. Ist die Dauer der Anordnung auf insgesamt sechs Monate verlängert worden, so entscheidet über weitere Verlängerungen das Oberlandesgericht.

(3) Die Anordnung ergeht schriftlich. In ihrer Entscheidungsformel sind anzugeben:
1. soweit möglich, der Name und die Anschrift des Betroffenen, gegen den sich die Maßnahme richtet,
2. der Tatvorwurf, auf Grund dessen die Maßnahme angeordnet wird,
3. Art, Umfang, Dauer und Endzeitpunkt der Maßnahme,
4. die Art der durch die Maßnahme zu erhebenden Informationen und ihre Bedeutung für das Verfahren,
5. bei Maßnahmen nach § 100a die Rufnummer oder eine andere Kennung des zu überwachenden Anschlusses oder des Endgerätes, sofern sich nicht aus bestimmten Tatsachen ergibt, dass diese zugleich einem anderen Endgerät zugeordnet ist; im Fall des § 100a Absatz 1 Satz 2 und 3 eine möglichst genaue Bezeichnung des informationstechnischen Systems, in das eingegriffen werden soll,
6. bei Maßnahmen nach § 100b eine möglichst genaue Bezeichnung des informationstechnischen Systems, aus dem Daten erhoben werden sollen,
7. bei Maßnahmen nach § 100c die zu überwachende Wohnung oder die zu überwachenden Wohnräume.

(4) In der Begründung der Anordnung oder Verlängerung von Maßnahmen nach den §§ 100a bis 100c sind deren Voraussetzungen und die wesentlichen Abwägungsgesichtspunkte darzulegen. Insbesondere sind einzelfallbezogen anzugeben:
1. die bestimmten Tatsachen, die den Verdacht begründen,
2. die wesentlichen Erwägungen zur Erforderlichkeit und Verhältnismäßigkeit der Maßnahme,
3. bei Maßnahmen nach § 100c die tatsächlichen Anhaltspunkte im Sinne des § 100d Absatz 4 Satz 1.

(5) Liegen die Voraussetzungen der Anordnung nicht mehr vor, so sind die auf Grund der Anordnung ergriffenen Maßnahmen unverzüglich zu beenden. Das anordnende Gericht ist nach Beendigung der Maßnahme über deren Ergebnisse zu unterrichten. Bei Maßnahmen nach den §§ 100b und 100c ist das anordnende Gericht auch über den Verlauf zu unterrichten. Liegen die Voraussetzungen der Anordnung nicht mehr vor, so hat das Gericht den Abbruch der Maßnahme anzuordnen, sofern der Abbruch nicht bereits durch die Staatsanwaltschaft veranlasst wurde. Die Anordnung des Abbruchs einer Maßnahme nach den §§ 100b und 100c kann auch durch den Vorsitzenden erfolgen.

(6) Die durch Maßnahmen nach den §§ 100b und 100c erlangten und verwertbaren personenbezogenen Daten dürfen für andere Zwecke nach folgenden Maßgaben verwendet werden:
1. Die Daten dürfen in anderen Strafverfahren ohne Einwilligung der insoweit überwachten Personen nur zur Aufklärung einer Straftat, auf Grund derer Maßnahmen nach § 100b oder § 100c angeordnet werden könnten, oder zur Ermittlung des Aufenthalts der einer solchen Straftat beschuldigten Person verwendet werden.
2. Die Verwendung der Daten, auch solcher nach § 100d Absatz 5 Satz 1 zweiter Halbsatz, zu Zwecken der Gefahrenabwehr ist nur zur Abwehr einer im Einzelfall bestehenden Lebensgefahr oder einer dringenden Gefahr für Leib oder Freiheit einer Person, für die Sicherheit oder den Bestand des Staates oder für Gegenstände von bedeutendem Wert, die der Versorgung der Bevölkerung dienen, von kulturell herausragendem Wert oder in § 305 des Strafgesetzbuches genannt sind, zulässig. Die Daten dürfen auch zur Abwehr einer im Einzelfall bestehenden dringenden Gefahr für sonstige bedeutende Vermögenswerte verwendet werden. Sind die Daten zur Abwehr der Gefahr oder für eine vorgerichtliche oder gerichtliche Überprüfung der zur Gefahrenabwehr getroffenen Maßnahmen nicht mehr erforderlich, so sind Aufzeichnungen über diese Daten von der für die Gefahrenabwehr zuständigen Stelle unverzüglich zu löschen. Die Löschung ist aktenkundig zu machen. Soweit die Löschung lediglich für eine etwaige vorgerichtliche oder gerichtliche Überprüfung zurückgestellt ist, dürfen die Daten nur für diesen Zweck verwendet werden; für eine Verwendung zu anderen Zwecken sind sie zu sperren.
3. Sind verwertbare personenbezogene Daten durch eine entsprechende polizeirechtliche Maßnahme erlangt worden, dürfen sie in einem Strafverfahren ohne Einwilligung der insoweit überwachten Personen nur zur Aufklärung einer Straftat, auf Grund derer die Maßnahmen nach § 100b oder § 100c angeordnet werden könnten, oder zur Ermittlung des Aufenthalts der einer solchen Straftat beschuldigten Person verwendet werden.

§ 100f Akustische Überwachung außerhalb von Wohnraum

(1) Auch ohne Wissen der betroffenen Personen darf außerhalb von Wohnungen das nichtöffentlich gesprochene Wort mit technischen Mitteln abgehört und aufgezeichnet werden, wenn bestimmte Tatsachen den Verdacht begründen, dass jemand als Täter oder Teilnehmer eine in § 100a Abs. 2 bezeichnete, auch im Einzelfall

schwerwiegende Straftat begangen oder in Fällen, in denen der Versuch strafbar ist, zu begehen versucht hat, und die Erforschung des Sachverhalts oder die Ermittlung des Aufenthaltsortes eines Beschuldigten auf andere Weise aussichtslos oder wesentlich erschwert wäre.

(2) Die Maßnahme darf sich nur gegen einen Beschuldigten richten. Gegen andere Personen darf die Maßnahme nur angeordnet werden, wenn auf Grund bestimmter Tatsachen anzunehmen ist, dass sie mit einem Beschuldigten in Verbindung stehen oder eine solche Verbindung hergestellt wird, die Maßnahme zur Erforschung des Sachverhalts oder zur Ermittlung des Aufenthaltsortes eines Beschuldigten führen wird und dies auf andere Weise aussichtslos oder wesentlich erschwert wäre.

(3) Die Maßnahme darf auch durchgeführt werden, wenn Dritte unvermeidbar betroffen werden.

(4) § 100d Absatz 1 und 2 sowie § 100e Absatz 1, 3, 5 Satz 1 gelten entsprechend.

§ 100g Erhebung von Verkehrsdaten

(1) Begründen bestimmte Tatsachen den Verdacht, dass jemand als Täter oder Teilnehmer
1. eine Straftat von auch im Einzelfall erheblicher Bedeutung, insbesondere eine in § 100a Absatz 2 bezeichnete Straftat, begangen hat, in Fällen, in denen der Versuch strafbar ist, zu begehen versucht hat oder durch eine Straftat vorbereitet hat oder
2. eine Straftat mittels Telekommunikation begangen hat,

so dürfen Verkehrsdaten (§§ 9 und 12 des Telekommunikation-Telemedien-Datenschutz-Gesetzes und § 2a Absatz 1 des Gesetzes über die Errichtung einer Bundesanstalt für den Digitalfunk der Behörden und Organisationen mit Sicherheitsaufgaben) erhoben werden, soweit dies für die Erforschung des Sachverhalts erforderlich ist und die Erhebung der Daten in einem angemessenen Verhältnis zur Bedeutung der Sache steht. Im Fall des Satzes 1 Nummer 2 ist die Maßnahme nur zulässig, wenn die Erforschung des Sachverhalts auf andere Weise aussichtslos wäre. Die Erhebung gespeicherter (retrograder) Standortdaten ist nach diesem Absatz nur unter den Voraussetzungen des Absatzes 2 zulässig. Im Übrigen ist die Erhebung von Standortdaten nur für künftig anfallende Verkehrsdaten oder in Echtzeit und nur im Fall des Satzes 1 Nummer 1 zulässig, soweit sie für die Erforschung des Sachverhalts oder die Ermittlung des Aufenthaltsortes des Beschuldigten erforderlich ist.

(2) Begründen bestimmte Tatsachen den Verdacht, dass jemand als Täter oder Teilnehmer eine der in Satz 2 bezeichneten besonders schweren Straftaten begangen hat oder in Fällen, in denen der Versuch strafbar ist, eine solche Straftat zu begehen versucht hat, und wiegt die Tat auch im Einzelfall besonders schwer, dürfen die nach § 176 des Telekommunikationsgesetzes gespeicherten Verkehrsdaten erhoben werden, soweit die Erforschung des Sachverhalts oder die Ermittlung des Aufenthaltsortes des Beschuldigten auf andere Weise wesentlich erschwert oder aussichtslos wäre und die Erhebung der Daten in einem angemessenen Verhältnis zur Bedeutung der Sache steht. Besonders schwere Straftaten im Sinne des Satzes 1 sind:
1. aus dem Strafgesetzbuch:
    a) Straftaten des Hochverrats und der Gefährdung des demokratischen Rechtsstaates sowie des Landesverrats und der Gefährdung der äußeren Sicherheit nach den §§ 81, 82, 89a, nach den §§ 94, 95 Absatz 3 und § 96 Absatz 1, jeweils auch in Verbindung mit § 97b, sowie nach den §§ 97a, 98 Absatz 1 Satz 2, § 99 Absatz 2 und den §§ 100, 100a Absatz 4,
    b) besonders schwerer Fall des Landfriedensbruchs nach § 125a, Bildung krimineller Vereinigungen nach § 129 Absatz 1 in Verbindung mit Absatz 5 Satz 3 und Bildung terroristischer Vereinigungen nach § 129a Absatz 1, 2, 4, 5 Satz 1 Alternative 1, jeweils auch in Verbindung mit § 129b Absatz 1,
    c) Straftaten gegen die sexuelle Selbstbestimmung in den Fällen der §§ 176, 176c, 176d und, unter den in § 177 Absatz 6 Satz 2 Nummer 2 genannten Voraussetzungen, des § 177,
    d) Verbreitung, Erwerb und Besitz kinder- und jugendpornographischer Inhalte in den Fällen des § 184b Absatz 1 Satz 1, Absatz 2 und 3 sowie des § 184c Absatz 2,
    e) Mord und Totschlag nach den §§ 211 und 212,
    f) Straftaten gegen die persönliche Freiheit in den Fällen der §§ 234, 234a Absatz 1, 2, §§ 239a, 239b und Zwangsprostitution und Zwangsarbeit nach § 232a Absatz 3, 4 oder 5 zweiter Halbsatz, § 232b Absatz 3 oder 4 in Verbindung mit § 232a Absatz 4 oder 5 zweiter Halbsatz und Ausbeutung unter Ausnutzung einer Freiheitsberaubung nach § 233a Absatz 3 oder 4 zweiter Halbsatz,
    g) Einbruchdiebstahl in eine dauerhaft genutzte Privatwohnung nach § 244 Absatz 4, schwerer Bandendiebstahl nach § 244a Absatz 1, schwerer Raub nach § 250 Absatz 1 oder Absatz 2, Raub mit Todesfolge nach § 251, räuberische Erpressung nach § 255 und besonders schwerer Fall einer Erpressung nach § 253 unter den in § 253 Absatz 4 Satz 2 genannten Voraussetzungen, gewerbsmäßige Bandenhehlerei nach § 260a Absatz 1, besonders schwerer Fall der Geldwäsche nach § 261 unter den in § 261 Absatz 5 Satz 2 genannten Voraussetzungen, wenn die Vortat eine der in den Nummern 1 bis 8 genannten besonders schweren Straftaten ist,

h) gemeingefährliche Straftaten in den Fällen der §§ 306 bis 306c, 307 Absatz 1 bis 3, des § 308 Absatz 1 bis 3, des § 309 Absatz 1 bis 4, des § 310 Absatz 1, der §§ 313, 314, 315 Absatz 3, des § 315b Absatz 3 sowie der §§ 316a und 316c,
2. aus dem Aufenthaltsgesetz:
   a) Einschleusen von Ausländern nach § 96 Absatz 2,
   b) Einschleusen mit Todesfolge oder gewerbs- und bandenmäßiges Einschleusen nach § 97,
3. aus dem Außenwirtschaftsgesetz:
   Straftaten nach § 17 Absatz 1 bis 3 und § 18 Absatz 7 und 8,
4. aus dem Betäubungsmittelgesetz:
   a) besonders schwerer Fall einer Straftat nach § 29 Absatz 1 Satz 1 Nummer 1, 5, 6, 10, 11 oder 13, Absatz 3 unter der in § 29 Absatz 3 Satz 2 Nummer 1 genannten Voraussetzung,
   b) eine Straftat nach den §§ 29a, 30 Absatz 1 Nummer 1, 2, 4, § 30a,
5. aus dem Grundstoffüberwachungsgesetz:
   eine Straftat nach § 19 Absatz 1 unter den in § 19 Absatz 3 Satz 2 genannten Voraussetzungen,
6. aus dem Gesetz über die Kontrolle von Kriegswaffen:
   a) eine Straftat nach § 19 Absatz 2 oder § 20 Absatz 1, jeweils auch in Verbindung mit § 21,
   b) besonders schwerer Fall einer Straftat nach § 22a Absatz 1 in Verbindung mit Absatz 2,
7. aus dem Völkerstrafgesetzbuch:
   a) Völkermord nach § 6,
   b) Verbrechen gegen die Menschlichkeit nach § 7,
   c) Kriegsverbrechen nach den §§ 8 bis 12,
   d) Verbrechen der Aggression nach § 13,
8. aus dem Waffengesetz:
   a) besonders schwerer Fall einer Straftat nach § 51 Absatz 1 in Verbindung mit Absatz 2,
   b) besonders schwerer Fall einer Straftat nach § 52 Absatz 1 Nummer 1 in Verbindung mit Absatz 5.

(3) Die Erhebung aller in einer Funkzelle angefallenen Verkehrsdaten (Funkzellenabfrage) ist nur zulässig,
1. wenn die Voraussetzungen des Absatzes 1 Satz 1 Nummer 1 erfüllt sind,
2. soweit die Erhebung der Daten in einem angemessenen Verhältnis zur Bedeutung der Sache steht und
3. soweit die Erforschung des Sachverhalts oder die Ermittlung des Aufenthaltsortes des Beschuldigten auf andere Weise aussichtslos oder wesentlich erschwert wäre.

Auf nach § 176 des Telekommunikationsgesetzes gespeicherte Verkehrsdaten darf für eine Funkzellenabfrage nur unter den Voraussetzungen des Absatzes 2 zurückgegriffen werden.

(4) Die Erhebung von Verkehrsdaten nach Absatz 2, auch in Verbindung mit Absatz 3 Satz 2, die sich gegen eine der in § 53 Absatz 1 Satz 1 Nummer 1 bis 5 genannten Personen richtet und die voraussichtlich Erkenntnisse erbringen würde, über die diese das Zeugnis verweigern dürfte, ist unzulässig. Dennoch erlangte Erkenntnisse dürfen nicht verwendet werden. Aufzeichnungen hierüber sind unverzüglich zu löschen. Die Tatsache ihrer Erlangung und der Löschung der Aufzeichnungen ist aktenkundig zu machen. Die Sätze 2 bis 4 gelten entsprechend, wenn durch eine Ermittlungsmaßnahme, die sich nicht gegen eine in § 53 Absatz 1 Satz 1 Nummer 1 bis 5 genannte Person richtet, von dieser Person Erkenntnisse erlangt werden, über die sie das Zeugnis verweigern dürfte. § 160a Absatz 3 und 4 gilt entsprechend.

(5) Erfolgt die Erhebung von Verkehrsdaten nicht beim Erbringer von Telekommunikationsdiensten, bestimmt sie sich nach Abschluss des Kommunikationsvorgangs nach den allgemeinen Vorschriften.

§ 100h Weitere Maßnahmen außerhalb von Wohnraum

(1) Auch ohne Wissen der betroffenen Personen dürfen außerhalb von Wohnungen
1. Bildaufnahmen hergestellt werden,
2. sonstige besondere für Observationszwecke bestimmte technische Mittel verwendet werden,

wenn die Erforschung des Sachverhalts oder die Ermittlung des Aufenthaltsortes eines Beschuldigten auf andere Weise weniger erfolgversprechend oder erschwert wäre. Eine Maßnahme nach Satz 1 Nr. 2 ist nur zulässig, wenn Gegenstand der Untersuchung eine Straftat von erheblicher Bedeutung ist.

(2) Die Maßnahmen dürfen sich nur gegen einen Beschuldigten richten. Gegen andere Personen sind
1. Maßnahmen nach Absatz 1 Nr. 1 nur zulässig, wenn die Erforschung des Sachverhalts oder die Ermittlung des Aufenthaltsortes eines Beschuldigten auf andere Weise erheblich weniger erfolgversprechend oder wesentlich erschwert wäre,
2. Maßnahmen nach Absatz 1 Nr. 2 nur zulässig, wenn auf Grund bestimmter Tatsachen anzunehmen ist, dass sie mit einem Beschuldigten in Verbindung stehen oder eine solche Verbindung hergestellt wird, die Maß-

nahme zur Erforschung des Sachverhalts oder zur Ermittlung des Aufenthaltsortes eines Beschuldigten führen wird und dies auf andere Weise aussichtslos oder wesentlich erschwert wäre.
(3) Die Maßnahmen dürfen auch durchgeführt werden, wenn Dritte unvermeidbar mitbetroffen werden.
(4) § 100d Absatz 1 und 2 gilt entsprechend.

§ 100i Technische Ermittlungsmaßnahmen bei Mobilfunkendgeräten

(1) Begründen bestimmte Tatsachen den Verdacht, dass jemand als Täter oder Teilnehmer eine Straftat von auch im Einzelfall erheblicher Bedeutung, insbesondere eine in § 100a Abs. 2 bezeichnete Straftat, begangen hat, in Fällen, in denen der Versuch strafbar ist, zu begehen versucht hat oder durch eine Straftat vorbereitet hat, so dürfen durch technische Mittel
1. die Gerätenummer eines Mobilfunkendgerätes und die Kartennummer der darin verwendeten Karte sowie
2. der Standort eines Mobilfunkendgerätes

ermittelt werden, soweit dies für die Erforschung des Sachverhalts oder die Ermittlung des Aufenthaltsortes des Beschuldigten erforderlich ist.
(2) Personenbezogene Daten Dritter dürfen anlässlich solcher Maßnahmen nur erhoben werden, wenn dies aus technischen Gründen zur Erreichung des Zwecks nach Absatz 1 unvermeidbar ist. Über den Datenabgleich zur Ermittlung der gesuchten Geräte- und Kartennummer hinaus dürfen sie nicht verwendet werden und sind nach Beendigung der Maßnahme unverzüglich zu löschen.
(3) § 100a Abs. 3 und § 100e Absatz 1 Satz 1 bis 3, Absatz 3 Satz 1 und Absatz 5 Satz 1 gelten entsprechend. Die Anordnung ist auf höchstens sechs Monate zu befristen. Eine Verlängerung um jeweils nicht mehr als sechs weitere Monate ist zulässig, soweit die in Absatz 1 bezeichneten Voraussetzungen fortbestehen.

§ 100j Bestandsdatenauskunft

(1) Soweit dies für die Erforschung des Sachverhalts oder die Ermittlung des Aufenthaltsortes eines Beschuldigten erforderlich ist, darf Auskunft verlangt werden
1. über Bestandsdaten gemäß § 3 Nummer 6 des Telekommunikationsgesetzes und über die nach § 172 des Telekommunikationsgesetzes erhobenen Daten (§ 174 Absatz 1 Satz 1 des Telekommunikationsgesetzes) von demjenigen, der geschäftsmäßig Telekommunikationsdienste erbringt oder daran mitwirkt, und
2. über Bestandsdaten gemäß § 2 Absatz 2 Nummer 2 des Telekommunikation-Telemedien-Datenschutz-Gesetzes (§ 22 Absatz 1 Satz 1 des Telekommunikation-Telemedien-Datenschutz-Gesetzes) von demjenigen, der geschäftsmäßig eigene oder fremde Telemedien zur Nutzung bereithält oder den Zugang zur Nutzung vermittelt.

Bezieht sich das Auskunftsverlangen nach Satz 1 Nummer 1 auf Daten, mittels derer der Zugriff auf Endgeräte oder auf Speichereinrichtungen, die in diesen Endgeräten oder hiervon räumlich getrennt eingesetzt werden, geschützt wird (§ 174 Absatz 1 Satz 2 des Telekommunikationsgesetzes), darf die Auskunft nur verlangt werden, wenn die gesetzlichen Voraussetzungen für die Nutzung der Daten vorliegen. Bezieht sich das Auskunftsverlangen nach Satz 1 Nummer 2 auf als Bestandsdaten erhobene Passwörter oder andere Daten, mittels derer der Zugriff auf Endgeräte oder auf Speichereinrichtungen, die in diesen Endgeräten oder hiervon räumlich getrennt eingesetzt werden, geschützt wird (§ 23 des Telekommunikation-Telemedien-Datenschutz-Gesetzes), darf die Auskunft nur verlangt werden, wenn die gesetzlichen Voraussetzungen für ihre Nutzung zur Verfolgung einer besonders schweren Straftat nach § 100b Absatz 2 Nummer 1 Buchstabe a, b, d, e, f, g oder l, Nummer 3 Buchstabe b erste Alternative oder Nummer 5, 6, 9 oder 10 vorliegen.
(2) Die Auskunft nach Absatz 1 darf auch anhand einer zu einem bestimmten Zeitpunkt zugewiesenen Internetprotokoll-Adresse verlangt werden (§ 174 Absatz 1 Satz 3, § 177 Absatz 1 Nummer 3 des Telekommunikationsgesetzes und § 22 Absatz 1 Satz 3 und 4 des Telekommunikation-Telemedien-Datenschutz-Gesetzes). Das Vorliegen der Voraussetzungen für ein Auskunftsverlangen nach Satz 1 ist aktenkundig zu machen.
(3) Auskunftsverlangen nach Absatz 1 Satz 2 und 3 dürfen nur auf Antrag der Staatsanwaltschaft durch das Gericht angeordnet werden. Im Fall von Auskunftsverlangen nach Absatz 1 Satz 2 kann die Anordnung bei Gefahr im Verzug auch durch die Staatsanwaltschaft oder ihre Ermittlungspersonen (§ 152 des Gerichtsverfassungsgesetzes) getroffen werden. In diesem Fall ist die gerichtliche Entscheidung unverzüglich nachzuholen. Die Sätze 1 bis 3 finden bei Auskunftsverlangen nach Absatz 1 Satz 2 keine Anwendung, wenn die betroffene Person vom Auskunftsverlangen bereits Kenntnis hat oder haben muss oder wenn die Nutzung der Daten bereits durch eine gerichtliche Entscheidung gestattet wird. Das Vorliegen der Voraussetzungen nach Satz 4 ist aktenkundig zu machen.
(4) Die betroffene Person ist in den Fällen des Absatzes 1 Satz 2 und 3 und des Absatzes 2 über die Beauskunftung zu benachrichtigen. Die Benachrichtigung erfolgt, soweit und sobald hierdurch der Zweck der Auskunft nicht vereitelt wird. Sie unterbleibt, wenn ihr überwiegende schutzwürdige Belange Dritter oder der betroffenen Person

selbst entgegenstehen. Wird die Benachrichtigung nach Satz 2 zurückgestellt oder nach Satz 3 von ihr abgesehen, sind die Gründe aktenkundig zu machen.

(5) Auf Grund eines Auskunftsverlangens nach Absatz 1 oder 2 hat derjenige, der geschäftsmäßig Telekommunikationsdienste oder Telemediendienste erbringt oder daran mitwirkt, die zur Auskunftserteilung erforderlichen Daten unverzüglich zu übermitteln. § 95 Absatz 2 gilt entsprechend.

§ 100k Erhebung von Nutzungsdaten bei Telemediendiensten

(1) Begründen bestimmte Tatsachen den Verdacht, dass jemand als Täter oder Teilnehmer eine Straftat von auch im Einzelfall erheblicher Bedeutung, insbesondere eine in § 100a Absatz 2 bezeichnete Straftat, begangen hat, in Fällen, in denen der Versuch strafbar ist, zu begehen versucht hat oder durch eine Straftat vorbereitet hat, dürfen von demjenigen, der geschäftsmäßig eigene oder fremde Telemedien zur Nutzung bereithält oder den Zugang zur Nutzung vermittelt, Nutzungsdaten (§ 2 Absatz 2 Nummer 3 des Telekommunikation-Telemedien-Datenschutz-Gesetzes) erhoben werden, soweit dies für die Erforschung des Sachverhalts erforderlich ist und die Erhebung der Daten in einem angemessenen Verhältnis zur Bedeutung der Sache steht. Die Erhebung gespeicherter (retrograder) Standortdaten ist nur unter den Voraussetzungen von § 100g Absatz 2 zulässig. Im Übrigen ist die Erhebung von Standortdaten nur für künftig anfallende Nutzungsdaten in Echtzeit zulässig, soweit sie für die Erforschung des Sachverhalts oder die Ermittlung des Aufenthaltsortes des Beschuldigten erforderlich ist.

(2) Soweit die Straftat nicht von Absatz 1 erfasst wird, dürfen Nutzungsdaten auch dann erhoben werden, wenn bestimmte Tatsachen den Verdacht begründen, dass jemand als Täter oder Teilnehmer mittels Telemedien eine der folgenden Straftaten begangen hat und die Erforschung des Sachverhalts auf andere Weise aussichtslos wäre:

1. aus dem Strafgesetzbuch
   a) Verwenden von Kennzeichen verfassungswidriger Organisationen nach § 86a,
   b) Anleitung zur Begehung einer schweren staatsgefährdenden Gewalttat nach § 91,
   c) Öffentliche Aufforderung zu Straftaten nach § 111,
   d) Straftaten gegen die öffentliche Ordnung nach den §§ 126, 131 und 140,
   e) Beschimpfung von Bekenntnissen, Religionsgesellschaften und Weltanschauungsvereinigungen nach § 166,
   f) Verbreitung, Erwerb und Besitz kinderpornographischer Inhalte nach § 184b,
   g) Beleidigung, üble Nachrede und Verleumdung nach den §§ 185 bis 187 und Verunglimpfung des Andenkens Verstorbener nach § 189,
   h) Verletzungen des persönlichen Lebens- und Geheimbereichs nach den §§ 201a, 202a und 202c,
   i) Nachstellung nach § 238,
   j) Bedrohung nach § 241,
   k) Vorbereitung eines Computerbetruges nach § 263a Absatz 3,
   l) Datenveränderung und Computersabotage nach den §§ 303a und 303b Absatz 1,
2. aus dem Gesetz über Urheberrecht und verwandte Schutzrechte Straftaten nach den §§ 106 bis 108b,
3. aus dem Bundesdatenschutzgesetz nach § 42.

Satz 1 gilt nicht für die Erhebung von Standortdaten.

(3) Abweichend von Absatz 1 und 2 darf die Staatsanwaltschaft ausschließlich zur Identifikation des Nutzers Auskunft über die nach § 2 Absatz 2 Nummer 3 Buchstabe a des Telekommunikation-Telemedien-Datenschutz-Gesetzes erhobenen Daten verlangen, wenn ihr der Inhalt der Nutzung des Telemediendienstes bereits bekannt ist.

(4) Die Erhebung von Nutzungsdaten nach Absatz 1 und 2 ist nur zulässig, wenn aufgrund von Tatsachen die Annahme gerechtfertigt ist, dass die betroffene Person den Telemediendienst nutzt, denjenige, gegen den sich die Anordnung richtet, geschäftsmäßig zur Nutzung bereithält oder zu dem er den Zugang zur Nutzung vermittelt.

(5) Erfolgt die Erhebung von Nutzungsdaten oder Inhalten der Nutzung eines Telemediendienstes nicht bei einem Diensteanbieter, der geschäftsmäßig Telemedien zur Nutzung bereithält, bestimmt sie sich nach Abschluss des Kommunikationsvorgangs nach den allgemeinen Vorschriften.

§ 101 Verfahrensregelungen bei verdeckten Maßnahmen

(1) Für Maßnahmen nach den §§ 98a, 99, 100a bis 100f, 100h, 100i, 110a, 163d bis 163g gelten, soweit nichts anderes bestimmt ist, die nachstehenden Regelungen.

(2) Entscheidungen und sonstige Unterlagen über Maßnahmen nach den §§ 100b, 100c, 100f, 100h Abs. 1 Nr. 2 und § 110a werden bei der Staatsanwaltschaft verwahrt. Zu den Akten sind sie erst zu nehmen, wenn die Voraussetzungen für eine Benachrichtigung nach Absatz 5 erfüllt sind.

(3) Personenbezogene Daten, die durch Maßnahmen nach Absatz 1 erhoben wurden, sind entsprechend zu kennzeichnen. Nach einer Übermittlung an eine andere Stelle ist die Kennzeichnung durch diese aufrechtzuerhalten.
(4) Von den in Absatz 1 genannten Maßnahmen sind im Falle
1. des § 98a die betroffenen Personen, gegen die nach Auswertung der Daten weitere Ermittlungen geführt wurden,
2. des § 99 der Absender und der Adressat der Postsendung,
3. des § 100a die Beteiligten der überwachten Telekommunikation,
4. des § 100b die Zielperson sowie die erheblich mitbetroffenen Personen,
5. des § 100c
   a) der Beschuldigte, gegen den sich die Maßnahme richtete,
   b) sonstige überwachte Personen,
   c) Personen, die die überwachte Wohnung zur Zeit der Durchführung der Maßnahme innehatten oder bewohnten,
6. des § 100f die Zielperson sowie die erheblich mitbetroffenen Personen,
7. des § 100h Abs. 1 die Zielperson sowie die erheblich mitbetroffenen Personen,
8. des § 100i die Zielperson,
9. des § 110a
   a) die Zielperson,
   b) die erheblich mitbetroffenen Personen,
   c) die Personen, deren nicht allgemein zugängliche Wohnung der Verdeckte Ermittler betreten hat,
10. des § 163d die betroffenen Personen, gegen die nach Auswertung der Daten weitere Ermittlungen geführt wurden,
11. des § 163e die Zielperson und die Person, deren personenbezogene Daten gemeldet worden sind,
12. des § 163f die Zielperson sowie die erheblich mitbetroffenen Personen
13. des § 163g die Zielperson
zu benachrichtigen. Dabei ist auf die Möglichkeit nachträglichen Rechtsschutzes nach Absatz 7 und die dafür vorgesehene Frist hinzuweisen. Die Benachrichtigung unterbleibt, wenn ihr überwiegende schutzwürdige Belange einer betroffenen Person entgegenstehen. Zudem kann die Benachrichtigung einer in Satz 1 Nummer 2 und 3 bezeichneten Person, gegen die sich die Maßnahme nicht gerichtet hat, unterbleiben, wenn diese von der Maßnahme nur unerheblich betroffen wurde und anzunehmen ist, dass sie kein Interesse an einer Benachrichtigung hat. Nachforschungen zur Feststellung der Identität einer in Satz 1 bezeichneten Person sind nur vorzunehmen, wenn dies unter Berücksichtigung der Eingriffsintensität der Maßnahme gegenüber dieser Person, des Aufwands für die Feststellung ihrer Identität sowie der daraus für diese oder andere Personen folgenden Beeinträchtigungen geboten ist.
(5) Die Benachrichtigung erfolgt, sobald dies ohne Gefährdung des Untersuchungszwecks, des Lebens, der körperlichen Unversehrtheit und der persönlichen Freiheit einer Person und von bedeutenden Vermögenswerten, im Fall des § 110a auch der Möglichkeit der weiteren Verwendung des Verdeckten Ermittlers möglich ist. Wird die Benachrichtigung nach Satz 1 zurückgestellt, sind die Gründe aktenkundig zu machen.
(6) Erfolgt die nach Absatz 5 zurückgestellte Benachrichtigung nicht binnen zwölf Monaten nach Beendigung der Maßnahme, bedürfen weitere Zurückstellungen der gerichtlichen Zustimmung. Das Gericht bestimmt die Dauer weiterer Zurückstellungen. Es kann dem endgültigen Absehen von der Benachrichtigung zustimmen, wenn die Voraussetzungen für eine Benachrichtigung mit an Sicherheit grenzender Wahrscheinlichkeit auch in Zukunft nicht eintreten werden. Sind mehrere Maßnahmen in einem engen zeitlichen Zusammenhang durchgeführt worden, so beginnt die in Satz 1 genannte Frist mit der Beendigung der letzten Maßnahme. Bei Maßnahmen nach den §§ 100b und 100c beträgt die in Satz 1 genannte Frist sechs Monate.
(7) Gerichtliche Entscheidungen nach Absatz 6 trifft das für die Anordnung der Maßnahme zuständige Gericht, im Übrigen das Gericht am Sitz der zuständigen Staatsanwaltschaft. Die in Absatz 4 Satz 1 genannten Personen können bei dem nach Satz 1 zuständigen Gericht auch nach Beendigung der Maßnahme bis zu zwei Wochen nach ihrer Benachrichtigung die Überprüfung der Rechtmäßigkeit der Maßnahme sowie der Art und Weise ihres Vollzugs beantragen. Gegen die Entscheidung ist die sofortige Beschwerde statthaft. Ist die öffentliche Klage erhoben und der Angeklagte benachrichtigt worden, entscheidet über den Antrag das mit der Sache befasste Gericht in der das Verfahren abschließenden Entscheidung.
(8) Sind die durch die Maßnahme erlangten personenbezogenen Daten zur Strafverfolgung und für eine etwaige gerichtliche Überprüfung der Maßnahme nicht mehr erforderlich, so sind sie unverzüglich zu löschen. Die Löschung ist aktenkundig zu machen. Soweit die Löschung lediglich für eine etwaige gerichtliche Überprüfung der Maßnahme zurückgestellt ist, dürfen die Daten ohne Einwilligung der betroffenen Personen nur zu diesem Zweck verwendet werden; ihre Verarbeitung ist entsprechend einzuschränken.

§ 101a Gerichtliche Entscheidung; Datenkennzeichnung und -auswertung; Benachrichtigungspflichten bei Verkehrs- und Nutzungsdaten

(1) Bei Erhebungen von Verkehrsdaten nach § 100g gelten § 100a Absatz 3 und 4 und § 100e entsprechend mit der Maßgabe, dass
1. in der Entscheidungsformel nach § 100e Absatz 3 Satz 2 auch die zu übermittelnden Daten und der Zeitraum, für den sie übermittelt werden sollen, eindeutig anzugeben sind,
2. der nach § 100a Absatz 4 Satz 1 zur Auskunft Verpflichtete auch mitzuteilen hat, welche der von ihm übermittelten Daten nach § 176 des Telekommunikationsgesetzes gespeichert wurden.

In den Fällen des § 100g Absatz 2, auch in Verbindung mit § 100g Absatz 3 Satz 2, findet abweichend von Satz 1 § 100e Absatz 1 Satz 2 keine Anwendung. Bei Funkzellenabfragen nach § 100g Absatz 3 genügt abweichend von § 100e Absatz 3 Satz 2 Nummer 5 eine räumlich und zeitlich eng begrenzte und hinreichend bestimmte Bezeichnung der Telekommunikation.

(1a) Bei der Erhebung und Beauskunftung von Nutzungsdaten eines Telemediendienstes nach § 100k gilt § 100a Absatz 3 und 4, bei der Erhebung von Nutzungsdaten nach § 100k Absatz 1 und 2 zudem § 100e Absatz 1 und 3 bis 5 entsprechend mit der Maßgabe, dass in der Entscheidungsformel nach § 100e Absatz 3 Satz 2 an die Stelle der Rufnummer (§ 100e Absatz 3 Satz 2 Nummer 5), soweit möglich eine eindeutige Kennung des Nutzerkontos des Betroffenen, ansonsten eine möglichst genaue Bezeichnung des Telemediendienstes tritt, auf den sich das Auskunftsverlangen bezieht.

(2) Wird eine Maßnahme nach § 100g oder § 100k Absatz 1 oder 2 angeordnet oder verlängert, sind in der Begründung einzelfallbezogen insbesondere die wesentlichen Erwägungen zur Erforderlichkeit und Angemessenheit der Maßnahme, auch hinsichtlich des Umfangs der zu erhebenden Daten und des Zeitraums, für den sie erhoben werden sollen, darzulegen.

(3) Personenbezogene Daten, die durch Maßnahmen nach § 100g oder § 100k Absatz 1 oder 2 erhoben wurden, sind entsprechend zu kennzeichnen und unverzüglich auszuwerten. Bei der Kennzeichnung ist erkennbar zu machen, ob es sich um Daten handelt, die nach § 176 des Telekommunikationsgesetzes gespeichert waren. Nach einer Übermittlung an eine andere Stelle ist die Kennzeichnung durch diese aufrechtzuerhalten. Für die Löschung personenbezogener Daten gilt § 101 Absatz 8 entsprechend.

(4) Verwertbare personenbezogene Daten, die durch Maßnahmen nach § 100g Absatz 2, auch in Verbindung mit § 100g Absatz 1 Satz 3 oder Absatz 3 Satz 2, erhoben wurden, dürfen ohne Einwilligung der Beteiligten der betroffenen Telekommunikation nur für folgende andere Zwecke und nur nach folgenden Maßgaben verwendet werden:
1. in anderen Strafverfahren zur Aufklärung einer Straftat, auf Grund derer eine Maßnahme nach § 100g Absatz 2, auch in Verbindung mit § 100g Absatz 3 Satz 2, angeordnet werden könnte, oder zur Ermittlung des Aufenthalts der einer solchen Straftat beschuldigten Person,
2. Übermittlung zu Zwecken der Abwehr von konkreten Gefahren für Leib, Leben oder Freiheit einer Person oder für den Bestand des Bundes oder eines Landes (§ 177 Absatz 1 Nummer 2 des Telekommunikationsgesetzes).

Die Stelle, die die Daten weiterleitet, macht die Weiterleitung und deren Zweck aktenkundig. Sind die Daten nach Satz 1 Nummer 2 nicht mehr zur Abwehr der Gefahr oder nicht mehr für eine vorgerichtliche oder gerichtliche Überprüfung der zur Gefahrenabwehr getroffenen Maßnahmen erforderlich, so sind Aufzeichnungen über diese Daten von der für die Gefahrenabwehr zuständigen Stelle unverzüglich zu löschen. Die Löschung ist aktenkundig zu machen. Soweit die Löschung lediglich für eine etwaige vorgerichtliche oder gerichtliche Überprüfung zurückgestellt ist, dürfen die Daten nur für diesen Zweck verwendet werden; für eine Verwendung zu anderen Zwecken sind sie zu sperren.

(5) Sind verwertbare personenbezogene Daten, die nach § 176 des Telekommunikationsgesetzes gespeichert waren, durch eine entsprechende polizeirechtliche Maßnahme erlangt worden, dürfen sie in einem Strafverfahren ohne Einwilligung der Beteiligten der betroffenen Telekommunikation nur zur Aufklärung einer Straftat, auf Grund derer eine Maßnahme nach § 100g Absatz 2, auch in Verbindung mit Absatz 3 Satz 2, angeordnet werden könnte, oder zur Ermittlung des Aufenthalts der einer solchen Straftat beschuldigten Person verwendet werden.

(6) Die Beteiligten der betroffenen Telekommunikation und die betroffenen Nutzer des Telemediendienstes sind von der Erhebung der Verkehrsdaten nach § 100g oder der Nutzungsdaten nach § 100k Absatz 1 und 2 zu benachrichtigen. § 101 Absatz 4 Satz 2 bis 5 und Absatz 5 bis 7 gilt entsprechend mit der Maßgabe, dass
1. das Unterbleiben der Benachrichtigung nach § 101 Absatz 4 Satz 3 der Anordnung des zuständigen Gerichts bedarf,
2. abweichend von § 101 Absatz 6 Satz 1 die Zurückstellung der Benachrichtigung nach § 101 Absatz 5 Satz 1 stets der Anordnung des zuständigen Gerichts bedarf und eine erstmalige Zurückstellung auf höchstens zwölf Monate zu befristen ist.

(7) Die betroffene Person ist in den Fällen des § 100k Absatz 3 über die Beauskunftung zu benachrichtigen. Die Benachrichtigung erfolgt, soweit und sobald hierdurch der Zweck der Beauskunftung nicht vereitelt wird. Sie unterbleibt, wenn ihr überwiegende schutzwürdige Belange Dritter oder der betroffenen Person selbst entgegenstehen. Wird die Benachrichtigung nach Satz 2 zurückgestellt oder nach Satz 3 von ihr abgesehen, sind die Gründe aktenkundig zu machen.

§ 101b Statistische Erfassung; Berichtspflichten

(1) Die Länder und der Generalbundesanwalt berichten dem Bundesamt für Justiz kalenderjährlich jeweils bis zum 30. Juni des dem Berichtsjahr folgenden Jahres über in ihrem Zuständigkeitsbereich angeordnete Maßnahmen nach den §§ 100a, 100b, 100c, 100g und 100k Absatz 1 und 2. Das Bundesamt für Justiz erstellt eine Übersicht zu den im Berichtsjahr bundesweit angeordneten Maßnahmen und veröffentlicht diese im Internet. Über die im jeweils vorangegangenen Kalenderjahr nach § 100c angeordneten Maßnahmen berichtet die Bundesregierung dem Deutschen Bundestag vor der Veröffentlichung im Internet.

(2) In den Übersichten über Maßnahmen nach § 100a sind anzugeben:
1. die Anzahl der Verfahren, in denen Maßnahmen nach § 100a Absatz 1 angeordnet worden sind;
2. die Anzahl der Überwachungsanordnungen nach § 100a Absatz 1, unterschieden nach Erst- und Verlängerungsanordnungen;
3. die jeweils zugrunde liegende Anlassstraftat nach der Unterteilung in § 100a Absatz 2;
4. die Anzahl der Verfahren, in denen ein Eingriff in ein von dem Betroffenen genutztes informationstechnisches System nach § 100a Absatz 1 Satz 2 und 3
   a) im richterlichen Beschluss angeordnet wurde und
   b) tatsächlich durchgeführt wurde.

(3) In den Übersichten über Maßnahmen nach § 100b sind anzugeben:
1. die Anzahl der Verfahren, in denen Maßnahmen nach § 100b Absatz 1 angeordnet worden sind;
2. die Anzahl der Überwachungsanordnungen nach § 100b Absatz 1, unterschieden nach Erst- und Verlängerungsanordnungen;
3. die jeweils zugrunde liegende Anlassstraftat nach Maßgabe der Unterteilung in § 100b Absatz 2;
4. die Anzahl der Verfahren, in denen ein Eingriff in ein vom Betroffenen genutztes informationstechnisches System tatsächlich durchgeführt wurde.

(4) In den Berichten über Maßnahmen nach § 100c sind anzugeben:
1. die Anzahl der Verfahren, in denen Maßnahmen nach § 100c Absatz 1 angeordnet worden sind;
2. die jeweils zugrunde liegende Anlassstraftat nach Maßgabe der Unterteilung in § 100b Absatz 2;
3. ob das Verfahren einen Bezug zur Verfolgung organisierter Kriminalität aufweist;
4. die Anzahl der überwachten Objekte je Verfahren nach Privatwohnungen und sonstigen Wohnungen sowie nach Wohnungen des Beschuldigten und Wohnungen dritter Personen;
5. die Anzahl der überwachten Personen je Verfahren nach Beschuldigten und nichtbeschuldigten Personen;
6. die Dauer der einzelnen Überwachung nach Dauer der Anordnung, Dauer der Verlängerung und Abhördauer;
7. wie häufig eine Maßnahme nach § 100d Absatz 4, § 100e Absatz 5 unterbrochen oder abgebrochen worden ist;
8. ob eine Benachrichtigung der betroffenen Personen (§ 101 Absatz 4 bis 6) erfolgt ist oder aus welchen Gründen von einer Benachrichtigung abgesehen worden ist;
9. ob die Überwachung Ergebnisse erbracht hat, die für das Verfahren relevant sind oder voraussichtlich relevant sein werden;
10. ob die Überwachung Ergebnisse erbracht hat, die für andere Strafverfahren relevant sind oder voraussichtlich relevant sein werden;
11. wenn die Überwachung keine relevanten Ergebnisse erbracht hat: die Gründe hierfür, differenziert nach technischen Gründen und sonstigen Gründen;
12. die Kosten der Maßnahme, differenziert nach Kosten für Übersetzungsdienste und sonstigen Kosten.

(5) In den Übersichten über Maßnahmen nach § 100g sind anzugeben:
1. unterschieden nach Maßnahmen nach § 100g Absatz 1, 2 und 3
   a) die Anzahl der Verfahren, in denen diese Maßnahmen durchgeführt wurden;
   b) die Anzahl der Erstanordnungen, mit denen diese Maßnahmen angeordnet wurden;
   c) die Anzahl der Verlängerungsanordnungen, mit denen diese Maßnahmen angeordnet wurden;
2. untergliedert nach der Anzahl der zurückliegenden Wochen, für die die Erhebung von Verkehrsdaten angeordnet wurde, jeweils bemessen ab dem Zeitpunkt der Anordnung
   a) die Anzahl der Anordnungen nach § 100g Absatz 1;

b) die Anzahl der Anordnungen nach § 100g Absatz 2;
c) die Anzahl der Anordnungen nach § 100g Absatz 3;
d) die Anzahl der Anordnungen, die teilweise ergebnislos geblieben sind, weil die abgefragten Daten teilweise nicht verfügbar waren;
e) die Anzahl der Anordnungen, die ergebnislos geblieben sind, weil keine Daten verfügbar waren.

(6) In den Übersichten über Maßnahmen nach § 100k sind jeweils unterschieden nach Maßnahmen nach den Absätzen 1 und 2 anzugeben:
1. die Anzahl der Verfahren, in denen Maßnahmen angeordnet worden sind;
2. die Anzahl der Anordnungen, unterschieden nach Erst- und Verlängerungsanordnungen;
3. untergliedert nach der Anzahl der zurückliegenden Wochen, für die die Erhebung von Nutzungsdaten angeordnet wurde, jeweils bemessen ab dem Zeitpunkt der Anordnung
   a) die Anzahl der Anordnungen, die teilweise ergebnislos geblieben sind, weil die abgefragten Daten teilweise nicht verfügbar waren;
   b) die Anzahl der Anordnungen, die ergebnislos geblieben sind, weil keine Daten verfügbar waren.

§ 102 Durchsuchung bei Beschuldigten

Bei dem, welcher als Täter oder Teilnehmer einer Straftat oder der Datenhehlerei, Begünstigung, Strafvereitelung oder Hehlerei verdächtig ist, kann eine Durchsuchung der Wohnung und anderer Räume sowie seiner Person und der ihm gehörenden Sachen sowohl zum Zweck seiner Ergreifung als auch dann vorgenommen werden, wenn zu vermuten ist, daß die Durchsuchung zur Auffindung von Beweismitteln führen werde.

§ 103 Durchsuchung bei anderen Personen

(1) Bei anderen Personen sind Durchsuchungen nur zur Ergreifung des Beschuldigten oder zur Verfolgung von Spuren einer Straftat oder zur Beschlagnahme bestimmter Gegenstände und nur dann zulässig, wenn Tatsachen vorliegen, aus denen zu schließen ist, daß die gesuchte Person, Spur oder Sache sich in den zu durchsuchenden Räumen befindet. Zum Zwecke der Ergreifung eines Beschuldigten, der dringend verdächtig ist, eine Straftat nach § 89a oder § 89c Absatz 1 bis 4 des Strafgesetzbuchs oder nach § 129a, auch in Verbindung mit § 129b Abs. 1 des Strafgesetzbuches oder eine der in dieser Vorschrift bezeichneten Straftaten begangen zu haben, ist eine Durchsuchung von Wohnungen und anderen Räumen auch zulässig, wenn diese sich in einem Gebäude befinden, von dem auf Grund von Tatsachen anzunehmen ist, daß sich der Beschuldigte in ihm aufhält.
(2) Die Beschränkungen des Absatzes 1 Satz 1 gelten nicht für Räume, in denen der Beschuldigte ergriffen worden ist oder die er während der Verfolgung betreten hat.

§ 104 Durchsuchung von Räumen zur Nachtzeit

(1) Zur Nachtzeit dürfen die Wohnung, die Geschäftsräume und das befriedete Besitztum nur in folgenden Fällen durchsucht werden:
1. bei Verfolgung auf frischer Tat,
2. bei Gefahr im Verzug,
3. wenn bestimmte Tatsachen den Verdacht begründen, dass während der Durchsuchung auf ein elektronisches Speichermedium zugegriffen werden wird, das als Beweismittel in Betracht kommt, und ohne die Durchsuchung zur Nachtzeit die Auswertung des elektronischen Speichermediums, insbesondere in unverschlüsselter Form, aussichtslos oder wesentlich erschwert wäre oder
4. zur Wiederergreifung eines entwichenen Gefangenen.

(2) Diese Beschränkung gilt nicht für Räume, die zur Nachtzeit jedermann zugänglich oder die der Polizei als Herbergen oder Versammlungsorte bestrafter Personen, als Niederlagen von Sachen, die mittels Straftaten erlangt sind, oder als Schlupfwinkel des Glücksspiels, des unerlaubten Betäubungsmittel- und Waffenhandels oder der Prostitution bekannt sind.
(3) Die Nachtzeit umfasst den Zeitraum von 21 bis 6 Uhr.

§ 105 Verfahren bei der Durchsuchung

(1) Durchsuchungen dürfen nur durch den Richter, bei Gefahr im Verzug auch durch die Staatsanwaltschaft und ihre Ermittlungspersonen (§ 152 des Gerichtsverfassungsgesetzes) angeordnet werden. Durchsuchungen nach § 103 Abs. 1 Satz 2 ordnet der Richter an; die Staatsanwaltschaft ist hierzu befugt, wenn Gefahr im Verzug ist.
(2) Wenn eine Durchsuchung der Wohnung, der Geschäftsräume oder des befriedeten Besitztums ohne Beisein des Richters oder des Staatsanwalts stattfindet, so sind, wenn möglich, ein Gemeindebeamter oder zwei Mitglieder der Gemeinde, in deren Bezirk die Durchsuchung erfolgt, zuzuziehen. Die als Gemeindemitglieder zugezogenen Personen dürfen nicht Polizeibeamte oder Ermittlungspersonen der Staatsanwaltschaft sein.

(3) Wird eine Durchsuchung in einem Dienstgebäude oder einer nicht allgemein zugänglichen Einrichtung oder Anlage der Bundeswehr erforderlich, so wird die vorgesetzte Dienststelle der Bundeswehr um ihre Durchführung ersucht. Die ersuchende Stelle ist zur Mitwirkung berechtigt. Des Ersuchens bedarf es nicht, wenn die Durchsuchung von Räumen vorzunehmen ist, die ausschließlich von anderen Personen als Soldaten bewohnt werden.

§ 106 Hinzuziehung des Inhabers eines Durchsuchungsobjekts

(1) Der Inhaber der zu durchsuchenden Räume oder Gegenstände darf der Durchsuchung beiwohnen. Ist er abwesend, so ist, wenn möglich, sein Vertreter oder ein erwachsener Angehöriger, Hausgenosse oder Nachbar zuzuziehen.

(2) Dem Inhaber oder der in dessen Abwesenheit zugezogenen Person ist in den Fällen des § 103 Abs. 1 der Zweck der Durchsuchung vor deren Beginn bekanntzumachen. Diese Vorschrift gilt nicht für die Inhaber der in § 104 Abs. 2 bezeichneten Räume.

§ 107 Durchsuchungsbescheinigung; Beschlagnahmeverzeichnis

Dem von der Durchsuchung Betroffenen ist nach deren Beendigung auf Verlangen eine schriftliche Mitteilung zu machen, die den Grund der Durchsuchung (§§ 102, 103) sowie im Falle des § 102 die Straftat bezeichnen muß. Auch ist ihm auf Verlangen ein Verzeichnis der in Verwahrung oder in Beschlag genommenen Gegenstände, falls aber nichts Verdächtiges gefunden wird, eine Bescheinigung hierüber zu geben.

§ 108 Beschlagnahme anderer Gegenstände

(1) Werden bei Gelegenheit einer Durchsuchung Gegenstände gefunden, die zwar in keiner Beziehung zu der Untersuchung stehen, aber auf die Verübung einer anderen Straftat hindeuten, so sind sie einstweilen in Beschlag zu nehmen. Der Staatsanwaltschaft ist hiervon Kenntnis zu geben. Satz 1 findet keine Anwendung, soweit eine Durchsuchung nach § 103 Abs. 1 Satz 2 stattfindet.

(2) Werden bei einem Arzt Gegenstände im Sinne von Absatz 1 Satz 1 gefunden, die den Schwangerschaftsabbruch einer Patientin betreffen, ist ihre Verwertung zu Beweiszwecken in einem Strafverfahren gegen die Patientin wegen einer Straftat nach § 218 des Strafgesetzbuches unzulässig.

(3) Werden bei einer in § 53 Abs. 1 Satz 1 Nr. 5 genannten Person Gegenstände im Sinne von Absatz 1 Satz 1 gefunden, auf die sich das Zeugnisverweigerungsrecht der genannten Person erstreckt, ist die Verwertung des Gegenstandes zu Beweiszwecken in einem Strafverfahren nur insoweit zulässig, als Gegenstand dieses Strafverfahrens eine Straftat ist, die im Höchstmaß mit mindestens fünf Jahren Freiheitsstrafe bedroht ist und bei der es sich nicht um eine Straftat nach § 353b des Strafgesetzbuches handelt.

§ 109 Kenntlichmachung beschlagnahmter Gegenstände

Die in Verwahrung oder in Beschlag genommenen Gegenstände sind genau zu verzeichnen und zur Verhütung von Verwechslungen durch amtliche Siegel oder in sonst geeigneter Weise kenntlich zu machen.

§ 110 Durchsicht von Papieren und elektronischen Speichermedien

(1) Die Durchsicht der Papiere des von der Durchsuchung Betroffenen steht der Staatsanwaltschaft und auf deren Anordnung ihren Ermittlungspersonen (§ 152 des Gerichtsverfassungsgesetzes) zu.

(2) Im Übrigen sind Beamte zur Durchsicht der aufgefundenen Papiere nur dann befugt, wenn der Inhaber die Durchsicht genehmigt. Andernfalls haben sie die Papiere, deren Durchsicht sie für geboten erachten, in einem Umschlag, der in Gegenwart des Inhabers mit dem Amtssiegel zu verschließen ist, an die Staatsanwaltschaft abzuliefern.

(3) Nach Maßgabe der Absätze 1 und 2 ist auch die Durchsicht von elektronischen Speichermedien bei dem von der Durchsuchung Betroffenen zulässig. Diese Durchsicht darf auch auf hiervon räumlich getrennte Speichermedien erstreckt werden, soweit auf sie von dem elektronischen Speichermedium aus zugegriffen werden kann, wenn andernfalls der Verlust der gesuchten Daten zu befürchten ist. Daten, die für die Untersuchung von Bedeutung sein können, dürfen gesichert werden.

(4) Werden Papiere zur Durchsicht mitgenommen oder Daten vorläufig gesichert, gelten die §§ 95a und 98 Absatz 2 entsprechend.

§ 110a Verdeckter Ermittler

(1) Verdeckte Ermittler dürfen zur Aufklärung von Straftaten eingesetzt werden, wenn zureichende tatsächliche Anhaltspunkte dafür vorliegen, daß eine Straftat von erheblicher Bedeutung
1. auf dem Gebiet des unerlaubten Betäubungsmittel- oder Waffenverkehrs, der Geld- oder Wertzeichenfälschung,
2. auf dem Gebiet des Staatsschutzes (§§ 74a, 120 des Gerichtsverfassungsgesetzes),

3. gewerbs- oder gewohnheitsmäßig oder
4. von einem Bandenmitglied oder in anderer Weise organisiert

begangen worden ist. Zur Aufklärung von Verbrechen dürfen Verdeckte Ermittler auch eingesetzt werden, soweit auf Grund bestimmter Tatsachen die Gefahr der Wiederholung besteht. Der Einsatz ist nur zulässig, soweit die Aufklärung auf andere Weise aussichtslos oder wesentlich erschwert wäre. Zur Aufklärung von Verbrechen dürfen Verdeckte Ermittler außerdem eingesetzt werden, wenn die besondere Bedeutung der Tat den Einsatz gebietet und andere Maßnahmen aussichtslos wären. § 100d Absatz 1 und 2 gilt entsprechend.

(2) Verdeckte Ermittler sind Beamte des Polizeidienstes, die unter einer ihnen verliehenen, auf Dauer angelegten, veränderten Identität (Legende) ermitteln. Sie dürfen unter der Legende am Rechtsverkehr teilnehmen.

(3) Soweit es für den Aufbau oder die Aufrechterhaltung der Legende unerläßlich ist, dürfen entsprechende Urkunden hergestellt, verändert und gebraucht werden.

§ 110b Verfahren beim Einsatz eines Verdeckten Ermittlers

(1) Der Einsatz eines Verdeckten Ermittlers ist erst nach Zustimmung der Staatsanwaltschaft zulässig. Besteht Gefahr im Verzug und kann die Entscheidung der Staatsanwaltschaft nicht rechtzeitig eingeholt werden, so ist sie unverzüglich herbeizuführen; die Maßnahme ist zu beenden, wenn nicht die Staatsanwaltschaft binnen drei Werktagen zustimmt. Die Zustimmung ist schriftlich zu erteilen und zu befristen. Eine Verlängerung ist zulässig, solange die Voraussetzungen für den Einsatz fortbestehen.

(2) Einsätze,
1. die sich gegen einen bestimmten Beschuldigten richten oder
2. bei denen der Verdeckte Ermittler eine Wohnung betritt, die nicht allgemein zugänglich ist,

bedürfen der Zustimmung des Gerichts. Bei Gefahr im Verzug genügt die Zustimmung der Staatsanwaltschaft. Kann die Entscheidung der Staatsanwaltschaft nicht rechtzeitig eingeholt werden, so ist sie unverzüglich herbeizuführen. Die Maßnahme ist zu beenden, wenn nicht das Gericht binnen drei Werktagen zustimmt. Absatz 1 Satz 3 und 4 gilt entsprechend.

(3) Die Identität des Verdeckten Ermittlers kann auch nach Beendigung des Einsatzes geheimgehalten werden. Die Staatsanwaltschaft und das Gericht, die für die Entscheidung über die Zustimmung zu dem Einsatz zuständig sind, können verlangen, daß die Identität ihnen gegenüber offenbart wird. Im übrigen ist in einem Strafverfahren die Geheimhaltung der Identität nach Maßgabe des § 96 zulässig, insbesondere dann, wenn Anlaß zu der Besorgnis besteht, daß die Offenbarung Leben, Leib oder Freiheit des Verdeckten Ermittlers oder einer anderen Person oder die Möglichkeit der weiteren Verwendung des Verdeckten Ermittlers gefährden würde.

§ 110c Befugnisse des Verdeckten Ermittlers

Verdeckte Ermittler dürfen unter Verwendung ihrer Legende eine Wohnung mit dem Einverständnis des Berechtigten betreten. Das Einverständnis darf nicht durch ein über die Nutzung der Legende hinausgehendes Vortäuschen eines Zutrittsrechts herbeigeführt werden. Im übrigen richten sich die Befugnisse des Verdeckten Ermittlers nach diesem Gesetz und anderen Rechtsvorschriften.

§ 110d Besonderes Verfahren bei Einsätzen zur Ermittlung von Straftaten nach § 184b des Strafgesetzbuches

Einsätze, bei denen entsprechend § 184b Absatz 6 des Strafgesetzbuches Handlungen im Sinne des § 184b Absatz 1 Satz 1 Nummer 1, 2 und 4 und Satz 2 des Strafgesetzbuches vorgenommen werden, bedürfen der Zustimmung des Gerichts. In dem Antrag ist darzulegen, dass die handelnden Polizeibeamten auf den Einsatz umfassend vorbereitet wurden. Bei Gefahr im Verzug genügt die Zustimmung der Staatsanwaltschaft. Die Maßnahme ist zu beenden, wenn nicht das Gericht binnen drei Werktagen zustimmt. Die Zustimmung ist schriftlich zu erteilen und zu befristen. Eine Verlängerung ist zulässig, solange die Voraussetzungen für den Einsatz fortbestehen.

§ 111 Errichtung von Kontrollstellen an öffentlich zugänglichen Orten

(1) Begründen bestimmte Tatsachen den Verdacht, daß eine Straftat nach § 89a oder § 89c Absatz 1 bis 4 des Strafgesetzbuchs oder nach § 129a, auch in Verbindung mit § 129b Abs. 1 des Strafgesetzbuches, eine der in dieser Vorschrift bezeichneten Straftaten oder eine Straftat nach § 250 Abs. 1 Nr. 1 des Strafgesetzbuches begangen worden ist, so können auf öffentlichen Straßen und Plätzen und an anderen öffentlich zugänglichen Orten Kontrollstellen eingerichtet werden, wenn Tatsachen die Annahme rechtfertigen, daß diese Maßnahme zur Ergreifung des Täters oder zur Sicherstellung von Beweismitteln führen kann, die der Aufklärung der Straftat dienen können. An einer Kontrollstelle ist jedermann verpflichtet, seine Identität feststellen und sich sowie mitgeführte Sachen durchsuchen zu lassen.

(2) Die Anordnung, eine Kontrollstelle einzurichten, trifft der Richter; die Staatsanwaltschaft und ihre Ermittlungspersonen (§ 152 des Gerichtsverfassungsgesetzes) sind hierzu befugt, wenn Gefahr im Verzug ist.
(3) Für die Durchsuchung und die Feststellung der Identität nach Absatz 1 gelten § 106 Abs. 2 Satz 1, § 107 Satz 2 erster Halbsatz, die §§ 108, 109, 110 Abs. 1 und 2 sowie die §§ 163b und 163c entsprechend.

§ 111a Vorläufige Entziehung der Fahrerlaubnis

(1) Sind dringende Gründe für die Annahme vorhanden, daß die Fahrerlaubnis entzogen werden wird (§ 69 des Strafgesetzbuches), so kann der Richter dem Beschuldigten durch Beschluß die Fahrerlaubnis vorläufig entziehen. Von der vorläufigen Entziehung können bestimmte Arten von Kraftfahrzeugen ausgenommen werden, wenn besondere Umstände die Annahme rechtfertigen, daß der Zweck der Maßnahme dadurch nicht gefährdet wird.
(2) Die vorläufige Entziehung der Fahrerlaubnis ist aufzuheben, wenn ihr Grund weggefallen ist oder wenn das Gericht im Urteil die Fahrerlaubnis nicht entzieht.
(3) Die vorläufige Entziehung der Fahrerlaubnis wirkt zugleich als Anordnung oder Bestätigung der Beschlagnahme des von einer deutschen Behörde ausgestellten Führerscheins. Dies gilt auch, wenn der Führerschein von einer Behörde eines Mitgliedstaates der Europäischen Union oder eines anderen Vertragsstaates des Abkommens über den Europäischen Wirtschaftsraum ausgestellt worden ist, sofern der Inhaber seinen ordentlichen Wohnsitz im Inland hat.
(4) Ist ein Führerschein beschlagnahmt, weil er nach § 69 Abs. 3 Satz 2 des Strafgesetzbuches eingezogen werden kann, und bedarf es einer richterlichen Entscheidung über die Beschlagnahme, so tritt an deren Stelle die Entscheidung über die vorläufige Entziehung der Fahrerlaubnis.
(5) Ein Führerschein, der in Verwahrung genommen, sichergestellt oder beschlagnahmt ist, weil er nach § 69 Abs. 3 Satz 2 des Strafgesetzbuches eingezogen werden kann, ist dem Beschuldigten zurückzugeben, wenn der Richter die vorläufige Entziehung der Fahrerlaubnis wegen Fehlens der in Absatz 1 bezeichneten Voraussetzungen ablehnt, wenn er sie aufhebt oder wenn das Gericht im Urteil die Fahrerlaubnis nicht entzieht. Wird jedoch im Urteil ein Fahrverbot nach § 44 des Strafgesetzbuches verhängt, so kann die Rückgabe des Führerscheins aufgeschoben werden, wenn der Beschuldigte nicht widerspricht.
(6) In anderen als in Absatz 3 Satz 2 genannten ausländischen Führerscheinen ist die vorläufige Entziehung der Fahrerlaubnis zu vermerken. Bis zur Eintragung dieses Vermerkes kann der Führerschein beschlagnahmt werden (§ 94 Abs. 3, § 98).

§ 111b Beschlagnahme zur Sicherung der Einziehung oder Unbrauchbarmachung

(1) Ist die Annahme begründet, dass die Voraussetzungen der Einziehung oder Unbrauchbarmachung eines Gegenstandes vorliegen, so kann er zur Sicherung der Vollstreckung beschlagnahmt werden. Liegen dringende Gründe für diese Annahme vor, so soll die Beschlagnahme angeordnet werden. § 94 Absatz 3 bleibt unberührt.
(2) Die §§ 102 bis 110 gelten entsprechend.

§ 111m Verwaltung beschlagnahmter oder gepfändeter Gegenstände

(1) Die Verwaltung von Gegenständen, die nach § 111c beschlagnahmt oder auf Grund eines Vermögensarrestes nach § 111f gepfändet worden sind, obliegt der Staatsanwaltschaft. Sie kann ihre Ermittlungspersonen (§ 152 des Gerichtsverfassungsgesetzes) oder den Gerichtsvollzieher mit der Verwaltung beauftragen. In geeigneten Fällen kann auch eine andere Person mit der Verwaltung beauftragt werden.
(2) Gegen Maßnahmen, die im Rahmen der Verwaltung nach Absatz 1 getroffen werden, kann der Betroffene die Entscheidung des nach § 162 zuständigen Gerichts beantragen.

§ 111n Herausgabe beweglicher Sachen

(1) Wird eine bewegliche Sache, die nach § 94 beschlagnahmt oder auf andere Weise sichergestellt oder nach § 111c Absatz 1 beschlagnahmt worden ist, für Zwecke des Strafverfahrens nicht mehr benötigt, so wird sie an den letzten Gewahrsamsinhaber herausgegeben.
(2) Abweichend von Absatz 1 wird die Sache an denjenigen herausgegeben, dem sie durch die Straftat unmittelbar entzogen worden ist, wenn dieser bekannt ist.
(3) Steht der Herausgabe nach Absatz 1 oder Absatz 2 der Anspruch eines Dritten entgegen, wird die Sache an den Dritten herausgegeben, wenn dieser bekannt ist.
(4) Die Herausgabe erfolgt nur, wenn ihre Voraussetzungen offenkundig sind.

§ 111o Verfahren bei der Herausgabe

(1) Über die Herausgabe entscheidet im vorbereitenden Verfahren und nach rechtskräftigem Abschluss des Verfahrens die Staatsanwaltschaft, im Übrigen das mit der Sache befasste Gericht.

(2) Gegen die Verfügung der Staatsanwaltschaft können die Betroffenen die Entscheidung des nach § 162 zuständigen Gerichts beantragen.

§ 111p Notveräußerung

(1) Ein Gegenstand, der nach § 111c beschlagnahmt oder nach § 111f gepfändet worden ist, kann veräußert werden, wenn sein Verderb oder ein erheblicher Wertverlust droht oder seine Aufbewahrung, Pflege oder Erhaltung mit erheblichen Kosten oder Schwierigkeiten verbunden ist (Notveräußerung). Der Erlös tritt an die Stelle des veräußerten Gegenstandes.
(2) Die Notveräußerung wird durch die Staatsanwaltschaft angeordnet. Ihren Ermittlungspersonen (§ 152 des Gerichtsverfassungsgesetzes) steht diese Befugnis zu, wenn der Gegenstand zu verderben droht, bevor die Entscheidung der Staatsanwaltschaft herbeigeführt werden kann.
(3) Die von der Beschlagnahme oder Pfändung Betroffenen sollen vor der Anordnung gehört werden. Die Anordnung sowie Zeit und Ort der Veräußerung sind ihnen, soweit dies ausführbar erscheint, mitzuteilen.
(4) Die Durchführung der Notveräußerung obliegt der Staatsanwaltschaft. Die Staatsanwaltschaft kann damit auch ihre Ermittlungspersonen (§ 152 des Gerichtsverfassungsgesetzes) beauftragen. Für die Notveräußerung gelten im Übrigen die Vorschriften der Zivilprozessordnung über die Verwertung von Gegenständen sinngemäß.
(5) Gegen die Notveräußerung und ihre Durchführung kann der Betroffene die Entscheidung des nach § 162 zuständigen Gerichts beantragen. Das Gericht, in dringenden Fällen der Vorsitzende, kann die Aussetzung der Veräußerung anordnen.

§ 111q Beschlagnahme von Verkörperungen eines Inhalts und Vorrichtungen

(1) Die Beschlagnahme einer Verkörperung eines Inhalts (§ 11 Absatz 3 des Strafgesetzbuches) oder einer Vorrichtung im Sinne des § 74d des Strafgesetzbuches darf nach § 111b Absatz 1 nicht angeordnet werden, wenn ihre nachteiligen Folgen, insbesondere die Gefährdung des öffentlichen Interesses an unverzögerter Verbreitung, offenbar außer Verhältnis zu der Bedeutung der Sache stehen.
(2) Ausscheidbare Teile der Verkörperung, die nichts Strafbares enthalten, sind von der Beschlagnahme auszuschließen. Die Beschlagnahme kann in der Anordnung weiter beschränkt werden.
(3) Die Beschlagnahme kann dadurch abgewendet werden, dass der Betroffene den Teil eines Inhalts, der zur Beschlagnahme Anlass gibt, von der Vervielfältigung oder der Verbreitung ausschließt.
(4) Die Beschlagnahme einer periodisch erscheinenden Verkörperung eines Inhalts (§ 11 Absatz 3 des Strafgesetzbuches) oder einer zu deren Herstellung gebrauchten oder bestimmten Vorrichtung im Sinne des § 74d des Strafgesetzbuches ordnet das Gericht an. Die Beschlagnahme einer Verkörperung eines anderen Inhalts (§ 11 Absatz 3 des Strafgesetzbuches) oder einer zu deren Herstellung gebrauchten oder bestimmten Vorrichtung im Sinne des § 74d des Strafgesetzbuches kann bei Gefahr in Verzug auch die Staatsanwaltschaft anordnen. Die Anordnung der Staatsanwaltschaft tritt außer Kraft, wenn sie nicht binnen drei Tagen von dem Gericht bestätigt wird. In der Anordnung der Beschlagnahme ist der genaue Inhalt, der zur Beschlagnahme Anlass gibt, zu bezeichnen.
(5) Eine Beschlagnahme nach Absatz 4 ist aufzuheben, wenn nicht binnen zwei Monaten die öffentliche Klage erhoben oder die selbständige Einziehung beantragt wird. Reicht die in Satz 1 bezeichnete Frist wegen des besonderen Umfanges der Ermittlungen nicht aus, kann das Gericht auf Antrag der Staatsanwaltschaft die Frist um weitere zwei Monate verlängern. Der Antrag kann einmal wiederholt werden. Vor Erhebung der öffentlichen Klage oder vor Beantragung der selbständigen Einziehung ist die Beschlagnahme aufzuheben, wenn die Staatsanwaltschaft dies beantragt.

Neunter Abschnitt
Verhaftung und vorläufige Festnahme

§ 112 Voraussetzungen der Untersuchungshaft; Haftgründe

(1) Die Untersuchungshaft darf gegen den Beschuldigten angeordnet werden, wenn er der Tat dringend verdächtig ist und ein Haftgrund besteht. Sie darf nicht angeordnet werden, wenn sie zu der Bedeutung der Sache und der zu erwartenden Strafe oder Maßregel der Besserung und Sicherung außer Verhältnis steht.
(2) Ein Haftgrund besteht, wenn auf Grund bestimmter Tatsachen
1. festgestellt wird, daß der Beschuldigte flüchtig ist oder sich verborgen hält,
2. bei Würdigung der Umstände des Einzelfalles die Gefahr besteht, daß der Beschuldigte sich dem Strafverfahren entziehen werde (Fluchtgefahr), oder
3. das Verhalten des Beschuldigten den dringenden Verdacht begründet, er werde
   a) Beweismittel vernichten, verändern, beiseite schaffen, unterdrücken oder fälschen oder
   b) auf Mitbeschuldigte, Zeugen oder Sachverständige in unlauterer Weise einwirken oder
   c) andere zu solchem Verhalten veranlassen,
   und wenn deshalb die Gefahr droht, daß die Ermittlung der Wahrheit erschwert werde (Verdunkelungsgefahr).

(3) Gegen den Beschuldigten, der einer Straftat nach § 6 Absatz 1 Nummer 1 oder § 13 Absatz 1 des Völkerstrafgesetzbuches oder § 129a Abs. 1 oder Abs. 2, auch in Verbindung mit § 129b Abs. 1 oder nach den §§ 176c, 176d, 211, 212, 226, 306b oder 306c des Strafgesetzbuches oder, soweit durch die Tat Leib oder Leben eines anderen gefährdet worden ist, nach § 308 Abs. 1 bis 3 des Strafgesetzbuches dringend verdächtig ist, darf die Untersuchungshaft auch angeordnet werden, wenn ein Haftgrund nach Absatz 2 nicht besteht.

§ 112a Haftgrund der Wiederholungsgefahr

(1) Ein Haftgrund besteht auch, wenn der Beschuldigte dringend verdächtig ist,
1. eine Straftat nach den §§ 174, 174a, 176 bis 178, 184b Absatz 2 oder nach § 238 Abs. 2 und 3 des Strafgesetzbuches oder
2. wiederholt oder fortgesetzt eine die Rechtsordnung schwerwiegend beeinträchtigende Straftat nach den §§ 89a, 89c Absatz 1 bis 4, nach § 125a, nach den §§ 224 bis 227, nach den §§ 243, 244, 249 bis 255, 260, nach § 263, nach den §§ 306 bis 306c oder § 316a des Strafgesetzbuches oder nach § 29 Absatz 1 Satz 1 Nummer 1, 10 oder Abs. 3, § 29a Abs. 1, § 30a Abs. 1 des Betäubungsmittelgesetzes oder nach § 4 Absatz 3 Nummer 1 Buchstabe a des Neue-psychoaktive-Stoffe-Gesetzes

begangen zu haben, und bestimmte Tatsachen die Gefahr begründen, daß er vor rechtskräftiger Aburteilung weitere erhebliche Straftaten gleicher Art begehen oder die Straftat fortsetzen werde, die Haft zur Abwendung der drohenden Gefahr erforderlich und in den Fällen der Nummer 2 eine Freiheitsstrafe von mehr als einem Jahr zu erwarten ist. In die Beurteilung des dringenden Verdachts einer Tatbegehung im Sinne des Satzes 1 Nummer 2 sind auch solche Taten einzubeziehen, die Gegenstand anderer, auch rechtskräftig abgeschlossener, Verfahren sind oder waren.

(2) Absatz 1 findet keine Anwendung, wenn die Voraussetzungen für den Erlaß eines Haftbefehls nach § 112 vorliegen und die Voraussetzungen für die Aussetzung des Vollzugs des Haftbefehls nach § 116 Abs. 1, 2 nicht gegeben sind.

§ 113 Untersuchungshaft bei leichteren Taten

(1) Ist die Tat nur mit Freiheitsstrafe bis zu sechs Monaten oder mit Geldstrafe bis zu einhundertachtzig Tagessätzen bedroht, so darf die Untersuchungshaft wegen Verdunkelungsgefahr nicht angeordnet werden.
(2) In diesen Fällen darf die Untersuchungshaft wegen Fluchtgefahr nur angeordnet werden, wenn der Beschuldigte
1. sich dem Verfahren bereits einmal entzogen hatte oder Anstalten zur Flucht getroffen hat,
2. im Geltungsbereich dieses Gesetzes keinen festen Wohnsitz oder Aufenthalt hat oder
3. sich über seine Person nicht ausweisen kann.

§ 114 Haftbefehl

(1) Die Untersuchungshaft wird durch schriftlichen Haftbefehl des Richters angeordnet.
(2) In dem Haftbefehl sind anzuführen
1. der Beschuldigte,
2. die Tat, deren er dringend verdächtig ist, Zeit und Ort ihrer Begehung, die gesetzlichen Merkmale der Straftat und die anzuwendenden Strafvorschriften,
3. der Haftgrund sowie
4. die Tatsachen, aus denen sich der dringende Tatverdacht und der Haftgrund ergibt, soweit nicht dadurch die Staatssicherheit gefährdet wird.

(3) Wenn die Anwendung des § 112 Abs. 1 Satz 2 naheliegt oder der Beschuldigte sich auf diese Vorschrift beruft, sind die Gründe dafür anzugeben, daß sie nicht angewandt wurde.

§ 114a Aushändigung des Haftbefehls; Übersetzung

Dem Beschuldigten ist bei der Verhaftung eine Abschrift des Haftbefehls auszuhändigen; beherrscht er die deutsche Sprache nicht hinreichend, erhält er zudem eine Übersetzung in einer für ihn verständlichen Sprache. Ist die Aushändigung einer Abschrift und einer etwaigen Übersetzung nicht möglich, ist ihm unverzüglich in einer für ihn verständlichen Sprache mitzuteilen, welches die Gründe für die Verhaftung sind und welche Beschuldigungen gegen ihn erhoben werden. In diesem Fall ist die Aushändigung der Abschrift des Haftbefehls sowie einer etwaigen Übersetzung unverzüglich nachzuholen.

§ 114b Belehrung des verhafteten Beschuldigten

(1) Der verhaftete Beschuldigte ist unverzüglich und schriftlich in einer für ihn verständlichen Sprache über seine Rechte zu belehren. Ist eine schriftliche Belehrung erkennbar nicht ausreichend, hat zudem eine mündliche Belehrung zu erfolgen. Entsprechend ist zu verfahren, wenn eine schriftliche Belehrung nicht möglich ist; sie soll

jedoch nachgeholt werden, sofern dies in zumutbarer Weise möglich ist. Der Beschuldigte soll schriftlich bestätigen, dass er belehrt wurde; falls er sich weigert, ist dies zu dokumentieren.

(2) In der Belehrung nach Absatz 1 ist der Beschuldigte darauf hinzuweisen, dass er

1. unverzüglich, spätestens am Tag nach der Ergreifung, dem Gericht vorzuführen ist, das ihn zu vernehmen und über seine weitere Inhaftierung zu entscheiden hat,
2. das Recht hat, sich zur Beschuldigung zu äußern oder nicht zur Sache auszusagen,
3. zu seiner Entlastung einzelne Beweiserhebungen beantragen kann,
4. jederzeit, auch schon vor seiner Vernehmung, einen von ihm zu wählenden Verteidiger befragen kann; dabei sind ihm Informationen zur Verfügung zu stellen, die es ihm erleichtern, einen Verteidiger zu kontaktieren; auf bestehende anwaltliche Notdienste ist dabei hinzuweisen,
4a. in den Fällen des § 140 die Bestellung eines Pflichtverteidigers nach Maßgabe des § 141 Absatz 1 und des § 142 Absatz 1 beantragen kann; dabei ist auf die mögliche Kostenfolge des § 465 hinzuweisen,
5. das Recht hat, die Untersuchung durch einen Arzt oder eine Ärztin seiner Wahl zu verlangen,
6. einen Angehörigen oder eine Person seines Vertrauens benachrichtigen kann, soweit der Zweck der Untersuchung dadurch nicht erheblich gefährdet wird,
7. nach Maßgabe des § 147 Absatz 4 beantragen kann, die Akten einzusehen und unter Aufsicht amtlich verwahrte Beweisstücke zu besichtigen, soweit er keinen Verteidiger hat, und
8. bei Aufrechterhaltung der Untersuchungshaft nach Vorführung vor den zuständigen Richter
   a) eine Beschwerde gegen den Haftbefehl einlegen oder eine Haftprüfung (§ 117 Absatz 1 und 2) und eine mündliche Verhandlung (§ 118 Absatz 1 und 2) beantragen kann,
   b) bei Unstatthaftigkeit der Beschwerde eine gerichtliche Entscheidung nach § 119 Absatz 5 beantragen kann und
   c) gegen behördliche Entscheidungen und Maßnahmen im Untersuchungshaftvollzug eine gerichtliche Entscheidung nach § 119a Absatz 1 beantragen kann.

Der Beschuldigte ist auf das Akteneinsichtsrecht des Verteidigers nach § 147 hinzuweisen. Ein Beschuldigter, der der deutschen Sprache nicht hinreichend mächtig ist, ist in einer ihm verständlichen Sprache darauf hinzuweisen, dass er nach Maßgabe des § 187 Absatz 1 bis 3 des Gerichtsverfassungsgesetzes für das gesamte Strafverfahren die unentgeltliche Hinzuziehung eines Dolmetschers oder Übersetzers beanspruchen kann; ein hör- oder sprachbehinderter Beschuldigter ist auf sein Wahlrecht nach § 186 Absatz 1 und 2 des Gerichtsverfassungsgesetzes hinzuweisen. Ein ausländischer Staatsangehöriger ist darüber zu belehren, dass er die Unterrichtung der konsularischen Vertretung seines Heimatstaates verlangen und dieser Mitteilungen zukommen lassen kann.

§ 114c Benachrichtigung von Angehörigen

(1) Einem verhafteten Beschuldigten ist unverzüglich Gelegenheit zu geben, einen Angehörigen oder eine Person seines Vertrauens zu benachrichtigen, sofern der Zweck der Untersuchung dadurch nicht erheblich gefährdet wird.

(2) Wird gegen einen verhafteten Beschuldigten nach der Vorführung vor das Gericht Haft vollzogen, hat das Gericht die unverzügliche Benachrichtigung eines seiner Angehörigen oder einer Person seines Vertrauens anzuordnen. Die gleiche Pflicht besteht bei jeder weiteren Entscheidung über die Fortdauer der Haft.

§ 114d Mitteilungen an die Vollzugsanstalt

(1) Das Gericht übermittelt der für den Beschuldigten zuständigen Vollzugsanstalt mit dem Aufnahmeersuchen eine Abschrift des Haftbefehls. Darüber hinaus teilt es ihr mit

1. die das Verfahren führende Staatsanwaltschaft und das nach § 126 zuständige Gericht,
2. die Personen, die nach § 114c benachrichtigt worden sind,
3. Entscheidungen und sonstige Maßnahmen nach § 119 Abs. 1 und 2,
4. weitere im Verfahren ergehende Entscheidungen, soweit dies für die Erfüllung der Aufgaben der Vollzugsanstalt erforderlich ist,
5. Hauptverhandlungstermine und sich aus ihnen ergebende Erkenntnisse, die für die Erfüllung der Aufgaben der Vollzugsanstalt erforderlich sind,
6. den Zeitpunkt der Rechtskraft des Urteils sowie
7. andere Daten zur Person des Beschuldigten, die für die Erfüllung der Aufgaben der Vollzugsanstalt erforderlich sind, insbesondere solche über seine Persönlichkeit und weitere relevante Strafverfahren.

Die Sätze 1 und 2 gelten bei Änderungen der mitgeteilten Tatsachen entsprechend. Mitteilungen unterbleiben, soweit die Tatsachen der Vollzugsanstalt bereits anderweitig bekannt geworden sind.

(2) Die Staatsanwaltschaft unterstützt das Gericht bei der Erfüllung seiner Aufgaben nach Absatz 1 und teilt der Vollzugsanstalt von Amts wegen insbesondere Daten nach Absatz 1 Satz 2 Nr. 7 sowie von ihr getroffene

Entscheidungen und sonstige Maßnahmen nach § 119 Abs. 1 und 2 mit. Zudem übermittelt die Staatsanwaltschaft der Vollzugsanstalt eine Abschrift der Anklageschrift und teilt dem nach § 126 Abs. 1 zuständigen Gericht die Anklageerhebung mit.

§ 114e Übermittlung von Erkenntnissen durch die Vollzugsanstalt

Die Vollzugsanstalt übermittelt dem Gericht und der Staatsanwaltschaft von Amts wegen beim Vollzug der Untersuchungshaft erlangte Erkenntnisse, soweit diese aus Sicht der Vollzugsanstalt für die Erfüllung der Aufgaben der Empfänger von Bedeutung sind und diesen nicht bereits anderweitig bekannt geworden sind. Sonstige Befugnisse der Vollzugsanstalt, dem Gericht und der Staatsanwaltschaft Erkenntnisse mitzuteilen, bleiben unberührt.

§ 115 Vorführung vor den zuständigen Richter

(1) Wird der Beschuldigte auf Grund des Haftbefehls ergriffen, so ist er unverzüglich dem zuständigen Gericht vorzuführen.
(2) Das Gericht hat den Beschuldigten unverzüglich nach der Vorführung, spätestens am nächsten Tage, über den Gegenstand der Beschuldigung zu vernehmen.
(3) Bei der Vernehmung ist der Beschuldigte auf die ihn belastenden Umstände und sein Recht hinzuweisen, sich zur Beschuldigung zu äußern oder nicht zur Sache auszusagen. Ihm ist Gelegenheit zu geben, die Verdachts- und Haftgründe zu entkräften und die Tatsachen geltend zu machen, die zu seinen Gunsten sprechen.
(4) Wird die Haft aufrechterhalten, so ist der Beschuldigte über das Recht der Beschwerde und die anderen Rechtsbehelfe (§ 117 Abs. 1, 2, § 118 Abs. 1, 2, § 119 Abs. 5, § 119a Abs. 1) zu belehren. § 304 Abs. 4 und 5 bleibt unberührt.

§ 115a Vorführung vor den Richter des nächsten Amtsgerichts

(1) Kann der Beschuldigte nicht spätestens am Tag nach der Ergreifung dem zuständigen Gericht vorgeführt werden, so ist er unverzüglich, spätestens am Tage nach der Ergreifung, dem nächsten Amtsgericht vorzuführen.
(2) Das Gericht hat den Beschuldigten unverzüglich nach der Vorführung, spätestens am nächsten Tage, zu vernehmen. Bei der Vernehmung wird, soweit möglich, § 115 Abs. 3 angewandt. Ergibt sich bei der Vernehmung, dass der Haftbefehl aufgehoben, seine Aufhebung durch die Staatsanwaltschaft beantragt (§ 120 Abs. 3) oder der Ergriffene nicht die in dem Haftbefehl bezeichnete Person ist, so ist der Ergriffene freizulassen. Erhebt dieser sonst gegen den Haftbefehl oder dessen Vollzug Einwendungen, die nicht offensichtlich unbegründet sind, oder hat das Gericht Bedenken gegen die Aufrechterhaltung der Haft, so teilt es diese dem zuständigen Gericht und der zuständigen Staatsanwaltschaft unverzüglich und auf dem nach den Umständen angezeigten schnellsten Wege mit; das zuständige Gericht prüft unverzüglich, ob der Haftbefehl aufzuheben oder außer Vollzug zu setzen ist.
(3) Wird der Beschuldigte nicht freigelassen, so ist er auf sein Verlangen dem zuständigen Gericht zur Vernehmung nach § 115 vorzuführen. Der Beschuldigte ist auf dieses Recht hinzuweisen und gemäß § 115 Abs. 4 zu belehren.

§ 116 Aussetzung des Vollzugs des Haftbefehls

(1) Der Richter setzt den Vollzug eines Haftbefehls, der lediglich wegen Fluchtgefahr gerechtfertigt ist, aus, wenn weniger einschneidende Maßnahmen die Erwartung hinreichend begründen, daß der Zweck der Untersuchungshaft auch durch sie erreicht werden kann. In Betracht kommen namentlich
1. die Anweisung, sich zu bestimmten Zeiten bei dem Richter, der Strafverfolgungsbehörde oder einer von ihnen bestimmten Dienststelle zu melden,
2. die Anweisung, den Wohn- oder Aufenthaltsort oder einen bestimmten Bereich nicht ohne Erlaubnis des Richters oder der Strafverfolgungsbehörde zu verlassen,
3. die Anweisung, die Wohnung nur unter Aufsicht einer bestimmten Person zu verlassen,
4. die Leistung einer angemessenen Sicherheit durch den Beschuldigten oder einen anderen.

(2) Der Richter kann auch den Vollzug eines Haftbefehls, der wegen Verdunkelungsgefahr gerechtfertigt ist, aussetzen, wenn weniger einschneidende Maßnahmen die Erwartung hinreichend begründen, daß sie die Verdunkelungsgefahr erheblich vermindern werden. In Betracht kommt namentlich die Anweisung, mit Mitbeschuldigten, Zeugen oder Sachverständigen keine Verbindung aufzunehmen.
(3) Der Richter kann den Vollzug eines Haftbefehls, der nach § 112a erlassen worden ist, aussetzen, wenn die Erwartung hinreichend begründet ist, daß der Beschuldigte bestimmte Anweisungen befolgen und daß dadurch der Zweck der Haft erreicht wird.
(4) Der Richter ordnet in den Fällen der Absätze 1 bis 3 den Vollzug des Haftbefehls an, wenn
1. der Beschuldigte den ihm auferlegten Pflichten oder Beschränkungen gröblich zuwiderhandelt,

2. der Beschuldigte Anstalten zur Flucht trifft, auf ordnungsgemäße Ladung ohne genügende Entschuldigung ausbleibt oder sich auf andere Weise zeigt, daß das in ihn gesetzte Vertrauen nicht gerechtfertigt war, oder
3. neu hervorgetretene Umstände die Verhaftung erforderlich machen.

§ 116a Aussetzung gegen Sicherheitsleistung

(1) Die Sicherheit ist durch Hinterlegung in barem Geld, in Wertpapieren, durch Pfandbestellung oder durch Bürgschaft geeigneter Personen zu leisten. Davon abweichende Regelungen in einer auf Grund des Gesetzes über den Zahlungsverkehr mit Gerichten und Justizbehörden erlassenen Rechtsverordnung bleiben unberührt.
(2) Der Richter setzt Höhe und Art der Sicherheit nach freiem Ermessen fest.
(3) Der Beschuldigte, der die Aussetzung des Vollzugs des Haftbefehls gegen Sicherheitsleistung beantragt und nicht im Geltungsbereich dieses Gesetzes wohnt, ist verpflichtet, eine im Bezirk des zuständigen Gerichts wohnende Person zum Empfang von Zustellungen zu bevollmächtigen.

§ 116b Verhältnis von Untersuchungshaft zu anderen freiheitsentziehenden Maßnahmen

Die Vollstreckung der Untersuchungshaft geht der Vollstreckung der Auslieferungshaft, der vorläufigen Auslieferungshaft, der Abschiebungshaft und der Zurückweisungshaft vor. Die Vollstreckung anderer freiheitsentziehender Maßnahmen geht der Vollstreckung von Untersuchungshaft vor, es sei denn, das Gericht trifft eine abweichende Entscheidung, weil der Zweck der Untersuchungshaft dies erfordert.

§ 117 Haftprüfung

(1) Solange der Beschuldigte in Untersuchungshaft ist, kann er jederzeit die gerichtliche Prüfung beantragen, ob der Haftbefehl aufzuheben oder dessen Vollzug nach § 116 auszusetzen ist (Haftprüfung).
(2) Neben dem Antrag auf Haftprüfung ist die Beschwerde unzulässig. Das Recht der Beschwerde gegen die Entscheidung, die auf den Antrag ergeht, wird dadurch nicht berührt.
(3) Der Richter kann einzelne Ermittlungen anordnen, die für die künftige Entscheidung über die Aufrechterhaltung der Untersuchungshaft von Bedeutung sind, und nach Durchführung dieser Ermittlungen eine neue Prüfung vornehmen.

§ 118 Verfahren bei der Haftprüfung

(1) Bei der Haftprüfung wird auf Antrag des Beschuldigten oder nach dem Ermessen des Gerichts von Amts wegen nach mündlicher Verhandlung entschieden.
(2) Ist gegen den Haftbefehl Beschwerde eingelegt, so kann auch im Beschwerdeverfahren auf Antrag des Beschuldigten oder von Amts wegen nach mündlicher Verhandlung entschieden werden.
(3) Ist die Untersuchungshaft nach mündlicher Verhandlung aufrechterhalten worden, so hat der Beschuldigte einen Anspruch auf eine weitere mündliche Verhandlung nur, wenn die Untersuchungshaft mindestens drei Monate und seit der letzten mündlichen Verhandlung mindestens zwei Monate gedauert hat.
(4) Ein Anspruch auf mündliche Verhandlung besteht nicht, solange die Hauptverhandlung andauert oder wenn ein Urteil ergangen ist, das auf eine Freiheitsstrafe oder eine freiheitsentziehende Maßregel der Besserung und Sicherung erkennt.
(5) Die mündliche Verhandlung ist unverzüglich durchzuführen; sie darf ohne Zustimmung des Beschuldigten nicht über zwei Wochen nach dem Eingang des Antrags anberaumt werden.

§ 118a Mündliche Verhandlung bei der Haftprüfung

(1) Von Ort und Zeit der mündlichen Verhandlung sind die Staatsanwaltschaft sowie der Beschuldigte und der Verteidiger zu benachrichtigen.
(2) Der Beschuldigte ist zu der Verhandlung vorzuführen, es sei denn, daß er auf die Anwesenheit in der Verhandlung verzichtet hat oder daß der Vorführung weite Entfernung oder Krankheit des Beschuldigten oder andere nicht zu beseitigende Hindernisse entgegenstehen. Das Gericht kann anordnen, dass unter den Voraussetzungen des Satzes 1 die mündliche Verhandlung in der Weise erfolgt, dass sich der Beschuldigte an einem anderen Ort als das Gericht aufhält und die Verhandlung zeitgleich in Bild und Ton an den Ort, an dem sich der Beschuldigte aufhält, und in das Sitzungszimmer übertragen wird. Wird der Beschuldigte zur mündlichen Verhandlung nicht vorgeführt und nicht nach Satz 2 verfahren, so muss ein Verteidiger seine Rechte in der Verhandlung wahrnehmen.
(3) In der mündlichen Verhandlung sind die anwesenden Beteiligten zu hören. Art und Umfang der Beweisaufnahme bestimmt das Gericht. Über die Verhandlung ist ein Protokoll aufzunehmen; die §§ 271 bis 273 gelten entsprechend.
(4) Die Entscheidung ist am Schluß der mündlichen Verhandlung zu verkünden. Ist dies nicht möglich, so ist die Entscheidung spätestens binnen einer Woche zu erlassen.

§ 118b Anwendung von Rechtsmittelvorschriften

Für den Antrag auf Haftprüfung (§ 117 Abs. 1) und den Antrag auf mündliche Verhandlung gelten die §§ 297 bis 300 und 302 Abs. 2 entsprechend.

§ 119 Haftgrundbezogene Beschränkungen während der Untersuchungshaft

(1) Soweit dies zur Abwehr einer Flucht-, Verdunkelungs- oder Wiederholungsgefahr (§§ 112, 112a) erforderlich ist, können einem inhaftierten Beschuldigten Beschränkungen auferlegt werden. Insbesondere kann angeordnet werden, dass
1. der Empfang von Besuchen und die Telekommunikation der Erlaubnis bedürfen,
2. Besuche, Telekommunikation sowie der Schrift- und Paketverkehr zu überwachen sind,
3. die Übergabe von Gegenständen bei Besuchen der Erlaubnis bedarf,
4. der Beschuldigte von einzelnen oder allen anderen Inhaftierten getrennt wird,
5. die gemeinsame Unterbringung und der gemeinsame Aufenthalt mit anderen Inhaftierten eingeschränkt oder ausgeschlossen werden.

Die Anordnungen trifft das Gericht. Kann dessen Anordnung nicht rechtzeitig herbeigeführt werden, kann die Staatsanwaltschaft oder die Vollzugsanstalt eine vorläufige Anordnung treffen. Die Anordnung ist dem Gericht binnen drei Werktagen zur Genehmigung vorzulegen, es sei denn, sie hat sich zwischenzeitlich erledigt. Der Beschuldigte ist über Anordnungen in Kenntnis zu setzen. Die Anordnung nach Satz 2 Nr. 2 schließt die Ermächtigung ein, Besuche und Telekommunikation abzubrechen sowie Schreiben und Pakete anzuhalten.

(2) Die Ausführung der Anordnungen obliegt der anordnenden Stelle. Das Gericht kann die Ausführung von Anordnungen widerruflich auf die Staatsanwaltschaft übertragen, die sich bei der Ausführung der Hilfe durch ihre Ermittlungspersonen und die Vollzugsanstalt bedienen kann. Die Übertragung ist unanfechtbar.

(3) Ist die Überwachung der Telekommunikation nach Absatz 1 Satz 2 Nr. 2 angeordnet, ist die beabsichtigte Überwachung den Gesprächspartnern des Beschuldigten unmittelbar nach Herstellung der Verbindung mitzuteilen. Die Mitteilung kann durch den Beschuldigten selbst erfolgen. Der Beschuldigte ist rechtzeitig vor Beginn der Telekommunikation über die Mitteilungspflicht zu unterrichten.

(4) Die §§ 148, 148a bleiben unberührt. Sie gelten entsprechend für den Verkehr des Beschuldigten mit
1. der für ihn zuständigen Bewährungshilfe,
2. der für ihn zuständigen Führungsaufsichtsstelle,
3. der für ihn zuständigen Gerichtshilfe,
4. den Volksvertretungen des Bundes und der Länder,
5. dem Bundesverfassungsgericht und dem für ihn zuständigen Landesverfassungsgericht,
6. dem für ihn zuständigen Bürgerbeauftragten eines Landes,
7. dem oder der Bundesbeauftragten für den Datenschutz und die Informationsfreiheit, den für die Kontrolle der Einhaltung der Vorschriften über den Datenschutz in den Ländern zuständigen Stellen der Länder und den Aufsichtsbehörden nach § 40 des Bundesdatenschutzgesetzes,
8. dem Europäischen Parlament,
9. dem Europäischen Gerichtshof für Menschenrechte,
10. dem Europäischen Gerichtshof,
11. dem Europäischen Datenschutzbeauftragten,
12. dem Europäischen Bürgerbeauftragten,
13. dem Europäischen Ausschuss zur Verhütung von Folter und unmenschlicher oder erniedrigender Behandlung oder Strafe,
14. der Europäischen Kommission gegen Rassismus und Intoleranz,
15. dem Menschenrechtsausschuss der Vereinten Nationen,
16. den Ausschüssen der Vereinten Nationen für die Beseitigung der Rassendiskriminierung und für die Beseitigung der Diskriminierung der Frau,
17. dem Ausschuss der Vereinten Nationen gegen Folter, dem zugehörigen Unterausschuss zur Verhütung von Folter und den entsprechenden Nationalen Präventionsmechanismen,
18. den in § 53 Abs. 1 Satz 1 Nr. 1 und 4 genannten Personen in Bezug auf die dort bezeichneten Inhalte,
19. soweit das Gericht nichts anderes anordnet,
    a) den Beiräten bei den Justizvollzugsanstalten und
    b) der konsularischen Vertretung seines Heimatstaates.

Die Maßnahmen, die erforderlich sind, um das Vorliegen der Voraussetzungen nach den Sätzen 1 und 2 festzustellen, trifft die nach Absatz 2 zuständige Stelle.

(5) Gegen nach dieser Vorschrift ergangene Entscheidungen oder sonstige Maßnahmen kann gerichtliche Entscheidung beantragt werden, soweit nicht das Rechtsmittel der Beschwerde statthaft ist. Der Antrag hat keine aufschiebende Wirkung. Das Gericht kann jedoch vorläufige Anordnungen treffen.
(6) Die Absätze 1 bis 5 gelten auch, wenn gegen einen Beschuldigten, gegen den Untersuchungshaft angeordnet ist, eine andere freiheitsentziehende Maßnahme vollstreckt wird (§ 116b). Die Zuständigkeit des Gerichts bestimmt sich auch in diesem Fall nach § 126.

§ 119a Gerichtliche Entscheidung über eine Maßnahme der Vollzugsbehörde
(1) Gegen eine behördliche Entscheidung oder Maßnahme im Untersuchungshaftvollzug kann gerichtliche Entscheidung beantragt werden. Eine gerichtliche Entscheidung kann zudem beantragt werden, wenn eine im Untersuchungshaftvollzug beantragte behördliche Entscheidung nicht innerhalb von drei Wochen ergangen ist.
(2) Der Antrag auf gerichtliche Entscheidung hat keine aufschiebende Wirkung. Das Gericht kann jedoch vorläufige Anordnungen treffen.
(3) Gegen die Entscheidung des Gerichts kann auch die für die vollzugliche Entscheidung oder Maßnahme zuständige Stelle Beschwerde erheben.

§ 120 Aufhebung des Haftbefehls
(1) Der Haftbefehl ist aufzuheben, sobald die Voraussetzungen der Untersuchungshaft nicht mehr vorliegen oder sich ergibt, daß die weitere Untersuchungshaft zu der Bedeutung der Sache und der zu erwartenden Strafe oder Maßregel der Besserung und Sicherung außer Verhältnis stehen würde. Er ist namentlich aufzuheben, wenn der Beschuldigte freigesprochen oder die Eröffnung des Hauptverfahrens abgelehnt oder das Verfahren nicht bloß vorläufig eingestellt wird.
(2) Durch die Einlegung eines Rechtsmittels darf die Freilassung des Beschuldigten nicht aufgehalten werden.
(3) Der Haftbefehl ist auch aufzuheben, wenn die Staatsanwaltschaft es vor Erhebung der öffentlichen Klage beantragt. Gleichzeitig mit dem Antrag kann die Staatsanwaltschaft die Freilassung des Beschuldigten anordnen.

§ 121 Fortdauer der Untersuchungshaft über sechs Monate
(1) Solange kein Urteil ergangen ist, das auf Freiheitsstrafe oder eine freiheitsentziehende Maßregel der Besserung und Sicherung erkennt, darf der Vollzug der Untersuchungshaft wegen derselben Tat über sechs Monate hinaus nur aufrechterhalten werden, wenn die besondere Schwierigkeit oder der besondere Umfang der Ermittlungen oder ein anderer wichtiger Grund das Urteil noch nicht zulassen und die Fortdauer der Haft rechtfertigen.
(2) In den Fällen des Absatzes 1 ist der Haftbefehl nach Ablauf der sechs Monate aufzuheben, wenn nicht der Vollzug des Haftbefehls nach § 116 ausgesetzt wird oder das Oberlandesgericht die Fortdauer der Untersuchungshaft anordnet.
(3) Werden die Akten dem Oberlandesgericht vor Ablauf der in Absatz 2 bezeichneten Frist vorgelegt, so ruht der Fristenlauf bis zu dessen Entscheidung. Hat die Hauptverhandlung begonnen, bevor die Frist abgelaufen ist, so ruht der Fristenlauf auch bis zur Verkündung des Urteils. Wird die Hauptverhandlung ausgesetzt und werden die Akten unverzüglich nach der Aussetzung dem Oberlandesgericht vorgelegt, so ruht der Fristenlauf ebenfalls bis zu dessen Entscheidung.
(4) In den Sachen, in denen eine Strafkammer nach § 74a des Gerichtsverfassungsgesetzes zuständig ist, entscheidet das nach § 120 des Gerichtsverfassungsgesetzes zuständige Oberlandesgericht. In den Sachen, in denen ein Oberlandesgericht nach den §§ 120 oder 120b des Gerichtsverfassungsgesetzes zuständig ist, tritt an dessen Stelle der Bundesgerichtshof.

§ 122 Besondere Haftprüfung durch das Oberlandesgericht
(1) In den Fällen des § 121 legt das zuständige Gericht die Akten durch Vermittlung der Staatsanwaltschaft dem Oberlandesgericht zur Entscheidung vor, wenn es die Fortdauer der Untersuchungshaft für erforderlich hält oder die Staatsanwaltschaft es beantragt.
(2) Vor der Entscheidung sind der Beschuldigte und der Verteidiger zu hören. Das Oberlandesgericht kann über die Fortdauer der Untersuchungshaft nach mündlicher Verhandlung entscheiden; geschieht dies, so gilt § 118a entsprechend.
(3) Ordnet das Oberlandesgericht die Fortdauer der Untersuchungshaft an, so gilt § 114 Abs. 2 Nr. 4 entsprechend. Für die weitere Haftprüfung (§ 117 Abs. 1) ist das Oberlandesgericht zuständig, bis ein Urteil ergeht, das auf Freiheitsstrafe oder eine freiheitsentziehende Maßregel der Besserung und Sicherung erkennt. Es kann die Haftprüfung dem Gericht, das nach den allgemeinen Vorschriften dafür zuständig ist, für die Zeit von jeweils höchstens drei Monaten übertragen. In den Fällen des § 118 Abs. 1 entscheidet das Oberlandesgericht über einen Antrag auf mündliche Verhandlung nach seinem Ermessen.

(4) Die Prüfung der Voraussetzungen nach § 121 Abs. 1 ist auch im weiteren Verfahren dem Oberlandesgericht vorbehalten. Die Prüfung muß jeweils spätestens nach drei Monaten wiederholt werden.
(5) Das Oberlandesgericht kann den Vollzug des Haftbefehls nach § 116 aussetzen.
(6) Sind in derselben Sache mehrere Beschuldigte in Untersuchungshaft, so kann das Oberlandesgericht über die Fortdauer der Untersuchungshaft auch solcher Beschuldigter entscheiden, für die es nach § 121 und den vorstehenden Vorschriften noch nicht zuständig wäre.
(7) Ist der Bundesgerichtshof zur Entscheidung zuständig, so tritt dieser an die Stelle des Oberlandesgerichts.

§ 122a Höchstdauer der Untersuchungshaft bei Wiederholungsgefahr
In den Fällen des § 121 Abs. 1 darf der Vollzug der Haft nicht länger als ein Jahr aufrechterhalten werden, wenn sie auf den Haftgrund des § 112a gestützt ist.

§ 123 Aufhebung der Vollzugsaussetzung dienender Maßnahmen
(1) Eine Maßnahme, die der Aussetzung des Haftvollzugs dient (§ 116), ist aufzuheben, wenn
1. der Haftbefehl aufgehoben wird oder
2. die Untersuchungshaft oder die erkannte Freiheitsstrafe oder freiheitsentziehende Maßregel der Besserung und Sicherung vollzogen wird.

(2) Unter denselben Voraussetzungen wird eine noch nicht verfallene Sicherheit frei.
(3) Wer für den Beschuldigten Sicherheit geleistet hat, kann deren Freigabe dadurch erlangen, daß er entweder binnen einer vom Gericht zu bestimmenden Frist die Gestellung des Beschuldigten bewirkt oder die Tatsachen, die den Verdacht einer vom Beschuldigten beabsichtigten Flucht begründen, so rechtzeitig mitteilt, daß der Beschuldigte verhaftet werden kann.

§ 124 Verfall der geleisteten Sicherheit
(1) Eine noch nicht frei gewordene Sicherheit verfällt der Staatskasse, wenn der Beschuldigte sich der Untersuchung oder dem Antritt der erkannten Freiheitsstrafe oder freiheitsentziehenden Maßregel der Besserung und Sicherung entzieht.
(2) Vor der Entscheidung sind der Beschuldigte sowie derjenige, welcher für den Beschuldigten Sicherheit geleistet hat, zu einer Erklärung aufzufordern. Gegen die Entscheidung steht ihnen nur die sofortige Beschwerde zu. Vor der Entscheidung über die Beschwerde ist ihnen und der Staatsanwaltschaft Gelegenheit zur mündlichen Begründung ihrer Anträge sowie zur Erörterung über durchgeführte Ermittlungen zu geben.
(3) Die den Verfall aussprechende Entscheidung hat gegen denjenigen, welcher für den Beschuldigten Sicherheit geleistet hat, die Wirkungen eines von dem Zivilrichter erlassenen, für vorläufig vollstreckbar erklärten Endurteils und nach Ablauf der Beschwerdefrist die Wirkungen eines rechtskräftigen Zivilendurteils.

§ 125 Zuständigkeit für den Erlass des Haftbefehls
(1) Vor Erhebung der öffentlichen Klage erläßt der Richter bei dem Amtsgericht, in dessen Bezirk ein Gerichtsstand begründet ist oder der Beschuldigte sich aufhält, auf Antrag der Staatsanwaltschaft oder, wenn ein Staatsanwalt nicht erreichbar und Gefahr im Verzug ist, von Amts wegen den Haftbefehl.
(2) Nach Erhebung der öffentlichen Klage erläßt den Haftbefehl das Gericht, das mit der Sache befaßt ist, und, wenn Revision eingelegt ist, das Gericht, dessen Urteil angefochten ist. In dringenden Fällen kann auch der Vorsitzende den Haftbefehl erlassen.

§ 126 Zuständigkeit für weitere gerichtliche Entscheidungen
(1) Vor Erhebung der öffentlichen Klage ist für die weiteren gerichtlichen Entscheidungen und Maßnahmen, die sich auf die Untersuchungshaft, die Aussetzung ihres Vollzugs (§ 116), ihre Vollstreckung (§ 116b) sowie auf Anträge nach § 119a beziehen, das Gericht zuständig, das den Haftbefehl erlassen hat. Hat das Beschwerdegericht den Haftbefehl erlassen, so ist das Gericht zuständig, das die vorangegangene Entscheidung getroffen hat. Wird das vorbereitende Verfahren an einem anderen Ort geführt oder wird die Untersuchungshaft an einem anderen Ort vollzogen, so kann das Gericht seine Zuständigkeit auf Antrag der Staatsanwaltschaft auf das für diesen Ort zuständige Amtsgericht übertragen. Ist der Ort in mehrere Gerichtsbezirke geteilt, so bestimmt die Landesregierung durch Rechtsverordnung das zuständige Amtsgericht. Die Landesregierung kann diese Ermächtigung auf die Landesjustizverwaltung übertragen.
(2) Nach Erhebung der öffentlichen Klage ist das Gericht zuständig, das mit der Sache befaßt ist. Während des Revisionsverfahrens ist das Gericht zuständig, dessen Urteil angefochten ist. Einzelne Maßnahmen, insbesondere nach § 119, ordnet der Vorsitzende an. In dringenden Fällen kann er auch den Haftbefehl aufheben oder den Vollzug aussetzen (§ 116), wenn die Staatsanwaltschaft zustimmt; andernfalls ist unverzüglich die Entscheidung des Gerichts herbeizuführen.

(3) Das Revisionsgericht kann den Haftbefehl aufheben, wenn es das angefochtene Urteil aufhebt und sich bei dieser Entscheidung ohne weiteres ergibt, daß die Voraussetzungen des § 120 Abs. 1 vorliegen.
(4) Die §§ 121 und 122 bleiben unberührt.
(5) Soweit nach den Gesetzen der Länder über den Vollzug der Untersuchungshaft eine Maßnahme der vorherigen gerichtlichen Anordnung oder der gerichtlichen Genehmigung bedarf, ist das Amtsgericht zuständig, in dessen Bezirk die Maßnahme durchgeführt wird. Unterhält ein Land für den Vollzug der Untersuchungshaft eine Einrichtung auf dem Gebiet eines anderen Landes, können die beteiligten Länder vereinbaren, dass das Amtsgericht zuständig ist, in dessen Bezirk die für die Einrichtung zuständige Aufsichtsbehörde ihren Sitz hat. Für das Verfahren gilt § 121b des Strafvollzugsgesetzes entsprechend.

§ 126a Einstweilige Unterbringung
(1) Sind dringende Gründe für die Annahme vorhanden, daß jemand eine rechtswidrige Tat im Zustand der Schuldunfähigkeit oder verminderten Schuldfähigkeit (§§ 20, 21 des Strafgesetzbuches) begangen hat und daß seine Unterbringung in einem psychiatrischen Krankenhaus oder einer Entziehungsanstalt angeordnet werden wird, so kann das Gericht durch Unterbringungsbefehl die einstweilige Unterbringung in einer dieser Anstalten anordnen, wenn die öffentliche Sicherheit es erfordert.
(2) Für die einstweilige Unterbringung gelten die §§ 114 bis 115a, 116 Abs. 3 und 4, §§ 117 bis 119a, 123, 125 und 126 entsprechend. Die §§ 121, 122 gelten entsprechend mit der Maßgabe, dass das Oberlandesgericht prüft, ob die Voraussetzungen der einstweiligen Unterbringung weiterhin vorliegen.
(3) Der Unterbringungsbefehl ist aufzuheben, wenn die Voraussetzungen der einstweiligen Unterbringung nicht mehr vorliegen oder wenn das Gericht im Urteil die Unterbringung in einem psychiatrischen Krankenhaus oder einer Entziehungsanstalt nicht anordnet. Durch die Einlegung eines Rechtsmittels darf die Freilassung nicht aufgehalten werden. § 120 Abs. 3 gilt entsprechend.
(4) Hat der Untergebrachte einen gesetzlichen Vertreter oder einen Bevollmächtigten im Sinne des § 1906 Abs. 5 des Bürgerlichen Gesetzbuches, so sind Entscheidungen nach Absatz 1 bis 3 auch diesem bekannt zu geben.

§ 127 Vorläufige Festnahme
(1) Wird jemand auf frischer Tat betroffen oder verfolgt, so ist, wenn er der Flucht verdächtig ist oder seine Identität nicht sofort festgestellt werden kann, jedermann befugt, ihn auch ohne richterliche Anordnung vorläufig festzunehmen. Die Feststellung der Identität einer Person durch die Staatsanwaltschaft oder die Beamten des Polizeidienstes bestimmt sich nach § 163b Abs. 1.
(2) Die Staatsanwaltschaft und die Beamten des Polizeidienstes sind bei Gefahr im Verzug auch dann zur vorläufigen Festnahme befugt, wenn die Voraussetzungen eines Haftbefehls oder eines Unterbringungsbefehls vorliegen.
(3) Ist eine Straftat nur auf Antrag verfolgbar, so ist die vorläufige Festnahme auch dann zulässig, wenn ein Antrag noch nicht gestellt ist. Dies gilt entsprechend, wenn eine Straftat nur mit Ermächtigung oder auf Strafverlangen verfolgbar ist.
(4) Für die vorläufige Festnahme durch die Staatsanwaltschaft und die Beamten des Polizeidienstes gelten die §§ 114a bis 114c entsprechend.

§ 127a Absehen von der Anordnung oder Aufrechterhaltung der vorläufigen Festnahme
(1) Hat der Beschuldigte im Geltungsbereich dieses Gesetzes keinen festen Wohnsitz oder Aufenthalt und liegen die Voraussetzungen eines Haftbefehls nur wegen Fluchtgefahr vor, so kann davon abgesehen werden, seine Festnahme anzuordnen oder aufrechtzuerhalten, wenn
1. nicht damit zu rechnen ist, daß wegen der Tat eine Freiheitsstrafe verhängt oder eine freiheitsentziehende Maßregel der Besserung und Sicherung angeordnet wird und
2. der Beschuldigte eine angemessene Sicherheit für die zu erwartende Geldstrafe und die Kosten des Verfahrens leistet.
(2) § 116a Abs. 1 und 3 gilt entsprechend.

§ 127b Vorläufige Festnahme und Haftbefehl bei beschleunigtem Verfahren
(1) Die Staatsanwaltschaft und die Beamten des Polizeidienstes sind zur vorläufigen Festnahme eines auf frischer Tat Betroffenen oder Verfolgten auch dann befugt, wenn
1. eine unverzügliche Entscheidung im beschleunigten Verfahren wahrscheinlich ist und
2. auf Grund bestimmter Tatsachen zu befürchten ist, daß der Festgenommene der Hauptverhandlung fernbleiben wird.
Die §§ 114a bis 114c gelten entsprechend.

(2) Ein Haftbefehl (§ 128 Abs. 2 Satz 2) darf aus den Gründen des Absatzes 1 gegen den der Tat dringend Verdächtigen nur ergehen, wenn die Durchführung der Hauptverhandlung binnen einer Woche nach der Festnahme zu erwarten ist. Der Haftbefehl ist auf höchstens eine Woche ab dem Tag der Festnahme zu befristen.
(3) Über den Erlaß des Haftbefehls soll der für die Durchführung des beschleunigten Verfahrens zuständige Richter entscheiden.

§ 128 Vorführung bei vorläufiger Festnahme
(1) Der Festgenommene ist, sofern er nicht wieder in Freiheit gesetzt wird, unverzüglich, spätestens am Tage nach der Festnahme, dem Richter bei dem Amtsgericht, in dessen Bezirk er festgenommen worden ist, vorzuführen. Der Richter vernimmt den Vorgeführten gemäß § 115 Abs. 3.
(2) Hält der Richter die Festnahme nicht für gerechtfertigt oder ihre Gründe für beseitigt, so ordnet er die Freilassung an. Andernfalls erläßt er auf Antrag der Staatsanwaltschaft oder, wenn ein Staatsanwalt nicht erreichbar ist, von Amts wegen einen Haftbefehl oder einen Unterbringungsbefehl. § 115 Abs. 4 gilt entsprechend.

Zehnter Abschnitt
Vernehmung des Beschuldigten

§ 136 Vernehmung
(1) Bei Beginn der Vernehmung ist dem Beschuldigten zu eröffnen, welche Tat ihm zu Last gelegt wird und welche Strafvorschriften in Betracht kommen. Er ist darauf hinzuweisen, daß es ihm nach dem Gesetz freistehe, sich zu der Beschuldigung zu äußern oder nicht zur Sache auszusagen und jederzeit, auch schon vor seiner Vernehmung, einen von ihm zu wählenden Verteidiger zu befragen. Möchte der Beschuldigte vor seiner Vernehmung einen Verteidiger befragen, sind ihm Informationen zur Verfügung zu stellen, die es ihm erleichtern, einen Verteidiger zu kontaktieren. Auf bestehende anwaltliche Notdienste ist dabei hinzuweisen. Er ist ferner darüber zu belehren, daß er zu seiner Entlastung einzelne Beweiserhebungen beantragen und unter den Voraussetzungen des § 140 die Bestellung eines Pflichtverteidigers nach Maßgabe des § 141 Absatz 1 und des § 142 Absatz 1 beantragen kann; zu Letzterem ist er dabei auf die Kostenfolge des § 465 hinzuweisen. In geeigneten Fällen soll der Beschuldigte auch darauf, dass er sich schriftlich äußern kann, sowie auf die Möglichkeit eines Täter-Opfer-Ausgleichs hingewiesen werden.
(2) Die Vernehmung soll dem Beschuldigten Gelegenheit geben, die gegen ihn vorliegenden Verdachtsgründe zu beseitigen und die zu seinen Gunsten sprechenden Tatsachen geltend zu machen.
(3) Bei der Vernehmung des Beschuldigten ist zugleich auf die Ermittlung seiner persönlichen Verhältnisse Bedacht zu nehmen.
(4) Die Vernehmung des Beschuldigten kann in Bild und Ton aufgezeichnet werden. Sie ist aufzuzeichnen, wenn
1. dem Verfahren ein vorsätzlich begangenes Tötungsdelikt zugrunde liegt und der Aufzeichnung weder die äußeren Umstände noch die besondere Dringlichkeit der Vernehmung entgegenstehen, oder
2. die schutzwürdigen Interessen von Beschuldigten, die erkennbar unter eingeschränkten geistigen Fähigkeiten oder einer schwerwiegenden seelischen Störung leiden, durch die Aufzeichnung besser gewahrt werden können

§ 58a Absatz 2 gilt entsprechend.
(5) § 58b gilt entsprechend.

§ 136a Verbotene Vernehmungsmethoden; Beweisverwertungsverbote
(1) Die Freiheit der Willensentschließung und der Willensbetätigung des Beschuldigten darf nicht beeinträchtigt werden durch Mißhandlung, durch Ermüdung, durch körperlichen Eingriff, durch Verabreichung von Mitteln, durch Quälerei, durch Täuschung oder durch Hypnose. Zwang darf nur angewandt werden, soweit das Strafverfahrensrecht dies zuläßt. Die Drohung mit einer nach seinen Vorschriften unzulässigen Maßnahme und das Versprechen eines gesetzlich nicht vorgesehenen Vorteils sind verboten.
(2) Maßnahmen, die das Erinnerungsvermögen oder die Einsichtsfähigkeit des Beschuldigten beeinträchtigen, sind nicht gestattet.
(3) Das Verbot der Absätze 1 und 2 gilt ohne Rücksicht auf die Einwilligung des Beschuldigten. Aussagen, die unter Verletzung dieses Verbots zustande gekommen sind, dürfen auch dann nicht verwertet werden, wenn der Beschuldigte der Verwertung zustimmt.

Elfter Abschnitt
Verteidigung

§ 137 Recht des Beschuldigten auf Hinzuziehung eines Verteidigers

(1) Der Beschuldigte kann sich in jeder Lage des Verfahrens des Beistandes eines Verteidigers bedienen. Die Zahl der gewählten Verteidiger darf drei nicht übersteigen.
(2) Hat der Beschuldigte einen gesetzlichen Vertreter, so kann auch dieser selbständig einen Verteidiger wählen. Absatz 1 Satz 2 gilt entsprechend.

§ 138 Wahlverteidiger

(1) Zu Verteidigern können Rechtsanwälte sowie die Rechtslehrer an deutschen Hochschulen im Sinne des Hochschulrahmengesetzes mit Befähigung zum Richteramt gewählt werden.
(2) Andere Personen können nur mit Genehmigung des Gerichts gewählt werden. Gehört die gewählte Person im Fall der notwendigen Verteidigung nicht zu den Personen, die zu Verteidigern bestellt werden dürfen, kann sie zudem nur in Gemeinschaft mit einer solchen als Wahlverteidiger zugelassen werden.
(3) Können sich Zeugen, Privatkläger, Nebenkläger, Nebenklagebefugte und Verletzte eines Rechtsanwalts als Beistand bedienen oder sich durch einen solchen vertreten lassen, können sie nach Maßgabe der Absätze 1 und 2 Satz 1 auch die übrigen dort genannten Personen wählen.

§ 140 Notwendige Verteidigung

(1) Ein Fall der notwendigen Verteidigung liegt vor, wenn
1. zu erwarten ist, dass die Hauptverhandlung im ersten Rechtszug vor dem Oberlandesgericht, dem Landgericht oder dem Schöffengericht stattfindet;
2. dem Beschuldigten ein Verbrechen zur Last gelegt wird;
3. das Verfahren zu einem Berufsverbot führen kann;
4. der Beschuldigte nach den §§ 115, 115a, 128 Absatz 1 oder § 129 einem Gericht zur Entscheidung über Haft oder einstweilige Unterbringung vorzuführen ist;
5. der Beschuldigte sich auf Grund richterlicher Anordnung oder mit richterlicher Genehmigung in einer Anstalt befindet;
6. zur Vorbereitung eines Gutachtens über den psychischen Zustand des Beschuldigten seine Unterbringung nach § 81 in Frage kommt;
7. zu erwarten ist, dass ein Sicherungsverfahren durchgeführt wird;
8. der bisherige Verteidiger durch eine Entscheidung von der Mitwirkung in dem Verfahren ausgeschlossen ist;
9. dem Verletzten nach den §§ 397a und 406h Absatz 3 und 4 ein Rechtsanwalt beigeordnet worden ist;
10. bei einer richterlichen Vernehmung die Mitwirkung eines Verteidigers auf Grund der Bedeutung der Vernehmung zur Wahrung der Rechte des Beschuldigten geboten erscheint;
11. ein seh-, hör- oder sprachbehinderter Beschuldigter die Bestellung beantragt.

(2) Ein Fall der notwendigen Verteidigung liegt auch vor, wenn wegen der Schwere der Tat, der Schwere der zu erwartenden Rechtsfolge oder wegen der Schwierigkeit der Sach- oder Rechtslage die Mitwirkung eines Verteidigers geboten erscheint oder wenn ersichtlich ist, dass sich der Beschuldigte nicht selbst verteidigen kann.

§ 141 Zeitpunkt der Bestellung eines Pflichtverteidigers

(1) In den Fällen der notwendigen Verteidigung wird dem Beschuldigten, dem der Tatvorwurf eröffnet worden ist und der noch keinen Verteidiger hat, unverzüglich ein Pflichtverteidiger bestellt, wenn der Beschuldigte dies nach Belehrung ausdrücklich beantragt. Über den Antrag ist spätestens vor einer Vernehmung des Beschuldigten oder einer Gegenüberstellung mit ihm zu entscheiden.
(2) Unabhängig von einem Antrag wird dem Beschuldigten, der noch keinen Verteidiger hat, in den Fällen der notwendigen Verteidigung ein Pflichtverteidiger bestellt, sobald
1. er einem Gericht zur Entscheidung über Haft oder einstweilige Unterbringung vorgeführt werden soll;
2. bekannt wird, dass der Beschuldigte, dem der Tatvorwurf eröffnet worden ist, sich auf Grund richterlicher Anordnung oder mit richterlicher Genehmigung in einer Anstalt befindet;
3. im Vorverfahren ersichtlich ist, dass sich der Beschuldigte, insbesondere bei einer Vernehmung des Beschuldigten oder einer Gegenüberstellung mit ihm, nicht selbst verteidigen kann, oder
4. er gemäß § 201 zur Erklärung über die Anklageschrift aufgefordert worden ist; ergibt sich erst später, dass die Mitwirkung eines Verteidigers notwendig ist, so wird er sofort bestellt.

Erfolgt die Vorführung in den Fällen des Satzes 1 Nummer 1 zur Entscheidung über den Erlass eines Haftbefehls nach § 127b Absatz 2 oder über die Vollstreckung eines Haftbefehls gemäß § 230 Absatz 2 oder § 329 Absatz 3, so wird ein Pflichtverteidiger nur bestellt, wenn der Beschuldigte dies nach Belehrung ausdrücklich beantragt. In den Fällen des Satzes 1 Nummer 2 und 3 kann die Bestellung unterbleiben, wenn beabsichtigt ist, das Verfahren alsbald einzustellen und keine anderen Untersuchungshandlungen als die Einholung von Registerauskünften oder die Beiziehung von Urteilen oder Akten vorgenommen werden sollen.

§ 141a Vernehmungen und Gegenüberstellungen vor der Bestellung eines Pflichtverteidigers

Im Vorverfahren dürfen Vernehmungen des Beschuldigten oder Gegenüberstellungen mit dem Beschuldigten vor der Bestellung eines Pflichtverteidigers abweichend von § 141 Absatz 2 und, wenn der Beschuldigte hiermit ausdrücklich einverstanden ist, auch abweichend von § 141 Absatz 1 durchgeführt werden, soweit dies
1. zur Abwehr einer gegenwärtigen Gefahr für Leib oder Leben oder für die Freiheit einer Person dringend erforderlich ist oder
2. zur Abwendung einer erheblichen Gefährdung eines Strafverfahrens zwingend geboten ist.

Das Recht des Beschuldigten, jederzeit, auch schon vor der Vernehmung, einen von ihm zu wählenden Verteidiger zu befragen, bleibt unberührt.

§ 147 Akteneinsichtsrecht, Besichtigungsrecht; Auskunftsrecht des Beschuldigten

(1) Der Verteidiger ist befugt, die Akten, die dem Gericht vorliegen oder diesem im Falle der Erhebung der Anklage vorzulegen wären, einzusehen sowie amtlich verwahrte Beweisstücke zu besichtigen.
(2) Ist der Abschluss der Ermittlungen noch nicht in den Akten vermerkt, kann dem Verteidiger die Einsicht in die Akten oder einzelne Aktenteile sowie die Besichtigung von amtlich verwahrten Beweisgegenständen versagt werden, soweit dies den Untersuchungszweck gefährden kann. Liegen die Voraussetzungen von Satz 1 vor und befindet sich der Beschuldigte in Untersuchungshaft oder ist diese im Fall der vorläufigen Festnahme beantragt, sind dem Verteidiger die für die Beurteilung der Rechtmäßigkeit der Freiheitsentziehung wesentlichen Informationen in geeigneter Weise zugänglich zu machen; in der Regel ist insoweit Akteneinsicht zu gewähren.
(3) Die Einsicht in die Protokolle über die Vernehmung des Beschuldigten und über solche richterlichen Untersuchungshandlungen, bei denen dem Verteidiger die Anwesenheit gestattet worden ist oder hätte gestattet werden müssen, sowie in die Gutachten von Sachverständigen darf dem Verteidiger in keiner Lage des Verfahrens versagt werden.
(4) Der Beschuldigte, der keinen Verteidiger hat, ist in entsprechender Anwendung der Absätze 1 bis 3 befugt, die Akten einzusehen und unter Aufsicht amtlich verwahrte Beweisstücke zu besichtigen, soweit der Untersuchungszweck auch in einem anderen Strafverfahren nicht gefährdet werden kann und überwiegende schutzwürdige Interessen Dritter nicht entgegenstehen. Werden die Akten nicht elektronisch geführt, können ihm an Stelle der Einsichtnahme in die Akten Kopien aus den Akten bereitgestellt werden.
(5) Über die Gewährung der Akteneinsicht entscheidet im vorbereitenden Verfahren und nach rechtskräftigem Abschluss des Verfahrens die Staatsanwaltschaft, im Übrigen der Vorsitzende des mit der Sache befassten Gerichts. Versagt die Staatsanwaltschaft die Akteneinsicht, nachdem sie den Abschluss der Ermittlungen in den Akten vermerkt hat, versagt sie die Einsicht nach Absatz 3 oder befindet sich der Beschuldigte nicht auf freiem Fuß, so kann gerichtliche Entscheidung durch das nach § 162 zuständige Gericht beantragt werden. Die §§ 297 bis 300, 302, 306 bis 309, 311a und 473a gelten entsprechend. Diese Entscheidungen werden nicht mit Gründen versehen, soweit durch deren Offenlegung der Untersuchungszweck gefährdet werden könnte.
(6) Ist der Grund für die Versagung der Akteneinsicht nicht vorher entfallen, so hebt die Staatsanwaltschaft die Anordnung spätestens mit dem Abschluß der Ermittlungen auf. Dem Verteidiger oder dem Beschuldigten, der keinen Verteidiger hat, ist Mitteilung zu machen, sobald das Recht zur Akteneinsicht wieder uneingeschränkt besteht.

§ 148 Kommunikation des Beschuldigten mit dem Verteidiger

(1) Dem Beschuldigten ist, auch wenn er sich nicht auf freiem Fuß befindet, schriftlicher und mündlicher Verkehr mit dem Verteidiger gestattet.
(2) Ist ein nicht auf freiem Fuß befindlicher Beschuldigter einer Tat nach § 129a, auch in Verbindung mit § 129b Abs. 1, des Strafgesetzbuches dringend verdächtig, soll das Gericht anordnen, dass im Verkehr mit Verteidigern Schriftstücke und andere Gegenstände zurückzuweisen sind, sofern sich der Absender nicht damit einverstanden erklärt, dass sie zunächst dem nach § 148a zuständigen Gericht vorgelegt werden. Besteht kein Haftbefehl wegen einer Straftat nach § 129a, auch in Verbindung mit § 129b Abs. 1, des Strafgesetzbuches, trifft die Entscheidung das Gericht, das für den Erlass eines Haftbefehls zuständig wäre. Ist der schriftliche Verkehr nach Satz 1 zu überwachen, sind für Gespräche mit Verteidigern Vorrichtungen vorzusehen, die die Übergabe von Schriftstücken und anderen Gegenständen ausschließen.

§ 148a Durchführung von Überwachungsmaßnahmen

(1) Für die Durchführung von Überwachungsmaßnahmen nach § 148 Abs. 2 ist der Richter bei dem Amtsgericht zuständig, in dessen Bezirk die Vollzugsanstalt liegt. Ist eine Anzeige nach § 138 des Strafgesetzbuches zu

erstatten, so sind Schriftstücke oder andere Gegenstände, aus denen sich die Verpflichtung zur Anzeige ergibt, vorläufig in Verwahrung zu nehmen; die Vorschriften über die Beschlagnahme bleiben unberührt.
(2) Der Richter, der mit Überwachungsmaßnahmen betraut ist, darf mit dem Gegenstand der Untersuchung weder befaßt sein noch befaßt werden. Der Richter hat über Kenntnisse, die er bei der Überwachung erlangt, Verschwiegenheit zu bewahren; § 138 des Strafgesetzbuches bleibt unberührt.

Zweites Buch
Verfahren im ersten Rechtszug

Erster Abschnitt
Öffentliche Klage

§ 151 Anklagegrundsatz
Die Eröffnung einer gerichtlichen Untersuchung ist durch die Erhebung einer Klage bedingt.

§ 152 Anklagebehörde; Legalitätsgrundsatz
(1) Zur Erhebung der öffentlichen Klage ist die Staatsanwaltschaft berufen.
(2) Sie ist, soweit nicht gesetzlich ein anderes bestimmt ist, verpflichtet, wegen aller verfolgbaren Straftaten einzuschreiten, sofern zureichende tatsächliche Anhaltspunkte vorliegen.

§ 153 Absehen von der Verfolgung bei Geringfügigkeit
(1) Hat das Verfahren ein Vergehen zum Gegenstand, so kann die Staatsanwaltschaft mit Zustimmung des für die Eröffnung des Hauptverfahrens zuständigen Gerichts von der Verfolgung absehen, wenn die Schuld des Täters als gering anzusehen wäre und kein öffentliches Interesse an der Verfolgung besteht. Der Zustimmung des Gerichtes bedarf es nicht bei einem Vergehen, das nicht mit einer im Mindestmaß erhöhten Strafe bedroht ist und bei dem die durch die Tat verursachten Folgen gering sind.
(2) Ist die Klage bereits erhoben, so kann das Gericht in jeder Lage des Verfahrens unter den Voraussetzungen des Absatzes 1 mit Zustimmung der Staatsanwaltschaft und des Angeschuldigten das Verfahren einstellen. Der Zustimmung des Angeschuldigten bedarf es nicht, wenn die Hauptverhandlung aus den in § 205 angeführten Gründen nicht durchgeführt werden kann oder in den Fällen des § 231 Abs. 2 und der §§ 232 und 233 in seiner Abwesenheit durchgeführt wird. Die Entscheidung ergeht durch Beschluß. Der Beschluß ist nicht anfechtbar.

§ 153a Absehen von der Verfolgung unter Auflagen und Weisungen
(1) Mit Zustimmung des für die Eröffnung des Hauptverfahrens zuständigen Gerichts und des Beschuldigten kann die Staatsanwaltschaft bei einem Vergehen vorläufig von der Erhebung der öffentlichen Klage absehen und zugleich dem Beschuldigten Auflagen und Weisungen erteilen, wenn diese geeignet sind, das öffentliche Interesse an der Strafverfolgung zu beseitigen, und die Schwere der Schuld nicht entgegensteht. Als Auflagen oder Weisungen kommen insbesondere in Betracht,
1. zur Wiedergutmachung des durch die Tat verursachten Schadens eine bestimmte Leistung zu erbringen,
2. einen Geldbetrag zugunsten einer gemeinnützigen Einrichtung oder der Staatskasse zu zahlen,
3. sonst gemeinnützige Leistungen zu erbringen,
4. Unterhaltspflichten in einer bestimmten Höhe nachzukommen,
5. sich ernsthaft zu bemühen, einen Ausgleich mit dem Verletzten zu erreichen (Täter-Opfer-Ausgleich) und dabei seine Tat ganz oder zum überwiegenden Teil wieder gut zu machen oder deren Wiedergutmachung zu erstreben,
6. an einem sozialen Trainingskurs teilzunehmen oder
7. an einem Aufbauseminar nach § 2b Absatz 2 Satz 2 oder an einem Fahreignungsseminar nach § 4a des Straßenverkehrsgesetzes teilzunehmen.

Zur Erfüllung der Auflagen und Weisungen setzt die Staatsanwaltschaft dem Beschuldigten eine Frist, die in den Fällen des Satzes 2 Nummer 1 bis 3, 5 und 7 höchstens sechs Monate, in den Fällen des Satzes 2 Nummer 4 und 6 höchstens ein Jahr beträgt. Die Staatsanwaltschaft kann Auflagen und Weisungen nachträglich aufheben und die Frist einmal für die Dauer von drei Monaten verlängern; mit Zustimmung des Beschuldigten kann sie auch Auflagen und Weisungen nachträglich auferlegen und ändern. Erfüllt der Beschuldigte die Auflagen und Weisungen, so kann die Tat nicht mehr als Vergehen verfolgt werden. Erfüllt der Beschuldigte die Auflagen und Weisungen nicht, so werden Leistungen, die er zu ihrer Erfüllung erbracht hat, nicht erstattet. § 153 Abs. 1 Satz 2 gilt in den Fällen des Satzes 2 Nummer 1 bis 6 entsprechend. § 246a Absatz 2 gilt entsprechend.
(2) Ist die Klage bereits erhoben, so kann das Gericht mit Zustimmung der Staatsanwaltschaft und des Angeschuldigten das Verfahren vorläufig einstellen und zugleich dem Angeschuldigten die in Absatz 1 Satz 1 und 2 bezeichneten Auflagen und Weisungen erteilen. Absatz 1 Satz 3 bis 6 und 8 gilt entsprechend. Die Entscheidung

nach Satz 1 ergeht durch Beschluß. Der Beschluß ist nicht anfechtbar. Satz 4 gilt auch für eine Feststellung, daß gemäß Satz 1 erteilte Auflagen und Weisungen erfüllt worden sind.
(3) Während des Laufes der für die Erfüllung der Auflagen und Weisungen gesetzten Frist ruht die Verjährung.
(4) § 155b findet im Fall des Absatzes 1 Satz 2 Nummer 6, auch in Verbindung mit Absatz 2, entsprechende Anwendung mit der Maßgabe, dass personenbezogene Daten aus dem Strafverfahren, die nicht den Beschuldigten betreffen, an die mit der Durchführung des sozialen Trainingskurses befasste Stelle nur übermittelt werden dürfen, soweit die betroffenen Personen in die Übermittlung eingewilligt haben. Satz 1 gilt entsprechend, wenn nach sonstigen strafrechtlichen Vorschriften die Weisung erteilt wird, an einem sozialen Trainingskurs teilzunehmen.

§ 153b Absehen von der Verfolgung bei möglichem Absehen von Strafe

(1) Liegen die Voraussetzungen vor, unter denen das Gericht von Strafe absehen könnte, so kann die Staatsanwaltschaft mit Zustimmung des Gerichts, das für die Hauptverhandlung zuständig wäre, von der Erhebung der öffentlichen Klage absehen.
(2) Ist die Klage bereits erhoben, so kann das Gericht bis zum Beginn der Hauptverhandlung mit Zustimmung der Staatsanwaltschaft und des Angeschuldigten das Verfahren einstellen.

§ 154 Teileinstellung bei mehreren Taten

(1) Die Staatsanwaltschaft kann von der Verfolgung einer Tat absehen,
1. wenn die Strafe oder die Maßregel der Besserung und Sicherung, zu der die Verfolgung führen kann, neben einer Strafe oder Maßregel der Besserung und Sicherung, die gegen den Beschuldigten wegen einer anderen Tat rechtskräftig verhängt worden ist oder die er wegen einer anderen Tat zu erwarten hat, nicht beträchtlich ins Gewicht fällt oder
2. darüber hinaus, wenn ein Urteil wegen dieser Tat in angemessener Frist nicht zu erwarten ist und wenn eine Strafe oder Maßregel der Besserung und Sicherung, die gegen den Beschuldigten rechtskräftig verhängt worden ist oder die er wegen einer anderen Tat zu erwarten hat, zur Einwirkung auf den Täter und zur Verteidigung der Rechtsordnung ausreichend erscheint.

(2) Ist die öffentliche Klage bereits erhoben, so kann das Gericht auf Antrag der Staatsanwaltschaft das Verfahren in jeder Lage vorläufig einstellen.
(3) Ist das Verfahren mit Rücksicht auf eine wegen einer anderen Tat bereits rechtskräftig erkannten Strafe oder Maßregel der Besserung und Sicherung vorläufig eingestellt worden, so kann es, falls nicht inzwischen Verjährung eingetreten ist, wieder aufgenommen werden, wenn die rechtskräftig erkannte Strafe oder Maßregel der Besserung und Sicherung nachträglich wegfällt.
(4) Ist das Verfahren mit Rücksicht auf eine wegen einer anderen Tat zu erwartende Strafe oder Maßregel der Besserung und Sicherung vorläufig eingestellt worden, so kann es, falls nicht inzwischen Verjährung eingetreten ist, binnen drei Monaten nach Rechtskraft des wegen der anderen Tat ergehenden Urteils wieder aufgenommen werden.
(5) Hat das Gericht das Verfahren vorläufig eingestellt, so bedarf es zur Wiederaufnahme eines Gerichtsbeschlusses.

§ 154b Absehen von der Verfolgung bei Auslieferung und Ausweisung

(1) Von der Erhebung der öffentlichen Klage kann abgesehen werden, wenn der Beschuldigte wegen der Tat einer ausländischen Regierung ausgeliefert wird.
(2) Dasselbe gilt, wenn er wegen einer anderen Tat einer ausländischen Regierung ausgeliefert oder an einen internationalen Strafgerichtshof überstellt wird und die Strafe oder die Maßregel der Besserung und Sicherung, zu der die inländische Verfolgung führen kann, neben der Strafe oder der Maßregel der Besserung und Sicherung, die gegen ihn im Ausland rechtskräftig verhängt worden ist oder die er im Ausland zu erwarten hat, nicht ins Gewicht fällt.
(3) Von der Erhebung der öffentlichen Klage kann auch abgesehen werden, wenn der Beschuldigte aus dem Geltungsbereich dieses Bundesgesetzes abgeschoben, zurückgeschoben oder zurückgewiesen wird.
(4) Ist in den Fällen der Absätze 1 bis 3 die öffentliche Klage bereits erhoben, so stellt das Gericht auf Antrag der Staatsanwaltschaft das Verfahren vorläufig ein. § 154 Abs. 3 bis 5 gilt mit der Maßgabe entsprechend, daß die Frist in Absatz 4 ein Jahr beträgt.

§ 155a Täter-Opfer-Ausgleich

Die Staatsanwaltschaft und das Gericht sollen in jedem Stadium des Verfahrens die Möglichkeiten prüfen, einen Ausgleich zwischen Beschuldigtem und Verletztem zu erreichen. In geeigneten Fällen sollen sie darauf hinwirken. Gegen den ausdrücklichen Willen des Verletzten darf die Eignung nicht angenommen werden.

§ 155b Durchführung des Täter-Opfer-Ausgleichs

(1) Die Staatsanwaltschaft und das Gericht können zum Zweck des Täter-Opfer-Ausgleichs oder der Schadenswiedergutmachung einer von ihnen mit der Durchführung beauftragten Stelle von Amts wegen oder auf deren Antrag die hierfür erforderlichen personenbezogenen Daten übermitteln. Der beauftragten Stelle kann Akteneinsicht gewährt werden, soweit die Erteilung von Auskünften einen unverhältnismäßigen Aufwand erfordern würde. Eine nicht-öffentliche Stelle ist darauf hinzuweisen, dass sie die übermittelten Daten nur für Zwecke des Täter-Opfer-Ausgleichs oder der Schadenswiedergutmachung verwenden darf.
(2) Die beauftragte Stelle darf die nach Absatz 1 übermittelten personenbezogenen Daten nur verarbeiten, soweit dies für die Durchführung des Täter-Opfer-Ausgleichs oder der Schadenswiedergutmachung erforderlich ist und schutzwürdige Interessen der betroffenen Person nicht entgegenstehen. Sie darf personenbezogene Daten nur verarbeiten, soweit dies für die Durchführung des Täter-Opfer-Ausgleichs oder der Schadenswiedergutmachung erforderlich ist und die betroffene Person eingewilligt hat. Nach Abschluss ihrer Tätigkeit berichtet sie in dem erforderlichen Umfang der Staatsanwaltschaft oder dem Gericht.
(3) Ist die beauftragte Stelle eine nichtöffentliche Stelle, finden die Vorschriften der Verordnung (EU) 2016/679 und des Bundesdatenschutzgesetzes auch dann Anwendung, wenn die personenbezogenen Daten nicht automatisiert verarbeitet werden und nicht in einem Dateisystem gespeichert sind oder gespeichert werden.
(4) Die Unterlagen mit den in Absatz 2 Satz 1 und 2 bezeichneten personenbezogenen Daten sind von der beauftragten Stelle nach Ablauf eines Jahres seit Abschluss des Strafverfahrens zu vernichten. Die Staatsanwaltschaft oder das Gericht teilt der beauftragten Stelle unverzüglich von Amts wegen den Zeitpunkt des Verfahrensabschlusses mit.

§ 157 Bezeichnung als Angeschuldigter oder Angeklagter

Im Sinne dieses Gesetzes ist
Angeschuldigter der Beschuldigte, gegen den die öffentliche Klage erhoben ist,
Angeklagter der Beschuldigte oder Angeschuldigte, gegen den die Eröffnung des Hauptverfahrens beschlossen ist.

Zweiter Abschnitt
Vorbereitung der öffentlichen Klage

§ 158 Strafanzeige; Strafantrag

(1) Die Anzeige einer Straftat und der Strafantrag können bei der Staatsanwaltschaft, den Behörden und Beamten des Polizeidienstes und den Amtsgerichten mündlich oder schriftlich angebracht werden. Die mündliche Anzeige ist zu beurkunden. Dem Verletzten ist auf Antrag der Eingang seiner Anzeige schriftlich zu bestätigen. Die Bestätigung soll eine kurze Zusammenfassung der Angaben des Verletzten zu Tatzeit, Tatort und angezeigter Tat enthalten. Die Bestätigung kann versagt werden, soweit der Untersuchungszweck, auch in einem anderen Strafverfahren, gefährdet erscheint.
(2) Bei Straftaten, deren Verfolgung nur auf Antrag eintritt, muß der Antrag bei einem Gericht oder der Staatsanwaltschaft schriftlich oder zu Protokoll, bei einer anderen Behörde schriftlich angebracht werden.
(3) Zeigt ein im Inland wohnhafter Verletzter eine in einem anderen Mitgliedstaat der Europäischen Union begangene Straftat an, so übermittelt die Staatsanwaltschaft die Anzeige auf Antrag des Verletzten an die zuständige Strafverfolgungsbehörde des anderen Mitgliedstaats, wenn für die Tat das deutsche Strafrecht nicht gilt oder von der Verfolgung der Tat nach § 153c Absatz 1 Satz 1 Nummer 1, auch in Verbindung mit § 153f, abgesehen wird. Von der Übermittlung kann abgesehen werden, wenn
1. die Tat und die für ihre Verfolgung wesentlichen Umstände der zuständigen ausländischen Behörde bereits bekannt sind oder
2. der Unrechtsgehalt der Tat gering ist und der verletzten Person die Anzeige im Ausland möglich gewesen wäre.

(4) Ist der Verletzte der deutschen Sprache nicht mächtig, erhält er die notwendige Hilfe bei der Verständigung, um die Anzeige in einer ihm verständlichen Sprache anzubringen. Die schriftliche Anzeigebestätigung nach Absatz 1 Satz 3 und 4 ist dem Verletzten in diesen Fällen auf Antrag in eine ihm verständliche Sprache zu übersetzen; Absatz 1 Satz 5 bleibt unberührt.

§ 160 Pflicht zur Sachverhaltsaufklärung

(1) Sobald die Staatsanwaltschaft durch eine Anzeige oder auf anderem Wege von dem Verdacht einer Straftat Kenntnis erhält, hat sie zu ihrer Entschließung darüber, ob die öffentliche Klage zu erheben ist, den Sachverhalt zu erforschen.

(2) Die Staatsanwaltschaft hat nicht nur die zur Belastung, sondern auch die zur Entlastung dienenden Umstände zu ermitteln und für die Erhebung der Beweise Sorge zu tragen, deren Verlust zu besorgen ist.
(3) Die Ermittlungen der Staatsanwaltschaft sollen sich auch auf die Umstände erstrecken, die für die Bestimmung der Rechtsfolgen der Tat von Bedeutung sind. Dazu kann sie sich der Gerichtshilfe bedienen.
(4) Eine Maßnahme ist unzulässig, soweit besondere bundesgesetzliche oder entsprechende landesgesetzliche Verwendungsregelungen entgegenstehen.

§ 160a Maßnahmen bei zeugnisverweigerungsberechtigten Berufsgeheimnisträgern

(1) Eine Ermittlungsmaßnahme, die sich gegen eine in § 53 Absatz 1 Satz 1 Nummer 1, 2 oder Nummer 4 genannte Person, einen Rechtsanwalt oder einen Kammerrechtsbeistand richtet und voraussichtlich Erkenntnisse erbringen würde, über die diese das Zeugnis verweigern dürfte, ist unzulässig. Dennoch erlangte Erkenntnisse dürfen nicht verwendet werden. Aufzeichnungen hierüber sind unverzüglich zu löschen. Die Tatsache ihrer Erlangung und der Löschung der Aufzeichnungen ist aktenkundig zu machen. Die Sätze 2 bis 4 gelten entsprechend, wenn durch eine Ermittlungsmaßnahme, die sich nicht gegen eine in Satz 1 in Bezug genommene Person richtet, von dieser Person Erkenntnisse erlangt werden, über die sie das Zeugnis verweigern dürfte.
(2) Soweit durch eine Ermittlungsmaßnahme eine in § 53 Abs. 1 Satz 1 Nr. 3 bis 3b oder Nr. 5 genannte Person betroffen wäre und dadurch voraussichtlich Erkenntnisse erlangt würden, über die diese Person das Zeugnis verweigern dürfte, ist dies im Rahmen der Prüfung der Verhältnismäßigkeit besonders zu berücksichtigen; betrifft das Verfahren keine Straftat von erheblicher Bedeutung, ist in der Regel nicht von einem Überwiegen des Strafverfolgungsinteresses auszugehen. Soweit geboten, ist die Maßnahme zu unterlassen oder, soweit dies nach der Art der Maßnahme möglich ist, zu beschränken. Für die Verwertung von Erkenntnissen zu Beweiszwecken gilt Satz 1 entsprechend. Die Sätze 1 bis 3 gelten nicht für Rechtsanwälte und Kammerrechtsbeistände.
(3) Die Absätze 1 und 2 sind entsprechend anzuwenden, soweit die in § 53a Genannten das Zeugnis verweigern dürften.
(4) Die Absätze 1 bis 3 sind nicht anzuwenden, wenn bestimmte Tatsachen den Verdacht begründen, dass die zeugnisverweigerungsberechtigte Person an der Tat oder an einer Datenhehlerei, Begünstigung, Strafvereitelung oder Hehlerei beteiligt ist. Ist die Tat nur auf Antrag oder nur mit Ermächtigung verfolgbar, ist Satz 1 in den Fällen des § 53 Abs. 1 Satz 1 Nr. 5 anzuwenden, sobald und soweit der Strafantrag gestellt oder die Ermächtigung erteilt ist.
(5) Die §§ 97, 100d Absatz 5 und § 100g Absatz 4 bleiben unberührt.

§ 160b Erörterung des Verfahrensstands mit den Verfahrensbeteiligten

Die Staatsanwaltschaft kann den Stand des Verfahrens mit den Verfahrensbeteiligten erörtern, soweit dies geeignet erscheint, das Verfahren zu fördern. Der wesentliche Inhalt dieser Erörterung ist aktenkundig zu machen.

§ 161 Allgemeine Ermittlungsbefugnis der Staatsanwaltschaft

(1) Zu dem in § 160 Abs. 1 bis 3 bezeichneten Zweck ist die Staatsanwaltschaft befugt, von allen Behörden Auskunft zu verlangen und Ermittlungen jeder Art entweder selbst vorzunehmen oder durch die Behörden und Beamten des Polizeidienstes vornehmen zu lassen, soweit nicht andere gesetzliche Vorschriften ihre Befugnisse besonders regeln. Die Behörden und Beamten des Polizeidienstes sind verpflichtet, dem Ersuchen oder Auftrag der Staatsanwaltschaft zu genügen, und in diesem Falle befugt, von allen Behörden Auskunft zu verlangen.
(2) Soweit in diesem Gesetz die Löschung personenbezogener Daten ausdrücklich angeordnet wird, ist § 58 Absatz 3 des Bundesdatenschutzgesetzes nicht anzuwenden.
(3) Ist eine Maßnahme nach diesem Gesetz nur bei Verdacht bestimmter Straftaten zulässig, so dürfen die auf Grund einer entsprechenden Maßnahme nach anderen Gesetzen erlangten personenbezogenen Daten ohne Einwilligung der von der Maßnahme betroffenen Personen zu Beweiszwecken im Strafverfahren nur zur Aufklärung solcher Straftaten verwendet werden, zu deren Aufklärung eine solche Maßnahme nach diesem Gesetz hätte angeordnet werden dürfen. § 100e Absatz 6 Nummer 3 bleibt unberührt.
(4) In oder aus einer Wohnung erlangte personenbezogene Daten aus einem Einsatz technischer Mittel zur Eigensicherung im Zuge nicht offener Ermittlungen auf polizeirechtlicher Grundlage dürfen unter Beachtung des Grundsatzes der Verhältnismäßigkeit zu Beweiszwecken nur verwendet werden (Artikel 13 Abs. 5 des Grundgesetzes), wenn das Amtsgericht (§ 162 Abs. 1), in dessen Bezirk die anordnende Stelle ihren Sitz hat, die Rechtmäßigkeit der Maßnahme festgestellt hat; bei Gefahr im Verzug ist die richterliche Entscheidung unverzüglich nachzuholen.

§ 161a Vernehmung von Zeugen und Sachverständigen durch die Staatsanwaltschaft

(1) Zeugen und Sachverständige sind verpflichtet, auf Ladung vor der Staatsanwaltschaft zu erscheinen und zur Sache auszusagen oder ihr Gutachten zu erstatten. Soweit nichts anderes bestimmt ist, gelten die Vorschriften des Sechsten und Siebenten Abschnitts des Ersten Buches über Zeugen und Sachverständige entsprechend. Die eidliche Vernehmung bleibt dem Richter vorbehalten.

(2) Bei unberechtigtem Ausbleiben oder unberechtigter Weigerung eines Zeugen oder Sachverständigen steht die Befugnis zu den in den §§ 51, 70 und 77 vorgesehenen Maßregeln der Staatsanwaltschaft zu. Jedoch bleibt die Festsetzung der Haft dem nach § 162 zuständigen Gericht vorbehalten.

(3) Gegen Entscheidungen der Staatsanwaltschaft nach Absatz 2 Satz 1 kann gerichtliche Entscheidung durch das nach § 162 zuständige Gericht beantragt werden. Gleiches gilt, wenn die Staatsanwaltschaft Entscheidungen im Sinne des § 68b getroffen hat. Die §§ 297 bis 300, 302, 306 bis 309, 311a und 473a gelten jeweils entsprechend. Gerichtliche Entscheidungen nach den Sätzen 1 und 2 sind unanfechtbar.

(4) Ersucht eine Staatsanwaltschaft eine andere Staatsanwaltschaft um die Vernehmung eines Zeugen oder Sachverständigen, so stehen die Befugnisse nach Absatz 2 Satz 1 auch der ersuchten Staatsanwaltschaft zu.

(5) § 185 Absatz 1 und 2 des Gerichtsverfassungsgesetzes gilt entsprechend.

§ 162 Ermittlungsrichter

(1) Erachtet die Staatsanwaltschaft die Vornahme einer gerichtlichen Untersuchungshandlung für erforderlich, so stellt sie ihre Anträge vor Erhebung der öffentlichen Klage bei dem Amtsgericht, in dessen Bezirk sie oder ihre den Antrag stellende Zweigstelle ihren Sitz hat. Hält sie daneben den Erlass eines Haft- oder Unterbringungsbefehls für erforderlich, so kann sie, unbeschadet der §§ 125, 126a, auch einen solchen Antrag bei dem in Satz 1 bezeichneten Gericht stellen. Für gerichtliche Vernehmungen und Augenscheinnahmen ist das Amtsgericht zuständig, in dessen Bezirk diese Untersuchungshandlungen vorzunehmen sind, wenn die Staatsanwaltschaft dies zur Beschleunigung des Verfahrens oder zur Vermeidung von Belastungen Betroffener dort beantragt.

(2) Das Gericht hat zu prüfen, ob die beantragte Handlung nach den Umständen des Falles gesetzlich zulässig ist.

(3) Nach Erhebung der öffentlichen Klage ist das Gericht zuständig, das mit der Sache befasst ist. Während des Revisionsverfahrens ist das Gericht zuständig, dessen Urteil angefochten ist. Nach rechtskräftigem Abschluss des Verfahrens gelten die Absätze 1 und 2 entsprechend. Nach einem Antrag auf Wiederaufnahme ist das für die Entscheidungen im Wiederaufnahmeverfahren zuständige Gericht zuständig.

§ 163 Aufgaben der Polizei im Ermittlungsverfahren

(1) Die Behörden und Beamten des Polizeidienstes haben Straftaten zu erforschen und alle keinen Aufschub gestattenden Anordnungen zu treffen, um die Verdunkelung der Sache zu verhüten. Zu diesem Zweck sind sie befugt, alle Behörden um Auskunft zu ersuchen, bei Gefahr im Verzug auch, die Auskunft zu verlangen, sowie Ermittlungen jeder Art vorzunehmen, soweit nicht andere gesetzliche Vorschriften ihre Befugnisse besonders regeln.

(2) Die Behörden und Beamten des Polizeidienstes übersenden ihre Verhandlungen ohne Verzug der Staatsanwaltschaft. Erscheint die schleunige Vornahme richterlicher Untersuchungshandlungen erforderlich, so kann die Übersendung unmittelbar an das Amtsgericht erfolgen.

(3) Zeugen sind verpflichtet, auf Ladung vor Ermittlungspersonen der Staatsanwaltschaft zu erscheinen und zur Sache auszusagen, wenn der Ladung ein Auftrag der Staatsanwaltschaft zugrunde liegt. Soweit nichts anderes bestimmt ist, gelten die Vorschriften des Sechsten Abschnitts des Ersten Buches entsprechend. Die eidliche Vernehmung bleibt dem Gericht vorbehalten.

(4) Die Staatsanwaltschaft entscheidet
1. über die Zeugeneigenschaft oder das Vorliegen von Zeugnis- oder Auskunftsverweigerungsrechten, sofern insoweit Zweifel bestehen oder im Laufe der Vernehmung aufkommen,
2. über eine Gestattung nach § 68 Absatz 3 Satz 1, Angaben zur Person nicht oder nur über eine frühere Identität zu machen,
3. über die Beiordnung eines Zeugenbeistands nach § 68b Absatz 2 und
4. bei unberechtigtem Ausbleiben oder unberechtigter Weigerung des Zeugen über die Verhängung der in den §§ 51 und 70 vorgesehenen Maßregeln; dabei bleibt die Festsetzung der Haft dem nach § 162 zuständigen Gericht vorbehalten.

Im Übrigen trifft die erforderlichen Entscheidungen die die Vernehmung leitende Person.

(5) Gegen Entscheidungen von Beamten des Polizeidienstes nach § 68b Absatz 1 Satz 3 sowie gegen Entscheidungen der Staatsanwaltschaft nach Absatz 4 Satz 1 Nummer 3 und 4 kann gerichtliche Entscheidung durch das nach § 162 zuständige Gericht beantragt werden. Die §§ 297 bis 300, 302, 306 bis 309, 311a und 473a gelten jeweils entsprechend. Gerichtliche Entscheidungen nach Satz 1 sind unanfechtbar.

(6) Für die Belehrung des Sachverständigen durch Beamte des Polizeidienstes gelten § 52 Absatz 3 und § 55 Absatz 2 entsprechend. In den Fällen des § 81c Absatz 3 Satz 1 und 2 gilt § 52 Absatz 3 auch bei Untersuchungen durch Beamte des Polizeidienstes sinngemäß.
(7) § 185 Absatz 1 und 2 des Gerichtsverfassungsgesetzes gilt entsprechend.

§ 163a Vernehmung des Beschuldigten

(1) Der Beschuldigte ist spätestens vor dem Abschluß der Ermittlungen zu vernehmen, es sei denn, daß das Verfahren zur Einstellung führt. In einfachen Sachen genügt es, daß ihm Gelegenheit gegeben wird, sich schriftlich zu äußern.
(2) Beantragt der Beschuldigte zu seiner Entlastung die Aufnahme von Beweisen, so sind sie zu erheben, wenn sie von Bedeutung sind.
(3) Der Beschuldigte ist verpflichtet, auf Ladung vor der Staatsanwaltschaft zu erscheinen. Die §§ 133 bis 136a und 168c Abs. 1 und 5 gelten entsprechend. Über die Rechtmäßigkeit der Vorführung entscheidet auf Antrag des Beschuldigten das nach § 162 zuständige Gericht. Die §§ 297 bis 300, 302, 306 bis 309, 311a und 473a gelten entsprechend. Die Entscheidung des Gerichts ist unanfechtbar.
(4) Bei der Vernehmung des Beschuldigten durch Beamte des Polizeidienstes ist dem Beschuldigten zu eröffnen, welche Tat ihm zur Last gelegt wird. Im übrigen sind bei der Vernehmung des Beschuldigten durch Beamte des Polizeidienstes § 136 Absatz 1 Satz 2 bis 6, Absatz 2 bis 5 und § 136a anzuwenden. § 168c Absatz 1 und 5 gilt für den Verteidiger entsprechend.
(5) Die §§ 186 und 187 Absatz 1 bis 3 sowie § 189 Absatz 4 des Gerichtsverfassungsgesetzes gelten entsprechend.

§ 168c Anwesenheitsrecht bei richterlichen Vernehmungen

(1) Bei der richterlichen Vernehmung des Beschuldigten ist der Staatsanwaltschaft und dem Verteidiger die Anwesenheit gestattet. Diesen ist nach der Vernehmung Gelegenheit zu geben, sich dazu zu erklären oder Fragen an den Beschuldigten zu stellen. Ungeeignete oder nicht zur Sache gehörende Fragen oder Erklärungen können zurückgewiesen werden.
(2) Bei der richterlichen Vernehmung eines Zeugen oder Sachverständigen ist der Staatsanwaltschaft, dem Beschuldigten und dem Verteidiger die Anwesenheit gestattet. Diesen ist nach der Vernehmung Gelegenheit zu geben, sich dazu zu erklären oder Fragen an die vernommene Person zu stellen. Ungeeignete oder nicht zur Sache gehörende Fragen oder Erklärungen können zurückgewiesen werden. § 241a gilt entsprechend.
(3) Der Richter kann einen Beschuldigten von der Anwesenheit bei der Verhandlung ausschließen, wenn dessen Anwesenheit den Untersuchungszweck gefährden würde. Dies gilt namentlich dann, wenn zu befürchten ist, daß ein Zeuge in Gegenwart des Beschuldigten nicht die Wahrheit sagen werde.
(4) Hat ein nicht in Freiheit befindlicher Beschuldigter einen Verteidiger, so steht ihm ein Anspruch auf Anwesenheit nur bei solchen Terminen zu, die an der Gerichtsstelle des Ortes abgehalten werden, wo er in Haft ist.
(5) Von den Terminen sind die zur Anwesenheit Berechtigten vorher zu benachrichtigen. In den Fällen des Absatzes 2 unterbleibt die Benachrichtigung, soweit sie den Untersuchungserfolg gefährden würde. Auf die Verlegung eines Termins wegen Verhinderung haben die zur Anwesenheit Berechtigten keinen Anspruch.

§ 168e Vernehmung von Zeugen getrennt von Anwesenheitsberechtigten

Besteht die dringende Gefahr eines schwerwiegenden Nachteils für das Wohl des Zeugen, wenn er in Gegenwart der Anwesenheitsberechtigten vernommen wird, und kann sie nicht in anderer Weise abgewendet werden, so soll der Richter die Vernehmung von den Anwesenheitsberechtigten getrennt durchführen. Die Vernehmung wird diesen zeitgleich in Bild und Ton übertragen. Die Mitwirkungsbefugnisse der Anwesenheitsberechtigten bleiben im übrigen unberührt. Die §§ 58a und 241a finden entsprechende Anwendung. Die Entscheidung nach Satz 1 ist unanfechtbar.

§ 170 Entscheidung über eine Anklageerhebung

(1) Bieten die Ermittlungen genügenden Anlaß zur Erhebung der öffentlichen Klage, so erhebt die Staatsanwaltschaft sie durch Einreichung einer Anklageschrift bei dem zuständigen Gericht.
(2) Andernfalls stellt die Staatsanwaltschaft das Verfahren ein. Hiervon setzt sie den Beschuldigten in Kenntnis, wenn er als solcher vernommen worden ist oder ein Haftbefehl gegen ihn erlassen war; dasselbe gilt, wenn er um einen Bescheid gebeten hat oder wenn ein besonderes Interesse an der Bekanntgabe ersichtlich ist.

§ 171 Einstellungsbescheid

Gibt die Staatsanwaltschaft einem Antrag auf Erhebung der öffentlichen Klage keine Folge oder verfügt sie nach dem Abschluß der Ermittlungen die Einstellung des Verfahrens, so hat sie den Antragsteller unter Angabe der Gründe zu bescheiden. In dem Bescheid ist der Antragsteller, der zugleich der Verletzte ist, über die Möglichkeit der Anfechtung und die dafür vorgesehene Frist (§ 172 Abs. 1) zu belehren. § 187 Absatz 1 Satz 1 und Absatz 2 des Gerichtsverfassungsgesetzes gilt entsprechend für Verletzte, die nach § 395 der Strafprozessordnung berechtigt wären, sich der öffentlichen Klage mit der Nebenklage anzuschließen, soweit sie einen Antrag auf Übersetzung stellen.

§ 172 Beschwerde des Verletzten; Klageerzwingungsverfahren

(1) Ist der Antragsteller zugleich der Verletzte, so steht ihm gegen den Bescheid nach § 171 binnen zwei Wochen nach der Bekanntmachung die Beschwerde an den vorgesetzten Beamten der Staatsanwaltschaft zu. Durch die Einlegung der Beschwerde bei der Staatsanwaltschaft wird die Frist gewahrt. Sie läuft nicht, wenn die Belehrung nach § 171 Satz 2 unterblieben ist.
(2) Gegen den ablehnenden Bescheid des vorgesetzten Beamten der Staatsanwaltschaft kann der Antragsteller binnen einem Monat nach der Bekanntmachung gerichtliche Entscheidung beantragen. Hierüber und über die dafür vorgesehene Form ist er zu belehren; die Frist läuft nicht, wenn die Belehrung unterblieben ist. Der Antrag ist nicht zulässig, wenn das Verfahren ausschließlich eine Straftat zum Gegenstand hat, die vom Verletzten im Wege der Privatklage verfolgt werden kann, oder wenn die Staatsanwaltschaft nach § 153 Abs. 1, § 153a Abs. 1 Satz 1, 7 oder § 153b Abs. 1 von der Verfolgung der Tat abgesehen hat; dasselbe gilt in den Fällen der §§ 153c bis 154 Abs. 1 sowie der §§ 154b und 154c.
(3) Der Antrag auf gerichtliche Entscheidung muß die Tatsachen, welche die Erhebung der öffentlichen Klage begründen sollen, und die Beweismittel angeben. Er muß von einem Rechtsanwalt unterzeichnet sein; für die Prozeßkostenhilfe gelten dieselben Vorschriften wie in bürgerlichen Rechtsstreitigkeiten. Der Antrag ist bei dem für die Entscheidung zuständigen Gericht einzureichen.
(4) Zur Entscheidung über den Antrag ist das Oberlandesgericht zuständig. Die §§ 120 und 120b des Gerichtsverfassungsgesetzes sind sinngemäß anzuwenden.

Vierter Abschnitt
Entscheidung über die Eröffnung des Hauptverfahrens

§ 200 Inhalt der Anklageschrift

(1) Die Anklageschrift hat den Angeschuldigten, die Tat, die ihm zur Last gelegt wird, Zeit und Ort ihrer Begehung, die gesetzlichen Merkmale der Straftat und die anzuwendenden Strafvorschriften zu bezeichnen (Anklagesatz). In ihr sind ferner die Beweismittel, das Gericht, vor dem die Hauptverhandlung stattfinden soll, und der Verteidiger anzugeben. Bei der Benennung von Zeugen ist nicht deren vollständige Anschrift, sondern nur deren Wohn- oder Aufenthaltsort anzugeben. In den Fällen des § 68 Absatz 1 Satz 3, Absatz 2 Satz 1 genügt die Angabe des Namens des Zeugen. Wird ein Zeuge benannt, dessen Identität ganz oder teilweise nicht offenbart werden soll, so ist dies anzugeben; für die Geheimhaltung des Wohn- oder Aufenthaltsortes des Zeugen gilt dies entsprechend.
(2) In der Anklageschrift wird auch das wesentliche Ergebnis der Ermittlungen dargestellt. Davon kann abgesehen werden, wenn Anklage beim Strafrichter erhoben wird.

Sechster Abschnitt
Hauptverhandlung

§ 243 Gang der Hauptverhandlung

(1) Die Hauptverhandlung beginnt mit dem Aufruf der Sache. Der Vorsitzende stellt fest, ob der Angeklagte und der Verteidiger anwesend und die Beweismittel herbeigeschafft, insbesondere die geladenen Zeugen und Sachverständigen erschienen sind.
(2) Die Zeugen verlassen den Sitzungssaal. Der Vorsitzende vernimmt den Angeklagten über seine persönlichen Verhältnisse.
(3) Darauf verliest der Staatsanwalt den Anklagesatz. Dabei legt er in den Fällen des § 207 Abs. 3 die neue Anklageschrift zugrunde. In den Fällen des § 207 Abs. 2 Nr. 3 trägt der Staatsanwalt den Anklagesatz mit der dem Eröffnungsbeschluß zugrunde liegenden rechtlichen Würdigung vor; außerdem kann er seine abweichende Rechtsauffassung äußern. In den Fällen des § 207 Abs. 2 Nr. 4 berücksichtigt er die Änderungen, die das Gericht bei der Zulassung der Anklage zur Hauptverhandlung beschlossen hat.
(4) Der Vorsitzende teilt mit, ob Erörterungen nach den §§ 202a, 212 stattgefunden haben, wenn deren Gegenstand die Möglichkeit einer Verständigung (§ 257c) gewesen ist und wenn ja, deren wesentlichen Inhalt. Diese Pflicht gilt auch im weiteren Verlauf der Hauptverhandlung, soweit sich Änderungen gegenüber der Mitteilung zu Beginn der Hauptverhandlung ergeben haben.

(5) Sodann wird der Angeklagte darauf hingewiesen, daß es ihm freistehe, sich zu der Anklage zu äußern oder nicht zur Sache auszusagen. Ist der Angeklagte zur Äußerung bereit, so wird er nach Maßgabe des § 136 Abs. 2 zur Sache vernommen. Auf Antrag erhält der Verteidiger in besonders umfangreichen erstinstanzlichen Verfahren vor dem Land- oder Oberlandesgericht, in denen die Hauptverhandlung voraussichtlich länger als zehn Tage dauern wird, Gelegenheit, vor der Vernehmung des Angeklagten für diesen eine Erklärung zur Anklage abzugeben, die den Schlussvortrag nicht vorwegnehmen darf. Der Vorsitzende kann dem Verteidiger aufgeben, die weitere Erklärung schriftlich einzureichen, wenn ansonsten der Verfahrensablauf erheblich verzögert würde; § 249 Absatz 2 Satz 1 gilt entsprechend. Vorstrafen des Angeklagten sollen nur insoweit festgestellt werden, als sie für die Entscheidung von Bedeutung sind. Wann sie festgestellt werden, bestimmt der Vorsitzende.

§ 244 Beweisaufnahme; Untersuchungsgrundsatz; Ablehnung von Beweisanträgen

(1) Nach der Vernehmung des Angeklagten folgt die Beweisaufnahme.
(2) Das Gericht hat zur Erforschung der Wahrheit die Beweisaufnahme von Amts wegen auf alle Tatsachen und Beweismittel zu erstrecken, die für die Entscheidung von Bedeutung sind.
(3) Ein Beweisantrag liegt vor, wenn der Antragsteller ernsthaft verlangt, Beweis über eine bestimmt behauptete konkrete Tatsache, die die Schuld- oder Rechtsfolgenfrage betrifft, durch ein bestimmt bezeichnetes Beweismittel zu erheben und dem Antrag zu entnehmen ist, weshalb das bezeichnete Beweismittel die behauptete Tatsache belegen können soll. Ein Beweisantrag ist abzulehnen, wenn die Erhebung des Beweises unzulässig ist. Im Übrigen darf ein Beweisantrag nur abgelehnt werden, wenn
1. eine Beweiserhebung wegen Offenkundigkeit überflüssig ist,
2. die Tatsache, die bewiesen werden soll, für die Entscheidung ohne Bedeutung ist,
3. die Tatsache, die bewiesen werden soll, schon erwiesen ist,
4. das Beweismittel völlig ungeeignet ist,
5. das Beweismittel unerreichbar ist oder
6. eine erhebliche Behauptung, die zur Entlastung des Angeklagten bewiesen werden soll, so behandelt werden kann, als wäre die behauptete Tatsache wahr.

(4) Ein Beweisantrag auf Vernehmung eines Sachverständigen kann, soweit nichts anderes bestimmt ist, auch abgelehnt werden, wenn das Gericht selbst die erforderliche Sachkunde besitzt. Die Anhörung eines weiteren Sachverständigen kann auch dann abgelehnt werden, wenn durch das frühere Gutachten das Gegenteil der behaupteten Tatsache bereits erwiesen ist; dies gilt nicht, wenn die Sachkunde des früheren Gutachters zweifelhaft ist, wenn sein Gutachten von unzutreffenden tatsächlichen Voraussetzungen ausgeht, wenn das Gutachten Widersprüche enthält oder wenn der neue Sachverständige über Forschungsmittel verfügt, die denen eines früheren Gutachters überlegen erscheinen.
(5) Ein Beweisantrag auf Einnahme eines Augenscheins kann abgelehnt werden, wenn der Augenschein nach dem pflichtgemäßen Ermessen des Gerichts zur Erforschung der Wahrheit nicht erforderlich ist. Unter derselben Voraussetzung kann auch ein Beweisantrag auf Vernehmung eines Zeugen abgelehnt werden, dessen Ladung im Ausland zu bewirken wäre. Ein Beweisantrag auf Verlesung eines Ausgangsdokuments kann abgelehnt werden, wenn nach pflichtgemäßem Ermessen des Gerichts kein Anlass besteht, an der inhaltlichen Übereinstimmung mit dem übertragenen Dokument zu zweifeln.
(6) Die Ablehnung eines Beweisantrages bedarf eines Gerichtsbeschlusses. Einer Ablehnung nach Satz 1 bedarf es nicht, wenn die beantragte Beweiserhebung nichts Sachdienliches zu Gunsten des Antragstellers erbringen kann, der Antragsteller sich dessen bewusst ist und er die Verschleppung des Verfahrens bezweckt; die Verfolgung anderer verfahrensfremder Ziele steht der Verschleppungsabsicht nicht entgegen. Nach Abschluss der von Amts wegen vorgesehenen Beweisaufnahme kann der Vorsitzende eine angemessene Frist zum Stellen von Beweisanträgen bestimmen. Beweisanträge, die nach Fristablauf gestellt werden, können im Urteil beschieden werden; dies gilt nicht, wenn die Stellung des Beweisantrags vor Fristablauf nicht möglich war. Wird ein Beweisantrag nach Fristablauf gestellt, sind die Tatsachen, die die Einhaltung der Frist unmöglich gemacht haben, mit dem Antrag glaubhaft zu machen.

§ 247 Entfernung des Angeklagten bei Vernehmung von Mitangeklagten und Zeugen

Das Gericht kann anordnen, daß sich der Angeklagte während einer Vernehmung aus dem Sitzungszimmer entfernt, wenn zu befürchten ist, ein Mitangeklagter oder ein Zeuge werde bei seiner Vernehmung in Gegenwart des Angeklagten die Wahrheit nicht sagen. Das gleiche gilt, wenn bei der Vernehmung einer Person unter 18 Jahren als Zeuge in Gegenwart des Angeklagten ein erheblicher Nachteil für das Wohl des Zeugen zu befürchten ist oder wenn bei einer Vernehmung einer anderen Person als Zeuge in Gegenwart des Angeklagten die dringende Gefahr eines schwerwiegenden Nachteils für ihre Gesundheit besteht. Die Entfernung des Angeklagten kann für die Dauer von Erörterungen über den Zustand des Angeklagten und die Behandlungsaussichten angeordnet werden, wenn ein erheblicher Nachteil für seine Gesundheit zu befürchten ist. Der Vorsitzende hat den Angeklagten, sobald dieser wieder anwesend ist, von dem wesentlichen Inhalt dessen zu unterrichten, was während seiner Abwesenheit ausgesagt oder sonst verhandelt worden ist.

§247a Anordnung einer audiovisuellen Vernehmung von Zeugen

(1) Besteht die dringende Gefahr eines schwerwiegenden Nachteils für das Wohl des Zeugen, wenn er in Gegenwart der in der Hauptverhandlung Anwesenden vernommen wird, so kann das Gericht anordnen, daß der Zeuge sich während der Vernehmung an einem anderen Ort aufhält; eine solche Anordnung ist auch unter den Voraussetzungen des § 251 Abs. 2 zulässig, soweit dies zur Erforschung der Wahrheit erforderlich ist. Die Entscheidung ist unanfechtbar. Die Aussage wird zeitgleich in Bild und Ton in das Sitzungszimmer übertragen. Sie soll aufgezeichnet werden, wenn zu besorgen ist, daß der Zeuge in einer weiteren Hauptverhandlung nicht vernommen werden kann und die Aufzeichnung zur Erforschung der Wahrheit erforderlich ist. § 58a Abs. 2 findet entsprechende Anwendung.

(2) Das Gericht kann anordnen, dass die Vernehmung eines Sachverständigen in der Weise erfolgt, dass dieser sich an einem anderen Ort als das Gericht aufhält und die Vernehmung zeitgleich in Bild und Ton an den Ort, an dem sich der Sachverständige aufhält, und in das Sitzungszimmer übertragen wird. Dies gilt nicht in den Fällen des § 246a. Die Entscheidung nach Satz 1 ist unanfechtbar.

§250 Grundsatz der persönlichen Vernehmung

Beruht der Beweis einer Tatsache auf der Wahrnehmung einer Person, so ist diese in der Hauptverhandlung zu vernehmen. Die Vernehmung darf nicht durch Verlesung des über eine frühere Vernehmung aufgenommenen Protokolls oder einer Erklärung ersetzt werden.

§251 Urkundenbeweis durch Verlesung von Protokollen

(1) Die Vernehmung eines Zeugen, Sachverständigen oder Mitbeschuldigten kann durch die Verlesung eines Protokolls über eine Vernehmung oder einer Urkunde, die eine von ihm erstellte Erklärung enthält, ersetzt werden,
1. wenn der Angeklagte einen Verteidiger hat und der Staatsanwalt, der Verteidiger und der Angeklagte damit einverstanden sind;
2. wenn die Verlesung lediglich der Bestätigung eines Geständnisses des Angeklagten dient und der Angeklagte, der keinen Verteidiger hat, sowie der Staatsanwalt der Verlesung zustimmen;
3. wenn der Zeuge, Sachverständige oder Mitbeschuldigte verstorben ist oder aus einem anderen Grunde in absehbarer Zeit gerichtlich nicht vernommen werden kann;
4. soweit das Protokoll oder die Urkunde das Vorliegen oder die Höhe eines Vermögensschadens betrifft.

(2) Die Vernehmung eines Zeugen, Sachverständigen oder Mitbeschuldigten darf durch die Verlesung des Protokolls über seine frühere richterliche Vernehmung auch ersetzt werden, wenn
1. dem Erscheinen des Zeugen, Sachverständigen oder Mitbeschuldigten in der Hauptverhandlung für eine längere oder ungewisse Zeit Krankheit, Gebrechlichkeit oder andere nicht zu beseitigende Hindernisse entgegenstehen;
2. dem Zeugen oder Sachverständigen das Erscheinen in der Hauptverhandlung wegen großer Entfernung unter Berücksichtigung der Bedeutung seiner Aussage nicht zugemutet werden kann;
3. der Staatsanwalt, der Verteidiger und der Angeklagte mit der Verlesung einverstanden sind.

(3) Soll die Verlesung anderen Zwecken als unmittelbar der Urteilsfindung, insbesondere zur Vorbereitung der Entscheidung darüber dienen, ob die Ladung und Vernehmung einer Person erfolgen sollen, so dürfen Protokolle und Urkunden auch sonst verlesen werden.

(4) In den Fällen der Absätze 1 und 2 beschließt das Gericht, ob die Verlesung angeordnet wird. Der Grund der Verlesung wird bekanntgegeben. Wird das Protokoll über eine richterliche Vernehmung verlesen, so wird festgestellt, ob der Vernommene vereidigt worden ist. Die Vereidigung wird nachgeholt, wenn sie dem Gericht notwendig erscheint und noch ausführbar ist.

§252 Verbot der Protokollverlesung nach Zeugnisverweigerung

Die Aussage eines vor der Hauptverhandlung vernommenen Zeugen, der erst in der Hauptverhandlung von seinem Recht, das Zeugnis zu verweigern, Gebrauch macht, darf nicht verlesen werden.

§253 Protokollverlesung zur Gedächtnisunterstützung

(1) Erklärt ein Zeuge oder Sachverständiger, daß er sich einer Tatsache nicht mehr erinnere, so kann der hierauf bezügliche Teil des Protokolls über seine frühere Vernehmung zur Unterstützung seines Gedächtnisses verlesen werden.

(2) Dasselbe kann geschehen, wenn ein in der Vernehmung hervortretender Widerspruch mit der früheren Aussage nicht auf andere Weise ohne Unterbrechung der Hauptverhandlung festgestellt oder behoben werden kann.

§ 255a Vorführung einer aufgezeichneten Zeugenvernehmung

(1) Für die Vorführung der Bild-Ton-Aufzeichnung einer Zeugenvernehmung gelten die Vorschriften zur Verlesung eines Protokolls über eine Vernehmung gemäß §§ 251, 252, 253 und 255 entsprechend.

(2) In Verfahren wegen Straftaten gegen die sexuelle Selbstbestimmung (§§ 174 bis 184k des Strafgesetzbuches) oder gegen das Leben (§§ 211 bis 222 des Strafgesetzbuches), wegen Misshandlung von Schutzbefohlenen (§ 225 des Strafgesetzbuches) oder wegen Straftaten gegen die persönliche Freiheit nach den §§ 232 bis 233a des Strafgesetzbuches kann die Vernehmung eines Zeugen unter 18 Jahren durch die Vorführung der Bild-Ton-Aufzeichnung seiner früheren richterlichen Vernehmung ersetzt werden, wenn der Angeklagte und sein Verteidiger Gelegenheit hatten, an dieser mitzuwirken, und wenn der Zeuge, dessen Vernehmung nach § 58a Absatz 1 Satz 3 in Bild und Ton aufgezeichnet worden ist, der vernehmungsersetzenden Vorführung dieser Aufzeichnung in der Hauptverhandlung nicht unmittelbar nach der aufgezeichneten Vernehmung widersprochen hat. Dies gilt auch für Zeugen, die Verletzte einer dieser Straftaten sind und zur Zeit der Tat unter 18 Jahre alt waren oder Verletzte einer Straftat gegen die sexuelle Selbstbestimmung (§§ 174 bis 184k des Strafgesetzbuches) sind. Das Gericht hat bei seiner Entscheidung auch die schutzwürdigen Interessen des Zeugen zu berücksichtigen und den Grund für die Vorführung bekanntzugeben. Eine ergänzende Vernehmung des Zeugen ist zulässig.

§ 265a Befragung des Angeklagten vor Erteilung von Auflagen oder Weisungen

Kommen Auflagen oder Weisungen (§§ 56b, 56c, 59a Abs. 2 des Strafgesetzbuches) in Betracht, so ist der Angeklagte in geeigneten Fällen zu befragen, ob er sich zu Leistungen erbietet, die der Genugtuung für das begangene Unrecht dienen, oder Zusagen für seine künftige Lebensführung macht. Kommt die Weisung in Betracht, sich einer Heilbehandlung oder einer Entziehungskur zu unterziehen oder in einem geeigneten Heim oder einer geeigneten Anstalt Aufenthalt zu nehmen, so ist er zu befragen, ob er hierzu seine Einwilligung gibt.

§ 268a Aussetzung der Vollstreckung von Strafen oder Maßregeln zur Bewährung

(1) Wird in dem Urteil die Strafe zur Bewährung ausgesetzt oder der Angeklagte mit Strafvorbehalt verwarnt, so trifft das Gericht die in den §§ 56a bis 56d und 59a des Strafgesetzbuches bezeichneten Entscheidungen durch Beschluß; dieser ist mit dem Urteil zu verkünden.

(2) Absatz 1 gilt entsprechend, wenn in dem Urteil eine Maßregel der Besserung und Sicherung zur Bewährung ausgesetzt oder neben der Strafe Führungsaufsicht angeordnet wird und das Gericht Entscheidungen nach den §§ 68a bis 68c des Strafgesetzbuches trifft.

(3) Der Vorsitzende belehrt den Angeklagten über die Bedeutung der Aussetzung der Strafe oder Maßregel zur Bewährung, der Verwarnung mit Strafvorbehalt oder der Führungsaufsicht, über die Dauer der Bewährungszeit oder der Führungsaufsicht, über die Auflagen und Weisungen sowie über die Möglichkeit des Widerrufs der Aussetzung oder der Verurteilung zu der vorbehaltenen Strafe (§ 56f Abs. 1, §§ 59b, 67g Abs. 1 des Strafgesetzbuches). Erteilt das Gericht dem Angeklagten Weisungen nach § 68b Abs. 1 des Strafgesetzbuches, so belehrt der Vorsitzende ihn auch über die Möglichkeit einer Bestrafung nach § 145a des Strafgesetzbuches. Die Belehrung ist in der Regel im Anschluß an die Verkündung des Beschlusses nach den Absätzen 1 oder 2 zu erteilen. Wird die Unterbringung in einem psychiatrischen Krankenhaus zur Bewährung ausgesetzt, so kann der Vorsitzende von der Belehrung über die Möglichkeit des Widerrufs der Aussetzung absehen.

Drittes Buch
Rechtsmittel

Dritter Abschnitt
Berufung

§ 312 Zulässigkeit

Gegen die Urteile des Strafrichters und des Schöffengerichts ist Berufung zulässig.

Vierter Abschnitt
Revision

§ 333 Zulässigkeit

Gegen die Urteile der Strafkammern und der Schwurgerichte sowie gegen die im ersten Rechtszug ergangenen Urteile der Oberlandesgerichte ist Revision zulässig.

Fünftes Buch
Beteiligung des Verletzten am Verfahren

Zweiter Abschnitt
Privatklage

§ 374 Zulässigkeit; Privatklageberechtigte

(1) Im Wege der Privatklage können vom Verletzten verfolgt werden, ohne daß es einer vorgängigen Anrufung der Staatsanwaltschaft bedarf,
1. ein Hausfriedensbruch (§ 123 des Strafgesetzbuches),
2. eine Beleidigung (§§ 185 bis 189 des Strafgesetzbuches), wenn sie nicht gegen eine der in § 194 Abs. 4 des Strafgesetzbuches genannten politischen Körperschaften gerichtet ist,
2a. eine Verletzung des höchstpersönlichen Lebensbereichs und von Persönlichkeitsrechten durch Bildaufnahmen (§ 201a Absatz 1 und 2 des Strafgesetzbuches),
3. eine Verletzung des Briefgeheimnisses (§ 202 des Strafgesetzbuches),
4. eine Körperverletzung (§§ 223 und 229 des Strafgesetzbuches),
5. eine Nötigung (§ 240 Absatz 1 bis 3 des Strafgesetzbuches) oder eine Bedrohung (§ 241 Absatz 1 bis 3 des Strafgesetzbuches),
5a. eine Bestechlichkeit oder Bestechung im geschäftlichen Verkehr (§ 299 des Strafgesetzbuches),
6. eine Sachbeschädigung (§ 303 des Strafgesetzbuches),
6a. eine Straftat nach § 323a des Strafgesetzbuches, wenn die im Rausch begangene Tat ein in den Nummern 1 bis 6 genanntes Vergehen ist,
7. eine Straftat nach § 16 des Gesetzes gegen den unlauteren Wettbewerb und § 23 des Gesetzes zum Schutz von Geschäftsgeheimnissen,
8. eine Straftat nach § 142 Abs. 1 des Patentgesetzes, § 25 Abs. 1 des Gebrauchsmustergesetz, § 10 Abs. 1 des Halbleiterschutzgesetzes, § 39 Abs. 1 des Sortenschutzgesetzes, § 143 Abs. 1, § 143a Abs. 1 und § 144 Abs. 1 und 2 des Markengesetzes, § 51 Abs. 1 und § 65 Abs. 1 des Designgesetz, den §§ 106 bis 108 sowie § 108b Abs. 1 und 2 des Urheberrechtsgesetzes und § 33 des Gesetzes betreffend das Urheberrecht an Werken der bildenden Künste und der Photographie.

(2) Die Privatklage kann auch erheben, wer neben dem Verletzten oder an seiner Stelle berechtigt ist, Strafantrag zu stellen. Die in § 77 Abs. 2 des Strafgesetzbuches genannten Personen können die Privatklage auch dann erheben, wenn der vor ihnen Berechtigte den Strafantrag gestellt hat.

(3) Hat der Verletzte einen gesetzlichen Vertreter, so wird ihre Befugnis zur Erhebung der Privatklage durch diesen und, wenn Körperschaften, Gesellschaften und andere Personenvereine, die als solche in bürgerlichen Rechtsstreitigkeiten klagen können, die Verletzten sind, durch dieselben Personen wahrgenommen, durch die sie in bürgerlichen Rechtsstreitigkeiten vertreten werden.

§ 380 Erfolgloser Sühneversuch als Zulässigkeitsvoraussetzung

(1) Wegen Hausfriedensbruchs, Beleidigung, Verletzung des Briefgeheimnisses, Körperverletzung (§§ 223 und 229 des Strafgesetzbuches), Bedrohung und Sachbeschädigung ist die Erhebung der Klage erst zulässig, nachdem von einer durch die Landesjustizverwaltung zu bezeichnenden Vergleichsbehörde die Sühne erfolglos versucht worden ist. Gleiches gilt wegen einer Straftat nach § 323a des Strafgesetzbuches, wenn die im Rausch begangene Tat ein in Satz 1 genanntes Vergehen ist. Der Kläger hat die Bescheinigung hierüber mit der Klage einzureichen.

(2) Die Landesjustizverwaltung kann bestimmen, daß die Vergleichsbehörde ihre Tätigkeit von der Einzahlung eines angemessenen Kostenvorschusses abhängig machen darf.

(3) Die Vorschriften der Absätze 1 und 2 gelten nicht, wenn der amtliche Vorgesetzte nach § 194 Abs. 3 oder § 230 Abs. 2 des Strafgesetzbuches befugt ist, Strafantrag zu stellen.

(4) Wohnen die Parteien nicht in demselben Gemeindebezirk, so kann nach näherer Anordnung der Landesjustizverwaltung von einem Sühneversuch abgesehen werden.

§ 385 Stellung des Privatklägers; Ladung; Akteneinsicht

(1) Soweit in dem Verfahren auf erhobene öffentliche Klage die Staatsanwaltschaft zuzuziehen und zu hören ist, wird in dem Verfahren auf erhobene Privatklage der Privatkläger zugezogen und gehört. Alle Entscheidungen, die dort der Staatsanwaltschaft bekanntgemacht werden, sind hier dem Privatkläger bekanntzugeben.

(2) Zwischen der Zustellung der Ladung des Privatklägers zur Hauptverhandlung und dem Tag der letzteren muß eine Frist von mindestens einer Woche liegen.

(3) Für den Privatkläger kann ein Rechtsanwalt die Akten, die dem Gericht vorliegen oder von der Staatsanwaltschaft im Falle der Erhebung einer Anklage vorzulegen wären, einsehen sowie amtlich verwahrte Beweis-

stücke besichtigen, soweit der Untersuchungszweck in einem anderen Strafverfahren nicht gefährdet werden kann und überwiegende schutzwürdige Interessen des Beschuldigten oder Dritter nicht entgegenstehen. Der Privatkläger, der nicht durch einen Rechtsanwalt vertreten wird, ist in entsprechender Anwendung des Satzes 1 befugt, die Akten einzusehen und amtlich verwahrte Beweisstücke unter Aufsicht zu besichtigen. Werden die Akten nicht elektronisch geführt, können dem Privatkläger, der nicht durch einen Rechtsanwalt vertreten wird, an Stelle der Einsichtnahme in die Akten Kopien aus den Akten übermittelt werden. § 406e Absatz 5 gilt entsprechend.

(4) In den Fällen der §§ 154a und 421 ist deren Absatz 3 Satz 2 nicht anzuwenden.

(5) Im Revisionsverfahren ist ein Antrag des Privatklägers nach § 349 Abs. 2 nicht erforderlich. § 349 Abs. 3 ist nicht anzuwenden.

Dritter Abschnitt
Nebenklage

§ 395 Befugnis zum Anschluss als Nebenkläger

(1) Der erhobenen öffentlichen Klage oder dem Antrag im Sicherungsverfahren kann sich mit der Nebenklage anschließen, wer verletzt ist durch eine rechtswidrige Tat nach
1. den §§ 174 bis 182, 184i bis 184k des Strafgesetzbuches,
2. den §§ 211 und 212 des Strafgesetzbuches, die versucht wurde,
3. den §§ 221, 223 bis 226a und 340 des Strafgesetzbuches,
4. den §§ 232 bis 238, 239 Absatz 3, §§ 239a, 239b und 240 Absatz 4 des Strafgesetzbuches,
5. § 4 des Gewaltschutzgesetzes,
6. § 142 des Patentgesetzes, § 25 des Gebrauchsmustergesetzes, § 10 des Halbleiterschutzgesetzes, § 39 des Sortenschutzgesetzes, den §§ 143 bis 144 des Markengesetzes, den §§ 51 und 65 des Designgesetzes, den §§ 106 bis 108b des Urheberrechtsgesetzes, § 33 des Gesetzes betreffend das Urheberrecht an Werken der bildenden Künste und der Photographie, § 16 des Gesetzes gegen den unlauteren Wettbewerb und § 23 des Gesetzes zum Schutz von Geschäftsgeheimnissen.

(2) Die gleiche Befugnis steht Personen zu,
1. deren Kinder, Eltern, Geschwister, Ehegatten oder Lebenspartner durch eine rechtswidrige Tat getötet wurden oder
2. die durch einen Antrag auf gerichtliche Entscheidung (§ 172) die Erhebung der öffentlichen Klage herbeigeführt haben.

(3) Wer durch eine andere rechtswidrige Tat, insbesondere nach den §§ 185 bis 189, 229, 244 Absatz 1 Nummer 3, Absatz 4, §§ 249 bis 255 und 316a des Strafgesetzbuches, verletzt ist, kann sich der erhobenen öffentlichen Klage mit der Nebenklage anschließen, wenn dies aus besonderen Gründen, insbesondere wegen der schweren Folgen der Tat, zur Wahrnehmung seiner Interessen geboten erscheint.

(4) Der Anschluss ist in jeder Lage des Verfahrens zulässig. Er kann nach ergangenem Urteil auch zur Einlegung von Rechtsmitteln geschehen.

(5) Wird die Verfolgung nach § 154a beschränkt, so berührt dies nicht das Recht, sich der erhobenen öffentlichen Klage als Nebenkläger anzuschließen. Wird der Nebenkläger zum Verfahren zugelassen, entfällt eine Beschränkung nach § 154a Absatz 1 oder 2, soweit sie die Nebenklage betrifft.

§ 396 Anschlusserklärung; Entscheidung über die Befugnis zum Anschluss

(1) Die Anschlußerklärung ist bei dem Gericht schriftlich einzureichen. Eine vor Erhebung der öffentlichen Klage bei der Staatsanwaltschaft oder dem Gericht eingegangene Anschlußerklärung wird mit der Erhebung der öffentlichen Klage wirksam. Im Verfahren bei Strafbefehlen wird der Anschluß wirksam, wenn Termin zur Hauptverhandlung anberaumt (§ 408 Abs. 3 Satz 2, § 411 Abs. 1) oder der Antrag auf Erlaß eines Strafbefehls abgelehnt worden ist.

(2) Das Gericht entscheidet über die Berechtigung zum Anschluß als Nebenkläger nach Anhörung der Staatsanwaltschaft. In den Fällen des § 395 Abs. 3 entscheidet es nach Anhörung auch des Angeschuldigten darüber, ob der Anschluß aus den dort genannten Gründen geboten ist; diese Entscheidung ist unanfechtbar.

(3) Erwägt das Gericht, das Verfahren nach § 153 Abs. 2, § 153a Abs. 2, § 153b Abs. 2 oder § 154 Abs. 2 einzustellen, so entscheidet es zunächst über die Berechtigung zum Anschluß.

§ 397 Verfahrensrechte des Nebenklägers

(1) Der Nebenkläger ist, auch wenn er als Zeuge vernommen werden soll, zur Anwesenheit in der Hauptverhandlung berechtigt. Er ist zur Hauptverhandlung zu laden; § 145a Absatz 2 Satz 1 und § 217 Absatz 1 und 3 gelten entsprechend. Die Befugnis zur Ablehnung eines Richters (§§ 24, 31) oder Sachverständigen (§ 74), das

Fragerecht (§ 240 Absatz 2), das Recht zur Beanstandung von Anordnungen des Vorsitzenden (§ 238 Absatz 2) und von Fragen (§ 242), das Beweisantragsrecht (§ 244 Absatz 3 bis 6) sowie das Recht zur Abgabe von Erklärungen (§§ 257, 258) stehen auch dem Nebenkläger zu. Dieser ist, soweit gesetzlich nichts anderes bestimmt ist, im selben Umfang zuzuziehen und zu hören wie die Staatsanwaltschaft. Entscheidungen, die der Staatsanwaltschaft bekannt gemacht werden, sind auch dem Nebenkläger bekannt zu geben; § 145a Absatz 1 und 3 gilt entsprechend.

(2) Der Nebenkläger kann sich des Beistands eines Rechtsanwalts bedienen oder sich durch einen solchen vertreten lassen. Der Rechtsanwalt ist zur Anwesenheit in der Hauptverhandlung berechtigt. Er ist vom Termin der Hauptverhandlung zu benachrichtigen, wenn seine Wahl dem Gericht angezeigt oder er als Beistand bestellt wurde.

(3) Ist der Nebenkläger der deutschen Sprache nicht mächtig, erhält er auf Antrag nach Maßgabe des § 187 Absatz 2 des Gerichtsverfassungsgesetzes eine Übersetzung schriftlicher Unterlagen, soweit dies zur Ausübung seiner strafprozessualen Rechte erforderlich ist.

§ 397a Bestellung eines Beistands; Prozesskostenhilfe

(1) Dem Nebenkläger ist auf seinen Antrag ein Rechtsanwalt als Beistand zu bestellen, wenn er
1. durch ein Verbrechen nach den §§ 177, 232 bis 232b und 233a des Strafgesetzbuches oder durch einen besonders schweren Fall eines Vergehens nach § 177 Absatz 6 des Strafgesetzbuches verletzt ist,
1a. durch eine Straftat nach § 184j des Strafgesetzbuches verletzt ist und der Begehung dieser Straftat ein Verbrechen nach § 177 des Strafgesetzbuches oder ein besonders schwerer Fall eines Vergehens nach § 177 Absatz 6 des Strafgesetzbuches zugrunde liegt,
2. durch eine versuchte rechtswidrige Tat nach den §§ 211 und 212 des Strafgesetzbuches verletzt oder Angehöriger eines durch eine rechtswidrige Tat Getöteten im Sinne des § 395 Absatz 2 Nummer 1 ist,
3. durch ein Verbrechen nach den §§ 226, 226a, 234 bis 235, 238 bis 239b, 249, 250, 252, 255 und 316a des Strafgesetzbuches verletzt ist, das bei ihm zu schweren körperlichen oder seelischen Schäden geführt hat oder voraussichtlich führen wird,
4. durch eine rechtswidrige Tat nach den §§ 174 bis 182, 184i bis 184k und 225 des Strafgesetzbuchs verletzt ist und er zur Zeit der Tat das 18. Lebensjahr noch nicht vollendet hatte oder seine Interessen selbst nicht ausreichend wahrnehmen kann oder
5. durch eine rechtswidrige Tat nach den §§ 221, 226, 226a, 232 bis 235, 237, 238 Absatz 2 und 3, §§ 239a, 239b, 240 Absatz 4, §§ 249, 250, 252, 255 und 316a des Strafgesetzbuches verletzt ist und er bei Antragstellung das 18. Lebensjahr noch nicht vollendet hat oder seine Interessen selbst nicht ausreichend wahrnehmen kann.

(2) Liegen die Voraussetzungen für eine Bestellung nach Absatz 1 nicht vor, so ist dem Nebenkläger für die Hinzuziehung eines Rechtsanwalts auf Antrag Prozesskostenhilfe nach denselben Vorschriften wie in bürgerlichen Rechtsstreitigkeiten zu bewilligen, wenn er seine Interessen selbst nicht ausreichend wahrnehmen kann oder ihm dies nicht zuzumuten ist. § 114 Absatz 1 Satz 1 zweiter Halbsatz sowie Absatz 2 und § 121 Absatz 1 bis 3 der Zivilprozessordnung sind nicht anzuwenden.

(3) Anträge nach den Absätzen 1 und 2 können schon vor der Erklärung des Anschlusses gestellt werden. Über die Bestellung des Rechtsanwalts, für die § 142 Absatz 5 Satz 1 und 3 entsprechend gilt, und die Bewilligung der Prozesskostenhilfe entscheidet der Vorsitzende des mit der Sache befassten Gerichts.

§ 397b Gemeinschaftliche Nebenklagevertretung

(1) Verfolgen mehrere Nebenkläger gleichgelagerte Interessen, so kann ihnen das Gericht einen gemeinschaftlichen Rechtsanwalt als Beistand bestellen oder beiordnen. Gleichgelagerte Interessen liegen in der Regel bei mehreren Angehörigen eines durch eine rechtswidrige Tat Getöteten im Sinne des § 395 Absatz 2 Nummer 1 vor.

(2) Vor der Bestellung oder Beiordnung eines gemeinschaftlichen Rechtsanwalts soll den betroffenen Nebenklägern Gelegenheit gegeben werden, sich dazu zu äußern. Wird ein gemeinschaftlicher Rechtsanwalt nach Absatz 1 bestellt oder hinzugezogen, sind bereits erfolgte Bestellungen oder Beiordnungen aufzuheben.

(3) Wird ein Rechtsanwalt nicht als Beistand bestellt oder nicht beigeordnet, weil nach Absatz 1 ein anderer Rechtsanwalt bestellt oder beigeordnet worden ist, so stellt das Gericht fest, ob die Voraussetzungen nach § 397a Absatz 3 Satz 2 in Bezug auf den nicht als Beistand bestellten oder nicht beigeordneten Rechtsanwalt vorgelegen hätten.

§ 398 Fortgang des Verfahrens bei Anschluss

(1) Der Fortgang des Verfahrens wird durch den Anschluß nicht aufgehalten.

(2) Die bereits anberaumte Hauptverhandlung sowie andere Termine finden an den bestimmten Tagen statt, auch wenn der Nebenkläger wegen Kürze der Zeit nicht mehr geladen oder benachrichtigt werden konnte.

§ 399 Bekanntmachung und Anfechtbarkeit früherer Entscheidungen

(1) Entscheidungen, die schon vor dem Anschluß ergangen und der Staatsanwaltschaft bekanntgemacht waren, bedürfen außer in den Fällen des § 401 Abs. 1 Satz 2 keiner Bekanntmachung an den Nebenkläger.
(2) Die Anfechtung solcher Entscheidungen steht auch dem Nebenkläger nicht mehr zu, wenn für die Staatsanwaltschaft die Frist zur Anfechtung abgelaufen ist.

§ 400 Rechtsmittelbefugnis des Nebenklägers

(1) Der Nebenkläger kann das Urteil nicht mit dem Ziel anfechten, daß eine andere Rechtsfolge der Tat verhängt wird oder daß der Angeklagte wegen einer Gesetzesverletzung verurteilt wird, die nicht zum Anschluß des Nebenklägers berechtigt.
(2) Dem Nebenkläger steht die sofortige Beschwerde gegen den Beschluß zu, durch den die Eröffnung des Hauptverfahrens abgelehnt oder das Verfahren nach den §§ 206a und 206b eingestellt wird, soweit er die Tat betrifft, auf Grund deren der Nebenkläger zum Anschluß befugt ist. Im übrigen ist der Beschluß, durch den das Verfahren eingestellt wird, für den Nebenkläger unanfechtbar.

§ 401 Einlegung eines Rechtsmittels durch den Nebenkläger

(1) Der Rechtsmittel kann sich der Nebenkläger unabhängig von der Staatsanwaltschaft bedienen. Geschieht der Anschluß nach ergangenem Urteil zur Einlegung eines Rechtsmittels, so ist dem Nebenkläger das angefochtene Urteil sofort zuzustellen. Die Frist zur Begründung des Rechtsmittels beginnt mit Ablauf der für die Staatsanwaltschaft laufenden Frist zur Einlegung des Rechtsmittels oder, wenn das Urteil dem Nebenkläger noch nicht zugestellt war, mit der Zustellung des Urteils an ihn auch dann, wenn eine Entscheidung über die Berechtigung des Nebenklägers zum Anschluß noch nicht ergangen ist.
(2) War der Nebenkläger in der Hauptverhandlung anwesend oder durch einen Anwalt vertreten, so beginnt für ihn die Frist zur Einlegung des Rechtsmittels auch dann mit der Verkündung des Urteils, wenn er bei dieser nicht mehr zugegen oder vertreten war; er kann die Wiedereinsetzung in den vorigen Stand gegen die Versäumung der Frist nicht wegen fehlender Rechtsmittelbelehrung beanspruchen. Ist der Nebenkläger in der Hauptverhandlung überhaupt nicht anwesend oder vertreten gewesen, so beginnt die Frist mit der Zustellung der Urteilsformel an ihn.
(3) Hat allein der Nebenkläger Berufung eingelegt, so ist diese, wenn bei Beginn einer Hauptverhandlung weder der Nebenkläger noch für ihn ein Rechtsanwalt erschienen ist, unbeschadet der Vorschrift des § 301 sofort zu verwerfen. Der Nebenkläger kann binnen einer Woche nach der Versäumung unter den Voraussetzungen der §§ 44 und 45 die Wiedereinsetzung in den vorigen Stand beanspruchen.
(4) Wird auf ein nur von dem Nebenkläger eingelegtes Rechtsmittel die angefochtene Entscheidung aufgehoben, so liegt der Betrieb der Sache wiederum der Staatsanwaltschaft ob.

§ 402 Widerruf der Anschlusserklärung; Tod des Nebenklägers

Die Anschlußerklärung verliert durch Widerruf sowie durch den Tod des Nebenklägers ihre Wirkung.

Vierter Abschnitt
Adhäsionsverfahren

§ 403 Geltendmachung eines Anspruchs im Adhäsionsverfahren

Der Verletzte oder sein Erbe kann gegen den Beschuldigten einen aus der Straftat erwachsenen vermögensrechtlichen Anspruch, der zur Zuständigkeit der ordentlichen Gerichte gehört und noch nicht anderweit gerichtlich anhängig gemacht ist, im Strafverfahren geltend machen, im Verfahren vor dem Amtsgericht ohne Rücksicht auf den Wert des Streitgegenstandes. Das gleiche Recht steht auch anderen zu, die einen solchen Anspruch geltend machen.

§ 404 Antrag; Prozesskostenhilfe

(1) Der Antrag, durch den der Anspruch geltend gemacht wird, kann schriftlich oder mündlich zu Protokoll des Urkundsbeamten, in der Hauptverhandlung auch mündlich bis zum Beginn der Schlußvorträge gestellt werden. Er muß den Gegenstand und Grund des Anspruchs bestimmt bezeichnen und soll die Beweismittel enthalten. Ist der Antrag außerhalb der Hauptverhandlung gestellt, so wird er dem Beschuldigten zugestellt.
(2) Die Antragstellung hat dieselben Wirkungen wie die Erhebung der Klage im bürgerlichen Rechtsstreit. Sie treten mit Eingang des Antrages bei Gericht ein.
(3) Ist der Antrag vor Beginn der Hauptverhandlung gestellt, so wird der Antragsteller von Ort und Zeit der Hauptverhandlung benachrichtigt. Der Antragsteller, sein gesetzlicher Vertreter und der Ehegatte oder Lebenspartner des Antragsberechtigten können an der Hauptverhandlung teilnehmen.

(4) Der Antrag kann bis zur Verkündung des Urteils zurückgenommen werden.
(5) Dem Antragsteller und dem Angeschuldigten ist auf Antrag Prozeßkostenhilfe nach denselben Vorschriften wie in bürgerlichen Rechtsstreitigkeiten zu bewilligen, sobald die Klage erhoben ist. § 121 Abs. 2 der Zivilprozeßordnung gilt mit der Maßgabe, daß dem Angeschuldigten, der einen Verteidiger hat, dieser beigeordnet werden soll; dem Antragsteller, der sich im Hauptverfahren des Beistandes eines Rechtsanwalts bedient, soll dieser beigeordnet werden. Zuständig für die Entscheidung ist das mit der Sache befaßte Gericht; die Entscheidung ist nicht anfechtbar.

§ 405 Vergleich
(1) Auf Antrag der nach § 403 zur Geltendmachung eines Anspruchs Berechtigten und des Angeklagten nimmt das Gericht einen Vergleich über die aus der Straftat erwachsenen Ansprüche in das Protokoll auf. Es soll auf übereinstimmenden Antrag der in Satz 1 Genannten einen Vergleichsvorschlag unterbreiten.
(2) Für die Entscheidung über Einwendungen gegen die Rechtswirksamkeit des Vergleichs ist das Gericht der bürgerlichen Rechtspflege zuständig, in dessen Bezirk das Strafgericht des ersten Rechtszuges seinen Sitz hat.

§ 406 Entscheidung über den Antrag im Strafurteil; Absehen von einer Entscheidung
(1) Das Gericht gibt dem Antrag in dem Urteil statt, mit dem der Angeklagte wegen einer Straftat schuldig gesprochen oder gegen ihn eine Maßregel der Besserung und Sicherung angeordnet wird, soweit der Antrag wegen dieser Straftat begründet ist. Die Entscheidung kann sich auf den Grund oder einen Teil des geltend gemachten Anspruchs beschränken; § 318 der Zivilprozessordnung gilt entsprechend. Das Gericht sieht von einer Entscheidung ab, wenn der Antrag unzulässig ist oder soweit er unbegründet erscheint. Im Übrigen kann das Gericht von einer Entscheidung nur absehen, wenn sich der Antrag auch unter Berücksichtigung der berechtigten Belange des Antragstellers zur Erledigung im Strafverfahren nicht eignet. Der Antrag ist insbesondere dann zur Erledigung im Strafverfahren nicht geeignet, wenn seine weitere Prüfung, auch soweit eine Entscheidung nur über den Grund oder einen Teil des Anspruchs in Betracht kommt, das Verfahren erheblich verzögern würde. Soweit der Antragsteller den Anspruch auf Zuerkennung eines Schmerzensgeldes (§ 253 Abs. 2 des Bürgerlichen Gesetzbuches) geltend macht, ist das Absehen von einer Entscheidung nur nach Satz 3 zulässig.
(2) Erkennt der Angeklagte den vom Antragsteller gegen ihn geltend gemachten Anspruch ganz oder teilweise an, ist er gemäß dem Anerkenntnis zu verurteilen.
(3) Die Entscheidung über den Antrag steht einem im bürgerlichen Rechtsstreit ergangenen Urteil gleich. Das Gericht erklärt die Entscheidung für vorläufig vollstreckbar; die §§ 708 bis 712 sowie die §§ 714 und 716 der Zivilprozessordnung gelten entsprechend. Soweit der Anspruch nicht zuerkannt ist, kann er anderweit geltend gemacht werden. Ist über den Grund des Anspruchs rechtskräftig entschieden, so findet die Verhandlung über den Betrag nach § 304 Abs. 2 der Zivilprozeßordnung vor dem zuständigen Zivilgericht statt.
(4) Der Antragsteller erhält eine Abschrift des Urteils mit Gründen oder einen Auszug daraus.
(5) Erwägt das Gericht, von einer Entscheidung über den Antrag abzusehen, weist es die Verfahrensbeteiligten so früh wie möglich darauf hin. Sobald das Gericht nach Anhörung des Antragstellers die Voraussetzungen für eine Entscheidung über den Antrag für nicht gegeben erachtet, sieht es durch Beschluss von einer Entscheidung über den Antrag ab.

§ 406a Rechtsmittel
(1) Gegen den Beschluss, mit dem nach § 406 Abs. 5 Satz 2 von einer Entscheidung über den Antrag abgesehen wird, ist sofortige Beschwerde zulässig, wenn der Antrag vor Beginn der Hauptverhandlung gestellt worden und solange keine den Rechtszug abschließende Entscheidung ergangen ist. Im Übrigen steht dem Antragsteller ein Rechtsmittel nicht zu.
(2) Soweit das Gericht dem Antrag stattgibt, kann der Angeklagte die Entscheidung auch ohne den strafrechtlichen Teil des Urteils mit dem sonst zulässigen Rechtsmittel anfechten. In diesem Falle kann über das Rechtsmittel durch Beschluss in nichtöffentlicher Sitzung entschieden werden. Ist das zulässige Rechtsmittel die Berufung, findet auf Antrag des Angeklagten oder des Antragstellers eine mündliche Anhörung der Beteiligten statt.
(3) Die dem Antrag stattgebende Entscheidung ist aufzuheben, wenn der Angeklagte unter Aufhebung der Verurteilung wegen der Straftat, auf welche die Entscheidung über den Antrag gestützt worden ist, weder schuldig gesprochen noch gegen ihn eine Maßregel der Besserung und Sicherung angeordnet wird. Dies gilt auch, wenn das Urteil insoweit nicht angefochten ist.

§ 406b Vollstreckung
Die Vollstreckung richtet sich nach den Vorschriften, die für die Vollstreckung von Urteilen und Prozessvergleichen in bürgerlichen Rechtsstreitigkeiten gelten. Für das Verfahren nach den §§ 323, 731, 767, 768, 887

bis 890 der Zivilprozeßordnung ist das Gericht der bürgerlichen Rechtspflege zuständig, in dessen Bezirk das Strafgericht des ersten Rechtszuges seinen Sitz hat. Einwendungen, die den im Urteil festgestellten Anspruch selbst betreffen, sind nur insoweit zulässig, als die Gründe, auf denen sie beruhen, nach Schluß der Hauptverhandlung des ersten Rechtszuges und, wenn das Berufungsgericht entschieden hat, nach Schluß der Hauptverhandlung im Berufungsrechtszug entstanden sind.

§ 406c Wiederaufnahme des Verfahrens

(1) Den Antrag auf Wiederaufnahme des Verfahrens kann der Angeklagte darauf beschränken, eine wesentlich andere Entscheidung über den Anspruch herbeizuführen. Das Gericht entscheidet dann ohne Erneuerung der Hauptverhandlung durch Beschluß.

(2) Richtet sich der Antrag auf Wiederaufnahme des Verfahrens nur gegen den strafrechtlichen Teil des Urteils, so gilt § 406a Abs. 3 entsprechend.

Fünfter Abschnitt
Sonstige Befugnisse des Verletzten

§ 406d Auskunft über den Stand des Verfahrens

(1) Dem Verletzten ist, soweit es ihn betrifft, auf Antrag mitzuteilen:
1. die Einstellung des Verfahrens,
2. der Ort und Zeitpunkt der Hauptverhandlung sowie die gegen den Angeklagten erhobenen Beschuldigungen,
3. der Ausgang des gerichtlichen Verfahrens.

Ist der Verletzte der deutschen Sprache nicht mächtig, so werden ihm auf Antrag Ort und Zeitpunkt der Hauptverhandlung in einer ihm verständlichen Sprache mitgeteilt.

(2) Dem Verletzten ist auf Antrag mitzuteilen, ob
1. dem Verurteilten die Weisung erteilt worden ist, zu dem Verletzten keinen Kontakt aufzunehmen oder mit ihm nicht zu verkehren;
2. freiheitsentziehende Maßnahmen gegen den Beschuldigten oder den Verurteilten angeordnet oder beendet oder ob erstmalig Vollzugslockerungen oder Urlaub gewährt werden, wenn er ein berechtigtes Interesse darlegt und kein überwiegendes schutzwürdiges Interesse der betroffenen Person am Ausschluss der Mitteilung vorliegt; in den in § 395 Absatz 1 Nummer 1 bis 5 genannten Fällen sowie in den Fällen des § 395 Absatz 3, in denen der Verletzte zur Nebenklage zugelassen wurde, bedarf es der Darlegung eines berechtigten Interesses nicht;
3. der Beschuldigte oder Verurteilte sich einer freiheitsentziehenden Maßnahme durch Flucht entzogen hat und welche Maßnahmen zum Schutz des Verletzten deswegen gegebenenfalls getroffen worden sind;
4. dem Verurteilten erneut Vollzugslockerung oder Urlaub gewährt wird, wenn dafür ein berechtigtes Interesse dargelegt oder ersichtlich ist und kein überwiegendes schutzwürdiges Interesse des Verurteilten am Ausschluss der Mitteilung vorliegt.

Die Mitteilung erfolgt durch die Stelle, welche die Entscheidung gegenüber dem Beschuldigten oder Verurteilten getroffen hat; in den Fällen des Satzes 1 Nummer 3 erfolgt die Mitteilung durch die zuständige Staatsanwaltschaft.

(3) Der Verletzte ist über die Informationsrechte aus Absatz 2 Satz 1 nach der Urteilsverkündung oder Einstellung des Verfahrens zu belehren. Über die Informationsrechte aus Absatz 2 Satz 1 Nummer 2 und 3 ist der Verletzte zudem bei Anzeigeerstattung zu belehren, wenn die Anordnung von Untersuchungshaft gegen den Beschuldigten zu erwarten ist.

(4) Mitteilungen können unterbleiben, sofern sie nicht unter einer Anschrift möglich sind, die der Verletzte angegeben hat. Hat der Verletzte einen Rechtsanwalt als Beistand gewählt, ist ihm ein solcher beigeordnet worden oder wird er durch einen solchen vertreten, so gilt § 145a entsprechend.

§ 406e Akteneinsicht

(1) Für den Verletzten kann ein Rechtsanwalt die Akten, die dem Gericht vorliegen oder diesem im Falle der Erhebung der öffentlichen Klage vorzulegen wären, einsehen sowie amtlich verwahrte Beweisstücke besichtigen, soweit er hierfür ein berechtigtes Interesse darlegt. In den in § 395 genannten Fällen bedarf es der Darlegung eines berechtigten Interesses nicht.

(2) Die Einsicht in die Akten ist zu versagen, soweit überwiegende schutzwürdige Interessen des Beschuldigten oder anderer Personen entgegenstehen. Sie kann versagt werden, soweit der Untersuchungszweck, auch in einem anderen Strafverfahren, gefährdet erscheint. Sie kann auch versagt werden, wenn durch sie das Verfahren erheblich verzögert würde, es sei denn, dass die Staatsanwaltschaft in den in § 395 genannten Fällen den Abschluss der Ermittlungen in den Akten vermerkt hat.

(3) Der Verletzte, der nicht durch einen Rechtsanwalt vertreten wird, ist in entsprechender Anwendung der Absätze 1 und 2 befugt, die Akten einzusehen und amtlich verwahrte Beweisstücke unter Aufsicht zu besichtigen. Werden die Akten nicht elektronisch geführt, können ihm an Stelle der Einsichtnahme in die Akten Kopien aus den Akten übermittelt werden. § 480 Absatz 1 Satz 3 und 4 gilt entsprechend.
(4) Die Absätze 1 bis 3 gelten auch für die in § 403 Satz 2 Genannten.
(5) Über die Gewährung der Akteneinsicht entscheidet im vorbereitenden Verfahren und nach rechtskräftigem Abschluß des Verfahrens die Staatsanwaltschaft, im übrigen der Vorsitzende des mit der Sache befaßten Gerichts. Gegen die Entscheidung der Staatsanwaltschaft nach Satz 1 kann gerichtliche Entscheidung durch das nach § 162 zuständige Gericht beantragt werden. Die §§ 297 bis 300, 302, 306 bis 309, 311a und 473a gelten entsprechend. Die Entscheidung des Gerichts ist unanfechtbar, solange die Ermittlungen noch nicht abgeschlossen sind. Diese Entscheidungen werden nicht mit Gründen versehen, soweit durch deren Offenlegung der Untersuchungszweck gefährdet werden könnte.

§ 406f Verletztenbeistand
(1) Verletzte können sich des Beistands eines Rechtsanwalts bedienen oder sich durch einen solchen vertreten lassen. Einem zur Vernehmung des Verletzten erschienenen anwaltlichen Beistand ist die Anwesenheit gestattet.
(2) Bei einer Vernehmung von Verletzten ist auf deren Antrag einer zur Vernehmung erschienenen Person ihres Vertrauens die Anwesenheit zu gestatten, es sei denn, dass dies den Untersuchungszweck gefährden könnte. Die Entscheidung trifft die die Vernehmung leitende Person; die Entscheidung ist nicht anfechtbar. Die Gründe einer Ablehnung sind aktenkundig zu machen.

§ 406g Psychosoziale Prozessbegleitung
(1) Verletzte können sich des Beistands eines psychosozialen Prozessbegleiters bedienen. Dem psychosozialen Prozessbegleiter ist es gestattet, bei Vernehmungen des Verletzten und während der Hauptverhandlung gemeinsam mit dem Verletzten anwesend zu sein.
(2) Die Grundsätze der psychosozialen Prozessbegleitung sowie die Anforderungen an die Qualifikation und die Vergütung des psychosozialen Prozessbegleiters richten sich nach dem Gesetz über die psychosoziale Prozessbegleitung im Strafverfahren vom 21. Dezember 2015 (BGBl. I S. 2525, 2529) in der jeweils geltenden Fassung.
(3) Unter den in § 397a Absatz 1 Nummer 4 und 5 bezeichneten Voraussetzungen ist dem Verletzten auf seinen Antrag ein psychosozialer Prozessbegleiter beizuordnen. Unter den in § 397a Absatz 1 Nummer 1 bis 3 bezeichneten Voraussetzungen kann dem Verletzten auf seinen Antrag ein psychosozialer Prozessbegleiter beigeordnet werden, wenn die besondere Schutzbedürftigkeit des Verletzten dies erfordert. Die Beiordnung ist für den Verletzten kostenfrei. Für die Beiordnung gilt § 142 Absatz 5 Satz 1 und 3 entsprechend. Im Vorverfahren entscheidet das nach § 162 zuständige Gericht.
(4) Einem nicht beigeordneten psychosozialen Prozessbegleiter kann die Anwesenheit bei einer Vernehmung des Verletzten untersagt werden, wenn dies den Untersuchungszweck gefährden könnte. Die Entscheidung trifft die die Vernehmung leitende Person; die Entscheidung ist nicht anfechtbar. Die Gründe einer Ablehnung sind aktenkundig zu machen.

§ 406h Beistand des nebenklageberechtigten Verletzten
(1) Nach § 395 zum Anschluss mit der Nebenklage Befugte können sich auch vor Erhebung der öffentlichen Klage und ohne Erklärung eines Anschlusses eines Rechtsanwalts als Beistand bedienen oder sich durch einen solchen vertreten lassen. Sie sind zur Anwesenheit in der Hauptverhandlung berechtigt, auch wenn sie als Zeugen vernommen werden sollen. Ist zweifelhaft, ob eine Person nebenklagebefugt ist, entscheidet über das Anwesenheitsrecht das Gericht nach Anhörung der Person und der Staatsanwaltschaft; die Entscheidung ist unanfechtbar.
(2) Der Rechtsanwalt des Nebenklagebefugten ist zur Anwesenheit in der Hauptverhandlung berechtigt; Absatz 1 Satz 3 gilt entsprechend. Er ist vom Termin der Hauptverhandlung zu benachrichtigen, wenn seine Wahl dem Gericht angezeigt oder er als Beistand bestellt wurde. Die Sätze 1 und 2 gelten bei richterlichen Vernehmungen und der Einnahme richterlichen Augenscheins entsprechend, es sei denn, dass die Anwesenheit oder die Benachrichtigung des Rechtsanwalts den Untersuchungszweck gefährden könnte. Nach richterlichen Vernehmungen ist dem Rechtsanwalt Gelegenheit zu geben, sich dazu zu erklären oder Fragen an die vernommene Person zu stellen. Ungeeignete oder nicht zur Sache gehörende Fragen oder Erklärungen können zurückgewiesen werden. § 241a gilt entsprechend.
(3) § 397a gilt entsprechend für
1. die Bestellung eines Rechtsanwalts und
2. die Bewilligung von Prozesskostenhilfe für die Hinzuziehung eines Rechtsanwalts.

Im vorbereitenden Verfahren entscheidet das nach § 162 zuständige Gericht.
(4) Auf Antrag dessen, der zum Anschluß als Nebenkläger berechtigt ist, kann in den Fällen des § 397a Abs. 2 einstweilen ein Rechtsanwalt als Beistand bestellt werden, wenn
1. dies aus besonderen Gründen geboten ist,
2. die Mitwirkung eines Beistands eilbedürftig ist und
3. die Bewilligung von Prozeßkostenhilfe möglich erscheint, eine rechtzeitige Entscheidung hierüber aber nicht zu erwarten ist.

Für die Bestellung gelten § 142 Abs. 5 Satz 1 und 3 und § 162 entsprechend. Die Bestellung endet, wenn nicht innerhalb einer vom Richter zu bestimmenden Frist ein Antrag auf Bewilligung von Prozeßkostenhilfe gestellt oder wenn die Bewilligung von Prozeßkostenhilfe abgelehnt wird.

§ 406i Unterrichtung des Verletzten über seine Befugnisse im Strafverfahren

(1) Verletzte sind möglichst frühzeitig, regelmäßig schriftlich und soweit möglich in einer für sie verständlichen Sprache über ihre aus den §§ 406d bis 406h folgenden Befugnisse im Strafverfahren zu unterrichten und insbesondere auch auf Folgendes hinzuweisen:
1. sie können nach Maßgabe des § 158 eine Straftat zur Anzeige bringen oder einen Strafantrag stellen;
2. sie können sich unter den Voraussetzungen der §§ 395 und 396 oder des § 80 Absatz 3 des Jugendgerichtsgesetzes der erhobenen öffentlichen Klage mit der Nebenklage anschließen und dabei
   a) nach § 397a beantragen, dass ihnen ein anwaltlicher Beistand bestellt oder für dessen Hinzuziehung Prozesskostenhilfe bewilligt wird,
   b) nach Maßgabe des § 397 Absatz 3 und der §§ 185 und 187 des Gerichtsverfassungsgesetzes einen Anspruch auf Dolmetschung und Übersetzung im Strafverfahren geltend machen;
3. sie können einen aus der Straftat erwachsenen vermögensrechtlichen Anspruch nach Maßgabe der §§ 403 bis 406c und des § 81 des Jugendgerichtsgesetzes im Strafverfahren geltend machen;
4. sie können, soweit sie als Zeugen von der Staatsanwaltschaft oder dem Gericht vernommen werden, einen Anspruch auf Entschädigung nach Maßgabe des Justizvergütungs- und -entschädigungsgesetzes geltend machen;
5. sie können nach Maßgabe des § 155a eine Wiedergutmachung im Wege eines Täter-Opfer-Ausgleichs erreichen.

(2) Liegen Anhaltspunkte für eine besondere Schutzbedürftigkeit des Verletzten vor, soll der Verletzte im weiteren Verfahren an geeigneter Stelle auf die Vorschriften hingewiesen werden, die seinem Schutze dienen, insbesondere auf § 68a Absatz 1, die §§ 247 und 247a sowie die §§ 171b und 172 Nummer 1a des Gerichtsverfassungsgesetzes.

(3) Minderjährige Verletzte und ihre Vertreter sollten darüber hinaus im weiteren Verfahren an geeigneter Stelle auf die Vorschriften hingewiesen werden, die ihrem Schutze dienen, insbesondere auf die §§ 58a und 255a Absatz 2, wenn die Anwendung dieser Vorschriften in Betracht kommt, sowie auf § 241a.

§ 406j Unterrichtung des Verletzten über seine Befugnisse außerhalb des Strafverfahrens

Verletzte sind möglichst frühzeitig, regelmäßig schriftlich und soweit möglich in einer für sie verständlichen Sprache über folgende Befugnisse zu unterrichten, die sie außerhalb des Strafverfahrens haben:
1. sie können einen aus der Straftat erwachsenen vermögensrechtlichen Anspruch, soweit er nicht nach Maßgabe der §§ 403 bis 406c und des § 81 des Jugendgerichtsgesetzes im Strafverfahren geltend gemacht wird, auf dem Zivilrechtsweg geltend machen und dabei beantragen, dass ihnen für die Hinzuziehung eines anwaltlichen Beistands Prozesskostenhilfe bewilligt wird;
2. sie können nach Maßgabe des Gewaltschutzgesetzes den Erlass von Anordnungen gegen den Beschuldigten beantragen;
3. sie können nach Maßgabe des Opferentschädigungsgesetzes einen Versorgungsanspruch geltend machen;
4. sie können nach Maßgabe von Verwaltungsvorschriften des Bundes oder der Länder gegebenenfalls Entschädigungsansprüche geltend machen;
5. sie können Unterstützung und Hilfe durch Opferhilfeeinrichtungen erhalten, etwa
   a) in Form einer Beratung,
   b) durch Bereitstellung oder Vermittlung einer Unterkunft in einer Schutzeinrichtung oder
   c) durch Vermittlung von therapeutischen Angeboten wie medizinischer oder psychologischer Hilfe oder weiteren verfügbaren Unterstützungsangeboten im psychosozialen Bereich.

§ 406k Weitere Informationen

(1) Die Informationen nach den §§ 406i und 406j sollen jeweils Angaben dazu enthalten,

226 StPO §§ 406l–450

1. an welche Stellen sich die Verletzten wenden können, um die beschriebenen Möglichkeiten wahrzunehmen, und
2. wer die beschriebenen Angebote gegebenenfalls erbringt.

(2) Liegen die Voraussetzungen einer bestimmten Befugnis im Einzelfall offensichtlich nicht vor, kann die betreffende Unterrichtung unterbleiben. Gegenüber Verletzten, die keine zustellungsfähige Anschrift angegeben haben, besteht keine schriftliche Hinweispflicht.

§ 406l Befugnisse von Angehörigen und Erben von Verletzten

§ 406i Absatz 1 sowie die §§ 406j und 406k gelten auch für Angehörige und Erben von Verletzten, soweit ihnen die entsprechenden Befugnisse zustehen.

Sechstes Buch
Besondere Arten des Verfahrens

Erster Abschnitt
Verfahren bei Strafbefehlen

§ 407 Zulässigkeit

(1) Im Verfahren vor dem Strafrichter und im Verfahren, das zur Zuständigkeit des Schöffengerichts gehört, können bei Vergehen auf schriftlichen Antrag der Staatsanwaltschaft die Rechtsfolgen der Tat durch schriftlichen Strafbefehl ohne Hauptverhandlung festgesetzt werden. Die Staatsanwaltschaft stellt diesen Antrag, wenn sie nach dem Ergebnis der Ermittlungen eine Hauptverhandlung nicht für erforderlich erachtet. Der Antrag ist auf bestimmte Rechtsfolgen zu richten. Durch ihn wird die öffentliche Klage erhoben.

(2) Durch Strafbefehl dürfen nur die folgenden Rechtsfolgen der Tat, allein oder nebeneinander, festgesetzt werden:

1. Geldstrafe, Verwarnung mit Strafvorbehalt, Fahrverbot, Einziehung, Vernichtung, Unbrauchbarmachung, Bekanntgabe der Verurteilung und Geldbuße gegen eine juristische Person oder Personenvereinigung,
2. Entziehung der Fahrerlaubnis, bei der die Sperre nicht mehr als zwei Jahre beträgt,
2a. Verbot des Haltens oder Betreuens von sowie des Handels oder des sonstigen berufsmäßigen Umgangs mit Tieren jeder oder einer bestimmten Art für die Dauer von einem Jahr bis zu drei Jahren sowie
3. Absehen von Strafe.

Hat der Angeschuldigte einen Verteidiger, so kann auch Freiheitsstrafe bis zu einem Jahr festgesetzt werden, wenn deren Vollstreckung zur Bewährung ausgesetzt wird.

(3) Der vorherigen Anhörung des Angeschuldigten durch das Gericht (§ 33 Abs. 3) bedarf es nicht.

Siebentes Buch
Strafvollstreckung und Kosten des Verfahrens

Erster Abschnitt
Strafvollstreckung

§ 449 Vollstreckbarkeit

Strafurteile sind nicht vollstreckbar, bevor sie rechtskräftig geworden sind.

§ 450 Anrechnung von Untersuchungshaft und Führerscheinentziehung

(1) Auf die zu vollstreckende Freiheitsstrafe ist unverkürzt die Untersuchungshaft anzurechnen, die der Angeklagte erlitten hat, seit er auf Einlegung eines Rechtsmittels verzichtet oder das eingelegte Rechtsmittel zurückgenommen hat oder seitdem die Einlegungsfrist abgelaufen ist, ohne daß er eine Erklärung abgegeben hat.

(2) Hat nach dem Urteil eine Verwahrung, Sicherstellung oder Beschlagnahme des Führerscheins auf Grund des § 111a Abs. 5 Satz 2 fortgedauert, so ist diese Zeit unverkürzt auf das Fahrverbot (§ 44 des Strafgesetzbuches) anzurechnen.

Gesetz über die psychosoziale Prozessbegleitung im Strafverfahren (PsychPbG)
Vom 21. Dezember 2015 (BGBl. I S. 2525)

Inhaltsverzeichnis

§ 1 Regelungsgegenstand
§ 2 Grundsätze
§ 3 Anforderungen an die Qualifikation
§ 4 Anerkennung und weitere Anforderungen
§ 5 Vergütung
§ 6 Höhe der Vergütung
§ 7 Entstehung des Anspruchs
§ 8 Anwendung des Rechtsanwaltsvergütungsgesetzes
§ 9 Erlöschen des Anspruchs
§ 10 Öffnungsklausel; Verordnungsermächtigung
§ 11 Übergangsregelung

§ 1 Regelungsgegenstand

Dieses Gesetz regelt für die psychosoziale Prozessbegleitung nach § 406g der Strafprozessordnung
1. die Grundsätze der psychosozialen Prozessbegleitung (§ 2),
2. die Anforderungen an die Qualifikation des psychosozialen Prozessbegleiters (§§ 3 und 4) sowie
3. die Vergütung des psychosozialen Prozessbegleiters (§§ 5 bis 10).

§ 2 Grundsätze

(1) Psychosoziale Prozessbegleitung ist eine besondere Form der nicht rechtlichen Begleitung im Strafverfahren für besonders schutzbedürftige Verletzte vor, während und nach der Hauptverhandlung. Sie umfasst die Informationsvermittlung sowie die qualifizierte Betreuung und Unterstützung im gesamten Strafverfahren mit dem Ziel, die individuelle Belastung der Verletzten zu reduzieren und ihre Sekundärviktimisierung zu vermeiden.
(2) Psychosoziale Prozessbegleitung ist geprägt von Neutralität gegenüber dem Strafverfahren und der Trennung von Beratung und Begleitung. Sie umfasst weder die rechtliche Beratung noch die Aufklärung des Sachverhalts und darf nicht zu einer Beeinflussung des Zeugen oder einer Beeinträchtigung der Zeugenaussage führen. Der Verletzte ist darüber sowie über das fehlende Zeugnisverweigerungsrecht des psychosozialen Prozessbegleiters von diesem zu Beginn der Prozessbegleitung zu informieren.

§ 3 Anforderungen an die Qualifikation

(1) Psychosoziale Prozessbegleiter müssen fachlich, persönlich und interdisziplinär qualifiziert sein.
(2) Für die fachliche Qualifikation ist erforderlich:
1. ein Hochschulabschluss im Bereich Sozialpädagogik, Soziale Arbeit, Pädagogik, Psychologie oder eine abgeschlossene Berufsausbildung in einem dieser Bereiche sowie
2. der Abschluss einer von einem Land anerkannten Aus- oder Weiterbildung zum psychosozialen Prozessbegleiter.

Der psychosoziale Prozessbegleiter muss praktische Berufserfahrung in einem der unter Satz 1 Nummer 1 genannten Bereiche haben.
(3) Der psychosoziale Prozessbegleiter stellt in eigener Verantwortung sicher, dass er über die notwendige persönliche Qualifikation verfügt. Dazu gehören insbesondere Beratungskompetenz, Kommunikations- und Kooperationsfähigkeit, Konfliktfähigkeit, Belastbarkeit sowie organisatorische Kompetenz.
(4) Für die interdisziplinäre Qualifikation ist insbesondere ein zielgruppenbezogenes Grundwissen in Medizin, Psychologie, Viktimologie, Kriminologie und Recht erforderlich. Der psychosoziale Prozessbegleiter stellt in eigener Verantwortung sicher, dass er Kenntnis vom Hilfeangebot vor Ort für Verletzte hat.
(5) Der psychosoziale Prozessbegleiter stellt in eigener Verantwortung seine regelmäßige Fortbildung sicher.

§ 4 Anerkennung und weitere Anforderungen

Die Länder bestimmen, welche Personen und Stellen für die psychosoziale Prozessbegleitung anerkannt werden, welche weiteren Anforderungen hierfür an Berufsausbildung, praktische Berufserfahrung, spezialisierte Weiterbildung und regelmäßige Fortbildungen zu stellen sind.

§ 5 Vergütung

(1) Die Vergütung des nach § 406g Absatz 3 der Strafprozessordnung beigeordneten psychosozialen Prozessbegleiters richtet sich nach den §§ 6 bis 10.

(2) Ist der psychosoziale Prozessbegleiter als Angehöriger oder Mitarbeiter einer nicht öffentlichen Stelle tätig, steht die Vergütung (§ 6) der Stelle zu.
(3) Dieses Gesetz gilt nicht für die Vergütung
1. der Angehörigen oder Mitarbeiter einer Behörde oder einer sonstigen öffentlichen Stelle, wenn sie die psychosoziale Prozessbegleitung in Erfüllung ihrer Dienstaufgabe wahrnehmen,
2. der Angehörigen oder Mitarbeiter einer nicht öffentlichen Stelle, wenn sie die psychosoziale Prozessbegleitung in Erfüllung ihrer Aufgabe wahrnehmen und die Stelle für die Durchführung der psychosozialen Prozessbegleitung stellenbezogene Förderungen erhält.

§ 6 Höhe der Vergütung
Der beigeordnete psychosoziale Prozessbegleiter erhält für die Wahrnehmung seiner Aufgaben aus der Staatskasse für eine psychosoziale Prozessbegleitung eine Vergütung
1. im Vorverfahren in Höhe von 520 Euro,
2. im gerichtlichen Verfahren im ersten Rechtszug in Höhe von 370 Euro,
3. nach Abschluss des erstinstanzlichen Verfahrens in Höhe von 210 Euro.
Mit der Vergütung nach Satz 1 sind auch Ansprüche auf Ersatz anlässlich der Ausübung der psychosozialen Prozessbegleitung entstandener Aufwendungen und Auslagen sowie Ansprüche auf Ersatz der auf die Vergütung entfallenden Umsatzsteuer abgegolten.

§ 7 Entstehung des Anspruchs
Der Anspruch auf Vergütung entsteht für jeden Verfahrensabschnitt nach § 6 Satz 1 gesondert. Das gerichtliche Verfahren beginnt, wenn das für die Hauptverhandlung zuständige Gericht die Eröffnung des Hauptverfahrens nach § 203 der Strafprozessordnung beschließt.

§ 8 Anwendung des Rechtsanwaltsvergütungsgesetzes
Auf den Umfang und die Fälligkeit des Vergütungsanspruchs sowie auf die Festsetzung der Vergütungen und Vorschüsse einschließlich der Rechtsbehelfe sind § 8 Absatz 1, § 47 Absatz 1 Satz 1, § 48 Absatz 1, die §§ 54, 55 Absatz 1, § 56 Absatz 1 Satz 1 und Absatz 2 des Rechtsanwaltsvergütungsgesetzes entsprechend anzuwenden.

§ 9 Erlöschen des Anspruchs
Der Vergütungsanspruch erlischt, wenn er nicht binnen 15 Monaten nach Einstellung oder rechtskräftigem Abschluss des Verfahrens bei dem für die Festsetzung der Vergütung zuständigen Gericht geltend gemacht wird.

§ 10 Öffnungsklausel; Verordnungsermächtigung
(1) Die Landesregierungen können für ihren Bereich durch Rechtsverordnung bestimmen, dass die in diesem Gesetz genannten Bestimmungen über den Vergütungsanspruch des psychosozialen Prozessbegleiters keine Anwendung finden, wenn die Landesregierungen die Vergütung des psychosozialen Prozessbegleiters anderweitig geregelt haben.
(2) Die Landesregierungen können die Ermächtigung nach Absatz 1 durch Rechtsverordnung auf die Landesjustizverwaltungen übertragen.

§ 11 Übergangsregelung
Die Länder können abweichend von den Voraussetzungen des § 3 Absatz 2 Satz 1 Nummer 2 bis zum 31. Juli 2017 bestimmen, dass Personen, die bereits eine von einem Land anerkannte Aus- oder Weiterbildung im Sinne dieses Gesetzes begonnen, aber noch nicht beendet haben, psychosoziale Prozessbegleitung vornehmen können.

Gesetz zur Therapierung und Unterbringung psychisch gestörter Gewalttäter (Therapieunterbringungsgesetz – ThUG)

Vom 22. Dezember 2010 (BGBl. I S. 2300)

Zuletzt geändert durch
Gesetz zur bundesrechtlichen Umsetzung des Abstandsgebotes im Recht der Sicherungsverwahrung
vom 5. Dezember 2012 (BGBl. I S. 2425)

Inhaltsübersicht

§ 1 Therapieunterbringung
§ 2 Geeignete geschlossene Einrichtungen
§ 3 Gerichtliches Verfahren
§ 4 Sachliche und örtliche Zuständigkeit; Besetzung des Spruchkörpers
§ 5 Einleitung des gerichtlichen Verfahrens
§ 6 Beteiligte
§ 7 Beiordnung eines Rechtsanwalts
§ 8 Anhörung des Betroffenen und der sonstigen Beteiligten
§ 9 Einholung von Gutachten
§ 10 Entscheidung; Beschlussformel
§ 11 Zuführung und Vollzug der Therapieunterbringung; Ruhen der Führungsaufsicht
§ 12 Dauer und Verlängerung der Therapieunterbringung
§ 13 Aufhebung der Therapieunterbringung
§ 14 Einstweilige Anordnung
§ 15 Einstweilige Anordnung bei gesteigerter Dringlichkeit
§ 16 Beschwerde; Beschwerderist
§ 17 Ausschluss der Rechtsbeschwerde und der Sprungrechtsbeschwerde
§ 18 Divergenzvorlage
§ 19 Gerichtskosten
§ 20 Vergütung des Rechtsanwalts
§ 21 Einschränkung von Grundrechten

§ 1 Therapieunterbringung

(1) Steht auf Grund einer rechtskräftigen Entscheidung fest, dass eine wegen einer Straftat der in § 66 Absatz 3 Satz 1 des Strafgesetzbuches genannten Art verurteilte Person deshalb nicht länger in der Sicherungsverwahrung untergebracht werden kann, weil ein Verbot rückwirkender Verschärfungen im Recht der Sicherungsverwahrung zu berücksichtigen ist, kann das zuständige Gericht die Unterbringung dieser Person in einer geeigneten geschlossenen Einrichtung anordnen, wenn
1. sie an einer psychischen Störung leidet und eine Gesamtwürdigung ihrer Persönlichkeit, ihres Vorlebens und ihrer Lebensverhältnisse ergibt, dass sie infolge ihrer psychischen Störung mit hoher Wahrscheinlichkeit das Leben, die körperliche Unversehrtheit, die persönliche Freiheit oder die sexuelle Selbstbestimmung einer anderen Person erheblich beeinträchtigen wird, und
2. die Unterbringung aus den in Nummer 1 genannten Gründen zum Schutz der Allgemeinheit erforderlich ist.

(2) Absatz 1 ist unabhängig davon anzuwenden, ob die verurteilte Person sich noch im Vollzug der Sicherungsverwahrung befindet oder bereits entlassen wurde.

§ 2 Geeignete geschlossene Einrichtungen

(1) Für die Therapieunterbringung nach § 1 sind nur solche geschlossenen Einrichtungen geeignet, die
1. wegen ihrer medizinisch-therapeutischen Ausrichtung eine angemessene Behandlung der im Einzelfall vorliegenden psychischen Störung auf der Grundlage eines individuell zu erstellenden Behandlungsplans und mit dem Ziel einer möglichst kurzen Unterbringungsdauer gewährleisten können,
2. unter Berücksichtigung therapeutischer Gesichtspunkte und der Sicherheitsinteressen der Allgemeinheit eine die Untergebrachten so wenig wie möglich belastende Unterbringung zulassen und
3. räumlich und organisatorisch von Einrichtungen des Strafvollzuges getrennt sind.

(2) Einrichtungen im Sinne des § 66c Absatz 1 des Strafgesetzbuches sind ebenfalls für die Therapieunterbringung geeignet, wenn sie die Voraussetzungen des Absatzes 1 Nummer 1 und 2 erfüllen.

§ 3 Gerichtliches Verfahren

Für das gerichtliche Verfahren gelten die Vorschriften des Allgemeinen Teils und die Vorschriften über das Verfahren in Unterbringungssachen des Gesetzes über das Verfahren in Familiensachen und in den

Angelegenheiten der freiwilligen Gerichtsbarkeit entsprechend, soweit nachfolgend nichts Abweichendes bestimmt ist.

§ 4 Sachliche und örtliche Zuständigkeit; Besetzung des Spruchkörpers

(1) Für das gerichtliche Verfahren nach diesem Gesetz sind die Zivilkammern der Landgerichte ausschließlich zuständig. Eine Übertragung der Entscheidung auf den Einzelrichter ist ausgeschlossen.
(2) Örtlich ausschließlich zuständig ist das Gericht, in dessen Bezirk das Bedürfnis für die Therapieunterbringung entsteht. Befindet sich die Person, die nach § 1 untergebracht werden soll (Betroffener), in der Sicherungsverwahrung, ist das Gericht ausschließlich zuständig, in dessen Bezirk die Einrichtung liegt, in der diese vollstreckt wird.

§ 5 Einleitung des gerichtlichen Verfahrens

(1) Das gerichtliche Verfahren wird eingeleitet, wenn Gründe für die Annahme bestehen, dass die Voraussetzungen für eine Therapieunterbringung nach § 1 gegeben sind. Den Antrag stellt die untere Verwaltungsbehörde, in deren Zuständigkeitsbereich das Bedürfnis für die Therapieunterbringung entsteht. Befindet sich der Betroffene in der Sicherungsverwahrung, so ist auch der Leiter der Einrichtung antragsberechtigt, in der diese vollstreckt wird. Der Betroffene ist über die Antragstellung zu unterrichten.
(2) Der Antrag ist bereits vor der Entlassung des Betroffenen aus der Sicherungsverwahrung zulässig. Er gilt als zurückgenommen, wenn nicht innerhalb von zwölf Monaten seit Antragstellung die in § 1 Absatz 1 vorausgesetzte Entscheidung rechtskräftig geworden ist.
(3) Die für die Sicherungsverwahrung des Betroffenen zuständige Vollstreckungsbehörde, der in Absatz 1 Satz 3 genannte Antragsberechtigte sowie die Führungsaufsichtsstelle des Betroffenen teilen der zuständigen unteren Verwaltungsbehörde die für die Einleitung des gerichtlichen Verfahrens notwendigen Daten mit, wenn Gründe für die Annahme bestehen, dass die Voraussetzungen für eine Therapieunterbringung nach § 1 gegeben sind. Die Übermittlung personenbezogener Daten zu dem in Satz 1 genannten Zweck ist zulässig, wenn dem keine schutzwürdigen Interessen des Betroffenen entgegenstehen. Der Inhalt der Mitteilung, die Art und Weise ihrer Übermittlung und der Empfänger sind aktenkundig zu machen. Der Betroffene ist über die Mitteilung und den Inhalt der Mitteilung zu unterrichten.

§ 6 Beteiligte

(1) Beteiligte sind der Betroffene und der Antragsteller.
(2) Der dem Betroffenen beigeordnete Rechtsanwalt wird durch seine Beiordnung als Beteiligter zum Verfahren hinzugezogen.
(3) Auf ihren Antrag sind als Beteiligte hinzuzuziehen:
1. die zuständige untere Verwaltungsbehörde und der Leiter der Einrichtung, in der sich der Betroffene zur Vollstreckung der Sicherungsverwahrung befindet, sofern sie nicht Antragsteller sind, sowie
2. die Führungsaufsichtsstelle des Betroffenen.

§ 7 Beiordnung eines Rechtsanwalts

(1) Das Gericht hat dem Betroffenen zur Wahrnehmung seiner Rechte im Verfahren und für die Dauer der Therapieunterbringung einen Rechtsanwalt beizuordnen. § 78c Absatz 1 und 3 der Zivilprozessordnung gilt entsprechend.
(2) Der beigeordnete Rechtsanwalt hat die Stellung eines Beistands. § 48 Absatz 1 Nummer 3 und Absatz 2 der Bundesrechtsanwaltsordnung gilt entsprechend.
(3) Die Beiordnung ist auf Antrag des beigeordneten Rechtsanwalts oder des Betroffenen nach rechtskräftigem Abschluss des gerichtlichen Verfahrens aufzuheben, wenn der Antragsteller hieran ein berechtigtes Interesse hat. Die Aufhebung der Beiordnung aus wichtigem Grund bleibt hiervon unberührt. Wird die Beiordnung während der Therapieunterbringung aufgehoben, so ist dem Betroffenen unverzüglich ein anderer Rechtsanwalt beizuordnen.
(4) Von der Beiordnung ausgenommen sind Vollzugsangelegenheiten.

§ 8 Anhörung des Betroffenen und der sonstigen Beteiligten

(1) Das Gericht hat die Beteiligten anzuhören.
(2) Der Betroffene ist vor einer Therapieunterbringung persönlich anzuhören. Seine Anhörung soll nicht im Wege der Rechtshilfe erfolgen.

(3) Das Gericht kann den Betroffenen durch die zuständige untere Verwaltungsbehörde vorführen lassen, wenn er sich weigert, an Verfahrenshandlungen nach Absatz 2 mitzuwirken.
(4) Gewalt darf die Behörde nur anwenden, wenn das Gericht dies auf Grund einer ausdrücklichen Entscheidung angeordnet hat. Die zuständige untere Verwaltungsbehörde ist befugt, erforderlichenfalls um Unterstützung der polizeilichen Vollzugsorgane nachzusuchen.
(5) Die Wohnung des Betroffenen darf ohne dessen Einwilligung nur gewaltsam geöffnet, betreten und durchsucht werden, wenn das Gericht dies zu dessen Vorführung zur Anhörung ausdrücklich angeordnet hat. Bei Gefahr im Verzug kann die Anordnung nach Satz 1 durch die zuständige untere Verwaltungsbehörde erfolgen. Durch diese Regelung wird das Grundrecht auf Unverletzlichkeit der Wohnung aus Artikel 13 Absatz 1 des Grundgesetzes eingeschränkt.

§ 9 Einholung von Gutachten

(1) Vor einer Therapieunterbringung hat eine förmliche Beweisaufnahme durch Einholung von zwei Gutachten stattzufinden. Als Sachverständiger ist nicht zu bestellen, wer den Betroffenen bisher behandelt hat. Höchstens einer der Sachverständigen kann aus dem Kreis der Personen bestellt werden, die im Rahmen eines ständigen Dienstverhältnisses in der Einrichtung tätig sind, in der der Betroffene untergebracht ist oder zuletzt untergebracht war. Die Sachverständigen sollen Ärzte für Psychiatrie sein; sie müssen Ärzte mit Erfahrung auf dem Gebiet der Psychiatrie sein.
(2) Die Sachverständigen haben den Betroffenen zur Erstellung der Gutachten unabhängig voneinander zu untersuchen oder zu befragen. Die Gutachten müssen Aussagen darüber enthalten, ob der Betroffene an einer psychischen Störung leidet und ob er infolge dieser Störung mit hoher Wahrscheinlichkeit das Leben, die körperliche Unversehrtheit, die persönliche Freiheit oder die sexuelle Selbstbestimmung einer anderen Person erheblich beeinträchtigen wird. Die Gutachten sollen auch Behandlungsvorschläge sowie Angaben zu deren zeitlicher Umsetzung beinhalten.

§ 10 Entscheidung; Beschlussformel

(1) Das Gericht entscheidet über den Antrag in der Hauptsache erst nach Eintritt der Rechtskraft der in § 1 Absatz 1 vorausgesetzten Entscheidung. Eine Entscheidung kann bereits zu einem früheren Zeitpunkt ergehen, wenn der Antrag aus anderen Gründen als wegen Fehlens der in Satz 1 vorausgesetzten Entscheidung abzuweisen ist.
(2) Die Beschlussformel hat den Zeitpunkt zu bestimmen, an dem die Therapieunterbringung endet.
(3) Das Gericht kann die sofortige Wirksamkeit des Beschlusses anordnen.

§ 11 Zuführung und Vollzug der Therapieunterbringung; Ruhen der Führungsaufsicht

(1) Die Zuführung des Betroffenen in die Einrichtung nach § 2 und der Vollzug der Unterbringung obliegen der zuständigen unteren Verwaltungsbehörde.
(2) Während des Vollzugs der Unterbringung ruht die Führungsaufsicht.

§ 12 Dauer und Verlängerung der Therapieunterbringung

(1) Die Unterbringung endet spätestens mit Ablauf von 18 Monaten, wenn sie nicht vorher verlängert wird.
(2) Für die Verlängerung der Therapieunterbringung gelten die Vorschriften über die erstmalige Anordnung entsprechend. Abweichend von § 9 Absatz 1 Satz 1 kann die Beweisaufnahme auf die Einholung eines Gutachtens beschränkt werden. Als Sachverständiger ist nicht zu bestellen, wer den Betroffenen bisher behandelt hat oder im Rahmen eines ständigen Dienstverhältnisses in der Einrichtung tätig ist, in der der Betroffene untergebracht ist oder zuletzt untergebracht war. Als Sachverständiger soll nicht bestellt werden, wer den Betroffenen bereits mehr als ein Mal im Rahmen eines Unterbringungsverfahrens nach diesem Gesetz begutachtet hat.

§ 13 Aufhebung der Therapieunterbringung

Das Gericht hebt die Anordnung einer Unterbringung nach § 1 von Amts wegen auf, wenn ihre Voraussetzungen wegfallen. Vor der Aufhebung der Maßnahme soll das Gericht die zuständige untere Verwaltungsbehörde, den Leiter der Einrichtung, in der sich der Betroffene befindet, und den Betroffenen anhören, es sei denn, dass dies zu einer nicht nur geringen Verzögerung des Verfahrens führen würde.

§ 14 Einstweilige Anordnung

(1) Das Gericht kann im Hauptsacheverfahren durch einstweilige Anordnung für die Dauer von drei Monaten eine vorläufige Unterbringung anordnen, wenn

1. Gründe für die Annahme bestehen, dass die Voraussetzungen für die Anordnung einer Therapieunterbringung nach § 1 gegeben sind und ein dringendes Bedürfnis für ein sofortiges Tätigwerden besteht, und
2. der Betroffene persönlich und ein ihm beigeordneter Rechtsanwalt angehört worden sind.

Eine Anhörung des Betroffenen im Wege der Rechtshilfe ist zulässig.

(2) Abweichend von § 10 Absatz 1 kann die Entscheidung über die einstweilige Anordnung bereits vor Rechtskraft der in § 1 Absatz 1 vorausgesetzten Entscheidung ergehen. Das Gericht kann anordnen, dass der Beschluss mit Rechtskraft der in § 1 Absatz 1 vorausgesetzten Entscheidung wirksam wird.

(3) Die Dauer der vorläufigen Unterbringung auf Grund einer einstweiligen Anordnung kann um jeweils weitere drei Monate bis zu einer Gesamtdauer von einem Jahr nach Anhörung der Sachverständigen nur verlängert werden, wenn eine besondere Schwierigkeit in der Begutachtung oder ein anderer wichtiger Grund die Entscheidung im Hauptsacheverfahren erheblich verzögert.

§ 15 Einstweilige Anordnung bei gesteigerter Dringlichkeit

Bei Gefahr im Verzug kann das Gericht eine einstweilige Anordnung nach § 14 bereits vor Anhörung des Betroffenen sowie vor Anhörung und Beiordnung eines Rechtsanwalts erlassen. Diese Verfahrenshandlungen sind unverzüglich nachzuholen.

§ 16 Beschwerde; Beschwerdefrist

(1) Das Recht der Beschwerde steht dem Betroffenen, dem ihm beigeordneten Rechtsanwalt, der zuständigen unteren Verwaltungsbehörde sowie dem Leiter der Einrichtung nach § 5 Absatz 1 Satz 3 zu, sofern er einen Antrag nach dieser Vorschrift gestellt hat.

(2) Die Beschwerde ist binnen einer Frist von zwei Wochen einzulegen.

(3) Eine Übertragung der Entscheidung über die Beschwerde auf den Einzelrichter ist ausgeschlossen.

§ 17 Ausschluss der Rechtsbeschwerde und der Sprungrechtsbeschwerde

Die Entscheidungen des Beschwerdegerichts können nicht mit der Rechtsbeschwerde angefochten werden. Die im ersten Rechtszug ergangenen Entscheidungen können nicht mit der Sprungrechtsbeschwerde angefochten werden.

§ 18 Divergenzvorlage

(1) Will ein Oberlandesgericht bei seiner Entscheidung in einer Rechtsfrage von der Entscheidung eines anderen Oberlandesgerichts oder des Bundesgerichtshofs abweichen, so hat es die Sache unter Begründung seiner Rechtsauffassung dem Bundesgerichtshof vorzulegen. Der Bundesgerichtshof entscheidet dann anstelle des Oberlandesgerichts. Der Bundesgerichtshof kann sich auf die Entscheidung der Divergenzfrage beschränken und dem Beschwerdegericht die Entscheidung in der Hauptsache übertragen, wenn dies nach dem Sach- und Streitstand des Beschwerdeverfahrens angezeigt erscheint.

(2) In einstweiligen Anordnungsverfahren ist Absatz 1 nicht anwendbar.

§ 19 Gerichtskosten

In Verfahren nach diesem Gesetz über die Anordnung, Verlängerung oder Aufhebung der Therapieunterbringung werden keine Gerichtskosten erhoben.

§ 20 Vergütung des Rechtsanwalts

(1) In Verfahren nach diesem Gesetz über die Anordnung, Verlängerung oder Aufhebung der Therapieunterbringung erhält der Rechtsanwalt Gebühren in entsprechender Anwendung von Teil 6 Abschnitt 3 des Vergütungsverzeichnisses zum Rechtsanwaltsvergütungsgesetz.

(2) § 52 Absatz 1 bis 3 und 5 des Rechtsanwaltsvergütungsgesetzes ist auf den beigeordneten Rechtsanwalt (§ 7) entsprechend anzuwenden. Gegen den Beschluss nach § 52 Absatz 2 des Rechtsanwaltsvergütungsgesetzes ist die Beschwerde statthaft; § 16 Absatz 2 ist anzuwenden.

(3) Der beigeordnete Rechtsanwalt erhält für seine Tätigkeit nach rechtskräftigem Abschluss eines Verfahrens nach Absatz 1 bis zur ersten Tätigkeit in einem weiteren Verfahren eine Verfahrensgebühr nach Nummer 6302 des Vergütungsverzeichnisses zum Rechtsanwaltsvergütungsgesetz. Die Tätigkeit nach Satz 1 ist eine besondere Angelegenheit im Sinne des Rechtsanwaltsvergütungsgesetzes.

§ 21 Einschränkung von Grundrechten

Durch § 1 und die §§ 4 bis 18 wird das Grundrecht der Freiheit der Person (Artikel 2 Absatz 2 Satz 2 des Grundgesetzes) eingeschränkt.

Jugendgerichtsgesetz (JGG)

in der Fassung der Bekanntmachung vom 11. Dezember 1974 (BGBl. I S. 3427)

Zuletzt geändert durch Gesetz zur Fortentwicklung der Strafprozessordnung und zur Änderung weiterer Vorschriften vom 25. Juni 2021 (BGBl. I S. 2099)

Inhaltsübersicht

Erster Teil
Anwendungsbereich

- § 1 Persönlicher und sachlicher Anwendungsbereich
- § 2 Ziel des Jugendstrafrechts; Anwendung des allgemeinen Strafrechts

Zweiter Teil
Jugendliche

Erstes Hauptstück
Verfehlungen Jugendlicher und ihre Folgen

Erster Abschnitt
Allgemeine Vorschriften

- § 3 Verantwortlichkeit
- § 4 Rechtliche Einordnung der Taten Jugendlicher
- § 5 Die Folgen der Jugendstraftat
- § 6 Nebenfolgen
- § 7 Maßregeln der Besserung und Sicherung
- § 8 Verbindung von Maßnahmen und Jugendstrafe

Zweiter Abschnitt
Erziehungsmaßregeln

- § 9 Arten
- § 10 Weisungen
- § 11 Laufzeit und nachträgliche Änderung von Weisungen; Folgen der Zuwiderhandlung
- § 12 Hilfe zur Erziehung

Dritter Abschnitt
Zuchtmittel

- § 13 Arten und Anwendung
- § 14 Verwarnung
- § 15 Auflagen
- § 16 Jugendarrest
- § 16a Jugendarrest neben Jugendstrafe

Vierter Abschnitt
Die Jugendstrafe

- § 17 Form und Voraussetzungen
- § 18 Dauer der Jugendstrafe
- § 19 (weggefallen)

Fünfter Abschnitt
Aussetzung der Jugendstrafe zur Bewährung

- § 20 (weggefallen)
- § 21 Strafaussetzung
- § 22 Bewährungszeit
- § 23 Weisungen und Auflagen
- § 24 Bewährungshilfe
- § 25 Bestellung und Pflichten des Bewährungshelfers
- § 26 Widerruf der Strafaussetzung
- § 26a Erlaß der Jugendstrafe

Sechster Abschnitt
Aussetzung der Verhängung der Jugendstrafe

- § 27 Voraussetzungen
- § 28 Bewährungszeit
- § 29 Bewährungshilfe
- § 30 Verhängung der Jugendstrafe; Tilgung des Schuldspruchs

Siebenter Abschnitt
Mehrere Straftaten

- § 31 Mehrere Straftaten eines Jugendlichen
- § 32 Mehrere Straftaten in verschiedenen Alters- und Reifestufen

Zweites Hauptstück
Jugendgerichtsverfassung und Jugendstrafverfahren

Erster Abschnitt
Jugendgerichtsverfassung

- § 33 Jugendgerichte
- § 33a Besetzung des Jugendschöffengerichts
- § 33b Besetzung der Jugendkammer
- § 34 Aufgaben des Jugendrichters
- § 35 Jugendschöffen
- § 36 Jugendstaatsanwalt
- § 37 Auswahl der Jugendrichter und Jugendstaatsanwälte
- § 37a Zusammenarbeit in gemeinsamen Gremien
- § 38 Jugendgerichtshilfe

Zweiter Abschnitt
Zuständigkeit

§ 39 Sachliche Zuständigkeit des Jugendrichters
§ 40 Sachliche Zuständigkeit des Jugendschöffengerichts
§ 41 Sachliche Zuständigkeit der Jugendkammer
§ 42 Örtliche Zuständigkeit

Dritter Abschnitt
Jugendstrafverfahren

Erster Unterabschnitt
Das Vorverfahren

§ 43 Umfang der Ermittlungen
§ 44 Vernehmung des Beschuldigten bei zu erwartender Jugendstrafe
§ 45 Absehen von der Verfolgung
§ 46 Wesentliches Ergebnis der Ermittlungen
§ 46a Anklage vor Berichterstattung der Jugendgerichtshilfe

Zweiter Unterabschnitt
Das Hauptverfahren

§ 47 Einstellung des Verfahrens durch den Richter
§ 47a Vorrang der Jugendgerichte
§ 48 Nichtöffentlichkeit
§ 49 (weggefallen)
§ 50 Anwesenheit in der Hauptverhandlung
§ 51 Zeitweilige Ausschließung von Beteiligten
§ 51a Neubeginn der Hauptverhandlung
§ 52 Berücksichtigung von Untersuchungshaft bei Jugendarrest
§ 52a Anrechnung von Untersuchungshaft bei Jugendstrafe
§ 53 Überweisung an das Familiengericht
§ 54 Urteilsgründe

Dritter Unterabschnitt
Rechtsmittelverfahren

§ 55 Anfechtung von Entscheidungen
§ 56 Teilvollstreckung einer Einheitsstrafe

Vierter Unterabschnitt
Verfahren bei Aussetzung der Jugendstrafe zur Bewährung

§ 57 Entscheidung über die Aussetzung
§ 58 Weitere Entscheidungen
§ 59 Anfechtung
§ 60 Bewährungsplan
§ 61 Vorbehalt der nachträglichen Entscheidung über die Aussetzung
§ 61a Frist und Zuständigkeit für die vorbehaltene Entscheidung
§ 61b Weitere Entscheidungen bei Vorbehalt der Entscheidung über die Aussetzung

Fünfter Unterabschnitt
Verfahren bei Aussetzung der Verhängung der Jugendstrafe

§ 62 Entscheidungen
§ 63 Anfechtung
§ 64 Bewährungsplan

Sechster Unterabschnitt
Ergänzende Entscheidungen

§ 65 Nachträgliche Entscheidungen über Weisungen und Auflagen
§ 66 Ergänzung rechtskräftiger Entscheidungen bei mehrfacher Verurteilung

Siebenter Unterabschnitt
Gemeinsame Verfahrensvorschriften

§ 67 Stellung der Erziehungsberechtigten und der gesetzlichen Vertreter
§ 67a Unterrichtung der Erziehungsberechtigten und der gesetzlichen Vertreter
§ 68 Notwendige Verteidigung
§ 68a Zeitpunkt der Bestellung eines Pflichtverteidigers
§ 68b Vernehmungen und Gegenüberstellungen vor der Bestellung eines Pflichtverteidigers
§ 69 Beistand
§ 70 Mitteilungen an amtliche Stellen
§ 70a Unterrichtung des Jugendlichen
§ 70b Belehrungen
§ 70c Vernehmung des Beschuldigten
§ 71 Vorläufige Anordnungen über die Erziehung
§ 72 Untersuchungshaft
§ 72a Heranziehung der Jugendgerichtshilfe in Haftsachen
§ 72b Verkehr mit Vertretern der Jugendgerichtshilfe, dem Betreuungshelfer und dem Erziehungsbeistand
§ 73 Unterbringung zur Beobachtung
§ 74 Kosten und Auslagen

Achter Unterabschnitt
Vereinfachtes Jugendverfahren

§ 75 (weggefallen)
§ 76 Voraussetzungen des vereinfachten Jugendverfahrens
§ 77 Ablehnung des Antrags
§ 78 Verfahren und Entscheidung

Neunter Unterabschnitt
Ausschluß von Vorschriften des allgemeinen Verfahrensrechts

§ 79 Strafbefehl und beschleunigtes Verfahren
§ 80 Privatklage und Nebenklage
§ 81 Adhäsionsverfahren

Zehnter Unterabschnitt
Anordnung der Sicherungsverwahrung
§ 81a   Verfahren und Entscheidung

Drittes Hauptstück
Vollstreckung und Vollzug
Erster Abschnitt
Vollstreckung
Erster Unterabschnitt
Verfassung der Vollstreckung und Zuständigkeit
§ 82   Vollstreckungsleiter
§ 83   Entscheidungen im Vollstreckungsverfahren
§ 84   Örtliche Zuständigkeit
§ 85   Abgabe und Übergang der Vollstreckung

Zweiter Unterabschnitt
Jugendarrest
§ 86   Umwandlung des Freizeitarrestes
§ 87   Vollstreckung des Jugendarrestes

Dritter Unterabschnitt
Jugendstrafe
§ 88   Aussetzung des Restes der Jugendstrafe
§ 89   Jugendstrafe bei Vorbehalt der Entscheidung über die Aussetzung
§ 89a Unterbrechung und Vollstreckung der Jugendstrafe neben Freiheitsstrafe
§ 89b Ausnahme vom Jugendstrafvollzug

Vierter Unterabschnitt
Untersuchungshaft
§ 89c Vollstreckung der Untersuchungshaft

Zweiter Abschnitt
Vollzug
§ 90   Jugendarrest
§ 91   (weggefallen)
§ 92   Rechtsbehelfe im Vollzug
§ 93   Gerichtliche Zuständigkeit und gerichtliches Verfahren bei Maßnahmen, die der vorherigen gerichtlichen Anordnung oder der gerichtlichen Genehmigung bedürfen
§ 93a Unterbringung in einer Entziehungsanstalt

Viertes Hauptstück
Beseitigung des Strafmakels
§§ 94 bis 96 (weggefallen)
§ 97   Beseitigung des Strafmakels durch Richterspruch
§ 98   Verfahren
§ 99   Entscheidung
§ 100 Beseitigung des Strafmakels nach Erlaß einer Strafe oder eines Strafrestes
§ 101 Widerruf

Fünftes Hauptstück
Jugendliche vor Gerichten, die für allgemeine Strafsachen zuständig sind
§ 102 Zuständigkeit
§ 103 Verbindung mehrerer Strafsachen
§ 104 Verfahren gegen Jugendliche

Dritter Teil
Heranwachsende
Erster Abschnitt
Anwendung des sachlichen Strafrechts
§ 105 Anwendung des Jugendstrafrechts auf Heranwachsende
§ 106 Milderung des allgemeinen Strafrechts für Heranwachsende; Sicherungsverwahrung

Zweiter Abschnitt
Gerichtsverfassung und Verfahren
§ 107 Gerichtsverfassung
§ 108 Zuständigkeit
§ 109 Verfahren

Dritter Abschnitt
Vollstreckung, Vollzug und Beseitigung des Strafmakels
§ 110 Vollstreckung und Vollzug
§ 111 Beseitigung des Strafmakels

Vierter Abschnitt
Heranwachsende vor Gerichten, die für allgemeine Strafsachen zuständig sind
§ 112 Entsprechende Anwendung

Vierter Teil
Sondervorschriften für Soldaten der Bundeswehr
§ 112a Anwendung des Jugendstrafrechts
§ 112b (weggefallen)
§ 112c Vollstreckung
§ 112d Anhörung des Disziplinarvorgesetzten
§ 112e Verfahren vor Gerichten, die für allgemeine Strafsachen zuständig sind

Fünfter Teil
Schluß- und Übergangsvorschriften
§ 113 Bewährungshelfer
§ 114 Vollzug von Freiheitsstrafe in der Einrichtung für den Vollzug der Jugendstrafe
§ 115 (weggefallen)
§ 116 Zeitlicher Geltungsbereich
§§ 117 bis 120 (weggefallen)
§ 121 Übergangsvorschrift
§§ 122 bis 124 (weggefallen)
§ 125 Inkrafttreten

Erster Teil
Anwendungsbereich

§ 1 Persönlicher und sachlicher Anwendungsbereich

(1) Dieses Gesetz gilt, wenn ein Jugendlicher oder ein Heranwachsender eine Verfehlung begeht, die nach den allgemeinen Vorschriften mit Strafe bedroht ist.
(2) Jugendlicher ist, wer zur Zeit der Tat vierzehn, aber noch nicht achtzehn, Heranwachsender, wer zur Zeit der Tat achtzehn, aber noch nicht einundzwanzig Jahre alt ist.
(3) Ist zweifelhaft, ob der Beschuldigte zur Zeit der Tat das achtzehnte Lebensjahr vollendet hat, sind die für Jugendliche geltenden Verfahrensvorschriften anzuwenden.

§ 2 Ziel des Jugendstrafrechts; Anwendung des allgemeinen Strafrechts

(1) Die Anwendung des Jugendstrafrechts soll vor allem erneuten Straftaten eines Jugendlichen oder Heranwachsenden entgegenwirken. Um dieses Ziel zu erreichen, sind die Rechtsfolgen und unter Beachtung des elterlichen Erziehungsrechts auch das Verfahren vorrangig am Erziehungsgedanken auszurichten.
(2) Die allgemeinen Vorschriften gelten nur, soweit in diesem Gesetz nichts anderes bestimmt ist.

Zweiter Teil
Jugendliche

Erstes Hauptstück
Verfehlungen Jugendlicher und ihre Folgen

Erster Abschnitt
Allgemeine Vorschriften

§ 3 Verantwortlichkeit

Ein Jugendlicher ist strafrechtlich verantwortlich, wenn er zur Zeit der Tat nach seiner sittlichen und geistigen Entwicklung reif genug ist, das Unrecht der Tat einzusehen und nach dieser Einsicht zu handeln. Zur Erziehung eines Jugendlichen, der mangels Reife strafrechtlich nicht verantwortlich ist, kann der Richter dieselben Maßnahmen anordnen wie das Familiengericht.

§ 4 Rechtliche Einordnung der Taten Jugendlicher

Ob die rechtswidrige Tat eines Jugendlichen als Verbrechen oder Vergehen anzusehen ist und wann sie verjährt, richtet sich nach den Vorschriften des allgemeinen Strafrechts.

§ 5 Die Folgen der Jugendstraftat

(1) Aus Anlaß der Straftat eines Jugendlichen können Erziehungsmaßregeln angeordnet werden.
(2) Die Straftat eines Jugendlichen wird mit Zuchtmitteln oder mit Jugendstrafe geahndet, wenn Erziehungsmaßregeln nicht ausreichen.
(3) Von Zuchtmitteln und Jugendstrafe wird abgesehen, wenn die Unterbringung in einem psychiatrischen Krankenhaus oder einer Entziehungsanstalt die Ahndung durch den Richter entbehrlich macht.

§ 6 Nebenfolgen

(1) Auf Unfähigkeit, öffentliche Ämter zu bekleiden, Rechte aus öffentlichen Wahlen zu erlangen oder in öffentlichen Angelegenheiten zu wählen oder zu stimmen, darf nicht erkannt werden. Die Bekanntgabe der Verurteilung darf nicht angeordnet werden.
(2) Der Verlust der Fähigkeit, öffentliche Ämter zu bekleiden und Rechte aus öffentlichen Wahlen zu erlangen (§ 45 Abs. 1 des Strafgesetzbuches), tritt nicht ein.

§ 7 Maßregeln der Besserung und Sicherung

(1) Als Maßregeln der Besserung und Sicherung im Sinne des allgemeinen Strafrechts können die Unterbringung in einem psychiatrischen Krankenhaus oder einer Entziehungsanstalt, die Führungsaufsicht oder die Entziehung der Fahrerlaubnis angeordnet werden (§ 61 Nr. 1, 2, 4 und 5 des Strafgesetzbuches).
(2) Das Gericht kann im Urteil die Anordnung der Sicherungsverwahrung vorbehalten, wenn
1. der Jugendliche zu einer Jugendstrafe von mindestens sieben Jahren verurteilt wird wegen oder auch wegen eines Verbrechens
   a) gegen das Leben, die körperliche Unversehrtheit oder die sexuelle Selbstbestimmung oder

b) nach § 251 des Strafgesetzbuches, auch in Verbindung mit § 252 oder § 255 des Strafgesetzbuches, durch welches das Opfer seelisch oder körperlich schwer geschädigt oder einer solchen Gefahr ausgesetzt worden ist, und
2. die Gesamtwürdigung des Jugendlichen und seiner Tat oder seiner Taten ergibt, dass er mit hoher Wahrscheinlichkeit erneut Straftaten der in Nummer 1 bezeichneten Art begehen wird.

Das Gericht ordnet die Sicherungsverwahrung an, wenn die Gesamtwürdigung des Verurteilten, seiner Tat oder seiner Taten und ergänzend seiner Entwicklung bis zum Zeitpunkt der Entscheidung ergibt, dass von ihm Straftaten der in Satz 1 Nummer 1 bezeichneten Art zu erwarten sind; § 66a Absatz 3 Satz 1 des Strafgesetzbuches gilt entsprechend. Für die Prüfung, ob die Unterbringung in der Sicherungsverwahrung am Ende des Vollzugs der Jugendstrafe auszusetzen ist, und für den Eintritt der Führungsaufsicht gilt § 67c Absatz 1 des Strafgesetzbuches entsprechend.

(3) Wird neben der Jugendstrafe die Anordnung der Sicherungsverwahrung vorbehalten und hat der Verurteilte das siebenundzwanzigste Lebensjahr noch nicht vollendet, so ordnet das Gericht an, dass bereits die Jugendstrafe in einer sozialtherapeutischen Einrichtung zu vollziehen ist, es sei denn, dass die Resozialisierung des Verurteilten dadurch nicht besser gefördert werden kann. Diese Anordnung kann auch nachträglich erfolgen. Solange der Vollzug in einer sozialtherapeutischen Einrichtung noch nicht angeordnet oder der Gefangene noch nicht in eine sozialtherapeutische Einrichtung verlegt worden ist, ist darüber jeweils nach sechs Monaten neu zu entscheiden. Für die nachträgliche Anordnung nach Satz 2 ist die Strafvollstreckungskammer zuständig, wenn der Betroffene das vierundzwanzigste Lebensjahr vollendet hat, sonst die für die Entscheidung über Vollzugsmaßnahmen nach § 92 Absatz 2 zuständige Jugendkammer. Im Übrigen gelten zum Vollzug der Jugendstrafe § 66c Absatz 2 und § 67a Absatz 2 bis 4 des Strafgesetzbuches entsprechend.

(4) Ist die wegen einer Tat der in Absatz 2 bezeichneten Art angeordnete Unterbringung in einem psychiatrischen Krankenhaus nach § 67d Abs. 6 des Strafgesetzbuches für erledigt erklärt worden, weil der die Schuldfähigkeit ausschließende oder vermindernde Zustand, auf dem die Unterbringung beruhte, im Zeitpunkt der Erledigungsentscheidung nicht bestanden hat, so kann das Gericht nachträglich die Unterbringung in der Sicherungsverwahrung anordnen, wenn
1. die Unterbringung des Betroffenen nach § 63 des Strafgesetzbuches wegen mehrerer solcher Taten angeordnet wurde oder wenn der Betroffene wegen einer oder mehrerer solcher Taten, die er vor der zur Unterbringung nach § 63 des Strafgesetzbuches führenden Tat begangen hat, schon einmal zu einer Jugendstrafe von mindestens drei Jahren verurteilt oder in einem psychiatrischen Krankenhaus untergebracht worden war und
2. die Gesamtwürdigung des Betroffenen, seiner Taten und ergänzend seiner Entwicklung bis zum Zeitpunkt der Entscheidung ergibt, dass er mit hoher Wahrscheinlichkeit erneut Straftaten der in Absatz 2 bezeichneten Art begehen wird.

(5) Die regelmäßige Frist zur Prüfung, ob die weitere Vollstreckung der Unterbringung in der Sicherungsverwahrung zur Bewährung auszusetzen oder für erledigt zu erklären ist (§ 67e des Strafgesetzbuches), beträgt in den Fällen der Absätze 2 und 4 sechs Monate, wenn die untergebrachte Person bei Beginn des Fristlaufs das vierundzwanzigste Lebensjahr noch nicht vollendet hat.

§ 8 Verbindung von Maßnahmen und Jugendstrafe

(1) Erziehungsmaßregeln und Zuchtmittel, ebenso mehrere Erziehungsmaßregeln oder mehrere Zuchtmittel können nebeneinander angeordnet werden. Mit der Anordnung von Hilfe zur Erziehung nach § 12 Nr. 2 darf Jugendarrest nicht verbunden werden.

(2) Neben Jugendstrafe können nur Weisungen und Auflagen erteilt und die Erziehungsbeistandschaft angeordnet werden. Unter den Voraussetzungen des § 16a kann neben der Verhängung einer Jugendstrafe oder der Aussetzung ihrer Verhängung auch Jugendarrest angeordnet werden. Steht der Jugendliche unter Bewährungsaufsicht, so ruht eine gleichzeitig bestehende Erziehungsbeistandschaft bis zum Ablauf der Bewährungszeit.

(3) Neben Erziehungsmaßregeln, Zuchtmitteln und Jugendstrafe kann auf die nach diesem Gesetz zulässigen Nebenstrafen und Nebenfolgen erkannt werden. Ein Fahrverbot darf die Dauer von drei Monaten nicht überschreiten.

Zweiter Abschnitt
Erziehungsmaßregeln

§ 9 Arten
Erziehungsmaßregeln sind
1. die Erteilung von Weisungen,
2. die Anordnung, Hilfe zur Erziehung im Sinne des § 12 in Anspruch zu nehmen.

§ 10 Weisungen
(1) Weisungen sind Gebote und Verbote, welche die Lebensführung des Jugendlichen regeln und dadurch seine Erziehung fördern und sichern sollen. Dabei dürfen an die Lebensführung des Jugendlichen keine unzumutbaren Anforderungen gestellt werden. Der Richter kann dem Jugendlichen insbesondere auferlegen,
1. Weisungen zu befolgen, die sich auf den Aufenthaltsort beziehen,
2. bei einer Familie oder in einem Heim zu wohnen,
3. eine Ausbildungs- oder Arbeitsstelle anzunehmen,
4. Arbeitsleistungen zu erbringen,
5. sich der Betreuung und Aufsicht einer bestimmten Person (Betreuungshelfer) zu unterstellen,
6. an einem sozialen Trainingskurs teilzunehmen,
7. sich zu bemühen, einen Ausgleich mit dem Verletzten zu erreichen (Täter-Opfer-Ausgleich),
8. den Verkehr mit bestimmten Personen oder den Besuch von Gast- oder Vergnügungsstätten zu unterlassen oder
9. an einem Verkehrsunterricht teilzunehmen.

(2) Der Richter kann dem Jugendlichen auch mit Zustimmung des Erziehungsberechtigten und des gesetzlichen Vertreters auferlegen, sich einer heilerzieherischen Behandlung durch einen Sachverständigen oder einer Entziehungskur zu unterziehen. Hat der Jugendliche das sechzehnte Lebensjahr vollendet, so soll dies nur mit seinem Einverständnis geschehen.

§ 11 Laufzeit und nachträgliche Änderung von Weisungen; Folgen der Zuwiderhandlung
(1) Der Richter bestimmt die Laufzeit der Weisungen. Die Laufzeit darf zwei Jahre nicht überschreiten; sie soll bei einer Weisung nach § 10 Abs. 1 Satz 3 Nr. 5 nicht mehr als ein Jahr, bei einer Weisung nach § 10 Abs. 1 Satz 3 Nr. 6 nicht mehr als sechs Monate betragen.

(2) Der Richter kann Weisungen ändern, von ihnen befreien oder ihre Laufzeit vor Ablauf bis auf drei Jahre verlängern, wenn dies aus Gründen der Erziehung geboten ist.

(3) Kommt der Jugendliche Weisungen schuldhaft nicht nach, so kann Jugendarrest verhängt werden, wenn eine Belehrung über die Folgen schuldhafter Zuwiderhandlung erfolgt war. Hiernach verhängter Jugendarrest darf bei einer Verurteilung insgesamt die Dauer von vier Wochen nicht überschreiten. Der Richter sieht von der Vollstreckung des Jugendarrestes ab, wenn der Jugendliche nach Verhängung des Arrestes der Weisung nachkommt.

§ 12 Hilfe zur Erziehung
Der Richter kann dem Jugendlichen nach Anhörung des Jugendamts auch auferlegen, unter den im Achten Buch Sozialgesetzbuch genannten Voraussetzungen Hilfe zur Erziehung
1. in Form der Erziehungsbeistandschaft im Sinne des § 30 des Achten Buches Sozialgesetzbuch oder
2. in einer Einrichtung über Tag und Nacht oder in einer sonstigen betreuten Wohnform im Sinne des § 34 des Achten Buches Sozialgesetzbuch
in Anspruch zu nehmen.

Dritter Abschnitt
Zuchtmittel

§ 13 Arten und Anwendung
(1) Der Richter ahndet die Straftat mit Zuchtmitteln, wenn Jugendstrafe nicht geboten ist, dem Jugendlichen aber eindringlich zum Bewußtsein gebracht werden muß, daß er für das von ihm begangene Unrecht einzustehen hat.

(2) Zuchtmittel sind
1. die Verwarnung,
2. die Erteilung von Auflagen,
3. der Jugendarrest.

(3) Zuchtmittel haben nicht die Rechtswirkungen einer Strafe.

§ 14 Verwarnung
Durch die Verwarnung soll dem Jugendlichen das Unrecht der Tat eindringlich vorgehalten werden.

§ 15 Auflagen
(1) Der Richter kann dem Jugendlichen auferlegen,
1. nach Kräften den durch die Tat verursachten Schaden wiedergutzumachen,
2. sich persönlich bei dem Verletzten zu entschuldigen,
3. Arbeitsleistungen zu erbringen oder
4. einen Geldbetrag zugunsten einer gemeinnützigen Einrichtung zu zahlen.

Dabei dürfen an den Jugendlichen keine unzumutbaren Anforderungen gestellt werden.
(2) Der Richter soll die Zahlung eines Geldbetrages nur anordnen, wenn
1. der Jugendliche eine leichte Verfehlung begangen hat und anzunehmen ist, daß er den Geldbetrag aus Mitteln zahlt, über die er selbständig verfügen darf, oder
2. dem Jugendlichen der Gewinn, den er aus der Tat erlangt, oder das Entgelt, das er für sie erhalten hat, entzogen werden soll.

(3) Der Richter kann nachträglich Auflagen ändern oder von ihrer Erfüllung ganz oder zum Teil befreien, wenn dies aus Gründen der Erziehung geboten ist. Bei schuldhafter Nichterfüllung von Auflagen gilt § 11 Abs. 3 entsprechend. Ist Jugendarrest vollstreckt worden, so kann der Richter die Auflagen ganz oder zum Teil für erledigt erklären.

§ 16 Jugendarrest
(1) Der Jugendarrest ist Freizeitarrest, Kurzarrest oder Dauerarrest.
(2) Der Freizeitarrest wird für die wöchentliche Freizeit des Jugendlichen verhängt und auf eine oder zwei Freizeiten bemessen.
(3) Der Kurzarrest wird statt des Freizeitarrestes verhängt, wenn der zusammenhängende Vollzug aus Gründen der Erziehung zweckmäßig erscheint und weder die Ausbildung noch die Arbeit des Jugendlichen beeinträchtigt werden. Dabei stehen zwei Tage Kurzarrest einer Freizeit gleich.
(4) Der Dauerarrest beträgt mindestens eine Woche und höchstens vier Wochen. Er wird nach vollen Tagen oder Wochen bemessen.

§ 16a Jugendarrest neben Jugendstrafe
(1) Wird die Verhängung oder die Vollstreckung der Jugendstrafe zur Bewährung ausgesetzt, so kann abweichend von § 13 Absatz 1 daneben Jugendarrest verhängt werden, wenn
1. dies unter Berücksichtigung der Belehrung über die Bedeutung der Aussetzung zur Bewährung und unter Berücksichtigung der Möglichkeit von Weisungen und Auflagen geboten ist, um dem Jugendlichen seine Verantwortlichkeit für das begangene Unrecht und die Folgen weiterer Straftaten zu verdeutlichen,
2. dies geboten ist, um den Jugendlichen zunächst für eine begrenzte Zeit aus einem Lebensumfeld mit schädlichen Einflüssen herauszunehmen und durch die Behandlung im Vollzug des Jugendarrests auf die Bewährungszeit vorzubereiten, oder
3. dies geboten ist, um im Vollzug des Jugendarrests eine nachdrücklichere erzieherische Einwirkung auf den Jugendlichen zu erreichen oder um dadurch bessere Erfolgsaussichten für eine erzieherische Einwirkung in der Bewährungszeit zu schaffen.

(2) Jugendarrest nach Absatz 1 Nummer 1 ist in der Regel nicht geboten, wenn der Jugendliche bereits früher Jugendarrest als Dauerarrest verbüßt oder sich nicht nur kurzfristig im Vollzug von Untersuchungshaft befunden hat.

Vierter Abschnitt
Die Jugendstrafe

§ 17 Form und Voraussetzungen
(1) Die Jugendstrafe ist Freiheitsentzug in einer für ihren Vollzug vorgesehenen Einrichtung.
(2) Der Richter verhängt Jugendstrafe, wenn wegen der schädlichen Neigungen des Jugendlichen, die in der Tat hervorgetreten sind, Erziehungsmaßregeln oder Zuchtmittel zur Erziehung nicht ausreichen oder wenn wegen der Schwere der Schuld Strafe erforderlich ist.

§18 Dauer der Jugendstrafe

(1) Das Mindestmaß der Jugendstrafe beträgt sechs Monate, das Höchstmaß fünf Jahre. Handelt es sich bei der Tat um ein Verbrechen, für das nach dem allgemeinen Strafrecht eine Höchststrafe von mehr als zehn Jahren Freiheitsstrafe angedroht ist, so ist das Höchstmaß zehn Jahre. Die Strafrahmen des allgemeinen Strafrechts gelten nicht.
(2) Die Jugendstrafe ist so zu bemessen, daß die erforderliche erzieherische Einwirkung möglich ist.

§19 (weggefallen)

Fünfter Abschnitt
Aussetzung der Jugendstrafe zur Bewährung

§20 (weggefallen)

§21 Strafaussetzung

(1) Bei der Verurteilung zu einer Jugendstrafe von nicht mehr als einem Jahr setzt das Gericht die Vollstreckung der Strafe zur Bewährung aus, wenn zu erwarten ist, daß der Jugendliche sich schon die Verurteilung zur Warnung dienen lassen und auch ohne die Einwirkung des Strafvollzugs unter der erzieherischen Einwirkung in der Bewährungszeit künftig einen rechtschaffenen Lebenswandel führen wird. Dabei sind namentlich die Persönlichkeit des Jugendlichen, sein Vorleben, die Umstände seiner Tat, sein Verhalten nach der Tat, seine Lebensverhältnisse und die Wirkungen zu berücksichtigen, die von der Aussetzung für ihn zu erwarten sind. Das Gericht setzt die Vollstreckung der Strafe auch dann zur Bewährung aus, wenn die in Satz 1 genannte Erwartung erst dadurch begründet wird, dass neben der Jugendstrafe ein Jugendarrest nach § 16a verhängt wird.
(2) Das Gericht setzt unter den Voraussetzungen des Absatzes 1 auch die Vollstreckung einer höheren Jugendstrafe, die zwei Jahre nicht übersteigt, zur Bewährung aus, wenn nicht die Vollstreckung im Hinblick auf die Entwicklung des Jugendlichen geboten ist.
(3) Die Strafaussetzung kann nicht auf einen Teil der Jugendstrafe beschränkt werden. Sie wird durch eine Anrechnung von Untersuchungshaft oder einer anderen Freiheitsentziehung nicht ausgeschlossen.

§22 Bewährungszeit

(1) Der Richter bestimmt die Dauer der Bewährungszeit. Sie darf drei Jahre nicht überschreiten und zwei Jahre nicht unterschreiten.
(2) Die Bewährungszeit beginnt mit der Rechtskraft der Entscheidung über die Aussetzung der Jugendstrafe. Sie kann nachträglich bis auf ein Jahr verkürzt oder vor ihrem Ablauf bis auf vier Jahre verlängert werden. In den Fällen des § 21 Abs. 2 darf die Bewährungszeit jedoch nur bis auf zwei Jahre verkürzt werden.

§23 Weisungen und Auflagen

(1) Der Richter soll für die Dauer der Bewährungszeit die Lebensführung des Jugendlichen durch Weisungen erzieherisch beeinflussen. Er kann dem Jugendlichen auch Auflagen erteilen. Diese Anordnungen kann er auch nachträglich treffen, ändern oder aufheben. Die §§ 10, 11 Abs. 3 und § 15 Abs. 1, 2, 3 Satz 2 gelten entsprechend.
(2) Macht der Jugendliche Zusagen für seine künftige Lebensführung oder erbietet er sich zu angemessenen Leistungen, die der Genugtuung für das begangene Unrecht dienen, so sieht der Richter in der Regel von entsprechenden Weisungen oder Auflagen vorläufig ab, wenn die Erfüllung der Zusagen oder des Anerbietens zu erwarten ist.

§24 Bewährungshilfe

(1) Der Richter unterstellt den Jugendlichen in der Bewährungszeit für höchstens zwei Jahre der Aufsicht und Leitung eines hauptamtlichen Bewährungshelfers. Er kann ihn auch einem ehrenamtlichen Bewährungshelfer unterstellen, wenn dies aus Gründen der Erziehung zweckmäßig erscheint. § 22 Abs. 2 Satz 1 gilt entsprechend.
(2) Der Richter kann eine nach Absatz 1 getroffene Entscheidung vor Ablauf der Unterstellungszeit ändern oder aufheben; er kann auch die Unterstellung des Jugendlichen in der Bewährungszeit erneut anordnen. Dabei kann das in Absatz 1 Satz 1 bestimmte Höchstmaß überschritten werden.
(3) Der Bewährungshelfer steht dem Jugendlichen helfend und betreuend zur Seite. Er überwacht im Einvernehmen mit dem Richter die Erfüllung der Weisungen, Auflagen, Zusagen und Anerbieten. Der Bewährungshelfer soll die Erziehung des Jugendlichen fördern und möglichst mit dem Erziehungsbe-

rechtigten und dem gesetzlichen Vertreter vertrauensvoll zusammenwirken. Er hat bei der Ausübung seines Amtes das Recht auf Zutritt zu dem Jugendlichen. Er kann von dem Erziehungsberechtigten, dem gesetzlichen Vertreter, der Schule, dem Ausbildenden Auskunft über die Lebensführung des Jugendlichen verlangen.

§ 25 Bestellung und Pflichten des Bewährungshelfers

Der Bewährungshelfer wird vom Richter bestellt. Der Richter kann ihm für seine Tätigkeit nach § 24 Abs. 3 Anweisungen erteilen. Der Bewährungshelfer berichtet über die Lebensführung des Jugendlichen in Zeitabständen, die der Richter bestimmt. Gröbliche oder beharrliche Verstöße gegen Weisungen, Auflagen, Zusagen oder Anerbieten teilt er dem Richter mit.

§ 26 Widerruf der Strafaussetzung

(1) Das Gericht widerruft die Aussetzung der Jugendstrafe, wenn der Jugendliche
1. in der Bewährungszeit eine Straftat begeht und dadurch zeigt, daß die Erwartung, die der Strafaussetzung zugrunde lag, sich nicht erfüllt hat,
2. gegen Weisungen gröblich oder beharrlich verstößt oder sich der Aufsicht und Leitung des Bewährungshelfers beharrlich entzieht und dadurch Anlaß zu der Besorgnis gibt, daß er erneut Straftaten begehen wird, oder
3. gegen Auflagen gröblich oder beharrlich verstößt,

Satz 1 Nr. 1 gilt entsprechend, wenn die Tat in der Zeit zwischen der Entscheidung über die Strafaussetzung und deren Rechtskraft begangen worden ist. Wurde die Jugendstrafe nachträglich durch Beschluss ausgesetzt, ist auch § 57 Absatz 5 Satz 2 des Strafgesetzbuches entsprechend anzuwenden.
(2) Das Gericht sieht jedoch von dem Widerruf ab, wenn es ausreicht,
1. weitere Weisungen oder Auflagen zu erteilen,
2. die Bewährungs- oder Unterstellungszeit bis zu einem Höchstmaß von vier Jahren zu verlängern oder
3. den Jugendlichen vor Ablauf der Bewährungszeit erneut einem Bewährungshelfer zu unterstellen.
(3) Leistungen, die der Jugendliche zur Erfüllung von Weisungen, Auflagen, Zusagen oder Anerbieten (§ 23) erbracht hat, werden nicht erstattet. Das Gericht kann jedoch, wenn es die Strafaussetzung widerruft, Leistungen, die der Jugendliche zur Erfüllung von Auflagen oder entsprechenden Anerbieten erbracht hat, auf die Jugendstrafe anrechnen. Jugendarrest, der nach § 16a verhängt wurde, wird in dem Umfang, in dem er verbüßt wurde, auf die Jugendstrafe angerechnet.

§ 26a Erlaß der Jugendstrafe

Widerruft der Richter die Strafaussetzung nicht, so erläßt er die Jugendstrafe nach Ablauf der Bewährungszeit. § 26 Abs. 3 Satz 1 ist anzuwenden.

Sechster Abschnitt
Aussetzung der Verhängung der Jugendstrafe

§ 27 Voraussetzungen

Kann nach Erschöpfung der Ermittlungsmöglichkeiten nicht mit Sicherheit beurteilt werden, ob in der Straftat eines Jugendlichen schädliche Neigungen von einem Umfang hervorgetreten sind, daß eine Jugendstrafe erforderlich ist, so kann der Richter die Schuld des Jugendlichen feststellen, die Entscheidung über die Verhängung der Jugendstrafe aber für eine von ihm zu bestimmende Bewährungszeit aussetzen.

§ 28 Bewährungszeit

(1) Die Bewährungszeit darf zwei Jahre nicht überschreiten und ein Jahr nicht unterschreiten.
(2) Die Bewährungszeit beginnt mit der Rechtskraft des Urteils, in dem die Schuld des Jugendlichen festgestellt wird. Sie kann nachträglich bis auf ein Jahr verkürzt oder vor ihrem Ablauf bis auf zwei Jahre verlängert werden.

§ 29 Bewährungshilfe

Der Jugendliche wird für die Dauer oder einen Teil der Bewährungszeit der Aufsicht und Leitung eines Bewährungshelfers unterstellt. Die §§ 23, 24 Abs. 1 Satz 1 und 2, Abs. 2 und 3 und die §§ 25, 28 Abs. 2 Satz 1 sind entsprechend anzuwenden.

§ 30 Verhängung der Jugendstrafe; Tilgung des Schuldspruchs

(1) Stellt sich vor allem durch schlechte Führung des Jugendlichen während der Bewährungszeit heraus, daß die in dem Schuldspruch mißbilligte Tat auf schädliche Neigungen von einem Umfang zurückzuführen ist, daß eine Jugendstrafe erforderlich ist, so erkennt das Gericht auf die Strafe, die es im Zeitpunkt des Schuldspruchs bei sicherer Beurteilung der schädlichen Neigungen des Jugendlichen ausgesprochen hätte. § 26 Absatz 3 Satz 3 gilt entsprechend.
(2) Liegen die Voraussetzungen des Absatzes 1 Satz 1 nach Ablauf der Bewährungszeit nicht vor, so wird der Schuldspruch getilgt.

Siebenter Abschnitt
Mehrere Straftaten

§ 31 Mehrere Straftaten eines Jugendlichen

(1) Auch wenn ein Jugendlicher mehrere Straftaten begangen hat, setzt das Gericht nur einheitlich Erziehungsmaßregeln, Zuchtmittel oder eine Jugendstrafe fest. Soweit es dieses Gesetz zuläßt (§ 8), können ungleichartige Erziehungsmaßregeln und Zuchtmittel nebeneinander angeordnet oder Maßnahmen mit der Strafe verbunden werden. Die gesetzlichen Höchstgrenzen des Jugendarrestes und der Jugendstrafe dürfen nicht überschritten werden.
(2) Ist gegen den Jugendlichen wegen eines Teils der Straftaten bereits rechtskräftig die Schuld festgestellt oder eine Erziehungsmaßregel, ein Zuchtmittel oder eine Jugendstrafe festgesetzt worden, aber noch nicht vollständig ausgeführt, verbüßt oder sonst erledigt, so wird unter Einbeziehung des Urteils in gleicher Weise nur einheitlich auf Maßnahmen oder Jugendstrafe erkannt. Die Anrechnung bereits verbüßten Jugendarrestes steht im Ermessen des Gerichts, wenn es auf Jugendstrafe erkennt. § 26 Absatz 3 Satz 3 und § 30 Absatz 1 Satz 2 bleiben unberührt.
(3) Ist es aus erzieherischen Gründen zweckmäßig, so kann das Gericht davon absehen, schon abgeurteilte Straftaten in die neue Entscheidung einzubeziehen. Dabei kann es Erziehungsmaßregeln und Zuchtmittel für erledigt erklären, wenn es auf Jugendstrafe erkennt.

§ 32 Mehrere Straftaten in verschiedenen Alters- und Reifestufen

Für mehrere Straftaten, die gleichzeitig abgeurteilt werden und auf die teils Jugendstrafrecht und teils allgemeines Strafrecht anzuwenden wäre, gilt einheitlich das Jugendstrafrecht, wenn das Schwergewicht bei den Straftaten liegt, die nach Jugendstrafrecht zu beurteilen wären. Ist dies nicht der Fall, so ist einheitlich das allgemeine Strafrecht anzuwenden.

Zweites Hauptstück
Jugendgerichtsverfassung und Jugendstrafverfahren

Erster Abschnitt
Jugendgerichtsverfassung

§ 33 Jugendgerichte

(1) Über Verfehlungen Jugendlicher entscheiden die Jugendgerichte.
(2) Jugendgerichte sind der Strafrichter als Jugendrichter, das Schöffengericht (Jugendschöffengericht) und die Strafkammer (Jugendkammer).
(3) Die Landesregierungen werden ermächtigt, durch Rechtsverordnung zu regeln, daß ein Richter bei einem Amtsgericht zum Jugendrichter für den Bezirk mehrere Amtsgerichte (Bezirksjugendrichter) bestellt und daß bei einem Amtsgericht ein gemeinsames Jugendschöffengericht für den Bezirk mehrerer Amtsgerichte eingerichtet wird. Die Landesregierungen können die Ermächtigung durch Rechtsverordnung auf die Landesjustizverwaltungen übertragen.

§ 33a Besetzung des Jugendschöffengerichts

(1) Das Jugendschöffengericht besteht aus dem Jugendrichter als Vorsitzenden und zwei Jugendschöffen. Als Jugendschöffen sollen zu jeder Hauptverhandlung ein Mann und eine Frau herangezogen werden.
(2) Bei Entscheidungen außerhalb der Hauptverhandlung wirken die Jugendschöffen nicht mit.

§ 33b Besetzung der Jugendkammer

(1) Die Jugendkammer ist mit drei Richtern einschließlich des Vorsitzenden und zwei Jugendschöffen (große Jugendkammer), in Verfahren über Berufungen gegen Urteile des Jugendrichters mit dem Vorsitzenden und zwei Jugendschöffen (kleine Jugendkammer) besetzt.

(2) Bei der Eröffnung des Hauptverfahrens beschließt die große Jugendkammer über ihre Besetzung in der Hauptverhandlung. Ist das Hauptverfahren bereits eröffnet, beschließt sie hierüber bei der Anberaumung des Termins zur Hauptverhandlung. Sie beschließt eine Besetzung mit drei Richtern einschließlich des Vorsitzenden und zwei Jugendschöffen, wenn
1. die Sache nach den allgemeinen Vorschriften einschließlich der Regelung des § 74e des Gerichtsverfassungsgesetzes zur Zuständigkeit des Schwurgerichts gehört,
2. ihre Zuständigkeit nach § 41 Absatz 1 Nummer 5 begründet ist oder
3. nach dem Umfang oder der Schwierigkeit der Sache die Mitwirkung eines dritten Richters notwendig erscheint.

Im Übrigen beschließt die große Jugendkammer eine Besetzung mit zwei Richtern einschließlich des Vorsitzenden und zwei Jugendschöffen.

(3) Die Mitwirkung eines dritten Richters ist nach Absatz 2 Satz 3 Nummer 3 in der Regel notwendig, wenn
1. die Jugendkammer die Sache nach § 41 Absatz 1 Nummer 2 übernommen hat,
2. die Hauptverhandlung voraussichtlich länger als zehn Tage dauern wird oder
3. die Sache eine der in § 74c Absatz 1 Satz 1 des Gerichtsverfassungsgesetzes genannten Straftaten zum Gegenstand hat.

(4) In Verfahren über die Berufung gegen ein Urteil des Jugendschöffengerichts gilt Absatz 2 entsprechend. Die große Jugendkammer beschließt ihre Besetzung mit drei Richtern einschließlich des Vorsitzenden und zwei Jugendschöffen auch dann, wenn mit dem angefochtenen Urteil auf eine Jugendstrafe von mehr als vier Jahren erkannt wurde.

(5) Hat die große Jugendkammer eine Besetzung mit zwei Richtern einschließlich des Vorsitzenden und zwei Jugendschöffen beschlossen und ergeben sich vor Beginn der Hauptverhandlung neue Umstände, die nach Maßgabe der Absätze 2 bis 4 eine Besetzung mit drei Richtern einschließlich des Vorsitzenden und zwei Jugendschöffen erforderlich machen, beschließt sie eine solche Besetzung.

(6) Ist eine Sache vom Revisionsgericht zurückverwiesen oder die Hauptverhandlung ausgesetzt worden, kann die jeweils zuständige Jugendkammer erneut nach Maßgabe der Absätze 2 bis 4 über ihre Besetzung beschließen.

(7) § 33a Abs. 1 Satz 2, Abs. 2 gilt entsprechend.

§ 34 Aufgaben des Jugendrichters

(1) Dem Jugendrichter obliegen alle Aufgaben, die ein Richter beim Amtsgericht im Strafverfahren hat.
(2) Dem Jugendrichter sollen für die Jugendlichen die familiengerichtlichen Erziehungsaufgaben übertragen werden. Aus besonderen Gründen, namentlich wenn der Jugendrichter für den Bezirk mehrerer Amtsgerichte bestellt ist, kann hiervon abgewichen werden.
(3) Familiengerichtliche Erziehungsaufgaben sind
1. die Unterstützung der Eltern, des Vormundes und des Pflegers durch geeignete Maßnahmen (§ 1631 Abs. 3, §§ 1800, 1915 des Bürgerlichen Gesetzbuches),
2. die Maßnahmen zur Abwendung einer Gefährdung des Jugendlichen (§§ 1666, 1666a, 1837 Abs. 4, § 1915 des Bürgerlichen Gesetzbuches).

§ 35 Jugendschöffen

(1) Die Schöffen der Jugendgerichte (Jugendschöffen) werden auf Vorschlag des Jugendhilfeausschusses für die Dauer von fünf Geschäftsjahren von dem in § 40 des Gerichtsverfassungsgesetzes vorgesehenen Ausschuß gewählt. Dieser soll eine gleiche Anzahl von Männern und Frauen wählen.
(2) Der Jugendhilfeausschuß soll ebensoviele Männer wie Frauen und muss mindestens die doppelte Anzahl von Personen vorschlagen, die als Jugendschöffen und Jugendersatzschöffen benötigt werden. Die Vorgeschlagenen sollen erzieherisch befähigt und in der Jugenderziehung erfahren sein.
(3) Die Vorschlagsliste des Jugendhilfeausschusses gilt als Vorschlagsliste im Sinne des § 36 des Gerichtsverfassungsgesetzes. Für die Aufnahme in die Liste ist die Zustimmung von zwei Dritteln der anwesenden stimmberechtigten Mitglieder, mindestens jedoch der Hälfte aller stimmberechtigten Mitglieder des Jugendhilfeausschusses erforderlich. Die Vorschlagsliste ist im Jugendamt eine Woche lang zu jedermanns Einsicht aufzulegen. Der Zeitpunkt der Auflegung ist vorher öffentlich bekanntzumachen.
(4) Bei der Entscheidung über Einsprüche gegen die Vorschlagsliste des Jugendhilfeausschusses und bei der Wahl der Jugendschöffen und Jugendersatzschöffen führt der Jugendrichter den Vorsitz in dem Schöffenwahlausschuß.

(5) Die Jugendschöffen werden in besondere für Männer und Frauen getrennt zu führende Schöffenlisten aufgenommen.
(6) Die Wahl der Jugendschöffen erfolgt gleichzeitig mit der Wahl der Schöffen für die Schöffengerichte und die Strafkammern.

§ 36 Jugendstaatsanwalt
(1) Für Verfahren, die zur Zuständigkeit der Jugendgerichte gehören, werden Jugendstaatsanwälte bestellt. Richter auf Probe und Beamte auf Probe sollen im ersten Jahr nach ihrer Ernennung nicht zum Jugendstaatsanwalt bestellt werden.
(2) Jugendstaatsanwaltliche Aufgaben dürfen Amtsanwälten nur übertragen werden, wenn diese die besonderen Anforderungen erfüllen, die für die Wahrnehmung jugendstaatsanwaltlicher Aufgaben an Staatsanwälte gestellt werden. Referendaren kann im Einzelfall die Wahrnehmung jugendstaatsanwaltlicher Aufgaben unter Aufsicht eines Jugendstaatsanwalts übertragen werden. Die Sitzungsvertretung in Verfahren vor den Jugendgerichten dürfen Referendare nur unter Aufsicht und im Beisein eines Jugendstaatsanwalts wahrnehmen.

§ 37 Auswahl der Jugendrichter und Jugendstaatsanwälte
(1) Die Richter bei den Jugendgerichten und die Jugendstaatsanwälte sollen erzieherisch befähigt und in der Jugenderziehung erfahren sein. Sie sollen über Kenntnisse auf den Gebieten der Kriminologie, Pädagogik und Sozialpädagogik sowie der Jugendpsychologie verfügen. Einem Richter oder Staatsanwalt, dessen Kenntnisse auf diesen Gebieten nicht belegt sind, sollen die Aufgaben eines Jugendrichters oder Jugendstaatsanwalts erstmals nur zugewiesen werden, wenn der Erwerb der Kenntnisse durch die Wahrnehmung von einschlägigen Fortbildungsangeboten oder eine anderweitige einschlägige Weiterqualifizierung alsbald zu erwarten ist.
(2) Von den Anforderungen des Absatzes 1 kann bei Richtern und Staatsanwälten, die nur im Bereitschaftsdienst zur Wahrnehmung jugendgerichtlicher oder jugendstaatsanwaltlicher Aufgaben eingesetzt werden, abgewichen werden, wenn andernfalls ein ordnungsgemäßer und den betroffenen Richtern und Staatsanwälten zumutbarer Betrieb des Bereitschaftsdients nicht gewährleistet wäre.
(3) Als Jugendrichter beim Amtsgericht oder als Vorsitzender einer Jugendkammer sollen nach Möglichkeit Personen eingesetzt werden, die bereits über Erfahrungen aus früherer Wahrnehmung jugendgerichtlicher oder jugendstaatsanwaltlicher Aufgaben verfügen. Davon kann bei Richtern, die nur im Bereitschaftsdienst Geschäfte des Jugendrichters wahrnehmen, abgewichen werden. Ein Richter auf Probe darf im ersten Jahr nach seiner Ernennung Geschäfte des Jugendrichters nicht wahrnehmen.

§ 37a Zusammenarbeit in gemeinsamen Gremien
(1) Jugendrichter und Jugendstaatsanwälte können zum Zweck einer abgestimmten Aufgabenwahrnehmung fallübergreifend mit öffentlichen Einrichtungen und sonstigen Stellen, deren Tätigkeit sich auf die Lebenssituation junger Menschen auswirkt, zusammenarbeiten, insbesondere durch Teilnahme an gemeinsamen Konferenzen und Mitwirkung in vergleichbaren gemeinsamen Gremien.
(2) An einzelfallbezogener derartiger Zusammenarbeit sollen Jugendstaatsanwälte teilnehmen, wenn damit aus ihrer Sicht die Erreichung des Ziels nach § 2 Absatz 1 gefördert wird.

§ 38 Jugendgerichtshilfe
(1) Die Jugendgerichtshilfe wird von den Jugendämtern im Zusammenwirken mit den Vereinigungen für Jugendhilfe ausgeübt.
(2) Die Vertreter der Jugendgerichtshilfe bringen die erzieherischen, sozialen und sonstigen im Hinblick auf die Ziele und Aufgaben der Jugendhilfe bedeutsamen Gesichtspunkte im Verfahren vor den Jugendgerichten zur Geltung. Sie unterstützen zu diesem Zweck die beteiligten Behörden durch Erforschung der Persönlichkeit, der Entwicklung und des familiären, sozialen und wirtschaftlichen Hintergrundes des Jugendlichen und äußern sich zu einer möglichen besonderen Schutzbedürftigkeit sowie zu den Maßnahmen, die zu ergreifen sind.
(3) Sobald es im Verfahren von Bedeutung ist, soll über das Ergebnis der Nachforschungen nach Absatz 2 möglichst zeitnah Auskunft gegeben werden. In Haftsachen berichten die Vertreter der Jugendgerichtshilfe beschleunigt über das Ergebnis ihrer Nachforschungen. Bei einer wesentlichen Änderung der nach Absatz 2 bedeutsamen Umstände führen sie nötigenfalls ergänzende Nachforschungen durch und berichten der Jugendstaatsanwaltschaft und nach Erhebung der Anklage auch dem Jugendgericht darüber.
(4) Ein Vertreter der Jugendgerichtshilfe nimmt an der Hauptverhandlung teil, soweit darauf nicht nach Absatz 7 verzichtet wird. Entsandt werden soll die Person, die die Nachforschungen angestellt hat.

Erscheint trotz rechtzeitiger Mitteilung nach § 50 Absatz 3 Satz 1 kein Vertreter der Jugendgerichtshilfe in der Hauptverhandlung und ist kein Verzicht nach Absatz 7 erklärt worden, so kann dem Träger der öffentlichen Jugendhilfe auferlegt werden, die dadurch verursachten Kosten zu ersetzen; § 51 Absatz 2 der Strafprozessordnung gilt entsprechend.

(5) Soweit nicht ein Bewährungshelfer dazu berufen ist, wacht die Jugendgerichtshilfe darüber, dass der Jugendliche Weisungen und Auflagen nachkommt. Erhebliche Zuwiderhandlungen teilt sie dem Jugendgericht mit. Im Fall der Unterstellung nach § 10 Absatz 1 Satz 3 Nummer 5 übt sie die Betreuung und Aufsicht aus, wenn das Jugendgericht nicht eine andere Person damit betraut. Während der Bewährungszeit arbeitet sie eng mit dem Bewährungshelfer zusammen. Während des Vollzugs bleibt sie mit dem Jugendlichen in Verbindung und nimmt sich seiner Wiedereingliederung in die Gemeinschaft an.

(6) Im gesamten Verfahren gegen einen Jugendlichen ist die Jugendgerichtshilfe heranzuziehen. Dies soll so früh wie möglich geschehen. Vor der Erteilung von Weisungen (§ 10) sind die Vertreter der Jugendgerichtshilfe stets zu hören; kommt eine Betreuungsweisung in Betracht, sollen sie sich auch dazu äußern, wer als Betreuungshelfer bestellt werden soll.

(7) Das Jugendgericht und im Vorverfahren die Jugendstaatsanwaltschaft können auf die Erfüllung der Anforderungen des Absatzes 3 und auf Antrag der Jugendgerichtshilfe auf die Erfüllung der Anforderungen des Absatzes 4 Satz 1 verzichten, soweit dies auf Grund der Umstände des Falles gerechtfertigt und mit dem Wohl des Jugendlichen vereinbar ist. Der Verzicht ist der Jugendgerichtshilfe und den weiteren am Verfahren Beteiligten möglichst frühzeitig mitzuteilen. Im Vorverfahren kommt ein Verzicht insbesondere in Betracht, wenn zu erwarten ist, dass das Verfahren ohne Erhebung der öffentlichen Klage abgeschlossen wird. Der Verzicht auf die Anwesenheit eines Vertreters der Jugendgerichtshilfe in der Hauptverhandlung kann sich auf Teile der Hauptverhandlung beschränken. Er kann auch während der Hauptverhandlung erklärt werden und bedarf in diesem Fall keines Antrags.

Zweiter Abschnitt
Zuständigkeit

§ 39 Sachliche Zuständigkeit des Jugendrichters

(1) Der Jugendrichter ist zuständig für Verfehlungen Jugendlicher, wenn nur Erziehungsmaßregeln, Zuchtmittel, nach diesem Gesetz zulässige Nebenstrafen und Nebenfolgen oder die Entziehung der Fahrerlaubnis zu erwarten sind und der Staatsanwalt Anklage beim Strafrichter erhebt. Der Jugendrichter ist nicht zuständig in Sachen, die nach § 103 gegen Jugendliche und Erwachsene verbunden sind, wenn für die Erwachsenen nach allgemeinen Vorschriften der Richter beim Amtsgericht nicht zuständig wäre. § 209 Abs. 2 der Strafprozeßordnung gilt entsprechend.

(2) Der Jugendrichter darf auf Jugendstrafe von mehr als einem Jahr nicht erkennen; die Unterbringung in einem psychiatrischen Krankenhaus darf er nicht anordnen.

§ 40 Sachliche Zuständigkeit des Jugendschöffengerichts

(1) Das Jugendschöffengericht ist zuständig für alle Verfehlungen, die nicht zur Zuständigkeit eines anderen Jugendgerichts gehören. § 209 der Strafprozeßordnung gilt entsprechend.

(2) Das Jugendschöffengericht kann bis zur Eröffnung des Hauptverfahrens von Amts wegen die Entscheidung der Jugendkammer darüber herbeiführen, ob sie eine Sache wegen ihres besonderen Umfangs übernehmen will.

(3) Vor Erlaß des Übernahmebeschlusses fordert der Vorsitzende der Jugendkammer den Angeschuldigten auf, sich innerhalb einer zu bestimmenden Frist zu erklären, ob er die Vornahme einzelner Beweiserhebungen vor der Hauptverhandlung beantragen will.

(4) Der Beschluß durch den die Jugendkammer die Sache übernimmt oder die Übernahme ablehnt, ist nicht anfechtbar. Der Übernahmebeschluß ist mit dem Eröffnungsbeschluß zu verbinden.

§ 41 Sachliche Zuständigkeit der Jugendkammer

(1) Die Jugendkammer ist als erkennendes Gericht des ersten Rechtszuges zuständig in Sachen,
1. die nach den allgemeinen Vorschriften einschließlich der Regelung des § 74e des Gerichtsverfassungsgesetzes zur Zuständigkeit des Schwurgerichts gehören,
2. die sie nach Vorlage durch das Jugendschöffengericht wegen ihres besonderen Umfangs übernimmt (§ 40 Abs. 2),
3. die nach § 103 gegen Jugendliche und Erwachsene verbunden sind, wenn für die Erwachsenen nach allgemeinen Vorschriften eine große Strafkammer zuständig wäre,

4. bei denen die Staatsanwaltschaft wegen der besonderen Schutzbedürftigkeit von Verletzten der Straftat, die als Zeugen in Betracht kommen, Anklage bei der Jugendkammer erhebt und
5. bei denen dem Beschuldigten eine Tat der in § 7 Abs. 2 bezeichneten Art vorgeworfen wird und eine höhere Strafe als fünf Jahre Jugendstrafe oder die Unterbringung in einem psychiatrischen Krankenhaus zu erwarten ist.

(2) Die Jugendkammer ist außerdem zuständig für die Verhandlung und Entscheidung über das Rechtsmittel der Berufung gegen die Urteile des Jugendrichters und des Jugendschöffengerichts. Sie trifft auch die in § 73 Abs. 1 des Gerichtsverfassungsgesetzes bezeichneten Entscheidungen.

§ 42 Örtliche Zuständigkeit

(1) Neben dem Richter, der nach dem allgemeinen Verfahrensrecht oder nach besonderen Vorschriften zuständig ist, sind zuständig
1. der Richter, dem die familiengerichtlichen Erziehungsaufgaben für den Beschuldigten obliegen,
2. der Richter, in dessen Bezirk sich der auf freiem Fuß befindliche Beschuldigte zur Zeit der Erhebung der Anklage aufhält,
3. solange der Beschuldigte eine Jugendstrafe noch nicht vollständig verbüßt hat, der Richter, dem die Aufgaben des Vollstreckungsleiters obliegen.

(2) Der Staatsanwalt soll die Anklage nach Möglichkeit vor dem Richter erheben, dem die familiengerichtlichen Erziehungsaufgaben obliegen, solange aber der Beschuldigte eine Jugendstrafe noch nicht vollständig verbüßt hat, vor dem Richter, dem die Aufgaben des Vollstreckungsleiters obliegen.

(3) Wechselt der Angeklagte seinen Aufenthalt, so kann der Richter das Verfahren mit Zustimmung des Staatsanwalts an den Richter abgeben, in dessen Bezirk sich der Angeklagte aufhält. Hat der Richter, an den das Verfahren abgegeben worden ist, gegen die Übernahme Bedenken, so entscheidet das gemeinschaftliche obere Gericht.

Dritter Abschnitt
Jugendstrafverfahren

Erster Unterabschnitt
Das Vorverfahren

§ 43 Umfang der Ermittlungen

(1) Nach Einleitung des Verfahrens sollen so bald wie möglich die Lebens- und Familienverhältnisse, der Werdegang, das bisherige Verhalten des Beschuldigten und alle übrigen Umstände ermittelt werden, die zur Beurteilung seiner seelischen, geistigen und charakterlichen Eigenart dienen können. Der Erziehungsberechtigte und der gesetzliche Vertreter, die Schule und der Ausbildende sollen, soweit möglich, gehört werden. Die Anhörung der Schule oder des Ausbildenden unterbleibt, wenn der Jugendliche davon unerwünschte Nachteile, namentlich den Verlust seines Ausbildungs- oder Arbeitsplatzes, zu besorgen hätte. § 38 Absatz 6 und § 70 Absatz 2 sind zu beachten.

(2) Wird dem Beschuldigten Hilfe zur Erziehung in einem Heim oder in einer vergleichbaren Einrichtung gewährt, so soll dem Leiter der Einrichtung Gelegenheit zur Äußerung gegeben werden. Befindet sich der Beschuldigte in freiwilliger Erziehungshilfe oder in Fürsorgeerziehung, so erhält außerdem die zuständige Behörde Gelegenheit zur Äußerung.

(3) Soweit erforderlich, ist eine Untersuchung des Beschuldigten, namentlich zur Feststellung seines Entwicklungsstandes oder anderer für das Verfahren wesentlicher Eigenschaften, herbeizuführen. Nach Möglichkeit soll ein zur Untersuchung von Jugendlichen befähigter Sachverständiger mit der Durchführung der Anordnung beauftragt werden.

§ 44 Vernehmung des Beschuldigten bei zu erwartender Jugendstrafe

Ist Jugendstrafe zu erwarten, so soll der Staatsanwalt oder der Vorsitzende des Jugendgerichts den Beschuldigten vernehmen, ehe die Anklage erhoben wird.

§ 45 Absehen von der Verfolgung

(1) Der Staatsanwalt kann ohne Zustimmung des Richters von der Verfolgung absehen, wenn die Voraussetzungen des § 153 der Strafprozeßordnung vorliegen.

(2) Der Staatsanwalt sieht von der Verfolgung ab, wenn eine erzieherische Maßnahme bereits durchgeführt oder eingeleitet ist und er weder eine Beteiligung des Richters nach Absatz 3 noch die Erhebung der Anklage für erforderlich hält. Einer erzieherischen Maßnahme steht das Bemühen des Jugendlichen gleich, einen Ausgleich mit dem Verletzten zu erreichen.

(3) Der Staatsanwalt regt die Erteilung einer Ermahnung, von Weisungen nach § 10 Abs. 1 Satz 3 Nr. 4, 7 und 9 oder von Auflagen durch den Jugendrichter an, wenn der Beschuldigte geständig ist und der Staatsanwalt die Anordnung einer solchen richterlichen Maßnahme für erforderlich, die Erhebung der Anklage aber nicht für geboten hält. Entspricht der Jugendrichter der Anregung, so sieht der Staatsanwalt von der Verfolgung ab, bei Erteilung von Weisungen oder Auflagen jedoch nur, nachdem der Jugendliche ihnen nachgekommen ist. § 11 Abs. 3 und § 15 Abs. 3 Satz 2 sind nicht anzuwenden. § 47 Abs. 3 findet entsprechende Anwendung.

§ 46 Wesentliches Ergebnis der Ermittlungen

Der Staatsanwalt soll das wesentliche Ergebnis der Ermittlungen in der Anklageschrift (§ 200 Abs. 2 der Strafprozeßordnung) so darstellen, daß die Kenntnisnahme durch den Beschuldigten möglichst keine Nachteile für seine Erziehung verursacht.

§ 46a Anklage vor Berichterstattung der Jugendgerichtshilfe

Abgesehen von Fällen des § 38 Absatz 7 darf die Anklage auch dann vor einer Berichterstattung der Jugendgerichtshilfe nach § 38 Absatz 3 erhoben werden, wenn dies dem Wohl des Jugendlichen dient und zu erwarten ist, dass das Ergebnis der Nachforschungen spätestens zu Beginn der Hauptverhandlung zur Verfügung stehen wird. Nach Erhebung der Anklage ist der Jugendstaatsanwaltschaft und dem Jugendgericht zu berichten.

Zweiter Unterabschnitt
Das Hauptverfahren

§ 47 Einstellung des Verfahrens durch den Richter

(1) Ist die Anklage eingereicht, so kann der Richter das Verfahren einstellen, wenn
1. die Voraussetzungen des § 153 der Strafprozeßordnung vorliegen,
2. eine erzieherische Maßnahme im Sinne des § 45 Abs. 2, die eine Entscheidung durch Urteil entbehrlich macht, bereits durchgeführt oder eingeleitet ist,
3. der Richter eine Entscheidung durch Urteil für entbehrlich hält und gegen den geständigen Jugendlichen eine in § 45 Abs. 3 Satz 1 bezeichnete Maßnahme anordnet oder
4. der Angeklagte mangels Reife strafrechtlich nicht verantwortlich ist.

In den Fällen von Satz 1 Nr. 2 und 3 kann der Richter mit Zustimmung des Staatsanwalts das Verfahren vorläufig einstellen und dem Jugendlichen eine Frist von höchstens sechs Monaten setzen, binnen der er den Auflagen, Weisungen oder erzieherischen Maßnahmen nachzukommen hat. Die Entscheidung ergeht durch Beschluß. Der Beschluß ist nicht anfechtbar. Kommt der Jugendliche den Auflagen, Weisungen oder erzieherischen Maßnahmen nach, so stellt der Richter das Verfahren ein. § 11 Abs. 3 und § 15 Abs. 3 Satz 2 sind nicht anzuwenden.

(2) Die Einstellung bedarf der Zustimmung des Staatsanwalts, soweit er nicht bereits der vorläufigen Einstellung zugestimmt hat. Der Einstellungsbeschluß kann auch in der Hauptverhandlung ergehen. Er wird mit Gründen versehen und ist nicht anfechtbar. Die Gründe werden dem Angeklagten nicht mitgeteilt, soweit davon Nachteile für die Erziehung zu befürchten sind.

(3) Wegen derselben Tat kann nur auf Grund neuer Tatsachen oder Beweismittel von neuem Anklage erhoben werden.

§ 47a Vorrang der Jugendgerichte

Ein Jugendgericht darf sich nach Eröffnung des Hauptverfahrens nicht für unzuständig erklären, weil die Sache vor ein für allgemeine Strafsachen zuständiges Gericht gleicher oder niedrigerer Ordnung gehöre. § 103 Abs. 2 Satz 2, 3 bleibt unberührt.

§ 48 Nichtöffentlichkeit

(1) Die Verhandlung vor dem erkennenden Gericht einschließlich der Verkündung der Entscheidungen ist nicht öffentlich.

(2) Neben den am Verfahren Beteiligten ist dem Verletzten, seinem Erziehungsberechtigten und seinem gesetzlichen Vertreter und, falls der Angeklagte der Aufsicht und Leitung eines Bewährungshelfers oder der Betreuung und Aufsicht eines Betreuungshelfers untersteht oder für ihn ein Erziehungsbeistand bestellt ist, dem Helfer und dem Erziehungsbeistand die Anwesenheit gestattet. Das gleiche gilt in den Fällen, in denen dem Jugendlichen Hilfe zur Erziehung in einem Heim oder einer vergleichbaren Einrichtung gewährt wird, für den Leiter der Einrichtung. Andere Personen kann der Vorsitzende aus besonderen Gründen, namentlich zu Ausbildungszwecken, zulassen.

(3) Sind in dem Verfahren auch Heranwachsende oder Erwachsene angeklagt, so ist die Verhandlung öffentlich. Die Öffentlichkeit kann ausgeschlossen werden, wenn dies im Interesse der Erziehung jugendlicher Angeklagter geboten ist.

§ 49 (weggefallen)

§ 50 Anwesenheit in der Hauptverhandlung

(1) Die Hauptverhandlung kann nur dann ohne den Angeklagten stattfinden, wenn dies im allgemeinen Verfahren zulässig wäre, besondere Gründe dafür vorliegen und die Jugendstaatsanwaltschaft zustimmt.
(2) Der Vorsitzende soll auch die Ladung der Erziehungsberechtigten und der gesetzlichen Vertreter anordnen. Die Vorschriften über die Ladung, die Folgen des Ausbleibens und die Entschädigung von Zeugen gelten entsprechend.
(3) Der Jugendgerichtshilfe sind Ort und Zeit der Hauptverhandlung in angemessener Frist vor dem vorgesehenen Termin mitzuteilen. Der Vertreter der Jugendgerichtshilfe erhält in der Hauptverhandlung auf Verlangen das Wort. Ist kein Vertreter der Jugendgerichtshilfe anwesend, kann unter den Voraussetzungen des § 38 Absatz 7 Satz 1 ein schriftlicher Bericht der Jugendgerichtshilfe in der Hauptverhandlung verlesen werden.
(4) Nimmt ein bestellter Bewährungshelfer an der Hauptverhandlung teil, so soll er zu der Entwicklung des Jugendlichen in der Bewährungszeit gehört werden. Satz 1 gilt für einen bestellten Betreuungshelfer und den Leiter eines sozialen Trainingskurses, an dem der Jugendliche teilnimmt, entsprechend.

§ 51 Zeitweilige Ausschließung von Beteiligten

(1) Der Vorsitzende soll den Angeklagten für die Dauer solcher Erörterungen von der Verhandlung ausschließen, aus denen Nachteile für die Erziehung entstehen können. Er hat ihn von dem, was in seiner Abwesenheit verhandelt worden ist, zu unterrichten, soweit es für seine Verteidigung erforderlich ist.
(2) Der Vorsitzende kann auch Erziehungsberechtigte und gesetzliche Vertreter des Angeklagten von der Verhandlung ausschließen, soweit
1. erhebliche erzieherische Nachteile drohen, weil zu befürchten ist, dass durch die Erörterung der persönlichen Verhältnisse des Angeklagten in ihrer Gegenwart eine erforderliche künftige Zusammenarbeit zwischen den genannten Personen und der Jugendgerichtshilfe bei der Umsetzung zu erwartender jugendgerichtlicher Sanktionen in erheblichem Maße erschwert wird,
2. sie verdächtig sind, an der Verfehlung des Angeklagten beteiligt zu sein, oder soweit sie wegen einer Beteiligung verurteilt sind,
3. eine Gefährdung des Lebens, des Leibes oder der Freiheit des Angeklagten, eines Zeugen oder einer anderen Person oder eine sonstige erhebliche Beeinträchtigung des Wohls des Angeklagten zu besorgen ist,
4. zu befürchten ist, dass durch ihre Anwesenheit die Ermittlung der Wahrheit beeinträchtigt wird, oder
5. Umstände aus dem persönlichen Lebensbereich eines Verfahrensbeteiligten, Zeugen oder durch eine rechtswidrige Tat Verletzten zur Sprache kommen, deren Erörterung in ihrer Anwesenheit schutzwürdige Interessen verletzen würde, es sei denn, das Interesse der Erziehungsberechtigten und gesetzlichen Vertreter an der Erörterung dieser Umstände in ihrer Gegenwart überwiegt.

Der Vorsitzende kann in den Fällen des Satzes 1 Nr. 3 bis 5 auch Erziehungsberechtigte und gesetzliche Vertreter des Verletzten von der Verhandlung ausschließen, im Fall der Nummer 3 auch dann, wenn eine sonstige erhebliche Beeinträchtigung des Wohls des Verletzten zu besorgen ist. Erziehungsberechtigte und gesetzliche Vertreter sind auszuschließen, wenn die Voraussetzungen des Satzes 1 Nr. 5 vorliegen und der Ausschluss von der Person, deren Lebensbereich betroffen ist, beantragt wird. Satz 1 Nr. 5 gilt nicht, soweit die Personen, deren Lebensbereiche betroffen sind, in der Hauptverhandlung dem Ausschluss widersprechen.
(3) § 177 des Gerichtsverfassungsgesetzes gilt entsprechend.
(4) In den Fällen des Absatzes 2 ist vor einem Ausschluss auf ein einvernehmliches Verlassen des Sitzungssaales hinzuwirken. Der Vorsitzende hat die Erziehungsberechtigten und gesetzlichen Vertreter des Angeklagten, sobald diese wieder anwesend sind, in geeigneter Weise von dem wesentlichen Inhalt dessen zu unterrichten, was während ihrer Abwesenheit ausgesagt oder sonst verhandelt worden ist.
(5) Der Ausschluss von Erziehungsberechtigten und gesetzlichen Vertretern nach den Absätzen 2 und 3 ist auch zulässig, wenn sie zum Beistand (§ 69) bestellt sind.
(6) Werden die Erziehungsberechtigten und die gesetzlichen Vertreter für einen nicht unerheblichen Teil der Hauptverhandlung ausgeschlossen, so ist für die Dauer ihres Ausschlusses von dem Vorsitzenden einer anderen für den Schutz der Interessen des Jugendlichen geeigneten volljährigen Person die An-

wesenheit zu gestatten. Dem Jugendlichen soll Gelegenheit gegeben werden, eine volljährige Person seines Vertrauens zu bezeichnen. Die anwesende andere geeignete Person erhält in der Hauptverhandlung auf Verlangen das Wort. Wird keiner sonstigen anderen Person nach Satz 1 die Anwesenheit gestattet, muss ein für die Betreuung des Jugendlichen in dem Jugendstrafverfahren zuständiger Vertreter der Jugendhilfe anwesend sein.
(7) Sind in der Hauptverhandlung keine Erziehungsberechtigten und keine gesetzlichen Vertreter anwesend, weil sie binnen angemessener Frist nicht erreicht werden konnten, so gilt Absatz 6 entsprechend.

§ 51a Neubeginn der Hauptverhandlung
Ergibt sich erst während der Hauptverhandlung, dass die Mitwirkung eines Verteidigers nach § 68 Nummer 5 notwendig ist, so ist mit der Hauptverhandlung von neuem zu beginnen, wenn der Jugendliche nicht von Beginn der Hauptverhandlung an verteidigt war.

§ 52 Berücksichtigung von Untersuchungshaft bei Jugendarrest
Wird auf Jugendarrest erkannt und ist dessen Zweck durch Untersuchungshaft oder eine andere wegen der Tat erlittene Freiheitsentziehung ganz oder teilweise erreicht, so kann der Richter im Urteil aussprechen, daß oder wieweit der Jugendarrest nicht vollstreckt wird.

§ 52a Anrechnung von Untersuchungshaft bei Jugendstrafe
Hat der Angeklagte aus Anlaß einer Tat, die Gegenstand des Verfahrens ist oder gewesen ist, Untersuchungshaft oder eine andere Freiheitsentziehung erlitten, so wird sie auf die Jugendstrafe angerechnet. Der Richter kann jedoch anordnen, daß die Anrechnung ganz oder zum Teil unterbleibt, wenn sie im Hinblick auf das Verhalten des Angeklagten nach der Tat oder aus erzieherischen Gründen nicht gerechtfertigt ist. Erzieherische Gründe liegen namentlich vor, wenn bei Anrechnung der Freiheitsentziehung die noch erforderliche erzieherische Einwirkung auf den Angeklagten nicht gewährleistet ist.

§ 53 Überweisung an das Familiengericht
Der Richter kann dem Familiengericht im Urteil die Auswahl und Anordnung von Erziehungsmaßregeln überlassen, wenn er nicht auf Jugendstrafe erkennt. Das Familiengericht muß dann eine Erziehungsmaßregel anordnen, soweit sich nicht die Umstände, die für das Urteil maßgebend waren, verändert haben.

§ 54 Urteilsgründe
(1) Wird der Angeklagte schuldig gesprochen, so wird in den Urteilsgründen auch ausgeführt, welche Umstände für seine Bestrafung, für die angeordneten Maßnahmen, für die Überlassung ihrer Auswahl und Anordnung an das Familiengericht oder für das Absehen von Zuchtmitteln und Strafe bestimmend waren. Dabei soll namentlich die seelische, geistige und körperliche Eigenart des Angeklagten berücksichtigt werden.
(2) Die Urteilsgründe werden dem Angeklagten nicht mitgeteilt, soweit davon Nachteile für die Erziehung zu befürchten sind.

Dritter Unterabschnitt
Rechtsmittelverfahren

§ 55 Anfechtung von Entscheidungen
(1) Eine Entscheidung, in der lediglich Erziehungsmaßregeln oder Zuchtmittel angeordnet oder die Auswahl und Anordnung von Erziehungsmaßregeln dem Familiengericht überlassen sind, kann nicht wegen des Umfangs der Maßnahmen und nicht deshalb angefochten werden, weil andere oder weitere Erziehungsmaßregeln oder Zuchtmittel hätten angeordnet werden sollen oder weil die Auswahl und Anordnung der Erziehungsmaßregeln dem Familiengericht überlassen worden sind. Diese Vorschrift gilt nicht, wenn der Richter angeordnet hat, Hilfe zur Erziehung nach § 12 Nr. 2 in Anspruch zu nehmen.
(2) Wer eine zulässige Berufung eingelegt hat, kann gegen das Berufungsurteil nicht mehr Revision einlegen. Hat der Angeklagte, der Erziehungsberechtigte oder der gesetzliche Vertreter eine zulässige Berufung eingelegt, so steht gegen das Berufungsurteil keinem von ihnen das Rechtsmittel der Revision zu.
(3) Der Erziehungsberechtigte oder der gesetzliche Vertreter kann das von ihm eingelegte Rechtsmittel nur mit Zustimmung des Angeklagten zurücknehmen.

(4) Soweit ein Beteiligter nach Absatz 1 Satz 1 an der Anfechtung einer Entscheidung gehindert ist oder nach Absatz 2 kein Rechtsmittel gegen die Berufungsentscheidung einlegen kann, gilt § 356a der Strafprozeßordnung entsprechend.

§ 56 Teilvollstreckung einer Einheitsstrafe

(1) Ist ein Angeklagter wegen mehrerer Straftaten zu einer Einheitsstrafe verurteilt worden, so kann das Rechtsmittelgericht vor der Hauptverhandlung das Urteil für einen Teil der Strafe als vollstreckbar erklären, wenn die Schuldfeststellungen bei einer Straftat oder bei mehreren Straftaten nicht beanstandet worden sind. Die Anordnung ist nur zulässig, wenn sie dem wohlverstandenen Interesse des Angeklagten entspricht. Der Teil der Strafe darf nicht über die Strafe hinausgehen, die einer Verurteilung wegen der Straftaten entspricht, bei denen die Schuldfeststellungen nicht beanstandet worden sind.
(2) Gegen den Beschluß ist sofortige Beschwerde zulässig.

Vierter Unterabschnitt
Verfahren bei Aussetzung der Jugendstrafe zur Bewährung

§ 57 Entscheidung über die Aussetzung

(1) Die Aussetzung der Jugendstrafe zur Bewährung wird im Urteil oder, solange der Strafvollzug noch nicht begonnen hat, nachträglich durch Beschluß angeordnet. Ist die Entscheidung über die Aussetzung nicht im Urteil vorbehalten worden, so ist für den nachträglichen Beschluss das Gericht zuständig, das in der Sache im ersten Rechtszug erkannt hat; die Staatsanwaltschaft und der Jugendliche sind zu hören.
(2) Hat das Gericht die Entscheidung über die Aussetzung nicht einem nachträglichen Beschluss vorbehalten oder die Aussetzung im Urteil oder in einem nachträglichen Beschluss abgelehnt, so ist eine nachträgliche Anordnung nur zulässig, wenn seit Erlaß des Urteils oder des Beschlusses Umstände hervorgetreten sind, die allein oder in Verbindung mit den bereits bekannten Umständen eine Aussetzung der Jugendstrafe zur Bewährung rechtfertigen.
(3) Kommen Weisungen oder Auflagen (§ 23) in Betracht, so ist der Jugendliche in geeigneten Fällen zu befragen, ob er Zusagen für seine künftige Lebensführung macht oder sich zu Leistungen erbietet, die der Genugtuung für das begangene Unrecht dienen. Kommt die Weisung in Betracht, sich einer heilerzieherischen Behandlung oder einer Entziehungskur zu unterziehen, so ist der Jugendliche, der das sechzehnte Lebensjahr vollendet hat, zu befragen, ob er hierzu seine Einwilligung gibt.
(4) § 260 Abs. 4 Satz 4 und § 267 Abs. 3 Satz 4 der Strafprozeßordnung gelten entsprechend.

§ 58 Weitere Entscheidungen

(1) Entscheidungen, die infolge der Aussetzung erforderlich werden (§§ 22, 23, 24, 26, 26a), trifft der Richter durch Beschluß. Der Staatsanwalt, der Jugendliche und der Bewährungshelfer sind zu hören. Wenn eine Entscheidung nach § 26 oder die Verhängung von Jugendarrest in Betracht kommt, ist dem Jugendlichen Gelegenheit zur mündlichen Äußerung vor dem Richter zu geben. Der Beschluß ist zu begründen.
(2) Der Richter leitet auch die Vollstreckung der vorläufigen Maßnahmen nach § 453c der Strafprozeßordnung.
(3) Zuständig ist der Richter, der die Aussetzung angeordnet hat. Er kann die Entscheidungen ganz oder teilweise dem Jugendrichter übertragen, in dessen Bezirk sich der Jugendliche aufhält. § 42 Abs. 3 Satz 2 gilt entsprechend.

§ 59 Anfechtung

(1) Gegen eine Entscheidung, durch welche die Aussetzung der Jugendstrafe angeordnet oder abgelehnt wird, ist, wenn sie für sich allein oder nur gemeinsam mit der Entscheidung über die Anordnung eines Jugendarrests nach § 16a angefochten wird, sofortige Beschwerde zulässig. Das gleiche gilt, wenn ein Urteil nur deshalb angefochten wird, weil die Strafe nicht ausgesetzt worden ist.
(2) Gegen eine Entscheidung über die Dauer der Bewährungszeit (§ 22), die Dauer der Unterstellungszeit (§ 24), die erneute Anordnung der Unterstellung in der Bewährungszeit (§ 24 Abs. 2) und über Weisungen oder Auflagen (§ 23) ist Beschwerde zulässig. Sie kann nur darauf gestützt werden, daß die Bewährungs- oder die Unterstellungszeit nachträglich verlängert, die Unterstellung erneut angeordnet worden oder daß eine getroffene Anordnung gesetzwidrig sei.
(3) Gegen den Widerruf der Aussetzung der Jugendstrafe (§ 26 Abs. 1) ist sofortige Beschwerde zulässig.
(4) Der Beschluß über den Straferlaß (§ 26a) ist nicht anfechtbar.

(5) Wird gegen ein Urteil eine zulässige Revision und gegen eine Entscheidung, die sich auf eine in dem Urteil angeordnete Aussetzung der Jugendstrafe zur Bewährung bezieht, Beschwerde eingelegt, so ist das Revisionsgericht auch zur Entscheidung über die Beschwerde zuständig.

§ 60 Bewährungsplan

(1) Der Vorsitzende stellt die erteilten Weisungen und Auflagen in einem Bewährungsplan zusammen. Er händigt ihn dem Jugendlichen aus und belehrt ihn zugleich über die Bedeutung der Aussetzung, die Bewährungs- und Unterstellungszeit, die Weisungen und Auflagen sowie über die Möglichkeit des Widerrufs der Aussetzung. Zugleich ist ihm aufgegeben, jeden Wechsel seines Aufenthalts, Ausbildungs- oder Arbeitsplatzes während der Bewährungszeit anzuzeigen. Auch bei nachträglichen Änderungen des Bewährungsplans ist der Jugendliche über den wesentlichen Inhalt zu belehren.
(2) Der Name des Bewährungshelfers wird in den Bewährungsplan eingetragen.
(3) Der Jugendliche soll durch seine Unterschrift bestätigen, daß er den Bewährungsplan gelesen hat, und versprechen, daß er den Weisungen und Auflagen nachkommen will. Auch der Erziehungsberechtigte und der gesetzliche Vertreter sollen den Bewährungsplan unterzeichnen.

§ 61 Vorbehalt der nachträglichen Entscheidung über die Aussetzung

(1) Das Gericht kann im Urteil die Entscheidung über die Aussetzung der Jugendstrafe zur Bewährung ausdrücklich einem nachträglichen Beschluss vorbehalten, wenn
1. nach Erschöpfung der Ermittlungsmöglichkeiten die getroffenen Feststellungen noch nicht die in § 21 Absatz 1 Satz 1 vorausgesetzte Erwartung begründen können und
2. auf Grund von Ansätzen in der Lebensführung des Jugendlichen oder sonstiger bestimmter Umstände die Aussicht besteht, dass eine solche Erwartung in absehbarer Zeit (§ 61a Absatz 1) begründet sein wird.

(2) Ein entsprechender Vorbehalt kann auch ausgesprochen werden, wenn
1. in der Hauptverhandlung Umstände der in Absatz 1 Nummer 2 genannten Art hervorgetreten sind, die allein oder in Verbindung mit weiteren Umständen die in § 21 Absatz 1 Satz 1 vorausgesetzte Erwartung begründen könnten,
2. die Feststellungen, die sich auf die nach Nummer 1 bedeutsamen Umstände beziehen, aber weitere Ermittlungen verlangen und
3. die Unterbrechung oder Aussetzung der Hauptverhandlung zu erzieherisch nachteiligen oder unverhältnismäßigen Verzögerungen führen würde.

(3) Wird im Urteil der Vorbehalt ausgesprochen, gilt § 16a entsprechend. Der Vorbehalt ist in die Urteilsformel aufzunehmen. Die Urteilsgründe müssen die dafür bestimmenden Umstände anführen. Bei der Verkündung des Urteils ist der Jugendliche über die Bedeutung des Vorbehalts und seines Verhaltens in der Zeit bis zu der nachträglichen Entscheidung zu belehren.

§ 61a Frist und Zuständigkeit für die vorbehaltene Entscheidung

(1) Die vorbehaltene Entscheidung ergeht spätestens sechs Monate nach Eintritt der Rechtskraft des Urteils. Das Gericht kann mit dem Vorbehalt eine kürzere Höchstfrist festsetzen. Aus besonderen Gründen und mit dem Einverständnis des Verurteilten kann die Frist nach Satz 1 oder 2 durch Beschluss auf höchstens neun Monate seit Eintritt der Rechtskraft des Urteils verlängert werden.
(2) Zuständig für die vorbehaltene Entscheidung ist das Gericht, in dessen Urteil die zugrunde liegenden tatsächlichen Feststellungen letztmalig geprüft werden konnten.

§ 61b Weitere Entscheidungen bei Vorbehalt der Entscheidung über die Aussetzung

(1) Das Gericht kann dem Jugendlichen für die Zeit zwischen Eintritt der Rechtskraft des Urteils und dem Ablauf der nach § 61a Absatz 1 maßgeblichen Frist Weisungen und Auflagen erteilen; die §§ 10, 15 Absatz 1 und 2, § 23 Absatz 1 Satz 1 bis 3, Absatz 2 gelten entsprechend. Das Gericht soll den Jugendlichen für diese Zeit der Aufsicht und Betreuung eines Bewährungshelfers unterstellen; darauf soll nur verzichtet werden, wenn ausreichende Betreuung und Überwachung durch die Jugendgerichtshilfe gewährleistet sind. Im Übrigen sind die §§ 24 und 25 entsprechend anzuwenden. Bewährungshilfe und Jugendgerichtshilfe arbeiten eng zusammen. Dabei dürfen sie wechselseitig auch personenbezogene Daten über den Verurteilten übermitteln, soweit dies für eine sachgemäße Erfüllung der Betreuungs- und Überwachungsaufgaben der jeweils anderen Stelle erforderlich ist. Für die Entscheidungen nach diesem Absatz gelten § 58 Absatz 1 Satz 1, 2 und 4, Absatz 3 Satz 1 und § 59 Absatz 2 und 5 entsprechend. Die Vorschriften des § 60 sind sinngemäß anzuwenden.

(2) Ergeben sich vor Ablauf der nach § 61a Absatz 1 maßgeblichen Frist hinreichende Gründe für die Annahme, dass eine Aussetzung der Jugendstrafe zur Bewährung abgelehnt wird, so gelten § 453c der Strafprozessordnung und § 58 Absatz 2 und 3 Satz 1 entsprechend.
(3) Wird die Jugendstrafe zur Bewährung ausgesetzt, so wird die Zeit vom Eintritt der Rechtskraft des Urteils, in dem die Aussetzung einer nachträglichen Entscheidung vorbehalten wurde, bis zum Eintritt der Rechtskraft der Entscheidung über die Aussetzung auf die nach § 22 bestimmte Bewährungszeit angerechnet.
(4) Wird die Aussetzung abgelehnt, so kann das Gericht Leistungen, die der Jugendliche zur Erfüllung von Weisungen, Auflagen, Zusagen oder Anerbieten erbracht hat, auf die Jugendstrafe anrechnen. Das Gericht hat die Leistungen anzurechnen, wenn die Rechtsfolgen der Tat andernfalls das Maß der Schuld übersteigen würden. Im Hinblick auf Jugendarrest, der nach § 16a verhängt wurde (§ 61 Absatz 3 Satz 1), gilt § 26 Absatz 3 Satz 3 entsprechend.

Fünfter Unterabschnitt
Verfahren bei Aussetzung der Verhängung der Jugendstrafe

§ 62 Entscheidungen
(1) Entscheidungen nach den §§ 27 und 30 ergehen auf Grund einer Hauptverhandlung durch Urteil. Für die Entscheidung über die Aussetzung der Verhängung der Jugendstrafe gilt § 267 Abs. 3 Satz 4 der Strafprozeßordnung sinngemäß.
(2) Mit Zustimmung des Staatsanwalts kann die Tilgung des Schuldspruchs nach Ablauf der Bewährungszeit auch ohne Hauptverhandlung durch Beschluß angeordnet werden.
(3) Ergibt eine während der Bewährungszeit durchgeführte Hauptverhandlung nicht, daß eine Jugendstrafe erforderlich ist (§ 30 Abs. 1), so ergeht der Beschluß, daß die Entscheidung über die Verhängung der Strafe ausgesetzt bleibt.
(4) Für die übrigen Entscheidungen, die infolge einer Aussetzung der Verhängung der Jugendstrafe erforderlich werden, gilt § 58 Abs. 1 Satz 1, 2 und 4 und Abs. 3 Satz 1 sinngemäß.

§ 63 Anfechtung
(1) Ein Beschluß, durch den der Schuldspruch nach Ablauf der Bewährungszeit getilgt wird (§ 62 Abs. 2) oder die Entscheidung über die Verhängung der Jugendstrafe ausgesetzt bleibt (§ 62 Abs. 3), ist nicht anfechtbar.
(2) Im übrigen gilt § 59 Abs. 2 und 5 sinngemäß.

§ 64 Bewährungsplan
§ 60 gilt sinngemäß. Der Jugendliche ist über die Bedeutung der Aussetzung, die Bewährungs- und Unterstellungszeit, die Weisungen und Auflagen sowie darüber zu belehren, daß er die Festsetzung einer Jugendstrafe zu erwarten habe, wenn er sich während der Bewährungs- und Unterstellungszeit schlecht führe.

Sechster Unterabschnitt
Ergänzende Entscheidungen

§ 65 Nachträgliche Entscheidungen über Weisungen und Auflagen
(1) Nachträgliche Entscheidungen, die sich auf Weisungen (§ 11 Abs. 2, 3) oder Auflagen (§ 15 Abs. 3) beziehen, trifft der Richter des ersten Rechtszuges nach Anhören des Staatsanwalts und des Jugendlichen durch Beschluß. Soweit erforderlich, sind der Vertreter der Jugendgerichtshilfe, der nach § 10 Abs. 1 Satz 3 Nr. 5 bestellte Betreuungshelfer und der nach § 10 Abs. 1 Satz 3 Nr. 6 tätige Leiter eines sozialen Trainingskurses zu hören. Wenn die Verhängung von Jugendarrest in Betracht kommt, ist dem Jugendlichen Gelegenheit zur mündlichen Äußerung vor dem Richter zu geben. Der Richter kann das Verfahren an den Jugendrichter abgeben, in dessen Bezirk sich der Jugendliche aufhält, wenn dieser seinen Aufenthalt gewechselt hat. § 42 Abs. 3 Satz 2 gilt entsprechend.
(2) Hat der Richter die Änderung von Weisungen abgelehnt, so ist der Beschluß nicht anfechtbar. Hat er Jugendarrest verhängt, so ist gegen den Beschluß sofortige Beschwerde zulässig. Diese hat aufschiebende Wirkung.

§ 66 Ergänzung rechtskräftiger Entscheidungen bei mehrfacher Verurteilung
(1) Ist die einheitliche Festsetzung von Maßnahmen oder Jugendstrafe (§ 31) unterblieben und sind die durch die rechtskräftigen Entscheidungen erkannten Erziehungsmaßregeln, Zuchtmittel und Strafen

noch nicht vollständig ausgeführt, verbüßt oder sonst erledigt, so trifft der Richter eine solche Entscheidung nachträglich. Dies gilt nicht, soweit der Richter nach § 31 Abs. 3 von der Einbeziehung rechtskräftig abgeurteilter Straftaten abgesehen hatte.
(2) Die Entscheidung ergeht auf Grund einer Hauptverhandlung durch Urteil, wenn der Staatsanwalt es beantragt oder der Vorsitzende es für angemessen hält. Wird keine Hauptverhandlung durchgeführt, so entscheidet der Richter durch Beschluß. Für die Zuständigkeit und das Beschlußverfahren gilt dasselbe wie für die nachträgliche Bildung einer Gesamtstrafe nach den allgemeinen Vorschriften. Ist eine Jugendstrafe teilweise verbüßt, so ist der Richter zuständig, dem die Aufgaben des Vollstreckungsleiters obliegen.

Siebenter Unterabschnitt
Gemeinsame Verfahrensvorschriften

§ 67 Stellung der Erziehungsberechtigten und der gesetzlichen Vertreter

(1) Soweit der Beschuldigte ein Recht darauf hat, gehört zu werden oder Fragen und Anträge zu stellen, steht dieses Recht auch den Erziehungsberechtigten und den gesetzlichen Vertretern zu.
(2) Die Rechte der gesetzlichen Vertreter zur Wahl eines Verteidigers und zur Einlegung von Rechtsbehelfen stehen auch den Erziehungsberechtigten zu.
(3) Bei Untersuchungshandlungen, bei denen der Jugendliche ein Recht darauf hat, anwesend zu sein, namentlich bei seiner Vernehmung, ist den Erziehungsberechtigten und den gesetzlichen Vertretern die Anwesenheit gestattet, soweit
1. dies dem Wohl des Jugendlichen dient und
2. ihre Anwesenheit das Strafverfahren nicht beeinträchtigt.
Die Voraussetzungen des Satzes 1 Nummer 1 und 2 sind in der Regel erfüllt, wenn keiner der in § 51 Absatz 2 genannten Ausschlussgründe und keine entsprechend § 177 des Gerichtsverfassungsgesetzes zu behandelnde Missachtung einer zur Aufrechterhaltung der Ordnung getroffenen Anordnung vorliegt. Ist kein Erziehungsberechtigter und kein gesetzlicher Vertreter anwesend, weil diesen die Anwesenheit versagt wird oder weil binnen angemessener Frist kein Erziehungsberechtigter und kein gesetzlicher Vertreter erreicht werden konnte, so ist einer anderen für den Schutz der Interessen des Jugendlichen geeigneten volljährigen Person die Anwesenheit zu gestatten, wenn die Voraussetzungen des Satzes 1 Nummer 1 und 2 im Hinblick auf diese Person erfüllt sind.
(4) Das Jugendgericht kann die Rechte nach den Absätzen 1 bis 3 Erziehungsberechtigten und gesetzlichen Vertretern entziehen, soweit sie verdächtig sind, an der Verfehlung des Beschuldigten beteiligt zu sein, oder soweit sie wegen einer Beteiligung verurteilt sind. Liegen die Voraussetzungen des Satzes 1 bei einem Erziehungsberechtigten oder dem gesetzlichen Vertreter vor, so kann der Richter die Entziehung gegen beide aussprechen, wenn ein Mißbrauch der Rechte zu befürchten ist. Stehen den Erziehungsberechtigten und den gesetzlichen Vertretern ihre Rechte nicht mehr zu, so bestellt das Familiengericht einen Pfleger zur Wahrnehmung der Interessen des Beschuldigten im anhängigen Strafverfahren. Die Hauptverhandlung wird bis zur Bestellung des Pflegers ausgesetzt.
(5) Sind mehrere erziehungsberechtigt, so kann jeder von ihnen die in diesem Gesetz bestimmten Rechte der Erziehungsberechtigten ausüben. In der Hauptverhandlung oder in einer sonstigen gerichtlichen Verhandlung werden abwesende Erziehungsberechtigte als durch anwesende vertreten angesehen. Sind Mitteilungen oder Ladungen vorgeschrieben, so genügt es, wenn sie an eine erziehungsberechtigte Person gerichtet werden.

§ 67a Unterrichtung der Erziehungsberechtigten und der gesetzlichen Vertreter

(1) Ist eine Mitteilung an den Beschuldigten vorgeschrieben, so soll die entsprechende Mitteilung an die Erziehungsberechtigten und die gesetzlichen Vertreter gerichtet werden.
(2) Die Informationen, die der Jugendliche nach § 70a zu erhalten hat, sind jeweils so bald wie möglich auch den Erziehungsberechtigten und den gesetzlichen Vertretern zu erteilen. Wird dem Jugendlichen einstweilig die Freiheit entzogen, sind die Erziehungsberechtigten und die gesetzlichen Vertreter so bald wie möglich über den Freiheitsentzug und die Gründe hierfür zu unterrichten.
(3) Mitteilungen und Informationen nach den Absätzen 1 und 2 an Erziehungsberechtigte und gesetzliche Vertreter unterbleiben, soweit
1. auf Grund der Unterrichtung eine erhebliche Beeinträchtigung des Wohls des Jugendlichen zu besorgen wäre, insbesondere bei einer Gefährdung des Lebens, des Leibes oder der Freiheit des Jugendlichen oder bei Vorliegen der Voraussetzungen des § 67 Absatz 4 Satz 1 oder 2,

2. auf Grund der Unterrichtung der Zweck der Untersuchung erheblich gefährdet würde oder
3. Erziehungsberechtigte oder gesetzliche Vertreter binnen angemessener Frist nicht erreicht werden können.

(4) Werden nach Absatz 3 weder Erziehungsberechtigte noch gesetzliche Vertreter unterrichtet, so ist eine andere für den Schutz der Interessen des Jugendlichen geeignete volljährige Person zu unterrichten. Dem Jugendlichen soll zuvor Gelegenheit gegeben werden, eine volljährige Person seines Vertrauens zu bezeichnen. Eine andere geeignete volljährige Person kann auch der für die Betreuung des Jugendlichen in dem Jugendstrafverfahren zuständige Vertreter der Jugendgerichtshilfe sein.

(5) Liegen Gründe, aus denen Mitteilungen und Informationen nach Absatz 3 unterbleiben können, nicht mehr vor, so sind im weiteren Verfahren vorgeschriebene Mitteilungen und Informationen auch wieder an die betroffenen Erziehungsberechtigten und gesetzlichen Vertreter zu richten. Außerdem erhalten sie in diesem Fall nachträglich auch solche Mitteilungen und Informationen, die der Jugendliche nach § 70a bereits erhalten hat, soweit diese im Laufe des Verfahrens von Bedeutung bleiben oder sobald sie Bedeutung erlangen.

(6) Für den dauerhaften Entzug der Rechte nach den Absätzen 1 und 2 findet das Verfahren nach § 67 Absatz 4 entsprechende Anwendung.

§ 68 Notwendige Verteidigung

Ein Fall der notwendigen Verteidigung liegt vor, wenn
1. im Verfahren gegen einen Erwachsenen ein Fall der notwendigen Verteidigung vorliegen würde,
2. den Erziehungsberechtigten und den gesetzlichen Vertretern ihre Rechte nach diesem Gesetz entzogen sind,
3. die Erziehungsberechtigten und die gesetzlichen Vertreter nach § 51 Abs. 2 von der Verhandlung ausgeschlossen worden sind und die Beeinträchtigung in der Wahrnehmung ihrer Rechte durch eine nachträgliche Unterrichtung (§ 51 Abs. 4 Satz 2) oder die Anwesenheit einer anderen geeigneten volljährigen Person nicht hinreichend ausgeglichen werden kann,
4. zur Vorbereitung eines Gutachtens über den Entwicklungsstand des Beschuldigten (§ 73) seine Unterbringung in einer Anstalt in Frage kommt oder
5. die Verhängung einer Jugendstrafe, die Aussetzung der Verhängung einer Jugendstrafe oder die Anordnung der Unterbringung in einem psychiatrischen Krankenhaus oder in einer Entziehungsanstalt zu erwarten ist.

§ 68a Zeitpunkt der Bestellung eines Pflichtverteidigers

(1) In den Fällen der notwendigen Verteidigung wird dem Jugendlichen, der noch keinen Verteidiger hat, ein Pflichtverteidiger spätestens bestellt, bevor eine Vernehmung des Jugendlichen oder eine Gegenüberstellung mit ihm durchgeführt wird. Dies gilt nicht, wenn ein Fall der notwendigen Verteidigung allein deshalb vorliegt, weil dem Jugendlichen ein Verbrechen zur Last gelegt wird, ein Absehen von der Strafverfolgung nach § 45 Absatz 2 oder 3 zu erwarten ist und die Bestellung eines Pflichtverteidigers zu dem in Satz 1 genannten Zeitpunkt auch unter Berücksichtigung des Wohls des Jugendlichen und der Umstände des Einzelfalls unverhältnismäßig wäre.

(2) § 141 Absatz 2 Satz 2 der Strafprozessordnung ist nicht anzuwenden.

§ 68b Vernehmungen und Gegenüberstellungen vor der Bestellung eines Pflichtverteidigers

Abweichend von § 68a Absatz 1 dürfen im Vorverfahren Vernehmungen des Jugendlichen oder Gegenüberstellungen mit ihm vor der Bestellung eines Pflichtverteidigers durchgeführt werden, soweit dies auch unter Berücksichtigung des Wohls des Jugendlichen
1. zur Abwehr schwerwiegender nachteiliger Auswirkungen auf Leib oder Leben oder die Freiheit einer Person dringend erforderlich ist oder
2. ein sofortiges Handeln der Strafverfolgungsbehörden zwingend geboten ist, um eine erhebliche Gefährdung eines sich auf eine schwere Straftat beziehenden Strafverfahrens abzuwenden.

Das Recht des Jugendlichen, jederzeit, auch schon vor der Vernehmung, einen von ihm zu wählenden Verteidiger zu befragen, bleibt unberührt.

§ 69 Beistand

(1) Der Vorsitzende kann dem Beschuldigten in jeder Lage des Verfahrens einen Beistand bestellen, wenn kein Fall der notwendigen Verteidigung vorliegt.

(2) Der Erziehungsberechtigte und der gesetzliche Vertreter dürfen nicht zum Beistand bestellt werden, wenn hierdurch ein Nachteil für die Erziehung zu erwarten wäre.

(3) Dem Beistand kann Akteneinsicht gewährt werden. Im übrigen hat er in der Hauptverhandlung die Rechte eines Verteidigers. Zu einer Vertretung des Angeklagten ist er nicht befugt.

§ 70 Mitteilungen an amtliche Stellen

(1) Die Jugendgerichtshilfe, in geeigneten Fällen auch das Familiengericht und die Schule, werden von der Einleitung und dem Ausgang des Verfahrens unterrichtet. Sie benachrichtigen die Jugendstaatsanwaltschaft, wenn ihnen bekannt wird, daß gegen den Beschuldigten noch ein anderes Strafverfahren anhängig ist. Das Familiengericht teilt der Jugendstaatsanwaltschaft ferner familiengerichtliche Maßnahmen sowie ihre Änderung und Aufhebung mit, soweit nicht für das Familiengericht erkennbar ist, daß schutzwürdige Interessen des Beschuldigten oder einer sonst von der Mitteilung betroffenen Person oder Stelle an dem Ausschluß der Übermittlung überwiegen.

(2) Von der Einleitung des Verfahrens ist die Jugendgerichtshilfe spätestens zum Zeitpunkt der Ladung des Jugendlichen zu seiner ersten Vernehmung als Beschuldigter zu unterrichten. Im Fall einer ersten Beschuldigtenvernehmung ohne vorherige Ladung muss die Unterrichtung spätestens unverzüglich nach der Vernehmung erfolgen.

(3) Im Fall des einstweiligen Entzugs der Freiheit des Jugendlichen teilen die den Freiheitsentzug durchführenden Stellen der Jugendstaatsanwaltschaft und dem Jugendgericht von Amts wegen Erkenntnisse mit, die sie auf Grund einer medizinischen Untersuchung erlangt haben, soweit diese Anlass zu Zweifeln geben, ob der Jugendliche verhandlungsfähig oder bestimmten Untersuchungshandlungen oder Maßnahmen gewachsen ist. Im Übrigen bleibt § 114e der Strafprozessordnung unberührt.

§ 70a Unterrichtung des Jugendlichen

(1) Wenn der Jugendliche davon in Kenntnis gesetzt wird, dass er Beschuldigter ist, so ist er unverzüglich über die Grundzüge eines Jugendstrafverfahrens zu informieren. Über die nächsten anstehenden Schritte in dem gegen ihn gerichteten Verfahren wird er ebenfalls unverzüglich informiert, sofern der Zweck der Untersuchung dadurch nicht gefährdet wird. Außerdem ist der Jugendliche unverzüglich darüber zu unterrichten, dass

1. nach Maßgabe des § 67a die Erziehungsberechtigten und die gesetzlichen Vertreter oder eine andere geeignete volljährige Person zu informieren sind,
2. er in den Fällen notwendiger Verteidigung (§ 68) nach Maßgabe des § 141 der Strafprozessordnung und des § 68a die Mitwirkung eines Verteidigers und nach Maßgabe des § 70c Absatz 4 die Verschiebung oder Unterbrechung seiner Vernehmung für eine angemessene Zeit verlangen kann,
3. nach Maßgabe des § 48 die Verhandlung vor dem erkennenden Gericht grundsätzlich nicht öffentlich ist und dass er bei einer ausnahmsweise öffentlichen Hauptverhandlung unter bestimmten Voraussetzungen den Ausschluss der Öffentlichkeit oder einzelner Personen beantragen kann,
4. er nach § 70c Absatz 2 Satz 4 dieses Gesetzes in Verbindung mit § 58a Absatz 2 Satz 6 und Absatz 3 Satz 1 der Strafprozessordnung der Überlassung einer Kopie der Aufzeichnung seiner Vernehmung in Bild und Ton an die zur Akteneinsicht Berechtigten widersprechen kann und dass die Überlassung der Aufzeichnung oder die Herausgabe von Kopien an andere Stellen seiner Einwilligung bedarf,
5. er nach Maßgabe des § 67 Absatz 3 bei Untersuchungshandlungen von seinen Erziehungsberechtigten und seinen gesetzlichen Vertretern oder einer anderen geeigneten volljährigen Person begleitet werden kann,
6. er wegen einer mutmaßlichen Verletzung seiner Rechte durch eine der beteiligten Behörden oder durch das Gericht eine Überprüfung der betroffenen Maßnahmen und Entscheidungen verlangen kann.

(2) Soweit dies im Verfahren von Bedeutung ist oder sobald dies im Verfahren Bedeutung erlangt, ist der Jugendliche außerdem so früh wie möglich über Folgendes zu informieren:

1. die Berücksichtigung seiner persönlichen Verhältnisse und Bedürfnisse im Verfahren nach Maßgabe der §§ 38, 43 und 46a,
2. das Recht auf medizinische Untersuchung, das ihm nach Maßgabe des Landesrechts oder des Rechts der Polizeien des Bundes im Fall des einstweiligen Entzugs der Freiheit zusteht, sowie über das Recht auf medizinische Unterstützung, sofern sich ergibt, dass eine solche während dieses Freiheitsentzugs erforderlich ist,
3. die Geltung des Verhältnismäßigkeitsgrundsatzes im Fall des einstweiligen Entzugs der Freiheit, namentlich
   a) des Vorrangs anderer Maßnahmen, durch die der Zweck des Freiheitsentzugs erreicht werden kann,

b) der Begrenzung des Freiheitsentzugs auf den kürzesten angemessenen Zeitraum und
c) der Berücksichtigung der besonderen Belastungen durch den Freiheitsentzug im Hinblick auf sein Alter und seinen Entwicklungsstand sowie der Berücksichtigung einer anderen besonderen Schutzwürdigkeit,
4. die zur Haftvermeidung in geeigneten Fällen generell in Betracht kommenden anderen Maßnahmen,
5. die vorgeschriebenen Überprüfungen von Amts wegen in Haftsachen,
6. das Recht auf Anwesenheit der Erziehungsberechtigten und der gesetzlichen Vertreter oder einer anderen geeigneten volljährigen Person in der Hauptverhandlung,
7. sein Recht auf und seine Pflicht zur Anwesenheit in der Hauptverhandlung nach Maßgabe des § 50 Absatz 1 und des § 51 Absatz 1.

(3) Wird Untersuchungshaft gegen den Jugendlichen vollstreckt, so ist er außerdem darüber zu informieren, dass
1. nach Maßgabe des § 89c seine Unterbringung getrennt von Erwachsenen zu erfolgen hat,
2. nach Maßgabe der Vollzugsgesetze der Länder
   a) Fürsorge für seine gesundheitliche, körperliche und geistige Entwicklung zu leisten ist,
   b) sein Recht auf Erziehung und Ausbildung zu gewährleisten ist,
   c) sein Recht auf Familienleben und dabei die Möglichkeit, seine Erziehungsberechtigten und seine gesetzlichen Vertreter zu treffen, zu gewährleisten ist,
   d) ihm der Zugang zu Programmen und Maßnahmen zu gewährleisten ist, die seine Entwicklung und Wiedereingliederung fördern, und
   e) ihm die Religions- und Weltanschauungsfreiheit zu gewährleisten ist.

(4) Im Fall eines anderen einstweiligen Entzugs der Freiheit als der Untersuchungshaft ist der Jugendliche über seine dafür geltenden Rechte entsprechend Absatz 3 Nummer 2 zu informieren, im Fall einer polizeilichen Ingewahrsamnahme auch über sein Recht auf die von Erwachsenen getrennte Unterbringung nach den dafür maßgeblichen Vorschriften.
(5) § 70b dieses Gesetzes und § 168b Absatz 3 der Strafprozessordnung gelten entsprechend.
(6) Sofern einem verhafteten Jugendlichen eine schriftliche Belehrung nach § 114b der Strafprozessordnung ausgehändigt wird, muss diese auch die zusätzlichen Informationen nach diesem Paragrafen enthalten.
(7) Sonstige Informations- und Belehrungspflichten bleiben von den Bestimmungen dieses Paragrafen unberührt.

§70b Belehrungen

(1) Vorgeschriebene Belehrungen des Jugendlichen müssen in einer Weise erfolgen, die seinem Alter und seinem Entwicklungs- und Bildungsstand entspricht. Sie sind auch an seine anwesenden Erziehungsberechtigten und gesetzlichen Vertreter zu richten und müssen dabei in einer Weise erfolgen, die es diesen ermöglicht, ihrer Verantwortung im Hinblick auf den Gegenstand der Belehrung gerecht zu werden. Sind Erziehungsberechtigte und gesetzliche Vertreter bei der Belehrung des Jugendlichen über die Bedeutung vom Gericht angeordneter Rechtsfolgen nicht anwesend, muss ihnen die Belehrung darüber schriftlich erteilt werden.
(2) Sind bei einer Belehrung über die Bedeutung der Aussetzung einer Jugendstrafe zur Bewährung oder über die Bedeutung des Vorbehalts einer diesbezüglichen nachträglichen Entscheidung auch jugendliche oder heranwachsende Mitangeklagte anwesend, die nur zu Erziehungsmaßregeln oder Zuchtmitteln verurteilt werden, soll die Belehrung auch ihnen ein Verständnis von der Bedeutung der Entscheidung vermitteln.

§70c Vernehmung des Beschuldigten

(1) Die Vernehmung des Beschuldigten ist in einer Art und Weise durchzuführen, die seinem Alter und seinem Entwicklungs- und Bildungsstand Rechnung trägt.
(2) Außerhalb der Hauptverhandlung kann die Vernehmung in Bild und Ton aufgezeichnet werden. Andere als richterliche Vernehmungen sind in Bild und Ton aufzuzeichnen, wenn zum Zeitpunkt der Vernehmung die Mitwirkung eines Verteidigers notwendig ist, ein Verteidiger aber nicht anwesend ist. Im Übrigen bleibt § 136 Absatz 4 Satz 2 der Strafprozessordnung, auch in Verbindung mit § 163a Absatz 3 Satz 2 oder Absatz 4 Satz 2 der Strafprozessordnung, unberührt. Wird die Vernehmung in Bild und Ton aufgezeichnet, gilt § 58a Absatz 2 und 3 der Strafprozessordnung entsprechend.
(3) Eine Aufzeichnung in Bild und Ton nach Absatz 2 lässt die Vorschriften der Strafprozessordnung über die Protokollierung von Untersuchungshandlungen unberührt. Wird eine Vernehmung des Beschuldig-

ten außerhalb der Hauptverhandlung nicht in Bild und Ton aufgezeichnet, ist über sie stets ein Protokoll aufzunehmen.

(4) Ist oder wird die Mitwirkung eines Verteidigers zum Zeitpunkt einer Vernehmung des Beschuldigten oder einer Gegenüberstellung (§ 58 Absatz 2 der Strafprozessordnung) notwendig, ist diese für eine angemessene Zeit zu verschieben oder zu unterbrechen, wenn ein Verteidiger nicht anwesend ist und kein Fall des § 68b vorliegt. Satz 1 gilt nicht, wenn der Verteidiger ausdrücklich auf seine Anwesenheit verzichtet hat.

§ 71 Vorläufige Anordnungen über die Erziehung

(1) Bis zur Rechtskraft des Urteils kann der Richter vorläufige Anordnungen über die Erziehung des Jugendlichen treffen oder die Gewährung von Leistungen nach dem Achten Buch Sozialgesetzbuch anregen.

(2) Der Richter kann die einstweilige Unterbringung in einem geeigneten Heim der Jugendhilfe anordnen, wenn dies auch im Hinblick auf die zu erwartenden Maßnahmen geboten ist, um den Jugendlichen vor einer weiteren Gefährdung seiner Entwicklung, insbesondere vor der Begehung neuer Straftaten, zu bewahren. Für die einstweilige Unterbringung gelten die §§ 114 bis 115a, 117 bis 118b, 120, 125 und 126 der Strafprozeßordnung sinngemäß. Die Ausführung der einstweiligen Unterbringung richtet sich nach den für das Heim der Jugendhilfe geltenden Regelungen.

§ 72 Untersuchungshaft

(1) Untersuchungshaft darf nur verhängt und vollstreckt werden, wenn ihr Zweck nicht durch eine vorläufige Anordnung über die Erziehung oder durch andere Maßnahmen erreicht werden kann. Bei der Prüfung der Verhältnismäßigkeit (§ 112 Abs. 1 Satz 2 der Strafprozeßordnung) sind auch die besonderen Belastungen des Vollzuges für Jugendliche zu berücksichtigen. Wird Untersuchungshaft verhängt, so sind im Haftbefehl die Gründe anzuführen, aus denen sich ergibt, daß andere Maßnahmen, insbesondere die einstweilige Unterbringung in einem Heim der Jugendhilfe, nicht ausreichen und die Untersuchungshaft nicht unverhältnismäßig ist.

(2) Solange der Jugendliche das sechzehnte Lebensjahr noch nicht vollendet hat, ist die Verhängung von Untersuchungshaft wegen Fluchtgefahr nur zulässig, wenn er
1. sich dem Verfahren bereits entzogen hatte oder Anstalten zur Flucht getroffen hat oder
2. im Geltungsbereich dieses Gesetzes keinen festen Wohnsitz oder Aufenthalt hat.

(3) Über die Vollstreckung eines Haftbefehls und über die Maßnahmen zur Abwendung seiner Vollstreckung entscheidet der Richter, der den Haftbefehl erlassen hat, in dringenden Fällen der Jugendrichter, in dessen Bezirk die Untersuchungshaft vollzogen werden müßte.

(4) Unter denselben Voraussetzungen, unter denen ein Haftbefehl erlassen werden kann, kann auch die einstweilige Unterbringung in einem Heim der Jugendhilfe (§ 71 Abs. 2) angeordnet werden. In diesem Falle kann der Richter den Unterbringungsbefehl nachträglich durch einen Haftbefehl ersetzen, wenn sich dies als notwendig erweist.

(5) Befindet sich ein Jugendlicher in Untersuchungshaft, so ist das Verfahren mit besonderer Beschleunigung durchzuführen.

(6) Die richterlichen Entscheidungen, welche die Untersuchungshaft betreffen, kann der zuständige Richter aus wichtigen Gründen sämtlich oder zum Teil einem anderen Jugendrichter übertragen.

§ 72a Heranziehung der Jugendgerichtshilfe in Haftsachen

Die Jugendgerichtshilfe ist unverzüglich von der Vollstreckung eines Haftbefehls zu unterrichten; ihr soll bereits der Erlaß eines Haftbefehls mitgeteilt werden. Von der vorläufigen Festnahme eines Jugendlichen ist die Jugendgerichtshilfe zu unterrichten, wenn nach dem Stand der Ermittlungen zu erwarten ist, daß der Jugendliche gemäß § 128 der Strafprozeßordnung dem Richter vorgeführt wird.

§ 72b Verkehr mit Vertretern der Jugendgerichtshilfe, dem Betreuungshelfer und dem Erziehungsbeistand

Befindet sich ein Jugendlicher in Untersuchungshaft, so ist auch den Vertretern der Jugendgerichtshilfe der Verkehr mit dem Beschuldigten in demselben Umfang wie einem Verteidiger gestattet. Entsprechendes gilt, wenn der Beschuldigte der Betreuung und Aufsicht eines Betreuungshelfers untersteht oder für ihn ein Erziehungsbeistand bestellt ist, für den Helfer oder den Erziehungsbeistand.

§ 73 Unterbringung zur Beobachtung

(1) Zur Vorbereitung eines Gutachtens über den Entwicklungsstand des Beschuldigten kann der Richter nach Anhören eines Sachverständigen und des Verteidigers anordnen, daß der Beschuldigte in eine zur Untersuchung Jugendlicher geeignete Anstalt gebracht und dort beobachtet wird. Im vorbereitenden Verfahren entscheidet der Richter, der für die Eröffnung des Hauptverfahrens zuständig wäre.
(2) Gegen den Beschluß ist sofortige Beschwerde zulässig. Sie hat aufschiebende Wirkung.
(3) Die Verwahrung in der Anstalt darf die Dauer von sechs Wochen nicht überschreiten.

§ 74 Kosten und Auslagen

Im Verfahren gegen einen Jugendlichen kann davon abgesehen werden, dem Angeklagten Kosten und Auslagen aufzuerlegen.

Achter Unterabschnitt
Vereinfachtes Jugendverfahren

§ 75 (weggefallen)

§ 76 Voraussetzungen des vereinfachten Jugendverfahrens

Der Staatsanwalt kann bei dem Jugendrichter schriftlich oder mündlich beantragen, im vereinfachten Jugendverfahren zu entscheiden, wenn zu erwarten ist, daß der Jugendrichter ausschließlich Weisungen erteilen, die Erziehungsbeistandschaft anordnen, Zuchtmittel verhängen, auf ein Fahrverbot erkennen, die Fahrerlaubnis entziehen und eine Sperre von nicht mehr als zwei Jahren festsetzen oder die Einziehung aussprechen wird. Der Antrag des Staatsanwalts steht der Anklage gleich.

§ 77 Ablehnung des Antrags

(1) Der Jugendrichter lehnt die Entscheidung im vereinfachten Verfahren ab, wenn sich die Sache hierzu nicht eignet, namentlich wenn die Anordnung von Hilfe zur Erziehung im Sinne des § 12 Nr. 2 oder die Verhängung von Jugendstrafe wahrscheinlich oder eine umfangreiche Beweisaufnahme erforderlich ist. Der Beschluß kann bis zur Verkündung des Urteils ergehen. Er ist nicht anfechtbar.
(2) Lehnt der Jugendrichter die Entscheidung im vereinfachten Verfahren ab, so reicht der Staatsanwalt eine Anklageschrift ein.

§ 78 Verfahren und Entscheidung

(1) Der Jugendrichter entscheidet im vereinfachten Jugendverfahren auf Grund einer mündlichen Verhandlung durch Urteil. Er darf auf Hilfe zur Erziehung im Sinne des § 12 Nr. 2, Jugendstrafe oder Unterbringung in einer Entziehungsanstalt nicht erkennen.
(2) Der Staatsanwalt ist nicht verpflichtet, an der Verhandlung teilzunehmen. Nimmt er nicht teil, so bedarf es seiner Zustimmung zu einer Einstellung des Verfahrens in der Verhandlung oder zur Durchführung der Verhandlung in Abwesenheit des Angeklagten nicht.
(3) Zur Vereinfachung, Beschleunigung und jugendgemäßen Gestaltung des Verfahrens darf von Verfahrensvorschriften abgewichen werden, soweit dadurch die Erforschung der Wahrheit nicht beeinträchtigt wird. Die Vorschriften über die Anwesenheit des Angeklagten (§ 50), die Stellung der Erziehungsberechtigten und der gesetzlichen Vertreter und deren Unterrichtung (§§ 67, 67a), die Mitteilungen an amtliche Stellen (§ 70) und die Unterrichtung des Jugendlichen (§ 70a) müssen beachtet werden. Bleibt der Beschuldigte der mündlichen Verhandlung fern und ist sein Fernbleiben nicht genügend entschuldigt, so kann die Vorführung angeordnet werden, wenn dies mit der Ladung angedroht worden ist.

Neunter Unterabschnitt
Ausschluß von Vorschriften des allgemeinen Verfahrensrechts

§ 79 Strafbefehl und beschleunigtes Verfahren

(1) Gegen einen Jugendlichen darf kein Strafbefehl erlassen werden.
(2) Das beschleunigte Verfahren des allgemeinen Verfahrensrechts ist unzulässig.

§ 80 Privatklage und Nebenklage

(1) Gegen einen Jugendlichen kann Privatklage nicht erhoben werden. Eine Verfehlung, die nach den allgemeinen Vorschriften durch Privatklage verfolgt werden kann, verfolgt der Staatsanwalt auch dann, wenn Gründe der Erziehung oder ein berechtigtes Interesse des Verletzten, das dem Erziehungszweck nicht entgegensteht, es erfordern.

(2) Gegen einen jugendlichen Privatkläger ist Widerklage zulässig. Auf Jugendstrafe darf nicht erkannt werden.
(3) Der erhobenen öffentlichen Klage kann sich als Nebenkläger nur anschließen, wer verletzt worden ist
1. durch ein Verbrechen gegen das Leben, die körperliche Unversehrtheit oder die sexuelle Selbstbestimmung oder nach § 239 Absatz 3, § 239a oder § 239b des Strafgesetzbuches, durch welches das Opfer seelisch oder körperlich schwer geschädigt oder einer solchen Gefahr ausgesetzt worden ist,
2. durch einen besonders schweren Fall eines Vergehens nach § 177 Absatz 6 des Strafgesetzbuches, durch welches das Opfer seelisch oder körperlich schwer geschädigt oder einer solchen Gefahr ausgesetzt worden ist, oder
3. durch ein Verbrechen nach § 251 des Strafgesetzbuches, auch in Verbindung mit § 252 oder § 255 des Strafgesetzbuches.

Im Übrigen gelten § 395 Absatz 2 Nummer 1, Absatz 4 und 5 und §§ 396 bis 402 der Strafprozessordnung entsprechend.

§ 81 Adhäsionsverfahren

Die Vorschriften der Strafprozeßordnung über das Adhäsionsverfahren (§§ 403 bis 406c der Strafprozeßordnung) werden im Verfahren gegen einen Jugendlichen nicht angewendet.

Zehnter Unterabschnitt
Anordnung der Sicherungsverwahrung

§ 81a Verfahren und Entscheidung

Für das Verfahren und die Entscheidung über die Anordnung der Unterbringung in der Sicherungsverwahrung gelten § 275a der Strafprozessordnung und die §§ 74f und 120a des Gerichtsverfassungsgesetzes sinngemäß.

Drittes Hauptstück
Vollstreckung und Vollzug

Erster Abschnitt
Vollstreckung

Erster Unterabschnitt
Verfassung der Vollstreckung und Zuständigkeit

§ 82 Vollstreckungsleiter

(1) Vollstreckungsleiter ist der Jugendrichter. Er nimmt auch die Aufgaben wahr, welche die Strafprozeßordnung der Strafvollstreckungskammer zuweist.
(2) Soweit der Richter Hilfe zur Erziehung im Sinne des § 12 angeordnet hat, richtet sich die weitere Zuständigkeit nach den Vorschriften des Achten Buches Sozialgesetzbuch.
(3) In den Fällen des § 7 Abs. 2 und 4 richten sich die Vollstreckung der Unterbringung und die Zuständigkeit hierfür nach den Vorschriften der Strafprozessordnung, wenn der Betroffene das einundzwanzigste Lebensjahr vollendet hat.

§ 83 Entscheidungen im Vollstreckungsverfahren

(1) Die Entscheidungen des Vollstreckungsleiters nach den §§ 86 bis 89a und 89b Abs. 2 sowie nach den §§ 462a und 463 der Strafprozeßordnung sind jugendrichterliche Entscheidungen.
(2) Für die bei der Vollstreckung notwendig werdenden gerichtlichen Entscheidungen gegen eine vom Vollstreckungsleiter getroffene Anordnung ist die Jugendkammer in den Fällen zuständig, in denen
1. der Vollstreckungsleiter selbst oder unter seinem Vorsitz das Jugendschöffengericht im ersten Rechtszug erkannt hat,
2. der Vollstreckungsleiter in Wahrnehmung der Aufgaben der Strafvollstreckungskammer über seine eigene Anordnung zu entscheiden hätte.
(3) Die Entscheidungen nach den Absätzen 1 und 2 können, soweit nichts anderes bestimmt ist, mit sofortiger Beschwerde angefochten werden. Die §§ 67 bis 69 gelten sinngemäß.

§ 84 Örtliche Zuständigkeit

(1) Der Jugendrichter leitet die Vollstreckung in allen Verfahren ein, in denen er selbst oder unter seinem Vorsitz das Jugendschöffengericht im ersten Rechtszuge erkannt hat.

(2) Soweit, abgesehen von den Fällen des Absatzes 1, die Entscheidung eines anderen Richters zu vollstrecken ist, steht die Einleitung der Vollstreckung dem Jugendrichter des Amtsgerichts zu, dem die familiengerichtlichen Erziehungsaufgaben obliegen. Ist in diesen Fällen der Verurteilte volljährig, steht die Einleitung der Vollstreckung dem Jugendrichter des Amtsgerichts zu, dem die familiengerichtlichen Erziehungsaufgaben bei noch fehlender Volljährigkeit oblägen.
(3) In den Fällen der Absätze 1 und 2 führt der Jugendrichter die Vollstreckung durch, soweit § 85 nichts anderes bestimmt.

§ 85 Abgabe und Übergang der Vollstreckung
(1) Ist Jugendarrest zu vollstrecken, so gibt der zunächst zuständige Jugendrichter die Vollstreckung an den Jugendrichter ab, der nach § 90 Abs. 2 Satz 2 als Vollzugsleiter zuständig ist.
(2) Ist Jugendstrafe zu vollstrecken, so geht nach der Aufnahme des Verurteilten in die Einrichtung für den Vollzug der Jugendstrafe die Vollstreckung auf den Jugendrichter des Amtsgerichts über, in dessen Bezirk die Einrichtung für den Vollzug der Jugendstrafe liegt. Die Landesregierungen werden ermächtigt, durch Rechtsverordnung zu bestimmen, daß die Vollstreckung auf den Jugendrichter eines anderen Amtsgerichts übergeht, wenn dies aus verkehrsmäßigen Gründen günstiger erscheint. Die Landesregierungen können die Ermächtigung durch Rechtsverordnung auf die Landesjustizverwaltungen übertragen.
(3) Unterhält ein Land eine Einrichtung für den Vollzug der Jugendstrafe auf dem Gebiet eines anderen Landes, so können die beteiligten Länder vereinbaren, daß der Jugendrichter eines Amtsgerichts des Landes, das die Einrichtung für den Vollzug der Jugendstrafe unterhält, zuständig sein soll. Wird eine solche Vereinbarung getroffen, so geht die Vollstreckung auf den Jugendrichter des Amtsgerichts über, in dessen Bezirk die für die Einrichtung für den Vollzug der Jugendstrafe zuständige Aufsichtsbehörde ihren Sitz hat. Die Regierung des Landes, das die Einrichtung für den Vollzug der Jugendstrafe unterhält, wird ermächtigt, durch Rechtsverordnung zu bestimmen, daß der Jugendrichter eines anderen Amtsgerichts zuständig wird, wenn dies aus verkehrsmäßigen Gründen günstiger erscheint. Die Landesregierung kann die Ermächtigung durch Rechtsverordnung auf die Landesjustizverwaltung übertragen.
(4) Absatz 2 gilt entsprechend bei der Vollstreckung einer Maßregel der Besserung und Sicherung nach § 61 Nr. 1 oder 2 des Strafgesetzbuches.
(5) Aus wichtigen Gründen kann der Vollstreckungsleiter die Vollstreckung widerruflich an einen sonst nicht oder nicht mehr zuständigen Jugendrichter abgeben.
(6) Hat der Verurteilte das vierundzwanzigste Lebensjahr vollendet, so kann der nach den Absätzen 2 bis 4 zuständige Vollstreckungsleiter die Vollstreckung einer nach den Vorschriften des Strafvollzugs für Erwachsene vollzogenen Jugendstrafe oder einer Maßregel der Besserung und Sicherung an die nach den allgemeinen Vorschriften zuständige Vollstreckungsbehörde abgeben, wenn der Straf- oder Maßregelvollzug voraussichtlich noch länger dauern wird und die besonderen Grundgedanken des Jugendstrafrechts unter Berücksichtigung der Persönlichkeit des Verurteilten für die weiteren Entscheidungen nicht mehr maßgebend sind; die Abgabe ist bindend. Mit der Abgabe sind die Vorschriften der Strafprozeßordnung und des Gerichtsverfassungsgesetzes über die Strafvollstreckung anzuwenden.
(7) Für die Zuständigkeit der Staatsanwaltschaft im Vollstreckungsverfahren gilt § 451 Abs. 3 der Strafprozeßordnung entsprechend.

Zweiter Unterabschnitt
Jugendarrest

§ 86 Umwandlung des Freizeitarrestes
Der Vollstreckungsleiter kann Freizeitarrest in Kurzarrest umwandeln, wenn die Voraussetzungen des § 16 Abs. 3 nachträglich eingetreten sind.

§ 87 Vollstreckung des Jugendarrestes
(1) Die Vollstreckung des Jugendarrestes wird nicht zur Bewährung ausgesetzt.
(2) Für die Anrechnung von Untersuchungshaft auf Jugendarrest gilt § 450 der Strafprozeßordnung sinngemäß.
(3) Der Vollstreckungsleiter sieht von der Vollstreckung des Jugendarrestes ganz oder, ist Jugendarrest teilweise verbüßt, von der Vollstreckung des Restes ab, wenn seit Erlaß des Urteils Umstände hervorgetreten sind, die allein oder in Verbindung mit den bereits bekannten Umständen ein Absehen von der Vollstreckung aus Gründen der Erziehung rechtfertigen. Sind seit Eintritt der Rechtskraft sechs Monate verstrichen, sieht er von der Vollstreckung ganz ab, wenn dies aus Gründen der Erziehung geboten ist.

Von der Vollstreckung des Jugendarrestes kann er ganz absehen, wenn zu erwarten ist, daß der Jugendarrest neben einer Strafe, die gegen den Verurteilten wegen einer anderen Tat verhängt worden ist oder die er wegen einer anderen Tat zu erwarten hat, seinen erzieherischen Zweck nicht mehr erfüllen wird. Vor der Entscheidung hört der Vollstreckungsleiter nach Möglichkeit das erkennende Gericht, die Staatsanwaltschaft und die Vertretung der Jugendgerichtshilfe.
(4) Die Vollstreckung des Jugendarrestes ist unzulässig, wenn seit Eintritt der Rechtskraft ein Jahr verstrichen ist. Im Falle des § 16a darf nach Ablauf von drei Monaten seit Eintritt der Rechtskraft der Vollzug nicht mehr begonnen werden. Jugendarrest, der nach § 16a verhängt wurde und noch nicht verbüßt ist, wird nicht mehr vollstreckt, wenn das Gericht
1. die Aussetzung der Jugendstrafe widerruft (§ 26 Absatz 1),
2. auf eine Jugendstrafe erkennt, deren Verhängung zur Bewährung ausgesetzt worden war (§ 30 Absatz 1 Satz 1), oder
3. die Aussetzung der Jugendstrafe in einem nachträglichen Beschluss ablehnt (§ 61a Absatz 1).

Dritter Unterabschnitt
Jugendstrafe

§ 88 Aussetzung des Restes der Jugendstrafe
(1) Der Vollstreckungsleiter kann die Vollstreckung des Restes der Jugendstrafe zur Bewährung aussetzen, wenn der Verurteilte einen Teil der Strafe verbüßt hat dies im Hinblick auf die Entwicklung des Jugendlichen, auch unter Berücksichtigung des Sicherheitsinteresses der Allgemeinheit, verantwortet werden kann.
(2) Vor Verbüßung von sechs Monaten darf die Aussetzung der Vollstreckung des Restes nur aus besonders wichtigen Gründen angeordnet werden. Sie ist bei einer Jugendstrafe von mehr als einem Jahr nur zulässig, wenn der Verurteilte mindestens ein Drittel der Strafe verbüßt hat.
(3) Der Vollstreckungsleiter soll in den Fällen der Absätze 1 und 2 seine Entscheidung so frühzeitig treffen, daß die erforderlichen Maßnahmen zur Vorbereitung des Verurteilten auf sein Leben nach der Entlassung durchgeführt werden können. Er kann seine Entscheidung bis zur Entlassung des Verurteilten wieder aufheben, wenn die Aussetzung aufgrund neu eingetretener oder bekanntgewordener Tatsachen im Hinblick auf die Entwicklung des Jugendlichen, auch unter Berücksichtigung des Sicherheitsinteresses der Allgemeinheit, nicht mehr verantwortet werden kann.
(4) Der Vollstreckungsleiter entscheidet nach Anhören des Staatsanwalts und des Vollzugsleiters. Dem Verurteilten ist Gelegenheit zur mündlichen Äußerung zu geben.
(5) Der Vollstreckungsleiter kann Fristen von höchstens sechs Monaten festsetzen, vor deren Ablauf ein Antrag des Verurteilten, den Strafrest zur Bewährung auszusetzen, unzulässig ist.
(6) Ordnet der Vollstreckungsleiter die Aussetzung der Vollstreckung des Restes der Jugendstrafe an, so gelten § 22 Abs. 1, 2 Satz 1 und 2 sowie die §§ 23 bis 26a sinngemäß. An die Stelle des erkennenden Richters tritt der Vollstreckungsleiter. Auf das Verfahren und die Anfechtung von Entscheidungen sind die §§ 58, 59 Abs. 2 bis 4 und § 60 entsprechend anzuwenden. Die Beschwerde der Staatsanwaltschaft gegen den Beschluß, der die Aussetzung des Strafrestes anordnet, hat aufschiebende Wirkung.

§ 89 Jugendstrafe bei Vorbehalt der Entscheidung über die Aussetzung
Hat das Gericht die Entscheidung über die Aussetzung der Jugendstrafe einem nachträglichen Beschluss vorbehalten, darf die Jugendstrafe vor Ablauf der nach § 61a Absatz 1 maßgeblichen Frist nicht vollstreckt werden. Dies gilt nicht, wenn die Aussetzung zuvor in einem auf Grund des Vorbehalts ergangenen Beschluss abgelehnt wurde.

§ 89a Unterbrechung und Vollstreckung der Jugendstrafe neben Freiheitsstrafe
(1) Ist gegen den zu Jugendstrafe Verurteilten auch Freiheitsstrafe zu vollstrecken, so wird die Jugendstrafe in der Regel zuerst vollstreckt. Der Vollstreckungsleiter unterbricht die Vollstreckung der Jugendstrafe, wenn die Hälfte, mindestens jedoch sechs Monate, der Jugendstrafe verbüßt sind. Er kann die Vollstreckung zu einem früheren Zeitpunkt unterbrechen, wenn die Aussetzung des Strafrestes in Betracht kommt. Ein Strafrest, der auf Grund des Widerrufs seiner Aussetzung vollstreckt wird, kann unterbrochen werden, wenn die Hälfte, mindestens jedoch sechs Monate, des Strafrestes verbüßt sind und eine erneute Aussetzung in Betracht kommt. § 454b Absatz 4 der Strafprozeßordnung gilt entsprechend.

(2) Ist gegen einen Verurteilten außer lebenslanger Freiheitsstrafe auch Jugendstrafe zu vollstrecken, so wird, wenn die letzte Verurteilung eine Straftat betrifft, die der Verurteilte vor der früheren Verurteilung begangen hat, nur die lebenslange Freiheitsstrafe vollstreckt; als Verurteilung gilt das Urteil in dem Verfahren, in dem die zugrundeliegenden tatsächlichen Feststellungen letztmals geprüft werden konnten. Wird die Vollstreckung des Restes der lebenslangen Freiheitsstrafe durch das Gericht zur Bewährung ausgesetzt, so erklärt das Gericht die Vollstreckung der Jugendstrafe für erledigt.
(3) In den Fällen des Absatzes 1 gilt § 85 Abs. 6 entsprechend mit der Maßgabe, daß der Vollstreckungsleiter die Vollstreckung der Jugendstrafe abgeben kann, wenn der Verurteilte das einundzwanzigste Lebensjahr vollendet hat.

§ 89b Ausnahme vom Jugendstrafvollzug

(1) An einem Verurteilten, der das 18. Lebensjahr vollendet hat und sich nicht für den Jugendstrafvollzug eignet, kann die Jugendstrafe statt nach den Vorschriften für den Jugendstrafvollzug nach den Vorschriften des Strafvollzuges für Erwachsene vollzogen werden. Hat der Verurteilte das 24. Lebensjahr vollendet, so soll Jugendstrafe nach den Vorschriften des Strafvollzuges für Erwachsene vollzogen werden.
(2) Über die Ausnahme vom Jugendstrafvollzug entscheidet der Vollstreckungsleiter.

Vierter Unterabschnitt
Untersuchungshaft

§ 89c Vollstreckung der Untersuchungshaft

(1) Solange zur Tatzeit Jugendliche das 21. Lebensjahr noch nicht vollendet haben, wird die Untersuchungshaft nach den Vorschriften für den Vollzug der Untersuchungshaft an jungen Gefangenen und nach Möglichkeit in den für junge Gefangene vorgesehenen Einrichtungen vollzogen. Ist die betroffene Person bei Vollstreckung des Haftbefehls 21, aber noch nicht 24 Jahre alt, kann die Untersuchungshaft nach diesen Vorschriften und in diesen Einrichtungen vollzogen werden.
(2) Hat der Jugendliche das 18. Lebensjahr noch nicht vollendet, darf er mit jungen Gefangenen, die das 18. Lebensjahr vollendet haben, nur untergebracht werden, wenn eine gemeinsame Unterbringung seinem Wohl nicht widerspricht. Mit Gefangenen, die das 24. Lebensjahr vollendet haben, darf er nur untergebracht werden, wenn dies seinem Wohl dient.
(3) Die Entscheidung nach Absatz 1 Satz 2 trifft das Gericht. Die für die Aufnahme vorgesehene Einrichtung und die Jugendgerichtshilfe sind vor der Entscheidung zu hören.

Zweiter Abschnitt
Vollzug

§ 90 Jugendarrest

(1) Der Vollzug des Jugendarrestes soll das Ehrgefühl des Jugendlichen wecken und ihm eindringlich zum Bewußtsein bringen, daß er für das von ihm begangene Unrecht einzustehen hat. Der Vollzug des Jugendarrestes soll erzieherisch gestaltet werden. Er soll dem Jugendlichen helfen, die Schwierigkeiten zu bewältigen, die zur Begehung der Straftat beigetragen haben.
(2) Der Jugendarrest wird in Jugendarrestanstalten oder Freizeitarresträumen der Landesjustizverwaltung vollzogen. Vollzugsleiter ist der Jugendrichter am Ort des Vollzugs.

§ 91 (weggefallen)

§ 92 Rechtsbehelfe im Vollzug

(1) Gegen eine Maßnahme zur Regelung einzelner Angelegenheiten auf dem Gebiet des Jugendarrestes, der Jugendstrafe und der Maßregeln der Unterbringung in einem psychiatrischen Krankenhaus oder in einer Entziehungsanstalt (§ 61 Nr. 1 und 2 des Strafgesetzbuches) oder in der Sicherungsverwahrung kann gerichtliche Entscheidung beantragt werden. Für die Überprüfung von Vollzugsmaßnahmen gelten die §§ 109 und 111 bis 120 Abs. 1 des Strafvollzugsgesetzes sowie § 67 Absatz 1, 2 und 5 und § 67a Absatz 1 entsprechend; das Landesrecht kann vorsehen, dass der Antrag erst nach einem Verfahren zur gütlichen Streitbeilegung gestellt werden kann.
(2) Über den Antrag entscheidet die Jugendkammer, in deren Bezirk die beteiligte Vollzugsbehörde ihren Sitz hat. Die Jugendkammer ist auch für Entscheidungen nach § 119a des Strafvollzugsgesetzes zuständig. Unterhält ein Land eine Einrichtung für den Vollzug der Jugendstrafe auf dem Gebiet eines

anderen Landes, können die beteiligten Länder vereinbaren, dass die Jugendkammer bei dem Landgericht zuständig ist, in dessen Bezirk die für die Einrichtung zuständige Aufsichtsbehörde ihren Sitz hat.
(3) Die Jugendkammer entscheidet durch Beschluss. Sie bestimmt nach Ermessen, ob eine mündliche Verhandlung durchgeführt wird. Auf Antrag des Jugendlichen ist dieser vor einer Entscheidung persönlich anzuhören. Hierüber ist der Jugendliche zu belehren. Wird eine mündliche Verhandlung nicht durchgeführt, findet die Anhörung in der Regel in der Vollzugseinrichtung statt.
(4) Die Jugendkammer ist außer in den Fällen des Absatzes 2 Satz 2 mit einem Richter besetzt. Ein Richter auf Probe darf dies nur sein, wenn ihm bereits über einen Zeitraum von einem Jahr Rechtsprechungsaufgaben in Strafverfahren übertragen worden sind. Weist die Sache besondere Schwierigkeiten rechtlicher Art auf oder kommt ihr grundsätzliche Bedeutung zu, legt der Richter die Sache der Jugendkammer zur Entscheidung über eine Übernahme vor. Liegt eine der Voraussetzungen für eine Übernahme vor, übernimmt die Jugendkammer den Antrag. Sie entscheidet hierüber durch Beschluss. Eine Rückübertragung ist ausgeschlossen.
(5) Für die Kosten des Verfahrens gilt § 121 des Strafvollzugsgesetzes mit der Maßgabe, dass entsprechend § 74 davon abgesehen werden kann, dem Jugendlichen Kosten und Auslagen aufzuerlegen.
(6) Wird eine Jugendstrafe gemäß § 89b Abs. 1 nach den Vorschriften des Strafvollzugs für Erwachsene vollzogen oder hat der Jugendliche im Vollzug einer freiheitsentziehenden Maßregel das vierundzwanzigste Lebensjahr vollendet, sind die Absätze 1 bis 5 nicht anzuwenden. Für die Überprüfung von Vollzugsmaßnahmen gelten die Vorschriften der §§ 109 bis 121 des Strafvollzugsgesetzes.

§ 93 Gerichtliche Zuständigkeit und gerichtliches Verfahren bei Maßnahmen, die der vorherigen gerichtlichen Anordnung oder der gerichtlichen Genehmigung bedürfen

Beim Vollzug des Jugendarrestes, der Jugendstrafe und der Maßregeln der Unterbringung in einem psychiatrischen Krankenhaus oder in einer Entziehungsanstalt oder in der Sicherungsverwahrung ist, soweit nach den Vollzugsgesetzen eine Maßnahme der vorherigen gerichtlichen Anordnung oder der gerichtlichen Genehmigung bedarf, das Amtsgericht zuständig, in dessen Bezirk die Maßnahme durchgeführt wird. Unterhält ein Land eine Einrichtung für den Vollzug der in Satz 1 genannten Freiheitsentziehung auf dem Gebiet eines anderen Landes, können die beteiligten Länder vereinbaren, dass das Amtsgericht zuständig ist, in dessen Bezirk die für die Einrichtung zuständige Aufsichtsbehörde ihren Sitz hat. Für das Verfahren gelten § 121b des Strafvollzugsgesetzes sowie § 67 Absatz 1, 2 und 5 sowie § 67a Absatz 1, 3 und 5 entsprechend.

§ 93a Unterbringung in einer Entziehungsanstalt

(1) Die Maßregel nach § 61 Nr. 2 des Strafgesetzbuches wird in einer Einrichtung vollzogen, in der die für die Behandlung suchtkranker Jugendlicher erforderlichen besonderen therapeutischen Mittel und sozialen Hilfen zur Verfügung stehen.
(2) Um das angestrebte Behandlungsziel zu erreichen, kann der Vollzug aufgelockert und weitgehend in freien Formen durchgeführt werden.

**Viertes Hauptstück
Beseitigung des Strafmakels**

§§ 94 bis 96 (weggefallen)

§ 97 Beseitigung des Strafmakels durch Richterspruch

(1) Hat der Jugendrichter die Überzeugung erlangt, daß sich ein zu Jugendstrafe verurteilter Jugendlicher durch einwandfreie Führung als rechtschaffener Mensch erwiesen hat, so erklärt er von Amts wegen oder auf Antrag des Verurteilten, des Erziehungsberechtigten oder des gesetzlichen Vertreters den Strafmakel als beseitigt. Dies kann auch auf Antrag des Staatsanwalts oder, wenn der Verurteilte im Zeitpunkt der Antragstellung noch minderjährig ist, auf Antrag des Vertreters der Jugendgerichtshilfe geschehen. Die Erklärung ist unzulässig, wenn es sich um eine Verurteilung nach den §§ 174 bis 180 oder 182 des Strafgesetzbuches handelt.
(2) Die Anordnung kann erst zwei Jahre nach Verbüßung oder Erlaß der Strafe ergehen, es sei denn, daß der Verurteilte sich der Beseitigung des Strafmakels besonders würdig gezeigt hat. Während des Vollzugs oder während einer Bewährungszeit ist die Anordnung unzulässig.

§ 98 Verfahren

(1) Zuständig ist der Jugendrichter des Amtsgerichts, dem die familiengerichtlichen Erziehungsaufgaben für den Verurteilten obliegen. Ist der Verurteilte volljährig, so ist der Jugendrichter zuständig, in dessen Bezirk der Verurteilte seinen Wohnsitz hat.
(2) Der Jugendrichter beauftragt mit den Ermittlungen über die Führung des Verurteilten und dessen Bewährung vorzugsweise die Stelle, die den Verurteilten nach der Verbüßung der Strafe betreut hat. Er kann eigene Ermittlungen anstellen. Er hört den Verurteilten und, wenn dieser minderjährig ist, den Erziehungsberechtigten und den gesetzlichen Vertreter, ferner die Schule und die zuständige Verwaltungsbehörde.
(3) Nach Abschluß der Ermittlungen ist der Staatsanwalt zu hören.

§ 99 Entscheidung

(1) Der Jugendrichter entscheidet durch Beschluß.
(2) Hält er die Voraussetzungen für eine Beseitigung des Strafmakels noch nicht für gegeben, so kann er die Entscheidung um höchstens zwei Jahre aufschieben.
(3) Gegen den Beschluß ist sofortige Beschwerde zulässig.

§ 100 Beseitigung des Strafmakels nach Erlaß einer Strafe oder eines Strafrestes

Wird die Strafe oder ein Strafrest bei Verurteilung zu nicht mehr als zwei Jahren Jugendstrafe nach Aussetzung zur Bewährung erlassen, so erklärt der Richter zugleich den Strafmakel als beseitigt. Dies gilt nicht, wenn es sich um eine Verurteilung nach den §§ 174 bis 180 oder 182 des Strafgesetzbuches handelt.

§ 101 Widerruf

Wird der Verurteilte, dessen Strafmakel als beseitigt erklärt worden ist, vor der Tilgung des Vermerks wegen eines Verbrechens oder vorsätzlichen Vergehens erneut zu Freiheitsstrafe verurteilt, so widerruft der Richter in dem Urteil oder nachträglich durch Beschluß die Beseitigung des Strafmakels. In besonderen Fällen kann er von dem Widerruf absehen.

Fünftes Hauptstück
Jugendliche vor Gerichten, die für allgemeine Strafsachen zuständig sind

§ 102 Zuständigkeit

Die Zuständigkeit des Bundesgerichtshofes und des Oberlandesgerichts werden durch die Vorschriften dieses Gesetzes nicht berührt. In den zur Zuständigkeit von Oberlandesgerichten im ersten Rechtszug gehörenden Strafsachen (§ 120 Abs. 1 und 2 des Gerichtsverfassungsgesetzes) entscheidet der Bundesgerichtshof auch über Beschwerden gegen Entscheidungen dieser Oberlandesgerichte, durch welche die Aussetzung der Jugendstrafe zur Bewährung angeordnet oder abgelehnt wird (§ 59 Abs. 1).

§ 103 Verbindung mehrerer Strafsachen

(1) Strafsachen gegen Jugendliche und Erwachsene können nach den Vorschriften des allgemeinen Verfahrensrechts verbunden werden, wenn es zur Erforschung der Wahrheit oder aus anderen wichtigen Gründen geboten ist.
(2) Zuständig ist das Jugendgericht. Dies gilt nicht, wenn die Strafsache gegen Erwachsene nach den allgemeinen Vorschriften einschließlich der Regelung des § 74e des Gerichtsverfassungsgesetzes zur Zuständigkeit der Wirtschaftsstrafkammer oder der Strafkammer nach § 74a des Gerichtsverfassungsgesetzes gehört; in einem solchen Fall sind diese Strafkammern auch für die Strafsache gegen den Jugendlichen zuständig. Für die Prüfung der Zuständigkeit der Wirtschaftsstrafkammer und der Strafkammer nach § 74a des Gerichtsverfassungsgesetzes gelten im Falle des Satzes 2 die §§ 6a, 225a Abs. 4, § 270 Abs. 1 Satz 2 der Strafprozeßordnung entsprechend; § 209a der Strafprozeßordnung ist mit der Maßgabe anzuwenden, daß diese Strafkammern auch gegenüber der Jugendkammer einem Gericht höherer Ordnung gleichstehen.
(3) Beschließt der Richter die Trennung der verbundenen Sachen, so erfolgt zugleich Abgabe der abgetrennten Sache an den Richter, der ohne die Verbindung zuständig gewesen wäre.

§ 104 Verfahren gegen Jugendliche

(1) In Verfahren gegen Jugendliche vor den für allgemeine Strafsachen zuständigen Gerichten gelten die Vorschriften dieses Gesetzes über
1. Verfehlungen Jugendlicher und ihre Folgen (§§ 3 bis 32),

2. die Heranziehung und die Rechtsstellung der Jugendgerichtshilfe (§§ 38, 46a, 50 Abs. 3),
3. den Umfang der Ermittlungen im Vorverfahren (§ 43),
4. das Absehen von der Verfolgung und die Einstellung des Verfahrens durch den Richter (§§ 45, 47),
4a. den Ausschluss der Öffentlichkeit (§ 48 Absatz 3 Satz 2),
5. die Untersuchungshaft (§§ 52, 52a, 72), 89c,
6. die Urteilsgründe (§ 54),
7. das Rechtsmittelverfahren (§§ 55, 56),
8. das Verfahren bei Aussetzung der Jugendstrafe zur Bewährung und der Verhängung der Jugendstrafe (§§ 57 bis 64),
9. die Beteiligung und die Rechtsstellung der Erziehungsberechtigten und der gesetzlichen Vertreter (§ 50 Absatz 2, § 51 Absatz 2 bis 7, §§ 67, 67a),
10. die notwendige Verteidigung (§§ 68, 68a),
11. Mitteilungen an amtliche Stellen (§ 70),
11a. die Unterrichtung des Jugendlichen (§ 70a),
11b. Belehrungen (§ 70b),
11c. die Vernehmung des Beschuldigten (§ 70c),
12. die Unterbringung zur Beobachtung (§ 73),
13. Kosten und Auslagen (§ 74),
14. den Ausschluß von Vorschriften des allgemeinen Verfahrensrechts (§§ 79 bis 81) und
15. Verfahren und Entscheidung bei Anordnung der Sicherungsverwahrung (§ 81a).
(2) Die Anwendung weiterer Verfahrensvorschriften dieses Gesetzes steht im Ermessen des Gerichts.
(3) Soweit es aus Gründen der Staatssicherheit geboten und mit dem Wohl des Jugendlichen vereinbar ist, kann das Gericht anordnen, dass die Heranziehung der Jugendgerichtshilfe unterbleibt und dass die in § 67 Absatz 1 und 2 genannten Rechte der Erziehungsberechtigten und der gesetzlichen Vertreter ruhen.
(4) Hält das Gericht Erziehungsmaßregeln für erforderlich, so hat es deren Auswahl und Anordnung dem Familiengericht zu überlassen. § 53 Satz 2 gilt entsprechend.
(5) Dem Jugendrichter, in dessen Bezirk sich der Jugendliche aufhält, sind folgende Entscheidungen zu übertragen:
1. Entscheidungen, die nach einer Aussetzung der Jugendstrafe zur Bewährung erforderlich werden;
2. Entscheidungen, die nach einer Aussetzung der Verhängung der Jugendstrafe erforderlich werden, mit Ausnahme der Entscheidungen über die Festsetzung der Strafe und die Tilgung des Schuldspruchs (§ 30),
3. Entscheidungen, die nach dem Vorbehalt einer nachträglichen Entscheidung über die Aussetzung der Jugendstrafe erforderlich werden, mit Ausnahme der vorbehaltenen Entscheidung selbst (§ 61a).

Dritter Teil
Heranwachsende

Erster Abschnitt
Anwendung des sachlichen Strafrechts

§ 105 Anwendung des Jugendstrafrechts auf Heranwachsende

(1) Begeht ein Heranwachsender eine Verfehlung, die nach den allgemeinen Vorschriften mit Strafe bedroht ist, so wendet der Richter die für einen Jugendlichen geltenden Vorschriften der §§ 4 bis 8, 9 Nr. 1, §§ 10, 11 und 13 bis 32 entsprechend an, wenn
1. die Gesamtwürdigung der Persönlichkeit des Täters bei Berücksichtigung auch der Umweltbedingungen ergibt, daß er zur Zeit der Tat nach seiner sittlichen und geistigen Entwicklung noch einem Jugendlichen gleichstand, oder
2. es sich nach der Art, den Umständen oder den Beweggründen der Tat um eine Jugendverfehlung handelt.

(2) § 31 Abs. 2 Satz 1, Abs. 3 ist auch dann anzuwenden, wenn der Heranwachsende wegen eines Teils der Straftaten bereits rechtskräftig nach allgemeinem Strafrecht verurteilt worden ist.
(3) Das Höchstmaß der Jugendstrafe für Heranwachsende beträgt zehn Jahre. Handelt es sich bei der Tat um Mord und reicht das Höchstmaß nach Satz 1 wegen der besonderen Schwere der Schuld nicht aus, so ist das Höchstmaß 15 Jahre.

§ 106 Milderung des allgemeinen Strafrechts für Heranwachsende; Sicherungsverwahrung

(1) Ist wegen der Straftat eines Heranwachsenden das allgemeine Strafrecht anzuwenden, so kann das Gericht an Stelle von lebenslanger Freiheitsstrafe auf eine Freiheitsstrafe von zehn bis zu fünfzehn Jahren erkennen.

(2) Das Gericht kann anordnen, daß der Verlust der Fähigkeit, öffentliche Ämter zu bekleiden und Rechte aus öffentlichen Wahlen zu erlangen (§ 45 Abs. 1 des Strafgesetzbuches) nicht eintritt.

(3) Sicherungsverwahrung darf neben der Strafe nicht angeordnet werden. Das Gericht kann im Urteil die Anordnung der Sicherungsverwahrung vorbehalten, wenn
1. der Heranwachsende zu einer Freiheitsstrafe von mindestens fünf Jahren verurteilt wird wegen eines oder mehrerer Verbrechen
    a) gegen das Leben, die körperliche Unversehrtheit oder die sexuelle Selbstbestimmung oder
    b) nach § 251 des Strafgesetzbuches, auch in Verbindung mit § 252 oder § 255 des Strafgesetzbuches,
    durch welche das Opfer seelisch oder körperlich schwer geschädigt oder einer solchen Gefahr ausgesetzt worden ist, und
2. auf Grund der Gesamtwürdigung des Heranwachsenden und seiner Tat oder seiner Taten mit hinreichender Sicherheit feststellbar oder zumindest wahrscheinlich ist, dass bei ihm ein Hang zu Straftaten der in Nummer 1 bezeichneten Art vorliegt und er infolgedessen zum Zeitpunkt der Verurteilung für die Allgemeinheit gefährlich ist.

(4) Unter den übrigen Voraussetzungen des Absatzes 3 Satz 2 kann das Gericht einen solchen Vorbehalt auch aussprechen, wenn
1. die Verurteilung wegen eines oder mehrerer Vergehen nach den §§ 176a und 176b des Strafgesetzbuches erfolgt,
2. die übrigen Voraussetzungen des § 66 Absatz 3 des Strafgesetzbuches erfüllt sind, soweit dieser nicht auf § 66 Absatz 1 Satz 1 Nummer 4 des Strafgesetzbuches verweist, und
3. es sich auch bei den maßgeblichen früheren und künftig zu erwartenden Taten um solche der in Nummer 1 oder Absatz 3 Satz 2 Nummer 1 genannten Art handelt, durch welche das Opfer seelisch oder körperlich schwer geschädigt oder einer solchen Gefahr ausgesetzt worden ist oder würde.

(5) Wird neben der Strafe die Anordnung der Sicherungsverwahrung vorbehalten und hat der Verurteilte das siebenundzwanzigste Lebensjahr noch nicht vollendet, so ordnet das Gericht an, dass bereits die Strafe in einer sozialtherapeutischen Einrichtung zu vollziehen ist, es sei denn, dass die Resozialisierung des Täters dadurch nicht besser gefördert werden kann. Diese Anordnung kann auch nachträglich erfolgen. Solange der Vollzug in einer sozialtherapeutischen Einrichtung noch nicht angeordnet oder der Gefangene noch nicht in eine sozialtherapeutische Einrichtung verlegt worden ist, ist darüber jeweils nach sechs Monaten neu zu entscheiden. Für die nachträgliche Anordnung nach Satz 2 ist die Strafvollstreckungskammer zuständig. § 66c Absatz 2 und § 67a Absatz 2 bis 4 des Strafgesetzbuches bleiben unberührt.

(6) Das Gericht ordnet die Sicherungsverwahrung an, wenn die Gesamtwürdigung des Verurteilten, seiner Tat oder seiner Taten und ergänzend seiner Entwicklung bis zum Zeitpunkt der Entscheidung ergibt, dass von ihm Straftaten der in Absatz 3 Satz 2 Nummer 1 oder Absatz 4 bezeichneten Art zu erwarten sind; § 66a Absatz 3 Satz 1 des Strafgesetzbuches gilt entsprechend.

(7) Ist die wegen einer Tat der in Absatz 3 Satz 2 Nr. 1 bezeichneten Art angeordnete Unterbringung in einem psychiatrischen Krankenhaus nach § 67d Abs. 6 des Strafgesetzbuches für erledigt erklärt worden, weil der die Schuldfähigkeit ausschließende oder vermindernde Zustand, auf dem die Unterbringung beruhte, im Zeitpunkt der Erledigungsentscheidung nicht bestanden hat, so kann das Gericht die Unterbringung in der Sicherungsverwahrung nachträglich anordnen, wenn
1. die Unterbringung des Betroffenen nach § 63 des Strafgesetzbuches wegen mehrerer solcher Taten angeordnet wurde oder wenn der Betroffene wegen einer oder mehrerer solcher Taten, die er vor der zur Unterbringung nach § 63 des Strafgesetzbuches führenden Tat begangen hat, schon einmal zu einer Freiheitsstrafe von mindestens drei Jahren verurteilt oder in einem psychiatrischen Krankenhaus untergebracht worden war und
2. die Gesamtwürdigung des Betroffenen, seiner Taten und ergänzend seiner Entwicklung bis zum Zeitpunkt der Entscheidung ergibt, dass er mit hoher Wahrscheinlichkeit erneut Straftaten der in Absatz 3 Satz 2 Nr. 1 bezeichneten Art begehen wird.

Zweiter Abschnitt
Gerichtsverfassung und Verfahren

§ 107 Gerichtsverfassung

Von den Vorschriften über die Jugendgerichtsverfassung gelten die §§ 33 bis 34 Abs. 1 und §§ 35 bis 38 für Heranwachsende entsprechend.

§ 108 Zuständigkeit

(1) Die Vorschriften über die Zuständigkeit der Jugendgerichte (§§ 39 bis 42) gelten auch bei Verfehlungen Heranwachsender.
(2) Der Jugendrichter ist für Verfehlungen Heranwachsender auch zuständig, wenn die Anwendung des allgemeinen Strafrechts zu erwarten ist und nach § 25 des Gerichtsverfassungsgesetzes der Strafrichter zu entscheiden hätte.
(3) Ist wegen der rechtswidrigen Tat eines Heranwachsenden das allgemeine Strafrecht anzuwenden, so gilt § 24 Abs. 2 des Gerichtsverfassungsgesetzes. Ist im Einzelfall eine höhere Strafe als vier Jahre Freiheitsstrafe oder die Unterbringung des Beschuldigten in einem psychiatrischen Krankenhaus, allein oder neben einer Strafe, oder in der Sicherungsverwahrung (§ 106 Abs. 3, 4, 7) zu erwarten, so ist die Jugendkammer zuständig. Der Beschluss einer verminderten Besetzung in der Hauptverhandlung (§ 33b) ist nicht zulässig, wenn die Anordnung der Unterbringung in der Sicherungsverwahrung, deren Vorbehalt oder die Anordnung der Unterbringung in einem psychiatrischen Krankenhaus zu erwarten ist.

§ 109 Verfahren

(1) Von den Vorschriften über das Jugendstrafverfahren (§§ 43 bis 81a) sind im Verfahren gegen einen Heranwachsenden die §§ 43, 46a, 47a, 50 Absatz 3 und 4, die §§ 51a, 68 Nummer 1, 4 und 5, die §§ 68a, 68b, 70 Absatz 2 und 3, die §§ 70a, 70b Absatz 1 Satz 1 und Absatz 2, die §§ 70c, 72a bis 73 und 81a entsprechend anzuwenden. Die Bestimmungen des § 70a sind nur insoweit anzuwenden, als sich die Unterrichtung auf Vorschriften bezieht, die nach dem für die Heranwachsenden geltenden Recht nicht ausgeschlossen sind. Die Jugendgerichtshilfe und in geeigneten Fällen auch die Schule werden von der Einleitung und dem Ausgang des Verfahrens unterrichtet. Sie benachrichtigen den Staatsanwalt, wenn ihnen bekannt wird, daß gegen den Beschuldigten noch ein anderes Strafverfahren anhängig ist. Die Öffentlichkeit kann ausgeschlossen werden, wenn dies im Interesse des Heranwachsenden geboten ist.
(2) Wendet der Richter Jugendstrafrecht an (§ 105), so gelten auch die §§ 45, 47 Abs. 1 Nr. 1, 2 und 3, Abs. 2, 3, §§ 52, 52a, 54 Abs. 1, §§ 55 bis 66, 74 und 79 Abs. 1 entsprechend. § 66 ist auch dann anzuwenden, wenn die einheitliche Festsetzung von Maßnahmen oder Jugendstrafe nach § 105 Abs. 2 unterblieben ist. § 55 Abs. 1 und 2 ist nicht anzuwenden, wenn die Entscheidung im beschleunigten Verfahren des allgemeinen Verfahrensrechts ergangen ist. § 74 ist im Rahmen einer Entscheidung über die Auslagen des Antragstellers nach § 472a der Strafprozeßordnung nicht anzuwenden.
(3) In einem Verfahren gegen einen Heranwachsenden findet § 407 Abs. 2 Satz 2 der Strafprozeßordnung keine Anwendung.

Dritter Abschnitt
Vollstreckung, Vollzug und Beseitigung des Strafmakels

§ 110 Vollstreckung und Vollzug

(1) Von den Vorschriften über die Vollstreckung und den Vollzug bei Jugendlichen gelten § 82 Abs. 1, §§ 83 bis 93a für Heranwachsende entsprechend, soweit der Richter Jugendstrafrecht angewendet (§ 105) und nach diesem Gesetz zulässige Maßnahmen oder Jugendstrafe verhängt hat.
(2) Für die Vollstreckung von Untersuchungshaft an zur Tatzeit Heranwachsenden gilt § 89c Absatz 1 und 3 entsprechend.

§ 111 Beseitigung des Strafmakels

Die Vorschriften über die Beseitigung des Strafmakels (§§ 97 bis 101) gelten für Heranwachsende entsprechend, soweit der Richter Jugendstrafe verhängt hat.

Vierter Abschnitt
Heranwachsende vor Gerichten, die für allgemeine Strafsachen zuständig sind

§ 112 Entsprechende Anwendung

Die §§ 102, 103, 104 Abs. 1 bis 3 und 5 gelten für Verfahren gegen Heranwachsende entsprechend. Die in § 104 Abs. 1 genannten Vorschriften sind nur insoweit anzuwenden, als sie nach dem für die Heranwachsenden geltenden Recht nicht ausgeschlossen sind. Hält der Richter die Erteilung von Weisungen für erforderlich, so überläßt er die Auswahl und Anordnung dem Jugendrichter, in dessen Bezirk sich der Heranwachsende aufhält.

Vierter Teil
Sondervorschriften für Soldaten der Bundeswehr

§ 112a Anwendung des Jugendstrafrechts

Das Jugendstrafrecht (§§ 3 bis 32, 105) gilt für die Dauer des Wehrdienstverhältnisses eines Jugendlichen oder Heranwachsenden mit folgenden Abweichungen:
1. Hilfe zur Erziehung im Sinne des § 12 darf nicht angeordnet werden.
2. (weggefallen)
3. Bei der Erteilung von Weisungen und Auflagen soll der Richter die Besonderheiten des Wehrdienstes berücksichtigen. Weisungen und Auflagen, die bereits erteilt sind, soll er diesen Besonderheiten anpassen.
4. Als ehrenamtlicher Bewährungshelfer kann ein Soldat bestellt werden. Er untersteht bei seiner Tätigkeit (§ 25 Satz 2) nicht den Anweisungen des Richters.
5. Von der Überwachung durch einen Bewährungshelfer, der nicht Soldat ist, sind Angelegenheiten ausgeschlossen, für welche die militärischen Vorgesetzten des Jugendlichen oder Heranwachsenden zu sorgen haben. Maßnahmen des Disziplinarvorgesetzten haben den Vorrang.

§ 112b (weggefallen)

§ 112c Vollstreckung

(1) Der Vollstreckungsleiter sieht davon ab, Jugendarrest, der wegen einer vor Beginn des Wehrdienstverhältnisses begangenen Tat verhängt ist, gegenüber Soldaten der Bundeswehr zu vollstrecken, wenn die Besonderheiten des Wehrdienstes es erfordern und ihnen nicht durch einen Aufschub der Vollstreckung Rechnung getragen werden kann.

(2) Die Entscheidung des Vollstreckungsleiters nach Absatz 1 ist eine jugendrichterliche Entscheidung im Sinne des § 83.

§ 112d Anhörung des Disziplinarvorgesetzten

Bevor der Richter oder der Vollstreckungsleiter einem Soldaten der Bundeswehr Weisungen oder Auflagen erteilt, von der Vollstreckung des Jugendarrestes nach § 112c Absatz 1 absieht oder einen Soldaten als Bewährungshelfer bestellt, soll er den nächsten Disziplinarvorgesetzten des Jugendlichen oder Heranwachsenden hören.

§ 112e Verfahren vor Gerichten, die für allgemeine Strafsachen zuständig sind

In Verfahren gegen Jugendliche oder Heranwachsende vor den für allgemeine Strafsachen zuständigen Gerichten (§ 104) sind die §§ 112a und 112d anzuwenden.

Fünfter Teil
Schluß- und Übergangsvorschriften

§ 113 Bewährungshelfer

Für den Bezirk eines jeden Jugendrichters ist mindestens ein hauptamtlicher Bewährungshelfer anzustellen. Die Anstellung kann für mehrere Bezirke erfolgen oder ganz unterbleiben, wenn wegen des geringen Anfalls von Strafsachen unverhältnismäßig hohe Aufwendungen entstehen würden. Das Nähere über die Tätigkeit des Bewährungshelfers ist durch Landesgesetz zu regeln.

§ 114 Vollzug von Freiheitsstrafe in der Einrichtung für den Vollzug der Jugendstrafe

In der Einrichtung für den Vollzug der Jugendstrafe dürfen an Verurteilten, die das vierundzwanzigste Lebensjahr noch nicht vollendet haben und sich für den Jugendstrafvollzug eignen, auch Freiheitsstrafen vollzogen werden, die nach allgemeinem Strafrecht verhängt worden sind.

§ 115 (weggefallen)

§ 116 Zeitlicher Geltungsbereich

Das Gesetz wird auch auf Verfehlungen angewendet, die vor seinem Inkrafttreten begangen worden sind.

§§ 117 bis 120 (weggefallen)

§ 121 Übergangsvorschrift

(1) Für am 1. Januar 2008 bereits anhängige Verfahren auf gerichtliche Entscheidung über die Rechtmäßigkeit von Maßnahmen im Vollzug der Jugendstrafe, des Jugendarrestes und der Unterbringung in einem psychiatrischen Krankenhaus oder einer Entziehungsanstalt sind die Vorschriften des Dritten Abschnitts des Einführungsgesetzes zum Gerichtsverfassungsgesetz in ihrer bisherigen Fassung weiter anzuwenden.

(2) Für Verfahren, die vor dem 1. Januar 2012 bei der Jugendkammer anhängig geworden sind, ist § 33b Absatz 2 in der bis zum 31. Dezember 2011 geltenden Fassung anzuwenden.

(3) Hat die Staatsanwaltschaft in Verfahren, in denen über die im Urteil vorbehaltene oder die nachträgliche Anordnung der Sicherungsverwahrung zu entscheiden ist, die Akten dem Vorsitzenden des zuständigen Gerichts vor dem 1. Januar 2012 übergeben, ist § 74f des Gerichtsverfassungsgesetzes in der bis zum 31. Dezember 2011 geltenden Fassung entsprechend anzuwenden.

§§ 122 bis 124 (weggefallen)

§ 125*) Inkrafttreten

Dieses Gesetz tritt am 1. Oktober 1953 in Kraft.

---

*) § 125 betrifft das Inkrafttreten des Gesetzes in der ursprünglichen Fassung vom 4. August 1953. Der Zeitpunkt des Inkrafttretens der späteren Änderungen ergibt sich aus den Änderungsgesetzen.

Gesetz zur Regelung des Zugangs zu Informationen des Bundes (Informationsfreiheitsgesetz – IFG)

Vom 5. September 2005 (BGBl. I S. 2722)

Zuletzt geändert durch
Elfte Zuständigkeitsanpassungsverordnung
vom 19. Juni 2020 (BGBl. I S. 1328)

Inhaltsübersicht

- § 1 Grundsatz
- § 2 Begriffsbestimmungen
- § 3 Schutz von besonderen öffentlichen Belangen
- § 4 Schutz des behördlichen Entscheidungsprozesses
- § 5 Schutz personenbezogener Daten
- § 6 Schutz des geistigen Eigentums und von Betriebs- oder Geschäftsgeheimnissen
- § 7 Antrag und Verfahren
- § 8 Verfahren bei Beteiligung Dritter
- § 9 Ablehnung des Antrags; Rechtsweg
- § 10 Gebühren und Auslagen
- § 11 Veröffentlichungspflichten
- § 12 Bundesbeauftragter für die Informationsfreiheit
- § 13 Änderung anderer Vorschriften
- § 14 Bericht und Evaluierung
- § 15 Inkrafttreten

§ 1 Grundsatz

(1) Jeder hat nach Maßgabe dieses Gesetzes gegenüber den Behörden des Bundes einen Anspruch auf Zugang zu amtlichen Informationen. Für sonstige Bundesorgane und -einrichtungen gilt dieses Gesetz, soweit sie öffentlich-rechtliche Verwaltungsaufgaben wahrnehmen. Einer Behörde im Sinne dieser Vorschrift steht eine natürliche Person oder juristische Person des Privatrechts gleich, soweit eine Behörde sich dieser Person zur Erfüllung ihrer öffentlich-rechtlichen Aufgaben bedient.

(2) Die Behörde kann Auskunft erteilen, Akteneinsicht gewähren oder Informationen in sonstiger Weise zur Verfügung stellen. Begehrt der Antragsteller eine bestimmte Art des Informationszugangs, so darf dieser nur aus wichtigem Grund auf andere Art gewährt werden. Als wichtiger Grund gilt insbesondere ein deutlich höherer Verwaltungsaufwand.

(3) Regelungen in anderen Rechtsvorschriften über den Zugang zu amtlichen Informationen gehen mit Ausnahme des § 29 des Verwaltungsverfahrensgesetzes und des § 25 des Zehnten Buches Sozialgesetzbuch vor.

§ 2 Begriffsbestimmungen

Im Sinne dieses Gesetzes ist
1. amtliche Information: jede amtlichen Zwecken dienende Aufzeichnung, unabhängig von der Art ihrer Speicherung. Entwürfe und Notizen, die nicht Bestandteil eines Vorgangs werden sollen, gehören nicht dazu;
2. Dritter: jeder, über den personenbezogene Daten oder sonstige Informationen vorliegen.

§ 3 Schutz von besonderen öffentlichen Belangen

Der Anspruch auf Informationszugang besteht nicht,
1. wenn das Bekanntwerden der Information nachteilige Auswirkungen haben kann auf
   a) internationale Beziehungen,
   b) militärische und sonstige sicherheitsempfindliche Belange der Bundeswehr,
   c) Belange der inneren oder äußeren Sicherheit,
   d) Kontroll- oder Aufsichtsaufgaben der Finanz-, Wettbewerbs- und Regulierungsbehörden,
   e) Angelegenheiten der externen Finanzkontrolle,
   f) Maßnahmen zum Schutz vor unerlaubtem Außenwirtschaftsverkehr,
   g) die Durchführung eines laufenden Gerichtsverfahrens, den Anspruch einer Person auf ein faires Verfahren oder die Durchführung strafrechtlicher, ordnungswidrigkeitsrechtlicher oder disziplinarischer Ermittlungen,
2. wenn das Bekanntwerden der Information die öffentliche Sicherheit gefährden kann,
3. wenn und solange
   a) die notwendige Vertraulichkeit internationaler Verhandlungen oder

b) die Beratungen von Behörden beeinträchtigt werden,
4. wenn die Information einer durch Rechtsvorschrift oder durch die Allgemeine Verwaltungsvorschrift zum materiellen und organisatorischen Schutz von Verschlusssachen geregelten Geheimhaltungs- oder Vertraulichkeitspflicht oder einem Berufs- oder besonderen Amtsgeheimnis unterliegt,
5. hinsichtlich vorübergehend beigezogener Information einer anderen öffentlichen Stelle, die nicht Bestandteil der eigenen Vorgänge werden soll,
6. wenn das Bekanntwerden der Information geeignet wäre, fiskalische Interessen des Bundes im Wirtschaftsverkehr oder wirtschaftliche Interessen der Sozialversicherungen zu beeinträchtigen,
7. bei vertraulich erhobener oder übermittelter Information, soweit das Interesse des Dritten an einer vertraulichen Behandlung im Zeitpunkt des Antrags auf Informationszugang noch fortbesteht,
8. gegenüber den Nachrichtendiensten sowie den Behörden und sonstigen öffentlichen Stellen des Bundes, soweit sie Aufgaben im Sinne des § 10 Nr. 3 des Sicherheitsüberprüfungsgesetzes wahrnehmen.

§ 4 Schutz des behördlichen Entscheidungsprozesses

(1) Der Antrag auf Informationszugang soll abgelehnt werden für Entwürfe zu Entscheidungen sowie Arbeiten und Beschlüsse zu ihrer unmittelbaren Vorbereitung, soweit und solange durch die vorzeitige Bekanntgabe der Informationen der Erfolg der Entscheidung oder bevorstehender behördlicher Maßnahmen vereitelt würde. Nicht der unmittelbaren Entscheidungsvorbereitung nach Satz 1 dienen regelmäßig Ergebnisse der Beweiserhebung und Gutachten oder Stellungnahmen Dritter.
(2) Der Antragsteller soll über den Abschluss des jeweiligen Verfahrens informiert werden.

§ 5 Schutz personenbezogener Daten

(1) Zugang zu personenbezogenen Daten darf nur gewährt werden, soweit das Informationsinteresse des Antragstellers das schutzwürdige Interesse des Dritten am Ausschluss des Informationszugangs überwiegt oder der Dritte eingewilligt hat. Besondere Kategorien personenbezogener Daten im Sinne des Artikels 9 Absatz 1 der Verordnung (EU) 2016/679 des Europäischen Parlaments und des Rates vom 27. April 2016 zum Schutz natürlicher Personen bei der Verarbeitung personenbezogener Daten, zum freien Datenverkehr und zur Aufhebung der Richtlinie 95/46/EG (Datenschutz-Grundverordnung) (ABl. L 119 vom 4. 5. 2016, S. 1; L 314 vom 22. 11. 2016, S. 72; L 127 vom 23. 5. 2018, S. 2) in der jeweils geltenden Fassung dürfen nur übermittelt werden, wenn der Dritte ausdrücklich eingewilligt hat.
(2) Das Informationsinteresse des Antragstellers überwiegt nicht bei Informationen aus Unterlagen, soweit sie mit dem Dienst- oder Amtsverhältnis oder einem Mandat des Dritten in Zusammenhang stehen und bei Informationen, die einem Berufs- oder Amtsgeheimnis unterliegen.
(3) Das Informationsinteresse des Antragstellers überwiegt das schutzwürdige Interesse des Dritten am Ausschluss des Informationszugangs in der Regel dann, wenn sich die Angabe auf Name, Titel, akademischen Grad, Berufs- und Funktionsbezeichnung, Büroanschrift und -telekommunikationsnummer beschränkt und der Dritte als Gutachter, Sachverständiger oder in vergleichbarer Weise eine Stellungnahme in einem Verfahren abgegeben hat.
(4) Name, Titel, akademischer Grad, Berufs- und Funktionsbezeichnung, Büroanschrift und -telekommunikationsnummer von Bearbeitern sind vom Informationszugang nicht ausgeschlossen, soweit sie Ausdruck und Folge der amtlichen Tätigkeit sind und kein Ausnahmetatbestand erfüllt ist.

§ 6 Schutz des geistigen Eigentums und von Betriebs- oder Geschäftsgeheimnissen

Der Anspruch auf Informationszugang besteht nicht, soweit der Schutz geistigen Eigentums entgegensteht. Zugang zu Betriebs- oder Geschäftsgeheimnissen darf nur gewährt werden, soweit der Betroffene eingewilligt hat.

§ 7 Antrag und Verfahren

(1) Über den Antrag auf Informationszugang entscheidet die Behörde, die zur Verfügung über die begehrten Informationen berechtigt ist. Im Fall des § 1 Abs. 1 Satz 3 ist der Antrag an die Behörde zu richten, die sich der natürlichen oder juristischen Person des Privatrechts zur Erfüllung ihrer öffentlich-rechtlichen Aufgaben bedient. Betrifft der Antrag Daten Dritter im Sinne von § 5 Abs. 1 und 2 oder § 6, muss er begründet werden. Bei gleichförmigen Anträgen von mehr als 50 Personen gelten die §§ 17 bis 19 des Verwaltungsverfahrensgesetzes entsprechend.
(2) Besteht ein Anspruch auf Informationszugang zum Teil, ist dem Antrag in dem Umfang stattzugeben, in dem der Informationszugang ohne Preisgabe der geheimhaltungsbedürftigen Informationen oder ohne

unverhältnismäßigen Verwaltungsaufwand möglich ist. Entsprechendes gilt, wenn sich der Antragsteller in den Fällen, in denen Belange Dritter berührt sind, mit einer Unkenntlichmachung der diesbezüglichen Informationen einverstanden erklärt.
(3) Auskünfte können mündlich, schriftlich oder elektronisch erteilt werden. Die Behörde ist nicht verpflichtet, die inhaltliche Richtigkeit der Information zu prüfen.
(4) Im Fall der Einsichtnahme in amtliche Informationen kann sich der Antragsteller Notizen machen oder Ablichtungen und Ausdrucke fertigen lassen. § 6 Satz 1 bleibt unberührt.
(5) Die Information ist dem Antragsteller unter Berücksichtigung seiner Belange unverzüglich zugänglich zu machen. Der Informationszugang soll innerhalb eines Monats erfolgen. § 8 bleibt unberührt.

§ 8 Verfahren bei Beteiligung Dritter
(1) Die Behörde gibt einem Dritten, dessen Belange durch den Antrag auf Informationszugang berührt sind, schriftlich Gelegenheit zur Stellungnahme innerhalb eines Monats, sofern Anhaltspunkte dafür vorliegen, dass er ein schutzwürdiges Interesse am Ausschluss des Informationszugangs haben kann.
(2) Die Entscheidung nach § 7 Abs. 1 Satz 1 ergeht schriftlich und ist auch dem Dritten bekannt zu geben. Der Informationszugang darf erst erfolgen, wenn die Entscheidung dem Dritten gegenüber bestandskräftig ist oder die sofortige Vollziehung angeordnet worden ist und seit der Bekanntgabe der Anordnung an den Dritten zwei Wochen verstrichen sind. § 9 Abs. 4 gilt entsprechend.

§ 9 Ablehnung des Antrags; Rechtsweg
(1) Die Bekanntgabe einer Entscheidung, mit der der Antrag ganz oder teilweise abgelehnt wird, hat innerhalb der Frist nach § 7 Abs. 5 Satz 2 zu erfolgen.
(2) Soweit die Behörde den Antrag ganz oder teilweise ablehnt, hat sie mitzuteilen, ob und wann der Informationszugang ganz oder teilweise zu einem späteren Zeitpunkt voraussichtlich möglich ist.
(3) Der Antrag kann abgelehnt werden, wenn der Antragsteller bereits über die begehrten Informationen verfügt oder sich diese in zumutbarer Weise aus allgemein zugänglichen Quellen beschaffen kann.
(4) Gegen die ablehnende Entscheidung sind Widerspruch und Verpflichtungsklage zulässig. Ein Widerspruchsverfahren nach den Vorschriften des 8. Abschnitts der Verwaltungsgerichtsordnung ist auch dann durchzuführen, wenn die Entscheidung von einer obersten Bundesbehörde getroffen wurde.

§ 10 Gebühren und Auslagen
(1) Für individuell zurechenbare öffentliche Leistungen nach diesem Gesetz werden Gebühren und Auslagen erhoben. Dies gilt nicht für die Erteilung einfacher Auskünfte.
(2) Die Gebühren sind auch unter Berücksichtigung des Verwaltungsaufwandes so zu bemessen, dass der Informationszugang nach § 1 wirksam in Anspruch genommen werden kann.
(3) Das Bundesministerium des Innern, für Bau und Heimat wird ermächtigt, für individuell zurechenbare öffentliche Leistungen nach diesem Gesetz die Gebührentatbestände und Gebührensätze durch Rechtsverordnung ohne Zustimmung des Bundesrates zu bestimmen. § 10 des Bundesgebührengesetzes findet keine Anwendung.

§ 11 Veröffentlichungspflichten
(1) Die Behörden sollen Verzeichnisse führen, aus denen sich die vorhandenen Informationssammlungen und -zwecke erkennen lassen.
(2) Organisations- und Aktenpläne ohne Angabe personenbezogener Daten sind nach Maßgabe dieses Gesetzes allgemein zugänglich zu machen.
(3) Die Behörden sollen die in den Absätzen 1 und 2 genannten Pläne und Verzeichnisse sowie weitere geeignete Informationen in elektronischer Form allgemein zugänglich machen.

§ 12 Bundesbeauftragter für die Informationsfreiheit
(1) Jeder kann den Bundesbeauftragten für die Informationsfreiheit anrufen, wenn er sein Recht auf Informationszugang nach diesem Gesetz als verletzt ansieht.
(2) Die Aufgabe des Bundesbeauftragten für die Informationsfreiheit wird von dem Bundesbeauftragten für den Datenschutz wahrgenommen.
(3) Die Bestimmungen des Bundesdatenschutzgesetzes in der am 24. Mai 2018 geltenden Fassung über die Kontrollaufgaben des Bundesbeauftragten für den Datenschutz (§ 24 Abs. 1 und 3 bis 5, über Beanstandungen (§ 25 Abs. 1 Satz 1 Nr. 1 und 4, Satz 2 und Abs. 2) sowie über weitere Aufgaben gemäß § 26 Abs. 1 bis 3 gelten entsprechend.

§ 13 Änderung anderer Vorschriften
(hier nicht aufgenommen)

§ 14 Bericht und Evaluierung
Die Bundesregierung unterrichtet den Deutschen Bundestag zwei Jahre vor Außerkrafttreten über die Anwendung dieses Gesetzes. Der Deutsche Bundestag wird das Gesetz ein Jahr vor Außerkrafttreten auf wissenschaftlicher Grundlage evaluieren.

§ 15 Inkrafttreten
Dieses Gesetz tritt am 1. Januar 2006 in Kraft.

232 VwGO

Verwaltungsgerichtsordnung (VwGO)

in der Fassung der Bekanntmachung
vom 19. März 1991 (BGBl. I S. 686)

Zuletzt geändert durch
Gesetz zur Modernisierung des notariellen Berufsrechts und zur Änderung weiterer Vorschriften
vom 25. Juni 2021 (BGBl. I S. 2154)

– Auszug –*)

Inhaltsübersicht

Teil I
Gerichtsverfassung

1. Abschnitt
Gerichte

§ 1 (Unabhängigkeit)
§ 2 (Gliederung)
§ 3 (Gerichtsorganisation)
§ 4 (Präsidium, Geschäftsverteilung)
§ 5 (Besetzung, Kammern)
§ 6 (Einzelrichter)
§§ 7 und 8 (weggefallen)
§ 9 (Oberverwaltungsgericht)
§ 10 (Bundesverwaltungsgericht)
§ 11 (Großer Senat)
§ 12 (Großer Senat des OVG)
§ 13 (Geschäftsstelle)
§ 14 (Rechts- und Amtshilfe)

2. Abschnitt
Richter

§ 15 (Ernennung)
§ 16 (Richter im Nebenamt)
§ 17 (Richter auf Probe, Richter kraft Auftrags, Richter auf Zeit)
§ 18 (Deckung vorübergehenden Personalbedarfs)

3. Abschnitt
Ehrenamtliche Richter

§ 19 (Gleiche Rechte)
§ 20 (Persönliche Voraussetzungen)
§ 21 (Ausschluss)
§ 22 (Ausgeschlossene Personengruppen)
§ 23 (Ablehnungsberechtigte)
§ 24 (Entbindung vom Amt)
§ 25 (Amtszeit)
§ 26 (Wahlausschuss)
§ 27 (Erforderliche Zahl)
§ 28 (Vorschlagsliste)
§ 29 (Auswahl)
§ 30 (Reihenfolge; Hilfsliste)
§ 31 (weggefallen)
§ 32 (Entschädigung)
§ 33 (Ordnungsgeld)
§ 34 (Oberverwaltungsgericht)

4. Abschnitt
Vertreter des öffentlichen Interesses

§ 35 (Oberbundesanwalt)
§ 36 (Oberverwaltungsgericht, Verwaltungsgericht)
§ 37 (Befähigung zum Richteramt)

5. Abschnitt
Gerichtsverwaltung

§ 38 (Dienstaufsicht)
§ 39 (Keine Verwaltungsgeschäfte)

6. Abschnitt
Verwaltungsrechtsweg und Zuständigkeit

§ 40 (Öffentlich-rechtliche Streitigkeiten)
§ 41 (weggefallen)
§ 42 (Anfechtungsklage; Verpflichtungsklage)
§ 43 (Feststellungsklage)
§ 44 (Mehrere Klagebegehren)
§ 44a (Rechtsbehelfe gegen behördliche Verfahrenshandlungen)
§ 45 (Erster Rechtszug)
§ 46 (Zweiter Rechtszug)
§ 47 (Gültigkeit von Satzungen, von Rechtsvorschriften)
§ 48 (Erster Rechtszug)
§ 49 (Dritter Rechtszug)
§ 50 (Bundesverwaltungsgericht im ersten Rechtszug)
§ 51 (Verbot eines Teilvereins)
§ 52 (Örtliche Zuständigkeit)
§ 53 (Bestimmung des zuständigen Gerichts)

Teil II
Verfahren

7. Abschnitt
Allgemeine Verfahrensvorschriften

§ 54 (Ausschließung, Ablehnung von Gerichtspersonen)
§ 55 (Öffentlichkeit, Sitzungspolizei, Gerichtssprache, Beratung, Abstimmung)
§ 55a (Elektronische Dokumente)

---

*) Abgedruckt sind nur die für Sozialberufe wichtigen Bestimmungen. Das Inhaltsverzeichnis benennt den kompletten Inhalt des Gesetzes.

§ 55b (Elektronische Prozessakten)
§ 55c Formulare; Verordnungsermächtigung
§ 55d Nutzungspflicht für Rechtsanwälte, Behörden und vertretungsberechtigte Personen
§ 56 (Zustellung)
§ 56a (Öffentliche Bekanntmachung)
§ 57 (Fristen)
§ 58 (Belehrung über Rechtsbehelf)
§ 59 (weggefallen)
§ 60 (Wiedereinsetzung in den vorigen Stand)
§ 61 (Beteiligungsfähigkeit)
§ 62 (Prozessfähigkeit)
§ 63 (Beteiligte)
§ 64 (Streitgenossenschaft)
§ 65 (Beiladung)
§ 66 (Stellung des Beigeladenen)
§ 67 (Bevollmächtigte Vertreter)
§ 67a (Gemeinsamer Bevollmächtigter)

8. Abschnitt
Besondere Vorschriften für Anfechtungs- und Verpflichtungsklagen
§ 68 (Nachprüfung im Vorverfahren)
§ 69 (Widerspruch)
§ 70 (Frist)
§ 71 (Anhörung)
§ 72 (Abhilfe)
§ 73 (Widerspruchsbescheid)
§ 74 (Frist zur Klageerhebung)
§ 75 (Verzögerung der Sachentscheidung)
§ 76 (weggefallen)
§ 77 (Ersetzung von Einspruchs- und Beschwerdeverfahren)
§ 78 (Klagegegner)
§ 79 (Gegenstand der Anfechtungsklage)
§ 80 (Aufschiebende Wirkung; sofortige Vollziehung; Aussetzung der Vollziehung)
§ 80a (Rechtsbehelf eines Dritten)
§ 80b (Aufschiebende Wirkung)

9. Abschnitt
Verfahren im ersten Rechtszug
§ 81 (Erhebung der Klage)
§ 82 (Inhalt der Klageschrift)
§ 83 (Verweisung)
§ 84 (Gerichtsbescheid)
§ 85 (Zustellung der Klage)
§ 86 (Erforschung des Sachverhalts)
§ 87 (Vorbereitende richterliche Anordnungen)
§ 87a (Entscheidung des Vorsitzenden)
§ 87b (Fristsetzung)
§ 88 (Bindung an das Klagebegehren)
§ 89 (Widerklage)
§ 90 (Rechtshängigkeit)
§ 91 (Änderung der Klage)
§ 92 (Zurücknahme der Klage)
§ 93 (Gemeinsame Verhandlung; Trennung)
§ 93a (Musterverfahren)

§ 94 (Aussetzung der Verhandlung)
§ 95 (Persönliches Erscheinen)
§ 96 (Beweiserhebung)
§ 97 (Beweistermin)
§ 98 (Anwendbare Vorschriften)
§ 99 (Urkunden-, Aktenvorlage; Auskunftspflicht)
§ 100 (Akteneinsicht)
§ 101 (Mündliche Verhandlung)
§ 102 (Ladung der Beteiligten)
§ 102a (Videoübertragung)
§ 103 (Ablauf der Verhandlung)
§ 104 (Erörterung der Streitsache)
§ 105 (Niederschrift)
§ 106 (Vergleich)

10. Abschnitt
Urteile und andere Entscheidungen
§ 107 (Entscheidung durch Urteil)
§ 108 (Richterliche Überzeugung)
§ 109 (Zwischenurteil)
§ 110 (Teilurteil)
§ 111 (Zwischenurteil über den Grund)
§ 112 (Mitwirkende Richter)
§ 113 (Ausspruch)
§ 114 (Ermessensentscheidungen)
§ 115 (Anfechtungsklage)
§ 116 (Verkündung, Zustellung)
§ 117 (Inhalt des Urteils)
§ 118 (Berichtigung)
§ 119 (Antrag auf Berichtigung)
§ 120 (Urteilsergänzung)
§ 121 (Wirkung rechtskräftiger Urteile)
§ 122 (Beschlüsse, Begründung)

11. Abschnitt
Einstweilige Anordnung
§ 123 (Einstweilige Anordnung bezüglich Streitgegenstand)

Teil III
Rechtsmittel und Wiederaufnahme des Verfahrens

12. Abschnitt
Berufung
§ 124 (Berufung gegen Endurteile)
§ 124a (Zulassung der Berufung)
§ 125 (Anwendbare Vorschriften)
§ 126 (Zurücknahme).
§ 127 (Anschlussberufung)
§ 128 (Umfang der Prüfung)
§ 128a (Neue Erklärungen, Beweismittel)
§ 129 (Bindung an Anträge)
§ 130 (Aufhebung, Zurückverweisung)
§ 130a (Berufung unbegründet)
§ 130b (Begründung)
§ 131 (weggefallen)

232 VwGO § 1

13. Abschnitt
Revision

§ 132 (Revision gegen Entscheidung des Oberverwaltungsgerichts)
§ 133 (Beschwerde gegen Nichtzulassung)
§ 134 (Sprungrevision)
§ 135 (Ausschluss der Berufung)
§ 136 (weggefallen)
§ 137 (Verletzung von Bundesrecht)
§ 138 (Revisionsgründe)
§ 139 (Einlegung der Revision)
§ 140 (Zurücknahme)
§ 141 (Anwendbare Vorschriften)
§ 142 (Keine Klageänderung, Beiladung)
§ 143 (Unzulässige Revision)
§ 144 (Revisionsentscheidung)
§ 145 (weggefallen)

14. Abschnitt
Beschwerde, Erinnerung, Anhörungsrüge

§ 146 (Beschwerde gegen Entscheidungen des Verwaltungsgerichts)
§ 147 (Einlegung der Beschwerde)
§ 148 (Abhilfe; Vorlage)
§ 149 (Aufschiebende Wirkung; Aussetzung der Vollziehung)
§ 150 (Entscheidung durch Beschluss)
§ 151 (Beauftragter, ersuchter Richter; Urkundsbeamter)
§ 152 (Beschwerden an das Bundesverwaltungsgericht)
§ 152a (Rüge eines beschwerten Beteiligten)

15. Abschnitt
Wiederaufnahme des Verfahrens

§ 153 (Wiederaufnahme rechtskräftig beendeter Verfahren)

Teil IV
Kosten und Vollstreckung

16. Abschnitt
Kosten

§ 154 (Kostenpflichtige)
§ 155 (Verteilung auf mehrere Beteiligte)
§ 156 (Anerkenntnis)
§ 157 (weggefallen)
§ 158 (Anfechtung)
§ 159 (Gesamtschuldner)

§ 160 (Vergleich)
§ 161 (Kostenentscheidung)
§ 162 (Zu erstattende Kosten)
§ 163 (weggefallen)
§ 164 (Kostenfestsetzung)
§ 165 (Anfechtung)
§ 165a (Anwendbarkeit der ZPO)
§ 166 (Prozesskostenhilfe)

17. Abschnitt
Vollstreckung

§ 167 (Anwendbare Vorschriften)
§ 168 (Vollstreckungstitel)
§ 169 (Vollstreckung zu Gunsten von Gebietskörperschaften u. ä.)
§ 170 (Vollstreckung gegen Gebietskörperschaften u. ä.)
§ 171 (Keine Vollstreckungsklausel)
§ 172 (Zwangsgeld)

Teil V
Schluß- und Übergangsbestimmungen

§ 173 (Grundsätzliche Anwendbarkeit von GVG und ZPO)
§ 174 (Befähigung zum höheren Verwaltungsdienst)
§ 175 (Verfahren vor 18. April 2018)
§ 176 (Besetzung des Gerichts)
§ 177 (weggefallen)
§§ 178 und 179 (Änderungsvorschriften)
§ 180 (Vernehmung, Vereidigung nach VwVfG und SGB X)
§§ 181 und 182 (Änderungsvorschriften)
§ 183 (Nichtigkeit von Landesrecht)
§ 184 (Verwaltungsgerichtshof)
§ 185 (Besonderheiten für bestimmte Bundesländer)
§ 186 (Besonderheiten für Stadtstaaten)
§ 187 (Ermächtigungen für Länder)
§ 188 (Zusammenfassung von Sachgebieten)
§ 188a (Wirtschaftsrecht)
§ 188b (Planungsrecht)
§ 189 (Bildung von Fachsenaten)
§ 190 (Unberührtes Bundesrecht)
§ 191 (Änderungsvorschrift)
§ 192 (Änderungsvorschrift)
§ 193 (Verfassungsstreitigkeiten)
§ 194 (Übergangsvorschrift)
§ 195 (In-Kraft-Treten)

Teil I
Gerichtsverfassung

1. Abschnitt
Gerichte

§ 1 (Unabhängigkeit)
Die Verwaltungsgerichtsbarkeit wird durch unabhängige, von den Verwaltungsbehörden getrennte Gerichte ausgeübt.

§ 2 (Gliederung)
Gerichte der Verwaltungsgerichtsbarkeit sind in den Ländern die Verwaltungsgerichte und je ein Oberverwaltungsgericht, im Bund das Bundesverwaltungsgericht mit Sitz in Leipzig.

6. Abschnitt
Verwaltungsrechtsweg und Zuständigkeit

§ 40 (Öffentlich-rechtliche Streitigkeiten)
(1) Der Verwaltungsrechtsweg ist in allen öffentlich-rechtlichen Streitigkeiten nichtverfassungsrechtlicher Art gegeben, soweit die Streitigkeiten nicht durch Bundesgesetz einem anderen Gericht ausdrücklich zugewiesen sind. Öffentlich-rechtliche Streitigkeiten auf dem Gebiet des Landesrechts können einem anderen Gericht auch durch Landesgesetz zugewiesen werden.
(2) Für vermögensrechtliche Ansprüche aus Aufopferung für das gemeine Wohl und aus öffentlich-rechtlicher Verwahrung sowie für Schadensersatzansprüche aus der Verletzung öffentlich-rechtlicher Pflichten, die nicht auf einem öffentlich-rechtlichen Vertrag beruhen, ist der ordentliche Rechtsweg gegeben; dies gilt nicht für Streitigkeiten über das Bestehen und die Höhe eines Ausgleichsanspruchs im Rahmen des Artikels 14 Abs. 1 Satz 2 des Grundgesetzes. Die besonderen Vorschriften des Beamtenrechts sowie über den Rechtsweg bei Ausgleich von Vermögensnachteilen wegen Rücknahme rechtswidriger Verwaltungsakte bleiben unberührt.

§ 41 (weggefallen)

§ 42 (Anfechtungsklage; Verpflichtungsklage)
(1) Durch Klage kann die Aufhebung eines Verwaltungsakts (Anfechtungsklage) sowie die Verurteilung zum Erlaß eines abgelehnten oder unterlassenen Verwaltungsakts (Verpflichtungsklage) begehrt werden.
(2) Soweit gesetzlich nichts anderes bestimmt ist, ist die Klage nur zulässig, wenn der Kläger geltend macht, durch den Verwaltungsakt oder seine Ablehnung oder Unterlassung in seinen Rechten verletzt zu sein.

§ 43 (Feststellungsklage)
(1) Durch Klage kann die Feststellung des Bestehens oder Nichtbestehens eines Rechtsverhältnisses oder der Nichtigkeit eines Verwaltungsakts begehrt werden, wenn der Kläger ein berechtigtes Interesse an der baldigen Feststellung hat (Feststellungsklage).
(2) Die Feststellung kann nicht begehrt werden, soweit der Kläger seine Rechte durch Gestaltungs- oder Leistungsklage verfolgen kann oder hätte verfolgen können. Dies gilt nicht, wenn die Feststellung der Nichtigkeit eines Verwaltungsakts begehrt wird.

§ 44a (Rechtsbehelfe gegen behördliche Verfahrenshandlungen)
Rechtsbehelfe gegen behördliche Verfahrenshandlungen können nur gleichzeitig mit den gegen die Sachentscheidung zulässigen Rechtsbehelfen geltend gemacht werden. Dies gilt nicht, wenn behördliche Verfahrenshandlungen vollstreckt werden können oder gegen einen Nichtbeteiligten ergehen.

§ 45 (Erster Rechtszug)
Das Verwaltungsgericht entscheidet im ersten Rechtszug über alle Streitigkeiten, für die der Verwaltungsrechtsweg offensteht.

§ 46 (Zweiter Rechtszug)
Das Oberverwaltungsgericht entscheidet über das Rechtsmittel
1. der Berufung gegen Urteile des Verwaltungsgerichts und
2. der Beschwerde gegen andere Entscheidungen des Verwaltungsgerichts.

§ 47 (Gültigkeit von Satzungen, von Rechtsvorschriften)
(1) Das Oberverwaltungsgericht entscheidet im Rahmen seiner Gerichtsbarkeit auf Antrag über die Gültigkeit
1. von Satzungen, die nach den Vorschriften des Baugesetzbuchs erlassen worden sind, sowie von Rechtsverordnungen auf Grund des § 246 Abs. 2 des Baugesetzbuchs,
2. von anderen im Rang unter dem Landesgesetz stehenden Rechtsvorschriften, sofern das Landesrecht dies bestimmt.

(2) Den Antrag kann jede natürliche oder juristische Person, die geltend macht, durch die Rechtsvorschrift oder deren Anwendung in ihren Rechten verletzt zu sein oder in absehbarer Zeit verletzt zu werden, sowie jede Behörde innerhalb eines Jahres nach Bekanntmachung der Rechtsvorschrift stellen. Er ist gegen die Körperschaft, Anstalt oder Stiftung zu richten, welche die Rechtsvorschrift erlassen hat. Das Oberverwaltungsgericht kann dem Land und anderen juristischen Personen des öffentlichen Rechts, deren Zuständigkeit durch die

Rechtsvorschrift berührt wird, Gelegenheit zur Äußerung binnen einer zu bestimmenden Frist geben. § 65 Abs. 1 und 4 und § 66 sind entsprechend anzuwenden.

(3) Das Oberverwaltungsgericht prüft die Vereinbarkeit der Rechtsvorschrift mit Landesrecht nicht, soweit gesetzlich vorgesehen ist, daß die Rechtsvorschrift ausschließlich durch das Verfassungsgericht eines Landes nachprüfbar ist.

(4) Ist ein Verfahren zur Überprüfung der Gültigkeit der Rechtsvorschrift bei einem Verfassungsgericht anhängig, so kann das Oberverwaltungsgericht anordnen, daß die Verhandlung bis zur Erledigung des Verfahrens vor dem Verfassungsgericht auszusetzen sei.

(5) Das Oberverwaltungsgericht entscheidet durch Urteil oder, wenn es eine mündliche Verhandlung nicht für erforderlich hält, durch Beschluß. Kommt das Oberverwaltungsgericht zu der Überzeugung, daß die Rechtsvorschrift ungültig ist, so erklärt es sie für unwirksam; in diesem Fall ist die Entscheidung allgemein verbindlich und die Entscheidungsformel vom Antragsgegner ebenso zu veröffentlichen wie die Rechtsvorschrift bekanntzumachen wäre. Für die Wirkung der Entscheidung gilt § 183 entsprechend.

(6) Das Gericht kann auf Antrag eine einstweilige Anordnung erlassen, wenn dies zur Abwehr schwerer Nachteile oder aus anderen wichtigen Gründen dringend geboten ist.

§ 48 (Erster Rechtszug)

(1) Das Oberverwaltungsgericht entscheidet im ersten Rechtszug über sämtliche Streitigkeiten, die betreffen

1. die Errichtung, den Betrieb, die sonstige Innehabung, die Veränderung, die Stillegung, den sicheren Einschluß und den Abbau von Anlagen im Sinne der §§ 7 und 9a Abs. 3 des Atomgesetzes,
1a. das Bestehen und die Höhe von Ausgleichsansprüchen auf Grund der §§ 7e und 7f des Atomgesetzes,
2. die Bearbeitung, Verarbeitung und sonstige Verwendung von Kernbrennstoffen außerhalb von Anlagen der in § 7 des Atomgesetzes bezeichneten Art (§ 9 des Atomgesetzes) und die wesentliche Abweichung oder die wesentliche Veränderung im Sinne des § 9 Abs. 1 Satz 2 des Atomgesetzes sowie die Aufbewahrung von Kernbrennstoffen außerhalb der staatlichen Verwahrung (§ 6 des Atomgesetzes),
3. die Errichtung, den Betrieb und die Änderung von Kraftwerken mit Feuerungsanlagen für feste, flüssige und gasförmige Brennstoffe mit einer Feuerungswärmeleistung von mehr als dreihundert Megawatt,
3a. die Errichtung, den Betrieb und die Änderung von Anlagen zur Nutzung von Windenergie an Land mit einer Gesamthöhe von mehr als 50 Metern,
3b. die Errichtung, den Betrieb und die Änderung von Kraft-Wärme-Kopplungsanlagen im Sinne des Kraft-Wärme-Kopplungsgesetzes ab einer Feuerungswärmeleistung von 50 Megawatt,
4. Planfeststellungsverfahren gemäß § 43 des Energiewirtschaftsgesetzes, soweit nicht die Zuständigkeit des Bundesverwaltungsgerichts nach § 50 Absatz 1 Nummer 6 begründet ist,
4a. Planfeststellungsverfahren für die Errichtung, den Betrieb und die Änderung von Einrichtungen nach § 45 Absatz 1 des Windenergie-auf-See-Gesetzes, soweit nicht die Zuständigkeit des Bundesverwaltungsgerichts nach § 50 Absatz 1 Nummer 6 begründet ist,
5. Verfahren für die Errichtung, den Betrieb und die wesentliche Änderung von ortsfesten Anlagen zur Verbrennung oder thermischen Zersetzung von Abfällen mit einer jährlichen Durchsatzleistung (effektive Leistung) von mehr als einhunderttausend Tonnen und von ortsfesten Anlagen, in denen ganz oder teilweise Abfälle im Sinne des § 48 des Kreislaufwirtschaftsgesetzes gelagert oder abgelagert werden,
6. das Anlegen, die Erweiterung oder Änderung und den Betrieb von Verkehrsflughäfen und von Verkehrslandeplätzen mit beschränktem Bauschutzbereich,
7. Planfeststellungsverfahren für den Bau oder die Änderung der Strecken von Straßenbahnen, Magnetschwebebahnen und von öffentlichen Eisenbahnen sowie für den Bau oder die Änderung von Rangier- und Containerbahnhöfen,
8. Planfeststellungsverfahren für den Bau oder die Änderung von Bundesfernstraßen und Landesstraßen,
9. Planfeststellungsverfahren für den Neubau oder den Ausbau von Bundeswasserstraßen,
10. Planfeststellungsverfahren für Maßnahmen des öffentlichen Küsten- oder Hochwasserschutzes,
11. Planfeststellungsverfahren nach § 68 Absatz 1 des Wasserhaushaltsgesetzes oder nach landesrechtlichen Vorschriften für die Errichtung, die Erweiterung oder die Änderung von Häfen, die für Wasserfahrzeuge mit mehr als 1350 Tonnen Tragfähigkeit zugänglich sind, unbeschadet der Nummer 9,
12. Planfeststellungsverfahren nach § 68 Absatz 1 des Wasserhaushaltsgesetzes für die Errichtung, die Erweiterung oder die Änderung von Wasserkraftanlagen mit einer elektrischen Nettoleistung von mehr als 100 Megawatt,
12a. Gewässerbenutzungen im Zusammenhang mit der aufgrund des Kohleverstromungsbeendigungsgesetzes vorgesehenen Einstellung von Braunkohletagebauen,

12b. Planfeststellungsverfahren für Gewässerausbauten im Zusammenhang mit der aufgrund des Kohleverstromungsbeendigungsgesetzes vorgesehenen Einstellung von Braunkohletagebauen,
13. Planfeststellungsverfahren nach dem Bundesberggesetz und
14. Zulassungen von
    a) Rahmenbetriebsplänen,
    b) Hauptbetriebsplänen,
    c) Sonderbetriebsplänen und
    d) Abschlussbetriebsplänen

sowie Grundabtretungsbeschlüsse, jeweils im Zusammenhang mit der aufgrund des Kohleverstromungsbeendigungsgesetzes vorgesehenen Einstellung von Braunkohletagebauen.

Satz 1 gilt auch für Streitigkeiten über Genehmigungen, die anstelle einer Planfeststellung erteilt werden, sowie für Streitigkeiten über sämtliche für das Vorhaben erforderlichen Genehmigungen und Erlaubnisse, auch soweit sie Nebeneinrichtungen betreffen, die mit ihm in einem räumlichen und betrieblichen Zusammenhang stehen. Die Länder können durch Gesetz vorschreiben, daß über Streitigkeiten, die Besitzeinweisungen in den Fällen des Satzes 1 betreffen, das Oberverwaltungsgericht im ersten Rechtszug entscheidet.

(2) Das Oberverwaltungsgericht entscheidet im ersten Rechtszug ferner über Klagen gegen die von einer obersten Landesbehörde nach § 3 Abs. 2 Nr. 1 des Vereinsgesetzes ausgesprochenen Vereinsverbote und nach § 8 Abs. 2 Satz 1 des Vereinsgesetzes erlassenen Verfügungen.

(3) Abweichend von § 21e Absatz 4 des Gerichtsverfassungsgesetzes soll das Präsidium des Oberverwaltungsgerichts anordnen, dass ein Spruchkörper, der in einem Verfahren nach Absatz 1 Satz 1 Nummer 3 bis 14 tätig geworden ist, für dieses nach einer Änderung der Geschäftsverteilung zuständig bleibt.

§ 49 (Dritter Rechtszug)

Das Bundesverwaltungsgericht entscheidet über das Rechtsmittel
1. der Revision gegen Urteile des Oberverwaltungsgerichts nach § 132,
2. der Revision gegen Urteile des Verwaltungsgerichts nach §§ 134 und 135,
3. der Beschwerde nach § 99 Abs. 2 und § 133 Abs. 1 dieses Gesetzes sowie nach § 17a Abs. 4 Satz 4 des Gerichtsverfassungsgesetzes.

§ 50 (Bundesverwaltungsgericht im ersten Rechtszug)

(1) Das Bundesverwaltungsgericht entscheidet im ersten und letzten Rechtszug
1. über öffentlich-rechtliche Streitigkeiten nichtverfassungsrechtlicher Art zwischen dem Bund und den Ländern und zwischen verschiedenen Ländern,
2. über Klagen gegen die vom Bundesminister des Innern, für Bau und Heimat nach § 3 Abs. 2 Nr. 2 des Vereinsgesetzes ausgesprochenen Vereinsverbote und nach § 8 Abs. 2 Satz 1 des Vereinsgesetzes erlassenen Verfügungen,
3. über Streitigkeiten gegen Abschiebungsanordnungen nach § 58a des Aufenthaltsgesetzes und ihre Vollziehung, sowie den Erlass eines Einreise- und Aufenthaltsverbots auf dieser Grundlage,
4. über Klagen gegen den Bund, denen Vorgänge im Geschäftsbereich des Bundesnachrichtendienstes zugrunde liegen,
5. über Klagen gegen Maßnahmen und Entscheidungen nach § 44a des Abgeordnetengesetzes, nach den Verhaltensregeln für Mitglieder des Deutschen Bundestages, nach § 6b des Bundesministergesetzes und nach § 7 des Gesetzes über die Rechtsverhältnisse der Parlamentarischen Staatssekretäre in Verbindung mit § 6b des Bundesministergesetzes,
6. über sämtliche Streitigkeiten, die Planfeststellungsverfahren und Plangenehmigungsverfahren für Vorhaben betreffen, die in dem Allgemeinen Eisenbahngesetz, dem Bundesfernstraßengesetz, dem Bundeswasserstraßengesetz, dem Energieleitungsausbaugesetz, dem Bundesbedarfsplangesetz, dem § 43e Absatz 4 des Energiewirtschaftsgesetzes, dem § 54 Absatz 1 des Windenergie-auf-See-Gesetzes oder dem Magnetschwebebahnplanungsgesetz bezeichnet sind.

(2) In Verfahren nach Absatz 1 Nummer 6 ist § 48 Absatz 3 entsprechend anzuwenden.
(3) Hält das Bundesverwaltungsgericht nach Absatz 1 Nr. 1 eine Streitigkeit für verfassungsrechtlich, so legt es die Sache dem Bundesverfassungsgericht zur Entscheidung vor.

Teil II
Verfahren

7. Abschnitt
Allgemeine Verfahrensvorschriften

§ 57 (Fristen)
(1) Der Lauf einer Frist beginnt, soweit nichts anderes bestimmt ist, mit der Zustellung oder, wenn diese nicht vorgeschrieben ist, mit der Eröffnung oder Verkündung.
(2) Für die Fristen gelten die Vorschriften der §§ 222, 224 Abs. 2 und 3, §§ 225 und 226 der Zivilprozeßordnung.

§ 58 (Belehrung über Rechtsbehelf)
(1) Die Frist für ein Rechtsmittel oder einen anderen Rechtsbehelf beginnt nur zu laufen, wenn der Beteiligte über den Rechtsbehelf, die Verwaltungsbehörde oder das Gericht, bei denen der Rechtsbehelf anzubringen ist, den Sitz und die einzuhaltende Frist schriftlich oder elektronisch belehrt worden ist.
(2) Ist die Belehrung unterblieben oder unrichtig erteilt, so ist die Einlegung des Rechtsbehelfs nur innerhalb eines Jahres seit Zustellung, Eröffnung oder Verkündung zulässig, außer wenn die Einlegung vor Ablauf der Jahresfrist infolge höherer Gewalt unmöglich war oder eine schriftliche oder elektronische Belehrung dahin erfolgt ist, daß ein Rechtsbehelf nicht gegeben sei. § 60 Abs. 2 gilt für den Fall höherer Gewalt entsprechend.

§ 60 (Wiedereinsetzung in den vorigen Stand)
(1) Wenn jemand ohne Verschulden verhindert war, eine gesetzliche Frist einzuhalten, so ist ihm auf Antrag Wiedereinsetzung in den vorigen Stand zu gewähren.
(2) Der Antrag ist binnen zwei Wochen nach Wegfall des Hindernisses zu stellen; bei Versäumung der Frist zur Begründung der Berufung, des Antrags auf Zulassung der Berufung, der Revision, der Nichtzulassungsbeschwerde oder der Beschwerde beträgt die Frist einen Monat. Die Tatsachen zur Begründung des Antrags sind bei der Antragstellung oder im Verfahren über den Antrag glaubhaft zu machen. Innerhalb der Antragsfrist ist die versäumte Rechtshandlung nachzuholen. Ist dies geschehen, so kann die Wiedereinsetzung auch ohne Antrag gewährt werden.
(3) Nach einem Jahr seit dem Ende der versäumten Frist ist der Antrag unzulässig, außer wenn der Antrag vor Ablauf der Jahresfrist infolge höherer Gewalt unmöglich war.
(4) Über den Wiedereinsetzungsantrag entscheidet das Gericht, das über die versäumte Rechtshandlung zu befinden hat.
(5) Die Wiedereinsetzung ist unanfechtbar.

§ 67 (Bevollmächtigte Vertreter)
(1) Die Beteiligten können vor dem Verwaltungsgericht den Rechtsstreit selbst führen.
(2) Die Beteiligten können sich durch einen Rechtsanwalt oder einen Rechtslehrer an einer staatlichen oder staatlich anerkannten Hochschule eines Mitgliedstaates der Europäischen Union, eines anderen Vertragsstaates des Abkommens über den Europäischen Wirtschaftsraum oder der Schweiz, der die Befähigung zum Richteramt besitzt, als Bevollmächtigten vertreten lassen. Darüber hinaus sind als Bevollmächtigte vor dem Verwaltungsgericht vertretungsbefugt nur
1. Beschäftigte des Beteiligten oder eines mit ihm verbundenen Unternehmens (§ 15 des Aktiengesetzes); Behörden und juristische Personen des öffentlichen Rechts einschließlich der von ihnen zur Erfüllung ihrer öffentlichen Aufgaben gebildeten Zusammenschlüsse können sich auch durch Beschäftigte anderer Behörden oder juristischer Personen des öffentlichen Rechts einschließlich der von ihnen zur Erfüllung ihrer öffentlichen Aufgaben gebildeten Zusammenschlüsse vertreten lassen,
2. volljährige Familienangehörige (§ 15 der Abgabenordnung, § 11 des Lebenspartnerschaftsgesetzes), Personen mit Befähigung zum Richteramt und Streitgenossen, wenn die Vertretung nicht im Zusammenhang mit einer entgeltlichen Tätigkeit steht,
3. Steuerberater, Steuerbevollmächtigte, Wirtschaftsprüfer und vereidigte Buchprüfer, Personen und Vereinigungen im Sinn des § 3a des Steuerberatungsgesetzes sowie Gesellschaften im Sinn des § 3 Nr. 2 und 3 des Steuerberatungsgesetzes, die durch Personen im Sinn des § 3 Nr. 1 des Steuerberatungsgesetzes handeln, in Abgabenangelegenheiten,
3a. Steuerberater, Steuerbevollmächtigte, Wirtschaftsprüfer und vereidigte Buchprüfer, Personen und Vereinigungen im Sinn des § 3a des Steuerberatungsgesetzes sowie Gesellschaften im Sinn des § 3 Nummer 2 und 3 des Steuerberatungsgesetzes, die durch Personen im Sinn des § 3 Nummer 1 des Steuerberatungsgesetzes handeln, in Angelegenheiten finanzieller Hilfeleistungen im Rahmen staatlicher Hilfsprogramme

zur Abmilderung der Folgen der COVID-19-Pandemie, wenn und soweit diese Hilfsprogramme eine Einbeziehung der Genannten als prüfende Dritte vorsehen,
4. berufsständische Vereinigungen der Landwirtschaft für ihre Mitglieder,
5. Gewerkschaften und Vereinigungen von Arbeitgebern sowie Zusammenschlüsse solcher Verbände für ihre Mitglieder oder für andere Verbände oder Zusammenschlüsse mit vergleichbarer Ausrichtung und deren Mitglieder,
6. Vereinigungen, deren satzungsgemäße Aufgaben die gemeinschaftliche Interessenvertretung, die Beratung und Vertretung der Leistungsempfänger nach dem sozialen Entschädigungsrecht oder der behinderten Menschen wesentlich umfassen und die unter Berücksichtigung von Art und Umfang ihrer Tätigkeit sowie ihres Mitgliederkreises die Gewähr für eine sachkundige Prozessvertretung bieten, für ihre Mitglieder in Angelegenheiten der Kriegsopferfürsorge und des Schwerbehindertenrechts sowie der damit im Zusammenhang stehenden Angelegenheiten,
7. juristische Personen, deren Anteile sämtlich im wirtschaftlichen Eigentum einer der in den Nummern 5 und 6 bezeichneten Organisationen stehen, wenn die juristische Person ausschließlich die Rechtsberatung und Prozessvertretung dieser Organisation und ihrer Mitglieder oder anderer Verbände oder Zusammenschlüsse mit vergleichbarer Ausrichtung und deren Mitglieder entsprechend deren Satzung durchführt, und wenn die Organisation für die Tätigkeit der Bevollmächtigten haftet.

Bevollmächtigte, die keine natürlichen Personen sind, handeln durch ihre Organe und mit der Prozessvertretung beauftragten Vertreter.

(3) Das Gericht weist Bevollmächtigte, die nicht nach Maßgabe des Absatzes 2 vertretungsbefugt sind, durch unanfechtbaren Beschluss zurück. Prozesshandlungen eines nicht vertretungsbefugten Bevollmächtigten und Zustellungen oder Mitteilungen an diesen Bevollmächtigten sind bis zu seiner Zurückweisung wirksam. Das Gericht kann den in Absatz 2 Satz 2 Nr. 1 und 2 bezeichneten Bevollmächtigten durch unanfechtbaren Beschluss die weitere Vertretung untersagen, wenn sie nicht in der Lage sind, das Sach- und Streitverhältnis sachgerecht darzustellen.

(4) Vor dem Bundesverwaltungsgericht und dem Oberverwaltungsgericht müssen sich die Beteiligten, außer im Prozesskostenhilfeverfahren, durch Prozessbevollmächtigte vertreten lassen. Dies gilt auch für Prozesshandlungen, durch die ein Verfahren vor dem Bundesverwaltungsgericht oder einem Oberverwaltungsgericht eingeleitet wird. Als Bevollmächtigte sind nur die in Absatz 2 Satz 1 bezeichneten Personen zugelassen. Behörden und juristische Personen des öffentlichen Rechts einschließlich der von ihnen zur Erfüllung ihrer öffentlichen Aufgaben gebildeten Zusammenschlüsse können sich durch eigene Beschäftigte mit Befähigung zum Richteramt oder durch Beschäftigte mit Befähigung zum Richteramt anderer Behörden oder juristischer Personen des öffentlichen Rechts einschließlich der von ihnen zur Erfüllung ihrer öffentlichen Aufgaben gebildeten Zusammenschlüsse vertreten lassen. Vor dem Bundesverwaltungsgericht sind auch die in Absatz 2 Satz 2 Nr. 5 bezeichneten Organisationen einschließlich der von ihnen gebildeten juristischen Personen gemäß Absatz 2 Satz 7 Nr. 7 als Bevollmächtigte zugelassen, jedoch nur in Angelegenheiten, die Rechtsverhältnisse im Sinne des § 52 Nr. 4 betreffen, in Personalvertretungsangelegenheiten und in Angelegenheiten, die in einem Zusammenhang mit einem gegenwärtigen oder früheren Arbeitsverhältnis von Arbeitnehmern im Sinne des § 5 des Arbeitsgerichtsgesetzes stehen, einschließlich Prüfungsangelegenheiten. Die in Satz 5 genannten Bevollmächtigten müssen durch Personen mit der Befähigung zum Richteramt handeln. Vor dem Oberverwaltungsgericht sind auch die in Absatz 2 Satz 2 Nr. 3 bis 7 bezeichneten Personen und Organisationen als Bevollmächtigte zugelassen. Ein Beteiligter, der nach Maßgabe der Sätze 3, 5 und 7 zur Vertretung berechtigt ist, kann sich selbst vertreten.

(5) Richter dürfen nicht als Bevollmächtigte vor dem Gericht auftreten, dem sie angehören. Ehrenamtliche Richter dürfen, außer in den Fällen des Absatzes 2 Satz 2 Nr. 1, nicht vor einem Spruchkörper auftreten, dem sie angehören. Absatz 3 Satz 1 und 2 gilt entsprechend.

(6) Die Vollmacht ist schriftlich zu den Gerichtsakten einzureichen. Sie kann nachgereicht werden; hierfür kann das Gericht eine Frist bestimmen. Der Mangel der Vollmacht kann in jeder Lage des Verfahrens geltend gemacht werden. Das Gericht hat den Mangel der Vollmacht von Amts wegen zu berücksichtigen, wenn nicht als Bevollmächtigter ein Rechtsanwalt auftritt. Ist ein Bevollmächtigter bestellt, sind die Zustellungen oder Mitteilungen des Gerichts an ihn zu richten.

(7) In der Verhandlung können die Beteiligten mit Beiständen erscheinen. Beistand kann sein, wer in Verfahren, in denen die Beteiligten den Rechtsstreit selbst führen können, als Bevollmächtigter zur Vertretung in der Verhandlung befugt ist. Das Gericht kann andere Personen als Beistand zulassen, wenn dies sachdienlich ist und hierfür nach den Umständen des Einzelfalls ein Bedürfnis besteht. Absatz 3 Satz 1 und 3 und Absatz 5 gelten entsprechend. Das von dem Beistand Vorgetragene gilt als von dem Beteiligten vorgebracht, soweit es nicht von diesem sofort widerrufen oder berichtigt wird.

8. Abschnitt
Besondere Vorschriften für Anfechtungs- und Verpflichtungsklagen

§ 68 (Nachprüfung im Vorverfahren)

(1) Vor Erhebung der Anfechtungsklage sind Rechtmäßigkeit und Zweckmäßigkeit des Verwaltungsakts in einem Vorverfahren nachzuprüfen. Einer solchen Nachprüfung bedarf es nicht, wenn ein Gesetz dies bestimmt oder wenn
1. der Verwaltungsakt von einer obersten Bundesbehörde oder von einer obersten Landesbehörde erlassen worden ist, außer wenn ein Gesetz die Nachprüfung vorschreibt, oder
2. der Abhilfebescheid oder der Widerspruchsbescheid erstmalig eine Beschwer enthält.

(2) Für die Verpflichtungsklage gilt Absatz 1 entsprechend, wenn der Antrag auf Vornahme des Verwaltungsakts abgelehnt worden ist.

§ 69 (Widerspruch)

Das Vorverfahren beginnt mit der Erhebung des Widerspruchs.

§ 70 (Frist)

(1) Der Widerspruch ist innerhalb eines Monats, nachdem der Verwaltungsakt dem Beschwerten bekanntgegeben worden ist, schriftlich, in elektronischer Form nach § 3a Absatz 2 des Verwaltungsverfahrensgesetzes oder zur Niederschrift bei der Behörde zu erheben, die den Verwaltungsakt erlassen hat. Die Frist wird auch durch Einlegung bei der Behörde, die den Widerspruchsbescheid zu erlassen hat, gewahrt.

(2) §§ 58 und 60 Abs. 1 bis 4 gelten entsprechend.

§ 71 (Anhörung)

Ist die Aufhebung oder Änderung eines Verwaltungsakts im Widerspruchsverfahren erstmalig mit einer Beschwer verbunden, soll der Betroffene vor Erlaß des Abhilfebescheids oder des Widerspruchsbescheids gehört werden.

§ 72 (Abhilfe)

Hält die Behörde den Widerspruch für begründet, so hilft sie ihm ab und entscheidet über die Kosten.

§ 73 (Widerspruchsbescheid)

(1) Hilft die Behörde dem Widerspruch nicht ab, so ergeht ein Widerspruchsbescheid. Diesen erläßt
1. die nächsthöhere Behörde, soweit nicht durch Gesetz eine andere höhere Behörde bestimmt wird,
2. wenn die nächsthöhere Behörde eine oberste Bundes- oder oberste Landesbehörde ist, die Behörde, die den Verwaltungsakt erlassen hat,
3. in Selbstverwaltungsangelegenheiten die Selbstverwaltungsbehörde, soweit nicht durch Gesetz anderes bestimmt wird.

Abweichend von Satz 2 Nr. 1 kann durch Gesetz bestimmt werden, daß die Behörde, die den Verwaltungsakt erlassen hat, auch für die Entscheidung über den Widerspruch zuständig ist.

(2) Vorschriften, nach denen im Vorverfahren des Absatzes 1 Ausschüsse oder Beiräte an die Stelle einer Behörde treten, bleiben unberührt. Die Ausschüsse oder Beiräte können abweichend von Absatz 1 Nr. 1 auch bei der Behörde gebildet werden, die den Verwaltungsakt erlassen hat.

(3) Der Widerspruchsbescheid ist zu begründen, mit einer Rechtsmittelbelehrung zu versehen und zuzustellen. Zugestellt wird von Amts wegen nach den Vorschriften des Verwaltungszustellungsgesetzes. Der Widerspruchsbescheid bestimmt auch, wer die Kosten trägt.

§ 74 (Frist zur Klageerhebung)

(1) Die Anfechtungsklage muß innerhalb eines Monats nach Zustellung des Widerspruchsbescheids erhoben werden. Ist nach § 68 ein Widerspruchsbescheid nicht erforderlich, so muß die Klage innerhalb eines Monats nach Bekanntgabe des Verwaltungsakts erhoben werden.

(2) Für die Verpflichtungsklage gilt Absatz 1 entsprechend, wenn der Antrag auf Vornahme des Verwaltungsakts abgelehnt worden ist.

§ 75 (Verzögerung der Sachentscheidung)

Ist über einen Widerspruch oder über einen Antrag auf Vornahme eines Verwaltungsakts ohne zureichenden Grund in angemessener Frist sachlich nicht entschieden worden, so ist die Klage abweichend von § 68 zulässig. Die Klage kann nicht vor Ablauf von drei Monaten seit der Einlegung des Widerspruchs oder seit dem Antrag auf Vornahme des Verwaltungsakts erhoben werden, außer wenn wegen besonderer Umstände des Falles eine kürzere Frist geboten ist. Liegt ein zureichender Grund dafür vor, daß über den Widerspruch noch nicht entschieden oder der beantragte Verwaltungsakt noch nicht erlassen ist, so setzt das Gericht das Verfahren bis zum Ablauf einer von ihm bestimmten Frist, die verlängert werden kann, aus. Wird dem Widerspruch innerhalb der vom Gericht gesetzten Frist stattgegeben oder der Verwaltungsakt innerhalb dieser Frist erlassen, so ist die Hauptsache für erledigt zu erklären.

§ 76 (weggefallen)

§ 77 (Ersetzung von Einspruchs- und Beschwerdeverfahren)
(1) Alle bundesrechtlichen Vorschriften in anderen Gesetzen über Einspruchs- oder Beschwerdeverfahren sind durch die Vorschriften dieses Abschnitts ersetzt.
(2) Das gleiche gilt für landesrechtliche Vorschriften über Einspruchs- oder Beschwerdeverfahren als Voraussetzung der verwaltungsgerichtlichen Klage.

§ 78 (Klagegegner)
(1) Die Klage ist zu richten
1. gegen den Bund, das Land oder die Körperschaft, deren Behörde den angefochtenen Verwaltungsakt erlassen oder den beantragten Verwaltungsakt unterlassen hat; zur Bezeichnung des Beklagten genügt die Angabe der Behörde,
2. sofern das Landesrecht dies bestimmt, gegen die Behörde selbst, die den angefochtenen Verwaltungsakt erlassen oder den beantragten Verwaltungsakt unterlassen hat.

(2) Wenn ein Widerspruchsbescheid erlassen ist, der erstmalig eine Beschwer enthält (§ 68 Abs. 1 Satz 2 Nr. 2), ist Behörde im Sinne des Absatzes 1 die Widerspruchsbehörde.

§ 79 (Gegenstand der Anfechtungsklage)
(1) Gegenstand der Anfechtungsklage ist
1. der ursprüngliche Verwaltungsakt in der Gestalt, die er durch den Widerspruchsbescheid gefunden hat,
2. der Abhilfebescheid oder Widerspruchsbescheid, wenn dieser erstmalig eine Beschwer enthält.

(2) Der Widerspruchsbescheid kann auch dann alleiniger Gegenstand der Anfechtungsklage sein, wenn und soweit er gegenüber dem ursprünglichen Verwaltungsakt eine zusätzliche selbständige Beschwer enthält. Als eine zusätzliche Beschwer gilt auch die Verletzung einer wesentlichen Verfahrensvorschrift, sofern der Widerspruchsbescheid auf dieser Verletzung beruht. § 78 Abs. 2 gilt entsprechend.

§ 80 (Aufschiebende Wirkung; sofortige Vollziehung; Aussetzung der Vollziehung)
(1) Widerspruch und Anfechtungsklage haben aufschiebende Wirkung. Das gilt auch bei rechtsgestaltenden und feststellenden Verwaltungsakten sowie bei Verwaltungsakten mit Doppelwirkung (§ 80a).
(2) Die aufschiebende Wirkung entfällt
1. bei der Anforderung von öffentlichen Abgaben und Kosten,
2. bei unaufschiebbaren Anordnungen und Maßnahmen von Polizeivollzugsbeamten,
3. in anderen durch Bundesgesetz oder für Landesrecht durch Landesgesetz vorgeschriebenen Fällen, insbesondere für Widersprüche und Klagen Dritter gegen Verwaltungsakte, die Investitionen oder die Schaffung von Arbeitsplätzen betreffen,
3a. für Widersprüche und Klagen Dritter gegen Verwaltungsakte, die die Zulassung von Vorhaben betreffend Bundesverkehrswege und Mobilfunknetze zum Gegenstand haben und die nicht unter Nummer 3 fallen,
4. in den Fällen, in denen die sofortige Vollziehung im öffentlichen Interesse oder im überwiegenden Interesse eines Beteiligten von der Behörde, die den Verwaltungsakt erlassen oder über den Widerspruch zu entscheiden hat, besonders angeordnet wird.

Die Länder können auch bestimmen, daß Rechtsbehelfe keine aufschiebende Wirkung haben, soweit sie sich gegen Maßnahmen richten, die in der Verwaltungsvollstreckung durch die Länder nach Bundesrecht getroffen werden.

(3) In den Fällen des Absatzes 2 Satz 1 Nummer 4 ist das besondere Interesse an der sofortigen Vollziehung des Verwaltungsakts schriftlich zu begründen. Einer besonderen Begründung bedarf es nicht, wenn die Behörde bei Gefahr im Verzug, insbesondere bei drohenden Nachteilen für Leben, Gesundheit oder Eigentum vorsorglich eine als solche bezeichnete Notstandsmaßnahme im öffentlichen Interesse trifft.

(4) Die Behörde, die den Verwaltungsakt erlassen oder über den Widerspruch zu entscheiden hat, kann in den Fällen des Absatzes 2 die Vollziehung aussetzen, soweit nicht bundesgesetzlich etwas anderes bestimmt ist. Bei der Anforderung von öffentlichen Abgaben und Kosten kann sie die Vollziehung auch gegen Sicherheit aussetzen. Die Aussetzung soll bei öffentlichen Abgaben und Kosten erfolgen, wenn ernstliche Zweifel an der Rechtmäßigkeit des angegriffenen Verwaltungsakts bestehen oder wenn die Vollziehung für den Abgaben-

oder Kostenpflichtigen eine unbillige, nicht durch überwiegende öffentliche Interessen gebotene Härte zur Folge hätte.
(5) Auf Antrag kann das Gericht der Hauptsache die aufschiebende Wirkung in den Fällen des Absatzes 2 Satz 1 Nummer 1 bis 3 ganz oder teilweise anordnen, im Falle des Absatzes 2 Satz 1 Nummer 4 ganz oder teilweise wiederherstellen. Der Antrag ist schon vor Erhebung der Anfechtungsklage zulässig. Ist der Verwaltungsakt im Zeitpunkt der Entscheidung schon vollzogen, so kann das Gericht die Aufhebung der Vollziehung anordnen. Die Wiederherstellung der aufschiebenden Wirkung kann von der Leistung einer Sicherheit oder von anderen Auflagen abhängig gemacht werden. Sie kann auch befristet werden.
(6) In den Fällen des Absatzes 2 Satz 1 Nummer 1 ist der Antrag nach Absatz 5 nur zulässig, wenn die Behörde einen Antrag auf Aussetzung der Vollziehung ganz oder zum Teil abgelehnt hat. Das gilt nicht, wenn
1. die Behörde über den Antrag ohne Mitteilung eines zureichenden Grundes in angemessener Frist sachlich nicht entschieden hat oder
2. eine Vollstreckung droht.
(7) Das Gericht der Hauptsache kann Beschlüsse über Anträge nach Absatz 5 jederzeit ändern oder aufheben. Jeder Beteiligte kann die Änderung oder Aufhebung wegen veränderter oder im ursprünglichen Verfahren ohne Verschulden nicht geltend gemachter Umstände beantragen.
(8) In dringenden Fällen kann der Vorsitzende entscheiden.

§ 80a (Rechtsbehelf eines Dritten)
(1) Legt ein Dritter einen Rechtsbehelf gegen den an einen anderen gerichteten, diesen begünstigenden Verwaltungsakt ein, kann die Behörde
1. auf Antrag des Begünstigten nach § 80 Absatz 2 Satz 1 Nummer 4 die sofortige Vollziehung anordnen,
2. auf Antrag des Dritten nach § 80 Abs. 4 die Vollziehung aussetzen und einstweilige Maßnahmen zur Sicherung der Rechte des Dritten treffen.
(2) Legt ein Betroffener gegen einen an ihn gerichteten belastenden Verwaltungsakt, der einen Dritten begünstigt, einen Rechtsbehelf ein, kann die Behörde auf Antrag des Dritten nach § 80 Absatz 2 Satz 1 Nummer 4 die sofortige Vollziehung anordnen.
(3) Das Gericht kann auf Antrag Maßnahmen nach den Absätzen 1 und 2 ändern oder aufheben oder solche Maßnahmen treffen. § 80 Abs. 5 bis 8 gilt entsprechend.

§ 80b (Aufschiebende Wirkung)
(1) Die aufschiebende Wirkung des Widerspruchs und der Anfechtungsklage endet mit der Unanfechtbarkeit oder, wenn die Anfechtungsklage im ersten Rechtszug abgewiesen worden ist, drei Monate nach Ablauf der gesetzlichen Begründungsfrist des gegen die abweisende Entscheidung gegebenen Rechtsmittels. Dies gilt auch, wenn die Vollziehung durch die Behörde ausgesetzt oder die aufschiebende Wirkung durch das Gericht wiederhergestellt oder angeordnet worden ist, es sei denn, die Behörde hat die Vollziehung bis zur Unanfechtbarkeit ausgesetzt.
(2) Das Rechtsmittelgericht kann auf Antrag anordnen, daß die aufschiebende Wirkung fortdauert.
(3) § 80 Abs. 5 bis 8 und § 80a gelten entsprechend.

9. Abschnitt
Verfahren im ersten Rechtszug

§ 81 (Erhebung der Klage)
(1) Die Klage ist bei dem Gericht schriftlich zu erheben. Bei dem Verwaltungsgericht kann sie auch zu Protokoll des Urkundsbeamten der Geschäftsstelle erhoben werden.
(2) Der Klage und allen Schriftsätzen sollen vorbehaltlich des § 55a Absatz 5 Satz 3 Abschriften für die übrigen Beteiligten beigefügt werden.

§ 82 (Inhalt der Klageschrift)
(1) Die Klage muß den Kläger, den Beklagten und den Gegenstand des Klagebegehrens bezeichnen. Sie soll einen bestimmten Antrag enthalten. Die zur Begründung dienenden Tatsachen und Beweismittel sollen angegeben, die angefochtene Verfügung und der Widerspruchsbescheid sollen in Abschrift beigefügt werden.
(2) Entspricht die Klage diesen Anforderungen nicht, hat der Vorsitzende oder der nach § 21g des Gerichtsverfassungsgesetzes zuständige Berufsrichter (Berichterstatter) den Kläger zu der erforderlichen Ergänzung innerhalb einer bestimmten Frist aufzufordern. Er kann dem Kläger für die Ergänzung eine Frist mit ausschließender Wirkung setzen, wenn es an einem der in Absatz 1 Satz 1 genannten Erfordernisse fehlt. Für die Wiedereinsetzung in den vorigen Stand gilt § 60 entsprechend.

§ 86 (Erforschung des Sachverhalts)

(1) Das Gericht erforscht den Sachverhalt von Amts wegen; die Beteiligten sind dabei heranzuziehen. Es ist an das Vorbringen und an die Beweisanträge der Beteiligten nicht gebunden.

(2) Ein in der mündlichen Verhandlung gestellter Beweisantrag kann nur durch einen Gerichtsbeschluß, der zu begründen ist, abgelehnt werden.

(3) Der Vorsitzende hat darauf hinzuwirken, daß Formfehler beseitigt, unklare Anträge erläutert, sachdienliche Anträge gestellt, ungenügende tatsächliche Angaben ergänzt, ferner alle für die Feststellung und Beurteilung des Sachverhalts wesentlichen Erklärungen abgegeben werden.

(4) Die Beteiligten sollen zur Vorbereitung der mündlichen Verhandlung Schriftsätze einreichen. Hierzu kann sie der Vorsitzende unter Fristsetzung auffordern. Die Schriftsätze sind den Beteiligten von Amts wegen zu übermitteln.

(5) Den Schriftsätzen sind die Urkunden oder elektronischen Dokumente, auf die Bezug genommen wird, in Abschrift ganz oder im Auszug beizufügen. Sind die Urkunden dem Gegner bereits bekannt oder sehr umfangreich, so genügt die genaue Bezeichnung mit dem Anerbieten, Einsicht bei Gericht zu gewähren.

§ 99 (Urkunden-, Aktenvorlage; Auskunftspflicht)

(1) Behörden sind zur Vorlage von Urkunden oder Akten, zur Übermittlung elektronischer Dokumente und zu Auskünften verpflichtet. Wenn das Bekanntwerden des Inhalts dieser Urkunden, Akten, elektronischen Dokumente oder dieser Auskünfte dem Wohl des Bundes oder eines Landes Nachteile bereiten würde oder wenn die Vorgänge nach einem Gesetz oder ihrem Wesen nach geheim gehalten werden müssen, kann die zuständige oberste Aufsichtsbehörde die Vorlage von Urkunden oder Akten, die Übermittlung der elektronischen Dokumente und die Erteilung der Auskünfte verweigern.

(2) Auf Antrag eines Beteiligten stellt das Oberverwaltungsgericht ohne mündliche Verhandlung durch Beschluss fest, ob die Verweigerung der Vorlage der Urkunden oder Akten, der Übermittlung der elektronischen Dokumente oder der Erteilung von Auskünften rechtmäßig ist. Verweigert eine oberste Bundesbehörde die Vorlage, Übermittlung oder Auskunft mit der Begründung, das Bekanntwerden des Inhalts der Urkunden, Akten, der elektronischen Dokumente oder der Auskünfte würde dem Wohl des Bundes Nachteile bereiten, entscheidet das Bundesverwaltungsgericht; Gleiches gilt, wenn das Bundesverwaltungsgericht nach § 50 für die Hauptsache zuständig ist. Der Antrag ist bei dem für die Hauptsache zuständigen Gericht zu stellen. Dieses gibt den Antrag und die Hauptsacheakten an den nach § 189 zuständigen Spruchkörper ab. Die oberste Aufsichtsbehörde hat die nach Absatz 1 Satz 2 verweigerten Urkunden oder Akten auf Aufforderung dieses Spruchkörpers vorzulegen, die elektronischen Dokumente zu übermitteln oder die verweigerten Auskünfte zu erteilen. Sie ist zu diesem Verfahren beizuladen. Das Verfahren unterliegt den Vorschriften des materiellen Geheimschutzes. Können diese nicht eingehalten werden oder macht die zuständige Aufsichtsbehörde geltend, dass besondere Gründe der Geheimhaltung oder des Geheimschutzes der Übergabe der Urkunden oder Akten oder der Übermittlung der elektronischen Dokumente an das Gericht entgegenstehen, wird die Vorlage oder Übermittlung nach Satz 5 dadurch bewirkt, dass die Urkunden, Akten oder elektronische Dokumente dem Gericht in von der obersten Aufsichtsbehörde bestimmten Räumlichkeiten zur Verfügung gestellt werden. Für die nach Satz 5 vorgelegten Akten, elektronischen Dokumente und für die gemäß Satz 8 geltend gemachten besonderen Gründe gilt § 100 nicht. Die Mitglieder des Gerichts sind zur Geheimhaltung verpflichtet; die Entscheidungsgründe dürfen Art und Inhalt der geheim gehaltenen Urkunden, Akten, elektronischen Dokumente und Auskünfte nicht erkennen lassen. Für das nichtrichterliche Personal gelten die Regelungen des personellen Geheimschutzes. Soweit nicht das Bundesverwaltungsgericht entschieden hat, kann der Beschluss selbständig mit der Beschwerde angefochten werden. Über die Beschwerde gegen den Beschluss eines Oberverwaltungsgerichts entscheidet das Bundesverwaltungsgericht. Für das Beschwerdeverfahren gelten die Sätze 4 bis 11 sinngemäß.

§ 100 (Akteneinsicht)

(1) Die Beteiligten können die Gerichtsakten und die dem Gericht vorgelegten Akten einsehen. Beteiligte können sich auf ihre Kosten durch die Geschäftsstelle Ausfertigungen, Auszüge, Ausdrucke und Abschriften erteilen lassen.

(2) Werden die Prozessakten elektronisch geführt, wird Akteneinsicht durch Bereitstellung des Inhalts der Akten zum Abruf oder durch Übermittlung des Inhalts der Akten auf einem sicheren Übermittlungsweg gewährt. Auf besonderen Antrag wird Akteneinsicht durch Einsichtnahme in die Akten in Diensträumen gewährt. Ein Aktenausdruck oder ein Datenträger mit dem Inhalt der Akten wird auf besonders zu begründenden Antrag nur übermittelt, wenn der Antragsteller hieran ein berechtigtes Interesse darlegt. Stehen der Akteneinsicht in der nach Satz 1 vorgesehenen Form wichtige Gründe entgegen, kann die Akteneinsicht in der

nach den Sätzen 2 und 3 vorgesehenen Form auch ohne Antrag gewährt werden. Über einen Antrag nach Satz 3 entscheidet der Vorsitzende; die Entscheidung ist unanfechtbar. § 87a Absatz 3 gilt entsprechend.

(3) Werden die Prozessakten in Papierform geführt, wird Akteneinsicht durch Einsichtnahme in die Akten in Diensträumen gewährt. Die Akteneinsicht kann, soweit nicht wichtige Gründe entgegenstehen, auch durch Bereitstellung des Inhalts der Akten zum Abruf oder durch Übermittlung des Inhalts der Akten auf einem sicheren Übermittlungsweg gewährt werden. Nach dem Ermessen des Vorsitzenden kann der nach § 67 Absatz 2 Satz 1 und 2 Nummer 3 bis 6 bevollmächtigten Person die Mitnahme der Akten in die Wohnung oder Geschäftsräume gestattet werden. § 87a Absatz 3 gilt entsprechend.

(4) In die Entwürfe zu Urteilen, Beschlüssen und Verfügungen, die Arbeiten zu ihrer Vorbereitung und die Dokumente, die Abstimmungen betreffen, wird Akteneinsicht nach den Absätzen 1 bis 3 nicht gewährt.

10. Abschnitt
Urteile und andere Entscheidungen

§ 113 (Ausspruch)
(1) Soweit der Verwaltungsakt rechtswidrig und der Kläger dadurch in seinen Rechten verletzt ist, hebt das Gericht den Verwaltungsakt und den etwaigen Widerspruchsbescheid auf. Ist der Verwaltungsakt schon vollzogen, so kann das Gericht auf Antrag auch aussprechen, daß und wie die Verwaltungsbehörde die Vollziehung rückgängig zu machen hat. Dieser Ausspruch ist nur zulässig, wenn die Behörde dazu in der Lage und diese Frage spruchreif ist. Hat sich der Verwaltungsakt vorher durch Zurücknahme oder anders erledigt, so spricht das Gericht auf Antrag durch Urteil aus, daß der Verwaltungsakt rechtswidrig gewesen ist, wenn der Kläger ein berechtigtes Interesse an dieser Feststellung hat.

(2) Begehrt der Kläger die Änderung eines Verwaltungsaktes, der einen Geldbetrag festsetzt oder eine darauf bezogene Feststellung trifft, kann das Gericht den Betrag in anderer Höhe festsetzen oder die Feststellung durch eine andere ersetzen. Erfordert die Ermittlung des festzusetzenden oder festzustellenden Betrags einen nicht unerheblichen Aufwand, kann das Gericht die Änderung des Verwaltungsaktes durch Angabe der zu Unrecht berücksichtigten oder nicht berücksichtigten tatsächlichen oder rechtlichen Verhältnisse so bestimmen, daß die Behörde den Betrag auf Grund der Entscheidung errechnen kann. Die Behörde teilt den Beteiligten das Ergebnis der Neuberechnung unverzüglich formlos mit; nach Rechtskraft der Entscheidung ist der Verwaltungsakt mit dem geänderten Inhalt neu bekanntzugeben.

(3) Hält das Gericht eine weitere Sachaufklärung für erforderlich, kann es, ohne in der Sache selbst zu entscheiden, den Verwaltungsakt und den Widerspruchsbescheid aufheben, soweit nach Art oder Umfang die noch erforderlichen Ermittlungen erheblich sind und die Aufhebung auch unter Berücksichtigung der Belange der Beteiligten sachdienlich ist. Auf Antrag kann das Gericht bis zum Erlaß des neuen Verwaltungsakts eine einstweilige Regelung treffen, insbesondere bestimmen, daß Sicherheiten geleistet werden oder ganz oder zum Teil bestehen bleiben und Leistungen zunächst nicht zurückgewährt werden müssen. Der Beschluß kann jederzeit geändert oder aufgehoben werden. Eine Entscheidung nach Satz 1 kann nur binnen sechs Monaten seit Eingang der Akten der Behörde bei Gericht ergehen.

(4) Kann neben der Aufhebung eines Verwaltungsaktes eine Leistung verlangt werden, so ist im gleichen Verfahren auch die Verurteilung zur Leistung zulässig.

(5) Soweit die Ablehnung oder Unterlassung des Verwaltungsaktes rechtswidrig und der Kläger dadurch in seinen Rechten verletzt ist, spricht das Gericht die Verpflichtung der Verwaltungsbehörde aus, die beantragte Amtshandlung vorzunehmen, wenn die Sache spruchreif ist. Andernfalls spricht es die Verpflichtung aus, den Kläger unter Beachtung der Rechtsauffassung des Gerichts zu bescheiden.

§ 114 (Ermessensentscheidungen)
Soweit die Verwaltungsbehörde ermächtigt ist, nach ihrem Ermessen zu handeln, prüft das Gericht auch, ob der Verwaltungsakt oder die Ablehnung oder Unterlassung des Verwaltungsakts rechtswidrig ist, weil die gesetzlichen Grenzen des Ermessens überschritten sind oder von dem Ermessen in einer dem Zweck der Ermächtigung nicht entsprechenden Weise Gebrauch gemacht ist. Die Verwaltungsbehörde kann ihre Ermessenserwägungen hinsichtlich des Verwaltungsaktes auch noch im verwaltungsgerichtlichen Verfahren ergänzen.

11. Abschnitt
Einstweilige Anordnung

§ 123 (Einstweilige Anordnung bezüglich Streitgegenstand)

(1) Auf Antrag kann das Gericht, auch schon vor Klageerhebung, eine einstweilige Anordnung in bezug auf den Streitgegenstand treffen, wenn die Gefahr besteht, daß durch eine Veränderung des bestehenden Zustandes die Verwirklichung eines Rechts des Antragstellers vereitelt oder wesentlich erschwert werden könnte. Einstweilige Anordnungen sind auch zur Regelung eines vorläufigen Zustands in bezug auf ein streitiges Rechtsverhältnis zulässig, wenn diese Regelung, vor allem bei dauernden Rechtsverhältnissen, um wesentliche Nachteile abzuwenden oder drohende Gewalt zu verhindern oder aus anderen Gründen nötig erscheint.
(2) Für den Erlaß einstweiliger Anordnungen ist das Gericht der Hauptsache zuständig. Dies ist das Gericht des ersten Rechtszugs und, wenn die Hauptsache im Berufungsverfahren anhängig ist, das Berufungsgericht. § 80 Abs. 8 ist entsprechend anzuwenden.
(3) Für den Erlaß einstweiliger Anordnungen gelten §§ 920, 921, 923, 926, 928 bis 932, 938, 939, 941 und 945 der Zivilprozeßordnung entsprechend.
(4) Das Gericht entscheidet durch Beschluß.
(5) Die Vorschriften der Absätze 1 bis 3 gelten nicht für die Fälle der §§ 80 und 80a.

Teil IV
Kosten und Vollstreckung

16. Abschnitt
Kosten

§ 154 (Kostenpflichtige)

(1) Der unterliegende Teil trägt die Kosten des Verfahrens.
(2) Die Kosten eines ohne Erfolg eingelegten Rechtsmittels fallen demjenigen zur Last, der das Rechtsmittel eingelegt hat.
(3) Dem Beigeladenen können Kosten nur auferlegt werden, wenn er Anträge gestellt oder Rechtsmittel eingelegt hat; § 155 Abs. 4 bleibt unberührt.
(4) Die Kosten des erfolgreichen Wiederaufnahmeverfahrens können der Staatskasse auferlegt werden, soweit sie nicht durch das Verschulden eines Beteiligten entstanden sind.

§ 166 (Prozesskostenhilfe)

(1) Die Vorschriften der Zivilprozeßordnung über die Prozesskostenhilfe sowie § 569 Abs. 3 Nr. 2 der Zivilprozessordnung gelten entsprechend. Einem Beteiligten, dem Prozesskostenhilfe bewilligt worden ist, kann auch ein Steuerberater, Steuerbevollmächtigter, Wirtschaftsprüfer oder vereidigter Buchprüfer beigeordnet werden. Die Vergütung richtet sich nach den für den beigeordneten Rechtsanwalt geltenden Vorschriften des Rechtsanwaltsvergütungsgesetzes.
(2) Die Prüfung der persönlichen und wirtschaftlichen Verhältnisse nach den §§ 114 bis 116 der Zivilprozessordnung einschließlich der in § 118 Absatz 2 der Zivilprozessordnung bezeichneten Maßnahmen, der Beurkundung von Vergleichen nach § 118 Absatz 1 Satz 3 der Zivilprozessordnung und der Entscheidungen nach § 118 Absatz 2 Satz 4 der Zivilprozessordnung obliegt dem Urkundsbeamten der Geschäftsstelle des jeweiligen Rechtszugs, wenn der Vorsitzende ihm das Verfahren insoweit überträgt. Liegen die Voraussetzungen für die Bewilligung der Prozesskostenhilfe hiernach nicht vor, erlässt der Urkundsbeamte die den Antrag ablehnende Entscheidung; anderenfalls vermerkt der Urkundsbeamte in den Prozessakten, dass dem Antragsteller nach seinen persönlichen und wirtschaftlichen Verhältnissen Prozesskostenhilfe gewährt werden kann und in welcher Höhe gegebenenfalls Monatsraten oder Beträge aus dem Vermögen zu zahlen sind.
(3) Dem Urkundsbeamten obliegen im Verfahren über die Prozesskostenhilfe ferner die Bestimmung des Zeitpunkts für die Einstellung und eine Wiederaufnahme der Zahlungen nach § 120 Absatz 3 der Zivilprozessordnung sowie die Änderung und die Aufhebung der Bewilligung der Prozesskostenhilfe nach den §§ 120a und 124 Absatz 1 Nummer 2 bis 5 der Zivilprozessordnung.
(4) Der Vorsitzende kann Aufgaben nach den Absätzen 2 und 3 zu jedem Zeitpunkt an sich ziehen. § 5 Absatz 1 Nummer 1, die §§ 6, 7, 8 Absatz 1 bis 4 und § 9 des Rechtspflegergesetzes gelten entsprechend mit der Maßgabe, dass an die Stelle des Rechtspflegers der Urkundsbeamte der Geschäftsstelle tritt.
(5) § 87a Absatz 3 gilt entsprechend.
(6) Gegen Entscheidungen des Urkundsbeamten nach den Absätzen 2 und 3 kann innerhalb von zwei Wochen nach Bekanntgabe die Entscheidung des Gerichts beantragt werden.

(7) Durch Landesgesetz kann bestimmt werden, dass die Absätze 2 bis 6 für die Gerichte des jeweiligen Landes nicht anzuwenden sind.

Teil V
Schluß- und Übergangsbestimmungen

§ 173 (Grundsätzliche Anwendbarkeit von GVG und ZPO)

Soweit dieses Gesetz keine Bestimmungen über das Verfahren enthält, sind das Gerichtsverfassungsgesetz und die Zivilprozeßordnung einschließlich § 278 Absatz 5 und § 278a entsprechend anzuwenden, wenn die grundsätzlichen Unterschiede der beiden Verfahrensarten dies nicht ausschließen; Buch 6 der Zivilprozessordnung ist nicht anzuwenden. Die Vorschriften des Siebzehnten Titels des Gerichtsverfassungsgesetzes sind mit der Maßgabe entsprechend anzuwenden, dass an die Stelle des Oberlandesgerichts das Oberverwaltungsgericht, an die Stelle des Bundesgerichtshofs das Bundesverwaltungsgericht und an die Stelle der Zivilprozeßordnung die Verwaltungsgerichtsordnung tritt. Gericht im Sinne des § 1062 der Zivilprozeßordnung ist das zuständige Verwaltungsgericht, Gericht im Sinne des § 1065 der Zivilprozeßordnung das zuständige Oberverwaltungsgericht.

§ 188 (Zusammenfassung von Sachgebieten)

Die Sachgebiete in Angelegenheiten der Fürsorge mit Ausnahme der Angelegenheiten der Sozialhilfe und des Asylbewerberleistungsgesetzes, der Jugendhilfe, der Kriegsopferfürsorge, der Schwerbehindertenfürsorge sowie der Ausbildungsförderung sollen in einer Kammer oder in einem Senat zusammengefaßt werden. Gerichtskosten (Gebühren und Auslagen) werden in den Verfahren dieser Art nicht erhoben; dies gilt nicht für Erstattungsstreitigkeiten zwischen Sozialleistungsträgern.

Sozialgerichtsgesetz (SGG)

in der Fassung der Bekanntmachung
vom 23. September 1975 (BGBl. I S. 2536)

Zuletzt geändert durch
Gesetz zur Fortentwicklung der Strafprozessordnung und zur Änderung weiterer Vorschriften
vom 25. Juni 2021 (BGBl. I S. 2099)

– Auszug –*)

Inhaltsübersicht

Erster Teil
Gerichtsverfassung

Erster Abschnitt
Gerichtsbarkeit und Richteramt

- § 1 (Besondere Verwaltungsgerichte)
- § 2 (Die Gerichte)
- § 3 (Besetzung der Gerichte)
- § 4 (Geschäftsstelle)
- § 5 (Rechts- und Amtshilfe)
- § 6 (Geschäftsverteilung)

Zweiter Abschnitt
Sozialgerichte

- § 7 (Organisation der Sozialgerichte)
- § 8 (Funktionelle Zuständigkeit der Sozialgerichte)
- § 9 (Besetzung der Sozialgerichte und Dienstaufsicht)
- § 10 (Gliederung der SG)
- § 11 (Ernennung der Berufsrichter)
- § 12 (Besetzung der Kammern)
- § 13 (Berufung der ehrenamtlichen Richter)
- § 14 (Aufstellung von Vorschlagslisten für ehrenamtliche Richter)
- § 15 (weggefallen)
- § 16 (Eignung zum ehrenamtlichen Richter)
- § 17 (Gesetzliche Ausschließungsgründe)
- § 18 (Weigerungsrecht)
- § 19 (Rechte des ehrenamtlichen Richters)
- § 20 (Schutz des ehrenamtlichen Richters)
- § 21 (Ordnungsgeld gegen ehrenamtliche Richter)
- § 22 (Amtsentbindung eines ehrenamtlichen Richters)
- § 23 (Bildung und Funktion des Ausschusses der ehrenamtlichen Richter)
- §§ 24 bis 26 (weggefallen)
- § 27 (Vertretung eines Vorsitzenden)

Dritter Abschnitt
Landessozialgerichte

- § 28 (Organisation der Landessozialgerichte)
- § 29 (Funktionelle Zuständigkeit der Landessozialgerichte)
- § 30 (Besetzung der Landessozialgerichte und Dienstaufsicht)
- § 31 (Gliederung der Landessozialgerichte)
- § 32 (Ernennung der Berufsrichter)
- § 33 (Besetzung der Senate)
- § 34 (weggefallen)
- § 35 (Eignung zum ehrenamtlichen Richter)
- §§ 36 und 37 (weggefallen)

Vierter Abschnitt
Bundessozialgericht

- § 38 (Sitz und Besetzung des Bundessozialgerichts; Dienstaufsicht)
- § 39 (Funktionelle Zuständigkeit des Bundessozialgerichts)
- § 40 (Gliederung des Bundessozialgerichts)
- § 41 (Großer Senat beim Bundessozialgericht)
- §§ 42 bis 44 (weggefallen)
- § 45 (Berufung der ehrenamtlichen Richter)
- § 46 (Aufstellung von Vorschlagslisten für die ehrenamtlichen Richter)
- § 47 (Eignung zum ehrenamtlichen Richter)
- §§ 48 und 49 (weggefallen)
- § 50 (Geschäftsgang des Bundessozialgerichts)

Fünfter Abschnitt
Rechtsweg und Zuständigkeit

- § 51 (Zulässigkeit des Rechtswegs)
- § 52 (weggefallen)
- § 53 (weggefallen)
- § 54 (Anfechtungs- und Verpflichtungsklage)
- § 55 (Feststellungsklage)
- § 55a (Gültigkeit von Vorschriften über Unterkunft und Heizung)
- § 56 (Zulässigkeit der Klagehäufung)
- § 56a (Rechtsbehelfe gegen behördliche Verfahrenshandlungen)
- § 57 (Örtliche Zuständigkeit)
- § 57a (Örtliche Zuständigkeit im Kassenarztrecht)

---

*) Abgedruckt sind nur die für Sozialberufe wichtigen Bestimmungen. Das Inhaltsverzeichnis benennt den kompletten Inhalt des Gesetzes.

233 SGG

§ 57b	(Örtliche Zuständigkeit bei Wahlstreitigkeiten)
§ 58	(Bestimmung der Zuständigkeit durch das höhere Gericht)
§ 59	(Unzulässigkeit von Zuständigkeitsvereinbarungen)

Zweiter Teil
Verfahren

Erster Abschnitt
Gemeinsame Verfahrensvorschriften

Erster Unterabschnitt
Allgemeine Vorschriften

- § 60 (Ausschließung und Ablehnung von Gerichtspersonen)
- § 61 (Grundsätzliche Verfahrensvorschriften)
- § 62 (Gewährung des rechtlichen Gehörs)
- § 63 (Zustellungen)
- § 64 (Fristenlauf)
- § 65 (Richterliche Fristen)
- § 65a (Übermittlung elektronischer Dokumente)
- § 65b (Elektronische Prozessakten)
- § 65c Formulare; Verordnungsermächtigung
- § 65d Nutzungspflicht für Rechtsanwälte, Behörden und vertretungsberechtigte Personen
- § 66 (Rechtsbehelfsbelehrung und Fristen)
- § 67 (Unverschuldete Fristversäumnis)
- § 68 (weggefallen)
- § 69 (Verfahrensbeteiligte)
- § 70 (Beteiligungsfähigkeit)
- § 71 (Prozeßfähigkeit)
- § 72 (Bestellung eines besonderen Vertreters)
- § 73 (Prozessvertreter)
- § 73a (Prozesskostenhilfe)
- § 74 (Streitgenossenschaft und Hauptintervention)
- § 75 (Beiladung Dritter)

Zweiter Unterabschnitt
Beweissicherungsverfahren

- § 76 (Verfahren zur Sicherung von Beweisen)

Dritter Unterabschnitt
Vorverfahren und einstweiliger Rechtsschutz

- § 77 (Bindungswirkung der Verwaltungsakte)
- § 78 (Notwendigkeit des Vorverfahrens)
- §§ 79 bis 82 (weggefallen)
- § 83 '(Einleitung des Vorverfahrens)
- § 84 (Widerspruchsfrist)
- § 84a (Vorverfahren)
- § 85 (Abhilfe bzw. Widerspruchsbescheid)
- § 86 (Änderung des Verwaltungsakts; Suspensiveffekt des Widerspruchs)
- § 86a (Aufschiebende Wirkung)
- § 86b (Gericht der Hauptsache)

Vierter Unterabschnitt
Verfahren im ersten Rechtszug

- § 87 (Klagefrist)
- § 88 (Untätigkeitsklage)
- § 89 (Ausnahmen von der Klagefrist)
- § 90 (Klageerhebung)
- § 91 (Wahrung der Klagefrist bei fehlerhafter Einreichung)
- § 92 (Inhalt der Klageschrift)
- § 93 (Anlagen zur Klageschrift)
- § 94 (Rechtshängigkeit)
- § 95 (Streitgegenstand)
- § 96 (Streitgegenstand bei Änderung des Verwaltungsakts)
- § 97 (weggefallen)
- § 98 (Verweisung des Rechtsstreits)
- § 99 (Zulässigkeit der Klageänderung)
- § 100 (Zulässigkeit der Widerklage)
- § 101 (Vergleich und Anerkenntnis)
- § 102 (Zulässigkeit der Klagerücknahme)
- § 103 (Untersuchungsgrundsatz)
- § 104 (Klagezustellung und Äußerungsfrist)
- § 105 (Gerichtsbescheid)
- § 106 (Vorbereitung der Verhandlung)
- § 106a (Fristsetzung)
- § 107 (Bekanntgabe des Beweisergebnisses)
- § 108 (Vorbereitende Schriftsätze)
- § 109 (Gutachtliche Hörung von Ärzten)
- § 110 (Bestimmung und Mitteilung von Ort und Zeit der mündlichen Verhandlung)
- § 110a (Videoübertragung)
- § 111 (Anordnung des persönlichen Erscheinens der Beteiligten)
- § 112 (Gang der mündlichen Verhandlung)
- § 113 (Klageverbindung und -trennung)
- § 114 (Aussetzung des Verfahrens)
- § 114a (Musterverfahren)
- § 115 (Verfahren bei Entfernung eines Beteiligten)
- § 116 (Beweistermine)
- § 117 (Verfahren bei Beweiserhebung)
- § 118 (Beweisaufnahme)
- § 119 (Vorlage von Behördenakten und Auskunftspflicht)
- § 120 (Akteneinsicht und Abschriften)
- § 121 (Schluß und Wiedereröffnung der mündlichen Verhandlung)
- § 122 (Protokoll)

Fünfter Unterabschnitt
Urteile und Beschlüsse

- § 123 (Urteilstenor)
- § 124 (Entscheidungsgrundlage)
- § 125 (Urteil)
- § 126 (Entscheidung bei Ausbleiben von Beteiligten)
- § 127 (Verbot von Überraschungsentscheidungen)
- § 128 (Freie Beweiswürdigung)

§ 129 (Erkennende Richter bei mündlicher Verhandlung)
§ 130 (Grundurteil)
§ 131 (Urteilsinhalt)
§ 132 (Urteilsverkündung; Zeit)
§ 133 (Ersatz der Verkündung eines schriftlichen Verfahrens)
§ 134 (Unterschrift des Vorsitzenden)
§ 135 (Urteilszustellung)
§ 136 (Form und Inhalt des Urteils)
§ 137 (Ausfertigungen des Urteils)
§ 138 (Berichtigung des Urteils)
§ 139 (Tatbestandsberichtigung)
§ 140 (Urteilsergänzung)
§ 141 (Rechtskraftumfang)
§ 142 (Vorschriften für Beschlüsse)

Zweiter Abschnitt
Rechtsmittel

Erster Unterabschnitt
Berufung

§ 143 (Statthaftigkeit der Berufung)
§ 144 (Zulassung der Berufung)
§ 145 (Nichtzulassungsbeschwerde)
§§ 146 bis 150 (weggefallen)
§ 151 (Einlegung der Berufung und Frist)
§ 152 (Aktenanforderung)
§ 153 (Berufungsverfahren)
§ 154 (Aufschiebende Wirkung der Berufung und Beschwerde)
§ 155 (Vorbereitung der Verhandlung, Berichterstatter, Vorsitzender)
§ 156 (Zurücknahme der Berufung)
§ 157 (Neues Vorbringen)
§ 157a (Zurückweisung und Ausschluss von Erklärungen und Beweismitteln)
§ 158 (Verwerfung der Berufung)
§ 159 (Zurückverweisung)

Zweiter Unterabschnitt
Revision

§ 160 (Zulassungsprinzip)
§ 160a (Anfechtung der Nichtzulassung der Revision)
§ 161 (Sprungrevision)
§ 162 (Revisionsgründe)
§ 163 (Keine neue Tatsachenfeststellung)
§ 164 (Einlegung der Revision und Frist)
§ 165 (Verfahren)
§ 166 (weggefallen)
§ 167 (weggefallen)
§ 168 (Unzulässigkeit von Klageänderungen und Beiladungen)
§ 169 (Prüfung der Zulässigkeit)
§ 170 (Inhalt der Revisionsentscheidungen)
§ 170a (Mitwirkung der ehrenamtlichen Richter)
§ 171 (Ablehnung; Streitgegenstand)

Dritter Unterabschnitt
Beschwerde, Erinnerung, Anhörungsrüge

§ 172 (Statthaftigkeit)
§ 173 (Form und Frist)
§ 174 (weggefallen)
§ 175 (Aufschiebende Wirkung)
§ 176 (Beschlußentscheidung)
§ 177 (Beschwerde zum Bundessozialgericht)
§ 178 (Anrufung des Gerichts)
§ 178a (Rüge eines beschwerten Beteiligten)

Dritter Abschnitt
Wiederaufnahme des Verfahrens und besondere Verfahrensvorschriften

§ 179 (Zulässigkeit)
§ 180 (Weitere Zulässigkeitsgründe – Form)
§ 181 (Verfahren bei Bedenken gegen die Passivlegitimation)
§ 182 (Bindung der Entscheidung über Passivlegitimation)
§ 182a (Mahnverfahren)

Vierter Abschnitt
Kosten und Vollstreckung

Erster Unterabschnitt
Kosten

§ 183 (Gerichtskostenfreiheit)
§ 184 (Gebühren)
§ 185 (Fälligkeit der Gebühr)
§ 186 (Ermäßigung und Entfallen der Gebühr)
§ 187 (Gebührenteilung bei mehreren Beteiligten)
§ 188 (Wiederaufnahmeverfahren als neue Streitsache)
§ 189 (Gebührenverzeichnis)
§ 190 (Niederschlagung einer Gebühr bei fehlerhafter Sachbehandlung)
§ 191 (Entschädigung bei persönlichem Erscheinen)
§ 192 (Kostenauferlegung)
§ 193 (Erstattung der notwendigen Kosten)
§ 194 (Mehrere Kostenpflichtige)
§ 195 (Kostenaufhebung bei Vergleich)
§ 196 (weggefallen)
§ 197 (Kostenfestsetzungsverfahren)
§ 197a (Kosten)
§ 197b (Kosten beim Bundessozialgericht)

Zweiter Unterabschnitt
Vollstreckung

§ 198 (Anwendung der ZPO)
§ 199 (Titel)
§ 200 (Geltung des Verwaltungsvollstreckungsgesetzes)
§ 201 (Zwangsgeld bei Verpflichtungsurteilen)

Dritter Teil
Übergangs- und Schlußvorschriften

§ 202 (Subsidiäre Anwendung des GVG und der ZPO)
§ 203 (Verweisungen)
§ 203a (Sitzungen des Bundessozialgerichts in Berlin)
§ 204 (Überleitung)
§ 205 (Rechtshilfe nach SGB X)
§ 206 (Übergangsvorschriften)
§ 207 (Überleitung von Verfahren über Entscheidungen von Vergabekammern)
§ 208 (Amtszeit ehrenamtlicher Richter)
§ 209 (Verfahren vor 18. April 2018)
§ 210 (Überleitung von Verfahren über Entscheidungen der Schiedsstellen)
§§ 211 bis 217 (weggefallen)
§ 218 (gegenstandslos)
§ 219 (Abweichungen für bestimmte Länder)

Erster Teil
Gerichtsverfassung

Erster Abschnitt
Gerichtsbarkeit und Richteramt

§ 1 (Besondere Verwaltungsgerichte)
Die Sozialgerichtsbarkeit wird durch unabhängige, von den Verwaltungsbehörden getrennte, besondere Verwaltungsgerichte ausgeübt.

§ 2 (Die Gerichte)
Als Gerichte der Sozialgerichtsbarkeit werden in den Ländern Sozialgerichte und Landessozialgerichte, im Bund das Bundessozialgericht errichtet.

Zweiter Abschnitt
Sozialgerichte

§ 8 (Funktionelle Zuständigkeit der Sozialgerichte)
Die Sozialgerichte entscheiden, soweit durch Gesetz nichts anderes bestimmt ist, im ersten Rechtszug über alle Streitigkeiten, für die der Rechtsweg vor den Gerichten der Sozialgerichtsbarkeit offensteht.

§ 9 (Besetzung der Sozialgerichte und Dienstaufsicht)
(1) Das Sozialgericht besteht aus der erforderlichen Zahl von Berufsrichtern als Vorsitzenden und aus den ehrenamtlichen Richtern.
(2) Die für die allgemeine Dienstaufsicht und die sonstigen Geschäfte der Gerichtsverwaltung zuständige Stelle wird durch Landesrecht bestimmt.

§ 10 (Gliederung der SG)
(1) Bei den Sozialgerichten werden Kammern für Angelegenheiten der Sozialversicherung, der Arbeitsförderung einschließlich der übrigen Aufgaben der Bundesagentur für Arbeit, für Angelegenheiten der Grundsicherung für Arbeitsuchende, für Angelegenheiten der Sozialhilfe einschließlich der Angelegenheiten nach Teil 2 des Neunten Buches Sozialgesetzbuch und des Asylbewerberleistungsgesetzes sowie für Angelegenheiten des sozialen Entschädigungsrechts (Recht der sozialen Entschädigung bei Gesundheitsschäden) und des Schwerbehindertenrechts gebildet. Für Angelegenheiten der Knappschaftsversicherung einschließlich der Unfallversicherung für den Bergbau können eigene Kammern gebildet werden.
(2) Für Streitigkeiten aufgrund der Beziehungen zwischen Krankenkassen und Vertragsärzten, Psychotherapeuten, Vertragszahnärzten (Vertragsarztrecht) einschließlich ihrer Vereinigungen und Verbände sind eigene Kammern zu bilden. Zu diesen Streitigkeiten gehören auch
1. Klagen gegen Entscheidungen und Richtlinien des Gemeinsamen Bundesausschusses, soweit diese Entscheidungen und die streitgegenständlichen Regelungen der Richtlinien die vertragsärztliche Versorgung betreffen,
2. Klagen in Aufsichtsangelegenheiten gegenüber dem Gemeinsamen Bundesausschuss, denen die in Nummer 1 genannten Entscheidungen und Regelungen der Richtlinien des Gemeinsamen Bundesausschusses zugrunde liegen, und
3. Klagen aufgrund von Verträgen nach den §§ 73b und 73c des Fünften Buches Sozialgesetzbuch sowie Klagen im Zusammenhang mit der Teilnahme an der vertragsärztlichen Versorgung aufgrund von Ermächtigungen nach den §§ 116, 116a und 117 bis 119b des Fünften Buches Sozialgesetzbuch, Klagen wegen der Vergütung nach § 120 des Fünften Buches Sozialgesetzbuch sowie Klagen aufgrund von Verträgen nach

§ 140a des Fünften Buches Sozialgesetzbuch, soweit es um die Bereinigung der Gesamtvergütung nach § 140d des Fünften Buches Sozialgesetzbuch geht.
(3) Der Bezirk einer Kammer kann auf Bezirke anderer Sozialgerichte erstreckt werden. Die beteiligten Länder können die Ausdehnung des Bezirks einer Kammer auf das Gebiet oder Gebietsteile mehrerer Länder vereinbaren.

§ 11 (Ernennung der Berufsrichter)

(1) Die Berufsrichter werden nach Maßgabe des Landesrechts nach Beratung mit einem für den Bezirk des Landessozialgerichts zu bildenden Ausschuss auf Lebenszeit ernannt.
(2) Der Ausschuss ist von der nach Landesrecht zuständigen Stelle zu errichten. Ihm sollen in angemessenem Verhältnis Vertreter der Versicherten, der Arbeitgeber, der Versorgungsberechtigten und der mit dem sozialen Entschädigungsrecht oder der Teilhabe behinderter Menschen vertrauten Personen sowie der Sozialgerichtsbarkeit angehören.
(3) Bei den Sozialgerichten können Richter auf Probe und Richter kraft Auftrags verwendet werden.
(4) Bei dem Sozialgericht und bei dem Landessozialgericht können auf Lebenszeit ernannte Richter anderer Gerichte und Rechtslehrer an einer staatlichen oder staatlich anerkannten Hochschule für eine bestimmte Zeit von mindestens zwei Jahren, längstens jedoch für die Dauer ihres Hauptamts, zu Richtern im Nebenamt ernannt werden.

§ 12 (Besetzung der Kammern)

(1) Jede Kammer des Sozialgerichts wird in der Besetzung mit einem Vorsitzenden und zwei ehrenamtlichen Richtern als Beisitzern tätig. Bei Beschlüssen außerhalb der mündlichen Verhandlung und bei Gerichtsbescheiden wirken die ehrenamtlichen Richter nicht mit.
(2) In den Kammern für Angelegenheiten der Sozialversicherung, der Grundsicherung für Arbeitsuchende einschließlich der Streitigkeiten auf Grund des § 6a des Bundeskindergeldgesetzes und der Arbeitsförderung gehört je ein ehrenamtlicher Richter dem Kreis der Versicherten und der Arbeitgeber an. Sind für Angelegenheiten einzelner Zweige der Sozialversicherung eigene Kammern gebildet, so sollen die ehrenamtlichen Richter dieser Kammern an dem jeweiligen Versicherungszweig beteiligt sein.
(3) In den Kammern für Angelegenheiten des Vertragsarztrechts wirken je ein ehrenamtlicher Richter aus den Kreisen der Krankenkassen und der Vertragsärzte, Vertragszahnärzte und Psychotherapeuten mit. In Angelegenheiten der Vertragsärzte, Vertragszahnärzte und Psychotherapeuten wirken als ehrenamtliche Richter nur Vertragsärzte, Vertragszahnärzte und Psychotherapeuten mit. Als Vertragsärzte, Vertragszahnärzte und zur vertragsärztlichen Versorgung zugelassene Psychotherapeuten gelten auch bei diesen oder in medizinischen Versorgungszentren angestellte Ärzte, Zahnärzte und Psychotherapeuten, die Mitglied der Kassenärztlichen oder Kassenzahnärztlichen Vereinigung sind.
(4) In den Kammern für Angelegenheiten des sozialen Entschädigungsrechts und des Schwerbehindertenrechts wirken je ein ehrenamtlicher Richter aus dem Kreis der mit dem sozialen Entschädigungsrecht oder dem Recht der Teilhabe behinderter Menschen vertrauten Personen und dem Kreis der Versorgungsberechtigten, der behinderten Menschen im Sinne des Neunten Buches Sozialgesetzbuch und der Versicherten mit; dabei sollen Hinterbliebene von Versorgungsberechtigten in angemessener Zahl beteiligt werden.
(5) In den Kammern für Angelegenheiten der Sozialhilfe einschließlich der Angelegenheiten nach Teil 2 des Neunten Buches Sozialgesetzbuch und des Asylbewerberleistungsgesetzes wirken ehrenamtliche Richter aus den Vorschlagslisten der Kreise und der kreisfreien Städte mit.

§ 13 (Berufung der ehrenamtlichen Richter)

(1) Die ehrenamtlichen Richter werden von der nach Landesrecht zuständigen Stelle aufgrund von Vorschlagslisten (§ 14) für fünf Jahre berufen; sie sind in angemessenem Verhältnis unter billiger Berücksichtigung der Minderheiten aus den Vorschlagslisten zu entnehmen. Die zuständige Stelle kann eine Ergänzung der Vorschlagslisten verlangen.
(2) Die Landesregierungen werden ermächtigt, durch Rechtsverordnung eine einheitliche Amtsperiode festzulegen; sie können diese Ermächtigung durch Rechtsverordnung auf die jeweils zuständige oberste Landesbehörde übertragen. Wird eine einheitliche Amtsperiode festgelegt, endet die Amtszeit der ehrenamtlichen Richter ohne Rücksicht auf den Zeitpunkt ihrer Berufung mit dem Ende der laufenden Amtsperiode.
(3) Die ehrenamtlichen Richter bleiben nach Ablauf ihrer Amtszeit im Amt, bis ihre Nachfolger berufen sind. Erneute Berufung ist zulässig. Bei vorübergehendem Bedarf kann die nach Landesrecht zuständige Stelle weitere ehrenamtliche Richter nur für ein Jahr berufen.
(4) Die Zahl der ehrenamtlichen Richter, die für die Kammern für Angelegenheiten der Sozialversicherung, der Arbeitsförderung, der Grundsicherung für Arbeitsuchende, der Sozialhilfe einschließlich der Angelegenheiten

nach Teil 2 des Neunten Buches Sozialgesetzbuch und des Asylbewerberleistungsgesetzes, des sozialen Entschädigungsrechts und des Schwerbehindertenrechts zu berufen sind, bestimmt sich nach Landesrecht; die Zahl der ehrenamtlichen Richter für die Kammern für Angelegenheiten der Knappschaftsversicherung und für Angelegenheiten des Vertragsarztrechts ist je besonders festzusetzen.

(5) Bei der Berufung der ehrenamtlichen Richter für die Kammern für Angelegenheiten der Sozialversicherung ist auf ein angemessenes Verhältnis zu der Zahl der im Gerichtsbezirk ansässigen Versicherten der einzelnen Versicherungszweige Rücksicht zu nehmen.

(6) Die ehrenamtlichen Richter für die Kammern für Angelegenheiten des sozialen Entschädigungsrechts und des Schwerbehindertenrechts sind in angemessenem Verhältnis zu der Zahl der von den Vorschlagsberechtigten vertretenen Versorgungsberechtigten, behinderten Menschen im Sinne des Neunten Buches Sozialgesetzbuch und Versicherten zu berufen.

§ 14 (Aufstellung von Vorschlagslisten für ehrenamtliche Richter)

(1) Die Vorschlagslisten für die ehrenamtlichen Richter, die in den Kammern für Angelegenheiten der Sozialversicherung, der Grundsicherung für Arbeitsuchende einschließlich der Streitigkeiten auf Grund des § 6a des Bundeskindergeldgesetzes und der Arbeitsförderung mitwirken, werden aus dem Kreis der Versicherten und aus dem Kreis der Arbeitgeber aufgestellt. Gewerkschaften, selbständige Vereinigungen von Arbeitnehmern mit sozial- oder berufspolitischer Zwecksetzung und die in Absatz 3 Satz 2 genannten Vereinigungen stellen die Vorschlagslisten für ehrenamtliche Richter aus dem Kreis der Versicherten auf. Vereinigungen von Arbeitgebern und die in § 16 Absatz 4 Nummer 3 bezeichneten obersten Bundes- oder Landesbehörden stellen die Vorschlagslisten aus dem Kreis der Arbeitgeber auf.

(2) Die Vorschlagslisten für die ehrenamtlichen Richter, die in den Kammern für Angelegenheiten des Vertragsarztrechts mitwirken, werden nach Bezirken von den Kassenärztlichen und Kassenzahnärztlichen Vereinigungen und von den Zusammenschlüssen der Krankenkassen aufgestellt.

(3) Für die Kammern für Angelegenheiten des sozialen Entschädigungsrechts und des Schwerbehindertenrechts werden die Vorschlagslisten für die mit dem sozialen Entschädigungsrecht oder dem Recht der Teilhabe behinderter Menschen vertrauten Personen von den Landesversorgungsämtern oder nach Maßgabe des Landesrechts von den Stellen aufgestellt, denen deren Aufgaben übertragen worden sind oder die für die Durchführung des Bundesversorgungsgesetzes oder des Rechts der Teilhabe behinderter Menschen zuständig sind. Die Vorschlagslisten für die Versorgungsberechtigten, die behinderten Menschen und die Versicherten werden aufgestellt von den im Gerichtsbezirk vertretenen Vereinigungen, deren satzungsgemäße Aufgaben die gemeinschaftliche Interessenvertretung, die Beratung und Vertretung der Leistungsempfänger nach dem sozialen Entschädigungsrecht oder der behinderten Menschen wesentlich umfassen und die unter Berücksichtigung von Art und Umfang ihrer bisherigen Tätigkeit sowie ihres Mitgliederkreises die Gewähr für eine sachkundige Erfüllung dieser Aufgaben bieten. Vorschlagsberechtigt nach Satz 2 sind auch die Gewerkschaften und selbständige Vereinigungen von Arbeitnehmern mit sozial- oder berufspolitischer Zwecksetzung.

(4) Die Vorschlagslisten für die ehrenamtlichen Richter, die in den Kammern für Angelegenheiten der Sozialhilfe einschließlich der Angelegenheiten nach Teil 2 des Neunten Buches Sozialgesetzbuch und des Asylbewerberleistungsgesetzes mitwirken, werden von den Kreisen und den kreisfreien Städten aufgestellt.

§ 17 (Gesetzliche Ausschließungsgründe)

(1) Vom Amt des ehrenamtlichen Richters am Sozialgericht ist ausgeschlossen,
1. wer infolge Richterspruchs die Fähigkeit zur Bekleidung öffentlicher Ämter nicht besitzt oder wegen einer vorsätzlichen Tat zu einer Freiheitsstrafe von mehr als sechs Monaten verurteilt worden ist,
2. wer wegen einer Tat angeklagt ist, die den Verlust der Fähigkeit zur Bekleidung öffentlicher Ämter zur Folge haben kann,
3. wer das Wahlrecht zum Deutschen Bundestag nicht besitzt.

Personen, die in Vermögensverfall geraten sind, sollen nicht zu ehrenamtlichen Richtern berufen werden.

(2) Mitglieder der Vorstände von Trägern und Verbänden der Sozialversicherung, der Kassenärztlichen (Kassenzahnärztlichen) Vereinigungen und der Bundesagentur für Arbeit können nicht ehrenamtliche Richter sein. Davon unberührt bleibt die Regelung in Absatz 4.

(3) Die Bediensteten der Träger und Verbände der Sozialversicherung, der Kassenärztlichen (Kassenzahnärztlichen) Vereinigungen, der Dienststellen der Bundesagentur für Arbeit und der Kreise und kreisfreien Städte können nicht ehrenamtliche Richter in der Kammer sein, die über Streitigkeiten aus ihrem Arbeitsgebiet entscheidet.

(4) Mitglieder der Vorstände sowie leitende Beschäftigte bei den Kranken- und Pflegekassen und ihren Verbänden sowie Geschäftsführer und deren Stellvertreter bei den Kassenärztlichen (Kassenzahnärztlichen) Verei-

nigungen sind als ehrenamtliche Richter in den Kammern für Angelegenheiten des Vertragsarztrechts nicht ausgeschlossen.

(5) Das Amt des ehrenamtlichen Richters am Sozialgericht, der zum ehrenamtlichen Richter in einem höheren Rechtszug der Sozialgerichtsbarkeit berufen wird, endet mit der Berufung in das andere Amt.

Dritter Abschnitt
Landessozialgerichte

§ 29 (Funktionelle Zuständigkeit der Landessozialgerichte)

(1) Die Landessozialgerichte entscheiden im zweiten Rechtszug über die Berufung gegen die Urteile und die Beschwerden gegen andere Entscheidungen der Sozialgerichte.

(2) Die Landessozialgerichte entscheiden im ersten Rechtszug über

1. Klagen gegen Entscheidungen der Landesschiedsämter sowie der sektorenübergreifenden Schiedsgremien auf Landesebene und gegen Beanstandungen von Entscheidungen der Landesschiedsämter und der sektorenübergreifenden Schiedsgremien auf Landesebene nach dem Fünften Buch Sozialgesetzbuch, gegen Entscheidungen der Schiedsstellen nach § 120 Absatz 4 des Fünften Buches Sozialgesetzbuch, der Schiedsstellen nach § 133 des Neunten Buches Sozialgesetzbuch, der Schiedsstelle nach § 76 des Elften Buches Sozialgesetzbuch und der Schiedsstellen nach § 81 des Zwölften Buches Sozialgesetzbuch,
2. Aufsichtsangelegenheiten gegenüber Trägern der Sozialversicherung und ihren Verbänden, gegenüber den Kassenärztlichen und Kassenzahnärztlichen Vereinigungen sowie der Kassenärztlichen und Kassenzahnärztlichen Bundesvereinigung, bei denen die Aufsicht von einer Landes- oder Bundesbehörde ausgeübt wird,
3. Klagen in Angelegenheiten der Erstattung von Aufwendungen nach § 6b des Zweiten Buches Sozialgesetzbuch,
4. Anträge nach § 55a,
5. Streitigkeiten nach § 4a Absatz 7 des Fünften Buches Sozialgesetzbuch.

(3) Das Landessozialgericht Nordrhein-Westfalen entscheidet im ersten Rechtszug über

1. Streitigkeiten zwischen gesetzlichen Krankenkassen untereinander betreffend den Risikostrukturausgleich sowie zwischen gesetzlichen Krankenkassen oder ihren Verbänden und dem Bundesamt für Soziale Sicherung betreffend den Risikostrukturausgleich, die Anerkennung von strukturierten Behandlungsprogrammen und die Verwaltung des Gesundheitsfonds,
2. Streitigkeiten betreffend den Finanzausgleich der gesetzlichen Pflegeversicherung,
3. Streitigkeiten betreffend den Ausgleich unter den gewerblichen Berufsgenossenschaften nach dem Siebten Buch Sozialgesetzbuch,
4. Streitigkeiten über Entscheidungen des Bundeskartellamts, die die freiwillige Vereinigung von Krankenkassen nach § 172a des Fünften Buches Sozialgesetzbuch betreffen.

(4) Das Landessozialgericht Berlin-Brandenburg entscheidet im ersten Rechtszug über

1. Klagen gegen die Entscheidung der Bundesschiedsämter nach § 89 Absatz 2 des Fünften Buches Sozialgesetzbuch, des weiteren Schiedsamtes auf Bundesebene nach § 89 Absatz 12 des Fünften Buches Sozialgesetzbuch, des sektorenübergreifenden Schiedsgremiums auf Bundesebene nach § 89a des Fünften Buches Sozialgesetzbuch sowie der erweiterten Bewertungsausschüsse nach § 87 Abs. 4 des Fünften Buches Sozialgesetzbuch, soweit die Klagen von den Einrichtungen erhoben werden, die diese Gremien bilden,
2. Klagen gegen Entscheidungen des Bundesministeriums für Gesundheit nach § 87 Abs. 6 des Fünften Buches Sozialgesetzbuch gegenüber den Bewertungsausschüssen und den erweiterten Bewertungsausschüssen sowie gegen Beanstandungen des Bundesministeriums für Gesundheit gegenüber den Bundesschiedsämtern und dem sektorenübergreifenden Schiedsgremium auf Bundesebene,
3. Klagen gegen Entscheidungen und Richtlinien des Gemeinsamen Bundesausschusses (§§ 91, 92 des Fünften Buches Sozialgesetzbuch), Klagen in Aufsichtsangelegenheiten gegenüber dem Gemeinsamen Bundesausschuss, Klagen gegen die Festsetzung von Festbeträgen durch die Spitzenverbände der Krankenkassen oder den Spitzenverband Bund der Krankenkassen, Klagen gegen Entscheidungen der Schiedsstellen nach den §§ 129, 130b und 134 des Fünften Buches Sozialgesetzbuch sowie Klagen gegen Entscheidungen des Schlichtungsausschusses Bund nach § 19 des Krankenhausfinanzierungsgesetzes in der Fassung der Bekanntmachung vom 10. April 1991 (BGBl. I S. 886), das zuletzt durch Artikel 3 des Gesetzes vom 14. Dezember 2019 (BGBl. I S. 2789) geändert worden ist.

§ 31 (Gliederung der Landessozialgerichte)

(1) Bei den Landessozialgerichten werden Senate für Angelegenheiten der Sozialversicherung, der Arbeitsförderung einschließlich der übrigen Aufgaben der Bundesagentur für Arbeit, für Angelegenheiten der Grundsi-

cherung für Arbeitsuchende, für Angelegenheiten der Sozialhilfe einschließlich der Angelegenheiten nach Teil 2 des Neunten Buches Sozialgesetzbuch und des Asylbewerberleistungsgesetzes sowie für Angelegenheiten des sozialen Entschädigungsrechts und des Schwerbehindertenrechts gebildet. Für Angelegenheiten der Knappschaftsversicherung einschließlich der Unfallversicherung für den Bergbau sowie für Verfahren wegen eines überlangen Gerichtsverfahrens (§ 202 Satz 2) kann jeweils ein eigener Senat gebildet werden.
(2) Für die Angelegenheiten des Vertragsarztrechts und für Antragsverfahren nach § 55a ist jeweils ein eigener Senat zu bilden.
(3) Die beteiligten Länder können die Ausdehnung des Bezirks eines Senats auf das Gebiet oder auf Gebietsteile mehrerer Länder vereinbaren.

Vierter Abschnitt
Bundessozialgericht

§ 39 (Funktionelle Zuständigkeit des Bundessozialgerichts)
(1) Das Bundessozialgericht entscheidet über das Rechtsmittel der Revision.
(2) Das Bundessozialgericht entscheidet im ersten und letzten Rechtszug über Streitigkeiten nicht verfassungsrechtlicher Art zwischen dem Bund und den Ländern sowie zwischen verschiedenen Ländern in Angelegenheiten des § 51. Hält das Bundessozialgericht in diesen Fällen eine Streitigkeit für verfassungsrechtlich, so legt es die Sache dem Bundesverfassungsgericht zur Entscheidung vor. Das Bundesverfassungsgericht entscheidet mit bindender Wirkung.

§ 40 (Gliederung des Bundessozialgerichts)
Für die Bildung und Besetzung der Senate gelten § 31 Abs. 1 und § 33 entsprechend. Für Angelegenheiten des Vertragsarztrechts ist mindestens ein Senat zu bilden. In den Senaten für Angelegenheiten des § 51 Abs. 1 Nr. 6a wirken ehrenamtliche Richter aus der Vorschlagsliste der Bundesvereinigung der kommunalen Spitzenverbände mit.

§ 41 (Großer Senat beim Bundessozialgericht)
(1) Bei dem Bundessozialgericht wird ein Großer Senat gebildet.
(2) Der Große Senat entscheidet, wenn ein Senat in einer Rechtsfrage von der Entscheidung eines anderen Senats oder des Großen Senats abweichen will.
(3) Eine Vorlage an den Großen Senat ist nur zulässig, wenn der Senat, von dessen Entscheidung abgewichen werden soll, auf Anfrage des erkennenden Senats erklärt hat, daß er an seiner Rechtsauffassung festhält. Kann der Senat, von dessen Entscheidung abgewichen werden soll, wegen einer Änderung des Geschäftsverteilungsplanes mit der Rechtsfrage nicht mehr befaßt werden, tritt der Senat an seine Stelle, der nach dem Geschäftsverteilungsplan für den Fall, in dem abweichend entschieden wurde, nunmehr zuständig wäre. Über die Anfrage und die Antwort entscheidet der jeweilige Senat durch Beschluß in der für Urteile erforderlichen Besetzung.
(4) Der erkennende Senat kann eine Frage von grundsätzlicher Bedeutung dem Großen Senat zur Entscheidung vorlegen, wenn das nach seiner Auffassung zur Fortbildung des Rechts oder zur Sicherung einer einheitlichen Rechtsprechung erforderlich ist.
(5) Der Große Senat besteht aus dem Präsidenten, je einem Berufsrichter der Senate, in denen der Präsident nicht den Vorsitz führt, je zwei ehrenamtlichen Richtern aus dem Kreis der Versicherten und dem Kreis der Arbeitgeber sowie je einem ehrenamtlichen Richter aus dem Kreis der mit dem sozialen Entschädigungsrecht oder der Teilhabe behinderter Menschen vertrauten Personen und dem Kreis der Versorgungsberechtigten und der behinderten Menschen im Sinne des Neunten Buches Sozialgesetzbuch. Legt der Senat für Angelegenheiten des Vertragsarztrechts vor oder soll von dessen Entscheidung abgewichen werden, gehören dem Großen Senat außerdem je ein ehrenamtlicher Richter aus dem Kreis der Krankenkassen und dem Kreis der Vertragsärzte, Vertragszahnärzte und Psychotherapeuten an. Legt der Senat für Angelegenheiten des § 51 Abs. 1 Nr. 6a vor oder soll von dessen Entscheidung abgesehen werden, gehören dem Großen Senat außerdem zwei ehrenamtliche Richter aus dem Kreis der von der Bundesvereinigung der kommunalen Spitzenverbände Vorgeschlagenen an. Sind Senate personengleich besetzt, wird aus ihnen nur ein Berufsrichter bestellt; er hat nur eine Stimme. Bei einer Verhinderung des Präsidenten tritt ein Berufsrichter des Senats, dem er angehört, an seine Stelle.
(6) Die Mitglieder und die Vertreter werden durch das Präsidium für ein Geschäftsjahr bestellt. Den Vorsitz im Großen Senat führt der Präsident, bei Verhinderung das dienstälteste Mitglied. Bei Stimmengleichheit gibt die Stimme des Vorsitzenden den Ausschlag.
(7) Der Große Senat entscheidet nur über die Rechtsfrage. Er kann ohne mündliche Verhandlung entscheiden. Seine Entscheidung ist in der vorliegenden Sache für den erkennenden Senat bindend.

§ 46 (Aufstellung von Vorschlagslisten für die ehrenamtlichen Richter)

(1) Die Vorschlagslisten für die ehrenamtlichen Richter in den Senaten für Angelegenheiten der Sozialversicherung und der Arbeitsförderung sowie der Grundsicherung für Arbeitsuchende werden von den in § 14 Abs. 1 aufgeführten Organisationen und Behörden aufgestellt.

(2) Die Vorschlagslisten für die ehrenamtlichen Richter in den Senaten für Angelegenheiten des Vertragsarztrechts werden von den Kassenärztlichen (Kassenzahnärztlichen) Vereinigungen und gemeinsam von den Zusammenschlüssen der Krankenkassen, die sich über das Bundesgebiet erstrecken, aufgestellt.

(3) Die ehrenamtlichen Richter für die Senate für Angelegenheiten des sozialen Entschädigungsrechts und des Schwerbehindertenrechts werden auf Vorschlag der obersten Verwaltungsbehörden der Länder sowie der in § 14 Abs. 3 Satz 2 und 3 genannten Vereinigungen, die sich über das Bundesgebiet erstrecken, berufen.

(4) Die ehrenamtlichen Richter für die Senate für Angelegenheiten der Sozialhilfe einschließlich der Angelegenheiten nach Teil 2 des Neunten Buches Sozialgesetzbuch und des Asylbewerberleistungsgesetzes werden auf Vorschlag der Bundesvereinigung der kommunalen Spitzenverbände berufen.

Fünfter Abschnitt
Rechtsweg und Zuständigkeit

§ 51 (Zulässigkeit des Rechtswegs)

(1) Die Gerichte der Sozialgerichtsbarkeit entscheiden über öffentlich-rechtliche Streitigkeiten
1. in Angelegenheiten der gesetzlichen Rentenversicherung einschließlich der Alterssicherung der Landwirte,
2. in Angelegenheiten der gesetzlichen Krankenversicherung, der sozialen Pflegeversicherung und der privaten Pflegeversicherung (Elftes Buch Sozialgesetzbuch), auch soweit durch diese Angelegenheiten Dritte betroffen werden; dies gilt nicht für Streitigkeiten in Angelegenheiten nach § 110 des Fünften Buches Sozialgesetzbuch aufgrund einer Kündigung von Versorgungsverträgen, die für Hochschulkliniken oder Plankrankenhäuser (§ 108 Nr. 1 und 2 des Fünften Buches Sozialgesetzbuch) gelten,
3. in Angelegenheiten der gesetzlichen Unfallversicherung mit Ausnahme der Streitigkeiten aufgrund der Überwachung der Maßnahmen zur Prävention durch die Träger der gesetzlichen Unfallversicherung,
4. in Angelegenheiten der Arbeitsförderung einschließlich der übrigen Aufgaben der Bundesagentur für Arbeit,
4a. in Angelegenheiten der Grundsicherung für Arbeitsuchende,
5. in sonstigen Angelegenheiten der Sozialversicherung,
6. in Angelegenheiten des sozialen Entschädigungsrechts mit Ausnahme der Streitigkeiten aufgrund der §§ 25 bis 27j des Bundesversorgungsgesetzes (Kriegsopferfürsorge), auch soweit andere Gesetze die entsprechende Anwendung dieser Vorschriften vorsehen,
6a. in Angelegenheiten der Sozialhilfe einschließlich der Angelegenheiten nach Teil 2 des Neunten Buches Sozialgesetzbuch und des Asylbewerberleistungsgesetzes,
7. bei der Feststellung von Behinderungen und ihrem Grad sowie weiterer gesundheitlicher Merkmale, ferner der Ausstellung, Verlängerung, Berichtigung und Einziehung von Ausweisen nach § 152 des Neunten Buches Sozialgesetzbuch,
8. die aufgrund des Aufwendungsausgleichsgesetzes entstehen,
9. (weggefallen)
10. für die durch Gesetz der Rechtsweg vor diesen Gerichten eröffnet wird.

(2) Die Gerichte der Sozialgerichtsbarkeit entscheiden auch über privatrechtliche Streitigkeiten in Angelegenheiten der Zulassung von Trägern und Maßnahmen durch fachkundige Stellen nach dem Fünften Kapitel des Dritten Buches Sozialgesetzbuch und in Angelegenheiten der gesetzlichen Krankenversicherung, auch soweit durch diese Angelegenheiten Dritte betroffen werden. Satz 1 gilt für die soziale Pflegeversicherung und die private Pflegeversicherung (Elftes Buch Sozialgesetzbuch) entsprechend.

(3) Von der Zuständigkeit der Gerichte der Sozialgerichtsbarkeit nach den Absätzen 1 und 2 ausgenommen sind Streitigkeiten in Verfahren nach dem Gesetz gegen Wettbewerbsbeschränkungen, die Rechtsbeziehungen nach § 69 des Fünften Buches Sozialgesetzbuch betreffen.

§ 52 (weggefallen)

§ 53 (weggefallen)

§ 54 (Anfechtungs- und Verpflichtungsklage)

(1) Durch Klage kann die Aufhebung eines Verwaltungsakts oder seine Abänderung sowie die Verurteilung zum Erlaß eines abgelehnten oder unterlassenen Verwaltungsakts begehrt werden. Soweit gesetzlich nichts anderes

bestimmt ist, ist die Klage zulässig, wenn der Kläger behauptet, durch den Verwaltungsakt oder durch die Ablehnung oder Unterlassung eines Verwaltungsakts beschwert zu sein.
(2) Der Kläger ist beschwert, wenn der Verwaltungsakt oder die Ablehnung oder Unterlassung eines Verwaltungsakts rechtswidrig ist. Soweit die Behörde, Körperschaft oder Anstalt des öffentlichen Rechts ermächtigt ist, nach ihrem Ermessen zu handeln, ist Rechtswidrigkeit auch gegeben, wenn die gesetzlichen Grenzen dieses Ermessens überschritten sind oder von dem Ermessen in einer dem Zweck der Ermächtigung nicht entsprechenden Weise Gebrauch gemacht ist.
(3) Eine Körperschaft oder eine Anstalt des öffentlichen Rechts kann mit der Klage die Aufhebung einer Anordnung der Aufsichtsbehörde begehren, wenn sie behauptet, daß die Anordnung das Aufsichtsrecht überschreite.
(4) Betrifft der angefochtene Verwaltungsakt eine Leistung, auf die ein Rechtsanspruch besteht, so kann mit der Klage neben der Aufhebung des Verwaltungsakts gleichzeitig die Leistung verlangt werden.
(5) Mit der Klage kann die Verurteilung zu einer Leistung, auf die ein Rechtsanspruch besteht, auch dann begehrt werden, wenn ein Verwaltungsakt nicht zu ergehen hatte.

§55a (Gültigkeit von Vorschriften über Unterkunft und Heizung)
(1) Auf Antrag ist über die Gültigkeit von Satzungen oder anderen im Rang unter einem Landesgesetz stehenden Rechtsvorschriften, die nach § 22a Absatz 1 des Zweiten Buches Sozialgesetzbuch und dem dazu ergangenen Landesgesetz erlassen worden sind, zu entscheiden.
(2) Den Antrag kann jede natürliche Person stellen, die geltend macht, durch die Anwendung der Rechtsvorschrift in ihren Rechten verletzt zu sein oder in absehbarer Zeit verletzt zu werden. Er ist gegen die Körperschaft zu richten, welche die Rechtsvorschrift erlassen hat. Das Landessozialgericht kann der obersten Landesbehörde oder der von ihr bestimmten Stelle Gelegenheit zur Äußerung binnen einer bestimmten Frist geben. § 75 Absatz 1 und 3 sowie Absatz 4 Satz 1 sind entsprechend anzuwenden.
(3) Das Landessozialgericht prüft die Vereinbarkeit der Rechtsvorschrift mit Landesrecht nicht, soweit gesetzlich vorgesehen ist, dass die Rechtsvorschrift ausschließlich durch das Verfassungsgericht eines Landes nachprüfbar ist.
(4) Ist ein Verfahren zur Überprüfung der Gültigkeit der Rechtsvorschrift bei einem Verfassungsgericht anhängig, so kann das Landessozialgericht anordnen, dass die Verhandlung bis zur Erledigung des Verfahrens vor dem Verfassungsgericht auszusetzen ist.
(5) Das Landessozialgericht entscheidet durch Urteil oder, wenn es eine mündliche Verhandlung nicht für erforderlich hält, durch Beschluss. Kommt das Landessozialgericht zu der Überzeugung, dass die Rechtsvorschrift ungültig ist, so erklärt es sie für unwirksam; in diesem Fall ist die Entscheidung allgemein verbindlich und die Entscheidungsformel vom Antragsgegner oder der Antragsgegnerin ebenso zu veröffentlichen wie die Rechtsvorschrift bekannt zu machen wäre. Für die Wirkung der Entscheidung gilt § 183 der Verwaltungsgerichtsordnung entsprechend.
(6) Das Landessozialgericht kann auf Antrag eine einstweilige Anordnung erlassen, wenn dies zur Abwehr schwerer Nachteile oder aus anderen wichtigen Gründen dringend geboten ist.

§56a (Rechtsbehelfe gegen behördliche Verfahrenshandlungen)
Rechtsbehelfe gegen behördliche Verfahrenshandlungen können nur gleichzeitig mit den gegen die Sachentscheidung zulässigen Rechtsbehelfen geltend gemacht werden. Dies gilt nicht, wenn behördliche Verfahrenshandlungen vollstreckt werden können oder gegen einen Nichtbeteiligten ergehen.

§57 (Örtliche Zuständigkeit)
(1) Örtlich zuständig ist das Sozialgericht, in dessen Bezirk der Kläger zur Zeit der Klageerhebung seinen Sitz oder Wohnsitz oder in Ermangelung dessen seinen Aufenthaltsort hat; steht er in einem Beschäftigungsverhältnis, so kann er auch vor dem für den Beschäftigungsort zuständigen Sozialgericht klagen. Klagt eine Körperschaft oder Anstalt des öffentlichen Rechts, in Angelegenheiten nach dem Elften Buch Sozialgesetzbuch ein Unternehmen der privaten Pflegeversicherung oder in Angelegenheiten des sozialen Entschädigungsrechts oder des Schwerbehindertenrechts ein Land, so ist der Sitz oder Wohnsitz oder Aufenthaltsort des Beklagten maßgebend, wenn dieser eine natürliche Person oder eine juristische Person des Privatrechts ist.
(2) Ist die erstmalige Bewilligung einer Hinterbliebenenrente streitig, so ist der Wohnsitz oder in Ermangelung dessen der Aufenthaltsort der Witwe oder des Witwers maßgebend. Ist eine Witwe oder ein Witwer nicht vorhanden, so ist das Sozialgericht örtlich zuständig, in dessen Bezirk die jüngste Waise im Inland ihren Wohnsitz oder in Ermangelung dessen ihren Aufenthaltsort hat; sind nur Eltern oder Großeltern vorhanden, so ist das Sozialgericht örtlich zuständig, in dessen Bezirk die Eltern oder Großeltern ihren Wohnsitz oder in Ermangelung dessen ihren Aufenthaltsort haben. Bei verschiedenem Wohnsitz oder Aufenthaltsort der Eltern- oder Großel-

ternteile gilt der im Inland gelegene Wohnsitz oder Aufenthaltsort des anspruchsberechtigten Ehemannes oder geschiedenen Mannes.
(3) Hat der Kläger seinen Sitz oder Wohnsitz oder Aufenthaltsort im Ausland, so ist örtlich zuständig das Sozialgericht, in dessen Bezirk der Beklagte seinen Sitz oder Wohnsitz oder in Ermangelung dessen seinen Aufenthaltsort hat.
(4) In Angelegenheiten des § 51 Abs. 1 Nr. 2, die auf Bundesebene festgesetzte Festbeträge betreffen, ist das Sozialgericht örtlich zuständig, in dessen Bezirk die Bundesregierung ihren Sitz hat, in Angelegenheiten, die auf Landesebene festgesetzte Festbeträge betreffen, das Sozialgericht, in dessen Bezirk die Landesregierung ihren Sitz hat.
(5) In Angelegenheiten nach § 130a Absatz 4 und 9 des Fünften Buches Sozialgesetzbuch ist das Sozialgericht örtlich zuständig, in dessen Bezirk die zur Entscheidung berufene Behörde ihren Sitz hat.
(6) Für Antragsverfahren nach § 55a ist das Landessozialgericht örtlich zuständig, in dessen Bezirk die Körperschaft, die die Rechtsvorschrift erlassen hat, ihren Sitz hat.
(7) In Angelegenheiten nach § 7a des Vierten Buches Sozialgesetzbuch ist das Sozialgericht örtlich zuständig, in dessen Bezirk der Auftraggeber seinen Sitz oder in Ermangelung dessen seinen Wohnsitz hat. Hat dieser seinen Sitz oder in Ermangelung dessen seinen Wohnsitz im Ausland, ist das Sozialgericht örtlich zuständig, in dessen Bezirk der Auftragnehmer seinen Wohnsitz oder in Ermangelung dessen seinen Aufenthaltsort hat.

Zweiter Teil
Verfahren

Erster Abschnitt
Gemeinsame Verfahrensvorschriften

Erster Unterabschnitt
Allgemeine Vorschriften

§ 60 (Ausschließung und Ablehnung von Gerichtspersonen)
(1) Für die Ausschließung und Ablehnung der Gerichtspersonen gelten die §§ 41 bis 46 Absatz 1 und die §§ 47 bis 49 der Zivilprozeßordnung entsprechend.
(2) Von der Ausübung des Amtes als Richter ist auch ausgeschlossen, wer bei dem vorausgegangenen Verwaltungsverfahren mitgewirkt hat.
(3) Die Besorgnis der Befangenheit nach § 42 der Zivilprozeßordnung gilt stets als begründet, wenn der Richter dem Vorstand einer Körperschaft oder Anstalt des öffentlichen Rechts angehört, deren Interessen durch das Verfahren unmittelbar berührt werden.

§ 61 (Grundsätzliche Verfahrensvorschriften)
(1) Für die Öffentlichkeit, Sitzungspolizei und Gerichtssprache gelten die §§ 169, 171b bis 191a des Gerichtsverfassungsgesetzes entsprechend.
(2) Für die Beratung und Abstimmung gelten die §§ 192 bis 197 des Gerichtsverfassungsgesetzes entsprechend.

§ 62 (Gewährung des rechtlichen Gehörs)
Vor jeder Entscheidung ist den Beteiligten rechtliches Gehör zu gewähren; die Anhörung kann schriftlich oder elektronisch geschehen.

§ 63 (Zustellungen)
(1) Anordnungen und Entscheidungen, durch die eine Frist in Lauf gesetzt wird, sind den Beteiligten zuzustellen, bei Verkündung jedoch nur, wenn es ausdrücklich vorgeschrieben ist. Terminbestimmungen und Ladungen sind bekannt zu geben.
(2) Zugestellt wird von Amts wegen nach den Vorschriften der Zivilprozessordnung. Die §§ 174, 178 Abs. 1 Nr. 2 der Zivilprozessordnung sind entsprechend anzuwenden auf die nach § 73 Abs. 2 Satz 2 Nr. 3 bis 9 zur Prozessvertretung zugelassenen Personen.
(3) Wer nicht im Inland wohnt, hat auf Verlangen einen Zustellungsbevollmächtigten zu bestellen.

§ 64 (Fristenlauf)
(1) Der Lauf einer Frist beginnt, soweit nichts anderes bestimmt ist, mit dem Tage nach der Zustellung oder, wenn diese nicht vorgeschrieben ist, mit dem Tage nach der Eröffnung oder Verkündung.
(2) Eine nach Tagen bestimmte Frist endet mit dem Ablauf ihres letzten Tages, eine nach Wochen oder Monaten bestimmte Frist mit dem Ablauf desjenigen Tages der letzten Woche oder des letzten Monats, welcher nach

Benennung oder Zahl dem Tage entspricht, in den das Ereignis oder der Zeitpunkt fällt. Fehlt dem letzten Monat der entsprechende Tag, so endet die Frist mit dem Monat.
(3) Fällt das Ende einer Frist auf einen Sonntag, einen gesetzlichen Feiertag oder einen Sonnabend, so endet die Frist mit Ablauf des nächsten Werktages.

§ 65 (Richterliche Fristen)
Auf Antrag kann der Vorsitzende richterliche Fristen abkürzen oder verlängern. Im Falle der Verlängerung wird die Frist von dem Ablauf der vorigen Frist an berechnet.

§ 65a (Übermittlung elektronischer Dokumente)
(1) Vorbereitende Schriftsätze und deren Anlagen, schriftlich einzureichende Anträge und Erklärungen der Beteiligten sowie schriftlich einzureichende Auskünfte, Aussagen, Gutachten, Übersetzungen und Erklärungen Dritter können nach Maßgabe der Absätze 2 bis 6 als elektronische Dokumente bei Gericht eingereicht werden.
(2) Das elektronische Dokument muss für die Bearbeitung durch das Gericht geeignet sein. Die Bundesregierung bestimmt durch Rechtsverordnung mit Zustimmung des Bundesrates die für die Übermittlung und Bearbeitung geeigneten technischen Rahmenbedingungen.
(3) Das elektronische Dokument muss mit einer qualifizierten elektronischen Signatur der verantwortenden Person versehen sein oder von der verantwortenden Person signiert und auf einem sicheren Übermittlungsweg eingereicht werden. Satz 1 gilt nicht für Anlagen, die vorbereitenden Schriftsätzen beigefügt sind.
(4) Sichere Übermittlungswege sind
1. der Postfach- und Versanddienst eines De-Mail-Kontos, wenn der Absender bei Versand der Nachricht sicher im Sinne des § 4 Absatz 1 Satz 2 des De-Mail-Gesetzes angemeldet ist und er sich die sichere Anmeldung gemäß § 5 Absatz 5 des De-Mail-Gesetzes bestätigen lässt,
2. der Übermittlungsweg zwischen dem besonderen elektronischen Anwaltspostfach nach § 31a der Bundesrechtsanwaltsordnung oder einem entsprechenden, auf gesetzlicher Grundlage errichteten elektronischen Postfach und der elektronischen Poststelle des Gerichts,
3. der Übermittlungsweg zwischen einem nach Durchführung eines Identifizierungsverfahrens eingerichteten Postfach einer Behörde oder einer juristischen Person des öffentlichen Rechts und der elektronischen Poststelle des Gerichts; das Nähere regelt die Verordnung nach Absatz 2 Satz 2,
4. sonstige bundeseinheitliche Übermittlungswege, die durch Rechtsverordnung der Bundesregierung mit Zustimmung des Bundesrates festgelegt werden, bei denen die Authentizität und Integrität der Daten sowie die Barrierefreiheit gewährleistet sind.

(5) Ein elektronisches Dokument ist eingegangen, sobald es auf der für den Empfang bestimmten Einrichtung des Gerichts gespeichert ist. Dem Absender ist eine automatisierte Bestätigung über den Zeitpunkt des Eingangs zu erteilen. Die Vorschriften dieses Gesetzes über die Beifügung von Abschriften für die übrigen Beteiligten finden keine Anwendung.
(6) Ist ein elektronisches Dokument für das Gericht zur Bearbeitung nicht geeignet, ist dies dem Absender unter Hinweis auf die Unwirksamkeit des Eingangs und die geltenden technischen Rahmenbedingungen unverzüglich mitzuteilen. Das Dokument gilt als zum Zeitpunkt der früheren Einreichung eingegangen, sofern der Absender es unverzüglich in einer für das Gericht zur Bearbeitung geeigneten Form nachreicht und glaubhaft macht, dass es mit dem zuerst eingereichten Dokument inhaltlich übereinstimmt.
(7) Soweit eine handschriftliche Unterzeichnung durch den Richter oder den Urkundsbeamten der Geschäftsstelle vorgeschrieben ist, genügt dieser Form die Aufzeichnung als elektronisches Dokument, wenn die verantwortenden Personen am Ende des Dokuments ihren Namen hinzufügen und das Dokument mit einer qualifizierten elektronischen Signatur nach § 2 Nr. 3 des Signaturgesetzes versehen. Der in Satz 1 genannten Form genügt auch ein elektronisches Dokument, in welches das handschriftlich unterzeichnete Schriftstück gemäß § 65b Absatz 6 Satz 4 übertragen worden ist.

§ 65b (Elektronische Prozessakten)
(1) Die Prozessakten können elektronisch geführt werden. Die Bundesregierung und die Landesregierungen bestimmen jeweils für ihren Bereich durch Rechtsverordnung den Zeitpunkt, von dem an die Prozessakten elektronisch geführt werden. In der Rechtsverordnung sind die organisatorisch-technischen Rahmenbedingungen für die Bildung, Führung und Verwahrung der elektronischen Akten festzulegen. Die Landesregierungen können die Ermächtigung auf die für die Sozialgerichtsbarkeit zuständigen obersten Landesbehörden übertragen. Die Zulassung der elektronischen Akte kann auf einzelne Gerichte oder Verfahren beschränkt werden; wird von dieser Möglichkeit Gebrauch gemacht, kann in der Rechtsverordnung bestimmt werden, dass durch Verwaltungsvorschrift, die öffentlich bekanntzumachen ist, geregelt wird, in welchen Verfahren die Prozessakten

elektronisch zu führen sind. Die Rechtsverordnung der Bundesregierung bedarf nicht der Zustimmung des Bundesrates.

(1a) Die Prozessakten werden ab dem 1. Januar 2026 elektronisch geführt. Die Bundesregierung und die Landesregierungen bestimmen jeweils für ihren Bereich durch Rechtsverordnung die organisatorischen und dem Stand der Technik entsprechenden technischen Rahmenbedingungen für die Bildung, Führung und Verwahrung der elektronischen Akten einschließlich der einzuhaltenden Anforderungen der Barrierefreiheit. Die Bundesregierung und die Landesregierungen können jeweils für ihren Bereich durch Rechtsverordnung bestimmen, dass Akten, die in Papierform angelegt wurden, in Papierform weitergeführt werden. Die Landesregierungen können die Ermächtigungen nach den Sätzen 2 und 3 auf die für die Sozialgerichtsbarkeit zuständigen obersten Landesbehörden übertragen. Die Rechtsverordnungen der Bundesregierung bedürfen nicht der Zustimmung des Bundesrates.

(2) Werden die Akten in Papierform geführt, ist von einem elektronischen Dokument ein Ausdruck für die Akten zu fertigen. Kann dies bei Anlagen zu vorbereitenden Schriftsätzen nicht oder nur mit unverhältnismäßigem Aufwand erfolgen, so kann ein Ausdruck unterbleiben. Die Daten sind in diesem Fall dauerhaft zu speichern; der Speicherort ist aktenkundig zu machen.

(3) Wird das elektronische Dokument auf einem sicheren Übermittlungsweg eingereicht, so ist dies aktenkundig zu machen.

(4) Ist das elektronische Dokument mit einer qualifizierten elektronischen Signatur versehen und nicht auf einem sicheren Übermittlungsweg eingereicht, muss der Ausdruck einen Vermerk darüber enthalten,
1. welches Ergebnis die Integritätsprüfung des Dokumentes ausweist,
2. wen die Signaturprüfung als Inhaber der Signatur ausweist,
3. welchen Zeitpunkt die Signaturprüfung für die Anbringung der Signatur ausweist.

(5) Ein eingereichtes elektronisches Dokument kann im Falle von Absatz 2 nach Ablauf von sechs Monaten gelöscht werden.

(6) Werden die Prozessakten elektronisch geführt, sind in Papierform vorliegende Schriftstücke und sonstige Unterlagen nach dem Stand der Technik zur Ersetzung der Urschrift in ein elektronisches Dokument zu übertragen. Es ist sicherzustellen, dass das elektronische Dokument mit den vorliegenden Schriftstücken und sonstigen Unterlagen bildlich und inhaltlich übereinstimmt. Das elektronische Dokument ist mit einem Übertragungsnachweis zu versehen, der das bei der Übertragung angewandte Verfahren und die bildliche und inhaltliche Übereinstimmung dokumentiert. Wird ein von den verantwortenden Personen handschriftlich unterzeichnetes gerichtliches Schriftstück übertragen, ist der Übertragungsnachweis mit einer qualifizierten elektronischen Signatur des Urkundsbeamten der Geschäftsstelle zu versehen. Die in Papierform vorliegenden Schriftstücke und sonstigen Unterlagen können sechs Monate nach der Übertragung vernichtet werden, sofern sie nicht rückgabepflichtig sind.

§ 65c Formulare; Verordnungsermächtigung

Das Bundesministerium für Arbeit und Soziales kann durch Rechtsverordnung mit Zustimmung des Bundesrates elektronische Formulare einführen. Die Rechtsverordnung kann bestimmen, dass die in den Formularen enthaltenen Angaben ganz oder teilweise in strukturierter maschinenlesbarer Form zu übermitteln sind. Die Formulare sind auf einer in der Rechtsverordnung zu bestimmenden Kommunikationsplattform im Internet zur Nutzung bereitzustellen. Die Rechtsverordnung kann bestimmen, dass eine Identifikation des Formularverwenders abweichend von § 65a Absatz 3 auch durch Nutzung des elektronischen Identitätsnachweises nach § 18 des Personalausweisgesetzes, § 12 des eID-Karte-Gesetzes oder § 78 Absatz 5 des Aufenthaltsgesetzes erfolgen kann.

§ 65d Nutzungspflicht für Rechtsanwälte, Behörden und vertretungsberechtigte Personen

Vorbereitende Schriftsätze und deren Anlagen sowie schriftlich einzureichende Anträge und Erklärungen, die durch einen Rechtsanwalt, durch eine Behörde oder durch eine juristische Person des öffentlichen Rechts einschließlich der von ihr zur Erfüllung ihrer öffentlichen Aufgaben gebildeten Zusammenschlüsse eingereicht werden, sind als elektronisches Dokument zu übermitteln. Gleiches gilt für die nach diesem Gesetz vertretungsberechtigten Personen, für die ein sicherer Übermittlungsweg nach § 65a Absatz 4 Nummer 2 zur Verfügung steht. Ist eine Übermittlung aus technischen Gründen vorübergehend nicht möglich, bleibt die Übermittlung nach den allgemeinen Vorschriften zulässig. Die vorübergehende Unmöglichkeit ist bei der Ersatzeinreichung oder unverzüglich danach glaubhaft zu machen; auf Anforderung ist ein elektronisches Dokument nachzureichen.

§ 66 (Rechtsbehelfsbelehrung und Fristen)

(1) Die Frist für ein Rechtsmittel oder einen anderen Rechtsbehelf beginnt nur dann zu laufen, wenn der Beteiligte über den Rechtsbehelf, die Verwaltungsstelle oder das Gericht, bei denen der Rechtsbehelf anzubringen ist, den Sitz und die einzuhaltende Frist schriftlich oder elektronisch belehrt worden ist.

(2) Ist die Belehrung unterblieben oder unrichtig erteilt, so ist die Einlegung des Rechtsbehelfs nur innerhalb eines Jahres seit Zustellung, Eröffnung oder Verkündung zulässig, außer wenn die Einlegung vor Ablauf der Jahresfrist infolge höherer Gewalt unmöglich war oder eine schriftliche oder elektronische Belehrung dahin erfolgt ist, daß ein Rechtsbehelf nicht gegeben sei. § 67 Abs. 2 gilt für den Fall höherer Gewalt entsprechend.

§ 67 (Unverschuldete Fristversäumnis)
(1) Wenn jemand ohne Verschulden verhindert war, eine gesetzliche Verfahrensfrist einzuhalten, so ist ihm auf Antrag Wiedereinsetzung in den vorigen Stand zu gewähren.
(2) Der Antrag ist binnen eines Monats nach Wegfall des Hindernisses zu stellen. Die Tatsachen zur Begründung des Antrages sollen glaubhaft gemacht werden. Innerhalb der Antragsfrist ist die versäumte Rechtshandlung nachzuholen. Ist dies geschehen, so kann die Wiedereinsetzung auch ohne Antrag gewährt werden.
(3) Nach einem Jahr seit dem Ende der versäumten Frist ist der Antrag unzulässig, außer wenn der Antrag vor Ablauf der Jahresfrist infolge höherer Gewalt unmöglich war.
(4) Über den Wiedereinsetzungsantrag entscheidet das Gericht, das über die versäumte Rechtshandlung zu befinden hat. Der Beschluß, der die Wiedereinsetzung bewilligt, ist unanfechtbar.

§ 72 (Bestellung eines besonderen Vertreters)
(1) Für einen nicht prozeßfähigen Beteiligten ohne gesetzlichen Vertreter kann der Vorsitzende bis zum Eintritt eines Vormundes, Betreuers oder Pflegers für das Verfahren einen besonderen Vertreter bestellen, dem alle Rechte, außer dem Empfang von Zahlungen, zustehen.
(2) Die Bestellung eines besonderen Vertreters ist mit Zustimmung des Beteiligten oder seines gesetzlichen Vertreters auch zulässig, wenn der Aufenthaltsort eines Beteiligten oder seines gesetzlichen Vertreters vom Sitz des Gerichts weit entfernt ist.

§ 73 (Prozessvertreter)
(1) Die Beteiligten können vor dem Sozialgericht und dem Landessozialgericht den Rechtsstreit selbst führen.
(2) Die Beteiligten können sich durch einen Rechtsanwalt oder einen Rechtslehrer an einer staatlichen oder staatlich anerkannten Hochschule eines Mitgliedstaates der Europäischen Union, eines anderen Vertragsstaates des Abkommens über den Europäischen Wirtschaftsraum oder der Schweiz, der die Befähigung zum Richteramt besitzt, als Bevollmächtigten vertreten lassen. Darüber hinaus sind als Bevollmächtigte vor dem Sozialgericht und dem Landessozialgericht vertretungsbefugt nur
1. Beschäftigte des Beteiligten oder eines mit ihm verbundenen Unternehmens (§ 15 des Aktiengesetzes); Behörden und juristische Personen des öffentlichen Rechts einschließlich der von ihnen zur Erfüllung ihrer öffentlichen Aufgaben gebildeten Zusammenschlüsse können sich auch durch Beschäftigte anderer Behörden oder juristischer Personen des öffentlichen Rechts einschließlich der von ihnen zur Erfüllung ihrer öffentlichen Aufgaben gebildeten Zusammenschlüsse vertreten lassen,
2. volljährige Familienangehörige (§ 15 der Abgabenordnung, § 11 des Lebenspartnerschaftsgesetzes), Personen mit Befähigung zum Richteramt und Streitgenossen, wenn die Vertretung nicht im Zusammenhang mit einer entgeltlichen Tätigkeit steht,
3. Rentenberater im Umfang ihrer Befugnisse nach § 10 Absatz 1 Satz 1 Nummer 2, auch in Verbindung mit Satz 2, des Rechtsdienstleistungsgesetzes,
4. Steuerberater, Steuerbevollmächtigte, Wirtschaftsprüfer und vereidigte Buchprüfer, Personen und Vereinigungen im Sinn des § 3a des Steuerberatungsgesetzes sowie Gesellschaften im Sinn des § 3 Nr. 2 und 3 des Steuerberatungsgesetzes, die durch Personen im Sinn des § 3 Nr. 1 des Steuerberatungsgesetzes handeln, in Angelegenheiten nach den §§ 28h und 28p des Vierten Buches Sozialgesetzbuch,
5. selbständige Vereinigungen von Arbeitnehmern mit sozial- oder berufspolitischer Zwecksetzung für ihre Mitglieder,
6. berufsständische Vereinigungen der Landwirtschaft für ihre Mitglieder,
7. Gewerkschaften und Vereinigungen von Arbeitgebern sowie Zusammenschlüsse solcher Verbände für ihre Mitglieder oder für andere Verbände oder Zusammenschlüsse mit vergleichbarer Ausrichtung und deren Mitglieder,
8. Vereinigungen, deren satzungsgemäße Aufgaben die gemeinschaftliche Interessenvertretung, die Beratung und Vertretung der Leistungsempfänger nach dem sozialen Entschädigungsrecht oder der behinderten Menschen wesentlich umfassen und die unter Berücksichtigung von Art und Umfang ihrer Tätigkeit sowie ihres Mitgliederkreises die Gewähr für eine sachkundige Prozessvertretung bieten, für ihre Mitglieder,
9. juristische Personen, deren Anteile sämtlich im wirtschaftlichen Eigentum einer der in den Nummern 5 bis 8 bezeichneten Organisationen stehen, wenn die juristische Person ausschließlich die Rechtsberatung und Prozessvertretung dieser Organisation und ihrer Mitglieder oder anderer Verbände oder Zusammenschlüsse

mit vergleichbarer Ausrichtung und deren Mitglieder entsprechend deren Satzung durchführt, und wenn die Organisation für die Tätigkeit der Bevollmächtigten haftet.
Bevollmächtigte, die keine natürlichen Personen sind, handeln durch ihre Organe und mit der Prozessvertretung beauftragten Vertreter. § 157 der Zivilprozessordnung gilt entsprechend.
(3) Das Gericht weist Bevollmächtigte, die nicht nach Maßgabe des Absatzes 2 vertretungsbefugt sind, durch unanfechtbaren Beschluss zurück. Prozesshandlungen eines nicht vertretungsbefugten Bevollmächtigten und Zustellungen oder Mitteilungen an diesen Bevollmächtigten sind bis zu seiner Zurückweisung wirksam. Das Gericht kann den in Absatz 2 Satz 2 Nr. 1 und 2 bezeichneten Bevollmächtigten durch unanfechtbaren Beschluss die weitere Vertretung untersagen, wenn sie nicht in der Lage sind, das Sach- und Streitverhältnis sachgerecht darzustellen. Satz 3 gilt nicht für Beschäftigungseines Sozialleistungsträgers oder eines Spitzenverbandes der Sozialversicherung.
(4) Vor dem Bundessozialgericht müssen sich die Beteiligten, außer im Prozesskostenhilfeverfahren, durch Prozessbevollmächtigte vertreten lassen. Als Bevollmächtigte sind außer den in Absatz 2 Satz 1 bezeichneten Personen nur die in Absatz 2 Satz 2 Nr. 5 bis 9 bezeichneten Organisationen zugelassen. Diese müssen durch Personen mit Befähigung zum Richteramt handeln. Behörden und juristische Personen des öffentlichen Rechts einschließlich der von ihnen zur Erfüllung ihrer öffentlichen Aufgaben gebildeten Zusammenschlüsse sowie private Pflegeversicherungsunternehmen können sich durch eigene Beschäftigte mit Befähigung zum Richteramt oder durch Beschäftigte mit Befähigung zum Richteramt anderer Behörden oder juristischer Personen des öffentlichen Rechts einschließlich der von ihnen zur Erfüllung ihrer öffentlichen Aufgaben gebildeten Zusammenschlüsse vertreten lassen. Ein Beteiligter, der nach Maßgabe des Satzes 2 zur Vertretung berechtigt ist, kann sich selbst vertreten; Satz 3 bleibt unberührt.
(5) Richter dürfen nicht als Bevollmächtigte vor dem Gericht auftreten, dem sie angehören. Ehrenamtliche Richter dürfen, außer in den Fällen des Absatzes 2 Satz 2 Nr. 1, nicht vor einem Spruchkörper auftreten, dem sie angehören. Absatz 3 Satz 1 und 2 gilt entsprechend.
(6) Die Vollmacht ist schriftlich zu den Gerichtsakten einzureichen. Sie kann nachgereicht werden; hierfür kann das Gericht eine Frist bestimmen. Bei Ehegatten oder Lebenspartnern und Verwandten in gerader Linie kann unterstellt werden, dass sie bevollmächtigt sind. Der Mangel der Vollmacht kann in jeder Lage des Verfahrens geltend gemacht werden. Das Gericht hat den Mangel der Vollmacht von Amts wegen zu berücksichtigen, wenn nicht als Bevollmächtigter ein Rechtsanwalt auftritt. Ist ein Bevollmächtigter bestellt, sind die Zustellungen oder Mitteilungen des Gerichts an ihn zu richten. Im Übrigen gelten die §§ 81, 83 bis 86 der Zivilprozessordnung entsprechend.
(7) In der Verhandlung können die Beteiligten mit Beiständen erscheinen. Beistand kann sein, wer in Verfahren, in denen die Beteiligten den Rechtsstreit selbst führen können, als Bevollmächtigter zur Vertretung in der Verhandlung befugt ist. Das Gericht kann andere Personen als Beistand zulassen, wenn dies sachdienlich ist und hierfür nach den Umständen des Einzelfalls ein Bedürfnis besteht. Absatz 3 Satz 1 und 3 und Absatz 5 gelten entsprechend. Das von dem Beistand Vorgetragene gilt als von dem Beteiligten vorgebracht, soweit es nicht von diesem sofort widerrufen oder berichtigt wird.

§ 73a (Prozesskostenhilfe)

(1) Die Vorschriften der Zivilprozeßordnung über die Prozeßkostenhilfe mit Ausnahme des § 127 Absatz 2 Satz 2 der Zivilprozeßordnung gelten entsprechend. Macht der Beteiligte, dem Prozeßkostenhilfe bewilligt ist, von seinem Recht, einen Rechtsanwalt zu wählen, nicht Gebrauch, wird auf Antrag des Beteiligten der beizuordnende Rechtsanwalt vom Gericht ausgewählt. Einem Beteiligten, dem Prozesskostenhilfe bewilligt worden ist, kann auch ein Steuerberater, Steuerbevollmächtigter, Wirtschaftsprüfer, vereidigter Buchprüfer oder Rentenberater beigeordnet werden. Die Vergütung richtet sich nach den für den beigeordneten Rechtsanwalt geltenden Vorschriften des Rechtsanwaltsvergütungsgesetzes.
(2) Prozeßkostenhilfe wird nicht bewilligt, wenn der Beteiligte durch einen Bevollmächtigten im Sinne des § 73 Abs. 2 Satz 2 Nr. 5 bis 9 vertreten ist.
(3) § 109 Abs. 1 Satz 2 bleibt unberührt.
(4) Die Prüfung der persönlichen und wirtschaftlichen Verhältnisse nach den §§ 114 bis 116 der Zivilprozessordnung einschließlich der in § 118 Absatz 2 der Zivilprozessordnung bezeichneten Maßnahmen, der Beurkundung von Vergleichen nach § 118 Absatz 1 Satz 3 der Zivilprozessordnung und der Entscheidungen nach § 118 Absatz 2 Satz 4 der Zivilprozessordnung obliegt dem Urkundsbeamten der Geschäftsstelle des jeweiligen Rechtszugs, wenn der Vorsitzende ihm das Verfahren insoweit überträgt. Liegen die Voraussetzungen für die Bewilligung der Prozesskostenhilfe hiernach nicht vor, erlässt der Urkundsbeamte die den Antrag ablehnende Entscheidung; anderenfalls vermerkt der Urkundsbeamte in den Prozessakten, dass dem Antragsteller nach seinen persönlichen und wirtschaftlichen Verhältnissen Prozesskostenhilfe gewährt werden kann und in welcher Höhe gegebenenfalls Monatsraten oder Beträge aus dem Vermögen zu zahlen sind.

(5) Dem Urkundsbeamten obliegen im Verfahren über die Prozesskostenhilfe ferner die Bestimmung des Zeitpunkts für die Einstellung und eine Wiederaufnahme der Zahlungen nach § 120 Absatz 3 der Zivilprozessordnung sowie die Änderung und die Aufhebung der Bewilligung der Prozesskostenhilfe nach den §§ 120a und 124 Absatz 1 Nummer 2 bis 5 der Zivilprozessordnung.
(6) Der Vorsitzende kann Aufgaben nach den Absätzen 4 und 5 zu jedem Zeitpunkt an sich ziehen. § 5 Absatz 1 Nummer 1, die §§ 6, 7, 8 Absatz 1 bis 4 und § 9 des Rechtspflegergesetzes gelten entsprechend mit der Maßgabe, dass an die Stelle des Rechtspflegers der Urkundsbeamte der Geschäftsstelle tritt.
(7) § 155 Absatz 4 gilt entsprechend.
(8) Gegen Entscheidungen des Urkundsbeamten nach den Absätzen 4 und 5 kann binnen eines Monats nach Bekanntgabe das Gericht angerufen werden, das endgültig entscheidet.
(9) Durch Landesgesetz kann bestimmt werden, dass die Absätze 4 bis 8 für die Gerichte des jeweiligen Landes nicht anzuwenden sind.

Dritter Unterabschnitt
Vorverfahren und einstweiliger Rechtsschutz

§ 77 (Bindungswirkung der Verwaltungsakte)
Wird der gegen einen Verwaltungsakt gegebene Rechtsbehelf nicht oder erfolglos eingelegt, so ist der Verwaltungsakt für die Beteiligten in der Sache bindend, soweit durch Gesetz nichts anderes bestimmt ist.

§ 78 (Notwendigkeit des Vorverfahrens)
(1) Vor Erhebung der Anfechtungsklage sind Rechtmäßigkeit und Zweckmäßigkeit des Verwaltungsaktes in einem Vorverfahren nachzuprüfen. Eines Vorverfahrens bedarf es nicht, wenn
1. ein Gesetz dies für besondere Fälle bestimmt oder
2. der Verwaltungsakt von einer obersten Bundesbehörde, einer obersten Landesbehörde oder von dem Vorstand der Bundesagentur für Arbeit erlassen worden ist, außer wenn ein Gesetz die Nachprüfung vorschreibt, oder
3. ein Land, ein Versicherungsträger oder einer seiner Verbände klagen will.

(2) (weggefallen)
(3) Für die Verpflichtungsklage gilt Absatz 1 entsprechend, wenn der Antrag auf Vornahme des Verwaltungsaktes abgelehnt worden ist.

§§ 79 bis 82 (weggefallen)

§ 83 (Einleitung des Vorverfahrens)
Das Vorverfahren beginnt mit der Erhebung des Widerspruchs.

§ 84 (Widerspruchsfrist)
(1) Der Widerspruch ist binnen eines Monats, nachdem der Verwaltungsakt dem Beschwerten bekanntgegeben worden ist, schriftlich, in elektronischer Form nach § 36a Absatz 2 des Ersten Buches Sozialgesetzbuch oder zur Niederschrift bei der Stelle einzureichen, die den Verwaltungsakt erlassen hat. Die Frist beträgt bei Bekanntgabe im Ausland drei Monate.
(2) Die Frist zur Erhebung des Widerspruchs gilt auch dann als gewahrt, wenn die Widerspruchsschrift bei einer anderen inländischen Behörde oder bei einem Versicherungsträger oder bei einer deutschen Konsularbehörde oder, soweit es sich um die Versicherung von Seeleuten handelt, auch bei einem deutschen Seemannsamt eingegangen ist. Die Widerspruchsschrift ist unverzüglich der zuständigen Behörde oder dem zuständigen Versicherungsträger zuzuleiten, der sie der für die Entscheidung zuständigen Stelle vorzulegen hat. Im übrigen gelten die §§ 66 und 67 entsprechend.

§ 84a (Vorverfahren)
Für das Vorverfahren gilt § 25 Abs. 4 des Zehnten Buches Sozialgesetzbuch nicht.

§ 85 (Abhilfe bzw. Widerspruchsbescheid)
(1) Wird der Widerspruch für begründet erachtet, so ist ihm abzuhelfen.
(2) Wird dem Widerspruch nicht abgeholfen, so erläßt den Widerspruchsbescheid
1. die nächsthöhere Behörde oder, wenn diese eine oberste Bundes- oder eine oberste Landesbehörde ist, die Behörde, die den Verwaltungsakt erlassen hat,
2. in Angelegenheiten der Sozialversicherung die von der Vertreterversammlung bestimmte Stelle,

3. in Angelegenheiten der Bundesagentur für Arbeit mit Ausnahme der Angelegenheiten nach dem Zweiten Buch Sozialgesetzbuch die von dem Vorstand bestimmte Stelle,
4. in Angelegenheiten der kommunalen Selbstverwaltung die Selbstverwaltungsbehörde, soweit nicht durch Gesetz anderes bestimmt wird.

Abweichend von Satz 1 Nr. 1 ist in Angelegenheiten nach dem Zweiten Buch Sozialgesetzbuch und, soweit Landesrecht nichts Abweichendes vorsieht, in Angelegenheiten nach dem Vierten Kapitel des Zwölften Buches Sozialgesetzbuch der zuständige Träger, der den dem Widerspruch zugrunde liegenden Verwaltungsakt erlassen hat, auch für die Entscheidung über den Widerspruch zuständig; § 44b Absatz 1 Satz 3 des Zweiten Buches Sozialgesetzbuch bleibt unberührt. Vorschriften, nach denen im Vorverfahren Ausschüsse oder Beiräte an die Stelle einer Behörde treten, bleiben unberührt. Die Ausschüsse oder Beiräte können abweichend von Satz 1 Nr. 1 auch bei der Behörde gebildet werden, die den Verwaltungsakt erlassen hat.

(3) Der Widerspruchsbescheid ist schriftlich zu erlassen, zu begründen und den Beteiligten bekanntzugeben. Nimmt die Behörde eine Zustellung vor, gelten die §§ 2 bis 10 des Verwaltungszustellungsgesetzes. § 5 Abs. 4 des Verwaltungszustellungsgesetzes und § 178 Abs. 1 Nr. 2 der Zivilprozessordnung sind auf die nach § 73 Abs. 2 Satz 2 Nr. 3 bis 9 als Bevollmächtigte zugelassenen Personen entsprechend anzuwenden. Die Beteiligten sind hierbei über die Zulässigkeit der Klage, die einzuhaltende Frist und den Sitz des zuständigen Gerichts zu belehren.

(4) Über ruhend gestellte Widersprüche kann durch eine öffentlich bekannt gegebene Allgemeinverfügung entschieden werden, wenn die den angefochtenen Verwaltungsakten zugrunde liegende Gesetzeslage durch eine Entscheidung des Bundesverfassungsgerichts bestätigt wurde, Widerspruchsbescheide gegenüber einer Vielzahl von Widerspruchsführern zur gleichen Zeit ergehen müssen und durch sie die Rechtsstellung der Betroffenen ausschließlich nach einem für alle identischen Maßstab verändert wird. Die öffentliche Bekanntgabe erfolgt durch Veröffentlichung der Entscheidung über den Internetauftritt der Behörde, im Bundesanzeiger und in mindestens drei überregional erscheinenden Tageszeitungen. Auf die öffentliche Bekanntgabe, den Ort ihrer Bekanntgabe sowie die Klagefrist des § 87 Abs. 1 Satz 3 ist bereits in der Ruhensmitteilung hinzuweisen.

§ 86 (Änderung des Verwaltungsakts; Suspensiveffekt des Widerspruchs)

Wird während des Vorverfahrens der Verwaltungsakt abgeändert, so wird auch der neue Verwaltungsakt Gegenstand des Vorverfahrens; er ist der Stelle, die über den Widerspruch entscheidet, unverzüglich mitzuteilen.

§ 86a (Aufschiebende Wirkung)

(1) Widerspruch und Anfechtungsklage haben aufschiebende Wirkung. Das gilt auch bei rechtsgestaltenden und feststellenden Verwaltungsakten sowie bei Verwaltungsakten mit Drittwirkung.
(2) Die aufschiebende Wirkung entfällt
1. bei der Entscheidung über Versicherungs-, Beitrags- und Umlagepflichten sowie der Anforderung von Beiträgen, Umlagen und sonstigen öffentlichen Abgaben einschließlich der darauf entfallenden Nebenkosten,
2. in Angelegenheiten des sozialen Entschädigungsrechts und der Bundesagentur für Arbeit bei Verwaltungsakten, die eine laufende Leistung entziehen oder herabsetzen,
3. für die Anfechtungsklage in Angelegenheiten der Sozialversicherung bei Verwaltungsakten, die eine laufende Leistung herabsetzen oder entziehen,
4. in anderen durch Bundesgesetz vorgeschriebenen Fällen,
5. in Fällen, in denen die sofortige Vollziehung im öffentlichen Interesse oder im überwiegenden Interesse eines Beteiligten ist und die Stelle, die den Verwaltungsakt erlassen oder über den Widerspruch zu entscheiden hat, die sofortige Vollziehung mit schriftlicher Begründung des besonderen Interesses an der sofortigen Vollziehung anordnet.

(3) In den Fällen des Absatzes 2 kann die Stelle, die den Verwaltungsakt erlassen oder die über den Widerspruch zu entscheiden hat, die sofortige Vollziehung ganz oder teilweise aussetzen. In den Fällen des Absatzes 2 Nr. 1 soll die Aussetzung der Vollziehung erfolgen, wenn ernstliche Zweifel an der Rechtmäßigkeit des angegriffenen Verwaltungsaktes bestehen oder wenn die Vollziehung für den Abgaben- oder Kostenpflichtigen eine unbillige, nicht durch überwiegende öffentliche Interessen gebotene Härte zur Folge hätte. In den Fällen des Absatzes 2 Nr. 2 ist in Angelegenheiten des sozialen Entschädigungsrechts die nächsthöhere Behörde zuständig, es sei denn, diese ist keine oberste Bundes- oder eine oberste Landesbehörde. Die Entscheidung kann mit Auflagen versehen oder befristet werden. Die Stelle kann die Entscheidung jederzeit ändern oder aufheben.

(4) Die aufschiebende Wirkung entfällt, wenn eine Erlaubnis nach Artikel 1 § 1 des Arbeitnehmerüberlassungsgesetzes in der Fassung der Bekanntmachung vom 3. Februar 1995 (BGBl. I S. 158), das zuletzt durch

Artikel 2 des Gesetzes vom 23. Juli 2001 (BGBl. I S. 1852) geändert worden ist, aufgehoben oder nicht verlängert wird. Absatz 3 gilt entsprechend.

§ 86b (Gericht der Hauptsache)
(1) Das Gericht der Hauptsache kann auf Antrag
1. in den Fällen, in denen Widerspruch oder Anfechtungsklage aufschiebende Wirkung haben, die sofortige Vollziehung ganz oder teilweise anordnen,
2. in den Fällen, in denen Widerspruch oder Anfechtungsklage keine aufschiebende Wirkung haben, die aufschiebende Wirkung ganz oder teilweise anordnen,
3. in den Fällen des § 86a Abs. 3 die sofortige Vollziehung ganz oder teilweise wiederherstellen.

Ist der Verwaltungsakt im Zeitpunkt der Entscheidung schon vollzogen oder befolgt worden, kann das Gericht die Aufhebung der Vollziehung anordnen. Die Wiederherstellung der aufschiebenden Wirkung oder die Anordnung der sofortigen Vollziehung kann mit Auflagen versehen oder befristet werden. Das Gericht der Hauptsache kann auf Antrag die Maßnahmen jederzeit ändern oder aufheben.
(2) Soweit ein Fall des Absatzes 1 nicht vorliegt, kann das Gericht der Hauptsache auf Antrag eine einstweilige Anordnung in Bezug auf den Streitgegenstand treffen, wenn die Gefahr besteht, dass durch eine Veränderung des bestehenden Zustands die Verwirklichung eines Rechts des Antragstellers vereitelt oder wesentlich erschwert werden könnte. Einstweilige Anordnungen sind auch zur Regelung eines vorläufigen Zustands in Bezug auf ein streitiges Rechtsverhältnis zulässig, wenn eine solche Regelung zur Abwendung wesentlicher Nachteile nötig erscheint. Das Gericht der Hauptsache ist das Gericht des ersten Rechtszugs und, wenn die Hauptsache im Berufungsverfahren anhängig ist, das Berufungsgericht. Die §§ 920, 921, 923, 926, 928, 929 Absatz 1 und 3, die §§ 930 bis 932, 938, 939 und 945 der Zivilprozessordnung gelten entsprechend.
(3) Die Anträge nach den Absätzen 1 und 2 sind schon vor Klageerhebung zulässig.
(4) Das Gericht entscheidet durch Beschluss.

Vierter Unterabschnitt
Verfahren im ersten Rechtszug

§ 87 (Klagefrist)
(1) Die Klage ist binnen eines Monats nach Bekanntgabe des Verwaltungsaktes zu erheben. Die Frist beträgt bei Bekanntgabe im Ausland drei Monate. Bei einer öffentlichen Bekanntgabe nach § 85 Abs. 4 beträgt die Frist ein Jahr. Die Frist beginnt mit dem Tag zu laufen, an dem seit dem Tag der letzten Veröffentlichung zwei Wochen verstrichen sind.
(2) Hat ein Vorverfahren stattgefunden, so beginnt die Frist mit der Bekanntgabe des Widerspruchsbescheids.

§ 88 (Untätigkeitsklage)
(1) Ist ein Antrag auf Vornahme eines Verwaltungsakts ohne zureichenden Grund in angemessener Frist sachlich nicht beschieden worden, so ist die Klage nicht vor Ablauf von sechs Monaten seit dem Antrag auf Vornahme des Verwaltungsakts zulässig. Liegt ein zureichender Grund dafür vor, daß der beantragte Verwaltungsakt noch nicht erlassen ist, so setzt das Gericht das Verfahren bis zum Ablauf einer von ihm bestimmten Frist aus, die verlängert werden kann. Wird innerhalb dieser Frist dem Antrag stattgegeben, so ist die Hauptsache für erledigt zu erklären.
(2) Das gleiche gilt, wenn über einen Widerspruch nicht entschieden worden ist, mit der Maßgabe, daß als angemessene Frist eine solche von drei Monaten gilt.

§ 89 (Ausnahmen von der Klagefrist)
Die Klage ist an keine Frist gebunden, wenn die Feststellung der Nichtigkeit eines Verwaltungsakts oder die Feststellung des zuständigen Versicherungsträgers oder die Vornahme eines unterlassenen Verwaltungsakts begehrt wird.

§ 90 (Klageerhebung)
Die Klage ist bei dem zuständigen Gericht der Sozialgerichtsbarkeit schriftlich oder zu Protokoll des Urkundsbeamten der Geschäftsstelle zu erheben.

§ 91 (Wahrung der Klagefrist bei fehlerhafter Einreichung)
(1) Die Frist für die Erhebung der Klage gilt auch dann als gewahrt, wenn die Klageschrift innerhalb der Frist statt bei dem zuständigen Gericht der Sozialgerichtsbarkeit bei einer anderen inländischen Behörde oder bei einem Versicherungsträger oder bei einer deutschen Konsularbehörde oder, soweit es sich um die Versicherung von Seeleuten handelt, auch bei einem deutschen Seemannsamt im Ausland eingegangen ist.
(2) Die Klageschrift ist unverzüglich an das zuständige Gericht der Sozialgerichtsbarkeit abzugeben.

§ 92 (Inhalt der Klageschrift)

(1) Die Klage muss den Kläger, den Beklagten und den Gegenstand des Klagebegehrens bezeichnen. Zur Bezeichnung des Beklagten genügt die Angabe der Behörde. Die Klage soll einen bestimmten Antrag enthalten und von dem Kläger oder einer zu seiner Vertretung befugten Person mit Orts- und Zeitangabe unterzeichnet sein. Die zur Begründung dienenden Tatsachen und Beweismittel sollen angegeben, die angefochtene Verfügung und der Widerspruchsbescheid sollen in Abschrift beigefügt werden.

(2) Entspricht die Klage diesen Anforderungen nicht, hat der Vorsitzende den Kläger zu der erforderlichen Ergänzung innerhalb einer bestimmten Frist aufzufordern. Er kann dem Kläger für die Ergänzung eine Frist mit ausschließender Wirkung setzen, wenn es an einem der in Absatz 1 Satz 1 genannten Erfordernisse fehlt. Für die Wiedereinsetzung in den vorigen Stand gilt § 67 entsprechend.

§ 93 (Anlagen zur Klageschrift)

Der Klageschrift, den sonstigen Schriftsätzen und nach Möglichkeit den Unterlagen sind vorbehaltlich des § 65a Absatz 5 Satz 3 Abschriften für die Beteiligten beizufügen. Sind die erforderlichen Abschriften nicht eingereicht, so fordert das Gericht sie nachträglich an oder fertigt sie selbst an. Die Kosten für die Anfertigung können von dem Kläger eingezogen werden.

§ 94 (Rechtshängigkeit)

Durch die Erhebung der Klage wird die Streitsache rechtshängig. In Verfahren nach dem Siebzehnten Titel des Gerichtsverfassungsgesetzes wegen eines überlangen Gerichtsverfahrens wird die Streitsache erst mit Zustellung der Klage rechtshängig.

§ 95 (Streitgegenstand)

Hat ein Vorverfahren stattgefunden, so ist Gegenstand der Klage der ursprüngliche Verwaltungsakt in der Gestalt, die er durch den Widerspruchsbescheid gefunden hat.

§ 96 (Streitgegenstand bei Änderung des Verwaltungsakts)

(1) Nach Klageerhebung wird ein neuer Verwaltungsakt nur dann Gegenstand des Klageverfahrens, wenn er nach Erlass des Widerspruchsbescheides ergangen ist und den angefochtenen Verwaltungsakt abändert oder ersetzt.

(2) Eine Abschrift des neuen Verwaltungsakts ist dem Gericht mitzuteilen, bei dem das Verfahren anhängig ist.

§ 103 (Untersuchungsgrundsatz)

Das Gericht erforscht den Sachverhalt von Amts wegen; die Beteiligten sind dabei heranzuziehen. Es ist an das Vorbringen und die Beweisanträge der Beteiligten nicht gebunden.

§ 104 (Klagezustellung und Äußerungsfrist)

Der Vorsitzende übermittelt eine Abschrift der Klage an die übrigen Beteiligten; in Verfahren nach dem Siebzehnten Titel des Gerichtsverfassungsgesetzes wegen eines überlangen Gerichtsverfahrens ist die Klage zuzustellen. Zugleich mit der Zustellung oder Mitteilung ergeht die Aufforderung, sich schriftlich zu äußern; § 90 gilt entsprechend. Für die Äußerung kann eine Frist gesetzt werden, die nicht kürzer als ein Monat sein soll. Die Aufforderung muß den Hinweis enthalten, daß auch verhandelt und entschieden werden kann, wenn die Äußerung nicht innerhalb der Frist eingeht. Soweit das Gericht die Übersendung von Verwaltungsakten anfordert, soll diese binnen eines Monats nach Eingang der Aufforderung bei dem zuständigen Verwaltungsträger erfolgen. Die Übersendung einer beglaubigten Abschrift oder einer beglaubigten elektronischen Abschrift, die mit einer qualifizierten elektronischen Signatur des zuständigen Verwaltungsträgers versehen ist, steht der Übersendung der Originalverwaltungsakten gleich, sofern nicht das Gericht die Übersendung der Originalverwaltungsakten wünscht.

§ 105 (Gerichtsbescheid)

(1) Das Gericht kann ohne mündliche Verhandlung durch Gerichtsbescheid entscheiden, wenn die Sache keine besonderen Schwierigkeiten tatsächlicher oder rechtlicher Art aufweist und der Sachverhalt geklärt ist. Die Beteiligten sind vorher zu hören. Die Vorschriften über Urteile gelten entsprechend.

(2) Die Beteiligten können innerhalb eines Monats nach Zustellung des Gerichtsbescheids das Rechtsmittel einlegen, das zulässig wäre, wenn das Gericht durch Urteil entschieden hätte. Ist die Berufung nicht gegeben, kann mündliche Verhandlung beantragt werden. Wird sowohl ein Rechtsmittel eingelegt als auch mündliche Verhandlung beantragt, findet mündliche Verhandlung statt.

(3) Der Gerichtsbescheid wirkt als Urteil; wird rechtzeitig mündliche Verhandlung beantragt, gilt er als nicht ergangen.

(4) Wird mündliche Verhandlung beantragt, kann das Gericht in dem Urteil von einer weiteren Darstellung des Tatbestandes und der Entscheidungsgründe absehen, soweit es der Begründung des Gerichtsbescheids folgt und dies in seiner Entscheidung feststellt.

§ 106 (Vorbereitung der Verhandlung)

(1) Der Vorsitzende hat darauf hinzuwirken, daß Formfehler beseitigt, unklare Anträge erläutert, sachdienliche Anträge gestellt, ungenügende Angaben tatsächlicher Art ergänzt sowie alle für die Feststellung und Beurteilung des Sachverhalts wesentlichen Erklärungen abgegeben werden.

(2) Der Vorsitzende hat bereits vor der mündlichen Verhandlung alle Maßnahmen zu treffen, die notwendig sind, um den Rechtsstreit möglichst in einer mündlichen Verhandlung zu erledigen.

(3) Zu diesem Zweck kann er insbesondere
1. um Mitteilung von Urkunden sowie um Übermittlung elektronischer Dokumente ersuchen,
2. Krankenpapiere, Aufzeichnungen, Krankengeschichten, Sektions- und Untersuchungsbefunde sowie Röntgenbilder beiziehen,
3. Auskünfte jeder Art einholen,
4. Zeugen und Sachverständige in geeigneten Fällen vernehmen oder, auch eidlich, durch den ersuchten Richter vernehmen lassen,
5. die Einnahme des Augenscheins sowie die Begutachtung durch Sachverständige anordnen und ausführen,
6. andere beiladen,
7. einen Termin anberaumen, das persönliche Erscheinen der Beteiligten hierzu anordnen und den Sachverhalt mit diesen erörtern.

(4) Für die Beweisaufnahme gelten die §§ 116, 118 und 119 entsprechend.

§ 114 (Aussetzung des Verfahrens)

(1) Hängt die Entscheidung eines Rechtsstreits von einem familien- oder erbrechtlichen Verhältnis ab, so kann das Gericht das Verfahren solange aussetzen, bis dieses Verhältnis im Zivilprozeß festgestellt worden ist.

(2) Hängt die Entscheidung des Rechtsstreits ganz oder zum Teil vom Bestehen oder Nichtbestehen eines Rechtsverhältnisses ab, das den Gegenstand eines anderen anhängigen Rechtsstreits bildet oder von einer Verwaltungsstelle festzustellen ist, so kann das Gericht anordnen, daß die Verhandlung bis zur Erledigung des anderen Rechtsstreits oder bis zur Entscheidung der Verwaltungsstelle auszusetzen sei. Auf Antrag kann das Gericht die Verhandlung zur Heilung von Verfahrens- und Formfehlern aussetzen, soweit dies im Sinne der Verfahrenskonzentration sachdienlich ist.

(2a) Hängt die Entscheidung des Rechtsstreits ab von der Gültigkeit einer Satzung oder einer anderen im Rang unter einem Landesgesetz stehenden Vorschrift, die nach § 22a Absatz 1 des Zweiten Buches Sozialgesetzbuch und dem dazu ergangenen Landesgesetz erlassen worden ist, so kann das Gericht anordnen, dass die Verhandlung bis zur Erledigung des Antragsverfahrens nach § 55a auszusetzen ist.

(3) Das Gericht kann, wenn sich im Laufe eines Rechtsstreits der Verdacht einer Straftat ergibt, deren Ermittlung auf die Entscheidung von Einfluß ist, die Aussetzung der Verhandlung bis zur Erledigung des Strafverfahrens anordnen.

§ 120 (Akteneinsicht und Abschriften)

(1) Die Beteiligten haben das Recht der Einsicht in die Akten, soweit die übermittelnde Behörde dieses nicht ausschließt. Beteiligte können sich auf ihre Kosten durch die Geschäftsstelle Ausfertigungen, Auszüge, Ausdrucke und Abschriften erteilen lassen. Für die Versendung von Akten, die Übermittlung elektronischer Dokumente und die Gewährung des elektronischen Zugriffs auf Akten werden Kosten nicht erhoben, sofern nicht nach § 197a das Gerichtskostengesetz gilt.

(2) Werden die Prozessakten elektronisch geführt, wird Akteneinsicht durch Bereitstellung des Inhalts der Akten zum Abruf oder durch Übermittlung des Inhalts der Akten auf einem sicheren Übermittlungsweg gewährt. Auf besonderen Antrag wird Akteneinsicht durch Einsichtnahme in die Akten in Diensträumen gewährt. Ein Aktenausdruck oder ein Datenträger mit dem Inhalt der Akten wird auf besonders zu begründenden Antrag nur übermittelt, wenn der Antragsteller hieran ein berechtigtes Interesse darlegt. Stehen der Akteneinsicht in der nach Satz 1 vorgesehenen Form wichtige Gründe entgegen, kann die Akteneinsicht in der nach den Sätzen 2 und 3 vorgesehenen Form auch ohne Antrag gewährt werden. Über einen Antrag nach Satz 3 entscheidet der Vorsitzende; die Entscheidung ist unanfechtbar. § 155 Absatz 4 gilt entsprechend.

(3) Werden die Prozessakten in Papierform geführt, wird Akteneinsicht durch Einsichtnahme in die Akten in Diensträumen gewährt. Die Akteneinsicht kann, soweit nicht wichtige Gründe entgegenstehen, auch durch Bereitstellung des Inhalts der Akten zum Abruf oder durch Übermittlung des Inhalts der Akten auf einem sicheren Übermittlungsweg gewährt werden. Nach dem Ermessen des Vorsitzenden kann einem Bevollmäch-

tigten, der zu den in § 73 Absatz 2 Satz 1 und 2 Nummer 3 bis 9 bezeichneten natürlichen Personen gehört, die Mitnahme der Akten in die Wohnung oder Geschäftsräume gestattet werden. § 155 Absatz 4 gilt entsprechend.
(4) Der Vorsitzende kann aus besonderen Gründen die Einsicht in die Akten oder in Aktenteile sowie die Fertigung oder Erteilung von Auszügen und Abschriften versagen oder beschränken. Gegen die Versagung oder die Beschränkung der Akteneinsicht kann das Gericht angerufen werden; es entscheidet endgültig.
(5) Die Entwürfe zu Urteilen, Beschlüssen und Verfügungen, die zu ihrer Vorbereitung angefertigten Arbeiten sowie die Dokumente, welche Abstimmungen betreffen, werden weder vorgelegt noch abschriftlich mitgeteilt.

Fünfter Unterabschnitt
Urteile und Beschlüsse

§ 131 (Urteilsinhalt)

(1) Wird ein Verwaltungsakt oder ein Widerspruchsbescheid, der bereits vollzogen ist, aufgehoben, so kann das Gericht aussprechen, daß und in welcher Weise die Vollziehung des Verwaltungsaktes rückgängig zu machen ist. Dies ist nur zulässig, wenn die Verwaltungsstelle rechtlich dazu in der Lage und diese Frage ohne weiteres in jeder Beziehung spruchreif ist. Hat sich der Verwaltungsakt vorher durch Zurücknahme oder anders erledigt, so spricht das Gericht auf Antrag durch Urteil aus, daß der Verwaltungsakt rechtswidrig ist, wenn der Kläger ein berechtigtes Interesse an dieser Feststellung hat.
(2) Hält das Gericht die Verurteilung zum Erlaß eines abgelehnten Verwaltungsakts für begründet und diese Frage in jeder Beziehung für spruchreif, so ist im Urteil die Verpflichtung auszusprechen, den beantragten Verwaltungsakt zu erlassen. Im Übrigen gilt Absatz 3 entsprechend.
(3) Hält das Gericht die Unterlassung eines Verwaltungsakts für rechtswidrig, so ist im Urteil die Verpflichtung auszusprechen, den Kläger unter Beachtung der Rechtsauffassung des Gerichts zu bescheiden.
(4) Hält das Gericht eine Wahl im Sinne des § 57b oder eine Wahl zu den Selbstverwaltungsorganen der Kassenärztlichen Vereinigungen oder der Kassenärztlichen Bundesvereinigungen ganz oder teilweise oder eine Ergänzung der Selbstverwaltungsorgane für ungültig, so spricht es dies im Urteil aus und bestimmt die Folgerungen, die sich aus der Ungültigkeit ergeben.
(5) Hält das Gericht eine weitere Sachaufklärung für erforderlich, kann es, ohne in der Sache selbst zu entscheiden, den Verwaltungsakt und den Widerspruchsbescheid aufheben, soweit nach Art oder Umfang die noch erforderlichen Ermittlungen erheblich sind und die Aufhebung auch unter Berücksichtigung der Belange der Beteiligten sachdienlich ist. Satz 1 gilt auch bei Klagen auf Verurteilung zum Erlass eines Verwaltungsakts und bei Klagen nach § 54 Abs. 4; Absatz 3 ist entsprechend anzuwenden. Auf Antrag kann das Gericht bis zum Erlass des neuen Verwaltungsakts eine einstweilige Regelung treffen, insbesondere bestimmen, dass Sicherheiten geleistet werden oder ganz oder zum Teil bestehen bleiben und Leistungen zunächst nicht zurückgewährt werden müssen. Der Beschluss kann jederzeit geändert oder aufgehoben werden. Eine Entscheidung nach Satz 1 kann nur binnen sechs Monaten seit Eingang der Akten der Behörde bei Gericht ergehen.

Zweiter Abschnitt
Rechtsmittel

Erster Unterabschnitt
Berufung

§ 143 (Statthaftigkeit der Berufung)

Gegen die Urteile der Sozialgerichte findet die Berufung an das Landessozialgericht statt, soweit sich aus den Vorschriften dieses Unterabschnittes nichts anderes ergibt.

§ 144 (Zulassung der Berufung)

(1) Die Berufung bedarf der Zulassung in dem Urteil des Sozialgerichts oder auf Beschwerde durch Beschluß des Landessozialgerichts, wenn der Wert des Beschwerdegegenstandes
1. bei einer Klage, die eine Geld-, Dienst- oder Sachleistung oder einen hierauf gerichteten Verwaltungsakt betrifft, 750 Euro oder
2. bei einer Erstattungsstreitigkeit zwischen juristischen Personen des öffentlichen Rechts oder Behörden 10 000 Euro

nicht übersteigt. Das gilt nicht, wenn die Berufung wiederkehrende oder laufende Leistungen für mehr als ein Jahr betrifft.
(2) Die Berufung ist zuzulassen, wenn
1. die Rechtssache grundsätzliche Bedeutung hat,

2. das Urteil von einer Entscheidung des Landessozialgerichts, des Bundessozialgerichts, des Gemeinsamen Senats der obersten Gerichtshöfe des Bundes oder des Bundesverfassungsgerichts abweicht und auf dieser Abweichung beruht oder
3. ein der Beurteilung des Berufungsgerichts unterliegender Verfahrensmangel geltend gemacht wird und vorliegt, auf dem die Entscheidung beruhen kann.

(3) Das Landessozialgericht ist an die Zulassung gebunden.
(4) Die Berufung ist ausgeschlossen, wenn es sich um die Kosten des Verfahrens handelt.

§ 145 (Nichtzulassungsbeschwerde)

(1) Die Nichtzulassung der Berufung durch das Sozialgericht kann durch Beschwerde angefochten werden. Die Beschwerde ist bei dem Landessozialgericht innerhalb eines Monats nach Zustellung des vollständigen Urteils schriftlich oder zu Protokoll des Urkundsbeamten einzulegen.
(2) Die Beschwerde soll das angefochtene Urteil bezeichnen und die zur Begründung dienenden Tatsachen und Beweismittel angeben.
(3) Die Einlegung der Beschwerde hemmt die Rechtskraft des Urteils.
(4) Das Landessozialgericht entscheidet durch Beschluss. Die Zulassung der Berufung bedarf keiner Begründung. Der Ablehnung der Beschwerde soll eine kurze Begründung beigefügt werden. Mit der Ablehnung der Beschwerde wird das Urteil rechtskräftig.
(5) Läßt das Landessozialgericht die Berufung zu, wird das Beschwerdeverfahren als Berufungsverfahren fortgesetzt; der Einlegung einer Berufung durch den Beschwerdeführer bedarf es nicht. Darauf ist in dem Beschluß hinzuweisen.

§§ 146 bis 150 (weggefallen)

§ 151 (Einlegung der Berufung und Frist)

(1) Die Berufung ist bei dem Landessozialgericht innerhalb eines Monats nach Zustellung des Urteils schriftlich oder zu Protokoll des Urkundsbeamten der Geschäftsstelle einzulegen.
(2) Die Berufungsfrist ist auch gewahrt, wenn die Berufung innerhalb der Frist bei dem Sozialgericht schriftlich oder zu Protokoll des Urkundsbeamten der Geschäftsstelle eingelegt wird. In diesem Falle legt das Sozialgericht die Berufungsschrift oder das Protokoll mit seinen Akten unverzüglich dem Landessozialgericht vor.
(3) Die Berufungsschrift soll das angefochtene Urteil bezeichnen, einen bestimmten Antrag enthalten und die zur Begründung dienenden Tatsachen und Beweismittel angeben.

§ 154 (Aufschiebende Wirkung der Berufung und Beschwerde)

(1) Die Berufung und die Beschwerde nach § 144 Abs. 1 haben aufschiebende Wirkung, soweit die Klage nach § 86a Aufschub bewirkt.
(2) Die Berufung und die Beschwerde nach § 144 Abs. 1 eines Versicherungsträgers oder in der Kriegsopferversorgung eines Landes bewirken Aufschub, soweit es sich um Beträge handelt, die für die Zeit vor Erlaß des angefochtenen Urteils nachgezahlt werden sollen.

Zweiter Unterabschnitt
Revision

§ 160 (Zulassungsprinzip)

(1) Gegen das Urteil eines Landessozialgerichts und gegen den Beschluss nach § 55a Absatz 5 Satz 1 steht den Beteiligten die Revision an das Bundessozialgericht nur zu, wenn sie in der Entscheidung des Landessozialgerichts oder in dem Beschluß des Bundessozialgerichts nach § 160a Abs. 4 Satz 1 zugelassen worden ist.
(2) Sie ist nur zuzulassen, wenn
1. die Rechtssache grundsätzliche Bedeutung hat oder
2. das Urteil von einer Entscheidung des Bundessozialgerichts, des Gemeinsamen Senats der obersten Gerichtshöfe des Bundes oder des Bundesverfassungsgerichts abweicht und auf dieser Abweichung beruht oder
3. ein Verfahrensmangel geltend gemacht wird, auf dem die angefochtene Entscheidung beruhen kann; der geltend gemachte Verfahrensmangel kann nicht auf eine Verletzung der §§ 109 und 128 Abs. 1 Satz 1 und auf eine Verletzung des § 103 nur gestützt werden, wenn er sich auf einen Beweisantrag bezieht, dem das Landessozialgericht ohne hinreichende Begründung nicht gefolgt ist.

(3) Das Bundessozialgericht ist an die Zulassung gebunden.

Dritter Unterabschnitt
Beschwerde, Erinnerung, Anhörungsrüge

§ 178a (Rüge eines beschwerten Beteiligten)

(1) Auf die Rüge eines durch eine gerichtliche Entscheidung beschwerten Beteiligten ist das Verfahren fortzuführen, wenn
1. ein Rechtsmittel oder ein anderer Rechtsbehelf gegen die Entscheidung nicht gegeben ist und
2. das Gericht den Anspruch dieses Beteiligten auf rechtliches Gehör in entscheidungserheblicher Weise verletzt hat.

Gegen eine der Endentscheidung vorausgehende Entscheidung findet die Rüge nicht statt.
(2) Die Rüge ist innerhalb von zwei Wochen nach Kenntnis von der Verletzung des rechtlichen Gehörs zu erheben; der Zeitpunkt der Kenntniserlangung ist glaubhaft zu machen. Nach Ablauf eines Jahres seit Bekanntgabe der angegriffenen Entscheidung kann die Rüge nicht mehr erhoben werden. Formlos mitgeteilte Entscheidungen gelten mit dem dritten Tage nach Aufgabe zur Post als bekannt gegeben. Die Rüge ist schriftlich oder zu Protokoll des Urkundsbeamten der Geschäftsstelle bei dem Gericht zu erheben, dessen Entscheidung angegriffen wird. Die Rüge muss die angegriffene Entscheidung bezeichnen und das Vorliegen der in Absatz 1 Satz 1 Nr. 2 genannten Voraussetzungen darlegen.
(3) Den übrigen Beteiligten ist, soweit erforderlich, Gelegenheit zur Stellungnahme zu geben.
(4) Ist die Rüge nicht statthaft oder nicht in der gesetzlichen Form oder Frist erhoben, so ist sie als unzulässig zu verwerfen. Ist die Rüge unbegründet, weist das Gericht sie zurück. Die Entscheidung ergeht durch unanfechtbaren Beschluss. Der Beschluss soll kurz begründet werden.
(5) Ist die Rüge begründet, so hilft ihr das Gericht ab, indem es das Verfahren fortführt, soweit dies aufgrund der Rüge geboten ist. Das Verfahren wird in die Lage zurückversetzt, in der es sich vor dem Schluss der mündlichen Verhandlung befand. In schriftlichen Verfahren tritt an die Stelle des Schlusses der mündlichen Verhandlung der Zeitpunkt, bis zu dem Schriftsätze eingereicht werden können. Für den Ausspruch des Gerichts ist § 343 der Zivilprozessordnung entsprechend anzuwenden.
(6) § 175 Satz 3 ist entsprechend anzuwenden.

Vierter Abschnitt
Kosten und Vollstreckung

Erster Unterabschnitt
Kosten

§ 183 (Gerichtskostenfreiheit)

Das Verfahren vor den Gerichten der Sozialgerichtsbarkeit ist für Versicherte, Leistungsempfänger einschließlich Hinterbliebenenleistungsempfänger, behinderte Menschen oder deren Sonderrechtsnachfolger nach § 56 des Ersten Buches Sozialgesetzbuch kostenfrei, soweit sie in dieser jeweiligen Eigenschaft als Kläger oder Beklagte beteiligt sind. Nimmt ein sonstiger Rechtsnachfolger das Verfahren auf, bleibt das Verfahren in dem Rechtszug kostenfrei. Den in Satz 1 und 2 genannten Personen steht gleich, wer im Falle des Obsiegens zu diesen Personen gehören würde. Leistungsempfängern nach Satz 1 stehen Antragsteller nach § 55a Absatz 2 Satz 1 zweite Alternative gleich. § 93 Satz 3, § 109 Abs. 1 Satz 2, § 120 Absatz 1 Satz 2 und § 192 bleiben unberührt. Die Kostenfreiheit nach dieser Vorschrift gilt nicht in einem Verfahren wegen eines überlangen Gerichtsverfahrens (§ 202 Satz 2).

§ 184 (Gebühren)

(1) Kläger und Beklagte, die nicht zu den in § 183 genannten Personen gehören, haben für jede Streitsache eine Gebühr zu entrichten. Die Gebühr entsteht, sobald die Streitsache rechtshängig geworden ist; sie ist für jeden Rechtszug zu zahlen. Soweit wegen derselben Streitsache ein Mahnverfahren (§ 182a) vorausgegangen ist, wird die Gebühr für das Verfahren über den Antrag auf Erlass eines Mahnbescheids nach dem Gerichtskostengesetz angerechnet.
(2) Die Höhe der Gebühr wird für das Verfahren
vor den Sozialgerichten auf 150 Euro,
vor den Landessozialgerichten auf 225 Euro,
vor dem Bundessozialgericht auf 300 Euro
festgesetzt.
(3) § 2 des Gerichtskostengesetzes gilt entsprechend.

§ 191 (Entschädigung bei persönlichem Erscheinen)

Ist das persönliche Erscheinen eines Beteiligten angeordnet worden, so werden ihm auf Antrag bare Auslagen und Zeitverlust wie einem Zeugen vergütet; sie können vergütet werden, wenn er ohne Anordnung erscheint und das Gericht das Erscheinen für geboten hält.

§ 192 (Kostenauferlegung)

(1) Das Gericht kann im Urteil oder, wenn das Verfahren anders beendet wird, durch Beschluss einem Beteiligten ganz oder teilweise die Kosten auferlegen, die dadurch verursacht werden, dass
1. durch Verschulden des Beteiligten die Vertagung einer mündlichen Verhandlung oder die Anberaumung eines neuen Termins zur mündlichen Verhandlung nötig geworden ist oder
2. der Beteiligte den Rechtsstreit fortführt, obwohl ihm vom Vorsitzenden die Missbräuchlichkeit der Rechtsverfolgung oder -verteidigung dargelegt worden und er auf die Möglichkeit der Kostenauferlegung bei Fortführung des Rechtsstreites hingewiesen worden ist.

Dem Beteiligten steht gleich sein Vertreter oder Bevollmächtigter. Als verursachter Kostenbetrag gilt dabei mindestens der Betrag nach § 184 Abs. 2 für die jeweilige Instanz.
(2) (weggefallen)
(3) Die Entscheidung nach Absatz 1 wird in ihrem Bestand nicht durch die Rücknahme der Klage berührt. Sie kann nur durch eine zu begründende Kostenentscheidung im Rechtsmittelverfahren aufgehoben werden.
(4) Das Gericht kann der Behörde ganz oder teilweise die Kosten auferlegen, die dadurch verursacht werden, dass die Behörde erkennbare und notwendige Ermittlungen im Verwaltungsverfahren unterlassen hat, die im gerichtlichen Verfahren nachgeholt wurden. Die Entscheidung ergeht durch gesonderten Beschluss.

§ 193 (Erstattung der notwendigen Kosten)

(1) Das Gericht hat im Urteil zu entscheiden, ob und in welchem Umfang die Beteiligten einander Kosten zu erstatten haben. Ist ein Mahnverfahren vorausgegangen (§ 182a), entscheidet das Gericht auch, welcher Beteiligte die Gerichtskosten zu tragen hat. Das Gericht entscheidet auf Antrag durch Beschluß, wenn das Verfahren anders beendet wird.
(2) Kosten sind die zur zweckentsprechenden Rechtsverfolgung oder Rechtsverteidigung notwendigen Aufwendungen der Beteiligten.
(3) Die gesetzliche Vergütung eines Rechtsanwalts oder Rechtsbeistands ist stets erstattungsfähig.
(4) Nicht erstattungsfähig sind die Aufwendungen der in § 184 Abs. 1 genannten Gebührenpflichtigen.

§ 197a (Kosten)

(1) Gehört in einem Rechtszug weder der Kläger noch der Beklagte zu den in § 183 genannten Personen oder handelt es sich um ein Verfahren wegen eines überlangen Gerichtsverfahrens (§ 202 Satz 2), werden Kosten nach den Vorschriften des Gerichtskostengesetzes erhoben; die §§ 184 bis 195 finden keine Anwendung; die §§ 154 bis 162 der Verwaltungsgerichtsordnung sind entsprechend anzuwenden. Wird die Klage zurückgenommen, findet § 161 Abs. 2 der Verwaltungsgerichtsordnung keine Anwendung.
(2) Dem Beigeladenen werden die Kosten außer in den Fällen des § 154 Abs. 3 der Verwaltungsgerichtsordnung auch auferlegt, soweit er verurteilt wird (§ 75 Abs. 5). Ist eine der in § 183 genannten Personen beigeladen, können dieser Kosten nur unter den Voraussetzungen von § 192 auferlegt werden. Aufwendungen des Beigeladenen werden unter den Voraussetzungen des § 191 vergütet; sie gehören nicht zu den Gerichtskosten.
(3) Die Absätze 1 und 2 gelten auch für Träger der Sozialhilfe einschließlich der Leistungen nach Teil 2 des Neunten Buches Sozialgesetzbuch, soweit sie an Erstattungsstreitigkeiten mit anderen Trägern beteiligt sind.

Dritter Teil
Übergangs- und Schlußvorschriften

§ 202 (Subsidiäre Anwendung des GVG und der ZPO)

Soweit dieses Gesetz keine Bestimmungen über das Verfahren enthält, sind das Gerichtsverfassungsgesetz und die Zivilprozeßordnung einschließlich § 278 Absatz 5 und § 278a entsprechend anzuwenden, wenn die grundsätzlichen Unterschiede der beiden Verfahrensarten dies nicht ausschließen; Buch 6 der Zivilprozeßordnung ist nicht anzuwenden. Die Vorschriften des Siebzehnten Titels des Gerichtsverfassungsgesetzes sind mit der Maßgabe entsprechend anzuwenden, dass an die Stelle des Oberlandesgerichts das Landessozialgericht, an die Stelle des Bundesgerichtshofs das Bundessozialgericht und an die Stelle der Zivilprozeßordnung das Sozialgerichtsgesetz tritt. In Streitigkeiten über Entscheidungen des Bundeskartellamts, die die freiwillige Vereinigung von Krankenkassen nach § 172a des Fünften Buches Sozialgesetzbuch betreffen, sind die §§ 63 bis 80 des Gesetzes gegen Wettbewerbsbeschränkungen mit der Maßgabe entsprechend anzuwenden, dass an die Stelle des Oberlandesgerichts das Landessozialgericht, an die Stelle des Bundesgerichtshofs das Bundessozialgericht und an die Stelle der Zivilprozeßordnung das Sozialgerichtsgesetz tritt.

Zivilprozessordnung (ZPO)

in der Fassung der Bekanntmachung
vom 5. Dezember 2005 (BGBl. I S. 3202, 2006 S. 431, 2007 S. 1781)

Zuletzt geändert durch
Gesetz zur Modernisierung des notariellen Berufsrechts und zur Änderung weiterer Vorschriften
vom 25. Juni 2021 (BGBl. I S. 2154)

– Auszug –*)

Inhaltsübersicht

Buch 1
Allgemeine Vorschriften

Abschnitt 1
Gerichte

Titel 1
Sachliche Zuständigkeit der Gerichte und Wertvorschriften

§ 1	Sachliche Zuständigkeit
§ 2	Bedeutung des Wertes
§ 3	Wertfestsetzung nach freiem Ermessen
§ 4	Wertberechnung; Nebenforderungen
§ 5	Mehrere Ansprüche
§ 6	Besitz; Sicherstellung; Pfandrecht
§ 7	Grunddienstbarkeit
§ 8	Pacht- oder Mietverhältnis
§ 9	Wiederkehrende Nutzungen oder Leistungen
§ 10	(weggefallen)
§ 11	Bindende Entscheidung über Unzuständigkeit

Titel 2
Gerichtsstand

§ 12	Allgemeiner Gerichtsstand; Begriff
§ 13	Allgemeiner Gerichtsstand des Wohnsitzes
§ 14	(weggefallen)
§ 15	Allgemeiner Gerichtsstand für exterritoriale Deutsche
§ 16	Allgemeiner Gerichtsstand wohnsitzloser Personen
§ 17	Allgemeiner Gerichtsstand juristischer Personen
§ 18	Allgemeiner Gerichtsstand des Fiskus
§ 19	Mehrere Gerichtsbezirke am Behördensitz
§ 19a	Allgemeiner Gerichtsstand des Insolvenzverwalters
§ 20	Besonderer Gerichtsstand des Aufenthaltsorts
§ 21	Besonderer Gerichtsstand der Niederlassung
§ 22	Besonderer Gerichtsstand der Mitgliedschaft
§ 23	Besonderer Gerichtsstand des Vermögens und des Gegenstands
§ 24	Ausschließlicher dinglicher Gerichtsstand
§ 25	Dinglicher Gerichtsstand des Sachzusammenhanges
§ 26	Dinglicher Gerichtsstand für persönliche Klagen
§ 27	Besonderer Gerichtsstand der Erbschaft
§ 28	Erweiterter Gerichtsstand der Erbschaft
§ 29	Besonderer Gerichtsstand des Erfüllungsorts
§ 29a	Ausschließlicher Gerichtsstand bei Miet- oder Pachträumen
§ 29b	(weggefallen)
§ 29c	Besonderer Gerichtsstand für Haustürgeschäfte
§ 30	Gerichtsstand bei Beförderungen
§ 30a	Gerichtsstand bei Bergungsansprüchen
§ 31	Besonderer Gerichtsstand der Vermögensverwaltung
§ 32	Besonderer Gerichtsstand der unerlaubten Handlung
§ 32a	Ausschließlicher Gerichtsstand der Umwelteinwirkung
§ 32b	Ausschließlicher Gerichtsstand bei falschen, irreführenden oder unterlassenen öffentlichen Kapitalmarktinformationen
§ 32c	Ausschließlicher Gerichtsstand bei Musterfeststellungsverfahren
§ 33	Besonderer Gerichtsstand der Widerklage
§ 34	Besonderer Gerichtsstand des Hauptprozesses
§ 35	Wahl unter mehreren Gerichtsständen
§ 36	Gerichtliche Bestimmung der Zuständigkeit
§ 37	Verfahren bei gerichtlicher Bestimmung

Titel 3
Vereinbarung über die Zuständigkeit der Gerichte

§ 38	Zugelassene Gerichtsstandsvereinbarung
§ 39	Zuständigkeit infolge rügeloser Verhandlung
§ 40	Unwirksame und unzulässige Gerichtsstandsvereinbarung

---

*) Abgedruckt sind nur die für Sozialberufe wichtigen Bestimmungen. Das Inhaltsverzeichnis benennt den kompletten Inhalt des Gesetzes.

Titel 4
Ausschließung und Ablehnung der Gerichtspersonen

- § 41 Ausschluss von der Ausübung des Richteramtes
- § 42 Ablehnung eines Richters
- § 43 Verlust des Ablehnungsrechts
- § 44 Ablehnungsgesuch
- § 45 Entscheidung über das Ablehnungsgesuch
- § 46 Entscheidung und Rechtsmittel
- § 47 Unaufschiebbare Amtshandlungen
- § 48 Selbstablehnung; Ablehnung von Amts wegen
- § 49 Urkundsbeamte

Abschnitt 2
Parteien

Titel 1
Parteifähigkeit, Prozessfähigkeit

- § 50 Parteifähigkeit
- § 51 Prozessfähigkeit; gesetzliche Vertretung; Prozessführung
- § 52 Umfang der Prozessfähigkeit
- § 53 Prozessunfähigkeit bei Betreuung oder Pflegschaft
- § 54 Besondere Ermächtigung zu Prozesshandlungen
- § 55 Prozessfähigkeit von Ausländern
- § 56 Prüfung von Amts wegen
- § 57 Prozesspfleger
- § 58 Prozesspfleger bei herrenlosem Grundstück oder Schiff

Titel 2
Streitgenossenschaft

- § 59 Streitgenossenschaft bei Rechtsgemeinschaft oder Identität des Grundes
- § 60 Streitgenossenschaft bei Gleichartigkeit der Ansprüche
- § 61 Wirkung der Streitgenossenschaft
- § 62 Notwendige Streitgenossenschaft
- § 63 Prozessbetrieb; Ladungen

Titel 3
Beteiligung Dritter am Rechtsstreit

- § 64 Hauptintervention
- § 65 Aussetzung des Hauptprozesses
- § 66 Nebenintervention
- § 67 Rechtsstellung des Nebenintervenienten
- § 68 Wirkung der Nebenintervention
- § 69 Streitgenössische Nebenintervention
- § 70 Beitritt des Nebenintervenienten
- § 71 Zwischenstreit über Nebenintervention
- § 72 Zulässigkeit der Streitverkündung
- § 73 Form der Streitverkündung
- § 74 Wirkung der Streitverkündung
- § 75 Gläubigerstreit
- § 76 Urheberbenennung bei Besitz
- § 77 Urheberbenennung bei Eigentumsbeeinträchtigung

Titel 4
Prozessbevollmächtigte und Beistände

- § 78 Anwaltsprozess
- § 78a (weggefallen)
- § 78b Notanwalt
- § 78c Auswahl des Rechtsanwalts
- § 79 Parteiprozess
- § 80 Prozessvollmacht
- § 81 Umfang der Prozessvollmacht
- § 82 Geltung für Nebenverfahren
- § 83 Beschränkung der Prozessvollmacht
- § 84 Mehrere Prozessbevollmächtigte
- § 85 Wirkung der Prozessvollmacht
- § 86 Fortbestand der Prozessvollmacht
- § 87 Erlöschen der Vollmacht
- § 88 Mangel der Vollmacht
- § 89 Vollmachtloser Vertreter
- § 90 Beistand

Titel 5
Prozesskosten

- § 91 Grundsatz und Umfang der Kostenpflicht
- § 91a Kosten bei Erledigung der Hauptsache
- § 92 Kosten bei teilweisem Obsiegen
- § 93 Kosten bei sofortigem Anerkenntnis
- § 93a (weggefallen)
- § 93b Kosten bei Räumungsklagen
- § 94 Kosten bei übergegangenem Anspruch
- § 95 Kosten bei Säumnis oder Verschulden
- § 96 Kosten erfolgloser Angriffs- oder Verteidigungsmittel
- § 97 Rechtsmittelkosten
- § 98 Vergleichskosten
- § 99 Anfechtung von Kostenentscheidungen
- § 100 Kosten bei Streitgenossen
- § 101 Kosten einer Nebenintervention
- § 102 (weggefallen)
- § 103 Kostenfestsetzungsgrundlage; Kostenfestsetzungsantrag
- § 104 Kostenfestsetzungsverfahren
- § 105 Vereinfachter Kostenfestsetzungsbeschluss
- § 106 Verteilung nach Quoten
- § 107 Änderung nach Streitwertfestsetzung

Titel 6
Sicherheitsleistung

- § 108 Art und Höhe der Sicherheit
- § 109 Rückgabe der Sicherheit
- § 110 Prozesskostensicherheit
- § 111 Nachträgliche Prozesskostensicherheit
- § 112 Höhe der Prozesskostensicherheit
- § 113 Fristbestimmung für Prozesskostensicherheit

Titel 7
Prozesskostenhilfe und Prozesskostenvorschuss

§ 114 Voraussetzungen
§ 115 Einsatz von Einkommen und Vermögen
§ 116 Partei kraft Amtes; juristische Person; parteifähige Vereinigung
§ 117 Antrag
§ 118 Bewilligungsverfahren
§ 119 Bewilligung
§ 120 Festsetzung von Zahlungen
§ 120a Änderung der Bewilligung
§ 121 Beiordnung eines Rechtsanwalts
§ 122 Wirkung der Prozesskostenhilfe
§ 123 Kostenerstattung
§ 124 Aufhebung der Bewilligung
§ 125 Einziehung der Kosten
§ 126 Beitreibung der Rechtsanwaltskosten
§ 127 Entscheidungen

Abschnitt 3
Verfahren

Titel 1
Mündliche Verhandlung

§ 128 Grundsatz der Mündlichkeit; schriftliches Verfahren
§ 128a Verhandlung im Wege der Bild- und Tonübertragung
§ 129 Vorbereitende Schriftsätze
§ 129a Anträge und Erklärungen zu Protokoll
§ 130 Inhalt der Schriftsätze
§ 130a Elektronisches Dokument
§ 130b Gerichtliches elektronisches Dokument
§ 130c Formulare; Verordnungsermächtigung
§ 131 Beifügung von Urkunden
§ 132 Fristen für Schriftsätze
§ 133 Abschriften
§ 134 Einsicht von Urkunden
§ 135 Mitteilung von Urkunden unter Rechtsanwälten
§ 136 Prozessleitung durch Vorsitzenden
§ 137 Gang der mündlichen Verhandlung
§ 138 Erklärungspflicht über Tatsachen; Wahrheitspflicht
§ 139 Materielle Prozessleitung
§ 140 Beanstandung von Prozessleitung oder Fragen
§ 141 Anordnung des persönlichen Erscheinens
§ 142 Anordnung der Urkundenvorlegung
§ 143 Anordnung der Aktenübermittlung
§ 144 Augenschein; Sachverständige
§ 145 Prozesstrennung
§ 146 Beschränkung auf einzelne Angriffs- und Verteidigungsmittel
§ 147 Prozessverbindung
§ 148 Aussetzung bei Vorgreiflichkeit
§ 149 Aussetzung bei Verdacht einer Straftat
§ 150 Aufhebung von Trennung, Verbindung oder Aussetzung
§ 151 (weggefallen)
§ 152 Aussetzung bei Eheaufhebungsantrag
§ 153 Aussetzung bei Vaterschaftsanfechtungsklage
§ 154 Aussetzung bei Ehe- oder Kindschaftsstreit
§ 155 Aufhebung der Aussetzung bei Verzögerung
§ 156 Wiedereröffnung der Verhandlung
§ 157 Untervertretung in der Verhandlung
§ 158 Entfernung infolge Prozessleitungsanordnung
§ 159 Protokollaufnahme
§ 160 Inhalt des Protokolls
§ 160a Vorläufige Protokollaufzeichnung
§ 161 Entbehrliche Feststellungen
§ 162 Genehmigung des Protokolls
§ 163 Unterschreiben des Protokolls
§ 164 Protokollberichtigung
§ 165 Beweiskraft des Protokolls

Titel 2
Verfahren bei Zustellungen

Untertitel 1
Zustellungen von Amts wegen

§ 166 Zustellungen
§ 167 Rückwirkung der Zustellung
§ 168 Aufgaben der Geschäftsstelle
§ 169 Bescheinigung des Zeitpunktes der Zustellung; Beglaubigung
§ 170 Zustellung an Vertreter
§ 171 Zustellung an Bevollmächtigte
§ 172 Zustellung an Prozessbevollmächtigte
§ 173 Zustellung durch Aushändigung an der Amtsstelle
§ 174 Zustellung gegen Empfangsbekenntnis oder automatisierte Eingangsbestätigung
§ 175 Zustellung durch Einschreiben mit Rückschein
§ 176 Zustellungsauftrag
§ 177 Ort der Zustellung
§ 178 Ersatzzustellung in der Wohnung, in Geschäftsräumen und Einrichtungen
§ 179 Zustellung bei verweigerter Annahme
§ 180 Ersatzzustellung durch Einlegen in den Briefkasten
§ 181 Ersatzzustellung durch Niederlegung
§ 182 Zustellungsurkunde
§ 183 Zustellung im Ausland
§ 184 Zustellungsbevollmächtigter; Zustellung durch Aufgabe zur Post
§ 185 Öffentliche Zustellung
§ 186 Bewilligung und Ausführung der öffentlichen Zustellung
§ 187 Veröffentlichung der Benachrichtigung
§ 188 Zeitpunkt der öffentlichen Zustellung

234 ZPO

§ 189 Heilung von Zustellungsmängeln
§ 190 Einheitliche Zustellungsformulare

Untertitel 2
Zustellungen auf Betreiben der Parteien
§ 191 Zustellungen
§ 192 Zustellung durch Gerichtsvollzieher
§ 193 Ausführung der Zustellung
§ 194 Zustellungsauftrag
§ 195 Zustellung von Anwalt zu Anwalt
§§ 196 bis 213 (weggefallen)

Titel 3
Ladungen, Termine und Fristen
§ 214 Ladung zum Termin
§ 215 Notwendiger Inhalt der Ladung zur mündlichen Verhandlung
§ 216 Terminsbestimmung
§ 217 Ladungsfrist
§ 218 Entbehrlichkeit der Ladung
§ 219 Terminsort
§ 220 Aufruf der Sache; versäumter Termin
§ 221 Fristbeginn
§ 222 Fristberechnung
§ 223 (weggefallen)
§ 224 Fristkürzung; Fristverlängerung
§ 225 Verfahren bei Friständerung
§ 226 Abkürzung von Zwischenfristen
§ 227 Terminsänderung
§ 228 (weggefallen)
§ 229 Beauftragter oder ersuchter Richter

Titel 4
Folgen der Versäumung; Rechtsbehelfsbelehrung; Wiedereinsetzung in den vorigen Stand
§ 230 Allgemeine Versäumungsfolge
§ 231 Keine Androhung; Nachholung der Prozesshandlung
§ 232 Rechtsbehelfsbelehrung
§ 233 Wiedereinsetzung in den vorigen Stand
§ 234 Wiedereinsetzungsfrist
§ 235 (weggefallen)
§ 236 Wiedereinsetzungsantrag
§ 237 Zuständigkeit für Wiedereinsetzung
§ 238 Verfahren bei Wiedereinsetzung

Titel 5
Unterbrechung und Aussetzung des Verfahrens
§ 239 Unterbrechung durch Tod der Partei
§ 240 Unterbrechung durch Insolvenzverfahren
§ 241 Unterbrechung durch Prozessunfähigkeit
§ 242 Unterbrechung durch Nacherbfolge
§ 243 Aufnahme bei Nachlasspflegschaft und Testamentsvollstreckung
§ 244 Unterbrechung durch Anwaltsverlust
§ 245 Unterbrechung durch Stillstand der Rechtspflege

§ 246 Aussetzung bei Vertretung durch Prozessbevollmächtigten
§ 247 Aussetzung bei abgeschnittenem Verkehr
§ 248 Verfahren bei Aussetzung
§ 249 Wirkung von Unterbrechung und Aussetzung
§ 250 Form von Aufnahme und Anzeige
§ 251 Ruhen des Verfahrens
§ 251a Säumnis beider Parteien; Entscheidung nach Lage der Akten
§ 252 Rechtsmittel bei Aussetzung

Buch 2
Verfahren im ersten Rechtszug
Abschnitt 1
Verfahren vor den Landgerichten
Titel 1
Verfahren bis zum Urteil
§ 253 Klageschrift
§ 254 Stufenklage
§ 255 Fristbestimmung im Urteil
§ 256 Feststellungsklage
§ 257 Klage auf künftige Zahlung oder Räumung
§ 258 Klage auf wiederkehrende Leistungen
§ 259 Klage wegen Besorgnis nicht rechtzeitiger Leistung
§ 260 Anspruchshäufung
§ 261 Rechtshängigkeit
§ 262 Sonstige Wirkungen der Rechtshängigkeit
§ 263 Klageänderung
§ 264 Keine Klageänderung
§ 265 Veräußerung oder Abtretung der Streitsache
§ 266 Veräußerung eines Grundstücks
§ 267 Vermutete Einwilligung in die Klageänderung
§ 268 Unanfechtbarkeit der Entscheidung
§ 269 Klagerücknahme
§ 270 Zustellung; formlose Mitteilung
§ 271 Zustellung der Klageschrift
§ 272 Bestimmung der Verfahrensweise
§ 273 Vorbereitung des Termins
§ 274 Ladung der Parteien; Einlassungsfrist
§ 275 Früher erster Termin
§ 276 Schriftliches Vorverfahren
§ 277 Klageerwiderung; Replik
§ 278 Gütliche Streitbeilegung, Güteverhandlung, Vergleich
§ 278a Mediation, außergerichtliche Konfliktbeilegung
§ 279 Mündliche Verhandlung
§ 280 Abgesonderte Verhandlung über Zulässigkeit der Klage
§ 281 Verweisung bei Unzuständigkeit
§ 282 Rechtzeitigkeit des Vorbringens
§ 283 Schriftsatzfrist für Erklärungen zum Vorbringen des Gegners
§ 283a Sicherungsanordnung
§ 284 Beweisaufnahme

§ 285	Verhandlung nach Beweisaufnahme	§ 323a	Abänderung von Vergleichen und Urkunden
§ 286	Freie Beweiswürdigung	§ 323b	Verschärfte Haftung
§ 287	Schadensermittlung; Höhe der Forderung	§ 324	Nachforderungsklage zur Sicherheitsleistung
§ 288	Gerichtliches Geständnis	§ 325	Subjektive Rechtskraftwirkung
§ 289	Zusätze beim Geständnis	§ 325a	Feststellungswirkung des Musterentscheids
§ 290	Widerruf des Geständnisses	§ 326	Rechtskraft bei Nacherbfolge
§ 291	Offenkundige Tatsachen	§ 327	Rechtskraft bei Testamentsvollstreckung
§ 292	Gesetzliche Vermutungen	§ 328	Anerkennung ausländischer Urteile
§ 293	Fremdes Recht; Gewohnheitsrecht; Statuten	§ 329	Beschlüsse und Verfügungen
§ 294	Glaubhaftmachung		
§ 295	Verfahrensrügen		
§ 296	Zurückweisung verspäteten Vorbringens		

Titel 3
Versäumnisurteil

§ 296a	Vorbringen nach Schluss der mündlichen Verhandlung
§ 297	Form der Antragstellung
§ 298	Aktenausdruck
§ 298a	Elektronische Akte; Verordnungsermächtigung
§ 299	Akteneinsicht; Abschriften
§ 299a	Datenträgerarchiv

§ 330	Versäumnisurteil gegen den Kläger		
§ 331	Versäumnisurteil gegen den Beklagten		
§ 331a	Entscheidung nach Aktenlage		
§ 332	Begriff des Verhandlungstermins		
§ 333	Nichtverhandeln der erschienenen Partei		
§ 334	Unvollständiges Verhandeln		
§ 335	Unzulässigkeit einer Versäumnisentscheidung		
§ 336	Rechtsmittel bei Zurückweisung		
§ 337	Vertagung von Amts wegen		
§ 338	Einspruch		
§ 339	Einspruchsfrist		
§ 340	Einspruchsschrift		
§ 340a	Zustellung der Einspruchsschrift		
§ 341	Einspruchsprüfung		
§ 341a	Einspruchstermin		
§ 342	Wirkung des zulässigen Einspruchs		
§ 343	Entscheidung nach Einspruch		
§ 344	Versäumniskosten		
§ 345	Zweites Versäumnisurteil		
§ 346	Verzicht und Zurücknahme des Einspruchs		
§ 347	Verfahren bei Widerklage und Zwischenstreit		

Titel 2
Urteil

§ 300	Endurteil
§ 301	Teilurteil
§ 302	Vorbehaltsurteil
§ 303	Zwischenurteil
§ 304	Zwischenurteil über den Grund
§ 305	Urteil unter Vorbehalt erbrechtlich beschränkter Haftung
§ 305a	Urteil unter Vorbehalt seerechtlich beschränkter Haftung
§ 306	Verzicht
§ 307	Anerkenntnis
§ 308	Bindung an die Parteianträge
§ 308a	Entscheidung ohne Antrag in Mietsachen
§ 309	Erkennende Richter
§ 310	Termin der Urteilsverkündung
§ 311	Form der Urteilsverkündung
§ 312	Anwesenheit der Parteien
§ 313	Form und Inhalt des Urteils
§ 313a	Weglassen von Tatbestand und Entscheidungsgründen
§ 313b	Versäumnis-, Anerkenntnis- und Verzichtsurteil
§ 314	Beweiskraft des Tatbestandes
§ 315	Unterschrift der Richter
§ 316	(weggefallen)
§ 317	Urteilszustellung und -ausfertigung
§ 318	Bindung des Gerichts
§ 319	Berichtigung des Urteils
§ 320	Berichtigung des Tatbestandes
§ 321	Ergänzung des Urteils
§ 321a	Abhilfe bei Verletzung des Anspruchs auf rechtliches Gehör
§ 322	Materielle Rechtskraft
§ 323	Abänderung von Urteilen

Titel 4
Verfahren vor dem Einzelrichter

§ 348	Originärer Einzelrichter
§ 348a	Obligatorischer Einzelrichter
§ 349	Vorsitzender der Kammer für Handelssachen
§ 350	Rechtsmittel
§§ 351 bis 354	(weggefallen)

Titel 5
Allgemeine Vorschriften über die Beweisaufnahme

§ 355	Unmittelbarkeit der Beweisaufnahme
§ 356	Beibringungsfrist
§ 357	Parteiöffentlichkeit
§ 358	Notwendigkeit eines Beweisbeschlusses
§ 358a	Beweisbeschluss und Beweisaufnahme vor mündlicher Verhandlung
§ 359	Inhalt des Beweisbeschlusses
§ 360	Änderung des Beweisbeschlusses
§ 361	Beweisaufnahme durch beauftragten Richter
§ 362	Beweisaufnahme durch ersuchten Richter
§ 363	Beweisaufnahme im Ausland

234 ZPO

§	
§ 364	Parteimitwirkung bei Beweisaufnahme im Ausland
§ 365	Abgabe durch beauftragten oder ersuchten Richter
§ 366	Zwischenstreit
§ 367	Ausbleiben der Partei
§ 368	Neuer Beweistermin
§ 369	Ausländische Beweisaufnahme
§ 370	Fortsetzung der mündlichen Verhandlung

Titel 6
Beweis durch Augenschein

§ 371	Beweis durch Augenschein
§ 371a	Beweiskraft elektronischer Dokumente
§ 371b	Beweiskraft gescannter öffentlicher Urkunden
§ 372	Beweisaufnahme
§ 372a	Untersuchungen zur Feststellung der Abstammung

Titel 7
Zeugenbeweis

§ 373	Beweisantritt
§ 374	(weggefallen)
§ 375	Beweisaufnahme durch beauftragten oder ersuchten Richter
§ 376	Vernehmung bei Amtsverschwiegenheit
§ 377	Zeugenladung
§ 378	Aussageerleichternde Unterlagen
§ 379	Auslagenvorschuss
§ 380	Folgen des Ausbleibens des Zeugen
§ 381	Genügende Entschuldigung des Ausbleibens
§ 382	Vernehmung an bestimmten Orten
§ 383	Zeugnisverweigerung aus persönlichen Gründen
§ 384	Zeugnisverweigerung aus sachlichen Gründen
§ 385	Ausnahmen vom Zeugnisverweigerungsrecht
§ 386	Erklärung der Zeugnisverweigerung
§ 387	Zwischenstreit über Zeugnisverweigerung
§ 388	Zwischenstreit über schriftliche Zeugnisverweigerung
§ 389	Zeugnisverweigerung vor beauftragtem oder ersuchtem Richter
§ 390	Folgen der Zeugnisverweigerung
§ 391	Zeugenbeeidigung
§ 392	Nacheid; Eidesnorm
§ 393	Uneidliche Vernehmung
§ 394	Einzelvernehmung
§ 395	Wahrheitsermahnung; Vernehmung zur Person
§ 396	Vernehmung zur Sache
§ 397	Fragerecht der Parteien
§ 398	Wiederholte und nachträgliche Vernehmung
§ 399	Verzicht auf Zeugen
§ 400	Befugnisse des mit der Beweisaufnahme betrauten Richters
§ 401	Zeugenentschädigung

Titel 8
Beweis durch Sachverständige

§ 402	Anwendbarkeit der Vorschriften für Zeugen
§ 403	Beweisantritt
§ 404	Sachverständigenauswahl
§ 404a	Leitung der Tätigkeit des Sachverständigen
§ 405	Auswahl durch den mit der Beweisaufnahme betrauten Richter
§ 406	Ablehnung eines Sachverständigen
§ 407	Pflicht zur Erstattung des Gutachtens
§ 407a	Weitere Pflichten des Sachverständigen
§ 408	Gutachtenverweigerungsrecht
§ 409	Folgen des Ausbleibens oder der Gutachtenverweigerung
§ 410	Sachverständigenbeeidigung
§ 411	Schriftliches Gutachten
§ 411a	Verwertung von Sachverständigengutachten aus anderen Verfahren
§ 412	Neues Gutachten
§ 413	Sachverständigenvergütung
§ 414	Sachverständige Zeugen

Titel 9
Beweis durch Urkunden

§ 415	Beweiskraft öffentlicher Urkunden über Erklärungen
§ 416	Beweiskraft von Privaturkunden
§ 416a	Beweiskraft des Ausdrucks eines öffentlichen elektronischen Dokuments
§ 417	Beweiskraft öffentlicher Urkunden über amtliche Anordnung, Verfügung oder Entscheidung
§ 418	Beweiskraft öffentlicher Urkunden mit anderem Inhalt
§ 419	Beweiskraft mangelbehafteter Urkunden
§ 420	Vorlegung durch Beweisführer; Beweisantritt
§ 421	Vorlegung durch den Gegner; Beweisantritt
§ 422	Vorlegungspflicht des Gegners nach bürgerlichem Recht
§ 423	Vorlegungspflicht des Gegners bei Bezugnahme
§ 424	Antrag bei Vorlegung durch Gegner
§ 425	Anordnung der Vorlegung durch Gegner
§ 426	Vernehmung des Gegners über den Verbleib
§ 427	Folgen der Nichtvorlegung durch Gegner
§ 428	Vorlegung durch Dritte; Beweisantritt
§ 429	Vorlegungspflicht Dritter
§ 430	Antrag bei Vorlegung durch Dritte
§ 431	Vorlegungsfrist bei Vorlegung durch Dritte
§ 432	Vorlegung durch Behörden oder Beamte; Beweisantritt
§ 433	(weggefallen)
§ 434	Vorlegung vor beauftragtem oder ersuchtem Richter

§ 435	Vorlegung öffentlicher Urkunden in Urschrift oder beglaubigter Abschrift
§ 436	Verzicht nach Vorlegung
§ 437	Echtheit inländischer öffentlicher Urkunden
§ 438	Echtheit ausländischer öffentlicher Urkunden
§ 439	Erklärung über Echtheit von Privaturkunden
§ 440	Beweis der Echtheit von Privaturkunden
§ 441	Schriftvergleichung
§ 442	Würdigung der Schriftvergleichung
§ 443	Verwahrung verdächtiger Urkunden
§ 444	Folgen der Beseitigung einer Urkunde

Titel 10
Beweis durch Parteivernehmung

§ 445	Vernehmung des Gegners; Beweisantritt
§ 446	Weigerung des Gegners
§ 447	Vernehmung der beweispflichtigen Partei auf Antrag
§ 448	Vernehmung von Amts wegen
§ 449	Vernehmung von Streitgenossen
§ 450	Beweisbeschluss
§ 451	Ausführung der Vernehmung
§ 452	Beeidigung der Partei
§ 453	Beweiswürdigung bei Parteivernehmung
§ 454	Ausbleiben der Partei
§ 455	Prozessunfähige
§§ 456 bis 477 (weggefallen)	

Titel 11
Abnahme von Eiden und Bekräftigungen

§ 478	Eidesleistung in Person
§ 479	Eidesleistung vor beauftragtem oder ersuchtem Richter
§ 480	Eidesbelehrung
§ 481	Eidesleistung; Eidesformel
§ 482	(weggefallen)
§ 483	Eidesleistung sprach- oder hörbehinderter Personen
§ 484	Eidesgleiche Bekräftigung

Titel 12
Selbständiges Beweisverfahren

§ 485	Zulässigkeit
§ 486	Zuständiges Gericht
§ 487	Inhalt des Antrages
§§ 488 und 489 (weggefallen)	
§ 490	Entscheidung über den Antrag
§ 491	Ladung des Gegners
§ 492	Beweisaufnahme
§ 493	Benutzung im Prozess
§ 494	Unbekannter Gegner
§ 494a	Frist zur Klageerhebung

Abschnitt 2
Verfahren vor den Amtsgerichten

§ 495	Anzuwendende Vorschriften
§ 495a	Verfahren nach billigem Ermessen
§ 496	Einreichung von Schriftsätzen; Erklärungen zu Protokoll
§ 497	Ladungen
§ 498	Zustellung des Protokolls über die Klage
§ 499	Belehrungen
§ 500	(weggefallen)
§§ 501 bis 503 (weggefallen)	
§ 504	Hinweis bei Unzuständigkeit des Amtsgerichts
§ 505	(weggefallen)
§ 506	Nachträgliche sachliche Unzuständigkeit
§§ 507 bis 509 (weggefallen)	
§ 510	Erklärung über Urkunden
§ 510a	Inhalt des Protokolls
§ 510b	Urteil auf Vornahme einer Handlung

Buch 3
Rechtsmittel

Abschnitt 1
Berufung

§ 511	Statthaftigkeit der Berufung
§ 512	Vorentscheidungen im ersten Rechtszug
§ 513	Berufungsgründe
§ 514	Versäumnisurteile
§ 515	Verzicht auf Berufung
§ 516	Zurücknahme der Berufung
§ 517	Berufungsfrist
§ 518	Berufungsfrist bei Urteilsergänzung
§ 519	Berufungsschrift
§ 520	Berufungsbegründung
§ 521	Zustellung der Berufungsschrift und -begründung
§ 522	Zulässigkeitsprüfung; Zurückweisungsbeschluss
§ 523	Terminsbestimmung
§ 524	Anschlussberufung
§ 525	Allgemeine Verfahrensgrundsätze
§ 526	Entscheidender Richter
§ 527	Vorbereitender Einzelrichter
§ 528	Bindung an die Berufungsanträge
§ 529	Prüfungsumfang des Berufungsgerichts
§ 530	Verspätet vorgebrachte Angriffs- und Verteidigungsmittel
§ 531	Zurückgewiesene und neue Angriffs- und Verteidigungsmittel
§ 532	Rügen der Unzulässigkeit der Klage
§ 533	Klageänderung; Aufrechnungserklärung; Widerklage
§ 534	Verlust des Rügerechts
§ 535	Gerichtliches Geständnis
§ 536	Parteivernehmung
§ 537	Vorläufige Vollstreckbarkeit
§ 538	Zurückverweisung
§ 539	Versäumnisverfahren
§ 540	Inhalt des Berufungsurteils
§ 541	Prozessakten

234 ZPO

Abschnitt 2
Revision

§ 542	Statthaftigkeit der Revision
§ 543	Zulassungsrevision
§ 544	Nichtzulassungsbeschwerde
§ 545	Revisionsgründe
§ 546	Begriff der Rechtsverletzung
§ 547	Absolute Revisionsgründe
§ 548	Revisionsfrist
§ 549	Revisionseinlegung
§ 550	Zustellung der Revisionsschrift
§ 551	Revisionsbegründung
§ 552	Zulässigkeitsprüfung
§ 552a	Zurückweisungsbeschluss
§ 553	Terminsbestimmung; Einlassungsfrist
§ 554	Anschlussrevision
§ 555	Allgemeine Verfahrensgrundsätze
§ 556	Verlust des Rügerechts
§ 557	Umfang der Revisionsprüfung
§ 558	Vorläufige Vollstreckbarkeit
§ 559	Beschränkte Nachprüfung tatsächlicher Feststellungen
§ 560	Nicht revisible Gesetze
§ 561	Revisionszurückweisung
§ 562	Aufhebung des angefochtenen Urteils
§ 563	Zurückverweisung; eigene Sachentscheidung
§ 564	Keine Begründung der Entscheidung bei Rügen von Verfahrensmängeln
§ 565	Anzuwendende Vorschriften des Berufungsverfahrens
§ 566	Sprungrevision

Abschnitt 3
Beschwerde

Titel 1
Sofortige Beschwerde

§ 567	Sofortige Beschwerde; Anschlussbeschwerde
§ 568	Originärer Einzelrichter
§ 569	Frist und Form
§ 570	Aufschiebende Wirkung; einstweilige Anordnungen
§ 571	Begründung, Präklusion, Ausnahmen vom Anwaltszwang
§ 572	Gang des Beschwerdeverfahrens
§ 573	Erinnerung

Titel 2
Rechtsbeschwerde

§ 574	Rechtsbeschwerde; Anschlussrechtsbeschwerde
§ 575	Frist, Form und Begründung der Rechtsbeschwerde
§ 576	Gründe der Rechtsbeschwerde
§ 577	Prüfung und Entscheidung der Rechtsbeschwerde

Buch 4
Wiederaufnahme des Verfahrens

§ 578	Arten der Wiederaufnahme
§ 579	Nichtigkeitsklage
§ 580	Restitutionsklage
§ 581	Besondere Voraussetzungen der Restitutionsklage
§ 582	Hilfsnatur der Restitutionsklage
§ 583	Vorentscheidungen
§ 584	Ausschließliche Zuständigkeit für Nichtigkeits- und Restitutionsklagen
§ 585	Allgemeine Verfahrensgrundsätze
§ 586	Klagefrist
§ 587	Klageschrift
§ 588	Inhalt der Klageschrift
§ 589	Zulässigkeitsprüfung
§ 590	Neue Verhandlung
§ 591	Rechtsmittel

Buch 5
Urkunden- und Wechselprozess

§ 592	Zulässigkeit
§ 593	Klageinhalt; Urkunden
§ 594	(weggefallen)
§ 595	Keine Widerklage; Beweismittel
§ 596	Abstehen vom Urkundenprozess
§ 597	Klageabweisung
§ 598	Zurückweisung von Einwendungen
§ 599	Vorbehaltsurteil
§ 600	Nachverfahren
§ 601	(weggefallen)
§ 602	Wechselprozess
§ 603	Gerichtsstand
§ 604	Klageinhalt; Ladungsfrist
§ 605	Beweisvorschriften
§ 605a	Scheckprozess

Buch 6
Musterfeststellungsverfahren

§ 606	Musterfeststellungsklage
§ 607	Bekanntmachung der Musterfeststellungsklage
§ 608	Anmeldung von Ansprüchen oder Rechtsverhältnissen
§ 609	Klageregister; Verordnungsermächtigung
§ 610	Besonderheiten der Musterfeststellungsklage
§ 611	Vergleich
§ 612	Bekanntmachungen zum Musterfeststellungsurteil
§ 613	Bindungswirkung des Musterfeststellungsurteils; Aussetzung
§ 614	Rechtsmittel
§§ 615 bis 687 (weggefallen)

Buch 7
Mahnverfahren

| § 688 | Zulässigkeit |
| § 689 | Zuständigkeit; maschinelle Bearbeitung |

§ 690	Mahnantrag	§ 724	Vollstreckbare Ausfertigung
§ 691	Zurückweisung des Mahnantrags	§ 725	Vollstreckungsklausel
§ 692	Mahnbescheid	§ 726	Vollstreckbare Ausfertigung bei bedingten Leistungen
§ 693	Zustellung des Mahnbescheids		
§ 694	Widerspruch gegen den Mahnbescheid	§ 727	Vollstreckbare Ausfertigung für und gegen Rechtsnachfolger
§ 695	Mitteilung des Widerspruchs; Abschriften		
§ 696	Verfahren nach Widerspruch	§ 728	Vollstreckbare Ausfertigung bei Nacherbe oder Testamentsvollstrecker
§ 697	Einleitung des Streitverfahrens		
§ 698	Abgabe des Verfahrens am selben Gericht	§ 729	Vollstreckbare Ausfertigung gegen Vermögens- und Firmenübernehmer
§ 699	Vollstreckungsbescheid		
§ 700	Einspruch gegen den Vollstreckungsbescheid	§ 730	Anhörung des Schuldners
§ 701	Wegfall der Wirkung des Mahnbescheids	§ 731	Klage auf Erteilung der Vollstreckungsklausel
§ 702	Form von Anträgen und Erklärungen		
§ 703	Kein Nachweis der Vollmacht	§ 732	Erinnerung gegen Erteilung der Vollstreckungsklausel
§ 703a	Urkunden-, Wechsel- und Scheckmahnverfahren		
		§ 733	Weitere vollstreckbare Ausfertigung
§ 703b	Sonderregelungen für maschinelle Bearbeitung	§ 734	Vermerk über Ausfertigungserteilung auf der Urteilsurschrift
§ 703c	Formulare; Einführung der maschinellen Bearbeitung	§ 735	Zwangsvollstreckung gegen nicht rechtsfähigen Verein
§ 703d	Antragsgegner ohne allgemeinen inländischen Gerichtsstand	§ 736	Zwangsvollstreckung gegen BGB-Gesellschaft
		§ 737	Zwangsvollstreckung bei Vermögens- oder Erbschaftsnießbrauch
Buch 8			
Zwangsvollstreckung		§ 738	Vollstreckbare Ausfertigung gegen Nießbraucher
Abschnitt 1			
Allgemeine Vorschriften		§ 739	Gewahrsamsvermutung bei Zwangsvollstreckung gegen Ehegatten und Lebenspartner
§ 704	Vollstreckbare Endurteile		
§ 705	Formelle Rechtskraft	§ 740	Zwangsvollstreckung in das Gesamtgut
§ 706	Rechtskraft- und Notfristzeugnis	§ 741	Zwangsvollstreckung in das Gesamtgut bei Erwerbsgeschäft
§ 707	Einstweilige Einstellung der Zwangsvollstreckung		
§ 708	Vorläufige Vollstreckbarkeit ohne Sicherheitsleistung	§ 742	Vollstreckbare Ausfertigung bei Gütergemeinschaft während des Rechtsstreits
§ 709	Vorläufige Vollstreckbarkeit gegen Sicherheitsleistung	§ 743	Beendete Gütergemeinschaft
		§ 744	Vollstreckbare Ausfertigung bei beendeter Gütergemeinschaft
§ 710	Ausnahmen von der Sicherheitsleistung des Gläubigers		
§ 711	Abwendungsbefugnis	§ 744a	Zwangsvollstreckung bei Eigentums- und Vermögensgemeinschaft
§ 712	Schutzantrag des Schuldners		
§ 713	Unterbleiben von Schuldnerschutzanordnungen	§ 745	Zwangsvollstreckung bei fortgesetzter Gütergemeinschaft
§ 714	Anträge zur vorläufigen Vollstreckbarkeit	§ 746	(weggefallen)
§ 715	Rückgabe der Sicherheit	§ 747	Zwangsvollstreckung in ungeteilten Nachlass
§ 716	Ergänzung des Urteils		
§ 717	Wirkungen eines aufhebenden oder abändernden Urteils	§ 748	Zwangsvollstreckung bei Testamentsvollstrecker
§ 718	Vorabentscheidung über vorläufige Vollstreckbarkeit	§ 749	Vollstreckbare Ausfertigung für und gegen Testamentsvollstrecker
§ 719	Einstweilige Einstellung bei Rechtsmittel und Einspruch	§ 750	Voraussetzungen der Zwangsvollstreckung
		§ 751	Bedingungen für Vollstreckungsbeginn
§ 720	Hinterlegung bei Abwendung der Vollstreckung	§ 752	Sicherheitsleistung bei Teilvollstreckung
		§ 753	Vollstreckung durch Gerichtsvollzieher; Verordnungsermächtigung
§ 720a	Sicherungsvollstreckung		
§ 721	Räumungsfrist		
§ 722	Vollstreckbarkeit ausländischer Urteile	§ 754	Vollstreckungsauftrag und vollstreckbare Ausfertigung
§ 723	Vollstreckungsurteil		

234 ZPO

§	
§ 754a	Vereinfachter Vollstreckungsauftrag bei Vollstreckungsbescheiden
§ 755	Ermittlung des Aufenthaltsorts des Schuldners
§ 756	Zwangsvollstreckung bei Leistung Zug um Zug
§ 757	Übergabe des Titels und Quittung
§ 758	Durchsuchung; Gewaltanwendung
§ 758a	Richterliche Durchsuchungsanordnung; Vollstreckung zur Unzeit
§ 759	Zuziehung von Zeugen
§ 760	Akteneinsicht; Aktenabschrift
§ 761	(weggefallen)
§ 762	Protokoll über Vollstreckungshandlungen
§ 763	Aufforderungen und Mitteilungen
§ 764	Vollstreckungsgericht
§ 765	Vollstreckungsgerichtliche Anordnungen bei Leistung Zug um Zug
§ 765a	Vollstreckungsschutz
§ 766	Erinnerung gegen Art und Weise der Zwangsvollstreckung
§ 767	Vollstreckungsabwehrklage
§ 768	Klage gegen Vollstreckungsklausel
§ 769	Einstweilige Anordnungen
§ 770	Einstweilige Anordnungen im Urteil
§ 771	Drittwiderspruchsklage
§ 772	Drittwiderspruchsklage bei Veräußerungsverbot
§ 773	Drittwiderspruchsklage des Nacherben
§ 774	Drittwiderspruchsklage des Ehegatten oder Lebenspartners
§ 775	Einstellung oder Beschränkung der Zwangsvollstreckung
§ 776	Aufhebung von Vollstreckungsmaßregeln
§ 777	Erinnerung bei genügender Sicherung des Gläubigers
§ 778	Zwangsvollstreckung vor Erbschaftsannahme
§ 779	Fortsetzung der Zwangsvollstreckung nach dem Tod des Schuldners
§ 780	Vorbehalt der beschränkten Erbenhaftung
§ 781	Beschränkte Erbenhaftung in der Zwangsvollstreckung
§ 782	Einreden des Erben gegen Nachlassgläubiger
§ 783	Einreden des Erben gegen persönliche Gläubiger
§ 784	Zwangsvollstreckung bei Nachlassverwaltung und -insolvenzverfahren
§ 785	Vollstreckungsabwehrklage des Erben
§ 786	Vollstreckungsabwehrklage bei beschränkter Haftung
§ 786a	See- und Binnenschifffahrtsrechtliche Haftungsbeschränkung
§ 787	Zwangsvollstreckung bei herrenlosem Grundstück oder Schiff
§ 788	Kosten der Zwangsvollstreckung
§ 789	Einschreiten von Behörden
§§ 790 und 791	(weggefallen)
§ 792	Erteilung von Urkunden an Gläubiger
§ 793	Sofortige Beschwerde
§ 794	Weitere Vollstreckungstitel
§ 794a	Zwangsvollstreckung aus Räumungsvergleich
§ 795	Anwendung der allgemeinen Vorschriften auf die weiteren Vollstreckungstitel
§ 795a	Zwangsvollstreckung aus Kostenfestsetzungsbeschluss
§ 795b	Vollstreckbarerklärung des gerichtlichen Vergleichs
§ 796	Zwangsvollstreckung aus Vollstreckungsbescheiden
§ 796a	Voraussetzungen für die Vollstreckbarerklärung des Anwaltsvergleichs
§ 796b	Vollstreckbarerklärung durch das Prozessgericht
§ 796c	Vollstreckbarerklärung durch einen Notar
§ 797	Verfahren bei vollstreckbaren Urkunden
§ 797a	Verfahren bei Gütestellenvergleichen
§ 798	Wartefrist
§ 799	Vollstreckbare Urkunde bei Rechtsnachfolge
§ 799a	Schadensersatzpflicht bei der Vollstreckung aus Urkunden durch andere Gläubiger
§ 800	Vollstreckbare Urkunde gegen den jeweiligen Grundstückseigentümer
§ 800a	Vollstreckbare Urkunde bei Schiffshypothek
§ 801	Landesrechtliche Vollstreckungstitel
§ 802	Ausschließlichkeit der Gerichtsstände

Abschnitt 2
Zwangsvollstreckung wegen Geldforderungen

Titel 1
Allgemeine Vorschriften

§	
§ 802a	Grundsätze der Vollstreckung; Regelbefugnisse des Gerichtsvollziehers
§ 802b	Gütliche Erledigung; Vollstreckungsaufschub bei Zahlungsvereinbarung
§ 802c	Vermögensauskunft des Schuldners
§ 802d	Erneute Vermögensauskunft
§ 802e	Zuständigkeit
§ 802f	Verfahren zur Abnahme der Vermögensauskunft
§ 802g	Erzwingungshaft
§ 802h	Unzulässigkeit der Haftvollstreckung
§ 802i	Vermögensauskunft des verhafteten Schuldners
§ 802j	Dauer der Haft; erneute Haft
§ 802k	Zentrale Verwaltung der Vermögensverzeichnisse
§ 802l	Auskunftsrechte des Gerichtsvollziehers

Titel 2
Zwangsvollstreckung in das bewegliche Vermögen

Untertitel 1
Allgemeine Vorschriften

- § 803 Pfändung
- § 804 Pfändungspfandrecht
- § 805 Klage auf vorzugsweise Befriedigung
- § 806 Keine Gewährleistung bei Pfandveräußerung
- § 806a Mitteilungen und Befragung durch den Gerichtsvollzieher
- § 807 Abnahme der Vermögensauskunft nach Pfändungsversuch

Untertitel 2
Zwangsvollstreckung in körperliche Sachen

- § 808 Pfändung beim Schuldner
- § 809 Pfändung beim Gläubiger oder bei Dritten
- § 810 Pfändung ungetrennter Früchte
- § 811 Unpfändbare Sachen
- § 811a Austauschpfändung
- § 811b Vorläufige Austauschpfändung
- § 811c Unpfändbarkeit von Haustieren
- § 811d Vorwegpfändung
- § 812 Pfändung von Hausrat
- § 813 Schätzung
- § 814 Öffentliche Versteigerung
- § 815 Gepfändetes Geld
- § 816 Zeit und Ort der Versteigerung
- § 817 Zuschlag und Ablieferung
- § 817a Mindestgebot
- § 818 Einstellung der Versteigerung
- § 819 Wirkung des Erlösempfanges
- § 820 (weggefallen)
- § 821 Verwertung von Wertpapieren
- § 822 Umschreibung von Namenspapieren
- § 823 Außer Kurs gesetzte Inhaberpapiere
- § 824 Verwertung ungetrennter Früchte
- § 825 Andere Verwertungsart
- § 826 Anschlusspfändung
- § 827 Verfahren bei mehrfacher Pfändung

Untertitel 3
Zwangsvollstreckung in Forderungen und andere Vermögensrechte

- § 828 Zuständigkeit des Vollstreckungsgerichts
- § 829 Pfändung einer Geldforderung
- § 829a Vereinfachter Vollstreckungsantrag bei Vollstreckungsbescheiden
- § 830 Pfändung einer Hypothekenforderung
- § 830a Pfändung einer Schiffshypothekenforderung
- § 831 Pfändung indossabler Papiere
- § 832 Pfändungsumfang bei fortlaufenden Bezügen
- § 833 Pfändungsumfang bei Arbeits- und Diensteinkommen
- § 833a Pfändungsumfang bei Kontoguthaben
- § 834 Keine Anhörung des Schuldners
- § 835 Überweisung einer Geldforderung
- § 836 Wirkung der Überweisung
- § 837 Überweisung einer Hypothekenforderung
- § 837a Überweisung einer Schiffshypothekenforderung
- § 838 Einrede des Schuldners bei Faustpfand
- § 839 Überweisung bei Abwendungsbefugnis
- § 840 Erklärungspflicht des Drittschuldners
- § 841 Pflicht zur Streitverkündung
- § 842 Schadenersatz bei verzögerter Beitreibung
- § 843 Verzicht des Pfandgläubigers
- § 844 Andere Verwertungsart
- § 845 Vorpfändung
- § 846 Zwangsvollstreckung in Herausgabeansprüche
- § 847 Herausgabeanspruch auf eine bewegliche Sache
- § 847a Herausgabeanspruch auf ein Schiff
- § 848 Herausgabeanspruch auf eine unbewegliche Sache
- § 849 Keine Überweisung an Zahlungs statt
- § 850 Pfändungsschutz für Arbeitseinkommen
- § 850a Unpfändbare Bezüge
- § 850b Bedingt pfändbare Bezüge
- § 850c Pfändungsgrenzen für Arbeitseinkommen
- § 850d Pfändbarkeit bei Unterhaltsansprüchen
- § 850e Berechnung des pfändbaren Arbeitseinkommens
- § 850f Änderung des unpfändbaren Betrages
- § 850g Änderung der Unpfändbarkeitsvoraussetzungen
- § 850h Verschleiertes Arbeitseinkommen
- § 850i Pfändungsschutz für sonstige Einkünfte
- § 850k Pfändungsschutzkonto
- § 850l Anordnung der Unpfändbarkeit von Kontoguthaben auf dem Pfändungsschutzkonto
- § 851 Nicht übertragbare Forderungen
- § 851a Pfändungsschutz für Landwirte
- § 851b Pfändungsschutz bei Miet- und Pachtzinsen
- § 851c Pfändungsschutz bei Altersrenten
- § 851d Pfändungsschutz bei steuerlich gefördertem Altersvorsorgevermögen
- § 852 Beschränkt pfändbare Forderungen
- § 853 Mehrfache Pfändung einer Geldforderung
- § 854 Mehrfache Pfändung eines Anspruchs auf bewegliche Sachen
- § 855 Mehrfache Pfändung eines Anspruchs auf eine unbewegliche Sache
- § 855a Mehrfache Pfändung eines Anspruchs auf ein Schiff
- § 856 Klage bei mehrfacher Pfändung
- § 857 Zwangsvollstreckung in andere Vermögensrechte
- § 858 Zwangsvollstreckung in Schiffspart
- § 859 Pfändung von Gesamthandanteilen
- § 860 Pfändung von Gesamtgutanteilen

234 ZPO

§§ 861 und 862 (weggefallen)
§ 863 Pfändungsbeschränkungen bei Erbschaftsnutzungen

Titel 3
Zwangsvollstreckung in das unbewegliche Vermögen

§ 864 Gegenstand der Immobiliarvollstreckung
§ 865 Verhältnis zur Mobiliarvollstreckung
§ 866 Arten der Vollstreckung
§ 867 Zwangshypothek
§ 868 Erwerb der Zwangshypothek durch den Eigentümer
§ 869 Zwangsversteigerung und Zwangsverwaltung
§ 870 Grundstücksgleiche Rechte
§ 870a Zwangsvollstreckung in ein Schiff oder Schiffsbauwerk
§ 871 Landesrechtlicher Vorbehalt bei Eisenbahnen

Titel 4
Verteilungsverfahren

§ 872 Voraussetzungen
§ 873 Aufforderung des Verteilungsgerichts
§ 874 Teilungsplan
§ 875 Terminsbestimmung
§ 876 Termin zur Erklärung und Ausführung
§ 877 Säumnisfolgen
§ 878 Widerspruchsklage
§ 879 Zuständigkeit für die Widerspruchsklage
§ 880 Inhalt des Urteils
§ 881 Versäumnisurteil
§ 882 Verfahren nach dem Urteil

Titel 5
Zwangsvollstreckung gegen juristische Personen des öffentlichen Rechts

§ 882a Zwangsvollstreckung wegen einer Geldforderung

Titel 6
Schuldnerverzeichnis

§ 882b Inhalt des Schuldnerverzeichnisses
§ 882c Eintragungsanordnung
§ 882d Vollziehung der Eintragungsanordnung
§ 882e Löschung
§ 882f Einsicht in das Schuldnerverzeichnis
§ 882g Erteilung von Abdrucken
§ 882h Zuständigkeit; Ausgestaltung des Schuldnerverzeichnisses
§ 882i Rechte der Betroffenen

Abschnitt 3
Zwangsvollstreckung zur Erwirkung der Herausgabe von Sachen und zur Erwirkung von Handlungen oder Unterlassungen

§ 883 Herausgabe bestimmter beweglicher Sachen
§ 884 Leistung einer bestimmten Menge vertretbarer Sachen
§ 885 Herausgabe von Grundstücken oder Schiffen
§ 885a Beschränkter Vollstreckungsauftrag
§ 886 Herausgabe bei Gewahrsam eines Dritten
§ 887 Vertretbare Handlungen
§ 888 Nicht vertretbare Handlungen
§ 888a Keine Handlungsvollstreckung bei Entschädigungspflicht
§ 889 Eidesstattliche Versicherung nach bürgerlichem Recht
§ 890 Erzwingung von Unterlassungen und Duldungen
§ 891 Verfahren; Anhörung des Schuldners; Kostenentscheidung
§ 892 Widerstand des Schuldners
§ 893 Klage auf Leistung des Interesses
§ 894 Fiktion der Abgabe einer Willenserklärung
§ 895 Willenserklärung zwecks Eintragung bei vorläufig vollstreckbarem Urteil
§ 896 Erteilung von Urkunden an Gläubiger
§ 897 Übereignung; Verschaffung von Grundpfandrechten
§ 898 Gutgläubiger Erwerb

Abschnitt 4
(weggefallen)

§§ 899 bis 915h (weggefallen)

Abschnitt 5
Arrest und einstweilige Verfügung

§ 916 Arrestanspruch
§ 917 Arrestgrund bei dinglichem Arrest
§ 918 Arrestgrund bei persönlichem Arrest
§ 919 Arrestgericht
§ 920 Arrestgesuch
§ 921 Entscheidung über das Arrestgesuch
§ 922 Arresturteil und Arrestbeschluss
§ 923 Abwendungsbefugnis
§ 924 Widerspruch
§ 925 Entscheidung nach Widerspruch
§ 926 Anordnung der Klageerhebung
§ 927 Aufhebung wegen veränderter Umstände
§ 928 Vollziehung des Arrestes
§ 929 Vollstreckungsklausel; Vollziehungsfrist
§ 930 Vollziehung in bewegliches Vermögen und Forderungen
§ 931 Vollziehung in eingetragenes Schiff oder Schiffsbauwerk
§ 932 Arresthypothek
§ 933 Vollziehung des persönlichen Arrestes
§ 934 Aufhebung der Arrestvollziehung
§ 935 Einstweilige Verfügung bezüglich Streitgegenstand
§ 936 Anwendung der Arrestvorschriften
§ 937 Zuständiges Gericht
§ 938 Inhalt der einstweiligen Verfügung
§ 939 Aufhebung gegen Sicherheitsleistung
§ 940 Einstweilige Verfügung zur Regelung eines einstweiligen Zustandes
§ 940a Räumung von Wohnraum

§ 941 Ersuchen um Eintragungen im Grundbuch usw.
§ 942 Zuständigkeit des Amtsgerichts der belegenen Sache
§ 943 Gericht der Hauptsache
§ 944 Entscheidung des Vorsitzenden bei Dringlichkeit
§ 945 Schadensersatzpflicht
§ 945a Einreichung von Schutzschriften
§ 945b Verordnungsermächtigung

Abschnitt 6
Grenzüberschreitende vorläufige Kontenpfändung

Titel 1
Erlass des Beschlusses zur vorläufigen Kontenpfändung
§ 946 Zuständigkeit
§ 947 Verfahren
§ 948 Ersuchen um Einholung von Kontoinformationen
§ 949 Nicht rechtzeitige Einleitung des Hauptsacheverfahrens

Titel 2
Vollziehung des Beschlusses zur vorläufigen Kontenpfändung
§ 950 Anwendbare Vorschriften
§ 951 Vollziehung von im Inland erlassenen Beschlüssen
§ 952 Vollziehung von in einem anderen Mitgliedstaat erlassenen Beschlüssen

Titel 3
Rechtsbehelfe
§ 953 Rechtsbehelfe des Gläubigers
§ 954 Rechtsbehelfe nach den Artikeln 33 bis 35 der Verordnung (EU) Nr. 655/2014
§ 955 Sicherheitsleistung nach Artikel 38 der Verordnung (EU) Nr. 655/2014
§ 956 Rechtsmittel gegen die Entscheidungen nach § 954 Absatz 1 bis 3 und § 955
§ 957 Ausschluss der Rechtsbeschwerde

Titel 4
Schadensersatz; Verordnungsermächtigung
§ 958 Schadensersatz
§ 959 Verordnungsermächtigung

Buch 9
(weggefallen)
§§ 960 bis 1024 (weggefallen)

Buch 10
Schiedsrichterliches Verfahren

Abschnitt 1
Allgemeine Vorschriften
§ 1025 Anwendungsbereich
§ 1026 Umfang gerichtlicher Tätigkeit
§ 1027 Verlust des Rügerechts
§ 1028 Empfang schriftlicher Mitteilungen bei unbekanntem Aufenthalt

Abschnitt 2
Schiedsvereinbarung
§ 1029 Begriffsbestimmung
§ 1030 Schiedsfähigkeit
§ 1031 Form der Schiedsvereinbarung
§ 1032 Schiedsvereinbarung und Klage vor Gericht
§ 1033 Schiedsvereinbarung und einstweilige gerichtliche Maßnahmen

Abschnitt 3
Bildung des Schiedsgerichts
§ 1034 Zusammensetzung des Schiedsgerichts
§ 1035 Bestellung der Schiedsrichter
§ 1036 Ablehnung eines Schiedsrichters
§ 1037 Ablehnungsverfahren
§ 1038 Untätigkeit oder Unmöglichkeit der Aufgabenerfüllung
§ 1039 Bestellung eines Ersatzschiedsrichters

Abschnitt 4
Zuständigkeit des Schiedsgerichts
§ 1040 Befugnis des Schiedsgerichts zur Entscheidung über die eigene Zuständigkeit
§ 1041 Maßnahmen des einstweiligen Rechtsschutzes

Abschnitt 5
Durchführung des schiedsrichterlichen Verfahrens
§ 1042 Allgemeine Verfahrensregeln
§ 1043 Ort des schiedsrichterlichen Verfahrens
§ 1044 Beginn des schiedsrichterlichen Verfahrens
§ 1045 Verfahrenssprache
§ 1046 Klage und Klagebeantwortung
§ 1047 Mündliche Verhandlung und schriftliches Verfahren
§ 1048 Säumnis einer Partei
§ 1049 Vom Schiedsgericht bestellter Sachverständiger
§ 1050 Gerichtliche Unterstützung bei der Beweisaufnahme und sonstige richterliche Handlungen

Abschnitt 6
Schiedsspruch und Beendigung des Verfahrens
§ 1051 Anwendbares Recht
§ 1052 Entscheidung durch ein Schiedsrichterkollegium
§ 1053 Vergleich
§ 1054 Form und Inhalt des Schiedsspruchs
§ 1055 Wirkungen des Schiedsspruchs
§ 1056 Beendigung des schiedsrichterlichen Verfahrens

234 ZPO

§ 1057 Entscheidung über die Kosten
§ 1058 Berichtigung, Auslegung und Ergänzung des Schiedsspruchs

Abschnitt 7
Rechtsbehelf gegen den Schiedsspruch
§ 1059 Aufhebungsantrag

Abschnitt 8
Voraussetzungen der Anerkennung und Vollstreckung von Schiedssprüchen
§ 1060 Inländische Schiedssprüche
§ 1061 Ausländische Schiedssprüche

Abschnitt 9
Gerichtliches Verfahren
§ 1062 Zuständigkeit
§ 1063 Allgemeine Vorschriften
§ 1064 Besonderheiten bei der Vollstreckbarerklärung von Schiedssprüchen
§ 1065 Rechtsmittel

Abschnitt 10
Außervertragliche Schiedsgerichte
§ 1066 Entsprechende Anwendung der Vorschriften des Buches 10

Buch 11
Justizielle Zusammenarbeit in der Europäischen Union

Abschnitt 1
Zustellung nach der Verordnung (EG) Nr. 1393/2007
§ 1067 Zustellung durch diplomatische oder konsularische Vertretungen
§ 1068 Zustellung durch die Post
§ 1069 Zuständigkeiten; Verordnungsermächtigungen
§ 1070 Zustellung nach dem Abkommen zwischen der Europäischen Gemeinschaft und dem Königreich Dänemark vom 19. Oktober 2005 über die Zustellung gerichtlicher und außergerichtlicher Schriftstücke in Zivil- oder Handelssachen
§ 1071 (weggefallen)

Abschnitt 2
Beweisaufnahme nach der Verordnung (EG) Nr. 1206/2001
§ 1072 Beweisaufnahme in den Mitgliedstaaten der Europäischen Union
§ 1073 Teilnahmerechte
§ 1074 Zuständigkeiten nach der Verordnung (EG) Nr. 1206/2001
§ 1075 Sprache eingehender Ersuchen

Abschnitt 3
Prozesskostenhilfe nach der Richtlinie 2003/8/EG
§ 1076 Anwendbare Vorschriften

§ 1077 Ausgehende Ersuchen
§ 1078 Eingehende Ersuchen

Abschnitt 4
Europäische Vollstreckungstitel nach der Verordnung (EG) Nr. 805/2004

Titel 1
Bestätigung inländischer Titel als Europäische Vollstreckungstitel
§ 1079 Zuständigkeit
§ 1080 Entscheidung
§ 1081 Berichtigung und Widerruf

Titel 2
Zwangsvollstreckung aus Europäischen Vollstreckungstiteln im Inland
§ 1082 Vollstreckungstitel
§ 1083 Übersetzung
§ 1084 Anträge nach den Artikeln 21 und 23 der Verordnung (EG) Nr. 805/2004
§ 1085 Einstellung der Zwangsvollstreckung
§ 1086 Vollstreckungsabwehrklage

Abschnitt 5
Europäisches Mahnverfahren nach der Verordnung (EG) Nr. 1896/2006

Titel 1
Allgemeine Vorschriften
§ 1087 Zuständigkeit
§ 1088 Maschinelle Bearbeitung
§ 1089 Zustellung

Titel 2
Einspruch gegen den Europäischen Zahlungsbefehl
§ 1090 Verfahren nach Einspruch
§ 1091 Einleitung des Streitverfahrens

Titel 3
Überprüfung des Europäischen Zahlungsbefehls in Ausnahmefällen
§ 1092 Verfahren
§ 1092a Rechtsbehelf bei Nichtzustellung oder bei nicht ordnungsgemäßer Zustellung des Europäischen Zahlungsbefehls

Titel 4
Zwangsvollstreckung aus dem Europäischen Zahlungsbefehl
§ 1093 Vollstreckungsklausel
§ 1094 Übersetzung
§ 1095 Vollstreckungsschutz und Vollstreckungsabwehrklage gegen den im Inland erlassenen Europäischen Zahlungsbefehl
§ 1096 Anträge nach den Artikeln 22 und 23 der Verordnung (EG) Nr. 1896/2006; Vollstreckungsabwehrklage

Abschnitt 6
Europäisches Verfahren für geringfügige Forderungen nach der Verordnung (EG) Nr. 861/2007

Titel 1
Erkenntnisverfahren

§ 1097 Einleitung und Durchführung des Verfahrens
§ 1098 Annahmeverweigerung auf Grund der verwendeten Sprache
§ 1099 Widerklage
§ 1100 Mündliche Verhandlung
§ 1101 Beweisaufnahme
§ 1102 Urteil
§ 1103 Säumnis
§ 1104 Abhilfe bei unverschuldeter Säumnis des Beklagten
§ 1104a Gemeinsame Gerichte

Titel 2
Zwangsvollstreckung

§ 1105 Zwangsvollstreckung inländischer Titel
§ 1106 Bestätigung inländischer Titel
§ 1107 Ausländische Vollstreckungstitel
§ 1108 Übersetzung
§ 1109 Anträge nach den Artikeln 22 und 23 der Verordnung (EG) Nr. 861/2007; Vollstreckungsabwehrklage

Abschnitt 7
Anerkennung und Vollstreckung nach der Verordnung (EU) Nr. 1215/2012

Titel 1
Bescheinigung über inländische Titel

§ 1110 Zuständigkeit
§ 1111 Verfahren

Titel 2
Anerkennung und Vollstreckung ausländischer Titel im Inland

§ 1112 Entbehrlichkeit der Vollstreckungsklausel
§ 1113 Übersetzung oder Transliteration
§ 1114 Anfechtung der Anpassung eines Titels
§ 1115 Versagung der Anerkennung oder der Vollstreckung
§ 1116 Wegfall oder Beschränkung der Vollstreckbarkeit im Ursprungsmitgliedstaat
§ 1117 Vollstreckungsabwehrklage

Abschnitt 8
Beweis der Echtheit ausländischer öffentlicher Urkunden nach der Verordnung (EU) 2016/1191

§ 1118 Zentralbehörde
§ 1119 Verwaltungszusammenarbeit
§ 1120 Mehrsprachige Formulare

Anlage
(zu § 850c)

Buch 1
Allgemeine Vorschriften

Abschnitt 2
Parteien

Titel 1
Parteifähigkeit, Prozessfähigkeit

§ 50 Parteifähigkeit

(1) Parteifähig ist, wer rechtsfähig ist.
(2) Ein Verein, der nicht rechtsfähig ist, kann klagen und verklagt werden; in dem Rechtsstreit hat der Verein die Stellung eines rechtsfähigen Vereins.

§ 51 Prozessfähigkeit; gesetzliche Vertretung; Prozessführung

(1) Die Fähigkeit einer Partei, vor Gericht zu stehen, die Vertretung nicht prozessfähiger Parteien durch andere Personen (gesetzliche Vertreter) und die Notwendigkeit einer besonderen Ermächtigung zur Prozessführung bestimmt sich nach den Vorschriften des bürgerlichen Rechts, soweit nicht die nachfolgenden Paragraphen abweichende Vorschriften enthalten.
(2) Das Verschulden eines gesetzlichen Vertreters steht dem Verschulden der Partei gleich.
(3) Hat eine nicht prozessfähige Partei, die eine volljährige natürliche Person ist, wirksam eine andere natürliche Person schriftlich mit ihrer gerichtlichen Vertretung bevollmächtigt, so steht diese Person einem gesetzlichen Vertreter gleich, wenn die Bevollmächtigung geeignet ist, gemäß § 1896 Abs. 2 Satz 2 des Bürgerlichen Gesetzbuchs die Erforderlichkeit einer Betreuung entfallen zu lassen.

§ 52 Umfang der Prozessfähigkeit

Eine Person ist insoweit prozessfähig, als sie sich durch Verträge verpflichten kann.

§ 53 Prozessunfähigkeit bei Betreuung oder Pflegschaft

Wird in einem Rechtsstreit eine prozessfähige Person durch einen Betreuer oder Pfleger vertreten, so steht sie für den Rechtsstreit einer nicht prozessfähigen Person gleich.

Titel 4
Prozessbevollmächtigte und Beistände

§ 78 Anwaltsprozess

(1) Vor den Landgerichten und Oberlandesgerichten müssen sich die Parteien durch einen Rechtsanwalt vertreten lassen. Ist in einem Land auf Grund des § 8 des Einführungsgesetzes zum Gerichtsverfassungsgesetz ein oberstes Landesgericht errichtet, so müssen sich die Parteien vor diesem ebenfalls durch einen Rechtsanwalt vertreten lassen. Vor dem Bundesgerichtshof müssen sich die Parteien durch einen bei dem Bundesgerichtshof zugelassenen Rechtsanwalt vertreten lassen.
(2) Behörden und juristische Personen des öffentlichen Rechts einschließlich der von ihnen zur Erfüllung ihrer öffentlichen Aufgaben gebildeten Zusammenschlüsse können sich als Beteiligte für die Nichtzulassungsbeschwerde durch eigene Beschäftigte mit Befähigung zum Richteramt oder durch Beschäftigte mit Befähigung zum Richteramt anderer Behörden oder juristischer Personen des öffentlichen Rechts einschließlich der von ihnen zur Erfüllung ihrer öffentlichen Aufgaben gebildeten Zusammenschlüsse vertreten lassen.
(3) Diese Vorschriften sind auf das Verfahren vor einem beauftragten oder ersuchten Richter sowie auf Prozesshandlungen, die vor dem Urkundsbeamten der Geschäftsstelle vorgenommen werden können, nicht anzuwenden.
(4) Ein Rechtsanwalt, der nach Maßgabe der Absätze 1 und 2 zur Vertretung berechtigt ist, kann sich selbst vertreten.

Titel 5
Prozesskosten

§ 91 Grundsatz und Umfang der Kostenpflicht

(1) Die unterliegende Partei hat die Kosten des Rechtsstreits zu tragen, insbesondere die dem Gegner erwachsenen Kosten zu erstatten, soweit sie zur zweckentsprechenden Rechtsverfolgung oder Rechtsverteidigung notwendig waren. Die Kostenerstattung umfasst auch die Entschädigung des Gegners für die durch notwendige Reisen oder durch die notwendige Wahrnehmung von Terminen entstandene Zeitversäumnis; die für die Entschädigung von Zeugen geltenden Vorschriften sind entsprechend anzuwenden.
(2) Die gesetzlichen Gebühren und Auslagen des Rechtsanwalts der obsiegenden Partei sind in allen Prozessen zu erstatten, Reisekosten eines Rechtsanwalts, der nicht in dem Bezirk des Prozessgerichts niedergelassen ist und am Ort des Prozessgerichts auch nicht wohnt, jedoch nur insoweit, als die Zuziehung zur zweckentsprechenden Rechtsverfolgung oder Rechtsverteidigung notwendig war. Die Kosten mehrerer Rechtsanwälte sind nur insoweit zu erstatten, als sie die Kosten eines Rechtsanwalts nicht übersteigen oder als in der Person des Rechtsanwalts ein Wechsel eintreten musste. In eigener Sache sind dem Rechtsanwalt die Gebühren und Auslagen zu erstatten, die er als Gebühren und Auslagen eines bevollmächtigten Rechtsanwalts erstattet verlangen könnte.
(3) Zu den Kosten des Rechtsstreits im Sinne der Absätze 1, 2 gehören auch die Gebühren, die durch ein Güteverfahren vor einer durch die Landesjustizverwaltung eingerichteten oder anerkannten Gütestelle entstanden sind; dies gilt nicht, wenn zwischen der Beendigung des Güteverfahrens und der Klageerhebung mehr als ein Jahr verstrichen ist.
(4) Zu den Kosten des Rechtsstreits im Sinne von Absatz 1 gehören auch Kosten, die die obsiegende Partei der unterlegenen Partei im Verlaufe des Rechtsstreits gezahlt hat.

§ 93a (weggefallen)

§ 93b Kosten bei Räumungsklagen

(1) Wird einer Klage auf Räumung von Wohnraum mit Rücksicht darauf stattgegeben, dass ein Verlangen des Beklagten auf Fortsetzung des Mietverhältnisses auf Grund der §§ 574 bis 574b des Bürgerlichen Gesetzbuchs wegen der berechtigten Interessen des Klägers nicht gerechtfertigt ist, so kann das Gericht die Kosten ganz oder teilweise dem Kläger auferlegen, wenn der Beklagte die Fortsetzung des Mietverhältnisses unter Angabe von Gründen verlangt hatte und der Kläger aus Gründen obsiegt, die erst nachträglich entstanden sind (§ 574 Abs. 3 des Bürgerlichen Gesetzbuchs). Dies gilt in einem Rechtsstreit wegen Fortsetzung des Mietverhältnisses bei Abweisung der Klage entsprechend.
(2) Wird eine Klage auf Räumung von Wohnraum mit Rücksicht darauf abgewiesen, dass auf Verlangen des Beklagten die Fortsetzung des Mietverhältnisses auf Grund der §§ 574 bis 574b des Bürgerlichen Gesetzbuchs bestimmt wird, so kann das Gericht die Kosten ganz oder teilweise dem Beklagten auferlegen, wenn er auf Verlangen des Klägers nicht unverzüglich über die Gründe des Widerspruchs Auskunft erteilt hat. Dies gilt in einem Rechtsstreit wegen Fortsetzung des Mietverhältnisses entsprechend, wenn der Klage stattgegeben wird.
(3) Erkennt der Beklagte den Anspruch auf Räumung von Wohnraum sofort an, wird ihm jedoch eine Räumungsfrist bewilligt, so kann das Gericht die Kosten ganz oder teilweise dem Kläger auferlegen, wenn der Beklagte

bereits vor Erhebung der Klage unter Angabe von Gründen die Fortsetzung des Mietverhältnisses oder eine den Umständen nach angemessene Räumungsfrist vom Kläger vergeblich begehrt hatte.

Titel 7
Prozesskostenhilfe und Prozesskostenvorschuss

§ 114 Voraussetzungen

(1) Eine Partei, die nach ihren persönlichen und wirtschaftlichen Verhältnissen die Kosten der Prozessführung nicht, nur zum Teil oder nur in Raten aufbringen kann, erhält auf Antrag Prozesskostenhilfe, wenn die beabsichtigte Rechtsverfolgung oder Rechtsverteidigung hinreichende Aussicht auf Erfolg bietet und nicht mutwillig erscheint. Für die grenzüberschreitende Prozesskostenhilfe innerhalb der Europäischen Union gelten ergänzend die §§ 1076 bis 1078.

(2) Mutwillig ist die Rechtsverfolgung oder Rechtsverteidigung, wenn eine Partei, die keine Prozesskostenhilfe beansprucht, bei verständiger Würdigung aller Umstände von der Rechtsverfolgung oder Rechtsverteidigung absehen würde, obwohl eine hinreichende Aussicht auf Erfolg besteht.

§ 115 Einsatz von Einkommen und Vermögen

(1) Die Partei hat ihr Einkommen einzusetzen. Zum Einkommen gehören alle Einkünfte in Geld oder Geldeswert. Von ihm sind abzusetzen:
1. a) die in § 82 Abs. 2 des Zwölften Buches Sozialgesetzbuch bezeichneten Beträge;
   b) bei Parteien, die ein Einkommen aus Erwerbstätigkeit erzielen, ein Betrag in Höhe von 50 vom Hundert des Regelsatzes, der für den alleinstehenden oder alleinerziehenden Leistungsberechtigten vom Bund gemäß der Regelbedarfsstufe 1 nach der Anlage zu § 28 des Zwölften Buches Sozialgesetzbuch festgesetzt oder fortgeschrieben worden ist;
2. a) für die Partei und ihren Ehegatten oder ihren Lebenspartner jeweils ein Betrag in Höhe des um 10 vom Hundert erhöhten Regelsatzes, der für den alleinstehenden oder alleinerziehenden Leistungsberechtigten vom Bund gemäß der Regelbedarfsstufe 1 nach der Anlage zu § 28 des Zwölften Buches Sozialgesetzbuch festgesetzt oder fortgeschrieben worden ist;
   b) bei weiteren Unterhaltsleistungen auf Grund gesetzlicher Unterhaltspflicht für jede unterhaltsberechtigte Person jeweils ein Betrag in Höhe des um 10 vom Hundert erhöhten Regelsatzes, der für eine Person ihres Alters vom Bund gemäß den Regelbedarfsstufen 3 bis 6 nach der Anlage zu § 28 des Zwölften Buches Sozialgesetzbuch festgesetzt oder fortgeschrieben worden ist;
3. die Kosten der Unterkunft und Heizung, soweit sie nicht in einem auffälligen Missverhältnis zu den Lebensverhältnissen der Partei stehen;
4. Mehrbedarfe nach § 21 des Zweiten Buches Sozialgesetzbuch und nach § 30 des Zwölften Buches Sozialgesetzbuch;
5. weitere Beträge, soweit dies mit Rücksicht auf besondere Belastungen angemessen ist; § 1610a des Bürgerlichen Gesetzbuchs gilt entsprechend.

Maßgeblich sind die Beträge, die zum Zeitpunkt der Bewilligung der Prozesskostenhilfe gelten. Soweit am Wohnsitz der Partei aufgrund einer Neufestsetzung oder Fortschreibung nach § 29 Absatz 2 bis 4 des Zwölften Buches Sozialgesetzbuch höhere Regelsätze gelten, sind diese heranzuziehen. Das Bundesministerium der Justiz und für Verbraucherschutz gibt bei jeder Neufestsetzung oder jeder Fortschreibung die maßgebenden Beträge nach Satz 3 Nummer 1 Buchstabe b und Nummer 2 und nach Satz 5 im Bundesgesetzblatt bekannt. Diese Beträge sind, soweit sie nicht volle Euro ergeben, bis zu 0,49 Euro abzurunden und von 0,50 Euro an aufzurunden. Die Unterhaltsfreibeträge nach Satz 3 Nr. 2 vermindern sich um eigenes Einkommen der unterhaltsberechtigten Person. Wird eine Geldrente gewährt, so ist sie anstelle des Freibetrages abzusetzen, soweit dies angemessen ist.

(2) Von dem nach den Abzügen verbleibenden Teil des monatlichen Einkommens (einzusetzendes Einkommen) sind Monatsraten in Höhe der Hälfte des einzusetzenden Einkommens festzusetzen; die Monatsraten sind auf volle Euro abzurunden. Beträgt die Höhe einer Monatsrate weniger als 10 Euro, ist von der Festsetzung von Monatsraten abzusehen. Bei einem einzusetzenden Einkommen von mehr als 600 Euro beträgt die Monatsrate 300 Euro zuzüglich des Teils des einzusetzenden Einkommens, der 600 Euro übersteigt. Unabhängig von der Zahl der Rechtszüge sind höchstens 48 Monatsraten aufzubringen.

(3) Die Partei hat ihr Vermögen einzusetzen, soweit dies zumutbar ist. § 90 des Zwölften Buches Sozialgesetzbuch gilt entsprechend.

(4) Prozesskostenhilfe wird nicht bewilligt, wenn die Kosten der Prozessführung der Partei vier Monatsraten und die aus dem Vermögen aufzubringenden Teilbeträge voraussichtlich nicht übersteigen.

Anm. d. Hrsg.: Bekanntmachung zu § 115 der Zivilprozessordnung
(Prozesskostenhilfebekanntmachung 2021 – PKHB 2021) vom 28. Dezember 2020 (BGBl. I S. 3344):
Auf Grund des § 115 Absatz 1 Satz 6 der Zivilprozessordnung, der zuletzt durch Artikel 10 Nummer 3 des Gesetzes vom 21. Dezember 2020 (BGBl. I S. 3229) geändert worden ist, werden die ab dem 1. Januar 2021 maßgebenden Beträge, die nach § 115 Absatz 1 Satz 3 Nummer 1 Buchstabe b und Nummer 2 sowie Satz 5 der Zivilprozessordnung vom Einkommen der Partei abzusetzen sind, bekannt gemacht:

	Freibetrag Bund	Freibetrag in den Landkreisen Fürstenfeldbruck und Starnberg	Freibetrag im Landkreis München	Freibetrag in der Landeshauptstadt München
Parteien, die ein Einkommen aus Erwerbstätigkeit erzielen (§ 115 Absatz 1 Satz 3 Nummer 1 Buchstabe b der Zivilprozessordnung)	223 Euro	235 Euro	235 Euro	234 Euro
Partei, Ehegatte oder Lebenspartner (§ 115 Absatz 1 Satz 3 Nummer 2 Buchstabe a der Zivilprozessordnung)	491 Euro	516 Euro	517 Euro	515 Euro
Freibetrag für unterhaltsberechtigte Erwachsene (§ 115 Absatz 1 Satz 3 Nummer 2 Buchstabe b der Zivilprozessordnung *Regelbedarfsstufe 3*)	393 Euro	414 Euro	414 Euro	411 Euro
Freibetrag für unterhaltsberechtigte Jugendliche vom Beginn des 15. bis zur Vollendung des 18. Lebensjahres (§ 115 Absatz 1 Satz 3 Nummer 2 Buchstabe b der Zivilprozessordnung *Regelbedarfsstufe 4*)	410 Euro	430 Euro	432 Euro	429 Euro
Freibetrag für unterhaltsberechtigte Kinder vom Beginn des siebten bis zur Vollendung des 14. Lebensjahres (§ 115 Absatz 1 Satz 3 Nummer 2 Buchstabe b der Zivilprozessordnung *Regelbedarfsstufe 5*)	340 Euro	353 Euro	359 Euro	353 Euro
Freibetrag für unterhaltsberechtigte Kinder bis zur Vollendung des sechsten Lebensjahres (§ 115 Absatz 1 Satz 3 Nummer 2 Buchstabe b der Zivilprozessordnung *Regelbedarfsstufe 6*)	311 Euro	325 Euro	328 Euro	323 Euro

§ 116 Partei kraft Amtes; juristische Person; parteifähige Vereinigung

Prozesskostenhilfe erhalten auf Antrag
1. eine Partei kraft Amtes, wenn die Kosten aus der verwalteten Vermögensmasse nicht aufgebracht werden können und den am Gegenstand des Rechtsstreits wirtschaftlich Beteiligten nicht zuzumuten ist, die Kosten aufzubringen;
2. eine juristische Person oder parteifähige Vereinigung, die im Inland, in einem anderen Mitgliedstaat der Europäischen Union oder einem anderen Vertragsstaat des Abkommens über den Europäischen Wirtschaftsraum gegründet und dort ansässig ist, wenn die Kosten weder von ihr noch von den am Gegenstand des Rechtsstreits wirtschaftlich Beteiligten aufgebracht werden können und wenn die Unterlassung der Rechtsverfolgung oder Rechtsverteidigung allgemeinen Interessen zuwiderlaufen würde.

§ 114 Absatz 1 Absatz 1 Satz 1 letzter Halbsatz und Absatz 2 ist anzuwenden. Können die Kosten nur zum Teil oder nur in Teilbeträgen aufgebracht werden, so sind die entsprechenden Beträge zu zahlen.

§ 117 Antrag

(1) Der Antrag auf Bewilligung der Prozesskostenhilfe ist bei dem Prozessgericht zu stellen; er kann vor der Geschäftsstelle zu Protokoll erklärt werden. In dem Antrag ist das Streitverhältnis unter Angabe der Beweismittel darzustellen. Der Antrag auf Bewilligung von Prozesskostenhilfe für die Zwangsvollstreckung ist bei dem für die Zwangsvollstreckung zuständigen Gericht zu stellen.

(2) Dem Antrag sind eine Erklärung der Partei über ihre persönlichen und wirtschaftlichen Verhältnisse (Familienverhältnisse, Beruf, Vermögen, Einkommen und Lasten) sowie entsprechende Belege beizufügen. Die Erklärung und die Belege dürfen dem Gegner nur mit Zustimmung der Partei zugänglich gemacht werden; es sei denn, der Gegner hat gegen den Antragsteller nach den Vorschriften des bürgerlichen Rechts einen Anspruch auf Auskunft über Einkünfte und Vermögen des Antragstellers. Dem Antragsteller ist vor der Übermittlung seiner Erklärung an den Gegner Gelegenheit zur Stellungnahme zu geben. Er ist über die Übermittlung seiner Erklärung zu unterrichten.

(3) Der Bundesminister der Justiz und für Verbraucherschutz wird ermächtigt, zur Vereinfachung und Vereinheitlichung des Verfahrens durch Rechtsverordnung mit Zustimmung des Bundesrates Formulare für die Erklärung einzuführen. Die Formulare enthalten die nach § 120a Absatz 2 Satz 4 erforderliche Belehrung.

(4) Soweit Formulare für die Erklärung eingeführt sind, muss sich die Partei ihrer bedienen.

Anm. d. Hrsg.: Vgl. die Prozesskostenhilfeformularverordnung – PKHFV vom 6. Januar 2014 (BGBl. I S. 34).

§ 118 Bewilligungsverfahren

(1) Dem Gegner ist Gelegenheit zur Stellungnahme zu geben, ob er die Voraussetzungen für die Bewilligung von Prozesskostenhilfe für gegeben hält, soweit dies aus besonderen Gründen nicht unzweckmäßig erscheint. Die Stellungnahme kann vor der Geschäftsstelle zu Protokoll erklärt werden. Das Gericht kann die Parteien zur mündlichen Erörterung laden, wenn eine Einigung zu erwarten ist; ein Vergleich ist zu gerichtlichem Protokoll zu nehmen. Dem Gegner entstandene Kosten werden nicht erstattet. Die durch die Vernehmung von Zeugen und Sachverständigen nach Absatz 2 Satz 3 entstandenen Auslagen sind als Gerichtskosten von der Partei zu tragen, der die Kosten des Rechtsstreits auferlegt sind.

(2) Das Gericht kann verlangen, dass der Antragsteller seine tatsächlichen Angaben glaubhaft macht, es kann insbesondere auch die Abgabe einer Versicherung an Eides statt fordern. Es kann Erhebungen anstellen, insbesondere die Vorlegung von Urkunden anordnen und Auskünfte einholen. Zeugen und Sachverständige werden nicht vernommen, es sei denn, dass auf andere Weise nicht geklärt werden kann, ob die Rechtsverfolgung oder Rechtsverteidigung hinreichende Aussicht auf Erfolg bietet und nicht mutwillig erscheint; eine Beeidigung findet nicht statt. Hat der Antragsteller innerhalb einer von dem Gericht gesetzten Frist Angaben über seine persönlichen und wirtschaftlichen Verhältnisse nicht glaubhaft gemacht oder bestimmte Fragen nicht oder ungenügend beantwortet, so lehnt das Gericht die Bewilligung von Prozesskostenhilfe insoweit ab.

(3) Die in Absatz 1, 2 bezeichneten Maßnahmen werden von dem Vorsitzenden oder einem von ihm beauftragten Mitglied des Gerichts durchgeführt.

§ 119 Bewilligung

(1) Die Bewilligung der Prozesskostenhilfe erfolgt für jeden Rechtszug besonders. In einem höheren Rechtszug ist nicht zu prüfen, ob die Rechtsverfolgung oder Rechtsverteidigung hinreichende Aussicht auf Erfolg bietet oder mutwillig erscheint, wenn der Gegner das Rechtsmittel eingelegt hat.

(2) Die Bewilligung von Prozesskostenhilfe für die Zwangsvollstreckung in das bewegliche Vermögen umfasst alle Vollstreckungshandlungen im Bezirk des Vollstreckungsgerichts einschließlich des Verfahrens auf Abgabe der Vermögensauskunft und der eidesstattlichen Versicherung.

§ 120 Festsetzung von Zahlungen

(1) Mit der Bewilligung der Prozesskostenhilfe setzt das Gericht zu zahlende Monatsraten und aus dem Vermögen zu zahlende Beträge fest. Setzt das Gericht nach § 115 Absatz 1 Satz 3 Nummer 5 mit Rücksicht auf besondere Belastungen von dem Einkommen Beträge ab und ist anzunehmen, dass die Belastungen bis zum Ablauf von vier Jahren ganz oder teilweise entfallen werden, so setzt das Gericht zugleich diejenigen Zahlungen fest, die sich ergeben, wenn die Belastungen nicht oder nur in verringertem Umfang berücksichtigt werden, und bestimmt den Zeitpunkt, von dem an sie zu erbringen sind.

(2) Die Zahlungen sind an die Landeskasse zu leisten, im Verfahren vor dem Bundesgerichtshof an die Bundeskasse, wenn Prozesskostenhilfe in einem vorherigen Rechtszug nicht bewilligt worden ist.

(3) Das Gericht soll die vorläufige Einstellung der Zahlungen bestimmen,

1. wenn die Zahlungen der Partei die voraussichtlich entstehenden Kosten decken;
2. wenn die Partei, ein ihr beigeordneter Rechtsanwalt oder die Bundes- oder Landeskasse die Kosten gegen einen anderen am Verfahren Beteiligten geltend machen kann.

§ 120a Änderung der Bewilligung

(1) Das Gericht soll die Entscheidung über die zu leistenden Zahlungen ändern, wenn sich die für die Prozesskostenhilfe maßgebenden persönlichen oder wirtschaftlichen Verhältnisse wesentlich verändert haben. Eine Änderung der nach § 115 Absatz 1 Satz 3 Nummer 1 Buchstabe b und Nummer 2 maßgebenden Beträge ist nur auf Antrag und nur dann zu berücksichtigen, wenn sie dazu führt, dass keine Monatsrate zu zahlen ist. Auf Verlangen des Gerichts muss die Partei jederzeit erklären, ob eine Veränderung der Verhältnisse eingetreten ist. Eine Änderung zum Nachteil der Partei ist ausgeschlossen, wenn seit der rechtskräftigen Entscheidung oder der sonstigen Beendigung des Verfahrens vier Jahre vergangen sind.
(2) Verbessern sich vor dem in Absatz 1 Satz 4 genannten Zeitpunkt die wirtschaftlichen Verhältnisse der Partei wesentlich oder ändert sich ihre Anschrift, hat sie dies dem Gericht unverzüglich mitzuteilen. Bezieht die Partei ein laufendes monatliches Einkommen, ist eine Einkommensverbesserung nur wesentlich, wenn die Differenz zu dem bisher zu Grunde gelegten Bruttoeinkommen nicht nur einmalig 100 Euro übersteigt. Satz 2 gilt entsprechend, soweit abzugsfähige Belastungen entfallen. Hierüber und über die Folgen eines Verstoßes ist die Partei bei der Antragstellung in dem gemäß § 117 Absatz 3 eingeführten Formular zu belehren.
(3) Eine wesentliche Verbesserung der wirtschaftlichen Verhältnisse kann insbesondere dadurch eintreten, dass die Partei durch die Rechtsverfolgung oder Rechtsverteidigung etwas erlangt. Das Gericht soll nach der rechtskräftigen Entscheidung oder der sonstigen Beendigung des Verfahrens prüfen, ob eine Änderung der Entscheidung über die zu leistenden Zahlungen mit Rücksicht auf das durch die Rechtsverfolgung oder Rechtsverteidigung Erlangte geboten ist. Eine Änderung der Entscheidung ist ausgeschlossen, soweit die Partei bei rechtzeitiger Leistung des durch die Rechtsverfolgung oder Rechtsverteidigung Erlangten ratenfreie Prozesskostenhilfe erhalten hätte.
(4) Für die Erklärung über die Änderung der persönlichen oder wirtschaftlichen Verhältnisse nach Absatz 1 Satz 3 muss die Partei das gemäß § 117 Absatz 3 eingeführte Formular benutzen. Für die Überprüfung der persönlichen und wirtschaftlichen Verhältnisse gilt § 118 Absatz 2 entsprechend.

§ 121 Beiordnung eines Rechtsanwalts

(1) Ist eine Vertretung durch Anwälte vorgeschrieben, wird der Partei ein zur Vertretung bereiter Rechtsanwalt ihrer Wahl beigeordnet.
(2) Ist eine Vertretung durch Anwälte nicht vorgeschrieben, wird der Partei auf ihren Antrag ein zur Vertretung bereiter Rechtsanwalt ihrer Wahl beigeordnet, wenn die Vertretung durch einen Rechtsanwalt erforderlich erscheint oder der Gegner durch einen Rechtsanwalt vertreten ist.
(3) Ein nicht in dem Bezirk des Prozessgerichts niedergelassener Rechtsanwalt kann nur beigeordnet werden, wenn dadurch weitere Kosten nicht entstehen.
(4) Wenn besondere Umstände dies erfordern, kann der Partei auf ihren Antrag ein zur Vertretung bereiter Rechtsanwalt ihrer Wahl zur Wahrnehmung eines Termins zur Beweisaufnahme vor dem ersuchten Richter oder zur Vermittlung des Verkehrs mit dem Prozessbevollmächtigten beigeordnet werden.
(5) Findet die Partei keinen zur Vertretung bereiten Anwalt, ordnet der Vorsitzende ihr auf Antrag einen Rechtsanwalt bei.

§ 122 Wirkung der Prozesskostenhilfe

(1) Die Bewilligung der Prozesskostenhilfe bewirkt, dass
1. die Bundes- oder Landeskasse
   a) die rückständigen und die entstehenden Gerichtskosten und Gerichtsvollzieherkosten,
   b) die auf sie übergegangenen Ansprüche der beigeordneten Rechtsanwälte gegen die Partei
   nur nach den Bestimmungen, die das Gericht trifft, gegen die Partei geltend machen kann,
2. die Partei von der Verpflichtung zur Sicherheitsleistung für die Prozesskosten befreit ist,
3. die beigeordneten Rechtsanwälte Ansprüche auf Vergütung gegen die Partei nicht geltend machen können.
(2) Ist dem Kläger, dem Berufungskläger oder dem Revisionskläger Prozesskostenhilfe bewilligt und ist nicht bestimmt worden, dass Zahlungen an die Bundes- oder Landeskasse zu leisten sind, so hat dies für den Gegner die einstweilige Befreiung von den in Absatz 1 Nr. 1 Buchstabe a bezeichneten Kosten zur Folge.

§ 123 Kostenerstattung

Die Bewilligung der Prozesskostenhilfe hat auf die Verpflichtung, die dem Gegner entstandenen Kosten zu erstatten, keinen Einfluss.

§ 124 Aufhebung der Bewilligung

(1) Das Gericht soll die Bewilligung der Prozesskostenhilfe aufheben, wenn
1. die Partei durch unrichtige Darstellung des Streitverhältnisses die für die Bewilligung der Prozesskostenhilfe maßgebenden Voraussetzungen vorgetäuscht hat;
2. die Partei absichtlich oder aus grober Nachlässigkeit unrichtige Angaben über die persönlichen oder wirtschaftlichen Verhältnisse gemacht oder eine Erklärung nach § 120a Absatz 1 Satz 3 nicht oder ungenügend abgegeben hat;
3. die persönlichen oder wirtschaftlichen Voraussetzungen für die Prozesskostenhilfe nicht vorgelegen haben; in diesem Fall ist die Aufhebung ausgeschlossen, wenn seit der rechtskräftigen Entscheidung oder sonstigen Beendigung des Verfahrens vier Jahre vergangen sind;
4. die Partei entgegen § 120a Absatz 2 Satz 1 bis 3 dem Gericht wesentliche Verbesserungen ihrer Einkommens- und Vermögensverhältnisse oder Änderungen ihrer Anschrift absichtlich oder aus grober Nachlässigkeit unrichtig oder nicht unverzüglich mitgeteilt hat;
5. die Partei länger als drei Monate mit der Zahlung einer Monatsrate oder mit der Zahlung eines sonstigen Betrages im Rückstand ist.

(2) Das Gericht kann die Bewilligung der Prozesskostenhilfe aufheben, soweit die von der Partei beantragte Beweiserhebung auf Grund von Umständen, die im Zeitpunkt der Bewilligung der Prozesskostenhilfe noch nicht berücksichtigt werden konnten, keine hinreichende Aussicht auf Erfolg bietet oder der Beweisantritt mutwillig erscheint.

§ 125 Einziehung der Kosten

(1) Die Gerichtskosten und die Gerichtsvollzieherkosten können von dem Gegner erst eingezogen werden, wenn er rechtskräftig in die Prozesskosten verurteilt ist.

(2) Die Gerichtskosten, von deren Zahlung der Gegner einstweilen befreit ist, sind von ihm einzuziehen, soweit er rechtskräftig in die Prozesskosten verurteilt oder der Rechtsstreit ohne Urteil über die Kosten beendet ist.

§ 126 Beitreibung der Rechtsanwaltskosten

(1) Die für die Partei bestellten Rechtsanwälte sind berechtigt, ihre Gebühren und Auslagen von dem in die Prozesskosten verurteilten Gegner im eigenen Namen beizutreiben.

(2) Eine Einrede aus der Person der Partei ist nicht zulässig. Der Gegner kann mit Kosten aufrechnen, die nach der in demselben Rechtsstreit über die Kosten erlassenen Entscheidung von der Partei zu erstatten sind.

§ 127 Entscheidungen

(1) Entscheidungen im Verfahren über die Prozesskostenhilfe ergehen ohne mündliche Verhandlung. Zuständig ist das Gericht des ersten Rechtszuges; ist das Verfahren in einem höheren Rechtszug anhängig, so ist das Gericht dieses Rechtszuges zuständig. Soweit die Gründe der Entscheidung Angaben über die persönlichen und wirtschaftlichen Verhältnisse der Partei enthalten, dürfen sie dem Gegner nur mit Zustimmung der Partei zugänglich gemacht werden.

(2) Die Bewilligung der Prozesskostenhilfe kann nur nach Maßgabe des Absatzes 3 angefochten werden. Im Übrigen findet die sofortige Beschwerde statt; dies gilt nicht, wenn der Streitwert der Hauptsache den in § 511 genannten Betrag nicht übersteigt, es sei denn, das Gericht hat ausschließlich die persönlichen oder wirtschaftlichen Voraussetzungen für die Prozesskostenhilfe verneint. Die Notfrist beträgt einen Monat.

(3) Gegen die Bewilligung der Prozesskostenhilfe findet die sofortige Beschwerde der Staatskasse statt, wenn weder Monatsraten noch aus dem Vermögen zu zahlende Beträge festgesetzt worden sind. Die Beschwerde kann nur darauf gestützt werden, dass die Partei gemäß § 115 Absatz 1 bis 3 nach ihren persönlichen und wirtschaftlichen Verhältnissen Zahlungen zu leisten oder gemäß § 116 Satz 3 Beträge zu zahlen hat. Die Notfrist beträgt einen Monat und beginnt mit der Bekanntgabe des Beschlusses. Nach Ablauf von drei Monaten seit der Verkündung der Entscheidung ist die Beschwerde unstatthaft. Wird die Entscheidung nicht verkündet, so tritt an die Stelle der Verkündung der Zeitpunkt, in dem die unterschriebene Entscheidung der Geschäftsstelle übermittelt wird. Die Entscheidung wird der Staatskasse nicht von Amts wegen mitgeteilt.

(4) Die Kosten des Beschwerdeverfahrens werden nicht erstattet.

Abschnitt 3
Verfahren

Titel 3
Ladungen, Termine und Fristen

§ 222 Fristberechnung

(1) Für die Berechnung der Fristen gelten die Vorschriften des Bürgerlichen Gesetzbuchs.
(2) Fällt das Ende einer Frist auf einen Sonntag, einen allgemeinen Feiertag oder einen Sonnabend, so endet die Frist mit Ablauf des nächsten Werktages.
(3) Bei der Berechnung einer Frist, die nach Stunden bestimmt ist, werden Sonntage, allgemeine Feiertage und Sonnabende nicht mitgerechnet.

Buch 2
Verfahren im ersten Rechtszug

Abschnitt 1
Verfahren vor den Landgerichten

Titel 1
Verfahren bis zum Urteil

§ 278 Gütliche Streitbeilegung, Güteverhandlung, Vergleich

(1) Das Gericht soll in jeder Lage des Verfahrens auf eine gütliche Beilegung des Rechtsstreits oder einzelner Streitpunkte bedacht sein.
(2) Der mündlichen Verhandlung geht zum Zwecke der gütlichen Beilegung des Rechtsstreits eine Güteverhandlung voraus, es sei denn, es hat bereits ein Einigungsversuch vor einer außergerichtlichen Gütestelle stattgefunden oder die Güteverhandlung erscheint erkennbar aussichtslos. Das Gericht hat in der Güteverhandlung den Sach- und Streitstand mit den Parteien unter freier Würdigung aller Umstände zu erörtern und, soweit erforderlich, Fragen zu stellen. Die erschienenen Parteien sollen hierzu persönlich gehört werden.
(3) Für die Güteverhandlung sowie für weitere Güteversuche soll das persönliche Erscheinen der Parteien angeordnet werden. § 141 Abs. 1 Satz 2, Abs. 2 und 3 gilt entsprechend.
(4) Erscheinen beide Parteien in der Güteverhandlung nicht, ist das Ruhen des Verfahrens anzuordnen.
(5) Das Gericht kann die Parteien für die Güteverhandlung sowie für weitere Güteversuche vor einen hierfür bestimmten und nicht entscheidungsbefugten Richter (Güterichter) verweisen. Der Güterichter kann alle Methoden der Konfliktbeilegung einschließlich der Mediation einsetzen.
(6) Ein gerichtlicher Vergleich kann auch dadurch geschlossen werden, dass die Parteien dem Gericht einen schriftlichen Vergleichsvorschlag unterbreiten oder einen schriftlichen oder zu Protokoll der mündlichen Verhandlung erklärten Vergleichsvorschlag des Gerichts durch Schriftsatz oder durch Erklärung zu Protokoll der mündlichen Verhandlung gegenüber dem Gericht annehmen. Das Gericht stellt das Zustandekommen und den Inhalt eines nach Satz 1 geschlossenen Vergleichs durch Beschluss fest. § 164 gilt entsprechend.

§ 278a Mediation, außergerichtliche Konfliktbeilegung

(1) Das Gericht kann den Parteien eine Mediation oder ein anderes Verfahren der außergerichtlichen Konfliktbeilegung vorschlagen.
(2) Entscheiden sich die Parteien zur Durchführung einer Mediation oder eines anderen Verfahrens der außergerichtlichen Konfliktbeilegung, ordnet das Gericht das Ruhen des Verfahrens an.

Titel 6
Beweis durch Augenschein

§ 372a Untersuchungen zur Feststellung der Abstammung

(1) Soweit es zur Feststellung der Abstammung erforderlich ist, hat jede Person Untersuchungen, insbesondere die Entnahme von Blutproben, zu dulden, es sei denn, dass die Untersuchung dem zu Untersuchenden nicht zugemutet werden kann.
(2) Die §§ 386 bis 390 gelten entsprechend. Bei wiederholter unberechtigter Verweigerung der Untersuchung kann auch unmittelbarer Zwang angewendet, insbesondere die zwangsweise Vorführung zur Untersuchung angeordnet werden.

Titel 7
Zeugenbeweis

§ 376 Vernehmung bei Amtsverschwiegenheit

(1) Für die Vernehmung von Richtern, Beamten und anderen Personen des öffentlichen Dienstes als Zeugen über Umstände, auf die sich ihre Pflicht zur Amtsverschwiegenheit bezieht, und für die Genehmigung zur Aussage gelten die besonderen beamtenrechtlichen Vorschriften.

(2) Für die Mitglieder des Bundestages, eines Landtages, der Bundes- oder einer Landesregierung sowie für die Angestellten einer Fraktion des Bundestages oder eines Landtages gelten die für sie maßgebenden besonderen Vorschriften.

(3) Eine Genehmigung in den Fällen der Absätze 1, 2 ist durch das Prozessgericht einzuholen und dem Zeugen bekannt zu machen.

(4) Der Bundespräsident kann das Zeugnis verweigern, wenn die Ablegung des Zeugnisses dem Wohl des Bundes oder eines deutschen Landes Nachteile bereiten würde.

(5) Diese Vorschriften gelten auch, wenn die vorgenannten Personen nicht mehr im öffentlichen Dienst oder Angestellte einer Fraktion sind oder ihre Mandate beendet sind, soweit es sich um Tatsachen handelt, die sich während ihrer Dienst-, Beschäftigungs- oder Mandatszeit ereignet haben oder ihnen während ihrer Dienst-, Beschäftigungs- oder Mandatszeit zur Kenntnis gelangt sind.

§ 383 Zeugnisverweigerung aus persönlichen Gründen

(1) Zur Verweigerung des Zeugnisses sind berechtigt:
1. der Verlobte einer Partei;
2. der Ehegatte einer Partei, auch wenn die Ehe nicht mehr besteht;
2a. der Lebenspartner einer Partei, auch wenn die Lebenspartnerschaft nicht mehr besteht;
3. diejenigen, die mit einer Partei in gerader Linie verwandt oder verschwägert, in der Seitenlinie bis zum dritten Grad verwandt oder bis zum zweiten Grad verschwägert sind oder waren;
4. Geistliche in Ansehung desjenigen, was ihnen bei der Ausübung der Seelsorge anvertraut ist;
5. Personen, die bei der Vorbereitung, Herstellung oder Verbreitung von periodischen Druckwerken oder Rundfunksendungen berufsmäßig mitwirken oder mitgewirkt haben, über die Person des Verfassers, Einsenders oder Gewährsmanns von Beiträgen und Unterlagen sowie über die ihnen im Hinblick auf ihre Tätigkeit gemachten Mitteilungen, soweit es sich um Beiträge, Unterlagen und Mitteilungen für den redaktionellen Teil handelt;
6. Personen, denen kraft ihres Amtes, Standes oder Gewerbes Tatsachen anvertraut sind, deren Geheimhaltung durch ihre Natur oder durch gesetzliche Vorschrift geboten ist, in Betreff der Tatsachen, auf welche die Verpflichtung zur Verschwiegenheit sich bezieht.

(2) Die unter Nummern 1 bis 3 bezeichneten Personen sind vor der Vernehmung über ihr Recht zur Verweigerung des Zeugnisses zu belehren.

(3) Die Vernehmung der unter Nummern 4 bis 6 bezeichneten Personen ist, auch wenn das Zeugnis nicht verweigert wird, auf Tatsachen nicht zu richten, in Ansehung welcher erhellt, dass ohne Verletzung der Verpflichtung zur Verschwiegenheit ein Zeugnis nicht abgelegt werden kann.

§ 384 Zeugnisverweigerung aus sachlichen Gründen

Das Zeugnis kann verweigert werden:
1. über Fragen, deren Beantwortung dem Zeugen oder einer Person, zu der er in einem der im § 383 Nr. 1 bis 3 bezeichneten Verhältnisse steht, einen unmittelbaren vermögensrechtlichen Schaden verursachen würde;
2. über Fragen, deren Beantwortung dem Zeugen oder einem seiner im § 383 Nr. 1 bis 3 bezeichneten Angehörigen zur Unehre gereichen oder die Gefahr zuziehen würde, wegen einer Straftat oder einer Ordnungswidrigkeit verfolgt zu werden;
3. über Fragen, die der Zeuge nicht würde beantworten können, ohne ein Kunst- oder Gewerbegeheimnis zu offenbaren.

§ 385 Ausnahmen vom Zeugnisverweigerungsrecht

(1) In den Fällen des § 383 Nr. 1 bis 3 und des § 384 Nr. 1 darf der Zeuge das Zeugnis nicht verweigern:
1. über die Errichtung und den Inhalt eines Rechtsgeschäfts, bei dessen Errichtung er als Zeuge zugezogen war;
2. über Geburten, Verheiratungen oder Sterbefälle von Familienmitgliedern;
3. über Tatsachen, welche die durch das Familienverhältnis bedingten Vermögensangelegenheiten betreffen;
4. über die auf das streitige Rechtsverhältnis sich beziehenden Handlungen, die von ihm selbst als Rechtsvorgänger oder Vertreter einer Partei vorgenommen sein sollen.

(2) Die im § 383 Nr. 4, 6 bezeichneten Personen dürfen das Zeugnis nicht verweigern, wenn sie von der Verpflichtung zur Verschwiegenheit entbunden sind.

§ 390 Folgen der Zeugnisverweigerung
(1) Wird das Zeugnis oder die Eidesleistung ohne Angabe eines Grundes oder aus einem rechtskräftig für unerheblich erklärten Grund verweigert, so werden dem Zeugen, ohne dass es eines Antrages bedarf, die durch die Weigerung verursachten Kosten auferlegt. Zugleich wird gegen ihn ein Ordnungsgeld und für den Fall, dass dieses nicht beigetrieben werden kann, Ordnungshaft festgesetzt.
(2) Im Falle wiederholter Weigerung ist auf Antrag zur Erzwingung des Zeugnisses die Haft anzuordnen, jedoch nicht über den Zeitpunkt der Beendigung des Prozesses in dem Rechtszug hinaus. Die Vorschriften über die Haft im Zwangsvollstreckungsverfahren gelten entsprechend.
(3) Gegen die Beschlüsse findet die sofortige Beschwerde statt.

Titel 8
Beweis durch Sachverständige

§ 408 Gutachtenverweigerungsrecht
(1) Dieselben Gründe, die einen Zeugen berechtigen, das Zeugnis zu verweigern, berechtigen einen Sachverständigen zur Verweigerung des Gutachtens. Das Gericht kann auch aus anderen Gründen einen Sachverständigen von der Verpflichtung zur Erstattung des Gutachtens entbinden.
(2) Für die Vernehmung eines Richters, Beamten oder einer anderen Person des öffentlichen Dienstes als Sachverständigen gelten die besonderen beamtenrechtlichen Vorschriften. Für die Mitglieder der Bundes- oder einer Landesregierung gelten die für sie maßgebenden besonderen Vorschriften.
(3) Wer bei einer richterlichen Entscheidung mitgewirkt hat, soll über Fragen, die den Gegenstand der Entscheidung gebildet haben, nicht als Sachverständiger vernommen werden.

Buch 6
Musterfeststellungsverfahren

§ 606 Musterfeststellungsklage
(1) Mit der Musterfeststellungsklage können qualifizierte Einrichtungen die Feststellung des Vorliegens oder Nichtvorliegens von tatsächlichen und rechtlichen Voraussetzungen für das Bestehen oder Nichtbestehen von Ansprüchen oder Rechtsverhältnissen (Feststellungsziele) zwischen Verbrauchern und einem Unternehmer begehren. Qualifizierte Einrichtungen im Sinne von Satz 1 sind die in § 3 Absatz 1 Satz 1 Nummer 1 des Unterlassungsklagengesetzes bezeichneten Stellen, die
1. als Mitglieder mindestens zehn Verbände, die im gleichen Aufgabenbereich tätig sind, oder mindestens 350 natürliche Personen haben,
2. mindestens vier Jahre in der Liste nach § 4 des Unterlassungsklagengesetzes oder dem Verzeichnis der Europäischen Kommission nach Artikel 4 der Richtlinie 2009/22/EG des Europäischen Parlaments und des Rates vom 23. April 2009 über Unterlassungsklagen zum Schutz der Verbraucherinteressen (ABl. L 110 vom 1. 5. 2009, S. 30) eingetragen sind,
3. in Erfüllung ihrer satzungsmäßigen Aufgaben Verbraucherinteressen weitgehend durch nicht gewerbsmäßige aufklärende oder beratende Tätigkeiten wahrnehmen,
4. Musterfeststellungsklagen nicht zum Zwecke der Gewinnerzielung erheben und
5. nicht mehr als 5 Prozent ihrer finanziellen Mittel durch Zuwendungen von Unternehmen beziehen.
Bestehen ernsthafte Zweifel daran, dass die Voraussetzungen nach Satz 2 Nummer 4 oder 5 vorliegen, verlangt das Gericht vom Kläger die Offenlegung seiner finanziellen Mittel. Es wird unwiderleglich vermutet, dass Verbraucherzentralen und andere Verbraucherverbände, die überwiegend mit öffentlichen Mitteln gefördert werden, die Voraussetzungen des Satzes 2 erfüllen.
(2) Die Klageschrift muss Angaben und Nachweise darüber enthalten, dass
1. die in Absatz 1 Satz 2 genannten Voraussetzungen vorliegen;
2. von den Feststellungszielen die Ansprüche oder Rechtsverhältnisse von mindestens zehn Verbrauchern abhängen.
Die Klageschrift soll darüber hinaus für den Zweck der Bekanntmachung im Klageregister eine kurze Darstellung des vorgetragenen Lebenssachverhaltes enthalten. § 253 Absatz 2 bleibt unberührt.
(3) Die Musterfeststellungsklage ist nur zulässig, wenn
1. sie von einer qualifizierten Einrichtung im Sinne des Absatzes 1 Satz 2 erhoben wird,

2. glaubhaft gemacht wird, dass von den Feststellungszielen die Ansprüche oder Rechtsverhältnisse von mindestens zehn Verbrauchern abhängen und
3. zwei Monate nach öffentlicher Bekanntmachung der Musterfeststellungsklage mindestens 50 Verbraucher ihre Ansprüche oder Rechtsverhältnisse zur Eintragung in das Klageregister wirksam angemeldet haben.

§ 607 Bekanntmachung der Musterfeststellungsklage

(1) Die Musterfeststellungsklage ist im Klageregister mit folgenden Angaben öffentlich bekannt zu machen:
1. Bezeichnung der Parteien,
2. Bezeichnung des Gerichts und des Aktenzeichens der Musterfeststellungsklage,
3. Feststellungsziele,
4. kurze Darstellung des vorgetragenen Lebenssachverhaltes,
5. Zeitpunkt der Bekanntmachung im Klageregister,
6. Befugnis der Verbraucher, Ansprüche oder Rechtsverhältnisse, die von den Feststellungszielen abhängen, zur Eintragung in das Klageregister anzumelden, Form, Frist und Wirkung der Anmeldung sowie ihrer Rücknahme,
7. Wirkung eines Vergleichs, Befugnis der angemeldeten Verbraucher zum Austritt aus dem Vergleich sowie Form, Frist und Wirkung des Austritts,
8. Verpflichtung des Bundesamts für Justiz, nach rechtskräftigem Abschluss des Musterfeststellungsverfahrens jedem angemeldeten Verbraucher auf dessen Verlangen einen schriftlichen Auszug über die Angaben zu überlassen, die im Klageregister zu ihm und seiner Anmeldung erfasst sind.

(2) Das Gericht veranlasst innerhalb von 14 Tagen nach Erhebung der Musterfeststellungklage deren öffentliche Bekanntmachung, wenn die Klageschrift die nach § 606 Absatz 2 Satz 1 vorgeschriebenen Anforderungen erfüllt.

(3) Das Gericht veranlasst unverzüglich die öffentliche Bekanntmachung seiner Terminbestimmungen, Hinweise und Zwischenentscheidungen im Klageregister, wenn dies zur Information der Verbraucher über den Fortgang des Verfahrens erforderlich ist. Die öffentliche Bekanntmachung von Terminen muss spätestens eine Woche vor dem jeweiligen Terminstag erfolgen. Das Gericht veranlasst ferner unverzüglich die öffentliche Bekanntmachung einer Beendigung des Musterfeststellungsverfahrens; die Vorschriften der §§ 611, 612 bleiben hiervon unberührt.

§ 608 Anmeldung von Ansprüchen oder Rechtsverhältnissen

(1) Bis zum Ablauf des Tages vor Beginn des ersten Termins können Verbraucher Ansprüche oder Rechtsverhältnisse, die von den Feststellungszielen abhängen, zur Eintragung in das Klageregister anmelden.

(2) Die Anmeldung ist nur wirksam, wenn sie frist- und formgerecht erfolgt und folgende Angaben enthält:
1. Name und Anschrift des Verbrauchers,
2. Bezeichnung des Gerichts und Aktenzeichen der Musterfeststellungsklage,
3. Bezeichnung des Beklagten der Musterfeststellungsklage,
4. Gegenstand und Grund des Anspruchs oder des Rechtsverhältnisses des Verbrauchers,
5. Versicherung der Richtigkeit und Vollständigkeit der Angaben.

Die Anmeldung soll ferner Angaben zum Betrag der Forderung enthalten. Die Angaben der Anmeldung werden ohne inhaltliche Prüfung in das Klageregister eingetragen.

(3) Die Anmeldung kann bis zum Ablauf des Tages des Beginns der mündlichen Verhandlung in der ersten Instanz zurückgenommen werden.

(4) Anmeldung und Rücknahme sind in Textform gegenüber dem Bundesamt für Justiz zu erklären.

§ 609 Klageregister; Verordnungsermächtigung

(1) Klageregister ist das Register für Musterfeststellungsklagen. Es wird vom Bundesamt für Justiz geführt und kann elektronisch betrieben werden.

(2) Bekanntmachungen und Eintragungen nach den §§ 607 und 608 sind unverzüglich vorzunehmen. Die im Klageregister zu einer Musterfeststellungsklage erfassten Angaben sind bis zum Schluss des dritten Jahres nach rechtskräftigem Abschluss des Verfahrens aufzubewahren.

(3) Öffentliche Bekanntmachungen können von jedermann unentgeltlich im Klageregister eingesehen werden.

(4) Nach § 608 angemeldete Verbraucher können vom Bundesamt für Justiz Auskunft über die zu ihrer Anmeldung im Klageregister erfassten Angaben verlangen. Nach rechtskräftigem Abschluss des Musterfeststellungsverfahrens hat das Bundesamt für Justiz einem angemeldeten Verbraucher auf dessen Verlangen einen schriftlichen Auszug über die Angaben zu überlassen, die im Klageregister zu ihm und seiner Anmeldung erfasst sind.

(5) Das Bundesamt für Justiz hat dem Gericht der Musterfeststellungsklage auf dessen Anforderung einen Auszug aller im Klageregister zu der Musterfeststellungsklage erfassten Angaben über die Personen zu übersenden, die bis zum Ablauf des in § 606 Absatz 3 Nummer 3 genannten Tages zur Eintragung in das Klageregister angemeldet sind. Das Gericht übermittelt den Parteien formlos eine Abschrift des Auszugs.

(6) Das Bundesamt für Justiz hat den Parteien auf deren Anforderung einen schriftlichen Auszug aller im Klageregister zu der Musterfeststellungsklage erfassten Angaben über die Personen zu überlassen, die sich bis zu dem in § 608 Absatz 1 genannten Tag zur Eintragung in das Klageregister angemeldet haben.

(7) Das Bundesministerium der Justiz und für Verbraucherschutz wird ermächtigt, durch Rechtsverordnung ohne Zustimmung des Bundesrates die näheren Bestimmungen über Inhalt, Aufbau und Führung des Klageregisters, die Einreichung, Eintragung, Änderung und Vernichtung der im Klageregister erfassten Angaben, die Erteilung von Auszügen aus dem Klageregister sowie die Datensicherheit und Barrierefreiheit zu treffen.

§610 Besonderheiten der Musterfeststellungsklage

(1) Ab dem Tag der Rechtshängigkeit der Musterfeststellungsklage kann gegen den Beklagten keine andere Musterfeststellungsklage erhoben werden, soweit deren Streitgegenstand denselben Lebenssachverhalt und dieselben Feststellungsziele betrifft. Die Wirkung von Satz 1 entfällt, sobald die Musterfeststellungsklage ohne Entscheidung in der Sache beendet wird.

(2) Werden am selben Tag mehrere Musterfeststellungsklagen, deren Streitgegenstand denselben Lebenssachverhalt und dieselben Feststellungsziele betrifft, bei Gericht eingereicht, findet § 147 Anwendung.

(3) Während der Rechtshängigkeit der Musterfeststellungsklage kann ein angemeldeter Verbraucher gegen den Beklagten keine Klage erheben, deren Streitgegenstand denselben Lebenssachverhalt und dieselben Feststellungsziele betrifft.

(4) Das Gericht hat spätestens im ersten Termin zur mündlichen Verhandlung auf sachdienliche Klageanträge hinzuwirken.

(5) Auf die Musterfeststellungsklage sind die im ersten Rechtszug für das Verfahren vor den Landgerichten geltenden Vorschriften entsprechend anzuwenden, soweit sich aus den Vorschriften dieses Buches nicht Abweichungen ergeben. Nicht anzuwenden sind § 128 Absatz 2, § 278 Absatz 2 bis 5 sowie die §§ 306 und 348 bis 350.

(6) Die §§ 66 bis 74 finden keine Anwendung im Verhältnis zwischen den Parteien der Musterfeststellungsklage und Verbrauchern, die

1. einen Anspruch oder ein Rechtsverhältnis angemeldet haben oder
2. behaupten, entweder einen Anspruch gegen den Beklagten zu haben oder vom Beklagten in Anspruch genommen zu werden oder in einem Rechtsverhältnis zum Beklagten zu stehen.

§611 Vergleich

(1) Ein gerichtlicher Vergleich kann auch mit Wirkung für und gegen die angemeldeten Verbraucher geschlossen werden.

(2) Der Vergleich soll Regelungen enthalten über
1. die auf die angemeldeten Verbraucher entfallenden Leistungen,
2. den von den angemeldeten Verbrauchern zu erbringenden Nachweis der Leistungsberechtigung,
3. die Fälligkeit der Leistungen und
4. die Aufteilung der Kosten zwischen den Parteien.

(3) Der Vergleich bedarf der Genehmigung durch das Gericht. Das Gericht genehmigt den Vergleich, wenn es ihn unter Berücksichtigung des bisherigen Sach- und Streitstandes als angemessene gütliche Beilegung des Streits oder der Ungewissheit über die angemeldeten Ansprüche oder Rechtsverhältnisse erachtet. Die Genehmigung ergeht durch unanfechtbaren Beschluss.

(4) Den zum Zeitpunkt der Genehmigung angemeldeten Verbrauchern wird der genehmigte Vergleich mit einer Belehrung über dessen Wirkung, über ihr Recht zum Austritt aus dem Vergleich sowie über die einzuhaltende Form und Frist zugestellt. Jeder Verbraucher kann innerhalb einer Frist von einem Monat nach Zustellung des genehmigten Vergleichs seinen Austritt aus dem Vergleich erklären. Der Austritt muss bei dem Gericht schriftlich oder zu Protokoll der Geschäftsstelle erklärt werden. Durch den Austritt wird die Wirksamkeit der Anmeldung nicht berührt.

(5) Der genehmigte Vergleich wird wirksam, wenn weniger als 30 Prozent der angemeldeten Verbraucher ihren Austritt aus dem Vergleich erklärt haben. Das Gericht stellt durch unanfechtbaren Beschluss den Inhalt und die Wirksamkeit des genehmigten Vergleichs fest. Der Beschluss ist im Klageregister öffentlich bekannt zu machen. Mit der Bekanntmachung des Beschlusses wirkt der Vergleich für und gegen diejenigen angemeldeten Verbraucher, die nicht ihren Austritt erklärt haben.

(6) Der Abschluss eines gerichtlichen Vergleichs vor dem ersten Termin ist unzulässig.

§612 Bekanntmachungen zum Musterfeststellungsurteil

(1) Das Musterfeststellungsurteil ist nach seiner Verkündung im Klageregister öffentlich bekannt zu machen.

(2) Die Einlegung eines Rechtsmittels gegen das Musterfeststellungsurteil ist im Klageregister öffentlich bekannt zu machen. Dasselbe gilt für den Eintritt der Rechtskraft des Musterfeststellungsurteils.

§ 613 Bindungswirkung des Musterfeststellungsurteils; Aussetzung

(1) Das rechtskräftige Musterfeststellungsurteil bindet das zur Entscheidung eines Rechtsstreits zwischen einem angemeldeten Verbraucher und dem Beklagten berufene Gericht, soweit dessen Entscheidung die Feststellungsziele und den Lebenssachverhalt der Musterfeststellungsklage betrifft. Dies gilt nicht, wenn der angemeldete Verbraucher seine Anmeldung wirksam zurückgenommen hat.

(2) Hat ein Verbraucher vor der Bekanntmachung der Angaben zur Musterfeststellungsklage im Klageregister eine Klage gegen den Beklagten erhoben, die die Feststellungsziele und den Lebenssachverhalt der Musterfeststellungsklage betrifft, und meldet er seinen Anspruch oder sein Rechtsverhältnis zum Klageregister an, so setzt das Gericht das Verfahren bis zur rechtskräftigen Entscheidung oder sonstigen Erledigung der Musterfeststellungsklage oder wirksamen Rücknahme der Anmeldung aus.

§ 614 Rechtsmittel

Gegen Musterfeststellungsurteile findet die Revision statt. Die Sache hat stets grundsätzliche Bedeutung im Sinne des § 543 Absatz 2 Nummer 1.

§§ 615 bis 687 (weggefallen)

Buch 7
Mahnverfahren

§ 688 Zulässigkeit

(1) Wegen eines Anspruchs, der die Zahlung einer bestimmten Geldsumme in Euro zum Gegenstand hat, ist auf Antrag des Antragstellers ein Mahnbescheid zu erlassen.

(2) Das Mahnverfahren findet nicht statt:
1. für Ansprüche eines Unternehmers aus einem Vertrag gemäß den §§ 491 bis 508 des Bürgerlichen Gesetzbuchs, wenn der gemäß § 492 Abs. 2 des Bürgerlichen Gesetzbuchs anzugebende effektive Jahreszins den bei Vertragsschluss geltenden Basiszinssatz nach § 247 des Bürgerlichen Gesetzbuchs um mehr als zwölf Prozentpunkte übersteigt;
2. wenn die Geltendmachung des Anspruchs von einer noch nicht erbrachten Gegenleistung abhängig ist;
3. wenn die Zustellung des Mahnbescheids durch öffentliche Bekanntmachung erfolgen müsste.

(3) Müsste der Mahnbescheid im Ausland zugestellt werden, so findet das Mahnverfahren nur insoweit statt, als das Anerkennungs- und Vollstreckungsausführungsgesetz in der Fassung der Bekanntmachung vom 30. November 2015 (BGBl. I S. 2146) und das Auslandsunterhaltsgesetz vom 23. Mai 2011 (BGBl. I S. 898), das zuletzt durch Artikel 5 des Gesetzes vom 20. November 2015 (BGBl. I S. 2018) geändert worden ist, dies vorsehen oder die Zustellung in einem Mitgliedstaat der Europäischen Union erfolgen soll.

(4) Die Vorschriften der Verordnung (EG) Nr. 1896/2006 des Europäischen Parlaments und des Rates vom 12. Dezember 2006 zur Einführung eines Europäischen Mahnverfahrens (ABl. L 399 vom 30. 12. 2006, S. 1; L 46 vom 21. 2. 2008, S. 52; L 333 vom 11. 12. 2008, S. 17), die zuletzt durch die Verordnung (EU) 2015/2421 (ABl. L 341 vom 24. 12. 2015, S. 1) geändert worden ist, bleiben unberührt. Für die Durchführung gelten die §§ 1087 bis 1096.

§ 689 Zuständigkeit; maschinelle Bearbeitung

(1) Das Mahnverfahren wird von den Amtsgerichten durchgeführt. Eine maschinelle Bearbeitung ist zulässig. Bei dieser Bearbeitung sollen Eingänge spätestens an dem Arbeitstag erledigt sein, der dem Tag des Eingangs folgt. Die Akten können elektronisch geführt werden (§ 298a).

(2) Ausschließlich zuständig ist das Amtsgericht, bei dem der Antragsteller seinen allgemeinen Gerichtsstand hat. Hat der Antragsteller im Inland keinen allgemeinen Gerichtsstand, so ist das Amtsgericht Wedding in Berlin ausschließlich zuständig. Sätze 1 und 2 gelten auch, soweit in anderen Vorschriften eine andere ausschließliche Zuständigkeit bestimmt ist.

(3) Die Landesregierungen werden ermächtigt, durch Rechtsverordnung Mahnverfahren einem Amtsgericht für die Bezirke mehrerer Amtsgerichte zuzuweisen, wenn dies ihrer schnelleren und rationelleren Erledigung dient. Die Zuweisung kann auf Mahnverfahren beschränkt werden, die maschinell bearbeitet werden. Die Landesregierungen können die Ermächtigung durch Rechtsverordnung auf die Landesjustizverwaltungen übertragen. Mehrere Länder können die Zuständigkeit eines Amtsgerichts über die Landesgrenzen hinaus vereinbaren.

§ 690 Mahnantrag

(1) Der Antrag muss auf den Erlass eines Mahnbescheids gerichtet sein und enthalten:
1. die Bezeichnung der Parteien, ihrer gesetzlichen Vertreter und der Prozessbevollmächtigten;
2. die Bezeichnung des Gerichts, bei dem der Antrag gestellt wird;

3. die Bezeichnung des Anspruchs unter bestimmter Angabe der verlangten Leistung; Haupt- und Nebenforderungen sind gesondert und einzeln zu bezeichnen, Ansprüche aus Verträgen gemäß den §§ 491 bis 508 des Bürgerlichen Gesetzbuchs, auch unter Angabe des Datums des Vertragsabschlusses und des gemäß § 492 Abs. 2 des Bürgerlichen Gesetzbuchs anzugebenden effektiven Jahreszinses;
4. die Erklärung, dass der Anspruch nicht von einer Gegenleistung abhängt oder dass die Gegenleistung erbracht ist;
5. die Bezeichnung des Gerichts, das für ein streitiges Verfahren zuständig ist.
(2) Der Antrag bedarf der handschriftlichen Unterzeichnung.

§ 691 Zurückweisung des Mahnantrags

(1) Der Antrag wird zurückgewiesen:
1. wenn er den Vorschriften der §§ 688, 689, 690, 702 Absatz 2, § 703c Abs. 2 nicht entspricht;
2. wenn der Mahnbescheid nur wegen eines Teiles des Anspruchs nicht erlassen werden kann.

Vor der Zurückweisung ist der Antragsteller zu hören.
(2) Sollte durch die Zustellung des Mahnbescheids eine Frist gewahrt werden oder die Verjährung neu beginnen oder nach § 204 des Bürgerlichen Gesetzbuchs gehemmt werden, so tritt die Wirkung mit der Einreichung oder Anbringung des Antrags auf Erlass des Mahnbescheids ein, wenn innerhalb eines Monats seit der Zustellung der Zurückweisung des Antrags Klage eingereicht und diese demnächst zugestellt wird.
(3) Gegen die Zurückweisung findet die sofortige Beschwerde statt, wenn der Antrag in einer nur maschinell lesbaren Form übermittelt und mit der Begründung zurückgewiesen worden ist, dass diese Form dem Gericht für seine maschinelle Bearbeitung nicht geeignet erscheine. Im Übrigen sind Entscheidungen nach Absatz 1 unanfechtbar.

§ 692 Mahnbescheid

(1) Der Mahnbescheid enthält:
1. die in § 690 Abs. 1 Nr. 1 bis 5 bezeichneten Erfordernisse des Antrags;
2. den Hinweis, dass das Gericht nicht geprüft hat, ob dem Antragsteller der geltend gemachte Anspruch zusteht;
3. die Aufforderung, innerhalb von zwei Wochen seit der Zustellung des Mahnbescheids, soweit der geltend gemachte Anspruch als begründet angesehen wird, die behauptete Schuld nebst den geforderten Zinsen und der dem Betrag nach bezeichneten Kosten zu begleichen oder dem Gericht mitzuteilen, ob und in welchem Umfang dem geltend gemachten Anspruch widersprochen wird;
4. den Hinweis, dass ein dem Mahnbescheid entsprechender Vollstreckungsbescheid ergehen kann, aus dem der Antragsteller die Zwangsvollstreckung betreiben kann, falls der Antragsgegner nicht bis zum Fristablauf Widerspruch erhoben hat;
5. für den Fall, dass Formulare eingeführt sind, den Hinweis, dass der Widerspruch mit einem Formular der beigefügten Art erhoben werden soll, das auch bei jedem Amtsgericht erhältlich ist und ausgefüllt werden kann, und dass für Rechtsanwälte und registrierte Personen nach § 10 Absatz 1 Satz 1 Nummer 1 des Rechtsdienstleistungsgesetzes § 702 Absatz 2 Satz 2 gilt;
6. für den Fall des Widerspruchs die Ankündigung, an welches Gericht die Sache abgegeben wird, mit dem Hinweis, dass diesem Gericht die Prüfung seiner Zuständigkeit vorbehalten bleibt.

(2) An Stelle einer handschriftlichen Unterzeichnung genügt ein entsprechender Stempelabdruck oder eine elektronische Signatur.

§ 693 Zustellung des Mahnbescheids

(1) Der Mahnbescheid wird dem Antragsgegner zugestellt.
(2) Die Geschäftsstelle setzt den Antragsteller von der Zustellung des Mahnbescheids in Kenntnis.

§ 694 Widerspruch gegen den Mahnbescheid

(1) Der Antragsgegner kann gegen den Anspruch oder einen Teil des Anspruchs bei dem Gericht, das den Mahnbescheid erlassen hat, schriftlich Widerspruch erheben, solange der Vollstreckungsbescheid nicht verfügt ist.
(2) Ein verspäteter Widerspruch wird als Einspruch behandelt. Dies ist dem Antragsgegner, der den Widerspruch erhoben hat, mitzuteilen.

§ 695 Mitteilung des Widerspruchs; Abschriften

Das Gericht hat den Antragsteller von dem Widerspruch und dem Zeitpunkt seiner Erhebung in Kenntnis zu setzen. Gleichzeitig belehrt es ihn über die Folgen des § 697 Absatz 2 Satz 2. Wird das Mahnverfahren nicht maschinell bearbeitet, so soll der Antragsgegner die erforderliche Zahl von Abschriften mit dem Widerspruch einreichen.

§ 696 Verfahren nach Widerspruch

(1) Wird rechtzeitig Widerspruch erhoben und beantragt eine Partei die Durchführung des streitigen Verfahrens, so gibt das Gericht, das den Mahnbescheid erlassen hat, den Rechtsstreit von Amts wegen an das Gericht ab, das in dem Mahnbescheid gemäß § 692 Abs. 1 Nr. 1 bezeichnet worden ist, wenn die Parteien übereinstimmend die Abgabe an ein anderes Gericht verlangen, an dieses. Der Antrag kann in den Antrag auf Erlass des Mahnbescheids aufgenommen werden. Die Abgabe ist den Parteien mitzuteilen; sie ist nicht anfechtbar. Mit Eingang der Akten bei dem Gericht, an das er abgegeben wird, gilt der Rechtsstreit als dort anhängig. § 281 Abs. 3 Satz 1 gilt entsprechend.
(2) Ist das Mahnverfahren maschinell bearbeitet worden, so tritt, sofern die Akte nicht elektronisch übermittelt wird, an die Stelle der Akten ein maschinell erstellter Aktenausdruck. Für diesen gelten die Vorschriften über die Beweiskraft öffentlicher Urkunden entsprechend. § 298 findet keine Anwendung.
(3) Die Streitsache gilt als mit Zustellung des Mahnbescheids rechtshängig geworden, wenn sie alsbald nach der Erhebung des Widerspruchs abgegeben wird.
(4) Der Antrag auf Durchführung des streitigen Verfahrens kann bis zum Beginn der mündlichen Verhandlung des Antragsgegners zur Hauptsache zurückgenommen werden. Die Zurücknahme kann vor der Geschäftsstelle zu Protokoll erklärt werden. Mit der Zurücknahme ist die Streitsache als nicht rechtshängig geworden anzusehen.
(5) Das Gericht, an das der Rechtsstreit abgegeben ist, ist hierdurch in seiner Zuständigkeit nicht gebunden.

§ 697 Einleitung des Streitverfahrens

(1) Die Geschäftsstelle des Gerichts, an das die Streitsache abgegeben wird, hat dem Antragsteller unverzüglich aufzugeben, seinen Anspruch binnen zwei Wochen in einer der Klageschrift entsprechenden Form zu begründen. § 270 Satz 2 gilt entsprechend.
(2) Bei Eingang der Anspruchsbegründung ist wie nach Eingang einer Klage weiter zu verfahren. Soweit der Antrag in der Anspruchsbegründung hinter dem Mahnantrag zurückbleibt, gilt die Klage als zurückgenommen, wenn der Antragsteller zuvor durch das Mahngericht über diese Folge belehrt oder durch das Streitgericht auf diese Folge hingewiesen worden ist. Zur schriftlichen Klageerwiderung im Vorverfahren nach § 276 kann auch eine mit der Zustellung der Anspruchsbegründung beginnende Frist gesetzt werden.
(3) Geht die Anspruchsbegründung nicht rechtzeitig ein, so wird bis zu ihrem Eingang Termin zur mündlichen Verhandlung nur auf Antrag des Antragsgegners bestimmt. Mit der Terminsbestimmung setzt der Vorsitzende dem Antragsteller eine Frist zur Begründung des Anspruchs; § 296 Abs. 1, 4 gilt entsprechend.
(4) Der Antragsgegner kann den Widerspruch bis zum Beginn seiner mündlichen Verhandlung zur Hauptsache zurücknehmen, jedoch nicht nach Erlass eines Versäumnisurteils gegen ihn. Die Zurücknahme kann zu Protokoll der Geschäftsstelle erklärt werden.
(5) Zur Herstellung eines Urteils in abgekürzter Form nach § 313b Absatz 2, § 317 Absatz 5 kann der Mahnbescheid an Stelle der Klageschrift benutzt werden. Ist das Mahnverfahren maschinell bearbeitet worden, so tritt an die Stelle der Klageschrift der maschinell erstellte Aktenausdruck.

§ 698 Abgabe des Verfahrens am selben Gericht

Die Vorschriften über die Abgabe des Verfahrens gelten sinngemäß, wenn Mahnverfahren und streitiges Verfahren bei demselben Gericht durchgeführt werden.

§ 699 Vollstreckungsbescheid

(1) Auf der Grundlage des Mahnbescheids erlässt das Gericht auf Antrag einen Vollstreckungsbescheid, wenn der Antragsgegner nicht rechtzeitig Widerspruch erhoben hat. Der Antrag kann nicht vor Ablauf der Widerspruchsfrist gestellt werden; er hat die Erklärung zu enthalten, ob und welche Zahlungen auf den Mahnbescheid geleistet worden sind. Ist der Rechtsstreit bereits an ein anderes Gericht abgegeben, so erlässt dieses den Vollstreckungsbescheid.
(2) Soweit das Mahnverfahren nicht maschinell bearbeitet wird, kann der Vollstreckungsbescheid auf den Mahnbescheid gesetzt werden.
(3) In den Vollstreckungsbescheid sind die bisher entstandenen Kosten des Verfahrens aufzunehmen. Der Antragsteller braucht die Kosten nur zu berechnen, wenn das Mahnverfahren nicht maschinell bearbeitet wird; im Übrigen genügen die zur maschinellen Berechnung erforderlichen Angaben.
(4) Der Vollstreckungsbescheid wird dem Antragsgegner von Amts wegen zugestellt, wenn nicht der Antragsteller die Übermittlung an sich zur Zustellung im Parteibetrieb beantragt hat. In diesen Fällen wird der Vollstreckungsbescheid dem Antragsteller zur Zustellung übermittelt; die Geschäftsstelle des Gerichts vermittelt diese Zustellung nicht. Bewilligt das mit dem Mahnverfahren befasste Gericht die öffentliche Zustellung, so wird die Benachrichtigung nach § 186 Abs. 2 Satz 2 und 3 an die Gerichtstafel des Gerichts angeheftet oder in das Informationssystem des Gerichts eingestellt, das in dem Mahnbescheid gemäß § 692 Abs. 1 Nr. 1 bezeichnet worden ist.

(5) Die Belehrung gemäß § 232 ist dem Antragsgegner zusammen mit der Zustellung des Vollstreckungsbescheids schriftlich mitzuteilen.

§ 700 Einspruch gegen den Vollstreckungsbescheid

(1) Der Vollstreckungsbescheid steht einem für vorläufig vollstreckbar erklärten Versäumnisurteil gleich.
(2) Die Streitsache gilt als mit der Zustellung des Mahnbescheids rechtshängig geworden.
(3) Wird Einspruch eingelegt, so gibt das Gericht, das den Vollstreckungsbescheid erlassen hat, den Rechtsstreit von Amts wegen an das Gericht ab, das in dem Mahnbescheid gemäß § 692 Abs. 1 Nr. 1 bezeichnet worden ist, wenn die Parteien übereinstimmend die Abgabe an ein anderes Gericht verlangen, an dieses. § 696 Abs. 1 Satz 3 bis 5, Abs. 2, 5, § 697 Abs. 1, 4, § 698 gelten entsprechend. § 340 Abs. 3 ist nicht anzuwenden.
(4) Bei Eingang der Anspruchsbegründung ist wie nach Eingang einer Klage weiter zu verfahren, wenn der Einspruch nicht als unzulässig verworfen wird. § 276 Abs. 1 Satz 1, 3, Abs. 2 ist nicht anzuwenden.
(5) Geht die Anspruchsbegründung innerhalb der von der Geschäftsstelle gesetzten Frist nicht ein und wird der Einspruch auch nicht als unzulässig verworfen, bestimmt der Vorsitzende unverzüglich Termin; § 697 Abs. 3 Satz 2 gilt entsprechend.
(6) Der Einspruch darf nach § 345 nur verworfen werden, soweit die Voraussetzungen des § 331 Abs. 1, 2 erster Halbsatz für ein Versäumnisurteil vorliegen; soweit die Voraussetzungen nicht vorliegen, wird der Vollstreckungsbescheid aufgehoben.

§ 701 Wegfall der Wirkung des Mahnbescheids

Ist Widerspruch nicht erhoben und beantragt der Antragsteller den Erlass des Vollstreckungsbescheids nicht binnen einer sechsmonatigen Frist, die mit der Zustellung des Mahnbescheids beginnt, so fällt die Wirkung des Mahnbescheids weg. Dasselbe gilt, wenn der Vollstreckungsbescheid rechtzeitig beantragt ist, der Antrag aber zurückgewiesen wird.

§ 702 Form von Anträgen und Erklärungen

(1) Im Mahnverfahren können die Anträge und Erklärungen vor dem Urkundsbeamten der Geschäftsstelle abgegeben werden. Soweit Formulare eingeführt sind, werden diese ausgefüllt; der Urkundsbeamte vermerkt unter Angabe des Gerichts und des Datums, dass er den Antrag oder die Erklärung aufgenommen hat. Auch soweit Formulare nicht eingeführt sind, ist für den Antrag auf Erlass eines Mahnbescheids oder eines Vollstreckungsbescheids bei dem für das Mahnverfahren zuständigen Gericht die Aufnahme eines Protokolls nicht erforderlich.
(2) Anträge und Erklärungen können in einer nur maschinell lesbaren Form übermittelt werden, wenn diese dem Gericht für seine maschinelle Bearbeitung geeignet erscheint. Werden Anträge und Erklärungen, für die maschinell bearbeitbare Formulare nach § 703c Absatz 1 Satz 2 Nummer 1 eingeführt sind, von einem Rechtsanwalt oder einer registrierten Person nach § 10 Absatz 1 Satz 1 Nummer 1 des Rechtsdienstleistungsgesetzes übermittelt, ist nur diese Form der Übermittlung zulässig. Anträge und Erklärungen können unter Nutzung des elektronischen Identitätsnachweises nach § 18 des Personalausweisgesetzes, § 12 des eID-Karte-Gesetzes oder § 78 Absatz 5 des Aufenthaltsgesetzes gestellt werden. Der handschriftlichen Unterzeichnung bedarf es nicht, wenn in anderer Weise gewährleistet ist, dass die Anträge oder Erklärungen nicht ohne den Willen des Antragstellers oder Erklärenden übermittelt werden.
(3) Der Antrag auf Erlass eines Mahnbescheids oder eines Vollstreckungsbescheids wird dem Antragsgegner nicht mitgeteilt.

§ 703 Kein Nachweis der Vollmacht

Im Mahnverfahren bedarf es des Nachweises einer Vollmacht nicht. Wer als Bevollmächtigter einen Antrag einreicht oder einen Rechtsbehelf einlegt, hat seine ordnungsgemäße Bevollmächtigung zu versichern.

§ 703a Urkunden-, Wechsel- und Scheckmahnverfahren

(1) Ist der Antrag des Antragstellers auf den Erlass eines Urkunden-, Wechsel- oder Scheckmahnbescheids gerichtet, so wird der Mahnbescheid als Urkunden-, Wechsel- oder Scheckmahnbescheid bezeichnet.
(2) Für das Urkunden-, Wechsel- und Scheckmahnverfahren gelten folgende besondere Vorschriften:
1. die Bezeichnung als Urkunden-, Wechsel- oder Scheckmahnbescheid hat die Wirkung, dass die Streitsache, wenn rechtzeitig Widerspruch erhoben wird, im Urkunden-, Wechsel- oder Scheckprozess anhängig wird;
2. die Urkunden sollen in dem Antrag auf Erlass des Mahnbescheids und in dem Mahnbescheid bezeichnet werden; ist die Sache an das Streitgericht abzugeben, so müssen die Urkunden in Urschrift oder in Abschrift der Anspruchsbegründung beigefügt werden;
3. im Mahnverfahren ist nicht zu prüfen, ob die gewählte Prozessart statthaft ist;

4. beschränkt sich der Widerspruch auf den Antrag, dem Beklagten die Ausführung seiner Rechte vorzubehalten, so ist der Vollstreckungsbescheid unter diesem Vorbehalt zu erlassen. Auf das weitere Verfahren ist die Vorschrift des § 600 entsprechend anzuwenden.

§ 703b Sonderregelungen für maschinelle Bearbeitung

(1) Bei maschineller Bearbeitung werden Beschlüsse, Verfügungen, Ausfertigungen und Vollstreckungsklauseln mit dem Gerichtssiegel versehen; einer Unterschrift bedarf es nicht.
(2) Das Bundesministerium der Justiz und für Verbraucherschutz wird ermächtigt, durch Rechtsverordnung mit Zustimmung des Bundesrates den Verfahrensablauf zu regeln, soweit dies für eine einheitliche maschinelle Bearbeitung der Mahnverfahren erforderlich ist (Verfahrensablaufplan).

§ 703c Formulare; Einführung der maschinellen Bearbeitung

(1) Das Bundesministerium der Justiz und für Verbraucherschutz wird ermächtigt, durch Rechtsverordnung mit Zustimmung des Bundesrates zur Vereinfachung des Mahnverfahrens und zum Schutze der in Anspruch genommenen Partei Formulare einzuführen. Für
1. Mahnverfahren bei Gerichten, die die Verfahren maschinell bearbeiten,
2. Mahnverfahren bei Gerichten, die die Verfahren nicht maschinell bearbeiten,
3. Mahnverfahren, in denen der Mahnbescheid im Ausland zuzustellen ist,
4. Mahnverfahren, in denen der Mahnbescheid nach Artikel 32 des Zusatzabkommens zum NATO-Truppenstatut vom 3. August 1959 (Bundesgesetzbl. 1961 II S. 1183, 1218) zuzustellen ist,
können unterschiedliche Formulare eingeführt werden.
(2) Soweit nach Absatz 1 Formulare für Anträge und Erklärungen der Parteien eingeführt sind, müssen sich die Parteien ihrer bedienen.
(3) Die Landesregierungen bestimmen durch Rechtsverordnung den Zeitpunkt, in dem bei einem Amtsgericht die maschinelle Bearbeitung der Mahnverfahren eingeführt wird; sie können die Ermächtigung durch Rechtsverordnung auf die Landesjustizverwaltungen übertragen.

§ 703d Antragsgegner ohne allgemeinen inländischen Gerichtsstand

(1) Hat der Antragsgegner keinen allgemeinen Gerichtsstand im Inland, so gelten die nachfolgenden besonderen Vorschriften.
(2) Zuständig für das Mahnverfahren ist das Amtsgericht, das für das streitige Verfahren zuständig sein würde, wenn die Amtsgerichte im ersten Rechtszug sachlich unbeschränkt zuständig wären. § 689 Abs. 3 gilt entsprechend.

Buch 8
Zwangsvollstreckung

Abschnitt 1
Allgemeine Vorschriften

§ 704 Vollstreckbare Endurteile

Die Zwangsvollstreckung findet statt aus Endurteilen, die rechtskräftig oder für vorläufig vollstreckbar erklärt sind.

§ 721 Räumungsfrist

(1) Wird auf Räumung von Wohnraum erkannt, so kann das Gericht auf Antrag oder von Amts wegen dem Schuldner eine den Umständen nach angemessene Räumungsfrist gewähren. Der Antrag ist vor dem Schluss der mündlichen Verhandlung zu stellen, auf die das Urteil ergeht. Ist der Antrag bei der Entscheidung übergangen, so gilt § 321; bis zur Entscheidung kann das Gericht auf Antrag die Zwangsvollstreckung wegen des Räumungsanspruchs einstweilen einstellen.
(2) Ist auf künftige Räumung erkannt und über eine Räumungsfrist noch nicht entschieden, so kann dem Schuldner eine den Umständen nach angemessene Räumungsfrist gewährt werden, wenn er spätestens zwei Wochen vor dem Tag, an dem nach dem Urteil zu räumen ist, einen Antrag stellt. §§ 233 bis 238 gelten sinngemäß.
(3) Die Räumungsfrist kann auf Antrag verlängert oder verkürzt werden. Der Antrag auf Verlängerung ist spätestens zwei Wochen vor Ablauf der Räumungsfrist zu stellen. §§ 233 bis 238 gelten sinngemäß.
(4) Über Anträge nach den Absätzen 2 oder 3 entscheidet das Gericht erster Instanz, solange die Sache in der Berufungsinstanz anhängig ist, das Berufungsgericht. Die Entscheidung ergeht durch Beschluss. Vor der Entscheidung ist der Gegner zu hören. Das Gericht ist befugt, die im § 732 Abs. 2 bezeichneten Anordnungen zu erlassen.

(5) Die Räumungsfrist darf insgesamt nicht mehr als ein Jahr betragen. Die Jahresfrist rechnet vom Tage der Rechtskraft des Urteils oder, wenn nach einem Urteil auf künftige Räumung an einem späteren Tage zu räumen ist, von diesem Tage an.
(6) Die sofortige Beschwerde findet statt
1. gegen Urteile, durch die auf Räumung von Wohnraum erkannt ist, wenn sich das Rechtsmittel lediglich gegen die Versagung, Gewährung oder Bemessung einer Räumungsfrist richtet;
2. gegen Beschlüsse über Anträge nach den Absätzen 2 oder 3.
(7) Die Absätze 1 bis 6 gelten nicht für Mietverhältnisse über Wohnraum im Sinne des § 549 Abs. 2 Nr. 3 sowie in den Fällen des § 575 des Bürgerlichen Gesetzbuchs. Endet ein Mietverhältnis im Sinne des § 575 des Bürgerlichen Gesetzbuchs durch außerordentliche Kündigung, kann eine Räumungsfrist höchstens bis zum vertraglich bestimmten Zeitpunkt der Beendigung gewährt werden.

§ 724 Vollstreckbare Ausfertigung
(1) Die Zwangsvollstreckung wird auf Grund einer mit der Vollstreckungsklausel versehenen Ausfertigung des Urteils (vollstreckbare Ausfertigung) durchgeführt.
(2) Die vollstreckbare Ausfertigung wird von dem Urkundsbeamten der Geschäftsstelle des Gerichts des ersten Rechtszuges und, wenn der Rechtsstreit bei einem höheren Gericht anhängig ist, von dem Urkundsbeamten der Geschäftsstelle dieses Gerichts erteilt.

§ 725 Vollstreckungsklausel
Die Vollstreckungsklausel:
„Vorstehende Ausfertigung wird dem usw. (Bezeichnung der Partei) zum Zwecke der Zwangsvollstreckung erteilt" ist der Ausfertigung des Urteils am Schluss beizufügen, von dem Urkundsbeamten der Geschäftsstelle zu unterschreiben und mit dem Gerichtssiegel zu versehen.

§ 727 Vollstreckbare Ausfertigung für und gegen Rechtsnachfolger
(1) Eine vollstreckbare Ausfertigung kann für den Rechtsnachfolger des in dem Urteil bezeichneten Gläubigers sowie gegen denjenigen Rechtsnachfolger des in dem Urteil bezeichneten Schuldners und denjenigen Besitzer der in Streit befangenen Sache, gegen die das Urteil nach § 325 wirksam ist, erteilt werden, sofern die Rechtsnachfolge oder das Besitzverhältnis bei dem Gericht offenkundig ist oder durch öffentliche oder öffentlich beglaubigte Urkunden nachgewiesen wird.
(2) Ist die Rechtsnachfolge oder das Besitzverhältnis bei dem Gericht offenkundig, so ist dies in der Vollstreckungsklausel zu erwähnen.

§ 732 Erinnerung gegen Erteilung der Vollstreckungsklausel
(1) Über Einwendungen des Schuldners, welche die Zulässigkeit der Vollstreckungsklausel betreffen, entscheidet das Gericht, von dessen Geschäftsstelle die Vollstreckungsklausel erteilt ist. Die Entscheidung ergeht durch Beschluss.
(2) Das Gericht kann vor der Entscheidung eine einstweilige Anordnung erlassen; es kann insbesondere anordnen, dass die Zwangsvollstreckung gegen oder ohne Sicherheitsleistung einstweilen einzustellen oder nur gegen Sicherheitsleistung fortzusetzen sei.

§ 750 Voraussetzungen der Zwangsvollstreckung
(1) Die Zwangsvollstreckung darf nur beginnen, wenn die Personen, für und gegen die sie stattfinden soll, in dem Urteil oder in der ihm beigefügten Vollstreckungsklausel namentlich bezeichnet sind und das Urteil bereits zugestellt ist oder gleichzeitig zugestellt wird. Eine Zustellung durch den Gläubiger genügt; in diesem Fall braucht die Ausfertigung des Urteils Tatbestand und Entscheidungsgründe nicht zu enthalten.
(2) Handelt es sich um die Vollstreckung eines Urteils, dessen vollstreckbare Ausfertigung nach § 726 Abs. 1 erteilt worden ist, oder soll ein Urteil, das nach den §§ 727 bis 729, 738, 742, 744, dem § 745 Abs. 2 und dem § 749 für oder gegen eine der dort bezeichneten Personen wirksam ist, für oder gegen eine dieser Personen vollstreckt werden, so muss außer dem zu vollstreckenden Urteil auch die ihm beigefügte Vollstreckungsklausel und, sofern die Vollstreckungsklausel auf Grund öffentlicher oder öffentlich beglaubigter Urkunden erteilt ist, auch eine Abschrift dieser Urkunden vor Beginn der Zwangsvollstreckung zugestellt sein oder gleichzeitig mit ihrem Beginn zugestellt werden.
(3) Eine Zwangsvollstreckung nach § 720a darf nur beginnen, wenn das Urteil und die Vollstreckungsklausel mindestens zwei Wochen vorher zugestellt sind.

§ 753 Vollstreckung durch Gerichtsvollzieher; Verordnungsermächtigung

(1) Die Zwangsvollstreckung wird, soweit sie nicht den Gerichten zugewiesen ist, durch Gerichtsvollzieher durchgeführt, die sie im Auftrag des Gläubigers zu bewirken haben.

(2) Der Gläubiger kann wegen Erteilung des Auftrags zur Zwangsvollstreckung die Mitwirkung der Geschäftsstelle in Anspruch nehmen. Der von der Geschäftsstelle beauftragte Gerichtsvollzieher gilt als von dem Gläubiger beauftragt.

(3) Das Bundesministerium der Justiz und für Verbraucherschutz wird ermächtigt, durch Rechtsverordnung mit Zustimmung des Bundesrates verbindliche Formulare für den Auftrag einzuführen. Für elektronisch eingereichte Aufträge können besondere Formulare vorgesehen werden.

(4) Schriftlich einzureichende Anträge und Erklärungen der Parteien sowie schriftlich einzureichende Auskünfte, Aussagen, Gutachten, Übersetzungen und Erklärungen Dritter können als elektronisches Dokument beim Gerichtsvollzieher eingereicht werden. Für das elektronische Dokument gelten § 130a, auf dieser Grundlage erlassene Rechtsverordnungen sowie § 298 entsprechend. Die Bundesregierung kann in der Rechtsverordnung nach § 130a Absatz 2 Satz 2 besondere technische Rahmenbedingungen für die Übermittlung und Bearbeitung elektronischer Dokumente in Zwangsvollstreckungsverfahren durch Gerichtsvollzieher bestimmen. Im Übrigen gilt § 174 Absatz 3 und 4 entsprechend.

(5) § 130d gilt entsprechend.

§ 758 Durchsuchung; Gewaltanwendung

(1) Der Gerichtsvollzieher ist befugt, die Wohnung und die Behältnisse des Schuldners zu durchsuchen, soweit der Zweck der Vollstreckung dies erfordert.

(2) Er ist befugt, die verschlossenen Haustüren, Zimmertüren und Behältnisse öffnen zu lassen.

(3) Er ist, wenn er Widerstand findet, zur Anwendung von Gewalt befugt und kann zu diesem Zweck die Unterstützung der polizeilichen Vollzugsorgane nachsuchen.

§ 758a Richterliche Durchsuchungsanordnung; Vollstreckung zur Unzeit

(1) Die Wohnung des Schuldners darf ohne dessen Einwilligung nur auf Grund einer Anordnung des Richters bei dem Amtsgericht durchsucht werden, in dessen Bezirk die Durchsuchung erfolgen soll. Dies gilt nicht, wenn die Einholung der Anordnung den Erfolg der Durchsuchung gefährden würde.

(2) Auf die Vollstreckung eines Titels auf Räumung oder Herausgabe von Räumen und auf die Vollstreckung eines Haftbefehls nach § 802g ist Absatz 1 nicht anzuwenden.

(3) Willigt der Schuldner in die Durchsuchung ein oder ist eine Anordnung gegen ihn nach Absatz 1 Satz 1 ergangen oder nach Absatz 1 Satz 2 entbehrlich, so haben Personen, die Mitgewahrsam an der Wohnung des Schuldners haben, die Durchsuchung zu dulden. Unbillige Härten gegenüber Mitgewahrsamsinhabern sind zu vermeiden.

(4) Der Gerichtsvollzieher nimmt eine Vollstreckungshandlung zur Nachtzeit und an Sonn- und Feiertagen nicht vor, wenn dies für den Schuldner und die Mitgewahrsamsinhaber eine unbillige Härte darstellt oder der zu erwartende Erfolg in einem Missverhältnis zu dem Eingriff steht, in Wohnungen nur auf Grund einer besonderen Anordnung des Richters bei dem Amtsgericht. Die Nachtzeit umfasst die Stunden von 21 bis 6 Uhr.

(5) Die Anordnung nach Absatz 1 ist bei der Zwangsvollstreckung vorzuzeigen.

(6) Das Bundesministerium der Justiz und für Verbraucherschutz wird ermächtigt, durch Rechtsverordnung mit Zustimmung des Bundesrates Formulare für den Antrag auf Erlass einer richterlichen Durchsuchungsanordnung nach Absatz 1 einzuführen. Soweit nach Satz 1 Formulare eingeführt sind, muss sich der Antragsteller ihrer bedienen. Für Verfahren bei Gerichten, die die Verfahren elektronisch bearbeiten, und für Verfahren bei Gerichten, die die Verfahren nicht elektronisch bearbeiten, können unterschiedliche Formulare eingeführt werden.

§ 759 Zuziehung von Zeugen

Wird bei einer Vollstreckungshandlung Widerstand geleistet oder ist bei einer in der Wohnung des Schuldners vorzunehmenden Vollstreckungshandlung weder der Schuldner noch ein erwachsener Familienangehöriger, eine in der Familie beschäftigte Person oder ein erwachsener ständiger Mitbewohner anwesend, so hat der Gerichtsvollzieher zwei erwachsene Personen oder einen Gemeinde- oder Polizeibeamten als Zeugen zuzuziehen.

§ 760 Akteneinsicht; Aktenabschrift

Jeder Person, die bei dem Vollstreckungsverfahren beteiligt ist, muss auf Begehren Einsicht der Akten des Gerichtsvollziehers gestattet und Abschrift einzelner Aktenstücke erteilt werden. Werden die Akten des Gerichtsvollziehers elektronisch geführt, erfolgt die Gewährung von Akteneinsicht durch Erteilung von Ausdrucken, durch Übermittlung von elektronischen Dokumenten oder durch Wiedergabe auf einem Bildschirm; dies gilt auch für die nach § 885a Absatz 2 Satz 2 elektronisch gespeicherten Dateien.

234 ZPO §§ 764–778

§764 Vollstreckungsgericht
(1) Die den Gerichten zugewiesene Anordnung von Vollstreckungshandlungen und Mitwirkung bei solchen gehört zur Zuständigkeit der Amtsgerichte als Vollstreckungsgerichte.
(2) Als Vollstreckungsgericht ist, sofern nicht das Gesetz ein anderes Amtsgericht bezeichnet, das Amtsgericht anzusehen, in dessen Bezirk das Vollstreckungsverfahren stattfinden soll oder stattgefunden hat.
(3) Die Entscheidungen des Vollstreckungsgerichts ergehen durch Beschluss.

§765a Vollstreckungsschutz
(1) Auf Antrag des Schuldners kann das Vollstreckungsgericht eine Maßnahme der Zwangsvollstreckung ganz oder teilweise aufheben, untersagen oder einstweilen einstellen, wenn die Maßnahme unter voller Würdigung des Schutzbedürfnisses des Gläubigers wegen ganz besonderer Umstände eine Härte bedeutet, die mit den guten Sitten nicht vereinbar ist. Es ist befugt, die in § 732 Abs. 2 bezeichneten Anordnungen zu erlassen. Betrifft die Maßnahme ein Tier, so hat das Vollstreckungsgericht bei der von ihm vorzunehmenden Abwägung die Verantwortung des Menschen für das Tier zu berücksichtigen.
(2) Eine Maßnahme zur Erwirkung der Herausgabe von Sachen kann der Gerichtsvollzieher bis zur Entscheidung des Vollstreckungsgerichts, jedoch nicht länger als eine Woche, aufschieben, wenn ihm die Voraussetzungen des Absatzes 1 Satz 1 glaubhaft gemacht werden und dem Schuldner die rechtzeitige Anrufung des Vollstreckungsgerichts nicht möglich war.
(3) In Räumungssachen ist der Antrag nach Absatz 1 spätestens zwei Wochen vor dem festgesetzten Räumungstermin zu stellen, es sei denn, dass die Gründe, auf denen der Antrag beruht, erst nach diesem Zeitpunkt entstanden sind oder der Schuldner ohne sein Verschulden an einer rechtzeitigen Antragstellung gehindert war.
(4) Das Vollstreckungsgericht hebt seinen Beschluss auf Antrag auf oder ändert ihn, wenn dies mit Rücksicht auf eine Änderung der Sachlage geboten ist.
(5) Die Aufhebung von Vollstreckungsmaßregeln erfolgt in den Fällen des Absatzes 1 Satz 1 und des Absatzes 4 erst nach Rechtskraft des Beschlusses.

§766 Erinnerung gegen Art und Weise der Zwangsvollstreckung
(1) Über Anträge, Einwendungen und Erinnerungen, welche die Art und Weise der Zwangsvollstreckung oder das vom Gerichtsvollzieher bei ihr zu beobachtende Verfahren betreffen, entscheidet das Vollstreckungsgericht. Es ist befugt, die im § 732 Abs. 2 bezeichneten Anordnungen zu erlassen.
(2) Dem Vollstreckungsgericht steht auch die Entscheidung zu, wenn ein Gerichtsvollzieher sich weigert, einen Vollstreckungsauftrag zu übernehmen oder eine Vollstreckungshandlung dem Auftrag gemäß auszuführen, oder wenn wegen der von dem Gerichtsvollzieher in Ansatz gebrachten Kosten Erinnerungen erhoben werden.

§767 Vollstreckungsabwehrklage
(1) Einwendungen, die den durch das Urteil festgestellten Anspruch selbst betreffen, sind von dem Schuldner im Wege der Klage bei dem Prozessgericht des ersten Rechtszuges geltend zu machen.
(2) Sie sind nur insoweit zulässig, als die Gründe, auf denen sie beruhen, erst nach dem Schluss der mündlichen Verhandlung, in der Einwendungen nach den Vorschriften dieses Gesetzes spätestens hätten geltend gemacht werden müssen, entstanden sind und durch Einspruch nicht mehr geltend gemacht werden können.
(3) Der Schuldner muss in der von ihm zu erhebenden Klage alle Einwendungen geltend machen, die er zur Zeit der Erhebung der Klage geltend zu machen imstande war.

§771 Drittwiderspruchsklage
(1) Behauptet ein Dritter, dass ihm an dem Gegenstand der Zwangsvollstreckung ein die Veräußerung hinderndes Recht zustehe, so ist der Widerspruch gegen die Zwangsvollstreckung im Wege der Klage bei dem Gericht geltend zu machen, in dessen Bezirk die Zwangsvollstreckung erfolgt.
(2) Wird die Klage gegen den Gläubiger und den Schuldner gerichtet, so sind diese als Streitgenossen anzusehen.
(3) Auf die Einstellung der Zwangsvollstreckung und die Aufhebung der bereits getroffenen Vollstreckungsmaßregeln sind die Vorschriften der §§ 769, 770 entsprechend anzuwenden. Die Aufhebung einer Vollstreckungsmaßregel ist auch ohne Sicherheitsleistung zulässig.

§778 Zwangsvollstreckung vor Erbschaftsannahme
(1) Solange der Erbe die Erbschaft nicht angenommen hat, ist eine Zwangsvollstreckung wegen eines Anspruchs, der sich gegen den Nachlass richtet, nur in den Nachlass zulässig.
(2) Wegen eigener Verbindlichkeiten des Erben ist eine Zwangsvollstreckung in den Nachlass vor der Annahme der Erbschaft nicht zulässig.

§ 793 Sofortige Beschwerde

Gegen Entscheidungen, die im Zwangsvollstreckungsverfahren ohne mündliche Verhandlung ergehen können, findet sofortige Beschwerde statt.

§ 794 Weitere Vollstreckungstitel

(1) Die Zwangsvollstreckung findet ferner statt:
1. aus Vergleichen, die zwischen den Parteien oder zwischen einer Partei und einem Dritten zur Beilegung des Rechtsstreits seinem ganzen Umfang nach oder in Betreff eines Teiles des Streitgegenstandes vor einem deutschen Gericht oder vor einer durch die Landesjustizverwaltung eingerichteten oder anerkannten Gütestelle abgeschlossen sind, sowie aus Vergleichen, die gemäß § 118 Abs. 1 Satz 3 oder § 492 Abs. 3 zu richterlichem Protokoll genommen sind;
2. aus Kostenfestsetzungsbeschlüssen;
3. aus Entscheidungen, gegen die das Rechtsmittel der Beschwerde stattfindet;
4. aus Vollstreckungsbescheiden;
4a. aus Entscheidungen, die Schiedssprüche für vollstreckbar erklären, sofern die Entscheidungen rechtskräftig oder für vorläufig vollstreckbar erklärt sind;
4b. aus Beschlüssen nach § 796b oder § 796c;
5. aus Urkunden, die von einem deutschen Gericht oder von einem deutschen Notar innerhalb der Grenzen seiner Amtsbefugnisse in der vorgeschriebenen Form aufgenommen sind, sofern die Urkunde über einen Anspruch errichtet ist, der einer vergleichsweisen Regelung zugänglich, nicht auf Abgabe einer Willenserklärung gerichtet ist und nicht den Bestand eines Mietverhältnisses über Wohnraum betrifft, und der Schuldner sich in der Urkunde wegen des zu bezeichnenden Anspruchs der sofortigen Zwangsvollstreckung unterworfen hat;
6. aus für vollstreckbar erklärten Europäischen Zahlungsbefehlen nach der Verordnung (EG) Nr. 1896/2006;
7. aus Titeln, die in einem anderen Mitgliedstaat der Europäischen Union nach der Verordnung (EG) Nr. 805/2004 des Europäischen Parlaments und des Rates vom 21. April 2004 zur Einführung eines Europäischen Vollstreckungstitels für unbestrittene Forderungen als Europäische Vollstreckungstitel bestätigt worden sind;
8. aus Titeln, die in einem anderen Mitgliedstaat der Europäischen Union im Verfahren nach der Verordnung (EG) Nr. 861/2007 des Europäischen Parlaments und des Rates vom 11. Juli 2007 zur Einführung eines europäischen Verfahrens für geringfügige Forderungen (ABl. L 199 vom 31. 7. 2007, S. 1; L 141 vom 5. 6. 2015, S. 118), die zuletzt durch die Verordnung (EU) 2015/2421 (ABl. L 341 vom 24. 12. 2015, S. 1) geändert worden ist, ergangen sind;
9. aus Titeln eines anderen Mitgliedstaats der Europäischen Union, die nach der Verordnung (EU) Nr. 1215/2012 des Europäischen Parlaments und des Rates vom 12. Dezember 2012 über die gerichtliche Zuständigkeit und die Anerkennung und Vollstreckung von Entscheidungen in Zivil- und Handelssachen zu vollstrecken sind.

(2) Soweit nach den Vorschriften der §§ 737, 743, des § 745 Abs. 2 und des § 748 Abs. 2 die Verurteilung eines Beteiligten zur Duldung der Zwangsvollstreckung erforderlich ist, wird sie dadurch ersetzt, dass der Beteiligte in einer nach Absatz 1 Nr. 5 aufgenommenen Urkunde die sofortige Zwangsvollstreckung in die seinem Recht unterworfenen Gegenstände bewilligt.

§ 794a Zwangsvollstreckung aus Räumungsvergleich

(1) Hat sich der Schuldner in einem Vergleich, aus dem die Zwangsvollstreckung stattfindet, zur Räumung von Wohnraum verpflichtet, so kann ihm das Amtsgericht, in dessen Bezirk der Wohnraum belegen ist, auf Antrag eine den Umständen nach angemessene Räumungsfrist bewilligen. Der Antrag ist spätestens zwei Wochen vor dem Tag, an dem nach dem Vergleich zu räumen ist, zu stellen; §§ 233 bis 238 gelten sinngemäß. Die Entscheidung ergeht durch Beschluss. Vor der Entscheidung ist der Gläubiger zu hören. Das Gericht ist befugt, die im § 732 Abs. 2 bezeichneten Anordnungen zu erlassen.
(2) Die Räumungsfrist kann auf Antrag verlängert oder verkürzt werden. Absatz 1 Satz 2 bis 5 gilt entsprechend.
(3) Die Räumungsfrist darf insgesamt nicht mehr als ein Jahr, gerechnet vom Tag des Abschlusses des Vergleichs, betragen. Ist nach dem Vergleich an einem späteren Tag zu räumen, so rechnet die Frist von diesem Tag an.
(4) Gegen die Entscheidung des Amtsgerichts findet die sofortige Beschwerde statt.
(5) Die Absätze 1 bis 4 gelten nicht für Mietverhältnisse über Wohnraum im Sinne des § 549 Abs. 2 Nr. 3 sowie in den Fällen des § 575 des Bürgerlichen Gesetzbuchs. Endet ein Mietverhältnis im Sinne des § 575 des Bürgerlichen Gesetzbuchs durch außerordentliche Kündigung, kann eine Räumungsfrist höchstens bis zum vertraglich bestimmten Zeitpunkt der Beendigung gewährt werden.

§ 796 Zwangsvollstreckung aus Vollstreckungsbescheiden

(1) Vollstreckungsbescheide bedürfen der Vollstreckungsklausel nur, wenn die Zwangsvollstreckung für einen anderen als den in dem Bescheid bezeichneten Gläubiger oder gegen einen anderen als den in dem Bescheid bezeichneten Schuldner erfolgen soll.

(2) Einwendungen, die den Anspruch selbst betreffen, sind nur insoweit zulässig, als die Gründe, auf denen sie beruhen, nach Zustellung des Vollstreckungsbescheids entstanden sind und durch Einspruch nicht mehr geltend gemacht werden können.

(3) Für Klagen auf Erteilung der Vollstreckungsklausel sowie für Klagen, durch welche die den Anspruch selbst betreffenden Einwendungen geltend gemacht werden oder der bei der Erteilung der Vollstreckungsklausel als bewiesen angenommene Eintritt der Voraussetzung für die Erteilung der Vollstreckungsklausel bestritten wird, ist das Gericht zuständig, das für eine Entscheidung im Streitverfahren zuständig gewesen wäre.

Abschnitt 2
Zwangsvollstreckung wegen Geldforderungen

Titel 1
Allgemeine Vorschriften

§ 802a Grundsätze der Vollstreckung; Regelbefugnisse des Gerichtsvollziehers

(1) Der Gerichtsvollzieher wirkt auf eine zügige, vollständige und Kosten sparende Beitreibung von Geldforderungen hin.

(2) Auf Grund eines entsprechenden Vollstreckungsauftrags und der Übergabe der vollstreckbaren Ausfertigung ist der Gerichtsvollzieher unbeschadet weiterer Zuständigkeiten befugt,
1. eine gütliche Erledigung der Sache (§ 802b) zu versuchen,
2. eine Vermögensauskunft des Schuldners (§ 802c) einzuholen,
3. Auskünfte Dritter über das Vermögen des Schuldners (§ 802l) einzuholen,
4. die Pfändung und Verwertung körperlicher Sachen zu betreiben,
5. eine Vorpfändung (§ 845) durchzuführen; hierfür bedarf es nicht der vorherigen Erteilung einer vollstreckbaren Ausfertigung und der Zustellung des Schuldtitels.

Die Maßnahmen sind in dem Vollstreckungsauftrag zu bezeichnen, die Maßnahme nach Satz 1 Nr. 1 jedoch nur dann, wenn sich der Auftrag hierauf beschränkt.

§ 802b Gütliche Erledigung; Vollstreckungsaufschub bei Zahlungsvereinbarung

(1) Der Gerichtsvollzieher soll in jeder Lage des Verfahrens auf eine gütliche Erledigung bedacht sein.

(2) Hat der Gläubiger eine Zahlungsvereinbarung nicht ausgeschlossen, so kann der Gerichtsvollzieher dem Schuldner eine Zahlungsfrist einräumen oder eine Tilgung durch Teilleistungen (Ratenzahlung) gestatten, sofern der Schuldner glaubhaft darlegt, die nach Höhe und Zeitpunkt festzusetzenden Zahlungen erbringen zu können. Soweit ein Zahlungsplan nach Satz 1 festgesetzt wird, ist die Vollstreckung aufgeschoben. Die Tilgung soll binnen zwölf Monaten abgeschlossen sein.

(3) Der Gerichtsvollzieher unterrichtet den Gläubiger unverzüglich über den gemäß Absatz 2 festgesetzten Zahlungsplan und den Vollstreckungsaufschub. Widerspricht der Gläubiger unverzüglich, so wird der Zahlungsplan mit der Unterrichtung des Schuldners hinfällig; zugleich endet der Vollstreckungsaufschub. Dieselben Wirkungen treten ein, wenn der Schuldner mit einer festgesetzten Zahlung ganz oder teilweise länger als zwei Wochen in Rückstand gerät.

§ 802c Vermögensauskunft des Schuldners

(1) Der Schuldner ist verpflichtet, zum Zwecke der Vollstreckung einer Geldforderung auf Verlangen des Gerichtsvollziehers Auskunft über sein Vermögen nach Maßgabe der folgenden Vorschriften zu erteilen sowie seinen Geburtsnamen, sein Geburtsdatum und seinen Geburtsort anzugeben. Handelt es sich bei dem Vollstreckungsschuldner um eine juristische Person oder um eine Personenvereinigung, so hat er seine Firma, die Nummer des Registerblatts im Handelsregister und seinen Sitz anzugeben.

(2) Zur Auskunftserteilung hat der Schuldner alle ihm gehörenden Vermögensgegenstände anzugeben. Bei Forderungen sind Grund und Beweismittel zu bezeichnen. Ferner sind anzugeben:
1. die entgeltlichen Veräußerungen des Schuldners an eine nahestehende Person (§ 138 der Insolvenzordnung), die dieser in den letzten zwei Jahren vor dem Termin nach § 802f Abs. 1 und bis zur Abgabe der Vermögensauskunft vorgenommen hat;

2. die unentgeltlichen Leistungen des Schuldners, die dieser in den letzten vier Jahren vor dem Termin nach § 802f Abs. 1 und bis zur Abgabe der Vermögensauskunft vorgenommen hat, sofern sie sich nicht auf gebräuchliche Gelegenheitsgeschenke geringen Wertes richteten.

Sachen, die nach § 811 Absatz 1 Nummer 1 Buchstabe a und Nummer 2 der Pfändung offensichtlich nicht unterworfen sind, brauchen nicht angegeben zu werden, es sei denn, dass eine Austauschpfändung in Betracht kommt.

(3) Der Schuldner hat zu Protokoll an Eides statt zu versichern, dass er die Angaben nach den Absätzen 1 und 2 nach bestem Wissen und Gewissen richtig und vollständig gemacht habe. Die Vorschriften der §§ 478 bis 480, 483 gelten entsprechend.

§ 802d Weitere Vermögensauskunft

(1) Der Schuldner ist innerhalb von zwei Jahren nach Abgabe der Vermögensauskunft nach § 802c oder nach § 284 der Abgabenordnung nicht verpflichtet, eine weitere Vermögensauskunft abzugeben, es sei denn, ein Gläubiger macht Tatsachen glaubhaft, die auf eine wesentliche Veränderung der Vermögensverhältnisse des Schuldners schließen lassen. Besteht keine Pflicht zur Abgabe einer Vermögensauskunft nach Satz 1, leitet der Gerichtsvollzieher dem Gläubiger einen Ausdruck des letzten abgegebenen Vermögensverzeichnisses zu; ein Verzicht des Gläubigers auf die Zuleitung ist unbeachtlich. Der Gläubiger darf die erlangten Daten nur zu Vollstreckungszwecken verarbeiten und hat die Daten nach Zweckerreichung zu löschen; hierauf ist er vom Gerichtsvollzieher hinzuweisen. Von der Zuleitung eines Ausdrucks nach Satz 2 setzt der Gerichtsvollzieher den Schuldner in Kenntnis und belehrt ihn über die Möglichkeit der Eintragung in das Schuldnerverzeichnis (§ 882h).

(2) Anstelle der Zuleitung eines Ausdrucks kann dem Gläubiger auf Antrag das Vermögensverzeichnis als elektronisches Dokument übermittelt werden, wenn dieses mit einer qualifizierten elektronischen Signatur versehen und gegen unbefugte Kenntnisnahme geschützt ist.

§ 802e Zuständigkeit

(1) Für die Abnahme der Vermögensauskunft und der eidesstattlichen Versicherung ist der Gerichtsvollzieher bei dem Amtsgericht zuständig, in dessen Bezirk der Schuldner im Zeitpunkt der Auftragserteilung seinen Wohnsitz oder in Ermangelung eines solchen seinen Aufenthaltsort hat.

(2) Ist der angegangene Gerichtsvollzieher nicht zuständig, so leitet er die Sache auf Antrag des Gläubigers an den zuständigen Gerichtsvollzieher weiter.

§ 802f Verfahren zur Abnahme der Vermögensauskunft

(1) Zur Abnahme der Vermögensauskunft setzt der Gerichtsvollzieher dem Schuldner für die Begleichung der Forderung eine Frist von zwei Wochen. Zugleich bestimmt er für den Fall, dass die Forderung nach Fristablauf nicht vollständig beglichen ist, einen Termin zur Abgabe der Vermögensauskunft alsbald nach Fristablauf und lädt den Schuldner zu diesem Termin in seine Geschäftsräume. Der Schuldner hat die zur Abgabe der Vermögensauskunft erforderlichen Unterlagen im Termin beizubringen. Der Fristsetzung nach Satz 1 bedarf es nicht, wenn der Gerichtsvollzieher den Schuldner bereits zuvor zur Zahlung aufgefordert hat und seit dieser Aufforderung zwei Wochen verstrichen sind, ohne dass die Aufforderung Erfolg hatte.

(2) Abweichend von Absatz 1 kann der Gerichtsvollzieher bestimmen, dass die Abgabe der Vermögensauskunft in der Wohnung des Schuldners stattfindet. Der Schuldner kann dieser Bestimmung binnen einer Woche gegenüber dem Gerichtsvollzieher widersprechen. Andernfalls gilt der Termin als pflichtwidrig versäumt, wenn der Schuldner in diesem Termin aus Gründen, die er zu vertreten hat, die Vermögensauskunft nicht abgibt.

(3) Mit der Terminsladung ist der Schuldner über die nach § 802c Abs. 2 erforderlichen Angaben zu belehren. Der Schuldner ist über seine Rechte und Pflichten nach den Absätzen 1 und 2, über die Folgen einer unentschuldigten Terminsäumnis oder einer Verletzung seiner Auskunftspflichten sowie über die Möglichkeit der Einholung von Auskünften Dritter nach § 802l und der Eintragung in das Schuldnerverzeichnis bei Abgabe der Vermögensauskunft nach § 882c zu belehren.

(4) Zahlungsaufforderungen, Ladungen, Bestimmungen und Belehrungen nach den Absätzen 1 bis 3 sind dem Schuldner zuzustellen, auch wenn dieser einen Prozessbevollmächtigten bestellt hat; einer Mitteilung an den Prozessbevollmächtigten bedarf es nicht. Dem Gläubiger ist die Terminsbestimmung nach Maßgabe des § 357 Abs. 2 mitzuteilen.

(5) Der Gerichtsvollzieher errichtet in einem elektronischen Dokument eine Aufstellung mit den nach § 802c Absatz 1 und 2 erforderlichen Angaben (Vermögensverzeichnis). Diese Angaben sind dem Schuldner vor Abgabe der Versicherung nach § 802c Abs. 3 vorzulesen oder zur Durchsicht auf einem Bildschirm wiederzugeben. Dem Schuldner ist auf Verlangen ein Ausdruck zu erteilen.

(6) Der Gerichtsvollzieher hinterlegt das Vermögensverzeichnis bei dem zentralen Vollstreckungsgericht nach § 802k Abs. 1 und leitet dem Gläubiger unverzüglich einen Ausdruck zu. Der Ausdruck muss den Vermerk

enthalten, dass er mit dem Inhalt des Vermögensverzeichnisses übereinstimmt; § 802d Abs. 1 Satz 3 und Abs. 2 gilt entsprechend.

§ 802g Erzwingungshaft
(1) Auf Antrag des Gläubigers erlässt das Gericht gegen den Schuldner, der dem Termin zur Abgabe der Vermögensauskunft unentschuldigt fernbleibt oder die Abgabe der Vermögensauskunft gemäß § 802c ohne Grund verweigert, zur Erzwingung der Abgabe einen Haftbefehl. In dem Haftbefehl sind der Gläubiger, der Schuldner und der Grund der Verhaftung zu bezeichnen. Einer Zustellung des Haftbefehls vor seiner Vollziehung bedarf es nicht.
(2) Die Verhaftung des Schuldners erfolgt durch einen Gerichtsvollzieher. Der Gerichtsvollzieher händigt dem Schuldner von Amts wegen bei der Verhaftung eine beglaubigte Abschrift des Haftbefehls aus.

§ 802h Unzulässigkeit der Haftvollstreckung
(1) Die Vollziehung des Haftbefehls ist unstatthaft, wenn seit dem Tag, an dem der Haftbefehl erlassen wurde, zwei Jahre vergangen sind.
(2) Gegen einen Schuldner, dessen Gesundheit durch die Vollstreckung der Haft einer nahen und erheblichen Gefahr ausgesetzt würde, darf, solange dieser Zustand dauert, die Haft nicht vollstreckt werden.

§ 802i Vermögensauskunft des verhafteten Schuldners
(1) Der verhaftete Schuldner kann zu jeder Zeit bei dem Gerichtsvollzieher des Amtsgerichts des Haftortes verlangen, ihm die Vermögensauskunft abzunehmen. Dem Verlangen ist unverzüglich stattzugeben; § 802f Abs. 5 gilt entsprechend. Dem Gläubiger wird die Teilnahme ermöglicht, wenn er dies beantragt hat und seine Teilnahme nicht zu einer Verzögerung der Abnahme führt.
(2) Nach Abgabe der Vermögensauskunft wird der Schuldner aus der Haft entlassen. § 802f Abs. 5 und 6 gilt entsprechend.
(3) Kann der Schuldner vollständige Angaben nicht machen, weil er die erforderlichen Unterlagen nicht bei sich hat, so kann der Gerichtsvollzieher einen neuen Termin bestimmen und die Vollziehung des Haftbefehls bis zu diesem Termin aussetzen. § 802f gilt entsprechend; der Setzung einer Zahlungsfrist bedarf es nicht.

§ 802j Dauer der Haft; erneute Haft
(1) Die Haft darf die Dauer von sechs Monaten nicht übersteigen. Nach Ablauf der sechs Monate wird der Schuldner von Amts wegen aus der Haft entlassen.
(2) Gegen den Schuldner, der ohne sein Zutun auf Antrag des Gläubigers aus der Haft entlassen ist, findet auf Antrag desselben Gläubigers eine Erneuerung der Haft nicht statt.
(3) Ein Schuldner, gegen den wegen Verweigerung der Abgabe der Vermögensauskunft eine Haft von sechs Monaten vollstreckt ist, kann innerhalb der folgenden zwei Jahre auch auf Antrag eines anderen Gläubigers nur unter den Voraussetzungen des § 802d von neuem zur Abgabe einer solchen Vermögensauskunft durch Haft angehalten werden.

§ 802k Zentrale Verwaltung der Vermögensverzeichnisse
(1) Nach § 802f Abs. 6 dieses Gesetzes oder nach § 284 Abs. 7 Satz 4 der Abgabenordnung zu hinterlegende Vermögensverzeichnisse werden landesweit von einem zentralen Vollstreckungsgericht in elektronischer Form verwaltet. Die Vermögensverzeichnisse können über eine zentrale und länderübergreifende Abfrage im Internet eingesehen und abgerufen werden. Gleiches gilt für Vermögensverzeichnisse, die auf Grund einer § 284 Abs. 1 bis 7 der Abgabenordnung gleichwertigen bundesgesetzlichen oder landesgesetzlichen Regelung errichtet wurden, soweit diese Regelung die Hinterlegung anordnet. Ein Vermögensverzeichnis nach Satz 1 oder Satz 2 ist nach Ablauf von zwei Jahren seit Abgabe der Auskunft oder bei Eingang eines neuen Vermögensverzeichnisses zu löschen.
(2) Die Gerichtsvollzieher können die von den zentralen Vollstreckungsgerichten nach Absatz 1 verwalteten Vermögensverzeichnisse zu Vollstreckungszwecken abrufen. Den Gerichtsvollziehern stehen Vollstreckungsbehörden gleich, die
1. Vermögensauskünfte nach § 284 der Abgabenordnung verlangen können,
2. durch Bundesgesetz oder durch Landesgesetz dazu befugt sind, vom Schuldner Auskunft über sein Vermögen zu verlangen, wenn diese Auskunftsbefugnis durch die Errichtung eines nach Absatz 1 zu hinterlegenden Vermögensverzeichnisses ausgeschlossen wird, oder
3. durch Bundesgesetz oder durch Landesgesetz dazu befugt sind, vom Schuldner die Abgabe einer Vermögensauskunft nach § 802c gegenüber dem Gerichtsvollzieher zu verlangen.

Zur Einsicht befugt sind ferner Vollstreckungsgerichte, Insolvenzgerichte und Registergerichte sowie Strafverfolgungsbehörden, soweit dies zur Erfüllung der ihnen obliegenden Aufgaben erforderlich ist.

(3) Die Landesregierungen bestimmen durch Rechtsverordnung, welches Gericht die Aufgaben des zentralen Vollstreckungsgerichts nach Absatz 1 wahrzunehmen hat. Sie können diese Befugnis auf die Landesjustizverwaltungen übertragen. Das zentrale Vollstreckungsgericht nach Absatz 1 kann andere Stellen mit der Datenverarbeitung beauftragen; die datenschutzrechtlichen Vorschriften über die Verarbeitung personenbezogener Daten im Auftrag sind zu beachten.

(4) Das Bundesministerium der Justiz und für Verbraucherschutz wird ermächtigt, durch Rechtsverordnung mit Zustimmung des Bundesrates die Einzelheiten des Inhalts, der Form, Aufnahme, Übermittlung, Verwaltung und Löschung der Vermögensverzeichnisse nach § 802f Abs. 5 dieses Gesetzes und nach § 284 Abs. 7 der Abgabenordnung oder gleichwertigen Regelungen im Sinne von Absatz 1 Satz 2 sowie der Einsichtnahme, insbesondere durch ein automatisiertes Abrufverfahren, zu regeln. Die Rechtsverordnung hat geeignete Regelungen zur Sicherung des Datenschutzes und der Datensicherheit vorzusehen. Insbesondere ist sicherzustellen, dass die Vermögensverzeichnisse

1. bei der Übermittlung an das zentrale Vollstreckungsgericht nach Absatz 1 sowie bei der Weitergabe an die anderen Stellen nach Absatz 3 Satz 3 gegen unbefugte Kenntnisnahme geschützt sind,
2. unversehrt und vollständig wiedergegeben werden,
3. jederzeit ihrem Ursprung nach zugeordnet werden können und
4. nur von registrierten Nutzern abgerufen werden können und jeder Abrufvorgang protokolliert wird.

(5) Macht eine betroffene Person das Auskunftsrecht nach Artikel 15 Absatz 1 der Verordnung (EU) 2016/679 des Europäischen Parlaments und des Rates vom 27. April 2016 zum Schutz natürlicher Personen bei der Verarbeitung personenbezogener Daten, zum freien Datenverkehr und zur Aufhebung der Richtlinie 95/46/EG (Datenschutz-Grundverordnung) (ABl. L 119 vom 4. 5. 2016, S. 1; L 314 vom 22. 11. 2016, S. 72; L 127 vom 23. 5. 2018, S. 2) in Bezug auf personenbezogene Daten geltend, die in den von den zentralen Vollstreckungsgerichten nach Absatz 1 verwalteten Vermögensverzeichnissen enthalten sind, so sind der betroffenen Person im Hinblick auf die Empfänger, denen die personenbezogenen Daten offengelegt worden sind oder noch offengelegt werden, nur die Kategorien berechtigter Empfänger mitzuteilen. Das Widerspruchsrecht gemäß Artikel 21 der Verordnung (EU) 2016/679 findet in Bezug auf die personenbezogenen Daten, die in den von den zentralen Vollstreckungsgerichten nach Absatz 1 verwalteten Vermögensverzeichnissen enthalten sind, keine Anwendung.

§ 802l Auskunftsrechte des Gerichtsvollziehers

(1) Der Gerichtsvollzieher darf vorbehaltlich der Sätze 2 und 3 folgende Maßnahmen durchführen, soweit sie zur Vollstreckung erforderlich sind:
1. Erhebung des Namens und der Vornamen oder der Firma sowie der Anschrift der derzeitigen Arbeitgeber des Schuldners bei den Trägern der gesetzlichen Rentenversicherung und bei einer berufsständischen Versorgungseinrichtung im Sinne des § 6 Absatz 1 Satz 1 Nummer 1 des Sechsten Buches Sozialgesetzbuch;
2. Ersuchen an das Bundeszentralamt für Steuern, bei den Kreditinstituten die in § 93b Absatz 1 und 1a der Abgabenordnung bezeichneten Daten, ausgenommen die Identifikationsnummer nach § 139b der Abgabenordnung, abzurufen (§ 93 Absatz 8 der Abgabenordnung);
3. Erhebung der Fahrzeug- und Halterdaten nach § 33 Absatz 1 des Straßenverkehrsgesetzes beim Kraftfahrt-Bundesamt zu einem Fahrzeug, als dessen Halter der Schuldner eingetragen ist.

Maßnahmen nach Satz 1 sind nur zulässig, wenn
1. die Ladung zu dem Termin zur Abgabe der Vermögensauskunft an den Schuldner nicht zustellbar ist und
    a) die Anschrift, unter der die Zustellung ausgeführt werden sollte, mit der Anschrift übereinstimmt, die von einer der in § 755 Absatz 1 und 2 genannten Stellen innerhalb von drei Monaten vor oder nach dem Zustellungsversuch mitgeteilt wurde, oder
    b) die Meldebehörde nach dem Zustellungsversuch die Auskunft erteilt, dass ihr keine derzeitige Anschrift des Schuldners bekannt ist, oder
    c) die Meldebehörde innerhalb von drei Monaten vor Erteilung des Vollstreckungsauftrags die Auskunft erteilt hat, dass ihr keine derzeitige Anschrift des Schuldners bekannt ist;
2. der Schuldner seiner Pflicht zur Abgabe der Vermögensauskunft in dem der Maßnahme nach Satz 1 zugrundeliegenden Vollstreckungsverfahren nicht nachkommt oder
3. bei einer Vollstreckung in die in der Vermögensauskunft aufgeführten Vermögensgegenstände eine vollständige Befriedigung des Gläubigers nicht zu erwarten ist.

Die Erhebung nach Satz 1 Nummer 1 bei einer berufsständischen Versorgungseinrichtung ist zusätzlich zu den Voraussetzungen des Satzes 2 nur zulässig, wenn der Gläubiger die berufsständische Versorgungseinrichtung bezeichnet und tatsächliche Anhaltspunkte nennt, die nahelegen, dass der Schuldner Mitglied dieser berufsständischen Versorgungseinrichtung ist.

(2) Daten, die für die Zwecke der Vollstreckung nicht erforderlich sind, hat der Gerichtsvollzieher unverzüglich zu löschen oder deren Verarbeitung einzuschränken. Die Löschung ist zu protokollieren.

(3) Über das Ergebnis einer Erhebung oder eines Ersuchens nach Absatz 1 setzt der Gerichtsvollzieher den Gläubiger unter Beachtung des Absatzes 2 unverzüglich und den Schuldner innerhalb von vier Wochen nach Erhalt in Kenntnis. § 802d Absatz 1 Satz 3 und Absatz 2 gilt entsprechend.

(4) Nach Absatz 1 Satz 1 erhobene Daten, die innerhalb der letzten drei Monate bei dem Gerichtsvollzieher eingegangen sind, darf dieser auch einem weiteren Gläubiger übermitteln, wenn die Voraussetzungen für die Datenerhebung auch bei diesem Gläubiger vorliegen. Der Gerichtsvollzieher hat dem weiteren Gläubiger die Tatsache, dass die Daten in einem anderen Verfahren erhoben wurden, und den Zeitpunkt ihres Eingangs bei ihm mitzuteilen. Eine erneute Auskunft ist auf Antrag des weiteren Gläubigers einzuholen, wenn Anhaltspunkte dafür vorliegen, dass seit dem Eingang der Auskunft eine Änderung der Vermögensverhältnisse, über die nach Absatz 1 Satz 1 Auskunft eingeholt wurde, eingetreten ist.

(5) Übermittelt der Gerichtsvollzieher Daten nach Absatz 4 Satz 1 an einen weiteren Gläubiger, so hat er den Schuldner davon innerhalb von vier Wochen nach der Übermittlung in Kenntnis zu setzen; § 802d Absatz 1 Satz 3 und Absatz 2 gilt entsprechend.

Titel 2
Zwangsvollstreckung in das bewegliche Vermögen

Untertitel 1
Allgemeine Vorschriften

§ 803 Pfändung

(1) Die Zwangsvollstreckung in das bewegliche Vermögen erfolgt durch Pfändung. Sie darf nicht weiter ausgedehnt werden, als es zur Befriedigung des Gläubigers und zur Deckung der Kosten der Zwangsvollstreckung erforderlich ist.

(2) Die Pfändung hat zu unterbleiben, wenn sich von der Verwertung der zu pfändenden Gegenstände ein Überschuss über die Kosten der Zwangsvollstreckung nicht erwarten lässt.

§ 804 Pfändungspfandrecht

(1) Durch die Pfändung erwirbt der Gläubiger ein Pfandrecht an dem gepfändeten Gegenstande.

(2) Das Pfandrecht gewährt dem Gläubiger im Verhältnis zu anderen Gläubigern dieselben Rechte wie ein durch Vertrag erworbenes Faustpfandrecht; es geht Pfand- und Vorzugsrechten vor, die für den Fall eines Insolvenzverfahrens den Faustpfandrechten nicht gleichgestellt sind.

(3) Das durch eine frühere Pfändung begründete Pfandrecht geht demjenigen vor, das durch eine spätere Pfändung begründet wird.

§ 805 Klage auf vorzugsweise Befriedigung

(1) Der Pfändung einer Sache kann ein Dritter, der sich nicht im Besitz der Sache befindet, auf Grund eines Pfand- oder Vorzugsrechts nicht widersprechen; er kann jedoch seinen Anspruch auf vorzugsweise Befriedigung aus dem Erlös im Wege der Klage geltend machen, ohne Rücksicht darauf, ob seine Forderung fällig ist oder nicht.

(2) Die Klage ist bei dem Vollstreckungsgericht und, wenn der Streitgegenstand zur Zuständigkeit der Amtsgerichte nicht gehört, bei dem Landgericht zu erheben, in dessen Bezirk das Vollstreckungsgericht seinen Sitz hat.

(3) Wird die Klage gegen den Gläubiger und den Schuldner gerichtet, so sind diese als Streitgenossen anzusehen.

(4) Wird der Anspruch glaubhaft gemacht, so hat das Gericht die Hinterlegung des Erlöses anzuordnen. Die Vorschriften der §§ 769, 770 sind hierbei entsprechend anzuwenden.

§ 806 Keine Gewährleistung bei Pfandveräußerung

Wird ein Gegenstand auf Grund der Pfändung veräußert, so steht dem Erwerber wegen eines Mangels im Recht oder wegen eines Mangels der veräußerten Sache ein Anspruch auf Gewährleistung nicht zu.

§ 806a Mitteilungen und Befragung durch den Gerichtsvollzieher

(1) Erhält der Gerichtsvollzieher anlässlich der Zwangsvollstreckung durch Befragung des Schuldners oder durch Einsicht in Dokumente Kenntnis von Geldforderungen des Schuldners gegen Dritte und konnte eine Pfändung nicht bewirkt werden oder wird eine bewirkte Pfändung voraussichtlich nicht zur vollständigen Befriedigung des Gläubigers führen, so teilt er Namen und Anschriften der Drittschuldner sowie den Grund der Forderungen und für diese bestehende Sicherheiten dem Gläubiger mit.

(2) Trifft der Gerichtsvollzieher den Schuldner in der Wohnung nicht an und konnte eine Pfändung nicht bewirkt werden oder wird eine bewirkte Pfändung voraussichtlich nicht zur vollständigen Befriedigung des Gläubigers

führen, so kann der Gerichtsvollzieher die zum Hausstand des Schuldners gehörenden erwachsenen Personen nach dem Arbeitgeber des Schuldners befragen. Diese sind zu einer Auskunft nicht verpflichtet und vom Gerichtsvollzieher auf die Freiwilligkeit ihrer Angaben hinzuweisen. Seine Erkenntnisse teilt der Gerichtsvollzieher dem Gläubiger mit.

§ 807 Abnahme der Vermögensauskunft nach Pfändungsversuch

(1) Hat der Gläubiger die Vornahme der Pfändung beim Schuldner beantragt und
1. hat der Schuldner die Durchsuchung (§ 758) verweigert oder
2. ergibt der Pfändungsversuch, dass eine Pfändung voraussichtlich nicht zu einer vollständigen Befriedigung des Gläubigers führen wird,

so kann der Gerichtsvollzieher dem Schuldner die Vermögensauskunft auf Antrag des Gläubigers abweichend von § 802f sofort abnehmen. § 802f Abs. 5 und 6 findet Anwendung.

(2) Der Schuldner kann einer sofortigen Abnahme widersprechen. In diesem Fall verfährt der Gerichtsvollzieher nach § 802f; der Setzung einer Zahlungsfrist bedarf es nicht.

Untertitel 2
Zwangsvollstreckung in körperliche Sachen

§ 808 Pfändung beim Schuldner

(1) Die Pfändung der im Gewahrsam des Schuldners befindlichen körperlichen Sachen wird dadurch bewirkt, dass der Gerichtsvollzieher sie in Besitz nimmt.

(2) Andere Sachen als Geld, Kostbarkeiten und Wertpapiere sind im Gewahrsam des Schuldners zu belassen, sofern nicht hierdurch die Befriedigung des Gläubigers gefährdet wird. Werden die Sachen im Gewahrsam des Schuldners belassen, so ist die Wirksamkeit der Pfändung dadurch bedingt, dass durch Anlegung von Siegeln oder auf sonstige Weise die Pfändung ersichtlich gemacht ist.

(3) Der Gerichtsvollzieher hat den Schuldner von der erfolgten Pfändung in Kenntnis zu setzen.

§ 811 Unpfändbare Sachen und Tiere

(1) Nicht der Pfändung unterliegen
1. Sachen, die der Schuldner oder eine Person, mit der er in einem gemeinsamen Haushalt zusammenlebt, benötigt
    a) für eine bescheidene Lebens- und Haushaltsführung;
    b) für die Ausübung einer Erwerbstätigkeit oder eine damit in Zusammenhang stehende Aus- oder Fortbildung;
    c) aus gesundheitlichen Gründen;
    d) zur Ausübung von Religion oder Weltanschauung oder als Gegenstand religiöser oder weltanschaulicher Verehrung, wenn ihr Wert 500 Euro nicht übersteigt;
2. Gartenhäuser, Wohnlauben und ähnliche Einrichtungen, die der Schuldner oder dessen Familie als ständige Unterkunft nutzt und die der Zwangsvollstreckung in das bewegliche Vermögen unterliegen;
3. Bargeld
    a) für den Schuldner, der eine natürliche Person ist, in Höhe von einem Fünftel,
    b) für jede weitere Person, mit der der Schuldner in einem gemeinsamen Haushalt zusammenlebt, in Höhe von einem Zehntel

des täglichen Freibetrages nach § 850c Absatz 1 Nummer 3 in Verbindung mit Absatz 4 Nummer 1 für jeden Kalendertag ab dem Zeitpunkt der Pfändung bis zu dem Ende des Monats, in dem die Pfändung bewirkt wird; der Gerichtsvollzieher kann im Einzelfall nach pflichtgemäßem Ermessen einen abweichenden Betrag festsetzen;
4. Unterlagen, zu deren Aufbewahrung eine gesetzliche Verpflichtung besteht oder die der Schuldner oder eine Person, mit der er in einem gemeinsamen Haushalt zusammenlebt, zu Buchführungs- oder Dokumentationszwecken benötigt;
5. private Aufzeichnungen, durch deren Verwertung in Persönlichkeitsrechte eingegriffen wird;
6. öffentliche Urkunden, die der Schuldner, dessen Familie oder eine Person, mit der er in einem gemeinsamen Haushalt zusammenlebt, für Beweisführungszwecke benötigt;
7. Trauringe, Orden und Ehrenzeichen;
8. Tiere, die der Schuldner oder eine Person, mit der er in einem gemeinsamen Haushalt zusammenlebt,
    a) nicht zu Erwerbszwecken hält oder
    b) für die Ausübung einer Erwerbstätigkeit benötigt,

sowie das für diese Tiere erforderliche Futter und die erforderliche Streu.

(2) Eine in Absatz 1 Nummer 1 Buchstabe a und b sowie Nummer 2 bezeichnete Sache oder ein in Absatz 1 Nummer 8 Buchstabe b bezeichnetes Tier kann abweichend von Absatz 1 gepfändet werden, wenn der Verkäufer wegen einer durch Eigentumsvorbehalt gesicherten Geldforderung aus dem Verkauf der Sache oder des Tieres vollstreckt. Die Vereinbarung des Eigentumsvorbehaltes ist durch eine Urkunde nachzuweisen.
(3) Auf Antrag des Gläubigers lässt das Vollstreckungsgericht die Pfändung eines in Absatz 1 Nummer 8 Buchstabe a bezeichneten Tieres zu, wenn dieses einen hohen Wert hat und die Unpfändbarkeit für den Gläubiger eine Härte bedeuten würde, die auch unter Würdigung der Belange des Tierschutzes und der berechtigten Interessen des Schuldners nicht zu rechtfertigen ist.
(4) Sachen, die der Schuldner für eine Lebens- und Haushaltsführung benötigt, die nicht als bescheiden angesehen werden kann, sollen nicht gepfändet werden, wenn offensichtlich ist, dass durch ihre Verwertung nur ein Erlös erzielt würde, der in keinem Verhältnis zum Anschaffungswert steht.

§811a Austauschpfändung

(1) Die Pfändung einer nach § 811 Absatz 1 Nummer 1 Buchstabe a und b und Nummer 2 unpfändbaren Sache kann zugelassen werden, wenn der Gläubiger dem Schuldner vor der Wegnahme der Sache ein Ersatzstück, das dem geschützten Verwendungszweck genügt, oder den zur Beschaffung eines solchen Ersatzstückes erforderlichen Geldbetrag überlässt; ist dem Gläubiger die rechtzeitige Ersatzbeschaffung nicht möglich oder nicht zuzumuten, so kann die Pfändung mit der Maßgabe zugelassen werden, dass dem Schuldner der zur Ersatzbeschaffung erforderliche Geldbetrag aus dem Vollstreckungserlös überlassen wird (Austauschpfändung).
(2) Über die Zulässigkeit der Austauschpfändung entscheidet das Vollstreckungsgericht auf Antrag des Gläubigers durch Beschluss. Das Gericht soll die Austauschpfändung nur zulassen, wenn sie nach Lage der Verhältnisse angemessen ist, insbesondere wenn zu erwarten ist, dass der Vollstreckungserlös den Wert des Ersatzstückes erheblich übersteigen werde. Das Gericht setzt den Wert eines vom Gläubiger angebotenen Ersatzstückes oder den zur Ersatzbeschaffung erforderlichen Betrag fest. Bei der Austauschpfändung nach Absatz 1 Halbsatz 1 ist der festgesetzte Betrag dem Gläubiger aus dem Vollstreckungserlös zu erstatten; er gehört zu den Kosten der Zwangsvollstreckung.
(3) Der dem Schuldner überlassene Geldbetrag ist unpfändbar.
(4) Bei der Austauschpfändung nach Absatz 1 Halbsatz 2 ist die Wegnahme der gepfändeten Sache erst nach Rechtskraft des Zulassungsbeschlusses zulässig.

§811b Vorläufige Austauschpfändung

(1) Ohne vorgängige Entscheidung des Gerichts ist eine vorläufige Austauschpfändung zulässig, wenn eine Zulassung durch das Gericht zu erwarten ist. Der Gerichtsvollzieher soll die Austauschpfändung nur vornehmen, wenn zu erwarten ist, dass der Vollstreckungserlös den Wert des Ersatzstückes erheblich übersteigen wird.
(2) Die Pfändung ist aufzuheben, wenn der Gläubiger nicht binnen einer Frist von zwei Wochen nach Benachrichtigung von der Pfändung einen Antrag nach § 811a Abs. 2 bei dem Vollstreckungsgericht gestellt hat oder wenn ein solcher Antrag rechtskräftig zurückgewiesen ist.
(3) Bei der Benachrichtigung ist dem Gläubiger unter Hinweis auf die Antragsfrist und die Folgen ihrer Versäumung mitzuteilen, dass die Pfändung als Austauschpfändung erfolgt ist.
(4) Die Übergabe des Ersatzstückes oder des zu seiner Beschaffung erforderlichen Geldbetrages an den Schuldner und die Fortsetzung der Zwangsvollstreckung erfolgen erst nach Erlass des Beschlusses gemäß § 811a Abs. 2 auf Anweisung des Gläubigers. § 811a Abs. 4 gilt entsprechend.

§811c Vorwegpfändung

(1) Ist zu erwarten, dass eine Sache demnächst pfändbar wird, so kann sie gepfändet werden, ist aber im Gewahrsam des Schuldners zu belassen. Die Vollstreckung darf erst fortgesetzt werden, wenn die Sache pfändbar geworden ist.
(2) Die Pfändung ist aufzuheben, wenn die Sache nicht binnen eines Jahres pfändbar geworden ist.

§812 (weggefallen)

§813 Schätzung

(1) Die gepfändeten Sachen sollen bei der Pfändung auf ihren gewöhnlichen Verkaufswert geschätzt werden. Die Schätzung des Wertes von Kostbarkeiten soll einem Sachverständigen übertragen werden. In anderen Fällen kann das Vollstreckungsgericht auf Antrag des Gläubigers oder des Schuldners die Schätzung durch einen Sachverständigen anordnen.
(2) Ist die Schätzung des Wertes bei der Pfändung nicht möglich, so soll sie unverzüglich nachgeholt und ihr Ergebnis nachträglich in dem Pfändungsprotokoll vermerkt werden. Werden die Akten des Gerichtsvollziehers elektronisch geführt, so ist das Ergebnis der Schätzung in einem gesonderten elektronischen Dokument zu vermerken. Das Dokument ist mit dem Pfändungsprotokoll untrennbar zu verbinden.

(3) Sollen bei Personen, die Landwirtschaft betreiben,
1. Früchte, die vom Boden noch nicht getrennt sind,
2. Sachen nach § 811 Absatz 1 Nummer 1 Buchstabe b,
3. Tiere nach § 811 Absatz 1 Nummer 8 Buchstabe b oder
4. landwirtschaftliche Erzeugnisse

gepfändet werden, so soll ein landwirtschaftlicher Sachverständiger herangezogen werden, sofern anzunehmen ist, dass der Wert dieser Sachen und Tiere insgesamt den Betrag von 2000 Euro übersteigt.
(4) Die Landesjustizverwaltung kann bestimmen, dass auch in anderen Fällen ein Sachverständiger zugezogen werden soll.

§ 814 Öffentliche Versteigerung

(1) Die gepfändeten Sachen sind von dem Gerichtsvollzieher öffentlich zu versteigern; Kostbarkeiten sind vor der Versteigerung durch einen Sachverständigen abzuschätzen.*)
(2) Eine öffentliche Versteigerung kann nach Wahl des Gerichtsvollziehers
1. als Versteigerung vor Ort oder
2. als allgemein zugängliche Versteigerung im Internet über eine Versteigerungsplattform

erfolgen.
(3) Die Landesregierungen bestimmen für die Versteigerung im Internet nach Absatz 2 Nummer 2 durch Rechtsverordnung
1. den Zeitpunkt, von dem an die Versteigerung zugelassen ist,
2. die Versteigerungsplattform,
3. die Zulassung zur und den Ausschluss von der Teilnahme an der Versteigerung; soweit die Zulassung zur Teilnahme oder der Ausschluss von einer Versteigerung einen Identitätsnachweis natürlicher Personen vorsieht, ist spätestens ab dem 1. Januar 2013 auch die Nutzung des elektronischen Identitätsnachweises (§ 18 des Personalausweisgesetzes, § 12 des eID-Karte-Gesetzes oder § 78 Absatz 5 des Aufenthaltsgesetzes) zu diesem Zweck zu ermöglichen,
4. Beginn, Ende und Abbruch der Versteigerung,
5. die Versteigerungsbedingungen und die sonstigen rechtlichen Folgen der Versteigerung einschließlich der Belehrung der Teilnehmer über den Gewährleistungsausschluss nach § 806,
6. die Anonymisierung der Angaben zur Person des Schuldners vor ihrer Veröffentlichung und die Möglichkeit der Anonymisierung der Daten der Bieter,
7. das sonstige zu beachtende besondere Verfahren.

Sie können die Ermächtigung durch Rechtsverordnung auf die Landesjustizverwaltungen übertragen.

§ 815 Gepfändetes Geld

(1) Gepfändetes Geld ist dem Gläubiger abzuliefern.
(2) Wird dem Gerichtsvollzieher glaubhaft gemacht, dass an gepfändetem Geld ein die Veräußerung hinderndes Recht eines Dritten bestehe, so ist das Geld zu hinterlegen. Die Zwangsvollstreckung ist fortzusetzen, wenn nicht binnen einer Frist von zwei Wochen seit dem Tag der Pfändung eine Entscheidung des nach § 771 Abs. 1 zuständigen Gerichts über die Einstellung der Zwangsvollstreckung beigebracht wird.
(3) Die Wegnahme des Geldes durch den Gerichtsvollzieher gilt als Zahlung von Seiten des Schuldners, sofern nicht nach Absatz 2 oder nach § 720 die Hinterlegung zu erfolgen hat.

§ 816 Zeit und Ort der Versteigerung

(1) Die Versteigerung der gepfändeten Sachen darf nicht vor Ablauf einer Woche seit dem Tage der Pfändung geschehen, sofern nicht der Gläubiger und der Schuldner über eine frühere Versteigerung sich einigen oder diese erforderlich ist, um die Gefahr einer beträchtlichen Wertverringerung der zu versteigernden Sache abzuwenden oder um unverhältnismäßige Kosten einer längeren Aufbewahrung zu vermeiden.
(2) Die Versteigerung erfolgt in der Gemeinde, in der die Pfändung geschehen ist, oder an einem anderen Ort im Bezirk des Vollstreckungsgerichts, sofern nicht der Gläubiger und der Schuldner über einen dritten Ort sich einigen.
(3) Zeit und Ort der Versteigerung sind unter allgemeiner Bezeichnung der zu versteigernden Sachen öffentlich bekannt zu machen.
(4) Bei der Versteigerung gilt die Vorschrift des § 1239 Absatz 1 Satz 1 des Bürgerlichen Gesetzbuchs entsprechend; bei der Versteigerung vor Ort ist auch § 1239 Absatz 2 des Bürgerlichen Gesetzbuchs entsprechend anzuwenden.
(5) Die Absätze 2 und 3 gelten nicht bei einer Versteigerung im Internet.

§ 817 Zuschlag und Ablieferung

(1) Bei der Versteigerung vor Ort soll dem Zuschlag an den Meistbietenden ein dreimaliger Aufruf vorausgehen. Bei einer Versteigerung im Internet ist der Zuschlag der Person erteilt, die am Ende der Versteigerung das höchste, wenigstens das nach § 817a Absatz 1 Satz 1 zu erreichende Mindestgebot abgegeben hat; sie ist von dem Zuschlag zu benachrichtigen. § 156 des Bürgerlichen Gesetzbuchs gilt entsprechend.
(2) Die zugeschlagene Sache darf nur abgeliefert werden, wenn das Kaufgeld gezahlt worden ist oder bei Ablieferung gezahlt wird.
(3) Hat der Meistbietende nicht zu der in den Versteigerungsbedingungen bestimmten Zeit oder in Ermangelung einer solchen Bestimmung nicht vor dem Schluss des Versteigerungstermins die Ablieferung gegen Zahlung des Kaufgeldes verlangt, so wird die Sache anderweit versteigert. Der Meistbietende wird zu einem weiteren Gebot nicht zugelassen; er haftet für den Ausfall, auf den Mehrerlös hat er keinen Anspruch.
(4) Wird der Zuschlag dem Gläubiger erteilt, so ist dieser von der Verpflichtung zur baren Zahlung so weit befreit, als der Erlös nach Abzug der Kosten der Zwangsvollstreckung zu seiner Befriedigung zu verwenden ist, sofern nicht dem Schuldner nachgelassen ist, durch Sicherheitsleistung oder durch Hinterlegung die Vollstreckung abzuwenden. Soweit der Gläubiger von der Verpflichtung zur baren Zahlung befreit ist, gilt der Betrag als von dem Schuldner an den Gläubiger gezahlt.

§ 825 Andere Verwertungsart

(1) Auf Antrag des Gläubigers oder des Schuldners kann der Gerichtsvollzieher eine gepfändete Sache in anderer Weise oder an einem anderen Ort verwerten, als in den vorstehenden Paragraphen bestimmt ist. Über die beabsichtigte Verwertung hat der Gerichtsvollzieher den Antragsgegner zu unterrichten. Ohne Zustimmung des Antragsgegners darf er die Sache nicht vor Ablauf von zwei Wochen nach Zustellung der Unterrichtung verwerten.
(2) Die Versteigerung einer gepfändeten Sache durch eine andere Person als den Gerichtsvollzieher kann das Vollstreckungsgericht auf Antrag des Gläubigers oder des Schuldners anordnen.

Untertitel 3
Zwangsvollstreckung in Forderungen und andere Vermögensrechte

§ 828 Zuständigkeit des Vollstreckungsgerichts

(1) Die gerichtlichen Handlungen, welche die Zwangsvollstreckung in Forderungen und andere Vermögensrechte zum Gegenstand haben, erfolgen durch das Vollstreckungsgericht.
(2) Als Vollstreckungsgericht ist das Amtsgericht, bei dem der Schuldner im Inland seinen allgemeinen Gerichtsstand hat, und sonst das Amtsgericht zuständig, bei dem nach § 23 gegen den Schuldner Klage erhoben werden kann.
(3) Ist das angegangene Gericht nicht zuständig, gibt es die Sache auf Antrag des Gläubigers an das zuständige Gericht ab. Die Abgabe ist nicht bindend.

§ 829 Pfändung einer Geldforderung

(1) Soll eine Geldforderung gepfändet werden, so hat das Gericht dem Drittschuldner zu verbieten, an den Schuldner zu zahlen. Zugleich hat das Gericht an den Schuldner das Gebot zu erlassen, sich jeder Verfügung über die Forderung, insbesondere ihrer Einziehung, zu enthalten. Die Pfändung mehrerer Geldforderungen gegen verschiedene Drittschuldner soll auf Antrag des Gläubigers durch einheitlichen Beschluss ausgesprochen werden, soweit dies für Zwecke der Vollstreckung geboten erscheint und kein Grund zu der Annahme besteht, dass schutzwürdige Interessen der Drittschuldner entgegenstehen.
(2) Der Gläubiger hat den Beschluss dem Drittschuldner zustellen zu lassen. Der Gerichtsvollzieher hat den Beschluss mit einer Abschrift der Zustellungsurkunde dem Schuldner sofort zuzustellen, sofern nicht eine öffentliche Zustellung erforderlich wird. An Stelle einer an den Schuldner im Ausland zu bewirkenden Zustellung erfolgt die Zustellung durch Aufgabe zur Post, sofern die Zustellung weder nach der Verordnung (EG) Nr. 1393/2007 noch nach dem Abkommen zwischen der Europäischen Gemeinschaft und dem Königreich Dänemark über die Zustellung gerichtlicher und außergerichtlicher Schriftstücke in Zivil- und Handelssachen vom 19. Oktober 2005 (ABl. L 300 vom 17. 11. 2005, S. 55, L 120 vom 5. 5. 2006, S. 23) zu bewirken ist.
(3) Mit der Zustellung des Beschlusses an den Drittschuldner ist die Pfändung als bewirkt anzusehen.
(4) Das Bundesministerium der Justiz und für Verbraucherschutz wird ermächtigt, durch Rechtsverordnung mit Zustimmung des Bundesrates Formulare für den Antrag auf Erlass eines Pfändungs- und Überweisungsbeschlusses einzuführen. Soweit nach Satz 1 Formulare eingeführt sind, muss sich der Antragsteller ihrer bedienen. Für Verfahren bei Gerichten, die die Verfahren elektronisch bearbeiten, und für Verfahren bei Gerichten, die die Verfahren nicht elektronisch bearbeiten, können unterschiedliche Formulare eingeführt werden.

§ 829a Vereinfachter Vollstreckungsantrag bei Vollstreckungsbescheiden

(1) Im Fall eines elektronischen Antrags zur Zwangsvollstreckung aus einem Vollstreckungsbescheid, der einer Vollstreckungsklausel nicht bedarf, ist bei Pfändung und Überweisung einer Geldforderung (§§ 829, 835) die Übermittlung der Ausfertigung des Vollstreckungsbescheides entbehrlich, wenn

1. die sich aus dem Vollstreckungsbescheid ergebende fällige Geldforderung einschließlich titulierter Nebenforderungen und Kosten nicht mehr als 5000 Euro beträgt; Kosten der Zwangsvollstreckung sind bei der Berechnung der Forderungshöhe nur zu berücksichtigen, wenn sie allein Gegenstand des Vollstreckungsantrags sind;
2. die Vorlage anderer Urkunden als der Ausfertigung des Vollstreckungsbescheides nicht vorgeschrieben ist;
3. der Gläubiger eine Abschrift des Vollstreckungsbescheides nebst Zustellungsbescheinigung als elektronisches Dokument dem Antrag beifügt und
4. der Gläubiger versichert, dass ihm eine Ausfertigung des Vollstreckungsbescheides und eine Zustellungsbescheinigung vorliegen und die Forderung in Höhe des Vollstreckungsantrags noch besteht.

Sollen Kosten der Zwangsvollstreckung vollstreckt werden, sind zusätzlich zu den in Satz 1 Nr. 3 genannten Dokumenten eine nachprüfbare Aufstellung der Kosten und entsprechende Belege als elektronisches Dokument dem Antrag beizufügen.

(2) Hat das Gericht an dem Vorliegen einer Ausfertigung des Vollstreckungsbescheides oder der übrigen Vollstreckungsvoraussetzungen Zweifel, teilt es dies dem Gläubiger mit und führt die Zwangsvollstreckung erst durch, nachdem der Gläubiger die Ausfertigung des Vollstreckungsbescheides übermittelt oder die übrigen Vollstreckungsvoraussetzungen nachgewiesen hat.

§ 832 Pfändungsumfang bei fortlaufenden Bezügen

Das Pfandrecht, das durch die Pfändung einer Gehaltsforderung oder einer ähnlichen in fortlaufenden Bezügen bestehenden Forderung erworben wird, erstreckt sich auch auf die nach der Pfändung fällig werdenden Beträge.

§ 833 Pfändungsumfang bei Arbeits- und Diensteinkommen

(1) Durch die Pfändung eines Diensteinkommens wird auch das Einkommen betroffen, das der Schuldner infolge der Versetzung in ein anderes Amt, der Übertragung eines neuen Amtes oder einer Gehaltserhöhung zu beziehen hat. Diese Vorschrift ist auf den Fall der Änderung des Dienstherrn nicht anzuwenden.

(2) Endet das Arbeits- oder Dienstverhältnis und begründen Schuldner und Drittschuldner innerhalb von neun Monaten ein solches neu, so erstreckt sich die Pfändung auf die Forderung aus dem neuen Arbeits- oder Dienstverhältnis.

§ 833a Pfändungsumfang bei Kontoguthaben

Die Pfändung des Guthabens eines Kontos bei einem Kreditinstitut umfasst das am Tag der Zustellung des Pfändungsbeschlusses bei dem Kreditinstitut bestehende Guthaben sowie die Tagesguthaben der auf die Pfändung folgenden Tage.

§ 834 Keine Anhörung des Schuldners

Vor der Pfändung ist der Schuldner über das Pfändungsgesuch nicht zu hören.

§ 835 Überweisung einer Geldforderung

(1) Die gepfändete Geldforderung ist dem Gläubiger nach seiner Wahl zur Einziehung oder an Zahlungs statt zum Nennwert zu überweisen.

(2) Im letzteren Fall geht die Forderung auf den Gläubiger mit der Wirkung über, dass er, soweit die Forderung besteht, wegen seiner Forderung an den Schuldner als befriedigt anzusehen ist.

(3) Die Vorschriften des § 829 Abs. 2, 3 sind auf die Überweisung entsprechend anzuwenden. Wird ein bei einem Kreditinstitut gepfändetes Guthaben eines Schuldners, der eine natürliche Person ist, dem Gläubiger überwiesen, so darf erst einen Monat nach der Zustellung des Überweisungsbeschlusses an den Drittschuldner aus dem Guthaben an den Gläubiger geleistet oder der Betrag hinterlegt werden; ist künftiges Guthaben gepfändet worden, ordnet das Vollstreckungsgericht auf Antrag zusätzlich an, dass erst einen Monat nach der Gutschrift von eingehenden Zahlungen an den Gläubiger geleistet oder der Betrag hinterlegt werden darf.

(4) Wenn nicht wiederkehrend zahlbare Vergütungen eines Schuldners, der eine natürliche Person ist, für persönlich geleistete Arbeiten oder Dienste oder sonstige Einkünfte, die kein Arbeitseinkommen sind, dem Gläubiger überwiesen werden, so darf der Drittschuldner erst einen Monat nach der Zustellung des Überweisungsbeschlusses an den Gläubiger leisten oder den Betrag hinterlegen.

§ 836 Wirkung der Überweisung

(1) Die Überweisung ersetzt die förmlichen Erklärungen des Schuldners, von denen nach den Vorschriften des bürgerlichen Rechts die Berechtigung zur Einziehung der Forderung abhängig ist.

(2) Der Überweisungsbeschluss gilt, auch wenn er mit Unrecht erlassen ist, zugunsten des Drittschuldners dem Schuldner gegenüber so lange als rechtsbeständig, bis er aufgehoben wird und die Aufhebung zur Kenntnis des Drittschuldners gelangt.

(3) Der Schuldner ist verpflichtet, dem Gläubiger die zur Geltendmachung der Forderung nötige Auskunft zu erteilen und ihm die über die Forderung vorhandenen Urkunden herauszugeben. Erteilt der Schuldner die Auskunft nicht, so ist er auf Antrag des Gläubigers verpflichtet, sie zu Protokoll zu geben und seine Angaben an Eides statt zu versichern. Der gemäß § 802e zuständige Gerichtsvollzieher lädt den Schuldner zur Abgabe der Auskunft und eidesstattlichen Versicherung. Die Vorschriften des § 802f Abs. 4 und der §§ 802g bis 802i, 802j Abs. 1 und 2 gelten entsprechend. Die Herausgabe der Urkunden kann von dem Gläubiger im Wege der Zwangsvollstreckung erwirkt werden.

§ 840 Erklärungspflicht des Drittschuldners

(1) Auf Verlangen des Gläubigers hat der Drittschuldner binnen zwei Wochen, von der Zustellung des Pfändungsbeschlusses an gerechnet, dem Gläubiger zu erklären:
1. ob und inwieweit er die Forderung als begründet anerkenne und Zahlung zu leisten bereit sei;
2. ob und welche Ansprüche andere Personen an die Forderung machen;
3. ob und wegen welcher Ansprüche die Forderung bereits für andere Gläubiger gepfändet sei;
4. ob innerhalb der letzten zwölf Monate im Hinblick auf das Konto, dessen Guthaben gepfändet worden ist, nach § 907 die Unpfändbarkeit des Guthabens festgesetzt worden ist, und
5. ob es sich bei dem Konto, dessen Guthaben gepfändet worden ist, um ein Pfändungsschutzkonto im Sinne des § 850k oder ein Gemeinschaftskonto im Sinne des § 850l handelt; bei einem Gemeinschaftskonto ist zugleich anzugeben, ob der Schuldner nur gemeinsam mit einer oder mehreren anderen Personen verfügungsbefugt ist.

(2) Die Aufforderung zur Abgabe dieser Erklärungen muss in die Zustellungsurkunde aufgenommen werden. Der Drittschuldner haftet dem Gläubiger für den aus der Nichterfüllung seiner Verpflichtung entstehenden Schaden.

(3) Die Erklärungen des Drittschuldners können bei Zustellung des Pfändungsbeschlusses oder innerhalb der im ersten Absatz bestimmten Frist an den Gerichtsvollzieher erfolgen. Im ersteren Fall sind sie in die Zustellungsurkunde aufzunehmen und von dem Drittschuldner zu unterschreiben.

§ 845 Vorpfändung

(1) Schon vor der Pfändung kann der Gläubiger auf Grund eines vollstreckbaren Schuldtitels durch den Gerichtsvollzieher dem Drittschuldner und dem Schuldner die Benachrichtigung, dass die Pfändung bevorstehe, zustellen lassen mit der Aufforderung an den Drittschuldner, nicht an den Schuldner zu zahlen, und mit der Aufforderung an den Schuldner, sich jeder Verfügung über die Forderung, insbesondere ihrer Einziehung, zu enthalten. Der Gerichtsvollzieher hat die Benachrichtigung mit den Aufforderungen selbst anzufertigen, wenn er von dem Gläubiger hierzu ausdrücklich beauftragt worden ist. An Stelle einer an den Schuldner im Ausland zu bewirkenden Zustellung erfolgt die Zustellung durch Aufgabe zur Post, sofern die Zustellung weder nach der Verordnung (EG) Nr. 1393/2007 noch nach dem Abkommen zwischen der Europäischen Gemeinschaft und dem Königreich Dänemark über die Zustellung gerichtlicher und außergerichtlicher Schriftstücke in Zivil- und Handelssachen zu bewirken ist.

(2) Die Benachrichtigung an den Drittschuldner hat die Wirkung eines Arrestes (§ 930), sofern die Pfändung der Forderung innerhalb eines Monats bewirkt wird. Die Frist beginnt mit dem Tag, an dem die Benachrichtigung zugestellt ist.

§ 847 Herausgabeanspruch auf eine bewegliche Sache

(1) Bei der Pfändung eines Anspruchs, der eine bewegliche körperliche Sache betrifft, ist anzuordnen, dass die Sache an einen vom Gläubiger zu beauftragenden Gerichtsvollzieher herauszugeben sei.

(2) Auf die Verwertung der Sache sind die Vorschriften über die Verwertung gepfändeter Sachen anzuwenden.

§ 847a Herausgabeanspruch auf ein Schiff

(1) Bei der Pfändung eines Anspruchs, der ein eingetragenes Schiff betrifft, ist anzuordnen, dass das Schiff an einen vom Vollstreckungsgericht zu bestellenden Treuhänder herauszugeben ist.

(2) Ist der Anspruch auf Übertragung des Eigentums gerichtet, so vertritt der Treuhänder den Schuldner bei der Übertragung des Eigentums. Mit dem Übergang des Eigentums auf den Schuldner erlangt der Gläubiger eine Schiffshypothek für seine Forderung. Der Treuhänder hat die Eintragung der Schiffshypothek in das Schiffsregister zu bewilligen.

(3) Die Zwangsvollstreckung in das Schiff wird nach den für die Zwangsvollstreckung in unbewegliche Sachen geltenden Vorschriften bewirkt.
(4) Die vorstehenden Vorschriften gelten entsprechend, wenn der Anspruch ein Schiffsbauwerk betrifft, das im Schiffsbauregister eingetragen ist oder in dieses Register eingetragen werden kann.

§ 848 Herausgabeanspruch auf eine unbewegliche Sache

(1) Bei Pfändung eines Anspruchs, der eine unbewegliche Sache betrifft, ist anzuordnen, dass die Sache an einen auf Antrag des Gläubigers vom Amtsgericht der belegenen Sache zu bestellenden Sequester herauszugeben sei.
(2) Ist der Anspruch auf Übertragung des Eigentums gerichtet, so hat die Auflassung an den Sequester als Vertreter des Schuldners zu erfolgen. Mit dem Übergang des Eigentums auf den Schuldner erlangt der Gläubiger eine Sicherungshypothek für seine Forderung. Der Sequester hat die Eintragung der Sicherungshypothek zu bewilligen.
(3) Die Zwangsvollstreckung in die herausgegebene Sache wird nach den für die Zwangsvollstreckung in unbewegliche Sachen geltenden Vorschriften bewirkt.

§ 849 Keine Überweisung an Zahlungs statt

Eine Überweisung der im § 846 bezeichneten Ansprüche an Zahlungs statt ist unzulässig.

§ 850 Pfändungsschutz für Arbeitseinkommen

(1) Arbeitseinkommen, das in Geld zahlbar ist, kann nur nach Maßgabe der §§ 850a bis 850i gepfändet werden.
(2) Arbeitseinkommen im Sinne dieser Vorschrift sind die Dienst- und Versorgungsbezüge der Beamten, Arbeits- und Dienstlöhne, Ruhegelder und ähnliche nach dem einstweiligen oder dauernden Ausscheiden aus dem Dienst- oder Arbeitsverhältnis gewährte fortlaufende Einkünfte, ferner Hinterbliebenenbezüge sowie sonstige Vergütungen für Dienstleistungen aller Art, die die Erwerbstätigkeit des Schuldners vollständig oder zu einem wesentlichen Teil in Anspruch nehmen.
(3) Arbeitseinkommen sind auch die folgenden Bezüge, soweit sie in Geld zahlbar sind:
a) Bezüge, die ein Arbeitnehmer zum Ausgleich für Wettbewerbsbeschränkungen für die Zeit nach Beendigung seines Dienstverhältnisses beanspruchen kann;
b) Renten, die auf Grund von Versicherungsverträgen gewährt werden, wenn diese Verträge zur Versorgung des Versicherungsnehmers oder seiner unterhaltsberechtigten Angehörigen eingegangen sind.
(4) Die Pfändung des in Geld zahlbaren Arbeitseinkommens erfasst alle Vergütungen, die dem Schuldner aus der Arbeits- oder Dienstleistung zustehen, ohne Rücksicht auf ihre Benennung oder Berechnungsart.

§ 850a Unpfändbare Bezüge

Unpfändbar sind
1. zur Hälfte die für die Leistung von Mehrarbeitsstunden gezahlten Teile des Arbeitseinkommens;
2. die für die Dauer eines Urlaubs über das Arbeitseinkommen hinaus gewährten Bezüge, Zuwendungen aus Anlass eines besonderen Betriebsereignisses und Treugelder, soweit sie den Rahmen des Üblichen nicht übersteigen;
3. Aufwandsentschädigungen, Auslösungsgelder und sonstige soziale Zulagen für auswärtige Beschäftigungen, das Entgelt für selbstgestelltes Arbeitsmaterial, Gefahrenzulagen sowie Schmutz- und Erschwerniszulagen, soweit diese Bezüge den Rahmen des Üblichen nicht übersteigen;
4. Weihnachtsvergütungen bis zu der Hälfte des Betrages, dessen Höhe sich nach Aufrundung des monatlichen Freibetrages nach § 850c Absatz 1 in Verbindung mit Absatz 4 auf den nächsten vollen 10-Euro-Betrag ergibt;
5. Geburtsbeihilfen sowie Beihilfen aus Anlass der Eingehung einer Ehe oder Begründung einer Lebenspartnerschaft, sofern die Vollstreckung wegen anderer als der aus Anlass der Geburt, der Eingehung einer Ehe oder der Begründung einer Lebenspartnerschaft entstandenen Ansprüche betrieben wird;
6. Erziehungsgelder, Studienbeihilfen und ähnliche Bezüge;
7. Sterbe- und Gnadenbezüge aus Arbeits- oder Dienstverhältnissen;
8. Blindenzulagen.

§ 850b Bedingt pfändbare Bezüge

(1) Unpfändbar sind ferner
1. Renten, die wegen einer Verletzung des Körpers oder der Gesundheit zu entrichten sind;
2. Unterhaltsrenten, die auf gesetzlicher Vorschrift beruhen, sowie die wegen Entziehung einer solchen Forderung zu entrichtenden Renten;
3. fortlaufende Einkünfte, die ein Schuldner aus Stiftungen oder sonst auf Grund der Fürsorge und Freigebigkeit eines Dritten oder auf Grund eines Altenteils oder Auszugsvertrags bezieht;

4. Bezüge aus Witwen-, Waisen-, Hilfs- und Krankenkassen, die ausschließlich oder zu einem wesentlichen Teil zu Unterstützungszwecken gewährt werden, ferner Ansprüche aus Lebensversicherungen, die nur auf den Todesfall des Versicherungsnehmers abgeschlossen sind, wenn die Versicherungssumme 5400 Euro nicht übersteigt.

(2) Diese Bezüge können nach den für Arbeitseinkommen geltenden Vorschriften gepfändet werden, wenn die Vollstreckung in das sonstige bewegliche Vermögen des Schuldners zu einer vollständigen Befriedigung des Gläubigers nicht geführt hat oder voraussichtlich nicht führen wird und wenn nach den Umständen des Falles, insbesondere nach der Art des beizutreibenden Anspruchs und der Höhe der Bezüge, die Pfändung der Billigkeit entspricht.

(3) Das Vollstreckungsgericht soll vor seiner Entscheidung die Beteiligten hören.

§ 850c Pfändungsgrenzen für Arbeitseinkommen

(1) Arbeitseinkommen ist unpfändbar, wenn es, je nach dem Zeitraum, für den es gezahlt wird, nicht mehr als
1. 1178,59 Euro [1]) monatlich,
2. 271,24 Euro [2]) wöchentlich oder
3. 54,25 Euro [3]) täglich

beträgt.

(2) Gewährt der Schuldner auf Grund einer gesetzlichen Verpflichtung seinem Ehegatten, einem früheren Ehegatten, seinem Lebenspartner, einem früheren Lebenspartner, einem Verwandten oder nach den §§ 1615l und 1615n des Bürgerlichen Gesetzbuchs einem Elternteil Unterhalt, so erhöht sich der Betrag nach Absatz 1 für die erste Person, der Unterhalt gewährt wird, und zwar um
1. 443,57 Euro [4]) monatlich,
2. 102,08 Euro [5]) wöchentlich oder
3. 20,42 Euro [6]) täglich.

Für die zweite bis fünfte Person, der Unterhalt gewährt wird, erhöht sich der Betrag nach Absatz 1 um je
1. 247,12 Euro [7]) monatlich,
2. 56,87 Euro [8]) wöchentlich oder
3. 11,37 Euro [9]) täglich.

(3) Übersteigt das Arbeitseinkommen den Betrag nach Absatz 1, so ist es hinsichtlich des überschießenden Teils in Höhe von drei Zehnteln unpfändbar. Gewährt der Schuldner nach Absatz 2 Unterhalt, so sind für die erste Person weitere zwei Zehntel und für die zweite bis fünfte Person jeweils ein weiteres Zehntel unpfändbar. Der Teil des Arbeitseinkommens, der
1. 3613,08 Euro [10]) monatlich,
2. 831,50 Euro [11]) wöchentlich oder
3. 166,30 Euro [12]) täglich

übersteigt, bleibt bei der Berechnung des unpfändbaren Betrages unberücksichtigt.

(4) Das Bundesministerium der Justiz und für Verbraucherschutz macht im Bundesgesetzblatt Folgendes bekannt (Pfändungsfreigrenzenbekanntmachung):
1. die Höhe des unpfändbaren Arbeitseinkommens nach Absatz 1,
2. die Höhe der Erhöhungsbeträge nach Absatz 2,
3. die Höhe der in Absatz 3 Satz 3 genannten Höchstbeträge.

Die Beträge werden jeweils zum 1. Juli eines Jahres entsprechend der im Vergleich zum jeweiligen Vorjahreszeitraum sich ergebenden prozentualen Entwicklung des Grundfreibetrages nach § 32a Absatz 1 Satz 2 Nummer 1 des Einkommensteuergesetzes angepasst; der Berechnung ist die am 1. Januar des jeweiligen Jahres geltende Fassung des § 32a Absatz 1 Satz 2 Nummer 1 des Einkommensteuergesetzes zugrunde zu legen.

(5) Um den nach Absatz 3 pfändbaren Teil des Arbeitseinkommens zu berechnen, ist das Arbeitseinkommen, gegebenenfalls nach Abzug des nach Absatz 3 Satz 3 pfändbaren Betrages, auf eine Zahl abzurunden, die bei einer Auszahlung für
1. Monate bei einer Teilung durch 10 eine natürliche Zahl ergibt,
2. Wochen bei einer Teilung durch 2,5 eine natürliche Zahl ergibt,
3. Tage bei einer Teilung durch 0,5 eine natürliche Zahl ergibt.

Die sich aus der Berechnung nach Satz 1 ergebenden Beträge sind in der Pfändungsfreigrenzenbekanntmachung als Tabelle enthalten. Im Pfändungsbeschluss genügt die Bezugnahme auf die Tabelle.

(6) Hat eine Person, welcher der Schuldner auf Grund gesetzlicher Verpflichtung Unterhalt gewährt, eigene Einkünfte, so kann das Vollstreckungsgericht auf Antrag des Gläubigers nach billigem Ermessen bestimmen, dass diese Person bei der Berechnung des unpfändbaren Teils des Arbeitseinkommens ganz oder teilweise unberücksichtigt bleibt; soll die Person nur teilweise berücksichtigt werden, so ist Absatz 5 Satz 2 nicht anzuwenden.

Anm. d. Hrsg.: Die unpfändbaren Beträge nach Absatz 1 bis 3 sind durch die Pfändungsfreigrenzenbekanntmachung 2021 vom 10. Mai 2021 (BGBl. I S. 1099) zum 1. Juli 2021 erhöht worden auf:
[1]) 1252,64 Euro; [2]) 288,28 Euro; [3]) 57,66 Euro; [4]) 471,44 Euro; [5]) 108,50 Euro; [6]) 21,70 Euro; [7]) 262,65 Euro; [8]) 60,45 Euro; [9]) 12,09 Euro; [10]) 3840,08 Euro; [11]) 883,74 Euro; [12]) 176,75 Euro.
Die ab 1. Juli 2021 geltenden Pfändungsfreibeträge ergeben sich aus dem Anhang der Pfändungsfreigrenzenbekanntmachung 2021.

§ 850d Pfändbarkeit bei Unterhaltsansprüchen

(1) Wegen der Unterhaltsansprüche, die kraft Gesetzes einem Verwandten, dem Ehegatten, einem früheren Ehegatten, dem Lebenspartner, einem früheren Lebenspartner oder nach §§ 1615l, 1615n des Bürgerlichen Gesetzbuchs einem Elternteil zustehen, sind das Arbeitseinkommen und die in § 850a Nr. 1, 2 und 4 genannten Bezüge ohne die in § 850c bezeichneten Beschränkungen pfändbar. Dem Schuldner ist jedoch so viel zu belassen, als er für seinen notwendigen Unterhalt und zur Erfüllung seiner laufenden gesetzlichen Unterhaltspflichten gegenüber den dem Gläubiger vorgehenden Berechtigten oder zur gleichmäßigen Befriedigung der dem Gläubiger gleichstehenden Berechtigten bedarf; von den in § 850a Nr. 1, 2 und 4 genannten Bezügen hat ihm mindestens die Hälfte des nach § 850a unpfändbaren Betrages zu verbleiben. Der dem Schuldner hiernach verbleibende Teil seines Arbeitseinkommens darf den Betrag nicht übersteigen, der ihm nach den Vorschriften des § 850c gegenüber nicht bevorrechtigten Gläubigern zu verbleiben hätte. Für die Pfändung wegen der Rückstände, die länger als ein Jahr vor dem Antrag auf Erlass des Pfändungsbeschlusses fällig geworden sind, gelten die Vorschriften dieses Absatzes insoweit nicht, als nach Lage der Verhältnisse nicht anzunehmen ist, dass der Schuldner sich seiner Zahlungspflicht absichtlich entzogen hat.

(2) Mehrere nach Absatz 1 Berechtigte sind mit ihren Ansprüchen in der Reihenfolge nach § 1609 des Bürgerlichen Gesetzbuchs und § 16 des Lebenspartnerschaftsgesetzes zu berücksichtigen, wobei mehrere gleich nahe Berechtigte untereinander den gleichen Rang haben.

(3) Bei der Vollstreckung wegen der in Absatz 1 bezeichneten Ansprüche sowie wegen der aus Anlass einer Verletzung des Körpers oder der Gesundheit zu zahlenden Renten kann zugleich mit der Pfändung wegen fälliger Ansprüche auch künftig fällig werdendes Arbeitseinkommen wegen der dann jeweils fällig werdenden Ansprüche gepfändet und überwiesen werden.

§ 850e Berechnung des pfändbaren Arbeitseinkommens

Für die Berechnung des pfändbaren Arbeitseinkommens gilt Folgendes:
1. Nicht mitzurechnen sind die nach § 850a der Pfändung entzogenen Bezüge, ferner Beträge, die unmittelbar auf Grund steuerrechtlicher oder sozialrechtlicher Vorschriften zur Erfüllung gesetzlicher Verpflichtungen des Schuldners abzuführen sind. Diesen Beträgen stehen gleich die auf den Auszahlungszeitraum entfallenden Beträge, die der Schuldner
    a) nach den Vorschriften der Sozialversicherungsgesetze zur Weiterversicherung entrichtet oder
    b) an eine Ersatzkasse oder an ein Unternehmen der privaten Krankenversicherung leistet, soweit sie den Rahmen des Üblichen nicht übersteigen.
2. Mehrere Arbeitseinkommen sind auf Antrag vom Vollstreckungsgericht bei der Pfändung zusammenzurechnen. Der unpfändbare Grundbetrag ist in erster Linie dem Arbeitseinkommen zu entnehmen, das die wesentliche Grundlage der Lebenshaltung des Schuldners bildet.
2a. Mit Arbeitseinkommen sind auf Antrag auch Ansprüche auf laufende Geldleistungen nach dem Sozialgesetzbuch zusammenzurechnen, soweit diese der Pfändung unterworfen sind. Der unpfändbare Grundbetrag ist, soweit die Pfändung nicht wegen gesetzlicher Unterhaltsansprüche erfolgt, in erster Linie den laufenden Geldleistungen nach dem Sozialgesetzbuch zu entnehmen. Ansprüche auf Geldleistungen für Kinder dürfen mit Arbeitseinkommen nur zusammengerechnet werden, soweit sie nach § 76 des Einkommensteuergesetzes oder nach § 54 Abs. 5 des Ersten Buches Sozialgesetzbuch gepfändet werden können.
3. Erhält der Schuldner neben seinem in Geld zahlbaren Einkommen auch Naturalleistungen, so sind Geld- und Naturalleistungen zusammenzurechnen. In diesem Fall ist der in Geld zahlbare Betrag insoweit pfändbar, als der nach § 850c unpfändbare Teil des Gesamteinkommens durch den Wert der dem Schuldner verbleibenden Naturalleistungen gedeckt ist.
4. Trifft eine Pfändung, eine Abtretung oder eine sonstige Verfügung wegen eines der in § 850d bezeichneten Ansprüche mit einer Pfändung wegen eines sonstigen Anspruchs zusammen, so sind auf die Unterhaltsansprüche zunächst die gemäß § 850d der Pfändung in erweitertem Umfang unterliegenden Teile des Arbeitseinkommens zu verrechnen. Die Verrechnung nimmt auf Antrag eines Beteiligten das Vollstreckungsgericht vor. Der Drittschuldner kann, solange ihm eine Entscheidung des Vollstreckungsgerichts nicht zugestellt ist, nach dem Inhalt der ihm bekannten Pfändungsbeschlüsse, Abtretungen und sonstigen Verfügungen mit befreiender Wirkung leisten.

§ 850f Änderung des unpfändbaren Betrages

(1) Das Vollstreckungsgericht kann dem Schuldner auf Antrag von dem nach den Bestimmungen der §§ 850c, 850d und 850i pfändbaren Teil seines Arbeitseinkommens einen Teil belassen, wenn
1. der Schuldner nachweist, dass bei Anwendung der Pfändungsfreigrenzen entsprechend § 850c der notwendige Lebensunterhalt im Sinne des Dritten und Vierten Kapitels des Zwölften Buches Sozialgesetzbuch oder nach Kapitel 3 Abschnitt 2 des Zweiten Buches Sozialgesetzbuch für sich und für die Personen, denen er gesetzlich zum Unterhalt verpflichtet ist, nicht gedeckt ist,
2. besondere Bedürfnisse des Schuldners aus persönlichen oder beruflichen Gründen oder
3. der besondere Umfang der gesetzlichen Unterhaltspflichten des Schuldners, insbesondere die Zahl der Unterhaltsberechtigten, dies erfordern

und überwiegende Belange des Gläubigers nicht entgegenstehen.

(2) Wird die Zwangsvollstreckung wegen einer Forderung aus einer vorsätzlich begangenen unerlaubten Handlung betrieben, so kann das Vollstreckungsgericht auf Antrag des Gläubigers den pfändbaren Teil des Arbeitseinkommens ohne Rücksicht auf die in § 850c vorgesehenen Beschränkungen bestimmen; dem Schuldner ist jedoch so viel zu belassen, wie er für seinen notwendigen Unterhalt und zur Erfüllung seiner laufenden gesetzlichen Unterhaltspflichten bedarf.

§ 850g Änderung der Unpfändbarkeitsvoraussetzungen

Ändern sich die Voraussetzungen für die Bemessung des unpfändbaren Teils des Arbeitseinkommens, so hat das Vollstreckungsgericht auf Antrag des Schuldners oder des Gläubigers den Pfändungsbeschluss entsprechend zu ändern. Antragsberechtigt ist auch ein Dritter, dem der Schuldner kraft Gesetzes Unterhalt zu gewähren hat. Der Drittschuldner kann nach dem Inhalt des früheren Pfändungsbeschlusses mit befreiender Wirkung leisten, bis ihm der Änderungsbeschluss zugestellt wird.

§ 850h Verschleiertes Arbeitseinkommen

(1) Hat sich der Empfänger der vom Schuldner geleisteten Arbeiten oder Dienste verpflichtet, Leistungen an einen Dritten zu bewirken, die nach Lage der Verhältnisse ganz oder teilweise eine Vergütung für die Leistung des Schuldners darstellen, so kann der Anspruch des Drittberechtigten insoweit auf Grund des Schuldtitels gegen den Schuldner gepfändet werden, wie wenn der Anspruch dem Schuldner zustände. Die Pfändung des Vergütungsanspruchs des Schuldners umfasst ohne weiteres den Anspruch des Drittberechtigten. Der Pfändungsbeschluss ist dem Drittberechtigten ebenso wie dem Schuldner zuzustellen.

(2) Leistet der Schuldner einem Dritten in einem ständigen Verhältnis Arbeiten oder Dienste, die nach Art und Umfang üblicherweise vergütet werden, unentgeltlich oder gegen eine unverhältnismäßig geringe Vergütung, so gilt im Verhältnis des Gläubigers zu dem Empfänger der Arbeits- und Dienstleistungen eine angemessene Vergütung als geschuldet. Bei der Prüfung, ob diese Voraussetzungen vorliegen, sowie bei der Bemessung der Vergütung ist auf alle Umstände des Einzelfalles, insbesondere die Art der Arbeits- und Dienstleistung, die verwandtschaftlichen oder sonstigen Beziehungen zwischen dem Dienstberechtigten und dem Dienstverpflichteten und die wirtschaftliche Leistungsfähigkeit des Dienstberechtigten Rücksicht zu nehmen.

§ 850i Pfändungsschutz für sonstige Einkünfte

(1) Werden nicht wiederkehrend zahlbare Vergütungen für persönlich geleistete Arbeiten oder Dienste oder sonstige Einkünfte, die kein Arbeitseinkommen sind, gepfändet, so hat das Gericht dem Schuldner auf Antrag während eines angemessenen Zeitraums so viel zu belassen, als ihm nach freier Schätzung des Gerichts verbleiben würde, wenn sein Einkommen aus laufendem Arbeits- oder Dienstlohn bestünde. Bei der Entscheidung sind die wirtschaftlichen Verhältnisse des Schuldners, insbesondere seine sonstigen Verdienstmöglichkeiten, frei zu würdigen. Der Antrag des Schuldners ist insoweit abzulehnen, als überwiegende Belange des Gläubigers entgegenstehen.

(2) Die Vorschriften des § 27 des Heimarbeitsgesetzes vom 14. März 1951 (BGBl. I S. 191) bleiben unberührt.

(3) Die Bestimmungen der Versicherungs-, Versorgungs- und sonstigen gesetzlichen Vorschriften über die Pfändung von Ansprüchen bestimmter Art bleiben unberührt.

§ 850k Einrichtung und Beendigung des Pfändungsschutzkontos

(1) Eine natürliche Person kann jederzeit von dem Kreditinstitut verlangen, dass ein von ihr dort geführtes Zahlungskonto als Pfändungsschutzkonto geführt wird. Satz 1 gilt auch, wenn das Zahlungskonto zum Zeitpunkt des Verlangens einen negativen Saldo aufweist. Ein Pfändungsschutzkonto darf jedoch ausschließlich auf Guthabenbasis geführt werden.

(2) Ist Guthaben auf dem Zahlungskonto bereits gepfändet worden, kann der Schuldner die Führung dieses Kontos als Pfändungsschutzkonto zum Beginn des vierten auf sein Verlangen folgenden Geschäftstages fordern. Das Vertragsverhältnis zwischen dem Kontoinhaber und dem Kreditinstitut bleibt im Übrigen unberührt.

(3) Jede Person darf nur ein Pfändungsschutzkonto unterhalten. Bei dem Verlangen nach Absatz 1 hat der Kunde gegenüber dem Kreditinstitut zu versichern, dass er kein weiteres Pfändungsschutzkonto unterhält.
(4) Unterhält ein Schuldner entgegen Absatz 3 Satz 1 mehrere Zahlungskonten als Pfändungsschutzkonten, ordnet das Vollstreckungsgericht auf Antrag des Gläubigers an, dass nur das von dem Gläubiger in seinem Antrag bezeichnete Zahlungskonto dem Schuldner als Pfändungsschutzkonto verbleibt. Der Gläubiger hat den Umstand, dass ein Schuldner entgegen Satz 1 mehrere Zahlungskonten als Pfändungsschutzkonten unterhält, durch Vorlage entsprechender Erklärungen der Drittschuldner glaubhaft zu machen. Eine Anhörung des Schuldners durch das Vollstreckungsgericht unterbleibt. Die Anordnung nach Satz 1 ist allen Drittschuldnern zuzustellen. Mit der Zustellung der Anordnung an diejenigen Kreditinstitute, deren Zahlungskonten nicht zum Pfändungsschutzkonto bestimmt sind, entfallen die Wirkungen dieser Pfändungsschutzkonten.
(5) Der Kontoinhaber kann mit einer Frist von mindestens vier Geschäftstagen zum Monatsende von dem Kreditinstitut verlangen, dass das dort geführte Pfändungsschutzkonto als Zahlungskonto ohne Pfändungsschutz geführt wird. Absatz 2 Satz 2 gilt entsprechend.

§ 850l Pfändung des Gemeinschaftskontos

(1) Unterhält der Schuldner, der eine natürliche Person ist, mit einer anderen natürlichen oder mit einer juristischen Person oder mit einer Mehrheit von Personen ein Gemeinschaftskonto und wird Guthaben auf diesem Konto gepfändet, so darf das Kreditinstitut erst nach Ablauf von einem Monat nach Zustellung des Überweisungsbeschlusses aus dem Guthaben an den Gläubiger leisten oder den Betrag hinterlegen. Satz 1 gilt auch für künftiges Guthaben.
(2) Ist der Schuldner eine natürliche Person, kann er innerhalb des Zeitraums nach Absatz 1 Satz 1 von dem Kreditinstitut verlangen, bestehendes oder künftiges Guthaben von dem Gemeinschaftskonto auf ein bei dem Kreditinstitut allein auf seinen Namen lautendes Zahlungskonto zu übertragen. Wird Guthaben nach Satz 1 übertragen und verlangt der Schuldner innerhalb des Zeitraums nach Absatz 1 Satz 1, dass das Zahlungskonto als Pfändungsschutzkonto geführt wird, so gelten für die Einrichtung des Pfändungsschutzkontos § 850k und für das übertragene Guthaben die Regelungen des Buches 8 Abschnitt 4. Für die Übertragung nach Satz 1 ist eine Mitwirkung anderer Kontoinhaber oder des Gläubigers nicht erforderlich. Der Übertragungsbetrag beläuft sich auf den Kopfteil des Schuldners an dem Guthaben. Sämtliche Kontoinhaber und der Gläubiger können sich auf eine von Satz 4 abweichende Aufteilung des Übertragungsbetrages einigen; die Vereinbarung ist dem Kreditinstitut in Textform mitzuteilen.
(3) Absatz 2 Satz 1 und 3 bis 5 ist auf natürliche Personen, mit denen der Schuldner das Gemeinschaftskonto unterhält, entsprechend anzuwenden.
(4) Die Wirkungen von Pfändung und Überweisung von Guthaben auf dem Gemeinschaftskonto setzen sich an dem nach Absatz 2 Satz 1 auf ein Einzelkonto des Schuldners übertragenen Guthaben fort; sie setzen sich nicht an dem Guthaben fort, das nach Absatz 3 übertragen wird.

§ 851 Nicht übertragbare Forderungen

(1) Eine Forderung ist in Ermangelung besonderer Vorschriften der Pfändung nur insoweit unterworfen, als sie übertragbar ist.
(2) Eine nach § 399 des Bürgerlichen Gesetzbuchs nicht übertragbare Forderung kann insoweit gepfändet und zur Einziehung überwiesen werden, als der geschuldete Gegenstand der Pfändung unterworfen ist.

§ 851a Pfändungsschutz für Landwirte

(1) Die Pfändung von Forderungen, die einem die Landwirtschaft betreibenden Schuldner aus dem Verkauf von landwirtschaftlichen Erzeugnissen zustehen, ist auf seinen Antrag vom Vollstreckungsgericht insoweit aufzuheben, als die Einkünfte zum Unterhalt des Schuldners, seiner Familie und seiner Arbeitnehmer oder zur Aufrechterhaltung einer geordneten Wirtschaftsführung unentbehrlich sind.
(2) Die Pfändung soll unterbleiben, wenn offenkundig ist, dass die Voraussetzungen für die Aufhebung der Zwangsvollstreckung nach Absatz 1 vorliegen.

§ 851b Pfändungsschutz bei Miet- und Pachtzinsen

(1) Die Pfändung von Miete und Pacht ist auf Antrag des Schuldners vom Vollstreckungsgericht insoweit aufzuheben, als diese Einkünfte für den Schuldner zur laufenden Unterhaltung des Grundstücks, zur Vornahme notwendiger Instandsetzungsarbeiten und zur Befriedigung von Ansprüchen unentbehrlich sind, die bei einer Zwangsvollstreckung in das Grundstück dem Anspruch des Gläubigers nach § 10 des Gesetzes über die Zwangsversteigerung und die Zwangsverwaltung vorgehen würden. Das Gleiche gilt von der Pfändung von Barmitteln und Guthaben, die aus Miet- oder Pachtzahlungen herrühren und zu den in Satz 1 bezeichneten Zwecken unentbehrlich sind.

(2) Wird der Antrag nicht binnen einer Frist von zwei Wochen gestellt, so ist er ohne sachliche Prüfung zurückzuweisen, wenn das Vollstreckungsgericht der Überzeugung ist, dass der Schuldner den Antrag in der Absicht der Verschleppung oder aus grober Nachlässigkeit nicht früher gestellt hat. Die Frist beginnt mit der Pfändung.
(3) Anordnungen nach Absatz 1 können mehrmals ergehen und, soweit es nach Lage der Verhältnisse geboten ist, auf Antrag aufgehoben oder abgeändert werden.
(4) Vor den in den Absätzen 1 und 3 bezeichneten Entscheidungen ist, soweit dies ohne erhebliche Verzögerung möglich ist, der Gläubiger zu hören. Die für die Entscheidung wesentlichen tatsächlichen Verhältnisse sind glaubhaft zu machen. Die Pfändung soll unterbleiben, wenn offenkundig ist, dass die Voraussetzungen für die Aufhebung der Zwangsvollstreckung nach Absatz 1 vorliegen.

§ 851c Pfändungsschutz bei Altersrenten

(1) Ansprüche auf Leistungen, die auf Grund von Verträgen gewährt werden, dürfen nur wie Arbeitseinkommen gepfändet werden, wenn
1. die Leistung in regelmäßigen Zeitabständen lebenslang und nicht vor Vollendung des 60. Lebensjahres oder nur bei Eintritt der Berufsunfähigkeit gewährt wird,
2. über die Ansprüche aus dem Vertrag nicht verfügt werden darf,
3. die Bestimmung von Dritten mit Ausnahme von Hinterbliebenen als Berechtigte ausgeschlossen ist und
4. die Zahlung einer Kapitalleistung, ausgenommen eine Zahlung für den Todesfall, nicht vereinbart wurde.

(2) Beträge, die der Schuldner anspart, um in Erfüllung eines Vertrages nach Absatz 1 eine angemessene Alterssicherung aufzubauen, unterliegen nicht der Pfändung, soweit sie
1. jährlich nicht mehr betragen als
   a) 6000 Euro bei einem Schuldner vom 18. bis zum vollendeten 27. Lebensjahr und
   b) 7000 Euro bei einem Schuldner vom 28. bis zum vollendeten 67. Lebensjahr und
2. einen Gesamtbetrag von 340 000 Euro nicht übersteigen.

Die in Satz 1 genannten Beträge werden jeweils zum 1. Juli eines jeden fünften Jahres entsprechend der Entwicklung auf dem Kapitalmarkt, des Sterblichkeitsrisikos und der Höhe der Pfändungsfreigrenze angepasst und die angepassten Beträge vom Bundesministerium der Justiz und für Verbraucherschutz in der Pfändungsfreigrenzenbekanntmachung im Sinne des § 850c Absatz 4 Satz 1 bekannt gemacht. Übersteigt der Rückkaufwert der Alterssicherung den unpfändbaren Betrag, sind drei Zehntel des überschießenden Betrags unpfändbar. Satz 3 gilt nicht für den Teil des Rückkaufwerts, der den dreifachen Wert des in Satz 1 Nummer 2 genannten Betrags übersteigt.
(3) § 850e Nr. 2 und 2a gilt entsprechend.

§ 851d Pfändungsschutz bei steuerlich gefördertem Altersvorsorgevermögen

Monatliche Leistungen in Form einer lebenslangen Rente oder monatlicher Ratenzahlungen im Rahmen eines Auszahlungsplans nach § 1 Abs. 1 Satz 1 Nr. 4 des Altersvorsorgeverträge-Zertifizierungsgesetzes aus steuerlich gefördertem Altersvorsorgevermögen sind wie Arbeitseinkommen pfändbar.

Titel 6
Schuldnerverzeichnis

§ 882b Inhalt des Schuldnerverzeichnisses

(1) Das zentrale Vollstreckungsgericht nach § 882h Abs. 1 führt ein Verzeichnis (Schuldnerverzeichnis) derjenigen Personen,
1. deren Eintragung der Gerichtsvollzieher nach Maßgabe des § 882c angeordnet hat;
2. deren Eintragung die Vollstreckungsbehörde nach Maßgabe des § 284 Abs. 9 der Abgabenordnung angeordnet hat; einer Eintragungsanordnung nach § 284 Abs. 9 der Abgabenordnung steht die Anordnung der Eintragung in das Schuldnerverzeichnis durch eine Vollstreckungsbehörde gleich, die auf Grund einer gleichwertigen Regelung durch Bundesgesetz oder durch Landesgesetz ergangen ist;
3. deren Eintragung das Insolvenzgericht nach Maßgabe des § 26 Absatz 2 oder des § 303a der Insolvenzordnung angeordnet hat.

(2) Im Schuldnerverzeichnis werden angegeben:
1. Name, Vorname und Geburtsname des Schuldners sowie die Firma und deren Nummer des Registerblatts im Handelsregister,
2. Geburtsdatum und Geburtsort des Schuldners,
3. Wohnsitze des Schuldners oder Sitz des Schuldners,
einschließlich abweichender Personendaten.

(3) Im Schuldnerverzeichnis werden weiter angegeben:

1. Aktenzeichen und Gericht oder Vollstreckungsbehörde der Vollstreckungssache oder des Insolvenzverfahrens,
2. im Fall des Absatzes 1 Nr. 1 das Datum der Eintragungsanordnung und der gemäß § 882c zur Eintragung führende Grund,
3. im Fall des Absatzes 1 Nr. 2 das Datum der Eintragungsanordnung und der gemäß § 284 Abs. 9 der Abgabenordnung oder einer gleichwertigen Regelung im Sinne von Absatz 1 Nr. 2 Halbsatz 2 zur Eintragung führende Grund,
4. im Fall des Absatzes 1 Nummer 3 das Datum der Eintragungsanordnung sowie die Feststellung, dass ein Antrag auf Eröffnung des Insolvenzverfahrens über das Vermögen des Schuldners mangels Masse gemäß § 26 Absatz 1 Satz 1 der Insolvenzordnung abgewiesen wurde, oder bei einer Eintragung gemäß § 303a der Insolvenzordnung der zur Eintragung führende Grund und das Datum der Entscheidung des Insolvenzgerichts.

§ 882c Eintragungsanordnung

(1) Der zuständige Gerichtsvollzieher ordnet von Amts wegen die Eintragung des Schuldners in das Schuldnerverzeichnis an, wenn
1. der Schuldner seiner Pflicht zur Abgabe der Vermögensauskunft nicht nachgekommen ist;
2. eine Vollstreckung nach dem Inhalt des Vermögensverzeichnisses offensichtlich nicht geeignet wäre, zu einer vollständigen Befriedigung des Gläubigers zu führen, auf dessen Antrag die Vermögensauskunft erteilt oder dem die erteilte Auskunft zugeleitet wurde, oder
3. der Schuldner dem Gerichtsvollzieher nicht innerhalb eines Monats nach Abgabe der Vermögensauskunft oder Bekanntgabe der Zuleitung nach § 802d Abs. 1 Satz 2 die vollständige Befriedigung des Gläubigers nachweist, auf dessen Antrag die Vermögensauskunft erteilt oder dem die erteilte Auskunft zugeleitet wurde. Dies gilt nicht, solange ein Zahlungsplan nach § 802b festgesetzt und nicht hinfällig ist.

Die Anordnung der Eintragung des Schuldners in das Schuldnerverzeichnis ist Teil des Vollstreckungsverfahrens.
(2) Die Eintragungsanordnung soll kurz begründet werden. Der Gerichtsvollzieher stellt sie dem Schuldner von Amts wegen zu, soweit sie ihm nicht mündlich bekannt gegeben und in das Protokoll aufgenommen wird (§ 763 Absatz 1). Über die Bewilligung der öffentlichen Zustellung entscheidet abweichend von § 186 Absatz 1 Satz 1 der Gerichtsvollzieher.
(3) Die Eintragungsanordnung hat die in § 882b Abs. 2 und 3 genannten Daten zu enthalten. Sind dem Gerichtsvollzieher die nach § 882b Abs. 2 Nr. 1 bis 3 im Schuldnerverzeichnis anzugebenden Daten nicht bekannt, holt er Auskünfte bei den in § 755 Abs. 1 und 2 Satz 1 Nr. 1 genannten Stellen ein, um die erforderlichen Daten zu beschaffen. Hat der Gerichtsvollzieher Anhaltspunkte dafür, dass zugunsten des Schuldners eine Auskunftssperre gemäß § 51 des Bundesmeldegesetzes eingetragen oder ein bedingter Sperrvermerk gemäß § 52 des Bundesmeldegesetzes eingerichtet wurde, hat der Gerichtsvollzieher den Schuldner auf die Möglichkeit eines Vorgehens nach § 882f Absatz 2 hinzuweisen.

§ 882d Vollziehung der Eintragungsanordnung

(1) Gegen die Eintragungsanordnung nach § 882c kann der Schuldner binnen zwei Wochen seit Bekanntgabe Widerspruch beim zuständigen Vollstreckungsgericht einlegen. Der Widerspruch hemmt nicht die Vollziehung. Nach Ablauf der Frist des Satzes 1 übermittelt der Gerichtsvollzieher die Anordnung unverzüglich elektronisch dem zentralen Vollstreckungsgericht nach § 882h Abs. 1. Dieses veranlasst die Eintragung des Schuldners. Wird dem Gerichtsvollzieher vor der Übermittlung der Anordnung nach Satz 3 bekannt, dass die Voraussetzungen für die Eintragung nicht oder nicht mehr vorliegen, hebt er die Anordnung auf und unterrichtet den Schuldner hierüber.
(2) Auf Antrag des Schuldners kann das Vollstreckungsgericht anordnen, dass die Eintragung einstweilen ausgesetzt wird. Das zentrale Vollstreckungsgericht nach § 882h Abs. 1 hat von einer Eintragung abzusehen, wenn ihm die Ausfertigung einer vollstreckbaren Entscheidung vorgelegt wird, aus der sich ergibt, dass die Eintragungsanordnung einstweilen ausgesetzt ist.
(3) Über die Rechtsbehelfe nach den Absätzen 1 und 2 ist der Schuldner mit der Bekanntgabe der Eintragungsanordnung zu belehren. Das Gericht, das über die Rechtsbehelfe entschieden hat, übermittelt seine Entscheidung dem zentralen Vollstreckungsgericht nach § 882h Abs. 1 elektronisch.

§ 882e Löschung

(1) Eine Eintragung im Schuldnerverzeichnis wird nach Ablauf von drei Jahren seit dem Tag der Eintragungsanordnung von dem zentralen Vollstreckungsgericht nach § 882h Abs. 1 gelöscht.
(2) Über Einwendungen gegen die Löschung nach Absatz 1 oder ihre Versagung entscheidet der Urkundsbeamte der Geschäftsstelle. Gegen seine Entscheidung findet die Erinnerung nach § 573 statt.
(3) Abweichend von Absatz 1 wird eine Eintragung auf Anordnung des zentralen Vollstreckungsgerichts nach § 882h Abs. 1 gelöscht, wenn diesem
1. die vollständige Befriedigung des Gläubigers nachgewiesen worden ist;

2. das Fehlen oder der Wegfall des Eintragungsgrundes bekannt geworden ist oder
3. die Ausfertigung einer vollstreckbaren Entscheidung vorgelegt wird, aus der sich ergibt, dass die Eintragungsanordnung aufgehoben oder einstweilen ausgesetzt ist.

(4) Wird dem zentralen Vollstreckungsgericht nach § 882h Abs. 1 bekannt, dass der Inhalt einer Eintragung von Beginn an fehlerhaft war, wird die Eintragung durch den Urkundsbeamten der Geschäftsstelle geändert. Wird der Schuldner oder ein Dritter durch die Änderung der Eintragung beschwert, findet die Erinnerung nach § 573 statt.

§ 882f Einsicht in das Schuldnerverzeichnis

(1) Die Einsicht in das Schuldnerverzeichnis ist jedem gestattet, der darlegt, Angaben nach § 882b zu benötigen:
1. für Zwecke der Zwangsvollstreckung;
2. um gesetzliche Pflichten zur Prüfung der wirtschaftlichen Zuverlässigkeit zu erfüllen;
3. um Voraussetzungen für die Gewährung von öffentlichen Leistungen zu prüfen;
4. um wirtschaftliche Nachteile abzuwenden, die daraus entstehen können, dass Schuldner ihren Zahlungsverpflichtungen nicht nachkommen;
5. für Zwecke der Strafverfolgung und der Strafvollstreckung;
6. zur Auskunft über ihn selbst betreffende Eintragungen;
7. für Zwecke der Dienstaufsicht über Justizbedienstete, die mit dem Schuldnerverzeichnis befasst sind.

Die Informationen dürfen nur für den Zweck verarbeitet werden, für den sie übermittelt worden sind; sie sind nach Zweckerreichung zu löschen. Nichtöffentliche Stellen sind darauf bei der Übermittlung hinzuweisen.

(2) Das Recht auf Einsichtnahme durch Dritte erstreckt sich nicht auf Angaben nach § 882b Absatz 2 Nummer 3, wenn glaubhaft gemacht wird, dass zugunsten des Schuldners eine Auskunftssperre gemäß § 51 des Bundesmeldegesetzes eingetragen oder ein bedingter Sperrvermerk gemäß § 52 des Bundesmeldegesetzes eingerichtet wurde. Der Schuldner hat das Bestehen einer solchen Auskunftssperre oder eines solchen Sperrvermerks gegenüber dem Gerichtsvollzieher glaubhaft zu machen. Satz 2 gilt entsprechend gegenüber dem zentralen Vollstreckungsgericht, wenn die Eintragungsanordnung an dieses gemäß § 882d Absatz 1 Satz 3 übermittelt worden ist. Satz 1 ist nicht anzuwenden auf die Einsichtnahme in das Schuldnerverzeichnis durch Gerichte und Behörden für die in Absatz 1 Satz 1 Nummer 2 und 5 bezeichneten Zwecke.

§ 882g Erteilung von Abdrucken

(1) Aus dem Schuldnerverzeichnis können auf Antrag Abdrucke zum laufenden Bezug erteilt werden, auch durch Übermittlung in einer nur maschinell lesbaren Form. Bei der Übermittlung in einer nur maschinell lesbaren Form gelten die von der Landesjustizverwaltung festgelegten Datenübertragungsregeln. Liegen die Voraussetzungen des § 882f Absatz 2 vor, dürfen Abdrucke insoweit nicht erteilt werden.

(2) Abdrucke erhalten:
1. Industrie- und Handelskammern sowie Körperschaften des öffentlichen Rechts, in denen Angehörige eines Berufes kraft Gesetzes zusammengeschlossen sind (Kammern),
2. Antragsteller, die Abdrucke zur Errichtung und Führung nichtöffentlicher zentraler Schuldnerverzeichnisse verwenden, oder
3. Antragsteller, deren berechtigtem Interesse durch Einzeleinsicht in die Länderschuldnerverzeichnisse oder durch den Bezug von Listen nach Absatz 5 nicht hinreichend Rechnung getragen werden kann.

(3) Die Abdrucke sind vertraulich zu behandeln und dürfen Dritten nicht zugänglich gemacht werden. Nach der Beendigung des laufenden Bezugs sind die Abdrucke unverzüglich zu vernichten; Auskünfte dürfen nicht mehr erteilt werden.

(4) Die Kammern dürfen ihren Mitgliedern oder den Mitgliedern einer anderen Kammer Auskünfte erteilen. Andere Bezieher von Abdrucken dürfen Auskünfte erteilen, soweit dies zu ihrer ordnungsgemäßen Tätigkeit gehört. Absatz 3 gilt entsprechend. Die Auskünfte dürfen auch im automatisierten Abrufverfahren erteilt werden, soweit dieses Verfahren unter Berücksichtigung der schutzwürdigen Interessen der Betroffenen und der Geschäftszwecke der zum Abruf berechtigten Stellen angemessen ist.

(5) Die Kammern dürfen die Abdrucke in Listen zusammenfassen oder hiermit Dritte beauftragen; sie haben diese bei der Durchführung des Auftrags zu beaufsichtigen. Die Listen dürfen den Mitgliedern von Kammern auf Antrag zum laufenden Bezug überlassen werden. Für den Bezug der Listen gelten Absatz 2 Nr. 3 und Absatz 3 entsprechend. Die Bezieher der Listen dürfen Auskünfte nur jemandem erteilen, dessen Belange sie kraft Gesetzes oder Vertrages wahrzunehmen haben.

(6) Für Abdrucke, Listen und Aufzeichnungen über eine Eintragung im Schuldnerverzeichnis, die auf der Verarbeitung von Abdrucken oder Listen oder auf Auskünften über Eintragungen im Schuldnerverzeichnis beruhen, gilt § 882e Abs. 1 entsprechend. Über vorzeitige Löschungen (§ 882e Abs. 3) sind die Bezieher von Abdrucken innerhalb eines Monats zu unterrichten. Sie unterrichten unverzüglich die Bezieher von Listen (Absatz 5 Satz 2). In

den auf Grund der Abdrucke und Listen erstellten Aufzeichnungen sind die Eintragungen unverzüglich zu löschen. Listen sind auch unverzüglich zu vernichten, soweit sie durch neue ersetzt werden.

(7) In den Fällen des Absatzes 2 Nr. 2 und 3 sowie des Absatzes 5 gilt für nichtöffentliche Stellen § 40 des Bundesdatenschutzgesetzes mit der Maßgabe, dass die Aufsichtsbehörde auch die Verarbeitung dieser personenbezogenen Daten in oder aus Akten überwacht. Entsprechendes gilt für nichtöffentliche Stellen, die von den in Absatz 2 genannten Stellen Auskünfte erhalten haben.

(8) Das Bundesministerium der Justiz und für Verbraucherschutz wird ermächtigt, durch Rechtsverordnung mit Zustimmung des Bundesrates

1. Vorschriften über den Bezug von Abdrucken nach den Absätzen 1 und 2 und das Bewilligungsverfahren sowie den Bezug von Listen nach Absatz 5 zu erlassen;
2. Einzelheiten der Einrichtung und Ausgestaltung automatisierter Abrufverfahren nach Absatz 4 Satz 4, insbesondere der Protokollierung der Abrufe für Zwecke der Datenschutzkontrolle, zu regeln;
3. die Erteilung und Aufbewahrung von Abdrucken aus dem Schuldnerverzeichnis, die Anfertigung, Verwendung und Weitergabe von Listen, die Mitteilung und den Vollzug von Löschungen und den Ausschluss vom Bezug von Abdrucken und Listen näher zu regeln, um die ordnungsgemäße Behandlung der Mitteilungen, den Schutz vor unbefugter Verwendung und die rechtzeitige Löschung von Eintragungen sicherzustellen;
4. zur Durchsetzung der Vernichtungs- und Löschungspflichten im Fall des Widerrufs der Bewilligung die Verhängung von Zwangsgeldern vorzusehen; das einzelne Zwangsgeld darf den Betrag von 25 000 Euro nicht übersteigen.

§ 882h Zuständigkeit; Ausgestaltung des Schuldnerverzeichnisses

(1) Das Schuldnerverzeichnis wird für jedes Land von einem zentralen Vollstreckungsgericht geführt. Der Inhalt des Schuldnerverzeichnisses kann über eine zentrale und länderübergreifende Abfrage im Internet eingesehen werden. Die Länder können Einzug und Verteilung der Gebühren sowie weitere Abwicklungsaufgaben im Zusammenhang mit der Abfrage nach Satz 2 auf die zuständige Stelle eines Landes übertragen.

(2) Die Landesregierungen bestimmen durch Rechtsverordnung, welches Gericht die Aufgaben des zentralen Vollstreckungsgerichts nach Absatz 1 wahrzunehmen hat. § 802k Abs. 3 Satz 2 und 3 gilt entsprechend. Die Führung des Schuldnerverzeichnisses stellt eine Angelegenheit der Justizverwaltung dar.

(3) Das Bundesministerium der Justiz und für Verbraucherschutz wird ermächtigt, durch Rechtsverordnung mit Zustimmung des Bundesrates die Einzelheiten zu Form und Übermittlung der Eintragungsanordnungen nach § 882b Abs. 1 und der Entscheidungen nach § 882d Abs. 3 Satz 2 dieses Gesetzes und § 284 Abs. 10 Satz 2 der Abgabenordnung oder gleichwertigen Regelungen im Sinne von § 882b Abs. 1 Nr. 2 Halbsatz 2 dieses Gesetzes sowie zum Inhalt des Schuldnerverzeichnisses und zur Ausgestaltung der Einsicht insbesondere durch ein automatisiertes Abrufverfahren zu regeln. Die Rechtsverordnung hat geeignete Regelungen zur Sicherung des Datenschutzes und der Datensicherheit vorzusehen. Insbesondere ist sicherzustellen, dass die Daten

1. bei der elektronischen Übermittlung an das zentrale Vollstreckungsgericht nach Absatz 1 sowie bei der Weitergabe an eine andere Stelle nach Absatz 2 Satz 2 gegen unbefugte Kenntnisnahme geschützt sind,
2. unversehrt und vollständig wiedergegeben werden,
3. jederzeit ihrem Ursprung nach zugeordnet werden können und
4. nur von registrierten Nutzern nach Angabe des Verwendungszwecks abgerufen werden können, jeder Abrufvorgang protokolliert wird und Nutzer im Fall des missbräuchlichen Datenabrufs oder einer missbräuchlichen Datenverarbeitung von der Einsichtnahme ausgeschlossen werden können.

Die Daten der Nutzer dürfen nur für die in Satz 3 Nr. 4 genannten Zwecke verarbeitet werden.

§ 882i Rechte der Betroffenen

(1) Das Auskunftsrecht nach Artikel 15 Absatz 1 und das Recht auf Erhalt einer Kopie nach Artikel 15 Absatz 3 der Verordnung (EU) 2016/679 wird in Bezug auf die personenbezogenen Daten, die im Schuldnerverzeichnis und in den an das zentrale Vollstreckungsgericht übermittelten Anordnungen der Eintragung in das Schuldnerverzeichnis enthalten sind, dadurch gewährt, dass die betroffene Person Einsicht in das Schuldnerverzeichnis über die zentrale und länderübergreifende Abfrage im Internet nach § 882h Absatz 1 Satz 2 nehmen kann. Eine Information der betroffenen Person über konkrete Empfänger, gegenüber denen die in Satz 1 genannten personenbezogenen Daten offengelegt werden, erfolgt nur insoweit, als Daten zu diesen Empfängern nach den Vorschriften für Zwecke der Datenschutzkontrolle zu speichern sind.

(2) Hinsichtlich der im Schuldnerverzeichnis enthaltenen personenbezogenen Daten kann das Recht auf Berichtigung nach Artikel 16 der Verordnung (EU) 2016/679 nur unter den Voraussetzungen ausgeübt werden, die in § 882e für Löschungen von Eintragungen oder die Änderung fehlerhafter Eintragungen vorgesehen sind.

(3) Das Widerspruchsrecht gemäß Artikel 21 der Verordnung (EU) 2016/679 gilt nicht in Bezug auf die personenbezogenen Daten, die im Schuldnerverzeichnis und in den an das zentrale Vollstreckungsgericht übermittelten Anordnungen der Eintragung in das Schuldnerverzeichnis enthalten sind.

Abschnitt 3
Zwangsvollstreckung zur Erwirkung der Herausgabe von Sachen und zur Erwirkung von Handlungen oder Unterlassungen

§ 883 Herausgabe bestimmter beweglicher Sachen
(1) Hat der Schuldner eine bewegliche Sache oder eine Menge bestimmter beweglicher Sachen herauszugeben, so sind sie von dem Gerichtsvollzieher ihm wegzunehmen und dem Gläubiger zu übergeben.
(2) Wird die herauszugebende Sache nicht vorgefunden, so ist der Schuldner verpflichtet, auf Antrag des Gläubigers zu Protokoll an Eides statt zu versichern, dass er die Sache nicht besitze, auch nicht wisse, wo die Sache sich befinde. Der gemäß § 802e zuständige Gerichtsvollzieher lädt den Schuldner zur Abgabe der eidesstattlichen Versicherung. Die Vorschriften der §§ 478 bis 480, 483, 802f Abs. 4, §§ 802g bis 802i und 802j Abs. 1 und 2 gelten entsprechend.
(3) Das Gericht kann eine der Sachlage entsprechende Änderung der eidesstattlichen Versicherung beschließen.

§ 887 Vertretbare Handlungen
(1) Erfüllt der Schuldner die Verpflichtung nicht, eine Handlung vorzunehmen, deren Vornahme durch einen Dritten erfolgen kann, so ist der Gläubiger von dem Prozessgericht des ersten Rechtszuges auf Antrag zu ermächtigen, auf Kosten des Schuldners die Handlung vorzunehmen zu lassen.
(2) Der Gläubiger kann zugleich beantragen, den Schuldner zur Vorauszahlung der Kosten zu verurteilen, die durch die Vornahme der Handlung entstehen werden, unbeschadet des Rechts auf eine Nachforderung, wenn die Vornahme der Handlung einen größeren Kostenaufwand verursacht.
(3) Auf die Zwangsvollstreckung zur Erwirkung der Herausgabe oder Leistung von Sachen sind die vorstehenden Vorschriften nicht anzuwenden.

Abschnitt 5
Arrest und einstweilige Verfügung

§ 916 Arrestanspruch
(1) Der Arrest findet zur Sicherung der Zwangsvollstreckung in das bewegliche oder unbewegliche Vermögen wegen einer Geldforderung oder wegen eines Anspruchs statt, der in eine Geldforderung übergehen kann.
(2) Die Zulässigkeit des Arrestes wird nicht dadurch ausgeschlossen, dass der Anspruch betagt oder bedingt ist, es sei denn, dass der bedingte Anspruch wegen der entfernten Möglichkeit des Eintritts der Bedingung einen gegenwärtigen Vermögenswert nicht hat.

§ 940a Räumung von Wohnraum
(1) Die Räumung von Wohnraum darf durch einstweilige Verfügung nur wegen verbotener Eigenmacht oder bei einer konkreten Gefahr für Leib oder Leben angeordnet werden.
(2) Die Räumung von Wohnraum darf durch einstweilige Verfügung auch gegen einen Dritten angeordnet werden, der im Besitz der Mietsache ist, wenn gegen den Mieter ein vollstreckbarer Räumungstitel vorliegt und der Vermieter vom Besitzerwerb des Dritten erst nach dem Schluss der mündlichen Verhandlung Kenntnis erlangt hat.
(3) Ist Räumungsklage wegen Zahlungsverzugs erhoben, darf die Räumung von Wohnraum durch einstweilige Verfügung auch angeordnet werden, wenn der Beklagte einer Sicherungsanordnung (§ 283a) im Hauptsacheverfahren nicht Folge leistet.
(4) In den Fällen der Absätze 2 und 3 hat das Gericht den Gegner vor Erlass einer Räumungsverfügung anzuhören.

Bekanntmachung zu den Pfändungsfreigrenzen 2021 nach § 850c der Zivilprozessordnung (Pfändungsfreigrenzenbekanntmachung 2021)

Vom 10. Mai 2021 (BGBl. I S. 1099)

(Pfändungsfreigrenzen)

Auf Grund des § 850c Absatz 4 Satz 1 der Zivilprozessordnung in der Fassung der Bekanntmachung vom 5. Dezember 2005 (BGBl. I S. 3202; 2006 I S. 431; 2007 I S. 1781), die zuletzt durch Artikel 1 des Gesetzes vom 7. Mai 2021 (BGBl. I S. 850) geändert worden ist, wird bekannt gemacht:

1. Die unpfändbaren Beträge nach § 850c der Zivilprozessordnung erhöhen sich zum 1. Juli 2021
    a) in Absatz 1
        Nummer 1 von 1178,59 auf 1252,64 Euro monatlich,
        Nummer 2 von 271,24 auf 288,28 Euro wöchentlich,
        Nummer 3 von 54,25 auf 57,66 Euro täglich,
    b) in Absatz 2 Satz 1
        Nummer 1 von 443,57 auf 471,44 Euro monatlich,
        Nummer 2 von 102,08 auf 108,50 Euro wöchentlich,
        Nummer 3 von 20,42 auf 21,70 Euro täglich,
    c) in Absatz 2 Satz 2
        Nummer 1 von 247,12 auf 262,65 Euro monatlich,
        Nummer 2 von 56,87 auf 60,45 Euro wöchentlich,
        Nummer 3 von 11,37 auf 12,09 Euro täglich,
    d) in Absatz 3 Satz 3
        Nummer 1 von 3613,08 auf 3840,08 Euro monatlich,
        Nummer 2 von 831,50 auf 883,74 Euro wöchentlich,
        Nummer 3 von 166,30 auf 176,75 Euro täglich.

Anm. d. Hrsg.: Die ab 1. Juli 2021 geltenden Pfändungsfreibeträge ergeben sich im Übrigen aus den im Internet zu findenden Pfändungstabellen.

Mediationsgesetz (MediationsG)

Vom 21. Juli 2012 (BGBl. I S. 1577)

Zuletzt geändert durch
Zehnte Zuständigkeitsanpassungsverordnung
vom 31. August 2015 (BGBl. I S. 1474)

Inhaltsübersicht

§ 1 Begriffsbestimmungen
§ 2 Verfahren; Aufgaben des Mediators
§ 3 Offenbarungspflichten;
　　 Tätigkeitsbeschränkungen
§ 4 Verschwiegenheitspflicht
§ 5 Aus- und Fortbildung des Mediators;
　　 zertifizierter Mediator
§ 6 Verordnungsermächtigung
§ 7 Wissenschaftliche Forschungsvorhaben;
　　 finanzielle Förderung der Mediation
§ 8 Evaluierung
§ 9 Übergangsbestimmung

§ 1 Begriffsbestimmungen

(1) Mediation ist ein vertrauliches und strukturiertes Verfahren, bei dem Parteien mithilfe eines oder mehrerer Mediatoren freiwillig und eigenverantwortlich eine einvernehmliche Beilegung ihres Konflikts anstreben.
(2) Ein Mediator ist eine unabhängige und neutrale Person ohne Entscheidungsbefugnis, die die Parteien durch die Mediation führt.

§ 2 Verfahren; Aufgaben des Mediators

(1) Die Parteien wählen den Mediator aus.
(2) Der Mediator vergewissert sich, dass die Parteien die Grundsätze und den Ablauf des Mediationsverfahrens verstanden haben und freiwillig an der Mediation teilnehmen.
(3) Der Mediator ist allen Parteien gleichermaßen verpflichtet. Er fördert die Kommunikation der Parteien und gewährleistet, dass die Parteien in angemessener und fairer Weise in die Mediation eingebunden sind. Er kann im allseitigen Einverständnis getrennte Gespräche mit den Parteien führen.
(4) Dritte können nur mit Zustimmung aller Parteien in die Mediation einbezogen werden.
(5) Die Parteien können die Mediation jederzeit beenden. Der Mediator kann die Mediation beenden, insbesondere wenn er der Auffassung ist, dass eine eigenverantwortliche Kommunikation oder eine Einigung der Parteien nicht zu erwarten ist.
(6) Der Mediator wirkt im Falle einer Einigung darauf hin, dass die Parteien die Vereinbarung in Kenntnis der Sachlage treffen und ihren Inhalt verstehen. Er hat die Parteien, die ohne fachliche Beratung an der Mediation teilnehmen, auf die Möglichkeit hinzuweisen, die Vereinbarung bei Bedarf durch externe Berater überprüfen zu lassen. Mit Zustimmung der Parteien kann die erzielte Einigung in einer Abschlussvereinbarung dokumentiert werden.

§ 3 Offenbarungspflichten; Tätigkeitsbeschränkungen

(1) Der Mediator hat den Parteien alle Umstände offenzulegen, die seine Unabhängigkeit und Neutralität beeinträchtigen können. Er darf bei Vorliegen solcher Umstände nur als Mediator tätig werden, wenn die Parteien dem ausdrücklich zustimmen.
(2) Als Mediator darf nicht tätig werden, wer vor der Mediation in derselben Sache für eine Partei tätig gewesen ist. Der Mediator darf auch nicht während oder nach der Mediation für eine Partei in derselben Sache tätig werden.
(3) Eine Person darf nicht als Mediator tätig werden, wenn eine mit ihr in derselben Berufsausübungs- oder Bürogemeinschaft verbundene andere Person vor der Mediation in derselben Sache für eine Partei tätig gewesen ist. Eine solche andere Person darf auch nicht während oder nach der Mediation für eine Partei in derselben Sache tätig werden.
(4) Die Beschränkungen des Absatzes 3 gelten nicht, wenn sich die betroffenen Parteien im Einzelfall nach umfassender Information damit einverstanden erklärt haben und Belange der Rechtspflege dem nicht entgegenstehen.